民商事办案
法律规范适用全典

Civil and Commercial Laws and Regulations

第一卷

司伟◎编

中国法制出版社
CHINA LEGAL PUBLISHING HOUSE

图书在版编目(CIP)数据

民商事办案法律规范适用全典:全6册/司伟编.
—北京:中国法制出版社,2018.10
ISBN 978-7-5093-9781-7

Ⅰ.①民… Ⅱ.①司… Ⅲ.①民法—法律适用—中国
②商法—法律适用—中国 Ⅳ.①D923.05

中国版本图书馆CIP数据核字(2018)第215147号

责任编辑 戴 蕊 陆紫薇 熊林林　　　　封面设计 李 宁

民商事办案法律规范适用全典

MIN-SHANGSHI BAN'AN FALü GUIFAN SHIYONG QUAN DIAN

编著/司 伟
经销/新华书店
印刷/北京万博诚印刷有限公司
开本/710毫米×1000毫米 16开　　　　印张/322 字数/5950千
版次/2018年11月第1版　　　　2018年11月第1次印刷

中国法制出版社出版
书号 ISBN 978-7-5093-9781-7　　　　定价:996.00元(全6册)

北京西单横二条2号　　　　值班电话:010—66026508
邮政编码 100031　　　　传真:010—66031119
网址:http://www.zgfzs.com　　　　**编辑部电话:010—66066921**
市场营销部电话:010—66033393　　　　**邮购部电话:010—66033288**

(如有印装质量问题,请与本社编务印务管理部联系调换。电话:010—66032926)

编辑说明

2014年10月，党的十八届四中全会决定提出“编纂民法典”，为民法典制定提供了新的历史契机。第五次民法典编纂随后启动，并且明确了“两步走”思路，即第一步，编纂民法典总则即民法总则，在民法典中起统率性、纲领性作用；第二步，编纂民法典各分编，到2020年形成统一的民法典。2017年3月15日第十二届全国人民代表大会第五次会议通过了《中华人民共和国民法总则》。民法总则确立了民法典的基本制度、框架，有效协调了民法与商法之间的关系，消除了原先存在的民法通则与有关单行法律之间的冲突和矛盾，规范了社会生活的基本规则，标志着我国民法典编纂的第一步已经顺利完成。

为全面梳理我国数量繁多的民事商事法律法规，反映我国民事商事立法动态，为从事民事商事案件的审判、仲裁、代理等实务工作者提供一套全面、权威、使用方便的法律法规工具书，我们编辑出版了《民商事办案法律规范适用全典》。本书特点如下：

一、全面收录文件

收录现行有效的民事商事法律、法规规章、司法解释等文件900多件，最高人民法院公布的有关民事审判和执行的指导案例56个。为帮助读者理解和掌握最高人民法院司法解释等文件，本书在司法解释文件后附最高人民法院就该司法解释发布的答记者问或说明。

二、编排合理，查找方便

1. 本书从民商事办案的实际需要出发，按照民事部门法主题设计目录检索方式，分为民事篇、商事篇和民事诉讼篇。民事篇下细分为综合、婚姻家庭、物权、合同、知识产权、侵权损害赔偿、劳动争议。商事篇下细分为综合、公司、企业、破产、清算、存单借款、存款合同、保证合同、其他商事合同、不良资产处置、保险合同、票据、证券、期货、信用证、独立保函、海商、海事。民事诉讼篇下细分综合、管辖、审判组织、回避、诉讼参加人、证据、送达期限、调解、保全和先予执行、强制措施、诉讼费用、审理程序、执行程序、涉港澳、涉台民事诉讼程序、涉外民事诉讼程序、非诉程序。

2. 考虑到部分文件在划分类别时可能存在交叉或重叠，为避免重复收录，便于查阅，本书在目录中设置了“存目”，原处收录全文，存目处标出参见处及文件页码，以便检索。

3. 选取了部分重要的法律和行政法规，逐条加注条旨，言简意赅，方便读者快速准确地了解条文内容。

由于编者水平所限，书中难免存在疏漏之处，如在使用本书过程中有任何的建议和意见，欢迎联系我们，以帮助我们不断修订完善。

编者

2018 年 11 月

总目录

（第一卷）

民事篇

（第二卷）

（第三卷）

（第四卷）

商事篇

（第五卷）

民事诉讼篇

(第六卷)

目　录*

（第一卷）

民事篇

第一章　综　合

* 目录中的日期为法律文件的公布时间或最后一次修正、修订公布时间。

第二章　婚姻家庭

（一）婚　姻

1. 综　合

2. 结婚登记

3. 离　婚

4. 涉港澳台及涉外婚姻

5. 军人婚姻

（二）继 承

（三）收 养

第三章 物 权

（一）综 合

（二）物权登记

（三）所有权

（四）用益物权

1. 农村土地承包经营权

2. 建设用地使用权

（五）担保物权

1. 综　合

2. 抵押权

3. 质押权

民事篇

第一章　综　合

中华人民共和国民法总则

（2017年3月15日中华人民共和国第十二届全国人民代表大会第五次会议通过
2017年3月15日中华人民共和国主席令第66号公布　自2017年10月1日起施行）

目　录

第一章　基本规定

第一条　【立法目的】为了保护民事主体的合法权益，调整民事关系，维护社会和经济秩序，适应中国特色社会主义发展要求，弘扬社会主义核心价值观，根据宪法，制定本法。

第二条　【调整范围】民法调整平等主体的自然人、法人和非法人组织之间的人身关系和财产关系。

第三条　【民事权益受法律保护原则】民事主体的人身权利、财产权利以及其他合法权益受法律保护，任何组织或者个人不得侵犯。

第四条　【平等原则】民事主体在民事活动中的法律地位一律平等。

第五条　【自愿原则】民事主体从事民事活动，应当遵循自愿原则，按照自己的意思设立、变更、终止民事法律关系。

第六条　【公平原则】民事主体从事民事活动，应当遵循公平原则，合理确定各方的权利和义务。

第七条　【诚信原则】民事主体从事民事活动，应当遵循诚信原则，秉持诚实，恪守承诺。

第八条　【守法和公序良俗原则】民事主体从事民事活动，不得违反法律，不得违背公序良俗。

第九条　【绿色原则】民事主体从事民事活动，应当有利于节约资源、保护生态环境。

第十条　【处理民事纠纷的依据】处理民事纠纷，应当依照法律；法律没有规定的，可以适用习惯，但是不得违背公序良俗。

第十一条　【一般法与特别法的关系】其他法律对民事关系有特别规定的，依照其规定。

第十二条　【民法的效力范围】中华人民共和国领域内的民事活动，适用中华人民共和国法律。法律另有规定的，依照其规定。

第二章　自然人

第一节　民事权利能力和民事行为能力

第十三条　【自然人民事权利能力】自然人从出生时起到死亡时止，具有民事权利能力，依法享有民事权利，承担民事义务。

第十四条　【自然人民事权利能力平等】自然人的民事权利能力一律平等。

第十五条　【出生时间和死亡时间】自然人的出生时间和死亡时间，以出生证明、死亡证明记载的时间为准；没有出生证明、死亡证明的，以户籍登记或者其他有效身份登记记载的时间为准。有其他证据足以推翻以上记载时间的，以该证据证明的时间为准。

第十六条　【胎儿利益保护】涉及遗产继承、接受赠与等胎儿利益保护的，胎儿视为具有民事权利能力。但是胎儿娩出时为死体的，其民事权利能力自始不存在。

第十七条　【未成年人和成年人年龄的规定】十八周岁以上的自然人为成年人。不满十八周岁的自然人为未成年人。

第十八条　【完全民事行为能力人】成年人为完全民事行为能力人，可以独立实施民事法律行为。

十六周岁以上的未成年人，以自己的劳动收入为主要生活来源的，视为完全民事行为能力人。

第十九条　【限制民事行为能力的未成年人】八周岁以上的未成年人为限制民事行为能力人，实施民事法律行为由其法定代理人代理或者经其法定代理人同意、追认，但是可以独立实施纯获利益的民事法律行为或者与其年龄、智力相适应的民事法律行为。

第二十条　【无民事行为能力的未成年人】不满八周岁的未成年人为无民事行为能力人，由其法定代理人代理实施民事法律行为。

第二十一条　【无民事行为能力的成年人】不能辨认自己行为的成年人为无民事行为能力人，由其法定代理人代理实施民事法律行为。

八周岁以上的未成年人不能辨认自己行为的，适用前款规定。

第二十二条　【限制民事行为能力的成年人】不能完全辨认自己行为的成年人为限制民事行为能力人，实施民事法律行为由其法定代理人代理或者经其法定代理人同意、追认，但是可以独立实施纯获利益的民事法律行为或者与其智力、精神健康状况相适应的民事法律行为。

第二十三条　【法定代理人】无民事行为能力人、限制民事行为能力人的监护人是其法定代理人。

第二十四条 【民事行为能力的认定及恢复】不能辨认或者不能完全辨认自己行为的成年人，其利害关系人或者有关组织，可以向人民法院申请认定该成年人为无民事行为能力人或者限制民事行为能力人。

被人民法院认定为无民事行为能力人或者限制民事行为能力人的，经本人、利害关系人或者有关组织申请，人民法院可以根据其智力、精神健康恢复的状况，认定该成年人恢复为限制民事行为能力人或者完全民事行为能力人。

本条规定的有关组织包括：居民委员会、村民委员会、学校、医疗机构、妇女联合会、残疾人联合会、依法设立的老年人组织、民政部门等。

第二十五条 【自然人的住所】自然人以户籍登记或者其他有效身份登记记载的居所为住所；经常居所与住所不一致的，经常居所视为住所。

第二节 监 护

第二十六条 【父母子女间的扶养义务】父母对未成年子女负有抚养、教育和保护的义务。

成年子女对父母负有赡养、扶助和保护的义务。

第二十七条 【未成年人的监护人】父母是未成年子女的监护人。

未成年人的父母已经死亡或者没有监护能力的，由下列有监护能力的人按顺序担任监护人：

（一）祖父母、外祖父母；

（二）兄、姐；

（三）其他愿意担任监护人的个人或者组织，但是须经未成年人住所地的居民委员会、村民委员会或者民政部门同意。

第二十八条 【成年人监护】无民事行为能力或者限制民事行为能力的成年人，由下列有监护能力的人按顺序担任监护人：

（一）配偶；

（二）父母、子女；

（三）其他近亲属；

（四）其他愿意担任监护人的个人或者组织，但是须经被监护人住所地的居民委员会、村民委员会或者民政部门同意。

第二十九条 【遗嘱监护】被监护人的父母担任监护人的，可以通过遗嘱指定监护人。

第三十条 【协议监护】依法具有监护资格的人之间可以协议确定监护人。协议确定监护人应当尊重被监护人的真实意愿。

第三十一条　【监护争议解决程序】对监护人的确定有争议的，由被监护人住所地的居民委员会、村民委员会或者民政部门指定监护人，有关当事人对指定不服的，可以向人民法院申请指定监护人；有关当事人也可以直接向人民法院申请指定监护人。

居民委员会、村民委员会、民政部门或者人民法院应当尊重被监护人的真实意愿，按照最有利于被监护人的原则在依法具有监护资格的人中指定监护人。

依照本条第一款规定指定监护人前，被监护人的人身权利、财产权利以及其他合法权益处于无人保护状态的，由被监护人住所地的居民委员会、村民委员会、法律规定的有关组织或者民政部门担任临时监护人。

监护人被指定后，不得擅自变更；擅自变更的，不免除被指定的监护人的责任。

第三十二条　【公职监护人】没有依法具有监护资格的人的，监护人由民政部门担任，也可以由具备履行监护职责条件的被监护人住所地的居民委员会、村民委员会担任。

第三十三条　【意定监护】具有完全民事行为能力的成年人，可以与其近亲属、其他愿意担任监护人的个人或者组织事先协商，以书面形式确定自己的监护人。协商确定的监护人在该成年人丧失或者部分丧失民事行为能力时，履行监护职责。

第三十四条　【监护职责】监护人的职责是代理被监护人实施民事法律行为，保护被监护人的人身权利、财产权利以及其他合法权益等。

监护人依法履行监护职责产生的权利，受法律保护。

监护人不履行监护职责或者侵害被监护人合法权益的，应当承担法律责任。

第三十五条　【监护人的职责的履行】监护人应当按照最有利于被监护人的原则履行监护职责。监护人除为维护被监护人利益外，不得处分被监护人的财产。

未成年人的监护人履行监护职责，在作出与被监护人利益有关的决定时，应当根据被监护人的年龄和智力状况，尊重被监护人的真实意愿。

成年人的监护人履行监护职责，应当最大程度地尊重被监护人的真实意愿，保障并协助被监护人实施与其智力、精神健康状况相适应的民事法律行为。对被监护人有能力独立处理的事务，监护人不得干涉。

第三十六条　【监护人资格的撤销】监护人有下列情形之一的，人民法院根据有关个人或者组织的申请，撤销其监护人资格，安排必要的临时监护措施，并按照最有利于被监护人的原则依法指定监护人：

（一）实施严重损害被监护人身心健康行为的；

（二）怠于履行监护职责，或者无法履行监护职责并且拒绝将监护职责部分或者全部委托给他人，导致被监护人处于危困状态的；

（三）实施严重侵害被监护人合法权益的其他行为的。

本条规定的有关个人和组织包括：其他依法具有监护资格的人，居民委员会、村民委员会、学校、医疗机构、妇女联合会、残疾人联合会、未成年人保护组织、依法设立的老年人组织、民政部门等。

前款规定的个人和民政部门以外的组织未及时向人民法院申请撤销监护人资格的，民政部门应当向人民法院申请。

第三十七条 【监护资格被撤销抚养费义务不免除】依法负担被监护人抚养费、赡养费、扶养费的父母、子女、配偶等，被人民法院撤销监护人资格后，应当继续履行负担的义务。

第三十八条 【监护人资格的恢复】被监护人的父母或者子女被人民法院撤销监护人资格后，除对被监护人实施故意犯罪的外，确有悔改表现的，经其申请，人民法院可以在尊重被监护人真实意愿的前提下，视情况恢复其监护人资格，人民法院指定的监护人与被监护人的监护关系同时终止。

第三十九条 【监护关系的终止】有下列情形之一的，监护关系终止：

（一）被监护人取得或者恢复完全民事行为能力；

（二）监护人丧失监护能力；

（三）被监护人或者监护人死亡；

（四）人民法院认定监护关系终止的其他情形。

监护关系终止后，被监护人仍然需要监护的，应当依法另行确定监护人。

第三节　宣告失踪和宣告死亡

第四十条 【宣告失踪的条件】自然人下落不明满二年的，利害关系人可以向人民法院申请宣告该自然人为失踪人。

第四十一条 【下落不明时间的计算】自然人下落不明的时间从其失去音讯之日起计算。战争期间下落不明的，下落不明的时间自战争结束之日或者有关机关确定的下落不明之日起计算。

第四十二条 【失踪人的财产代管人】失踪人的财产由其配偶、成年子女、父母或者其他愿意担任财产代管人的人代管。

代管有争议，没有前款规定的人，或者前款规定的人无代管能力的，由人民法院指定的人代管。

第四十三条 【财产代管人职责】财产代管人应当妥善管理失踪人的财产，维护其财产权益。

失踪人所欠税款、债务和应付的其他费用，由财产代管人从失踪人的财产中支付。

财产代管人因故意或者重大过失造成失踪人财产损失的，应当承担赔偿责任。

第四十四条　【财产代管人的变更】财产代管人不履行代管职责、侵害失踪人财产权益或者丧失代管能力的，失踪人的利害关系人可以向人民法院申请变更财产代管人。

财产代管人有正当理由的，可以向人民法院申请变更财产代管人。

人民法院变更财产代管人的，变更后的财产代管人有权要求原财产代管人及时移交有关财产并报告财产代管情况。

第四十五条　【宣告失踪的撤销】失踪人重新出现，经本人或者利害关系人申请，人民法院应当撤销失踪宣告。

失踪人重新出现，有权要求财产代管人及时移交有关财产并报告财产代管情况。

第四十六条　【宣告死亡的条件】自然人有下列情形之一的，利害关系人可以向人民法院申请宣告该自然人死亡：

（一）下落不明满四年；

（二）因意外事件，下落不明满二年。

因意外事件下落不明，经有关机关证明该自然人不可能生存的，申请宣告死亡不受二年时间的限制。

第四十七条　【宣告死亡的优先适用】对同一自然人，有的利害关系人申请宣告死亡，有的利害关系人申请宣告失踪，符合本法规定的宣告死亡条件的，人民法院应当宣告死亡。

第四十八条　【被宣告死亡的死亡日期确定】被宣告死亡的人，人民法院宣告死亡的判决作出之日视为其死亡的日期；因意外事件下落不明宣告死亡的，意外事件发生之日视为其死亡的日期。

第四十九条　【宣告死亡期间实施的民事法律行为的效力】自然人被宣告死亡但是并未死亡的，不影响该自然人在被宣告死亡期间实施的民事法律行为的效力。

第五十条　【死亡宣告的撤销】被宣告死亡的人重新出现，经本人或者利害关系人申请，人民法院应当撤销死亡宣告。

第五十一条　【宣告死亡人的婚姻关系】被宣告死亡的人的婚姻关系，自死亡宣告之日起消灭。死亡宣告被撤销的，婚姻关系自撤销死亡宣告之日起自行恢复，但是其配偶再婚或者向婚姻登记机关书面声明不愿意恢复的除外。

第五十二条 【宣告死亡期间收养关系的处理】被宣告死亡的人在被宣告死亡期间，其子女被他人依法收养的，在死亡宣告被撤销后，不得以未经本人同意为由主张收养关系无效。

第五十三条 【死亡宣告撤销后的财产返还】被撤销死亡宣告的人有权请求依照继承法取得其财产的民事主体返还财产。无法返还的，应当给予适当补偿。

利害关系人隐瞒真实情况，致使他人被宣告死亡取得其财产的，除应当返还财产外，还应当对由此造成的损失承担赔偿责任。

第四节 个体工商户和农村承包经营户

第五十四条 【个体工商户】自然人从事工商业经营，经依法登记，为个体工商户。个体工商户可以起字号。

第五十五条 【农村承包经营】农村集体经济组织的成员，依法取得农村土地承包经营权，从事家庭承包经营的，为农村承包经营户。

第五十六条 【债务承担规则】个体工商户的债务，个人经营的，以个人财产承担；家庭经营的，以家庭财产承担；无法区分的，以家庭财产承担。

农村承包经营户的债务，以从事农村土地承包经营的农户财产承担；事实上由农户部分成员经营的，以该部分成员的财产承担。

第三章 法 人

第一节 一般规定

第五十七条 【法人】法人是具有民事权利能力和民事行为能力，依法独立享有民事权利和承担民事义务的组织。

第五十八条 【法人的成立】法人应当依法成立。

法人应当有自己的名称、组织机构、住所、财产或者经费。法人成立的具体条件和程序，依照法律、行政法规的规定。

设立法人，法律、行政法规规定须经有关机关批准的，依照其规定。

第五十九条 【法人的民事权利能力和民事行为能力】法人的民事权利能力和民事行为能力，从法人成立时产生，到法人终止时消灭。

第六十条 【法人民事责任承担】法人以其全部财产独立承担民事责任。

第六十一条 【法定代表人】依照法律或者法人章程的规定，代表法人从事民事活动的负责人，为法人的法定代表人。

法定代表人以法人名义从事的民事活动，其法律后果由法人承受。

法人章程或者法人权力机构对法定代表人代表权的限制，不得对抗善意相对人。

第六十二条　【法定代表人职务侵权行为的责任承担】法定代表人因执行职务造成他人损害的，由法人承担民事责任。

法人承担民事责任后，依照法律或者法人章程的规定，可以向有过错的法定代表人追偿。

第六十三条　【法人的住所】法人以其主要办事机构所在地为住所。依法需要办理法人登记的，应当将主要办事机构所在地登记为住所。

第六十四条　【法人变更登记】法人存续期间登记事项发生变化的，应当依法向登记机关申请变更登记。

第六十五条　【法人实际情况与登记事项不一致的处理】法人的实际情况与登记的事项不一致的，不得对抗善意相对人。

第六十六条　【登记信息的公示】登记机关应当依法及时公示法人登记的有关信息。

第六十七条　【法人合并、分立后权利义务的享有和承担】法人合并的，其权利和义务由合并后的法人享有和承担。

法人分立的，其权利和义务由分立后的法人享有连带债权，承担连带债务，但是债权人和债务人另有约定的除外。

第六十八条　【法人终止】有下列原因之一并依法完成清算、注销登记的，法人终止：

（一）法人解散；

（二）法人被宣告破产；

（三）法律规定的其他原因。

法人终止，法律、行政法规规定须经有关机关批准的，依照其规定。

第六十九条　【法人解散】有下列情形之一的，法人解散：

（一）法人章程规定的存续期间届满或者法人章程规定的其他解散事由出现；

（二）法人的权力机构决议解散；

（三）因法人合并或者分立需要解散；

（四）法人依法被吊销营业执照、登记证书，被责令关闭或者被撤销；

（五）法律规定的其他情形。

第七十条　【法人清算】法人解散的，除合并或者分立的情形外，清算义务人应当及时组成清算组进行清算。

法人的董事、理事等执行机构或者决策机构的成员为清算义务人。法律、行政法规另有规定的，依照其规定。

清算义务人未及时履行清算义务，造成损害的，应当承担民事责任；主管机关或者利害关系人可以申请人民法院指定有关人员组成清算组进行清算。

第七十一条　【法人清算的法律适用】法人的清算程序和清算组职权，依照有关法律的规定；没有规定的，参照适用公司法的有关规定。

第七十二条　【清算期间法人的活动】清算期间法人存续，但是不得从事与清算无关的活动。

法人清算后的剩余财产，根据法人章程的规定或者法人权力机构的决议处理。法律另有规定的，依照其规定。

清算结束并完成法人注销登记时，法人终止；依法不需要办理法人登记的，清算结束时，法人终止。

第七十三条　【破产清算】法人被宣告破产的，依法进行破产清算并完成法人注销登记时，法人终止。

第七十四条　【法人分支机构】法人可以依法设立分支机构。法律、行政法规规定分支机构应当登记的，依照其规定。

分支机构以自己的名义从事民事活动，产生的民事责任由法人承担；也可以先以该分支机构管理的财产承担，不足以承担的，由法人承担。

第七十五条　【法人设立行为的法律后果】设立人为设立法人从事的民事活动，其法律后果由法人承受；法人未成立的，其法律后果由设立人承受，设立人为二人以上的，享有连带债权，承担连带债务。

设立人为设立法人以自己的名义从事民事活动产生的民事责任，第三人有权选择请求法人或者设立人承担。

第二节　营利法人

第七十六条　【营利法人】以取得利润并分配给股东等出资人为目的成立的法人，为营利法人。

营利法人包括有限责任公司、股份有限公司和其他企业法人等。

第七十七条　【营利法人登记成立】营利法人经依法登记成立。

第七十八条　【营利法人营业执照】依法设立的营利法人，由登记机关发给营利法人营业执照。营业执照签发日期为营利法人的成立日期。

第七十九条　【营利法人章程】设立营利法人应当依法制定法人章程。

第八十条　【营利法人权力机构】营利法人应当设权力机构。

权力机构行使修改法人章程，选举或者更换执行机构、监督机构成员，以及法人章程规定的其他职权。

第八十一条　【营利法人执行机构】营利法人应当设执行机构。

执行机构行使召集权力机构会议，决定法人的经营计划和投资方案，决定法人内部管理机构的设置，以及法人章程规定的其他职权。

执行机构为董事会或者执行董事的，董事长、执行董事或者经理按照法人章程的规定担任法定代表人；未设董事会或者执行董事的，法人章程规定的主要负责人为其执行机构和法定代表人。

第八十二条　【营利法人监督机构】营利法人设监事会或者监事等监督机构的，监督机构依法行使检查法人财务，监督执行机构成员、高级管理人员执行法人职务的行为，以及法人章程规定的其他职权。

第八十三条　【出资人权利不得滥用及法人人格否认】营利法人的出资人不得滥用出资人权利损害法人或者其他出资人的利益。滥用出资人权利给法人或者其他出资人造成损失的，应当依法承担民事责任。

营利法人的出资人不得滥用法人独立地位和出资人有限责任损害法人的债权人利益。滥用法人独立地位和出资人有限责任，逃避债务，严重损害法人的债权人利益的，应当对法人债务承担连带责任。

第八十四条　【不得进行关联交易】营利法人的控股出资人、实际控制人、董事、监事、高级管理人员不得利用其关联关系损害法人的利益。利用关联关系给法人造成损失的，应当承担赔偿责任。

第八十五条　【瑕疵决议的撤销】营利法人的权力机构、执行机构作出决议的会议召集程序、表决方式违反法律、行政法规、法人章程，或者决议内容违反法人章程的，营利法人的出资人可以请求人民法院撤销该决议，但是营利法人依据该决议与善意相对人形成的民事法律关系不受影响。

第八十六条　【营利法人社会责任】营利法人从事经营活动，应当遵守商业道德，维护交易安全，接受政府和社会的监督，承担社会责任。

第三节　非营利法人

第八十七条　【非营利法人】为公益目的或者其他非营利目的成立，不向出资人、设立人或者会员分配所取得利润的法人，为非营利法人。

非营利法人包括事业单位、社会团体、基金会、社会服务机构等。

第八十八条　【事业单位法人】具备法人条件，为适应经济社会发展需要，提供公益服务设立的事业单位，经依法登记成立，取得事业单位法人资格；依法不需要办理法人登记的，从成立之日起，具有事业单位法人资格。

第八十九条　【事业单位法人组织结构】事业单位法人设理事会的，除法律另有规定外，理事会为其决策机构。事业单位法人的法定代表人依照法律、行政法规或者法人章程的规定产生。

第九十条　【社会团体法人】具备法人条件，基于会员共同意愿，为公益目的或者会员共同利益等非营利目的设立的社会团体，经依法登记成立，取得社会团体法人资格；依法不需要办理法人登记的，从成立之日起，具有社会团体法人资格。

第九十一条 【社会团体法人章程及组织结构】设立社会团体法人应当依法制定法人章程。

社会团体法人应当设会员大会或者会员代表大会等权力机构。

社会团体法人应当设理事会等执行机构。理事长或者会长等负责人按照法人章程的规定担任法定代表人。

第九十二条 【捐助法人】具备法人条件，为公益目的以捐助财产设立的基金会、社会服务机构等，经依法登记成立，取得捐助法人资格。

依法设立的宗教活动场所，具备法人条件的，可以申请法人登记，取得捐助法人资格。法律、行政法规对宗教活动场所有规定的，依照其规定。

第九十三条 【捐助法人章程及组织结构】设立捐助法人应当依法制定法人章程。

捐助法人应当设理事会、民主管理组织等决策机构，并设执行机构。理事长等负责人按照法人章程的规定担任法定代表人。

捐助法人应当设监事会等监督机构。

第九十四条 【捐助人的权利】捐助人有权向捐助法人查询捐助财产的使用、管理情况，并提出意见和建议，捐助法人应当及时、如实答复。

捐助法人的决策机构、执行机构或者法定代表人作出决定的程序违反法律、行政法规、法人章程，或者决定内容违反法人章程的，捐助人等利害关系人或者主管机关可以请求人民法院撤销该决定，但是捐助法人依据该决定与善意相对人形成的民事法律关系不受影响。

第九十五条 【非营利法人终止时剩余财产分配】为公益目的成立的非营利法人终止时，不得向出资人、设立人或者会员分配剩余财产。剩余财产应当按照法人章程的规定或者权力机构的决议用于公益目的；无法按照法人章程的规定或者权力机构的决议处理的，由主管机关主持转给宗旨相同或者相近的法人，并向社会公告。

第四节　特别法人

第九十六条 【特别法人】本节规定的机关法人、农村集体经济组织法人、城镇农村的合作经济组织法人、基层群众性自治组织法人，为特别法人。

第九十七条 【机关法人】有独立经费的机关和承担行政职能的法定机构从成立之日起，具有机关法人资格，可以从事为履行职能所需要的民事活动。

第九十八条 【机关法人终止】机关法人被撤销的，法人终止，其民事权利和义务由继任的机关法人享有和承担；没有继任的机关法人的，由作出撤销决定的机关法人享有和承担。

第九十九条　【农村集体经济组织法人】农村集体经济组织依法取得法人资格。

法律、行政法规对农村集体经济组织有规定的，依照其规定。

第一百条　【合作经济组织法人】城镇农村的合作经济组织依法取得法人资格。

法律、行政法规对城镇农村的合作经济组织有规定的，依照其规定。

第一百零一条　【基层群众性自治组织法人】居民委员会、村民委员会具有基层群众性自治组织法人资格，可以从事为履行职能所需要的民事活动。

未设立村集体经济组织的，村民委员会可以依法代行村集体经济组织的职能。

第四章　非法人组织

第一百零二条　【非法人组织】非法人组织是不具有法人资格，但是能够依法以自己的名义从事民事活动的组织。

非法人组织包括个人独资企业、合伙企业、不具有法人资格的专业服务机构等。

第一百零三条　【非法人组织设立程序】非法人组织应当依照法律的规定登记。

设立非法人组织，法律、行政法规规定须经有关机关批准的，依照其规定。

第一百零四条　【非法人组织民事责任】非法人组织的财产不足以清偿债务的，其出资人或者设立人承担无限责任。法律另有规定的，依照其规定。

第一百零五条　【非法人组织代表人】非法人组织可以确定一人或者数人代表该组织从事民事活动。

第一百零六条　【非法人组织解散】有下列情形之一的，非法人组织解散：

（一）章程规定的存续期间届满或者章程规定的其他解散事由出现；

（二）出资人或者设立人决定解散；

（三）法律规定的其他情形。

第一百零七条　【非法人组织清算】非法人组织解散的，应当依法进行清算。

第一百零八条　【参照适用规定】非法人组织除适用本章规定外，参照适用本法第三章第一节的有关规定。

第五章　民事权利

第一百零九条　【人身自由与人格尊严】自然人的人身自由、人格尊严受法律保护。

第一百一十条　【人格权】自然人享有生命权、身体权、健康权、姓名权、肖像权、名誉权、荣誉权、隐私权、婚姻自主权等权利。

法人、非法人组织享有名称权、名誉权、荣誉权等权利。

第一百一十一条　【个人信息受法律保护】自然人的个人信息受法律保护。任何组织和个人需要获取他人个人信息的，应当依法取得并确保信息安全，不得非法收集、使用、加工、传输他人个人信息，不得非法买卖、提供或者公开他人个人信息。

第一百一十二条　【因婚姻、家庭关系等产生的人身权利】自然人因婚姻、家庭关系等产生的人身权利受法律保护。

第一百一十三条　【财产权利】民事主体的财产权利受法律平等保护。

第一百一十四条　【物权】民事主体依法享有物权。

物权是权利人依法对特定的物享有直接支配和排他的权利，包括所有权、用益物权和担保物权。

第一百一十五条　【物权客体】物包括不动产和动产。法律规定权利作为物权客体的，依照其规定。

第一百一十六条　【物权法定】物权的种类和内容，由法律规定。

第一百一十七条　【征收征用】为了公共利益的需要，依照法律规定的权限和程序征收、征用不动产或者动产的，应当给予公平、合理的补偿。

第一百一十八条　【债权】民事主体依法享有债权。

债权是因合同、侵权行为、无因管理、不当得利以及法律的其他规定，权利人请求特定义务人为或者不为一定行为的权利。

第一百一十九条　【依法成立合同的法律约束力】依法成立的合同，对当事人具有法律约束力。

第一百二十条　【侵权责任】民事权益受到侵害的，被侵权人有权请求侵权人承担侵权责任。

第一百二十一条　【无因管理】没有法定的或者约定的义务，为避免他人利益受损失而进行管理的人，有权请求受益人偿还由此支出的必要费用。

第一百二十二条　【不当得利】因他人没有法律根据，取得不当利益，受损失的人有权请求其返还不当利益。

第一百二十三条　【知识产权】民事主体依法享有知识产权。

知识产权是权利人依法就下列客体享有的专有的权利：

（一）作品；
（二）发明、实用新型、外观设计；
（三）商标；
（四）地理标志；
（五）商业秘密；
（六）集成电路布图设计；
（七）植物新品种；
（八）法律规定的其他客体。

第一百二十四条　【继承权】自然人依法享有继承权。

自然人合法的私有财产，可以依法继承。

第一百二十五条　【投资性权利】民事主体依法享有股权和其他投资性权利。

第一百二十六条　【民事权益兜底性规定】民事主体享有法律规定的其他民事权利和利益。

第一百二十七条　【数据、网络虚拟财产】法律对数据、网络虚拟财产的保护有规定的，依照其规定。

第一百二十八条　【特殊群体民事权利】法律对未成年人、老年人、残疾人、妇女、消费者等的民事权利保护有特别规定的，依照其规定。

第一百二十九条　【民事权利的取得】民事权利可以依据民事法律行为、事实行为、法律规定的事件或者法律规定的其他方式取得。

第一百三十条　【自主依法行使民事权利不受干涉】民事主体按照自己的意愿依法行使民事权利，不受干涉。

第一百三十一条　【权利义务一致】民事主体行使权利时，应当履行法律规定的和当事人约定的义务。

第一百三十二条　【民事权利不得滥用】民事主体不得滥用民事权利损害国家利益、社会公共利益或者他人合法权益。

第六章　民事法律行为

第一节　一般规定

第一百三十三条　【民事法律行为】民事法律行为是民事主体通过意思表示设立、变更、终止民事法律关系的行为。

第一百三十四条　【民事法律行为的成立】民事法律行为可以基于双方或者多方的意思表示一致成立，也可以基于单方的意思表示成立。

法人、非法人组织依照法律或者章程规定的议事方式和表决程序作出决议的，该决议行为成立。

第一百三十五条 【民事法律行为的形式】民事法律行为可以采用书面形式、口头形式或者其他形式；法律、行政法规规定或者当事人约定采用特定形式的，应当采用特定形式。

第一百三十六条 【民事法律行为的生效、变更与解除】民事法律行为自成立时生效，但是法律另有规定或者当事人另有约定的除外。

行为人非依法律规定或者未经对方同意，不得擅自变更或者解除民事法律行为。

第二节 意思表示

第一百三十七条 【有相对人的意思表示的生效】以对话方式作出的意思表示，相对人知道其内容时生效。

以非对话方式作出的意思表示，到达相对人时生效。以非对话方式作出的采用数据电文形式的意思表示，相对人指定特定系统接收数据电文的，该数据电文进入该特定系统时生效；未指定特定系统的，相对人知道或者应当知道该数据电文进入其系统时生效。当事人对采用数据电文形式的意思表示的生效时间另有约定的，按照其约定。

第一百三十八条 【无相对人的意思表示的生效】无相对人的意思表示，表示完成时生效。法律另有规定的，依照其规定。

第一百三十九条 【公告作出的意思表示的生效】以公告方式作出的意思表示，公告发布时生效。

第一百四十条 【作出意思表示的方式】行为人可以明示或者默示作出意思表示。

沉默只有在有法律规定、当事人约定或者符合当事人之间的交易习惯时，才可以视为意思表示。

第一百四十一条 【意思表示的撤回】行为人可以撤回意思表示。撤回意思表示的通知应当在意思表示到达相对人前或者与意思表示同时到达相对人。

第一百四十二条 【意思表示的解释】有相对人的意思表示的解释，应当按照所使用的词句，结合相关条款、行为的性质和目的、习惯以及诚信原则，确定意思表示的含义。

无相对人的意思表示的解释，不能完全拘泥于所使用的词句，而应当结合相关条款、行为的性质和目的、习惯以及诚信原则，确定行为人的真实意思。

第三节　民事法律行为的效力

第一百四十三条　【民事法律行为的有效要件】具备下列条件的民事法律行为有效：

（一）行为人具有相应的民事行为能力；

（二）意思表示真实；

（三）不违反法律、行政法规的强制性规定，不违背公序良俗。

第一百四十四条　【无民事行为能力人实施民事法律行为的效力】无民事行为能力人实施的民事法律行为无效。

第一百四十五条　【限制民事行为能力人实施民事法律行为的效力】限制民事行为能力人实施的纯获利益的民事法律行为或者与其年龄、智力、精神健康状况相适应的民事法律行为有效；实施的其他民事法律行为经法定代理人同意或者追认后有效。

相对人可以催告法定代理人自收到通知之日起一个月内予以追认。法定代理人未作表示的，视为拒绝追认。民事法律行为被追认前，善意相对人有撤销的权利。撤销应当以通知的方式作出。

第一百四十六条　【以虚假意思表示实施民事法律行为及隐藏行为的效力】行为人与相对人以虚假的意思表示实施的民事法律行为无效。

以虚假的意思表示隐藏的民事法律行为的效力，依照有关法律规定处理。

第一百四十七条　【基于重大误解实施的民事法律行为的效力】基于重大误解实施的民事法律行为，行为人有权请求人民法院或者仲裁机构予以撤销。

第一百四十八条　【以欺诈手段实施的民事法律行为的效力】一方以欺诈手段，使对方在违背真实意思的情况下实施的民事法律行为，受欺诈方有权请求人民法院或者仲裁机构予以撤销。

第一百四十九条　【第三人欺诈的民事法律行为的效力】第三人实施欺诈行为，使一方在违背真实意思的情况下实施的民事法律行为，对方知道或者应当知道该欺诈行为的，受欺诈方有权请求人民法院或者仲裁机构予以撤销。

第一百五十条　【以胁迫手段实施的民事法律行为的效力】一方或者第三人以胁迫手段，使对方在违背真实意思的情况下实施的民事法律行为，受胁迫方有权请求人民法院或者仲裁机构予以撤销。

第一百五十一条　【显失公平的民事法律行为效力】一方利用对方处于危困状态、缺乏判断能力等情形，致使民事法律行为成立时显失公平的，受损害方有权请求人民法院或者仲裁机构予以撤销。

第一百五十二条 【撤销权消灭】有下列情形之一的，撤销权消灭：

（一）当事人自知道或者应当知道撤销事由之日起一年内、重大误解的当事人自知道或者应当知道撤销事由之日起三个月内没有行使撤销权；

（二）当事人受胁迫，自胁迫行为终止之日起一年内没有行使撤销权；

（三）当事人知道撤销事由后明确表示或者以自己的行为表明放弃撤销权。

当事人自民事法律行为发生之日起五年内没有行使撤销权的，撤销权消灭。

第一百五十三条 【违反法律、法规强制性规定及违背公序良俗的民事法律行为的效力】违反法律、行政法规的强制性规定的民事法律行为无效，但是该强制性规定不导致该民事法律行为无效的除外。

违背公序良俗的民事法律行为无效。

第一百五十四条 【恶意串通的民事法律行为的效力】行为人与相对人恶意串通，损害他人合法权益的民事法律行为无效。

第一百五十五条 【无效及被撤销的民事法律行为自始无效】无效的或者被撤销的民事法律行为自始没有法律约束力。

第一百五十六条 【民事法律行为部分无效】民事法律行为部分无效，不影响其他部分效力的，其他部分仍然有效。

第一百五十七条 【民事法律行为无效、被撤销或确定不发生效力的后果】民事法律行为无效、被撤销或者确定不发生效力后，行为人因该行为取得的财产，应当予以返还；不能返还或者没有必要返还的，应当折价补偿。有过错的一方应当赔偿对方由此所受到的损失；各方都有过错的，应当各自承担相应的责任。法律另有规定的，依照其规定。

第四节 民事法律行为的附条件和附期限

第一百五十八条 【附条件民事法律行为】民事法律行为可以附条件，但是按照其性质不得附条件的除外。附生效条件的民事法律行为，自条件成就时生效。附解除条件的民事法律行为，自条件成就时失效。

第一百五十九条 【附条件民事法律行为的成就】附条件的民事法律行为，当事人为自己的利益不正当地阻止条件成就的，视为条件已成就；不正当地促成条件成就的，视为条件不成就。

第一百六十条 【附期限民事法律行为】民事法律行为可以附期限，但是按照其性质不得附期限的除外。附生效期限的民事法律行为，自期限届至时生效。附终止期限的民事法律行为，自期限届满时失效。

第七章　代　理

第一节　一般规定

第一百六十一条　【代理】民事主体可以通过代理人实施民事法律行为。

依照法律规定、当事人约定或者民事法律行为的性质，应当由本人亲自实施的民事法律行为，不得代理。

第一百六十二条　【代理效力】代理人在代理权限内，以被代理人名义实施的民事法律行为，对被代理人发生效力。

第一百六十三条　【代理类型】代理包括委托代理和法定代理。

委托代理人按照被代理人的委托行使代理权。法定代理人依照法律的规定行使代理权。

第一百六十四条　【代理人的责任】代理人不履行或者不完全履行职责，造成被代理人损害的，应当承担民事责任。

代理人和相对人恶意串通，损害被代理人合法权益的，代理人和相对人应当承担连带责任。

第二节　委托代理

第一百六十五条　【授权委托书】委托代理授权采用书面形式的，授权委托书应当载明代理人的姓名或者名称、代理事项、权限和期间，并由被代理人签名或者盖章。

第一百六十六条　【共同代理】数人为同一代理事项的代理人的，应当共同行使代理权，但是当事人另有约定的除外。

第一百六十七条　【违法代理】代理人知道或者应当知道代理事项违法仍然实施代理行为，或者被代理人知道或者应当知道代理人的代理行为违法未作反对表示的，被代理人和代理人应当承担连带责任。

第一百六十八条　【禁止自己代理和双方代理】代理人不得以被代理人的名义与自己实施民事法律行为，但是被代理人同意或者追认的除外。

代理人不得以被代理人的名义与自己同时代理的其他人实施民事法律行为，但是被代理的双方同意或者追认的除外。

第一百六十九条　【复代理】代理人需要转委托第三人代理的，应当取得被代理人的同意或者追认。

转委托代理经被代理人同意或者追认的，被代理人可以就代理事务直接指示转委托的第三人，代理人仅就第三人的选任以及对第三人的指示承担责任。

转委托代理未经被代理人同意或者追认的，代理人应当对转委托的第三人的行为承担责任，但是在紧急情况下代理人为了维护被代理人的利益需要转委托第三人代理的除外。

第一百七十条 【职务代理】执行法人或者非法人组织工作任务的人员，就其职权范围内的事项，以法人或者非法人组织的名义实施民事法律行为，对法人或者非法人组织发生效力。

法人或者非法人组织对执行其工作任务的人员职权范围的限制，不得对抗善意相对人。

第一百七十一条 【无权代理】行为人没有代理权、超越代理权或者代理权终止后，仍然实施代理行为，未经被代理人追认的，对被代理人不发生效力。

相对人可以催告被代理人自收到通知之日起一个月内予以追认。被代理人未作表示的，视为拒绝追认。行为人实施的行为被追认前，善意相对人有撤销的权利。撤销应当以通知的方式作出。

行为人实施的行为未被追认的，善意相对人有权请求行为人履行债务或者就其受到的损害请求行为人赔偿，但是赔偿的范围不得超过被代理人追认时相对人所能获得的利益。

相对人知道或者应当知道行为人无权代理的，相对人和行为人按照各自的过错承担责任。

第一百七十二条 【表见代理】行为人没有代理权、超越代理权或者代理权终止后，仍然实施代理行为，相对人有理由相信行为人有代理权的，代理行为有效。

第三节 代理终止

第一百七十三条 【委托代理的终止】有下列情形之一的，委托代理终止：

（一）代理期间届满或者代理事务完成；

（二）被代理人取消委托或者代理人辞去委托；

（三）代理人丧失民事行为能力；

（四）代理人或者被代理人死亡；

（五）作为代理人或者被代理人的法人、非法人组织终止。

第一百七十四条 【委托代理终止的例外】被代理人死亡后，有下列情形之一的，委托代理人实施的代理行为有效：

（一）代理人不知道并且不应当知道被代理人死亡；

（二）被代理人的继承人予以承认；

（三）授权中明确代理权在代理事务完成时终止；

（四）被代理人死亡前已经实施，为了被代理人的继承人的利益继续代理。

作为被代理人的法人、非法人组织终止的，参照适用前款规定。

第一百七十五条　【法定代理的终止】有下列情形之一的，法定代理终止：

（一）被代理人取得或者恢复完全民事行为能力；

（二）代理人丧失民事行为能力；

（三）代理人或者被代理人死亡；

（四）法律规定的其他情形。

第八章　民事责任

第一百七十六条　【民事责任】民事主体依照法律规定和当事人约定，履行民事义务，承担民事责任。

第一百七十七条　【按份责任】二人以上依法承担按份责任，能够确定责任大小的，各自承担相应的责任；难以确定责任大小的，平均承担责任。

第一百七十八条　【连带责任】二人以上依法承担连带责任的，权利人有权请求部分或者全部连带责任人承担责任。

连带责任人的责任份额根据各自责任大小确定；难以确定责任大小的，平均承担责任。实际承担责任超过自己责任份额的连带责任人，有权向其他连带责任人追偿。

连带责任，由法律规定或者当事人约定。

第一百七十九条　【承担民事责任的方式】承担民事责任的方式主要有：

（一）停止侵害；

（二）排除妨碍；

（三）消除危险；

（四）返还财产；

（五）恢复原状；

（六）修理、重作、更换；

（七）继续履行；

（八）赔偿损失；

（九）支付违约金；

（十）消除影响、恢复名誉；

（十一）赔礼道歉。

法律规定惩罚性赔偿的，依照其规定。

本条规定的承担民事责任的方式，可以单独适用，也可以合并适用。

第一百八十条 【不可抗力】因不可抗力不能履行民事义务的，不承担民事责任。法律另有规定的，依照其规定。

不可抗力是指不能预见、不能避免且不能克服的客观情况。

第一百八十一条 【正当防卫】因正当防卫造成损害的，不承担民事责任。

正当防卫超过必要的限度，造成不应有的损害的，正当防卫人应当承担适当的民事责任。

第一百八十二条 【紧急避险】因紧急避险造成损害的，由引起险情发生的人承担民事责任。

危险由自然原因引起的，紧急避险人不承担民事责任，可以给予适当补偿。

紧急避险采取措施不当或者超过必要的限度，造成不应有的损害的，紧急避险人应当承担适当的民事责任。

第一百八十三条 【因保护他人利益而使自己利益受损的责任承担】因保护他人民事权益使自己受到损害的，由侵权人承担民事责任，受益人可以给予适当补偿。没有侵权人、侵权人逃逸或者无力承担民事责任，受害人请求补偿的，受益人应当给予适当补偿。

第一百八十四条 【紧急救助人不承担民事责任】因自愿实施紧急救助行为造成受助人损害的，救助人不承担民事责任。

第一百八十五条 【侵害英烈人格等权利的民事责任】侵害英雄烈士等的姓名、肖像、名誉、荣誉，损害社会公共利益的，应当承担民事责任。

第一百八十六条 【违约责任与侵权责任竞合】因当事人一方的违约行为，损害对方人身权益、财产权益的，受损害方有权选择请求其承担违约责任或者侵权责任。

第一百八十七条 【民事责任优先承担】民事主体因同一行为应当承担民事责任、行政责任和刑事责任的，承担行政责任或者刑事责任不影响承担民事责任；民事主体的财产不足以支付的，优先用于承担民事责任。

第九章　诉讼时效

第一百八十八条 【普通诉讼时效期间及起算规则】向人民法院请求保护民事权利的诉讼时效期间为三年。法律另有规定的，依照其规定。

诉讼时效期间自权利人知道或者应当知道权利受到损害以及义务人之日起计算。法律另有规定的，依照其规定。但是自权利受到损害之日起超过二十年的，人民法院不予保护；有特殊情况的，人民法院可以根据权利人的申请决定延长。

第一百八十九条　【分期履行债务诉讼时效起算规则】当事人约定同一债务分期履行的，诉讼时效期间自最后一期履行期限届满之日起计算。

第一百九十条　【对法定代理人请求权诉讼时效起算规则】无民事行为能力人或者限制民事行为能力人对其法定代理人的请求权的诉讼时效期间，自该法定代理终止之日起计算。

第一百九十一条　【未成年人遭性侵致损请求权诉讼时效起算规则】未成年人遭受性侵害的损害赔偿请求权的诉讼时效期间，自受害人年满十八周岁之日起计算。

第一百九十二条　【时效届满法律效果】诉讼时效期间届满的，义务人可以提出不履行义务的抗辩。

诉讼时效期间届满后，义务人同意履行的，不得以诉讼时效期间届满为由抗辩；义务人已自愿履行的，不得请求返还。

第一百九十三条　【法院不得主动适用诉讼时效】人民法院不得主动适用诉讼时效的规定。

第一百九十四条　【诉讼时效中止】在诉讼时效期间的最后六个月内，因下列障碍，不能行使请求权的，诉讼时效中止：

（一）不可抗力；

（二）无民事行为能力人或者限制民事行为能力人没有法定代理人，或者法定代理人死亡、丧失民事行为能力、丧失代理权；

（三）继承开始后未确定继承人或者遗产管理人；

（四）权利人被义务人或者其他人控制；

（五）其他导致权利人不能行使请求权的障碍。

自中止时效的原因消除之日起满六个月，诉讼时效期间届满。

第一百九十五条　【诉讼时效中断】有下列情形之一的，诉讼时效中断，从中断、有关程序终结时起，诉讼时效期间重新计算：

（一）权利人向义务人提出履行请求；

（二）义务人同意履行义务；

（三）权利人提起诉讼或者申请仲裁；

（四）与提起诉讼或者申请仲裁具有同等效力的其他情形。

第一百九十六条　【不适用诉讼时效的情形】下列请求权不适用诉讼时效的规定：

（一）请求停止侵害、排除妨碍、消除危险；

（二）不动产物权和登记的动产物权的权利人请求返还财产；

（三）请求支付抚养费、赡养费或者扶养费；

（四）依法不适用诉讼时效的其他请求权。

第一百九十七条 【诉讼时效法定及时效利益预先放弃无效】诉讼时效的期间、计算方法以及中止、中断的事由由法律规定，当事人约定无效。

当事人对诉讼时效利益的预先放弃无效。

第一百九十八条 【仲裁时效】法律对仲裁时效有规定的，依照其规定；没有规定的，适用诉讼时效的规定。

第一百九十九条 【除斥期间】法律规定或者当事人约定的撤销权、解除权等权利的存续期间，除法律另有规定外，自权利人知道或者应当知道权利产生之日起计算，不适用有关诉讼时效中止、中断和延长的规定。存续期间届满，撤销权、解除权等权利消灭。

第十章 期间计算

第二百条 【期间计算单位】民法所称的期间按照公历年、月、日、小时计算。

第二百零一条 【期间起算】按照年、月、日计算期间的，开始的当日不计入，自下一日开始计算。

按照小时计算期间的，自法律规定或者当事人约定的时间开始计算。

第二百零二条 【期间结束】按照年、月计算期间的，到期月的对应日为期间的最后一日；没有对应日的，月末日为期间的最后一日。

第二百零三条 【期间结束日顺延及期末结束时点】期间的最后一日是法定休假日的，以法定休假日结束的次日为期间的最后一日。

期间的最后一日的截止时间为二十四时；有业务时间的，停止业务活动的时间为截止时间。

第二百零四条 【期间计算可法定或约定】期间的计算方法依照本法的规定，但是法律另有规定或者当事人另有约定的除外。

第十一章 附 则

第二百零五条 【法律术语含义】民法所称的“以上”“以下”“以内”“届满”，包括本数；所称的“不满”“超过”“以外”，不包括本数。

第二百零六条 【施行日期】本法自2017年10月1日起施行。

最高人民法院
关于认真学习和贯彻《中华人民共和国民法总则》的通知

（2017 年 4 月 20 日　法〔2017〕127 号）

各省、自治区、直辖市高级人民法院，解放军军事法院，新疆维吾尔自治区高级人民法院生产建设兵团分院：

《中华人民共和国民法总则》（以下简称民法总则）已由第十二届全国人民代表大会第五次会议于 2017 年 3 月 15 日通过，将于 2017 年 10 月 1 日起施行。为了保证统一正确适用民法总则，特通知如下：

一、充分认识民法总则颁布施行的重大意义。民法总则作为民法典的开篇之作，体现了党执政为民的根本宗旨，将我国宪法所确立的保障公民人身权利和财产权利的原则予以落实和体现，是完善我国人权法律保障、维护人民群众切身利益的重要民事法律。民法总则是中国特色社会主义法律体系的重要组成部分，是民事领域的基础性、综合性法律，它规范人身关系和财产关系，构建民事领域的治理规则，涉及社会和经济生活的方方面面，同每个民事主体都密切相关。民法总则进一步完善了我国民商事领域的基本规则，为民商事活动提供基本遵循，对健全市场秩序，维护交易安全，促进社会主义市场经济健康发展具有重要作用。民法总则是人民法院审理民商事案件适用的基本法律，为人民法院审理和执行各种民商事纠纷案件提供了统一的法律依据和裁判规范，各级人民法院必须认真学习领会、全面正确地贯彻执行。

二、高度重视、精心组织安排民法总则的学习。要把学习民法总则作为人民法院践行司法为民、公正司法，提高审判执行工作质量，增强法官队伍素质和业务水平的一项重要举措。各级人民法院要利用各种形式进行业务培训，在民法总则施行前对全体民事审判人员和执行人员轮训一遍。在培训中，要逐条认真学习，准确把握立法精神，深刻理解各条款含义，注意掌握与民法通则有关条款的区别，学深学透，真正做到融会贯通，为民法总则 2017 年 10 月 1 日正式施行作好准备。

三、各级人民法院尤其是高级人民法院在学习、适用民法总则的过程中，应当深入调查研究，把调研工作与审判工作、执行工作有机结合起来，认真总结审判经验，及时向最高人民法院报告新情况、新问题和典型案例，以便最高人民法院在清理有关司法解释的基础上，起草适用民法总则相关的司法解释。

四、各级人民法院应当通过审判和执行活动，以案讲法，并注意通过新闻媒体、网站、手机APP、微信公众号等多种形式，广泛宣传民法总则及颁布施行的重要意义，大力弘扬社会主义核心价值观，教育社会公众增强法治意识，自觉遵守民法总则和其他法律，依法维护自身合法权益，共同促进社会和谐稳定。

最高人民法院
关于适用《中华人民共和国民法总则》诉讼时效制度若干问题的解释

法释〔2018〕12号

（2018年7月2日最高人民法院审判委员会第1744次会议通过
2018年7月18日最高人民法院公告公布　自2018年7月23日起施行）

为正确适用《中华人民共和国民法总则》关于诉讼时效制度的规定，保护当事人的合法权益，结合审判实践，制定本解释。

第一条　民法总则施行后诉讼时效期间开始计算的，应当适用民法总则第一百八十八条关于三年诉讼时效期间的规定。当事人主张适用民法通则关于二年或者一年诉讼时效期间规定的，人民法院不予支持。

第二条　民法总则施行之日，诉讼时效期间尚未满民法通则规定的二年或者一年，当事人主张适用民法总则关于三年诉讼时效期间规定的，人民法院应予支持。

第三条　民法总则施行前，民法通则规定的二年或者一年诉讼时效期间已经届满，当事人主张适用民法总则关于三年诉讼时效期间规定的，人民法院不予支持。

第四条　民法总则施行之日，中止时效的原因尚未消除的，应当适用民法总则关于诉讼时效中止的规定。

第五条　本解释自2018年7月23日起施行。

本解释施行后，案件尚在一审或者二审阶段的，适用本解释；本解释施行前已经终审，当事人申请再审或者按照审判监督程序决定再审的案件，不适用本解释。

中华人民共和国民法通则

（1986 年 4 月 12 日第六届全国人民代表大会第四次会议通过
根据 2009 年 8 月 27 日第十一届全国人民代表大会常务委员会
第十次会议《关于修改部分法律的决定》修正）

目　录

第一章　基本原则

第一条　【立法目的】为了保障公民、法人的合法的民事权益，正确调整民事关系，适应社会主义现代化建设事业发展的需要，根据宪法和我国实际情况，总结民事活动的实践经验，制定本法。

第二条　【本法调整对象】中华人民共和国民法调整平等主体的公民之间、法人之间、公民和法人之间的财产关系和人身关系。

第三条　【平等原则】当事人在民事活动中的地位平等。

第四条　【自愿、公平、等价有偿、诚实信用原则】民事活动应当遵循自愿、公平、等价有偿、诚实信用的原则。

第五条　【民事权益受法律保护原则】公民、法人的合法的民事权益受法律保护，任何组织和个人不得侵犯。

第六条　【合法原则】民事活动必须遵守法律，法律没有规定的，应当遵守国家政策。

第七条　【禁止权力滥用原则】民事活动应当尊重社会公德，不得损害社会公共利益，扰乱社会经济秩序。

第八条　【本法的空间效力】在中华人民共和国领域内的民事活动，适用中华人民共和国法律，法律另有规定的除外。

本法关于公民的规定，适用于在中华人民共和国领域内的外国人、无国籍人，法律另有规定的除外。

第二章　公民（自然人）

第一节　民事权利能力和民事行为能力

第九条　【公民民事权利能力的起止】公民从出生时起到死亡时止，具有民事权利能力，依法享有民事权利，承担民事义务。

第十条　【公民民事权利能力平等】公民的民事权利能力一律平等。

第十一条　【完全民事行为能力人】十八周岁以上的公民是成年人，具有完全民事行为能力，可以独立进行民事活动，是完全民事行为能力人。

十六周岁以上不满十八周岁的公民，以自己的劳动收入为主要生活来源的，视为完全民事行为能力人。

第十二条　【未成年人的民事行为能力】十周岁以上的未成年人是限制民事行为能力人，可以进行与他的年龄、智力相适应的民事活动；其他民事活动由他的法定代理人代理，或者征得他的法定代理人的同意。

不满十周岁的未成年人是无民事行为能力人，由他的法定代理人代理民事活动。

第十三条　【精神病人的民事行为能力】不能辨认自己行为的精神病人是无民事行为能力人，由他的法定代理人代理民事活动。

不能完全辨认自己行为的精神病人是限制民事行为能力人，可以进行与他的精神健康状况相适应的民事活动；其他民事活动由他的法定代理人代理，或者征得他的法定代理人的同意。

第十四条　【法定代理人】无民事行为能力人、限制民事行为能力人的监护人是他的法定代理人。

第十五条　【公民的住所】公民以他的户籍所在地的居住地为住所，经常居住地与住所不一致的，经常居住地视为住所。

第二节　监护

第十六条　【未成年人的监护人】未成年人的父母是未成年人的监护人。

未成年人的父母已经死亡或者没有监护能力的，由下列人员中有监护能力的人担任监护人：

（一）祖父母、外祖父母；

（二）兄、姐；

（三）关系密切的其他亲属、朋友愿意承担监护责任，经未成年人的父、母的所在单位或者未成年人住所地的居民委员会、村民委员会同意的。

对担任监护人有争议的，由未成年人的父、母的所在单位或者未成年人住所地的居民委员会、村民委员会在近亲属中指定。对指定不服提起诉讼的，由人民法院裁决。

没有第一款、第二款规定的监护人的，由未成年人的父、母的所在单位或者未成年人住所地的居民委员会、村民委员会或者民政部门担任监护人。

第十七条　【精神病人的监护人】无民事行为能力或者限制民事行为能力的精神病人，由下列人员担任监护人：

（一）配偶；

（二）父母；

（三）成年子女；

（四）其他近亲属；

（五）关系密切的其他亲属、朋友愿意承担监护责任，经精神病人的所在单位或者住所地的居民委员会、村民委员会同意的。

对担任监护人有争议的，由精神病人的所在单位或者住所地的居民委员会、村民委员会在近亲属中指定。对指定不服提起诉讼的，由人民法院裁决。

没有第一款规定的监护人的，由精神病人的所在单位或者住所地的居民委员会、村民委员会或者民政部门担任监护人。

第十八条 【监护人的职责、权利与民事责任】监护人应当履行监护职责，保护被监护人的人身、财产及其他合法权益，除为被监护人的利益外，不得处理被监护人的财产。

监护人依法履行监护的权利，受法律保护。

监护人不履行监护职责或者侵害被监护人的合法权益的，应当承担责任；给被监护人造成财产损失的，应当赔偿损失。人民法院可以根据有关人员或者有关单位的申请，撤销监护人的资格。

第十九条 【精神病人民事行为能力的宣告】精神病人的利害关系人，可以向人民法院申请宣告精神病人为无民事行为能力人或者限制民事行为能力人。

被人民法院宣告为无民事行为能力人或者限制民事行为能力人的，根据他健康恢复的状况，经本人或者利害关系人申请，人民法院可以宣告他为限制民事行为能力人或者完全民事行为能力人。

第三节 宣告失踪和宣告死亡

第二十条 【宣告失踪的条件】公民下落不明满二年的，利害关系人可以向人民法院申请宣告他为失踪人。

战争期间下落不明的，下落不明的时间从战争结束之日起计算。

第二十一条 【宣告失踪的法律后果】失踪人的财产由他的配偶、父母、成年子女或者关系密切的其他亲属、朋友代管。代管有争议的，没有以上规定的人或者以上规定的人无能力代管的，由人民法院指定的人代管。

失踪人所欠税款、债务和应付的其他费用，由代管人从失踪人的财产中支付。

第二十二条 【宣告失踪的撤销】被宣告失踪的人重新出现或者确知他的下落，经本人或者利害关系人申请，人民法院应当撤销对他的失踪宣告。

第二十三条 【宣告死亡的条件】公民有下列情形之一的，利害关系人可以向人民法院申请宣告他死亡：

（一）下落不明满四年的；

（二）因意外事故下落不明，从事故发生之日起满二年的。

战争期间下落不明的，下落不明的时间从战争结束之日起计算。

第二十四条　【宣告死亡的撤销】被宣告死亡的重新出现或者确知他没有死亡，经本人或者利害关系人申请，人民法院应当撤销对他的死亡宣告。

有民事行为能力人在被宣告死亡期间实施的民事法律行为有效。

第二十五条　【死亡宣告撤销后的财产返还】被撤销死亡宣告的人有权请求返还财产。依照继承法取得他的财产的公民或者组织，应当返还原物；原物不存在的，给予适当补偿。

第四节　个体工商户、农村承包经营户

第二十六条　【个体工商户】公民在法律允许的范围内，依法经核准登记，从事工商业经营的，为个体工商户。个体工商户可以起字号。

第二十七条　【农村承包经营户】农村集体经济组织的成员，在法律允许的范围内，按照承包合同规定从事商品经营的，为农村承包经营户。

第二十八条　【合法权益的保护】个体工商户、农村承包经营户的合法权益，受法律保护。

第二十九条　【民事责任的承担】个体工商户、农村承包经营户的债务，个人经营的，以个人财产承担；家庭经营的，以家庭财产承担。

第五节　个人合伙

第三十条　【个人合伙的定义】个人合伙是指两个以上公民按照协议，各自提供资金、实物、技术等，合伙经营、共同劳动。

第三十一条　【合伙合同】合伙人应当对出资数额、盈余分配、债务承担、入伙、退伙、合伙终止等事项，订立书面协议。

第三十二条　【合伙财产】合伙人投入的财产，由合伙人统一管理和使用。

合伙经营积累的财产，归合伙人共有。

第三十三条　【字号与经营范围】个人合伙可以起字号，依法经核准登记，在核准登记的经营范围内从事经营。

第三十四条　【合伙的内部关系】个人合伙的经营活动，由合伙人共同决定，合伙人有执行和监督的权利。

合伙人可以推举负责人。合伙负责人和其他人员的经营活动，由全体合伙人承担民事责任。

第三十五条　【合伙的民事责任】合伙的债务，由合伙人按照出资比例或者协议的约定，以各自的财产承担清偿责任。

合伙人对合伙的债务承担连带责任，法律另有规定的除外。偿还合伙债

务超过自己应当承担数额的合伙人，有权向其他合伙人追偿。

第三章　法　人

第一节　一般规定

第三十六条　【法人的定义及其权利能力和行为能力】法人是具有民事权利能力和民事行为能力，依法独立享有民事权利和承担民事义务的组织。

法人的民事权利能力和民事行为能力，从法人成立时产生，到法人终止时消灭。

第三十七条　【法人的条件】法人应当具备下列条件：

（一）依法成立；

（二）有必要的财产或者经费；

（三）有自己的名称、组织机构和场所；

（四）能够独立承担民事责任。

第三十八条　【法定代表人】依照法律或者法人组织章程规定，代表法人行使职权的负责人，是法人的法定代表人。

第三十九条　【法人的住所】法人以它的主要办事机构所在地为住所。

第四十条　【法人的清算】法人终止，应当依法进行清算，停止清算范围外的活动。

第二节　企业法人

第四十一条　【企业法人资格的取得】全民所有制企业、集体所有制企业有符合国家规定的资金数额，有组织章程、组织机构和场所，能够独立承担民事责任，经主管机关核准登记，取得法人资格。

在中华人民共和国领域内设立的中外合资经营企业，中外合作经营企业和外资企业，具备法人条件的，依法经工商行政管理机关核准登记，取得中国法人资格。

第四十二条　【经营范围】企业法人应当在核准登记的经营范围内从事经营。

第四十三条　【企业法人的民事责任】企业法人对它的法定代表人和其他工作人员的经营活动，承担民事责任。

第四十四条　【企业法人的变更】企业法人分立、合并或者有其他重要事项变更，应当向登记机关办理登记并公告。

企业法人分立、合并，它的权利和义务由变更后的法人享有和承担。

第四十五条　【企业法人的终止】企业法人由于下列原因之一终止：

（一）依法被撤销；

（二）解散；

（三）依法宣告破产；

（四）其他原因。

第四十六条　【注销登记】企业法人终止，应当向登记机关办理注销登记并公告。

第四十七条　【清算组织】企业法人解散，应当成立清算组织，进行清算。企业法人被撤销、被宣告破产的，应当由主管机关或者人民法院组织有关机关和有关人员成立清算组织，进行清算。

第四十八条　【承担责任的财产范围】全民所有制企业法人以国家授予它经营管理的财产承担民事责任。集体所有制企业法人以企业所有的财产承担民事责任。中外合资经营企业法人、中外合作经营企业法人和外资企业法人以企业所有的财产承担民事责任，法律另有规定的除外。

第四十九条　【法定代表人的法律责任】企业法人有下列情形之一的，除法人承担责任外，对法定代表人可以给予行政处分、罚款，构成犯罪的，依法追究刑事责任：

（一）超出登记机关核准登记的经营范围从事非法经营的；

（二）向登记机关、税务机关隐瞒真实情况、弄虚作假的；

（三）抽逃资金、隐匿财产逃避债务的；

（四）解散、被撤销、被宣告破产后，擅自处理财产的；

（五）变更、终止时不及时申请办理登记和公告，使利害关系人遭受重大损失的；

（六）从事法律禁止的其他活动，损害国家利益或者社会公共利益的。

第三节　机关、事业单位和社会团体法人

第五十条　【机关、事业单位和社会团体法人资格的取得】有独立经费的机关从成立之日起，具有法人资格。

具备法人条件的事业单位、社会团体，依法不需要办理法人登记的，从成立之日起，具有法人资格；依法需要办理法人登记的，经核准登记，取得法人资格。

第四节　联　营

第五十一条　【法人型联营】企业之间或者企业、事业单位之间联营，组织新的经济实体，独立承担民事责任、具备法人条件的，经主管机关核准登记，取得法人资格。

第五十二条 【合伙型联营】企业之间或者企业、事业单位之间联营，共同经营、不具备法人条件的，由联营各方按照出资比例或者协议的约定，以各自所有的或者经营管理的财产承担民事责任。依照法律的规定或者协议的约定负连带责任的，承担连带责任。

第五十三条 【合同型联营】企业之间或者企业、事业单位之间联营，按照合同的约定各自独立经营的，它的权利和义务由合同约定，各自承担民事责任。

第四章 民事法律行为和代理

第一节 民事法律行为

第五十四条 【民事法律行为】民事法律行为是公民或者法人设立、变更、终止民事权利和民事义务的合法行为。

第五十五条 【实质条件】民事法律行为应当具备下列条件：

（一）行为人具有相应的民事行为能力；

（二）意思表示真实；

（三）不违反法律或者社会公共利益。

第五十六条 【形式要件】民事法律行为可以采取书面形式、口头形式或者其他形式。法律规定用特定形式的，应当依照法律规定。

第五十七条 【民事法律行为的法律效力】民事法律行为从成立时起具有法律约束力。行为人非依法律规定或者取得对方同意，不得擅自变更或者解除。

第五十八条 【无效的民事行为】下列民事行为无效。

（一）无民事行为能力人实施的；

（二）限制民事行为能力人依法不能独立实施的；

（三）一方以欺诈、胁迫的手段或者乘人之危，使对方在违背真实意思的情况下所为的；

（四）恶意串通、损害国家、集体或者第三人利益的；

（五）违反法律或者社会公共利益的；

（六）以合法形式掩盖非法目的的。

无效的民事行为，从行为开始起就没有法律约束力。

第五十九条 【可变更、可撤销的民事行为】下列民事行为，一方有权请求人民法院或者仲裁机关予以变更或者撤销：

（一）行为人对行为内容有重大误解的；

（二）显失公平的。

被撤销的民事行为从行为开始起无效。

第六十条　【民事行为部分无效】民事行为部分无效，不影响其他部分的效力的，其他部分仍然有效。

第六十一条　【民事行为无效或被撤销的法律后果】民事行为被确认为无效或者被撤销后，当事人因该行为取得的财产，应当返还给受损失的一方。有过错的一方应当赔偿对方因此所受的损失，双方都有过错的，应当各自承担相应的责任。

双方恶意串通，实施民事行为损害国家的、集体的或者第三人的利益的，应当追缴双方取得的财产，收归国家、集体所有或者返还第三人。

第六十二条　【附条件的民事行为】民事法律行为可以附条件，附条件的民事法律行为在符合所附条件时生效。

第二节　代　理

第六十三条　【代理权】公民、法人可以通过代理人实施民事法律行为。

代理人在代理权限内，以被代理人的名义实施民事法律行为。被代理人对代理人的代理行为，承担民事责任。

依照法律规定或者按照双方当事人约定，应当由本人实施的民事法律行为，不得代理。

第六十四条　【代理的种类】代理包括委托代理、法定代理和指定代理。

委托代理人按照被代理人的委托行使代理权，法定代理人依照法律的规定行使代理权，指定代理人按照人民法院或者指定单位的指定行使代理权。

第六十五条　【委托代理的形式及授权委托书】民事法律行为的委托代理，可以用书面形式，也可以用口头形式。法律规定用书面形式的，应当用书面形式。

书面委托代理的授权委托书应当载明代理人的姓名或者名称、代理事项、权限和期间，并由委托人签名或者盖章。

委托书授权不明的，被代理人应当向第三人承担民事责任，代理人负连带责任。

第六十六条　【无权代理】没有代理权、超越代理权或者代理权终止后的行为，只有经过被代理人的追认，被代理人才承担民事责任。未经追认的行为，由行为人承担民事责任。本人知道他人以本人名义实施民事行为而不作否认表示的，视为同意。

代理人不履行职责而给被代理人造成损害的，应当承担民事责任。

代理人和第三人串通，损害被代理人的利益的，由代理人和第三人负连带责任。

第三人知道行为人没有代理权、超越代理权或者代理权已终止还与行为人实施民事行为给他人造成损害的，由第三人和行为人负连带责任。

第六十七条 【违法代理】代理人知道被委托代理的事项违法仍然进行代理活动的，或者被代理人知道代理人的代理行为违法不表示反对的，由被代理人和代理人负连带责任。

第六十八条 【转委托】委托代理人为被代理人的利益需要转托他人代理的，应当事先取得被代理人的同意。事先没有取得被代理人同意的，应当在事后及时告诉被代理人，如果被代理人不同意，由代理人对自己所转托的人的行为负民事责任，但在紧急情况下，为了保护被代理人的利益而转托他人代理的除外。

第六十九条 【委托代理的终止】有下列情形之一的，委托代理终止：

（一）代理期间届满或者代理事务完成；

（二）被代理人取消委托或者代理人辞去委托；

（三）代理人死亡；

（四）代理人丧失民事行为能力；

（五）作为被代理人或者代理人的法人终止。

第七十条 【法定代理或指定代理的终止】有下列情形之一的，法定代理或者指定代理终止：

（一）被代理人取得或者恢复民事行为能力；

（二）被代理人或者代理人死亡；

（三）代理人丧失民事行为能力；

（四）指定代理的人民法院或者指定单位取消指定；

（五）由其他原因引起的被代理人和代理人之间的监护关系消灭。

第五章 民事权利

第一节 财产所有权和与财产所有权有关的财产权

第七十一条 【财产所有权的定义】财产所有权是指所有人依法对自己的财产享有占有、使用、收益和处分的权利。

第七十二条 【财产所有权的取得】财产所有权的取得，不得违反法律规定。

按照合同或者其他合法方式取得财产的，财产所有权从财产交付时起转移，法律另有规定或者当事人另有约定的除外。

第七十三条 【国家财产所有权】国家财产属于全民所有。

国家财产神圣不可侵犯，禁止任何组织或者个人侵占、哄抢、私分、截留、破坏。

第七十四条　【集体财产所有权】劳动群众集体组织的财产属于劳动群众集体所有，包括：

（一）法律规定为集体所有的土地和森林、山岭、草原、荒地、滩涂等；

（二）集体经济组织的财产；

（三）集体所有的建筑物、水库、农田水利设施和教育、科学、文化、卫生、体育等设施；

（四）集体所有的其他财产。

集体所有的土地依照法律属于村农民集体所有，由村农业生产合作社等农业集体经济组织或者村民委员会经营、管理。已经属于乡（镇）农民集体经济组织所有的，可以属于乡（镇）农民集体所有。

集体所有的财产受法律保护，禁止任何组织或者个人侵占、哄抢、私分、破坏或者非法查封、扣押、冻结、没收。

第七十五条　【个人财产所有权】公民的个人财产，包括公民的合法收入、房屋、储蓄、生活用品、文物、图书资料、林木、牲畜和法律允许公民所有的生产资料以及其他合法财产。

公民的合法财产受法律保护，禁止任何组织或者个人侵占、哄抢、破坏或者非法查封、扣押、冻结、没收。

第七十六条　【财产继承权】公民依法享有财产继承权。

第七十七条　【社团财产】社会团体包括宗教团体的合法财产受法律保护。

第七十八条　【共有】财产可以由两个以上的公民、法人共有。

共有分为按份共有和共同共有。按份共有人按照各自的份额，对共有财产分享权利，分担义务。共同共有人对共有财产享有权利，承担义务。

按份共有财产的每个共有人有权要求将自己的份额分出或者转让。但在出售时，其他共有人在同等条件下，有优先购买的权利。

第七十九条　【埋藏物与拾得物的归属】所有人不明的埋藏物、隐藏物，归国家所有。接收单位应当对上缴的单位或者个人，给予表扬或者物质奖励。

拾得遗失物、漂流物或者失散的饲养动物，应当归还失主，因此而支出的费用由失主偿还。

第八十条　【土地使用权与承包经营权】国家所有的土地，可以依法由全民所有制单位使用，也可以依法确定由集体所有制单位使用，国家保护它的使用、收益的权利；使用单位有管理、保护、合理利用的义务。

公民、集体依法对集体所有的或者国家所有由集体使用的土地的承包经营权，受法律保护。承包双方的权利和义务，依照法律由承包合同规定。

土地不得买卖、出租、抵押或者以其他形式非法转让。

第八十一条　【自然资源使用权和承包经营权】国家所有的森林、山岭、草原、荒地、滩涂、水面等自然资源，可以依法由全民所有制单位使用，也可以依法确定由集体所有制单位使用，国家保护它的使用收益的权利；使用单位有管理、保护、合理利用的义务。

国家所有的矿藏，可以依法由全民所有制单位和集体所有制单位开采，也可以依法由公民采挖。国家保护合法的采矿权。

公民、集体依法对集体所有的或者国家所有由集体使用的森林、山岭、草原、荒地、滩涂、水面的承包经营权，受法律保护。承包双方的权利和义务，依照法律由承包合同规定。

国家所有的矿藏、水流，国家所有的和法律规定属于集体所有的林地、山岭、草原、荒地、滩涂不得买卖、出租、抵押或者以其他形式非法转让。

第八十二条　【全民所有制企业的经营权】全民所有制企业对国家授予它经营管理的财产依法享有经营权，受法律保护。

第八十三条　【相邻关系】不动产的相邻各方，应当按照有利生产、方便生活、团结互助、公平合理的精神，正确处理截水、排水、通行、通风、采光等方面的相邻关系。给相邻方造成妨碍或者损失的，应当停止侵害，排除妨碍，赔偿损失。

第二节　债　权

第八十四条　【债的定义】债是按照合同的约定或者依照法律的规定，在当事人之间产生的特定的权利和义务关系。享有权利的人是债权人，负有义务的人是债务人。

债权人有权要求债务人按照合同的约定或者依照法律的规定履行义务。

第八十五条　【合同的定义】合同是当事人之间设立、变更、终止民事关系的协议。依法成立的合同，受法律保护。

第八十六条　【按份之债】债权人为二人以上的，按照确定的份额分享权利。债务人为二人以上的，按照确定的份额分担义务。

第八十七条　【连带之债】债权人或者债务人一方人数为二人以上的，依照法律的规定或者当事人的约定，享有连带权利的每个债权人，都有权要求债务人履行义务；负有连带义务的每个债务人，都负有清偿全部债务的义务，履行了义务的人，有权要求其他负有连带义务的人偿付他应当承担的份额。

第八十八条　【合同的履行】合同的当事人应当按照合同的约定，全部履行自己的义务。

合同中有关质量、期限、地点或者价款约定不明确，按照合同有关条款内容不能确定，当事人又不能通过协商达成协议的，适用下列规定：

（一）质量要求不明确的，按照国家质量标准履行，没有国家质量标准的，按照通常标准履行。

（二）履行期限不明确的，债务人可以随时向债权人履行义务，债权人也可以随时要求债务人履行义务，但应当给对方必要的准备时间。

（三）履行地点不明确，给付货币的，在接受给付一方的所在地履行，其他标的在履行义务一方的所在地履行。

（四）价款约定不明确的，按照国家规定的价格履行；没有国家规定价格的，参照市场价格或者同类物品的价格或者同类劳务的报酬标准履行。

合同对专利申请权没有约定的，完成发明创造的当事人享有申请权。

合同对科技成果的使用权没有约定的，当事人都有使用的权利。

第八十九条　【债的担保】依照法律的规定或者按照当事人的约定，可以采用下列方式担保债务的履行：

（一）保证人向债权人保证债务人履行债务，债务人不履行债务的，按照约定由保证人履行或者承担连带责任；保证人履行债务后，有权向债务人追偿。

（二）债务人或者第三人可以提供一定的财产作为抵押物。债务人不履行债务的，债权人有权依照法律的规定以抵押物折价或者以变卖抵押物的价款优先得到偿还。

（三）当事人一方在法律规定的范围内可以向对方给付定金。债务人履行债务后，定金应当抵作价款或者收回。给付定金的一方不履行债务的，无权要求返还定金；接受定金的一方不履行债务的，应当双倍返还定金。

（四）按照合同约定一方占有对方的财产，对方不按照合同给付应付款项超过约定期限的，占有人有权留置该财产，依照法律的规定以留置财产折价或者以变卖该财产的价款优先得到偿还。

第九十条　【借贷之债】合法的借贷关系受法律保护。

第九十一条　【合同的转让】合同一方将合同的权利、义务全部或者部分转让给第三人的，应当取得合同另一方的同意，并不得牟利。依照法律规定应当由国家批准的合同，需经原批准机关批准。但是，法律另有规定或者原合同另有约定的除外。

第九十二条　【不当得利】没有合法根据，取得不当利益，造成他人损失的，应当将取得的不当利益返还受损失的人。

第九十三条　【无因管理】没有法定的或者约定的义务，为避免他人利益受损失进行管理或者服务的，有权要求受益人偿付由此而支付的必要费用。

第三节 知识产权

第九十四条 【著作权】公民、法人享有著作权（版权），依法有署名、发表、出版、获得报酬等权利。

第九十五条 【专利权】公民、法人依法取得的专利权受法律保护。

第九十六条 【商标权】法人、个体工商户、个人合伙依法取得的商标专用权受法律保护。

第九十七条 【发现权、发明权及其他科技成果权】公民对自己的发现享有发现权。发现人有权申请领取发现证书、奖金或者其他奖励。

公民对自己的发明或者其他科技成果，有权申请领取荣誉证书、奖金或者其他奖励。

第四节 人身权

第九十八条 【生命健康权】公民享有生命健康权。

第九十九条 【姓名权、名称权】公民享有姓名权，有权决定、使用和依照规定改变自己的姓名，禁止他人干涉、盗用、假冒。

法人、个体工商户、个人合伙享有名称权。企业法人、个体工商户、个人合伙有权使用、依法转让自己的名称。

第一百条 【肖像权】公民享有肖像权，未经本人同意，不得以营利为目的使用公民的肖像。

第一百零一条 【名誉权】公民、法人享有名誉权，公民的人格尊严受法律保护，禁止用侮辱、诽谤等方式损害公民、法人的名誉。

第一百零二条 【荣誉权】公民、法人享有荣誉权，禁止非法剥夺公民、法人的荣誉称号。

第一百零三条 【婚姻自主权】公民享有婚姻自主权，禁止买卖、包办婚姻和其他干涉婚姻自由的行为。

第一百零四条 【婚姻、家庭、老人、母亲、儿童和残疾人合法权益的保护】婚姻、家庭、老人、母亲和儿童受法律保护。

残疾人的合法权益受法律保护。

第一百零五条 【民事权利男女平等】妇女享有同男子平等的民事权利。

第六章 民事责任

第一节 一般规定

第一百零六条 【归责原则】公民、法人违反合同或者不履行其他义务的，应当承担民事责任。

公民、法人由于过错侵害国家的、集体的财产，侵害他人财产、人身的，应当承担民事责任。

没有过错，但法律规定应当承担民事责任的，应当承担民事责任。

第一百零七条　【民事责任的免除】因不可抗力不能履行合同或者造成他人损害的，不承担民事责任，法律另有规定的除外。

第一百零八条　【债务的清偿】债务应当清偿。暂时无力偿还的，经债权人同意或者人民法院裁决，可以由债务人分期偿还。有能力偿还拒不偿还的，由人民法院判决强制偿还。

第一百零九条　【因保护公益而受损的赔偿和补偿】因防止、制止国家的、集体的财产或者他人的财产、人身遭受侵害而使自己受到损害的，由侵害人承担赔偿责任，受益人也可以给予适当的补偿。

第一百一十条　【法律责任的重合】对承担民事责任的公民、法人需要追究行政责任的，应当追究行政责任；构成犯罪的，对公民、法人的法定代表人应当依法追究刑事责任。

第二节　违反合同的民事责任

第一百一十一条　【违约责任的一般规定】当事人一方不履行合同义务或者履行合同义务不符合约定条件的，另一方有权要求履行或者采取补救措施，并有权要求赔偿损失。

第一百一十二条　【赔偿范围与违约金】当事人一方违反合同的赔偿责任，应当相当于另一方因此所受到的损失。

当事人可以在合同中约定，一方违反合同时，向另一方支付一定数额的违约金；也可以在合同中约定对于违反合同而产生的损失赔偿额的计算方法。

第一百一十三条　【双方违约的责任承担】当事人双方都违反合同的，应当分别承担各自应负的民事责任。

第一百一十四条　【防止损失扩大的义务】当事人一方因另一方违反合同受到损失的，应当及时采取措施防止损失的扩大；没有及时采取措施致使损失扩大的，无权就扩大的损失要求赔偿。

第一百一十五条　【合同变更或解除不影响索赔权】合同的变更或者解除，不影响当事人要求赔偿损失的权利。

第一百一十六条　【因上级机关的原因违约时的责任承担】当事人一方由于上级机关的原因，不能履行合同义务的，应当按照合同约定向另一方赔偿损失或者采取其他补救措施，再由上级机关对它因此受到的损失负责处理。

第三节　侵权的民事责任

第一百一十七条　【侵害财产权责任】侵占国家的、集体的财产或者他人财产的，应当返还财产，不能返还财产的，应当折价赔偿。

损坏国家的、集体的财产或者他人财产的，应当恢复原状或者折价赔偿。

受害人因此遭受其他重大损失的，侵害人并应当赔偿损失。

第一百一十八条　【侵害知识产权责任】公民、法人的著作权（版权）、专利权、商标专用权、发现权、发明权和其他科技成果权受到剽窃、篡改、假冒等侵害的，有权要求停止侵害，消除影响，赔偿损失。

第一百一十九条　【侵害生命健康权责任】侵害公民身体造成伤害的，应当赔偿医疗费、因误工减少的收入、残废者生活补助费等费用；造成死亡的，并应当支付丧葬费、死者生前扶养的人必要的生活费等费用。

第一百二十条　【侵害人格权责任】公民的姓名权、肖像权、名誉权、荣誉权受到侵害的，有权要求停止侵害，恢复名誉，消除影响，赔礼道歉，并可以要求赔偿损失。

法人的名称权、名誉权、荣誉权受到侵害的，适用前款规定。

第一百二十一条　【职务侵权责任】国家机关或者国家机关工作人员在执行职务中，侵犯公民、法人的合法权益造成损害的，应当承担民事责任。

第一百二十二条　【产品责任】因产品质量不合格造成他人财产、人身损害的，产品制造者、销售者应当依法承担民事责任。运输者、仓储者对此负有责任的，产品制造者、销售者有权要求赔偿损失。

第一百二十三条　【高度危险作业致人损害责任】从事高空、高压、易燃、易爆、剧毒、放射性、高速运输工具等对周围环境有高度危险的作业造成他人损害的，应当承担民事责任；如果能够证明损害是由受害人故意造成的，不承担民事责任。

第一百二十四条　【环境污染致人损害责任】违反国家保护环境防止污染的规定，污染环境造成他人损害的，应当依法承担民事责任。

第一百二十五条　【地面施工致人损害责任】在公共场所、道旁或者通道上挖坑、修缮安装地下设施等，没有设置明显标志和采取安全措施造成他人损害的，施工人应当承担民事责任。

第一百二十六条　【物件致人损害责任】建筑物或者其他设施以及建筑物上的搁置物、悬挂物发生倒塌、脱落、坠落造成他人损害的，它的所有人或者管理人应当承担民事责任，但能够证明自己没有过错的除外。

第一百二十七条　【动物致人损害责任】饲养的动物造成他人损害的，动物饲养人或者管理人应当承担民事责任；由于受害人的过错造成损害的，动物饲养人或者管理人不承担民事责任；由于第三人的过错造成损害的，第三人应当承担民事责任。

第一百二十八条　【正当防卫】因正当防卫造成损害的，不承担民事责任。正当防卫超过必要的限度，造成不应有的损害的，应当承担适当的民事责任。

第一百二十九条　【紧急避险】因紧急避险造成损害的，由引起险情发生的人承担民事责任。如果危险是由自然原因引起的，紧急避险人不承担民事责任或者承担适当的民事责任。因紧急避险采取措施不当或者超过必要的限度，造成不应有的损害的，紧急避险人应当承担适当的民事责任。

第一百三十条　【共同侵权】二人以上共同侵权造成他人损害的，应当承担连带责任。

第一百三十一条　【混合过错】受害人对于损害的发生也有过错的，可以减轻侵害人的民事责任。

第一百三十二条　【公平责任】当事人对造成损害都没有过错的，可以根据实际情况，由当事人分担民事责任。

第一百三十三条　【无民事行为能力人和限制民事行为能力人致人损害的民事责任】无民事行为能力人、限制民事行为能力人造成他人损害的，由监护人承担民事责任。监护人尽了监护责任的，可以适当减轻他的民事责任。

有财产的无民事行为能力人、限制民事行为能力人造成他人损害的，从本人财产中支付赔偿费用。不足部分，由监护人适当赔偿，但单位担任监护人的除外。

第四节　承担民事责任的方式

第一百三十四条　【承担民事责任的方式】承担民事责任的方式主要有：

（一）停止侵害；

（二）排除妨碍；

（三）消除危险；

（四）返还财产；

（五）恢复原状；

（六）修理、重作、更换；

（七）赔偿损失；

（八）支付违约金；

（九）消除影响、恢复名誉；

（十）赔礼道歉。

以上承担民事责任的方式，可以单独适用，也可以合并适用。

人民法院审理民事案件，除适用上述规定外，还可以予以训诫、责令具结悔过、收缴进行非法活动的财物和非法所得，并可以依照法律规定处以罚款、拘留。

第七章　诉讼时效

第一百三十五条　【普通诉讼时效】向人民法院请求保护民事权利的诉讼时效期间为二年，法律另有规定的除外。

第一百三十六条　【短期诉讼时效】下列的诉讼时效期间为一年：

（一）身体受到伤害要求赔偿的；

（二）出售质量不合格的商品未声明的；

（三）延付或者拒付租金的；

（四）寄存财物被丢失或者损毁的。

第一百三十七条　【最长诉讼时效】诉讼时效期间从知道或者应当知道权利被侵害时起计算。但是，从权利被侵害之日起超过二十年的，人民法院不予保护。有特殊情况的，人民法院可以延长诉讼时效期间。

第一百三十八条　【自愿履行不受诉讼时效限制】超过诉讼时效期间，当事人自愿履行的，不受诉讼时效限制。

第一百三十九条　【诉讼时效的中止】在诉讼时效期间的最后六个月内，因不可抗力或者其他障碍不能行使请求权的，诉讼时效中止。从中止时效的原因消除之日起，诉讼时效期间继续计算。

第一百四十条　【诉讼时效的中断】诉讼时效因提起诉讼、当事人一方提出要求或者同意履行义务而中断。从中断时起，诉讼时效期间重新计算。

第一百四十一条　【特殊规定】法律对诉讼时效另有规定的，依照法律规定。

第八章　涉外民事关系的法律适用

第一百四十二条　【一般规定】涉外民事关系的法律适用，依照本章的规定确定。

中华人民共和国缔结或者参加的国际条约同中华人民共和国的民事法律有不同规定的，适用国际条约的规定，但中华人民共和国声明保留的条款除外。

中华人民共和国法律和中华人民共和国缔结或者参加的国际条约没有规定的，可以适用国际惯例。

第一百四十三条　【定居国外的公民的民事行为能力的法律适用】中华人民共和国公民定居国外的，他的民事行为能力可以适用定居国法律。

第一百四十四条　【不动产所有权的法律适用】不动产的所有权，适用不动产所在地法律。

第一百四十五条　【涉外合同的法律适用】涉外合同的当事人可以选择处理合同争议所适用的法律，法律另有规定的除外。

涉外合同的当事人没有选择的，适用与合同有最密切联系的国家的法律。

第一百四十六条　【侵权行为的法律适用】侵权行为的损害赔偿，适用侵权行为地法律。当事人双方国籍相同或者在同一国家有住所的，也可以适用当事人本国法律或者住所地法律。

中华人民共和国法律不认为在中华人民共和国领域外发生的行为是侵权行为的，不作为侵权行为处理。

第一百四十七条　【涉外婚姻关系的法律适用】中华人民共和国公民和外国人结婚适用婚姻缔结地法律，离婚适用受理案件的法院所在地法律。

第一百四十八条　【涉外扶养关系的法律适用】扶养适用与被扶养人有最密切联系的国家的法律。

第一百四十九条　【涉外继承关系的法律适用】遗产的法定继承，动产适用被继承人死亡时住所地法律，不动产适用不动产所在地法律。

第一百五十条　【公共秩序保留】依照本章规定适用外国法律或者国际惯例的，不得违背中华人民共和国的社会公共利益。

第九章　附　则

第一百五十一条　【民族自治地方可制定变通的或补充的规定】民族自治地方的人民代表大会可以根据本法规定的原则，结合当地民族的特点，制定变通的或者补充的单行条例或者规定。自治区人民代表大会制定的，依照法律规定报全国人民代表大会常务委员会批准或者备案；自治州、自治县人民代表大会制定的，报省、自治区人民代表大会常务委员会批准。

第一百五十二条　【本法生效前批准开办的全民所有制企业的法人资格】本法生效以前，经省、自治区、直辖市以上主管机关批准开办的全民所有制企业，已经向工商行政管理机关登记的，可以不再办理法人登记，即具有法人资格。

第一百五十三条　【不可抗力的定义】本法所称的“不可抗力”，是指不能预见、不能避免并不能克服的客观情况。

第一百五十四条　【期间的计算】民法所称的期间按照公历年、月、日小时计算。

规定按照小时计算期间的，从规定时开始计算。规定按照日、月、年计算期间的，开始的当天不算入，从下一天开始计算。

期间的最后一天是星期日或者其他法定休假日的，以休假日的次日为期间的最后一天。

期间的最后一天的截止时间为二十四点。有业务时间的，到停止业务活动的时间截止。

第一百五十五条 【期间计算有关的术语】民法所称的“以上”、“以下”、“以内”、“届满”，包括本数；所称的“不满”、“以外”，不包括本数。

第一百五十六条 【施行时间】本法自1987年1月1日起施行。

全国人民代表大会常务委员会
关于《中华人民共和国民法通则》第九十九条第一款、《中华人民共和国婚姻法》第二十二条的解释

（2014年11月1日第十二届全国人民代表大会常务委员会第十一次会议通过）

最高人民法院向全国人民代表大会常务委员会提出，为使人民法院正确理解和适用法律，请求对民法通则第九十九条第一款“公民享有姓名权，有权决定、使用和依照规定改变自己的姓名”和婚姻法第二十二条“子女可以随父姓，可以随母姓”的规定作法律解释，明确公民在父姓和母姓之外选取姓氏如何适用法律。

全国人民代表大会常务委员会讨论了上述规定的含义，认为：公民依法享有姓名权。公民行使姓名权属于民事活动，既应当依照民法通则第九十九条第一款和婚姻法第二十二条的规定，还应当遵守民法通则第七条的规定，即应当尊重社会公德，不得损害社会公共利益。在中华传统文化中，“姓名”中的“姓”，即姓氏，体现着血缘传承、伦理秩序和文化传统，公民选取姓氏涉及公序良俗。公民原则上随父姓或者母姓符合中华传统文化和伦理观念，符合绝大多数公民的意愿和实际做法。同时，考虑到社会实际情况，公民有正当理由的也可以选取其他姓氏。基于此，对民法通则第九十九条第一款、婚姻法第二十二条解释如下：

公民依法享有姓名权。公民行使姓名权，还应当尊重社会公德，不得损害社会公共利益。

公民原则上应当随父姓或者母姓。有下列情形之一的，可以在父姓和母姓之外选取姓氏：

（一）选取其他直系长辈血亲的姓氏；

（二）因由法定扶养人以外的人扶养而选取扶养人姓氏；

（三）有不违反公序良俗的其他正当理由。

少数民族公民的姓氏可以从本民族的文化传统和风俗习惯。

现予公告。

最高人民法院
印发《关于贯彻执行〈中华人民共和国民法通则〉若干问题的意见（试行）》的通知

［1988年4月2日　法（办）发〔1988〕6号］

全国地方各级人民法院，各级军事法院，各铁路运输中级法院和基层法院，各海事法院：

现将《关于贯彻执行〈中华人民共和国民法通则〉若干问题的意见（试行）》发给你们，请在民事审判工作和经济审判工作中试行。在试行过程中，应注意调查研究，总结经验。有何意见和问题，请及时报告我院。

附：

最高人民法院
关于贯彻执行《中华人民共和国民法通则》若干问题的意见（试行）①

（1988年1月26日最高人民法院审判委员会讨论通过）

《中华人民共和国民法通则》（以下简称民法通则）已于1987年1月1日起施行。现就民法通则在贯彻执行中遇到的问题提出以下意见。

---

① 根据《最高人民法院关于废止2007年底以前发布的有关司法解释（第七批）的决定》第二十四条的规定，本意见第88、94、115、117、118、177条由于与《中华人民共和国物权法》有关规定冲突而不再适用，本书中以楷体字标明。

一、公　民

（一）关于民事权利能力和民事行为能力问题

1. 公民的民事权利能力自出生时开始，出生的时间以户籍证明为准；没有户籍证明的，以医院出具的出生证明为准。没有医院证明的，参照其他有关证明认定。

2. 16周岁以上不满18周岁的公民，能够以自己的劳动取得收入，并能维持当地群众一般生活水平的，可以认定为以自己的劳动收入为主要生活来源的完全民事行为能力人。

3. 10周岁以上的未成年人进行的民事活动是否与其年龄、智力状况相适应，可以从行为与本人生活相关联的程度、本人的智力能否理解其行为，并预见相应的行为后果，以及行为标的数额等方面认定。

4. 不能完全辨认自己行为的精神病人进行的民事活动，是否与其精神健康状态相适应，可以从行为与本人生活相关联的程度、本人的精神状态能否理解其行为，并预见相应的行为后果，以及行为标的数额等方面认定。

5. 精神病人（包括痴呆症人）如果没有判断能力和自我保护能力，不知其行为后果的，可以认定为不能辨认自己行为的人；对于比较复杂的事物或者比较重大的行为缺乏判断能力和自我保护能力，并且不能预见其行为后果的，可以认定为不能完全辨认自己行为的人。

6. 无民事行为能力人、限制民事行为能力人接受奖励、赠与、报酬，他人不得以行为人无民事行为能力、限制民事行为能力为由，主张以上行为无效。

7. 当事人是否患有精神病，人民法院应当根据司法精神病学鉴定或者参照医院的诊断、鉴定确认。在不具备诊断、鉴定条件的情况下，也可以参照群众公认的当事人的精神状态认定，但应以利害关系人没有异议为限。

8. 在诉讼中，当事人及利害关系人提出一方当事人患有精神病（包括痴呆症），人民法院认为确有必要认定的，应当按照民事诉讼法（试行）规定的特别程序，先作出当事人有无民事行为能力的判决。

确认精神病人（包括痴呆症人）为限制民事行为能力人的，应当比照民事诉讼法（试行）规定的特别程序进行审理。

9. 公民离开住所地最后连续居住1年以上的地方，为经常居住地。但住医院治疗的除外。

公民由其户籍所在地迁出后至迁入另一地之前，无经常居住地的，仍以其原户籍所在地为住所。

（二）关于监护问题

10. 监护人的监护职责包括：保护被监护人的身体健康，照顾被监护人的生活，管理和保护被监护人的财产，代理被监护人进行民事活动，对被监护人进行管理和教育，在被监护人合法权益受到侵害或者与人发生争议时，代理其进行诉讼。

11. 认定监护人的监护能力，应当根据监护人的身体健康状况、经济条件，以及与被监护人在生活上的联系状况等因素确定。

12. 民法通则中规定的近亲属，包括配偶、父母、子女、兄弟姐妹、祖父母、外祖父母、孙子女、外孙子女。

13. 为患有精神病的未成年人设定监护人，适用民法通则第十六条的规定。

14. 人民法院指定监护人时，可以将民法通则第十六条第二款中的（一）、（二）、（三）项或第十七条第一款中的（一）、（二）、（三）、（四）、（五）项规定视为指定监护人的顺序。前一顺序有监护资格的人无监护能力或者对被监护人明显不利的，人民法院可以根据对被监护人有利的原则，从后一顺序有监护资格的人中择优确定。被监护人有识别能力的，应视情况征求被监护人的意见。

监护人可以是一人，也可以是同一顺序中的数人。

15. 有监护资格的人之间协议确定监护人的，应当由协议确定的监护人对被监护人承担监护责任。

16. 对于担任监护人有争议的，应当按照民法通则第十六条第三款或者第十七条第二款的规定，由有关组织予以指定。未经指定而向人民法院起诉的，人民法院不予受理。

17. 有关组织依照民法通则规定指定监护人，以书面或者口头通知了被指定人的，应当认定指定成立。被指定人不服的，应当在接到通知的次日起30日内向人民法院起诉。逾期起诉的，按变更监护关系处理。

18. 监护人被指定后，不得自行变更。擅自变更的，由原被指定的监护人和变更后的监护人承担监护责任。

19. 被指定人对指定不服提起诉讼的，人民法院应当根据本意见第十四条的规定，作出维持或者撤销指定监护人的判决。如果判决是撤销原指定的，可以同时另行指定监护人。此类案件，比照民事诉讼法（试行）规定的特别程序进行审理。

在人民法院作出判决前的监护责任，一般应当按照指定监护人的顺序，由有监护资格的人承担。

20. 监护人不履行监护职责，或者侵害了被监护人的合法权益，民法通则

第十六条、第十七条规定的其他有监护资格的人或者单位向人民法院起诉，要求监护人承担民事责任的，按照普通程序审理；要求变更监护关系的，按照特别程序审理；既要求承担民事责任，又要求变更监护关系的，分别审理。

21. 夫妻离婚后，与子女共同生活的一方无权取消对方对该子女的监护权；但是，未与该子女共同生活的一方，对该子女有犯罪行为、虐待行为或者对该子女明显不利的，人民法院认为可以取消的除外。

22. 监护人可以将监护职责部分或者全部委托给他人。因被监护人的侵权行为需要承担民事责任的，应当由监护人承担，但另有约定的除外；被委托人确有过错的，负连带责任。

23. 夫妻一方死亡后，另一方将子女送给他人收养，如收养对子女的健康成长并无不利，又办了合法收养手续的，认定收养关系成立；其他有监护资格的人不得以收养未经其同意而主张收养关系无效。

（三）关于宣告失踪、宣告死亡问题

24. 申请宣告失踪的利害关系人，包括被申请宣告失踪人的配偶、父母、子女、兄弟姐妹、祖父母、外祖父母、孙子女、外孙子女以及其他与被申请人有民事权利义务关系的人。

25. 申请宣告死亡的利害关系人的顺序是：

（一）配偶；

（二）父母、子女；

（三）兄弟姐妹、祖父母、外祖父母、孙子女、外孙子女；

（四）其他有民事权利义务关系的人。

申请撤销死亡宣告不受上列顺序限制。

26. 下落不明是指公民离开最后居住地后没有音讯的状况。对于在台湾或者在国外，无法正常通讯联系的，不得以下落不明宣告死亡。

27. 战争期间下落不明的，申请宣告死亡的期间适用民法通则第二十三条第一款第一项的规定。

28. 民法通则第二十条第一款、第二十三条第一款第一项中的下落不明的起算时间，从公民音讯消失之次日起算。

宣告失踪的案件，由被宣告失踪人住所地的基层人民法院管辖。住所地与居住地不一致的，由最后居住地的基层人民法院管辖。

29. 宣告失踪不是宣告死亡的必经程序。公民下落不明，符合申请宣告死亡的条件，利害关系人可以不经申请宣告失踪而直接申请宣告死亡。但利害关系人只申请宣告失踪的，应当宣告失踪；同一顺序的利害关系人，有的申请宣告死亡，有的不同意宣告死亡，则应当宣告死亡。

30. 人民法院指定失踪人的财产代管人，应当根据有利于保护失踪人财产的原则指定。没有民法通则第二十一条规定的代管人，或者他们无能力作代管人，或者不宜作代管人的，人民法院可以指定公民或者有关组织为失踪人的财产代管人。

无民事行为能力人、限制民事行为能力人失踪的，其监护人即为财产代管人。

31. 民法通则第二十一条第二款中的“其他费用”，包括赡养费、扶养费、抚育费和因代管财产所需的管理费等必要的费用。

32. 失踪人的财产代管人拒绝支付失踪人所欠的税款、债务和其他费用，债权人提起诉讼的，人民法院应当将代管人列为被告。

失踪人的财产代管人向失踪人的债务人要求偿还债务的，可以作为原告提起诉讼。

33. 债务人下落不明，但未被宣告失踪，债权人起诉要求清偿债务的，人民法院可以在公告传唤后缺席判决或者按中止诉讼处理。

34. 人民法院审理宣告失踪的案件，比照民事诉讼法（试行）规定的特别程序进行。

人民法院审理宣告失踪的案件，应当查清被申请宣告失踪人的财产，指定临时管理人或者采取诉讼保全措施，发出寻找失踪人的公告，公告期间为半年。公告期间届满，人民法院根据被宣告失踪人失踪的事实是否得到确认，作出宣告失踪的判决或者终结审理的裁定。如果判决宣告为失踪人，应当同时指定失踪人的财产代管人。

35. 失踪人的财产代管人以无力履行代管职责，申请变更代管人的，人民法院比照特别程序进行审理。

失踪人的财产代管人不履行代管职责或者侵犯失踪人财产权益的，失踪人的利害关系人可以向人民法院请求财产代管人承担民事责任。如果同时申请人民法院变更财产代管人的，变更之诉比照特别程序单独审理。

36. 被宣告死亡的人，判决宣告之日为其死亡的日期。判决书除发给申请人外，还应当在被宣告死亡的人住所地和人民法院所在地公告。

被宣告死亡和自然死亡的时间不一致的，被宣告死亡所引起的法律后果仍然有效，但自然死亡前实施的民事法律行为与被宣告死亡引起的法律后果相抵触的，则以其实施的民事法律行为为准。

37. 被宣告死亡的人与配偶的婚姻关系，自死亡宣告之日起消灭。死亡宣告被人民法院撤销，如果其配偶尚未再婚的，夫妻关系从撤销死亡宣告之日起自行恢复；如果其配偶再婚后又离婚或者再婚后配偶又死亡的，则不得认定夫妻关系自行恢复。

38. 被宣告死亡的人在被宣告死亡期间，其子女被他人依法收养，被宣告死亡的人在死亡宣告被撤销后，仅以未经本人同意而主张收养关系无效的，一般不应准许，但收养人和被收养人同意的除外。

39. 利害关系人隐瞒真实情况使他人被宣告死亡而取得其财产的，除应返还原物及孳息外，还应对造成的损失予以赔偿。

40. 被撤销死亡宣告的人请求返还财产，其原物已被第三人合法取得的，第三人可不予返还。但依继承法取得原物的公民或者组织，应当返还原物或者给予适当补偿。

（四）关于个体工商户、农村承包经营户、个人合伙问题

41. 起字号的个体工商户，在民事诉讼中，应以营业执照登记的户主（业主）为诉讼当事人，在诉讼文书中注明系某字号的户主。

42. 以公民个人名义申请登记的个体工商户和个人承包的农村承包经营户，用家庭共有财产投资，或者收益的主要部分供家庭成员享用的，其债务应以家庭共有财产清偿。

43. 在夫妻关系存续期间，一方从事个体经营或者承包经营的，其收入为夫妻共有财产，债务亦应以夫妻共有财产清偿。

44. 个体工商户、农村承包经营户的债务，如以其家庭共有财产承担责任时，应当保留家庭成员的生活必需品和必要的生产工具。

45. 起字号的个人合伙，在民事诉讼中，应当以依法核准登记的字号为诉讼当事人，并由合伙负责人为诉讼代表人。合伙负责人的诉讼行为，对全体合伙人发生法律效力。

未起字号的个人合伙，合伙人在民事诉讼中为共同诉讼人。合伙人人数众多的，可以推举诉讼代表人参加诉讼。诉讼代表人的诉讼行为，对全体合伙人发生法律效力。推举诉讼代表人，应当办理书面手续。

46. 公民按照协议提供资金或者实物，并约定参与合伙盈余分配，但不参与合伙经营、劳动的，或者提供技术性劳务而不提供资金、实物，但约定参与盈余分配的，视为合伙人。

47. 全体合伙人对合伙经营的亏损额，对外应当负连带责任；对内则应按照协议约定的债务承担比例或者出资比例分担；协议未规定债务承担比例或者出资比例的，可以按照约定的或者实际的盈余分配比例承担。但是对造成合伙经营亏损有过错的合伙人，应当根据其过错程度相应的多承担责任。

48. 只提供技术性劳务，不提供资金、实物的合伙人，对于合伙经营的亏损额，对外也应当承担连带责任；对内则应当按照协议约定的债务承担比例或者技术性劳务折抵的出资比例承担；协议未规定债务承担比例或者出资比例的，可以按照约定的或者合伙人实际的盈余分配比例承担；没有盈余分配比例的，按照其余合伙人平均投资比例承担。

49. 个人合伙或者个体工商户，虽经工商行政管理部门错误地登记为集体所有制的企业，但实际为个人合伙或者个体工商户的，应当按个人合伙或者个体工商户对待。

50. 当事人之间没有书面合伙协议，又未经工商行政管理部门核准登记，但具备合伙的其他条件，又有两个以上无利害关系人证明有口头合伙协议的，人民法院可以认定为合伙关系。

51. 在合伙经营过程中增加合伙人，书面协议有约定的，按照协议处理；书面协议未约定的，须经全体合伙人同意；未经全体合伙人同意的，应当认定入伙无效。

52. 合伙人退伙，书面协议有约定的，按书面协议处理；书面协议未约定的，原则上应予准许。但因其退伙给其他合伙人造成损失的，应当考虑退伙的原因、理由以及双方当事人的过错等情况，确定其应当承担的赔偿责任。

53. 合伙经营期间发生亏损，合伙人退出合伙时未按约定分担或者未合理分担合伙债务的，退伙人对原合伙的债务，应当承担清偿责任；退伙人已分担合伙债务的，对其参加合伙期间的全部债务仍负连带责任。

54. 合伙人退伙时分割的合伙财产，应当包括合伙时投入的财产和合伙期间积累的财产，以及合伙期间的债权和债务。入伙的原物退伙时原则上应予退还；一次清退有困难的，可以分批分期清退；退还原物确有困难的，可以折价处理。

55. 合伙终止时，对合伙财产的处理，有书面协议的，按协议处理；没有书面协议，又协商不成的，如果合伙人出资额相等，应当考虑多数人意见酌情处理；合伙人出资额不等的，可以按出资额占全部合伙额多的合伙人的意见处理，但要保护其他合伙人的利益。

56. 合伙人互相串通逃避合伙债务的，除应责令其承担清偿责任外，还可以按照民法通则第一百三十四条第三款的规定处理。

57. 民法通则第三十五条第一款中关于“以各自的财产承担清偿责任”，是指合伙人以个人财产出资的，以合伙人的个人财产承担；合伙人以其家庭共有财产出资的，以其家庭共有财产承担；合伙人以个人财产出资，合伙的盈余分配所得用于其家庭成员生活的，应先以合伙人的个人财产承担，不足部分以合伙人的家庭共有财产承担。

二、法　人

58. 企业法人的法定代表人和其他工作人员，以法人名义从事的经营活动，给他人造成经济损失的，企业法人应当承担民事责任。

59. 企业法人解散或者被撤销的，应当由其主管机关组织清算小组进行清算。企业法人被宣告破产的，应当由人民法院组织有关机关和有关人员成立清算组织进行清算。

60. 清算组织是以清算企业法人债权、债务为目的而依法成立的组织。它负责对终止的企业法人的财产进行保管、清理、估价、处理和清偿。

对于涉及终止的企业法人债权、债务的民事诉讼，清算组织可以用自己的名义参加诉讼。

以逃避债务责任为目的而成立的清算组织，其实施的民事行为无效。

61. 人民法院审理案件时，如果查明企业法人有民法通则第四十九条所列的六种情形之一的，除企业法人承担责任外，还可以根据民法通则第四十九条和第一百三十四条第三款的规定，对企业法定代表人直接给予罚款的处罚；对需要给予行政处分的，可以向有关部门提出司法建议，由有关部门决定处理；对构成犯罪需要依法追究刑事责任的，应当依法移送公安、检察机关。

62. 人民法院在审理案件中，依法对企业法定代表人或者其他人采用罚款、拘留制裁措施，必须经院长批准，另行制作民事制裁决定书。被制裁人对决定不服的，在收到决定书的次日起 10 日内可以向上一级人民法院申请复议一次。复议期间，决定暂不执行。

63. 对法定代表人直接处以罚款的数额一般在 2000 元以下。法律另有规定的除外。

64. 以提供土地使用权作为联营条件的一方，对联营企业的债务，应当按照书面协议的约定承担；书面协议未约定的，可以按照出资比例或者盈余分配比例承担。

三、民事法律行为和代理

65. 当事人以录音、录像等视听资料形式实施的民事行为，如有两个以上无利害关系人作为证人或者有其他证据证明该民事行为符合民法通则第五十五条的规定，可以认定有效。

66. 一方当事人向对方当事人提出民事权利的要求，对方未用语言或者文字明确表示意见，但其行为表明已接受的，可以认定为默示。不作为的默示只有在法律有规定或者当事人双方有约定的情况下，才可以视为意思表示。

67. 间歇性精神病人的民事行为，确能证明是在发病期间实施的，应当认定无效。

行为人在神志不清的状态下所实施的民事行为，应当认定无效。

68. 一方当事人故意告知对方虚假情况，或者故意隐瞒真实情况，诱使对方当事人作出错误意思表示的，可以认定为欺诈行为。

69. 以给公民及其亲友的生命健康、荣誉、名誉、财产等造成损害，或者以给法人的荣誉、名誉、财产等造成损害为要挟，迫使对方作出违背真实的意思表示的，可以认定为胁迫行为。

70. 一方当事人乘对方处于危难之机，为牟取不正当利益，迫使对方作出不真实的意思表示，严重损害对方利益的，可以认定为乘人之危。

71. 行为人因对行为的性质、对方当事人、标的物的品种、质量、规格和数量等的错误认识，使行为的后果与自己的意思相悖，并造成较大损失的，可以认定为重大误解。

72. 一方当事人利用优势或者利用对方没有经验，致使双方的权利与义务明显违反公平、等价有偿原则的，可以认定为显失公平。

73. 对于重大误解或者显失公平的民事行为，当事人请求变更的，人民法院应当予以变更；当事人请求撤销的，人民法院可以酌情予以变更或者撤销。

可变更或者可撤销的民事行为，自行为成立时起超过 1 年当事人才请求变更或者撤销的，人民法院不予保护。

74. 对民法通则第六十一条第二款中的“双方取得的财产”，应当包括双方当事人已经取得和约定取得的财产。

75. 附条件的民事行为，如果所附的条件是违背法律规定或者不可能发生的，应当认定该民事行为无效。

76. 附期限的民事法律行为，在所附期限到来时生效或者解除。

77. 意思表示由第三人义务转达，而第三人由于过失转达错误或者没有转达，使他人造成损失的，一般可由意思表示人负赔偿责任。但法律另有规定或者双方另有约定的除外。

78. 凡是依法或者依双方的约定必须由本人亲自实施的民事行为，本人未亲自实施的，应当认定行为无效。

79. 数个委托代理人共同行使代理权的，如果其中一人或者数人未与其他委托代理人协商，所实施的行为侵害被代理人权益的，由实施行为的委托代理人承担民事责任。

被代理人为数人时，其中一人或者数人未经其他被代理人同意而提出解除代理关系，因此造成损害的，由提出解除代理关系的被代理人承担。

80. 由于急病、通讯联络中断等特殊原因，委托代理人自己不能办理代理事项，又不能与被代理人及时取得联系，如不及时转托他人代理，会给被代理人的利益造成损失或者扩大损失的，属于民法通则第六十八条中的“紧急情况”。

81. 委托代理人转托他人代理的，比照民法通则第六十五条规定的条件办理转托手续。因委托代理人转托不明，给第三人造成损失的，第三人可以直接要求被代理人赔偿损失；被代理人承担民事责任后，可以要求委托代理人赔偿损失，转托代理人有过错的，应当负连带责任。

82. 被代理人死亡后有下列情况之一的，委托代理人实施的代理行为有效：（1）代理人不知道被代理人死亡的；（2）被代理人的继承人均予承认的；（3）被代理人与代理人约定到代理事项完成时代理权终止的；（4）在被代理人死亡前已经进行、而在被代理人死亡后为了被代理人的继承人的利益继续完成的。

83. 代理人和被代理人对已实施的民事行为负连带责任的，在民事诉讼中，可以列为共同诉讼人。

四、民事权利

（一）关于财产所有权和与财产所有权有关的财产权问题

84. 财产已经交付，但当事人约定财产所有权转移附条件的，在所附条件成就时，财产所有权方为转移。

85. 财产所有权合法转移后，一方翻悔的，不予支持。财产所有权尚未按原协议转移，一方翻悔并无正当理由，协议又能够履行的，应当继续履行；如果协议不能履行，给对方造成损失的，应当负赔偿责任。

86. 非产权人在使用他人的财产上增添附属物，财产所有人同意增添，并就财产返还时附属物如何处理有约定的，按约定办理；没有约定又协商不成，能够拆除的，可以责令拆除；不能拆除的，也可以折价归财产所有人；造成财产所有人损失的，应当负赔偿责任。

87. 有附属物的财产，附属物随财产所有权的转移而转移。但当事人另有约定又不违法的，按约定处理。

88. 对于共有财产，部分共有人主张按份共有，部分共有人主张共同共有，如果不能证明财产是按份共有的，应当认定为共同共有。

89. 共同共有人对共有财产享有共同的权利，承担共同的义务。在共同共有关系存续期间，部分共有人擅自处分共有财产的。一般认定无效。但第三人善意、有偿取得该项财产的，应当维护第三人的合法权益；对其他共有人的损失，由擅自处分共有财产的人赔偿。

90. 在共同共有关系终止时，对共有财产的分割，有协议的，按协议处理；没有协议的，应当根据等分原则处理，并且考虑共有人对共有财产的贡献大小，适当照顾共有人生产、生活的实际需要等情况。但分割夫妻共有财产，应当根据婚姻法的有关规定处理。

91. 共有财产是特定物，而且不能分割或者分割有损其价值的，可以折价处理。

92. 共同共有财产分割后，一个或者数个原共有人出卖自己分得的财产时，如果出卖的财产与其他原共有人分得的财产属于一个整体或者配套使用，其他原共有人主张优先购买权的，应当予以支持。

93. 公民、法人对于挖掘、发现的埋藏物、隐藏物，如果能够证明属其所有，而且根据现行的法律、政策又可以归其所有的，应当予以保护。

94. 拾得物灭失、毁损，拾得人没有故意的，不承担民事责任。拾得人将拾得物据为己有，拒不返还而引起诉讼的，按照侵权之诉处理。

95. 公民和集体依法对集体所有的或者国家所有由集体使用的森林、土地、山岭、草原、荒地、滩涂、水面等承包经营的权利和义务，按承包合同的规定处理。承包人未经发包人同意擅自转包或者转让的无效。

96. 因土地、山岭、森林、草原、荒地、滩涂、水面等自然资源的所有权或者使用权发生权属争议的，应当由有关行政部门处理。对行政处理不服的，当事人可以依据有关法律和行政法规的规定，向人民法院提起诉讼；因侵权纠纷起诉的，人民法院可以直接受理。

97. 相邻一方因施工临时占用他方使用的土地，占用的一方如未按照双方约定的范围、用途和期限使用的，应当责令其及时清理现场，排除妨碍，恢复原状，赔偿损失。

98. 一方擅自堵截或者独占自然流水，影响他方正常生产、生活的，他方有权请求排除妨碍；造成他方损失的，应负赔偿责任。

99. 相邻一方必须使用另一方的土地排水的，应当予以准许；但应在必要限度内使用并采取适当的保护措施排水，如仍造成损失的，由受益人合理补偿。

相邻一方可以采取其他合理的措施排水而未采取，向他方土地排水毁损或者可能毁损他方财产，他方要求致害人停止侵害、消除危险、恢复原状、赔偿损失的，应当予以支持。

100. 一方必须在相邻一方使用的土地上通行的，应当予以准许；因此造成损失的，应当给予适当补偿。

101. 对于一方所有的或者使用的建筑物范围内历史形成的必经通道，所有权人或者使用权人不得堵塞。因堵塞影响他人生产、生活，他人要求排除妨碍或者恢复原状的，应当予以支持。但有条件另开通道的，也可以另开通道。

102. 处理相邻房屋滴水纠纷时，对有过错的一方造成他方损害的，应当责令其排除妨碍、赔偿损失。

103. 相邻一方在自己使用的土地上挖水沟、水池、地窖等或者种植的竹木根枝伸延，危及另一方建筑物的安全和正常使用的，应当分别情况，责令其消除危险，恢复原状，赔偿损失。

（二）关于债权问题

104. 债权人无正当理由拒绝债务人履行义务，债务人将履行的标的物向有关部门提存的，应当认定债务已经履行。因提存所支出的费用，应当由债权人承担。提存期间，财产收益归债权人所有，风险责任由债权人承担。

105. 依据民法通则第八十八条第二款第（一）项规定，合同对产品质量要求不明确，当事人未能达成协议，又没有国家质量标准的，按部颁标准或者专业标准处理；没有部颁标准或者专业标准的，按经过批准的企业标准处理；没有经过批准的企业标准的，按标的物产地同行业其他企业经过批准的同类产品质量标准处理。

106. 保证人应当是具有代偿能力的公民、企业法人以及其他经济组织。保证人即使不具备完全代偿能力，仍应以自己的财产承担保证责任。

国家机关不能担任保证人。

107. 不具有法人资格的企业法人的分支机构，以自己的名义对外签订的保证合同，一般应当认定无效。但因此产生的财产责任，分支机构如有偿付能力的，应当自行承担；如无偿付能力的，应由企业法人承担。

108. 保证人向债权人保证债务人履行债务的，应当与债权人订立书面保证合同，确定保证人对主债务的保证范围和保证期限。虽未单独订立书面保证合同，但在主合同中写明保证人的保证范围和保证期限，并由保证人签名盖章的，视为书面保证合同成立。公民间的口头保证，有两个以上无利害关系人证明的，也视为保证合同成立，法律另有规定的除外。

保证范围不明确的，推定保证人对全部主债务承担保证责任。

109. 在保证期限内，保证人的保证范围，可因主债务的减少而减少。新增加的债务，未经保证人同意担保的，保证人不承担保证责任。

110. 保证人为2人以上的，相互之间负连带保证责任。但是保证人与债权人约定按份承担保证责任的除外。

111. 被担保的经济合同确认无效后，如果被保证人应当返还财产或者赔偿损失的，除有特殊约定外，保证人仍应承担连带责任。

112. 债务人或者第三人向债权人提供抵押物时，应当订立书面合同或者在原债权文书中写明。没有书面合同，但有其他证据证明抵押物或者其权利证书已交给抵押权人的，可以认定抵押关系成立。

113. 以自己不享有所有权或者经营管理权的财产作抵押物的，应当认定抵押无效。

以法律限制流通的财产作为抵押物的，在清偿债务时，应当由有关部门收购，抵押权人可以从价款中优先受偿。

114. 抵押物在抵押权人保管期间灭失、毁损的，抵押权人如有过错，应当承担民事责任。

抵押物在抵押人处灭失、毁损的，应当认定抵押关系存在，并责令抵押人以其他财产代替抵押物。

115. 抵押物如由抵押人自己占有并负责保管，在抵押期间，非经债权人同意，抵押人将同一抵押物转让他人，或者就抵押物价值已设置抵押部分再作抵押的，其行为无效。

债务人以抵押物清偿债务时，如果一项抵押物有数个抵押权人的，应当按照设定抵押权的先后顺序受偿。

116. 有要求清偿银行贷款和其他债权等数个债权人的，有抵押权的债权人应享有优先受偿的权利；法律、法规另有规定的除外。

117. 债权人因合同关系占有债务人财物的，如果债务人到期不履行义务，债权人可以将相应的财物留置。经催告，债务人在合理期限内仍不履行义务，债权人依法将留置的财物以合理的价格变卖，并以变卖财物的价款优先受偿的，应予保护。

118. 出租人出卖出租房屋，应提前3个月通知承租人。承租人在同等条件下，享有优先购买权；出租人未按此规定出卖房屋的，承租人可以请求人民法院宣告该房屋买卖无效。

119. 承租户以一人名义承租私有房屋，在租赁期内，承租人死亡，该户共同居住人要求按原租约履行的，应当准许。

私有房屋在租赁期内，因买卖、赠与或者继承发生房屋产权转移的，原租赁合同对承租人和新房主继续有效。

未定租期，房主要求收回房屋自住的，一般应当准许。承租人有条件搬迁的，应责令其搬迁；如果承租人搬迁确有困难的，可给一定期限让其找房或者腾让部分房屋。

120. 在房屋出典期间或者典期届满时，当事人之间约定延长典期或者增减典价的，应当准许。承典人要求出典人高于原典价回赎的，一般不予支持。以合法流通物作典价的，应当按照回赎时市场零售价格折算。

121. 公民之间的借贷，双方对返还期限有约定的，一般应按约定处理；没有约定的，出借人随时可以请求返还，借方应当根据出借人的请求及时返还；暂时无力返还的，可以根据实际情况责令其分期返还。

122. 公民之间的生产经营性借贷的利率，可以适当高于生活性借贷利率。如因利率发生纠纷，应本着保护合法借贷关系，考虑当地实际情况，有利于生产和稳定经济秩序的原则处理。

123. 公民之间的无息借款，有约定偿还期限而借款人不按期偿还，或者未约定偿还期限但经出借人催告后，借款人仍不偿还的，出借人要求借款人偿付逾期利息，应当予以准许。

124. 借款双方因利率发生争议，如果约定不明，又不能证明的，可以比照银行同类贷款利率计息。

125. 公民之间的借贷，出借人将利息计入本金计算复利的，不予保护；在借款时将利息扣除的，应当按实际出借款数计息。

126. 借用实物的，出借人要求归还原物或者同等数量、质量的实物，应当予以支持；如果确实无法归还实物的，可以按照或者适当高于归还时市场零售价格折价给付。

127. 借用人因管理、使用不善造成借用物毁损的，借用人应当负赔偿责任；借用物自身有缺陷的，可以减轻借用人的赔偿责任。

128. 公民之间赠与关系的成立，以赠与物的交付为准。赠与房屋，如根据书面赠与合同办理了过户手续的，应当认定赠与关系成立；未办理过户手续，但赠与人根据书面赠与合同已将产权证书交与受赠人，受赠人根据赠与合同已占有、使用该房屋的，可以认定赠与有效，但应令其补办过户手续。

129. 赠与人明确表示将赠与物赠给未成年人个人的，应当认定该赠与物为未成年人的个人财产。

130. 赠与人为了逃避应履行的法定义务，将自己的财产赠与他人，如果利害关系人主张权利的，应当认定赠与无效。

131. 返还的不当利益，应当包括原物和原物所生的孳息。利用不当得利所取得的其他利益，扣除劳务管理费用后，应当予以收缴。

132. 民法通则第九十三条规定的管理人或者服务人可以要求受益人偿付的必要费用，包括在管理或者服务活动中直接支出的费用，以及在该活动中受到的实际损失。

（三）关于知识产权、人身权问题

133. 作品不论是否发表，作者均享有著作权（版权）。

134. 2人以上按照约定共同创作作品的，不论各人的创作成果在作品中被采用多少，应当认定该项作品为共同创作。

135. 合著的作品，著作权（版权）应当认定为全体合著人共同享有；其中各组成部分可以分别独立存在的，各组成部分的著作权（版权）由各组成部分的作者分别享有。

136. 作者死亡后，著作权（版权）中由继承人继承的财产权利在法律规定的保护期限内受到侵犯，继承人依法要求保护的，人民法院应当予以支持。

137. 公民、法人通过申请专利取得的专利权，或者通过继承、受赠、受让等方式取得的专利权，应当予以保护。

转让专利权应当由国家专利局登记并公告，专利权自国家专利局公告之日起转移。

138. 法人、个体工商户、个人合伙通过申请商标注册或者受让等方式取得的商标专用权，除依法定程序撤销者外，应当予以保护。

转让商标专用权应当由国家工商行政管理局商标局核准，商标专用权自核准之日起转移。

139. 以营利为目的，未经公民同意利用其肖像做广告、商标、装饰橱窗等，应当认定为侵犯公民肖像权的行为。

140. 以书面、口头等形式宣扬他人的隐私，或者捏造事实公然丑化他人人格，以及用侮辱、诽谤等方式损害他人名誉，造成一定影响的，应当认定为侵害公民的名誉权的行为。

以书面、口头等形式诋毁、诽谤法人名誉，给法人造成损害的，应当认定为侵害法人名誉权的行为。

141. 盗用、假冒他人姓名、名称造成损害的，应当认定为侵犯姓名权、名称权的行为。

五、民事责任

142. 为维护国家、集体或者他人合法权益而使自己受到损害，在侵害人无力赔偿或者没有侵害人的情况下，如果受害人提出请求的，人民法院可以根据受益人受益的多少及其经济状况，责令受益人给予适当补偿。

143. 受害人的误工日期，应当按其实际损害程度、恢复状况并参照治疗医院出具的证明或者法医鉴定等认定。赔偿费用的标准，可以按照受害人的工资标准或者实际收入的数额计算。

受害人是承包经营户或者个体工商户的，其误工费的计算标准，可以参照受害人一定期限内的平均收入酌定。如果受害人承包经营的种植、养殖业季节性很强，不及时经营会造成更大损失的，除受害人应当采取措施防止损失扩大外，还可以裁定侵害人采取措施防止扩大损失。

144. 医药治疗费的赔偿，一般应以所在地治疗医院的诊断证明和医药费、住院费的单据为凭。应经医务部门批准而未获批准擅自另找医院治疗的费用，一般不予赔偿；擅自购买与损害无关的药品或者治疗其他疾病的，其费用则不予赔偿。

145. 经医院批准专事护理的人，其误工补助费可以按收入的实际损失计算。应得奖金一般可以计算在应赔偿的数额内。本人没有工资收入的，其补偿标准应以当地的一般临时工的工资标准为限。

146. 侵害他人身体致使其丧失全部或者部分劳动能力的，赔偿的生活补助费一般应补足到不低于当地居民基本生活费的标准。

147. 侵害他人身体致人死亡或者丧失劳动能力的，依靠受害人实际扶养而又没有其他生活来源的人要求侵害人支付必要生活费的，应当予以支持，其数额根据实际情况确定。

148. 教唆、帮助他人实施侵权行为的人，为共同侵权人，应当承担连带民事责任。

教唆、帮助无民事行为能力人实施侵权行为的人，为侵权人，应当承担民事责任。

教唆、帮助限制民事行为能力人实施侵权行为的人，为共同侵权人，应当承担主要民事责任。

149. 盗用、假冒他人名义，以函、电等方式进行欺骗或者愚弄他人，并使其财产、名誉受到损害的，侵权人应当承担民事责任。

150. 公民的姓名权、肖像权、名誉权、荣誉权和法人的名称权、名誉权、荣誉权受到侵害，公民或者法人要求赔偿损失的，人民法院可以根据侵权人的过错程度、侵权行为的具体情节、后果和影响确定其赔偿责任。

151. 侵害他人的姓名权、名称权、肖像权、名誉权、荣誉权而获利的，侵权人除依法赔偿受害人的损失外，其非法所得应当予以收缴。

152. 国家机关工作人员在执行职务中，给公民、法人的合法权益造成损害的，国家机关应当承担民事责任。

153. 消费者、用户因为使用质量不合格的产品造成本人或者第三人人身伤害、财产损失的，受害人可以向产品制造者或者销售者要求赔偿。因此提起的诉讼，由被告所在地或者侵权行为地人民法院管辖。

运输者和仓储者对产品质量负有责任，制造者或者销售者请求赔偿损失的，可以另案处理，也可以将运输者和仓储者列为第三人，一并处理。

154. 从事高度危险作业，没有按有关规定采取必要的安全防护措施，严重威胁他人人身、财产安全的，人民法院应当根据他人的要求，责令作业人消除危险。

155. 因堆放物品倒塌造成他人损害的，如果当事人均无过错，应当根据公平原则酌情处理。

156. 因紧急避险造成他人损失的，如果险情是由自然原因引起，行为人采取的措施又无不当，则行为人不承担民事责任。受害人要求补偿的，可以责令受益人适当补偿。

157. 当事人对造成损害均无过错，但一方是在为对方的利益或者共同的利益进行活动的过程中受到损害的，可以责令对方或者受益人给予一定的经济补偿。

158. 夫妻离婚后，未成年子女侵害他人权益的，同该子女共同生活的一方应当承担民事责任；如果独立承担民事责任确有困难的，可以责令未与该子女共同生活的一方共同承担民事责任。

159. 被监护人造成他人损害的，有明确的监护人时，由监护人承担民事责任；监护人不明确的，由顺序在前的有监护能力的人承担民事责任。

160. 在幼儿园、学校生活、学习的无民事行为能力人或者在精神病院治疗的精神病人，受到伤害或者给他人造成损害，单位有过错的，可以责令这些单位适当给予赔偿。

161. 侵权行为发生时行为人不满 18 周岁，在诉讼时已满 18 周岁，并有经济能力的，应当承担民事责任；行为人没有经济能力的，应当由原监护人承担民事责任。

行为人致人损害时年满 18 周岁的，应当由本人承担民事责任；没有经济收入的，由扶养人垫付；垫付有困难的，也可以判决或者调解延期给付。

162. 在诉讼中遇有需要停止侵害、排除妨碍、消除危险的情况时，人民法院可以根据当事人的申请或者依职权先行作出裁定。

当事人在诉讼中用赔礼道歉方式承担了民事责任的，应当在判决中叙明。

163. 在诉讼中发现与本案有关的违法行为需要给予制裁的，可适用民法通则第一百三十四条第三款规定，予以训诫、责令具结悔过、收缴进行非法活动的财物和非法所得，或者依照法律规定处以罚款、拘留。

采用收缴、罚款、拘留制裁措施，必须经院长批准，另行制作民事制裁决定书。被制裁人对决定不服的，在收到决定书的次日起 10 日内可以向上一级人民法院申请复议一次。复议期间，决定暂不执行。

164. 适用民法通则第一百三十四条第三款对公民处以罚款的数额为 500 元以下，拘留为 15 日以下。

依法对法定代表人处以拘留制裁措施，为 15 日以下。

以上两款，法律另有规定的除外。

六、诉讼时效

165. 在民法通则实施前，权利人知道或者应当知道其民事权利被侵害，民法通则实施后，向人民法院请求保护的诉讼时效期间，应当适用民法通则第一百三十五条和第一百三十六条的规定，从 1987 年 1 月 1 日起算。

166. 民法通则实施前，民事权利被侵害超过 20 年的，民法通则实施后，权利人向人民法院请求保护的诉讼时效期间，分别为民法通则第一百三十五条规定的 2 年或者第一百三十六条规定的 1 年，从 1987 年 1 月 1 日起算。

167. 民法通则实施后，属于民法通则第一百三十五条规定的 2 年诉讼时效期间，权利人自权利被侵害时起的第 18 年后至第 20 年期间才知道自己的权利被侵害的，或者属于民法通则第一百三十六条规定的 1 年诉讼时效期间，权利人自权利被侵害时起的第 19 年后至第 20 年期间才知道自己的权利被侵害的，提起诉讼请求的权利，应当在权利被侵害之日起的 20 年内行使；超过 20 年的，不予保护。

168. 人身损害赔偿的诉讼时效期间，伤害明显的，从受伤害之日起算；伤害当时未曾发现，后经检查确诊并能证明是由侵害引起的，从伤势确诊之日起算。

169. 权利人由于客观的障碍在法定诉讼时效期间不能行使请求权的，属于民法通则第一百三十七条规定的“特殊情况”。

170. 未授权给公民、法人经营、管理的国家财产受到侵害的，不受诉讼时效期间的限制。

171. 过了诉讼时效期间，义务人履行义务后，又以超过诉讼时效为由翻悔的，不予支持。

172. 在诉讼时效期间的最后 6 个月内，权利被侵害的无民事行为能力人、限制民事行为能力人没有法定代理人，或者法定代理人死亡、丧失代理权，或者法定代理人本人丧失行为能力的，可以认定为因其他障碍不能行使请求权，适用诉讼时效中止。

173. 诉讼时效因权利人主张权利或者义务人同意履行义务而中断后，权利人在新的诉讼时效期间内，再次主张权利或者义务人再次同意履行义务的，可以认定为诉讼时效再次中断。

权利人向债务保证人、债务人的代理人或者财产代管人主张权利的，可以认定诉讼时效中断。

174. 权利人向人民调解委员会或者有关单位提出保护民事权利的请求，从提出请求时起，诉讼时效中断。经调处达不成协议的，诉讼时效期间即重新起算；如调处达成协议，义务人未按协议所定期限履行义务的，诉讼时效期间应从期限届满时重新起算。

175. 民法通则第一百三十五条、第一百三十六条规定的诉讼时效期间，可以适用民法通则有关中止、中断和延长的规定。

民法通则第一百三十七条规定的“20 年”诉讼时效期间，可以适用民法通则有关延长的规定，不适用中止、中断的规定。

176. 法律、法规对索赔时间和对产品质量等提出异议的时间有特殊规定的，按特殊规定办理。

177. 继承的诉讼时效按继承法的规定执行。但继承开始后，继承人未明确表示放弃继承的，视为接受继承，遗产未分割的，即为共同共有。诉讼时效的中止、中断、延长，均适用民法通则的有关规定。

七、涉外民事关系的法律适用

178. 凡民事关系的一方或者双方当事人是外国人、无国籍人、外国法人的；民事关系的标的物在外国领域内的；产生、变更或者消灭民事权利义务关系的法律事实发生在外国的，均为涉外民事关系。

人民法院在审理涉外民事关系的案件时，应当按照民法通则第八章的规定来确定应适用的实体法。

179. 定居国外的我国公民的民事行为能力，如其行为是在我国境内所为，适用我国法律；在定居国所为，可以适用其定居国法律。

180. 外国人在我国领域内进行民事活动，如依其本国法律为无民事行为能力，而依我国法律为有民事行为能力，应当认定为有民事行为能力。

181. 无国籍人的民事行为能力，一般适用其定居国法律；如未定居的，适用其住所地国法律。

182. 有双重或者多重国籍的外国人，以其有住所或者与其有最密切联系的国家的法律为其本国法。

183. 当事人的住所不明或者不能确定的，以其经常居住地为住所。当事人有几个住所的，以与产生纠纷的民事关系有最密切联系的住所为住所。

184. 外国法人以其注册登记地国家的法律为其本国法，法人的民事行为能力依其本国法确定。

外国法人在我国领域内进行的民事活动，必须符合我国的法律规定。

185. 当事人有二个以上营业所的，应以与产生纠纷的民事关系有最密切联系的营业所为准；当事人没有营业所的，以其住所或者经常居住地为准。

186. 土地、附着于土地的建筑物及其他定着物、建筑物的固定附属设备为不动产。不动产的所有权、买卖、租赁、抵押、使用等民事关系，均应适用不动产所在地法律。

187. 侵权行为地的法律包括侵权行为实施地法律和侵权结果发生地法律。如果两者不一致时，人民法院可以选择适用。

188. 我国法院受理的涉外离婚案件，离婚以及因离婚而引起的财产分割，适用我国法律。认定其婚姻是否有效，适用婚姻缔结地法律。

189. 父母子女相互之间的扶养、夫妻相互之间的扶养以及其他有扶养关系的人之间的扶养，应当适用与被扶养人有最密切联系国家的法律。扶养人和被扶养人的国籍、住所以及供养被扶养人的财产所在地，均可视为与被扶养人有最密切的联系。

190. 监护的设立、变更和终止，适用被监护人的本国法律。但是，被监护人在我国境内有住所的，适用我国的法律。

191. 在我国境内死亡的外国人，遗留在我国境内的财产如果无人继承又无人受遗赠的，依照我国法律处理，两国缔结或者参加的国际条约另有规定的除外。

192. 依法应当适用的外国法律，如果该外国不同地区实施不同的法律的，依据该国法律关于调整国内法律冲突的规定，确定应适用的法律。该国法律未作规定的，直接适用与该民事关系有最密切联系的地区的法律。

193. 对于应当适用的外国法律，可通过下列途径查明：（1）由当事人提供；（2）由与我国订立司法协助协定的缔约对方的中央机关提供；（3）由我国驻该国使领馆提供；（4）由该国驻我国使馆提供；（5）由中外法律专家提供。通过以上途径仍不能查明的，适用中华人民共和国法律。

194. 当事人规避我国强制性或者禁止性法律规范的行为，不发生适用外国法律的效力。

195. 涉外民事法律关系的诉讼时效，依冲突规范确定的民事法律关系的准据法确定。

八、其　他

196. 1987 年 1 月 1 日以后受理的案件，如果民事行为发生在 1987 年以前，适用民事行为发生时的法律、政策；当时的法律、政策没有具体规定的，可以比照民法通则处理。

197. 处理申诉案件和按审判监督程序再审的案件，适用原审审结时应当适用的法律或者政策。

198. 当事人约定的期间不是以月、年第 1 天起算的，1 个月为 30 日，1 年为 365 日。

期间的最后 1 天是星期日或者其他法定休假日，而星期日或者其他法定休假日有变通的，以实际休假日的次日为期间的最后 1 天。

199. 按照日、月、年计算期间，当事人对起算时间有约定的，按约定办。

200. 最高人民法院以前的有关规定，与民法通则和本意见抵触的，各级人民法院今后在审理一、二审民事案件和经济纠纷案件中不再适用。

最高人民法院　最高人民检察院　公安部　民政部 关于依法处理监护人侵害未成年人权益行为若干问题的意见

（2014年12月18日　法发〔2014〕24号）

各省、自治区、直辖市高级人民法院、人民检察院、公安厅（局）、民政厅（局），解放军军事法院、军事检察院、总政治部保卫部，新疆维吾尔自治区高级人民法院生产建设兵团分院、新疆生产建设兵团人民检察院、公安局、民政局：

现将《关于依法处理监护人侵害未成年人权益行为若干问题的意见》印发给你们，自2015年1月1日起实施，请认真遵照执行。执行情况及遇到的问题，请分别及时报告最高人民法院、最高人民检察院、公安部、民政部。

附：

关于依法处理监护人侵害未成年人权益行为若干问题的意见

为切实维护未成年人合法权益，加强未成年人行政保护和司法保护工作，确保未成年人得到妥善监护照料，根据民法通则、民事诉讼法、未成年人保护法等法律规定，现就处理监护人侵害未成年人权益行为（以下简称监护侵害行为）的有关工作制定本意见。

一、一般规定

1. 本意见所称监护侵害行为，是指父母或者其他监护人（以下简称监护人）性侵害、出卖、遗弃、虐待、暴力伤害未成年人，教唆、利用未成年人实施违法犯罪行为，胁迫、诱骗、利用未成年人乞讨，以及不履行监护职责严重危害未成年人身心健康等行为。

2. 处理监护侵害行为，应当遵循未成年人最大利益原则，充分考虑未成年人身心特点和人格尊严，给予未成年人特殊、优先保护。

3. 对于监护侵害行为，任何组织和个人都有权劝阻、制止或者举报。

公安机关应当采取措施，及时制止在工作中发现以及单位、个人举报的监护侵害行为，情况紧急时将未成年人带离监护人。

民政部门应当设立未成年人救助保护机构（包括救助管理站、未成年人救助保护中心），对因受到监护侵害进入机构的未成年人承担临时监护责任，必要时向人民法院申请撤销监护人资格。

人民法院应当依法受理人身安全保护裁定申请和撤销监护人资格案件并作出裁判。

人民检察院对公安机关、人民法院处理监护侵害行为的工作依法实行法律监督。

人民法院、人民检察院、公安机关设有办理未成年人案件专门工作机构的，应当优先由专门工作机构办理监护侵害案件。

4. 人民法院、人民检察院、公安机关、民政部门应当充分履行职责，加强指导和培训，提高保护未成年人的能力和水平；加强沟通协作，建立信息共享机制，实现未成年人行政保护和司法保护的有效衔接。

5. 人民法院、人民检察院、公安机关、民政部门应当加强与妇儿工委、教育部门、卫生部门、共青团、妇联、关工委、未成年人住所地村（居）民委员会等的联系和协作，积极引导、鼓励、支持法律服务机构、社会工作服务机构、公益慈善组织和志愿者等社会力量，共同做好受监护侵害的未成年人的保护工作。

二、报告和处置

6. 学校、医院、村（居）民委员会、社会工作服务机构等单位及其工作人员，发现未成年人受到监护侵害的，应当及时向公安机关报案或者举报。

其他单位及其工作人员、个人发现未成年人受到监护侵害的，也应当及时向公安机关报案或者举报。

7. 公安机关接到涉及监护侵害行为的报案、举报后，应当立即出警处置，制止正在发生的侵害行为并迅速进行调查。符合刑事立案条件的，应当立即立案侦查。

8. 公安机关在办理监护侵害案件时，应当依照法定程序，及时、全面收集固定证据，保证办案质量。

询问未成年人，应当考虑未成年人的身心特点，采取和缓的方式进行，防止造成进一步伤害。

未成年人有其他监护人的，应当通知其他监护人到场。其他监护人无法通知或者未能到场的，可以通知未成年人的其他成年亲属、所在学校、村

（居）民委员会、未成年人保护组织的代表以及专业社会工作者等到场。

9. 监护人的监护侵害行为构成违反治安管理行为的，公安机关应当依法给予治安管理处罚，但情节特别轻微不予治安管理处罚的，应当给予批评教育并通报当地村（居）民委员会；构成犯罪的，依法追究刑事责任。

10. 对于疑似患有精神障碍的监护人，已实施危害未成年人安全的行为或者有危害未成年人安全危险的，其近亲属、所在单位、当地公安机关应当立即采取措施予以制止，并将其送往医疗机构进行精神障碍诊断。

11. 公安机关在出警过程中，发现未成年人身体受到严重伤害、面临严重人身安全威胁或者处于无人照料等危险状态的，应当将其带离实施监护侵害行为的监护人，就近护送至其他监护人、亲属、村（居）民委员会或者未成年人救助保护机构，并办理书面交接手续。未成年人有表达能力的，应当就护送地点征求未成年人意见。

负责接收未成年人的单位和人员（以下简称临时照料人）应当对未成年人予以临时紧急庇护和短期生活照料，保护未成年人的人身安全，不得侵害未成年人合法权益。

公安机关应当书面告知临时照料人有权依法向人民法院申请人身安全保护裁定和撤销监护人资格。

12. 对身体受到严重伤害需要医疗的未成年人，公安机关应当先行送医救治，同时通知其他有监护资格的亲属照料，或者通知当地未成年人救助保护机构开展后续救助工作。

监护人应当依法承担医疗救治费用。其他亲属和未成年人救助保护机构等垫付医疗救治费用的，有权向监护人追偿。

13. 公安机关将受监护侵害的未成年人护送至未成年人救助保护机构的，应当在五个工作日内提供案件侦办查处情况说明。

14. 监护侵害行为可能构成虐待罪的，公安机关应当告知未成年人及其近亲属有权告诉或者代为告诉，并通报所在地同级人民检察院。

未成年人及其近亲属没有告诉的，由人民检察院起诉。

三、临时安置和人身安全保护裁定

15. 未成年人救助保护机构应当接收公安机关护送来的受监护侵害的未成年人，履行临时监护责任。

未成年人救助保护机构履行临时监护责任一般不超过一年。

16. 未成年人救助保护机构可以采取家庭寄养、自愿助养、机构代养或者委托政府指定的寄宿学校安置等方式，对未成年人进行临时照料，并为未成年人提供心理疏导、情感抚慰等服务。

未成年人因临时监护需要转学、异地入学接受义务教育的，教育行政部门应当予以保障。

17. 未成年人的其他监护人、近亲属要求照料未成年人的，经公安机关或者村（居）民委员会确认其身份后，未成年人救助保护机构可以将未成年人交由其照料，终止临时监护。

关系密切的其他亲属、朋友要求照料未成年人的，经未成年人父、母所在单位或者村（居）民委员会同意，未成年人救助保护机构可以将未成年人交由其照料，终止临时监护。

未成年人救助保护机构将未成年人送交亲友临时照料的，应当办理书面交接手续，并书面告知临时照料人有权依法向人民法院申请人身安全保护裁定和撤销监护人资格。

18. 未成年人救助保护机构可以组织社会工作服务机构等社会力量，对监护人开展监护指导、心理疏导等教育辅导工作，并对未成年人的家庭基本情况、监护情况、监护人悔过情况、未成年人身心健康状况以及未成年人意愿等进行调查评估。监护人接受教育辅导及后续表现情况应当作为调查评估报告的重要内容。

有关单位和个人应当配合调查评估工作的开展。

19. 未成年人救助保护机构应当与公安机关、村（居）民委员会、学校以及未成年人亲属等进行会商，根据案件侦办查处情况说明、调查评估报告和监护人接受教育辅导等情况，并征求有表达能力的未成年人意见，形成会商结论。

经会商认为本意见第 11 条第 1 款规定的危险状态已消除，监护人能够正确履行监护职责的，未成年人救助保护机构应当及时通知监护人领回未成年人。监护人应当在三日内领回未成年人并办理书面交接手续。会商形成结论前，未成年人救助保护机构不得将未成年人交由监护人领回。

经会商认为监护侵害行为属于本意见第 35 条规定情形的，未成年人救助保护机构应当向人民法院申请撤销监护人资格。

20. 未成年人救助保护机构通知监护人领回未成年人的，应当将相关情况通报未成年人所在学校、辖区公安派出所、村（居）民委员会，并告知其对通报内容负有保密义务。

21. 监护人领回未成年人的，未成年人救助保护机构应当指导村（居）民委员会对监护人的监护情况进行随访，开展教育辅导工作。

未成年人救助保护机构也可以组织社会工作服务机构等社会力量，开展前款工作。

22. 未成年人救助保护机构或者其他临时照料人可以根据需要，在诉讼前向未成年人住所地、监护人住所地或者侵害行为地人民法院申请人身安全保护裁定。

未成年人救助保护机构或者其他临时照料人也可以在诉讼中向人民法院申请人身安全保护裁定。

23. 人民法院接受人身安全保护裁定申请后，应当按照民事诉讼法第一百条、第一百零一条、第一百零二条的规定作出裁定。经审查认为存在侵害未成年人人身安全危险的，应当作出人身安全保护裁定。

人民法院接受诉讼前人身安全保护裁定申请后，应当在四十八小时内作出裁定。接受诉讼中人身安全保护裁定申请，情况紧急的，也应当在四十八小时内作出裁定。人身安全保护裁定应当立即执行。

24. 人身安全保护裁定可以包括下列内容中的一项或者多项：

（一）禁止被申请人暴力伤害、威胁未成年人及其临时照料人；

（二）禁止被申请人跟踪、骚扰、接触未成年人及其临时照料人；

（三）责令被申请人迁出未成年人住所；

（四）保护未成年人及其临时照料人人身安全的其他措施。

25. 被申请人拒不履行人身安全保护裁定，危及未成年人及其临时照料人人身安全或者扰乱未成年人救助保护机构工作秩序的，未成年人、未成年人救助保护机构或者其他临时照料人有权向公安机关报告，由公安机关依法处理。

被申请人有其他拒不履行人身安全保护裁定行为的，未成年人、未成年人救助保护机构或者其他临时照料人有权向人民法院报告，人民法院根据民事诉讼法第一百一十一条、第一百一十五条、第一百一十六条的规定，视情节轻重处以罚款、拘留；构成犯罪的，依法追究刑事责任。

26. 当事人对人身安全保护裁定不服的，可以申请复议一次。复议期间不停止裁定的执行。

四、申请撤销监护人资格诉讼

27. 下列单位和人员（以下简称有关单位和人员）有权向人民法院申请撤销监护人资格：

（一）未成年人的其他监护人，祖父母、外祖父母、兄、姐，关系密切的其他亲属、朋友；

（二）未成年人住所地的村（居）民委员会，未成年人父、母所在单位；

（三）民政部门及其设立的未成年人救助保护机构；

（四）共青团、妇联、关工委、学校等团体和单位。

申请撤销监护人资格，一般由前款中负责临时照料未成年人的单位和人员提出，也可以由前款中其他单位和人员提出。

28. 有关单位和人员向人民法院申请撤销监护人资格的，应当提交相关证据。

有包含未成年人基本情况、监护存在问题、监护人悔过情况、监护人接受教育辅导情况、未成年人身心健康状况以及未成年人意愿等内容的调查评估报告的，应当一并提交。

29. 有关单位和人员向公安机关、人民检察院申请出具相关案件证明材料的，公安机关、人民检察院应当提供证明案件事实的基本材料或者书面说明。

30. 监护人因监护侵害行为被提起公诉的案件，人民检察院应当书面告知未成年人及其临时照料人有权依法申请撤销监护人资格。

对于监护侵害行为符合本意见第35条规定情形而相关单位和人员没有提起诉讼的，人民检察院应当书面建议当地民政部门或者未成年人救助保护机构向人民法院申请撤销监护人资格。

31. 申请撤销监护人资格案件，由未成人住所地、监护人住所地或者侵害行为地基层人民法院管辖。

人民法院受理撤销监护人资格案件，不收取诉讼费用。

五、撤销监护人资格案件审理和判后安置

32. 人民法院审理撤销监护人资格案件，比照民事诉讼法规定的特别程序进行，在一个月内审理结案。有特殊情况需要延长的，由本院院长批准。

33. 人民法院应当全面审查调查评估报告等证据材料，听取被申请人、有表达能力的未成年人以及村（居）民委员会、学校、邻居等的意见。

34. 人民法院根据案件需要可以聘请适当的社会人士对未成年人进行社会观护，并可以引入心理疏导和测评机制，组织专业社会工作者、儿童心理问题专家等专业人员参与诉讼，为未成年人和被申请人提供心理辅导和测评服务。

35. 被申请人有下列情形之一的，人民法院可以判决撤销其监护人资格：

（一）性侵害、出卖、遗弃、虐待、暴力伤害未成年人，严重损害未成年人身心健康的；

（二）将未成年人置于无人监管和照看的状态，导致未成年人面临死亡或者严重伤害危险，经教育不改的；

（三）拒不履行监护职责长达六个月以上，导致未成年人流离失所或者生活无着的；

（四）有吸毒、赌博、长期酗酒等恶习无法正确履行监护职责或者因服刑等原因无法履行监护职责，且拒绝将监护职责部分或者全部委托给他人，致

使未成年人处于困境或者危险状态的；

（五）胁迫、诱骗、利用未成年人乞讨，经公安机关和未成年人救助保护机构等部门三次以上批评教育拒不改正，严重影响未成年人正常生活和学习的；

（六）教唆、利用未成年人实施违法犯罪行为，情节恶劣的；

（七）有其他严重侵害未成年人合法权益行为的。

36. 判决撤销监护人资格，未成年人有其他监护人的，应当由其他监护人承担监护职责。其他监护人应当采取措施避免未成年人继续受到侵害。

没有其他监护人的，人民法院根据最有利于未成年人的原则，在民法通则第十六条第二款、第四款规定的人员和单位中指定监护人。指定个人担任监护人的，应当综合考虑其意愿、品行、身体状况、经济条件、与未成年人的生活情感联系以及有表达能力的未成年人的意愿等。

没有合适人员和其他单位担任监护人的，人民法院应当指定民政部门担任监护人，由其所属儿童福利机构收留抚养。

37. 判决不撤销监护人资格的，人民法院可以根据需要走访未成年人及其家庭，也可以向当地民政部门、辖区公安派出所、村（居）民委员会、共青团、妇联、未成年人所在学校、监护人所在单位等发出司法建议，加强对未成年人的保护和对监护人的监督指导。

38. 被撤销监护人资格的侵害人，自监护人资格被撤销之日起三个月至一年内，可以书面向人民法院申请恢复监护人资格，并应当提交相关证据。

人民法院应当将前款内容书面告知侵害人和其他监护人、指定监护人。

39. 人民法院审理申请恢复监护人资格案件，按照变更监护关系的案件审理程序进行。

人民法院应当征求未成年人现任监护人和有表达能力的未成年人的意见，并可以委托申请人住所地的未成年人救助保护机构或者其他未成年人保护组织，对申请人监护意愿、悔改表现、监护能力、身心状况、工作生活情况等进行调查，形成调查评估报告。

申请人正在服刑或者接受社区矫正的，人民法院应当征求刑罚执行机关或者社区矫正机构的意见。

40. 人民法院经审理认为申请人确有悔改表现并且适宜担任监护人的，可以判决恢复其监护人资格，原指定监护人的监护人资格终止。

申请人具有下列情形之一的，一般不得判决恢复其监护人资格：

（一）性侵害、出卖未成年人的；

（二）虐待、遗弃未成年人六个月以上、多次遗弃未成年人，并且造成重伤以上严重后果的；

（三）因监护侵害行为被判处五年有期徒刑以上刑罚的。

41. 撤销监护人资格诉讼终结后六个月内，未成年人及其现任监护人可以向人民法院申请人身安全保护裁定。

42. 被撤销监护人资格的父、母应当继续负担未成年人的抚养费用和因监护侵害行为产生的各项费用。相关单位和人员起诉的，人民法院应予支持。

43. 民政部门应当根据有关规定，将符合条件的受监护侵害的未成年人纳入社会救助和相关保障范围。

44. 民政部门担任监护人的，承担抚养职责的儿童福利机构可以送养未成年人。

送养未成年人应当在人民法院作出撤销监护人资格判决一年后进行。侵害人有本意见第40条第2款规定情形的，不受一年后送养的限制。

最高人民法院
关于审理民事案件适用诉讼时效制度若干问题的规定

法释〔2008〕11号

（2008年8月11日最高人民法院审判委员会第1450次会议通过
2008年8月21日最高人民法院公告公布　自2008年9月1日起施行）

为正确适用法律关于诉讼时效制度的规定，保护当事人的合法权益，依照《中华人民共和国民法通则》、《中华人民共和国物权法》、《中华人民共和国合同法》、《中华人民共和国民事诉讼法》等法律的规定，结合审判实践，制定本规定。

第一条　当事人可以对债权请求权提出诉讼时效抗辩，但对下列债权请求权提出诉讼时效抗辩的，人民法院不予支持：

（一）支付存款本金及利息请求权；

（二）兑付国债、金融债券以及向不特定对象发行的企业债券本息请求权；

（三）基于投资关系产生的缴付出资请求权；

（四）其他依法不适用诉讼时效规定的债权请求权。

第二条　当事人违反法律规定，约定延长或者缩短诉讼时效期间、预先放弃诉讼时效利益的，人民法院不予认可。

第三条 当事人未提出诉讼时效抗辩，人民法院不应对诉讼时效问题进行释明及主动适用诉讼时效的规定进行裁判。

第四条 当事人在一审期间未提出诉讼时效抗辩，在二审期间提出的，人民法院不予支持，但其基于新的证据能够证明对方当事人的请求权已过诉讼时效期间的情形除外。

当事人未按照前款规定提出诉讼时效抗辩，以诉讼时效期间届满为由申请再审或者提出再审抗辩的，人民法院不予支持。

第五条 当事人约定同一债务分期履行的，诉讼时效期间从最后一期履行期限届满之日起计算。

第六条 未约定履行期限的合同，依照合同法第六十一条、第六十二条的规定，可以确定履行期限的，诉讼时效期间从履行期限届满之日起计算；不能确定履行期限的，诉讼时效期间从债权人要求债务人履行义务的宽限期届满之日起计算，但债务人在债权人第一次向其主张权利之时明确表示不履行义务的，诉讼时效期间从债务人明确表示不履行义务之日起计算。

第七条 享有撤销权的当事人一方请求撤销合同的，应适用合同法第五十五条关于一年除斥期间的规定。对方当事人对撤销合同请求权提出诉讼时效抗辩的，人民法院不予支持。

合同被撤销，返还财产、赔偿损失请求权的诉讼时效期间从合同被撤销之日起计算。

第八条 返还不当得利请求权的诉讼时效期间，从当事人一方知道或者应当知道不当得利事实及对方当事人之日起计算。

第九条 管理人因无因管理行为产生的给付必要管理费用、赔偿损失请求权的诉讼时效期间，从无因管理行为结束并且管理人知道或者应当知道本人之日起计算。

本人因不当无因管理行为产生的赔偿损失请求权的诉讼时效期间，从其知道或者应当知道管理人及损害事实之日起计算。

第十条 具有下列情形之一的，应当认定为民法通则第一百四十条规定的“当事人一方提出要求”，产生诉讼时效中断的效力：

（一）当事人一方直接向对方当事人送交主张权利文书，对方当事人在文书上签字、盖章或者虽未签字、盖章但能够以其他方式证明该文书到达对方当事人的；

（二）当事人一方以发送信件或者数据电文方式主张权利，信件或者数据电文到达或者应当到达对方当事人的；

（三）当事人一方为金融机构，依照法律规定或者当事人约定从对方当事人账户中扣收欠款本息的；

（四）当事人一方下落不明，对方当事人在国家级或者下落不明的当事人一方住所地的省级有影响的媒体上刊登具有主张权利内容的公告的，但法律和司法解释另有特别规定的，适用其规定。

前款第（一）项情形中，对方当事人为法人或者其他组织的，签收人可以是其法定代表人、主要负责人、负责收发信件的部门或者被授权主体；对方当事人为自然人的，签收人可以是自然人本人、同住的具有完全行为能力的亲属或者被授权主体。

第十一条 权利人对同一债权中的部分债权主张权利，诉讼时效中断的效力及于剩余债权，但权利人明确表示放弃剩余债权的情形除外。

第十二条 当事人一方向人民法院提交起诉状或者口头起诉的，诉讼时效从提交起诉状或者口头起诉之日起中断。

第十三条 下列事项之一，人民法院应当认定与提起诉讼具有同等诉讼时效中断的效力：

（一）申请仲裁；

（二）申请支付令；

（三）申请破产、申报破产债权；

（四）为主张权利而申请宣告义务人失踪或死亡；

（五）申请诉前财产保全、诉前临时禁令等诉前措施；

（六）申请强制执行；

（七）申请追加当事人或者被通知参加诉讼；

（八）在诉讼中主张抵消；

（九）其他与提起诉讼具有同等诉讼时效中断效力的事项。

第十四条 权利人向人民调解委员会以及其他依法有权解决相关民事纠纷的国家机关、事业单位、社会团体等社会组织提出保护相应民事权利的请求，诉讼时效从提出请求之日起中断。

第十五条 权利人向公安机关、人民检察院、人民法院报案或者控告，请求保护其民事权利的，诉讼时效从其报案或者控告之日起中断。

上述机关决定不立案、撤销案件、不起诉的，诉讼时效期间从权利人知道或者应当知道不立案、撤销案件或者不起诉之日起重新计算；刑事案件进入审理阶段，诉讼时效期间从刑事裁判文书生效之日起重新计算。

第十六条 义务人作出分期履行、部分履行、提供担保、请求延期履行、制定清偿债务计划等承诺或者行为的，应当认定为民法通则第一百四十条规定的当事人一方“同意履行义务”。

第十七条 对于连带债权人中的一人发生诉讼时效中断效力的事由，应当认定对其他连带债权人也发生诉讼时效中断的效力。

对于连带债务人中的一人发生诉讼时效中断效力的事由，应当认定对其他连带债务人也发生诉讼时效中断的效力。

第十八条　债权人提起代位权诉讼的，应当认定对债权人的债权和债务人的债权均发生诉讼时效中断的效力。

第十九条　债权转让的，应当认定诉讼时效从债权转让通知到达债务人之日起中断。

债务承担情形下，构成原债务人对债务承认的，应当认定诉讼时效从债务承担意思表示到达债权人之日起中断。

第二十条　有下列情形之一的，应当认定为民法通则第一百三十九条规定的“其他障碍”，诉讼时效中止：

（一）权利被侵害的无民事行为能力人、限制民事行为能力人没有法定代理人，或者法定代理人死亡、丧失代理权、丧失行为能力；

（二）继承开始后未确定继承人或者遗产管理人；

（三）权利人被义务人或者其他人控制无法主张权利；

（四）其他导致权利人不能主张权利的客观情形。

第二十一条　主债务诉讼时效期间届满，保证人享有主债务人的诉讼时效抗辩权。

保证人未主张前述诉讼时效抗辩权，承担保证责任后向主债务人行使追偿权的，人民法院不予支持，但主债务人同意给付的情形除外。

第二十二条　诉讼时效期间届满，当事人一方向对方当事人作出同意履行义务的意思表示或者自愿履行义务后，又以诉讼时效期间届满为由进行抗辩的，人民法院不予支持。

第二十三条　本规定施行后，案件尚在一审或者二审阶段的，适用本规定；本规定施行前已经终审的案件，人民法院进行再审时，不适用本规定。

第二十四条　本规定施行前本院作出的有关司法解释与本规定相抵触的，以本规定为准。

【链 接】

最高人民法院民事审判第二庭负责人就《关于审理民事案件适用诉讼时效制度若干问题的规定》答记者问

一、问：《关于审理民事案件适用诉讼时效制度若干问题的规定》的起草背景是什么？

答：诉讼时效制度是民商法中的一项基本制度，具有较强的实践性，在司法实务中适用广泛。各国多在民法典中对其进行规定，有的国家甚至起草单独的诉讼时效法对其进行规定。我国《民法通则》对诉讼时效制度进行了规定，但根据当时的情况仅规定了七条内容。之后颁布的相关司法解释虽进行了补充规定，但仍然不够系统、完善。

近年来，由于社会生活的纷繁复杂，在司法实务中出现的诉讼时效问题呈现多样化、疑难化趋势，因此，加强对司法实务中出现的诉讼时效问题的研究，及时出台司法解释，对于统一司法尺度，公正高效审理案件，保护当事人的合法权益，维护社会交易秩序，保护社会公共利益具有重要意义。最高人民法院下发的《关于贯彻落实第七次全国民事审判工作会议精神任务分解方案》，明确规定从2007年2月份起开始起草诉讼时效司法解释。依据该规定，2007年2月，最高人民法院正式启动诉讼时效司法解释起草工作。此后，我们分别举办了法院系统、金融系统、学术界专家论证会，先后征求了全国人大法工委、国务院法制办以及最高人民法院各相关部门的意见，并在吸收相关意见的基础上进行了制度设计。

二、问：司法解释制定遵循了哪些工作思路？

答：由于成文法具有的相对原则性和滞后性等特点，不能完全解决审判实务中遇到的所有具体问题，故需要司法解释予以弥补。司法解释应当根据法律和有关立法精神，结合审判工作实际需要制定。本司法解释在制定过程中遵循了以下工作思路：

1. 明确诉讼时效制度的立法目的，确定制定诉讼时效司法解释的基本原则。诉讼时效制度虽具有督促权利人行使权利的立法目的，但其实质并非否定权利的合法存在和行使，而是禁止权利的滥用，以维护社会交易秩序的稳定，进而保护社会公共利益。维护社会交易秩序，保护社会公共利益是诉讼时效制度的根本立法目的，世界两大法系的诉讼时效立法均体现了这一点。

基于这一根本立法目的，诉讼时效制度对权利人的权利进行了限制，这是权利人为保护社会公共利益作出的牺牲和让渡。但应注意的是，通过对权利人的权利进行限制的方式对社会公共利益进行保护应有合理的边界，该边界就是应在保护社会公共利益的基础上进行利益衡量，不能滥用诉讼制度，使诉讼时效制度成为义务人逃避债务的工具，随意否定权利本身，违反依法依约履行义务的诚实信用原则。因此，在权利人积极主张权利或者因客观障碍无法主张权利的情形下，法律规定了诉讼时效中断、中止等诉讼时效障碍制度以合法阻却诉讼期间的继续计算。在司法解释的起草过程中，我们注重坚持在保护社会公共利益的基础上基于公平原则进行利益衡量，为避免不当扩大适用诉讼时效制度，损害权利人的合法权利，司法解释对诉讼时效的适用范围进行了限缩解释，对诉讼时效抗辩权的行使阶段进行了限定、对诉讼时效障碍事由的认定进行了合法的扩张解释。由于诉讼时效中断、中止制度的立法目的在于保护权利人权利，因此，在适用上述制度时，如果存在既可以作出有利于权利人的理解也可以作出有利于义务人的理解的情形，那么，在不违背基本法理的基础上，应作出有利于权利人的理解。

2. 充分调研、广泛征求司法实务界意见，使司法解释具有针对性和可操作性。最高人民法院制定的司法解释是对法院审判工作中如何适用法律所进行的解释，因此，对于司法实务中出现的问题进行广泛、深入地调研是科学制定司法解释的基础。在本司法解释制定过程中，我们向十几个高级法院下发了关于征集诉讼时效法律问题的通知，司法解释小组先后赴地方法院实地调研。通过对征集问题的归纳、总结，确定了本司法解释的框架体系和主要内容。对于与审判实务密切相关的诉讼时效适用范围，当事人未提出诉讼时效抗辩，法院应否主动援引诉讼时效的规定进行裁判，应否对诉讼时效问题进行释明以及诉讼时效抗辩权的行使阶段等问题进行了规定。

3. 全面梳理现有司法解释的规定，进行科学的修正、整合和完善。针对《民法通则》关于诉讼时效制度的规定，最高人民法院先后颁布了最高人民法院《关于贯彻执行〈中华人民共和国民法通则〉若干问题的意见（试行）》、法复〔1994〕3号最高人民法院《关于债务人在约定的期限届满后未履行债务而出具没有还款日期的欠款条诉讼时效期间应从何时开始计算问题的批复》、法复〔1997〕4号最高人民法院《关于超过诉讼时效期间当事人达成的还款协议是否应当受法律保护问题的批复》、法释〔1999〕7号最高人民法院《关于超过诉讼时效期间借款人在催款通知单上签字或者盖章的法律效力问题的批复》等司法解释，对司法实务中涉及的诉讼时效起算点、中断、中止、效力等问题进行了规定。该司法解释在对上述司法解释的规定进行梳理的基础上，进行了科学的修正、整合和完善。该司法解释共二十四条，分别从诉讼时效总则、起算、中断、中止、效力、附则等方面进行了较为系统、全面的规定。

三、问：司法解释对诉讼时效制度适用的权利范围进行了规定，请谈谈该规定的意义以及具体内容。

答：诉讼时效制度适用的权利范围，涉及哪些权利因诉讼时效期间届满、义务人提出诉讼时效抗辩而不会得到法院保护的重大问题，对权利人的权利保护意义重大。该问题既是司法实务亟须规定的问题，又是争论较大的问题。经过深入研究和反复论证，我们在对该问题进行规定时，采纳了理论界通行观点，认为债权请求权以财产利益为内容，不具支配性。若权利人长期怠于行使权利，会使法律关系处于不确定状态，不利于维护社会交易秩序稳定，故债权请求权适用诉讼时效的规定。但对于支付存款本息请求权、兑付国债、金融债券和向不特定对象发行的企业债券本息请求权以及基于投资关系产生的缴付出资请求权作了除外规定。这是因为前两种请求权的实现关系到社会公共利益的保护，如果适用诉讼时效的规定，则将使民众的切身利益受到损害。缴付出资请求权不适用诉讼时效的规定；否则，有违公司资本充足原则，且不利于对其他足额出资的股东及公司债权人的保护。

此外，在司法实务中还存在物权请求权等请求权是否适用诉讼时效的问题，由于理论界和司法实务界对该问题争论较大，故司法解释未予规定。

四、问：在诉讼中，当事人一方未提出诉讼时效抗辩，法院应否主动适用诉讼时效的规定进行裁判、应否对诉讼时效问题进行释明？

答：该问题是司法实务中适用诉讼时效制度应首先明确的问题。在我国司法实务界曾存在着法官主动援用诉讼时效的规定进行裁判的情况。我们认为，诉讼时效抗辩权本质上是义务人的一项民事权利，义务人是否行使，司法不应过多干预，这是民法意思自治原则的根本要求。当事人一方根据实体法上的诉讼时效抗辩权在诉讼中提起的诉讼时效抗辩是实体权利的抗辩，是需由当事人主张的抗辩，当事人是否主张，属于其自由处分的范畴，司法也不应过多干涉，这是民事诉讼处分原则的应有之意。因此，遵循上述意思自治原则和处分原则，在义务人不提出诉讼时效抗辩的情形下，人民法院不应主动援引诉讼时效的规定进行裁判，该规定也与法院居中裁判的地位相适应。

在司法实务中，关于当事人一方未提出诉讼时效抗辩，人民法院应否对诉讼时效问题进行释明存在争议。经过深入论证，我们认为，诉讼时效抗辩权是颠覆性权利，义务人在法院释明后主张诉讼时效抗辩权的，将会使裁判结果较之其不主张诉讼时效抗辩权的情形发生根本性变化，即将导致法院对权利人的权利不予保护。而即使义务人不行使诉讼时效抗辩权，在权利人有充分证据证明其享有权利的情形下，义务人依法依约履行合同义务是诚实信用原则的根本要求，并不会给义务人造成不公平的后果，反而有利于鼓励义务人的诚实履约行为，有利于我国社会诚信体系的建立。还应指出的是，在义务人无主张诉讼时效抗辩权的意思表示的情形下，如果人民法院主动对诉讼时效问题进行释明，则无异于提醒和帮助义务人逃债，有违诚实信用的基本原则，也有违法院居中裁判的中立地位。因此，该司法解释规定，当事人一方未提出诉讼时效抗辩，人民法院不应对诉讼时效问题进行释明。

五、问：司法解释对诉讼时效抗辩权的行使阶段进行了规定，这对解决司法实务问题具有重大意义。请问制定时是如何考虑的？适用该规定时应注意哪些问题？

答：诉讼程序机制的建构实质蕴涵着通过构筑正当程序以保证私权争议获得公正裁判的诉讼理念。如果任由义务人在任何审理阶段均可行使诉讼时效抗辩权，则将出现法院无法在一审审理阶段固定诉争焦点，无法有效发挥一审事实审的功能，使审级制度的功能性设计流于形式，产生损害司法程序的安定性、司法裁决的权威性、社会秩序的稳定性等问题。因此，司法解释结合我国《民事诉讼法》的相关规定对诉讼时效抗辩权的行使阶段进行了限制，原则上，义务人关于诉讼时效的抗辩应当在一审中提出，如在二审提出，不予支持。

另外，根据我国现行《民事诉讼法》第一百五十一条关于“第二审人民法院应当对上诉请求的有关事实和适用的法律进行审查”的规定，我国民事诉讼采用二审续审制，即第二审承接第一审继续进行审理。二审既是法律审，又是事实审，在二审期间，当事人可以提出新的证据，进一步陈述案件的事实，法院可以对一审未尽事实和适用法律问题进行审理。续审制更多地体现了对实体公正功能的追求，也有助于实现诉讼效率。因此，司法解释规定了除外情形，即义务人在二审期间有新的证据能够证明对方当事人的请求权已过诉讼时效期间的，人民法院应予支持。

在司法实务中，还存在义务人未按照前款规定提出诉讼时效抗辩，以诉讼时效期间届满为由申请再审或者提出再审抗辩的，人民法院应否支持的问题。我们认为，如前所述，司法解释对诉讼时效抗辩权的行使期间进行了限制性规定。终审判决作出后，当事人之间的权利义务关系已经确定，尤其是在生效判决已被部分或全部执行完毕的情形下，社会交易秩序已经因生效判决的作出趋于确定。如果仍然对义务人基于诉讼时效抗辩权申请再审予以支持，则不利于维护司法程序的安定，也有违诉讼时效制度维护社会秩序稳定的立法目的。因此，法院不应任由义务人突破审级限制，不应对当事人基于诉讼时效抗辩权提出的再审申请予以支持；同时，当事人基于其他再审事由获得支持进入再审后，在再审审理过程中提出诉讼时效抗辩的，人民法院也不应予以支持。

需要注意的是，在司法实务中，当事人二审基于新的证据证明的事实提出诉讼时效抗辩的，人民法院不应仅以一审法院对诉讼时效事实未予查明而将案件发回重审。尽管一审法院对诉讼时效事实未予查证，但这是因为义务人未提出诉讼时效抗辩，且属于一审法院准确适用人民法院不应主动援用诉讼时效的规定进行裁判的正确做法。根据我国《民事诉讼法》第一百五十一条、第一百五十三条关于二审法院审理范围和二审裁判方式的规定，对于原判决认定事实错误，或者原判决认定事实不清，证据不足的，第二审法院可以查清事实后改判。对于诉讼时效事实，当事人举出新证据的，由二审法院在查清事实的基础上改判，符合我国《民事诉讼法》的上述规定，也可节约诉讼成本、避免诉累，是可行做法。当然，如果还有其他未予查清的事实或者认识错误的事实，则二审法院应综合整个案情决定是否应将案件发回重审。根据《最高人民法院关于民事经济审判方式改革问题的若干规定》第三十八条关于“第二审人民法院根据当事人提出的新证据对案件改判或者发回重审的，应当在判决书或者裁定书中写明对新证据的确认，不应当认为是第一审裁判错误”的规定，二审法院依据二审新的证据对案件进行改判的，不应认定为第一审裁判错误。

还应注意的是，权利人因义务人二审提出诉讼时效抗辩而增加的相关费用，属于因义务人不当诉讼行为导致的不利益，故根据公平原则，应由义务人承担。这也符合《最高人民法院关于民事诉讼证据的若干规定》第四十六条规定的精神。

六、问：我们注意到，司法解释规定，当事人约定同一债务分期履行的，诉讼时效期间从最后一期履行期限届满之日起算，请问该规定的起草依据以及理解与适用中应注意的问题。

答：《民法通则》第一百三十七条只对诉讼时效期间起算点作了原则性的规定，而未对当事人约定对同一债务分期履行的，给付每一期债务请求权的诉讼时效期间如何起算问题作出明确规定。理论界和司法实务界对该问题的争议主要有三种观点，即从每一笔债务履行期限届满之日起算，从最后一笔债务履行期限届满之日起算，区分给付请求权是否具有独立性而分别从每一笔债务履行期限届满之日起算或者从最后一笔债务履行期限届满之日起算。

近年来，随着认识的深入，理论界和司法实务界逐渐对该问题达成共识，即“当事人约定对同一笔债务分期履行的，给付某一笔债务请求权的诉讼时效期间应从最后一期履行期限起算”。司法解释采纳了该观点，主要是基于以下几点考虑：

第一，符合同一债务的特征。当事人约定同一笔债务分期履行的，其订立合同的目的是对同一笔债务约定分期履行，该债务为一个单一的整体，具有整体性和唯一性。因此，尽管因为对整体债务分别约定了分期履行的期限和数额，使每一期债务具有一定的独立性，但该独立性不足以否定整体性，整体性和唯一性是该债务的根本特征。给付每一期债务请求权的诉讼时效期间从最后一期履行期限届满之日起算是同一笔债务具有唯一性和整体性的根本要求。

第二，符合诉讼时效制度的立法目的。权利人没有在每一期履行期限届满后即主张权利，并非其怠于行使权利，而系其基于对同一债务具有整体性以及不同期债务具有关联性的合理信赖。其通常把每一次的履行行为看作是一个完整的合同关系的一部分，往往认为其可以从最后一期履行期限届满之日再主张权利。而且，当事人之间签订分期给付债务合同的目的在于全面履行合同约定的义务，因此，尽量维持双方的债权债务关系和信任关系是解决履行障碍的基本态度。为促进双方的友好合作关系，权利人也不愿或者不想在部分债权受到侵害后就立刻主张权利。因此，规定从最后一期履行期限届满之日起算诉讼时效期间，可以保护权利人的合理信赖利益，也不违背诉讼时效制度的立法目的。

第三，有利于减少诉累、实现诉讼效率。规定诉讼时效期间从最后一期履行期限届满之日起算，可以避免当事人为主张权利而激化矛盾，避免频繁起诉，有利于节约司法资源，减少诉累，实现诉讼效率。

在对本条进行理解时应注意两点：第一，本条是对给付分期履行债务中的某一笔债务请求权的诉讼时效期间起算点的规定，而非对给付全部债务请求权的诉讼时效期间起算点的规定，后者当然应从最后一期履行期限届满之日起算诉讼时效期间；第二，本条适用的情形是对同一笔债务约定分期履行。

七、问："提起诉讼"是《民法通则》第一百四十条规定的诉讼时效中断事由。在权利人"提起诉讼"的情形下，诉讼时效期间应从何时中断？

答：诉讼时效中断制度属诉讼时效障碍制度，其法理基础是：由于出现权利人积极主张的事实，使诉讼时效期间继续计算的事实基础丧失，故诉讼时效期间应中断计算，待中断事由完成后再重新起算，以合法阻却诉讼时效的完成，保护权利人权利。权利人主张权利的方式有多种，其中"提起诉讼"是权利人请求法院这一公权力机关运用公权力对其权利进行保护的公力救济方式。在采取"提起诉讼"这一公力救济方式主张权利时，权利人主张权利的意思表示明确，因此，诉讼时效应中断，正因为此，各国立法均将"提起诉讼"作为诉讼时效中断的法定事由。

关于在"提起诉讼"的情形下，诉讼时效期间应从何时中断，存在争议，分别有从当事人向法院提起诉讼之日、人民法院受理之日和起诉状副本送达义务人之日中断三种观点。我们认为，权利人以"提起诉讼"的方式主张权利的，由于其请求保护权利的对象为法院，故只要其向法院提交起诉材料或者口头起诉，就应认定其向法院提出了权利主张，诉讼时效中断，而无需等待法院受理。因此，根据我国《民事诉讼法》第一百零九条关于“起诉应当向人民法院递交起诉状，并按照被告人数提出副本。书写起诉状确有困难的，可以口头起诉，由人民法院记入笔录，并告知对方当事人”的规定，司法解释规定，当事人一方向人民法院提交起诉状或者口头起诉的，诉讼时效期间从提交起诉状或者口头起诉之日起中断。规定诉讼时效“从提交起诉状或者口头起诉之日起中断”而非“法院依法受理之日中断”，更符合诉讼时效中断制度的立法目的，也有利于保护权利人的权利。应予注意的是，“提起诉讼”具有诉讼时效中断效力，其前提条件是当事人向法院提起的诉讼足以认定权利人向义务人主张了争议的权利。

八、问：无效合同所涉请求权的诉讼时效问题一直是理论界和实务界争论较大的问题。我们注意到，在本次起草过程中对该问题进行了研究，但在发布稿中没有规定该内容，请问是怎么考虑的？

答：无效合同所涉请求权的诉讼时效问题的确是司法实务中急需规定的问题，但由于在讨论过程中，关于诉讼时效起算点的问题争议颇大，未形成倾向性意见，故最高人民法院审判委员会决定对该问题暂不予以规定，待进一步研究。

在无效合同法律关系中，主要有确认合同无效请求权、返还财产请求权、赔偿损失请求权三种请求权。在司法实务中，主要涉及两类诉讼时效问题：第一，上述请求权是否适用诉讼时效规定。确认合同无效请求权虽明为请求权，但实质为实体法上的形成权，因此，通说认为，其不适用诉讼时效的规定，而应适用除斥期间的规定。但由于合同无效制度涉及国家利益和社会公共利益的保护问题，故我国《合同法》并未对确认合同无效请求权的除斥期间进行规定。返还财产请求权为不当得利请求权的，应适用诉讼时效的规定。赔偿损失请求权是因缔约过失责任而产生的债权请求权，故也应适用诉讼时效的规定。第二，适用诉讼时效规定的请求权，诉讼时效期间应从何时起算。该问题是目前理论界和司法实务界争论最大的问题，主要有三种争议观点：第一种观点认为，应从合同被确认无效之日起算。理由是：合同无效只能由法院或者仲裁机构确认，只有在判决或裁决确认合同无效之时才产生返还财产及赔偿损失请求权，权利人才知道或者应当知道其权利受到侵害，诉讼时效期间才起算。至于因合同无效而导致的权利人的不利益，可通过实体法的规定依公平原则进行解决，不应以诉讼时效起算点的提前起算来解决。第二种观点认为，应从履行期限届满之日开始起算。理由是：当事人基于合同有效而签订和履行合同，其对权利实现的合理预期为合同履行期限届满之日，故在合同履行期限届满后，当事人知道或者应当知道其权利受到侵害，而无论合同事后是否被确认无效。而且，合同无效产生的损失，多因合同当事人不履行合同义务产生，而非因合同被确认无效产生。第三种观点认为，上述两种观点均存在不足，前者会产生权利睡眠问题，后者则会带来无效合同按有效对待的无奈，应综合前两种规定作折中规定，即合同被确认无效，返还财产、赔偿损失请求权的诉讼时效期间从合同被确认无效之日起计算。但合同履行期限届满、当事人没有履行或者没有完全履行合同的，当事人以合同无效为由请求返还财产、赔偿损失的，诉讼时效期间从履行期限届满之日起计算。

最高人民法院
对在审判工作中有关适用民法通则时效的几个问题的批复

〔1987 年 5 月 22 日　法（研）复〔1987〕18 号〕

上海市高级人民法院：

你院〔86〕沪高法办字 168 号《关于民法通则施行后几个问题的请示报告》收悉。经征求全国人民代表大会常务委员会法制工作委员会的意见，现答复如下：

一、人民法院审理民法通则施行前发生的民事案件，无论是已经受理尚未审结，还是今后受理的，凡民法通则施行前法律、政策已有规定的，则适用原来的法律、政策；民法通则施行前法律、政策没有规定的，可以参照民法通则的规定。

二、民法通则施行前已经发生法律效力的判决，当事人提出申诉或者按审判监督程序决定再审的案件，仍应依照原来的法律、政策处理。

三、民法通则施行前民事权利被侵害尚未处理的，无论被侵害人知道与否，向人民法院请求保护民事权利的诉讼时效期间，分别为民法通则第一百三十五条规定的 2 年或第一百三十六条规定的 1 年。诉讼时效期间自民法通则施行之日起计算。

民法通则施行前民事权利被侵害尚未处理的，无论是否超过 20 年，向人民法院请求保护民事权利的诉讼时效期间，分别为民法通则第一百三十五条规定的 2 年或第一百三十六条规定的 1 年。诉讼时效期间自民法通则施行之日起计算。

对于上述诉讼时效期间，有特殊情况的，人民法院可以延长。

最高人民法院
关于企业或个人欠国家银行贷款逾期两年未还应当适用民法通则规定的诉讼时效问题的批复

（1993年2月22日　法复〔1993〕1号）

河南省高级人民法院：

你院豫法研〔1990〕23号请示收悉。关于企业或个人欠国家银行贷款逾期两年未还是否适用民法通则规定的诉讼时效问题，经研究，答复如下：

国家各专业银行及其他金融机构系实行独立核算的经济实体。它们与借款的企业或公民之间的借贷关系，是平等主体之间的债权债务关系。国家各专业银行及其他金融机构向人民法院请求保护其追偿贷款权利的，应当适用民法通则关于诉讼时效的规定。确已超过诉讼时效期间，并且没有诉讼时效中止、中断或者延长诉讼时效期间情况的，人民法院应当判决驳回其诉讼请求。

此复。

最高人民法院
关于债务人在约定的期限届满后未履行债务而出具没有还款日期的欠款条诉讼时效期间应从何时开始计算问题的批复

（1994年3月26日　法复〔1994〕3号）

山东省高级人民法院：

你院鲁高法〔1992〕70号请示收悉。关于债务人在约定的期限届满后未履行债务，而出具没有还款日期的欠款条，诉讼时效期间应从何时开始计算的问题，经研究，答复如下：

据你院报告称，双方当事人原约定，供方交货后，需方立即付款。需方收货后因无款可付，经供方同意写了没有还款日期的欠款条。根据《中华人民共和国民法通则》第一百四十条的规定，对此应认定诉讼时效中断。如果供方在诉讼时效中断后一直未主张权利，诉讼时效期间则应从供方收到需方所写欠款条之日的第2天开始重新计算。

此复。

最高人民法院
关于购销合同标的物掺杂使假引起的诉讼如何确定诉讼时效的复函

（1992年1月16日　法函〔1992〕10号）

辽宁省高级人民法院：

你院〔1991〕经上字第4号《关于审理购销合同纠纷案件中标的物掺杂使假是否受诉讼时效期间约束问题的请示报告》收悉。经研究，答复如下：

因购销合同的标的物掺杂使假引起的纠纷，应当适用《中华人民共和国民法通则》第一百三十五条规定，即“向人民法院请求保护民事权利的诉讼时效期间为二年”。

最高人民法院
关于会计师事务所为企业出具虚假验资证明应如何承担责任问题的批复

法释〔1998〕13号

（1998年6月19日最高人民法院审判委员会第995次会议通过
1998年6月26日最高人民法院公告公布　自1998年7月1日起施行）

山东省高级人民法院：

你院〔1997〕鲁法经第78号请示收悉。经研究，答复如下：

一、会计师事务所系国家批准的依法独立承担注册会计师业务的事业单位。会计师事务所为企业出具验资证明，属于依据委托合同实施的民事行为。依据《中华人民共和国民法通则》第一百零六条第二款规定，会计师事务所在1994年1月1日之前为企业出具虚假验资证明，给委托人、其他利害关系人造成损失的，应当承担相应的民事赔偿责任。

二、会计师事务所与案件的合同当事人虽然没有直接的法律关系，但鉴于其出具虚假验资证明的行为，损害了当事人的合法权益，因此，在民事责任的承担上，应当先由债务人负责清偿，不足部分，再由会计师事务所在其证明金额的范围内承担赔偿责任。

此复。

最高人民法院
关于银行工作人员未按规定办理储户挂失造成储户损失银行是否承担民事责任问题的批复

［1990 年 9 月 11 日　法（民）复〔1990〕13 号］

河北省高级人民法院：

你院冀法民〔1990〕73 号《关于银行工作人员未按规定办理储户挂失造成损失，银行是否承担民事责任的请示报告》收悉。

经征求有关部门意见并研究认为：个体工商户周福军发现自己 7800 元金额的记名存折丢失，立即向其存款的徐水县工商银行金融服务所打电话声明挂失。该所工作人员接到挂失电话后，查实上述存款确在本所，但未按规定办理临时止付的登记手续，致使该存款挂失后被他人冒领。根据中国人民银行关于储蓄存单（折）挂失的有关规定和《民法通则》第七十五条、第一百零六条的规定，徐水县工商银行金融服务所对由此造成的经济损失应依法承担民事责任。

最高人民法院
关于出借银行账户的当事人是否承担民事责任问题的批复

［1991 年 9 月 27 日　法（经）复〔1991〕5 号］

江苏省高级人民法院：

你院〔1991〕经请字第 2 号《关于如何确定出借银行账户的当事人民事责任的请示》收悉。经研究，答复如下：

出借银行账户是违反金融管理法规的违法行为。人民法院除应当依法收缴出借账户的非法所得并可以按照有关规定处以罚款外，还应区别不同情况追究出借人相应的民事责任。

此复。

最高人民法院
关于金融机构不履行其义务是否应当承担责任问题的复函

［1991年10月23日　法（经）函〔1991〕131号］

江苏省高级人民法院：

你院苏法经上字〔1991〕第21号请示报告收悉。经研究，答复如下：

据你院报告称：江苏省盐城市生产资料公司与深圳市上博联合企业公司在签订购销化肥合同时，曾经要求上博公司提供担保。当上博公司的开户银行深圳发展银行发展大厦支行站前分理处向盐城市生产资料公司的开户行盐城市工商银行具函，证明上博公司“完全可以承担你们的业务项目”，并承诺“你行款到我行后，由我行负责专款专用，并监督使用”后，盐城市生产资料公司才在合同上加盖了公章。汇票开出后，盐城市生产资料公司又派人向深圳发展银行站前分理处了解上博公司的情况，站前分理处主任承认该函为分理处所出，并表示对函的内容负责，盐城市生产资料公司才将盐城市工商银行开出的汇票交给上博公司，上博公司在入账时曾告知分理处负责人，该汇票系购买化肥款。据此，我们认为：深圳发展银行站前分理处虽未向盐城市生产资料公司作出担保合同履行或者承担连带责任的意思表示，但深圳发展银行站前分理处承诺对盐城市工商银行的汇款负责监督专款专用后，并未履行自己的义务，致使款到8日内被挪作他用。根据《民法通则》第一百零六条第一款关于“公民、法人违反合同或者不履行其他义务时，应当承担民事责任”的规定，深圳发展银行站前分理处应当承担与其过错相适应的责任。

最高人民法院
关于验资单位对多个案件债权人损失应如何承担责任的批复

法释〔1997〕10号

（1997年12月5日最高人民法院审判委员会第950次会议通过
1997年12月31日最高人民法院公告公布　自1998年1月13日起施行）

四川省高级人民法院：

你院川高法〔1997〕77号《关于验资单位对多个案件债权人损失应如何承担责任的请示》收悉。经研究，答复如下：

金融机构、会计师事务所为公司出具不实的验资报告或者虚假的资金证明，公司资不抵债的，该验资单位应当对公司债务在验资报告不实部分或者虚假资金证明金额以内，承担民事赔偿责任。

验资单位对一个或多个债权人在验资不实部分之内承担的责任累计已经达到其应当承担责任部分限额的，对于公司其他债权人则不再承担赔偿责任。

对于多个债权人同时要求受偿的，验资单位应当在其出具的被验资单位不实的注册资金、证明金额内，就其应当承担责任的部分按比例分别承担赔偿责任。

此复。

最高人民法院
关于城市街道办事处是否应当独立承担民事责任的批复

法释〔1997〕1号

（1997年6月27日最高人民法院审判委员会第917次会议通过
1997年7月14日最高人民法院公告公布　自1997年8月2日起施行）

四川省高级人民法院：

你院《关于城市街道办事处能否独立承担民事责任的请示》（川高法〔1996〕117号）收悉。经研究，答复如下：

街道办事处开办的企业具有法人资格的，街道办事处只在收取管理费范围内承担民事责任；其开办的企业不具有法人资格的，应先由企业承担相应的民事责任，不足部分由街道办事处在企业注册资金范围内独立承担。街道办事处财产不足以承担时，不能由设立该街道办事处的市或区人民政府承担民事责任。街道办事处进行自身民事活动产生纠纷的，应当独自承担民事责任。

此复。

中华人民共和国涉外民事关系法律适用法

（2010年10月28日第十一届全国人民代表大会常务委员会第十七次会议通过
2010年10月28日中华人民共和国主席令第36号公布　自2011年4月1日起施行）

目　　录

第五章 物 权
第六章 债 权
第七章 知识产权
第八章 附 则

第一章 一般规定

第一条 【立法宗旨】为了明确涉外民事关系的法律适用，合理解决涉外民事争议，维护当事人的合法权益，制定本法。

第二条 【本法的适用与最密切联系原则】涉外民事关系适用的法律，依照本法确定。其他法律对涉外民事关系法律适用另有特别规定的，依照其规定。

本法和其他法律对涉外民事关系法律适用没有规定的，适用与该涉外民事关系有最密切联系的法律。

第三条 【当事人意思自治原则】当事人依照法律规定可以明示选择涉外民事关系适用的法律。

第四条 【强制性法律直接适用】中华人民共和国法律对涉外民事关系有强制性规定的，直接适用该强制性规定。

第五条 【公共秩序保留】外国法律的适用将损害中华人民共和国社会公共利益的，适用中华人民共和国法律。

第六条 【冲突规范指向多法域国家时的处理】涉外民事关系适用外国法律，该国不同区域实施不同法律的，适用与该涉外民事关系有最密切联系区域的法律。

第七条 【诉讼时效的准据法】诉讼时效，适用相关涉外民事关系应当适用的法律。

第八条 【涉外民事关系定性的准据法】涉外民事关系的定性，适用法院地法律。

第九条 【不适用反致制度】涉外民事关系适用的外国法律，不包括该国的法律适用法。

第十条 【外国法的查明】涉外民事关系适用的外国法律，由人民法院、仲裁机构或者行政机关查明。当事人选择适用外国法律的，应当提供该国法律。

不能查明外国法律或者该国法律没有规定的，适用中华人民共和国法律。

第二章 民事主体

第十一条 【自然人民事权利能力的准据法】自然人的民事权利能力，

适用经常居所地法律。

第十二条 【自然人民事行为能力的准据法】自然人的民事行为能力，适用经常居所地法律。

自然人从事民事活动，依照经常居所地法律为无民事行为能力，依照行为地法律为有民事行为能力的，适用行为地法律，但涉及婚姻家庭、继承的除外。

第十三条 【宣告失踪或死亡的准据法】宣告失踪或者宣告死亡，适用自然人经常居所地法律。

第十四条 【法人及其分支机构属人法的确定】法人及其分支机构的民事权利能力、民事行为能力、组织机构、股东权利义务等事项，适用登记地法律。

法人的主营业地与登记地不一致的，可以适用主营业地法律。法人的经常居所地，为其主营业地。

第十五条 【人格权的准据法】人格权的内容，适用权利人经常居所地法律。

第十六条 【代理关系的准据法】代理适用代理行为地法律，但被代理人与代理人的民事关系，适用代理关系发生地法律。

当事人可以协议选择委托代理适用的法律。

第十七条 【信托关系的准据法】当事人可以协议选择信托适用的法律。当事人没有选择的，适用信托财产所在地法律或者信托关系发生地法律。

第十八条 【仲裁协议效力的准据法】当事人可以协议选择仲裁协议适用的法律。当事人没有选择的，适用仲裁机构所在地法律或者仲裁地法律。

第十九条 【自然人国籍冲突的处理】依照本法适用国籍国法律，自然人具有两个以上国籍的，适用有经常居所的国籍国法律；在所有国籍国均无经常居所的，适用与其有最密切联系的国籍国法律。自然人无国籍或者国籍不明的，适用其经常居所地法律。

第二十条 【自然人经常居所地不明时的处理】依照本法适用经常居所地法律，自然人经常居所地不明的，适用其现在居所地法律。

第三章 婚姻家庭

第二十一条 【结婚实质要件的准据法】结婚条件，适用当事人共同经常居所地法律；没有共同经常居所地的，适用共同国籍国法律；没有共同国籍，在一方当事人经常居所地或者国籍国缔结婚姻的，适用婚姻缔结地法律。

第二十二条 【结婚形式要件的准据法】结婚手续，符合婚姻缔结地法律、一方当事人经常居所地法律或者国籍国法律的，均为有效。

第二十三条　【夫妻人身关系的准据法】夫妻人身关系，适用共同经常居所地法律；没有共同经常居所地的，适用共同国籍国法律。

第二十四条　【夫妻财产关系的准据法】夫妻财产关系，当事人可以协议选择适用一方当事人经常居所地法律、国籍国法律或者主要财产所在地法律。当事人没有选择的，适用共同经常居所地法律；没有共同经常居所地的，适用共同国籍国法律。

第二十五条　【父母子女人身财产关系的准据法】父母子女人身、财产关系，适用共同经常居所地法律；没有共同经常居所地的，适用一方当事人经常居所地法律或者国籍国法律中有利于保护弱者权益的法律。

第二十六条　【协议离婚的准据法】协议离婚，当事人可以协议选择适用一方当事人经常居所地法律或者国籍国法律。当事人没有选择的，适用共同经常居所地法律；没有共同经常居所地的，适用共同国籍国法律；没有共同国籍的，适用办理离婚手续机构所在地法律。

第二十七条　【诉讼离婚的准据法】诉讼离婚，适用法院地法律。

第二十八条　【收养关系的准据法】收养的条件和手续，适用收养人和被收养人经常居所地法律。收养的效力，适用收养时收养人经常居所地法律。收养关系的解除，适用收养时被收养人经常居所地法律或者法院地法律。

第二十九条　【扶养关系的准据法】扶养，适用一方当事人经常居所地法律、国籍国法律或者主要财产所在地法律中有利于保护被扶养人权益的法律。

第三十条　【监护的准据法】监护，适用一方当事人经常居所地法律或者国籍国法律中有利于保护被监护人权益的法律。

第四章　继　承

第三十一条　【法定继承的准据法】法定继承，适用被继承人死亡时经常居所地法律，但不动产法定继承，适用不动产所在地法律。

第三十二条　【遗嘱方式的准据法】遗嘱方式，符合遗嘱人立遗嘱时或者死亡时经常居所地法律、国籍国法律或者遗嘱行为地法律的，遗嘱均为成立。

第三十三条　【遗嘱效力的准据法】遗嘱效力，适用遗嘱人立遗嘱时或者死亡时经常居所地法律或者国籍国法律。

第三十四条　【遗产管理等事项的准据法】遗产管理等事项，适用遗产所在地法律。

第三十五条　【无人继承遗产的准据法】无人继承遗产的归属，适用被继承人死亡时遗产所在地法律。

第五章　物　权

第三十六条　【不动产物权的准据法】不动产物权，适用不动产所在地法律。

第三十七条　【动产物权的准据法】当事人可以协议选择动产物权适用的法律。当事人没有选择的，适用法律事实发生时动产所在地法律。

第三十八条　【运输中的动产物权的准据法】当事人可以协议选择运输中动产物权发生变更适用的法律。当事人没有选择的，适用运输目的地法律。

第三十九条　【有价证券的准据法】有价证券，适用有价证券权利实现地法律或者其他与该有价证券有最密切联系的法律。

第四十条　【权利质权的准据法】权利质权，适用质权设立地法律。

第六章　债　权

第四十一条　【合同的准据法的一般规定】当事人可以协议选择合同适用的法律。当事人没有选择的，适用履行义务最能体现该合同特征的一方当事人经常居所地法律或者其他与该合同有最密切联系的法律。

第四十二条　【消费者合同的准据法】消费者合同，适用消费者经常居所地法律；消费者选择适用商品、服务提供地法律或者经营者在消费者经常居所地没有从事相关经营活动的，适用商品、服务提供地法律。

第四十三条　【劳动合同的准据法】劳动合同，适用劳动者工作地法律；难以确定劳动者工作地的，适用用人单位主营业地法律。劳务派遣，可以适用劳务派出地法律。

第四十四条　【侵权责任的准据法的一般规定】侵权责任，适用侵权行为地法律，但当事人有共同经常居所地的，适用共同经常居所地法律。侵权行为发生后，当事人协议选择适用法律的，按照其协议。

第四十五条　【产品责任的准据法】产品责任，适用被侵权人经常居所地法律；被侵权人选择适用侵权人主营业地法律、损害发生地法律的，或者侵权人在被侵权人经常居所地没有从事相关经营活动的，适用侵权人主营业地法律或者损害发生地法律。

第四十六条　【以媒体方式侵害人格权的准据法】通过网络或者采用其他方式侵害姓名权、肖像权、名誉权、隐私权等人格权的，适用被侵权人经常居所地法律。

第四十七条　【不当得利和无因管理的准据法】不当得利、无因管理，适用当事人协议选择适用的法律。当事人没有选择的，适用当事人共同经常居所地法律；没有共同经常居所地的，适用不当得利、无因管理发生地法律。

第七章　知识产权

第四十八条　【知识产权的准据法的一般规定】知识产权的归属和内容，适用被请求保护地法律。

第四十九条　【知识产权转让和许可合同的准据法】当事人可以协议选择知识产权转让和许可使用适用的法律。当事人没有选择的，适用本法对合同的有关规定。

第五十条　【知识产权侵权责任的准据法】知识产权的侵权责任，适用被请求保护地法律，当事人也可以在侵权行为发生后协议选择适用法院地法律。

第八章　附　则

第五十一条　【新法与旧法的协调适用】《中华人民共和国民法通则》第一百四十六条、第一百四十七条，《中华人民共和国继承法》第三十六条，与本法的规定不一致的，适用本法。

第五十二条　【本法的时间效力】本法自2011年4月1日起施行。

最高人民法院

关于认真学习贯彻执行《中华人民共和国涉外民事关系法律适用法》的通知

（2010年12月2日　法发〔2010〕52号）

各省、自治区、直辖市高级人民法院，解放军军事法院，新疆维吾尔自治区高级人民法院生产建设兵团分院：

《中华人民共和国涉外民事关系法律适用法》（以下简称《涉外民事关系法律适用法》）已由第十一届全国人民代表大会常务委员会第十七次会议于2010年10月28日通过，将自2011年4月1日起施行。《涉外民事关系法律适用法》是我国民法的重要组成部分，其旨在明确涉外婚姻家庭、继承、物权、债权、知识产权等民事关系的法律适用，为解决涉外民事争议，维护当事人的合法权益提供依据。为了在今后的审判工作中正确适用《涉外民事关系法律适用法》，现就学习、贯彻执行《涉外民事关系法律适用法》的有关问题通知如下：

一、《涉外民事关系法律适用法》是我国关于涉外民事关系法律适用的第一部单行法律，该法的出台必将对我国涉外民事审判工作产生重大而深远的影响。各级人民法院应当积极组织审判人员认真学习《涉外民事关系法律适用法》，准确把握立法精神，深刻理解每一条款的含义，充分认识这部法律对调整我国涉外民事关系的重要性以及对促进国际民事交往的积极作用。

二、《中华人民共和国民法通则》等多部法律中有专章或者专条对相关涉外民事关系的法律适用作出了明确规定，这些法律施行以来，各级人民法院认真贯彻执行，依据这些法律审理了大量涉外民事案件，积累了丰富的审判经验。《涉外民事关系法律适用法》实施后，各级人民法院应当注意新法与旧法之间的适用关系，认真贯彻《涉外民事关系法律适用法》第二条和第五十一条规定的精神。

三、对在《涉外民事关系法律适用法》实施以前发生的涉外民事关系产生的争议，应当适用行为发生时的有关法律规定；如果行为发生时相关法律没有规定的，可以参照《涉外民事关系法律适用法》的规定。

四、《涉外民事关系法律适用法》实施后，最高人民法院制定的司法解释中关于涉外民事关系法律适用的内容，与《涉外民事关系法律适用法》的规定相抵触的，不再适用。

五、各级人民法院在贯彻执行《涉外民事关系法律适用法》的过程中，应当注意总结审判经验，加强调查研究，切实保证该部法律的有效施行。对于贯彻执行过程中遇到的疑难问题，请及时报告我院，报告时应提出解决的办法或者倾向性意见，以供研究或者在必要时制定司法解释作为参考。

最高人民法院
关于适用《中华人民共和国涉外民事关系法律适用法》若干问题的解释（一）

法释〔2012〕24号

（2012年12月10日最高人民法院审判委员会第1563次会议通过
2012年12月28日最高人民法院公告公布　自2013年1月7日起施行）

为正确审理涉外民事案件，根据《中华人民共和国涉外民事关系法律适用法》的规定，对人民法院适用该法的有关问题解释如下：

第一条　民事关系具有下列情形之一的，人民法院可以认定为涉外民事关系：

（一）当事人一方或双方是外国公民、外国法人或者其他组织、无国籍人；

（二）当事人一方或双方的经常居所地在中华人民共和国领域外；

（三）标的物在中华人民共和国领域外；

（四）产生、变更或者消灭民事关系的法律事实发生在中华人民共和国领域外；

（五）可以认定为涉外民事关系的其他情形。

第二条　涉外民事关系法律适用法实施以前发生的涉外民事关系，人民法院应当根据该涉外民事关系发生时的有关法律规定确定应当适用的法律；当时法律没有规定的，可以参照涉外民事关系法律适用法的规定确定。

第三条　涉外民事关系法律适用法与其他法律对同一涉外民事关系法律适用规定不一致的，适用涉外民事关系法律适用法的规定，但《中华人民共和国票据法》、《中华人民共和国海商法》、《中华人民共和国民用航空法》等商事领域法律的特别规定以及知识产权领域法律的特别规定除外。

涉外民事关系法律适用法对涉外民事关系的法律适用没有规定而其他法律有规定的，适用其他法律的规定。

第四条　涉外民事关系的法律适用涉及适用国际条约的，人民法院应当根据《中华人民共和国民法通则》第一百四十二条第二款以及《中华人民共和国票据法》第九十五条第一款、《中华人民共和国海商法》第二百六十八条第一款、《中华人民共和国民用航空法》第一百八十四条第一款等法律规定予以适用，但知识产权领域的国际条约已经转化或者需要转化为国内法律的除外。

第五条　涉外民事关系的法律适用涉及适用国际惯例的，人民法院应当根据《中华人民共和国民法通则》第一百四十二条第三款以及《中华人民共和国票据法》第九十五条第二款、《中华人民共和国海商法》第二百六十八条第二款、《中华人民共和国民用航空法》第一百八十四条第二款等法律规定予以适用。

第六条　中华人民共和国法律没有明确规定当事人可以选择涉外民事关系适用的法律，当事人选择适用法律的，人民法院应认定该选择无效。

第七条　一方当事人以双方协议选择的法律与系争的涉外民事关系没有实际联系为由主张选择无效的，人民法院不予支持。

第八条　当事人在一审法庭辩论终结前协议选择或者变更选择适用的法律的，人民法院应予准许。

各方当事人援引相同国家的法律且未提出法律适用异议的，人民法院可以认定当事人已经就涉外民事关系适用的法律做出了选择。

第九条 当事人在合同中援引尚未对中华人民共和国生效的国际条约的，人民法院可以根据该国际条约的内容确定当事人之间的权利义务，但违反中华人民共和国社会公共利益或中华人民共和国法律、行政法规强制性规定的除外。

第十条 有下列情形之一，涉及中华人民共和国社会公共利益、当事人不能通过约定排除适用、无需通过冲突规范指引而直接适用于涉外民事关系的法律、行政法规的规定，人民法院应当认定为涉外民事关系法律适用法第四条规定的强制性规定：

（一）涉及劳动者权益保护的；

（二）涉及食品或公共卫生安全的；

（三）涉及环境安全的；

（四）涉及外汇管制等金融安全的；

（五）涉及反垄断、反倾销的；

（六）应当认定为强制性规定的其他情形。

第十一条 一方当事人故意制造涉外民事关系的连结点，规避中华人民共和国法律、行政法规的强制性规定的，人民法院应认定为不发生适用外国法律的效力。

第十二条 涉外民事争议的解决须以另一涉外民事关系的确认为前提时，人民法院应当根据该先决问题自身的性质确定其应当适用的法律。

第十三条 案件涉及两个或者两个以上的涉外民事关系时，人民法院应当分别确定应当适用的法律。

第十四条 当事人没有选择涉外仲裁协议适用的法律，也没有约定仲裁机构或者仲裁地，或者约定不明的，人民法院可以适用中华人民共和国法律认定该仲裁协议的效力。

第十五条 自然人在涉外民事关系产生或者变更、终止时已经连续居住一年以上且作为其生活中心的地方，人民法院可以认定为涉外民事关系法律适用法规定的自然人的经常居所地，但就医、劳务派遣、公务等情形除外。

第十六条 人民法院应当将法人的设立登记地认定为涉外民事关系法律适用法规定的法人的登记地。

第十七条 人民法院通过由当事人提供、已对中华人民共和国生效的国际条约规定的途径、中外法律专家提供等合理途径仍不能获得外国法律的，可以认定为不能查明外国法律。

根据涉外民事关系法律适用法第十条第一款的规定，当事人应当提供外国法律，其在人民法院指定的合理期限内无正当理由未提供该外国法律的，可以认定为不能查明外国法律。

第十八条　人民法院应当听取各方当事人对应当适用的外国法律的内容及其理解与适用的意见，当事人对该外国法律的内容及其理解与适用均无异议的，人民法院可以予以确认；当事人有异议的，由人民法院审查认定。

第十九条　涉及香港特别行政区、澳门特别行政区的民事关系的法律适用问题，参照适用本规定。

第二十条　涉外民事关系法律适用法施行后发生的涉外民事纠纷案件，本解释施行后尚未终审的，适用本解释；本解释施行前已经终审，当事人申请再审或者按照审判监督程序决定再审的，不适用本解释。

第二十一条　本院以前发布的司法解释与本解释不一致的，以本解释为准。

【链　接】

最高人民法院民四庭负责人就《关于适用〈中华人民共和国涉外民事关系法律适用法〉若干问题的解释（一）》答记者问

问：最高人民法院《关于适用〈中华人民共和国涉外民事关系法律适用法〉若干问题的解释（一）》已经发布实施，能否请您谈谈该司法解释的起草背景？

答：《中华人民共和国涉外民事关系法律适用法》（以下简称涉外民事关系法律适用法）是我国第一部关于涉外民事关系法律适用问题的单行法，在我国国际私法立法史上具有深远的影响。该法于2011年4月1日起施行。民四庭对该法的实施情况进行了广泛而深入的调研，于2011年底完成了《关于〈中华人民共和国涉外民事关系法律适用法〉实施情况的调研报告》。结合民四庭参与该法起草过程中发现的问题以及对该法实施情况进行的调研，我们认为，以下几个方面的问题需要在司法实践中统一裁判思路：（1）如何界定"涉外民事关系"？该问题在立法过程中虽有主张，但未能得到解决。然而，该问题是适用该法的基本问题，因为只有系争的法律关系属于"涉外民事关系"，才有适用该法的余地，否则，作为纯国内案件，没有冲突规范的适用余地。（2）如何处理该法与我国法律体系中其他冲突规范的适用关系？尽管该法第二条、第五十一条对此做出了原则性规定，但仍令许多法官感到疑惑，因此需要进一步理清该法与《中华人民共和国民法通则》以及该法与《中华人民共和国票据法》、《中华人民共和国海商法》、《中华人民共和国民用航空法》等商事领域法律中的冲突规范的相互关系，否则，容易造成适用法律错误。(3) 当事人“意思自治”从传统的合同领域扩展到涉外民事关系法律适用的诸多方面，是该法的一大亮点，但如何在实践中具体操作，包括当事人何时可以选择法律、以何种方式选择、可选择的法律的范围等等，都需要进一步明确。(4) 我国强制性法律应当得到直接适用，这也是该法的新规定，然而我国法律体系中哪些规定属于“强制性规定”的范畴呢？需要明确。否则，容易造成实践中滥用该条款而折损国际私法的功效。(5) 法律规避制度作为传统国际私法中的一项制度，该法本身未予规定，是否有必要在司法解释中做出相应规定，以为法官在处理涉外民事案件过程中维护我国的社会公共秩序增加一道屏障？(6) 案件涉及先决问题以及案件涉及不同的法律关系时，如何确定应当适用的法律？(7) 在应当适用外国法律的情况下，如何查明外国法？这一直是审判实践中的疑难问题，其中包括：查明外国法的途径有哪些？各种途径是否需要穷尽才能认定“不能查明外国法”？当事人对外国法的理解不同时如何处理？这些更细节的问题，都需要明确。(8) 该法中的一些重要的基本概念需要明确，特别是自然人的“经常居所地”，该法将自然人的经常居所地规定为涉外民事关系的重要连结点，因此如何界定自然人的经常居所地非常重要，此外法人的“登记地”也需要进一步明确。(9) 该法明确规定了如何确定涉外仲裁协议的准据法，但在当事人没有约定应当适用的法律，也没有约定仲裁机构和仲裁地的情况下，如何确定仲裁协议的准据法呢？(10) 该法没有解决我国的区际私法冲突问题，司法实践中涉港、澳、台案件如何确定应当适用的法律呢？

为正确处理上述问题，统一认识，我们认为确有制定相关司法解释的必要，因此，民四庭提出了拟定本司法解释稿的计划，并于 2012 年初正式列入最高人民法院司法解释计划。经过近一年的努力，司法解释几易其稿，最终于 2012 年 12 月 10 日经最高人民法院审判委员会第 1563 次会议讨论通过。

需要说明的是，由于该法施行时间较短，许多问题尚待进一步研究，我们采取分步走思路，暂先对涉外民事关系法律适用法总则部分以及分则部分属于一般性问题的内容做出解释，对该法分则部分的其他内容留待以后再做相应的司法解释。

问：该司法解释的主要内容有哪些？

答：该司法解释主要围绕上述我们认为在涉外民事关系法律适用法实施过程中存在的主要问题进行了规定，共 21 条。具体包括：如何界定“涉外民事关系”；涉外民事关系法律适用法的溯及力；涉外民事关系法律适用法与其他法律中冲突规范的关系的处理；当事人选择适用法律的时间节点、方式、范围；如何界定我国法律中的“强制性规定”；法律规避行为的后果；先决问题的法律适用；不同涉外民事关系区分适用法律；涉外仲裁协议准据法的确定；如何界定自然人的“经常居所地”、法人的“登记地”；如何界定“不能查明外国法律”、如何确定外国法律的内容及涵义；涉港、澳案件参照适用本司法解释；本司法解释的溯及力等等。

问：刚才您谈到“涉外民事关系”的界定至关重要，那么司法解释是如何界定“涉外民事关系”的呢？

答：在涉外民事关系法律适用法制定过程中，各界曾建议全国人大常委会法工委对如何界定“涉外民事关系”做出规定，法工委认为可以通过司法解释在司法实践中解决该问题，无需通过立法予以规范，且其他国家和地区的立法例均无此规定。因而，涉外民事关系法律适用法没有对如何界定“涉外民事关系”做出规定。既往的司法实践中，我们一直根据法（办）发〔1988〕6号最高人民法院《关于贯彻执行〈中华人民共和国民法通则〉若干问题的意见（试行）》（以下简称民法通则司法解释）第178条的规定认定“涉外民事关系”。该条规定：“凡民事关系的一方或者双方当事人是外国人、无国籍人、外国法人的；民事关系的标的物在外国领域内的；产生、变更或者消灭民事权利义务关系的法律事实发生在外国的，均为涉外民事关系。”此外，法发〔1992〕22号最高人民法院《关于适用〈中华人民共和国民事诉讼法〉若干问题的意见》（以下简称民事诉讼法司法解释）第304条从程序法的角度对如何认定“涉外民事案件”做出了明确规定，该条规定：“当事人一方或双方是外国人、无国籍人、外国企业或组织、或者当事人之间民事法律关系的设立、变更、终止的法律事实发生在外国，或者诉讼标的物在外国的民事案件，为涉外民事案件。”可见，民法通则司法解释与民事诉讼法司法解释对“涉外因素”的构成标准保持了一致，即从民事法律关系的主体、客体、法律事实三要素考查，只要其中一个要素涉外，即属“涉外民事关系”或“涉外民事案件”。我们认为，从民事法律关系构成的三要素角度确定“涉外民事关系”是合理的。司法实践中存在的仅仅从民事法律关系的主体考察案件是否具有涉外因素，是对上述司法解释的误解。

然而，结合当前的司法实践，本司法解释第一条对如何界定“涉外民事关系”进行了重新规定，对上述民法通则司法解释的内容在以下方面进行了完善：（1）涉外民事关系法律适用法的一个亮点就是将“经常居所地”规定为民事法律关系主体的重要连结点，不再仅仅强调“国籍”这一连结点。因此，有必要在主体方面增加“当事人一方或双方的经常居所地在中华人民共和国领域外”的规定。（2）对于外国人，应当包括外国的自然人、法人及其他组织，表述上以“外国公民、外国法人或者其他组织”更为贴切。(3) 将“外国”这一表述变更为“中华人民共和国领域外”更为合理。(4) 需要规定一个兜底式条款，以囊括实践中可能存在的其他应当被认定为涉外民事关系的情形。此外，对于是否应当将外国国家和国际组织列入，在司法解释制定过程中曾引起争论。有观点认为，应当将外国国家和国际组织列为涉外民事关系主体。然而，我们认为，目前的司法实践中的确有国际组织作为民事案件主体的情形，也有将外国国家列为被告的情形，但这不可避免地会涉及管辖豁免问题的讨论，只有在国际组织或者外国国家明确表示放弃民事案件管辖豁免权的情况下我国法院才能对其行使管辖权。尽管正在研究制定的国家豁免法倾向于转向“相对豁免”，我国在实践中一直主张“绝对豁免”，而非“相对豁免”，在本司法解释中明确将外国国家、国际组织列入，有可能被误认为我国法院已经采取了相对豁免的立场，故虽有将“外国国家或者国际组织”列入的建议，但我们未予采纳。

问：涉外民事关系法律适用法不是实体法，也不是程序法，司法实践中如何把握该法的溯及力问题呢？

答：的确，涉外民事关系法律适用法的溯及力问题是一个比较特殊的问题，因为该法本身不是实体法，也不是程序法，因此，实体法不溯及既往的法律适用原则以及程序法相对溯及既往的法律适用原则不能简单地适用于涉外民事关系法律适用法。然而，我们认为，由于该法系冲突规范，其适用最终导致影响当事人权利义务的实体法的适用，因此，应当根据实体法的溯及力原则确定该法的溯及力，以不溯及既往为该法的适用原则，这样才能保证当事人对其行为有合理预期。本司法解释第二条即对此作出了明确规定。

事实上，在最高人民法院法发〔2010〕52号《关于认真学习贯彻执行〈中华人民共和国涉外民事关系法律适用法〉的通知》第三条中已对此做出规定，由于“通知”的内容不宜作为裁判依据，因此，有必要在本司法解释中重申。

问：您刚才谈到涉外民事关系法律适用法与我国其他法律中的冲突规范的相互关系，本司法解释是如何规定的呢？

答：涉外民事关系法律适用法出台前，我国的冲突规范散见于《中华人民共和国民法通则》第八章、《中华人民共和国合同法》第一百二十六条、《中华人民共和国票据法》第五章、《中华人民共和国海商法》第十四章、《中华人民共和国民用航空法》第十四章、《中华人民共和国继承法》第三十六条等法律条文中。在涉外民事关系法律适用法制定过程中，各界曾建议全国人大常委会法工委统合分散在上述各法律中的冲突规范，规定一部“大而全”的冲突法法典。然而限于实际情况，法工委没有采纳该建议，而是在并不废止其他法律中的冲突规范的前提下，新出台了这部涉外民事关系法律适用法。司法实践中势必导致该法与其他法律之间的相互适用关系问题的产生。虽然涉外民事关系法律适用法第二条和第五十一条对此做出了原则性规定，然而，很多法官认为仅根据该两条规定仍很难厘清新法与旧法之间的适用关系。

事实上，涉外民事关系法律适用法第二条的立法技术类似于《中华人民共和国公司法》第二百一十八条；涉外民事关系法律适用法第五十一条的立法技术类似于《中华人民共和国物权法》第一百七十八条。《中华人民共和国立法法》第八十三条规定："同一机关制定的法律、行政法规、地方性法规、自治条例和单行条例、规章，特别规定与一般规定不一致的，适用特别规定；新的规定与旧的规定不一致的，适用新的规定。"该条确立了同级法律规范下，特别法优于一般法、新法优于旧法的法律适用基本原则。结合该原则，本司法解释第三条分两款明确规定了涉外民事关系法律适用法与其他法律中的冲突规范的适用关系。具体理解如下：（1）涉外民事关系法律适用法和其他法律对同一涉外民事关系的法律适用问题规定一致的，应当优先适用涉外民事关系法律适用法的规定。（2）涉外民事关系法律适用法和其他法律对同一涉外民事关系的法律适用规定不一致的，要看其他法律的规定是否属于"特别规定"，否则仍应当适用涉外民事关系法律适用法的规定。法工委基于我国目前商事领域的法律众多、情况十分复杂的情况，认为商事领域的法律适用问题还是在单行法中规定为宜，因而没有将票据法、海商法、民用航空法的有关具体规定纳入；此外，涉外民事关系法律适用法虽然专章规定了知识产权，但其他法律中关于知识产权有若干特别规定。因此，票据法、海商法、民用航空法等商事领域法律的特别规定以及知识产权领域法律的特别规定应当优先于涉外民事关系法律适用法适用。（3）涉外民事关系法律适用法有规定而其他法律没有规定的，适用涉外民事关系法律适用法的规定。（4）涉外民事关系法律适用法对涉外民事关系的法律适用没有规定而其他法律有规定的，适用其他法律的规定。

问：涉外民事关系法律适用法没有对国际条约的适用和国际惯例的适用做出规定，司法实践中如何处理国际条约和国际惯例的适用问题呢？

答：《中华人民共和国民法通则》第一百四十二条、《中华人民共和国票据法》第九十五条、《中华人民共和国海商法》第二百六十八条、《中华人民共和国民用航空法》第一百八十四条均曾对国际条约、国际惯例的适用分两款做出规定，内容相似。例如：《中华人民共和国民法通则》第一百四十二条第二款规定："中华人民共和国缔结或者参加的国际条约同中华人民共和国的民事法律有不同规定的，适用国际条约的规定，但中华人民共和国声明保留的条款除外。"第三款规定："中华人民共和国法律和中华人民共和国缔结或者参加的国际条约没有规定的，可以适用国际惯例。”

在涉外民事关系法律适用法制定过程中，各界亦曾建议法工委对国际条约、国际惯例的适用做出规定，但由于立法技术问题，特别是国际条约适用的复杂性，法工委没有在涉外民事关系法律适用法中对国际条约、国际惯例的适用做出规定。我们认为，司法实践中涉及国际条约、国际惯例的适用时，仍应当将上述《中华人民共和国民法通则》第一百四十二条等的相关规定作为法律依据。综上，司法解释第四条、第五条分别对适用国际条约和国际惯例的法律依据做出了指引。

需要特别指出的是，由于国际上普遍承认知识产权的地域性原则和各国独立保护原则，我国对WTO项下的TRIPS协定采取了转化适用的模式，且TRIPS协定以外的知识产权领域的国际条约通常规定的是最低保护标准而不是完全统一的具体规则，因此，知识产权领域的司法实践中，在国内法与国际条约有不同规定的情况下，不一定优先适用国际条约的规定。鉴于此，司法解释第四条增加了“但知识产权领域的国际条约已经转化或者需要转化为国内法律的除外”的规定。

问：司法解释对当事人选择适用法律的范围、时间点、方式等细节问题做了哪些规定呢？

答：涉外民事关系法律适用法第三条是关于“当事人意思自治”的规定，其源于“契约自由”原则。涉外民事关系法律适用法将这一原本仅仅作为涉外合同争议适用法律的一项基本原则扩展适用于涉外民事关系的诸多领域，是一大亮点。然而，涉外民事关系法律适用法第三条属于“宣示性”条款，其强调只有我国法律明确规定允许当事人选择适用法律的，当事人才可以对系争涉外民事关系应当适用的法律做出选择。否则，当事人的选法行为无效，人民法院则不应予以支持。本司法解释第六条即对此做出明确阐释。

涉外民事关系法律适用法第三条并没有对当事人选择适用法律的范围做出特别规定。司法实践中，有误解认为当事人选择适用的法律应当与系争的涉外民事关系“有实际联系”，否则其选法行为无效。因此，有必要在本司法解释中予以澄清。司法解释第七条即规定：“一方当事人以双方协议选择的法律与系争的涉外民事关系没有实际联系为由主张选择无效的，人民法院不予支持。”

涉外民事关系法律适用法第三条没有对当事人选择涉外民事关系适用的法律的时间点做出规定。在本司法解释稿讨论过程中，多数法官认为，将当事人的选法时间截止到“一审法庭辩论终结前”是合理的。因此，本司法解释第八条第一款对当事人选择适用法律的时间点明确规定为“一审法庭辩论终结前”。该规定与法释〔2007〕14号最高人民法院《关于审理涉外民事或商事合同纠纷案件法律适用若干问题的规定》（以下简称涉外合同法律适用司法解释）第四条第一款的相关规定是一致的。

涉外民事关系法律适用法第三条对当事人选择涉外民事关系适用的法律的方式做出了原则性规定，即应当以“明示”的方式。然而，司法实践中存在一种特殊情况，即当事人并没有以书面或者口头等明确的方式对适用法律做出选择，但在诉讼过程中，各方当事人均援引相同国家的法律且均未对法律适用问题提出异议，在这种情况下，我国法院一般会认定当事人已经就涉外民事关系应当适用的法律做出了选择，即适用该法做出裁判。本司法解释第八条第二款对此做出了明确规定。该规定与上述涉外合同法律适用司法解释第四条第二款的相关规定也是一致的。

问：海事海商审判实践中，有案件当事人在提单中载明适用《1924 年统一提单某些法律规定的国际公约》（即《海牙规则》）、《1978 年联合国海上货物运输公约》（即《汉堡规则》）等国际条约的相关内容，而我国并未加入这些国际条约，人民法院如何对待这种情形呢？司法解释稿讨论过程中曾对此有深入讨论，司法解释最终是如何规定的呢？

答：司法解释第九条对此做出了规定。司法实践中当事人在合同等法律文件中援引尚未对我国尚未生效的国际条约，人民法院一般会尊重当事人的选择，且同时认为，既然是对我国尚未生效的国际条约，该条约对我国没有拘束力，不能将其作为裁判的法律依据，即我国法院不能将其作为国际条约予以适用。然而，怎样看待这种情形更合理呢？司法解释稿讨论过程中确有不同认识：一种观点认为，这种情形可以作为当事人约定适用“外国法律”的情形对待。第二种观点认为，可以把这类国际条约视为国际惯例。第三种观点认为，把这类国际条约认为构成当事人之间合同的组成部分，据以确定当事人之间的权利义务，更为合理，这样也可以解决如何对待当事人援引一些不具有拘束力的国际示范法、统一规则等产生的问题。同时，由于国际条约的复杂性，也不能将条约内容简单地等同于当事人之间的合同内容。对我国生效的国际条约，我国往往会通过声明保留排除对我国可能会产生不利影响的条款的适用，而对我国尚未生效的国际条约，很有可能存在这方面的问题，在我们不将该国际条约作为“外国法”对待的情况下，可以排除外国法适用的公共秩序保留条款不能发生作用，因此，还应当增加对违反我国社会公共利益的情形的限制性规定。司法解释最终采纳了第三种观点。

问：司法解释对司法实践中合理把握我国法律的“强制性规定”是如何规定的呢？

答：司法解释第十条对此做出了明确规定。涉外民事关系法律适用法第四条首次明确规定我国法律的强制性规定应予直接适用，这是涉外民事关系法律适用法的一大亮点。强制性法律，一般是指本国法律中明确规定某类法律关系应直接适用某法律规定，不允许当事人选择，当事人不能通过约定排除适用，法院在审理案件过程中也不必通过本国冲突规则的指引而予以直接适用的法律。强制性法律一定包含了本国社会公共利益的考量。近年来，越来越多的国家规定某些涉外民商事法律关系必须适用某些特别法、强行法、禁止性规范，从而排斥外国法的适用，这是国家加强对社会经济生活干预在国际私法法律适用领域中的一个突出表现。例如，反垄断法、外汇管制法、外贸管制法、价格法、社会保障法、消费者权益保护法等，一般旨在保护本国经济秩序或对某类利益进行特殊保护，这些领域的法律对涉外民事关系有重大影响。司法解释第十条结合上述情况，除对何为我国法律的强制性规定进行了一般性描述外，还以不完全列举的方式解决可操作性问题，列举排序是根据法律与民生的相关程度进行的。

必须强调的是，这里的“强制性规定”，与我国合同法上的所谓效力性或管理性强制性规定不同，一定是适用于涉外民事关系的那类强制性规定，对此要从立法目的上考察。“强制性规定”的直接适用，与公共秩序保留条款一样，都是能够达到排除外国法适用目的的一项制度，因此，对于“强制性规定”的理解应当严格、谨慎，如果滥用，将会大大折损国际私法的积极作用，甚至带来消极后果。

问：如您所讲，“经常居所地”是涉外民事关系法律适用法规定的一个重要连结点，该法明确规定法人的经常居所地为其主营业地，但没有明确解释自然人的经常居所地，司法解释对自然人的经常居所地是如何规定的呢？

答：司法解释第十五条对如何认定自然人的“经常居所地”做出了规定。“经常居所地”类似于有关国际条约中规定的“惯常居所地”。国际条约中将“惯常居所地”作为重要连结点，是为了弥合各国确定属人法的国籍原则和住所原则之间的分歧，是国际私法统一化运动的产物。如何确定“惯常居所地”往往被认为是一个事实问题，因此，国际条约并没有对认定“惯常居所地”的标准做出规定。其他国家的立法例中也很少有关于如何界定“经常居所地”的规定，德国法与瑞士法中对此仅有抽象规定，均强调其应当是“生活中心”。

我国民法通则司法解释第 9 条第一款规定：“公民离开住所地最后连续居住一年以上的地方，为经常居住地。但住医院治病的除外。”民事诉讼法司法解释第 5 条规定：“公民的经常居住地是指公民离开住所地至起诉时已连续居住一年以上的地方。但公民住院就医的地方除外。”我们认为，可以借鉴上述司法解释中关于自然人“经常居住地”的规定，并参考德国法与瑞士法强调的“生活中心”这一要素，明确何为自然人的“经常居所地”。同时，我们认为，将"连续居住一年以上"的时间起算点规定为"涉外民事关系产生或者变更、终止时"较为合理。一般而言，经常居所地将会与住所地重合。在国外就医治疗、被劳务派遣在国外务工、因公务在国外工作、培训学习等都不应属于在国外经常居住，因此，司法解释针对这种情形规定了"但书"。

问：外国法律查明一直是制约涉外民商事审判效率的"瓶颈"问题。根据涉外民事关系法律适用法第十条第二款的规定，不能查明外国法律的，则适用我国法律。司法解释对如何认定"不能查明外国法律"做出了怎样的规定呢？

答：司法解释第十七条对此做出了规定。涉外民事关系法律适用法第十条第一款首先明确了人民法院负有查明外国法的义务，其次规定"当事人选择适用外国法律的"情况下，当事人应当提供该外国法。因此，司法解释第十七条分两款对"不能查明外国法律"的情形做出了规定。

民法通则司法解释第193条第一款规定了人民法院查明外国法的五种途径，包括：①由当事人提供；②由与我国订立司法协助协定的缔约对方的中央机关提供；③由我国驻该国使领馆提供；④由该国驻我国使馆提供；⑤由中外法律专家提供。该司法解释本意并不要求人民法院穷尽上述途径均未果的情况下，才能认定不能查明外国法律，但实践中多有误解，认为应当穷尽上述各种途径。因此，本司法解释第十七条第一款仅对司法实践中常用的查明外国法的途径，包括由当事人提供、已对中华人民共和国生效的国际条约规定的途径、中外法律专家提供等，进行了列举，并明确规定在经这些合理途径"仍不能获得外国法律的"，可以认定为"不能查明外国法律"。

在当事人应当提供外国法律的情况下，人民法院应当给当事人指定一个合理期限，如果当事人在该合理期限内，无正当理由不予提供外国法律或者不能提供外国法律的，人民法院即可以认定为"不能查明外国法律"。本司法解释第十七条第二款即对此作出了规定。

问：我国法院的法官并不熟悉外国法律，特别是判例法传统国家的法律，更为复杂。司法实践中如何确定外国法的内容、如何正确理解该外国法呢？

答：司法解释第十八条对此做出了明确规定。对于外国法的内容如何确定及正确理解，同样是司法实践中存在的疑难问题。我们认为，对于应当适用的外国法律，无论是当事人提供的，还是人民法院依职权获得的，人民法院均应当听取各方当事人对该外国法律的内容及其理解与适用的意见，当事人无异议的，人民法院即应当根据当事人的共同理解确定外国法的内容及其理解与适用；如果当事人有异议的，则应当由人民法院最终确定外国法的内容及如何理解和适用该外国法。

问：司法实践中，涉港、澳、台案件的法律适用问题如何解决呢？

答：我国法律没有对涉港、澳、台民事关系的法律适用问题做出过规定。在涉外民事关系法律适用法制定过程中，各界曾建议法工委对我国区际私法冲突的问题做出规定，但基于各种因素的考量，涉外民事关系法律适用法最终没有对涉港、澳、台民事关系的法律适用问题做出任何规定。司法实践中，对于涉港、澳、台案件的审理，虽然我们一直比照涉外案件处理，但仍需要通过在司法解释中做出原则性规定，为法官处理涉港、澳、台民事关系的法律适用问题提供可供援引的依据。根据我院的部署，涉台案件单独制定司法解释，已由法释〔2010〕19号最高人民法院《关于审理涉台民商事案件法律适用问题的规定》做出了相应规定。本司法解释第十九条则规定："涉及香港特别行政区、澳门特别行政区的民事关系的法律适用问题，参照适用本规定。"

最高人民法院办公厅
关于印发《全国民事审判工作会议纪要》的通知

（2011年10月9日　法办〔2011〕442号）

各省、自治区、直辖市高级人民法院，解放军军事法院，新疆维吾尔自治区高级人民法院生产建设兵团分院：

现将《全国民事审判工作会议纪要》印发给你们，请认真贯彻执行。

附：

全国民事审判工作会议纪要

2011年6月22日至24日，最高人民法院在浙江杭州召开全国民事审判工作会议。各省、自治区、直辖市高级人民法院和新疆维吾尔自治区高级人民法院生产建设兵团分院分管民事审判工作的副院长和民一庭庭长，解放军军事法院民庭庭长，以及计划单列市中级人民法院分管民事审判工作的副院长参加了会议。最高人民法院院长王胜俊对本次会议做了重要批示，副院长奚晓明出席会议并讲话。

这次会议是在中国特色社会主义法律体系形成的新形势下召开的，对于在全国民事审判队伍领域坚持社会主义法治理念，更好落实“为大局服务，为人民司法”工作主题，更加充分发挥民事审判工作职能，为全面实施“十二五”规划、全面建设小康社会提供有力司法保障具有重要意义。通过讨论，与会同志对今后一段时期如何更好开展民事审判工作提出了许多意见和建议，并形成广泛共识。现将有关情况纪要如下：

一、关于民事审判工作的总体要求

会议认为，我国正处在深化改革开放、加快转变经济发展方式、深入贯彻落实科学发展观、全面建设小康社会的关键时期，为更好地适应中国特色社会主义法律体系形成的新形势，民事审判工作的总体要求是：

——始终坚持“三个至上”指导思想，牢固树立社会主义法治理念和群众观点。公正司法，能动司法，深入推进“三项重点工作”，为服务经济社会又好又快发展、保障和改善民生提供强有力的司法保障。

——始终坚持自觉学习，努力提升队伍素质、审判质量和司法公信力。要适应社会主义法律体系形成的新形势，更加注重对中国特色社会主义法律精神的深入领会，更加注重对司法实践中新情况、新问题的调查研究，更加注重对与民事审判工作相关联的新知识的学习理解。

——始终坚持“调解优先、调判结合”工作原则。努力提高调解质量，做好调判结合；继续推进和完善多元矛盾纠纷解决机制；积极推广诉调对接，做好诉前调解；完善人民调解协议司法确认机制，推动人民调解工作更大发展。

——始终坚持重心下移，适应人民法院基层基础建设对民事审判工作的新要求。要把基层能力建设放在更加突出的位置，进一步提高基层民事法官的法律适用能力，进一步规范人民法庭的案件审理，切实保证民事审判固本强基。

——始终坚持改革创新，全面加强对下监督指导工作。努力解决实践中存在的裁判尺度不统一问题，全面提升民事审判权威；努力提高一、二审案件裁判质量，降低上诉、申请再审、申诉上访的比例，从源头上预防和减少信访案件，最大限度就近、就地做好当事人服判息诉工作；做好小额速裁试点工作，发挥小额速裁及时化解矛盾、提高司法效率的重要作用，为我国民事诉讼法律制度的不断完善，积累更多更好的经验。

——始终坚持党的领导，进一步增强党性观念。大力弘扬公正、廉洁、为民的司法核心价值观，以人为本，为民司法。大力加强司法能力建设，大力加强司法作风建设，大力加强司法廉洁建设，全面加强队伍建设。

二、关于房地产纠纷案件

会议认为，房地产纠纷案件审判历来是民事审判的重要组成部分，审理好房地产纠纷案件对于贯彻落实好国家房地产调控政策，服务党和国家工作大局，促进经济又好又快发展，保障和改善民生具有重要的意义。当前，在房地产案件审判工作中，应注意以下几个方面：

（一）关于合同效力问题

要准确理解和适用法律、行政法规的强制性规定，依法维护合同的效力。城市房地产管理法第三十九条第一款第（二）项规定并非效力性强制性规定，当事人仅以转让国有土地使用权未达到上述规定的条件为由，请求确认转让合同无效的，不应予以支持。

物权法第一百九十一条第二款并非针对抵押财产转让合同的效力性强制性规定，当事人仅以转让抵押房地产未经抵押权人同意为由，请求确认转让合同无效的，不应予以支持。受让人因抵押登记未涂销无法办理物权转移登记而请求解除合同的，可予以支持；受让人要求转让人承担相应民事责任的，应考虑当事人的过错程度等因素进行处理。

转让人转让登记在其个人名下的房地产不符合法律规定或者当事人约定转让条件的，如果受让人是善意，且支付了合理对价并已经办理了房地产转移登记手续，可以依据物权法第一百零六条第一款的规定处理。

（二）关于一房数卖的合同履行问题

在审理一房数卖案件纠纷时，如果数份合同均为有效且各买受人均要求履行合同，一般应按照已经办理房屋所有权变更登记、合法占有房屋以及买卖合同成立先后等顺序确定权利保护顺位。恶意办理登记的买受人，其权利不能优先于已经合法占有该房屋的买受人；变更登记、合法占有发生在预告登记有效期内的，登记权利人或占有人的权利不能对抗预告登记权利人。对于买卖合同的成立时间，应综合合同在主管机关的备案时间、合同载明的签订时间以及其他证据证明的合同签订时间等因素进行确定。

（三）关于在民事审判中贯彻落实房地产调控政策的问题

房屋买卖合同约定以按揭贷款方式付款，买受人以房贷政策变化不能办理按揭贷款导致无履约能力为由，请求解除合同，并要求出卖人返还所收受的购房款或定金的，经审查，买受人的确因房贷政策变化而不能办理约定的按揭贷款，对其请求可予支持。房屋买卖合同签订后，由于相应住房限购政策的实施，当事人无法办理房屋所有权变更登记，买受人请求解除合同，并要求出卖人返还所收受的购房款或定金的，如果经审查，当事人的确因住房限购政策的实施而不能办理房屋所有权变更登记，对其请求可予支持。

要注意发挥司法审判在规范和引导房地产居间市场中的作用。房屋买卖双方当事人确因居间人的居间行为订立合同，如果房屋买卖合同明确约定以按揭贷款方式付款、且买受人因不能办理约定的按揭贷款，或买受人由于相应住房限购政策的实施而无法办理房屋所有权变更登记，居间人以已经促成合同订立为由请求支付居间报酬的，一般不予支持，但居间人要求委托人支付从事居间活动支出的合理费用的，应予以支持。居间人故意隐瞒真实情况、违规操作，恶意促成买卖双方订立合同，如果房屋买卖合同不能履行，严重损害委托人利益的，对居间人请求委托人支付报酬的，不应予以支持；委托人请求居间人赔偿所造成损失的，应根据当事人的过错程度处理。

三、关于其他物权纠纷案件

会议认为，物权法是维护国家基本经济制度，维护社会主义市场经济秩序的重要法律，对于明确物的归属，发挥物的效用，保障各种市场主体平等法律地位和发展权利，具有不可替代的作用。当前，应着重处理好以下几方面问题：

（一）关于违法建筑相关纠纷的处理问题

对于未取得建设工程规划许可证或者未按照建设工程规划许可证规定内容建设的违法建筑的认定和处理，按照城乡规划法等法律、行政法规的规定，属于国家有关行政机关的职权范围，应避免通过民事审判变相为违法建筑确权。当事人请求确认违法建筑权利归属及内容的，人民法院不应予以受理；已经受理的，应驳回起诉。

违法建筑倒塌或其搁置物、悬挂物脱落、坠落造成他人损害的，属于民事案件受案范围，应按照侵权责任法有关物件损害责任的相关规定处理。

（二）关于被拆迁人安置补偿权利保护问题

被拆迁人依法享有的拆迁安置或补偿权利是其被拆迁物物权的转化。要深刻认识依法保护被拆迁人的拆迁安置补偿权利，对于保障被拆迁人的生存权，及时化解矛盾，维护社会稳定所具有的重要意义。要在党委的领导和人大监督下，争取政府相关部门的支持，能动司法，努力通过协调或调解方式妥善处理涉及被拆迁人安置补偿权利的纠纷。

（三）关于矿业权相关纠纷处理问题

探矿权、采矿权转让未经相关审批管理机关批准，但符合矿产资源法等法律、法规规定的条件，应认定探矿权、采矿权转让未生效，但不影响转让合同中当事人履行报批义务条款及因该报批义务而设定的相关条款的生效及效力。当事人仅以探矿权、采矿权转让未经相关审批机关批准为由请求确认探矿权、采矿权转让合同无效的，不应予以支持。

（四）关于土地补偿费分配纠纷处理问题

在审理土地补偿费分配纠纷中涉及界定相关权利主体范围的，要在现行法律规定框架内，综合考虑当事人生产、生活状况、户口登记状况以及农村土地对农民的基本生活保障功能等因素予以认定。要以当事人是否获得其他替代性基本生活保障为重要考量因素，慎重认定其权利主体资格的丧失，依法保护妇女、儿童以及农民工等群体的合法权益。

（五）关于诉讼时效问题

已经合法占有转让标的物的受让人请求转让人办理物权变更登记，登记权利人请求无权占有人返还不动产或者动产，利害关系人请求确认物权的归属或内容，以及权利人请求排除妨害、消除危险，对方当事人以超过诉讼时效期间抗辩的，均不应予以支持。

四、关于建设工程合同纠纷案件

会议认为，审理好建设工程合同纠纷案件，对维护建筑市场秩序，保证建筑工程质量，维护人民群众人身财产安全，保护农民工等弱势群体的利益，意义重大。要贯彻执行好法律、行政法规和《关于审理建设工程施工合同纠纷案件适用法律问题的解释》等司法解释的有关规定，并应进一步深化对以下问题的认识：

（一）关于工程价款结算问题

要依法维护通过招投标方式所签订的中标合同的法律效力。对以低于工程建设成本的工程项目标底订立的施工合同，应当依据招标投标法第四十一条第（二）项的规定认定无效；当事人违反工程建设强制性标准，任意压缩合理工期、降低工程质量标准的约定，也应认定无效。对于约定无效后的工程价款结算，应依据《关于审理建设工程施工合同纠纷案件适用法律问题的解释》的相关规定处理。

招标人和中标人另行签订改变工期、工程价款、工程项目性质等中标结果的协议，应认定为变更中标合同实质性内容；中标人作出的以明显高于市场价格购买承建房产、无偿建设住房配套设施、让利、向建设方捐款等承诺，亦应认定为变更中标合同的实质性内容。对于变更中标合同实质性内容的工程价款结算，应按照《关于审理建设工程施工合同纠纷案件适用法律问题的解释》第二十一条规定，以备案的中标合同作为结算工程价款的根据。

协议变更合同是法律赋予合同当事人的一项基本权利。建设工程开工后，因设计变更、建设工程规划指标调整等客观原因，发包人与承包人通过补充协议、会谈纪要、往来函件、签证等洽商记录形式变更工期、工程价款、工程项目性质的，不应认定为变更中标合同的实质性内容。

依法有效的建设工程施工合同，双方当事人均应依约履行。除合同另有约定，当事人请求以审计机关作出的审计报告、财政评审机构作出的评审结论作为工程价款结算依据的，一般不予支持。

（二）关于建设工程价款优先受偿权问题

非因承包人的原因，建设工程未能在约定期间内竣工，承包人依据合同法第二百八十六条规定享有的优先受偿权不受影响。承包人请求行使优先受偿权的期限，自建设工程实际竣工之日起计算；如果建设工程合同由于发包人的原因解除或终止履行，承包人行使建设工程价款优先受偿权的期限自合同解除或终止履行之日起计算。

（三）关于实际施工人的权利行使对象问题

对实际施工人向与其没有合同关系的转包人、分包人、总承包人、发包人提起的诉讼，要严格依照法律、司法解释的规定进行审查；不能随意扩大《关于审理建设工程施工合同纠纷案件适用法律问题的解释》第二十六条第二款的适用范围，并且要严格根据相关司法解释规定明确发包人只在欠付工程价款范围内对实际施工人承担责任。

五、关于民间借贷纠纷案件

会议认为，民间借贷纠纷案件审理对于维护人民群众之间的合法借贷关系，保护中小企业生存发展，维护国家金融安全，保障经济健康发展具有重要作用。在处理民间借贷纠纷时，要严格审查事实，准确适用法律，着重处理好以下几个问题：

（一）关于证据认定问题

对于民间借贷纠纷案件的证据认定，应从各证据与案件事实的关联程度、各证据之间的联系等方面进行综合审查判断。对于存在借贷关系及借贷内容等事实，出借人应承担举证责任；对已经归还借款的事实，借款人应承担举证责任。对形式有瑕疵的“借条”，出借人应对交付款项给借款人承担举证责任。对形式有瑕疵的“欠条”或“收条”等，应结合其他证据认定是否存在借贷关系。对现金交付的借贷，可根据交付凭证、支付能力、交易习惯、借贷金额大小、当事人关系以及当事人陈述的交付细节经过等因素综合判断是否存在借贷关系。

（二）关于复利及高利贷的处理问题

要坚决控制复利及高利贷。一般应将民间借贷借据上记载的借款金额认定为本金，但是当事人约定利息预先在本金中扣除的，应按照实际出借金额确定本金。

民间借贷既约定利息又约定违约金的，当事人同时请求支付利息和违约金的，可予以支持，但二者之和不能超过依据《关于人民法院审理借贷案件的若干意见》第六条规定利率限度所计算的数额；对超出的部分，一般不予保护。

（三）关于逾期利率问题

当事人仅约定借期内利率，未约定逾期利率，出借人以借期内的利率主张逾期还款利息的，应予支持。当事人既未约定借期内利率，也未约定逾期利率的，出借人参照中国人民银行同期同类贷款基准利率，主张自逾期还款之日起的利息损失的，亦应支持。

六、关于侵权责任纠纷案件

会议认为，审理好侵权损害赔偿案件对于保护自然人、法人和其他组织的合法权益，明确侵权责任，预防并制裁侵权行为，促进社会公平正义具有重要意义。在侵权责任纠纷案件审判工作中，要准确理解侵权责任法有关规定精神，贯彻执行好侵权责任法：

（一）关于侵权责任法实施中的相关问题

鉴于侵权责任法只明确规定被侵权人死亡，其近亲属有权请求侵权人承担侵权责任，没有赋予有关机关或者单位提起请求的权利，故侵权行为造成身份不明人死亡时，如果没有赔偿权利人或者赔偿权利人不明，有关机关或者单位提起民事诉讼主张死亡赔偿金的，应不予受理；已经受理的，应驳回起诉。

被侵权人依据侵权责任法第二十一条规定，请求侵权人承担停止侵害、排除妨碍、消除危险等侵权责任，侵权人以自己无过错为由提出抗辩的，不应予以支持。

残疾赔偿金或死亡赔偿金的计算标准，应根据案件的实际情况，结合受害人住所地、经常居住地、主要收入来源等因素，确定应适用的标准。在计算被扶养人生活费时，如果受害人是农村居民但经常居住地在城镇，且其被扶养人经常居住地也在城镇的，被扶养人生活费也应按照受诉法院所在地上一年度城镇居民人均消费性支出标准计算。

职工遭受工伤事故后非因自身原因未进行工伤认定，赔偿权利人请求侵权人承担民事赔偿责任的，应予受理。

挂靠机动车发生交通事故造成他人损害，由挂靠车主承担损害赔偿责任，被挂靠单位承担补充赔偿责任。

（二）关于医疗损害赔偿责任问题

要积极探索医疗损害赔偿案件审理的新思路，及时研究举证责任、证明标准等新问题，既要充分保护患者权益，也要为医疗机构的正常运转、医学发展和医疗水平的提高提供司法保障。

患者一方请求医疗机构承担侵权责任，应证明与医疗机构之间存在医疗关系及受损害的事实，并提供医疗机构及其医务人员有过错的初步证据。对于是否存在医疗关系，应综合挂号单、交费单、病历、出院证明及其他能证明存在医疗行为的证据加以认定。

医疗机构以损害是由于患者或者其近亲属不配合医疗机构进行符合诊疗规范的诊疗造成，或者医务人员在抢救生命垂危的患者等紧急情况下已经尽到合理诊疗义务，或者限于当时的医疗水平难以诊疗等为由，主张不承担赔偿责任的，应承担举证责任。

在医疗损害赔偿纠纷案件中，对当事人所举证据材料，应根据法律、法规及司法解释的相关规定进行综合审查。因当事人采取伪造、篡改、涂改等方式改变病历资料内容，或者遗失、销毁、抢夺病历，致使医疗行为与损害后果之间的因果关系或医疗机构及其医务人员的过错无法认定的，改变或者遗失、销毁、抢夺病历资料一方当事人应承担相应的不利法律后果；制作方对病历资料内容存在的明显矛盾或错误不能做出合理解释的，应承担相应的不利法律后果；病历仅存在错别字、未按病历规范格式书写等形式瑕疵的，不影响对病历资料真实性的认定。

七、关于婚姻家庭纠纷案件

会议认为，审理好婚姻家庭案件对于构建和谐的家庭伦理关系，维护稳固的社会伦理基础具有重要意义。婚姻法司法解释（三）出台后，要正确理解和全面贯彻落实好婚姻法及其司法解释（一）、（二）、（三），不能机械地适用有关规定，更不能将其割裂开来。婚姻家庭案件中的离婚案件容易伤害感情，激化矛盾，要综合运用情、理、法等手段，耐心细致地多做当事人的说服教育和矛盾化解工作，对于矛盾已经激化无法调和或者有报复倾向的，要切实加强防范，避免因当事人情绪过激演变成恶性事件甚至刑事犯罪。除此以外，还要注意以下几个方面的问题：

《关于适用〈中华人民共和国婚姻法〉若干问题的解释（二）》第十条第一款第（一）项规定的“双方未办理结婚登记手续”，并非针对双方已共同生活的情形；如果未婚男女双方确已共同生活但最终未能办理结婚登记手续，给付彩礼方请求返还彩礼，人民法院可以根据双方共同生活的时间、彩礼数额并结合当地风俗习惯等因素，确定是否返还及具体返还的数额。

离婚纠纷案件中夫妻一方请求分割另一方因企业改制等原因获得的“工龄买断款”，可参照《关于适用〈中华人民共和国婚姻法〉若干问题的解释

(二)》第十四条确立的原则处理。

失踪人长期下落不明，财产由配偶掌控，致使其父母、成年子女等合法权益受到损害，失踪人父母、成年子女申请作为失踪人财产代管人的，可按照民法通则第二十一条规定处理。

八、关于劳动争议纠纷案件

会议认为，和谐的劳动关系既关系到每个劳动者及其家庭的切身利益，也关系到经济发展和社会稳定，在审理劳动争议案件时要坚持以下原则：第一，坚持依法保障劳动者合法权益和用人单位的生存发展并重；第二，通过司法手段倡导和谐稳定的劳动关系；第三，切实保护劳动者的合法权益。要在坚持上述原则基础上，妥善处理好以下几类纠纷案件：

用人单位或他人代替劳动者签订劳动合同，用人单位有证据证明代签劳动合同经劳动者本人同意，或者劳动者以实际行为表明接受所代签劳动合同内容，如果劳动合同并不违反法律、行政法规效力性强制性规定，当事人主张劳动合同无效的，不应予以支持。

用人单位和劳动者在竞业限制协议中约定的违约金过分高于或者低于实际损失，当事人请求调整违约金数额的，可予支持。违约金支付后，当事人请求继续履行竞业限制协议的，一般应予支持。

用人单位在劳动合同期限内通过“末位淘汰”或“竞争上岗”等形式单方解除劳动合同，劳动者以用人单位违法解除劳动合同为由，请求用人单位继续履行劳动合同或者支付赔偿金的，应予支持；但劳动合同另有约定的除外。

发包人将工程发包给承包人，承包人又转包或者分包给实际施工人，实际施工人招用的劳动者请求确认与发包人之间存在劳动关系的，不予支持。

九、关于民事诉讼程序问题

会议认为，要进一步强化程序意识，注重程序公正。应严格依据民事诉讼法以及《关于民事诉讼证据的若干规定》的有关规定及精神，对鉴定结论进行审查，努力解决当前审判实践中不同程度存在的随意启动重新鉴定问题。当事人对人民法院委托的鉴定机构作出的鉴定结论有异议，申请重新鉴定的，应严格依照《关于民事诉讼证据的若干规定》第二十七条规定，决定是否准许。在诉讼中应严格执行《关于民事诉讼证据的若干规定》有关鉴定人应当出庭接受当事人质询的要求；鉴定人确因特殊原因无法出庭的，经人民法院准许，可以书面答复当事人的质询。

应严格执行民事诉讼法第八十四条规定，杜绝随意采用公告送达方式的错误做法，充分维护当事人的诉讼权利和实体权利。只有在受送达人下落不明，穷尽其他方式无法送达的情况下，才可以采用公告送达方式。在送达诉讼文书时，在征得当事人同意的情况下，可以采用传真、电子邮件等方便、快捷的方式送达。

在诉讼活动中，委托人同对方当事人进行调解或者达成和解是其依法享有的诉讼权利，有利于及时解决冲突，有效化解社会矛盾。对委托人同代理律师在委托合同中限制委托人行使调解等诉讼权利的约定，应不予保护。

会议强调，全国民事审判工作会议针对新情况、新问题，在法律与司法解释没有明确规定的情况下，提出一些处理意见，形成会议纪要，对于及时满足实践需求，在一定程度上统一裁判思路、标准和尺度，有效化解矛盾无疑具有重要的意义，各级人民法院一定要贯彻落实好此次会议精神。对纪要提出的一些意见，在充分积累经验并被证明切实可行时，最高人民法院将及时制定司法解释；地方各级人民法院也要结合本地实际，规划好新形势下民事审判工作，为民事审判工作实现新发展、取得新成绩，做出新的更大的贡献。

最高人民法院
关于印发《第八次全国法院民事商事审判工作会议（民事部分）纪要》的通知

（2016年11月21日　法〔2016〕399号）

各省、自治区、直辖市高级人民法院，解放军军事法院，新疆维吾尔自治区高级人民法院生产建设兵团分院：

现将《第八次全国法院民事商事审判工作会议（民事部分）纪要》印发给你们，请认真贯彻执行。对于执行中存在的问题，请层报最高人民法院。

附：

第八次全国法院民事商事审判工作会议（民事部分）纪要

2015年12月23日至24日，最高人民法院在北京召开第八次全国法院民事商事审判工作会议。中共中央政治局委员、中央政法委书记孟建柱同志专门作出重要批语。最高人民法院院长周强出席会议并讲话。各省、自治区、直辖市高级人民法院，解放军军事法院，新疆维吾尔自治区高级人民法院生产建设兵团分院以及计划单列市中级人民法院派员参加会议。中央政法委、全国人大常委会法工委、国务院法制办等中央国家机关代表，部分全国人大代表、全国政协委员、最高人民法院特邀咨询员、最高人民法院特约监督员以及有关专家学者应邀列席会议。

这次会议是在党的十八届五中全会提出“十三五”规划建议新形势下召开的一次重要的民事商事审判工作会议。对于人民法院主动适应经济社会发展新形势新常态，更加充分发挥审判工作职能，为推进“十三五”规划战略布局，实现全面建成小康社会“第一个百年目标”提供有力司法保障，具有重要而深远的历史意义。通过讨论，对当前和今后一段时期更好开展民事审判工作形成如下纪要。

一、民事审判工作总体要求

我国正处于奋力夺取全面建成小康社会的决胜阶段，人民法院面临的机遇和挑战前所未有，民事审判工作的责任更加重大。作为人民法院工作重要组成部分的民事审判工作，当前和今后一段时期的主要任务是：深入贯彻落实党的十八大和十八届三中、四中、五中、六中全会精神，以习近平总书记系列重要讲话精神为指导，按照“五位一体”总体部署，协调推进“四个全面”战略布局，围绕“努力让人民群众在每一个司法案件中感受到公平正义”的目标，坚持司法为民、公正司法，充分发挥民事审判职能作用，服务创新、协调、绿色、开放、共享五大发展理念，坚持依法保护产权、尊重契约自由、依法平等保护、权利义务责任相统一、倡导诚实守信以及程序公正与实体公正相统一“六个原则”，积极参与社会治理，切实提升司法公信力，为如期实现全面建成小康社会提供有力司法服务和保障。

二、关于婚姻家庭纠纷案件的审理

审理好婚姻家庭案件对于弘扬社会主义核心价值观和中华民族传统美德，传递正能量，促进家风建设，维护婚姻家庭稳定，具有重要意义。要注重探索家事审判工作规律，积极稳妥开展家事审判方式和工作机制改革试点工作；做好反家暴法实施工作，及时总结人民法院适用人身安全保护令制止家庭暴力的成功经验，促进社会健康和谐发展。

（一）关于未成年人保护问题

1. 在审理婚姻家庭案件中，应注重对未成年人权益的保护，特别是涉及家庭暴力的离婚案件，从未成年子女利益最大化的原则出发，对于实施家庭暴力的父母一方，一般不宜判决其直接抚养未成年子女。

2. 离婚后，不直接抚养未成年子女的父母一方提出探望未成年子女诉讼请求的，应当向双方当事人释明探望权的适当行使对未成年子女健康成长、人格塑造的重要意义，并根据未成年子女的年龄、智力和认知水平，在有利于未成年子女成长和尊重其意愿的前提下，保障当事人依法行使探望权。

3. 祖父母、外祖父母对父母已经死亡或父母无力抚养的未成年孙子女、外孙子女尽了抚养义务，其定期探望孙子女、外孙子女的权利应当得到尊重，并有权通过诉讼方式获得司法保护。

（二）关于夫妻共同财产认定问题

4. 婚姻关系存续期间以夫妻共同财产投保，投保人和被保险人同为夫妻一方，离婚时处于保险期内，投保人不愿意继续投保的，保险人退还的保险单现金价值部分应按照夫妻共同财产处理；离婚时投保人选择继续投保的，投保人应当支付保险单现金价值的一半给另一方。

5. 婚姻关系存续期间，夫妻一方作为被保险人依据意外伤害保险合同、健康保险合同获得的具有人身性质的保险金，或者夫妻一方作为受益人依据以死亡为给付条件的人寿保险合同获得的保险金，宜认定为个人财产，但双方另有约定的除外。

婚姻关系存续期间，夫妻一方依据以生存到一定年龄为给付条件的具有现金价值的保险合同获得的保险金，宜认定为夫妻共同财产，但双方另有约定的除外。

三、关于侵权纠纷案件的审理

审理好侵权损害赔偿案件对于保护民事主体的合法权益，明确侵权责任，预防并制裁侵权行为，促进社会公平正义具有重要意义。要总结和运用以往审理侵权案件所积累下来的成功经验，进一步探索新形势下侵权案件的审理规律，更加强调裁判标准和裁判尺度的统一。当前，要注意以下几方面问题：

（一）关于侵权责任法实施中的相关问题

6. 鉴于侵权责任法第十八条明确规定被侵权人死亡，其近亲属有权请求侵权人承担侵权责任，并没有赋予有关机关或者单位提起请求的权利，当侵权行为造成身份不明人死亡时，如果没有赔偿权利人或者赔偿权利人不明，有关机关或者单位无权提起民事诉讼主张死亡赔偿金，但其为死者垫付的医疗费、丧葬费等实际发生的费用除外。

7. 依据侵权责任法第二十一条的规定，被侵权人请求义务人承担停止侵害、排除妨害、消除危险等责任，义务人以自己无过错为由提出抗辩的，不予支持。

8. 残疾赔偿金或死亡赔偿金的计算标准，应根据案件的实际情况，结合受害人住所地、经常居住地、主要收入来源等因素确定。在计算被扶养人生活费时，如果受害人是农村居民但按照城镇标准计算残疾赔偿金或者死亡赔偿金的，其被扶养人生活费也应按照受诉法院所在地上一年度城镇居民人均消费性支出标准计算。被扶养人生活费一并计入残疾赔偿金或者死亡赔偿金。

（二）关于社会保险与侵权责任的关系问题

9. 被侵权人有权获得工伤保险待遇或者其他社会保险待遇的，侵权人的侵权责任不因受害人获得社会保险而减轻或者免除。根据社会保险法第三十条和四十二条的规定，被侵权人有权请求工伤保险基金或者其他社会保险支付工伤保险待遇或者其他保险待遇。

10. 用人单位未依法缴纳工伤保险费，劳动者因第三人侵权造成人身损害并构成工伤，侵权人已经赔偿的，劳动者有权请求用人单位支付除医疗费之外的工伤保险待遇。用人单位先行支付工伤保险待遇的，可以就医疗费用在第三人应承担的赔偿责任范围内向其追偿。

（三）关于医疗损害赔偿责任问题

11. 患者一方请求医疗机构承担侵权责任，应证明与医疗机构之间存在医疗关系及受损害的事实。对于是否存在医疗关系，应综合挂号单、交费单、病历、出院证明以及其他能够证明存在医疗行为的证据加以认定。

12. 对当事人所举证据材料，应根据法律、法规及司法解释的相关规定进行综合审查。因当事人采取伪造、篡改、涂改等方式改变病历资料内容，或者遗失、销毁、抢夺病历，致使医疗行为与损害后果之间的因果关系或医疗机构及其医务人员的过错无法认定的，改变或者遗失、销毁、抢夺病历资料一方当事人应承担相应的不利后果；制作方对病历资料内容存在的明显矛盾或错误不能作出合理解释的，应承担相应的不利后果；病历仅存在错别字、未按病历规范格式书写等形式瑕疵的，不影响对病历资料真实性的认定。

四、关于房地产纠纷案件的审理

房地产纠纷案件的审判历来是民事审判的重要组成部分，审理好房地产纠纷案件对于保障人民安居乐业，优化土地资源配置，服务经济社会发展具有重要意义。随着我国经济发展进入新常态、产业结构优化升级以及国家房地产政策的调整，房地产纠纷案件还会出现新情况、新问题，要做好此类纠纷的研究和预判，不断提高化解矛盾的能力和水平。

（一）关于合同效力问题

13. 城市房地产管理法第三十九条第一款第二项规定并非效力性强制性规定，当事人仅以转让国有土地使用权未达到该项规定条件为由，请求确认转让合同无效的，不予支持。

14. 物权法第一百九十一条第二款并非针对抵押财产转让合同的效力性强制性规定，当事人仅以转让抵押房地产未经抵押权人同意为由，请求确认转让合同无效的，不予支持。受让人在抵押登记未涂销时要求办理过户登记的，不予支持。

（二）关于一房数卖的合同履行问题

15. 审理一房数卖纠纷案件时，如果数份合同均有效且买受人均要求履行合同的，一般应按照已经办理房屋所有权变更登记、合法占有房屋以及合同履行情况、买卖合同成立先后等顺序确定权利保护顺位。但恶意办理登记的买受人，其权利不能优先于已经合法占有该房屋的买受人。对买卖合同的成立时间，应综合主管机关备案时间、合同载明的签订时间以及其他证据确定。

（三）关于以房抵债问题

16. 当事人达成以房抵债协议，并要求制作调解书的，人民法院应当严格审查协议是否在平等自愿基础上达成；对存在重大误解或显失公平的，应当予以释明；对利用协议损害其他债权人利益或者规避公共管理政策的，不能制作调解书；对当事人行为构成虚假诉讼的，严格按照民事诉讼法第一百一十二条和《最高人民法院关于适用〈中华人民共和国民事诉讼法〉的解释》第一百九十条、第一百九十一条的规定处理；涉嫌犯罪的，移送刑事侦查机关处理。

17. 当事人在债务清偿期届满后达成以房抵债协议并已经办理了产权转移手续，一方要求确认以房抵债协议无效或者变更、撤销，经审查不属于合同法第五十二条、第五十四条规定情形的，对其主张不予支持。

（四）关于违约责任问题

18. 买受人请求出卖人支付逾期办证的违约金，从合同约定或者法定期限届满之次日起计算诉讼时效期间。

合同没有约定违约责任或者损失数额难以确定的，可参照《最高人民法院关于审理民间借贷案件适用法律若干问题的规定》第二十九条第二款规定处理。

五、关于物权纠纷案件的审理

物权法是中国特色社会主义法律体系中的重要支柱性法律，对于明确物的归属，发挥物的效用，增强权利义务意识和责任意识，保障市场主体的权利和平等发展，具有重要作用。妥善审理物权纠纷案件，对于依法保护物权，维护交易秩序，促进经济社会发展，意义重大。

（一）关于农村房屋买卖问题

19. 在国家确定的宅基地制度改革试点地区，可以按照国家政策及相关指导意见处理宅基地使用权因抵押担保、转让而产生的纠纷。

在非试点地区，农民将其宅基地上的房屋出售给本集体经济组织以外的个人，该房屋买卖合同认定为无效。合同无效后，买受人请求返还购房款及其利息，以及请求赔偿翻建或者改建成本的，应当综合考虑当事人过错等因素予以确定。

20. 在涉及农村宅基地或农村集体经营性建设用地的民事纠纷案件中，当事人主张利润分配等合同权利的，应提供政府部门关于土地利用规划、建设用地计划及优先满足集体建设用地等要求的审批文件或者证明。未提供上述手续或者虽提供了上述手续，但在一审法庭辩论终结前土地性质仍未变更为国有土地的，所涉及的相关合同应按无效处理。

（二）关于违法建筑相关纠纷的处理问题

21. 对于未取得建设工程规划许可证或者未按照建设工程规划许可证规定内容建设的违法建筑的认定和处理，属于国家有关行政机关的职权范围，应避免通过民事审判变相为违法建筑确权。当事人请求确认违法建筑权利归属及内容的，人民法院不予受理；已经受理的，裁定驳回起诉。

22. 因违法建筑倒塌或其搁置物、悬挂物脱落、坠落造成的损害赔偿纠纷，属于民事案件受案范围，应按照侵权责任法有关物件损害责任的相关规定处理。

（三）关于因土地承包、征收、征用引发争议的处理问题

23. 审理土地补偿费分配纠纷时，要在现行法律规定框架内，综合考虑当事人生产生活状况、户口登记状况以及农村土地对农民的基本生活保障功能等因素认定相关权利主体。要以当事人是否获得其他替代性基本生活保障为重要考量因素，慎重认定其权利主体资格的丧失，注重依法保护妇女、儿童以及农民工等群体的合法权益。

（四）关于诉讼时效问题

24. 已经合法占有转让标的物的受让人请求转让人办理物权变更登记，登记权利人请求无权占有人返还不动产或者动产，利害关系人请求确认物权的归属或内容，权利人请求排除妨害、消除危险，对方当事人以超过诉讼时效期间抗辩的，均应不予支持。

25. 被继承人死亡后遗产未分割，各继承人均未表示放弃继承，依据继承法第二十五条规定应视为均已接受继承，遗产属各继承人共同共有；当事人诉请享有继承权、主张分割遗产的纠纷案件，应参照共有财产分割的原则，不适用有关诉讼时效的规定。

六、关于劳动争议纠纷案件的审理

劳动争议案件的审理对于构建和谐劳动关系，优化劳动力、资本、技术、管理等要素配置，激发创新创业活力，推动大众创业、万众创新，促进新技术新产业的发展具有重要意义。应当坚持依法保护劳动者合法权益和维护用人单位生存发展并重的原则，严格依法区分劳动关系和劳务关系，防止认定劳动关系泛化。

（一）关于案件受理问题

26. 劳动人事仲裁机构作出仲裁裁决，当事人在法定期限内未提起诉讼但再次申请仲裁，劳动人事仲裁机构作出不予受理裁决、决定或通知，当事人不服提起诉讼，经审查认为前后两次申请仲裁事项属于不同事项的，人民法院予以受理；经审查认为属于同一事项的，人民法院不予受理，已经受理的裁定驳回起诉。

（二）关于仲裁时效问题

27. 当事人在仲裁阶段未提出超过仲裁申请期间的抗辩，劳动人事仲裁机构作出实体裁决后，当事人在诉讼阶段又以超过仲裁时效期间为由进行抗辩的，人民法院不予支持。

当事人未按照规定提出仲裁时效抗辩，又以仲裁时效期间届满为由申请再审或者提出再审抗辩的，人民法院不予支持。

（三）关于竞业限制问题

28. 用人单位和劳动者在竞业限制协议中约定的违约金过分高于或者低于实际损失，当事人请求调整违约金数额的，人民法院可以参照《最高人民法院关于适用〈中华人民共和国合同法〉若干问题的解释（二）》第二十九条的规定予以处理。

（四）关于劳动合同解除问题

29. 用人单位在劳动合同期限内通过“末位淘汰”或“竞争上岗”等形式

单方解除劳动合同，劳动者可以用人单位违法解除劳动合同为由，请求用人单位继续履行劳动合同或者支付赔偿金。

七、关于建设工程施工合同纠纷案件的审理

经济新常态形势下，因建设方资金缺口增大，导致工程欠款、质量缺陷等纠纷案件数量持续上升。人民法院要准确把握法律、法规、司法解释规定，调整建筑活动中个体利益与社会利益冲突，维护社会公共利益和建筑市场经济秩序。

（一）关于合同效力问题

30. 要依法维护通过招投标所签订的中标合同的法律效力。当事人违反工程建设强制性标准，任意压缩合理工期、降低工程质量标准的约定，应认定无效。对于约定无效后的工程价款结算，应依据建设工程施工合同司法解释的相关规定处理。

（二）关于工程价款问题

31. 招标人和中标人另行签订改变工期、工程价款、工程项目性质等影响中标结果实质性内容的协议，导致合同双方当事人就实质性内容享有的权利义务发生较大变化的，应认定为变更中标合同实质性内容。

（三）关于承包人停（窝）工损失的赔偿问题

32. 因发包人未按照约定提供原材料、设备、场地、资金、技术资料的，隐蔽工程在隐蔽之前，承包人已通知发包人检查，发包人未及时检查等原因致使工程中途停、缓建，发包人应当赔偿因此给承包人造成的停（窝）工损失，包括停（窝）工人员人工费、机械设备窝工费和因窝工造成设备租赁费用等停（窝）工损失。

（四）关于不履行协作义务的责任问题

33. 发包人不履行告知变更后的施工方案、施工技术交底、完善施工条件等协作义务，致使承包人停（窝）工，以至难以完成工程项目建设的，承包人催告在合理期限内履行，发包人逾期仍不履行的，人民法院视违约情节，可以依据合同法第二百五十九条、第二百八十三条规定裁判顺延工期，并有权要求赔偿停（窝）工损失。

34. 承包人不履行配合工程档案备案、开具发票等协作义务的，人民法院视违约情节，可以依据合同法第六十条、第一百零七条规定，判令承包人限期履行、赔偿损失等。

八、关于民事审判程序

程序公正是司法公正的重要内容。人民群众和社会各界对于司法公正的

认知和感受，很大程度上来源于其所参与的诉讼活动。要继续严格贯彻执行民事诉讼法及其司法解释，进一步强化民事审判程序意识，确保程序公正。

（一）关于鉴定问题

35. 当事人对鉴定人作出的鉴定意见的一部分提出异议并申请重新鉴定的，应当着重审查异议是否成立；如异议成立，原则上仅针对异议部分重新鉴定或者补充鉴定，并尽量缩减鉴定的范围和次数。

（二）关于诉讼代理人资格问题

36. 以当事人的工作人员身份参加诉讼活动，应当按照《最高人民法院关于适用〈中华人民共和国民事诉讼法〉的解释》第八十六条的规定，至少应当提交以下证据之一加以证明：

（1）缴纳社保记录凭证；

（2）领取工资凭证；

（3）其他能够证明其为当事人工作人员身份的证据。

第八次全国法院民事商事审判工作会议针对新情况、新问题，在法律与司法解释尚未明确规定的情况下，就民事审判中的热点难点问题提出处理意见，对于及时满足民事审判实践需求，切实统一裁判思路、标准和尺度，有效化解各类矛盾纠纷，具有重要指导意义。对于纪要规定的有关问题，在充分积累经验并被证明切实可行时，最高人民法院将及时制定相关司法解释。各级人民法院要紧密团结在以习近平同志为核心的党中央周围，牢固树立政治意识、大局意识、核心意识、看齐意识，充分发挥审判职能，为全面推进“十三五”规划提供有力司法保障，为如期实现全面建成小康社会作出更大贡献。

【链　接】

适应新形势新常态　统一裁判理念规则
践行司法为民　促进社会和谐

——最高人民法院民一庭负责人就《第八次全国法院民事商事审判工作会议（民事部分）纪要》答记者问

日前，最高人民法院出台了《第八次全国法院民事商事审判工作会议（民事部分）纪要》［以下简称《八民会纪要（民事部分）》］。值此《八民会纪要（民事部分）》公布之际，最高人民法院民一庭负责人就《八民会纪要（民事部分）》的有关问题接受了记者的采访。

问：第八次全国民事商事审判工作会议对全国民事审判工作具有重大而深远的影响，请您谈谈这次会议确定的民事审判工作主要任务和出台《八民会纪要（民事部分）》的意义。

答：2015 年 12 月 23 日至 24 日，最高人民法院在北京召开第八次全国法院民事商事审判工作会议。中共中央政治局委员、中央政法委书记孟建柱同志专门作出重要批语。最高人民法院院长周强出席会议并作重要讲话。这次会议是在党的十八届五中全会提出“十三五”规划建议新形势下召开的一次重要的民事商事审判工作会议，对于人民法院主动适应经济社会发展新形势新常态，更加充分发挥审判职能作用，为推进实现全面建成小康社会“第一个百年目标”提供有力司法保障，具有重要而深远的历史意义。

会议确定了当前和今后一段时期民事审判的主要任务是：深入贯彻落实党的十八大和十八届三中、四中、五中、六中全会精神，以习近平总书记系列重要讲话精神为指导，按照“五位一体”总体部署，协调推进“四个全面”战略布局，围绕“努力让人民群众在每一个司法案件中感受到公平正义”的目标，坚持司法为民、公正司法，充分发挥民事审判职能作用，服务创新、协调、绿色、开放、共享“五个发展”理念，坚持依法保护产权、尊重契约自由、依法平等保护、权利义务责任相统一、倡导诚实守信以及程序公正与实体公正相统一“六个原则”，积极参与社会治理，切实提升司法公信力，为如期实现全面建成小康社会提供有力司法服务和保障。

会议针对“十三五”规划建议的新形势、新常态，就民事审判中的热点难点问题进行了充分讨论，达成广泛共识，形成《八民会纪要（民事部分）》，共计八个部分、36 条，经最高人民法院审判委员会第 1692 次会议讨论通过。《八民会纪要（民事部分）》的出台和施行，必将有力地指导各级人民法院依法公正审理各类民事案件，妥善保障各类民事主体的合法权益，有效促进经济社会持续健康发展。

问：婚姻家庭纠纷案件，人民群众关注度高，直接影响社会和谐稳定，请问《八民会纪要（民事部分）》对其中哪些具体问题进行了讨论和总结？

答：审理好婚姻家庭案件对于弘扬社会主义核心价值观和中华民族传统美德，传递正能量，促进家风建设，维护婚姻家庭稳定，具有重要意义。为贯彻《中华人民共和国婚姻法》，2001 年以来，最高人民法院先后出台了婚姻法司法解释（一）、（二）、（三），有效地指导了婚姻家庭纠纷案件的审判工作，但新问题、新情况不断涌现，《八民会纪要（民事部分）》针对当前婚姻家庭纠纷中比较常见的未成年人保护和夫妻共同财产认定等问题进行了规范。

和谐稳定的婚姻家庭对于未成年人的成长具有重要意义。保护未成年人合法权益是婚姻家庭纠纷案件审判的重要内容，以前的司法解释对此问题涉及较少，这次《八民会纪要（民事部分）》明确提出，在审理婚姻家庭案件中，应注重对未成年人权益的保护，比如，在涉及家庭暴力的离婚案件中，对于实施家庭暴力的父母一方，建议不判给其抚养权。再比如，探望权的问题，探望权的适当行使对未成年子女健康成长、人格塑造具有重要意义，《八民会纪要（民事部分）》提出，探望权的行使要根据未成年子女的年龄、智力和认知水平，在有利于未成年子女成长和尊重其意愿的前提下行使。

近年来，家庭财产数量日益增多、种类也日趋多样化，《八民会纪要（民事部分）》对实践中较为疑难的有关夫妻财产保险和人寿保险形成的保险价值和保险利益分配等问题进行了明确。

问：侵权案件的审理涉及对广大人民群众生命财产安全的保护，关于侵权责任纠纷案件，请您谈谈《八民会纪要（民事部分）》对哪些问题进行了规范？

答：审理好侵权损害赔偿案件对于保护民事主体的合法权益，明确侵权责任，预防并制裁侵权行为，促进社会公平正义具有重要意义。《八民会纪要（民事部分）》提出，要总结和运用以往审理侵权案件所积累下来的成功经验，进一步探索新形势下侵权案件的审理规律，更加强调裁判标准和裁判尺度的统一。《八民会纪要（民事部分）》对社会保险制度与侵权责任的关系、医疗损害责任纠纷案件审理等方面提出了明确的指导意见。

对于社会保险和侵权责任的关系，一般认为，社会保险是一种社会性风险分担机制，是对受害人的一种基本社会保障，没有分散侵权人侵权责任的功能，而侵权责任是行为人因自己侵害他人权益所应承担的责任，两者在立法目的、价值取向、保护范围、适用条件等方面均有明显不同。基于此种认识，《八民会纪要（民事部分）》第 9 条明确“被侵权人有权获得工伤保险待遇或者其他社会保险待遇的，侵权人的侵权责任不因受害人获得社会保险而减轻或者免除。根据社会保险法第三十条和四十二条的规定，被侵权人有权请求工伤保险基金或者其他社会保险支付工伤保险待遇或者其他保险待遇。”

对于医疗损害责任纠纷，审理该类案件的总体思路和理念是：通过司法审判引导构建和谐医患关系，维护社会稳定。医疗损害责任纠纷案件审理中，需要解决的主要是举证证明责任分配问题。为此，《八民会纪要（民事部分）》根据侵权责任法的规定，结合审判实践，对患者和医疗机构各自的举证范围和举证责任提出了比较具体可行的意见。

问：近年来，房地产不管是在国家宏观经济政策层面还是在人民群众家庭财产方面，都占有举足轻重的地位，请问《八民会纪要（民事部分）》对该

类纠纷都有哪些意见?

答：房地产纠纷案件的审判是民事审判的重要组成部分，审理好房地产纠纷案件对于贯彻落实国家宏观经济政策，保障人民安居乐业具有重要意义。最高人民法院一贯强调，坚持以依法维护各方当事人权益，促进房地产业健康发展，作为审理此类案件的基本理念和思路。

大家知道，在房地产领域，存在土地出让、合作开发和房屋买卖、房屋租赁、房地产中介的一、二、三级市场，从公权力干预的程度上看，是依次减弱的，因此，在对合同效力的把握上，也要依次放宽。为此，《八民会纪要（民事部分）》第 13 条、第 14 条分别明确，“当事人仅以转让国有土地使用权未达到城市房地产管理法第三十九条第一款第二项规定条件为由，请求确认转让合同无效的，不予支持。”“当事人仅以转让抵押房地产未经抵押权人同意为由，请求确认转让合同无效的，不予支持。”

针对近年来以房抵债类纠纷显著增加的实际，《八民会纪要（民事部分）》区分各类情况，分别提出具体明确的处理意见，一定程度上澄清了实践中的模糊认识，对于指导该类纠纷的审判实践具有重要意义。

问：产权保护是法治国家的重要指标，我们注意到，《八民会纪要（民事部分）》也专门规定了物权纠纷案件的审理，请您谈谈这方面的意见。

答：产权制度是社会主义市场经济的基石，保护产权是坚持社会主义基本经济制度的必然要求。加强产权保护，根本之策是全面推进依法治国。民事审判工作中，妥善审理好物权纠纷案件，是保护产权最直接的体现。最高人民法院民一庭负责起草的物权法司法解释 2015 年公布实施后，社会反响良好，并且得到了中央领导的充分肯定。但由于物权法理论性强，与国家的基本政治经济制度联系紧密，有很多问题尚需进一步研究，一时难以在司法解释中明确规定，《八民会纪要（民事部分）》对审判实践中比较集中的疑难问题进行了梳理，提出了初步的处理意见，当然，这些意见尚需审判实践进一步丰富和完善。

《八民会纪要（民事部分）》在“关于物权纠纷案件的审理”一节对农村房屋买卖、违法建筑相关纠纷、土地补偿费分配纠纷以及诉讼时效等问题提出了指导意见。对于农村房屋买卖纠纷，由于国家目前正在对宅基地制度改革进行试点，政策性特别强，总的原则是区分试点地区和非试点地区，试点地区要在国家政策允许范围内进行依法保护，非试点地区仍要保持原来政策的连续性。对于涉及违法建筑的纠纷，《八民会纪要（民事部分）》的指导思想是合理确定行政权和司法权的边界，对于当事人请求确认违法建筑权利归属和内容的，不予受理，由行政部门解决；但是，违法建筑致人损害的，应当按照侵权责任法的相关规定处理。完善财产征收征用制度也是保护产权的重要内容。针对实践中认识比较混乱的土地补偿费分配纠纷案件，《八民会纪要（民事部分）》根据相关政策规定，确定了一个总的原则，就是“要在现行法律规定框架内，综合考虑当事人生产生活状况、户口登记状况以及农村土地对农民的基本生活保障功能等因素认定相关权利主体。要以当事人是否获得其他替代性基本生活保障为重要考量因素，慎重认定其权利主体资格的丧失，注重依法保护妇女、儿童以及农民工等群体的合法权益。”

问：请您谈谈《八民会纪要（民事部分）》对劳动争议案件的审理，提出了哪些意见？

答：妥善审理好劳动争议案件，对于培育发展新动力，优化劳动力要素配置，激发创新创业活力，推动大众创业、万众创新，具有重要意义。近年来，最高人民法院多次提出，审理劳动争议案件要坚持依法保障劳动者合法权益与企业生存发展并重的理念。《八民会纪要（民事部分）》依然贯彻了这一理念。

比如，《八民会纪要（民事部分）》第 29 条关于“末位淘汰”等形式解除劳动合同的问题。在市场经济条件下，企业之间的竞争规则是优胜劣汰。面对激烈竞争，不少企业想方设法采用各种管理手段，力争使企业在市场经济的浪潮中处于不败之地。“末位淘汰”与解除劳动合同之间不能等同，解除劳动合同必须要依法进行，从劳动合同法第三十九条规定看，我国法律没有允许用人单位与劳动者在劳动合同中约定以“末位淘汰”为由解除劳动合同，可见企业管理考核中的末位员工被“淘汰”，缺乏法律依据。此外，《八民会纪要（民事部分）》还对劳动争议诉裁审衔接中的一些问题进行了规范，便于劳动合同当事人依法行使诉权。

问：建设工程案件专业性很强，请您谈谈《八民会纪要（民事部分）》对这类案件的审理，有什么新的思路？

答：据统计，全国每年建设工程合同纠纷案件虽然数量不大，但因其专业性、复杂性特点，历来是民事审判工作的难点。建设工程案件审理的专业化是目前国际上的通行做法，也应该是今后发展的方向。

建设工程领域的强制性标准比较多，这是保证建筑工程质量，保障人民生命财产安全所必须的。针对目前建筑市场招投标实际情况，《八民会纪要（民事部分）》明确提出，要依法维护中标合同的法律效力，对违反招投标法规定，变更中标合同实质性内容的约定，不予保护。

承包人停（窝）工损失赔偿问题是建设工程合同纠纷案件审理中的难点，《八民会纪要（民事部分）》专门对此进行了明确。合同法规定了三种造成工程停（窝）工的情形，司法实践中，符合三种法定情形造成工程停（窝）工的情况较多，但是，判决由发包人承担赔偿责任的案例并不多，保护停（窝）

工受损方合法权益力度不够。法律适用难点主要集中在如何计算停（窝）工损失数额以及如何认定停（窝）工损失与过错方之间的因果关系等方面，特别是窝工造成生产效率低速运转损失的计算难度较大。为此，《八民会纪要（民事部分）》第32条对此作出了原则性规定。今后，我们还要不断积累审判实践经验，进一步丰富相关裁判规则。

最高人民法院
关于印发修改后的《民事案件案由规定》的通知

（2011年2月18日　法〔2011〕42号）

各省、自治区、直辖市高级人民法院，解放军军事法院，新疆维吾尔自治区高级人民法院生产建设兵团分院：

根据工作需要，对2008年2月4日制发的《民事案件案由规定》（以下简称2008年《民事案件案由规定》）进行了修改，自2011年4月1日起施行。现将修改后的《民事案件案由规定》印发给你们，请认真贯彻执行。

2008年《民事案件案由规定》发布施行以来，在方便当事人进行民事诉讼，规范人民法院民事立案、审判和司法统计工作等方面，发挥了重要作用。近三年来，随着农村土地承包经营纠纷调解仲裁法、人民调解法、保险法、专利法等法律的制定或修订，审判实践中出现了许多新类型民事案件，需要对2008年《民事案件案由规定》进行补充和完善。特别是侵权责任法已于2010年7月1日起施行，迫切需要增补侵权责任纠纷案由。经深入调查研究，广泛征求意见，最高人民法院对2008年《民事案件案由规定》进行了修改。现就各级人民法院适用修改后的《民事案件案由规定》的有关问题通知如下：

一、要认真学习掌握修改后的《民事案件案由规定》，高度重视民事案件案由在民事审判规范化建设中的重要作用

民事案件案由是民事案件名称的重要组成部分，反映案件所涉及的民事法律关系的性质，是将诉讼争议所包含的法律关系进行的概括，是人民法院进行民事案件管理的重要手段。建立科学、完善的民事案件案由体系，有利于方便当事人进行民事诉讼，有利于对受理案件进行分类管理，有利于确定各民事审判业务庭的管辖分工，有利于提高民事案件司法统计的准确性和科学性，从而更好地为创新和加强民事审判管理、为人民法院司法决策服务。

二、关于民事案件案由编排体系的几个问题

1. 关于案由的确定标准。民事案件案由应当依据当事人主张的民事法律关系的性质来确定。鉴于具体案件中当事人的诉讼请求、争议的焦点可能有多个，争议的标的也可能是多个，为保证案由的高度概括和简洁明了，修改后的《民事案件案由规定》仍沿用2008年《民事案件案由规定》关于案由的确定标准，即对民事案件案由的表述方式原则上确定为“法律关系性质”加“纠纷”，一般不再包含争议焦点、标的物、侵权方式等要素。但是，考虑到当事人诉争的民事法律关系的性质具有复杂性，为了更准确地体现诉争的民事法律关系和便于司法统计，修改后的《民事案件案由规定》在坚持以法律关系性质作为案由的确定标准的同时，对少部分案由也依据请求权、形成权或者确认之诉、形成之诉的标准进行确定，对少部分案由也包含争议焦点、标的物、侵权方式等要素。

对包括民事诉讼法规定的适用特别程序案件案由在内的特殊程序民事案件案由，根据当事人的诉讼请求直接表述。

2. 关于案由的体系编排。修改后的《民事案件案由规定》以民法理论对民事法律关系的分类为基础，以法律关系的内容即民事权利类型来编排体系，结合现行立法及审判实践，在2008年《民事案件案由规定》关于案由的编排体系划分的基础上，将侵权责任纠纷案由提升为第一级案由，将案由的编排体系重新划分为人格权纠纷，婚姻家庭继承纠纷，物权纠纷，合同、无因管理、不当得利纠纷，劳动争议与人事争议，知识产权与竞争纠纷，海事海商纠纷，与公司、证券、保险、票据等有关的民事纠纷，侵权责任纠纷，适用特殊程序案件案由，共十大部分，作为第一级案由。

在第一级案由项下，细分为四十三类案由，作为第二级案由（以大写数字表示）；在第二级案由项下列出了424种案由，作为第三级案由（以阿拉伯数字表示），第三级案由是司法实践中最常见和广泛使用的案由。基于审判工作指导、调研和司法统计的需要，在部分第三级案由项下又列出了一些第四级案由［以阿拉伯数字加（）表示］。基于民事法律关系的复杂性，不可能穷尽所有第四级案由，目前所列只是一些典型的、常见的，或者为了司法统计需要而设立的案由。

3. 关于侵权责任纠纷案由的编排。此次修改将侵权责任纠纷案由提升为第一级案由。按照侵权责任法的相关规定，在其项下增补相关的侵权责任纠纷案由。首先，按照侵权责任法相关规定，列出了该法规定的各种具体侵权责任纠纷案由。其次，协调好侵权责任纠纷案由与其他第一级案由之间的关系。根据侵权责任法相关规定，侵权责任法的保护对象为民事权益，包括生

命权、健康权、姓名权、名誉权、荣誉权、肖像权、隐私权、婚姻自主权、监护权、所有权、用益物权、担保物权、著作权、专利权、商标专用权、发现权、股权、继承权等人身、财产权益。这些民事权益，分别包含在人格权、婚姻家庭继承权、物权、知识产权等民商事权益之中，而这些民事权益纠纷往往既包括权属确认纠纷也包括侵权责任纠纷，这就为科学合理编排民事案件案由增加了难度。为了保持整个案由体系的完整性和稳定性，尽可能避免重复交叉，此次修改将这些民事权益侵权责任纠纷案由仍旧保留在各第一级案由之中，只是将侵权责任法新规定的有关案由列在第一级案由“侵权责任纠纷”案由项下，并将一些实践中常见的、其他第一级案由不便列出的侵权责任纠纷案由也列在第一级案由“侵权责任纠纷”项下，并从“兜底”考虑，列在其他八个民事权益纠纷类型之后，作为第九部分。

4. 关于物权纠纷案由与合同纠纷案由编排与适用的问题。修改后的《民事案件案由规定》仍然沿用2008年《民事案件案由规定》关于物权纠纷案由与合同纠纷案由的编排体系。具体适用时，按照物权变动原因与结果相区分的原则，对于因物权变动的原因关系，即债权性质的合同关系产生的纠纷，应适用债权纠纷部分的案由，如物权设立原因关系方面的担保合同纠纷，物权转让原因关系方面的买卖合同纠纷。对于因物权设立、权属、效力、使用、收益等物权关系产生的纠纷，则应适用物权纠纷部分的案由，如担保物权纠纷。人民法院应根据当事人诉争的法律关系的性质，查明该法律关系涉及的是物权变动的原因关系还是物权变动的结果关系，以正确确定案由。

5. 关于第二部分“物权纠纷”项下“物权保护纠纷”案由与“所有权纠纷”、“用益物权纠纷”、“担保物权纠纷”案由的协调问题。“所有权纠纷”、“用益物权纠纷”、“担保物权纠纷”案由既包括以上三种类型的物权确认纠纷案由，也包括以上三种类型的侵害物权纠纷案由。物权法第三章“物权的保护”所规定的物权请求权或者债权请求权保护方法，即“物权保护纠纷”，在修改后的《民事案件案由规定》规定的每个物权类型（第三级案由）项下可能部分或者全部适用，多数可以作为第四级案由规定，但为避免使整个案由体系冗长繁杂，在各第三级案由下并未一一列出。在涉及侵害物权纠纷案由确定时，如果当事人的诉讼请求只涉及“物权保护纠纷”项下的一种物权请求权或者债权请求权，则可以适用“物权保护纠纷”项下的六种第四级案由；如果当事人的诉讼请求涉及“物权保护纠纷”项下的两种或者两种以上物权请求权或者债权请求权，则应按照所保护的权利种类，分别适用所有权、用益物权、担保物权项下的第三级案由（各种物权类型纠纷）。

6. 关于第九部分“侵权责任纠纷”项下案由与“人格权纠纷”、“物权纠纷”、“知识产权与竞争纠纷”等其他部分项下案由的协调问题。在确定侵权责任纠纷具体案由时，应当先适用第九部分“侵权责任纠纷”项下根据侵权责任法相关规定列出的具体案由。没有相应案由的，再适用“人格权纠纷”、“物权纠纷”、“知识产权与竞争纠纷”等其他部分项下的案由。如机动车交通事故可能造成人身损害和财产损害，确定案由时，应当适用第九部分“侵权责任纠纷”项下“机动车交通事故责任纠纷”案由，而不应适用第一部分“人格权纠纷”项下的“生命权、健康权、身体权纠纷”案由，也不应适用第三部分“物权纠纷”项下的“财产损害赔偿纠纷”案由。

三、适用修改后的《民事案件案由规定》时应注意的几个问题

1. 第一审法院立案时应当根据当事人诉争法律关系的性质，首先应适用修改后的《民事案件案由规定》列出的第四级案由；第四级案由没有规定的，适用相应的第三级案由；第三级案由中没有规定的，适用相应的第二级案由；第二级案由没有规定的，适用相应的第一级案由。地方各级人民法院对审判实践中出现的可以作为新的第三级民事案由或者应当规定为第四级民事案由的纠纷类型，可以及时报告最高人民法院。最高人民法院将定期收集、整理、筛选，及时细化、补充相关案由。

2. 各级人民法院要正确认识民事案件案由的性质与功能，不得将修改后的《民事案件案由规定》等同于《中华人民共和国民事诉讼法》第一百零八条规定的受理条件，不得以当事人的诉请在修改后的《民事案件案由规定》中没有相应案由可以适用为由，裁定不予受理或者驳回起诉，影响当事人行使诉权。

3. 同一诉讼中涉及两个以上的法律关系的，应当依当事人诉争的法律关系的性质确定案由，均为诉争法律关系的，则按诉争的两个以上法律关系确定并列的两个案由。

4. 在请求权竞合的情形下，人民法院应当按照当事人自主选择行使的请求权，根据当事人诉争的法律关系的性质，确定相应的案由。

5. 当事人起诉的法律关系与实际诉争的法律关系不一致的，人民法院结案时应当根据法庭查明的当事人之间实际存在的法律关系的性质，相应变更案件的案由。

6. 当事人在诉讼过程中增加或者变更诉讼请求导致当事人诉争的法律关系发生变更的，人民法院应当相应变更案件案由。

7. 对于案由名称中出现顿号（即“、”）的部分案由，应当根据具体案情，确定相应的案由，不应直接将该案由全部引用。如“生命权、健康权、身体权纠纷”案由，应根据侵害的具体人格权益来确定相应的案由；如“海上、通海水域货物运输合同纠纷”案由，应当根据纠纷发生的具体水域来确定相

应的案由；如“擅自使用知名商品特有名称、包装、装潢纠纷”案由，应当根据具体侵害对象来确定相应的案由。

修改后的《民事案件案由规定》适用过程中有何情况和问题，应当及时报告最高人民法院。

附：

民事案件案由规定

（2007年10月29日最高人民法院审判委员会第1438次会议通过
根据2011年2月18日《最高人民法院关于修改〈民事案件案由规定〉的决定》第一次修正）

为了正确适用法律，统一确定案由，根据《中华人民共和国民法通则》、《中华人民共和国物权法》、《中华人民共和国合同法》、《中华人民共和国侵权责任法》和《中华人民共和国民事诉讼法》等法律规定，结合人民法院民事审判工作实际情况，对民事案件案由规定如下：

第一部分　人格权纠纷

一、人格权纠纷

1. 生命权、健康权、身体权纠纷
2. 姓名权纠纷
3. 肖像权纠纷
4. 名誉权纠纷
5. 荣誉权纠纷
6. 隐私权纠纷
7. 婚姻自主权纠纷
8. 人身自由权纠纷
9. 一般人格权纠纷

第二部分　婚姻家庭、继承纠纷

二、婚姻家庭纠纷

10. 婚约财产纠纷

11. 离婚纠纷
12. 离婚后财产纠纷
13. 离婚后损害责任纠纷
14. 婚姻无效纠纷
15. 撤销婚姻纠纷
16. 夫妻财产约定纠纷
17. 同居关系纠纷
(1) 同居关系析产纠纷
(2) 同居关系子女抚养纠纷
18. 抚养纠纷
(1) 抚养费纠纷
(2) 变更抚养关系纠纷
19. 扶养纠纷
(1) 扶养费纠纷
(2) 变更扶养关系纠纷
20. 赡养纠纷
(1) 赡养费纠纷
(2) 变更赡养关系纠纷
21. 收养关系纠纷
(1) 确认收养关系纠纷
(2) 解除收养关系纠纷
22. 监护权纠纷
23. 探望权纠纷
24. 分家析产纠纷

三、继承纠纷

25. 法定继承纠纷
(1) 转继承纠纷
(2) 代位继承纠纷
26. 遗嘱继承纠纷
27. 被继承人债务清偿纠纷
28. 遗赠纠纷
29. 遗赠扶养协议纠纷

第三部分　物权纠纷

四、不动产登记纠纷

30. 异议登记不当损害责任纠纷
31. 虚假登记损害责任纠纷

五、物权保护纠纷

32. 物权确认纠纷
（1）所有权确认纠纷
（2）用益物权确认纠纷
（3）担保物权确认纠纷
33. 返还原物纠纷
34. 排除妨害纠纷
35. 消除危险纠纷
36. 修理、重作、更换纠纷
37. 恢复原状纠纷
38. 财产损害赔偿纠纷

六、所有权纠纷

39. 侵害集体经济组织成员权益纠纷
40. 建筑物区分所有权纠纷
（1）业主专有权纠纷
（2）业主共有权纠纷
（3）车位纠纷
（4）车库纠纷
41. 业主撤销权纠纷
42. 业主知情权纠纷
43. 遗失物返还纠纷
44. 漂流物返还纠纷
45. 埋藏物返还纠纷
46. 隐藏物返还纠纷
47. 相邻关系纠纷
（1）相邻用水、排水纠纷
（2）相邻通行纠纷

（3）相邻土地、建筑物利用关系纠纷
（4）相邻通风纠纷
（5）相邻采光、日照纠纷
（6）相邻污染侵害纠纷
（7）相邻损害防免关系纠纷
48. 共有纠纷
（1）共有权确认纠纷
（2）共有物分割纠纷
（3）共有人优先购买权纠纷

七、用益物权纠纷

49. 海域使用权纠纷
50. 探矿权纠纷
51. 采矿权纠纷
52. 取水权纠纷
53. 养殖权纠纷
54. 捕捞权纠纷
55. 土地承包经营权纠纷
（1）土地承包经营权确认纠纷
（2）承包地征收补偿费用分配纠纷
（3）土地承包经营权继承纠纷
56. 建设用地使用权纠纷
57. 宅基地使用权纠纷
58. 地役权纠纷

八、担保物权纠纷

59. 抵押权纠纷
（1）建筑物和其他土地附着物抵押权纠纷
（2）在建建筑物抵押权纠纷
（3）建设用地使用权抵押权纠纷
（4）土地承包经营权抵押权纠纷
（5）动产抵押权纠纷
（6）在建船舶、航空器抵押权纠纷
（7）动产浮动抵押权纠纷
（8）最高额抵押权纠纷

60. 质权纠纷
（1）动产质权纠纷
（2）转质权纠纷
（3）最高额质权纠纷
（4）票据质权纠纷
（5）债券质权纠纷
（6）存单质权纠纷
（7）仓单质权纠纷
（8）提单质权纠纷
（9）股权质权纠纷
（10）基金份额质权纠纷
（11）知识产权质权纠纷
（12）应收账款质权纠纷
61. 留置权纠纷

九、占有保护纠纷

62. 占有物返还纠纷
63. 占有排除妨害纠纷
64. 占有消除危险纠纷
65. 占有物损害赔偿纠纷

第四部分　合同、无因管理、不当得利纠纷

十、合同纠纷

66. 缔约过失责任纠纷
67. 确认合同效力纠纷
（1）确认合同有效纠纷
（2）确认合同无效纠纷
68. 债权人代位权纠纷
69. 债权人撤销权纠纷
70. 债权转让合同纠纷
71. 债务转移合同纠纷
72. 债权债务概括转移合同纠纷
73. 悬赏广告纠纷
74. 买卖合同纠纷

（1）分期付款买卖合同纠纷
（2）凭样品买卖合同纠纷
（3）试用买卖合同纠纷
（4）互易纠纷
（5）国际货物买卖合同纠纷
（6）网络购物合同纠纷
（7）电视购物合同纠纷
75. 招标投标买卖合同纠纷
76. 拍卖合同纠纷
77. 建设用地使用权合同纠纷
（1）建设用地使用权出让合同纠纷
（2）建设用地使用权转让合同纠纷
78. 临时用地合同纠纷
79. 探矿权转让合同纠纷
80. 采矿权转让合同纠纷
81. 房地产开发经营合同纠纷
（1）委托代建合同纠纷
（2）合资、合作开发房地产合同纠纷
（3）项目转让合同纠纷
82. 房屋买卖合同纠纷
（1）商品房预约合同纠纷
（2）商品房预售合同纠纷
（3）商品房销售合同纠纷
（4）商品房委托代理销售合同纠纷
（5）经济适用房转让合同纠纷
（6）农村房屋买卖合同纠纷
83. 房屋拆迁安置补偿合同纠纷
84. 供用电合同纠纷
85. 供用水合同纠纷
86. 供用气合同纠纷
87. 供用热力合同纠纷
88. 赠与合同纠纷
（1）公益事业捐赠合同纠纷
（2）附义务赠与合同纠纷
89. 借款合同纠纷

（1）金融借款合同纠纷
（2）同业拆借纠纷
（3）企业借贷纠纷
（4）民间借贷纠纷
（5）小额借款合同纠纷
（6）金融不良债权转让合同纠纷
（7）金融不良债权追偿纠纷
90. 保证合同纠纷
91. 抵押合同纠纷
92. 质押合同纠纷
93. 定金合同纠纷
94. 进出口押汇纠纷
95. 储蓄存款合同纠纷
96. 银行卡纠纷
（1）借记卡纠纷
（2）信用卡纠纷
97. 租赁合同纠纷
（1）土地租赁合同纠纷
（2）房屋租赁合同纠纷
（3）车辆租赁合同纠纷
（4）建筑设备租赁合同纠纷
98. 融资租赁合同纠纷
99. 承揽合同纠纷
（1）加工合同纠纷
（2）定作合同纠纷
（3）修理合同纠纷
（4）复制合同纠纷
（5）测试合同纠纷
（6）检验合同纠纷
（7）铁路机车、车辆建造合同纠纷
100. 建设工程合同纠纷
（1）建设工程勘察合同纠纷
（2）建设工程设计合同纠纷
（3）建设工程施工合同纠纷
（4）建设工程价款优先受偿权纠纷

（5）建设工程分包合同纠纷
（6）建设工程监理合同纠纷
（7）装饰装修合同纠纷
（8）铁路修建合同纠纷
（9）农村建房施工合同纠纷
101. 运输合同纠纷
（1）公路旅客运输合同纠纷
（2）公路货物运输合同纠纷
（3）水路旅客运输合同纠纷
（4）水路货物运输合同纠纷
（5）航空旅客运输合同纠纷
（6）航空货物运输合同纠纷
（7）出租汽车运输合同纠纷
（8）管道运输合同纠纷
（9）城市公交运输合同纠纷
（10）联合运输合同纠纷
（11）多式联运合同纠纷
（12）铁路货物运输合同纠纷
（13）铁路旅客运输合同纠纷
（14）铁路行李运输合同纠纷
（15）铁路包裹运输合同纠纷
（16）国际铁路联运合同纠纷
102. 保管合同纠纷
103. 仓储合同纠纷
104. 委托合同纠纷
（1）进出口代理合同纠纷
（2）货运代理合同纠纷
（3）民用航空运输销售代理合同纠纷
（4）诉讼、仲裁、人民调解代理合同纠纷
105. 委托理财合同纠纷
（1）金融委托理财合同纠纷
（2）民间委托理财合同纠纷
106. 行纪合同纠纷
107. 居间合同纠纷
108. 补偿贸易纠纷

109. 借用合同纠纷
110. 典当纠纷
111. 合伙协议纠纷
112. 种植、养殖回收合同纠纷
113. 彩票、奖券纠纷
114. 中外合作勘探开发自然资源合同纠纷
115. 农业承包合同纠纷
116. 林业承包合同纠纷
117. 渔业承包合同纠纷
118. 牧业承包合同纠纷
119. 农村土地承包合同纠纷
（1）土地承包经营权转包合同纠纷
（2）土地承包经营权转让合同纠纷
（3）土地承包经营权互换合同纠纷
（4）土地承包经营权入股合同纠纷
（5）土地承包经营权抵押合同纠纷
（6）土地承包经营权出租合同纠纷
120. 服务合同纠纷
（1）电信服务合同纠纷
（2）邮寄服务合同纠纷
（3）医疗服务合同纠纷
（4）法律服务合同纠纷
（5）旅游合同纠纷
（6）房地产咨询合同纠纷
（7）房地产价格评估合同纠纷
（8）旅店服务合同纠纷
（9）财会服务合同纠纷
（10）餐饮服务合同纠纷
（11）娱乐服务合同纠纷
（12）有线电视服务合同纠纷
（13）网络服务合同纠纷
（14）教育培训合同纠纷
（15）物业服务合同纠纷
（16）家政服务合同纠纷
（17）庆典服务合同纠纷

（18）殡葬服务合同纠纷
（19）农业技术服务合同纠纷
（20）农机作业服务合同纠纷
（21）保安服务合同纠纷
（22）银行结算合同纠纷
121. 演出合同纠纷
122. 劳务合同纠纷
123. 离退休人员返聘合同纠纷
124. 广告合同纠纷
125. 展览合同纠纷
126. 追偿权纠纷
127. 请求确认人民调解协议效力

十一、不当得利纠纷

128. 不当得利纠纷

十二、无因管理纠纷

129. 无因管理纠纷

第五部分　知识产权与竞争纠纷

十三、知识产权合同纠纷

130. 著作权合同纠纷
（1）委托创作合同纠纷
（2）合作创作合同纠纷
（3）著作权转让合同纠纷
（4）著作权许可使用合同纠纷
（5）出版合同纠纷
（6）表演合同纠纷
（7）音像制品制作合同纠纷
（8）广播电视播放合同纠纷
（9）邻接权转让合同纠纷
（10）邻接权许可使用合同纠纷
（11）计算机软件开发合同纠纷
（12）计算机软件著作权转让合同纠纷

（13）计算机软件著作权许可使用合同纠纷
131. 商标合同纠纷
（1）商标权转让合同纠纷
（2）商标使用许可合同纠纷
（3）商标代理合同纠纷
132. 专利合同纠纷
（1）专利申请权转让合同纠纷
（2）专利权转让合同纠纷
（3）发明专利实施许可合同纠纷
（4）实用新型专利实施许可合同纠纷
（5）外观设计专利实施许可合同纠纷
（6）专利代理合同纠纷
133. 植物新品种合同纠纷
（1）植物新品种育种合同纠纷
（2）植物新品种申请权转让合同纠纷
（3）植物新品种权转让合同纠纷
（4）植物新品种实施许可合同纠纷
134. 集成电路布图设计合同纠纷
（1）集成电路布图设计创作合同纠纷
（2）集成电路布图设计专有权转让合同纠纷
（3）集成电路布图设计许可使用合同纠纷
135. 商业秘密合同纠纷
（1）技术秘密让与合同纠纷
（2）技术秘密许可使用合同纠纷
（3）经营秘密让与合同纠纷
（4）经营秘密许可使用合同纠纷
136. 技术合同纠纷
（1）技术委托开发合同纠纷
（2）技术合作开发合同纠纷
（3）技术转化合同纠纷
（4）技术转让合同纠纷
（5）技术咨询合同纠纷
（6）技术服务合同纠纷
（7）技术培训合同纠纷
（8）技术中介合同纠纷

（9）技术进口合同纠纷
（10）技术出口合同纠纷
（11）职务技术成果完成人奖励、报酬纠纷
（12）技术成果完成人署名权、荣誉权、奖励权纠纷
137. 特许经营合同纠纷
138. 企业名称（商号）合同纠纷
（1）企业名称（商号）转让合同纠纷
（2）企业名称（商号）使用合同纠纷
139. 特殊标志合同纠纷
140. 网络域名合同纠纷
（1）网络域名注册合同纠纷
（2）网络域名转让合同纠纷
（3）网络域名许可使用合同纠纷
141. 知识产权质押合同纠纷

十四、知识产权权属、侵权纠纷

142. 著作权权属、侵权纠纷
（1）著作权权属纠纷
（2）侵害作品发表权纠纷
（3）侵害作品署名权纠纷
（4）侵害作品修改权纠纷
（5）侵害保护作品完整权纠纷
（6）侵害作品复制权纠纷
（7）侵害作品发行权纠纷
（8）侵害作品出租权纠纷
（9）侵害作品展览权纠纷
（10）侵害作品表演权纠纷
（11）侵害作品放映权纠纷
（12）侵害作品广播权纠纷
（13）侵害作品信息网络传播权纠纷
（14）侵害作品摄制权纠纷
（15）侵害作品改编权纠纷
（16）侵害作品翻译权纠纷
（17）侵害作品汇编权纠纷
（18）侵害其他著作财产权纠纷

（19）出版者权权属纠纷
（20）表演者权权属纠纷
（21）录音录像制作者权权属纠纷
（22）广播组织权权属纠纷
（23）侵害出版者权纠纷
（24）侵害表演者权纠纷
（25）侵害录音录像制作者权纠纷
（26）侵害广播组织权纠纷
（27）计算机软件著作权权属纠纷
（28）侵害计算机软件著作权纠纷
143. 商标权权属、侵权纠纷
（1）商标权权属纠纷
（2）侵害商标权纠纷
144. 专利权权属、侵权纠纷
（1）专利申请权权属纠纷
（2）专利权权属纠纷
（3）侵害发明专利权纠纷
（4）侵害实用新型专利权纠纷
（5）侵害外观设计专利权纠纷
（6）假冒他人专利纠纷
（7）发明专利临时保护期使用费纠纷
（8）职务发明创造发明人、设计人奖励、报酬纠纷
（9）发明创造发明人、设计人署名权纠纷
145. 植物新品种权权属、侵权纠纷
（1）植物新品种申请权权属纠纷
（2）植物新品种权权属纠纷
（3）侵害植物新品种权纠纷
146. 集成电路布图设计专有权权属、侵权纠纷
（1）集成电路布图设计专有权权属纠纷
（2）侵害集成电路布图设计专有权纠纷
147. 侵害企业名称（商号）权纠纷
148. 侵害特殊标志专有权纠纷
149. 网络域名权属、侵权纠纷
（1）网络域名权属纠纷
（2）侵害网络域名纠纷

150. 发现权纠纷
151. 发明权纠纷
152. 其他科技成果权纠纷
153. 确认不侵害知识产权纠纷
（1）确认不侵害专利权纠纷
（2）确认不侵害商标权纠纷
（3）确认不侵害著作权纠纷
154. 因申请知识产权临时措施损害责任纠纷
（1）因申请诉前停止侵害专利权损害责任纠纷
（2）因申请诉前停止侵害注册商标专用权损害责任纠纷
（3）因申请诉前停止侵害著作权损害责任纠纷
（4）因申请诉前停止侵害植物新品种权损害责任纠纷
（5）因申请海关知识产权保护措施损害责任纠纷
155. 因恶意提起知识产权诉讼损害责任纠纷
156. 专利权宣告无效后返还费用纠纷

十五、不正当竞争纠纷

157. 仿冒纠纷
（1）擅自使用知名商品特有名称、包装、装潢纠纷
（2）擅自使用他人企业名称、姓名纠纷
（3）伪造、冒用产品质量标志纠纷
（4）伪造产地纠纷
158. 商业贿赂不正当竞争纠纷
159. 虚假宣传纠纷
160. 侵害商业秘密纠纷
（1）侵害技术秘密纠纷
（2）侵害经营秘密纠纷
161. 低价倾销不正当竞争纠纷
162. 捆绑销售不正当竞争纠纷
163. 有奖销售纠纷
164. 商业诋毁纠纷
165. 串通投标不正当竞争纠纷

十六、垄断纠纷

166. 垄断协议纠纷

（1）横向垄断协议纠纷
（2）纵向垄断协议纠纷
167. 滥用市场支配地位纠纷
（1）垄断定价纠纷
（2）掠夺定价纠纷
（3）拒绝交易纠纷
（4）限定交易纠纷
（5）捆绑交易纠纷
（6）差别待遇纠纷
168. 经营者集中纠纷

第六部分　劳动争议、人事争议

十七、劳动争议

169. 劳动合同纠纷
（1）确认劳动关系纠纷
（2）集体合同纠纷
（3）劳务派遣合同纠纷
（4）非全日制用工纠纷
（5）追索劳动报酬纠纷
（6）经济补偿金纠纷
（7）竞业限制纠纷
170. 社会保险纠纷
（1）养老保险待遇纠纷
（2）工伤保险待遇纠纷
（3）医疗保险待遇纠纷
（4）生育保险待遇纠纷
（5）失业保险待遇纠纷
171. 福利待遇纠纷

十八、人事争议

172. 人事争议
（1）辞职争议
（2）辞退争议
（3）聘用合同争议

第七部分　海事海商纠纷

十九、海事海商纠纷

173. 船舶碰撞损害责任纠纷
174. 船舶触碰损害责任纠纷
175. 船舶损坏空中设施、水下设施损害责任纠纷
176. 船舶污染损害责任纠纷
177. 海上、通海水域污染损害责任纠纷
178. 海上、通海水域养殖损害责任纠纷
179. 海上、通海水域财产损害责任纠纷
180. 海上、通海水域人身损害责任纠纷
181. 非法留置船舶、船载货物、船用燃油、船用物料损害责任纠纷
182. 海上、通海水域货物运输合同纠纷
183. 海上、通海水域旅客运输合同纠纷
184. 海上、通海水域行李运输合同纠纷
185. 船舶经营管理合同纠纷
186. 船舶买卖合同纠纷
187. 船舶建造合同纠纷
188. 船舶修理合同纠纷
189. 船舶改建合同纠纷
190. 船舶拆解合同纠纷
191. 船舶抵押合同纠纷
192. 航次租船合同纠纷
193. 船舶租用合同纠纷

（1）定期租船合同纠纷

（2）光船租赁合同纠纷

194. 船舶融资租赁合同纠纷
195. 海上、通海水域运输船舶承包合同纠纷
196. 渔船承包合同纠纷
197. 船舶属具租赁合同纠纷
198. 船舶属具保管合同纠纷
199. 海运集装箱租赁合同纠纷
200. 海运集装箱保管合同纠纷
201. 港口货物保管合同纠纷

202. 船舶代理合同纠纷
203. 海上、通海水域货运代理合同纠纷
204. 理货合同纠纷
205. 船舶物料和备品供应合同纠纷
206. 船员劳务合同纠纷
207. 海难救助合同纠纷
208. 海上、通海水域打捞合同纠纷
209. 海上、通海水域拖航合同纠纷
210. 海上、通海水域保险合同纠纷
211. 海上、通海水域保赔合同纠纷
212. 海上、通海水域运输联营合同纠纷
213. 船舶营运借款合同纠纷
214. 海事担保合同纠纷
215. 航道、港口疏浚合同纠纷
216. 船坞、码头建造合同纠纷
217. 船舶检验合同纠纷
218. 海事请求担保纠纷
219. 海上、通海水域运输重大责任事故责任纠纷
220. 港口作业重大责任事故责任纠纷
221. 港口作业纠纷
222. 共同海损纠纷
223. 海洋开发利用纠纷
224. 船舶共有纠纷
225. 船舶权属纠纷
226. 海运欺诈纠纷
227. 海事债权确权纠纷

第八部分　与公司、证券、保险、票据等有关的民事纠纷

二十、与企业有关的纠纷

228. 企业出资人权益确认纠纷
229. 侵害企业出资人权益纠纷
230. 企业公司制改造合同纠纷
231. 企业股份合作制改造合同纠纷
232. 企业债权转股权合同纠纷

233. 企业分立合同纠纷
234. 企业租赁经营合同纠纷
235. 企业出售合同纠纷
236. 挂靠经营合同纠纷
237. 企业兼并合同纠纷
238. 联营合同纠纷
239. 企业承包经营合同纠纷
(1) 中外合资经营企业承包经营合同纠纷
(2) 中外合作经营企业承包经营合同纠纷
(3) 外商独资企业承包经营合同纠纷
(4) 乡镇企业承包经营合同纠纷
240. 中外合资经营企业合同纠纷
241. 中外合作经营企业合同纠纷

二十一、与公司有关的纠纷

242. 股东资格确认纠纷
243. 股东名册记载纠纷
244. 请求变更公司登记纠纷
245. 股东出资纠纷
246. 新增资本认购纠纷
247. 股东知情权纠纷
248. 请求公司收购股份纠纷
249. 股权转让纠纷
250. 公司决议纠纷
(1) 公司决议效力确认纠纷
(2) 公司决议撤销纠纷
251. 公司设立纠纷
252. 公司证照返还纠纷
253. 发起人责任纠纷
254. 公司盈余分配纠纷
255. 损害股东利益责任纠纷
256. 损害公司利益责任纠纷
257. 股东损害公司债权人利益责任纠纷
258. 公司关联交易损害责任纠纷
259. 公司合并纠纷

260. 公司分立纠纷
261. 公司减资纠纷
262. 公司增资纠纷
263. 公司解散纠纷
264. 申请公司清算
265. 清算责任纠纷
266. 上市公司收购纠纷

二十二、合伙企业纠纷

267. 入伙纠纷
268. 退伙纠纷
269. 合伙企业财产份额转让纠纷

二十三、与破产有关的纠纷

270. 申请破产清算
271. 申请破产重整
272. 申请破产和解
273. 请求撤销个别清偿行为纠纷
274. 请求确认债务人行为无效纠纷
275. 对外追收债权纠纷
276. 追收未缴出资纠纷
277. 追收抽逃出资纠纷
278. 追收非正常收入纠纷
279. 破产债权确认纠纷
（1）职工破产债权确认纠纷
（2）普通破产债权确认纠纷
280. 取回权纠纷
（1）一般取回权纠纷
（2）出卖人取回权纠纷
281. 破产抵销权纠纷
282. 别除权纠纷
283. 破产撤销权纠纷
284. 损害债务人利益赔偿纠纷
285. 管理人责任纠纷

二十四、证券纠纷

286. 证券权利确认纠纷
(1) 股票权利确认纠纷
(2) 公司债券权利确认纠纷
(3) 国债权利确认纠纷
(4) 证券投资基金权利确认纠纷
287. 证券交易合同纠纷
(1) 股票交易纠纷
(2) 公司债券交易纠纷
(3) 国债交易纠纷
(4) 证券投资基金交易纠纷
288. 金融衍生品种交易纠纷
289. 证券承销合同纠纷
(1) 证券代销合同纠纷
(2) 证券包销合同纠纷
290. 证券投资咨询纠纷
291. 证券资信评级服务合同纠纷
292. 证券回购合同纠纷
(1) 股票回购合同纠纷
(2) 国债回购合同纠纷
(3) 公司债券回购合同纠纷
(4) 证券投资基金回购合同纠纷
(5) 质押式证券回购纠纷
293. 证券上市合同纠纷
294. 证券交易代理合同纠纷
295. 证券上市保荐合同纠纷
296. 证券发行纠纷
(1) 证券认购纠纷
(2) 证券发行失败纠纷
297. 证券返还纠纷
298. 证券欺诈责任纠纷
(1) 证券内幕交易责任纠纷
(2) 操纵证券交易市场责任纠纷
(3) 证券虚假陈述责任纠纷

（4）欺诈客户责任纠纷
299. 证券托管纠纷
300. 证券登记、存管、结算纠纷
301. 融资融券交易纠纷
302. 客户交易结算资金纠纷

二十五、期货交易纠纷

303. 期货经纪合同纠纷
304. 期货透支交易纠纷
305. 期货强行平仓纠纷
306. 期货实物交割纠纷
307. 期货保证合约纠纷
308. 期货交易代理合同纠纷
309. 侵占期货交易保证金纠纷
310. 期货欺诈责任纠纷
311. 操纵期货交易市场责任纠纷
312. 期货内幕交易责任纠纷
313. 期货虚假信息责任纠纷

二十六、信托纠纷

314. 民事信托纠纷
315. 营业信托纠纷
316. 公益信托纠纷

二十七、保险纠纷

317. 财产保险合同纠纷
（1）财产损失保险合同纠纷
（2）责任保险合同纠纷
（3）信用保险合同纠纷
（4）保证保险合同纠纷
（5）保险人代位求偿权纠纷
318. 人身保险合同纠纷
（1）人寿保险合同纠纷
（2）意外伤害保险合同纠纷
（3）健康保险合同纠纷

319. 再保险合同纠纷
320. 保险经纪合同纠纷
321. 保险代理合同纠纷
322. 进出口信用保险合同纠纷
323. 保险费纠纷

二十八、票据纠纷

324. 票据付款请求权纠纷
325. 票据追索权纠纷
326. 票据交付请求权纠纷
327. 票据返还请求权纠纷
328. 票据损害责任纠纷
329. 票据利益返还请求权纠纷
330. 汇票回单签发请求权纠纷
331. 票据保证纠纷
332. 确认票据无效纠纷
333. 票据代理纠纷
334. 票据回购纠纷

二十九、信用证纠纷

335. 委托开立信用证纠纷
336. 信用证开证纠纷
337. 信用证议付纠纷
338. 信用证欺诈纠纷
339. 信用证融资纠纷
340. 信用证转让纠纷

第九部分　侵权责任纠纷

三十、侵权责任纠纷

341. 监护人责任纠纷
342. 用人单位责任纠纷
343. 劳务派遣工作人员侵权责任纠纷
344. 提供劳务者致害责任纠纷
345. 提供劳务者受害责任纠纷

346. 网络侵权责任纠纷
347. 违反安全保障义务责任纠纷
（1）公共场所管理人责任纠纷
（2）群众性活动组织者责任纠纷
348. 教育机构责任纠纷
349. 产品责任纠纷
（1）产品生产者责任纠纷
（2）产品销售者责任纠纷
（3）产品运输者责任纠纷
（4）产品仓储者责任纠纷
350. 机动车交通事故责任纠纷
351. 医疗损害责任纠纷
（1）侵害患者知情同意权责任纠纷
（2）医疗产品责任纠纷
352. 环境污染责任纠纷
（1）大气污染责任纠纷
（2）水污染责任纠纷
（3）噪声污染责任纠纷
（4）放射性污染责任纠纷
（5）土壤污染责任纠纷
（6）电子废物污染责任纠纷
（7）固体废物污染责任纠纷
353. 高度危险责任纠纷
（1）民用核设施损害责任纠纷
（2）民用航空器损害责任纠纷
（3）占有、使用高度危险物损害责任纠纷
（4）高度危险活动损害责任纠纷
（5）遗失、抛弃高度危险物损害责任纠纷
（6）非法占有高度危险物损害责任纠纷
354. 饲养动物损害责任纠纷
355. 物件损害责任纠纷
（1）物件脱落、坠落损害责任纠纷
（2）建筑物、构筑物倒塌损害责任纠纷
（3）不明抛掷物、坠落物损害责任纠纷
（4）堆放物倒塌致害责任纠纷

(5) 公共道路妨碍通行损害责任纠纷
(6) 林木折断损害责任纠纷
(7) 地面施工、地下设施损害责任纠纷
356. 触电人身损害责任纠纷
357. 义务帮工人受害责任纠纷
358. 见义勇为人受害责任纠纷
359. 公证损害责任纠纷
360. 防卫过当损害责任纠纷
361. 紧急避险损害责任纠纷
362. 驻香港、澳门特别行政区军人执行职务侵权责任纠纷
363. 铁路运输损害责任纠纷
(1) 铁路运输人身损害责任纠纷
(2) 铁路运输财产损害责任纠纷
364. 水上运输损害责任纠纷
(1) 水上运输人身损害责任纠纷
(2) 水上运输财产损害责任纠纷
365. 航空运输损害责任纠纷
(1) 航空运输人身损害责任纠纷
(2) 航空运输财产损害责任纠纷
366. 因申请诉前财产保全损害责任纠纷
367. 因申请诉前证据保全损害责任纠纷
368. 因申请诉中财产保全损害责任纠纷
369. 因申请诉中证据保全损害责任纠纷
370. 因申请先予执行损害责任纠纷

第十部分　适用特殊程序案件案由

三十一、选民资格案件

371. 申请确定选民资格

三十二、宣告失踪、宣告死亡案件

372. 申请宣告公民失踪
373. 申请撤销宣告失踪
374. 申请为失踪人财产指定、变更代管人
375. 失踪人债务支付纠纷

376. 申请宣告公民死亡
377. 申请撤销宣告公民死亡
378. 被撤销死亡宣告人请求返还财产纠纷

三十三、认定公民无民事行为能力、限制民事行为能力案件

379. 申请宣告公民无民事行为能力
380. 申请宣告公民限制民事行为能力
381. 申请宣告公民恢复限制民事行为能力
382. 申请宣告公民恢复完全民事行为能力

三十四、认定财产无主案件

383. 申请认定财产无主
384. 申请撤销认定财产无主

三十五、监护权特别程序案件

385. 申请确定监护人
386. 申请变更监护人
387. 申请撤销监护人资格

三十六、督促程序案件

388. 申请支付令

三十七、公示催告程序案件

389. 申请公示催告

三十八、申请诉前停止侵害知识产权案件

390. 申请诉前停止侵害专利权
391. 申请诉前停止侵害注册商标专用权
392. 申请诉前停止侵害著作权
393. 申请诉前停止侵害植物新品种权

三十九、申请保全案件

394. 申请诉前财产保全
395. 申请诉中财产保全
396. 申请诉前证据保全

397. 申请诉中证据保全
398. 仲裁程序中的财产保全
399. 仲裁程序中的证据保全
400. 申请中止支付信用证项下款项
401. 申请中止支付保函项下款项

四十、仲裁程序案件

402. 申请确认仲裁协议效力
403. 申请撤销仲裁裁决

四十一、海事诉讼特别程序案件

404. 申请海事请求保全
(1) 申请扣押船舶
(2) 申请拍卖扣押船舶
(3) 申请扣押船载货物
(4) 申请拍卖扣押船载货物
(5) 申请扣押船用燃油及船用物料
(6) 申请拍卖扣押船用燃油及船用物料
405. 申请海事支付令
406. 申请海事强制令
407. 申请海事证据保全
408. 申请设立海事赔偿责任限制基金
409. 申请船舶优先权催告
410. 申请海事债权登记与受偿

四十二、申请承认与执行法院判决、仲裁裁决案件

411. 申请执行海事仲裁裁决
412. 申请执行知识产权仲裁裁决
413. 申请执行涉外仲裁裁决
414. 申请认可和执行香港特别行政区法院民事判决
415. 申请认可和执行香港特别行政区仲裁裁决
416. 申请认可和执行澳门特别行政区法院民事判决
417. 申请认可和执行澳门特别行政区仲裁裁决
418. 申请认可和执行台湾地区法院民事判决
419. 申请认可和执行台湾地区仲裁裁决

420. 申请承认和执行外国法院民事判决、裁定
421. 申请承认和执行外国仲裁裁决

四十三、执行异议之诉

422. 案外人执行异议之诉
423. 申请执行人执行异议之诉
424. 执行分配方案异议之诉

【链　接】

最高人民法院研究室负责人就发布《最高人民法院关于修改〈民事案件案由规定〉的决定》答记者问

近日，最高人民法院发布了《最高人民法院关于修改〈民事案件案由规定〉的决定》（法发〔2011〕7号）（以下简称《决定》）。就《决定》发布的背景和主要内容，记者采访了最高人民法院研究室负责人。

一、请问制发《决定》的背景是什么？

答：2008年2月4日，为配合物权法的实施，我院曾对2001年10月30日制发的《民事案件案由规定（试行）》进行了修改，制发了《民事案件案由规定》（以下简称2008年《民事案件案由规定》）。《民事案件案由规定》自2008年4月1日施行以来，在方便当事人进行民事诉讼，规范人民法院民事立案、审判和司法统计工作等方面，发挥了重要作用。近三年来，随着农村土地承包经营纠纷调解仲裁法、保险法、专利法等法律的施行或修订，审判实践中出现了许多新类型民事案件，需要对2008年《民事案件案由规定》进行补充和完善。特别是侵权责任法已自2010年7月1日起施行，迫切需要增补侵权责任纠纷案件案由。经最高人民法院院领导批准，2010年2月，由最高人民法院研究室牵头成立了由本院立案一庭、四个民事审判业务庭以及审监庭参加的研究小组，正式启动修改工作。在广泛调查研究的基础上，研究小组完成了2008年《民事案件案由规定》的修改工作，2011年2月18日，最高人民法院制发《决定》。根据《决定》，最高人民法院又下发《最高人民法院关于印发修改后的〈民事案件案由规定〉的通知》（法〔2011〕41号）（以下简称《通知》），对各级法院适用修改后的《民事案件案由规定》提出了具体要求。

二、请谈谈《民事案件案由规定》的修改过程。

答：根据工作方案的安排，2010年2月，最高人民法院研究室下发《最高人民法院研究室关于征集〈民事案件案由〉修改意见的通知》，向全国各高级法院征集有关2008年《民事案件案由规定》的修改意见。绝大多数高级法院召开了所属辖区内各级法院参加的座谈会，及时上报了应当修改、删除、增加的具体案由，总数达900余个。对于各高级法院上报的具体案由，研究小组在进行整理、筛选和分类的基础上，起草了《民事案件案由规定（征求意见稿）》《最高人民法院关于印发〈民事案件案由规定〉的通知（征求意见稿）》。

根据工作方案的安排，研究小组分别在福州和重庆召开了“全国部分法院民事案件案由修改工作座谈会”。部分高级法院、中级法院和基层法院从事民事立案、审判和司法统计工作的法官参加了座谈，提出了具体的修改意见建议。考虑到“海事海商纠纷”案由的特殊性，研究室与民四庭专门在青岛海事法院召开座谈会，就“海事海商纠纷”案由听取全国海事法院代表的意见建议。来自天津、广州、大连、武汉、宁波、厦门、北海、海口、青岛等九家海事法院的代表参加了座谈会。2010年6月24日，研究小组还召开了由最高人民法院特约监督员和律师参加的座谈会。每次座谈会之后，研究小组均及时认真研究、消化会议代表的意见，多次修改征求意见稿，形成了《民事案件案由规定（送审稿）》《最高人民法院关于印发〈民事案件案由规定〉的通知（送审稿）》。2010年11月29日，最高人民法院审判委员会讨论通过两个送审稿。

修改过程中，研究小组对两个送审稿反复研究和修改，先后八易其稿。可以说，此次民事案件案由的修改，集中了最高人民法院的集体智慧，凝聚了地方各级法院的辛勤探索，是全国广大法官心血和劳动的结晶。

三、请问此次修改遵循了哪些原则？

答：经广泛征求意见，我们确定此次民事案件案由修改工作应当遵循的原则为：

一是合法原则。要确保所制定的具体案由具有实体法和程序法依据，还要符合民事诉讼法关于民事案件受案范围的有关规定。

二是实用原则。案由要简洁明了，便于使用，案由的制定要体现一定的科学性，但更要注重实用性和适度的灵活性。通过四级案由体系的设置，为方便当事人诉讼服务，为立案和审判实践服务，为司法统计服务，为创新和加强民事审判管理服务。

三是稳定性原则。从保证案由体系的适度稳定性出发，尽量对案由体系、结构不做大的调整。

四、请介绍此次案由修改的主要内容。

答：为适应侵权责任法施行后审判实践的需要，我们将侵权纠纷案由提升为第一级案由。按照侵权责任法的相关规定，在其项下增补相关的侵权责任纠纷第三级和第四级案由。首先，按照侵权责任法相关规定，列出了该法新规定的各种具体侵权责任纠纷案由。其次，协调好侵权纠纷案由与其他第一级案由之间的关系。根据侵权责任法相关规定，侵权责任法的保护对象为民事权益，包括生命权、健康权、姓名权、名誉权、荣誉权、肖像权、隐私权、婚姻自主权、监护权、所有权、用益物权、担保物权、著作权、专利权、商标专用权、发现权、股权、继承权等人身、财产权益。这些民事权益，分别包含在人格权、婚姻家庭继承权、物权、知识产权等民商事权益之中，而这些民事权益纠纷往往既包括权属确认纠纷也包括侵权纠纷，这就为科学合理编排民事案件案由增加了难度。为了保持整个案由体系的完整性和稳定性，尽可能避免重复交叉，此次修改将这些民事权益侵权纠纷案由仍旧保留在各第一级案由之中，只是将侵权责任法规定的有关案由列在“侵权责任纠纷”案由项下，并将一些实践中常见的、其他第一级案由不便列出的侵权责任纠纷案由也列在第一级案由“侵权责任纠纷”项下，并从“兜底”考虑，列在其他八个民事权益纠纷类型之后，作为第九部分。

根据审判实践的需要，此次修改还增加部分其他第二级案由、第三级案由和第四级案由。此次共修改第一级案由5个，修改第二级案由20个，修改第三级案由113个，修改第四级案由154个。修改后的《民事案件案由规定》共有第一级案由10个，第二级案由42个，第三级案由424个，第四级案由367个。

五、修改后的《民事案件案由规定》在适用过程中应当注意哪些问题？

答：针对修改后的《民事案件案由规定》在适用中可能出现的问题，修改后的《通知》进一步作了明确规范。

一是明确了第九部分“侵权责任纠纷”项下案由与“人格权纠纷”“物权纠纷”“知识产权与竞争纠纷”等其他部分项下案由的协调问题。在确定侵权责任纠纷具体案由时，应当先适用第九部分“侵权责任纠纷”项下根据侵权责任法相关规定列出的具体案由。没有相应案由的，再适用“人格权纠纷”“物权纠纷”“知识产权与竞争纠纷”等其他部分项下的案由。如机动车交通事故可能造成人身损害和财产损害，确定案由时，应当适用第九部分“侵权责任纠纷”项下“机动车交通事故责任纠纷”案由，而不应适用第一部分“人格权纠纷”项下的“生命权、健康权、身体权纠纷”案由，也不应适用第三部分“物权纠纷”项下的“财产损害赔偿纠纷”案由。

二是明确了民事案件案由的性质与功能。各级人民法院不得将《民事案件案由规定》等同于《中华人民共和国民事诉讼法》第一百零八条规定的受理条件，不得以当事人的诉请在《民事案件案由规定》中没有相应案由可以适用为由，裁定不予受理或者驳回起诉，影响当事人行使诉权。

三是明确了案由变更的问题。当事人起诉的法律关系与实际诉争的法律关系不一致的，人民法院结案时应当根据法庭查明的当事人之间实际存在的法律关系的性质，相应变更案件的案由。

四是进一步规范了部分案由的适用问题。对于那些名称中带有顿号（即“、”）的部分案由，适用时应当根据具体案情，确定相应的案由，不应直接将该案由全部引用。如“生命权、健康权、身体权纠纷”案由，应根据侵害的具体人格权益来确定相应的案由；如“海上、通海水域货物运输合同纠纷”案由，应当根据纠纷发生的具体水域来确定相应的案由；如“擅自使用知名商品特有名称、包装、装潢纠纷”案由，应当根据具体侵害对象来确定相应的案由。

第二章 婚姻家庭

（一）婚 姻

1. 综 合

中华人民共和国婚姻法

（1980 年 9 月 10 日第五届全国人民代表大会第三次会议通过
根据 2001 年 4 月 28 日第九届全国人民代表大会常务委员会
第二十一次会议《关于修改〈中华人民共和国
婚姻法〉的决定》修正）

目 录

第一章 总 则

第一条 【本法地位】本法是婚姻家庭关系的基本准则。

第二条 【婚姻制度与原则】实行婚姻自由、一夫一妻、男女平等的婚姻制度。

保护妇女、儿童和老人的合法权益。

实行计划生育。

第三条 【婚姻法禁止的行为】禁止包办、买卖婚姻和其他干涉婚姻自由的行为。禁止借婚姻索取财物。

禁止重婚。禁止有配偶者与他人同居。禁止家庭暴力。禁止家庭成员间的虐待和遗弃。

第四条 【家庭关系】夫妻应当互相忠实，互相尊重；家庭成员间应当敬老爱幼，互相帮助，维护平等、和睦、文明的婚姻家庭关系。

第二章 结 婚

第五条 【结婚自愿】结婚必须男女双方完全自愿，不许任何一方对他方加以强迫或任何第三者加以干涉。

第六条 【法定婚龄】结婚年龄，男不得早于二十二周岁，女不得早于二十周岁。晚婚晚育应予鼓励。

第七条 【禁止结婚】有下列情形之一的，禁止结婚：

（一）直系血亲和三代以内的旁系血亲；

（二）患有医学上认为不应当结婚的疾病。

第八条 【结婚登记】要求结婚的男女双方必须亲自到婚姻登记机关进行结婚登记。符合本法规定的，予以登记，发给结婚证。取得结婚证，即确立夫妻关系。未办理结婚登记的，应当补办登记。

第九条 【互为家庭成员】登记结婚后，根据男女双方约定，女方可以成为男方家庭的成员，男方可以成为女方家庭的成员。

第十条 【婚姻无效】有下列情形之一的，婚姻无效：

（一）重婚的；

（二）有禁止结婚的亲属关系的；

（三）婚前患有医学上认为不应当结婚的疾病，婚后尚未治愈的；

（四）未到法定婚龄的。

第十一条 【可撤销婚姻】因胁迫结婚的，受胁迫的一方可以向婚姻登记机关或人民法院请求撤销该婚姻。受胁迫的一方撤销婚姻的请求，应当自结婚登记之日起一年内提出。被非法限制人身自由的当事人请求撤销婚姻的，应当自恢复人身自由之日起一年内提出。

第十二条 【无效或被撤销婚姻的法律后果】无效或被撤销的婚姻，自始无效。当事人不具有夫妻的权利和义务。同居期间所得的财产，由当事人协议处理；协议不成时，由人民法院根据照顾无过错方的原则判决。对重婚导致的婚姻无效的财产处理，不得侵害合法婚姻当事人的财产权益。当事人所生的子女，适用本法有关父母子女的规定。

第三章　家庭关系

第十三条　【夫妻平等】夫妻在家庭中地位平等。

第十四条　【夫妻姓名权】夫妻双方都有各用自己姓名的权利。

第十五条　【夫妻双方的自由】夫妻双方都有参加生产、工作、学习和社会活动的自由，一方不得对他方加以限制或干涉。

第十六条　【计划生育义务】夫妻双方都有实行计划生育的义务。

第十七条　【夫妻共同所有财产】夫妻在婚姻关系存续期间所得的下列财产，归夫妻共同所有：

（一）工资、奖金；

（二）生产、经营的收益；

（三）知识产权的收益；

（四）继承或赠与所得的财产，但本法第十八条第三项规定的除外；

（五）其他应当归共同所有的财产。

夫妻对共同所有的财产，有平等的处理权。

第十八条　【夫妻一方的财产】有下列情形之一的，为夫妻一方的财产：

（一）一方的婚前财产；

（二）一方因身体受到伤害获得的医疗费、残疾人生活补助费等费用；

（三）遗嘱或赠与合同中确定只归夫或妻一方的财产；

（四）一方专用的生活用品；

（五）其他应当归一方的财产。

第十九条　【夫妻财产约定】夫妻可以约定婚姻关系存续期间所得的财产以及婚前财产归各自所有、共同所有或部分各自所有、部分共同所有。约定应当采用书面形式。没有约定或约定不明确的，适用本法第十七条、第十八条的规定。

夫妻对婚姻关系存续期间所得的财产以及婚前财产的约定，对双方具有约束力。

夫妻对婚姻关系存续期间所得的财产约定归各自所有的，夫或妻一方对外所负的债务，第三人知道该约定的，以夫或妻一方所有的财产清偿。

第二十条　【夫妻扶养义务】夫妻有互相扶养的义务。

一方不履行扶养义务时，需要扶养的一方，有要求对方付给扶养费的权利。

第二十一条　【父母与子女之间的抚养、赡养义务】父母对子女有抚养教育的义务；子女对父母有赡养扶助的义务。

父母不履行抚养义务时，未成年的或不能独立生活的子女，有要求父母付给抚养费的权利。

子女不履行赡养义务时，无劳动能力的或生活困难的父母，有要求子女付给赡养费的权利。

禁止溺婴、弃婴和其他残害婴儿的行为。

第二十二条 【子女的姓氏】子女可以随父姓，可以随母姓。

第二十三条 【父母对未成年子女的保护和教育义务】父母有保护和教育未成年子女的权利和义务。在未成年子女对国家、集体或他人造成损害时，父母有承担民事责任的义务。

第二十四条 【遗产继承】夫妻有相互继承遗产的权利。

父母和子女有相互继承遗产的权利。

第二十五条 【非婚生子女】非婚生子女享有与婚生子女同等的权利，任何人不得加以危害和歧视。

不直接抚养非婚生子女的生父或生母，应当负担子女的生活费和教育费，直至子女能独立生活为止。

第二十六条 【收养关系】国家保护合法的收养关系。养父母和养子女间的权利和义务，适用本法对父母子女关系的有关规定。

养子女和生父母间的权利和义务，因收养关系的成立而消除。

第二十七条 【继父母与继子女】继父母与继子女间，不得虐待或歧视。

继父或继母和受其抚养教育的继子女间的权利和义务，适用本法对父母子女关系的有关规定。

第二十八条 【（外）祖父母与（外）孙子女之间的抚养赡养义务】有负担能力的祖父母、外祖父母，对于父母已经死亡或父母无力抚养的未成年的孙子女、外孙子女，有抚养的义务。有负担能力的孙子女、外孙子女，对于子女已经死亡或子女无力赡养的祖父母、外祖父母，有赡养的义务。

第二十九条 【兄姐与弟妹之间的扶养义务】有负担能力的兄、姐，对于父母已经死亡或父母无力抚养的未成年的弟、妹，有扶养的义务。由兄、姐扶养长大的有负担能力的弟、妹，对于缺乏劳动能力又缺乏生活来源的兄、姐，有扶养的义务。

第三十条 【尊重父母婚姻】子女应当尊重父母的婚姻权利，不得干涉父母再婚以及婚后的生活。子女对父母的赡养义务，不因父母的婚姻关系变化而终止。

第四章 离 婚

第三十一条 【双方自愿离婚的程序】男女双方自愿离婚的，准予离婚。双方必须到婚姻登记机关申请离婚。婚姻登记机关查明双方确实是自愿并对子女和财产问题已有适当处理时，发给离婚证。

第三十二条 【一方要求离婚的途径、程序以及准予离婚的情形】男女一方要求离婚的，可由有关部门进行调解或直接向人民法院提出离婚诉讼。

人民法院审理离婚案件，应当进行调解；如感情确已破裂，调解无效，应准予离婚。

有下列情形之一，调解无效的，应准予离婚：

（一）重婚或有配偶者与他人同居的；

（二）实施家庭暴力或虐待、遗弃家庭成员的；

（三）有赌博、吸毒等恶习屡教不改的；

（四）因感情不和分居满 2 年的；

（五）其他导致夫妻感情破裂的情形。

一方被宣告失踪，另一方提出离婚诉讼的，应准予离婚。

第三十三条 【现役军人配偶要求离婚】现役军人的配偶要求离婚，须得军人同意，但军人一方有重大过错的除外。

第三十四条 【男方不得提出离婚的情形】女方在怀孕期间、分娩后 1 年内或中止妊娠后 6 个月内，男方不得提出离婚。女方提出离婚的，或人民法院认为确有必要受理男方离婚请求的，不在此限。

第三十五条 【复婚】离婚后，男女双方自愿恢复夫妻关系的，必须到婚姻登记机关进行复婚登记。

第三十六条 【离婚后的父母子女关系处理】父母与子女间的关系，不因父母离婚而消除。离婚后，子女无论由父或母直接抚养，仍是父母双方的子女。

离婚后，父母对于子女仍有抚养和教育的权利和义务。

离婚后，哺乳期内的子女，以随哺乳的母亲抚养为原则。哺乳期后的子女，如双方因抚养问题发生争执不能达成协议时，由人民法院根据子女的权益和双方的具体情况判决。

第三十七条 【离婚后子女生活费和教育费的负担】离婚后，一方抚养的子女，另一方应负担必要的生活费和教育费的一部或全部，负担费用的多少和期限的长短，由双方协议；协议不成时，由人民法院判决。

关于子女生活费和教育费的协议或判决，不妨碍子女在必要时向父母任何一方提出超过协议或判决原定数额的合理要求。

第三十八条 【离婚后父母的探望权】离婚后，不直接抚养子女的父或母，有探望子女的权利，另一方有协助的义务。

行使探望权利的方式、时间由当事人协议；协议不成时，由人民法院判决。

父或母探望子女，不利于子女身心健康的，由人民法院依法中止探望的权利；中止的事由消失后，应当恢复探望的权利。

第三十九条 【离婚时夫妻共同财产处理】离婚时，夫妻的共同财产由双方协议处理；协议不成时，由人民法院根据财产的具体情况，照顾子女和女方权益的原则判决。

夫或妻在家庭土地承包经营中享有的权益等，应当依法予以保护。

第四十条 【补偿】夫妻书面约定婚姻关系存续期间所得的财产归各自所有，一方因抚育子女、照料老人、协助另一方工作等付出较多义务的，离婚时有权向另一方请求补偿，另一方应当予以补偿。

第四十一条 【离婚时的夫妻共同债务】离婚时，原为夫妻共同生活所负的债务，应当共同偿还。共同财产不足清偿的，或财产归各自所有的，由双方协议清偿；协议不成时，由人民法院判决。

第四十二条 【适当帮助】离婚时，如一方生活困难，另一方应从其住房等个人财产中给予适当帮助。具体办法由双方协议；协议不成时，由人民法院判决。

第五章 救助措施与法律责任

第四十三条 【实施家庭暴力或虐待家庭成员的救助措施】实施家庭暴力或虐待家庭成员，受害人有权提出请求，居民委员会、村民委员会以及所在单位应当予以劝阻、调解。

对正在实施的家庭暴力，受害人有权提出请求，居民委员会、村民委员会应当予以劝阻；公安机关应当予以制止。

实施家庭暴力或虐待家庭成员，受害人提出请求的，公安机关应当依照治安管理处罚的法律规定予以行政处罚。

第四十四条 【遗弃家庭成员的救助措施】对遗弃家庭成员，受害人有权提出请求，居民委员会、村民委员会以及所在单位应当予以劝阻、调解。

对遗弃家庭成员，受害人提出请求的，人民法院应当依法作出支付扶养费、抚养费、赡养费的判决。

第四十五条 【重婚、家庭暴力、虐待、遗弃构成犯罪的处理】对重婚的，对实施家庭暴力或虐待、遗弃家庭成员构成犯罪的，依法追究刑事责任。受害人可以依照刑事诉讼法的有关规定，向人民法院自诉；公安机关应当依法侦查，人民检察院应当依法提起公诉。

第四十六条 【无过错方离婚有权请求损害赔偿】有下列情形之一，导致离婚的，无过错方有权请求损害赔偿：

（一）重婚的；

（二）有配偶者与他人同居的；

（三）实施家庭暴力的；

（四）虐待、遗弃家庭成员的。

第四十七条 【离婚时隐藏、转移、变卖、毁损夫妻共同财产以及伪造债务的处理】离婚时，一方隐藏、转移、变卖、毁损夫妻共同财产，或伪造债务企图侵占另一方财产的，分割夫妻共同财产时，对隐藏、转移、变卖、毁损夫妻共同财产或伪造债务的一方，可以少分或不分。离婚后，另一方发现有上述行为的，可以向人民法院提起诉讼，请求再次分割夫妻共同财产。

人民法院对前款规定的妨害民事诉讼的行为，依照民事诉讼法的规定予以制裁。

第四十八条 【强制执行与协助执行】对拒不执行有关扶养费、抚养费、赡养费、财产分割、遗产继承、探望子女等判决或裁定的，由人民法院依法强制执行。有关个人和单位应负协助执行的责任。

第四十九条 【其他法律准用规定】其他法律对有关婚姻家庭的违法行为和法律责任另有规定的，依照其规定。

第六章　附　则

第五十条 【民族自治地方的变通规定】民族自治地方的人民代表大会有权结合当地民族婚姻家庭的具体情况，制定变通规定。自治州、自治县制定的变通规定，报省、自治区、直辖市人民代表大会常务委员会批准后生效。自治区制定的变通规定，报全国人民代表大会常务委员会批准后生效。

第五十一条 【施行日期】本法自 1981 年 1 月 1 日起施行。

1950 年 5 月 1 日颁行的《中华人民共和国婚姻法》，自本法施行之日起废止。

最高人民法院
关于适用《中华人民共和国婚姻法》若干问题的解释（一）

法释〔2001〕30号

（2001年12月24日最高人民法院审判委员会第1202次会议通过
2001年12月25日最高人民法院公告公布　自2001年12月27日起施行）

为了正确审理婚姻家庭纠纷案件，根据《中华人民共和国婚姻法》（以下简称婚姻法）、《中华人民共和国民事诉讼法》等法律的规定，对人民法院适用婚姻法的有关问题作出如下解释：

第一条　婚姻法第三条、第三十二条、第四十三条、第四十五条、第四十六条所称的“家庭暴力”，是指行为人以殴打、捆绑、残害、强行限制人身自由或者其他手段，给其家庭成员的身体、精神等方面造成一定伤害后果的行为。持续性、经常性的家庭暴力，构成虐待。

第二条　婚姻法第三条、第三十二条、第四十六条规定的“有配偶者与他人同居”的情形，是指有配偶者与婚外异性，不以夫妻名义，持续、稳定地共同居住。

第三条　当事人仅以婚姻法第四条为依据提起诉讼的，人民法院不予受理；已经受理的，裁定驳回起诉。

第四条　男女双方根据婚姻法第八条规定补办结婚登记的，婚姻关系的效力从双方均符合婚姻法所规定的结婚的实质要件时起算。

第五条　未按婚姻法第八条规定办理结婚登记而以夫妻名义共同生活的男女，起诉到人民法院要求离婚的，应当区别对待：

（一）1994年2月1日民政部《婚姻登记管理条例》公布实施以前，男女双方已经符合结婚实质要件的，按事实婚姻处理。

（二）1994年2月1日民政部《婚姻登记管理条例》公布实施以后，男女双方符合结婚实质要件的，人民法院应当告知其在案件受理前补办结婚登记；未补办结婚登记的，按解除同居关系处理。

第六条　未按婚姻法第八条规定办理结婚登记而以夫妻名义共同生活的男女，一方死亡，另一方以配偶身份主张享有继承权的，按照本解释第五条的原则处理。

第七条 有权依据婚姻法第十条规定向人民法院就已办理结婚登记的婚姻申请宣告婚姻无效的主体，包括婚姻当事人及利害关系人。利害关系人包括：

（一）以重婚为由申请宣告婚姻无效的，为当事人的近亲属及基层组织。

（二）以未到法定婚龄为由申请宣告婚姻无效的，为未达法定婚龄者的近亲属。

（三）以有禁止结婚的亲属关系为由申请宣告婚姻无效的，为当事人的近亲属。

（四）以婚前患有医学上认为不应当结婚的疾病，婚后尚未治愈为由申请宣告婚姻无效的，为与患病者共同生活的近亲属。

第八条 当事人依据婚姻法第十条规定向人民法院申请宣告婚姻无效的，申请时，法定的无效婚姻情形已经消失的，人民法院不予支持。

第九条 人民法院审理宣告婚姻无效案件，对婚姻效力的审理不适用调解，应当依法作出判决；有关婚姻效力的判决一经作出，即发生法律效力。

涉及财产分割和子女抚养的，可以调解。调解达成协议的，另行制作调解书。对财产分割和子女抚养问题的判决不服的，当事人可以上诉。

第十条 婚姻法第十一条所称的“胁迫”，是指行为人以给另一方当事人或者其近亲属的生命、身体健康、名誉、财产等方面造成损害为要挟，迫使另一方当事人违背真实意愿结婚的情况。

因受胁迫而请求撤销婚姻的，只能是受胁迫一方的婚姻关系当事人本人。

第十一条 人民法院审理婚姻当事人因受胁迫而请求撤销婚姻的案件，应当适用简易程序或者普通程序。

第十二条 婚姻法第十一条规定的“1年”，不适用诉讼时效中止、中断或者延长的规定。

第十三条 婚姻法第十二条所规定的自始无效，是指无效或者可撤销婚姻在依法被宣告无效或被撤销时，才确定该婚姻自始不受法律保护。

第十四条 人民法院根据当事人的申请，依法宣告婚姻无效或者撤销婚姻的，应当收缴双方的结婚证书并将生效的判决书寄送当地婚姻登记管理机关。

第十五条 被宣告无效或被撤销的婚姻，当事人同居期间所得的财产，按共同共有处理。但有证据证明为当事人一方所有的除外。

第十六条 人民法院审理重婚导致的无效婚姻案件时，涉及财产处理的，应当准许合法婚姻当事人作为有独立请求权的第三人参加诉讼。

第十七条 婚姻法第十七条关于“夫妻对夫妻共同所有的财产，有平等的处理权”的规定，应当理解为：

（一）夫或妻在处理夫妻共同财产上的权利是平等的。因日常生活需要而处理夫妻共同财产的，任何一方均有权决定。

（二）夫或妻非因日常生活需要对夫妻共同财产做重要处理决定，夫妻双方应当平等协商，取得一致意见。他人有理由相信其为夫妻双方共同意思表示的，另一方不得以不同意或不知道为由对抗善意第三人。

第十八条　婚姻法第十九条所称“第三人知道该约定的”，夫妻一方对此负有举证责任。

第十九条　婚姻法第十八条规定为夫妻一方所有的财产，不因婚姻关系的延续而转化为夫妻共同财产。但当事人另有约定的除外。

第二十条　婚姻法第二十一条规定的“不能独立生活的子女”，是指尚在校接受高中及其以下学历教育，或者丧失或未完全丧失劳动能力等非因主观原因而无法维持正常生活的成年子女。

第二十一条　婚姻法第二十一条所称“抚养费”，包括子女生活费、教育费、医疗费等费用。

第二十二条　人民法院审理离婚案件，符合第三十二条第三款规定“应准予离婚”情形的，不应当因当事人有过错而判决不准离婚。

第二十三条　婚姻法第三十三条所称的“军人一方有重大过错”，可以依据婚姻法第三十二条第三款前三项规定及军人有其他重大过错导致夫妻感情破裂的情形予以判断。

第二十四条　人民法院作出的生效的离婚判决中未涉及探望权，当事人就探望权问题单独提起诉讼的，人民法院应予受理。

第二十五条　当事人在履行生效判决、裁定或者调解书的过程中，请求中止行使探望权的，人民法院在征询双方当事人意见后，认为需要中止行使探望权的，依法作出裁定。中止探望的情形消失后，人民法院应当根据当事人的申请通知其恢复探望权的行使。

第二十六条　未成年子女、直接抚养子女的父或母及其他对未成年子女负担抚养、教育义务的法定监护人，有权向人民法院提出中止探望权的请求。

第二十七条　婚姻法第四十二条所称“一方生活困难”，是指依靠个人财产和离婚时分得的财产无法维持当地基本生活水平。

一方离婚后没有住处的，属于生活困难。

离婚时，一方以个人财产中的住房对生活困难者进行帮助的形式，可以是房屋的居住权或者房屋的所有权。

第二十八条　婚姻法第四十六条规定的“损害赔偿”，包括物质损害赔偿和精神损害赔偿。涉及精神损害赔偿的，适用最高人民法院《关于确定民事侵权精神损害赔偿责任若干问题的解释》的有关规定。

第二十九条 承担婚姻法第四十六条规定的损害赔偿责任的主体，为离婚诉讼当事人中无过错方的配偶。

人民法院判决不准离婚的案件，对于当事人基于婚姻法第四十六条提出的损害赔偿请求，不予支持。

在婚姻关系存续期间，当事人不起诉离婚而单独依据该条规定提起损害赔偿请求的，人民法院不予受理。

第三十条 人民法院受理离婚案件时，应当将婚姻法第四十六条等规定中当事人的有关权利义务，书面告知当事人。在适用婚姻法第四十六条时，应当区分以下不同情况：

（一）符合婚姻法第四十六条规定的无过错方作为原告基于该条规定向人民法院提起损害赔偿请求的，必须在离婚诉讼的同时提出。

（二）符合婚姻法第四十六条规定的无过错方作为被告的离婚诉讼案件，如果被告不同意离婚也不基于该条规定提起损害赔偿请求的，可以在离婚后1年内就此单独提起诉讼。

（三）无过错方作为被告的离婚诉讼案件，一审时被告未基于婚姻法第四十六条规定提出损害赔偿请求，二审期间提出的，人民法院应当进行调解，调解不成的，告知当事人在离婚后1年内另行起诉。

第三十一条 当事人依据婚姻法第四十七条的规定向人民法院提起诉讼，请求再次分割夫妻共同财产的诉讼时效为两年，从当事人发现之次日起计算。

第三十二条 婚姻法第四十八条关于对拒不执行有关探望子女等判决和裁定的，由人民法院依法强制执行的规定，是指对拒不履行协助另一方行使探望权的有关个人和单位采取拘留、罚款等强制措施，不能对子女的人身、探望行为进行强制执行。

第三十三条 婚姻法修改后正在审理的一、二审婚姻家庭纠纷案件，一律适用修改后的婚姻法。此前最高人民法院作出的相关司法解释如与本解释相抵触，以本解释为准。

第三十四条 本解释自公布之日起施行。

【链　接】

最高人民法院民一庭负责人就《关于适用〈中华人民共和国婚姻法〉若干问题的解释（一）》答记者问

一、问：最高人民法院近日就修改后的《婚姻法》作出相关司法解释，您能否介绍一下有关情况？

答：第九届全国人民代表大会常务委员会通过了《关于修改〈中华人民共和国婚姻法〉的决定》，修改后的《婚姻法》于2001年4月28日起施行。为更好地理解、贯彻和执行修改后的《中华人民共和国婚姻法》（以下简称《婚姻法》），指导各级人民法院正确审理婚姻家庭纠纷案件，最高人民法院在《婚姻法》实施后即着手制定新的司法解释。《婚姻法》修改之前适用的原有的司法解释，应加以清理，与《婚姻法》相抵触的应予废止。但是，由于需要清理和重新规定的内容很多，如果等全面清理后再制定一个完整、系统的司法解释，不仅需要深入研究原有的司法解释，而且需要进一步调查研究《婚姻法》实施过程中出现的新情况、新问题，还需要总结《婚姻法》实施后的审判实践经验，这样的话，短期内难以出台，而目前实践中许多法律适用问题又迫切需要解决。所以，我们计划分批作出司法解释。这次的《最高人民法院关于适用〈中华人民共和国婚姻法〉若干问题的解释（一）》（以下简称《解释一》），主要是对适用《婚姻法》中的一些程序性和急需解决的问题作出规定。

《婚姻法》实施后，我们首先向全国法院系统发出通知，号召大家认真学习《婚姻法》，并将学习过程中遇到的问题及实践中存在的问题及时反馈给我院。2001年5月底，我庭与中国女法官协会又在重庆联合召开了适用《婚姻法》的座谈会。在整理、收集材料的基础上，我们起草了《解释一》初稿，并由院、庭领导亲自带队到全国十多个省调研征求意见，不断地进行修改。除法院系统内的调研外，我们还征求了全国人大法工委、民政部、妇联等有关部门的意见。最高人民法院的领导班子成员，还分别到全国各地听取全国人大代表的意见。不久前，我们还专门召开了专家学者论证会。大家现在看到的《解释一》是最终经最高人民法院审判委员会讨论通过并公布实施的。

二、问：这次的《解释一》主要有哪些方面的内容？

答：《解释一》主要包括如下方面的内容：有配偶者与他人同居如何理解和适用；家庭暴力的含义及与虐待的关系；补办结婚登记的效力及认定问题；《婚姻法》新增加的无效婚姻和可撤销婚姻的请求权主体及有关具体操作问题；探望权行使的主体范围、探望权的中止行使、恢复行使等问题；对《婚姻法》规定夫妻双方对夫妻共同财产有平等处理权的理解；《婚姻法》第四十二条规定离婚后一方生活困难，另一方可以从其住房等个人财产中予以帮助，对于"生活困难"的解释及以住房进行帮助的具体形式问题；对《婚姻法》第四十六条的理解与适用问题等。

三、问：《婚姻法》增加了禁止家庭暴力和禁止有配偶者与他人同居的规定，《解释一》中对此有何相关规定，您能否介绍一下？

答：目前国内外都在开展反对家庭暴力的运动，解释对家庭暴力的理解采取的是较为客观、严格的标准，不能把日常生活中偶尔的打闹、争吵理解为家庭暴力。另外，我们对家庭暴力的理解，不仅局限于夫妻之间，家庭其他成员之间发生的暴力都包括在内。对于在配偶者与他人同居，我们的表述力求将其与重婚、偶发性的婚外性行为等相区分。

四、问：《婚姻法》增加了补办结婚登记的规定，对于未补办结婚登记而要求离婚的应当如何处理？

答：《婚姻法》第七条规定未办理结婚而以夫妻名义共同生活的男女，应当补办结婚登记。但不补办结婚登记而到人民法院起诉离婚的怎么处理，如果补办了结婚登记的，其效力又如何等问题，立法没有明文规定。从立法本意而言，对于补办了结婚登记的，应当承认其具有溯及力，效力自双方均符合《婚姻法》规定的结婚的实质要件时起计算。

对于没有补办结婚登记而以夫妻名义共同生活的男女，起诉到法院要求离婚的，人民法院应当根据不同情况，区别对待。对此类问题，我们原来有过司法解释。这次《婚姻法》规定了补办结婚登记的制度，是从我国的现实情况出发，在坚持结婚必须进行登记的大前提下，现阶段有条件地允许补办登记。为了更好地与以往的司法解释相衔接，也考虑到对婚姻登记制度的正确引导以及司法解释实施的社会效果，《解释一》中规定了不同情况：属于按原来司法解释已经认定为事实婚姻的，现在仍然认可其婚姻效力；对于不符合事实婚姻所应具备条件的案件，一方到人民法院起诉要求离婚，人民法院告知其应于案件受理前补办结婚登记，否则按解除同居关系对待。

五、问：关于无效婚姻和可撤销婚姻问题，《解释一》有哪些规定？

答：《婚姻法》规定了四种情形下缔结的婚姻为无效婚姻，那么哪些人可以请求宣告婚姻无效，是将该请求权仅赋予婚姻当事人，还是允许扩大到利害关系人的范围?《解释一》采取的是有条件地允许利害关系人提出请求。除了重婚的利害关系人范围包括当事人的近亲属和基层组织外，其余几种情况的无效婚姻，利害关系人都限于当事人的近亲属。由于婚姻是双方当事人之间的意思表示，如无特殊情况，原则上应限制他人过多地干涉。

如果当事人在登记时存在婚姻无效的情形，但随着时间的推移，原来的无效情形已经消失了的，不得再请求宣告婚姻无效。例如登记时未达法定婚龄，应当属于无效婚姻，但已经达到了法定婚龄之后，再以当初登记时未达法定婚龄为由，请求宣告婚姻无效的，人民法院依法不予支持。

人民法院审理宣告无效婚姻案件，适用什么程序，对于未达法定婚龄等很明显且容易查证的事实是否还一定要经过一审、二审这样的诉讼程序?通常人民法院在审理离婚案件时，如果判决离婚的，对于子女抚养和财产分割问题都一并处理。由于无效婚姻制度中涉及利害关系人提起诉讼的情形，又如何规定?为解决上述问题，《解释一》规定，人民法院审理宣告婚姻无效的案件，对婚姻效力的审理不适用调解，应当依法判决，判决一经作出，即发生法律效力，当事人不得再就婚姻效力问题提出上诉。对于涉及子女抚养和财产分割的，可以调解，如以判决形式作出的，对此部分可以上诉。在审理因重婚导致的无效婚姻案件时，为更好地贯彻《婚姻法》规定的保护合法婚姻当事人权益的原则，《解释一》规定，此类案件中涉及财产处理的，应当准许合法婚姻当事人作为有独立请求权的第三人参加诉讼。

关于可撤销婚姻问题，《解释一》将请求权仅赋予了受胁迫者本人。这是考虑到立法规定基于因受胁迫而请求撤销婚姻的，自受胁迫人恢复自由之日起一年内提出，其本人有足够的时间和能力亲自提出请求，无需再允许他人提出。同时对于受胁迫的含义进行了必要的解释。应该指出的是，受胁迫的人包括当事人本人及其近亲属，实施胁迫行为的行为人，既可以是婚姻当事人本人，也可以是其近亲属。

六、问:《婚姻法》规定了离婚后，不与子女共同生活的父或母有探望子女的权利。您能否就这方面的问题给我们介绍一下有关情况?

答: 探望权是《婚姻法》新增加的内容，对于此后发生的离婚诉讼中涉及探望权的，依法予以保护，自无疑问。关键是对于在此之前已经判决离婚的，由于当时法律并无探望权的规定，现在那些已经离婚的当事人向法院起诉要求保护其探望权的，怎么处理?《解释一》规定，人民法院作出的生效离婚判决中未涉及探望权，当事人就探望权问题单独提起诉讼的，人民法院应予受理。另外，当行使探望权出现不利于子女身心健康情况时，人民法院可以根据当事人的申请，依法中止探望权的行使；待中止情形消失后，再根据当事人的申请通知双方当事人恢复探望权的行使。探望权的中止，只是权利行使暂时性地受到限制，不是对探望权的实体权利进行处分，因此，关于探望权的中止、恢复等请求，不发生独立的新的诉讼，而是作为在履行人民法院作出的生效裁判文书过程中发生的，依法应予处理的情况对待。对于哪些人有权提出中止探望权的行使，《解释一》进行了规定。由于探望权的立法本意是为了子女身心能得到更好地发展，有鉴于此，我们就有权提出中止行使探望权的主体问题进行了解释，以求更好地保护未成年子女的合法权益。

七、问：有关夫妻财产制问题，《解释一》都有哪些规定？

答：这次的《婚姻法》完善了夫妻财产制度，不仅明确规定夫妻之间可以就财产问题进行约定，还规定了应属夫妻共同财产和归夫或妻一方所有的财产的范围。这与以前的规定有所不同。按现行法律，婚前一方所有的财产，如无特别约定，婚后仍归一方所有。最高人民法院曾有过司法解释，对于一方婚前所有的财产，如婚后双方共同生活达到一定限期的，视为夫妻共同财产，这显然与现行法律相冲突。由于大家对这个问题较为关注，故《解释一》中明确规定夫妻一方所有的财产，不因婚姻关系的延续而转化为夫妻共同财产，以做到司法解释与立法的一致性。

为了体现对弱势群体利益的保护，我们在对《婚姻法》第四十二条规定的情况进行解释时的出发点，就是注重保护弱者的权利。《婚姻法》第四十二条规定："离婚时，一方生活困难的，另一方应从其住房等个人财产中给予适当的帮助。"《解释一》中单独强调指出，一方离婚后没有住处的，属于生活困难。另一方以金钱给予帮助的，容易理解。以个人所有的住房对另一方进行帮助的，难免会让人产生不同认识。立法未明确是以何种形式予以帮助，是临时居住权，还是长期居住权，还是彻底地将房屋的所有权都转移给生活困难者。根据立法的本意，并经过征求各方的意见，《解释一》中采取的是最大限度保护弱者的做法，规定了必要时可以将帮助者的房屋所有权转移给生活有困难的被帮助之人。这样规定，会使那些本人没有什么收入来源，夫妻共同生活多年之后离婚了，但离婚时分得的财产很少或没有，实际情况又确实需要帮助的人，得到一定程度的保护。

另外，夫妻之间的财产约定虽对夫妻内部有约束力，但对外应不得对抗善意第三人。《解释一》对《婚姻法》第十九条规定采取的是有利于保护第三人的做法，即夫或妻若想以夫妻之间关于财产的约定来对抗第三人的话，举证责任在夫妻一方，其必须能够证明该第三人明确、清楚地知道夫妻之间的约定，才可以对抗第三人。

八、问：《婚姻法》第四十六条关于无过错方请求赔偿的规定，在实践中大家都很关注，理解也不尽一致，请您就此问题给我们说明一下。

答：《婚姻法》第四十六条规定了几种情况下导致离婚的，无过错的一方有权提出损害赔偿的请求。大家对以下立法没有明确的问题可能会有不同认识，即无过错方是否仅指合法婚姻当事人中的无过错方，无过错方请求赔偿的权利应在什么时候提出才能依法受到保护，是否可以向婚外的其他人提出该项赔偿请求。

首先应该明确的是，有权依据第四十六条提起损害赔偿请求的人，仅指合法婚姻关系中的无过错方，而且必须是由于对方的过错导致离婚的，才可以提出，如果不起诉离婚而单独请求此类赔偿的，依法不予支持。

其次，无过错方的此项请求只能以自己的配偶为被告，不能向婚姻的其他人提出。实践中有些人认为该条规定可以适用于不告自己的配偶，而是告第三者，或者把配偶和第三者都作为被告，根据立法的本意，这些理解都是不正确的。

对于无过错方在什么时间提出此项请求的问题，由于立法无明文规定。有人认为可以在婚后任何时候提出，有人认为必须在离婚诉讼的同时提出。如果规定必须在离婚诉讼的同时提出，可能有些人对《婚姻法》依法赋予其的权利并不知道，待离婚后才知道的，真正的无过错方的权利得不到保护。而且我国目前人们对法律的掌握程度和法律意识都不是很强，许多人对该规定是不甚了解的。如果规定可以在离婚后单独提出，会造成举证、认证上的诸多不便，而且在离婚后，即使可以提出，由于财产在离婚时都已分割完毕，事后难以再完全掌握，也很容易使判决落空。面对这种两难境地，《解释一》采取了将《婚姻法》第四十六条等法律规定的当事人的有关权利义务，在诉讼通知等形式中明确告知当事人，一是让当事人知道法律的规定，二是让当事人有一个选择的权利，即主张或是放弃。在这个让大家都有可能知道的前提下，再作出具体处理。考虑到婚姻案件是一个复合诉讼，情况比较复杂，有必要进行详细规定，故《解释一》按无过错方在诉讼中的地位不同作出相关规定。如果无过错方作为原告的，该项请求必须与离婚诉讼的同时提出。由于人民法院审理之前已将相关权利义务告知过了，原告不提出请求的，视为其对自己权利的放弃，以后其也丧失了依据第四十六条的规定请求赔偿的权利。如果无过错方作为被告的，其不同意离婚也不基于该条规定提起损害赔偿请求的，可以在离婚后一年内单独提出。如果其在一审时未提出，而二审时提出的，人民法院应当进行调解，调解不成的，告知当事人可以就此问题在离婚后一年内另行起诉，以充分保护当事人的权利。

最高人民法院
关于适用《中华人民共和国婚姻法》若干问题的解释（二）

法释〔2003〕19号

（2003年12月4日最高人民法院审判委员会第1299次会议通过
2003年12月25日最高人民法院公告公布　自2004年4月1日起施行）

为正确审理婚姻家庭纠纷案件，根据《中华人民共和国婚姻法》（以下简称婚姻法）、《中华人民共和国民事诉讼法》等相关法律规定，对人民法院适用婚姻法的有关问题作出如下解释：

第一条　当事人起诉请求解除同居关系的，人民法院不予受理。但当事人请求解除的同居关系，属于婚姻法第三条、第三十二条、第四十六条规定的“有配偶者与他人同居”的，人民法院应当受理并依法予以解除。

当事人因同居期间财产分割或者子女抚养纠纷提起诉讼的，人民法院应当受理。

第二条　人民法院受理申请宣告婚姻无效案件后，经审查确属无效婚姻的，应当依法作出宣告婚姻无效的判决。原告申请撤诉的，不予准许。

第三条　人民法院受理离婚案件后，经审查确属无效婚姻的，应当将婚姻无效的情形告知当事人，并依法作出宣告婚姻无效的判决。

第四条　人民法院审理无效婚姻案件，涉及财产分割和子女抚养的，应当对婚姻效力的认定和其他纠纷的处理分别制作裁判文书。

第五条　夫妻一方或者双方死亡后一年内，生存一方或者利害关系人依据婚姻法第十条的规定申请宣告婚姻无效的，人民法院应当受理。

第六条　利害关系人依据婚姻法第十条的规定，申请人民法院宣告婚姻无效的，利害关系人为申请人，婚姻关系当事人双方为被申请人。

夫妻一方死亡的，生存一方为被申请人。

夫妻双方均已死亡的，不列被申请人。

第七条　人民法院就同一婚姻关系分别受理了离婚和申请宣告婚姻无效案件的，对于离婚案件的审理，应当待申请宣告婚姻无效案件作出判决后进行。

前款所指的婚姻关系被宣告无效后，涉及财产分割和子女抚养的，应当继续审理。

第八条　离婚协议中关于财产分割的条款或者当事人因离婚就财产分割达成的协议，对男女双方具有法律约束力。

当事人因履行上述财产分割协议发生纠纷提起诉讼的，人民法院应当受理。

第九条　男女双方协议离婚后一年内就财产分割问题反悔，请求变更或者撤销财产分割协议的，人民法院应当受理。

人民法院审理后，未发现订立财产分割协议时存在欺诈、胁迫等情形的，应当依法驳回当事人的诉讼请求。

第十条　当事人请求返还按照习俗给付的彩礼的，如果查明属于以下情形，人民法院应当予以支持：

（一）双方未办理结婚登记手续的；

（二）双方办理结婚登记手续但确未共同生活的；

（三）婚前给付并导致给付人生活困难的。

适用前款第（二）、（三）项的规定，应当以双方离婚为条件。

第十一条　婚姻关系存续期间，下列财产属于婚姻法第十七条规定的“其他应当归共同所有的财产”：

（一）一方以个人财产投资取得的收益；

（二）男女双方实际取得或者应当取得的住房补贴、住房公积金；

（三）男女双方实际取得或者应当取得的养老保险金、破产安置补偿费。

第十二条　婚姻法第十七条第三项规定的“知识产权的收益”，是指婚姻关系存续期间，实际取得或者已经明确可以取得的财产性收益。

第十三条　军人的伤亡保险金、伤残补助金、医药生活补助费属于个人财产。

第十四条　人民法院审理离婚案件，涉及分割发放到军人名下的复员费、自主择业费等一次性费用的，以夫妻婚姻关系存续年限乘以年平均值，所得数额为夫妻共同财产。

前款所称年平均值，是指将发放到军人名下的上述费用总额按具体年限均分得出的数额。其具体年限为人均寿命七十岁与军人入伍时实际年龄的差额。

第十五条　夫妻双方分割共同财产中的股票、债券、投资基金份额等有价证券以及未上市股份有限公司股份时，协商不成或者按市价分配有困难的，人民法院可以根据数量按比例分配。

第十六条　人民法院审理离婚案件，涉及分割夫妻共同财产中以一方名义在有限责任公司的出资额，另一方不是该公司股东的，按以下情形分别处理：

（一）夫妻双方协商一致将出资额部分或者全部转让给该股东的配偶，过半数股东同意、其他股东明确表示放弃优先购买权的，该股东的配偶可以成为该公司股东；

（二）夫妻双方就出资额转让份额和转让价格等事项协商一致后，过半数股东不同意转让，但愿意以同等价格购买该出资额的，人民法院可以对转让出资所得财产进行分割。过半数股东不同意转让，也不愿意以同等价格购买该出资额的，视为其同意转让，该股东的配偶可以成为该公司股东。

用于证明前款规定的过半数股东同意的证据，可以是股东会决议，也可以是当事人通过其他合法途径取得的股东的书面声明材料。

第十七条 人民法院审理离婚案件，涉及分割夫妻共同财产中以一方名义在合伙企业中的出资，另一方不是该企业合伙人的，当夫妻双方协商一致，将其合伙企业中的财产份额全部或者部分转让给对方时，按以下情形分别处理：

（一）其他合伙人一致同意的，该配偶依法取得合伙人地位；

（二）其他合伙人不同意转让，在同等条件下行使优先受让权的，可以对转让所得的财产进行分割；

（三）其他合伙人不同意转让，也不行使优先受让权，但同意该合伙人退伙或者退还部分财产份额的，可以对退还的财产进行分割；

（四）其他合伙人既不同意转让，也不行使优先受让权，又不同意该合伙人退伙或者退还部分财产份额的，视为全体合伙人同意转让，该配偶依法取得合伙人地位。

第十八条 夫妻以一方名义投资设立独资企业的，人民法院分割夫妻在该独资企业中的共同财产时，应当按照以下情形分别处理：

（一）一方主张经营该企业的，对企业资产进行评估后，由取得企业一方给予另一方相应的补偿；

（二）双方均主张经营该企业的，在双方竞价基础上，由取得企业的一方给予另一方相应的补偿；

（三）双方均不愿意经营该企业的，按照《中华人民共和国个人独资企业法》等有关规定办理。

第十九条 由一方婚前承租、婚后用共同财产购买的房屋，房屋权属证书登记在一方名下的，应当认定为夫妻共同财产。

第二十条 双方对夫妻共同财产中的房屋价值及归属无法达成协议时，人民法院按以下情形分别处理：

（一）双方均主张房屋所有权并且同意竞价取得的，应当准许；

（二）一方主张房屋所有权的，由评估机构按市场价格对房屋作出评估，取得房屋所有权的一方应当给予另一方相应的补偿；

（三）双方均不主张房屋所有权的，根据当事人的申请拍卖房屋，就所得价款进行分割。

第二十一条　离婚时双方对尚未取得所有权或者尚未取得完全所有权的房屋有争议且协商不成的，人民法院不宜判决房屋所有权的归属，应当根据实际情况判决由当事人使用。

当事人就前款规定的房屋取得完全所有权后，有争议的，可以另行向人民法院提起诉讼。

第二十二条　当事人结婚前，父母为双方购置房屋出资的，该出资应当认定为对自己子女的个人赠与，但父母明确表示赠与双方的除外。

当事人结婚后，父母为双方购置房屋出资的，该出资应当认定为对夫妻双方的赠与，但父母明确表示赠与一方的除外。

第二十三条　债权人就一方婚前所负个人债务向债务人的配偶主张权利的，人民法院不予支持。但债权人能够证明所负债务用于婚后家庭共同生活的除外。

第二十四条　债权人就婚姻关系存续期间夫妻一方以个人名义所负债务主张权利的，应当按夫妻共同债务处理。但夫妻一方能够证明债权人与债务人明确约定为个人债务，或者能够证明属于婚姻法第十九条第三款规定情形的除外。

第二十五条　当事人的离婚协议或者人民法院的判决书、裁定书、调解书已经对夫妻财产分割问题作出处理的，债权人仍有权就夫妻共同债务向男女双方主张权利。

一方就共同债务承担连带清偿责任后，基于离婚协议或者人民法院的法律文书向另一方主张追偿的，人民法院应当支持。

第二十六条　夫或妻一方死亡的，生存一方应当对婚姻关系存续期间的共同债务承担连带清偿责任。

第二十七条　当事人在婚姻登记机关办理离婚登记手续后，以婚姻法第四十六条规定为由向人民法院提出损害赔偿请求的，人民法院应当受理。但当事人在协议离婚时已经明确表示放弃该项请求，或者在办理离婚登记手续一年后提出的，不予支持。

第二十八条　夫妻一方申请对配偶的个人财产或者夫妻共同财产采取保全措施的，人民法院可以在采取保全措施可能造成损失的范围内，根据实际情况，确定合理的财产担保数额。

第二十九条　本解释自2004年4月1日起施行。

本解释施行后，人民法院新受理的一审婚姻家庭纠纷案件，适用本解释。

本解释施行后，此前最高人民法院作出的相关司法解释与本解释相抵触的，以本解释为准。

【链　接】

最高人民法院有关负责人就《关于适用〈中华人民共和国婚姻法〉若干问题的解释（二）》答记者问

（2003 年 12 月 26 日）

一、《解释二》是落实司法为民的举措

问：《最高人民法院关于适用〈中华人民共和国婚姻法〉若干问题的解释（二）》（以下简称《解释二》）已经于 2003 年 12 月 26 日公布，请您介绍一下最高人民法院制定这一司法解释的背景和意义？

答：第九届全国人民代表大会常务委员会通过了关于修改《婚姻法》的决定，修改后的《婚姻法》于 2001 年 4 月 28 日公布施行。新的《婚姻法》在内容上增加了一些新的制度，某些方面对原来的法律做了重大修改。由于立法技术和语言等原因，法律不可能规定得非常详细。但是，社会生活是复杂、具体的。因此，要正确理解和适用《婚姻法》，就很有必要通过制定司法解释，将较为抽象的法律条文予以明确和细化。为了更好地理解、贯彻和执行修改后的《婚姻法》，指导各级人民法院正确审理婚姻家庭纠纷案件，最高人民法院从实际需要出发，决定对《婚姻法》采取分批制定司法解释的做法。2001 年年底，第一批司法解释公布施行，在审判实践中发挥了重要作用，收到了良好的社会效果和法律效果。

根据审判工作的需要，2002 年初，最高人民法院向全国各级人民法院发出通知，要求各地认真总结审判经验，将适用《婚姻法》审理婚姻家庭纠纷案件中需要解决的问题及相关建议反馈给我院。在整理、归纳各地书面意见并经过充分的调查研究后，我们草拟了《关于适用〈中华人民共和国婚姻法〉若干问题的解释（二）》初稿，并在多次讨论、反复征求意见基础上，不断地对解释稿进行修改。其间，先后到黑龙江、吉林、广东、安徽、浙江、四川

等地召开座谈会，听取各级法院的意见。在今年召开的全国高院院长会议上，《解释二》的征求意见稿作为会议材料，征求各高院领导的意见。同时，我们还召开了有全国人大法工委、民政部、全国妇联、解放军总政治部、解放军军事法院等有关部门参加的座谈会，广泛征求其对《解释二》的意见。为慎重起见，就涉及军人离婚及财产归属及分割问题，还专门与军方、妇联进行了个别协调。由于社会各界对《婚姻法》的司法解释关注程度较高，为更广泛听取群众意见，我们决定将征求意见稿在中国法院网和《人民法院报》上刊登，向全社会公开征求意见。不久前，我们还召开专家论证会，邀请了部分《婚姻法》、《民事诉讼法》、《公司法》等领域的专家学者对司法解释稿进行讨论修改。形成送审稿后，提请最高人民法院审判委员会讨论通过。

在《解释二》制定过程中，最高人民法院党组高度重视。2002 年，《解释二》被院党组确定为十项重点研究课题之一，2003 年，又被《最高人民法院关于落实 23 项司法为民具体措施的指导意见》列为今年出台的十项司法解释之一。

《婚姻法》是一部涉及千家万户的法律，社会覆盖面极广。这次《解释二》的出台，对于贯彻“三个代表”重要思想，落实司法为民的要求，正确、合法、及时解决婚姻家庭纠纷，维护儿童、妇女和其他当事人的合法权益，维护社会稳定，促进社会发展，都具有重要的意义。

首先，这次《解释二》的出台，对于贯彻“三个代表”重要思想，落实司法为民的要求，维护社会稳定，促进社会发展具有重要意义。据统计，在全国各级人民法院每年受理的各类诉讼案件中，民事案件所占的比例接近 90%。而在民事案件中，婚姻家庭纠纷案件所占比例接近 30%，达到 128 万件。家庭是社会的细胞，婚姻是家庭的基础。如果当事人因婚姻家庭问题发生纠纷不能得到及时、合法和妥善的解决，其后果不仅仅是婚姻的破裂，家庭的解体，而且影响到公民的工作和生活，影响到人的全面发展，增加社会的不稳定因素。这次《解释二》的出台，实际上是将司法为民的思想转化为司法便民、司法利民的具体措施，是“三个代表”重要思想在司法实践中的具体体现，它对于促使家庭这一社会细胞的和谐稳定，促进我国社会的健康发展，将起到十分重要的作用。

其次，这次《解释二》的出台，有利于正确、及时、合法解决婚姻家庭纠纷。随着我国社会主义市场经济体制的不断完善，我国的经济、政治和文化都在不断发生变化。在这一大的社会背景下，人民法院审理的大量婚姻家庭案件，也不断出现新的类型，即使是传统的婚姻案件也不断出现新的特点。在这一新的社会条件下，如何贯彻落实新《婚姻法》的精神，处理好婚姻家庭纠纷，是摆在人民法院面前的重要任务。由于这次《解释二》是根据已经发生变化的我国婚姻家庭的现实制定的，因此，能够合法有效地解决新形势下的婚姻家庭纠纷案件。例如，根据我国民营企业不断发展、个人拥有公司股票、股份的现实，这次司法解释就作出了夫妻离婚时如何处理企业财产、股票和股份的规定；根据房改的精神，我们对如何认定房屋的价值，如何解决房屋的归属作出了具体规定；根据中国目前的国情，我们作出了在什么条件下可以要求返还彩礼的规定。《解释二》的出台，将给人民法院依法正确、及时解决婚姻家庭纠纷提供更加统一、明确的依据，将有利于法制的统一，有利于实现社会的公平和正义。

再次，这次《解释二》的出台，有利于维护儿童和妇女的合法权益。在现代社会中，如何维护弱者的合法权益，特别是维护儿童和妇女的合法权益，是衡量一个社会是不是文明社会的重要标志之一。因此，我国《婚姻法》明确把对子女及女方合法权益的维护作为一项重要原则。我们这次制定司法解释时，也比较注意贯彻落实这一原则。比如在分割夫妻财产时，考虑到妇女在家庭中的特殊性，在财产处理时都注重对女方权益的保护。再如，在涉及军人离婚财产分割问题时，我们在考虑军人财产的特殊性的同时，对妇女的合法权益也给予了充分的考虑。我们的这一做法，不仅得到军队同志的支持，也得到全国妇联同志的支持。我相信，《解释二》正式实施后，将会给儿童和妇女的合法权益提供更加有力的司法保障。

二、首次通过媒体公开征求意见

问：《解释二》制定过程中，最高人民法院采取了向社会公开征求意见的形式。这么做的初衷是什么？这次征求意见活动效果如何？

答：大家知道，2003年8月24日，最高人民法院肖扬院长在全国高级法院院长座谈会上指出："对于关系人民群众切身利益的司法解释，要通过多种形式广泛征求人民群众的意见，集中民智、体现民意。"因此，在这次司法解释的制定过程中，我们采取了多种形式向社会公开征求意见。这种形式主要包括：一是通过报纸、互联网络等媒体直接听取人民群众的意见；二是通过召开各种讨论会直接听取各个机关、社会团体和各界人士的意见；三是听取下级法院法官们的意见。在这几种形式中，通过报纸、互联网络直接听取人民群众意见的形式，在最高人民法院制定司法解释的历史上还是第一次。

这次司法解释稿向社会公开征求意见，人民群众参与的热情很高，取得良好的社会效果。公开征求意见后，我院民一庭直接收到群众来信200多封、网上意见400多条，共30多万字。除此之外，许多报社、网站代我们收集群众意见后，也将意见通过直接和间接的方式反馈给了我们。对司法解释稿提意见和建议的，有从事司法实践的工作人员，有研究《婚姻法》的专家学者，有在校学习的学生，但更多的，是广大的人民群众。他们从不同的角度出发，提出了许多宝贵的意见和建议。对于大家的意见和建议，我们花了很大精力进行整理和归纳，并认真地逐条加以研究。对成熟的意见和建议我们都给予采纳。如果感兴趣的话，大家不妨将《解释二》（征求意见稿）和现在出台的正式条文作出对比。不难发现，现在的稿子与征求意见稿已有很大差别。现在公布的《解释二》中几乎每一个条文都有改动，有些甚至是重大修改。对于人民群众所提的有些未被吸收的意见和建议，我们将在后续的司法解释中逐步研究解决。

三、能否要求返还彩礼成焦点

问：这次公开征求意见，群众对什么内容最感兴趣？解释对这一问题又是如何规定的？

答：在这次公开征求意见中，涉及的问题很多。其中最受群众关注的，是关于能否要求返还彩礼的问题。

彩礼，也有的地方称为聘礼、纳彩等，是中国几千年来的一种婚嫁风俗。按照这种风俗，男方要娶他家女子为妻时，应当向女方家下聘礼或彩礼。彩礼的多少，随当地情况、当事人的经济状况等各方面因素而定，但数额一般不少。目前，在我国广大农村，结婚给付彩礼现象仍然比较普遍。在不少地方，许多生活本不富裕的家庭，为了给付彩礼而举家债台高筑，造成了极其沉重的经济负担。正因为如此，不少农村家庭夫妻离婚时，对彩礼是否应当返还存在很大争议。这次司法解释稿向社会公开征求意见时，群众意见最多、最集中又最难统一的就是彩礼是否应当返还问题。

经过反复研究，我们在《解释二》第十条中采纳了多数人的观点，根据目前中国的国情，规定按习俗给付彩礼的，有三种情形可以请求返还：一是双方未办理结婚登记手续的；二是双方办理结婚登记手续但确未共同生活的；三是婚前给付导致给付人生活困难的。解释中规定的第二和第三两项，应当以双方离婚为条件。我们之所以要作出如此规定，是因为目前我国很多地方给付彩礼的情况还较为普遍，如果对彩礼问题完全不管，可能会使一些当事人的财产权益受到严重损害。但是，我们始终认为，在社会主义条件下，男女双方结婚应当以爱情为基础，不主张也不支持结婚以给付彩礼为条件。作出上述规定，是为了解决现实生活中存在的纠纷，并防止矛盾激化，并不是鼓励和提倡给付彩礼。我们依然呼吁广大青年和他们的家长们，要大胆破除给付彩礼的旧风俗，树立社会主义男女平等的新风尚，使我们年青一代的婚姻都建立在幸福美满的爱情基础之上。

四、同居关系的财产分割和子女抚养纠纷可以起诉

问：对于人民法院审理解除同居关系案件及无效婚姻案件，《解释二》有哪些新的规定？

答：这次司法解释对同居关系的处理确实作出了新的解释。按照《解释二》第一条的规定，人民法院审理解除同居关系案件，除当事人请求解除的同居关系属于“有配偶者与他人同居”的情形以外，人民法院不予受理。对于涉及财产分割及子女抚养纠纷的，人民法院应当依法审理。这主要考虑到有配偶者与他人同居是《婚姻法》明令禁止的行为，如果当事人请求人民法院解除这一同居关系，人民法院应当受理，并依法解除同居关系。至于男女双方均为无配偶的同居关系，因该关系不是法律调整和保护的社会关系，当事人如果起诉仅仅要求解除同居关系，人民法院不予受理。但当事人如果就同居期间的财产分割和子女抚养问题提起诉讼的，属于法律调整的民事法律关系，人民法院应当受理，并平等地保护子女和当事人的合法权益。

无效婚姻制度，是《婚姻法》修改后新增加的内容。我们在《解释一》中已经作出了比较详细的规定。这次的司法解释根据审判实践的需要，又对一些具体操作性问题作出了相关规定。比如，人民法院就同一婚姻关系分别受理了请求宣告婚姻无效和请求离婚的不同案件时，应当先对无效婚姻案件进行审理，而离婚案件的审理则应当在申请宣告婚姻无效案件作出判决后进行。再如，无效婚姻关系当事人死亡后一年内，生存一方当事人或者利害关系人申请宣告婚姻无效的，人民法院应当受理。关于无效婚姻的规定主要体现在《解释二》第二条和第七条中，这些规定对于规范无效婚姻诉讼提供了保障。

五、离婚协议具有约束力

问：当事人协议离婚后，就财产分割问题反悔而提起诉讼的，人民法院如何处理？

答：从我国目前实际情况看，当事人去民政部门离婚时，民政部门对达成离婚协议的男女，一般都要求双方就财产分割及子女抚养等问题协商一致并形成书面材料后，才会为他们办理离婚手续。现实生活中经常会出现下面的情况：协议离婚后当事人对解除婚姻关系本身没有异议，但对财产分割问题反悔，并起诉到人民法院，要求变更或者撤销关于财产分割的协议。我们认为，双方到民政部门离婚，就财产分割问题达成的协议，是当事人在平等自愿的前提下，协商一致的结果。对于任何一方当事人来说，这都是对自己财产权利的一种自由处分，协议对双方具有法律上的约束力，都理应接受这一决定所带来的法律后果。当事人基于这种具有民事合同性质的协议发生纠纷的，应当适用《民法通则》及《合同法》的基本原则和相关规定。存在法律规定的欺诈、胁迫等特殊情形，当事人请求变更或者撤销的，人民法院应当依法予以支持。不过，婚姻关系中毕竟还包含了身份关系在内，由此导致的纠纷，也注定具有自身的特点。所以处理这类纠纷时，不能置身份关系于不顾，简单、全部适用其他法律规定。在这一思想指导下，本解释作出了一些具体规定。例如，对属于人民法院应当支持当事人变更或者撤销财产分割协议的情形，在明确列举出的事项中并没有规定显失公平、重大误解等内容，就是基于这种考虑而设计的。当然，我们也不是完全排斥这些未明确写出事项的适用，只是认为对这几方面的内容，在适用的时候必须严格限制。个案中如果确实属于应该适用这些规定的，法官可以依据《解释二》第九条的规定处理，因为该条中有弹性条款的表述，法官可以根据具体案情行使裁量权，依法作出公正的裁判。根据现在的规定，对于当事人的诉权，我们予以保护，即当事人向人民法院提起此类诉讼的，只要是在离婚后一年内提出的，人民法院都应依法予以受理。但当事人是否有实体上的胜诉权，要看当事人是否能够证明订立协议时有欺诈、胁迫等情形存在。否则，人民法院应当驳回其诉讼请求。此外，如果当事人在履行此类协议过程中因对方违反约定而提起诉讼的，人民法院也应依法受理。

六、分割夫妻共同财产成难点

问：人民法院审理因婚姻家庭纠纷案件涉及的财产分割问题，与以往相比有哪些新的变化，《解释二》作出了哪些具体规定？

答：随着社会生活的发展变化，现在的家庭财产，从财产的范围到财产的构成及财产的数量等都与以往不同。呈现出财产构成向多元化方向发展、财产数额显著增多、投资经营性财产在家庭财产中所占比例增大的趋势。相当一部分家庭的财产中，除了传统意义上的储蓄存款、房屋等外，还包括在一些企业中的出资或者股份等。因为处理时可能会涉及夫妻以外其他利害关系人的权益问题，所以审判实践中遇到的问题很多。《解释二》对以下几种财产形式的认定等问题作出了比较具体的规定：关于住房补贴、住房公积金、养老保险金等款项如何定性的问题；知识产权中财产性收益属于个人财产还是夫妻共同财产、以什么时间作为判断取得的标准问题；如何具体分割以夫妻共同财产在有限责任公司、合伙企业等组织中的出资问题；对争议房屋以何种价格计算、如何确定归属的问题。

七、高度重视妇女儿童利益

问：《解释二》在保护子女及女方合法权益等方面规定了哪些具体内容？

答：《婚姻法》明确规定要注意保护子女及女方合法权益，我们在审判实践中，也必须关注并保护社会弱势群体的利益，切实维护好妇女和儿童的合法权益。《解释二》的许多内容，对此都有所体现。比如，在分割夫妻财产时，考虑到现实生活中，妇女往往在经济上不占主导地位，对家庭财产的经营管理等介入不多，而在家务劳动、照顾老人及孩子等方面付出较多等因素，在财产处理时都会注重对女方权益的保护。又如，对当事人申请财产保全时，如何确定其应当提供的财产担保数额问题，《解释二》从有利于保护经济上处于弱势一方利益的原则作出了规定。另外，为了更好地保护妇女合法权益，我们在司法解释制定过程中，多次主动与妇联等有关部门联系，就一些具体问题进行交换意见，以便切实有效地依法保护妇女及儿童的权益。

八、分割公司财产坚持四个原则

问：夫妻因离婚而分割财产时，共同财产中往往会有在有限责任公司、合伙企业组织等经济组织中的出资，《解释二》是根据什么原则来分割和处理这部分财产的？

答：随着社会主义市场经济体制的发展、完善，人民法院审理夫妻财产分割纠纷案件，越来越多地涉及在有限责任公司的出资额、在合伙企业和独资企业中的财产等问题。要想妥善解决这些复杂的问题，单独依靠《婚姻法》是很困难的。具体来说，除了正确适用《婚姻法》外，还必须与《公司法》《合伙企业法》《个人独资企业法》等法律法规的规定和精神保持一致。按照这一要求，这次司法解释在规定如何分配股份有限公司、有限责任公司、合伙企业和独资企业的财产时，注意坚持以下原则：一是坚持《婚姻法》规定的男女平等、保护子女和妇女等各项原则；二是自愿协商原则；三是维护其他股东、合伙人合法权益的原则；四是有利于生产和生活原则。我们认为，只有坚持了这些原则，才能既保护了婚姻当事人的合法权益，又保护了其他人的合法权益，使两者找到较好的平衡点。

九、房改房应按市场价分割

问：离婚双方当事人对于房屋问题有争议的，人民法院应该如何处理？

答：离婚双方当事人对争议房屋的价值及归属问题无法达成协议的，现实生活中主要集中在房改房等带有福利性质取得的房屋上。如果属于自行购置的商品房，付出与所得的差距并不特别明显，双方的分歧也不会很大。而当事人根据一定福利政策所购买的房屋，往往与职务、级别、工作年限等相挂钩，所花费用要远远低于房屋的市场价值。而且当初分得房屋的情形又有许多具体情况，使得处理此类房屋争议十分棘手。对于双方尚未取得所有权或者尚未取得完全所有权的房屋有争议的，本解释规定只视具体情况判决由当事人使用，待取得完全所有权后，可以另行起诉。当事人对已经取得完全所有权的房屋有争议的，《解释二》总结实践中一些地区较为成功的经验，为人民法院在审理此类纠纷时提供了一些可行的做法。比如可以根据个案的情况、考虑当事人的意愿，采取竞价、评估、拍卖等形式，以便使纠纷得到妥善解决。

十、夫妻共同债务不因离婚而免除

问：目前审判实践中，对夫妻之间债权债务关系的处理存在哪些问题？《解释二》有何具体解决办法？

答：人民法院审理离婚案件时，对夫妻间债权债务关系应当如何处理，一直是个比较突出且难以妥善解决的问题。对以一方名义所欠的债务应如何认定其性质，是属于夫妻共同债务还是个人债务？离婚协议或者人民法院生效的法律文书中对夫妻财产分割及债权债务负担问题作出的判决，对债权人是否有影响？夫妻离婚后如何面对以前的债权债务？这些都需要予以明确，因此，这次司法解释对夫妻债权债务的负担及其与第三人之间的关系、举证责任分配问题等，都作了较为明确的规定。

对于夫妻中以一方名义对外举债应当如何认定其性质的问题，《解释二》第二十三条、第二十四条以债务形成时所处的时间阶段作为切入点，分成结婚前所欠债务和婚姻关系存续期间所欠债务两种情形进行规定。第一，个人婚前债务。对一方婚前已经形成的债务，原则上认定为夫妻中一方的个人债务；债权人能够证明所欠债务用于婚后共同生活的，应当认定为共同债务，由夫妻双方共同偿还；上述两种情况的证明责任由主张权利的债权人承担。第二，婚姻关系存续期间以一方名义所欠的债务。按照《解释二》第二十四条的规定，属于婚姻关系存续期间以一方名义欠下的债务，原则上应当认定为夫妻共同债务，应该由夫妻共同偿还。但是，如果夫妻一方能够证明该债务确为欠债人个人债务，那未欠债的婚姻关系当事人可以对抗债权人的请求。属于个人债务的情形主要有两种，一种是债权人与债务人明确约定该项债务属于个人债务，另一种是属于《婚姻法》第十九条第三项规定的情况，即“夫妻对婚姻关系存续期间所得的财产约定归各自所有的，夫或妻一方对外所负的债务，第三人知道该约定的，以夫或妻一方所有的财产清偿”。

当事人的离婚协议或者人民法院生效的法律文书中对财产分割问题及债

权债务的负担问题作出的处理，无疑对原夫妻双方之间有约束力。但是能否以此来对抗其他债权人的权利主张呢?《解释二》第二十五条对此问题作出了规定。由于我国一直坚持婚姻关系案件的审理不允许第三人参加的原则，所以处理夫妻财产、特别是处理对外共同债务的负担问题时，债权人往往处于不知情或者不能表达自己意见的地位。如果认为上述决定不仅对夫妻双方有法律约束力，对债权人也有约束力的话，那么对债权人就很不公平。按照我国《婚姻法》的立法精神，在婚姻关系存续期间，夫妻双方如无特别约定，夫妻财产适用法定的所得共有制。夫妻对共同债务都负有连带清偿责任。这种连带清偿责任，不经债权人同意，债务人之间无权自行改变其性质，否则将会损害债权人的利益。因此，夫妻之间离婚时对财产的分割，只能对彼此内部有效，不能向外对抗其他债权人。同理，人民法院在作出这些法律文书时，只是为了解决婚姻关系当事人内部之间对于财产的分割以及债权债务的负担问题。这与婚姻关系之外的债权人无关，此时人民法院并未对债权人的权利进行审查处理，也没有改变婚姻关系当事人与其他债权人之间的关系。所以，债权人仍然有权就原夫妻所负共同债务向原夫妻双方或者其中任何一方要求偿还。当然，夫或妻就共同债务对外承担连带清偿责任后，有权基于离婚协议或者人民法院生效的法律文书向原配偶主张自己的权利。

十一、施行后新受理的案件适用本解释

问:《解释二》从何时起开始施行，如何保证《解释二》在实践中的正确适用?

答: 最高人民法院作出的司法解释应当从何时开始适用，对此一直存在不同认识。一种观点主张，司法解释是对现行法律的解释，故应当从公布之日起，一、二审程序中尚未审结的相关案件，均应适用。另一观点认为，按照法不溯及既往的原则，司法解释只能适用于公布施行后才起诉到人民法院的案件。根据《婚姻法》实施的具体情况，《解释二》采纳的是后一种观点，规定了一个明确的实施日期。只有解释施行后，人民法院新受理的一审案件才能适用。对于那些在本解释施行前已经受理的一审、二审或者已经发生法律效力的案件，不能适用本解释的规定。应该指出的是，由于《婚姻法》施行时间长、适用范围广、条文内容不多、立法修改又很少，长期以来，最高人民法院就《婚姻法》的适用问题，根据不同时期的情况及需要，制定了大量的具有司法解释性质的文件、规定、批复等。有些随着情况的变化和法律的修改等原因，已经不能适用。根据法的基本理论，对如何适用《婚姻法》的问题作出的司法解释，如果前后的规定有抵触，应当以公布在后的为准。《婚姻法》于2001年经过了一次重大修改，如果原有的司法解释与修改后的

法律相抵触的，原来的司法解释就不能继续适用。为慎重起见，《解释二》第二十九条对此专门作出了规定。

十二、以后还将出台《解释三》

问：最高人民法院对《婚姻法》的司法解释采取分批制定的办法，那么，今后是否还会继续就《婚姻法》适用问题出台第三批、第四批的司法解释？

答：司法解释忠实于立法、服务于审判实践、源于社会的需要。随着社会生活不断发生变化，新问题、新情况层出不穷，对婚姻家庭纠纷案件的审理必然会遇到新的需要解决的问题。为了妥善解决纠纷，必须有针对性地作出符合《婚姻法》立法本意的、明确的司法解释。这是审判实践的要求，也是社会生活发展的需要。因此，最高人民法院还会根据新的情况，与时俱进，适时地制定第三批、第四批的婚姻法司法解释。

最高人民法院
关于适用《中华人民共和国婚姻法》若干问题的解释（二）的补充规定

法释〔2017〕6号

（2017年2月20日最高人民法院审判委员会第1710次会议审议通过
2017年2月28日最高人民法院公告公布　自2017年3月1日起施行）

在《最高人民法院关于适用〈中华人民共和国婚姻法〉若干问题的解释（二）》第二十四条的基础上增加两款，分别作为该条第二款和第三款：

夫妻一方与第三人串通，虚构债务，第三人主张权利的，人民法院不予支持。

夫妻一方在从事赌博、吸毒等违法犯罪活动中所负债务，第三人主张权利的，人民法院不予支持。

【链　接】

妥善审理涉及夫妻债务案件 维护健康诚信经济社会秩序

——最高人民法院有关负责人就“婚姻法司法解释（二）”有关问题答记者问

最高人民法院28日公布《最高人民法院关于适用〈中华人民共和国婚姻法〉若干问题的解释（二）的补充规定》（以下简称“司法解释（二）补充规定”）和《最高人民法院关于依法妥善审理涉及夫妻债务案件有关问题的通知》（以下简称“通知”）。最高人民法院有关负责人接受记者采访并就相关问题回答了记者提问。

记者：一些社会公众对如何适用“婚姻法司法解释（二）”第二十四条存在不同认识，请介绍第二十四条起草的情况。

答：2003年12月，最高人民法院出台“婚姻法司法解释（二）”，自2004年4月1日起施行。其中第二十四条规定为“债权人就婚姻关系存续期间夫妻一方以个人名义所负债务主张权利的，应当按夫妻共同债务处理。但夫妻一方能够证明债权人与债务人明确约定为个人债务，或者能够证明属于婚姻法第十九条第三款规定情形的除外”。第二十四条的规定，秉承了婚姻法的原则和精神，是严格限定在现行法律规定范围内对法律适用问题作出的解释，没有超越现行法律规定。这也是最高人民法院历来遵循的制定司法解释的工作原则。

随着社会经济发展变化，家庭财产模式也随之发生深刻变化。现行的婚姻法是2001年修改的。该法第四章“离婚”中第四十一条就离婚后的债务偿还问题专门规定：“离婚时，原为夫妻共同生活所负的债务，应当共同偿还。共同财产不足清偿的，或财产归各自所有的，由双方协议清偿；协议不成时，由人民法院判决。”可见，较之1980年婚姻法有了较大变化，最为明显的就是删除了“男女一方单独所负债务，由本人偿还”的规定。

在2003年起草“婚姻法司法解释（二）”时，司法实践中反映较多的情况是，夫妻以不知情为由规避债权人，通过离婚恶意转移财产给另一方，借以逃避债务。考虑到立法的变化以及婚姻法规定，结合当时的经济社会生活和司法实际情况，最高人民法院在对债权人利益和夫妻另一方利益反复衡量和价值判断后，按照法律规定的内在逻辑性、举轻以明重的解释方法，确定了第二十四条的表述。随后的实践表明，“婚姻法司法解释（二）”出台后，“假离婚、真逃债”，破坏交易安全的社会现象受到遏制，市场秩序得到有效保护。

随着社会经济的发展，一般家庭拥有的财产数量和类型不断增加，社会公众的婚姻家庭观念和家庭投资渠道也日趋多元化。许多家庭的财富可能因此而快速增长，同时因投资而产生债务的风险也在不断放大。既然婚姻法规定了婚姻关系存续期间生产、经营的收益归夫妻共同所有，那么根据权利、义务、责任相统一原则，因投资经营产生的债务由夫妻共同承担自是应有之义。因此，对夫妻一方因投资经营所负债务，适用第二十四条规定按夫妻共同债务处理，与婚姻法相关规定精神是一致的。

记者：最高人民法院为什么要出台“司法解释（二）补充规定”和“通知”?

答：近年来，公众持续关注第二十四条的适用问题，对此条文存在不同解读。有观点主张修改、暂停适用甚至废止该条规定，理由主要是该条规定与婚姻法精神相悖，过分保护债权人利益，损害了未举债配偶一方利益。

最高人民法院也陆续接到一些反映，认为该条规定剥夺了不知情配偶一方合法权益，让高利贷、赌博、非法集资、非法经营、吸毒等违法犯罪行为形成的所谓债务以夫妻共同债务名义，判由不知情配偶承担，甚至夫妻一方利用该条规定勾结第三方，坑害夫妻另一方等，有损社会道德，与婚姻法精神相悖，造成不良社会影响。

现实中个体婚姻家庭情况千差万别，主张修改、暂停适用或者废止第二十四条观点所列举的情况，如有的离婚案件当事人置夫妻忠实义务、诚信原则于不顾，虚构债务或为赌博、吸毒、非法集资、高利贷、包养情妇等目的恶意举债确实存在。但是，这些确为虚构的债务和在实施违法犯罪行为时产生的非法债务，历来不受任何法律保护，不属于第二十四条适用范围，不能依据此条款判令夫妻另一方共同承担责任。至于现实中适用第二十四条判令夫妻另一方共同承担虚假债务、非法债务的极端个例，也是因为极少数法官审理案件时未查明债务性质所致，与第二十四条本身的规范目的无关。

因此，司法审判中未严格依法处理案件，出现的判令夫妻一方承担虚假债务或非法债务，需要人民法院进一步改进司法作风，提高司法能力和水平。

当然，审判中还有个别受案法院在夫妻另一方未能提出反证的情形下，就简单将上述虚假债务、非法债务直接认定为夫妻共同债务。甚至在执行阶段不当引用第二十四条认定夫妻共同债务，并将夫妻另一方直接追加为被执行人。这显然与第二十四条作为司法审判标准、不适用于执行阶段的基本属性不一致。这不但可能侵害夫妻另一方的合法权益，而且还可能造成部分社会公众误解。

鉴于目前社会对夫妻债务问题的广泛关注，最高人民法院经过认真研究，决定出台“司法解释（二）补充规定”，补充增加了两款规定，分别作出了对虚假债务、非法债务不受法律保护的规定。这既进一步表明了最高人民法院对虚假债务、非法债务否定性评价的鲜明立场，也是针对当前婚姻家庭领域新情况、新问题的最新回应。为了指导各级法院正确适用补充规定，最高人民法院同时下发了“通知”。

记者：夫妻一方与第三人串通，通过生效判决或调解书对虚假夫妻共同债务加以确认的情形时有发生。这次是否提出了有针对性的要求？

答：“第二十四条让虚假夫妻共同债务由夫妻另一方负担，损害夫妻另一方合法权益”是不赞成此条款的诸多理由中的一条。但该理由忽视了第二十四条适用的前提是“真实债务”。如果债务不真实，就不存在适用这条的可能。

之所以个案中存在适用第二十四条后，虚假债务被认定为夫妻共同债务的情形，主要是因为个别法官对债务是否虚假未依法从严审查，其中重要原因就是当事人、证人不到庭参加诉讼。由于虚假诉讼中所涉债权根本就不存在，故当事人、证人因害怕其虚构债务行为败露，往往不敢亲自参加诉讼。

为此“通知”中依据民诉法司法解释规定，明确提出当事人本人、证人应当到庭并出具保证书，通过对其进行庭审调查、询问，进一步核实债务是否真实。未举债夫妻一方如果不能提供证据证明债务为虚假债务，但能够提供相关证据线索的，人民法院应当根据当事人的申请进行调查取证。与此同时，通知还明确要求，人民法院未经审判不得要求未举债夫妻一方承担民事责任。

记者：某些个案中还存在一些法院只是简单核对双方当事人诉辩主张和相应证据，就根据表面证据或单个证据作出将虚假债务认定为夫妻共同债务的判决情形。有没有较好的解决途径？

答：由于结案压力、工作责任心等主客观因素影响，个别法官确实存在简单、机械处理夫妻共同债务案件现象。必须指出的是，简单机械处理夫妻共同债务，是司法审判应当亟须改进的方面。为此，最高人民法院在“通知”中明确提出要求，在认定夫妻一方所负债务是否为夫妻共同债务时，应注意根据民间借贷司法解释规定的诸多因素进行综合判断。

具体来说，要结合借贷双方之间是否存在亲朋好友、同事等利害关系，经合法传唤是否到庭参加诉讼、借贷金额大小与出借人经济能力是否匹配、债权凭证是否原件及其内容是否一致、款项交付方式、地点和时间是否符合日常生活经验、当地或者当事人之间的交易习惯、借贷发生前后当事人财产变动情况以及当事人陈述、证人证言等事实和因素，判断债务是否发生。“通知”强调，要坚决避免仅凭借条、借据等债权凭证就认定存在债务的简单做法。

记者：从以往虚构夫妻共同债务案件情况看，夫妻中举债一方经常会主动承认债务真实存在，而夫妻另一方虽否认却无从证明。对此有无对策？

答：这种情形确实存在。由于夫妻共同生活和生产经营的需要，夫妻一方对外举债实属正常。基于各种原因，举债夫妻一方未告知夫妻另一方某项特定举债也在所难免。而要求夫妻另一方事后证明特定债务没有发生，相当于证明没有发生的事实。这对夫妻另一方而言，未免要求苛刻。

为了缓解夫妻另一方的举证困难，“通知”提出，在举债一方的自认出现前后矛盾或无法提供其他证据加以印证时，人民法院应主动依职权对自认的真实性做进一步审查。例如，夫妻一方对另一方对外举债真实性持异议的，可以申请法院对相关银行账户进行调查取证。

最高人民法院
关于依法妥善审理涉及夫妻债务案件有关问题的通知

（2017 年 2 月 28 日　法〔2017〕48 号）

各省、自治区、直辖市高级人民法院，解放军军事法院，新疆维吾尔自治区高级人民法院生产建设兵团分院：

家事审判工作是人民法院审判工作的重要内容。在家事审判工作中，正确处理夫妻债务，事关夫妻双方和债权人合法权益的保护，事关婚姻家庭稳定和市场交易安全的维护，事关和谐健康诚信经济社会建设的推进。为此，最高人民法院审判委员会第 1710 次会议讨论通过《最高人民法院关于适用〈中华人民共和国婚姻法〉若干问题的解释（二）的补充规定》，对该司法解释第二十四条增加规定了第二款和第三款。2017 年 2 月 28 日，最高人民法院公布了修正的《最高人民法院关于适用〈中华人民共和国婚姻法〉若干问题的解释（二）》。为依法妥善审理好夫妻债务案件，现将有关问题通知如下：

一、坚持法治和德治相结合原则。在处理夫妻债务案件时，除应当依照婚姻法等法律和司法解释的规定，保护夫妻双方和债权人的合法权益，还应当结合社会主义道德价值理念，增强法律和司法解释适用的社会效果，以达到真正化解矛盾纠纷、维护婚姻家庭稳定、促进交易安全、推动经济社会和谐健康发展的目的。

二、保障未具名举债夫妻一方的诉讼权利。在审理以夫妻一方名义举债的案件中，原则上应当传唤夫妻双方本人和案件其他当事人本人到庭；需要证人出庭作证的，除法定事由外，应当通知证人出庭作证。在庭审中，应当按照《最高人民法院关于适用〈中华人民共和国民事诉讼法〉的解释》的规定，要求有关当事人和证人签署保证书，以保证当事人陈述和证人证言的真实性。未具名举债一方不能提供证据，但能够提供证据线索的，人民法院应当根据当事人的申请进行调查取证；对伪造、隐藏、毁灭证据的要依法予以惩处。未经审判程序，不得要求未举债的夫妻一方承担民事责任。

三、审查夫妻债务是否真实发生。债权人主张夫妻一方所负债务为夫妻共同债务的，应当结合案件的具体情况，按照《最高人民法院关于审理民间借贷案件适用法律若干问题的规定》第十六条第二款、第十九条规定，结合当事人之间关系及其到庭情况、借贷金额、债权凭证、款项交付、当事人的经济能力、当地或者当事人之间的交易方式、交易习惯、当事人财产变动情况以及当事人陈述、证人证言等事实和因素，综合判断债务是否发生。防止违反法律和司法解释规定，仅凭借条、借据等债权凭证就认定存在债务的简单做法。

在当事人举证基础上，要注意依职权查明举债一方作出有悖常理的自认的真实性。对夫妻一方主动申请人民法院出具民事调解书的，应当结合案件基础事实重点审查调解协议是否损害夫妻另一方的合法权益。对人民调解协议司法确认案件，应当按照《最高人民法院关于适用〈中华人民共和国民事诉讼法〉的解释》要求，注重审查基础法律关系的真实性。

四、区分合法债务和非法债务，对非法债务不予保护。在案件审理中，对夫妻一方在从事赌博、吸毒等违法犯罪活动中所负的债务，不予法律保护；对债权人知道或者应当知道夫妻一方举债用于赌博、吸毒等违法犯罪活动而向其出借款项，不予法律保护；对夫妻一方以个人名义举债后用于个人违法犯罪活动，举债人就该债务主张按夫妻共同债务处理的，不予支持。

五、把握不同阶段夫妻债务的认定标准。依照婚姻法第十七条、第十八条、第十九条和第四十一条有关夫妻共同财产制、分别财产制和债务偿还原则以及有关婚姻法司法解释的规定，正确处理夫妻一方以个人名义对外所负债务问题。

六、保护被执行夫妻双方基本生存权益不受影响。要树立生存权益高于债权的理念。对夫妻共同债务的执行涉及到夫妻双方的工资、住房等财产权益，甚至可能损害其基本生存权益的，应当保留夫妻双方及其所扶养家属的生活必需费用。执行夫妻名下住房时，应保障生活所必需的居住房屋，一般不得拍卖、变卖或抵债被执行人及其所扶养家属生活所必需的居住房屋。

七、制裁夫妻一方与第三人串通伪造债务的虚假诉讼。对实施虚假诉讼的当事人、委托诉讼代理人和证人等，要加强罚款、拘留等对妨碍民事诉讼的强制措施的适用。对实施虚假诉讼的委托诉讼代理人，除依法制裁外，还应向司法行政部门、律师协会或者行业协会发出司法建议。对涉嫌虚假诉讼等犯罪的，应依法将犯罪的线索、材料移送侦查机关。

以上通知，请遵照执行。执行中有何问题，请及时报告我院。

最高人民法院
关于审理涉及夫妻债务纠纷案件适用法律有关问题的解释

法释〔2018〕2号

（2018年1月8日最高人民法院审判委员会第1731次会议通过
2018年1月16日最高人民法院公告公布　自2018年1月18日起施行）

为正确审理涉及夫妻债务纠纷案件，平等保护各方当事人合法权益，根据《中华人民共和国民法总则》《中华人民共和国婚姻法》《中华人民共和国合同法》《中华人民共和国民事诉讼法》等法律规定，制定本解释。

第一条　夫妻双方共同签字或者夫妻一方事后追认等共同意思表示所负的债务，应当认定为夫妻共同债务。

第二条　夫妻一方在婚姻关系存续期间以个人名义为家庭日常生活需要所负的债务，债权人以属于夫妻共同债务为由主张权利的，人民法院应予支持。

第三条　夫妻一方在婚姻关系存续期间以个人名义超出家庭日常生活需要所负的债务，债权人以属于夫妻共同债务为由主张权利的，人民法院不予支持，但债权人能够证明该债务用于夫妻共同生活、共同生产经营或者基于夫妻双方共同意思表示的除外。

第四条　本解释自2018年1月18日起施行。

本解释施行后，最高人民法院此前作出的相关司法解释与本解释相抵触的，以本解释为准。

【链　接】

妥善审理涉及夫妻债务纠纷案件 依法平等保护各方当事人合法权益

——最高人民法院民一庭负责人就《最高人民法院关于审理涉及夫妻债务纠纷案件适用法律有关问题的解释》答记者问

1月17日，最高人民法院发布了《关于审理涉及夫妻债务纠纷案件适用法律有关问题的解释》（以下简称《解释》）。就《解释》发布的背景和主要内容，记者采访了最高人民法院民一庭负责人。

问：自2001年以来，最高人民法院就适用婚姻法相继出台了三部司法解释，为什么还要制定本《解释》？

答：2001年修订的婚姻法施行后，最高人民法院分别于2001年、2003年、2011年制定了三部婚姻法司法解释，总共82个条文，2017年2月针对《婚姻法司法解释（二）》第二十四条出台了补充规定。这些司法解释对涉及夫妻身份关系、财产关系适用法律若干问题作了规定。近年来，随着我国经济社会的快速发展，城乡居民家庭财产结构发生了很大变化，社会公众的婚姻家庭观念和家庭投资渠道也日趋多元，许多家庭的财富因此快速增长，因投资而产生债务的风险也在不断放大。现实生活中，夫妻双方串通“坑”债权人，或者夫妻一方与债权人串通“坑”另一方等典型案例时有发生。这些因素叠加投射到家庭生活中，使夫妻债务的认定成为非常复杂的问题，人民法院审理涉及夫妻债务案件难度随之加大。原有法律、司法解释虽然已经形成一套较为完整的体系，防范了夫妻双方串通损害债权人利益和夫妻一方与第三人串通损害另一方利益的风险，但有关夫妻共同债务认定标准、举证证明责任等方面的问题仍然没有得到根本解决，成为社会广泛关注的问题。

为着力解决司法实践中的突出问题，积极回应社会关切，满足广大人民群众的司法需求，最高人民法院认真总结审判实践经验，反复调研论证和广泛征求意见，制定出台了本《解释》。《解释》进一步细化和完善了夫妻共同债务认定标准，合理分配举证证明责任，引导民事商事主体规范交易行为，加强事前风险防范，平衡保护各方当事人的合法权益。

问：《解释》开宗明义强调夫妻共同债务形成时“共债共签”原则，目的和意义是什么？

答： 根据民法总则、合同法规定的意思自治原则以及婚姻法规定的夫妻地位平等原则，男女结婚后不能否定夫妻双方的独立人格和独立民事主体地位，即使婚后夫妻财产共有，一方所负债务特别是超出了家庭日常生活需要所负的大额债务，也应当与另一方取得一致意见，或者用于夫妻共同生活，否则不能认定为夫妻共同债务。

《解释》第一条开宗明义强调夫妻共同债务形成时的“共债共签”原则，明确和强调了夫妻双方共同签字或者夫妻一方事后追认以及以其他共同意思表示形式所负的债务，属于夫妻共同债务。这一规定意在引导债权人在形成债务尤其是大额债务时，为避免事后引发不必要的纷争，加强事前风险防范，尽可能要求夫妻共同签字。这种制度安排，一方面，有利于保障夫妻另一方的知情权和同意权，可以从债务形成源头上尽可能杜绝夫妻一方“被负债”现象发生；另一方面，也可以有效避免债权人因事后无法举证证明债务属于夫妻共同债务而遭受不必要的损失，对于保障交易安全和夫妻一方合法权益，具有积极意义。实践中，很多商业银行在办理贷款业务时，对已婚者一般都要求夫妻双方共同到场签字。一方确有特殊原因无法亲自到场，也必须提交经过公证的授权委托书，否则不予贷款，这种操作方式最大限度地降低了债务不能清偿的风险，保障了债权人的合法权益，也不会造成对夫妻一方权益的损害。“共债共签”原则实现了婚姻法夫妻财产共有制和合同法合同相对性原则的有机衔接。

虽然要求夫妻“共债共签”可能会使交易效率受到一定影响，但在债权债务关系形成时增加一定交易成本和夫妻一方的知情权同意权产生冲突时，因夫妻一方的知情权同意权，关系到地位平等、意思自治等基本法律原则和公民基本财产权利、人格权利，故应优先考虑。事实上，适当增加交易成本不仅有利于保障交易安全，还可以减少事后纷争，从根本上提高交易效率。《解释》第一条规定在现行婚姻法规定范围内，实现了债权人合法权益保护和夫妻一方合法权益保护的双赢，体现了二者权利保护的“最大公约数”。

问：如何理解家庭日常生活需要所负债务？

答： 通常所说的“家庭日常生活”，学理上称之为日常家事。我国民法学界、婚姻法学界通说认为，婚姻是夫妻生活的共同体，在处理家庭日常事务的范围内，夫妻互为代理人，这是婚姻的当然效力，属于法定代理。婚姻法虽然没有明确规定日常家事代理制度，但从相关条文中可以得出家庭日常生活范围内夫妻互为代理人的结论。《婚姻法》第十七条第二款规定：“夫妻对共同所有的财产，有平等的处理权”。这里所指的平等处理权既包括对积极财产的处理，也包括对消极财产即债务的处理。《婚姻法司法解释（一）》第十七条规定："夫或妻在处理夫妻共同财产上的权利是平等的。因日常生活需要而处理夫妻共同财产的，任何一方均有权决定。"该规定涵盖了夫妻日常家事代理权的实质内容。因此，在夫妻未约定分别财产制或者虽约定但债权人不知道的情况下，夫妻一方以个人名义为家庭日常生活需要所负的债务，应当认定为夫妻共同债务。

国家统计局有关统计资料显示，我国城镇居民家庭消费种类主要分为八大类，分别是食品、衣着、家庭设备用品及维修服务、医疗保健、交通通信、文娱教育及服务、居住、其他商品和服务。家庭日常生活的范围，可以参考上述八大类家庭消费，根据夫妻共同生活的状态（如双方的职业、身份、资产、收入、兴趣、家庭人数等）和当地一般社会生活习惯予以认定。但农村承包经营户有其特殊性，农村承包经营户一般以家庭为单位，家庭日常生活与承包经营行为经常交织在一起，二者难以严格区分，故为了正常的承包经营所负债务，可以认定为家庭日常生活需要所负债务。需要强调的是，家庭日常生活需要的支出是指通常情况下必要的家庭日常消费，主要包括正常的衣食消费、日用品购买、子女抚养教育、老人赡养等各项费用，是维系一个家庭正常生活所必须的开支。当然，随着我国经济社会和人们家庭观念、家庭生活方式的不断发展变化，在认定是否属于家庭日常生活需要支出时，也要随着社会的变化而变化。

问：如何理解家庭日常生活需要之外的夫妻共同债务？

答：随着我国经济社会的发展，城乡居民家庭财产结构、类型、数量、形态以及理财模式等发生了很大变化，人们的生活水平不断提高，生活消费日趋多元，很多夫妻的共同生活支出不再局限于以前传统的家庭日常生活消费开支，还包括大量超出家庭日常生活范围的支出，这些支出系夫妻双方共同消费支配，或者用于形成夫妻共同财产，或者基于夫妻共同利益管理共同财产产生的支出，性质上属于夫妻共同生活的范围。《解释》第三条中所称债权人需要举证证明"用于夫妻共同生活"的债务，就是指上述超出家庭日常生活范围的夫妻共同生活所负债务。

夫妻共同生产经营的情形更为复杂，主要是指由夫妻双方共同决定生产经营事项，或者虽由一方决定但另一方进行了授权的情形。判断生产经营活动是否属于夫妻共同生产经营，要根据经营活动的性质以及夫妻双方在其中的地位作用等综合认定。夫妻从事商业活动，视情适用公司法、合同法、合伙企业法等法律及司法解释的规定。夫妻共同生产经营所负的债务一般包括双方共同从事工商业、共同投资以及购买生产资料等所负的债务。

问：涉及夫妻共同债务纠纷案件中的举证证明责任如何分配？

答：《解释》前三个条款虽然分别规定了共同意思表示所负的夫妻共同债务、家庭日常生活所负的夫妻共同债务、债权人能够证明的夫妻共同债务，但从举证证明责任分配的角度看，可以分为两类：一是家庭日常生活所负的共同债务；二是超出家庭日常生活所负的共同债务。对于前者，原则上推定为夫妻共同债务，债权人无需举证证明；如果举债人的配偶一方反驳认为不属于夫妻共同债务的，则由其举证证明所负债务并非用于家庭日常生活。对于后者，虽然债务形成于婚姻关系存续期间和夫妻共同财产制下，但一般情况下并不当然认定为夫妻共同债务；债权人主张属于夫妻共同债务的，应当由其根据《民事诉讼法》第六十四条“当事人对自己提出的主张，有责任提供证据”等规定，举证证明该债务属于夫妻共同生活、共同生产经营所负债务，或者所负债务基于夫妻双方共同的意思表示。如果债权人不能证明的，则不能认定为夫妻共同债务。

这里需要指出的是，《解释》第一条规定的共同意思表示所负的夫妻共同债务，与上述债权人需要举证证明所负债务基于夫妻双方共同意思表示，是一脉相承的。夫妻双方共同签字的借款合同、借据，以及夫妻一方事后追认或者电话、短信、微信、邮件等其他体现共同举债意思表示的有关证据，恰恰是债权人用以证明债务系夫妻共同债务的有力证据。上述区分是否属于家庭日常生活范围形成债务的不同举证证明责任的分配规则，有效解决了目前争议突出的债权人权益保护和未举债夫妻一方权益保护的平衡问题。

问：法律制度是如何防范夫妻双方串通损害债权人，或者夫妻一方与债权人串通损害另一方的？

答：防范夫妻双方串通损害债权人利益的风险，法律和司法解释有所规定。对于夫妻个人债务，《合同法》第五十二条、第七十四条规定，在夫妻双方对财产的约定、转让或者离婚时对财产的分割协议明显不利于举债一方，导致举债一方无力偿还债务的情况下，债权人可以向人民法院主张该协议无效或者予以撤销。对于夫妻共同债务，本《解释》在《婚姻法司法解释（二）》第二十四条基础上进一步细化完善了夫妻共同债务的认定标准，即夫妻双方共同意思表示所负的债务，一方为家庭日常生活需要所负的债务，一方超出家庭日常生活需要举债但债权人能够证明用于夫妻共同生活或者共同生产经营的债务，都应当认定为夫妻共同债务。与本《解释》配套的是，《婚姻法司法解释（二）》第二十五条、第二十六条规定，当事人离婚时对夫妻财产进行分割或者夫妻一方死亡的，债权人仍有权就夫妻共同债务向男女双方或者生存一方主张权利。以上法律和司法解释密织第一张法网，防范了夫妻双方串通损害债权人利益的风险，保护了善意债权人的合法权益。

防范夫妻一方与债权人串通损害另一方利益的风险，法律和司法解释也有所规定。《婚姻法》第十三条、第十七条第二款规定，夫妻在家庭中地位平等，对于共同所有的财产有平等的处理权，表明对于处分共同财产包括较大数额举债等重大事项，夫妻应当共同决定。最高人民法院2017年2月28日发布的《婚姻法司法解释（二）补充规定》（以下简称《补充规定》），明确虚假债务和非法债务不受保护；又向全国法院发出《最高人民法院关于依法妥善审理涉及夫妻债务案件有关问题的通知》（以下简称《通知》），强调了审理涉及夫妻债务案件要坚持法治和德治相结合原则、保障未具名举债夫妻一方的诉讼权利、审查夫妻债务是否真实发生、区分合法债务和非法债务、把握不同阶段夫妻债务的认定标准、保护被执行夫妻双方基本生存权益不受影响、制裁夫妻一方与第三人串通伪造债务的虚假诉讼等7个要求，对于司法实践甄别和排除非法债务、虚假债务具有重要意义。在《补充规定》和《通知》的基础上，本《解释》进一步明确了夫妻共同债务的范围，并合理分配举证证明责任。以上法律和司法解释密织第二张法网，防范了夫妻一方串通债权人损害另一方利益的风险，更避免了夫妻一方在不知情、未受益的情况下“被负债”的风险，保障了未举债夫妻一方的知情权、同意权。

问：如何理解和把握《解释》的适用范围?

答：《解释》第四条规定：“本解释自2018年1月18日起施行。本解释施行后，最高人民法院此前作出的相关司法解释与本解释相抵触的，以本解释为准。”

《解释》系针对社会关切的夫妻共同债务认定标准问题作出的细化和完善，这里所指的“最高人民法院此前作出的相关司法解释与本解释相抵触的”内容，主要是指有关夫妻共同债务认定标准的其他司法解释内容，与本《解释》规定不一致的，今后不再适用。

对于《解释》施行前，经审查甄别确属认定事实不清、适用法律错误、结果明显不公的案件，人民法院将以对人民群众高度负责的态度，秉持实事求是、有错必纠的原则，以事实为依据，以法律为准绳，依法予以纠正，努力让人民群众在每一个司法案件中感受到公平正义。

最高人民法院
关于适用《中华人民共和国婚姻法》若干问题的解释（三）

法释〔2011〕18号

（2011年7月4日最高人民法院审判委员会第1525次会议通过
2011年8月9日最高人民法院公告公布　自2011年8月13日起施行）

为正确审理婚姻家庭纠纷案件，根据《中华人民共和国婚姻法》、《中华人民共和国民事诉讼法》等相关法律规定，对人民法院适用婚姻法的有关问题作出如下解释：

第一条　当事人以婚姻法第十条规定以外的情形申请宣告婚姻无效的，人民法院应当判决驳回当事人的申请。

当事人以结婚登记程序存在瑕疵为由提起民事诉讼，主张撤销结婚登记的，告知其可以依法申请行政复议或者提起行政诉讼。

第二条　夫妻一方向人民法院起诉请求确认亲子关系不存在，并已提供必要证据予以证明，另一方没有相反证据又拒绝做亲子鉴定的，人民法院可以推定请求确认亲子关系不存在一方的主张成立。

当事人一方起诉请求确认亲子关系，并提供必要证据予以证明，另一方没有相反证据又拒绝做亲子鉴定的，人民法院可以推定请求确认亲子关系一方的主张成立。

第三条　婚姻关系存续期间，父母双方或者一方拒不履行抚养子女义务，未成年或者不能独立生活的子女请求支付抚养费的，人民法院应予支持。

第四条　婚姻关系存续期间，夫妻一方请求分割共同财产的，人民法院不予支持，但有下列重大理由且不损害债权人利益的除外：

（一）一方有隐藏、转移、变卖、毁损、挥霍夫妻共同财产或者伪造夫妻共同债务等严重损害夫妻共同财产利益行为的；

（二）一方负有法定扶养义务的人患重大疾病需要医治，另一方不同意支付相关医疗费用的。

第五条　夫妻一方个人财产在婚后产生的收益，除孳息和自然增值外，应认定为夫妻共同财产。

第六条　婚前或者婚姻关系存续期间，当事人约定将一方所有的房产赠与另一方，赠与方在赠与房产变更登记之前撤销赠与，另一方请求判令继续履行的，人民法院可以按照合同法第一百八十六条的规定处理。

第七条 婚后由一方父母出资为子女购买的不动产，产权登记在出资人子女名下的，可按照婚姻法第十八条第（三）项的规定，视为只对自己子女一方的赠与，该不动产应认定为夫妻一方的个人财产。

由双方父母出资购买的不动产，产权登记在一方子女名下的，该不动产可认定为双方按照各自父母的出资份额按份共有，但当事人另有约定的除外。

第八条 无民事行为能力人的配偶有虐待、遗弃等严重损害无民事行为能力一方的人身权利或者财产权益行为，其他有监护资格的人可以依照特别程序要求变更监护关系；变更后的监护人代理无民事行为能力一方提起离婚诉讼的，人民法院应予受理。

第九条 夫以妻擅自中止妊娠侵犯其生育权为由请求损害赔偿的，人民法院不予支持；夫妻双方因是否生育发生纠纷，致使感情确已破裂，一方请求离婚的，人民法院经调解无效，应依照婚姻法第三十二条第三款第（五）项的规定处理。

第十条 夫妻一方婚前签订不动产买卖合同，以个人财产支付首付款并在银行贷款，婚后用夫妻共同财产还贷，不动产登记于首付款支付方名下的，离婚时该不动产由双方协议处理。

依前款规定不能达成协议的，人民法院可以判决该不动产归产权登记一方，尚未归还的贷款为产权登记一方的个人债务。双方婚后共同还贷支付的款项及其相对应财产增值部分，离婚时应根据婚姻法第三十九条第一款规定的原则，由产权登记一方对另一方进行补偿。

第十一条 一方未经另一方同意出售夫妻共同共有的房屋，第三人善意购买、支付合理对价并办理产权登记手续，另一方主张追回该房屋的，人民法院不予支持。

夫妻一方擅自处分共同共有的房屋造成另一方损失，离婚时另一方请求赔偿损失的，人民法院应予支持。

第十二条 婚姻关系存续期间，双方用夫妻共同财产出资购买以一方父母名义参加房改的房屋，产权登记在一方父母名下，离婚时另一方主张按照夫妻共同财产对该房屋进行分割的，人民法院不予支持。购买该房屋时的出资，可以作为债权处理。

第十三条 离婚时夫妻一方尚未退休、不符合领取养老保险金条件，另一方请求按照夫妻共同财产分割养老保险金的，人民法院不予支持；婚后以夫妻共同财产缴付养老保险费，离婚时一方主张将养老金账户中婚姻关系存续期间个人实际缴付部分作为夫妻共同财产分割的，人民法院应予支持。

第十四条　当事人达成的以登记离婚或者到人民法院协议离婚为条件的财产分割协议，如果双方协议离婚未成，一方在离婚诉讼中反悔的，人民法院应当认定该财产分割协议没有生效，并根据实际情况依法对夫妻共同财产进行分割。

第十五条　婚姻关系存续期间，夫妻一方作为继承人依法可以继承的遗产，在继承人之间尚未实际分割，起诉离婚时另一方请求分割的，人民法院应当告知当事人在继承人之间实际分割遗产后另行起诉。

第十六条　夫妻之间订立借款协议，以夫妻共同财产出借给一方从事个人经营活动或用于其他个人事务的，应视为双方约定处分夫妻共同财产的行为，离婚时可按照借款协议的约定处理。

第十七条　夫妻双方均有婚姻法第四十六条规定的过错情形，一方或者双方向对方提出离婚损害赔偿请求的，人民法院不予支持。

第十八条　离婚后，一方以尚有夫妻共同财产未处理为由向人民法院起诉请求分割的，经审查该财产确属离婚时未涉及的夫妻共同财产，人民法院应当依法予以分割。

第十九条　本解释施行后，最高人民法院此前作出的相关司法解释与本解释相抵触的，以本解释为准。

【链　接】

总结审判实践经验　凝聚社会各界智慧
正确合法及时审理婚姻家庭纠纷案件

——最高人民法院民一庭负责人就《关于适用〈中华人民共和国婚姻法〉若干问题的解释（三）》答记者问

为正确审理婚姻家庭纠纷案件，最高人民法院根据《中华人民共和国民法通则》、《中华人民共和国婚姻法》、《中华人民共和国物权法》、《中华人民共和国民事诉讼法》等相关法律规定，结合民事审判实践经验，制定了《关于适用〈中华人民共和国婚姻法〉若干问题的解释（三）》（以下简称《解释三》），经最高人民法院审判委员会第1525次会议讨论，通过了该司法解释。

一、深入调查研究，专门召开专家论证会，三年共收到二百多万字意见

问：《解释三》已经于2011年8月12日正式公布，请您介绍一下最高人民法院制定这一司法解释的背景和意义？

答：2001年修订的《婚姻法》施行后，为了在审判实践中更好地贯彻《婚姻法》的立法精神，最高人民法院先后出台了《关于适用〈中华人民共和国婚姻法〉若干问题的解释（一）》（以下简称《解释一》）和《关于适用〈中华人民共和国婚姻法〉若干问题的解释（二）》（以下简称《解释二》），为各地法院正确、及时地审理各类婚姻家庭案件提供了具有可操作性的裁判依据。从全国法院审理婚姻家庭纠纷案件的情况来看，近年来出现了一些新情况和新问题，其中一些问题争议很大，“同案不同判”的现象并不鲜见，亟须出台司法解释以统一法律适用，保护当事人的合法权益。

最高人民法院高度重视该部司法解释的起草工作，从2008年1月开始着手《解释三》的起草和调研工作。起草小组先后到北京市朝阳区人民法院及山东省青岛市中级人民法院查阅了三百多件有关婚姻家庭案件卷宗，为司法解释的起草工作提供了第一手资料。同时，注意深入调查研究，赴各地法院召开座谈会，听取一线法官关于婚姻家庭案件审理中的意见。专门召开专家论证会，认真听取了专家们的意见和建议。书面征求全国人大常委会法工委、国务院法制办、民政部、全国妇联的意见，再根据反馈的意见逐条推敲进行修改。

由于《婚姻法》与普通百姓密切相关，最高人民法院为了更广泛地听取广大民众的意见，落实司法为民的思想，于2010年11月15日至2010年12月15日，在中国法院网和《人民法院报》上公布了《解释三》的征求意见稿，引起社会各界的广泛关注和热烈讨论，共收到网上意见9974条，共计二百多万字，同时收到书面来信181封。中国法学会婚姻法学研究会等17家单位专门召开了有关研讨会，并寄来了书面修改意见。全国妇联权益部还专程到我院民一庭，针对热点问题谈了妇联系统的修改意见。这些意见和建议，既有普通百姓的肺腑之言，也有专家学者的真知灼见；既有各级法院法官们基于审判实践的宝贵经验，也有相关部门同志们的献计献策。

经过三年多的调研和起草工作，特别是在全国范围广泛征求意见后，《解释三》终于出台了。这次出台的司法解释，主要针对审判实践中亟须解决的一方婚前贷款所购不动产性质的认定、父母为子女结婚买房、结婚登记瑕疵处理、一方个人财产在婚后的收益等问题作出解释。这些规定是审判实践经验的总结，同时也凝聚了社会各界人士的智慧。

《婚姻法》是一部涉及千家万户的法律，这次《解释三》的出台，对于落

实司法为民的要求，正确、合法、及时地审理婚姻家庭纠纷案件，保护儿童、妇女及有关当事人的合法权益，都具有一定的现实意义。

二、离婚案中按揭房屋所有权人除返还另一方所承担共同还贷的部分外，还应对增值部分做公平补偿

问：采用按揭方式购买房屋是当前房屋买卖的主要方式。请问，如果夫妻双方住房是按揭房屋，按照《解释三》的规定，离婚时应当如何进行分割？

答：在目前的离婚案件中，按揭房屋的分割是一个群众比较关心的问题。我们认为，对于一方婚前签订买卖合同支付首付款并在银行贷款、婚后夫妻共同还贷这类房产，完全认定为夫妻共同财产或者一方的个人财产都不太公平，该房产实际是婚前个人财产（婚前个人支付首付及还贷部分）与婚后共同财产（婚后双方共同还贷部分）的混合体，离婚时处理的主导原则应当是既要保护个人婚前财产的权益，也要公平分割婚后共同共有部分的财产权益，同时还不能损害债权人银行的利益。

如果仅仅机械地按照房屋产权证书取得的时间作为划分按揭房屋属于婚前个人财产或婚后夫妻共同财产的标准，则可能出现对一方显失公平的情况。房屋产权证书的取得与房屋实际交付的时间往往不同步，许多购房人由于其自身以外的原因，迟迟不能取得房屋产权证书。不动产物权登记的立法目的在于维护交易安全、保护善意第三人的利益，而离婚诉讼中按揭房屋的分割只在夫妻之间进行，并不存在与善意第三人的利益冲突。一方在婚前已经通过银行贷款的方式向房地产公司支付了全部购房款，买卖房屋的合同义务已经履行完毕，即在婚前就取得了购房合同中购房者一方的全部债权，婚后获得房产的物权只是财产权利的自然转化，故离婚分割财产时将按揭房屋认定为一方的个人财产相对比较公平。对按揭房屋在婚后的增值，应考虑配偶一方参与还贷所作出的贡献，对其作出公平合理的补偿，而不仅仅是返还婚姻关系存续期间共同还贷的一半。在将按揭房屋认定为一方所有的基础上，未还债务也应由其继续承担，这样处理不仅易于操作，也符合法律规定的合同相对性原理。婚前一方与银行签订抵押贷款合同，银行是在审查其资信及还款能力的基础上才同意贷款的，其属于法律意义上的合同相对人，故离婚后应由其继续承担还款义务。

对于婚后参与还贷的一方来说，如果双方结婚时间较长，还贷的数额较大，离婚时获得的补偿数额也相应增大。我国实行的是法定夫妻共同财产制，除了双方约定实行分别财产制外，婚后即便支付首付款的一方用自己的工资收入支付房贷，也属于夫妻双方共同还贷。婚后共同还贷支付的款项及其相对应财产增值部分，离婚时根据《婚姻法》第三十九条第一款规定的照顾子女和女方权益的原则，由产权登记一方对另一方进行补偿。因此，离婚时按照该条规定处理一方婚前贷款所购房屋，并不会损害广大妇女的合法权益。

三、在没有办理过户手续之前，夫妻之间赠与房产可以撤销

问：夫妻之间赠与房产也需要像普通人一样办理过户手续吗？没过户可以撤销赠与吗？

答：夫妻在婚前或婚姻关系存续期间约定将一方个人所有的房产赠与另一方，但没有办理房产过户手续，后双方感情破裂起诉离婚，赠与房产的一方翻悔主张撤销赠与，另一方主张继续履行赠与合同，请求法院判令赠与房产一方办理过户手续。对此问题应当如何处理呢？

经反复研究论证后，我们认为，我国《婚姻法》规定了三种夫妻财产约定的模式，即分别所有、共同共有和部分共同共有，并不包括将一方所有财产约定为另一方所有的情形。将一方所有的财产约定为另一方所有，也就是夫妻之间的赠与行为，虽然双方达成了有效的协议，但因未办理房屋变更登记手续，依照《物权法》的规定，房屋所有权尚未转移，而依照《合同法》关于赠与一节的规定，赠与房产的一方可以撤销赠与。

《合同法》对赠与问题进行了比较详尽的规定，如："赠与人在赠与财产的权利转移之前可以撤销赠与"；"赠与的财产依法需要办理登记等手续的，应当办理有关手续"；"具有救灾、扶贫等社会公益、道德义务性质的赠与合同或者经过公证的赠与合同，赠与人不交付赠与的财产的，受赠人可以要求交付。"婚姻家庭领域的协议常常涉及财产权属的条款，对于此类协议的订立、生效、撤销、变更等并不排斥《合同法》的适用。在实际生活中，赠与往往发生在具有亲密关系或者血缘关系的人之间，《合同法》对赠与问题的规定并没有指明夫妻关系除外。一方赠与另一方不动产，在没有办理过户手续之前，依照《合同法》的规定，是完全可以撤销的，这与《婚姻法》的规定并不矛盾。我国采取的是不动产法定登记制度，无论基于何种原因发生的权属变动均需经登记才产生效力。

四、正视畸高房价和高离婚增长率并存现状，保护出资购房父母方合法权益

问：现在房价问题困扰着许多人，年轻人结婚时仅凭自己的收入，一般没有能力买房，只得依靠父母的资助。父母为了子女结婚买房，可能倾其所有，透支了准备养老的积蓄，如果房屋产权登记在自己子女名下，离婚时另一方有权主张分割一半吗？

答：实际生活中，父母出资为子女结婚购房，可能没有考虑到以后子女婚姻解体的情况。按照国人的习惯，一般也不会与子女签署书面协议，如果离婚时一概将房屋认定为夫妻共同财产，势必违背了父母为子女购房的初衷和意愿，实际上也侵害了出资父母的利益。故房屋产权登记在出资父母子女名下的，视为父母明确只对自己子女一方的赠与比较合情合理；如果由双方父母出资购买不动产，产权登记在一方子女名下的，按照双方父母的出资份额按份共有，可能更符合实际情况。

制定司法解释要考虑到中国的国情，畸高房价和高离婚增长率并存，父母为子女结婚购房往往倾注毕生积蓄，从这次《解释三》公开征求意见反馈的情况来看，作为出资人的男方父母或女方父母均表示，他们担心因子女离婚而导致家庭财产流失一半。

本解释从我国的实际出发，将“产权登记主体”与“明确表示赠与一方”进行链接，可以使父母出资购房真实意图的判断依据客观化，便于司法认定及统一裁量尺度，也有利于均衡保护结婚的双方及其父母的权益，相对来说也比较公平。

五、不离婚前提下对夫妻共有财产请求分割只能是一种例外，必须具有“重大理由”

问：请问不离婚时可以请求分割夫妻共同财产吗？比如有的夫妻一方独揽财政大权，另一方急需用钱时，能否到法院起诉主张分割共同财产？

答：一方能否在不解除婚姻关系的情况下主张对夫妻共同财产进行分割，审判实践中存在较大争议。一种观点认为，夫妻共同财产这种共有关系是最典型的共同共有关系，共同共有人在共有关系存续期间，一般不得请求分割共同财产，只要共有关系存在，共有人对共有财产就无法划分各自的份额，无法确定哪个部分属于哪个共有人所有。

只有在共有关系终止，共有财产分割以后，才能确定各共有人的份额。因此，在婚姻关系存续期间，一方请求分割夫妻共同财产的，人民法院不应受理。还有一种观点认为，在某些情形下，法律应当提供夫妻一方在婚姻关系存续期间保护自己财产权利的救济途径。如持有或控制夫妻共同财产的一方，私自对夫妻共同财产进行转移、变卖，为了赌博、吸毒而单独处分共同财产等，而另一方因种种复杂的因素不想离婚，或者在起诉离婚后被法院判决不准离婚，如果绝对不允许婚姻关系存续期间分割夫妻共同财产，只能眼睁睁看着对方随意处分夫妻共同财产而无可奈何，其结果有悖公平原则。现行《物权法》第九十九条的规定也突破了传统民法的共有理论，即允许共同共有人在特殊情况下请求分割共有物，同时还要保持共有关系。但是，在不解除婚姻关系的前提下对夫妻共同财产予以分割只能是一种例外，必须具有“重大理由”，否则其负面效应不可低估。另外，在夫妻一方需要履行法定扶养义务（比如一方父母患重病住院急需医疗费），而另一方不同意给付时，在不解除婚姻关系的情况下，为保障一方有能力履行其法定义务，应准许分割夫妻共同财产。

我们经过反复比较论证，同时借鉴国外相关的法律规定，最后采纳了后一种意见，即规定：婚姻关系存续期间，夫妻一方请求分割共同财产的，人民法院不予支持，但有下列重大理由且不损害债权人利益的除外：（1）一方有隐藏、转移、变卖、毁损、挥霍夫妻共同财产或者伪造夫妻共同债务等严重损害夫妻共同财产利益行为的；（2）一方负有法定扶养义务的人患重大疾病需要医治，另一方不同意支付相关医疗费用的。

六、夫妻一方个人财产婚后产生的收益除孳息和自然增值外为夫妻共同财产

问：夫妻一方个人财产在婚后产生的收益属于个人财产还是夫妻共同财产？比如一方婚前有10万元存在银行，婚后产生的利息应如何处理？

答：一般来讲，夫妻一方财产在婚后的收益主要包括孳息、投资经营收益及自然增值，《婚姻法》本身规定了婚姻关系存续期间所得的生产、经营收益及知识产权收益，归夫妻共同所有，《解释二》经明确规定一方以个人财产投资所得的收益为夫妻共同财产，但孳息和自然增值这两种情形在法律上和司法解释层面仍然是空白。有观点认为，配偶对一方个人财产在婚后的孳息及增值是否作出了贡献，应作为一种判断标准，如果配偶一方对该财产投入时间和精力进行经营管理的，所产生的收益认定为夫妻共同财产比较公平。但《解释三》公开征求意见后，多数观点认为，征求意见稿中的“贡献”一词不是法律用语，理解上也会产生歧义，是直接贡献还是间接贡献，是需要一定的贡献还是只要有贡献就行，审判实践中很难把握。

经过反复讨论斟酌，最后明确规定，夫妻一方个人财产在婚后产生的收益，除孳息和自然增值外，应认定为夫妻共同财产。您刚才问到的银行存款就属于法定孳息，离婚时一方个人财产存入银行产生的利息，应认定为一方的个人财产。至于自然增值，比如一方婚前有一套房子价格为100万元，离婚时因市场因素涨到400万元，其中300万元就属于自然增值，离婚时还是一方的个人财产。

七、对已领取的结婚证效力提出异议的，当事人可向民政部门申请解决或提出行政诉讼

问：我们注意到，媒体曾报道女方使用假身份证与男方登记结婚，骗到钱后消失，男方起诉离婚被法院驳回，理由是没有明确的被告，男方岂不是陷入告状无门的尴尬？

答：审判实践中，常常有当事人以结婚登记中的瑕疵问题申请宣告婚姻无效或者起诉离婚，比如一方当事人未亲自到场办理结婚登记、借用或冒用他人身份证明进行登记、婚姻登记机关越权管辖、当事人提交的婚姻登记材料有瑕疵等，各地法院对此掌握不一，需要予以规范。

在结婚登记程序存在瑕疵时，如果同时欠缺了结婚的实质要件，在法律规定的情形内，可以被人民法院宣告无效，但对仅有程序瑕疵的结婚登记的法律效力，缺乏明确的法律规定。当事人以婚姻登记中的瑕疵问题申请宣告婚姻无效的，因《婚姻法》第十条关于婚姻无效的规定没有兜底条款，只要不符合婚姻无效的四种情形，法院就只能判决驳回当事人的申请。如果将符合结婚实质要件但结婚登记程序上有瑕疵的婚姻宣告为无效，不仅随意扩大了无效婚姻的范围，也不符合设立无效婚姻制度的立法本意。

在我国现行的法律框架下，结婚登记在性质上属于具体行政行为，即行政确认行为。当事人对已经领取的结婚证效力提出异议，不属法院民事案件的审查范围，当事人可以向民政部门申请解决或提起行政诉讼。结婚登记瑕疵事件时有发生，当事人起诉要求宣告婚姻无效又不符合《婚姻法》第十条规定的无效婚姻情形，导致当事人因结婚登记瑕疵而无法实现离婚目的，故需要给当事人提供解决问题的途径，以便多渠道化解矛盾，解决纠纷。像您列举的使用假身份证登记结婚的案例，男方可以到民政部门申请解决或者到法院提起行政诉讼，请求撤销结婚登记。

八、亲子关系诉讼中一方当事人拒绝鉴定推定另一方主张成立

问：随着经济发展的日新月异，国人的价值观念也发生了很大变化，离婚率在不断攀升，夫妻之间的信任度也难免降低，法院受理的否认婚生子女或请求确认亲子关系的纠纷越来越多。在审判实践中，有的当事人拒不配合法院做亲子鉴定，请问有什么解决办法吗？

答：这次公布的《解释三》专门规定了这个问题，即如果当事人拒绝做亲子鉴定应如何处理的问题。亲子关系诉讼属于身份关系诉讼，主要包括否认婚生子女和认领非婚生子女的诉讼，即否认法律上的亲子关系或承认事实上的亲子关系。亲子关系诉讼中直接证据的缺乏和亲子关系证明责任的高标准，使得亲子鉴定成为认定或否定亲子关系的关键性证据。现代生物医学技术的发展，使得DNA鉴定技术被广泛用于子女与父母尤其是与父亲的血缘关系的证明。亲子鉴定技术简便易行，准确率较高，在诉讼中起到了极为重要的作用，全世界已经有一百二十多个国家和地区采用DNA技术直接作为判案的依据。但如果当事人拒绝做亲子鉴定，能否进行强制？审判实践中法院往往很难定夺。

从国外的亲子鉴定法律规定来看，通常有两种形式的强制方法。一种是直接强制鉴定，如德国规定，拒绝受检者不仅要负担因拒绝所生费用，并科处罚金；应受检查者无正当理由，一再拒绝受检时，法院得加以强制，可对

其强制抽血；另一种是间接强制鉴定，是在获取亲子关系事实真相和保护当事人隐私权、人格权之间作出的平衡。如英国、美国、法国等规定相对人无正当理由拒绝配合法院命令进行亲子鉴定时，法院得依其拒绝之情事，推认不利于相对人的事实。“他山之玉，可以攻石”，借鉴国外有关亲子鉴定的做法，同时根据审判实践中的裁判经验，这次司法解释对亲子鉴定问题进行了明确规定。

由于亲子鉴定事关重大，涉及夫妻双方、子女和他人的人身关系和财产关系，请求确认或否认亲子关系的一方要承担与其诉讼请求相适应的举证责任。如果过分强调请求一方的证明责任，势必使请求人的实体权利难以得到保护；但如果忽略请求一方的证明责任，则可能导致权利滥用，不利于家庭关系的稳定和当事人隐私的保护。

在处理有关亲子关系纠纷时，如果一方提供的证据能够形成合理的证据链条证明当事人之间可能存在或不存在亲子关系，另一方没有相反的证据又坚决不同意做亲子鉴定的，人民法院可以按照最高人民法院《关于民事诉讼证据的若干规定》第七十五条的规定作出处理，即可以推定请求否认亲子关系一方或者请求确认亲子关系一方的主张成立，而不配合法院进行亲子鉴定的一方要承担败诉的法律后果。

九、无民事行为能力人的配偶有虐待、遗弃等行为的，其他有监护资格的人可以要求变更监护关系；变更后的监护人可以代理无民事行为能力一方提起离婚诉讼

问：如果一方是精神病人或者植物人，他人可以代理其作为原告起诉离婚吗？

答：在以往的审判实践中，无民事行为能力人一般在离婚诉讼中都是被告。现在有时会遇到无民事行为能力人的配偶一方出于继承或占用财产的目的，既不提出离婚也不履行法定的夫妻扶养义务，甚至擅自变卖夫妻共同财产，对无行为能力一方实施家庭暴力或虐待、遗弃等，严重侵害了无民事行为能力人的合法权益。如果一概不允许其作为原告提起离婚之诉，可能会出现在合法婚姻的幌子下肆意侵害无民事行为能力人权益的情况。

《民法通则》第六十三条第三款规定：“依照法律规定或者按照双方当事人约定，应当由本人实施的民事法律行为，不得代理。”婚姻关系属于身份关系，结婚、离婚均需当事人本人自愿作出意思表示，而不能由他人代理实施。但我们认为，现行法律规定婚姻等身份行为不能代理，应该理解为只适用于精神正常或意识清醒的人，而不适用于无民事行为能力人，因其客观上不能正确表达意识或完全没有意识，对自己的行为无法作出适当的选择。

《婚姻登记条例》第十二条规定：“办理离婚登记的当事人属于无民事行

为能力人或者限制民事行为能力人的，婚姻登记机关不予受理。”也就是说，无民事行为能力人的离婚，不能通过行政程序协议离婚，只能通过诉讼程序解决，但现行法律和司法解释对无民事行为能力人是否可以作为原告由他人代理提起离婚之诉没有作出明确规定，缺乏相应的救济途径。

是否准许无民事行为能力人的代理人代其提起离婚诉讼，有关国家的规定可供我们借鉴。如《俄罗斯联邦家庭法典》第16条规定：“婚姻可以根据一方或双方申请离婚的方式终止，也可根据被法院确认为无行为能力人的一方的监护人的申请而终止。”《法国民法典》第249条规定：“如离婚申请应当以受监护的成年人的名义提出，此项申请，由监护人听取医生的意见并经亲属会议批准后提交。”

经过广泛征求意见，《解释三》对无民事行为能力人诉讼离婚的问题进行了规定，即“无民事行为能力人的配偶有虐待、遗弃等严重损害无民事行为能力一方的人身权利或者财产权益行为，其他有监护资格的人可以依照特别程序要求变更监护关系；变更后的监护人代理无民事行为能力一方提起离婚诉讼的，人民法院应予受理”。

十、一方未经另一方同意出售夫妻共同共有房屋，第三人善意取得后，另一方主张追回该房屋的，人民法院不予支持；夫妻一方擅自处分共同共有的房屋造成另一方损失，离婚时另一方可以请求赔偿损失

问：经常从媒体报道上看见这样的纠纷，如丈夫瞒着妻子将夫妻共同所有的房产卖给第三人，如果已经办理房产过户手续，请问应保护无辜配偶的利益还是保护第三人的利益？

答：这个问题确实比较棘手，既关系到夫妻财产制度的落实和《婚姻法》对夫妻双方利益的保护，也关系到交易秩序的稳定和安全，关键在于如何平衡无辜配偶一方与第三人之间的利益。近年来房产交易日趋频繁，纠纷也日益增多。当夫或妻一方与第三人发生不动产物权交易时，该不动产登记在夫妻一方名下但实际属于夫妻共同财产，如果第三人尽到了必要的审查与注意义务，支付合理的房屋价款且已经办理变更登记手续，为了保护交易安全，根据善意取得制度，第三人可以取得不动产物权。《物权法》第一百零六条规定：“无处分权人将不动产或者动产转让给受让人的，所有权人有权追回；除法律另有规定外，符合下列情形的，受让人取得该不动产或者动产的所有权：（一）受让人受让该不动产或者动产时是善意的；（二）以合理的价格转让；（三）转让的不动产或者动产依照法律规定应当登记的已经登记，不需要登记的已经交付给受让人。”以上规定的三个构成要件是满足善意取得的前提。就第三人而言，要求其在房产交易中审查出卖人是否有配偶、处分的财产是否属于夫妻共同财产是不现实的，也不利于财产流转。基于不动产登记的公示公信力，从社会诚信以及保护善意第三人的角度考虑，对配偶一方以不知情、不同意为由主张返还房屋的诉讼请求不予支持。

也有专家建议规定除外情形，即房屋属于家庭共同生活唯一居住用房的除外。因生存是第一要素，夫妻一方擅自将家庭仅有的一套房屋出售，如果支持善意第三人的主张，会出现另一方无家可归的情况。

从公开征求意见反馈的情况来看，多数意见认为，征求意见稿中的除外条款实际上否定了《物权法》第一百零六条的规定，原则上这种例外条款不应允许。如果善意第三人付出家庭全部积蓄购入的房屋也是其家庭唯一生活住房，如何平衡二者之间的利益？另外，民事执行程序中已经规定，对于唯一住房不予执行，这就已经考虑到了生存权、居住问题，没必要在婚姻法解释中再专门规定；在房价高涨的现实情况下，担心这个条款可能会被卖房反悔的人利用，这样不利于保护交易安全和善意第三人的合法权益。

经反复论证后我们采纳了多数人的意见，但同时规定了配偶一方的赔偿请求权，即“一方未经另一方同意出售夫妻共同共有的房屋，第三人善意购买、支付合理对价并办理产权登记手续，另一方主张追回该房屋的，人民法院不予支持；夫妻一方擅自处分共同共有的房屋造成另一方损失，离婚时另一方请求赔偿损失的，人民法院应予支持”。

中华人民共和国反家庭暴力法

（2015 年 12 月 27 日中华人民共和国第十二届全国人民代表大会常务委员会第十八次会议通过　2015 年 12 月 27 日中华人民共和国主席令第 37 号公布　自 2016 年 3 月 1 日起施行）

目　录

第一章　总　则

第一条　为了预防和制止家庭暴力，保护家庭成员的合法权益，维护平等、和睦、文明的家庭关系，促进家庭和谐、社会稳定，制定本法。

第二条　本法所称家庭暴力，是指家庭成员之间以殴打、捆绑、残害、限制人身自由以及经常性谩骂、恐吓等方式实施的身体、精神等侵害行为。

第三条　家庭成员之间应当互相帮助，互相关爱，和睦相处，履行家庭义务。

反家庭暴力是国家、社会和每个家庭的共同责任。

国家禁止任何形式的家庭暴力。

第四条　县级以上人民政府负责妇女儿童工作的机构，负责组织、协调、指导、督促有关部门做好反家庭暴力工作。

县级以上人民政府有关部门、司法机关、人民团体、社会组织、居民委员会、村民委员会、企业事业单位，应当依照本法和有关法律规定，做好反家庭暴力工作。

各级人民政府应当对反家庭暴力工作给予必要的经费保障。

第五条　反家庭暴力工作遵循预防为主，教育、矫治与惩处相结合原则。

反家庭暴力工作应当尊重受害人真实意愿，保护当事人隐私。

未成年人、老年人、残疾人、孕期和哺乳期的妇女、重病患者遭受家庭暴力的，应当给予特殊保护。

第二章　家庭暴力的预防

第六条　国家开展家庭美德宣传教育，普及反家庭暴力知识，增强公民反家庭暴力意识。

工会、共产主义青年团、妇女联合会、残疾人联合会应当在各自工作范围内，组织开展家庭美德和反家庭暴力宣传教育。

广播、电视、报刊、网络等应当开展家庭美德和反家庭暴力宣传。

学校、幼儿园应当开展家庭美德和反家庭暴力教育。

第七条　县级以上人民政府有关部门、司法机关、妇女联合会应当将预防和制止家庭暴力纳入业务培训和统计工作。

医疗机构应当做好家庭暴力受害人的诊疗记录。

第八条　乡镇人民政府、街道办事处应当组织开展家庭暴力预防工作，居民委员会、村民委员会、社会工作服务机构应当予以配合协助。

第九条　各级人民政府应当支持社会工作服务机构等社会组织开展心理健康咨询、家庭关系指导、家庭暴力预防知识教育等服务。

第十条 人民调解组织应当依法调解家庭纠纷，预防和减少家庭暴力的发生。

第十一条 用人单位发现本单位人员有家庭暴力情况的，应当给予批评教育，并做好家庭矛盾的调解、化解工作。

第十二条 未成年人的监护人应当以文明的方式进行家庭教育，依法履行监护和教育职责，不得实施家庭暴力。

第三章 家庭暴力的处置

第十三条 家庭暴力受害人及其法定代理人、近亲属可以向加害人或者受害人所在单位、居民委员会、村民委员会、妇女联合会等单位投诉、反映或者求助。有关单位接到家庭暴力投诉、反映或者求助后，应当给予帮助、处理。

家庭暴力受害人及其法定代理人、近亲属也可以向公安机关报案或者依法向人民法院起诉。

单位、个人发现正在发生的家庭暴力行为，有权及时劝阻。

第十四条 学校、幼儿园、医疗机构、居民委员会、村民委员会、社会工作服务机构、救助管理机构、福利机构及其工作人员在工作中发现无民事行为能力人、限制民事行为能力人遭受或者疑似遭受家庭暴力的，应当及时向公安机关报案。公安机关应当对报案人的信息予以保密。

第十五条 公安机关接到家庭暴力报案后应当及时出警，制止家庭暴力，按照有关规定调查取证，协助受害人就医、鉴定伤情。

无民事行为能力人、限制民事行为能力人因家庭暴力身体受到严重伤害、面临人身安全威胁或者处于无人照料等危险状态的，公安机关应当通知并协助民政部门将其安置到临时庇护场所、救助管理机构或者福利机构。

第十六条 家庭暴力情节较轻，依法不给予治安管理处罚的，由公安机关对加害人给予批评教育或者出具告诫书。

告诫书应当包括加害人的身份信息、家庭暴力的事实陈述、禁止加害人实施家庭暴力等内容。

第十七条 公安机关应当将告诫书送交加害人、受害人，并通知居民委员会、村民委员会。

居民委员会、村民委员会、公安派出所应当对收到告诫书的加害人、受害人进行查访，监督加害人不再实施家庭暴力。

第十八条 县级或者设区的市级人民政府可以单独或者依托救助管理机构设立临时庇护场所，为家庭暴力受害人提供临时生活帮助。

第十九条 法律援助机构应当依法为家庭暴力受害人提供法律援助。

人民法院应当依法对家庭暴力受害人缓收、减收或者免收诉讼费用。

第二十条　人民法院审理涉及家庭暴力的案件，可以根据公安机关出警记录、告诫书、伤情鉴定意见等证据，认定家庭暴力事实。

第二十一条　监护人实施家庭暴力严重侵害被监护人合法权益的，人民法院可以根据被监护人的近亲属、居民委员会、村民委员会、县级人民政府民政部门等有关人员或者单位的申请，依法撤销其监护人资格，另行指定监护人。

被撤销监护人资格的加害人，应当继续负担相应的赡养、扶养、抚养费用。

第二十二条　工会、共产主义青年团、妇女联合会、残疾人联合会、居民委员会、村民委员会等应当对实施家庭暴力的加害人进行法治教育，必要时可以对加害人、受害人进行心理辅导。

第四章　人身安全保护令

第二十三条　当事人因遭受家庭暴力或者面临家庭暴力的现实危险，向人民法院申请人身安全保护令的，人民法院应当受理。

当事人是无民事行为能力人、限制民事行为能力人，或者因受到强制、威吓等原因无法申请人身安全保护令的，其近亲属、公安机关、妇女联合会、居民委员会、村民委员会、救助管理机构可以代为申请。

第二十四条　申请人身安全保护令应当以书面方式提出；书面申请确有困难的，可以口头申请，由人民法院记入笔录。

第二十五条　人身安全保护令案件由申请人或者被申请人居住地、家庭暴力发生地的基层人民法院管辖。

第二十六条　人身安全保护令由人民法院以裁定形式作出。

第二十七条　作出人身安全保护令，应当具备下列条件：

（一）有明确的被申请人；

（二）有具体的请求；

（三）有遭受家庭暴力或者面临家庭暴力现实危险的情形。

第二十八条　人民法院受理申请后，应当在七十二小时内作出人身安全保护令或者驳回申请；情况紧急的，应当在二十四小时内作出。

第二十九条　人身安全保护令可以包括下列措施：

（一）禁止被申请人实施家庭暴力；

（二）禁止被申请人骚扰、跟踪、接触申请人及其相关近亲属；

（三）责令被申请人迁出申请人住所；

（四）保护申请人人身安全的其他措施。

第三十条　人身安全保护令的有效期不超过六个月，自作出之日起生效。人身安全保护令失效前，人民法院可以根据申请人的申请撤销、变更或者延长。

第三十一条　申请人对驳回申请不服或者被申请人对人身安全保护令不服的，可以自裁定生效之日起五日内向作出裁定的人民法院申请复议一次。人民法院依法作出人身安全保护令的，复议期间不停止人身安全保护令的执行。

第三十二条　人民法院作出人身安全保护令后，应当送达申请人、被申请人、公安机关以及居民委员会、村民委员会等有关组织。人身安全保护令由人民法院执行，公安机关以及居民委员会、村民委员会等应当协助执行。

第五章　法律责任

第三十三条　加害人实施家庭暴力，构成违反治安管理行为的，依法给予治安管理处罚；构成犯罪的，依法追究刑事责任。

第三十四条　被申请人违反人身安全保护令，构成犯罪的，依法追究刑事责任；尚不构成犯罪的，人民法院应当给予训诫，可以根据情节轻重处以一千元以下罚款、十五日以下拘留。

第三十五条　学校、幼儿园、医疗机构、居民委员会、村民委员会、社会工作服务机构、救助管理机构、福利机构及其工作人员未依照本法第十四条规定向公安机关报案，造成严重后果的，由上级主管部门或者本单位对直接负责的主管人员和其他直接责任人员依法给予处分。

第三十六条　负有反家庭暴力职责的国家工作人员玩忽职守、滥用职权、徇私舞弊的，依法给予处分；构成犯罪的，依法追究刑事责任。

第六章　附　则

第三十七条　家庭成员以外共同生活的人之间实施的暴力行为，参照本法规定执行。

第三十八条　本法自 2016 年 3 月 1 日起施行。

最高人民法院　最高人民检察院　公安部　司法部
印发《关于依法办理家庭暴力犯罪案件的意见》的通知

（2015 年 3 月 2 日　法发〔2015〕4 号）

各省、自治区、直辖市高级人民法院、人民检察院、公安厅（局）、司法厅（局），解放军军事法院、军事检察院，新疆维吾尔自治区高级人民法院生产建设兵团分院，新疆生产建设兵团人民检察院、公安局、司法局：

为积极预防和有效惩治家庭暴力犯罪，加强对家庭暴力被害人的刑事司法保护，现将《最高人民法院、最高人民检察院、公安部、司法部关于依法办理家庭暴力犯罪案件的意见》印发给你们，请认真贯彻执行。

附：

关于依法办理家庭暴力犯罪案件的意见

发生在家庭成员之间，以及具有监护、扶养、寄养、同居等关系的共同生活人员之间的家庭暴力犯罪，严重侵害公民人身权利，破坏家庭关系，影响社会和谐稳定。人民法院、人民检察院、公安机关、司法行政机关应当严格履行职责，充分运用法律，积极预防和有效惩治各种家庭暴力犯罪，切实保障人权，维护社会秩序。为此，根据刑法、刑事诉讼法、婚姻法、未成年人保护法、老年人权益保障法、妇女权益保障法等法律，结合司法实践经验，制定本意见。

一、基本原则

1. 依法及时、有效干预。针对家庭暴力持续反复发生，不断恶化升级的特点，人民法院、人民检察院、公安机关、司法行政机关对已发现的家庭暴力，应当依法采取及时、有效的措施，进行妥善处理，不能以家庭暴力发生在家庭成员之间，或者属于家务事为由而置之不理，互相推诿。

2. 保护被害人安全和隐私。办理家庭暴力犯罪案件，应当首先保护被害人的安全。通过对被害人进行紧急救治、临时安置，以及对施暴人采取刑事强制措施、判处刑罚、宣告禁止令等措施，制止家庭暴力并防止再次发生，消除家庭暴力的现实侵害和潜在危险。对与案件有关的个人隐私，应当保密，但法律有特别规定的除外。

3. 尊重被害人意愿。办理家庭暴力犯罪案件，既要严格依法进行，也要尊重被害人的意愿。在立案、采取刑事强制措施、提起公诉、判处刑罚、减刑、假释时，应当充分听取被害人意见，在法律规定的范围内作出合情、合理的处理。对法律规定可以调解、和解的案件，应当在当事人双方自愿的基础上进行调解、和解。

4. 对未成年人、老年人、残疾人、孕妇、哺乳期妇女、重病患者特殊保护。办理家庭暴力犯罪案件，应当根据法律规定和案件情况，通过代为告诉、法律援助等措施，加大对未成年人、老年人、残疾人、孕妇、哺乳期妇女、重病患者的司法保护力度，切实保障他们的合法权益。

二、案件受理

5. 积极报案、控告和举报。依照刑事诉讼法第一百零八条第一款“任何单位和个人发现有犯罪事实或者犯罪嫌疑人，有权利也有义务向公安机关、人民检察院或者人民法院报案或者举报”的规定，家庭暴力被害人及其亲属、朋友、邻居、同事，以及村（居）委会、人民调解委员会、妇联、共青团、残联、医院、学校、幼儿园等单位、组织，发现家庭暴力，有权利也有义务及时向公安机关、人民检察院、人民法院报案、控告或者举报。

公安机关、人民检察院、人民法院对于报案人、控告人和举报人不愿意公开自己的姓名和报案、控告、举报行为的，应当为其保守秘密，保护报案人、控告人和举报人的安全。

6. 迅速审查、立案和转处。公安机关、人民检察院、人民法院接到家庭暴力的报案、控告或者举报后，应当立即问明案件的初步情况，制作笔录，迅速进行审查，按照刑事诉讼法关于立案的规定，根据自己的管辖范围，决定是否立案。对于符合立案条件的，要及时立案。对于可能构成犯罪但不属于自己管辖的，应当移送主管机关处理，并且通知报案人、控告人或者举报人；对于不属于自己管辖而又必须采取紧急措施的，应当先采取紧急措施，然后移送主管机关。

经审查，对于家庭暴力行为尚未构成犯罪，但属于违反治安管理行为的，应当将案件移送公安机关，依照治安管理处罚法的规定进行处理，同时告知被害人可以向人民调解委员会提出申请，或者向人民法院提起民事诉讼，要求施暴人承担停止侵害、赔礼道歉、赔偿损失等民事责任。

7. 注意发现犯罪案件。公安机关在处理人身伤害、虐待、遗弃等行政案件过程中，人民法院在审理婚姻家庭、继承、侵权责任纠纷等民事案件过程中，应当注意发现可能涉及的家庭暴力犯罪。一旦发现家庭暴力犯罪线索，公安机关应当将案件转为刑事案件办理，人民法院应当将案件移送公安机关；属于自诉案件的，公安机关、人民法院应当告知被害人提起自诉。

8. 尊重被害人的程序选择权。对于被害人有证据证明的轻微家庭暴力犯罪案件，在立案审查时，应当尊重被害人选择公诉或者自诉的权利。被害人要求公安机关处理的，公安机关应当依法立案、侦查。在侦查过程中，被害人不再要求公安机关处理或者要求转为自诉案件的，应当告知被害人向公安机关提交书面申请。经审查确系被害人自愿提出的，公安机关应当依法撤销案件。被害人就这类案件向人民法院提起自诉的，人民法院应当依法受理。

9. 通过代为告诉充分保障被害人自诉权。对于家庭暴力犯罪自诉案件，被害人无法告诉或者不能亲自告诉的，其法定代理人、近亲属可以告诉或者代为告诉；被害人是无行为能力人、限制行为能力人，其法定代理人、近亲属没有告诉或者代为告诉的，人民检察院可以告诉；侮辱、暴力干涉婚姻自由等告诉才处理的案件，被害人因受强制、威吓无法告诉的，人民检察院也可以告诉。人民法院对告诉或者代为告诉的，应当依法受理。

10. 切实加强立案监督。人民检察院要切实加强对家庭暴力犯罪案件的立案监督，发现公安机关应当立案而不立案的，或者被害人及其法定代理人、近亲属，有关单位、组织就公安机关不予立案向人民检察院提出异议的，人民检察院应当要求公安机关说明不立案的理由。人民检察院认为不立案理由不成立的，应当通知公安机关立案，公安机关接到通知后应当立案；认为不立案理由成立的，应当将理由告知提出异议的被害人及其法定代理人、近亲属或者有关单位、组织。

11. 及时、全面收集证据。公安机关在办理家庭暴力案件时，要充分、全面地收集、固定证据，除了收集现场的物证、被害人陈述、证人证言等证据外，还应当注意及时向村（居）委会、人民调解委员会、妇联、共青团、残联、医院、学校、幼儿园等单位、组织的工作人员，以及被害人的亲属、邻居等收集涉及家庭暴力的处理记录、病历、照片、视频等证据。

12. 妥善救治、安置被害人。人民法院、人民检察院、公安机关等负有保护公民人身安全职责的单位和组织，对因家庭暴力受到严重伤害需要紧急救治的被害人，应当立即协助联系医疗机构救治；对面临家庭暴力严重威胁，或者处于无人照料等危险状态，需要临时安置的被害人或者相关未成年人，应当通知并协助有关部门进行安置。

13. 依法采取强制措施。人民法院、人民检察院、公安机关对实施家庭暴力的犯罪嫌疑人、被告人，符合拘留、逮捕条件的，可以依法拘留、逮捕；没有采取拘留、逮捕措施的，应当通过走访、打电话等方式与被害人或者其法定代理人、近亲属联系，了解被害人的人身安全状况。对于犯罪嫌疑人、被告人再次实施家庭暴力的，应当根据情况，依法采取必要的强制措施。

人民法院、人民检察院、公安机关决定对实施家庭暴力的犯罪嫌疑人、被告人取保候审的，为了确保被害人及其子女和特定亲属的安全，可以依照刑事诉讼法第六十九条第二款的规定，责令犯罪嫌疑人、被告人不得再次实施家庭暴力；不得侵扰被害人的生活、工作、学习；不得进行酗酒、赌博等活动；经被害人申请且有必要的，责令不得接近被害人及其未成年子女。

14. 加强自诉案件举证指导。家庭暴力犯罪案件具有案发周期较长、证据难以保存，被害人处于相对弱势、举证能力有限，相关事实难以认定等特点。有些特点在自诉案件中表现得更为突出。因此，人民法院在审理家庭暴力自诉案件时，对于因当事人举证能力不足等原因，难以达到法律规定的证据要求的，应当及时对当事人进行举证指导，告知需要收集的证据及收集证据的方法。对于因客观原因不能取得的证据，当事人申请人民法院调取的，人民法院应当认真审查，认为确有必要的，应当调取。

15. 加大对被害人的法律援助力度。人民检察院自收到移送审查起诉的案件材料之日起三日内，人民法院自受理案件之日起三日内，应当告知被害人及其法定代理人或者近亲属有权委托诉讼代理人，如果经济困难，可以向法律援助机构申请法律援助；对于被害人是未成年人、老年人、重病患者或者残疾人等，因经济困难没有委托诉讼代理人的，人民检察院、人民法院应当帮助其申请法律援助。

法律援助机构应当依法为符合条件的被害人提供法律援助，指派熟悉反家庭暴力法律法规的律师办理案件。

三、定罪处罚

16. 依法准确定罪处罚。对故意杀人、故意伤害、强奸、猥亵儿童、非法拘禁、侮辱、暴力干涉婚姻自由、虐待、遗弃等侵害公民人身权利的家庭暴力犯罪，应当根据犯罪的事实、犯罪的性质、情节和对社会的危害程度，严格依照刑法的有关规定判处。对于同一行为同时触犯多个罪名的，依照处罚较重的规定定罪处罚。

17. 依法惩处虐待犯罪。采取殴打、冻饿、强迫过度劳动、限制人身自由、恐吓、侮辱、谩骂等手段，对家庭成员的身体和精神进行摧残、折磨，是实践中较为多发的虐待性质的家庭暴力。根据司法实践，具有虐待持续时间较长、次数较多；虐待手段残忍；虐待造成被害人轻微伤或者患较严重疾病；对未成年人、老年人、残疾人、孕妇、哺乳期妇女、重病患者实施较为严重的虐待行为等情形，属于刑法第二百六十条第一款规定的虐待“情节恶劣”，应当依法以虐待罪定罪处罚。

准确区分虐待犯罪致人重伤、死亡与故意伤害、故意杀人犯罪致人重伤、死亡的界限，要根据被告人的主观故意、所实施的暴力手段与方式、是否立即或者直接造成被害人伤亡后果等进行综合判断。对于被告人主观上不具有侵害被害人健康或者剥夺被害人生命的故意，而是出于追求被害人肉体和精神上的痛苦，长期或者多次实施虐待行为，逐渐造成被害人身体损害，过失导致被害人重伤或者死亡的；或者因虐待致使被害人不堪忍受而自残、自杀，导致重伤或者死亡的，属于刑法第二百六十条第二款规定的虐待“致使被害人重伤、死亡”，应当以虐待罪定罪处罚。对于被告人虽然实施家庭暴力呈现出经常性、持续性、反复性的特点，但其主观上具有希望或者放任被害人重伤或者死亡的故意，持凶器实施暴力，暴力手段残忍，暴力程度较强，直接或者立即造成被害人重伤或者死亡的，应当以故意伤害罪或者故意杀人罪定罪处罚。

依法惩处遗弃犯罪。负有扶养义务且有扶养能力的人，拒绝扶养年幼、年老、患病或者其他没有独立生活能力的家庭成员，是危害严重的遗弃性质的家庭暴力。根据司法实践，具有对被害人长期不予照顾、不提供生活来源；驱赶、逼迫被害人离家，致使被害人流离失所或者生存困难；遗弃患严重疾病或者生活不能自理的被害人；遗弃致使被害人身体严重损害或者造成其他严重后果等情形，属于刑法第二百六十一条规定的遗弃“情节恶劣”，应当依法以遗弃罪定罪处罚。

准确区分遗弃罪与故意杀人罪的界限，要根据被告人的主观故意、所实施行为的时间与地点、是否立即造成被害人死亡，以及被害人对被告人的依赖程度等进行综合判断。对于只是为了逃避扶养义务，并不希望或者放任被害人死亡，将生活不能自理的被害人弃置在福利院、医院、派出所等单位或者广场、车站等行人较多的场所，希望被害人得到他人救助的，一般以遗弃罪定罪处罚。对于希望或者放任被害人死亡，不履行必要的扶养义务，致使被害人因缺乏生活照料而死亡，或者将生活不能自理的被害人带至荒山野岭等人迹罕至的场所扔弃，使被害人难以得到他人救助的，应当以故意杀人罪定罪处罚。

18. 切实贯彻宽严相济刑事政策。对于实施家庭暴力构成犯罪的，应当根据罪刑法定、罪刑相适应原则，兼顾维护家庭稳定、尊重被害人意愿等因素综合考虑，宽严并用，区别对待。根据司法实践，对于实施家庭暴力手段残忍或者造成严重后果；出于恶意侵占财产等卑劣动机实施家庭暴力；因酗酒、吸毒、赌博等恶习而长期或者多次实施家庭暴力；曾因实施家庭暴力受到刑事处罚、行政处罚；或者具有其他恶劣情形的，可以酌情从重处罚。对于实施家庭暴力犯罪情节较轻，或者被告人真诚悔罪，获得被害人谅解，从轻处罚有利于被扶养人的，可以酌情从轻处罚；对于情节轻微不需要判处刑罚的，人民检察院可以不起诉，人民法院可以判处免予刑事处罚。

对于实施家庭暴力情节显著轻微危害不大不构成犯罪的，应当撤销案件、不起诉，或者宣告无罪。

人民法院、人民检察院、公安机关应当充分运用训诫，责令施暴人保证不再实施家庭暴力，或者向被害人赔礼道歉、赔偿损失等非刑罚处罚措施，加强对施暴人的教育与惩戒。

19. 准确认定对家庭暴力的正当防卫。为了使本人或者他人的人身权利免受不法侵害，对正在进行的家庭暴力采取制止行为，只要符合刑法规定的条件，就应当依法认定为正当防卫，不负刑事责任。防卫行为造成施暴人重伤、死亡，且明显超过必要限度，属于防卫过当，应当负刑事责任，但是应当减轻或者免除处罚。

认定防卫行为是否“明显超过必要限度”，应当以足以制止并使防卫人免受家庭暴力不法侵害的需要为标准，根据施暴人正在实施家庭暴力的严重程度、手段的残忍程度，防卫人所处的环境、面临的危险程度、采取的制止暴力的手段、造成施暴人重大损害的程度，以及既往家庭暴力的严重程度等进行综合判断。

20. 充分考虑案件中的防卫因素和过错责任。对于长期遭受家庭暴力后，在激愤、恐惧状态下为了防止再次遭受家庭暴力，或者为了摆脱家庭暴力而故意杀害、伤害施暴人，被告人的行为具有防卫因素，施暴人在案件起因上具有明显过错或者直接责任的，可以酌情从宽处罚。对于因遭受严重家庭暴力，身体、精神受到重大损害而故意杀害施暴人；或者因不堪忍受长期家庭暴力而故意杀害施暴人，犯罪情节不是特别恶劣，手段不是特别残忍的，可以认定为刑法第二百三十二条规定的故意杀人“情节较轻”。在服刑期间确有悔改表现的，可以根据其家庭情况，依法放宽减刑的幅度，缩短减刑的起始时间与间隔时间；符合假释条件的，应当假释。被杀害施暴人的近亲属表示谅解的，在量刑、减刑、假释时应当予以充分考虑。

四、其他措施

21. 充分运用禁止令措施。人民法院对实施家庭暴力构成犯罪被判处管制或者宣告缓刑的犯罪分子，为了确保被害人及其子女和特定亲属的人身安全，可以依照刑法第三十八条第二款、第七十二条第二款的规定，同时禁止犯罪分子再次实施家庭暴力，侵扰被害人的生活、工作、学习，进行酗酒、赌博等活动；经被害人申请且有必要的，禁止接近被害人及其未成年子女。

22. 告知申请撤销施暴人的监护资格。人民法院、人民检察院、公安机关对于监护人实施家庭暴力，严重侵害被监护人合法权益的，在必要时可以告知被监护人及其他有监护资格的人员、单位，向人民法院提出申请，要求撤销监护人资格，依法另行指定监护人。

23. 充分运用人身安全保护措施。人民法院为了保护被害人的人身安全，避免其再次受到家庭暴力的侵害，可以根据申请，依照民事诉讼法等法律的相关规定，作出禁止施暴人再次实施家庭暴力、禁止接近被害人、迁出被害人的住所等内容的裁定。对于施暴人违反裁定的行为，如对被害人进行威胁、恐吓、殴打、伤害、杀害，或者未经被害人同意拒不迁出住所的，人民法院可以根据情节轻重予以罚款、拘留；构成犯罪的，应当依法追究刑事责任。

24. 充分运用社区矫正措施。社区矫正机构对因实施家庭暴力构成犯罪被判处管制、宣告缓刑、假释或者暂予监外执行的犯罪分子，应当依法开展家庭暴力行为矫治，通过制定有针对性的监管、教育和帮助措施，矫正犯罪分子的施暴心理和行为恶习。

25. 加强反家庭暴力宣传教育。人民法院、人民检察院、公安机关、司法行政机关应当结合本部门工作职责，通过以案说法、社区普法、针对重点对象法制教育等多种形式，开展反家庭暴力宣传教育活动，有效预防家庭暴力，促进平等、和睦、文明的家庭关系，维护社会和谐、稳定。

最高人民法院
关于依法妥善审理婚姻家庭案件切实保障当事人合法权益和人身安全的通知

（2017年9月21日　法明传〔2017〕569号）

一段时间以来，因婚姻家庭纠纷案件引发的恶性暴力事件时有发生，不仅对当事人造成了伤害，甚至威胁、伤害到他人的生命健康安全，社会影响恶劣。为依法保障当事人的合法权益和人身安全，维护诉讼秩序，特通知如下：

一、充分认识审理好婚姻家庭案件的重要意义。婚姻家庭纠纷案件数量大、涉及面广，影响到千家万户，关乎广大未成年人、妇女和老年人合法权益的保护，与社会和谐稳定密切相关。家庭纠纷处理不当，极易引发刑事案件，对社会治安带来严峻挑战。审理好婚姻家庭纠纷等家事案件，对于促进个人幸福和家庭和谐，创新社会治理，维护社会稳定，具有十分重要的意义。各级法院要进一步提高认识，切实做好婚姻家庭案件审判工作。

二、深刻把握家事审判规律，促进家庭纠纷矛盾化解。各级法院应当高度重视家事案件所具有的伦理性、敏感性和社会性特点，动员社会各界力量，有针对性地开展调解和心理疏导工作，引导当事人树立理性、平和、宽容的良好心态，钝化双方矛盾，依法妥善处理家事纠纷。有条件的地区，应当按照最高人民法院关于家事审判方式和工作机制改革试点工作的要求，积极开展联动调解、情况调查、心理测评、判后帮扶等工作，创新家事审判工作机制，提升家事审判能力和水平，发挥家事审判诊断、修复和治疗作用，努力促进家庭和谐，维护社会稳定。

三、切实依法履行职责，防止恶性事件发生。婚姻家庭纠纷案件更多涉及情感利益和人格权益，一些当事人容易出现过激情绪，离婚案件更是审判环节风险高发点，各级法院民事审判庭和人民法庭对此务必高度重视。要依托多元化纠纷解决机制改革，充分发挥诉前调解制度作用，依法保障当事人合法权益，并注意分析研判案件的安全风险，发现有苗头性、倾向性的问题，应当及时采取防范措施，逐按落实风险稳控责任和措施，采取多种措施加强审判法庭安全保卫工作，坚决防止杀人、伤人和自杀等恶性事件发生。

特此通知。

最高人民法院　中央综治办　最高人民检察院　教育部　公安部　民政部　司法部　国家卫生计生委　新闻出版广电总局　国务院妇儿工委办公室　全国总工会　共青团中央　全国妇联　中国关工委　全国老龄办关于建立家事审判方式和工作机制改革联席会议制度的意见

（2017 年 7 月 19 日　法〔2017〕18 号）

为加强对家事审判方式和工作机制改革的组织领导和统筹协调，强化部门间协作配合，及时研究解决工作中面临的重大问题，决定建立家事审判方式和工作机制改革联席会议（以下简称联席会议）制度。

一、主要职能

在中央政法委领导下，统筹协调推进家事审判方式和工作机制改革工作。研究制定家事案件纠纷化解政策措施和年度工作计划，探索家事审判程序改革，向全国人大提出家事特别程序立法建议；推动部门沟通与协作，明确职责任务分工，加强政策衔接和工作对接，推进多元化纠纷解决机制完善；推进家事审判工作专业化和群众路线相结合；督促、检查婚姻家庭纠纷化解工作落实，及时通报工作进展情况；完成中央交办的其他事项。

二、成员单位

联席会议由最高人民法院、中央综治办、最高人民检察院、教育部、公安部、民政部、司法部、国家卫生计生委、新闻出版广电总局、国务院妇儿工委办公室、全国总工会、共青团中央、全国妇联、中国关工委、全国老龄办等 15 个部门和单位组成，最高人民法院为牵头单位。

最高人民法院常务副院长为联席会议召集人，各成员单位有关负责同志为联席会议成员。联席会议成员因工作变动需要调整的，由所在单位提出，联席会议确定。根据工作需要，联席会议可以邀请其他相关部门参加。

联席会议办公室设在最高人民法院，承担联席会议的日常工作，办公室主任由最高人民法院一名院领导兼任。联席会议设联络员，由各成员单位有关司局负责同志担任；设信息员，由各成员单位处级负责同志担任。

三、工作规则

联席会议原则上每年召开一次全体会议，由召集人或召集人委托的同志主持。根据工作需要，可以召开临时会议。在全体会议召开之前，召开联络员会议，研究讨论联席会议议题和需提交联席会议议定的事项。联席会议以会议纪要形式明确会议议定事项。会议纪要经与会单位同意后印发有关方面，同时抄报国务院和中央政法委。重大问题经联席会议讨论后，由联席会议牵头单位报中央政法委决定。

四、工作要求

各成员单位要按照职责分工，主动研究家事审判方式和工作机制改革工作及婚姻家庭纠纷化解工作的有关问题，及时向牵头单位提出需联席会议讨论的议题；积极参加联席会议，认真落实联席会议确定的工作任务和议定事项，及时处理需要跨部门协调解决的问题。各成员单位要互通信息，相互配合，相互支持，形成合力，充分发挥联席会议的作用，共同做好家事审判方式和工作机制改革有关工作。

附件：家事审判方式和工作机制改革联席会议成员单位职责任务分工

附件

家事审判方式和工作机制改革联席会议
成员单位职责任务分工

为加强婚姻家庭纠纷化解工作的组织领导和统筹协调，推动家事审判方式和工作机制改革工作深化发展，依法维护婚姻家庭和谐稳定，保障未成年人、妇女、老年人合法权益，培育和践行社会主义核心价值观，促进社会建设，确定各成员单位职责任务分工如下：

一、中央综治办

充分发挥各级综治中心作用，促进矛盾纠纷多元化解机制完善，推动婚姻家庭纠纷排查调处责任落实。严格落实综治领导责任制，将婚姻家庭纠纷化解工作作为综治工作（平安建设）考评的内容，按照中央有关规定，开展督促检查、表彰奖励、责任督导和追究。协调中央综治委各有关成员单位积极参与并认真做好维护妇女儿童老年人权益工作，对发生造成恶劣影响的重大刑事案件的地方、单位及部门，实行综治领导责任督导和追究。

二、最高人民法院

指导地方各级人民法院及时受理并依法审理婚姻家庭案件。依托多元化纠纷解决机制改革，建立社会广泛参与的家事纠纷多元调解机制；依托以审判为中心的诉讼制度改革，探索家事审判程序改革；依托司法人员分类管理制度改革，探索家事审判机构和队伍专业化改革。案件审判由侧重财产分割、财产权益保护转变为全面关注当事人身份权益、财产利益、人格利益、安全利益和情感利益。注意区分婚姻危机和婚姻死亡，积极化解婚姻危机，正确处理保护婚姻自由与维护家庭稳定的关系。推行离婚证明书制度，探索与民政部门建立信息共享机制。

及时总结经验，从审判组织、队伍建设、证明标准、制止家庭暴力、家庭财产申报、诉讼程序等多方面进行家事审判专业化探索。加强家事法官和司法辅助人员调解技能、心理学、社会学知识培训。指导各地法院加强硬件设施配置，提升业务装备配备水平。积极争取党委的领导和社会各界的大力支持，推动形成“党委领导、政府尽责、法院牵头、社会参与”的良好工作局面。

三、最高人民检察院

指导全国检察机关充分履行检察职能，强化对公安、法院以及其他相关部门开展妇女儿童老年人权益保护工作的法律监督。依法惩处各类侵害家庭成员的犯罪，依法追究侵害人的法律责任。对监护人因监护侵害行为被提起公诉的案件，应当书面告知被监护人及其近亲属或者书面建议民政部门依法申请撤销监护人资格。

四、教育部

指导地方教育部门依法保障适龄儿童少年平等接受义务教育，加强对家庭特殊困难学生的教育关爱，帮助单亲家庭儿童、留守儿童、困境儿童与父母的情感联系和亲情交流。组织开展控辍保学工作，落实免费义务教育和教育资助政策，确保适龄儿童少年不因家庭困境而失学。督促指导中小学校、幼儿园及其工作人员树立强制报告意识，在中小学校、幼儿园发现未成年人受到家庭监护侵害的情况应强制报告。

推动各地教育部门积极开展家庭教育工作，明确家长在家庭教育中的主体责任，强化学校家庭教育工作指导。配合妇联、关工委等相关组织，共同办好家长学校；依托青少年宫、乡村少年宫、儿童活动中心等公共服务阵地，为城乡不同年龄段未成年人及其家庭提供家庭教育指导服务；统筹协调各类社会资源单位，指导各地教育部门积极引导多元社会主体参与家庭教育指导服务。

五、公安部

指导各地公安机关依法打击侵犯妇女儿童老年人权益犯罪，贯彻实施反家庭暴力法，接收人民法院送达的人身安全保护令并协助人民法院做好人身安全保护令的执行工作。指导各地公安机关在接到家庭暴力报案或者违反人身安全保护令再次实施家庭暴力报案后，及时出警，并根据反家庭暴力法、治安管理处罚法等法律法规予以处置。指导各地公安机关依法追究失职父母或者侵害人的法律责任。

六、民政部

拟定婚姻管理政策并指导各地民政部门实施，推动婚姻家庭辅导工作。加大婚姻登记信息化建设，推动婚姻登记信息数据库建设。指导具备条件的婚姻登记机构设立婚姻家庭辅导室，为有需求的当事人提供法律咨询、情感辅导、心理疏导、纠纷处理、婚前教育等服务。

牵头推进农村留守儿童关爱保护工作；牵头拟定未成年人保护发展规划和工作方针政策，推动建立未成年人社会保护制度，牵头拟定困境儿童权益保护政策和保障措施；指导各地救助管理机构、福利机构、未成年人保护机构发挥兜底作用，依法做好困境未成年人救助保护工作，通过政府购买服务等方式为未成年人提供关爱服务；在有条件的地方建立反家庭暴力庇护所，切实维护家庭暴力受害人权益。

七、司法部

指导广大人民调解组织充分发挥职能优势，及时有效化解婚姻家庭纠纷。加强婚姻家庭纠纷人民调解组织队伍建设，推动在县（市、区）因地制宜建立婚姻家庭纠纷人民调解委员会，选聘专业人士担任人民调解员，设立专职调解员公益岗位，加强对婚姻家庭纠纷人民调解员的专业培训和表彰奖励。督促落实婚姻家庭纠纷人民调解经费，将婚姻家庭纠纷人民调解工作纳入政府购买服务指导性目录，提高保障标准和水平。

指导各级司法行政机关通过以案释法、社区普法、针对重点对象开展法治宣传教育等多种形式，深入宣传婚姻家庭和未成年人保护法律法规和政策措施。积极引导法律服务人员为权益受到侵害的妇女儿童老年人提供法律援助和法律服务等专业服务。

八、国家卫生计生委

指导医疗机构及时接受、救治遭受家庭暴力的受害人，做好诊疗记录，并协助做好受害人伤情鉴定、身心健康状况评估等工作。指导医疗机构及其工作人员树立为无民事行为能力人、限制民事行为能力人遭受或者疑似遭受家庭暴力的强制报告意识，开展强制报告工作。

九、新闻出版广电总局

指导各地新闻出版广电部门加强家庭美德、反家庭暴力以及妇女儿童老年人权益保障政策和法律法规宣传工作，引导家庭成员自觉履行家庭责任。组织广播电视媒体广泛宣传报道文明家庭、妇女儿童老年人权益保护先进典型，营造全社会尊老爱幼、男女平等、家庭和谐的良好氛围。

十、国务院妇儿工委办公室

在推动实施《中国妇女发展纲要（2011—2020年）》和《中国儿童发展纲要（2011—2020年）》中，协调有关部门强化职能，制定措施，做好妇女儿童权益保护、婚姻家庭纠纷化解和文明家风宣传工作。发挥议事协调作用，推动有关部门解决婚姻家庭领域涉及妇女儿童合法权益的突出问题，对工作成效显著的地区和部门的经验予以宣传和推广。将联席会议确定的相关部门目标任务、责任分工，作为纲要在今后五年实施中重点关注内容，并在制定新一周期妇女儿童发展纲要时予以考虑和吸收。

十一、全国总工会

维护职工群众的合法利益，引导教育职工提高思想道德水平，注重家庭美德培养，协助有关调解组织共同做好职工家庭纠纷调解工作，推动家庭文明建设。通过开展送温暖、金秋助学、农民工平安返乡和女职工关爱行动等品牌活动，加强对职工特别是农民工的困难帮扶和人文关怀，帮助他们解决生活困难，加强亲情关爱，组织带领职工开展平安家庭创建活动。做好维护女职工的合法权益和特殊利益的相关工作，推动解决侵害女职工权益的突出问题。

十二、共青团中央

落实《中长期青年发展规划（2016—2025年）》中“青年婚恋”领域的目

标要求，会同相关职能部门和群团组织、社会组织，加强青年婚恋观、家庭观教育，弘扬健康向上的婚恋新风；广泛开展青年交友联谊活动，开发提升青年婚恋服务的公益项目，提供青年婚恋心理咨询和行为指导，开展青年性健康教育和优生优育宣传教育；重点做好大龄未婚青年等群体的婚姻服务工作。

切实履行各级综治委预防青少年违法犯罪专项组组长单位和未成年人保护委员会办公室职责，深化“青少年维权岗”创建，开展“青少年零犯罪零受害社区（村）”试点，推动解决侵害青少年权益的突出问题，面向青少年开展思想道德教育和普法宣传，推动完善相关法律法规和政策制度。建设“青年之声”、“青少年维权在线”和12355青少年服务台，联系法律、心理等方面专业力量和青少年事务社工服务机构，为青少年提供困难帮扶、法律咨询、心理健康、自护教育等专业服务。

十三、全国妇联

指导各级妇联组织积极开展法治宣传教育，推动预防和制止家庭暴力工作，维护妇女儿童及其他家庭成员的合法权益。将家事纠纷调解和司法参与同普法宣传、良好家风教育、家庭美德建设等工作有机结合，引导家庭成员树立正确的婚姻家庭观，传承良好家教家风，弘扬传统家庭美德。组织开展寻找“最美家庭”“建设法治中国·巾帼在行动”“中国妇女法律援助行动”等活动，建好各级妇联信访接待室，畅通12338妇女维权服务热线，拓展网络等投诉受理渠道，协助调处婚姻家庭纠纷及其他涉及妇女儿童合法权益的案件。做好矛盾排查、心理疏导、纠纷调解、信访代理、法律帮助、困难帮扶等工作.

积极参与婚姻家庭纠纷预防和化解工作。指导各级妇联夯实基层婚姻家庭纠纷调解工作基础，会同司法行政等部门联合建立婚姻家庭纠纷专业性人民调解委员会，加强婚姻家庭纠纷调解专业人才培养，积极参与法院家事案件诉前调解、诉中矛盾化解以及判后回访帮扶等工作。向法院推荐优秀妇联干部担任人民陪审员，促进家事审判过程的公正和民主。

十四、中国关工委

组织动员广大老干部、老战士、老专家、老教师、老模范等离退休老同志，发挥他们的政治优势、经验优势和威望，开展多种形式的婚姻家庭纠纷调处和关爱未成年人服务等活动，协同做好家庭纠纷化解和未成年人保护工作。

十五、全国老龄办

研究提出完善老年人权益保障政策法规的建议对策，提出立法建议；组织、协调、督促老龄委成员单位和地方老龄工作机构的工作落实，指导并推动相关部门做好老年人法律维权工作；加快推动家庭养老支持政策的出台，加强对农村留守老年人权益维护工作，开展老年监护相关工作的研究，指导签订农村老年人赡养或者扶养协议书。

2. 结婚登记

婚姻登记条例

（2003 年 7 月 30 日国务院第十六次常务会议通过
2003 年 8 月 8 日国务院令第 387 号公布
自 2003 年 10 月 1 日起施行）

第一章　总　则

第一条　为了规范婚姻登记工作，保障婚姻自由、一夫一妻、男女平等的婚姻制度的实施，保护婚姻当事人的合法权益，根据《中华人民共和国婚姻法》（以下简称婚姻法），制定本条例。

第二条　内地居民办理婚姻登记的机关是县级人民政府民政部门或者乡（镇）人民政府，省、自治区、直辖市人民政府可以按照便民原则确定农村居民办理婚姻登记的具体机关。

中国公民同外国人，内地居民同香港特别行政区居民（以下简称香港居民）、澳门特别行政区居民（以下简称澳门居民）、台湾地区居民（以下简称台湾居民）、华侨办理婚姻登记的机关是省、自治区、直辖市人民政府民政部门或者省、自治区、直辖市人民政府民政部门确定的机关。

第三条　婚姻登记机关的婚姻登记员应当接受婚姻登记业务培训，经考核合格，方可从事婚姻登记工作。

婚姻登记机关办理婚姻登记，除按收费标准向当事人收取工本费外，不得收取其他费用或者附加其他义务。

第二章　结婚登记

第四条　内地居民结婚，男女双方应当共同到一方当事人常住户口所在地的婚姻登记机关办理结婚登记。

中国公民同外国人在中国内地结婚的，内地居民同香港居民、澳门居民、台湾居民、华侨在中国内地结婚的，男女双方应当共同到内地居民常住户口所在地的婚姻登记机关办理结婚登记。

第五条　办理结婚登记的内地居民应当出具下列证件和证明材料：

（一）本人的户口簿、身份证；

（二）本人无配偶以及与对方当事人没有直系血亲和三代以内旁系血亲关系的签字声明。

办理结婚登记的香港居民、澳门居民、台湾居民应当出具下列证件和证明材料：

（一）本人的有效通行证、身份证；

（二）经居住地公证机构公证的本人无配偶以及与对方当事人没有直系血亲和三代以内旁系血亲关系的声明。

办理结婚登记的华侨应当出具下列证件和证明材料：

（一）本人的有效护照；

（二）居住国公证机构或者有权机关出具的、经中华人民共和国驻该国使（领）馆认证的本人无配偶以及与对方当事人没有直系血亲和三代以内旁系血亲关系的证明，或者中华人民共和国驻该国使（领）馆出具的本人无配偶以及与对方当事人没有直系血亲和三代以内旁系血亲关系的证明。

办理结婚登记的外国人应当出具下列证件和证明材料：

（一）本人的有效护照或者其他有效的国际旅行证件；

（二）所在国公证机构或者有权机关出具的、经中华人民共和国驻该国使（领）馆认证或者该国驻华使（领）馆认证的本人无配偶的证明，或者所在国驻华使（领）馆出具的本人无配偶的证明。

第六条　办理结婚登记的当事人有下列情形之一的，婚姻登记机关不予登记：

（一）未到法定结婚年龄的；

（二）非双方自愿的；

（三）一方或者双方已有配偶的；

（四）属于直系血亲或者三代以内旁系血亲的；

（五）患有医学上认为不应当结婚的疾病的。

第七条　婚姻登记机关应当对结婚登记当事人出具的证件、证明材料进行审查并询问相关情况。对当事人符合结婚条件的，应当当场予以登记，发给结婚证；对当事人不符合结婚条件不予登记的，应当向当事人说明理由。

第八条　男女双方补办结婚登记的，适用本条例结婚登记的规定。

第九条　因胁迫结婚的，受胁迫的当事人依据婚姻法第十一条的规定向婚姻登记机关请求撤销其婚姻的，应当出具下列证明材料：

（一）本人的身份证、结婚证；

（二）能够证明受胁迫结婚的证明材料。

婚姻登记机关经审查认为受胁迫结婚的情况属实且不涉及子女抚养、财产及债务问题的，应当撤销该婚姻，宣告结婚证作废。

第三章　离婚登记

第十条　内地居民自愿离婚的，男女双方应当共同到一方当事人常住户口所在地的婚姻登记机关办理离婚登记。

中国公民同外国人在中国内地自愿离婚的，内地居民同香港居民、澳门居民、台湾居民、华侨在中国内地自愿离婚的，男女双方应当共同到内地居民常住户口所在地的婚姻登记机关办理离婚登记。

第十一条　办理离婚登记的内地居民应当出具下列证件和证明材料：

（一）本人的户口簿、身份证；

（二）本人的结婚证；

（三）双方当事人共同签署的离婚协议书。

办理离婚登记的香港居民、澳门居民、台湾居民、华侨、外国人除应当出具前款第（二）项、第（三）项规定的证件、证明材料外，香港居民、澳门居民、台湾居民还应当出具本人的有效通行证、身份证，华侨、外国人还应当出具本人的有效护照或者其他有效国际旅行证件。

离婚协议书应当载明双方当事人自愿离婚的意思表示以及对子女抚养、财产及债务处理等事项协商一致的意见。

第十二条　办理离婚登记的当事人有下列情形之一的，婚姻登记机关不予受理：

（一）未达成离婚协议的；

（二）属于无民事行为能力人或者限制民事行为能力人的；

（三）其结婚登记不是在中国内地办理的。

第十三条　婚姻登记机关应当对离婚登记当事人出具的证件、证明材料进行审查并询问相关情况。对当事人确属自愿离婚，并已对子女抚养、财产、债务等问题达成一致处理意见的，应当当场予以登记，发给离婚证。

第十四条　离婚的男女双方自愿恢复夫妻关系的，应当到婚姻登记机关办理复婚登记。复婚登记适用本条例结婚登记的规定。

第四章　婚姻登记档案和婚姻登记证

第十五条　婚姻登记机关应当建立婚姻登记档案。婚姻登记档案应当长期保管。具体管理办法由国务院民政部门会同国家档案管理部门规定。

第十六条　婚姻登记机关收到人民法院宣告婚姻无效或者撤销婚姻的判决书副本后，应当将该判决书副本收入当事人的婚姻登记档案。

第十七条　结婚证、离婚证遗失或者损毁的，当事人可以持户口簿、身份证向原办理婚姻登记的机关或者一方当事人常住户口所在地的婚姻登记机关申请补领。婚姻登记机关对当事人的婚姻登记档案进行查证，确认属实的，应当为当事人补发结婚证、离婚证。

第五章　罚则

第十八条　婚姻登记机关及其婚姻登记员有下列行为之一的，对直接负责的主管人员和其他直接责任人员依法给予行政处分：

（一）为不符合婚姻登记条件的当事人办理婚姻登记的；

（二）玩忽职守造成婚姻登记档案损失的；

（三）办理婚姻登记或者补发结婚证、离婚证超过收费标准收取费用的。

违反前款第（三）项规定收取的费用，应当退还当事人。

第六章　附　则

第十九条　中华人民共和国驻外使（领）馆可以依照本条例的有关规定，为男女双方均居住于驻在国的中国公民办理婚姻登记。

第二十条　本条例规定的婚姻登记证由国务院民政部门规定式样并监制。

第二十一条　当事人办理婚姻登记或者补领结婚证、离婚证应当交纳工本费。工本费的收费标准由国务院价格主管部门会同国务院财政部门规定并公布。

第二十二条　本条例自2003年10月1日起施行。1994年1月12日国务院批准、1994年2月1日民政部发布的《婚姻登记管理条例》同时废止。

民政部
关于印发《婚姻登记工作规范》的通知

（2015 年 12 月 8 日 民发〔2015〕230 号）

各省、自治区、直辖市民政厅（局），各计划单列市民政局，新疆生产建设兵团民政局：

为进一步规范婚姻登记工作，我部对《婚姻登记工作暂行规范》进行了修订，现予印发，请认真贯彻执行。

第一章 总 则

第一条 为加强婚姻登记规范化管理，维护婚姻当事人的合法权益，根据《中华人民共和国婚姻法》和《婚姻登记条例》，制定本规范。

第二条 各级婚姻登记机关应当依照法律、法规及本规范，认真履行职责，做好婚姻登记工作。

第二章 婚姻登记机关

第三条 婚姻登记机关是依法履行婚姻登记行政职能的机关。

第四条 婚姻登记机关履行下列职责：

（一）办理婚姻登记；

（二）补发婚姻登记证；

（三）撤销受胁迫的婚姻；

（四）建立和管理婚姻登记档案；

（五）宣传婚姻法律法规，倡导文明婚俗。

第五条 婚姻登记管辖按照行政区域划分。

（一）县、不设区的市、市辖区人民政府民政部门办理双方或者一方常住户口在本行政区域内的内地居民之间的婚姻登记。

省级人民政府可以根据实际情况，规定乡（镇）人民政府办理双方或者一方常住户口在本乡（镇）的内地居民之间的婚姻登记。

（二）省级人民政府民政部门或者其确定的民政部门，办理一方常住户口在辖区内的涉外和涉香港、澳门、台湾居民以及华侨的婚姻登记。

办理经济技术开发区、高新技术开发区等特别区域内居民婚姻登记的机关由省级人民政府民政部门提出意见报同级人民政府确定。

（三）现役军人由部队驻地、入伍前常住户口所在地或另一方当事人常住户口所在地婚姻登记机关办理婚姻登记。

婚姻登记机关不得违反上述规定办理婚姻登记。

第六条 具有办理婚姻登记职能的县级以上人民政府民政部门和乡（镇）人民政府应当按照本规范要求设置婚姻登记处。

省级人民政府民政部门设置、变更或撤销婚姻登记处，应当形成文件并对外公布；市、县（市、区）人民政府民政部门、乡（镇）人民政府设置、变更或撤销婚姻登记处，应当形成文件，对外公布并逐级上报省级人民政府民政部门。省级人民政府民政部门应当相应调整婚姻登记信息系统使用相关权限。

第七条 省、市、县（市、区）人民政府民政部门和乡镇人民政府设置的婚姻登记处分别称为：

××省（自治区、直辖市）民政厅（局）婚姻登记处，××市民政局婚姻登记处，××县（市）民政局婚姻登记处；

××市××区民政局婚姻登记处；

××县（市、区）××乡（镇）人民政府婚姻登记处。

县、不设区的市、市辖区人民政府民政部门设置多个婚姻登记处的，应当在婚姻登记处前冠其所在地的地名。

第八条 婚姻登记处应当在门外醒目处悬挂婚姻登记处标牌。标牌尺寸不得小于1500mm×300mm或550mm×450mm。

第九条 婚姻登记处应当按照民政部要求，使用全国婚姻登记工作标识。

第十条 具有办理婚姻登记职能的县级以上人民政府民政部门和乡（镇）人民政府应当刻制婚姻登记工作业务专用印章和钢印。专用印章和钢印为圆形，直径35mm。

婚姻登记工作业务专用印章和钢印，中央刊“★”，“★”外围刊婚姻登记处所属民政厅（局）或乡（镇）人民政府名称，如：“××省民政厅”、“××市民政局”、“××市××区民政局”、“××县民政局”或者“××县××乡（镇）人民政府”。

“★”下方刊“婚姻登记专用章”。民政局设置多个婚姻登记处的，“婚姻登记专用章”下方刊婚姻登记处序号。

第十一条 婚姻登记处应当有独立的场所办理婚姻登记，并设有候登大厅、结婚登记区、离婚登记室和档案室。结婚登记区、离婚登记室可合并为相应数量的婚姻登记室。

婚姻登记场所应当宽敞、庄严、整洁，设有婚姻登记公告栏。

婚姻登记处不得设在婚纱摄影、婚庆服务、医疗等机构场所内，上述服务机构不得设置在婚姻登记场所内。

第十二条　婚姻登记处应当配备以下设备：

（一）复印机；

（二）传真机；

（三）扫描仪；

（四）证件及纸张打印机；

（五）计算机；

（六）身份证阅读器。

第十三条　婚姻登记处可以安装具有音频和视频功能的设备，并妥善保管音频和视频资料。

婚姻登记场所应当配备必要的公共服务设施，婚姻登记当事人应当按照要求合理使用。

第十四条　婚姻登记处实行政务公开，下列内容应当在婚姻登记处公开展示：

（一）本婚姻登记处的管辖权及依据；

（二）婚姻法的基本原则以及夫妻的权利、义务；

（三）结婚登记、离婚登记的条件与程序；

（四）补领婚姻登记证的条件与程序；

（五）无效婚姻及可撤销婚姻的规定；

（六）收费项目与收费标准；

（七）婚姻登记员职责及其照片、编号；

（八）婚姻登记处办公时间和服务电话，设置多个婚姻登记处的，应当同时公布，巡回登记的，应当公布巡回登记时间和地点；

（九）监督电话。

第十五条　婚姻登记处应当备有《中华人民共和国婚姻法》、《婚姻登记条例》及其他有关文件，供婚姻当事人免费查阅。

第十六条　婚姻登记处在工作日应当对外办公，办公时间在办公场所外公告。

第十七条　婚姻登记处应当通过省级婚姻登记信息系统开展实时联网登记，并将婚姻登记电子数据实时传送给民政部婚姻登记信息系统。

各级民政部门应当为本行政区域内婚姻登记管理信息化建设创造条件，并制定婚姻登记信息化管理制度。

婚姻登记处应当将保存的本辖区未录入信息系统的婚姻登记档案录入婚姻登记历史数据补录系统。

第十八条 婚姻登记处应当按照《婚姻登记档案管理办法》的规定管理婚姻登记档案。

第十九条 婚姻登记处应当制定婚姻登记印章、证书、纸制档案、电子档案等管理制度，完善业务学习、岗位责任、考评奖惩等制度。

第二十条 婚姻登记处应当开通婚姻登记网上预约功能和咨询电话，电话号码在当地114查询台登记。

具备条件的婚姻登记处应当开通互联网网页，互联网网页内容应当包括：办公时间、办公地点；管辖权限；申请结婚登记的条件、办理结婚登记的程序；申请离婚登记的条件、办理离婚登记的程序；申请补领婚姻登记证的程序和需要的证明材料、撤销婚姻的程序等内容。

第二十一条 婚姻登记处可以设立婚姻家庭辅导室，通过政府购买服务或公开招募志愿者等方式聘用婚姻家庭辅导员，并在坚持群众自愿的前提下，开展婚姻家庭辅导服务。婚姻家庭辅导员应当具备以下资格之一：

（一）社会工作师；

（二）心理咨询师；

（三）律师；

（四）其他相应专业资格。

第二十二条 婚姻登记处可以设立颁证厅，为有需要的当事人颁发结婚证。

第三章　婚姻登记员

第二十三条 婚姻登记机关应当配备专职婚姻登记员。婚姻登记员人数、编制可以参照《婚姻登记机关等级评定标准》确定。

第二十四条 婚姻登记员由本级民政部门考核、任命。

婚姻登记员应当由设区的市级以上人民政府民政部门进行业务培训，经考核合格，取得婚姻登记员培训考核合格证明，方可从事婚姻登记工作。其他人员不得从事本规范第二十五条规定的工作。

婚姻登记员培训考核合格证明由省级人民政府民政部门统一印制。

婚姻登记员应当至少每2年参加一次设区的市级以上人民政府民政部门举办的业务培训，取得业务培训考核合格证明。

婚姻登记处应当及时将婚姻登记员上岗或离岗信息逐级上报省级人民政府民政部门，省级人民政府民政部门应当根据上报的信息及时调整婚姻登记信息系统使用相关权限。

第二十五条 婚姻登记员的主要职责：

（一）负责对当事人有关婚姻状况声明的监誓；

（二）审查当事人是否具备结婚、离婚、补发婚姻登记证、撤销受胁迫婚姻的条件；

（三）办理婚姻登记手续，签发婚姻登记证；

（四）建立婚姻登记档案。

第二十六条　婚姻登记员应当熟练掌握相关法律法规，熟练使用婚姻登记信息系统，文明执法，热情服务。婚姻登记员一般应具有大学专科以上学历。

婚姻登记员上岗应当佩带标识并统一着装。

第四章　结婚登记

第二十七条　结婚登记应当按照初审—受理—审查—登记（发证）的程序办理。

第二十八条　受理结婚登记申请的条件是：

（一）婚姻登记处具有管辖权；

（二）要求结婚的男女双方共同到婚姻登记处提出申请；

（三）当事人男年满22周岁，女年满20周岁；

（四）当事人双方均无配偶（未婚、离婚、丧偶）；

（五）当事人双方没有直系血亲和三代以内旁系血亲关系；

（六）双方自愿结婚；

（七）当事人提交3张2寸双方近期半身免冠合影照片；

（八）当事人持有本规范第二十九条至第三十五条规定的有效证件。

第二十九条　内地居民办理结婚登记应当提交本人有效的居民身份证和户口簿，因故不能提交身份证的可以出具有效的临时身份证。

居民身份证与户口簿上的姓名、性别、出生日期、公民身份号码应当一致；不一致的，当事人应当先到有关部门更正。

户口簿上的婚姻状况应当与当事人声明一致。不一致的，当事人应当向登记机关提供能够证明其声明真实性的法院生效司法文书、配偶居民死亡医学证明（推断）书等材料；不一致且无法提供相关材料的，当事人应当先到有关部门更正。

当事人声明的婚姻状况与婚姻登记档案记载不一致的，当事人应当向登记机关提供能够证明其声明真实性的法院生效司法文书、配偶居民死亡医学证明（推断）书等材料。

第三十条　现役军人办理结婚登记应当提交本人的居民身份证、军人证件和部队出具的军人婚姻登记证明。

居民身份证、军人证件和军人婚姻登记证明上的姓名、性别、出生日期、公民身份号码应当一致；不一致的，当事人应当先到有关部门更正。

第三十一条 香港居民办理结婚登记应当提交：

（一）港澳居民来往内地通行证或者港澳同胞回乡证；

（二）香港居民身份证；

（三）经香港委托公证人公证的本人无配偶以及与对方当事人没有直系血亲和三代以内旁系血亲关系的声明。

第三十二条 澳门居民办理结婚登记应当提交：

（一）港澳居民来往内地通行证或者港澳同胞回乡证；

（二）澳门居民身份证；

（三）经澳门公证机构公证的本人无配偶以及与对方当事人没有直系血亲和三代以内旁系血亲关系的声明。

第三十三条 台湾居民办理结婚登记应当提交：

（一）台湾居民来往大陆通行证或者其他有效旅行证件；

（二）本人在台湾地区居住的有效身份证；

（三）经台湾公证机构公证的本人无配偶以及与对方当事人没有直系血亲和三代以内旁系血亲关系的声明。

第三十四条 华侨办理结婚登记应当提交：

（一）本人的有效护照；

（二）居住国公证机构或者有权机关出具的、经中华人民共和国驻该国使（领）馆认证的本人无配偶以及与对方当事人没有直系血亲和三代以内旁系血亲关系的证明，或者中华人民共和国驻该国使（领）馆出具的本人无配偶以及与对方当事人没有直系血亲和三代以内旁系血亲关系的证明。

与中国无外交关系的国家出具的有关证明，应当经与该国及中国均有外交关系的第三国驻该国使（领）馆和中国驻第三国使（领）馆认证，或者经第三国驻华使（领）馆认证。

第三十五条 外国人办理结婚登记应当提交：

（一）本人的有效护照或者其他有效的国际旅行证件；

（二）所在国公证机构或者有权机关出具的、经中华人民共和国驻该国使（领）馆认证或者该国驻华使（领）馆认证的本人无配偶的证明，或者所在国驻华使（领）馆出具的本人无配偶证明。

与中国无外交关系的国家出具的有关证明，应当经与该国及中国均有外交关系的第三国驻该国使（领）馆和中国驻第三国使（领）馆认证，或者经第三国驻华使（领）馆认证。

第三十六条 婚姻登记员受理结婚登记申请，应当按照下列程序进行：

（一）询问当事人的结婚意愿；

（二）查验本规范第二十九条至第三十五条规定的相应证件和材料；

（三）自愿结婚的双方各填写一份《申请结婚登记声明书》；《申请结婚登记声明书》中“声明人”一栏的签名必须由声明人在监督人面前完成并按指纹；

（四）当事人现场复述声明书内容，婚姻登记员作监誓人并在监誓人一栏签名。

第三十七条　婚姻登记员对当事人提交的证件、证明、声明进行审查，符合结婚条件的，填写《结婚登记审查处理表》和结婚证。

第三十八条　《结婚登记审查处理表》的填写：

（一）《结婚登记审查处理表》项目的填写，按照下列规定通过计算机完成：

1.“申请人姓名”：当事人是中国公民的，使用中文填写；当事人是外国人的，按照当事人护照上的姓名填写。

2.“出生日期”：使用阿拉伯数字，按照身份证件上的出生日期填写为“××××年××月××日”。

3.“身份证件号”：当事人是内地居民的，填写居民身份证号；当事人是香港、澳门、台湾居民的，填写香港、澳门、台湾居民身份证号，并在号码后加注“（香港）”、“（澳门）”或者“（台湾）”；当事人是华侨的，填写护照或旅行证件号；当事人是外国人的，填写当事人的护照或旅行证件号。

证件号码前面有字符的，应当一并填写。

4.“国籍”：当事人是内地居民、香港居民、澳门居民、台湾居民、华侨的，填写“中国”；当事人是外国人的，按照护照上的国籍填写；无国籍人，填写“无国籍”。

5.“提供证件情况”：应当将当事人提供的证件、证明逐一填写，不得省略。

6.“审查意见”：填写“符合结婚条件，准予登记”。

7.“结婚登记日期”：使用阿拉伯数字，填写为：“××××年××月××日”。填写的日期应当与结婚证上的登记日期一致。

8.“结婚证字号”填写式样按照民政部相关规定执行，填写规则见附则。

9.“结婚证印制号”填写颁发给当事人的结婚证上印制的号码。

10.“承办机关名称”：填写承办该结婚登记的婚姻登记处的名称。

（二）“登记员签名”：由批准该结婚登记的婚姻登记员亲笔签名，不得使用个人印章或者计算机打印。

（三）在“照片”处粘贴当事人提交的照片，并在骑缝处加盖钢印。

第三十九条　结婚证的填写：

（一）结婚证上“结婚证字号”“姓名”“性别”“出生日期”“身份证件号”“国籍”“登记日期”应当与《结婚登记审查处理表》中相应项目完全一致。

（二）“婚姻登记员”：由批准该结婚登记的婚姻登记员使用黑色墨水钢笔或签字笔亲笔签名，签名应清晰可辨，不得使用个人印章或者计算机打印。

（三）在“照片”栏粘贴当事人双方合影照片。

（四）在照片与结婚证骑缝处加盖婚姻登记工作业务专用钢印。

（五）“登记机关”：盖婚姻登记工作业务专用印章（红印）。

第四十条 婚姻登记员在完成结婚证填写后，应当进行认真核对、检查。对填写错误、证件被污染或者损坏的，应当将证件报废处理，重新填写。

第四十一条 颁发结婚证，应当在当事人双方均在场时按照下列步骤进行：

（一）向当事人双方询问核对姓名、结婚意愿；

（二）告知当事人双方领取结婚证后的法律关系以及夫妻权利、义务；

（三）见证当事人本人亲自在《结婚登记审查处理表》上的“当事人领证签名并按指纹”一栏中签名并按指纹；

“当事人领证签名并按指纹”一栏不得空白，不得由他人代为填写、代按指纹。

（四）将结婚证分别颁发给结婚登记当事人双方，向双方当事人宣布：取得结婚证，确立夫妻关系；

（五）祝贺新人。

第四十二条 申请补办结婚登记的，当事人填写《申请补办结婚登记声明书》，婚姻登记机关按照结婚登记程序办理。

第四十三条 申请复婚登记的，当事人填写《申请结婚登记声明书》，婚姻登记机关按照结婚登记程序办理。

第四十四条 婚姻登记员每办完一对结婚登记，应当依照《婚姻登记档案管理办法》，对应当存档的材料进行整理、保存，不得出现原始材料丢失、损毁情况。

第四十五条 婚姻登记机关对不符合结婚登记条件的，不予受理。当事人要求出具《不予办理结婚登记告知书》的，应当出具。

第五章 撤销婚姻

第四十六条 受胁迫结婚的婚姻当事人，可以向原办理该结婚登记的机关请求撤销婚姻。

第四十七条 撤销婚姻应当按照初审—受理—审查—报批—公告的程序

办理。

第四十八条　受理撤销婚姻申请的条件：

（一）婚姻登记处具有管辖权；

（二）受胁迫的一方和对方共同到婚姻登记机关签署双方无子女抚养、财产及债务问题的声明书；

（三）申请时距结婚登记之日或受胁迫的一方恢复人身自由之日不超过1年；

（四）当事人持有：

1. 本人的身份证、结婚证；

2. 要求撤销婚姻的书面申请；

3. 公安机关出具的当事人被拐卖、解救的相关材料，或者人民法院作出的能够证明当事人被胁迫结婚的判决书。

第四十九条　符合撤销婚姻的，婚姻登记处按以下程序进行：

（一）查验本规范第四十八条规定的证件和证明材料。

（二）当事人在婚姻登记员面前亲自填写《撤销婚姻申请书》，双方当事人在“声明人”一栏签名并按指纹。

（三）当事人宣读本人的申请书，婚姻登记员作监誓人并在监誓人一栏签名。

第五十条　婚姻登记处拟写“关于撤销×××与×××婚姻的决定”报所属民政部门或者乡（镇）人民政府；符合撤销条件的，婚姻登记机关应当批准，并印发撤销决定。

第五十一条　婚姻登记处应当将《关于撤销×××与×××婚姻的决定》送达当事人双方，并在婚姻登记公告栏公告30日。

第五十二条　婚姻登记处对不符合撤销婚姻条件的，应当告知当事人不予撤销原因，并告知当事人可以向人民法院请求撤销婚姻。

第五十三条　除受胁迫结婚之外，以任何理由请求宣告婚姻无效或者撤销婚姻的，婚姻登记机关不予受理。

第六章　离婚登记

第五十四条　离婚登记按照初审—受理—审查—登记（发证）的程序办理。

第五十五条　受理离婚登记申请的条件是：

（一）婚姻登记处具有管辖权；

（二）要求离婚的夫妻双方共同到婚姻登记处提出申请；

（三）双方均具有完全民事行为能力；

（四）当事人持有离婚协议书，协议书中载明双方自愿离婚的意思表示以及对子女抚养、财产及债务处理等事项协商一致的意见；

（五）当事人持有内地婚姻登记机关或者中国驻外使（领）馆颁发的结婚证；

（六）当事人各提交2张2寸单人近期半身免冠照片；

（七）当事人持有本规范第二十九条至第三十五条规定的有效身份证件。

第五十六条 婚姻登记员受理离婚登记申请，应当按照下列程序进行：

（一）分开询问当事人的离婚意愿，以及对离婚协议内容的意愿，并进行笔录，笔录当事人阅后签名。

（二）查验本规范第五十五条规定的证件和材料。申请办理离婚登记的当事人有一本结婚证丢失的，当事人应当书面声明遗失，婚姻登记机关可以根据另一本结婚证办理离婚登记；申请办理离婚登记的当事人两本结婚证都丢失的，当事人应当书面声明结婚证遗失并提供加盖查档专用章的结婚登记档案复印件，婚姻登记机关可根据当事人提供的上述材料办理离婚登记。

（三）双方自愿离婚且对子女抚养、财产及债务处理等事项协商一致的，双方填写《申请离婚登记声明书》；

《申请离婚登记声明书》中“声明人”一栏的签名必须由声明人在监誓人面前完成并按指纹；

婚姻登记员作监誓人并在监誓人一栏签名。

（四）夫妻双方应当在离婚协议上现场签名；婚姻登记员可以在离婚协议书上加盖“此件与存档件一致，涂改无效。××××婚姻登记处××年××月××日”的长方形印章。协议书夫妻双方各一份，婚姻登记处存档一份。当事人因离婚协议书遗失等原因，要求婚姻登记机关复印其离婚协议书的，按照《婚姻登记档案管理办法》的规定查阅婚姻登记档案。

离婚登记完成后，当事人要求更换离婚协议书或变更离婚协议内容的，婚姻登记机关不予受理。

第五十七条 婚姻登记员对当事人提交的证件、《申请离婚登记声明书》、离婚协议书进行审查，符合离婚条件的，填写《离婚登记审查处理表》和离婚证。

《离婚登记审查处理表》和离婚证分别参照本规范第三十八条、第三十九条规定填写。

第五十八条 婚姻登记员在完成离婚证填写后，应当进行认真核对、检查。对打印或者书写错误、证件被污染或者损坏的，应当将证件报废处理，重新填写。

第五十九条 颁发离婚证，应当在当事人双方均在场时按照下列步骤进行：

（一）向当事人双方询问核对姓名、出生日期、离婚意愿；

（二）见证当事人本人亲自在《离婚登记审查处理表》“当事人领证签名并按指纹”一栏中签名并按指纹；

“当事人领证签名并按指纹”一栏不得空白，不得由他人代为填写、代按指纹；

（三）在当事人的结婚证上加盖条型印章，其中注明“双方离婚，证件失效。××婚姻登记处”。注销后的结婚证复印存档，原件退还当事人。

（四）将离婚证颁发给离婚当事人。

第六十条　婚姻登记员每办完一对离婚登记，应当依照《婚姻登记档案管理办法》，对应当存档的材料进行整理、保存，不得出现原始材料丢失、损毁情况。

第六十一条　婚姻登记机关对不符合离婚登记条件的，不予受理。当事人要求出具《不予办理离婚登记告知书》的，应当出具。

第七章　补领婚姻登记证

第六十二条　当事人遗失、损毁婚姻登记证，可以向原办理该婚姻登记的机关或者一方常住户口所在地的婚姻登记机关申请补领。有条件的省份，可以允许本省居民向本辖区内负责内地居民婚姻登记的机关申请补领婚姻登记证。

第六十三条　婚姻登记机关为当事人补发结婚证、离婚证，应当按照初审—受理—审查—发证程序进行。

第六十四条　受理补领结婚证、离婚证申请的条件是：

（一）婚姻登记处具有管辖权；

（二）当事人依法登记结婚或者离婚，现今仍然维持该状况；

（三）当事人持有本规范第二十九条至第三十五条规定的身份证件；

（四）当事人亲自到婚姻登记处提出申请，填写《申请补领婚姻登记证声明书》。

当事人因故不能到婚姻登记处申请补领婚姻登记证的，有档案可查且档案信息与身份信息一致的，可以委托他人办理。委托办理应当提交当事人的户口簿、身份证和经公证机关公证的授权委托书。委托书应当写明当事人姓名、身份证件号码、办理婚姻登记的时间及承办机关、目前的婚姻状况、委托事由、受委托人的姓名和身份证件号码。受委托人应当同时提交本人的身份证件。

当事人结婚登记档案查找不到的，当事人应当提供充分证据证明婚姻关系，婚姻登记机关经过严格审查，确认当事人存在婚姻关系的，可以为其补领结婚证。

第六十五条 婚姻登记员受理补领婚姻登记证申请，应当按照下列程序进行：

（一）查验本规范第六十四条规定的相应证件和证明材料；

（二）当事人填写《申请补领婚姻登记证声明书》，《申请补领婚姻登记证声明书》中“声明人”一栏的签名必须由声明人在监誓人面前完成并按指纹；

（三）婚姻登记员作监誓人并在监誓人一栏签名；

（四）申请补领结婚证的，双方当事人提交 3 张 2 寸双方近期半身免冠合影照片；申请补领离婚证的当事人提交 2 张 2 寸单人近期半身免冠照片。

第六十六条 婚姻登记员对当事人提交的证件、证明进行审查，符合补发条件的，填写《补发婚姻登记证审查处理表》和婚姻登记证。《补发婚姻登记证审查处理表》参照本规范第三十八条规定填写。

第六十七条 补发婚姻登记证时，应当向当事人询问核对姓名、出生日期，见证当事人本人亲自在《补发婚姻登记证审查处理表》“当事人领证签名并按指纹”一栏中签名并按指纹，将婚姻登记证发给当事人。

第六十八条 当事人的户口簿上以曾用名的方式反映姓名变更的，婚姻登记机关可以采信。

当事人办理结婚登记时未达到法定婚龄，通过非法手段骗取婚姻登记，其在申请补领时仍未达法定婚龄的，婚姻登记机关不得补发结婚证；其在申请补领时已达法定婚龄的，当事人应对结婚登记情况作出书面说明，婚姻登记机关补发的结婚证登记日期为当事人达到法定婚龄之日。

第六十九条 当事人办理过结婚登记，申请补领时的婚姻状况因离婚或丧偶发生改变的，不予补发结婚证；当事人办理过离婚登记的，申请补领时的婚姻状况因复婚发生改变的，不予补发离婚证。

第七十条 婚姻登记机关对不具备补发结婚证、离婚证受理条件的，不予受理。

第八章 监督与管理

第七十一条 各级民政部门应当建立监督检查制度，定期对本级民政部门设立的婚姻登记处和下级婚姻登记机关进行监督检查。

第七十二条 婚姻登记机关及其婚姻登记员有下列行为之一的，对直接负责的主管人员和其他直接责任人员依法给予行政处分：

（一）为不符合婚姻登记条件的当事人办理婚姻登记的；

（二）违反程序规定办理婚姻登记、发放婚姻登记证、撤销婚姻的；

（三）要求当事人提交《婚姻登记条例》和本规范规定以外的证件材料的；

（四）擅自提高收费标准或者增加收费项目的；

（五）玩忽职守造成婚姻登记档案损毁的；

（六）购买使用伪造婚姻证书的；

（七）违反规定应用婚姻登记信息系统的。

第七十三条　婚姻登记员违反规定办理婚姻登记，给当事人造成严重后果的，应当由婚姻登记机关承担对当事人的赔偿责任，并对承办人员进行追偿。

第七十四条　婚姻登记证使用单位不得使用非上级民政部门提供的婚姻登记证。各级民政部门发现本行政区域内有使用非上级民政部门提供的婚姻登记证的，应当予以没收，并追究相关责任人的法律责任和行政责任。

第七十五条　婚姻登记机关发现婚姻登记证有质量问题时，应当及时书面报告省级人民政府民政部门或者国务院民政部门。

第七十六条　人民法院作出与婚姻相关的判决、裁定和调解后，当事人将生效司法文书送婚姻登记机关的，婚姻登记机关应当将司法文书复印件存档并将相关信息录入婚姻登记信息系统。

婚姻登记机关应当加强与本地区人民法院的婚姻信息共享工作，完善婚姻信息数据库。

第九章　附　则

第七十七条　本规范规定的当事人无配偶声明或者证明，自出具之日起6个月内有效。

第七十八条　县级或县级以上人民政府民政部门办理婚姻登记的，“结婚证字号”填写式样为“Jaaaaaa－bbbb－cccccc”（其中“aaaaaa”为6位行政区划代码，“bbbb”为当年年号，“cccccc”为当年办理婚姻登记的序号）。“离婚证字号”开头字符为“L”。“补发结婚证字号”开头字符为“BJ”。“补发离婚证字号”开头字符为“BL”。

县级人民政府民政部门设立多个婚姻登记巡回点的，由县级人民政府民政部门明确字号使用规则，规定各登记点使用号段。

乡（镇）人民政府办理婚姻登记的，行政区划代码由6位改为9位（在县级区划代码后增加三位乡镇代码），其他填写方法与上述规定一致。

对为方便人民群众办理婚姻登记、在行政区划单位之外设立的婚姻登记机关，其行政区划代码由省级人民政府民政部门按照前四位取所属地级市行政区划代码前四位，五六位为序号（从61开始，依次为62、63、……99）的方式统一编码。

第七十九条 当事人向婚姻登记机关提交的“本人无配偶证明”等材料是外国语言文字的，应当翻译成中文。当事人未提交中文译文的，视为未提交该文件。婚姻登记机关可以接受中国驻外国使领馆或有资格的翻译机构出具的翻译文本。

第八十条 本规范自2016年2月1日起实施。

附件：（略）

1. 申请结婚登记声明书
2. 结婚登记审查处理表
3. 申请补办结婚登记声明书
4. 不予办理结婚登记告知书
5. 撤销婚姻申请书
6. 关于撤销×××与×××婚姻的决定
7. 申请离婚登记声明书
8. 离婚登记审查处理表
9. 不予办理离婚登记告知书
10. 申请补领婚姻登记证声明书
11. 补发婚姻登记证审查处理表

婚姻登记档案管理办法

（2006年1月23日民政部、国家档案局令第32号公布
自公布之日起施行）

第一条 为规范婚姻登记档案管理，维护婚姻当事人的合法权益，根据《中华人民共和国档案法》和《婚姻登记条例》，制定本办法。

第二条 婚姻登记档案是婚姻登记机关在办理结婚登记、撤销婚姻、离婚登记、补发婚姻登记证的过程中形成的具有凭证作用的各种记录。

第三条 婚姻登记主管部门对婚姻登记档案工作实行统一领导，分级管理，并接受同级地方档案行政管理部门的监督和指导。

第四条 婚姻登记机关应当履行下列档案工作职责：

（一）及时将办理完毕的婚姻登记材料收集、整理、归档；

（二）建立健全各项规章制度，确保婚姻登记档案的齐全完整；

（三）采用科学的管理方法，提高婚姻登记档案的保管水平；

（四）办理查档服务，出具婚姻登记记录证明，告知婚姻登记档案的存放地；

（五）办理婚姻登记档案的移交工作。

第五条 办理结婚登记（含复婚、补办结婚登记，下同）形成的下列材料应当归档：

（一）《结婚登记审查处理表》；

（二）《申请结婚登记声明书》或者《申请补办结婚登记声明书》；

（三）香港特别行政区居民、澳门特别行政区居民、台湾地区居民、出国人员、华侨以及外国人提交的《婚姻登记条例》第五条规定的各种证明材料（含翻译材料）；

（四）当事人身份证件（从《婚姻登记条例》第五条规定，下同）复印件；

（五）其他有关材料。

第六条 办理撤销婚姻形成的下列材料应当归档：

（一）婚姻登记机关关于撤销婚姻的决定；

（二）《撤销婚姻申请书》；

（三）当事人的结婚证原件；

（四）公安机关出具的当事人被拐卖、解救证明，或人民法院作出的能够证明当事人被胁迫结婚的判决书；

（五）当事人身份证件复印件；

（六）其他有关材料。

第七条 办理离婚登记形成的下列材料应当归档：

（一）《离婚登记审查处理表》；

（二）《申请离婚登记声明书》；

（三）当事人结婚证复印件；

（四）当事人离婚协议书；

（五）当事人身份证件复印件；

（六）其他有关材料。

第八条 办理补发婚姻登记证形成的下列材料应当归档：

（一）《补发婚姻登记证审查处理表》；

（二）《申请补领婚姻登记证声明书》；

（三）婚姻登记档案保管部门出具的婚姻登记档案记录证明或其他有关婚姻状况的证明；

（四）当事人身份证件复印件；

（五）当事人委托办理时提交的经公证机关公证的当事人身份证件复印件和委托书，受委托人本人的身份证件复印件；

（六）其他有关材料。

第九条　婚姻登记档案按照年度—婚姻登记性质分类。婚姻登记性质分为结婚登记类、撤销婚姻类、离婚登记类和补发婚姻登记证类四类。

人民法院宣告婚姻无效或者撤销婚姻的判决书副本归入撤销婚姻类档案。

婚姻无效或者撤销婚姻的，应当在当事人原婚姻登记档案的《结婚登记审查处理表》的“备注”栏中注明有关情况及相应的撤销婚姻类档案的档号。

第十条　婚姻登记材料的立卷归档应当遵循下列原则与方法：

（一）婚姻登记材料按照年度归档。

（二）一对当事人婚姻登记材料组成一卷。

（三）卷内材料分别按照本办法第五、六、七、八条规定的顺序排列。

（四）以有利于档案保管和利用的方法固定案卷。

（五）按本办法第九条的规定对案卷进行分类，并按照办理婚姻登记的时间顺序排列。

（六）在卷内文件首页上端的空白处加盖归档章（见附件1），并填写有关内容。归档章设置全宗号、年度、室编卷号、馆编卷号和页数等项目。

全宗号：档案馆给立档单位编制的代号。

年度：案卷的所属年度。

室编卷号：案卷排列的顺序号，每年每个类别分别从“1”开始标注。

馆编卷号：档案移交时按进馆要求编制。

页数：卷内材料有文字的页面数。

（七）按室编卷号的顺序将婚姻登记档案装入档案盒，并填写档案盒封面、盒脊和备考表的项目。

档案盒封面应标明全宗名称和婚姻登记处名称（见附件2）。

档案盒盒脊设置全宗号、年度、婚姻登记性质、起止卷号和盒号等项目（见附件3）。其中，起止卷号填写盒内第一份案卷和最后一份案卷的卷号，中间用“—”号连接；盒号即档案盒的排列顺序号，在档案移交时按进馆要求编制。

备考表置于盒内，说明本盒档案的情况，并填写整理人、检查人和日期（见附件4）。

（八）按类别分别编制婚姻登记档案目录（见附件5）。

（九）每年的婚姻登记档案目录加封面后装订成册，一式三份，并编制目录号（见附件6）。

第十一条　婚姻登记材料的归档要求：

（一）当年的婚姻登记材料应当在次年的 3 月 31 日前完成立卷归档；

（二）归档的婚姻登记材料必须齐全完整，案卷规范、整齐，复印件一律使用 A4 规格的复印纸，复印件和照片应当图像清晰；

（三）归档章、档案盒封面、盒脊、备考表等项目，使用蓝黑墨水或碳素墨水钢笔填写；婚姻登记档案目录应当打印；备考表和档案目录一律使用 A4 规格纸张。

第十二条　使用计算机办理婚姻登记所形成的电子文件，应当与纸质文件一并归档，归档要求参照《电子文件归档与管理规范》（GB/T18894－2002)。

第十三条　婚姻登记档案的保管期限为 100 年。对有继续保存价值的可以延长保管期限直至永久。

第十四条　婚姻登记档案应当按照下列规定进行移交：

（一）县级（含）以上地方人民政府民政部门形成的婚姻登记档案，应当在本单位档案部门保管一定时期后向同级国家档案馆移交，具体移交时间由双方商定。

（二）具有办理婚姻登记职能的乡（镇）人民政府形成的婚姻登记档案应当向乡（镇）档案部门移交，具体移交时间从乡（镇）的规定。

乡（镇）人民政府应当将每年的婚姻登记档案目录副本向上一级人民政府民政部门报送。

（三）被撤销或者合并的婚姻登记机关的婚姻登记档案应当按照前两款的规定及时移交。

第十五条　婚姻登记档案的利用应当遵守下列规定：

（一）婚姻登记档案保管部门应当建立档案利用制度，明确办理程序，维护当事人的合法权益；

（二）婚姻登记机关可以利用本机关移交的婚姻登记档案；

（三）婚姻当事人持有合法身份证件，可以查阅本人的婚姻登记档案；婚姻当事人因故不能亲自前往查阅的，可以办理授权委托书，委托他人代为办理，委托书应当经公证机关公证；

（四）人民法院、人民检察院、公安和安全部门为确认当事人的婚姻关系，持单位介绍信可以查阅婚姻登记档案；律师及其他诉讼代理人在诉讼过程中，持受理案件的法院出具的证明材料及本人有效证件可以查阅与诉讼有关的婚姻登记档案；

（五）其他单位、组织和个人要求查阅婚姻登记档案的，婚姻登记档案保管部门在确认其利用目的合理的情况下，经主管领导审核，可以利用；

（六）利用婚姻登记档案的单位、组织和个人，不得公开婚姻登记档案的内容，不得损害婚姻登记当事人的合法权益；

（七）婚姻登记档案不得外借，仅限于当场查阅；复印的婚姻登记档案需加盖婚姻登记档案保管部门的印章方为有效。

第十六条 婚姻登记档案的鉴定销毁应当符合下列要求：

（一）婚姻登记档案保管部门对保管期限到期的档案要进行价值鉴定，对无保存价值的予以销毁，但婚姻登记档案目录应当永久保存。

（二）对销毁的婚姻登记档案应当建立销毁清册，载明销毁档案的时间、种类和数量，并永久保存。

（三）婚姻登记档案保管部门应当派人监督婚姻登记档案的销毁过程，确保销毁档案没有漏销或者流失，并在销毁清册上签字。

第十七条 本办法由民政部负责解释。

第十八条 本办法自公布之日起施行。

中国边民与毗邻国边民婚姻登记办法

（2012年3月21日民政部部务会议通过并已经国务院批准
2012年8月8日民政部令第45号公布　自2012年10月1日起施行）

第一条 为规范边民婚姻登记工作，保护婚姻当事人的合法婚姻权益，根据《中华人民共和国婚姻法》、《婚姻登记条例》，制定本办法。

第二条 本办法所称边民是指中国与毗邻国边界线两侧县级行政区域内有当地常住户口的中国公民和外国人。中国与毗邻国就双方国家边境地区和边民的范围达成有关协议的，适用协议的规定。

第三条 本办法适用于中国边民与毗邻国边民在中国边境地区办理婚姻登记。

第四条 边民办理婚姻登记的机关是边境地区县级人民政府民政部门。

边境地区婚姻登记机关应当按照便民原则在交通不便的乡（镇）巡回登记。

第五条 中国边民与毗邻国边民在中国边境地区结婚，男女双方应当共同到中国一方当事人常住户口所在地的婚姻登记机关办理结婚登记。

第六条 办理结婚登记的中国边民应当出具下列证件、证明材料：

（一）本人的居民户口簿、居民身份证；

（二）本人无配偶以及与对方当事人没有直系血亲和三代以内旁系血亲关

系的签字声明。

办理结婚登记的毗邻国边民应当出具下列证明材料：

（一）能够证明本人边民身份的有效护照、国际旅行证件或者边境地区出入境通行证件；

（二）所在国公证机构或者有权机关出具的、经中华人民共和国驻该国使（领）馆认证或者该国驻华使（领）馆认证的本人无配偶的证明，或者所在国驻华使（领）馆出具的本人无配偶的证明，或者由毗邻国边境地区与中国乡（镇）人民政府同级的政府出具的本人无配偶证明。

第七条　办理结婚登记的当事人有下列情形之一的，婚姻登记机关不予登记：

（一）未到中国法定结婚年龄的；

（二）非双方自愿的；

（三）一方或者双方已有配偶的；

（四）属于直系血亲或者三代以内旁系血亲的；

（五）患有医学上认为不应当结婚的疾病的。

第八条　婚姻登记机关应当对结婚登记当事人出具的证件、证明材料进行审查并询问相关情况，对当事人符合结婚条件的，应当当场予以登记，发给结婚证。对当事人不符合结婚条件不予登记的，应当向当事人说明理由。

第九条　男女双方补办结婚登记的，适用本办法关于结婚登记的规定。

第十条　未到婚姻登记机关办理结婚登记以夫妻名义同居生活的，不成立夫妻关系。

第十一条　因受胁迫结婚的，受胁迫的边民可以依据《中华人民共和国婚姻法》的规定向婚姻登记机关请求撤销其婚姻。受胁迫方应当出具下列证件、证明材料：

（一）本人的身份证件；

（二）结婚证；

（三）要求撤销婚姻的书面申请；

（四）公安机关出具或者人民法院作出的能够证明当事人被胁迫结婚的证明材料。

受胁迫方为毗邻国边民的，其身份证件包括能够证明边民身份的有效护照、国际旅行证件或者边境地区出入境通行证件。

婚姻登记机关经审查认为受胁迫结婚的情况属实且不涉及子女抚养、财产及债务问题的，应当撤销该婚姻，宣告结婚证作废。

第十二条　中国边民与毗邻国边民在中国边境地区自愿离婚的，应当共同到中国边民常住户口所在地的婚姻登记机关办理离婚登记。

第十三条 办理离婚登记的双方当事人应当出具下列证件、证明材料：

（一）本人的结婚证；

（二）双方当事人共同签署的离婚协议书。

除上述材料外，办理离婚登记的中国边民还需要提供本人的居民户口簿和居民身份证，毗邻国边民还需要提供能够证明边民身份的有效护照、国际旅行证件或者边境地区出入境通行证件。

离婚协议书应当载明双方当事人自愿离婚的意思表示以及对子女抚养、财产及债务处理等事项协商一致的意见。

第十四条 办理离婚登记的当事人有下列情形之一的，婚姻登记机关不予受理：

（一）未达成离婚协议的；

（二）属于无民事行为能力或者限制民事行为能力人的；

（三）其结婚登记不是在中国内地办理的。

第十五条 婚姻登记机关应当对离婚登记当事人出具的证件、证明材料进行审查并询问相关情况。对当事人确属自愿离婚，并已对子女抚养、财产、债务等问题达成一致处理意见的，应当当场予以登记，发给离婚证。

第十六条 离婚的男女双方自愿恢复夫妻关系的，应当到婚姻登记机关办理复婚登记。复婚登记适用本办法关于结婚登记的规定。

第十七条 结婚证、离婚证遗失或者损毁的，中国边民可以持居民户口簿、居民身份证，毗邻国边民可以持能够证明边民身份的有效护照、国际旅行证件或者边境地区出入境通行证向原办理婚姻登记的机关或者中国一方当事人常住户口所在地的婚姻登记机关申请补领。婚姻登记机关对当事人的婚姻登记档案进行查证，确认属实的，应当为当事人补发结婚证、离婚证。

第十八条 本办法自 2012 年 10 月 1 日起施行。1995 年颁布的《中国与毗邻国边民婚姻登记管理试行办法》（民政部令第 1 号）同时废止。

民政部办公厅
关于对《关于婚姻登记工作中涉及户籍问题的请示》的复函

（2005 年 3 月 16 日　民办函〔2005〕47 号）

山东省民政厅：

你厅《关于婚姻登记工作中涉及户籍问题的请示》（鲁民函〔2004〕272 号）收悉。经研究答复如下：

一、民政部《关于贯彻执行〈婚姻登记条例〉若干问题的意见》（民函〔2004〕76 号，以下简称《意见》）第二条第一款“当事人无法出具居民户口簿的，婚姻登记机关可凭公安部门或有关户籍管理机构出具的加盖印章的户籍证明办理婚姻登记”中，“有关户籍管理机构”是指负责户籍管理的公安派出所以及负责集体户籍管理的单位、组织。根据《公安部办公厅关天对执行〈婚姻登记条例〉有关问题的意见的函》（公治〔2003〕181 号）关于“可凭公安派出所或厂矿企业户籍管理机构出具的加盖单位印章的户籍证明申请办理婚姻登记”的意见，我部认为，单位内部的户籍管理科室是单位内部具体负责户籍管理的部门，直接掌握、了解本单位管理的户籍情况，其为本单位申请婚姻登记的当事人出具户籍证明，婚姻登记机关可以接受。

二、《意见》第二条第二款“当事人未办理落户手续的，户口迁出地或另一方当事人户口所在地的婚姻登记机关可凭公安部门或者有关户籍管理机构出具的证明材料办理婚姻登记”中的“公安部门或者有关户籍管理机构出具的证明材料”是指包括户口迁移证明在内的证明当事人的户口正在办理迁移的证明。

此复。

3. 离　婚

最高人民法院
印发《关于人民法院审理离婚案件如何认定夫妻感情确已破裂的若干具体意见》、《关于人民法院审理未办结婚登记而以夫妻名义同居生活案件的若干意见》的通知

［1989年12月13日　法（民）发〔1989〕38号］

全国地方各级人民法院、各级军事法院，各铁路运输中级法院和基层法院，各海事法院：

现将《关于人民法院审理离婚案件如何认定夫妻感情确已破裂的若干具体意见》、《关于人民法院审理未办结婚登记而以夫妻名义同居生活案件的若干意见》发给你们，请依照执行，并请在执行中注意总结经验，有何意见和问题，请及时报告我院。

附一：

关于人民法院审理离婚案件如何认定夫妻感情确已破裂的若干具体意见

（1989年11月21日）

人民法院审理离婚案件，准予或不准离婚应以夫妻感情是否确已破裂作为区分的界限。判断夫妻感情是否确已破裂，应当从婚姻基础、婚后感情、离婚原因、夫妻关系的现状和有无和好的可能等方面综合分析。根据婚姻法的有关规定和审判实践经验，凡属下列情形之一的，视为夫妻感情确已破裂。一方坚决要求离婚，经调解无效，可依法判决准予离婚。

1. 一方患有法定禁止结婚疾病的，或一方有生理缺陷，或其他原因不能发生性行为，且难以治愈的。

2. 婚前缺乏了解，草率结婚，婚后未建立起夫妻感情，难以共同生活的。

3. 婚前隐瞒了精神病，婚后经治不愈，或者婚前知道对方患有精神病而与其结婚，或一方在夫妻共同生活期间患精神病，久治不愈的。

4. 一方欺骗对方，或者在结婚登记时弄虚作假，骗取《结婚证》的。

5. 双方办理结婚登记后，未同居生活，无和好可能的。

6. 包办、买卖婚姻，婚后一方随即提出离婚，或者虽共同生活多年，但确未建立起夫妻感情的。

7. 因感情不和分居已满 3 年，确无和好可能的，或者经人民法院判决不准离婚后又分居满一年，互不履行夫妻义务的。

8. 一方与他人通奸、非法同居，经教育仍无悔改表现，无过错一方起诉离婚，或者过错方起诉离婚，对方不同意离婚，经批评教育、处分，或在人民法院判决不准离婚后，过错方又起诉离婚，确无和好可能的。

9. 一方重婚，对方提出离婚的。

10. 一方好逸恶劳、有赌博等恶习，不履行家庭义务，屡教不改，夫妻难以共同生活的。

11. 一方被依法判处长期徒刑，或其违法、犯罪行为严重伤害夫妻感情的。

12. 一方下落不明满两年，对方起诉离婚，经公告查找确无下落的。

13. 受对方的虐待、遗弃，或者受对方亲属虐待，或虐待对方亲属，经教育不改，另一方不谅解的。

14. 因其他原因导致夫妻感情确已破裂的。

附二：

关于人民法院审理未办结婚登记而以夫妻名义同居生活案件的若干意见

（1989 年 11 月 21 日）

人民法院审理未办结婚登记而以夫妻名义同居生活的案件，应首先向双方当事人严肃指出其行为的违法性和危害性，并视其违法情节给予批评教育或民事制裁。但基于这类“婚姻”关系形成的原因和案件的具体情况复杂，为保护妇女和儿童的合法权益，有利于婚姻家庭关系的稳定，维护安定团结，在一定时期内，有条件的承认其事实婚姻关系，是符合实际的。为此，我们根据法律规定和审判实践经验，对此类案件的审理提出以下意见：

1.1986 年 3 月 15 日《婚姻登记办法》施行之前，未办结婚登记手续即以夫妻名义同居生活，群众也认为是夫妻关系的，一方向人民法院起诉“离婚”，如起诉时双方均符合结婚的法定条件，可认定为事实婚姻关系；如起诉时一方或双方不符合结婚的法定条件，应认定为非法同居关系。

2.1986 年 3 月 15 日《婚姻登记办法》施行之后，未办结婚登记手续即以夫妻名义同居生活，群众也认为是夫妻关系的，一方向人民法院起诉“离婚”，如同居时双方均符合结婚的法定条件，可认定为事实婚姻关系；如同居时一方或双方不符合结婚的法定条件，应认定为非法同居关系。

3. 自民政部新的婚姻登记管理条例施行之日起，未办结婚登记即以夫妻名义同居生活，按非法同居关系对待。

4. 离婚后双方未再婚，未履行复婚登记手续，又以夫妻名义共同生活，一方起诉“离婚”的，一般应解除其非法同居关系。

5. 已登记结婚的一方又与第三人形成事实婚姻关系，或事实婚姻关系的一方又与第三人登记结婚，或事实婚姻关系的一方又与第三人形成新的事实婚姻关系，凡前一个婚姻关系的一方要求追究重婚罪的，无论其行为是否构成重婚罪，均应解除后一个婚姻关系。前一个婚姻关系的一方如要求处理离婚问题，应根据其婚姻关系的具体情况进行调解或者作出判决。

6. 审理事实婚姻关系的离婚案件，应当先进行调解。经调解和好或撤诉的，确认婚姻关系有效，发给调解书或裁定书；经调解不能和好的，应调解或判决准予离婚。

7. 未办结婚登记而以夫妻名义同居生活的男女，一方要求“离婚”或解除同居关系，经查确属非法同居关系的，应一律判决予以解除。

8. 人民法院审理非法同居关系的案件，如涉及非婚生子女抚养和财产分割问题，应一并予以解决。具体分割财产时，应照顾妇女、儿童的利益，考虑财产的实际情况和双方的过错程度，妥善分割。

9. 解除非法同居关系时，双方所生的非婚生子女，由哪一方抚养，双方协商；协商不成时，应根据子女的利益和双方的具体情况判决。哺乳期内的子女，原则上应由母方抚养，如父方条件好，母方同意，也可由父方抚养。子女为限制民事行为能力人的，应征求子女本人的意见。一方将未成年的子女送他人收养，须征得另一方的同意。

10. 解除非法同居关系时，同居生活期间双方共同所得的收入和购置的财产，按一般共有财产处理。同居生活前，一方自愿赠送给对方的财物可比照赠与关系处理；一方向另一方索取的财物，可参照最高人民法院〔84〕法办字第 112 号《关于贯彻执行民事政策法律若干问题的意见》第（18）条规定的精神处理。

11. 解除非法同居关系时，同居期间为共同生产、生活而形成的债权、债务，可按共同债权、债务处理。

12. 解除非法同居关系时，一方在共同生活期间患有严重疾病未治愈的，分割财产时，应予适当照顾，或者由另一方给予一次性的经济帮助。

13. 同居生活期间一方死亡，另一方要求继承死者遗产，如认定为事实婚姻关系的，可以配偶身份按继承法的有关规定处理；如认定为非法同居关系，而又符合继承法第十四条规定的，可根据相互扶助的具体情况处理。

14. 人民法院在审理未办结婚登记而以夫妻名义同居生活的案件时，对违法情节严重的，应按照婚姻法、民法通则、《关于贯彻执行〈民法通则〉若干问题的意见》和其他法律、法规的有关规定，给予适当的民事制裁。

15. 本意见自颁布之日起施行。凡最高人民法院过去的规定与本意见相抵触的，均按本意见执行。

最高人民法院
印发《关于人民法院审理离婚案件处理子女抚养问题的若干具体意见》的通知

（1993年11月3日　法发〔1993〕30号）

全国地方各级人民法院、各级军事法院、各铁路运输中级法院和基层法院、各海事法院：

现将《关于人民法院审理离婚案件处理子女抚养问题的若干具体意见》印发给你们，请认真执行。在执行中注意总结经验，有何意见和问题，请及时报告我院。

附：

关于人民法院审理离婚案件处理子女抚养问题的若干具体意见

人民法院审理离婚案件，对子女抚养问题，应当依照《中华人民共和国婚姻法》第二十九条、第三十条及有关法律规定，从有利于子女身心健康，保障子女的合法权益出发，结合父母双方的抚养能力和抚养条件等具体情况妥善解决。根据上述原则，结合审判实践，提出如下具体意见：

1. 两周岁以下的子女，一般随母方生活。母方有下列情形之一的，可随父方生活：

（1）患有久治不愈的传染性疾病或其他严重疾病，子女不宜与其共同生活的；

（2）有抚养条件不尽抚养义务，而父方要求子女随其生活的；

（3）因其他原因，子女确无法随母方生活的。

2. 父母双方协议两周岁以下子女随父方生活，并对子女健康成长无不利影响的，可予准许。

3. 对两周岁以上未成年的子女，父方和母方均要求随其生活，一方有下列情形之一的，可予优先考虑：

（1）已做绝育手术或因其他原因丧失生育能力的；

（2）子女随其生活时间较长，改变生活环境对子女健康成长明显不利的；

（3）无其他子女，而另一方有其他子女的；

（4）子女随其生活，对子女成长有利，而另一方患有久治不愈的传染性疾病或其他严重疾病，或者有其他不利于子女身心健康的情形，不宜与子女共同生活的。

4. 父方与母方抚养子女的条件基本相同，双方均要求子女与其共同生活，但子女单独随祖父母或外祖父母共同生活多年，且祖父母或外祖父母要求并且有能力帮助子女照顾孙子女或外孙子女的，可作为子女随父或母生活的优先条件予以考虑。

5. 父母双方对10周岁以上的未成年子女随父或随母生活发生争执的，应考虑该子女的意见。

6. 在有利于保护子女利益的前提下，父母双方协议轮流抚养子女的，可予准许。

7. 子女抚育费的数额，可根据子女的实际需要、父母双方的负担能力和当地的实际生活水平确定。

有固定收入的，抚育费一般可按其月总收入的 20%至 30%的比例给付。负担两个以上子女抚育费的，比例可适当提高，但一般不得超过月总收入的 50%。

无固定收入的，抚育费的数额可依据当年总收入或同行业平均收入，参照上述比例确定。

有特殊情况的，可适当提高或降低上述比例。

8. 抚育费应定期给付，有条件的可一次性给付。

9. 对一方无经济收入或者下落不明的，可用其财物折抵子女抚育费。

10. 父母双方可以协议子女随一方生活并由抚养方负担子女全部抚育费。但经查实，抚养方的抚养能力明显不能保障子女所需费用，影响子女健康成长的，不予准许。

11. 抚育费的给付期限，一般至子女 18 周岁为止。

16 周岁以上不满 18 周岁，以其劳动收入为主要生活来源，并能维持当地一般生活水平的，父母可停止给付抚育费。

12. 尚未独立生活的成年子女有下列情形之一，父母又有给付能力的，仍应负担必要的抚育费：

（1）丧失劳动能力或虽未完全丧失劳动能力，但其收入不足以维持生活的；

（2）尚在校就读的；

（3）确无独立生活能力和条件的。

13. 生父与继母或生母与继父离婚时，对曾受其抚养教育的继子女，继父或继母不同意继续抚养的，仍应由生父母抚养。

14.《中华人民共和国收养法》施行前，夫或妻一方收养的子女，对方未表示反对，并与该子女形成事实收养关系的，离婚后，应由双方负担子女的抚育费；夫或妻一方收养的子女，对方始终反对的，离婚后，应由收养方抚养该子女。

15. 离婚后，一方要求变更子女抚养关系的，或者子女要求增加抚育费的，应另行起诉。

16. 一方要求变更子女抚养关系有下列情形之一的，应予支持。

（1）与子女共同生活的一方因患严重疾病或因伤残无力继续抚养子女的；

（2）与子女共同生活的一方不尽抚养义务或有虐待子女行为，或其与子女共同生活对子女身心健康确有不利影响的；

（3）10 周岁以上未成年子女，愿随另一方生活，该方又有抚养能力的；

（4）有其他正当理由需要变更的。

17. 父母双方协议变更子女抚养关系的，应予准许。

18. 子女要求增加抚育费有下列情形之一，父或母有给付能力的，应予支持。

（1）原定抚育费数额不足以维持当地实际生活水平的；

（2）因子女患病、上学，实际需要已超过原定数额的；

（3）有其他正当理由应当增加的。

19. 父母不得因子女变更姓氏而拒付子女抚育费。父或母一方擅自将子女姓氏改为继母或继父姓氏而引起纠纷的，应责令恢复原姓氏。

20. 在离婚诉讼期间，双方均拒绝抚养子女的，可先行裁定暂由一方抚养。

21. 对拒不履行或妨害他人履行生效判决、裁定、调解中有关子女抚养义务的当事人或者其他人，人民法院可依照《中华人民共和国民事诉讼法》第一百零二条的规定采取强制措施。

最高人民法院
印发《关于人民法院审理离婚案件处理财产分割问题的若干具体意见》的通知

（1993年11月3日　法发〔1993〕32号）

全国地方各级人民法院、各级军事法院、各铁路运输中级法院和基层法院、各海事法院：

现将《关于人民法院审理离婚案件处理财产分割问题的若干具体意见》印发给你们，请认真执行。在执行中注意总结经验，有何意见和问题，请及时报告我院。

附：

关于人民法院审理离婚案件处理财产分割问题的若干具体意见

人民法院审理离婚案件对夫妻共同财产的处理，应当依照《中华人民共和国婚姻法》、《中华人民共和国妇女权益保障法》及有关法律规定，分清个人财产、夫妻共同财产和家庭共同财产，坚持男女平等，保护妇女、儿童的合法权益，照顾无过错方，尊重当事人意愿，有利生产、方便生活的原则，合情合理地予以解决。根据上述原则，结合审判实践，提出如下具体意见：

1. 夫妻双方对财产归谁所有以书面形式约定的，或以口头形式约定，双方无争议的，离婚时应按约定处理。但规避法律的约定无效。

2. 夫妻双方在婚姻关系存续期间所得的财产，为夫妻共同财产，包括：

（1）一方或双方劳动所得的收入和购置的财产；

（2）一方或双方继承、受赠的财产；

（3）一方或双方由知识产权取得的经济利益；

（4）一方或双方从事承包、租赁等生产、经营活动的收益；

（5）一方或双方取得的债权；

（6）一方或双方的其他合法所得。

3. 在婚姻关系存续期间，复员、转业军人所得的复员费、转业费，结婚时间 10 年以上的，应按夫妻共同财产进行分割。复员军人从部队带回的医药补助费和回乡生产补助费，应归本人所有。

4. 夫妻分居两地分别管理、使用的婚后所得财产，应认定为夫妻共同财产。在分割财产时，各自分别管理、使用的财产归各自所有。双方所分财产相差悬殊的，差额部分，由多得财产的一方以与差额相当的财产抵偿另一方。

5. 已登记结婚，尚未共同生活，一方或双方受赠的礼金、礼物应认定为夫妻共同财产，具体处理时应考虑财产来源、数量等情况合理分割。各自出资购置、各自使用的财物，原则上归各自所有。

6. 一方婚前个人所有的财产，婚后由双方共同使用、经营、管理的，房屋和其他价值较大的生产资料经过 8 年，贵重的生活资料经过 4 年，可视为夫妻共同财产。

7. 对个人财产还是夫妻共同财产难以确定的，主张权利的一方有责任举证。当事人举不出有力证据，人民法院又无法查实的，按夫妻共同财产处理。

8. 夫妻共同财产，原则上均等分割。根据生产、生活的实际需要和财产的来源等情况，具体处理时也可以有所差别。属于个人专用的物品，一般归个人所有。

9. 一方以夫妻共同财产与他人合伙经营的，入伙的财产可分给一方所有，分得入伙财产的一方对另一方应给予相当于入伙财产一半价值的补偿。

10. 属于夫妻共同财产的生产资料，可分给有经营条件和能力的一方。分得该生产资料的一方对另一方应给予相当于该财产一半价值的补偿。

11. 对夫妻共同经营的当年无收益的养殖、种植业等，离婚时应从有利于发展生产、有利于经营管理考虑，予以合理分割或折价处理。

12. 婚后 8 年内双方对婚前一方所有的房屋进行过修缮、装修、原拆原建，离婚时未变更产权的，房屋仍归产权人所有，增值部分中属于另一方应得的份额，由房屋所有权人折价补偿另一方；进行过扩建的，扩建部分的房屋应按夫妻共同财产处理。

13. 对不宜分割使用的夫妻共有的房屋，应根据双方住房情况和照顾抚养子女方或无过错方等原则分给一方所有。分得房屋的一方对另一方应给予相当于该房屋一半价值的补偿。在双方条件等同的情况下，应照顾女方。

14. 婚姻存续期间居住的房屋属于一方所有，另一方以离婚后无房居住为由，要求暂住的，经查实可据情予以支持，但一般不超过两年。

无房一方租房居住经济上确有困难的，享有房屋产权的一方可给予一次性经济帮助。

15. 离婚时一方尚未取得经济利益的知识产权，归一方所有，在分割夫妻共同财产时，可根据具体情况，对另一方予以适当的照顾。

16. 婚前个人财产在婚后共同生活中自然毁损、消耗、灭失，离婚时一方要求以夫妻共同财产抵偿的，不予支持。

17. 夫妻为共同生活或为履行抚养、赡养义务等所负债务，应认定为夫妻共同债务，离婚时应当以夫妻共同财产清偿。

下列债务不能认定为夫妻共同债务，应由一方以个人财产清偿：

（1）夫妻双方约定由个人负担的债务，但以逃避债务为目的的除外。

（2）一方未经对方同意，擅自资助与其没有抚养义务的亲朋所负的债务。

（3）一方未经对方同意，独自筹资从事经营活动，其收入确未用于共同生活所负的债务。

（4）其他应由个人承担的债务。

18. 婚前一方借款购置的房屋等财物已转化为夫妻共同财产的，为购置财物借款所负债务，视为夫妻共同债务。

19. 借婚姻关系索取的财物，离婚时，如结婚时间不长，或者因索要财物造成对方生活困难的，可酌情返还。

对取得财物的性质是索取还是赠与难以认定的，可按赠与处理。

20. 离婚时夫妻共同财产未从家庭共同财产中析出，一方要求析产的，可先就离婚和已查清的财产问题进行处理，对一时确实难以查清的财产的分割问题可告知当事人另案处理；或者中止离婚诉讼，待析产案件审结后再恢复离婚诉讼。

21. 一方将夫妻共同财产非法隐藏、转移拒不交出的，或非法变卖、毁损的，分割财产时，对隐藏、转移、变卖、毁损财产的一方，应予以少分或不分。具体处理时，应把隐藏、转移、变卖、毁损的财产作为隐藏、转移、变卖、毁损财产的一方分得的财产份额，对另一方的应得的份额应以其他夫妻共同财产折抵，不足折抵的，差额部分由隐藏、转移、变卖、毁损财产的一方折价补偿对方。

对非法隐藏、转移、变卖、毁损夫妻共同财产的一方，人民法院可依照《中华人民共和国民事诉讼法》第一百零二条的规定进行处理。

22. 属于事实婚姻的，其财产分割适用本意见。

属于非法同居的，其财产分割按最高人民法院《关于人民法院审理未办结婚登记而以夫妻名义同居生活案件的若干意见》的有关规定处理。

最高人民法院
印发《关于审理离婚案件中公房使用、承租若干问题的解答》的通知

（1996 年 2 月 5 日　法发〔1996〕4 号）

全国地方各级人民法院，各级军事法院，各铁路运输中级法院和基层法院，各海事法院：

现将《最高人民法院关于审理离婚案件中公房使用、承租若干问题的解答》印发给你们，请贯彻执行。执行中有何问题，请及时报告我院。

附：

最高人民法院
关于审理离婚案件中公房使用、承租若干问题的解答

人民法院审理离婚案件对公房使用、承租问题应当依照《中华人民共和国民法通则》、《中华人民共和国婚姻法》、《中华人民共和国妇女权益保障法》和其他有关法律规定，坚持男女平等和保护妇女、儿童合法权益等原则，考虑双方的经济收入，实事求是，合情合理地予以解决。现将审判实践中提出的一些问题，根据有关法律的规定，解答如下：

一、问：在离婚案件中，当事人对公房的使用、承租问题发生争议，人民法院可否予以处理？

答：在离婚案件中，当事人对公房的使用、承租问题发生争议，自行协商不成，或者经当事人双方单位或有关部门调解不成的，人民法院应根据案件的具体情况，依法予以妥善处理。

二、问：夫妻共同居住的公房，在什么情况下，离婚后双方均可承租？

答：夫妻共同居住的公房，具有下列情形之一的，离婚后，双方均可承租：

（一）婚前由一方承租的公房，婚姻关系存续5年以上的；

（二）婚前一方承租的本单位的房屋，离婚时，双方均为本单位职工的；

（三）一方婚前借款投资建房取得的公房承租权，婚后夫妻共同偿还借款的；

（四）婚后一方或双方申请取得公房承租权的；

（五）婚前一方承租的公房，婚后因该承租房屋拆迁而取得房屋承租权的；

（六）夫妻双方单位投资联建或联合购置的共有房屋的；

（七）一方将其承租的本单位的房屋，交回本单位或交给另一方单位后，另一方单位另给调换房屋的；

（八）婚前双方均租有公房，婚后合并调换房屋的；

（九）其他应当认定为夫妻双方均可承租的情形。

三、问：对夫妻双方均可承租的公房，应依照什么原则处理？

答：对夫妻双方均可承租的公房，应依照下列原则予以处理：

（一）照顾抚养子女的一方；

（二）男女双方在同等条件下，照顾女方；

（三）照顾残疾或生活困难的一方；

（四）照顾无过错一方。

四、问：对夫妻双方均可承租的公房而由一方承租的，承租方对另一方是否给予经济补偿？

答：对夫妻双方均可承租的公房而由一方承租的，承租方对另一方可给予适当的经济补偿。

五、问：夫妻双方均可承租的公房能够隔开分室居住使用的，可否由双方分别租住？

答：夫妻双方均可承租的公房，如其面积较大能够隔开分室居住使用的，可由双方分别租住；对可以另调房屋分别租住或承租方给另一方解决住房的，可予准许。

六、问：离婚时，一方对另一方婚前承租的公房无权承租的，可否暂时居住？

答：离婚时，一方对另一方婚前承租的公房无权承租而解决住房确有困难的，人民法院可调解或判决其暂时居住，暂住期限一般不超过两年。暂住期间，暂住方应交纳与房屋租金等额的使用费及其他必要的费用。

七、问：离婚时，一方对另一方婚前承租的公房无权承租而另行租房经济上确有困难的，如何处理？

答：离婚时，一方对另一方婚前承租的公房无权承租，另行租房经济上确有困难的，如承租公房一方有负担能力，应给予一次性经济帮助。

八、问：在调整和变更单位自管房屋租赁关系时，是否需征得自管房单位的同意？

答：人民法院在调整和变更单位自管房屋（包括单位委托房地产管理部门代管的房屋）的租赁关系时，应征求自管房单位的意见。经调解或判决变更房屋租赁关系的，承租人应依照有关规定办理房屋变更登记手续。

九、问：对夫妻双方共同出资而取得“部分产权”的房屋，应如何处理？

答：对夫妻共同出资而取得“部分产权”的房屋，人民法院可参照上述有关解答，予以妥善处理。分得房屋“部分产权”的一方，一般应按所得房屋产权的比例，依照离婚时当地政府有关部门公布的同类住房标准价，给予对方一半价值的补偿。

十、问：对夫妻双方均争房屋“部分产权”的，可否采取竞价方式解决？

答：对夫妻双方均争房屋“部分产权”的，如双方同意或者双方经济、住房条件基本相同，可采取竞价方式解决。

最高人民法院
关于夫妻离婚后人工授精所生子女的法律地位如何确定的复函

（1991年7月8日　〔1991〕民他字第12号）

河北省高级人民法院：

你院冀法（民）〔1991〕43号《关于夫妻离婚后人工授精所生子女的法律地位如何确定的请示报告》收悉。

经研究，我们认为，在夫妻关系存续期间，双方一致同意进行人工授精，所生子女应视为夫妻双方的婚生子女，父母子女之间权利义务关系适用《婚姻法》的有关规定。

此复。

附：

河北省高级人民法院
关于夫妻离婚后人工授精所生子女的法律地位如何确定的请示

［1991年4月8日　冀法（民）〔1991〕43号］

最高人民法院：

我省廊坊市三河县人民法院受理了王××（女，28岁，汉族）诉杨××（男，31岁，汉族）离婚一案，杨××和王××经人介绍于1987年12月登记结婚，婚后一年多未生育，经天津市计划生育技术指导所检查确认男方患无精症，经双方协商，王于1989年2月实行人工授精手术，同年11月生一女杨×，后因夫妻生活琐事多次发生争吵打架，致使感情恶化，王××于1990年4月诉至法院，要求与杨××离婚，双方同意离婚，但均争养小孩，廊坊市中级法院对人工授精所生子女的法律地位发生意见分歧，请示我院，一种意见认为小孩应判归男方抚养，因男方无生育能力；另一种意见则认为小孩应判归女方抚养，因为该小孩与男方没有血缘关系。

我院认为，此案双方争养的小孩杨×，是因男方无生育能力，在双方一致同意的情况下人工授精所生，应视为婚生子女，推定确认男方就是孩子的生父，夫妻离婚后，按照婚姻法的有关规定双方都有抚养教育子女的义务。因而也适用最高人民法院《关于贯彻执行民事政策若干问题的意见》中第22条的规定，鉴于本案中杨×年龄尚小，且一直随其母生活，从有利于子女成长考虑，应判决杨×同女方一起生活为宜，但此类问题法律尚无规定，特请示，请答复。

最高人民法院
关于夫妻关系存续期间男方受欺骗抚养非亲生子女离婚后可否向女方追索抚育费的复函

（1992年4月2日　〔1991〕民他字第63号）

四川省高级人民法院：

你院“关于夫妻关系存续期间男方受欺骗抚养非亲生子女离婚后可否向女方追索抚养费的请示”收悉。经研究，我们认为，在夫妻关系存续期间，一方与他人通奸生育子女，隐瞒真情，另一方受欺骗而抚养了非亲生子女，其中离婚后给付的抚育费，受欺骗方要求返还的，可酌情返还；至于在夫妻关系存续期间受欺骗方支出的抚育费用应否返还，因涉及的问题比较复杂，尚需进一步研究，就你院请示所述具体案件而言，因双方在离婚时，其共同财产已由男方一人分得，故可不予返还。以上意见供参考。

民政部办公厅
关于能否撤销李某与张某离婚登记问题的复函

（2003年5月22日　民办函〔2003〕71号）

你厅《关于能否撤销李某与张某离婚登记问题的请示》（冀民请〔2003〕29号）收悉。现答复如下：

从你厅的请示和所附材料看，李某与张某办理离婚登记时，离婚意思表示明确，证件证明齐全，程序合法。当事人李某以假离婚、离婚的目的是为了逃避债务为由，请求宣布其解除婚姻关系无效，没有法律依据：（1）《婚姻法》第三十一条规定“男女双方自愿离婚的，准予离婚。双方必须到婚姻登记机关申请离婚。婚姻登记机关查明双方确实是自愿并对子女和财产已有适当处理时，发给离婚证”。婚姻法没有关于离婚目的的规定，也未规定离婚目的对离婚效力的影响。（2）《婚姻登记管理条例》第25条“申请婚姻登记的当事人弄虚作假、骗取婚姻登记的，婚姻登记管理机关应当撤销婚姻登记，……对离婚的当事人宣布其解除婚姻关系无效并收回离婚证”是指申请人不符合婚姻登记的实质条件，通过弄虚作假，骗取登记的，婚姻登记机关应当撤销登记。而李某与张某是双方自愿离婚，并对子女抚养和财产处理达成一致意见（见双方的离婚协议书），不存在不符合离婚登记实质条件的情况，因此，婚姻登记机关不能撤销李某与张某的离婚登记。

当事人所在单位出具的证明内容是否是真实的，单位是否真实地知道当事人的离婚目的以及是否认真做了调解和好工作，不影响离婚登记效力。

关于离婚当事人之间以及当事人与第三人之间财产、债务纠纷，可以向人民法院提起诉讼，由人民法院根据具体情况进行调解或判决。《婚姻法》第四十一条规定“离婚时，原为夫妻共同生活所负债务，应当共同偿还。共同财产不足清偿的，或财产归各自所有的，由双方协议清偿；协议不成时，由人民法院判决。”1986年10月3日最高人民法院《关于男女双方登记离婚后，因对财产、子女抚养发生纠纷，当事人向人民法院起诉的，法院应予受理的批复》（（1986）民他字第45号）规定“男女双方经婚姻登记机关办理离婚登记后，因对财产、子女抚养引起纠纷，当事人向人民法院起诉的，可直接由有关法院依法受理”。

最高人民法院指导案例 66 号

雷某某诉宋某某离婚纠纷案

（最高人民法院审判委员会讨论通过 2016 年 9 月 19 日发布）

关键词

民事 离婚 离婚时 擅自处分共同财产

裁判要点

一方在离婚诉讼期间或离婚诉讼前，隐藏、转移、变卖、毁损夫妻共同财产，或伪造债务企图侵占另一方财产的，离婚分割夫妻共同财产时，依照《中华人民共和国婚姻法》第四十七条的规定可以少分或不分财产。

相关法条

《中华人民共和国婚姻法》第 47 条

基本案情

原告雷某某（女）和被告宋某某于 2003 年 5 月 19 日登记结婚，双方均系再婚，婚后未生育子女。双方婚后因琐事感情失和，于 2013 年上半年产生矛盾，并于 2014 年 2 月分居。雷某某曾于 2014 年 3 月起诉要求与宋某某离婚，经法院驳回后，双方感情未见好转。2015 年 1 月，雷某某再次诉至法院要求离婚，并依法分割夫妻共同财产。宋某某认为夫妻感情并未破裂、不同意离婚。

雷某某称宋某某名下在中国邮政储蓄银行的账户内有共同存款 37 万元，并提交存取款凭单、转账凭单作为证据。宋某某称该 37 万元，来源于婚前房屋拆迁补偿款及养老金，现尚剩余 20 万元左右（含养老金 14322.48 元），并提交账户记录、判决书、案款收据等证据。

宋某某称雷某某名下有共同存款 25 万元，要求依法分割。雷某某对此不予认可，一审庭审中其提交在中国工商银行尾号为 4179 账户自 2014 年 1 月 26 日起的交易明细，显示至 2014 年 12 月 21 日该账户余额为 262.37 元。二审审理期间，应宋某某的申请，法院调取了雷某某上述中国工商银行账号自 2012 年 11 月 26 日开户后的银行流水明细，显示雷某某于 2013 年 4 月 30 日通过 ATM 转账及卡取的方式将该账户内的 195000 元转至案外人雷某齐名下。宋某某认为该存款是其婚前房屋出租所得，应归双方共同所有，雷某某在离婚之前即将夫妻共同存款转移。雷某某提出该笔存款是其经营饭店所得收益，开始称该笔款已用于夫妻共同开销，后又称用于偿还其外甥女的借款，但雷某某对其主张均未提供相应证据证明。另，雷某某在庭审中曾同意各自名下存款归各自所有，其另行支付宋某某10万元存款，后雷某某反悔，不同意支付。

裁判结果

北京市朝阳区人民法院于2015年4月16日作出（2015）朝民初字第04854号民事判决：准予雷某某与宋某某离婚；雷某某名下中国工商银行尾号为4179账户内的存款归雷某某所有，宋某某名下中国邮政储蓄银行账号尾号为7101、9389及1156账户内的存款归宋某某所有，并对其他财产和债务问题进行了处理。宣判后，宋某某提出上诉，提出对夫妻共同财产雷某某名下存款分割等请求。北京市第三中级人民法院于2015年10月19日作出（2015）三中民终字第08205号民事判决：维持一审判决其他判项，撤销一审判决第三项，改判雷某某名下中国工商银行尾号为4179账户内的存款归雷某某所有，宋某某名下中国邮政储蓄银行尾号为7101账户、9389账户及1156账户内的存款归宋某某所有，雷某某于本判决生效之日起七日内支付宋某某12万元。

裁判理由

法院生效裁判认为：婚姻关系以夫妻感情为基础。宋某某、雷某某共同生活过程中因琐事产生矛盾，在法院判决不准离婚后，双方感情仍未好转，经法院调解不能和好，双方夫妻感情确已破裂，应当判决准予双方离婚。

本案二审期间双方争议的焦点在于雷某某是否转移夫妻共同财产和夫妻双方名下的存款应如何分割。《中华人民共和国婚姻法》第十七条第二款规定："夫妻对共同所有的财产，有平等的处理权。"第四十七条规定："离婚时，一方隐藏、转移、变卖、毁损夫妻共同财产，或伪造债务企图侵占另一方财产的，分割夫妻共同财产时，对隐藏、转移、变卖、毁损夫妻共同财产或伪造债务的一方，可以少分或不分。离婚后，另一方发现有上述行为的，可以向人民法院提起诉讼，请求再次分割夫妻共同财产。"这就是说，一方在离婚诉讼期间或离婚诉讼前，隐藏、转移、变卖、毁损夫妻共同财产，或伪造债务企图侵占另一方财产的，侵害了夫妻对共同财产的平等处理权，离婚分割夫妻共同财产时，应当依照《中华人民共和国婚姻法》第四十七条的规定少分或不分财产。

本案中，关于双方名下存款的分割，结合相关证据，宋某某婚前房屋拆迁款转化的存款，应归宋某某个人所有，宋某某婚后所得养老保险金，应属夫妻共同财产。雷某某名下中国工商银行尾号为4179账户内的存款为夫妻关系存续期间的收入，应作为夫妻共同财产予以分割。雷某某于2013年4月30日通过ATM转账及卡取的方式，将尾号为4179账户内的195000元转至案外人名下。雷某某始称该款用于家庭开销，后又称用于偿还外债，前后陈述明显矛盾，对其主张亦未提供证据证明，对钱款的去向不能作出合理的解释和说明。结合案件事实及相关证据，认定雷某某存在转移、隐藏夫妻共同财产的情节。根据上述法律规定，对雷某某名下中国工商银行尾号 4179 账户内的存款，雷某某可以少分。宋某某主张对雷某某名下存款进行分割，符合法律规定，予以支持。故判决宋某某婚后养老保险金 14322.48 元归宋某某所有，对于雷某某转移的 19.5 万元存款，由雷某某补偿宋某某 12 万元。

（生效裁判审判人员：李春香、赵霞、闫慧）

4. 涉港澳台及涉外婚姻

最高人民法院

印发《关于中国公民申请承认外国法院离婚判决程序问题的规定》的通知

[1991 年 8 月 13 日　法（民）〔1991〕21 号]

全国地方各级人民法院、各级军事法院、各铁路运输中级法院和基层法院、各海事法院：

现将《关于中国公民申请承认外国法院离婚判决程序问题的规定》发给你们，请认真执行。在执行中注意总结经验，有何意见和问题，请及时报告我院。

附件：

关于中国公民申请承认外国法院离婚判决程序问题的规定

（1991年7月5日最高人民法院审判委员会第503次会议讨论通过）

第一条 对与我国没有订立司法协助协议的外国法院作出的离婚判决，中国籍当事人可以根据本规定向人民法院申请承认该外国法院的离婚判决。

对与我国有司法协助协议的外国法院作出的离婚判决，按照协议的规定申请承认。

第二条 外国法院离婚判决中的夫妻财产分割、生活费负担、子女抚养方面判决的承认执行，不适用本规定。

第三条 向人民法院申请承认外国法院的离婚判决，申请人应提出书面申请书，并须附有外国法院离婚判决书正本及经证明无误的中文译本。否则，不予受理。

第四条 申请书应记明以下事项：

（一）申请人姓名、性别、年龄、工作单位和住址；

（二）判决由何国法院作出，判结结果、时间；

（三）受传唤及应诉的情况；

（四）申请理由及请求；

（五）其他需要说明的情况。

第五条 申请由申请人住所地中级人民法院受理。申请人住所地与经常居住地不一致的，由经常居住地中级人民法院受理。

申请人不在国内的，由申请人原国内住所地中级人民法院受理。

第六条 人民法院接到申请书，经审查，符合本规定的受理条件的，应当在7日内立案；不符合的，应当在7日内通知申请人不予受理，并说明理由。

第七条 人民法院审查承认外国法院离婚判决的申请，由三名审判员组成合议庭进行，作出的裁定不得上诉。

第八条 人民法院受理申请后，对于外国法院离婚判决书没有指明已生效或生效时间的，应责令申请人提交作出判决的法院出具的判决已生效的证明文件。

第九条 外国法院作出离婚判决的原告为申请人的，人民法院应责令其提交作出判决的外国法院已合法传唤被告出庭的有关证明文件。

第十条 按照第八条、第九条要求提供的证明文件，应经该外国公证部门公证和我国驻该国使、领馆认证。同时应由申请人提供经证明无误的中文译本。

第十一条 居住在我国境内的外国法院离婚判决的被告为申请人，提交第八条、第十条所要求的证明文件和公证、认证有困难的，如能提交外国法院的应诉通知或出庭传票的，可推定外国法院离婚判决书为真实和已经生效。

第十二条 经审查，外国法院的离婚判决具有下列情形之一的，不予承认：

（一）判决尚未发生法律效力；

（二）作出判决的外国法院对案件没有管辖权；

（三）判决是在被告缺席且未得到合法传唤情况下作出的；

（四）该当事人之间的离婚案件，我国法院正在审理或已作出判决，或者第三国法院对该当事人之间作出的离婚案件判决已为我国法院所承认；

（五）判决违反我国法律的基本原则或者危害我国国家主权、安全和社会公共利益。

第十三条 对外国法院的离婚判决的承认，以裁定方式作出。没有第十二条规定的情形的，裁定承认其法律效力；具有第十二条规定的情形之一的，裁定驳回申请人的申请。

第十四条 裁定书以“中华人民共和国××中级人民法院”名义作出，由合议庭成员署名，加盖人民法院印章。

第十五条 裁定书一经送达，即发生法律效力。

第十六条 申请承认外国法院的离婚判决，申请人应向人民法院交纳案件受理费人民币100元。

第十七条 申请承认外国法院的离婚判决，委托他人代理的，必须向人民法院提交由委托人签名或盖章的授权委托书。委托人在国外出具的委托书，必须经我国驻该国的使、领馆证明。

第十八条 人民法院受理离婚诉讼后，原告一方变更请求申请承认外国法院离婚判决，或者被告一方另提出承认外国法院离婚判决申请的，其申请均不受理。

第十九条 人民法院受理承认外国法院离婚判决的申请后，对方当事人向人民法院起诉离婚的，人民法院不予受理。

第二十条 当事人之间的婚姻虽经外国法院判决，但未向人民法院申请承认的，不妨碍当事人一方另行向人民法院提出离婚诉讼。

第二十一条 申请人的申请为人民法院受理后，申请人可以撤回申请，人民法院以裁定准予撤回。申请人撤回申请后，不得再提出申请，但可以另向人民法院起诉离婚。

第二十二条 申请人的申请被驳回后，不得再提出申请，但可以另行向人民法院起诉离婚。

最高人民法院
关于人民法院受理申请承认外国法院离婚判决案件有关问题的规定

法释〔2000〕6号

（1999年12月1日最高人民法院审判委员会第1090次会议通过
2000年2月29日最高人民法院公告公布 自2000年3月1日起施行）

1998年9月17日，我院以法〔1998〕86号通知印发了《关于人民法院受理申请承认外国法院离婚判决案件几个问题的意见》，现根据新的情况，对人民法院受理申请承认外国法院离婚判决案件的有关问题重新作如下规定：

一、中国公民向人民法院申请承认外国法院离婚判决，人民法院不应以其未在国内缔结婚姻关系而拒绝受理；中国公民申请承认外国法院在其缺席情况下作出的离婚判决，应同时向人民法院提交作出该判决的外国法院已合法传唤其出庭的有关证明文件。

二、外国公民向人民法院申请承认外国法院离婚判决，如果其离婚的原配偶是中国公民的，人民法院应予受理；如果其离婚的原配偶是外国公民的，人民法院不予受理，但可告知其直接向婚姻登记机关申请再婚登记。

三、当事人向人民法院申请承认外国法院离婚调解书效力的，人民法院应予受理，并根据《关于中国公民申请承认外国法院离婚判决程序问题的规定》进行审查，作出承认或不予承认的裁定。

自本规定公布之日起，我院法〔1998〕86号通知印发的《关于人民法院受理申请承认外国法院离婚判决案件几个问题的意见》同时废止。

最高人民法院
关于当事人申请承认澳大利亚法院出具的离婚证明书人民法院应否受理问题的批复[①]

法释〔2005〕8号

（2005年7月11日最高人民法院审判委员会第1359次会议通过
2005年7月26日最高人民法院公告公布　自2005年8月1日起施行）

广东省高级人民法院：

你院报送的粤高法民一他字〔2004〕9号“关于当事人申请承认澳大利亚法院出具的离婚证明书有关问题”的请示收悉。经研究，答复如下：

当事人持澳大利亚法院出具的离婚证明书向人民法院申请承认其效力的，人民法院应予受理，并依照《中华人民共和国民事诉讼法》第二百六十七条和第二百六十八条以及最高人民法院《关于中国公民申请承认外国法院离婚判决程序问题的规定》的有关规定进行审查，依法作出承认或者不予承认的裁定。

此复。

民政部办公厅
关于申请在华结婚登记的外国人委托办理的无配偶证明是否有效问题的复函

（2005年12月15日　民办函〔2005〕239号）

福建省民政厅：

你厅《关于涉外婚姻登记中外国人单身证明委托他人办理是否有效的请

① 根据《最高人民法院关于调整司法解释等文件中引用〈中华人民共和国民事诉讼法〉条文序号的决定》（法释〔2008〕18号），本批复调整为：“当事人持澳大利亚法院出具的离婚证明书向人民法院申请承认其效力的，人民法院应予受理，并依照《中华人民共和国民事诉讼法》第二百六十五条和第二百六十六条以及最高人民法院《关于中国公民申请承认外国法院离婚判决程序问题的规定》的有关规定进行审查，依法作出承认或者不予承认的裁定。”——编者注

示》（闽民事〔2005〕554号）收悉。现答复如下：

从请示内容看，现有一些国家的当事人是在到了中国之后委托其本国律师、家人或朋友以委托人的身份办理无配偶证明。关于申请在华结婚登记的外国人委托办理的无配偶证明是否有效问题，经商外交部，我们的意见是：如果申请在华结婚登记的外国人到中国后委托其本国律师、家人或朋友以委托人身份办理的单身证明，表明当事人无配偶且经我驻该国使（领）馆或该国驻华使（领）馆认证，登记机关在办理结婚登记时可以采用。

民政部办公厅
关于出国人员在港工作期间办理结婚登记所需证件、证明问题的复函

（2005年11月4日　民办函〔2005〕209号）

江苏省民政厅：

你厅《关于出国人员所需证件、证明的请示》（苏民福〔2005〕43号）收悉。现答复如下：

你省南通籍公民潘正明于2003年获美国哥伦比亚大学法律博士学位后，在美国一律师事务所工作。2004年8月，因工作需要，被派往该事务所的香港分所工作至今。目前，潘正明提出与你省南通籍未婚妻办理结婚登记，其所持有的证件有：中国护照（贴有香港签证）、香港居民身份证（非永久居民身份证）。目前的问题是，如按出国人员身份办理结婚登记，潘正明表示无法（含不便）到美国开具无配偶证明，如按香港居民身份办理结婚登记，当事人又没有“港澳居民来往内地通行证”。

鉴于赴港工作人员的实际情况，我部意见，由国外机构派驻香港工作的出国人员或应聘在香港工作的我国原海外留学人员可以出具以下证件和证明材料办理结婚登记：（1）本人的有效护照；（2）本人的香港居民身份证；（3）经香港委托公证人公证的本人无配偶及与对方当事人没有直系血亲和三代以内旁系血亲关系的声明。

附件：江苏省民政厅《关于出国人员所需证件、证明的请示》（苏民福〔2005〕43号）（略）

民政部办公厅
关于华侨、港澳台居民提交婚姻状况证明问题的复函

（2004年11月30日　民办函〔2004〕246号）

浙江省民政厅：

你厅十月二十七日关于出国人员、华侨、港澳台居民婚姻状况证明问题的函（浙民函〔2004〕83号）收悉，经研究，现答复如下：

一、2003年10月1日实施的《婚姻登记条例》（以下简称《条例》）对华侨、港澳台居民出具的婚姻状况证明的内容作了规定，其中，华侨应当提交“居住国公证机构或者有权机关出具的、经中华人民共和国驻该国使（领）馆认证的本人无配偶以及与对方当事人没有直系血亲和三代以内旁系血亲关系的证明，或者中华人民共和国驻该国使（领）馆出具的本人无配偶以及与对方当事人没有直系血亲和三代以内旁系血亲关系的证明。”目前，我外交部已就贯彻执行《婚姻登记条例》作出规定，要求驻外使（领）馆按照《条例》的规定，为出国人员、华侨办理有关婚姻状况证明的公证、认证，但仍然存在有关申请结婚双方血亲关系的内容被忽略或遗忘，没有在证明中体现的情况。鉴于居住地及使馆并不了解申请结婚双方的血亲关系，完全凭个人声明的客观情况，以及当事人申请结婚登记时填写的《申请结婚登记声明书》中已经包含该项内容，因此，华侨只提交无配偶证明的，无需重新开具双方没有血亲关系的证明，婚姻登记机关可以受理其结婚申请，符合结婚条件的予以登记。

二、《条例》规定，港澳台居民申请结婚登记，应当提交“经居住地公证机关公证的本人无配偶以及与对方当事人没有直系血亲和三代以内旁系血亲关系的声明”，目前，港澳地区的声明式样，经商中国委托公证人协会（香港）、澳门特别行政区民事登记局已经确定（式样附后），依其式样，声明应由本人作出。另外，香港《宣誓及声明条例》规定：如法律授权或规定任何人作出声明，该声明需按“本人a.b，现居于……谨以至诚声明：…………”的方式作出和签署。因此，港澳居民申请结婚登记应提交本人作出的声明。台湾居民委托第三人办理的，表明当事人无配偶以及与对方当事人没有直系血亲和三代以内旁系血亲关系的证明，婚姻登记机关可以接受。

附件：1. 香港居民无配偶以及与对方当事人没有直系血亲和三代以内旁系血亲关系的声明（适用格式1－1－1、1－1－2、1－1－3）（略）

2. 香港居民申请补办结婚登记声明（适用格式1－1－4）（略）

3. 澳门居民无配偶以及与对方当事人没有直系血亲和三代以内旁系血亲关系的声明（略）

4. 澳门居民申请补办结婚登记声明（略）

5. 澳门第一公证署、第二公证署、海岛公证署有权限作出公证认定签名的工作人员名单、职级及其签名式样（略）

民政部办公厅
关于持中国护照在台工作人员办理结婚登记所需证件、证明材料问题的复函

（2008年8月20日　民办函〔2008〕181号）

湖北省民政厅：

你厅《关于出国人员无法出具所需证件、证明材料事项的请示》（鄂民政函〔2008〕213号）收悉。

来函称：当事人陈××2004年持中国护照在美国留学两年后，于2006年9月17日到台湾大学物理系从事学术科技研究至今。现陈××持中国护照、台湾地区入出境许可证、切结（宣誓）书（台湾地方法院公证处出具）到武汉市办理结婚登记时遇到困难，即按《婚姻登记条例》规定，如按出国人员身份办理结婚登记，陈××无法（不便）到美国开具无配偶证明；如按台湾居民身份办理结婚登记，当事人又没有台湾身份证和台湾居民来往内地通行证。由于目前没有针对办理此类婚姻登记的法律依据，来函希望能够进行具体指导。

经商国务院台湾事务办公室，现答复如下：考虑到持中国护照的在台工作人员回内地办理结婚登记遇到的实际困难，今后，该类人员出具以下证件和证明材料的，婚姻登记机关应当为其办理结婚登记：（1）本人的有效护照；（2）台湾地区入出境许可证；（3）经台湾公证机构公证的无配偶证明（切结书、宣誓书）；（4）经台湾公证机构公证的在台就业单位出具的当事人在该单位就业的证明。

5. 军人婚姻

军队贯彻实施《中华人民共和国婚姻法》若干问题的规定

（2001 年 11 月 9 日）

2001 年 4 月 28 日，第九届全国人民代表大会常务委员会第二十一次会议通过了《关于修改〈中华人民共和国婚姻法〉的决定》。贯彻实施修改后的《中华人民共和国婚姻法》（以下简称《婚姻法》），对于更好地维护平等、和睦、文明的婚姻家庭关系，保障公民在婚姻家庭中的合法权益，推动社会主义精神文明和物质文明建设，具有重要意义。为巩固国防，促进我军革命化、现代化、正规化建设，保持部队纯洁稳定，提高战斗力，增强军政军民团结，现对军队贯彻实施《婚姻法》的有关问题作如下规定：

一、现役军人在处理婚姻关系上，应当模范遵守《婚姻法》，尊重社会公德，不得未婚同居，不得发生婚外性关系。

军队提倡和鼓励晚婚。男军人二十五周岁、女军人二十三周岁以上初婚的为晚婚。

二、现役军人应当慎重地选择恋爱对象，军官和文职干部确定恋爱关系后，应当主动向所在单位党组织报告，由团级以上单位政治机关对其恋爱对象进行政治审查。

三、现役军人的配偶，应当是政治可靠、思想进步、品行端正的中华人民共和国公民。舰艇、空勤人员和从事机密工作人员的配偶，还应当无复杂的社会关系。

现役军人一律不准与外国公民结婚，原则上也不得与香港、澳门特别行政区和台湾地区的居民结婚。

现役军人不得与虽具有中国国籍但居住在外国或港澳台地区从事或参与危害国家安全、破坏国家社会主义建设活动的人员结婚；原则上也不得与此类人员的直系亲属结婚，但现役军人恋爱对象本现实表现良好、政治上确无问题的可酌情允许结婚。

四、义务兵一律不准在部队内部或驻地找对象，服现役期内不得结婚。

五、士官原则上不得在部队驻地或本部队内部找对象结婚。

孤儿、伤残人员和个别年龄超过三十周岁回原籍找对象确有困难的士官，要求在部队驻地找对象的，应当从严掌握，由军级以上单位政治机关批准。

在边疆国境县（市）、沙漠区、国家划定的边远地区中的三类地区和总部确定的一、二类岛屿部队服役的个别中级以上士官，本人提出在部队驻地找对象的，必须符合当地民族政策，由团级以上单位政治机关与当地县级人民政府民政部门协商同意，经师级以上单位政治机关批准，并签订转业军人就地安置协议书的，方可允许在部队驻地找对象结婚。

六、军队院校生干部学员，在校学习期间不得结婚。

七、军队管理的离退休干部、从事机密工作的军队职工的结婚问题，按照对现役军人的规定执行。

八、现役军人申请结婚由部队团级以上单位政治机关负责审批。

营职、专业技术 10 级以下军官和职级相当的文职干部，士官，军队正式职工申请结婚的，由团级单位政治机关审批；团职、专业技术 9 级以上军官和职级相当的文职干部申请结婚的，由其所在单位的上一级政治机关审批；副大军区职以上军官申请结婚的，由总政治部审批。

九、现役军人结婚须提前一个月向所在单位党组织或政治机关提出书面申请，经审查同意后，填写《申请结婚报告表》作为归档材料；由政治机关出具《婚姻状况证明》，作为登记结婚的依据。

十、汉族军人要求与习惯上不同汉族通婚的少数民族公民结婚，一般应说服双方放弃此种婚姻。如双方坚持结婚，并取得少数民族一方家长的同意，可允许结婚。

十一、现役军人离婚，应当严肃慎重，不得违反国家的法律法规和军队的纪律，不违背社会公德。

双方均为现役军人，双方自愿离婚或一方要求离婚的，当事人所在部队领导或政治机关应当进行调解；调解无效，并符合《婚姻法》规定的离婚条件的，由政治机关出具证明后，方可到婚姻登记机关申请离婚或向法院提出离婚诉讼。

配偶是地方人员，军人一方要求离婚的，所在部队政治机关领导应当视情进行调解；符合《婚姻法》规定的离婚条件，并经对方同意，政治机关方可出具证明同意离婚；如军人一方坚持离婚，对方坚决不同意离婚的，部队可商请对方所在单位或地方有关部门进行调解，调解无效的，政治机关出具证明，由当事人向法院提出离婚诉讼。

配偶是地方人员，配偶一方要求离婚，军人一方同意离婚的，政治机关可出具证明同意离婚；军人一方不同意离婚的，政治机关不得出具证明，但经政治机关查实军人一方确有重大过错的除外。

十二、现役军人申请离婚的审批程序、权限与申请结婚的相同。团级以上单位政治机关出具同意离婚的证明时，应要求离婚双方签字或提供本人书面意见。申请再婚、复婚的，须持离婚证件。

十三、军队各级党组织和政治机关负有管理本单位军人婚姻的责任。对军人结婚、离婚有审查、调解和出具证明等权利和义务。对有弄虚作假、欺骗组织以及其他违反本规定行为的，应教育批评，督促改正；情节严重的，视情给予党纪政纪处分。

对军人的婚姻纠纷，军队各级法律服务部门和律师应及时提供法律服务，积极维护军人合法权益。对破坏军婚构成犯罪的行为人，军队有关部门应协助地方司法机关依法追究刑事责任。

十四、海军、空军、第二炮兵和总参谋部、总装备部政治部可根据本规定制定从事机密工作人员婚姻管理的实施细则，并报总政治部备案。

十五、本规定适用于中国人民武装警察部队。

十六、本规定由总政治部组织部负责解释，自 2001 年 11 月 9 日起施行。1980 年 12 月 29 日下发的《总政治部关于军队贯彻执行〈中华人民共和国婚姻法〉的暂行规定》即行废止。

民政部　总政治
关于士官婚姻管理有关问题的通知

（2011 年 12 月 28 日　民发〔2011〕219 号）

各省、自治区、直辖市民政厅（局），各计划单列市民政局，新疆生产建设兵团民政局；各军区、各军兵种、各总部、军事科学院、国防大学、国防科学技术大学、武警部队政治部：

为加强士官队伍建设，进一步做好新形势下士官婚姻管理工作，根据士官管理有关规定，现就有关事项通知如下：

一、士官符合下列条件之一的，经师（旅）级以上单位政治机关批准，可以在驻地或者部队内部找对象结婚：

（一）中级士官；

（二）年龄超过 28 周岁的男士官或者年龄超过 26 周岁的女士官；

（三）烈士子女、孤儿或者因战、因公、因病致残的士官。

二、军队政治机关负责对士官在部队驻地或者部队内部找对象结婚的条件进行审查，符合条件的按有关规定出具《军人婚姻登记证明》。婚姻登记机关依据军队政治机关出具的《军人婚姻登记证明》，为士官办理婚姻登记。

三、民政部、总政治部《关于军队人员婚姻管理有关问题的通知》（政组〔2010〕14号）与本通知不一致的，以本《通知》为准。

民政部办公厅
关于暂未领取居民身份证军人办理婚姻登记问题的处理意见

（2010年4月13日　民办函〔2010〕80号）

各省、自治区、直辖市民政厅（局），计划单列市民政局，新疆生产建设兵团民政局：

自民政部、解放军总政治部《关于军队人员婚姻管理有关问题的通知》（政组〔2010〕14号，以下简称《通知》）印发实行以来，一些地方反映部分军人申请办理婚姻登记时，无法按照《通知》要求提供本人居民身份证。经解放军总政治部了解，虽然公安部和总参、总政、总后、总装文件规定，军人居民身份证于2008年底全部办理完毕，但由于种种原因，目前确有一些部队官兵没有取得居民身份证。为满足无居民身份证军人婚姻登记的需求，经与解放军总政组织部协商，按下述意见办理：

一、团级以上政治机关出具《军人婚姻登记证明》时，根据军人无居民身份证的具体情况，在证明右上角分别标注“暂未领取居民身份证、已编制公民身份号码。”或“暂未领取居民身份证、未编制公民身份号码。”并在标注处加盖印章。对“暂未领取居民身份证、未编制公民身份号码”的，《军人婚姻登记证明》中“公民身份号码”栏填写“无”。

二、军人持标注有“暂未领取居民身份证、已编制公民身份号码”或“暂未领取居民身份证、未编制公民身份号码”的，若除居民身份证外，当事人其他证件、证明材料齐全且符合相关规定的，婚姻登记机关应当受理其有关登记或补领证件的申请。

为保障军人婚姻权益，在文件下发过程中，军人持2010年8月1日之前出具的有效期内的《军人婚姻登记证明》或旧式婚姻状况证明，若证明中未标注“暂未领取居民身份证”，但军人声称无居民身份证的，由军人本人做出无居民身份证书面声明，婚姻登记机关可不要求声明人提供居民身份证。

三、军人有居民身份证或“暂未领取居民身份证、已编制公民身份号码”

的，《申请结（离）婚登记声明书》、《结（离）婚登记审查处理表》及《结（离）婚证》上的“身份证件号”按照《通知》要求填写；“暂未领取居民身份证、未编制公民身份号码”的，上述材料中的“身份证号码”栏填写当事人的《军官证》或《文职干部证》、《学员证》、《士兵证》、《离休证》、《退休证》等军人身份证件号码。

（二）继　承

中华人民共和国继承法

（1985年4月10日第六届全国人民代表大会第三次会议通过
1985年4月10日中华人民共和国主席令第24号公布
自1985年10月1日起施行）

目　录

第一章　总　则

第一条　【立法宗旨】根据《中华人民共和国宪法》规定，为保护公民的私有财产的继承权，制定本法。

第二条　【继承的开始】继承从被继承人死亡时开始。

第三条　【遗产范围】遗产是公民死亡时遗留的个人合法财产，包括：

（一）公民的收入；

（二）公民的房屋、储蓄和生活用品；

（三）公民的林木、牲畜和家禽；

（四）公民的文物、图书资料；

（五）法律允许公民所有的生产资料；

（六）公民的著作权、专利权中的财产权利；

（七）公民的其他合法财产。

第四条　【承包关系继承】个人承包应得的个人收益，依照本法规定继承。个人承包，依照法律允许由继承人继续承包的，按照承包合同办理。

第五条　【继承方式】继承开始后，按照法定继承办理；有遗嘱的，按照遗嘱继承或者遗赠办理；有遗赠扶养协议的，按照协议办理。

第六条　【无行为能力人、限制行为能力人继承权、受遗赠权的行使】无行为能力人的继承权、受遗赠权，由他的法定代理人代为行使。

限制行为能力人的继承权、受遗赠权，由他的法定代理人代为行使，或者征得法定代理人同意后行使。

第七条　【继承权的丧失】继承人有下列行为之一的，丧失继承权：

（一）故意杀害被继承人的；

（二）为争夺遗产而杀害其他继承人的；

（三）遗弃被继承人的，或者虐待被继承人情节严重的；

（四）伪造、篡改或者销毁遗嘱，情节严重的。

第八条　【诉讼时效】继承权纠纷提起诉讼的期限为二年，自继承人知道或者应当知道其权利被侵犯之日起计算。但是，自继承开始之日起超过二十年的，不得再提起诉讼。

第二章　法定继承

第九条　【继承权男女平等】继承权男女平等。

第十条　【继承人范围及继承顺序】遗产按照下列顺序继承：

第一顺序：配偶、子女、父母。

第二顺序：兄弟姐妹、祖父母、外祖父母。

继承开始后，由第一顺序继承人继承，第二顺序继承人不继承。没有第一顺序继承人继承的，由第二顺序继承人继承。

本法所说的子女，包括婚生子女、非婚生子女、养子女和有扶养关系的继子女。

本法所说的父母，包括生父母、养父母和有扶养关系的继父母。

本法所说的兄弟姐妹，包括同父母的兄弟姐妹、同父异母或者同母异父的兄弟姐妹、养兄弟姐妹、有扶养关系的继兄弟姐妹。

第十一条　【代位继承】被继承人的子女先于被继承人死亡的，由被继承人的子女的晚辈直系血亲代位继承。代位继承人一般只能继承他的父亲或者母亲有权继承的遗产份额。

第十二条　【丧偶儿媳、女婿的继承权】丧偶儿媳对公、婆，丧偶女婿对岳父、岳母，尽了主要赡养义务的，作为第一顺序继承人。

第十三条　【遗产分配】同一顺序继承人继承遗产的份额，一般应当均等。

对生活有特殊困难的缺乏劳动能力的继承人，分配遗产时，应当予以照顾。

对被继承人尽了主要扶养义务或者与被继承人共同生活的继承人，分配遗产时，可以多分。

有扶养能力和有扶养条件的继承人，不尽扶养义务的，分配遗产时，应当不分或者少分。

继承人协商同意的，也可以不均等。

第十四条　【酌情分得遗产】对继承人以外的依靠被继承人扶养的缺乏劳动能力又没有生活来源的人，或者继承人以外的对被继承人扶养较多的人，可以分给他们适当的遗产。

第十五条　【继承处理方式】继承人应当本着互谅互让、和睦团结的精神，协商处理继承问题。遗产分割的时间、办法和份额，由继承人协商确定。协商不成的，可以由人民调解委员会调解或者向人民法院提起诉讼。

第三章　遗嘱继承和遗赠

第十六条　【遗嘱的一般规定】公民可以依照本法规定立遗嘱处分个人财产，并可以指定遗嘱执行人。

公民可以立遗嘱将个人财产指定由法定继承人的一人或者数人继承。

公民可以立遗嘱将个人财产赠给国家、集体或者法定继承人以外的人。

第十七条　【遗嘱的形式】公证遗嘱由遗嘱人经公证机关办理。

自书遗嘱由遗嘱人亲笔书写，签名，注明年、月、日。

代书遗嘱应当有两个以上见证人在场见证，由其中一人代书，注明年、月、日，并由代书人、其他见证人和遗嘱人签名。

以录音形式立的遗嘱，应当有两个以上见证人在场见证。

遗嘱人在危急情况下，可以立口头遗嘱。口头遗嘱应当有两个以上见证人在场见证。危急情况解除后，遗嘱人能够用书面或者录音形式立遗嘱的，所立的口头遗嘱无效。

第十八条　【遗嘱见证人】下列人员不能作为遗嘱见证人：

（一）无行为能力人、限制行为能力人；

（二）继承人、受遗赠人；

（三）与继承人、受遗赠人有利害关系的人。

第十九条 【特留份规定】遗嘱应当对缺乏劳动能力又没有生活来源的继承人保留必要的遗产份额。

第二十条 【遗嘱的撤销、变更】遗嘱人可以撤销、变更自己所立的遗嘱。

立有数份遗嘱，内容相抵触的，以最后的遗嘱为准。

自书、代书、录音、口头遗嘱，不得撤销、变更公证遗嘱。

第二十一条 【附义务的遗嘱】遗嘱继承或者遗赠附有义务的，继承人或者受遗赠人应当履行义务。没有正当理由不履行义务的，经有关单位或者个人请求，人民法院可以取消他接受遗产的权利。

第二十二条 【遗嘱的无效】无行为能力人或者限制行为能力人所立的遗嘱无效。

遗嘱必须表示遗嘱人的真实意思，受胁迫、欺骗所立的遗嘱无效。

伪造的遗嘱无效。

遗嘱被篡改的，篡改的内容无效。

第四章 遗产的处理

第二十三条 【继承开始的通知】继承开始后，知道被继承人死亡的继承人应当及时通知其他继承人和遗嘱执行人。继承人中无人知道被继承人死亡或者知道被继承人死亡而不能通知的，由被继承人生前所在单位或者住所地的居民委员会、村民委员会负责通知。

第二十四条 【遗产的保管】存有遗产的人，应当妥善保管遗产，任何人不得侵吞或者争抢。

第二十五条 【继承和遗赠的接受和放弃】继承开始后，继承人放弃继承的，应当在遗产处理前，作出放弃继承的表示。没有表示的，视为接受继承。

受遗赠人应当在知道受遗赠后两个月内，作出接受或者放弃受遗赠的表示。到期没有表示的，视为放弃受遗赠。

第二十六条 【遗产的认定】夫妻在婚姻关系存续期间所得的共同所有的财产，除有约定的以外，如果分割遗产，应当先将共同所有的财产的一半分出为配偶所有，其余的为被继承人的遗产。

遗产在家庭共有财产之中的，遗产分割时，应当先分出他人的财产。

第二十七条 【法定继承的适用范围】有下列情形之一的，遗产中的有关部分按照法定继承办理：

（一）遗嘱继承人放弃继承或者受遗赠人放弃受遗赠的；

（二）遗嘱继承人丧失继承权的；

（三）遗嘱继承人、受遗赠人先于遗嘱人死亡的；

（四）遗嘱无效部分所涉及的遗产；

（五）遗嘱未处分的遗产。

第二十八条　【胎儿预留份】遗产分割时，应当保留胎儿的继承份额，胎儿出生时是死体的，保留的份额按照法定继承办理。

第二十九条　【遗产分割的规则和方法】遗产分割应当有利于生产和生活需要，不损害遗产的效用。

不宜分割的遗产，可以采取折价、适当补偿或者共有等方法处理。

第三十条　【再婚时对所继承遗产的处分权】夫妻一方死亡后另一方再婚的，有权处分所继承的财产，任何人不得干涉。

第三十一条　【遗赠扶养协议】公民可以与扶养人签订遗赠扶养协议。按照协议，扶养人承担该公民生养死葬的义务，享有受遗赠的权利。

公民可以与集体所有制组织签订遗赠扶养协议。按照协议，集体所有制组织承担该公民生养死葬的义务，享有受遗赠的权利。

第三十二条　【无人继承的遗产的处理】无人继承又无人受遗赠的遗产，归国家所有；死者生前是集体所有制组织成员的，归所在集体所有制组织所有。

第三十三条　【继承遗产与清偿债务】继承遗产应当清偿被继承人依法应当缴纳的税款和债务，缴纳税款和清偿债务以他的遗产实际价值为限。超过遗产实际价值部分，继承人自愿偿还的不在此限。

继承人放弃继承的，对被继承人依法应当缴纳的税款和债务可以不负偿还责任。

第三十四条　【遗赠与债务清偿】执行遗赠不得妨碍清偿遗赠人依法应当缴纳的税款和债务。

第五章　附　则

第三十五条　【变通规定】民族自治地方的人民代表大会可以根据本法的原则，结合当地民族财产继承的具体情况，制定变通的或者补充的规定。自治区的规定，报全国人民代表大会常务委员会备案。自治州、自治县的规定，报省或者自治区的人民代表大会常务委员会批准后生效，并报全国人民代表大会常务委员会备案。

第三十六条　【涉外继承】中国公民继承在中华人民共和国境外的遗产或者继承在中华人民共和国境内的外国人的遗产，动产适用被继承人住所地法律，不动产适用不动产所在地法律。

外国人继承在中华人民共和国境内的遗产或者继承在中华人民共和国境

外的中国公民的遗产，动产适用被继承人住所地法律，不动产适用不动产所在地法律。

中华人民共和国与外国订有条约、协定的，按照条约、协定办理。

第三十七条 【施行日期】本法自 1985 年 10 月 1 日起施行。

最高人民法院
印发《关于贯彻执行〈中华人民共和国继承法〉若干问题的意见》的通知

［1985 年 9 月 11 日　法（民）发〔1985〕22 号］

全国地方各级人民法院，各级军事法院，各级铁路运输法院，各海事法院：

现将《关于贯彻执行〈中华人民共和国继承法〉若干问题的意见》发给你们，请你们在审理继承案件中试行，并注意总结经验。试行中的意见和问题，请及时报告我院。

附：

关于贯彻执行《中华人民共和国继承法》若干问题的意见

第六届全国人民代表大会第三次会议通过的《中华人民共和国继承法》，是我国公民处理继承问题的准则，是人民法院正确、及时审理继承案件的依据。人民法院贯彻执行继承法，要根据社会主义的法制原则，坚持继承权男女平等，贯彻互相扶助和权利义务相一致的精神，依法保护公民的私有财产的继承权。

为了正确贯彻执行继承法，我们根据继承法的有关规定和审判实践经验，对审理继承案件中具体适用继承法的一些问题，提出以下意见，供各级人民法院在审理继承案件时试行。

一、关于总则部分

1. 继承从被继承人生理死亡或被宣告死亡时开始。

失踪人被宣告死亡的，以法院判决中确定的失踪人的死亡日期，为继承开始的时间。

2. 相互有继承关系的几个人在同一事件中死亡，如不能确定死亡先后时间的，推定没有继承人的人先死亡。死亡人各自都有继承人的，如几个死亡人辈分不同，推定长辈先死亡；几个死亡人辈分相同，推定同时死亡，彼此不发生继承，由他们各自的继承人分别继承。

3. 公民可继承的其他合法财产包括有价证券和履行标的为财物的债权等。

4. 承包人死亡时尚未取得承包收益的，可把死者生前对承包所投入的资金和所付出的劳动及其增值和孳息，由发包单位或者接续承包合同的人合理折价、补偿，其价额作为遗产。

5. 被继承人生前与他人订有遗赠扶养协议，同时又立有遗嘱的，继承开始后，如果遗赠扶养协议与遗嘱没有抵触，遗产分别按协议和遗嘱处理；如果有抵触，按协议处理，与协议抵触的遗嘱全部或部分无效。

6. 遗嘱继承人依遗嘱取得遗产后，仍有权依继承法第十三条的规定取得遗嘱未处分的遗产。

7. 不满 6 周岁的儿童、精神病患者，可以认定其为无行为能力人。

已满 6 周岁，不满 18 周岁的未成年人，应当认定其为限制行为能力人。

8. 法定代理人代理被代理人行使继承权、受遗赠权，不得损害被代理人的利益。法定代理人一般不能代理被代理人放弃继承权、受遗赠权。明显损害被代理人利益的，应认定其代理行为无效。

9. 在遗产继承中，继承人之间因是否丧失继承权发生纠纷，诉讼到人民法院的，由人民法院根据继承法第七条的规定，判决确认其是否丧失继承权。

10. 继承人虐待被继承人情节是否严重，可以从实施虐待行为的时间、手段、后果和社会影响等方面认定。

虐待被继承人情节严重的，不论是否追究刑事责任，均可确认其丧失继承权。

11. 继承人故意杀害被继承人的，不论是既遂还是未遂，均应确认其丧失继承权。

12. 继承人有继承法第七条第（一）项或第（二）项所列之行为，而被继承人以遗嘱将遗产指定由该继承人继承的，可确认遗嘱无效，并按继承法第七条的规定处理。

13. 继承人虐待被继承人情节严重的，或者遗弃被继承人的，如以后确有悔改表现，而且被虐待人、被遗弃人生前又表示宽恕，可不确认其丧失继承权。

14. 继承人伪造、篡改或者销毁遗嘱，侵害了缺乏劳动能力又无生活来源的继承人的利益，并造成其生活困难的，应认定其行为情节严重。

15. 在诉讼时效期间内，因不可抗拒的事由致继承人无法主张继承权利的，人民法院可按中止诉讼时效处理。

16. 继承人在知道自己的权利受到侵犯之日起的2年之内，其遗产继承权纠纷确在人民调解委员会进行调解期间，可按中止诉讼时效处理。

17. 继承人因遗产继承纠纷向人民法院提起诉讼，诉讼时效即为中断。

18. 自继承开始之日起的第18年后至第20年期间内，继承人才知道自己的权利被侵犯的，其提起诉讼的权利，应当在继承开始之日起的20年之内行使，超过20年的，不得再行提起诉讼。

二、关于法定继承部分

19. 被收养人对养父母尽了赡养义务，同时又对生父母扶养较多的，除可依继承法第十条的规定继承养父母的遗产外，还可依继承法第十四条的规定分得生父母的适当的遗产。

20. 在旧社会形成的一夫多妻家庭中，子女与生母以外的父亲的其他配偶之间形成扶养关系的，互有继承权。

21. 继子女继承了继父母遗产的，不影响其继承生父母的遗产。

继父母继承了继子女遗产的，不影响其继承生子女的遗产。

22. 收养他人为养孙子女，视为养父母与养子女的关系的，可互为第一顺序继承人。

23. 养子女与生子女之间、养子女与养子女之间，系养兄弟姐妹，可互为第二顺序继承人。

被收养人与其亲兄弟姐妹之间的权利义务关系，因收养关系的成立而消除，不能互为第二顺序继承人。

24. 继兄弟姐妹之间的继承权，因继兄弟姐妹之间的扶养关系而发生。没有扶养关系的，不能互为第二顺序继承人。

继兄弟姐妹之间相互继承了遗产的，不影响其继承亲兄弟姐妹的遗产。

25. 被继承人的孙子女、外孙子女、曾孙子女、外曾孙子女都可以代位继承，代位继承人不受辈数的限制。

26. 被继承人的养子女、已形成扶养关系的继子女的生子女可代位继承；被继承人亲生子女的养子女可代位继承；被继承人养子女的养子女可代位继承；与被继承人已形成扶养关系的继子女的养子女也可以代位继承。

27. 代位继承人缺乏劳动能力又没有生活来源，或者对被继承人尽过主要赡养义务的，分配遗产时，可以多分。

28. 继承人丧失继承权的，其晚辈直系血亲不得代位继承。如该代位继承人缺乏劳动能力又没有生活来源，或对被继承人尽赡养义务较多的，可适当分给遗产。

29. 丧偶儿媳对公婆、丧偶女婿对岳父、岳母，无论其是否再婚，依继承法第十二条规定作为第一顺序继承人时，不影响其子女代位继承。

30. 对被继承人生活提供了主要经济来源，或在劳务等方面给予了主要扶助的，应当认定其尽了主要赡养义务或主要扶养义务。

31. 依继承法第十四条规定可以分给适当遗产的人，分给他们遗产时，按具体情况可多于或少于继承人。

32. 依继承法第十四条规定可以分给适当遗产的人，在其依法取得被继承人遗产的权利受到侵犯时，本人有权以独立的诉讼主体的资格向人民法院提起诉讼。但在遗产分割时，明知而未提出请求的，一般不予受理；不知而未提出请求，在 2 年以内起诉的，应予受理。

33. 继承人有扶养能力和扶养条件，愿意尽扶养义务，但被继承人因有固定收入和劳动能力，明确表示不要求其扶养的，分配遗产时，一般不应因此而影响其继承份额。

34. 有扶养能力和扶养条件的继承人虽然与被继承人共同生活，但对需要扶养的被继承人不尽扶养义务，分配遗产时，可以少分或者不分。

三、关于遗嘱继承部分

35. 继承法实施前订立的，形式上稍有欠缺的遗嘱，如内容合法，又有充分证据证明确为遗嘱人真实意思表示的，可以认定遗嘱有效。

36. 继承人、受遗赠人的债权人、债务人，共同经营的合伙人，也应当视为与继承人、受遗赠人有利害关系，不能作为遗嘱的见证人。

37. 遗嘱人未保留缺乏劳动能力又没有生活来源的继承人的遗产份额，遗产处理时，应当为该继承人留下必要的遗产，所剩余的部分，才可参照遗嘱确定的分配原则处理。

继承人是否缺乏劳动能力又没有生活来源，应按遗嘱生效时该继承人的具体情况确定。

38. 遗嘱人以遗嘱处分了属于国家、集体或他人所有的财产，遗嘱的这部分，应认定无效。

39. 遗嘱人生前的行为与遗嘱的意思表示相反，而使遗嘱处分的财产在继承开始前灭失，部分灭失或所有权转移、部分转移的，遗嘱视为被撤销或部分被撤销。

40. 公民在遗书中涉及死后个人财产处分的内容，确为死者真实意思的表示，有本人签名并注明了年、月、日，又无相反证据的，可按自书遗嘱对待。

41. 遗嘱人立遗嘱时必须有行为能力。无行为能力人所立的遗嘱，即使其本人后来有了行为能力，仍属无效遗嘱。遗嘱人立遗嘱时有行为能力，后来丧失了行为能力，不影响遗嘱的效力。

42. 遗嘱人以不同形式立有数份内容相抵触的遗嘱，其中有公证遗嘱的，以最后所立公证遗嘱为准；没有公证遗嘱的，以最后所立的遗嘱为准。

43. 附义务的遗嘱继承或遗赠，如义务能够履行，而继承人、受遗赠人无正当理由不履行，经受益人或其他继承人请求，人民法院可以取消他接受附义务那部分遗产的权利，由提出请求的继承人或受益人负责按遗嘱人的意愿履行义务，接受遗产。

四、关于遗产的处理部分

44. 人民法院在审理继承案件时，如果知道有继承人而无法通知的，分割遗产时，要保留其应继承的遗产，并确定该遗产的保管人或保管单位。

45. 应当为胎儿保留的遗产份额没有保留的，应从继承人所继承的遗产中扣回。

为胎儿保留的遗产份额，如胎儿出生后死亡的，由其继承人继承；如胎儿出生时就是死体的，由被继承人的继承人继承。

46. 继承人因放弃继承权，致其不能履行法定义务的，放弃继承权的行为无效。

47. 继承人放弃继承应当以书面形式向其他继承人表示。用口头方式表示放弃继承，本人承认，或有其他充分证据证明的，也应当认定其有效。

48. 在诉讼中，继承人向人民法院以口头方式表示放弃继承的，要制作笔录，由放弃继承的人签名。

49. 继承人放弃继承的意思表示，应当在继承开始后、遗产分割前作出。遗产分割后表示放弃的不再是继承权，而是所有权。

50. 遗产处理前或在诉讼进行中，继承人对放弃继承翻悔的，由人民法院根据其提出的具体理由，决定是否承认。遗产处理后，继承人对放弃继承翻悔的，不予承认。

51. 放弃继承的效力，追溯到继承开始的时间。

52. 继承开始后，继承人没有表示放弃继承，并于遗产分割前死亡的，其继承遗产的权利转移给他的合法继承人。

53. 继承开始后，受遗赠人表示接受遗赠，并于遗产分割前死亡的，其接受遗赠的权利转移给他的继承人。

54. 由国家或集体组织供给生活费用的烈属和享受社会救济的城市居民，其遗产仍应准许合法继承人继承。

55. 集体组织对“五保户”实行“五保”时，双方有扶养协议的，按协议处理；没有扶养协议，死者有遗嘱继承人或法定继承人要求继承的，按遗嘱继承或法定继承处理，但集体组织有权要求扣回“五保”费用。

56. 扶养人或集体组织与公民订有遗赠扶养协议，扶养人或集体组织无正当理由不履行，致协议解除的，不能享有受遗赠的权利，其支付的供养费用一般不予补偿；遗赠人无正当理由不履行，致协议解除的，则应偿还扶养人或集体组织已支付的供养费用。

57. 遗产因无人继承收归国家或集体组织所有时，按继承法第十四条规定可以分给遗产的人提出取得遗产的要求，人民法院应视情况适当分给遗产。

58. 人民法院在分割遗产中的房屋、生产资料和特定职业所需要的财产时，应依据有利于发挥其使用效益和继承人的实际需要，兼顾各继承人的利益进行处理。

59. 人民法院对故意隐匿、侵吞或争抢遗产的继承人，可以酌情减少其应继承的遗产。

60. 继承诉讼开始后，如继承人、受遗赠人中有既不愿参加诉讼，又不表示放弃实体权利的，应追加为共同原告；已明确表示放弃继承的，不再列为当事人。

61. 继承人中有缺乏劳动能力又没有生活来源的人，即使遗产不足清偿债务，也应为其保留适当遗产，然后再按继承法第三十三条和民事诉讼法第一百八十条的规定清偿债务。

62. 遗产已被分割而未清偿债务时，如有法定继承又有遗嘱继承和遗赠的，首先由法定继承人用其所得遗产清偿债务；不足清偿时，剩余的债务由遗嘱继承人和受遗赠人按比例用所得遗产偿还；如果只有遗嘱继承和遗赠的，由遗嘱继承人和受遗赠人按比例用所得遗产偿还。

五、关于附则部分

63. 涉外继承，遗产为动产的，适用被继承人住所地法律，即适用被继承人生前最后住所地国家的法律。

64. 继承法施行前，人民法院已经审结的继承案件，继承法施行后，按审判监督程序提起再审的，适用审结时的有关政策、法律。

人民法院对继承法生效前已经受理、生效时尚未审结的继承案件，适用继承法。但不得再以超过诉讼时效为由驳回起诉。

最高人民法院
关于如何处理农村五保对象遗产问题的批复

法释〔2000〕23号

（2000年6月30日最高人民法院审判委员会第1121次会议通过
2000年7月25日最高人民法院公告公布　自2000年8月3日起施行）

各省、自治区、直辖市高级人民法院，解放军军事法院，新疆维吾尔自治区高级人民法院生产建设兵团分院：

国务院1994年1月23日《农村五保供养工作条例》发布后，一些高级人民法院反映，我院1985年9月11日发布的法（民）发〔1985〕22号《关于贯彻执行〈中华人民共和国继承法〉若干问题的意见》第五十五条的规定与该条例的有关规定不一致。经研究，答复如下：

农村五保对象死亡后，其遗产按照国务院《农村五保供养工作条例》第十八条、第十九条的有关规定处理。

此复。

附：农村五保供养工作条例有关条款[①]

第十八条　五保对象的个人财产，其本人可以继续使用，但是不得自行处分；其需要代管的财产，可以由农村集体经济组织代管。

第十九条　五保对象死亡后，其遗产归所在的农村集体经济组织所有；有五保供养协议的，按照协议处理。

① 1994年1月23日国务院发布的《农村五保供养工作条例》已于2006年3月1日新的《农村五保供养工作条例》施行后废止。——编者注

遗嘱公证细则

（2000年3月24日司法部令第57号公布　自2000年7月1日起施行）

第一条　为规范遗嘱公证程序，根据《中华人民共和国继承法》、《中华人民共和国公证暂行条例》等有关规定，制定本细则。

第二条　遗嘱是遗嘱人生前在法律允许的范围内，按照法律规定的方式处分其个人财产或者处理其他事务，并在其死亡时发生效力的单方法律行为。

第三条　遗嘱公证是公证处按照法定程序证明遗嘱人设立遗嘱行为真实、合法的活动。经公证证明的遗嘱为公证遗嘱。

第四条　遗嘱公证由遗嘱人住所地或者遗嘱行为发生地公证处管辖。

第五条　遗嘱人申办遗嘱公证应当亲自到公证处提出申请。

遗嘱人亲自到公证处有困难的，可以书面或者口头形式请求有管辖权的公证处指派公证人员到其住所或者临时处所办理。

第六条　遗嘱公证应当由两名公证人员共同办理，由其中一名公证员在公证书上署名。因特殊情况由一名公证员办理时，应当有一名见证人在场，见证人应当在遗嘱和笔录上签名。

见证人、遗嘱代书人适用《中华人民共和国继承法》第十八条的规定。

第七条　申办遗嘱公证，遗嘱人应当填写公证申请表，并提交下列证件和材料：

（一）居民身份证或者其他身份证件；

（二）遗嘱涉及的不动产、交通工具或者其他有产权凭证的财产的产权证明；

（三）公证人员认为应当提交的其他材料。

遗嘱人填写申请表确有困难的，可由公证人员代为填写，遗嘱人应当在申请表上签名。

第八条　对于属于本公证处管辖，并符合前条规定的申请，公证处应当受理。

对于不符合前款规定的申请，公证处应当在三日内作出不予受理的决定，并通知申请人。

第九条　公证人员具有《公证程序规则（试行）》第十条规定情形的，应当自行回避，遗嘱人有权申请公证人员回避。

第十条 公证人员应当向遗嘱人讲解我国《民法通则》、《继承法》中有关遗嘱和公民财产处分权利的规定，以及公证遗嘱的意义和法律后果。

第十一条 公证处应当按照《公证程序规则（试行）》第二十三条的规定进行审查，并着重审查遗嘱人的身份及意思表示是否真实、有无受胁迫或者受欺骗等情况。

第十二条 公证人员询问遗嘱人，除见证人、翻译人员外，其他人员一般不得在场。公证人员应当按照《公证程序规则（试行）》第二十四条的规定制作谈话笔录。谈话笔录应当着重记录下列内容：

（一）遗嘱人的身体状况、精神状况；遗嘱人系老年人、间歇性精神病人、危重伤病人的，还应当记录其对事物的识别、反应能力；

（二）遗嘱人家庭成员情况，包括其配偶、子女、父母及与其共同生活人员的基本情况；

（三）遗嘱所年分财产的情况，是否属于遗嘱个人所有，以前是否曾以遗嘱或者赠扶养协议等方式进行过处分，有无已设立担保、已被查封、扣押等限制所有权的情况；

（四）遗嘱人所提供的遗嘱或者遗嘱草稿的形成时间、地点和过程，是自书还是代书，是否本人的真实意愿，有无修改、补充，对遗产的处分是否附有条件；代书人的情况，遗嘱或者遗嘱草稿上的签名、盖章或者手印是否其本人所为；

（五）遗嘱人未提供遗嘱或者遗嘱草稿的，应当详细记录其处分遗产的意思表示；

（六）是否指定遗嘱执行人及遗嘱执行人的基本情况；

（七）公证人员认为应当询问的其他内容。

谈话笔录应当当场向遗嘱人宣读或者遗嘱人阅读，遗嘱人无异议后，遗嘱人、公证人员、见证人应当在笔录上签名。

第十三条 遗嘱应当包括以下内容：

（一）遗嘱人的姓名、性别、出生日期、住址；

（二）遗嘱处分的财产状况（名称、数量、所在地点以及是否共有、抵押等）；

（三）对财产和其他事务的具体处理意见；

（四）有遗嘱执行人的，应当写明执行人的姓名、性别、年龄、住址等；

（五）遗嘱制作的日期以及遗嘱人的签名。

遗嘱中一般不得包括与处分财产及处理死亡后事宜无关的其他内容；

第十四条 遗嘱人提供的遗嘱，无修改、补充的，遗嘱人应当在公证人员面前确认遗嘱内容、签名及签署日期属实。

遗嘱人提供的遗嘱或者遗嘱草稿，有修改、补充的，经整理、誊清后，应当交遗嘱人核对，并由其签名。

遗嘱人未提供遗嘱或者遗嘱草稿的，公证人员可以根据遗嘱人的意思表示代为起草遗嘱。公证人员代拟的遗嘱，应当交遗嘱人核对，并由其签名。

以上情况应当记入谈话笔录。

第十五条　两个以上的遗嘱人申请办理共同遗嘱公证的，公证处应当引导他们分别设立遗嘱。

遗嘱人坚持申请办理共同遗嘱公证的，共同遗嘱中应当明确遗嘱变、撤销及生效的条件。

第十六条　公证人员发现有下列情形之一的，公证人员在与遗嘱人谈话时应当录音或者录像：

（一）遗嘱人年老体弱；

（二）遗嘱人为危重伤病人；

（三）遗嘱人为聋、哑、盲人；

（四）遗嘱人为间歇性精神病患者、弱智者；

第十七条　对于符合下列条件的，公证处应当出具公证书；

（一）遗嘱人身份属实，具有完全民事行为能力；

（二）遗嘱人意思表示真实；

（三）遗嘱人证明或者保证所处分的财产是其个人财产；

（四）遗嘱内容不违反法律规定和社会公共利益，内容完备，文字表述准确，签名、制作日期齐全；

（五）办证程序符合规定。

不符合前款规定条件的，应当拒绝公证。

第十八条　公证遗嘱采用打印形式。遗嘱人根据遗嘱原稿核对后，应当在打印的公证遗嘱上签名。

遗嘱人不会签名或者签名有困难的，可以盖章方式代替在申请表、笔录和遗嘱上签名；遗嘱人既不能签字又无印章的，应当以按手印方式代替签名或者盖章。

有前款规定情形的，公证人员应当在笔录中注明。以按手印代替签名或者盖章的，公证人员应当撮遗嘱人全部的指纹存档。

第十九条　公证处审批人批准遗嘱公证书之前，遗嘱人死亡或者丧失行为能力的，公证处应当终止办理遗嘱公证。

遗嘱人提供或者公证人员代书、录制的遗嘱，符合代书遗嘱条件或者经承办公证人员见证符合自书、录音、口头遗嘱条件的，公证处可以将该遗嘱发给遗嘱受益人，并将其复印件存入终止公证的档案。

公证处审批人批准后，遗嘱人死亡或者丧失行为能力的，公证处应当完成公证遗嘱的制作。遗嘱人无法在打印的公证遗嘱上签名的，可依符合第十七条规定的遗嘱原稿的原复印件制作公证遗嘱，遗嘱原稿留公证处存档。

第二十条 公证处可根据《中华人民共和国公证暂行条例》规定保管公证遗嘱或者自书遗嘱、代书遗嘱、录音遗嘱；也可根据国际惯例保管密封遗嘱。

第二十一条 遗嘱公证卷应当列为密卷保存。遗嘱人死亡后，转为普通卷保存。

公证遗嘱生效前，遗嘱卷宗不得对外借阅，公证人员也不得对外透露遗嘱内容。

第二十二条 公证遗嘱生效前，非经遗嘱人申请并履行公证程序，不得撤销或者变更公证遗嘱。

遗嘱人申请撤销或者变更公证遗嘱的程序适用本规定。

第二十三条 公证遗嘱生效后，与继承权益相关的人员有确凿证据证明公证遗嘱部分违法的，公证处应当予以调查核实；经调查核实，公证遗嘱部分内容确属违法的，公证处应当撤销对公证遗嘱中违法部分的公证证明。

第二十四条 因公证人员过错造成错证的，公证处应当承担赔偿责任。有关公证赔偿的规定，另行制定。

第二十五条 本细则由司法部解释。

第二十六条 本细则自2000年7月1日起施行。

最高人民法院指导案例50号

李某、郭某阳诉郭某和、童某某继承纠纷案

（最高人民法院审判委员会讨论通过　2015年4月15日发布）

关键词

民事　继承　人工授精　婚生子女

裁判要点

1. 夫妻关系存续期间，双方一致同意利用他人的精子进行人工授精并使女方受孕后，男方反悔，而女方坚持生出该子女的，不论该子女是否在夫妻关系存续期间出生，都应视为夫妻双方的婚生子女。

2. 如果夫妻一方所订立的遗嘱中没有为胎儿保留遗产份额，因违反《中

华人民共和国继承法》第十九条规定，该部分遗嘱内容无效。分割遗产时，应当依照《中华人民共和国继承法》第二十八条规定，为胎儿保留继承份额。

相关法条

1.《中华人民共和国民法通则》第五十七条

2.《中华人民共和国继承法》第十九条、第二十八条

基本案情

原告李某诉称：位于江苏省南京市某住宅小区的306室房屋，是其与被继承人郭某顺的夫妻共同财产。郭某顺因病死亡后，其儿子郭某阳出生。郭某顺的遗产，应当由妻子李某、儿子郭某阳与郭某顺的父母即被告郭某和、童某某等法定继承人共同继承。请求法院在析产继承时，考虑郭某和、童某某有自己房产和退休工资，而李某无固定收入还要抚养幼子的情况，对李某和郭某阳给予照顾。

被告郭某和、童某某辩称：儿子郭某顺生前留下遗嘱，明确将306室赠予二被告，故对该房产不适用法定继承。李某所生的孩子与郭某顺不存在血缘关系，郭某顺在遗嘱中声明他不要这个人工授精生下的孩子，他在得知自己患癌症后，已向李某表示过不要这个孩子，是李某自己坚持要生下孩子。因此，应该由李某对孩子负责，不能将孩子列为郭某顺的继承人。

法院经审理查明：1998年3月3日，原告李某与郭某顺登记结婚。2002年，郭某顺以自己的名义购买了涉案建筑面积为45.08平方米的306室房屋，并办理了房屋产权登记。2004年1月30日，李某和郭某顺共同与南京军区南京总医院生殖遗传中心签订了人工授精协议书，对李某实施了人工授精，后李某怀孕。2004年4月，郭某顺因病住院，其在得知自己患了癌症后，向李某表示不要这个孩子，但李某不同意人工流产，坚持要生下孩子。5月20日，郭某顺在医院立下自书遗嘱，在遗嘱中声明他不要这个人工授精生下的孩子，并将306室房屋赠与其父母郭某和、童某某。郭某顺于5月23日病故。李某于当年10月22日产下一子，取名郭某阳。原告李某无业，每月领取最低生活保障金，另有不固定的打工收入，并持有夫妻关系存续期间的共同存款18705.4元。被告郭某和、童某某系郭某顺的父母，居住在同一个住宅小区的305室，均有退休工资。2001年3月，郭某顺为开店，曾向童某某借款8500元。

南京大陆房地产估价师事务所有限责任公司受法院委托，于2006年3月对涉案306室房屋进行了评估，经评估房产价值为19.3万元。

裁判结果

江苏省南京市秦淮区人民法院于2006年4月20日作出一审判决：涉案的306室房屋归原告李某所有；李某于本判决生效之日起30日内，给付原告

郭某阳 33442.4 元，该款由郭某阳的法定代理人李某保管；李某于本判决生效之日起 30 日内，给付被告郭某和 33442.4 元、给付被告童某某 41942.4 元。一审宣判后，双方当事人均未提出上诉，判决已发生法律效力。

裁判理由

法院生效裁判认为：本案争议焦点主要有两方面：一是郭某阳是否为郭某顺和李某的婚生子女？二是在郭某顺留有遗嘱的情况下，对 306 室房屋应如何析产继承？

关于争议焦点一。《最高人民法院关于夫妻离婚后人工授精所生子女的法律地位如何确定的复函》中指出："在夫妻关系存续期间，双方一致同意进行人工授精，所生子女应视为夫妻双方的婚生子女，父母子女之间权利义务关系适用《中华人民共和国婚姻法》的有关规定。"郭某顺因无生育能力，签字同意医院为其妻子即原告李某施行人工授精手术，该行为表明郭某顺具有通过人工授精方法获得其与李某共同子女的意思表示。只要在夫妻关系存续期间，夫妻双方同意通过人工授精生育子女，所生子女均应视为夫妻双方的婚生子女。《中华人民共和国民法通则》第五十七条规定："民事法律行为从成立时起具有法律约束力。行为人非依法律规定或者取得对方同意，不得擅自变更或者解除。"因此，郭某顺在遗嘱中否认其与李某所怀胎儿的亲子关系，是无效民事行为，应当认定郭某阳是郭某顺和李某的婚生子女。

关于争议焦点二。《中华人民共和国继承法》（以下简称《继承法》）第五条规定："继承开始后，按照法定继承办理；有遗嘱的，按照遗嘱继承或者遗赠办理；有遗赠扶养协议的，按照协议办理。"被继承人郭某顺死亡后，继承开始。鉴于郭某顺留有遗嘱，本案应当按照遗嘱继承办理。《继承法》第二十六条规定："夫妻在婚姻关系存续期间所得的共同所有的财产，除有约定的以外，如果分割遗产，应当先将共同所有的财产的一半分出为配偶所有，其余的为被继承人的遗产。"最高人民法院《关于贯彻执行〈中华人民共和国继承法〉若干问题的意见》第 38 条规定："遗嘱人以遗嘱处分了属于国家、集体或他人所有的财产，遗嘱的这部分，应认定无效。"登记在被继承人郭某顺名下的 306 室房屋，已查明是郭某顺与原告李某夫妻关系存续期间取得的夫妻共同财产。郭某顺死亡后，该房屋的一半应归李某所有，另一半才能作为郭某顺的遗产。郭某顺在遗嘱中，将 306 室全部房产处分归其父母，侵害了李某的房产权，遗嘱的这部分应属无效。此外，《继承法》第十九条规定："遗嘱应当对缺乏劳动能力又没有生活来源的继承人保留必要的遗产份额。"郭某顺在立遗嘱时，明知其妻子腹中的胎儿而没有在遗嘱中为胎儿保留必要的遗产份额，该部分遗嘱内容无效。《继承法》第二十八条规定："遗产分割时，应当保留胎儿的继承份额。"因此，在分割遗产时，应当为该胎儿保留继承份额。综上，在扣除应当归李某所有的财产和应当为胎儿保留的继承份额之后，郭某顺遗产的剩余部分才可以按遗嘱确定的分配原则处理。

（三）收　养

中华人民共和国收养法

（1991 年 12 月 29 日第七届全国人民代表大会常务委员会第二十三次会议通过
根据 1998 年 11 月 4 日第九届全国人民代表大会常务委员会第五次会议
《关于修改〈中华人民共和国收养法〉的决定》修正）

目　录

第一章　总　则

第一条　【立法宗旨】为保护合法的收养关系，维护收养关系当事人的权利，制定本法。

第二条　【基本原则】收养应当有利于被收养的未成年人的抚养、成长，保障被收养人和收养人的合法权益，遵循平等自愿的原则，并不得违背社会公德。

第三条　【不得违背计划生育】收养不得违背计划生育的法律、法规。

第二章　收养关系的成立

第四条　【被收养人的条件】下列不满十四周岁的未成年人可以被收养：

（一）丧失父母的孤儿；

（二）查找不到生父母的弃婴和儿童；

（三）生父母有特殊困难无力抚养的子女。

第五条　【送养人的条件】下列公民、组织可以作送养人：

（一）孤儿的监护人；

（二）社会福利机构；

（三）有特殊困难无力抚养子女的生父母。

第六条　【收养人的条件】收养人应当同时具备下列条件：

（一）无子女；

（二）有抚养教育被收养人的能力；

（三）未患有在医学上认为不应当收养子女的疾病；

（四）年满三十周岁。

第七条　【收养人条件的特别规定】收养三代以内同辈旁系血亲的子女，可以不受本法第四条第三项、第五条第三项、第九条和被收养人不满十四周岁的限制。

华侨收养三代以内同辈旁系血亲的子女，还可以不受收养人无子女的限制。

第八条　【收养人数】收养人只能收养一名子女。

收养孤儿、残疾儿童或者社会福利机构抚养的查找不到生父母的弃婴和儿童，可以不受收养人无子女和收养一名的限制。

第九条　【无配偶男性收养女性的年龄限制】无配偶的男性收养女性的，收养人与被收养人的年龄应当相差四十周岁以上。

第十条　【共同送养与共同收养】生父母送养子女，须双方共同送养。生父母一方不明或者查找不到的可以单方送养。

有配偶者收养子女，须夫妻共同收养。

第十一条　【当事人自愿】收养人收养与送养人送养，须双方自愿。收养年满十周岁以上未成年人的，应当征得被收养人的同意。

第十二条　【监护人送养的限制】未成年人的父母均不具备完全民事行为能力的，该未成年人的监护人不得将其送养，但父母对该未成年人有严重危害可能的除外。

第十三条　【送养未成年孤儿的限制】监护人送养未成年孤儿的，须征得有抚养义务的人同意。有抚养义务的人不同意送养、监护人不愿意继续履行监护职责的，应当依照《中华人民共和国民法通则》的规定变更监护人。

第十四条　【收养继子女的特别规定】继父或者继母经继子女的生父母同意，可以收养继子女，并可以不受本法第四条第三项、第五条第三项、第六条和被收养人不满十四周岁以及收养一名的限制。

第十五条　【收养的形式要件】收养应当向县级以上人民政府民政部门登记。收养关系自登记之日起成立。

收养查找不到生父母的弃婴和儿童的，办理登记的民政部门应当在登记前予以公告。

收养关系当事人愿意订立收养协议的，可以订立收养协议。

收养关系当事人各方或者一方要求办理收养公证的，应当办理收养公证。

第十六条　【户口登记】收养关系成立后，公安部门应当依照国家有关规定为被收养人办理户口登记。

第十七条　【亲朋抚养例外】孤儿或者生父母无力抚养的子女，可以由生父母的亲属、朋友抚养。

抚养人与被抚养人的关系不适用收养关系。

第十八条　【优先抚养权】配偶一方死亡，另一方送养未成年子女的，死亡一方的父母有优先抚养的权利。

第十九条　【禁止超计划生育】送养人不得以送养子女为理由违反计划生育的规定再生育子女。

第二十条　【禁止买卖儿童】严禁买卖儿童或者借收养名义买卖儿童。

第二十一条　【涉外收养】外国人依照本法可以在中华人民共和国收养子女。

外国人在中华人民共和国收养子女，应当经其所在国主管机关依照该国法律审查同意。收养人应当提供由其所在国有权机构出具的有关收养人的年龄、婚姻、职业、财产、健康、有无受过刑事处罚等状况的证明材料，该证明材料应当经其所在国外交机关或者外交机关授权的机构认证，并经中华人民共和国驻该国使领馆认证。该收养人应当与送养人订立书面协议，亲自向省级人民政府民政部门登记。

收养关系当事人各方或者一方要求办理收养公证的，应当到国务院司法行政部门认定的具有办理涉外公证资格的公证机构办理收养公证。

第二十二条　【保守收养秘密】收养人、送养人要求保守收养秘密的，其他人应当尊重其意愿，不得泄露。

第三章　收养的效力

第二十三条　【收养的效力】自收养关系成立之日起，养父母与养子女间的权利义务关系，适用法律关于父母子女关系的规定；养子女与养父母的近亲属间的权利义务关系，适用法律关于子女与父母的近亲属关系的规定。

养子女与生父母及其他近亲属间的权利义务关系，因收养关系的成立而消除。

第二十四条 【养子女的姓氏】养子女可以随养父或者养母的姓，经当事人协商一致，也可以保留原姓。

第二十五条 【收养的无效】违反《中华人民共和国民法通则》第五十五条和本法规定的收养行为无法律效力。

收养行为被人民法院确认无效的，从行为开始时起就没有法律效力。

第四章 收养关系的解除

第二十六条 【收养解除】收养人在被收养人成年以前，不得解除收养关系，但收养人、送养人双方协议解除的除外，养子女年满十周岁以上的，应当征得本人同意。

收养人不履行抚养义务，有虐待、遗弃等侵害未成年养子女合法权益行为的，送养人有权要求解除养父母与养子女间的收养关系。送养人、收养人不能达成解除收养关系协议的，可以向人民法院起诉。

第二十七条 【协议收养解除】养父母与成年养子女关系恶化、无法共同生活的，可以协议解除收养关系。不能达成协议的，可以向人民法院起诉。

第二十八条 【解除的程序】当事人协议解除收养关系的，应当到民政部门办理解除收养关系的登记。

第二十九条 【解除的法律后果】收养关系解除后，养子女与养父母及其他近亲属间的权利义务关系即行消除，与生父母及其他近亲属间的权利义务关系自行恢复，但成年养子女与生父母及其他近亲属间的权利义务关系是否恢复，可以协商确定。

第三十条 【解除后的抚养费给付】收养关系解除后，经养父母抚养的成年养子女，对缺乏劳动能力又缺乏生活来源的养父母，应当给付生活费。因养子女成年后虐待、遗弃养父母而解除收养关系的，养父母可以要求养子女补偿收养期间支出的生活费和教育费。

生父母要求解除收养关系的，养父母可以要求生父母适当补偿收养期间支出的生活费和教育费，但因养父母虐待、遗弃养子女而解除收养关系的除外。

第五章 法律责任

第三十一条 【法律责任】借收养名义拐卖儿童的，依法追究刑事责任。

遗弃婴儿的，由公安部门处以罚款；构成犯罪的，依法追究刑事责任。

出卖亲生子女的，由公安部门没收非法所得，并处以罚款；构成犯罪的，依法追究刑事责任。

第六章　附　则

第三十二条　【变通规定】民族自治地方的人民代表大会及其常务委员会可以根据本法的原则，结合当地情况，制定变通的或者补充的规定。自治区的规定，报全国人民代表大会常务委员会备案。自治州、自治县的规定，报省或者自治区的人民代表大会常务委员会批准后生效，并报全国人民代表大会常务委员会备案。

第三十三条　【实施办法的制定】国务院可以根据本法制定实施办法。

第三十四条　【施行日期】本法自1992年4月1日起施行。

中国公民收养子女登记办法

（1999年5月12日经国务院批准　1999年5月25日民政部第14号令发布　自发布之日起实施）

第一条　为了规范收养登记行为，根据《中华人民共和国收养法》（以下简称收养法），制定本办法。

第二条　中国公民在中国境内收养子女或者协议解除收养关系的，应当依照本办法的规定办理登记．办理收养登记的机关是县级人民政府民政部门。

第三条　收养社会福利机构抚养的查找不到生父母的弃婴、儿童和孤儿的，在社会福利机构所在地的收养登记机关办理登记。

收养非社会福利机构抚养的查找不到生父母的弃婴和儿童的，在弃婴和儿童发现地的收养登记机关办理登记。

收养生父母有特殊困难无力抚养的子女或者由监护人监护的孤儿的，在被收养人生父母或者监护人常住户口所在地（组织作监护人的，在该组织所在地）的收养登记机关办理登记。

收养三代以内同辈旁系血亲的子女，以及继父或者继母收养继子女的，在被收养人生父或者生母常住户口所在地的收养登记机关办理登记。

第四条　收养关系当事人应当亲自到收养登记机关办理成立收养关系的登记手续。

夫妻共同收养子女的，应当共同到收养登记机关办理登记手续；一方因故不能亲自前往的，应当书面委托另一方办理登记手续，委托书应当经过村民委员会或者居民委员会证明或者经过公证。

第五条 收养人应当向收养登记机关提交收养申请书和下列证件、证明材料：

（一）收养人的居民户口簿和居民身份证；

（二）由收养人所在单位或者村民委员会、居民委员会出具的本人婚姻状况、有无子女和抚养教育被收养人的能力等情况的证明；

（三）县级以上医疗机构出具的未患有在医学上认为不应当收养子女的疾病的身体健康检查证明。

收养查找不到生父母的弃婴、儿童的，并应当提交收养人经常居住地计划生育部门出具的收养人生育情况证明；其中收养非社会福利机构抚养的查找不到生父母的弃婴、儿童的，收养人还应当提交下列证明材料：

（一）收养人经常居住地计划生育部门出具的收养人无子女的证明；

（二）公安机关出具的捡拾弃婴、儿童报案的证明。

收养继子女时，可以只提交居民户口簿、居民身份证和收养人与被收养人生父或者生母结婚的证明。

第六条 送养人应当向收养登记机关提交下列证件和证明材料：

（一）送养人的居民户口簿和居民身份证（组织作监护人的，提交其负责人的身份证件）；

（二）收养法规定送养时应当征得其他有抚养义务的人同意的，并提交其他有抚养义务的人同意送养的书面意见。

社会福利机构为送养人的，并应当提交弃婴、儿童进入社会福利机构的原始记录，公安机关出具的捡拾弃婴、儿童报案的证明，或者孤儿的生父母死亡或者宣告死亡的证明。

监护人为送养人的，并应当提交实际承担监护责任的证明，孤儿的父母死亡或者宣告死亡的证明，或者被收养人生父母无完全民事行为能力并对被收养人有严重危害的证明。

生父母为送养人的，并应当提交与当地计划生育部门签订的不违反计划生育规定的协议；有特殊困难无力抚养子女的，还应当提交其所在单位或者村民委员会、居民委员会出具的送养人有特殊困难的证明。其中，因丧偶或者一方下落不明由单方送养的，还应当提交配偶死亡或者下落不明的证明；子女由三代以内同辈旁系血亲收养的，还应当提交公安机关出具的或者经过公证的与收养人有亲属关系的证明。

被收养人是残疾儿童的，并应当提交县级以上医疗机构出具的该儿童的残疾证明。

第七条 收养登记机关收到收养登记申请书及有关材料后，应当自次日起30日内进行审查。对符合收养法规定条件的，为当事人办理收养登记，发给收养登记证，收养关系自登记之日起成立；对不符合收养法规定条件的，不予登记，并对当事人说明理由。

收养查找不到生父母的弃婴、儿童的，收养登记机关应当在登记前公告查找其生父母；自公告之日起满60日，弃婴、儿童的生父母或者其他监护人未认领的，视为查找不到生父母的弃婴、儿童。公告期间不计算在登记办理期限内。

第八条　收养关系成立后，需要为被收养人办理户口登记或者迁移手续的，由收养人持收养登记证到户口登记机关按照国家有关规定办理。

第九条　收养关系当事人协议解除收养关系的，应当持居民户口簿、居民身份证、收养登记证和解除收养关系的书面协议，共同到被收养人常住户口所在地的收养登记机关办理解除收养关系登记。

第十条　收养登记机关收到解除收养关系登记申请书及有关材料后，应当自次日起30日内进行审查；对符合收养法规定的，为当事人办理解除收养关系的登记，收回收养登记证，发给解除收养关系证明。

第十一条　为收养关系当事人出具证明材料的组织，应当如实出具有关证明材料。出具虚假证明材料的，由收养登记机关没收虚假证明材料，并建议有关组织对直接责任人员给予批评教育，或者依法给予行政处分、纪律处分。

第十二条　收养关系当事人弄虚作假骗取收养登记的，收养关系无效，由收养登记机关撤销登记，收缴收养登记证。

第十三条　本办法规定的收养登记证、解除收养关系证明的式样，由国务院民政部门制定。

第十四条　华侨以及居住在香港、澳门、台湾地区的中国公民在内地收养子女的，申请办理收养登记的管辖以及所需要出具的证件和证明材料，按照国务院民政部门的有关规定执行。

第十五条　本办法自发布之日起施行。

外国人在中华人民共和国收养子女登记办法

（1999年5月12日经国务院批准　1999年5月25日民政部第15号令发布　自发布之日起实施）

第一条　为了规范涉外收养登记行为，根据《中华人民共和国收养法》，制定本办法。

第二条　外国人在中华人民共和国境内收养子女（以下简称外国人在华收养子女），应当依照本办法办理登记。

收养人夫妻一方为外国人，在华收养子女，也应当依照本办法办理登记。

第三条　外国人在华收养子女，应当符合中国有关收养法律的规定，并应当符合收养人所在国有关收养法的规定；因收养人所在国法律的规定与中国法律的规定不一致而产生的问题，由两国政府有关部门协商处理。

第四条　外国人在华收养子女，应当通过所在国政府或者政府委托的收养组织（以下简称外国收养组织）向中国政府委托的收养组织（以下简称中国收养组织）转交收养申请并提交收养人的家庭情况报告和证明。

前款规定的收养人的收养申请、家庭情况报告和证明，是指由其所在国有权机构出具，经其所在国外交机关或者外交机关授权的机构认证，并经中华人民共和国驻该国使馆或者领馆认证的下列文件：

（一）跨国收养申请书；

（二）出生证明；

（三）婚姻状况证明；

（四）职业、经济收入和财产状况证明；

（五）身体健康检查证明；

（六）有无受过刑事处罚的证明；

（七）收养人所在国主管机关同意其跨国收养子女的证明；

（八）家庭情况报告，包括收养人的身份、收养的合格性和适当性、家庭状况和病史、收养动机以及适合于照顾儿童的特点等。

在华工作或者学习连续居住一年以上的外国人，在华收养子女，应当提交前款规定的除身体健康检查证明以外的文件，并应当提交在华所在单位或者有关部门出具的婚姻状况证明、职业、经济收入或者财产状况证明，有无受过刑事处罚证明以及县级以上医疗机构出具的身体健康检查证明。

第五条　送养人应当向省、自治区、直辖市人民政府民政部门提交本人的居民户口簿和居民身份证（社会福利机构作送养人的，应当提交其负责人的身分证件）、被收养人的户籍证明等情况证明，并根据不同情况提交下列有关证明材料：

（一）被收养人的生父母（包括已经离婚的）为送养人的，应当提交生父母有特殊困难无力抚养的证明和生父母双方同意送养的书面意见；其中，被收养人的生父或者生母因丧偶或者一方下落不明，由单方送养的，并应当提交配偶死亡或者下落不明的证明以及死亡的或者下落不明的配偶的父母不行使优先抚养权的书面声明；

（二）被收养人的父母均不具备完全民事行为能力，由被收养人的其他监护人作送养人的，应当提交被收养人的父母不具备完全民事行为能力且对被收养人有严重危害的证明以及监护人有监护权的证明；

（三）被收养人的父母均已死亡，由被收养人的监护人作送养人的，应当提交其生父母的死亡证明、监护人实际承担责任的证明，以及其他有抚养义务的人同意送养的书面意见；

（四）由社会福利机构作送养人的，应当提交弃婴、儿童被遗弃和发现的情况证明以及查找其父母或者其他监护人的情况证明；被收养人是孤儿的，应当提交孤儿父母的死亡或者宣告死亡证明，以及有抚养孤儿义务的其他人同意送养的书面意见。

送养残疾儿童的，还应当提交县级以上医疗机构出具的该儿童的残疾证明。

第六条　省、自治区、直辖市人民政府民政部门应当对送养人提交的证件和证明材料进行审查，对查找不到生父母的弃婴和儿童公告查找其生父母；认为被收养人、送养人符合收养法规定条件的，将符合收养法规定的被收养人、送养人名单通知中国收养组织，同时转交下列证件和证明材料：

（一）送养人的居民户口簿和居民身份证（社会福利机构作送养人的，为其负责人的身份证件）复制件；

（二）被收养人是弃婴或者孤儿的证明、户簿证明、成长情况报告和身体健康检查证明的复制件及照片。

省、自治区、直辖市人民政府民政部门查找弃婴或者儿童生父母的公告应当在省级地方报纸上刊登。自公告刊登之日起满 60 日，弃婴和儿童的生父母或者其他监护人未认领的，视为查找不到生父母的弃婴和儿童。

第七条　中国收养组织对外国收养人的收养申请和有关证明进行审查后，应当在省、自治区、直辖市人民政府民政部门报送的符合收养法规定条件的被收养人中，参照外国收养人的意愿，选择适当的被收养人，并将该被收养人及其送养人的有关情况通过外国政府或者外国收养组织送交外国收养人。外国收养人同意收养的，中国收养组织向其发出来华收养子女通知书，同时通知有关的省、自治区、直辖市人民政府民政部门向送养人发出被收养人已被同意收养的通知。

第八条 外国人来华收养子女，应当亲自来华办理登记手续。夫妻共同收养的，应当共同来华办理收养手续；一方因故不能来华的，应当书面委托另一方。委托书应当经所在国公证和认证。

第九条 外国人来华收养子女，应当与送养人订立书面收养协议。协议一式三份，收养人、送养人各执一份，办理收养登记手续时收养登记机关收存一份。

书面协议订立后，收养关系当事人应当共同到被收养人常住户口所在地的省、自治区、直辖市人民政府民政部门办理收养登记。

第十条 收养关系当事人办理收养登记时，应当填写外国人来华收养子女登记申请书并提交收养协议，同时分别提供有关材料。

收养人应当提供下列材料：

（一）中国收养组织发出的来华收养子女通知书；

（二）收养人的身份证件和照片。

送养人应当提供下列材料：

（一）省、自治区、直辖市人民政府民政部门发出的被收养人已被同意收养的通知；

（二）送养人的居民户口簿和居民身分证（社会福利机构作送养人的，为其负责人的身份证件）、被收养人的照片。

第十一条 收养登记机关收到外国人来华收养子女登记申请书和收养人、被收养人及其送养人的有关材料后，应当自次日起 7 日内进行审查，对符合本办法第十条规定的，为当事人办理收养登记，发给收养登记证书。收养关系自登记之日起成立。

收养登记机关应当将登记结果通知中国收养组织。

第十二条 收养关系当事人办理收养登记后，各方或者一方要求办理收养公证的，应当到收养登记地的具有办理涉外公证资格的公证机构办理收养公证。

第十三条 被收养人出境前，收养人应当凭收养登记证书到收养登记的公安机关为被收养人办理出境手续。

第十四条 外国人在华收养子女，应当向登记机关交纳登记费。登记费的收取标准按照国家有关规定执行。

中国收养组织是非营利性公益事业单位，为外国收养人提供收养服务，可以收取服务费。服务费的收取标准按照国家有关规定执行。

为抚养在社会福利机构生活的弃婴和儿童，国家鼓励外国收养人、外国收养组织向社会福利机构捐赠。受聘的社会福利机构必须将捐赠财物全部用于改善所抚养的弃婴和儿童的养育条件，不得挪作它用，并应当将捐赠财物的使用情况告知捐赠人。受赠的社会福利机构还应当接受有关部门的监督，并应当将捐赠的使用情况向社会公布。

第十五条 中国收养组织的活动受国务院民政部门监督。

第十六条 本办法自发布之日起施行。1993 年 11 月 3 日国务院批准，1993 年 11 月 10 日司法部、民政部发布的《外国人在中华人民共和国收养子女实施办法》同时废止。

第三章　物　权

（一）综　合

中华人民共和国物权法

（2007年3月16日第十届全国人民代表大会第五次会议通过
2007年3月16日中华人民共和国主席令第62号公布
自2007年10月1日起施行）

目　录

第一编　总　则

第一章　基本原则

第一条　【立法目的及依据】为了维护国家基本经济制度，维护社会主义市场经济秩序，明确物的归属，发挥物的效用，保护权利人的物权，根据宪法，制定本法。

第二条　【适用范围】因物的归属和利用而产生的民事关系，适用本法。

本法所称物，包括不动产和动产。法律规定权利作为物权客体的，依照其规定。

本法所称物权，是指权利人依法对特定的物享有直接支配和排他的权利，包括所有权、用益物权和担保物权。

第三条　【社会主义基本经济制度】国家在社会主义初级阶段，坚持公有制为主体、多种所有制经济共同发展的基本经济制度。

国家巩固和发展公有制经济，鼓励、支持和引导非公有制经济的发展。

国家实行社会主义市场经济，保障一切市场主体的平等法律地位和发展权利。

第四条　【平等保护】国家、集体、私人的物权和其他权利人的物权受法律保护，任何单位和个人不得侵犯。

第五条　【物权法定】物权的种类和内容，由法律规定。

第六条　【物权公示原则】不动产物权的设立、变更、转让和消灭，应当依照法律规定登记。动产物权的设立和转让，应当依照法律规定交付。

第七条　【遵守法律、尊重社会公德】物权的取得和行使，应当遵守法律，尊重社会公德，不得损害公共利益和他人合法权益。

第八条　【适用其他法律的规定】其他相关法律对物权另有特别规定的，依照其规定。

第二章　物权的设立、变更、转让和消灭

第一节　不动产登记

第九条　【不动产物权登记生效及例外】不动产物权的设立、变更、转让和消灭，经依法登记，发生效力；未经登记，不发生效力，但法律另有规定的除外。

依法属于国家所有的自然资源，所有权可以不登记。

第十条　【登记机构及统一登记制度】不动产登记，由不动产所在地的登记机构办理。

国家对不动产实行统一登记制度。统一登记的范围、登记机构和登记办法，由法律、行政法规规定。

第十一条　【登记申请材料】当事人申请登记，应当根据不同登记事项提供权属证明和不动产界址、面积等必要材料。

第十二条　【登记机构的职责】登记机构应当履行下列职责：

（一）查验申请人提供的权属证明和其他必要材料；

（二）就有关登记事项询问申请人；

（三）如实、及时登记有关事项；

（四）法律、行政法规规定的其他职责。

申请登记的不动产的有关情况需要进一步证明的，登记机构可以要求申请人补充材料，必要时可以实地查看。

第十三条　【登记机构禁止从事的行为】登记机构不得有下列行为：

（一）要求对不动产进行评估；

（二）以年检等名义进行重复登记；

（三）超出登记职责范围的其他行为。

第十四条　【不动产物权登记生效的时间】不动产物权的设立、变更、转让和消灭，依照法律规定应当登记的，自记载于不动产登记簿时发生效力。

第十五条　【合同效力与物权效力区分】当事人之间订立有关设立、变

更、转让和消灭不动产物权的合同，除法律另有规定或者合同另有约定外，自合同成立时生效；未办理物权登记的，不影响合同效力。

第十六条　【不动产登记簿】不动产登记簿是物权归属和内容的根据。

不动产登记簿由登记机构管理。

第十七条　【不动产登记簿与权属证书关系】不动产权属证书是权利人享有该不动产物权的证明。不动产权属证书记载的事项，应当与不动产登记簿一致；记载不一致的，除有证据证明不动产登记簿确有错误外，以不动产登记簿为准。

第十八条　【查询、复制登记资料】权利人、利害关系人可以申请查询、复制登记资料，登记机构应当提供。

第十九条　【更正登记、异议登记】权利人、利害关系人认为不动产登记簿记载的事项错误的，可以申请更正登记。不动产登记簿记载的权利人书面同意更正或者有证据证明登记确有错误的，登记机构应当予以更正。

不动产登记簿记载的权利人不同意更正的，利害关系人可以申请异议登记。登记机构予以异议登记的，申请人在异议登记之日起十五日内不起诉，异议登记失效。异议登记不当，造成权利人损害的，权利人可以向申请人请求损害赔偿。

第二十条　【预告登记】当事人签订买卖房屋或者其他不动产物权的协议，为保障将来实现物权，按照约定可以向登记机构申请预告登记。预告登记后，未经预告登记的权利人同意，处分该不动产的，不发生物权效力。

预告登记后，债权消灭或者自能够进行不动产登记之日起三个月内未申请登记的，预告登记失效。

第二十一条　【登记错误的责任】当事人提供虚假材料申请登记，给他人造成损害的，应当承担赔偿责任。

因登记错误，给他人造成损害的，登记机构应当承担赔偿责任。登记机构赔偿后，可以向造成登记错误的人追偿。

第二十二条　【登记费用】不动产登记费按件收取，不得按照不动产的面积、体积或者价款的比例收取。具体收费标准由国务院有关部门会同价格主管部门规定。

第二节　动产交付

第二十三条　【动产物权交付生效】动产物权的设立和转让，自交付时发生效力，但法律另有规定的除外。

第二十四条　【特定动产物权的登记】船舶、航空器和机动车等物权的设立、变更、转让和消灭，未经登记，不得对抗善意第三人。

第二十五条　【简易交付】动产物权设立和转让前，权利人已经依法占有该动产的，物权自法律行为生效时发生效力。

第二十六条　【指示交付】动产物权设立和转让前，第三人依法占有该动产的，负有交付义务的人可以通过转让请求第三人返还原物的权利代替交付。

第二十七条　【占有改定】动产物权转让时，双方又约定由出让人继续占有该动产的，物权自该约定生效时发生效力。

第三节　其他规定

第二十八条　【法律文书、征收导致的物权变动】因人民法院、仲裁委员会的法律文书或者人民政府的征收决定等，导致物权设立、变更、转让或者消灭的，自法律文书或者人民政府的征收决定等生效时发生效力。

第二十九条　【继承、受遗赠取得物权】因继承或者受遗赠取得物权的，自继承或者受遗赠开始时发生效力。

第三十条　【合法的事实行为导致物权变动】因合法建造、拆除房屋等事实行为设立或者消灭物权的，自事实行为成就时发生效力。

第三十一条　【处分非法律行为取得的不动产】依照本法第二十八条至第三十条规定享有不动产物权的，处分该物权时，依照法律规定需要办理登记的，未经登记，不发生物权效力。

第三章　物权的保护

第三十二条　【物权保护的途径】物权受到侵害的，权利人可以通过和解、调解、仲裁、诉讼等途径解决。

第三十三条　【物权确认请求权】因物权的归属、内容发生争议的，利害关系人可以请求确认权利。

第三十四条　【返还原物请求权】无权占有不动产或者动产的，权利人可以请求返还原物。

第三十五条　【排除妨害、消除危险请求权】妨害物权或者可能妨害物权的，权利人可以请求排除妨害或者消除危险。

第三十六条　【修理、重作、更换、恢复原状请求权】造成不动产或者动产毁损的，权利人可以请求修理、重作、更换或者恢复原状。

第三十七条　【损害赔偿请求权】侵害物权，造成权利人损害的，权利人可以请求损害赔偿，也可以请求承担其他民事责任。

第三十八条　【请求权的适用、行政及刑事责任】本章规定的物权保护方式，可以单独适用，也可以根据权利被侵害的情形合并适用。

侵害物权，除承担民事责任外，违反行政管理规定的，依法承担行政责任；构成犯罪的，依法追究刑事责任。

第二编 所有权

第四章 一般规定

第三十九条 【所有权权能】所有权人对自己的不动产或者动产，依法享有占有、使用、收益和处分的权利。

第四十条 【设立他物权】所有权人有权在自己的不动产或者动产上设立用益物权和担保物权。用益物权人、担保物权人行使权利，不得损害所有权人的权益。

第四十一条 【国家专有】法律规定专属于国家所有的不动产和动产，任何单位和个人不能取得所有权。

第四十二条 【征收】为了公共利益的需要，依照法律规定的权限和程序可以征收集体所有的土地和单位、个人的房屋及其他不动产。

征收集体所有的土地，应当依法足额支付土地补偿费、安置补助费、地上附着物和青苗的补偿费等费用，安排被征地农民的社会保障费用，保障被征地农民的生活，维护被征地农民的合法权益。

征收单位、个人的房屋及其他不动产，应当依法给予拆迁补偿，维护被征收人的合法权益；征收个人住宅的，还应当保障被征收人的居住条件。

任何单位和个人不得贪污、挪用、私分、截留、拖欠征收补偿费等费用。

第四十三条 【耕地保护】国家对耕地实行特殊保护，严格限制农用地转为建设用地，控制建设用地总量。不得违反法律规定的权限和程序征收集体所有的土地。

第四十四条 【征用】因抢险、救灾等紧急需要，依照法律规定的权限和程序可以征用单位、个人的不动产或者动产。被征用的不动产或者动产使用后，应当返还被征用人。单位、个人的不动产或者动产被征用或者征用后毁损、灭失的，应当给予补偿。

第五章 国家所有权和集体所有权、私人所有权

第四十五条 【国家所有权及其行使】法律规定属于国家所有的财产，属于国家所有即全民所有。

国有财产由国务院代表国家行使所有权；法律另有规定的，依照其规定。

第四十六条 【矿藏、水流、海域的国家所有】矿藏、水流、海域属于国家所有。

第四十七条 【国有的土地范围】城市的土地，属于国家所有。法律规定属于国家所有的农村和城市郊区的土地，属于国家所有。

第四十八条 【森林、山岭、草原、荒地、滩涂等的所有权】森林、山岭、草原、荒地、滩涂等自然资源，属于国家所有，但法律规定属于集体所有的除外。

第四十九条 【野生动植物资源由国家所有】法律规定属于国家所有的野生动植物资源，属于国家所有。

第五十条 【无线电频谱资源由国家所有】无线电频谱资源属于国家所有。

第五十一条 【国有文物】法律规定属于国家所有的文物，属于国家所有。

第五十二条 【国有资产和基础设施】国防资产属于国家所有。

铁路、公路、电力设施、电信设施和油气管道等基础设施，依照法律规定为国家所有的，属于国家所有。

第五十三条 【国家机关的物权】国家机关对其直接支配的不动产和动产，享有占有、使用以及依照法律和国务院的有关规定处分的权利。

第五十四条 【国家举办的事业单位的物权】国家举办的事业单位对其直接支配的不动产和动产，享有占有、使用以及依照法律和国务院的有关规定收益、处分的权利。

第五十五条 【国有出资人权益的行使】国家出资的企业，由国务院、地方人民政府依照法律、行政法规规定分别代表国家履行出资人职责，享有出资人权益。

第五十六条 【国家所有权保护】国家所有的财产受法律保护，禁止任何单位和个人侵占、哄抢、私分、截留、破坏。

第五十七条 【国有资产监管】履行国有财产管理、监督职责的机构及其工作人员，应当依法加强对国有财产的管理、监督，促进国有财产保值增值，防止国有财产损失；滥用职权，玩忽职守，造成国有财产损失的，应当依法承担法律责任。

违反国有财产管理规定，在企业改制、合并分立、关联交易等过程中，低价转让、合谋私分、擅自担保或者以其他方式造成国有财产损失的，应当依法承担法律责任。

第五十八条 【集体所有权】集体所有的不动产和动产包括：

（一）法律规定属于集体所有的土地和森林、山岭、草原、荒地、滩涂；

（二）集体所有的建筑物、生产设施、农田水利设施；

（三）集体所有的教育、科学、文化、卫生、体育等设施；

（四）集体所有的其他不动产和动产。

第五十九条　【农民集体所有权及重大事项决定程序】农民集体所有的不动产和动产，属于本集体成员集体所有。

下列事项应当依照法定程序经本集体成员决定：

（一）土地承包方案以及将土地发包给本集体以外的单位或者个人承包；

（二）个别土地承包经营权人之间承包地的调整；

（三）土地补偿费等费用的使用、分配办法；

（四）集体出资的企业的所有权变动等事项；

（五）法律规定的其他事项。

第六十条　【农民集体所有权的行使】对于集体所有的土地和森林、山岭、草原、荒地、滩涂等，依照下列规定行使所有权：

（一）属于村农民集体所有的，由村集体经济组织或者村民委员会代表集体行使所有权；

（二）分别属于村内两个以上农民集体所有的，由村内各该集体经济组织或者村民小组代表集体行使所有权；

（三）属于乡镇农民集体所有的，由乡镇集体经济组织代表集体行使所有权。

第六十一条　【城镇集体所有权】城镇集体所有的不动产和动产，依照法律、行政法规的规定由本集体享有占有、使用、收益和处分的权利。

第六十二条　【公布集体财产状况】集体经济组织或者村民委员会、村民小组应当依照法律、行政法规以及章程、村规民约向本集体成员公布集体财产的状况。

第六十三条　【集体所有权保护】集体所有的财产受法律保护，禁止任何单位和个人侵占、哄抢、私分、破坏。

集体经济组织、村民委员会或者其负责人作出的决定侵害集体成员合法权益的，受侵害的集体成员可以请求人民法院予以撤销。

第六十四条　【私人所有权范围】私人对其合法的收入、房屋、生活用品、生产工具、原材料等不动产和动产享有所有权。

第六十五条　【储蓄、投资及其收益与继承权】私人合法的储蓄、投资及其收益受法律保护。

国家依照法律规定保护私人的继承权及其他合法权益。

第六十六条　【私有财产保护】私人的合法财产受法律保护，禁止任何单位和个人侵占、哄抢、破坏。

第六十七条 【企业出资人】国家、集体和私人依法可以出资设立有限责任公司、股份有限公司或者其他企业。国家、集体和私人所有的不动产或者动产，投到企业的，由出资人按照约定或者出资比例享有资产收益、重大决策以及选择经营管理者等权利并履行义务。

第六十八条 【法人所有权】企业法人对其不动产和动产依照法律、行政法规以及章程享有占有、使用、收益和处分的权利。

企业法人以外的法人，对其不动产和动产的权利，适用有关法律、行政法规以及章程的规定。

第六十九条 【社会团体所有权】社会团体依法所有的不动产和动产，受法律保护。

第六章　业主的建筑物区分所有权

第七十条 【建筑物区分所有权】业主对建筑物内的住宅、经营性用房等专有部分享有所有权，对专有部分以外的共有部分享有共有和共同管理的权利。

第七十一条 【业主对专有部分的权能】业主对其建筑物专有部分享有占有、使用、收益和处分的权利。业主行使权利不得危及建筑物的安全，不得损害其他业主的合法权益。

第七十二条 【业主对共有部分的权利义务】业主对建筑物专有部分以外的共有部分，享有权利，承担义务；不得以放弃权利不履行义务。

业主转让建筑物内的住宅、经营性用房，其对共有部分享有的共有和共同管理的权利一并转让。

第七十三条 【建筑区划内共有的范围】建筑区划内的道路，属于业主共有，但属于城镇公共道路的除外。建筑区划内的绿地，属于业主共有，但属于城镇公共绿地或者明示属于个人的除外。建筑区划内的其他公共场所、公用设施和物业服务用房，属于业主共有。

第七十四条 【车位、车库的归属与使用】建筑区划内，规划用于停放汽车的车位、车库应当首先满足业主的需要。

建筑区划内，规划用于停放汽车的车位、车库的归属，由当事人通过出售、附赠或者出租等方式约定。

占用业主共有的道路或者其他场地用于停放汽车的车位，属于业主共有。

第七十五条 【设立业主大会、选举业主委员会】业主可以设立业主大会，选举业主委员会。

地方人民政府有关部门应当对设立业主大会和选举业主委员会给予指导和协助。

第七十六条　【业主共同决定的事项】下列事项由业主共同决定：

（一）制定和修改业主大会议事规则；

（二）制定和修改建筑物及其附属设施的管理规约；

（三）选举业主委员会或者更换业主委员会成员；

（四）选聘和解聘物业服务企业或者其他管理人；

（五）筹集和使用建筑物及其附属设施的维修资金；

（六）改建、重建建筑物及其附属设施；

（七）有关共有和共同管理权利的其他重大事项。

决定前款第五项和第六项规定的事项，应当经专有部分占建筑物总面积三分之二以上的业主且占总人数三分之二以上的业主同意。决定前款其他事项，应当经专有部分占建筑物总面积过半数的业主且占总人数过半数的业主同意。

第七十七条　【住宅改为经营性用房的条件】业主不得违反法律、法规以及管理规约，将住宅改变为经营性用房。业主将住宅改变为经营性用房的，除遵守法律、法规以及管理规约外，应当经有利害关系的业主同意。

第七十八条　【业主大会、业主委员会决定的效力】业主大会或者业主委员会的决定，对业主具有约束力。

业主大会或者业主委员会作出的决定侵害业主合法权益的，受侵害的业主可以请求人民法院予以撤销。

第七十九条　【建筑物及其附属设施维修资金】建筑物及其附属设施的维修资金，属于业主共有。经业主共同决定，可以用于电梯、水箱等共有部分的维修。维修资金的筹集、使用情况应当公布。

第八十条　【费用分摊、收益分配】建筑物及其附属设施的费用分摊、收益分配等事项，有约定的，按照约定；没有约定或者约定不明确的，按照业主专有部分占建筑物总面积的比例确定。

第八十一条　【建筑物及其附属设施管理】业主可以自行管理建筑物及其附属设施，也可以委托物业服务企业或者其他管理人管理。

对建设单位聘请的物业服务企业或者其他管理人，业主有权依法更换。

第八十二条　【委托管理】物业服务企业或者其他管理人根据业主的委托管理建筑区划内的建筑物及其附属设施，并接受业主的监督。

第八十三条　【业主义务及权益维护】业主应当遵守法律、法规以及管理规约。

业主大会和业主委员会，对任意弃置垃圾、排放污染物或者噪声、违反规定饲养动物、违章搭建、侵占通道、拒付物业费等损害他人合法权益的行为，有权依照法律、法规以及管理规约，要求行为人停止侵害、消除危险、排除妨害、赔偿损失。业主对侵害自己合法权益的行为，可以依法向人民法院提起诉讼。

第七章　相邻关系

第八十四条　【相邻关系处理原则】不动产的相邻权利人应当按照有利生产、方便生活、团结互助、公平合理的原则，正确处理相邻关系。

第八十五条　【相邻关系处理依据】法律、法规对处理相邻关系有规定的，依照其规定；法律、法规没有规定的，可以按照当地习惯。

第八十六条　【用水、排水】不动产权利人应当为相邻权利人用水、排水提供必要的便利。

对自然流水的利用，应当在不动产的相邻权利人之间合理分配。对自然流水的排放，应当尊重自然流向。

第八十七条　【通行权】不动产权利人对相邻权利人因通行等必须利用其土地的，应当提供必要的便利。

第八十八条　【利用相邻土地、建筑物】不动产权利人因建造、修缮建筑物以及铺设电线、电缆、水管、暖气和燃气管线等必须利用相邻土地、建筑物的，该土地、建筑物的权利人应当提供必要的便利。

第八十九条　【通风、采光和日照】建造建筑物，不得违反国家有关工程建设标准，妨碍相邻建筑物的通风、采光和日照。

第九十条　【有害物质排放】不动产权利人不得违反国家规定弃置固体废物，排放大气污染物、水污染物、噪声、光、电磁波辐射等有害物质。

第九十一条　【维护相邻不动产安全】不动产权利人挖掘土地、建造建筑物、铺设管线以及安装设备等，不得危及相邻不动产的安全。

第九十二条　【行使相邻权时的义务】不动产权利人因用水、排水、通行、铺设管线等利用相邻不动产的，应当尽量避免对相邻的不动产权利人造成损害；造成损害的，应当给予赔偿。

第八章　共有

第九十三条　【共有】不动产或者动产可以由两个以上单位、个人共有。共有包括按份共有和共同共有。

第九十四条　【按份共有】按份共有人对共有的不动产或者动产按照其份额享有所有权。

第九十五条　【共同共有】共同共有人对共有的不动产或者动产共同享有所有权。

第九十六条　【共有物管理】共有人按照约定管理共有的不动产或者动

产；没有约定或者约定不明确的，各共有人都有管理的权利和义务。

第九十七条　【共有物处分】处分共有的不动产或者动产以及对共有的不动产或者动产作重大修缮的，应当经占份额三分之二以上的按份共有人或者全体共同共有人同意，但共有人之间另有约定的除外。

第九十八条　【管理费用等的负担】对共有物的管理费用以及其他负担，有约定的，按照约定；没有约定或者约定不明确的，按份共有人按照其份额负担，共同共有人共同负担。

第九十九条　【共有物分割】共有人约定不得分割共有的不动产或者动产，以维持共有关系的，应当按照约定，但共有人有重大理由需要分割的，可以请求分割；没有约定或者约定不明确的，按份共有人可以随时请求分割，共同共有人在共有的基础丧失或者有重大理由需要分割时可以请求分割。因分割对其他共有人造成损害的，应当给予赔偿。

第一百条　【分割方式】共有人可以协商确定分割方式。达不成协议，共有的不动产或者动产可以分割并且不会因分割减损价值的，应当对实物予以分割；难以分割或者因分割会减损价值的，应当对折价或者拍卖、变卖取得的价款予以分割。

共有人分割所得的不动产或者动产有瑕疵的，其他共有人应当分担损失。

第一百零一条　【优先购买权】按份共有人可以转让其享有的共有的不动产或者动产份额。其他共有人在同等条件下享有优先购买的权利。

第一百零二条　【共有物上的债权债务】因共有的不动产或者动产产生的债权债务，在对外关系上，共有人享有连带债权、承担连带债务，但法律另有规定或者第三人知道共有人不具有连带债权债务关系的除外；在共有人内部关系上，除共有人另有约定外，按份共有人按照份额享有债权、承担债务，共同共有人共同享有债权、承担债务。偿还债务超过自己应当承担份额的按份共有人，有权向其他共有人追偿。

第一百零三条　【共有关系性质不明时的推定】共有人对共有的不动产或者动产没有约定为按份共有或者共同共有，或者约定不明确的，除共有人具有家庭关系等外，视为按份共有。

第一百零四条　【按份共有份额的确定】按份共有人对共有的不动产或者动产享有的份额，没有约定或者约定不明确的，按照出资额确定；不能确定出资额的，视为等额享有。

第一百零五条　【他物权的准共有】两个以上单位、个人共同享有用益物权、担保物权的，参照本章规定。

第九章　所有权取得的特别规定

第一百零六条　【善意取得】无处分权人将不动产或者动产转让给受让

人的，所有权人有权追回；除法律另有规定外，符合下列情形的，受让人取得该不动产或者动产的所有权：

（一）受让人受让该不动产或者动产时是善意的；

（二）以合理的价格转让；

（三）转让的不动产或者动产依照法律规定应当登记的已经登记，不需要登记的已经交付给受让人。

受让人依照前款规定取得不动产或者动产的所有权的，原所有权人有权向无处分权人请求赔偿损失。

当事人善意取得其他物权的，参照前两款规定。

第一百零七条 【遗失物追回】所有权人或者其他权利人有权追回遗失物。该遗失物通过转让被他人占有的，权利人有权向无处分权人请求损害赔偿，或者自知道或者应当知道受让人之日起二年内向受让人请求返还原物，但受让人通过拍卖或者向具有经营资格的经营者购得该遗失物的，权利人请求返还原物时应当支付受让人所付的费用。权利人向受让人支付所付费用后，有权向无处分权人追偿。

第一百零八条 【善意取得之动产上的原有权利】善意受让人取得动产后，该动产上的原有权利消灭，但善意受让人在受让时知道或者应当知道该权利的除外。

第一百零九条 【拾得遗失物】拾得遗失物，应当返还权利人。拾得人应当及时通知权利人领取，或者送交公安等有关部门。

第一百一十条 【领取与招领】有关部门收到遗失物，知道权利人的，应当及时通知其领取；不知道的，应当及时发布招领公告。

第一百一十一条 【遗失物保管义务】拾得人在遗失物送交有关部门前，有关部门在遗失物被领取前，应当妥善保管遗失物。因故意或者重大过失致使遗失物毁损、灭失的，应当承担民事责任。

第一百一十二条 【保管费用、悬赏广告】权利人领取遗失物时，应当向拾得人或者有关部门支付保管遗失物等支出的必要费用。

权利人悬赏寻找遗失物的，领取遗失物时应当按照承诺履行义务。

拾得人侵占遗失物的，无权请求保管遗失物等支出的费用，也无权请求权利人按照承诺履行义务。

第一百一十三条 【无人认领的遗失物的归属】遗失物自发布招领公告之日起六个月内无人认领的，归国家所有。

第一百一十四条 【拾得漂流物、发现埋藏物或隐藏物】拾得漂流物、发现埋藏物或者隐藏物的，参照拾得遗失物的有关规定。文物保护法等法律另有规定的，依照其规定。

第一百一十五条　【从物随主物转让】主物转让的，从物随主物转让，但当事人另有约定的除外。

第一百一十六条　【孳息】天然孳息，由所有权人取得；既有所有权人又有用益物权人的，由用益物权人取得。当事人另有约定的，按照约定。

法定孳息，当事人有约定的，按照约定取得；没有约定或者约定不明确的，按照交易习惯取得。

第三编　用益物权

第十章　一般规定

第一百一十七条　【用益物权权能】用益物权人对他人所有的不动产或者动产，依法享有占有、使用和收益的权利。

第一百一十八条　【国有、集体自然资源用益物权】国家所有或者国家所有由集体使用以及法律规定属于集体所有的自然资源，单位、个人依法可以占有、使用和收益。

第一百一十九条　【自然资源有偿使用制度】国家实行自然资源有偿使用制度，但法律另有规定的除外。

第一百二十条　【用益物权人、所有权人义务】用益物权人行使权利，应当遵守法律有关保护和合理开发利用资源的规定。所有权人不得干涉用益物权人行使权利。

第一百二十一条　【用益物权人因征收、征用获得补偿】因不动产或者动产被征收、征用致使用益物权消灭或者影响用益物权行使的，用益物权人有权依照本法第四十二条、第四十四条的规定获得相应补偿。

第一百二十二条　【海域使用权】依法取得的海域使用权受法律保护。

第一百二十三条　【探矿权、采矿权、取水权等】依法取得的探矿权、采矿权、取水权和使用水域、滩涂从事养殖、捕捞的权利受法律保护。

第十一章　土地承包经营权

第一百二十四条　【农村集体经济组织经营体制】农村集体经济组织实行家庭承包经营为基础、统分结合的双层经营体制。，

农民集体所有和国家所有由农民集体使用的耕地、林地、草地以及其他用于农业的土地，依法实行土地承包经营制度。

第一百二十五条　【土地承包经营权】土地承包经营权人依法对其承包经营的耕地、林地、草地等享有占有、使用和收益的权利，有权从事种植业、

林业、畜牧业等农业生产。

第一百二十六条 【承包期】耕地的承包期为三十年。草地的承包期为三十年至五十年。林地的承包期为三十年至七十年；特殊林木的林地承包期，经国务院林业行政主管部门批准可以延长。

前款规定的承包期届满，由土地承包经营权人按照国家有关规定继续承包。

第一百二十七条 【土地承包经营权的设立与登记】土地承包经营权自土地承包经营权合同生效时设立。

县级以上地方人民政府应当向土地承包经营权人发放土地承包经营权证、林权证、草原使用权证，并登记造册，确认土地承包经营权。

第一百二十八条 【土地承包经营权流转】土地承包经营权人依照农村土地承包法的规定，有权将土地承包经营权采取转包、互换、转让等方式流转。流转的期限不得超过承包期的剩余期限。未经依法批准，不得将承包地用于非农建设。

第一百二十九条 【互换、转让登记】土地承包经营权人将土地承包经营权互换、转让，当事人要求登记的，应当向县级以上地方人民政府申请土地承包经营权变更登记；未经登记，不得对抗善意第三人。

第一百三十条 【承包地调整】承包期内发包人不得调整承包地。

因自然灾害严重毁损承包地等特殊情形，需要适当调整承包的耕地和草地的，应当依照农村土地承包法等法律规定办理。

第一百三十一条 【承包地收回】承包期内发包人不得收回承包地。农村土地承包法等法律另有规定的，依照其规定。

第一百三十二条 【承包地征收补偿】承包地被征收的，土地承包经营权人有权依照本法第四十二条第二款的规定获得相应补偿。

第一百三十三条 【其他方式的承包】通过招标、拍卖、公开协商等方式承包荒地等农村土地，依照农村土地承包法等法律和国务院的有关规定，其土地承包经营权可以转让、入股、抵押或者以其他方式流转。

第一百三十四条 【国有农用地承包】国家所有的农用地实行承包经营的，参照本法的有关规定。

第十二章　建设用地使用权

第一百三十五条 【建设用地使用权】建设用地使用权人依法对国家所有的土地享有占有、使用和收益的权利，有权利用该土地建造建筑物、构筑物及其附属设施。

第一百三十六条 【分层设立】建设用地使用权可以在土地的地表、地上或者地下分别设立。新设立的建设用地使用权，不得损害已设立的用益物权。

第一百三十七条　【设立方式】设立建设用地使用权，可以采取出让或者划拨等方式。

工业、商业、旅游、娱乐和商品住宅等经营性用地以及同一土地有两个以上意向用地者的，应当采取招标、拍卖等公开竞价的方式出让。

严格限制以划拨方式设立建设用地使用权。采取划拨方式的，应当遵守法律、行政法规关于土地用途的规定。

第一百三十八条　【出让合同】采取招标、拍卖、协议等出让方式设立建设用地使用权的，当事人应当采取书面形式订立建设用地使用权出让合同。

建设用地使用权出让合同一般包括下列条款：

（一）当事人的名称和住所；

（二）土地界址、面积等；

（三）建筑物、构筑物及其附属设施占用的空间；

（四）土地用途；

（五）使用期限；

（六）出让金等费用及其支付方式；

（七）解决争议的方法。

第一百三十九条　【建设用地使用权的登记】设立建设用地使用权的，应当向登记机构申请建设用地使用权登记。建设用地使用权自登记时设立。登记机构应当向建设用地使用权人发放建设用地使用权证书。

第一百四十条　【土地用途变更】建设用地使用权人应当合理利用土地，不得改变土地用途；需要改变土地用途的，应当依法经有关行政主管部门批准。

第一百四十一条　【土地出让金等费用的支付】建设用地使用权人应当依照法律规定以及合同约定支付出让金等费用。

第一百四十二条　【建筑物、构筑物及其附属设施归属】建设用地使用权人建造的建筑物、构筑物及其附属设施的所有权属于建设用地使用权人，但有相反证据证明的除外。

第一百四十三条　【建设用地使用权流转】建设用地使用权人有权将建设用地使用权转让、互换、出资、赠与或者抵押，但法律另有规定的除外。

第一百四十四条　【流转合同】建设用地使用权转让、互换、出资、赠与或者抵押的，当事人应当采取书面形式订立相应的合同。使用期限由当事人约定，但不得超过建设用地使用权的剩余期限。

第一百四十五条　【建设用地使用权变更登记】建设用地使用权转让、

互换、出资或者赠与的，应当向登记机构申请变更登记。

第一百四十六条 【建筑物等随建设用地使用权一并处分】建设用地使用权转让、互换、出资或者赠与的，附着于该土地上的建筑物、构筑物及其附属设施一并处分。

第一百四十七条 【建设用地使用权随建筑物等一并处分】建筑物、构筑物及其附属设施转让、互换、出资或者赠与的，该建筑物、构筑物及其附属设施占用范围内的建设用地使用权一并处分。

第一百四十八条 【提前收回的补偿】建设用地使用权期间届满前，因公共利益需要提前收回该土地的，应当依照本法第四十二条的规定对该土地上的房屋及其他不动产给予补偿，并退还相应的出让金。

第一百四十九条 【续期】住宅建设用地使用权期间届满的，自动续期。

非住宅建设用地使用权期间届满后的续期，依照法律规定办理。该土地上的房屋及其他不动产的归属，有约定的，按照约定；没有约定或者约定不明确的，依照法律、行政法规的规定办理。

第一百五十条 【注销登记】建设用地使用权消灭的，出让人应当及时办理注销登记。登记机构应当收回建设用地使用权证书。

第一百五十一条 【集体土地用作建设用地】集体所有的土地作为建设用地的，应当依照土地管理法等法律规定办理。

第十三章 宅基地使用权

第一百五十二条 【宅基地使用权】宅基地使用权人依法对集体所有的土地享有占有和使用的权利，有权依法利用该土地建造住宅及其附属设施。

第一百五十三条 【取得、行使和转让依据】宅基地使用权的取得、行使和转让，适用土地管理法等法律和国家有关规定。

第一百五十四条 【宅基地使用权因自然灾害等消灭】宅基地因自然灾害等原因灭失的，宅基地使用权消灭。对失去宅基地的村民，应当重新分配宅基地。

第一百五十五条 【变更、注销登记】已经登记的宅基地使用权转让或者消灭的，应当及时办理变更登记或者注销登记。

第十四章 地役权

第一百五十六条 【地役权】地役权人有权按照合同约定，利用他人的不动产，以提高自己的不动产的效益。

前款所称他人的不动产为供役地，自己的不动产为需役地。

第一百五十七条 【地役权约定取得】设立地役权，当事人应当采取书面形式订立地役权合同。

地役权合同一般包括下列条款：

（一）当事人的姓名或者名称和住所；

（二）供役地和需役地的位置；

（三）利用目的和方法；

（四）利用期限；

（五）费用及其支付方式；

（六）解决争议的方法。

第一百五十八条　【地役权登记】地役权自地役权合同生效时设立。当事人要求登记的，可以向登记机构申请地役权登记；未经登记，不得对抗善意第三人。

第一百五十九条　【供役地权利人的义务】供役地权利人应当按照合同约定，允许地役权人利用其土地，不得妨害地役权人行使权利。

第一百六十条　【地役权人的义务】地役权人应当按照合同约定的利用目的和方法利用供役地，尽量减少对供役地权利人物权的限制。

第一百六十一条　【地役权期限】地役权的期限由当事人约定，但不得超过土地承包经营权、建设用地使用权等用益物权的剩余期限。

第一百六十二条　【地役权法定取得】土地所有权人享有地役权或者负担地役权的，设立土地承包经营权、宅基地使用权时，该土地承包经营权人、宅基地使用权人继续享有或者负担已设立的地役权。

第一百六十三条　【已有其他用益物权之土地地役权的设立】土地上已设立土地承包经营权、建设用地使用权、宅基地使用权等权利的，未经用益物权人同意，土地所有权人不得设立地役权。

第一百六十四条　【地役权转让】地役权不得单独转让。土地承包经营权、建设用地使用权等转让的，地役权一并转让，但合同另有约定的除外。

第一百六十五条　【地役权抵押】地役权不得单独抵押。土地承包经营权、建设用地使用权等抵押的，在实现抵押权时，地役权一并转让。

第一百六十六条　【需役地及其上土地承包经营权、建设用地使用权部分转让】需役地以及需役地上的土地承包经营权、建设用地使用权部分转让时，转让部分涉及地役权的，受让人同时享有地役权。

第一百六十七条　【供役地及其上土地承包经营权、建设用地使用权部分转让】供役地以及供役地上的土地承包经营权、建设用地使用权部分转让时，转让部分涉及地役权的，地役权对受让人具有约束力。

第一百六十八条　【解除地役权合同的情形】地役权人有下列情形之一的，供役地权利人有权解除地役权合同，地役权消灭：

（一）违反法律规定或者合同约定，滥用地役权；

（二）有偿利用供役地，约定的付款期间届满后在合理期限内经两次催告未支付费用。

第一百六十九条 【地役权变更登记、注销登记】已经登记的地役权变更、转让或者消灭的，应当及时办理变更登记或者注销登记。

第四编 担保物权

第十五章 一般规定

第一百七十条 【担保物权】担保物权人在债务人不履行到期债务或者发生当事人约定的实现担保物权的情形，依法享有就担保财产优先受偿的权利，但法律另有规定的除外。

第一百七十一条 【担保物权适用范围、反担保】债权人在借贷、买卖等民事活动中，为保障实现其债权，需要担保的，可以依照本法和其他法律的规定设立担保物权。

第三人为债务人向债权人提供担保的，可以要求债务人提供反担保。反担保适用本法和其他法律的规定。

第一百七十二条 【担保合同】设立担保物权，应当依照本法和其他法律的规定订立担保合同。担保合同是主债权债务合同的从合同。主债权债务合同无效，担保合同无效，但法律另有规定的除外。

担保合同被确认无效后，债务人、担保人、债权人有过错的，应当根据其过错各自承担相应的民事责任。

第一百七十三条 【担保范围】担保物权的担保范围包括主债权及其利息、违约金、损害赔偿金、保管担保财产和实现担保物权的费用。当事人另有约定的，按照约定。

第一百七十四条 【担保物上的代位性】担保期间，担保财产毁损、灭失或者被征收等，担保物权人可以就获得的保险金、赔偿金或者补偿金等优先受偿。被担保债权的履行期未届满的，也可以提存该保险金、赔偿金或者补偿金等。

第一百七十五条 【未经担保人同意的债务转移】第三人提供担保，未经其书面同意，债权人允许债务人转移全部或者部分债务的，担保人不再承担相应的担保责任。

第一百七十六条 【物的担保与人的担保之关系】被担保的债权既有物的担保又有人的担保的，债务人不履行到期债务或者发生当事人约定的实现担保物权的情形，债权人应当按照约定实现债权；没有约定或者约定不明确，债务人自己提供物的担保的，债权人应当先就该物的担保实现债权；第三人提供物的担保的，债权人可以就物的担保实现债权，也可以要求保证人承担保证责任。提供担保的第三人承担担保责任后，有权向债务人追偿。

第一百七十七条　【担保物权消灭的情形】有下列情形之一的，担保物权消灭：

（一）主债权消灭；

（二）担保物权实现；

（三）债权人放弃担保物权；

（四）法律规定担保物权消灭的其他情形。

第一百七十八条　【担保法与物权法效力衔接】担保法与本法的规定不一致的，适用本法。

第十六章　抵押权

第一节　一般抵押权

第一百七十九条　【抵押权】为担保债务的履行，债务人或者第三人不转移财产的占有，将该财产抵押给债权人的，债务人不履行到期债务或者发生当事人约定的实现抵押权的情形，债权人有权就该财产优先受偿。

前款规定的债务人或者第三人为抵押人，债权人为抵押权人，提供担保的财产为抵押财产。

第一百八十条　【抵押财产的范围】债务人或者第三人有权处分的下列财产可以抵押：

（一）建筑物和其他土地附着物；

（二）建设用地使用权；

（三）以招标、拍卖、公开协商等方式取得的荒地等土地承包经营权；

（四）生产设备、原材料、半成品、产品；

（五）正在建造的建筑物、船舶、航空器；

（六）交通运输工具；

（七）法律、行政法规未禁止抵押的其他财产。

抵押人可以将前款所列财产一并抵押。

第一百八十一条　【浮动抵押】经当事人书面协议，企业、个体工商户、农业生产经营者可以将现有的以及将有的生产设备、原材料、半成品、产品抵押，债务人不履行到期债务或者发生当事人约定的实现抵押权的情形，债权人有权就实现抵押权时的动产优先受偿。

第一百八十二条　【建筑物及建设用地使用权一并抵押】以建筑物抵押的，该建筑物占用范围内的建设用地使用权一并抵押。以建设用地使用权抵押的，该土地上的建筑物一并抵押。

抵押人未依照前款规定一并抵押的，未抵押的财产视为一并抵押。

第一百八十三条　【乡镇、村企业的建筑物和建设用地使用权抵押】乡镇、村企业的建设用地使用权不得单独抵押。以乡镇、村企业的厂房等建筑物抵押的，其占用范围内的建设用地使用权一并抵押。

第一百八十四条　【不得抵押的财产】下列财产不得抵押：

（一）土地所有权；

（二）耕地、宅基地、自留地、自留山等集体所有的土地使用权，但法律规定可以抵押的除外；

（三）学校、幼儿园、医院等以公益为目的的事业单位、社会团体的教育设施、医疗卫生设施和其他社会公益设施；

（四）所有权、使用权不明或者有争议的财产；

（五）依法被查封、扣押、监管的财产；

（六）法律、行政法规规定不得抵押的其他财产。

第一百八十五条　【抵押合同】设立抵押权，当事人应当采取书面形式订立抵押合同。

抵押合同一般包括下列条款：

（一）被担保债权的种类和数额；

（二）债务人履行债务的期限；

（三）抵押财产的名称、数量、质量、状况、所在地、所有权归属或者使用权归属；

（四）担保的范围。

第一百八十六条　【禁止流押】抵押权人在债务履行期届满前，不得与抵押人约定债务人不履行到期债务时抵押财产归债权人所有。

第一百八十七条　【不动产抵押】以本法第一百八十条第一款第一项至第三项规定的财产或者第五项规定的正在建造的建筑物抵押的，应当办理抵押登记。抵押权自登记时设立。

第一百八十八条　【动产抵押】以本法第一百八十条第一款第四项、第六项规定的财产或者第五项规定的正在建造的船舶、航空器抵押的，抵押权自抵押合同生效时设立；未经登记，不得对抗善意第三人。

第一百八十九条　【动产浮动抵押登记】企业、个体工商户、农业生产经营者以本法第一百八十一条规定的动产抵押的，应当向抵押人住所地的工商行政管理部门办理登记。抵押权自抵押合同生效时设立；未经登记，不得对抗善意第三人。

依照本法第一百八十一条规定抵押的，不得对抗正常经营活动中已支付合理价款并取得抵押财产的买受人。

第一百九十条　【抵押权和租赁的关系】订立抵押合同前抵押财产已出租的，原租赁关系不受该抵押权的影响。抵押权设立后抵押财产出租的，该租赁关系不得对抗已登记的抵押权。

第一百九十一条　【抵押财产转让】抵押期间，抵押人经抵押权人同意转让抵押财产的，应当将转让所得的价款向抵押权人提前清偿债务或者提存。转让的价款超过债权数额的部分归抵押人所有，不足部分由债务人清偿。

抵押期间，抵押人未经抵押权人同意，不得转让抵押财产，但受让人代为清偿债务消灭抵押权的除外。

第一百九十二条　【抵押权不得单独转让或为其他债权担保】抵押权不得与债权分离而单独转让或者作为其他债权的担保。债权转让的，担保该债权的抵押权一并转让，但法律另有规定或者当事人另有约定的除外。

第一百九十三条　【抵押财产价值保全】抵押人的行为足以使抵押财产价值减少的，抵押权人有权要求抵押人停止其行为。抵押财产价值减少的，抵押权人有权要求恢复抵押财产的价值，或者提供与减少的价值相应的担保。抵押人不恢复抵押财产的价值也不提供担保的，抵押权人有权要求债务人提前清偿债务。

第一百九十四条　【抵押权、抵押权顺位的放弃及抵押权变更】抵押权人可以放弃抵押权或者抵押权的顺位。抵押权人与抵押人可以协议变更抵押权顺位以及被担保的债权数额等内容，但抵押权的变更，未经其他抵押权人书面同意，不得对其他抵押权人产生不利影响。

债务人以自己的财产设定抵押，抵押权人放弃该抵押权、抵押权顺位或者变更抵押权的，其他担保人在抵押权人丧失优先受偿权益的范围内免除担保责任，但其他担保人承诺仍然提供担保的除外。

第一百九十五条　【抵押权的实现】债务人不履行到期债务或者发生当事人约定的实现抵押权的情形，抵押权人可以与抵押人协议以抵押财产折价或者以拍卖、变卖该抵押财产所得的价款优先受偿。协议损害其他债权人利益的，其他债权人可以在知道或者应当知道撤销事由之日起一年内请求人民法院撤销该协议。

抵押权人与抵押人未就抵押权实现方式达成协议的，抵押权人可以请求人民法院拍卖、变卖抵押财产。

抵押财产折价或者变卖的，应当参照市场价格。

第一百九十六条　【浮动抵押财产确定】依照本法第一百八十一条规定

设定抵押的，抵押财产自下列情形之一发生时确定：

（一）债务履行期届满，债权未实现；

（二）抵押人被宣告破产或者被撤销；

（三）当事人约定的实现抵押权的情形；

（四）严重影响债权实现的其他情形。

第一百九十七条 【抵押物孳息】债务人不履行到期债务或者发生当事人约定的实现抵押权的情形，致使抵押财产被人民法院依法扣押的，自扣押之日起抵押权人有权收取该抵押财产的天然孳息或者法定孳息，但抵押权人未通知应当清偿法定孳息的义务人的除外。

前款规定的孳息应当先充抵收取孳息的费用。

第一百九十八条 【抵押财产变现价款超过或不足债权数额】抵押财产折价或者拍卖、变卖后，其价款超过债权数额的部分归抵押人所有，不足部分由债务人清偿。

第一百九十九条 【同一物上的抵押权受偿顺序】同一财产向两个以上债权人抵押的，拍卖、变卖抵押财产所得的价款依照下列规定清偿：

（一）抵押权已登记的，按照登记的先后顺序清偿；顺序相同的，按照债权比例清偿；

（二）抵押权已登记的先于未登记的受偿；

（三）抵押权未登记的，按照债权比例清偿。

第二百条 【建设用地使用权抵押的特别规定】建设用地使用权抵押后，该土地上新增的建筑物不属于抵押财产。该建设用地使用权实现抵押权时，应当将该土地上新增的建筑物与建设用地使用权一并处分，但新增建筑物所得的价款，抵押权人无权优先受偿。

第二百零一条 【土地承包经营权或者乡镇、村企业的建设用地使用权抵押特别规定】依照本法第一百八十条第一款第三项规定的土地承包经营权抵押的，或者依照本法第一百八十三条规定以乡镇、村企业的厂房等建筑物占用范围内的建设用地使用权一并抵押的，实现抵押权后，未经法定程序，不得改变土地所有权的性质和土地用途。

第二百零二条 【抵押权行使期间】抵押权人应当在主债权诉讼时效期间行使抵押权；未行使的，人民法院不予保护。

第二节 最高额抵押权

第二百零三条 【最高额抵押的概念】为担保债务的履行，债务人或者第三人对一定期间内将要连续发生的债权提供担保财产的，债务人不履行到期债务或者发生当事人约定的实现抵押权的情形，抵押权人有权在最高债权额限度内就该担保财产优先受偿。

最高额抵押权设立前已经存在的债权，经当事人同意，可以转入最高额抵押担保的债权范围。

第二百零四条　【主债权及最高额抵押权转让】最高额抵押担保的债权确定前，部分债权转让的，最高额抵押权不得转让，但当事人另有约定的除外。

第二百零五条　【协议变更】最高额抵押担保的债权确定前，抵押权人与抵押人可以通过协议变更债权确定的期间、债权范围以及最高债权额，但变更的内容不得对其他抵押权人产生不利影响。

第二百零六条　【债权确定】有下列情形之一的，抵押权人的债权确定：

（一）约定的债权确定期间届满；

（二）没有约定债权确定期间或者约定不明确，抵押权人或者抵押人自最高额抵押权设立之日起满二年后请求确定债权；

（三）新的债权不可能发生；

（四）抵押财产被查封、扣押；

（五）债务人、抵押人被宣告破产或者被撤销；

（六）法律规定债权确定的其他情形。

第二百零七条　【最高额抵押适用依据】最高额抵押权除适用本节规定外，适用本章第一节一般抵押权的规定。

第十七章　质权

第一节　动产质权

第二百零八条　【动产质押】为担保债务的履行，债务人或者第三人将其动产出质给债权人占有的，债务人不履行到期债务或者发生当事人约定的实现质权的情形，债权人有权就该动产优先受偿。

前款规定的债务人或者第三人为出质人，债权人为质权人，交付的动产为质押财产。

第二百零九条　【不得出质的动产】法律、行政法规禁止转让的动产不得出质。

第二百一十条　【质押合同】设立质权，当事人应当采取书面形式订立质权合同。

质权合同一般包括下列条款：

（一）被担保债权的种类和数额；

（二）债务人履行债务的期限；

（三）质押财产的名称、数量、质量、状况；

（四）担保的范围；

（五）质押财产交付的时间。

第二百一十一条 【禁止流质】质权人在债务履行期届满前，不得与出质人约定债务人不履行到期债务时质押财产归债权人所有。

第二百一十二条 【交付生效】质权自出质人交付质押财产时设立。

第二百一十三条 【质物的孳息】质权人有权收取质押财产的孳息，但合同另有约定的除外。

前款规定的孳息应当先充抵收取孳息的费用。

第二百一十四条 【质物使用、处分的限制】质权人在质权存续期间，未经出质人同意，擅自使用、处分质押财产，给出质人造成损害的，应当承担赔偿责任。

第二百一十五条 【质权人的保管义务】质权人负有妥善保管质押财产的义务；因保管不善致使质押财产毁损、灭失的，应当承担赔偿责任。

质权人的行为可能使质押财产毁损、灭失的，出质人可以要求质权人将质押财产提存，或者要求提前清偿债务并返还质押财产。

第二百一十六条 【质物保全】因不能归责于质权人的事由可能使质押财产毁损或者价值明显减少，足以危害质权人权利的，质权人有权要求出质人提供相应的担保；出质人不提供的，质权人可以拍卖、变卖质押财产，并与出质人通过协议将拍卖、变卖所得的价款提前清偿债务或者提存。

第二百一十七条 【转质】质权人在质权存续期间，未经出质人同意转质，造成质押财产毁损、灭失的，应当向出质人承担赔偿责任。

第二百一十八条 【质权放弃】质权人可以放弃质权。债务人以自己的财产出质，质权人放弃该质权的，其他担保人在质权人丧失优先受偿权益的范围内免除担保责任，但其他担保人承诺仍然提供担保的除外。

第二百一十九条 【质物返还、质权实现】债务人履行债务或者出质人提前清偿所担保的债权的，质权人应当返还质押财产。

债务人不履行到期债务或者发生当事人约定的实现质权的情形，质权人可以与出质人协议以质押财产折价，也可以就拍卖、变卖质押财产所得的价款优先受偿。

质押财产折价或者变卖的，应当参照市场价格。

第二百二十条 【出质人请求及时行使质权】出质人可以请求质权人在债务履行期届满后及时行使质权；质权人不行使的，出质人可以请求人民法院拍卖、变卖质押财产。

出质人请求质权人及时行使质权，因质权人怠于行使权利造成损害的，由质权人承担赔偿责任。

第二百二十一条　【质物变现价款超出或不足债权数额】质押财产折价或者拍卖、变卖后，其价款超过债权数额的部分归出质人所有，不足部分由债务人清偿。

第二百二十二条　【最高额质权】出质人与质权人可以协议设立最高额质权。

最高额质权除适用本节有关规定外，参照本法第十六章第二节最高额抵押权的规定。

第二节　权利质权

第二百二十三条　【可以出质的权利范围】债务人或者第三人有权处分的下列权利可以出质：

（一）汇票、支票、本票；

（二）债券、存款单；

（三）仓单、提单；

（四）可以转让的基金份额、股权；

（五）可以转让的注册商标专用权、专利权、著作权等知识产权中的财产权；

（六）应收账款；

（七）法律、行政法规规定可以出质的其他财产权利。

第二百二十四条　【以票据权利等出质的权利质权的设立】以汇票、支票、本票、债券、存款单、仓单、提单出质的，当事人应当订立书面合同。质权自权利凭证交付质权人时设立；没有权利凭证的，质权自有关部门办理出质登记时设立。

第二百二十五条　【以票据权利等出质的权利质权的实现】汇票、支票、本票、债券、存款单、仓单、提单的兑现日期或者提货日期先于主债权到期的，质权人可以兑现或者提货，并与出质人协议将兑现的价款或者提取的货物提前清偿债务或者提存。

第二百二十六条　【以基金份额、股权出质的权利质权】以基金份额、股权出质的，当事人应当订立书面合同。以基金份额、证券登记结算机构登记的股权出质的，质权自证券登记结算机构办理出质登记时设立；以其他股权出质的，质权自工商行政管理部门办理出质登记时设立。

基金份额、股权出质后，不得转让，但经出质人与质权人协商同意的除外。出质人转让基金份额、股权所得的价款，应当向质权人提前清偿债务或者提存。

第二百二十七条 【以知识产权出质的权利质权】以注册商标专用权、专利权、著作权等知识产权中的财产权出质的，当事人应当订立书面合同。质权自有关主管部门办理出质登记时设立。

知识产权中的财产权出质后，出质人不得转让或者许可他人使用，但经出质人与质权人协商同意的除外。出质人转让或者许可他人使用出质的知识产权中的财产权所得的价款，应当向质权人提前清偿债务或者提存。

第二百二十八条 【以应收账款出质的权利质权】以应收账款出质的，当事人应当订立书面合同。质权自信贷征信机构办理出质登记时设立。

应收账款出质后，不得转让，但经出质人与质权人协商同意的除外。出质人转让应收账款所得的价款，应当向质权人提前清偿债务或者提存。

第二百二十九条 【权利质权的适用依据】权利质权除适用本节规定外，适用本章第一节动产质权的规定。

第十八章 留置权

第二百三十条 【留置权】债务人不履行到期债务，债权人可以留置已经合法占有的债务人的动产，并有权就该动产优先受偿。

前款规定的债权人为留置权人，占有的动产为留置财产。

第二百三十一条 【可留置的动产】债权人留置的动产，应当与债权属于同一法律关系，但企业之间留置的除外。

第二百三十二条 【不得留置的动产】法律规定或者当事人约定不得留置的动产，不得留置。

第二百三十三条 【可分物的留置】留置财产为可分物的，留置财产的价值应当相当于债务的金额。

第二百三十四条 【留置权人的保管义务】留置权人负有妥善保管留置财产的义务；因保管不善致使留置财产毁损、灭失的，应当承担赔偿责任。

第二百三十五条 【留置物的孳息】留置权人有权收取留置财产的孳息。

前款规定的孳息应当先充抵收取孳息的费用。

第二百三十六条 【留置权的实现】留置权人与债务人应当约定留置财产后的债务履行期间；没有约定或者约定不明确的，留置权人应当给债务人两个月以上履行债务的期间，但鲜活易腐等不易保管的动产除外。债务人逾期未履行的，留置权人可以与债务人协议以留置财产折价，也可以就拍卖、变卖留置财产所得的价款优先受偿。

留置财产折价或者变卖的，应当参照市场价格。

第二百三十七条 【债务人请求行使留置权】债务人可以请求留置权人在债务履行期届满后行使留置权；留置权人不行使的，债务人可以请求人民法院拍卖、变卖留置财产。

第二百三十八条　【留置物变现价款超出或不足债权数额】留置财产折价或者拍卖、变卖后，其价款超过债权数额的部分归债务人所有，不足部分由债务人清偿。

第二百三十九条　【留置权优先】同一动产上已设立抵押权或者质权，该动产又被留置的，留置权人优先受偿。

第二百四十条　【留置权消灭】留置权人对留置财产丧失占有或者留置权人接受债务人另行提供担保的，留置权消灭。

第五编　占有

第十九章　占有

第二百四十一条　【有权占有】基于合同关系等产生的占有，有关不动产或者动产的使用、收益、违约责任等，按照合同约定；合同没有约定或者约定不明确的，依照有关法律规定。

第二百四十二条　【恶意占有人的损害赔偿责任】占有人因使用占有的不动产或者动产，致使该不动产或者动产受到损害的，恶意占有人应当承担赔偿责任。

第二百四十三条　【善意管理人的保管费用】不动产或者动产被占有人占有的，权利人可以请求返还原物及其孳息，但应当支付善意占有人因维护该不动产或者动产支出的必要费用。

第二百四十四条　【占有物毁损、灭失】占有的不动产或者动产毁损、灭失，该不动产或者动产的权利人请求赔偿的，占有人应当将因毁损、灭失取得的保险金、赔偿金或者补偿金等返还给权利人；权利人的损害未得到足够弥补的，恶意占有人还应当赔偿损失。

第二百四十五条　【占有保护】占有的不动产或者动产被侵占的，占有人有权请求返还原物；对妨害占有的行为，占有人有权请求排除妨害或者消除危险；因侵占或者妨害造成损害的，占有人有权请求损害赔偿。

占有人返还原物的请求权，自侵占发生之日起一年内未行使的，该请求权消灭。

附　则

第二百四十六条　【不动产登记制度立法】法律、行政法规对不动产统一登记的范围、登记机构和登记办法作出规定前，地方性法规可以依照本法有关规定作出规定。

第二百四十七条　【实施日期】本法自2007年10月1日起施行。

最高人民法院
关于适用《中华人民共和国物权法》若干问题的解释（一）

法释〔2016〕5号

（2015年12月10日最高人民法院审判委员会第1670次会议通过
2016年2月22日最高人民法院公告公布　自2016年3月1日起施行）

为正确审理物权纠纷案件，根据《中华人民共和国物权法》的相关规定，结合民事审判实践，制定本解释。

第一条　因不动产物权的归属，以及作为不动产物权登记基础的买卖、赠与、抵押等产生争议，当事人提起民事诉讼的，应当依法受理。当事人已经在行政诉讼中申请一并解决上述民事争议，且人民法院一并审理的除外。

第二条　当事人有证据证明不动产登记簿的记载与真实权利状态不符、其为该不动产物权的真实权利人，请求确认其享有物权的，应予支持。

第三条　异议登记因物权法第十九条第二款规定的事由失效后，当事人提起民事诉讼，请求确认物权归属的，应当依法受理。异议登记失效不影响人民法院对案件的实体审理。

第四条　未经预告登记的权利人同意，转移不动产所有权，或者设定建设用地使用权、地役权、抵押权等其他物权的，应当依照物权法第二十条第一款的规定，认定其不发生物权效力。

第五条　买卖不动产物权的协议被认定无效、被撤销、被解除，或者预告登记的权利人放弃债权的，应当认定为物权法第二十条第二款所称的“债权消灭”。

第六条　转让人转移船舶、航空器和机动车等所有权，受让人已经支付对价并取得占有，虽未经登记，但转让人的债权人主张其为物权法第二十四条所称的“善意第三人”的，不予支持，法律另有规定的除外。

第七条　人民法院、仲裁委员会在分割共有不动产或者动产等案件中作出并依法生效的改变原有物权关系的判决书、裁决书、调解书，以及人民法院在执行程序中作出的拍卖成交裁定书、以物抵债裁定书，应当认定为物权法第二十八条所称导致物权设立、变更、转让或者消灭的人民法院、仲裁委员会的法律文书。

第八条　依照物权法第二十八条至第三十条规定享有物权，但尚未完成动产交付或者不动产登记的物权人，根据物权法第三十四条至第三十七条的规定，请求保护其物权的，应予支持。

第九条　共有份额的权利主体因继承、遗赠等原因发生变化时，其他按份共有人主张优先购买的，不予支持，但按份共有人之间另有约定的除外。

第十条　物权法第一百零一条所称的"同等条件"，应当综合共有份额的转让价格、价款履行方式及期限等因素确定。

第十一条　优先购买权的行使期间，按份共有人之间有约定的，按照约定处理；没有约定或者约定不明的，按照下列情形确定：

（一）转让人向其他按份共有人发出的包含同等条件内容的通知中载明行使期间的，以该期间为准；

（二）通知中未载明行使期间，或者载明的期间短于通知送达之日起十五日的，为十五日；

（三）转让人未通知的，为其他按份共有人知道或者应当知道最终确定的同等条件之日起十五日；

（四）转让人未通知，且无法确定其他按份共有人知道或者应当知道最终确定的同等条件的，为共有份额权属转移之日起六个月。

第十二条　按份共有人向共有人之外的人转让其份额，其他按份共有人根据法律、司法解释规定，请求按照同等条件购买该共有份额的，应予支持。

其他按份共有人的请求具有下列情形之一的，不予支持：

（一）未在本解释第十一条规定的期间内主张优先购买，或者虽主张优先购买，但提出减少转让价款、增加转让人负担等实质性变更要求；

（二）以其优先购买权受到侵害为由，仅请求撤销共有份额转让合同或者认定该合同无效。

第十三条　按份共有人之间转让共有份额，其他按份共有人主张根据物权法第一百零一条规定优先购买的，不予支持，但按份共有人之间另有约定的除外。

第十四条　两个以上按份共有人主张优先购买且协商不成时，请求按照转让时各自份额比例行使优先购买权的，应予支持。

第十五条　受让人受让不动产或者动产时，不知道转让人无处分权，且无重大过失的，应当认定受让人为善意。

真实权利人主张受让人不构成善意的，应当承担举证证明责任。

第十六条 具有下列情形之一的，应当认定不动产受让人知道转让人无处分权：

（一）登记簿上存在有效的异议登记；

（二）预告登记有效期内，未经预告登记的权利人同意；

（三）登记簿上已经记载司法机关或者行政机关依法裁定、决定查封或者以其他形式限制不动产权利的有关事项；

（四）受让人知道登记簿上记载的权利主体错误；

（五）受让人知道他人已经依法享有不动产物权。

真实权利人有证据证明不动产受让人应当知道转让人无处分权的，应当认定受让人具有重大过失。

第十七条 受让人受让动产时，交易的对象、场所或者时机等不符合交易习惯的，应当认定受让人具有重大过失。

第十八条 物权法第一百零六条第一款第一项所称的“受让人受让该不动产或者动产时”，是指依法完成不动产物权转移登记或者动产交付之时。

当事人以物权法第二十五条规定的方式交付动产的，转让动产法律行为生效时为动产交付之时；当事人以物权法第二十六条规定的方式交付动产的，转让人与受让人之间有关转让返还原物请求权的协议生效时为动产交付之时。

法律对不动产、动产物权的设立另有规定的，应当按照法律规定的时间认定权利人是否为善意。

第十九条 物权法第一百零六条第一款第二项所称“合理的价格”，应当根据转让标的物的性质、数量以及付款方式等具体情况，参考转让时交易地市场价格以及交易习惯等因素综合认定。

第二十条 转让人将物权法第二十四条规定的船舶、航空器和机动车等交付给受让人的，应当认定符合物权法第一百零六条第一款第三项规定的善意取得的条件。

第二十一条 具有下列情形之一，受让人主张根据物权法第一百零六条规定取得所有权的，不予支持：

（一）转让合同因违反合同法第五十二条规定被认定无效；

（二）转让合同因受让人存在欺诈、胁迫或者乘人之危等法定事由被撤销。

第二十二条 本解释自2016年3月1日起施行。

本解释施行后人民法院新受理的一审案件，适用本解释。

本解释施行前人民法院已经受理、施行后尚未审结的一审、二审案件，以及本解释施行前已经终审、施行后当事人申请再审或者按照审判监督程序决定再审的案件，不适用本解释。

【链 接】

最高人民法院民一庭负责人就《关于适用〈中华人民共和国物权法〉若干问题的解释（一）》答记者问

为贯彻党的十八届四中全会提出的全面推进依法治国的重大战略部署，切实加强社会主义法治建设，进一步提升保障财产权利及市场交易安全与效率的法治化程度，最高人民法院根据《中华人民共和国物权法》的相关规定，结合审判实践，经审判委员会第1670次会议讨论，通过了《最高人民法院关于适用〈中华人民共和国物权法〉若干问题的解释（一）》（以下简称《解释》）。值此司法解释公布之际，最高人民法院民一庭庭长程新文就《解释》的有关问题接受了记者的采访。

一、问：请您具体谈一下最高人民法院为什么要出台该《解释》？

答：物权法是民事财产关系的基本法，在市场经济法制体系中处于基础地位。司法实践中，除物权权属纠纷外，在数量众多的婚姻家庭、损害赔偿、合同纠纷等民商事案件中，往往均需面对和回应物权主体为谁、物权内容为何、物权效力有无等前提或基础性问题，在相当大程度上而言，对《物权法》的理解和适用稍有不当，就有可能对民商事主体的各项权利，乃至经济社会生活的有序发展、良性互动造成冲击。而物权法本身理论性强、逻辑复杂、体系严密、学说丰赡，正确理解和准确执行的难度很大。因此，在中国特色社会主义法律体系基本形成后，适时妥当推出相关司法解释，不仅广大法官寄予厚望，更是推动《物权法》良法之治的重要途径。

《物权法》包括了总则、所有权、用益物权、担保物权和占有等五编。对于部分内容，最高人民法院已经在《物权法》实施前后分别出台了相关司法解释：如担保物权部分，最高人民法院在《物权法》实施之前就根据《担保法》的规定于2000年12月颁布了最高人民法院《关于适用〈中华人民共和国担保法〉若干问题的解释》，现在正在根据《物权法》的规定以及司法实践中的经验总结修订起草担保物权司法解释；对于所有权部分中的业主的建筑物区分所有权，最高人民法院在2009年5月颁布了最高人民法院《关于审理建筑物区分所有权纠纷案件具体应用法律若干问题的解释》；对于用益物权中的国有土地使用权部分，最高人民法院于2005年6月颁布了最高人民法院《关于审理涉及国有土地使用权合同纠纷案件适用法律问题的解释》，对于土地承包经营权则于2005年7月颁布了最高人民法院《关于审理涉及农村土地承包纠纷案件适用法律问题的解释》，并于2014年1月颁布了最高人民法院《关于审理涉及农村土地承包经营纠纷调解仲裁案件适用法律若干问题的解释》，从合同法的角度对这些物权在市场经济中的交易流转等问题进行了相应规定。除此之外，《物权法》中还有许多涉及物权法基本规则的重要内容，如“总则”编中关于物权变动和保护的制度，“所有权”编中关于相邻关系、共有、善意取得的规定等，对于正确适用《物权法》也至关重要，由于这些内容涉及物权法规则的根本、规范难度相对较大，故最高人民法院本着成熟一些、规范一些的原则，统一纳入物权法司法解释系列加以规定。本《解释》就是针对司法实践中适用物权法的若干热点难点问题，如不动产登记错误与民事诉讼的关系、异议登记与确权诉讼的关系、预告登记的效力、特殊动产转让中的“善意第三人”、发生物权变动效力的（人民法院、仲裁委员会的）法律文书的范围、按份共有人优先购买权的司法保护、善意取得的构成要件等，在认真总结审判经验的基础上，经过反复调研论证和广泛征求意见进行的规定。

二、问：党的十八届四中全会“决定”中指出，要健全以公平为核心原则的产权保护制度，加强对各种所有制经济组织和自然人财产权的保护。请您具体谈一谈这里所讲的产权保护、财产权保护与《解释》所针对的物权保护有什么关系？

答：党的十八届四中全会“决定”为我们在全面推进依法治国新时期进一步完善和加强财产权保障指明了方向。“决定”中提到的“产权”，是一个来源于经济学的概念，法律上与其大致对应的概念是财产权，是一种包含物权、债权以及由此衍生出的各种具体权利的复合财产权利。

任何人、任何团体、任何社会的存在和发展都离不开对财产的拥有和支配，对财产的控制而形成的社会关系是社会最基本的关系。人与人之间的其他社会关系，本质上都是财产支配关系直接或者间接的反映。而物权又是社会生活中最为基础、最为常见甚至最为重要的财产权。我国《物权法》规定的物权类型非常广泛，如房屋所有权、建筑物区分所有权、机动车等各种生活用品的所有权、农民个人或家庭的土地承包经营权、建设用地使用权、地役权、抵押权、质权、留置权等等，涉及经济社会生活的方方面面，关涉企业、个人的切身利益，是各类民事主体从事各种经济或社会活动、创造财富、谋求发展的基础。因此，通过司法活动适用好《物权法》，促进依法全面、平等保护各种所有制经济组织和自然人享有的物权，不仅对于每一个个体的安定、幸福生活，而且对于经济社会的有序、健康发展，都有着非同寻常的重要意义。

三、问：审判实践中存在许多因涉及不动产登记而产生民事与行政交叉的情形，如一方当事人认为登记的不动产权属错误，以登记行为违法为由提起行政诉讼，另一方当事人则针对导致不动产物权变动的原因行为的效力提起民事诉讼等。各地法院对于这些纠纷的审判程序、适用法律和裁判结果上均存在着许多差异。那么，在因确认房屋等不动产物权归属或就买卖房屋等法律关系发生争议，涉及对房屋等不动产登记的异议时，究竟应当通过民事诉讼还是行政诉讼程序解决呢？

答：造成你提到的现象的原因很多，但究其根本而言，是由于对不动产登记的性质及其在不动产物权变动中的作用认识不清所致。实际上，相当大一部分涉及不动产登记的案件中，当事人主要争议的是登记所涉及的民事法律关系，由于不动产物权基于登记而生效，导致登记行为被卷入诉讼，从而呈现出民事纠纷与行政纠纷交织的表象。当事人往往认为，不动产登记系国家机关作出的行政确认行为，是登记机构对不动产权属状况的最终有效确认，如果不动产登记上的记载及相应不动产权利证书不被撤销，则表明其记载的权属状况正确无误，因此，撤销最后的登记发证行为，是权属问题最终解决的最有效、最直接的途径。司法实践中，有些民事法官在遇到涉及登记问题的不动产权属案件时，也常以登记的公定力为由，要求当事人先提起行政诉讼，中止民事案件的审理，待行政诉讼对登记行为的审查结论作出后，再依据行政判决结果来作出民事判决。这些错误观点是造成涉不动产登记、不动产权属争议乱象的思想认识根源。因此，有必要明确不动产物权归属及其原因行为的争议属于民事争议的性质，区分民事诉讼与行政诉讼的审查范围与对象，理顺两种诉讼程序。《解释》第1条对此问题予以明确规定。

首先应当正确地认识到我国不动产登记性质的复合性。一方面，不动产登记是不动产物权的公示方式，是当事人不动产物权发生变动的意思表示推动的结果，不能把不动产物权登记理解为国家对不动产物权关系进行的干预，解释为行政权力对不动产物权的授权或确认。另一方面，根据《不动产登记暂行条例》的规定，我国承担不动产登记的机构在性质上是国家行政机关，就其履行不动产登记的法定职责及所遵循的程序而言，不动产登记又具有行政行为的特点。

不动产登记的复合性导致由此引发的诉讼就应当根据诉讼标的而区分民事或行政诉讼程序。涉不动产登记民事诉讼的诉讼标的应当是针对不动产物权的归属或原因行为（基础法律关系）；涉不动产登记行政诉讼的诉讼标的针对的是登记行为本身，亦即在行政诉讼中人民法院审查的是登记行为的合法性。也就是说，当事人之间或第三人对被登记的不动产物权或原因行为等民事法律关系产生争议，此争议实质上存在于当事人之间，当事人与登记机构之间并无实质争议，故应当通过民事诉讼程序加以解决。因登记机构违反法律规定拒绝登记或登记程序不合法导致错误登记等违反法定程序，而在当事人与登记机构之间产生的纠纷，如果登记机构对应予登记的事项不予登记或对于错误的登记不予更正，当事人可以提起行政诉讼。

当然，根据《行政诉讼法》第 61 条的规定，在涉及登记的行政诉讼中，当事人申请一并解决相关民事争议的，人民法院可以一并审理。这一规定的目的是为了完善民事争议和行政争议交叉时的处理机制，便于纠纷的一次性解决，方便当事人诉讼，并未改变相关争议的民事纠纷性质，对此应当有正确的认识。

可见，民事诉讼与行政诉讼在关涉不动产物权权属及原因行为、不动产登记的争议中各行其道，各司其职，各级人民法院对此应当根据《解释》第 1 条规定的精神准确把握。

四、问：既然不动产登记在性质上存在您刚才讲到的复合性特点，那么在民事诉讼中针对有关不动产物权归属的问题上，不动产登记簿的证明力应当如何认识？

答：根据《物权法》第 16 条之规定，不动产登记簿是物权归属和内容的根据。这赋予了不动产登记簿权利推定效力，意味着不动产登记簿上记载的权利人一般会被推定为不动产物权的享有者。但同时，《物权法》第 17 条、第 19 条又分别规定了“不动产登记簿确有错误”“不动产登记簿记载的事项错误”的情形。从上述三个条文体系解释角度而言，法律一方面认可了不动产登记簿在确认物权归属和内容方面具有极高的证明力，另一方面也承认现实中确实存在不动产登记簿记载的物权权属和内容与其真实情况不一致的情形，不能赋予不动产登记簿绝对的证明力。

从诉讼法角度而言，一方面，不动产登记簿属于公文书证，由于其对不动产物权归属的证明是通过法律上的权利推定这一方式完成的，故不动产登记簿上有关不动产物权记载事项，在确定不动产物权归属方面的证明力方面远高于其他证据的证明力。此消彼长，相应地，这也就加大了请求确权的一方当事人证明不动产登记簿的记载与真实权利状态不符、其为真实权利人的难度。但另一方面，既然作为一种拟制事实，不动产登记簿登记表彰的权利状态并不总能必然反映真实不动产物权关系，那么就应允许当事人通过举证推翻不动产登记簿所表彰的物权状态。因此，在民事诉讼中，应当根据《民事诉讼法》及其司法解释对于证据规则及证明责任的规定，来综合认定不动产物权的归属。对此，广大从事民事审判工作的法官应当有全面的认识。

五、问：《物权法》第 20 条第 1 款对预告登记后不动产物权人处分不动产物权的行为进行了限制，实践中应如何理解其所限制的处分行为的范围？

答：预告登记是为保全一项以将来发生不动产物权变动为目的的请求权的不动产登记，是相对于“本登记”或“终局登记”而言的登记制度。法律对不动产物权人的处分自由进行限制，目的是对纳入预告登记的请求权加以保全，或者说，是为了保障登记权利人的请求权，以确保最终实现其物权。基于预告登记的制度目的，不应为保障登记权利人的请求权而不当限制登记义务人（也就是不动产物权人）的处分权，对该种限制本身亦应作出一定限制，即只能限于保护登记请求权的范围内，否则即有矫枉过正乃至越位之嫌。纳入预告登记保全之债权具有一定物权效力，对违背预告登记内容的后发不动产物权处分行为具有排他效力，由此，法律上危及抑或妨碍债权如期实现的处分行为，必须受制于预告登记权利人的同意。一般而言，建设用地使用权、不动产抵押权自登记时设立，由于存在预告登记，登记机关一般不会为其再办理相应权利登记，但即使因操作不规范或错误等原因办理了登记，也不发生相应的物权效力。此外，地役权自地役权合同生效时设立，登记并非其设立的要件，虽然不动产物权人所设定的负担行为原则上不受预告登记规制，但只要供役地上存在预告登记，未经预告登记的权利人同意，地役权也不因合同生效而设立。

六、问：机动车等特殊动产物权转让中，未办理登记的受让人与转让人的债权人之间就机动车物权何者优先，在机动车等特殊动产交易日益频繁的今天，这一问题的实践意义重大，《解释》对此问题是如何规定的？

答：回答这一问题需要建立在对动产物权变动规则以及物权优先效力的准确理解和把握上。根据《物权法》第 23 条的规定，除法律另有规定的以外，动产物权的设立和转让，自交付时发生效力。《物权法》第 24 条进一步规定了机动车等特殊动产物权变动，未经登记，不得对抗善意第三人。也就是说，机动车等特殊动产物权变动，基于其动产的本质属性，亦应适用动产物权变动的一般规则，即交付即发生物权变动的效力，未经登记并非不发生物权效力，而是不得对抗第三人。这在学理上被称为登记对抗主义。在物权与债权的关系上，根据物权的排他性、优先性特征以及物权与债权的基本性质差异，在一物之上既有物权又有债权时，一般情况下，物权优先于债权。因此，在法律无明确排斥性规定的情况下，如果物权和债权发生冲突，则应当适用这一基本规则。

具体到机动车等特殊动产之上存在未办理登记的受让人与转让人的债权人的情况，通过转让人之交付取得特定动产物权的人虽未办理登记，但其已经依法享有物权，故从法律条文的本身涵义以及法律整体的逻辑体系看，其权利应优先于转让人的一般债权人。换而言之，就是转让人的一般债权人，包括破产债权人、人身损害债权人、强制执行债权人、参与分配债权人，均应排除于《物权法》第24条所称的“善意第三人”范畴之外。当然，这里所称的债权人自然不应包括针对该标的物享有担保物权的债权人，因为此时因其债权已设定担保，该债权人已经成为该物的担保物权人，就抵押或质押担保的财产享有优先受偿的权利。

另外需要特别说明的是，对于人身损害债权人，实践中往往会考量道德和价值取向等因素而使问题复杂化。但由于《物权法》第24条仅是解决机动车等特殊动产物权变动中的对抗问题，如果将该类特殊债权人作为绝对不可对抗的第三人，则不仅与该条的意旨大异其趣，而且破坏了物权优先于债权的基本原则，显然该问题并非《物权法》第24条所能以及所要解决的问题。善意第三人保护机制仅系协调民事权利冲突方法之一，显然不可能解决所有问题，对于此种情形下何者权利应予优先保护的问题，需要立法者基于价值理念判断通过法律规定加以回应。事实上，本条规定的“法律另有规定的除外”中所包含的权利中已经有一些含有了人身损害债权的内容，如《海商法》第22条规定的船舶优先权中就包含了在船舶营运中发生的人身伤亡的赔偿请求权，对法律已经特别规定享有法定优先权的债权人，不管物权变动登记与否，均应属于绝对不可对抗的善意第三人范畴。

七、问：《物权法》第28条规定，人民法院、仲裁委员会的法律文书，导致物权设立、变更、转让或者消灭的，自法律文书生效时直接发生物权变动的效力，司法实践中对于此处所指的法律文书的范围理解多有不同，《解释》对此是如何明确的？

答：从《物权法》第28条的文义看，并非人民法院、仲裁委员会作出的所有法律文书均可直接引起物权变动。究竟哪些法律文书能够引起物权变动呢？实践中存在一定争议。《解释》对此进行了限缩性解释，规定只有在实体法上具有在当事人之间形成或创设某种物权变动效果的法律文书才属于该条所称“导致物权设立、变更、转让或者消灭的”的法律文书。因此，针对诉讼、仲裁和执行中的程序性问题或者特定事项作出的裁定、决定、命令、通知书等，以及单纯解决身份关系的法律文书，原则上不涉及物权设立、转让、变更或者消灭，不会直接引起物权变动。确认法律文书只是确认当事人是否享有所争议的物权，并不改变原来已存在的物权，也不导致物权变动；给付法律文书并没有改变既存的法律关系，而只是经由生效裁判实现当事人之间既存的法律关系，故均不应属于《物权法》第28条所称的导致物权设立、变更、转让或者消灭的法律文书。而形成性法律文书在确定之时，无须强制执行就自动发生法律关系变动的效果，因此，形成性法律文书应当属于《物权法》第28条所称的导致物权设立、变更、转让或者消灭的法律文书。

在形成性法律文书中，主体自然是诉讼或仲裁程序中形成的形成性判决书、裁决书，这个自无疑问。争议较大的是形成性调解书，有观点认为，调解书往往是双方当事人意思自治的结果，对其中涉及的物权变动事项的准确性，没有充分的程序保障，极易损害真实物权人的利益，故不应认为其具有直接引起物权变动的效力。对此，我们认为，形成性调解书的属性应当定位于以当事人合意为基础的审判或仲裁行为，就此而言，形成性调解书与判决书或裁决书一样已经具备导致物权变动的基础，与判决、裁决具有同等法律效力，同样具备导致物权变动的法律赋予的强制力，因此，形成性调解书也应当与形成性判决书和裁决书同等视之。此外，人民法院在执行程序中作出的部分裁定书，如根据《最高人民法院关于适用〈中华人民共和国民事诉讼法〉的解释》（以下简称《民事诉讼法解释》）第493条的规定精神，强制执行程序中拍卖成交确认裁定和以物抵债裁定也属于形成性法律文书。

这样，通过《解释》对《物权法》第28条的目的性限缩解释，该条所称人民法院、仲裁委员会的法律文书的范围就比较清晰了，可以较好地解决实践中《物权法》第28条所称的法律文书被不适当地扩大化适用，导致相关权利人合法权益受损的现象，也有利于物权变动体系的稳定与和谐。

八、问：《物权法》第101条规定按份共有人可以转让自己享有的共有份额，并赋予其他按份共有人优先购买的权利。那么，在共有份额继承、遗赠时，按份共有人能否主张行使优先购买权？

答：一般而言，“转让”包括有偿转让和无偿转让。理论上，优先购买权是关于购买的一项特殊权利，自然应存在于以买卖为典型和主体的有偿转让交易中，对此并无重大争议。对于共有份额因继承、遗赠等情形发生变化的场合，是否发生优先购买权的行使问题，应当从按份共有人优先购买权的制度内涵进行目的解释。按份共有人优先购买权制度给转让人以外的按份共有人提供了以同等条件购买共有份额的机会，根据《物权法》第101条的规定，判断按份共有人能否取得该转让份额的关键条件是其是否接受共有人以外的第三人受让该份额的“同等条件”，这里的“同等条件”主要是指数量、价格、支付方式等。在共有份额因继承、遗赠等情形发生变化的场合，根本不存在交易价格、支付方式，是否存在担保等条件更无从谈起，因此，无法对其行使优先购买权的“同等条件”加以客观判断。也就是说，这些情形与优先购买权之间存在着不可调和的冲突关系，其无偿性的特点和价格的缺乏使优先购买权的行使成为不可能，故《解释》对此明确规定予以排除。

九、问：主张优先购买的按份共有人通过诉讼请求按照同等条件购买该共有财产份额的，人民法院应当如何处理？

答：《物权法》第 101 条的规定非常简单，对主张优先购买的按份共有人的诉讼请求应当如何作出裁判，这是司法实践中必须解决的问题，否则《物权法》第 101 条将难以实施。为此，《解释》基于《物权法》第 101 条的立法目的，并综合考虑各方当事人合法权益的平衡等情况，细化了裁判保护所应遵循的规则。

一方面，其他按份共有人在知道或应当知道"同等条件"后，就具备了判断是否行使优先购买权的条件，那么，其应当在合理期间行使该权利。期间长短的取舍，应最大限度防止一方滥用权利损害对方合法权益。《解释》在差别化考虑各种情形的基础上，对转让人告知义务的履行及按份共有人优先购买权行使期间作出了操作性很强的规定。总体而言，优先购买权行使期间分为三类：(1) 当事人约定或者指定的期间。(2) 一般行使期间，即 15 日。该期间适用于两种场合，一是转让人向其他按份共有人发出的包含同等条件的通知载明的时间短于通知送达后 15 日的，以 15 日为准，理由在于使该期间达到方便其他按份共有人作出决策之合理程度。二是转让人未履行通知义务，其他按份共有人知道或者应当知道最终确定之同等条件后的 15 日。15 日之确定，系参考最高人民法院《关于审理城镇房屋租赁合同纠纷案件具体应用法律若干问题的解释》第 24 条对承租人优先购买权行使期间的规定。(3) 最长行使期间，即 6 个月。该期间适用于转让人未履行通知义务，且没有证据证明其他按份共有人知道或者应当知道最终确定的同等条件的情形，6 个月的起算点为共有份额权属移转之日。可以说，《解释》所明确的不同情形下优先购买权行使期间的起算点，有效解决了"无起点即无期间"的实践难题。

另一方面，基于合同成立的要件以及优先购买权的性质，其他按份共有人作出以符合法律规定的同等条件购买该共有财产份额的意思表示到达转让人时，在该按份共有人与转让人之间成立并生效转让合同。因此，主张优先购买的按份共有人当然有权提起诉讼，请求根据以同等条件为合同主要条款的转让合同优先购买拟转让份额，这在性质上就是请求转让人履行转让共有份额的合同义务，人民法院在认为符合约定条件时就应支持上述请求，据此作出的判决性质是给付判决，优先购买权人在转让人不履行生效判决确定的给付义务时，可向人民法院申请强制执行。这里特别需要注意的是，由于优先购买权人提起诉讼时合同尚处于履行阶段，其并未取得该共有财产份额的所有权，故其请求权基础是转让共有财产份额之债，而非物权，故如其直接请求确认对转让的共有财产份额享有物权，则人民法院应当予以释明，经释明仍不变更诉讼请求的，对该请求不予支持。

十、问：善意取得是物权法中的一个重要制度，在物权纠纷、合同纠纷、侵权纠纷以及婚姻家庭继承纠纷等许多类型的纠纷中，往往都会涉及如何适用善意取得制度判定财产权利的归属问题。对于实践中应当如何认定善意取得的核心构成要件中的“善意”，《解释》是如何规定的？

答：“善意”是一个抽象概念，民法意义上的“善意”，通常指行为人在从事民事行为时，认为其行为合法，或者认为相对方具有合法权利、行为合法的一种心理状态。法律把“善意”作为善意取得的一项构成要件，以行为人的主观心理状态来评判其是否具有主观可责难性，则体现了一种法律评判，反映了法律在伦理道德和价值取向上的选择，彰显了民法所倡导的“诚实守信，扬善抑恶”理念以及所追求的正义价值。因此，善意取得系法律对诚信之人的一种特殊保护，而法律上的诚信之人首先应当是一个尽到合理审慎义务之人，故不具有某种程度以上的过失应当成为认定善意的一个重要标准，不应把两者割裂开来。同时，由于善意系一种内在心理活动状况，它并不直接显露于外部，因而难以度测，但作为一个法律概念，在司法实践中，需要明确认定善意的裁量标准，从而准确地适用法律。故《解释》明确规定受让人不知道转让人无处分权，且无重大过失的，应当认定受让人为善意。

此外，对于认定受让人善意时，是否应区分动产和不动产受让人设定不同的标准，存在一定争议。有观点认为，不动产坚持的是权利外观原则，即知道权利瑕疵才构成恶意，而动产则是权利外观原则＋诱因原则，即除去占有的外观，还应考虑对原权利人的可归责性，只在基于其意志丧失占有时需要适用善意取得制度，同时也要求动产受让人在受让动产时应当结合转让人的转让价款、转让环境等进行综合判断。我们认为这在解释论上并不成立。《物权法》第 106 条所规定的善意取得，统一适用于动产和不动产，因而在认定受让人善意时，区分动产和不动产受让人设定不同标准的依据并不充分，动产与不动产的权利表彰方式虽然存在一定差别，但在我国《物权法》体系下，最主要的物权变动形式是一致的，也就是原因行为＋权利外观，因此，在善意的认定上确立统一标准符合法律规定的基本原则。至于具体认定时所据以参考评判的因素在形式上因占有和登记方式的不同而当然有所不同，但这并不能导致在善意认定标准上的差异。因此，《解释》本着尊重立法原意的原则，对于动产与不动产，规定了统一的善意认定标准。

十一、问：那么，在诉讼中，应当由哪一方当事人来证明“善意”？

答：按照《物权法》的规定和学理通说，不动产物权以登记、动产物权以占有为公示方式。因此，不动产登记簿所记载的权利状态和内容以及动产占有所公示的权利状态，具有初步的推定力，即按照法律规定的方式公示的物权一般应推定为真实物权。在此前提下，交易参加人只要相信权利公示的正确性，并根据公示状态进行交易，应直接推定其为善意，无需交易参加人就其进行该交易时的善意再行举证证明。因此，无论受让人在具体案件中的诉讼地位如何，都不应影响其举证责任的负担，对于其“善意”之主观状态，无须承担举证责任，而是应当由主张其为非善意的对方当事人，就受让人受让物权时，存在明知或因重大过失而未知转让人无处分权的主观恶意，承担举证责任。

在《解释》的起草过程中，曾有观点提出，受让人受让动产时“不构成善意”属于消极事实，因而难以由主张者予以证明。我们认为，这种观点实际上是混淆了“消极事实”和“消极评价”的概念。对于受让人“不构成善意”，是一种法律的消极评价，但要对此予以证明，则是可以通过积极事实的举证实现的，因而不应因此排除主张对方非善意者的举证证明责任。

十二、问：受让人是否为善意对于其最终能否取得转让标的物物权至关重要，实践中应当以什么时间点来判断受让人是否构成善意呢？

答：这个问题在实践中意义非常重大，在很多纠纷中这将直接决定相关权利人的权利保护顺位。这是因为，“善意”作为一种主观状态，随着时间的发展常常会出现变化。比如在签订转让合同时，受让人确实不知道转让人不具有处分权，但签订合同后、完成交付或者不动产物权变动登记之前，受让人对于转让人无处分权已经明知，则其主张善意取得该转让物权能否成立，此时就必须对《物权法》第106条规定的“受让人受让该不动产或者动产时”作出合理解释。

对于动产，现实交付适用善意取得，并且应当以交付之时作为动产善意取得的判断时点，不存在争议。对于不动产，由于不动产交易中签订合同与办理物权变动登记之间往往有较明显的时间差，故在应将何时作为“受让不动产时”，司法实践中存在不同观点，如以签订不动产转让合同之时、以当事人向不动产登记机构提出转移登记申请之时等。我们最终确定“依法完成不动产物权转移登记”之时，作为判断不动产善意取得中的善意时间点，也就是说，作为受让人想要取得善意取得制度的保护，实现从无处分权人处取得不动产物权，获得法律的认可，需要在完成不动产物权转移登记之前，始终保持善意，即不知道且不应当知道转让人无处分权的事实。《解释》作出如此规定，实际上是尽量后置了善意的判断时点，以最大可能抑制善意取得的负面效果。

十三、问：无处分权人与受让人之间订立的转让合同的效力与善意取得制度的适用之间是否存在一定关联，司法实践中对此问题应如何认识？

答：对这一问题，在《物权法》起草过程中就存在很大争议，《物权法》实施至今在理论界和实务界仍然存在较大分歧。但我们认为，就法律性质而言，善意取得因转让人处分权缺失而应被纳入法律拟制的原始取得，故就理论而言认为转让合同效力影响善意取得的观点于法理不符，而且，从《物权法》第 106 条的最终表述看，法律也并未将转让合同有效作为善意取得的法定要件。也就是说，善意取得的适用情形既可能存在于转让合同有效的场合，也可能存在于转让合同无效的场合。这一点必须首先明确。但同时，由于合同效力问题可能会涉及国家、社会利益和公序良俗，我们也难以得出合同无效一概不影响善意取得适用的结论。

根据《合同法》的规定及相关理论，合同效力包括了合同有效、绝对无效、可撤销、效力待定、未生效等形态。法律对于不同类别的情形规定了不同的法律后果。其中，对于绝对无效合同，因其与合同制度目的完全背道而驰，严重侵害国家利益、社会公共利益，其瑕疵不可治愈，法律作出完全否定性评价，令其绝对地当然地无效；对于可撤销合同，因其主要是在意思表示上存在瑕疵，主要影响合同利益在当事人之间的分配，故法律着眼于为意思表示瑕疵的一方当事人提供救济，由其根据自身利益的考量决定是否撤销合同；对于效力待定合同，因合同仅欠缺缔约能力要件，对社会公共利益的损害相对轻微，与合同制度的目的没有根本性抵触，故法律允许有权人通过追认消除瑕疵。可见，合同是否最终无效反映出法律对于法秩序和法价值的追求和评价的不同。对于合同绝对无效，因当事人之间的行为损害的是国家利益或社会公共利益，是社会的公序良俗，故法律对此效力予以绝对的否定，这体现了法律对于维护国家利益或社会公共利益，维护公序良俗的价值的绝对追求和坚定立场。而《物权法》第 7 条规定："物权的取得和行使，应当遵守法律，尊重社会公德，不得损害公共利益和他人合法权益。"因此，善意取得作为物权的取得方式之一，也应当符合这一要求，《解释》明确规定排除合同绝对无效情形下善意取得的适用，符合法律的基本精神和价值追求，与《物权法》规定的善意取得制度、《合同法》规定的合同绝对无效制度的宗旨相吻合。

而在具有欺诈、胁迫的手段或者乘人之危，使对方在违背真实意思的情况下订立的转让合同，除以欺诈、胁迫手段订立合同损害国家利益应归于无效外，则属于《合同法》第 54 条第 2 款规定的可撤销情形。此时，应再进一步区分不同情形加以区别对待。如系受让人具有欺诈、胁迫的手段或者乘人之危的情形，在转让人行使撤销权撤销该转让合同时，则该行为表明转让人对其此前在受到欺诈、胁迫或乘人之危情形下而为的意思表示的否认，合同因欠缺有效要件而归于无效，此时，基于法律的规定，法律在尊重当事人自身选择的基础上亦应对此作出否定性评价，而且，从民法所追求的正义价值的角度视之，受让人为达到目的所实施的欺诈、胁迫或乘人之危的行为，是一种主观恶意较高的行为，转让人行使撤销权表明受让人所追求的不利益已经超出了转让人所能容忍和接受的程度，构成了对公序良俗的挑战，故其所应受到的法律的非难在程度上亦应相当于或者仅次于法律对合同绝对无效行为的评判，因此，《解释》对于此种情形也明确规定排除善意取得的适用。

《解释》对上述情形下排除善意取得适用的规定，将有利于夯实善意取得制度的法理根基，增进裁判的社会认同，并进一步简化裁判理据。

中共中央　国务院
关于完善产权保护制度依法保护产权的意见

（2016年11月4日）

产权制度是社会主义市场经济的基石，保护产权是坚持社会主义基本经济制度的必然要求。有恒产者有恒心，经济主体财产权的有效保障和实现是经济社会持续健康发展的基础。改革开放以来，通过大力推进产权制度改革，我国基本形成了归属清晰、权责明确、保护严格、流转顺畅的现代产权制度和产权保护法律框架，全社会产权保护意识不断增强，保护力度不断加大。同时也要看到，我国产权保护仍然存在一些薄弱环节和问题：国有产权由于所有者和代理人关系不够清晰，存在内部人控制、关联交易等导致国有资产流失的问题；利用公权力侵害私有产权、违法查封扣押冻结民营企业财产等现象时有发生；知识产权保护不力，侵权易发多发。解决这些问题，必须加快完善产权保护制度，依法有效保护各种所有制经济组织和公民财产权，增强人民群众财产财富安全感，增强社会信心，形成良好预期，增强各类经济主体创业创新动力，维护社会公平正义，保持经济社会持续健康发展和国家长治久安。现就完善产权保护制度、依法保护产权提出以下意见。

一、总体要求

加强产权保护，根本之策是全面推进依法治国。要全面贯彻党的十八大和十八届三中、四中、五中、六中全会精神，深入学习贯彻习近平总书记系列重要讲话精神，按照党中央、国务院决策部署，紧紧围绕统筹推进“五位一体”总体布局和协调推进“四个全面”战略布局，牢固树立和贯彻落实新发展理念，着力推进供给侧结构性改革，进一步完善现代产权制度，推进产权保护法治化，在事关产权保护的立法、执法、司法、守法等各方面各环节体现法治理念。要坚持以下原则：

——坚持平等保护。健全以公平为核心原则的产权保护制度，毫不动摇巩固和发展公有制经济，毫不动摇鼓励、支持、引导非公有制经济发展，公有制经济财产权不可侵犯，非公有制经济财产权同样不可侵犯。

——坚持全面保护。保护产权不仅包括保护物权、债权、股权，也包括保护知识产权及其他各种无形财产权。

——坚持依法保护。不断完善社会主义市场经济法律制度，强化法律实施，确保有法可依、有法必依。

——坚持共同参与。做到政府诚信和公众参与相结合，建设法治政府、责任政府、诚信政府，增强公民产权保护观念和契约意识，强化社会监督。

——坚持标本兼治。着眼长远，着力当下，抓紧解决产权保护方面存在的突出问题，提高产权保护精准度，加快建立产权保护长效机制，激发各类经济主体的活力和创造力。

二、加强各种所有制经济产权保护

深化国有企业和国有资产监督管理体制改革，进一步明晰国有产权所有者和代理人关系，推动实现国有企业股权多元化和公司治理现代化，健全涉及财务、采购、营销、投资等方面的内部监督制度和内控机制，强化董事会规范运作和对经理层的监督，完善国有资产交易方式，严格规范国有资产登记、转让、清算、退出等程序和交易行为，以制度化保障促进国有产权保护，防止内部人任意支配国有资产，切实防止国有资产流失。建立健全归属清晰、权责明确、监管有效的自然资源资产产权制度，完善自然资源有偿使用制度，逐步实现各类市场主体按照市场规则和市场价格依法平等使用土地等自然资源。完善农村集体产权确权和保护制度，分类建立健全集体资产清产核资、登记、保管、使用、处置制度和财务管理监督制度，规范农村产权流转交易，切实防止集体经济组织内部少数人侵占、非法处置集体资产，防止外部资本侵吞、非法控制集体资产。坚持权利平等、机会平等、规则平等，废除对非公有制经济各种形式的不合理规定，消除各种隐性壁垒，保证各种所有制经济依法平等使用生产要素、公开公平公正参与市场竞争、同等受到法律保护、共同履行社会责任。

三、完善平等保护产权的法律制度

加快推进民法典编纂工作，完善物权、合同、知识产权相关法律制度，清理有违公平的法律法规条款，将平等保护作为规范财产关系的基本原则。健全以企业组织形式和出资人承担责任方式为主的市场主体法律制度，统筹研究清理、废止按照所有制不同类型制定的市场主体法律和行政法规，开展部门规章和规范性文件专项清理，平等保护各类市场主体。加大对非公有财产的刑法保护力度。

四、妥善处理历史形成的产权案件

坚持有错必纠，抓紧甄别纠正一批社会反映强烈的产权纠纷申诉案件，剖析一批侵害产权的案例。对涉及重大财产处置的产权纠纷申诉案件、民营企业和投资人违法申诉案件依法甄别，确属事实不清、证据不足、适用法律错误的错案冤案，要依法予以纠正并赔偿当事人的损失。完善办案质量终身负责制和错案责任倒查问责制，从源头上有效预防错案冤案的发生。严格遵循法不溯及既往、罪刑法定、在新旧法之间从旧兼从轻等原则，以发展眼光客观看待和依法妥善处理改革开放以来各类企业特别是民营企业经营过程中存在的不规范问题。

五、严格规范涉案财产处置的法律程序

进一步细化涉嫌违法的企业和人员财产处置规则，依法慎重决定是否采取相关强制措施。确需采取查封、扣押、冻结等措施的，要严格按照法定程序进行，除依法需责令关闭企业的情形外，在条件允许情况下可以为企业预留必要的流动资金和往来账户，最大限度降低对企业正常生产经营活动的不利影响。采取查封、扣押、冻结措施和处置涉案财物时，要依法严格区分个人财产和企业法人财产。对股东、企业经营管理者等自然人违法，在处置其个人财产时不任意牵连企业法人财产；对企业违法，在处置企业法人财产时不任意牵连股东、企业经营管理者个人合法财产。严格区分违法所得和合法财产，区分涉案人员个人财产和家庭成员财产，在处置违法所得时不牵连合法财产。完善涉案财物保管、鉴定、估价、拍卖、变卖制度，做到公开公正和规范高效，充分尊重和依法保护当事人及其近亲属、股东、债权人等相关方的合法权益。

六、审慎把握处理产权和经济纠纷的司法政策

充分考虑非公有制经济特点，严格区分经济纠纷与经济犯罪的界限、企业正当融资与非法集资的界限、民营企业参与国有企业兼并重组中涉及的经济纠纷与恶意侵占国有资产的界限，准确把握经济违法行为入刑标准，准确认定经济纠纷和经济犯罪的性质，防范刑事执法介入经济纠纷，防止选择性司法。对于法律界限不明、罪与非罪不清的，司法机关应严格遵循罪刑法定、疑罪从无、严禁有罪推定的原则，防止把经济纠纷当作犯罪处理。严禁党政

干部干预司法活动、介入司法纠纷、插手具体案件处理。对民营企业在生产、经营、融资活动中的经济行为，除法律、行政法规明确禁止外，不以违法犯罪对待。对涉及犯罪的民营企业投资人，在当事人服刑期间依法保障其行使财产权利等民事权利。

七、完善政府守信践诺机制

大力推进法治政府和政务诚信建设，地方各级政府及有关部门要严格兑现向社会及行政相对人依法作出的政策承诺，认真履行在招商引资、政府与社会资本合作等活动中与投资主体依法签订的各类合同，不得以政府换届、领导人员更替等理由违约毁约，因违约毁约侵犯合法权益的，要承担法律和经济责任。因国家利益、公共利益或者其他法定事由需要改变政府承诺和合同约定的，要严格依照法定权限和程序进行，并对企业和投资人因此而受到的财产损失依法予以补偿。对因政府违约等导致企业和公民财产权受到损害等情形，进一步完善赔偿、投诉和救济机制，畅通投诉和救济渠道。将政务履约和守诺服务纳入政府绩效评价体系，建立政务失信记录，建立健全政府失信责任追究制度及责任倒查机制，加大对政务失信行为惩戒力度。

八、完善财产征收征用制度

完善土地、房屋等财产征收征用法律制度，合理界定征收征用适用的公共利益范围，不将公共利益扩大化，细化规范征收征用法定权限和程序。遵循及时合理补偿原则，完善国家补偿制度，进一步明确补偿的范围、形式和标准，给予被征收征用者公平合理补偿。

九、加大知识产权保护力度

加大知识产权侵权行为惩治力度，提高知识产权侵权法定赔偿上限，探索建立对专利权、著作权等知识产权侵权惩罚性赔偿制度，对情节严重的恶意侵权行为实施惩罚性赔偿，并由侵权人承担权利人为制止侵权行为所支付的合理开支，提高知识产权侵权成本。建立收集假冒产品来源地信息工作机制，将故意侵犯知识产权行为情况纳入企业和个人信用记录，进一步推进侵犯知识产权行政处罚案件信息公开。完善知识产权审判工作机制，积极发挥知识产权法院作用，推进知识产权民事、刑事、行政案件审判“三审合一”，加强知识产权行政执法与刑事司法的衔接，加大知识产权司法保护力度。完善涉外知识产权执法机制，加强刑事执法国际合作，加大涉外知识产权犯罪案件侦办力度。严厉打击不正当竞争行为，加强品牌商誉保护。将知识产权保护和运用相结合，加强机制和平台建设，加快知识产权转移转化。

十、健全增加城乡居民财产性收入的各项制度

研究住宅建设用地等土地使用权到期后续期的法律安排，推动形成全社会对公民财产长久受保护的良好和稳定预期。在国有企业混合所有制改革中，依照相关规定支持有条件的混合所有制企业实行员工持股，坚持同股同权、同股同利，着力避免大股东凭借优势地位侵害中小股东权益的行为，建立员工利益和企业利益、国家利益激励相容机制。深化金融改革，推动金融创新，鼓励创造更多支持实体经济发展、使民众分享增值收益的金融产品，增加民众投资渠道。深化农村土地制度改革，坚持土地公有制性质不改变、耕地红线不突破、粮食生产能力不减弱、农民利益不受损的底线，从实际出发，因地制宜，落实承包地、宅基地、集体经营性建设用地的用益物权，赋予农民更多财产权利，增加农民财产收益。

十一、营造全社会重视和支持产权保护的良好环境

大力宣传党和国家平等保护各种所有制经济产权的方针政策和法律法规，使平等保护、全面保护、依法保护观念深入人心，营造公平、公正、透明、稳定的法治环境。在坚持以经济建设为中心、提倡勤劳致富、保护产权、弘扬企业家精神等方面加强舆论引导，总结宣传一批依法有效保护产权的好做法、好经验、好案例，推动形成保护产权的良好社会氛围。完善法律援助制度，健全司法救助体系，确保人民群众在产权受到侵害时获得及时有效的法律帮助。有效发挥工商业联合会、行业协会商会在保护非公有制经济和民营企业产权、维护企业合法权益方面的作用，建立对涉及产权纠纷的中小企业维权援助机制。更好发挥调解、仲裁的积极作用，完善产权纠纷多元化解机制。

各地区各部门要充分认识完善产权保护制度、依法保护产权的重要性和紧迫性，统一思想，形成共识和合力，狠抓工作落实。各地区要建立党委牵头，人大、政府、司法机关共同参加的产权保护协调工作机制，加强对产权保护工作的组织领导和统筹协调。各有关部门和单位要按照本意见要求，抓紧制定具体实施方案，启动基础性、标志性、关键性工作，加强协调配合，确保各项举措落到实处、见到实效。

最高人民法院
关于充分发挥审判职能作用切实加强产权司法保护的意见

（2016年11月28日　法发〔2016〕27号）

产权制度是社会主义市场经济的基石，保护产权是坚持社会主义基本经济制度的必然要求。党的十八大以来，以习近平同志为核心的党中央高度重视产权保护工作。党的十八届三中、四中、五中全会明确提出，国家保护各种所有制经济产权和合法利益，强调要健全以公平为核心原则的产权保护制度，推进产权保护法治化。2016年11月4日，中共中央、国务院印发《关于完善产权保护制度依法保护产权的意见》，对完善产权保护制度、推进产权保护法治化有关工作进行了全面部署。为充分发挥审判职能作用，切实加强产权司法保护，增强人民群众财产财富安全感，促进经济社会持续健康发展，制定如下意见。

一、坚持产权司法保护的基本原则

1. 坚持平等保护。坚持各种所有制经济权利平等、机会平等、规则平等，对各类产权主体的诉讼地位和法律适用一视同仁，确保公有制经济和非公有制经济财产权不可侵犯。注重对非公有制产权的平等保护。妥善审理各类涉外案件，平等保护中外当事人的诉讼权利和实体权益。

2. 坚持全面保护。既要保护物权、债权、股权，也要保护知识产权及其他各种无形财产权。通过刑事、民事、行政等各种审判及执行活动，依法明确产权归属，制裁各类侵犯产权的违法犯罪行为，特别是利用公权力侵犯私有产权的违法犯罪行为。

3. 坚持依法保护。结合各个时期经济发展的形势和政策，准确把握立法精神，严格公正司法，妥善处理涉及产权保护的各类案件。结合案件审判和司法调研，促进社会主义市场经济法律制度不断健全，推动完善产权保护制度。

二、准确把握、严格执行产权保护的司法政策

4. 依法惩治各类侵犯产权犯罪，平等保护各种所有制经济产权。依法惩

治侵吞、瓜分、贱卖国有、集体资产的犯罪，促进资产监督管理制度不断健全。加大对非公有财产的刑法保护力度，依法惩治侵犯非公有制企业产权以及侵犯非公有制经济投资者、管理者、从业人员财产权益的犯罪。对非法占有、处置、毁坏财产的，不论是公有财产还是私有财产，均依法及时追缴发还被害人，或者责令退赔。

5. 客观看待企业经营的不规范问题，对定罪依据不足的依法宣告无罪。对改革开放以来各类企业特别是民营企业因经营不规范所引发的问题，要以历史和发展的眼光客观看待，严格遵循罪刑法定、疑罪从无、从旧兼从轻等原则，依法公正处理。对虽属违法违规、但不构成犯罪，或者罪与非罪不清的，应当宣告无罪。对在生产、经营、融资等活动中的经济行为，除法律、行政法规明确禁止的，不得以犯罪论处。

6. 严格区分经济纠纷与刑事犯罪，坚决防止把经济纠纷当作犯罪处理。充分考虑非公有制经济特点，严格把握刑事犯罪的认定标准，严格区分正当融资与非法集资、合同纠纷与合同诈骗、民营企业参与国有企业兼并重组中涉及的经济纠纷与恶意侵占国有资产等的界限，坚决防止把经济纠纷认定为刑事犯罪，坚决防止利用刑事手段干预经济纠纷。对于各类经济纠纷，特别是民营企业与国有企业之间的纠纷，不论实际损失多大，都要始终坚持依法办案，排除各种干扰，确保公正审判。

7. 依法慎用强制措施和查封、扣押、冻结措施，最大限度降低对企业正常生产经营活动的不利影响。对涉案企业和人员，应当综合考虑行为性质、危害程度以及配合诉讼的态度等情况，依法慎重决定是否适用强制措施和查封、扣押、冻结措施。在刑事审判中，对已被逮捕的被告人，符合取保候审、监视居住条件的，应当变更强制措施。在刑事、民事、行政审判中，确需采取查封、扣押、冻结措施的，除依法需责令关闭的企业外，在条件允许的情况下可以为企业预留必要的流动资金和往来账户。不得查封、扣押、冻结与案件无关的财产。

8. 严格规范涉案财产的处置，依法维护涉案企业和人员的合法权益。严格区分违法所得和合法财产，对于经过审理不能确认为违法所得的，不得判决追缴或者责令退赔。严格区分个人财产和企业法人财产，处理股东、企业经营管理者等自然人犯罪不得任意牵连企业法人财产，处理企业犯罪不得任意牵连股东、企业经营管理者个人合法财产。严格区分涉案人员个人财产和家庭成员财产，处理涉案人员犯罪不得牵连其家庭成员合法财产。按照公开公正和规范高效的要求，严格执行、不断完善涉案财物保管、鉴定、估价、拍卖、变卖制度。

9. 依法公正审理行政协议案件，促进法治政府和政务诚信建设。对因招商引资、政府与社会资本合作等活动引发的纠纷，要认真审查协议不能履行的原因和违约责任，切实维护行政相对人的合法权益。对政府违反承诺，特别是仅因政府换届、领导人员更替等原因违约毁约的，要坚决依法支持行政相对人的合理诉求。对确因国家利益、公共利益或者其他法定事由改变政府承诺的，要依法判令补偿财产损失。

10. 依法公正审理财产征收征用案件，维护被征收征用者的合法权益。准确把握立法精神，合理把握征收征用适用的公共利益范围，坚决防止公共利益扩大化。遵循及时合理补偿原则，对土地征收和房屋拆迁补偿标准明显偏低的，要综合运用多种方式进行公平合理补偿，充分保护被征收征用者的合法权益。

11. 依法制裁知识产权违法犯罪，加大知识产权保护力度。按照“司法主导、严格保护、分类施策、比例协调”的知识产权司法保护基本政策，加大保护力度，推进知识产权强国建设。积极参与相关法律修订工作，推动完善知识产权侵权损害赔偿制度。适时发布司法解释和指导性案例，通过排除侵权证据妨碍、合理分配当事人的举证责任等途径，依法推进惩罚性赔偿制度的适用。依法审理商标侵权，加强品牌商誉保护。依法审理反不正当竞争纠纷案件，破除行业垄断和市场分割。依法惩治知识产权犯罪，加大对链条式、产业化知识产权犯罪惩治力度。

12. 依法处理历史形成的产权申诉案件，坚决落实有错必纠的要求。建立专门工作机制，抓紧甄别纠正一批社会反映强烈的产权纠纷申诉案件。对涉及重大财产处置的产权纠纷申诉案件、民营企业和投资人犯罪的申诉案件，经审查确属事实不清、证据不足、适用法律错误的，依法及时予以纠正并赔偿当事人损失。严格落实司法责任制，对存在违法审判情形的依法依纪严肃追究，同时完善审判管理，从源头上、制度上有效防范冤错案件的发生。

13. 提高审判执行效率，切实防止因诉讼拖延影响企业生产经营。强化审限监管，严格审限延长、扣除、中止等情形的审批，不断提高审限内结案率，切实解决“隐性”超审限问题。持续开展长期未结诉讼案件和久押不决刑事案件专项清理工作，建立定期通报和督办机制。进一步完善繁简分流审判机制，对符合条件的案件依法适用简易程序、速裁程序。加大执行力度，提升执行速度，及时有效维护胜诉当事人的合法权益。

三、加强产权司法保护的机制建设

14. 坚持党的领导，积极参与产权保护协调工作机制。要主动向党委汇报加强产权司法保护的各项工作部署，积极参与党委牵头，人大、政府、司法机关共同参加的产权保护协调工作机制，形成工作合力。认真听取人大代表、政协委员和专家学者的意见建议，加强与工商联、行业协会的沟通，确保产权司法保护各项举措落到实处、收到实效。

15. 优化资源配置，提升涉产权保护案件审判的专业性和公信力。对法律适用难度较大的涉产权民刑交叉、民行交叉案件，统筹审判资源，组成民刑、民行综合合议庭，确保理清法律关系、准确适用法律。充分发挥北京、上海、广州知识产权法院的示范、引领作用，加快知识产权派出法庭建设，探索设立知识产权上诉法院，完善知识产权审判工作体制机制。推动知识产权民事、行政和刑事案件审判“三合一”，提高知识产权司法保护的整体效能。落实京津冀知识产权技术类案件集中管辖，合理布局全国法院知识产权案件管辖，提升知识产权司法保护水平。

16. 做好司法调研，不断完善产权保护司法政策。推进信息技术与审判业务深度融合，充分利用大数据、云计算等信息技术，准确研判涉产权案件的审判形势。深入调研涉产权审判执行工作中的疑难问题，及时总结司法审判经验，切实加强产权保护司法政策研究，不断健全产权司法保护规则。通过制定司法解释、发布指导性案例等方式，统一涉产权案件的司法尺度、裁判标准。

17. 强化法治宣传，推动形成保护产权的良好社会氛围。利用裁判文书上网、庭审直播等司法公开平台，结合案件审判，大力宣传党和国家平等保护各种所有制经济产权的方针政策和法律法规，使平等保护、全面保护、依法保护观念深入人心，营造公平、公正、透明、稳定的法治环境。总结宣传一批依法有效保护产权的好做法、好经验、好案例，推动形成保护产权的良好社会氛围。

【链　接】

最高人民法院研究室颜茂昆主任就《最高人民法院关于充分发挥审判职能作用切实加强产权司法保护的意见》答记者问

一、《意见》的制定背景

产权制度是社会主义市场经济的基石，保护产权是坚持社会主义基本经济制度的必然要求。党的十八大以来，以习近平同志为核心的党中央高度重视产权保护工作。党的十八届三中、四中、五中全会明确提出，国家保护各种所有制经济产权和合法利益，强调要健全以公平为核心原则的产权保护制度，推进产权保护法治化。2016 年 8 月 30 日，中央深改组审议通过了《关于完善产权保护制度依法保护产权的意见》(以下简称《产权保护意见》)。11 月 4 日，中共中央、国务院印发《产权保护意见》，对完善产权保护制度、推进产权保护法治化的有关工作作了全面部署，提出了明确要求。

通过审判执行活动，依法保护产权，促进完善产权保护制度，是人民法院的法定职责和重要使命。最高人民法院党组和周强院长高度重视《产权保护意见》的贯彻落实工作。在中央深改组审议通过《产权保护意见》后，最高人民法院党组第一时间召开会议，传达学习中央深改组会议精神，研究部署贯彻落实《产权保护意见》的相关工作。要求站在统筹推进“五位一体”总体布局和协调推进“四个全面”战略布局的高度，充分认识深入学习贯彻《产权保护意见》的重要性和紧迫性；要求立足人民法院职能，结合司法工作实际，研究制定专门文件，明确贯彻落实《产权保护意见》、切实加强产权司法保护的具体举措。

为此，经深入学习《产权保护意见》精神，全面梳理社会各界在产权司法保护方面广泛关注的问题，反复调研论证，最高人民法院制定出台了《关于充分发挥审判职能作用切实加强产权司法保护的意见》，于今天正式发布。

二、《意见》的主要内容

《意见》坚持问题导向，从加强产权司法保护的基本原则、司法政策和机制建设三个方面，用十七个条文，对相关审判执行工作提出了明确要求。

第一部分，坚持产权司法保护的基本原则。此部分结合审判工作实际，细化了《产权保护意见》提出的平等、全面、依法保护产权的原则。要求对各类产权主体的诉讼地位和法律适用一视同仁，注重对非公有制产权的平等保护，平等保护中外当事人的诉讼权利和实体权益。要求通过审判执行活动，依法制裁各类侵犯产权的违法犯罪行为，特别是利用公权力侵犯私有产权的违法犯罪行为，全面保护物权、债权、股权、知识产权及其他各种无形财产权。要求结合各个时期经济发展的形势和政策，准确把握立法精神，严格公正司法，妥善处理涉及产权保护的各类案件。

第二部分，准确把握、严格执行产权保护的司法政策。此部分针对社会关切，提出了加强产权保护的十大司法政策，是《意见》的主体内容。一是依法惩治各类侵犯产权犯罪，平等保护各种所有制经济产权。强调既要依法惩治侵犯国有、集体资产的犯罪，也要加大对非公有财产的刑法保护力度，依法惩治侵犯非公有制企业产权以及侵犯非公有制经济投资者、管理者、从业人员财产权益的犯罪。二是客观看待企业经营的不规范问题，对定罪依据不足的依法宣告无罪。强调要以历史和发展的眼光客观看待，严格遵循罪刑法定、疑罪从无、从旧兼从轻等原则，依法公正处理相关案件。对各种经济活动，除法律、行政法规明确禁止的，不得以犯罪论处；对虽属违法违规但不构成犯罪，或者罪与非罪不清的，应当依法宣告无罪。三是严格区分经济纠纷与刑事犯罪，坚决防止把经济纠纷当做犯罪处理。强调充分考虑非公有制经济特点，严格把握刑事犯罪的认定标准，坚决防止把经济纠纷认定为刑事犯罪。对各类经济纠纷，不论实际损失多大，都要始终坚持依法办案、公正审判。四是依法慎用强制措施和查封、扣押、冻结措施，最大限度降低对企业正常生产经营活动的不利影响。要求在刑事审判中，对已被逮捕的被告人，符合取保候审、监视居住条件的，应当变更强制措施；在刑事、民事、行政审判中，确需采取查封、扣押、冻结措施的，除依法需责令关闭的企业外，可以视情为企业预留必要的流动资金和往来账户。五是严格规范涉案财物的处置，依法维护涉案企业和人员的合法权益。要求严格区分违法所得和合法财产，严格区分个人财产和企业法人财产，严格区分涉案人员个人财产和家庭成员财产。按照公开公正和规范高效的要求，严格执行、不断完善涉案财物保管、处置制度。六是依法公正审理行政协议案件，促进法治政府和政务诚信建设。强调对因招商引资、政府与社会资本合作等活动引发的纠纷，要认真审查协议不能履行的原因和违约责任。对政府违反承诺，特别是仅因政府换届、领导人员更替等原因违约毁约的，坚决依法支持行政相对人的合理诉求。七是依法公正审理财产征收征用案件，维护行政相对人的合法权益。要求合理把握征收征用适用的公共利益范围，坚决防止公共利益扩大化。遵循及时合理补偿原则，充分保护被征收征用者的合法权益。八是依法制裁知识产权违法犯罪，加大知识产权司法保护力度。要求适时发布司法解释和指导性案例，依法推进惩罚性赔偿制度的适用；加强品牌商誉保护，依法审理反不正当竞争纠纷案件，加大对链条式、产业化知识产权犯罪惩治力度。九是依法处理历史形成的产权申诉案件，坚决落实有错必纠的要求。要求建立专门工作机制，抓紧甄别纠正一批社会反映强烈的产权纠纷申诉案件。对经审查确属事实不清、证据不足、适用法律错误的，依法及时纠正并赔偿当事人损失。需要说明的是，《意见》对该问题仅作原则规定。最高人民法院专门制定了《关于依法妥善处理历史形成的产权案件工作实施意见》，接下来审监庭滕伟副庭长将作专门介绍。十是提高审判执行效率，切实防止因诉讼拖延影响企业生产经营。要求强化审限管理，进一步完善繁简分流审判机制，及时有效定分止争；加大执行力度，提升执行速度，及时有效维护胜诉当事人的合法权益。

第三部分，加强产权保护的机制建设。此部分从四个方面，就必须进一步健全完善加强产权保护的机制建设提出了要求。强调要坚持党的领导，积极参与党委牵头，人大、政府、司法机关共同参加的产权保护协调工作机制；要优化资源配置，提升涉产权保护案件审判的专业性和公信力；做好司法调研，不断完善产权保护司法政策；加强法治宣传，推动形成保护产权的良好社会氛围。

完善产权保护制度，依法保护产权，对于增强人民群众财产财富安全感，增强社会信心，形成良好预期，增强各类经济主体创业创新动力，维护社会公平正义，保持经济社会持续健康发展和国家长治久安，意义重大而深远。最高人民法院和地方各级人民法院将全面贯彻落实党的十八大和十八届三中、四中、五中、六中全会精神，深入学习贯彻习近平总书记系列重要讲话精神，坚决按照党中央的决策部署，充分发挥审判职能作用，切实加强产权司法保护，为全面建成小康社会、实现中华民族伟大复兴中国梦提供有力司法保障。

最高人民法院
印发《关于依法妥善处理历史形成的产权案件工作实施意见》的通知

（2016 年 11 月 28 日　法发〔2016〕28 号）

各省、自治区、直辖市高级人民法院，解放军军事法院，新疆维吾尔自治区高级人民法院生产建设兵团分院：

现将《最高人民法院关于依法妥善处理历史形成的产权案件工作实施意见》印发给你们，请各地结合实际，认真贯彻执行。

附：

最高人民法院
关于依法妥善处理历史形成的产权案件工作实施意见

为贯彻落实《中共中央、国务院关于完善产权保护制度依法保护产权的意见》（以下简称《意见》），充分发挥人民法院审判职能，依法妥善处理历史形成的产权案件，现提出如下实施意见。

一、充分认识依法妥善处理历史形成的产权案件的重要意义

1. 依法妥善处理历史形成的产权案件，是全面贯彻落实中央完善产权保护制度、依法保护产权决策部署的重大举措。加强产权保护，是坚持社会主义基本经济制度的必然要求，是全面建成小康社会的必然要求，是夯实党长期执政社会基础的必然要求，也是维护国家长治久安的必然要求。依法妥善处理历史形成的产权案件，是中央加强产权保护决策部署的重要内容和重大举措，对于完善现代产权制度、推进产权保护法治化，对于增强人民群众财产财富安全感、增强社会信心、形成良好预期，对于营造公平公正透明稳定的法治环境、激发各类经济主体创业创新动力，对于维护社会公平正义、促进经济社会持续健康发展，都具有十分重要意义。

2. 依法妥善处理历史形成的产权案件，是人民法院肩负的一项重大而紧迫的政治任务。以习近平同志为核心的党中央高度重视产权保护。党的十八届三中、四中、五中、六中全会均有明确要求。今年党中央、国务院就完善产权制度依法保护产权专门作出系统的决策部署，并就中央有关部门贯彻实施作出明确分工，将依法妥善处理历史形成的产权案件确定为人民法院的工作任务。各级人民法院要讲政治、讲大局，切实把思想和行动统一到中央的决策部署上来，站在统筹推进“五位一体”总体布局和协调推进“四个全面”战略布局的高度，增强责任感和使命感，以敢于担当的精神和攻坚克难的勇气，充分发挥审判职能作用，坚决完成好此项重大政治任务。

3. 依法妥善处理历史形成的产权案件，是一项法律性、政策性很强的审判工作。历史形成的产权案件往往时间跨度较长、形成原因复杂。妥善处理此类案件既有严格的法律性，又有严肃的政策性；既要取得好的法律效果，又要取得好的社会效果和政治效果，充分体现政策导向。各级人民法院要坚

持司法为民，公正司法，严格按照中央的统一要求，抓紧甄别纠正社会反映强烈的产权纠纷申诉案件，剖析侵害产权的案件，总结宣传依法有效保护产权的好案例，不断丰富和积累产权保护司法经验，着力提高产权保护精准度，努力推进产权保护的法治化。

二、明确目标任务和总体要求

4. 明确办案范围。对于改革开放以来作出的涉及重大财产处置的产权纠纷以及民营企业和投资人违法犯罪的生效裁判，当事人、案外人提出申诉的，人民法院要及时审查，认真甄别；确有错误的，坚决依法纠正。

5. 突出工作重点。着重抓好重大典型案件的甄别、纠正和宣传工作。注重查清案件事实和焦点问题，厘清相关法律政策问题，摸清案件背景和社会反应，准确适用法律和有关政策规定，作出妥善处理。对重点案件要逐案制定包括立案、再审、执行、善后在内的一揽子工作方案。

三、正确把握工作原则

6. 坚持实事求是原则。尊重历史，实事求是，以发展眼光客观看待和依法妥善处理改革开放以来各类企业特别是民营企业经营过程中存在的不规范问题。

7. 坚持平等保护原则。为各类产权主体提供平等的司法保护，坚持法律面前人人平等，畅通产权申诉案件的立案渠道，规范适用再审审理程序，确保诉讼地位平等、诉讼权利平等、法律适用平等。

8. 坚持依法纠错原则。坚持以事实为根据，以法律为准绳，严格遵循法不溯及既往、罪刑法定、在新旧法之间从旧兼从轻等原则，严守法定程序。对符合再审条件的申诉案件，依法启动再审程序；对确有错误的生效裁判，坚决予以纠正，维护公平正义，提升司法公信。

9. 坚持纠防结合原则。通过对产权错案冤案的甄别和纠正，强化审判监督司法救济、倒逼防错和统一法律适用功能；落实司法责任制，加强源头预防。

四、严格甄别纠正工作程序

10. 保障诉讼权利。畅通申诉渠道，做好诉讼服务。充分尊重、依法保障当事人的申请权、申诉权、知情权、陈述权、辩护辩论权和处分权。

11. 强化程序监督。对产权申诉案件，要加强审级监督，上级法院可以提审和改判的，不宜指令再审和发回重审，强化对下级法院办理产权案件的监督和指导，防止程序空转。重视检察监督，依法办理检察机关提起的抗诉和检察建议案件。

12. 维护程序公正。落实接谈要求，完善询问方式，充分听取申诉人的意见。突出庭审功能，注重裁判说理，强化司法公开。加强司法救助与法律援助，为确有困难的涉诉民营企业及投资人减轻负担。

五、审慎把握司法政策

13. 准确把握罪与非罪的法律政策界限。严格区分经济纠纷与经济犯罪特别是合同纠纷与合同诈骗的界限、企业正当融资与非法集资的界限、民营企业参与国有企业兼并重组中涉及的经济纠纷与恶意侵占国有资产的界限。准确把握经济违法行为入刑标准，准确认定经济纠纷和经济犯罪的性质，坚决纠正将经济纠纷当作犯罪处理的错误生效裁判。对于在生产、经营、融资等活动中的经济行为，当时法律、行政法规没有明确禁止而以犯罪论处的，或者虽属违法违规但不构成犯罪而以犯罪论处的，均应依法纠正。

14. 坚决纠正以刑事执法介入民事纠纷而导致的错案。对于以刑事手段迫使当事人作出意思表示，导致生效民事裁判错误的，要坚决予以纠正。对于涉及犯罪的民营企业投资人，在当事人被采取强制措施或服刑期间，依法保障其行使财产权利等民事权利。对于民营企业投资人因被限制人身自由而严重影响行使民事诉讼权利，被解除人身自由限制后，针对民事案件事实提供了新的证据，可能推翻生效裁判的，人民法院应当依职权调查核实；符合再审条件的，应当依法启动再审。

15. 依法妥善处理因产权混同引发的申诉案件。在甄别和再审产权案件时，要严格区分个人财产和企业法人财产，对股东、企业经营管理者等自然人违法的案件，要注意审查在处置其个人财产时是否存在随意牵连企业法人财产的问题；对企业违法的案件，在处置企业法人财产时是否存在随意牵连股东、企业经营管理者个人合法财产的问题。要严格区分违法所得和合法财产、涉案人员个人财产和家庭成员财产，要注意审查在处置违法所得时是否存在牵连合法财产和涉案人员家庭成员合法财产的问题，以及是否存在违法处理涉案财物的问题，尤其要注意审查是否侵害了当事人及其近亲属、股东、债权人等相关方的合法权益。对确属因生效裁判错误而损害当事人财产权的，要依法纠正并赔偿当事人损失。

16. 依法妥善处理与政府行为有关的产权申诉案件。甄别和再审产权案件时，对于在招商引资、政府与社会资本合作等活动中与投资主体依法签订的各类合同，因政府换届、领导人员更替而违约毁约侵犯投资主体合法权益的，或者因法定事由改变政府承诺和合同约定，对投资主体受到的财产损失没有依法补偿的，人民法院应当依法再审和改判。对于政府在土地、房屋等财产征收、征用过程中，没有按照补偿范围、形式和标准给予被征收征用者公平合理补偿的错误裁判，人民法院应当依法审查，启动再审。在再审审查和审理中，要注意运用行政和解协调机制、民事调解方式，妥善解决财产纷争。

17. 依法妥善处理涉案财产处置申诉案件。对于因错误实施保全措施、错误采取执行措施、错误处置执行标的物，致使当事人或利害关系人、案外人等财产权利受到侵害的，应当及时解除或变更强制措施、执行回转、返还财产。执行过程中，对执行标的异议所作裁定不服的，当事人、案外人可以通过执行异议之诉或者审判监督程序等法定途径予以救济；造成损害的，受害人有权依照法律规定申请国家赔偿。

18. 依法审理涉及产权保护的国家赔偿案件。对于因产权申诉案件引发的国家赔偿，应当认真审查，符合立案条件的应当依法立案，符合赔偿条件的应当依法赔偿。坚持法定赔偿原则，加大赔偿决定执行力度。

六、狠抓工作落实

19. 坚持党的领导。完善产权保护制度，依法保护产权是党中央、国务院作出的一项重大决策部署，各级人民法院要自觉把产权司法保护工作置于党的统一领导之下，坚持依法独立行使审判权。对于产权保护中的重大事项，要及时向当地党委报告，在党委的统筹协调下，协同有关部门形成处理产权申诉案件的合力。

20. 建立协调机制。各高级人民法院要加强对涉产权错案冤案甄别纠正工作的组织领导，成立专门工作小组，加强统筹协调，提出工作方案，研究解决突出问题，建立健全敏感案件应急预案，加强对下工作指导，及时报告工作进展情况。工作小组办公室统一归口设置在审判监督庭。

21. 做好宣传引导。突出宣传重点和政策导向，加强信息公开，及时回应社会关切。要向社会适时公布产权保护的典型案例。加强法律解读和政策引导，积极弘扬产权保护法治理念，营造良好的产权保护司法环境和舆论氛围。

22. 严格执纪问责。在甄别和纠正产权申诉案件过程中，要认真落实《领导干部干预司法活动、插手具体案件处理的记录、通报和责任追究规定》《最高人民法院关于完善司法责任制的若干意见》等制度，进一步完善办案质量终身负责制和错案责任倒查问责制，从源头上有效预防错案冤案的发生。

最高人民检察院
关于充分履行检察职能加强产权司法保护的意见

（2017年1月6日）

党的十八大以来，以习近平同志为核心的党中央高度重视产权保护，提出加强对各种所有制组织和自然人财产权的保护。为深入贯彻党的十八大，十八届三中、四中、五中、六中全会精神和习近平总书记系列重要讲话精神，落实《关于完善产权保护制度依法保护产权的意见》和中央经济工作会议的部署要求，充分履行检察职能，加强产权司法保护，提出如下意见：

一、深刻认识产权制度重要意义，明确产权保护的总体要求

1. 充分认识加强产权司法保护的重要意义。依法保护产权是完善中国特色社会主义市场经济体制的内在要求，是坚持稳中求进工作总基调，促进经济转型升级、全面深化改革、全面建成小康社会的客观需要。各级检察机关要把思想和行动统一到党中央重要决策、部署和要求上来，牢固树立和贯彻落实新发展理念，主动适应经济发展新常态，切实把防控风险、服务发展摆在更加突出位置，为保护企业和个人合法产权、促进经济平稳健康发展和社会和谐稳定提供优质的司法服务。

2. 严格落实加强产权司法保护的总体要求。各级检察机关要坚持依法保护原则，充分发挥惩治、预防、监督、教育、保护等检察职能，加强对产权的司法保护。坚持平等保护原则，平等保护各种所有制组织和自然人的财产权，确保各类产权主体的诉讼地位和诉讼权利平等、法律适用和法律责任平等、法律保护和法律服务平等。坚持全面保护原则，全面保护物权、债权、股权、知识产权等各种类型的财产权，切实维护产权主体的合法权益。

二、准确把握法律政策界限，规范改进司法行为，注重产权司法保护实效

3. 严格把握产权案件罪与非罪的界限标准。各级检察机关办理有关产权刑事案件，要严格区分经济纠纷与经济犯罪的界限，企业正当融资与非法集资的界限，民营企业参与国有企业兼并重组中涉及的产权纠纷与恶意侵占国有资产的界限，执行和利用国家政策谋发展中的偏差与钻改革空子实施犯罪的界限。坚持主客观相一致原则，避免客观归罪。对民营企业生产、经营、

融资等经济行为，除法律、行政法规明确禁止外，不以违法犯罪对待。对于正在办理的涉产权刑事案件，法律和司法解释规定不明确、法律界限不明、罪与非罪界限不清的，不作为犯罪处理。

4. 依法妥善处理历史形成的产权案件。以发展眼光客观看待和依法妥善处理改革开放以来各类企业，特别是民营企业经营发展过程中存在的不规范问题。办案中坚持罪刑法定、法不溯及既往、从旧兼从轻、疑罪从无原则，对于确属事实不清、证据不足、适用法律错误的错案冤案，坚决予以纠正。对于没有犯罪事实或者具有《刑事诉讼法》第十五条规定的情形之一的，或者犯罪情节轻微不需要判处刑罚的，或者经过补充侦查仍达不到起诉证据标准的，依法不起诉。对于构成犯罪但认罪认罚的，依法从宽处理。对于社会反映强烈、当事人长期申诉的历史形成的产权案件，要抓紧组织力量进行甄别，对确属错案冤案的，坚决依法纠正并赔偿当事人的损失。

5. 规范自身司法行为，改进办案方式方法，最大程度减少对产权主体合法权益和正常经济活动的损害及影响。严禁以刑事手段插手经济纠纷。严禁使用当事人的交通通讯工具、办公设备，或者以办案为名到发案单位吃、拿、卡、要、报。严禁干预涉案企业正常生产经营活动。慎重选择办案时机和方式，慎重使用搜查、查封、扣押、冻结、拘留、逮捕等强制性措施。对于涉嫌犯罪的各类产权主体主动配合调查，认罪态度好，犯罪情节较轻，且没有社会危险性的，一律不采取拘留、逮捕、指定居所监视居住等强制措施；对于不涉案的款物、账户，包括企业生产经营资料、涉案人员近亲属的合法财产等，一律不查封、扣押、冻结。对于涉及企业和投资、生产、经营者、科技创新人员犯罪的举报，经查证失实的，及时澄清事实。

三、依法履行刑事检察职能，加大惩治侵犯产权犯罪力度

6. 加强审查批捕、起诉工作，确保依法、准确、及时、有效打击侵犯产权犯罪。依法惩治破坏市场经济秩序、侵犯各类产权主体财产权的犯罪，突出打击非法吸收公众存款、集资诈骗、组织领导传销等涉众型经济犯罪，以商业贿赂、金融诈骗、虚假诉讼、强迫交易等不法手段破坏公平市场营商环境的犯罪，以及通过内幕交易、利用未公开信息交易、操纵证券期货市场等手段，严重损害公众投资者特别是中小投资者权益的犯罪。依法惩治侵犯知识产权和制售假冒伪劣商品犯罪，突出打击链条式、产业化侵犯知识产权犯罪，以及具有反复侵权、恶意侵权、网络侵权、有组织侵权等恶劣情节的犯罪，加大对涉外知识产权犯罪打击力度。对利用公权力严重侵害私有产权，勾结黑恶势力在特定经济领域形成非法控制，受害者人数众多，引发群体性事件等严重侵犯产权的犯罪案件，要实行挂牌督办，第一时间介入侦查，引导侦查机关全面收集固定证据，确保办案效率和质量。

7. 正确适用法律和刑事政策，提升审查批捕、起诉工作质量。准确理解和适用法律，贯彻宽严相济刑事政策，严把事实关、证据关、程序关和法律适用关。细化涉产权犯罪案件审查逮捕质量标准，严格审查是否具备社会危险性条件，对构成犯罪但无社会危险性的一般不批准逮捕。建立涉产权犯罪案件审查逮捕质量分析评查制度，对逮捕后撤案、不起诉、判无罪和公安机关提请复议复核、当事人提出申诉的案件实时监控、及时分析，有针对性地改进工作。严格依法把握起诉条件，从经济安全、公共利益、市场秩序等方面准确认定社会危害性，综合考虑政策调整、经营不善、市场风险等市场主体意志以外的因素，对符合不起诉条件的，依法适用不起诉。保障涉案当事人及其委托人的诉讼权利，尊重犯罪嫌疑人、被告人的诉讼地位和人格尊严，保障律师依法履行职责。进一步推进刑事速裁程序、认罪认罚从宽制度的试点工作，对于轻微案件简化诉讼程序，加快诉讼进程，切实维护各类产权主体的合法权益。

8. 针对薄弱环节和突出问题，延伸审查批捕、起诉工作产权保护效果。结合审查批捕、起诉工作，加强对侵犯产权犯罪活动的分析研判，提高产权司法保护的精准度。积极参与社会治安防控体系建设，采取检察建议等形式，帮助各类产权主体强化产权保护意识，促进国有企业健全内部监督制度和内控机制、规范国有资产流转程序和交易行为，促进集体经济组织建立健全集体资产管理制度和财务管理监督制度，促进民营企业提高依法规范经营和维护自身合法权益的意识和能力，从源头上预防和治理侵犯产权犯罪。

四、加强侦查预防工作，依法惩治侵犯产权职务犯罪

9. 严肃查办侵犯产权的职务犯罪。重点惩治利用国有产权所有者和代理人关系不明晰，国有企业财务、采购、营销、投资等方面内部监督制度不健全实施的贪污、受贿、挪用公款、私分国有资产等犯罪，以及通过内部人控制、关联交易、利益输送、利益交换等方式，以市场行为掩盖非法目的，导致国有资产严重流失的犯罪。重点惩治发生在金融、土地、财税、能源、资源等重要领域行政审批、管理过程中侵犯产权的失职渎职犯罪。重点惩治发生在国有资产、集体资产清产核资、登记、保管、使用、处置过程中的职务犯罪，以及利用农村产权流转交易侵犯农村集体产权、侵犯农民权益的职务犯罪。

10. 严格规范涉案财产处置的法律程序，最大限度降低对产权主体正常生产经营活动的不利影响。对于涉案企业和人员正在投入生产运营或者正在用于科技创新、产品研发的设备、资金和技术资料等，能够采取非强制性措施

即可达到保障诉讼目的的，不使用强制性措施。加强查封、扣押、冻结涉案财产甄别审查工作，最大限度缩短甄别审查期限，确保合法财产不受牵连。办案中要注意听取有关行业主管、监管部门的意见，对争议大的案件及时向上级检察机关请示报告。

11. 通过查办职务犯罪发现产权保护制度机制的漏洞和风险点，从源头上减少涉产权职务犯罪。要结合办案开展职务犯罪预防工作，既支持企业和企业家创业创新谋发展，又引导企业和企业家依法规范经营。围绕国有产权、农村集体产权和自然资源资产产权等重点领域，深入剖析典型案件和发案规律，开展有针对性的职务犯罪预防工作。结合办案，对产权保护中存在的普遍性问题，组织开展专题预防活动，积极运用检察建议、年度报告、专项报告等方式，督促产权登记、审批、监管、保护等部门完善制度机制，加强改进产权保护工作，增强预防工作整体效果。

五、强化刑事诉讼监督，保障涉案产权主体的合法权益

12. 加强立案监督和侦查活动监督。加强对刑事立案活动的监督，重点监督侦查机关以刑事手段插手经济纠纷、选择性执法等妨害产权平等保护的问题，加大对该立不立、不该立乱立等执法不严、司法不公问题的监督纠正力度。加强对侦查活动的监督，贯彻落实非法证据排除等办案制度，坚决纠正刑讯逼供、非法取证、漏捕漏诉、滥用强制措施、查封扣押冻结财物不当等侦查违法行为。对于因涉嫌犯罪被逮捕的各种所有制组织的投资者、生产者、经营者、专业技术人员等，切实履行好羁押必要性审查职责，发现不需要继续羁押的，应当依法予以释放或者变更强制措施。

13. 加强刑事审判和刑事执行监督。加强对刑事审判活动的监督，重点监督判决、裁定在认定事实、采信证据、适用法律方面确有错误的案件，做到敢于监督、善于监督、依法监督和规范监督，对符合法定条件的案件依法提出抗诉。加强对刑事执行活动的监督，重点监督涉产权案件生效判决、裁定的执行活动，发现人民法院执行财产刑过程中，存在应当执行而不执行，不应当执行而执行，非法处置被执行人或者案外人财产等侵犯产权违法情形的，应当依法提出纠正意见，确保财产刑执行到位。依法保障各类产权主体在服刑期间的申诉权，防止其因申诉而被限制或者剥夺依法获得减刑的权利。对于犯罪的民营企业投资人，依法保障其在服刑期间行使财产权利等民事权利。

六、加强民事行政检察工作，形成多元化产权保护格局

14. 依法履行民事行政检察职责，加强对产权诉讼案件的法律监督。依法保障各类产权主体申请监督权，规范民事行政诉讼监督案件的受理和审查程

序，注重倾听当事人意见，畅通申请监督渠道，积极通过抗诉、提出检察建议等方式加强对涉产权民事、行政案件的审判监督，有效保障产权主体的合法权益。加强对民事、行政执行活动的监督，重点监督因不依法履行执行职责及错误采取执行措施、错误处置执行标的物、错误追加被执行人，致使当事人或利害关系人、案外人等财产权受到侵害的案件。加大对涉产权虚假诉讼、恶意诉讼监督力度，重点审查双方当事人恶意串通，通过以物抵债等方式损害案外人产权案件，督促人民法院依法惩治虚假诉讼行为，维护司法公正和司法权威。

15. 依法推进公益诉讼试点，积极探索开展对行政强制措施和履行职责中发现的行政违法行为的监督。稳步推进公益诉讼试点工作，以国有资产保护、国有土地使用权出让等产权领域为重点，积极运用诉前程序和提起公益诉讼的方式，维护被民事、行政违法行为侵害的国家和社会公共利益。积极探索对涉及人身、财产权益的行政强制措施和在履行职责中发现的行政机关违法行使职权或不行使职权行为的监督措施，防止和纠正违法行政行为对各类产权主体合法权益的侵害。

七、加强控告申诉检察工作，依法化解产权纠纷引发的社会矛盾

16. 畅通诉求表达渠道，依法受理历史形成产权案件的申诉，做到有错必纠。打造“信、访、网、电”四位一体的诉求表达体系，为产权人寻求法律咨询、权利救济提供更加便捷高效的服务。对社会反映强烈的涉及产权的刑事申诉案件，依法导入法律程序，按照诉求性质、案件管辖和法律程序及时审查办理。凡是违反法律政策侵犯产权、不利于经济发展的决定、判决、裁定，要依法监督纠正。

17. 依法办理涉产权保护的国家赔偿案件。坚持法定赔偿原则，保障符合赔偿条件的产权主体依法获得赔偿。支持人民法院对涉产权国家赔偿案件依法进行审理。依法办理检察机关作为赔偿义务机关的刑事赔偿案件，积极履行赔偿义务，保障符合法定赔偿条件的产权主体及时获得赔偿。依法受理和审查产权主体对人民法院作出的赔偿决定和行政赔偿判决、裁定提出申诉的案件，并依法提出监督意见。

18. 拓展控告申诉工作模式，有效化解社会矛盾。建立涉产权民事、行政申诉案件引导当事人和解机制，积极推动建立社会帮扶、政府扶贫等化解矛盾机制，推动建立健全与人民调解组织、行业调解组织的衔接联动机制，引导当事人向调解组织提出调解申请，并根据调解情况依法作出相应处理。推动律师参与代理和化解涉及产权纠纷信访案件工作，鼓励社会各界共同参与，有效解决产权纠纷。

八、加强组织领导和协调配合，确保产权保护措施落到实处

19. 加强组织领导。各级检察机关要把充分履行检察职能、加强产权司法保护作为当前一项重要政治任务，狠抓落实。切实加强对产权保护法律政策界限和工作措施的研究、协调和推进，加大保护和纠错力度。积极参与民法典编纂研究工作，推动产权保护法律制度的健全完善。及时对相关司法解释和规范性文件进行清理，凡是不符合依法保护产权的，应当废止或者修改。要深入研究分析产权司法保护中的新情况、新问题，发挥检察一体化优势，加强对下业务指导。对重大侵犯产权刑事犯罪案件、重大妨害产权保护职务犯罪案件，实行挂牌督办。下级人民检察院对办案中遇到的有关困难和问题，应当及时向上级人民检察院请示报告，必要时层报最高人民检察院。

20. 加强工作机制建设。各级检察机关要立足检察职能建立健全产权司法保护的长效机制。加强办理产权案件的能力建设和队伍建设，注重培养选拔专家型人才和业务骨干办理产权案件。严格落实司法责任制，完善办案质量终身负责制和错案责任倒查问责制。推进检务公开，及时回应社会关切，自觉接受人大监督、民主监督和社会监督，增强司法公信力，维护司法公正和权威。

21. 加强协调配合。积极参与党委牵头，人大、政府、司法机关共同参加的产权保护协调工作机制，形成工作合力。对办案中发现的体制性、政策性等重大问题和事项，及时向党委报告。加强与纪检、审判、公安、行政执法部门的协作配合，加强产权领域行政执法与刑事司法衔接机制建设。加强与各级工商联、相关行业协会的密切联系，建立健全联席会议、定期通报情况、共同开展调研等常态化机制，支持开展对涉及产权纠纷的中小企业维权援助工作。广泛听取人大代表、政协委员、专家学者、律师、企业人士等方面意见，增强产权司法保护的针对性和实效性。

22. 加强法治宣传。落实“谁执法谁普法”的普法责任制，把培育全社会尊重产权、保护产权意识作为以案释法、法治宣传教育的一项基础性工作。充分利用检察机关宣传主阵地、“两微一端”、微电影、微视频等媒体平台，加强与主流媒体、重点商业网络和自媒体的联系协作，深入宣传解读党和国家加强产权保护的政策和法律法规，及时报道检察机关工作部署、举措、进展和成效。选择检察机关依法纠正侵害企业产权的有重大影响的错案冤案典型，适时向社会公布，释放保护产权的积极信号，增强人民群众财产财富安全感，增强社会信心。着力宣传和营造法治、透明、公平的体制政策环境和社会舆论环境，保护企业家精神，支持企业家专心创新创业。

中华人民共和国土地管理法

（1986年6月25日第六届全国人民代表大会常务委员会第十六次会议通过
根据1988年12月29日第七届全国人民代表大会常务委员会第五次会议《关于修改〈中华人民共和国土地管理法〉的决定》第一次修正
1998年8月29日第九届全国人民代表大会常务委员会第四次会议修订
根据2004年8月28日第十届全国人民代表大会常务委员会第十一次会议《关于修改〈中华人民共和国土地管理法〉的决定》第二次修正）

目　　录

第一章　总　　则

第一条　【立法宗旨】为了加强土地管理，维护土地的社会主义公有制，保护、开发土地资源，合理利用土地，切实保护耕地，促进社会经济的可持续发展，根据宪法，制定本法。

第二条　【基本土地制度】中华人民共和国实行土地的社会主义公有制，即全民所有制和劳动群众集体所有制。

全民所有，即国家所有土地的所有权由国务院代表国家行使。

任何单位和个人不得侵占、买卖或者以其他形式非法转让土地。土地使用权可以依法转让。

国家为了公共利益的需要，可以依法对土地实行征收或者征用并给予补偿。

国家依法实行国有土地有偿使用制度。但是，国家在法律规定的范围内划拨国有土地使用权的除外。

第三条　【土地基本国策】十分珍惜、合理利用土地和切实保护耕地是我国的基本国策。各级人民政府应当采取措施，全面规划，严格管理，保护、开发土地资源，制止非法占用土地的行为。

第四条　【土地用途管制制度】国家实行土地用途管制制度。

国家编制土地利用总体规划，规定土地用途，将土地分为农用地、建设用地和未利用地。严格限制农用地转为建设用地，控制建设用地总量，对耕地实行特殊保护。

前款所称农用地是指直接用于农业生产的土地，包括耕地、林地、草地、农田水利用地、养殖水面等；建设用地是指建造建筑物、构筑物的土地，包括城乡住宅和公共设施用地、工矿用地、交通水利设施用地、旅游用地、军事设施用地等；未利用地是指农用地和建设用地以外的土地。

使用土地的单位和个人必须严格按照土地利用总体规划确定的用途使用土地。

第五条　【土地管理机构设置】国务院土地行政主管部门统一负责全国土地的管理和监督工作。

县级以上地方人民政府土地行政主管部门的设置及其职责，由省、自治区、直辖市人民政府根据国务院有关规定确定。

第六条　【守法义务与检举、控告权】任何单位和个人都有遵守土地管理法律、法规的义务，并有权对违反土地管理法律、法规的行为提出检举和控告。

第七条　【奖励措施】在保护和开发土地资源、合理利用土地以及进行有关的科学研究等方面成绩显著的单位和个人，由人民政府给予奖励。

第二章　土地的所有权和使用权

第八条　【土地所有权归属】城市市区的土地属于国家所有。

农村和城市郊区的土地，除由法律规定属于国家所有的以外，属于农民集体所有；宅基地和自留地、自留山，属于农民集体所有。

第九条　【土地使用权】国有土地和农民集体所有的土地，可以依法确定给单位或者个人使用。使用土地的单位和个人，有保护、管理和合理利用土地的义务。

第十条　【集体所有土地的经营和管理】农民集体所有的土地依法属于村农民集体所有的，由村集体经济组织或者村民委员会经营、管理；已经分别属于村内两个以上农村集体经济组织的农民集体所有的，由村内各该农村集体经济组织或者村民小组经营、管理；已经属于乡（镇）农民集体所有的，由乡（镇）农村集体经济组织经营、管理。

第十一条　【土地登记发证制度】农民集体所有的土地，由县级人民政府登记造册，核发证书，确认所有权。

农民集体所有的土地依法用于非农业建设的，由县级人民政府登记造册，核发证书，确认建设用地使用权。

单位和个人依法使用的国有土地，由县级以上人民政府登记造册，核发证书，确认使用权；其中，中央国家机关使用的国有土地的具体登记发证机关，由国务院确定。

确认林地、草原的所有权或者使用权，确认水面、滩涂的养殖使用权，分别依照《中华人民共和国森林法》、《中华人民共和国草原法》和《中华人民共和国渔业法》的有关规定办理。

第十二条　【土地变更登记】依法改变土地权属和用途的，应当办理土地变更登记手续。

第十三条　【土地登记的效力】依法登记的土地的所有权和使用权受法律保护，任何单位和个人不得侵犯。

第十四条　【农民集体所有土地承包经营权】农民集体所有的土地由本集体经济组织的成员承包经营，从事种植业、林业、畜牧业、渔业生产。土地承包经营期限为三十年。发包方和承包方应当订立承包合同，约定双方的权利和义务。承包经营土地的农民有保护和按照承包合同约定的用途合理利用土地的义务。农民的土地承包经营权受法律保护。

在土地承包经营期限内，对个别承包经营者之间承包的土地进行适当调整的，必须经村民会议三分之二以上成员或者三分之二以上村民代表的同意，并报乡（镇）人民政府和县级人民政府农业行政主管部门批准。

第十五条　【国有土地承包经营权】国有土地可以由单位或者个人承包经营，从事种植业、林业、畜牧业、渔业生产。农民集体所有的土地，可以由本集体经济组织以外的单位或者个人承包经营，从事种植业、林业、畜牧业、渔业生产。发包方和承包方应当订立承包合同，约定双方的权利和义务。土地承包经营的期限由承包合同约定。承包经营土地的单位和个人，有保护和按照承包合同约定的用途合理利用土地的义务。

农民集体所有的土地由本集体经济组织以外的单位或者个人承包经营的，必须经村民会议三分之二以上成员或者三分之二以上村民代表的同意，并报乡（镇）人民政府批准。

第十六条　【土地权属争议的处理】土地所有权和使用权争议，由当事人协商解决；协商不成的，由人民政府处理。

单位之间的争议，由县级以上人民政府处理；个人之间、个人与单位之间的争议，由乡级人民政府或者县级以上人民政府处理。

当事人对有关人民政府的处理决定不服的，可以自接到处理决定通知之日起三十日内，向人民法院起诉。

在土地所有权和使用权争议解决前，任何一方不得改变土地利用现状。

第三章　土地利用总体规划

第十七条　【编制依据和规划期限】各级人民政府应当依据国民经济和社会发展规划、国土整治和资源环境保护的要求、土地供给能力以及各项建设对土地的需求，组织编制土地利用总体规划。

土地利用总体规划的规划期限由国务院规定。

第十八条　【规划权限】下级土地利用总体规划应当依据上一级土地利用总体规划编制。

地方各级人民政府编制的土地利用总体规划中的建设用地总量不得超过上一级土地利用总体规划确定的控制指标，耕地保有量不得低于上一级土地利用总体规划确定的控制指标。

省、自治区、直辖市人民政府编制的土地利用总体规划，应当确保本行政区域内耕地总量不减少。

第十九条　【编制原则】土地利用总体规划按照下列原则编制：

（一）严格保护基本农田，控制非农业建设占用农用地；

（二）提高土地利用率；

（三）统筹安排各类、各区域用地；

（四）保护和改善生态环境，保障土地的可持续利用；

（五）占用耕地与开发复垦耕地相平衡。

第二十条　【编制要求】县级土地利用总体规划应当划分土地利用区，明确土地用途。

乡（镇）土地利用总体规划应当划分土地利用区，根据土地使用条件，确定每一块土地的用途，并予以公告。

第二十一条　【土地利用总体规划的审批】土地利用总体规划实行分级审批。

省、自治区、直辖市的土地利用总体规划，报国务院批准。

省、自治区人民政府所在地的市、人口在一百万以上的城市以及国务院指定的城市的土地利用总体规划，经省、自治区人民政府审查同意后，报国务院批准。

本条第二款、第三款规定以外的土地利用总体规划，逐级上报省、自治区、直辖市人民政府批准；其中，乡（镇）土地利用总体规划可以由省级人民政府授权的设区的市、自治州人民政府批准。

土地利用总体规划一经批准，必须严格执行。

第二十二条 【土地利用总体规划与城市总体规划、村庄和集镇规划之间的关系】城市建设用地规模应当符合国家规定的标准，充分利用现有建设用地，不占或者尽量少占农用地。

城市总体规划、村庄和集镇规划，应当与土地利用总体规划相衔接，城市总体规划、村庄和集镇规划中建设用地规模不得超过土地利用总体规划确定的城市和村庄、集镇建设用地规模。

在城市规划区内、村庄和集镇规划区内，城市和村庄、集镇建设用地应当符合城市规划、村庄和集镇规划。

第二十三条 【土地利用总体规划与江河、湖泊综合治理和开发利用规划之间的关系】江河、湖泊综合治理和开发利用规划，应当与土地利用总体规划相衔接。在江河、湖泊、水库的管理和保护范围以及蓄洪滞洪区内，土地利用应当符合江河、湖泊综合治理和开发利用规划，符合河道、湖泊行洪、蓄洪和输水的要求。

第二十四条 【土地利用计划管理】各级人民政府应当加强土地利用计划管理，实行建设用地总量控制。

土地利用年度计划，根据国民经济和社会发展计划、国家产业政策、土地利用总体规划以及建设用地和土地利用的实际状况编制。土地利用年度计划的编制审批程序与土地利用总体规划的编制审批程序相同，一经审批下达，必须严格执行。

第二十五条 【土地利用年度计划执行情况报告】省、自治区、直辖市人民政府应当将土地利用年度计划的执行情况列为国民经济和社会发展计划执行情况的内容，向同级人民代表大会报告。

第二十六条 【土地利用总体规划的修改】经批准的土地利用总体规划的修改，须经原批准机关批准；未经批准，不得改变土地利用总体规划确定的土地用途。

经国务院批准的大型能源、交通、水利等基础设施建设用地，需要改变土地利用总体规划的，根据国务院的批准文件修改土地利用总体规划。

经省、自治区、直辖市人民政府批准的能源、交通、水利等基础设施建设用地，需要改变土地利用总体规划的，属于省级人民政府土地利用总体规划批准权限内的，根据省级人民政府的批准文件修改土地利用总体规划。

第二十七条 【土地调查】国家建立土地调查制度。

县级以上人民政府土地行政主管部门会同同级有关部门进行土地调查。

土地所有者或者使用者应当配合调查，并提供有关资料。

第二十八条　【土地分等评级】县级以上人民政府土地行政主管部门会同同级有关部门根据土地调查成果、规划土地用途和国家制定的统一标准，评定土地等级。

第二十九条　【土地统计】国家建立土地统计制度。

县级以上人民政府土地行政主管部门和同级统计部门共同制定统计调查方案，依法进行土地统计，定期发布土地统计资料。土地所有者或者使用者应当提供有关资料，不得虚报、瞒报、拒报、迟报。

土地行政主管部门和统计部门共同发布的土地面积统计资料是各级人民政府编制土地利用总体规划的依据。

第三十条　【土地利用动态监测】国家建立全国土地管理信息系统，对土地利用状况进行动态监测。

第四章　耕地保护

第三十一条　【耕地占用补偿】国家保护耕地，严格控制耕地转为非耕地。

国家实行占用耕地补偿制度。非农业建设经批准占用耕地的，按照“占多少，垦多少”的原则，由占用耕地的单位负责开垦与所占用耕地的数量和质量相当的耕地；没有条件开垦或者开垦的耕地不符合要求的，应当按照省、自治区、直辖市的规定缴纳耕地开垦费，专款用于开垦新的耕地。

省、自治区、直辖市人民政府应当制定开垦耕地计划，监督占用耕地的单位按照计划开垦耕地或者按照计划组织开垦耕地，并进行验收。

第三十二条　【建设占用耕地的耕作层利用】县级以上地方人民政府可以要求占用耕地的单位将所占用耕地耕作层的土壤用于新开垦耕地、劣质地或者其他耕地的土壤改良。

第三十三条　【耕地总量动态平衡】省、自治区、直辖市人民政府应当严格执行土地利用总体规划和土地利用年度计划，采取措施，确保本行政区域内耕地总量不减少；耕地总量减少的，由国务院责令在规定期限内组织开垦与所减少耕地的数量与质量相当的耕地，并由国务院土地行政主管部门会同农业行政主管部门验收。个别省、直辖市确因土地后备资源匮乏，新增建设用地后，新开垦耕地的数量不足以补偿所占用耕地的数量的，必须报经国务院批准减免本行政区域内开垦耕地的数量，进行易地开垦。

第三十四条　【基本农田保护制度】国家实行基本农田保护制度。下列耕地应当根据土地利用总体规划划入基本农田保护区，严格管理：

（一）经国务院有关主管部门或者县级以上地方人民政府批准确定的粮、

棉、油生产基地内的耕地；

（二）有良好的水利与水土保持设施的耕地，正在实施改造计划以及可以改造的中、低产田；

（三）蔬菜生产基地；

（四）农业科研、教学试验田；

（五）国务院规定应当划入基本农田保护区的其他耕地。

各省、自治区、直辖市划定的基本农田应当占本行政区域内耕地的百分之八十以上。

基本农田保护区以乡（镇）为单位进行划区定界，由县级人民政府土地行政主管部门会同同级农业行政主管部门组织实施。

第三十五条 【土壤改良与提高地力】各级人民政府应当采取措施，维护排灌工程设施，改良土壤，提高地力，防止土地荒漠化、盐渍化、水土流失和污染土地。

第三十六条 【节约使用土地】非农业建设必须节约使用土地，可以利用荒地的，不得占用耕地；可以利用劣地的，不得占用好地。

禁止占用耕地建窑、建坟或者擅自在耕地上建房、挖砂、采石、采矿、取土等。

禁止占用基本农田发展林果业和挖塘养鱼。

第三十七条 【闲置、荒芜土地的处理】禁止任何单位和个人闲置、荒芜耕地。已经办理审批手续的非农业建设占用耕地，一年内不用而又可以耕种并收获的，应当由原耕种该幅耕地的集体或者个人恢复耕种，也可以由用地单位组织耕种；一年以上未动工建设的，应当按照省、自治区、直辖市的规定缴纳闲置费；连续二年未使用的，经原批准机关批准，由县级以上人民政府无偿收回用地单位的土地使用权；该幅土地原为农民集体所有的，应当交由原农村集体经济组织恢复耕种。

在城市规划区范围内，以出让方式取得土地使用权进行房地产开发的闲置土地，依照《中华人民共和国城市房地产管理法》的有关规定办理。

承包经营耕地的单位或者个人连续二年弃耕抛荒的，原发包单位应当终止承包合同，收回发包的耕地。

第三十八条 【开发未利用土地】国家鼓励单位和个人按照土地利用总体规划，在保护和改善生态环境、防止水土流失和土地荒漠化的前提下，开发未利用的土地；适宜开发为农用地的，应当优先开发成农用地。

国家依法保护开发者的合法权益。

第三十九条 【开垦未利用土地】开垦未利用的土地，必须经过科学论证和评估，在土地利用总体规划划定的可开垦的区域内，经依法批准后进行。

禁止毁坏森林、草原开垦耕地，禁止围湖造田和侵占江河滩地。

根据土地利用总体规划，对破坏生态环境开垦、围垦的土地，有计划有步骤地退耕还林、还牧、还湖。

第四十条　【开发未确定使用权的国有荒山、荒地、荒滩】开发未确定使用权的国有荒山、荒地、荒滩从事种植业、林业、畜牧业、渔业生产的，经县级以上人民政府依法批准，可以确定给开发单位或者个人长期使用。

第四十一条　【土地整理】国家鼓励土地整理。县、乡（镇）人民政府应当组织农村集体经济组织，按照土地利用总体规划，对田、水、路、林、村综合整治，提高耕地质量，增加有效耕地面积，改善农业生产条件和生态环境。

地方各级人民政府应当采取措施，改造中、低产田，整治闲散地和废弃地。

第四十二条　【土地复垦】因挖损、塌陷、压占等造成土地破坏，用地单位和个人应当按照国家有关规定负责复垦；没有条件复垦或者复垦不符合要求的，应当缴纳土地复垦费，专项用于土地复垦。复垦的土地应当优先用于农业。

第五章　建设用地

第四十三条　【建设用地的申请】任何单位和个人进行建设，需要使用土地的，必须依法申请使用国有土地；但是，兴办乡镇企业和村民建设住宅经依法批准使用本集体经济组织农民集体所有的土地的，或者乡（镇）村公共设施和公益事业建设经依法批准使用农民集体所有的土地的除外。

前款所称依法申请使用的国有土地包括国家所有的土地和国家征收的原属于农民集体所有的土地。

第四十四条　【农用地转用审批】建设占用土地，涉及农用地转为建设用地的，应当办理农用地转用审批手续。

省、自治区、直辖市人民政府批准的道路、管线工程和大型基础设施建设项目、国务院批准的建设项目占用土地，涉及农用地转为建设用地的，由国务院批准。

在土地利用总体规划确定的城市和村庄、集镇建设用地规模范围内，为实施该规划而将农用地转为建设用地的，按土地利用年度计划分批次由原批准土地利用总体规划的机关批准。在已批准的农用地转用范围内，具体建设项目用地可以由市、县人民政府批准。

本条第二款、第三款规定以外的建设项目占用土地，涉及农用地转为建设用地的，由省、自治区、直辖市人民政府批准。

第四十五条　【土地征收审批】征收下列土地的，由国务院批准：

（一）基本农田；

（二）基本农田以外的耕地超过三十五公顷的；

（三）其他土地超过七十公顷的。

征收前款规定以外的土地的，由省、自治区、直辖市人民政府批准，并报国务院备案。

征收农用地的，应当依照本法第四十四条的规定先行办理农用地转用审批。其中，经国务院批准农用地转用的，同时办理征地审批手续，不再另行办理征地审批；经省、自治区、直辖市人民政府在征地批准权限内批准农用地转用的，同时办理征地审批手续，不再另行办理征地审批，超过征地批准权限的，应当依照本条第一款的规定另行办理征地审批。

第四十六条　【征地方案的实施】国家征收土地的，依照法定程序批准后，由县级以上地方人民政府予以公告并组织实施。

被征收土地的所有权人、使用权人应当在公告规定期限内，持土地权属证书到当地人民政府土地行政主管部门办理征地补偿登记。

第四十七条　【征地补偿】征收土地的，按照被征收土地的原用途给予补偿。

征收耕地的补偿费用包括土地补偿费、安置补助费以及地上附着物和青苗的补偿费。征收耕地的土地补偿费，为该耕地被征收前三年平均年产值的六至十倍。征收耕地的安置补助费，按照需要安置的农业人口数计算。需要安置的农业人口数，按照被征收的耕地数量除以征地前被征收单位平均每人占有耕地的数量计算。每一个需要安置的农业人口的安置补助费标准，为该耕地被征收前三年平均年产值的四至六倍。但是，每公顷被征收耕地的安置补助费，最高不得超过被征收前三年平均年产值的十五倍。

征收其他土地的土地补偿费和安置补助费标准，由省、自治区、直辖市参照征收耕地的土地补偿费和安置补助费的标准规定。

被征收土地上的附着物和青苗的补偿标准，由省、自治区、直辖市规定。

征收城市郊区的菜地，用地单位应当按照国家有关规定缴纳新菜地开发建设基金。

依照本条第二款的规定支付土地补偿费和安置补助费，尚不能使需要安置的农民保持原有生活水平的，经省、自治区、直辖市人民政府批准，可以增加安置补助费。但是，土地补偿费和安置补助费的总和不得超过土地被征收前三年平均年产值的三十倍。

国务院根据社会、经济发展水平，在特殊情况下，可以提高征收耕地的土地补偿费和安置补助费的标准。

第四十八条　【征地补偿安置方案公告】征地补偿安置方案确定后，有关地方人民政府应当公告，并听取被征地的农村集体经济组织和农民的意见。

第四十九条　【征地补偿费用的监督和管理】被征地的农村集体经济组织应当将征收土地的补偿费用的收支状况向本集体经济组织的成员公布，接受监督。

禁止侵占、挪用被征收土地单位的征地补偿费用和其他有关费用。

第五十条　【农村剩余劳动力的安置】地方各级人民政府应当支持被征地的农村集体经济组织和农民从事开发经营，兴办企业。

第五十一条　【中大型水利水电工程建设征地补偿和移民安置】大中型水利、水电工程建设征收土地的补偿费标准和移民安置办法，由国务院另行规定。

第五十二条　【建设项目可行性研究审查】建设项目可行性研究论证时，土地行政主管部门可以根据土地利用总体规划、土地利用年度计划和建设用地标准，对建设用地有关事项进行审查，并提出意见。

第五十三条　【建设用地的审批】经批准的建设项目需要使用国有建设用地的，建设单位应当持法律、行政法规规定的有关文件，向有批准权的县级以上人民政府土地行政主管部门提出建设用地申请，经土地行政主管部门审查，报本级人民政府批准。

第五十四条　【建设用地使用权的取得方式】建设单位使用国有土地，应当以出让等有偿使用方式取得；但是，下列建设用地，经县级以上人民政府依法批准，可以以划拨方式取得：

（一）国家机关用地和军事用地；

（二）城市基础设施用地和公益事业用地；

（三）国家重点扶持的能源、交通、水利等基础设施用地；

（四）法律、行政法规规定的其他用地。

第五十五条　【土地有偿使用费的缴纳和使用】以出让等有偿使用方式取得国有土地使用权的建设单位，按照国务院规定的标准和办法，缴纳土地使用权出让金等土地有偿使用费和其他费用后，方可使用土地。

自本法施行之日起，新增建设用地的土地有偿使用费，百分之三十上缴中央财政，百分之七十留给有关地方人民政府，都专项用于耕地开发。

第五十六条　【土地用途的变更】建设单位使用国有土地的，应当按照土地使用权出让等有偿使用合同的约定或者土地使用权划拨批准文件的规定使用土地；确需改变该幅土地建设用途的，应当经有关人民政府土地行政主管部门同意，报原批准用地的人民政府批准。其中，在城市规划区内改变土地用途的，在报批前，应当先经有关城市规划行政主管部门同意。

第五十七条 【临时用地】建设项目施工和地质勘查需要临时使用国有土地或者农民集体所有的土地的，由县级以上人民政府土地行政主管部门批准。其中，在城市规划区内的临时用地，在报批前，应当先经有关城市规划行政主管部门同意。土地使用者应当根据土地权属，与有关土地行政主管部门或者农村集体经济组织、村民委员会签订临时使用土地合同，并按照合同的约定支付临时使用土地补偿费。

临时使用土地的使用者应当按照临时使用土地合同约定的用途使用土地，并不得修建永久性建筑物。

临时使用土地期限一般不超过二年。

第五十八条 【国有土地使用权的收回】有下列情形之一的，由有关人民政府土地行政主管部门报经原批准用地的人民政府或者有批准权的人民政府批准，可以收回国有土地使用权：

（一）为公共利益需要使用土地的；

（二）为实施城市规划进行旧城区改建，需要调整使用土地的；

（三）土地出让等有偿使用合同约定的使用期限届满，土地使用者未申请续期或者申请续期未获批准的；

（四）因单位撤销、迁移等原因，停止使用原划拨的国有土地的；

（五）公路、铁路、机场、矿场等经核准报废的。

依照前款第（一）项、第（二）项的规定收回国有土地使用权的，对土地使用权人应当给予适当补偿。

第五十九条 【乡村建设用地的范围和审批】乡镇企业、乡（镇）村公共设施、公益事业、农村村民住宅等乡（镇）村建设，应当按照村庄和集镇规划，合理布局，综合开发，配套建设；建设用地，应当符合乡（镇）土地利用总体规划和土地利用年度计划，并依照本法第四十四条、第六十条、第六十一条、第六十二条的规定办理审批手续。

第六十条 【乡村企业建设用地审批】农村集体经济组织使用乡（镇）土地利用总体规划确定的建设用地兴办企业或者与其他单位、个人以土地使用权入股、联营等形式共同举办企业的，应当持有关批准文件，向县级以上地方人民政府土地行政主管部门提出申请，按照省、自治区、直辖市规定的批准权限，由县级以上地方人民政府批准；其中，涉及占用农用地的，依照本法第四十四条的规定办理审批手续。

按照前款规定兴办企业的建设用地，必须严格控制。省、自治区、直辖市可以按照乡镇企业的不同行业和经营规模，分别规定用地标准。

第六十一条 【乡村公共设施、公益事业建设用地审批】乡（镇）村公共设施、公益事业建设，需要使用土地的，经乡（镇）人民政府审核，向县级以上地方人民政府土地行政主管部门提出申请，按照省、自治区、直辖市规定的批准权限，由县级以上地方人民政府批准；其中，涉及占用农用地的，依照本法第四十四条的规定办理审批手续。

第六十二条 【农村村民住宅用地审批】农村村民一户只能拥有一处宅基地，其宅基地的面积不得超过省、自治区、直辖市规定的标准。

农村村民建住宅，应当符合乡（镇）土地利用总体规划，并尽量使用原有的宅基地和村内空闲地。

农村村民住宅用地，经乡（镇）人民政府审核，由县级人民政府批准；其中，涉及占用农用地的，依照本法第四十四条的规定办理审批手续。

农村村民出卖、出租住房后，再申请宅基地的，不予批准。

第六十三条 【集体土地使用权的流转】农民集体所有的土地的使用权不得出让、转让或者出租用于非农业建设；但是，符合土地利用总体规划并依法取得建设用地的企业，因破产、兼并等情形致使土地使用权依法发生转移的除外。

第六十四条 【不符合土地利用总体规划确定的用途的建筑物、构筑物的处理】在土地利用总体规划制定前已建的不符合土地利用总体规划确定的用途的建筑物、构筑物，不得重建、扩建。

第六十五条 【收回集体土地使用权的情形】有下列情形之一的，农村集体经济组织报经原批准用地的人民政府批准，可以收回土地使用权：

（一）为乡（镇）村公共设施和公益事业建设，需要使用土地的；

（二）不按照批准的用途使用土地的；

（三）因撤销、迁移等原因而停止使用土地的。

依照前款第（一）项规定收回农民集体所有的土地的，对土地使用权人应当给予适当补偿。

第六章 监督检查

第六十六条 【土地监督检查机关和人员】县级以上人民政府土地行政主管部门对违反土地管理法律、法规的行为进行监督检查。

土地管理监督检查人员应当熟悉土地管理法律、法规，忠于职守、秉公执法。

第六十七条 【监督检查措施】县级以上人民政府土地行政主管部门履行监督检查职责时，有权采取下列措施：

（一）要求被检查的单位或者个人提供有关土地权利的文件和资料，进行查阅或者予以复制；

（二）要求被检查的单位或者个人就有关土地权利的问题作出说明；

（三）进入被检查单位或者个人非法占用的土地现场进行勘测；

（四）责令非法占用土地的单位或者个人停止违反土地管理法律、法规的行为。

第六十八条 【出示监督检查证件】土地管理监督检查人员履行职责，需要进入现场进行勘测、要求有关单位或者个人提供文件、资料和作出说明的，应当出示土地管理监督检查证件。

第六十九条 【有关单位和个人对土地监督检查的配合义务】有关单位和个人对县级以上人民政府土地行政主管部门就土地违法行为进行的监督检查应当支持与配合，并提供工作方便，不得拒绝与阻碍土地管理监督检查人员依法执行职务。

第七十条 【对国家工作人员的监督】县级以上人民政府土地行政主管部门在监督检查工作中发现国家工作人员的违法行为，依法应当给予行政处分的，应当依法予以处理；自己无权处理的，应当向同级或者上级人民政府的行政监察机关提出行政处分建议书，有关行政监察机关应当依法予以处理。

第七十一条 【案件的移送与土地行政处罚】县级以上人民政府土地行政主管部门在监督检查工作中发现土地违法行为构成犯罪的，应当将案件移送有关机关，依法追究刑事责任；尚不构成犯罪的，应当依法给予行政处罚。

第七十二条 【上级监督】依照本法规定应当给予行政处罚，而有关土地行政主管部门不给予行政处罚的，上级人民政府土地行政主管部门有权责令有关土地行政主管部门作出行政处罚决定或者直接给予行政处罚，并给予有关土地行政主管部门的负责人行政处分。

第七章 法律责任

第七十三条 【买卖或者以其他形式非法转让土地的法律责任】买卖或者以其他形式非法转让土地的，由县级以上人民政府土地行政主管部门没收违法所得；对违反土地利用总体规划擅自将农用地改为建设用地的，限期拆除在非法转让的土地上新建的建筑物和其他设施，恢复土地原状，对符合土地利用总体规划的，没收在非法转让的土地上新建的建筑物和其他设施；可以并处罚款；对直接负责的主管人员和其他直接责任人员，依法给予行政处分；构成犯罪的，依法追究刑事责任。

第七十四条 【破坏耕地的法律责任】违反本法规定，占用耕地建窑、建坟或者擅自在耕地上建房、挖砂、采石、采矿、取土等，破坏种植条件的，或者因开发土地造成土地荒漠化、盐渍化的，由县级以上人民政府土地行政主管部门责令限期改正或者治理，可以并处罚款；构成犯罪的，依法追究刑事责任。

第七十五条　【拒不履行复垦义务的法律责任】违反本法规定，拒不履行土地复垦义务的，由县级以上人民政府土地行政主管部门责令限期改正；逾期不改正的，责令缴纳复垦费，专项用于土地复垦，可以处以罚款。

第七十六条　【非法占用土地行为的法律责任】未经批准或者采取欺骗手段骗取批准，非法占用土地的，由县级以上人民政府土地行政主管部门责令退还非法占用的土地，对违反土地利用总体规划擅自将农用地改为建设用地的，限期拆除在非法占用的土地上新建的建筑物和其他设施，恢复土地原状，对符合土地利用总体规划的，没收在非法占用的土地上新建的建筑物和其他设施，可以并处罚款；对非法占用土地单位的直接负责的主管人员和其他直接责任人员，依法给予行政处分；构成犯罪的，依法追究刑事责任。

超过批准的数量占用土地，多占的土地以非法占用土地论处。

第七十七条　【农村村民非法占用土地建住宅的法律责任】农村村民未经批准或者采取欺骗手段骗取批准，非法占用土地建住宅的，由县级以上人民政府土地行政主管部门责令退还非法占用的土地，限期拆除在非法占用的土地上新建的房屋。

超过省、自治区、直辖市规定的标准，多占的土地以非法占用土地论处。

第七十八条　【非法批地的法律责任】无权批准征收、使用土地的单位或者个人非法批准占用土地的，超越批准权限非法批准占用土地的，不按照土地利用总体规划确定的用途批准用地的，或者违反法律规定的程序批准占用、征收土地的，其批准文件无效，对非法批准征收、使用土地的直接负责的主管人员和其他直接责任人员，依法给予行政处分；构成犯罪的，依法追究刑事责任。非法批准、使用的土地应当收回，有关当事人拒不归还的，以非法占用土地论处。

非法批准征收、使用土地，对当事人造成损失的，依法应当承担赔偿责任。

第七十九条　【非法侵占、挪用征地补偿费的法律责任】侵占、挪用被征收土地单位的征地补偿费用和其他有关费用，构成犯罪的，依法追究刑事责任；尚不构成犯罪的，依法给予行政处分。

第八十条　【拒不交还土地的法律责任】依法收回国有土地使用权当事人拒不交出土地的，临时使用土地期满拒不归还的，或者不按照批准的用途使用国有土地的，由县级以上人民政府土地行政主管部门责令交还土地，处以罚款。

第八十一条　【擅自将农民集体所有的土地的使用权出让、转让或者出租用于非农业建设的法律责任】擅自将农民集体所有的土地的使用权出让、转让或者出租用于非农业建设的，由县级以上人民政府土地行政主管部门责令限期改正，没收违法所得，并处罚款。

第八十二条 【不依法办理土地变更登记的法律责任】不依照本法规定办理土地变更登记的，由县级以上人民政府土地行政主管部门责令其限期办理。

第八十三条 【责令限期拆除的行政处罚的执行】依照本法规定，责令限期拆除在非法占用的土地上新建的建筑物和其他设施的，建设单位或者个人必须立即停止施工，自行拆除；对继续施工的，作出处罚决定的机关有权制止。建设单位或者个人对责令限期拆除的行政处罚决定不服的，可以在接到责令限期拆除决定之日起十五日内，向人民法院起诉；期满不起诉又不自行拆除的，由作出处罚决定的机关依法申请人民法院强制执行，费用由违法者承担。

第八十四条 【土地行政主管部门工作人员玩忽职守、滥用职权、徇私舞弊的法律责任】土地行政主管部门的工作人员玩忽职守、滥用职权、徇私舞弊，构成犯罪的，依法追究刑事责任；尚不构成犯罪的，依法给予行政处分。

第八章 附 则

第八十五条 【三资企业使用土地的法律适用】中外合资经营企业、中外合作经营企业、外资企业使用土地的，适用本法；法律另有规定的，从其规定。

第八十六条 【施行时间】本法自1999年1月1日起施行。

中华人民共和国土地管理法实施条例

（1998年12月27日国务院令第256号发布 根据2011年1月8日《国务院关于废止和修改部分行政法规的决定》第一次修订 根据2014年7月29日《国务院关于修改部分行政法规的决定》第二次修订）

第一章 总 则

第一条 根据《中华人民共和国土地管理法》（以下简称《土地管理法》），制定本条例。

第二章　土地的所有权和使用权

第二条　下列土地属于全民所有即国家所有：

（一）城市市区的土地；

（二）农村和城市郊区中已经依法没收、征收、征购为国有的土地；

（三）国家依法征收的土地；

（四）依法不属于集体所有的林地、草地、荒地、滩涂及其他土地；

（五）农村集体经济组织全部成员转为城镇居民的，原属于其成员集体所有的土地；

（六）因国家组织移民、自然灾害等原因，农民成建制地集体迁移后不再使用的原属于迁移农民集体所有的土地。

第三条　国家依法实行土地登记发证制度。依法登记的土地所有权和土地使用权受法律保护，任何单位和个人不得侵犯。

土地登记内容和土地权属证书式样由国务院土地行政主管部门统一规定。

土地登记资料可以公开查询。

确认林地、草原的所有权或者使用权，确认水面、滩涂的养殖使用权，分别依照《森林法》《草原法》和《渔业法》的有关规定办理。

第四条　农民集体所有的土地，由土地所有者向土地所在地的县级人民政府土地行政主管部门提出土地登记申请，由县级人民政府登记造册，核发集体土地所有权证书，确认所有权。

农民集体所有的土地依法用于非农业建设的，由土地使用者向土地所在地的县级人民政府土地行政主管部门提出土地登记申请，由县级人民政府登记造册，核发集体土地使用权证书，确认建设用地使用权。

设区的市人民政府可以对市辖区内农民集体所有的土地实行统一登记。

第五条　单位和个人依法使用的国有土地，由土地使用者向土地所在地的县级以上人民政府土地行政主管部门提出土地登记申请，由县级以上人民政府登记造册，核发国有土地使用权证书，确认使用权。其中，中央国家机关使用的国有土地的登记发证，由国务院土地行政主管部门负责，具体登记发证办法由国务院土地行政主管部门会同国务院机关事务管理局等有关部门制定。

未确定使用权的国有土地，由县级以上人民政府登记造册，负责保护管理。

第六条　依法改变土地所有权、使用权的，因依法转让地上建筑物、构筑物等附着物导致土地使用权转移的，必须向土地所在地的县级以上人民政府土地行政主管部门提出土地变更登记申请，由原土地登记机关依法进行土地所有权、使用权变更登记。土地所有权、使用权的变更，自变更登记之日起生效。

依法改变土地用途的，必须持批准文件，向土地所在地的县级以上人民政府土地行政主管部门提出土地变更登记申请，由原土地登记机关依法进行变更登记。

第七条 依照《土地管理法》的有关规定，收回用地单位的土地使用权的，由原土地登记机关注销土地登记。

土地使用权有偿使用合同约定的使用期限届满，土地使用者未申请续期或者虽申请续期未获批准的，由原土地登记机关注销土地登记。

第三章 土地利用总体规划

第八条 全国土地利用总体规划，由国务院土地行政主管部门会同国务院有关部门编制，报国务院批准。

省、自治区、直辖市的土地利用总体规划，由省、自治区、直辖市人民政府组织本级土地行政主管部门和其他有关部门编制，报国务院批准。

省、自治区人民政府所在地的市、人口在100万以上的城市以及国务院指定的城市的土地利用总体规划，由各该市人民政府组织本级土地行政主管部门和其他有关部门编制，经省、自治区人民政府审查同意后，报国务院批准。

本条第一款、第二款、第三款规定以外的土地利用总体规划，由有关人民政府组织本级土地行政主管部门和其他有关部门编制，逐级上报省、自治区、直辖市人民政府批准；其中，乡（镇）土地利用总体规划，由乡（镇）人民政府编制，逐级上报省、自治区、直辖市人民政府或者省、自治区、直辖市人民政府授权的设区的市、自治州人民政府批准。

第九条 土地利用总体规划的规划期限一般为15年。

第十条 依照《土地管理法》规定，土地利用总体规划应当将土地划分为农用地、建设用地和未利用地。

县级和乡（镇）土地利用总体规划应当根据需要，划定基本农田保护区、土地开垦区、建设用地区和禁止开垦区等；其中，乡（镇）土地利用总体规划还应当根据土地使用条件，确定每一块土地的用途。

土地分类和划定土地利用区的具体办法，由国务院土地行政主管部门会同国务院有关部门制定。

第十一条 乡（镇）土地利用总体规划经依法批准后，乡（镇）人民政府应当在本行政区域内予以公告。

公告应当包括下列内容：

（一）规划目标；
（二）规划期限；
（三）规划范围；
（四）地块用途；
（五）批准机关和批准日期。

第十二条　依照《土地管理法》第二十六条第二款、第三款规定修改土地利用总体规划的，由原编制机关根据国务院或者省、自治区、直辖市人民政府的批准文件修改。修改后的土地利用总体规划应当报原批准机关批准。

上一级土地利用总体规划修改后，涉及修改下一级土地利用总体规划的，由上一级人民政府通知下一级人民政府作出相应修改，并报原批准机关备案。

第十三条　各级人民政府应当加强土地利用年度计划管理，实行建设用地总量控制。土地利用年度计划一经批准下达，必须严格执行。

土地利用年度计划应当包括下列内容：
（一）农用地转用计划指标；
（二）耕地保有量计划指标；
（三）土地开发整理计划指标。

第十四条　县级以上人民政府土地行政主管部门应当会同同级有关部门进行土地调查。

土地调查应当包括下列内容：
（一）土地权属；
（二）土地利用现状；
（三）土地条件。

地方土地利用现状调查结果，经本级人民政府审核，报上一级人民政府批准后，应当向社会公布；全国土地利用现状调查结果，报国务院批准后，应当向社会公布。土地调查规程，由国务院土地行政主管部门会同国务院有关部门制定。

第十五条　国务院土地行政主管部门会同国务院有关部门制定土地等级评定标准。

县级以上人民政府土地行政主管部门应当会同同级有关部门根据土地等级评定标准，对土地等级进行评定。地方土地等级评定结果，经本级人民政府审核，报上一级人民政府土地行政主管部门批准后，应当向社会公布。

根据国民经济和社会发展状况，土地等级每 6 年调整 1 次。

第四章　耕地保护

第十六条　在土地利用总体规划确定的城市和村庄、集镇建设用地范围内，为实施城市规划和村庄、集镇规划占用耕地，以及在土地利用总体规划确定的城市建设用地范围外的能源、交通、水利、矿山、军事设施等建设项目占用耕地的，分别由市、县人民政府、农村集体经济组织和建设单位依照《土地管理法》第三十一条的规定负责开垦耕地；没有条件开垦或者开垦的耕地不符合要求的，应当按照省、自治区、直辖市的规定缴纳耕地开垦费。

第十七条 禁止单位和个人在土地利用总体规划确定的禁止开垦区内从事土地开发活动。

在土地利用总体规划确定的土地开垦区内，开发未确定土地使用权的国有荒山、荒地、荒滩从事种植业、林业、畜牧业、渔业生产的，应当向土地所在地的县级以上地方人民政府土地行政主管部门提出申请，按照省、自治区、直辖市规定的权限，由县级以上地方人民政府批准。

开发未确定土地使用权的国有荒山、荒地、荒滩从事种植业、林业、畜牧业或者渔业生产的，经县级以上地方人民政府依法批准，可以确定给开发单位或者个人长期使用，使用期限最长不得超过50年。

第十八条 县、乡（镇）人民政府应当按照土地利用总体规划，组织农村集体经济组织制定土地整理方案，并组织实施。

地方各级人民政府应当采取措施，按照土地利用总体规划推进土地整理。土地整理新增耕地面积的百分之六十可以用作折抵建设占用耕地的补偿指标。

土地整理所需费用，按照谁受益谁负担的原则，由农村集体经济组织和土地使用者共同承担。

第五章 建设用地

第十九条 建设占用土地，涉及农用地转为建设用地的，应当符合土地利用总体规划和土地利用年度计划中确定的农用地转用指标；城市和村庄、集镇建设占用土地，涉及农用地转用的，还应当符合城市规划和村庄、集镇规划。不符合规定的，不得批准农用地转为建设用地。

第二十条 在土地利用总体规划确定的城市建设用地范围内，为实施城市规划占用土地的，按照下列规定办理：

（一）市、县人民政府按照土地利用年度计划拟订农用地转用方案、补充耕地方案、征收土地方案，分批次逐级上报有批准权的人民政府。

（二）有批准权的人民政府土地行政主管部门对农用地转用方案、补充耕地方案、征收土地方案进行审查，提出审查意见，报有批准权的人民政府批准；其中，补充耕地方案由批准农用地转用方案的人民政府在批准农用地转用方案时一并批准。

（三）农用地转用方案、补充耕地方案、征收土地方案经批准后，由市、县人民政府组织实施，按具体建设项目分别供地。

在土地利用总体规划确定的村庄、集镇建设用地范围内，为实施村庄、集镇规划占用土地的，由市、县人民政府拟订农用地转用方案、补充耕地方案，依照前款规定的程序办理。

第二十一条 具体建设项目需要使用土地的，建设单位应当根据建设项目的总体设计一次申请，办理建设用地审批手续；分期建设的项目，可以根据可行性研究报告确定的方案分期申请建设用地，分期办理建设用地有关审批手续。

第二十二条 具体建设项目需要占用土地利用总体规划确定的城市建设用地范围内的国有建设用地的，按照下列规定办理：

（一）建设项目可行性研究论证时，由土地行政主管部门对建设项目用地有关事项进行审查，提出建设项目用地预审报告；可行性研究报告报批时，必须附具土地行政主管部门出具的建设项目用地预审报告。

（二）建设单位持建设项目的有关批准文件，向市、县人民政府土地行政主管部门提出建设用地申请，由市、县人民政府土地行政主管部门审查，拟订供地方案，报市、县人民政府批准；需要上级人民政府批准的，应当报上级人民政府批准。

（三）供地方案经批准后，由市、县人民政府向建设单位颁发建设用地批准书。有偿使用国有土地的，由市、县人民政府土地行政主管部门与土地使用者签订国有土地有偿使用合同；划拨使用国有土地的，由市、县人民政府土地行政主管部门向土地使用者核发国有土地划拨决定书。

（四）土地使用者应当依法申请土地登记。

通过招标、拍卖方式提供国有建设用地使用权的，由市、县人民政府土地行政主管部门会同有关部门拟订方案，报市、县人民政府批准后，由市、县人民政府土地行政主管部门组织实施，并与土地使用者签订土地有偿使用合同。土地使用者应当依法申请土地登记。

第二十三条 具体建设项目需要使用土地的，必须依法申请使用土地利用总体规划确定的城市建设用地范围内的国有建设用地。能源、交通、水利、矿山、军事设施等建设项目确需使用土地利用总体规划确定的城市建设用地范围外的土地，涉及农用地的，按照下列规定办理：

（一）建设项目可行性研究论证时，由土地行政主管部门对建设项目用地有关事项进行审查，提出建设项目用地预审报告；可行性研究报告报批时，必须附具土地行政主管部门出具的建设项目用地预审报告。

（二）建设单位持建设项目的有关批准文件，向市、县人民政府土地行政主管部门提出建设用地申请，由市、县人民政府土地行政主管部门审查，拟订农用地转用方案、补充耕地方案、征收土地方案和供地方案（涉及国有农用地的，不拟订征收土地方案），经市、县人民政府审核同意后，逐级上报有批准权的人民政府批准；其中，补充耕地方案由批准农用地转用方案的人民政府在批准农用地转用方案时一并批准；供地方案由批准征收土地的人民政府在批准征收土地方案时一并批准（涉及国有农用地的，供地方案由批准农用地转用的人民政府在批准农用地转用方案时一并批准）。

（三）农用地转用方案、补充耕地方案、征收土地方案和供地方案经批准后，由市、县人民政府组织实施，向建设单位颁发建设用地批准书。有偿使用国有土地的，由市、县人民政府土地行政主管部门与土地使用者签订国有土地有偿使用合同；划拨使用国有土地的，由市、县人民政府土地行政主管部门向土地使用者核发国有土地划拨决定书。

（四）土地使用者应当依法申请土地登记。

建设项目确需使用土地利用总体规划确定的城市建设用地范围外的土地，涉及农民集体所有的未利用地的，只报批征收土地方案和供地方案。

第二十四条 具体建设项目需要占用土地利用总体规划确定的国有未利用地的，按照省、自治区、直辖市的规定办理；但是，国家重点建设项目、军事设施和跨省、自治区、直辖市行政区域的建设项目以及国务院规定的其他建设项目用地，应当报国务院批准。

第二十五条 征收土地方案经依法批准后，由被征收土地所在地的市、县人民政府组织实施，并将批准征地机关、批准文号、征收土地的用途、范围、面积以及征地补偿标准、农业人员安置办法和办理征地补偿的期限等，在被征收土地所在地的乡（镇）、村予以公告。

被征收土地的所有权人、使用权人应当在公告规定的期限内，持土地权属证书到公告指定的人民政府土地行政主管部门办理征地补偿登记。

市、县人民政府土地行政主管部门根据经批准的征收土地方案，会同有关部门拟订征地补偿、安置方案，在被征收土地所在地的乡（镇）、村予以公告，听取被征收土地的农村集体经济组织和农民的意见。征地补偿、安置方案报市、县人民政府批准后，由市、县人民政府土地行政主管部门组织实施。对补偿标准有争议的，由县级以上地方人民政府协调；协调不成的，由批准征收土地的人民政府裁决。征地补偿、安置争议不影响征收土地方案的实施。

征收土地的各项费用应当自征地补偿、安置方案批准之日起 3 个月内全额支付。

第二十六条 土地补偿费归农村集体经济组织所有；地上附着物及青苗补偿费归地上附着物及青苗的所有者所有。

征收土地的安置补助费必须专款专用，不得挪作他用。需要安置的人员由农村集体经济组织安置的，安置补助费支付给农村集体经济组织，由农村集体经济组织管理和使用；由其他单位安置的，安置补助费支付给安置单位；不需要统一安置的，安置补助费发放给被安置人员个人或者征得被安置人员同意后用于支付被安置人员的保险费用。

市、县和乡（镇）人民政府应当加强对安置补助费使用情况的监督。

第二十七条　抢险救灾等急需使用土地的，可以先行使用土地。其中，属于临时用地的，灾后应当恢复原状并交还原土地使用者使用，不再办理用地审批手续；属于永久性建设用地的，建设单位应当在灾情结束后6个月内申请补办建设用地审批手续。

第二十八条　建设项目施工和地质勘查需要临时占用耕地的，土地使用者应当自临时用地期满之日起1年内恢复种植条件。

第二十九条　国有土地有偿使用的方式包括：

（一）国有土地使用权出让；

（二）国有土地租赁；

（三）国有土地使用权作价出资或者入股。

第三十条　《土地管理法》第五十五条规定的新增建设用地的土地有偿使用费，是指国家在新增建设用地中应取得的平均土地纯收益。

第六章　监督检查

第三十一条　土地管理监督检查人员应当经过培训，经考核合格后，方可从事土地管理监督检查工作。

第三十二条　土地行政主管部门履行监督检查职责，除采取《土地管理法》第六十七条规定的措施外，还可以采取下列措施：

（一）询问违法案件的当事人、嫌疑人和证人；

（二）进入被检查单位或者个人非法占用的土地现场进行拍照、摄像；

（三）责令当事人停止正在进行的土地违法行为；

（四）对涉嫌土地违法的单位或者个人，停止办理有关土地审批、登记手续；

（五）责令违法嫌疑人在调查期间不得变卖、转移与案件有关的财物。

第三十三条　依照《土地管理法》第七十二条规定给予行政处分的，由责令作出行政处罚决定或者直接给予行政处罚决定的上级人民政府土地行政主管部门作出。对于警告、记过、记大过的行政处分决定，上级土地行政主管部门可以直接作出；对于降级、撤职、开除的行政处分决定，上级土地行政主管部门应当按照国家有关人事管理权限和处理程序的规定，向有关机关提出行政处分建议，由有关机关依法处理。

第七章　法律责任

第三十四条　违反本条例第十七条的规定，在土地利用总体规划确定的禁止开垦区内进行开垦的，由县级以上人民政府土地行政主管部门责令限期改正；逾期不改正的，依照《土地管理法》第七十六条的规定处罚。

第三十五条　在临时使用的土地上修建永久性建筑物、构筑物的，由县级以上人民政府土地行政主管部门责令限期拆除；逾期不拆除的，由作出处罚决定的机关依法申请人民法院强制执行。

第三十六条　对在土地利用总体规划制定前已建的不符合土地利用总体规划确定的用途的建筑物、构筑物重建、扩建的，由县级以上人民政府土地行政主管部门责令限期拆除；逾期不拆除的，由作出处罚决定的机关依法申请人民法院强制执行。

第三十七条　阻碍土地行政主管部门的工作人员依法执行职务的，依法给予治安管理处罚或者追究刑事责任。

第三十八条　依照《土地管理法》第七十三条的规定处以罚款的，罚款额为非法所得的百分之五十以下。

第三十九条　依照《土地管理法》第八十一条的规定处以罚款的，罚款额为非法所得的百分之五以上百分之二十以下。

第四十条　依照《土地管理法》第七十四条的规定处以罚款的，罚款额为耕地开垦费的2倍以下。

第四十一条　依照《土地管理法》第七十五条的规定处以罚款的，罚款额为土地复垦费的2倍以下。

第四十二条　依照《土地管理法》第七十六条的规定处以罚款的，罚款额为非法占用土地每平方米30元以下。

第四十三条　依照《土地管理法》第八十条的规定处以罚款的，罚款额为非法占用土地每平方米10元以上30元以下。

第四十四条　违反本条例第二十八条的规定，逾期不恢复种植条件的，由县级以上人民政府土地行政主管部门责令限期改正，可以处耕地复垦费2倍以下的罚款。

第四十五条　违反土地管理法律、法规规定，阻挠国家建设征收土地的，由县级以上人民政府土地行政主管部门责令交出土地；拒不交出土地的，申请人民法院强制执行。

第八章　附　则

第四十六条　本条例自1999年1月1日起施行。1991年1月4日国务院发布的《中华人民共和国土地管理法实施条例》同时废止。

中华人民共和国城市房地产管理法

（1994 年 7 月 5 日第八届全国人民代表大会常务委员会第八次会议通过
根据 2007 年 8 月 30 日第十届全国人民代表大会常务委员会第二十九次会议
《关于修改〈中华人民共和国城市房地产管理法〉的决定》第一次修正
根据 2009 年 8 月 27 日第十一届全国人民代表大会常务委员会第十次会议
《关于修改部分法律的决定》第二次修正）

目　　录

第一章　总　则

第一条　为了加强对城市房地产的管理，维护房地产市场秩序，保障房地产权利人的合法权益，促进房地产业的健康发展，制定本法。

第二条　在中华人民共和国城市规划区国有土地（以下简称国有土地）范围内取得房地产开发用地的土地使用权，从事房地产开发、房地产交易，实施房地产管理，应当遵守本法。

本法所称房屋，是指土地上的房屋等建筑物及构筑物。

本法所称房地产开发，是指在依据本法取得国有土地使用权的土地上进行基础设施、房屋建设的行为。

本法所称房地产交易，包括房地产转让、房地产抵押和房屋租赁。

第三条　国家依法实行国有土地有偿、有限期使用制度。但是，国家在本法规定的范围内划拨国有土地使用权的除外。

第四条 国家根据社会、经济发展水平，扶持发展居民住宅建设，逐步改善居民的居住条件。

第五条 房地产权利人应当遵守法律和行政法规，依法纳税。房地产权利人的合法权益受法律保护，任何单位和个人不得侵犯。

第六条 为了公共利益的需要，国家可以征收国有土地上单位和个人的房屋，并依法给予拆迁补偿，维护被征收人的合法权益；征收个人住宅的，还应当保障被征收人的居住条件。具体办法由国务院规定。

第七条 国务院建设行政主管部门、土地管理部门依照国务院规定的职权划分，各司其职，密切配合，管理全国房地产工作。

县级以上地方人民政府房产管理、土地管理部门的机构设置及其职权由省、自治区、直辖市人民政府确定。

第二章 房地产开发用地

第一节 土地使用权出让

第八条 土地使用权出让，是指国家将国有土地使用权（以下简称土地使用权）在一定年限内出让给土地使用者，由土地使用者向国家支付土地使用权出让金的行为。

第九条 城市规划区内的集体所有的土地，经依法征收转为国有土地后，该幅国有土地的使用权方可有偿出让。

第十条 土地使用权出让，必须符合土地利用总体规划、城市规划和年度建设用地计划。

第十一条 县级以上地方人民政府出让土地使用权用于房地产开发的，须根据省级以上人民政府下达的控制指标拟订年度出让土地使用权总面积方案，按照国务院规定，报国务院或者省级人民政府批准。

第十二条 土地使用权出让，由市、县人民政府有计划、有步骤地进行。出让的每幅地块、用途、年限和其他条件，由市、县人民政府土地管理部门会同城市规划、建设、房产管理部门共同拟定方案，按照国务院规定，报经有批准权的人民政府批准后，由市、县人民政府土地管理部门实施。

直辖市的县人民政府及其有关部门行使前款规定的权限，由直辖市人民政府规定。

第十三条 土地使用权出让，可以采取拍卖、招标或者双方协议的方式。

商业、旅游、娱乐和豪华住宅用地，有条件的，必须采取拍卖、招标方式；没有条件，不能采取拍卖、招标方式的，可以采取双方协议的方式。

采取双方协议方式出让土地使用权的出让金不得低于按国家规定所确定

的最低价。

第十四条　土地使用权出让最高年限由国务院规定。

第十五条　土地使用权出让，应当签订书面出让合同。土地使用权出让合同由市、县人民政府土地管理部门与土地使用者签订。

第十六条　土地使用者必须按照出让合同约定，支付土地使用权出让金；未按照出让合同约定支付土地使用权出让金的，土地管理部门有权解除合同，并可以请求违约赔偿。

第十七条　土地使用者按照出让合同约定支付土地使用权出让金的，市、县人民政府土地管理部门必须按照出让合同约定，提供出让的土地；未按照出让合同约定提供出让的土地的，土地使用者有权解除合同，由土地管理部门返还土地使用权出让金，土地使用者并可以请求违约赔偿。

第十八条　土地使用者需要改变土地使用权出让合同约定的土地用途的，必须取得出让方和市、县人民政府城市规划行政主管部门的同意，签订土地使用权出让合同变更协议或者重新签订土地使用权出让合同，相应调整土地使用权出让金。

第十九条　土地使用权出让金应当全部上缴财政，列入预算，用于城市基础设施建设和土地开发。土地使用权出让金上缴和使用的具体办法由国务院规定。

第二十条　国家对土地使用者依法取得的土地使用权，在出让合同约定的使用年限届满前不收回；在特殊情况下，根据社会公共利益的需要，可以依照法律程序提前收回，并根据土地使用者使用土地的实际年限和开发土地的实际情况给予相应的补偿。

第二十一条　土地使用权因土地灭失而终止。

第二十二条　土地使用权出让合同约定的使用年限届满，土地使用者需要继续使用土地的，应当至迟于届满前一年申请续期，除根据社会公共利益需要收回该幅土地的，应当予以批准。经批准准予续期的，应当重新签订土地使用权出让合同，依照规定支付土地使用权出让金。

土地使用权出让合同约定的使用年限届满，土地使用者未申请续期或者虽申请续期但依照前款规定未获批准的，土地使用权由国家无偿收回。

第二节　土地使用权划拨

第二十三条　土地使用权划拨，是指县级以上人民政府依法批准，在土地使用者缴纳补偿、安置等费用后将该幅土地交付其使用，或者将土地使用权无偿交付给土地使用者使用的行为。

依照本法规定以划拨方式取得土地使用权的，除法律、行政法规另有规定外，没有使用期限的限制。

第二十四条 下列建设用地的土地使用权，确属必需的，可以由县级以上人民政府依法批准划拨：

（一）国家机关用地和军事用地；

（二）城市基础设施用地和公益事业用地；

（三）国家重点扶持的能源、交通、水利等项目用地；

（四）法律、行政法规规定的其他用地。

第三章 房地产开发

第二十五条 房地产开发必须严格执行城市规划，按照经济效益、社会效益、环境效益相统一的原则，实行全面规划、合理布局、综合开发、配套建设。

第二十六条 以出让方式取得土地使用权进行房地产开发的，必须按照土地使用权出让合同约定的土地用途、动工开发期限开发土地。超过出让合同约定的动工开发日期满一年未动工开发的，可以征收相当于土地使用权出让金百分之二十以下的土地闲置费；满二年未动工开发的，可以无偿收回土地使用权；但是，因不可抗力或者政府、政府有关部门的行为或者动工开发必需的前期工作造成动工开发迟延的除外。

第二十七条 房地产开发项目的设计、施工，必须符合国家的有关标准和规范。

房地产开发项目竣工，经验收合格后，方可交付使用。

第二十八条 依法取得的土地使用权，可以依照本法和有关法律、行政法规的规定，作价入股，合资、合作开发经营房地产。

第二十九条 国家采取税收等方面的优惠措施鼓励和扶持房地产开发企业开发建设居民住宅。

第三十条 房地产开发企业是以营利为目的，从事房地产开发和经营的企业。设立房地产开发企业，应当具备下列条件：

（一）有自己的名称和组织机构；

（二）有固定的经营场所；

（三）有符合国务院规定的注册资本；

（四）有足够的专业技术人员；

（五）法律、行政法规规定的其他条件。

设立房地产开发企业，应当向工商行政管理部门申请设立登记。工商行政管理部门对符合本法规定条件的，应当予以登记，发给营业执照；对不符合本法规定条件的，不予登记。

设立有限责任公司、股份有限公司，从事房地产开发经营的，还应当执行公司法的有关规定。

房地产开发企业在领取营业执照后的一个月内，应当到登记机关所在地的县级以上地方人民政府规定的部门备案。

第三十一条　房地产开发企业的注册资本与投资总额的比例应当符合国家有关规定。

房地产开发企业分期开发房地产的，分期投资额应当与项目规模相适应，并按照土地使用权出让合同的约定，按期投入资金，用于项目建设。

第四章　房地产交易

第一节　一般规定

第三十二条　房地产转让、抵押时，房屋的所有权和该房屋占用范围内的土地使用权同时转让、抵押。

第三十三条　基准地价、标定地价和各类房屋的重置价格应当定期确定并公布。具体办法由国务院规定。

第三十四条　国家实行房地产价格评估制度。

房地产价格评估，应当遵循公正、公平、公开的原则，按照国家规定的技术标准和评估程序，以基准地价、标定地价和各类房屋的重置价格为基础，参照当地的市场价格进行评估。

第三十五条　国家实行房地产成交价格申报制度。

房地产权利人转让房地产，应当向县级以上地方人民政府规定的部门如实申报成交价，不得瞒报或者作不实的申报。

第三十六条　房地产转让、抵押，当事人应当依照本法第五章的规定办理权属登记。

第二节　房地产转让

第三十七条　房地产转让，是指房地产权利人通过买卖、赠与或者其他合法方式将其房地产转移给他人的行为。

第三十八条　下列房地产，不得转让：

（一）以出让方式取得土地使用权的，不符合本法第三十八条规定的条件的；

（二）司法机关和行政机关依法裁定、决定查封或者以其他形式限制房地产权利的；

（三）依法收回土地使用权的；

（四）共有房地产，未经其他共有人书面同意的；

（五）权属有争议的；

（六）未依法登记领取权属证书的；

（七）法律、行政法规规定禁止转让的其他情形。

第三十九条 以出让方式取得土地使用权的，转让房地产时，应当符合下列条件：

（一）按照出让合同约定已经支付全部土地使用权出让金，并取得土地使用权证书；

（二）按照出让合同约定进行投资开发，属于房屋建设工程的，完成开发投资总额的百分之二十五以上，属于成片开发土地的，形成工业用地或者其他建设用地条件。

转让房地产时房屋已经建成的，还应当持有房屋所有权证书。

第四十条 以划拨方式取得土地使用权的，转让房地产时，应当按照国务院规定，报有批准权的人民政府审批。有批准权的人民政府准予转让的，应当由受让方办理土地使用权出让手续，并依照国家有关规定缴纳土地使用权出让金。

以划拨方式取得土地使用权的，转让房地产报批时，有批准权的人民政府按照国务院规定决定可以不办理土地使用权出让手续的，转让方应当按照国务院规定将转让房地产所获收益中的土地收益上缴国家或者作其他处理。

第四十一条 房地产转让，应当签订书面转让合同，合同中应当载明土地使用权取得的方式。

第四十二条 房地产转让时，土地使用权出让合同载明的权利、义务随之转移。

第四十三条 以出让方式取得土地使用权的，转让房地产后，其土地使用权的使用年限为原土地使用权出让合同约定的使用年限减去原土地使用者已经使用年限后的剩余年限。

第四十四条 以出让方式取得土地使用权的，转让房地产后，受让人改变原土地使用权出让合同约定的土地用途的，必须取得原出让方和市、县人民政府城市规划行政主管部门的同意，签订土地使用权出让合同变更协议或者重新签订土地使用权出让合同，相应调整土地使用权出让金。

第四十五条 商品房预售，应当符合下列条件：

（一）已交付全部土地使用权出让金，取得土地使用权证书；

（二）持有建设工程规划许可证；

（三）按提供预售的商品房计算，投入开发建设的资金达到工程建设总投资的百分之二十五以上，并已经确定施工进度和竣工交付日期；

（四）向县级以上人民政府房产管理部门办理预售登记，取得商品房预售许可证明。

商品房预售人应当按照国家有关规定将预售合同报县级以上人民政府房产管理部门和土地管理部门登记备案。

商品房预售所得款项，必须用于有关的工程建设。

第四十六条　商品房预售的，商品房预购人将购买的未竣工的预售商品房再行转让的问题，由国务院规定。

第三节　房地产抵押

第四十七条　房地产抵押，是指抵押人以其合法的房地产以不转移占有的方式向抵押权人提供债务履行担保的行为。债务人不履行债务时，抵押权人有权依法以抵押的房地产拍卖所得的价款优先受偿。

第四十八条　依法取得的房屋所有权连同该房屋占用范围内的土地使用权，可以设定抵押权。

以出让方式取得的土地使用权，可以设定抵押权。

第四十九条　房地产抵押，应当凭土地使用权证书、房屋所有权证书办理。

第五十条　房地产抵押，抵押人和抵押权人应当签订书面抵押合同。

第五十一条　设定房地产抵押权的土地使用权是以划拨方式取得的，依法拍卖该房地产后，应当从拍卖所得的价款中缴纳相当于应缴纳的土地使用权出让金的款额后，抵押权人方可优先受偿。

第五十二条　房地产抵押合同签订后，土地上新增的房屋不属于抵押财产。需要拍卖该抵押的房地产时，可以依法将土地上新增的房屋与抵押财产一同拍卖，但对拍卖新增房屋所得，抵押权人无权优先受偿。

第四节　房屋租赁

第五十三条　房屋租赁，是指房屋所有权人作为出租人将其房屋出租给承租人使用，由承租人向出租人支付租金的行为。

第五十四条　房屋租赁，出租人和承租人应当签订书面租赁合同，约定租赁期限、租赁用途、租赁价格、修缮责任等条款，以及双方的其他权利和义务，并向房产管理部门登记备案。

第五十五条　住宅用房的租赁，应当执行国家和房屋所在城市人民政府规定的租赁政策。租用房屋从事生产、经营活动的，由租赁双方协商议定租金和其他租赁条款。

第五十六条　以营利为目的，房屋所有权人将以划拨方式取得使用权的国有土地上建成的房屋出租的，应当将租金中所含土地收益上缴国家。具体办法由国务院规定。

第五节　中介服务机构

第五十七条　房地产中介服务机构包括房地产咨询机构、房地产价格评估机构、房地产经纪机构等。

第五十八条　房地产中介服务机构应当具备下列条件：

（一）有自己的名称和组织机构；

（二）有固定的服务场所；

（三）有必要的财产和经费；

（四）有足够数量的专业人员；

（五）法律、行政法规规定的其他条件。

设立房地产中介服务机构，应当向工商行政管理部门申请设立登记，领取营业执照后，方可开业。

第五十九条　国家实行房地产价格评估人员资格认证制度。

第五章　房地产权属登记管理

第六十条　国家实行土地使用权和房屋所有权登记发证制度。

第六十一条　以出让或者划拨方式取得土地使用权，应当向县级以上地方人民政府土地管理部门申请登记，经县级以上地方人民政府土地管理部门核实，由同级人民政府颁发土地使用权证书。

在依法取得的房地产开发用地上建成房屋的，应当凭土地使用权证书向县级以上地方人民政府房产管理部门申请登记，由县级以上地方人民政府房产管理部门核实并颁发房屋所有权证书。

房地产转让或者变更时，应当向县级以上地方人民政府房产管理部门申请房产变更登记，并凭变更后的房屋所有权证书向同级人民政府土地管理部门申请土地使用权变更登记，经同级人民政府土地管理部门核实，由同级人民政府更换或者更改土地使用权证书。

法律另有规定的，依照有关法律的规定办理。

第六十二条　房地产抵押时，应当向县级以上地方人民政府规定的部门办理抵押登记。

因处分抵押房地产而取得土地使用权和房屋所有权的，应当依照本章规定办理过户登记。

第六十三条　经省、自治区、直辖市人民政府确定，县级以上地方人民政府由一个部门统一负责房产管理和土地管理工作的，可以制作、颁发统一的房地产权证书，依照本法第六十条的规定，将房屋的所有权和该房屋占用范围内的土地使用权的确认和变更，分别载入房地产权证书。

第六章　法律责任

第六十四条　违反本法第十条、第十一条的规定，擅自批准出让或者擅自出让土地使用权用于房地产开发的，由上级机关或者所在单位给予有关责任人员行政处分。

第六十五条　违反本法第二十九条的规定，未取得营业执照擅自从事房地产开发业务的，由县级以上人民政府工商行政管理部门责令停止房地产开发业务活动，没收违法所得，可以并处罚款。

第六十六条　违反本法第三十八条第一款的规定转让土地使用权的，由县级以上人民政府土地管理部门没收违法所得，可以并处罚款。

第六十七条　违反本法第三十九条第一款的规定转让房地产的，由县级以上人民政府土地管理部门责令缴纳土地使用权出让金，没收违法所得，可以并处罚款。

第六十八条　违反本法第四十四条第一款的规定预售商品房的，由县级以上人民政府房产管理部门责令停止预售活动，没收违法所得，可以并处罚款。

第六十九条　违反本法第五十七条的规定，未取得营业执照擅自从事房地产中介服务业务的，由县级以上人民政府工商行政管理部门责令停止房地产中介服务业务活动，没收违法所得，可以并处罚款。

第七十条　没有法律、法规的依据，向房地产开发企业收费的，上级机关应当责令退回所收取的钱款；情节严重的，由上级机关或者所在单位给予直接责任人员行政处分。

第七十一条　房产管理部门、土地管理部门工作人员玩忽职守、滥用职权，构成犯罪的，依法追究刑事责任；不构成犯罪的，给予行政处分。

房产管理部门、土地管理部门工作人员利用职务上的便利，索取他人财物，或者非法收受他人财物为他人谋取利益，构成犯罪的，依法追究刑事责任；不构成犯罪的，给予行政处分。

第七章　附　则

第七十二条　在城市规划区外的国有土地范围内取得房地产开发用地的土地使用权，从事房地产开发、交易活动以及实施房地产管理，参照本法执行。

第七十三条　本法自 1995 年 1 月 1 日起施行。

城市房地产开发经营管理条例

（1998年7月20日中华人民共和国国务院令第248号发布　根据2011年1月8日中华人民共和国国务院令第588号《国务院关于废止和修改部分行政法规的决定》修订　根据2018年3月19日《国务院关于修改和废止部分行政法规的决定》修正）

目　录

第一章　总　则

第一条　为了规范房地产开发经营行为，加强对城市房地产开发经营活动的监督管理，促进和保障房地产业的健康发展，根据《中华人民共和国城市房地产管理法》的有关规定，制定本条例。

第二条　本条例所称房地产开发经营，是指房地产开发企业在城市规划区内国有土地上进行基础设施建设、房屋建设，并转让房地产开发项目或者销售、出租商品房的行为。

第三条　房地产开发经营应当按照经济效益、社会效益、环境效益相统一的原则，实行全面规划、合理布局、综合开发、配套建设。

第四条　国务院建设行政主管部门负责全国房地产开发经营活动的监督管理工作。

县级以上地方人民政府房地产开发主管部门负责本行政区域内房地产开发经营活动的监督管理工作。

县级以上人民政府负责土地管理工作的部门依照有关法律、行政法规的规定，负责与房地产开发经营有关的土地管理工作。

第二章　房地产开发企业

第五条　设立房地产开发企业，除应当符合有关法律、行政法规规定的企业设立条件外，还应当具备下列条件：

（一）有 100 万元以上的注册资本；

（二）有 4 名以上持有资格证书的房地产专业、建筑工程专业的专职技术人员，2 名以上持有资格证书的专职会计人员。

省、自治区、直辖市人民政府可以根据本地方的实际情况，对设立房地产开发企业的注册资本和专业技术人员的条件作出高于前款的规定。

第六条　外商投资设立房地产开发企业的，除应当符合本条例第五条的规定外，还应当依照外商投资企业法律、行政法规的规定，办理有关审批手续。

第七条　设立房地产开发企业，应当向县级以上人民政府工商行政管理部门申请登记。工商行政管理部门对符合本条例第五条规定条件的，应当自收到申请之日起 30 日内予以登记；对不符合条件不予登记的，应当说明理由。

工商行政管理部门在对设立房地产开发企业申请登记进行审查时，应当听取同级房地产开发主管部门的意见。

第八条　房地产开发企业应当自领取营业执照之日起 30 日内，持下列文件到登记机关所在地的房地产开发主管部门备案：

（一）营业执照复印件；

（二）企业章程；

（三）验资证明；

（四）企业法定代表人的身份证明；

（五）专业技术人员的资格证书和聘用合同。

第九条　房地产开发主管部门应当根据房地产开发企业的资产、专业技术人员和开发经营业绩等，对备案的房地产开发企业核定资质等级。房地产开发企业应当按照核定的资质等级，承担相应的房地产开发项目。具体办法由国务院建设行政主管部门制定。

第三章　房地产开发建设

第十条　确定房地产开发项目，应当符合土地利用总体规划、年度建设用地计划和城市规划、房地产开发年度计划的要求；按照国家有关规定需要经计划主管部门批准的，还应当报计划主管部门批准，并纳入年度固定资产投资计划。

第十一条 确定房地产开发项目，应当坚持旧区改建和新区建设相结合的原则，注重开发基础设施薄弱、交通拥挤、环境污染严重以及危旧房屋集中的区域，保护和改善城市生态环境，保护历史文化遗产。

第十二条 房地产开发用地应当以出让方式取得；但是，法律和国务院规定可以采用划拨方式的除外。

土地使用权出让或者划拨前，县级以上地方人民政府城市规划行政主管部门和房地产开发主管部门应当对下列事项提出书面意见，作为土地使用权出让或者划拨的依据之一：

（一）房地产开发项目的性质、规模和开发期限；

（二）城市规划设计条件；

（三）基础设施和公共设施的建设要求；

（四）基础设施建成后的产权界定；

（五）项目拆迁补偿、安置要求。

第十三条 房地产开发项目应当建立资本金制度，资本金占项目总投资的比例不得低于20%。

第十四条 房地产开发项目的开发建设应当统筹安排配套基础设施，并根据先地下、后地上的原则实施。

第十五条 房地产开发企业应当按照土地使用权出让合同约定的土地用途、动工开发期限进行项目开发建设。出让合同约定的动工开发期限满1年未动工开发的，可以征收相当于土地使用权出让金20%以下的土地闲置费；满2年未动工开发的，可以无偿收回土地使用权。但是，因不可抗力或者政府、政府有关部门的行为或者动工开发必需的前期工作造成动工迟延的除外。

第十六条 房地产开发企业开发建设的房地产项目，应当符合有关法律、法规的规定和建筑工程质量、安全标准、建筑工程勘察、设计、施工的技术规范以及合同的约定。

房地产开发企业应当对其开发建设的房地产开发项目的质量承担责任。

勘察、设计、施工、监理等单位应当依照有关法律、法规的规定或者合同的约定，承担相应的责任。

第十七条 房地产开发项目竣工，依照《建设工程质量管理条例》的规定验收合格后，方可交付使用。

第十八条 房地产开发企业应当将房地产开发项目建设过程中的主要事项记录在房地产开发项目手册中，并定期送房地产开发主管部门备案。

第四章 房地产经营

第十九条 转让房地产开发项目，应当符合《中华人民共和国城市房地产管理法》第三十九条、第四十条规定的条件。

第二十条 转让房地产开发项目，转让人和受让人应当自土地使用权变更登记手续办理完毕之日起30日内，持房地产开发项目转让合同到房地产开发主管部门备案。

第二十一条 房地产开发企业转让房地产开发项目时，尚未完成拆迁补偿安置的，原拆迁补偿安置合同中有关的权利、义务随之转移给受让人。项目转让人应当书面通知被拆迁人。

第二十二条 房地产开发企业预售商品房，应当符合下列条件：

（一）已交付全部土地使用权出让金，取得土地使用权证书；

（二）持有建设工程规划许可证和施工许可证；

（三）按提供的预售商品房计算，投入开发建设的资金达到工程建设总投资的25%以上，并已确定施工进度和竣工交付日期；

（四）已办理预售登记，取得商品房预售许可证明。

第二十三条 房地产开发企业申请办理商品房预售登记，应当提交下列文件：

（一）本条例第二十二条第（一）项至第（三）项规定的证明材料；

（二）营业执照和资质等级证书；

（三）工程施工合同；

（四）预售商品房分层平面图；

（五）商品房预售方案。

第二十四条 房地产开发主管部门应当自收到商品房预售申请之日起10日内，作出同意预售或者不同意预售的答复。同意预售的，应当核发商品房预售许可证明；不同意预售的，应当说明理由。

第二十五条 房地产开发企业不得进行虚假广告宣传，商品房预售广告中应当载明商品房预售许可证明的文号。

第二十六条 房地产开发企业预售商品房时，应当向预购人出示商品房预售许可证明。

房地产开发企业应当自商品房预售合同签订之日起30日内，到商品房所在地的县级以上人民政府房地产开发主管部门和负责土地管理工作的部门备案。

第二十七条 商品房销售，当事人双方应当签订书面合同。合同应当载明商品房的建筑面积和使用面积、价格、交付日期、质量要求、物业管理方式以及双方的违约责任。

第二十八条 房地产开发企业委托中介机构代理销售商品房的，应当向中介机构出具委托书。中介机构销售商品房时，应当向商品房购买人出示商品房的有关证明文件和商品房销售委托书。

第二十九条 房地产开发项目转让和商品房销售价格，由当事人协商议定；但是，享受国家优惠政策的居民住宅价格，应当实行政府指导价或者政府定价。

第三十条 房地产开发企业应当在商品房交付使用时，向购买人提供住宅质量保证书和住宅使用说明书。

住宅质量保证书应当列明工程质量监督单位核验的质量等级、保修范围、保修期和保修单位等内容。房地产开发企业应当按照住宅质量保证书的约定，承担商品房保修责任。

保修期内，因房地产开发企业对商品房进行维修，致使房屋原使用功能受到影响，给购买人造成损失的，应当依法承担赔偿责任。

第三十一条 商品房交付使用后，购买人认为主体结构质量不合格的，可以向工程质量监督单位申请重新核验。经核验，确属主体结构质量不合格的，购买人有权退房；给购买人造成损失的，房地产开发企业应当依法承担赔偿责任。

第三十二条 预售商品房的购买人应当自商品房交付使用之日起 90 日内，办理土地使用权变更和房屋所有权登记手续；现售商品房的购买人应当自销售合同签订之日起 90 日内，办理土地使用权变更和房屋所有权登记手续。房地产开发企业应当协助商品房购买人办理土地使用权变更和房屋所有权登记手续，并提供必要的证明文件。

第五章　法律责任

第三十三条 违反本条例规定，未取得营业执照，擅自从事房地产开发经营的，由县级以上人民政府工商行政管理部门责令停止房地产开发经营活动，没收违法所得，可以并处违法所得 5 倍以下的罚款。

第三十四条 违反本条例规定，未取得资质等级证书或者超越资质等级从事房地产开发经营的，由县级以上人民政府房地产开发主管部门责令限期改正，处 5 万元以上 10 万元以下的罚款；逾期不改正的，由工商行政管理部门吊销营业执照。

第三十五条 违反本条例规定，擅自转让房地产开发项目的，由县级以上人民政府负责土地管理工作的部门责令停止违法行为，没收违法所得，可以并处违法所得 5 倍以下的罚款。

第三十六条 违反本条例规定，擅自预售商品房的，由县级以上人民政府房地产开发主管部门责令停止违法行为，没收违法所得，可以并处已收取的预付款 1%以下的罚款。

第三十七条　国家机关工作人员在房地产开发经营监督管理工作中玩忽职守、徇私舞弊、滥用职权，构成犯罪的，依法追究刑事责任；尚不构成犯罪的，依法给予行政处分。

第六章　附　则

第三十八条　在城市规划区外国有土地上从事房地产开发经营，实施房地产开发经营监督管理，参照本条例执行。

第三十九条　城市规划区内集体所有的土地，经依法征收转为国有土地后，方可用于房地产开发经营。

第四十条　本条例自发布之日起施行。

商品房销售管理办法

（2001年3月14日建设部第38次部常务会议审议通过
2001年4月4日建设部令第88号公布　自2001年6月1日起施行）

第一章　总　则

第一条　为了规范商品房销售行为，保障商品房交易双方当事人的合法权益，根据《中华人民共和国城市房地产管理法》、《城市房地产开发经营管理条例》，制定本办法。

第二条　商品房销售及商品房销售管理应当遵守本办法。

第三条　商品房销售包括商品房现售和商品房预售。

本办法所称商品房现售，是指房地产开发企业将竣工验收合格的商品房出售给买受人，并由买受人支付房价款的行为。

本办法所称商品房预售，是指房地产开发企业将正在建设中的商品房预先出售给买受人，并由买受人支付定金或者房价款的行为。

第四条　房地产开发企业可以自行销售商品房，也可以委托房地产中介服务机构销售商品房。

第五条　国务院建设行政主管部门负责全国商品房的销售管理工作。

省、自治区人民政府建设行政主管部门负责本行政区域内商品房的销售管理工作。

直辖市、市、县人民政府建设行政主管部门、房地产行政主管部门（以下统称房地产开发主管部门）按照职责分工，负责本行政区域内商品房的销售管理工作。

第二章　销售条件

第六条　商品房预售实行预售许可制度。

商品房预售条件及商品房预售许可证明的办理程序，按照《城市房地产开发经营管理条例》和《城市商品房预售管理办法》的有关规定执行。

第七条　商品房现售，应当符合以下条件：

（一）现售商品房的房地产开发企业应当具有企业法人营业执照和房地产开发企业资质证书；

（二）取得土地使用权证书或者使用土地的批准文件；

（三）持有建设工程规划许可证和施工许可证；

（四）已通过竣工验收；

（五）拆迁安置已经落实；

（六）供水、供电、供热、燃气、通讯等配套基础设施具备交付使用条件，其他配套基础设施和公共设施具备交付使用条件或者已确定施工进度和交付日期；

（七）物业管理方案已经落实。

第八条　房地产开发企业应当在商品房现售前将房地产开发项目手册及符合商品房现售条件的有关证明文件报送房地产开发主管部门备案。

第九条　房地产开发企业销售设有抵押权的商品房，其抵押权的处理按照《中华人民共和国担保法》、《城市房地产抵押管理办法》的有关规定执行。

第十条　房地产开发企业不得在未解除商品房买卖合同前，将作为合同标的物的商品房再行销售给他人。

第十一条　房地产开发企业不得采取返本销售或者变相返本销售的方式销售商品房。

房地产开发企业不得采取售后包租或者变相售后包租的方式销售未竣工商品房。

第十二条　商品住宅按套销售，不得分割拆零销售。

第十三条　商品房销售时，房地产开发企业选聘了物业管理企业的，买受人应当在订立商品房买卖合同时与房地产开发企业选聘的物业管理企业订立有关物业管理的协议。

第三章　广告与合同

第十四条　房地产开发企业、房地产中介服务机构发布商品房销售宣传广告，应当执行《中华人民共和国广告法》、《房地产广告发布暂行规定》等有关规定，广告内容必须真实、合法、科学、准确。

第十五条　房地产开发企业、房地产中介服务机构发布的商品房销售广告和宣传资料所明示的事项，当事人应当在商品房买卖合同中约定。

第十六条　商品房销售时，房地产开发企业和买受人应当订立书面商品房买卖合同。

商品房买卖合同应当明确以下主要内容：

（一）当事人名称或者姓名和住所；

（二）商品房基本状况；

（三）商品房的销售方式；

（四）商品房价款的确定方式及总价款、付款方式、付款时间；

（五）交付使用条件及日期；

（六）装饰、设备标准承诺；

（七）供水、供电、供热、燃气、通讯、道路、绿化等配套基础设施和公共设施的交付承诺和有关权益、责任；

（八）公共配套建筑的产权归属；

（九）面积差异的处理方式；

（十）办理产权登记有关事宜；

（十一）解决争议的方法；

（十二）违约责任；

（十三）双方约定的其他事项。

第十七条　商品房销售价格由当事人协商议定，国家另有规定的除外。

第十八条　商品房销售可以按套（单元）计价，也可以按套内建筑面积或者建筑面积计价。

商品房建筑面积由套内建筑面积和分摊的共有建筑面积组成，套内建筑面积部分为独立产权，分摊的共有建筑面积部分为共有产权，买受人按照法律、法规的规定对其享有权利，承担责任。

按套（单元）计价或者按套内建筑面积计价的，商品房买卖合同中应当注明建筑面积和分摊的共有建筑面积。

第十九条　按套（单元）计价的现售房屋，当事人对现售房屋实地勘察后可以在合同中直接约定总价款。

按套（单元）计价的预售房屋，房地产开发企业应当在合同中附所售房屋的平面图。平面图应当标明详细尺寸，并约定误差范围。房屋交付时，套型与设计图纸一致，相关尺寸也在约定的误差范围内，维持总价款不变；套型与设计图纸不一致或者相关尺寸超出约定的误差范围，合同中未约定处理方式的，买受人可以退房或者与房地产开发企业重新约定总价款。买受人退房的，由房地产开发企业承担违约责任。

第二十条 按套内建筑面积或者建筑面积计价的，当事人应当在合同中载明合同约定面积与产权登记面积发生误差的处理方式。

合同未作约定的，按以下原则处理：

（一）面积误差比绝对值在3%以内（含3%）的，据实结算房价款；

（二）面积误差比绝对值超出3%时，买受人有权退房。买受人退房的，房地产开发企业应当在买受人提出退房之日起30日内将买受人已付房价款退还给买受人，同时支付已付房价款利息。买受人不退房的，产权登记面积大于合同约定面积时，面积误差比在3%以内（含3%）部分的房价款由买受人补足；超出3%部分的房价款由房地产开发企业承担，产权归买受人。产权登记面积小于合同约定面积时，面积误差比绝对值在3%以内（含3%）部分的房价款由房地产开发企业返还买受人；绝对值超出3%部分的房价款由房地产开发企业双倍返还买受人。

$$\text{面积误差比}=\frac{\text{产权登记面积}-\text{合同约定面积}}{\text{合同约定面积}}\times 100\%$$

因本办法第二十四条规定的规划设计变更造成面积差异，当事人不解除合同的，应当签署补充协议。

第二十一条 按建筑面积计价的，当事人应当在合同中约定套内建筑面积和分摊的共有建筑面积，并约定建筑面积不变而套内建筑面积发生误差以及建筑面积与套内建筑面积均发生误差时的处理方式。

第二十二条 不符合商品房销售条件的，房地产开发企业不得销售商品房，不得向买受人收取任何预订款性质费用。

符合商品房销售条件的，房地产开发企业在订立商品房买卖合同之前向买受人收取预订款性质费用的，订立商品房买卖合同时，所收费用应当抵作房价款；当事人未能订立商品房买卖合同的，房地产开发企业应当向买受人返还所收费用；当事人之间另有约定的，从其约定。

第二十三条 房地产开发企业应当在订立商品房买卖合同之前向买受人明示《商品房销售管理办法》和《商品房买卖合同示范文本》；预售商品房的，还必须明示《城市商品房预售管理办法》。

第二十四条 房地产开发企业应当按照批准的规划、设计建设商品房。商品房销售后，房地产开发企业不得擅自变更规划、设计。

经规划部门批准的规划变更、设计单位同意的设计变更导致商品房的结构型式、户型、空间尺寸、朝向变化，以及出现合同当事人约定的其他影响商品房质量或者使用功能情形的，房地产开发企业应当在变更确立之日起10日内，书面通知买受人。

买受人有权在通知到达之日起15日内做出是否退房的书面答复。买受人在通知到达之日起15日内未作书面答复的，视同接受规划、设计变更以及由此引起的房价款的变更。房地产开发企业未在规定时限内通知买受人的，买受人有权退房；买受人退房的，由房地产开发企业承担违约责任。

第四章　销售代理

第二十五条　房地产开发企业委托中介服务机构销售商品房的，受托机构应当是依法设立并取得工商营业执照的房地产中介服务机构。

房地产开发企业应当与受托房地产中介服务机构订立书面委托合同，委托合同应当载明委托期限、委托权限以及委托人和被委托人的权利、义务。

第二十六条　受托房地产中介服务机构销售商品房时，应当向买受人出示商品房的有关证明文件和商品房销售委托书。

第二十七条　受托房地产中介服务机构销售商品房时，应当如实向买受人介绍所代理销售商品房的有关情况。

受托房地产中介服务机构不得代理销售不符合销售条件的商品房。

第二十八条　受托房地产中介服务机构在代理销售商品房时不得收取佣金以外的其他费用。

第二十九条　商品房销售人员应当经过专业培训，方可从事商品房销售业务。

第五章　交付

第三十条　房地产开发企业应当按照合同约定，将符合交付使用条件的商品房按期交付给买受人。未能按期交付的，房地产开发企业应当承担违约责任。

因不可抗力或者当事人在合同中约定的其他原因，需延期交付的，房地产开发企业应当及时告知买受人。

第三十一条　房地产开发企业销售商品房时设置样板房的，应当说明实际交付的商品房质量、设备及装修与样板房是否一致，未作说明的，实际交付的商品房应当与样板房一致。

第三十二条　销售商品住宅时，房地产开发企业应当根据《商品住宅实行质量保证书和住宅使用说明书制度的规定》（以下简称《规定》），向买受人提供《住宅质量保证书》、《住宅使用说明书》。

第三十三条　房地产开发企业应当对所售商品房承担质量保修责任。当事人应当在合同中就保修范围、保修期限、保修责任等内容做出约定。保修期从交付之日起计算。

商品住宅的保修期限不得低于建设工程承包单位向建设单位出具的质量保修书约定保修期的存续期；存续期少于《规定》中确定的最低保修期限的，保修期不得低于《规定》中确定的最低保修期限。

非住宅商品房的保修期限不得低于建设工程承包单位向建设单位出具的质量保修书约定保修期的存续期。

在保修期限内发生的属于保修范围的质量问题，房地产开发企业应当履行保修义务，并对造成的损失承担赔偿责任。因不可抗力或者使用不当造成的损坏，房地产开发企业不承担责任。

第三十四条 房地产开发企业应当在商品房交付使用前按项目委托具有房产测绘资格的单位实施测绘，测绘成果报房地产行政主管部门审核后用于房屋权属登记。

房地产开发企业应当在商品房交付使用之日起60日内，将需要由其提供的办理房屋权属登记的资料报送房屋所在地房地产行政主管部门。

房地产开发企业应当协助商品房买受人办理土地使用权变更和房屋所有权登记手续。

第三十五条 商品房交付使用后，买受人认为主体结构质量不合格的，可以依照有关规定委托工程质量检测机构重新核验。经核验，确属主体结构质量不合格的，买受人有权退房；给买受人造成损失的，房地产开发企业应当依法承担赔偿责任。

第六章 法律责任

第三十六条 未取得营业执照，擅自销售商品房的，由县级以上人民政府工商行政管理部门依照《城市房地产开发经营管理条例》的规定处罚。

第三十七条 未取得房地产开发企业资质证书，擅自销售商品房的，责令停止销售活动，处5万元以上10万元以下的罚款。

第三十八条 违反法律、法规规定，擅自预售商品房的，责令停止违法行为，没收违法所得；收取预付款的，可以并处已收取的预付款1%以下的罚款。

第三十九条 在未解除商品房买卖合同前，将作为合同标的物的商品房再行销售给他人的，处以警告，责令限期改正，并处2万元以上3万元以下罚款；构成犯罪的，依法追究刑事责任。

第四十条 房地产开发企业将未组织竣工验收、验收不合格或者对不合格按合格验收的商品房擅自交付使用的，按照《建设工程质量管理条例》的规定处罚。

第四十一条 房地产开发企业未按规定将测绘成果或者需要由其提供的

办理房屋权属登记的资料报送房地产行政主管部门的，处以警告，责令限期改正，并可处以 2 万元以上 3 万元以下罚款。

第四十二条 房地产开发企业在销售商品房中有下列行为之一的，处以警告，责令限期改正，并可处以 1 万元以上 3 万元以下罚款。

（一）未按照规定的现售条件现售商品房的；

（二）未按照规定在商品房现售前将房地产开发项目手册及符合商品房现售条件的有关证明文件报送房地产开发主管部门备案的；

（三）返本销售或者变相返本销售商品房的；

（四）采取售后包租或者变相售后包租方式销售未竣工商品房的；

（五）分割拆零销售商品住宅的；

（六）不符合商品房销售条件，向买受人收取预订款性质费用的；

（七）未按照规定向买受人明示《商品房销售管理办法》、《商品房买卖合同示范文本》、《城市商品房预售管理办法》的；

（八）委托没有资格的机构代理销售商品房的。

第四十三条 房地产中介服务机构代理销售不符合销售条件的商品房的，处以警告，责令停止销售，并可处以 2 万元以上 3 万元以下罚款。

第四十四条 国家机关工作人员在商品房销售管理工作中玩忽职守、滥用职权、徇私舞弊，依法给予行政处分；构成犯罪的，依法追究刑事责任。

第七章 附 则

第四十五条 本办法所称返本销售，是指房地产开发企业以定期向买受人返还购房款的方式销售商品房的行为。

本办法所称售后包租，是指房地产开发企业以在一定期限内承租或者代为出租买受人所购该企业商品房的方式销售商品房的行为。

本办法所称分割拆零销售，是指房地产开发企业以将成套的商品住宅分割为数部分分别出售给买受人的方式销售商品住宅的行为。

本办法所称产权登记面积，是指房地产行政主管部门确认登记的房屋面积。

第四十六条 省、自治区、直辖市人民政府建设行政主管部门可以根据本办法制定实施细则。

第四十七条 本办法由国务院建设行政主管部门负责解释。

第四十八条 本办法自 2001 年 6 月 1 日起施行。

城市房地产转让管理规定

（1995 年 8 月 7 日建设部令第 45 号发布　根据 2001 年 8 月 15 日建设部令第 96 号《建设部关于修改〈城市房地产转让管理规定〉的决定》修正）

第一条　为了加强对城市房地产转让的管理，维护房地产市场秩序，保障房地产转让当事人的合法权益，根据《中华人民共和国城市房地产管理法》，制定本规定。

第二条　凡在城市规划区国有土地范围内从事房地产转让，实施房地产转让管理，均应遵守本规定。

第三条　本规定所称房地产转让，是指房地产权利人通过买卖、赠与或者其他合法方式将其房地产转移给他人的行为。

前款所称其他合法方式，主要包括下列行为：

（一）以房地产作价入股、与他人成立企业法人，房地产权属发生变更的；

（二）一方提供土地使用权，另一方或者多方提供资金，合资、合作开发经营房地产，而使房地产权属发生变更的；

（三）因企业被收购、兼并或合并，房地产权属随之转移的；

（四）以房地产抵债的；

（五）法律、法规规定的其他情形。

第四条　国务院建设行政主管部门归口管理全国城市房地产转让工作。

省、自治区人民政府建设行政主管部门归口管理本行政区域内的城市房地产转让工作。

直辖市、市、县人民政府房地产行政主管部门（以下简称房地产管理部门）负责本行政区域内的城市房地产转让管理工作。

第五条　房地产转让时，房屋所有权和该房屋占用范围内的土地使用权同时转让。

第六条　下列房地产不得转让：

（一）以出让方式取得土地使用权但不符合本规定第十条规定的条件的；

（二）司法机关和行政机关依法裁定，决定查封或者以其他形式限制房地产权利的；

（三）依法收回土地使用权的；

（四）共有房地产，未经其他共有人书面同意的；

（五）权属有争议的；

（六）未依法登记领取权属证书的；

（七）法律、行政法规规定禁止转让的其他情形。

第七条　房地产转让，应当按照下列程序办理：

（一）房地产转让当事人签订书面转让合同；

（二）房地产转让当事人在房地产转让合同签订后90日内持房地产权属证书、当事人的合法证明、转让合同等有关文件向房地产所在地的房地产管理部门提出申请，并申报成交价格；

（三）房地产管理部门对提供的有关文件进行审查，并在7日内作出是否受理申请的书面答复，7日内未作书面答复的，视为同意受理；

（四）房地产管理部门核实申报的成交价格，并根据需要对转让的房地产进行现场查勘和评估；

（五）房地产转让当事人按照规定缴纳有关税费；

（六）房地产管理部门办理房屋权属登记手续，核发房地产权属证书。

第八条　房地产转让合同应当载明下列主要内容：

（一）双方当事人的姓名或者名称、住所；

（二）房地产权属证书名称和编号；

（三）房地产座落位置、面积、四至界限；

（四）土地宗地号、土地使用权取得的方式及年限；

（五）房地产的用途或使用性质；

（六）成交价格及支付方式；

（七）房地产交付使用的时间；

（八）违约责任；

（九）双方约定的其他事项。

第九条　以出让方式取得土地使用权的，房地产转让时，土地使用权出让合同载明的权利、义务随之转移。

第十条　以出让方式取得土地使用权的，转让房地产时，应当符合下列条件：

（一）按照出让合同约定已经支付全部土地使用权出让金，并取得土地使用权证书；

（二）按照出让合同约定进行投资开发，属于房屋建设工程的，应完成开发投资总额的百分之二十五以上；属于成片开发土地的，依照规划对土地进行开发建设，完成供排水、供电、供热、道路交通、通信等市政基础设施、公用设施的建设，达到场地平整，形成工业用地或者其他建设用地条件。

转让房地产时房屋已经建成的，还应当持有房屋所有权证书。

第十一条 以划拨方式取得土地使用权的，转让房地产时，按照国务院的规定，报有批准权的人民政府审批。有批准权的人民政府准予转让的，除符合本规定第十二条所列的可以不办理土地使用权出让手续的情形外，应当由受让方办理土地使用权出让手续，并依照国家有关规定缴纳土地使用权出让金。

第十二条 以划拨方式取得土地使用权的，转让房地产时，属于下列情形之一的，经有批准权的人民政府批准，可以不办理土地使用权出让手续，但应当将转让房地产所获收益中的土地收益上缴国家或者作其他处理。土地收益的缴纳和处理的办法按照国务院规定办理。

（一）经城市规划行政主管部门批准，转让的土地用于建设《中华人民共和国城市房地产管理法》第二十三条规定的项目的；

（二）私有住宅转让后仍用于居住的；

（三）按照国务院住房制度改革有关规定出售公有住宅的；

（四）同一宗土地上部分房屋转让而土地使用权不可分割转让的；

（五）转让的房地产暂时难以确定土地使用权出让用途、年限和其他条件的；

（六）根据城市规划土地使用权不宜出让的；

（七）县级以上人民政府规定暂时无法或不需要采取土地使用权出让方式的其他情形。依照前款规定缴纳土地收益或作其他处理的，应当在房地产转让合同中注明。

第十三条 依照本规定第十二条规定转让的房地产再转让，需要办理出让手续、补交土地使用权出让金的，应当扣除已经缴纳的土地收益。

第十四条 国家实行房地产成交价格申报制度。

房地产权利人转让房地产，应当如实申报成交价格，不得瞒报或者作不实的申报。

房地产转让应当以申报的房地产成交价格作为缴纳税费的依据。成交价格明显低于正常市场价格的，以评估价格作为缴纳税费的依据。

第十五条 商品房预售按照建设部《城市商品房预售管理办法》执行。

第十六条 房地产管理部门在办理房地产转让时，其收费的项目和标准，必须经有批准权的物价部门和建设行政主管部门批准，不得擅自增加收费项目和提高收费标准。

第十七条 违反本规定第十条第一款和第十一条，未办理土地使用权出让手续，交纳土地使用权出让金的，按照《中华人民共和国城市房地产管理法》的规定进行处罚。

第十八条　房地产管理部门工作人员玩忽职守、滥用职权、徇私舞弊、索贿受贿的，依法给予行政处分；构成犯罪的，依法追究刑事责任。

第十九条　条在城市规划区外的国有土地范围内进行房地产转让的，参照本规定执行。

第二十条　省、自治区人民政府建设行政主管部门、直辖市房地产行政主管部门可以根据本规定制定实施细则。

第二十一条　本规定由国务院建设行政主管部门负责解释。

第二十二条　本规定自1995年9月1日起施行。

城市商品房预售管理办法

（1994年11月15日建设部令第40号发布　根据2001年8月15日建设部令第131号《建设部关于修改〈城市商品房预售管理办法〉的决定》第一修正　根据2004年7月20日《建设部关于修改〈城市商品房预售管理办法〉的决定》第二次修正）

第一条　为加强商品房预售管理，维护商品房交易双方的合法权益，根据《中华人民共和国城市房地产管理法》、《城市房地产开发经营管理条例》，制定本办法。

第二条　本办法所称商品房预售是指房地产开发企业（以下简称开发企业）将正在建设中的房屋预先出售给承购人，由承购人支付定金或房价款的行为。

第三条　本办法适用于城市商品房预售的管理。

第四条　国务院建设行政主管部门归口管理全国城市商品房预售管理；

省、自治区建设行政主管部门归口管理本行政区域内城市商品房预售管理；

市、县人民政府建设行政主管部门或房地产行政主管部门（以下简称房地产管理部门）负责本行政区域内城市商品房预售管理。

第五条　商品房预售应当符合下列条件：

（一）已交付全部土地使用权出让金，取得土地使用权证书；

（二）持有建设工程规划许可证和施工许可证；

（三）按提供预售的商品房计算，投入开发建设的资金达到工程建设总投资的25%以上，并已经确定施工进度和竣工交付日期。

第六条 商品房预售实行许可制度。开发企业进行商品房预售，应当向房地产管理部门申请预售许可，取得《商品房预售许可证》。

未取得《商品房预售许可证》的，不得进行商品房预售。

第七条 开发企业申请预售许可，应当提交下列证件（复印件）及资料：

（一）商品房预售许可申请表；

（二）开发企业的《营业执照》和资质证书；

（三）土地使用权证、建设工程规划许可证、施工许可证；

（四）投入开发建设的资金占工程建设总投资的比例符合规定条件的证明；

（五）工程施工合同及关于施工进度的说明；

（六）商品房预售方案。预售方案应当说明预售商品房的位置、面积、竣工交付日期等内容，并应当附预售商品房分层平面图。

第八条 商品房预售许可依下列程序办理：

（一）受理。开发企业按本办法第七条的规定提交有关材料，材料齐全的，房地产管理部门应当当场出具受理通知书；材料不齐的，应当当场或者5日内一次性书面告知需要补充的材料。

（二）审核。房地产管理部门对开发企业提供的有关材料是否符合法定条件进行审核。

开发企业对所提交材料实质内容的真实性负责。

（三）许可。经审查，开发企业的申请符合法定条件的，房地产管理部门应当在受理之日起10日内，依法作出准予预售的行政许可书面决定，发送开发企业，并自作出决定之日起10日内向开发企业颁发、送达《商品房预售许可证》。

经审查，开发企业的申请不符合法定条件的，房地产管理部门应当在受理之日起10日内，依法作出不予许可的书面决定。书面决定应当说明理由，告知开发企业享有依法申请行政复议或者提起行政诉讼的权利，并送达开发企业。

商品房预售许可决定书、不予商品房预售许可决定书应当加盖房地产管理部门的行政许可专用印章，《商品房预售许可证》应当加盖房地产管理部门的印章。

（四）公示。房地产管理部门作出的准予商品房预售许可的决定，应当予以公开，公众有权查阅。

第九条 开发企业进行商品房预售，应当向承购人出示《商品房预售许可证》。售楼广告和说明书应当载明《商品房预售许可证》的批准文号。

第十条　商品房预售，开发企业应当与承购人签订商品房预售合同。开发企业应当自签约之日起30日内，向房地产管理部门和市、县人民政府土地管理部门办理商品房预售合同登记备案手续。

房地产管理部门应当积极应用网络信息技术，逐步推行商品房预售合同网上登记备案。

商品房预售合同登记备案手续可以委托代理人办理。委托代理人办理的，应当有书面委托书。

第十一条　开发企业预售商品房所得款项应当用于有关的工程建设。

商品房预售款监管的具体办法，由房地产管理部门制定。

第十二条　预售的商品房交付使用之日起90日内，承购人应当依法到房地产管理部门和市、县人民政府土地管理部门办理权属登记手续。开发企业应当予以协助，并提供必要的证明文件。

由于开发企业的原因，承购人未能在房屋交付使用之日起90日内取得房屋权属证书的，除开发企业和承购人有特殊约定外，开发企业应当承担违约责任。

第十三条　开发企业未取得《商品房预售许可证》预售商品房的，依照《城市房地产开发经营管理条例》第三十九条的规定处罚。

第十四条　开发企业不按规定使用商品房预售款项的，由房地产管理部门责令限期纠正，并可处以违法所得3倍以下但不超过3万元的罚款。

第十五条　开发企业隐瞒有关情况、提供虚假材料，或者采用欺骗、贿赂等不正当手段取得商品房预售许可的，由房地产管理部门责令停止预售，撤销商品房预售许可，并处3万元罚款。

第十六条　省、自治区建设行政主管部门、直辖市建设行政主管部门或房地产行政管理部门可以根据本办法制定实施细则。

第十七条　本办法由国务院建设行政主管部门负责解释。

第十八条　本办法自1995年1月1日起施行。

国有土地上房屋征收与补偿条例

（2011 年 1 月 19 日国务院第 141 次常务会议通过
2011 年 1 月 21 日国务院令第 590 号公布
自公布之日起施行）

第一章　总　则

第一条　为了规范国有土地上房屋征收与补偿活动，维护公共利益，保障被征收房屋所有权人的合法权益，制定本条例。

第二条　为了公共利益的需要，征收国有土地上单位、个人的房屋，应当对被征收房屋所有权人（以下称被征收人）给予公平补偿。

第三条　房屋征收与补偿应当遵循决策民主、程序正当、结果公开的原则。

第四条　市、县级人民政府负责本行政区域的房屋征收与补偿工作。

市、县级人民政府确定的房屋征收部门（以下称房屋征收部门）组织实施本行政区域的房屋征收与补偿工作。

市、县级人民政府有关部门应当依照本条例的规定和本级人民政府规定的职责分工，互相配合，保障房屋征收与补偿工作的顺利进行。

第五条　房屋征收部门可以委托房屋征收实施单位，承担房屋征收与补偿的具体工作。房屋征收实施单位不得以营利为目的。

房屋征收部门对房屋征收实施单位在委托范围内实施的房屋征收与补偿行为负责监督，并对其行为后果承担法律责任。

第六条　上级人民政府应当加强对下级人民政府房屋征收与补偿工作的监督。

国务院住房城乡建设主管部门和省、自治区、直辖市人民政府住房城乡建设主管部门应当会同同级财政、国土资源、发展改革等有关部门，加强对房屋征收与补偿实施工作的指导。

第七条　任何组织和个人对违反本条例规定的行为，都有权向有关人民政府、房屋征收部门和其他有关部门举报。接到举报的有关人民政府、房屋征收部门和其他有关部门对举报应当及时核实、处理。

监察机关应当加强对参与房屋征收与补偿工作的政府和有关部门或者单

位及其工作人员的监察。

第二章　征收决定

第八条　为了保障国家安全、促进国民经济和社会发展等公共利益的需要，有下列情形之一，确需征收房屋的，由市、县级人民政府作出房屋征收决定：

（一）国防和外交的需要；

（二）由政府组织实施的能源、交通、水利等基础设施建设的需要；

（三）由政府组织实施的科技、教育、文化、卫生、体育、环境和资源保护、防灾减灾、文物保护、社会福利、市政公用等公共事业的需要；

（四）由政府组织实施的保障性安居工程建设的需要；

（五）由政府依照城乡规划法有关规定组织实施的对危房集中、基础设施落后等地段进行旧城区改建的需要；

（六）法律、行政法规规定的其他公共利益的需要。

第九条　依照本条例第八条规定，确需征收房屋的各项建设活动，应当符合国民经济和社会发展规划、土地利用总体规划、城乡规划和专项规划。保障性安居工程建设、旧城区改建，应当纳入市、县级国民经济和社会发展年度计划。

制定国民经济和社会发展规划、土地利用总体规划、城乡规划和专项规划，应当广泛征求社会公众意见，经过科学论证。

第十条　房屋征收部门拟定征收补偿方案，报市、县级人民政府。

市、县级人民政府应当组织有关部门对征收补偿方案进行论证并予以公布，征求公众意见。征求意见期限不得少于30日。

第十一条　市、县级人民政府应当将征求意见情况和根据公众意见修改的情况及时公布。

因旧城区改建需要征收房屋，多数被征收人认为征收补偿方案不符合本条例规定的，市、县级人民政府应当组织由被征收人和公众代表参加的听证会，并根据听证会情况修改方案。

第十二条　市、县级人民政府作出房屋征收决定前，应当按照有关规定进行社会稳定风险评估；房屋征收决定涉及被征收人数量较多的，应当经政府常务会议讨论决定。

作出房屋征收决定前，征收补偿费用应当足额到位、专户存储、专款专用。

第十三条　市、县级人民政府作出房屋征收决定后应当及时公告。公告应当载明征收补偿方案和行政复议、行政诉讼权利等事项。

市、县级人民政府及房屋征收部门应当做好房屋征收与补偿的宣传、解释工作。

房屋被依法征收的，国有土地使用权同时收回。

第十四条 被征收人对市、县级人民政府作出的房屋征收决定不服的，可以依法申请行政复议，也可以依法提起行政诉讼。

第十五条 房屋征收部门应当对房屋征收范围内房屋的权属、区位、用途、建筑面积等情况组织调查登记，被征收人应当予以配合。调查结果应当在房屋征收范围内向被征收人公布。

第十六条 房屋征收范围确定后，不得在房屋征收范围内实施新建、扩建、改建房屋和改变房屋用途等不当增加补偿费用的行为；违反规定实施的，不予补偿。

房屋征收部门应当将前款所列事项书面通知有关部门暂停办理相关手续。暂停办理相关手续的书面通知应当载明暂停期限。暂停期限最长不得超过1年。

第三章 补 偿

第十七条 作出房屋征收决定的市、县级人民政府对被征收人给予的补偿包括：

（一）被征收房屋价值的补偿；

（二）因征收房屋造成的搬迁、临时安置的补偿；

（三）因征收房屋造成的停产停业损失的补偿。

市、县级人民政府应当制定补助和奖励办法，对被征收人给予补助和奖励。

第十八条 征收个人住宅，被征收人符合住房保障条件的，作出房屋征收决定的市、县级人民政府应当优先给予住房保障。具体办法由省、自治区、直辖市制定。

第十九条 对被征收房屋价值的补偿，不得低于房屋征收决定公告之日被征收房屋类似房地产的市场价格。被征收房屋的价值，由具有相应资质的房地产价格评估机构按照房屋征收评估办法评估确定。

对评估确定的被征收房屋价值有异议的，可以向房地产价格评估机构申请复核评估。对复核结果有异议的，可以向房地产价格评估专家委员会申请鉴定。

房屋征收评估办法由国务院住房城乡建设主管部门制定，制定过程中，应当向社会公开征求意见。

第二十条 房地产价格评估机构由被征收人协商选定；协商不成的，通过多数决定、随机选定等方式确定，具体办法由省、自治区、直辖市制定。

房地产价格评估机构应当独立、客观、公正地开展房屋征收评估工作，任何单位和个人不得干预。

第二十一条　被征收人可以选择货币补偿，也可以选择房屋产权调换。

被征收人选择房屋产权调换的，市、县级人民政府应当提供用于产权调换的房屋，并与被征收人计算、结清被征收房屋价值与用于产权调换房屋价值的差价。

因旧城区改建征收个人住宅，被征收人选择在改建地段进行房屋产权调换的，作出房屋征收决定的市、县级人民政府应当提供改建地段或者就近地段的房屋。

第二十二条　因征收房屋造成搬迁的，房屋征收部门应当向被征收人支付搬迁费；选择房屋产权调换的，产权调换房屋交付前，房屋征收部门应当向被征收人支付临时安置费或者提供周转用房。

第二十三条　对因征收房屋造成停产停业损失的补偿，根据房屋被征收前的效益、停产停业期限等因素确定。具体办法由省、自治区、直辖市制定。

第二十四条　市、县级人民政府及其有关部门应当依法加强对建设活动的监督管理，对违反城乡规划进行建设的，依法予以处理。

市、县级人民政府作出房屋征收决定前，应当组织有关部门依法对征收范围内未经登记的建筑进行调查、认定和处理。对认定为合法建筑和未超过批准期限的临时建筑的，应当给予补偿；对认定为违法建筑和超过批准期限的临时建筑的，不予补偿。

第二十五条　房屋征收部门与被征收人依照本条例的规定，就补偿方式、补偿金额和支付期限、用于产权调换房屋的地点和面积、搬迁费、临时安置费或者周转用房、停产停业损失、搬迁期限、过渡方式和过渡期限等事项，订立补偿协议。

补偿协议订立后，一方当事人不履行补偿协议约定的义务的，另一方当事人可以依法提起诉讼。

第二十六条　房屋征收部门与被征收人在征收补偿方案确定的签约期限内达不成补偿协议，或者被征收房屋所有权人不明确的，由房屋征收部门报请作出房屋征收决定的市、县级人民政府依照本条例的规定，按照征收补偿方案作出补偿决定，并在房屋征收范围内予以公告。

补偿决定应当公平，包括本条例第二十五条第一款规定的有关补偿协议的事项。

被征收人对补偿决定不服的，可以依法申请行政复议，也可以依法提起行政诉讼。

第二十七条 实施房屋征收应当先补偿、后搬迁。

作出房屋征收决定的市、县级人民政府对被征收人给予补偿后，被征收人应当在补偿协议约定或者补偿决定确定的搬迁期限内完成搬迁。

任何单位和个人不得采取暴力、威胁或者违反规定中断供水、供热、供气、供电和道路通行等非法方式迫使被征收人搬迁。禁止建设单位参与搬迁活动。

第二十八条 被征收人在法定期限内不申请行政复议或者不提起行政诉讼，在补偿决定规定的期限内又不搬迁的，由作出房屋征收决定的市、县级人民政府依法申请人民法院强制执行。

强制执行申请书应当附具补偿金额和专户存储账号、产权调换房屋和周转用房的地点和面积等材料。

第二十九条 房屋征收部门应当依法建立房屋征收补偿档案，并将分户补偿情况在房屋征收范围内向被征收人公布。

审计机关应当加强对征收补偿费用管理和使用情况的监督，并公布审计结果。

第四章 法律责任

第三十条 市、县级人民政府及房屋征收部门的工作人员在房屋征收与补偿工作中不履行本条例规定的职责，或者滥用职权、玩忽职守、徇私舞弊的，由上级人民政府或者本级人民政府责令改正，通报批评；造成损失的，依法承担赔偿责任；对直接负责的主管人员和其他直接责任人员，依法给予处分；构成犯罪的，依法追究刑事责任。

第三十一条 采取暴力、威胁或者违反规定中断供水、供热、供气、供电和道路通行等非法方式迫使被征收人搬迁，造成损失的，依法承担赔偿责任；对直接负责的主管人员和其他直接责任人员，构成犯罪的，依法追究刑事责任；尚不构成犯罪的，依法给予处分；构成违反治安管理行为的，依法给予治安管理处罚。

第三十二条 采取暴力、威胁等方法阻碍依法进行的房屋征收与补偿工作，构成犯罪的，依法追究刑事责任；构成违反治安管理行为的，依法给予治安管理处罚。

第三十三条 贪污、挪用、私分、截留、拖欠征收补偿费用的，责令改正，追回有关款项，限期退还违法所得，对有关责任单位通报批评、给予警告；造成损失的，依法承担赔偿责任；对直接负责的主管人员和其他直接责任人员，构成犯罪的，依法追究刑事责任；尚不构成犯罪的，依法给予处分。

第三十四条 房地产价格评估机构或者房地产估价师出具虚假或者有重

大差错的评估报告的，由发证机关责令限期改正，给予警告，对房地产价格评估机构并处 5 万元以上 20 万元以下罚款，对房地产估价师并处 1 万元以上 3 万元以下罚款，并记入信用档案；情节严重的，吊销资质证书、注册证书；造成损失的，依法承担赔偿责任；构成犯罪的，依法追究刑事责任。

第五章　附　则

第三十五条　本条例自公布之日起施行。2001 年 6 月 13 日国务院公布的《城市房屋拆迁管理条例》同时废止。本条例施行前已依法取得房屋拆迁许可证的项目，继续沿用原有的规定办理，但政府不得责成有关部门强制拆迁。

物业管理条例

（2003 年 6 月 8 日中华人民共和国国务院令第 379 号公布　根据 2007 年 8 月 26 日《国务院关于修改〈物业管理条例〉的决定》第一次修订　根据 2016 年 2 月 6 日《国务院关于修改部分行政法规的决定》第二次修订　根据 2018 年 3 月 19 日《国务院关于修改和废止部分行政法规的决定》修正）

目　录

第一章　总　则

第一条　为了规范物业管理活动，维护业主和物业服务企业的合法权益，改善人民群众的生活和工作环境，制定本条例。

第二条　本条例所称物业管理，是指业主通过选聘物业服务企业，由业主和物业服务企业按照物业服务合同约定，对房屋及配套的设施设备和相关场地进行维修、养护、管理，维护相关区域内的环境卫生和秩序的活动。

第三条　国家提倡业主通过公开、公平、公正的市场竞争机制选择物业服务企业。

第四条　国家鼓励物业管理采用新技术、新方法，依靠科技进步提高管理和服务水平。

第五条　国务院建设行政主管部门负责全国物业管理活动的监督管理工作。

县级以上地方人民政府房地产行政主管部门负责本行政区域内物业管理活动的监督管理工作。

第二章　业主及业主大会

第六条　房屋的所有权人为业主。

业主在物业管理活动中，享有下列权利：

（一）按照物业服务合同的约定，接受物业服务企业提供的服务；

（二）提议召开业主大会会议，并就物业管理的有关事项提出建议；

（三）提出制定和修改管理规约、业主大会议事规则的建议；

（四）参加业主大会会议，行使投票权；

（五）选举业主委员会委员，并享有被选举权；

（六）监督业主委员会的工作；

（七）监督物业服务企业履行物业服务合同；

（八）对物业共用部位、共用设施设备和相关场地使用情况享有知情权和监督权；

（九）监督物业共用部位、共用设施设备专项维修资金（以下简称专项维修资金）的管理和使用；

（十）法律、法规规定的其他权利。

第七条　业主在物业管理活动中，履行下列义务：

（一）遵守管理规约、业主大会议事规则；

（二）遵守物业管理区域内物业共用部位和共用设施设备的使用、公共秩序和环境卫生的维护等方面的规章制度；

（三）执行业主大会的决定和业主大会授权业主委员会作出的决定；

（四）按照国家有关规定交纳专项维修资金；

（五）按时交纳物业服务费用；

（六）法律、法规规定的其他义务。

第八条　物业管理区域内全体业主组成业主大会。

业主大会应当代表和维护物业管理区域内全体业主在物业管理活动中的合法权益。

第九条　一个物业管理区域成立一个业主大会。

物业管理区域的划分应当考虑物业的共用设施设备、建筑物规模、社区建设等因素。具体办法由省、自治区、直辖市制定。

第十条　同一个物业管理区域内的业主，应当在物业所在地的区、县人民政府房地产行政主管部门或者街道办事处、乡镇人民政府的指导下成立业主大会，并选举产生业主委员会。但是，只有一个业主的，或者业主人数较少且经全体业主一致同意，决定不成立业主大会的，由业主共同履行业主大会、业主委员会职责。

第十一条　下列事项由业主共同决定：

（一）制定和修改业主大会议事规则；

（二）制定和修改管理规约；

（三）选举业主委员会或者更换业主委员会成员；

（四）选聘和解聘物业服务企业；

（五）筹集和使用专项维修资金；

（六）改建、重建建筑物及其附属设施；

（七）有关共有和共同管理权利的其他重大事项。

第十二条　业主大会会议可以采用集体讨论的形式，也可以采用书面征求意见的形式；但是，应当有物业管理区域内专有部分占建筑物总面积过半数的业主且占总人数过半数的业主参加。

“业主可以委托代理人参加业主大会会议。

业主大会决定本条例第十一条第（五）项和第（六）项规定的事项，应当经专有部分占建筑物总面积2/3以上的业主且占总人数2/3以上的业主同意；决定本条例第十一条规定的其他事项，应当经专有部分占建筑物总面积过半数的业主且占总人数过半数的业主同意。

业主大会或者业主委员会的决定，对业主具有约束力。

业主大会或者业主委员会作出的决定侵害业主合法权益的，受侵害的业主可以请求人民法院予以撤销。

第十三条　业主大会会议分为定期会议和临时会议。

业主大会定期会议应当按照业主大会议事规则的规定召开。经20%以上的业主提议，业主委员会应当组织召开业主大会临时会议。

第十四条　召开业主大会会议，应当于会议召开15日以前通知全体业主。

住宅小区的业主大会会议，应当同时告知相关的居民委员会。

业主委员会应当做好业主大会会议记录。

第十五条 业主委员会是业主大会的执行机构，履行下列职责：

（一）召集业主大会会议，报告物业管理的实施情况；

（二）代表业主与业主大会选聘的物业服务企业签订物业服务合同；

（三）及时了解业主、物业使用人的意见和建议，监督和协助物业服务企业履行物业服务合同；

（四）监督管理规约的实施；

（五）业主大会赋予的其他职责。

第十六条 业主委员会应当自选举产生之日起30日内，向物业所在地的区、县人民政府房地产行政主管部门备案。

业主委员会委员应当由热心公益事业、责任心强、具有一定组织能力的业主担任。

业主委员会主任、副主任在业主委员会委员中推选产生。

第十七条 管理规约应当对有关物业的使用、维护、管理，业主的共同利益，业主应当履行的义务，违反公约应当承担的责任等事项依法作出约定。

管理规约对全体业主具有约束力。

第十八条 业主大会议事规则应当就业主大会的议事方式、表决程序、业主投票权确定办法、业主委员会的组成和委员任期等事项作出约定。

第十九条 业主大会、业主委员会应当依法履行职责，不得作出与物业管理无关的决定，不得从事与物业管理无关的活动。

业主大会、业主委员会作出的决定违反法律、法规的，物业所在地的区、县人民政府房地产行政主管部门或者街道办事处、乡镇人民政府，应当责令限期改正或者撤销其决定，并通告全体业主。

第二十条 业主大会、业主委员会应当配合公安机关，与居民委员会相互协作，共同做好维护物业管理区域内的社会治安等相关工作。

在物业管理区域内，业主大会、业主委员会应当积极配合相关居民委员会依法履行自治管理职责，支持居民委员会开展工作，并接受其指导和监督。

住宅小区的业主大会、业主委员会作出的决定，应当告知相关的居民委员会，并认真听取居民委员会的建议。

第三章 前期物业管理

第二十一条 在业主、业主大会选聘物业服务企业之前，建设单位选聘物业服务企业的，应当签订书面的前期物业服务合同。

第二十二条 建设单位应当在销售物业之前，制定临时管理规约，对有关物业的使用、维护、管理，业主的共同利益，业主应当履行的义务，违反公约应当承担的责任等事项依法作出约定。

建设单位制定的临时管理规约，不得侵害物业买受人的合法权益。

第二十三条　建设单位应当在物业销售前将临时管理规约向物业买受人明示，并予以说明。

物业买受人在与建设单位签订物业买卖合同时，应当对遵守临时管理规约予以书面承诺。

第二十四条　国家提倡建设单位按照房地产开发与物业管理相分离的原则，通过招投标的方式选聘物业服务企业。

住宅物业的建设单位，应当通过招投标的方式选聘物业服务企业；投标人少于3个或者住宅规模较小的，经物业所在地的区、县人民政府房地产行政主管部门批准，可以采用协议方式选聘物业服务企业。

第二十五条　建设单位与物业买受人签订的买卖合同应当包含前期物业服务合同约定的内容。

第二十六条　前期物业服务合同可以约定期限；但是，期限未满、业主委员会与物业服务企业签订的物业服务合同生效的，前期物业服务合同终止。

第二十七条　业主依法享有的物业共用部位、共用设施设备的所有权或者使用权，建设单位不得擅自处分。

第二十八条　物业服务企业承接物业时，应当对物业共用部位、共用设施设备进行查验。

第二十九条　在办理物业承接验收手续时，建设单位应当向物业服务企业移交下列资料：

（一）竣工总平面图，单体建筑、结构、设备竣工图，配套设施、地下管网工程竣工图等竣工验收资料；

（二）设施设备的安装、使用和维护保养等技术资料；

（三）物业质量保修文件和物业使用说明文件；

（四）物业管理所必需的其他资料。

物业服务企业应当在前期物业服务合同终止时将上述资料移交给业主委员会。

第三十条　建设单位应当按照规定在物业管理区域内配置必要的物业管理用房。

第三十一条　建设单位应当按照国家规定的保修期限和保修范围，承担物业的保修责任。

第四章　物业管理服务

第三十二条　从事物业管理活动的企业应当具有独立的法人资格。

国务院建设行政主管部门应当会同有关部门建立守信联合激励和失信联合惩戒机制，加强行业诚信管理。

第三十三条 一个物业管理区域由一个物业服务企业实施物业管理。

第三十四条 业主委员会应当与业主大会选聘的物业服务企业订立书面的物业服务合同。

物业服务合同应当对物业管理事项、服务质量、服务费用、双方的权利义务、专项维修资金的管理与使用、物业管理用房、合同期限、违约责任等内容进行约定。

第三十五条 物业服务企业应当按照物业服务合同的约定，提供相应的服务。

物业服务企业未能履行物业服务合同的约定，导致业主人身、财产安全受到损害的，应当依法承担相应的法律责任。

第三十六条 物业服务企业承接物业时，应当与业主委员会办理物业验收手续。

业主委员会应当向物业服务企业移交本条例第二十九条第一款规定的资料。

第三十七条 物业管理用房的所有权依法属于业主。未经业主大会同意，物业服务企业不得改变物业管理用房的用途。

第三十八条 物业服务合同终止时，物业服务企业应当将物业管理用房和本条例第二十九条第一款规定的资料交还给业主委员会。

物业服务合同终止时，业主大会选聘了新的物业服务企业的，物业服务企业之间应当做好交接工作。

第三十九条 物业服务企业可以将物业管理区域内的专项服务业务委托给专业性服务企业，但不得将该区域内的全部物业管理一并委托给他人。

第四十条 物业服务收费应当遵循合理、公开以及费用与服务水平相适应的原则，区别不同物业的性质和特点，由业主和物业服务企业按照国务院价格主管部门会同国务院建设行政主管部门制定的物业服务收费办法，在物业服务合同中约定。

第四十一条 业主应当根据物业服务合同的约定交纳物业服务费用。业主与物业使用人约定由物业使用人交纳物业服务费用的，从其约定，业主负连带交纳责任。

已竣工但尚未出售或者尚未交给物业买受人的物业，物业服务费用由建设单位交纳。

第四十二条 县级以上人民政府价格主管部门会同同级房地产行政主管部门，应当加强对物业服务收费的监督。

第四十三条　物业服务企业可以根据业主的委托提供物业服务合同约定以外的服务项目，服务报酬由双方约定。

第四十四条　物业管理区域内，供水、供电、供气、供热、通讯、有线电视等单位应当向最终用户收取有关费用。

物业服务企业接受委托代收前款费用的，不得向业主收取手续费等额外费用。

第四十五条　对物业管理区域内违反有关治安、环保、物业装饰装修和使用等方面法律、法规规定的行为，物业服务企业应当制止，并及时向有关行政管理部门报告。

有关行政管理部门在接到物业服务企业的报告后，应当依法对违法行为予以制止或者依法处理。

第四十六条　物业服务企业应当协助做好物业管理区域内的安全防范工作。发生安全事故时，物业服务企业在采取应急措施的同时，应当及时向有关行政管理部门报告，协助做好救助工作。

物业服务企业雇请保安人员的，应当遵守国家有关规定。保安人员在维护物业管理区域内的公共秩序时，应当履行职责，不得侵害公民的合法权益。

第四十七条　物业使用人在物业管理活动中的权利义务由业主和物业使用人约定，但不得违反法律、法规和管理规约的有关规定。

物业使用人违反本条例和管理规约的规定，有关业主应当承担连带责任。

第四十八条　县级以上地方人民政府房地产行政主管部门应当及时处理业主、业主委员会、物业使用人和物业服务企业在物业管理活动中的投诉。

第五章　物业的使用与维护

第四十九条　物业管理区域内按照规划建设的公共建筑和共用设施，不得改变用途。

业主依法确需改变公共建筑和共用设施用途的，应当在依法办理有关手续后告知物业服务企业；物业服务企业确需改变公共建筑和共用设施用途的，应当提请业主大会讨论决定同意后，由业主依法办理有关手续。

第五十条　业主、物业服务企业不得擅自占用、挖掘物业管理区域内的道路、场地，损害业主的共同利益。

因维修物业或者公共利益，业主确需临时占用、挖掘道路、场地的，应当征得业主委员会和物业服务企业的同意；物业服务企业确需临时占用、挖掘道路、场地的，应当征得业主委员会的同意。

业主、物业服务企业应当将临时占用、挖掘的道路、场地，在约定期限内恢复原状。

第五十一条 供水、供电、供气、供热、通讯、有线电视等单位，应当依法承担物业管理区域内相关管线和设施设备维修、养护的责任。

前款规定的单位因维修、养护等需要，临时占用、挖掘道路、场地的，应当及时恢复原状。

第五十二条 业主需要装饰装修房屋的，应当事先告知物业服务企业。

物业服务企业应当将房屋装饰装修中的禁止行为和注意事项告知业主。

第五十三条 住宅物业、住宅小区内的非住宅物业或者与单幢住宅楼结构相连的非住宅物业的业主，应当按照国家有关规定交纳专项维修资金。

专项维修资金属业主所有，专项用于物业保修期满后物业共用部位、共用设施设备的维修和更新、改造，不得挪作他用。

专项维修资金收取、使用、管理的办法由国务院建设行政主管部门会同国务院财政部门制定。

第五十四条 利用物业共用部位、共用设施设备进行经营的，应当在征得相关业主、业主大会、物业服务企业的同意后，按照规定办理有关手续。业主所得收益应当主要用于补充专项维修资金，也可以按照业主大会的决定使用。

第五十五条 物业存在安全隐患，危及公共利益及他人合法权益时，责任人应当及时维修养护，有关业主应当给予配合。

责任人不履行维修养护义务的，经业主大会同意，可以由物业服务企业维修养护，费用由责任人承担。

第六章 法律责任

第五十六条 违反本条例的规定，住宅物业的建设单位未通过招投标的方式选聘物业服务企业或者未经批准，擅自采用协议方式选聘物业管服务企业的，由县级以上地方人民政府房地产行政主管部门责令限期改正，给予警告，可以并处10万元以下的罚款。

第五十七条 违反本条例的规定，建设单位擅自处分属于业主的物业共用部位、共用设施设备的所有权或者使用权的，由县级以上地方人民政府房地产行政主管部门处5万元以上20万元以下的罚款；给业主造成损失的，依法承担赔偿责任。

第五十八条 违反本条例的规定，不移交有关资料的，由县级以上地方人民政府房地产行政主管部门责令限期改正；逾期仍不移交有关资料的，对建设单位、物业服务企业予以通报，处1万元以上10万元以下的罚款。

第五十九条 违反本条例的规定，物业服务企业将一个物业管理区域内的全部物业管理一并委托给他人的，由县级以上地方人民政府房地产行政主管部门责令限期改正，处委托合同价款30%以上50%以下的罚款。委托所得收益，用于物业管理区域内物业共用部位、共用设施设备的维修、养护，剩余部分按照业主大会的决定使用；给业主造成损失的，依法承担赔偿责任。

第六十条　违反本条例的规定，挪用专项维修资金的，由县级以上地方人民政府房地产行政主管部门追回挪用的专项维修资金，给予警告，没收违法所得，可以并处挪用数额2倍以下的罚款；构成犯罪的，依法追究直接负责的主管人员和其他直接责任人员的刑事责任。

第六十一条　违反本条例的规定，建设单位在物业管理区域内不按照规定配置必要的物业管理用房的，由县级以上地方人民政府房地产行政主管部门责令限期改正，给予警告，没收违法所得，并处10万元以上50万元以下的罚款。

第六十二条　违反本条例的规定，未经业主大会同意，物业服务企业擅自改变物业管理用房的用途的，由县级以上地方人民政府房地产行政主管部门责令限期改正，给予警告，并处1万元以上10万元以下的罚款；有收益的，所得收益用于物业管理区域内物业共用部位、共用设施设备的维修、养护，剩余部分按照业主大会的决定使用。

第六十三条　违反本条例的规定，有下列行为之一的，由县级以上地方人民政府房地产行政主管部门责令限期改正，给予警告，并按照本条第二款的规定处以罚款；所得收益，用于物业管理区域内物业共用部位、共用设施设备的维修、养护，剩余部分按照业主大会的决定使用：

（一）擅自改变物业管理区域内按照规划建设的公共建筑和共用设施用途的；

（二）擅自占用、挖掘物业管理区域内道路、场地，损害业主共同利益的；

（三）擅自利用物业共用部位、共用设施设备进行经营的。

个人有前款规定行为之一的，处1000元以上1万元以下的罚款；单位有前款规定行为之一的，处5万元以上20万元以下的罚款。

第六十四条　违反物业服务合同约定，业主逾期不交纳物业服务费用的，业主委员会应当督促其限期交纳；逾期仍不交纳的，物业服务企业可以向人民法院起诉。

第六十五条　业主以业主大会或者业主委员会的名义，从事违反法律、法规的活动，构成犯罪的，依法追究刑事责任；尚不构成犯罪的，依法给予治安管理处罚。

第六十六条　违反本条例的规定，国务院建设行政主管部门、县级以上地方人民政府房地产行政主管部门或者其他有关行政管理部门的工作人员利用职务上的便利，收受他人财物或者其他好处，不依法履行监督管理职责，或者发现违法行为不予查处，构成犯罪的，依法追究刑事责任；尚不构成犯罪的，依法给予行政处分。

第七章　附　则

第六十七条　本条例自2003年9月1日起施行。

最高人民法院
关于审理物业服务纠纷案件具体应用法律若干问题的解释

法释〔2009〕8号

（2009年4月20日最高人民法院审判委员会第1466次会议通过
2009年5月15日最高人民法院公告公布　自2009年10月1日起施行）

为正确审理物业服务纠纷案件，依法保护当事人的合法权益，根据《中华人民共和国民法通则》、《中华人民共和国物权法》、《中华人民共和国合同法》等法律规定，结合民事审判实践，制定本解释。

第一条　建设单位依法与物业服务企业签订的前期物业服务合同，以及业主委员会与业主大会依法选聘的物业服务企业签订的物业服务合同，对业主具有约束力。业主以其并非合同当事人为由提出抗辩的，人民法院不予支持。

第二条　符合下列情形之一，业主委员会或者业主请求确认合同或者合同相关条款无效的，人民法院应予支持：

（一）物业服务企业将物业服务区域内的全部物业服务业务一并委托他人而签订的委托合同；

（二）物业服务合同中免除物业服务企业责任、加重业主委员会或者业主责任、排除业主委员会或者业主主要权利的条款。

前款所称物业服务合同包括前期物业服务合同。

第三条　物业服务企业不履行或者不完全履行物业服务合同约定的或者法律、法规规定以及相关行业规范确定的维修、养护、管理和维护义务，业主请求物业服务企业承担继续履行、采取补救措施或者赔偿损失等违约责任的，人民法院应予支持。

物业服务企业公开作出的服务承诺及制定的服务细则，应当认定为物业服务合同的组成部分。

第四条　业主违反物业服务合同或者法律、法规、管理规约，实施妨害物业服务与管理的行为，物业服务企业请求业主承担恢复原状、停止侵害、排除妨害等相应民事责任的，人民法院应予支持。

第五条　物业服务企业违反物业服务合同约定或者法律、法规、部门规章规定，擅自扩大收费范围、提高收费标准或者重复收费，业主以违规收费为由提出抗辩的，人民法院应予支持。

业主请求物业服务企业退还其已收取的违规费用的，人民法院应予支持。

第六条　经书面催交，业主无正当理由拒绝交纳或者在催告的合理期限内仍未交纳物业费，物业服务企业请求业主支付物业费的，人民法院应予支持。物业服务企业已经按照合同约定以及相关规定提供服务，业主仅以未享受或者无需接受相关物业服务为抗辩理由的，人民法院不予支持。

第七条　业主与物业的承租人、借用人或者其他物业使用人约定由物业使用人交纳物业费，物业服务企业请求业主承担连带责任的，人民法院应予支持。

第八条　业主大会按照物权法第七十六条规定的程序作出解聘物业服务企业的决定后，业主委员会请求解除物业服务合同的，人民法院应予支持。

物业服务企业向业主委员会提出物业费主张的，人民法院应当告知其向拖欠物业费的业主另行主张权利。

第九条　物业服务合同的权利义务终止后，业主请求物业服务企业退还已经预收，但尚未提供物业服务期间的物业费的，人民法院应予支持。

物业服务企业请求业主支付拖欠的物业费的，按照本解释第六条规定处理。

第十条　物业服务合同的权利义务终止后，业主委员会请求物业服务企业退出物业服务区域、移交物业服务用房和相关设施，以及物业服务所必需的相关资料和由其代管的专项维修资金的，人民法院应予支持。

物业服务企业拒绝退出、移交，并以存在事实上的物业服务关系为由，请求业主支付物业服务合同权利义务终止后的物业费的，人民法院不予支持。

第十一条　本解释涉及物业服务企业的规定，适用于物权法第七十六条、第八十一条、第八十二条所称其他管理人。

第十二条　因物业的承租人、借用人或者其他物业使用人实施违反物业服务合同，以及法律、法规或者管理规约的行为引起的物业服务纠纷，人民法院应当参照本解释关于业主的规定处理。

第十三条　本解释自 2009 年 10 月 1 日起施行。

本解释施行前已经终审，本解释施行后当事人申请再审或者按照审判监督程序决定再审的案件，不适用本解释。

【链　接】

最高人民法院民一庭负责人就建筑物区分所有权、物业服务司法解释答记者问

最高人民法院近日公布了《关于审理区分所有权件具体应用法律若干问题的解释》和《关于审理服务纠纷案件具体应用法律若干问题的解释》。这两部将于2009年10月1日起施行。

两部司法解释涉及建筑物区分所有权及物业服务纠纷案件审判实践中的若干难点问题，包括业主身份的界定、专有部分和共有部分的划定、车位和车库纠纷的处理、住改商纠纷的处理、物业费纠纷处理、物业服务合同的解除及相应纠纷的处理等。

比如，根据“建筑物区分所有权”司法解释的规定，建设单位按照配置比例，将车位、车库以出售、附赠或者出租等方式处分给业主的，应当认定其行为符合物权法第七十四条第一款有关“应当首先满足业主的需要”的规定；业主将住宅改变为经营性用房，未经有利害关系的业主同意，有利害关系的业主请求排除妨害、消除危险、恢复原状或者赔偿损失的，人民法院应予支持，将住宅改变为经营性用房的业主以多数有利害关系的业主同意其行为进行抗辩的，人民法院不予支持。

根据“物业服务”司法解释的规定，物业服务违反物业服务合同约定或者法律、法规、部门规章规定，擅自扩大收费范围、提高收费标准或者重复收费，业主以违规收费为由提出抗辩的，人民法院应予支持；业主请求物业服务企业退还其已收取的违规费用的，人民法院应予支持；经书面催交，业主无正当理由拒绝交纳或者在催告的合理期限内仍未交纳物业费，物业服务企业请求业主支付物业费的，人民法院应予支持；物业服务企业已经按照合同约定以及相关规定提供服务，业主仅以未享受或者无需接受相关物业服务为抗辩理由的，人民法院不予支持；业主与物业的承租人、借用人或者其他物业使用人约定由物业使用人交纳物业费，物业服务企业请求业主承担连带责任的，人民法院应予支持。

据悉，近年来，随着我国住房制度改革不断深入，涉及物业权益纠纷案

件数量不断增加。最高人民法院自2003年即着手展开相关调研，2007年年初，两部司法解释正式立项，此后，经多次分析论证并征求有关部门和社会各界意见，最终制定出台。这两部司法解释在物权法等法律规定框架内，立足审判实践需求，着力于增强法律规定的可操作性，是最高人民法院关注民生案件审判工作，切实加强审判指导的最新举措，必将对正确适用法律和统一相关案件裁判尺度起到重要的指导意义。

一、问：实践中，对如何认定业主观点不一，作出相关规定主要基于何种考虑？

答：“业主”在区分所有权理论中被称为建筑物区分所有权人，明确业主身份的界定标准，对贯彻执行物权法第六章规定具有重要意义，有必要在司法解释中予以明确。根据物权法第九条、第二十八条等规定，司法解释确定依法登记取得或者依据生效法律文书、继承或者受遗赠，以及合法建造房屋等事实行为取得专有部分所有权的人，应当认定为业主。这是界定业主身份的一般规则。

但在现实中，基于与建设单位之间的商品房买卖民事法律行为，房屋买受人在已经合法占有使用专有部分的情况下，仍未依法办理所有权登记的情形大量存在。在此情况下，如果仅以是否已经依法登记取得所有权作为界定业主身份的标准，将与现实生活产生冲突，并有可能对前述人群应当享有的权利造成损害。这部分人对共有部分的利用以及共同权的行使需求更为强烈，与其他业主之间的联系程度也更为直接和紧密，因此有必要对其“业主身份”问题进行特别规定。为了更好地维护业主自治秩序和建筑物区分所有权法律关系的和谐稳定，根据物权法等法律规定精神，司法解释对这种情形下的业主身份认定问题作出特别规定，即可以认定其为物权法第六章所称的业主。这样的规定既可以有效地统一司法评价标准，也符合物权法的规定精神，适应现实生活。同时，还可以引导这部分人及时办理物权登记。

二、问：如何认定专有部分和共有部分是实践中大量纠纷的关键问题，司法解释对此作出了怎样的规定？

答：按照建筑物区分所有权理论通说认为，界定专有部分的标准是“具有构造和利用上的独立性”。此外，专有部分属于不动产，而不动产所有权的取得一般须经登记。因此有必要把登记作为专有部分界定的标准之一。尽管目前还存在一些本应属于专有部分却无法进行登记的情况，但随着登记制度的不断完善，并不意味着日后不能办理登记。所以，司法解释将“登记”表述为“能够登记”。除了建筑物内住宅、经营性用房等房屋外，司法解释从现实生活出发规定，专有部分的范围还包括整栋建筑物、特定空间及露台等。

实践中很多建筑物区分所有权纠纷是围绕共有部分产生的。物权法第六章对共有部分采取了较为分散的列举式规定。综合实践中有关共有部分界定争议的实际情况并经反复研究，司法解释采用列举、排除加兜底的方法，明确了共有部分的含义，以便于解决审判实践中的问题。为了条文文字的简洁，司法解释对法定共有部分不再重复。根据物权法第六章的规定，法定共有部分包括建筑区划内的道路（属于城镇公共道路的除外）、绿地（属于城镇公共绿地以及明示属于个人的除外）、其他公共场所、公用设施和服务用房、占用业主共有的道路或者其他场地用于停放的车位及电梯、水箱等。此外，司法解释也就天然共有部分作出了明确规定。天然共有部分，即法律没有规定，合同也没有约定，而且一般也不具备登记条件，但从其属性上天然属于共有的部分，包括建筑物的基本结构部分、公共通行部分、公共设施设备部分和公共空间等，其中明确列举外墙面、屋顶、通道等属于共有部分，是为了便于解决审判实践中的纠纷。因共有部分很难通过列举的方法予以穷尽，按照“非特定权利人所有即为业主共有”的思路，司法解释还专门作出了兜底性的规定。满足下列两个条件的应当认定为共有部分：（1）不属于业主专有部分；（2）不属于市政公用部分或者其他权利人所有。对建筑区划内的土地，司法解释根据物权法第一百三十五条也做出了相关规定。

三、问：车位、车库争议是建筑物区分所有权纠纷案件的难点问题，司法解释是如何处理此类问题的?

答：司法解释在物权法第七十四条第一款规定框架内，着重解决如何认定建设单位已经履行法律有关“首先满足业主的需要”问题。如果建设单位已经按照规划确定的建筑区划内规划用于停放汽车的车位、车库与专有部分的比例，将车位、车库以出售、附赠或者出租等方式处分给业主的，应当认定其行为已符合物权法第七十四条第一款有关“应当首先满足业主的需要”的规定。其原因在于，规划确定的配置比例具有法定性和确定性，业主在购买专有部分的时候对此也是明知的。只要业主已经按照配置比例购置或者租赁到车位、车库，就应当认为其需要已经得到了“首先满足”。否则，将有可能出现特定业主对车位、车库提出过度主张。

车位、车库纠纷的处理是一个极其复杂的问题，司法解释的规定还有些原则，但思路是明确的。在审判实践中，各级法院和法官可以在司法解释确定的大原则下，结合纠纷具体情况妥处相关案件。待审判实践经验的积累足够丰富之后，也可择机就新问题、新情况作出单行批复。

四、问：物权法第七十六条规定了业主共同决定重大事项时对专有部分面积、建筑物总面积以及业主人数、总人数的比例要求，这些比例应如何计算？

答：专有部分面积、建筑物总面积以及业主人数、总人数如何计算，关系到业主共同管理权的具体行使问题，是认定业主自治决议作出的程序是否合法的重要依据。物权法第七十六条第二款规定了业主自治多数决的比例。但对计算该比例依据的专有部分面积、建筑物总面积，以及业主人数、总人数却未作明确规定，对此有必要在司法解释中进行解释。

不动产登记实践中，各地对专有部分面积依何种标准记载并不统一，但在同一建筑区划内则是相同的，所以司法解释仅笼统表述为“面积”。如果已经依法登记的，按照不动产登记簿记载的面积计算；尚未进行物权登记的，暂按测绘的实测面积计算；尚未进行实测的，暂按房屋买卖合同记载的面积计算。专有部分面积确定后，建筑物总面积则应以按照同一标准计算的专有部分面积的总和计算。业主人数原则上应当按照专有部分的数量计算。但在一人（包括建设单位）拥有数个专有部分的情况中，如果同时复计人数将导致该人双重优势。因此，司法解释特别规定，建设单位尚未出售和虽已出售但尚未交付的部分，以及同一买受人拥有一个以上专有部分的，按一人计算。该规定并不会对这类权利人行使管理权造成影响，因为其专有部分面积在建筑物总面积中的比例未被改变。

五、问：当前，因“住改商”引发的纠纷比较多，司法解释对物权法第七十七条作出了怎样的解释性规定？

答：物权法第七十七条规定，业主不得违反法律、法规以及管理规约，将住宅改变为经营性用房。业主将住宅改变为经营性用房的，除遵守法律、法规以及管理规约外，应当经有利害关系的业主同意。对该条的理解主要有三个问题需要解决：一是如果未经有利害关系的业主同意，其法律后果是什么；二是有利害关系业主的同意是需全部同意还是多数同意即可；三是如何确定有利害关系业主的范围。

按照物权法第七十七条规定，“住改商”行为的合法性需要满足两个条件：遵守法律、法规以及管理规约；应当经有利害关系的业主同意。未经有利害关系的业主同意，其行为仍不具备合法性。据此，物权法第七十七条实际上已经成为“住改商”业主对由此产生的损害后果需承担相应民事责任的法律依据。

物权法施行后，在实践中有做法是按照多数决来确定有利害关系业主的意见。这既没有法律依据，也违反了物权法第七十七条的立法目的，针对这种情况，司法解释特别规定，将住宅改变为经营性用房的业主以多数有利害关系的业主同意其行为进行抗辩的，不予支持。司法解释综合考虑“住改商”纠纷的实际情况，将有利害关系业主的范围原则上确定为在本栋建筑物之内，该范围基本上有效涵盖了与“住改商”行为有利害关系的业主，在审判实务中也比较容易掌握和操作。此外，实践中确实有可能出现建筑区划内本栋建筑物之外的业主也与“住改商”行为存在利害关系的情况，但这部分业主的范围难以统一划定，为防止利害关系业主范围的无限制泛化，司法解释另外规定，其应证明利害关系的存在。

六、问：物权法第七十八条规定了业主的撤销权，司法解释对业主撤销权行使问题有何具体规定？

答：物权法第七十八条第二款对业主撤销权作出了规定，但业主撤销权的行使还涉及一些具体问题需要明确。比如，业主大会、业主委员会违反法定程序作出的决定，业主能否申请撤销，以及业主撤销权的行使应否有一个时间限制等。根据物权法第七十六条的立法精神，司法解释将物权法第七十八条第二款规定的“业主合法权益”解释为：不仅包括侵害业主的实体权利，也包括作出决定的程序违反法律规定。业主撤销权作为一种形成权，应当受到除斥期间的限制，本条参照合同法有关债权人撤销权的规定，将其确定为自知道或者应当知道业主大会或者业主委员会作出决定之日起一年之内。如此规定，既可以督促受侵害的业主及时行使权利，也有利于尽量维护业主共同生活秩序的稳定。因该除斥期间的起算点为“在知道或者应当知道业主大会或者业主委员会作出决定之日起”，所以也不会对业主合法权益保护带来不利影响。

七、问：物业服务合同一般是由业主委员会与物业服务订立的，一些业主以其不是合同当事人为由拒绝履行相关义务，司法解释如何解决？

答：不仅是物业服务合同，前期物业服务合同也存在这个问题。根据《物业管理条例》的相关规定，在业主、业主大会选聘物业服务企业之前，建设单位可以通过招投标或者经行政主管部门批准采用协议方式选聘物业服务企业，签订前期物业服务合同。只要前期物业服务合同合法有效，其对业主即应具有约束力。物权法第七十六条规定，选聘物业服务企业应当由业主共同决定。业主委员会根据《物业管理条例》的相关规定，与业主大会依法选聘的物业服务企业签订的物业服务合同，是业主自治权行使的结果，全体业主都应遵守。在实践中，有些业主以不是合同当事人为由，不愿接受物业服务合同的约束，拒绝履行相应义务并引发纠纷。业主虽然不是物业服务合同（包括前期物业服务合同）形式上的签订者，但其是物业服务合同项下权利义务的一方实际享有者和承担者。从这个角度看，物业服务企业是和业主而不是与业主委员会建立的物业服务法律关系。据此，司法解释规定，业主以其并非合同当事人为由提出抗辩的，人民法院不予支持。

八、问：实践中物业服务合同的约定内容一般较为简单，产生纠纷时，当事人对如何确定物业服务企业的义务常发生争议，司法解释对此有何规定？

答：实践中，很多物业服务合同约定内容并不十分详细，而对物业服务管理行为的规范很多是通过法律、法规规定或者相关行业规范来进行的。除此以外，物业服务企业公开作出的服务承诺及制定的服务细则，往往对业主作出选聘决定具有重要作用。为更好维护业主权益，司法解释依据合同默示条款理论，合理扩充了物业服务企业应承担义务的依据范围，即不仅限于物业服务合同中的明示条款，法律、法规规定、相关行业规范，以及物业服务企业公开作出的服务承诺及制定的服务细则也是确定物业服务企业应尽义务的依据。根据《物业管理条例》第2条规定，物业服务企业应当承担的义务主要是对房屋及配套的设施设备和相关场地进行维修、养护、管理，维护相关区域内的环境卫生和秩序，就其义务量而言，司法解释对物业服务企业应尽义务所做的规定并不会额外增加物业服务企业的义务。

九、问：很多业主认为，物业服务企业没有权利就业主相关妨害物业服务秩序的行为提起诉讼，这种观点是否正确，司法解释是如何规定的？

答：这种观点是不正确的。物业服务企业与业主之间的委托关系具有一定的特殊性，其中很重要的一个方面就是全体业主将维护物业服务区域秩序的管理权交给物业服务企业。该权利行使的主要途径是对业主实施“人”的管理。业主实施妨害物业服务与管理的行为，既有可能是违反物业服务合同的违约行为，有时也可能是一种侵权行为。赋予物业服务企业以相应诉权，并未超出其对“人”管理权的行使边界，而且可以及时有效地制止不法行为。实际上在实践中，其他业主往往都是要求物业服务企业去制止妨害、侵害行为，而不愿自己亲力亲为。基于以上考虑，司法解释规定，业主违反物业服务合同或者法律、法规、管理规约，实施妨害物业服务与管理的行为，物业服务企业请求业主承担恢复原状、停止侵害、排除妨害等相应民事责任的，人民法院应予支持。

十、问：欠费纠纷是物业服务纠纷的主要类型，如果业主提出不需要有关物业服务或者因出国等原因没有享受物业服务而拒绝缴费，应如何处理？

答：业主委员会根据《物业管理条例》的规定，与业主大会依法选聘的物业服务企业签订的物业服务合同，是业主自治权行使的结果，全体业主都应遵守。实践中，在物业服务企业已经按照约定以及规定全面履行了相应义务的情况下，有的业主以未享受物业服务企业已经提供的服务（比如业主提出其因出国而未享受服务）或者无需接受相关物业服务（比如低楼层业主提出其从未乘坐电梯等）提出抗辩。选聘物业服务企业是业主共同作出的决定，只要物业服务企业按照合同约定提供了相关服务，则物业费的交纳义务对全体业主而言都是均等的。否则，物业服务关系的稳定性和确定性将会被彻底打破。除非管理规约或者物业服务合同等有另外的规定或者约定，业主以前述理由所提的抗辩属于权利滥用，有损业主自治机制和物业服务秩序，所以不应得到支持。

十一、问：服务合同解除后，如物业服务企业提出其尚有物业费被拖欠，应如何主张权利？如物业服务企业拒绝退出，并以存在事实物业服务关系为由要求支付物业费，应否得到支持？

答：物权法第七十六条规定，业主大会有权决定解聘物业服务企业。按照业主大会决定，业主委员会代表业主，应有请求解除物业服务合同的权利。业主委员会虽为物业服务合同的一方当事人，但其既不是欠费人又没有责任财产，所以如果确实存在拖欠物业费的情形，物业服务企业可以在合同解除后，向拖欠物业费的业主提起诉讼。对此，司法解释明确规定，如果物业服务企业在解除物业服务合同的诉讼中，提出要求业主委员会支付拖欠的物业费的请求，法院应当告知其向拖欠物业费的业主另行主张权利。

实践中，在物业服务合同权利义务终止后，因物业服务企业拒绝退出而引发的纠纷不在少数。司法解释明确规定，在物业服务合同权利义务终止后，物业服务企业应当退出物业服务区域、移交物业服务用房和相关设施，以及物业服务所必需的相关资料和由其代管的专项维修。如果物业服务企业拒绝退出，并以存在事实物业服务关系为由，请求业主支付物业服务合同权利义务终止后的物业费的，法院不予支持。物业服务合同权利义务终止的情形，主要包括合同终止、解除、期限届满且未续期等。

十二、问：如果物业服务纠纷是由于承租人、借用人等引起的，是否也适用司法解释相关规定？最高法院对两部司法解释的施行有何特殊考虑？

答：实践中，物业服务纠纷常常会涉及房屋的承租人、借用人等物业使用人。该物业使用人虽然不是业主，但其居住生活在物业服务区域内，也应当受到物业服务合同、法律、法规以及管理规约的约束。从这个意义上说，司法解释对物业服务纠纷的规定，应当同样适用于因非业主的物业使用人实施违反物业服务合同、法律、法规或者管理规约的行为引起的物业服务纠纷案件的处理。对此，司法解释明确作出了规定。

物权法施行前，法律并无“住改商”应当经有利害关系的业主同意的规定，也没有规划用于停放汽车的车位、车库应当首先满足业主的需要的规定，除此以外，物权法对共同事项多数决的比例规定也比修订前的物业管理条例的规定高。如果不对司法解释的时间效力进行适当限制，将有可能使得许多已经稳定的社会关系重新被打破，并引发大量纠纷案件。基于此种考虑，根据法不溯及既往的原则，建筑物区分所有权司法解释明确规定，因物权法施行后实施的行为引起的建筑物区分所有权纠纷案件，适用该解释。同时，为了在司法解释正式施行之前，给各界预留一个宣传学习的时间，也为了最大限度通过自律、自纠的方式消化可能发生的纠纷案件，两部司法解释都将于2009年10月1日起正式施行。

最高人民法院
关于审理矿业权纠纷案件适用法律若干问题的解释

法释〔2017〕12号

（2017年2月20日最高人民法院审判委员会第1710次会议通过
2017年6月24日公布　自2017年7月27日起施行）

为正确审理矿业权纠纷案件，依法保护当事人的合法权益，根据《中华人民共和国物权法》《中华人民共和国合同法》《中华人民共和国矿产资源法》《中华人民共和国环境保护法》等法律法规的规定，结合审判实践，制定本解释。

第一条　人民法院审理探矿权、采矿权等矿业权纠纷案件，应当依法保护矿业权流转，维护市场秩序和交易安全，保障矿产资源合理开发利用，促进资源节约与环境保护。

第二条　县级以上人民政府国土资源主管部门作为出让人与受让人签订的矿业权出让合同，除法律、行政法规另有规定的情形外，当事人请求确认自依法成立之日起生效的，人民法院应予支持。

第三条　受让人请求自矿产资源勘查许可证、采矿许可证载明的有效期起始日确认其探矿权、采矿权的，人民法院应予支持。

矿业权出让合同生效后、矿产资源勘查许可证或者采矿许可证颁发前，第三人越界或者以其他方式非法勘查开采，经出让人同意已实际占有勘查作业区或者矿区的受让人，请求第三人承担停止侵害、排除妨碍、赔偿损失等侵权责任的，人民法院应予支持。

第四条　出让人未按照出让合同的约定移交勘查作业区或者矿区、颁发矿产资源勘查许可证或者采矿许可证，受让人请求解除出让合同的，人民法院应予支持。

受让人勘查开采矿产资源未达到国土资源主管部门批准的矿山地质环境

保护与治理恢复方案要求，在国土资源主管部门规定的期限内拒不改正，或者因违反法律法规被吊销矿产资源勘查许可证、采矿许可证，或者未按照出让合同的约定支付矿业权出让价款，出让人请求解除出让合同的，人民法院应予支持。

第五条 未取得矿产资源勘查许可证、采矿许可证，签订合同将矿产资源交由他人勘查开采的，人民法院应依法认定合同无效。

第六条 矿业权转让合同自依法成立之日起具有法律约束力。矿业权转让申请未经国土资源主管部门批准，受让人请求转让人办理矿业权变更登记手续的，人民法院不予支持。

当事人仅以矿业权转让申请未经国土资源主管部门批准为由请求确认转让合同无效的，人民法院不予支持。

第七条 矿业权转让合同依法成立后，在不具有法定无效情形下，受让人请求转让人履行报批义务或者转让人请求受让人履行协助报批义务的，人民法院应予支持，但法律上或者事实上不具备履行条件的除外。

人民法院可以依据案件事实和受让人的请求，判决受让人代为办理报批手续，转让人应当履行协助义务，并承担由此产生的费用。

第八条 矿业权转让合同依法成立后，转让人无正当理由拒不履行报批义务，受让人请求解除合同、返还已付转让款及利息，并由转让人承担违约责任的，人民法院应予支持。

第九条 矿业权转让合同约定受让人支付全部或者部分转让款后办理报批手续，转让人在办理报批手续前请求受让人先履行付款义务的，人民法院应予支持，但受让人有确切证据证明存在转让人将同一矿业权转让给第三人、矿业权人将被兼并重组等符合合同法第六十八条规定情形的除外。

第十条 国土资源主管部门不予批准矿业权转让申请致使矿业权转让合同被解除，受让人请求返还已付转让款及利息，采矿权人请求受让人返还获得的矿产品及收益，或者探矿权人请求受让人返还勘查资料和勘查中回收的矿产品及收益的，人民法院应予支持，但受让人可请求扣除相关的成本费用。

当事人一方对矿业权转让申请未获批准有过错的，应赔偿对方因此受到的损失；双方均有过错的，应当各自承担相应的责任。

第十一条 矿业权转让合同依法成立后、国土资源主管部门批准前，矿业权人又将矿业权转让给第三人并经国土资源主管部门批准、登记，受让人请求解除转让合同、返还已付转让款及利息，并由矿业权人承担违约责任的，人民法院应予支持。

第十二条 当事人请求确认矿业权租赁、承包合同自依法成立之日起生效的，人民法院应予支持。

矿业权租赁、承包合同约定矿业权人仅收取租金、承包费，放弃矿山管理，不履行安全生产、生态环境修复等法定义务，不承担相应法律责任的，人民法院应依法认定合同无效。

第十三条　矿业权人与他人合作进行矿产资源勘查开采所签订的合同，当事人请求确认自依法成立之日起生效的，人民法院应予支持。

合同中有关矿业权转让的条款适用本解释关于矿业权转让合同的规定。

第十四条　矿业权人为担保自己或者他人债务的履行，将矿业权抵押给债权人的，抵押合同自依法成立之日起生效，但法律、行政法规规定不得抵押的除外。

当事人仅以未经主管部门批准或者登记、备案为由请求确认抵押合同无效的，人民法院不予支持。

第十五条　当事人请求确认矿业权之抵押权自依法登记时设立的，人民法院应予支持。

颁发矿产资源勘查许可证或者采矿许可证的国土资源主管部门根据相关规定办理的矿业权抵押备案手续，视为前款规定的登记。

第十六条　债务人不履行到期债务或者发生当事人约定的实现抵押权的情形，抵押权人依据民事诉讼法第一百九十六条、第一百九十七条规定申请实现抵押权的，人民法院可以拍卖、变卖矿业权或者裁定以矿业权抵债，但矿业权竞买人、受让人应具备相应的资质条件。

第十七条　矿业权抵押期间因抵押人被兼并重组或者矿床被压覆等原因导致矿业权全部或者部分灭失，抵押权人请求就抵押人因此获得的保险金、赔偿金或者补偿金等款项优先受偿或者将该款项予以提存的，人民法院应予支持。

第十八条　当事人约定在自然保护区、风景名胜区、重点生态功能区、生态环境敏感区和脆弱区等区域内勘查开采矿产资源，违反法律、行政法规的强制性规定或者损害环境公共利益的，人民法院应依法认定合同无效。

第十九条　因越界勘查开采矿产资源引发的侵权责任纠纷，涉及国土资源主管部门批准的勘查开采范围重复或者界限不清的，人民法院应告知当事人先向国土资源主管部门申请解决。

第二十条　因他人越界勘查开采矿产资源，矿业权人请求侵权人承担停止侵害、排除妨碍、返还财产、赔偿损失等侵权责任的，人民法院应予支持，但探矿权人请求侵权人返还越界开采的矿产品及收益的除外。

第二十一条　勘查开采矿产资源造成环境污染，或者导致地质灾害、植被毁损等生态破坏，法律规定的机关和有关组织提起环境公益诉讼的，人民法院应依法予以受理。

法律规定的机关和有关组织提起环境公益诉讼的，不影响因同一勘查开采行为受到人身、财产损害的自然人、法人和其他组织依据民事诉讼法第一百一十九条的规定提起诉讼。

第二十二条 人民法院在审理案件中，发现无证勘查开采，勘查资质、地质资料造假，或者勘查开采未履行生态环境修复义务等违法情形的，可以向有关行政主管部门提出司法建议，由其依法处理；涉嫌犯罪的，依法移送侦查机关处理。

第二十三条 本解释施行后，人民法院尚未审结的一审、二审案件适用本解释规定。本解释施行前已经作出生效裁判的案件，本解释施行后依法再审的，不适用本解释。

【链　接】

适应矿业权市场发展需求
保障矿产资源合理开发利用

——最高人民法院环境资源审判庭负责人就《最高人民法院关于审理矿业权纠纷案件适用法律若干问题的解释》答记者问

最高人民法院于2017年6月24日发布了《最高人民法院关于审理矿业权纠纷案件适用法律若干问题的解释》（以下简称《解释》），自2017年7月27日起施行。就如何正确理解适用和贯彻落实好《解释》，最高人民法院环境资源审判庭负责人就相关问题回答了提问。

问：请问《解释》的起草背景是什么？

答：矿产资源作为一类重要的自然资源，是社会和经济发展的重要物质基础。随着改革开放的不断深入和市场经济体制的确立完善，矿产资源开发利用经历了由严格限制到逐步放开的过程，并逐步引入比较成熟的市场机制。党的十八大后提出要使市场在资源配置中起决定性作用，创新政府配置资源方式，更好地处理市场与政府的关系。2015年后，中共中央、国务院陆续发布《关于加快推进生态文明建设的意见》《生态文明体制改革总体方案》《关于完善产权保护制度依法保护产权的意见》等关于生态文明建设的政策性文件，为进一步深化矿产资源有偿使用制度改革，更好发挥矿业权的财产属性，强化矿业权的市场化流转，完善矿业权产权保护及行政监管方式指明了方向和路径。

矿业权流转一级市场和二级市场日趋活跃，相关纠纷亦开始大量涌现。同时，矿产资源开发利用中无证勘查开采、乱采滥挖等违法行为屡禁不止，导致矿区环境污染、生态破坏，严重损害公众环境权益，亟待解决。矿业权纠纷既涉及国家对矿产资源的行政管理、矿产资源的合理开发和有效利用，也涉及矿产资源的市场化配置、相关利益主体的产权保护，同时还与安全生产、环境保护等社会公共利益密切相关，是一类非常重要的环境资源案件。现行涉及矿业权的法律法规多制定于上个世纪八九十年代，带有较强的行政监管色彩，不能完全适应矿业权流转日益市场化的发展趋势。全国各级法院对相关法律法规的理解差异较大，导致裁判标准不一，严重影响了法律的统一实施和人民法院裁判的权威。

为适应矿业权市场发展需求，促进生态文明建设，统一裁判规则，最高人民法院在认真总结各地法院，尤其是贵州、云南、陕西、山西、河北、河南、黑龙江等地法院审理矿业权纠纷案件实践经验的基础上，经过反复调研论证和广泛征求意见，于 2017 年 2 月 20 日经最高人民法院审判委员会第 1710 次会议讨论通过了本《解释》，《解释》于 2017 年 7 月 27 日起施行。

问：矿业权纠纷案件的审判理念是什么，为什么要强调审判理念？

答：审判理念系指法官在审理具体案件时对案件进行评判的价值追求，是法官在法律思维基础上应具备的裁判思维、审判意识。案件审理的过程实质上就是法官基于既有事实适用相应的法律规则进而得出裁判结论的过程，而成文法律规则由于其内在的原则性、局限性、滞后性又往往导致法官在裁判具体案件时具有一定程度的僵化和机械，从而使得裁判结果可能偏离客观性、公正性，甚至与社会主流价值观发生冲突，影响司法公信力。因此，法官审理案件时不仅需要运用法律思维，还须基于不同案件的特性遵循一定的审判理念，作为此类案件裁判的指导思想，以实现司法审判的终极价值——维护社会的公平正义。

矿业权作为兼具民事物权和行政许可双重属性的一种财产权利，在现行法律框架下受公法和私法的共同规范。相比较一般民事物权，矿业权在设立、流转、行使、消灭等方面均具有特殊性。基于矿业权的特殊法律属性，审理矿业权纠纷案件应遵循以下基本理念：

1. 依法保护矿业权流转。矿业权作为一种财产权，物权法规定的一类用益物权，可转让性系其内在的一项基本特征，应允许矿业权作为商品在市场上自由流转，提高矿产资源的开发利用效率，实现市场在矿产资源配置中的决定性作用。第一，承认矿业权转让、租赁、承包、合作等不同流转方式的法律效力，尊重当事人基于意思自治作出的利益安排。第二，区分公法和私法两种不同的法律调整模式，尽量发挥行政手段对非法流转行为的处罚和监管作用，减少对矿业权流转合同效力的否定性法律评价。第三，适当分离矿业权的财产属性和行政许可属性，适当弱化行政审批对矿业权流转合同效力的影响。

2. 维护市场秩序和交易安全。依法强化行政监管，注意发挥行政机关在维护矿业权市场秩序方面的主导地位，运用行政手段保障“契约自由、意思自治”的交易秩序。第一，以矿产资源勘查许可证、采矿许可证为基础确立矿业权作为用益物权设立、变动的公示公信原则，保护善意第三人利益和交易安全。第二，对以租赁、承包名义擅自转让矿业权的合同，应依法认定无效，防止恶意逃避行政监管。第三，审慎审查矿业权转让的主体、条件、方式、程序，依法实现涉矿法律法规关于运用行政审批、登记等方式监管矿业权转让的规范目的。

3. 保障矿产资源合理开发利用。矿产资源的稀缺性、耗竭性、不可再生性等特性，决定了矿产资源开发利用必须走可持续发展的道路。人民法院应适度能动司法，促进矿产资源合理开发利用原则的落实。第一，无证勘查开采，违反矿产资源勘查开采许可管理制度，严重侵犯国家矿产资源所有权，导致国家调控、监管矿业市场的目的落空，须予以否定。第二，依法审理检察机关提起的行政公益诉讼，防止行政不作为和乱作为，确保矿产资源合理开发利用秩序的良性维持。第三，审理矿业权纠纷案件过程中，如发现无证勘查开采，勘查资质、地质资料造假，或者勘查开采未履行生态环境修复义务等违法情形的，应提出司法建议或者依法移送有关机关处理。

4. 促进资源节约与生态环境保护。矿产资源同时具有商品属性和生态属性，勘查开采活动具有必然的环境负外部性，审判工作中要注意促进资源节约和生态环境保护。第一，重视政府对矿产资源开发利用进行管制的必要性和重要性，在解决当事人纠纷的同时要兼顾生态环境保护，将之作为利益衡平的重要考量因素。第二，依法受理和审理涉及资源保护的环境民事公益诉讼，保护社会组织提起公益诉讼的积极性，发挥公益诉讼在资源节约和生态环境保护上的独特功能及效用。第三，在自然保护区、风景名胜区、重点生态功能区、生态环境敏感区和脆弱区等特殊区域内勘查开采矿产资源的合同，违反法律、行政法规强制性规定或者损害环境公共利益的，应依法认定无效。

问：矿业权出让合同与矿业权取得的关系应如何认识？矿业权作为一种用益物权，为何依据矿产资源勘查许可证和采矿许可证载明的有效期起始日确定取得的时间？

答：矿业权出让合同，本质上属于用益物权的设立行为。根据国土资源部《探矿权采矿权招标拍卖挂牌管理办法（试行）》《矿业权交易规则（试行）》等关于矿业权出让程序的相关规定，采“招拍挂”等市场化出让方式的，受让人须与出让人签订矿业权出让合同，经公示无异议，履行支付矿业权出让价款等相关手续后，持成交确认书、出让合同及其他所需材料，向有审批权限的国土资源主管部门申请办理矿业权登记手续，领取勘查许可证或采矿许可证，方能取得矿业权。目前无法律、行政法规规定此种方式中的矿业权出让合同需经行政审批才能生效。矿业权出让采协议出让方式的，国土资源部曾规定需经由省级国土资源厅或者国土资源部审批，但2015年5月10日国务院明确取消该项非行政许可审批。至于采“批准申请”方式的，若国土资源主管部门与受让人不签订出让合同，自不适用本《解释》规定。而且《矿业权出让制度改革方案》进一步明确，要推进矿业权竞争性出让，严格限制矿业权协议出让，调整矿业权审批权限，强化出让监管服务。故矿业权出让合同应适用合同法第四十四条第一款的规定，自依法成立之日起生效。

矿业权自何时设立，受让人何时取得矿业权，往往是矿业权纠纷案件处理过程中首先要解决的问题。因矿业权出让中涉及出让合同的签订日期、“招拍挂”确认成交日期、矿业权登记日期、许可证签发日期、许可证载明的权利有效起止日期等多个时间节点，应以何者为准，存在争议。根据矿产资源法等涉矿法律、法规的规定，矿业权在国土资源主管部门颁发许可证后才设立，许可证是受让人是否拥有矿业权的权利外观，除矿业权保留等特定情况外，通常须遵循“有证即有权、无证则无权”的确权原则。故，在现有法律框架内，矿业权登记与物权法上具有确权意义的不动产登记并不完全一致，此亦是不动产统一登记机构暂未将矿业权登记纳入其中的重要原因。鉴于此，本《解释》将受让人取得矿业权的时间确定为矿产资源勘查许可证或者采矿许可证载明的有效期的起始时间。

问：矿业权转让申请未经国土资源主管部门批准前，依法成立的矿业权转让合同效力应如何认定？转让人无正当理由拒不履行报批义务，应承担何种法律责任？

答：矿业权转让申请未经国土资源主管部门批准前，依法成立的矿业权转让合同的效力认定，涉及物权法第十五条、合同法第四十四条以及《探矿权采矿权转让管理办法》第十条规定的理解适用。《解释》认为，虽然国土资源主管部门行政审批的对象系矿业权转让申请，而非矿业权转让合同，且物权法第十五条已将债权合同效力与不动产物权变动进行了区分处理，但由于《探矿权采矿权转让管理办法》明确将矿业权转让合同的效力与矿业权转让审批密切关联在一起，且现行有效，故在认定矿业权转让合同效力时仍应给予尊重，若矿业权转让未得到国土资源主管部门批准，则不能直接认定矿业权转让合同生效，但此时并不意味着依法成立的合同不具有任何法律效力。合同效力的内容可理解包括拘束力、确定力与实现力。不同效力内容，发生效力的时间节点不一定是同时的，可逐步“释放”。就矿业权转让合同而言，双方当事人达成合意即告成立，一经依法成立即具有法律约束力，对当事人即发生拘束力和确定力，当事人非依法律规定或约定，不得擅自变更或者解除，且不得仅以未经国土资源主管部门批准为由主张合同无效。此种认识与合同法第四十四条、《探矿权采矿权转让管理办法》第十条的规定无直接冲突，亦符合民法通则第五十七条、合同法第八条以及民法总则第一百一十九条的规定。

矿业权转让合同依法成立后即具有法律约束力，受让人得依合同约定请求转让人履行报批义务。报批义务是促成矿业权转让合同完全生效并得以继续履行的基础，转让人无正当理由拒不履行报批义务的，必将导致转让矿业权的合同目的不能实现，受让人依据合同法第九十四条第四项规定享有合同解除权。转让合同因转让人拒不履行报批义务而解除的，原则上应适用合同法第九十七条规定，受让人有权请求转让人返还已付转让款及利息、赔偿损失。就此种情形下损失赔偿的性质及范围而言，因报批义务既是转让人应承担的法定义务，也是合同义务的重要组成部分，转让人无正当理由拒不履行该义务，应承担相应的违约责任，而非一般的缔约过失责任。此种制度设计，既能够在合同法基本原理范围内得到合理解释，也有利于填补缔约过失责任范围限于信赖利益保护之不足，有利于惩戒恶意毁约行为，保护诚信守约人的利益，实现实质正义。

问：矿业权租赁、承包合同的效力应如何认定？对实践中以承包、租赁形式转让矿业权的行为如何界定，《解释》认定此种合同行为无效有何司法考量？

答：矿业权人作为用益物权人，有依法处分自己财产的权利和自由。矿业权租赁、承包，是不同于矿业权转让的流转方式，实践中大量存在。矿业权人在不转移矿业权权属的情况下将矿业权的部分权能让渡给他人享用并收取租金、承包费，承租人、承包人支付对价而有限制地行使矿产资源勘查开采权并因此获取收益，不具有天然的目的非法性，不宜当然将其视为矿业权的变相转让或者非法倒卖牟利，并径直以“合法形式掩盖非法目的”为由认定无效，也不宜以未经国土资源主管部门批准为由认定其具有合同效力瑕疵。

关于矿业权租赁、承包合同效力认定的争议，主要来自对矿产资源法第六条、第四十二条，矿产资源法实施细则第四十二条第三项，《探矿权采矿权转让管理办法》第十五条等规定的理解适用问题。鉴于上述法律、法规并没有明确规定若违反则合同无效，物权法第十五条也将债权合同效力与不动产物权变动作了区分处理；且按照文义解释规则，上述法律法规的规制重点是以出租、承包方式擅自转让矿产资源的行为，而非对矿业权租赁、承包方式的一律禁止。实际上，1986 年颁布实施的矿产资源法第三条第四款曾明确规定："采矿权不得买卖、出租，不得用作抵押"，并在原第四十二条第二款规定了罚则："买卖、出租采矿权或者将采矿权用作抵押的，没收违法所得，处以罚款，吊销采矿许可证"。但 1996 年修改矿产资源法时，上述内容均予以删除，也显示矿产资源法修改的立法趋向。故目前涉及矿业权出租、承包的法律规范不宜认定为《最高人民法院关于适用〈中华人民共和国合同法〉若干问题的解释（二）》第十四条规定的效力性强制性规定，不构成矿业权租赁、承包合同无效的法定依据。在不属于以租赁、承包方式擅自转让矿业权的情况下，矿业权租赁、承包合同应自依法成立之日起生效。

至于以租赁、承包方式擅自转让矿业权的合同认定问题，人民法院应结合具体案情，重点审查当事人是否约定矿业权人仅收取租金、承包费，放弃矿山管理，不再履行矿业权人安全生产、生态环境修复等法定义务，不承担相应法律责任等情形。因矿业权兼具民事物权和行政许可两重属性，矿业权纠纷案件的审理除涉及私权利益的保障之外，还存在司法权对行政权的合理尊重问题。矿业权租赁、承包与矿业权转让系不同的流转方式，其中最主要的区别就是矿业权租赁、承包并不变更矿业权的主体，无须办理矿业权的变更登记，但矿业权人依然负有监控矿山合法经营的义务，履行安全生产、水土保持、环境保护等法定职责，并承担相应的法律责任，租赁、承包期满还存在依约收回矿业权的问题。对当事人根据实际情况是选择采取直接转让方式抑或租赁、承包等流转方式，人民法院应给予必要的尊重，不宜一律将矿业权租赁、承包直接认定为矿业权转让。但当事人若在选择租赁、承包形式的同时，在租赁、承包合同中约定矿业权人仅收取租金或者承包费，放弃对矿山的管理，不再履行其法定义务、不再承担相应法律责任，则构成变相转让采矿权的行为，具有明显规避国土资源主管部门行政监管和审批许可，逃避国家相关税费缴纳的意图。为体现司法对于国土资源主管部门依法行政的尊重和支持，根据合同法第五十二条第三项"以合法形式掩盖非法目的"以及第五项"损害社会公共利益"的规定，应认定此类合同无效，以引导当事人选择合法合规的矿业权流转方式，维护正常的矿业权流转秩序，保障矿业权交易安全。

问：矿业权抵押有很大的现实需求，但我国法律层面没有关于矿业权抵押的明确规定，《解释》规定矿业权抵押是否具有相应的法律依据？矿业权抵押权的取得规定了登记和备案两种方式，是否存在矛盾？

答：矿业权作为一类财产权，其融资功能日益得到肯定，矿业权人以矿业权为自己或者他人债务提供抵押的实践也逐渐丰富。根据物权法第一百八十条、第一百八十四条的规定，作为法律、行政法规未禁止抵押的财产，矿业权上设定抵押并无法律障碍。国土资源部《矿业权出让转让管理暂行规定》第三条规定，矿业权适用不动产法律法规的调整原则；增值税暂行条例实施细则以及《关于固定资产进项税额抵扣问题的通知》等规范性文件中将矿产资源确定为不动产中的“其他土地附着物”。参照上述规定，矿产资源可定性为不动产，矿业权适用不动产法律法规予以调整，可依法设定矿业权抵押。

就矿业权抵押合同的效力而言，虽《矿业权出让转让管理暂行规定》第五十七条规定抵押合同签订后要报请国土资源主管部门备案，但并未明确非经备案不生效力；根据物权法第十五条及《最高人民法院关于适用〈中华人民共和国合同法〉若干问题的解释（一）》第九条的规定，矿业权抵押合同应自依法成立之日起生效，未办理登记备案不影响其效力。就矿业权抵押权的设立而言，根据物权法第九条、第一百八十七条的规定，矿业权抵押权应自依法登记时设立。由于现行法律、行政法规并未明确规定矿业权抵押的登记机构，国务院《不动产登记暂行条例》亦未将矿业权抵押权列入不动产统一登记范围。目前，各地多依据《矿业权出让转让管理暂行规定》办理矿业权抵押备案，或者依据地方性法规办理矿业权抵押登记或备案。从不动产物权公示的方法和效果来看，备案亦是将抵押事实记载在一定媒介之上，公众可根据需要进行查询。《解释》将实践中已经具备公示作用的矿业权抵押备案视为登记，作为矿业权抵押法定登记机构确定前的过渡措施。需要明确的是，将来矿业权抵押实行统一登记制后，备案应会予以取消，登记和备案不会同时作为矿业权抵押权的公示方法存在，故不存在登记和备案发生矛盾的问题。

问：越界开采侵权纠纷中什么情况下适用行政前置程序？探矿权人为何不能请求返还越界开采的矿产品及收益？

答：矿产资源法实施细则、《矿产资源勘查区块登记管理办法》《矿产资源开采登记管理办法》等行政法规，对勘查作业区和矿区范围都有相应规定。所谓越界勘查开采，是指超越批准的勘查作业区或者矿区范围进行矿产资源勘查开采的行为。因越界勘查开采矿产资源而引发的侵权责任纠纷，属人民法院主管范围。但是否构成越界勘查开采，涉及对勘查作业区、矿区范围的界定，属国土资源主管部门的行政职权。故若因国土资源主管部门批准的勘查、开采范围重复或者界限不清，当事人就是否越界产生争议的，应适用行政前置程序，由国土资源主管部门就是否越界先行处理。

矿业权作为用益物权，属侵权责任法第二条规定的依法应予保护的民事权益范畴。他人越界勘查开采，构成侵权的，应当依法承担侵权责任。根据侵权责任法第十五条的规定，结合矿业权的特殊属性，主要责任方式包括停止侵害、排除妨碍、返还财产、赔偿损失等。采矿权系在依法取得的采矿许可证规定的范围内，开采矿产资源和获得所开采的矿产品的权利，故侵权人越界开采所得矿产品及收益，采矿权人有请求返还的权利。而探矿权人仅享有按照勘查许可证规定的区域、期限、工作对象进行勘查以及优先取得勘查作业区内矿产资源的采矿权等权利，并不能进行开采并获得开采的矿产品，至多只能自行销售勘查中按照批准的工程设计施工回收的矿产品。探矿权的实质是“探”的权利，而非“采”的权利。探矿权人就勘查作业区范围内的矿产资源取得采矿权之前，侵权人越界开采的矿产品及其收益仍应归属国家所有，探矿权人对此无权主张返还。就侵权人越界开采行为，探矿权人有权向有关部门举报，人民法院也可依法向国土资源主管部门提出司法建议，由其依法处理。

问：人民法院为何要对自然保护区、风景名胜区、国家重点生态功能区、生态敏感区和脆弱区等特别区域内矿业权合同效力进行特别司法审查？

答：矿产资源具有不同于一般财产的特殊属性，其既属于国家所有，是国民经济和社会发展的重要物质基础，同时又是环境要素的一部分，兼具经济价值和生态价值。矿产资源的开发利用必然会对生态环境造成一定损害，具有明显的环境负外部性。实践中，经济发展和环境保护之间的矛盾突出，有些地方为促进当地经济发展，罔顾国家相关法律规定和生态环境保护政策，在禁止或严格限制矿产资源勘查、开发的自然保护区、风景名胜区、国家重点生态功能区等区域内盲目批准矿产资源勘查开采；矿业权人明知或者应当知道上述特别区域内禁止或严格限制矿产资源的勘查开采，依然通过转让、租赁、承包或者合作等方式进行矿业权流转交易，严重背离绿色发展理念和生态文明建设要求。若允许此类合同继续履行，极易造成上述特别区域内水土流失、植被毁损、生物多样性减少等不可逆转、难以修复的生态破坏和环境污染，违反环境保护法、自然保护区条例、风景名胜区条例等相关法律、行政法规的强制性规定。而且，从国家发展战略和人民共同福祉考虑，在上述特别区域内，即便没有违反法律、行政法规的强制性规定，只要勘查开采行为造成该区域内生态破坏、环境污染，损害环境公共利益，人民法院亦应依法给予当事人所签矿业权流转合同以否定性法律评价。这既是对社会公众的一种政策宣示和行为引导，也符合当前绿色发展和生态文明建设的理念和要求。

需要说明的是，上述特别区域内矿业权流转合同效力的司法审查，系针对先有自然保护区等特别区域的设定，后有合同签订行为的情形，不违反法不溯及既往原则。在矿业权设定在先、自然保护区等特别区域设定在后的情况下，即使矿业权合法性不受影响，实践中也多采取逐渐退出机制，矿业权人亦不得再做扩大性经营行为。

问：最高人民法院已经制定专门的环境民事公益诉讼司法解释，本《解释》又规定了涉矿环境公益诉讼，是否有其特殊性？

答：《最高人民法院关于审理环境民事公益诉讼案件适用法律若干问题的解释》（以下简称《环境民事公益诉讼司法解释》）第一条明确规定对已经损害社会公共利益或者具有损害社会公共利益重大风险的污染环境、破坏生态的行为，法律规定的机关和有关组织可依据民事诉讼法第五十五条、环境保护法第五十八条等法律的规定提起环境民事公益诉讼。矿产资源既具有财产属性，同时亦是环境要素的一部分。矿产资源的勘查开采所具有的环境负外部性，往往导致矿区及周边区域的水体、土壤污染和水土流失、植被破坏、地面塌陷、生物多样性减少等生态损害。而矿产资源开发利用领域大量存在的无证勘查开采、乱采滥挖、破坏性开采等违法违规现象，更进一步加剧了矿区及周边区域环境污染和生态破坏的严重性，符合环境民事公益诉讼的起诉条件。《环境民事公益诉讼司法解释》主要针对环境污染类公益诉讼进行的规定，而涉矿环境公益诉讼除涉及环境污染外，更多涉及矿区的生态破坏、生态修复，有其特殊性。

实践中，包括政府、矿山企业在内的相关主体对矿产资源勘查开采导致的环境问题，尤其矿区的生态破坏问题并未给予足够重视。2015 年 7 月 1 日，全国人大常委会《关于授权最高人民检察院在部分地区开展公益诉讼试点工作的决定》中，将“生态环境和资源保护”作为检察机关可提起公益诉讼试点的领域之一。2017 年 6 月 27 日，全国人大常委会审议通过《关于修改〈中华人民共和国民事诉讼法〉和〈中华人民共和国行政诉讼法〉的决定》，正式确定检察机关可针对“生态环境和资源保护”提起民事公益诉讼和行政公益诉讼。本《解释》专门规定涉矿环境公益诉讼，既与现行民事诉讼法、行政诉讼法、环境保护法等法律和司法解释关于环境公益诉讼的规定相契合，亦与环境公益诉讼审判实践和检察机关提起公益诉讼工作联系密切，有助于强化各方生态环境保护意识，具有积极的制度宣示和社会指引作用。

问：人民法院在审理矿业权纠纷案件中是否存在与国土资源、环境保护等主管部门进行协调衔接的问题？

答：在现有法律框架内，矿业权兼具民事物权和行政许可双重属性，其作为自然资源物权，又呈现出公共物品和生态特性，矿产资源领域还存在政策先行、立法滞后等现象。人民法院在审理矿业权纠纷案件时，应正确处理行政监管和市场配置、政策指引和法律解释、公法规制和私法调整、行政判断和司法裁判之间的关系，积极推动建立环境资源司法和行政执法之间的衔接、协调机制。人民法院在判决当事人履行报批义务或者协助报批义务前，可就矿业权是否符合转让条件、受让人是否具备资质条件，或者在拍卖、变卖矿业权或者裁定以矿业权抵债前，针对矿业权人矿山地质环境治理恢复保证金（履约金、备用金、计提基金等）处置情况等事项征求国土资源部门的意见；人民法院受理和审理涉矿环境公益诉讼或者依法认定自然保护区等特别区域内矿业权合同无效的，可根据案件具体情况向负有监督管理职责的国土资源、环境保护主管部门通报；人民法院审理矿业权纠纷案件中，发现无证勘查开采、未履行生态环境修复义务等违法情形的，还可向国土资源、环境保护主管部门发送司法建议，由其依法处理；涉嫌犯罪的，依法移送侦查机关处理；等等。

（二）物权登记

企业国有资产产权登记管理办法

（1996年1月25日中华人民共和国国务院令第192号发布
1996年1月25日国务院令第192号公布）

第一条　为了加强企业国有资产产权登记管理，健全国有资产基础管理制度，防止国有资产流失，制定本办法。

第二条　本办法所称企业国有资产产权登记（以下简称产权登记），是指国有资产管理部门代表政府对占有国有资产的各类企业的资产、负债、所者权益等产权状况进行登记，依法确认产权归属关系的行为。

第三条　国有企业、国有独资公司、持有国家股权的单位以及以其他形式占有国有资产的企业（以下统称企业），应当依照本办法的规定办理产权登记。

第四条　企业产权归属关系不清楚或者发生产权纠纷的，可以申请暂缓办理产权登记。

企业应当在经批准的暂缓办理产权登记期限内，将产权界定清楚、产权纠纷处理完毕，并及时办理产权登记。

第五条　县级以上各级人民政府国有资产管理部门按照产权归属关系办理产权登记。

国有资产管理部门根据工作需要，可以按照产权归属关系委托政府有关部门或者机构办理产权登记。

第六条 产权登记分为占有产权登记、变动产权登记和注销产权登记。

第七条 企业应当依照本办法向国有资产管理部门办理占有产权登记。

占有产权登记的主要内容：

（一）出资人名称、住所、出资金额及法定代表人；

（二）企业名称、住所及法定代表人；

（三）企业的资产、负债及所有者权益；

（四）企业实收资本、国有资本；

（五）企业投资情况；

（六）国务院国有资产管理部门规定的其他事项。

国有资产管理部门向企业核发的国有资产产权登记表，是企业的资信证明文件。

第八条 企业发生下列变动情形之一的，应当自变动之日起30日内办理变动产权登记：

（一）企业名称、住所或者法定代表人改变的；

（二）国有资本占企业实收资本比例发生变化的；

（三）企业分立、合并或者改变经营形式的；

（四）有国务院国有资产管理部门规定的其他变动情形的。

第九条 企业发生下列情形之一的，应当自各该情形发生之日起30日内办理注销产权登记：

（一）企业解散、被依法撤销或者被依法宣告破产的；

（二）企业转让全部产权或者企业被划转的；

（三）有国务院国有资产管理部门规定的其他情形的。

第十条 企业办理产权登记，应当按照规定填报国有资产产权登记表并提交有关文件、凭证、报表等。填报的内容或者提交的文件、凭证、报表等不符合规定的，国有资产管理部门有权要求企业补正。

第十一条 产权登记实行年度检查制度。

企业应当于每一年度终了后90日内，办理产权年度检查登记，向国有资产管理部门提交财务报告和国有资产经营年度报告书，报告下列主要内容：

（一）出资人的资金实际到位情况；

（二）企业国有资产的结构变化，包括企业对外投资情况；

（三）国有资产增减、变动情况；

（四）国务院国有资产管理部门规定的其他事项。

第十二条 国有资产产权登记表由国务院国有资产管理部门统一制定。

任何单位和个人不得伪造、涂改、出卖或者出借国有资产产权登记表。

国有资产产权登记表遗失或者毁坏的，应当按照规定申请补领。

第十三条　国有资产管理部门应当建立健全产权登记档案制度，并定期分析和报告国有资产产权状况。

第十四条　企业违反本办法规定，有下列行为之一的，由国有资产管理部门责令改正、通报批评，可以处以10万元以下的罚款，并提请政府有关部门对企业领导人员和直接责任人员按照规定给予纪律处分：

（一）在规定期限内不办理产权登记的；

（二）隐瞒真实情况、未如实办理产权登记的；

（三）不按照规定办理产权年度检查登记的；

（四）伪造、涂改、出卖或者出借国有资产产权登记表的。

第十五条　国有资产管理部门工作人员在办理产权登记中玩忽职守、徇私舞弊、滥用职权、谋取私利，构成犯罪的，依法追究刑事责任；尚不构成犯罪的，依法给予行政处分。

第十六条　军队企业的国有资产产权登记管理办法，由中国人民解放军总后勤部会同国务院国有资产管理部门参照本办法制定。

第十七条　本办法自发布之日起施行。国家国有资产管理局、财政部、国家工商行政管理局1992年5月11日发布的《国有资产产权登记管理试行办法》同时废止。

国家出资企业产权登记管理暂行办法

（2012年4月12日国资委令第29号公布　自2012年6月1日起施行）

第一章　总　则

第一条　为了加强国家出资企业产权登记管理，及时、真实、动态、全面反映企业产权状况，根据《中华人民共和国企业国有资产法》、《企业国有资产监督管理暂行条例》（国务院令第378号）等法律和行政法规，制定本办法。

第二条　本办法所称国家出资企业产权登记（以下简称产权登记），是指国有资产监督管理机构对本级人民政府授权管理的国家出资企业的产权及其分布状况进行登记管理的行为。

第三条　国家出资企业、国家出资企业（不含国有资本参股公司）拥有实际控制权的境内外各级企业及其投资参股企业（以下统称企业），应当纳入产权登记范围。国家出资企业所属事业单位视为其子企业进行产权登记。

前款所称拥有实际控制权，是指国家出资企业直接或者间接合计持股比例超过50%，或者持股比例虽然未超过50%，但为第一大股东，并通过股东协议、公司章程、董事会决议或者其他协议安排能够实际支配企业行为的情形。

第四条 本办法所指出资人分为以下五类：

（一）履行出资人职责的机构；

（二）履行出资人职责的机构、国有独资企业、国有独资公司单独或者共同出资设立的企业；

（三）以上两类出资人直接或者间接合计持股比例超过50%不足100%的企业；

（四）以上三类出资人直接或者间接合计持股比例未超过50%但为第一大股东，并通过股东协议、公司章程、董事会决议或者其他协议安排能够实际支配企业行为的企业；

（五）以上四类出资人以外的企业、自然人或者其他经济组织。

以上（二）、（三）、（四）类出资人统称为履行出资人职责的企业。

第五条 企业为交易目的持有的下列股权不进行产权登记：

（一）为了赚取差价从二级市场购入的上市公司股权；

（二）为了近期内（一年以内）出售而持有的其他股权。

第六条 办理产权登记的企业应当权属清晰。存在产权纠纷的企业，应当在及时处理产权纠纷后申请办理产权登记。

第七条 各级国有资产监督管理机构分别负责本级人民政府授权管理的国家出资企业的产权登记管理。国务院国有资产监督管理机构对地方国有资产监督管理机构的产权登记工作进行指导和监督。

第八条 国家出资企业负责对其履行出资人职责的企业的产权登记工作进行管理，并向国有资产监督管理机构申请办理企业产权登记。

第九条 各级国有资产监督管理机构、国家出资企业应当定期对产权登记数据进行汇总分析。

省级国有资产监督管理机构应当于每年1月31日前，将本地区上年度企业产权登记数据汇总分析后，报国务院国有资产监督管理机构。

第二章 产权登记类型

第十条 产权登记分为占有产权登记、变动产权登记和注销产权登记。

第十一条 履行出资人职责的机构和履行出资人职责的企业有下列情形之一的，应当办理占有产权登记：

（一）因投资、分立、合并而新设企业的；
（二）因收购、投资入股而首次取得企业股权的；
（三）其他应当办理占有产权登记的情形。
第十二条 占有产权登记应包括下列内容：
（一）企业出资人及出资人类别、出资额、出资形式；
（二）企业注册资本、股权比例；
（三）企业名称及在国家出资企业中所处级次；
（四）企业组织形式；
（五）企业注册时间、注册地；
（六）企业主营业务范围；
（七）国有资产监督管理机构要求的其他内容。
第十三条 有下列情形之一的，应当办理变动产权登记：
（一）履行出资人职责的机构和履行出资人职责的企业名称、持股比例改变的；
（二）企业注册资本改变的；
（三）企业名称改变的；
（四）企业组织形式改变的；
（五）企业注册地改变的；
（六）企业主营业务改变的；
（七）其他应当办理变动产权登记的情形。
第十四条 有下列情形之一的，应当办理注销产权登记：
（一）因解散、破产进行清算，并注销企业法人资格的；
（二）因产权转让、减资、股权出资、出资人性质改变等导致企业出资人中不再存续履行出资人职责的机构和履行出资人职责的企业的；
（三）其他应当办理注销产权登记的情形。

第三章 产权登记程序

第十五条 企业发生产权登记相关经济行为时，应当自相关经济行为完成后20个工作日内，在办理工商登记前，申请办理产权登记。企业注销法人资格的，应当在办理工商注销登记后，及时办理注销产权登记。

第十六条 企业申请办理产权登记，应当由履行出资人职责的企业按照填报要求，填写有关登记内容和相关经济行为合规性资料目录，逐级报送国家出资企业，国家出资企业负责对登记内容及相关经济行为的合规性进行审核后，向国有资产监督管理机构申请登记。

同一国有资产监督管理机构及其管理的多个履行出资人职责的企业共同

出资的企业，由拥有实际控制权的一方负责申请办理产权登记；任一方均不拥有实际控制权的，由持股比例最大的一方负责申请办理产权登记；各方持股比例相等的，由其共同推举一方负责申请办理产权登记。

非同一国有资产监督管理机构及其管理的多个履行出资人职责的企业共同出资的企业，由各方分别申请办理产权登记。

第十七条 国有资产监督管理机构自国家出资企业报送产权登记信息10个工作日内，对符合登记要求的企业予以登记；对相关经济行为操作过程中存在瑕疵的企业，国有资产监督管理机构应当向国家出资企业下发限期整改通知书，完成整改后予以登记。

第十八条 已办理产权登记的国家出资企业，由国有资产监督管理机构核发产权登记证；已办理产权登记的其他企业，由国有资产监督管理机构或者由国有资产监督管理机构授权国家出资企业核发产权登记表。

产权登记证、登记表是企业办结产权登记的证明，是客观记载企业产权状况基本信息的文件。产权登记证、登记表的格式和内容由国务院国有资产监督管理机构统一制发，企业在使用过程中不得擅自修改。

第十九条 企业应当在办理工商登记后10个工作日内，将企业法人营业执照或者工商变更登记表报送国有资产监督管理机构；工商登记信息与产权登记信息存在不一致的，企业应当核实相关资料，涉及变更产权登记信息的，企业应当修改后重新报送，国有资产监督管理机构或者国家出资企业对相关登记信息进行确认后重新核发产权登记证、登记表。

第二十条 产权登记仅涉及企业名称、注册地、主营业务等基础信息改变的，可在办理工商登记后申请办理产权登记。

第四章 产权登记管理

第二十一条 国家出资企业应当建立健全产权登记制度和工作体系，落实产权登记管理工作责任，并对制度执行情况进行监督检查。年度检查结果应当书面报告国有资产监督管理机构。

第二十二条 各级国有资产监督管理机构应当对企业产权登记工作的日常登记情况、年度检查情况和限期整改事项落实情况等进行检查，并予以通报。

第二十三条 国有资产监督管理机构、国家出资企业应当建立健全产权登记档案管理制度；国家出资企业对办理完成的产权登记事项，应当及时将合规性资料目录中所列资料整理归档，分户建立企业产权登记档案。

第二十四条 企业违反本办法规定，有下列行为之一的，由国有资产监督管理机构责令改正或者予以通报，造成国有资产损失的，依照有关规定追究企业领导和相关人员的责任：

（一）未按本办法规定及时、如实申请办理产权登记的；

（二）未按期进行整改的；

（三）伪造、涂改产权登记证、登记表的。

第五章　附　则

第二十五条　省级国有资产监督管理机构可以依据本办法制定本地区的具体实施办法。

第二十六条　本办法自 2012 年 6 月 1 日起施行。

不动产登记暂行条例

（2014 年 11 月 24 日国务院令第 656 号公布　自 2015 年 3 月 1 日起施行）

第一章　总　则

第一条　为整合不动产登记职责，规范登记行为，方便群众申请登记，保护权利人合法权益，根据《中华人民共和国物权法》等法律，制定本条例。

第二条　本条例所称不动产登记，是指不动产登记机构依法将不动产权利归属和其他法定事项记载于不动产登记簿的行为。

本条例所称不动产，是指土地、海域以及房屋、林木等定着物。

第三条　不动产首次登记、变更登记、转移登记、注销登记、更正登记、异议登记、预告登记、查封登记等，适用本条例。

第四条　国家实行不动产统一登记制度。

不动产登记遵循严格管理、稳定连续、方便群众的原则。

不动产权利人已经依法享有的不动产权利，不因登记机构和登记程序的改变而受到影响。

第五条　下列不动产权利，依照本条例的规定办理登记：

（一）集体土地所有权；

（二）房屋等建筑物、构筑物所有权；

（三）森林、林木所有权；

（四）耕地、林地、草地等土地承包经营权；

（五）建设用地使用权；

（六）宅基地使用权；

（七）海域使用权；

（八）地役权；

（九）抵押权；

（十）法律规定需要登记的其他不动产权利。

第六条 国务院国土资源主管部门负责指导、监督全国不动产登记工作。

县级以上地方人民政府应当确定一个部门为本行政区域的不动产登记机构，负责不动产登记工作，并接受上级人民政府不动产登记主管部门的指导、监督。

第七条 不动产登记由不动产所在地的县级人民政府不动产登记机构办理；直辖市、设区的市人民政府可以确定本级不动产登记机构统一办理所属各区的不动产登记。

跨县级行政区域的不动产登记，由所跨县级行政区域的不动产登记机构分别办理。不能分别办理的，由所跨县级行政区域的不动产登记机构协商办理；协商不成的，由共同的上一级人民政府不动产登记主管部门指定办理。

国务院确定的重点国有林区的森林、林木和林地，国务院批准项目用海、用岛，中央国家机关使用的国有土地等不动产登记，由国务院国土资源主管部门会同有关部门规定。

第二章 不动产登记簿

第八条 不动产以不动产单元为基本单位进行登记。不动产单元具有唯一编码。

不动产登记机构应当按照国务院国土资源主管部门的规定设立统一的不动产登记簿。

不动产登记簿应当记载以下事项：

（一）不动产的坐落、界址、空间界限、面积、用途等自然状况；

（二）不动产权利的主体、类型、内容、来源、期限、权利变化等权属状况；

（三）涉及不动产权利限制、提示的事项；

（四）其他相关事项。

第九条 不动产登记簿应当采用电子介质，暂不具备条件的，可以采用纸质介质。不动产登记机构应当明确不动产登记簿唯一、合法的介质形式。

不动产登记簿采用电子介质的，应当定期进行异地备份，并具有唯一、确定的纸质转化形式。

第十条 不动产登记机构应当依法将各类登记事项准确、完整、清晰地记载于不动产登记簿。任何人不得损毁不动产登记簿，除依法予以更正外不得修改登记事项。

第十一条　不动产登记工作人员应当具备与不动产登记工作相适应的专业知识和业务能力。

不动产登记机构应当加强对不动产登记工作人员的管理和专业技术培训。

第十二条　不动产登记机构应当指定专人负责不动产登记簿的保管，并建立健全相应的安全责任制度。

采用纸质介质不动产登记簿的，应当配备必要的防盗、防火、防渍、防有害生物等安全保护设施。

采用电子介质不动产登记簿的，应当配备专门的存储设施，并采取信息网络安全防护措施。

第十三条　不动产登记簿由不动产登记机构永久保存。不动产登记簿损毁、灭失的，不动产登记机构应当依据原有登记资料予以重建。

行政区域变更或者不动产登记机构职能调整的，应当及时将不动产登记簿移交相应的不动产登记机构。

第三章　登记程序

第十四条　因买卖、设定抵押权等申请不动产登记的，应当由当事人双方共同申请。

属于下列情形之一的，可以由当事人单方申请：

（一）尚未登记的不动产首次申请登记的；

（二）继承、接受遗赠取得不动产权利的；

（三）人民法院、仲裁委员会生效的法律文书或者人民政府生效的决定等设立、变更、转让、消灭不动产权利的；

（四）权利人姓名、名称或者自然状况发生变化，申请变更登记的；

（五）不动产灭失或者权利人放弃不动产权利，申请注销登记的；

（六）申请更正登记或者异议登记的；

（七）法律、行政法规规定可以由当事人单方申请的其他情形。

第十五条　当事人或者其代理人应当到不动产登记机构办公场所申请不动产登记。

不动产登记机构将申请登记事项记载于不动产登记簿前，申请人可以撤回登记申请。

第十六条　申请人应当提交下列材料，并对申请材料的真实性负责：

（一）登记申请书；

（二）申请人、代理人身份证明材料、授权委托书；

（三）相关的不动产权属来源证明材料、登记原因证明文件、不动产权属证书；

（四）不动产界址、空间界限、面积等材料；

（五）与他人利害关系的说明材料；

（六）法律、行政法规以及本条例实施细则规定的其他材料。

不动产登记机构应当在办公场所和门户网站公开申请登记所需材料目录和示范文本等信息。

第十七条　不动产登记机构收到不动产登记申请材料，应当分别按照下列情况办理：

（一）属于登记职责范围，申请材料齐全、符合法定形式，或者申请人按照要求提交全部补正申请材料的，应当受理并书面告知申请人；

（二）申请材料存在可以当场更正的错误的，应当告知申请人当场更正，申请人当场更正后，应当受理并书面告知申请人；

（三）申请材料不齐全或者不符合法定形式的，应当当场书面告知申请人不予受理并一次性告知需要补正的全部内容；

（四）申请登记的不动产不属于本机构登记范围的，应当当场书面告知申请人不予受理并告知申请人向有登记权的机构申请。

不动产登记机构未当场书面告知申请人不予受理的，视为受理。

第十八条　不动产登记机构受理不动产登记申请的，应当按照下列要求进行查验：

（一）不动产界址、空间界限、面积等材料与申请登记的不动产状况是否一致；

（二）有关证明材料、文件与申请登记的内容是否一致；

（三）登记申请是否违反法律、行政法规规定。

第十九条　属于下列情形之一的，不动产登记机构可以对申请登记的不动产进行实地查看：

（一）房屋等建筑物、构筑物所有权首次登记；

（二）在建建筑物抵押权登记；

（三）因不动产灭失导致的注销登记；

（四）不动产登记机构认为需要实地查看的其他情形。

对可能存在权属争议，或者可能涉及他人利害关系的登记申请，不动产登记机构可以向申请人、利害关系人或者有关单位进行调查。

不动产登记机构进行实地查看或者调查时，申请人、被调查人应当予以配合。

第二十条　不动产登记机构应当自受理登记申请之日起30个工作日内办

结不动产登记手续，法律另有规定的除外。

第二十一条　登记事项自记载于不动产登记簿时完成登记。

不动产登记机构完成登记，应当依法向申请人核发不动产权属证书或者登记证明。

第二十二条　登记申请有下列情形之一的，不动产登记机构应当不予登记，并书面告知申请人：

（一）违反法律、行政法规规定的；

（二）存在尚未解决的权属争议的；

（三）申请登记的不动产权利超过规定期限的；

（四）法律、行政法规规定不予登记的其他情形。

第四章　登记信息共享与保护

第二十三条　国务院国土资源主管部门应当会同有关部门建立统一的不动产登记信息管理基础平台。

各级不动产登记机构登记的信息应当纳入统一的不动产登记信息管理基础平台，确保国家、省、市、县四级登记信息的实时共享。

第二十四条　不动产登记有关信息与住房城乡建设、农业、林业、海洋等部门审批信息、交易信息等应当实时互通共享。

不动产登记机构能够通过实时互通共享取得的信息，不得要求不动产登记申请人重复提交。

第二十五条　国土资源、公安、民政、财政、税务、工商、金融、审计、统计等部门应当加强不动产登记有关信息互通共享。

第二十六条　不动产登记机构、不动产登记信息共享单位及其工作人员应当对不动产登记信息保密；涉及国家秘密的不动产登记信息，应当依法采取必要的安全保密措施。

第二十七条　权利人、利害关系人可以依法查询、复制不动产登记资料，不动产登记机构应当提供。

有关国家机关可以依照法律、行政法规的规定查询、复制与调查处理事项有关的不动产登记资料。

第二十八条　查询不动产登记资料的单位、个人应当向不动产登记机构说明查询目的，不得将查询获得的不动产登记资料用于其他目的；未经权利人同意，不得泄露查询获得的不动产登记资料。

第五章　法律责任

第二十九条　不动产登记机构登记错误给他人造成损害，或者当事人提供虚假材料申请登记给他人造成损害的，依照《中华人民共和国物权法》的规定承担赔偿责任。

第三十条 不动产登记机构工作人员进行虚假登记，损毁、伪造不动产登记簿，擅自修改登记事项，或者有其他滥用职权、玩忽职守行为的，依法给予处分；给他人造成损害的，依法承担赔偿责任；构成犯罪的，依法追究刑事责任。

第三十一条 伪造、变造不动产权属证书、不动产登记证明，或者买卖、使用伪造、变造的不动产权属证书、不动产登记证明的，由不动产登记机构或者公安机关依法予以收缴；有违法所得的，没收违法所得；给他人造成损害的，依法承担赔偿责任；构成违反治安管理行为的，依法给予治安管理处罚；构成犯罪的，依法追究刑事责任。

第三十二条 不动产登记机构、不动产登记信息共享单位及其工作人员，查询不动产登记资料的单位或者个人违反国家规定，泄露不动产登记资料、登记信息，或者利用不动产登记资料、登记信息进行不正当活动，给他人造成损害的，依法承担赔偿责任；对有关责任人员依法给予处分；有关责任人员构成犯罪的，依法追究刑事责任。

第六章　附　则

第三十三条 本条例施行前依法颁发的各类不动产权属证书和制作的不动产登记簿继续有效。

不动产统一登记过渡期内，农村土地承包经营权的登记按照国家有关规定执行。

第三十四条 本条例实施细则由国务院国土资源主管部门会同有关部门制定。

第三十五条 本条例自2015年3月1日起施行。本条例施行前公布的行政法规有关不动产登记的规定与本条例规定不一致的，以本条例规定为准。

不动产登记暂行条例实施细则

（2015 年 6 月 29 日国土资源部第 3 次部务会议审议通过
2016 年 1 月 1 日国土资源部令第 63 号公布　自公布之日起施行）

目　录

第一章　总　则

第一条　为规范不动产登记行为，细化不动产统一登记制度，方便人民群众办理不动产登记，保护权利人合法权益，根据《不动产登记暂行条例》（以下简称《条例》），制定本实施细则。

第二条 不动产登记应当依照当事人的申请进行，但法律、行政法规以及本实施细则另有规定的除外。

房屋等建筑物、构筑物和森林、林木等定着物应当与其所依附的土地、海域一并登记，保持权利主体一致。

第三条 不动产登记机构依照《条例》第七条第二款的规定，协商办理或者接受指定办理跨县级行政区域不动产登记的，应当在登记完毕后将不动产登记簿记载的不动产权利人以及不动产坐落、界址、面积、用途、权利类型等登记结果告知不动产所跨区域的其他不动产登记机构。

第四条 国务院确定的重点国有林区的森林、林木和林地，由国土资源部受理并会同有关部门办理，依法向权利人核发不动产权属证书。

国务院批准的项目用海、用岛的登记，由国土资源部受理，依法向权利人核发不动产权属证书。

中央国家机关使用的国有土地等不动产登记，依照国土资源部《在京中央国家机关用地土地登记办法》等规定办理。

第二章 不动产登记簿

第五条 《条例》第八条规定的不动产单元，是指权属界线封闭且具有独立使用价值的空间。

没有房屋等建筑物、构筑物以及森林、林木定着物的，以土地、海域权属界线封闭的空间为不动产单元。

有房屋等建筑物、构筑物以及森林、林木定着物的，以该房屋等建筑物、构筑物以及森林、林木定着物与土地、海域权属界线封闭的空间为不动产单元。

前款所称房屋，包括独立成幢、权属界线封闭的空间，以及区分套、层、间等可以独立使用、权属界线封闭的空间。

第六条 不动产登记簿以宗地或者宗海为单位编成，一宗地或者一宗海范围内的全部不动产单元编入一个不动产登记簿。

第七条 不动产登记机构应当配备专门的不动产登记电子存储设施，采取信息网络安全防护措施，保证电子数据安全。

任何单位和个人不得擅自复制或者篡改不动产登记簿信息。

第八条 承担不动产登记审核、登簿的不动产登记工作人员应当熟悉相关法律法规，具备与其岗位相适应的不动产登记等方面的专业知识。

国土资源部会同有关部门组织开展对承担不动产登记审核、登簿的不动产登记工作人员的考核培训。

第三章　登记程序

第九条　申请不动产登记的，申请人应当填写登记申请书，并提交身份证明以及相关申请材料。

申请材料应当提供原件。因特殊情况不能提供原件的，可以提供复印件，复印件应当与原件保持一致。

第十条　处分共有不动产申请登记的，应当经占份额三分之二以上的按份共有人或者全体共同共有人共同申请，但共有人另有约定的除外。

按份共有人转让其享有的不动产份额，应当与受让人共同申请转移登记。

建筑区划内依法属于全体业主共有的不动产申请登记，依照本实施细则第三十六条的规定办理。

第十一条　无民事行为能力人、限制民事行为能力人申请不动产登记的，应当由其监护人代为申请。

监护人代为申请登记的，应当提供监护人与被监护人的身份证或者户口簿、有关监护关系等材料；因处分不动产而申请登记的，还应当提供为被监护人利益的书面保证。

父母之外的监护人处分未成年人不动产的，有关监护关系材料可以是人民法院指定监护的法律文书、经过公证的对被监护人享有监护权的材料或者其他材料。

第十二条　当事人可以委托他人代为申请不动产登记。

代理申请不动产登记的，代理人应当向不动产登记机构提供被代理人签字或者盖章的授权委托书。

自然人处分不动产，委托代理人申请登记的，应当与代理人共同到不动产登记机构现场签订授权委托书，但授权委托书经公证的除外。

境外申请人委托他人办理处分不动产登记的，其授权委托书应当按照国家有关规定办理认证或者公证。

第十三条　申请登记的事项记载于不动产登记簿前，全体申请人提出撤回登记申请的，登记机构应当将登记申请书以及相关材料退还申请人。

第十四条　因继承、受遗赠取得不动产，当事人申请登记的，应当提交死亡证明材料、遗嘱或者全部法定继承人关于不动产分配的协议以及与被继承人的亲属关系材料等，也可以提交经公证的材料或者生效的法律文书。

第十五条　不动产登记机构受理不动产登记申请后，还应当对下列内容进行查验：

（一）申请人、委托代理人身份证明材料以及授权委托书与申请主体是否一致；

（二）权属来源材料或者登记原因文件与申请登记的内容是否一致；

（三）不动产界址、空间界限、面积等权籍调查成果是否完备，权属是否清楚、界址是否清晰、面积是否准确；

（四）法律、行政法规规定的完税或者缴费凭证是否齐全。

第十六条 不动产登记机构进行实地查看，重点查看下列情况：

（一）房屋等建筑物、构筑物所有权首次登记，查看房屋坐落及其建造完成等情况；

（二）在建建筑物抵押权登记，查看抵押的在建建筑物坐落及其建造等情况；

（三）因不动产灭失导致的注销登记，查看不动产灭失等情况。

第十七条 有下列情形之一的，不动产登记机构应当在登记事项记载于登记簿前进行公告，但涉及国家秘密的除外：

（一）政府组织的集体土地所有权登记；

（二）宅基地使用权及房屋所有权，集体建设用地使用权及建筑物、构筑物所有权，土地承包经营权等不动产权利的首次登记；

（三）依职权更正登记；

（四）依职权注销登记；

（五）法律、行政法规规定的其他情形。

公告应当在不动产登记机构门户网站以及不动产所在地等指定场所进行，公告期不少于 15 个工作日。公告所需时间不计算在登记办理期限内。公告期满无异议或者异议不成立的，应当及时记载于不动产登记簿。

第十八条 不动产登记公告的主要内容包括：

（一）拟予登记的不动产权利人的姓名或者名称；

（二）拟予登记的不动产坐落、面积、用途、权利类型等；

（三）提出异议的期限、方式和受理机构；

（四）需要公告的其他事项。

第十九条 当事人可以持人民法院、仲裁委员会的生效法律文书或者人民政府的生效决定单方申请不动产登记。

有下列情形之一的，不动产登记机构直接办理不动产登记：

（一）人民法院持生效法律文书和协助执行通知书要求不动产登记机构办理登记的；

（二）人民检察院、公安机关依据法律规定持协助查封通知书要求办理查封登记的；

（三）人民政府依法做出征收或者收回不动产权利决定生效后，要求不动产登记机构办理注销登记的；

（四）法律、行政法规规定的其他情形。

不动产登记机构认为登记事项存在异议的，应当依法向有关机关提出审查建议。

第二十条　不动产登记机构应当根据不动产登记簿，填写并核发不动产权属证书或者不动产登记证明。

除办理抵押权登记、地役权登记和预告登记、异议登记，向申请人核发不动产登记证明外，不动产登记机构应当依法向权利人核发不动产权属证书。

不动产权属证书和不动产登记证明，应当加盖不动产登记机构登记专用章。

不动产权属证书和不动产登记证明样式，由国土资源部统一规定。

第二十一条　申请共有不动产登记的，不动产登记机构向全体共有人合并发放一本不动产权属证书；共有人申请分别持证的，可以为共有人分别发放不动产权属证书。

共有不动产权属证书应当注明共有情况，并列明全体共有人。

第二十二条　不动产权属证书或者不动产登记证明污损、破损的，当事人可以向不动产登记机构申请换发。符合换发条件的，不动产登记机构应当予以换发，并收回原不动产权属证书或者不动产登记证明。

不动产权属证书或者不动产登记证明遗失、灭失，不动产权利人申请补发的，由不动产登记机构在其门户网站上刊发不动产权利人的遗失、灭失声明 15 个工作日后，予以补发。

不动产登记机构补发不动产权属证书或者不动产登记证明的，应当将补发不动产权属证书或者不动产登记证明的事项记载于不动产登记簿，并在不动产权属证书或者不动产登记证明上注明“补发”字样。

第二十三条　因不动产权利灭失等情形，不动产登记机构需要收回不动产权属证书或者不动产登记证明的，应当在不动产登记簿上将收回不动产权属证书或者不动产登记证明的事项予以注明；确实无法收回的，应当在不动产登记机构门户网站或者当地公开发行的报刊上公告作废。

第四章　不动产权利登记

第一节　一般规定

第二十四条　不动产首次登记，是指不动产权利第一次登记。

未办理不动产首次登记的，不得办理不动产其他类型登记，但法律、行政法规另有规定的除外。

第二十五条 市、县人民政府可以根据情况对本行政区域内未登记的不动产，组织开展集体土地所有权、宅基地使用权、集体建设用地使用权、土地承包经营权的首次登记。

依照前款规定办理首次登记所需的权属来源、调查等登记材料，由人民政府有关部门组织获取。

第二十六条 下列情形之一的，不动产权利人可以向不动产登记机构申请变更登记：

（一）权利人的姓名、名称、身份证明类型或者身份证明号码发生变更的；

（二）不动产的坐落、界址、用途、面积等状况变更的；

（三）不动产权利期限、来源等状况发生变化的；

（四）同一权利人分割或者合并不动产的；

（五）抵押担保的范围、主债权数额、债务履行期限、抵押权顺位发生变化的；

（六）最高额抵押担保的债权范围、最高债权额、债权确定期间等发生变化的；

（七）地役权的利用目的、方法等发生变化的；

（八）共有性质发生变更的；

（九）法律、行政法规规定的其他不涉及不动产权利转移的变更情形。

第二十七条 因下列情形导致不动产权利转移的，当事人可以向不动产登记机构申请转移登记：

（一）买卖、互换、赠与不动产的；

（二）以不动产作价出资（入股）的；

（三）法人或者其他组织因合并、分立等原因致使不动产权利发生转移的；

（四）不动产分割、合并导致权利发生转移的；

（五）继承、受遗赠导致权利发生转移的；

（六）共有人增加或者减少以及共有不动产份额变化的；

（七）因人民法院、仲裁委员会的生效法律文书导致不动产权利发生转移的；

（八）因主债权转移引起不动产抵押权转移的；

（九）因需役地不动产权利转移引起地役权转移的；

（十）法律、行政法规规定的其他不动产权利转移情形。

第二十八条 有下列情形之一的，当事人可以申请办理注销登记：

（一）不动产灭失的；

（二）权利人放弃不动产权利的；

（三）不动产被依法没收、征收或者收回的；

（四）人民法院、仲裁委员会的生效法律文书导致不动产权利消灭的；

（五）法律、行政法规规定的其他情形。

不动产上已经设立抵押权、地役权或者已经办理预告登记，所有权人、使用权人因放弃权利申请注销登记的，申请人应当提供抵押权人、地役权人、预告登记权利人同意的书面材料。

第二节　集体土地所有权登记

第二十九条　集体土地所有权登记，依照下列规定提出申请：

（一）土地属于村农民集体所有的，由村集体经济组织代为申请，没有集体经济组织的，由村民委员会代为申请；

（二）土地分别属于村内两个以上农民集体所有的，由村内各集体经济组织代为申请，没有集体经济组织的，由村民小组代为申请；

（三）土地属于乡（镇）农民集体所有的，由乡（镇）集体经济组织代为申请。

第三十条　申请集体土地所有权首次登记的，应当提交下列材料：

（一）土地权属来源材料；

（二）权籍调查表、宗地图以及宗地界址点坐标；

（三）其他必要材料。

第三十一条　农民集体因互换、土地调整等原因导致集体土地所有权转移，申请集体土地所有权转移登记的，应当提交下列材料：

（一）不动产权属证书；

（二）互换、调整协议等集体土地所有权转移的材料；

（三）本集体经济组织三分之二以上成员或者三分之二以上村民代表同意的材料；

（四）其他必要材料。

第三十二条　申请集体土地所有权变更、注销登记的，应当提交下列材料：

（一）不动产权属证书；

（二）集体土地所有权变更、消灭的材料；

（三）其他必要材料。

第三节　国有建设用地使用权及房屋所有权登记

第三十三条　依法取得国有建设用地使用权，可以单独申请国有建设用地使用权登记。

依法利用国有建设用地建造房屋的，可以申请国有建设用地使用权及房屋所有权登记。

第三十四条 申请国有建设用地使用权首次登记，应当提交下列材料：

（一）土地权属来源材料；

（二）权籍调查表、宗地图以及宗地界址点坐标；

（三）土地出让价款、土地租金、相关税费等缴纳凭证；

（四）其他必要材料。

前款规定的土地权属来源材料，根据权利取得方式的不同，包括国有建设用地划拨决定书、国有建设用地使用权出让合同、国有建设用地使用权租赁合同以及国有建设用地使用权作价出资（入股）、授权经营批准文件。

申请在地上或者地下单独设立国有建设用地使用权登记的，按照本条规定办理。

第三十五条 申请国有建设用地使用权及房屋所有权首次登记的，应当提交下列材料：

（一）不动产权属证书或者土地权属来源材料；

（二）建设工程符合规划的材料；

（三）房屋已经竣工的材料；

（四）房地产调查或者测绘报告；

（五）相关税费缴纳凭证；

（六）其他必要材料。

第三十六条 办理房屋所有权首次登记时，申请人应当将建筑区划内依法属于业主共有的道路、绿地、其他公共场所、公用设施和物业服务用房及其占用范围内的建设用地使用权一并申请登记为业主共有。业主转让房屋所有权的，其对共有部分享有的权利依法一并转让。

第三十七条 申请国有建设用地使用权及房屋所有权变更登记的，应当根据不同情况，提交下列材料：

（一）不动产权属证书；

（二）发生变更的材料；

（三）有批准权的人民政府或者主管部门的批准文件；

（四）国有建设用地使用权出让合同或者补充协议；

（五）国有建设用地使用权出让价款、税费等缴纳凭证；

（六）其他必要材料。

第三十八条 申请国有建设用地使用权及房屋所有权转移登记的，应当根据不同情况，提交下列材料：

（一）不动产权属证书；

（二）买卖、互换、赠与合同；

（三）继承或者受遗赠的材料；

（四）分割、合并协议；

（五）人民法院或者仲裁委员会生效的法律文书；

（六）有批准权的人民政府或者主管部门的批准文件；

（七）相关税费缴纳凭证；

（八）其他必要材料。

不动产买卖合同依法应当备案的，申请人申请登记时须提交经备案的买卖合同。

第三十九条　具有独立利用价值的特定空间以及码头、油库等其他建筑物、构筑物所有权的登记，按照本实施细则中房屋所有权登记有关规定办理。

第四节　宅基地使用权及房屋所有权登记

第四十条　依法取得宅基地使用权，可以单独申请宅基地使用权登记。

依法利用宅基地建造住房及其附属设施的，可以申请宅基地使用权及房屋所有权登记。

第四十一条　申请宅基地使用权及房屋所有权首次登记的，应当根据不同情况，提交下列材料：

（一）申请人身份证和户口簿；

（二）不动产权属证书或者有批准权的人民政府批准用地的文件等权属来源材料；

（三）房屋符合规划或者建设的相关材料；

（四）权籍调查表、宗地图、房屋平面图以及宗地界址点坐标等有关不动产界址、面积等材料；

（五）其他必要材料。

第四十二条　因依法继承、分家析产、集体经济组织内部互换房屋等导致宅基地使用权及房屋所有权发生转移申请登记的，申请人应当根据不同情况，提交下列材料：

（一）不动产权属证书或者其他权属来源材料；

（二）依法继承的材料；

（三）分家析产的协议或者材料；

（四）集体经济组织内部互换房屋的协议；

（五）其他必要材料。

第四十三条　申请宅基地等集体土地上的建筑物区分所有权登记的，参照国有建设用地使用权及建筑物区分所有权的规定办理登记。

第五节　集体建设用地使用权及建筑物、构筑物所有权登记

第四十四条　依法取得集体建设用地使用权，可以单独申请集体建设用地使用权登记。

依法利用集体建设用地兴办企业，建设公共设施，从事公益事业等的，可以申请集体建设用地使用权及地上建筑物、构筑物所有权登记。

第四十五条　申请集体建设用地使用权及建筑物、构筑物所有权首次登记的，申请人应当根据不同情况，提交下列材料：

（一）有批准权的人民政府批准用地的文件等土地权属来源材料；

（二）建设工程符合规划的材料；

（三）权籍调查表、宗地图、房屋平面图以及宗地界址点坐标等有关不动产界址、面积等材料；

（四）建设工程已竣工的材料；

（五）其他必要材料。

集体建设用地使用权首次登记完成后，申请人申请建筑物、构筑物所有权首次登记的，应当提交享有集体建设用地使用权的不动产权属证书。

第四十六条　申请集体建设用地使用权及建筑物、构筑物所有权变更登记、转移登记、注销登记的，申请人应当根据不同情况，提交下列材料：

（一）不动产权属证书；

（二）集体建设用地使用权及建筑物、构筑物所有权变更、转移、消灭的材料；

（三）其他必要材料。

因企业兼并、破产等原因致使集体建设用地使用权及建筑物、构筑物所有权发生转移的，申请人应当持相关协议及有关部门的批准文件等相关材料，申请不动产转移登记。

第六节　土地承包经营权登记

第四十七条　承包农民集体所有的耕地、林地、草地、水域、滩涂以及荒山、荒沟、荒丘、荒滩等农用地，或者国家所有依法由农民集体使用的农用地从事种植业、林业、畜牧业、渔业等农业生产的，可以申请土地承包经营权登记；地上有森林、林木的，应当在申请土地承包经营权登记时一并申请登记。

第四十八条　依法以承包方式在土地上从事种植业或者养殖业生产活动

的，可以申请土地承包经营权的首次登记。

以家庭承包方式取得的土地承包经营权的首次登记，由发包方持土地承包经营合同等材料申请。

以招标、拍卖、公开协商等方式承包农村土地的，由承包方持土地承包经营合同申请土地承包经营权首次登记。

第四十九条　已经登记的土地承包经营权有下列情形之一的，承包方应当持原不动产权属证书以及其他证实发生变更事实的材料，申请土地承包经营权变更登记：

（一）权利人的姓名或者名称等事项发生变化的；

（二）承包土地的坐落、名称、面积发生变化的；

（三）承包期限依法变更的；

（四）承包期限届满，土地承包经营权人按照国家有关规定继续承包的；

（五）退耕还林、退耕还湖、退耕还草导致土地用途改变的；

（六）森林、林木的种类等发生变化的；

（七）法律、行政法规规定的其他情形。

第五十条　已经登记的土地承包经营权发生下列情形之一的，当事人双方应当持互换协议、转让合同等材料，申请土地承包经营权的转移登记：

（一）互换；

（二）转让；

（三）因家庭关系、婚姻关系变化等原因导致土地承包经营权分割或者合并的；

（四）依法导致土地承包经营权转移的其他情形。

以家庭承包方式取得的土地承包经营权，采取转让方式流转的，还应当提供发包方同意的材料。

第五十一条　已经登记的土地承包经营权发生下列情形之一的，承包方应当持不动产权属证书、证实灭失的材料等，申请注销登记：

（一）承包经营的土地灭失的；

（二）承包经营的土地被依法转为建设用地的；

（三）承包经营权人丧失承包经营资格或者放弃承包经营权的；

（四）法律、行政法规规定的其他情形。

第五十二条　以承包经营以外的合法方式使用国有农用地的国有农场、草场，以及使用国家所有的水域、滩涂等农用地进行农业生产，申请国有农用地的使用权登记的，参照本实施细则有关规定办理。

国有农场、草场申请国有未利用地登记的，依照前款规定办理。

第五十三条　国有林地使用权登记，应当提交有批准权的人民政府或者主管部门的批准文件，地上森林、林木一并登记。

第七节 海域使用权登记

第五十四条 依法取得海域使用权，可以单独申请海域使用权登记。

依法使用海域，在海域上建造建筑物、构筑物的，应当申请海域使用权及建筑物、构筑物所有权登记。

申请无居民海岛登记的，参照海域使用权登记有关规定办理。

第五十五条 申请海域使用权首次登记的，应当提交下列材料：

（一）项目用海批准文件或者海域使用权出让合同；

（二）宗海图以及界址点坐标；

（三）海域使用金缴纳或者减免凭证；

（四）其他必要材料。

第五十六条 有下列情形之一的，申请人应当持不动产权属证书、海域使用权变更的文件等材料，申请海域使用权变更登记：

（一）海域使用权人姓名或者名称改变的；

（二）海域坐落、名称发生变化的；

（三）改变海域使用位置、面积或者期限的；

（四）海域使用权续期的；

（五）共有性质变更的；

（六）法律、行政法规规定的其他情形。

第五十七条 有下列情形之一的，申请人可以申请海域使用权转移登记：

（一）因企业合并、分立或者与他人合资、合作经营、作价入股导致海域使用权转移的；

（二）依法转让、赠与、继承、受遗赠海域使用权的；

（三）因人民法院、仲裁委员会生效法律文书导致海域使用权转移的；

（四）法律、行政法规规定的其他情形。

第五十八条 申请海域使用权转移登记的，申请人应当提交下列材料：

（一）不动产权属证书；

（二）海域使用权转让合同、继承材料、生效法律文书等材料；

（三）转让批准取得的海域使用权，应当提交原批准用海的海洋行政主管部门批准转让的文件；

（四）依法需要补交海域使用金的，应当提交海域使用金缴纳的凭证；

（五）其他必要材料。

第五十九条 申请海域使用权注销登记的，申请人应当提交下列材料：

（一）原不动产权属证书；

（二）海域使用权消灭的材料；

（三）其他必要材料。

因围填海造地等导致海域灭失的，申请人应当在围填海造地等工程竣工后，依照本实施细则规定申请国有土地使用权登记，并办理海域使用权注销登记。

第八节　地役权登记

第六十条　按照约定设定地役权，当事人可以持需役地和供役地的不动产权属证书、地役权合同以及其他必要文件，申请地役权首次登记。

第六十一条　经依法登记的地役权发生下列情形之一的，当事人应当持地役权合同、不动产登记证明和证实变更的材料等必要材料，申请地役权变更登记：

（一）地役权当事人的姓名或者名称等发生变化；

（二）共有性质变更的；

（三）需役地或者供役地自然状况发生变化；

（四）地役权内容变更的；

（五）法律、行政法规规定的其他情形。

供役地分割转让办理登记，转让部分涉及地役权的，应当由受让人与地役权人一并申请地役权变更登记。

第六十二条　已经登记的地役权因土地承包经营权、建设用地使用权转让发生转移的，当事人应当持不动产登记证明、地役权转移合同等必要材料，申请地役权转移登记。

申请需役地转移登记的，或者需役地分割转让，转让部分涉及已登记的地役权的，当事人应当一并申请地役权转移登记，但当事人另有约定的除外。当事人拒绝一并申请地役权转移登记的，应当出具书面材料。不动产登记机构办理转移登记时，应当同时办理地役权注销登记。

第六十三条　已经登记的地役权，有下列情形之一的，当事人可以持不动产登记证明、证实地役权发生消灭的材料等必要材料，申请地役权注销登记：

（一）地役权期限届满；

（二）供役地、需役地归于同一人；

（三）供役地或者需役地灭失；

（四）人民法院、仲裁委员会的生效法律文书导致地役权消灭；

（五）依法解除地役权合同；

（六）其他导致地役权消灭的事由。

第六十四条 地役权登记，不动产登记机构应当将登记事项分别记载于需役地和供役地登记簿。

供役地、需役地分属不同不动产登记机构管辖的，当事人应当向供役地所在地的不动产登记机构申请地役权登记。供役地所在地不动产登记机构完成登记后，应当将相关事项通知需役地所在地不动产登记机构，并由其记载于需役地登记簿。

地役权设立后，办理首次登记前发生变更、转移的，当事人应当提交相关材料，就已经变更或者转移的地役权，直接申请首次登记。

第九节 抵押权登记

第六十五条 对下列财产进行抵押的，可以申请办理不动产抵押登记：

（一）建设用地使用权；

（二）建筑物和其他土地附着物；

（三）海域使用权；

（四）以招标、拍卖、公开协商等方式取得的荒地等土地承包经营权；

（五）正在建造的建筑物；

（六）法律、行政法规未禁止抵押的其他不动产。

以建设用地使用权、海域使用权抵押的，该土地、海域上的建筑物、构筑物一并抵押；以建筑物、构筑物抵押的，该建筑物、构筑物占用范围内的建设用地使用权、海域使用权一并抵押。

第六十六条 自然人、法人或者其他组织为保障其债权的实现，依法以不动产设定抵押的，可以由当事人持不动产权属证书、抵押合同与主债权合同等必要材料，共同申请办理抵押登记。

抵押合同可以是单独订立的书面合同，也可以是主债权合同中的抵押条款。

第六十七条 同一不动产上设立多个抵押权的，不动产登记机构应当按照受理时间的先后顺序依次办理登记，并记载于不动产登记簿。当事人对抵押权顺位另有约定的，从其规定办理登记。

第六十八条 有下列情形之一的，当事人应当持不动产权属证书、不动产登记证明、抵押权变更等必要材料，申请抵押权变更登记：

（一）抵押人、抵押权人的姓名或者名称变更的；

（二）被担保的主债权数额变更的；

（三）债务履行期限变更的；

（四）抵押权顺位变更的；

（五）法律、行政法规规定的其他情形。

因被担保债权主债权的种类及数额、担保范围、债务履行期限、抵押权顺位发生变更申请抵押权变更登记时，如果该抵押权的变更将对其他抵押权人产生不利影响的，还应当提交其他抵押权人书面同意的材料与身份证或者户口簿等材料。

第六十九条　因主债权转让导致抵押权转让的，当事人可以持不动产权属证书、不动产登记证明、被担保主债权的转让协议、债权人已经通知债务人的材料等相关材料，申请抵押权的转移登记。

第七十条　有下列情形之一的，当事人可以持不动产登记证明、抵押权消灭的材料等必要材料，申请抵押权注销登记：

（一）主债权消灭；

（二）抵押权已经实现；

（三）抵押权人放弃抵押权；

（四）法律、行政法规规定抵押权消灭的其他情形。

第七十一条　设立最高额抵押权的，当事人应当持不动产权属证书、最高额抵押合同与一定期间内将要连续发生的债权的合同或者其他登记原因材料等必要材料，申请最高额抵押权首次登记。

当事人申请最高额抵押权首次登记时，同意将最高额抵押权设立前已经存在的债权转入最高额抵押担保的债权范围的，还应当提交已存在债权的合同以及当事人同意将该债权纳入最高额抵押权担保范围的书面材料。

第七十二条　有下列情形之一的，当事人应当持不动产登记证明、最高额抵押权发生变更的材料等必要材料，申请最高额抵押权变更登记：

（一）抵押人、抵押权人的姓名或者名称变更的；

（二）债权范围变更的；

（三）最高债权额变更的；

（四）债权确定的期间变更的；

（五）抵押权顺位变更的；

（六）法律、行政法规规定的其他情形。

因最高债权额、债权范围、债务履行期限、债权确定的期间发生变更申请最高额抵押权变更登记时，如果该变更将对其他抵押权人产生不利影响的，当事人还应当提交其他抵押权人的书面同意文件与身份证或者户口簿等。

第七十三条　当发生导致最高额抵押权担保的债权被确定的事由，从而使最高额抵押权转变为一般抵押权时，当事人应当持不动产登记证明、最高额抵押权担保的债权已确定的材料等必要材料，申请办理确定最高额抵押权的登记。

第七十四条　最高额抵押权发生转移的，应当持不动产登记证明、部分债权转移的材料、当事人约定最高额抵押权随同部分债权的转让而转移的材料等必要材料，申请办理最高额抵押权转移登记。

债权人转让部分债权，当事人约定最高额抵押权随同部分债权的转让而转移的，应当分别申请下列登记：

（一）当事人约定原抵押权人与受让人共同享有最高额抵押权的，应当申请最高额抵押权的转移登记；

（二）当事人约定受让人享有一般抵押权、原抵押权人就扣减已转移的债权数额后继续享有最高额抵押权的，应当申请一般抵押权的首次登记以及最高额抵押权的变更登记；

（三）当事人约定原抵押权人不再享有最高额抵押权的，应当一并申请最高额抵押权确定登记以及一般抵押权转移登记。

最高额抵押权担保的债权确定前，债权人转让部分债权的，除当事人另有约定外，不动产登记机构不得办理最高额抵押权转移登记。

第七十五条 以建设用地使用权以及全部或者部分在建建筑物设定抵押的，应当一并申请建设用地使用权以及在建建筑物抵押权的首次登记。

当事人申请在建建筑物抵押权首次登记时，抵押财产不包括已经办理预告登记的预购商品房和已经办理预售备案的商品房。

前款规定的在建建筑物，是指正在建造、尚未办理所有权首次登记的房屋等建筑物。

第七十六条 申请在建建筑物抵押权首次登记的，当事人应当提交下列材料：

（一）抵押合同与主债权合同；

（二）享有建设用地使用权的不动产权属证书；

（三）建设工程规划许可证；

（四）其他必要材料。

第七十七条 在建建筑物抵押权变更、转移或者消灭的，当事人应当提交下列材料，申请变更登记、转移登记、注销登记：

（一）不动产登记证明；

（二）在建建筑物抵押权发生变更、转移或者消灭的材料；

（三）其他必要材料。

在建建筑物竣工，办理建筑物所有权首次登记时，当事人应当申请将在建建筑物抵押权登记转为建筑物抵押权登记。

第七十八条 申请预购商品房抵押登记，应当提交下列材料：

（一）抵押合同与主债权合同；

（二）预购商品房预告登记材料；

（三）其他必要材料。

预购商品房办理房屋所有权登记后，当事人应当申请将预购商品房抵押预告登记转为商品房抵押权首次登记。

第五章 其他登记

第一节 更正登记

第七十九条 权利人、利害关系人认为不动产登记簿记载的事项有错误，可以申请更正登记。

权利人申请更正登记的，应当提交下列材料：

（一）不动产权属证书；

（二）证实登记确有错误的材料；

（三）其他必要材料。

利害关系人申请更正登记的，应当提交利害关系材料、证实不动产登记簿记载错误的材料以及其他必要材料。

第八十条 不动产权利人或者利害关系人申请更正登记，不动产登记机构认为不动产登记簿记载确有错误的，应当予以更正；但在错误登记之后已经办理了涉及不动产权利处分的登记、预告登记和查封登记的除外。

不动产权属证书或者不动产登记证明填制错误以及不动产登记机构在办理更正登记中，需要更正不动产权属证书或者不动产登记证明内容的，应当书面通知权利人换发，并把换发不动产权属证书或者不动产登记证明的事项记载于登记簿。

不动产登记簿记载无误的，不动产登记机构不予更正，并书面通知申请人。

第八十一条 不动产登记机构发现不动产登记簿记载的事项错误，应当通知当事人在30个工作日内办理更正登记。当事人逾期不办理的，不动产登记机构应当在公告15个工作日后，依法予以更正；但在错误登记之后已经办理了涉及不动产权利处分的登记、预告登记和查封登记的除外。

第二节 异议登记

第八十二条 利害关系人认为不动产登记簿记载的事项错误，权利人不同意更正的，利害关系人可以申请异议登记。

利害关系人申请异议登记的，应当提交下列材料：

（一）证实对登记的不动产权利有利害关系的材料；

（二）证实不动产登记簿记载的事项错误的材料；

（三）其他必要材料。

第八十三条 不动产登记机构受理异议登记申请的，应当将异议事项记载于不动产登记簿，并向申请人出具异议登记证明。

异议登记申请人应当在异议登记之日起15日内，提交人民法院受理通知书、仲裁委员会受理通知书等提起诉讼、申请仲裁的材料；逾期不提交的，异议登记失效。

异议登记失效后，申请人就同一事项以同一理由再次申请异议登记的，不动产登记机构不予受理。

第八十四条 异议登记期间，不动产登记簿上记载的权利人以及第三人因处分权利申请登记的，不动产登记机构应当书面告知申请人该权利已经存在异议登记的有关事项。申请人申请继续办理的，应当予以办理，但申请人应当提供知悉异议登记存在并自担风险的书面承诺。

第三节 预告登记

第八十五条 有下列情形之一的，当事人可以按照约定申请不动产预告登记：

（一）商品房等不动产预售的；

（二）不动产买卖、抵押的；

（三）以预购商品房设定抵押权的；

（四）法律、行政法规规定的其他情形。

预告登记生效期间，未经预告登记的权利人书面同意，处分该不动产权利申请登记的，不动产登记机构应当不予办理。

预告登记后，债权未消灭且自能够进行相应的不动产登记之日起3个月内，当事人申请不动产登记的，不动产登记机构应当按照预告登记事项办理相应的登记。

第八十六条 申请预购商品房的预告登记，应当提交下列材料：

（一）已备案的商品房预售合同；

（二）当事人关于预告登记的约定；

（三）其他必要材料。

预售人和预购人订立商品房买卖合同后，预售人未按照约定与预购人申请预告登记，预购人可以单方申请预告登记。

预购人单方申请预购商品房预告登记，预售人与预购人在商品房预售合同中对预告登记附有条件和期限的，预购人应当提交相应材料。

申请预告登记的商品房已经办理在建建筑物抵押权首次登记的，当事人应当一并申请在建建筑物抵押权注销登记，并提交不动产权属转移材料、不动产登记证明。不动产登记机构应当先办理在建建筑物抵押权注销登记，再办理预告登记。

第八十七条　申请不动产转移预告登记的，当事人应当提交下列材料：

（一）不动产转让合同；

（二）转让方的不动产权属证书；

（三）当事人关于预告登记的约定；

（四）其他必要材料。

第八十八条　抵押不动产，申请预告登记的，当事人应当提交下列材料：

（一）抵押合同与主债权合同；

（二）不动产权属证书；

（三）当事人关于预告登记的约定；

（四）其他必要材料。

第八十九条　预告登记未到期，有下列情形之一的，当事人可以持不动产登记证明、债权消灭或者权利人放弃预告登记的材料，以及法律、行政法规规定的其他必要材料申请注销预告登记：

（一）预告登记的权利人放弃预告登记的；

（二）债权消灭的；

（三）法律、行政法规规定的其他情形。

第四节　查封登记

第九十条　人民法院要求不动产登记机构办理查封登记的，应当提交下列材料：

（一）人民法院工作人员的工作证；

（二）协助执行通知书；

（三）其他必要材料。

第九十一条　两个以上人民法院查封同一不动产的，不动产登记机构应当为先送达协助执行通知书的人民法院办理查封登记，对后送达协助执行通知书的人民法院办理轮候查封登记。

轮候查封登记的顺序按照人民法院协助执行通知书送达不动产登记机构的时间先后进行排列。

第九十二条　查封期间，人民法院解除查封的，不动产登记机构应当及时根据人民法院协助执行通知书注销查封登记。

不动产查封期限届满，人民法院未续封的，查封登记失效。

第九十三条　人民检察院等其他国家有权机关依法要求不动产登记机构办理查封登记的，参照本节规定办理。

第六章　不动产登记资料的查询、保护和利用

第九十四条　不动产登记资料包括：

（一）不动产登记簿等不动产登记结果；

（二）不动产登记原始资料，包括不动产登记申请书、申请人身份材料、不动产权属来源、登记原因、不动产权籍调查成果等材料以及不动产登记机构审核材料。

不动产登记资料由不动产登记机构管理。不动产登记机构应当建立不动产登记资料管理制度以及信息安全保密制度，建设符合不动产登记资料安全保护标准的不动产登记资料存放场所。

不动产登记资料中属于归档范围的，按照相关法律、行政法规的规定进行归档管理，具体办法由国土资源部会同国家档案主管部门另行制定。

第九十五条　不动产登记机构应当加强不动产登记信息化建设，按照统一的不动产登记信息管理基础平台建设要求和技术标准，做好数据整合、系统建设和信息服务等工作，加强不动产登记信息产品开发和技术创新，提高不动产登记的社会综合效益。

各级不动产登记机构应当采取措施保障不动产登记信息安全。任何单位和个人不得泄露不动产登记信息。

第九十六条　不动产登记机构、不动产交易机构建立不动产登记信息与交易信息互联共享机制，确保不动产登记与交易有序衔接。

不动产交易机构应当将不动产交易信息及时提供给不动产登记机构。不动产登记机构完成登记后，应当将登记信息及时提供给不动产交易机构。

第九十七条　国家实行不动产登记资料依法查询制度。

权利人、利害关系人按照《条例》第二十七条规定依法查询、复制不动产登记资料的，应当到具体办理不动产登记的不动产登记机构申请。

权利人可以查询、复制其不动产登记资料。

因不动产交易、继承、诉讼等涉及的利害关系人可以查询、复制不动产自然状况、权利人及其不动产查封、抵押、预告登记、异议登记等状况。

人民法院、人民检察院、国家安全机关、监察机关等可以依法查询、复制与调查和处理事项有关的不动产登记资料。

其他有关国家机关执行公务依法查询、复制不动产登记资料的，依照本条规定办理。

涉及国家秘密的不动产登记资料的查询，按照保守国家秘密法的有关规定执行。

第九十八条　权利人、利害关系人申请查询、复制不动产登记资料应当

提交下列材料：

（一）查询申请书；

（二）查询目的的说明；

（三）申请人的身份材料；

（四）利害关系人查询的，提交证实存在利害关系的材料。

权利人、利害关系人委托他人代为查询的，还应当提交代理人的身份证明材料、授权委托书。权利人查询其不动产登记资料无需提供查询目的的说明。

有关国家机关查询的，应当提供本单位出具的协助查询材料、工作人员的工作证。

第九十九条　有下列情形之一的，不动产登记机构不予查询，并书面告知理由：

（一）申请查询的不动产不属于不动产登记机构管辖范围的；

（二）查询人提交的申请材料不符合规定的；

（三）申请查询的主体或者查询事项不符合规定的；

（四）申请查询的目的不合法的；

（五）法律、行政法规规定的其他情形。

第一百条　对符合本实施细则规定的查询申请，不动产登记机构应当当场提供查询；因情况特殊，不能当场提供查询的，应当在5个工作日内提供查询。

第一百零一条　查询人查询不动产登记资料，应当在不动产登记机构设定的场所进行。

不动产登记原始资料不得带离设定的场所。

查询人在查询时应当保持不动产登记资料的完好，严禁遗失、拆散、调换、抽取、污损登记资料，也不得损坏查询设备。

第一百零二条　查询人可以查阅、抄录不动产登记资料。查询人要求复制不动产登记资料的，不动产登记机构应当提供复制。

查询人要求出具查询结果证明的，不动产登记机构应当出具查询结果证明。查询结果证明应注明查询目的及日期，并加盖不动产登记机构查询专用章。

第七章　法律责任

第一百零三条　不动产登记机构工作人员违反本实施细则规定，有下列行为之一，依法给予处分；构成犯罪的，依法追究刑事责任：

（一）对符合登记条件的登记申请不予登记，对不符合登记条件的登记申请予以登记；

（二）擅自复制、篡改、毁损、伪造不动产登记簿；

（三）泄露不动产登记资料、登记信息；

（四）无正当理由拒绝申请人查询、复制登记资料；

（五）强制要求权利人更换新的权属证书。

第一百零四条 当事人违反本实施细则规定，有下列行为之一，构成违反治安管理行为的，依法给予治安管理处罚；给他人造成损失的，依法承担赔偿责任；构成犯罪的，依法追究刑事责任：

（一）采用提供虚假材料等欺骗手段申请登记；

（二）采用欺骗手段申请查询、复制登记资料；

（三）违反国家规定，泄露不动产登记资料、登记信息；

（四）查询人遗失、拆散、调换、抽取、污损登记资料的；

（五）擅自将不动产登记资料带离查询场所、损坏查询设备的。

第八章 附 则

第一百零五条 本实施细则施行前，依法核发的各类不动产权属证书继续有效。不动产权利未发生变更、转移的，不动产登记机构不得强制要求不动产权利人更换不动产权属证书。

不动产登记过渡期内，农业部会同国土资源部等部门负责指导农村土地承包经营权的统一登记工作，按照农业部有关规定办理耕地的土地承包经营权登记。不动产登记过渡期后，由国土资源部负责指导农村土地承包经营权登记工作。

第一百零六条 不动产信托依法需要登记的，由国土资源部会同有关部门另行规定。

第一百零七条 军队不动产登记，其申请材料经军队不动产主管部门审核后，按照本实施细则规定办理。

第一百零八条 本实施细则自公布之日起施行。

不动产登记资料查询暂行办法

（2018 年 1 月 26 日国土资源部第 1 次部务会议通过
2018 年 3 月 2 日国土资源部令第 80 号公布
自公布之日起施行）

目　　录

第一章　总　则

第一条　为了规范不动产登记资料查询活动，加强不动产登记资料管理、保护和利用，维护不动产交易安全，保护不动产权利人的合法权益，根据《中华人民共和国物权法》《不动产登记暂行条例》等法律法规，制定本办法。

第二条　本办法所称不动产登记资料，包括：

（一）不动产登记簿等不动产登记结果；

（二）不动产登记原始资料，包括不动产登记申请书、申请人身份材料、不动产权属来源、登记原因、不动产权籍调查成果等材料以及不动产登记机构审核材料。

不动产登记资料由不动产登记机构负责保存和管理。

第三条　县级以上人民政府不动产登记机构负责不动产登记资料查询管理工作。

第四条　不动产权利人、利害关系人可以依照本办法的规定，查询、复制不动产登记资料。

不动产权利人、利害关系人可以委托律师或者其他代理人查询、复制不动产登记资料。

第五条 不动产登记资料查询，遵循依法、便民、高效的原则。

第六条 不动产登记机构应当加强不动产登记信息化建设，以不动产登记信息管理基础平台为基础，通过运用互联网技术、设置自助查询终端、在相关场所设置登记信息查询端口等方式，为查询人提供便利。

第二章 一般规定

第七条 查询不动产登记资料，应当在不动产所在地的市、县人民政府不动产登记机构进行，但法律法规另有规定的除外。

查询人到非不动产所在地的不动产登记机构申请查询的，该机构应当告知其到相应的机构查询。

不动产登记机构应当提供必要的查询场地，并安排专门人员负责不动产登记资料的查询、复制和出具查询结果证明等工作。

申请查询不动产登记原始资料，应当优先调取数字化成果，确有需求和必要，可以调取纸质不动产登记原始资料。

第八条 不动产权利人、利害关系人申请查询不动产登记资料，应当提交查询申请书以及不动产权利人、利害关系人的身份证明材料。

查询申请书应当包括下列内容：

（一）查询主体；

（二）查询目的；

（三）查询内容；

（四）查询结果要求；

（五）提交的申请材料清单。

第九条 不动产权利人、利害关系人委托代理人代为申请查询不动产登记资料的，被委托人应当提交双方身份证明原件和授权委托书。

授权委托书中应当注明双方姓名或者名称、公民身份号码或者统一社会信用代码、委托事项、委托时限、法律义务、委托日期等内容，双方签字或者盖章。

代理人受委托查询、复制不动产登记资料的，其查询、复制范围由授权委托书确定。

第十条 符合查询条件，查询人需要出具不动产登记资料查询结果证明或者复制不动产登记资料的，不动产登记机构应当当场提供。因特殊原因不能当场提供的，应当在5个工作日内向查询人提供。

查询结果证明应当注明出具的时间，并加盖不动产登记机构查询专用章。

第十一条 有下列情形之一的，不动产登记机构不予查询，并出具不予查询告知书：

（一）查询人提交的申请材料不符合本办法规定的；

（二）申请查询的主体或者查询事项不符合本办法规定的；

（三）申请查询的目的不符合法律法规规定的；

（四）法律、行政法规规定的其他情形。

查询人对不动产登记机构出具的不予查询告知书不服的，可以依法申请行政复议或者提起行政诉讼。

第十二条　申请查询的不动产登记资料涉及国家秘密的，不动产登记机构应当按照保守国家秘密法等有关规定执行。

第十三条　不动产登记机构应当建立查询记录簿，做好查询记录工作，记录查询人、查询目的或者用途、查询时间以及复制不动产登记资料的种类、出具的查询结果证明情况等。

第三章　权利人查询

第十四条　不动产登记簿上记载的权利人可以查询本不动产登记结果和本不动产登记原始资料。

第十五条　不动产权利人可以申请以下列索引信息查询不动产登记资料，但法律法规另有规定的除外：

（一）权利人的姓名或者名称、公民身份号码或者统一社会信用代码等特定主体身份信息；

（二）不动产具体坐落位置信息；

（三）不动产权属证书号；

（四）不动产单元号。

第十六条　不动产登记机构可以设置自助查询终端，为不动产权利人提供不动产登记结果查询服务。

自助查询终端应当具备验证相关身份证明以及出具查询结果证明的功能。

第十七条　继承人、受遗赠人因继承和受遗赠取得不动产权利的，适用本章关于不动产权利人查询的规定。

前款规定的继承人、受遗赠人查询不动产登记资料的，除提交本办法第八条规定的材料外，还应当提交被继承人或者遗赠人死亡证明、遗嘱或者遗赠抚养协议等可以证明继承或者遗赠行为发生的材料。

第十八条　清算组、破产管理人、财产代管人、监护人等依法有权管理和处分不动产权利的主体，参照本章规定查询相关不动产权利人的不动产登记资料。

依照本条规定查询不动产登记资料的，除提交本办法第八条规定的材料外，还应当提交依法有权处分该不动产的证明材料。

第四章　利害关系人查询

第十九条　符合下列条件的利害关系人可以申请查询有利害关系的不动产登记结果：

（一）因买卖、互换、赠与、租赁、抵押不动产构成利害关系的；

（二）因不动产存在民事纠纷且已经提起诉讼、仲裁而构成利害关系的；

（三）法律法规规定的其他情形。

第二十条　不动产的利害关系人申请查询不动产登记结果的，除提交本办法第八条规定的材料外，还应当提交下列利害关系证明材料：

（一）因买卖、互换、赠与、租赁、抵押不动产构成利害关系的，提交买卖合同、互换合同、赠与合同、租赁合同、抵押合同；

（二）因不动产存在相关民事纠纷且已经提起诉讼或者仲裁而构成利害关系的，提交受理案件通知书、仲裁受理通知书。

第二十一条　有买卖、租赁、抵押不动产意向，或者拟就不动产提起诉讼或者仲裁等，但不能提供本办法第二十条规定的利害关系证明材料的，可以提交本办法第八条规定材料，查询相关不动产登记簿记载的下列信息：

（一）不动产的自然状况；

（二）不动产是否存在共有情形；

（三）不动产是否存在抵押权登记、预告登记或者异议登记情形；

（四）不动产是否存在查封登记或者其他限制处分的情形。

第二十二条　受本办法第二十一条规定的当事人委托的律师，还可以申请查询相关不动产登记簿记载的下列信息：

（一）申请验证所提供的被查询不动产权利主体名称与登记簿的记载是否一致；

（二）不动产的共有形式；

（三）要求办理查封登记或者限制处分机关的名称。

第二十三条　律师受当事人委托申请查询不动产登记资料的，除提交本办法第八条、第九条规定的材料外，还应当提交律师证和律师事务所出具的证明材料。

律师持人民法院的调查令申请查询不动产登记资料的，除提交本办法第八条规定的材料外，还应当提交律师证、律师事务所出具的证明材料以及人民法院的调查令。

第二十四条　不动产的利害关系人可以申请以下列索引信息查询不动产登记资料：

（一）不动产具体坐落位置；

（二）不动产权属证书号；

（三）不动产单元号。

每份申请书只能申请查询一个不动产登记单元。

第二十五条　不动产利害关系人及其委托代理人，按照本办法申请查询的，应当承诺不将查询获得的不动产登记资料、登记信息用于其他目的，不泄露查询获得的不动产登记资料、登记信息，并承担由此产生的法律后果。

第五章　登记资料保护

第二十六条　查询人查询、复制不动产登记资料的，不得将不动产登记资料带离指定场所，不得拆散、调换、抽取、撕毁、污损不动产登记资料，也不得损坏查询设备。

查询人有前款行为的，不动产登记机构有权禁止该查询人继续查询不动产登记资料，并可以拒绝为其出具查询结果证明。

第二十七条　已有电子介质，且符合下列情形之一的纸质不动产登记原始资料可以销毁：

（一）抵押权登记、地役权登记已经注销且自注销之日起满五年的；

（二）查封登记、预告登记、异议登记已经注销且自注销之日起满五年的。

第二十八条　符合本办法第二十七条规定销毁条件的不动产登记资料应当在不动产登记机构指定的场所销毁。

不动产登记机构应当建立纸质不动产登记资料销毁清册，详细记录被销毁的纸质不动产登记资料的名称、数量、时间、地点，负责销毁以及监督销毁的人员应当在清册上签名。

第六章　罚则

第二十九条　不动产登记机构及其工作人员违反本办法规定，有下列行为之一，对有关责任人员依法给予处分；涉嫌构成犯罪的，移送有关机关依法追究刑事责任：

（一）对符合查询、复制不动产登记资料条件的申请不予查询、复制，对不符合查询、复制不动产登记资料条件的申请予以查询、复制的；

（二）擅自查询、复制不动产登记资料或者出具查询结果证明的；

（三）泄露不动产登记资料、登记信息的；

（四）利用不动产登记资料进行不正当活动的；

（五）未履行对不动产登记资料的安全保护义务，导致不动产登记资料、登记信息毁损、灭失或者被他人篡改，造成严重后果的。

第三十条 查询人违反本办法规定，有下列行为之一，构成违反治安管理行为的，移送公安机关依法给予治安管理处罚；涉嫌构成犯罪的，移送有关机关依法追究刑事责任：

（一）采用提供虚假材料等欺骗手段申请查询、复制不动产登记资料的；

（二）泄露不动产登记资料、登记信息的；

（三）遗失、拆散、调换、抽取、污损、撕毁不动产登记资料的；

（四）擅自将不动产登记资料带离查询场所、损坏查询设备的；

（五）因扰乱查询、复制秩序导致不动产登记机构受损失的；

（六）滥用查询结果证明的。

第七章 附 则

第三十一条 有关国家机关查询复制不动产登记资料以及国家机关之间共享不动产登记信息的具体办法另行规定。

第三十二条 《不动产登记暂行条例》实施前已经形成的土地、房屋、森林、林木、海域等登记资料，属于不动产登记资料。不动产登记机构应当依照本办法的规定提供查询。

第三十三条 公民、法人或者其他组织依据《中华人民共和国政府信息公开条例》，以申请政府信息公开的方式申请查询不动产登记资料的，有关国土资源主管部门应当告知其按照本办法的规定申请不动产登记资料查询。

第三十四条 本办法自公布之日起施行。2002 年 12 月 4 日国土资源部公布的《土地登记资料公开查询办法》（国土资源部令第 14 号）同时废止。

房屋登记办法

（2008 年 1 月 22 日经建设部第 147 次常务会议讨论通过
2008 年 2 月 15 日中华人民共和国建设部令第 168 号公布
自 2008 年 7 月 1 日起施行）

第一章 总 则

第一条 为了规范房屋登记行为，维护房地产交易安全，保护权利人的合法权益，依据《中华人民共和国物权法》《中华人民共和国城市房地产管理法》《村庄和集镇规划建设管理条例》等法律、行政法规，制定本办法。

第二条　本办法所称房屋登记，是指房屋登记机构依法将房屋权利和其他应当记载的事项在房屋登记簿上予以记载的行为。

第三条　国务院建设主管部门负责指导、监督全国的房屋登记工作。

省、自治区、直辖市人民政府建设（房地产）主管部门负责指导、监督本行政区域内的房屋登记工作。

第四条　房屋登记，由房屋所在地的房屋登记机构办理。

本办法所称房屋登记机构，是指直辖市、市、县人民政府建设（房地产）主管部门或者其设置的负责房屋登记工作的机构。

第五条　房屋登记机构应当建立本行政区域内统一的房屋登记簿。

房屋登记簿是房屋权利归属和内容的根据，由房屋登记机构管理。

第六条　房屋登记人员应当具备与其岗位相适应的专业知识。

从事房屋登记审核工作的人员，应当取得国务院建设主管部门颁发的房屋登记上岗证书，持证上岗。

第二章　一般规定

第七条　办理房屋登记，一般依照下列程序进行：

（一）申请；

（二）受理；

（三）审核；

（四）记载于登记簿；

（五）发证。

房屋登记机构认为必要时，可以就登记事项进行公告。

第八条　办理房屋登记，应当遵循房屋所有权和房屋占用范围内的土地使用权权利主体一致的原则。

第九条　房屋登记机构应当依照法律、法规和本办法规定，确定申请房屋登记需要提交的材料，并将申请登记材料目录公示。

第十条　房屋应当按照基本单元进行登记。房屋基本单元是指有固定界限、可以独立使用并且有明确、唯一的编号（幢号、室号等）的房屋或者特定空间。

国有土地范围内成套住房，以套为基本单元进行登记；非成套住房，以房屋的幢、层、间等有固定界限的部分为基本单元进行登记。集体土地范围内村民住房，以宅基地上独立建筑为基本单元进行登记；在共有宅基地上建造的村民住房，以套、间等有固定界限的部分为基本单元进行登记。

非住房以房屋的幢、层、套、间等有固定界限的部分为基本单元进行登记。

第十一条 申请房屋登记，申请人应当向房屋所在地的房屋登记机构提出申请，并提交申请登记材料。

申请登记材料应当提供原件。不能提供原件的，应当提交经有关机关确认与原件一致的复印件。

申请人应当对申请登记材料的真实性、合法性、有效性负责，不得隐瞒真实情况或者提供虚假材料申请房屋登记。

第十二条 申请房屋登记，应当由有关当事人双方共同申请，但本办法另有规定的除外。

有下列情形之一，申请房屋登记的，可以由当事人单方申请：

（一）因合法建造房屋取得房屋权利；

（二）因人民法院、仲裁委员会的生效法律文书取得房屋权利；

（三）因继承、受遗赠取得房屋权利；

（四）有本办法所列变更登记情形之一；

（五）房屋灭失；

（六）权利人放弃房屋权利；

（七）法律、法规规定的其他情形。

第十三条 共有房屋，应当由共有人共同申请登记。

共有房屋所有权变更登记，可以由相关的共有人申请，但因共有性质或者共有人份额变更申请房屋登记的，应当由共有人共同申请。

第十四条 未成年人的房屋，应当由其监护人代为申请登记。监护人代为申请未成年人房屋登记的，应当提交证明监护人身份的材料；因处分未成年人房屋申请登记的，还应当提供为未成年人利益的书面保证。

第十五条 申请房屋登记的，申请人应当使用中文名称或者姓名。申请人提交的证明文件原件是外文的，应当提供中文译本。

委托代理人申请房屋登记的，代理人应当提交授权委托书和身份证明。境外申请人委托代理人申请房屋登记的，其授权委托书应当按照国家有关规定办理公证或者认证。

第十六条 申请房屋登记的，申请人应当按照国家有关规定缴纳登记费。

第十七条 申请人提交的申请登记材料齐全且符合法定形式的，应当予以受理，并出具书面凭证。

申请人提交的申请登记材料不齐全或者不符合法定形式的，应当不予受理，并告知申请人需要补正的内容。

第十八条 房屋登记机构应当查验申请登记材料，并根据不同登记申请就申请登记事项是否是申请人的真实意思表示、申请登记房屋是否为共有房屋、房屋登记簿记载的权利人是否同意更正，以及申请登记材料中需进一步明确的其他有关事项询问申请人。询问结果应当经申请人签字确认，并归档保留。

房屋登记机构认为申请登记房屋的有关情况需要进一步证明的，可以要求申请人补充材料。

第十九条　办理下列房屋登记，房屋登记机构应当实地查看：

（一）房屋所有权初始登记；

（二）在建工程抵押权登记；

（三）因房屋灭失导致的房屋所有权注销登记；

（四）法律、法规规定的应当实地查看的其他房屋登记。

房屋登记机构实地查看时，申请人应当予以配合。

第二十条　登记申请符合下列条件的，房屋登记机构应当予以登记，将申请登记事项记载于房屋登记簿：

（一）申请人与依法提交的材料记载的主体一致；

（二）申请初始登记的房屋与申请人提交的规划证明材料记载一致，申请其他登记的房屋与房屋登记簿记载一致；

（三）申请登记的内容与有关材料证明的事实一致；

（四）申请登记的事项与房屋登记簿记载的房屋权利不冲突；

（五）不存在本办法规定的不予登记的情形。

登记申请不符合前款所列条件的，房屋登记机构应当不予登记，并书面告知申请人不予登记的原因。

第二十一条　房屋登记机构将申请登记事项记载于房屋登记簿之前，申请人可以撤回登记申请。

第二十二条　有下列情形之一的，房屋登记机构应当不予登记：

（一）未依法取得规划许可、施工许可或者未按照规划许可的面积等内容建造的建筑申请登记的；

（二）申请人不能提供合法、有效的权利来源证明文件或者申请登记的房屋权利与权利来源证明文件不一致的；

（三）申请登记事项与房屋登记簿记载冲突的；

（四）申请登记房屋不能特定或者不具有独立利用价值的；

（五）房屋已被依法征收、没收，原权利人申请登记的；

（六）房屋被依法查封期间，权利人申请登记的；

（七）法律、法规和本办法规定的其他不予登记的情形。

第二十三条　自受理登记申请之日起，房屋登记机构应当于下列时限内，将申请登记事项记载于房屋登记簿或者作出不予登记的决定：

（一）国有土地范围内房屋所有权登记，30个工作日，集体土地范围内房屋所有权登记，60个工作日；

（二）抵押权、地役权登记，10个工作日；

（三）预告登记、更正登记，10个工作日；

（四）异议登记，1个工作日。

公告时间不计入前款规定时限。因特殊原因需要延长登记时限的，经房屋登记机构负责人批准可以延长，但最长不得超过原时限的一倍。

法律、法规对登记时限另有规定的，从其规定。

第二十四条 房屋登记簿应当记载房屋自然状况、权利状况以及其他依法应当登记的事项。

房屋登记簿可以采用纸介质，也可以采用电子介质。采用电子介质的，应当有唯一、确定的纸介质转化形式，并应当定期异地备份。

第二十五条 房屋登记机构应当根据房屋登记簿的记载，缮写并向权利人发放房屋权属证书。

房屋权属证书是权利人享有房屋权利的证明，包括《房屋所有权证》《房屋他项权证》等。申请登记房屋为共有房屋的，房屋登记机构应当在房屋所有权证上注明“共有”字样。

预告登记、在建工程抵押权登记以及法律、法规规定的其他事项在房屋登记簿上予以记载后，由房屋登记机构发放登记证明。

第二十六条 房屋权属证书、登记证明与房屋登记簿记载不一致的，除有证据证明房屋登记簿确有错误外，以房屋登记簿为准。

第二十七条 房屋权属证书、登记证明破损的，权利人可以向房屋登记机构申请换发。房屋登记机构换发前，应当收回原房屋权属证书、登记证明，并将有关事项记载于房屋登记簿。

房屋权属证书、登记证明遗失、灭失的，权利人在当地公开发行的报刊上刊登遗失声明后，可以申请补发。房屋登记机构予以补发的，应当将有关事项在房屋登记簿上予以记载。补发的房屋权属证书、登记证明上应当注明“补发”字样。

在补发集体土地范围内村民住房的房屋权属证书、登记证明前，房屋登记机构应当就补发事项在房屋所在地农村集体经济组织内公告。

第二十八条 房屋登记机构应当将房屋登记资料及时归档并妥善管理。

申请查询、复制房屋登记资料的，应当按照规定的权限和程序办理。

第二十九条 县级以上人民政府建设（房地产）主管部门应当加强房屋登记信息系统建设，逐步实现全国房屋登记簿信息共享和异地查询。

第三章　国有土地范围内房屋登记

第一节　所有权登记

第三十条　因合法建造房屋申请房屋所有权初始登记的，应当提交下列材料：

（一）登记申请书；

（二）申请人身份证明；

（三）建设用地使用权证明；

（四）建设工程符合规划的证明；

（五）房屋已竣工的证明；

（六）房屋测绘报告；

（七）其他必要材料。

第三十一条　房地产开发企业申请房屋所有权初始登记时，应当对建筑区划内依法属于全体业主共有的公共场所、公用设施和物业服务用房等房屋一并申请登记，由房屋登记机构在房屋登记簿上予以记载，不颁发房屋权属证书。

第三十二条　发生下列情形之一的，当事人应当在有关法律文件生效或者事实发生后申请房屋所有权转移登记：

（一）买卖；

（二）互换；

（三）赠与；

（四）继承、受遗赠；

（五）房屋分割、合并，导致所有权发生转移的；

（六）以房屋出资入股；

（七）法人或者其他组织分立、合并，导致房屋所有权发生转移的；

（八）法律、法规规定的其他情形。

第三十三条　申请房屋所有权转移登记，应当提交下列材料：

（一）登记申请书；

（二）申请人身份证明；

（三）房屋所有权证书或者房地产权证书；

（四）证明房屋所有权发生转移的材料；

（五）其他必要材料。

前款第（四）项材料，可以是买卖合同、互换合同、赠与合同、受遗赠证明、继承证明、分割协议、合并协议、人民法院或者仲裁委员会生效的法律文书，或者其他证明房屋所有权发生转移的材料。

第三十四条 抵押期间，抵押人转让抵押房屋的所有权，申请房屋所有权转移登记的，除提供本办法第三十三条规定材料外，还应当提交抵押权人的身份证明、抵押权人同意抵押房屋转让的书面文件、他项权利证书。

第三十五条 因人民法院或者仲裁委员会生效的法律文书、合法建造房屋、继承或者受遗赠取得房屋所有权，权利人转让该房屋所有权或者以该房屋设定抵押权时，应当将房屋登记到权利人名下后，再办理房屋所有权转移登记或者房屋抵押权设立登记。

因人民法院或者仲裁委员会生效的法律文书取得房屋所有权，人民法院协助执行通知书要求房屋登记机构予以登记的，房屋登记机构应当予以办理。房屋登记机构予以登记的，应当在房屋登记簿上记载基于人民法院或者仲裁委员会生效的法律文书予以登记的事实。

第三十六条 发生下列情形之一的，权利人应当在有关法律文件生效或者事实发生后申请房屋所有权变更登记：

（一）房屋所有权人的姓名或者名称变更的；

（二）房屋坐落的街道、门牌号或者房屋名称变更的；

（三）房屋面积增加或者减少的；

（四）同一所有权人分割、合并房屋的；

（五）法律、法规规定的其他情形。

第三十七条 申请房屋所有权变更登记，应当提交下列材料：

（一）登记申请书；

（二）申请人身份证明；

（三）房屋所有权证书或者房地产权证书；

（四）证明发生变更事实的材料；

（五）其他必要材料。

第三十八条 经依法登记的房屋发生下列情形之一的，房屋登记簿记载的所有权人应当自事实发生后申请房屋所有权注销登记：

（一）房屋灭失的；

（二）放弃所有权的；

（三）法律、法规规定的其他情形。

第三十九条 申请房屋所有权注销登记的，应当提交下列材料：

（一）登记申请书；

（二）申请人身份证明；

（三）房屋所有权证书或者房地产权证书；

（四）证明房屋所有权消灭的材料；

（五）其他必要材料。

第四十条 经依法登记的房屋上存在他项权利时，所有权人放弃房屋所有权申请注销登记的，应当提供他项权利人的书面同意文件。

第四十一条 经登记的房屋所有权消灭后，原权利人未申请注销登记的，房屋登记机构可以依据人民法院、仲裁委员会的生效法律文书或者人民政府的生效征收决定办理注销登记，将注销事项记载于房屋登记簿，原房屋所有权证收回或者公告作废。

第二节 抵押权登记

第四十二条 以房屋设定抵押的，当事人应当申请抵押权登记。

第四十三条 申请抵押权登记，应当提交下列文件：

（一）登记申请书；

（二）申请人的身份证明；

（三）房屋所有权证书或者房地产权证书；

（四）抵押合同；

（五）主债权合同；

（六）其他必要材料。

第四十四条 对符合规定条件的抵押权设立登记，房屋登记机构应当将下列事项记载于房屋登记簿：

（一）抵押当事人、债务人的姓名或者名称；

（二）被担保债权的数额；

（三）登记时间。

第四十五条 本办法第四十四条所列事项发生变化或者发生法律、法规规定变更抵押权的其他情形的，当事人应当申请抵押权变更登记。

第四十六条 申请抵押权变更登记，应当提交下列材料：

（一）登记申请书；

（二）申请人的身份证明；

（三）房屋他项权证书；

（四）抵押人与抵押权人变更抵押权的书面协议；

（五）其他必要材料。

因抵押当事人姓名或者名称发生变更，或者抵押房屋坐落的街道、门牌号发生变更申请变更登记的，无需提交前款第（四）项材料。

因被担保债权的数额发生变更申请抵押权变更登记的，还应当提交其他抵押权人的书面同意文件。

第四十七条 经依法登记的房屋抵押权因主债权转让而转让，申请抵押权转移登记的，主债权的转让人和受让人应当提交下列材料：

（一）登记申请书；

（二）申请人的身份证明；

（三）房屋他项权证书；

（四）房屋抵押权发生转移的证明材料；

（五）其他必要材料。

第四十八条 经依法登记的房屋抵押权发生下列情形之一的，权利人应当申请抵押权注销登记：

（一）主债权消灭；

（二）抵押权已经实现；

（三）抵押权人放弃抵押权；

（四）法律、法规规定抵押权消灭的其他情形。

第四十九条 申请抵押权注销登记的，应当提交下列材料：

（一）登记申请书；

（二）申请人的身份证明；

（三）房屋他项权证书；

（四）证明房屋抵押权消灭的材料；

（五）其他必要材料。

第五十条 以房屋设定最高额抵押的，当事人应当申请最高额抵押权设立登记。

第五十一条 申请最高额抵押权设立登记，应当提交下列材料：

（一）登记申请书；

（二）申请人的身份证明；

（三）房屋所有权证书或房地产权证书；

（四）最高额抵押合同；

（五）一定期间内将要连续发生的债权的合同或者其他登记原因证明材料；

（六）其他必要材料。

第五十二条 当事人将最高额抵押权设立前已存在债权转入最高额抵押担保的债权范围，申请登记的，应当提交下列材料：

（一）已存在债权的合同或者其他登记原因证明材料；

（二）抵押人与抵押权人同意将该债权纳入最高额抵押权担保范围的书面材料。

第五十三条 对符合规定条件的最高额抵押权设立登记，除本办法第四十四条所列事项外，登记机构还应当将最高债权额、债权确定的期间记载于房屋登记簿，并明确记载其为最高额抵押权。

第五十四条　变更最高额抵押权登记事项或者发生法律、法规规定变更最高额抵押权的其他情形，当事人应当申请最高额抵押权变更登记。

第五十五条　申请最高额抵押权变更登记，应当提交下列材料：

（一）登记申请书；

（二）申请人的身份证明；

（三）房屋他项权证书；

（四）最高额抵押权担保的债权尚未确定的证明材料；

（五）最高额抵押权发生变更的证明材料；

（六）其他必要材料。

因最高债权额、债权确定的期间发生变更而申请变更登记的，还应当提交其他抵押权人的书面同意文件。

第五十六条　最高额抵押权担保的债权确定前，最高额抵押权发生转移，申请最高额抵押权转移登记的，转让人和受让人应当提交下列材料：

（一）登记申请书；

（二）申请人的身份证明；

（三）房屋他项权证书；

（四）最高额抵押权担保的债权尚未确定的证明材料；

（五）最高额抵押权发生转移的证明材料；

（六）其他必要材料。

最高额抵押权担保的债权确定前，债权人转让部分债权的，除当事人另有约定外，房屋登记机构不得办理最高额抵押权转移登记。当事人约定最高额抵押权随同部分债权的转让而转移的，应当在办理最高额抵押权确定登记之后，依据本办法第四十七条的规定办理抵押权转移登记。

第五十七条　经依法登记的最高额抵押权担保的债权确定，申请最高额抵押权确定登记的，应当提交下列材料：

（一）登记申请书；

（二）申请人的身份证明；

（三）房屋他项权证书；

（四）最高额抵押权担保的债权已确定的证明材料；

（五）其他必要材料。

第五十八条　对符合规定条件的最高额抵押权确定登记，登记机构应当将最高额抵押权担保的债权已经确定的事实记载于房屋登记簿。

当事人协议确定或者人民法院、仲裁委员会生效的法律文书确定了债权数额的，房屋登记机构可以依照当事人一方的申请将债权数额确定的事实记载于房屋登记簿。

第五十九条 以在建工程设定抵押的，当事人应当申请在建工程抵押权设立登记。

第六十条 申请在建工程抵押权设立登记的，应当提交下列材料：

（一）登记申请书；

（二）申请人的身份证明；

（三）抵押合同；

（四）主债权合同；

（五）建设用地使用权证书或者记载土地使用权状况的房地产权证书；

（六）建设工程规划许可证；

（七）其他必要材料。

第六十一条 已经登记在建工程抵押权变更、转让或者消灭的，当事人应当提交下列材料，申请变更登记、转移登记、注销登记：

（一）登记申请书；

（二）申请人的身份证明；

（三）登记证明；

（四）证明在建工程抵押权发生变更、转移或者消灭的材料；

（五）其他必要材料。

第六十二条 在建工程竣工并经房屋所有权初始登记后，当事人应当申请将在建工程抵押权登记转为房屋抵押权登记。

第三节 地役权登记

第六十三条 在房屋上设立地役权的，当事人可以申请地役权设立登记。

第六十四条 申请地役权设立登记，应当提交下列材料：

（一）登记申请书；

（二）申请人的身份证明；

（三）地役权合同；

（四）房屋所有权证书或者房地产权证书；

（五）其他必要材料。

第六十五条 对符合规定条件的地役权设立登记，房屋登记机构应当将有关事项记载于需役地和供役地房屋登记簿，并可将地役权合同附于供役地和需役地房屋登记簿。

第六十六条 已经登记的地役权变更、转让或者消灭的，当事人应当提交下列材料，申请变更登记、转移登记、注销登记：

（一）登记申请书；

（二）申请人的身份证明；
（三）登记证明；
（四）证明地役权发生变更、转移或者消灭的材料；
（五）其他必要材料。

第四节　预告登记

第六十七条　有下列情形之一的，当事人可以申请预告登记：
（一）预购商品房；
（二）以预购商品房设定抵押；
（三）房屋所有权转让、抵押；
（四）法律、法规规定的其他情形。

第六十八条　预告登记后，未经预告登记的权利人书面同意，处分该房屋申请登记的，房屋登记机构应当不予办理。

预告登记后，债权消灭或者自能够进行相应的房屋登记之日起三个月内，当事人申请房屋登记的，房屋登记机构应当按照预告登记事项办理相应的登记。

第六十九条　预售人和预购人订立商品房买卖合同后，预售人未按照约定与预购人申请预告登记，预购人可以单方申请预告登记。

第七十条　申请预购商品房预告登记，应当提交下列材料：
（一）登记申请书；
（二）申请人的身份证明；
（三）已登记备案的商品房预售合同；
（四）当事人关于预告登记的约定；
（五）其他必要材料。

预购人单方申请预购商品房预告登记，预售人与预购人在商品房预售合同中对预告登记附有条件和期限的，预购人应当提交相应的证明材料。

第七十一条　申请预购商品房抵押权预告登记，应当提交下列材料：
（一）登记申请书；
（二）申请人的身份证明；
（三）抵押合同；
（四）主债权合同；
（五）预购商品房预告登记证明；
（六）当事人关于预告登记的约定；
（七）其他必要材料。

第七十二条　申请房屋所有权转移预告登记，应当提交下列材料：

（一）登记申请书；

（二）申请人的身份证明；

（三）房屋所有权转让合同；

（四）转让方的房屋所有权证书或者房地产权证书；

（五）当事人关于预告登记的约定；

（六）其他必要材料。

第七十三条　申请房屋抵押权预告登记的，应当提交下列材料：

（一）登记申请书；

（二）申请人的身份证明；

（三）抵押合同；

（四）主债权合同；

（五）房屋所有权证书或房地产权证书，或者房屋所有权转移登记的预告证明；

（六）当事人关于预告登记的约定；

（七）其他必要材料。

第五节　其他登记

第七十四条　权利人、利害关系人认为房屋登记簿记载的事项有错误的，可以提交下列材料，申请更正登记：

（一）登记申请书；

（二）申请人的身份证明；

（三）证明房屋登记簿记载错误的材料。

利害关系人申请更正登记的，还应当提供权利人同意更正的证明材料。

房屋登记簿记载确有错误的，应当予以更正；需要更正房屋权属证书内容的，应当书面通知权利人换领房屋权属证书；房屋登记簿记载无误的，应当不予更正，并书面通知申请人。

第七十五条　房屋登记机构发现房屋登记簿的记载错误，不涉及房屋权利归属和内容的，应当书面通知有关权利人在规定期限内办理更正登记；当事人无正当理由逾期不办理更正登记的，房屋登记机构可以依据申请登记材料或者有效的法律文件对房屋登记簿的记载予以更正，并书面通知当事人。

对于涉及房屋权利归属和内容的房屋登记簿的记载错误，房屋登记机构应当书面通知有关权利人在规定期限内办理更正登记；办理更正登记期间，权利人因处分其房屋权利申请登记的，房屋登记机构应当暂缓办理。

第七十六条　利害关系人认为房屋登记簿记载的事项错误，而权利人不同意更正的，利害关系人可以持登记申请书、申请人的身份证明、房屋登记簿记载错误的证明文件等材料申请异议登记。

第七十七条　房屋登记机构受理异议登记的，应当将异议事项记载于房屋登记簿。

第七十八条　异议登记期间，房屋登记簿记载的权利人处分房屋申请登记的，房屋登记机构应当暂缓办理。

权利人处分房屋申请登记，房屋登记机构受理登记申请但尚未将申请登记事项记载于房屋登记簿之前，第三人申请异议登记的，房屋登记机构应当中止办理原登记申请，并书面通知申请人。

第七十九条　异议登记期间，异议登记申请人起诉，人民法院不予受理或者驳回其诉讼请求的，异议登记申请人或者房屋登记簿记载的权利人可以持登记申请书、申请人的身份证明、相应的证明文件等材料申请注销异议登记。

第八十条　人民法院、仲裁委员会的生效法律文书确定的房屋权利归属或者权利内容与房屋登记簿记载的权利状况不一致的，房屋登记机构应当按照当事人的申请或者有关法律文书，办理相应的登记。

第八十一条　司法机关、行政机关、仲裁委员会发生法律效力的文件证明当事人以隐瞒真实情况、提交虚假材料等非法手段获取房屋登记的，房屋登记机构可以撤销原房屋登记，收回房屋权属证书、登记证明或者公告作废，但房屋权利为他人善意取得的除外。

第四章　集体土地范围内房屋登记

第八十二条　依法利用宅基地建造的村民住房和依法利用其他集体所有建设用地建造的房屋，可以依照本办法的规定申请房屋登记。

法律、法规对集体土地范围内房屋登记另有规定的，从其规定。

第八十三条　因合法建造房屋申请房屋所有权初始登记的，应当提交下列材料：

（一）登记申请书；

（二）申请人的身份证明；

（三）宅基地使用权证明或者集体所有建设用地使用权证明；

（四）申请登记房屋符合城乡规划的证明；

（五）房屋测绘报告或者村民住房平面图；

（六）其他必要材料。

申请村民住房所有权初始登记的，还应当提交申请人属于房屋所在地农村集体经济组织成员的证明。

农村集体经济组织申请房屋所有权初始登记的，还应当提交经村民会议同意或者由村民会议授权经村民代表会议同意的证明材料。

第八十四条 办理村民住房所有权初始登记、农村集体经济组织所有房屋所有权初始登记，房屋登记机构受理登记申请后，应当将申请登记事项在房屋所在地农村集体经济组织内进行公告。经公告无异议或者异议不成立的，方可予以登记。

第八十五条 发生下列情形之一的，权利人应当在有关法律文件生效或者事实发生后申请房屋所有权变更登记：

（一）房屋所有权人的姓名或者名称变更的；

（二）房屋坐落变更的；

（三）房屋面积增加或者减少的；

（四）同一所有权人分割、合并房屋的；

（五）法律、法规规定的其他情形。

第八十六条 房屋所有权依法发生转移，申请房屋所有权转移登记的，应当提交下列材料：

（一）登记申请书；

（二）申请人的身份证明；

（三）房屋所有权证书；

（四）宅基地使用权证明或者集体所有建设用地使用权证明；

（五）证明房屋所有权发生转移的材料；

（六）其他必要材料。

申请村民住房所有权转移登记的，还应当提交农村集体经济组织同意转移的证明材料。

农村集体经济组织申请房屋所有权转移登记的，还应当提交经村民会议同意或者由村民会议授权经村民代表会议同意的证明材料。

第八十七条 申请农村村民住房所有权转移登记，受让人不属于房屋所在地农村集体经济组织成员的，除法律、法规另有规定外，房屋登记机构应当不予办理。

第八十八条 依法以乡镇、村企业的厂房等建筑物设立抵押，申请抵押权登记的，应当提交下列材料：

（一）登记申请书；

（二）申请人的身份证明；

（三）房屋所有权证书；

（四）集体所有建设用地使用权证明；

（五）主债权合同和抵押合同；

（六）其他必要材料。

第八十九条 房屋登记机构对集体土地范围内的房屋予以登记的，应当在房屋登记簿和房屋权属证书上注明“集体土地”字样。

第九十条 办理集体土地范围内房屋的地役权登记、预告登记、更正登记、异议登记等房屋登记，可以参照适用国有土地范围内房屋登记的有关规定。

第五章 法律责任

第九十一条 非法印制、伪造、变造房屋权属证书或者登记证明，或者使用非法印制、伪造、变造的房屋权属证书或者登记证明的，由房屋登记机构予以收缴；构成犯罪的，依法追究刑事责任。

第九十二条 申请人提交错误、虚假的材料申请房屋登记，给他人造成损害的，应当承担相应的法律责任。

房屋登记机构及其工作人员违反本办法规定办理房屋登记，给他人造成损害的，由房屋登记机构承担相应的法律责任。房屋登记机构承担赔偿责任后，对故意或者重大过失造成登记错误的工作人员，有权追偿。

第九十三条 房屋登记机构工作人员有下列行为之一的，依法给予处分；构成犯罪的，依法追究刑事责任：

（一）擅自涂改、毁损、伪造房屋登记簿；

（二）对不符合登记条件的登记申请予以登记，或者对符合登记条件的登记申请不予登记；

（三）玩忽职守、滥用职权、徇私舞弊。

第六章 附 则

第九十四条 房屋登记簿的内容和管理规范，由国务院建设主管部门另行制定。

第九十五条 房屋权属证书、登记证明，由国务院建设主管部门统一制定式样，统一监制，统一编号规则。

县级以上地方人民政府由一个部门统一负责房屋和土地登记工作的，可以制作、颁发统一的房地产权证书。房地产权证书的式样应当报国务院建设主管部门备案。

第九十六条 具有独立利用价值的特定空间以及码头、油库等其他建筑物、构筑物的登记，可以参照本办法执行。

第九十七条 省、自治区、直辖市人民政府建设（房地产）主管部门可以根据法律、法规和本办法的规定，结合本地实际情况，制定房屋登记实施细则。

第九十八条 本办法自2008年7月1日起施行。《城市房屋权属登记管理办法》（建设部令第57号）、《建设部关于修改〈城市房屋权属登记管理办法〉的决定》（建设部令第99号）同时废止。

最高人民法院
关于审理房屋登记案件若干问题的规定

法释〔2010〕15号

（2010年8月2日最高人民法院审判委员会第1491次会议通过
2010年11月5日最高人民法院公告公布　自2010年11月18日起施行）

为正确审理房屋登记案件，根据《中华人民共和国物权法》、《中华人民共和国城市房地产管理法》、《中华人民共和国行政诉讼法》等有关法律规定，结合行政审判实际，制定本规定。

第一条 公民、法人或者其他组织对房屋登记机构的房屋登记行为以及与查询、复制登记资料等事项相关的行政行为或者相应的不作为不服，提起行政诉讼的，人民法院应当依法受理。

第二条 房屋登记机构根据人民法院、仲裁委员会的法律文书或者有权机关的协助执行通知书以及人民政府的征收决定办理的房屋登记行为，公民、法人或者其他组织不服提起行政诉讼的，人民法院不予受理，但公民、法人或者其他组织认为登记与有关文书内容不一致的除外。

房屋登记机构作出未改变登记内容的换发、补发权属证书、登记证明或者更新登记簿的行为，公民、法人或者其他组织不服提起行政诉讼的，人民法院不予受理。

房屋登记机构在行政诉讼法施行前作出的房屋登记行为，公民、法人或者其他组织不服提起行政诉讼的，人民法院不予受理。

第三条 公民、法人或者其他组织对房屋登记行为不服提起行政诉讼的，不受下列情形的影响：

（一）房屋灭失；

（二）房屋登记行为已被登记机构改变；

（三）生效法律文书将房屋权属证书、房屋登记簿或者房屋登记证明作为定案证据采用。

第四条 房屋登记机构为债务人办理房屋转移登记，债权人不服提起诉讼，符合下列情形之一的，人民法院应当依法受理：

（一）以房屋为标的物的债权已办理预告登记的；

（二）债权人为抵押权人且房屋转让未经其同意的；

（三）人民法院依债权人申请对房屋采取强制执行措施并已通知房屋登记机构的；

（四）房屋登记机构工作人员与债务人恶意串通的。

第五条　同一房屋多次转移登记，原房屋权利人、原利害关系人对首次转移登记行为提起行政诉讼的，人民法院应当依法受理。

原房屋权利人、原利害关系人对首次转移登记行为及后续转移登记行为一并提起行政诉讼的，人民法院应当依法受理；人民法院判决驳回原告就在先转移登记行为提出的诉讼请求，或者因保护善意第三人确认在先房屋登记行为违法的，应当裁定驳回原告对后续转移登记行为的起诉。

原房屋权利人、原利害关系人未就首次转移登记行为提起行政诉讼，对后续转移登记行为提起行政诉讼的，人民法院不予受理。

第六条　人民法院受理房屋登记行政案件后，应当通知没有起诉的下列利害关系人作为第三人参加行政诉讼：

（一）房屋登记簿上载明的权利人；

（二）被诉异议登记、更正登记、预告登记的权利人；

（三）人民法院能够确认的其他利害关系人。

第七条　房屋登记行政案件由房屋所在地人民法院管辖，但有下列情形之一的也可由被告所在地人民法院管辖：

（一）请求房屋登记机构履行房屋转移登记、查询、复制登记资料等职责的；

（二）对房屋登记机构收缴房产证行为提起行政诉讼的；

（三）对行政复议改变房屋登记行为提起行政诉讼的。

第八条　当事人以作为房屋登记行为基础的买卖、共有、赠与、抵押、婚姻、继承等民事法律关系无效或者应当撤销为由，对房屋登记行为提起行政诉讼的，人民法院应当告知当事人先行解决民事争议，民事争议处理期间不计算在行政诉讼起诉期限内；已经受理的，裁定中止诉讼。

第九条　被告对被诉房屋登记行为的合法性负举证责任。被告保管证据原件的，应当在法庭上出示。被告不保管原件的，应当提交与原件核对一致的复印件、复制件并作出说明。当事人对被告提交的上述证据提出异议的，应当提供相应的证据。

第十条　被诉房屋登记行为合法的，人民法院应当判决驳回原告的诉讼请求。

第十一条 被诉房屋登记行为涉及多个权利主体或者房屋可分，其中部分主体或者房屋的登记违法应予撤销的，可以判决部分撤销。

被诉房屋登记行为违法，但该行为已被登记机构改变的，判决确认被诉行为违法。

被诉房屋登记行为违法，但判决撤销将给公共利益造成重大损失或者房屋已为第三人善意取得的，判决确认被诉行为违法，不撤销登记行为。

第十二条 申请人提供虚假材料办理房屋登记，给原告造成损害，房屋登记机构未尽合理审慎职责的，应当根据其过错程度及其在损害发生中所起作用承担相应的赔偿责任。

第十三条 房屋登记机构工作人员与第三人恶意串通违法登记，侵犯原告合法权益的，房屋登记机构与第三人承担连带赔偿责任。

第十四条 最高人民法院以前所作的相关的司法解释，凡与本规定不一致的，以本规定为准。

农村集体土地上的房屋登记行政案件参照本规定。

【链　接】

统一司法尺度　保护房屋权利人、利害关系人合法权益

——最高人民法院行政审判庭庭长就《关于审理房屋登记案件若干问题的规定》答记者

近日，最高人民法院审判委员会第1491次会议讨论通过了《关于审理房屋登记案件若干问题的规定》（以下简称《规定》）。在公布实施前夕，最高人民法院行政审判庭赵大光庭长接受了记者访问。

难题不断出现　裁判不够统一

记者：行政的领域非常广泛，房屋登记是房管部门的监管职能之一，在政府职能当中只占很小的比重。在您看来，专就如此之小的领域制定司法解释，必要性何在呢？

赵大光：制定《规定》的必要性至少可从以下四个方面阐述：

第一，房屋登记的重要性。房屋乃人们生存必需之物，其重要性不言自

明。房屋登记作为确认房屋产权和流转的制度，一端连着广大人民群众的重大切身利益，一端连着市场秩序和社会稳定，在市民社会和政治国家两个层面上都承载着重要价值。建设好、维护好这一制度，已被《物权法》等法律确立为重要目标，并由有关行政机关、司法机关分别落实。法院行政审判的任务是，通过审理房屋登记案件，保护房屋权利人、利害关系人合法权益，监督登记机构恪尽职守，保障房屋登记制度的正常运转。就房屋登记的重要性而言，制定专门的司法解释应属值得考虑的选项。

第二，亟待解决的疑难问题。随着房地产市场的活跃，房屋登记已成矛盾高发领域，案件数量增长快，疑难问题多。2000 年以来，全国行政案件数量增长了 20%，而房屋登记案件增长了近 200%，在 94 类行政案件中排位升至第二，在案件总量中的占比达 8%。不仅如此，具有共性的疑难问题也积累了很多。比如，基于协助义务的房屋登记的可诉性、诉连续转移登记案件的受理、复印件和影印件的举证和证明力、民行交叉的审理程序和判断权限，等等。长期以来，令行政法官倍感困扰，制定司法解释加以解决，无疑可起事半功倍之效。

第三，行政审判与《物权法》的衔接尚有诸多不明。《物权法》对物权登记设有专节，其新规则、新精神如何在房屋登记案件审判中实施、贯彻，比如预告登记、异议登记、查询行为的可诉性问题，裁判如何保护善意取得，行政赔偿中如何适用《物权法》第二十一条，等等，又出现了许多新难题，使审判难上加难。

第四，裁判标准不够清晰。由于上述新老问题比较复杂，极易产生分歧，使得房屋登记案件裁判错误、不当的几率增高，妨碍了审判功能的正常发挥。尤其是不同法院甚至同一法院不同审判部门因理解不同造成的同案不同判的问题，更是广为诟病。虽属个别问题，但危害不小，既损害法院司法权威，又造成部分当事人不肯服判，上访不止，不利于社会秩序的稳定。制定司法解释，以统一司法尺度，无疑是一个很好的办法。

理清法律关系　吸取各方智慧

记者：房屋登记案件中的疑难问题的背景复杂，争议也很大，不广泛吸取各方智慧，就难有妥当的解决方案。《规定》在这方面做得如何？

赵大光：对事物复杂性缺乏透彻的认识，应对之策就难以得法。即便解决问题，也难免制造新的麻烦，甚至麻烦比问题还要多。房屋登记的复杂背景，可从三个方面观察：

第一，利益结构。房屋登记涉及众多利益主体，包括房屋所有权人、抵押权人、地役权人等房屋物权主体，也包括真正权利人、债权人、继承人、配偶等利害关系人。房屋登记案件通常都与上述利益主体之间的冲突搅在一起，增加裁判的难度。比如，房屋几次转让之后，真正权利人对一系列转移登记均提起诉讼，是否受理？又如何审理？就涉及到真正权利人与一系列第三人之间的利益取舍之难题。

第二，民行交叉。在房屋登记中，民事关系和行政关系相互交织、相互作用，使得行政审判与处理房屋民事纠纷的民事审判经常出现矛盾和冲突，如何协调两者，是非常棘手的问题。

第三，难以控制的不确定性。登记机构即便尽到审慎合理的审核职责，登记结果是否正确仍存不确定性，因为很多不可控的因素会影响登记结果。比如有关行政行为违法、公证书、测绘报告、评估报告的错误、有关当事人的造假，等等。

解决上述问题，行政审判自身经验是不够用的，还须借助法院其他审判部门、立法机关及有关行政部门的经验。为此，我们采取了如下步骤：一是充分挖掘现有经验。起草之初，组织全国行政审判力量调研，并选取成绩突出的北京、辽宁、上海、江苏、浙江、广东六家高院，与最高法院调研小组共同努力，拟写了高质量的司法解释试拟稿。二是广收各方意见。除了征求法院内部相关庭室意见外，还多次召开研讨会，邀请行政法和民法方面的专家学者参加，听取意见。三是全面贯彻法律意图。司法解释能否成功，关键就看能否做到这一条。为此，我们书面征求了全国人大、国务院法制办、建设部以及有关部门的意见，作为把握法律意图的重要基础。

把握法律意图　依法审慎诠释

记者：司法解释的主要目标是贯彻法律意图。那么，只要找到法律意图，解释就有了方向。可问题在于，一部法律的意图相对容易把握，《规定》涉及行政诉讼法、物权法以及城市房地产管理法等相关法律，法律意图如何把握呢？

赵大光：我们说“法律意图”，隐含之意，法律并非零散的文字，而是目的统合的系统。它要求我们解释法律，要尊重文义，又不拘泥于文义。不仅把握文字的含义，更要看到背后的目的和动机。要做到这一点，就应当联系其上下文，注意法律的整体性。根据问题背景的不同，法律意图既可在一部法律中寻觅，也可在多部法律中寻觅。唯其如此，才能说法律得到了真正的实现。这种操作，在《规定》当中贯彻始终，篇幅所限，仅举几例：

第一，原告资格。诉权保护与善意取得的权衡是其主轴。《规定》第四条认可四种特殊债权人的原告资格，更强调诉权保护的价值；第五条对起诉连续转移登记的原告资格作出限制，则更多地考虑与善意取得制度的协调。

第二，民行交叉及其处理。《规定》第八条规定了民事基础关系先行处理的原则，对行政诉讼与民事诉讼的衔接关系作出了合理而又清楚的阐述。

第三，关于复印件、影印件的可采性问题，《规定》第九条规定当事人对此有异议的，应当提供证据。该规定在证据规则允许的限度内，合理考虑了房屋登记所面临的实际状况。

第四，登记合法的判决。《规定》第十条规定一律判决驳回诉讼请求，主要是为了给可能出现的更正登记等行为留下合适的空间，使行政诉讼与行政监管更好地衔接。

第五，登记违法的判决。《规定》第十一条第一款规定的部分判决，主要是考虑到把部分错误的登记全部撤销，则正确的部分可能因对方不合作而难以登记。在行政诉讼法和登记制度的容许空间内，选择了最有利于实质性解决纠纷的方式。

第六，混合过错的行政赔偿。《规定》第十二条规定将房屋登记机构的赔偿份额与过错挂钩。起草中有一种主张认为，《物权法》第二十一条第二款规定的是无过错责任。照此理解，登记机构即便恪尽职守，仍须为其他机构和人员的过错、甚至纯粹的民事欺诈买单，很难想象立法者会有此意图。联系上下文，我们认为，“登记错误”应指因登记机构过错而造成的错误。

力求获得实效　避免贪大求全

记者：在《规定》公布之时，请您对其实施的前景作出预测。

赵大光：《规定》的条文不多，但容量很大。可以说，每个条文都有针对性，立足于解决真问题，方案论证也考虑了各种有关因素，力求妥当。相信其实施可以对房屋登记案件审判起到较大的推动作用。不过，不能指望《规定》毕其功于一役，解决所有问题。房屋登记案件的问题很多，其中有共性与个别之分，实践需求有急缓之分，研究程度有深浅之分，所以，我们在起草之初就确立了“追求实效，不贪大求全”的指导思想，《规定》针对的都是亟待解决的、研究较为成熟的、具有普遍性的问题。

最高人民法院
关于审理房屋登记行政案件中发现涉嫌刑事犯罪问题应如何处理的答复

（2008 年 9 月 23 日 〔2008〕行他字第 15 号）

天津市高级人民法院：

你院《关于李宵诉天津市国土资源和房屋管理局房屋登记一案如何适用法律问题的请示报告》收悉。经研究答复如下：

人民法院在审理有关房屋登记行政案件中，发现涉嫌刑事犯罪问题的，不应将该案全案移送公安机关处理，而应区别不同情况分别处理：

一、第三人购买的房屋不属于善意取得，参照民法通则第五十八条和合同法第五十二条、第五十九条的规定，房屋买卖行为属于无效的行为，人民法院应当依法判决撤销被诉核发房屋产权证行为。

二、第三人购买的房屋属于善意取得，房屋管理机关未尽审慎审查职责的，依据物权法第一百零六条等有关法律的规定，第三人的合法权益应当予以保护，人民法院可以判决确认被诉具体行政行为违法。

三、如果不能确定第三人购买的房屋是否属于善意取得，应当中止案件审理，待有权机关作出有效确认后，再恢复审理。

此复。

最高人民法院
关于转发住房和城乡建设部《关于无证房产依据协助执行文书办理产权登记有关问题的函》的通知

（2012 年 6 月 15 日 法〔2012〕151 号）

各省、自治区、直辖市高级人民法院，解放军军事法院，新疆维吾尔自治区高级人民法院生产建设兵团分院：

现将住房和城乡建设部《关于无证房产依据协助执行文书办理产权登记

有关问题的函》（建法函〔2012〕102 号）转发你们，请参照执行，并在执行中注意如下问题：

一、各级人民法院在执行程序中，既要依法履行强制执行职责，又要尊重房屋登记机构依法享有的行政权力；既要保证执行工作的顺利开展，也要防止“违法建筑”等不符合法律、行政法规规定的房屋通过协助执行行为合法化。

二、执行程序中处置未办理初始登记的房屋时，具备初始登记条件的，执行法院处置后可以依法向房屋登记机构发出《协助执行通知书》；暂时不具备初始登记条件的，执行法院处置后可以向房屋登记机构发出《协助执行通知书》，并载明待房屋买受人或承受人完善相关手续具备初始登记条件后，由房屋登记机构按照《协助执行通知书》予以登记；不具备初始登记条件的，原则上进行“现状处置”，即处置前披露房屋不具备初始登记条件的现状，买受人或承受人按照房屋的权利现状取得房屋，后续的产权登记事项由买受人或承受人自行负责。

三、执行法院向房屋登记机构发出《协助执行通知书》，房屋登记机构认为不具备初始登记条件并作出书面说明的，执行法院应在 30 日内依照法律和有关规定，参照行政规章，对其说明理由进行审查。理由成立的，撤销或变更《协助执行通知书》并书面通知房屋登记机构；理由不成立的，书面通知房屋登记机构限期按《协助执行通知书》办理。

特此通知。

农业部　国家档案局
关于印发《农村土地承包经营权确权登记颁证档案管理办法》的通知

（2014 年 11 月 20 日　农经发〔2014〕12 号）

各省、自治区、直辖市农业（农牧、农村经济）厅（局、委、办），档案局：

为贯彻落实 2014 年中央 1 号文件和《中共中央办公厅 国务院办公厅印发〈关于引导农村土地经营权有序流转发展农业适度规模经营的意见〉的通知》（中办发〔2014〕61 号）精神，切实做好农村土地承包经营权确权登记颁证档案工作，农业部、国家档案局组织制定了《农村土地承包经营权确权登记颁证档案管理办法》，现印发给你们，请结合本地区实际，遵照执行。

附：

农村土地承包经营权确权登记颁证档案管理办法

第一条 为了规范农村土地承包经营权确权登记颁证工作，加强管理和有效利用农村土地承包经营权确权登记颁证档案，根据《档案法》、《农村土地承包法》和《物权法》等有关法律法规，制定本办法。

第二条 本办法所称农村土地承包经营权确权登记颁证档案是指在农村土地承包经营权确权登记颁证（以下简称承包地确权）工作中形成的，对国家、社会和个人有保存价值的文字、图表、声像、数据等各种形式和载体的文件材料的总称，是承包地确权的重要凭证和历史记录。

第三条 本办法所称承包地确权档案工作是指承包地确权档案的收集、整理、鉴定、保管、编研、利用等工作。

第四条 承包地确权档案工作坚持统一领导、分级实施、分类管理、集中保管的原则。承包地确权档案工作应当与承包地确权工作同步部署、同步实施、同步检查、同步验收。

第五条 县级以上农村土地承包管理部门负责对本级承包地确权档案工作的领导，将档案工作纳入本行政区域内承包地确权工作中统筹规划、组织协调、检查验收；同级档案行政管理部门负责对承包地确权文件材料的形成、积累、归档和移交工作进行业务培训和监督指导。

第六条 县级以上农村土地承包管理部门和档案行政管理部门应当建立健全承包地确权文件材料的收集、整理、归档、保管、利用等各项制度，确保承包地确权档案资料的齐全、完整、真实、有效。

第七条 县、乡（镇）和村应当将承包地确权文件材料的收集、整理、归档纳入总体工作计划。县、乡（镇）要制定相关工作方案、健全档案工作规章制度、落实专项工作经费、指定工作人员、配备必要设施设备，确保档案完整与安全。

第八条 承包地确权档案主要包括综合管理、确权登记、纠纷调处和特殊载体类，其保管期限分为永久和定期。具有重要凭证、依据和查考利用价值的，应当永久保存；具有一般利用保存价值的，应当定期保存，期限为30年或者10年。具体应当按照本办法《农村土地承包经营权确权登记颁证文件材料归档范围和档案保管期限表》（见附件）进行收集并确定保管期限。

县、乡（镇）和村在组织归档时，对同一归档材料，原则上不重复归档。因工作特殊需要的，可以建立副本。

第九条　承包地确权纸质档案应按照《文书档案案卷格式》（GB/T9705—2008）和《归档文件整理规则》（DA/T22—2000）等有关标准要求进行整理。

第十条　确权登记类中具体涉及农户的有关确权申请、身份信息、确认权属、实地勘界、界限图表、登记和权证审核发放等文件材料，应当以农户为单位“一户一卷”进行整理组卷。

第十一条　归档的承包地确权文件材料应当字迹工整、数字准确、图样清晰、手续完备。归档文件材料的印制书写材料、纸张和装订材料等应符合档案保管的要求。

第十二条　归档的非纸质材料，应当单独整理编目，并与纸质材料建立对应关系。

录音、录像材料要保证载体的安全可靠性，电子文件和利用信息系统采集、贮存的数据以及航空航天遥感影像应当用不可擦写光盘等可靠方式保存。

照片和图片应当配有文字说明，标明时间、地点、人物和事由。

电子文件生成的软硬件环境及参数须符合《农村土地承包经营权调查规程》（NY/T2537—2014）、《农村土地承包经营权要素编码规则》（NY/T2538—2014）、《农村土地承包经营权确权登记数据库规范》（NY/T2539—2014）及相关电子档案管理的要求。

第十三条　省、市级土地承包管理部门和档案行政管理部门应组织对承包地确权档案工作的检查，重点检查承包地确权档案的完整、准确、系统情况和档案的安全保管情况。

对于承包地确权档案检查不合格的单位，应督促其及时纠正。

第十四条　县级农村土地承包管理部门应当按照国家有关规定及时向县级国家档案馆移交验收合格的承包地确权档案。经协商同意，承包地确权档案可以提前移交，并按规定办理相关手续。

第十五条　村级承包地确权档案一般由乡（镇）人民政府档案机构代为保管，必要时经县级档案行政管理部门验收后，可移交县级国家档案馆统一保管。

符合档案保管条件的村，经申请并由乡镇人民政府批准后，可自行保管本村承包地确权档案。

第十六条　各级农村土地承包管理部门和国家档案馆应当按照规定向社会开放承包地确权档案，为社会提供利用服务，但涉及国家秘密、个人隐私和法律另有规定的除外。

第十七条　县级以上农村土地承包管理部门和档案行政管理部门应当积极推进承包地确权档案的数字化和信息化建设，加强承包地确权电子文件归档和电子档案的规范化管理，通过农村档案信息资源共享平台，提供网上服务、方便社会查询。

第十八条 各级人民政府及农村土地承包管理部门、档案行政管理部门对在承包地确权档案的收集、整理、利用等各项工作中做出突出成绩的单位和个人，应给予奖励。

第十九条 在承包地确权档案工作中，对于违反有关规定，造成承包地确权档案失真、损毁或丢失的，由有关部门依法追究相关人员的法律责任；涉嫌犯罪的，移送司法机关依法追究刑事责任。

第二十条 各省、自治区、直辖市农村土地承包管理部门、档案行政管理部门可根据本办法，结合本地实际，制定承包地确权档案工作的有关规定。

第二十一条 本办法由农业部、国家档案局负责解释。

第二十二条 本办法自发布之日起施行。

附件：《农村土地承包经营权确权登记颁证文件材料归档范围和档案保管期限表》（略）

国家海洋局
关于印发《海域使用权登记办法》的通知

（2006年10月13日　国海发〔2006〕28号）

沿海省、自治区、直辖市海洋厅（局）：

为了贯彻实施《中华人民共和国海域使用管理法》，规范海域使用权登记工作，完善海域使用权登记制度，维护国家海域所有权和海域使用权人的合法权益，国家海洋局制定了《海域使用权登记办法》。现将《海域使用权登记办法》印发你们，请遵照执行。

附：

海域使用权登记办法

第一条 为了加强海域使用权管理，完善海域使用权登记制度，维护国家海域所有权和海域使用权人的合法权益，根据《中华人民共和国海域使用管理法》，制定本办法。

第二条 海域使用权登记是指依法对海域的权属、面积、用途、位置、使用期限等情况以及海域使用权派生的他项权利所作的登记，包括海域使用权初始登记、变更登记和注销登记。

他项权利，是指出租、抵押海域使用权形成的承租权和抵押权。

第三条 海域使用权及他项权利的取得、变更、终止应当依照本办法进行登记。依法登记的海域使用权及他项权利受法律保护，任何单位和个人不得侵犯。

海域使用权登记册是海域使用权及他项权利的法律依据。

第四条 海域使用权登记以宗海为基本单位。

权属界址线所封闭的用海单元称宗海。但填（围）海造地的，应独立分宗登记。

单位和个人取得两宗以上海域的，应当按宗分别申请登记。

两个以上海域使用人使用同一宗海域的，应当共同申请登记。

第五条 海域使用权按照审批权限实行分级登记。

国务院批准的项目用海，由国家海洋行政主管部门登记造册；县级以上地方人民政府批准的项目用海，由批准用海的地方人民政府登记造册，同级海洋行政主管部门负责具体登记工作（以下简称登记机关）。

变更登记、注销登记和他项权利登记由原海域使用权登记机关办理。

第六条 海域使用权申请人、中标人或者买受人提出登记申请。

依据海域法第二十二条的规定确定给集体经济组织或者村民委员会的海域使用权由集体经济组织或者村民委员会提出登记申请。

设定他项权利的，由双方共同提出登记申请。

第七条 海域使用权登记申请可以委托他人代理。代理人应当出具本人身份证明并提交授权委托书。境外委托人的授权委托书应当按照有关规定经过公证或者认证。

第八条 登记机关应当在海域使用权登记后进行公告。

第二章 登 记

第一节 初始登记

第九条 通过申请审批或者招标拍卖方式确定海域使用权后，申请人应当提出初始登记。

第十条 初始登记申请材料包括：

（一）海域使用权登记申请表；

（二）营业执照、法定代表人身份证明、个人身份证明；

（三）宗海界址图（包括宗海位置图和平面图）；

（四）项目用海批复或者海域使用权出让合同；

（五）海域使用金缴纳凭证。

第十一条 出租、抵押海域使用权的，双方当事人应当在签订租赁、抵押协议之日起三十日内到原登记机关办理出租、抵押登记。

第十二条 登记机关应当在受理申请后十日内进行登记，颁发海域使用权证书。

第二节 变更登记

第十三条 下列情形之一的，海域使用权人应当申请变更登记：

（一）海域使用权续期的；

（二）改变海域使用位置、面积或者期限的；

（三）地址或者法定代表人发生变化的；

（四）填（围）海造地项目已竣工验收的；

（五）其他形式的变更。

第十四条 有下列情形之一导致海域使用权人变更的，当事人应当申请变更登记：

（一）因企业合并、分立或者与他人合资、合作经营的；

（二）依法转让海域使用权的；

（三）依法继承海域使用权的；

（四）因行政机关调解而引起海域使用权转移的；

（五）因人民法院判决、裁定、调解或仲裁裁决而引起海域使用权转移的；

（六）海域使用权人名称改变的；

（七）其他形式的变更。

第十五条 变更登记应当在有关文书生效或者签订之日起三十日内向原登记机关申请。但依法批准的变更，应当在变更批准文件规定的期限内办理变更登记。

第十六条 变更登记材料包括：

（一）海域使用权登记申请表；

（二）营业执照、法定代表人身份证明、个人身份证明；

（三）海域使用权证书；

（四）海域使用金缴纳凭证；

（五）有关证明文件（转让协议、继承证明、调解书、更址更名证明等）；

（六）依法批准的变更，还应当提交变更批准文件。

第十七条　登记机关应当在受理申请后十日内办理变更登记。必要时，登记机关应当组织开展海籍调查工作。

不予变更登记的，登记机关依法告知申请人。

第十八条　第十四条第五款规定的变更，登记程序另行规定。

第三节　注销登记

第十九条　海域使用权人申请注销登记应当提交下列材料：

（一）海域使用权登记申请表；

（二）营业执照、法定代表人身份证明、个人身份证明；

（三）海域使用权证书；

（四）说明注销原因的有关材料；

（五）海域使用金缴纳凭证。

登记机关审查核实后办理注销登记。

第二十条　下列情形之一的，登记机关直接办理注销登记：

（一）县级以上人民政府依法收回海域使用权的；

（二）海域使用权期限届满，未申请续期或者续期申请未获批准的；

（三）填（围）海造地项目已竣工验收并办理相关手续的；

（四）海域使用权人放弃海域使用权的；

（五）海域使用权人死亡，且无人继承的。

第二十一条　他项权利注销的，双方当事人应当提交下列材料：

（一）海域使用权登记申请表；

（二）营业执照、法定代表人身份证明、个人身份证明；

（三）海域使用权证书；

（四）出租、抵押协议。

第四节　其　他

第二十二条　登记申请有下列情形之一的，登记机关不予受理：

（一）不在登记权限内的；

（二）提供的材料不齐全的；

（三）出租、抵押期限超过海域使用权期限的；

（四）其他依法不予受理的。

第二十三条　下列情形之一的，登记机关暂缓登记，并在收到登记申请后五日内通知申请人：

（一）海域使用权属争议尚未解决的；
（二）有违法行为尚未处理或正在处理的；
（三）依法查封用海设施、构筑物而限制海域使用权的；
（四）其他依法暂缓登记的。

第二十四条 因人民法院查封财产导致海域使用权冻结的，登记机关应当及时标注。

第二十五条 海域使用权人或者利害关系人发现登记有误，可以持以下材料向原登记机关申请更正。经审核属实的，予以更正：
（一）海域使用权登记申请表；
（二）营业执照、法定代表人身份证明、个人身份证明；
（三）海域使用权证书；
（四）证明更正内容真实性的材料。

第二十六条 登记机关发现登记有误的，应当及时更正，并通知海域使用权人。

第三章 登记资料的管理和查询

第二十七条 登记过程中形成的资料，包括海域使用权登记册和原始登记资料（以下简称登记资料），应当永久保存。

海域使用权登记册由海域使用权登记表组成，按海域使用权登记编号顺序排列，设正、副本，每年度形成一册。

第二十八条 海域使用权登记资料实行属地管理。

直辖市、设区的市海洋行政主管部门负责管理海域内登记资料的管理，县（市）海洋行政主管部门负责管理海域内登记资料的管理。

国家海洋行政主管部门负责将海域使用权登记表副本按月移交省级海洋行政主管部门；省、自治区海洋行政主管部门应当将本级的和国家海洋行政主管部门移交的海域使用权登记表副本按月移交设区的市或县（市）海洋行政主管部门。

第二十九条 单位和个人（以下简称查询人）可以查询海域使用权登记册；

海域使用权人或者他项权利人可以自行或者委托查询其海域权利范围内的原始登记资料；

国家安全机关、公安机关、检察机关和审判机关可以查询与案件有关的原始登记资料。

查询资料涉及国家秘密的，按照国家有关保密的法律法规执行。

第三十条 查询登记资料的，应当填写查询申请表，并提交有关身份证明。

查询原始登记资料的，还应当提交海域权利人权利凭证、权利人同意查询的证明文件。国家安全机关、公安机关、检查机关和审判机关应当提交单位证明和个人身份证明。

第三十一条　符合规定条件的，登记机关当场提供查询；不能当场查询的，应当在五日内提供查询。

下列情形之一的，不予查询：

（一）申请查询的海域不在本登记区内的；

（二）未提交有效身份证明和权利凭证的；

（三）申请查询的内容超出本办法规定的查询范围的；

（四）法律法规规定不予查询的。

第三十二条　查询人可以摘录或者复制有关登记资料，所发生的费用由查询人承担。

第四章　罚　则

第三十三条　骗取海域使用权登记的，登记机关应当撤销有关登记内容，并根据情节追究其责任。

第三十四条　未按规定申请初始登记使用海域的，按照海域法第四十二条处理；

未按规定申请变更登记，从事经营活动有违法所得的，没收违法所得，责令办理登记。

第三十五条　登记机关工作人员徇私舞弊、滥用职权、玩忽职守的，依法给予行政处分；构成犯罪的，依法追究刑事责任。

第五章　附　则

第三十六条　从事海域使用权登记工作的人员应当经过培训，持证上岗。

第三十七条　海域使用权登记的有关文书格式由国家海洋行政主管部门统一制定。

第三十八条　本办法自 2007 年 1 月 1 日起施行。2002 年国家海洋局发布的《海域使用权登记办法》（国海发〔2002〕23 号），自本办法实施之日起废止。

机动车登记规定

（2008年5月27日中华人民共和国公安部令第102号发布
根据2012年9月12日公安部令第124号《公安部关于
修改〈机动车登记规定〉的决定》修正）

目　录

第一章　总　则

第一条　根据《中华人民共和国道路交通安全法》及其实施条例的规定，制定本规定。

第二条　本规定由公安机关交通管理部门负责实施。

省级公安机关交通管理部门负责本省（自治区、直辖市）机动车登记工作的指导、检查和监督。直辖市公安机关交通管理部门车辆管理所、设区的市或者相当于同级的公安机关交通管理部门车辆管理所负责办理本行政辖区内机动车登记业务。

县级公安机关交通管理部门车辆管理所可以办理本行政辖区内摩托车、三轮汽车、低速载货汽车登记业务。条件具备的，可以办理除进口机动车、危险化学品运输车、校车、中型以上载客汽车以外的其他机动车登记业务。

具体业务范围和办理条件由省级公安机关交通管理部门确定。

警用车辆登记业务按照有关规定办理。

第三条　车辆管理所办理机动车登记，应当遵循公开、公正、便民的原则。

车辆管理所在受理机动车登记申请时，对申请材料齐全并符合法律、行政法规和本规定的，应当在规定的时限内办结。对申请材料不齐全或者其他不符合法定形式的，应当一次告知申请人需要补正的全部内容。对不符合规定的，应当书面告知不予受理、登记的理由。

车辆管理所应当将法律、行政法规和本规定的有关机动车登记的事项、条件、依据、程序、期限以及收费标准、需要提交的全部材料的目录和申请表示范文本等在办理登记的场所公示。

省级、设区的市或者相当于同级的公安机关交通管理部门应当在互联网上建立主页，发布信息，便于群众查阅机动车登记的有关规定，下载、使用有关表格。

第四条　车辆管理所应当使用计算机登记系统办理机动车登记，并建立数据库。不使用计算机登记系统登记的，登记无效。

计算机登记系统的数据库标准和登记软件全国统一。数据库能够完整、准确记录登记内容，记录办理过程和经办人员信息，并能够实时将有关登记内容传送到全国公安交通管理信息系统。计算机登记系统应当与交通违法信息系统和交通事故信息系统实行联网。

第二章　登　记

第一节　注册登记

第五条　初次申领机动车号牌、行驶证的，机动车所有人应当向住所地的车辆管理所申请注册登记。

第六条　机动车所有人应当到机动车安全技术检验机构对机动车进行安全技术检验，取得机动车安全技术检验合格证明后申请注册登记。但经海关进口的机动车和国务院机动车产品主管部门认定免予安全技术检验的机动车除外。

免予安全技术检验的机动车有下列情形之一的，应当进行安全技术检验：

（一）国产机动车出厂后两年内未申请注册登记的；

（二）经海关进口的机动车进口后两年内未申请注册登记的；

（三）申请注册登记前发生交通事故的。

专用校车办理注册登记前，应当按照专用校车国家安全技术标准进行安全技术检验。

第七条 申请注册登记的，机动车所有人应当填写申请表，交验机动车，并提交以下证明、凭证：

（一）机动车所有人的身份证明；

（二）购车发票等机动车来历证明；

（三）机动车整车出厂合格证明或者进口机动车进口凭证；

（四）车辆购置税完税证明或者免税凭证；

（五）机动车交通事故责任强制保险凭证；

（六）车船税纳税或者免税证明；

（七）法律、行政法规规定应当在机动车注册登记时提交的其他证明、凭证。

不属于经海关进口的机动车和国务院机动车产品主管部门规定免予安全技术检验的机动车，还应当提交机动车安全技术检验合格证明。

车辆管理所应当自受理申请之日起二日内，确认机动车，核对车辆识别代号拓印膜，审查提交的证明、凭证，核发机动车登记证书、号牌、行驶证和检验合格标志。

第八条 车辆管理所办理消防车、救护车、工程救险车注册登记时，应当对车辆的使用性质、标志图案、标志灯具和警报器进行审查。

车辆管理所办理全挂汽车列车和半挂汽车列车注册登记时，应当对牵引车和挂车分别核发机动车登记证书、号牌和行驶证。

第九条 有下列情形之一的，不予办理注册登记：

（一）机动车所有人提交的证明、凭证无效的；

（二）机动车来历证明被涂改或者机动车来历证明记载的机动车所有人与身份证明不符的；

（三）机动车所有人提交的证明、凭证与机动车不符的；

（四）机动车未经国务院机动车产品主管部门许可生产或者未经国家进口机动车主管部门许可进口的；

（五）机动车的有关技术数据与国务院机动车产品主管部门公告的数据不符的；

（六）机动车的型号、发动机号码、车辆识别代号或者有关技术数据不符合国家安全技术标准的；

（七）机动车达到国家规定的强制报废标准的；

（八）机动车被人民法院、人民检察院、行政执法部门依法查封、扣押的；

（九）机动车属于被盗抢的；

（十）其他不符合法律、行政法规规定的情形。

第二节　变更登记

第十条　已注册登记的机动车有下列情形之一的，机动车所有人应当向登记地车辆管理所申请变更登记：

（一）改变车身颜色的；

（二）更换发动机的；

（三）更换车身或者车架的；

（四）因质量问题更换整车的；

（五）营运机动车改为非营运机动车或者非营运机动车改为营运机动车等使用性质改变的；

（六）机动车所有人的住所迁出或者迁入车辆管理所管辖区域的。

机动车所有人为两人以上，需要将登记的所有人姓名变更为其他所有人姓名的，可以向登记地车辆管理所申请变更登记。

属于本条第一款第（一）项、第（二）项和第（三）项规定的变更事项的，机动车所有人应当在变更后十日内向车辆管理所申请变更登记；属于本条第一款第（六）项规定的变更事项的，机动车所有人申请转出前，应当将涉及该车的道路交通安全违法行为和交通事故处理完毕。

第十一条　申请变更登记的，机动车所有人应当填写申请表，交验机动车，并提交以下证明、凭证：

（一）机动车所有人的身份证明；

（二）机动车登记证书；

（三）机动车行驶证；

（四）属于更换发动机、车身或者车架的，还应当提交机动车安全技术检验合格证明；

（五）属于因质量问题更换整车的，还应当提交机动车安全技术检验合格证明，但经海关进口的机动车和国务院机动车产品主管部门认定免予安全技术检验的机动车除外。

车辆管理所应当自受理之日起一日内，确认机动车，审查提交的证明、凭证，在机动车登记证书上签注变更事项，收回行驶证，重新核发行驶证。

车辆管理所办理本规定第十条第一款第（三）项、第（四）项和第（六）项规定的变更登记事项的，应当核对车辆识别代号拓印膜。

第十二条　车辆管理所办理机动车变更登记时，需要改变机动车号牌号码的，收回号牌、行驶证，确定新的机动车号牌号码，重新核发号牌、行驶证和检验合格标志。

第十三条 机动车所有人的住所迁出车辆管理所管辖区域的，车辆管理所应当自受理之日起三日内，在机动车登记证书上签注变更事项，收回号牌、行驶证，核发有效期为三十日的临时行驶车号牌，将机动车档案交机动车所有人。机动车所有人应当在临时行驶车号牌的有效期限内到住所地车辆管理所申请机动车转入。

申请机动车转入的，机动车所有人应当填写申请表，提交身份证明、机动车登记证书、机动车档案，并交验机动车。机动车在转入时已超过检验有效期的，应当在转入地进行安全技术检验并提交机动车安全技术检验合格证明和交通事故责任强制保险凭证。车辆管理所应当自受理之日起三日内，确认机动车，核对车辆识别代号拓印膜，审查相关证明、凭证和机动车档案，在机动车登记证书上签注转入信息，核发号牌、行驶证和检验合格标志。

第十四条 机动车所有人为两人以上，需要将登记的所有人姓名变更为其他所有人姓名的，应当提交机动车登记证书、行驶证、变更前和变更后机动车所有人的身份证明和共同所有的公证证明，但属于夫妻双方共同所有的，可以提供《结婚证》或者证明夫妻关系的《居民户口簿》。

变更后机动车所有人的住所在车辆管理所管辖区域内的，车辆管理所按照本规定第十一条第二款的规定办理变更登记。变更后机动车所有人的住所不在车辆管理所管辖区域内的，迁出地和迁入地车辆管理所按照本规定第十三条的规定办理变更登记。

第十五条 有下列情形之一的，不予办理变更登记：

（一）改变机动车的品牌、型号和发动机型号的，但经国务院机动车产品主管部门许可选装的发动机除外；

（二）改变已登记的机动车外形和有关技术数据的，但法律、法规和国家强制性标准另有规定的除外；

（三）有本规定第九条第（一）项、第（七）项、第（八）项、第（九）项规定情形的。

第十六条 有下列情形之一，在不影响安全和识别号牌的情况下，机动车所有人不需要办理变更登记：

（一）小型、微型载客汽车加装前后防撞装置；

（二）货运机动车加装防风罩、水箱、工具箱、备胎架等；

（三）增加机动车车内装饰。

第十七条 已注册登记的机动车，机动车所有人住所在车辆管理所管辖区域内迁移或者机动车所有人姓名（单位名称）、联系方式变更的，应当向登记地车辆管理所备案。

（一）机动车所有人住所在车辆管理所管辖区域内迁移、机动车所有人姓名（单位名称）变更的，机动车所有人应当提交身份证明、机动车登记证书、行驶证和相关变更证明。车辆管理所应当自受理之日起一日内，在机动车登记证书上签注备案事项，重新核发行驶证。

（二）机动车所有人联系方式变更的，机动车所有人应当提交身份证明和行驶证。车辆管理所应当自受理之日起一日内办理备案。

机动车所有人的身份证明名称或者号码变更的，可以向登记地车辆管理所申请备案。机动车所有人应当提交身份证明、机动车登记证书。车辆管理所应当自受理之日起一日内，在机动车登记证书上签注备案事项。

发动机号码、车辆识别代号因磨损、锈蚀、事故等原因辨认不清或者损坏的，可以向登记地车辆管理所申请备案。机动车所有人应当提交身份证明、机动车登记证书、行驶证。车辆管理所应当自受理之日起一日内，在发动机、车身或者车架上打刻原发动机号码或者原车辆识别代号，在机动车登记证书上签注备案事项。

第三节　转移登记

第十八条　已注册登记的机动车所有权发生转移的，现机动车所有人应当自机动车交付之日起三十日内向登记地车辆管理所申请转移登记。

机动车所有人申请转移登记前，应当将涉及该车的道路交通安全违法行为和交通事故处理完毕。

第十九条　申请转移登记的，现机动车所有人应当填写申请表，交验机动车，并提交以下证明、凭证：

（一）现机动车所有人的身份证明；

（二）机动车所有权转移的证明、凭证；

（三）机动车登记证书；

（四）机动车行驶证；

（五）属于海关监管的机动车，还应当提交《中华人民共和国海关监管车辆解除监管证明书》或者海关批准的转让证明；

（六）属于超过检验有效期的机动车，还应当提交机动车安全技术检验合格证明和交通事故责任强制保险凭证。

现机动车所有人住所在车辆管理所管辖区域内的，车辆管理所应当自受理申请之日起一日内，确认机动车，核对车辆识别代号拓印膜，审查提交的证明、凭证，收回号牌、行驶证，确定新的机动车号牌号码，在机动车登记证书上签注转移事项，重新核发号牌、行驶证和检验合格标志。

现机动车所有人住所不在车辆管理所管辖区域内的，车辆管理所应当按照本规定第十三条的规定办理。

第二十条 有下列情形之一的，不予办理转移登记：

（一）机动车与该车档案记载内容不一致的；

（二）属于海关监管的机动车，海关未解除监管或者批准转让的；

（三）机动车在抵押登记、质押备案期间的；

（四）有本规定第九条第（一）项、第（二）项、第（七）项、第（八）项、第（九）项规定情形的。

第二十一条 被人民法院、人民检察院和行政执法部门依法没收并拍卖，或者被仲裁机构依法仲裁裁决，或者被人民法院调解、裁定、判决机动车所有权转移时，原机动车所有人未向现机动车所有人提供机动车登记证书、号牌或者行驶证的，现机动车所有人在办理转移登记时，应当提交人民法院出具的未得到机动车登记证书、号牌或者行驶证的《协助执行通知书》，或者人民检察院、行政执法部门出具的未得到机动车登记证书、号牌或者行驶证的证明。车辆管理所应当公告原机动车登记证书、号牌或者行驶证作废，并在办理转移登记的同时，补发机动车登记证书。

第四节 抵押登记

第二十二条 机动车所有人将机动车作为抵押物抵押的，应当向登记地车辆管理所申请抵押登记；抵押权消灭的，应当向登记地车辆管理所申请解除抵押登记。

第二十三条 申请抵押登记的，机动车所有人应当填写申请表，由机动车所有人和抵押权人共同申请，并提交下列证明、凭证：

（一）机动车所有人和抵押权人的身份证明；

（二）机动车登记证书；

（三）机动车所有人和抵押权人依法订立的主合同和抵押合同。

车辆管理所应当自受理之日起一日内，审查提交的证明、凭证，在机动车登记证书上签注抵押登记的内容和日期。

第二十四条 申请解除抵押登记的，机动车所有人应当填写申请表，由机动车所有人和抵押权人共同申请，并提交下列证明、凭证：

（一）机动车所有人和抵押权人的身份证明；

（二）机动车登记证书。

人民法院调解、裁定、判决解除抵押的，机动车所有人或者抵押权人应当填写申请表，提交机动车登记证书、人民法院出具的已经生效的《调解书》、《裁定书》或者《判决书》，以及相应的《协助执行通知书》。

车辆管理所应当自受理之日起一日内，审查提交的证明、凭证，在机动车登记证书上签注解除抵押登记的内容和日期。

第二十五条　机动车抵押登记日期、解除抵押登记日期可以供公众查询。

第二十六条　有本规定第九条第（一）项、第（七）项、第（八）项、第（九）项或者第二十条第（二）项规定情形之一的，不予办理抵押登记。对机动车所有人提交的证明、凭证无效，或者机动车被人民法院、人民检察院、行政执法部门依法查封、扣押的，不予办理解除抵押登记。

第五节　注销登记

第二十七条　已达到国家强制报废标准的机动车，机动车所有人向机动车回收企业交售机动车时，应当填写申请表，提交机动车登记证书、号牌和行驶证。机动车回收企业应当确认机动车并解体，向机动车所有人出具《报废机动车回收证明》。报废的校车、大型客、货车及其他营运车辆应当在车辆管理所的监督下解体。

机动车回收企业应当在机动车解体后七日内将申请表、机动车登记证书、号牌、行驶证和《报废机动车回收证明》副本提交车辆管理所，申请注销登记。

车辆管理所应当自受理之日起一日内，审查提交的证明、凭证，收回机动车登记证书、号牌、行驶证，出具注销证明。

第二十八条　除本规定第二十七条规定的情形外，机动车有下列情形之一的，机动车所有人应当向登记地车辆管理所申请注销登记：

（一）机动车灭失的；

（二）机动车因故不在我国境内使用的；

（三）因质量问题退车的。

已注册登记的机动车有下列情形之一的，登记地车辆管理所应当办理注销登记：

（一）机动车登记被依法撤销的；

（二）达到国家强制报废标准的机动车被依法收缴并强制报废的。

属于本条第一款第（二）项和第（三）项规定情形之一的，机动车所有人申请注销登记前，应当将涉及该车的道路交通安全违法行为和交通事故处理完毕。

第二十九条　属于本规定第二十八条第一款规定的情形，机动车所有人申请注销登记的，应当填写申请表，并提交以下证明、凭证：

（一）机动车登记证书；

（二）机动车行驶证；

（三）属于机动车灭失的，还应当提交机动车所有人的身份证明和机动车灭失证明；

（四）属于机动车因故不在我国境内使用的，还应当提交机动车所有人的身份证明和出境证明，其中属于海关监管的机动车，还应当提交海关出具的《中华人民共和国海关监管车辆进（出）境领（销）牌照通知书》；

（五）属于因质量问题退车的，还应当提交机动车所有人的身份证明和机动车制造厂或者经销商出具的退车证明。

车辆管理所应当自受理之日起一日内，审查提交的证明、凭证，收回机动车登记证书、号牌、行驶证，出具注销证明。

第三十条 因车辆损坏无法驶回登记地的，机动车所有人可以向车辆所在地机动车回收企业交售报废机动车。交售机动车时应当填写申请表，提交机动车登记证书、号牌和行驶证。机动车回收企业应当确认机动车并解体，向机动车所有人出具《报废机动车回收证明》。报废的校车、大型客、货车及其他营运车辆应当在报废地车辆管理所的监督下解体。

机动车回收企业应当在机动车解体后七日内将申请表、机动车登记证书、号牌、行驶证和《报废机动车回收证明》副本提交报废地车辆管理所，申请注销登记。

报废地车辆管理所应当自受理之日起一日内，审查提交的证明、凭证，收回机动车登记证书、号牌、行驶证，并通过计算机登记系统将机动车报废信息传递给登记地车辆管理所。

登记地车辆管理所应当自接到机动车报废信息之日起一日内办理注销登记，并出具注销证明。

第三十一条 已注册登记的机动车有下列情形之一的，车辆管理所应当公告机动车登记证书、号牌、行驶证作废：

（一）达到国家强制报废标准，机动车所有人逾期不办理注销登记的；

（二）机动车登记被依法撤销后，未收缴机动车登记证书、号牌、行驶证的；

（三）达到国家强制报废标准的机动车被依法收缴并强制报废的；

（四）机动车所有人办理注销登记时未交回机动车登记证书、号牌、行驶证的。

第三十二条 有本规定第九条第（一）项、第（八）项、第（九）项或者第二十条第（一）项、第（三）项规定情形之一的，不予办理注销登记。

第六节 校车标牌核发

第三十三条 学校或者校车服务提供者申请校车使用许可，应当按照《校车安全管理条例》向县级或者设区的市级人民政府教育行政部门提出申请。公安机关交通管理部门收到教育行政部门送来的征求意见材料后，应当在一日内通知申请人交验机动车。

第三十四条　县级或者设区的市级公安机关交通管理部门应当自申请人交验机动车之日起二日内确认机动车，查验校车标志灯、停车指示标志、卫星定位装置以及逃生锤、干粉灭火器、急救箱等安全设备，审核行驶线路、开行时间和停靠站点。属于专用校车的，还应当查验校车外观标识。审查以下证明、凭证：

（一）机动车所有人的身份证明；

（二）机动车行驶证；

（三）校车安全技术检验合格证明；

（四）包括行驶线路、开行时间和停靠站点的校车运行方案；

（五）校车驾驶人的机动车驾驶证。

公安机关交通管理部门应当自收到教育行政部门征求意见材料之日起三日内向教育行政部门回复意见，但申请人未按规定交验机动车的除外。

第三十五条　学校或者校车服务提供者按照《校车安全管理条例》取得校车使用许可后，应当向县级或者设区的市级公安机关交通管理部门领取校车标牌。领取时应当填写表格，并提交以下证明、凭证：

（一）机动车所有人的身份证明；

（二）校车驾驶人的机动车驾驶证；

（三）机动车行驶证；

（四）县级或者设区的市级人民政府批准的校车使用许可；

（五）县级或者设区的市级人民政府批准的包括行驶线路、开行时间和停靠站点的校车运行方案。

公安机关交通管理部门应当在收到领取表之日起三日内核发校车标牌。对属于专用校车的，应当核对行驶证上记载的校车类型和核载人数；对不属于专用校车的，应当在行驶证副页上签注校车类型和核载人数。

第三十六条　校车标牌应当记载本车的号牌号码、机动车所有人、驾驶人、行驶线路、开行时间、停靠站点、发牌单位、有效期限等信息。校车标牌分前后两块，分别放置于前风窗玻璃右下角和后风窗玻璃适当位置。

校车标牌有效期的截止日期与校车安全技术检验有效期的截止日期一致，但不得超过校车使用许可有效期。

第三十七条　专用校车应当自注册登记之日起每半年进行一次安全技术检验，非专用校车应当自取得校车标牌后每半年进行一次安全技术检验。

学校或者校车服务提供者应当在校车检验有效期满前一个月内向公安机关交通管理部门申请检验合格标志。

公安机关交通管理部门应当自受理之日起一日内，确认机动车，审查提交的证明、凭证，核发检验合格标志，换发校车标牌。

第三十八条 已取得校车标牌的机动车达到报废标准或者不再作为校车使用的，学校或者校车服务提供者应当拆除校车标志灯、停车指示标志，消除校车外观标识，并将校车标牌交回核发的公安机关交通管理部门。

专用校车不得改变使用性质。

校车使用许可被吊销、注销或者撤销的，学校或者校车服务提供者应当拆除校车标志灯、停车指示标志，消除校车外观标识，并将校车标牌交回核发的公安机关交通管理部门。

第三十九条 校车行驶线路、开行时间、停靠站点或者车辆、所有人、驾驶人发生变化的，经县级或者设区的市级人民政府批准后，应当按照本规定重新领取校车标牌。

第四十条 公安机关交通管理部门应当每月将校车标牌的发放、变更、收回等信息报本级人民政府备案，并通报教育行政部门。

学校或者校车服务提供者应当自取得校车标牌之日起，每月查询校车道路交通安全违法行为记录，及时到公安机关交通管理部门接受处理。核发校车标牌的公安机关交通管理部门应当每月汇总辖区内校车道路交通安全违法和交通事故等情况，通知学校或者校车服务提供者，并通报教育行政部门。

第四十一条 校车标牌灭失、丢失或者损毁的，学校或者校车服务提供者应当向核发标牌的公安机关交通管理部门申请补领或者换领。申请时，应当提交机动车所有人的身份证明及机动车行驶证。公安机关交通管理部门应当自受理之日起三日内审核，补发或者换发校车标牌。

第三章 其他规定

第四十二条 申请办理机动车质押备案或者解除质押备案的，由机动车所有人和典当行共同申请，机动车所有人应当填写申请表，并提交以下证明、凭证：

（一）机动车所有人和典当行的身份证明；

（二）机动车登记证书。

车辆管理所应当自受理之日起一日内，审查提交的证明、凭证，在机动车登记证书上签注质押备案或者解除质押备案的内容和日期。

有本规定第九条第（一）项、第（七）项、第（八）项、第（九）项规定情形之一的，不予办理质押备案。对机动车所有人提交的证明、凭证无效，或者机动车被人民法院、人民检察院、行政执法部门依法查封、扣押的，不予办理解除质押备案。

第四十三条 机动车登记证书灭失、丢失或者损毁的，机动车所有人应当向登记地车辆管理所申请补领、换领。申请时，机动车所有人应当填写申请表并提交身份证明，属于补领机动车登记证书的，还应当交验机动车。车辆管理所应当自受理之日起一日内，确认机动车，审查提交的证明、凭证，补发、换发机动车登记证书。

启用机动车登记证书前已注册登记的机动车未申领机动车登记证书的，机动车所有人可以向登记地车辆管理所申领机动车登记证书。但属于机动车所有人申请变更、转移或者抵押登记的，应当在申请前向车辆管理所申领机动车登记证书。申请时，机动车所有人应当填写申请表，交验机动车并提交身份证明。车辆管理所应当自受理之日起五日内，确认机动车，核对车辆识别代号拓印膜，审查提交的证明、凭证，核发机动车登记证书。

第四十四条　机动车号牌、行驶证灭失、丢失或者损毁的，机动车所有人应当向登记地车辆管理所申请补领、换领。申请时，机动车所有人应当填写申请表并提交身份证明。

车辆管理所应当审查提交的证明、凭证，收回未灭失、丢失或者损毁的号牌、行驶证，自受理之日起一日内补发、换发行驶证，自受理之日起十五日内补发、换发号牌，原机动车号牌号码不变。

补发、换发号牌期间应当核发有效期不超过十五日的临时行驶车号牌。

第四十五条　机动车具有下列情形之一，需要临时上道路行驶的，机动车所有人应当向车辆管理所申领临时行驶车号牌：

（一）未销售的；

（二）购买、调拨、赠予等方式获得机动车后尚未注册登记的；

（三）进行科研、定型试验的；

（四）因轴荷、总质量、外廓尺寸超出国家标准不予办理注册登记的特型机动车。

第四十六条　机动车所有人申领临时行驶车号牌应当提交以下证明、凭证：

（一）机动车所有人的身份证明；

（二）机动车交通事故责任强制保险凭证；

（三）属于本规定第四十五条第（一）项、第（四）项规定情形的，还应当提交机动车整车出厂合格证明或者进口机动车进口凭证；

（四）属于本规定第四十五条第（二）项规定情形的，还应当提交机动车来历证明，以及机动车整车出厂合格证明或者进口机动车进口凭证；

（五）属于本规定第四十五条第（三）项规定情形的，还应当提交书面申请和机动车安全技术检验合格证明。

车辆管理所应当自受理之日起一日内，审查提交的证明、凭证，属于本规定第四十五条第（一）项、第（二）项规定情形，需要在本行政辖区内临时行驶的，核发有效期不超过十五日的临时行驶车号牌；需要跨行政辖区临时行驶的，核发有效期不超过三十日的临时行驶车号牌。属于本规定第四十五条第（三）项、第（四）项规定情形的，核发有效期不超过九十日的临时行驶车号牌。

因号牌制作的原因，无法在规定时限内核发号牌的，车辆管理所应当核发有效期不超过十五日的临时行驶车号牌。

对具有本规定第四十五条第（一）项、第（二）项规定情形之一，机动车所有人需要多次申领临时行驶车号牌的，车辆管理所核发临时行驶车号牌不得超过三次。

第四十七条 机动车所有人发现登记内容有错误的，应当及时要求车辆管理所更正。车辆管理所应当自受理之日起五日内予以确认。确属登记错误的，在机动车登记证书上更正相关内容，换发行驶证。需要改变机动车号牌号码的，应当收回号牌、行驶证，确定新的机动车号牌号码，重新核发号牌、行驶证和检验合格标志。

第四十八条 已注册登记的机动车被盗抢的，车辆管理所应当根据刑侦部门提供的情况，在计算机登记系统内记录，停止办理该车的各项登记和业务。被盗抢机动车发还后，车辆管理所应当恢复办理该车的各项登记和业务。

机动车在被盗抢期间，发动机号码、车辆识别代号或者车身颜色被改变的，车辆管理所应当凭有关技术鉴定证明办理变更备案。

第四十九条 机动车所有人可以在机动车检验有效期满前三个月内向登记地车辆管理所申请检验合格标志。

申请前，机动车所有人应当将涉及该车的道路交通安全违法行为和交通事故处理完毕。申请时，机动车所有人应当填写申请表并提交行驶证、机动车交通事故责任强制保险凭证、车船税纳税或者免税证明、机动车安全技术检验合格证明。

车辆管理所应当自受理之日起一日内，确认机动车，审查提交的证明、凭证，核发检验合格标志。

第五十条 除大型载客汽车、校车以外的机动车因故不能在登记地检验的，机动车所有人可以向登记地车辆管理所申请委托核发检验合格标志。申请前，机动车所有人应当将涉及机动车的道路交通安全违法行为和交通事故处理完毕。申请时，应当提交机动车登记证书或者行驶证。

车辆管理所应当自受理之日起一日内，出具核发检验合格标志的委托书。

机动车在检验地检验合格后，机动车所有人应当按照本规定第四十九条第二款的规定向被委托地车辆管理所申请检验合格标志，并提交核发检验合格标志的委托书。被委托地车辆管理所应当自受理之日起一日内，按照本规定第四十九条第三款的规定核发检验合格标志。

营运货车长期在登记以外的地区从事道路运输的，机动车所有人向营运地车辆管理所备案登记一年后，可以在营运地直接进行安全技术检验，并向营运地车辆管理所申请检验合格标志。

第五十一条　机动车检验合格标志灭失、丢失或者损毁的，机动车所有人应当持行驶证向机动车登记地或者检验合格标志核发地车辆管理所申请补领或者换领。车辆管理所应当自受理之日起一日内补发或者换发。

第五十二条　办理机动车转移登记或者注销登记后，原机动车所有人申请办理新购机动车注册登记时，可以向车辆管理所申请使用原机动车号牌号码。

申请使用原机动车号牌号码应当符合下列条件：

（一）在办理转移登记或者注销登记后六个月内提出申请；

（二）机动车所有人拥有原机动车三年以上；

（三）涉及原机动车的道路交通安全违法行为和交通事故处理完毕。

第五十三条　确定机动车号牌号码采用计算机自动选取和由机动车所有人按照机动车号牌标准规定自行编排的方式。

第五十四条　机动车所有人可以委托代理人代理申请各项机动车登记和业务，但申请补领机动车登记证书的除外。对机动车所有人因死亡、出境、重病、伤残或者不可抗力等原因不能到场申请补领机动车登记证书的，可以凭相关证明委托代理人代理申领。

代理人申请机动车登记和业务时，应当提交代理人的身份证明和机动车所有人的书面委托。

第五十五条　机动车所有人或者代理人申请机动车登记和业务，应当如实向车辆管理所提交规定的材料和反映真实情况，并对其申请材料实质内容的真实性负责。

第四章　法律责任

第五十六条　有下列情形之一的，由公安机关交通管理部门处警告或者二百元以下罚款：

（一）重型、中型载货汽车及其挂车的车身或者车厢后部未按照规定喷涂放大的牌号或者放大的牌号不清晰的；

（二）机动车喷涂、粘贴标识或者车身广告，影响安全驾驶的；

（三）载货汽车、挂车未按照规定安装侧面及后下部防护装置、粘贴车身反光标识的；

（四）机动车未按照规定期限进行安全技术检验的；

（五）改变车身颜色、更换发动机、车身或者车架，未按照本规定第十条规定的时限办理变更登记的；

（六）机动车所有权转移后，现机动车所有人未按照本规定第十八条规定的时限办理转移登记的；

（七）机动车所有人办理变更登记、转移登记，机动车档案转出登记地车辆管理所后，未按照本规定第十三条规定的时限到住所地车辆管理所申请机动车转入的。

第五十七条 除本规定第十条和第十六条规定的情形外，擅自改变机动车外形和已登记的有关技术数据的，由公安机关交通管理部门责令恢复原状，并处警告或者五百元以下罚款。

第五十八条 以欺骗、贿赂等不正当手段取得机动车登记的，由公安机关交通管理部门收缴机动车登记证书、号牌、行驶证，撤销机动车登记；申请人在三年内不得申请机动车登记。对涉嫌走私、盗抢的机动车，移交有关部门处理。

以欺骗、贿赂等不正当手段办理补、换领机动车登记证书、号牌、行驶证和检验合格标志等业务的，由公安机关交通管理部门处警告或者二百元以下罚款。

第五十九条 省、自治区、直辖市公安厅、局可以根据本地区的实际情况，在本规定的处罚幅度范围内，制定具体的执行标准。

对本规定的道路交通安全违法行为的处理程序按照《道路交通安全违法行为处理程序规定》执行。

第六十条 交通警察违反规定为被盗抢、走私、非法拼（组）装、达到国家强制报废标准的机动车办理登记的，按照国家有关规定给予处分，经教育不改又不宜给予开除处分的，按照《公安机关组织管理条例》规定予以辞退；对聘用人员予以解聘。构成犯罪的，依法追究刑事责任。

第六十一条 交通警察有下列情形之一的，按照国家有关规定给予处分；对聘用人员予以解聘。构成犯罪的，依法追究刑事责任：

（一）不按照规定确认机动车和审查证明、凭证的；

（二）故意刁难，拖延或者拒绝办理机动车登记的；

（三）违反本规定增加机动车登记条件或者提交的证明、凭证的；

（四）违反本规定第五十三条的规定，采用其他方式确定机动车号牌号码的；

（五）违反规定跨行政辖区办理机动车登记和业务的；

（六）超越职权进入计算机登记系统办理机动车登记和业务，或者不按规定使用机动车登记系统办理登记和业务的；

（七）向他人泄漏、传播计算机登记系统密码，造成系统数据被篡改、丢失或者破坏的；

（八）利用职务上的便利索取、收受他人财物或者谋取其他利益的；

（九）强令车辆管理所违反本规定办理机动车登记的。

第六十二条　公安机关交通管理部门有本规定第六十条、第六十一条所列行为之一的，按照国家有关规定对直接负责的主管人员和其他直接责任人员给予相应的处分。

公安机关交通管理部门及其工作人员有本规定第六十条、第六十一条所列行为之一，给当事人造成损失的，应当依法承担赔偿责任。

第五章　附　则

第六十三条　机动车登记证书、号牌、行驶证、检验合格标志的种类、式样，以及各类登记表格式样等由公安部制定。机动车登记证书由公安部统一印制。

机动车登记证书、号牌、行驶证、检验合格标志的制作应当符合有关标准。

第六十四条　本规定下列用语的含义：

（一）进口机动车是指：

1. 经国家限定口岸海关进口的汽车；

2. 经各口岸海关进口的其他机动车；

3. 海关监管的机动车；

4. 国家授权的执法部门没收的走私、无合法进口证明和利用进口关键件非法拼（组）装的机动车。

（二）进口机动车的进口凭证是指：

1. 进口汽车的进口凭证，是国家限定口岸海关签发的《货物进口证明书》；

2. 其他进口机动车的进口凭证，是各口岸海关签发的《货物进口证明书》；

3. 海关监管的机动车的进口凭证，是监管地海关出具的《中华人民共和国海关监管车辆进（出）境领（销）牌照通知书》；

4. 国家授权的执法部门没收的走私、无进口证明和利用进口关键件非法拼（组）装的机动车的进口凭证，是该部门签发的《没收走私汽车、摩托车证明书》。

（三）机动车所有人是指拥有机动车的个人或者单位。

1. 个人是指我国内地的居民和军人（含武警）以及香港、澳门特别行政区、台湾地区居民、华侨和外国人；

2. 单位是指机关、企业、事业单位和社会团体以及外国驻华使馆、领馆和外国驻华办事机构、国际组织驻华代表机构。

（四）身份证明是指：

1. 机关、企业、事业单位、社会团体的身份证明，是该单位的《组织机构代码证书》、加盖单位公章的委托书和被委托人的身份证明。机动车所有人为单位的内设机构，本身不具备领取《组织机构代码证书》条件的，可以使用上级单位的《组织机构代码证书》作为机动车所有人的身份证明。上述单位已注销、撤销或者破产，其机动车需要办理变更登记、转移登记、解除抵押登记、注销登记、解除质押备案、申领机动车登记证书和补、换领机动车登记证书、号牌、行驶证的，已注销的企业的身份证明，是工商行政管理部门出具的注销证明。已撤销的机关、事业单位、社会团体的身份证明，是其上级主管机关出具的有关证明。已破产的企业的身份证明，是依法成立的财产清算机构出具的有关证明；

2. 外国驻华使馆、领馆和外国驻华办事机构、国际组织驻华代表机构的身份证明，是该使馆、领馆或者该办事机构、代表机构出具的证明；

3. 居民的身份证明，是《居民身份证》或者《临时居民身份证》。在暂住地居住的内地居民，其身份证明是《居民身份证》或者《临时居民身份证》，以及公安机关核发的居住、暂住证明；

4. 军人（含武警）的身份证明，是《居民身份证》或者《临时居民身份证》。在未办理《居民身份证》前，是指军队有关部门核发的《军官证》、《文职干部证》、《士兵证》、《离休证》、《退休证》等有效军人身份证件，以及其所在的团级以上单位出具的本人住所证明；

5. 香港、澳门特别行政区居民的身份证明，是其入境时所持有的《港澳居民来往内地通行证》或者《港澳同胞回乡证》、香港、澳门特别行政区《居民身份证》和公安机关核发的居住、暂住证明；

6. 台湾地区居民的身份证明，是其所持有的有效期六个月以上的公安机关核发的《台湾居民来往大陆通行证》或者外交部核发的《中华人民共和国旅行证》和公安机关核发的居住、暂住证明；

7. 华侨的身份证明，是《中华人民共和国护照》和公安机关核发的居住、暂住证明；

8. 外国人的身份证明，是其入境时所持有的护照或者其他旅行证件、居（停）留期为六个月以上的有效签证或者居留许可，以及公安机关出具的住宿登记证明；

9. 外国驻华使馆、领馆人员、国际组织驻华代表机构人员的身份证明，是外交部核发的有效身份证件。

（五）住所是指：

1. 单位的住所为其主要办事机构所在地的地址；

2. 个人的住所为其身份证明记载的地址。在暂住地居住的内地居民的住所是公安机关核发的居住、暂住证明记载的地址。

（六）机动车来历证明是指：

1. 在国内购买的机动车，其来历证明是全国统一的机动车销售发票或者二手车交易发票。在国外购买的机动车，其来历证明是该车销售单位开具的销售发票及其翻译文本，但海关监管的机动车不需提供来历证明；

2. 人民法院调解、裁定或者判决转移的机动车，其来历证明是人民法院出具的已经生效的《调解书》、《裁定书》或者《判决书》，以及相应的《协助执行通知书》；

3. 仲裁机构仲裁裁决转移的机动车，其来历证明是《仲裁裁决书》和人民法院出具的《协助执行通知书》；

4. 继承、赠予、中奖、协议离婚和协议抵偿债务的机动车，其来历证明是继承、赠予、中奖、协议离婚、协议抵偿债务的相关文书和公证机关出具的《公证书》；

5. 资产重组或者资产整体买卖中包含的机动车，其来历证明是资产主管部门的批准文件；

6. 机关、企业、事业单位和社会团体统一采购并调拨到下属单位未注册登记的机动车，其来历证明是全国统一的机动车销售发票和该部门出具的调拨证明；

7. 机关、企业、事业单位和社会团体已注册登记并调拨到下属单位的机动车，其来历证明是该单位出具的调拨证明。被上级单位调回或者调拨到其他下属单位的机动车，其来历证明是上级单位出具的调拨证明；

8. 经公安机关破案发还的被盗抢且已向原机动车所有人理赔完毕的机动车，其来历证明是《权益转让证明书》。

（七）机动车整车出厂合格证明是指：

1. 机动车整车厂生产的汽车、摩托车、挂车，其出厂合格证明是该厂出具的《机动车整车出厂合格证》；

2. 使用国产或者进口底盘改装的机动车，其出厂合格证明是机动车底盘生产厂出具的《机动车底盘出厂合格证》或者进口机动车底盘的进口凭证和机动车改装厂出具的《机动车整车出厂合格证》；

3. 使用国产或者进口整车改装的机动车，其出厂合格证明是机动车生产厂出具的《机动车整车出厂合格证》或者进口机动车的进口凭证和机动车改装厂出具的《机动车整车出厂合格证》；

4. 人民法院、人民检察院或者行政执法机关依法扣留、没收并拍卖的未注册登记的国产机动车，未能提供出厂合格证明的，可以凭人民法院、人民检察院或者行政执法机关出具的证明替代。

（八）机动车灭失证明是指：

1. 因自然灾害造成机动车灭失的证明是，自然灾害发生地的街道、乡、镇以上政府部门出具的机动车因自然灾害造成灭失的证明；

2. 因失火造成机动车灭失的证明是，火灾发生地的县级以上公安机关消防部门出具的机动车因失火造成灭失的证明；

3. 因交通事故造成机动车灭失的证明是，交通事故发生地的县级以上公安机关交通管理部门出具的机动车因交通事故造成灭失的证明。

（九）本规定所称“一日”、“二日”、“三日”、“五日”、“七日”、“十日”、“十五日”，是指工作日，不包括节假日。

临时行驶车号牌的最长有效期“十五日”、“三十日”、“九十日”，包括工作日和节假日。

本规定所称以下、以上、以内，包括本数。

第六十五条 本规定自2008年10月1日起施行。2004年4月30日公安部发布的《机动车登记规定》（公安部令第72号）同时废止。本规定实施前公安部发布的其他规定与本规定不一致的，以本规定为准。

（三）所有权

确定土地所有权和使用权的若干规定[①]

〔1995〕国土〔籍〕字第26号

（1995年3月11日公布 自1995年5月1日起施行）

第一章 总 则

第一条 为了确定土地所有权和使用权，依法进行土地登记，根据有关的法律、法规和政策，制订本规定。

第二条 土地所有权和使用权由县级以上人民政府确定，土地管理部门具体承办。

土地权属争议，由土地管理部门提出处理意见，报人民政府下达处理决定或报人民政府批准后由土地管理部门下达处理决定。

第二章 国家土地所有权

第三条 城市市区范围内的土地属于国家所有。

第四条 依据一九五〇年《中华人民共和国土地改革法》及有关规定，凡当时没有将土地所有权分配给农民的土地属于国家所有；实施一九六二年《农村人民公社工作条例修正草案》（以下简称《六十条》）未划入农民集体范围内的土地属于国家所有。

第五条 国家建设征收的土地，属于国家所有。

第六条 开发利用国有土地，开发利用者依法享有土地使用权，土地所有权仍属国家。

第七条 国有铁路线路、车站、货场用地以及依法留用的其他铁路用地属于国家所有。土改时已分配给农民所有的原铁路用地和新建铁路两侧未经征收的农民集体所有土地属于农民集体所有。

第八条 县级以上（含县级）公路线路用地属于国家所有。公路两侧保

① 依据2010年12月3日起施行的《国土资源部关于修改部分规范性文件的决定》，本规定原内容中的“征用”修改为“征收”。

护用地和公路其他用地凡未经征收的农民集体所有的土地仍属于农民集体所有。

第九条 国有电力、通讯设施用地属于国家所有。但国有电力通讯杆塔占用农民集体所有的土地，未办理征收手续的，土地仍属于农民集体所有，对电力通讯经营单位可确定为他项权利。

第十条 军队接收的敌伪地产及解放后经人民政府批准征收、划拨的军事用地属于国家所有。

第十一条 河道堤防内的土地和堤防外的护堤地，无堤防河道历史最高洪水位或者设计洪水位以下的土地，除土改时已将所有权分配给农民，国家未征收，且迄今仍归农民集体使用的外，属于国家所有。

第十二条 县级以上（含县级）水利部门直接管理的水库、渠道等水利工程用地属于国家所有。水利工程管理和保护范围内未经征收的农民集体土地仍属于农民集体所有。

第十三条 国家建设对农民集体全部进行移民安置并调剂土地后，迁移农民集体原有土地转为国家所有。但移民后原集体仍继续使用的集体所有土地，国家未进行征收的，其所有权不变。

第十四条 因国家建设征收土地，农民集体建制被撤销或其人口全部转为非农业人口，其未经征收的土地，归国家所有。继续使用原有土地的原农民集体及其成员享有国有土地使用权。

第十五条 全民所有制单位和城镇集体所有制单位兼并农民集体企业的，办理有关手续后，被兼并的原农民集体企业使用的集体所有土地转为国家所有。乡（镇）企业依照国家建设征收土地的审批程序和补偿标准使用的非本乡（镇）村农民集体所有的土地，转为国家所有。

第十六条 一九六二年九月《六十条》公布以前，全民所有制单位，城市集体所有制单位和集体所有制的华侨农场使用的原农民集体所有的土地（含合作化之前的个人土地），迄今没有退给农民集体的，属于国家所有。

《六十条》公布时起至一九八二年五月《国家建设征用土地条例》公布时止，全民所有制单位、城市集体所有制单位使用的原农民集体所有的土地，有下列情形之一的，属于国家所有：

1. 签订过土地转移等有关协议的；
2. 经县级以上人民政府批准使用的；
3. 进行过一定补偿或安置劳动力的；
4. 接受农民集体馈赠的；
5. 已购买原集体所有的建筑物的；
6. 农民集体所有制企事业单位转为全民所有制或者城市集体所有制单

位的。

一九八二年五月《国家建设征用土地条例》公布时起至一九八七年《土地管理法》开始施行时止，全民所有制单位、城市集体所有制单位违反规定使用的农民集体土地，依照有关规定进行了清查处理后仍由全民所有制单位、城市集体所有制单位使用的，确定为国家所有。

凡属上述情况以外未办理征地手续使用的农民集体土地，由县级以上地方人民政府根据具体情况，按当时规定补办征地手续，或退还农民集体。一九八七年《土地管理法》施行后违法占用的农民集体土地，必须依法处理后，再确定土地所有权。

第十七条　一九八六年三月中共中央、国务院《关于加强土地管理、制止乱占耕地的通知》发布之前，全民所有制单位、城市集体所有制单位租用农民集体所有的土地，按照有关规定处理后，能够恢复耕种的，退还农民集体耕种，所有权仍属于农民集体；已建成永久性建筑物的，由用地单位按租用时的规定，补办手续，土地归国家所有。凡已经按照有关规定处理了的，可按处理决定确定所有权和使用权。

第十八条　土地所有权有争议，不能依法证明争议土地属于农民集体所有的，属于国家所有。

第三章　集体土地所有权

第十九条　土地改革时分给农民并颁发了土地所有证的土地，属于农民集体所有；实施《六十条》时确定为集体所有的土地，属农民集体所有。依照第二章规定属于国家所有的除外。

第二十条　村农民集体所有的土地，按目前该村农民集体实际使用的本集体土地所有权界线确定所有权。

根据《六十条》确定的农民集体土地所有权，由于下列原因发生变更的，按变更后的现状确定集体土地所有权。

（一）由于村、队、社、场合并或分割等管理体制的变化引起土地所有权变更的；

（二）由于土地开发、国家征地、集体兴办企事业或者自然灾害等原因进行过土地调整的；

（三）由于农田基本建设和行政区划变动等原因重新划定土地所有权界线的。行政区划变动未涉及土地权属变更的，原土地权属不变。

第二十一条　农民集体连续使用其他农民集体所有的土地已满二十年的，应视为现使用者所有；连续使用不满二十年，或者虽满二十年但在二十年期满之前所有者曾向现使用者或有关部门提出归还的，由县级以上人民政府根据具体情况确定土地所有权。

第二十二条 乡（镇）或村在集体所有的土地上修建并管理的道路、水利设施用地，分别属于乡（镇）或村农民集体所有。

第二十三条 乡（镇）或村办企事业单位使用的集体土地，《六十条》公布以前使用的，分别属于该乡（镇）或村农民集体所有；《六十条》公布时起至一九八二年国务院《村镇建房用地管理条例》发布时止使用的，有下列情况之一的，分别属于该乡（镇）或村农民集体所有：

1. 签订过用地协议的（不含租借）；

2. 经县、乡（公社）、村（大队）批准或同意，并进行了适当的土地调整或者经过一定补偿的；

3. 通过购买房屋取得的；

4. 原集体企事业单位体制经批准变更的。

一九八二年国务院《村镇建房用地管理条例》发布时起至一九八七年《土地管理法》开始施行时止，乡（镇）、村办企事业单位违反规定使用的集体土地按照有关规定清查处理后，乡（镇）、村集体单位继续使用的，可确定为该乡（镇）或村集体所有。

乡（镇）、村办企事业单位采用上述以外的方式占用的集体土地，或虽采用上述方式，但目前土地利用不合理的，如荒废、闲置等，应将其全部或部分土地退还原村或乡农民集体，或按有关规定进行处理。一九八七年《土地管理法》施行后违法占用的土地，须依法处理后再确定所有权。

第二十四条 乡（镇）企业使用本乡（镇）、村集体所有的土地，依照有关规定进行补偿和安置的，土地所有权转为乡（镇）农民集体所有。经依法批准的乡（镇）、村公共设施、公益事业使用的农民集体土地，分别属于乡（镇）、村农民集体所有。

第二十五条 农民集体经依法批准以土地使用权作为联营条件与其他单位或个人举办联营企业的，或者农民集体经依法批准以集体所有的土地的使用权作价入股，举办外商投资企业和内联乡镇企业的，集体土地所有权不变。

第四章 国有土地使用权

第二十六条 土地使用权确定给直接使用土地的具有法人资格的单位或个人。但法律、法规、政策和本规定另有规定的除外。

第二十七条 土地使用者经国家依法划拨、出让或解放初期接收、沿用，或通过依法转让、继承、接受地上建筑物等方式使用国有土地的，可确定其国有土地使用权。

第二十八条 土地公有制之前，通过购买房屋或土地及租赁土地方式使用私有的土地，土地转为国有后迄今仍继续使用的，可确定现使用者国有土地使用权。

第二十九条　因原房屋拆除、改建或自然坍塌等原因，已经变更了实际土地使用者的，经依法审核批准，可将土地使用权确定给实际土地使用者；空地及房屋坍塌或拆除后两年以上仍未恢复使用的土地，由当地县级以上人民政府收回土地使用权。

第三十条　原宗教团体、寺观教堂宗教活动用地，被其他单位占用，原使用单位因恢复宗教活动需要退还使用的，应按有关规定予以退还。确属无法退还或土地使用权有争议的，经协商、处理后确定土地使用权。

第三十一条　军事设施用地（含靶场、试验场、训练场）依照解放初土地接收文件和人民政府批准征收或划拨土地的文件确定土地使用权。土地使用权有争议的，按照国务院、中央军委有关文件规定处理后，再确定土地使用权。

国家确定的保留或地方代管的军事设施用地的土地使用权确定给军队，现由其他单位使用的，可依照有关规定确定为他项权利。

经国家批准撤销的军事设施，其土地使用权依照有关规定由当地县级以上人民政府收回并重新确定使用权。

第三十二条　依法接收、征收、划拨的铁路线路用地及其他铁路设施用地，现仍由铁路单位使用的，其使用权确定给铁路单位。铁路线路路基两侧依法取得使用权的保护用地，使用权确定给铁路单位。

第三十三条　国家水利、公路设施用地依照征收、划拨文件和有关法律、法规划定用地界线。

第三十四条　驻机关、企事业单位内的行政管理和服务性单位，经政府批准使用的土地，可以由土地管理部门商被驻单位规定土地的用途和其他限制条件后分别确定实际土地使用者的土地使用权。但租用房屋的除外。

第三十五条　原由铁路、公路、水利、电力、军队及其他单位和个人使用的土地，一九八二年五月《国家建设征用土地条例》公布之前，已经转由其他单位或个人使用的，除按照国家法律和政策应当退还的外，其国有土地使用权可确定给实际土地使用者，但严重影响上述部门的设施安全和正常使用的，暂不确定土地使用权，按照有关规定处理后，再确定土地使用权。一九八二年五月以后非法转让的，经依法处理后再确定使用权。

第三十六条　农民集体使用的国有土地，其使用权按县级以上人民政府主管部门审批、划拨文件确定；没有审批、划拨文件的，依照当时规定补办手续后，按使用现状确定；过去未明确划定使用界线的，由县级以上人民政府参照土地实际使用情况确定。

第三十七条 未按规定用途使用的国有土地，由县级以上人民政府收回重新安排使用，或者按有关规定处理后确定使用权。

第三十八条 一九八七年一月《土地管理法》施行之前重复划拨或重复征收的土地，可按目前实际使用情况或者根据最后一次划拨或征收文件确定使用权。

第三十九条 以土地使用权为条件与其他单位或个人合建房屋的，根据批准文件、合建协议或者投资数额确定土地使用权，但一九八二年《国家建设征用土地条例》公布后合建的，应依法办理土地转让手续后再确定土地使用权。

第四十条 以出让方式取得的土地使用权或以划拨方式取得的土地使用权补办出让手续后作为资产入股的，土地使用权确定给股份制企业。

国家以土地使用权作价入股的，土地使用权确定给股份制企业。

国家将土地使用权租赁给股份制企业的，土地使用权确定给股份制企业。企业以出让方式取得的土地使用权或以划拨方式取得的土地使用权补办出让手续后，出租给股份制企业的，土地使用权不变。

第四十一条 企业以出让方式取得的土地使用权，企业破产后，经依法处置，确定给新的受让人；企业通过划拨方式取得的土地使用权，企业破产时，其土地使用权由县级上人民政府收回后，根据有关规定进行处置。

第四十二条 法人之间合并，依法属于应当以有偿方式取得土地使用权的，原土地使用权应当办理有关手续，有偿取得土地使用权；依法可以以划拨形式取得土地使用权的，可以办理划拨土地权属变更登记，取得土地使用权。

第五章 集体土地建设用地使用权

第四十三条 乡（镇）村办企业事业单位和个人依法使用农民集体土地进行非农业建设的，可依法确定使用者集体土地建设用地使用权。对多占少用、占而不用的，其闲置部分不予确定使用权，并退还农民集体，另行安排使用。

第四十四条 依照本规定第二十五条规定的农民集体土地，集体土地建设用地使用权确定给联营或股份企业。

第四十五条 一九八二年二月国务院发布《村镇建房用地管理条例》之前农村居民建房占用的宅基地，超过当地政府规定的面积，在《村镇建房用地管理条例》施行后未经拆迁、改建、翻建的，可以暂按现有实际使用面积确定集体土地建设用地使用权。

第四十六条 一九八二年二月《村镇建房用地管理条例》发布时起至一

九八七年一月《土地管理法》开始施行时止，农村居民建房占用的宅基地，其面积超过当地政府规定标准的，超过部分按一九八六年三月中共中央、国务院《关于加强土地管理、制止乱占耕地的通知》及地方人民政府的有关规定处理后，按处理后实际使用面积确定集体土地建设用地使用权。

第四十七条　符合当地政府分户建房规定而尚未分户的农村居民，其现有的宅基地没有超过分户建房用地合计面积标准的，可按现有宅基地面积确定集体土地建设用地使用权。

第四十八条　非农业户口居民（含华侨）原在农村的宅基地，房屋产权没有变化的，可依法确定其集体土地建设用地使用权。房屋拆除后没有批准重建的，土地使用权由集体收回。

第四十九条　接受转让、购买房屋取得的宅基地，与原有宅基地合计面积超过当地政府规定标准，按照有关规定处理后允许继续使用的，可暂确定其集体土地建设用地使用权。继承房屋取得的宅基地，可确定集体土地建设用地使用权。

第五十条　农村专业户宅基地以外的非农业建设用地与宅基地分别确定集体土地建设用地使用权。

第五十一条　按照本规定第四十五条至第四十九条的规定确定农村居民宅基地集体土地建设用地使用权时，其面积超过当地政府规定标准的，可在土地登记卡和土地证书内注明超过标准面积的数量。以后分户建房或现有房屋拆迁、改建、翻建或政府依法实施规划重新建设时，按当地政府规定的面积标准重新确定使用权，其超过部分退还集体。

第五十二条　空闲或房屋坍塌、拆除两年以上未恢复使用的宅基地，不确定土地使用权。已经确定使用权的，由集体报经县级人民政府批准，注销其土地登记，土地由集体收回。

第六章　附　则

第五十三条　一宗地由两个以上单位或个人共同使用的，可确定为共有土地使用权。共有土地使用权面积可以在共有使用人之间分摊。

第五十四条　地面与空中、地面与地下立体交叉使用土地的（楼房除外），土地使用权确定给地面使用者，空中和地下可确定为他项权利。

平面交叉使用土地的，可以确定为共有土地使用权；也可以将土地使用权确定给主要用途或优先使用单位，次要和服从使用单位可确定为他项权利。

上述两款中的交叉用地，如属合法批准征收、划拨的，可按批准文件确定使用权，其他用地单位确定为他项权利。

第五十五条　依法划定的铁路、公路、河道、水利工程、军事设施、危险品生产和储存地、风景区等区域的管理和保护范围内的土地，其土地的所有权和使用权依照土地管理有关法规确定。但对上述范围内的土地的用途，可以根据有关的规定增加适当的限制条件。

第五十六条 土地所有权或使用权证明文件上的四至界线与实地一致，但实地面积与批准面积不一致的，按实地四至界线计算土地面积，确定土地的所有权或使用权。

第五十七条 他项权利依照法律或当事人约定设定。他项权利可以与土地所有权或使用权同时确定，也可在土地所有权或使用权确定之后增设。

第五十八条 各级人民政府或人民法院已依法处理的土地权属争议，按处理决定确定土地所有权或使用权。

第五十九条 本规定由国家土地管理局负责解释。

第六十条 本规定自一九九五年五月一日起施行。一九八九年七月五日国家土地管理局印发的《关于确定土地权属问题的若干意见》同时停止执行。

土地权属争议调查处理办法

（2003年1月3日国土资源部令第17号发布 自2003年3月1日起施行
根据2010年11月30日《国土资源部关于修改部分规章的决定》修正）

第一条 为依法、公正、及时地做好土地权属争议的调查处理工作，保护当事人的合法权益，维护土地的社会主义公有制，根据《中华人民共和国土地管理法》，制定本办法。

第二条 本办法所称土地权属争议，是指土地所有权或者使用权归属争议。

第三条 调查处理土地权属争议，应当以法律、法规和土地管理规章为依据。从实际出发，尊重历史，面对现实。

第四条 县级以上国土资源行政主管部门负责土地权属争议案件（以下简称争议案件）的调查和调解工作；对需要依法作出处理决定的，拟定处理意见，报同级人民政府作出处理决定。

县级以上国土资源行政主管部门可以指定专门机构或者人员负责办理争议案件有关事宜。

第五条 个人之间、个人与单位之间、单位与单位之间发生的争议案件，由争议土地所在地的县级国土资源行政主管部门调查处理。

前款规定的个人之间、个人与单位之间发生的争议案件，可以根据当事人的申请，由乡级人民政府受理和处理。

第六条　设区的市、自治州国土资源行政主管部门调查处理下列争议案件：

（一）跨县级行政区域的；

（二）同级人民政府、上级国土资源行政主管部门交办或者有关部门转送的。

第七条　省、自治区、直辖市国土资源行政主管部门调查处理下列争议案件：

（一）跨设区的市、自治州行政区域的；

（二）争议一方为中央国家机关或者其直属单位，且涉及土地面积较大的；

（三）争议一方为军队，且涉及土地面积较大的；

（四）在本行政区域内有较大影响的；

（五）同级人民政府、国土资源部交办或者有关部门转送的。

第八条　国土资源部调查处理下列争议案件：

（一）国务院交办的；

（二）在全国范围内有重大影响的。

第九条　当事人发生土地权属争议，经协商不能解决的，可以依法向县级以上人民政府或者乡级人民政府提出处理申请，也可以依照本办法第五、六、七、八条的规定，向有关的国土资源行政主管部门提出调查处理申请。

第十条　申请调查处理土地权属争议的，应当符合下列条件：

（一）申请人与争议的土地有直接利害关系；

（二）有明确的请求处理对象、具体的处理请求和事实根据。

第十一条　当事人申请调查处理土地权属争议，应当提交书面申请书和有关证据材料，并按照被申请人数提交副本。

申请书应当载明以下事项：

（一）申请人和被申请人的姓名或者名称、地址、邮政编码、法定代表人姓名和职务；

（二）请求的事项、事实和理由；

（三）证人的姓名、工作单位、住址、邮政编码。

第十二条　当事人可以委托代理人代为申请土地权属争议的调查处理。委托代理人申请的，应当提交授权委托书。授权委托书应当写明委托事项和权限。

第十三条　对申请人提出的土地权属争议调查处理的申请，国土资源行政主管部门应当依照本办法第十条的规定进行审查，并在收到申请书之日起7个工作日内提出是否受理的意见。

认为应当受理的，在决定受理之日起5个工作日内将申请书副本发送被申请人。被申请人应当在接到申请书副本之日起30日内提交答辩书和有关证据材料。逾期不提交答辩书的，不影响案件的处理。

认为不应当受理的，应当及时拟定不予受理建议书，报同级人民政府作出不予受理决定。

当事人对不予受理决定不服的，可以依法申请行政复议或者提起行政诉讼。

同级人民政府、上级国土资源行政主管部门交办或者有关部门转办的争议案件，按照本条有关规定审查处理。

第十四条 下列案件不作为争议案件受理：

（一）土地侵权案件；

（二）行政区域边界争议案件；

（三）土地违法案件；

（四）农村土地承包经营权争议案件；

（五）其他不作为土地权属争议的案件。

第十五条 国土资源行政主管部门决定受理后，应当及时指定承办人，对当事人争议的事实情况进行调查。

第十六条 承办人与争议案件有利害关系的，应当申请回避；当事人认为承办人与争议案件有利害关系的，有权请求该承办人回避。承办人是否回避，由受理案件的国土资源行政主管部门决定。

第十七条 承办人在调查处理土地权属争议过程中，可以向有关单位或者个人调查取证。被调查的单位或者个人应当协助，并如实提供有关证明材料。

第十八条 在调查处理土地权属争议过程中，国土资源行政主管部门认为有必要对争议的土地进行实地调查的，应当通知当事人及有关人员到现场。必要时，可以邀请有关部门派人协助调查。

第十九条 土地权属争议双方当事人对各自提出的事实和理由负有举证责任，应当及时向负责调查处理的国土资源行政主管部门提供有关证据材料。

第二十条 国土资源行政主管部门在调查处理争议案件时，应当审查双方当事人提供的下列证据材料：

（一）人民政府颁发的确定土地权属的凭证；

（二）人民政府或者主管部门批准征收、划拨、出让土地或者以其他方式批准使用土地的文件；

（三）争议双方当事人依法达成的书面协议；

（四）人民政府或者司法机关处理争议的文件或者附图；

（五）其他有关证明文件。

第二十一条　对当事人提供的证据材料，国土资源行政主管部门应当查证属实，方可作为认定事实的根据。

第二十二条　在土地所有权和使用权争议解决之前，任何一方不得改变土地利用的现状。

第二十三条　国土资源行政主管部门对受理的争议案件，应当在查清事实、分清权属关系的基础上先行调解，促使当事人以协商方式达成协议。调解应当坚持自愿、合法的原则。

第二十四条　调解达成协议的，应当制作调解书。调解书应当载明以下内容：

（一）当事人的姓名或者名称、法定代表人姓名、职务；

（二）争议的主要事实；

（三）协议内容及其他有关事项。

第二十五条　调解书经双方当事人签名或者盖章，由承办人署名并加盖国土资源行政主管部门的印章后生效。

生效的调解书具有法律效力，是土地登记的依据。

第二十六条　国土资源行政主管部门应当在调解书生效之日起 15 日内，依照民事诉讼法的有关规定，将调解书送达当事人，并同时抄报上一级国土资源行政主管部门。

第二十七条　调解未达成协议的，国土资源行政主管理部门应当及时提出调查处理意见，报同级人民政府作出处理决定。

第二十八条　国土资源行政主管部门应当自受理土地权属争议之日起 6 个月内提出调查处理意见。因情况复杂，在规定时间内不能提出调查处理意见的，经该国土资源行政主管部门的主要负责人批准，可以适当延长。

第二十九条　调查处理意见应当包括以下内容：

（一）当事人的姓名或者名称、地址、法定代表人的姓名、职务；

（二）争议的事实、理由和要求；

（三）认定的事实和适用的法律、法规等依据；

（四）拟定的处理结论。

第三十条　国土资源行政主管部门提出调查处理意见后，应当在 5 个工作日内报送同级人民政府，由人民政府下达处理决定。

国土资源行政主管部门的调查处理意见在报同级人民政府的同时，抄报上一级国土资源行政主管部门。

第三十一条 当事人对人民政府作出的处理决定不服的，可以依法申请行政复议或者提起行政诉讼。

在规定的时间内，当事人既不申请行政复议，也不提起行政诉讼，处理决定即发生法律效力。

生效的处理决定是土地登记的依据。

第三十二条 在土地权属争议调查处理过程中，国土资源行政主管部门的工作人员玩忽职守、滥用职权、徇私舞弊，构成犯罪的，依法追究刑事责任；不构成犯罪的，由其所在单位或者其上级机关依法给予行政处分。

第三十三条 乡级人民政府处理土地权属争议，参照本办法执行。

第三十四条 调查处理争议案件的文书格式，由国土资源部统一制定。

第三十五条 调查处理争议案件的费用，依照国家有关规定执行。

第三十六条 本办法自2003年3月1日起施行。1995年12月18日原国家土地管理局发布的《土地权属争议处理暂行办法》同时废止。

最高人民法院
关于审理建筑物区分所有权纠纷案件具体应用法律若干问题的解释

法释〔2009〕7号

（2009年3月23日最高人民法院审判委员会第1464次会议通过
2009年5月14日最高人民法院公告公布　自2009年10月1日起施行）

为正确审理建筑物区分所有权纠纷案件，依法保护当事人的合法权益，根据《中华人民共和国物权法》等法律的规定，结合民事审判实践，制定本解释。

第一条 依法登记取得或者根据物权法第二章第三节规定取得建筑物专有部分所有权的人，应当认定为物权法第六章所称的业主。

基于与建设单位之间的商品房买卖民事法律行为，已经合法占有建筑物专有部分，但尚未依法办理所有权登记的人，可以认定为物权法第六章所称的业主。

第二条 建筑区划内符合下列条件的房屋，以及车位、摊位等特定空间，应当认定为物权法第六章所称的专有部分：

（一）具有构造上的独立性，能够明确区分；

（二）具有利用上的独立性，可以排他使用；

（三）能够登记成为特定业主所有权的客体。

规划上专属于特定房屋，且建设单位销售时已经根据规划列入该特定房屋买卖合同中的露台等，应当认定为物权法第六章所称专有部分的组成部分。

本条第一款所称房屋，包括整栋建筑物。

第三条　除法律、行政法规规定的共有部分外，建筑区划内的以下部分，也应当认定为物权法第六章所称的共有部分：

（一）建筑物的基础、承重结构、外墙、屋顶等基本结构部分，通道、楼梯、大堂等公共通行部分，消防、公共照明等附属设施、设备，避难层、设备层或者设备间等结构部分；

（二）其他不属于业主专有部分，也不属于市政公用部分或者其他权利人所有的场所及设施等。

建筑区划内的土地，依法由业主共同享有建设用地使用权，但属于业主专有的整栋建筑物的规划占地或者城镇公共道路、绿地占地除外。

第四条　业主基于对住宅、经营性用房等专有部分特定使用功能的合理需要，无偿利用屋顶以及与其专有部分相对应的外墙面等共有部分的，不应认定为侵权。但违反法律、法规、管理规约，损害他人合法权益的除外。

第五条　建设单位按照配置比例将车位、车库，以出售、附赠或者出租等方式处分给业主的，应当认定其行为符合物权法第七十四条第一款有关“应当首先满足业主的需要”的规定。

前款所称配置比例是指规划确定的建筑区划内规划用于停放汽车的车位、车库与房屋套数的比例。

第六条　建筑区划内在规划用于停放汽车的车位之外，占用业主共有道路或者其他场地增设的车位，应当认定为物权法第七十四条第三款所称的车位。

第七条　改变共有部分的用途、利用共有部分从事经营性活动、处分共有部分，以及业主大会依法决定或者管理规约依法确定应由业主共同决定的事项，应当认定为物权法第七十六条第一款第（七）项规定的有关共有和共同管理权利的“其他重大事项”。

第八条　物权法第七十六条第二款和第八十条规定的专有部分面积和建筑物总面积，可以按照下列方法认定：

（一）专有部分面积，按照不动产登记簿记载的面积计算；尚未进行物权登记的，暂按测绘机构的实测面积计算；尚未进行实测的，暂按房屋买卖合同记载的面积计算；

（二）建筑物总面积，按照前项的统计总和计算。

第九条 物权法第七十六条第二款规定的业主人数和总人数，可以按照下列方法认定：

（一）业主人数，按照专有部分的数量计算，一个专有部分按一人计算。但建设单位尚未出售和虽已出售但尚未交付的部分，以及同一买受人拥有一个以上专有部分的，按一人计算；

（二）总人数，按照前项的统计总和计算。

第十条 业主将住宅改变为经营性用房，未按照物权法第七十七条的规定经有利害关系的业主同意，有利害关系的业主请求排除妨害、消除危险、恢复原状或者赔偿损失的，人民法院应予支持。

将住宅改变为经营性用房的业主以多数有利害关系的业主同意其行为进行抗辩的，人民法院不予支持。

第十一条 业主将住宅改变为经营性用房，本栋建筑物内的其他业主，应当认定为物权法第七十七条所称“有利害关系的业主”。建筑区划内，本栋建筑物之外的业主，主张与自己有利害关系的，应证明其房屋价值、生活质量受到或者可能受到不利影响。

第十二条 业主以业主大会或者业主委员会作出的决定侵害其合法权益或者违反了法律规定的程序为由，依据物权法第七十八条第二款的规定请求人民法院撤销该决定的，应当在知道或者应当知道业主大会或者业主委员会作出决定之日起一年内行使。

第十三条 业主请求公布、查阅下列应当向业主公开的情况和资料的，人民法院应予支持：

（一）建筑物及其附属设施的维修资金的筹集、使用情况；

（二）管理规约、业主大会议事规则，以及业主大会或者业主委员会的决定及会议记录；

（三）物业服务合同、共有部分的使用和收益情况；

（四）建筑区划内规划用于停放汽车的车位、车库的处分情况；

（五）其他应当向业主公开的情况和资料。

第十四条 建设单位或者其他行为人擅自占用、处分业主共有部分、改变其使用功能或者进行经营性活动，权利人请求排除妨害、恢复原状、确认处分行为无效或者赔偿损失的，人民法院应予支持。

属于前款所称擅自进行经营性活动的情形，权利人请求行为人将扣除合理成本之后的收益用于补充专项维修资金或者业主共同决定的其他用途的，人民法院应予支持。行为人对成本的支出及其合理性承担举证责任。

第十五条 业主或者其他行为人违反法律、法规、国家相关强制性标准、管理规约，或者违反业主大会、业主委员会依法作出的决定，实施下列行为的，可以认定为物权法第八十三条第二款所称的其他“损害他人合法权益的行为”：

（一）损害房屋承重结构，损害或者违章使用电力、燃气、消防设施，在建筑物内放置危险、放射性物品等危及建筑物安全或者妨碍建筑物正常使用；

（二）违反规定破坏、改变建筑物外墙面的形状、颜色等损害建筑物外观；

（三）违反规定进行房屋装饰装修；

（四）违章加建、改建，侵占、挖掘公共通道、道路、场地或者其他共有部分。

第十六条 建筑物区分所有权纠纷涉及专有部分的承租人、借用人等物业使用人的，参照本解释处理。

专有部分的承租人、借用人等物业使用人，根据法律、法规、管理规约、业主大会或者业主委员会依法作出的决定，以及其与业主的约定，享有相应权利，承担相应义务。

第十七条 本解释所称建设单位，包括包销期满，按照包销合同约定的包销价格购买尚未销售的物业后，以自己名义对外销售的包销人。

第十八条 人民法院审理建筑物区分所有权案件中，涉及有关物权归属争议的，应当以法律、行政法规为依据。

第十九条 本解释自2009年10月1日起施行。

因物权法施行后实施的行为引起的建筑物区分所有权纠纷案件，适用本解释。

本解释施行前已经终审，本解释施行后当事人申请再审或者按照审判监督程序决定再审的案件，不适用本解释。

最高人民法院指导案例65号

上海市虹口区久乐大厦小区业主大会诉上海环亚实业总公司业主共有权纠纷案

（最高人民法院审判委员会讨论通过 2016年9月19日发布）

关键词

民事 业主共有权 专项维修资金 法定义务 诉讼时效

裁判要点

专项维修资金是专门用于物业共用部位、共用设施设备保修期满后的维修和更新、改造的资金，属于全体业主共有。缴纳专项维修资金是业主为维护建筑物的长期安全使用而应承担的一项法定义务。业主拒绝缴纳专项维修资金，并以诉讼时效提出抗辩的，人民法院不予支持。

相关法条

《中华人民共和国民法通则》第 135 条

《中华人民共和国物权法》第 79 条、第 83 条第 2 款

《物业管理条例》第 7 条第 4 项、第 54 条第 1 款、第 2 款

基本案情

2004 年 3 月，被告上海环亚实业总公司（以下简称环亚公司）取得上海市虹口区久乐大厦底层、二层房屋的产权，底层建筑面积 691.36 平方米、二层建筑面积 910.39 平方米。环亚公司未支付过上述房屋的专项维修资金。2010 年 9 月，原告久乐大厦小区业主大会（以下简称久乐业主大会）经征求业主表决意见，决定由久乐业主大会代表业主提起追讨维修资金的诉讼。久乐业主大会向法院起诉，要求环亚公司就其所有的久乐大厦底层、二层的房屋向原告缴纳专项维修资金 57566.9 元。被告环亚公司辩称，其于 2004 年获得房地产权证，至本案诉讼有 6 年之久，原告从未主张过维修资金，该请求已超过诉讼时效，不同意原告诉请。

裁判结果

上海市虹口区人民法院于 2011 年 7 月 21 日作出（2011）虹民三（民）初字第 833 号民事判决：被告环亚公司应向原告久乐业主大会缴纳久乐大厦底层、二层房屋的维修资金 57566.9 元。宣判后，环亚公司向上海市第二中级人民法院提起上诉。上海市第二中级人民法院于 2011 年 9 月 21 日作出（2011）沪二中民二（民）终字第 1908 号民事判决：驳回上诉，维持原判。

裁判理由

法院生效裁判认为：《中华人民共和国物权法》（以下简称《物权法》）第七十九条规定，“建筑物及其附属设施的维修资金，属于业主共有。经业主共同决定，可以用于电梯、水箱等共有部分的维修。”《物业管理条例》第五十四条第二款规定，“专项维修资金属于业主所有，专项用于物业保修期满后物业共用部位、共用设施设备的维修和更新、改造，不得挪作他用”。《住宅专项维修资金管理办法》（建设部、财政部令第 165 号）（以下简称《办法》）第二条第二款规定，“本办法所称住宅专项维修资金，是指专项用于住宅共用部位、共用设施设备保修期满后的维修和更新、改造的资金。”依据上述规定，

维修资金性质上属于专项基金，系为特定目的，即为住宅共用部位、共用设施设备保修期满后的维修和更新、改造而专设的资金。它在购房款、税费、物业费之外，单独筹集、专户存储、单独核算。由其专用性所决定，专项维修资金的缴纳并非源于特别的交易或法律关系，而是为了准备应急性地维修、更新或改造区分所有建筑物的共有部分。由于共有部分的维护关乎全体业主的共同或公共利益，所以维修资金具有公共性、公益性。

《物业管理条例》第七条第四项规定，"业主在物业管理活动中，应当履行按照国家有关规定交纳专项维修资金的义务。"第五十四条第一款规定，"住宅物业、住宅小区内的非住宅物业或者与单幢住宅楼结构相连的非住宅物业的业主，应当按照国家有关规定交纳专项维修资金。"依据上述规定，缴纳专项维修资金是为特定范围的公共利益，即建筑物的全体业主共同利益而特别确立的一项法定义务，这种义务的产生与存在仅仅取决于义务人是否属于区分所有建筑物范围内的住宅或非住宅所有权人。因此，缴纳专项维修资金的义务是一种旨在维护共同或公共利益的法定义务，其只存在补缴问题，不存在因时间经过而可以不缴的问题。

业主大会要求补缴维修资金的权利，是业主大会代表全体业主行使维护小区共同或公共利益之职责的管理权。如果允许某些业主不缴纳维修资金而可享有以其他业主的维修资金维护共有部分而带来的利益，其他业主就有可能在维护共有部分上支付超出自己份额的金钱，这违背了公平原则，并将对建筑物的长期安全使用，对全体业主的共有或公共利益造成损害。

基于专项维修资金的性质和业主缴纳专项维修资金义务的性质，被告环亚公司作为久乐大厦的业主，不依法自觉缴纳专项维修资金，并以业主大会起诉追讨专项维修资金已超过诉讼时效进行抗辩，该抗辩理由不能成立。原告根据被告所有的物业面积，按照同期其他业主缴纳专项维修资金的计算标准算出的被告应缴纳的数额合理，据此判决被告应当按照原告诉请支付专项维修资金。

（生效裁判审判人员：卢薇薇、陈文丽、成皿）

（四）用益物权

1. 农村土地承包经营权

中华人民共和国农村土地承包法

（2002年8月29日第九届全国人民代表大会常务委员会第二十九次会议通过
根据2009年8月27日第十一届全国人民代表大会常务委员会
第十次会议《关于修改部分法律的决定》修正）

目　录

第一章　总　则

第一条　【立法目的】为稳定和完善以家庭承包经营为基础、统分结合的双层经营体制，赋予农民长期而有保障的土地使用权，维护农村土地承包当事人的合法权益，促进农业、农村经济发展和农村社会稳定，根据宪法，制定本法。

第二条　【适用范围】本法所称农村土地，是指农民集体所有和国家所有依法由农民集体使用的耕地、林地、草地，以及其他依法用于农业的土地。

第三条　【农村土地承包经营制度】国家实行农村土地承包经营制度。

农村土地承包采取农村集体经济组织内部的家庭承包方式，不宜采取家庭承包方式的荒山、荒沟、荒丘、荒滩等农村土地，可以采取招标、拍卖、公开协商等方式承包。

第四条　【依法保护农村土地承包关系的长期稳定】国家依法保护农村土地承包关系的长期稳定。

农村土地承包后，土地的所有权性质不变。承包地不得买卖。

第五条　【承包权的主体及承包权的保护】农村集体经济组织成员有权依法承包由本集体经济组织发包的农村土地。

任何组织和个人不得剥夺和非法限制农村集体经济组织成员承包土地的权利。

第六条　【土地承包经营权男女平等】农村土地承包，妇女与男子享有平等的权利。承包中应当保护妇女的合法权益，任何组织和个人不得剥夺、侵害妇女应当享有的土地承包经营权。

第七条　【公开、公平、公正原则】农村土地承包应当坚持公开、公平、公正的原则，正确处理国家、集体、个人三者的利益关系。

第八条　【土地资源的保护】农村土地承包应当遵守法律、法规，保护土地资源的合理开发和可持续利用。未经依法批准不得将承包地用于非农建设。

国家鼓励农民和农村集体经济组织增加对土地的投入，培肥地力，提高农业生产能力。

第九条　【集体土地所有者和承包方合法权益的保护】国家保护集体土地所有者的合法权益，保护承包方的土地承包经营权，任何组织和个人不得侵犯。

第十条　【土地承包经营权流转的保护】国家保护承包方依法、自愿、有偿地进行土地承包经营权流转。

第十一条　【土地承包管理部门】国务院农业、林业行政主管部门分别依照国务院规定的职责负责全国农村土地承包及承包合同管理的指导。县级以上地方人民政府农业、林业等行政主管部门分别依照各自职责，负责本行政区域内农村土地承包及承包合同管理。乡（镇）人民政府负责本行政区域内农村土地承包及承包合同管理。

第二章　家庭承包

第一节　发包方和承包方的权利和义务

第十二条　【发包主体】农民集体所有的土地依法属于村农民集体所有的，由村集体经济组织或者村民委员会发包；已经分别属于村内两个以上农村集体经济组织的农民集体所有的，由村内各该农村集体经济组织或者村民小组发包。村集体经济组织或者村民委员会发包的，不得改变村内各集体经济组织农民集体所有的土地的所有权。

国家所有依法由农民集体使用的农村土地，由使用该土地的农村集体经济组织、村民委员会或者村民小组发包。

第十三条 【发包方的权利】发包方享有下列权利：

（一）发包本集体所有的或者国家所有依法由本集体使用的农村土地；

（二）监督承包方依照承包合同约定的用途合理利用和保护土地；

（三）制止承包方损害承包地和农业资源的行为；

（四）法律、行政法规规定的其他权利。

第十四条 【发包方的义务】发包方承担下列义务：

（一）维护承包方的土地承包经营权，不得非法变更、解除承包合同；

（二）尊重承包方的生产经营自主权，不得干涉承包方依法进行正常的生产经营活动；

（三）依照承包合同约定为承包方提供生产、技术、信息等服务；

（四）执行县、乡（镇）土地利用总体规划，组织本集体经济组织内的农业基础设施建设；

（五）法律、行政法规规定的其他义务。

第十五条 【家庭承包的承包方的资格】家庭承包的承包方是本集体经济组织的农户。

第十六条 【承包方的权利】承包方享有下列权利：

（一）依法享有承包地使用、收益和土地承包经营权流转的权利，有权自主组织生产经营和处置产品；

（二）承包地被依法征收、征用、占用的，有权依法获得相应的补偿；

（三）法律、行政法规规定的其他权利。

第十七条 【承包方的义务】承包方承担下列义务：

（一）维持土地的农业用途，不得用于非农建设；

（二）依法保护和合理利用土地，不得给土地造成永久性损害；

（三）法律、行政法规规定的其他义务。

第二节　承包的原则和程序

第十八条 【土地承包的原则】土地承包应当遵循以下原则：

（一）按照规定统一组织承包时，本集体经济组织成员依法平等地行使承包土地的权利，也可以自愿放弃承包土地的权利；

（二）民主协商，公平合理；

（三）承包方案应当按照本法第十二条的规定，依法经本集体经济组织成员的村民会议三分之二以上成员或者三分之二以上村民代表的同意；

（四）承包程序合法。

第十九条 【土地承包的程序】土地承包应当按照以下程序进行：

（一）本集体经济组织成员的村民会议选举产生承包工作小组；

（二）承包工作小组依照法律、法规的规定拟订并公布承包方案；

（三）依法召开本集体经济组织成员的村民会议，讨论通过承包方案；

（四）公开组织实施承包方案；

（五）签订承包合同。

第三节 承包期限和承包合同

第二十条 【承包期限】耕地的承包期为三十年。草地的承包期为三十年至五十年。林地的承包期为三十年至七十年；特殊林木的林地承包期，经国务院林业行政主管部门批准可以延长。

第二十一条 【承包合同】发包方应当与承包方签订书面承包合同。

承包合同一般包括以下条款：

（一）发包方、承包方的名称，发包方负责人和承包方代表的姓名、住所；

（二）承包土地的名称、坐落、面积、质量等级；

（三）承包期限和起止日期；

（四）承包土地的用途；

（五）发包方和承包方的权利和义务；

（六）违约责任。

第二十二条 【承包合同的生效】承包合同自成立之日起生效。承包方自承包合同生效时取得土地承包经营权。

第二十三条 【土地承包经营权证等证书的颁发】县级以上地方人民政府应当向承包方颁发土地承包经营权证或者林权证等证书，并登记造册，确认土地承包经营权。

颁发土地承包经营权证或者林权证等证书，除按规定收取证书工本费外，不得收取其他费用。

第二十四条 【承包合同的稳定性】承包合同生效后，发包方不得因承办人或者负责人的变动而变更或者解除，也不得因集体经济组织的分立或者合并而变更或者解除。

第二十五条 【严禁国家机关及其工作人员利用职权干涉农村土地承包或者变更、解除承包合同】国家机关及其工作人员不得利用职权干涉农村土地承包或者变更、解除承包合同。

第四节　土地承包经营权的保护

第二十六条　【承包期内承包地的交回和收回】承包期内，发包方不得收回承包地。

承包期内，承包方全家迁入小城镇落户的，应当按照承包方的意愿，保留其土地承包经营权或者允许其依法进行土地承包经营权流转。

承包期内，承包方全家迁入设区的市，转为非农业户口的，应当将承包的耕地和草地交回发包方。承包方不交回的，发包方可以收回承包的耕地和草地。

承包期内，承包方交回承包地或者发包方依法收回承包地时，承包方对其在承包地上投入而提高土地生产能力的，有权获得相应的补偿。

第二十七条　【承包期内承包地的调整】承包期内，发包方不得调整承包地。

承包期内，因自然灾害严重毁损承包地等特殊情形对个别农户之间承包的耕地和草地需要适当调整的，必须经本集体经济组织成员的村民会议三分之二以上成员或者三分之二以上村民代表的同意，并报乡（镇）人民政府和县级人民政府农业等行政主管部门批准。承包合同中约定不得调整的，按照其约定。

第二十八条　【用于调整承包土地或者承包给新增人口的土地】下列土地应当用于调整承包土地或者承包给新增人口：

（一）集体经济组织依法预留的机动地；

（二）通过依法开垦等方式增加的；

（三）承包方依法、自愿交回的。

第二十九条　【承包期内承包方自愿将承包地交回发包方的处理】承包期内，承包方可以自愿将承包地交回发包方。承包方自愿交回承包地的，应当提前半年以书面形式通知发包方。承包方在承包期内交回承包地的，在承包期内不得再要求承包土地。

第三十条　【妇女婚姻关系变动对土地承包的影响】承包期内，妇女结婚，在新居住地未取得承包地的，发包方不得收回其原承包地；妇女离婚或者丧偶，仍在原居住地生活或者不在原居住地生活但在新居住地未取得承包地的，发包方不得收回其原承包地。

第三十一条　【承包收益和林地承包权的继承】承包人应得的承包收益，依照继承法的规定继承。

林地承包的承包人死亡，其继承人可以在承包期内继续承包。

第五节　土地承包经营权的流转

第三十二条　【土地承包经营权流转的方式】通过家庭承包取得的土地承包经营权可以依法采取转包、出租、互换、转让或者其他方式流转。

第三十三条　【土地承包经营权流转的原则】土地承包经营权流转应当遵循以下原则：

（一）平等协商、自愿、有偿，任何组织和个人不得强迫或者阻碍承包方进行土地承包经营权流转；

（二）不得改变土地所有权的性质和土地的农业用途；

（三）流转的期限不得超过承包期的剩余期限；

（四）受让方须有农业经营能力；

（五）在同等条件下，本集体经济组织成员享有优先权。

第三十四条　【土地承包经营权流转的主体】土地承包经营权流转的主体是承包方。承包方有权依法自主决定土地承包经营权是否流转和流转的方式。

第三十五条　【承包期内发包方的义务】承包期内，发包方不得单方面解除承包合同，不得假借少数服从多数强迫承包方放弃或者变更土地承包经营权，不得以划分"口粮田"和"责任田"等为由收回承包地搞招标承包，不得将承包地收回抵顶欠款。

第三十六条　【土地承包经营权流转的收益及其归属】土地承包经营权流转的转包费、租金、转让费等，应当由当事人双方协商确定。流转的收益归承包方所有，任何组织和个人不得擅自截留、扣缴。

第三十七条　【土地承包经营权流转合同】土地承包经营权采取转包、出租、互换、转让或者其他方式流转，当事人双方应当签订书面合同。采取转让方式流转的，应当经发包方同意；采取转包、出租、互换或者其他方式流转的，应当报发包方备案。

土地承包经营权流转合同一般包括以下条款：

（一）双方当事人的姓名、住所；

（二）流转土地的名称、坐落、面积、质量等级；

（三）流转的期限和起止日期；

（四）流转土地的用途；

（五）双方当事人的权利和义务；

（六）流转价款及支付方式；

（七）违约责任。

第三十八条　【土地承包经营权流转的登记】土地承包经营权采取互换、

转让方式流转，当事人要求登记的，应当向县级以上地方人民政府申请登记。未经登记，不得对抗善意第三人。

第三十九条 【土地承包经营权的转包、出租】承包方可以在一定期限内将部分或者全部土地承包经营权转包或者出租给第三方，承包方与发包方的承包关系不变。

承包方将土地交由他人代耕不超过一年的，可以不签订书面合同。

第四十条 【土地承包经营权的互换】承包方之间为方便耕种或者各自需要，可以对属于同一集体经济组织的土地的土地承包经营权进行互换。

第四十一条 【土地承包经营权的转让】承包方有稳定的非农职业或者有稳定的收入来源的，经发包方同意，可以将全部或者部分土地承包经营权转让给其他从事农业生产经营的农户，由该农户同发包方确立新的承包关系，原承包方与发包方在该土地上的承包关系即行终止。

第四十二条 【土地承包经营权的入股】承包方之间为发展农业经济，可以自愿联合将土地承包经营权入股，从事农业合作生产。

第四十三条 【承包方在承包地上投入而提高土地生产能力的补偿】承包方对其在承包地上投入而提高土地生产能力的，土地承包经营权依法流转时有权获得相应的补偿。

第三章 其他方式的承包

第四十四条 【本章规定的适用范围】不宜采取家庭承包方式的荒山、荒沟、荒丘、荒滩等农村土地，通过招标、拍卖、公开协商等方式承包的，适用本章规定。

第四十五条 【以其他方式承包农村土地时承包合同的签订】以其他方式承包农村土地的，应当签订承包合同。当事人的权利和义务、承包期限等，由双方协商确定。以招标、拍卖方式承包的，承包费通过公开竞标、竞价确定；以公开协商等方式承包的，承包费由双方议定。

第四十六条 【荒山、荒沟、荒丘、荒滩等的承包经营方式】荒山、荒沟、荒丘、荒滩等可以直接通过招标、拍卖、公开协商等方式实行承包经营，也可以将土地承包经营权折股分给本集体经济组织成员后，再实行承包经营或者股份合作经营。

承包荒山、荒沟、荒丘、荒滩的，应当遵守有关法律、行政法规的规定，防止水土流失，保护生态环境。

第四十七条 【本集体经济组织成员享有优先承包权】以其他方式承包农村土地，在同等条件下，本集体经济组织成员享有优先承包权。

第四十八条 【将农村土地发包给本集体经济组织以外的单位或者个人

承包的程序】发包方将农村土地发包给本集体经济组织以外的单位或者个人承包，应当事先经本集体经济组织成员的村民会议三分之二以上成员或者三分之二以上村民代表的同意，并报乡（镇）人民政府批准。

由本集体经济组织以外的单位或者个人承包的，应当对承包方的资信情况和经营能力进行审查后，再签订承包合同。

第四十九条　【以其他方式承包农村土地后土地承包经营权的流转】通过招标、拍卖、公开协商等方式承包农村土地，经依法登记取得土地承包经营权证或者林权证等证书的，其土地承包经营权可以依法采取转让、出租、入股、抵押或者其他方式流转。

第五十条　【以其他方式取得的土地承包经营权的继承】土地承包经营权通过招标、拍卖、公开协商等方式取得的，该承包人死亡，其应得的承包收益，依照继承法的规定继承；在承包期内，其继承人可以继续承包。

第四章　争议的解决和法律责任

第五十一条　【土地承包经营纠纷的解决方式】因土地承包经营发生纠纷的，双方当事人可以通过协商解决，也可以请求村民委员会、乡（镇）人民政府等调解解决。

当事人不愿协商、调解或者协商、调解不成的，可以向农村土地承包仲裁机构申请仲裁，也可以直接向人民法院起诉。

第五十二条　【农村土地承包仲裁机构的仲裁裁决的法律效力】当事人对农村土地承包仲裁机构的仲裁裁决不服的，可以在收到裁决书之日起三十日内向人民法院起诉。逾期不起诉的，裁决书即发生法律效力。

第五十三条　【侵害承包方的土地承包经营权应当承担民事责任】任何组织和个人侵害承包方的土地承包经营权的，应当承担民事责任。

第五十四条　【发包方的民事责任】发包方有下列行为之一的，应当承担停止侵害、返还原物、恢复原状、排除妨害、消除危险、赔偿损失等民事责任：

（一）干涉承包方依法享有的生产经营自主权；

（二）违反本法规定收回、调整承包地；

（三）强迫或者阻碍承包方进行土地承包经营权流转；

（四）假借少数服从多数强迫承包方放弃或者变更土地承包经营权而进行土地承包经营权流转；

（五）以划分“口粮田”和“责任田”等为由收回承包地搞招标承包；

（六）将承包地收回抵顶欠款；

（七）剥夺、侵害妇女依法享有的土地承包经营权；

（八）其他侵害土地承包经营权的行为。

第五十五条 【承包合同中无效的约定】承包合同中违背承包方意愿或者违反法律、行政法规有关不得收回、调整承包地等强制性规定的约定无效。

第五十六条 【违约责任】当事人一方不履行合同义务或者履行义务不符合约定的，应当依照《中华人民共和国合同法》的规定承担违约责任。

第五十七条 【无效的土地承包经营权流转】任何组织和个人强迫承包方进行土地承包经营权流转的，该流转无效。

第五十八条 【擅自截留、扣缴土地承包经营权流转收益的处理】任何组织和个人擅自截留、扣缴土地承包经营权流转收益的，应当退还。

第五十九条 【非法征用、占用土地或者贪污、挪用土地征用补偿费用的法律责任】违反土地管理法规，非法征收、征用、占用土地或者贪污、挪用土地征收、征用补偿费用，构成犯罪的，依法追究刑事责任；造成他人损害的，应当承担损害赔偿等责任。

第六十条 【承包方违法将承包地用于非农建设或者给承包地造成永久性损害的法律责任】承包方违法将承包地用于非农建设的，由县级以上地方人民政府有关行政主管部门依法予以处罚。

承包方给承包地造成永久性损害的，发包方有权制止，并有权要求承包方赔偿由此造成的损失。

第六十一条 【国家机关及其工作人员利用职权侵害土地承包经营权行为的法律责任】国家机关及其工作人员有利用职权干涉农村土地承包，变更、解除承包合同，干涉承包方依法享有的生产经营自主权，或者强迫、阻碍承包方进行土地承包经营权流转等侵害土地承包经营权的行为，给承包方造成损失的，应当承担损害赔偿等责任；情节严重的，由上级机关或者所在单位给予直接责任人员行政处分；构成犯罪的，依法追究刑事责任。

第五章 附 则

第六十二条 【本法实施前的农村土地承包继续有效】本法实施前已经按照国家有关农村土地承包的规定承包，包括承包期限长于本法规定的，本法实施后继续有效，不得重新承包土地。未向承包方颁发土地承包经营权证或者林权证等证书的，应当补发证书。

第六十三条 【机动地的预留】本法实施前已经预留机动地的，机动地面积不得超过本集体经济组织耕地总面积的百分之五。不足百分之五的，不得再增加机动地。

本法实施前未留机动地的，本法实施后不得再留机动地。

第六十四条 【实施办法的制定】各省、自治区、直辖市人民代表大会常务委员会可以根据本法，结合本行政区域的实际情况，制定实施办法。

第六十五条 【施行时间】本法自 2003 年 3 月 1 日起施行。

中共中央办公厅 国务院办公厅
关于完善农村土地所有权承包权经营权分置办法的意见

（2016 年 10 月 30 日）

为进一步健全农村土地产权制度，推动新型工业化、信息化、城镇化、农业现代化同步发展，现就完善农村土地所有权、承包权、经营权分置（以下简称“三权分置”）办法提出以下意见。

一、重要意义

改革开放之初，在农村实行家庭联产承包责任制，将土地所有权和承包经营权分设，所有权归集体，承包经营权归农户，极大地调动了亿万农民积极性，有效解决了温饱问题，农村改革取得重大成果。现阶段深化农村土地制度改革，顺应农民保留土地承包权、流转土地经营权的意愿，将土地承包经营权分为承包权和经营权，实行所有权、承包权、经营权（以下简称“三权”）分置并行，着力推进农业现代化，是继家庭联产承包责任制后农村改革又一重大制度创新。“三权分置”是农村基本经营制度的自我完善，符合生产关系适应生产力发展的客观规律，展现了农村基本经营制度的持久活力，有利于明晰土地产权关系，更好地维护农民集体、承包农户、经营主体的权益；有利于促进土地资源合理利用，构建新型农业经营体系，发展多种形式适度规模经营，提高土地产出率、劳动生产率和资源利用率，推动现代农业发展。各地区各有关部门要充分认识“三权分置”的重要意义，妥善处理“三权”的相互关系，正确运用“三权分置”理论指导改革实践，不断探索和丰富“三权分置”的具体实现形式。

二、总体要求

（一）指导思想。全面贯彻党的十八大和十八届三中、四中、五中全会精神，深入学习贯彻习近平总书记系列重要讲话精神，紧紧围绕统筹推进“五位一体”总体布局和协调推进“四个全面”战略布局，牢固树立新发展理念，认真落实党中央、国务院决策部署，围绕正确处理农民和土地关系这一改革主线，科学界定“三权”内涵、权利边界及相互关系，逐步建立规范高效的“三权”运行机制，不断健全归属清晰、权能完整、流转顺畅、保护严格的农村土地产权制度，优化土地资源配置，培育新型经营主体，促进适度规模经营发展，进一步巩固和完善农村基本经营制度，为发展现代农业、增加农民收入、建设社会主义新农村提供坚实保障。

（二）基本原则

——尊重农民意愿。坚持农民主体地位，维护农民合法权益，把选择权交给农民，发挥其主动性和创造性，加强示范引导，不搞强迫命令、不搞一刀切。

——守住政策底线。坚持和完善农村基本经营制度，坚持农村土地集体所有，坚持家庭经营基础性地位，坚持稳定土地承包关系，不能把农村土地集体所有制改垮了，不能把耕地改少了，不能把粮食生产能力改弱了，不能把农民利益损害了。

——坚持循序渐进。充分认识农村土地制度改革的长期性和复杂性，保持足够历史耐心，审慎稳妥推进改革，由点及面开展，不操之过急，逐步将实践经验上升为制度安排。

——坚持因地制宜。充分考虑各地资源禀赋和经济社会发展差异，鼓励进行符合实际的实践探索和制度创新，总结形成适合不同地区的“三权分置”具体路径和办法。

三、逐步形成“三权分置”格局

完善“三权分置”办法，不断探索农村土地集体所有制的有效实现形式，落实集体所有权，稳定农户承包权，放活土地经营权，充分发挥“三权”的各自功能和整体效用，形成层次分明、结构合理、平等保护的格局。

（一）始终坚持农村土地集体所有权的根本地位。农村土地农民集体所有，是农村基本经营制度的根本，必须得到充分体现和保障，不能虚置。土地集体所有权人对集体土地依法享有占有、使用、收益和处分的权利。农民集体是土地集体所有权的权利主体，在完善“三权分置”办法过程中，要充分维护农民集体对承包地发包、调整、监督、收回等各项权能，发挥土地集体所有的优势和作用。农民集体有权依法发包集体土地，任何组织和个人不得非法干预；有权因自然灾害严重毁损等特殊情形依法调整承包地；有权对承包农户和经营主体使用承包地进行监督，并采取措施防止和纠正长期抛荒、毁损土地、非法改变土地用途等行为。承包农户转让土地承包权的，应在本集体经济组织内进行，并经农民集体同意；流转土地经营权的，须向农民集体书面备案。集体土地被征收的，农民集体有权就征地补偿安置方案等提出意见并依法获得补偿。通过建立健全集体经济组织民主议事机制，切实保障集体成员的知情权、决策权、监督权，确保农民集体有效行使集体土地所有权，防止少数人私相授受、谋取私利。

（二）严格保护农户承包权。农户享有土地承包权是农村基本经营制度的基础，要稳定现有土地承包关系并保持长久不变。土地承包权人对承包土地依法享有占有、使用和收益的权利。农村集体土地由作为本集体经济组织成员的农民家庭承包，不论经营权如何流转，集体土地承包权都属于农民家庭。任何组织和个人都不能取代农民家庭的土地承包地位，都不能非法剥夺和限制农户的土地承包权。在完善“三权分置”办法过程中，要充分维护承包农户使用、流转、抵押、退出承包地等各项权能。承包农户有权占有、使用承包地，依法依规建设必要的农业生产、附属、配套设施，自主组织生产经营和处置产品并获得收益；有权通过转让、互换、出租（转包）、入股或其他方式流转承包地并获得收益，任何组织和个人不得强迫或限制其流转土地；有权依法依规就承包土地经营权设定抵押、自愿有偿退出承包地，具备条件的可以因保护承包地获得相关补贴。承包土地被征收的，承包农户有权依法获得相应补偿，符合条件的有权获得社会保障费用等。不得违法调整农户承包地，不得以退出土地承包权作为农民进城落户的条件。

（三）加快放活土地经营权。赋予经营主体更有保障的土地经营权，是完善农村基本经营制度的关键。土地经营权人对流转土地依法享有在一定期限内占有、耕作并取得相应收益的权利。在依法保护集体所有权和农户承包权的前提下，平等保护经营主体依流转合同取得的土地经营权，保障其有稳定的经营预期。在完善“三权分置”办法过程中，要依法维护经营主体从事农业生产所需的各项权利，使土地资源得到更有效合理的利用。经营主体有权使用流转土地自主从事农业生产经营并获得相应收益，经承包农户同意，可依法依规改良土壤、提升地力，建设农业生产、附属、配套设施，并依照流转合同约定获得合理补偿；有权在流转合同到期后按照同等条件优先续租承包土地。经营主体再流转土地经营权或依法依规设定抵押，须经承包农户或其委托代理人书面同意，并向农民集体书面备案。流转土地被征收的，地上附着物及青苗补偿费应按照流转合同约定确定其归属。承包农户流转出土地经营权的，不应妨碍经营主体行使合法权利。加强对土地经营权的保护，引导土地经营权流向种田能手和新型经营主体。支持新型经营主体提升地力、改善农业生产条件、依法依规开展土地经营权抵押融资。鼓励采用土地股份合作、土地托管、代耕代种等多种经营方式，探索更多放活土地经营权的有效途径。

（四）逐步完善“三权”关系。农村土地集体所有权是土地承包权的前提，农户享有承包经营权是集体所有的具体实现形式，在土地流转中，农户承包经营权派生出土地经营权。支持在实践中积极探索农民集体依法依规行使集体所有权、监督承包农户和经营主体规范利用土地等的具体方式。鼓励在理论上深入研究农民集体和承包农户在承包土地上、承包农户和经营主体在土地流转中的权利边界及相互权利关系等问题。通过实践探索和理论创新，逐步完善“三权”关系，为实施“三权分置”提供有力支撑。

四、确保“三权分置”有序实施

完善“三权分置”办法涉及多方权益，是一个渐进过程和系统性工程，要坚持统筹谋划、稳步推进，确保“三权分置”有序实施。

（一）扎实做好农村土地确权登记颁证工作。确认“三权”权利主体，明确权利归属，稳定土地承包关系，才能确保“三权分置”得以确立和稳步实施。要坚持和完善土地用途管制制度，在集体土地所有权确权登记颁证工作基本完成的基础上，进一步完善相关政策，及时提供确权登记成果，切实保护好农民的集体土地权益。加快推进农村承包地确权登记颁证，形成承包合同网签管理系统，健全承包合同取得权利、登记记载权利、证书证明权利的确权登记制度。提倡通过流转合同鉴证、交易鉴证等多种方式对土地经营权予以确认，促进土地经营权功能更好实现。

（二）建立健全土地流转规范管理制度。规范土地经营权流转交易，因地制宜加强农村产权交易市场建设，逐步实现涉农县（市、区、旗）全覆盖。健全市场运行规范，提高服务水平，为流转双方提供信息发布、产权交易、法律咨询、权益评估、抵押融资等服务。加强流转合同管理，引导流转双方使用合同示范文本。完善工商资本租赁农地监管和风险防范机制，严格准入门槛，确保土地经营权规范有序流转，更好地与城镇化进程和农村劳动力转移规模相适应，与农业科技进步和生产手段改进程度相适应，与农业社会化服务水平相适应。加强农村土地承包经营纠纷调解仲裁体系建设，完善基层农村土地承包调解机制，妥善化解土地承包经营纠纷，有效维护各权利主体的合法权益。

（三）构建新型经营主体政策扶持体系。完善新型经营主体财政、信贷保险、用地、项目扶持等政策。积极创建示范家庭农场、农民专业合作社示范社、农业产业化示范基地、农业示范服务组织，加快培育新型经营主体。引导新型经营主体与承包农户建立紧密利益联结机制，带动普通农户分享农业规模经营收益。支持新型经营主体相互融合，鼓励家庭农场、农民专业合作社、农业产业化龙头企业等联合与合作，依法组建行业组织或联盟。依托现代农业人才支撑计划，健全新型职业农民培育制度。

（四）完善“三权分置”法律法规。积极开展土地承包权有偿退出、土地经营权抵押贷款、土地经营权入股农业产业化经营等试点，总结形成可推广、可复制的做法和经验，在此基础上完善法律制度。加快农村土地承包法等相关法律修订完善工作。认真研究农村集体经济组织、家庭农场发展等相关法律问题。研究健全农村土地经营权流转、抵押贷款和农村土地承包权退出等方面的具体办法。

实施“三权分置”是深化农村土地制度改革的重要举措。各地区各有关部门要认真贯彻本意见要求，研究制定具体落实措施。加大政策宣传力度，统一思想认识，加强干部培训，提高执行政策能力和水平。坚持问题导向，对实践中出现的新情况新问题要密切关注，及时总结，适时调整完善措施。加强工作指导，建立检查监督机制，督促各项任务稳步开展。农业部、中央农办要切实承担起牵头责任，健全沟通协调机制，及时向党中央、国务院报告工作进展情况。各相关部门要主动支持配合，形成工作合力，更好推动“三权分置”有序实施。

中共中央办公厅　国务院办公厅
关于引导农村土地经营权有序流转发展农业适度规模经营的意见

（2014 年 11 月 20 日）

伴随我国工业化、信息化、城镇化和农业现代化进程，农村劳动力大量转移，农业物质技术装备水平不断提高，农户承包土地的经营权流转明显加快，发展适度规模经营已成为必然趋势。实践证明，土地流转和适度规模经营是发展现代农业的必由之路，有利于优化土地资源配置和提高劳动生产率，有利于保障粮食安全和主要农产品供给，有利于促进农业技术推广应用和农业增效、农民增收，应从我国人多地少、农村情况千差万别的实际出发，积极稳妥地推进。为引导农村土地（指承包耕地）经营权有序流转、发展农业适度规模经营，现提出如下意见。

一、总体要求

（一）指导思想。全面理解、准确把握中央关于全面深化农村改革的精神，按照加快构建以农户家庭经营为基础、合作与联合为纽带、社会化服务为支撑的立体式复合型现代农业经营体系和走生产技术先进、经营规模适度、市场竞争力强、生态环境可持续的中国特色新型农业现代化道路的要求，以保障国家粮食安全、促进农业增效和农民增收为目标，坚持农村土地集体所有，实现所有权、承包权、经营权三权分置，引导土地经营权有序流转，坚持家庭经营的基础性地位，积极培育新型经营主体，发展多种形式的适度规模经营，巩固和完善农村基本经营制度。改革的方向要明，步子要稳，既要加大政策扶持力度，加强典型示范引导，鼓励创新农业经营体制机制，又要因地制宜、循序渐进，不能搞大跃进，不能搞强迫命令，不能搞行政瞎指挥，使农业适度规模经营发展与城镇化进程和农村劳动力转移规模相适应，与农业科技进步和生产手段改进程度相适应，与农业社会化服务水平提高相适应，让农民成为土地流转和规模经营的积极参与者和真正受益者，避免走弯路。

（二）基本原则

——坚持农村土地集体所有权，稳定农户承包权，放活土地经营权，以家庭承包经营为基础，推进家庭经营、集体经营、合作经营、企业经营等多种经营方式共同发展。

——坚持以改革为动力，充分发挥农民首创精神，鼓励创新，支持基层先行先试，靠改革破解发展难题。

——坚持依法、自愿、有偿，以农民为主体，政府扶持引导，市场配置资源，土地经营权流转不得违背承包农户意愿、不得损害农民权益、不得改变土地用途、不得破坏农业综合生产能力和农业生态环境。

——坚持经营规模适度，既要注重提升土地经营规模，又要防止土地过度集中，兼顾效率与公平，不断提高劳动生产率、土地产出率和资源利用率，确保农地农用，重点支持发展粮食规模化生产。

二、稳定完善农村土地承包关系

（三）健全土地承包经营权登记制度。建立健全承包合同取得权利、登记记载权利、证书证明权利的土地承包经营权登记制度，是稳定农村土地承包关系、促进土地经营权流转、发展适度规模经营的重要基础性工作。完善承包合同，健全登记簿，颁发权属证书，强化土地承包经营权物权保护，为开展土地流转、调处土地纠纷、完善补贴政策、进行征地补偿和抵押担保提供重要依据。建立健全土地承包经营权信息应用平台，方便群众查询，利于服务管理。土地承包经营权确权登记原则上确权到户到地，在尊重农民意愿的前提下，也可以确权确股不确地。切实维护妇女的土地承包权益。

（四）推进土地承包经营权确权登记颁证工作。按照中央统一部署、地方全面负责的要求，在稳步扩大试点的基础上，用 5 年左右时间基本完成土地承包经营权确权登记颁证工作，妥善解决农户承包地块面积不准、四至不清等问题。在工作中，各地要保持承包关系稳定，以现有承包台账、合同、证书为依据确认承包地归属；坚持依法规范操作，严格执行政策，按照规定内容和程序开展工作；充分调动农民群众积极性，依靠村民民主协商，自主解决矛盾纠纷；从实际出发，以农村集体土地所有权确权为基础，以第二次全国土地调查成果为依据，采用符合标准规范、农民群众认可的技术方法；坚持分级负责，强化县乡两级的责任，建立健全党委和政府统一领导、部门密切协作、群众广泛参与的工作机制；科学制定工作方案，明确时间表和路线图，确保工作质量。有关部门要加强调查研究，有针对性地提出操作性政策建议和具体工作指导意见。土地承包经营权确权登记颁证工作经费纳入地方财政预算，中央财政给予补助。

三、规范引导农村土地经营权有序流转

（五）鼓励创新土地流转形式。鼓励承包农户依法采取转包、出租、互换、转让及入股等方式流转承包地。鼓励有条件的地方制定扶持政策，引导农户长期流转承包地并促进其转移就业。鼓励农民在自愿前提下采取互换并地方式解决承包地细碎化问题。在同等条件下，本集体经济组织成员享有土地流转优先权。以转让方式流转承包地的，原则上应在本集体经济组织成员之间进行，且需经发包方同意。以其他形式流转的，应当依法报发包方备案。抓紧研究探索集体所有权、农户承包权、土地经营权在土地流转中的相互权利关系和具体实现形式。按照全国统一安排，稳步推进土地经营权抵押、担保试点，研究制定统一规范的实施办法，探索建立抵押资产处置机制。

（六）严格规范土地流转行为。土地承包经营权属于农民家庭，土地是否流转、价格如何确定、形式如何选择，应由承包农户自主决定，流转收益应归承包农户所有。流转期限应由流转双方在法律规定的范围内协商确定。没有农户的书面委托，农村基层组织无权以任何方式决定流转农户的承包地，更不能以少数服从多数的名义，将整村整组农户承包地集中对外招商经营。防止少数基层干部私相授受，谋取私利。严禁通过定任务、下指标或将流转面积、流转比例纳入绩效考核等方式推动土地流转。

（七）加强土地流转管理和服务。有关部门要研究制定流转市场运行规范，加快发展多种形式的土地经营权流转市场。依托农村经营管理机构健全土地流转服务平台，完善县乡村三级服务和管理网络，建立土地流转监测制度，为流转双方提供信息发布、政策咨询等服务。土地流转服务主体可以开展信息沟通、委托流转等服务，但禁止层层转包从中牟利。土地流转给非本

村（组）集体成员或村（组）集体受农户委托统一组织流转并利用集体资金改良土壤、提高地力的，可向本集体经济组织以外的流入方收取基础设施使用费和土地流转管理服务费，用于农田基本建设或其他公益性支出。引导承包农户与流入方签订书面流转合同，并使用统一的省级合同示范文本。依法保护流入方的土地经营权益，流转合同到期后流入方可在同等条件下优先续约。加强农村土地承包经营纠纷调解仲裁体系建设，健全纠纷调处机制，妥善化解土地承包经营流转纠纷。

（八）合理确定土地经营规模。各地要依据自然经济条件、农村劳动力转移情况、农业机械化水平等因素，研究确定本地区土地规模经营的适宜标准。防止脱离实际、违背农民意愿，片面追求超大规模经营的倾向。现阶段，对土地经营规模相当于当地户均承包地面积 10 至 15 倍、务农收入相当于当地二三产业务工收入的，应当给予重点扶持。创新规模经营方式，在引导土地资源适度集聚的同时，通过农民的合作与联合、开展社会化服务等多种形式，提升农业规模化经营水平。

（九）扶持粮食规模化生产。加大粮食生产支持力度，原有粮食直接补贴、良种补贴、农资综合补贴归属由承包农户与流入方协商确定，新增部分应向粮食生产规模经营主体倾斜。在有条件的地方开展按照实际粮食播种面积或产量对生产者补贴试点。对从事粮食规模化生产的农民合作社、家庭农场等经营主体，符合申报农机购置补贴条件的，要优先安排。探索选择运行规范的粮食生产规模经营主体开展目标价格保险试点。抓紧开展粮食生产规模经营主体营销贷款试点，允许用粮食作物、生产及配套辅助设施进行抵押融资。粮食品种保险要逐步实现粮食生产规模经营主体愿保尽保，并适当提高对产粮大县稻谷、小麦、玉米三大粮食品种保险的保费补贴比例。各地区各有关部门要研究制定相应配套办法，更好地为粮食生产规模经营主体提供支持服务。

（十）加强土地流转用途管制。坚持最严格的耕地保护制度，切实保护基本农田。严禁借土地流转之名违规搞非农建设。严禁在流转农地上建设或变相建设旅游度假村、高尔夫球场、别墅、私人会所等。严禁占用基本农田挖塘栽树及其他毁坏种植条件的行为。严禁破坏、污染、圈占闲置耕地和损毁农田基础设施。坚决查处通过“以租代征”违法违规进行非农建设的行为，坚决禁止擅自将耕地“非农化”。利用规划和标准引导设施农业发展，强化设施农用地的用途监管。采取措施保证流转土地用于农业生产，可以通过停发粮食直接补贴、良种补贴、农资综合补贴等办法遏制撂荒耕地的行为。在粮食主产区、粮食生产功能区、高产创建项目实施区，不符合产业规划的经营行为不再享受相关农业生产扶持政策。合理引导粮田流转价格，降低粮食生产成本，稳定粮食种植面积。

四、加快培育新型农业经营主体

（十一）发挥家庭经营的基础作用。在今后相当长时期内，普通农户仍占大多数，要继续重视和扶持其发展农业生产。重点培育以家庭成员为主要劳动力、以农业为主要收入来源，从事专业化、集约化农业生产的家庭农场，使之成为引领适度规模经营、发展现代农业的有生力量。分级建立示范家庭农场名录，健全管理服务制度，加强示范引导。鼓励各地整合涉农资金建设连片高标准农田，并优先流向家庭农场、专业大户等规模经营农户。

（十二）探索新的集体经营方式。集体经济组织要积极为承包农户开展多种形式的生产服务，通过统一服务降低生产成本、提高生产效率。有条件的地方根据农民意愿，可以统一连片整理耕地，将土地折股量化、确权到户，经营所得收益按股分配，也可以引导农民以承包地入股组建土地股份合作组织，通过自营或委托经营等方式发展农业规模经营。各地要结合实际不断探索和丰富集体经营的实现形式。

（十三）加快发展农户间的合作经营。鼓励承包农户通过共同使用农业机械、开展联合营销等方式发展联户经营。鼓励发展多种形式的农民合作组织，深入推进示范社创建活动，促进农民合作社规范发展。在管理民主、运行规范、带动力强的农民合作社和供销合作社基础上，培育发展农村合作金融。引导发展农民专业合作社联合社，支持农民合作社开展农社对接。允许农民以承包经营权入股发展农业产业化经营。探索建立农户入股土地生产性能评价制度，按照耕地数量质量、参照当地土地经营权流转价格计价折股。

（十四）鼓励发展适合企业化经营的现代种养业。鼓励农业产业化龙头企业等涉农企业重点从事农产品加工流通和农业社会化服务，带动农户和农民合作社发展规模经营。引导工商资本发展良种种苗繁育、高标准设施农业、规模化养殖等适合企业化经营的现代种养业，开发农村“四荒”资源发展多种经营。支持农业企业与农户、农民合作社建立紧密的利益联结机制，实现合理分工、互利共赢。支持经济发达地区通过农业示范园区引导各类经营主体共同出资、相互持股，发展多种形式的农业混合所有制经济。

（十五）加大对新型农业经营主体的扶持力度。鼓励地方扩大对家庭农场、专业大户、农民合作社、龙头企业、农业社会化服务组织的扶持资金规模。支持符合条件的新型农业经营主体优先承担涉农项目，新增农业补贴向新型农业经营主体倾斜。加快建立财政项目资金直接投向符合条件的合作社、财政补助形成的资产转交合作社持有和管护的管理制度。各省（自治区、直辖市）根据实际情况，在年度建设用地指标中可单列一定比例专门用于新型农业经营主体建设配套辅助设施，并按规定减免相关税费。综合运用货币和财税政策工具，引导金融机构建立健全针对新型农业经营主体的信贷、保险支持机制，创新金融产品和服务，加大信贷支持力度，分散规模经营风险。鼓励符合条件的农业产业化龙头企业通过发行短期融资券、中期票据、中小企业集合票据等多种方式，拓宽融资渠道。鼓励融资担保机构为新型农业经营主体提供融资担保服务，鼓励有条件的地方通过设立融资担保专项资金、担保风险补偿基金等加大扶持力度。落实和完善相关税收优惠政策，支持农民合作社发展农产品加工流通。

（十六）加强对工商企业租赁农户承包地的监管和风险防范。各地对工商企业长时间、大面积租赁农户承包地要有明确的上限控制，建立健全资格审查、项目审核、风险保障金制度，对租地条件、经营范围和违规处罚等作出规定。工商企业租赁农户承包地要按面积实行分级备案，严格准入门槛，加强事中事后监管，防止浪费农地资源、损害农民土地权益，防范承包农户因流入方违约或经营不善遭受损失。定期对租赁土地企业的农业经营能力、土地用途和风险防范能力等开展监督检查，查验土地利用、合同履行等情况，及时查处纠正违法违规行为，对符合要求的可给予政策扶持。有关部门要抓紧制定管理办法，并加强对各地落实情况的监督检查。

五、建立健全农业社会化服务体系

（十七）培育多元社会化服务组织。巩固乡镇涉农公共服务机构基础条件建设成果。鼓励农技推广、动植物防疫、农产品质量安全监管等公共服务机构围绕发展农业适度规模经营拓展服务范围。大力培育各类经营性服务组织，积极发展良种种苗繁育、统防统治、测土配方施肥、粪污集中处理等农业生产性服务业，大力发展农产品电子商务等现代流通服务业，支持建设粮食烘干、农机场库棚和仓储物流等配套基础设施。农产品初加工和农业灌溉用电执行农业生产用电价格。鼓励以县为单位开展农业社会化服务示范创建活动。开展政府购买农业公益性服务试点，鼓励向经营性服务组织购买易监管、可量化的公益性服务。研究制定政府购买农业公益性服务的指导性目录，建立健全购买服务的标准合同、规范程序和监督机制。积极推广既不改变农户承包关系，又保证地有人种的托管服务模式，鼓励种粮大户、农机大户和农机合作社开展全程托管或主要生产环节托管，实现统一耕作，规模化生产。

（十八）开展新型职业农民教育培训。制定专门规划和政策，壮大新型职业农民队伍。整合教育培训资源，改善农业职业学校和其他学校涉农专业办学条件，加快发展农业职业教育，大力发展现代农业远程教育。实施新型职业农民培育工程，围绕主导产业开展农业技能和经营能力培养培训，扩大农村实用人才带头人示范培养培训规模，加大对专业大户、家庭农场经营者、农民合作社带头人、农业企业经营管理人员、农业社会化服务人员和返乡农民工的培养培训力度，把青年农民纳入国家实用人才培养计划。努力构建新型职业农民和农村实用人才培养、认定、扶持体系，建立公益性农民培养培训制度，探索建立培育新型职业农民制度。

（十九）发挥供销合作社的优势和作用。扎实推进供销合作社综合改革试点，按照改造自我、服务农民的要求，把供销合作社打造成服务农民生产生活的生力军和综合平台。利用供销合作社农资经营渠道，深化行业合作，推进技物结合，为新型农业经营主体提供服务。推动供销合作社农产品流通企业、农副产品批发市场、网络终端与新型农业经营主体对接，开展农产品生产、加工、流通服务。鼓励基层供销合作社针对农业生产重要环节，与农民签订服务协议，开展合作式、订单式服务，提高服务规模化水平。

土地问题涉及亿万农民切身利益，事关全局。各级党委和政府要充分认识引导农村土地经营权有序流转、发展农业适度规模经营的重要性、复杂性和长期性，切实加强组织领导，严格按照中央政策和国家法律法规办事，及时查处违纪违法行为。坚持从实际出发，加强调查研究，搞好分类指导，充分利用农村改革试验区、现代农业示范区等开展试点试验，认真总结基层和农民群众创造的好经验好做法。加大政策宣传力度，牢固树立政策观念，准确把握政策要求，营造良好的改革发展环境。加强农村经营管理体系建设，明确相应机构承担农村经管工作职责，确保事有人干、责有人负。各有关部门要按照职责分工，抓紧修订完善相关法律法规，建立工作指导和检查监督制度，健全齐抓共管的工作机制，引导农村土地经营权有序流转，促进农业适度规模经营健康发展。

国务院办公厅
关于引导农村产权流转交易市场健康发展的意见

（2014 年 12 月 30 日　国办发〔2014〕71 号）

各省、自治区、直辖市人民政府，国务院各部委、各直属机构：

近年来，随着农村劳动力持续转移和农村改革不断深化，农户承包土地经营权、林权等各类农村产权流转交易需求明显增长，许多地方建立了多种形式的农村产权流转交易市场和服务平台，为农村产权流转交易提供了有效服务。但是，各地农村产权流转交易市场发展不平衡，其设立、运行、监管有待规范。引导农村产权流转交易市场健康发展，事关农村改革发展稳定大局，有利于保障农民和农村集体经济组织的财产权益，有利于提高农村要素资源配置和利用效率，有利于加快推进农业现代化。为此，经国务院同意，现提出以下意见。

一、总体要求

（一）指导思想。以邓小平理论、“三个代表”重要思想、科学发展观为指导，深入贯彻习近平总书记系列重要讲话精神，全面落实党的十八大和十八届三中、四中全会精神，按照党中央、国务院决策部署，以坚持和完善农村基本经营制度为前提，以保障农民和农村集体经济组织的财产权益为根本，以规范流转交易行为和完善服务功能为重点，扎实做好农村产权流转交易市场建设工作。

（二）基本原则。

——坚持公益性为主。必须坚持为农服务宗旨，突出公益性，不以盈利为目的，引导、规范和扶持农村产权流转交易市场发展，充分发挥其服务农村改革发展的重要作用。

——坚持公开公正规范。必须坚持公开透明、自主交易、公平竞争、规范有序，逐步探索形成符合农村实际和农村产权流转交易特点的市场形式、交易规则、服务方式和监管办法。

——坚持因地制宜。是否设立市场、设立什么样的市场、覆盖多大范围等，都要从各地实际出发，统筹规划、合理布局，不能搞强迫命令，不能搞行政瞎指挥。

——坚持稳步推进。充分利用和完善现有农村产权流转交易市场，在有需求、有条件的地方积极探索新的市场形式，稳妥慎重、循序渐进，不急于求成，不片面追求速度和规模。

二、定位和形式

（三）性质。农村产权流转交易市场是为各类农村产权依法流转交易提供服务的平台，包括现有的农村土地承包经营权流转服务中心、农村集体资产管理交易中心、林权管理服务中心和林业产权交易所，以及各地探索建立的其他形式农村产权流转交易市场。现阶段通过市场流转交易的农村产权包括承包到户的和农村集体统一经营管理的资源性资产、经营性资产等，以农户承包土地经营权、集体林地经营权为主，不涉及农村集体土地所有权和依法以家庭承包方式承包的集体土地承包权，具有明显的资产使用权租赁市场的特征。流转交易以服务农户、农民合作社、农村集体经济组织为主，流转交易目的以从事农业生产经营为主，具有显著的农业农村特色。流转交易行为主要发生在县、乡范围内，区域差异较大，具有鲜明的地域特点。

（四）功能。农村产权流转交易市场既要发挥信息传递、价格发现、交易中介的基本功能，又要注意发挥贴近“三农”，为农户、农民合作社、农村集体经济组织等主体流转交易产权提供便利和制度保障的特殊功能。适应交易主体、目的和方式多样化的需求，不断拓展服务功能，逐步发展成集信息发布、产权交易、法律咨询、资产评估、抵押融资等为一体的为农服务综合平台。

（五）设立。农村产权流转交易市场是政府主导、服务“三农”的非盈利性机构，可以是事业法人，也可以是企业法人。设立农村产权流转交易市场，要经过科学论证，由当地政府审批。当地政府要成立由相关部门组成的农村产权流转交易监督管理委员会，承担组织协调、政策制定等方面职责，负责对市场运行进行指导和监管。

（六）构成。县、乡农村土地承包经营权和林权等流转服务平台，是现阶段农村产权流转交易市场的主要形式和重要组成部分。利用好现有的各类农村产权流转服务平台，充分发挥其植根农村、贴近农户、熟悉农情的优势，做好县、乡范围内的农村产权流转交易服务工作。现阶段市场建设应以县域为主。确有需要的地方，可以设立覆盖地（市）乃至省（区、市）地域范围的市场，承担更大范围的信息整合发布和大额流转交易。各地要加强统筹协调，理顺县、乡农村产权流转服务平台与更高层级农村产权流转交易市场的关系，可以采取多种形式合作共建，也可以实行一体化运营，推动实现资源共享、优势互补、协同发展。

（七）形式。鼓励各地探索符合农村产权流转交易实际需要的多种市场形式，既要搞好交易所式的市场建设，也要有效利用电子交易网络平台。鼓励有条件的地方整合各类流转服务平台，建立提供综合服务的市场。农村产权流转交易市场可以是独立的交易场所，也可以利用政务服务大厅等场所，形成“一个屋顶之下、多个服务窗口、多品种产权交易”的综合平台。

三、运行和监管

（八）交易品种。农村产权类别较多，权属关系复杂，承载功能多样，适用规则不同，应实行分类指导。法律没有限制的品种均可以入市流转交易，流转交易的方式、期限和流转交易后的开发利用要遵循相关法律、法规和政策。现阶段的交易品种主要包括：

1. 农户承包土地经营权。是指以家庭承包方式承包的耕地、草地、养殖水面等经营权，可以采取出租、入股等方式流转交易，流转期限由流转双方在法律规定范围内协商确定。

2. 林权。是指集体林地经营权和林木所有权、使用权，可以采取出租、转让、入股、作价出资或合作等方式流转交易，流转期限不能超过法定期限。

3. “四荒”使用权。是指农村集体所有的荒山、荒沟、荒丘、荒滩使用权。采取家庭承包方式取得的，按照农户承包土地经营权有关规定进行流转交易。以其他方式承包的，其承包经营权可以采取转让、出租、入股、抵押等方式进行流转交易。

4. 农村集体经营性资产。是指由农村集体统一经营管理的经营性资产（不含土地）的所有权或使用权，可以采取承包、租赁、出让、入股、合资、合作等方式流转交易。

5. 农业生产设施设备。是指农户、农民合作组织、农村集体和涉农企业等拥有的农业生产设施设备，可以采取转让、租赁、拍卖等方式流转交易。

6. 小型水利设施使用权。是指农户、农民合作组织、农村集体和涉农企业等拥有的小型水利设施使用权，可以采取承包、租赁、转让、抵押、股份合作等方式流转交易。

7. 农业类知识产权。是指涉农专利、商标、版权、新品种、新技术等，可以采取转让、出租、股份合作等方式流转交易。

8. 其他。农村建设项目招标、产业项目招商和转让等。

（九）交易主体。凡是法律、法规和政策没有限制的法人和自然人均可以进入市场参与流转交易，具体准入条件按照相关法律、法规和政策执行。现阶段市场流转交易主体主要有农户、农民合作社、农村集体经济组织、涉农企业和其他投资者。农户拥有的产权是否入市流转交易由农户自主决定。任何组织和个人不得强迫或妨碍自主交易。一定标的额以上的农村集体资产流转必须进入市场公开交易，防止暗箱操作。农村产权流转交易市场要依法对各类市场主体的资格进行审查核实、登记备案。产权流转交易的出让方必须是产权权利人，或者受产权权利人委托的受托人。除农户宅基地使用权、农民住房财产权、农户持有的集体资产股权之外，流转交易的受让方原则上没有资格限制（外资企业和境外投资者按照有关法律、法规执行）。对工商企业进入市场流转交易，要依据相关法律、法规和政策，加强准入监管和风险防范。

（十）服务内容。农村产权流转交易市场都应提供发布交易信息、受理交易咨询和申请、协助产权查询、组织交易、出具产权流转交易鉴证书，协助办理产权变更登记和资金结算手续等基本服务；可以根据自身条件，开展资产评估、法律服务、产权经纪、项目推介、抵押融资等配套服务，还可以引入财会、法律、资产评估等中介服务组织以及银行、保险等金融机构和担保公司，为农村产权流转交易提供专业化服务。

（十一）管理制度。农村产权流转交易市场要建立健全规范的市场管理制度和交易规则，对市场运行、服务规范、中介行为、纠纷调处、收费标准等作出具体规定。实行统一规范的业务受理、信息发布、交易签约、交易中（终）止、交易（合同）鉴证、档案管理等制度，流转交易的产权应无争议，发布信息应真实、准确、完整，交易品种和方式应符合相应法律、法规和政策，交易过程应公开公正，交易服务应方便农民群众。

（十二）监督管理。农村产权流转交易监督管理委员会和市场主管部门要强化监督管理，加强定期检查和动态监测，促进交易公平，防范交易风险，确保市场规范运行。及时查处各类违法违规交易行为，严禁隐瞒信息、暗箱操作、操纵交易。耕地、林地、草地、水利设施等产权流转交易后的开发利用，不能改变用途，不能破坏农业综合生产能力，不能破坏生态功能，有关部门要加强监管。

（十三）行业自律。探索建立农村产权流转交易市场行业协会，充分发挥其推动行业发展和行业自律的积极作用。协会要推进行业规范、交易制度和服务标准建设，加强经验交流、政策咨询、人员培训等服务；增强行业自律意识，自觉维护行业形象，提升市场公信力。

四、保障措施

（十四）扶持政策。各地要稳步推进农村集体产权制度改革，扎实做好土地承包经营权、集体建设用地使用权、农户宅基地使用权、林权等确权登记颁证工作。实行市场建设和运营财政补贴等优惠政策，通过采取购买社会化服务或公益性岗位等措施，支持充分利用现代信息技术建立农村产权流转交易和管理信息网络平台，完善服务功能和手段。组织从业人员开展业务培训，积极培育市场中介服务组织，逐步提高专业化水平。

（十五）组织领导。各地要加强领导，健全工作机制，严格执行相关法律、法规和政策；从本地实际出发，根据农村产权流转交易需要，制定管理办法和实施方案。农村工作综合部门和科技、财政、国土资源、住房城乡建设、农业、水利、林业、金融等部门要密切配合，加强指导，及时研究解决工作中的困难和问题。

农村土地承包经营权流转管理办法

（2005年1月7日农业部第2次常务会议审议通过
2005年1月19日农业部令第47号公布　自2005年3月1日起施行）

第一章　总　则

第一条　为规范农村土地承包经营权流转行为，维护流转双方当事人合法权益，促进农业和农村经济发展，根据《农村土地承包法》及有关规定制定本办法。

第二条　农村土地承包经营权流转应当在坚持农户家庭承包经营制度和稳定农村土地承包关系的基础上，遵循平等协商、依法、自愿、有偿的原则。

第三条　农村土地承包经营权流转不得改变承包土地的农业用途，流转期限不得超过承包期的剩余期限，不得损害利害关系人和农村集体经济组织的合法权益。

第四条　农村土地承包经营权流转应当规范有序。依法形成的流转关系应当受到保护。

第五条　县级以上人民政府农业行政主管（或农村经营管理）部门依照同级人民政府规定的职责负责本行政区域内的农村土地承包经营权流转及合同管理的指导。

第二章　流转当事人

第六条　承包方有权依法自主决定承包土地是否流转、流转的对象和方式。任何单位和个人不得强迫或者阻碍承包方依法流转其承包土地。

第七条　农村土地承包经营权流转收益归承包方所有，任何组织和个人不得侵占、截留、扣缴。

第八条　承包方自愿委托发包方或中介组织流转其承包土地的，应当由承包方出具土地流转委托书。委托书应当载明委托的事项、权限和期限等，并有委托人的签名或盖章。

没有承包方的书面委托，任何组织和个人无权以任何方式决定流转农户的承包土地。

第九条　农村土地承包经营权流转的受让方可以是承包农户，也可以是其他按有关法律及有关规定允许从事农业生产经营的组织和个人。在同等条件下，本集体经济组织成员享有优先权。

受让方应当具有农业经营能力。

第十条 农村土地承包经营权流转方式、期限和具体条件，由流转双方平等协商确定。

第十一条 承包方与受让方达成流转意向后，以转包、出租、互换或者其他方式流转的，承包方应当及时向发包方备案；以转让方式流转的，应当事先向发包方提出转让申请。

第十二条 受让方应当依照有关法律、法规的规定保护土地，禁止改变流转土地的农业用途。

第十三条 受让方将承包方以转包、出租方式流转的土地实行再流转，应当取得原承包方的同意。

第十四条 受让方在流转期间因投入而提高土地生产能力的，土地流转合同到期或者未到期由承包方依法收回承包土地时，受让方有权获得相应的补偿。具体补偿办法可以在土地流转合同中约定或双方通过协商解决。

第三章 流转方式

第十五条 承包方依法取得的农村土地承包经营权可以采取转包、出租、互换、转让或者其他符合有关法律和国家政策规定的方式流转。

第十六条 承包方依法采取转包、出租、入股方式将农村土地承包经营权部分或者全部流转的，承包方与发包方的承包关系不变，双方享有的权利和承担的义务不变。

第十七条 同一集体经济组织的承包方之间自愿将土地承包经营权进行互换，双方对互换土地原享有的承包权利和承担的义务也相应互换，当事人可以要求办理农村土地承包经营权证变更登记手续。

第十八条 承包方采取转让方式流转农村土地承包经营权的，经发包方同意后，当事人可以要求及时办理农村土地承包经营权证变更、注销或重发手续。

第十九条 承包方之间可以自愿将承包土地入股发展农业合作生产，但股份合作解散时入股土地应当退回原承包农户。

第二十条 通过转让、互换方式取得的土地承包经营权经依法登记获得土地承包经营权证后，可以依法采取转包、出租、互换、转让或者其他符合法律和国家政策规定的方式流转。

第四章 流转合同

第二十一条 承包方流转农村土地承包经营权，应当与受让方在协商一致的基础上签订书面流转合同。

农村土地承包经营权流转合同一式四份，流转双方各执一份，发包方和乡（镇）人民政府农村土地承包管理部门各备案一份。

承包方将土地交由他人代耕不超过一年的，可以不签订书面合同。

第二十二条　承包方委托发包方或者中介服务组织流转其承包土地的，流转合同应当由承包方或其书面委托的代理人签订。

第二十三条　农村土地承包经营权流转合同一般包括以下内容：

（一）双方当事人的姓名、住所；

（二）流转土地的四至、座落、面积、质量等级；

（三）流转的期限和起止日期；

（四）流转方式；

（五）流转土地的用途；

（六）双方当事人的权利和义务；

（七）流转价款及支付方式；

（八）流转合同到期后地上附着物及相关设施的处理；

（九）违约责任。

农村土地承包经营权流转合同文本格式由省级人民政府农业行政主管部门确定。

第二十四条　农村土地承包经营权流转当事人可以向乡（镇）人民政府农村土地承包管理部门申请合同鉴证。

乡（镇）人民政府农村土地承包管理部门不得强迫土地承包经营权流转当事人接受鉴证。

第五章　流转管理

第二十五条　发包方对承包方提出的转包、出租、互换或者其他方式流转承包土地的要求，应当及时办理备案，并报告乡（镇）人民政府农村土地承包管理部门。

承包方转让承包土地，发包方同意转让的，应当及时向乡（镇）人民政府农村土地承包管理部门报告，并配合办理有关变更手续；发包方不同意转让的，应当于七日内向承包方书面说明理由。

第二十六条　乡（镇）人民政府农村土地承包管理部门应当及时向达成流转意向的承包方提供统一文本格式的流转合同，并指导签订。

第二十七条　乡（镇）人民政府农村土地承包管理部门应当建立农村土地承包经营权流转情况登记册，及时准确记载农村土地承包经营权流转情况。以转包、出租或者其他方式流转承包土地的，及时办理相关登记；以转让、互换方式流转承包土地的，及时办理有关承包合同和土地承包经营权证变更等手续。

第二十八条　乡（镇）人民政府农村土地承包管理部门应当对农村土地承包经营权流转合同及有关文件、文本、资料等进行归档并妥善保管。

第二十九条　采取互换、转让方式流转土地承包经营权，当事人申请办理土地承包经营权流转登记的，县级人民政府农业行政（或农村经营管理）主管部门应当予以受理，并依照《农村土地承包经营权证管理办法》的规定办理。

第三十条　从事农村土地承包经营权流转服务的中介组织应当向县级以上地方人民政府农业行政（或农村经营管理）主管部门备案并接受其指导，依照法律和有关规定提供流转中介服务。

第三十一条　乡（镇）人民政府农村土地承包管理部门在指导流转合同签订或流转合同鉴证中，发现流转双方有违反法律法规的约定，要及时予以纠正。

第三十二条　县级以上地方人民政府农业行政（或农村经营管理）主管部门应当加强对乡（镇）人民政府农村土地承包管理部门工作的指导。乡（镇）人民政府农村土地承包管理部门应当依法开展农村土地承包经营权流转的指导和管理工作，正确履行职责。

第三十三条　农村土地承包经营权流转发生争议或者纠纷，当事人应当依法协商解决。

当事人协商不成的，可以请求村民委员会、乡（镇）人民政府调解。

当事人不愿协商或者调解不成的，可以向农村土地承包仲裁机构申请仲裁，也可以直接向人民法院起诉。

第六章　附　则

第三十四条　通过招标、拍卖和公开协商等方式承包荒山、荒沟、荒丘、荒滩等农村土地，经依法登记取得农村土地承包经营权证的，可以采取转让、出租、入股、抵押或者其他方式流转，其流转管理参照本办法执行。

第三十五条　本办法所称转让是指承包方有稳定的非农职业或者有稳定的收入来源，经承包方申请和发包方同意，将部分或全部土地承包经营权让渡给其他从事农业生产经营的农户，由其履行相应土地承包合同的权利和义务。转让后原土地承包关系自行终止，原承包方承包期内的土地承包经营权部分或全部灭失。

转包是指承包方将部分或全部土地承包经营权以一定期限转给同一集体经济组织的其他农户从事农业生产经营。转包后原土地承包关系不变，原承包方继续履行原土地承包合同规定的权利和义务。接包方按转包时约定的条件对转包方负责。承包方将土地交他人代耕不足一年的除外。

互换是指承包方之间为方便耕作或者各自需要，对属于同一集体经济组织的承包地块进行交换，同时交换相应的土地承包经营权。

入股是指实行家庭承包方式的承包方之间为发展农业经济，将土地承包经营权作为股权，自愿联合从事农业合作生产经营；其他承包方式的承包方将土地承包经营权量化为股权，入股组成股份公司或者合作社等，从事农业生产经营。

出租是指承包方将部分或全部土地承包经营权以一定期限租赁给他人从事农业生产经营。出租后原土地承包关系不变，原承包方继续履行原土地承包合同规定的权利和义务。承租方按出租时约定的条件对承包方负责。

本办法所称受让方包括接包方、承租方等。

第三十六条 本办法自 2005 年 3 月 1 日起正式施行。

国家林业局
关于规范集体林权流转市场运行的意见

（2016 年 7 月 29 日 林改发〔2016〕100 号）

各省、自治区、直辖市林业厅（局），内蒙古、吉林、龙江、大兴安岭森工（林业）集团公司，新疆生产建设兵团林业局，国家林业局各司局、各直属单位：

随着林业改革不断深入，集体林权流转规模不断扩大、方式不断创新，推动了林业规模化经营，有力地促进了林业增效、农民增收。为使集体林权流转既顺畅，又切实避免“乱象”，现提出如下意见。

一、严格界定流转林权范围

集体林权流转是指在不改变林地所有权和林地用途的前提下，林权权利人将其拥有的集体林地经营权（包括集体统一经营管理的林地经营权和林地承包经营权）、林木所有权、林木使用权依法全部或者部分转移给他人的行为，不包括依法征收致使林地经营权发生转移的情形。集体林权可通过转包、出租、互换、转让、入股、抵押或作为出资、合作条件及法律法规允许的其他方式流转。区划界定为公益林的林地、林木暂不进行转让，允许以转包、出租、入股等方式流转。权属不清或有争议、应取得而未依法取得林权证或不动产权证、未依法取得抵押权人或共有权人同意等情况下的林权不得流转。

二、准确把握林权流转原则

林权流转应当坚持依法、自愿、有偿原则，流转的意愿、价格、期限、方式、对象等应由林权权利人依法自主决定，任何组织或个人不得采取强迫、欺诈等不正当手段强制或阻碍农民流转林权。坚持林地林用原则，集体林权流转不得改变林地所有权、林地用途、公益林性质和林地保护等级，流转后的林地、林木要严格依法开发利用。坚持公开、公正、公平的原则，保证公开透明、自主交易、公平竞争、规范有序，不得有失公允，流转双方权利义务应当对等。

三、切实规范林权流转秩序

对家庭承包林地，以转让方式流转的，流入方必须是从事农业生产经营的农户，原则上应在本集体经济组织成员之间进行，且需经发包方同意；以其他形式流转的，应当依法报发包方备案。集体统一经营管理的林地经营权和林木所有权流转的，流转方案应在本集体经济组织内提前公示，依法经本集体经济组织成员同意，采取招标、拍卖或公开协商等方式流转；流转给本集体经济组织以外的单位或者个人的，要事先报乡（镇）人民政府批准，签订合同前应当对流入方的资信情况和经营能力进行审查。林权再次流转的，应按照原流转合同约定执行，并告知发包方；通过招标、拍卖、公开协商等方式取得的林地承包经营权，须经依法登记取得林权证或不动产权证书，方可依法采取转让、出租、入股、抵押等方式流转。委托流转的，应当有林权权利人的书面委托书。

四、严格林权流入方资格条件

林权流入方应当具有林业经营能力，林权不得流转给没有林业经营能力的单位或者个人。《国家发展改革委 商务部关于印发市场准入负面清单草案（试点版）的通知》（发改经体〔2016〕442号）明确要求：租赁农地从事生产经营要进行资格审查，未获得资质条件的，不得租赁农地从事生产经营。鼓励各地依照该精神，依法探索建立工商资本租赁林地准入制度，实行承诺式准入等方式，可采取市场主体资质、经营面积上限、林业经营能力、经营项目、诚信记录和违规处罚等管理措施，对投资租赁林地从事林业生产经营资格进行审查。家庭承包林地的经营权可以依法采取出租、入股、合作等方式流转给工商资本，但不得办理林权变更登记。

五、努力完善林权流转服务

各地要完善县级林业服务平台功能，逐步健全县乡村三级服务和管理网络，为林业经营主体提供林权流转、惠林政策实施、生产信息技术、林权投融资等指导、服务。加强林权流转信息公开，重点公开流转面积、流向、用途、流转价格等信息，引导林权有序流转。可采取减免费用、政府购买服务等方式鼓励农户和其他林业经营主体拥有的林权到林权交易平台、公共资源交易平台等公开市场上流转交易。鼓励各地探索政府购买林业公益性服务，大力发展社会化林业专业服务组织，开展流转信息沟通、居间、委托、评估等林权流转中介服务。引导和规范森林资源资产评估行为，向社会公布评估机构不良行为，指导和监督森林资源资产评估协会工作。

六、强化流转合同管理

集体林权流转应当依法签订书面合同，明确约定双方的权利和义务，流转期限不得超过原承包剩余期。各地要加强林权流转合同管理，探索建立合同网签和面签制度，要求市场主体以规范格式向社会作出公开信用承诺，并纳入交易主体信用记录。县级林业主管部门要提供可编辑的合同示范文本网络下载服务，大力推广使用《集体林权流转合同示范文本（GF－2014－2603)》。在指导流转合同签订或流转合同鉴证中，发现流转双方有违反法律法规的约定，要及时予以纠正。对符合法律法规规定的，经流转公示无异议后，可出具书面意见，作为林权流转关系和相关权益的证明，并推动与不动产登记、工商、银行业金融等机构实时共享互认，协同不动产登记部门做好林地承包经营权转移登记工作。

七、加强林权流转用途监督

各地要加强对林权流转工作的指导，研究制定林权流转具体操作规程，切实履行好林权流转监督管理职责。要加强林权流转的事中事后监管，及时查处纠正违法违规行为。要实行最严格的林地用途管制，确保林地林用。切实做好抵押林权处置的服务工作，防范抵押风险。采取措施保证流转林地用于林业生产经营，探索建立奖惩机制，对符合要求的林业经营主体可给予林业生产经营扶持政策支持，对不符合要求的可依法禁止限制其承担涉林项目。鼓励和支持林业经营主体主动公示“林业生产经营改善计划”，以及林地、林木开发利用和流转合同履约等情况年度报告，自觉接受行政监督和社会监督。

八、推进林权流转市场信用体系建设

以县（市、区）为单位，逐步建立林权流转市场主体守合同、重信用信息采集归档工作，依法将其涉林违法违规行为的司法判决书、行政处罚书、农村土地承包经营纠纷调解书和裁决书、经查证属实的被投诉举报记录等情况记入其信用档案。各地要探索建立林权流转市场主体信用评级制度和信用评价成果运用机制，在实施财政性资金项目安排或授予荣誉性称号时，将信用状况作为参考条件，同等条件下优先考虑信用好的。

九、搭建集体林权流转市场监管服务平台

各地要建立林权数据动态管理制度，实行林权权源表管理模式，将林地承包合同和林权流转合同、林权登记、林业经营主体、流转交易、抵押担保、森林保险以及森林资源等涉及林权信息有序衔接集成，实现关联业务协同管理。加快推进林权流转市场监管服务平台建设，构建全国统一的“数据一个库、监管一张网、管理一条线”的网络监管体系，实现相关数据的互联互通和纵横信息共享。加快建立林权信息基础数据库和管理信息系统，实现网上办理，逐步实现林权管理的自动化、标准化和信息化。推广“林权 IC 卡”和手机 APP 服务做法，为林农各项经营活动提供实时更新、查询信息服务。

本意见自发布之日起实施，有效期至 2021 年 10 月 31 日，《国家林业局关于切实加强集体林权流转管理工作的意见》（林改发〔2009〕232 号）和《国家林业局关于进一步加强集体林权流转管理工作的通知》（林改发〔2013〕39 号）同时废止。

最高人民法院
关于审理涉及农村土地承包纠纷案件适用法律问题的解释

法释〔2005〕6 号

（2005 年 3 月 29 日最高人民法院审判委员会第 1346 次会议通过
2005 年 7 月 29 日最高人民法院公告公布　自 2005 年 9 月 1 日起施行）

根据《中华人民共和国民法通则》、《中华人民共和国合同法》、《中华人民共和国民事诉讼法》、《中华人民共和国农村土地承包法》、《中华人民共和国土地管理法》等法律的规定，结合民事审判实践，对审理涉及农村土地承包纠纷案件适用法律的若干问题解释如下：

一、受理与诉讼主体

第一条 下列涉及农村土地承包民事纠纷，人民法院应当依法受理：

（一）承包合同纠纷；

（二）承包经营权侵权纠纷；

（三）承包经营权流转纠纷；

（四）承包地征收补偿费用分配纠纷；

（五）承包经营权继承纠纷。

集体经济组织成员因未实际取得土地承包经营权提起民事诉讼的，人民法院应当告知其向有关行政主管部门申请解决。

集体经济组织成员就用于分配的土地补偿费数额提起民事诉讼的，人民法院不予受理。

第二条 当事人自愿达成书面仲裁协议的，受诉人民法院应当参照最高人民法院《关于适用〈中华人民共和国民事诉讼法〉若干问题的意见》第145条至第148条的规定处理。

当事人未达成书面仲裁协议，一方当事人向农村土地承包仲裁机构申请仲裁，另一方当事人提起诉讼的，人民法院应予受理，并书面通知仲裁机构。但另一方当事人接受仲裁管辖后又起诉的，人民法院不予受理。

当事人对仲裁裁决不服并在收到裁决书之日起三十日内提起诉讼的，人民法院应予受理。

第三条 承包合同纠纷，以发包方和承包方为当事人。

前款所称承包方是指以家庭承包方式承包本集体经济组织农村土地的农户，以及以其他方式承包农村土地的单位或者个人。

第四条 农户成员为多人的，由其代表人进行诉讼。

农户代表人按照下列情形确定：

（一）土地承包经营权证等证书上记载的人；

（二）未依法登记取得土地承包经营权证等证书的，为在承包合同上签字的人；

（三）前两项规定的人死亡、丧失民事行为能力或者因其他原因无法进行诉讼的，为农户成员推选的人。

二、家庭承包纠纷案件的处理

第五条 承包合同中有关收回、调整承包地的约定违反农村土地承包法第二十六条、第二十七条、第三十条、第三十五条规定的，应当认定该约定无效。

第六条　因发包方违法收回、调整承包地，或者因发包方收回承包方弃耕、撂荒的承包地产生的纠纷，按照下列情形，分别处理：

（一）发包方未将承包地另行发包，承包方请求返还承包地的，应予支持；

（二）发包方已将承包地另行发包给第三人，承包方以发包方和第三人为共同被告，请求确认其所签订的承包合同无效、返还承包地并赔偿损失的，应予支持。但属于承包方弃耕、撂荒情形的，对其赔偿损失的诉讼请求，不予支持。

前款第（二）项所称的第三人，请求受益方补偿其在承包地上的合理投入的，应予支持。

第七条　承包合同约定或者土地承包经营权证等证书记载的承包期限短于农村土地承包法规定的期限，承包方请求延长的，应予支持。

第八条　承包方违反农村土地承包法第十七条规定，将承包地用于非农建设或者对承包地造成永久性损害，发包方请求承包方停止侵害、恢复原状或者赔偿损失的，应予支持。

第九条　发包方根据农村土地承包法第二十六条规定收回承包地前，承包方已经以转包、出租等形式将其土地承包经营权流转给第三人，且流转期限尚未届满，因流转价款收取产生的纠纷，按照下列情形，分别处理：

（一）承包方已经一次性收取了流转价款，发包方请求承包方返还剩余流转期限的流转价款的，应予支持；

（二）流转价款为分期支付，发包方请求第三人按照流转合同的约定支付流转价款的，应予支持。

第十条　承包方交回承包地不符合农村土地承包法第二十九条规定程序的，不得认定其为自愿交回。

第十一条　土地承包经营权流转中，本集体经济组织成员在流转价款、流转期限等主要内容相同的条件下主张优先权的，应予支持。但下列情形除外：

（一）在书面公示的合理期限内未提出优先权主张的；

（二）未经书面公示，在本集体经济组织以外的人开始使用承包地两个月内未提出优先权主张的。

第十二条　发包方强迫承包方将土地承包经营权流转给第三人，承包方请求确认其与第三人签订的流转合同无效的，应予支持。

发包方阻碍承包方依法流转土地承包经营权，承包方请求排除妨碍、赔偿损失的，应予支持。

第十三条　承包方未经发包方同意，采取转让方式流转其土地承包经营权的，转让合同无效。但发包方无法定理由不同意或者拖延表态的除外。

第十四条 承包方依法采取转包、出租、互换或者其他方式流转土地承包经营权，发包方仅以该土地承包经营权流转合同未报其备案为由，请求确认合同无效的，不予支持。

第十五条 承包方以其土地承包经营权进行抵押或者抵偿债务的，应当认定无效。对因此造成的损失，当事人有过错的，应当承担相应的民事责任。

第十六条 因承包方不收取流转价款或者向对方支付费用的约定产生纠纷，当事人协商变更无法达成一致，且继续履行又显失公平的，人民法院可以根据发生变更的客观情况，按照公平原则处理。

第十七条 当事人对转包、出租地流转期限没有约定或者约定不明的，参照合同法第二百三十二条规定处理。除当事人另有约定或者属于林地承包经营外，承包地交回的时间应当在农作物收获期结束后或者下一耕种期开始前。

对提高土地生产能力的投入，对方当事人请求承包方给予相应补偿的，应予支持。

第十八条 发包方或者其他组织、个人擅自截留、扣缴承包收益或者土地承包经营权流转收益，承包方请求返还的，应予支持。

发包方或者其他组织、个人主张抵消的，不予支持。

三、其他方式承包纠纷的处理

第十九条 本集体经济组织成员在承包费、承包期限等主要内容相同的条件下主张优先承包权的，应予支持。但在发包方将农村土地发包给本集体经济组织以外的单位或者个人，已经法律规定的民主议定程序通过，并由乡（镇）人民政府批准后主张优先承包权的，不予支持。

第二十条 发包方就同一土地签订两个以上承包合同，承包方均主张取得土地承包经营权的，按照下列情形，分别处理：

（一）已经依法登记的承包方，取得土地承包经营权；

（二）均未依法登记的，生效在先合同的承包方取得土地承包经营权；

（三）依前两项规定无法确定的，已经根据承包合同合法占有使用承包地的人取得土地承包经营权，但争议发生后一方强行先占承包地的行为和事实，不得作为确定土地承包经营权的依据。

第二十一条 承包方未依法登记取得土地承包经营权证等证书，即以转让、出租、入股、抵押等方式流转土地承包经营权，发包方请求确认该流转无效的，应予支持。但非因承包方原因未登记取得土地承包经营权证等证书的除外。

承包方流转土地承包经营权，除法律或者本解释有特殊规定外，按照有关家庭承包土地承包经营权流转的规定处理。

四、土地征收补偿费用分配及土地承包经营权继承纠纷的处理

第二十二条　承包地被依法征收，承包方请求发包方给付已经收到的地上附着物和青苗的补偿费的，应予支持。

承包方已将土地承包经营权以转包、出租等方式流转给第三人的，除当事人另有约定外，青苗补偿费归实际投入人所有，地上附着物补偿费归附着物所有人所有。

第二十三条　承包地被依法征收，放弃统一安置的家庭承包方，请求发包方给付已经收到的安置补助费的，应予支持。

第二十四条　农村集体经济组织或者村民委员会、村民小组，可以依照法律规定的民主议定程序，决定在本集体经济组织内部分配已经收到的土地补偿费。征地补偿安置方案确定时已经具有本集体经济组织成员资格的人，请求支付相应份额的，应予支持。但已报全国人大常委会、国务院备案的地方性法规、自治条例和单行条例、地方政府规章对土地补偿费在农村集体经济组织内部的分配办法另有规定的除外。

第二十五条　林地家庭承包中，承包方的继承人请求在承包期内继续承包的，应予支持。

其他方式承包中，承包方的继承人或者权利义务承受者请求在承包期内继续承包的，应予支持。

五、其他规定

第二十六条　人民法院在审理涉及本解释第五条、第六条第一款第（二）项及第二款、第十六条的纠纷案件时，应当着重进行调解。必要时可以委托人民调解组织进行调解。

第二十七条　本解释自2005年9月1日起施行。施行后受理的第一审案件，适用本解释的规定。

施行前已经生效的司法解释与本解释不一致的，以本解释为准。

【链 接】

最高人民法院有关负责人就《关于审理涉及农村土地承包纠纷案件适用法律问题的解释》答记者问

为贯彻“三个代表”重要思想和科学发展观，落实司法为民工作要求，切实提升司法审判能力，解决人民法院在审理涉及农村土地承包纠纷案件的适用法律问题，切实维护农民的合法权益和农村的稳定，最高人民法院出台了《关于审理涉及农村土地承包纠纷案件适用法律问题的解释》（以下简称本解释）。值此司法解释公布之时，最高人民法院有关负责人就有关问题接受了记者的采访。

一、本解释的出台是农民维权的迫切需要

问：最高人民法院今天公布了《关于审理涉及农村土地承包纠纷案件适用法律问题的解释》，请您谈谈司法解释出台的背景？

答：我国有9亿农民，“三农”问题事关社会稳定的大局，也是我国改革开放和社会发展的前提和基础。而依法保护农民的土地承包经营权，对促进农村经济的发展、维护农村社会稳定以及构建社会主义和谐社会具有十分重要的意义。党的十六届三中全会提出要“依法保障农民对土地承包经营的各项权利”。近年来，涉及农村土地承包的纠纷案件日益增多，这一类纠纷普遍具有理论复杂、政策性强、涉及面广、敏感度高、处理难度大的特点，解决不好容易导致矛盾激化并影响社会稳定。以往，人民法院审理农村土地承包纠纷案件时适用的法律主要是《民法通则》以及《合同法》等基本法律规范，但这些法律的规定在解决农村土地承包纠纷案件中又存在针对性不强的问题。社会各界包括广大农民，对本解释的出台都报以热切的期望。《农村土地承包法》施行后，全国人大常委会对贯彻实施《农村土地承包法》的情况进行了专项执法检查，并专门行文要求最高人民法院就此尽快制定有关的司法解释。为切实贯彻落实《农村土地承包法》及相关法律规定，给人民法院相关的审判实践提供更具操作性的司法解释依据，为农民维权提供更为明确、具体、有力的法律武器，最高人民法院制定并公布了本解释。其目的在于明确人民法院作为民事案件受理农村土地承包纠纷的范围以及相关具体争议的处理规则，以期将农民土地承包权益的司法保护工作落到实处。

二、本解释稿系统修改了 39 次

问：据我们所知，涉及农村土地承包纠纷案件大部分发生在基层，最高人民法院直接接触的较少，而本解释是针对处理此类纠纷所作的司法解释，其难度可想而知，请您谈一谈本解释制定的过程？

答：农村土地承包纠纷实践性极强、牵涉面极广，也十分复杂。所以，在本解释的起草工作中，我们时刻以“三个代表”重要思想、科学发展观和司法为民要求为指导思想，高度重视调查调研，坚决杜绝闭门造车。在此基础上，调动和发挥了各方面的力量收集问题和分析论证。

在起草制定过程中，本解释起草小组曾多次深入基层调查研究。初稿形成后，2003 年 9 月 19 日及 11 月 4 日，我们参加了全国人大常委会《农村土地承包法》执法检查组召开第一次和第二次全体会议。11 月 21 日，为充分听取中央及国务院各相关部门对本解释稿的意见，我们会同农业部召开了征求意见座谈会。全国人大法工委、农业与农村委员会、中央农村工作领导小组办公室、中共中央研究室、国务院法制办、国务院研究室、国土资源部、水利部、国家林业局等单位派员参加了会议。12 月 12 日，又在京召开了有关民法、民诉法学专家学者参加的专家论证会。

为在更广泛的范围内听取社会各界，尤其是广大农民群众的意见和呼声，考虑到农业生产的季节性和农民群众接触本解释稿的可能性，我院于 2003 年 12 月 31 日将本解释征求意见稿在《人民日报》、《法制日报》、《人民法院报》、《中国农民报》以及人民网、中国普法网、中国法院网、中国农业信息网等媒体同时公布，公开征求意见。此举在全社会引起了普遍关注。特别是在《人民日报》上全文刊发，在我院司法解释制定工作历史上，还是第一次。尽管各界对本解释征求意见稿提出了各种修改意见，但都认为本解释的起草是我院贯彻“三个代表”重要思想和“司法为民”要求的具体体现，希望本解释尽快出台。

2004 年 4 月中旬，我院民一庭会同农业部经管司分成两个调研小组，分赴山东、湖南、广西等地进行了专项调研。两个调研小组行程跨越济宁、潍坊、长沙、常德、张家界、南宁、株洲、桂林等地市，深入听取了各级人民法院及人民法庭、各级农业行政主管部门及基层经管部门、妇联组织、农村集体经济组织及村民委员会、村民小组同志的意见，特别是走进农民家中和田间地头听到了农民最真实的呼声。6 月 28 日，我院下发了最高人民法院《关于加强涉农案件审判工作为农村经济发展提供司法保障的通知》。其中对下级法院提出了“要注意深入调查研究，及时总结审判经验，对审判实践中出现的带普遍性的新情况、新问题，要认真研究、妥善处理，必要时应当逐级层报我院”的明确要求。

在本解释稿已经进入攻坚阶段的情况下，10月10日至12日，我院在重庆市召开了有11个省、自治区、直辖市高级人民法院和部分中级人民法院、基层人民法院同志参加的座谈会。11月10日至12日，又赴安徽参加了该省农村土地承包纠纷处理座谈会。通过这两次座谈会，我们对本解释稿再次作了修改，并于2004年11月下旬，在京邀请全国人大法工委、中央农村工作领导小组办公室、国务院法制办、农业部、国土资源部、全国妇联、公安部、教育部、国家人口与计划生育委员会以及解放军军事法院等单位派员参加了论证会。会后又在中央党校政法部的大力支持下，专赴中央党校听取了十位县委书记的意见。在以上工作的基础上，我院就本解释稿征求了全国人大法工委、中央农村工作领导小组办公室、国务院法制办、农业部、国土资源部、全国妇联、公安部、劳动部等部门的书面意见，还专门到全国人大法工委、中央农村工作领导小组办公室、农业部、国土资源部进行了沟通。

从本解释制定工作启动至今，我们共在四川、安徽、江苏、浙江、山东、湖南、广西、重庆等地进行了实地调研。召开专项调研座谈会27次，参会人员共计近650人。加上报送综合书面材料的北京、广东、河南、上海、陕西、河北、辽宁、吉林、内蒙古等，共辐射了具有代表性的17个省、自治区、直辖市。通过以上途径共收集报刊登载资料、下级法院或者农业行政主管部门（包括农业经管部门）专报材料、有关地方法规规章、征集来信和网上意见以及整理会议记录等计160余万字。在此基础上，对本解释稿进行成系统修改39次。回顾整个起草制定过程，我们始终得到了相关部门的大力支持，因此可以说本解释的出台是各界大力配合与协调的成果，是集体智慧的结晶。本解释的公布是对社会各界关心和支持司法解释制定工作的最好回报，也是司法解释制定工作民主化的集中体现。

三、五种情形属于民事纠纷，人民法院应予受理

问：前一段时间，涉及人民法院受理农村土地承包纠纷的范围问题引起社会关注，本解释的出台对这个问题的解决有什么意义？

答：在《农村土地承包法》公布实施前，对农村土地承包工作的规范和调整主要是通过落实中央有关政策措施来进行的。《农村土地承包法》公布实施后，如何确定涉及农村土地承包纠纷案件的受理范围问题日益凸显。为切实解决农民打官司难的问题，对农民已经取得土地承包经营权后，因其承包经营权被侵害而提起的民事诉讼，本解释规定人民法院应当依法予以受理。其中包括：农村土地承包合同纠纷、土地承包经营权侵权纠纷、土地承包经营权流转纠纷、土地承包经营权继承等纠纷案件。此外，对承包地征收补偿

费用分配引起的争议，因其同样属于平等民事主体之间的纠纷，人民法院也应当依法予以受理。

四、违法收回、调整承包地：不支持；承包方要求返还承包地：应支持

问：近一段时间以来，涉及违法收回、调整或者弃耕、撂荒承包地的纠纷十分突出，本解释对土地承包经营权人的保护是怎样规定的？

答：前些年，尊重和维护农民土地承包经营权的意识不是很高。在有些地方，违反基本农田保护的法律、法规以及政策，盲目推行退耕还林或者规模化经营等农业产业结构调整的现象时有发生，一些农户的承包土地被违法收回或者调整。此外，因税费负担沉重，农民种田收益微薄甚至亏本，所以弃耕、撂荒承包地外出务工的现象也十分普遍。自 2003 年以来，一系列促进农民增收的政策措施相继出台，广大农民的种田积极性大大提高，返乡要求拿回承包地的纠纷呈现出激增态势。而被违法收回、调整或者弃耕、撂荒的承包地往往已经由发包方另行发包给了他人，甚至业已承包经营多年。如何处理这些纠纷，是审判实践中遇到的一个难点问题。

对此，本解释第六条规定，对涉及发包方违法收回、调整承包地，或者承包方弃耕、撂荒承包地的纠纷，按照不同情形，分别处理。该规定的基本考虑是：农民通过家庭承包方式依法取得的土地承包经营权是其安身立命的根本，其权利性质应属于物权，这也是《农村土地承包法》的立法重点所在。违法收回、调整承包地是对物权的侵害，土地承包经营权人有权基于物权人的地位寻求法律保护，要求返还承包地。不论侵权人是否已将该承包地与他人另行建立了承包合同关系，土地承包经营权人要求返还承包地的，均应予以支持。此外，承包方弃耕撂荒承包地有其深刻复杂的背景，《农村土地承包法》对发包方收回承包地作了严格的限定，并未规定此种情形下发包方可以收回承包地。从维护土地承包经营权人利益的考虑出发，弃耕、撂荒承包地的承包方要求返还承包地的诉讼请求，亦应予以支持。2004 年 3 月 30 日和 4 月 30 日，国务院相继以国办发明电〔2004〕15 号和 21 号发出《关于尽快恢复撂荒耕地生产的紧急通知》以及《关于妥善解决当前农村土地承包纠纷的紧急通知》，从行政角度作出了与本解释立场一致的规定。

五、无法定理由不同意转让土地承包经营权的：不影响合同效力

问：《农村土地承包法》第三十七条规定，采取转让方式流转土地承包经营权的，应当经发包方同意，本解释第十三条规定了除外条款的理由是什么？

答：《农村土地承包法》第三十七条规定，承包方采取转让方式流转土地承包经营权的，应当经发包方同意。因此，实践中不少人认为，只要未经发包方同意，承包方与他人订立的土地承包经营权转让合同即为无效。《农村土地承包法》作出此规定的目的，并不是要限制土地承包经营权人的流转自主权，而是为了更加充分地保护承包方的权益。因为土地承包经营权对农民而言至关重要，一旦转让，在承包期内就无法再行取得土地承包经营权。但更应看到的是，不能在无法定理由的情况下，干涉土地承包经营权人依法享有的土地承包经营权流转自主权。基于此种考虑，本解释第十三条后段规定，发包方无法定理由不同意或者拖延表态的，不影响土地承包经营权转让合同的效力。本解释实际是运用了立法目的解释的方法论，其规定与《农村土地承包法》的立法目的是一致的。

六、以土地承包经营权设定抵押：无效

问：《农村土地承包法》对家庭承包中土地承包经营权流转方式的规定中并未禁止设定抵押，本解释第十五条为何要规定以土地承包经营权设定抵押的行为无效？

答：《农村土地承包法》对家庭承包方是否可以采取抵押方式流转其土地承包经营权确实未作明确规定。但抵押权作为担保物权，依物权法定原理，抵押担保物的范围亦应遵从法定。土地承包经营权在性质上实为集体土地使用权，根据《担保法》第三十七条第二项和第三十四条第五项的规定，除了依法经发包方同意抵押的“四荒”等荒地的土地使用权外，集体土地使用权不得抵押。其本意在于，以土地承包经营权设定抵押权，在抵押权实现时将有可能导致土地承包经营权人丧失这项极为重要的权利，从而沦为失地农民，成为严重的社会问题。因此，本解释第十五条规定，承包方以其土地承包经营权进行抵押或者抵偿债务的，应当认定无效。

七、客观情况发生无法预料的重大变化：按公平原则处理

问：本解释在第十六条有关流转费纠纷处理的规定中是否借鉴了情事变更原则，该条在适用中应当如何掌握？

答：在中央出台一系列惠农政策措施之前，土地承包经营权的流转有很多为零流转费或者负流转费（俗称“倒贴皮”、“倒贴水”）。随着农业税减免力度加大、进程加快以及农业补贴政策的贯彻落实，继续履行原来的约定，在当事人之间无疑造成了显失公平的结果。而这是由于国家农业基本政策的重大调整所致。对于流转合同而言，属于订立当时的基础或者环境，因不可归责于当事人的事由发生的非当初所能预料的变更。此类纠纷在今后一段时期内极有可能大幅度增长。如果不确立一定的协调原则，农民的基本权利就有可能得不到保护。情事变更原则的制度功能，可以为此问题的解决提供有益的参考价值。尽管相关争论历来存在，但我们认为，在这一类纠纷中借鉴情事变更原则的制度机理是可行的。因此，本解释第十六条规定："因承包方不收取流转价款或者向对方支付费用的约定产生纠纷，当事人协商变更无法达成一致，且继续履行又显失公平的，人民法院可以根据发生变更的客观情况，按照公平原则处理。"不过，在适用该条规定的时候，必须严格掌握。要看纠纷产生的原因是什么、原约定是否造成当事人间权利义务显失平衡的结果等。不能动辄变更当事人的约定，践踏合同的严肃性。

八、一地数包的处理原则：已经登记的取得经营权

问：在其他方式承包中，经常出现发包方就同一土地与数人建立承发包关系，对由此产生的权利冲突，应如何处理？

答：一地数包是指，发包方就同一土地与他人订立两份以上承包合同的情况。对一地数包中权利取得冲突纠纷的处理，有观点认为，不论是否经过依法登记取得土地承包经营权证等证书，其他方式承包的土地承包经营权都是一种债权。在农村的熟人社会中，实际耕种等方式（交付占有）较之登记领证更具有公示性，因此更应予以保护。我们认为，如果土地承包经营权人将其权利依法登记，则该权利具有了法定的公示方式。《农村土地承包法》第四十九条已经赋予依法登记取得土地承包经营权证等证书的其他方式承包土地承包经营权，以相应的物权效力。因此，本解释第二十条首先从权利性质方面区分，如果一方已经依法登记，则该人享有的是一种物权性质的权利。其他未进行依法登记的仅为合同权利人，在性质上属于债权。两者相较，前者优先。如果均未依法登记，则两者权利性质同属债权，应依承包合同生效的时间先后确定。如根据以上方法仍不能确定，则依据合法占有使用承包地的事实确定土地承包经营权的归属。为避免造成恶意抢占带来的消极后果，本解释第二十条还规定，已经发生争议的，在争议解决前的强行先占不得作为确定土地承包经营权的依据。需特别说明的是，本解释之所以未将取得土地承包经营权证等证书作为确定土地承包经营权权利属性的依据，主要是基于两个考虑：(1) 从法律上讲，依法在登记机关进行登记，即已完备了物权法意义上的公示，只有依法登记才具有物权公示的实质意义；(2) 从调研情况看，确权发证的工作在个别地方还有待加强。

九、集体经济组织成员请求支付土地补偿费：应予支持

问：承包地征收补偿费用分配纠纷是一个较为突出和复杂的问题，怎样理解本解释针对不同性质补偿费用所作的规定？

答：此类纠纷主要集中在城镇边缘建设用地需求较大、征地较为频繁的地区。与其他涉农纠纷相比，其往往涉及农民的根本利益，具有矛盾激烈、难于化解的特点。目前，由此引发的涉诉信访已经在整个涉农信访中占有相当大的比重。承包地征收补偿费用包括土地补偿费、安置补助费及地上附着物和青苗补偿费三个部分。本解释第二十二条至第二十四条规定的基本内容和考虑是：(1) 地上附着物和青苗补偿费是对被征地农户财产损失的补偿，理应支付给承包方；(2) 安置补助费是对被征地农户丧失土地承包经营权的补偿，只要该农户放弃统一安置，该笔费用亦应支付给他；(3) 土地补偿费系对集体土地所有权丧失的补偿，其分配主体应当是征地补偿安置方案确定时所有具有本集体经济组织成员资格的人，这也是成员自益权的体现。

国发〔2004〕28 号《国务院关于深化改革严格土地管理的决定》规定，省、自治区、直辖市人民政府应当根据土地补偿费主要用于被征地农户的原则，制定土地补偿费在集体经济组织内部的分配办法。考虑到土地补偿费分配机制的改革趋势，为使本解释的规定能够与日后新出台的相关规范性文件衔接，本解释第二十四条后段另作出了特别规定，即已报全国人大常委会、国务院备案的地方性法规、自治条例和单行条例、地方政府规章对土地补偿费在农村集体经济组织内部的分配办法另有规定的除外。

十、农村集体经济组织成员资格问题：已向立法机关提出建议

问：据我们所知，本解释稿中曾经对农村集体经济组织成员资格问题作出了详尽的规定，为什么在公布的本解释中没有了相应的内容？

答：在起草本解释的调查研究过程中，我们发现：出嫁妇女土地承包经营权保护、农村土地征收补偿费用分配等问题，已经成为影响当前中国农村社会稳定的大问题。要解决上述问题，正确界定农村集体经济组织成员资格是必不可少的基本前提。正因为如此，各相关部门要求确定农村集体经济组织成员资格标准的呼声非常强烈。自 2004 年以来，特别是在本解释稿公开征求意见过程中，社会各界针对农村集体经济组织成员资格问题的意见建议占有很大比重。许多全国人大代表和全国政协委员还以提案和建议的形式，要求最高人民法院以司法解释明确此问题。为切实解决以上问题，本解释起草小组在大量调研和分析论证的基础上，对农村集体经济组织成员资格确定问题拟定了共计七个条文的初步意见。应当说，对农村集体经济组织成员资格问题的调研论证，在整个本解释起草制定工作中占据了相当大的比重。

最高人民法院审判委员会对本解释稿进行讨论后认为：农村集体经济组织成员资格问题事关广大农民的基本民事权利，属于《立法法》第四十二条第一项规定的情形，其法律解释权在全国人大常委会，不宜通过司法解释对此重大事项进行规定。因此，应当根据《立法法》第四十三条的规定，就农

村集体经济组织成员资格问题，建议全国人大常委会作出立法解释或者相关规定。

2. 建设用地使用权

中华人民共和国城镇国有土地使用权出让和转让暂行条例

（1990年5月19日国务院令第55号发布　自发布之日起施行）

第一章　总　则

第一条　为了改革城镇国有土地使用制度，合理开发、利用、经营土地，加强土地管理，促进城市建设和经济发展，制定本条例。

第二条　国家按照所有权与使用权分离的原则，实行城镇国有土地使用权出让、转让制度，但地下资源、埋藏物和市政公用设施除外。

前款所称城镇国有土地是指市、县城、建制镇、工矿区范围内属于全民所有的土地（以下简称土地）。

第三条　中华人民共和国境内外的公司、企业、其他组织和个人，除法律另有规定者外，均可依照本条例的规定取得土地使用权，进行土地开发、利用、经营。

第四条　依照本条例的规定取得土地使用权的土地使用者，其使用权在使用年限内可以转让、出租、抵押或者用于其他经济活动，合法权益受国家法律保护。

第五条　土地使用者开发、利用、经营土地的活动，应当遵守国家法律、法规的规定，并不得损害社会公共利益。

第六条　县级以上人民政府土地管理部门依法对土地使用权的出让、转让、出租、抵押、终止进行监督检查。

第七条　土地使用权出让、转让、出租、抵押、终止及有关的地上建筑物、其他附着物的登记，由政府土地管理部门、房产管理部门依照法律和国务院的有关规定办理。

登记文件可以公开查阅。

第二章 土地使用权出让

第八条 土地使用权出让是指国家以土地所有者的身份将土地使用权在一定年限内让与土地使用者，并由土地使用者向国家支付土地使用权出让金的行为。

土地使用权出让应当签订出让合同。

第九条 土地使用权的出让，由市、县人民政府负责，有计划、有步骤地进行。

第十条 土地使用权出让的地块、用途、年限和其他条件，由市、县人民政府土地管理部门会同城市规划和建设管理部门、房产管理部门共同拟定方案，按照国务院规定的批准权限报经批准后，由土地管理部门实施。

第十一条 土地使用权出让合同应当按照平等、自愿、有偿的原则，由市、县人民政府土地管理部门（以下简称出让方）与土地使用者签订。

第十二条 土地使用权出让最高年限按下列用途确定：

（一）居住用地70年；

（二）工业用地50年；

（三）教育、科技、文化、卫生、体育用地50年；

（四）商业、旅游、娱乐用地40年；

（五）综合或者其他用地50年。

第十三条 土地使用权出让可以采取下列方式：

（一）协议；

（二）招标；

（三）拍卖。

依照前款规定方式出让土地使用权的具体程序和步骤，由省、自治区、直辖市人民政府规定。

第十四条 土地使用者应当在签订土地使用权出让合同后60日内，支付全部土地使用权出让金。逾期未全部支付的，出让方有权解除合同，并可请求违约赔偿。

第十五条 出让方应当按照合同规定，提供出让的土地使用权。未按合同规定提供土地使用权的，土地使用者有权解除合同，并可请求违约赔偿。

第十六条 土地使用者在支付全部土地使用权出让金后，应当依照规定办理登记，领取土地使用证，取得土地使用权。

第十七条 土地使用者应当按照土地使用权出让合同的规定和城市规划的要求，开发、利用、经营土地。

未按合同规定的期限和条件开发、利用土地的，市、县人民政府土地管理部门应当予以纠正，并根据情节可以给予警告、罚款直至无偿收回土地使用权的处罚。

第十八条　土地使用者需要改变土地使用权出让合同规定的土地用途的，应当征得出让方同意并经土地管理部门和城市规划部门批准，依照本章的有关规定重新签订土地使用权出让合同，调整土地使用权出让金，并办理登记。

第三章　土地使用权转让

第十九条　土地使用权转让是指土地使用者将土地使用权再转移的行为，包括出售、交换和赠与。

未按土地使用权出让合同规定的期限和条件投资开发、利用土地的，土地使用权不得转让。

第二十条　土地使用权转让应当签订转让合同。

第二十一条　土地使用权转让时，土地使用权出让合同和登记文件中所载明的权利、义务随之转移。

第二十二条　土地使用者通过转让方式取得的土地使用权，其使用年限为土地使用权出让合同规定的使用年限减去原土地使用者已使用年限后的剩余年限。

第二十三条　土地使用权转让时，其地上建筑物、其他附着物所有权随之转让。

第二十四条　地上建筑物、其他附着物的所有人或者共有人，享有该建筑物、附着物使用范围内的土地使用权。

土地使用者转让地上建筑物、其他附着物所有权时，其使用范围内的土地使用权随之转让，但地上建筑物、其他附着物作为动产转让的除外。

第二十五条　土地使用权和地上建筑物、其他附着物所有权转让，应当依照规定办理过户登记。

土地使用权和地上建筑物、其他附着物所有权分割转让的，应当经市、县人民政府土地管理部门和房产管理部门批准，并依照规定办理过户登记。

第二十六条　土地使用权转让价格明显低于市场价格的，市、县人民政府有优先购买权。

土地使用权转让的市场价格不合理上涨时，市、县人民政府可以采取必要的措施。

第二十七条　土地使用权转让后，需要改变土地使用权出让合同规定的土地用途的，依照本条例第十八条的规定办理。

第四章　土地使用权出租

第二十八条　土地使用权出租是指土地使用者作为出租人将土地使用权

随同地上建筑物、其他附着物租赁给承租人使用，由承租人向出租人支付租金的行为。

未按土地使用权出让合同规定的期限和条件投资开发、利用土地的，土地使用权不得出租。

第二十九条 土地使用权出租，出租人与承租人应当签订租赁合同。

租赁合同不得违背国家法律、法规和土地使用权出让合同的规定。

第三十条 土地使用权出租后，出租人必须继续履行土地使用权出让合同。

第三十一条 土地使用权和地上建筑物、其他附着物出租，出租人应当依照规定办理登记。

第五章 土地使用权抵押

第三十二条 土地使用权可以抵押。

第三十三条 土地使用权抵押时，其地上建筑物、其他附着物随之抵押。

地上建筑物、其他附着物抵押时，其使用范围内的土地使用权随之抵押。

第三十四条 土地使用权抵押，抵押人与抵押权人应当签订抵押合同。

抵押合同不得违背国家法律、法规和土地使用权出让合同的规定。

第三十五条 土地使用权和地上建筑物、其他附着物抵押，应当依照规定办理抵押登记。

第三十六条 抵押人到期未能履行债务或者在抵押合同期间宣告解散、破产的，抵押权人有权依照国家法律、法规和抵押合同的规定处分抵押财产。

因处分抵押财产而取得土地使用权和地上建筑物、其他附着物所有权的，应当依照规定办理过户登记。

第三十七条 处分抵押财产所得，抵押权人有优先受偿权。

第三十八条 抵押权因债务清偿或者其他原因而消灭的，应当依照规定办理注销抵押登记。

第六章 土地使用权终止

第三十九条 土地使用权因土地使用权出让合同规定的使用年限届满、提前收回及土地灭失等原因而终止。

第四十条 土地使用权期满，土地使用权及其地上建筑物、其他附着物所有权由国家无偿取得。土地使用者应当交还土地使用证，并依照规定办理注销登记。

第四十一条 土地使用权期满，土地使用者可以申请续期。需要续期的，应当依照本条例第二章的规定重新签订合同，支付土地使用权出让金，并办理登记。

第四十二条　国家对土地使用者依法取得的土地使用权不提前收回。在特殊情况下，根据社会公共利益的需要，国家可以依照法律程序提前收回，并根据土地使用者已使用的年限和开发、利用土地的实际情况给予相应的补偿。

第七章　划拨土地使用权

第四十三条　划拨土地使用权是指土地使用者通过各种方式依法无偿取得的土地使用权。

前款土地使用者应当依照《中华人民共和国城镇土地使用税暂行条例》的规定缴纳土地使用税。

第四十四条　划拨土地使用权，除本条例第四十五条规定的情况外，不得转让、出租、抵押。

第四十五条　符合下列条件的，经市、县人民政府土地管理部门和房产管理部门批准，其划拨土地使用权和地上建筑物、其他附着物所有权可以转让、出租、抵押：

（一）土地使用者为公司、企业、其他经济组织和个人；

（二）领有国有土地使用证；

（三）具有地上建筑物、其他附着物合法的产权证明；

（四）依照本条例第二章的规定签订土地使用权出让合同，向当地市、县人民政府补交土地使用权出让金或者以转让、出租、抵押所获收益抵交土地使用权出让金。

转让、出租、抵押前款划拨土地使用权的，分别依照本条例第三章、第四章和第五章的规定办理。

第四十六条　对未经批准擅自转让、出租、抵押划拨土地使用权的单位和个人，市、县人民政府土地管理部门应当没收其非法收入，并根据情节处以罚款。

第四十七条　无偿取得划拨土地使用权的土地使用者，因迁移、解散、撤销、破产或者其他原因而停止使用土地的，市、县人民政府应当无偿收回其划拨土地使用权，并可依照本条例的规定予以出让。

对划拨土地使用权，市、县人民政府根据城市建设发展需要和城市规划的要求，可以无偿收回，并可依照本条例的规定予以出让。

无偿收回划拨土地使用权时，对其地上建筑物、其他附着物，市、县人民政府应当根据实际情况给予适当补偿。

第八章　附　则

第四十八条　依照本条例的规定取得土地使用权的个人，其土地使用权可以继承。

第四十九条　土地使用者应当依照国家税收法规的规定纳税。

第五十条　依照本条例收取的土地使用权出让金列入财政预算，作为专项基金管理，主要用于城市建设和土地开发。具体使用管理办法，由财政部另行制定。

第五十一条　各省、自治区、直辖市人民政府应当根据本条例的规定和当地的实际情况选择部分条件比较成熟的城镇先行试点。

第五十二条　外商投资从事开发经营成片土地的，其土地使用权的管理依照国务院的有关规定执行。

第五十三条　本条例由国家土地管理局负责解释；实施办法由省、自治区、直辖市人民政府制定。

第五十四条　本条例自发布之日起施行。

划拨土地使用权管理暂行办法

（1992年3月8日　国家土地管理局令〔92〕第1号）

第一条　为贯彻实施《中华人民共和国城镇国有土地使用权出让和转让暂行条例》（以下简称《条例》），加强对划拨土地使用权的管理，特制定本办法。

第二条　划拨土地使用权，是指土地使用者通过除出让土地使用权以外的其他各种方式依法取得的国有土地使用权。

第三条　划拨土地使用权（以下简称“土地使用权”）的转让、出租、抵押活动，适用本办法。

第四条　县级以上人民政府土地管理部门依法对土地使用权转让、出租、抵押活动进行管理和监督检查。

第五条　未经市、县人民政府土地管理部门批准并办理土地使用权出让手续，交付土地使用权出让金的土地使用者，不得转让、出租、抵押土地使用权。

第六条　符合下列条件的，经市、县人民政府土地管理部门批准，其土地使用权可转让、出租、抵押：

（一）土地使用者为公司、企业、其他经济组织和个人；

（二）领有国有土地使用证；

（三）具有合法的地上建筑物、其他附着物产权证明；

（四）依照《条例》和本办法规定签订土地使用权出让合同，向当地市、县人民政府交付土地使用权出让金或者以转让、出租、抵押所获收益抵交土地使用权出让金。

第七条　土地使用权转让，是指土地使用者将土地使用权单独或者随同地上建筑物、其他附着物转移给他人的行为。

原拥有土地使用权的一方称为转让人，接受土地使用权的一方称为受让人。

第八条　土地使用权转让的方式包括出售、交换和赠与等。

出售是指转让人以土地使用权作为交易条件，取得一定收益的行为。

交换是指土地使用者之间互相转移土地使用权的行为。

赠与是指转让人将土地使用权无偿转移给受让人的行为。

第九条　土地使用权出租，是指土地使用者将土地使用权单独或者随同地上建筑物、其他附着物租赁给他人使用，由他人向其支付租金的行为。

原拥有土地使用权的一方称为出租人，承租土地使用权的一方称为承租人。

第十条　土地使用权抵押，是指土地使用者提供可供抵押的土地使用权作为按期清偿债务的担保的行为。

原拥有土地使用权的一方称为抵押人，抵押债权人称为抵押权人。

第十一条　转让、抵押土地使用权，其地上建筑物、其他附着物所有权随之转让、抵押；转让、抵押地上建筑物、其他附着物所有权，其使用范围内的土地使用权随之转让、抵押。但地上建筑物、其他附着物作为动产转让的除外。

出租土地使用权，其地上建筑物、其他附着物使用权随之出租；出租地上建筑物、其他附着物使用权，其使用范围内的土地使用权随之出租。

第十二条　土地使用者需要转让、出租、抵押土地使用权的，必须持国有土地使用证以及地上建筑物、其他附着物产权证明等合法证件，向所在地市、县人民政府土地管理部门提出书面申请。

第十三条　市、县人民政府土地管理部门应当在接到转让、出租、抵押土地使用权书面申请书之日起十五日内给予回复。

第十四条　市、县人民政府土地管理部门与申请人经过协商后，签订土地使用权出让合同。

第十五条 土地使用权转让、出租、抵押行为的双方当事人应当依照有关法律、法规和土地使用权出让合同的规定，签订土地使用权转让、租赁、抵押合同。

第十六条 土地使用者应当在土地使用权出让合同签订后六十日内，向所在地市、县人民政府交付土地使用权出让金，到市、县人民政府土地管理部门办理土地使用权出让登记手续。

第十七条 双方当事人应当在办理土地使用权出让登记手续后十五日内，到所在地市、县人民政府土地管理部门办理土地使用权转让、出租、抵押登记手续。

办理登记手续，应当提交下列证明文件、材料：

（一）国有土地使用证；

（二）土地使用权出让合同；

（三）土地使用权转让、租赁、抵押合同；

（四）市、县人民政府土地管理部门认为有必要提交的其他证明文件、材料。

第十八条 土地使用权转让，土地使用权出让合同和登记文件中所载明的权利、义务随之转移。

第十九条 土地使用权出租、抵押，出租人、抵押人必须继续履行土地使用权出让合同。

第二十条 土地使用权转让后，受让人需要改变土地使用权出让合同规定内容的，应当征得所在地市、县人民政府土地管理部门同意，并按规定的审批权限经土地管理部门和城市规划部门批准，依照《条例》和本办法规定重新签订土地使用权出让合同，调整土地使用权出让金，并办理土地登记手续。

第二十一条 土地使用权出租后，承租人不得新建永久性建筑物、构筑物。需要建造临时性建筑物、构筑物的，必须征得出租人同意，并按照有关法律、法规的规定办理审批手续。

土地使用权出租后，承租人需要改变土地使用权出让合同规定内容的，必须征得出租人同意，并按规定的审批权限经土地管理部门和城市规划部门批准，依照《条例》和本办法规定重新签订土地使用权出让合同，调整土地使用权出让金，并办理土地登记手续。

第二十二条 土地使用权租赁合同终止后，出租人应当自租赁合同终止之日起十五日内，到原登记机关办理注销土地使用权出租登记手续。

第二十三条 土地使用权抵押合同终止后，抵押人应当自抵押合同终止之日起十五日内，到原登记机关办理注销土地使用权抵押登记手续。

第二十四条　抵押人到期未能履行债务或者在抵押合同期间宣告解散、破产的，抵押权人有权依照国家法律、法规和抵押合同的规定处分抵押财产。

因处分抵押财产而取得土地使用权的，土地使用者应当自权利取得之日起十五日内，到所在地市、县人民政府土地管理部门办理变更土地登记手续。

第二十五条　土地使用者转让、出租、抵押土地使用权，在办理土地使用权出让手续时，其土地使用权出让期由所在地市、县人民政府土地管理部门与土地使用者经过协商后，在土地使用权出让合同中订明，但不得超过《条例》规定的最高年限。

第二十六条　土地使用权出让金，区别土地使用权转让、出租、抵押等不同方式，按标定地价的一定比例收取，最低不得低于标定地价的40%。标定地价由所在地市、县人民政府土地管理部门根据基准地价，按土地使用权转让、出租、抵押期限和地块条件核定。

第二十七条　土地使用权出让金，由市、县人民政府土地管理部门代表政府收取，按国家有关规定管理。

第二十八条　土地使用权出让期届满，土地使用者必须在出让期满之日起十五日内持国有土地使用证和土地使用权出让合同，到原登记机关办理注销出让登记手续。

第二十九条　土地使用权出让期满后，土地使用者再转让、出租、抵押土地使用权时，须按本办法规定重新签订土地使用权出让合同，支付土地使用权出让金，并办理变更土地登记手续，

第三十条　土地使用权出让期间，国家在特殊情况下，根据社会公共利益的需要，可以依照法律程序收回土地使用权，并根据土地使用者已使用的年限和开发、利用土地的实际情况给予相应的补偿。

第三十一条　土地使用者未按土地使用权出让合同规定的期限支付全部出让金的，出让方有权解除合同，并可请求违约赔偿。

第三十二条　土地使用权转让、出租、抵押，当事人不办理土地登记手续的，其行为无效，不受法律保护。

第三十三条　对未经批准擅自转让、出租、抵押土地使用权的单位和个人，由所在地市、县人民政府土地管理部门依照《条例》第四十六条规定处理。

第三十四条　当事人对土地管理部门作出的行政处罚决定不服的，可以依照《中华人民共和国行政诉讼法》向人民法院提起诉讼。

第三十五条　县级以上人民政府土地管理部门应当加强对土地使用权转让、出租、抵押活动的监督检查工作，对违法行为，应当及时查处。

第三十六条　土地管理部门在对土地使用权转让、出租、抵押活动进行

监督检查时，被检查的单位或者个人应当予以配合，如实反映情况，提供有关文件、资料，不得阻挠。

第三十七条 土地管理部门在监督检查中，可以采取下列措施：

（一）查阅、复制与土地监督检查事项有关的文件、资料；

（二）要求被监督检查的单位和个人提供或者报送与监督检查事项有关的文件、资料及其他必要情况；

（三）责令被监督检查的单位和个人停止正在进行的土地违法行为。

第三十八条 土地管理部门办理土地使用权出让等业务活动的经费，按照国家有关规定办理。

第三十九条 经济组织以外的其他组织从事土地使用权转让、出租、抵押活动的，可参照本办法办理。

第四十条 以土地使用权作为条件，与他人进行联建房屋、举办联营企业的，视为土地使用权转让行为，按照本办法办理。

第四十一条 对《条例》实施后，本办法实施前发生的未经批准擅自转让、出租、抵押土地使用权行为，市、县人民政府土地管理部门应当组织进行清理，并按《条例》规定处罚后，补办出让手续。

第四十二条 本办法由国家土地管理局负责解释。

第四十三条 本办法自发布之日起施行。

协议出让国有土地使用权规定

（2003年6月11日国土资源部令第21号发布　自2003年8月1日起施行）

第一条 为加强国有土地资产管理，优化土地资源配置，规范协议出让国有土地使用权行为，根据《中华人民共和国城市房地产管理法》、《中华人民共和国土地管理法》和《中华人民共和国土地管理法实施条例》，制定本规定。

第二条 在中华人民共和国境内以协议方式出让国有土地使用权的，适用本规定。

本规定所称协议出让国有土地使用权，是指国家以协议方式将国有土地使用权在一定年限内出让给土地使用者，由土地使用者向国家支付土地使用权出让金的行为。

第三条 出让国有土地使用权，除依照法律、法规和规章的规定应当采用招标、拍卖或者挂牌方式外，方可采取协议方式。

第四条　协议出让国有土地使用权，应当遵循公开、公平、公正和诚实信用的原则。

以协议方式出让国有土地使用权的出让金不得低于按国家规定所确定的最低价。

第五条　协议出让最低价不得低于新增建设用地的土地有偿使用费、征地（拆迁）补偿费用以及按照国家规定应当缴纳的有关税费之和；有基准地价的地区，协议出让最低价不得低于出让地块所在级别基准地价的70％。

低于最低价时国有土地使用权不得出让。

第六条　省、自治区、直辖市人民政府国土资源行政主管部门应当依据本规定第五条的规定拟定协议出让最低价，报同级人民政府批准后公布，由市、县人民政府国土资源行政主管部门实施。

第七条　市、县人民政府国土资源行政主管部门应当根据经济社会发展计划、国家产业政策、土地利用总体规划、土地利用年度计划、城市规划和土地市场状况，编制国有土地使用权出让计划，报同级人民政府批准后组织实施。

国有土地使用权出让计划经批准后，市、县人民政府国土资源行政主管部门应当在土地有形市场等指定场所，或者通过报纸、互联网等媒介向社会公布。

因特殊原因，需要对国有土地使用权出让计划进行调整的，应当报原批准机关批准，并按照前款规定及时向社会公布。

国有土地使用权出让计划应当包括年度土地供应总量、不同用途土地供应面积、地段以及供地时间等内容。

第八条　国有土地使用权出让计划公布后，需要使用土地的单位和个人可以根据国有土地使用权出让计划，在市、县人民政府国土资源行政主管部门公布的时限内，向市、县人民政府国土资源行政主管部门提出意向用地申请。

市、县人民政府国土资源行政主管部门公布计划接受申请的时间不得少于30日。

第九条　在公布的地段上，同一地块只有一个意向用地者的，市、县人民政府国土资源行政主管部门方可按照本规定采取协议方式出让；但商业、旅游、娱乐和商品住宅等经营性用地除外。

同一地块有两个或者两个以上意向用地者的，市、县人民政府国土资源行政主管部门应当按照《招标拍卖挂牌出让国有土地使用权规定》，采取招标、拍卖或者挂牌方式出让。

第十条 对符合协议出让条件的，市、县人民政府国土资源行政主管部门会同城市规划等有关部门，依据国有土地使用权出让计划、城市规划和意向用地者申请的用地项目类型、规模等，制定协议出让土地方案。

协议出让土地方案应当包括拟出让地块的具体位置、界址、用途、面积、年限、土地使用条件、规划设计条件、供地时间等。

第十一条 市、县人民政府国土资源行政主管部门应当根据国家产业政策和拟出让地块的情况，按照《城镇土地估价规程》的规定，对拟出让地块的土地价格进行评估，经市、县人民政府国土资源行政主管部门集体决策，合理确定协议出让底价。

协议出让底价不得低于协议出让最低价。

协议出让底价确定后应当保密，任何单位和个人不得泄露。

第十二条 协议出让土地方案和底价经有批准权的人民政府批准后，市、县人民政府国土资源行政主管部门应当与意向用地者就土地出让价格等进行充分协商，协商一致且议定的出让价格不低于出让底价的，方可达成协议。

第十三条 市、县人民政府国土资源行政主管部门应当根据协议结果，与意向用地者签订《国有土地使用权出让合同》。

第十四条 《国有土地使用权出让合同》签订后 7 日内，市、县人民政府国土资源行政主管部门应当将协议出让结果在土地有形市场等指定场所，或者通过报纸、互联网等媒介向社会公布，接受社会监督。

公布协议出让结果的时间不得少于 15 日。

第十五条 土地使用者按照《国有土地使用权出让合同》的约定，付清土地使用权出让金、依法办理土地登记手续后，取得国有土地使用权。

第十六条 以协议出让方式取得国有土地使用权的土地使用者，需要将土地使用权出让合同约定的土地用途改变为商业、旅游、娱乐和商品住宅等经营性用途的，应当取得出让方和市、县人民政府城市规划部门的同意，签订土地使用权出让合同变更协议或者重新签订土地使用权出让合同，按变更后的土地用途，以变更时的土地市场价格补交相应的土地使用权出让金，并依法办理土地使用权变更登记手续。

第十七条 违反本规定，有下列行为之一的，对直接负责的主管人员和其他直接责任人员依法给予行政处分：

（一）不按照规定公布国有土地使用权出让计划或者协议出让结果的；

（二）确定出让底价时未经集体决策的；

（三）泄露出让底价的；

（四）低于协议出让最低价出让国有土地使用权的；

（五）减免国有土地使用权出让金的。

违反前款有关规定，情节严重构成犯罪的，依法追究刑事责任。

第十八条　国土资源行政主管部门工作人员在协议出让国有土地使用权活动中玩忽职守、滥用职权、徇私舞弊的，依法给予行政处分；构成犯罪的，依法追究刑事责任。

第十九条　采用协议方式租赁国有土地使用权的，参照本规定执行。

第二十条　本规定自2003年8月1日起施行。原国家土地管理局1995年6月28日发布的《协议出让国有土地使用权最低价确定办法》同时废止。

招标拍卖挂牌出让国有建设用地使用权规定

（2002年4月3日国土资源部第4次部务会议通过
2007年9月21日国土资源部第3次部务会议修订
自2007年11月1日起施行）

第一条　为规范国有建设用地使用权出让行为，优化土地资源配置，建立公开、公平、公正的土地使用制度，根据《中华人民共和国物权法》、《中华人民共和国土地管理法》、《中华人民共和国城市房地产管理法》和《中华人民共和国土地管理法实施条例》，制定本规定。

第二条　在中华人民共和国境内以招标、拍卖或者挂牌出让方式在土地的地表、地上或者地下设立国有建设用地使用权的，适用本规定。

本规定所称招标出让国有建设用地使用权，是指市、县人民政府国土资源行政主管部门（以下简称出让人）发布招标公告，邀请特定或者不特定的自然人、法人和其他组织参加国有建设用地使用权投标，根据投标结果确定国有建设用地使用权人的行为。

本规定所称拍卖出让国有建设用地使用权，是指出让人发布拍卖公告，由竞买人在指定时间、地点进行公开竞价，根据出价结果确定国有建设用地使用权人的行为。

本规定所称挂牌出让国有建设用地使用权，是指出让人发布挂牌公告，按公告规定的期限将拟出让宗地的交易条件在指定的土地交易场所挂牌公布，接受竞买人的报价申请并更新挂牌价格，根据挂牌期限截止时的出价结果或者现场竞价结果确定国有建设用地使用权人的行为。

第三条　招标、拍卖或者挂牌出让国有建设用地使用权，应当遵循公开、公平、公正和诚信的原则。

第四条 工业、商业、旅游、娱乐和商品住宅等经营性用地以及同一宗地有两个以上意向用地者的，应当以招标、拍卖或者挂牌方式出让。

前款规定的工业用地包括仓储用地，但不包括采矿用地。

第五条 国有建设用地使用权招标、拍卖或者挂牌出让活动，应当有计划地进行。

市、县人民政府国土资源行政主管部门根据经济社会发展计划、产业政策、土地利用总体规划、土地利用年度计划、城市规划和土地市场状况，编制国有建设用地使用权出让年度计划，报经同级人民政府批准后，及时向社会公开发布。

第六条 市、县人民政府国土资源行政主管部门应当按照出让年度计划，会同城市规划等有关部门共同拟订拟招标拍卖挂牌出让地块的出让方案，报经市、县人民政府批准后，由市、县人民政府国土资源行政主管部门组织实施。

前款规定的出让方案应当包括出让地块的空间范围、用途、年限、出让方式、时间和其他条件等。

第七条 出让人应当根据招标拍卖挂牌出让地块的情况，编制招标拍卖挂牌出让文件。

招标拍卖挂牌出让文件应当包括出让公告、投标或者竞买须知、土地使用条件、标书或者竞买申请书、报价单、中标通知书或者成交确认书、国有建设用地使用权出让合同文本。

第八条 出让人应当至少在投标、拍卖或者挂牌开始日前20日，在土地有形市场或者指定的场所、媒介发布招标、拍卖或者挂牌公告，公布招标拍卖挂牌出让宗地的基本情况和招标拍卖挂牌的时间、地点。

第九条 招标拍卖挂牌公告应当包括下列内容：

（一）出让人的名称和地址；

（二）出让宗地的面积、界址、空间范围、现状、使用年期、用途、规划指标要求；

（三）投标人、竞买人的资格要求以及申请取得投标、竞买资格的办法；

（四）索取招标拍卖挂牌出让文件的时间、地点和方式；

（五）招标拍卖挂牌时间、地点、投标挂牌期限、投标和竞价方式等；

（六）确定中标人、竞得人的标准和方法；

（七）投标、竞买保证金；

（八）其他需要公告的事项。

第十条 市、县人民政府国土资源行政主管部门应当根据土地估价结果和政府产业政策综合确定标底或者底价。标底或者底价不得低于国家规定的最低价标准。

确定招标标底，拍卖和挂牌的起叫价、起始价、底价，投标、竞买保证金，应当实行集体决策。

招标标底和拍卖挂牌的底价，在招标开标前和拍卖挂牌出让活动结束之前应当保密。

第十一条　中华人民共和国境内外的自然人、法人和其他组织，除法律、法规另有规定外，均可申请参加国有建设用地使用权招标拍卖挂牌出让活动。

出让人在招标拍卖挂牌出让公告中不得设定影响公平、公正竞争的限制条件。挂牌出让的，出让公告中规定的申请截止时间，应当为挂牌出让结束日前 2 天。对符合招标拍卖挂牌公告规定条件的申请人，出让人应当通知其参加招标拍卖挂牌活动。

第十二条　市、县人民政府国土资源行政主管部门应当为投标人、竞买人查询拟出让土地的有关情况提供便利。

第十三条　投标、开标依照下列程序进行：

（一）投标人在投标截止时间前将标书投入标箱。招标公告允许邮寄标书的，投标人可以邮寄，但出让人在投标截止时间前收到的方为有效。

标书投入标箱后，不可撤回。投标人应当对标书和有关书面承诺承担责任。

（二）出让人按照招标公告规定的时间、地点开标，邀请所有投标人参加。由投标人或者其推选的代表检查标箱的密封情况，当众开启标箱，点算标书。投标人少于三人的，出让人应当终止招标活动。投标人不少于三人的，应当逐一宣布投标人名称、投标价格和投标文件的主要内容。

（三）评标小组进行评标。评标小组由出让人代表、有关专家组成，成员人数为五人以上的单数。

评标小组可以要求投标人对投标文件作出必要的澄清或者说明，但是澄清或者说明不得超出投标文件的范围或者改变投标文件的实质性内容。

评标小组应当按照招标文件确定的评标标准和方法，对投标文件进行评审。

（四）招标人根据评标结果，确定中标人。

按照价高者得的原则确定中标人的，可以不成立评标小组，由招标主持人根据开标结果，确定中标人。

第十四条　对能够最大限度地满足招标文件中规定的各项综合评价标准，或者能够满足招标文件的实质性要求且价格最高的投标人，应当确定为中标人。

第十五条　拍卖会依照下列程序进行：

（一）主持人点算竞买人；

（二）主持人介绍拍卖宗地的面积、界址、空间范围、现状、用途、使用年期、规划指标要求、开工和竣工时间以及其他有关事项；

（三）主持人宣布起叫价和增价规则及增价幅度。没有底价的，应当明确提示；

（四）主持人报出起叫价；

（五）竞买人举牌应价或者报价；

（六）主持人确认该应价或者报价后继续竞价；

（七）主持人连续三次宣布同一应价或者报价而没有再应价或者报价的，主持人落槌表示拍卖成交；

（八）主持人宣布最高应价或者报价者为竞得人。

第十六条　竞买人的最高应价或者报价未达到底价时，主持人应当终止拍卖。

拍卖主持人在拍卖中可以根据竞买人竞价情况调整拍卖增价幅度。

第十七条　挂牌依照以下程序进行：

（一）在挂牌公告规定的挂牌起始日，出让人将挂牌宗地的面积、界址、空间范围、现状、用途、使用年期、规划指标要求、开工时间和竣工时间、起始价、增价规则及增价幅度等，在挂牌公告规定的土地交易场所挂牌公布；

（二）符合条件的竞买人填写报价单报价；

（三）挂牌主持人确认该报价后，更新显示挂牌价格；

（四）挂牌主持人在挂牌公告规定的挂牌截止时间确定竞得人。

第十八条　挂牌时间不得少于10日。挂牌期间可根据竞买人竞价情况调整增价幅度。

第十九条　挂牌截止应当由挂牌主持人主持确定。挂牌期限届满，挂牌主持人现场宣布最高报价及其报价者，并询问竞买人是否愿意继续竞价。有竞买人表示愿意继续竞价的，挂牌出让转入现场竞价，通过现场竞价确定竞得人。挂牌主持人连续三次报出最高挂牌价格，没有竞买人表示愿意继续竞价的，按照下列规定确定是否成交：

（一）在挂牌期限内只有一个竞买人报价，且报价不低于底价，并符合其他条件的，挂牌成交；

（二）在挂牌期限内有两个或者两个以上的竞买人报价的，出价最高者为竞得人；报价相同的，先提交报价单者为竞得人，但报价低于底价者除外；

（三）在挂牌期限内无应价者或者竞买人的报价均低于底价或者均不符合其他条件的，挂牌不成交。

第二十条　以招标、拍卖或者挂牌方式确定中标人、竞得人后，中标人、竞得人支付的投标、竞买保证金，转作受让地块的定金。出让人应当向中标人发出中标通知书或者与竞得人签订成交确认书。

中标通知书或者成交确认书应当包括出让人和中标人或者竞得人的名称，出让标的，成交时间、地点、价款以及签订国有建设用地使用权出让合同的时间、地点等内容。

中标通知书或者成交确认书对出让人和中标人或者竞得人具有法律效力。出让人改变竞得结果，或者中标人、竞得人放弃中标宗地、竞得宗地的，应当依法承担责任。

第二十一条 中标人、竞得人应当按照中标通知书或者成交确认书约定的时间，与出让人签订国有建设用地使用权出让合同。中标人、竞得人支付的投标、竞买保证金抵作土地出让价款；其他投标人、竞买人支付的投标、竞买保证金，出让人必须在招标拍卖挂牌活动结束后5个工作日内予以退还，不计利息。

第二十二条 招标拍卖挂牌活动结束后，出让人应在10个工作日内将招标拍卖挂牌出让结果在土地有形市场或者指定的场所、媒介公布。

出让人公布出让结果，不得向受让人收取费用。

第二十三条 受让人依照国有建设用地使用权出让合同的约定付清全部土地出让价款后，方可申请办理土地登记，领取国有建设用地使用权证书。

未按出让合同约定缴清全部土地出让价款的，不得发放国有建设用地使用权证书，也不得按出让价款缴纳比例分割发放国有建设用地使用权证书。

第二十四条 应当以招标拍卖挂牌方式出让国有建设用地使用权而擅自采用协议方式出让的，对直接负责的主管人员和其他直接责任人员依法给予处分；构成犯罪的，依法追究刑事责任。

第二十五条 中标人、竞得人有下列行为之一的，中标、竞得结果无效；造成损失的，应当依法承担赔偿责任：

（一）提供虚假文件隐瞒事实的；

（二）采取行贿、恶意串通等非法手段中标或者竞得的。

第二十六条 国土资源行政主管部门的工作人员在招标拍卖挂牌出让活动中玩忽职守、滥用职权、徇私舞弊的，依法给予处分；构成犯罪的，依法追究刑事责任。

第二十七条 以招标拍卖挂牌方式租赁国有建设用地使用权的，参照本规定执行。

第二十八条 本规定自2007年11月1日起施行。

最高人民法院
关于审理涉及国有土地使用权合同纠纷案件适用法律问题的解释

法释〔2005〕5号

（2004年11月23日最高人民法院审判委员会第1334次会议通过
2005年6月18日最高人民法院公告公布　自2005年8月1日起施行）

根据《中华人民共和国民法通则》、《中华人民共和国合同法》、《中华人民共和国土地管理法》、《中华人民共和国城市房地产管理法》等法律规定，结合民事审判实践，就审理涉及国有土地使用权合同纠纷案件适用法律的问题，制定本解释。

一、土地使用权出让合同纠纷

第一条　本解释所称的土地使用权出让合同，是指市、县人民政府土地管理部门作为出让方将国有土地使用权在一定年限内让与受让方，受让方支付土地使用权出让金的协议。

第二条　开发区管理委员会作为出让方与受让方订立的土地使用权出让合同，应当认定无效。

本解释实施前，开发区管理委员会作为出让方与受让方订立的土地使用权出让合同，起诉前经市、县人民政府土地管理部门追认的，可以认定合同有效。

第三条　经市、县人民政府批准同意以协议方式出让的土地使用权，土地使用权出让金低于订立合同时当地政府按照国家规定确定的最低价的，应当认定土地使用权出让合同约定的价格条款无效。

当事人请求按照订立合同时的市场评估价格交纳土地使用权出让金的，应予支持；受让方不同意按照市场评估价格补足，请求解除合同的，应予支持。因此造成的损失，由当事人按照过错承担责任。

第四条　土地使用权出让合同的出让方因未办理土地使用权出让批准手续而不能交付土地，受让方请求解除合同的，应予支持。

第五条　受让方经出让方和市、县人民政府城市规划行政主管部门同意，改变土地使用权出让合同约定的土地用途，当事人请求按照起诉时同种用途的土地出让金标准调整土地出让金的，应予支持。

第六条　受让方擅自改变土地使用权出让合同约定的土地用途，出让方请求解除合同的，应予支持。

二、土地使用权转让合同纠纷

第七条　本解释所称的土地使用权转让合同，是指土地使用权人作为转让方将出让土地使用权转让于受让方，受让方支付价款的协议。

第八条　土地使用权人作为转让方与受让方订立土地使用权转让合同后，当事人一方以双方之间未办理土地使用权变更登记手续为由，请求确认合同无效的，不予支持。

第九条　转让方未取得出让土地使用权证书与受让方订立合同转让土地使用权，起诉前转让方已经取得出让土地使用权证书或者有批准权的人民政府同意转让的，应当认定合同有效。

第十条　土地使用权人作为转让方就同一出让土地使用权订立数个转让合同，在转让合同有效的情况下，受让方均要求履行合同的，按照以下情形分别处理：

（一）已经办理土地使用权变更登记手续的受让方，请求转让方履行交付土地等合同义务的，应予支持；

（二）均未办理土地使用权变更登记手续，已先行合法占有投资开发土地的受让方请求转让方履行土地使用权变更登记等合同义务的，应予支持；

（三）均未办理土地使用权变更登记手续，又未合法占有投资开发土地，先行支付土地转让款的受让方请求转让方履行交付土地和办理土地使用权变更登记等合同义务的，应予支持；

（四）合同均未履行，依法成立在先的合同受让方请求履行合同的，应予支持。

未能取得土地使用权的受让方请求解除合同、赔偿损失的，按照《中华人民共和国合同法》的有关规定处理。

第十一条　土地使用权人未经有批准权的人民政府批准，与受让方订立合同转让划拨土地使用权的，应当认定合同无效。但起诉前经有批准权的人民政府批准办理土地使用权出让手续的，应当认定合同有效。

第十二条　土地使用权人与受让方订立合同转让划拨土地使用权，起诉前经有批准权的人民政府同意转让，并由受让方办理土地使用权出让手续的，土地使用权人与受让方订立的合同可以按照补偿性质的合同处理。

第十三条　土地使用权人与受让方订立合同转让划拨土地使用权，起诉前经有批准权的人民政府决定不办理土地使用权出让手续，并将该划拨土地使用权直接划拨给受让方使用的，土地使用权人与受让方订立的合同可以按照补偿性质的合同处理。

三、合作开发房地产合同纠纷

第十四条 本解释所称的合作开发房地产合同，是指当事人订立的以提供出让土地使用权、资金等作为共同投资，共享利润、共担风险合作开发房地产为基本内容的协议。

第十五条 合作开发房地产合同的当事人一方具备房地产开发经营资质的，应当认定合同有效。

当事人双方均不具备房地产开发经营资质的，应当认定合同无效。但起诉前当事人一方已经取得房地产开发经营资质或者已依法合作成立具有房地产开发经营资质的房地产开发企业的，应当认定合同有效。

第十六条 土地使用权人未经有批准权的人民政府批准，以划拨土地使用权作为投资与他人订立合同合作开发房地产的，应当认定合同无效。但起诉前已经办理批准手续的，应当认定合同有效。

第十七条 投资数额超出合作开发房地产合同的约定，对增加的投资数额的承担比例，当事人协商不成的，按照当事人的过错确定；因不可归责于当事人的事由或者当事人的过错无法确定的，按照约定的投资比例确定；没有约定投资比例的，按照约定的利润分配比例确定。

第十八条 房屋实际建筑面积少于合作开发房地产合同的约定，对房屋实际建筑面积的分配比例，当事人协商不成的，按照当事人的过错确定；因不可归责于当事人的事由或者当事人过错无法确定的，按照约定的利润分配比例确定。

第十九条 在下列情形下，合作开发房地产合同的当事人请求分配房地产项目利益的，不予受理；已经受理的，驳回起诉：

（一）依法需经批准的房地产建设项目未经有批准权的人民政府主管部门批准；

（二）房地产建设项目未取得建设工程规划许可证；

（三）擅自变更建设工程规划。

因当事人隐瞒建设工程规划变更的事实所造成的损失，由当事人按照过错承担。

第二十条 房屋实际建筑面积超出规划建筑面积，经有批准权的人民政府主管部门批准后，当事人对超出部分的房屋分配比例协商不成的，按照约定的利润分配比例确定。对增加的投资数额的承担比例，当事人协商不成的，按照约定的投资比例确定；没有约定投资比例的，按照约定的利润分配比例确定。

第二十一条　当事人违反规划开发建设的房屋，被有批准权的人民政府主管部门认定为违法建筑责令拆除，当事人对损失承担协商不成的，按照当事人过错确定责任；过错无法确定的，按照约定的投资比例确定责任；没有约定投资比例的，按照约定的利润分配比例确定责任。

第二十二条　合作开发房地产合同约定仅以投资数额确定利润分配比例，当事人未足额交纳出资的，按照当事人的实际投资比例分配利润。

第二十三条　合作开发房地产合同的当事人要求将房屋预售款充抵投资参与利润分配的，不予支持。

第二十四条　合作开发房地产合同约定提供土地使用权的当事人不承担经营风险，只收取固定利益的，应当认定为土地使用权转让合同。

第二十五条　合作开发房地产合同约定提供资金的当事人不承担经营风险，只分配固定数量房屋的，应当认定为房屋买卖合同。

第二十六条　合作开发房地产合同约定提供资金的当事人不承担经营风险，只收取固定数额货币的，应当认定为借款合同。

第二十七条　合作开发房地产合同约定提供资金的当事人不承担经营风险，只以租赁或者其他形式使用房屋的，应当认定为房屋租赁合同。

四、其　他

第二十八条　本解释自2005年8月1日起施行；施行后受理的第一审案件适用本解释。

本解释施行前最高人民法院发布的司法解释与本解释不一致的，以本解释为准。

【链　接】

最高人民法院有关负责人就《关于审理涉及国有土地使用权合同纠纷适用法律问题的解释》答新华社记者问

继2003年4月28日公布《关于审理商品房买卖合同纠纷案件适用法律若干问题的解释》后，最高人民法院于2005年6月18日公布旨在规范房地产市场的国有土地使用权合同纠纷司法解释，指导各级人民法院公正及时地处理房地产纠纷案件，规范房地产市场交易行为，促进房地产市场健康发展。新华社记者就有关问题采访了最高人民法院有关负责人。

一、集体土地和农用土地不适用新司法解释

这位负责人表示，《土地管理法》第二条规定，我国实行土地全民所有制和劳动群众集体所有制，全民所有即国家所有。与土地所有制相对应，我国目前土地使用权也可分国有土地使用权和集体土地使用权两类。根据《城市房地产管理法》的规定，房地产开发是指在依法取得的国有土地使用权的土地上进行基础设施、房屋建设的行为，由此决定房地产开发所需要的土地仅限于国有土地，而非集体土地；城市规划区内的集体所有的土地，经依法征用转为国有土地后，该幅国有土地的使用权方可有偿出让。《土地管理法》也明确规定，任何单位和个人进行建设，需要使用土地的，必须依法申请使用国有土地；农民集体所有的土地的使用权不得出让、转让或者出租用于非农业建设。因此，新出台的司法解释调整的范围只限于涉及国有土地使用权的合同纠纷案件，不包括集体所有土地。

按照《土地管理法》确立的土地用途管制制度和基本农田保护制度，我国土地分为农用地、建设用地和未利用地，严格限制农用地转为建设用地。在国有土地上，对于按照土地利用总体规划划入基本农田保护区的农用地要严格管理，因房地产开发建设需要使用国有建设用地的，可通过出让或者划拨的方式取得；涉及农用地转为建设用地的，应当办理农用地转用审批手续。因此，本司法解释调整的国有土地范围为国有建设用地，不包括国有农用地。

二、不轻易确认合同无效

这位负责人表示，合同效力的认定不仅关系着土地交易关系的稳定和当事人合法权益的保护，而且关系到房地产市场的有序发展。因此，司法解释根据《合同法》的规定，结合社会现状和审判实际，在对欠缺生效条件合同的效力认定处理上，采取了补救性的措施，即当事人只要在向人民法院起诉前，符合法律、行政法规规定的条件，不存在《合同法》第五十二条规定的无效情形，就应当认定合同有效，尽量尊重当事人双方的意思表示，不轻易确认合同无效，以促进合同加速履行和社会资源的有效利用。

此外，在合同的解除上，司法解释严格当事人行使解除权的条件，只有在出现根本违约，合同目的无法实现的情况下，当事人请求解除的才予以支持。

三、开发区管委会订立的土地出让合同无效

这位负责人表示，《土地管理法》和《城市房地产管理法》规定，土地使

用权出让合同的出让方为市、县人民政府土地管理部门，其他部门无权出让。但由于以往土地市场管理不规范，特别是对各类开发区内的土地管理缺乏有效措施，导致了一些开发区的国有土地出让、转让呈现无序状态，开发区管委会擅自出让土地的情况较为严重，引发了大量的合同纠纷。针对上述情况，目前国务院已经对全国土地市场部署开展治理整顿工作，其中开发区即为整治的重点。

为配合国务院此项工作，在综合相关部门意见的基础上，司法解释对开发区管委会订立的土地使用权合同效力认定作出区别对待的规定。首先，为配合国务院开展的土地市场整治工作，加大促进国土管理部门对土地市场的管理力度，司法解释明确将不具备法定主体资格的开发区管委会与受让人订立的土地使用权出让合同按无效处理，对今后土地出让行为可以给予有效规范。其次，考虑到我国目前实际情况，对开发区管委会遗留下的为数不少的出让土地问题，仍采取一定的补救手段，即在起诉前经过市、县人民政府土地管理部门追认的，可以认定有效，同时为防止追认手段的滥用，有效规范今后的土地出让行为，对追认的范围限定在本司法解释实施之前的情况。司法解释实施以后，开发区管委会再行订立的土地使用权出让合同一律按照无效处理。通过宽严相济的规定，对此类纠纷给予合理解决。

四、司法解释有利于构建和谐社会

这位负责人表示，据相关资料表明，随着城镇居民住房的商品化和市场化，目前房地产开发建设的商品房近90%由个人购买，而商品房的开发建设与土地市场具有直接的关系。司法解释的公布实施，有利于推动我国房地产市场各项制度的改革和土地交易市场健康有序地发展。有利于保护房地产市场开发经营主体和广大人民群众的合法权益。

司法解释的公布实施，还有利于法制的统一和社会主义和谐社会的构建。房地产作为不动产，属于民事财产权的范畴，应由《物权法》进行调整。现行的《土地管理法》和《城市房地产管理法》作为行政性法律，主要是从行政管理的角度对房地产的开发经营行为加以规定。由于目前我国还没有完善的不动产法律，《物权法》也尚未出台，因此，人民法院在处理法律关系复杂的房地产纠纷案件时缺乏具体明确的法律依据，适用法律不统一。这不仅不利于平等保护当事人的合法权益，也不符合法制统一原则的要求。司法解释的制定出台，为人民法院正确、及时处理房地产纠纷案件，维护房地产市场秩序，公平保护当事人合法权益提供了有力的法律武器。

最高人民法院
关于国有土地开荒后用于农耕的土地使用权转让合同纠纷案件如何适用法律问题的批复

法释〔2012〕14号

（2011年11月21日最高人民法院审判委员会第1532次会议通过
2012年9月4日最高人民法院公告公布　自2012年11月1日起施行）

甘肃省高级人民法院：

你院《关于对国有土地经营权转让如何适用法律的请示》（甘高法〔2010〕84号）收悉。经研究，答复如下：

开荒后用于农耕而未交由农民集体使用的国有土地，不属于《中华人民共和国农村土地承包法》第二条规定的农村土地。此类土地使用权的转让，不适用《中华人民共和国农村土地承包法》的规定，应适用《中华人民共和国合同法》和《中华人民共和国土地管理法》等相关法律规定加以规范。

对于国有土地开荒后用于农耕的土地使用权转让合同，不违反法律、行政法规的强制性规定的，当事人仅以转让方未取得土地使用权证书为由请求确认合同无效的，人民法院依法不予支持；当事人根据合同约定主张对方当事人履行办理土地使用权证书义务的，人民法院依法应予支持。

（五）担保物权

1. 综　合

中华人民共和国担保法

（1995年6月30日第八届全国人民代表大会常务委员会第十四次会议通过
1995年6月30日中华人民共和国主席令第50号公布　自1995年10月1日起施行）

目　录

第一章　总　则

第一条　【立法宗旨】为促进资金融通和商品流通，保障债权的实现，发展社会主义市场经济，制定本法。

第二条　【本法适用范围与担保方式】在借贷、买卖、货物运输、加工承揽等经济活动中，债权人需要以担保方式保障其债权实现的，可以依照本法规定设定担保。

本法规定的担保方式为保证、抵押、质押、留置和定金。

第三条　【担保基本原则】担保活动应当遵循平等、自愿、公平、诚实信用的原则。

第四条　【反担保】第三人为债务人向债权人提供担保时，可以要求债务人提供反担保。

反担保适用本法担保的规定。

第五条　【担保合同无效及其法律后果】担保合同是主合同的从合同，主合同无效，担保合同无效。担保合同另有约定的，按照约定。

担保合同被确认无效后，债务人、担保人、债权人有过错的，应当根据其过错各自承担相应的民事责任。

第二章　保证

第一节　保证和保证人

第六条　【保证的定义】本法所称保证，是指保证人和债权人约定，当债务人不履行债务时，保证人按照约定履行债务或者承担责任的行为。

第七条　【保证人资格】具有代为清偿债务能力的法人、其他组织或者公民，可以作保证人。

第八条　【国家机关作为保证人的限制】国家机关不得为保证人，但经国务院批准为使用外国政府或者国际经济组织贷款进行转贷的除外。

第九条　【公益法人不得作为保证人】学校、幼儿园、医院等以公益为目的的事业单位、社会团体不得为保证人。

第十条　【企业法人分支机构、职能部门作为保证人的禁止与例外】企业法人的分支机构、职能部门不得为保证人。

企业法人的分支机构有法人书面授权的，可以在授权范围内提供保证。

第十一条　【强令提供担保的禁止】任何单位和个人不得强令银行等金融机构或者企业为他人提供保证；银行等金融机构或者企业对强令其为他人提供保证的行为，有权拒绝。

第十二条　【共同保证】同一债务有两个以上保证人的，保证人应当按照保证合同约定的保证份额，承担保证责任。没有约定保证份额的，保证人承担连带责任，债权人可以要求任何一个保证人承担全部保证责任，保证人都负有担保全部债权实现的义务。已经承担保证责任的保证人，有权向债务人追偿，或者要求承担连带责任的其他保证人清偿其应当承担的份额。

第二节　保证合同和保证方式

第十三条　【保证合同的形式】保证人与债权人应当以书面形式订立保证合同。

第十四条　【最高额保证合同】保证人与债权人可以就单个主合同分别订立保证合同，也可以协议在最高债权额限度内就一定期间连续发生的借款合同或者某项商品交易合同订立一个保证合同。

第十五条　【保证合同的内容】保证合同应当包括以下内容：

（一）被保证的主债权种类、数额；

（二）债务人履行债务的期限；

（三）保证的方式；

（四）保证担保的范围；

（五）保证的期间；

（六）双方认为需要约定的其他事项。

保证合同不完全具备前款规定内容的，可以补正。

第十六条　【保证的方式】保证的方式有：

（一）一般保证；

（二）连带责任保证。

第十七条　【一般保证及先诉抗辩权】当事人在保证合同中约定，债务人不能履行债务时，由保证人承担保证责任的，为一般保证。

一般保证的保证人在主合同纠纷未经审判或者仲裁，并就债务人财产依法强制执行仍不能履行债务前，对债权人可以拒绝承担保证责任。

有下列情形之一的，保证人不得行使前款规定的权利：

（一）债务人住所变更，致使债权人要求其履行债务发生重大困难的；

（二）人民法院受理债务人破产案件，中止执行程序的；

（三）保证人以书面形式放弃前款规定的权利的。

第十八条　【连带责任保证】当事人在保证合同中约定保证人与债务人对债务承担连带责任的，为连带责任保证。

连带责任保证的债务人在主合同规定的债务履行期届满没有履行债务的，债权人可以要求债务人履行债务，也可以要求保证人在其保证范围内承担保证责任。

第十九条　【保证方式的推定】当事人对保证方式没有约定或者约定不明确的，按照连带责任保证承担保证责任。

第二十条　【保证人的抗辩权】一般保证和连带责任保证的保证人享有债务人的抗辩权。债务人放弃对债务的抗辩权的，保证人仍有权抗辩。

抗辩权是指债权人行使债权时，债务人根据法定事由，对抗债权人行使请求权的权利。

第三节　保证责任

第二十一条　【保证范围】保证担保的范围包括主债权及利息、违约金、损害赔偿金和实现债权的费用。保证合同另有约定的，按照约定。

当事人对保证担保的范围没有约定或者约定不明确的，保证人应当对全部债务承担责任。

第二十二条　【债权让与对保证责任的影响】保证期间，债权人依法将主债权转让给第三人的，保证人在原保证担保的范围内继续承担保证责任。保证合同另有约定的，按照约定。

第二十三条　【债务承担对保证责任的影响】保证期间，债权人许可债务人转让债务的，应当取得保证人书面同意，保证人对未经其同意转让的债务，不再承担保证责任。

第二十四条　【债的变更对保证责任的影响】债权人与债务人协议变更主合同的，应当取得保证人书面同意，未经保证人书面同意的，保证人不再承担保证责任。保证合同另有约定的，按照约定。

第二十五条　【一般保证的保证期间】一般保证的保证人与债权人未约定保证期间的，保证期间为主债务履行期届满之日起六个月。

在合同约定的保证期间和前款规定的保证期间，债权人未对债务人提起诉讼或者申请仲裁的，保证人免除保证责任；债权人已提起诉讼或者申请仲裁的，保证期间适用诉讼时效中断的规定。

第二十六条　【连带责任的保证期间】连带责任保证的保证人与债权人未约定保证期间的，债权人有权自主债务履行期届满之日起六个月内要求保证人承担保证责任。

在合同约定的保证期间和前款规定的保证期间，债权人未要求保证人承担保证责任的，保证人免除保证责任。

第二十七条　【最高额保证的保证期间】保证人依照本法第十四条规定就连续发生的债权作保证，未约定保证期间的，保证人可以随时书面通知债权人终止保证合同，但保证人对于通知到债权人前所发生的债权，承担保证责任。

第二十八条 【保证担保与物的担保竞合的处理】同一债权既有保证又有物的担保的，保证人对物的担保以外的债权承担保证责任。

债权人放弃物的担保的，保证人在债权人放弃权利的范围内免除保证责任。

第二十九条 【分支机构订立的无效保证合同的处理】企业法人的分支机构未经法人书面授权或者超出授权范围与债权人订立保证合同的，该合同无效或者超出授权范围的部分无效，债权人和企业法人有过错的，应当根据其过错各自承担相应的民事责任；债权人无过错的，由企业法人承担民事责任。

第三十条 【保证责任的免除】有下列情形之一的，保证人不承担民事责任：

（一）主合同当事人双方串通，骗取保证人提供保证的；

（二）主合同债权人采取欺诈、胁迫等手段，使保证人在违背真实意思的情况下提供保证的。

第三十一条 【保证人的追偿权】保证人承担保证责任后，有权向债务人追偿。

第三十二条 【保证人追偿权的代位行使】人民法院受理债务人破产案件后，债权人未申报债权的，保证人可以参加破产财产分配，预先行使追偿权。

第三章 抵 押

第一节 抵押和抵押物

第三十三条 【抵押相关概念】本法所称抵押，是指债务人或者第三人不转移对本法第三十四条所列财产的占有，将该财产作为债权的担保。债务人不履行债务时，债权人有权依照本法规定以该财产折价或者以拍卖、变卖该财产的价款优先受偿。

前款规定的债务人或者第三人为抵押人，债权人为抵押权人，提供担保的财产为抵押物。

第三十四条 【抵押财产的范围】下列财产可以抵押：

（一）抵押人所有的房屋和其他地上定着物；

（二）抵押人所有的机器、交通运输工具和其他财产；

（三）抵押人依法有权处分的国有的土地使用权、房屋和其他地上定着物；

（四）抵押人依法有权处分的国有的机器、交通运输工具和其他财产；

（五）抵押人依法承包并经发包方同意抵押的荒山、荒沟、荒丘、荒滩等荒地的土地使用权；

（六）依法可以抵押的其他财产。

抵押人可以将前款所列财产一并抵押。

第三十五条 【超额抵押的禁止】抵押人所担保的债权不得超出其抵押物的价值。

财产抵押后，该财产的价值大于所担保债权的余额部分，可以再次抵押，但不得超出其余额部分。

第三十六条 【房屋与土地使用权抵押】以依法取得的国有土地上的房屋抵押的，该房屋占用范围内的国有土地使用权同时抵押。

以出让方式取得的国有土地使用权抵押的，应当将抵押时该国有土地上的房屋同时抵押。

乡（镇）、村企业的土地使用权不得单独抵押。以乡（镇）、村企业的厂房等建筑物抵押的，其占用范围内的土地使用权同时抵押。

第三十七条 【不得抵押的财产】下列财产不得抵押：

（一）土地所有权；

（二）耕地、宅基地、自留地、自留山等集体所有的土地使用权，但本法第三十四条第（五）项、第三十六条第三款规定的除外；

（三）学校、幼儿园、医院等以公益为目的的事业单位、社会团体的教育设施、医疗卫生设施和其他社会公益设施；

（四）所有权、使用权不明或者有争议的财产；

（五）依法被查封、扣押、监管的财产；

（六）依法不得抵押的其他财产。

第二节　抵押合同和抵押物登记

第三十八条 【抵押合同的形式】抵押人和抵押权人应当以书面形式订立抵押合同。

第三十九条 【抵押合同的内容】抵押合同应当包括以下内容：

（一）被担保的主债权种类、数额；

（二）债务人履行债务的期限；

（三）抵押物的名称、数量、质量、状况、所在地、所有权权属或者使用权权属；

（四）抵押担保的范围；

（五）当事人认为需要约定的其他事项。

抵押合同不完全具备前款规定内容的，可以补正。

第四十条　【抵押合同的禁止】订立抵押合同时，抵押权人和抵押人在合同中不得约定在债务履行期届满抵押权人未受清偿时，抵押物的所有权转移为债权人所有。

第四十一条　【抵押物登记】当事人以本法第四十二条规定的财产抵押的，应当办理抵押物登记，抵押合同自登记之日起生效。

第四十二条　【抵押物登记机关】办理抵押物登记的部门如下：

（一）以无地上定着物的土地使用权抵押的，为核发土地使用权证书的土地管理部门；

（二）以城市房地产或者乡（镇）、村企业的厂房等建筑物抵押的，为县级以上地方人民政府规定的部门；

（三）以林木抵押的，为县级以上林木主管部门；

（四）以航空器、船舶、车辆抵押的，为运输工具的登记部门；

（五）以企业的设备和其他动产抵押的，为财产所在地的工商行政管理部门。

第四十三条　【抵押物的自愿登记】当事人以其他财产抵押的，可以自愿办理抵押物登记，抵押合同自签订之日起生效。

当事人未办理抵押物登记的，不得对抗第三人。当事人办理抵押物登记的，登记部门为抵押人所在地的公证部门。

第四十四条　【抵押物登记应提交的文件】办理抵押物登记，应当向登记部门提供下列文件或者其复印件：

（一）主合同和抵押合同；

（二）抵押物的所有权或者使用权证书。

第四十五条　【抵押登记资料的公开】登记部门登记的资料，应当允许查阅、抄录或者复印。

第三节　抵押的效力

第四十六条　【抵押担保的范围】抵押担保的范围包括主债权及利息、违约金、损害赔偿金和实现抵押权的费用。抵押合同另有约定的，按照约定。

第四十七条　【抵押权对抵押物孳息的效力】债务履行期届满，债务人不履行债务致使抵押物被人民法院依法扣押的，自扣押之日起抵押权人有权收取由抵押物分离的天然孳息以及抵押人就抵押物可以收取的法定孳息。抵押权人未将扣押抵押物的事实通知应当清偿法定孳息的义务人的，抵押权的效力不及于该孳息。

前款孳息应当先充抵收取孳息的费用。

第四十八条 【抵押不破租赁】抵押人将已出租的财产抵押的，应当书面告知承租人，原租赁合同继续有效。

第四十九条 【对抵押物的处分】抵押期间，抵押人转让已办理登记的抵押物的，应当通知抵押权人并告知受让人转让物已经抵押的情况；抵押人未通知抵押权人或者未告知受让人的，转让行为无效。

转让抵押物的价款明显低于其价值的，抵押权人可以要求抵押人提供相应的担保；抵押人不提供的，不得转让抵押物。

抵押人转让抵押物所得的价款，应当向抵押权人提前清偿所担保的债权或者向与抵押权人约定的第三人提存。超过债权数额的部分，归抵押人所有，不足部分由债务人清偿。

第五十条 【抵押权转移的从属性】抵押权不得与债权分离而单独转让或者作为其他债权的担保。

第五十一条 【抵押权受侵害的救济】抵押人的行为足以使抵押物价值减少的，抵押权人有权要求抵押人停止其行为。抵押物价值减少时，抵押权人有权要求抵押人恢复抵押物的价值，或者提供与减少的价值相当的担保。

抵押人对抵押物价值减少无过错的，抵押权人只能在抵押人因损害而得到的赔偿范围内要求提供担保。抵押物价值未减少的部分，仍作为债权的担保。

第五十二条 【抵押权消灭的从属性】抵押权与其担保的债权同时存在，债权消灭的，抵押权也消灭。

第四节 抵押权的实现

第五十三条 【抵押权实现的条件和方式】债务履行期届满抵押权人未受清偿的，可以与抵押人协议以抵押物折价或者以拍卖、变卖该抵押物所得的价款受偿；协议不成的，抵押权人可以向人民法院提起诉讼。

抵押物折价或者拍卖、变卖后，其价款超过债权数额的部分归抵押人所有，不足部分由债务人清偿。

第五十四条 【抵押权实现后的清偿次序】同一财产向两个以上债权人抵押的，拍卖、变卖抵押物所得的价款按照以下规定清偿：

（一）抵押合同以登记生效的，按照抵押物登记的先后顺序清偿；顺序相同的，按照债权比例清偿；

（二）抵押合同自签订之日起生效的，该抵押物已登记的，按照本条第（一）项规定清偿；未登记的，按照合同生效时间的先后顺序清偿，顺序相同的，按照债权比例清偿。抵押物已登记的先于未登记的受偿。

第五十五条 【房地产抵押权的实现】城市房地产抵押合同签订后，土地上新增的房屋不属于抵押物。需要拍卖该抵押的房地产时，可以依法将该土地上新增的房屋与抵押物一同拍卖，但对拍卖新增房屋所得，抵押权人无权优先受偿。

依照本法规定以承包的荒地的土地使用权抵押的，或者以乡（镇）、村企业的厂房等建筑物占用范围内的土地使用权抵押的，在实现抵押权后，未经法定程序不得改变土地集体所有和土地用途。

第五十六条　【划拨国有土地使用权后抵押权的实现】拍卖划拨的国有土地使用权所得的价款，在依法缴纳相当于应缴纳的土地使用权出让金的款额后，抵押权人有优先受偿权。

第五十七条　【物上保证人的追偿权】为债务人抵押担保的第三人，在抵押权人实现抵押权后，有权向债务人追偿。

第五十八条　【抵押物灭失的法律后果】抵押权因抵押物灭失而消灭。因灭失所得的赔偿金，应当作为抵押财产。

第五节　最高额抵押

第五十九条　【最高额抵押的定义】本法所称最高额抵押，是指抵押人与抵押权人协议，在最高债权额限度内，以抵押物对一定期间内连续发生的债权作担保。

第六十条　【最高额抵押适用范围】借款合同可以附最高额抵押合同。

债权人与债务人就某项商品在一定期间内连续发生交易而签订的合同，可以附最高额抵押合同。

第六十一条　【最高额抵押的主债权转让的禁止】最高额抵押的主合同债权不得转让。

第六十二条　【最高额抵押的法律适用】最高额抵押除适用本节规定外，适用本章其他规定。

第四章　质　押

第一节　动产质押

第六十三条　【动产质押的定义】本法所称动产质押，是指债务人或者第三人将其动产移交债权人占有，将该动产作为债权的担保。债务人不履行债务时，债权人有权依照本法规定以该动产折价或者以拍卖、变卖该动产的价款优先受偿。

前款规定的债务人或者第三人为出质人，债权人为质权人，移交的动产为质物。

第六十四条 【质押合同的形式及生效时间】出质人和质权人应当以书面形式订立质押合同。

质押合同自质物移交于质权人占有时生效。

第六十五条 【质押合同的内容】质押合同应当包括以下内容：

（一）被担保的主债权种类、数额；

（二）债务人履行债务的期限；

（三）质物的名称、数量、质量、状况；

（四）质押担保的范围；

（五）质物移交的时间；

（六）当事人认为需要约定的其他事项。

质押合同不完全具备前款规定内容的，可以补正。

第六十六条 【流质契约的禁止】出质人和质权人在合同中不得约定在债务履行期届满质权人未受清偿时，质物的所有权转移为质权人所有。

第六十七条 【质押担保的范围】质押担保的范围包括主债权及利息、违约金、损害赔偿金、质物保管费用和实现质权的费用。质押合同另有约定的，按照约定。

第六十八条 【质物孳息的归属】质权人有权收取质物所生的孳息。质押合同另有约定的，按照约定。

前款孳息应当先充抵收取孳息的费用。

第六十九条 【质物的保管】质权人负有妥善保管质物的义务。因保管不善致使质物灭失或者毁损的，质权人应当承担民事责任。

质权人不能妥善保管质物可能致使其灭失或者毁损的，出质人可以要求质权人将质物提存，或者要求提前清偿债权而返还质物。

第七十条 【质权人的物上代位权】质物有损坏或者价值明显减少的可能，足以危害质权人权利的，质权人可以要求出质人提供相应的担保。出质人不提供的，质权人可以拍卖或者变卖质物，并与出质人协议将拍卖或者变卖所得的价款用于提前清偿所担保的债权或者向与出质人约定的第三人提存。

第七十一条 【质权人返还质物的义务及质权的实现】债务履行期届满债务人履行债务的，或者出质人提前清偿所担保的债权的，质权人应当返还质物。

债务履行期届满质权人未受清偿的，可以与出质人协议以质物折价，也可以依法拍卖、变卖质物。

质物折价或者拍卖、变卖后，其价款超过债权数额的部分归出质人所有，不足部分由债务人清偿。

第七十二条 【物上保证人的追偿】为债务人质押担保的第三人，在质权人实现质权后，有权向债务人追偿。

第七十三条　【质权灭失的法律后果】质权因质物灭失而消灭。因灭失所得的赔偿金，应当作为出质财产。

第七十四条　【质权消灭的从属性】质权与其担保的债权同时存在，债权消灭的，质权也消灭。

第二节　权利质押

第七十五条　【权利质押的范围】下列权利可以质押：

（一）汇票、支票、本票、债券、存款单、仓单、提单；

（二）依法可以转让的股份、股票；

（三）依法可以转让的商标专用权，专利权、著作权中的财产权；

（四）依法可以质押的其他权利。

第七十六条　【权利凭证的交付】以汇票、支票、本票、债券、存款单、仓单、提单出质的，应当在合同约定的期限内将权利凭证交付质权人。质押合同自权利凭证交付之日起生效。

第七十七条　【兑现日期先于债务履行期的处理】以载明兑现或者提货日期的汇票、支票、本票、债券、存款单、仓单、提单出质的，汇票、支票、本票、债券、存款单、仓单、提单兑现或者提货日期先于债务履行期的，质权人可以在债务履行期届满前兑现或者提货，并与出质人协议将兑现的价款或者提取的货物用于提前清偿所担保的债权或者向与出质人约定的第三人提存。

第七十八条　【股权质权的设定与生效】以依法可以转让的股票出质的，出质人与质权人应当订立书面合同，并向证券登记机构办理出质登记。质押合同自登记之日起生效。

股票出质后，不得转让，但经出质人与质权人协商同意的可以转让。出质人转让股票所得的价款应当向质权人提前清偿所担保的债权或者向与质权人约定的第三人提存。

以有限责任公司的股份出质的，适用公司法股份转让的有关规定。质押合同自股份出质记载于股东名册之日起生效。

第七十九条　【知识产权中财产权质权的设定】以依法可以转让的商标专用权，专利权、著作权中的财产权出质的，出质人与质权人应当订立书面合同，并向其管理部门办理出质登记。质押合同自登记之日起生效。

第八十条　【知识产权中财产权质权的效力】本法第七十九条规定的权利出质后，出质人不得转让或者许可他人使用，但经出质人与质权人协商同意的可以转让或者许可他人使用。出质人所得的转让费、许可费应当向质权人提前清偿所担保的债权或者向与质权人约定的第三人提存。

第八十一条 【权利质押的法律适用】权利质押除适用本节规定外，适用本章第一节的规定。

第五章 留 置

第八十二条 【留置的定义】本法所称留置，是指依照本法第八十四条的规定，债权人按照合同约定占有债务人的动产，债务人不按照合同约定的期限履行债务的，债权人有权依照本法规定留置该财产，以该财产折价或者以拍卖、变卖该财产的价款优先受偿。

第八十三条 【留置担保的范围】留置担保的范围包括主债权及利息、违约金、损害赔偿金，留置物保管费用和实现留置权的费用。

第八十四条 【留置的适用范围】因保管合同、运输合同、加工承揽合同发生的债权，债务人不履行债务的，债权人有留置权。

法律规定可以留置的其他合同，适用前款规定。

当事人可以在合同中约定不得留置的物。

第八十五条 【留置物的价值】留置的财产为可分物的，留置物的价值应当相当于债务的金额。

第八十六条 【留置物的保管】留置权人负有妥善保管留置物的义务。因保管不善致使留置物灭失或者毁损的，留置权人应当承担民事责任。

第八十七条 【留置权的实现】债权人与债务人应当在合同中约定，债权人留置财产后，债务人应当在不少于两个月的期限内履行债务。债权人与债务人在合同中未约定的，债权人留置债务人财产后，应当确定两个月以上的期限，通知债务人在该期限内履行债务。

债务人逾期仍不履行的，债权人可以与债务人协议以留置物折价，也可以依法拍卖、变卖留置物。

留置物折价或者拍卖、变卖后，其价款超过债权数额的部分归债务人所有，不足部分由债务人清偿。

第八十八条 【留置权的消灭】留置权因下列原因消灭：

（一）债权消灭的；

（二）债务人另行提供担保并被债权人接受的。

第六章 定 金

第八十九条 【定金及其法律效力】当事人可以约定一方向对方给付定金作为债权的担保。债务人履行债务后，定金应当抵作价款或者收回。给付定金的一方不履行约定的债务的，无权要求返还定金；收受定金的一方不履行约定的债务的，应当双倍返还定金。

第九十条　【定金的成立】定金应当以书面形式约定。当事人在定金合同中应当约定交付定金的期限。定金合同从实际交付定金之日起生效。

第九十一条　【定金的数额】定金的数额由当事人约定，但不得超过主合同标的额的百分之二十。

第七章　附　则

第九十二条　【动产与不动产的定义】本法所称不动产是指土地以及房屋、林木等地上定着物。

本法所称动产是指不动产以外的物。

第九十三条　【担保合同的表现形式】本法所称保证合同、抵押合同、质押合同、定金合同可以是单独订立的书面合同，包括当事人之间的具有担保性质的信函、传真等，也可以是主合同中的担保条款。

第九十四条　【担保物折价或变卖的价格确定】抵押物、质物、留置物折价或者变卖，应当参照市场价格。

第九十五条　【本法适用的例外】海商法等法律对担保有特别规定的，依照其规定。

第九十六条　【施行时间】本法自1995年10月1日起施行。

最高人民法院
关于适用《中华人民共和国担保法》若干问题的解释

法释〔2000〕44号

（2000年9月29日最高人民法院审判委员会第1133次会议通过
2000年12月8日最高人民法院公告公布　自2000年12月13日起施行）

为了正确适用《中华人民共和国担保法》（以下简称担保法），结合审判实践经验，对人民法院审理担保纠纷案件适用法律问题作出如下解释。

一、关于总则部分的解释

第一条　当事人对由民事关系产生的债权，在不违反法律、法规强制性规定的情况下，以担保法规定的方式设定担保的，可以认定为有效。

第二条 反担保人可以是债务人，也可以是债务人之外的其他人。

反担保方式可以是债务人提供的抵押或者质押，也可以是其他人提供的保证、抵押或者质押。

第三条 国家机关和以公益为目的的事业单位、社会团体违反法律规定提供担保的，担保合同无效。因此给债权人造成损失的，应当根据担保法第五条第二款的规定处理。

第四条 董事、经理违反《中华人民共和国公司法》第六十条的规定，以公司资产为本公司的股东或者其他个人债务提供担保的，担保合同无效。除债权人知道或者应当知道的外，债务人、担保人应当对债权人的损失承担连带赔偿责任。

第五条 以法律、法规禁止流通的财产或者不可转让的财产设定担保的，担保合同无效。

以法律、法规限制流通的财产设定担保的，在实现债权时，人民法院应当按照有关法律、法规的规定对该财产进行处理。

第六条 有下列情形之一的，对外担保合同无效：

（一）未经国家有关主管部门批准或者登记对外担保的；

（二）未经国家有关主管部门批准或者登记，为境外机构向境内债权人提供担保的；

（三）为外商投资企业注册资本、外商投资企业中的外方投资部分的对外债务提供担保的；

（四）无权经营外汇担保业务的金融机构、无外汇收入的非金融性质的企业法人提供外汇担保的；

（五）主合同变更或者债权人将对外担保合同项下的权利转让，未经担保人同意和国家有关主管部门批准的，担保人不再承担担保责任。但法律、法规另有规定的除外。

第七条 主合同有效而担保合同无效，债权人无过错的，担保人与债务人对主合同债权人的经济损失，承担连带赔偿责任；债权人、担保人有过错的，担保人承担民事责任的部分，不应超过债务人不能清偿部分的1/2。

第八条 主合同无效而导致担保合同无效，担保人无过错的，担保人不承担民事责任；担保人有过错的，担保人承担民事责任的部分，不应超过债务人不能清偿部分的1/3。

第九条 担保人因无效担保合同向债权人承担赔偿责任后，可以向债务人追偿，或者在承担赔偿责任的范围内，要求有过错的反担保人承担赔偿责任。

担保人可以根据承担赔偿责任的事实对债务人或者反担保人另行提起

诉讼。

第十条　主合同解除后，担保人对债务人应当承担的民事责任仍应承担担保责任。但是，担保合同另有约定的除外。

第十一条　法人或者其他组织的法定代表人、负责人超越权限订立的担保合同，除相对人知道或者应当知道其超越权限的以外，该代表行为有效。

第十二条　当事人约定的或者登记部门要求登记的担保期间，对担保物权的存续不具有法律约束力。

担保物权所担保的债权的诉讼时效结束后，担保权人在诉讼时效结束后的2年内行使担保物权的，人民法院应当予以支持。

二、关于保证部分的解释

第十三条　保证合同中约定保证人代为履行非金钱债务的，如果保证人不能实际代为履行，对债权人因此造成的损失，保证人应当承担赔偿责任。

第十四条　不具有完全代偿能力的法人、其他组织或者自然人，以保证人身份订立保证合同后，又以自己没有代偿能力要求免除保证责任的，人民法院不予支持。

第十五条　担保法第七条规定的其他组织主要包括：

（一）依法登记领取营业执照的独资企业、合伙企业；

（二）依法登记领取营业执照的联营企业；

（三）依法登记领取营业执照的中外合作经营企业；

（四）经民政部门核准登记的社会团体；

（五）经核准登记领取营业执照的乡镇、街道、村办企业。

第十六条　从事经营活动的事业单位、社会团体为保证人的，如无其他导致保证合同无效的情况，其所签订的保证合同应当认定为有效。

第十七条　企业法人的分支机构未经法人书面授权提供保证的，保证合同无效。因此给债权人造成损失的，应当根据担保法第五条第二款的规定处理。

企业法人的分支机构经法人书面授权提供保证的，如果法人的书面授权范围不明，法人的分支机构应当对保证合同约定的全部债务承担保证责任。

企业法人的分支机构经营管理的财产不足以承担保证责任的，由企业法人承担民事责任。

企业法人的分支机构提供的保证无效后应当承担赔偿责任的，由分支机构经营管理的财产承担。企业法人有过错的，按照担保法第二十九条的规定处理。

第十八条　企业法人的职能部门提供保证的，保证合同无效。债权人知道或者应当知道保证人为企业法人的职能部门的，因此造成的损失由债权人自行承担。

债权人不知保证人为企业法人的职能部门，因此造成的损失，可以参照担保法第五条第二款的规定和第二十九条的规定处理。

第十九条 两个以上保证人对同一债务同时或者分别提供保证时，各保证人与债权人没有约定保证份额的，应当认定为连带共同保证。

连带共同保证的保证人以其相互之间约定各自承担的份额对抗债权人的，人民法院不予支持。

第二十条 连带共同保证的债务人在主合同规定的债务履行期届满没有履行债务的，债权人可以要求债务人履行债务，也可以要求任何一个保证人承担全部保证责任。

连带共同保证的保证人承担保证责任后，向债务人不能追偿的部分，由各连带保证人按其内部约定的比例分担。没有约定的，平均分担。

第二十一条 按份共同保证的保证人按照保证合同约定的保证份额承担保证责任后，在其履行保证责任的范围内对债务人行使追偿权。

第二十二条 第三人单方以书面形式向债权人出具担保书，债权人接受且未提出异议的，保证合同成立。

主合同中虽然没有保证条款，但是，保证人在主合同上以保证人的身份签字或者盖章的，保证合同成立。

第二十三条 最高额保证合同的不特定债权确定后，保证人应当对在最高债权额限度内就一定期间连续发生的债权余额承担保证责任。

第二十四条 一般保证的保证人在主债权履行期间届满后，向债权人提供了债务人可供执行财产的真实情况的，债权人放弃或者怠于行使权利致使该财产不能被执行，保证人可以请求人民法院在其提供可供执行财产的实际价值范围内免除保证责任。

第二十五条 担保法第十七条第三款第（一）项规定的债权人要求债务人履行债务发生的重大困难情形，包括债务人下落不明、移居境外，且无财产可供执行。

第二十六条 第三人向债权人保证监督支付专款专用的，在履行了监督支付专款专用的义务后，不再承担责任。未尽监督义务造成资金流失的，应当对流失的资金承担补充赔偿责任。

第二十七条 保证人对债务人的注册资金提供保证的，债务人的实际投资与注册资金不符，或者抽逃转移注册资金的，保证人在注册资金不足或者抽逃转移注册资金的范围内承担连带保证责任。

第二十八条 保证期间，债权人依法将主债权转让给第三人的，保证债权同时转让，保证人在原保证担保的范围内对受让人承担保证责任。但是保证人与债权人事先约定仅对特定的债权人承担保证责任或者禁止债权转让的，保证人不再承担保证责任。

第二十九条　保证期间，债权人许可债务人转让部分债务未经保证人书面同意的，保证人对未经其同意转让部分的债务，不再承担保证责任。但是，保证人仍应当对未转让部分的债务承担保证责任。

第三十条　保证期间，债权人与债务人对主合同数量、价款、币种、利率等内容作了变动，未经保证人同意的，如果减轻债务人的债务的，保证人仍应当对变更后的合同承担保证责任；如果加重债务人的债务的，保证人对加重的部分不承担保证责任。

债权人与债务人对主合同履行期限作了变动，未经保证人书面同意的，保证期间为原合同约定的或者法律规定的期间。

债权人与债务人协议变动主合同内容，但并未实际履行的，保证人仍应当承担保证责任。

第三十一条　保证期间不因任何事由发生中断、中止、延长的法律后果。

第三十二条　保证合同约定的保证期间早于或者等于主债务履行期限的，视为没有约定，保证期间为主债务履行期届满之日起 6 个月。

保证合同约定保证人承担保证责任直至主债务本息还清时为止等类似内容的，视为约定不明，保证期间为主债务履行期届满之日起 2 年。

第三十三条　主合同对主债务履行期限没有约定或者约定不明的，保证期间自债权人要求债务人履行义务的宽限期届满之日起计算。

第三十四条　一般保证的债权人在保证期间届满前对债务人提起诉讼或者申请仲裁的，从判决或者仲裁裁决生效之日起，开始计算保证合同的诉讼时效。

连带责任保证的债权人在保证期间届满前要求保证人承担保证责任的，从债权人要求保证人承担保证责任之日起，开始计算保证合同的诉讼时效。

第三十五条　保证人对已经超过诉讼时效期间的债务承担保证责任或者提供保证的，又以超过诉讼时效为由抗辩的，人民法院不予支持。

第三十六条　一般保证中，主债务诉讼时效中断，保证债务诉讼时效中断；连带责任保证中，主债务诉讼时效中断，保证债务诉讼时效不中断。

一般保证和连带责任保证中，主债务诉讼时效中止的，保证债务的诉讼时效同时中止。

第三十七条　最高额保证合同对保证期间没有约定或者约定不明的，如最高额保证合同约定有保证人清偿债务期限的，保证期间为清偿期限届满之日起 6 个月。没有约定债务清偿期限的，保证期间自最高额保证终止之日或自债权人收到保证人终止保证合同的书面通知到达之日起 6 个月。

第三十八条 同一债权既有保证又有第三人提供物的担保的，债权人可以请求保证人或者物的担保人承担担保责任。当事人对保证担保的范围或者物的担保的范围没有约定或者约定不明的，承担了担保责任的担保人，可以向债务人追偿，也可以要求其他担保人清偿其应当分担的份额。

同一债权既有保证又有物的担保的，物的担保合同被确认无效或者被撤销，或者担保物因不可抗力的原因灭失而没有代位物的，保证人仍应当按合同的约定或者法律的规定承担保证责任。

债权人在主合同履行期届满后怠于行使担保物权，致使担保物的价值减少或者毁损、灭失的，视为债权人放弃部分或者全部物的担保。保证人在债权人放弃权利的范围内减轻或者免除保证责任。

第三十九条 主合同当事人双方协议以新贷偿还旧贷，除保证人知道或者应当知道的外，保证人不承担民事责任。

新贷与旧贷系同一保证人的，不适用前款的规定。

第四十条 主合同债务人采取欺诈、胁迫等手段，使保证人在违背真实意思的情况下提供保证的，债权人知道或者应当知道欺诈、胁迫事实的，按照担保法第三十条的规定处理。

第四十一条 债务人与保证人共同欺骗债权人，订立主合同和保证合同的，债权人可以请求人民法院予以撤销。因此给债权人造成损失的，由保证人与债务人承担连带赔偿责任。

第四十二条 人民法院判决保证人承担保证责任或者赔偿责任的，应当在判决书主文中明确保证人享有担保法第三十一条规定的权利。判决书中未予明确追偿权的，保证人只能按照承担责任的事实，另行提起诉讼。

保证人对债务人行使追偿权的诉讼时效，自保证人向债权人承担责任之日起开始计算。

第四十三条 保证人自行履行保证责任时，其实际清偿额大于主债权范围的，保证人只能在主债权范围内对债务人行使追偿权。

第四十四条 保证期间，人民法院受理债务人破产案件的，债权人既可以向人民法院申报债权，也可以向保证人主张权利。

债权人申报债权后在破产程序中未受清偿的部分，保证人仍应当承担保证责任。债权人要求保证人承担保证责任的，应当在破产程序终结后 6 个月内提出。

第四十五条 债权人知道或者应当知道债务人破产，既未申报债权也未通知保证人，致使保证人不能预先行使追偿权的，保证人在该债权在破产程序中可能受偿的范围内免除保证责任。

第四十六条　人民法院受理债务人破产案件后，债权人未申报债权的，各连带共同保证的保证人应当作为一个主体申报债权，预先行使追偿权。

三、关于抵押部分的解释

第四十七条　以依法获准尚未建造的或者正在建造中的房屋或者其他建筑物抵押的，当事人办理了抵押物登记，人民法院可以认定抵押有效。

第四十八条　以法定程序确认为违法、违章的建筑物抵押的，抵押无效。

第四十九条　以尚未办理权属证书的财产抵押的，在第一审法庭辩论终结前能够提供权利证书或者补办登记手续的，可以认定抵押有效。

当事人未办理抵押物登记手续的，不得对抗第三人。

第五十条　以担保法第三十四条第一款所列财产一并抵押的，抵押财产的范围应当以登记的财产为准。抵押财产的价值在抵押权实现时予以确定。

第五十一条　抵押人所担保的债权超出其抵押物价值的，超出的部分不具有优先受偿的效力。

第五十二条　当事人以农作物和与其尚未分离的土地使用权同时抵押的，土地使用权部分的抵押无效。

第五十三条　学校、幼儿园、医院等以公益为目的的事业单位、社会团体，以其教育设施、医疗卫生设施和其他社会公益设施以外的财产为自身债务设定抵押的，人民法院可以认定抵押有效。

第五十四条　按份共有人以其共有财产中享有的份额设定抵押的，抵押有效。

共同共有人以其共有财产设定抵押，未经其他共有人的同意，抵押无效。但是，其他共有人知道或者应当知道而未提出异议的视为同意，抵押有效。

第五十五条　已经设定抵押的财产被采取查封、扣押等财产保全或者执行措施的，不影响抵押权的效力。

第五十六条　抵押合同对被担保的主债权种类、抵押财产没有约定或者约定不明，根据主合同和抵押合同不能补正或者无法推定的，抵押不成立。

法律规定登记生效的抵押合同签订后，抵押人违背诚实信用原则拒绝办理抵押登记致使债权人受到损失的，抵押人应当承担赔偿责任。

第五十七条　当事人在抵押合同中约定，债务履行期届满抵押权人未受清偿时，抵押物的所有权转移为债权人所有的内容无效。该内容的无效不影响抵押合同其他部分内容的效力。

债务履行期届满后抵押权人未受清偿时，抵押权人和抵押人可以协议以抵押物折价取得抵押物。但是，损害顺序在后的担保物权人和其他债权人利益的，人民法院可以适用合同法第七十四条、第七十五条的有关规定。

第五十八条 当事人同一天在不同的法定登记部门办理抵押物登记的，视为顺序相同。

因登记部门的原因致使抵押物进行连续登记的，抵押物第一次登记的日期，视为抵押登记的日期，并依此确定抵押权的顺序。

第五十九条 当事人办理抵押物登记手续时，因登记部门的原因致使其无法办理抵押物登记，抵押人向债权人交付权利凭证的，可以认定债权人对该财产有优先受偿权。但是，未办理抵押物登记的，不得对抗第三人。

第六十条 以担保法第四十二条第（二）项规定的不动产抵押的，县级以上地方人民政府对登记部门未作规定，当事人在土地管理部门或者房产管理部门办理了抵押物登记手续，人民法院可以确认其登记的效力。

第六十一条 抵押物登记记载的内容与抵押合同约定的内容不一致的，以登记记载的内容为准。

第六十二条 抵押物因附合、混合或者加工使抵押物的所有权为第三人所有的，抵押权的效力及于补偿金；抵押物所有人为附合物、混合物或者加工物的所有人的，抵押权的效力及于附合物、混合物或者加工物；第三人与抵押物所有人为附合物、混合物或者加工物的共有人的，抵押权的效力及于抵押人对共有物享有的份额。

第六十三条 抵押权设定前为抵押物的从物的，抵押权的效力及于抵押物的从物。但是，抵押物与其从物为两个以上的人分别所有时，抵押权的效力不及于抵押物的从物。

第六十四条 债务履行期届满，债务人不履行债务致使抵押物被人民法院依法扣押的，自扣押之日起抵押权人收取的由抵押物分离的天然孳息和法定孳息，按照下列顺序清偿：

（一）收取孳息的费用；

（二）主债权的利息；

（三）主债权。

第六十五条 抵押人将已出租的财产抵押的，抵押权实现后，租赁合同在有效期内对抵押物的受让人继续有效。

第六十六条 抵押人将已抵押的财产出租的，抵押权实现后，租赁合同对受让人不具有约束力。

抵押人将已抵押的财产出租时，如果抵押人未书面告知承租人该财产已抵押的，抵押人对出租抵押物造成承租人的损失承担赔偿责任；如果抵押人已书面告知承租人该财产已抵押的，抵押权实现造成承租人的损失，由承租人自己承担。

第六十七条 抵押权存续期间，抵押人转让抵押物未通知抵押权人或者未告知受让人的，如果抵押物已经登记的，抵押权人仍可以行使抵押权；取得抵押物所有权的受让人，可以代替债务人清偿其全部债务，使抵押权消灭。受让人清偿债务后可以向抵押人追偿。

如果抵押物未经登记的，抵押权不得对抗受让人，因此给抵押权人造成损失的，由抵押人承担赔偿责任。

第六十八条　抵押物依法被继承或者赠与的，抵押权不受影响。

第六十九条　债务人有多个普通债权人的，在清偿债务时，债务人与其中一个债权人恶意串通，将其全部或者部分财产抵押给该债权人，因此丧失了履行其他债务的能力，损害了其他债权人的合法权益，受损害的其他债权人可以请求人民法院撤销该抵押行为。

第七十条　抵押人的行为足以使抵押物价值减少的，抵押权人请求抵押人恢复原状或提供担保遭到拒绝时，抵押权人可以请求债务人履行债务，也可以请求提前行使抵押权。

第七十一条　主债权未受全部清偿的，抵押权人可以就抵押物的全部行使其抵押权。

抵押物被分割或者部分转让的，抵押权人可以就分割或者转让后的抵押物行使抵押权。

第七十二条　主债权被分割或者部分转让的，各债权人可以就其享有的债权份额行使抵押权。

主债务被分割或者部分转让的，抵押人仍以其抵押物担保数个债务人履行债务。但是，第三人提供抵押的，债权人许可债务人转让债务未经抵押人书面同意的，抵押人对未经其同意转让的债务，不再承担担保责任。

第七十三条　抵押物折价或者拍卖、变卖该抵押物的价款低于抵押权设定时约定价值的，应当按照抵押物实现的价值进行清偿。不足清偿的剩余部分，由债务人清偿。

第七十四条　抵押物折价或者拍卖、变卖所得的价款，当事人没有约定的，按下列顺序清偿：

（一）实现抵押权的费用；

（二）主债权的利息；

（三）主债权。

第七十五条　同一债权有两个以上抵押人的，债权人放弃债务人提供的抵押担保的，其他抵押人可以请求人民法院减轻或者免除其应当承担的担保责任。

同一债权有两个以上抵押人的，当事人对其提供的抵押财产所担保的债权份额或者顺序没有约定或者约定不明的，抵押权人可以就其中任一或者各个财产行使抵押权。

抵押人承担担保责任后，可以向债务人追偿，也可以要求其他抵押人清偿其应当承担的份额。

第七十六条 同一动产向两个以上债权人抵押的，当事人未办理抵押物登记，实现抵押权时，各抵押权人按照债权比例受偿。

第七十七条 同一财产向两个以上债权人抵押的，顺序在先的抵押权与该财产的所有权归属一人时，该财产的所有权人可以以其抵押权对抗顺序在后的抵押权。

第七十八条 同一财产向两个以上债权人抵押的，顺序在后的抵押权所担保的债权先到期的，抵押权人只能就抵押物价值超出顺序在先的抵押担保债权的部分受偿。

顺序在先的抵押权所担保的债权先到期的，抵押权实现后的剩余价款应予提存，留待清偿顺序在后的抵押担保债权。

第七十九条 同一财产法定登记的抵押权与质权并存时，抵押权人优先于质权人受偿。

同一财产抵押权与留置权并存时，留置权人优先于抵押权人受偿。

第八十条 在抵押物灭失、毁损或者被征用的情况下，抵押权人可以就该抵押物的保险金、赔偿金或者补偿金优先受偿。

抵押物灭失、毁损或者被征用的情况下，抵押权所担保的债权未届清偿期的，抵押权人可以请求人民法院对保险金、赔偿金或补偿金等采取保全措施。

第八十一条 最高额抵押权所担保的债权范围，不包括抵押物因财产保全或者执行程序被查封后或债务人、抵押人破产后发生的债权。

第八十二条 当事人对最高额抵押合同的最高限额、最高额抵押期间进行变更，以其变更对抗顺序在后的抵押权人的，人民法院不予支持。

第八十三条 最高额抵押权所担保的不特定债权，在特定后，债权已届清偿期的，最高额抵押权人可以根据普通抵押权的规定行使其抵押权。

抵押权人实现最高额抵押权时，如果实际发生的债权余额高于最高限额的，以最高限额为限，超过部分不具有优先受偿的效力；如果实际发生的债权余额低于最高限额的，以实际发生的债权余额为限对抵押物优先受偿。

四、关于质押部分的解释

（一）动产质押

第八十四条 出质人以其不具有所有权但合法占有的动产出质的，不知出质人无处分权的质权人行使质权后，因此给动产所有人造成损失的，由出质人承担赔偿责任。

第八十五条　债务人或者第三人将其金钱以特户、封金、保证金等形式特定化后，移交债权人占有作为债权的担保，债务人不履行债务时，债权人可以以该金钱优先受偿。

第八十六条　债务人或者第三人未按质押合同约定的时间移交质物的，因此给质权人造成损失的，出质人应当根据其过错承担赔偿责任。

第八十七条　出质人代质权人占有质物的，质押合同不生效；质权人将质物返还于出质人后，以其质权对抗第三人的，人民法院不予支持。

因不可归责于质权人的事由而丧失对质物的占有，质权人可以向不当占有人请求停止侵害、恢复原状、返还质物。

第八十八条　出质人以间接占有的财产出质的，质押合同自书面通知送达占有人时视为移交。占有人收到出质通知后，仍接受出质人的指示处分出质财产的，该行为无效。

第八十九条　质押合同中对质押的财产约定不明，或者约定的出质财产与实际移交的财产不一致的，以实际交付占有的财产为准。

第九十条　质物有隐蔽瑕疵造成质权人其他财产损害的，应由出质人承担赔偿责任。但是，质权人在质物移交时明知质物有瑕疵而予以接受的除外。

第九十一条　动产质权的效力及于质物的从物。但是，从物未随同质物移交质权人占有的，质权的效力不及于从物。

第九十二条　按照担保法第六十九条的规定将质物提存的，质物提存费用由质权人负担；出质人提前清偿债权的，应当扣除未到期部分的利息。

第九十三条　质权人在质权存续期间，未经出质人同意，擅自使用、出租、处分质物，因此给出质人造成损失的，由质权人承担赔偿责任。

第九十四条　质权人在质权存续期间，为担保自己的债务，经出质人同意，以其所占有的质物为第三人设定质权的，应当在原质权所担保的债权范围之内，超过的部分不具有优先受偿的效力。转质权的效力优于原质权。

质权人在质权存续期间，未经出质人同意，为担保自己的债务，在其所占有的质物上为第三人设定质权的无效。质权人对因转质而发生的损害承担赔偿责任。

第九十五条　债务履行期届满质权人未受清偿的，质权人可以继续留置质物，并以质物的全部行使权利。出质人清偿所担保的债权后，质权人应当返还质物。

债务履行期届满，出质人请求质权人及时行使权利，而质权人怠于行使权利致使质物价格下跌的，由此造成的损失，质权人应当承担赔偿责任。

第九十六条　本解释第五十七条、第六十二条、第六十四条、第七十一条、第七十二条、第七十三条、第七十四条、第八十条之规定，适用于动产质押。

（二）权利质押

第九十七条 以公路桥梁、公路隧道或者公路渡口等不动产收益权出质的，按照担保法第七十五条第（四）项的规定处理。

第九十八条 以汇票、支票、本票出质，出质人与质权人没有背书记载“质押”字样，以票据出质对抗善意第三人的，人民法院不予支持。

第九十九条 以公司债券出质的，出质人与质权人没有背书记载“质押”字样，以债券出质对抗公司和第三人的，人民法院不予支持。

第一百条 以存款单出质的，签发银行核押后又受理挂失并造成存款流失的，应当承担民事责任。

第一百零一条 以票据、债券、存款单、仓单、提单出质的，质权人再转让或者质押的无效。

第一百零二条 以载明兑现或者提货日期的汇票、支票、本票、债券、存款单、仓单、提单出质的，其兑现或者提货日期后于债务履行期的，质权人只能在兑现或者提货日期届满时兑现款项或者提取货物。

第一百零三条 以股份有限公司的股份出质的，适用《中华人民共和国公司法》有关股份转让的规定。

以上市公司的股份出质的，质押合同自股份出质向证券登记机构办理出质登记之日起生效。

以非上市公司的股份出质的，质押合同自股份出质记载于股东名册之日起生效。

第一百零四条 以依法可以转让的股份、股票出质的，质权的效力及于股份、股票的法定孳息。

第一百零五条 以依法可以转让的商标专用权，专利权、著作权中的财产权出质的，出质人未经质权人同意而转让或者许可他人使用已出质权利的，应当认定为无效。因此给质权人或者第三人造成损失的，由出质人承担民事责任。

第一百零六条 质权人向出质人、出质债权的债务人行使质权时，出质人、出质债权的债务人拒绝的，质权人可以起诉出质人和出质债权的债务人，也可以单独起诉出质债权的债务人。

五、关于留置部分的解释

第一百零七条 当事人在合同中约定排除留置权，债务履行期届满，债权人行使留置权的，人民法院不予支持。

第一百零八条　债权人合法占有债务人交付的动产时，不知债务人无处分该动产的权利，债权人可以按照担保法第八十二条的规定行使留置权。

第一百零九条　债权人的债权已届清偿期，债权人对动产的占有与其债权的发生有牵连关系，债权人可以留置其所占有的动产。

第一百一十条　留置权人在债权未受全部清偿前，留置物为不可分物的，留置权人可以就其留置物的全部行使留置权。

第一百一十一条　债权人行使留置权与其承担的义务或者合同的特殊约定相抵触的，人民法院不予支持。

第一百一十二条　债权人的债权未届清偿期，其交付占有标的物的义务已届履行期的，不能行使留置权。但是，债权人能够证明债务人无支付能力的除外。

第一百一十三条　债权人未按担保法第八十七条规定的期限通知债务人履行义务，直接变价处分留置物的，应当对此造成的损失承担赔偿责任。债权人与债务人按照担保法第八十七条的规定在合同中约定宽限期的，债权人可以不经通知，直接行使留置权。

第一百一十四条　本解释第六十四条、第八十条、第八十七条、第九十一条、第九十三条的规定，适用于留置。

六、关于定金部分的解释

第一百一十五条　当事人约定以交付定金作为订立主合同担保的，给付定金的一方拒绝订立主合同的，无权要求返还定金；收受定金的一方拒绝订立合同的，应当双倍返还定金。

第一百一十六条　当事人约定以交付定金作为主合同成立或者生效要件的，给付定金的一方未支付定金，但主合同已经履行或者已经履行主要部分的，不影响主合同的成立或者生效。

第一百一十七条　定金交付后，交付定金的一方可以按照合同的约定以丧失定金为代价而解除主合同，收受定金的一方可以双倍返还定金为代价而解除主合同。对解除主合同后责任的处理，适用《中华人民共和国合同法》的规定。

第一百一十八条　当事人交付留置金、担保金、保证金、订约金、押金或者订金等，但没有约定定金性质的，当事人主张定金权利的，人民法院不予支持。

第一百一十九条　实际交付的定金数额多于或者少于约定数额，视为变更定金合同；收受定金一方提出异议并拒绝接受定金的，定金合同不生效。

第一百二十条　因当事人一方迟延履行或者其他违约行为，致使合同目的不能实现，可以适用定金罚则。但法律另有规定或者当事人另有约定的除外。

当事人一方不完全履行合同的，应当按照未履行部分所占合同约定内容的比例，适用定金罚则。

第一百二十一条 当事人约定的定金数额超过主合同标的额20%的，超过的部分，人民法院不予支持。

第一百二十二条 因不可抗力、意外事件致使主合同不能履行的，不适用定金罚则。因合同关系以外第三人的过错，致使主合同不能履行的，适用定金罚则。受定金处罚的一方当事人，可以依法向第三人追偿。

七、关于其他问题的解释

第一百二十三条 同一债权上数个担保物权并存时，债权人放弃债务人提供的物的担保的，其他担保人在其放弃权利的范围内减轻或者免除担保责任。

第一百二十四条 企业法人的分支机构为他人提供保证的，人民法院在审理保证纠纷案件中可以将该企业法人作为共同被告参加诉讼。但是商业银行、保险公司的分支机构提供保证的除外。

第一百二十五条 一般保证的债权人向债务人和保证人一并提起诉讼的，人民法院可以将债务人和保证人列为共同被告参加诉讼。但是，应当在判决书中明确在对债务人财产依法强制执行后仍不能履行债务时，由保证人承担保证责任。

第一百二十六条 连带责任保证的债权人可以将债务人或者保证人作为被告提起诉讼，也可以将债务人和保证人作为共同被告提起诉讼。

第一百二十七条 债务人对债权人提起诉讼，债权人提起反诉的，保证人可以作为第三人参加诉讼。

第一百二十八条 债权人向人民法院请求行使担保物权时，债务人和担保人应当作为共同被告参加诉讼。

同一债权既有保证又有物的担保的，当事人发生纠纷提起诉讼的，债务人与保证人、抵押人或者出质人可以作为共同被告参加诉讼。

第一百二十九条 主合同和担保合同发生纠纷提起诉讼的，应当根据主合同确定案件管辖。担保人承担连带责任的担保合同发生纠纷，债权人向担保人主张权利的，应当由担保人住所地的法院管辖。

主合同和担保合同选择管辖的法院不一致的，应当根据主合同确定案件管辖。

第一百三十条 在主合同纠纷案件中，对担保合同未经审判，人民法院不应当依据对主合同当事人所作出的判决或者裁定，直接执行担保人的财产。

第一百三十一条 本解释所称“不能清偿”指对债务人的存款、现金、有价证券、成品、半成品、原材料、交通工具等可以执行的动产和其他方便执行的财产执行完毕后，债务仍未能得到清偿的状态。

第一百三十二条 在案件审理或者执行程序中，当事人提供财产担保的，人民法院应当对该财产的权属证书予以扣押，同时向有关部门发出协助执行通知书，要求其在规定的时间内不予办理担保财产的转移手续。

第一百三十三条 担保法施行以前发生的担保行为，适用担保行为发生时的法律、法规和有关司法解释。

担保法施行以后因担保行为发生的纠纷案件，在本解释公布施行前已经终审，当事人申请再审或者按审判监督程序决定再审的，不适用本解释。

担保法施行以后因担保行为发生的纠纷案件，在本解释公布施行后尚在一审或二审阶段的，适用担保法和本解释。

第一百三十四条 最高人民法院在担保法施行以前作出的有关担保问题的司法解释，与担保法和本解释相抵触的，不再适用。

2. 抵押权

国务院
关于开展农村承包土地的经营权和农民住房财产权抵押贷款试点的指导意见

（2015 年 8 月 10 日 国发〔2015〕45 号）

各省、自治区、直辖市人民政府，国务院各部委、各直属机构：

为进一步深化农村金融改革创新，加大对“三农”的金融支持力度，引导农村土地经营权有序流转，慎重稳妥推进农民住房财产权抵押、担保、转让试点，做好农村承包土地（指耕地）的经营权和农民住房财产权（以下统称“两权”）抵押贷款试点工作，现提出以下意见。

一、总体要求

（一）指导思想。

全面贯彻党的十八大和十八届三中、四中全会精神，深入落实党中央、国务院决策部署，按照所有权、承包权、经营权三权分置和经营权流转有关要求，以落实农村土地的用益物权、赋予农民更多财产权利为出发点，深化农村金融改革创新，稳妥有序开展“两权”抵押贷款业务，有效盘活农村资源、资金、资产，增加农业生产中长期和规模化经营的资金投入，为稳步推进农村土地制度改革提供经验和模式，促进农民增收致富和农业现代化加快发展。

（二）基本原则。

一是依法有序。“两权”抵押贷款试点要坚持于法有据，遵守土地管理法、城市房地产管理法等有关法律法规和政策要求，先在批准范围内开展，待试点积累经验后再稳步推广。涉及被突破的相关法律条款，应提请全国人大常委会授权在试点地区暂停执行。

二是自主自愿。切实尊重农民意愿，“两权”抵押贷款由农户等农业经营主体自愿申请，确保农民群众成为真正的知情者、参与者和受益者。流转土地的经营权抵押需经承包农户同意，抵押仅限于流转期内的收益。金融机构要在财务可持续基础上，按照有关规定自主开展“两权”抵押贷款业务。

三是稳妥推进。在维护农民合法权益前提下，妥善处理好农民、农村集体经济组织、金融机构、政府之间的关系，慎重稳妥推进农村承包土地的经营权抵押贷款试点和农民住房财产权抵押、担保、转让试点工作。

四是风险可控。坚守土地公有制性质不改变、耕地红线不突破、农民利益不受损的底线。完善试点地区确权登记颁证、流转平台搭建、风险补偿和抵押物处置机制等配套政策，防范、控制和化解风险，确保试点工作顺利平稳实施。

二、试点任务

（一）赋予“两权”抵押融资功能，维护农民土地权益。在防范风险、遵守有关法律法规和农村土地制度改革等政策基础上，稳妥有序开展“两权”抵押贷款试点。加强制度建设，引导和督促金融机构始终把维护好、实现好、发展好农民土地权益作为改革试点的出发点和落脚点，落实“两权”抵押融资功能，明确贷款对象、贷款用途、产品设计、抵押价值评估、抵押物处置等业务要点，盘活农民土地用益物权的财产属性，加大金融对“三农”的支持力度。

（二）推进农村金融产品和服务方式创新，加强农村金融服务。金融机构要结合“两权”的权能属性，在贷款利率、期限、额度、担保、风险控制等方面加大创新支持力度，简化贷款管理流程，扎实推进“两权”抵押贷款业务，切实满足农户等农业经营主体对金融服务的有效需求。鼓励金融机构在农村承包土地的经营权剩余使用期限内发放中长期贷款，有效增加农业生产的中长期信贷投入。鼓励对经营规模适度的农业经营主体发放贷款。

（三）建立抵押物处置机制，做好风险保障。因借款人不履行到期债务或者发生当事人约定的情形需要实现抵押权时，允许金融机构在保证农户承包权和基本住房权利前提下，依法采取多种方式处置抵押物。完善抵押物处置措施，确保当借款人不履行到期债务或者发生当事人约定的情形时，承贷银行能顺利实现抵押权。农民住房财产权（含宅基地使用权）抵押贷款的抵押物处置应与商品住房制定差别化规定。探索农民住房财产权抵押担保中宅基地权益的实现方式和途径，保障抵押权人合法权益。对农民住房财产权抵押贷款的抵押物处置，受让人原则上应限制在相关法律法规和国务院规定的范围内。

（四）完善配套措施，提供基础支撑。试点地区要加快推进农村土地承包经营权、宅基地使用权和农民住房所有权确权登记颁证，探索对通过流转取得的农村承包土地的经营权进行确权登记颁证。农民住房财产权设立抵押的，需将宅基地使用权与住房所有权一并抵押。按照党中央、国务院确定的宅基地制度改革试点工作部署，探索建立宅基地使用权有偿转让机制。依托相关主管部门建立完善多级联网的农村土地产权交易平台，建立“两权”抵押、流转、评估的专业化服务机制，支持以各种合法方式流转的农村承包土地的经营权用于抵押。建立健全农村信用体系，有效调动和增强金融机构支农的积极性。

（五）加大扶持和协调配合力度，增强试点效果。人民银行要支持金融机构积极稳妥参与试点，对符合条件的农村金融机构加大支农再贷款支持力度。银行业监督管理机构要研究差异化监管政策，合理确定资本充足率、贷款分类等方面的计算规则和激励政策，支持金融机构开展“两权”抵押贷款业务。试点地区要结合实际，采取利息补贴、发展政府支持的担保公司、利用农村土地产权交易平台提供担保、设立风险补偿基金等方式，建立“两权”抵押贷款风险缓释及补偿机制。保险监督管理机构要进一步完善农业保险制度，大力推进农业保险和农民住房保险工作，扩大保险覆盖范围，充分发挥保险的风险保障作用。

三、组织实施

（一）加强组织领导。人民银行会同中央农办、发展改革委、财政部、国土资源部、住房城乡建设部、农业部、税务总局、林业局、法制办、银监会、保监会等单位，按职责分工成立农村承包土地的经营权抵押贷款试点工作指导小组和农民住房财产权抵押贷款试点工作指导小组（以下统称指导小组），切实落实党中央、国务院对“两权”抵押贷款试点工作的各项要求，按照本意见指导地方人民政府开展试点，并做好专项统计、跟踪指导、评估总结等相关工作。指导小组办公室设在人民银行。

（二）选择试点地区。“两权”抵押贷款试点以县（市、区）行政区域为单位。农村承包土地的经营权抵押贷款试点主要在农村改革试验区、现代农业示范区等农村土地经营权流转较好的地区开展；农民住房财产权抵押贷款试点原则上选择国土资源部牵头确定的宅基地制度改革试点地区开展。省级人民政府按照封闭运行、风险可控原则向指导小组办公室推荐试点县（市、区），经指导小组审定后开展试点。各省（区、市）可根据当地实际，分别或同时申请开展农村承包土地的经营权抵押贷款试点和农民住房财产权抵押贷款试点。

（三）严格试点条件。“两权”抵押贷款试点地区应满足以下条件：一是农村土地承包经营权、宅基地使用权和农民住房所有权确权登记颁证率高，农村产权流转交易市场健全，交易行为公开规范，具备较好基础和支撑条件；二是农户土地流转意愿较强，农业适度规模经营势头良好，具备规模经济效益；三是农村信用环境较好，配套政策较为健全。

（四）规范试点运行。人民银行、银监会会同相关单位，根据本意见出台农村承包土地的经营权抵押贷款试点管理办法和农民住房财产权抵押贷款试点管理办法。银行业金融机构根据本意见和金融管理部门制定的“两权”抵押贷款试点管理办法，建立相应的信贷管理制度并制定实施细则。试点地区成立试点工作小组，严格落实试点条件，制定具体实施意见、支持政策，经省级人民政府审核后，送指导小组备案。集体林地经营权抵押贷款和草地经营权抵押贷款业务可参照本意见执行。

（五）做好评估总结。认真总结试点经验，及时提出制定修改相关法律法规、政策的建议，加快推动修改完善相关法律法规。人民银行牵头负责对试点工作进行跟踪、监督和指导，开展年度评估。试点县（市、区）应提交总结报告和政策建议，由省级人民政府送指导小组。指导小组形成全国试点工作报告，提出相关政策建议。全部试点工作于 2017 年底前完成。

（六）取得法律授权。试点涉及突破《中华人民共和国物权法》第一百八十四条、《中华人民共和国担保法》第三十七条等相关法律条款，由国务院按程序提请全国人大常委会授权，允许试点地区在试点期间暂停执行相关法律条款。

中国人民银行　中国银行业监督管理委员会 中国保险监督管理委员会　财政部　国土资源部 住房和城乡建设部
关于印发《农民住房财产权抵押贷款试点暂行办法》的通知

（2016 年 3 月 15 日　银发〔2016〕78 号）

为依法稳妥规范推进农民住房财产权抵押贷款试点，根据《国务院关于开展农村承包土地的经营权和农民住房财产权抵押贷款试点的指导意见》（国发〔2015〕45 号）和《全国人大常委会关于授权国务院在北京市大兴区等 232 个试点县（市、区）、天津市蓟县等 59 个试点县（市、区）行政区域分别暂时调整实施有关法律规定的决定》精神，现将《农民住房财产权抵押贷款试点暂行办法》（附件 1）和《农民住房财产权抵押贷款试点县（市、区）名单》（附件 2）印发给你们，请结合实际认真贯彻落实。

附件：1. 农民住房财产权抵押贷款试点暂行办法

2. 农民住房财产权抵押贷款试点县（市、区）名单

附件 1

农民住房财产权抵押贷款试点暂行办法

第一条　为依法稳妥规范推进农民住房财产权抵押贷款试点，加大金融对“三农”的有效支持，保护借贷当事人合法权益，根据《国务院关于开展农村承包土地的经营权和农民住房财产权抵押贷款试点的指导意见》（国发〔2015〕45 号）和《全国人民代表大会常务委员会关于授权国务院在北京市大兴区等 232 个试点县（市、区）、天津市蓟县等 59 个试点县（市、区）行政区域分别暂时调整实施有关法律规定的决定》等政策规定，制定本办法。

第二条　本办法所称农民住房财产权抵押贷款，是指在不改变宅基地所有权性质的前提下，以农民住房所有权及所占宅基地使用权作为抵押、由银

行业金融机构（以下称贷款人）向符合条件的农民住房所有人（以下称借款人）发放的、在约定期限内还本付息的贷款。

第三条 本办法所称试点地区是指《全国人民代表大会常务委员会关于授权国务院在北京市大兴区等 232 个试点县（市、区）、天津市蓟县等 59 个试点县（市、区）行政区域分别暂时调整实施有关法律规定的决定》明确授权开展农民住房财产权抵押贷款试点的县（市、区）。

第四条 借款人以农民住房所有权及所占宅基地使用权作抵押申请贷款的，应同时符合以下条件：

（一）具有完全民事行为能力，无不良信用记录；

（二）用于抵押的房屋所有权及宅基地使用权没有权属争议，依法拥有政府相关主管部门颁发的权属证明，未列入征地拆迁范围；

（三）除用于抵押的农民住房外，借款人应有其他长期稳定居住场所，并能够提供相关证明材料；

（四）所在的集体经济组织书面同意宅基地使用权随农民住房一并抵押及处置。

以共有农民住房抵押的，还应当取得其他共有人的书面同意。

第五条 借款人获得的农民住房财产权抵押贷款，应当优先用于农业生产经营等贷款人认可的合法用途。

第六条 贷款人应当统筹考虑借款人信用状况、借款需求与偿还能力、用于抵押的房屋所有权及宅基地使用权价值等因素，合理自主确定农民住房财产权抵押贷款抵押率和实际贷款额度。鼓励贷款人对诚实守信、有财政贴息、农业保险或农民住房保险等增信手段支持的借款人，适当提高贷款抵押率。

第七条 贷款人应参考人民银行公布的同期同档次基准利率，结合借款人的实际情况合理自主确定农民住房财产权抵押贷款的利率。

第八条 贷款人应综合考虑借款人的年龄、贷款金额、贷款用途、还款能力和用于抵押的农民住房及宅基地状况等因素合理自主确定贷款期限。

第九条 借贷双方可采取委托第三方房地产评估机构评估、贷款人自评估或者双方协商等方式，公平、公正、客观地确定房屋所有权及宅基地使用权价值。

第十条 鼓励贷款人因地制宜，针对借款人需求积极创新信贷产品和服务方式，简化贷款手续，加强贷款风险控制，全面提高贷款服务质量和效率。在农民住房财产权抵押合同约定的贷款利率之外不得另外或变相增加其它借款费用。

第十一条 借贷双方要按试点地区规定，在试点地区政府确定的不动产登记机构办理房屋所有权及宅基地使用权抵押登记。

第十二条　因借款人不履行到期债务，或者按借贷双方约定的情形需要依法行使抵押权的，贷款人应当结合试点地区实际情况，配合试点地区政府在保障农民基本居住权的前提下，通过贷款重组、按序清偿、房产变卖或拍卖等多种方式处置抵押物，抵押物处置收益应由贷款人优先受偿。变卖或拍卖抵押的农民住房，受让人范围原则上应限制在相关法律法规和国务院规定的范围内。

第十三条　试点地区政府要加快推进行政辖区内房屋所有权及宅基地使用权调查确权登记颁证工作，积极组织做好集体建设用地基准地价制定、价值评估、抵押物处置机制等配套工作。

第十四条　鼓励试点地区政府设立农民住房财产权抵押贷款风险补偿基金，用于分担自然灾害等不可抗力造成的贷款损失和保障抵押物处置期间农民基本居住权益，或根据地方财力对农民住房财产权抵押贷款给予适当贴息，增强贷款人放贷激励。

第十五条　鼓励试点地区通过政府性担保公司提供担保的方式，为农民住房财产权抵押贷款主体融资增信。

第十六条　试点地区人民银行分支机构要对开展农民住房财产权抵押贷款业务取得良好效果的贷款人加大支农再贷款支持力度。

第十七条　银行业监督管理机构要统筹研究，合理确定农民住房财产权抵押贷款的风险权重、资本计提、贷款分类等方面的计算规则和激励政策，支持金融机构开展农民住房财产权抵押贷款业务。

第十八条　保险监督管理机构要加快完善农业保险和农民住房保险政策，通过探索开展农民住房财产权抵押贷款保证保险业务等多种方式，为借款人提供增信支持。

第十九条　各试点地区试点工作小组要加强统筹协调，靠实职责分工，扎实做好辖内试点组织实施、跟踪指导和总结评估。试点期间各省年末形成年度试点总结报告，要于每年 1 月底前（遇节假日顺延）以省级人民政府名义送试点指导小组。

第二十条　人民银行分支机构会同银行业监督管理机构等部门加强试点监测、业务指导和评估总结。试点县（市、区）应提交季度总结报告和政策建议，由人民银行副省级城市中心支行以上分支机构会同银监局汇总于季后 20 个工作日内报送试点指导小组办公室，印送指导小组各成员单位。

第二十一条　各银行业金融机构可根据本办法有关规定制定农民住房财产权抵押贷款管理制度及实施细则，并抄报人民银行和银行业监督管理机构。

第二十二条　对于以农民住房财产权为他人贷款提供担保的，可参照本办法执行。

第二十三条 本办法由人民银行、银监会会同试点指导小组相关成员单位负责解释。

第二十四条 本办法自发布之日起施行。

附件 2

农民住房财产权抵押贷款试点县（市、区）名单

省份	试点县（市、区）
天津市	蓟县
山西省	晋中市榆次区
内蒙古自治区	和林格尔县、乌兰浩特市
辽宁省	铁岭县、开原市
吉林省	长春市九台区
黑龙江省	林甸县、方正县、杜蒙县
江苏省	常州市武进区、仪征市、泗洪县
浙江省	乐清市、青田县、义乌市、瑞安市
安徽省	金寨县、宣城市宣州区
福建省	晋江市、古田县、上杭县、石狮市
江西省	余江县、会昌县、婺源县
山东省	肥城市、滕州市、汶上县
河南省	滑县、兰考县
湖北省	宜城市、武汉市江夏区
湖南省	浏阳市、耒阳市、麻阳县
广东省	五华县、连州市
广西自治区	田阳县
海南省	文昌市、琼中县
重庆市	江津区、开县、酉阳县
四川省	泸县、郫县、眉山市彭山区
贵州省	金沙县、湄潭县
云南省	大理市、丘北县、武定县

续表

省份	试点县（市、区）
西藏自治区	曲水县
陕西省	平利县、西安市高陵区
甘肃省	陇西县
青海省	湟源县
宁夏自治区	平罗县
新疆自治区	伊宁市

中国人民银行　中国银行业监督管理委员会 中国保险监督管理委员会　财政部　农业部 关于印发《农村承包土地的经营权抵押贷款试点暂行办法》的通知

（2016 年 3 月 15 日　银发〔2016〕79 号）

为依法稳妥规范推进农村承包土地的经营权抵押贷款试点，根据《国务院关于开展农村承包土地的经营权和农民住房财产权抵押贷款试点的指导意见》（国发〔2015〕45 号）和《全国人大常委会关于授权国务院在北京市大兴区等 232 个试点县（市、区）、天津市蓟县等 59 个试点县（市、区）行政区域分别暂时调整实施有关法律规定的决定》精神，现将《农村承包土地的经营权抵押贷款试点暂行办法》（附件 1）和《农村承包土地的经营权抵押贷款试点县（市、区）名单》（附件 2）印发给你们，请结合实际认真贯彻落实。

附件：1. 农村承包土地的经营权抵押贷款试点暂行办法

2. 农村承包土地的经营权抵押贷款试点县（市、区）名单

附件 1

农村承包土地的经营权抵押贷款试点暂行办法

第一条 为依法稳妥规范推进农村承包土地的经营权抵押贷款试点，加大金融对“三农”的有效支持，保护借贷当事人合法权益，根据《国务院关于开展农村承包土地的经营权和农民住房财产权抵押贷款试点的指导意见》（国发〔2015〕45 号）和《全国人民代表大会常务委员会关于授权国务院在北京市大兴区等 232 个试点县（市、区）、天津市蓟县等 59 个试点县（市、区）行政区域分别暂时调整实施有关法律规定的决定》等政策规定，制定本办法。

第二条 本办法所称农村承包土地的经营权抵押贷款，是指以承包土地的经营权作抵押、由银行业金融机构（以下称贷款人）向符合条件的承包方农户或农业经营主体发放的、在约定期限内还本付息的贷款。

第三条 本办法所称试点地区是指《全国人民代表大会常务委员会关于授权国务院在北京市大兴区等 232 个试点县（市、区）、天津市蓟县等 59 个试点县（市、区）行政区域分别暂时调整实施有关法律规定的决定》明确授权开展农村承包土地的经营权抵押贷款试点的县（市、区）。

第四条 农村承包土地的经营权抵押贷款试点坚持不改变土地公有制性质、不突破耕地红线、不损害农民利益、不层层下达规模指标。

第五条 符合本办法第六条、第七条规定条件、通过家庭承包方式依法取得土地承包经营权和通过合法流转方式获得承包土地的经营权的农户及农业经营主体（以下称借款人），均可按程序向银行业金融机构申请农村承包土地的经营权抵押贷款。

第六条 通过家庭承包方式取得土地承包经营权的农户以其获得的土地经营权作抵押申请贷款的，应同时符合以下条件：

（一）具有完全民事行为能力，无不良信用记录；

（二）用于抵押的承包土地没有权属争议；

（三）依法拥有县级以上人民政府或政府相关主管部门颁发的土地承包经营权证；

（四）承包方已明确告知发包方承包土地的抵押事宜。

第七条 通过合法流转方式获得承包土地的经营权的农业经营主体申请贷款的，应同时符合以下条件：

（一）具备农业生产经营管理能力，无不良信用记录；

（二）用于抵押的承包土地没有权属争议；

（三）已经与承包方或者经承包方书面委托的组织或个人签订了合法有效的经营权流转合同，或依流转合同取得了土地经营权权属确认证明，并已按合同约定方式支付了土地租金；

（四）承包方同意承包土地的经营权可用于抵押及合法再流转；

（五）承包方已明确告知发包方承包土地的抵押事宜。

第八条　借款人获得的承包土地经营权抵押贷款，应主要用于农业生产经营等贷款人认可的合法用途。

第九条　贷款人应当统筹考虑借款人信用状况、借款需求与偿还能力、承包土地经营权价值及流转方式等因素，合理自主确定承包土地的经营权抵押贷款抵押率和实际贷款额度。鼓励贷款人对诚实守信、有财政贴息或农业保险等增信手段支持的借款人，适当提高贷款抵押率。

第十条　贷款人应参考人民银行公布的同期同档次基准利率，结合借款人的实际情况合理自主确定承包土地的经营权抵押贷款的利率。

第十一条　贷款人应综合考虑承包土地经营权可抵押期限、贷款用途、贷款风险、土地流转期内租金支付方式等因素合理自主确定贷款期限。鼓励贷款人在农村承包土地的经营权剩余使用期限内发放中长期贷款，有效增加农业生产的中长期信贷投入。

第十二条　借贷双方可采取委托第三方评估机构评估、贷款人自评估或者借贷双方协商等方式，公平、公正、客观、合理确定农村土地经营权价值。

第十三条　鼓励贷款人因地制宜，针对借款人需求积极创新信贷产品和服务方式，简化贷款手续，加强贷款风险控制，全面提高贷款服务质量和效率。在承包土地的经营权抵押合同约定的贷款利率之外不得另外或变相增加其他借款费用。

第十四条　借贷双方要按试点地区规定，在试点地区农业主管部门或试点地区政府授权的农村产权流转交易平台办理承包土地的经营权抵押登记。受理抵押登记的部门应当对用于抵押的承包土地的经营权权属进行审核、公示。

第十五条　因借款人不履行到期债务，或者按借贷双方约定的情形需要依法行使抵押权的，贷款人可依法采取贷款重组、按序清偿、协议转让、交易平台挂牌再流转等多种方式处置抵押物，抵押物处置收益应由贷款人优先受偿。

第十六条　试点地区政府要依托公共资源管理平台，推进建立县（区）、乡（镇、街道）等多级联网的农村产权流转交易平台，建立承包土地的经营权抵押、流转、评估和处置的专业化服务机制，完善承包土地的经营权价值评估体系，推动承包土地的经营权流转交易公开、公正、规范运行。

第十七条 试点地区政府要加快推进行政辖区内农村土地承包经营权确权登记颁证，鼓励探索通过合同鉴证、登记颁证等方式对流转取得的农村承包土地的经营权进行权属确认。

第十八条 鼓励试点地区政府设立农村承包土地的经营权抵押贷款风险补偿基金，用于分担地震、冰雹、严重旱涝等不可抗力造成的贷款损失，或根据地方财力对农村承包土地的经营权抵押贷款给予适当贴息，增强贷款人放贷激励。

第十九条 鼓励试点地区通过政府性担保公司提供担保、农村产权交易平台提供担保等多种方式，为农村承包土地的经营权抵押贷款主体融资增信。

第二十条 试点地区农业主管部门要组织做好流转合同鉴证评估、农村产权交易平台搭建、承包土地的经营权价值评估、抵押物处置等配套工作。

第二十一条 试点地区人民银行分支机构对开展农村承包土地的经营权抵押贷款业务取得良好效果的贷款人加大支农再贷款支持力度。

第二十二条 银行业监督管理机构要统筹研究，合理确定承包土地经营权抵押贷款的风险权重、资本计提、贷款分类等方面的计算规则和激励政策，支持贷款人开展承包土地的经营权抵押贷款业务。

第二十三条 保险监督管理机构要加快完善农业保险政策，积极扩大试点地区农业保险品种和覆盖范围。通过探索开展农村承包土地的经营权抵押贷款保证保险业务等多种方式，为借款人提供增信支持。

第二十四条 各试点地区试点工作小组要加强统筹协调，靠实职责分工，扎实做好辖内试点组织实施、跟踪指导和总结评估。试点期间各省（区、市）年末形成年度试点总结报告，要于每年 1 月底前（遇节假日顺延）以省级人民政府名义送试点指导小组。

第二十五条 人民银行分支机构会同银行业监督管理机构等部门加强试点监测、业务指导和评估总结。试点县（市、区）应提交季度总结报告和政策建议，由人民银行副省级城市中心支行以上分支机构会同银监局汇总，于季后 20 个工作日内报送试点指导小组办公室，印送试点指导小组各成员单位。

第二十六条 各银行业金融机构可根据本办法有关规定制定农村承包土地的经营权抵押贷款业务管理制度及实施细则，并抄报人民银行和银行业监督管理机构。

第二十七条 对于以承包土地的经营权为他人贷款提供担保的以及没有承包到户的农村集体土地（指耕地）的经营权用于抵押的，可参照本办法执行。

第二十八条　本办法由人民银行、银监会会同试点指导小组相关成员单位负责解释。

第二十九条　本办法自发布之日起施行。

附件 2

农村承包土地的经营权抵押贷款试点县（市、区）名单

省份	试点县（市、区）
北京市	大兴区、平谷区
天津市	宝坻区、武清区
河北省	玉田县、邱县、张北县、平乡县、威县、饶阳县
山西省	运城市盐湖区、新绛县、潞城市、太谷县、定襄县、曲沃县
内蒙古自治区	呼伦贝尔市阿荣旗、兴安盟扎赉特旗、开鲁县、锡林郭勒盟镶黄旗、鄂尔多斯市达拉特旗、巴彦淖尔市临河区、赤峰市克什克腾旗、包头市土默特右旗
辽宁省	海城市、东港市、辽阳县、盘山县、昌图县、瓦房店市、沈阳市于洪区
吉林省	榆树市、农安县、永吉县、敦化市、梨树县、柳河县、洮南市、东辽县、前郭县、抚松县、梅河口市、公主岭市、珲春市、龙井市、延吉市
黑龙江省	克山县、方正县、讷河市、延寿县、五常市、哈尔滨市呼兰区、桦川县、克东县、富锦市、汤原县、兰西县、庆安县、密山市、绥滨县、宝清县
江苏省	东海县、泗洪县、沛县、金湖县、泰州市姜堰区、太仓市、如皋市、东台市、无锡市惠山区、南京市高淳区
浙江省	龙泉市、长兴县、海盐县、慈溪市、温岭市、衢州市衢江区、缙云县、嵊州市、嘉善县、德清县
安徽省	宿州市埇桥区、金寨县、铜陵县、庐江县、阜阳市颍泉区、黄山市黄山区、定远县、涡阳县、宿松县、凤台县
福建省	漳浦县、建瓯市、沙县、仙游县、福清市、武平县、永春县、屏南县、邵武市、古田县
江西省	安义县、乐平市、铜鼓县、修水县、金溪县、新干县、信丰县、吉安县、贵溪市、赣县

续表

省份	试点县（市、区）
山东省	东营市河口区、青州市、平度市、沂南县、武城县、枣庄市台儿庄区、沂源县、寿光市、莘县、乐陵市
河南省	长垣县、安阳县、宝丰县、邓州市、济源市、长葛市、遂平县、固始县、浚县
湖北省	钟祥市、武汉市黄陂区、宜昌市夷陵区、鄂州市梁子湖区、随县、南漳县、大冶市、公安县、武穴市、云梦县
湖南省	汉寿县、岳阳县、新田县、桃江县、洞口县、沅陵县、慈利县、双峰县
广东省	蕉岭县、阳山县、德庆县、郁南县、廉江市、罗定市、英德市
广西自治区	田阳县、田东县、玉林市玉州区、来宾市象州县、南宁市武鸣区、东兴市、北流市、兴业县
海南省	东方市、屯昌县、文昌市
重庆市	永川区、梁平县、潼南区、荣昌区、忠县、铜梁区、南川区、巴南区、武隆县、秀山县
四川省	成都市温江区、崇州市、眉山市彭山区、内江市市中区、蓬溪县、西充县、巴中市巴州区、武胜县、井研县、苍溪县
贵州省	德江县、水城县、湄潭县、兴仁县、盘县、普定县、安龙县、开阳县、六盘水市六枝特区
云南省	开远市、砚山县、剑川县、鲁甸县、景谷县、富民县
西藏自治区	曲水县、米林县
陕西省	杨陵区、平利县、西安市高陵区、富平县、千阳县、南郑县、宜川县、铜川市耀州区
甘肃省	西和县、金昌市金川区、武威市凉州区、陇西县、临夏县、金塔县
青海省	大通县、互助县、门源县、海晏县、海东市乐都区
宁夏自治区	平罗县、中卫市沙坡头区、同心县、永宁县、贺兰县
新疆自治区	呼图壁县、沙湾县、博乐市、阿克苏市、克拉玛依市克拉玛依区

中国银行业监督管理委员会　国土资源部
关于印发《农村集体经营性建设用地使用权抵押贷款管理暂行办法》的通知

（2016 年 5 月 13 日　银监发〔2016〕26 号）

各银监局，各省、自治区、直辖市国土资源主管部门，各政策性银行、大型银行、股份制银行，邮储银行，外资银行，金融资产管理公司，其他会管金融机构：

为规范推进农村集体经营性建设用地使用权抵押贷款工作，根据《中共中央办公厅 国务院办公厅印发〈关于农村土地征收、集体经营性建设用地入市、宅基地制度改革试点工作的意见〉的通知》（中办发〔2014〕71 号）和《全国人民代表大会常务委员会关于授权国务院在北京市大兴区等三十三个试点县（市、区）行政区域暂时调整实施有关法律规定的决定》精神，银监会联合国土资源部制定了《农村集体经营性建设用地使用权抵押贷款管理暂行办法》，现印发给你们，请结合实际认真贯彻落实。

附：

农村集体经营性建设用地使用权抵押贷款管理暂行办法

第一条　为落实《中共中央办公厅 国务院办公厅印发〈关于农村土地征收、集体经营性建设用地入市、宅基地制度改革试点工作的意见〉的通知》（中办发〔2014〕71 号），规范推进农村集体经营性建设用地使用权抵押贷款工作，根据《中华人民共和国银行业监督管理法》、《全国人民代表大会常务委员会关于授权国务院在北京市大兴区等三十三个试点县（市、区）行政区域暂时调整实施有关法律规定的决定》以及《国土资源部关于印发农村土地征收、集体经营性建设用地入市和宅基地制度改革试点实施细则的通知》（国土资发〔2015〕35 号），制定本办法。

第二条　按照金融改革与农村土地制度改革紧密衔接的原则，在坚持土地公有制性质不变、耕地红线不突破、农民利益不受损的前提下，开展农村集体经营性建设用地使用权抵押贷款工作，落实农村集体经营性建设用地与国有建设用地同等入市、同权同价。

第三条 允许开展抵押贷款的农村集体经营性建设用地仅限于国家确定的入市改革试点地区。

第四条 农村集体经营性建设用地使用权抵押贷款，是指以农村集体经营性建设用地使用权作为抵押财产，由银行业金融机构向符合条件的借款人发放的在约定期限内还本付息的贷款。

农村集体经营性建设用地是指存量农村集体建设用地中，土地利用总体规划和城乡规划确定为工矿仓储、商服等经营性用途的土地。

第五条 在符合规划、用途管制、依法取得的前提下，以出让、租赁、作价出资（入股）方式入市的和具备入市条件的农村集体经营性建设用地使用权可以办理抵押贷款。农村集体经营性建设用地使用权抵押的，地上的建筑物应一并抵押。

前款所称具备入市条件是指，尚未入市但已经依法进行不动产登记并持有权属证书，符合规划、环保等要求，具备开发利用的基本条件，所有权主体履行集体土地资产决策程序同意抵押，试点县（市、区）政府同意抵押权实现时土地可以入市的情形；尚未入市但改革前依法使用的农村集体经营性建设用地，依法进行不动产登记并持有权属证书，按相关规定办理入市手续，签订土地使用合同，办理变更登记手续的情形。

第六条 具有下列情形之一的集体经营性建设用地使用权不得抵押：

（一）权属不清或存在争议的；

（二）司法机关依法查封的；

（三）被依法纳入拆迁征地范围的；

（四）擅自改变用途的；

（五）其他不得办理抵押的情形。

第七条 农村集体经营性建设用地使用权抵押贷款应当坚持依法合规、惠农利民、平等自愿、公平诚信、风险可控、商业可持续原则。

第八条 银行业金融机构应当实行贷款全流程管理，全面了解客户信息，综合考虑借款人和抵押财产的实际情况，合理确定贷款期限和额度等。

第九条 银行业金融机构应当与借款人在合同中约定明确、合法的贷款用途，并按约定检查监督贷款的使用情况，防止挪用贷款。

第十条 以农村集体经营性建设用地使用权作抵押申请贷款的，应当同时满足以下条件：

（一）依法进行不动产登记并取得县级以上人民政府或政府相关主管部门颁发的农村集体经营性建设用地权属证书并可办理抵押登记；

（二）用于抵押的农村集体经营性建设用地符合土地利用总体规划及城乡

规划；

（三）用于抵押的农村集体经营性建设用地使用权及其地上建筑物、其他附着物未设定影响处置变现和银行业金融机构优先受偿的其他权利；

（四）具备入市条件的，应具备所有权主体履行集体土地资产决策程序同意抵押，试点县（市、区）政府同意抵押的证明材料等；

（五）法律、行政法规和中国银监会规定的其他条件。

第十一条　银行业金融机构受理借款人贷款申请后，应当履行尽职调查职责，并对贷款申请内容和相关情况的真实性、准确性、完整性进行调查核实，形成调查评价意见。重点包括以下内容：

（一）借款人具有完全民事行为能力，信用记录良好；

（二）借款人所在行业状况、持续经营能力以及合法的还款来源；

（三）抵押财产是否真实有效、产权清晰并取得合法权证，相应手续是否合法齐备，是否存在权属争议；

（四）抵押财产价值评估是否合理；

（五）抵押财产是否符合土地利用总体规划、城乡规划及用途管制；

（六）抵押财产是否符合当地流转交易政策规定，是否容易处置变现，是否存在影响抵押财产处置和银行业金融机构优先受偿的权利瑕疵或权利负担。

第十二条　银行业金融机构应当建立农村集体经营性建设用地使用权价值评估制度。可采用外部评估或内部评估的方式对用于抵押的农村集体经营性建设用地使用权进行价值评估。

第十三条　银行业金融机构应当综合考虑借款人的资信状况、偿债能力、贷款期限以及抵押土地的使用年限、地理位置、规划和用途等因素，确定农村集体经营性建设用地使用权抵押率。

第十四条　银行业金融机构应当参考同期同档次基准利率，综合考虑借款人的实际情况，合理自主确定农村集体经营性建设用地使用权抵押贷款的利率。

第十五条　银行业金融机构应当建立农村集体经营性建设用地使用权抵押贷款业务风险评价机制，全面审查农村集体经营性建设用地使用权抵押贷款的风险因素，合理作出信贷决策。

第十六条　银行业金融机构应当进行全面、动态的风险评估，有效跟踪检查和监控分析信贷资金使用、借款人信用及担保变化等情况。

第十七条　银行业金融机构应当按照抵押合同的约定，加强押品的动态管理和价值重估，保证抵押权利的真实、合法、足值、有效。

第十八条　抵押权存续期间，未经银行业金融机构同意，抵押人不得擅自转让或处分已抵押的农村集体经营性建设用地使用权及其上的建筑物、其他附着物，但受让人代为清偿债务消灭抵押权的除外。

第十九条 抵押财产价值减少时，银行业金融机构有权要求恢复抵押财产的价值，或者要求借款人提供与减少的价值相应的担保。借款人不恢复财产的价值也不提供其他担保的，银行业金融机构有权要求借款人提前清偿债务。

第二十条 银行业金融机构应当在合同中明确，在抵押权存续期间，如国家依法征收该宗土地，抵押人应当以所得补偿费用优先偿还借款人债务，或另行提供其他足值有效担保。

第二十一条 贷款到期后，借款人未清偿债务或出现当事人约定的实现抵押权的情形，银行业金融机构可以通过折价、拍卖、变卖抵押财产等合法途径处置已抵押的农村集体经营性建设用地使用权。所得价款由银行业金融机构优先受偿。

土地所有权人在同等条件下享有使用权优先购买权。

第二十二条 银行业金融机构应当建立风险预警制度和重大风险报告制度。发生以下情形时，银行业金融机构应当按规定及时预警、采取相应的风险控制和化解措施，并向试点地区银行业监督管理机构和国土资源行政主管部门报告。

（一）国家法律法规、城乡建设规划及土地市场供求等因素发生重大变化，对抵押财产价值稳定性产生不利影响或导致其流转权能受限的；

（二）抵押财产对应的农村集体经营性建设用地被列入土地征收征用或拆迁范围的；

（三）抵押人未经有权机关批准，擅自改变土地用途的；

（四）抵押财产被司法机关查封的；

（五）发生其他重大风险变化的情形。

第二十三条 贷款需要展期的，银行业金融机构应当综合考量贷款用途、贷款期限与额度、借款人经营状况与还款能力以及抵押财产状况，决定是否展期。

第二十四条 鼓励试点地区通过政府性融资担保公司提供担保的方式，为农村集体经营性建设用地使用权抵押贷款提供增信服务。

第二十五条 鼓励有条件的试点县（市、区）政府建立风险补偿机制。

第二十六条 不动产登记机构应当为抵押双方提供信息查询、抵押登记等相关服务，协调做好农村集体经营性建设用地使用权抵押贷款工作。

第二十七条 农村集体经营性建设用地使用权抵押登记参照国有建设用地使用权抵押登记的有关规定，由所在地的不动产登记机构办理。

第二十八条 银行业金融机构和抵押人签订抵押合同后，双方共同持以下资料向不动产登记机构申请办理抵押登记，抵押权自登记时设立。

（一）抵押登记申请书；

（二）贷款合同和抵押合同；

（三）集体建设用地权属证书；

（四）登记机构规定的其他资料。

第二十九条　对符合抵押登记条件的，试点地区不动产登记机构应当及时将抵押合同约定的有关事项在登记簿加以记载，并向银行业金融机构颁发抵押权登记证明。

经审核符合登记条件的，登记机关应当于受理登记申请材料后10个工作日内办结登记手续。

第三十条　试点地区银行业监督管理机构应当会同国土资源行政主管部门加强对试点地区农村集体经营性建设用地使用权抵押贷款的监管与评估工作。

第三十一条　银行业监督管理机构要统筹研究，合理确定农村集体经营性建设用地使用权抵押贷款的风险权重、资本计提、贷款分类等方面的计算规则和激励政策，支持银行业金融机构开展农村集体经营性建设用地使用权抵押贷款业务。

第三十二条　试点县（市、区）银行业监督管理机构及国土资源行政主管部门要将农村集体经营性建设用地使用权抵押贷款情况按季度分别报送至中国银监会和国土资源部。

第三十三条　银行业金融机构可以根据本办法制定农村集体经营性建设用地使用权抵押贷款实施细则。

第三十四条　本办法由中国银监会、国土资源部负责解释。

第三十五条　本办法自发布之日起施行，有效期至2017年12月31日。

附件：农村集体经营性建设用地使用权抵押贷款试点县（市、区）名单

附件：

农村集体经营性建设用地使用权抵押贷款试点县（市、区）名单

省份	试点县（市、区）
北京市	大兴区
山西省	晋城市泽州县
辽宁省	鞍山市海城市

续表

省份	试点县（市、区）
吉林省	长春市九台区
黑龙江省	绥化市安达市
上海市	松江区
浙江省	湖州市德清县
河南省	新乡市长垣县
广东省	佛山市南海区
广西省	玉林市北流市
海南省	文昌市
重庆市	大足区
四川省	成都市郫县
贵州省	遵义市湄潭县
甘肃省	定西市陇西县

城市房地产抵押管理办法

（根据2001年8月15日建设部令第98号《建设部关于修改〈城市房地产抵押管理办法〉的决定》修正）

第一章　总　则

第一条　为了加强房地产抵押管理，维护房地产市场秩序，保障房地产抵押当事人的合法权益，根据《中华人民共和国城市房地产管理法》《中华人民共和国担保法》，制定本办法。

第二条　凡在城市规划区国有土地范围内从事房地产抵押活动的，应当遵守本办法。

地上无房屋（包括建筑物、构筑物及在建工程）的国有土地使用权设定抵押的，不适用本办法。

第三条　本办法所称房地产抵押，是指抵押人以其合法的房地产以不转移占有的方式向抵押权人提供债务履行担保的行为。债务人不履行债务时，债权人有权依法以抵押的房地产拍卖所得的价款优先受偿。

本办法所称抵押人，是指将依法取得的房地产提供给抵押权人，作为本人或者第三人履行债务担保的公民、法人或者其他组织。

本办法所称抵押权人，是指接受房地产抵押作为债务人履行债务担保的公民、法人或者其他组织。

本办法所称预购商品房贷款抵押，是指购房人在支付首期规定的房价款后，由贷款银行代其支付其余的购房款，将所购商品房抵押给贷款银行作为偿还贷款履行担保的行为。

本办法所称在建工程抵押，是指抵押人为取得在建工程继续建造资金的贷款，以其合法方式取得的土地使用权连同在建工程的投入资产，以不转移占有的方式抵押给贷款银行作为偿还贷款履行担保的行为。

第四条　以依法取得的房屋所有权抵押的，该房屋占用范围内的土地使用权必须同时抵押。

第五条　房地产抵押，应当遵循自愿、互利、公平和诚实信用的原则。

依法设定的房地产抵押，受国家法律保护。

第六条　国家实行房地产抵押登记制度。

第七条　国务院建设行政主管部门归口管理全国城市房地产抵押管理工作。

省、自治区建设行政主管部门归口管理本行政区域内的城市房地产抵押管理工作。

直辖市、市、县人民政府房地产行政主管部门（以下简称房地产管理部门）负责管理本行政区域内的房地产抵押管理工作。

第二章　房地产抵押权的设定

第八条　下列房地产不得设定抵押：

（一）权属有争议的房地产；

（二）用于教育、医疗、市政等公共福利事业的房地产；

（三）列入文物保护的建筑物和有重要纪念意义的其他建筑物；

（四）已依法公告列入拆迁范围的房地产；

（五）被依法查封、扣押、监管或者以其他形式限制的房地产；

（六）依法不得抵押的其他房地产。

第九条　同一房地产设定两个以上抵押权的，抵押人应当将已经设定过的抵押情况告知抵押权人。

抵押人所担保的债权不得超出其抵押物的价值。

房地产抵押后，该抵押房地产的价值大于所担保债权的余额部分，可以再次抵押，但不得超出余额部分。

第十条 以两宗以上房地产设定同一抵押权的，视为同一抵押房地产。但抵押当事人另有约定的除外。

第十一条 以在建工程已完工部分抵押的，其土地使用权随之抵押。

第十二条 以享受国家优惠政策购买的房地产抵押的，其抵押额以房地产权利人可以处分和收益的份额比例为限。

第十三条 国有企业、事业单位法人以国家授予其经营管理的房地产抵押的，应当符合国有资产管理的有关规定。

第十四条 以集体所有制企业的房地产抵押的，必须经集体所有制企业职工（代表）大会通过，并报其上级主管机关备案。

第十五条 以中外合资企业、合作经营企业和外商独资企业的房地产抵押的，必须经董事会通过，但企业章程另有规定的除外。

第十六条 以有限责任公司、股份有限公司的房地产抵押的，必须经董事会或者股东大会通过，但企业章程另有规定的除外。

第十七条 有经营期限的企业以其所有的房地产设定抵押的，所担保债务的履行期限不应当超过该企业的经营期限。

第十八条 以具有土地使用年限的房地产设定抵押的，所担保债务的履行期限不得超过土地使用权出让合同规定的使用年限减去已经使用年限后的剩余年限。

第十九条 以共有的房地产抵押的，抵押人应当事先征得其他共有人的书面同意。

第二十条 预购商品房贷款抵押的，商品房开发项目必须符合房地产转让条件并取得商品房预售许可证。

第二十一条 以已出租的房地产抵押的，抵押人应当将租赁情况告知抵押权人，并将抵押情况告知承租人。原租赁合同继续有效。

第二十二条 设定房地产抵押时，抵押房地产的价值可以由抵押当事人协商议定，也可以由房地产价格评估机构评估确定。

法律、法规另有规定的除外。

第二十三条 抵押当事人约定对抵押房地产保险的，由抵押人为抵押的房地产投保，保险费由抵押人负担。抵押房地产投保的，抵押人应当将保险单移送抵押权人保管。在抵押期间，抵押权人为保险赔偿的第一受益人。

第二十四条 企业、事业单位法人分立或者合并后，原抵押合同继续有效，其权利和义务由变更后的法人享有和承担。

抵押人死亡、依法被宣告死亡或者被宣告失踪时，其房地产合法继承人或者代管人应当继续履行原抵押合同。

第三章　房地产抵押合同的订立

第二十五条　房地产抵押，抵押当事人应当签订书面抵押合同。

第二十六条　房地产抵押合同应当载明下列主要内容：

（一）抵押人、抵押权人的名称或者个人姓名、住所；

（二）主债权的种类、数额；

（三）抵押房地产的处所、名称、状况、建筑面积、用地面积以及四至等；

（四）抵押房地产的价值；

（五）抵押房地产的占用管理人、占用管理方式、占用管理责任以及意外损毁、灭失的责任；

（六）债务人履行债务的期限；

（七）抵押权灭失的条件；

（八）违约责任；

（九）争议解决方式；

（十）抵押合同订立的时间与地点；

（十一）双方约定的其他事项。

第二十七条　以预购商品房贷款抵押的，须提交生效的预购房屋合同。

第二十八条　以在建工程抵押的，抵押合同还应当载明以下内容：

（一）《国有土地使用权证》《建设用地规划许可证》和《建设工程规划许可证》编号；

（二）已交纳的土地使用权出让金或需交纳的相当于土地使用权出让金的款额；

（三）已投入在建工程的工程款；

（四）施工进度及工程竣工日期；

（五）已完成的工作量和工程量。

第二十九条　抵押权人要求抵押房地产保险的，以及要求在房地产抵押后限制抵押人出租、转让抵押房地产或者改变抵押房地产用途的，抵押当事人应当在抵押合同中载明。

第四章　房地产抵押登记

第三十条　房地产抵押合同自签订之日起 30 日内，抵押当事人应当到房地产所在地的房地产管理部门办理房地产抵押登记。

第三十一条　房地产抵押合同自抵押登记之日起生效。

第三十二条　办理房地产抵押登记，应当向登记机关交验下列文件：

（一）抵押当事人的身份证明或法人资格证明；

（二）抵押登记申请书；

（三）抵押合同；

（四）《国有土地使用权证》《房屋所有权证》或《房地产权证》，共有的房屋还必须提交《房屋共有权证》和其他共有人同意抵押的证明；

（五）可以证明抵押人有权设定抵押权的文件与证明材料；

（六）可以证明抵押房地产价值的资料：

（七）登记机关认为必要的其他文件。

第三十三条 登记机关应当对申请人的申请进行审核。凡权属清楚、证明材料齐全的，应当在受理登记之日起 7 日内决定是否予以登记，对不予登记的，应当书面通知申请人。

第三十四条 以依法取得的房屋所有权证书的房地产抵押的，登记机关应当在原《房屋所有权证》上作他项权利记载后，由抵押人收执，并向抵押权人颁发《房屋他项权证》。

以预售商品房或者在建工程抵押的，登记机关应当在抵押合同上作记载。抵押的房地产在抵押期间竣工的，当事人应当在抵押人领取房地产权属证书后，重新办理房地产抵押登记。

第三十五条 抵押合同发生变更或者抵押关系终止时，抵押当事人应当在变更或者终止之日起 15 日内，到原登记机关办理变更或者注销抵押登记。

因依法处分抵押房地产而取得土地使用权和土地建筑物、其他附着物所有权的，抵押当事人应当自处分行为生效之日起 30 日内，到县级以上地方人民政府房地产管理部门申请房屋所有权转移登记，并凭变更后的房屋所有权证书向同级人民政府土地管理部门申请土地使用权变更登记。

第五章 抵押房地产的占用与管理

第三十六条 已作抵押的房地产，由抵押人占用与管理。

抵押人在抵押房地产占用与管理期间应当维护抵押房地产的安全与完好。抵押权人有权按照抵押合同的规定监督、检查抵押房地产的管理情况。

第三十七条 抵押权可以随债权转让。抵押权转让时，应当签订抵押权转让合同，并办理抵押权变更登记。抵押权转让后，原抵押权人应当告知抵押人。

经抵押权人同意，抵押房地产可以转让或者出租。

抵押房地产转让或者出租所得价款，应当向抵押权人提前清偿所担保的债权。超过债权数额的部分，归抵押人所有，不足部分由债务人清偿。

第三十八条 因国家建设需要，将已设定抵押权的房地产列入拆迁范围的，抵押人应当及时书面通知抵押权人；抵押双方可以重新设定抵押房地产，也可以依法清理债权债务，解除抵押合同。

第三十九条　抵押人占用与管理的房地产发生损毁、灭失的，抵押人应当及时将情况告知抵押权人，并应当采取措施防止损失的扩大。抵押的房地产因抵押人的行为造成损失使抵押房地产价值不足以作为履行债务的担保时，抵押权人有权要求抵押人重新提供或者增加担保以弥补不足。

抵押人对抵押房地产价值减少无过错的，抵押权人只能在抵押人因损害而得到的赔偿的范围内要求提供担保。抵押房地产价值未减少的部分，仍作为债务的担保。

第六章　抵押房地产的处分

第四十条　有下列情况之一的，抵押权人有权要求处分抵押的房地产：

（一）债务履行期满，抵押权人未受清偿的，债务人又未能与抵押权人达成延期履行协议的；

（二）抵押人死亡，或者被宣告死亡而无人代为履行到期债务的；或者抵押人的合法继承人、受遗赠人拒绝履行到期债务的；

（三）抵押人被依法宣告解散或者破产的；

（四）抵押人违反本办法的有关规定，擅自处分抵押房地产的；

（五）抵押合同约定的其他情况。

第四十一条　有本办法第四十条规定情况之一的，经抵押当事人协商可以通过拍卖等合法方式处分抵押房地产。协议不成的，抵押权人可以向人民法院提起诉讼。

第四十二条　抵押权人处分抵押房地产时，应当事先书面通知抵押人；抵押房地产为共有或者出租的，还应当同时书面通知共有人或承租人；在同等条件下，共有人或承租人依法享有优先购买权。

第四十三条　同一房地产设定两个以上抵押权时，以抵押登记的先后顺序受偿。

第四十四条　处分抵押房地产时，可以依法将土地上新增的房屋与抵押财产一同处分，但对处分新增房屋所得，抵押权人无权优先受偿。

第四十五条　以划拨方式取得的土地使用权连同地上建筑物设定的房地产抵押进行处分时，应当从处分所得的价款中缴纳相当于应当缴纳的土地使用权出让金的款额后，抵押权人方可优先受偿。

法律、法规另有规定的依照其规定。

第四十六条　抵押权人对抵押房地产的处分，因下列情况而中止：

（一）抵押权人请求中止的；

（二）抵押人申请愿意并证明能够及时履行债务，并经抵押权人同意的；

（三）发现被拍卖抵押物有权属争议的；

（四）诉讼或仲裁中的抵押房地产；

（五）其他应当中止的情况。

第四十七条 处分抵押房地产所得金额，依下列顺序分配：

（一）支付处分抵押房地产的费用；

（二）扣除抵押房地产应缴纳的税款；

（三）偿还抵押权人债权本息及支付违约金；

（四）赔偿由债务人违反合同而对抵押权人造成的损害；

（五）剩余金额交还抵押人。

处分抵押房地产所得金额不足以支付债务和违约金、赔偿金时，抵押权人有权向债务人追索不足部分。

第七章 法律责任

第四十八条 抵押人隐瞒抵押的房地产存在共有、产权争议或者被查封、扣押等情况的，抵押人应当承担由此产生的法律责任。

第四十九条 抵押人擅自以出售、出租、交换、赠与或者以其他方式处分抵押房地产的，其行为无效；造成第三人损失的，由抵押人予以赔偿。

第五十条 抵押当事人因履行抵押合同或者处分抵押房地产发生争议的，可以协商解决；协商不成的，抵押当事人可以根据双方达成的仲裁协议向仲裁机构申请仲裁；没有仲裁协议的，也可以直接向人民法院提起诉讼。

第五十一条 因国家建设需要，将已设定抵押权的房地产列入拆迁范围时，抵押人违反前述第三十八条的规定，不依法清理债务，也不重新设定抵押房地产的，抵押权人可以向人民法院提起诉讼。

第五十二条 登记机关工作人员玩忽职守、滥用职权，或者利用职务上的便利，索取他人财物，或者非法收受他人财物为他人谋取利益的，依法给予行政处分；构成犯罪的，依法追究刑事责任。

第八章 附 则

第五十三条 在城市规划区外国有土地上进行房地产抵押活动的，参照本办法执行。

第五十四条 本办法由国务院建设行政主管部门负责解释。

第五十五条 本办法自 1997 年 6 月 1 日起施行。

建设部　中国人民银行
关于印发《住房置业担保管理试行办法》的通知

（2000 年 5 月 11 日　建住房〔2000〕108 号）

各省、自治区建委（建设厅），直辖市房地局，中国人民银行各分行、营业管理部、各商业银行，新疆生产建设兵团、解放军总后营房部：

现将《住房置业担保管理试行办法》印发给你们，请遵照执行。并将有关要求通知如下：

一、住房置业担保公司提供的住房置业担保，是担保方式的一种补充，担保公司不得强制要求商业银行接受住房置业担保，不得干预银行的正常信贷经营活动。任何单位和个人也不得强制要求担保公司提供住房置业担保。

二、各地执行中如遇到问题，应及时向建设部、中国人民银行报告。

附：

住房置业担保管理试行办法

第一章　总　则

第一条　为支持城镇个人住房消费，发展个人住房贷款业务，保障债权实现，根据《中华人民共和国担保法》、《中华人民共和国城市房地产管理法》以及《城市房地产抵押管理办法》、《个人住房贷款管理办法》等法律、法规、规章，制定本办法。

第二条　本办法所称住房置业担保，是指依照本办法设立的住房置业担保公司（以下简称担保公司），在借款人无法满足贷款人要求提供担保的情况下，为借款人申请个人住房贷款而与贷款人签订保证合同，提供连带责任保证担保的行为。

第三条　住房置业担保，应当遵循平等、自愿、公平、诚实信用的原则。任何单位和个人不得干预贷款人及担保公司的正常经营活动。

第四条　借款人向担保公司申请提供住房置业担保的，应当将其本人或者第三人的合法房屋依法向担保公司进行抵押反担保。

第五条 贷款人与借款人依法签订的个人住房借款合同为主合同，担保公司、贷款人依法签订的保证合同是其从合同。主合同无效，从合同无效。保证合同另有约定的，从其约定。

保证合同被依法确认无效后，担保公司、借款人和贷款人有过错的，应当根据其过错各自承担相应的民事责任。

第六条 国务院建设行政主管部门归口管理全国住房置业担保管理工作。

省、自治区建设行政主管部门归口管理本行政区域内住房置业担保管理工作。

直辖市、市人民政府房地产行政主管部门负责管理本行政区域内住房置业担保管理工作。

第二章　担保公司

第七条 担保公司是为借款人办理个人住房贷款提供专业担保，收取服务费用，具有法人地位的房地产中介服务企业。

第八条 设立担保公司，应当报经城市房地产行政主管部门审核，并经城市人民政府批准后，方可向工商行政管理部门申请设立登记，领取营业执照。

第九条 担保公司的组织形式为有限责任公司或者股份有限公司。

第十条 设立担保公司应当具备下列条件：

（一）有自己的名称和组织机构；

（二）有固定的服务场所；

（三）有不少于1000万元人民币的实有资本；

（四）有一定数量的周转住房；

（五）有适应工作需要的专业管理人员；

（六）有符合《公司法》要求的公司章程；

（七）符合《公司法》和相关法律、法规规定的其它条件。

第十一条 担保公司的实有资本以政府预算资助、资产划拨以及房地产骨干企业认股为主。

货币形态的实有资本应当存入城市房地产行政主管部门指定的国有独资银行，或发放由担保公司提供住房置业担保的个人住房贷款的其他银行。

第十二条 贷款人不得在担保公司中持有股份，其工作人员也不得在担保公司中兼职。

第十三条 一个城市原则上只设一个担保公司，以行政区内的城镇个人为服务对象。

县（区）一般不设立担保公司，个人住房贷款最大的县（区）可以设立担保公司的分支机构。

第十四条　担保服务收费标准应报经同级物价部门批准。担保服务费由借款人向担保公司支付。

第十五条　担保公司应当设立内部监督机构，负责对内部担保经营状况的监督。

第三章　担保的设立

第十六条　借款人向担保公司申请住房置业担保，应当具备下列条件：

（一）具有完全民事行为能力；

（二）有所在城镇正式户口或者有效居留的身份证件；

（三）收入来源稳定，无不良信用记录，且有偿还贷款本息的能力；

（四）已订立合法有效的住房购销合同；

（五）已足额交纳购房首付款；

（六）符合贷款人和担保公司规定的其他条件。

第十七条　担保公司提供住房置业担保，应当严格评估借款人的资信。对于资信不良的借款人，担保公司可以拒绝提供担保。

第十八条　住房置业担保当事人应当签订书面保证合同。保证合同一般应当包括以下内容：

（一）被担保的主债权种类、数额；

（二）债务人履行债务的期限；

（三）保证的方式；

（四）保证担保的范围；

（五）保证期间；

（六）其他约定事项。

第十九条　住房置业担保的保证期间，由担保公司与贷款人约定，但不得短于借款合同规定的还款期限，且不得超过担保公司的营业期限。

第二十条　设定住房置业担保的，借款人未按借款合同约定偿还贷款本息的，贷款人可以依保证合同约定要求担保公司在其保证范围内承担债务清偿责任。

第二十一条　借款人向担保公司申请提供住房置业担保的，担保公司有权要求借款人以其自己或者第三人合法所有的房屋向担保公司进行抵押反担保。

第二十二条　房屋抵押应当订立书面合同。抵押合同一般包括以下内容：

（一）抵押当事人的姓名、名称、住所；

（二）债权的种类、数额、履行债务的期限；

（三）房屋的权属和其他基本情况；

（四）抵押担保的范围；

（五）担保公司清算时，抵押权的处置；

（六）其他约定事项。

第二十三条 抵押当事人应当自抵押合同订立之日起三十日内向房屋所在地的房地产行政主管部门办理抵押登记。

抵押合同发生变更或者抵押关系终止时，抵押当事人应当在变更或者终止之日起十五日内，到原登记机关办理变更或者注销登记。

第二十四条 房屋抵押权与其担保的债权同时存在。借款人依照借款合同还清全部贷款本息后，房屋抵押权方可终止。

第二十五条 抵押权人要求抵押人办理抵押房屋保险的，抵押人应当在抵押合同订立前办理保险手续，并在保证合同订立后将保险单正本移交抵押权人保管。抵押期间，抵押权人为保险赔偿的第一受益人。

第二十六条 抵押期间，抵押人不得以任何理由中断或者撤销保险。抵押的房屋因抵押人的行为造成损失致使其价值不足作为履行债务担保时，抵押权人有权要求抵押人重新提供或者增加担保以弥补不足。

第四章 担保的解除

第二十七条 借款人依照借款合同还清全部贷款本息，借款合同终止后，保证合同和房屋抵押合同即行终止。

第二十八条 借款人到期不能偿还贷款本息时，依照保证合同约定，担保公司按贷款人要求先行代为清偿债务后，保证合同自然终止。

保证合同终止后，担保公司有权就代为清偿的债务部分向借款人进行追偿，并要求行使房屋抵押权，处置抵押房屋。

第二十九条 抵押房屋的处置，可以由抵押当事人协议以该抵押房屋折价或者拍卖、变卖该抵押房屋的方式进行；协议不成的，抵押权人可以向人民法院提起诉讼。

处置抵押房屋时，抵押人居住确有困难的，担保公司应当予以协助。

第五章 风险防范

第三十条 担保公司的资金运用，应当遵循稳健、安全的原则，确保资产的保值增值。

担保公司只能从事住房置业担保和房地产经营业务（房地产开发除外），不得经营财政信用业务、金融业务等其他业务，也不得提供其他担保。

第三十一条　担保公司应当从其资产中按照借款人借款余额的一定比例提留担保保证金，并存入借款人的贷款银行。担保公司未按规定或合同约定履行担保义务时，贷款人有权从保证金帐户中予以扣收。

保证金的提留比例，由贷款人与担保公司协调确定。

第三十二条　担保公司应当建立担保风险基金，用于担保公司清算时对其所担保债务的清偿。

担保风险基金由担保公司按照公司章程规定的比例从营业收入中提取，专户存储，不得挪用。

第三十三条　担保公司担保贷款余额的总额，不得超过其实有资本的三十倍；超过三十倍的，应当追加实有资本。

第三十四条　担保公司清算时，房屋抵押权可转移给贷款人，并由贷款人与借款人重新签订抵押合同。但抵押合同另有约定的，从其约定。

第六章　附　则

第三十五条　住房置业担保可在直辖市、省会城市、计划单列市及有条件的设区城市先行试点。试点期间，住房置业担保公司经批准设立后，应当报建设部备案。

第三十六条　本办法由国务院建设行政主管部门负责解释。

第三十七条　本办法自发布之日起施行。

动产抵押登记办法

（2007 年 10 月 17 日国家工商行政管理总局令第 30 号公布
2016 年 7 月 5 日国家工商行政管理总局令第 88 号修订
自 2016 年 9 月 1 日施行）

第一条　为规范动产抵押登记工作，保障交易安全，促进资金融通，根据《中华人民共和国担保法》《中华人民共和国物权法》《企业信息公示暂行条例》等法律、行政法规，制定本办法。

第二条　企业、个体工商户、农业生产经营者以《中华人民共和国物权法》第一百八十条第一款第四项、第一百八十一条规定的动产抵押的，应当向抵押人住所地的县级工商行政管理部门（以下简称登记机关）办理登记。抵押权自抵押合同生效时设立；未经登记，不得对抗善意第三人。

本办法所称工商行政管理部门，包括履行工商行政管理职责的市场监督管理部门。

第三条 动产抵押登记的设立、变更和注销，可以由抵押合同一方作为代表到登记机关办理，也可以由抵押合同双方共同委托的代理人到登记机关办理。

当事人应当保证其提交的材料内容真实准确。

第四条 当事人设立抵押权符合本办法第二条所规定情形的，应当持下列文件向登记机关办理设立登记：

（一）抵押人、抵押权人签字或者盖章的《动产抵押登记书》；

（二）抵押人、抵押权人主体资格证明或者自然人身份证明文件；

（三）抵押合同双方指定代表或者共同委托代理人的身份证明。

第五条 《动产抵押登记书》应当载明下列内容：

（一）抵押人、抵押权人名称（姓名）、住所地等；

（二）抵押财产的名称、数量、质量、状况、所在地、所有权归属或者使用权归属；

（三）被担保债权的种类和数额；

（四）抵押担保的范围；

（五）债务人履行债务的期限；

（六）抵押合同双方指定代表或者共同委托代理人的姓名、联系方式等；

（七）抵押人、抵押权人签字或者盖章；

（八）抵押人、抵押权人认为其他应当登记的抵押权信息。

第六条 抵押合同变更、《动产抵押登记书》内容需要变更的，当事人应当持下列文件，向原登记机关办理变更登记：

（一）抵押人、抵押权人签字或者盖章的《动产抵押登记变更书》；

（二）抵押人、抵押权人主体资格证明或者自然人身份证明文件；

（三）抵押合同双方指定代表或者共同委托代理人的身份证明。

第七条 在主债权消灭、担保物权实现、债权人放弃担保物权或者法律规定担保物权消灭的其他情形下，当事人应当持下列文件，向原登记机关办理注销登记：

（一）抵押人、抵押权人签字或者盖章的《动产抵押登记注销书》；

（二）抵押人、抵押权人主体资格证明或者自然人身份证明文件；

（三）抵押合同双方指定代表或者共同委托代理人的身份证明。

第八条 当事人办理动产抵押登记的设立、变更、注销，提交材料齐全，符合本办法形式要求的，登记机关应当当场予以办理，在当事人所提交的《动产抵押登记书》《动产抵押登记变更书》《动产抵押登记注销书》上加盖动产抵押登记专用章，并注明盖章日期。

当事人办理动产抵押登记的设立、变更、注销，提交的材料不符合本办法规定的，登记机关不予办理，并应当向当事人告知理由。

第九条　登记机关应当根据加盖动产抵押登记专用章的《动产抵押登记书》《动产抵押登记变更书》《动产抵押登记注销书》设立动产抵押登记档案，并按照《企业信息公示暂行条例》的规定，及时将动产抵押登记信息通过企业信用信息公示系统公示。

《动产抵押登记书》《动产抵押登记变更书》《动产抵押登记注销书》各一式三份，抵押人、抵押权人各持一份，登记机关留存一份。

第十条　有关单位和个人可以登录企业信用信息公示系统查询有关动产抵押登记信息，也可以持合法身份证明文件，到登记机关查阅、抄录动产抵押登记档案。

第十一条　当事人有证据证明登记机关的动产抵押登记信息与其提交材料内容不一致的，有权要求登记机关予以更正。

登记机关发现其登记的动产抵押登记信息与当事人提交材料内容不一致的，应当对有关信息进行更正。

第十二条　经当事人或者利害关系人申请，登记机关可以根据人民法院、仲裁委员会生效的法律文书或者人民政府生效的决定等，对相关的动产抵押登记进行变更或者撤销。动产抵押登记变更或者撤销后，登记机关应当告知原抵押合同双方当事人。

第十三条　各地工商行政管理部门应当积极推动动产抵押登记信息化建设工作，通过建立互联网动产抵押登记系统、设立动产抵押登记电子档案等方式，为当事人提供便利条件。

第十四条　本办法由国家工商行政管理总局负责解释。

第十五条　本办法自 2016 年 9 月 1 日起施行。

附件 1

动产抵押登记书

编号：

<table>
<tr><td>抵押人</td><td colspan="3">☐ 企业　　☐ 个体工商户　　☐ 农业生产经营者</td></tr>
<tr><td>名称（姓名）</td><td></td><td>住所地</td><td></td></tr>
<tr><td>证件类型</td><td></td><td>证件号码</td><td></td></tr>
<tr><td>抵押权人名称（姓名）</td><td></td><td>住所地</td><td></td></tr>
<tr><td>证件类型</td><td></td><td>证件号码</td><td></td></tr>
<tr><td colspan="4">被担保债权概况</td></tr>
<tr><td>种类</td><td></td><td>数额</td><td></td></tr>
<tr><td>范围</td><td></td><td>债务人履行
债务的期限</td><td></td></tr>
<tr><td>备注</td><td colspan="3"></td></tr>
<tr><td colspan="4">抵押物概况
（如写不下可另附页，附页需抵押合同双方签字盖章）</td></tr>
<tr><td>名称</td><td>所有权或者使用权归属</td><td colspan="2">数量、质量、状况、所在地等情况</td></tr>
<tr><td></td><td></td><td colspan="2"></td></tr>
<tr><td></td><td></td><td colspan="2"></td></tr>
<tr><td></td><td></td><td colspan="2"></td></tr>
<tr><td></td><td></td><td colspan="2"></td></tr>
<tr><td>备注</td><td colspan="3"></td></tr>
<tr><td>指定代表或者共同
委托代理人姓名</td><td></td><td>授权期限</td><td>自　　年　月　日
至　　年　月　日</td></tr>
<tr><td>身份证件号码</td><td></td><td>联系电话</td><td></td></tr>
</table>

<table>
<tr><td>授权权限</td><td colspan="2">1. 同意□不同意□提交动产抵押设立登记有关材料；
2. 同意□不同意□修改有关表格的填写错误；
3. 其他：</td></tr>
<tr><td>抵押人签字（盖章）</td><td>抵押权人签字（盖章）</td><td>登记机关盖章</td></tr>
<tr><td>年　月　日</td><td>年　月　日</td><td>年　月　日</td></tr>
</table>

附件 2

动产抵押登记变更书

<table>
<tr><td>动产抵押登记书编号</td><td colspan="2"></td><td>登记日期</td><td></td></tr>
<tr><td colspan="2">抵押人名称（姓名）</td><td colspan="3"></td></tr>
<tr><td colspan="2">抵押权人名称（姓名）</td><td colspan="3"></td></tr>
<tr><td colspan="5">变更内容
（如写不下可另附页，附页需抵押合同双方签字盖章）</td></tr>
<tr><td colspan="2">指定代表或者共同委托代理人姓名</td><td></td><td>授权期限</td><td>自　年　月　日
至　年　月　日</td></tr>
<tr><td colspan="2">身份证件号码</td><td></td><td>联系电话</td><td></td></tr>
<tr><td colspan="2">授权权限</td><td colspan="3">1. 同意□不同意□提交动产抵押登记变更有关材料；
2. 同意□不同意□修改有关表格的填写错误；
3. 其他：</td></tr>
<tr><td colspan="2">抵押人签字（盖章）</td><td colspan="2">抵押权人签字（盖章）</td><td>登记机关盖章</td></tr>
<tr><td colspan="2">年　月　日</td><td colspan="2">年　月　日</td><td>年　月　日</td></tr>
</table>

附件 3

动产抵押登记注销书

<table>
<tr><td>动产抵押
登记书编号</td><td colspan="2"></td><td colspan="2">登记日期</td><td></td></tr>
<tr><td>抵押人名称（姓名）</td><td colspan="5"></td></tr>
<tr><td>抵押权人名称（姓名）</td><td colspan="5"></td></tr>
<tr><td colspan="6">注销原因
（如写不下可另附页，附页需抵押合同双方签字盖章）</td></tr>
<tr><td>指定代表或者共同
委托代理人姓名</td><td colspan="2"></td><td colspan="2">授权期限</td><td>自　　年　月　日
至　　年　月　日</td></tr>
<tr><td>身份证件号码</td><td colspan="2"></td><td colspan="2">联系电话</td><td></td></tr>
<tr><td>授权权限</td><td colspan="5">1. 同意□不同意□提交动产抵押登记注销有关材料；
2. 同意□不同意□修改有关表格的填写错误；
3. 其他：</td></tr>
<tr><td colspan="2">抵押人签字（盖章）</td><td colspan="2">抵押权人签字（盖章）</td><td colspan="2">登记机关盖章</td></tr>
<tr><td colspan="2">

年　月　日</td><td colspan="2">

年　月　日</td><td colspan="2">

年　月　日</td></tr>
</table>

最高人民法院
关于财产保险单能否用于抵押的复函

（1992 年 4 月 2 日　法函〔1992〕47 号）

江西省高级人民法院：

你院赣法经〔1991〕6 号《关于保险单能否抵押的请示》收悉。经商中国人民银行和中国人民保险公司，答复如下：

依照《中华人民共和国民法通则》第八十九条第（二）项的规定，抵押物应当是特定的、可以折价或变卖的财产。财产保险单是保险人与被保险人订立保险合同的书面证明，并不是有价证券，也不是可以折价或者变卖的财产。因此，财产保险单不能用于抵押。

最高人民法院
关于债务人有多个债权人而将其全部财产抵押给其中一个债权人是否有效问题的批复

（1994 年 3 月 26 日　法复〔1994〕2 号）

山东省高级人民法院：

你院《关于债务人有多个债权人，而将其全部财产抵押给一个债权人是否有效的请示》收悉。经研究，答复如下：

债务人有多个债权人时，而将其全部财产抵押给其中一个债权人，因此丧失了履行其他债务的能力，损害了其他债权人的合法权益，根据《中华人民共和国民法通则》第四条、第五条的规定，应当认定该抵押协议无效。

此复。

最高人民法院
关于能否将国有土地使用权折价抵偿给抵押权人问题的批复

法释〔1998〕25号

（1998年9月1日最高人民法院审判委员会第1019次会议通过
1998年9月3日最高人民法院公告公布　自1998年9月9日起施行）

四川省高级人民法院：

你院川高法〔1998〕19号《关于能否将国有土地使用权以国土部门认定的价格抵偿给抵押权人的请示》收悉。经研究，答复如下：

在依法以国有土地使用权作抵押的担保纠纷案件中，债务履行期届满抵押权人未受清偿的，可以通过拍卖的方式将土地使用权变现。如果无法变现，债务人又没有其他可供清偿的财产时，应当对国有土地使用权依法评估。人民法院可以参考政府土地管理部门确认的地价评估结果将土地使用权折价，经抵押权人同意，将折价后的土地使用权抵偿给抵押权人，土地使用权由抵押权人享有。

此复。

最高人民法院
关于国有工业企业以机器设备等财产为抵押物与债权人签订的抵押合同的效力问题的批复

法释〔2002〕14号

（2002年6月11日最高人民法院审判委员会第1225次会议通过
2002年6月18日最高人民法院公告公布　自2002年6月22日起施行）

重庆市高级人民法院：

你院渝高法〔2001〕37号《关于认定国有工业企业以机器设备、厂房为抵押物与债权人签订的抵押合同的法律效力的请示》收悉。经研究，答复如下：

根据《中华人民共和国担保法》第三十四条和最高人民法院《关于适用〈中华人民共和国合同法〉若干问题的解释（一）》第九条规定的精神，国有工业企业以机器设备、厂房等财产与债权人签订的抵押合同，如无其他法定的无效情形，不应当仅以未经政府主管部门批准为由认定抵押合同无效。

本批复施行后，正在审理或者尚未审理的案件，适用本批复，但判决、裁定已经发生法律效力的案件提起再审的除外。

此复。

最高人民法院
关于房地产管理机关能否撤销错误的注销抵押登记行为问题的批复

法释〔2003〕17号

（2003年10月14日最高人民法院审判委员会第1293次会议通过
2003年11月17日最高人民法院公告公布　自2003年11月20日起施行）

广西壮族自治区高级人民法院：

你院《关于首长机电设备贸易（香港）有限公司不服柳州市房产局注销抵押登记、吊销〔1997〕柳房他证字第0410号房屋他项权证并要求发还0410号房屋他项权证上诉一案的请示》收悉。经研究答复如下：

房地产管理机关可以撤销错误的注销抵押登记行为。

此复。

最高人民法院
关于转发国土资源部《关于国有划拨土地使用权抵押登记有关问题的通知》的通知

（2004年1月16日　法明传〔2004〕22号）

各省、自治区、直辖市高级人民法院、解放军军事法院、新疆维吾尔自治区高级人民法院生产建设兵团分院：

国土资源部于2004年1月15日发布国土资发〔2004〕9号《关于国有划拨土地使用权抵押登记有关问题的通知》。现将该《通知》转发给你们，在《通知》发布之日起，人民法院尚未审结的涉及国有划拨土地使用权抵押经过有审批权限的土地行政管理部门依法办理抵押登记手续的，不以国有划拨土地使用权抵押未经批准而认定无效。已经审结的案件不应依据该《通知》提起再审。

特此通知。

附：

关于国有划拨土地使用权抵押登记有关问题的通知

（2004年1月15日　国土资发〔2004〕9号）

各省、自治区、直辖市国土资源厅（国土环境资源厅、国土资源和房屋管理局、房屋土地管理局、规划和国土资源局）：

根据国家有关法律法规的规定，现将国有划拨土地使用权抵押登记中的有关问题通知如下：

以国有划拨土地使用权为标的物设定抵押，土地行政管理部门依办理抵押登记手续，即视同已经具有审批权限的土地行政管理部门批准，不必再另行办理土地使用权抵押的审批手续。

3. 质押权

中国人民银行　中国银行业监督管理委员会
中国证券监督管理委员会
关于印发《证券公司股票质押贷款管理办法》的通知

（2004 年 11 月 2 日　银发〔2004〕256 号）

各国有独资商业银行、股份制商业银行，中国证券登记结算有限责任公司，上海证券交易所，深圳证券交易所，中国人民银行各分行、营业管理部、各省会（首府）城市中心支行，大连、青岛、宁波、厦门、深圳市中心支行，中国银行业监督管理委员会各省、自治区、直辖市监管局，大连、宁波、厦门、青岛、深圳监管局，中国证券监督管理委员会各省、自治区、直辖市、计划单列市监管局：

为拓宽证券公司融资渠道，支持我国资本市场健康发展，中国人民银行、中国银行业监督管理委员会和中国证券监督管理委员会对 2000 年 2 月 2 日中国人民银行和中国证券监督管理委员会联合发布的《证券公司股票质押贷款管理办法》进行了修订。现将修订后的《证券公司股票质押贷款管理办法》印发你们，请遵照执行。请中国人民银行各分行、营业管理部、省会（首府）城市中心支行将本通知转发至辖区内城市商业银行、农村商业银行。

附件：

证券公司股票质押贷款管理办法

第一章　总　则

第一条　为规范股票质押贷款业务，维护借贷双方的合法权益，防范金融风险，促进我国资本市场的稳健发展，根据《中华人民共和国中国人民银行法》、《中华人民共和国银行业监督管理法》、《中华人民共和国商业银行法》、《中华人民共和国证券法》、《中华人民共和国担保法》的有关规定，特制定本办法。

第二条 本办法所称股票质押贷款，是指证券公司以自营的股票、证券投资基金券和上市公司可转换债券作质押，从商业银行获得资金的一种贷款方式。

第三条 本办法所称质物，是指在证券交易所上市流通的、证券公司自营的人民币普通股票（A股）、证券投资基金券和上市公司可转换债券（以下统称股票）。

第四条 本办法所称借款人为依法设立并经中国证券监督管理委员会批准可经营证券自营业务的证券公司（指法人总部，下同），贷款人为依法设立并经中国银行业监督管理委员会批准可经营股票质押贷款业务的商业银行（以下统称商业银行）。证券登记结算机构为本办法所指质物的法定登记结算机构。

第五条 商业银行授权其分支机构办理股票质押贷款业务须报中国银行业监督管理委员会备案。

第六条 借款人通过股票质押贷款所得资金的用途，必须符合《中华人民共和国证券法》的有关规定，用于弥补流动资金的不足。

第七条 中国人民银行、中国银行业监督管理委员会依法对股票质押贷款业务实施监督管理。

第二章 贷款人、借款人

第八条 申请开办股票质押贷款业务的贷款人，应具备以下条件：

（一）资本充足率等监管指标符合中国银行业监督管理委员会的有关规定；

（二）内控机制健全，制定和实施了统一授信制度；

（三）制定了与办理股票质押贷款业务相关的风险控制措施和业务操作流程；

（四）有专职部门和人员负责经营和管理股票质押贷款业务；

（五）有专门的业务管理信息系统，能同步了解股票市场行情以及上市公司有关重要信息，具备对分类股票分析、研究和确定质押率的能力；

（六）中国银行业监督管理委员会认为应具备的其他条件。

第九条 借款人应具备以下条件：

（一）资产具有充足的流动性，且具备还本付息能力；

（二）其自营业务符合中国证券监督管理委员会规定的有关风险控制比率；

（三）已按中国证券监督管理委员会规定提取足额的交易风险准备金；

（四）已按中国证券监督管理委员会规定定期披露资产负债表、净资本计算表、利润表及利润分配表等信息；

（五）最近一年经营中未出现中国证券监督管理委员会认定的重大违规违纪行为或特别风险事项，现任高级管理人员和主要业务人员无中国证券监督管理委员会认定的重大不良记录；

（六）客户交易结算资金经中国证券监督管理委员会认定已实现有效独立存管，未挪用客户交易结算资金；

（七）贷款人要求的其他条件。

第三章　贷款的期限、利率、质押率

第十条　股票质押贷款期限由借贷双方协商确定，但最长为一年。借款合同到期后，不得展期，新发生的质押贷款按本办法规定重新审查办理。借款人提前还款，须经贷款人同意。

第十一条　股票质押贷款利率水平及计结息方式按照中国人民银行利率管理规定执行。

第十二条　用于质押贷款的股票应业绩优良、流通股本规模适度、流动性较好。贷款人不得接受以下几种股票作为质物：

（一）上一年度亏损的上市公司股票；

（二）前六个月内股票价格的波动幅度（最高价/最低价）超过200%的股票；

（三）可流通股股份过度集中的股票；

（四）证券交易所停牌或除牌的股票；

（五）证券交易所特别处理的股票；

（六）证券公司持有一家上市公司已发行股份的5%以上的，该证券公司不得以该种股票质押；但是，证券公司因包销购入售后剩余股票而持有5%以上股份的，不受此限。

第十三条　股票质押率由贷款人依据被质押的股票质量及借款人的财务和资信状况与借款人商定，但股票质押率最高不能超过60%。质押率上限的调整由中国人民银行和中国银行业监督管理委员会决定。

质押率的计算公式：

质押率＝（贷款本金/质押股票市值）×100%

质押股票市值＝质押股票数量×前七个交易日股票平均收盘价。

第四章　贷款程序

第十四条　借款人申请质押贷款时，必须向贷款人提供以下材料：

（一）企业法人营业执照、法人代码证、法定代表人证明文件；

（二）中国人民银行颁发的贷款卡（证）；

（三）上月的资产负债表、损益表和净资本计算表及经会计（审计）师事务所审计的上一年度的财务报表（含附注）；

（四）由证券登记结算机构出具的质物的权利证明文件；

（五）用作质物的股票上市公司的基本情况；

（六）贷款人要求的其它材料。

第十五条 贷款人收到借款人的借款申请后，对借款人的借款用途、资信状况、偿还能力、资料的真实性，以及用作质物的股票的基本情况进行调查核实，并及时对借款人给予答复。

第十六条 贷款人在贷款前，应审慎分析借款人信贷风险和财务承担能力，根据统一授信管理办法，核定借款人的贷款限额。

第十七条 贷款人对借款人的借款申请审查同意后，根据有关法律、法规与借款人签订借款合同。

第十八条 借款人和贷款人签订借款合同后，双方应共同在证券登记结算机构办理出质登记。证券登记结算机构应向贷款人出具股票质押登记的证明文件。

第十九条 贷款人在发放股票质押贷款前，应在证券交易所开设股票质押贷款业务特别席位，专门保管和处分作为质物的股票。贷款人应在贷款发放后，将股票质押贷款的有关信息及时录入信贷登记咨询系统。

第二十条 借款人应按借款合同的约定偿还贷款本息。在借款人清偿贷款后，借款合同自行终止。贷款人应在借款合同终止的同时办理质押登记注销手续，并将股票质押登记的证明文件退还给借款人。

第五章 贷款风险控制

第二十一条 贷款人发放的股票质押贷款余额，不得超过其资本净额的15%；贷款人对一家证券公司发放的股票质押贷款余额，不得超过贷款人资本净额的5%。

第二十二条 借款人出现下列情形之一时，应当及时通知贷款人：

（一）预计到期难以偿付贷款利息或本金；

（二）减资、合并、分立、解散及申请破产；

（三）股权变更；

（四）借款合同中约定的其他情形。

第二十三条 一家商业银行及其分支机构接受的用于质押的一家上市公司股票，不得高于该上市公司全部流通股票的10%。一家证券公司用于质押的一家上市公司股票，不得高于该上市公司全部流通股票的10%，并且不得高于该上市公司已发行股份的5%。被质押的一家上市公司股票不得高于该上市公司全部流通股票的20%。上述比率由证券登记结算机构负责监控，对超过规定比率的股票，证券登记结算机构不得进行出质登记。中国人民银行和中国银行业监督管理委员会可根据需要适时调整上述比率。

第二十四条　贷款人有权向证券登记结算机构核实质物的真实性、合法性，证券登记结算机构应根据贷款人的要求，及时真实地提供有关情况。

第二十五条　贷款人应随时分析每只股票的风险和价值，选择适合本行质押贷款的股票，并根据其价格、盈利性、流动性和上市公司的经营情况、财务指标以及股票市场的总体情况等，制定本行可接受质押的股票及其质押率的清单。

第二十六条　贷款人应随时对持有的质押股票市值进行跟踪，并在每个交易日至少评估一次每个借款人出质股票的总市值。

第二十七条　为控制因股票价格波动带来的风险，特设立警戒线和平仓线。警戒线比例（质押股票市值/贷款本金×100%）最低为135%，平仓线比例（质押股票市值/贷款本金×100%）最低为120%。在质押股票市值与贷款本金之比降至警戒线时，贷款人应要求借款人即时补足因证券价格下跌造成的质押价值缺口。在质押股票市值与贷款本金之比降至平仓线时，贷款人应及时出售质押股票，所得款项用于还本付息，余款清退给借款人，不足部分由借款人清偿。

第六章　质物的保管和处分

第二十八条　贷款人应在证券交易所开设股票质押特别席位（以下简称特别席位），用于质物的存放和处分；在证券登记结算机构开设特别资金结算账户（以下简称资金账户），用于相关的资金结算。借款合同存续期间，存放在特别席位下的股票，借款人不得转让，但本办法第三十三条规定以及借款人和贷款人协商同意的情形除外。

第二十九条　证券登记结算机构应根据出质人及贷款人的申请将出质股票足额、及时转移至贷款人特别席位下存放。

第三十条　借款人可向贷款人提出申请，经贷款人同意后，双方重新签订合同，进行部分（或全部）质物的置换，经贷款人同意后，由双方共同向证券登记结算机构办理质押变更登记。质押变更后，证券登记结算机构应向贷款人重新出具股票质物登记证明。

第三十一条　在质押合同期内，借款人可向贷款人申请，贷款人同意后，按借款人的指令，由贷款人进行部分（或全部）质物的卖出，卖出资金必须进入贷款人资金账户存放，该资金用于全部（或部分）提前归还贷款，多余款项退借款人。

第三十二条 出现以下情况之一，贷款人应通知借款人，并要求借款人立即追加质物、置换质物或增加在贷款人资金账户存放资金：

（一）质物的市值处于本办法第二十七条规定的警戒线以下；

（二）质物出现本办法第十二条中的情形之一。

第三十三条 用于质押股票的市值处于本办法第二十七条规定的平仓线以下（含平仓线）的，贷款人有权无条件处分该质押股票，所得的价款直接用于清偿所担保的贷款人债权。

第三十四条 借款合同期满，借款人履行还款义务的，贷款人应将质物归还借款人；借款合同期满，借款人没有履行还款义务的，贷款人有权依照合同约定通过特别席位卖出质押股票，所得的价款直接用于清偿所担保的贷款人债权。

第三十五条 质物在质押期间所产生的孳息（包括送股、分红、派息等）随质物一起质押。

质物在质押期间发生配股时，出质人应当购买并随质物一起质押。出质人不购买而出现质物价值缺口的，出质人应当及时补足。

第七章 罚 则

第三十六条 贷款人有下列行为之一的，由中国银行业监督管理委员会依法给予警告。情节严重的，暂停或取消其办理股票质押贷款业务资格，并追究有关人员的责任：

（一）未经中国银行业监督管理委员会批准从事股票质押贷款业务；

（二）对不具备本办法规定资格的证券公司发放股票质押贷款；

（三）发放股票质押贷款的期限超过一年；

（四）接受本办法禁止质押的股票为质物；

（五）质押率和其它贷款额度控制比率超过本办法规定的比率；

（六）未按统一授信制度和审慎原则等规定发放股票质押贷款；

（七）泄露与股票质押贷款相关的重要信息和借款人商业秘密。

第三十七条 借款人有下列行为之一的，由中国证券监督管理委员会视情节轻重，给予警告、通报，并追究有关人员的责任：

（一）用非自营股票办理股票质押贷款；

（二）未按合同约定的用途使用贷款；

（三）拒绝或阻挠贷款人监督检查贷款使用情况；

（四）未按本办法第九条第（四）项之规定履行信息披露义务。

第三十八条　证券登记结算机构有下列行为之一的，由其主管机关视情节轻重，给予警告、通报，并追究有关人员的责任：

（一）未按贷款人要求核实股票的真实性与合法性；

（二）未按贷款人要求及时办理质押股票的冻结和解冻；

（三）为超过本办法第二十三条规定比率的股票办理质押登记；

（四）为借款人虚增质物数量或出具虚假质押证明。

第三十九条　中国人民银行及其分支机构可以建议中国银行业监督管理委员会、中国证券监督管理委员会及上述两个机构的派出机构对违反本办法规定的行为进行监督检查。监管机关对上述行为的查处结果应及时抄送中国人民银行或其分支机构。

第八章　附　则

第四十条　证券登记结算机构应按照本办法制定有关实施细则。

第四十一条　商业银行从事股票质押贷款业务，应根据本办法制定实施细则，以及相应的业务操作流程和管理制度，并报中国人民银行和中国银行业监督管理委员会备案。

第四十二条　贷款人办理股票质押业务中所发生的相关费用由借贷双方协商解决。

第四十三条　本办法由中国人民银行会同中国银行业监督管理委员会和中国证券监督管理委员会解释。

第四十四条　本办法自发布之日起执行，2000 年 2 月 2 日由中国人民银行和中国证券监督管理委员会颁布的《证券公司股票质押贷款管理办法》同时废止。

个人定期存单质押贷款办法

（2006 年 12 月 28 日中国银行业监督管理委员会第 55 次主席会议通过
2007 年 7 月 3 日银监会令第 4 号公布　自公布之日起施行）

第一条　为加强个人定期存单质押贷款管理，根据《中华人民共和国商业银行法》、《中华人民共和国担保法》及其他有关法律、行政法规，制定本办法。

第二条　个人定期存单质押贷款（以下统称存单质押贷款）是指借款人

以未到期的个人定期存单作质押，从商业银行（以下简称贷款人）取得一定金额的人民币贷款，到期由借款人偿还本息的贷款业务。

第三条 本办法所称借款人，是指中华人民共和国境内具有相应民事行为能力的自然人、法人和其他组织。

外国人、无国籍人以及港、澳、台居民为借款人的，应在中华人民共和国境内居住满一年并有固定居所和职业。

第四条 作为质押品的定期存单包括未到期的整存整取、存本取息和外币定期储蓄存款存单等具有定期存款性质的权利凭证。

所有权有争议、已作担保、挂失、失效或被依法止付的存单不得作为质押品。

第五条 借款人以本人名下定期存单作质押的小额贷款（以下统称小额存单质押贷款），存单开户银行可授权办理储蓄业务的营业网点直接受理并发放。

各商业银行总行可根据本行实际，确定前款小额存单质押贷款额度。

第六条 以第三人存单作质押的，贷款人应制定严格的内部程序，认真审查存单的真实性、合法性和有效性，防止发生权利瑕疵的情形。对于借款人以公开向不特定的自然人、法人和其他组织募集的存单申请质押贷款的，贷款人不得向其发放贷款。

第七条 存单质押担保的范围包括贷款本金和利息、罚息、损害赔偿金、违约金和实现质权的费用。

存单质押贷款金额原则上不超过存单本金的90%（外币存款按当日公布的外汇（钞）买入价折成人民币计算）。各行也可以根据存单质押担保的范围合理确定贷款金额，但存单金额应能覆盖贷款本息。

第八条 存单质押贷款期限不得超过质押存单的到期日。若为多张存单质押，以距离到期日时间最近者确定贷款期限，分笔发放的贷款除外。

第九条 存单质押贷款利率按国家利率管理规定执行，计、结息方式由借贷双方协商确定。

第十条 在贷款到期日前，借款人可申请展期。贷款人办理展期应当根据借款人资信状况和生产经营实际需要，按审慎管理原则，合理确定贷款展期期限，但累计贷款期限不得超过质押存单的到期日。

第十一条 质押存单存期内按正常存款利率计息。存本取息定期存款存单用于质押时，停止取息。

第十二条 凭预留印鉴或密码支取的存单作为质押时，出质人须向发放贷款的银行提供印鉴或密码；以凭有效身份证明支取的存单作为质押时，出质人应转为凭印鉴或密码支取，否则银行有权拒绝发放贷款。

以存单作质押申请贷款时，出质人应委托贷款行申请办理存单确认和登记止付手续。

第十三条 办理存单质押贷款，贷款人和出质人应当订立书面质押合同，或者贷款人、借款人和出质人在借款合同中订立符合本办法规定的质押条款。

第十四条 质押合同应当载明下列内容：

（一）出质人、借款人和质权人姓名（名称）、住址或营业场所；

（二）被担保的贷款的种类、数额、期限、利率、贷款用途以及贷款合同号；

（三）定期存单号码及所载存款的种类、户名、开立机构、数额、期限、利率；

（四）质押担保的范围；

（五）定期存单确认情况；

（六）定期存单的保管责任；

（七）质权的实现方式；

（八）违约责任；

（九）争议的解决方式；

（十）当事人认为需要约定的其他事项。

第十五条 质押存续期间，除法律另有规定外，任何人不得擅自动用质押存单。

第十六条 出质人和贷款人可以在质押合同中约定，当借款人没有依法履行合同的，贷款人可直接将存单兑现以实现质权。存单到期日后于借款到期日的，贷款人可继续保管质押存单，在存单到期日兑现以实现质权。

第十七条 存单开户行（以下简称存款行）应根据出质人的申请及质押合同办理存单确认和登记止付手续，并妥善保管有关文件和资料。

第十八条 贷款人应妥善管理质押存单及出质人提供的预留印签或密码。因保管不善造成丢失、损坏，由贷款人承担责任。

用于质押的定期存单在质押期间丢失、毁损的，贷款人应立即通知借款人和出质人，并与出质人共同向存款开户行申请挂失、补办。补办的存单仍应继续作为质物。

质押存单的挂失申请应采用书面形式。在特殊情况下，可以用口头或函电形式，但必须在五个工作日内补办书面挂失手续。

申请挂失时，除出质人应按规定提交的申请资料外，贷款人应提交营业执照复印件、质押合同副本。

挂失生效，原定期存单所载的金额及利息应继续作为出质资产。

质押期间，未经贷款人同意，存款行不得受理存款人提出的挂失申请。

第十九条 质押存续期间如出质人死亡，其合法继承人依法办理存款过户和继承手续，并继续履行原出质人签订的质押合同。

第二十条 贷款期满借款人履行债务的，或者借款人提前偿还质押贷款的，贷款人应当及时将质押的定期存单退还出质人，并及时到存单开户行办理登记注销手续。

第二十一条 借款人按贷款合同约定还清贷款本息后，出质人凭存单保管收据取回质押存单。若出质人将存单保管收据丢失，由出质人、借款人共同出具书面证明，并凭合法身份证明到贷款行取回质押存单。

第二十二条 有下列情形之一的，贷款人可依第十六条的约定方式或其他法定方式处分质押的定期存单：

（一）质押贷款合同期满，借款人未按期归还贷款本金和利息的；

（二）借款人或出质人违约，贷款人需依法提前收回贷款的；

（三）借款人或出质人被宣告破产的；

（四）借款人或出质人死亡而无继承人履行合同的。

第二十三条 质押合同、贷款合同发生纠纷时，各方当事人均可按协议向仲裁机构申请调解或仲裁，或者向人民法院起诉。

第二十四条 存款行出具虚假的个人定期储蓄存单或个人定期储蓄存单确认书的，依照《金融违法行为处罚办法》第十三条的规定予以处罚。

第二十五条 存款行不按本办法规定对质物进行确认，或者贷款行接受未经确认的个人定期储蓄存单质押的，由中国银行业监督管理委员会给予警告，并处三万元以下的罚款，并责令对其主要负责人和直接责任人员依法给予行政处分。

第二十六条 借款人已履行合同，贷款人不按规定及时向出质人退回个人定期储蓄存单或在质押存续期间，未经贷款人同意，存款行受理存款人提出的挂失申请并挂失的，由中国银行业监督管理委员会给予警告，并处三万元以下罚款。构成犯罪的，由司法机关依法追究刑事责任。

第二十七条 各商业银行总行可根据本办法制定实施细则，并报中国银业监督管理委员会或其派出机构备案。

第二十八条 城市信用社、农村信用社、村镇银行、贷款公司、农村资金互助社办理个人存单质押贷款业务适用本办法。

第二十九条 本办法由中国银行业监督管理委员会负责解释和修改。

第三十条 本办法自公布之日起施行，本办法施行之前有关规定与本办法相抵触的，以本办法为准。

单位定期存单质押贷款管理规定

（2006 年 12 月 8 日中国银行业监督管理委员会第 54 次主席会议通过
2007 年 7 月 3 日银监会令第 9 号公布　自公布之日起施行）

第一章　总　则

第一条　为加强单位定期存单质押贷款管理，根据《中华人民共和国银行业监督管法》、《中华人民共和国商业银行法》、《中华人民共和国物权法》及其他有关法律、行政法规，制定本规定。

第二条　在中华人民共和国境内从事单位定期存单质押贷款活动适用本规定。

本规定所称单位包括企业、事业单位、社会团体以及其他组织。

第三条　本规定所称单位定期存单是指借款人为办理质押贷款而委托贷款人依据开户证实书向接受存款的金融机构（以下简称存款行）申请开具的人民币定期存款权利凭证。

单位定期存单只能以质押贷款为目的开立和使用。

单位在金融机构办理定期存款时，金融机构为其开具的《单位定期存款开户证实书》不得作为质押的权利凭证。

金融机构应制定相应的管理制度，加强对开具《单位定期存款开户证实书》和开立、使用单位定期存单的管理。

第四条　单位定期存单质押贷款活动应当遵守国家法律、行政法规，遵循平等、自愿、诚实信用的原则。

第二章　单位定期存单的开立与确认

第五条　借款人办理单位定期存单质押贷款，除按其他有关规定提交文件、资料外，还应向贷款人提交下列文件、资料：

（一）开户证实书，包括借款人所有的或第三人所有而向借款人提供的开户证实书；

（二）存款人委托贷款人向存款行申请开具单位定期存单的委托书；

（三）存款人在存款行的预留印鉴或密码。

开户证实书为第三人向借款人提供的，应同时提交第三人同意由借款人为质押贷款目的而使用其开户证实书的协议书。

第六条 贷款人经审查同意借款人的贷款申请的，应将开户证实书和开具单位定期存单的委托书一并提交给存款行，向存款行申请开具单位定期存单和确认书。

贷款人经审查不同意借款人的贷款申请的，应将开户证实书和委托书及时退还给借款人。

第七条 存款行收到贷款人提交的有关材料后，应认真审查开户证实书是否真实，存款人与本行是否存在真实的存款关系，以及开具单位定期存单的申请书上的预留印鉴或提供的密码是否和存款人在存款时预留的印鉴或密码一致。必要时，存款行可以向存款人核实有关情况。

第八条 存款行经过审查认为开户证实书证明的存款属实的，应保留开户证实书及第三人同意由借款人使用其开户证实书的协议书，并在收到贷款人的有关材料后3个工作日内开具单位定期存单。

存款行不得开具没有存款关系的虚假单位定期存单或与真实存款情况不一致的单位定期存单。

第九条 存款行在开具单位定期存单的同时，应对单位定期存单进行确认，确认后认为存单内容真实的，应出具单位定期存单确认书。确认书应由存款行的负责人签字并加盖单位公章，与单位定期存单一并递交给贷款人。

第十条 存款行对单位定期存单进行确认的内容包括：

（一）单位定期存单所载开立机构、户名、账号、存款数额、存单号码、期限、利率等是否真实准确；

（二）借款人提供的预留印鉴或密码是否一致；

（三）需要确认的其他事项。

第十一条 存款行经过审查，发现开户证实书所载事项与账户记载不符的，不得开具单位定期存单，并及时告知贷款人，认为有犯罪嫌疑的，应及时向司法机关报案。

第十二条 经确认后的单位定期存单用于贷款质押时，其质押的贷款数额一般不超过确认数额的90%。各行也可以根据存单质押担保的范围合理确定贷款金额，但存单金额应能覆盖贷款本息。

第十三条 贷款人不得接受未经确认的单位定期存单作为贷款的担保。

第十四条 贷款人对质押的单位定期存单及借款人或第三人提供的预留印鉴和密码等应妥善保管，因保管不善造成其丢失、毁损或泄密的，由贷款人承担责任。

第三章 质押合同

第十五条 办理单位定期存单质押贷款，贷款人和出质人应当订立书面质押合同。在借款合同中订立质押条款的，质押条款应符合本章的规定。

第十六条　质押合同应当载明下列内容：

（一）出质人、借款人和质权人名称、住址或营业场所；

（二）被担保的贷款的种类、数额、期限、利率、贷款用途以及贷款合同号；

（三）单位定期存单号码及所载存款的种类、户名、账户、开立机构、数额、期限、利率；

（四）质押担保的范围；

（五）存款行是否对单位定期存单进行了确认；

（六）单位定期存单的保管责任；

（七）质权的实现方式；

（八）违约责任；

（九）争议的解决方式；

（十）当事人认为需要约定的其他事项。

第十七条　质押合同应当由出质人和贷款人签章。签章为其法定代表人、经法定代表人授权的代理人或主要负责人的签字并加盖单位公章。

第十八条　质押期间，除法律另有规定外，任何人不得擅自动用质押款项。

第十九条　出质人和贷款人可以在质押合同中约定，当借款人没有依约履行合同的，贷款人可直接将存单兑现以实现质权。

第二十条　存款行应对其开具并经过确认的单位定期存单进行登记备查，并妥善保管有关文件和材料。质押的单位定期存单被退回时，也应及时登记注销。

第四章　质权的实现

第二十一条　单位定期存单质押担保的范围包括贷款本金和利息、罚息、损害赔偿金、违约金和实现质权的费用。质押合同另有约定的，按照约定执行。

第二十二条　贷款期满借款人履行债务的，或者借款人提前偿还所担保的贷款的，贷款人应当及时将质押的单位定期存单退还存款行。存款行收到退回的单位定期存单后，应将开户证实书退还贷款人并由贷款人退还借款人。

第二十三条　有下列情形之一的，贷款人可依法定方式处分单位定期存单：

（一）质押贷款合同期满，借款人未按期归还贷款本金和利息的；

（二）借款人或出质人违约，贷款人需依法提前收回贷款的；

（三）借款人或出质人被宣告破产或解散的。

第二十四条 有第二十三条所列情形之一的，贷款人和出质人可以协议以单位定期存单兑现或以法律规定的其他方式处分单位定期存单。以单位定期存单兑现时，贷款人应向存款行提交单位定期存单和其与出质人的协议。

单位定期存单处分所得不足偿付第二十一条规定的款项的，贷款人应当向借款人另行追偿；偿还第二十一条规定的款项后有剩余的，其超出部分应当退还出质人。

第二十五条 质押存单期限先于贷款期限届满的，贷款人可以提前兑现存单，并与出质人协议将兑现的款项提前清偿借款或向与出质人约定的第三人提存，质押合同另有约定的，从其约定。提存的具体办法由各当事人自行协商确定。

贷款期限先于质押的单位定期存单期限届满，借款人未履行其债务的，贷款人可以继续保管定期存单，在存单期限届满时兑现用于抵偿贷款本息。

第二十六条 经与出质人协商一致，贷款人提前兑现或提前支取的，应向存款行提供单位定期存单、质押合同、需要提前兑现或提前支取的有关协议。

第二十七条 用于质押的单位定期存单项下的款项在质押期间被司法机关或法律规定的其他机关采取冻结、扣划等强制措施的，贷款人应当在处分此定期存款时优先受偿。

第二十八条 用于质押的单位定期存单在质押期间丢失，贷款人应立即通知借款人和出质人，并申请挂失；单位定期存单毁损的，贷款人应持有关证明申请补办。

质押期间，存款行不得受理存款人提出的挂失申请。

第二十九条 贷款人申请挂失时，应向存款行提交挂失申请书，并提供贷款人的营业执照复印件、质押合同副本。

挂失申请应采用书面形式。在特殊情况下，可以用口头或函电形式，但必须在五个工作日内补办书面挂失手续。

挂失生效，原单位定期存单所载的金额及利息应继续作为出质资产。

第三十条 出质人合并、分立或债权债务发生变更时，贷款人仍然拥有单位定期存单所代表的质权。

第五章 罚 则

第三十一条 存款行出具虚假的单位定期存单或单位定期存单确认书的，依照《金融违法行为处罚办法》第十三条的规定对存款行及相关责任人予以处罚。

第三十二条　存款行不按本规定对质物进行确认或贷款行接受未经确认的单位定期存单质押的，由中国银行业监督管理委员会给予警告，并处以三万元以下的罚款，并责令对其主要负责人和直接责任人员依法给予行政处分。

第三十三条　贷款人不按规定及时向存款行退回单位定期存单的，由中国银行业监督管理委员会给予警告，并处以三万元以下罚款。给存款人造成损失的，依法承担相应的民事责任。构成犯罪的，由司法机关依法追究刑事责任。

第六章　附　则

第三十四条　个人定期储蓄存款存单质押贷款不适用本规定。

第三十五条　中华人民共和国境内的国际结算和融资活动中需用单位定期存单作质押担保的，参照本规定执行。

第三十六条　本规定由中国银行业监督管理委员会负责解释和修改。

第三十七条　本规定自公布之日起施行。本规定公布施行前的有关规定与本规定有抵触的，以本规定为准。

注册商标专用权质权登记程序规定

（2009 年 9 月 10 日　工商标字〔2009〕182 号）

第一条　为充分发挥商标专用权无形资产的价值，促进经济发展，根据《物权法》、《担保法》、《商标法》和《商标法实施条例》的有关规定，制定本程序规定。

国家工商行政管理总局商标局负责办理注册商标专用权质权登记。

第二条　自然人、法人或者其他组织以其注册商标专用权出质的，出质人与质权人应当订立书面合同，并向商标局办理质权登记。

质权登记申请应由质权人和出质人共同提出。质权人和出质人可以直接向商标局申请，也可以委托商标代理机构代理。在中国没有经常居所或者营业场所的外国人或者外国企业应当委托代理机构办理。

第三条　办理注册商标专用权质权登记，出质人应当将在相同或者类似商品/服务上注册的相同或者近似商标一并办理质权登记。质权合同和质权登记申请书中应当载明出质的商标注册号。

第四条　申请注册商标专用权质权登记的，应提交下列文件：

（一）申请人签字或者盖章的《商标专用权质权登记申请书》；

（二）出质人、质权人的主体资格证明或者自然人身份证明复印件；

（三）主合同和注册商标专用权质权合同；

（四）直接办理的，应当提交授权委托书以及被委托人的身份证明；委托商标代理机构办理的，应当提交商标代理委托书；

（五）出质注册商标的注册证复印件；

（六）出质商标专用权的价值评估报告。如果质权人和出质人双方已就出质商标专用权的价值达成一致意见并提交了相关书面认可文件，申请人可不再提交；

（七）其他需要提供的材料。

上述文件为外文的，应当同时提交其中文译文。中文译文应当由翻译单位和翻译人员签字盖章确认。

第五条 注册商标专用权质权合同一般包括以下内容：

（一）出质人、质权人的姓名（名称）及住址；

（二）被担保的债权种类、数额；

（三）债务人履行债务的期限；

（四）出质注册商标的清单（列明注册商标的注册号、类别及专用期）；

（五）担保的范围；

（六）当事人约定的其他事项。

第六条 申请登记书件齐备、符合规定的，商标局予以受理。受理日期即为登记日期。商标局自登记之日起5个工作日内向双方当事人发放《商标专用权质权登记证》。

《商标专用权质权登记证》应当载明下列内容：出质人和质权人的名称（姓名）、出质商标注册号、被担保的债权数额、质权登记期限、质权登记日期。

第七条 质权登记申请不符合本办法第二条、第三条、第四条、第五条规定的，商标局应当通知申请人，并允许其在30日内补正。申请人逾期不补正或者补正不符合要求的，视为其放弃该质权登记申请，商标局应书面通知申请人。

第八条 有下列情形之一的，商标局不予登记：

（一）出质人名称与商标局档案所记载的名称不一致，且不能提供相关证明证实其为注册商标权利人的；

（二）合同的签订违反法律法规强制性规定的；

（三）商标专用权已经被撤销、被注销或者有效期满未续展的；

（四）商标专用权已被人民法院查封、冻结的；

（五）其他不符合出质条件的。

第九条 质权登记后，有下列情形之一的，商标局应当撤销登记：

（一）发现有属于本办法第八条所列情形之一的；

（二）质权合同无效或者被撤销的；

（三）出质的注册商标因法定程序丧失专用权的；

（四）提交虚假证明文件或者以其他欺骗手段取得商标专用权质权登记的。

第十条 质权人或者出质人的名称（姓名）更改，以及质权合同担保的主债权数额变更的，当事人可以凭下列文件申请办理变更登记：

（一）申请人签字或者盖章的《商标专用权质权登记事项变更申请书》；

（二）出质人、质权人的主体资格证明或者自然人身份证明复印件；

（三）有关登记事项变更的协议或相关证明文件；

（四）原《商标专用权质权登记证》；

（五）授权委托书、被委托人的身份证明或者商标代理委托书；

（六）其他有关文件。

出质人名称（姓名）发生变更的，还应按照《商标法实施条例》的规定在商标局办理变更注册人名义申请。

第十一条 因被担保的主合同履行期限延长、主债权未能按期实现等原因需要延长质权登记期限的，质权人和出质人双方应当在质权登记期限到期前，持以下文件申请办理延期登记：

（一）申请人签字或者盖章的《商标专用权质权登记期限延期申请书》；

（二）出质人、质权人的主体资格证明或者自然人身份证明复印件；

（三）当事人双方签署的延期协议；

（四）原《商标专用权质权登记证》；

（五）授权委托书、被委托人的身份证明或者商标代理委托书；

（六）其他有关文件。

第十二条 办理质权登记事项变更申请或者质权登记期限延期申请后，由商标局在原《商标专用权质权登记证》上加注发还，或者重新核发《商标专用权质权登记证》。

第十三条 商标专用权质权登记需要注销的，质权人和出质人双方可以持下列文件办理注销申请：

（一）申请人签字或者盖章的《商标专用权质权登记注销申请书》；

（二）出质人、质权人的主体资格证明或者自然人身份证明复印件；

（三）当事人双方签署的解除质权登记协议或者合同履行完毕凭证；

（四）原《商标专用权质权登记证》；

（五）授权委托书、被委托人的身份证明或者商标代理委托书；

（六）其他有关文件。

质权登记期限届满后，该质权登记自动失效。

第十四条 《商标专用权质权登记证》遗失的，可以向商标局申请补发。

第十五条 商标局设立质权登记簿，供相关公众查阅。

第十六条 反担保及最高额质权适用本规定。

第十七条 本规定自2009年11月1日起施行。本规定施行之日起原《商标专用权质押登记程序》（国家工商行政管理局工商标字〔1997〕第127号）废止。

专利权质押登记办法

（2010年8月26日国家知识产权局令第56号公布　自2010年10月1日起施行）

第一条 为了促进专利权的运用和资金融通，保障债权的实现，规范专利权质押登记，根据《中华人民共和国物权法》、《中华人民共和国担保法》、《中华人民共和国专利法》及有关规定，制定本办法。

第二条 国家知识产权局负责专利权质押登记工作。

第三条 以专利权出质的，出质人与质权人应当订立书面质押合同。

质押合同可以是单独订立的合同，也可以是主合同中的担保条款。

第四条 以共有的专利权出质的，除全体共有人另有约定的以外，应当取得其他共有人的同意。

第五条 在中国没有经常居所或者营业所的外国人、外国企业或者外国其他组织办理专利权质押登记手续的，应当委托依法设立的专利代理机构办理。

中国单位或者个人办理专利权质押登记手续的，可以委托依法设立的专利代理机构办理。

第六条 当事人可以通过邮寄、直接送交等方式办理专利权质押登记相关手续。

第七条 申请专利权质押登记的，当事人应当向国家知识产权局提交下列文件：

（一）出质人和质权人共同签字或者盖章的专利权质押登记申请表；

（二）专利权质押合同；

（三）双方当事人的身份证明；

（四）委托代理的，注明委托权限的委托书；

（五）其他需要提供的材料。

专利权经过资产评估的，当事人还应当提交资产评估报告。

除身份证明外，当事人提交的其他各种文件应当使用中文。身份证明是外文的，当事人应当附送中文译文；未附送的，视为未提交。

对于本条第一款和第二款规定的文件，当事人可以提交电子扫描件。

第八条　国家知识产权局收到当事人提交的质押登记申请文件后，应当通知申请人。

第九条　当事人提交的专利权质押合同应当包括以下与质押登记相关的内容：

（一）当事人的姓名或者名称、地址；

（二）被担保债权的种类和数额；

（三）债务人履行债务的期限；

（四）专利权项数以及每项专利权的名称、专利号、申请日、授权公告日；

（五）质押担保的范围。

第十条　除本办法第九条规定的事项外，当事人可以在专利权质押合同中约定下列事项：

（一）质押期间专利权年费的缴纳；

（二）质押期间专利权的转让、实施许可；

（三）质押期间专利权被宣告无效或者专利权归属发生变更时的处理；

（四）实现质权时，相关技术资料的交付。

第十一条　国家知识产权局自收到专利权质押登记申请文件之日起 7 个工作日内进行审查并决定是否予以登记。

第十二条　专利权质押登记申请经审查合格的，国家知识产权局在专利登记簿上予以登记，并向当事人发送《专利权质押登记通知书》。质权自国家知识产权局登记时设立。

经审查发现有下列情形之一的，国家知识产权局作出不予登记的决定，并向当事人发送《专利权质押不予登记通知书》：

（一）出质人与专利登记簿记载的专利权人不一致的；

（二）专利权已终止或者已被宣告无效的；

（三）专利申请尚未被授予专利权的；

（四）专利权处于年费缴纳滞纳期的；

（五）专利权已被启动无效宣告程序的；

（六）因专利权的归属发生纠纷或者人民法院裁定对专利权采取保全措施，专利权的质押手续被暂停办理的；

（七）债务人履行债务的期限超过专利权有效期的；

（八）质押合同约定在债务履行期届满质权人未受清偿时，专利权归质权人所有的；

（九）质押合同不符合本办法第九条规定的；

（十）以共有专利权出质但未取得全体共有人同意的；

（十一）专利权已被申请质押登记且处于质押期间的；

（十二）其他应当不予登记的情形。

第十三条 专利权质押期间，国家知识产权局发现质押登记存在本办法第十二条第二款所列情形并且尚未消除的，或者发现其他应当撤销专利权质押登记的情形的，应当撤销专利权质押登记，并向当事人发出《专利权质押登记撤销通知书》。

专利权质押登记被撤销的，质押登记的效力自始无效。

第十四条 国家知识产权局在专利公报上公告专利权质押登记的下列内容：出质人、质权人、主分类号、专利号、授权公告日、质押登记日等。

专利权质押登记后变更、注销的，国家知识产权局予以登记和公告。

第十五条 专利权质押期间，出质人未提交质权人同意其放弃该专利权的证明材料的，国家知识产权局不予办理专利权放弃手续。

第十六条 专利权质押期间，出质人未提交质权人同意转让或者许可实施该专利权的证明材料的，国家知识产权局不予办理专利权转让登记手续或者专利实施合同备案手续。

出质人转让或者许可他人实施出质的专利权的，出质人所得的转让费、许可费应当向质权人提前清偿债务或者提存。

第十七条 专利权质押期间，当事人的姓名或者名称、地址、被担保的主债权种类及数额或者质押担保的范围发生变更的，当事人应当自变更之日起30日内持变更协议、原《专利权质押登记通知书》和其他有关文件，向国家知识产权局办理专利权质押登记变更手续。

第十八条 有下列情形之一的，当事人应当持《专利权质押登记通知书》以及相关证明文件，向国家知识产权局办理质押登记注销手续：

（一）债务人按期履行债务或者出质人提前清偿所担保的债务的；

（二）质权已经实现的；

（三）质权人放弃质权的；

（四）因主合同无效、被撤销致使质押合同无效、被撤销的；

（五）法律规定质权消灭的其他情形。

国家知识产权局收到注销登记申请后，经审核，向当事人发出《专利权质押登记注销通知书》。专利权质押登记的效力自注销之日起终止。

第十九条　专利权在质押期间被宣告无效或者终止的，国家知识产权局应当通知质权人。

第二十条　专利权人没有按照规定缴纳已经质押的专利权的年费的，国家知识产权局应当在向专利权人发出缴费通知书的同时通知质权人。

第二十一条　本办法由国家知识产权局负责解释。

第二十二条　本办法自2010年10月1日起施行。1996年9月19日中华人民共和国专利局令第八号发布的《专利权质押合同登记管理暂行办法》同时废止。

著作权质权登记办法

（2010年10月19日国家版权局第1次局务会议通过
2010年11月25日国家版权局令第8号公布
自2011年1月1日起施行）

第一条　为规范著作权出质行为，保护债权人合法权益，维护著作权交易秩序，根据《中华人民共和国物权法》、《中华人民共和国担保法》和《中华人民共和国著作权法》的有关规定，制定本办法。

第二条　国家版权局负责著作权质权登记工作。

第三条　《中华人民共和国著作权法》规定的著作权以及与著作权有关权利（以下统称“著作权”）中的财产权可以出质。

以共有的著作权出质的，除另有约定外，应当取得全体共有人的同意。

第四条　以著作权出质的，出质人和质权人应当订立书面质权合同，并由双方共同向登记机构办理著作权质权登记。

出质人和质权人可以自行办理，也可以委托代理人办理。

第五条　著作权质权的设立、变更、转让和消灭，自记载于《著作权质权登记簿》时发生效力。

第六条　申请著作权质权登记的，应提交下列文件：

（一）著作权质权登记申请表；

（二）出质人和质权人的身份证明；

（三）主合同和著作权质权合同；

（四）委托代理人办理的，提交委托书和受托人的身份证明；

（五）以共有的著作权出质的，提交共有人同意出质的书面文件；

（六）出质前授权他人使用的，提交授权合同；

（七）出质的著作权经过价值评估的、质权人要求价值评估的或相关法律法规要求价值评估的，提交有效的价值评估报告；

（八）其他需要提供的材料。

提交的文件是外文的，需同时附送中文译本。

第七条　著作权质权合同一般包括以下内容：

（一）出质人和质权人的基本信息；

（二）被担保债权的种类和数额；

（三）债务人履行债务的期限；

（四）出质著作权的内容和保护期；

（五）质权担保的范围和期限；

（六）当事人约定的其他事项。

第八条　申请人提交材料齐全的，登记机构应当予以受理。提交的材料不齐全的，登记机构不予受理。

第九条　经审查符合要求的，登记机构应当自受理之日起10日内予以登记，并向出质人和质权人发放《著作权质权登记证书》。

第十条　经审查不符合要求的，登记机构应当自受理之日起10日内通知申请人补正。补正通知书应载明补正事项和合理的补正期限。无正当理由逾期不补正的，视为撤回申请。

第十一条　《著作权质权登记证书》的内容包括：

（一）出质人和质权人的基本信息；

（二）出质著作权的基本信息；

（三）著作权质权登记号；

（四）登记日期。

《著作权质权登记证书》应当标明：著作权质权自登记之日起设立。

第十二条　有下列情形之一的，登记机构不予登记：

（一）出质人不是著作权人的；

（二）合同违反法律法规强制性规定的；

（三）出质著作权的保护期届满的；

（四）债务人履行债务的期限超过著作权保护期的；

（五）出质著作权存在权属争议的；

（六）其他不符合出质条件的。

第十三条　登记机构办理著作权质权登记前，申请人可以撤回登记申请。

第十四条　著作权出质期间，未经质权人同意，出质人不得转让或者许可他人使用已经出质的权利。

出质人转让或者许可他人使用出质的权利所得的价款，应当向质权人提前清偿债务或者提存。

第十五条　有下列情形之一的，登记机构应当撤销质权登记：

（一）登记后发现有第十二条所列情形的；

（二）根据司法机关、仲裁机关或行政管理机关作出的影响质权效力的生效裁决或行政处罚决定书应当撤销的；

（三）著作权质权合同无效或者被撤销的；

（四）申请人提供虚假文件或者以其他手段骗取著作权质权登记的；

（五）其他应当撤销的。

第十六条　著作权出质期间，申请人的基本信息、著作权的基本信息、担保的债权种类及数额、或者担保的范围等事项发生变更的，申请人持变更协议、原《著作权质权登记证书》和其他相关材料向登记机构申请变更登记。

第十七条　申请变更登记的，登记机构自受理之日起 10 日内完成审查。经审查符合要求的，对变更事项予以登记。

变更事项涉及证书内容变更的，应交回原登记证书，由登记机构发放新的证书。

第十八条　有下列情形之一的，申请人应当申请注销质权登记：

（一）出质人和质权人协商一致同意注销的；

（二）主合同履行完毕的；

（三）质权实现的；

（四）质权人放弃质权的；

（五）其他导致质权消灭的。

第十九条　申请注销质权登记的，应当提交注销登记申请书、注销登记证明、申请人身份证明等材料，并交回原《著作权质权登记证书》。

登记机构应当自受理之日起 10 日内办理完毕，并发放注销登记通知书。

第二十条　登记机构应当设立《著作权质权登记簿》，记载著作权质权登记的相关信息，供社会公众查询。

《著作权质权登记证书》的内容应当与《著作权质权登记簿》的内容一致。记载不一致的，除有证据证明《著作权质权登记簿》确有错误外，以《著作权质权登记簿》为准。

第二十一条　《著作权质权登记簿》应当包括以下内容：

（一）出质人和质权人的基本信息；

（二）著作权质权合同的主要内容；

（三）著作权质权登记号；
（四）登记日期；
（五）登记撤销情况；
（六）登记变更情况；
（七）登记注销情况；
（八）其他需要记载的内容。

第二十二条 《著作权质权登记证书》灭失或者毁损的，可以向登记机构申请补发或换发。登记机构应自收到申请之日起5日内予以补发或换发。

第二十三条 登记机构应当通过国家版权局官方网站公布著作权质权登记的基本信息。

第二十四条 本办法由国家版权局负责解释。

第二十五条 本办法自2011年1月1日起施行。1996年9月23日国家版权局发布的《著作权质押合同登记办法》同时废止。

工商行政管理机关股权出质登记办法

（2008年9月1日国家工商行政管理总局令第32号公布
根据2016年4月29日国家工商行政管理总局令第86号修订）

第一条 为规范股权出质登记行为，根据《中华人民共和国物权法》等法律的规定，制定本办法。

第二条 以持有的有限责任公司和股份有限公司股权出质，办理出质登记的，适用本办法。已在证券登记结算机构登记的股份有限公司的股权除外。

第三条 负责出质股权所在公司登记的工商行政管理机关是股权出质登记机关（以下简称登记机关）。

各级工商行政管理机关的企业登记机构是股权出质登记机构。

第四条 股权出质登记事项包括：
（一）出质人和质权人的姓名或名称；
（二）出质股权所在公司的名称；
（三）出质股权的数额。

第五条 申请出质登记的股权应当是依法可以转让和出质的股权。对于已经被人民法院冻结的股权，在解除冻结之前，不得申请办理股权出质登记。

第六条 申请股权出质设立登记、变更登记和注销登记，应当由出质人和质权人共同提出。申请股权出质撤销登记，可以由出质人或者质权人单方提出。

申请人应当对申请材料的真实性、质权合同的合法性有效性、出质股权权能的完整性承担法律责任。

第七条　申请股权出质设立登记，应当提交下列材料：

（一）申请人签字或者盖章的《股权出质设立登记申请书》；

（二）记载有出质人姓名（名称）及其出资额的有限责任公司股东名册复印件或者出质人持有的股份公司股票复印件（均需加盖公司印章）；

（三）质权合同；

（四）出质人、质权人的主体资格证明或者自然人身份证明复印件（出质人、质权人属于自然人的由本人签名，属于法人的加盖法人印章，下同）；

（五）国家工商行政管理总局要求提交的其他材料。

指定代表或者共同委托代理人办理的，还应当提交申请人指定代表或者共同委托代理人的证明。

第八条　出质股权数额变更，以及出质人、质权人姓名（名称）或者出质股权所在公司名称更改的，应当申请办理变更登记。

第九条　申请股权出质变更登记，应当提交下列材料：

（一）申请人签字或者盖章的《股权出质变更登记申请书》；

（二）有关登记事项变更的证明文件。属于出质股权数额变更的，提交质权合同修正案或者补充合同；属于出质人、质权人姓名（名称）或者出质股权所在公司名称更改的，提交姓名或者名称更改的证明文件和更改后的主体资格证明或者自然人身份证明复印件；

（三）国家工商行政管理总局要求提交的其他材料。

指定代表或者共同委托代理人办理的，还应当提交申请人指定代表或者共同委托代理人的证明。

第十条　出现主债权消灭、质权实现、质权人放弃质权或法律规定的其他情形导致质权消灭的，应当申请办理注销登记。

第十一条　申请股权出质注销登记，应当提交申请人签字或者盖章的《股权出质注销登记申请书》。

指定代表或者共同委托代理人办理的，还应当提交申请人指定代表或者共同委托代理人的证明。

第十二条　质权合同被依法确认无效或者被撤销的，应当申请办理撤销登记。

第十三条　申请股权出质撤销登记，应当提交下列材料：

（一）申请人签字或者盖章的《股权出质撤销登记申请书》；

（二）质权合同被依法确认无效或者被撤销的法律文件；

指定代表或者委托代理人办理的，还应当提交申请人指定代表或者委托代理人的证明。

第十四条 登记机关对登记申请应当当场办理登记手续并发给登记通知书。通知书加盖登记机关的股权出质登记专用章。

对于不属于股权出质登记范围或者不属于本机关登记管辖范围以及不符合本办法规定的，登记机关应当当场告知申请人，并退回申请材料。

第十五条 登记机关应当将股权出质登记事项在企业信用信息公示系统公示，供社会公众查询。

因自身原因导致股权出质登记事项记载错误的，登记机关应当及时予以更正。

第十六条 股权出质登记的有关文书格式文本，由国家工商行政管理总局统一制定。

第十七条 本办法自2008年10月1日起施行。

应收账款质押登记办法

（2007年9月26日第21次行长办公会通过，
2017年8月24日第8次行长办公会通过修订）

第一章 总 则

第一条 为规范应收账款质押登记，保护质押当事人和利害关系人的合法权益，根据《中华人民共和国物权法》等相关法律规定，制定本办法。

第二条 本办法所称应收账款是指权利人因提供一定的货物、服务或设施而获得的要求义务人付款的权利以及依法享有的其他付款请求权，包括现有的和未来的金钱债权，但不包括因票据或其他有价证券而产生的付款请求权，以及法律、行政法规禁止转让的付款请求权。

本办法所称的应收账款包括下列权利：

（一）销售、出租产生的债权，包括销售货物，供应水、电、气、暖，知识产权的许可使用，出租动产或不动产等；

（二）提供医疗、教育、旅游等服务或劳务产生的债权；

（三）能源、交通运输、水利、环境保护、市政工程等基础设施和公用事业项目收益权；

（四）提供贷款或其他信用活动产生的债权；

（五）其他以合同为基础的具有金钱给付内容的债权。

第三条　本办法所称应收账款质押是指《中华人民共和国物权法》第二百二十三条规定的应收账款出质，具体是指为担保债务的履行，债务人或者第三人将其合法拥有的应收账款出质给债权人，债务人不履行到期债务或者发生当事人约定的实现质权的情形，质权人有权就该应收账款及其收益优先受偿。

第四条　中国人民银行征信中心（以下简称征信中心）是应收账款质押的登记机构。

征信中心建立基于互联网的登记公示系统（以下简称登记公示系统），办理应收账款质押登记，并为社会公众提供查询服务。

第五条　中国人民银行对征信中心办理应收账款质押登记有关活动进行管理。

第六条　在同一应收账款上设立多个权利的，质权人按照登记的先后顺序行使质权。

第二章　登记与查询

第七条　应收账款质押登记通过登记公示系统办理。

第八条　应收账款质押登记由质权人办理。质权人办理质押登记前，应与出质人签订登记协议。登记协议应载明如下内容：

（一）质权人与出质人已签订质押合同；

（二）由质权人办理质押登记。

质权人也可以委托他人办理登记。委托他人办理登记的，适用本办法关于质权人办理登记的规定。

第九条　质权人办理应收账款质押登记时，应注册为登记公示系统的用户。

第十条　登记内容包括质权人和出质人的基本信息、应收账款的描述、登记期限。质权人应将本办法第八条规定的协议作为登记附件提交登记公示系统。

出质人或质权人为单位的，应填写单位的法定注册名称、住所、法定代表人或负责人姓名、组织机构代码或金融机构编码、工商注册号、法人和其他组织统一社会信用代码、全球法人机构识别编码等机构代码或编码。

出质人或质权人为个人的，应填写有效身份证件号码、有效身份证件载明的地址等信息。

质权人可以与出质人约定将主债权金额等项目作为登记内容。

第十一条 质权人应将填写完毕的登记内容提交登记公示系统。登记公示系统记录提交时间并分配登记编号，生成应收账款质押登记初始登记证明和修改码提供给质权人。

第十二条 质权人应根据主债权履行期限合理确定登记期限。登记期限最短6个月，超过6个月的，按年计算，最长不超过30年。

第十三条 在登记期限届满前90日内，质权人可以申请展期。

质权人可以多次展期，展期期限按年计算，每次不得超过30年。

第十四条 登记内容存在遗漏、错误等情形或登记内容发生变化的，质权人应当办理变更登记。

质权人在原质押登记中增加新的应收账款出质的，新增加的部分视为新的质押登记。

第十五条 质权人办理登记时所填写的出质人法定注册名称或有效身份证件号码变更的，质权人应在变更之日起4个月内办理变更登记。

第十六条 质权人办理展期、变更登记的，应当提交与出质人就展期、变更事项达成的登记协议。

第十七条 有下列情形之一的，质权人应自该情形产生之日起10日内办理注销登记：

（一）主债权消灭；

（二）质权实现；

（三）质权人放弃登记载明的应收账款之上的全部质权；

（四）其他导致所登记权利消灭的情形。

质权人迟延办理注销登记，给他人造成损害的，应当承担相应的法律责任。

第十八条 质权人凭修改码办理展期、变更登记、注销登记。

第十九条 出质人或其他利害关系人认为登记内容错误的，可以要求质权人变更登记或注销登记。质权人不同意变更或注销的，出质人或其他利害关系人可以办理异议登记。

办理异议登记的出质人或其他利害关系人可以自行注销异议登记。

第二十条 出质人或其他利害关系人应在异议登记办理完毕之日起7日内通知质权人。

第二十一条 出质人或其他利害关系人自异议登记之日起30日内，未将争议起诉或提请仲裁并在登记公示系统提交案件受理通知的，征信中心撤销异议登记。

第二十二条 征信中心应按照出质人或其他利害关系人、质权人的要求，根据生效的法院判决、裁定或仲裁机构裁决撤销应收账款质押登记或异议登记。

第二十三条　质权人办理变更登记和注销登记、出质人或其他利害关系人办理异议登记后，登记公示系统记录登记时间、分配登记编号，并生成变更登记、注销登记或异议登记证明。

第二十四条　质权人、出质人和其他利害关系人应当按照登记公示系统提示项目如实登记，提供虚假材料办理登记、给他人造成损害的，应当承担相应的法律责任。

第二十五条　任何单位和个人均可以在注册为登记公示系统的用户后，查询应收账款质押登记信息。

第二十六条　出质人为单位的，查询人以出质人的法定注册名称进行查询。

出质人为个人的，查询人以出质人的身份证件号码进行查询。

第二十七条　征信中心根据查询人的申请，提供查询证明。

第二十八条　质权人、出质人或其他利害关系人、查询人可以通过证明编号在登记公示系统对登记证明和查询证明进行验证。

第三章　征信中心的职责

第二十九条　征信中心应当采取技术措施和其他必要措施，维护登记公示系统安全、正常运行，防止登记信息泄露、丢失。

第三十条　征信中心应当制定登记操作规则和内部管理制度，并报中国人民银行备案。

第三十一条　登记注销或登记期限届满后，征信中心应当对登记记录进行电子化离线保存，保存期限为15年。

第四章　附　则

第三十二条　征信中心按照国务院价格主管部门批准的收费标准收取应收账款登记服务费用。

第三十三条　权利人在登记公示系统办理以融资为目的的应收账款转让登记，参照本办法的规定。

第三十四条　本办法自2007年10月1日起施行。

附件：《应收账款质押登记办法》（2017年修订）修订说明（略）

自动质押融资业务管理办法

（2017年12月13日　中国人民银行公告〔2017〕第18号）

第一条　为规范自动质押融资业务，提高支付清算效率，防范支付清算风险，根据《中华人民共和国中国人民银行法》及相关法律法规，制定本办法。

第二条　本办法所称自动质押融资业务，是指成员机构清算账户日间头寸不足清算时，通过自动质押融资业务系统向人民银行质押债券融入资金，待资金归还后自动解押债券的行为。

第三条　本办法所称成员机构，是指在中华人民共和国境内依法设立并办理自动质押融资业务的存款类金融机构法人，以及人民银行认可的其他金融机构法人。

第四条　本办法所称自动质押融资业务系统，是指办理成员机构债券自动质押、融资、还款、债券自动解押等业务的应用系统。

第五条　本办法所称质押债券，包括记账式国债、中央银行票据、开发性和政策性银行金融债券，以及人民银行认可的地方政府债券及其他有价证券。

第六条　申请成为成员机构的金融机构法人应具备以下条件：

（一）是大额支付系统直接参与者；

（二）为银行间市场甲类或乙类结算成员；

（三）在人民银行指定的债券登记托管结算机构（以下简称债券登记托管结算机构）开立债券托管账户；

（四）人民银行规定的其他条件。

第七条　金融机构法人向人民银行申请办理自动质押融资业务应提交以下材料：

（一）办理自动质押融资业务申请书；

（二）经营金融业务许可证、债券登记托管结算机构开户确认书（均为复印件）；

（三）上年末实收资本金额（不含附属资本，下同）；

（四）人民银行要求的其他材料。

第八条　全国性银行申请办理自动质押融资业务由人民银行总行受理，

其他金融机构法人申请办理自动质押融资业务应向法人所在地人民银行分支机构提出申请，由人民银行分支机构初审后报人民银行总行受理。

本办法所称人民银行分支机构包括人民银行上海总部，各分行、营业管理部，各省会（首府）城市中心支行，深圳市中心支行。

第九条　经人民银行受理，符合自动质押融资业务办理条件的金融机构，应与人民银行签署《自动质押融资主协议》。

第十条　国家开发银行、政策性银行、国有商业银行、中国邮政储蓄银行自动质押融资余额不超过其上年末实收资本的4%；全国性股份制商业银行自动质押融资余额不超过其上年末实收资本的10%；其他金融机构自动质押融资余额不超过其上年末实收资本的15%。人民银行可根据宏观审慎管理需要调整上述比例，并根据成员机构信用状况和流动性管理情况调整其自动质押融资余额上限。

第十一条　成员机构开展自动质押融资业务须足额质押债券。人民银行根据宏观审慎管理需要和市场情况确定和调整质押债券范围及质押率等要素，并通知成员机构。

第十二条　成员机构办理自动质押融资业务原则上应于当日偿还资金，最长期限不超过隔夜。如当日未能足额偿还资金本息的，成员机构应根据本办法第八条规定的业务受理范围向人民银行总行或所在地人民银行分支机构说明情况。

第十三条　日间和隔夜自动质押融资利率统一按业务发生时的人民银行隔夜常备借贷便利（SLF）利率确定。

第十四条　日间自动质押融资利息按照实际融资金额和时间、以小时为单位计算，不足1小时按照1小时计算，利息计算公式为：日间自动质押融资利息＝（融资金额×融资时间×融资利率）/（360×24）

第十五条　隔夜自动质押融资利息按日计算，计算公式为：隔夜自动质押融资利息＝（融资金额×实际占款天数×融资利率）/360

第十六条　自动质押融资须逐笔融资、逐笔归还，成员机构须在还款时点一次性还本付息；还款时点资金不足时顺延至下一还款时点重新计息后还本付息。

自动质押融资业务的还款时点由人民银行在自动质押融资业务系统设置，并通知成员机构。

第十七条　隔夜未足额偿还自动质押融资资金本息的视为逾期，人民银行对逾期未偿还资金部分额外加3个百分点按日收取利息。

第十八条　逾期超过3天仍未足额偿还自动质押融资应计本息的视为违约，人民银行将按照市场惯例和相关法律法规处理。

第十九条 自动质押融资业务的金额单位为万元人民币，小数点后保留两位。单笔融资最低金额为50万元人民币。

第二十条 债券登记托管结算机构经人民银行授权，根据本办法及相关业务规则为成员机构办理自动质押融资业务提供服务，维护和保障自动质押融资业务系统正常运行。

债券登记托管结算机构应根据本办法制定自动质押融资业务操作细则及应急方案。

第二十一条 成员机构出现违约，或债券登记托管结算机构未充分履行自身职责，导致质押、融资、还款、解押等环节延误或中断，给有关各方造成损失的，应各自承担相应责任。

第二十二条 成员机构如出现违约或继续办理业务可能影响人民银行资金安全等情形，人民银行可暂停该机构的自动质押融资业务。

第二十三条 因不可抗力造成自动质押融资业务系统无法正常运行，使质押、融资、还款、解押等环节延误或中断，有关当事人均有及时排除障碍和采取补救措施的义务，但不承担赔偿责任。

第二十四条 本办法由人民银行负责解释。

第二十五条 本办法自2018年1月29日起施行。《中国人民银行自动质押融资业务管理暂行办法》（中国人民银行公告〔2005〕第25号）同时废止。

最高人民法院
关于审理出口退税托管账户质押贷款案件有关问题的规定

法释〔2004〕18号

（2004年9月27日最高人民法院审判委员会第1326次会议通过
2004年11月22日最高人民法院公告公布　自2004年12月7日起施行）

为正确审理涉及出口退税专用账户质押贷款纠纷案件，维护相关当事人的合法权益，根据《中华人民共和国民法通则》、《中华人民共和国合同法》、《中华人民共和国担保法》等有关规定，结合人民法院审判实践，制定本规定。

第一条 本规定适用于审理、执行涉及出口退税专用账户质押贷款的案件。

本规定所称出口退税专用账户质押贷款，是指借款人将出口退税专用账户托管给贷款银行，并承诺以该账户中的退税款作为还款保证的贷款。

第二条　以出口退税专用账户质押方式贷款的，应当签订书面质押贷款合同。质押贷款合同自贷款银行实际托管借款人出口退税专用账户时生效。①

第三条　出口退税专用账户质押贷款银行，对质押账户内的退税款享有优先受偿权。

第四条　人民法院审理和执行案件时，不得对已设质的出口退税专用账户内的款项采取财产保全措施或者执行措施。

第五条　借款人进入破产程序时，贷款银行对已经设质的出口退税专用账户内的款项享有优先受偿权，但应以被担保债权尚未受偿的数额为限。

第六条　有下列情形之一的，不受本《规定》第三、四、五条规定的限制，人民法院可以采取财产保全或者执行措施：

（一）借款人将非退税款存入出口退税专用账户的；

（二）贷款银行将出口退税专用账户内的退税款扣还其他贷款，且数额已经超出质押贷款金额的；

（三）贷款银行同意税务部门转移出口退税专用账户的；

（四）贷款银行有其他违背退税账户专用性质，损害其他债权人利益行为的。

第七条　本规定自2004年12月7日起施行。

【链　接】

落实出口退税政策　维护银行合法权益

——最高人民法院有关负责人就《关于审理出口退税托管账户质押贷款案件有关问题的规定》答记者问

为理顺出口退税专用账户质押贷款当事人的法律关系，保护质押贷款银行的合法权益，2004年9月27日最高人民法院审判委员会第1326次会议讨论通过了《关于审理出口退税托管账户质押贷款案件有关问题的规定》（以下简称本规定），并于2004年12月7日起施行。值此司法解释颁布之际，为更

① 因与物权法相关规定冲突，根据《最高人民法院关于废止2007年底以前发布的有关司法解释（第七批）的决定》，此条废止。——编者注

好地理解和适用本规定的精神和内容，最高人民法院有关负责人就司法解释的有关问题接受了《人民法院报》记者的采访。

一、问：什么是出口退税？它的积极意义是什么？

答：世界各国为了增强本国出口贸易的竞争力，也为了避免对同一种商品的重复征税，根据国际贸易惯例，各国对出口货物实行零税率政策。1994年2月，国家税务总局（以下简称税务总局）根据《中华人民共和国增值税暂行条例》、《中华人民共和国消费税暂行条例》，制定了《出口货物退（免）税管理办法》，对出口货物的增值税和消费税的退还和免征作出规定。通常情况下，税务部门根据出口企业出口货物的数量，按应退税的比例计算出企业的应退税额。由于国家财政对企业应当退税的额度要根据年度财政预算状况分期分批确定，再由税务总局据此结合上述退税额分配给各个出口企业，这就意味着应退税款不一定能在当年度全部退付。又由于退税程序的流转过程需要企业提出申报，由商务部门予以确认，然后由地方税务部门逐级上报，最后由税务总局批准，其时间周期较长，使得企业退税款额不能及时兑现，而该部分退税额度占出口企业利润的很大比例，退税款不能即时退付，造成出口企业的资金周转出现困难。在这种情况下，许多企业与银行商定，利用国家出口退税政策，以未来的退税款额作担保进行托管账户贷款，即将退税专用账户交由银行管理，银行以该账户内的未来退税款额作为偿还借款的担保，向企业贷款。

2001年8月，中国人民银行、对外贸易经济合作部、税务总局联合下发了银发〔2001〕276号《关于办理出口退税账户托管贷款业务的通知》。该通知规定，出口退税账户托管贷款是指商业银行为解决出口企业出口退税款未能及时到账而出现短期资金困难，在对企业出口退税账户进行托管的前提下向出口企业提供的以出口退税应收款作为还款保证的短期流动资金贷款。该项贷款是商业性贷款，贷款与否由银行自主决定。通知还规定，各级税务部门要确保贷款企业出口退税专用账户的唯一性，保证退税款退入该专户，不得转移。在出口退税账户托管贷款全部偿还之前，未经贷款银行同意，不得为出口企业办理出口退税专用账户转移手续。各级税务部门应为商业银行查询出口退税企业资信提供方便。根据上述通知精神，各有关商业银行与相关的出口企业签订了出口退税专户托管贷款合同，有力地缓解了出口企业的资金困难。

二、问：最高人民法院出台这一司法解释的背景和意义是什么？

答：实践中，由于贷款银行对企业出口退税账户进行托管，并不享有退税账户的所有权，而且这种托管在法律上是否具有质押担保的性质并不明确，贷款银行无法有效地对抗第三人。当出口企业与其他当事人发生债务纠纷时，司法机关会根据当事人的申请，对出口企业的退税账户进行冻结；当贷款企业进入破产清算时，贷款银行不能对该账户内的资金享有优先受偿权。为妥善解决出口退税账户托管贷款的法律性质问题，保护各方当事人的合法权益，最高人民法院根据有关法律规定，参照封闭贷款管理办法，同时借鉴其他国家的相关做法制定了本司法解释。本规定对进一步落实出口退税政策，扩大我国出口企业的融资能力，提高国际竞争力，以及维护贷款银行的合法权益等，都具有非常积极的意义。

三、问：制定本规定的宗旨是什么？如何办理出口退税质押贷款？

答：制定本规定的宗旨，是以司法解释的形式确认出口退税专用账户质押贷款合同的效力，明确当事人之间的权利义务关系。出口退税质押贷款的通行做法是，由出口企业所在地的商务部门与当地负责进出口税收征管的部门以及贷款银行签署“出口退税账户托管授信业务合作协议”，商务部门负责贷款企业提供的出口及退税资料的真实性。税务部门承诺将退税款全部退入退税专用账户，未经贷款银行的同意，不得转移退税账户，并保证退税账户的唯一性。借款企业根据上述协议与贷款银行签订借款合同和退税账户质押合同，并向贷款银行提出开户申请及专户承诺确认书。除此以外，借款企业还将国家应退税额（即与出口相对应的退税清单——《出质权利清单》）质押给贷款银行。贷款银行根据情况自行决定为贷款企业开立退税账户，并向借款企业发放贷款。从上述质押贷款的运作过程看，只要当事人各方意思表示真实，且具备了《担保法》关于质押合同成立的条件，在借款企业和贷款银行之间，就形成了以出口退税专用账户为质押担保的贷款合同关系。

四、问：本规定适用于哪些案件？

答：首先，本规定适用于出口退税质押贷款双方当事人，因质押担保贷款而发生的民事纠纷案件。当债务人不能按期偿还借款时，本规定第三条规定：“出口退税专用账户质押贷款银行，对质押账户内的退税款享有优先受偿权。”由于出口退税质押贷款的性质所决定，贷款银行对质押账户内的退税款项享有优先受偿的权利，在作为债务人的贷款企业不能如期清偿借款的情况下，其甚至可以直接从该账户内扣收。其次，本规定也调整贷款银行与贷款企业的其他债权人之间的民事关系。也就是说，贷款企业的其他债权人在与贷款企业发生民事纠纷时，往往向法院申请对债务人已经办理了质押贷款的出口退税账户进行冻结或执行，对此，本规定第四条明确：“人民法院审理和执行案件时，不得对已设质的出口退税专用账户内的款项采取财产保全措施或者执行措施。”此时，作为质权人的贷款银行可以以此对抗。最后，本规定也适用于借款人破产的案件。基于出口退税质押贷款的性质，本规定第五条明确，当“借款人进入破产程序时，贷款银行对已经设质的出口退税专用账户内的款项享有优先受偿权”，也即质押账户内的款项属于破产程序中的别除权范围，不列入破产财产作为破产分配的范围，由相应的债权人用来清偿债权。由于别除权不等同于取回权，只是权利人的一种优先受偿权，为此该条同时规定，贷款银行的优先受偿权“应以被担保债权尚未受偿的数额为限”。

五、问：本规定对滥用出口退税质押账户作出了哪些限制性规定？

答：为防止借款人假借出口退税质押账户逃避对第三人所应承担的民事责任以及质权人违背诚实信用原则，将质押退税款挪作他用，本规定对相关当事人可能滥用出口退税质押账户的有关情形以列举的方式作出了规定。其中，前两种情形即“借款人将非退税款存入出口退税专用账户的”、“贷款银行将出口退税专用账户内的退税款扣还其他贷款，且数额已经超出质押贷款金额的”，是针对实践中比较常见的规避行为所作出的规定。第三种情形即“贷款银行同意税务部门转移出口退税专用账户的”，是贷款银行实际放弃质押权的情形。第四种情形为授权性条款，即人民法院在审理具体个案时，可根据案件的具体事实予以认定。总之，凡是相关当事人具有上述行为，或者利用出口退税质押账户规避法律，违背诚实信用原则，逃避其所应当承担的债务；或者是违背退税专用账户的性质，使其丧失原有的法律性质，则在此种情况下，随着其优先受偿权的丧失，本规定第三、四、五条对其均不适用。

六、问：在本规定施行前已经采取了保全措施或者已经执行了质押退税款的，如何处理？

答：本规定遵循司法解释适用的一般原则，对于本规定施行前已经被其他债权人执行完毕的质押账户内的款项，不再依照本规定执行回转。对于尚未执行完毕或者处于查封冻结的账户，要以该账户是否具备账户质押为条件，构成质押条件的，应当依据本规定停止执行或者解除查封和冻结。

民商事办案法律规范适用全典

Civil and Commercial Laws and Regulations

第二卷

司伟◎编

中国法制出版社
CHINA LEGAL PUBLISHING HOUSE

总目录

（第一卷）

民事篇

(第二卷)

(第三卷)

(第四卷)

商事篇

（第五卷）

民事诉讼篇

(第六卷)

目　录*

（第二卷）

第四章　合　同

（一）综　合

* 目录中的日期为法律文件的公布时间或最后一次修正、修订公布时间。

(二) 买卖合同

（三）借款合同及保证

(四) 租赁合同

(五) 建设工程施工合同

第五章 知识产权

(一) 综 合

第四章　合　同

（一）综　合

中华人民共和国合同法

（1999年3月15日第九届全国人民代表大会第二次会议通过
1999年3月15日中华人民共和国主席令第15号公布
自1999年10月1日起施行）

目　录

总　则

第一章　一般规定

第一条　【立法目的】为了保护合同当事人的合法权益，维护社会经济秩序，促进社会主义现代化建设，制定本法。

第二条　【合同的定义】本法所称合同是平等主体的自然人、法人、其他组织之间设立、变更、终止民事权利义务关系的协议。

婚姻、收养、监护等有关身份关系的协议，适用其他法律的规定。

第三条　【平等原则】合同当事人的法律地位平等，一方不得将自己的意志强加给另一方。

第四条　【合同自由原则】当事人依法享有自愿订立合同的权利，任何单位和个人不得非法干预。

第五条　【公平原则】当事人应当遵循公平原则确定各方的权利和义务。

第六条　【诚实信用原则】当事人行使权利、履行义务应当遵循诚实信用原则。

第七条　【合法与公序良俗原则】当事人订立、履行合同，应当遵守法律、行政法规，尊重社会公德，不得扰乱社会经济秩序，损害社会公共利益。

第八条　【依合同履行义务原则】依法成立的合同，对当事人具有法律约束力。当事人应当按照约定履行自己的义务，不得擅自变更或者解除合同。

依法成立的合同，受法律保护。

第二章　合同的订立

第九条　【订立合同的能力】当事人订立合同，应当具有相应的民事权利能力和民事行为能力。

当事人依法可以委托代理人订立合同。

第十条　【合同的形式】当事人订立合同，有书面形式、口头形式和其他形式。

法律、行政法规规定采用书面形式的，应当采用书面形式。当事人约定采用书面形式的，应当采用书面形式。

第十一条　【书面形式的定义】书面形式是指合同书、信件和数据电文（包括电报、电传、传真、电子数据交换和电子邮件）等可以有形地表现所载内容的形式。

第十二条　【合同条款与文本】合同的内容由当事人约定，一般包括以下条款：

（一）当事人的名称或者姓名和住所；

（二）标的；

（三）数量；

（四）质量；

（五）价款或者报酬；

（六）履行期限、地点和方式；

（七）违约责任；

（八）解决争议的方法。

当事人可以参照各类合同的示范文本订立合同。

第十三条　【订立合同的方式】当事人订立合同，采取要约、承诺方式。

第十四条　【要约的定义】要约是希望和他人订立合同的意思表示，该意思表示应当符合下列规定：

（一）内容具体确定；

（二）表明经受要约人承诺，要约人即受该意思表示约束。

第十五条　【要约邀请】要约邀请是希望他人向自己发出要约的意思表示。寄送的价目表、拍卖公告、招标公告、招股说明书、商业广告等为要约邀请。

商业广告的内容符合要约规定的，视为要约。

第十六条　【要约的生效】要约到达受要约人时生效。

采用数据电文形式订立合同，收件人指定特定系统接收数据电文的，该数据电文进入该特定系统的时间，视为到达时间；未指定特定系统的，该数据电文进入收件人的任何系统的首次时间，视为到达时间。

第十七条　【要约的撤回】要约可以撤回。撤回要约的通知应当在要约到达受要约人之前或者与要约同时到达受要约人。

第十八条　【要约的撤销】要约可以撤销。撤销要约的通知应当在受要约人发出承诺通知之前到达受要约人。

第十九条 【要约不得撤销的情形】有下列情形之一的，要约不得撤销：

（一）要约人确定了承诺期限或者以其他形式明示要约不可撤销；

（二）受要约人有理由认为要约是不可撤销的，并已经为履行合同做了准备工作。

第二十条 【要约的失效】有下列情形之一的，要约失效：

（一）拒绝要约的通知到达要约人；

（二）要约人依法撤销要约；

（三）承诺期限届满，受要约人未作出承诺；

（四）受要约人对要约的内容作出实质性变更。

第二十一条 【承诺的定义】承诺是受要约人同意要约的意思表示。

第二十二条 【承诺的方式】承诺应当以通知的方式作出，但根据交易习惯或者要约表明可以通过行为作出承诺的除外。

第二十三条 【承诺的期限】承诺应当在要约确定的期限内到达要约人。

要约没有确定承诺期限的，承诺应当依照下列规定到达：

（一）要约以对话方式作出的，应当即时作出承诺，但当事人另有约定的除外；

（二）要约以非对话方式作出的，承诺应当在合理期限内到达。

第二十四条 【承诺期限的起点】要约以信件或者电报作出的，承诺期限自信件载明的日期或者电报交发之日开始计算。信件未载明日期的，自投寄该信件的邮戳日期开始计算。要约以电话、传真等快速通讯方式作出的，承诺期限自要约到达受要约人时开始计算。

第二十五条 【承诺生效的效力】承诺生效时合同成立。

第二十六条 【承诺的生效】承诺通知到达要约人时生效。承诺不需要通知的，根据交易习惯或者要约的要求作出承诺的行为时生效。

采用数据电文形式订立合同的，承诺到达的时间适用本法第十六条第二款的规定。

第二十七条 【承诺的撤回】承诺可以撤回。撤回承诺的通知应当在承诺通知到达要约人之前或者与承诺通知同时到达要约人。

第二十八条 【新要约】受要约人超过承诺期限发出承诺的，除要约人及时通知受要约人该承诺有效的以外，为新要约。

第二十九条 【承诺迟延】受要约人在承诺期限内发出承诺，按照通常情形能够及时到达要约人，但因其他原因承诺到达要约人时超过承诺期限的，除要约人及时通知受要约人因承诺超过期限不接受该承诺的以外，该承诺有效。

第三十条　【对要约的实质性变更】承诺的内容应当与要约的内容一致。受要约人对要约的内容作出实质性变更的，为新要约。有关合同标的、数量、质量、价款或者报酬、履行期限、履行地点和方式、违约责任和解决争议方法等的变更，是对要约内容的实质性变更。

第三十一条　【对要约的非实质性变更】承诺对要约的内容作出非实质性变更的，除要约人及时表示反对或者要约表明承诺不得对要约的内容作出任何变更的以外，该承诺有效，合同的内容以承诺的内容为准。

第三十二条　【采用合同书形式的合同成立时间】当事人采用合同书形式订立合同的，自双方当事人签字或者盖章时合同成立。

第三十三条　【签订确认书与合同成立】当事人采用信件、数据电文等形式订立合同的，可以在合同成立之前要求签订确认书。签订确认书时合同成立。

第三十四条　【合同成立的地点】承诺生效的地点为合同成立的地点。

采用数据电文形式订立合同的，收件人的主营业地为合同成立的地点；没有主营业地的，其经常居住地为合同成立的地点。当事人另有约定的，按照其约定。

第三十五条　【采用合同书形式的合同成立地点】当事人采用合同书形式订立合同的，双方当事人签字或者盖章的地点为合同成立的地点。

第三十六条　【未采用书面形式的合同成立】法律、行政法规规定或者当事人约定采用书面形式订立合同，当事人未采用书面形式但一方已经履行主要义务，对方接受的，该合同成立。

第三十七条　【因履行主要义务而成立的合同】采用合同书形式订立合同，在签字或者盖章之前，当事人一方已经履行主要义务，对方接受的，该合同成立。

第三十八条　【依国家指令订立合同】国家根据需要下达指令性任务或者国家订货任务的，有关法人、其他组织之间应当依照有关法律、行政法规规定的权利和义务订立合同。

第三十九条　【格式合同条款定义及要求】采用格式条款订立合同的，提供格式条款的一方应当遵循公平原则确定当事人之间的权利和义务，并采取合理的方式提请对方注意免除或者限制其责任的条款，按照对方的要求，对该条款予以说明。

格式条款是当事人为了重复使用而预先拟定，并在订立合同时未与对方协商的条款。

第四十条　【格式合同条款的无效】格式条款具有本法第五十二条和第五十三条规定情形的，或者提供格式条款一方免除其责任、加重对方责任、排除对方主要权利的，该条款无效。

第四十一条 【格式合同的解释】对格式条款的理解发生争议的，应当按照通常理解予以解释。对格式条款有两种以上解释的，应当作出不利于提供格式条款一方的解释。格式条款和非格式条款不一致的，应当采用非格式条款。

第四十二条 【缔约过失责任】当事人在订立合同过程中有下列情形之一，给对方造成损失的，应当承担损害赔偿责任：

（一）假借订立合同，恶意进行磋商；

（二）故意隐瞒与订立合同有关的重要事实或者提供虚假情况；

（三）有其他违背诚实信用原则的行为。

第四十三条 【保密义务】当事人在订立合同过程中知悉的商业秘密，无论合同是否成立，不得泄露或者不正当地使用。泄露或者不正当地使用该商业秘密给对方造成损失的，应当承担损害赔偿责任。

第三章 合同的效力

第四十四条 【合同的生效】依法成立的合同，自成立时生效。

法律、行政法规规定应当办理批准、登记等手续生效的，依照其规定。

第四十五条 【附条件合同的生效】当事人对合同的效力可以约定附条件。附生效条件的合同，自条件成就时生效。附解除条件的合同，自条件成就时失效。

当事人为自己的利益不正当地阻止条件成就的，视为条件已成就；不正当地促成条件成就的，视为条件不成就。

第四十六条 【附期限合同的生效】当事人对合同的效力可以约定附期限。附生效期限的合同，自期限届至时生效。附终止期限的合同，自期限届满时失效。

第四十七条 【限制行为能力人订立合同的处理】限制民事行为能力人订立的合同，经法定代理人追认后，该合同有效，但纯获利益的合同或者与其年龄、智力、精神健康状况相适应而订立的合同，不必经法定代理人追认。

相对人可以催告法定代理人在 1 个月内予以追认。法定代理人未作表示的，视为拒绝追认。合同被追认之前，善意相对人有撤销的权利。撤销应当以通知的方式作出。

第四十八条 【无权代理人订立合同的处理】行为人没有代理权、超越代理权或者代理权终止后以被代理人名义订立的合同，未经被代理人追认，对被代理人不发生效力，由行为人承担责任。

相对人可以催告被代理人在 1 个月内予以追认。被代理人未作表示的，视为拒绝追认。合同被追认之前，善意相对人有撤销的权利。撤销应当以通知的方式作出。

第四十九条　【表见代理订立的合同】行为人没有代理权、超越代理权或者代理权终止后以被代理人名义订立合同，相对人有理由相信行为人有代理权的，该代理行为有效。

第五十条　【法定代表人越权订立的合同】法人或者其他组织的法定代表人、负责人超越权限订立的合同，除相对人知道或者应当知道其超越权限的以外，该代表行为有效。

第五十一条　【无处分权人订立的合同】无处分权的人处分他人财产，经权利人追认或者无处分权的人订立合同后取得处分权的，该合同有效。

第五十二条　【合同无效的法定情形】有下列情形之一的，合同无效：

（一）一方以欺诈、胁迫的手段订立合同，损害国家利益；

（二）恶意串通，损害国家、集体或者第三人利益；

（三）以合法形式掩盖非法目的；

（四）损害社会公共利益；

（五）违反法律、行政法规的强制性规定。

第五十三条　【合同免责条款的无效】合同中的下列免责条款无效：

（一）造成对方人身伤害的；

（二）因故意或者重大过失造成对方财产损失的。

第五十四条　【可变更、可撤销的合同】下列合同，当事人一方有权请求人民法院或者仲裁机构变更或者撤销：

（一）因重大误解订立的；

（二）在订立合同时显失公平的。

一方以欺诈、胁迫的手段或者乘人之危，使对方在违背真实意思的情况下订立的合同，受损害方有权请求人民法院或者仲裁机构变更或者撤销。

当事人请求变更的，人民法院或者仲裁机构不得撤销。

第五十五条　【撤销权的消灭】有下列情形之一的，撤销权消灭：

（一）具有撤销权的当事人自知道或者应当知道撤销事由之日起1年内没有行使撤销权；

（二）具有撤销权的当事人知道撤销事由后明确表示或者以自己的行为放弃撤销权。

第五十六条　【合同无效或部分无效的效力】无效的合同或者被撤销的合同自始没有法律约束力。合同部分无效，不影响其他部分效力的，其他部分仍然有效。

第五十七条　【合同解决争议条款的独立性】合同无效、被撤销或者终止的，不影响合同中独立存在的有关解决争议方法的条款的效力。

第五十八条　【合同无效或被撤销的法律后果】合同无效或者被撤销后，因该合同取得的财产，应当予以返还；不能返还或者没有必要返还的，应当折价补偿。有过错的一方应当赔偿对方因此所受到的损失，双方都有过错的，应当各自承担相应的责任。

第五十九条　【恶意串通获取财产的返还】当事人恶意串通，损害国家、集体或者第三人利益的，因此取得的财产收归国家所有或者返还集体、第三人。

第四章　合同的履行

第六十条　【全面履行与附随义务】当事人应当按照约定全面履行自己的义务。

当事人应当遵循诚实信用原则，根据合同的性质、目的和交易习惯履行通知、协助、保密等义务。

第六十一条　【合同约定不明的补救】合同生效后，当事人就质量、价款或者报酬、履行地点等内容没有约定或者约定不明确的，可以协议补充；不能达成补充协议的，按照合同有关条款或者交易习惯确定。

第六十二条　【合同约定不明时的处理】当事人就有关合同内容约定不明确，依照本法第六十一条的规定仍不能确定的，适用下列规定：

（一）质量要求不明确的，按照国家标准、行业标准履行；没有国家标准、行业标准的，按照通常标准或者符合合同目的的特定标准履行。

（二）价款或者报酬不明确的，按照订立合同时履行地的市场价格履行；依法应当执行政府定价或者政府指导价的，按照规定履行。

（三）履行地点不明确，给付货币的，在接受货币一方所在地履行；交付不动产的，在不动产所在地履行；其他标的，在履行义务一方所在地履行。

（四）履行期限不明确的，债务人可以随时履行，债权人也可以随时要求履行，但应当给对方必要的准备时间。

（五）履行方式不明确的，按照有利于实现合同目的的方式履行。

（六）履行费用的负担不明确的，由履行义务一方负担。

第六十三条　【价格执行】执行政府定价或者政府指导价的，在合同约定的交付期限内政府价格调整时，按照交付时的价格计价。逾期交付标的物的，遇价格上涨时，按照原价格执行；价格下降时，按照新价格执行。逾期提取标的物或者逾期付款的，遇价格上涨时，按照新价格执行；价格下降时，按照原价格执行。

第六十四条　【由债务人向第三人履行债务的违约责任】当事人约定由

债务人向第三人履行债务的，债务人未向第三人履行债务或者履行债务不符合约定，应当向债权人承担违约责任。

第六十五条　【由第三人向债权人履行债务的违约责任】当事人约定由第三人向债权人履行债务的，第三人不履行债务或者履行债务不符合约定，债务人应当向债权人承担违约责任。

第六十六条　【同时履行抗辩权】当事人互负债务，没有先后履行顺序的，应当同时履行。一方在对方履行之前有权拒绝其履行要求。一方在对方履行债务不符合约定时，有权拒绝其相应的履行要求。

第六十七条　【先履行抗辩权】当事人互负债务，有先后履行顺序，先履行一方未履行的，后履行一方有权拒绝其履行要求。先履行一方履行债务不符合约定的，后履行一方有权拒绝其相应的履行要求。

第六十八条　【不安抗辩权】应当先履行债务的当事人，有确切证据证明对方有下列情形之一的，可以中止履行：

（一）经营状况严重恶化；

（二）转移财产、抽逃资金，以逃避债务；

（三）丧失商业信誉；

（四）有丧失或者可能丧失履行债务能力的其他情形。

当事人没有确切证据中止履行的，应当承担违约责任。

第六十九条　【不安抗辩权的行使】当事人依照本法第六十八条的规定中止履行的，应当及时通知对方。对方提供适当担保时，应当恢复履行。中止履行后，对方在合理期限内未恢复履行能力并且未提供适当担保的，中止履行的一方可以解除合同。

第七十条　【债权人致使履行困难的处理】债权人分立、合并或者变更住所没有通知债务人，致使履行债务发生困难的，债务人可以中止履行或者将标的物提存。

第七十一条　【债务的提前履行】债权人可以拒绝债务人提前履行债务，但提前履行不损害债权人利益的除外。

债务人提前履行债务给债权人增加的费用，由债务人负担。

第七十二条　【债务的部分履行】债权人可以拒绝债务人部分履行债务，但部分履行不损害债权人利益的除外。

债务人部分履行债务给债权人增加的费用，由债务人负担。

第七十三条　【债权人的代位权】因债务人怠于行使其到期债权，对债权人造成损害的，债权人可以向人民法院请求以自己的名义代位行使债务人的债权，但该债权专属于债务人自身的除外。

代位权的行使范围以债权人的债权为限。债权人行使代位权的必要费用，由债务人负担。

第七十四条　【债权人的撤销权】因债务人放弃其到期债权或者无偿转让财产，对债权人造成损害的，债权人可以请求人民法院撤销债务人的行为。债务人以明显不合理的低价转让财产，对债权人造成损害，并且受让人知道该情形的，债权人也可以请求人民法院撤销债务人的行为。

撤销权的行使范围以债权人的债权为限。债权人行使撤销权的必要费用，由债务人负担。

第七十五条　【撤销权的期间】撤销权自债权人知道或者应当知道撤销事由之日起1年内行使。自债务人的行为发生之日起5年内没有行使撤销权的，该撤销权消灭。

第七十六条　【当事人变化对合同履行的影响】合同生效后，当事人不得因姓名、名称的变更或者法定代表人、负责人、承办人的变动而不履行合同义务。

第五章　合同的变更和转让

第七十七条　【合同变更的条件】当事人协商一致，可以变更合同。

法律、行政法规规定变更合同应当办理批准、登记等手续的，依照其规定。

第七十八条　【合同变更内容不明的处理】当事人对合同变更的内容约定不明确的，推定为未变更。

第七十九条　【债权让与】债权人可以将合同的权利全部或者部分转让给第三人，但有下列情形之一的除外：

（一）根据合同性质不得转让；

（二）按照当事人约定不得转让；

（三）依照法律规定不得转让。

第八十条　【债权让与的通知义务】债权人转让权利的，应当通知债务人。未经通知，该转让对债务人不发生效力。

债权人转让权利的通知不得撤销，但经受让人同意的除外。

第八十一条　【从权利的转移】债权人转让权利的，受让人取得与债权有关的从权利，但该从权利专属于债权人自身的除外。

第八十二条　【债权人的抗辩权】债务人接到债权转让通知后，债务人对让与人的抗辩，可以向受让人主张。

第八十三条　【债权让与中的抵销权】债务人接到债权转让通知时，债务人对让与人享有债权，并且债务人的债权先于转让的债权到期或者同时到期的，债务人可以向受让人主张抵销。

第八十四条　【债务承担】债务人将合同的义务全部或者部分转移给第三人的，应当经债权人同意。

第八十五条　【承担人的抗辩】债务人转移义务的，新债务人可以主张原债务人对债权人的抗辩。

第八十六条　【从债务的转移】债务人转移义务的，新债务人应当承担与主债务有关的从债务，但该从债务专属于原债务人自身的除外。

第八十七条　【合同转让形式要件】法律、行政法规规定转让权利或者转移义务应当办理批准、登记等手续的，依照其规定。

第八十八条　【概括转让】当事人一方经对方同意，可以将自己在合同中的权利和义务一并转让给第三人。

第八十九条　【概括转让的效力】权利和义务一并转让的，适用本法第七十九条、第八十一条至第八十三条、第八十五条至第八十七条的规定。

第九十条　【新当事人的概括承受】当事人订立合同后合并的，由合并后的法人或者其他组织行使合同权利，履行合同义务。当事人订立合同后分立的，除债权人和债务人另有约定的以外，由分立的法人或者其他组织对合同的权利和义务享有连带债权，承担连带债务。

第六章　合同的权利义务终止

第九十一条　【合同终止的原因】有下列情形之一的，合同的权利义务终止：

（一）债务已经按照约定履行；

（二）合同解除；

（三）债务相互抵销；

（四）债务人依法将标的物提存；

（五）债权人免除债务；

（六）债权债务同归于一人；

（七）法律规定或者当事人约定终止的其他情形。

第九十二条　【合同终止后的义务】合同的权利义务终止后，当事人应当遵循诚实信用原则，根据交易习惯履行通知、协助、保密等义务。

第九十三条　【合同约定解除】当事人协商一致，可以解除合同。

当事人可以约定一方解除合同的条件。解除合同的条件成就时，解除权人可以解除合同。

第九十四条　【合同的法定解除】有下列情形之一的，当事人可以解除合同：

（一）因不可抗力致使不能实现合同目的；

（二）在履行期限届满之前，当事人一方明确表示或者以自己的行为表明不履行主要债务；

（三）当事人一方迟延履行主要债务，经催告后在合理期限内仍未履行；

（四）当事人一方迟延履行债务或者有其他违约行为致使不能实现合同目的；

（五）法律规定的其他情形。

第九十五条 【解除权消灭】法律规定或者当事人约定解除权行使期限，期限届满当事人不行使的，该权利消灭。

法律没有规定或者当事人没有约定解除权行使期限，经对方催告后在合理期限内不行使的，该权利消灭。

第九十六条 【解除权的行使】当事人一方依照本法第九十三条第二款、第九十四条的规定主张解除合同的，应当通知对方。合同自通知到达对方时解除。对方有异议的，可以请求人民法院或者仲裁机构确认解除合同的效力。

法律、行政法规规定解除合同应当办理批准、登记等手续的，依照其规定。

第九十七条 【合同解除的法律后果】合同解除后，尚未履行的，终止履行；已经履行的，根据履行情况和合同性质，当事人可以要求恢复原状、采取其他补救措施，并有权要求赔偿损失。

第九十八条 【结算、清理条款效力】合同的权利义务终止，不影响合同中结算和清理条款的效力。

第九十九条 【法定抵销】当事人互负到期债务，该债务的标的物种类、品质相同的，任何一方可以将自己的债务与对方的债务抵销，但依照法律规定或者按照合同性质不得抵销的除外。

当事人主张抵销的，应当通知对方。通知自到达对方时生效。抵销不得附条件或者附期限。

第一百条 【约定抵销】当事人互负债务，标的物种类、品质不相同的，经双方协商一致，也可以抵销。

第一百零一条 【提存的法定情形】有下列情形之一，难以履行债务的，债务人可以将标的物提存：

（一）债权人无正当理由拒绝受领；

（二）债权人下落不明；

（三）债权人死亡未确定继承人或者丧失民事行为能力未确定监护人；

（四）法律规定的其他情形。

标的物不适于提存或者提存费用过高的，债务人依法可以拍卖或者变卖标的物，提存所得的价款。

第一百零二条 【提存后的通知义务】标的物提存后，除债权人下落不明的以外，债务人应当及时通知债权人或者债权人的继承人、监护人。

第一百零三条 【提存的法律后果】标的物提存后，毁损、灭失的风险由债权人承担。提存期间，标的物的孳息归债权人所有。提存费用由债权人负担。

第一百零四条 【提存物的受领】债权人可以随时领取提存物，但债权人对债务人负有到期债务的，在债权人未履行债务或者提供担保之前，提存部门根据债务人的要求应当拒绝其领取提存物。

债权人领取提存物的权利，自提存之日起 5 年内不行使而消灭，提存物扣除提存费用后归国家所有。

第一百零五条 【债务免除】债权人免除债务人部分或者全部债务的，合同的权利义务部分或者全部终止。

第一百零六条 【混同】债权和债务同归于一人的，合同的权利义务终止，但涉及第三人利益的除外。

第七章 违约责任

第一百零七条 【违约责任】当事人一方不履行合同义务或者履行合同义务不符合约定的，应当承担继续履行、采取补救措施或者赔偿损失等违约责任。

第一百零八条 【预期违约】当事人一方明确表示或者以自己的行为表明不履行合同义务的，对方可以在履行期限届满之前要求其承担违约责任。

第一百零九条 【金钱债务的违约责任】当事人一方未支付价款或者报酬的，对方可以要求其支付价款或者报酬。

第一百一十条 【非金钱债务的违约责任】当事人一方不履行非金钱债务或者履行非金钱债务不符合约定的，对方可以要求履行，但有下列情形之一的除外：

（一）法律上或者事实上不能履行；

（二）债务的标的不适于强制履行或者履行费用过高；

（三）债权人在合理期限内未要求履行。

第一百一十一条 【瑕疵履行】质量不符合约定的，应当按照当事人的约定承担违约责任。对违约责任没有约定或者约定不明确，依照本法第六十一条的规定仍不能确定的，受损害方根据标的的性质以及损失的大小，可以合理选择要求对方承担修理、更换、重作、退货、减少价款或者报酬等违约责任。

第一百一十二条 【履行、补救后的损失赔偿】当事人一方不履行合同义务或者履行合同义务不符合约定的，在履行义务或者采取补救措施后，对方还有其他损失的，应当赔偿损失。

第一百一十三条 【损失赔偿额】当事人一方不履行合同义务或者履行合同义务不符合约定，给对方造成损失的，损失赔偿额应当相当于因违约所造成的损失，包括合同履行后可以获得的利益，但不得超过违反合同一方订立合同时预见到或者应当预见到的因违反合同可能造成的损失。

经营者对消费者提供商品或者服务有欺诈行为的，依照《中华人民共和国消费者权益保护法》的规定承担损害赔偿责任。

第一百一十四条 【违约金】当事人可以约定一方违约时应当根据违约情况向对方支付一定数额的违约金，也可以约定因违约产生的损失赔偿额的计算方法。

约定的违约金低于造成的损失的，当事人可以请求人民法院或者仲裁机构予以增加；约定的违约金过分高于造成的损失的，当事人可以请求人民法院或者仲裁机构予以适当减少。

当事人就迟延履行约定违约金的，违约方支付违约金后，还应当履行债务。

第一百一十五条 【定金】当事人可以依照《中华人民共和国担保法》约定一方向对方给付定金作为债权的担保。债务人履行债务后，定金应当抵作价款或者收回。给付定金的一方不履行约定的债务的，无权要求返还定金；收受定金的一方不履行约定的债务的，应当双倍返还定金。

第一百一十六条 【违约金与定金的选择】当事人既约定违约金，又约定定金的，一方违约时，对方可以选择适用违约金或者定金条款。

第一百一十七条 【不可抗力的法律后果】因不可抗力不能履行合同的，根据不可抗力的影响，部分或者全部免除责任，但法律另有规定的除外。当事人迟延履行后发生不可抗力的，不能免除责任。

本法所称不可抗力，是指不能预见、不能避免并不能克服的客观情况。

第一百一十八条 【不可抗力的通知与证明】当事人一方因不可抗力不能履行合同的，应当及时通知对方，以减轻可能给对方造成的损失，并应当在合理期限内提供证明。

第一百一十九条 【减损规则】当事人一方违约后，对方应当采取适当措施防止损失的扩大；没有采取适当措施致使损失扩大的，不得就扩大的损失要求赔偿。

当事人因防止损失扩大而支出的合理费用，由违约方承担。

第一百二十条 【双方违约的责任承担】当事人双方都违反合同的，应当各自承担相应的责任。

第一百二十一条　【第三人造成违约的责任承担】当事人一方因第三人的原因造成违约的，应当向对方承担违约责任。当事人一方和第三人之间的纠纷，依照法律规定或者按照约定解决。

第一百二十二条　【违约责任与侵权责任竞合】因当事人一方的违约行为，侵害对方人身、财产权益的，受损害方有权选择依照本法要求其承担违约责任或者依照其他法律要求其承担侵权责任。

第八章　其他规定

第一百二十三条　【其他规定的适用】其他法律对合同另有规定的，依照其规定。

第一百二十四条　【无名合同】本法分则或者其他法律没有明文规定的合同，适用本法总则的规定，并可以参照本法分则或者其他法律最相类似的规定。

第一百二十五条　【合同解释】当事人对合同条款的理解有争议的，应当按照合同所使用的词句、合同的有关条款、合同的目的、交易习惯以及诚实信用原则，确定该条款的真实意思。

合同文本采用两种以上文字订立并约定具有同等效力的，对各文本使用的词句推定具有相同含义。各文本使用的词句不一致的，应当根据合同的目的予以解释。

第一百二十六条　【涉外合同】涉外合同的当事人可以选择处理合同争议所适用的法律，但法律另有规定的除外。涉外合同的当事人没有选择的，适用与合同有最密切联系的国家的法律。

在中华人民共和国境内履行的中外合资经营企业合同、中外合作经营企业合同、中外合作勘探开发自然资源合同，适用中华人民共和国法律。

第一百二十七条　【合同监督】工商行政管理部门和其他有关行政主管部门在各自的职权范围内，依照法律、行政法规的规定，对利用合同危害国家利益、社会公共利益的违法行为，负责监督处理；构成犯罪的，依法追究刑事责任。

第一百二十八条　【解决合同争议的途径】当事人可以通过和解或者调解解决合同争议。

当事人不愿和解、调解或者和解、调解不成的，可以根据仲裁协议向仲裁机构申请仲裁。涉外合同的当事人可以根据仲裁协议向中国仲裁机构或者其他仲裁机构申请仲裁。当事人没有订立仲裁协议或者仲裁协议无效的，可以向人民法院起诉。当事人应当履行发生法律效力的判决、仲裁裁决、调解书；拒不履行的，对方可以请求人民法院执行。

第一百二十九条 【诉讼时效】因国际货物买卖合同和技术进出口合同争议提起诉讼或者申请仲裁的期限为4年，自当事人知道或者应当知道其权利受到侵害之日起计算。因其他合同争议提起诉讼或者申请仲裁的期限，依照有关法律的规定。

分 则

第九章 买卖合同

第一百三十条 【买卖合同的定义】买卖合同是出卖人转移标的物的所有权于买受人，买受人支付价款的合同。

第一百三十一条 【买卖合同的内容】买卖合同的内容除依照本法第十二条的规定以外，还可以包括包装方式、检验标准和方法、结算方式、合同使用的文字及其效力等条款。

第一百三十二条 【标的物】出卖的标的物，应当属于出卖人所有或者出卖人有权处分。

法律、行政法规禁止或者限制转让的标的物，依照其规定。

第一百三十三条 【标的物所有权转移的时间】标的物的所有权自标的物交付时起转移，但法律另有规定或者当事人另有约定的除外。

第一百三十四条 【标的物所有权转移的约定】当事人可以在买卖合同中约定买受人未履行支付价款或者其他义务的，标的物的所有权属于出卖人。

第一百三十五条 【出卖人的义务】出卖人应当履行向买受人交付标的物或者交付提取标的物的单证，并转移标的物所有权的义务。

第一百三十六条 【交付单证和资料的义务】出卖人应当按照约定或者交易习惯向买受人交付提取标的物单证以外的有关单证和资料。

第一百三十七条 【知识产权保留】出卖具有知识产权的计算机软件等标的物的，除法律另有规定或者当事人另有约定的以外，该标的物的知识产权不属于买受人。

第一百三十八条 【交付的时间】出卖人应当按照约定的期限交付标的物。约定交付期间的，出卖人可以在该交付期间内的任何时间交付。

第一百三十九条 【交付时间的推定】当事人没有约定标的物的交付期限或者约定不明确的，适用本法第六十一条、第六十二条第四项的规定。

第一百四十条 【占有标的物与交付时间】标的物在订立合同之前已为买受人占有的，合同生效的时间为交付时间。

第一百四十一条 【交付的地点】出卖人应当按照约定的地点交付标

的物。

当事人没有约定交付地点或者约定不明确，依照本法第六十一条的规定仍不能确定的，适用下列规定：

（一）标的物需要运输的，出卖人应当将标的物交付给第一承运人以运交给买受人；

（二）标的物不需要运输，出卖人和买受人订立合同时知道标的物在某一地点的，出卖人应当在该地点交付标的物；不知道标的物在某一地点的，应当在出卖人订立合同时的营业地交付标的物。

第一百四十二条　【标的物的风险负担】标的物毁损、灭失的风险，在标的物交付之前由出卖人承担，交付之后由买受人承担，但法律另有规定或者当事人另有约定的除外。

第一百四十三条　【买受人违约交付的风险承担】因买受人的原因致使标的物不能按照约定的期限交付的，买受人应当自违反约定之日起承担标的物毁损、灭失的风险。

第一百四十四条　【在途标的物的风险承担】出卖人出卖交由承运人运输的在途标的物，除当事人另有约定的以外，毁损、灭失的风险自合同成立时起由买受人承担。

第一百四十五条　【标的物交付给第一承运人后的风险承担】当事人没有约定交付地点或者约定不明确，依照本法第一百四十一条第二款第一项的规定标的物需要运输的，出卖人将标的物交付给第一承运人后，标的物毁损、灭失的风险由买受人承担。

第一百四十六条　【买受人不履行接收标的物义务的风险承担】出卖人按照约定或者依照本法第一百四十一条第二款第二项的规定将标的物置于交付地点，买受人违反约定没有收取的，标的物毁损、灭失的风险自违反约定之日起由买受人承担。

第一百四十七条　【未交付单证、资料与风险承担】出卖人按照约定未交付有关标的物的单证和资料的，不影响标的物毁损、灭失风险的转移。

第一百四十八条　【标的物的瑕疵担保责任】因标的物质量不符合质量要求，致使不能实现合同目的的，买受人可以拒绝接受标的物或者解除合同。买受人拒绝接受标的物或者解除合同的，标的物毁损、灭失的风险由出卖人承担。

第一百四十九条　【风险承担不影响瑕疵担保】标的物毁损、灭失的风险由买受人承担的，不影响因出卖人履行债务不符合约定，买受人要求其承担违约责任的权利。

第一百五十条　【标的物权利瑕疵担保】出卖人就交付的标的物，负有保证第三人不得向买受人主张任何权利的义务，但法律另有规定的除外。

第一百五十一条 【权利瑕疵担保责任和免除】买受人订立合同时知道或者应当知道第三人对买卖的标的物享有权利的，出卖人不承担本法第一百五十条规定的义务。

第一百五十二条 【中止支付价款权】买受人有确切证据证明第三人可能就标的物主张权利的，可以中止支付相应的价款，但出卖人提供适当担保的除外。

第一百五十三条 【标的物的瑕疵担保】出卖人应当按照约定的质量要求交付标的物。出卖人提供有关标的物质量说明的，交付的标的物应当符合该说明的质量要求。

第一百五十四条 【法定质量担保】当事人对标的物的质量要求没有约定或者约定不明确，依照本法第六十一条的规定仍不能确定的，适用本法第六十二条第一项的规定。

第一百五十五条 【买受人权利】出卖人交付的标的物不符合质量要求的，买受人可以依照本法第一百一十一条的规定要求承担违约责任。

第一百五十六条 【标的物包装方式】出卖人应当按照约定的包装方式交付标的物。对包装方式没有约定或者约定不明确，依照本法第六十一条的规定仍不能确定的，应当按照通用的方式包装，没有通用方式的，应当采取足以保护标的物的包装方式。

第一百五十七条 【买受人的检验义务】买受人收到标的物时应当在约定的检验期间内检验。没有约定检验期间的，应当及时检验。

第一百五十八条 【买受人的通知义务】当事人约定检验期间的，买受人应当在检验期间内将标的物的数量或者质量不符合约定的情形通知出卖人。买受人怠于通知的，视为标的物的数量或者质量符合约定。

当事人没有约定检验期间的，买受人应当在发现或者应当发现标的物的数量或者质量不符合约定的合理期间内通知出卖人。买受人在合理期间内未通知或者自标的物收到之日起两年内未通知出卖人的，视为标的物的数量或者质量符合约定，但对标的物有质量保证期的，适用质量保证期，不适用该两年的规定。

出卖人知道或者应当知道提供的标的物不符合约定的，买受人不受前两款规定的通知时间的限制。

第一百五十九条 【买受人的支付价款义务】买受人应当按照约定的数额支付价款。对价款没有约定或者约定不明确的，适用本法第六十一条、第六十二条第二项的规定。

第一百六十条 【支付价款的地点】买受人应当按照约定的地点支付价

款。对支付地点没有约定或者约定不明确，依照本法第六十一条的规定仍不能确定的，买受人应当在出卖人的营业地支付，但约定支付价款以交付标的物或者交付提取标的物单证为条件的，在交付标的物或者交付提取标的物单证的所在地支付。

第一百六十一条　【支付价款的时间】买受人应当按照约定的时间支付价款。对支付时间没有约定或者约定不明确，依照本法第六十一条的规定仍不能确定的，买受人应当在收到标的物或者提取标的物单证的同时支付。

第一百六十二条　【多交标的物的处理】出卖人多交标的物的，买受人可以接收或者拒绝接收多交的部分。买受人接收多交部分的，按照合同的价格支付价款；买受人拒绝接收多交部分的，应当及时通知出卖人。

第一百六十三条　【标的物孳息的归属】标的物在交付之前产生的孳息，归出卖人所有，交付之后产生的孳息，归买受人所有。

第一百六十四条　【解除合同与主物的关系】因标的物的主物不符合约定而解除合同的，解除合同的效力及于从物。因标的物的从物不符合约定被解除的，解除的效力不及于主物。

第一百六十五条　【数物并存的合同解除】标的物为数物，其中一物不符合约定的，买受人可以就该物解除，但该物与他物分离使标的物的价值显受损害的，当事人可以就数物解除合同。

第一百六十六条　【分批交付标的物的合同解除】出卖人分批交付标的物的，出卖人对其中一批标的物不交付或者交付不符合约定，致使该批标的物不能实现合同目的的，买受人可以就该批标的物解除。

出卖人不交付其中一批标的物或者交付不符合约定，致使今后其他各批标的物的交付不能实现合同目的的，买受人可以就该批以及今后其他各批标的物解除。

买受人如果就其中一批标的物解除，该批标的物与其他各批标的物相互依存的，可以就已经交付和未交付的各批标的物解除。

第一百六十七条　【分期付款买卖中的合同解除】分期付款的买受人未支付到期价款的金额达到全部价款的1/5的，出卖人可以要求买受人支付全部价款或者解除合同。

出卖人解除合同的，可以向买受人要求支付该标的物的使用费。

第一百六十八条　【样品买卖】凭样品买卖的当事人应当封存样品，并可以对样品质量予以说明。出卖人交付的标的物应当与样品及其说明的质量相同。

第一百六十九条　【样品买卖特殊责任】凭样品买卖的买受人不知道样品有隐蔽瑕疵的，即使交付的标的物与样品相同，出卖人交付的标的物的质量仍然应当符合同种物的通常标准。

第一百七十条 【试用买卖的试用期间】试用买卖的当事人可以约定标的物的试用期间。对试用期间没有约定或者约定不明确，依照本法第六十一条的规定仍不能确定的，由出卖人确定。

第一百七十一条 【买受人对标的物的认可】试用买卖的买受人在试用期内可以购买标的物，也可以拒绝购买。试用期间届满，买受人对是否购买标的物未作表示的，视为购买。

第一百七十二条 【招标投标买卖】招标投标买卖的当事人的权利和义务以及招标投标程序等，依照有关法律、行政法规的规定。

第一百七十三条 【拍卖】拍卖的当事人的权利和义务以及拍卖程序等，依照有关法律、行政法规的规定。

第一百七十四条 【其他有偿合同的法律适用】法律对其他有偿合同有规定的，依照其规定；没有规定的，参照买卖合同的有关规定。

第一百七十五条 【互易合同的法律适用】当事人约定易货交易，转移标的物的所有权的，参照买卖合同的有关规定。

第十章 供用电、水、气、热力合同

第一百七十六条 【供用电合同的定义】供用电合同是供电人向用电人供电，用电人支付电费的合同。

第一百七十七条 【供用电合同的主要条款】供用电合同的内容包括供电的方式、质量、时间，用电容量、地址、性质，计量方式，电价、电费的结算方式，供用电设施的维护责任等条款。

第一百七十八条 【供用电合同的履行地】供用电合同的履行地点，按照当事人约定；当事人没有约定或者约定不明确的，供电设施的产权分界处为履行地点。

第一百七十九条 【供电人安全供电义务】供电人应当按照国家规定的供电质量标准和约定安全供电。供电人未按照国家规定的供电质量标准和约定安全供电，造成用电人损失的，应当承担损害赔偿责任。

第一百八十条 【供电人中断供电的通知义务】供电人因供电设施计划检修、临时检修、依法限电或者用电人违法用电等原因，需要中断供电时，应当按照国家有关规定事先通知用电人。未事先通知用电人中断供电，造成用电人损失的，应当承担损害赔偿责任。

第一百八十一条 【抢修义务】因自然灾害等原因断电，供电人应当按照国家有关规定及时抢修。未及时抢修，造成用电人损失的，应当承担损害赔偿责任。

第一百八十二条　【用电人交付电费义务】用电人应当按照国家有关规定和当事人的约定及时交付电费。用电人逾期不交付电费的，应当按照约定支付违约金。经催告用电人在合理期限内仍不交付电费和违约金的，供电人可以按照国家规定的程序中止供电。

第一百八十三条　【用电人安全用电义务】用电人应当按照国家有关规定和当事人的约定安全用电。用电人未按照国家有关规定和当事人的约定安全用电，造成供电人损失的，应当承担损害赔偿责任。

第一百八十四条　【供用水、气、热力合同的法律适用】供用水、供用气、供用热力合同，参照供用电合同的有关规定。

第十一章　赠与合同

第一百八十五条　【赠与合同的定义】赠与合同是赠与人将自己的财产无偿给予受赠人，受赠人表示接受赠与的合同。

第一百八十六条　【赠与合同的撤销及其限制】赠与人在赠与财产的权利转移之前可以撤销赠与。

具有救灾、扶贫等社会公益、道德义务性质的赠与合同或者经过公证的赠与合同，不适用前款规定。

第一百八十七条　【赠与的登记】赠与的财产依法需要办理登记等手续的，应当办理有关手续。

第一百八十八条　【受赠人的交付请求权】具有救灾、扶贫等社会公益、道德义务性质的赠与合同或者经过公证的赠与合同，赠与人不交付赠与的财产的，受赠人可以要求交付。

第一百八十九条　【赠与人责任】因赠与人故意或者重大过失致使赠与的财产毁损、灭失的，赠与人应当承担损害赔偿责任。

第一百九十条　【附义务赠与】赠与可以附义务。

赠与附义务的，受赠人应当按照约定履行义务。

第一百九十一条　【赠与的瑕疵担保责任】赠与的财产有瑕疵的，赠与人不承担责任。附义务的赠与，赠与的财产有瑕疵的，赠与人在附义务的限度内承担与出卖人相同的责任。

赠与人故意不告知瑕疵或者保证无瑕疵，造成受赠人损失的，应当承担损害赔偿责任。

第一百九十二条　【赠与的法定撤销】受赠人有下列情形之一的，赠与人可以撤销赠与：

（一）严重侵害赠与人或者赠与人的近亲属；

（二）对赠与人有扶养义务而不履行；

（三）不履行赠与合同约定的义务。

赠与人的撤销权，自知道或者应当知道撤销原因之日起1年内行使。

第一百九十三条 【继承人或法定代理人的撤销权】因受赠人的违法行为致使赠与人死亡或者丧失民事行为能力的，赠与人的继承人或者法定代理人可以撤销赠与。

赠与人的继承人或者法定代理人的撤销权，自知道或者应当知道撤销原因之日起6个月内行使。

第一百九十四条 【赠与财产的返还】撤销权人撤销赠与的，可以向受赠人要求返还赠与的财产。

第一百九十五条 【赠与义务的免除】赠与人的经济状况显著恶化，严重影响其生产经营或者家庭生活的，可以不再履行赠与义务。

第十二章 借款合同

第一百九十六条 【借款合同的定义】借款合同是借款人向贷款人借款，到期返还借款并支付利息的合同。

第一百九十七条 【合同形式及主要条款】借款合同采用书面形式，但自然人之间借款另有约定的除外。

借款合同的内容包括借款种类、币种、用途、数额、利率、期限和还款方式等条款。

第一百九十八条 【合同的担保】订立借款合同，贷款人可以要求借款人提供担保。担保依照《中华人民共和国担保法》的规定。

第一百九十九条 【借款人提供真实情况义务】订立借款合同，借款人应当按照贷款人的要求提供与借款有关的业务活动和财务状况的真实情况。

第二百条 【利息的预先扣除】借款的利息不得预先在本金中扣除。利息预先在本金中扣除的，应当按照实际借款数额返还借款并计算利息。

第二百零一条 【贷款人违约责任】贷款人未按照约定的日期、数额提供借款，造成借款人损失的，应当赔偿损失。

借款人未按照约定的日期、数额收取借款的，应当按照约定的日期、数额支付利息。

第二百零二条 【贷款人的检查、监督权】贷款人按照约定可以检查、监督借款的使用情况。借款人应当按照约定向贷款人定期提供有关财务会计报表等资料。

第二百零三条 【借款用途的限制】借款人未按照约定的借款用途使用借款的，贷款人可以停止发放借款、提前收回借款或者解除合同。

第二百零四条 【利率】办理贷款业务的金融机构贷款的利率，应当按照中国人民银行规定的贷款利率的上下限确定。

第二百零五条　【利息的支付】借款人应当按照约定的期限支付利息。对支付利息的期限没有约定或者约定不明确，依照本法第六十一条的规定仍不能确定，借款期间不满 1 年的，应当在返还借款时一并支付；借款期间 1 年以上的，应当在每届满 1 年时支付，剩余期间不满 1 年的，应当在返还借款时一并支付。

第二百零六条　【借款的返还期限】借款人应当按照约定的期限返还借款。对借款期限没有约定或者约定不明确，依照本法第六十一条的规定仍不能确定的，借款人可以随时返还；贷款人可以催告借款人在合理期限内返还。

第二百零七条　【逾期利息】借款人未按照约定的期限返还借款的，应当按照约定或者国家有关规定支付逾期利息。

第二百零八条　【提前偿还借款的利息计算】借款人提前偿还借款的，除当事人另有约定的以外，应当按照实际借款的期间计算利息。

第二百零九条　【借款展期】借款人可以在还款期限届满之前向贷款人申请展期。贷款人同意的，可以展期。

第二百一十条　【自然人借款合同的生效时间】自然人之间的借款合同，自贷款人提供借款时生效。

第二百一十一条　【自然人借款合同的利率】自然人之间的借款合同对支付利息没有约定或者约定不明确的，视为不支付利息。

自然人之间的借款合同约定支付利息的，借款的利率不得违反国家有关限制借款利率的规定。

第十三章　租赁合同

第二百一十二条　【租赁合同的定义】租赁合同是出租人将租赁物交付承租人使用、收益，承租人支付租金的合同。

第二百一十三条　【租赁合同的主要条款】租赁合同的内容包括租赁物的名称、数量、用途、租赁期限、租金及其支付期限和方式、租赁物维修等条款。

第二百一十四条　【租赁期限】租赁期限不得超过 20 年。超过 20 年的，超过部分无效。

租赁期间届满，当事人可以续订租赁合同，但约定的租赁期限自续订之日起不得超过 20 年。

第二百一十五条　【租赁合同的形式】租赁期限 6 个月以上的，应当采用书面形式。当事人未采用书面形式的，视为不定期租赁。

第二百一十六条　【出租人的交付义务】出租人应当按照约定将租赁物

交付承租人，并在租赁期间保持租赁物符合约定的用途。

第二百一十七条 【承租人的按约定使用义务】承租人应当按照约定的方法使用租赁物。对租赁物的使用方法没有约定或者约定不明确，依照本法第六十一条的规定仍不能确定的，应当按照租赁物的性质使用。

第二百一十八条 【租赁物正常损耗的责任】承租人按照约定的方法或者租赁物的性质使用租赁物，致使租赁物受到损耗的，不承担损害赔偿责任。

第二百一十九条 【未正当使用租赁物的责任】承租人未按照约定的方法或者租赁物的性质使用租赁物，致使租赁物受到损失的，出租人可以解除合同并要求赔偿损失。

第二百二十条 【租赁物维修义务的承担】出租人应当履行租赁物的维修义务，但当事人另有约定的除外。

第二百二十一条 【承租人要求维修的权利与自行维修】承租人在租赁物需要维修时可以要求出租人在合理期限内维修。出租人未履行维修义务的，承租人可以自行维修，维修费用由出租人负担。因维修租赁物影响承租人使用的，应当相应减少租金或者延长租期。

第二百二十二条 【租赁物的保管】承租人应当妥善保管租赁物，因保管不善造成租赁物毁损、灭失的，应当承担损害赔偿责任。

第二百二十三条 【租赁物的改善】承租人经出租人同意，可以对租赁物进行改善或者增设他物。

承租人未经出租人同意，对租赁物进行改善或者增设他物的，出租人可以要求承租人恢复原状或者赔偿损失。

第二百二十四条 【转租】承租人经出租人同意，可以将租赁物转租给第三人。承租人转租的，承租人与出租人之间的租赁合同继续有效，第三人对租赁物造成损失的，承租人应当赔偿损失。

承租人未经出租人同意转租的，出租人可以解除合同。

第二百二十五条 【租赁物的收益】在租赁期间因占有、使用租赁物获得的收益，归承租人所有，但当事人另有约定的除外。

第二百二十六条 【支付租金的期限】承租人应当按照约定的期限支付租金。对支付期限没有约定或者约定不明确，依照本法第六十一条的规定仍不能确定，租赁期间不满 1 年的，应当在租赁期间届满时支付；租赁期间 1 年以上的，应当在每届满 1 年时支付，剩余期间不满 1 年的，应当在租赁期间届满时支付。

第二百二十七条 【租金未支付、延迟支付和逾期不支付的法律后果】承租人无正当理由未支付或者迟延支付租金的，出租人可以要求承租人在合理期限内支付。承租人逾期不支付的，出租人可以解除合同。

第二百二十八条　【租赁物的权利瑕疵】因第三人主张权利，致使承租人不能对租赁物使用、收益的，承租人可以要求减少租金或者不支付租金。

第三人主张权利的，承租人应当及时通知出租人。

第二百二十九条　【所有权变动后的合同效力】租赁物在租赁期间发生所有权变动的，不影响租赁合同的效力。

第二百三十条　【优先购买权】出租人出卖租赁房屋的，应当在出卖之前的合理期限内通知承租人，承租人享有以同等条件优先购买的权利。

第二百三十一条　【租赁物的灭失】因不可归责于承租人的事由，致使租赁物部分或者全部毁损、灭失的，承租人可以要求减少租金或者不支付租金；因租赁物部分或者全部毁损、灭失，致使不能实现合同目的的，承租人可以解除合同。

第二百三十二条　【租期不明的处理】当事人对租赁期限没有约定或者约定不明确，依照本法第六十一条的规定仍不能确定的，视为不定期租赁。当事人可以随时解除合同，但出租人解除合同应当在合理期限之前通知承租人。

第二百三十三条　【租赁物的瑕疵担保】租赁物危及承租人的安全或者健康的，即使承租人订立合同时明知该租赁物质量不合格，承租人仍然可以随时解除合同。

第二百三十四条　【共同居住人的继续承租权】承租人在房屋租赁期间死亡的，与其生前共同居住的人可以按照原租赁合同租赁该房屋。

第二百三十五条　【租赁物的返还】租赁期间届满，承租人应当返还租赁物。返还的租赁物应当符合按照约定或者租赁物的性质使用后的状态。

第二百三十六条　【续租】租赁期间届满，承租人继续使用租赁物，出租人没有提出异议的，原租赁合同继续有效，但租赁期限为不定期。

第十四章　融资租赁合同

第二百三十七条　【融资租赁合同的定义】融资租赁合同是出租人根据承租人对出卖人、租赁物的选择，向出卖人购买租赁物，提供给承租人使用，承租人支付租金的合同。

第二百三十八条　【合同的主要条款及形式】融资租赁合同的内容包括租赁物名称、数量、规格、技术性能、检验方法、租赁期限、租金构成及其支付期限和方式、币种、租赁期间届满租赁物的归属等条款。

融资租赁合同应当采用书面形式。

第二百三十九条　【租赁物的购买】出租人根据承租人对出卖人、租赁物的选择订立的买卖合同，出卖人应当按照约定向承租人交付标的物，承租人享有与受领标的物有关的买受人的权利。

第二百四十条 【索赔权】出租人、出卖人、承租人可以约定，出卖人不履行买卖合同义务的，由承租人行使索赔的权利。承租人行使索赔权利的，出租人应当协助。

第二百四十一条 【买卖合同的变更须经承租人同意】出租人根据承租人对出卖人、租赁物的选择订立的买卖合同，未经承租人同意，出租人不得变更与承租人有关的合同内容。

第二百四十二条 【租赁物所有权】出租人享有租赁物的所有权。承租人破产的，租赁物不属于破产财产。

第二百四十三条 【租金的确定】融资租赁合同的租金，除当事人另有约定的以外，应当根据购买租赁物的大部分或者全部成本以及出租人的合理利润确定。

第二百四十四条 【租赁物的瑕疵担保责任】租赁物不符合约定或者不符合使用目的的，出租人不承担责任，但承租人依赖出租人的技能确定租赁物或者出租人干预选择租赁物的除外。

第二百四十五条 【租赁物的占有和使用】出租人应当保证承租人对租赁物的占有和使用。

第二百四十六条 【租赁物造成的损害责任】承租人占有租赁物期间，租赁物造成第三人的人身伤害或者财产损害的，出租人不承担责任。

第二百四十七条 【租赁物的保管、使用、维修】承租人应当妥善保管、使用租赁物。

承租人应当履行占有租赁物期间的维修义务。

第二百四十八条 【承租人拒付租金的后果】承租人应当按照约定支付租金。承租人经催告后在合理期限内仍不支付租金的，出租人可以要求支付全部租金；也可以解除合同，收回租赁物。

第二百四十九条 【租赁物价值的部分返还权】当事人约定租赁期间届满租赁物归承租人所有，承租人已经支付大部分租金，但无力支付剩余租金，出租人因此解除合同收回租赁物的，收回的租赁物的价值超过承租人欠付的租金以及其他费用的，承租人可以要求部分返还。

第二百五十条 【租赁期满租赁物归属】出租人和承租人可以约定租赁期间届满租赁物的归属。对租赁物的归属没有约定或者约定不明确，依照本法第六十一条的规定仍不能确定的，租赁物的所有权归出租人。

第十五章 承揽合同

第二百五十一条 【承揽合同的定义】承揽合同是承揽人按照定作人的

要求完成工作，交付工作成果，定作人给付报酬的合同。

承揽包括加工、定作、修理、复制、测试、检验等工作。

第二百五十二条　【合同的主要条款】承揽合同的内容包括承揽的标的、数量、质量、报酬、承揽方式、材料的提供、履行期限、验收标准和方法等条款。

第二百五十三条　【承揽人的义务与交由第三人完成主要工作】承揽人应当以自己的设备、技术和劳力，完成主要工作，但当事人另有约定的除外。

承揽人将其承揽的主要工作交由第三人完成的，应当就该第三人完成的工作成果向定作人负责；未经定作人同意的，定作人也可以解除合同。

第二百五十四条　【交由第三人完成辅助工作】承揽人可以将其承揽的辅助工作交由第三人完成。承揽人将其承揽的辅助工作交由第三人完成的，应当就该第三人完成的工作成果向定作人负责。

第二百五十五条　【承揽人依约定选用材料】承揽人提供材料的，承揽人应当按照约定选用材料，并接受定作人检验。

第二百五十六条　【定作人提供材料】定作人提供材料的，定作人应当按照约定提供材料。承揽人对定作人提供的材料，应当及时检验，发现不符合约定时，应当及时通知定作人更换、补齐或者采取其他补救措施。

承揽人不得擅自更换定作人提供的材料，不得更换不需要修理的零部件。

第二百五十七条　【承揽人的通知义务】承揽人发现定作人提供的图纸或者技术要求不合理的，应当及时通知定作人。因定作人怠于答复等原因造成承揽人损失的，应当赔偿损失。

第二百五十八条　【中途变更工作要求的责任】定作人中途变更承揽工作的要求，造成承揽人损失的，应当赔偿损失。

第二百五十九条　【定作人的协助义务】承揽工作需要定作人协助的，定作人有协助的义务。定作人不履行协助义务致使承揽工作不能完成的，承揽人可以催告定作人在合理期限内履行义务，并可以顺延履行期限；定作人逾期不履行的，承揽人可以解除合同。

第二百六十条　【承揽人接受监督检查的义务】承揽人在工作期间，应当接受定作人必要的监督检验。定作人不得因监督检验妨碍承揽人的正常工作。

第二百六十一条　【工作成果的验收】承揽人完成工作的，应当向定作人交付工作成果，并提交必要的技术资料和有关质量证明。定作人应当验收该工作成果。

第二百六十二条　【质量不合约定的责任】承揽人交付的工作成果不符合质量要求的，定作人可以要求承揽人承担修理、重作、减少报酬、赔偿损失等违约责任。

第二百六十三条 【支付报酬期限】定作人应当按照约定的期限支付报酬。对支付报酬的期限没有约定或者约定不明确，依照本法第六十一条的规定仍不能确定的，定作人应当在承揽人交付工作成果时支付；工作成果部分交付的，定作人应当相应支付。

第二百六十四条 【承揽人的留置权】定作人未向承揽人支付报酬或者材料费等价款的，承揽人对完成的工作成果享有留置权，但当事人另有约定的除外。

第二百六十五条 【材料和工作成果的保管】承揽人应当妥善保管定作人提供的材料以及完成的工作成果，因保管不善造成毁损、灭失的，应当承担损害赔偿责任。

第二百六十六条 【承揽人的保密义务】承揽人应当按照定作人的要求保守秘密，未经定作人许可，不得留存复制品或者技术资料。

第二百六十七条 【共同承揽】共同承揽人对定作人承担连带责任，但当事人另有约定的除外。

第二百六十八条 【定作人的解除权】定作人可以随时解除承揽合同，造成承揽人损失的，应当赔偿损失。

第十六章 建设工程合同

第二百六十九条 【建设工程合同的定义】建设工程合同是承包人进行工程建设，发包人支付价款的合同。

建设工程合同包括工程勘察、设计、施工合同。

第二百七十条 【合同形式】建设工程合同应当采用书面形式。

第二百七十一条 【招标投标】建设工程的招标投标活动，应当依照有关法律的规定公开、公平、公正进行。

第二百七十二条 【总包与分包】发包人可以与总承包人订立建设工程合同，也可以分别与勘察人、设计人、施工人订立勘察、设计、施工承包合同。发包人不得将应当由一个承包人完成的建设工程肢解成若干部分发包给几个承包人。

总承包人或者勘察、设计、施工承包人经发包人同意，可以将自己承包的部分工作交由第三人完成。第三人就其完成的工作成果与总承包人或者勘察、设计、施工承包人向发包人承担连带责任。承包人不得将其承包的全部建设工程转包给第三人或者将其承包的全部建设工程肢解以后以分包的名义分别转包给第三人。

禁止承包人将工程分包给不具备相应资质条件的单位。禁止分包单位将其承包的工程再分包。建设工程主体结构的施工必须由承包人自行完成。

第二百七十三条　【重大建设工程合同的订立】国家重大建设工程合同，应当按照国家规定的程序和国家批准的投资计划、可行性研究报告等文件订立。

第二百七十四条　【勘察、设计合同主要内容】勘察、设计合同的内容包括提交有关基础资料和文件（包括概预算）的期限、质量要求、费用以及其他协作条件等条款。

第二百七十五条　【施工合同主要条款】施工合同的内容包括工程范围、建设工期、中间交工工程的开工和竣工时间、工程质量、工程造价、技术资料交付时间、材料和设备供应责任、拨款和结算、竣工验收、质量保修范围和质量保证期、双方相互协作等条款。

第二百七十六条　【建设工程监理】建设工程实行监理的，发包人应当与监理人采用书面形式订立委托监理合同。发包人与监理人的权利和义务以及法律责任，应当依照本法委托合同以及其他有关法律、行政法规的规定。

第二百七十七条　【发包人检查权】发包人在不妨碍承包人正常作业的情况下，可以随时对作业进度、质量进行检查。

第二百七十八条　【隐蔽工程的验收】隐蔽工程在隐蔽以前，承包人应当通知发包人检查。发包人没有及时检查的，承包人可以顺延工程日期，并有权要求赔偿停工、窝工等损失。

第二百七十九条　【竣工验收】建设工程竣工后，发包人应当根据施工图纸及说明书、国家颁发的施工验收规范和质量检验标准及时进行验收。验收合格的，发包人应当按照约定支付价款，并接收该建设工程。建设工程竣工经验收合格后，方可交付使用；未经验收或者验收不合格的，不得交付使用。

第二百八十条　【勘察、设计人的质量责任】勘察、设计的质量不符合要求或者未按照期限提交勘察、设计文件拖延工期，造成发包人损失的，勘察人、设计人应当继续完善勘察、设计，减收或者免收勘察、设计费并赔偿损失。

第二百八十一条　【施工人的质量责任】因施工人的原因致使建设工程质量不符合约定的，发包人有权要求施工人在合理期限内无偿修理或者返工、改建。经过修理或者返工、改建后，造成逾期交付的，施工人应当承担违约责任。

第二百八十二条　【质量保证责任】因承包人的原因致使建设工程在合理使用期限内造成人身和财产损害的，承包人应当承担损害赔偿责任。

第二百八十三条　【发包人违约责任】发包人未按照约定的时间和要求

提供原材料、设备、场地、资金、技术资料的，承包人可以顺延工程日期，并有权要求赔偿停工、窝工等损失。

第二百八十四条 【发包人致使工程停建、缓建的责任】因发包人的原因致使工程中途停建、缓建的，发包人应当采取措施弥补或者减少损失，赔偿承包人因此造成的停工、窝工、倒运、机械设备调迁、材料和构件积压等损失和实际费用。

第二百八十五条 【发包人致勘察、设计、返工、停工后修改设计的责任】因发包人变更计划，提供的资料不准确，或者未按照期限提供必需的勘察、设计工作条件而造成勘察、设计的返工、停工或者修改设计，发包人应当按照勘察人、设计人实际消耗的工作量增付费用。

第二百八十六条 【工程价款的支付】发包人未按照约定支付价款的，承包人可以催告发包人在合理期限内支付价款。发包人逾期不支付的，除按照建设工程的性质不宜折价、拍卖的以外，承包人可以与发包人协议将该工程折价，也可以申请人民法院将该工程依法拍卖。建设工程的价款就该工程折价或者拍卖的价款优先受偿。

第二百八十七条 【适用承揽合同的规定】本章没有规定的，适用承揽合同的有关规定。

第十七章　运输合同

第一节　一般规定

第二百八十八条 【运输合同的定义】运输合同是承运人将旅客或者货物从起运地点运输到约定地点，旅客、托运人或者收货人支付票款或者运输费用的合同。

第二百八十九条 【不得拒绝正当的运输要求】从事公共运输的承运人不得拒绝旅客、托运人通常、合理的运输要求。

第二百九十条 【按约定期间运输义务】承运人应当在约定期间或者合理期间内将旅客、货物安全运输到约定地点。

第二百九十一条 【按约定路线运输义务】承运人应当按照约定的或者通常的运输路线将旅客、货物运输到约定地点。

第二百九十二条 【支付票款或运输费用】旅客、托运人或者收货人应当支付票款或者运输费用。承运人未按照约定路线或者通常路线运输增加票款或者运输费用的，旅客、托运人或者收货人可以拒绝支付增加部分的票款或者运输费用。

第二节　客运合同

第二百九十三条　【客运合同的成立】客运合同自承运人向旅客交付客票时成立，但当事人另有约定或者另有交易习惯的除外。

第二百九十四条　【持有效客票乘运义务】旅客应当持有效客票乘运。旅客无票乘运、超程乘运、越级乘运或者持失效客票乘运的，应当补交票款，承运人可以按照规定加收票款。旅客不交付票款的，承运人可以拒绝运输。

第二百九十五条　【退票与变更】旅客因自己的原因不能按照客票记载的时间乘坐的，应当在约定的时间内办理退票或者变更手续。逾期办理的，承运人可以不退票款，并不再承担运输义务。

第二百九十六条　【按约定限量携带行李义务】旅客在运输中应当按照约定的限量携带行李。超过限量携带行李的，应当办理托运手续。

第二百九十七条　【禁止携带违禁品或危险物品】旅客不得随身携带或者在行李中夹带易燃、易爆、有毒、有腐蚀性、有放射性以及有可能危及运输工具上人身和财产安全的危险物品或者其他违禁物品。

旅客违反前款规定的，承运人可以将违禁物品卸下、销毁或者送交有关部门。旅客坚持携带或者夹带违禁物品的，承运人应当拒绝运输。

第二百九十八条　【承运人告知重要事项义务】承运人应当向旅客及时告知有关不能正常运输的重要事由和安全运输应当注意的事项。

第二百九十九条　【迟延运输的责任】承运人应当按照客票载明的时间和班次运输旅客。承运人迟延运输的，应当根据旅客的要求安排改乘其他班次或者退票。

第三百条　【变更运输工具】承运人擅自变更运输工具而降低服务标准的，应当根据旅客的要求退票或者减收票款；提高服务标准的，不应当加收票款。

第三百零一条　【承运人救助义务】承运人在运输过程中，应当尽力救助患有急病、分娩、遇险的旅客。

第三百零二条　【旅客伤亡的损害赔偿责任】承运人应当对运输过程中旅客的伤亡承担损害赔偿责任，但伤亡是旅客自身健康原因造成的或者承运人证明伤亡是旅客故意、重大过失造成的除外。

前款规定适用于按照规定免票、持优待票或者经承运人许可搭乘的无票旅客。

第三百零三条　【对行李的损害赔偿责任】在运输过程中旅客自带物品毁损、灭失，承运人有过错的，应当承担损害赔偿责任。

旅客托运的行李毁损、灭失的，适用货物运输的有关规定。

第三节　货运合同

第三百零四条　【托运人告知义务】托运人办理货物运输，应当向承运人准确表明收货人的名称或者姓名或者凭指示的收货人，货物的名称、性质、重量、数量，收货地点等有关货物运输的必要情况。

因托运人申报不实或者遗漏重要情况，造成承运人损失的，托运人应当承担损害赔偿责任。

第三百零五条　【托运人提交文件义务】货物运输需要办理审批、检验等手续的，托运人应当将办理完有关手续的文件提交承运人。

第三百零六条　【托运人的包装义务】托运人应当按照约定的方式包装货物。对包装方式没有约定或者约定不明确的，适用本法第一百五十六条的规定。

托运人违反前款规定的，承运人可以拒绝运输。

第三百零七条　【托运人运输危险货物的相关规定】托运人托运易燃、易爆、有毒、有腐蚀性、有放射性等危险物品的，应当按照国家有关危险物品运输的规定对危险物品妥善包装，作出危险物标志和标签，并将有关危险物品的名称、性质和防范措施的书面材料提交承运人。

托运人违反前款规定的，承运人可以拒绝运输，也可以采取相应措施以避免损失的发生，因此产生的费用由托运人承担。

第三百零八条　【托运人请求变更的权利及义务】在承运人将货物交付收货人之前，托运人可以要求承运人中止运输、返还货物、变更到达地或者将货物交给其他收货人，但应当赔偿承运人因此受到的损失。

第三百零九条　【承运人的通知义务及收货人及时提货义务】货物运输到达后，承运人知道收货人的，应当及时通知收货人，收货人应当及时提货。收货人逾期提货的，应当向承运人支付保管费等费用。

第三百一十条　【收货人对货物的检验】收货人提货时应当按照约定的期限检验货物。对检验货物的期限没有约定或者约定不明确，依照本法第六十一条的规定仍不能确定的，应当在合理期限内检验货物。收货人在约定的期限或者合理期限内对货物的数量、毁损等未提出异议的，视为承运人已经按照运输单证的记载交付的初步证据。

第三百一十一条　【承运人的赔偿责任】承运人对运输过程中货物的毁损、灭失承担损害赔偿责任，但承运人证明货物的毁损、灭失是因不可抗力、货物本身的自然性质或者合理损耗以及托运人、收货人的过错造成的，不承担损害赔偿责任。

第三百一十二条　【确定货损额的方法】货物的毁损、灭失的赔偿额，当事人有约定的，按照其约定；没有约定或者约定不明确，依照本法第六十一条的规定仍不能确定的，按照交付或者应当交付时货物到达地的市场价格计算。法律、行政法规对赔偿额的计算方法和赔偿限额另有规定的，依照其规定。

第三百一十三条　【同一方式联运的责任承担】两个以上承运人以同一运输方式联运的，与托运人订立合同的承运人应当对全程运输承担责任。损失发生在某一运输区段的，与托运人订立合同的承运人和该区段的承运人承担连带责任。

第三百一十四条　【货物灭失时运费的处理】货物在运输过程中因不可抗力灭失，未收取运费的，承运人不得要求支付运费；已收取运费的，托运人可以要求返还。

第三百一十五条　【货物留置权】托运人或者收货人不支付运费、保管费以及其他运输费用的，承运人对相应的运输货物享有留置权，但当事人另有约定的除外。

第三百一十六条　【货物的提存】收货人不明或者收货人无正当理由拒绝受领货物的，依照本法第一百零一条的规定，承运人可以提存货物。

第四节　多式联运合同

第三百一十七条　【多式联运经营人的权利义务】多式联运经营人负责履行或者组织履行多式联运合同，对全程运输享有承运人的权利，承担承运人的义务。

第三百一十八条　【多式联运责任的约定】多式联运经营人可以与参加多式联运的各区段承运人就多式联运合同的各区段运输约定相互之间的责任，但该约定不影响多式联运经营人对全程运输承担的义务。

第三百一十九条　【联运单据】多式联运经营人收到托运人交付的货物时，应当签发多式联运单据。按照托运人的要求，多式联运单据可以是可转让单据，也可以是不可转让单据。

第三百二十条　【托运人的损害赔偿责任】因托运人托运货物时的过错造成多式联运经营人损失的，即使托运人已经转让多式联运单据，托运人仍然应当承担损害赔偿责任。

第三百二十一条　【赔偿责任适用法律的规定】货物的毁损、灭失发生于多式联运的某一运输区段的，多式联运经营人的赔偿责任和责任限额，适用调整该区段运输方式的有关法律规定。货物毁损、灭失发生的运输区段不能确定的，依照本章规定承担损害赔偿责任。

第十八章　技术合同

第一节　一般规定

第三百二十二条　【技术合同的定义】技术合同是当事人就技术开发、转让、咨询或者服务订立的确立相互之间权利和义务的合同。

第三百二十三条　【订立技术合同的原则】订立技术合同，应当有利于科学技术的进步，加速科学技术成果的转化、应用和推广。

第三百二十四条　【技术合同的主要条款】技术合同的内容由当事人约定，一般包括以下条款：

（一）项目名称；

（二）标的的内容、范围和要求；

（三）履行的计划、进度、期限、地点、地域和方式；

（四）技术情报和资料的保密；

（五）风险责任的承担；

（六）技术成果的归属和收益的分成办法；

（七）验收标准和方法；

（八）价款、报酬或者使用费及其支付方式；

（九）违约金或者损失赔偿的计算方法；

（十）解决争议的方法；

（十一）名词和术语的解释。

与履行合同有关的技术背景资料、可行性论证和技术评价报告、项目任务书和计划书、技术标准、技术规范、原始设计和工艺文件，以及其他技术文档，按照当事人的约定可以作为合同的组成部分。

技术合同涉及专利的，应当注明发明创造的名称、专利申请人和专利权人、申请日期、申请号、专利号以及专利权的有效期限。

第三百二十五条　【技术合同价款、报酬和使用费】技术合同价款、报酬或者使用费的支付方式由当事人约定，可以采取一次总算、一次总付或者一次总算、分期支付，也可以采取提成支付或者提成支付附加预付入门费的方式。

约定提成支付的，可以按照产品价格、实施专利和使用技术秘密后新增的产值、利润或者产品销售额的一定比例提成，也可以按照约定的其他方式计算。提成支付的比例可以采取固定比例、逐年递增比例或者逐年递减比例。

约定提成支付的，当事人应当在合同中约定查阅有关会计账目的办法。

第三百二十六条　【职务技术成果的经济权属】职务技术成果的使用权、

转让权属于法人或者其他组织的，法人或者其他组织可以就该项职务技术成果订立技术合同。法人或者其他组织应当从使用和转让该项职务技术成果所取得的收益中提取一定比例，对完成该项职务技术成果的个人给予奖励或者报酬。法人或者其他组织订立技术合同转让职务技术成果时，职务技术成果的完成人享有以同等条件优先受让的权利。

职务技术成果是执行法人或者其他组织的工作任务，或者主要是利用法人或者其他组织的物质技术条件所完成的技术成果。

第三百二十七条 【非职务技术成果的经济权属】非职务技术成果的使用权、转让权属于完成技术成果的个人，完成技术成果的个人可以就该项非职务技术成果订立技术合同。

第三百二十八条 【技术成果的精神权属】完成技术成果的个人有在有关技术成果文件上写明自己是技术成果完成者的权利和取得荣誉证书、奖励的权利。

第三百二十九条 【技术合同的无效】非法垄断技术、妨碍技术进步或者侵害他人技术成果的技术合同无效。

第二节 技术开发合同

第三百三十条 【技术开发合同的定义以及合同形式】技术开发合同是指当事人之间就新技术、新产品、新工艺或者新材料及其系统的研究开发所订立的合同。

技术开发合同包括委托开发合同和合作开发合同。

技术开发合同应当采用书面形式。

当事人之间就具有产业应用价值的科技成果实施转化订立的合同，参照技术开发合同的规定。

第三百三十一条 【委托人义务】委托开发合同的委托人应当按照约定支付研究开发经费和报酬；提供技术资料、原始数据；完成协作事项；接受研究开发成果。

第三百三十二条 【受托人义务】委托开发合同的研究开发人应当按照约定制定和实施研究开发计划；合理使用研究开发经费；按期完成研究开发工作，交付研究开发成果，提供有关的技术资料和必要的技术指导，帮助委托人掌握研究开发成果。

第三百三十三条 【委托人的违约责任】委托人违反约定造成研究开发工作停滞、延误或者失败的，应当承担违约责任。

第三百三十四条 【受托人的违约责任】研究开发人违反约定造成研究开发工作停滞、延误或者失败的，应当承担违约责任。

第三百三十五条 【合作开发各方的主要义务】合作开发合同的当事人应当按照约定进行投资，包括以技术进行投资；分工参与研究开发工作；协作配合研究开发工作。

第三百三十六条 【合作开发各方的违约责任】合作开发合同的当事人违反约定造成研究开发工作停滞、延误或者失败的，应当承担违约责任。

第三百三十七条 【合同的解除】因作为技术开发合同标的的技术已经由他人公开，致使技术开发合同的履行没有意义的，当事人可以解除合同。

第三百三十八条 【风险负担及通知义务】在技术开发合同履行过程中，因出现无法克服的技术困难，致使研究开发失败或者部分失败的，该风险责任由当事人约定。没有约定或者约定不明确，依照本法第六十一条的规定仍不能确定的，风险责任由当事人合理分担。

当事人一方发现前款规定的可能致使研究开发失败或者部分失败的情形时，应当及时通知另一方并采取适当措施减少损失。没有及时通知并采取适当措施，致使损失扩大的，应当就扩大的损失承担责任。

第三百三十九条 【技术成果的归属】委托开发完成的发明创造，除当事人另有约定的以外，申请专利的权利属于研究开发人。研究开发人取得专利权的，委托人可以免费实施该专利。

研究开发人转让专利申请权的，委托人享有以同等条件优先受让的权利。

第三百四十条 【合作开发技术成果的归属】合作开发完成的发明创造，除当事人另有约定的以外，申请专利的权利属于合作开发的当事人共有。当事人一方转让其共有的专利申请权的，其他各方享有以同等条件优先受让的权利。

合作开发的当事人一方声明放弃其共有的专利申请权的，可以由另一方单独申请或者由其他各方共同申请。申请人取得专利权的，放弃专利申请权的一方可以免费实施该专利。

合作开发的当事人一方不同意申请专利的，另一方或者其他各方不得申请专利。

第三百四十一条 【技术秘密成果的归属与分享】委托开发或者合作开发完成的技术秘密成果的使用权、转让权以及利益的分配办法，由当事人约定。没有约定或者约定不明确，依照本法第六十一条的规定仍不能确定的，当事人均有使用和转让的权利，但委托开发的研究开发人不得在向委托人交付研究开发成果之前，将研究开发成果转让给第三人。

第三节 技术转让合同

第三百四十二条 【技术转让合同的内容】技术转让合同包括专利权转

让、专利申请权转让、技术秘密转让、专利实施许可合同。

技术转让合同应当采用书面形式。

第三百四十三条　【技术转让范围的约定】技术转让合同可以约定让与人和受让人实施专利或者使用技术秘密的范围，但不得限制技术竞争和技术发展。

第三百四十四条　【专利实施许可合同的限制】专利实施许可合同只在该专利权的存续期间内有效。专利权有效期限届满或者专利权被宣布无效的，专利权人不得就该专利与他人订立专利实施许可合同。

第三百四十五条　【专利实施许可合同让与人主要义务】专利实施许可合同的让与人应当按照约定许可受让人实施专利，交付实施专利有关的技术资料，提供必要的技术指导。

第三百四十六条　【专利实施许可合同受让人主要义务】专利实施许可合同的受让人应当按照约定实施专利，不得许可约定以外的第三人实施该专利；并按照约定支付使用费。

第三百四十七条　【技术秘密转让合同让与人的义务】技术秘密转让合同的让与人应当按照约定提供技术资料，进行技术指导，保证技术的实用性、可靠性，承担保密义务。

第三百四十八条　【技术秘密转让合同受让人的义务】技术秘密转让合同的受让人应当按照约定使用技术，支付使用费，承担保密义务。

第三百四十九条　【技术转让合同让与人基本义务】技术转让合同的让与人应当保证自己是所提供的技术的合法拥有者，并保证所提供的技术完整、无误、有效，能够达到约定的目标。

第三百五十条　【技术转让合同受让人技术保密义务】技术转让合同的受让人应当按照约定的范围和期限，对让与人提供的技术中尚未公开的秘密部分，承担保密义务。

第三百五十一条　【让与人违约责任】让与人未按照约定转让技术的，应当返还部分或者全部使用费，并应当承担违约责任；实施专利或者使用技术秘密超越约定的范围的，违反约定擅自许可第三人实施该项专利或者使用该项技术秘密的，应当停止违约行为，承担违约责任；违反约定的保密义务的，应当承担违约责任。

第三百五十二条　【受让人违约责任】受让人未按照约定支付使用费的，应当补交使用费并按照约定支付违约金；不补交使用费或者支付违约金的，应当停止实施专利或者使用技术秘密，交还技术资料，承担违约责任；实施专利或者使用技术秘密超越约定的范围的，未经让与人同意擅自许可第三人实施该专利或者使用该技术秘密的，应当停止违约行为，承担违约责任；违反约定的保密义务的，应当承担违约责任。

第三百五十三条 【技术合同让与人侵权责任】受让人按照约定实施专利、使用技术秘密侵害他人合法权益的，由让与人承担责任，但当事人另有约定的除外。

第三百五十四条 【后续技术成果的归属与分享】当事人可以按照互利的原则，在技术转让合同中约定实施专利、使用技术秘密后续改进的技术成果的分享办法。没有约定或者约定不明确，依照本法第六十一条的规定仍不能确定的，一方后续改进的技术成果，其他各方无权分享。

第三百五十五条 【技术进出口合同的法律适用】法律、行政法规对技术进出口合同或者专利、专利申请合同另有规定的，依照其规定。

第四节 技术咨询合同和技术服务合同

第三百五十六条 【技术咨询合同和技术服务合同的内容】技术咨询合同包括就特定技术项目提供可行性论证、技术预测、专题技术调查、分析评价报告等合同。

技术服务合同是指当事人一方以技术知识为另一方解决特定技术问题所订立的合同，不包括建设工程合同和承揽合同。

第三百五十七条 【技术咨询合同委托人主要义务】技术咨询合同的委托人应当按照约定阐明咨询的问题，提供技术背景材料及有关技术资料、数据；接受受托人的工作成果，支付报酬。

第三百五十八条 【技术咨询合同受托人主要义务】技术咨询合同的受托人应当按照约定的期限完成咨询报告或者解答问题；提出的咨询报告应当达到约定的要求。

第三百五十九条 【技术咨询合同委托人与受托人的违约责任】技术咨询合同的委托人未按照约定提供必要的资料和数据，影响工作进度和质量，不接受或者逾期接受工作成果的，支付的报酬不得追回，未支付的报酬应当支付。

技术咨询合同的受托人未按期提出咨询报告或者提出的咨询报告不符合约定的，应当承担减收或者免收报酬等违约责任。

技术咨询合同的委托人按照受托人符合约定要求的咨询报告和意见作出决策所造成的损失，由委托人承担，但当事人另有约定的除外。

第三百六十条 【技术服务合同委托人义务】技术服务合同的委托人应当按照约定提供工作条件，完成配合事项；接受工作成果并支付报酬。

第三百六十一条 【技术服务合同受托人义务】技术服务合同的受托人应当按照约定完成服务项目，解决技术问题，保证工作质量，并传授解决技术问题的知识。

第三百六十二条　【技术服务合同双方当事人的违约责任】技术服务合同的委托人不履行合同义务或者履行合同义务不符合约定，影响工作进度和质量，不接受或者逾期接受工作成果的，支付的报酬不得追回，未支付的报酬应当支付。

技术服务合同的受托人未按照合同约定完成服务工作的，应当承担免收报酬等违约责任。

第三百六十三条　【新创技术成果的归属和分享】在技术咨询合同、技术服务合同履行过程中，受托人利用委托人提供的技术资料和工作条件完成的新的技术成果，属于受托人。委托人利用受托人的工作成果完成的新的技术成果，属于委托人。当事人另有约定的，按照其约定。

第三百六十四条　【技术培训合同、技术中介合同的法律适用】法律、行政法规对技术中介合同、技术培训合同另有规定的，依照其规定。

第十九章　保管合同

第三百六十五条　【保管合同的定义】保管合同是保管人保管寄存人交付的保管物，并返还该物的合同。

第三百六十六条　【保管费的支付】寄存人应当按照约定向保管人支付保管费。

当事人对保管费没有约定或者约定不明确，依照本法第六十一条的规定仍不能确定的，保管是无偿的。

第三百六十七条　【保管合同的成立】保管合同自保管物交付时成立，但当事人另有约定的除外。

第三百六十八条　【保管凭证】寄存人向保管人交付保管物的，保管人应当给付保管凭证，但另有交易习惯的除外。

第三百六十九条　【妥善保管义务】保管人应当妥善保管保管物。

当事人可以约定保管场所或者方法。除紧急情况或者为了维护寄存人利益的以外，不得擅自改变保管场所或者方法。

第三百七十条　【保管物有瑕疵或需特殊保管时寄存人的义务】寄存人交付的保管物有瑕疵或者按照保管物的性质需要采取特殊保管措施的，寄存人应当将有关情况告知保管人。寄存人未告知，致使保管物受损失的，保管人不承担损害赔偿责任；保管人因此受损失的，除保管人知道或者应当知道并且未采取补救措施的以外，寄存人应当承担损害赔偿责任。

第三百七十一条　【第三人代为保管】保管人不得将保管物转交第三人保管，但当事人另有约定的除外。

保管人违反前款规定，将保管物转交第三人保管，对保管物造成损失的，应当承担损害赔偿责任。

第三百七十二条 【保管人不得使用保管物的义务】保管人不得使用或者许可第三人使用保管物，但当事人另有约定的除外。

第三百七十三条 【第三人主张权利的返还】第三人对保管物主张权利的，除依法对保管物采取保全或者执行的以外，保管人应当履行向寄存人返还保管物的义务。

第三人对保管人提起诉讼或者对保管物申请扣押的，保管人应当及时通知寄存人。

第三百七十四条 【保管物的毁损灭失和保管人责任】保管期间，因保管人保管不善造成保管物毁损、灭失的，保管人应当承担损害赔偿责任，但保管是无偿的，保管人证明自己没有重大过失的，不承担损害赔偿责任。

第三百七十五条 【寄存人的告知义务】寄存人寄存货币、有价证券或者其他贵重物品的，应当向保管人声明，由保管人验收或者封存。寄存人未声明的，该物品毁损、灭失后，保管人可以按照一般物品予以赔偿。

第三百七十六条 【保管物领取】寄存人可以随时领取保管物。

当事人对保管期间没有约定或者约定不明确的，保管人可以随时要求寄存人领取保管物；约定保管期间的，保管人无特别事由，不得要求寄存人提前领取保管物。

第三百七十七条 【保管物返还】保管期间届满或者寄存人提前领取保管物的，保管人应当将原物及其孳息归还寄存人。

第三百七十八条 【货币等的返还】保管人保管货币的，可以返还相同种类、数量的货币。保管其他可替代物的，可以按照约定返还相同种类、品质、数量的物品。

第三百七十九条 【保管费支付期限】有偿的保管合同，寄存人应当按照约定的期限向保管人支付保管费。

当事人对支付期限没有约定或者约定不明确，依照本法第六十一条的规定仍不能确定的，应当在领取保管物的同时支付。

第三百八十条 【保管人的留置权】寄存人未按照约定支付保管费以及其他费用的，保管人对保管物享有留置权，但当事人另有约定的除外。

第二十章 仓储合同

第三百八十一条 【仓储合同的定义】仓储合同是保管人储存存货人交付的仓储物，存货人支付仓储费的合同。

第三百八十二条 【仓储合同的生效时间】仓储合同自成立时生效。

第三百八十三条　【危险物品的储存】储存易燃、易爆、有毒、有腐蚀性、有放射性等危险物品或者易变质物品，存货人应当说明该物品的性质，提供有关资料。

存货人违反前款规定的，保管人可以拒收仓储物，也可以采取相应措施以避免损失的发生，因此产生的费用由存货人承担。

保管人储存易燃、易爆、有毒、有腐蚀性、有放射性等危险物品的，应当具备相应的保管条件。

第三百八十四条　【仓储物的验收】保管人应当按照约定对入库仓储物进行验收。保管人验收时发现入库仓储物与约定不符合的，应当及时通知存货人。保管人验收后，发生仓储物的品种、数量、质量不符合约定的，保管人应当承担损害赔偿责任。

第三百八十五条　【仓单】存货人交付仓储物的，保管人应当给付仓单。

第三百八十六条　【仓单应载事项】保管人应当在仓单上签字或者盖章。仓单包括下列事项：

（一）存货人的名称或者姓名和住所；

（二）仓储物的品种、数量、质量、包装、件数和标记；

（三）仓储物的损耗标准；

（四）储存场所；

（五）储存期间；

（六）仓储费；

（七）仓储物已经办理保险的，其保险金额、期间以及保险人的名称；

（八）填发人、填发地和填发日期。

第三百八十七条　【仓单的背书及其效力】仓单是提取仓储物的凭证。存货人或者仓单持有人在仓单上背书并经保管人签字或者盖章的，可以转让提取仓储物的权利。

第三百八十八条　【检查权】保管人根据存货人或者仓单持有人的要求，应当同意其检查仓储物或者提取样品。

第三百八十九条　【保管人的通知义务】保管人对入库仓储物发现有变质或者其他损坏的，应当及时通知存货人或者仓单持有人。

第三百九十条　【保管人的催告义务】保管人对入库仓储物发现有变质或者其他损坏，危及其他仓储物的安全和正常保管的，应当催告存货人或者仓单持有人作出必要的处置。因情况紧急，保管人可以作出必要的处置，但事后应当将该情况及时通知存货人或者仓单持有人。

第三百九十一条　【仓储物提取时间】当事人对储存期间没有约定或者约定不明确的，存货人或者仓单持有人可以随时提取仓储物，保管人也可以随时要求存货人或者仓单持有人提取仓储物，但应当给予必要的准备时间。

第三百九十二条 【仓单持有人提存仓储物】储存期间届满，存货人或者仓单持有人应当凭仓单提取仓储物。存货人或者仓单持有人逾期提取的，应当加收仓储费；提前提取的，不减收仓储费。

第三百九十三条 【保管人提存仓储物】储存期间届满，存货人或者仓单持有人不提取仓储物的，保管人可以催告其在合理期限内提取，逾期不提取的，保管人可以提存仓储物。

第三百九十四条 【保管人违约责任】储存期间，因保管人保管不善造成仓储物毁损、灭失的，保管人应当承担损害赔偿责任。因仓储物的性质、包装不符合约定或者超过有效储存期造成仓储物变质、损坏的，保管人不承担损害赔偿责任。

第三百九十五条 【仓储合同的法律适用】本章没有规定的，适用保管合同的有关规定。

第二十一章　委托合同

第三百九十六条 【委托合同的定义】委托合同是委托人和受托人约定，由受托人处理委托人事务的合同。

第三百九十七条 【委托范围】委托人可以特别委托受托人处理一项或者数项事务，也可以概括委托受托人处理一切事务。

第三百九十八条 【委托费用】委托人应当预付处理委托事务的费用。受托人为处理委托事务垫付的必要费用，委托人应当偿还该费用及其利息。

第三百九十九条 【受托人服从指示的义务】受托人应当按照委托人的指示处理委托事务。需要变更委托人指示的，应当经委托人同意；因情况紧急，难以和委托人取得联系的，受托人应当妥善处理委托事务，但事后应当将该情况及时报告委托人。

第四百条 【亲自处理及转委托】受托人应当亲自处理委托事务。经委托人同意，受托人可以转委托。转委托经同意的，委托人可以就委托事务直接指示转委托的第三人，受托人仅就第三人的选任及其对第三人的指示承担责任。转委托未经同意的，受托人应当对转委托的第三人的行为承担责任，但在紧急情况下受托人为维护委托人的利益需要转委托的除外。

第四百零一条 【受托人的报告义务】受托人应当按照委托人的要求，报告委托事务的处理情况。委托合同终止时，受托人应当报告委托事务的结果。

第四百零二条 【委托人的介入权】受托人以自己的名义，在委托人的授权范围内与第三人订立的合同，第三人在订立合同时知道受托人与委托人之间的代理关系的，该合同直接约束委托人和第三人，但有确切证据证明该合同只约束受托人和第三人的除外。

第四百零三条　【委托人对第三人的权利及第三人选择相对人的权利】受托人以自己的名义与第三人订立合同时，第三人不知道受托人与委托人之间的代理关系的，受托人因第三人的原因对委托人不履行义务，受托人应当向委托人披露第三人，委托人因此可以行使受托人对第三人的权利，但第三人与受托人订立合同时如果知道该委托人就不会订立合同的除外。

受托人因委托人的原因对第三人不履行义务，受托人应当向第三人披露委托人，第三人因此可以选择受托人或者委托人作为相对人主张其权利，但第三人不得变更选定的相对人。

委托人行使受托人对第三人的权利的，第三人可以向委托人主张其对受托人的抗辩。第三人选定委托人作为其相对人的，委托人可以向第三人主张其对受托人的抗辩以及受托人对第三人的抗辩。

第四百零四条　【受托人交付财产义务】受托人处理委托事务取得的财产，应当转交给委托人。

第四百零五条　【受托人支付报酬义务】受托人完成委托事务的，委托人应当向其支付报酬。因不可归责于受托人的事由，委托合同解除或者委托事务不能完成的，委托人应当向受托人支付相应的报酬。当事人另有约定的，按照其约定。

第四百零六条　【委托人的损害赔偿责任】有偿的委托合同，因受托人的过错给委托人造成损失的，委托人可以要求赔偿损失。无偿的委托合同，因受托人的故意或者重大过失给委托人造成损失的，委托人可以要求赔偿损失。

受托人超越权限给委托人造成损失的，应当赔偿损失。

第四百零七条　【委托人的赔偿责任】受托人处理委托事务时，因不可归责于自己的事由受到损失的，可以向委托人要求赔偿损失。

第四百零八条　【另行委托】委托人经受托人同意，可以在受托人之外委托第三人处理委托事务。因此给受托人造成损失的，受托人可以向委托人要求赔偿损失。

第四百零九条　【受托人的连带责任】两个以上的受托人共同处理委托事务的，对委托人承担连带责任。

第四百一十条　【任意解除权】委托人或者受托人可以随时解除委托合同。因解除合同给对方造成损失的，除不可归责于该当事人的事由以外，应当赔偿损失。

第四百一十一条　【委托合同的终止】委托人或者受托人死亡、丧失民事行为能力或者破产的，委托合同终止，但当事人另有约定或者根据委托事务的性质不宜终止的除外。

第四百一十二条 【委托人的后合同义务】因委托人死亡、丧失民事行为能力或者破产，致使委托合同终止将损害委托人利益的，在委托人的继承人、法定代理人或者清算组织承受委托事务之前，受托人应当继续处理委托事务。

第四百一十三条 【受托人死亡后其继承人等的义务】因受托人死亡、丧失民事行为能力或者破产，致使委托合同终止的，受托人的继承人、法定代理人或者清算组织应当及时通知委托人。因委托合同终止将损害委托人利益的，在委托人作出善后处理之前，受托人的继承人、法定代理人或者清算组织应当采取必要措施。

第二十二章　行纪合同

第四百一十四条 【行纪合同的定义】行纪合同是行纪人以自己的名义为委托人从事贸易活动，委托人支付报酬的合同。

第四百一十五条 【处理委托事务的费用承担】行纪人处理委托事务支出的费用，由行纪人负担，但当事人另有约定的除外。

第四百一十六条 【行纪人对委托物的保管义务】行纪人占有委托物的，应当妥善保管委托物。

第四百一十七条 【委托物的处理】委托物交付给行纪人时有瑕疵或者容易腐烂、变质的，经委托人同意，行纪人可以处分该物；和委托人不能及时取得联系的，行纪人可以合理处分。

第四百一十八条 【未按指示进行行纪活动的后果】行纪人低于委托人指定的价格卖出或者高于委托人指定的价格买入的，应当经委托人同意。未经委托人同意，行纪人补偿其差额的，该买卖对委托人发生效力。

行纪人高于委托人指定的价格卖出或者低于委托人指定的价格买入的，可以按照约定增加报酬。没有约定或者约定不明确，依照本法第六十一条的规定仍不能确定的，该利益属于委托人。

委托人对价格有特别指示的，行纪人不得违背该指示卖出或者买入。

第四百一十九条 【行纪人的介入权】行纪人卖出或者买入具有市场定价的商品，除委托人有相反的意思表示的以外，行纪人自己可以作为买受人或者出卖人。

行纪人有前款规定情形的，仍然可以要求委托人支付报酬。

第四百二十条 【委托物的处置】行纪人按照约定买入委托物，委托人应当及时受领。经行纪人催告，委托人无正当理由拒绝受领的，行纪人依照本法第一百零一条的规定可以提存委托物。

委托物不能卖出或者委托人撤回出卖，经行纪人催告，委托人不取回或者不处分该物的，行纪人依照本法第一百零一条的规定可以提存委托物。

第四百二十一条　【行纪人与第三人的关系】行纪人与第三人订立合同的，行纪人对该合同直接享有权利、承担义务。

第三人不履行义务致使委托人受到损害的，行纪人应当承担损害赔偿责任，但行纪人与委托人另有约定的除外。

第四百二十二条　【行纪人的报酬请求权及留置权】行纪人完成或者部分完成委托事务的，委托人应当向其支付相应的报酬。委托人逾期不支付报酬的，行纪人对委托物享有留置权，但当事人另有约定的除外。

第四百二十三条　【委托合同的法律适用】本章没有规定的，适用委托合同的有关规定。

第二十三章　居间合同

第四百二十四条　【居间合同的定义】居间合同是居间人向委托人报告订立合同的机会或者提供订立合同的媒介服务，委托人支付报酬的合同。

第四百二十五条　【居间人如实报告义务】居间人应当就有关订立合同的事项向委托人如实报告。

居间人故意隐瞒与订立合同有关的重要事实或者提供虚假情况，损害委托人利益的，不得要求支付报酬并应当承担损害赔偿责任。

第四百二十六条　【居间人的报酬请求权】居间人促成合同成立的，委托人应当按照约定支付报酬。对居间人的报酬没有约定或者约定不明确，依照本法第六十一条的规定仍不能确定的，根据居间人的劳务合理确定。因居间人提供订立合同的媒介服务而促成合同成立的，由该合同的当事人平均负担居间人的报酬。

居间人促成合同成立的，居间活动的费用，由居间人负担。

第四百二十七条　【未促成合同成立的处理】居间人未促成合同成立的，不得要求支付报酬，但可以要求委托人支付从事居间活动支出的必要费用。

附　则

第四百二十八条　【本法施行日期与旧法废止】本法自 1999 年 10 月 1 日起施行，《中华人民共和国经济合同法》、《中华人民共和国涉外经济合同法》、《中华人民共和国技术合同法》同时废止。

最高人民法院
关于适用《中华人民共和国合同法》若干问题的解释（一）

法释〔1999〕19号

（1999年12月1日最高人民法院审判委员会第1090次会议通过
1999年12月29日最高人民法院公告公布　自1999年12月29日起施行）

为了正确审理合同纠纷案件，根据《中华人民共和国合同法》（以下简称合同法）的规定，对人民法院适用合同法的有关问题作出如下解释：

一、法律适用范围

第一条　合同法实施以后成立的合同发生纠纷起诉到人民法院的，适用合同法的规定；合同法实施以前成立的合同发生纠纷起诉到人民法院的，除本解释另有规定的以外，适用当时的法律规定，当时没有法律规定的，可以适用合同法的有关规定。

第二条　合同成立于合同法实施之前，但合同约定的履行期限跨越合同法实施之日或者履行期限在合同法实施之后，因履行合同发生的纠纷，适用合同法第四章的有关规定。

第三条　人民法院确认合同效力时，对合同法实施以前成立的合同，适用当时的法律合同无效而适用合同法合同有效的，则适用合同法。

第四条　合同法实施以后，人民法院确认合同无效，应当以全国人大及其常委会制定的法律和国务院制定的行政法规为依据，不得以地方性法规、行政规章为依据。

第五条　人民法院对合同法实施以前已经作出终审裁决的案件进行再审，不适用合同法。

二、诉讼时效

第六条　技术合同争议当事人的权利受到侵害的事实发生在合同法实施之前，自当事人知道或者应当知道其权利受到侵害之日起至合同法实施之日超过1年的，人民法院不予保护；尚未超过1年的，其提起诉讼的时效期间为2年。

第七条　技术进出口合同争议当事人的权利受到侵害的事实发生在合同法实施之前，自当事人知道或者应当知道其权利受到侵害之日起至合同法施行之日超过 2 年的，人民法院不予保护；尚未超过 2 年的，其提起诉讼的时效期间为 4 年。

第八条　合同法第五十五条规定的“1 年”、第七十五条和第一百零四条第二款规定的“5 年”为不变期间，不适用诉讼时效中止、中断或者延长的规定。

三、合同效力

第九条　依照合同法第四十四条第二款的规定，法律、行政法规规定合同应当办理批准手续，或者办理批准、登记等手续才生效，在一审法庭辩论终结前当事人仍未办理批准手续的，或者仍未办理批准、登记等手续的，人民法院应当认定该合同未生效；法律、行政法规规定合同应当办理登记手续，但未规定登记后生效的，当事人未办理登记手续不影响合同的效力，合同标的物所有权及其他物权不能转移。

合同法第七十七条第二款、第八十七条、第九十六条第二款所列合同变更、转让、解除等情形，依照前款规定处理。

第十条　当事人超越经营范围订立合同，人民法院不因此认定合同无效。但违反国家限制经营、特许经营以及法律、行政法规禁止经营规定的除外。

四、代位权

第十一条　债权人依照合同法第七十三条的规定提起代位权诉讼，应当符合下列条件：

（一）债权人对债务人的债权合法；

（二）债务人怠于行使其到期债权，对债权人造成损害；

（三）债务人的债权已到期；

（四）债务人的债权不是专属于债务人自身的债权。

第十二条　合同法第七十三条第一款规定的专属于债务人自身的债权，是指基于扶养关系、抚养关系、赡养关系、继承关系产生的给付请求权和劳动报酬、退休金、养老金、抚恤金、安置费、人寿保险、人身伤害赔偿请求权等权利。

第十三条　合同法第七十三条规定的“债务人怠于行使其到期债权，对债权人造成损害的”，是指债务人不履行其对债权人的到期债务，又不以诉讼方式或者仲裁方式向其债务人主张其享有的具有金钱给付内容的到期债权，致使债权人的到期债权未能实现。

次债务人（即债务人的债务人）不认为债务人有怠于行使其到期债权情况的，应当承担举证责任。

第十四条 债权人依照合同法第七十三条的规定提起代位权诉讼的，由被告住所地人民法院管辖。

第十五条 债权人向人民法院起诉债务人以后，又向同一人民法院对次债务人提起代位权诉讼，符合本解释第十四条的规定和《中华人民共和国民事诉讼法》第一百零八条规定的起诉条件的，应当立案受理；不符合本解释第十四条规定的，告知债权人向次债务人住所地人民法院另行起诉。

受理代位权诉讼的人民法院在债权人起诉债务人的诉讼裁决发生法律效力以前，应当依照《中华人民共和国民事诉讼法》第一百三十六条第（五）项的规定中止代位权诉讼。

第十六条 债权人以次债务人为被告向人民法院提起代位权诉讼，未将债务人列为第三人的，人民法院可以追加债务人为第三人。

两个或者两个以上债权人以同一次债务人为被告提起代位权诉讼的，人民法院可以合并审理。

第十七条 在代位权诉讼中，债权人请求人民法院对次债务人的财产采取保全措施的，应当提供相应的财产担保。

第十八条 在代位权诉讼中，次债务人对债务人的抗辩，可以向债权人主张。

债务人在代位权诉讼中对债权人的债权提出异议，经审查异议成立的，人民法院应当裁定驳回债权人的起诉。

第十九条 在代位权诉讼中，债权人胜诉的，诉讼费由次债务人负担，从实现的债权中优先支付。

第二十条 债权人向次债务人提起的代位权诉讼经人民法院审理后认定代位权成立的，由次债务人向债权人履行清偿义务，债权人与债务人、债务人与次债务人之间相应的债权债务关系即予消灭。

第二十一条 在代位权诉讼中，债权人行使代位权的请求数额超过债务人所负债务额或者超过次债务人对债务人所负债务额的，对超出部分人民法院不予支持。

第二十二条 债务人在代位权诉讼中，对超过债权人代位请求数额的债权部分起诉次债务人的，人民法院应当告知其向有管辖权的人民法院另行起诉。

债务人的起诉符合法定条件的，人民法院应当受理；受理债务人起诉的人民法院在代位权诉讼裁决发生法律效力以前，应当依法中止。

五、撤销权

第二十三条　债权人依照合同法第七十四条的规定提起撤销权诉讼的，由被告住所地人民法院管辖。

第二十四条　债权人依照合同法第七十四条的规定提起撤销权诉讼时只以债务人为被告，未将受益人或者受让人列为第三人的，人民法院可以追加该受益人或者受让人为第三人。

第二十五条　债权人依照合同法第七十四条的规定提起撤销权诉讼，请求人民法院撤销债务人放弃债权或转让财产的行为，人民法院应当就债权人主张的部分进行审理，依法撤销的，该行为自始无效。

两个或者两个以上债权人以同一债务人为被告，就同一标的提起撤销权诉讼的，人民法院可以合并审理。

第二十六条　债权人行使撤销权所支付的律师代理费、差旅费等必要费用，由债务人负担；第三人有过错的，应当适当分担。

六、合同转让中的第三人

第二十七条　债权人转让合同权利后，债务人与受让人之间因履行合同发生纠纷诉至人民法院，债务人对债权人的权利提出抗辩的，可以将债权人列为第三人。

第二十八条　经债权人同意，债务人转移合同义务后，受让人与债权人之间因履行合同发生纠纷诉至人民法院，受让人就债务人对债权人的权利提出抗辩的，可以将债务人列为第三人。

第二十九条　合同当事人一方经对方同意将其在合同中的权利义务一并转让给受让人，对方与受让人因履行合同发生纠纷诉至人民法院，对方就合同权利义务提出抗辩的，可以将出让方列为第三人。

七、请求权竞合

第三十条　债权人依照合同法第一百二十二条的规定向人民法院起诉时作出选择后，在一审开庭以前又变更诉讼请求的，人民法院应当准许。对方当事人提出管辖权异议，经审查异议成立的，人民法院应当驳回起诉。

最高人民法院
关于适用《中华人民共和国合同法》若干问题的解释（二）

法释〔2009〕5号

（2009年2月9日最高人民法院审判委员会第1462次会议通过
2009年4月24日最高人民法院公告公布 自2009年5月13日起施行）

为了正确审理合同纠纷案件，根据《中华人民共和国合同法》的规定，对人民法院适用合同法的有关问题作出如下解释：

一、合同的订立

第一条 当事人对合同是否成立存在争议，人民法院能够确定当事人名称或者姓名、标的和数量的，一般应当认定合同成立。但法律另有规定或者当事人另有约定的除外。

对合同欠缺的前款规定以外的其他内容，当事人达不成协议的，人民法院依照合同法第六十一条、第六十二条、第一百二十五条等有关规定予以确定。

第二条 当事人未以书面形式或者口头形式订立合同，但从双方从事的民事行为能够推定双方有订立合同意愿的，人民法院可以认定是以合同法第十条第一款中的“其他形式”订立的合同。但法律另有规定的除外。

第三条 悬赏人以公开方式声明对完成一定行为的人支付报酬，完成特定行为的人请求悬赏人支付报酬的，人民法院依法予以支持。但悬赏有合同法第五十二条规定情形的除外。

第四条 采用书面形式订立合同，合同约定的签订地与实际签字或者盖章地点不符的，人民法院应当认定约定的签订地为合同签订地；合同没有约定签订地，双方当事人签字或者盖章不在同一地点的，人民法院应当认定最后签字或者盖章的地点为合同签订地。

第五条 当事人采用合同书形式订立合同的，应当签字或者盖章。当事人在合同书上摁手印的，人民法院应当认定其具有与签字或者盖章同等的法律效力。

第六条 提供格式条款的一方对格式条款中免除或者限制其责任的内容，

在合同订立时采用足以引起对方注意的文字、符号、字体等特别标识，并按照对方的要求对该格式条款予以说明的，人民法院应当认定符合合同法第三十九条所称“采取合理的方式”。

提供格式条款一方对已尽合理提示及说明义务承担举证责任。

第七条　下列情形，不违反法律、行政法规强制性规定的，人民法院可以认定为合同法所称“交易习惯”：

（一）在交易行为当地或者某一领域、某一行业通常采用并为交易对方订立合同时所知道或者应当知道的做法；

（二）当事人双方经常使用的习惯做法。

对于交易习惯，由提出主张的一方当事人承担举证责任。

第八条　依照法律、行政法规的规定经批准或者登记才能生效的合同成立后，有义务办理申请批准或者申请登记等手续的一方当事人未按照法律规定或者合同约定办理申请批准或者未申请登记的，属于合同法第四十二条第（三）项规定的“其他违背诚实信用原则的行为”，人民法院可以根据案件的具体情况和相对人的请求，判决相对人自己办理有关手续；对方当事人对由此产生的费用和给相对人造成的实际损失，应当承担损害赔偿责任。

二、合同的效力

第九条　提供格式条款的一方当事人违反合同法第三十九条第一款关于提示和说明义务的规定，导致对方没有注意免除或者限制其责任的条款，对方当事人申请撤销该格式条款的，人民法院应当支持。

第十条　提供格式条款的一方当事人违反合同法第三十九条第一款的规定，并具有合同法第四十条规定的情形之一的，人民法院应当认定该格式条款无效。

第十一条　根据合同法第四十七条、第四十八条的规定，追认的意思表示自到达相对人时生效，合同自订立时起生效。

第十二条　无权代理人以被代理人的名义订立合同，被代理人已经开始履行合同义务的，视为对合同的追认。

第十三条　被代理人依照合同法第四十九条的规定承担有效代理行为所产生的责任后，可以向无权代理人追偿因代理行为而遭受的损失。

第十四条　合同法第五十二条第（五）项规定的“强制性规定”，是指效力性强制性规定。

第十五条　出卖人就同一标的物订立多重买卖合同，合同均不具有合同法第五十二条规定的无效情形，买受人因不能按照合同约定取得标的物所有权，请求追究出卖人违约责任的，人民法院应予支持。

三、合同的履行

第十六条 人民法院根据具体案情可以将合同法第六十四条、第六十五条规定的第三人列为无独立请求权的第三人，但不得依职权将其列为该合同诉讼案件的被告或者有独立请求权的第三人。

第十七条 债权人以境外当事人为被告提起的代位权诉讼，人民法院根据《中华人民共和国民事诉讼法》第二百四十一条的规定确定管辖。

第十八条 债务人放弃其未到期的债权或者放弃债权担保，或者恶意延长到期债权的履行期，对债权人造成损害，债权人依照合同法第七十四条的规定提起撤销权诉讼的，人民法院应当支持。

第十九条 对于合同法第七十四条规定的“明显不合理的低价”，人民法院应当以交易当地一般经营者的判断，并参考交易当时交易地的物价部门指导价或者市场交易价，结合其他相关因素综合考虑予以确认。

转让价格达不到交易时交易地的指导价或者市场交易价百分之七十的，一般可以视为明显不合理的低价；对转让价格高于当地指导价或者市场交易价百分之三十的，一般可以视为明显不合理的高价。

债务人以明显不合理的高价收购他人财产，人民法院可以根据债权人的申请，参照合同法第七十四条的规定予以撤销。

第二十条 债务人的给付不足以清偿其对同一债权人所负的数笔相同种类的全部债务，应当优先抵充已到期的债务；几项债务均到期的，优先抵充对债权人缺乏担保或者担保数额最少的债务；担保数额相同的，优先抵充债务负担较重的债务；负担相同的，按照债务到期的先后顺序抵充；到期时间相同的，按比例抵充。但是，债权人与债务人对清偿的债务或者清偿抵充顺序有约定的除外。

第二十一条 债务人除主债务之外还应当支付利息和费用，当其给付不足以清偿全部债务时，并且当事人没有约定的，人民法院应当按照下列顺序抵充：

（一）实现债权的有关费用；

（二）利息；

（三）主债务。

四、合同的权利义务终止

第二十二条 当事人一方违反合同法第九十二条规定的义务，给对方当事人造成损失，对方当事人请求赔偿实际损失的，人民法院应当支持。

第二十三条 对于依照合同法第九十九条的规定可以抵销的到期债权，

当事人约定不得抵销的，人民法院可以认定该约定有效。

第二十四条　当事人对合同法第九十六条、第九十九条规定的合同解除或者债务抵销虽有异议，但在约定的异议期限届满后才提出异议并向人民法院起诉的，人民法院不予支持；当事人没有约定异议期间，在解除合同或者债务抵销通知到达之日起三个月以后才向人民法院起诉的，人民法院不予支持。

第二十五条　依照合同法第一百零一条的规定，债务人将合同标的物或者标的物拍卖、变卖所得价款交付提存部门时，人民法院应当认定提存成立。

提存成立的，视为债务人在其提存范围内已经履行债务。

第二十六条　合同成立以后客观情况发生了当事人在订立合同时无法预见的、非不可抗力造成的不属于商业风险的重大变化，继续履行合同对于一方当事人明显不公平或者不能实现合同目的，当事人请求人民法院变更或者解除合同的，人民法院应当根据公平原则，并结合案件的实际情况确定是否变更或者解除。

五、违约责任

第二十七条　当事人通过反诉或者抗辩的方式，请求人民法院依照合同法第一百一十四条第二款的规定调整违约金的，人民法院应予支持。

第二十八条　当事人依照合同法第一百一十四条第二款的规定，请求人民法院增加违约金的，增加后的违约金数额以不超过实际损失额为限。增加违约金以后，当事人又请求对方赔偿损失的，人民法院不予支持。

第二十九条　当事人主张约定的违约金过高请求予以适当减少的，人民法院应当以实际损失为基础，兼顾合同的履行情况、当事人的过错程度以及预期利益等综合因素，根据公平原则和诚实信用原则予以衡量，并作出裁决。

当事人约定的违约金超过造成损失的百分之三十的，一般可以认定为合同法第一百一十四条第二款规定的"过分高于造成的损失"。

六、附　则

第三十条　合同法施行后成立的合同发生纠纷的案件，本解释施行后尚未终审的，适用本解释；本解释施行前已经终审，当事人申请再审或者按照审判监督程序决定再审的，不适用本解释。

【链　接】

最高人民法院研究室负责人就《关于适用〈中华人民共和国合同法〉若干问题的解释（二）》答记者问

《最高人民法院关于适用〈中华人民共和国合同法〉若干问题的解释（二）》（法释〔2009〕5号，以下简称《解释二》）于2009年5月13日公布施行，《解释二》共30条，涉及合同的订立、效力、履行、权利义务终止、违约责任等五大问题。近日，最高人民法院研究室负责人在接受本报记者采访时表示，这是最高人民法院依据《合同法》规定，针对当前民商事审判面临的经济形势，为应对金融危机、保障经济平稳较快发展提供司法服务的一项重要举措。

问：请您介绍一下《解释二》的出台背景。

答：1999年10月1日《合同法》开始实施。最高人民法院1999年底即制定了《关于适用〈中华人民共和国合同法〉若干问题的解释（一）》，为法院审理合同纠纷案件提供了更加明确具体的法律依据。然而，随着社会环境变化，新情况新问题不断涌现。经多方调研论证、广泛征求意见后起草颁布的《解释二》承前启后，是对合同审判实践十年来经验和问题的集中梳理和应对。

当前，根源于美国的国际金融危机仍未见底，世界经济有可能经历较长的低迷和调整期，保持我国经济平稳较快发展的任务异常艰巨，金融危机下合同纠纷案件面临的形势严峻。经济运行中出现的问题和合同履行困难都已经或者可能转化为各类案件进入司法领域，合同纠纷呈现数量多、增速快、类型多、法律关系复杂、处理难度大等特点。特别是从去年下半年开始，这类纠纷数量增幅较大，涉及企业多、人数多，货款额也较大，有的还呈现突发性、群体性、极端性的特点，给审判工作带来巨大压力和挑战。

针对当前民商事审判工作面临的新形势，最高人民法院以做好国际金融危机司法应对工作为重点，对当前《合同法》实施中带有普遍性的问题，以及受金融危机影响较大的合同纠纷案件进行深入细致研究，有针对性地提出司法对策。今年“两会”前夕，王胜俊院长亲自主持最高人民法院审委会会议，讨论并原则通过了起草研究工作历时8年的《解释二》。

问：请您介绍一下当前合同案件诉讼形势。

答：形势严峻。2008 年全国法院共受理一审合同纠纷案件近 300 万件，同比上升 19.07%，合同纠纷案件数量占一审全部民商事案件的 54.2%。今年 1 月至 3 月，全国法院共受理一审合同纠纷案件 79 万余件，同比上升 13.75%，占一审全部民商事案件的 53.46%。其中借款合同纠纷案件大量增加，企业融资债务纠纷涉及金额巨大；买卖合同纠纷快速增长，因主动违约引发买卖合同纠纷的比例大幅上升。

一、有必要在整个民事领域承认事实合同

问：司法解释第五条规定，当事人在合同书上摁手印的，具有与签字或盖章同等的法律效力，这应当如何理解？

答：《合同法》第三十二条规定，当事人采用合同书形式订立合同的，由双方当事人签字或者盖章。但是在审判实践中，一些农村地区的当事人或进城务工人员在订立合同时习惯于在合同书上摁手印，而不是签名、盖章。

根据《解释二》第五条的规定，当事人在合同书上摁手印的，人民法院应当认定其具有与签字或者盖章同等的法律效力。

这里应当明确，摁的手印具有与签字或者盖章同等的法律效力，并不是要解决合同的效力问题，即不意味着合同就一定是有效的，因为合同的效力评价取决于国家意志而非合同当事人的意志，即使摁的手印、签的名、盖的章都是真实、有效的，而合同本身如果具有《合同法》第五十二条所规定的情形之一，仍然是无效的。合同的成立与否，则取决于当事人意思表示是否一致，摁的手印、签的名、盖的章真实有效是当事人意思表示真实有效的前提条件。至于手印的真实性问题，需要在举证责任的分配中加以解决。

问：解释第二条规定，当事人未订立合同，但从双方行为能够推定有订立合同意愿的，法院可以认定为是以《合同法》第十条第一款中的“其他形式”订立的合同，这是基于何种考虑？

答：《合同法》第十条第一款规定：“当事人订立合同，有书面形式、口头形式和其他形式。”有人提出：其他形式的合同如何理解？对此，法律没有明确，理论上则众说纷纭，譬如登记、审批、备案、鉴定、公证、见证、鉴证以及推定、事实行为等等。

随着社会经济的发展、科学技术的日益提高，社会实践中事实合同、默示合同大量出现，在日常生活、经济交往、经营贸易诸方面司空见惯，如到停车场自动停车、自动过桥或自动出入高速路，利用自动提款机提款，利用自动售货机购买食品、邮票、车票、机票等商品等。实践要求我们能根据社会发展，把合同从形式主义的意志理论中解放出来，将责任、担当、鼓励、

激励、完善、救济作为合同法研究、解释的主题之一，在司法层面正式承认事实合同。这就是说，不仅根据劳动合同法承认劳动关系中的事实合同，而且在整个民事领域都有必要承认事实合同。

《解释二》第二条是以事实合同为其理论基础、以社会生活为其实践基础的。该条解释最大的实际意义在于尽力促成合同成立、鼓励交易。

问：司法解释第八条规定，依法经批准或登记才能生效的合同成立后，有义务办理申请登记等手续的一方当事人未按规定或约定办手续，属于《合同法》第四十二条第（三）项规定的“其他违背诚实信用原则的行为”，法院可判决相对人自己办手续。这样规定有何创新？

答：司法解释第八条规定的内容，理论上称为缔约过失责任。这里所说的缔约过失只是约定俗成但名不副实的说法，这里的“过失”实际上是“过错”，也包含故意。第八条在合同的订立方面，明确了缔约过失责任的实际赔偿范围，创新了缔约过失责任的承担方式。

在审判实践中我们发现，在合同成立以后，房地产市场价格涨幅较大，负有办理批准或者登记手续的一方当事人有的故意不去或者拖延办理手续，致使合同不能生效，给另一方当事人造成损失，但由于合同未生效，遭受损失的一方又不能按照合同要求追究对方的违约责任，只能按照缔约过失的规定，列为“其他违背诚实信用的行为”，要求其承担缔约过失责任。按照传统民法理论，缔约过失责任主要是民事赔偿责任。《解释二》没有拘泥于传统理论，而是根据近年来房地产市场价格涨幅度较大的实际情况，根据《民法通则》、《合同法》关于诚实信用原则、公平原则、过错责任原则的规定，考虑到对那些故意不去或拖延办理手续的一方当事人强制执行比较困难，考虑到有些情况下，相对人具备自己办理有关手续的条件和可能；对方当事人对由此产生的费用和给相对人造成的实际损失，具有明显的故意。据此，法院可根据案件具体情况和相对人的请求，判决支持相对人自己办理有关手续，可以说是对缔约过失责任形式的创新。

问：解释第十四条规定，《合同法》第五十二条第（五）项规定的“强制性规定”，是指效力性强制性规定。我们知道，违反效力性强制规定，合同无效；违反管理性强制规定，合同未必无效。司法解释在关于合同效力认定方面有何考虑？

答：根据合同法立法精神，在合同效力方面，司法解释严格适用合同无效的法定条件，坚持从宽认定有效的态度。

第一，对合同的必备条款从宽认定。第二，对合同的形式除法律有特别规定以外不作限制一体承认。第三，对因违反法律行政法规强制性规定而无效的作了限缩型解释，即将强制性规定解释为效力性强制性规定，排除了管理性强制性规定。第四，对格式条款区分可撤销条款和无效条款，认定无效的，仅仅根据《合同法》第三十九条还不够，还要根据第四十条从严掌握。第五，多重买卖合同不仅仅因为"一女两嫁"而无效，无效按照无效的条款认定，有效则依法支持在合同成立生效以后不能按照合同约定取得买卖财产所有权的买受人追究出卖人违约责任的诉讼请求。第六，对能够导致合同无效的"强制性规定"作出缩小解释。

在审判实践中，人民法院在合同效力问题上采取从宽认定态度，可以在最大限度内实现当事人的意思自治，积极促成合同的有效，支持合同的履行，缓解交易链条的断裂，促进经济的活跃，在金融危机的背景下，这也是一项重要的应对措施。

二、首次明确"债的清偿抵充顺序"

问：如何理解解释关于债的清偿抵充顺序？

答：《解释二》根据《民法通则》、《合同法》规定的公平原则、诚实信用原则等，参考《担保法》、《破产法》等法律的精神，对审判实践中亟须解决的一些问题作出了解释。如：解释第二十条、第二十一条规定的关于债的清偿抵充顺序等。

债的清偿抵充是指债务人对于同一债权人负担数项同种类债务，或负担同一项债务而约定数次给付时，如果债务人的给付不足以清偿其全额债务，约定、决定该给付抵充某项债务的制度。

债的清偿抵充顺序，是指当债务人的给付不足以清偿其对同一债权人所负的数笔相同种类的全部债务时债的清偿抵充顺序。根据《解释二》第二十条关于债的清偿抵充顺序的解释，当债务人的给付不足以清偿其对同一债权人所负的数笔相同种类的全部债务时，《解释二》确定的抵充顺序是：第一，债权人与债务人对清偿的债务或者清偿抵充顺序有约定的，按照约定抵充；第二，应当优先抵充已到期的债务；第三，几项债务均到期的，优先抵充对债权人缺乏担保或者担保数额最少的债务；第四，担保数额相同的，优先抵充债务负担较重的债务；第五，负担相同的，按照债务到期的先后顺序抵充；第六，到期时间相同的，按比例抵充。

在一定意义上说，解释第二十条、第二十一条关于清偿的抵充（法定抵充），为人民法院在审理案件中如何处理合同履行方面的问题提供了依据。

债的清偿抵充问题是审判实践中长期存在的一个疑难问题。我国《民法通则》和《合同法》对债的抵销制度作出了规定，但对清偿抵充制度没有明确规定，这使得当人民法院遇到一个债务人对一个债权人负数笔同种类债务时，在给付不足以清偿全部债务的情形下，如何决定清偿顺序处于无法可依的状况。实际生活中，经常会出现债务人对同一债权人负有的数笔债务中，有的已届履行期限，有的还未到期；有的附设了担保，有的未附设担保；有的附有利息，有的没附利息等情形。当债务人对债权人所为的给付不足以清偿全部债务时，如何认定已经给付的到底是清偿的哪项债务呢？如果清偿顺序不同，显然会影响利息的有无以及多少。当债务人的给付不足以消灭所有债务时，究竟清偿的是哪一笔债务，便发生清偿抵充顺序问题。由于抵充顺序问题，会对债权人和债务人发生不同的利害后果，有时还会涉及第三人（如担保人）的利益，因而实践中争议颇大。为规范人民法院在债的清偿抵充顺序的法律适用标准，有必要根据《民法通则》和《合同法》关于公平原则和诚实信用原则对此问题加以解释。

三、适用情势变更须报高院审核

问：解释对适用情势变更又作了何种规定？

答：在民法理论上，所谓情势变更，是指合同有效成立后，因不可归责于双方当事人的事由发生客观情况重大变化而使合同的基础动摇或者丧失，若继续维持合同会显失公平，因此允许变更合同内容或解除合同的原则。

根据《合同法》关于公平原则的规定，参考《劳动合同法》的规定，《解释二》第二十六条规定了“情势变更”条款：合同成立以后客观情况发生了当事人在订立合同时无法预见的、非不可抗力造成的不属于商业风险的重大变化，继续履行合同对于一方当事人明显不公平或者不能实现合同目的，当事人请求法院变更或者解除合同的，法院应当根据公平原则，并结合案件的实际情况确定是否变更或者解除。

上述解释主要解决合同订立后显失公平的问题，一方面为各级法院在审判实践中取得最好的法律效果和社会效果而适用情势变更提供了法律依据；另一方面在实质要件上作出了规定，从而也规范了人民法院在情势变更的适用方面的自由裁量权。这就是说，在合同订立的时候是公平的，而合同生效后由于社会环境发生重大变化，使一方当事人遭受重大的损害，造成双方当事人利益上显失公平，按照实际情况履行不了的，就可以在符合司法解释规定的情形下，审慎、严格地适用情势变更原则。因此，该规定是在认真、细致的调研基础上，在总结以往审判实践经验的基础上，经过征求立法机关的意见，结合当前司法实践的需要被吸收进此次司法解释的。

在当今世界经济的动荡时期，情势变更原则的适用，对于人民法院如何运用司法手段司法解释解决因国际金融危机在我国引发的经济贸易纠纷有着重要的现实意义。因为情势变更而造成合同履行的障碍，出于趋利，大批违约合同纠纷出现，困扰着司法实务部门。全球金融风暴也验证了我们当代社会的复杂多变性与不可预见性。而引入情势变更原则的价值在于，当合同原有的利益平衡因经济的激烈动荡而导致不公正结果时，施以法律的救济。

《解释二》要求严格区分变更的情势与正常的市场风险之间的区别，审慎适用情势变更原则。对符合解释规定条件，必须适用情势变更原则进行裁判的个案，应当在程序上进行规范：一是最高人民法院已专门发布《关于正确适用〈中华人民共和国合同法〉若干问题的解释（二）服务党和国家的工作大局的通知》，要求各级法院务必正确理解、慎重适用。如果根据案件的特殊情况，确需在个案中适用的，应当由高级人民法院审核。必要时应报请最高人民法院审核。最高人民法院发布此通知，要求层报高级人民法院审查批准，是为了最大限度地避免对交易安全和市场秩序造成冲击。二是要求坚持调解优先的原则，能够调解的尽可能调解，积极拓展调解工作领域，不断创新调解方式，将调解工作贯穿到合同纠纷诉讼的全过程。

最高人民法院
关于在审理经济纠纷案件中涉及经济犯罪嫌疑若干问题的规定

法释〔1998〕7号

（1998年4月9日最高人民法院审判委员会第974次会议通过
1998年4月21日最高人民法院公告公布　自1998年4月29日起施行）

根据《中华人民共和国民法通则》、《中华人民共和国刑法》、《中华人民共和国民事诉讼法》、《中华人民共和国刑事诉讼法》等有关规定，对审理经济纠纷案件中涉及经济犯罪嫌疑问题作以下规定：

第一条　同一公民、法人或其他经济组织因不同的法律事实，分别涉及经济纠纷和经济犯罪嫌疑的，经济纠纷案件和经济犯罪嫌疑案件应当分开审理。

第二条　单位直接负责的主管人员和其他直接责任人员，以为单位骗取财物为目的，采取欺骗手段对外签订经济合同，骗取的财物被该单位占有、使用或处分构成犯罪的，除依法追究有关人员的刑事责任，责令该单位返还骗取的财物外，如给被害人造成经济损失的，单位应当承担赔偿责任。

第三条　单位直接负责的主管人员和其他直接责任人员，以该单位的名义对外签订经济合同，将取得的财物部分或全部占为己有构成犯罪的，除依法追究行为人的刑事责任外，该单位对行为人因签订、履行该经济合同造成的后果，依法应当承担民事责任。

第四条 个人借用单位的业务介绍信、合同专用章或者盖有公章的空白合同书，以出借单位名义签订经济合同，骗取财物归个人占有、使用、处分或者进行其他犯罪活动，给对方造成经济损失构成犯罪的，除依法追究借用人的刑事责任外，出借业务介绍信、合同专用章或者盖有公章的空白合同书的单位，依法应当承担赔偿责任。但是，有证据证明被害人明知签订合同对方当事人是借用行为，仍与之签订合同的除外。

第五条 行为人盗窃、盗用单位的公章、业务介绍信、盖有公章的空白合同书，或者私刻单位的公章签订经济合同，骗取财物归个人占有、使用、处分或者进行其他犯罪活动构成犯罪的，单位对行为人该犯罪行为所造成的经济损失不承担民事责任。

行为人私刻单位公章或者擅自使用单位公章、业务介绍信、盖有公章的空白合同书以签订经济合同的方法进行的犯罪行为，单位有明显过错，且该过错行为与被害人的经济损失之间具有因果关系的，单位对该犯罪行为所造成的经济损失，依法应当承担赔偿责任。

第六条 企业承包、租赁经营合同期满后，企业按规定办理了企业法定代表人的变更登记，而企业法人未采取有效措施收回其公章、业务介绍信、盖有公章的空白合同书，或者没有及时采取措施通知相对人，致原企业承包人、租赁人得以用原承包、租赁企业的名义签订经济合同，骗取财物占为己有构成犯罪的，该企业对被害人的经济损失，依法应当承担赔偿责任。但是，原承包人、承租人利用擅自保留的公章、业务介绍信、盖有公章的空白合同书以原承包、租赁企业的名义签订经济合同，骗取财物占为己有构成犯罪的，企业一般不承担民事责任。

单位聘用的人员被解聘后，或者受单位委托保管公章的人员被解除委托后，单位未及时收回其公章，行为人擅自利用保留的原单位公章签订经济合同，骗取财物占为己有构成犯罪，如给被害人造成经济损失的，单位应当承担赔偿责任。

第七条 单位直接负责的主管人员和其他直接责任人员，将单位进行走私或其他犯罪活动所得财物以签订经济合同的方法予以销售，买方明知或者应当知道的，如因此造成经济损失，其损失由买方自负。但是，如果买方不知该经济合同的标的物是犯罪行为所得财物而购买的，卖方对买方所造成的经济损失应当承担民事责任。

第八条 根据《中华人民共和国刑事诉讼法》第七十七条第一款的规定，

被害人对本《规定》第二条因单位犯罪行为造成经济损失的，对第四条、第五条第一款、第六条应当承担刑事责任的被告人未能返还财物而遭受经济损失提起附带民事诉讼的，受理刑事案件的人民法院应当依法一并审理。被害人因其遭受经济损失也有权对单位另行提起民事诉讼。若被害人另行提起民事诉讼的，有管辖权的人民法院应当依法受理。

第九条　被害人请求保护其民事权利的诉讼时效在公安机关、检察机关查处经济犯罪嫌疑期间中断。如果公安机关决定撤销涉嫌经济犯罪案件或者检察机关决定不起诉的，诉讼时效从撤销案件或决定不起诉之次日起重新计算。

第十条　人民法院在审理经济纠纷案件中，发现与本案有牵连，但与本案不是同一法律关系的经济犯罪嫌疑线索、材料，应将犯罪嫌疑线索、材料移送有关公安机关或检察机关查处，经济纠纷案件继续审理。

第十一条　人民法院作为经济纠纷受理的案件，经审理认为不属经济纠纷案件而有经济犯罪嫌疑的，应当裁定驳回起诉，将有关材料移送公安机关或检察机关。

第十二条　人民法院已立案审理的经济纠纷案件，公安机关或检察机关认为有经济犯罪嫌疑，并说明理由附有关材料函告受理该案的人民法院的，有关人民法院应当认真审查。经过审查，认为确有经济犯罪嫌疑的，应当将案件移送公安机关或检察机关，并书面通知当事人，退还案件受理费；如认为确属经济纠纷案件的，应当依法继续审理，并将结果函告有关公安机关或检察机关。

最高人民法院
印发《关于当前形势下审理民商事合同纠纷案件若干问题的指导意见》的通知

（2009 年 7 月 7 日　法发〔2009〕40 号）

各省、自治区、直辖市高级人民法院，解放军军事法院，新疆维吾尔自治区高级人民法院生产建设兵团分院：

现将最高人民法院《关于当前形势下审理民商事合同纠纷案件若干问题的指导意见》印发给你们，请结合当地实际，认真贯彻落实。

附：

关于当前形势下审理民商事合同纠纷案件若干问题的指导意见

当前，因全球金融危机蔓延所引发的矛盾和纠纷在司法领域已经出现明显反映，民商事案件尤其是与企业经营相关的民商事合同纠纷案件呈大幅增长的态势；同时出现了诸多由宏观经济形势变化所引发的新的审判实务问题。人民法院围绕国家经济发展战略和“保增长、保民生、保稳定”要求，坚持“立足审判、胸怀大局、同舟共济、共克时艰”的指导方针，牢固树立为大局服务、为人民司法的理念，认真研究并及时解决这些民商事审判实务中与宏观经济形势变化密切相关的普遍性问题、重点问题，有效化解矛盾和纠纷，不仅是民商事审判部门应对金融危机工作的重要任务，而且对于维护诚信的市场交易秩序，保障公平法治的投资环境，公平解决纠纷、提振市场信心等具有重要意义。现就人民法院在当前形势下审理民商事合同纠纷案件中的若干问题，提出以下意见。

一、慎重适用情势变更原则，合理调整双方利益关系

1. 当前市场主体之间的产品交易、资金流转因原料价格剧烈波动、市场需求关系的变化、流动资金不足等诸多因素的影响而产生大量纠纷，对于部分当事人在诉讼中提出适用情势变更原则变更或者解除合同的请求，人民法院应当依据公平原则和情势变更原则严格审查。

2. 人民法院在适用情势变更原则时，应当充分注意到全球性金融危机和国内宏观经济形势变化并非完全是一个令所有市场主体猝不及防的突变过程，而是一个逐步演变的过程。在演变过程中，市场主体应当对于市场风险存在一定程度的预见和判断。人民法院应当依法把握情势变更原则的适用条件，严格审查当事人提出的“无法预见”的主张，对于涉及石油、焦炭、有色金属等市场属性活泼、长期以来价格波动较大的大宗商品标的物以及股票、期货等风险投资型金融产品标的物的合同，更要慎重适用情势变更原则。

3. 人民法院要合理区分情势变更与商业风险。商业风险属于从事商业活动的固有风险，诸如尚未达到异常变动程度的供求关系变化、价格涨跌等。情势变更是当事人在缔约时无法预见的非市场系统固有的风险。人民法院在判断某种重大客观变化是否属于情势变更时，应当注意衡量风险类型是否属于社会一般观念上的事先无法预见、风险程度是否远远超出正常人的合理预

期、风险是否可以防范和控制、交易性质是否属于通常的“高风险高收益”范围等因素，并结合市场的具体情况，在个案中识别情势变更和商业风险。

4. 在调整尺度的价值取向把握上，人民法院仍应遵循侧重于保护守约方的原则。适用情势变更原则并非简单地豁免债务人的义务而使债权人承受不利后果，而是要充分注意利益均衡，公平合理地调整双方利益关系。在诉讼过程中，人民法院要积极引导当事人重新协商，改订合同；重新协商不成的，争取调解解决。为防止情势变更原则被滥用而影响市场正常的交易秩序，人民法院决定适用情势变更原则作出判决的，应当按照最高人民法院《关于正确适用〈中华人民共和国合同法〉若干问题的解释（二）服务党和国家工作大局的通知》（法〔2009〕165 号）的要求，严格履行适用情势变更的相关审核程序。

二、依法合理调整违约金数额，公平解决违约责任问题

5. 现阶段由于国内宏观经济环境的变化和影响，民商事合同履行过程中违约现象比较突出。对于双方当事人在合同中所约定的过分高于违约造成损失的违约金或者极具惩罚性的违约金条款，人民法院应根据合同法第一百一十四条第二款和最高人民法院《关于适用〈中华人民共和国合同法〉若干问题的解释（二）》[以下简称《合同法解释（二）》] 第二十九条等关于调整过高违约金的规定内容和精神，合理调整违约金数额，公平解决违约责任问题。

6. 在当前企业经营状况普遍较为困难的情况下，对于违约金数额过分高于违约造成损失的，应当根据合同法规定的诚实信用原则、公平原则，坚持以补偿性为主、以惩罚性为辅的违约金性质，合理调整裁量幅度，切实防止以意思自治为由而完全放任当事人约定过高的违约金。

7. 人民法院根据合同法第一百一十四条第二款调整过高违约金时，应当根据案件的具体情形，以违约造成的损失为基准，综合衡量合同履行程度、当事人的过错、预期利益、当事人缔约地位强弱、是否适用格式合同或条款等多项因素，根据公平原则和诚实信用原则予以综合权衡，避免简单地采用固定比例等“一刀切”的做法，防止机械司法而可能造成的实质不公平。

8. 为减轻当事人诉累，妥当解决违约金纠纷，违约方以合同不成立、合同未生效、合同无效或者不构成违约进行免责抗辩而未提出违约金调整请求的，人民法院可以就当事人是否需要主张违约金过高问题进行释明。人民法院要正确确定举证责任，违约方对于违约金约定过高的主张承担举证责任，非违约方主张违约金约定合理的，亦应提供相应的证据。合同解除后，当事人主张违约金条款继续有效的，人民法院可以根据合同法第九十八条的规定进行处理。

三、区分可得利益损失类型，妥善认定可得利益损失

9．在当前市场主体违约情形比较突出的情况下，违约行为通常导致可得利益损失。根据交易的性质、合同的目的等因素，可得利益损失主要分为生产利润损失、经营利润损失和转售利润损失等类型。生产设备和原材料等买卖合同违约中，因出卖人违约而造成买受人的可得利益损失通常属于生产利润损失。承包经营、租赁经营合同以及提供服务或劳务的合同中，因一方违约造成的可得利益损失通常属于经营利润损失。先后系列买卖合同中，因原合同出卖方违约而造成其后的转售合同出售方的可得利益损失通常属于转售利润损失。

10．人民法院在计算和认定可得利益损失时，应当综合运用可预见规则、减损规则、损益相抵规则以及过失相抵规则等，从非违约方主张的可得利益赔偿总额中扣除违约方不可预见的损失、非违约方不当扩大的损失、非违约方因违约获得的利益、非违约方亦有过失所造成的损失以及必要的交易成本。存在合同法第一百一十三条第二款规定的欺诈经营、合同法第一百一十四条第一款规定的当事人约定损害赔偿的计算方法以及因违约导致人身伤亡、精神损害等情形的，不宜适用可得利益损失赔偿规则。

11．人民法院认定可得利益损失时应当合理分配举证责任。违约方一般应当承担非违约方没有采取合理减损措施而导致损失扩大、非违约方因违约而获得利益以及非违约方亦有过失的举证责任；非违约方应当承担其遭受的可得利益损失总额、必要的交易成本的举证责任。对于可以预见的损失，既可以由非违约方举证，也可以由人民法院根据具体情况予以裁量。

四、正确把握法律构成要件，稳妥认定表见代理行为

12．当前在国家重大项目和承包租赁行业等受到全球性金融危机冲击和国内宏观经济形势变化影响比较明显的行业领域，由于合同当事人采用转包、分包、转租方式，出现了大量以单位部门、项目经理乃至个人名义签订或实际履行合同的情形，并因合同主体和效力认定问题引发表见代理纠纷案件。对此，人民法院应当正确适用合同法第四十九条关于表见代理制度的规定，严格认定表见代理行为。

13．合同法第四十九条规定的表见代理制度不仅要求代理人的无权代理行为在客观上形成具有代理权的表象，而且要求相对人在主观上善意且无过失地相信行为人有代理权。合同相对人主张构成表见代理的，应当承担举证责任，不仅应当举证证明代理行为存在诸如合同书、公章、印鉴等有权代理的客观表象形式要素，而且应当证明其善意且无过失地相信行为人具有代理权。

14. 人民法院在判断合同相对人主观上是否属于善意且无过失时，应当结合合同缔结与履行过程中的各种因素综合判断合同相对人是否尽到合理注意义务，此外还要考虑合同的缔结时间、以谁的名义签字、是否盖有相关印章及印章真伪、标的物的交付方式与地点、购买的材料、租赁的器材、所借款项的用途、建筑单位是否知道项目经理的行为、是否参与合同履行等各种因素，作出综合分析判断。

五、正确适用强制性规定，稳妥认定民商事合同效力

15. 正确理解、识别和适用合同法第五十二条第（五）项中的“违反法律、行政法规的强制性规定”，关系到民商事合同的效力维护以及市场交易的安全和稳定。人民法院应当注意根据《合同法解释（二）》第十四条之规定，注意区分效力性强制规定和管理性强制规定。违反效力性强制规定的，人民法院应当认定合同无效；违反管理性强制规定的，人民法院应当根据具体情形认定其效力。

16. 人民法院应当综合法律法规的意旨，权衡相互冲突的权益，诸如权益的种类、交易安全以及其所规制的对象等，综合认定强制性规定的类型。如果强制性规范规制的是合同行为本身即只要该合同行为发生即绝对地损害国家利益或者社会公共利益的，人民法院应当认定合同无效。如果强制性规定规制的是当事人的“市场准入”资格而非某种类型的合同行为，或者规制的是某种合同的履行行为而非某类合同行为，人民法院对于此类合同效力的认定，应当慎重把握，必要时应当征求相关立法部门的意见或者请示上级人民法院。

六、合理适用不安抗辩权规则，维护权利人合法权益

17. 在当前情势下，为敦促诚信的合同一方当事人及时保全证据、有效保护权利人的正当合法权益，对于一方当事人已经履行全部交付义务，虽然约定的价款期限尚未到期，但其诉请付款方支付未到期价款的，如果有确切证据证明付款方明确表示不履行给付价款义务，或者付款方被吊销营业执照、被注销、被有关部门撤销、处于歇业状态，或者付款方转移财产、抽逃资金以逃避债务，或者付款方丧失商业信誉，以及付款方以自己的行为表明不履行给付价款义务的其他情形的，除非付款方已经提供适当的担保，人民法院可以根据合同法第六十八条第一款、第六十九条、第九十四条第（二）项、第一百零八条、第一百六十七条等规定精神，判令付款期限已到期或者加速到期。

合同违法行为监督处理办法

（2010年10月13日中华人民共和国国家工商行政管理总局局务会审议通过
2010年10月13日国家工商行政管理总局令第51号公布
自2010年11月13日起施行）

第一条 为了维护市场经济秩序，保护国家利益、社会公共利益和当事人合法权益，依据《中华人民共和国合同法》和有关法律法规的规定，制定本办法。

第二条 本办法所称合同违法行为，是指自然人、法人、其他组织利用合同，以牟取非法利益为目的，违反法律法规及本办法的行为。

第三条 当事人订立、履行合同，应当遵守法律、行政法规，尊重社会公德，不得扰乱社会经济秩序，损害国家利益、社会公共利益。

第四条 各级工商行政管理机关在职权范围内，依照有关法律法规及本办法的规定，负责监督处理合同违法行为。

第五条 各级工商行政管理机关依法监督处理合同违法行为，实行查处与引导相结合，处罚与教育相结合，推行行政指导，督促、引导当事人依法订立、履行合同，维护国家利益、社会公共利益。

第六条 当事人不得利用合同实施下列欺诈行为：

（一）伪造合同；

（二）虚构合同主体资格或者盗用、冒用他人名义订立合同；

（三）虚构合同标的或者虚构货源、销售渠道诱人订立、履行合同；

（四）发布或者利用虚假信息，诱人订立合同；

（五）隐瞒重要事实，诱骗对方当事人做出错误的意思表示订立合同，或者诱骗对方当事人履行合同；

（六）没有实际履行能力，以先履行小额合同或者部分履行合同的方法，诱骗对方当事人订立、履行合同；

（七）恶意设置事实上不能履行的条款，造成对方当事人无法履行合同；

（八）编造虚假理由中止（终止）合同，骗取财物；

（九）提供虚假担保；

（十）采用其他欺诈手段订立、履行合同。

第七条 当事人不得利用合同实施下列危害国家利益、社会公共利益的行为：

（一）以贿赂、胁迫等手段订立、履行合同，损害国家利益、社会公共利益；

（二）以恶意串通手段订立、履行合同，损害国家利益、社会公共利益；

（三）非法买卖国家禁止或者限制买卖的财物；

（四）没有正当理由，不履行国家指令性合同义务；

（五）其他危害国家利益、社会公共利益的合同违法行为。

第八条　任何单位和个人不得在知道或者应当知道的情况下，为他人实施本办法第六条、第七条规定的违法行为，提供证明、执照、印章、账户及其他便利条件。

第九条　经营者与消费者采用格式条款订立合同的，经营者不得在格式条款中免除自己的下列责任：

（一）造成消费者人身伤害的责任；

（二）因故意或者重大过失造成消费者财产损失的责任；

（三）对提供的商品或者服务依法应当承担的保证责任；

（四）因违约依法应当承担的违约责任；

（五）依法应当承担的其他责任。

第十条　经营者与消费者采用格式条款订立合同的，经营者不得在格式条款中加重消费者下列责任：

（一）违约金或者损害赔偿金超过法定数额或者合理数额；

（二）承担应当由格式条款提供方承担的经营风险责任；

（三）其他依照法律法规不应由消费者承担的责任。

第十一条　经营者与消费者采用格式条款订立合同的，经营者不得在格式条款中排除消费者下列权利：

（一）依法变更或者解除合同的权利；

（二）请求支付违约金的权利；

（三）请求损害赔偿的权利；

（四）解释格式条款的权利；

（五）就格式条款争议提起诉讼的权利；

（六）消费者依法应当享有的其他权利。

第十二条　当事人违反本办法第六条、第七条、第八条、第九条、第十条、第十一条规定，法律法规已有规定的，从其规定；法律法规没有规定的，工商行政管理机关视其情节轻重，分别给予警告，处以违法所得额三倍以下，但最高不超过三万元的罚款，没有违法所得的，处以一万元以下的罚款。

第十三条　当事人合同违法行为轻微并及时纠正，没有造成危害后果的，应当依法不予行政处罚；主动消除或者减轻危害后果的，应当依法从轻或者减轻行政处罚；经督促、引导，能够主动改正或者及时中止合同违法行为的，可以依法从轻行政处罚。

第十四条 违反本办法规定涉嫌犯罪的，工商行政管理机关应当按照有关规定，移交司法机关追究其刑事责任。

第十五条 本办法由国家工商行政管理总局负责解释。

第十六条 本办法自2010年11月13日起施行。

中华人民共和国拍卖法

（1996年7月5日第八届全国人民代表大会常务委员会第二十次会议通过
根据2004年8月28日第十届全国人民代表大会常务委员会第十一次会议《关于修改〈中华人民共和国拍卖法〉的决定》第一次修正
根据2015年4月24日第十二届全国人民代表大会常务委员会第十四次会议《关于修改〈中华人民共和国电力法〉等六部法律的决定》第二次修正）

目　　录

第一章　总　则

第一条　为了规范拍卖行为，维护拍卖秩序，保护拍卖活动各方当事人的合法权益，制定本法。

第二条　本法适用于中华人民共和国境内拍卖企业进行的拍卖活动。

第三条　拍卖是指以公开竞价的形式，将特定物品或者财产权利转让给最高应价者的买卖方式。

第四条　拍卖活动应当遵守有关法律、行政法规，遵循公开、公平、公正、诚实信用的原则。

第五条　国务院负责管理拍卖业的部门对全国拍卖业实施监督管理。

省、自治区、直辖市的人民政府和设区的市的人民政府负责管理拍卖业的部门对本行政区域内的拍卖业实施监督管理。

第二章　拍卖标的

第六条　拍卖标的应当是委托人所有或者依法可以处分的物品或者财产权利。

第七条　法律、行政法规禁止买卖的物品或者财产权利，不得作为拍卖标的。

第八条　依照法律或者按照国务院规定需经审批才能转让的物品或者财产权利，在拍卖前，应当依法办理审批手续。

委托拍卖的文物，在拍卖前，应当经拍卖人住所地的文物行政管理部门依法鉴定、许可。

第九条　国家行政机关依法没收的物品，充抵税款、罚款的物品和其他物品，按照国务院规定应当委托拍卖的，由财产所在地的省、自治区、直辖市的人民政府和设区的市的人民政府指定的拍卖人进行拍卖。

拍卖由人民法院依法没收的物品，充抵罚金、罚款的物品以及无法返还的追回物品，适用前款规定。

第三章　拍卖当事人

第一节　拍卖人

第十条　拍卖人是指依照本法和《中华人民共和国公司法》设立的从事拍卖活动的企业法人。

第十一条　企业取得从事拍卖业务的许可必须经所在地的省、自治区、直辖市人民政府负责管理拍卖业的部门审核批准。拍卖企业可以在设区的市设立。

第十二条 企业申请取得从事拍卖业务的许可，应当具备下列条件：

（一）有一百万元人民币以上的注册资本；

（二）有自己的名称、组织机构、住所和章程；

（三）有与从事拍卖业务相适应的拍卖师和其他工作人员；

（四）有符合本法和其他有关法律规定的拍卖业务规则；

（五）符合国务院有关拍卖业发展的规定；

（六）法律、行政法规规定的其他条件。

第十三条 拍卖企业经营文物拍卖的，应当有一千万元人民币以上的注册资本，有具有文物拍卖专业知识的人员。

第十四条 拍卖活动应当由拍卖师主持。

第十五条 拍卖师应当具备下列条件：

（一）具有高等院校专科以上学历和拍卖专业知识；

（二）在拍卖企业工作两年以上；

（三）品行良好。

被开除公职或者吊销拍卖师资格证书未满五年的，或者因故意犯罪受过刑事处罚的，不得担任拍卖师。

第十六条 拍卖师资格考核，由拍卖行业协会统一组织。经考核合格的，由拍卖行业协会发给拍卖师资格证书。

第十七条 拍卖行业协会是依法成立的社会团体法人，是拍卖业的自律性组织。拍卖行业协会依照本法并根据章程，对拍卖企业和拍卖师进行监督。

第十八条 拍卖人有权要求委托人说明拍卖标的的来源和瑕疵。

拍卖人应当向竞买人说明拍卖标的的瑕疵。

第十九条 拍卖人对委托人交付拍卖的物品负有保管义务。

第二十条 拍卖人接受委托后，未经委托人同意，不得委托其他拍卖人拍卖。

第二十一条 委托人、买受人要求对其身份保密的，拍卖人应当为其保密。

第二十二条 拍卖人及其工作人员不得以竞买人的身份参与自己组织的拍卖活动，并不得委托他人代为竞买。

第二十三条 拍卖人不得在自己组织的拍卖活动中拍卖自己的物品或者财产权利。

第二十四条 拍卖成交后，拍卖人应当按照约定向委托人交付拍卖标的的价款，并按照约定将拍卖标的移交给买受人。

第二节　委托人

第二十五条　委托人是指委托拍卖人拍卖物品或者财产权利的公民、法人或者其他组织。

第二十六条　委托人可以自行办理委托拍卖手续，也可以由其代理人代为办理委托拍卖手续。

第二十七条　委托人应当向拍卖人说明拍卖标的的来源和瑕疵。

第二十八条　委托人有权确定拍卖标的的保留价并要求拍卖人保密。

拍卖国有资产，依照法律或者按照国务院规定需要评估的，应当经依法设立的评估机构评估，并根据评估结果确定拍卖标的的保留价。

第二十九条　委托人在拍卖开始前可以撤回拍卖标的。委托人撤回拍卖标的的，应当向拍卖人支付约定的费用；未作约定的，应当向拍卖人支付为拍卖支出的合理费用。

第三十条　委托人不得参与竞买，也不得委托他人代为竞买。

第三十一条　按照约定由委托人移交拍卖标的的，拍卖成交后，委托人应当将拍卖标的移交给买受人。

第三节　竞买人

第三十二条　竞买人是指参加竞购拍卖标的的公民、法人或者其他组织。

第三十三条　法律、行政法规对拍卖标的的买卖条件有规定的，竞买人应当具备规定的条件。

第三十四条　竞买人可以自行参加竞买，也可以委托其代理人参加竞买。

第三十五条　竞买人有权了解拍卖标的的瑕疵，有权查验拍卖标的和查阅有关拍卖资料。

第三十六条　竞买人一经应价，不得撤回，当其他竞买人有更高应价时，其应价即丧失约束力。

第三十七条　竞买人之间、竞买人与拍卖人之间不得恶意串通，损害他人利益。

第四节　买受人

第三十八条　买受人是指以最高应价购得拍卖标的的竞买人。

第三十九条　买受人应当按照约定支付拍卖标的的价款，未按照约定支付价款的，应当承担违约责任，或者由拍卖人征得委托人的同意，将拍卖标的再行拍卖。

拍卖标的再行拍卖的，原买受人应当支付第一次拍卖中本人及委托人应当支付的佣金。再行拍卖的价款低于原拍卖价款的，原买受人应当补足差额。

第四十条 买受人未能按照约定取得拍卖标的的，有权要求拍卖人或者委托人承担违约责任。

买受人未按照约定受领拍卖标的的，应当支付由此产生的保管费用。

第四章 拍卖程序

第一节 拍卖委托

第四十一条 委托人委托拍卖物品或者财产权利，应当提供身份证明和拍卖人要求提供的拍卖标的的所有权证明或者依法可以处分拍卖标的的证明及其他资料。

第四十二条 拍卖人应当对委托人提供的有关文件、资料进行核实。拍卖人接受委托的，应当与委托人签订书面委托拍卖合同。

第四十三条 拍卖人认为需要对拍卖标的进行鉴定的，可以进行鉴定。

鉴定结论与委托拍卖合同载明的拍卖标的状况不相符的，拍卖人有权要求变更或者解除合同。

第四十四条 委托拍卖合同应当载明以下事项：

（一）委托人、拍卖人的姓名或者名称、住所；

（二）拍卖标的的名称、规格、数量、质量；

（三）委托人提出的保留价；

（四）拍卖的时间、地点；

（五）拍卖标的交付或者转移的时间、方式；

（六）佣金及其支付的方式、期限；

（七）价款的支付方式、期限；

（八）违约责任；

（九）双方约定的其他事项。

第二节 拍卖公告与展示

第四十五条 拍卖人应当于拍卖日七日前发布拍卖公告。

第四十六条 拍卖公告应当载明下列事项：

（一）拍卖的时间、地点；

（二）拍卖标的；

（三）拍卖标的展示时间、地点；

（四）参与竞买应当办理的手续；

（五）需要公告的其他事项。

第四十七条　拍卖公告应当通过报纸或者其他新闻媒介发布。

第四十八条　拍卖人应当在拍卖前展示拍卖标的，并提供查看拍卖标的的条件及有关资料。拍卖标的的展示时间不得少于两日。

第三节　拍卖的实施

第四十九条　拍卖师应当于拍卖前宣布拍卖规则和注意事项。

第五十条　拍卖标的无保留价的，拍卖师应当在拍卖前予以说明。

拍卖标的有保留价的，竞买人的最高应价未达到保留价时，该应价不发生效力，拍卖师应当停止拍卖标的的拍卖。

第五十一条　竞买人的最高应价经拍卖师落槌或者以其他公开表示买定的方式确认后，拍卖成交。

第五十二条　拍卖成交后，买受人和拍卖人应当签署成交确认书。

第五十三条　拍卖人进行拍卖时，应当制作拍卖笔录。拍卖笔录应当由拍卖师、记录人签名；拍卖成交的，还应当由买受人签名。

第五十四条　拍卖人应当妥善保管有关业务经营活动的完整账簿、拍卖笔录和其他有关资料。

前款规定的账簿、拍卖笔录和其他有关资料的保管期限，自委托拍卖合同终止之日起计算，不得少于五年。

第五十五条　拍卖标的需要依法办理证照变更、产权过户手续的，委托人、买受人应当持拍卖人出具的成交证明和有关材料，向有关行政管理机关办理手续。

第四节　佣　金

第五十六条　委托人、买受人可以与拍卖人约定佣金的比例。

委托人、买受人与拍卖人对佣金比例未作约定，拍卖成交的，拍卖人可以向委托人、买受人各收取不超过拍卖成交价百分之五的佣金。收取佣金的比例按照同拍卖成交价成反比的原则确定。

拍卖未成交的，拍卖人可以向委托人收取约定的费用；未作约定的，可以向委托人收取为拍卖支出的合理费用。

第五十七条　拍卖本法第九条规定的物品成交的，拍卖人可以向买受人收取不超过拍卖成交价百分之五的佣金。收取佣金的比例按照同拍卖成交价成反比的原则确定。

拍卖未成交的，适用本法第五十六条第三款的规定。

第五章　法律责任

第五十八条　委托人违反本法第六条的规定，委托拍卖其没有所有权或者依法不得处分的物品或者财产权利的，应当依法承担责任。拍卖人明知委托人对拍卖的物品或者财产权利没有所有权或者依法不得处分的，应当承担连带责任。

第五十九条 国家机关违反本法第九条的规定，将应当委托财产所在地的省、自治区、直辖市的人民政府或者设区的市的人民政府指定的拍卖人拍卖的物品擅自处理的，对负有直接责任的主管人员和其他直接责任人员依法给予行政处分，给国家造成损失的，还应当承担赔偿责任。

第六十条 违反本法第十一条的规定，未经许可从事拍卖业务的，由工商行政管理部门予以取缔，没收违法所得，并可以处违法所得一倍以上五倍以下的罚款。

第六十一条 拍卖人、委托人违反本法第十八条第二款、第二十七条的规定，未说明拍卖标的的瑕疵，给买受人造成损害的，买受人有权向拍卖人要求赔偿；属于委托人责任的，拍卖人有权向委托人追偿。

拍卖人、委托人在拍卖前声明不能保证拍卖标的的真伪或者品质的，不承担瑕疵担保责任。

因拍卖标的存在瑕疵未声明的，请求赔偿的诉讼时效期间为一年，自当事人知道或者应当知道权利受到损害之日起计算。

因拍卖标的存在缺陷造成人身、财产损害请求赔偿的诉讼时效期间，适用《中华人民共和国产品质量法》和其他法律的有关规定。

第六十二条 拍卖人及其工作人员违反本法第二十二条的规定，参与竞买或者委托他人代为竞买的，由工商行政管理部门对拍卖人给予警告，可以处拍卖佣金一倍以上五倍以下的罚款；情节严重的，吊销营业执照。

第六十三条 违反本法第二十三条的规定，拍卖人在自己组织的拍卖活动中拍卖自己的物品或者财产权利的，由工商行政管理部门没收拍卖所得。

第六十四条 违反本法第三十条的规定，委托人参与竞买或者委托他人代为竞买的，工商行政管理部门可以对委托人处拍卖成交价百分之三十以下的罚款。

第六十五条 违反本法第三十七条的规定，竞买人之间、竞买人与拍卖人之间恶意串通，给他人造成损害的，拍卖无效，应当依法承担赔偿责任。由工商行政管理部门对参与恶意串通的竞买人处最高应价百分之十以上百分之三十以下的罚款；对参与恶意串通的拍卖人处最高应价百分之十以上百分之五十以下的罚款。

第六十六条 违反本法第四章第四节关于佣金比例的规定收取佣金的，拍卖人应当将超收部分返还委托人、买受人。物价管理部门可以对拍卖人处拍卖佣金一倍以上五倍以下的罚款。

第六章　附　则

第六十七条　外国人、外国企业和组织在中华人民共和国境内委托拍卖或者参加竞买的，适用本法。

第六十八条　本法自1997年1月1日起施行。

拍卖管理办法

（2004年11月15日商务部第14次部务会议审议通过
根据2015年10月28日商务部令第24号《商务部关于
修改部分规章和规范性文件的决定》修正）

第一章　总　则

第一条　为规范拍卖行为，维护拍卖秩序，推动拍卖业的对外开放，促进拍卖业健康发展，根据《中华人民共和国拍卖法》（以下简称《拍卖法》）和有关外商投资的法律、行政法规和规章，制定本办法。

第二条　本办法适用于中华人民共和国境内拍卖企业进行的拍卖活动。

各种经营性拍卖活动，应当由依法取得从事拍卖业务许可的企业进行。

第三条　本办法所称拍卖企业，是指依法在中国境内设立的从事经营性拍卖活动的有限责任公司或者股份有限公司。

第四条　商务部是拍卖行业主管部门，对全国拍卖业实施监督管理。

省、自治区、直辖市人民政府（以下简称省级）和设区的市人民政府（以下简称市级）商务主管部门对本行政区域内的拍卖业实施监督管理。

第五条　拍卖企业从事拍卖活动，应当遵守《拍卖法》及其他有关法律、行政法规、规章的规定，遵循公开、公平、公正、诚实信用的原则。

第二章　企业申请从事拍卖业务的许可、变更和终止

第六条　申请从事拍卖业务许可的企业的投资者应有良好的信誉，无违反中国法律、行政法规、规章的行为。

第七条　企业申请取得从事拍卖业务的许可，应当具备下列条件：

（一）有一百万元人民币以上的注册资本；

（二）有自己的名称、组织机构和章程；

（三）有固定的办公场所；

（四）有至少一名拍卖师；

（五）有符合有关法律、行政法规及本办法规定的拍卖业务规则；

（六）符合商务主管部门有关拍卖行业发展规划。

第八条 企业申请取得从事拍卖业务的许可，应当提交下列材料：

（一）申请书；

（二）公司章程、拍卖业务规则；

（三）企业法人营业执照副本（复印件）；

（四）法定代表人简历和有效身份证明；

（五）拟聘任的拍卖师执业资格证书；

（六）固定办公场所产权证明或租用合同。

第九条 拍卖企业从事文物拍卖的，应当遵循有关文物拍卖的法律、行政法规的规定。

国家行政机关依法没收的物品，充抵税款、罚款的物品、人民法院依法没收的物品，充抵罚金、罚款的物品以及无法返还的追回物品和其他特殊国有资产等标的的拍卖应由具有相应拍卖资格的拍卖企业承担，具体资格条件由省级商务主管部门会同有关部门依据规范管理、择优选用的原则制定，并报商务部备案。

第十条 拍卖企业分公司申请取得从事拍卖业务的许可，应当符合下列条件：

（一）符合拍卖业发展规划；

（二）有固定的办公场所；

（三）经营拍卖业务三年以上，最近两年连续盈利，其上年拍卖成交额超过五千万元人民币；或者上年拍卖成交额超过二亿元人民币。

第十一条 拍卖企业分公司申请取得从事拍卖业务的许可，申请人需要提交下列材料：

（一）申请报告；

（二）企业法人营业执照副本（复印件）；

（三）最近两年经会计师事务所审计的年度财务会计报表；

（四）分公司负责人简历及有效身份证明；

（五）拟聘任的拍卖师执业资格证书；

（六）固定办公场所的产权证明或租用合同。

第十二条 企业及分公司申请取得从事拍卖业务的许可，按照下列程序办理：

企业及分公司申请取得从事拍卖业务的许可，应当先经企业或分公司所在地市级商务主管部门审查后，报省级商务主管部门核准并颁发拍卖经营批准证书。

省级商务主管部门对企业及分公司申请取得从事拍卖业务的许可可以采取听证方式。

拍卖经营批准证书由省级商务主管部门统一印制。

第十三条　拍卖企业向工商行政管理机关申请变更注册登记项目后，应当报省级商务主管部门核准，并由其换发拍卖经营批准证书。

第十四条　拍卖企业及分公司申请取得从事拍卖业务的许可后连续 6 个月无正当理由未举办拍卖会或没有营业纳税证明的，由商务主管部门收回拍卖经营批准证书。

第十五条　拍卖企业根据章程规定事由、股东会决议或其他事由解散的；或者因违反法律、行政法规及本办法规定被责令关闭的；或者因不能清偿到期债务，被依法宣告破产的，由有关部门依法注销。

第三章　外商投资企业申请取得从事拍卖业务的许可、变更和终止

第十六条　外商投资拍卖企业可以从事经营性拍卖活动，法律、行政法规另有规定的除外。

第十七条　鼓励具有较强的经济实力、先进的拍卖技术和经营管理经验、广泛的国际拍卖营销网络的外国投资者设立外商投资拍卖企业。

第十八条　外商投资企业申请取得从事拍卖业务的许可除应符合本办法第七条的规定外还应当符合下列条件：

（一）符合外商投资企业注册资本和投资总额的有关规定；

（二）外商投资拍卖企业的经营期限一般不超过三十年，在中西部设立外商投资拍卖企业的经营期限一般不超过四十年。

第十九条　外商投资企业申请取得从事拍卖业务的许可，申请人除提交本办法第八条规定的材料外，还应提交下列材料：

（一）合同、章程（外资拍卖企业只报送章程）及其附件等；

（二）投资各方的银行资信证明、登记注册证明（复印件）；

（三）投资各方经会计师事务所审计的最近一年的审计报告；

（四）中国投资者拟投入到中外合资、合作拍卖企业的国有资产的评估报告；

（五）外商投资企业董事会成员名单及投资各方董事委派书。

外商投资拍卖企业分公司申请取得从事拍卖业务的许可，申请人应提交本办法第十一条规定的材料。

第二十条　外商投资企业及分公司申请取得从事拍卖业务的许可，按照下列程序办理：

申请人应向所在地的省、自治区、直辖市商务部门报送第十九条规定的申请材料。商务部门应自收到全部申请材料之日起在规定时间内作出是否批准的决定，对于批准的，颁发外商投资企业批准证书，申请人凭外商投资企业批准证书向工商行政管理机关申请企业注册登记后，凭外商投资企业批准证书和营业执照向商务部门申请颁发拍卖经营批准证书，对于不批准的，应说明原因。

对外商投资企业及分公司申请取得从事拍卖业务的许可可以采取听证方式。

第二十一条 外商投资企业及分公司申请取得从事拍卖业务的许可后连续6个月无正当理由未举办拍卖会或没有营业纳税证明的，由省级商务主管部门收回拍卖经营批准证书。

第二十二条 外商投资拍卖企业根据章程规定事由、股东会或董事会决议或其他事由解散的；或者因违反法律、行政法规及本办法规定被责令关闭的；或者因不能清偿到期债务，被依法宣告破产的，由有关部门依法注销。

第四章 拍卖从业人员及拍卖活动

第二十三条 国家对拍卖专业技术人员实行执业资格制度，获得拍卖师执业资格证书的人员，经注册后，方可主持拍卖活动。

本办法所称拍卖师是指经全国统一考试合格，取得人事部、商务部联合用印的，由中国拍卖行业协会颁发的《中华人民共和国拍卖师执业资格证书》，并经注册登记的人员。

第二十四条 拍卖师只能在一个拍卖企业注册执业且不得以其拍卖师个人身份在其他拍卖企业兼职。

拍卖师不得将《中华人民共和国拍卖师执业资格证书》借予他人或其他单位使用。

第二十五条 拍卖师可以变更执业注册单位。拍卖师变更执业注册单位的，应当向中国拍卖行业协会办理注册变更手续。

中国拍卖行业协会应将拍卖师注册登记及变更情况每月定期报商务部备案。

第二十六条 下列物品或者财产权利禁止拍卖：

（一）法律、法规禁止买卖的；

（二）所有权或者处分权有争议，未经司法、行政机关确权的；

（三）尚未办结海关手续的海关监管货物。

第二十七条 拍卖企业应当依法开展拍卖活动，不得有下列行为：

（一）出租、擅自转让拍卖经营权；

（二）对拍卖标的进行虚假宣传，给买受人造成经济损失；

（三）雇佣未依法注册的拍卖师或其他人员充任拍卖师主持拍卖活动的；

（四）采用恶意降低佣金比例或低于拍卖活动成本收取佣金，甚至不收取佣金（义拍除外）或给予委托人回扣等手段进行不正当竞争的；

（五）其他违反法律法规的行为。

第二十八条　拍卖企业发现拍卖标的中有公安机关通报协查物品或赃物，应当立即向所在地公安机关报告。

第二十九条　竞买人委托他人代理竞买的，应当出具授权委托书和竞买人、代理人的身份证明复印件。

授权委托书应载明代理人的姓名或者名称、代理事项、代理权限和期间。

第三十条　拍卖实施前，拍卖企业与委托人应当就拍卖未成交的有关事宜或因委托人中止或终止拍卖所造成损失的赔偿责任等事项达成书面协议。

第三十一条　对委托人送交的拍卖物品，拍卖企业应当由专人负责，妥善保管，建立拍卖品保管、值班和交接班制度，并采取必要的安全防范措施。

第三十二条　拍卖企业举办拍卖活动，应当根据拍卖标的物的属性及拍卖的性质，按照《拍卖法》及相关法律、行政法规规定的日期进行公告。公告应当发布在拍卖标的所在地以及拍卖会举行地商务主管部门指定的发行量较大的报纸或其他有同等影响的媒体。

第三十三条　拍卖企业应当在拍卖会前展示拍卖标的，为竞买人提供查看拍卖标的的条件并向竞买人提供有关资料。

展示时间应不少于两日，鲜活物品或其他不易保存的物品除外。

第三十四条　拍卖企业有权查明或者要求委托人书面说明拍卖标的的来源和瑕疵。

拍卖企业应当向竞买人说明其知道或者应当知道的拍卖标的的瑕疵。

第三十五条　法律、行政法规和规章对拍卖标的受让人有特别规定的，拍卖企业应当将标的拍卖给符合法律、行政法规和规章要求的竞买人。

拍卖标的是依照法律、行政法规和规章规定需要行政许可的经营资格且依法可以转让的，委托人应在拍卖前应当征得行政许可机关的同意。

第三十六条　拍卖企业可以在拍卖会现场设立委托竞买席，并在拍卖会开始时对全体竞买人作出说明。

第三十七条　有下列情形之一的，应当中止拍卖：

（一）没有竞买人参加拍卖的；

（二）第三人对拍卖标的所有权或处分权有争议并当场提供有效证明的；

（三）委托人在拍卖会前以正当理由书面通知拍卖企业中止拍卖的；

（四）发生意外事件致使拍卖活动暂时不能进行的；

（五）出现其他依法应当中止的情形的。

中止拍卖由拍卖企业宣布。中止拍卖的事由消失后，应恢复拍卖。

第三十八条 有下列情形之一的，应当终止拍卖：

（一）人民法院、仲裁机构或者有关行政机关认定委托人对拍卖标的无处分权并书面通知拍卖企业的；

（二）拍卖标的被认定为赃物的；

（三）发生不可抗力或意外事件致使拍卖活动无法进行的；

（四）拍卖标的在拍卖前毁损、灭失的；

（五）委托人在拍卖会前书面通知拍卖企业终止拍卖的；

（六）出现其他依法应当终止的情形的。

终止拍卖由拍卖企业宣布。拍卖终止后，委托人要求继续进行拍卖的，应当重新办理拍卖手续。

第三十九条 外商投资拍卖企业与内资拍卖企业联合在中华人民共和国境内举办拍卖会的，其拍卖标的应符合法律、行政法规及本办法的有关规定。

第五章　监督管理

第四十条 商务部组织制定有关拍卖行业规章、政策，指导各地制定拍卖行业发展规划，依法建立拍卖业监督核查、行业统计和信用管理制度；负责拍卖行业利用外资的促进与管理；对拍卖行业自律组织进行业务指导。

第四十一条 省级商务主管部门负责制定和实施本地区拍卖行业发展规划，并将规划报商务部备案。

省级商务主管部门应建立本地区拍卖企业和从业人员的监督核查和行业统计及信用管理制度；负责企业和分公司申请取得从事拍卖业务的许可审核；管理与指导本地区的拍卖行业自律组织。

省级商务主管部门应当创造条件，建立与拍卖企业、其他有关行政机关计算机档案系统互联网络，对拍卖经营活动监督检查的情况和处理结果应当予以记录。每年度应当出具对拍卖企业的监督核查意见。对核查不合格的拍卖企业，应当责令限期整改，并将核查情况通报有关部门。

第四十二条 拍卖行业协会依法并根据章程，对拍卖企业和拍卖师进行监督。拍卖行业协会应当制定拍卖行业规范，加强行业自律管理，协调会员企业与政府有关部门及会员企业之间的关系，为会员企业提供服务，维护会员企业的合法权益。

中国拍卖行业协会在商务部的指导下，具体实施全国拍卖企业信用管理制度和组织拍卖师考试、考核和资格认定工作。

第六章　法律责任

第四十三条　未经许可从事经营性拍卖活动的企业，应依照国家有关规定予以取缔。

第四十四条　拍卖师违反本办法第二十三条、第二十四条规定或有向监管部门隐瞒情况、提供虚假材料等其他违规行为的，省级商务主管部门可将其违规事实及处理建议通告中国拍卖行业协会，中国拍卖行业协会应依照有关规定对违规拍卖师进行处理，并将处理结果在十个工作日内书面抄送拍卖师执业地省级商务主管部门和行业协会。

第四十五条　拍卖企业违反本办法第二十六条规定，对买受人造成损失的，拍卖企业应当给予赔偿；属于委托人责任的，拍卖企业有权向委托人追偿。

第四十六条　拍卖企业违反第二十七条第（一）项，由省级商务主管部门责令其改正，并处三万元以下罚款。

第四十七条　拍卖企业违反本办法第二十七条第（三）项的规定，由省级商务主管部门视情节轻重予以警告，并处以非法所得额一倍以上的罚款，但最高不超过三万元；没有非法所得的，处以一万元以下的罚款。造成委托人和买受人损失的，拍卖企业应当依法给予赔偿。

第四十八条　拍卖企业违反本办法第二十七条第（二）项、第（四）项规定的，由有关行政机关依法进行处罚。

第四十九条　拍卖企业违反本办法第三十二条、第三十三条规定，拍卖前违规进行公告或展示的，由省级商务主管部门视情节轻重予以警告，责令改正，延期拍卖或处以一万元以下罚款。

第五十条　拍卖企业、委托人违反本办法第三十四条规定，未说明拍卖标的的瑕疵，给买受人造成损害的，买受人有权要求拍卖企业给予赔偿；属于委托人责任的，拍卖企业有权向委托人追偿。

拍卖企业、委托人在拍卖前声明不能保证拍卖标的真伪或者品质的，不承担瑕疵担保责任（以下简称免责声明）。但是拍卖企业、委托人明确知道或应当知道拍卖标的有瑕疵时，免责声明无效。

第五十一条　拍卖成交后，委托人没有协助买受人依法办理证照变更、产权过户手续，造成买受人或拍卖企业损失的，委托人应当依法给予赔偿。

委托人提出中止或者终止拍卖，给拍卖企业或者竞买人造成损失的，应当依法给予赔偿。

第五十二条　有下列情形之一的，省级商务主管部门或商务部可以撤销有关拍卖企业及分公司从事拍卖业务的许可决定：

（一）工作人员滥用职权、玩忽职守作出准予许可决定的；

（二）违反《拍卖法》和本办法规定的取得从事拍卖业务的许可条件作出准予许可决定的；

（三）超越法定职权作出准予从事拍卖业务的许可决定的。

第五十三条 商务主管部门以及行业协会的工作人员在工作中滥用职权、徇私舞弊、玩忽职守、索贿受贿的，对负有责任的主管人员和直接责任人员依法给予行政处分；构成犯罪的，依法追究刑事责任。

第五十四条 商务主管部门工作人员对在执行公务中获知的有关拍卖企业、委托人、竞买人、买受人要求保密的内容，应当按保密规定为其保密，造成泄密的，按有关规定处理。拍卖企业认为向管理机关报送的材料有保密内容的，应注明“保密”字样并密封。

第七章 附 则

第五十五条 农产品批发市场、机动车交易市场等商品交易市场引入拍卖方式及利用互联网经营拍卖业务的管理，原则上参照本办法执行，具体办法另行制定。

第五十六条 国有独资拍卖企业应按照国家有关规定进行改制。

第五十七条 本办法由商务部负责解释。

第五十八条 本办法自2005年1月1日起施行。

拍卖监督管理办法

（2001年1月15日国家工商行政管理局令第101号公布
根据2013年1月5日国家工商行政管理总局令第59号
第一次修订 根据2017年9月30日国家工商行政
管理总局令第91号第二次修订）

第一条 为了规范拍卖行为，维护拍卖秩序，保护拍卖活动各方当事人的合法权益，根据《中华人民共和国拍卖法》等法律法规，制定本办法。

第二条 拍卖人、委托人、竞买人及其他参与拍卖活动的当事人从事拍卖活动，应当遵守有关法律法规和本办法，遵循公开、公平、公正、诚实信用的原则。

第三条 工商行政管理部门依照《中华人民共和国拍卖法》等法律法规

和本办法对拍卖活动实施监督管理，主要职责是：

（一）依法对拍卖人进行登记注册；

（二）依法对拍卖人、委托人、竞买人及其他参与拍卖活动的当事人进行监督管理；

（三）依法查处违法拍卖行为；

（四）法律法规及规章规定的其他职责。

本办法所称工商行政管理部门，包括履行工商行政管理职责的市场监督管理部门。

第四条　设立拍卖企业应当依照《中华人民共和国拍卖法》《中华人民共和国公司法》等法律法规的规定，向工商行政管理部门申请登记，领取营业执照，并经所在地的省、自治区、直辖市人民政府负责管理拍卖业的部门审核，取得从事拍卖业务的许可。

第五条　拍卖人不得有下列行为：

（一）采用财物或者其他手段进行贿赂以争揽业务；

（二）利用拍卖公告或者其他方法，对拍卖标的作引人误解的虚假宣传；

（三）捏造、散布虚假事实，损害其他拍卖人的商业信誉；

（四）以不正当手段侵犯他人的商业秘密；

（五）拍卖人及其工作人员以竞买人的身份参与自己组织的拍卖活动，或者委托他人代为竞买；

（六）在自己组织的拍卖活动中拍卖自己的物品或者财产权利；

（七）雇佣非拍卖师主持拍卖活动；

（八）其他违反法律法规及规章的行为。

第六条　委托人在拍卖活动中不得参与竞买或者委托他人代为竞买。

第七条　竞买人之间不得有下列恶意串通行为：

（一）相互约定一致压低拍卖应价；

（二）相互约定拍卖应价；

（三）相互约定买受人或相互约定排挤其他竞买人；

（四）其他恶意串通行为。

第八条　竞买人与拍卖人之间不得有下列恶意串通行为：

（一）私下约定成交价；

（二）拍卖人违背委托人的保密要求向竞买人泄露拍卖标的保留价；

（三）其他恶意串通行为。

第九条　拍卖人、委托人、竞买人不得拍卖或者参与拍卖国家禁止买卖的物品或者财产权利。

第十条　拍卖人不得以委托人、竞买人、买受人要求保密等为由，阻碍监督检查。

第十一条 违反本办法第四条规定，未经许可从事拍卖业务的，由工商行政管理部门依照《中华人民共和国拍卖法》第六十条的规定处罚。

第十二条 拍卖人违反本办法第五条第一项至第四项规定的，由工商行政管理部门依照《中华人民共和国反不正当竞争法》的有关规定处罚。拍卖人违反本办法第五条第五项、第六项规定的，由工商行政管理部门分别依照《中华人民共和国拍卖法》第六十二条、第六十三条的规定处罚。

第十三条 拍卖人违反本办法第五条第七项规定的，由工商行政管理部门予以警告，并可处10000元以下的罚款。

第十四条 拍卖人、委托人、竞买人违反本办法第六条、第七条、第八条规定的，由工商行政管理部门依照《中华人民共和国拍卖法》第六十四条、第六十五条的规定处罚。

第十五条 本办法自2017年11月1日起施行。2013年1月5日国家工商行政管理总局令第59号修订的《拍卖监督管理办法》同时废止。

中华人民共和国招标投标法

（1999年8月30日第九届全国人民代表大会常务委员会第十一次会议通过
根据2017年12月27日第十二届全国人民代表大会常务委员会
第三十一次会议《关于修改〈中华人民共和国招标投标法〉、
〈中华人民共和国计量法〉的决定》修正）

目　　录

第一章　总　则

第一条 为了规范招标投标活动，保护国家利益、社会公共利益和招标投标活动当事人的合法权益，提高经济效益，保证项目质量，制定本法。

第二条　在中华人民共和国境内进行招标投标活动，适用本法。

第三条　在中华人民共和国境内进行下列工程建设项目包括项目的勘察、设计、施工、监理以及与工程建设有关的重要设备、材料等的采购，必须进行招标：

（一）大型基础设施、公用事业等关系社会公共利益、公众安全的项目；

（二）全部或者部分使用国有资金投资或者国家融资的项目；

（三）使用国际组织或者外国政府贷款、援助资金的项目。

前款所列项目的具体范围和规模标准，由国务院发展计划部门会同国务院有关部门制订，报国务院批准。

法律或者国务院对必须进行招标的其他项目的范围有规定的，依照其规定。

第四条　任何单位和个人不得将依法必须进行招标的项目化整为零或者以其他任何方式规避招标。

第五条　招标投标活动应当遵循公开、公平、公正和诚实信用的原则。

第六条　依法必须进行招标的项目，其招标投标活动不受地区或者部门的限制。任何单位和个人不得违法限制或者排斥本地区、本系统以外的法人或者其他组织参加投标，不得以任何方式非法干涉招标投标活动。

第七条　招标投标活动及其当事人应当接受依法实施的监督。

有关行政监督部门依法对招标投标活动实施监督，依法查处招标投标活动中的违法行为。

对招标投标活动的行政监督及有关部门的具体职权划分，由国务院规定。

第二章　招　标

第八条　招标人是依照本法规定提出招标项目、进行招标的法人或者其他组织。

第九条　招标项目按照国家有关规定需要履行项目审批手续的，应当先履行审批手续，取得批准。

招标人应当有进行招标项目的相应资金或者资金来源已经落实，并应当在招标文件中如实载明。

第十条　招标分为公开招标和邀请招标。

公开招标，是指招标人以招标公告的方式邀请不特定的法人或者其他组织投标。

邀请招标，是指招标人以投标邀请书的方式邀请特定的法人或者其他组织投标。

第十一条 国务院发展计划部门确定的国家重点项目和省、自治区、直辖市人民政府确定的地方重点项目不适宜公开招标的，经国务院发展计划部门或者省、自治区、直辖市人民政府批准，可以进行邀请招标。

第十二条 招标人有权自行选择招标代理机构，委托其办理招标事宜。任何单位和个人不得以任何方式为招标人指定招标代理机构。

招标人具有编制招标文件和组织评标能力的，可以自行办理招标事宜。任何单位和个人不得强制其委托招标代理机构办理招标事宜。

依法必须进行招标的项目，招标人自行办理招标事宜的，应当向有关行政监督部门备案。

第十三条 招标代理机构是依法设立、从事招标代理业务并提供相关服务的社会中介组织。

招标代理机构应当具备下列条件：

（一）有从事招标代理业务的营业场所和相应资金；

（二）有能够编制招标文件和组织评标的相应专业力量；

第十四条 招标代理机构与行政机关和其他国家机关不得存在隶属关系或者其他利益关系。

第十五条 招标代理机构应当在招标人委托的范围内办理招标事宜，并遵守本法关于招标人的规定。

第十六条 招标人采用公开招标方式的，应当发布招标公告。依法必须进行招标的项目的招标公告，应当通过国家指定的报刊、信息网络或者其他媒介发布。

招标公告应当载明招标人的名称和地址、招标项目的性质、数量、实施地点和时间以及获取招标文件的办法等事项。

第十七条 招标人采用邀请招标方式的，应当向三个以上具备承担招标项目的能力、资信良好的特定的法人或者其他组织发出投标邀请书。

投标邀请书应当载明本法第十六条第二款规定的事项。

第十八条 招标人可以根据招标项目本身的要求，在招标公告或者投标邀请书中，要求潜在投标人提供有关资质证明文件和业绩情况，并对潜在投标人进行资格审查；国家对投标人的资格条件有规定的，依照其规定。

招标人不得以不合理的条件限制或者排斥潜在投标人，不得对潜在投标人实行歧视待遇。

第十九条 招标人应当根据招标项目的特点和需要编制招标文件。招标文件应当包括招标项目的技术要求、对投标人资格审查的标准、投标报价要求和评标标准等所有实质性要求和条件以及拟签订合同的主要条款。

国家对招标项目的技术、标准有规定的，招标人应当按照其规定在招标文件中提出相应要求。

招标项目需要划分标段、确定工期的，招标人应当合理划分标段、确定工期，并在招标文件中载明。

第二十条　招标文件不得要求或者标明特定的生产供应者以及含有倾向或者排斥潜在投标人的其他内容。

第二十一条　招标人根据招标项目的具体情况，可以组织潜在投标人踏勘项目现场。

第二十二条　招标人不得向他人透露已获取招标文件的潜在投标人的名称、数量以及可能影响公平竞争的有关招标投标的其他情况。

招标人设有标底的，标底必须保密。

第二十三条　招标人对已发出的招标文件进行必要的澄清或者修改的，应当在招标文件要求提交投标文件截止时间至少十五日前，以书面形式通知所有招标文件收受人。该澄清或者修改的内容为招标文件的组成部分。

第二十四条　招标人应当确定投标人编制投标文件所需要的合理时间；但是，依法必须进行招标的项目，自招标文件开始发出之日起至投标人提交投标文件截止之日止，最短不得少于二十日。

第三章　投　标

第二十五条　投标人是响应招标、参加投标竞争的法人或者其他组织。

依法招标的科研项目允许个人参加投标的，投标的个人适用本法有关投标人的规定。

第二十六条　投标人应当具备承担招标项目的能力；国家有关规定对投标人资格条件或者招标文件对投标人资格条件有规定的，投标人应当具备规定的资格条件。

第二十七条　投标人应当按照招标文件的要求编制投标文件。投标文件应当对招标文件提出的实质性要求和条件作出响应。

招标项目属于建设施工的，投标文件的内容应当包括拟派出的项目负责人与主要技术人员的简历、业绩和拟用于完成招标项目的机械设备等。

第二十八条　投标人应当在招标文件要求提交投标文件的截止时间前，将投标文件送达投标地点。招标人收到投标文件后，应当签收保存，不得开启。投标人少于三个的，招标人应当依照本法重新招标。

在招标文件要求提交投标文件的截止时间后送达的投标文件，招标人应当拒收。

第二十九条　投标人在招标文件要求提交投标文件的截止时间前，可以补充、修改或者撤回已提交的投标文件，并书面通知招标人。补充、修改的内容为投标文件的组成部分。

第三十条 投标人根据招标文件载明的项目实际情况，拟在中标后将中标项目的部分非主体、非关键性工作进行分包的，应当在投标文件中载明。

第三十一条 两个以上法人或者其他组织可以组成一个联合体，以一个投标人的身份共同投标。

联合体各方均应当具备承担招标项目的相应能力；国家有关规定或者招标文件对投标人资格条件有规定的，联合体各方均应当具备规定的相应资格条件。由同一专业的单位组成的联合体，按照资质等级较低的单位确定资质等级。

联合体各方应当签订共同投标协议，明确约定各方拟承担的工作和责任，并将共同投标协议连同投标文件一并提交招标人。联合体中标的，联合体各方应当共同与招标人签订合同，就中标项目向招标人承担连带责任。

招标人不得强制投标人组成联合体共同投标，不得限制投标人之间的竞争。

第三十二条 投标人不得相互串通投标报价，不得排挤其他投标人的公平竞争，损害招标人或者其他投标人的合法权益。

投标人不得与招标人串通投标，损害国家利益、社会公共利益或者他人的合法权益。

禁止投标人以向招标人或者评标委员会成员行贿的手段谋取中标。

第三十三条 投标人不得以低于成本的报价竞标，也不得以他人名义投标或者以其他方式弄虚作假，骗取中标。

第四章 开标、评标和中标

第三十四条 开标应当在招标文件确定的提交投标文件截止时间的同一时间公开进行；开标地点应当为招标文件中预先确定的地点。

第三十五条 开标由招标人主持，邀请所有投标人参加。

第三十六条 开标时，由投标人或者其推选的代表检查投标文件的密封情况，也可以由招标人委托的公证机构检查并公证；经确认无误后，由工作人员当众拆封，宣读投标人名称、投标价格和投标文件的其他主要内容。

招标人在招标文件要求提交投标文件的截止时间前收到的所有投标文件，开标时都应当当众予以拆封、宣读。

开标过程应当记录，并存档备查。

第三十七条 评标由招标人依法组建的评标委员会负责。

依法必须进行招标的项目，其评标委员会由招标人的代表和有关技术、经济等方面的专家组成，成员人数为五人以上单数，其中技术、经济等方面的专家不得少于成员总数的三分之二。

前款专家应当从事相关领域工作满八年并具有高级职称或者具有同等专业水平，由招标人从国务院有关部门或者省、自治区、直辖市人民政府有关部门提供的专家名册或者招标代理机构的专家库内的相关专业的专家名单中确定；一般招标项目可以采取随机抽取方式，特殊招标项目可以由招标人直接确定。

与投标人有利害关系的人不得进入相关项目的评标委员会；已经进入的应当更换。

评标委员会成员的名单在中标结果确定前应当保密。

第三十八条　招标人应当采取必要的措施，保证评标在严格保密的情况下进行。

任何单位和个人不得非法干预、影响评标的过程和结果。

第三十九条　评标委员会可以要求投标人对投标文件中含义不明确的内容作必要的澄清或者说明，但是澄清或者说明不得超出投标文件的范围或者改变投标文件的实质性内容。

第四十条　评标委员会应当按照招标文件确定的评标标准和方法，对投标文件进行评审和比较；设有标底的，应当参考标底。评标委员会完成评标后，应当向招标人提出书面评标报告，并推荐合格的中标候选人。

招标人根据评标委员会提出的书面评标报告和推荐的中标候选人确定中标人。招标人也可以授权评标委员会直接确定中标人。

国务院对特定招标项目的评标有特别规定的，从其规定。

第四十一条　中标人的投标应当符合下列条件之一：

（一）能够最大限度地满足招标文件中规定的各项综合评价标准；

（二）能够满足招标文件的实质性要求，并且经评审的投标价格最低；但是投标价格低于成本的除外。

第四十二条　评标委员会经评审，认为所有投标都不符合招标文件要求的，可以否决所有投标。

依法必须进行招标的项目的所有投标被否决的，招标人应当依照本法重新招标。

第四十三条　在确定中标人前，招标人不得与投标人就投标价格、投标方案等实质性内容进行谈判。

第四十四条　评标委员会成员应当客观、公正地履行职务，遵守职业道德，对所提出的评审意见承担个人责任。

评标委员会成员不得私下接触投标人，不得收受投标人的财物或者其他好处。

评标委员会成员和参与评标的有关工作人员不得透露对投标文件的评审和比较、中标候选人的推荐情况以及与评标有关的其他情况。

第四十五条 中标人确定后，招标人应当向中标人发出中标通知书，并同时将中标结果通知所有未中标的投标人。

中标通知书对招标人和中标人具有法律效力。中标通知书发出后，招标人改变中标结果的，或者中标人放弃中标项目的，应当依法承担法律责任。

第四十六条 招标人和中标人应当自中标通知书发出之日起三十日内，按照招标文件和中标人的投标文件订立书面合同。招标人和中标人不得再行订立背离合同实质性内容的其他协议。

招标文件要求中标人提交履约保证金的，中标人应当提交。

第四十七条 依法必须进行招标的项目，招标人应当自确定中标人之日起十五日内，向有关行政监督部门提交招标投标情况的书面报告。

第四十八条 中标人应当按照合同约定履行义务，完成中标项目。中标人不得向他人转让中标项目，也不得将中标项目肢解后分别向他人转让。

中标人按照合同约定或者经招标人同意，可以将中标项目的部分非主体、非关键性工作分包给他人完成。接受分包的人应当具备相应的资格条件，并不得再次分包。

中标人应当就分包项目向招标人负责，接受分包的人就分包项目承担连带责任。

第五章 法律责任

第四十九条 违反本法规定，必须进行招标的项目而不招标的，将必须进行招标的项目化整为零或者以其他任何方式规避招标的，责令限期改正，可以处项目合同金额千分之五以上千分之十以下的罚款；对全部或者部分使用国有资金的项目，可以暂停项目执行或者暂停资金拨付；对单位直接负责的主管人员和其他直接责任人员依法给予处分。

第五十条 招标代理机构违反本法规定，泄露应当保密的与招标投标活动有关的情况和资料的，或者与招标人、投标人串通损害国家利益、社会公共利益或者他人合法权益的，处五万元以上二十五万元以下的罚款，对单位直接负责的主管人员和其他直接责任人员处单位罚款数额百分之五以上百分之十以下的罚款；有违法所得的，并处没收违法所得；情节严重的，禁止其一年至二年内代理依法必须进行招标的项目并予以公告，直至由工商行政管理机关吊销营业执照；构成犯罪的，依法追究刑事责任。给他人造成损失的，依法承担赔偿责任。

前款所列行为影响中标结果的，中标无效。

第五十一条　招标人以不合理的条件限制或者排斥潜在投标人的，对潜在投标人实行歧视待遇的，强制要求投标人组成联合体共同投标的，或者限制投标人之间竞争的，责令改正，可以处一万元以上五万元以下的罚款。

第五十二条　依法必须进行招标的项目的招标人向他人透露已获取招标文件的潜在投标人的名称、数量或者可能影响公平竞争的有关招标投标的其他情况的，或者泄露标底的，给予警告，可以并处一万元以上十万元以下的罚款；对单位直接负责的主管人员和其他直接责任人员依法给予处分；构成犯罪的，依法追究刑事责任。

前款所列行为影响中标结果的，中标无效。

第五十三条　投标人相互串通投标或者与招标人串通投标的，投标人以向招标人或者评标委员会成员行贿的手段谋取中标的，中标无效，处中标项目金额千分之五以上千分之十以下的罚款，对单位直接负责的主管人员和其他直接责任人员处单位罚款数额百分之五以上百分之十以下的罚款；有违法所得的，并处没收违法所得；情节严重的，取消其一年至二年内参加依法必须进行招标的项目的投标资格并予以公告，直至由工商行政管理机关吊销营业执照；构成犯罪的，依法追究刑事责任。给他人造成损失的，依法承担赔偿责任。

第五十四条　投标人以他人名义投标或者以其他方式弄虚作假，骗取中标的，中标无效，给招标人造成损失的，依法承担赔偿责任；构成犯罪的，依法追究刑事责任。

依法必须进行招标的项目的投标人有前款所列行为尚未构成犯罪的，处中标项目金额千分之五以上千分之十以下的罚款，对单位直接负责的主管人员和其他直接责任人员处单位罚款数额百分之五以上百分之十以下的罚款；有违法所得的，并处没收违法所得；情节严重的，取消其一年至三年内参加依法必须进行招标的项目的投标资格并予以公告，直至由工商行政管理机关吊销营业执照。

第五十五条　依法必须进行招标的项目，招标人违反本法规定，与投标人就投标价格、投标方案等实质性内容进行谈判的，给予警告，对单位直接负责的主管人员和其他直接责任人员依法给予处分。

前款所列行为影响中标结果的，中标无效。

第五十六条　评标委员会成员收受投标人的财物或者其他好处的，评标委员会成员或者参加评标的有关工作人员向他人透露对投标文件的评审和比较、中标候选人的推荐以及与评标有关的其他情况的，给予警告，没收收受的财物，可以并处三千元以上五万元以下的罚款，对有所列违法行为的评标委员会成员取消担任评标委员会成员的资格，不得再参加任何依法必须进行招标的项目的评标；构成犯罪的，依法追究刑事责任。

第五十七条 招标人在评标委员会依法推荐的中标候选人以外确定中标人的，依法必须进行招标的项目在所有投标被评标委员会否决后自行确定中标人的，中标无效。责令改正，可以处中标项目金额千分之五以上千分之十以下的罚款；对单位直接负责的主管人员和其他直接责任人员依法给予处分。

第五十八条 中标人将中标项目转让给他人的，将中标项目肢解后分别转让给他人的，违反本法规定将中标项目的部分主体、关键性工作分包给他人的，或者分包人再次分包的，转让、分包无效，处转让、分包项目金额千分之五以上千分之十以下的罚款；有违法所得的，并处没收违法所得；可以责令停业整顿；情节严重的，由工商行政管理机关吊销营业执照。

第五十九条 招标人与中标人不按照招标文件和中标人的投标文件订立合同的，或者招标人、中标人订立背离合同实质性内容的协议的，责令改正；可以处中标项目金额千分之五以上千分之十以下的罚款。

第六十条 中标人不履行与招标人订立的合同的，履约保证金不予退还，给招标人造成的损失超过履约保证金数额的，还应当对超过部分予以赔偿；没有提交履约保证金的，应当对招标人的损失承担赔偿责任。

中标人不按照与招标人订立的合同履行义务，情节严重的，取消其二年至五年内参加依法必须进行招标的项目的投标资格并予以公告，直至由工商行政管理机关吊销营业执照。

因不可抗力不能履行合同的，不适用前两款规定。

第六十一条 本章规定的行政处罚，由国务院规定的有关行政监督部门决定。本法已对实施行政处罚的机关作出规定的除外。

第六十二条 任何单位违反本法规定，限制或者排斥本地区、本系统以外的法人或者其他组织参加投标的，为招标人指定招标代理机构的，强制招标人委托招标代理机构办理招标事宜的，或者以其他方式干涉招标投标活动的，责令改正；对单位直接负责的主管人员和其他直接责任人员依法给予警告、记过、记大过的处分，情节较重的，依法给予降级、撤职、开除的处分。

个人利用职权进行前款违法行为的，依照前款规定追究责任。

第六十三条 对招标投标活动依法负有行政监督职责的国家机关工作人员徇私舞弊、滥用职权或者玩忽职守，构成犯罪的，依法追究刑事责任；不构成犯罪的，依法给予行政处分。

第六十四条 依法必须进行招标的项目违反本法规定，中标无效的，应当依照本法规定的中标条件从其余投标人中重新确定中标人或者依照本法重新进行招标。

第六章　附　则

第六十五条　投标人和其他利害关系人认为招标投标活动不符合本法有关规定的，有权向招标人提出异议或者依法向有关行政监督部门投诉。

第六十六条　涉及国家安全、国家秘密、抢险救灾或者属于利用扶贫资金实行以工代赈、需要使用农民工等特殊情况，不适宜进行招标的项目，按照国家有关规定可以不进行招标。

第六十七条　使用国际组织或者外国政府贷款、援助资金的项目进行招标，贷款方、资金提供方对招标投标的具体条件和程序有不同规定的，可以适用其规定，但违背中华人民共和国的社会公共利益的除外。

第六十八条　本法自2000年1月1日起施行。

中华人民共和国招标投标法实施条例

（2011年12月20日中华人民共和国国务院令第613号公布　根据2017年3月1日《国务院关于修改和废止部分行政法规的决定》修订　根据2018年3月19日《国务院关于修改和废止部分行政法规的决定》修正）

目　录

第一章　总　则

第一条　为了规范招标投标活动，根据《中华人民共和国招标投标法》（以下简称招标投标法），制定本条例。

第二条 招标投标法第三条所称工程建设项目，是指工程以及与工程建设有关的货物、服务。

前款所称工程，是指建设工程，包括建筑物和构筑物的新建、改建、扩建及其相关的装修、拆除、修缮等；所称与工程建设有关的货物，是指构成工程不可分割的组成部分，且为实现工程基本功能所必需的设备、材料等；所称与工程建设有关的服务，是指为完成工程所需的勘察、设计、监理等服务。

第三条 依法必须进行招标的工程建设项目的具体范围和规模标准，由国务院发展改革部门会同国务院有关部门制订，报国务院批准后公布施行。

第四条 国务院发展改革部门指导和协调全国招标投标工作，对国家重大建设项目的工程招标投标活动实施监督检查。国务院工业和信息化、住房城乡建设、交通运输、铁道、水利、商务等部门，按照规定的职责分工对有关招标投标活动实施监督。

县级以上地方人民政府发展改革部门指导和协调本行政区域的招标投标工作。县级以上地方人民政府有关部门按照规定的职责分工，对招标投标活动实施监督，依法查处招标投标活动中的违法行为。县级以上地方人民政府对其所属部门有关招标投标活动的监督职责分工另有规定的，从其规定。

财政部门依法对实行招标投标的政府采购工程建设项目的预算执行情况和政府采购政策执行情况实施监督。

监察机关依法对与招标投标活动有关的监察对象实施监察。

第五条 设区的市级以上地方人民政府可以根据实际需要，建立统一规范的招标投标交易场所，为招标投标活动提供服务。招标投标交易场所不得与行政监督部门存在隶属关系，不得以营利为目的。

国家鼓励利用信息网络进行电子招标投标。

第六条 禁止国家工作人员以任何方式非法干涉招标投标活动。

第二章 招 标

第七条 按照国家有关规定需要履行项目审批、核准手续的依法必须进行招标的项目，其招标范围、招标方式、招标组织形式应当报项目审批、核准部门审批、核准。项目审批、核准部门应当及时将审批、核准确定的招标范围、招标方式、招标组织形式通报有关行政监督部门。

第八条 国有资金占控股或者主导地位的依法必须进行招标的项目，应当公开招标；但有下列情形之一的，可以邀请招标：

（一）技术复杂、有特殊要求或者受自然环境限制，只有少量潜在投标人可供选择；

（二）采用公开招标方式的费用占项目合同金额的比例过大。

有前款第二项所列情形，属于本条例第七条规定的项目，由项目审批、核准部门在审批、核准项目时作出认定；其他项目由招标人申请有关行政监督部门作出认定。

第九条　除招标投标法第六十六条规定的可以不进行招标的特殊情况外，有下列情形之一的，可以不进行招标：

（一）需要采用不可替代的专利或者专有技术；

（二）采购人依法能够自行建设、生产或者提供；

（三）已通过招标方式选定的特许经营项目投资人依法能够自行建设、生产或者提供；

（四）需要向原中标人采购工程、货物或者服务，否则将影响施工或者功能配套要求；

（五）国家规定的其他特殊情形。

招标人为适用前款规定弄虚作假的，属于招标投标法第四条规定的规避招标。

第十条　招标投标法第十二条第二款规定的招标人具有编制招标文件和组织评标能力，是指招标人具有与招标项目规模和复杂程度相适应的技术、经济等方面的专业人员。

第十一条　国务院住房城乡建设、商务、发展改革、工业和信息化等部门，按照规定的职责分工对招标代理机构依法实施监督管理。

第十二条　招标代理机构应当拥有一定数量的具备编制招标文件、组织评标等相应能力的专业人员。

第十三条　招标代理机构在招标人委托的范围内开展招标代理业务，任何单位和个人不得非法干涉。

招标代理机构代理招标业务，应当遵守招标投标法和本条例关于招标人的规定。招标代理机构不得在所代理的招标项目中投标或者代理投标，也不得为所代理的招标项目的投标人提供咨询。

第十四条　招标人应当与被委托的招标代理机构签订书面委托合同，合同约定的收费标准应当符合国家有关规定。

第十五条　公开招标的项目，应当依照招标投标法和本条例的规定发布招标公告、编制招标文件。

招标人采用资格预审办法对潜在投标人进行资格审查的，应当发布资格预审公告、编制资格预审文件。

依法必须进行招标的项目的资格预审公告和招标公告，应当在国务院发展改革部门依法指定的媒介发布。在不同媒介发布的同一招标项目的资格预审公告或者招标公告的内容应当一致。指定媒介发布依法必须进行招标的项目的境内资格预审公告、招标公告，不得收取费用。

编制依法必须进行招标的项目的资格预审文件和招标文件，应当使用国务院发展改革部门会同有关行政监督部门制定的标准文本。

第十六条 招标人应当按照资格预审公告、招标公告或者投标邀请书规定的时间、地点发售资格预审文件或者招标文件。资格预审文件或者招标文件的发售期不得少于5日。

招标人发售资格预审文件、招标文件收取的费用应当限于补偿印刷、邮寄的成本支出，不得以营利为目的。

第十七条 招标人应当合理确定提交资格预审申请文件的时间。依法必须进行招标的项目提交资格预审申请文件的时间，自资格预审文件停止发售之日起不得少于5日。

第十八条 资格预审应当按照资格预审文件载明的标准和方法进行。

国有资金占控股或者主导地位的依法必须进行招标的项目，招标人应当组建资格审查委员会审查资格预审申请文件。资格审查委员会及其成员应当遵守招标投标法和本条例有关评标委员会及其成员的规定。

第十九条 资格预审结束后，招标人应当及时向资格预审申请人发出资格预审结果通知书。未通过资格预审的申请人不具有投标资格。

通过资格预审的申请人少于3个的，应当重新招标。

第二十条 招标人采用资格后审办法对投标人进行资格审查的，应当在开标后由评标委员会按照招标文件规定的标准和方法对投标人的资格进行审查。

第二十一条 招标人可以对已发出的资格预审文件或者招标文件进行必要的澄清或者修改。澄清或者修改的内容可能影响资格预审申请文件或者投标文件编制的，招标人应当在提交资格预审申请文件截止时间至少3日前，或者投标截止时间至少15日前，以书面形式通知所有获取资格预审文件或者招标文件的潜在投标人；不足3日或者15日的，招标人应当顺延提交资格预审申请文件或者投标文件的截止时间。

第二十二条 潜在投标人或者其他利害关系人对资格预审文件有异议的，应当在提交资格预审申请文件截止时间2日前提出；对招标文件有异议的，应当在投标截止时间10日前提出。招标人应当自收到异议之日起3日内作出答复；作出答复前，应当暂停招标投标活动。

第二十三条 招标人编制的资格预审文件、招标文件的内容违反法律、行政法规的强制性规定，违反公开、公平、公正和诚实信用原则，影响资格预审结果或者潜在投标人投标的，依法必须进行招标的项目的招标人应当在修改资格预审文件或者招标文件后重新招标。

第二十四条　招标人对招标项目划分标段的，应当遵守招标投标法的有关规定，不得利用划分标段限制或者排斥潜在投标人。依法必须进行招标的项目的招标人不得利用划分标段规避招标。

第二十五条　招标人应当在招标文件中载明投标有效期。投标有效期从提交投标文件的截止之日起算。

第二十六条　招标人在招标文件中要求投标人提交投标保证金的，投标保证金不得超过招标项目估算价的2%。投标保证金有效期应当与投标有效期一致。

依法必须进行招标的项目的境内投标单位，以现金或者支票形式提交的投标保证金应当从其基本账户转出。

招标人不得挪用投标保证金。

第二十七条　招标人可以自行决定是否编制标底。一个招标项目只能有一个标底。标底必须保密。

接受委托编制标底的中介机构不得参加受托编制标底项目的投标，也不得为该项目的投标人编制投标文件或者提供咨询。

招标人设有最高投标限价的，应当在招标文件中明确最高投标限价或者最高投标限价的计算方法。招标人不得规定最低投标限价。

第二十八条　招标人不得组织单个或者部分潜在投标人踏勘项目现场。

第二十九条　招标人可以依法对工程以及与工程建设有关的货物、服务全部或者部分实行总承包招标。以暂估价形式包括在总承包范围内的工程、货物、服务属于依法必须进行招标的项目范围且达到国家规定规模标准的，应当依法进行招标。

前款所称暂估价，是指总承包招标时不能确定价格而由招标人在招标文件中暂时估定的工程、货物、服务的金额。

第三十条　对技术复杂或者无法精确拟定技术规格的项目，招标人可以分两阶段进行招标。

第一阶段，投标人按照招标公告或者投标邀请书的要求提交不带报价的技术建议，招标人根据投标人提交的技术建议确定技术标准和要求，编制招标文件。

第二阶段，招标人向在第一阶段提交技术建议的投标人提供招标文件，投标人按照招标文件的要求提交包括最终技术方案和投标报价的投标文件。

招标人要求投标人提交投标保证金的，应当在第二阶段提出。

第三十一条　招标人终止招标的，应当及时发布公告，或者以书面形式通知被邀请的或者已经获取资格预审文件、招标文件的潜在投标人。已经发售资格预审文件、招标文件或者已经收取投标保证金的，招标人应当及时退还所收取的资格预审文件、招标文件的费用，以及所收取的投标保证金及银行同期存款利息。

第三十二条 招标人不得以不合理的条件限制、排斥潜在投标人或者投标人。

招标人有下列行为之一的，属于以不合理条件限制、排斥潜在投标人或者投标人：

（一）就同一招标项目向潜在投标人或者投标人提供有差别的项目信息；

（二）设定的资格、技术、商务条件与招标项目的具体特点和实际需要不相适应或者与合同履行无关；

（三）依法必须进行招标的项目以特定行政区域或者特定行业的业绩、奖项作为加分条件或者中标条件；

（四）对潜在投标人或者投标人采取不同的资格审查或者评标标准；

（五）限定或者指定特定的专利、商标、品牌、原产地或者供应商；

（六）依法必须进行招标的项目非法限定潜在投标人或者投标人的所有制形式或者组织形式；

（七）以其他不合理条件限制、排斥潜在投标人或者投标人。

第三章 投 标

第三十三条 投标人参加依法必须进行招标的项目的投标，不受地区或者部门的限制，任何单位和个人不得非法干涉。

第三十四条 与招标人存在利害关系可能影响招标公正性的法人、其他组织或者个人，不得参加投标。

单位负责人为同一人或者存在控股、管理关系的不同单位，不得参加同一标段投标或者未划分标段的同一招标项目投标。

违反前两款规定的，相关投标均无效。

第三十五条 投标人撤回已提交的投标文件，应当在投标截止时间前书面通知招标人。招标人已收取投标保证金的，应当自收到投标人书面撤回通知之日起5日内退还。

投标截止后投标人撤销投标文件的，招标人可以不退还投标保证金。

第三十六条 未通过资格预审的申请人提交的投标文件，以及逾期送达或者不按照招标文件要求密封的投标文件，招标人应当拒收。

招标人应当如实记载投标文件的送达时间和密封情况，并存档备查。

第三十七条 招标人应当在资格预审公告、招标公告或者投标邀请书中载明是否接受联合体投标。

招标人接受联合体投标并进行资格预审的，联合体应当在提交资格预审申请文件前组成。资格预审后联合体增减、更换成员的，其投标无效。

联合体各方在同一招标项目中以自己名义单独投标或者参加其他联合体投标的，相关投标均无效。

第三十八条　投标人发生合并、分立、破产等重大变化的，应当及时书面告知招标人。投标人不再具备资格预审文件、招标文件规定的资格条件或者其投标影响招标公正性的，其投标无效。

第三十九条　禁止投标人相互串通投标。

有下列情形之一的，属于投标人相互串通投标：

（一）投标人之间协商投标报价等投标文件的实质性内容；

（二）投标人之间约定中标人；

（三）投标人之间约定部分投标人放弃投标或者中标；

（四）属于同一集团、协会、商会等组织成员的投标人按照该组织要求协同投标；

（五）投标人之间为谋取中标或者排斥特定投标人而采取的其他联合行动。

第四十条　有下列情形之一的，视为投标人相互串通投标：

（一）不同投标人的投标文件由同一单位或者个人编制；

（二）不同投标人委托同一单位或者个人办理投标事宜；

（三）不同投标人的投标文件载明的项目管理成员为同一人；

（四）不同投标人的投标文件异常一致或者投标报价呈规律性差异；

（五）不同投标人的投标文件相互混装；

（六）不同投标人的投标保证金从同一单位或者个人的账户转出。

第四十一条　禁止招标人与投标人串通投标。

有下列情形之一的，属于招标人与投标人串通投标：

（一）招标人在开标前开启投标文件并将有关信息泄露给其他投标人；

（二）招标人直接或者间接向投标人泄露标底、评标委员会成员等信息；

（三）招标人明示或者暗示投标人压低或者抬高投标报价；

（四）招标人授意投标人撤换、修改投标文件；

（五）招标人明示或者暗示投标人为特定投标人中标提供方便；

（六）招标人与投标人为谋求特定投标人中标而采取的其他串通行为。

第四十二条　使用通过受让或者租借等方式获取的资格、资质证书投标的，属于招标投标法第三十三条规定的以他人名义投标。

投标人有下列情形之一的，属于招标投标法第三十三条规定的以其他方式弄虚作假的行为：

（一）使用伪造、变造的许可证件；

（二）提供虚假的财务状况或者业绩；

（三）提供虚假的项目负责人或者主要技术人员简历、劳动关系证明；

（四）提供虚假的信用状况；

（五）其他弄虚作假的行为。

第四十三条 提交资格预审申请文件的申请人应当遵守招标投标法和本条例有关投标人的规定。

第四章 开标、评标和中标

第四十四条 招标人应当按照招标文件规定的时间、地点开标。

投标人少于3个的，不得开标；招标人应当重新招标。

投标人对开标有异议的，应当在开标现场提出，招标人应当当场作出答复，并制作记录。

第四十五条 国家实行统一的评标专家专业分类标准和管理办法。具体标准和办法由国务院发展改革部门会同国务院有关部门制定。

省级人民政府和国务院有关部门应当组建综合评标专家库。

第四十六条 除招标投标法第三十七条第三款规定的特殊招标项目外，依法必须进行招标的项目，其评标委员会的专家成员应当从评标专家库内相关专业的专家名单中以随机抽取方式确定。任何单位和个人不得以明示、暗示等任何方式指定或者变相指定参加评标委员会的专家成员。

依法必须进行招标的项目的招标人非因招标投标法和本条例规定的事由，不得更换依法确定的评标委员会成员。更换评标委员会的专家成员应当依照前款规定进行。

评标委员会成员与投标人有利害关系的，应当主动回避。

有关行政监督部门应当按照规定的职责分工，对评标委员会成员的确定方式、评标专家的抽取和评标活动进行监督。行政监督部门的工作人员不得担任本部门负责监督项目的评标委员会成员。

第四十七条 招标投标法第三十七条第三款所称特殊招标项目，是指技术复杂、专业性强或者国家有特殊要求，采取随机抽取方式确定的专家难以保证胜任评标工作的项目。

第四十八条 招标人应当向评标委员会提供评标所必需的信息，但不得明示或者暗示其倾向或者排斥特定投标人。

招标人应当根据项目规模和技术复杂程度等因素合理确定评标时间。超过三分之一的评标委员会成员认为评标时间不够的，招标人应当适当延长。

评标过程中，评标委员会成员有回避事由、擅离职守或者因健康等原因不能继续评标的，应当及时更换。被更换的评标委员会成员作出的评审结论无效，由更换后的评标委员会成员重新进行评审。

第四十九条　评标委员会成员应当依照招标投标法和本条例的规定，按照招标文件规定的评标标准和方法，客观、公正地对投标文件提出评审意见。招标文件没有规定的评标标准和方法不得作为评标的依据。

评标委员会成员不得私下接触投标人，不得收受投标人给予的财物或者其他好处，不得向招标人征询确定中标人的意向，不得接受任何单位或者个人明示或者暗示提出的倾向或者排斥特定投标人的要求，不得有其他不客观、不公正履行职务的行为。

第五十条　招标项目设有标底的，招标人应当在开标时公布。标底只能作为评标的参考，不得以投标报价是否接近标底作为中标条件，也不得以投标报价超过标底上下浮动范围作为否决投标的条件。

第五十一条　有下列情形之一的，评标委员会应当否决其投标：

（一）投标文件未经投标单位盖章和单位负责人签字；

（二）投标联合体没有提交共同投标协议；

（三）投标人不符合国家或者招标文件规定的资格条件；

（四）同一投标人提交两个以上不同的投标文件或者投标报价，但招标文件要求提交备选投标的除外；

（五）投标报价低于成本或者高于招标文件设定的最高投标限价；

（六）投标文件没有对招标文件的实质性要求和条件作出响应；

（七）投标人有串通投标、弄虚作假、行贿等违法行为。

第五十二条　投标文件中有含义不明确的内容、明显文字或者计算错误，评标委员会认为需要投标人作出必要澄清、说明的，应当书面通知该投标人。投标人的澄清、说明应当采用书面形式，并不得超出投标文件的范围或者改变投标文件的实质性内容。

评标委员会不得暗示或者诱导投标人作出澄清、说明，不得接受投标人主动提出的澄清、说明。

第五十三条　评标完成后，评标委员会应当向招标人提交书面评标报告和中标候选人名单。中标候选人应当不超过3个，并标明排序。

评标报告应当由评标委员会全体成员签字。对评标结果有不同意见的评标委员会成员应当以书面形式说明其不同意见和理由，评标报告应当注明该不同意见。评标委员会成员拒绝在评标报告上签字又不书面说明其不同意见和理由的，视为同意评标结果。

第五十四条　依法必须进行招标的项目，招标人应当自收到评标报告之日起3日内公示中标候选人，公示期不得少于3日。

投标人或者其他利害关系人对依法必须进行招标的项目的评标结果有异议的，应当在中标候选人公示期间提出。招标人应当自收到异议之日起3日内作出答复；作出答复前，应当暂停招标投标活动。

第五十五条 国有资金占控股或者主导地位的依法必须进行招标的项目，招标人应当确定排名第一的中标候选人为中标人。排名第一的中标候选人放弃中标、因不可抗力不能履行合同、不按照招标文件要求提交履约保证金，或者被查实存在影响中标结果的违法行为等情形，不符合中标条件的，招标人可以按照评标委员会提出的中标候选人名单排序依次确定其他中标候选人为中标人，也可以重新招标。

第五十六条 中标候选人的经营、财务状况发生较大变化或者存在违法行为，招标人认为可能影响其履约能力的，应当在发出中标通知书前由原评标委员会按照招标文件规定的标准和方法审查确认。

第五十七条 招标人和中标人应当依照招标投标法和本条例的规定签订书面合同，合同的标的、价款、质量、履行期限等主要条款应当与招标文件和中标人的投标文件的内容一致。招标人和中标人不得再行订立背离合同实质性内容的其他协议。

招标人最迟应当在书面合同签订后5日内向中标人和未中标的投标人退还投标保证金及银行同期存款利息。

第五十八条 招标文件要求中标人提交履约保证金的，中标人应当按照招标文件的要求提交。履约保证金不得超过中标合同金额的10%。

第五十九条 中标人应当按照合同约定履行义务，完成中标项目。中标人不得向他人转让中标项目，也不得将中标项目肢解后分别向他人转让。

中标人按照合同约定或者经招标人同意，可以将中标项目的部分非主体、非关键性工作分包给他人完成。接受分包的人应当具备相应的资格条件，并不得再次分包。

中标人应当就分包项目向招标人负责，接受分包的人就分包项目承担连带责任。

第五章 投诉与处理

第六十条 投标人或者其他利害关系人认为招标投标活动不符合法律、行政法规规定的，可以自知道或者应当知道之日起10日内向有关行政监督部门投诉。投诉应当有明确的请求和必要的证明材料。

就本条例第二十二条、第四十四条、第五十四条规定事项投诉的，应当先向招标人提出异议，异议答复期间不计算在前款规定的期限内。

第六十一条 投诉人就同一事项向两个以上有权受理的行政监督部门投

诉的，由最先收到投诉的行政监督部门负责处理。

行政监督部门应当自收到投诉之日起 3 个工作日内决定是否受理投诉，并自受理投诉之日起 30 个工作日内作出书面处理决定；需要检验、检测、鉴定、专家评审的，所需时间不计算在内。

投诉人捏造事实、伪造材料或者以非法手段取得证明材料进行投诉的，行政监督部门应当予以驳回。

第六十二条　行政监督部门处理投诉，有权查阅、复制有关文件、资料，调查有关情况，相关单位和人员应当予以配合。必要时，行政监督部门可以责令暂停招标投标活动。

行政监督部门的工作人员对监督检查过程中知悉的国家秘密、商业秘密，应当依法予以保密。

第六章　法律责任

第六十三条　招标人有下列限制或者排斥潜在投标人行为之一的，由有关行政监督部门依照招标投标法第五十一条的规定处罚：

（一）依法应当公开招标的项目不按照规定在指定媒介发布资格预审公告或者招标公告；

（二）在不同媒介发布的同一招标项目的资格预审公告或者招标公告的内容不一致，影响潜在投标人申请资格预审或者投标。

依法必须进行招标的项目的招标人不按照规定发布资格预审公告或者招标公告，构成规避招标的，依照招标投标法第四十九条的规定处罚。

第六十四条　招标人有下列情形之一的，由有关行政监督部门责令改正，可以处 10 万元以下的罚款：

（一）依法应当公开招标而采用邀请招标；

（二）招标文件、资格预审文件的发售、澄清、修改的时限，或者确定的提交资格预审申请文件、投标文件的时限不符合招标投标法和本条例规定；

（三）接受未通过资格预审的单位或者个人参加投标；

（四）接受应当拒收的投标文件。

招标人有前款第一项、第三项、第四项所列行为之一的，对单位直接负责的主管人员和其他直接责任人员依法给予处分。

第六十五条　招标代理机构在所代理的招标项目中投标、代理投标或者向该项目投标人提供咨询的，接受委托编制标底的中介机构参加受托编制标底项目的投标或者为该项目的投标人编制投标文件、提供咨询的，依照招标投标法第五十条的规定追究法律责任。

第六十六条　招标人超过本条例规定的比例收取投标保证金、履约保证金或者不按照规定退还投标保证金及银行同期存款利息的，由有关行政监督部门责令改正，可以处5万元以下的罚款；给他人造成损失的，依法承担赔偿责任。

第六十七条 投标人相互串通投标或者与招标人串通投标的，投标人向招标人或者评标委员会成员行贿谋取中标的，中标无效；构成犯罪的，依法追究刑事责任；尚不构成犯罪的，依照招标投标法第五十三条的规定处罚。投标人未中标的，对单位的罚款金额按照招标项目合同金额依照招标投标法规定的比例计算。

投标人有下列行为之一的，属于招标投标法第五十三条规定的情节严重行为，由有关行政监督部门取消其1年至2年内参加依法必须进行招标的项目的投标资格：

（一）以行贿谋取中标；

（二）3年内2次以上串通投标；

（三）串通投标行为损害招标人、其他投标人或者国家、集体、公民的合法利益，造成直接经济损失30万元以上；

（四）其他串通投标情节严重的行为。

投标人自本条第二款规定的处罚执行期限届满之日起3年内又有该款所列违法行为之一的，或者串通投标、以行贿谋取中标情节特别严重的，由工商行政管理机关吊销营业执照。

法律、行政法规对串通投标报价行为的处罚另有规定的，从其规定。

第六十八条 投标人以他人名义投标或者以其他方式弄虚作假骗取中标的，中标无效；构成犯罪的，依法追究刑事责任；尚不构成犯罪的，依照招标投标法第五十四条的规定处罚。依法必须进行招标的项目的投标人未中标的，对单位的罚款金额按照招标项目合同金额依照招标投标法规定的比例计算。

投标人有下列行为之一的，属于招标投标法第五十四条规定的情节严重行为，由有关行政监督部门取消其1年至3年内参加依法必须进行招标的项目的投标资格：

（一）伪造、变造资格、资质证书或者其他许可证件骗取中标；

（二）3年内2次以上使用他人名义投标；

（三）弄虚作假骗取中标给招标人造成直接经济损失30万元以上；

（四）其他弄虚作假骗取中标情节严重的行为。

投标人自本条第二款规定的处罚执行期限届满之日起3年内又有该款所列违法行为之一的，或者弄虚作假骗取中标情节特别严重的，由工商行政管理机关吊销营业执照。

第六十九条　出让或者出租资格、资质证书供他人投标的，依照法律、行政法规的规定给予行政处罚；构成犯罪的，依法追究刑事责任。

第七十条　依法必须进行招标的项目的招标人不按照规定组建评标委员会，或者确定、更换评标委员会成员违反招标投标法和本条例规定的，由有关行政监督部门责令改正，可以处10万元以下的罚款，对单位直接负责的主管人员和其他直接责任人员依法给予处分；违法确定或者更换的评标委员会成员作出的评审结论无效，依法重新进行评审。

国家工作人员以任何方式非法干涉选取评标委员会成员的，依照本条例第八十条的规定追究法律责任。

第七十一条　评标委员会成员有下列行为之一的，由有关行政监督部门责令改正；情节严重的，禁止其在一定期限内参加依法必须进行招标的项目的评标；情节特别严重的，取消其担任评标委员会成员的资格：

（一）应当回避而不回避；

（二）擅离职守；

（三）不按照招标文件规定的评标标准和方法评标；

（四）私下接触投标人；

（五）向招标人征询确定中标人的意向或者接受任何单位或者个人明示或者暗示提出的倾向或者排斥特定投标人的要求；

（六）对依法应当否决的投标不提出否决意见；

（七）暗示或者诱导投标人作出澄清、说明或者接受投标人主动提出的澄清、说明；

（八）其他不客观、不公正履行职务的行为。

第七十二条　评标委员会成员收受投标人的财物或者其他好处的，没收收受的财物，处3000元以上5万元以下的罚款，取消担任评标委员会成员的资格，不得再参加依法必须进行招标的项目的评标；构成犯罪的，依法追究刑事责任。

第七十三条　依法必须进行招标的项目的招标人有下列情形之一的，由有关行政监督部门责令改正，可以处中标项目金额10‰以下的罚款；给他人造成损失的，依法承担赔偿责任；对单位直接负责的主管人员和其他直接责任人员依法给予处分：

（一）无正当理由不发出中标通知书；

（二）不按照规定确定中标人；

（三）中标通知书发出后无正当理由改变中标结果；

（四）无正当理由不与中标人订立合同；

（五）在订立合同时向中标人提出附加条件。

第七十四条 中标人无正当理由不与招标人订立合同，在签订合同时向招标人提出附加条件，或者不按照招标文件要求提交履约保证金的，取消其中标资格，投标保证金不予退还。对依法必须进行招标的项目的中标人，由有关行政监督部门责令改正，可以处中标项目金额10‰以下的罚款。

第七十五条 招标人和中标人不按照招标文件和中标人的投标文件订立合同，合同的主要条款与招标文件、中标人的投标文件的内容不一致，或者招标人、中标人订立背离合同实质性内容的协议的，由有关行政监督部门责令改正，可以处中标项目金额5‰以上10‰以下的罚款。

第七十六条 中标人将中标项目转让给他人的，将中标项目肢解后分别转让给他人的，违反招标投标法和本条例规定将中标项目的部分主体、关键性工作分包给他人的，或者分包人再次分包的，转让、分包无效，处转让、分包项目金额5‰以上10‰以下的罚款；有违法所得的，并处没收违法所得；可以责令停业整顿；情节严重的，由工商行政管理机关吊销营业执照。

第七十七条 投标人或者其他利害关系人捏造事实、伪造材料或者以非法手段取得证明材料进行投诉，给他人造成损失的，依法承担赔偿责任。

招标人不按照规定对异议作出答复，继续进行招标投标活动的，由有关行政监督部门责令改正，拒不改正或者不能改正并影响中标结果的，依照本条例第八十一条的规定处理。

第七十八条 国家建立招标投标信用制度。有关行政监督部门应当依法公告对招标人、招标代理机构、投标人、评标委员会成员等当事人违法行为的行政处理决定。

第七十九条 项目审批、核准部门不依法审批、核准项目招标范围、招标方式、招标组织形式的，对单位直接负责的主管人员和其他直接责任人员依法给予处分。

有关行政监督部门不依法履行职责，对违反招标投标法和本条例规定的行为不依法查处，或者不按照规定处理投诉、不依法公告对招标投标当事人违法行为的行政处理决定的，对直接负责的主管人员和其他直接责任人员依法给予处分。

项目审批、核准部门和有关行政监督部门的工作人员徇私舞弊、滥用职权、玩忽职守，构成犯罪的，依法追究刑事责任。

第八十条 国家工作人员利用职务便利，以直接或者间接、明示或者暗示等任何方式非法干涉招标投标活动，有下列情形之一的，依法给予记过或者记大过处分；情节严重的，依法给予降级或者撤职处分；情节特别严重的，依法给予开除处分；构成犯罪的，依法追究刑事责任：

（一）要求对依法必须进行招标的项目不招标，或者要求对依法应当公开招标的项目不公开招标；

（二）要求评标委员会成员或者招标人以其指定的投标人作为中标候选人或者中标人，或者以其他方式非法干涉评标活动，影响中标结果；

（三）以其他方式非法干涉招标投标活动。

第八十一条　依法必须进行招标的项目的招标投标活动违反招标投标法和本条例的规定，对中标结果造成实质性影响，且不能采取补救措施予以纠正的，招标、投标、中标无效，应当依法重新招标或者评标。

第七章　附　则

第八十二条　招标投标协会按照依法制定的章程开展活动，加强行业自律和服务。

第八十三条　政府采购的法律、行政法规对政府采购货物、服务的招标投标另有规定的，从其规定。

第八十四条　本条例自 2012 年 2 月 1 日起施行。

中华人民共和国电子签名法

（2004 年 8 月 28 日第十届全国人民代表大会常务委员会第十一次会议通过　根据 2015 年 4 月 24 日第十二届全国人民代表大会常务委员会第十四次会议《关于修改〈中华人民共和国电力法〉等六部法律的决定》修正）

目　录

第一章　总　则

第一条　为了规范电子签名行为，确立电子签名的法律效力，维护有关各方的合法权益，制定本法。

第二条　本法所称电子签名，是指数据电文中以电子形式所含、所附用于识别签名人身份并表明签名人认可其中内容的数据。

本法所称数据电文，是指以电子、光学、磁或者类似手段生成、发送、接收或者储存的信息。

第三条　民事活动中的合同或者其他文件、单证等文书，当事人可以约定使用或者不使用电子签名、数据电文。

当事人约定使用电子签名、数据电文的文书，不得仅因为其采用电子签名、数据电文的形式而否定其法律效力。

前款规定不适用下列文书：

（一）涉及婚姻、收养、继承等人身关系的；

（二）涉及土地、房屋等不动产权益转让的；

（三）涉及停止供水、供热、供气、供电等公用事业服务的；

（四）法律、行政法规规定的不适用电子文书的其他情形。

第二章　数据电文

第四条　能够有形地表现所载内容，并可以随时调取查用的数据电文，视为符合法律、法规要求的书面形式。

第五条　符合下列条件的数据电文，视为满足法律、法规规定的原件形式要求：

（一）能够有效地表现所载内容并可供随时调取查用；

（二）能够可靠地保证自最终形成时起，内容保持完整、未被更改。但是，在数据电文上增加背书以及数据交换、储存和显示过程中发生的形式变化不影响数据电文的完整性。

第六条　符合下列条件的数据电文，视为满足法律、法规规定的文件保存要求：

（一）能够有效地表现所载内容并可供随时调取查用；

（二）数据电文的格式与其生成、发送或者接收时的格式相同，或者格式不相同但是能够准确表现原来生成、发送或者接收的内容；

（三）能够识别数据电文的发件人、收件人以及发送、接收的时间。

第七条　数据电文不得仅因为其是以电子、光学、磁或者类似手段生成、发送、接收或者储存的而被拒绝作为证据使用。

第八条　审查数据电文作为证据的真实性，应当考虑以下因素：

（一）生成、储存或者传递数据电文方法的可靠性；

（二）保持内容完整性方法的可靠性；

（三）用以鉴别发件人方法的可靠性；

（四）其他相关因素。

第九条　数据电文有下列情形之一的，视为发件人发送：

（一）经发件人授权发送的；

（二）发件人的信息系统自动发送的；

（三）收件人按照发件人认可的方法对数据电文进行验证后结果相符的。

当事人对前款规定的事项另有约定的，从其约定。

第十条　法律、行政法规规定或者当事人约定数据电文需要确认收讫的，应当确认收讫。发件人收到收件人的收讫确认时，数据电文视为已经收到。

第十一条　数据电文进入发件人控制之外的某个信息系统的时间，视为该数据电文的发送时间。

收件人指定特定系统接收数据电文的，数据电文进入该特定系统的时间，视为该数据电文的接收时间；未指定特定系统的，数据电文进入收件人的任何系统的首次时间，视为该数据电文的接收时间。

当事人对数据电文的发送时间、接收时间另有约定的，从其约定。

第十二条　发件人的主营业地为数据电文的发送地点，收件人的主营业地为数据电文的接收地点。没有主营业地的，其经常居住地为发送或者接收地点。

当事人对数据电文的发送地点、接收地点另有约定的，从其约定。

第三章　电子签名与认证

第十三条　电子签名同时符合下列条件的，视为可靠的电子签名：

（一）电子签名制作数据用于电子签名时，属于电子签名人专有；

（二）签署时电子签名制作数据仅由电子签名人控制；

（三）签署后对电子签名的任何改动能够被发现；

（四）签署后对数据电文内容和形式的任何改动能够被发现。

当事人也可以选择使用符合其约定的可靠条件的电子签名。

第十四条　可靠的电子签名与手写签名或者盖章具有同等的法律效力。

第十五条　电子签名人应当妥善保管电子签名制作数据。电子签名人知悉电子签名制作数据已经失密或者可能已经失密时，应当及时告知有关各方，并终止使用该电子签名制作数据。

第十六条　电子签名需要第三方认证的，由依法设立的电子认证服务提供者提供认证服务。

第十七条　提供电子认证服务，应当具备下列条件：

（一）取得企业法人资格；

（二）具有与提供电子认证服务相适应的专业技术人员和管理人员；

（三）具有与提供电子认证服务相适应的资金和经营场所；

（四）具有符合国家安全标准的技术和设备；

（五）具有国家密码管理机构同意使用密码的证明文件；

（六）法律、行政法规规定的其他条件。

第十八条 从事电子认证服务，应当向国务院信息产业主管部门提出申请，并提交符合本法第十七条规定条件的相关材料。国务院信息产业主管部门接到申请后经依法审查，征求国务院商务主管部门等有关部门的意见后，自接到申请之日起四十五日内作出许可或者不予许可的决定。予以许可的，颁发电子认证许可证书；不予许可的，应当书面通知申请人并告知理由。

取得认证资格的电子认证服务提供者，应当按照国务院信息产业主管部门的规定在互联网上公布其名称、许可证号等信息。

第十九条 电子认证服务提供者应当制定、公布符合国家有关规定的电子认证业务规则，并向国务院信息产业主管部门备案。

电子认证业务规则应当包括责任范围、作业操作规范、信息安全保障措施等事项。

第二十条 电子签名人向电子认证服务提供者申请电子签名认证证书，应当提供真实、完整和准确的信息。

电子认证服务提供者收到电子签名认证证书申请后，应当对申请人的身份进行查验，并对有关材料进行审查。

第二十一条 电子认证服务提供者签发的电子签名认证证书应当准确无误，并应当载明下列内容：

（一）电子认证服务提供者名称；

（二）证书持有人名称；

（三）证书序列号；

（四）证书有效期；

（五）证书持有人的电子签名验证数据；

（六）电子认证服务提供者的电子签名；

（七）国务院信息产业主管部门规定的其他内容。

第二十二条 电子认证服务提供者应当保证电子签名认证证书内容在有效期内完整、准确，并保证电子签名依赖方能够证实或者了解电子签名认证证书所载内容及其他有关事项。

第二十三条 电子认证服务提供者拟暂停或者终止电子认证服务的，应当在暂停或者终止服务九十日前，就业务承接及其他有关事项通知有关各方。

电子认证服务提供者拟暂停或者终止电子认证服务的，应当在暂停或者终止服务六十日前向国务院信息产业主管部门报告，并与其他电子认证服务提供者就业务承接进行协商，作出妥善安排。

电子认证服务提供者未能就业务承接事项与其他电子认证服务提供者达成协议的，应当申请国务院信息产业主管部门安排其他电子认证服务提供者承接其业务。

电子认证服务提供者被依法吊销电子认证许可证书的，其业务承接事项的处理按照国务院信息产业主管部门的规定执行。

第二十四条　电子认证服务提供者应当妥善保存与认证相关的信息，信息保存期限至少为电子签名认证证书失效后五年。

第二十五条　国务院信息产业主管部门依照本法制定电子认证服务业的具体管理办法，对电子认证服务提供者依法实施监督管理。

第二十六条　经国务院信息产业主管部门根据有关协议或者对等原则核准后，中华人民共和国境外的电子认证服务提供者在境外签发的电子签名认证证书与依照本法设立的电子认证服务提供者签发的电子签名认证证书具有同等的法律效力。

第四章　法律责任

第二十七条　电子签名人知悉电子签名制作数据已经失密或者可能已经失密未及时告知有关各方、并终止使用电子签名制作数据，未向电子认证服务提供者提供真实、完整和准确的信息，或者有其他过错，给电子签名依赖方、电子认证服务提供者造成损失的，承担赔偿责任。

第二十八条　电子签名人或者电子签名依赖方因依据电子认证服务提供者提供的电子签名认证服务从事民事活动遭受损失，电子认证服务提供者不能证明自己无过错的，承担赔偿责任。

第二十九条　未经许可提供电子认证服务的，由国务院信息产业主管部门责令停止违法行为；有违法所得的，没收违法所得；违法所得三十万元以上的，处违法所得一倍以上三倍以下的罚款；没有违法所得或者违法所得不足三十万元的，处十万元以上三十万元以下的罚款。

第三十条　电子认证服务提供者暂停或者终止电子认证服务，未在暂停或者终止服务六十日前向国务院信息产业主管部门报告的，由国务院信息产业主管部门对其直接负责的主管人员处一万元以上五万元以下的罚款。

第三十一条　电子认证服务提供者不遵守认证业务规则、未妥善保存与认证相关的信息，或者有其他违法行为的，由国务院信息产业主管部门责令限期改正；逾期未改正的，吊销电子认证许可证书，其直接负责的主管人员和其他直接责任人员十年内不得从事电子认证服务。吊销电子认证许可证书的，应当予以公告并通知工商行政管理部门。

第三十二条　伪造、冒用、盗用他人的电子签名，构成犯罪的，依法追究刑事责任；给他人造成损失的，依法承担民事责任。

第三十三条 依照本法负责电子认证服务业监督管理工作的部门的工作人员，不依法履行行政许可、监督管理职责的，依法给予行政处分；构成犯罪的，依法追究刑事责任。

第五章 附 则

第三十四条 本法中下列用语的含义：

（一）电子签名人，是指持有电子签名制作数据并以本人身份或者以其所代表的人的名义实施电子签名的人；

（二）电子签名依赖方，是指基于对电子签名认证证书或者电子签名的信赖从事有关活动的人；

（三）电子签名认证证书，是指可证实电子签名人与电子签名制作数据有联系的数据电文或者其他电子记录；

（四）电子签名制作数据，是指在电子签名过程中使用的，将电子签名与电子签名人可靠地联系起来的字符、编码等数据；

（五）电子签名验证数据，是指用于验证电子签名的数据，包括代码、口令、算法或者公钥等。

第三十五条 国务院或者国务院规定的部门可以依据本法制定政务活动和其他社会活动中使用电子签名、数据电文的具体办法。

第三十六条 本法自 2005 年 4 月 1 日起施行。

中华人民共和国电子商务法

（2018 年 8 月 31 日第十三届全国人民代表大会常务委员会第五次会议通过
2018 年 8 月 31 日中华人民共和国主席令第七号公布 自 2019 年 1 月 1 日起施行）

目 录

第一章　总　则

第一条　为了保障电子商务各方主体的合法权益，规范电子商务行为，维护市场秩序，促进电子商务持续健康发展，制定本法。

第二条　中华人民共和国境内的电子商务活动，适用本法。

本法所称电子商务，是指通过互联网等信息网络销售商品或者提供服务的经营活动。

法律、行政法规对销售商品或者提供服务有规定的，适用其规定。金融类产品和服务，利用信息网络提供新闻信息、音视频节目、出版以及文化产品等内容方面的服务，不适用本法。

第三条　国家鼓励发展电子商务新业态，创新商业模式，促进电子商务技术研发和推广应用，推进电子商务诚信体系建设，营造有利于电子商务创新发展的市场环境，充分发挥电子商务在推动高质量发展、满足人民日益增长的美好生活需要、构建开放型经济方面的重要作用。

第四条　国家平等对待线上线下商务活动，促进线上线下融合发展，各级人民政府和有关部门不得采取歧视性的政策措施，不得滥用行政权力排除、限制市场竞争。

第五条　电子商务经营者从事经营活动，应当遵循自愿、平等、公平、诚信的原则，遵守法律和商业道德，公平参与市场竞争，履行消费者权益保护、环境保护、知识产权保护、网络安全与个人信息保护等方面的义务，承担产品和服务质量责任，接受政府和社会的监督。

第六条　国务院有关部门按照职责分工负责电子商务发展促进、监督管理等工作。县级以上地方各级人民政府可以根据本行政区域的实际情况，确定本行政区域内电子商务的部门职责划分。

第七条　国家建立符合电子商务特点的协同管理体系，推动形成有关部门、电子商务行业组织、电子商务经营者、消费者等共同参与的电子商务市场治理体系。

第八条　电子商务行业组织按照本组织章程开展行业自律，建立健全行业规范，推动行业诚信建设，监督、引导本行业经营者公平参与市场竞争。

第二章　电子商务经营者

第一节　一般规定

第九条　本法所称电子商务经营者，是指通过互联网等信息网络从事销售商品或者提供服务的经营活动的自然人、法人和非法人组织，包括电子商务平台经营者、平台内经营者以及通过自建网站、其他网络服务销售商品或者提供服务的电子商务经营者。

本法所称电子商务平台经营者，是指在电子商务中为交易双方或者多方提供网络经营场所、交易撮合、信息发布等服务，供交易双方或者多方独立开展交易活动的法人或者非法人组织。

本法所称平台内经营者，是指通过电子商务平台销售商品或者提供服务的电子商务经营者。

第十条　电子商务经营者应当依法办理市场主体登记。但是，个人销售自产农副产品、家庭手工业产品，个人利用自己的技能从事依法无须取得许可的便民劳务活动和零星小额交易活动，以及依照法律、行政法规不需要进行登记的除外。

第十一条　电子商务经营者应当依法履行纳税义务，并依法享受税收优惠。

依照前条规定不需要办理市场主体登记的电子商务经营者在首次纳税义务发生后，应当依照税收征收管理法律、行政法规的规定申请办理税务登记，并如实申报纳税。

第十二条　电子商务经营者从事经营活动，依法需要取得相关行政许可的，应当依法取得行政许可。

第十三条　电子商务经营者销售的商品或者提供的服务应当符合保障人身、财产安全的要求和环境保护要求，不得销售或者提供法律、行政法规禁止交易的商品或者服务。

第十四条　电子商务经营者销售商品或者提供服务应当依法出具纸质发票或者电子发票等购货凭证或者服务单据。电子发票与纸质发票具有同等法律效力。

第十五条　电子商务经营者应当在其首页显著位置，持续公示营业执照信息、与其经营业务有关的行政许可信息、属于依照本法第十条规定的不需要办理市场主体登记情形等信息，或者上述信息的链接标识。

前款规定的信息发生变更的，电子商务经营者应当及时更新公示信息。

第十六条　电子商务经营者自行终止从事电子商务的，应当提前三十日在首页显著位置持续公示有关信息。

第十七条 电子商务经营者应当全面、真实、准确、及时地披露商品或者服务信息，保障消费者的知情权和选择权。电子商务经营者不得以虚构交易、编造用户评价等方式进行虚假或者引人误解的商业宣传，欺骗、误导消费者。

第十八条 电子商务经营者根据消费者的兴趣爱好、消费习惯等特征向其提供商品或者服务的搜索结果的，应当同时向该消费者提供不针对其个人特征的选项，尊重和平等保护消费者合法权益。

电子商务经营者向消费者发送广告的，应当遵守《中华人民共和国广告法》的有关规定。

第十九条 电子商务经营者搭售商品或者服务，应当以显著方式提请消费者注意，不得将搭售商品或者服务作为默认同意的选项。

第二十条 电子商务经营者应当按照承诺或者与消费者约定的方式、时限向消费者交付商品或者服务，并承担商品运输中的风险和责任。但是，消费者另行选择快递物流服务提供者的除外。

第二十一条 电子商务经营者按照约定向消费者收取押金的，应当明示押金退还的方式、程序，不得对押金退还设置不合理条件。消费者申请退还押金，符合押金退还条件的，电子商务经营者应当及时退还。

第二十二条 电子商务经营者因其技术优势、用户数量、对相关行业的控制能力以及其他经营者对该电子商务经营者在交易上的依赖程度等因素而具有市场支配地位的，不得滥用市场支配地位，排除、限制竞争。

第二十三条 电子商务经营者收集、使用其用户的个人信息，应当遵守法律、行政法规有关个人信息保护的规定。

第二十四条 电子商务经营者应当明示用户信息查询、更正、删除以及用户注销的方式、程序，不得对用户信息查询、更正、删除以及用户注销设置不合理条件。

电子商务经营者收到用户信息查询或者更正、删除的申请的，应当在核实身份后及时提供查询或者更正、删除用户信息。用户注销的，电子商务经营者应当立即删除该用户的信息；依照法律、行政法规的规定或者双方约定保存的，依照其规定。

第二十五条 有关主管部门依照法律、行政法规的规定要求电子商务经营者提供有关电子商务数据信息的，电子商务经营者应当提供。有关主管部门应当采取必要措施保护电子商务经营者提供的数据信息的安全，并对其中的个人信息、隐私和商业秘密严格保密，不得泄露、出售或者非法向他人提供。

第二十六条 电子商务经营者从事跨境电子商务，应当遵守进出口监督管理的法律、行政法规和国家有关规定。

第二节 电子商务平台经营者

第二十七条 电子商务平台经营者应当要求申请进入平台销售商品或者提供服务的经营者提交其身份、地址、联系方式、行政许可等真实信息，进行核验、登记，建立登记档案，并定期核验更新。

电子商务平台经营者为进入平台销售商品或者提供服务的非经营用户提供服务，应当遵守本节有关规定。

第二十八条 电子商务平台经营者应当按照规定向市场监督管理部门报送平台内经营者的身份信息，提示未办理市场主体登记的经营者依法办理登记，并配合市场监督管理部门，针对电子商务的特点，为应当办理市场主体登记的经营者办理登记提供便利。

电子商务平台经营者应当依照税收征收管理法律、行政法规的规定，向税务部门报送平台内经营者的身份信息和与纳税有关的信息，并应当提示依照本法第十条规定不需要办理市场主体登记的电子商务经营者依照本法第十一条第二款的规定办理税务登记。

第二十九条 电子商务平台经营者发现平台内的商品或者服务信息存在违反本法第十二条、第十三条规定情形的，应当依法采取必要的处置措施，并向有关主管部门报告。

第三十条 电子商务平台经营者应当采取技术措施和其他必要措施保证其网络安全、稳定运行，防范网络违法犯罪活动，有效应对网络安全事件，保障电子商务交易安全。

电子商务平台经营者应当制定网络安全事件应急预案，发生网络安全事件时，应当立即启动应急预案，采取相应的补救措施，并向有关主管部门报告。

第三十一条 电子商务平台经营者应当记录、保存平台上发布的商品和服务信息、交易信息，并确保信息的完整性、保密性、可用性。商品和服务信息、交易信息保存时间自交易完成之日起不少于三年；法律、行政法规另有规定的，依照其规定。

第三十二条 电子商务平台经营者应当遵循公开、公平、公正的原则，制定平台服务协议和交易规则，明确进入和退出平台、商品和服务质量保障、消费者权益保护、个人信息保护等方面的权利和义务。

第三十三条 电子商务平台经营者应当在其首页显著位置持续公示平台服务协议和交易规则信息或者上述信息的链接标识，并保证经营者和消费者能够便利、完整地阅览和下载。

第三十四条　电子商务平台经营者修改平台服务协议和交易规则，应当在其首页显著位置公开征求意见，采取合理措施确保有关各方能够及时充分表达意见。修改内容应当至少在实施前七日予以公示。

平台内经营者不接受修改内容，要求退出平台的，电子商务平台经营者不得阻止，并按照修改前的服务协议和交易规则承担相关责任。

第三十五条　电子商务平台经营者不得利用服务协议、交易规则以及技术等手段，对平台内经营者在平台内的交易、交易价格以及与其他经营者的交易等进行不合理限制或者附加不合理条件，或者向平台内经营者收取不合理费用。

第三十六条　电子商务平台经营者依据平台服务协议和交易规则对平台内经营者违反法律、法规的行为实施警示、暂停或者终止服务等措施的，应当及时公示。

第三十七条　电子商务平台经营者在其平台上开展自营业务的，应当以显著方式区分标记自营业务和平台内经营者开展的业务，不得误导消费者。

电子商务平台经营者对其标记为自营的业务依法承担商品销售者或者服务提供者的民事责任。

第三十八条　电子商务平台经营者知道或者应当知道平台内经营者销售的商品或者提供的服务不符合保障人身、财产安全的要求，或者有其他侵害消费者合法权益行为，未采取必要措施的，依法与该平台内经营者承担连带责任。

对关系消费者生命健康的商品或者服务，电子商务平台经营者对平台内经营者的资质资格未尽到审核义务，或者对消费者未尽到安全保障义务，造成消费者损害的，依法承担相应的责任。

第三十九条　电子商务平台经营者应当建立健全信用评价制度，公示信用评价规则，为消费者提供对平台内销售的商品或者提供的服务进行评价的途径。

电子商务平台经营者不得删除消费者对其平台内销售的商品或者提供的服务的评价。

第四十条　电子商务平台经营者应当根据商品或者服务的价格、销量、信用等以多种方式向消费者显示商品或者服务的搜索结果；对于竞价排名的商品或者服务，应当显著标明“广告”。

第四十一条　电子商务平台经营者应当建立知识产权保护规则，与知识产权权利人加强合作，依法保护知识产权。

第四十二条　知识产权权利人认为其知识产权受到侵害的，有权通知电子商务平台经营者采取删除、屏蔽、断开链接、终止交易和服务等必要措施。通知应当包括构成侵权的初步证据。

电子商务平台经营者接到通知后，应当及时采取必要措施，并将该通知转送平台内经营者；未及时采取必要措施的，对损害的扩大部分与平台内经营者承担连带责任。

因通知错误造成平台内经营者损害的，依法承担民事责任。恶意发出错误通知，造成平台内经营者损失的，加倍承担赔偿责任。

第四十三条 平台内经营者接到转送的通知后，可以向电子商务平台经营者提交不存在侵权行为的声明。声明应当包括不存在侵权行为的初步证据。

电子商务平台经营者接到声明后，应当将该声明转送发出通知的知识产权权利人，并告知其可以向有关主管部门投诉或者向人民法院起诉。电子商务平台经营者在转送声明到达知识产权权利人后十五日内，未收到权利人已经投诉或者起诉通知的，应当及时终止所采取的措施。

第四十四条 电子商务平台经营者应当及时公示收到的本法第四十二条、第四十三条规定的通知、声明及处理结果。

第四十五条 电子商务平台经营者知道或者应当知道平台内经营者侵犯知识产权的，应当采取删除、屏蔽、断开链接、终止交易和服务等必要措施；未采取必要措施的，与侵权人承担连带责任。

第四十六条 除本法第九条第二款规定的服务外，电子商务平台经营者可以按照平台服务协议和交易规则，为经营者之间的电子商务提供仓储、物流、支付结算、交收等服务。电子商务平台经营者为经营者之间的电子商务提供服务，应当遵守法律、行政法规和国家有关规定，不得采取集中竞价、做市商等集中交易方式进行交易，不得进行标准化合约交易。

第三章 电子商务合同的订立与履行

第四十七条 电子商务当事人订立和履行合同，适用本章和《中华人民共和国民法总则》《中华人民共和国合同法》《中华人民共和国电子签名法》等法律的规定。

第四十八条 电子商务当事人使用自动信息系统订立或者履行合同的行为对使用该系统的当事人具有法律效力。

在电子商务中推定当事人具有相应的民事行为能力。但是，有相反证据足以推翻的除外。

第四十九条 电子商务经营者发布的商品或者服务信息符合要约条件的，用户选择该商品或者服务并提交订单成功，合同成立。当事人另有约定的，从其约定。

电子商务经营者不得以格式条款等方式约定消费者支付价款后合同不成立；格式条款等含有该内容的，其内容无效。

第五十条　电子商务经营者应当清晰、全面、明确地告知用户订立合同的步骤、注意事项、下载方法等事项，并保证用户能够便利、完整地阅览和下载。

电子商务经营者应当保证用户在提交订单前可以更正输入错误。

第五十一条　合同标的为交付商品并采用快递物流方式交付的，收货人签收时间为交付时间。合同标的为提供服务的，生成的电子凭证或者实物凭证中载明的时间为交付时间；前述凭证没有载明时间或者载明时间与实际提供服务时间不一致的，实际提供服务的时间为交付时间。

合同标的为采用在线传输方式交付的，合同标的进入对方当事人指定的特定系统并且能够检索识别的时间为交付时间。

合同当事人对交付方式、交付时间另有约定的，从其约定。

第五十二条　电子商务当事人可以约定采用快递物流方式交付商品。

快递物流服务提供者为电子商务提供快递物流服务，应当遵守法律、行政法规，并应当符合承诺的服务规范和时限。快递物流服务提供者在交付商品时，应当提示收货人当面查验；交由他人代收的，应当经收货人同意。

快递物流服务提供者应当按照规定使用环保包装材料，实现包装材料的减量化和再利用。

快递物流服务提供者在提供快递物流服务的同时，可以接受电子商务经营者的委托提供代收货款服务。

第五十三条　电子商务当事人可以约定采用电子支付方式支付价款。

电子支付服务提供者为电子商务提供电子支付服务，应当遵守国家规定，告知用户电子支付服务的功能、使用方法、注意事项、相关风险和收费标准等事项，不得附加不合理交易条件。电子支付服务提供者应当确保电子支付指令的完整性、一致性、可跟踪稽核和不可篡改。

电子支付服务提供者应当向用户免费提供对账服务以及最近三年的交易记录。

第五十四条　电子支付服务提供者提供电子支付服务不符合国家有关支付安全管理要求，造成用户损失的，应当承担赔偿责任。

第五十五条　用户在发出支付指令前，应当核对支付指令所包含的金额、收款人等完整信息。

支付指令发生错误的，电子支付服务提供者应当及时查找原因，并采取相关措施予以纠正。造成用户损失的，电子支付服务提供者应当承担赔偿责任，但能够证明支付错误非自身原因造成的除外。

第五十六条 电子支付服务提供者完成电子支付后，应当及时准确地向用户提供符合约定方式的确认支付的信息。

第五十七条 用户应当妥善保管交易密码、电子签名数据等安全工具。用户发现安全工具遗失、被盗用或者未经授权的支付的，应当及时通知电子支付服务提供者。

未经授权的支付造成的损失，由电子支付服务提供者承担；电子支付服务提供者能够证明未经授权的支付是因用户的过错造成的，不承担责任。

电子支付服务提供者发现支付指令未经授权，或者收到用户支付指令未经授权的通知时，应当立即采取措施防止损失扩大。电子支付服务提供者未及时采取措施导致损失扩大的，对损失扩大部分承担责任。

第四章　电子商务争议解决

第五十八条 国家鼓励电子商务平台经营者建立有利于电子商务发展和消费者权益保护的商品、服务质量担保机制。

电子商务平台经营者与平台内经营者协议设立消费者权益保证金的，双方应当就消费者权益保证金的提取数额、管理、使用和退还办法等作出明确约定。

消费者要求电子商务平台经营者承担先行赔偿责任以及电子商务平台经营者赔偿后向平台内经营者的追偿，适用《中华人民共和国消费者权益保护法》的有关规定。

第五十九条 电子商务经营者应当建立便捷、有效的投诉、举报机制，公开投诉、举报方式等信息，及时受理并处理投诉、举报。

第六十条 电子商务争议可以通过协商和解，请求消费者组织、行业协会或者其他依法成立的调解组织调解，向有关部门投诉，提请仲裁，或者提起诉讼等方式解决。

第六十一条 消费者在电子商务平台购买商品或者接受服务，与平台内经营者发生争议时，电子商务平台经营者应当积极协助消费者维护合法权益。

第六十二条 在电子商务争议处理中，电子商务经营者应当提供原始合同和交易记录。因电子商务经营者丢失、伪造、篡改、销毁、隐匿或者拒绝提供前述资料，致使人民法院、仲裁机构或者有关机关无法查明事实的，电子商务经营者应当承担相应的法律责任。

第六十三条 电子商务平台经营者可以建立争议在线解决机制，制定并公示争议解决规则，根据自愿原则，公平、公正地解决当事人的争议。

第五章　电子商务促进

第六十四条 国务院和省、自治区、直辖市人民政府应当将电子商务发展纳入国民经济和社会发展规划，制定科学合理的产业政策，促进电子商务创新发展。

第六十五条　国务院和县级以上地方人民政府及其有关部门应当采取措施，支持、推动绿色包装、仓储、运输，促进电子商务绿色发展。

第六十六条　国家推动电子商务基础设施和物流网络建设，完善电子商务统计制度，加强电子商务标准体系建设。

第六十七条　国家推动电子商务在国民经济各个领域的应用，支持电子商务与各产业融合发展。

第六十八条　国家促进农业生产、加工、流通等环节的互联网技术应用，鼓励各类社会资源加强合作，促进农村电子商务发展，发挥电子商务在精准扶贫中的作用。

第六十九条　国家维护电子商务交易安全，保护电子商务用户信息，鼓励电子商务数据开发应用，保障电子商务数据依法有序自由流动。

国家采取措施推动建立公共数据共享机制，促进电子商务经营者依法利用公共数据。

第七十条　国家支持依法设立的信用评价机构开展电子商务信用评价，向社会提供电子商务信用评价服务。

第七十一条　国家促进跨境电子商务发展，建立健全适应跨境电子商务特点的海关、税收、进出境检验检疫、支付结算等管理制度，提高跨境电子商务各环节便利化水平，支持跨境电子商务平台经营者等为跨境电子商务提供仓储物流、报关、报检等服务。

国家支持小型微型企业从事跨境电子商务。

第七十二条　国家进出口管理部门应当推进跨境电子商务海关申报、纳税、检验检疫等环节的综合服务和监管体系建设，优化监管流程，推动实现信息共享、监管互认、执法互助，提高跨境电子商务服务和监管效率。跨境电子商务经营者可以凭电子单证向国家进出口管理部门办理有关手续。

第七十三条　国家推动建立与不同国家、地区之间跨境电子商务的交流合作，参与电子商务国际规则的制定，促进电子签名、电子身份等国际互认。

国家推动建立与不同国家、地区之间的跨境电子商务争议解决机制。

第六章　法律责任

第七十四条　电子商务经营者销售商品或者提供服务，不履行合同义务或者履行合同义务不符合约定，或者造成他人损害的，依法承担民事责任。

第七十五条　电子商务经营者违反本法第十二条、第十三条规定，未取得相关行政许可从事经营活动，或者销售、提供法律、行政法规禁止交易的商品、服务，或者不履行本法第二十五条规定的信息提供义务，电子商务平台经营者违反本法第四十六条规定，采取集中交易方式进行交易，或者进行标准化合约交易的，依照有关法律、行政法规的规定处罚。

第七十六条 电子商务经营者违反本法规定，有下列行为之一的，由市场监督管理部门责令限期改正，可以处一万元以下的罚款，对其中的电子商务平台经营者，依照本法第八十一条第一款的规定处罚：

（一）未在首页显著位置公示营业执照信息、行政许可信息、属于不需要办理市场主体登记情形等信息，或者上述信息的链接标识的；

（二）未在首页显著位置持续公示终止电子商务的有关信息的；

（三）未明示用户信息查询、更正、删除以及用户注销的方式、程序，或者对用户信息查询、更正、删除以及用户注销设置不合理条件的。

电子商务平台经营者对违反前款规定的平台内经营者未采取必要措施的，由市场监督管理部门责令限期改正，可以处二万元以上十万元以下的罚款。

第七十七条 电子商务经营者违反本法第十八条第一款规定提供搜索结果，或者违反本法第十九条规定搭售商品、服务的，由市场监督管理部门责令限期改正，没收违法所得，可以并处五万元以上二十万元以下的罚款；情节严重的，并处二十万元以上五十万元以下的罚款。

第七十八条 电子商务经营者违反本法第二十一条规定，未向消费者明示押金退还的方式、程序，对押金退还设置不合理条件，或者不及时退还押金的，由有关主管部门责令限期改正，可以处五万元以上二十万元以下的罚款；情节严重的，处二十万元以上五十万元以下的罚款。

第七十九条 电子商务经营者违反法律、行政法规有关个人信息保护的规定，或者不履行本法第三十条和有关法律、行政法规规定的网络安全保障义务的，依照《中华人民共和国网络安全法》等法律、行政法规的规定处罚。

第八十条 电子商务平台经营者有下列行为之一的，由有关主管部门责令限期改正；逾期不改正的，处二万元以上十万元以下的罚款；情节严重的，责令停业整顿，并处十万元以上五十万元以下的罚款：

（一）不履行本法第二十七条规定的核验、登记义务的；

（二）不按照本法第二十八条规定向市场监督管理部门、税务部门报送有关信息的；

（三）不按照本法第二十九条规定对违法情形采取必要的处置措施，或者未向有关主管部门报告的；

（四）不履行本法第三十一条规定的商品和服务信息、交易信息保存义务的。

法律、行政法规对前款规定的违法行为的处罚另有规定的，依照其规定。

第八十一条　电子商务平台经营者违反本法规定，有下列行为之一的，由市场监督管理部门责令限期改正，可以处二万元以上十万元以下的罚款；情节严重的，处十万元以上五十万元以下的罚款：

（一）未在首页显著位置持续公示平台服务协议、交易规则信息或者上述信息的链接标识的；

（二）修改交易规则未在首页显著位置公开征求意见，未按照规定的时间提前公示修改内容，或者阻止平台内经营者退出的；

（三）未以显著方式区分标记自营业务和平台内经营者开展的业务的；

（四）未为消费者提供对平台内销售的商品或者提供的服务进行评价的途径，或者擅自删除消费者的评价的。

电子商务平台经营者违反本法第四十条规定，对竞价排名的商品或者服务未显著标明“广告”的，依照《中华人民共和国广告法》的规定处罚。

第八十二条　电子商务平台经营者违反本法第三十五条规定，对平台内经营者在平台内的交易、交易价格或者与其他经营者的交易等进行不合理限制或者附加不合理条件，或者向平台内经营者收取不合理费用的，由市场监督管理部门责令限期改正，可以处五万元以上五十万元以下的罚款；情节严重的，处五十万元以上二百万元以下的罚款。

第八十三条　电子商务平台经营者违反本法第三十八条规定，对平台内经营者侵害消费者合法权益行为未采取必要措施，或者对平台内经营者未尽到资质资格审核义务，或者对消费者未尽到安全保障义务的，由市场监督管理部门责令限期改正，可以处五万元以上五十万元以下的罚款；情节严重的，责令停业整顿，并处五十万元以上二百万元以下的罚款。

第八十四条　电子商务平台经营者违反本法第四十二条、第四十五条规定，对平台内经营者实施侵犯知识产权行为未依法采取必要措施的，由有关知识产权行政部门责令限期改正；逾期不改正的，处五万元以上五十万元以下的罚款；情节严重的，处五十万元以上二百万元以下的罚款。

第八十五条　电子商务经营者违反本法规定，销售的商品或者提供的服务不符合保障人身、财产安全的要求，实施虚假或者引人误解的商业宣传等不正当竞争行为，滥用市场支配地位，或者实施侵犯知识产权、侵害消费者权益等行为的，依照有关法律的规定处罚。

第八十六条　电子商务经营者有本法规定的违法行为的，依照有关法律、行政法规的规定记入信用档案，并予以公示。

第八十七条　依法负有电子商务监督管理职责的部门的工作人员，玩忽职守、滥用职权、徇私舞弊，或者泄露、出售或者非法向他人提供在履行职责中所知悉的个人信息、隐私和商业秘密的，依法追究法律责任。

第八十八条 违反本法规定，构成违反治安管理行为的，依法给予治安管理处罚；构成犯罪的，依法追究刑事责任。

第七章 附 则

第八十九条 本法自2019年1月1日起施行。

（二）买卖合同

最高人民法院
关于审理买卖合同纠纷案件适用法律问题的解释

法释〔2012〕8号

（2012年3月31日最高人民法院审判委员会第1545次会议通过
2012年5月10日最高人民法院公告公布 自2012年7月1日起施行）

为正确审理买卖合同纠纷案件，根据《中华人民共和国民法通则》、《中华人民共和国合同法》、《中华人民共和国物权法》、《中华人民共和国民事诉讼法》等法律的规定，结合审判实践，制定本解释。

一、买卖合同的成立及效力

第一条 当事人之间没有书面合同，一方以送货单、收货单、结算单、发票等主张存在买卖合同关系的，人民法院应当结合当事人之间的交易方式、交易习惯以及其他相关证据，对买卖合同是否成立作出认定。

对账确认函、债权确认书等函件、凭证没有记载债权人名称，买卖合同当事人一方以此证明存在买卖合同关系的，人民法院应予支持，但有相反证据足以推翻的除外。

第二条 当事人签订认购书、订购书、预订书、意向书、备忘录等预约合同，约定在将来一定期限内订立买卖合同，一方不履行订立买卖合同的义务，对方请求其承担预约合同违约责任或者要求解除预约合同并主张损害赔偿的，人民法院应予支持。

第三条 当事人一方以出卖人在缔约时对标的物没有所有权或者处分权为由主张合同无效的，人民法院不予支持。

出卖人因未取得所有权或者处分权致使标的物所有权不能转移，买受人要求出卖人承担违约责任或者要求解除合同并主张损害赔偿的，人民法院应予支持。

第四条　人民法院在按照合同法的规定认定电子交易合同的成立及效力的同时，还应当适用电子签名法的相关规定。

二、标的物交付和所有权转移

第五条　标的物为无需以有形载体交付的电子信息产品，当事人对交付方式约定不明确，且依照合同法第六十一条的规定仍不能确定的，买受人收到约定的电子信息产品或者权利凭证即为交付。

第六条　根据合同法第一百六十二条的规定，买受人拒绝接收多交部分标的物的，可以代为保管多交部分标的物。买受人主张出卖人负担代为保管期间的合理费用的，人民法院应予支持。

买受人主张出卖人承担代为保管期间非因买受人故意或者重大过失造成的损失的，人民法院应予支持。

第七条　合同法第一百三十六条规定的“提取标的物单证以外的有关单证和资料”，主要应当包括保险单、保修单、普通发票、增值税专用发票、产品合格证、质量保证书、质量鉴定书、品质检验证书、产品进出口检疫书、原产地证明书、使用说明书、装箱单等。

第八条　出卖人仅以增值税专用发票及税款抵扣资料证明其已履行交付标的物义务，买受人不认可的，出卖人应当提供其他证据证明交付标的物的事实。

合同约定或者当事人之间习惯以普通发票作为付款凭证，买受人以普通发票证明已经履行付款义务的，人民法院应予支持，但有相反证据足以推翻的除外。

第九条　出卖人就同一普通动产订立多重买卖合同，在买卖合同均有效的情况下，买受人均要求实际履行合同的，应当按照以下情形分别处理：

（一）先行受领交付的买受人请求确认所有权已经转移的，人民法院应予支持；

（二）均未受领交付，先行支付价款的买受人请求出卖人履行交付标的物等合同义务的，人民法院应予支持；

（三）均未受领交付，也未支付价款，依法成立在先合同的买受人请求出卖人履行交付标的物等合同义务的，人民法院应予支持。

第十条　出卖人就同一船舶、航空器、机动车等特殊动产订立多重买卖合同，在买卖合同均有效的情况下，买受人均要求实际履行合同的，应当按照以下情形分别处理：

（一）先行受领交付的买受人请求出卖人履行办理所有权转移登记手续等合同义务的，人民法院应予支持；

（二）均未受领交付，先行办理所有权转移登记手续的买受人请求出卖人履行交付标的物等合同义务的，人民法院应予支持；

（三）均未受领交付，也未办理所有权转移登记手续，依法成立在先合同的买受人请求出卖人履行交付标的物和办理所有权转移登记手续等合同义务的，人民法院应予支持；

（四）出卖人将标的物交付给买受人之一，又为其他买受人办理所有权转移登记，已受领交付的买受人请求将标的物所有权登记在自己名下的，人民法院应予支持。

三、标的物风险负担

第十一条 合同法第一百四十一条第二款第（一）项规定的“标的物需要运输的”，是指标的物由出卖人负责办理托运，承运人系独立于买卖合同当事人之外的运输业者的情形。标的物毁损、灭失的风险负担，按照合同法第一百四十五条的规定处理。

第十二条 出卖人根据合同约定将标的物运送至买受人指定地点并交付给承运人后，标的物毁损、灭失的风险由买受人负担，但当事人另有约定的除外。

第十三条 出卖人出卖交由承运人运输的在途标的物，在合同成立时知道或者应当知道标的物已经毁损、灭失却未告知买受人，买受人主张出卖人负担标的物毁损、灭失的风险的，人民法院应予支持。

第十四条 当事人对风险负担没有约定，标的物为种类物，出卖人未以装运单据、加盖标记、通知买受人等可识别的方式清楚地将标的物特定于买卖合同，买受人主张不负担标的物毁损、灭失的风险的，人民法院应予支持。

四、标的物检验

第十五条 当事人对标的物的检验期间未作约定，买受人签收的送货单、确认单等载明标的物数量、型号、规格的，人民法院应当根据合同法第一百五十七条的规定，认定买受人已对数量和外观瑕疵进行了检验，但有相反证据足以推翻的除外。

第十六条 出卖人依照买受人的指示向第三人交付标的物，出卖人和买受人之间约定的检验标准与买受人和第三人之间约定的检验标准不一致的，人民法院应当根据合同法第六十四条的规定，以出卖人和买受人之间约定的检验标准为标的物的检验标准。

第十七条　人民法院具体认定合同法第一百五十八条第二款规定的“合理期间”时，应当综合当事人之间的交易性质、交易目的、交易方式、交易习惯、标的物的种类、数量、性质、安装和使用情况、瑕疵的性质、买受人应尽的合理注意义务、检验方法和难易程度、买受人或者检验人所处的具体环境、自身技能以及其他合理因素，依据诚实信用原则进行判断。

合同法第一百五十八条第二款规定的“两年”是最长的合理期间。该期间为不变期间，不适用诉讼时效中止、中断或者延长的规定。

第十八条　约定的检验期间过短，依照标的物的性质和交易习惯，买受人在检验期间内难以完成全面检验的，人民法院应当认定该期间为买受人对外观瑕疵提出异议的期间，并根据本解释第十七条第一款的规定确定买受人对隐蔽瑕疵提出异议的合理期间。

约定的检验期间或者质量保证期间短于法律、行政法规规定的检验期间或者质量保证期间的，人民法院应当以法律、行政法规规定的检验期间或者质量保证期间为准。

第十九条　买受人在合理期间内提出异议，出卖人以买受人已经支付价款、确认欠款数额、使用标的物等为由，主张买受人放弃异议的，人民法院不予支持，但当事人另有约定的除外。

第二十条　合同法第一百五十八条规定的检验期间、合理期间、两年期间经过后，买受人主张标的物的数量或者质量不符合约定的，人民法院不予支持。

出卖人自愿承担违约责任后，又以上述期间经过为由翻悔的，人民法院不予支持。

五、违约责任

第二十一条　买受人依约保留部分价款作为质量保证金，出卖人在质量保证期间未及时解决质量问题而影响标的物的价值或者使用效果，出卖人主张支付该部分价款的，人民法院不予支持。

第二十二条　买受人在检验期间、质量保证期间、合理期间内提出质量异议，出卖人未按要求予以修理或者因情况紧急，买受人自行或者通过第三人修理标的物后，主张出卖人负担因此发生的合理费用的，人民法院应予支持。

第二十三条　标的物质量不符合约定，买受人依照合同法第一百一十一条的规定要求减少价款的，人民法院应予支持。当事人主张以符合约定的标的物和实际交付的标的物按交付时的市场价值计算差价的，人民法院应予支持。

价款已经支付，买受人主张返还减价后多出部分价款的，人民法院应予支持。

第二十四条 买卖合同对付款期限作出的变更，不影响当事人关于逾期付款违约金的约定，但该违约金的起算点应当随之变更。

买卖合同约定逾期付款违约金，买受人以出卖人接受价款时未主张逾期付款违约金为由拒绝支付该违约金的，人民法院不予支持。

买卖合同约定逾期付款违约金，但对账单、还款协议等未涉及逾期付款责任，出卖人根据对账单、还款协议等主张欠款时请求买受人依约支付逾期付款违约金的，人民法院应予支持，但对账单、还款协议等明确载有本金及逾期付款利息数额或者已经变更买卖合同中关于本金、利息等约定内容的除外。

买卖合同没有约定逾期付款违约金或者该违约金的计算方法，出卖人以买受人违约为由主张赔偿逾期付款损失的，人民法院可以中国人民银行同期同类人民币贷款基准利率为基础，参照逾期罚息利率标准计算。

第二十五条 出卖人没有履行或者不当履行从给付义务，致使买受人不能实现合同目的，买受人主张解除合同的，人民法院应当根据合同法第九十四条第（四）项的规定，予以支持。

第二十六条 买卖合同因违约而解除后，守约方主张继续适用违约金条款的，人民法院应予支持；但约定的违约金过分高于造成的损失的，人民法院可以参照合同法第一百一十四条第二款的规定处理。

第二十七条 买卖合同当事人一方以对方违约为由主张支付违约金，对方以合同不成立、合同未生效、合同无效或者不构成违约等为由进行免责抗辩而未主张调整过高的违约金的，人民法院应当就法院若不支持免责抗辩，当事人是否需要主张调整违约金进行释明。

一审法院认为免责抗辩成立且未予释明，二审法院认为应当判决支付违约金的，可以直接释明并改判。

第二十八条 买卖合同约定的定金不足以弥补一方违约造成的损失，对方请求赔偿超过定金部分的损失的，人民法院可以并处，但定金和损失赔偿的数额总和不应高于因违约造成的损失。

第二十九条 买卖合同当事人一方违约造成对方损失，对方主张赔偿可得利益损失的，人民法院应当根据当事人的主张，依据合同法第一百一十三条、第一百一十九条、本解释第三十条、第三十一条等规定进行认定。

第三十条 买卖合同当事人一方违约造成对方损失，对方对损失的发生也有过错，违约方主张扣减相应的损失赔偿额的，人民法院应予支持。

第三十一条　买卖合同当事人一方因对方违约而获有利益，违约方主张从损失赔偿额中扣除该部分利益的，人民法院应予支持。

第三十二条　合同约定减轻或者免除出卖人对标的物的瑕疵担保责任，但出卖人故意或者因重大过失不告知买受人标的物的瑕疵，出卖人主张依约减轻或者免除瑕疵担保责任的，人民法院不予支持。

第三十三条　买受人在缔约时知道或者应当知道标的物质量存在瑕疵，主张出卖人承担瑕疵担保责任的，人民法院不予支持，但买受人在缔约时不知道该瑕疵会导致标的物的基本效用显著降低的除外。

六、所有权保留

第三十四条　买卖合同当事人主张合同法第一百三十四条关于标的物所有权保留的规定适用于不动产的，人民法院不予支持。

第三十五条　当事人约定所有权保留，在标的物所有权转移前，买受人有下列情形之一，对出卖人造成损害，出卖人主张取回标的物的，人民法院应予支持：

（一）未按约定支付价款的；

（二）未按约定完成特定条件的；

（三）将标的物出卖、出质或者作出其他不当处分的。

取回的标的物价值显著减少，出卖人要求买受人赔偿损失的，人民法院应予支持。

第三十六条　买受人已经支付标的物总价款的百分之七十五以上，出卖人主张取回标的物的，人民法院不予支持。

在本解释第三十五条第一款第（三）项情形下，第三人依据物权法第一百零六条的规定已经善意取得标的物所有权或者其他物权，出卖人主张取回标的物的，人民法院不予支持。

第三十七条　出卖人取回标的物后，买受人在双方约定的或者出卖人指定的回赎期间内，消除出卖人取回标的物的事由，主张回赎标的物的，人民法院应予支持。

买受人在回赎期间内没有回赎标的物的，出卖人可以另行出卖标的物。

出卖人另行出卖标的物的，出卖所得价款依次扣除取回和保管费用、再交易费用、利息、未清偿的价金后仍有剩余的，应返还原买受人；如有不足，出卖人要求原买受人清偿的，人民法院应予支持，但原买受人有证据证明出卖人另行出卖的价格明显低于市场价格的除外。

七、特种买卖

第三十八条　合同法第一百六十七条第一款规定的“分期付款”，系指买受人将应付的总价款在一定期间内至少分三次向出卖人支付。

分期付款买卖合同的约定违反合同法第一百六十七条第一款的规定，损害买受人利益，买受人主张该约定无效的，人民法院应予支持。

第三十九条 分期付款买卖合同约定出卖人在解除合同时可以扣留已受领价金，出卖人扣留的金额超过标的物使用费以及标的物受损赔偿额，买受人请求返还超过部分的，人民法院应予支持。

当事人对标的物的使用费没有约定的，人民法院可以参照当地同类标的物的租金标准确定。

第四十条 合同约定的样品质量与文字说明不一致且发生纠纷时当事人不能达成合意，样品封存后外观和内在品质没有发生变化的，人民法院应当以样品为准；外观和内在品质发生变化，或者当事人对是否发生变化有争议而又无法查明的，人民法院应当以文字说明为准。

第四十一条 试用买卖的买受人在试用期内已经支付一部分价款的，人民法院应当认定买受人同意购买，但合同另有约定的除外。

在试用期内，买受人对标的物实施了出卖、出租、设定担保物权等非试用行为的，人民法院应当认定买受人同意购买。

第四十二条 买卖合同存在下列约定内容之一的，不属于试用买卖。买受人主张属于试用买卖的，人民法院不予支持：

（一）约定标的物经过试用或者检验符合一定要求时，买受人应当购买标的物；

（二）约定第三人经试验对标的物认可时，买受人应当购买标的物；

（三）约定买受人在一定期间内可以调换标的物；

（四）约定买受人在一定期间内可以退还标的物。

第四十三条 试用买卖的当事人没有约定使用费或者约定不明确，出卖人主张买受人支付使用费的，人民法院不予支持。

八、其他问题

第四十四条 出卖人履行交付义务后诉请买受人支付价款，买受人以出卖人违约在先为由提出异议的，人民法院应当按照下列情况分别处理：

（一）买受人拒绝支付违约金、拒绝赔偿损失或者主张出卖人应当采取减少价款等补救措施的，属于提出抗辩；

（二）买受人主张出卖人应支付违约金、赔偿损失或者要求解除合同的，应当提起反诉。

第四十五条 法律或者行政法规对债权转让、股权转让等权利转让合同有规定的，依照其规定；没有规定的，人民法院可以根据合同法第一百二十四条和第一百七十四条的规定，参照适用买卖合同的有关规定。

权利转让或者其他有偿合同参照适用买卖合同的有关规定的，人民法院应当首先引用合同法第一百七十四条的规定，再引用买卖合同的有关规定。

第四十六条　本解释施行前本院发布的有关购销合同、销售合同等有偿转移标的物所有权的合同的规定，与本解释抵触的，自本解释施行之日起不再适用。

本解释施行后尚未终审的买卖合同纠纷案件，适用本解释；本解释施行前已经终审，当事人申请再审或者按照审判监督程序决定再审的，不适用本解释。

【链　接】

最高人民法院民二庭负责人就《关于审理买卖合同纠纷案件适用法律问题的解释》答记者问

2012 年 5 月 10 日，最高人民法院公告发布了《关于审理买卖合同纠纷案件适用法律问题的解释》（以下简称《解释》）。该《解释》自 2012 年 7 月 1 日施行。最高人民法院民二庭负责人近日在接受记者采访时表示，买卖合同是所有有偿合同的典范，是社会经济生活中最典型、最普遍、最基本的交易形式。《解释》的公布实施，对于鼓励市场交易，促进市场经济发展，维护公平交易秩序，推动诚信体系建设，维护法律适用统一等，均具有重要意义。

一、问：最高人民法院在 2012 年 5 月 10 日公告发布了《最高人民法院关于审理买卖合同纠纷案件适用法律问题的解释》（以下简称《解释》），请您谈谈为何要出台该《解释》？

答：买卖合同是所有有偿合同的典范，是社会经济生活中最典型、最普遍、最基本的交易形式。人民法院司法统计数据显示，民商事纠纷案件中的很多案件是买卖合同纠纷；即便是 2008 年全球金融危机蔓延过程中发生的民商事纠纷，买卖合同纠纷数量也是位居首位。无论是交易实践还是审判实务，均表明：买卖合同是现实经济生活中最基本、最常见、也最重要的交易形式。合同法第九章通过 46 个条文规定了买卖合同法则，居于合同法分则规定的有名合同之首，买卖合同案件审理中需要遵循的原则和判断标准亦常为其他有名合同所借鉴，因此，在合同法分则中占据统领地位的买卖合同章堪称合同法的“小总则”。

然而，由于合同法第九章的46个条文难以涵盖买卖合同关系的复杂性和多样性以及市场交易日新月异的变化，特别是在合同法施行以来，各级人民法院在贯彻适用合同法第九章的过程中，遇到诸多新情况和新问题。对买卖合同相关规定的不同理解，导致民商事审判实践对合同法买卖合同章及相关规定的适用上存在较大差异，从而影响了司法的严肃性和统一性。为了及时指导各级人民法院公正审理买卖合同纠纷案件，依法保护当事人的合法权益，规范市场交易行为，提高买卖合同法则的可操作性，最高人民法院于2000年3月正式立项，决定制定关于审理买卖合同纠纷案件适用法律问题的司法解释，并委派民二庭负责起草。

最高人民法院民二庭对该司法解释进行了深入调研和充分论证，广泛征求了各级人民法院、全国人大法工委、国务院法制办、商务部、工商总局、住房和城乡建设保障部、中国人民银行等各部门意见。特别是多次征求合同法起草人梁慧星教授、王利明教授、崔建远教授以及合同法专家韩世远教授、王轶教授、刘凯湘教授、李永军教授的意见。为了使司法解释更符合市场交易实际和审判实践的要求，更好地保护各方当事人的合法权益，我们还通过最高人民法院网向社会公开征求意见。该司法解释起草工作历时十二年，起草十二稿。2012年3月31日最高人民法院审判委员会第1545次会议讨论通过了该司法解释。

《解释》包括8个部分，总计46条，主要对买卖合同的成立及效力、标的物交付和所有权转移、标的物毁损灭失的风险负担、标的物的检验、违约责任、所有权保留、特种买卖等方面如何具体适用法律作出明确的规定。

二、问：合同的效力认定对于市场交易发展和交易秩序稳定影响甚巨，请问《解释》在买卖合同效力的认定方面有何新的进展？

答：现代合同法或买卖法最为重要的基本精神或价值目标就是鼓励合同交易，增进社会财富。市场交易越频繁，市场经济越能充分发展，社会财富和国家财富越能迅速增加。实践不断证明，随着社会关系的日益复杂和市场经济日益繁荣，不适当地宣告合同无效，不仅增加交易成本、阻碍经济发展，而且不利于对当事人意志的尊重，甚至导致民事主体对民商法的信仰危机。合同法颁行之后，为了保障交易的安全顺利进行，保障我国经济顺利转型，提升国家经济实力，最高人民法院贯彻“鼓励交易、增加财富”的原则，发布《合同法解释（一）》和《合同法解释（二）》等司法解释，严格规制对合同的无效认定。例如，其特别强调，人民法院确认合同无效的依据，只能是全国人大及其常委会制订的法律和国务院制定的行政法规，绝对不能再以地方性法规、行政规章作为依据。并对合同法第52条第（五）项规定的“强制性规定”做出限缩性解释，即“强制性规定是指效力性强制性规定”，进一步减少了认定合同无效的事由。

鉴于买卖合同是社会经济生活中最典型、最普遍、最基本的交易形式，买卖合同的效力不仅事关交易关系的稳定和当事人合法权益之保护，而且关涉市场经济的健康发展。因此，《解释》继续遵循该原则和司法立场，针对在市场交易活动中存在形形色色的预约，诸如认购书、订购书、预订书、意向书、允诺书、备忘录等预约的法律效力，明确承认其独立契约效力，固定双方交易机会，制裁恶意预约人。对于实务中常见的出卖人在缔约和履约时没有所有权或处分权的买卖合同的效力问题，明确地予以肯定，旨在防止大量买卖合同遭遇无效认定之命运，更周到地保护买受人之权益，明晰交易主体之间的法律关系，强化社会信用，维持交易秩序，确保市场交易顺畅，推动市场经济更加健康有序地发展。

三、问：在当前买卖合同交易实践中，违背诚信、有失公平的行为屡见不鲜，请问《解释》在维护诚信原则，保护当事人合法权益，保障市场公平交易秩序方面有何具体体现？

答：在买卖合同交易实务中，经常出现当事人在买卖合同中订入不公平条款或有违诚信之内容，这既侵害了对方当事人的合法权益，也损害了社会公共利益和市场交易秩序。有鉴于此，《解释》在制定中，始终在对双方当事人平等保护的前提下，注重规制和制裁违背诚信之行为，以实现双方权益平衡，维护公平交易秩序。试举几例：第一，在动产一物数卖情形中，各买受人均要求实际履行合同的，《解释》基于诚实信用原则，否定了出卖人的自主选择权。第二，在路货买卖中，出卖人在缔约时已经知道风险事实却故意隐瞒风险事实的，《解释》规定风险由出卖人负担。第三，对标的物检验期间或者质量保证期约定过短导致买受人难以在检验期间内完成全面检验的情形，《解释》明确规定人民法院应当认定该期间为买受人对外观瑕疵提出异议的期间，并根据本解释规定确定买受人对隐蔽瑕疵提出异议的合理期间，以此彰显对处于弱势地位的买受人利益的保护。第四，对标的物异议期间经过后的出卖人自愿承担违约责任后又翻悔的，《解释》明确规定出卖人自愿承担违约责任后，不得以期间经过为由翻悔，意在体现和维护诚实信用原则。第五，对出卖人明知标的物有瑕疵而故意不告知买受人时的瑕疵担保责任减免特约的效力认定问题，《解释》认为，虽然买卖合同当事人可以通过特约减免出卖人的瑕疵担保责任，但在出卖人明知标的物有瑕疵而故意或者因重大过失而不告知买受人时，属于隐瞒事实真相的欺诈行为，有悖诚实信用原则，因此对于这种特约的效力，人民法院不予支持。第六，对当事人特约违反合同法第167条第1款规定时的效力认定等问题，鉴于合同法第167条第1款的目的在于保护买受人的期限利益，旨在体现分期付款买卖的制度功能。因此，如果当事人的特约违反上述规定，损害了买受人的期限利益的，《解释》规定不应承认该约定的效力。因此，《解释》的公布和实施，对于保护买卖合同当事人的合法权益，维护社会主义市场经济公平交易秩序，具有十分重要的意义。

四、问：在现实生活中，存在大量的以无实物载体的电子信息产品为标的物的买卖合同。此类买卖合同是否适用该《解释》？如何认定这些电子信息产品的交付方式？

答：近二三十年来，随着信息技术的发展和网络的普及，以电子信息产品为交易对象的买卖合同的数量和交易额日益增加，成为买卖合同中越来越重要的交易类型。传统的买卖合同的标的物均为有体物，而电子信息产品却与此不同，它既可以存储于特定的实物载体，如刻录在光盘上的音乐作品；也可以脱离于有体物，以数字化编码的形式存储于计算机系统中。对于标的物是有物质载体的电子信息产品的买卖合同而言，在交付规则上，与一般的买卖合同无异，应适用合同法及《解释》的规定。对于标的物是无实物载体的电子信息产品的买卖合同而言，虽然买卖双方并未实际交付有体物，但仍是以出卖人向买受人交付电子信息产品、买受人给付价款的方式履行合同。因此，在我国未就电子信息产品的买卖交易制定专门的法律法规以前，应当适用合同法及《解释》的规定。

无实物载体的电子信息产品具有显著区别于传统买卖合同标的物的特征，例如不以实物承载为必要、使用后无损耗、其本身易于复制并可迅速传播等等。因此，对于标的物是无实物载体的信息产品买卖合同而言，其法律规则具有一定的特殊性。就交付问题而言，合同法中有关买卖合同的交付方式的规定均以有体物的交付为原型，但信息产品已经逐步脱离了实物载体的束缚，更多的是以电子化的方式传送，以在线接收或者网络下载的方式实现交付，买卖双方都不接触实物载体，这与传统的买卖合同中，出卖人向买受人转移对标的物的占有，并转移标的物所有权的交付方式有较大差异。

那么如何认定无实物载体的电子信息产品的交付呢？《解释》对此作出专门规定。首先，如果买卖双方对交付问题有约定的，遵照其约定；没有约定或者约定不明的，当事人可以协议补充；不能达成补充协议的，按照合同有关条款或者交易习惯确定。如果按照上述规则仍不能确定的，买受人收到约定的电子信息产品或者权利凭证即为交付。换言之，《解释》根据电子信息产品的特点，确定了两种具体的交付方式：一是交付权利凭证，二是以在线网络传输的方式接收或者下载该信息产品。

对第一种交付方式而言，买卖双方交付的并非电子信息产品本身，而是仅交付电子信息产品的权利凭证，比如访问或使用特定信息产品的密码。在此情形下，买受人取得权利凭证后，即可自由决定取得、使用该电子信息产品的时间，因此，不宜以买受人收到该电子信息产品为标准来确定交付是否完成，买受人收到该电子信息产品权利凭证的，即应认定出卖人已完成交付义务。

对第二种交付方式而言，买卖双方以电子数据在线传输方式实现电子信息产品的交付。信息产品的传输过程包括出卖人发出信息产品和买受人接收信息产品两个不同阶段。由于技术、网络、计算机系统的原因，出卖人发出电子信息产品并不必然引起买受人收到信息产品的后果。因此，如果以出卖人发出电子信息产品为交付标准，有可能产生买受人虽未能实际接收到该电子信息产品，仍须承担给付价款的合同义务的法律后果，难免有失公允。考虑到电子信息产品的出卖人在电子信息产品的制作及传输方式选择方面有更明显的优势地位，《解释》规定，以买受人收到约定的电子信息产品为完成交付的标准。

五、问：买卖合同成立后标的物如果出现毁损、灭失的情况，应由哪一方当事人承担损失，一直是困扰审判实践的疑难问题，司法解释对标的物的风险负担有什么新的规定？

答：风险负担制度是在合同双方当事人之间对标的物毁损、灭失的不幸损害进行合理分配的制度，一直被视为买卖合同中的核心制度。在买卖合同中，风险由谁负担就意味着谁将承担不利的后果，关涉买卖双方当事人最根本之利益，对买卖双方关系重大。特别需要指出的是，对因标的物毁损、灭失所造成的损失，还面临着谁有权向加害人索赔或向保险人理赔的问题。因此，各国立法对如何在当事人之间适当分配风险，均设计了相应的风险负担制度规则，我国《合同法》在买卖合同章也对此作出专门规定。

随着我国社会经济不断发展，经济贸易日益活跃，合同双方当事人因风险负担问题发生纠纷的案件数量呈现上升趋势。针对审判实践中反映出来的法律适用问题，《解释》通过四个条文对《合同法》的相关规定进行解释和补充：其一，明确了送交买卖中“标的物需要运输的”情况下承运人的身份。承运人是指独立于买卖合同当事人之外的运输业者。这种情况下的承运人不是出卖人或买受人的履行辅助人，这就有别于卖方送货上门的赴偿之债和买方自提的往取之债。其二，补充了特定地点货交承运人的风险负担规则。合同约定在买受人指定地点将标的物交付给承运人的，出卖人将标的物运送至指定地点并交付给承运人后，标的物毁损、灭失的风险由买受人承担。其三，对路货买卖中出卖人隐瞒风险发生事实的风险负担作出补充规定。出卖人在合同成立时知道或应当知道标的物已经毁损、灭失却未告知买受人的，买受人不承担合同成立之前的标的物毁损、灭失风险。其四，对大宗货物买卖中出卖人批量托运货物以履行数份合同或托运超量货物去履行其中一份合同情况下的风险负担进行了明确，规定如果出卖人未以装运单据、加盖标记、通知买受人等可识别的方式清楚地将作为标的物的种类物特定于买卖合同项下，标的物毁损、灭失的风险由出卖人负担。

六、问：可得利益损失的认定既可谓买卖合同违约纠纷中经常出现的问题，也堪称民商审判实务难点问题。请问《解释》在认定可得利益损失方面有何精神？对此是如何规定的？

答：的确，可得利益损失的认定是买卖合同违约责任认定中的疑难问题。多年来，由于相关认定规则比较模糊并难以把握，致使审判实践口径不一，不少法官在判决中并不支持可得利益损失。为此，《解释》根据合同法的规定、民法原理以及审判实践经验，对可得利益损失的认定作出了具有可操作性的解释和规定。具体而言，买卖合同违约后可得利益损失计算通常运用四个规则，即合同法第 113 条规定的可预见规则、第 119 条规定的减损规则、与有过失规则以及损益相抵规则，《解释》通过三个条文对此进行明确规定。特别是《解释》第 30 条关于“与有过失规则”和第 31 条关于“损益相抵规则”的规定，填补了合同法在相关规则方面的空白和漏洞。值得注意的是，可得利益损失的计算和认定，与举证责任分配密切相关。最高人民法院曾于 2009 年发布《关于当前形势下审理民商事合同纠纷案件若干问题的指导意见》，该指导意见对可得利益损失认定提出举证责任的分配规则，即违约方一般应当承担非违约方没有采取合理减损措施而导致损失扩大、非违约方因违约而获得利益，以及非违约方亦有过失的举证责任；非违约方应当承担其遭受的可得利益损失总额、必要的交易成本的举证责任。为了保障可得利益损失认定规则的实务操作性，人民法院在根据《解释》认定可得利益损失时，应当结合上述指导意见的规定予以正确适用。

七、问：合同法第 158 条关于标的物检验的“合理期间”是一个实践中颇难把握的问题。请问《解释》对此是如何规定的？

答：审判实践中对于标的物的检验合理期间如何确定，颇难把握；对于如何认定检验期间经过后的法律效果，分歧较大。《解释》对此作出明确规定。针对合同法第 158 条第 2 款规定的“合理期间”的确定问题，《解释》第 17 条考虑到标的物种类繁多且瑕疵类别多样，对确定“合理期间”的考量因素进行了提示性列举，赋予法官依照诚实信用原则，根据交易的性质、目的、标的物的种类、瑕疵性质、检验方法等多种因素进行综合考量的自由裁量权。此外，理论界和实务界对于合同法第 158 条规定的“两年”的性质存在是“诉讼时效”还是“除斥期间”之争，《解释》将其界定为不变期间，该期间不适用诉讼时效中止、中断或者延长的规定。对于审判实务中争议较大的异议期间经过后的法律效果问题，《解释》认为，合同法第 158 条规定的“视为标的物的数量和质量符合约定”属于法律拟制，异议期间的经过将会使买受人丧失相应的法律救济权和期限利益，不能被证据所推翻；但基于诚实信用原则，出卖人自愿承担违约责任后，不得以期间经过为由翻悔。

八、问：所有权保留制度是买卖关系中非常重要的制度，但合同法对该制度规定得非常原则。请问《解释》对于该制度作出了哪些更具操作性的解释和规定？是如何考虑的？

答：所有权保留是指买卖合同中买受人先占有、使用标的物，但在双方当事人约定的特定条件成就前出卖人仍保留标的物的所有权，条件成就后标的物所有权才转移给买受人的制度。合同法第 134 条虽然对所有权保留制度作出规定，但过于原则和简略。该制度在实务操作中面临着诸如适用范围如何，当事人之间权利义务保护机制等亟待明确的问题。因此，《解释》的一个主要任务和内容就是要细化所有权保留制度，进一步提高该制度的实务操作性。为此，《解释》在第 34 条至第 37 条，通过 4 个条文、8 款规定对该制度作出了颇具操作性的具体解释。

我们在解释和规定所有权保留制度相关规则时，主要考虑以下几方面的问题：

第一，关于所有权保留制度的适用范围问题。由于合同法第 134 条未对所有权保留买卖的适用对象作出限制，导致学界和实务界对此存在分歧，消费市场上也存在一些以所有权保留方式买卖房屋的行为。我们认为，所有权保留制度不应适用于不动产。首先，由于不动产买卖完成转移登记后所有权即发生变动，此时双方再通过约定进行所有权保留，明显违背法律规定。其次，在转移登记的情况下双方还采用所有权保留，出卖人的目的是为担保债权实现，买受人的目的在于防止出卖人一物二卖，物权法第 20 条规定的预告登记制度足以满足买卖双方所需，因此没有必要采取所有权保留的方式。特别是，转移登记是不动产所有权变动的要件，在转移登记完成前不动产所有权不会发生变动，买受人即使占有使用标的物，只要双方不转移登记，出卖人仍然享有所有权，当然也就可以保障债权，所以更无必要进行所有权保留。最后，综观境外立法及司法实践，大多认为该制度仅适用于动产交易。因此，《解释》明确规定，所有权保留制度不适用于不动产。

第二，关于出卖人权利的保护机制及其限制问题。出卖人保留所有权的主要目的就是担保价款债权实现，在买受人的行为会对出卖人的债权造成损害时，应当允许出卖人取回标的物以防止利益受损。买受人的上述行为一般包括未按约定支付价款，或者未依约完成特定条件，或者对标的物进行不当处分等。出卖人取回标的物后，在特定期间买受人如果没有向出卖人回赎标的物，出卖人可以将标的物另行出卖并以出卖后的价款弥补债权损失；不足以弥补债权损失的，出卖人还可以向买受人请求赔偿。但出卖人的取回权并非绝对，其亦应受到限制：其一，应受善意取得制度的限制。如果标的物被买受人处分给第三人，该第三人又符合物权法第106条关于善意取得的规定，则出卖人不得取回标的物。其二，应受买受人已支付价款数额的限制。如果买受人已支付的价款达到总价款的百分之七十五以上时，我们认为出卖人的利益已经基本实现，其行使取回权会对买受人利益影响较大，此时应兼顾买受人利益而适当限制出卖人取回权。

第三，关于买受人的回赎权问题。买受人由于对标的物的占有使用已与其形成了一定的利益关系，买受人对出卖人完全转移标的物所有权也具有一定的期待，这种利益关系及期待应予保护。出卖人取回标的物后，买受人可以在特定期间通过消除相应的取回事由而请求回赎标的物，此时出卖人不得拒绝，而应将标的物返还给买受人。可见，买受人并不是处于完全消极的地位，只要积极恰当地履行义务，买受人的利益还是能够得到保障。

最高人民法院
关于审理商品房买卖合同纠纷案件适用法律若干问题的解释

法释〔2003〕7号

（2003年3月24日最高人民法院审判委员会第1267次会议通过
2003年4月28日最高人民法院公告公布　自2003年6月1日起施行）

为正确、及时审理商品房买卖合同纠纷案件，根据《中华人民共和国民法通则》、《中华人民共和国合同法》、《中华人民共和国城市房地产管理法》、《中华人民共和国担保法》等相关法律，结合民事审判实践，制定本解释。

第一条　本解释所称的商品房买卖合同，是指房地产开发企业（以下统称为出卖人）将尚未建成或者已竣工的房屋向社会销售并转移房屋所有权于买受人，买受人支付价款的合同。

第二条　出卖人未取得商品房预售许可证明，与买受人订立的商品房预售合同，应当认定无效，但是在起诉前取得商品房预售许可证明的，可以认定有效。

第三条　商品房的销售广告和宣传资料为要约邀请，但是出卖人就商品房开发规划范围内的房屋及相关设施所作的说明和允诺具体确定，并对商品房买卖合同的订立以及房屋价格的确定有重大影响的，应当视为要约。该说明和允诺即使未载入商品房买卖合同，亦应当视为合同内容，当事人违反的，应当承担违约责任。

第四条　出卖人通过认购、订购、预订等方式向买受人收受定金作为订立商品房买卖合同担保的，如果因当事人一方原因未能订立商品房买卖合同，应当按照法律关于定金的规定处理；因不可归责于当事人双方的事由，导致商品房买卖合同未能订立的，出卖人应当将定金返还买受人。

第五条　商品房的认购、订购、预订等协议具备《商品房销售管理办法》第十六条规定的商品房买卖合同的主要内容，并且出卖人已经按照约定收受购房款的，该协议应当认定为商品房买卖合同。

第六条　当事人以商品房预售合同未按照法律、行政法规规定办理登记备案手续为由，请求确认合同无效的，不予支持。

当事人约定以办理登记备案手续为商品房预售合同生效条件的，从其约定，但当事人一方已经履行主要义务，对方接受的除外。

第七条　拆迁人与被拆迁人按照所有权调换形式订立拆迁补偿安置协议，明确约定拆迁人以位置、用途特定的房屋对被拆迁人予以补偿安置，如果拆迁人将该补偿安置房屋另行出卖给第三人，被拆迁人请求优先取得补偿安置房屋的，应予支持。

被拆迁人请求解除拆迁补偿安置协议的，按照本解释第八条的规定处理。

第八条　具有下列情形之一，导致商品房买卖合同目的不能实现的，无法取得房屋的买受人可以请求解除合同、返还已付购房款及利息、赔偿损失，并可以请求出卖人承担不超过已付购房款一倍的赔偿责任：

（一）商品房买卖合同订立后，出卖人未告知买受人又将该房屋抵押给第三人；

（二）商品房买卖合同订立后，出卖人又将该房屋出卖给第三人。

第九条　出卖人订立商品房买卖合同时，具有下列情形之一，导致合同无效或者被撤销、解除的，买受人可以请求返还已付购房款及利息、赔偿损失，并可以请求出卖人承担不超过已付购房款一倍的赔偿责任：

（一）故意隐瞒没有取得商品房预售许可证明的事实或者提供虚假商品房预售许可证明；

（二）故意隐瞒所售房屋已经抵押的事实；

（三）故意隐瞒所售房屋已经出卖给第三人或者为拆迁补偿安置房屋的事实。

第十条　买受人以出卖人与第三人恶意串通，另行订立商品房买卖合同并将房屋交付使用，导致其无法取得房屋为由，请求确认出卖人与第三人订立的商品房买卖合同无效的，应予支持。

第十一条 对房屋的转移占有，视为房屋的交付使用，但当事人另有约定的除外。

房屋毁损、灭失的风险，在交付使用前由出卖人承担，交付使用后由买受人承担；买受人接到出卖人的书面交房通知，无正当理由拒绝接收的，房屋毁损、灭失的风险自书面交房通知确定的交付使用之日起由买受人承担，但法律另有规定或者当事人另有约定的除外。

第十二条 因房屋主体结构质量不合格不能交付使用，或者房屋交付使用后，房屋主体结构质量经核验确属不合格，买受人请求解除合同和赔偿损失的，应予支持。

第十三条 因房屋质量问题严重影响正常居住使用，买受人请求解除合同和赔偿损失的，应予支持。

交付使用的房屋存在质量问题，在保修期内，出卖人应当承担修复责任；出卖人拒绝修复或者在合理期限内拖延修复的，买受人可以自行或者委托他人修复。修复费用及修复期间造成的其他损失由出卖人承担。

第十四条 出卖人交付使用的房屋套内建筑面积或者建筑面积与商品房买卖合同约定面积不符，合同有约定的，按照约定处理；合同没有约定或者约定不明确的，按照以下原则处理：

（一）面积误差比绝对值在3%以内（含3%），按照合同约定的价格据实结算，买受人请求解除合同的，不予支持；

（二）面积误差比绝对值超出3%，买受人请求解除合同、返还已付购房款及利息的，应予支持。买受人同意继续履行合同，房屋实际面积大于合同约定面积的，面积误差比在3%以内（含3%）部分的房价款由买受人按照约定的价格补足，面积误差比超出3%部分的房价款由出卖人承担，所有权归买受人；房屋实际面积小于合同约定面积的，面积误差比在3%以内（含3%）部分的房价款及利息由出卖人返还买受人，面积误差比超过3%部分的房价款由出卖人双倍返还买受人。

第十五条 根据《合同法》第九十四条的规定，出卖人迟延交付房屋或者买受人迟延支付购房款，经催告后在三个月的合理期限内仍未履行，当事人一方请求解除合同的，应予支持，但当事人另有约定的除外。

法律没有规定或者当事人没有约定，经对方当事人催告后，解除权行使的合理期限为三个月。对方当事人没有催告的，解除权应当在解除权发生之日起一年内行使；逾期不行使的，解除权消灭。

第十六条 当事人以约定的违约金过高为由请求减少的，应当以违约金超过造成的损失 30%为标准适当减少；当事人以约定的违约金低于造成的损失为由请求增加的，应当以违约造成的损失确定违约金数额。

第十七条　商品房买卖合同没有约定违约金数额或者损失赔偿额计算方法，违约金数额或者损失赔偿额可以参照以下标准确定：

逾期付款的，按照未付购房款总额，参照中国人民银行规定的金融机构计收逾期贷款利息的标准计算。

逾期交付使用房屋的，按照逾期交付使用房屋期间有关主管部门公布或者有资格的房地产评估机构评定的同地段同类房屋租金标准确定。

第十八条　由于出卖人的原因，买受人在下列期限届满未能取得房屋权属证书的，除当事人有特殊约定外，出卖人应当承担违约责任：

（一）商品房买卖合同约定的办理房屋所有权登记的期限；

（二）商品房买卖合同的标的物为尚未建成房屋的，自房屋交付使用之日起 90 日；

（三）商品房买卖合同的标的物为已竣工房屋的，自合同订立之日起 90 日。

合同没有约定违约金或者损失数额难以确定的，可以按照已付购房款总额，参照中国人民银行规定的金融机构计收逾期贷款利息的标准计算。

第十九条　商品房买卖合同约定或者《城市房地产开发经营管理条例》第三十三条规定的办理房屋所有权登记的期限届满后超过一年，由于出卖人的原因，导致买受人无法办理房屋所有权登记，买受人请求解除合同和赔偿损失的，应予支持。

第二十条　出卖人与包销人订立商品房包销合同，约定出卖人将其开发建设的房屋交由包销人以出卖人的名义销售的，包销期满未销售的房屋，由包销人按照合同约定的包销价格购买，但当事人另有约定的除外。

第二十一条　出卖人自行销售已经约定由包销人包销的房屋，包销人请求出卖人赔偿损失的，应予支持，但当事人另有约定的除外。

第二十二条　对于买受人因商品房买卖合同与出卖人发生的纠纷，人民法院应当通知包销人参加诉讼；出卖人、包销人和买受人对各自的权利义务有明确约定的，按照约定的内容确定各方的诉讼地位。

第二十三条　商品房买卖合同约定，买受人以担保贷款方式付款、因当事人一方原因未能订立商品房担保贷款合同并导致商品房买卖合同不能继续履行的，对方当事人可以请求解除合同和赔偿损失，因不可归责于当事人双方的事由未能订立商品房担保贷款合同并导致商品房买卖合同不能继续履行的，当事人可以请求解除合同，出卖人应当将收受的购房款本金及其利息或者定金返还买受人。

第二十四条 因商品房买卖合同被确认无效或者被撤销、解除，致使商品房担保贷款合同的目的无法实现，当事人请求解除商品房担保贷款合同的，应予支持。

第二十五条 以担保贷款为付款方式的商品房买卖合同的当事人一方请求确认商品房买卖合同无效或者撤销、解除合同的，如果担保权人作为有独立请求权第三人提出诉讼请求，应当与商品房担保贷款合同纠纷合并审理；未提出诉讼请求的，仅处理商品房买卖合同纠纷。担保权人就商品房担保贷款合同纠纷另行起诉的，可以与商品房买卖合同纠纷合并审理。

商品房买卖合同被确认无效或者被撤销、解除后，商品房担保贷款合同也被解除的，出卖人应当将收受的购房贷款和购房款的本金及利息分别返还担保权人和买受人。

第二十六条 买受人未按照商品房担保贷款合同的约定偿还贷款，亦未与担保权人办理商品房抵押登记手续，担保权人起诉买受人，请求处分商品房买卖合同项下买受人合同权利的，应当通知出卖人参加诉讼；担保权人同时起诉出卖人时，如果出卖人为商品房担保贷款合同提供保证的，应当列为共同被告。

第二十七条 买受人未按照商品房担保贷款合同的约定偿还贷款，但是已经取得房屋权属证书并与担保权人办理了商品房抵押登记手续，抵押权人请求买受人偿还贷款或者就抵押的房屋优先受偿的，不应当追加出卖人为当事人，但出卖人提供保证的除外。

第二十八条 本解释自2003年6月1日起施行。

《中华人民共和国城市房地产管理法》施行后订立的商品房买卖合同发生的纠纷案件，本解释公布施行后尚在一审、二审阶段的，适用本解释。

《中华人民共和国城市房地产管理法》施行后订立的商品房买卖合同发生的纠纷案件，在本解释公布施行前已经终审，当事人申请再审或者按照审判监督程序决定再审的，不适用本解释。

《中华人民共和国城市房地产管理法》施行前发生的商品房买卖行为，适用当时的法律、法规和《最高人民法院〈关于审理房地产管理法施行前房地产开发经营案件若干问题的解答〉》。

【链　接】

最高人民法院有关负责人就《关于审理商品房买卖合同纠纷案件适用法律若干问题的解释》答记者问

一、出台司法解释的背景

问：最高人民法院在2003年5月7日发布了《关于审理商品房买卖合同纠纷案件适用法律若干问题的解释》（以下简称本解释），请您谈谈为什么要出台这一解释。

答：商品房买卖合同纠纷只是房地产纠纷中的一类案件。在最高人民法院1995年12月27日出台的《关于审理房地产管理法施行前房地产开发经营案件若干问题的解答》（以下简称《解答》）中，就人民法院审理《城市房地产管理法》施行以前的房地产纠纷案件如何适用法律的问题作出了解释。该《解答》涉及房地产开发经营的主体资格，国有土地使用权的出让、转让、抵押，合作建房，商品房预售，商品房买卖合同无效的处理等方面的内容。随着房地产业的迅猛发展和住房制度改革的深化，同时由于我国的不动产立法还不完善，市场机制也不健全，商品房交易行为很不规范，特别是一些房地产开发企业严重违反诚实信用原则，有的制作虚假广告，设立定金圈套，甚至一房多售，利用商品房买卖合同欺诈买受人，有的商品房面积严重缩水，有的商品房则存在严重质量问题，这都严重损害了买受人的合法权益。在消费者协会的统计资料中，商品房买卖纠纷被列为当前十大投诉热点之一，已经成为社会关注的焦点。由于商品房买卖合同纠纷逐年增加，而相关法律规定比较原则，人民法院在处理此类纠纷中也遇到了许多具体适用法律的问题。为了及时指导各级人民法院公正处理商品房买卖合同纠纷，依法保护商品房买卖合同当事人的合法权益，规范房地产市场的交易行为，最高人民法院决定制定关于如何处理当前商品房买卖合同纠纷的司法解释。从2001年开始，民一庭在起草本解释过程中，多次进行调研、论证，并广泛征求各级法院、全国人大法工委、国土资源部、建设部、专家学者、律师、房地产开发企业、消费者协会等各方面意见，最后经最高人民法院审判委员会讨论通过了本解释。

本解释与《解答》相比，调整范围没有《解答》宽泛，但在处理商品房买卖纠纷方面比《解答》更为明确、具体。本解释共28条，主要对商品房预售合同的效力、商品房销售广告、拆迁补偿安置、房屋面积缩水、商品房的交付使用及风险承担、商品房质量、商品房包销、商品房担保贷款（按揭）等方面如何具体适用法律作出明确的规定。其中，对出卖人严重违反诚实信用原则、损害买受人利益的恶意违约、欺诈等行为，明确规定可以适用惩罚性赔偿原则。

二、集资房、房改房、经济适用房不适用本解释

问：本解释为何只调整商品房买卖纠纷，而不调整其他的房屋买卖纠纷？

答：我国目前存在着多种类型的房屋，有房地产开发企业建造的商品房、政府组织建设的经济适用房、公房改制出售的房改房、单位集资房、个人所有的私有房等。经济适用房、房改房、集资房等房屋不能自由买卖，其交易要受到国家政策的调整，比如，需要补交土地出让金或者相当于土地出让金的价款或者居住一定年限后方可出售，而私有房屋的买卖与商品房买卖又有所不同。从房地产交易市场的实际情况来看，房屋买卖的主流为商品房买卖，而且人民法院受理的房屋买卖纠纷主要也是商品房买卖纠纷。同时，由于此类纠纷不仅关系到国家住房制度改革措施的推进，而且涉及广大人民群众的切身利益，因此，本解释将其调整的范围明确限定为商品房买卖行为，包括商品房预售和商品房现售。

三、不轻易确认合同无效

问：本解释在对合同效力的认定上，是如何体现促进商品房市场健康发展和维护稳定的商品房交易秩序这一目标的？

答：商品房买卖合同的效力不仅关系着交易关系的稳定和当事人合法权益的保护，而且关系到商品房市场的健康发展。本解释根据《合同法》的规定，对当事人在平等自愿基础上订立的合同，只要没有《合同法》第五十二条规定的合同无效情形，就应尽量尊重双方当事人的意思表示，不轻易确认合同无效。同时要求法官应当注意区分司法审判权和行政管理权的不同职能，正确行使审判权。因此，人民法院对出卖人预售资格的审查，主要是看其是否取得商品房预售许可证明，对其他预售条件的审查主要是行政管理部门的权限。对商品房买卖合同的登记备案问题，我们认为这应当属于行政管理部门的一种合同管理措施，不是确认合同效力的必要条件。本解释对此予以明确，避免了司法审判权与行政管理权之间的冲突。另外，考虑到我国房地产市场目前的实际情况，本解释第二条还明确规定当事人在向人民法院起诉前取得商品房预售许可证明的，可视为其具备预售资格。这样，人民法院在适

用法律过程中既能维护法律的严肃性，又能维护合同的严肃性，确保当事人合同权利的实现。

四、销售广告可以成为合同内容

问：本解释对社会普遍关注的商品房销售过程中的一些虚假销售广告是如何认定和处理的？

答：销售宣传广告作为商品销售行之有效的一种手段，广泛存在于商品房交易市场。目前90%以上的商品房是通过宣传广告进行促销的。由于我国商品房市场管理机制尚不健全，对销售宣传广告缺乏有效的规范管理，出卖人为获取最大利润，在进行销售时往往作出一些虚假、夸大不实的宣传，导致纠纷出现，扰乱了商品房市场秩序。为依法及时有效地解决此类纠纷，本解释根据《合同法》第十五条的规定，对商业广告原则上认定为一种要约邀请，一般情况下不能将未订入合同中的宣传广告内容作为合同内容。但出卖人在销售广告和宣传资料中，如果就其开发出售的商品房及相关设施所作的说明和允诺具体确定，并由此对买受人决定订立合同以及房屋价格的确定有重大影响的，在买受人就此内容提出订立合同时，该销售广告内容的对象就已特定化，根据《合同法》第十四条关于要约的规定，本解释明确规定应将该内容视为要约，而买卖合同的订立则视为买受人对出卖人要约的承诺。在这种特定的情形下，即使该说明和允诺没有明确订立在合同之中，也应当认定为合同内容，当事人违反该内容的，应当承担违约责任。这一解释有利于保护买受人权益和规范出卖人的销售行为，建立和维护市场诚信制度。

五、五种情形适用惩罚性赔偿责任

问：本解释中所规定的惩罚性赔偿责任是否就是《中华人民共和国消费者权益保护法》（以下简称《消费者权益保护法》）第四十九条的具体适用？

答：惩罚性赔偿责任制度是来源于英美法系国家的一项民事制度，最早主要适用于侵权责任，但后来逐渐被广泛适用于合同纠纷。美国司法部的研究资料表明，1985 年至 1995 年的十年间，法院将惩罚性赔偿责任适用于合同纠纷中的数量是侵权案件的 3 倍。在我国，人民法院审理合同纠纷案件特别是商品房买卖合同纠纷案件能否适用惩罚性赔偿责任的问题，学术界和实务界往往将此归结到是否适用《消费者权益保护法》第四十九条的争论上来。不可否认，《消费者权益保护法》第四十九条确立的双倍赔偿开创了我国惩罚性赔偿责任制度的立法先河，有力地保护了消费者的合法权益。1999 年 10 月 1 日起施行的《合同法》第一百一十三条中也明确规定：“经营者对消费者提供商品或者服务有欺诈的，依照《中华人民共和国消费者权益保护法》的规定承担损害赔偿责任。”而且从《合同法》第一百一十四条第二款的规定看，对当事人在合同中约定的违约金不是过分高于实际损失的情况也予以认可，而在这高于实际损失的违约金中就包含了对违约方违约行为的惩罚。这些规定都已突破了传统民法中合同赔偿责任只在于填补损失而不在于惩罚的理念。

我们根据《合同法》、《消费者权益保护法》已经确立的惩罚性赔偿责任原则，结合我国民事审判实践和商品房买卖合同纠纷的实际情况，在本解释的第八条、第九条中明确规定了商品房买卖过程中因出卖人恶意违约和欺诈，致使买受人无法取得房屋的，可以适用惩罚性赔偿责任的五种情形：一是商品房买卖合同订立后，出卖人未告知买受人又将该房屋抵押给第三人；二是商品房买卖合同订立后，出卖人又将该房屋出卖给第三人；三是订立合同时，出卖人故意隐瞒没有取得商品房预售许可证明的事实或者提供虚假商品房预售许可证明；四是在订立合同时，出卖人故意隐瞒所售房屋已经抵押的事实；五是订立合同时，出卖人故意隐瞒所售房屋已经出卖给第三人或者为拆迁补偿安置房屋的事实。由此五种情形导致商品房买卖合同被确认无效或者被撤销、解除时，买受人除可请求出卖人返还已付购房款及利息、赔偿损失外，还可以请求出卖人承担不超过已付购房款一倍的赔偿责任。这些规定将有利于有效制裁和遏制欺诈、恶意违约等摒弃诚实信用原则、严重损害市场交易安全的行为，维护守约方的合法权益，促进社会诚信制度的确立。

此外，从《商品房销售管理办法》第二十条关于面积误差绝对值超出3%部分的房价款实行双倍返还的惩罚性规定执行情况来看，也已经得到社会的普遍认可。因此，本解释将惩罚性赔偿责任适用于商品房买卖合同纠纷的部分情形已具备了良好的社会基础。

由此可见，本解释规定的惩罚性赔偿责任是以《合同法》第一百一十三条和《消费者权益保护法》第四十九条规定的惩罚性赔偿责任原则为依据的，但不是对《消费者权益保护法》第四十九条规定的直接适用。本解释所规定的惩罚性赔偿责任在适用条件和结果上都与《消费者权益保护法》第四十九条的规定有所不同。这样既注意到依法有效维护买受人的合法权益，又考虑到商品房开发经营过程中的实际情况，有利于促进房地产市场的健康发展。

六、“交钥匙”算不算房屋的交付使用

问：实践中，许多当事人因对“房屋交付使用”有不同理解而发生纠纷，本解释对此是如何处理的？

答：审判实践存在着许多当事人因对商品房买卖合同中约定的“房屋交付使用”理解不同而发生的争议。出卖人往往认为“房屋交付使用”就是“交钥匙”，而买受人则认为，“房屋交付使用”不仅是领取房屋钥匙，还应同

时办理交付房屋的所有权证书。由此就引发了许多纠纷，这主要涉及出卖人应否承担违约责任的问题。

根据《合同法》第一百三十三条和第一百三十五条的规定，商品房买卖合同的出卖人负有向买受人交付房屋并转移房屋所有权的义务。所谓房屋的交付使用，就是出卖人将已建成的房屋转移给买受人占有，其外在表现主要是将房屋的钥匙交付给买受人。但房屋的交付使用并不意味着房屋所有权的转移。对于一般动产，在标的物交付的同时所有权即发生转移，出卖人只要将标的物交付给买受人即履行了转移所有权的义务。而对于不动产，根据我国《城市房地产管理法》的规定，只有在办理登记手续后，房屋所有权才发生移转。因此，本解释第十一条明确规定，对房屋的转移占有，视为房屋的交付使用。这也就是人们常说的“交钥匙”。只要出卖人在合同约定的期限内将房屋转移给买受人占有，就视为出卖人履行了“房屋交付使用”的义务，但这并不表示房屋所有权移转义务的履行。

当然，根据法律规定，商品房买卖合同的当事人可以对“房屋交付使用”的内容进行特别约定。如果当事人在合同中明确约定“房屋交付使用”不仅是转移占有房屋，而且同时要转移房屋所有权的，就应当按照约定来确定当事人双方的权利义务内容。在此约定下，出卖人不仅应当在合同约定的期限内向买受人“交钥匙”，而且应当将房屋所有权移转于买受人，否则，将承担违约责任。如果当事人仅约定了“房屋交付使用”的时间，而未明确约定其中包括房屋所有权转移的，出卖人只要在约定的期限内将房屋移转给买受人占用，即“交钥匙”，就应认定出卖人按期履行了“房屋交付使用”的义务。至于房屋所有权移转义务的履行期限，当事人既可以另行约定，也可以按照《城市房地产开发经营管理条例》的规定来确定。

七、对包销期满未售房屋的处理

问：针对商品房包销这类新问题，本解释是如何处理的?

答：包销是从香港、我国台湾地区引进内地的一种商品房销售方式。内地法律、行政法规对此都没有明确的规定，理论界和实务界对包销合同的性质认识也不一致。为了准确界定商品房包销合同的性质，统一对此类纠纷的处理原则，首先，根据《合同法》第七条、第八条、第一百二十四条规定的原则，本解释将包销合同定性为无名合同。其次，根据《合同法》的规定和包销的实际做法，本解释对当事人违反包销合同的责任予以明确。本解释第二十条规定，如果包销合同约定明确，应当按照约定确定双方的权利义务；如果当事人对包销期满后未出售房屋的归属没有约定的，应当按照包销价格由包销人购买。本解释第二十一条规定，如果出卖人违反包销合同约定，自行出卖已经约定由包销人销售的房屋，应当承担违约责任，赔偿包销人的损失。第三，根据《民事诉讼法》的规定，本解释对包销人在商品房买卖合同纠纷中的诉讼地位也予以明确。

八、如何妥善处理商品房“按揭”贷款纠纷

问：商品房担保贷款与商品房“按揭”之间有何联系，本解释又是如何处理此类问题的？

答：商品房担保贷款，也就是人们通常所说的商品房“按揭”。“按揭”作为一种融资购楼方式，从香港传入我国内地后得到广泛推广，目前已经成为买受人购买商品房或者融资的一种主要方式。由于我国内地法律没有关于“按揭”的规定，而且实务中所称的“按揭”与香港、英美法系所称的“按揭”也有所不同，因此，对我国出现的商品房“按揭”性质的认识也不统一。对人民法院来说，买受人以“按揭”方式购买商品房而发生的纠纷也是一种新类型的案件，对此类纠纷应如何处理，我国法律没有明确的规定。但它作为一种民事纠纷，在其符合《民事诉讼法》规定的案件受理条件下，人民法院既不能不予受理，法官也不能拒绝裁判。所以，本解释根据《合同法》、《民事诉讼法》、《担保法》及相关法律规定的原则，将商品房“按揭”贷款统称为商品房担保贷款，并在总结审判实践经验的基础上，对审理商品房担保贷款纠纷案件中遇到的主要问题作出了相应的规定。

一是明确了当事人行使商品房买卖合同解除权的条件。对当事人在签订商品房买卖合同时，明确约定以担保贷款方式付款的，如因当事人一方的原因或者不可归责于当事人双方的原因，买受人不能签订担保贷款合同而导致买卖合同无法继续履行的情况，应当允许当事人解除合同，否则买受人没有能力支付购房款，也无法实现商品房买卖合同的目的。

二是明确了当事人行使担保贷款合同解除权的条件。买受人签订商品房担保贷款合同的目的是为了购买商品房，当商品房买卖合同被确认无效或者被撤销、解除时，买受人贷款已经失去了意义，如果不允许解除合同，对买受人是不利的。同时，贷款银行在没有任何担保的情况下将大量的贷款供给买受人，也将面临很大的风险。因此，本解释第二十四条规定，在商品房买卖合同被确认无效或者被撤销、解除时，当事人可以请求解除担保贷款合同。

此外，本解释第二十五条、二十六条、二十七条还对人民法院处理此类纠纷的程序性问题作出了具体的规定。

九、本解释的出台有利于法律适用的统一

问：最后请您谈谈制定这个司法解释的意义。

答：第一，本解释的公布实施，有利于推动我国住房制度的改革和商品房市场健康发展。我国取消福利性住房分配制度后，城镇居民的住房转向市场化和商品化。为了推进住房制度改革的深化，必须维护商品房市场的正常秩序。但由于我国商品房市场仍处于发育阶段，不仅相关的法律不完善，而且政府的一些行政行为和市场主体的一些经营行为也不规范，特别是虚假广告、无证销售、面积缩水等不法行为，不仅背离了市场诚信原则，而且引发了许多纠纷，影响了社会的稳定，阻碍了我国住房制度改革的进程。因此，本解释的出台对规范房地产开发经营行为，维护商品房市场秩序，促进商品房市场诚信体系的建立，推动我国住房制度改革的深化，都将产生积极的影响。

第二，本解释的公布实施，有利于保护买受人的合法权益。房屋是人类赖以生存的基础。据相关资料表明，目前商品住房近90%是由个人购买的。商品房买卖作为一种民事合同法律关系，当事人双方均应平等地受法律保护。但由于商品房市场的特殊性和实际情况，买受人相对于出卖人而言处于弱势地位，而出卖人也往往利用其优势地位损害买受人的利益。本解释的起草和制订，始终体现了在对双方当事人平等保护的前提下，注重对买受人这些处于弱势地位群体的合法权益的保护，体现了以人为本的精神。例如，在对商品房销售广告和宣传资料的认定、惩罚性赔偿责任的适用、房屋质量和面积误差的处理问题上均依法明确了出卖人负有较重的责任。当然，明确责任的目的主要是为了制裁某些出卖人违背诚信原则和违法经营的行为。只要出卖人重合同、守信用、合法经营，就不会承担相关的责任。所以，本解释的公布和实施，对充分保护买受人的合法权益和制裁违法经营行为具有非常重要的意义。

第三，本解释的公布实施，有利于国家法制的统一。商品房买卖合同纠纷作为一种法律关系比较复杂的民事案件，由于我国相关的法律还不完善，所以，近几年来，各级人民法院在处理此类纠纷时适用法律也不完全统一。这不仅不利于平等保护当事人的合法权益，也不符合法制统一的原则。本解释的制定出台，为人民法院正确、及时处理商品房买卖合同纠纷，公平保护当事人合法权益提供了法律依据，有利于实现人民法院公正与效率的工作主题，更有利于维护我国法制的统一。

最高人民法院指导案例 17 号

张莉诉北京合力华通汽车服务有限公司买卖合同纠纷案

（最高人民法院审判委员会讨论通过　2013 年 11 月 8 日发布）

关键词

民事　买卖合同　欺诈　家用汽车

裁判要点

1. 为家庭生活消费需要购买汽车，发生欺诈纠纷的，可以按照《中华人民共和国消费者权益保护法》处理。

2. 汽车销售者承诺向消费者出售没有使用或维修过的新车，消费者购买后发现系使用或维修过的汽车，销售者不能证明已履行告知义务且得到消费者认可的，构成销售欺诈，消费者要求销售者按照消费者权益保护法赔偿损失的，人民法院应予支持。

相关法条

《中华人民共和国消费者权益保护法》第二条、第五十五条第一款（该款系 2013 年 10 月 25 日修改，此前为第四十九条）

基本案情

2007 年 2 月 28 日，原告张莉从被告北京合力华通汽车服务有限公司（简称合力华通公司）购买上海通用雪佛兰景程轿车一辆，价格 138000 元，双方签有《汽车销售合同》。该合同第七条约定："……卖方保证买方所购车辆为新车，在交付之前已作了必要的检验和清洁，车辆路程表的公里数为 18 公里且符合卖方提供给买方的随车交付文件中所列的各项规格和指标……"合同签订当日，张莉向合力华通公司交付了购车款 138000 元，同时支付了车辆购置税 12400 元、一条龙服务费 500 元、保险费 6060 元。同日，合力华通公司将雪佛兰景程轿车一辆交付张莉，张莉为该车办理了机动车登记手续。2007 年 5 月 13 日，张莉在将车辆送合力华通公司保养时，发现该车曾于 2007 年 1 月 17 日进行过维修。

审理中，合力华通公司表示张莉所购车辆确曾在运输途中造成划伤，于 2007 年 1 月 17 日进行过维修，维修项目包括右前叶子板喷漆、右前门喷漆、右后叶子板喷漆、右前门钣金、右后叶子板钣金、右前叶子板钣金，维修中更换底大边卡扣、油箱门及前叶子板灯总成。送修人系该公司业务员。合力华通公司称，对于车辆曾进行维修之事已在销售时明确告知张莉，并据此予以较大幅度优惠，该车销售定价应为 151900 元，经协商后该车实际销售价格为 138000 元，还赠送了部分装饰。为证明上述事实，合力华通公司提供了车辆维修记录及有张莉签字的日期为 2007 年 2 月 28 日的车辆交接验收单一份，在车辆交接验收单备注一栏中注有“加 1/4 油，此车右侧有钣喷修复，按约定价格销售”。合力华通公司表示该验收单系该公司保存，张莉手中并无此单。对于合力华通公司提供的上述两份证据，张莉表示对于车辆维修记录没有异议，车辆交接验收单中的签字确系其所签，但合力华通公司在销售时并未告知车辆曾有维修，其在签字时备注一栏中没有“此车右侧有钣喷修复，按约定价格销售”字样。

裁判结果

北京市朝阳区人民法院于 2007 年 10 月作出（2007）朝民初字第 18230 号民事判决：一、撤销张莉与合力华通公司于 2007 年 2 月 28 日签订的《汽车销售合同》；二、张莉于判决生效后七日内将其所购的雪佛兰景程轿车退还合力华通公司；三、合力华通公司于判决生效后七日内退还张莉购车款十二万四千二百元；四、合力华通公司于判决生效后七日内赔偿张莉购置税一万二千四百元、服务费五百元、保险费六千零六十元；五、合力华通公司于判决生效后七日内加倍赔偿张莉购车款十三万八千元；六、驳回张莉其他诉讼请求。宣判后，合力华通公司提出上诉。北京市第二中级人民法院于 2008 年 3 月 13 日作出（2008）二中民终字第 00453 号民事判决：驳回上诉，维持原判。

裁判理由

法院生效裁判认为：原告张莉购买汽车系因生活需要自用，被告合力华通公司没有证据证明张莉购买该车用于经营或其他非生活消费，故张莉购买汽车的行为属于生活消费需要，应当适用《中华人民共和国消费者权益保护法》。

根据双方签订的《汽车销售合同》约定，合力华通公司交付张莉的车辆应为无维修记录的新车，现所售车辆在交付前实际上经过维修，这是双方共同认可的事实，故本案争议的焦点为合力华通公司是否事先履行了告知义务。

车辆销售价格的降低或优惠以及赠送车饰是销售商常用的销售策略，也是双方当事人协商的结果，不能由此推断出合力华通公司在告知张莉汽车存在瑕疵的基础上对其进行了降价和优惠。合力华通公司提交的有张莉签名的车辆交接验收单，因系合力华通公司单方保存，且备注一栏内容由该公司不同人员书写，加之张莉对此不予认可，该验收单不足以证明张莉对车辆以前维修过有所了解。故对合力华通公司抗辩称其向张莉履行了瑕疵告知义务，不予采信，应认定合力华通公司在售车时隐瞒了车辆存在的瑕疵，有欺诈行为，应退车还款并增加赔偿张莉的损失。

最高人民法院指导案例23号

孙银山诉南京欧尚超市有限公司江宁店买卖合同纠纷案

（最高人民法院审判委员会讨论通过　2014年1月26日发布）

关键词

民事　买卖合同　食品安全　十倍赔偿

裁判要点

消费者购买到不符合食品安全标准的食品，要求销售者或者生产者依照食品安全法规定支付价款十倍赔偿金或者依照法律规定的其他赔偿标准赔偿的，不论其购买时是否明知食品不符合安全标准，人民法院都应予支持。

相关法条

《中华人民共和国食品安全法》第九十六条第二款

基本案情

2012年5月1日，原告孙银山在被告南京欧尚超市有限公司江宁店（简称欧尚超市江宁店）购买"玉兔牌"香肠15包，其中价值558.6元的14包香肠已过保质期。孙银山到收银台结账后，即径直到服务台索赔，后因协商未果诉至法院，要求欧尚超市江宁店支付14包香肠售价十倍的赔偿金5586元。

裁判结果

江苏省南京市江宁区人民法院于2012年9月10日作出（2012）江宁开民初字第646号民事判决：被告欧尚超市江宁店于判决发生法律效力之日起10日内赔偿原告孙银山5586元。宣判后，双方当事人均未上诉，判决已发生法律效力。

裁判理由

法院生效裁判认为：关于原告孙银山是否属于消费者的问题。《中华人民共和国消费者权益保护法》第二条规定："消费者为生活消费需要购买、使用商品或者接受服务，其权益受本法保护；本法未作规定的，受其他有关法律、法规保护。”消费者是相对于销售者和生产者的概念。只要在市场交易中购买、使用商品或者接受服务是为了个人、家庭生活需要，而不是为了生产经营活动或者职业活动需要的，就应当认定为“为生活消费需要”的消费者，属于消费者权益保护法调整的范围。本案中，原被告双方对孙银山从欧尚超市江宁店购买香肠这一事实不持异议，据此可以认定孙银山实施了购买商品的行为，且孙银山并未将所购香肠用于再次销售经营，欧尚超市江宁店也未提供证据证明其购买商品是为了生产经营。孙银山因购买到超过保质期的食品而索赔，属于行使法定权利。因此欧尚超市江宁店认为孙银山“买假索赔”不是消费者的抗辩理由不能成立。

关于被告欧尚超市江宁店是否属于销售明知是不符合食品安全标准食品的问题。《中华人民共和国食品安全法》（以下简称《食品安全法》）第三条规定：“食品生产经营者应当依照法律、法规和食品安全标准从事生产经营活动，对社会和公众负责，保证食品安全，接受社会监督，承担社会责任。”该法第二十八条第（八）项规定，超过保质期的食品属于禁止生产经营的食品。食品销售者负有保证食品安全的法定义务，应当对不符合安全标准的食品自行及时清理。欧尚超市江宁店作为食品销售者，应当按照保障食品安全的要求储存食品，及时检查待售食品，清理超过保质期的食品，但欧尚超市江宁店仍然摆放并销售货架上超过保质期的“玉兔牌”香肠，未履行法定义务，可以认定为销售明知是不符合食品安全标准的食品。

关于被告欧尚超市江宁店的责任承担问题。《食品安全法》第九十六条第一款规定：“违反本法规定，造成人身、财产或者其他损害的，依法承担赔偿责任。”第二款规定：“生产不符合食品安全标准的食品或者销售明知是不符合食品安全标准的食品，消费者除要求赔偿损失外，还可以向生产者或者销售者要求支付价款十倍的赔偿金。”当销售者销售明知是不符合安全标准的食品时，消费者可以同时主张赔偿损失和支付价款十倍的赔偿金，也可以只主张支付价款十倍的赔偿金。本案中，原告孙银山仅要求欧尚超市江宁店支付售价十倍的赔偿金，属于当事人自行处分权利的行为，应予支持。关于被告欧尚超市江宁店提出原告明知食品过期而购买，希望利用其错误谋求利益，不应予以十倍赔偿的主张，因前述法律规定消费者有权获得支付价款十倍的赔偿金，因该赔偿获得的利益属于法律应当保护的利益，且法律并未对消费者的主观购物动机作出限制性规定，故对其该项主张不予支持。

最高人民法院指导案例 72 号

汤龙、刘新龙、马忠太、王洪刚诉新疆鄂尔多斯彦海房地产开发有限公司商品房买卖合同纠纷案

（最高人民法院审判委员会讨论通过　2016 年 12 月 28 日发布）

关键词

民事　商品房买卖合同　借款合同　清偿债务　法律效力　审查

裁判要点

借款合同双方当事人经协商一致，终止借款合同关系，建立商品房买卖合同关系，将借款本金及利息转化为已付购房款并经对账清算的，不属于《中华人民共和国物权法》第一百八十六条规定禁止的情形，该商品房买卖合同的订立目的，亦不属于《最高人民法院关于审理民间借贷案件适用法律若干问题的规定》第二十四条规定的“作为民间借贷合同的担保”。在不存在《中华人民共和国合同法》第五十二条规定情形的情况下，该商品房买卖合同具有法律效力。但对转化为已付购房款的借款本金及利息数额，人民法院应当结合借款合同等证据予以审查，以防止当事人将超出法律规定保护限额的高额利息转化为已付购房款。

相关法条

《中华人民共和国物权法》第一百八十六条

《中华人民共和国合同法》第五十二条

基本案情

原告汤龙、刘新龙、马忠太、王洪刚诉称：根据双方合同约定，新疆鄂尔多斯彦海房地产开发有限公司（以下简称彦海公司）应于 2014 年 9 月 30 日向四人交付符合合同约定的房屋。但至今为止，彦海公司拒不履行房屋交付义务。故请求判令：一、彦海公司向汤龙、刘新龙、马忠太、王洪刚支付违约金 6000 万元；二、彦海公司承担汤龙、刘新龙、马忠太、王洪刚主张权利过程中的损失费用 41.63 万元；三、彦海公司承担本案的全部诉讼费用。

彦海公司辩称：汤龙、刘新龙、马忠太、王洪刚应分案起诉。四人与彦海公司没有购买和出售房屋的意思表示，双方之间房屋买卖合同名为买卖实为借贷，该商品房买卖合同系为借贷合同的担保，该约定违反了《中华人民共和国担保法》第四十条、《中华人民共和国物权法》第一百八十六条的规定

无效。双方签订的商品房买卖合同存在显失公平、乘人之危的情况。四人要求的违约金及损失费用亦无事实依据。

法院经审理查明：汤龙、刘新龙、马忠太、王洪刚与彦海公司于 2013 年先后签订多份借款合同，通过实际出借并接受他人债权转让，取得对彦海公司合计 2.6 亿元借款的债权。为担保该借款合同履行，四人与彦海公司分别签订多份商品房预售合同，并向当地房屋产权交易管理中心办理了备案登记。该债权陆续到期后，因彦海公司未偿还借款本息，双方经对账，确认彦海公司尚欠四人借款本息 361398017.78 元。双方随后重新签订商品房买卖合同，约定彦海公司将其名下房屋出售给四人，上述欠款本息转为已付购房款，剩余购房款 38601982.22 元，待办理完毕全部标的物产权转移登记后一次性支付给彦海公司。汤龙等四人提交与彦海公司对账表显示，双方之间的借款利息系分别按照月利率 3%和 4%、逾期利率 10%计算，并计算复利。

裁判结果

新疆维吾尔自治区高级人民法院于 2015 年 4 月 27 日作出（2015）新民一初字第 2 号民事判决，判令：一、彦海公司向汤龙、马忠太、刘新龙、王洪刚支付违约金 9275057.23 元；二、彦海公司向汤龙、马忠太、刘新龙、王洪刚支付律师费 416300 元；三、驳回汤龙、马忠太、刘新龙、王洪刚的其他诉讼请求。上述款项，应于判决生效后十日内一次性付清。宣判后，彦海公司以双方之间买卖合同系借款合同的担保，并非双方真实意思表示，且欠款金额包含高利等为由，提起上诉。最高人民法院于 2015 年 10 月 8 日作出（2015）民一终字第 180 号民事判决：一、撤销新疆维吾尔自治区高级人民法院（2015）新民一初字第 2 号民事判决；二、驳回汤龙、刘新龙、马忠太、王洪刚的诉讼请求。

裁判理由

法院生效裁判认为：本案争议的商品房买卖合同签订前，彦海公司与汤龙等四人之间确实存在借款合同关系，且为履行借款合同，双方签订了相应的商品房预售合同，并办理了预购商品房预告登记。但双方系争商品房买卖合同是在彦海公司未偿还借款本息的情况下，经重新协商并对账，将借款合同关系转变为商品房买卖合同关系，将借款本息转为已付购房款，并对房屋交付、尾款支付、违约责任等权利义务作出了约定。民事法律关系的产生、变更、消灭，除基于法律特别规定，需要通过法律关系参与主体的意思表示一致形成。民事交易活动中，当事人意思表示发生变化并不鲜见，该意思表示的变化，除为法律特别规定所禁止外，均应予以准许。本案双方经协商一致终止借款合同关系，建立商品房买卖合同关系，并非为双方之间的借款合同履行提供担保，而是借款合同到期彦海公司难以清偿债务时，通过将彦海公司所有的商品房出售给汤龙等四位债权人的方式，实现双方权利义务平衡的一种交易安排。该交易安排并未违反法律、行政法规的强制性规定，不属于《中华人民共和国物权法》第一百八十六条规定禁止的情形，亦不适用《最高人民法院关于审理民间借贷案件适用法律若干问题的规定》第二十四条规定。尊重当事人嗣后形成的变更法律关系性质的一致意思表示，是贯彻合同自由原则的题中应有之意。彦海公司所持本案商品房买卖合同无效的主张，不予采信。

但在确认商品房买卖合同合法有效的情况下，由于双方当事人均认可该合同项下已付购房款系由原借款本息转来，且彦海公司提出该欠款数额包含高额利息。在当事人请求司法确认和保护购房者合同权利时，人民法院对基于借款合同的实际履行而形成的借款本金及利息数额应当予以审查，以避免当事人通过签订商品房买卖合同等方式，将违法高息合法化。经审查，双方之间借款利息的计算方法，已经超出法律规定的民间借贷利率保护上限。对双方当事人包含高额利息的欠款数额，依法不能予以确认。由于法律保护的借款利率明显低于当事人对账确认的借款利率，故应当认为汤龙等四人作为购房人，尚未足额支付合同约定的购房款，彦海公司未按照约定时间交付房屋，不应视为违约。汤龙等四人以彦海公司逾期交付房屋构成违约为事实依据，要求彦海公司支付违约金及律师费，缺乏事实和法律依据。一审判决判令彦海公司承担支付违约金及律师费的违约责任错误，本院对此予以纠正。

（生效裁判审判人员：辛正郁、潘杰、沈丹丹）

（三）借款合同及保证

最高人民法院
关于审理民间借贷案件适用法律若干问题的规定

法释〔2015〕18号

（2015年6月23日最高人民法院审判委员会第1655次会议通过
2015年8月6日最高人民法院公告公布　自2015年9月1日起施行）

为正确审理民间借贷纠纷案件，根据《中华人民共和国民法通则》《中华人民共和国物权法》《中华人民共和国担保法》《中华人民共和国合同法》《中华人民共和国民事诉讼法》《中华人民共和国刑事诉讼法》等相关法律之规定，结合审判实践，制定本规定。

第一条　本规定所称的民间借贷，是指自然人、法人、其他组织之间及其相互之间进行资金融通的行为。

经金融监管部门批准设立的从事贷款业务的金融机构及其分支机构，因发放贷款等相关金融业务引发的纠纷，不适用本规定。

第二条　出借人向人民法院起诉时，应当提供借据、收据、欠条等债权凭证以及其他能够证明借贷法律关系存在的证据。

当事人持有的借据、收据、欠条等债权凭证没有载明债权人，持有债权凭证的当事人提起民间借贷诉讼的，人民法院应予受理。被告对原告的债权人资格提出有事实依据的抗辩，人民法院经审理认为原告不具有债权人资格的，裁定驳回起诉。

第三条　借贷双方就合同履行地未约定或者约定不明确，事后未达成补充协议，按照合同有关条款或者交易习惯仍不能确定的，以接受货币一方所在地为合同履行地。

第四条　保证人为借款人提供连带责任保证，出借人仅起诉借款人的，人民法院可以不追加保证人为共同被告；出借人仅起诉保证人的，人民法院可以追加借款人为共同被告。

保证人为借款人提供一般保证，出借人仅起诉保证人的，人民法院应当追加借款人为共同被告；出借人仅起诉借款人的，人民法院可以不追加保证人为共同被告。

第五条　人民法院立案后，发现民间借贷行为本身涉嫌非法集资犯罪的，应当裁定驳回起诉，并将涉嫌非法集资犯罪的线索、材料移送公安或者检察机关。

公安或者检察机关不予立案，或者立案侦查后撤销案件，或者检察机关作出不起诉决定，或者经人民法院生效判决认定不构成非法集资犯罪，当事人又以同一事实向人民法院提起诉讼的，人民法院应予受理。

第六条　人民法院立案后，发现与民间借贷纠纷案件虽有关联但不是同一事实的涉嫌非法集资等犯罪的线索、材料的，人民法院应当继续审理民间借贷纠纷案件，并将涉嫌非法集资等犯罪的线索、材料移送公安或者检察机关。

第七条　民间借贷的基本案件事实必须以刑事案件审理结果为依据，而该刑事案件尚未审结的，人民法院应当裁定中止诉讼。

第八条　借款人涉嫌犯罪或者生效判决认定其有罪，出借人起诉请求担保人承担民事责任的，人民法院应予受理。

第九条 具有下列情形之一，可以视为具备合同法第二百一十条关于自然人之间借款合同的生效要件：

（一）以现金支付的，自借款人收到借款时；

（二）以银行转账、网上电子汇款或者通过网络贷款平台等形式支付的，自资金到达借款人账户时；

（三）以票据交付的，自借款人依法取得票据权利时；

（四）出借人将特定资金账户支配权授权给借款人的，自借款人取得对该账户实际支配权时；

（五）出借人以与借款人约定的其他方式提供借款并实际履行完成时。

第十条 除自然人之间的借款合同外，当事人主张民间借贷合同自合同成立时生效的，人民法院应予支持，但当事人另有约定或者法律、行政法规另有规定的除外。

第十一条 法人之间、其他组织之间以及它们相互之间为生产、经营需要订立的民间借贷合同，除存在合同法第五十二条、本规定第十四条规定的情形外，当事人主张民间借贷合同有效的，人民法院应予支持。

第十二条 法人或者其他组织在本单位内部通过借款形式向职工筹集资金，用于本单位生产、经营，且不存在合同法第五十二条、本规定第十四条规定的情形，当事人主张民间借贷合同有效的，人民法院应予支持。

第十三条 借款人或者出借人的借贷行为涉嫌犯罪，或者已经生效的判决认定构成犯罪，当事人提起民事诉讼的，民间借贷合同并不当然无效。人民法院应当根据合同法第五十二条、本规定第十四条之规定，认定民间借贷合同的效力。

担保人以借款人或者出借人的借贷行为涉嫌犯罪或者已经生效的判决认定构成犯罪为由，主张不承担民事责任的，人民法院应当依据民间借贷合同与担保合同的效力、当事人的过错程度，依法确定担保人的民事责任。

第十四条 具有下列情形之一，人民法院应当认定民间借贷合同无效：

（一）套取金融机构信贷资金又高利转贷给借款人，且借款人事先知道或者应当知道的；

（二）以向其他企业借贷或者向本单位职工集资取得的资金又转贷给借款人牟利，且借款人事先知道或者应当知道的；

（三）出借人事先知道或者应当知道借款人借款用于违法犯罪活动仍然提供借款的；

（四）违背社会公序良俗的；

（五）其他违反法律、行政法规效力性强制性规定的。

第十五条 原告以借据、收据、欠条等债权凭证为依据提起民间借贷诉讼，被告依据基础法律关系提出抗辩或者反诉，并提供证据证明债权纠纷非民间借贷行为引起的，人民法院应当依据查明的案件事实，按照基础法律关系审理。

当事人通过调解、和解或者清算达成的债权债务协议，不适用前款规定。

第十六条　原告仅依据借据、收据、欠条等债权凭证提起民间借贷诉讼，被告抗辩已经偿还借款，被告应当对其主张提供证据证明。被告提供相应证据证明其主张后，原告仍应就借贷关系的成立承担举证证明责任。

被告抗辩借贷行为尚未实际发生并能作出合理说明，人民法院应当结合借贷金额、款项交付、当事人的经济能力、当地或者当事人之间的交易方式、交易习惯、当事人财产变动情况以及证人证言等事实和因素，综合判断查证借贷事实是否发生。

第十七条　原告仅依据金融机构的转账凭证提起民间借贷诉讼，被告抗辩转账系偿还双方之前借款或其他债务，被告应当对其主张提供证据证明。被告提供相应证据证明其主张后，原告仍应就借贷关系的成立承担举证证明责任。

第十八条　根据《关于适用〈中华人民共和国民事诉讼法〉的解释》第一百七十四条第二款之规定，负有举证证明责任的原告无正当理由拒不到庭，经审查现有证据无法确认借贷行为、借贷金额、支付方式等案件主要事实，人民法院对其主张的事实不予认定。

第十九条　人民法院审理民间借贷纠纷案件时发现有下列情形，应当严格审查借贷发生的原因、时间、地点、款项来源、交付方式、款项流向以及借贷双方的关系、经济状况等事实，综合判断是否属于虚假民事诉讼：

（一）出借人明显不具备出借能力；

（二）出借人起诉所依据的事实和理由明显不符合常理；

（三）出借人不能提交债权凭证或者提交的债权凭证存在伪造的可能；

（四）当事人双方在一定期间内多次参加民间借贷诉讼；

（五）当事人一方或者双方无正当理由拒不到庭参加诉讼，委托代理人对借贷事实陈述不清或者陈述前后矛盾；

（六）当事人双方对借贷事实的发生没有任何争议或者诉辩明显不符合常理；

（七）借款人的配偶或合伙人、案外人的其他债权人提出有事实依据的异议；

（八）当事人在其他纠纷中存在低价转让财产的情形；

（九）当事人不正当放弃权利；

（十）其他可能存在虚假民间借贷诉讼的情形。

第二十条 经查明属于虚假民间借贷诉讼，原告申请撤诉的，人民法院不予准许，并应当根据民事诉讼法第一百一十二条之规定，判决驳回其请求。

诉讼参与人或者其他人恶意制造、参与虚假诉讼，人民法院应当依照民事诉讼法第一百一十一条、第一百一十二条和第一百一十三条之规定，依法予以罚款、拘留；构成犯罪的，应当移送有管辖权的司法机关追究刑事责任。

单位恶意制造、参与虚假诉讼的，人民法院应当对该单位进行罚款，并可以对其主要负责人或者直接责任人员予以罚款、拘留；构成犯罪的，应当移送有管辖权的司法机关追究刑事责任。

第二十一条 他人在借据、收据、欠条等债权凭证或者借款合同上签字或者盖章，但未表明其保证人身份或者承担保证责任，或者通过其他事实不能推定其为保证人，出借人请求其承担保证责任的，人民法院不予支持。

第二十二条 借贷双方通过网络贷款平台形成借贷关系，网络贷款平台的提供者仅提供媒介服务，当事人请求其承担担保责任的，人民法院不予支持。

网络贷款平台的提供者通过网页、广告或者其他媒介明示或者有其他证据证明其为借贷提供担保，出借人请求网络贷款平台的提供者承担担保责任的，人民法院应予支持。

第二十三条 企业法定代表人或负责人以企业名义与出借人签订民间借贷合同，出借人、企业或者其股东能够证明所借款项用于企业法定代表人或负责人个人使用，出借人请求将企业法定代表人或负责人列为共同被告或者第三人的，人民法院应予准许。

企业法定代表人或负责人以个人名义与出借人签订民间借贷合同，所借款项用于企业生产经营，出借人请求企业与个人共同承担责任的，人民法院应予支持。

第二十四条 当事人以签订买卖合同作为民间借贷合同的担保，借款到期后借款人不能还款，出借人请求履行买卖合同的，人民法院应当按照民间借贷法律关系审理，并向当事人释明变更诉讼请求。当事人拒绝变更的，人民法院裁定驳回起诉。

按照民间借贷法律关系审理作出的判决生效后，借款人不履行生效判决确定的金钱债务，出借人可以申请拍卖买卖合同标的物，以偿还债务。就拍卖所得的价款与应偿还借款本息之间的差额，借款人或者出借人有权主张返还或补偿。

第二十五条 借贷双方没有约定利息，出借人主张支付借期内利息的，人民法院不予支持。

自然人之间借贷对利息约定不明，出借人主张支付利息的，人民法院不予支持。除自然人之间借贷的外，借贷双方对借贷利息约定不明，出借人主张利息的，人民法院应当结合民间借贷合同的内容，并根据当地或者当事人的交易方式、交易习惯、市场利率等因素确定利息。

第二十六条　借贷双方约定的利率未超过年利率 24%，出借人请求借款人按照约定的利率支付利息的，人民法院应予支持。

借贷双方约定的利率超过年利率 36%，超过部分的利息约定无效。借款人请求出借人返还已支付的超过年利率 36%部分的利息的，人民法院应予支持。

第二十七条　借据、收据、欠条等债权凭证载明的借款金额，一般认定为本金。预先在本金中扣除利息的，人民法院应当将实际出借的金额认定为本金。

第二十八条　借贷双方对前期借款本息结算后将利息计入后期借款本金并重新出具债权凭证，如果前期利率没有超过年利率 24%，重新出具的债权凭证载明的金额可认定为后期借款本金；超过部分的利息不能计入后期借款本金。约定的利率超过年利率 24%，当事人主张超过部分的利息不能计入后期借款本金的，人民法院应予支持。

按前款计算，借款人在借款期间届满后应当支付的本息之和，不能超过最初借款本金与以最初借款本金为基数，以年利率 24%计算的整个借款期间的利息之和。出借人请求借款人支付超过部分的，人民法院不予支持。

第二十九条　借贷双方对逾期利率有约定的，从其约定，但以不超过年利率 24%为限。

未约定逾期利率或者约定不明的，人民法院可以区分不同情况处理：

（一）既未约定借期内的利率，也未约定逾期利率，出借人主张借款人自逾期还款之日起按照年利率 6%支付资金占用期间利息的，人民法院应予支持；

（二）约定了借期内的利率但未约定逾期利率，出借人主张借款人自逾期还款之日起按照借期内的利率支付资金占用期间利息的，人民法院应予支持。

第三十条　出借人与借款人既约定了逾期利率，又约定了违约金或者其他费用，出借人可以选择主张逾期利息、违约金或者其他费用，也可以一并主张，但总计超过年利率 24%的部分，人民法院不予支持。

第三十一条　没有约定利息但借款人自愿支付，或者超过约定的利率自愿支付利息或违约金，且没有损害国家、集体和第三人利益，借款人又以不当得利为由要求出借人返还的，人民法院不予支持，但借款人要求返还超过年利率 36%部分的利息除外。

第三十二条　借款人可以提前偿还借款，但当事人另有约定的除外。

借款人提前偿还借款并主张按照实际借款期间计算利息的，人民法院应予支持。

第三十三条 本规定公布施行后，最高人民法院于1991年8月13日发布的《关于人民法院审理借贷案件的若干意见》同时废止；最高人民法院以前发布的司法解释与本规定不一致的，不再适用。

【链 接】

统一裁判标准 正确适用法律 规范民间借贷
——杜万华详解《关于审理民间借贷案件适用法律若干问题的规定》

2015年8月6日上午，最高人民法院召开新闻发布会，通报了《关于审理民间借贷案件适用法律若干问题的规定》（以下简称《规定》）的有关情况，最高人民法院审判委员会专职委员杜万华出席新闻发布会，并对这部司法解释的主要内容进行了详细的解释和说明。

一、关于民间借贷的界定

《规定》明确了民间借贷司法解释的适用范围，对民间借贷行为及主体范围予以明确界定。民间借贷是社会经济发展过程中相对于国家正规金融行业自发形成的一种民间融资信用形式，在我国有着久远的历史和深厚的传统，且为社会广泛熟悉，“民间借贷”这一称谓已经约定俗成。在我国，借贷市场主要由金融机构借贷和民间借贷组成。《规定》解决的是自然人、法人和其他组织之间因资金融通而发生的争议。《规定》第1条第1款开宗明义：“本规定所称的民间借贷，是指自然人、法人、其他组织之间及其相互之间进行资金融通的行为。”这个界定体现了民间借贷行为特有的本质和主体范围。从称谓的形式上明晰了与国家金融监管机构间的区别，也从借贷主体的适用范围上与金融机构进行了区分。

二、关于民间借贷案件的受理与管辖

从民间借贷现实情况来看，民间借贷的资金大多属于民间的自有或闲散资金，具有松散性、广泛性的特征。由于借贷关系的双方当事人之间又多有亲属关系或同事、同乡、同学等社会关系，在借贷形式上往往表现出简单性和随意性。不签订书面借款合同或仅仅由借款人出具一张内容简单的借据、收据或欠条的情形较为常见。一旦发生纠纷，借贷双方往往很难举出充分证据证明其主张或进行抗辩。此时，人民法院是否应受理此类案件在司法实践中素有争议。《规定》的这一部分主要明确了民间借贷案件的起诉条件、民间借贷合同履行地的确定以及保证人的诉讼地位等问题，为立案登记制背景下更好地发挥司法对民间借贷纠纷的受理和管辖提供了法律依据。

三、关于民间借贷案件涉及民事案件和刑事案件交叉的规定

民间借贷案件往往与非法吸收公众存款、集资诈骗、非法经营等案件交织在一起，出现由同一法律事实或相互交叉的两个法律事实引发的、一定程度上交织在一起的民事案件和刑事案件，即民刑交叉案件。

民刑交叉问题主要包括民刑程序的协调与实体责任的确定两个方面，《规定》在这一部分明确：对于涉嫌非法集资犯罪的民间借贷案件，人民法院应当不予受理或者驳回起诉，并将涉嫌非法集资犯罪的线索、材料移送公安或者检察机关；对于与民间借贷案件虽有关联但不是同一事实的犯罪，人民法院应当将犯罪线索、材料移送侦查机关，但民间借贷案件仍然继续审理；借款人涉嫌非法集资等犯罪或者生效判决认定其有罪，出借人起诉请求担保人承担民事责任的，人民法院应予受理。

四、关于民间借贷合同的效力

民间借贷合同的效力判断，在司法实践中有着重要的意义。只有基于有效的民间借贷合同，一方当事人才能向另一方当事人主张其按照合同约定履行义务，也才能涉及违约责任的承担以及合同的解除等问题。

鉴于民间借贷合同的特殊性，《规定》在这一部分主要规定了以下内容：自然人之间民间借贷合同的生效要件；企业之间为了生产经营需要签订的民间借贷合同，只要不违反《合同法》第 52 条和《规定》第 14 条规定内容的，应当认定民间借贷合同的效力（这也是《规定》最重要的条款之一）；企业因生产经营的需要在单位内部通过借款形式向职工筹集资金签订的民间借贷合同有效；借款人或者出借人的借贷行为涉嫌犯罪，或者已经生效的判决认定构成犯罪，民间借贷合同并不当然无效，而应当根据《合同法》第 52 条和《规定》第 14 条规定的内容确定民间借贷合同的效力。

五、关于互联网借贷平台的责任

近年来，随着互联网及其相关技术的发展，互联网金融在我国得到了迅

速发展。我国已经形成了有别于国外P2P网络借贷模式的新特点，同时也产生了平台角色复杂、监管主体缺位、信用系统缺乏等新问题。

在当前涉及P2P网络借贷平台的法律规范缺失的情况下，为了更好地保护当事人的合法权益，进一步促进我国网络小额借贷资本市场良好发展，《规定》对于P2P涉及居间和担保两个法律关系时，是否应当以及如何承担民事责任分别作出了规定。按照《规定》中的条款内容，借贷双方通过P2P网络借贷平台形成借贷关系，网络借贷平台的提供者仅提供媒介服务，则不承担担保责任。如果P2P网络借贷平台的提供者通过网页、广告或者其他媒介明示或者有其他证据证明其为借贷提供担保，根据出借人的请求，人民法院可以判决P2P网络借贷平台的提供者承担担保责任。

六、关于民间借贷合同与买卖合同混合情形的认定

在民间借贷实践中，当前有一种现象是当事人双方为避免债务人无力偿还借款，往往在签订民间借贷合同的同时或在其后签订买卖合同（以房屋买卖合同为主），约定债务人不能偿还债款本息的，则履行买卖合同。《规定》明确规定，当事人以签订买卖合同作为民间借贷合同的担保，借款到期后借款人不能还款，出借人请求履行买卖合同的，人民法院应当按照民间借贷法律关系审理。按照民间借贷法律关系审理作出的判决生效后，借款人不履行生效判决确定的金钱债务，出借人可以申请拍卖买卖合同标的物，以偿还债务。

七、关于企业间借贷的效力

对于企业与企业之间的借贷，按照央行1996年颁布的《贷款通则》和最高人民法院相关司法解释的规定，一般以违反国家金融监管而被认定为无效。但是，近年来随着我国社会主义市场经济的不断发展，许多企业尤其是中小微企业在经营过程中存在着周转资金短缺、融资渠道不畅的发展瓶颈，于是民间借贷或者相互之间拆借资金成为其融资的重要渠道。

“时移则法易。”根据目前的实际情况，最高人民法院经研究认为，对于企业之间的民间借贷应当给予有条件的认可。《规定》为此明确，企业为了生产经营的需要而相互拆借资金，司法应当予以保护。这一规定有利于维护企业自主经营、保护企业法人人格完整，也有利于缓解企业“融资难”“融资贵”等顽疾，满足企业自身经营的需要。

允许企业之间融资，绝非意味着可以对企业之间的借贷完全听之任之、放任自流。解禁并非完全放开，生产经营型企业从事经常性放贷业务，必然严重扰乱金融秩序，造成金融监管紊乱。这种行为客观上损害了社会公共利

益，必须从效力上作出否定性评价。为此，《规定》专门对企业间借贷应当认定无效的情形作出了具体规定。

八、关于民间借贷合同无效的规定

对于无效合同的认定，事关合同效力的维护及市场经营秩序的安全和稳定，亦事关社会公共利益的保护。《规定》具体列举了民间借贷合同应当认定为无效的情形，包括：套取金融机构信贷资金又高利转贷给借款人，且借款人事先知道或者应当知道的；以向其他企业借贷或者向本单位职工集资取得的资金又转贷给借款人牟利，且借款人事先知道或者应当知道的；出借人事先知道或者应当知道借款人借款用于违法犯罪活动仍然提供借款的；违背社会公序良俗的；其他违反法律、行政法规效力性强制性规定的。

九、关于虚假民事诉讼的处理

经过调研发现，当前民事审判领域存在许多虚假诉讼，在民间借贷案件中尤为突出。如何有效遏制民间借贷纠纷中的虚假诉讼，是摆在审判实践中的一个突出难题，也是亟待解决的一个课题。

《规定》结合了虚假民间借贷诉讼审判实践的调研结果，吸收了实践中的有益经验做法，采纳了综合判断的规范模式，并总结出了可能属于虚假民间借贷诉讼的十种行为，如出借人明显不具备出借能力，出借人起诉所依据的事实和理由明显不符合常理，出借人不能提交债权凭证或者提交的债权凭证存在伪造的可能等，以供审判人员审理案件时借鉴、参考。当然，正确识别虚假民间借贷诉讼，还要求审判人员基于自身的审判经验的积累，对生活的认知能力的提高，结合借贷发生的原因、时间、地点、款项来源、交付方式、款项流向以及借贷双方的关系、经济状况等事实，综合判断是否属于虚假民事诉讼。

十、关于民间借贷的利率与利息

利率的规制是民间借贷的核心问题，也是《规定》的重要内容之一。党的十八届三中全会确定了金融市场化改革，其中一个很重要的方面就是利率市场化。但是，利率市场化绝不意味着利率无限化，更不意味着利率无序化，必须对民间借贷利率的上限进行管控。对民间借贷利率的规制，除应当考虑政府及金融监管部门监管的便利，还要考虑作为市场主体的借贷双方的真正需求。

《规定》有关民间借贷利率和利息的内容主要包括：借贷双方没有约定利息，或者自然人之间借贷对利息约定不明，出借人无权主张借款人支付借期内利息；借贷双方约定的利率未超过年利率24%，出借人有权请求借款人按照约定的利率支付利息，但如果借贷双方约定的利率超过年利率36%，则超过年利率36%部分的利息应当被认定无效，借款人有权请求出借人返还已支付的超过年利率36%部分的利息；预先在本金中扣除利息的，人民法院应当按照实际出借的金额认定本金；除借贷双方另有约定的外，借款人可以提前偿还借款，并按照实际借款期间计算利息。

规范民间借贷　统一裁判标准

——杜万华就《最高人民法院关于审理民间借贷案件适用法律若干问题的规定》答记者问

为贯彻党的十八届四中全会提出的全面推进依法治国的重大战略部署，切实加强社会主义法治建设，充分保护人民群众和广大民事主体在民间借贷活动中的合法权益，维护正常的资金融通秩序，最高人民法院根据《中华人民共和国民法通则》《中华人民共和国物权法》《中华人民共和国担保法》《中华人民共和国合同法》《中华人民共和国民事诉讼法》《中华人民共和国刑事诉讼法》等相关法律之规定，结合审判实践，经审判委员会五次专题讨论，通过了《最高人民法院关于审理民间借贷案件适用法律若干问题的规定》（以下简称《规定》）。值此司法解释公布之际，最高人民法院审判委员会专职委员杜万华就《规定》的有关问题接受了记者的采访。

一、问：请您给我们解释一下《规定》出台的具体原因是什么，该解释与1991年出台的《最高人民法院关于人民法院审理借贷案件的若干意见》（以下简称《若干意见》）相比最大的不同是什么？

答：谢谢你提这个问题。其实民间借贷由来已久，在我国几千年的历史中一直都存在，并延续到现在。在世界各国也存在民间借贷。对于民间借贷这种现象，封建时期的官府进行管制也是长期的，比如说古代明清时期，管制的利率不能超过三分，如果再高就以刑法手段处理。新中国成立以后，最高人民法院最早于50年代初对东北辽宁就有过一个关于民间借贷的批复，里面就确定了四倍利率这样一个做法，以后长期以来这个四倍利率一直在审判实践中运用，1991年，我院曾针对借贷案件问题颁布了《若干意见》，当时制定那个解释的时候继续沿用了这个做法。

现在为什么在这样一个时代，要重新全面地修改制定民间借贷的司法解释呢？1991年的《若干意见》是根据1979年以来改革开放的情况，总结当时的审判经验作出的。这个规定对于推动我国的社会主义市场经济的发展和完善发挥了很大的作用。但是此后，我国经济社会发生了翻天覆地的变化，特别是 1993 年，我们确立了要建立中国特色的社会主义以来，变化就更加巨大。我觉得这个变化产生了一种新的需求，至少有这么几点：

第一，民间借贷的内容发生了变化，以前老百姓的民间借贷主要是生活性借贷，例如生活缺钱，向朋友亲戚借点。生产经营性借贷所占的比重相对较低。但是经过改革开放 30 多年来，我们国民的财富在增长，因此民间借贷的内容也在发生变化。就目前来讲，生产经营性的借贷大幅度上扬，相反，生活性的民间借贷大幅度下降。大家生活的周围恐怕很少有朋友因为生活窘迫借款，这个所占的比重已经比较低了。这是我们要考虑的一个因素。

第二，这几十年来民间借贷的主体发生了很大的变化，以前民间借贷的主体几乎都是自然人，在计划经济时代，很少有企业借贷的，在改革开放特别是 1993 年之后，借贷的主体逐渐地从自然人之间的借贷、自然人与企业之间的借贷发展到企业与企业之间的借贷，主体变化很多，甚至发展到企业的负责人以自然人的身份借贷，借贷以后又用于企业，这样的情况非常复杂。这是第二种变化，也是我们面对这样的情况需要考虑的现实。

第三，民间借贷大量出现以后，现在非法集资的现象在我国从南到北、从东到西非常普遍，因此民间借贷与非法集资犯罪往往交叉，这种情况也比较多。怎样把这两方面的情形理清楚，既要打击非法集资，因为非法集资所产生的恶果很大，会破坏我们的金融秩序、经济秩序，甚至危及社会稳定，但又不能说“一刀切”的将民间借贷都不要了，这会对我们的生产经营产生很大影响，怎么样厘清这个问题确实是当前司法工作中的难题，是需要考虑的。

第四，刚才所说的企业与企业之间的借贷已经非常普遍，以前企业间拆借是不合法的，但是出现了许多规避借贷行为被认定为无效的种种企业借贷运作模式，怎样规范企业之间的借贷，也是我们必须要着重考虑的一个问题。

第五，随着社会主义经济体制的改革不断深入，利率的市场化是一个必然的趋势，而且中央也在大力推进。在利率市场化的背景之下，出现了一些新情况，比如说央行在 2013 年 7 月就规定了不再公布同期贷款基准利率，而最高人民法院 1991 年《若干意见》是要以同期贷款基准利率为标准，按四倍来计算借贷合同的利息是否受民事法律保护的。一旦不公布同期贷款基准利率，大量的案子将没办法审理了，所以在这种情况下，我们就不能不对以往的司法解释进行修改。这就是为什么在这样的背景下制定《规定》的主要原因。

二、问：民间借贷因涉嫌非法集资而触犯刑事法律的现象是非常普遍的，在此类案件中，当事人既有向公安机关报案要求追究犯罪嫌疑人刑事责任的，也有向人民法院提起民事诉讼的，请问《规定》是如何协调刑事与民事的关系的?

答：民间借贷的司法解释确实涉及民刑交叉的问题，在审判实践中，存在着大量的民间借贷纠纷案件都与非法吸收公众存款犯罪和集资诈骗犯罪等刑事案件交错的情况。在这种情况之下，如何来协调处理刑事案件和民事案件是我们当前处理民间借贷纠纷中比较重要的一个问题。

在2014年3月，最高人民法院、最高人民检察院和公安部曾经共同颁布了《关于办理非法集资刑事案件适用法律若干问题的意见》（以下简称《意见》）。按照此《意见》，人民法院在审理民事案件中如果发现有非法集资的犯罪，应当要将案件移送公安机关或者检察机关。这一次我们制定司法解释的时候，实际上就对这个问题进行了重申，也就是重新把它规定到我们的民事司法解释里面来。之所以如此规定，是因为非法集资案件涉及不特定的多数人的利益，在处理上应当坚持一体化解决的原则，防止有的受害人获得足额清偿而有的受害人却根本不能得到补偿的现象发生。因此，只要是涉及非法集资犯罪的案件，民事案件审理中发现了就要移送，法院就不再审理了，这是一种处理方式。

第二种处理方式，如果在审理民间借贷案件的过程中，发现涉及非法集资等犯罪的线索与材料，在这种情况下该怎么办？比如，有人非法集资，把非法集资来的钱又转贷给他人，后者转贷会形成民间借贷案件，对这类案件怎么办？我们新的司法解释第六条作了规定，涉及非法集资线索的材料，我们应当要移送到公安机关或者是检察机关，但是对于后面的民间借贷的那部分案件还要继续审理。

第三种情况，在审理非法集资的案件过程中，可能会涉及担保人的担保责任问题，我们在审理案件中不能因为一部分当事人的非法集资犯罪就认定整个合同无效，担保人的担保责任也没了，这是不行的。遇到这种情况，只要当事人要起诉担保人，对这类案件，人民法院是应当予以受理的。

第四种情况，如果民间借贷的案件审理过程中，案件的基本事实需要刑事案件查清以后才能继续审理的，这类案件就应当中止审理，因为犯罪事实的行为可能涉及民间借贷案件的基本事实，基本案件事实可能涉及主体、权利义务的确定等，这种情况下我们要先刑后民，先把刑事案件结案了，我们民事案件才能恢复审理。

三、问：在《规定》里提到有24%和36%这样两个数字，您刚才也说了民间借贷年利率以前是按照银行的同期利率四倍来计算，为何要作出这样的修订，请您再具体说一说。

答：你的问题涉及本司法解释的核心问题，就是利率问题。为什么这么规定？我们本次规定利率有几个特点：第一，规定的利率是一个固定利率，而不是像以前是参照央行同期贷款基准利率。第二，我们划了“两线三区”。首先划了第一根线，就是民事法律应予保护的固定利率为年利率的24%。第二条线是年利率36%以上的借贷合同为无效，通过这两线，划分了三个区域，一个是无效区，一个是自然债务区，一个是司法保护区。为什么考虑24%的利率？刚才在前面已经讲到，年利率四倍的历史源远流长，其实在古代的时候月利率两分，也就是大约24%的含义。我们在制定司法解释的时候就研究过从古到今利率的变化，特别是1990年以来央行设定的整个利率的线索，我们研究发现，央行设定的贷款基准利率变化比较大，最低是百分之二点几，最高的是百分之十二点几，中间较多的是5%至8%，最后我们折中就选了6%，又参照传统四倍的含义，四六二十四，就是这样来的。因此，24%的利率是长期以来我们在审判实践中所确立的一个执法标准，实际上也是从古至今在民间利率方面的一条规则，不算我们的独创。

为什么要规定36%以上无效？按照1991年《若干意见》，规定的是银行贷款基准利率的四倍，超过部分不受法律保护。这个不受法律保护的含义，就是说你要向人民法院起诉，要求动用国家强制力来保护你所获得利息，超过四倍不保护，但是如果当事人愿意自动履行的，法院是认可的，如果当事人履行了以后，再反悔想要回来，法院是不支持的，1991年《若干意见》是这个含义。我们总结这么多年来经济发展的情况发现，实体经济所创造的利润相应来说肯定没有这么高，如果我们不把高利贷控制住，对于实体经济，特别是对于中小微企业的发展是不利的。所以这次规定了年利率36%以上就无效，这个无效的含义是，如果当事人原来自愿偿还了利息，基于合同无效，还可以要求返还，这是对1991年《若干意见》的重大的修改。规定36%以上无效，是基于现实社会的实际情况，经商请相关主管部门，同时也参考了国外的一些立法例而划定的。国外有一些地区也规定，在利率无效的情况下是要返还的。对于24%至36%之间的这一部分，我们把它作为一个自然债务看待，如果要提起诉讼，要求法院保护，法院不会保护，但是当事人愿意自动履行，法院也不反对。

四、问：认定企业之间借贷行为合法有效，可以说是这部司法解释的亮点之一，之前司法实践一般都认定为是无效的，《规定》在认定企业之间的拆借行为效力上是一律认定为合法有效，还是有一定的限制性条件？

答：这个问题实际上涉及如何认识企业之间的借贷问题。的确正如你说的，我们对于企业之间借贷的认识有一个发展过程，这与我们国家的经济体制改革、经济发展是相适应的。以往，企业与企业之间的借贷被认定为是无效的，为什么要认定无效呢？因为当时基于1996年央行发布的《贷款通则》，加之最高人民法院也作了一些司法解释，认为企业与企业之间的借贷会破坏金融秩序，因此，在当时的情况下认定企业与企业之间借贷的合同是无效的。而且，这个规则一直到现在都没有废，但是随着经济的发展，特别是社会主义法治的不断健全和完善，这一规则出现了一些问题。第一，1999年《合同法》生效，《合同法》规定，要认定合同无效只能依据国家的法律和行政法规。从现有的国家法律和行政法规来讲，没有明确规定企业与企业之间的借贷是无效的。当然《贷款通则》是规定了，但是它属于一个部门规章，它的法律效力等级还没有上升到行政法规和法律的层面。《合同法》颁行以后，就面临着法律上的冲突。第二个原因是与《物权法》的冲突。2007年，我国颁布了《物权法》，按照《物权法》的规定，物权的权利人有权依法自由地处分自己的财产，货币资金当然属于他的财产，他当然可以处分。如果依据《贷款通则》就无权处分，显然，这样的规则与《物权法》的规定有冲突。基于这样的情况，近几年来，我们依据现有的法律作了调整，其实我们的实际案例已经突破了原来的规定。包括最高人民法院审理的案子，依据《合同法》《物权法》等的规则，2005年以后陆续审结了一批企业与企业之间借贷的合同为有效合同的案件，示范效应是积极的，效果也很好。近几年来，我们在总结审判工作所取得的经验基础上，明确规定了把企业与企业之间的借贷有条件地认定为有效。这次司法解释的第11条，对企业之间融资有效是作了一定界定的，法人之间、其他组织之间以及他们相互之间为生产经营需要订立的民间借贷合同，除存在《合同法》第52条和《规定》第14条规定的情形以外，当事人主张合同有效的予以支持。根据这一条规定，企业与企业之间的合同的有效是要限定这个合同是为生产和经营需要而订立的借款合同。如果作为一个生产经营性企业不搞生产经营，变成一个专业放贷人，把钱拿去放贷，甚至从银行套取现金再去放贷，是不行的。司法解释规定这样的合同就会被认定为无效。同时，在解释中还规定了如果企业向其他企业借贷，或者从本单位职工集资，本来是为本单位的生产、经营需要，但却没有投入企业经营，而去放贷，这也要认定为无效。所以我们这次对企业的放开是一个有限度的放开，企业之间如果有闲散资金，因为对方是为了生产、经营需要，而不是为了借钱去放贷，这种合同应当是有效的，仅仅限于这个范围。这样做的目的既解决企业资金的短缺，又维护了我们国家的金融安全，国家金融不安全，我们经济发展就没保障。

五、问：现实生活中可能有的借款人在没有约定利息的情况下自愿支付利息，或者支付的利息超过了24%，但是没有超过36%的情况下，事后又反悔，能否向法院主张要求出借人返还已付的利息，《规定》如何协调两者之间的利益平衡？

答：我们现在规定的利息利率是24%，在24%以内当事人起诉到人民法院，人民法院对这类利息只要不突破24%，都要给予法律保护。当然在实践之中，确实有这样一个情况，有些当事人约定的利息是超过24%，没有超过36%，因为36%就是无效，24%与36%之间的，这一段的债务我们把它叫作自然债务。这类债务如果当事人依据合同，向人民法院起诉要求保护这个区间的利息，人民法院是不予法律保护的。所以起诉到法院不予以保护，但是这个合同如果约定利率以后，借款人按照合同的约定偿还了利息，这个偿还是有效的，如果偿还以后又反悔，向法院起诉要求返还超过24%部分利息的，不能支持。但超过36%以上的是无效，即使自愿给付了，也可基于合同无效要求返还。

六、问：我们注意到，《规定》特别强调，出借人向人民法院起诉时，应当提供债权凭证或者能够证明借贷关系存在的证据。这一规定是否与立案登记制相矛盾？

答：这一规定不仅与立案登记制不矛盾，而且还相辅相成。早在3000多年前的西周时期，人们把借贷契约称为“傅别”，西周的《周礼》就有“听称责以傅别”的记载，说的是官员审理借贷纠纷时必须要有凭据、证据。从司法实践情况看，民间借贷纠纷案件中，当事人为证明存在借贷关系所提交的证据多为借据、收据、欠条等债权凭证，这些大都属于书证范畴。当然，债权凭证的表现形式不仅限于《规定》已列明的“借据、收据、欠条”等形式，还包括能够证明借贷关系存在的其他证据，如短信、微信、博客、网上聊天记录等电子数据以及录音录像等视听资料。总之，原告向法院起诉，必须提供相应的证据证明，这是民事诉讼的基本要求。只要符合《民事诉讼法》第119条规定的起诉条件的，人民法院都要受理。对于不符合法定起诉条件的，即使已经进行了立案登记，也不能进入实体程序，人民法院应当通知当事人补交相关证据材料。上述规定也有利于防止当事人滥用诉权。

七、问：民间借贷纠纷中，经常会有其他人在借条、欠条或者收据上签名，并容易引发纠纷。请问，《规定》是如何规范这一问题的？

答：经过调研，我们发现，审判实践中存在相当多的纠纷是由于在他人出具的借条或者欠条上签名而引发对民事责任承担的争执，进而引发矛盾形成诉讼。应当看到，传统的民间借贷更多地存在于熟人社会中，基于亲属、朋友、同事或者其他社会关系，他人或者作为借款人的保证人，或者作为借贷的见证人，或者作为中间人，或者出于其他原因而在借据上签字。然而，他人的签字是否意味着其应当承担保证责任，则存有争议。

正是由于民间借贷实践中，第三人在债权凭证或者借款合同中签字盖章的法律意义具有多种可能性，所以本司法解释才作出明确规定，包括三层意思：第一，仅有他人签名或者盖章的，不足以认定保证人身份，他人也就不承担保证责任。所谓“仅有”，是指既未在借款凭证或借款合同中表明保证人身份，也未在其中约定保证条款并指向签字或盖章人，同时也无其他证据证明该签字或盖章人为保证人。第二，只有在通过其他事实不能推定其为保证人的情况下，才能作出他人非为保证人的判断。第三，仅有第三人在其中签字或者盖章，但其中表明了签字或者盖章人是保证人，或者通过其他条款或事实能够推定出其为保证人的，则应当对借款承担担保责任。

八、问：民间借贷中，借款人向他人借钱时一般要出具欠条，相应地，出借人起诉时也要持有欠条作为证明借贷关系存在的证据。仅仅提供借据或者银行的转账凭证，是否能够认定借贷关系已经发生？《规定》就借贷关系成立的举证证明责任问题有哪些新的内容？

答：您提的这个问题很有针对性和专业性。民间借贷案件的事实审查，是民间借贷案件审理的难点和重点。民间借贷案件的基本事实，包括借贷合意是否形成、款项是否交付、本金数额、利息约定等多个方面，其中借贷事实是否真实发生是民间借贷案件的首要基本事实，也是全案展开的基本依据。

民间借贷案件的事实认定，大多是由法官根据经验法则，通过对证据材料的审查和其证明力的认定、判断、取舍，并对比各方当事人不同证据的证明力，推断当事人之间既往发生的法律关系的事实过程的。这一过程中所涵盖的经验法则的选择与运用，证据证明力的判断等，都很难通过明确的法律规则来实现，更多的是依靠法官的自由心证。正因如此，司法实践中对于借贷关系是否发生的基本事实作出判断和认定的标准，存在一定程度的差异。虽然完全统一法官心证结果在客观上不可能实现，但通过更精细化的指引，规范事实认定的方向和进路，却是十分必要和可行的。

随着民间借贷市场的不断发展壮大，且游离于正规金融体系之外，这种活动容易伴生非法集资、非法吸收公众存款、金融欺诈等违法犯罪行为，危害借款人利益，冲击金融市场秩序。另外，民间借贷主体的法律意识淡薄，交易手续不完备，借贷行为隐蔽性强，也容易引起法律纠纷。现实中，原告提起诉讼往往仅依据借据等债权凭证或者仅依据金融机构转账凭证作为证明借贷关系已经发生的证据，如果被告抗辩已经偿还借款，或者被告抗辩转账系偿还双方之前借款或其他债务，在此情况下，就存在着证明责任的承担问题，而不能仅仅依据借据、收据、欠条等，简单地认定借贷关系已经发生以及已经发生的借贷关系的内容。为此，《规定》提出了有关举证责任分配的要求，即被告应当对其抗辩的主张提出相应的证据加以证明，而不能仅仅一辩了之。如果被告提不出相应的证据，或者提供的证据不足以证明其主张的，则一般要认定借贷关系已经发生。当然，如果被告提供了证据证明其主张的，此时举证证明责任发生转移，应当由原告就借贷关系的成立承担举证证明责任。

需要强调的是，对于当事人主张系现金交付的民间借贷，《规定》明确要求应当结合借贷金额、款项交付、当事人的经济能力、当地或者当事人之间的交易方式、交易习惯、当事人财产变动情况以及证人证言等事实和因素，综合判断查证借贷事实是否发生。这一规定也是近年来对司法实践的经验总结，对于证据和事实认定起到了很好的指引作用，加强了对广大法官甄别真实借贷关系的针对性和可操作性，有利于实现维护借款人合法权益，遏制违法犯罪活动的法律效果。我们将这一经验进行了修改与整合，吸收到司法解释中，作为民间借贷案件中事实审查的规定，从而明确了此类案件的举证责任、审查内容和审查标准。

九、问：我们注意到，《规定》特别强调要加大对虚假诉讼的防范和制裁，为什么如此关注这一问题？

答：经过调研发现，当前，民事审判领域存在许多虚假诉讼，在民间借贷案件中尤为突出。如何有效遏制民间借贷纠纷中的虚假诉讼，是摆在审判实践中的一个突出难题，也是亟待解决的一个课题。

虚假的民间借贷诉讼往往包裹在“合法”的外衣下，以正常合法的程序进入到法院，造假者们通过精心设计各种骗局，以混淆视听迷惑法官，从而获得对其有利的判决。此类案件利益关系复杂，且往往使真正权利人的利益无法得到保障，一旦法院支持了虚假诉讼当事人的利益，则不但无法化解纠纷，反而更加激化了当事人之间的矛盾，极易引发和激化社会冲突。总之，虚假民间借贷诉讼既侵犯了真实权利人的利益，又浪费了有限的司法资源；既扰乱正常的司法审判秩序，又影响了社会稳定。

虽然《民事诉讼法》第 112 条中新增加了对虚假诉讼的规定，但实践中审判人员很难明确识别、认定虚假诉讼，而《民事诉讼法》中“虚假诉讼构成犯罪的，依法追究刑事责任”的一般性规定，在《刑法》中也并没有相对应的条款，没有具体的罪名，也没有相应的处罚措施。立法的不完善致使虚假民间借贷诉讼的违法成本非常低，诉讼当事人恶意串通、虚构法律关系向法院提起诉讼所追求的不法利益，与当事人制造、参与虚假诉讼付出的成本的巨大差异对当事人作出不法行为产生了不当的激励。因此，必须加大对虚假诉讼的预防和打击，以维护诚实守信的诉讼环境。

如何识别虚假诉讼是遏制虚假诉讼所面临的首要问题。之前，法院对调解率的片面强调，容易给当事人进行虚假诉讼提供便利；法官对调解的偏好也使调解中对事实的查明大打折扣。在虚假民间借贷诉讼案件中，由于双方当事人之间系恶意串通，不存在激烈的诉辩对抗，而且有时提交给法院的证据可能就是双方共同伪造的，这就给法官鉴别虚假诉讼增加了难度。对于这一问题，各级法院在司法实践过程中形成了不同的处理方式，但也达成了基本共识，即应当在民间借贷案件审理过程中加强对证据的审查力度。《规定》结合了虚假民间借贷诉讼审判实践的调研结果，吸收了实践中有益的经验做法，采纳了综合判断的规范模式，并具体列举了可能属于虚假民间借贷诉讼的十种行为，以供审判人员审理案件时适用。当然，正确识别虚假民间借贷诉讼还要求审判人员基于自身的审判经验和对生活的认知，结合借贷发生的原因、时间、地点、款项来源、交付方式、款项流向以及借贷双方的关系、经济状况等事实，综合判断是否属于虚假民事诉讼。

经审理，发现属于虚假诉讼的，人民法院除判决驳回原告的请求外，还要严格按照《规定》的内容，对恶意制造、参与虚假诉讼的诉讼参与人依法予以罚款、拘留；构成犯罪的，必须移送有管辖权的司法机关追究刑事责任。

十、问：随着互联网金融的迅猛发展，许多民间借贷改变了传统的交易模式，而由网络交易快速完成。作为新生事物的P2P网络借贷，《规定》采取了哪些措施进行规制？

答：自从1979年孟加拉国经济学家穆罕默德·尤努斯最初提出P2P概念，并将小额信贷和互联网技术相连接以来，P2P网络借贷逐步进入了人们的视野，并于2007年正式进入我国。2013年以来，P2P网络借贷出现井喷式发展，在一年之内由最初的几十家增长到几千家，从而不仅实现了数量上的增长，在借贷种类和方式上也得到扩张。应当看到，P2P网贷有助于一般人群、小微企业获得所需的融资，弥补银行借贷的空白，帮助传统借贷中难以获得融资的企业和个人得到资金支持。我国已经形成了有别于国外P2P网贷模式的新特点，同时也产生了平台角色复杂、监管主体缺位、信用系统缺乏等新问题，其中最主要的是P2P利用投资理财为幌子，参与非法集资。据统计，2014年，P2P网络借贷平台涉嫌非法集资发案数、涉案金额、参与集资人数分别是2013年全年的11倍、16倍和39倍，今年上半年仍然有较大幅度的增长。

在当前涉及P2P网络借贷平台的法律规范缺失的情况下，为了更好地保护当事人的合法权益，进一步促进我国网络小额借贷资本市场良好发展，《规定》分别对于P2P涉及居间和担保两种法律关系时，是否应当以及如何承担民事责任作出了规定。按照《规定》中的条款内容，如果借贷双方通过P2P网贷平台形成借贷关系，P2P网络贷款平台的提供者仅提供媒介服务，则其对于民间借贷形成的债务不承担担保责任；如果P2P网贷平台的提供者通过网页、广告或者其他媒介明示或者有其他证据证明其为借贷提供担保，根据出借人的请求，人民法院应当判决P2P网贷平台的提供者承担担保责任。

今后，最高人民法院还将继续加强对P2P网络借贷平台法律规制的调研，密切关注这一新型事物的发展态势，结合行业特点和法律关系，制定更加充实详细的司法解释或者规范性文件，以司法的手段维护互联网对创业、创新的支撑作用，推动各类要素资源集聚、开放和共享，为形成大众创业、万众创新的浓厚氛围提供有力的司法保障。

十一、问：实践中存在大量企业法定代表人以个人名义借贷用于企业生产经营，或者以企业名义借贷用于个人消费的现象，从而引发纠纷。请问，《规定》如何规范此类问题，在民事责任的承担方面作了哪些新的规定？

答：企业作为法律拟制的人，在社会经济生活中的一切活动均要通过其法定代表人来实施。一般来讲，按照法人的代表人制度理论，法定代表人的行为就可以认定为企业行为。但是根据同一理论，鉴于法定代表人自然人和代表人的双重身份，企业承受法定代表人行为的法律后果，必须是其行使"代表行为"的情况下，具体表现为以法人的名义行为和在授权的范围内行为。

《规定》出台以前，司法实践中一直认定企业间借贷无效，基于对企业间借贷无效的规避和对资金融通的需求，实践中出现的法定代表人以个人名义借贷，用于企业生产经营的情况比较突出。为了保护出借人的利益，《规定》明确，法定代表人以个人名义签订借贷合同，但是所借款项用于生产经营的，出借人可以请求企业与个人共同承担责任。但也要看到，有的企业的法定代表人虽以企业名义借款，但所借款项却用于个人生活和消费，为避免企业合法权益遭到损害，对于出借人、企业或者其股东能够提出证据证明的，在诉讼中人民法院可以应出借人的请求将法定代表人列为共同被告或者第三人。作出这样的规定，能够有效防止法定代表人滥用代表权，能够达到均衡保护企业和出借人双方合法权益的目标。

十二、问：实践中还有一种现象，就是借款人往往通过买卖合同作为民间借贷合同的担保。一旦发生纠纷后，出借人往往要求履行买卖合同，进而取得标的物的所有权。请您介绍一下此类案件的处理思路。

答：正如您刚才所讲，民间借贷实践中，借贷双方当事人通过签订买卖合同作为民间借贷合同的担保，是民间借贷中比较典型的纠纷类型。债权人为避免债务人无力偿还借款，往往与债务人签订买卖合同（以房屋买卖合同为主），约定债务人不能偿还债款本息的，则履行买卖合同。在最高人民法院出台《规定》之前，各地法院的处理方式千差万别，导致法律适用标准不一，影响了法律的权威性。此类案件的处理，关系到人民法院裁判的统一，关系到当事人切身利益的维护。同时，正确处理此类案件，对于防范虚假诉讼，健全担保规范，促进经济健康发展具有重要意义。

目前，从审判实践看，买卖与借贷交叉混合主要有两种类型：一是以买卖作为民间借贷的担保，二是双方既有真实的买卖关系同时又有借贷的法律关系。由于前者最为常见且问题最多，因此，《规定》仅针对前者作出相应的规范。对于以买卖合同作为民间借贷合同的担保，在借期届满后借款人无法偿还本金利息的，出借人往往要求履行买卖合同，进而达到其直接获取买卖标的物的目的。我们认为，此种情形下的买卖合同应当视为类似于担保合同，其效力依附于作为主合同的民间借贷法律关系。正因如此，出借人撇开主合同而要求直接履行作为从合同的买卖合同的，实际上是颠倒了主从合同关系。对此，人民法院应当按照民间借贷法律关系审理双方之间的纠纷。只有从程序上作出如此规定，才能使双方的权利义务关系真正归位到正确的实体关系中去。如果出借人坚持要求审理买卖合同的，则应当裁定驳回其起诉。

按照民间借贷法律关系审理作出的判决生效后，借款人不履行生效判决确定的偿还本息的金钱给付债务，出借人可以申请拍卖买卖合同标的物，以偿还债务。《规定》作出这样的制度设计，是对债务人不履行债务时依法处置担保物的必然安排，其目的在于保护债权人的合法权益不受侵害。但是，任何制度设计都要坚持公平、公正的原则，在保护债权人利益的同时，也不能忽视对债务人合法权益的保护，而通过拍卖程序可以有效防止估价过高或者过低，损害另一方当事人利益。因此，《规定》要求，应当通过拍卖而非估价的方式处理标的物，以体现公平原则。此外，《规定》还特别强调，通过拍卖标的物所得的价款与应偿还借款本息之间的差额，借款人或者出借人有权主张返还或者补偿。这一规定能够在当事人之间实现利益平衡，体现了公正原则，从而真正完成从程序正义到实质正义的嬗变。

最高人民法院
关于认真学习贯彻适用《最高人民法院关于审理民间借贷案件适用法律若干问题的规定》的通知

（2015 年 8 月 25 日　法明传〔2015〕623 号）

各省、自治区、直辖市高级人民法院，解放军军事法院，新疆维吾尔自治区高级人民法院生产建设兵团分院：

《最高人民法院关于审理民间借贷案件适用法律若干问题的规定》（以下简称《规定》）已于 2015 年 6 月 23 日经最高人民法院审判委员会第 1655 次会议通过并于 8 月 6 日予以公布，将于 2015 年 9 月 1 日起施行。为便于进一步学习领会和正确适用司法解释，特作如下通知：

一、充分认识《规定》出台的意义

《规定》是在党的十八大提出依法治国、深化金融体制改革、支持实体经济特别是中小微企业的发展等各项重大战略决策的背景下，最高人民法院依据我国现行相关法律规定，总结长期以来审判实践经验制定的一部重要司法解释。《规定》为全国各级人民法院正确及时审理民间借贷纠纷案件提供了具有可操作性的司法裁判依据，将为维护经济社会和谐稳定发展发挥极其重要的作用。各级人民法院要从为实现依法治国方略，维护和促进经济社会发展的大局出发，正确把握和理解适用《规定》的精神实质和基本内容。

二、及时组织学习培训

《规定》从 2015 年 8 月 6 日公布到 2015 年 9 月 1 日起施行，相隔时间短，任务急，为使各级人民法院的审判人员尽快准确理解掌握司法解释的内涵，在案件审理中正确适用司法解释，各级人民法院要在妥善处理好工学关系的前提下，优先保障、尽快及时地通过多种形式组织学习培训，做好宣传工作。

三、适用《规定》过程中应当注意的问题

鉴于我国当前民间借贷尚未有专门的法律和法规，《规定》也不是针对现行某个专门法律、法规所作的解释，而是在民间借贷相关法律、法规的基础上，就审理民间借贷案件如何适用法律制定的专门性规定，在《规定》正式实施时，要注意把握以下几点：

（一）人民法院确认民间借贷合同效力时，应当按照《最高人民法院关于适用〈中华人民共和国合同法〉若干问题的解释（一）》第三条规定的精神，对本《规定》施行以前成立的民间借贷合同，适用当时的司法解释民间借贷合同无效而适用本《规定》有效的，适用本《规定》；

（二）本《规定》施行后新受理的一审案件，适用本《规定》；

（三）本《规定》施行后，尚未审结的一审、二审、再审案件，适用《规定》施行前的司法解释进行审理，不适用本《规定》；

（四）本《规定》施行前已经审结的案件，不得适用本《规定》进行再审。

最高人民法院
关于依法妥善审理民间借贷案件的通知

（2018年8月1日　法〔2018〕215号）

各省、自治区、直辖市高级人民法院，解放军军事法院，新疆维吾尔自治区高级人民法院生产建设兵团分院：

民间借贷在一定程度上满足了社会多元化融资需求，促进了多层次信贷市场的形成和完善。与此同时，民间借贷纠纷案件也呈现爆炸式增长，给人民法院的审判工作带来新的挑战。近年来，社会上不断出现披着民间借贷外衣，通过“虚增债务”“伪造证据”“恶意制造违约”“收取高额费用”等方式非法侵占财物的“套路贷”诈骗等新型犯罪，严重侵害了人民群众的合法权益，扰乱了金融市场秩序，影响社会和谐稳定。为充分发挥民商事审判工作的评价、教育、指引功能，妥善审理民间借贷纠纷案件，防范化解各类风险，现将有关事项通知如下：

一、加大对借贷事实和证据的审查力度。“套路贷”诈骗等犯罪设局者具备知识型犯罪特征，善于通过虚增债权债务、制造银行流水痕迹、故意失联制造违约等方式，形成证据链条闭环，并借助民事诉讼程序实现非法目的。因此，人民法院在审理民间借贷纠纷案件中，除根据《最高人民法院关于审理民间借贷案件适用法律若干问题的规定》第十五条、第十六条规定，对借据、收据、欠条等债权凭证及银行流水等款项交付凭证进行审查外，还应结合款项来源、交易习惯、经济能力、财产变化情况、当事人关系以及当事人陈述等因素综合判断借贷的真实情况。有违法犯罪等合理怀疑，代理人对案件事实无法说明的，应当传唤当事人本人到庭，就有关案件事实接受询问。要适当加大调查取证力度，查明事实真相。

二、严格区分民间借贷行为与诈骗等犯罪行为。人民法院在审理民间借贷纠纷案件中，要切实提高对“套路贷”诈骗等犯罪行为的警觉，加强对民间借贷行为与诈骗等犯罪行为的甄别，发现涉嫌违法犯罪线索、材料的，要及时按照《最高人民法院关于在审理经济纠纷案件中涉及经济犯罪嫌疑若干问题的规定》和《最高人民法院关于审理民间借贷案件适用法律若干问题的规定》依法处理。民间借贷行为本身涉及违法犯罪的，应当裁定驳回起诉，并将涉嫌犯罪的线索、材料移送公安机关或检察机关，切实防范犯罪分子将非法行为合法化，利用民事判决堂而皇之侵占被害人财产。刑事判决认定出借人构成“套路贷”诈骗等犯罪的，人民法院对已按普通民间借贷纠纷作出的生效判决，应当及时通过审判监督程序予以纠正。

三、依法严守法定利率红线。《最高人民法院关于审理民间借贷案件适用法律若干问题的规定》依法确立了法定利率的司法红线，应当从严把握。人民法院在民间借贷纠纷案件审理过程中，对于各种以“利息”“违约金”“服务费”“中介费”“保证金”“延期费”等突破或变相突破法定利率红线的，应当依法不予支持。对于“出借人主张系以现金方式支付大额贷款本金”“借款人抗辩所谓现金支付本金系出借人预先扣除的高额利息”的，要加强对出借人主张的现金支付款项来源、交付情况等证据的审查，依法认定借贷本金数额和高额利息扣收事实。发现交易平台、交易对手、交易模式等以“创新”为名行高利贷之实的，应当及时采取发送司法建议函等有效方式，坚决予以遏制。

四、建立民间借贷纠纷防范和解决机制。人民法院在防范和化解民间借贷各类风险中，要紧密结合党和国家工作大局，紧紧依靠党委领导和政府支持，探索审判机制创新，加强联动效应，探索建立跨部门综合治理机制。要加大法制宣传力度，引导社会良好风气，认真总结审判经验，加强调查研究。

各级人民法院在审理民间借贷纠纷案件中发现新情况、新问题，请及时层报最高人民法院。

最高人民法院
关于审理非法集资刑事案件具体应用法律若干问题的解释

法释〔2010〕18号

（2010年11月22日最高人民法院审判委员会第1502次会议通过
2010年12月13日最高人民法院公告公布　自2011年1月4日起施行）

为依法惩治非法吸收公众存款、集资诈骗等非法集资犯罪活动，根据刑法有关规定，现就审理此类刑事案件具体应用法律的若干问题解释如下：

第一条　违反国家金融管理法律规定，向社会公众（包括单位和个人）吸收资金的行为，同时具备下列四个条件的，除刑法另有规定的以外，应当认定为刑法第一百七十六条规定的“非法吸收公众存款或者变相吸收公众存款”：

（一）未经有关部门依法批准或者借用合法经营的形式吸收资金；

（二）通过媒体、推介会、传单、手机短信等途径向社会公开宣传；

（三）承诺在一定期限内以货币、实物、股权等方式还本付息或者给付回报；

（四）向社会公众即社会不特定对象吸收资金。

未向社会公开宣传，在亲友或者单位内部针对特定对象吸收资金的，不属于非法吸收或者变相吸收公众存款。

第二条　实施下列行为之一，符合本解释第一条第一款规定的条件的，应当依照刑法第一百七十六条的规定，以非法吸收公众存款罪定罪处罚：

（一）不具有房产销售的真实内容或者不以房产销售为主要目的，以返本销售、售后包租、约定回购、销售房产份额等方式非法吸收资金的；

（二）以转让林权并代为管护等方式非法吸收资金的；

（三）以代种植（养殖）、租种植（养殖）、联合种植（养殖）等方式非法吸收资金的；

（四）不具有销售商品、提供服务的真实内容或者不以销售商品、提供服务为主要目的，以商品回购、寄存代售等方式非法吸收资金的；

（五）不具有发行股票、债券的真实内容，以虚假转让股权、发售虚构债券等方式非法吸收资金的；

（六）不具有募集基金的真实内容，以假借境外基金、发售虚构基金等方式非法吸收资金的；

（七）不具有销售保险的真实内容，以假冒保险公司、伪造保险单据等方式非法吸收资金的；

（八）以投资入股的方式非法吸收资金的；

（九）以委托理财的方式非法吸收资金的；

（十）利用民间“会”、“社”等组织非法吸收资金的；

（十一）其他非法吸收资金的行为。

第三条 非法吸收或者变相吸收公众存款，具有下列情形之一的，应当依法追究刑事责任：

（一）个人非法吸收或者变相吸收公众存款，数额在 20 万元以上的，单位非法吸收或者变相吸收公众存款，数额在 100 万元以上的；

（二）个人非法吸收或者变相吸收公众存款对象 30 人以上的，单位非法吸收或者变相吸收公众存款对象 150 人以上的；

（三）个人非法吸收或者变相吸收公众存款，给存款人造成直接经济损失数额在 10 万元以上的，单位非法吸收或者变相吸收公众存款，给存款人造成直接经济损失数额在 50 万元以上的；

（四）造成恶劣社会影响或者其他严重后果的。

具有下列情形之一的，属于刑法第一百七十六条规定的“数额巨大或者有其他严重情节”：

（一）个人非法吸收或者变相吸收公众存款，数额在 100 万元以上的，单位非法吸收或者变相吸收公众存款，数额在 500 万元以上的；

（二）个人非法吸收或者变相吸收公众存款对象 100 人以上的，单位非法吸收或者变相吸收公众存款对象 500 人以上的；

（三）个人非法吸收或者变相吸收公众存款，给存款人造成直接经济损失数额在 50 万元以上的，单位非法吸收或者变相吸收公众存款，给存款人造成直接经济损失数额在 250 万元以上的；

（四）造成特别恶劣社会影响或者其他特别严重后果的。

非法吸收或者变相吸收公众存款的数额，以行为人所吸收的资金全额计算。案发前后已归还的数额，可以作为量刑情节酌情考虑。

非法吸收或者变相吸收公众存款，主要用于正常的生产经营活动，能够及时清退所吸收资金，可以免予刑事处罚；情节显著轻微的，不作为犯罪处理。

第四条 以非法占有为目的，使用诈骗方法实施本解释第二条规定所列行为的，应当依照刑法第一百九十二条的规定，以集资诈骗罪定罪处罚。

使用诈骗方法非法集资，具有下列情形之一的，可以认定为“以非法占有为目的”：

（一）集资后不用于生产经营活动或者用于生产经营活动与筹集资金规模明显不成比例，致使集资款不能返还的；

（二）肆意挥霍集资款，致使集资款不能返还的；

（三）携带集资款逃匿的；

（四）将集资款用于违法犯罪活动的；

（五）抽逃、转移资金、隐匿财产，逃避返还资金的；

（六）隐匿、销毁账目，或者搞假破产、假倒闭，逃避返还资金的；

（七）拒不交代资金去向，逃避返还资金的；

（八）其他可以认定非法占有目的的情形。

集资诈骗罪中的非法占有目的，应当区分情形进行具体认定。行为人部分非法集资行为具有非法占有目的的，对该部分非法集资行为所涉集资款以集资诈骗罪定罪处罚；非法集资共同犯罪中部分行为人具有非法占有目的，其他行为人没有非法占有集资款的共同故意和行为的，对具有非法占有目的的行为人以集资诈骗罪定罪处罚。

第五条 个人进行集资诈骗，数额在10万元以上的，应当认定为“数额较大”；数额在30万元以上的，应当认定为“数额巨大”；数额在100万元以上的，应当认定为“数额特别巨大”。

单位进行集资诈骗，数额在50万元以上的，应当认定为“数额较大”；数额在150万元以上的，应当认定为“数额巨大”；数额在500万元以上的，应当认定为“数额特别巨大”。

集资诈骗的数额以行为人实际骗取的数额计算，案发前已归还的数额应予扣除。行为人为实施集资诈骗活动而支付的广告费、中介费、手续费、回扣，或者用于行贿、赠与等费用，不予扣除。行为人为实施集资诈骗活动而支付的利息，除本金未归还可予折抵本金以外，应当计入诈骗数额。

第六条 未经国家有关主管部门批准，向社会不特定对象发行、以转让股权等方式变相发行股票或者公司、企业债券，或者向特定对象发行、变相发行股票或者公司、企业债券累计超过200人的，应当认定为刑法第一百七十九条规定的“擅自发行股票、公司、企业债券”。构成犯罪的，以擅自发行股票、公司、企业债券罪定罪处罚。

第七条 违反国家规定，未经依法核准擅自发行基金份额募集基金，情节严重的，依照刑法第二百二十五条的规定，以非法经营罪定罪处罚。

第八条 广告经营者、广告发布者违反国家规定，利用广告为非法集资活动相关的商品或者服务作虚假宣传，具有下列情形之一的，依照刑法第二百二十二条的规定，以虚假广告罪定罪处罚：

（一）违法所得数额在10万元以上的；

（二）造成严重危害后果或者恶劣社会影响的；

（三）二年内利用广告作虚假宣传，受过行政处罚二次以上的；

（四）其他情节严重的情形。

明知他人从事欺诈发行股票、债券，非法吸收公众存款，擅自发行股票、债券，集资诈骗或者组织、领导传销活动等集资犯罪活动，为其提供广告等宣传的，以相关犯罪的共犯论处。

第九条　此前发布的司法解释与本解释不一致的，以本解释为准。

最高人民法院
关于依法妥善审理民间借贷纠纷案件促进经济发展维护社会稳定的通知

（2011年12月2日　法〔2011〕336号）

各省、自治区、直辖市高级人民法院，解放军军事法院，新疆维吾尔自治区高级人民法院生产建设兵团分院：

当前我国经济保持平稳较快发展，整体形势良好，但是受国际国内经济形势变化等多种因素的影响，一些地方出现了与民间借贷相关的债务不能及时清偿、债务人出逃、中小企业倒闭等事件，对当地经济发展和社会稳定造成了较大冲击，相关纠纷案件在短期内大量增加。为践行能动司法理念，充分发挥审判职能作用，妥善化解民间借贷纠纷，促进经济发展，维护社会稳定，现将有关事项通知如下：

一、高度重视民间借贷纠纷案件的审判执行工作。民间借贷客观上拓宽了中小企业的融资渠道，一定程度上解决了部分社会融资需求，增强了经济运行的自我调整和适应能力，促进了多层次信贷市场的形成和发展，但实践中民间借贷也存在着交易隐蔽、风险不易监控等特点，容易引发高利贷、中小企业资金链断裂甚至破产以及非法集资、暴力催收导致人身伤害等违法犯罪问题，对金融秩序乃至经济发展、社会稳定造成不利影响，也使得人民法院妥善化解民间借贷纠纷的难度增加。因此，人民法院应当高度重视民间借贷纠纷案件的审判执行工作，将其作为“为大局服务，为人民司法”的重要工作内容，作为深入推进三项重点工作的重要切入点，通过依法妥善审理民间借贷纠纷，规范和引导民间借贷健康有序发展，切实维护社会和谐稳定。

二、做好民间借贷纠纷案件的立案受理工作。当事人就民间借贷纠纷起诉的，人民法院要依据民事诉讼法的有关规定做好立案受理工作。立案时要认真进行审查，对于涉嫌非法集资等经济犯罪的案件，依法移送有关部门处理；对于可能影响社会稳定的案件，及时与政府及有关部门沟通协调，积极配合做好相关预案工作，切实防范可能引发的群体性、突发性事件。

三、依法惩治与民间借贷相关的刑事犯罪。人民法院在审理与民间借贷相关的非法集资等经济犯罪案件时，要依照《最高人民法院关于在审理经济纠纷案件中涉及经济犯罪嫌疑若干问题的规定》的有关规定，根据具体情况分别处理。对于非法集资等经济犯罪案件，要依法及时审判，切实维护金融秩序。对于与民间借贷相关的黑社会性质的组织犯罪及其他暴力性犯罪，要依法从严惩处，切实维护人民群众人身财产安全。要严格贯彻宽严相济的刑事政策，注意区分性质不同的违法犯罪行为，真正做到罚当其罪。

四、依法妥善审理民间借贷纠纷案件。人民法院在审理民间借贷纠纷案件时，要严格适用民法通则、合同法等有关法律法规和司法解释的规定，同时注意把握国家经济政策精神，努力做到依法公正与妥善合理的有机统一。要依法认定民间借贷的合同效力，保护合法借贷关系，切实维护当事人的合法权益，确保案件处理取得良好的法律效果和社会效果。对于因赌博、吸毒等违法犯罪活动而形成的借贷关系或者出借人明知借款人是为了进行上述违法犯罪活动的借贷关系，依法不予保护。

五、加大对民间借贷纠纷案件的调解力度。人民法院审理民间借贷纠纷案件，要深入贯彻“调解优先、调判结合”工作原则。对于涉及众多出借人或者借款人的案件、可能引发工人讨薪等群体性事件的案件、出借人与借款人之间情绪严重对立的案件以及判决后难以执行的案件等，要先行调解，重点调解，努力促成当事人和解。要充分借助政府部门、行业组织、社会团体等各方面力量，加强与人民调解、行政调解的程序对接，形成化解矛盾的最大合力，共同维护社会和谐稳定。

六、依法保护合法的借贷利息。人民法院在审理民间借贷纠纷案件时，要依法保护合法的借贷利息，依法遏制高利贷化倾向。出借人依照合同约定请求支付借款利息的，人民法院应当依据合同法和《最高人民法院关于人民法院审理借贷案件的若干意见》第 6 条、第 7 条的规定处理。出借人将利息预先在本金中扣除的，应当按照实际借款数额返还借款并计算利息。当事人仅约定借期内利率，未约定逾期利率，出借人以借期内的利率主张逾期还款利息的，依法予以支持。当事人既未约定借期内利率，也未约定逾期利率的，出借人参照中国人民银行同期同类贷款基准利率，主张自逾期还款之日起的利息损失的，依法予以支持。

七、注意防范、制裁虚假诉讼。人民法院在审理民间借贷纠纷案件过程中，要依法全面、客观地审核双方当事人提交的全部证据，从各证据与案件事实的关联程度、各证据之间的联系等方面进行综合审查判断。对形式有瑕疵的“欠条”或者“收条”，要结合其他证据认定是否存在借贷关系；对现金交付的借贷，可根据交付凭证、支付能力、交易习惯、借贷金额的大小、当事人间关系以及当事人陈述的交易细节经过等因素综合判断。发现有虚假诉讼嫌疑的，要及时依职权或者提请有关部门调查取证，查清事实真相。经查证确属虚假诉讼的，驳回其诉讼请求，并对其妨害民事诉讼的行为依法予以制裁；对于以骗取财物、逃废债务为目的实施虚假诉讼，构成犯罪的，依法追究刑事责任。

八、妥善适用有关司法措施。对于暂时资金周转困难但仍在正常经营的借款人，在不损害出借人合法权益的前提下，灵活适用诉讼保全措施，尽量使该借款人度过暂时的债务危机。对于出借人举报的有转移财产、逃避债务可能的借款人，要依法视情加大诉讼保全力度，切实维护债权人的合法权益。在审理因民间借贷债务而引发的企业破产案件时，对于符合国家产业政策且具有挽救价值和希望的负债中小企业，要积极适用重整、和解程序，尽快实现企业再生；对没有挽救希望，必须通过破产清算退出市场的中小企业，要制定综合预案，统筹协调，稳步推进，切实将企业退市引发的不良影响降到最低。

九、积极促进建立健全民间借贷纠纷防范和解决机制。人民法院在化解民间借贷纠纷的工作中，要紧紧围绕党和国家工作大局，紧紧依靠党委领导和政府支持，积极采取司法应对措施，全力维护社会和谐稳定。要加强与政府有关职能部门的沟通协调，充分发挥联动效能。要建立和完善系列案件审判执行统一协调机制，避免因裁判标准不一致或者执行工作简单化而激化社会矛盾。要结合民间借贷纠纷案件审判工作实际，及时提出司法建议，为有关部门依法采取有效措施提供参考。要加强法制宣传，特别是对典型案件的宣传，引导各类民间借贷主体增强风险防范意识，倡导守法诚信的社会风尚。

十、加强对民间借贷纠纷案件新情况新问题的调查研究。人民法院在民间借贷纠纷案件的审判工作中，要认真总结审判经验，密切关注各类敏感疑难问题和典型案件，对审理民间借贷纠纷案件过程中出现的新情况新问题，要认真分析研究成因，尽早提出对策，必要时及时层报最高人民法院。

最高人民检察院
关于强迫借贷行为适用法律问题的批复

（2014年4月11日最高人民检察院第十二届检察委员会第十九次会议通过　2014年4月17日最高人民检察院公告公布自公布之日起施行）

广东省人民检察院：

你院《关于强迫借贷案件法律适用的请示》（粤检发研字〔2014〕9号）收悉。经研究，批复如下：

以暴力、胁迫手段强迫他人借贷，属于刑法第二百二十六条第二项规定的“强迫他人提供或者接受服务”，情节严重的，以强迫交易罪追究刑事责任；同时构成故意伤害罪等其他犯罪的，依照处罚较重的规定定罪处罚。以非法占有为目的，以借贷为名采用暴力、胁迫手段获取他人财物，符合刑法第二百六十三条或者第二百七十四条规定的，以抢劫罪或者敲诈勒索罪追究刑事责任。

此复。

最高人民法院
关于如何确定借款合同履行地问题的批复

（1993年11月17日　法复〔1993〕10号）

山东省高级人民法院：

你院鲁高法函〔1993〕44号《关于如何确定借款合同履行地问题的请示》收悉。经研究，现答复如下：

合同履行地是指当事人履行合同约定义务的地点。借款合同是双务合同，标的物为货币。贷款方与借款方均应按照合同约定分别承担贷出款项与偿还贷款及利息的义务，贷款方与借款方所在地都是履行合同约定义务的地点。依照借款合同的约定，贷款方应先将借款划出，从而履行了贷款方所应承担的义务。因此，除当事人另有约定外，应确定贷款方所在地为合同履行地。

此复。

最高人民法院
关于银行、信用社扣划预付货款收贷应否退还问题的批复

（1994年3月9日　法复〔1994〕1号）

四川省高级人民法院：

你院川高法〈1993〉12号《关于银行、信用社扣划预付货款收贷应否退还的请示》收悉。经研究，答复如下：

一、根据《中华人民共和国民法通则》第七十二条之规定，除当事人另有约定外，一方当事人按照合同约定将预付货款汇入对方帐户，对方当事人即取得该款项的所有权。

二、预付款人将预付货款汇入对方当事人帐户后，即丧失了该款的所有权。因此，该款被银行、信用社或其他金融机构扣划还贷后，预付款人无权向银行、信用社和其他金融机构请求返还。在预付款人诉收款人的经济纠纷案件中，也不应将银行、信用社和其他金融机构作为第三人参加诉讼。

三、如果银行、信用社和其他金融机构明知借款人无履行合同的能力，而与其同谋或怂恿其通过签订合同收取预付货款还贷的，预付款人可以直接要求银行、信用社和其他金融机构返还已经还贷的预付货款。

四、银行、信用社和其他金融机构对预付款人承诺专款专用而又扣划该款还贷的，预付款人亦可直接要求银行、信用社和其他金融机构返还被其扣划的预付货款。

此复。

最高人民法院
关于企业相互借贷的合同出借方尚未取得约定利息人民法院应当如何裁决问题的解答

（1996年3月25日　法复〔1996〕2号）

各省、自治区、直辖市高级人民法院，解放军军事法院：

《最高人民法院关于审理联营合同纠纷案件若干问题的解答》（法（经）发〔1990〕27号）于1990年11月12日下发以后，一些高级人民法院先后就如何执行该解答第四个问题第（二）条向我院请示，现解答如下：

对企业之间相互借贷的出借方或者名为联营、实为借贷的出资方尚未取得的约定利息，人民法院应当依法向借款方收缴。

附：最高人民法院关于审理联营合同纠纷案件若干问题的解答（略）

最高人民法院
关于对企业借贷合同借款方逾期不归还借款的应如何处理问题的批复

法复〔1996〕15号

（1996年9月23日最高人民法院公布　根据2008年12月31日起施行的《最高人民法院关于调整司法解释等文件中引用〈中华人民共和国民事诉讼法〉条文序号的决定》调整）

四川省高级人民法院：

你院川高法〔1995〕223号《关于企业拆借合同期限届满后借款方不归还本金是否计算逾期利息及如何判决的请示》收悉。经研究，答复如下：

企业借贷合同违反有关金融法规，属无效合同。对于合同期限届满后，借款方逾期不归还本金，当事人起诉到人民法院的，人民法院除应按照最高人民法院法（经）发〔1990〕27号《关于审理联营合同纠纷案件若干问题的解答》第四条第（二）项的有关规定判决外，对自双方当事人约定的还款期满之日起，至法院判决确定借款人返还本金期满期间内的利息，应当收缴，该利息按借贷双方原约定的利率计算，如果双方当事人对借款利息未约定，按同期银行贷款利率计算。借款人未按判决确定的期限归还本金的，应当依照《中华人民共和国民事诉讼法》第二百二十九条的规定加倍支付迟延履行期间的利息。

最高人民法院
关于如何确认公民与企业之间借贷行为效力问题的批复

法释〔1999〕3号

（1999年1月26日最高人民法院审判委员会第1041次会议通过
1999年2月9日最高人民法院公告公布　自1999年2月13日起施行）

黑龙江省高级人民法院：

你院黑高法〔1998〕192号《关于公民与企业之间借贷合同效力如何确认的请示》收悉。经研究，答复如下：

公民与非金融企业（以下简称企业）之间的借贷属于民间借贷。只要双方当事人意思表示真实即可认定有效。但是，具有下列情形之一的，应当认定无效：

（一）企业以借贷名义向职工非法集资；

（二）企业以借贷名义非法向社会集资；

（三）企业以借贷名义向社会公众发放贷款；

（四）其他违反法律、行政法规的行为。

借贷利率超过银行同期同类贷款利率4倍的，按照最高人民法院法（民）发〔1991〕21号《关于人民法院审理借贷案件的若干意见》的有关规定办理。

此复。

最高人民法院
关于修改《最高人民法院关于逾期付款违约金应当按照何种标准计算问题的批复》的批复

法释〔2000〕34号

（2000年11月13日最高人民法院审判委员会第1137次会议通过
2000年11月15日最高人民法院公告公布　自2000年11月21日起施行）

各省、自治区、直辖市高级人民法院，解放军军事法院，新疆维吾尔自治区高级人民法院生产建设兵团分院：

一些法院反映，我法院法释〔1999〕8号《关于逾期付款违约金应当按照何种标准计算问题的批复》的有关内容与中国人民银行《关于降低金融机构存贷款利率公告》不一致。经研究，现批复如下：

将最高人民法院法释〔1999〕8号批复中“参照中国人民银行1996年4月30日发布的银发〔1996〕156号《关于降低金融机构存、贷款利率的通知》的规定，目前，逾期付款违约金标准可以按每日万分之四计算”的内容删除。

此复。

最高人民法院
关于逾期付款违约金应当按照何种标准计算问题的批复

法释〔1999〕8号

（1999年1月29日最高人民法院审判委员会第1042次会议通过
1999年2月12日最高人民法院公告公布　自1999年2月16日起施行）

广东省高级人民法院：

你院〔1998〕粤法经一行字第17号《关于逾期贷款如何计算利息问题的请示》收悉。经研究，答复如下：

对于合同当事人没有约定逾期付款违约金标准的，人民法院可以参照中国人民银行规定的金融机构计收逾期贷款利息的标准计算逾期付款违约金。中国人民银行调整金融机构计收逾期贷款利息的标准时，人民法院可以相应调整计算逾期付款违约金的计算标准。参照中国人民银行 1996 年 4 月 30 日发布的银发〔1996〕156 号《关于降低金融机构存、贷款利率的通知》的规定，目前，逾期付款违约金标准可以按每日 4‰计算。

本批复公布后，人民法院尚未审结的案件中有关计算逾期付款违约金的问题，按照本批复办理。本批复公布前，已经按我院 1996 年 5 月 16 日作出的法复〔1996〕7 号《关于逾期付款违约金应当依据何种标准计算问题的批复》审结的案件不再变动。

此复。

最高人民法院
关于超过诉讼时效期间当事人达成的还款协议是否应当受法律保护问题的批复

（1997 年 4 月 16 日　法复〔1997〕4 号）

四川省高级人民法院：

你院川高法〔1996〕116 号《关于超过诉讼时效期间达成的还款协议是否应受法律保护问题的请示》收悉。经研究，答复如下：

根据《中华人民共和国民法通则》第九十条规定的精神，对超过诉讼时效期间，当事人双方就原债务达成还款协议的，应当依法予以保护。

此复。

最高人民法院
关于超过诉讼时效期间借款人在催款通知单上签字或者盖章的法律效力问题的批复

法释〔1999〕7号

（1999年1月29日最高人民法院审判委员会第1042次会议通过
1999年2月11日最高人民法院公告公布　自1999年2月16日起施行）

河北省高级人民法院：

你院〔1998〕冀经一请字第38号《关于超过诉讼时效期间信用社向借款人发出的“催收到期贷款通知单”是否受法律保护的请示》收悉。经研究，答复如下：

根据《中华人民共和国民法通则》第四条、第九十条规定的精神，对于超过诉讼时效期间，信用社向借款人发出催收到期贷款通知单，债务人在该通知单上签字或者盖章的，应当视为对原债务的重新确认，该债权债务关系应受法律保护。

此复。

最高人民法院
关于判决生效后当事人将判决确认的债权转让债权受让人对该判决不服提出再审申请人民法院是否受理问题的批复

法释〔2011〕2号

（2010年12月16日最高人民法院审判委员会第1506次会议通过
2011年1月7日最高人民法院公告公布　自2011年2月1日起施行）

海南省高级人民法院：

你院《关于海南长江旅业有限公司、海南凯立中部开发建设股份有限公司与交通银行海南分行借款合同纠纷一案的请示报告》（〔2009〕琼民再终字第16号）收悉。经研究，答复如下：

判决生效后当事人将判决确认的债权转让，债权受让人对该判决不服提出再审申请的，因其不具有申请再审人主体资格，人民法院应依法不予受理。

（四）租赁合同

商品房屋租赁管理办法

（2010年12月1日住房和城乡建设部令第6号公布
自2011年2月1日起施行）

第一条　为加强商品房屋租赁管理，规范商品房屋租赁行为，维护商品房屋租赁双方当事人的合法权益，根据《中华人民共和国城市房地产管理法》等有关法律、法规，制定本办法。

第二条　城市规划区内国有土地上的商品房屋租赁（以下简称房屋租赁）及其监督管理，适用本办法。

第三条　房屋租赁应当遵循平等、自愿、合法和诚实信用原则。

第四条　国务院住房和城乡建设主管部门负责全国房屋租赁的指导和监督工作。

县级以上地方人民政府建设（房地产）主管部门负责本行政区域内房屋租赁的监督管理。

第五条　直辖市、市、县人民政府建设（房地产）主管部门应当加强房屋租赁管理规定和房屋使用安全知识的宣传，定期分区域公布不同类型房屋的市场租金水平等信息。

第六条　有下列情形之一的房屋不得出租：

（一）属于违法建筑的；

（二）不符合安全、防灾等工程建设强制性标准的；

（三）违反规定改变房屋使用性质的；

（四）法律、法规规定禁止出租的其他情形。

第七条　房屋租赁当事人应当依法订立租赁合同。房屋租赁合同的内容由当事人双方约定，一般应当包括以下内容：

（一）房屋租赁当事人的姓名（名称）和住所；

（二）房屋的坐落、面积、结构、附属设施，家具和家电等室内设施状况；

（三）租金和押金数额、支付方式；

（四）租赁用途和房屋使用要求；

（五）房屋和室内设施的安全性能；

（六）租赁期限；

（七）房屋维修责任；

（八）物业服务、水、电、燃气等相关费用的缴纳；

（九）争议解决办法和违约责任；

（十）其他约定。

房屋租赁当事人应当在房屋租赁合同中约定房屋被征收或者拆迁时的处理办法。

建设（房地产）管理部门可以会同工商行政管理部门制定房屋租赁合同示范文本，供当事人选用。

第八条　出租住房的，应当以原设计的房间为最小出租单位，人均租住建筑面积不得低于当地人民政府规定的最低标准。

厨房、卫生间、阳台和地下储藏室不得出租供人员居住。

第九条　出租人应当按照合同约定履行房屋的维修义务并确保房屋和室内设施安全。未及时修复损坏的房屋，影响承租人正常使用的，应当按照约定承担赔偿责任或者减少租金。

房屋租赁合同期内，出租人不得单方面随意提高租金水平。

第十条　承租人应当按照合同约定的租赁用途和使用要求合理使用房屋，不得擅自改动房屋承重结构和拆改室内设施，不得损害其他业主和使用人的合法权益。

承租人因使用不当等原因造成承租房屋和设施损坏的，承租人应当负责修复或者承担赔偿责任。

第十一条　承租人转租房屋的，应当经出租人书面同意。

承租人未经出租人书面同意转租的，出租人可以解除租赁合同，收回房屋并要求承租人赔偿损失。

第十二条　房屋租赁期间内，因赠与、析产、继承或者买卖转让房屋的，原房屋租赁合同继续有效。

承租人在房屋租赁期间死亡的，与其生前共同居住的人可以按照原租赁合同租赁该房屋。

第十三条　房屋租赁期间出租人出售租赁房屋的，应当在出售前合理期限内通知承租人，承租人在同等条件下有优先购买权。

第十四条　房屋租赁合同订立后三十日内，房屋租赁当事人应当到租赁房屋所在地直辖市、市、县人民政府建设（房地产）主管部门办理房屋租赁登记备案。

房屋租赁当事人可以书面委托他人办理租赁登记备案。

第十五条　办理房屋租赁登记备案，房屋租赁当事人应当提交下列材料：

（一）房屋租赁合同；

（二）房屋租赁当事人身份证明；

（三）房屋所有权证书或者其他合法权属证明；

（四）直辖市、市、县人民政府建设（房地产）主管部门规定的其他材料。

房屋租赁当事人提交的材料应当真实、合法、有效，不得隐瞒真实情况或者提供虚假材料。

第十六条　对符合下列要求的，直辖市、市、县人民政府建设（房地产）主管部门应当在三个工作日内办理房屋租赁登记备案，向租赁当事人开具房屋租赁登记备案证明：

（一）申请人提交的申请材料齐全并且符合法定形式；

（二）出租人与房屋所有权证书或者其他合法权属证明记载的主体一致；

（三）不属于本办法第六条规定不得出租的房屋。

申请人提交的申请材料不齐全或者不符合法定形式的，直辖市、市、县人民政府建设（房地产）主管部门应当告知房屋租赁当事人需要补正的内容。

第十七条　房屋租赁登记备案证明应当载明出租人的姓名或者名称，承租人的姓名或者名称、有效身份证件种类和号码，出租房屋的坐落、租赁用途、租金数额、租赁期限等。

第十八条　房屋租赁登记备案证明遗失的，应当向原登记备案的部门补领。

第十九条　房屋租赁登记备案内容发生变化、续租或者租赁终止的，当事人应当在三十日内，到原租赁登记备案的部门办理房屋租赁登记备案的变更、延续或者注销手续。

第二十条　直辖市、市、县建设（房地产）主管部门应当建立房屋租赁登记备案信息系统，逐步实行房屋租赁合同网上登记备案，并纳入房地产市场信息系统。

房屋租赁登记备案记载的信息应当包含以下内容：

（一）出租人的姓名（名称）、住所；

（二）承租人的姓名（名称）、身份证件种类和号码；

（三）出租房屋的坐落、租赁用途、租金数额、租赁期限；

（四）其他需要记载的内容。

第二十一条 违反本办法第六条规定的，由直辖市、市、县人民政府建设（房地产）主管部门责令限期改正，对没有违法所得的，可处以五千元以下罚款；对有违法所得的，可以处以违法所得一倍以上三倍以下，但不超过三万元的罚款。

第二十二条 违反本办法第八条规定的，由直辖市、市、县人民政府建设（房地产）主管部门责令限期改正，逾期不改正的，可处以五千元以上三万元以下罚款。

第二十三条 违反本办法第十四条第一款、第十九条规定的，由直辖市、市、县人民政府建设（房地产）主管部门责令限期改正；个人逾期不改正的，处以一千元以下罚款；单位逾期不改正的，处以一千元以上一万元以下罚款。

第二十四条 直辖市、市、县人民政府建设（房地产）主管部门对符合本办法规定的房屋租赁登记备案申请不予办理，对不符合本办法规定的房屋租赁登记备案申请予以办理，或者对房屋租赁登记备案信息管理不当，给租赁当事人造成损失的，对直接负责的主管人员和其他直接责任人员依法给予处分；构成犯罪的，依法追究刑事责任。

第二十五条 保障性住房租赁按照国家有关规定执行。

第二十六条 城市规划区外国有土地上的房屋租赁和监督管理，参照本办法执行。

第二十七条 省、自治区、直辖市人民政府住房和城乡建设主管部门可以依据本办法制定实施细则。

第二十八条 本办法自 2011 年 2 月 1 日起施行，建设部 1995 年 5 月 9 日发布的《城市房屋租赁管理办法》（建设部令第 42 号）同时废止。

最高人民法院
关于审理城镇房屋租赁合同纠纷案件具体应用法律若干问题的解释

法释〔2009〕11号

（2009年6月22日最高人民法院审判委员会第1469次会议通过
2009年7月30日最高人民法院公告公布　自2009年9月1日起施行）

为正确审理城镇房屋租赁合同纠纷案件，依法保护当事人的合法权益，根据《中华人民共和国民法通则》、《中华人民共和国物权法》、《中华人民共和国合同法》等法律规定，结合民事审判实践，制定本解释。

第一条　本解释所称城镇房屋，是指城市、镇规划区内的房屋。

乡、村庄规划区内的房屋租赁合同纠纷案件，可以参照本解释处理。但法律另有规定的，适用其规定。

当事人依照国家福利政策租赁公有住房、廉租住房、经济适用住房产生的纠纷案件，不适用本解释。

第二条　出租人就未取得建设工程规划许可证或者未按照建设工程规划许可证的规定建设的房屋，与承租人订立的租赁合同无效。但在一审法庭辩论终结前取得建设工程规划许可证或者经主管部门批准建设的，人民法院应当认定有效。

第三条　出租人就未经批准或者未按照批准内容建设的临时建筑，与承租人订立的租赁合同无效。但在一审法庭辩论终结前经主管部门批准建设的，人民法院应当认定有效。

租赁期限超过临时建筑的使用期限，超过部分无效。但在一审法庭辩论终结前经主管部门批准延长使用期限的，人民法院应当认定延长使用期限内的租赁期间有效。

第四条　当事人以房屋租赁合同未按照法律、行政法规规定办理登记备案手续为由，请求确认合同无效的，人民法院不予支持。

当事人约定以办理登记备案手续为房屋租赁合同生效条件的，从其约定。但当事人一方已经履行主要义务，对方接受的除外。

第五条　房屋租赁合同无效，当事人请求参照合同约定的租金标准支付房屋占有使用费的，人民法院一般应予支持。

当事人请求赔偿因合同无效受到的损失，人民法院依照合同法的有关规定和本司法解释第九条、第十三条、第十四条的规定处理。

第六条 出租人就同一房屋订立数份租赁合同，在合同均有效的情况下，承租人均主张履行合同的，人民法院按照下列顺序确定履行合同的承租人：

（一）已经合法占有租赁房屋的；

（二）已经办理登记备案手续的；

（三）合同成立在先的。

不能取得租赁房屋的承租人请求解除合同、赔偿损失的，依照合同法的有关规定处理。

第七条 承租人擅自变动房屋建筑主体和承重结构或者扩建，在出租人要求的合理期限内仍不予恢复原状，出租人请求解除合同并要求赔偿损失的，人民法院依照合同法第二百一十九条的规定处理。

第八条 因下列情形之一，导致租赁房屋无法使用，承租人请求解除合同的，人民法院应予支持：

（一）租赁房屋被司法机关或者行政机关依法查封的；

（二）租赁房屋权属有争议的；

（三）租赁房屋具有违反法律、行政法规关于房屋使用条件强制性规定情况的。

第九条 承租人经出租人同意装饰装修，租赁合同无效时，未形成附合的装饰装修物，出租人同意利用的，可折价归出租人所有；不同意利用的，可由承租人拆除。因拆除造成房屋毁损的，承租人应当恢复原状。

已形成附合的装饰装修物，出租人同意利用的，可折价归出租人所有；不同意利用的，由双方各自按照导致合同无效的过错分担现值损失。

第十条 承租人经出租人同意装饰装修，租赁期间届满或者合同解除时，除当事人另有约定外，未形成附合的装饰装修物，可由承租人拆除。因拆除造成房屋毁损的，承租人应当恢复原状。

第十一条 承租人经出租人同意装饰装修，合同解除时，双方对已形成附合的装饰装修物的处理没有约定的，人民法院按照下列情形分别处理：

（一）因出租人违约导致合同解除，承租人请求出租人赔偿剩余租赁期内装饰装修残值损失的，应予支持；

（二）因承租人违约导致合同解除，承租人请求出租人赔偿剩余租赁期内装饰装修残值损失的，不予支持。但出租人同意利用的，应在利用价值范围内予以适当补偿；

（三）因双方违约导致合同解除，剩余租赁期内的装饰装修残值损失，由双方根据各自的过错承担相应的责任；

（四）因不可归责于双方的事由导致合同解除的，剩余租赁期内的装饰装修残值损失，由双方按照公平原则分担。法律另有规定的，适用其规定。

第十二条 承租人经出租人同意装饰装修，租赁期间届满时，承租人请求出租人补偿附合装饰装修费用的，不予支持。但当事人另有约定的除外。

第十三条 承租人未经出租人同意装饰装修或者扩建发生的费用，由承租人负担。出租人请求承租人恢复原状或者赔偿损失的，人民法院应予支持。

第十四条 承租人经出租人同意扩建，但双方对扩建费用的处理没有约定的，人民法院按照下列情形分别处理：

（一）办理合法建设手续的，扩建造价费用由出租人负担；

（二）未办理合法建设手续的，扩建造价费用由双方按照过错分担。

第十五条 承租人经出租人同意将租赁房屋转租给第三人时，转租期限超过承租人剩余租赁期限的，人民法院应当认定超过部分的约定无效。但出租人与承租人另有约定的除外。

第十六条 出租人知道或者应当知道承租人转租，但在六个月内未提出异议，其以承租人未经同意为由请求解除合同或者认定转租合同无效的，人民法院不予支持。

因租赁合同产生的纠纷案件，人民法院可以通知次承租人作为第三人参加诉讼。

第十七条 因承租人拖欠租金，出租人请求解除合同时，次承租人请求代承租人支付欠付的租金和违约金以抗辩出租人合同解除权的，人民法院应予支持。但转租合同无效的除外。

次承租人代为支付的租金和违约金超出其应付的租金数额，可以折抵租金或者向承租人追偿。

第十八条 房屋租赁合同无效、履行期限届满或者解除，出租人请求负有腾房义务的次承租人支付逾期腾房占有使用费的，人民法院应予支持。

第十九条 承租人租赁房屋用于以个体工商户或者个人合伙方式从事经营活动，承租人在租赁期间死亡、宣告失踪或者宣告死亡，其共同经营人或者其他合伙人请求按照原租赁合同租赁该房屋的，人民法院应予支持。

第二十条 租赁房屋在租赁期间发生所有权变动，承租人请求房屋受让人继续履行原租赁合同的，人民法院应予支持。但租赁房屋具有下列情形或者当事人另有约定的除外：

（一）房屋在出租前已设立抵押权，因抵押权人实现抵押权发生所有权变动的；

（二）房屋在出租前已被人民法院依法查封的。

第二十一条 出租人出卖租赁房屋未在合理期限内通知承租人或者存在

其他侵害承租人优先购买权情形，承租人请求出租人承担赔偿责任的，人民法院应予支持。但请求确认出租人与第三人签订的房屋买卖合同无效的，人民法院不予支持。

第二十二条 出租人与抵押权人协议折价、变卖租赁房屋偿还债务，应当在合理期限内通知承租人。承租人请求以同等条件优先购买房屋的，人民法院应予支持。

第二十三条 出租人委托拍卖人拍卖租赁房屋，应当在拍卖5日前通知承租人。承租人未参加拍卖的，人民法院应当认定承租人放弃优先购买权。

第二十四条 具有下列情形之一，承租人主张优先购买房屋的，人民法院不予支持：

（一）房屋共有人行使优先购买权的；

（二）出租人将房屋出卖给近亲属，包括配偶、父母、子女、兄弟姐妹、祖父母、外祖父母、孙子女、外孙子女的；

（三）出租人履行通知义务后，承租人在十五日内未明确表示购买的；

（四）第三人善意购买租赁房屋并已经办理登记手续的。

第二十五条 本解释施行前已经终审，本解释施行后当事人申请再审或者按照审判监督程序决定再审的案件，不适用本解释。

【链 接】

妥处房屋租赁纠纷 促进市场健康发展

——最高人民法院民事审判第一庭负责人就《关于审理城镇房屋租赁合同纠纷案件具体应用法律若干问题的解释》答记者问

一、出台司法解释的背景

问：最高人民法院在2009年8月日正式公布了《关于审理城镇房屋租赁合同纠纷案件具体应用法律若干问题的解释》（以下简称本解释），请您谈谈本解释出台的背景情况？

答：在我国经济高速发展和住房制度改革日益深化的推动下，房屋租赁经营方式日益普遍，房屋租赁业迅猛发展，伴随发展产生的大量房屋租赁纠纷形成诉讼进入司法领域。近年来，人民法院受理的房屋租赁合同纠纷案件日益增多。由于相关法律规范比较原则，人民法院在审理房屋租赁合同纠纷案件中面临很多具体适用法律的问题。为统一法律适用，指导各级人民法院公正及时处理房屋租赁合同纠纷案件，促进房屋租赁市场的健康发展，最高人民法院于 2006 年 9 月着手本解释（征求意见稿）的起草和调研工作。

房屋租赁主要包括居住用房的租赁和经营用房的租赁，居住用房是人类生存的基本物质条件，经营用房是人类从事生产经营的必要生产资料，因此，房屋租赁与国家利益、社会公共利益和广大人民群众的切身利益息息相关，亦与社会的和谐稳定、经济的平稳发展息息相关。最高人民法院从“保民生、保稳定、保发展”的全局工作出发，高度重视该部司法解释的起草工作，确定以落实科学发展观和司法为民作为指导思想，严循立法精神，重视调查研究，强化起草内容的针对性和操作性。期间，起草小组奔赴全国各地进行调研收集情况，多次召开座谈会广泛征求各级人民法院、全国人大常委会法制工作委员会、国务院法制办公室、住房和城乡建设部、专家学者等各方面意见。在反复研究讨论的基础上，经最高人民法院审判委员会第 1469 次会议研究通过，并于 2009 年 9 月 1 日施行。

二、司法解释的适用范围

问：本解释将适用范围确定为城镇房屋租赁合同纠纷案件，是基于何种考虑？

答：按照《城乡规划法》有关规划区域的规定，我国现有房屋可分为城市规划区、镇规划区、乡规划区、村庄规划区范围内的房屋。本解释为表述简练，将城市规划区、镇规划区范围内的房屋统称为城镇房屋。城镇房屋建设规模大，房屋性质多样，用途广泛。其开发、建设、交付使用受到《城市房地产管理法》、《城乡规划法》、《建筑法》、《消防法》等法律和行政法规强制性规范的调整。如《建筑法》规定，限额以上的工程应当向工程所在地县级以上人民政府建设行政主管部门申请领取施工许可证。该类工程按照《消防法》的规定，属于按照国家工程建筑消防技术标准需要进行消防设计的建筑工程。上述工程未经竣工验收，不得交付使用。而乡、村庄规划区内的房屋因建设规模小，达不到适用上述法律、行政法规强制性规范的标准，在房屋建设、使用条件上的强制性法律规定较少。同时，由于城镇房屋和乡村房屋租赁经营活跃程度不同，租赁交易规则和租赁纠纷产生的原因亦有很大不同。从数量上看，乡村房屋租赁合同纠纷数量较少。为解决审判实践中的突出问题，我们确定本司法解释的适用范围为城镇房屋租赁合同纠纷案件。

随着我国城市化和城乡一体化进程的快速推进，一部分经济比较发达的乡村和城镇规划区周边的乡村，房屋建设规模扩大、房屋使用性质多样、租赁经营日益活跃，与城镇房屋在适用法律和采用的交易规则方面已没有区别。为满足这部分乡村房屋租赁合同纠纷案件审判的需要，本解释规定：“乡、村庄规划区内的房屋租赁合同纠纷案件，可以参照本解释处理。但法律另有规定的，适用其规定。”

承租人依照国家福利政策承租的公有住房、廉租住房、经济适用房，具有社会福利性和保障性，其租赁关系不属于完全的民事法律行为，有关合同纠纷不适用本解释。

三、明确租赁合同无效的范围

问：本解释在合同效力的认定上，是如何体现促进房屋租赁市场发展和维护稳定的房屋租赁交易秩序这一目标的？

答：合同效力的认定对促进房屋租赁市场发展，维护房屋租赁市场交易秩序稳定意义重大。解释在准确判断相关法律、行政法规的强制性规定是否为效力性强制性规定基础上，确定了认定合同效力的原则：一是，限定无效合同的范围。解释仅将违法建筑物租赁合同、转租期限超过承租人剩余租赁期限的合同、未经出租人同意的转租合同认定为无效。在违法建筑物范围认定上，确定未取得建设工程规划许可证或者未按照建设工程规划许可证规定建设的房屋，未经批准或者未按照批准内容建设的临时建筑，超过批准使用期限的临时建筑为违法建筑。二是，对欠缺生效条件合同效力的处理上，采取了补救性的措施，即当事人只要在一审法庭辩论终结前，取得了法律、行政法规规定的条件，不存在《合同法》第五十二条规定的无效情形，就认定合同有效。解释在遵循法律规定精神的基础上，采用宽严适当的原则，确定合同效力，目的就是在尽量维持合同效力的基础上，促进社会资源的有效利用，保障房屋租赁市场的健康发展。

问：本解释规定合同被认定无效后，承租人要支付房屋占有使用费，是将无效合同按照有效处理吗？为什么参照合同约定的租金标准确定占有使用费？

答：这种理解是错误的。合同无效后，承租人支付占有房屋期间的使用费，是返还依无效合同取得的财产的一种方式，并不是按照合同履行支付的租金。依照无效合同的处理原则，承租人应返还依无效合同取得的财产，包括占有租赁的房屋和实际占有房屋所获取的占有利益。占有利益为无形财产，承租人只能采用折价补偿的方式，即支付房屋使用费予以返还。

对于房屋使用费按照何种标准确定，实践中做法很多。合同约定的租金标准，与合同签订时的市场行情相符，易于双方当事人认可，且标准明确，有利于人民法院判断掌握，亦可避免采用评估方式确定房屋使用费，加重当事人诉讼成本，延长案件审理期间的弊端。考虑到实践中存在因房屋质量问题或其他原因影响承租人使用房屋的情形，完全参照合同约定的租金标准确定承租人支付使用费可能与其获取的占有利益不符，有失公平，本条规定："当事人请求参照合同约定的租金标准支付房屋使用费的，人民法院可予支持。"将是否应予支持的裁量权交由人民法院，根据承租人对房屋的实际使用状况确定是否参照、如何参照合同约定的租金标准确定占有使用费。

四、适用不同民法理论处理装饰装修问题

问：房屋租赁合同纠纷案件中装饰装修的处理，一直是司法审判中的热点和难点问题，本解释对此问题是如何规定的?

答：装饰装修的处理涉及债权和物权两大领域，关涉添附制度、不当得利等民法理论，该类案件的处理在理论界及审判实务界均引起高度关注。本解释在吸收各级人民法院和学术界意见基础上，结合装饰装修的具体情况，确立了处理此类纠纷的规则：一是对附合和未形成附合的装修装修物分别适用不同的处理规则。未形成附合的装饰装修物，承租人作为所有权人享有处分权；已形成附合的装饰装修物区分合同无效、合同有效解除、合同履行期限届满情形，适用不同的处理规则。二是出租人是否对承租人的装饰装修进行补偿，如何补偿，要区分不同情况。合同无效时，出租人同意利用的装饰装修，基于不当得利对承租人进行补偿；不同意利用的，装饰装修的现值损失作为无效合同的损失，由双方按照过错承担；合同解除，由导致合同解除的违约方承担装饰装修残值损失。在双方均无过错情形下，由双方依照公平原则分担装饰装修残值损失；需要注意的是，合同解除时，如果出租人同意利用承租人装饰装修的，仍需基于不当得利对承租人予以补偿；合同履行期间届满，出租人取得装饰装修物无需补偿。

问：本解释就附合装饰装修的处理出现"现值损失"和"残值损失"两个名词，如何理解和区分这两种损失。

答：一直以来，各地人民法院对附合装饰装修损失的认定，方法多样，标准不同，统一这一问题的法律适用，对司法审判意义重大。本解释根据有效合同和无效合同的不同法律效果，对装饰装修损失采用了现值损失和残值损失两种不同的标准。现值损失是指合同被认定无效时，装饰装修的现存价值。在合同无效场合，承租人通常已经占用使用租赁房屋一段时间，其在此期间享有的装饰装修利益，不应再列入合同无效的损失范围。残值损失是指在合同解除时，装饰装修的剩余"价值"，这一"价值"的确定是以合同解除时装饰装修的现值为基础，且不能低于合同履行期间摊销的装饰装修费用。

本解释依照租赁合同的权利义务内容、行业惯例、交易习惯，规定在双方当事人无约定情形下，承租人的装饰装修费用应当在租赁期内摊销完毕，出租人无需补偿。按照这一规定，合同履行期间已经摊销的装饰装修费用，不应列入合同解除的损失范围。如装饰装修造价60万元，租期5年，则60万元造价摊销在租期内，每年平均摊销12万元。合同履行三年后解除，按照评估价值，装饰装修现值为30万元，但按照租期内摊销价计算，三年摊销费用为36万元。则残值应当按照摊销费用确定为36万元。如果装饰装修现值高于摊销的造价费用，则应当按照装饰装修的现值来确定残值。

五、依法保护承租人的优先购买权

问：本解释规定承租人优先购买权受侵害时，无权主张认定出租人与第三人签订的买卖合同无效，是基于何种考虑？

答：首先需要明确，本解释规定的是“承租人不能以出租人侵害其优先购买权为由，请求确认出租人与第三人签订的房屋买卖合同无效”，而不是规定在何种情形下，承租人均不得主张认定出租人与第三人签订的买卖合同无效。

优先购买权纠纷一直是审判实践中的难点问题。承租人优先购买权性质的认定，是解决该难点首要面临的问题。2007年10月1日施行的《物权法》，并未将优先购买权规定为物权，该权利因此不具有“对世性”权利。最高人民法院废止了《关于贯彻执行〈中华人民共和国民法通则〉若干问题的意见（试行）》第118条规定，就是基于该条规定与《物权法》规定相冲突。本解释遵循法律规定精神，将承租人优先购买权定性还原为债权，规定承租人不能以出租人侵害其优先购买权为由，请求确认出租人与第三人签订的房屋买卖合同无效。该项规定并不妨碍出租人与第三人恶意串通签订买卖合同损害承租人优先购买权时，承租人依照《民法通则》第五十八条第一款第（四）项的规定和《合同法》第五十二条第（二）项的规定，主张认定出租人与第三人签订的买卖合同无效。

问：出租人出租房屋上设立抵押权的情况在房屋租赁中时有发生，本解释对抵押权人行使抵押权时承租人优先购买权的保护是如何规定的？

答：从权利的设置目的看，抵押权是从抵押物的交换价值优先受偿，其追求的是抵押物的交换价值，不要求转移抵押物的占有，亦不享有对抵押物的处分权。优先购买权是优先购买租赁房屋的权利，并以同等条件为权利行使的必备要件。上述两种权利从设置目的上看，行使时不会发生冲突。抵押权人与出租人协商折价、变卖或者拍卖抵押房屋实现抵押权时，属于出租人出卖房屋的方式，承租人以同等条件优先购买抵押的租赁房屋，不会影响抵押权人实现债权，不论抵押权设立在租赁合同成立前或后，均不会与抵押人实现抵押权发生冲突。因此，本解释依照抵押权与承租人优先购买权立法目的不同，规定出租人与抵押权人协议折价、变卖租赁房屋偿还债务，或者拍卖房屋时，依法保护承租人的优先购买权。出租人以其他方式出卖房屋时，应当采取同样的规则保护承租人的优先购买权。当然，承租人主张优先购买房屋时，人民法院应当考虑以下两方面的问题：一是承租人应当具有让出租人信赖的履约能力，如责令承租人以交付押金或者定金等方式提供履约担保，使出租人信赖其履约能力，以避免人民法院支持承租人购买房屋的主张后，因承租人缺乏履约能力导致合同无法履行，损害出租人利益。二是依照权利义务对等原则，承租人的优先购买权亦应当在合理期限内主张，在出租人履行通知义务后，承租人应当在15日内明确表示是否行使优先购买权；出租人没有履行通知义务的，承租人可在知道或者应当知道出租人出卖房屋之日起1年内主张，超过合理期限的，人民法院不应予以支持。

问：按照本解释规定，是否只要出租人出卖租赁房屋，承租人就可主张优先购买房屋？

答：这种理解是错误的。解释第二十四条规定了对抗承租人优先购买权行使的四种情形：(1) 房屋共有人行使优先购买权的。法律设定共有人具有优先购买权，宗旨是简化物权关系，维护共有关系的稳定性，充分发挥物的用益价值，而承租人优先购买权主要是维护使用关系的稳定性，从利益衡量的角度考量，应当优先保护共有人的购买权。(2) 出租人将房屋出卖给近亲属情形。我国是靠亲情和人情为纽带联系起来的熟人社会，人们在经济交往中，亲情关系往往是交换价值确定的重要考虑因素，具有浓厚的人身色彩，与纯粹的买卖关系终究有所不同。本解释立足国情，将出租人出卖房屋给近亲属的情况，列为出租人出售房屋的特别方式，排除承租人优先购买权。这一规定有利于促进家庭和睦和社会稳定，符合构建和谐社会的重大历史任务要求。(3) 出租人履行告知义务后，承租人在十五日内未明确表示愿意购买的。本项是对《合同法》第二百三十条规定的进一步细化。从权利义务对等的角度分析，承租人在合理期限内行使优先购买权，亦应为承租人优先购买权的内容。如果承租人不及时行使优先购买权，将导致出租人所有者权益受到损害。在房屋交易市场价格波动加大的情况下，这种损害更为明显。因此，本项将承租人接到通知后15日，作为行使优先购买权的合理期限，逾期视为承租人放弃优先购买权。(4) 购买房屋的第三人出于善意并已办理登记手续的。《物权法》第一百零六条规定了善意取得制度，即受让人以财产所有权转移为目的，善意、对价受让且占有该财产，即使出让人无处分权，受让人仍可取得转让物的所有权。根据“举重以明轻”的民法解释原则，在第三人善意购买出租房屋，并办理登记手续情形下，可以对抗承租人优先购买房屋的主张。

问：本解释规定从公布之日起施行，是基于何种考虑？

答：本解释规定从公布之日起施行，主要基于以下两方面的考虑：一是，房屋租赁纠纷属于传统的民事案件，此类纠纷案件数量较大，各级人民法院均有大量的司法实践活动，审判法官积累了较为丰富的经验，很多高级人民法院对如何审理房屋颁布了指导意见。本司法解释规定的内容，各地人民法院均进行过研究探讨，解释条款规定内容比较成熟，不需要在解释公布后再明确施行的时间，以便于解释的宣传和学习。二是，当事人对房屋租赁经营非常了解，对租赁行为的相关规定及交易惯例也较为熟悉，本司法解释只是对实践中有争议的一些问题进行规范，当事人及审判法官都有思想上的准备，具备了马上实施的条件。为使本解释尽快发挥作用，本解释规定在公布之日起施行。

辨明装饰装修归属　妥处房屋租赁纠纷

——最高人民法院民事审判第一庭负责人就《关于审理城镇房屋租赁合同纠纷案件具体应用法律若干问题的解释》所涉装饰装修物处理规定的解析

装饰装修物的处理涉及物权和债权两大领域，关涉添附制度、不当得利等民法理论，在理论界及审判实务界均引起高度关注。2009年9月1日施行的《关于审理城镇房屋租赁合同纠纷案件具体应用法律若干问题的解释》（以下简称本解释）针对合同无效、合同解除、合同履行期间届满三种情形，吸收装饰装修物形成附合、未形成附合情形下所有权归属理论及补偿理论，用五个条款对装饰装修物的处理进行了详细规定。为便于审判实践理解和适用，最高人民法院民事审判第一庭负责人就本解释中有关装饰装修处理的规定阐述如下。

一、装饰装修物的范围及归属

《合同法》第二百二十三条规定："承租人经出租人同意，可以对租赁物进行改善或者增设他物。"改善是指不改变租赁物的外观形状，对其性能进行改良。增设他物是指在原有的租赁物上又添加另外的物。实践中，承租人对租赁房屋进行改善或者增设他物多在装饰装修中进行。建设部颁布的《建筑装饰装修管理规定》（编者注：该件已废止）规定，建筑装饰装修是指为使建筑物、构筑物内、外空间达到一定的环境质量要求，使用装饰装修材料，对建筑物、构筑物外表和内部进行修饰处理的工程建筑活动。《建设工程质量管理条例》释义解释称："改建是指不增加建筑物或建设项目体量，在原有基础上，为改善建筑物使用功能、改变使用目的，对原有工程进行改造的建设项目。装修工程也是改建。"从上述部颁规定对专业术语的解释看，改建包括装饰装修，均是对建筑物进行改善的重要方式。房屋租赁市场普遍将改建称为装饰装修，房屋增设他物因多在装饰装修中进行，且常与房屋结合密切不可分离，同装饰装修区分不明显，一般也纳入装饰装修的范畴。本解释依照行业理解，条文中所称的装饰装修物包括改建工程、普通装饰装修工程的装饰装修物和增设的他物。

对租赁房屋进行改善或者增设他物，均是将动产附着于不动产。按照装饰装修物与房屋结合的继续性与固定性的物理形态和装饰装修物是否丧失独立价值的经济学标准划分，装饰装修物可分为附合和未形成附合装饰装修物两类。附合装饰装修物是动产与不动产结合后，动产成为不动产的重要部分，非毁损或变更其性质而不能分离。例如，对租赁房屋铺设地板砖、吊设天花板；租赁房屋作为酒店或者商场所安装的空调管道、照明设施等。依照世界各国和我国有关添附理论的通说，动产与不动产的附合发生物权法上的效果，包括两个方面：一是动产的所有权被不动产所有权所吸纳，动产所有权灭失。二是不动产所有人即时取得动产的所有权。依照添附理论，对于未形成附合的装饰装修物，不能产生所有权变动的法律后果，其所有权仍属于承租人。本解释针对装饰装修物的两种形态，吸收物权添附理论，规定未形成附合的装饰装修物可由承租人取回。形成附合的装饰装修物由出租人取得所有权。

二、附合装饰修物的补偿

承租人未经出租人同意装饰装修构成侵权，承担侵权责任。下文对本解释有关附合装饰装修物补偿规定的介绍，均是建立在承租人经同意装饰装修的前提下。

（一）合同履行期间届满时附合装饰装修费用的处理

附合发生债权法上的效果是丧失动产所有权的人有权基于不当得利而请求返还添附物的价值。不动产所有权人获取利益与动产所有权人遭受损失是构成不当得利的两个重要要件。但在房屋租赁合同中，出租人收回房屋时取得装饰装修物的所有权，却不必然获得利益，承租人亦不会当然遭受损失，不能适用不当得利理论。这由以下方面因素决定：

1. 承租人对租赁房屋装饰装修，是为满足己方的使用需要，根据其审美情趣和使用目的进行。当承租人审美情趣与确定的房屋用途与出租人不一致时，出租人往往要重新进行装修，不会因接受承租人的装饰装修获取利益。

2. 承租人如经出租人同意装饰装修，应当本着诚实信用原则确定与其租赁期限相适应的装饰装修费用，该费用作为其租赁房屋的投资成本，应当在租赁期间内摊销完毕。《合同法》第二百三十五条规定：“租赁期间届满，承租人应当返还租赁物。返还的租赁物应当符合按照约定或者租赁物的性质使用后的状态。”依照该条法律规定，承租人返还的房屋应当符合经装饰装修使用后的状态，出租人不能要求承租人恢复房屋原状，亦无需对装饰装修予以补偿。

3. 装饰装修主要发生在经营用房租赁中，缔约双方普遍约定合同履行期间届满，出租人无偿取得装饰装修，上述约定已经成为行业惯例。

本解释综合考虑上述因素，规定：“承租人经出租人同意装饰装修，租赁期间届满时，承租人请求出租人补偿附合装饰装修费用的，不予支持。但当事人另有约定的除外。”

（二）合同解除时附合装饰装修费用的处理

本解释第十一条规定：“承租人经出租人同意装饰装修，合同解除时，双方对已形成附合的装饰装修物的处理没有约定的，人民法院按照下列情形分别处理：（一）因出租人违约导致合同解除，承租人请求出租人赔偿剩余租赁期内装饰装修残值损失的，应予支持；（二）因承租人违约导致合同解除，承租人请求出租人赔偿剩余租赁期内装饰装修残值损失的，不予支持。但出租人同意利用的，应在利用价值范围内予以适当补偿；（三）因双方违约导致合同解除，剩余租赁期内的装饰装修残值损失，由双方根据各自的过错承担相应的责任；（四）因不可归责于双方的事由导致合同解除的，剩余租赁期内的装饰装修残值损失，由双方按照公平原则分担。法律另有规定的，适用其规定。”

上述规定中，涵盖了如下方面的内容：

第一，明确了装饰装修损失的负担原则。合同解除，承租人装饰装修费用尚未摊销完毕。承租人不能利用剩余租赁期内的装饰装修价值，是由合同解除导致的，该价值作为合同解除的损失，由导致合同解除的违约方负担。双方违约的，根据各自过错分担。因不可归责于当事人双方的原因导致合同解除的，按照公平原则分担。依照《物权法》、《城市房屋拆迁管理条例》的规定，出租房屋被国家征收或者被拆迁时，政府部门或者拆迁人要对被征收或者被拆迁的房屋进行补偿。依照相关行政规范，补偿事项一般包括房屋的装饰装修损失。租赁房屋在返还出租人之前，装饰装修物归承租人所有，补偿款作为装饰装修物的代位物，依照物权归属原则，归承租人所有。此时，虽然合同解除具有不可归责于双方的事由，却不能适用公平原则解决装饰装修损失的补偿问题，装饰装修的补偿按照物的归属，在拆迁补偿款中处理。本解释第十一条第（四）项因此作出“法律另有规定的，适用其规定”的表述，作为适用解释规定的负担原则之外的“兜底”条款。

第二，确定了装饰装修损失的范围。按照本解释的规定，合同解除时装饰装修的损失为残值损失，这一损失范围的确定，需要考虑出租人是否同意利用装饰装修的因素。如果出租人同意利用装饰装修，表明装饰装修对出租人具有利用价值，该价值由出租人实际取得，其应当依照不当得利的民法理论，对承租人予以补偿，补偿的款项应当在承租人装饰装修损失中扣除。考虑到上述装饰装修损失范围的认定原则已被审判实践普遍采用，因此，仅在本解释第十一条第（二）项进行了规定，在第（三）、（四）项中未作出表述，但该原则在第（三）、（四）项规定情形中同样适用。

（三）合同无效时附合装饰装修物的处理

依照本解释第九条第二款的规定，合同无效时，已形成附合的装饰装修物，出租人同意利用的，可折价归出租人所有；不同意利用的，由双方各自按照导致合同无效的过错分担现值损失。

（四）现值损失和残值损失的计算方法

本解释根据有效合同和无效合同的不同法律后果，对装饰装修损失采用了现值损失和残值损失两种不同的认定标准。现值损失是指合同被认定无效时，装饰装修的现存价值。该价值一般采用审计鉴定的方法确定。残值损失是指在合同解除时，装饰装修的“剩余价值”，该价值通过装饰装修的工程造价扣减合同履行期间消耗的装饰装修价值来确定。通常情况下，残值损失与装饰装修的现值相符，但因为本解释确定装饰装修费用在租赁期间内摊销完毕，故合同履行期间已经摊销（消耗）的装饰装修费用，不应纳入合同解除后的损失范围。残值损失应考虑因合同解除未摊销的费用，该费用可能高于或者低于装饰装修的现值，此时确定装饰装修残值损失采用“就低”原则：如果未摊销费用高于现值，残值损失按照装饰装修的现值确定。因装饰装修损失作为合同解除的损失，应当以实际损失为基础确定；如果未摊销费用低于现值，残值损失按照未摊销的费用确定。因装饰装修费用在租赁期间摊销完毕是基本原则，如果每年摊销（消耗）的费用高于按照审计确定的折旧费用，双方必须按照已摊销的费用确定租赁期间消耗的费用，按照未摊销的费用确定残值损失，否则，装饰装修费用在租赁期内摊销完毕的原则无法体现。如装饰装修费用60万元，租期5年，合同履行3年后解除，则摊销费用为36万元，未摊销费用为60－36＝24（万元），如果装饰装修现值为20万元，残值损失应当确定为20万元；如果装饰装修现值为30万元，残值损失应当确定为24万元。

（五）建设工程施工合同

中华人民共和国建筑法

（1997年11月1日第八届全国人民代表大会常务委员会第28次会议通过
根据2011年4月22日第十一届全国人民代表大会常务委员会第20次会议
《关于修改〈中华人民共和国建筑法〉的决定》修正）

目　　录

第一章　总　则

第一条　为了加强对建筑活动的监督管理，维护建筑市场秩序，保证建筑工程的质量和安全，促进建筑业健康发展，制定本法。

第二条　在中华人民共和国境内从事建筑活动，实施对建筑活动的监督管理，应当遵守本法。

本法所称建筑活动，是指各类房屋建筑及其附属设施的建造和与其配套的线路、管道、设备的安装活动。

第三条　建筑活动应当确保建筑工程质量和安全，符合国家的建筑工程安全标准。

第四条　国家扶持建筑业的发展，支持建筑科学技术研究，提高房屋建筑设计水平，鼓励节约能源和保护环境，提倡采用先进技术、先进设备、先进工艺、新型建筑材料和现代管理方式。

第五条　从事建筑活动应当遵守法律、法规，不得损害社会公共利益和他人的合法权益。

任何单位和个人都不得妨碍和阻挠依法进行的建筑活动。

第六条　国务院建设行政主管部门对全国的建筑活动实施统一监督管理。

第二章　建筑许可

第一节　建筑工程施工许可

第七条　建筑工程开工前，建设单位应当按照国家有关规定向工程所在地县级以上人民政府建设行政主管部门申请领取施工许可证；但是，国务院建设行政主管部门确定的限额以下的小型工程除外。

按照国务院规定的权限和程序批准开工报告的建筑工程，不再领取施工许可证。

第八条　申请领取施工许可证，应当具备下列条件：

（一）已经办理该建筑工程用地批准手续；

（二）在城市规划区的建筑工程，已经取得规划许可证；

（三）需要拆迁的，其拆迁进度符合施工要求；

（四）已经确定建筑施工企业；

（五）有满足施工需要的施工图纸及技术资料；

（六）有保证工程质量和安全的具体措施；

（七）建设资金已经落实；

（八）法律、行政法规规定的其他条件。

建设行政主管部门应当自收到申请之日起十五日内，对符合条件的申请颁发施工许可证。

第九条　建设单位应当自领取施工许可证之日起三个月内开工。因故不能按期开工的，应当向发证机关申请延期；延期以两次为限，每次不超过三个月。既不开工又不申请延期或者超过延期时限的，施工许可证自行废止。

第十条　在建的建筑工程因故中止施工的，建设单位应当自中止施工之日起一个月内，向发证机关报告，并按照规定做好建筑工程的维护管理工作。

建筑工程恢复施工时，应当向发证机关报告；中止施工满一年的工程恢复施工前，建设单位应当报发证机关核验施工许可证。

第十一条 按照国务院有关规定批准开工报告的建筑工程，因故不能按期开工或者中止施工的，应当及时向批准机关报告情况。因故不能按期开工超过六个月的，应当重新办理开工报告的批准手续。

第二节 从业资格

第十二条 从事建筑活动的建筑施工企业、勘察单位、设计单位和工程监理单位，应当具备下列条件：

（一）有符合国家规定的注册资本；

（二）有与其从事的建筑活动相适应的具有法定执业资格的专业技术人员；

（三）有从事相关建筑活动所应有的技术装备；

（四）法律、行政法规规定的其他条件。

第十三条 从事建筑活动的建筑施工企业、勘察单位、设计单位和工程监理单位，按照其拥有的注册资本、专业技术人员、技术装备和已完成的建筑工程业绩等资质条件，划分为不同的资质等级，经资质审查合格，取得相应等级的资质证书后，方可在其资质等级许可的范围内从事建筑活动。

第十四条 从事建筑活动的专业技术人员，应当依法取得相应的执业资格证书，并在执业资格证书许可的范围内从事建筑活动。

第三章 建筑工程发包与承包

第一节 一般规定

第十五条 建筑工程的发包单位与承包单位应当依法订立书面合同，明确双方的权利和义务。

发包单位和承包单位应当全面履行合同约定的义务。不按照合同约定履行义务的，依法承担违约责任。

第十六条 建筑工程发包与承包的招标投标活动，应当遵循公开、公正、平等竞争的原则，择优选择承包单位。

建筑工程的招标投标，本法没有规定的，适用有关招标投标法律的规定。

第十七条 发包单位及其工作人员在建筑工程发包中不得收受贿赂、回扣或者索取其他好处。

承包单位及其工作人员不得利用向发包单位及其工作人员行贿、提供回扣或者给予其他好处等不正当手段承揽工程。

第十八条　建筑工程造价应当按照国家有关规定，由发包单位与承包单位在合同中约定。公开招标发包的，其造价的约定，须遵守招标投标法律的规定。

发包单位应当按照合同的约定，及时拨付工程款项。

第二节　发　包

第十九条　建筑工程依法实行招标发包，对不适于招标发包的可以直接发包。

第二十条　建筑工程实行公开招标的，发包单位应当依照法定程序和方式，发布招标公告，提供载有招标工程的主要技术要求、主要的合同条款、评标的标准和方法以及开标、评标、定标的程序等内容的招标文件。

开标应当在招标文件规定的时间、地点公开进行。开标后应当按照招标文件规定的评标标准和程序对标书进行评价、比较，在具备相应资质条件的投标者中，择优选定中标者。

第二十一条　建筑工程招标的开标、评标、定标由建设单位依法组织实施，并接受有关行政主管部门的监督。

第二十二条　建筑工程实行招标发包的，发包单位应当将建筑工程发包给依法中标的承包单位。建筑工程实行直接发包的，发包单位应当将建筑工程发包给具有相应资质条件的承包单位。

第二十三条　政府及其所属部门不得滥用行政权力，限定发包单位将招标发包的建筑工程发包给指定的承包单位。

第二十四条　提倡对建筑工程实行总承包，禁止将建筑工程肢解发包。

建筑工程的发包单位可以将建筑工程的勘察、设计、施工、设备采购一并发包给一个工程总承包单位，也可以将建筑工程勘察、设计、施工、设备采购的一项或者多项发包给一个工程总承包单位；但是，不得将应当由一个承包单位完成的建筑工程肢解成若干部分发包给几个承包单位。

第二十五条　按照合同约定，建筑材料、建筑构配件和设备由工程承包单位采购的，发包单位不得指定承包单位购入用于工程的建筑材料、建筑构配件和设备或者指定生产厂、供应商。

第三节　承　包

第二十六条　承包建筑工程的单位应当持有依法取得的资质证书，并在其资质等级许可的业务范围内承揽工程。

禁止建筑施工企业超越本企业资质等级许可的业务范围或者以任何形式用其他建筑施工企业的名义承揽工程。禁止建筑施工企业以任何形式允许其他单位或者个人使用本企业的资质证书、营业执照，以本企业的名义承揽工程。

第二十七条 大型建筑工程或者结构复杂的建筑工程，可以由两个以上的承包单位联合共同承包。共同承包的各方对承包合同的履行承担连带责任。

两个以上不同资质等级的单位实行联合共同承包的，应当按照资质等级低的单位的业务许可范围承揽工程。

第二十八条 禁止承包单位将其承包的全部建筑工程转包给他人，禁止承包单位将其承包的全部建筑工程肢解以后以分包的名义分别转包给他人。

第二十九条 建筑工程总承包单位可以将承包工程中的部分工程发包给具有相应资质条件的分包单位；但是，除总承包合同中约定的分包外，必须经建设单位认可。施工总承包的，建筑工程主体结构的施工必须由总承包单位自行完成。

建筑工程总承包单位按照总承包合同的约定对建设单位负责；分包单位按照分包合同的约定对总承包单位负责。总承包单位和分包单位就分包工程对建设单位承担连带责任。

禁止总承包单位将工程分包给不具备相应资质条件的单位。禁止分包单位将其承包的工程再分包。

第四章 建筑工程监理

第三十条 国家推行建筑工程监理制度。

国务院可以规定实行强制监理的建筑工程的范围。

第三十一条 实行监理的建筑工程，由建设单位委托具有相应资质条件的工程监理单位监理。建设单位与其委托的工程监理单位应当订立书面委托监理合同。

第三十二条 建筑工程监理应当依照法律、行政法规及有关的技术标准、设计文件和建筑工程承包合同，对承包单位在施工质量、建设工期和建设资金使用等方面，代表建设单位实施监督。

工程监理人员认为工程施工不符合工程设计要求、施工技术标准和合同约定的，有权要求建筑施工企业改正。

工程监理人员发现工程设计不符合建筑工程质量标准或者合同约定的质量要求的，应当报告建设单位要求设计单位改正。

第三十三条 实施建筑工程监理前，建设单位应当将委托的工程监理单位、监理的内容及监理权限，书面通知被监理的建筑施工企业。

第三十四条 工程监理单位应当在其资质等级许可的监理范围内，承担工程监理业务。

工程监理单位应当根据建设单位的委托，客观、公正地执行监理任务。

工程监理单位与被监理工程的承包单位以及建筑材料、建筑构配件和设备供应单位不得有隶属关系或者其他利害关系。

工程监理单位不得转让工程监理业务。

第三十五条　工程监理单位不按照委托监理合同的约定履行监理义务，对应当监督检查的项目不检查或者不按照规定检查，给建设单位造成损失的，应当承担相应的赔偿责任。

工程监理单位与承包单位串通，为承包单位谋取非法利益，给建设单位造成损失的，应当与承包单位承担连带赔偿责任。

第五章　建筑安全生产管理

第三十六条　建筑工程安全生产管理必须坚持安全第一、预防为主的方针，建立健全安全生产的责任制度和群防群治制度。

第三十七条　建筑工程设计应当符合按照国家规定制定的建筑安全规程和技术规范，保证工程的安全性能。

第三十八条　建筑施工企业在编制施工组织设计时，应当根据建筑工程的特点制定相应的安全技术措施；对专业性较强的工程项目，应当编制专项安全施工组织设计，并采取安全技术措施。

第三十九条　建筑施工企业应当在施工现场采取维护安全、防范危险、预防火灾等措施；有条件的，应当对施工现场实行封闭管理。

施工现场对毗邻的建筑物、构筑物和特殊作业环境可能造成损害的，建筑施工企业应当采取安全防护措施。

第四十条　建设单位应当向建筑施工企业提供与施工现场相关的地下管线资料，建筑施工企业应当采取措施加以保护。

第四十一条　建筑施工企业应当遵守有关环境保护和安全生产的法律、法规的规定，采取控制和处理施工现场的各种粉尘、废气、废水、固体废物以及噪声、振动对环境的污染和危害的措施。

第四十二条　有下列情形之一的，建设单位应当按照国家有关规定办理申请批准手续：

（一）需要临时占用规划批准范围以外场地的；

（二）可能损坏道路、管线、电力、邮电通讯等公共设施的；

（三）需要临时停水、停电、中断道路交通的；

（四）需要进行爆破作业的；

（五）法律、法规规定需要办理报批手续的其他情形。

第四十三条　建设行政主管部门负责建筑安全生产的管理，并依法接受劳动行政主管部门对建筑安全生产的指导和监督。

第四十四条 建筑施工企业必须依法加强对建筑安全生产的管理，执行安全生产责任制度，采取有效措施，防止伤亡和其他安全生产事故的发生。

建筑施工企业的法定代表人对本企业的安全生产负责。

第四十五条 施工现场安全由建筑施工企业负责。实行施工总承包的，由总承包单位负责。分包单位向总承包单位负责，服从总承包单位对施工现场的安全生产管理。

第四十六条 建筑施工企业应当建立健全劳动安全生产教育培训制度，加强对职工安全生产的教育培训；未经安全生产教育培训的人员，不得上岗作业。

第四十七条 建筑施工企业和作业人员在施工过程中，应当遵守有关安全生产的法律、法规和建筑行业安全规章、规程，不得违章指挥或者违章作业。作业人员有权对影响人身健康的作业程序和作业条件提出改进意见，有权获得安全生产所需的防护用品。作业人员对危及生命安全和人身健康的行为有权提出批评、检举和控告。

第四十八条 建筑施工企业应当依法为职工参加工伤保险缴纳工伤保险费。鼓励企业为从事危险作业的职工办理意外伤害保险，支付保险费。

第四十九条 涉及建筑主体和承重结构变动的装修工程，建设单位应当在施工前委托原设计单位或者具有相应资质条件的设计单位提出设计方案；没有设计方案的，不得施工。

第五十条 房屋拆除应当由具备保证安全条件的建筑施工单位承担，由建筑施工单位负责人对安全负责。

第五十一条 施工中发生事故时，建筑施工企业应当采取紧急措施减少人员伤亡和事故损失，并按照国家有关规定及时向有关部门报告。

第六章 建筑工程质量管理

第五十二条 建筑工程勘察、设计、施工的质量必须符合国家有关建筑工程安全标准的要求，具体管理办法由国务院规定。

有关建筑工程安全的国家标准不能适应确保建筑安全的要求时，应当及时修订。

第五十三条 国家对从事建筑活动的单位推行质量体系认证制度。从事建筑活动的单位根据自愿原则可以向国务院产品质量监督管理部门或者国务院产品质量监督管理部门授权的部门认可的认证机构申请质量体系认证。经认证合格的，由认证机构颁发质量体系认证证书。

第五十四条 建设单位不得以任何理由，要求建筑设计单位或者建筑施工企业在工程设计或者施工作业中，违反法律、行政法规和建筑工程质量、安全标准，降低工程质量。

建筑设计单位和建筑施工企业对建设单位违反前款规定提出的降低工程质量的要求，应当予以拒绝。

第五十五条 建筑工程实行总承包的，工程质量由工程总承包单位负责，总承包单位将建筑工程分包给其他单位的，应当对分包工程的质量与分包单位承担连带责任。分包单位应当接受总承包单位的质量管理。

第五十六条 建筑工程的勘察、设计单位必须对其勘察、设计的质量负责。勘察、设计文件应当符合有关法律、行政法规的规定和建筑工程质量、安全标准、建筑工程勘察、设计技术规范以及合同的约定。设计文件选用的建筑材料、建筑构配件和设备，应当注明其规格、型号、性能等技术指标，其质量要求必须符合国家规定的标准。

第五十七条 建筑设计单位对设计文件选用的建筑材料、建筑构配件和设备，不得指定生产厂、供应商。

第五十八条 建筑施工企业对工程的施工质量负责。

建筑施工企业必须按照工程设计图纸和施工技术标准施工，不得偷工减料。工程设计的修改由原设计单位负责，建筑施工企业不得擅自修改工程设计。

第五十九条 建筑施工企业必须按照工程设计要求、施工技术标准和合同的约定，对建筑材料、建筑构配件和设备进行检验，不合格的不得使用。

第六十条 建筑物在合理使用寿命内，必须确保地基基础工程和主体结构的质量。

建筑工程竣工时，屋顶、墙面不得留有渗漏、开裂等质量缺陷；对已发现的质量缺陷，建筑施工企业应当修复。

第六十一条 交付竣工验收的建筑工程，必须符合规定的建筑工程质量标准，有完整的工程技术经济资料和经签署的工程保修书，并具备国家规定的其他竣工条件。

建筑工程竣工经验收合格后，方可交付使用；未经验收或者验收不合格的，不得交付使用。

第六十二条 建筑工程实行质量保修制度。

建筑工程的保修范围应当包括地基基础工程、主体结构工程、屋面防水工程和其他土建工程，以及电气管线、上下水管线的安装工程，供热、供冷系统工程等项目；保修的期限应当按照保证建筑物合理寿命年限内正常使用，维护使用者合法权益的原则确定。具体的保修范围和最低保修期限由国务院规定。

第六十三条 任何单位和个人对建筑工程的质量事故、质量缺陷都有权向建设行政主管部门或者其他有关部门进行检举、控告、投诉。

第七章 法律责任

第六十四条 违反本法规定，未取得施工许可证或者开工报告未经批准擅自施工的，责令改正，对不符合开工条件的责令停止施工，可以处以罚款。

第六十五条 发包单位将工程发包给不具有相应资质条件的承包单位的，或者违反本法规定将建筑工程肢解发包的，责令改正，处以罚款。

超越本单位资质等级承揽工程的，责令停止违法行为，处以罚款，可以责令停业整顿，降低资质等级；情节严重的，吊销资质证书；有违法所得的，予以没收。

未取得资质证书承揽工程的，予以取缔，并处罚款；有违法所得的，予以没收。

以欺骗手段取得资质证书的，吊销资质证书，处以罚款；构成犯罪的，依法追究刑事责任。

第六十六条 建筑施工企业转让、出借资质证书或者以其他方式允许他人以本企业的名义承揽工程的，责令改正，没收违法所得，并处罚款，可以责令停业整顿，降低资质等级；情节严重的，吊销资质证书。对因该项承揽工程不符合规定的质量标准造成的损失，建筑施工企业与使用本企业名义的单位或者个人承担连带赔偿责任。

第六十七条 承包单位将承包的工程转包的，或者违反本法规定进行分包的，责令改正，没收违法所得，并处罚款，可以责令停业整顿，降低资质等级；情节严重的，吊销资质证书。

承包单位有前款规定的违法行为的，对因转包工程或者违法分包的工程不符合规定的质量标准造成的损失，与接受转包或者分包的单位承担连带赔偿责任。

第六十八条 在工程发包与承包中索贿、受贿、行贿，构成犯罪的，依法追究刑事责任；不构成犯罪的，分别处以罚款，没收贿赂的财物，对直接负责的主管人员和其他直接责任人员给予处分。

对在工程承包中行贿的承包单位，除依照前款规定处罚外，可以责令停业整顿，降低资质等级或者吊销资质证书。

第六十九条 工程监理单位与建设单位或者建筑施工企业串通，弄虚作假、降低工程质量的，责令改正，处以罚款，降低资质等级或者吊销资质证书；有违法所得的，予以没收；造成损失的，承担连带赔偿责任；构成犯罪的，依法追究刑事责任。

工程监理单位转让监理业务的，责令改正，没收违法所得，可以责令停业整顿，降低资质等级；情节严重的，吊销资质证书。

第七十条　违反本法规定，涉及建筑主体或者承重结构变动的装修工程擅自施工的，责令改正，处以罚款；造成损失的，承担赔偿责任；构成犯罪的，依法追究刑事责任。

第七十一条　建筑施工企业违反本法规定，对建筑安全事故隐患不采取措施予以消除的，责令改正，可以处以罚款；情节严重的，责令停业整顿，降低资质等级或者吊销资质证书；构成犯罪的，依法追究刑事责任。

建筑施工企业的管理人员违章指挥、强令职工冒险作业，因而发生重大伤亡事故或者造成其他严重后果的，依法追究刑事责任。

第七十二条　建设单位违反本法规定，要求建筑设计单位或者建筑施工企业违反建筑工程质量、安全标准，降低工程质量的，责令改正，可以处以罚款；构成犯罪的，依法追究刑事责任。

第七十三条　建筑设计单位不按照建筑工程质量、安全标准进行设计的，责令改正，处以罚款；造成工程质量事故的，责令停业整顿，降低资质等级或者吊销资质证书，没收违法所得，并处罚款；造成损失的，承担赔偿责任；构成犯罪的，依法追究刑事责任。

第七十四条　建筑施工企业在施工中偷工减料的，使用不合格的建筑材料、建筑构配件和设备的，或者有其他不按照工程设计图纸或者施工技术标准施工的行为的，责令改正，处以罚款；情节严重的，责令停业整顿，降低资质等级或者吊销资质证书；造成建筑工程质量不符合规定的质量标准的，负责返工、修理，并赔偿因此造成的损失；构成犯罪的，依法追究刑事责任。

第七十五条　建筑施工企业违反本法规定，不履行保修义务或者拖延履行保修义务的，责令改正，可以处以罚款，并对在保修期内因屋顶、墙面渗漏、开裂等质量缺陷造成的损失，承担赔偿责任。

第七十六条　本法规定的责令停业整顿、降低资质等级和吊销资质证书的行政处罚，由颁发资质证书的机关决定；其他行政处罚，由建设行政主管部门或者有关部门依照法律和国务院规定的职权范围决定。

依照本法规定被吊销资质证书的，由工商行政管理部门吊销其营业执照。

第七十七条　违反本法规定，对不具备相应资质等级条件的单位颁发该等级资质证书的，由其上级机关责令收回所发的资质证书，对直接负责的主管人员和其他直接责任人员给予行政处分；构成犯罪的，依法追究刑事责任。

第七十八条　政府及其所属部门的工作人员违反本法规定，限定发包单位将招标发包的工程发包给指定的承包单位的，由上级机关责令改正；构成犯罪的，依法追究刑事责任。

第七十九条 负责颁发建筑工程施工许可证的部门及其工作人员对不符合施工条件的建筑工程颁发施工许可证的，负责工程质量监督检查或者竣工验收的部门及其工作人员对不合格的建筑工程出具质量合格文件或者按合格工程验收的，由上级机关责令改正，对责任人员给予行政处分；构成犯罪的，依法追究刑事责任；造成损失的，由该部门承担相应的赔偿责任。

第八十条 在建筑物的合理使用寿命内，因建筑工程质量不合格受到损害的，有权向责任者要求赔偿。

第八章 附 则

第八十一条 本法关于施工许可、建筑施工企业资质审查和建筑工程发包、承包、禁止转包，以及建筑工程监理、建筑工程安全和质量管理的规定，适用于其他专业建筑工程的建筑活动，具体办法由国务院规定。

第八十二条 建设行政主管部门和其他有关部门在对建筑活动实施监督管理中，除按照国务院有关规定收取费用外，不得收取其他费用。

第八十三条 省、自治区、直辖市人民政府确定的小型房屋建筑工程的建筑活动，参照本法执行。

依法核定作为文物保护的纪念建筑物和古建筑等的修缮，依照文物保护的有关法律规定执行。

抢险救灾及其他临时性房屋建筑和农民自建低层住宅的建筑活动，不适用本法。

第八十四条 军用房屋建筑工程建筑活动的具体管理办法，由国务院、中央军事委员会依据本法制定。

第八十五条 本法自 1998 年 3 月 1 日起施行。

中华人民共和国城乡规划法

（2007 年 10 月 28 日第十届全国人民代表大会常务委员会第三十次会议通过
根据 2015 年 4 月 24 日第十二届全国人民代表大会常务委员会第十四次会议
《关于修改〈中华人民共和国港口法〉等七部法律的决定》修正）

目　　录

第一章　总　则

第一条　为了加强城乡规划管理，协调城乡空间布局，改善人居环境，促进城乡经济社会全面协调可持续发展，制定本法。

第二条　制定和实施城乡规划，在规划区内进行建设活动，必须遵守本法。

本法所称城乡规划，包括城镇体系规划、城市规划、镇规划、乡规划和村庄规划。城市规划、镇规划分为总体规划和详细规划。详细规划分为控制性详细规划和修建性详细规划。

本法所称规划区，是指城市、镇和村庄的建成区以及因城乡建设和发展需要，必须实行规划控制的区域。规划区的具体范围由有关人民政府在组织编制的城市总体规划、镇总体规划、乡规划和村庄规划中，根据城乡经济社会发展水平和统筹城乡发展的需要划定。

第三条　城市和镇应当依照本法制定城市规划和镇规划。城市、镇规划区内的建设活动应当符合规划要求。

县级以上地方人民政府根据本地农村经济社会发展水平，按照因地制宜、切实可行的原则，确定应当制定乡规划、村庄规划的区域。在确定区域内的乡、村庄，应当依照本法制定规划，规划区内的乡、村庄建设应当符合规划要求。

县级以上地方人民政府鼓励、指导前款规定以外的区域的乡、村庄制定和实施乡规划、村庄规划。

第四条 制定和实施城乡规划，应当遵循城乡统筹、合理布局、节约土地、集约发展和先规划后建设的原则，改善生态环境，促进资源、能源节约和综合利用，保护耕地等自然资源和历史文化遗产，保持地方特色、民族特色和传统风貌，防止污染和其他公害，并符合区域人口发展、国防建设、防灾减灾和公共卫生、公共安全的需要。

在规划区内进行建设活动，应当遵守土地管理、自然资源和环境保护等法律、法规的规定。

县级以上地方人民政府应当根据当地经济社会发展的实际，在城市总体规划、镇总体规划中合理确定城市、镇的发展规模、步骤和建设标准。

第五条 城市总体规划、镇总体规划以及乡规划和村庄规划的编制，应当依据国民经济和社会发展规划，并与土地利用总体规划相衔接。

第六条 各级人民政府应当将城乡规划的编制和管理经费纳入本级财政预算。

第七条 经依法批准的城乡规划，是城乡建设和规划管理的依据，未经法定程序不得修改。

第八条 城乡规划组织编制机关应当及时公布经依法批准的城乡规划。但是，法律、行政法规规定不得公开的内容除外。

第九条 任何单位和个人都应当遵守经依法批准并公布的城乡规划，服从规划管理，并有权就涉及其利害关系的建设活动是否符合规划的要求向城乡规划主管部门查询。

任何单位和个人都有权向城乡规划主管部门或者其他有关部门举报或者控告违反城乡规划的行为。城乡规划主管部门或者其他有关部门对举报或者控告，应当及时受理并组织核查、处理。

第十条 国家鼓励采用先进的科学技术，增强城乡规划的科学性，提高城乡规划实施及监督管理的效能。

第十一条 国务院城乡规划主管部门负责全国的城乡规划管理工作。

县级以上地方人民政府城乡规划主管部门负责本行政区域内的城乡规划管理工作。

第二章　城乡规划的制定

第十二条 国务院城乡规划主管部门会同国务院有关部门组织编制全国

城镇体系规划，用于指导省域城镇体系规划、城市总体规划的编制。

全国城镇体系规划由国务院城乡规划主管部门报国务院审批。

第十三条　省、自治区人民政府组织编制省域城镇体系规划，报国务院审批。

省域城镇体系规划的内容应当包括：城镇空间布局和规模控制，重大基础设施的布局，为保护生态环境、资源等需要严格控制的区域。

第十四条　城市人民政府组织编制城市总体规划。

直辖市的城市总体规划由直辖市人民政府报国务院审批。省、自治区人民政府所在地的城市以及国务院确定的城市的总体规划，由省、自治区人民政府审查同意后，报国务院审批。其他城市的总体规划，由城市人民政府报省、自治区人民政府审批。

第十五条　县人民政府组织编制县人民政府所在地镇的总体规划，报上一级人民政府审批。其他镇的总体规划由镇人民政府组织编制，报上一级人民政府审批。

第十六条　省、自治区人民政府组织编制的省域城镇体系规划，城市、县人民政府组织编制的总体规划，在报上一级人民政府审批前，应当先经本级人民代表大会常务委员会审议，常务委员会组成人员的审议意见交由本级人民政府研究处理。

镇人民政府组织编制的镇总体规划，在报上一级人民政府审批前，应当先经镇人民代表大会审议，代表的审议意见交由本级人民政府研究处理。

规划的组织编制机关报送审批省域城镇体系规划、城市总体规划或者镇总体规划，应当将本级人民代表大会常务委员会组成人员或者镇人民代表大会代表的审议意见和根据审议意见修改规划的情况一并报送。

第十七条　城市总体规划、镇总体规划的内容应当包括：城市、镇的发展布局，功能分区，用地布局，综合交通体系，禁止、限制和适宜建设的地域范围，各类专项规划等。

规划区范围、规划区内建设用地规模、基础设施和公共服务设施用地、水源地和水系、基本农田和绿化用地、环境保护、自然与历史文化遗产保护以及防灾减灾等内容，应当作为城市总体规划、镇总体规划的强制性内容。

城市总体规划、镇总体规划的规划期限一般为二十年。城市总体规划还应当对城市更长远的发展作出预测性安排。

第十八条　乡规划、村庄规划应当从农村实际出发，尊重村民意愿，体现地方和农村特色。

乡规划、村庄规划的内容应当包括：规划区范围，住宅、道路、供水、排水、供电、垃圾收集、畜禽养殖场所等农村生产、生活服务设施、公益事业等各项建设的用地布局、建设要求，以及对耕地等自然资源和历史文化遗产保护、防灾减灾等的具体安排。乡规划还应当包括本行政区域内的村庄发展布局。

第十九条 城市人民政府城乡规划主管部门根据城市总体规划的要求，组织编制城市的控制性详细规划，经本级人民政府批准后，报本级人民代表大会常务委员会和上一级人民政府备案。

第二十条 镇人民政府根据镇总体规划的要求，组织编制镇的控制性详细规划，报上一级人民政府审批。县人民政府所在地镇的控制性详细规划，由县人民政府城乡规划主管部门根据镇总体规划的要求组织编制，经县人民政府批准后，报本级人民代表大会常务委员会和上一级人民政府备案。

第二十一条 城市、县人民政府城乡规划主管部门和镇人民政府可以组织编制重要地块的修建性详细规划。修建性详细规划应当符合控制性详细规划。

第二十二条 乡、镇人民政府组织编制乡规划、村庄规划，报上一级人民政府审批。村庄规划在报送审批前，应当经村民会议或者村民代表会议讨论同意。

第二十三条 首都的总体规划、详细规划应当统筹考虑中央国家机关用地布局和空间安排的需要。

第二十四条 城乡规划组织编制机关应当委托具有相应资质等级的单位承担城乡规划的具体编制工作。

从事城乡规划编制工作应当具备下列条件，并经国务院城乡规划主管部门或者省、自治区、直辖市人民政府城乡规划主管部门依法审查合格，取得相应等级的资质证书后，方可在资质等级许可的范围内从事城乡规划编制工作：

（一）有法人资格；

（二）有规定数量的经相关行业协会注册的规划师；

（三）有规定数量的相关专业技术人员；

（四）有相应的技术装备；

（五）有健全的技术、质量、财务管理制度。

编制城乡规划必须遵守国家有关标准。

第二十五条 编制城乡规划，应当具备国家规定的勘察、测绘、气象、地震、水文、环境等基础资料。

县级以上地方人民政府有关主管部门应当根据编制城乡规划的需要，及时提供有关基础资料。

第二十六条 城乡规划报送审批前，组织编制机关应当依法将城乡规划草案予以公告，并采取论证会、听证会或者其他方式征求专家和公众的意见。公告的时间不得少于三十日。

组织编制机关应当充分考虑专家和公众的意见，并在报送审批的材料中附具意见采纳情况及理由。

第二十七条 省域城镇体系规划、城市总体规划、镇总体规划批准前，审批机关应当组织专家和有关部门进行审查。

第三章 城乡规划的实施

第二十八条 地方各级人民政府应当根据当地经济社会发展水平，量力而行，尊重群众意愿，有计划、分步骤地组织实施城乡规划。

第二十九条 城市的建设和发展，应当优先安排基础设施以及公共服务设施的建设，妥善处理新区开发与旧区改建的关系，统筹兼顾进城务工人员生活和周边农村经济社会发展、村民生产与生活的需要。

镇的建设和发展，应当结合农村经济社会发展和产业结构调整，优先安排供水、排水、供电、供气、道路、通信、广播电视等基础设施和学校、卫生院、文化站、幼儿园、福利院等公共服务设施的建设，为周边农村提供服务。

乡、村庄的建设和发展，应当因地制宜、节约用地，发挥村民自治组织的作用，引导村民合理进行建设，改善农村生产、生活条件。

第三十条 城市新区的开发和建设，应当合理确定建设规模和时序，充分利用现有市政基础设施和公共服务设施，严格保护自然资源和生态环境，体现地方特色。

在城市总体规划、镇总体规划确定的建设用地范围以外，不得设立各类开发区和城市新区。

第三十一条 旧城区的改建，应当保护历史文化遗产和传统风貌，合理确定拆迁和建设规模，有计划地对危房集中、基础设施落后等地段进行改建。

历史文化名城、名镇、名村的保护以及受保护建筑物的维护和使用，应当遵守有关法律、行政法规和国务院的规定。

第三十二条 城乡建设和发展，应当依法保护和合理利用风景名胜资源，统筹安排风景名胜区及周边乡、镇、村庄的建设。

风景名胜区的规划、建设和管理，应当遵守有关法律、行政法规和国务院的规定。

第三十三条 城市地下空间的开发和利用，应当与经济和技术发展水平相适应，遵循统筹安排、综合开发、合理利用的原则，充分考虑防灾减灾、人民防空和通信等需要，并符合城市规划，履行规划审批手续。

第三十四条 城市、县、镇人民政府应当根据城市总体规划、镇总体规划、土地利用总体规划和年度计划以及国民经济和社会发展规划，制定近期建设规划，报总体规划审批机关备案。

近期建设规划应当以重要基础设施、公共服务设施和中低收入居民住房建设以及生态环境保护为重点内容，明确近期建设的时序、发展方向和空间布局。近期建设规划的规划期限为五年。

第三十五条 城乡规划确定的铁路、公路、港口、机场、道路、绿地、输配电设施及输电线路走廊、通信设施、广播电视设施、管道设施、河道、水库、水源地、自然保护区、防汛通道、消防通道、核电站、垃圾填埋场及焚烧厂、污水处理厂和公共服务设施的用地以及其他需要依法保护的用地，禁止擅自改变用途。

第三十六条 按照国家规定需要有关部门批准或者核准的建设项目，以划拨方式提供国有土地使用权的，建设单位在报送有关部门批准或者核准前，应当向城乡规划主管部门申请核发选址意见书。

前款规定以外的建设项目不需要申请选址意见书。

第三十七条 在城市、镇规划区内以划拨方式提供国有土地使用权的建设项目，经有关部门批准、核准、备案后，建设单位应当向城市、县人民政府城乡规划主管部门提出建设用地规划许可申请，由城市、县人民政府城乡规划主管部门依据控制性详细规划核定建设用地的位置、面积、允许建设的范围，核发建设用地规划许可证。

建设单位在取得建设用地规划许可证后，方可向县级以上地方人民政府土地主管部门申请用地，经县级以上人民政府审批后，由土地主管部门划拨土地。

第三十八条 在城市、镇规划区内以出让方式提供国有土地使用权的，在国有土地使用权出让前，城市、县人民政府城乡规划主管部门应当依据控制性详细规划，提出出让地块的位置、使用性质、开发强度等规划条件，作为国有土地使用权出让合同的组成部分。未确定规划条件的地块，不得出让国有土地使用权。

以出让方式取得国有土地使用权的建设项目，在签订国有土地使用权出让合同后，建设单位应当持建设项目的批准、核准、备案文件和国有土地使用权出让合同，向城市、县人民政府城乡规划主管部门领取建设用地规划许可证。

城市、县人民政府城乡规划主管部门不得在建设用地规划许可证中，擅自改变作为国有土地使用权出让合同组成部分的规划条件。

第三十九条 规划条件未纳入国有土地使用权出让合同的，该国有土地使用权出让合同无效；对未取得建设用地规划许可证的建设单位批准用地的，由县级以上人民政府撤销有关批准文件；占用土地的，应当及时退回；给当事人造成损失的，应当依法给予赔偿。

第四十条　在城市、镇规划区内进行建筑物、构筑物、道路、管线和其他工程建设的，建设单位或者个人应当向城市、县人民政府城乡规划主管部门或者省、自治区、直辖市人民政府确定的镇人民政府申请办理建设工程规划许可证。

申请办理建设工程规划许可证，应当提交使用土地的有关证明文件、建设工程设计方案等材料。需要建设单位编制修建性详细规划的建设项目，还应当提交修建性详细规划。对符合控制性详细规划和规划条件的，由城市、县人民政府城乡规划主管部门或者省、自治区、直辖市人民政府确定的镇人民政府核发建设工程规划许可证。

城市、县人民政府城乡规划主管部门或者省、自治区、直辖市人民政府确定的镇人民政府应当依法将经审定的修建性详细规划、建设工程设计方案的总平面图予以公布。

第四十一条　在乡、村庄规划区内进行乡镇企业、乡村公共设施和公益事业建设的，建设单位或者个人应当向乡、镇人民政府提出申请，由乡、镇人民政府报城市、县人民政府城乡规划主管部门核发乡村建设规划许可证。

在乡、村庄规划区内使用原有宅基地进行农村村民住宅建设的规划管理办法，由省、自治区、直辖市制定。

在乡、村庄规划区内进行乡镇企业、乡村公共设施和公益事业建设以及农村村民住宅建设，不得占用农用地；确需占用农用地的，应当依照《中华人民共和国土地管理法》有关规定办理农用地转用审批手续后，由城市、县人民政府城乡规划主管部门核发乡村建设规划许可证。

建设单位或者个人在取得乡村建设规划许可证后，方可办理用地审批手续。

第四十二条　城乡规划主管部门不得在城乡规划确定的建设用地范围以外作出规划许可。

第四十三条　建设单位应当按照规划条件进行建设；确需变更的，必须向城市、县人民政府城乡规划主管部门提出申请。变更内容不符合控制性详细规划的，城乡规划主管部门不得批准。城市、县人民政府城乡规划主管部门应当及时将依法变更后的规划条件通报同级土地主管部门并公示。

建设单位应当及时将依法变更后的规划条件报有关人民政府土地主管部门备案。

第四十四条　在城市、镇规划区内进行临时建设的，应当经城市、县人民政府城乡规划主管部门批准。临时建设影响近期建设规划或者控制性详细规划的实施以及交通、市容、安全等的，不得批准。

临时建设应当在批准的使用期限内自行拆除。

临时建设和临时用地规划管理的具体办法，由省、自治区、直辖市人民政府制定。

第四十五条 县级以上地方人民政府城乡规划主管部门按照国务院规定对建设工程是否符合规划条件予以核实。未经核实或者经核实不符合规划条件的，建设单位不得组织竣工验收。

建设单位应当在竣工验收后六个月内向城乡规划主管部门报送有关竣工验收资料。

第四章 城乡规划的修改

第四十六条 省域城镇体系规划、城市总体规划、镇总体规划的组织编制机关，应当组织有关部门和专家定期对规划实施情况进行评估，并采取论证会、听证会或者其他方式征求公众意见。组织编制机关应当向本级人民代表大会常务委员会、镇人民代表大会和原审批机关提出评估报告并附具征求意见的情况。

第四十七条 有下列情形之一的，组织编制机关方可按照规定的权限和程序修改省域城镇体系规划、城市总体规划、镇总体规划：

（一）上级人民政府制定的城乡规划发生变更，提出修改规划要求的；

（二）行政区划调整确需修改规划的；

（三）因国务院批准重大建设工程确需修改规划的；

（四）经评估确需修改规划的；

（五）城乡规划的审批机关认为应当修改规划的其他情形。

修改省域城镇体系规划、城市总体规划、镇总体规划前，组织编制机关应当对原规划的实施情况进行总结，并向原审批机关报告；修改涉及城市总体规划、镇总体规划强制性内容的，应当先向原审批机关提出专题报告，经同意后，方可编制修改方案。

修改后的省域城镇体系规划、城市总体规划、镇总体规划，应当依照本法第十三条、第十四条、第十五条和第十六条规定的审批程序报批。

第四十八条 修改控制性详细规划的，组织编制机关应当对修改的必要性进行论证，征求规划地段内利害关系人的意见，并向原审批机关提出专题报告，经原审批机关同意后，方可编制修改方案。修改后的控制性详细规划，应当依照本法第十九条、第二十条规定的审批程序报批。控制性详细规划修改涉及城市总体规划、镇总体规划的强制性内容的，应当先修改总体规划。

修改乡规划、村庄规划的，应当依照本法第二十二条规定的审批程序报批。

第四十九条　城市、县、镇人民政府修改近期建设规划的，应当将修改后的近期建设规划报总体规划审批机关备案。

第五十条　在选址意见书、建设用地规划许可证、建设工程规划许可证或者乡村建设规划许可证发放后，因依法修改城乡规划给被许可人合法权益造成损失的，应当依法给予补偿。

经依法审定的修建性详细规划、建设工程设计方案的总平面图不得随意修改；确需修改的，城乡规划主管部门应当采取听证会等形式，听取利害关系人的意见；因修改给利害关系人合法权益造成损失的，应当依法给予补偿。

第五章　监督检查

第五十一条　县级以上人民政府及其城乡规划主管部门应当加强对城乡规划编制、审批、实施、修改的监督检查。

第五十二条　地方各级人民政府应当向本级人民代表大会常务委员会或者乡、镇人民代表大会报告城乡规划的实施情况，并接受监督。

第五十三条　县级以上人民政府城乡规划主管部门对城乡规划的实施情况进行监督检查，有权采取以下措施：

（一）要求有关单位和人员提供与监督事项有关的文件、资料，并进行复制；

（二）要求有关单位和人员就监督事项涉及的问题作出解释和说明，并根据需要进入现场进行勘测；

（三）责令有关单位和人员停止违反有关城乡规划的法律、法规的行为。

城乡规划主管部门的工作人员履行前款规定的监督检查职责，应当出示执法证件。被监督检查的单位和人员应当予以配合，不得妨碍和阻挠依法进行的监督检查活动。

第五十四条　监督检查情况和处理结果应当依法公开，供公众查阅和监督。

第五十五条　城乡规划主管部门在查处违反本法规定的行为时，发现国家机关工作人员依法应当给予行政处分的，应当向其任免机关或者监察机关提出处分建议。

第五十六条　依照本法规定应当给予行政处罚，而有关城乡规划主管部门不给予行政处罚的，上级人民政府城乡规划主管部门有权责令其作出行政处罚决定或者建议有关人民政府责令其给予行政处罚。

第五十七条　城乡规划主管部门违反本法规定作出行政许可的，上级人民政府城乡规划主管部门有权责令其撤销或者直接撤销该行政许可。因撤销行政许可给当事人合法权益造成损失的，应当依法给予赔偿。

第六章 法律责任

第五十八条 对依法应当编制城乡规划而未组织编制，或者未按法定程序编制、审批、修改城乡规划的，由上级人民政府责令改正，通报批评；对有关人民政府负责人和其他直接责任人员依法给予处分。

第五十九条 城乡规划组织编制机关委托不具有相应资质等级的单位编制城乡规划的，由上级人民政府责令改正，通报批评；对有关人民政府负责人和其他直接责任人员依法给予处分。

第六十条 镇人民政府或者县级以上人民政府城乡规划主管部门有下列行为之一的，由本级人民政府、上级人民政府城乡规划主管部门或者监察机关依据职权责令改正，通报批评；对直接负责的主管人员和其他直接责任人员依法给予处分：

（一）未依法组织编制城市的控制性详细规划、县人民政府所在地镇的控制性详细规划的；

（二）超越职权或者对不符合法定条件的申请人核发选址意见书、建设用地规划许可证、建设工程规划许可证、乡村建设规划许可证的；

（三）对符合法定条件的申请人未在法定期限内核发选址意见书、建设用地规划许可证、建设工程规划许可证、乡村建设规划许可证的；

（四）未依法对经审定的修建性详细规划、建设工程设计方案的总平面图予以公布的；

（五）同意修改修建性详细规划、建设工程设计方案的总平面图前未采取听证会等形式听取利害关系人的意见的；

（六）发现未依法取得规划许可或者违反规划许可的规定在规划区内进行建设的行为，而不予查处或者接到举报后不依法处理的。

第六十一条 县级以上人民政府有关部门有下列行为之一的，由本级人民政府或者上级人民政府有关部门责令改正，通报批评；对直接负责的主管人员和其他直接责任人员依法给予处分：

（一）对未依法取得选址意见书的建设项目核发建设项目批准文件的；

（二）未依法在国有土地使用权出让合同中确定规划条件或者改变国有土地使用权出让合同中依法确定的规划条件的；

（三）对未依法取得建设用地规划许可证的建设单位划拨国有土地使用权的。

第六十二条 城乡规划编制单位有下列行为之一的，由所在地城市、县人民政府城乡规划主管部门责令限期改正，处合同约定的规划编制费一倍以上二倍以下的罚款；情节严重的，责令停业整顿，由原发证机关降低资质等级或者吊销资质证书；造成损失的，依法承担赔偿责任：

（一）超越资质等级许可的范围承揽城乡规划编制工作的；

（二）违反国家有关标准编制城乡规划的。

未依法取得资质证书承揽城乡规划编制工作的，由县级以上地方人民政府城乡规划主管部门责令停止违法行为，依照前款规定处以罚款；造成损失的，依法承担赔偿责任。

以欺骗手段取得资质证书承揽城乡规划编制工作的，由原发证机关吊销资质证书，依照本条第一款规定处以罚款；造成损失的，依法承担赔偿责任。

第六十三条　城乡规划编制单位取得资质证书后，不再符合相应的资质条件的，由原发证机关责令限期改正；逾期不改正的，降低资质等级或者吊销资质证书。

第六十四条　未取得建设工程规划许可证或者未按照建设工程规划许可证的规定进行建设的，由县级以上地方人民政府城乡规划主管部门责令停止建设；尚可采取改正措施消除对规划实施的影响的，限期改正，处建设工程造价百分之五以上百分之十以下的罚款；无法采取改正措施消除影响的，限期拆除，不能拆除的，没收实物或者违法收入，可以并处建设工程造价百分之十以下的罚款。

第六十五条　在乡、村庄规划区内未依法取得乡村建设规划许可证或者未按照乡村建设规划许可证的规定进行建设的，由乡、镇人民政府责令停止建设、限期改正；逾期不改正的，可以拆除。

第六十六条　建设单位或者个人有下列行为之一的，由所在地城市、县人民政府城乡规划主管部门责令限期拆除，可以并处临时建设工程造价一倍以下的罚款：

（一）未经批准进行临时建设的；

（二）未按照批准内容进行临时建设的；

（三）临时建筑物、构筑物超过批准期限不拆除的。

第六十七条　建设单位未在建设工程竣工验收后六个月内向城乡规划主管部门报送有关竣工验收资料的，由所在地城市、县人民政府城乡规划主管部门责令限期补报；逾期不补报的，处一万元以上五万元以下的罚款。

第六十八条　城乡规划主管部门作出责令停止建设或者限期拆除的决定后，当事人不停止建设或者逾期不拆除的，建设工程所在地县级以上地方人民政府可以责成有关部门采取查封施工现场、强制拆除等措施。

第六十九条　违反本法规定，构成犯罪的，依法追究刑事责任。

第七章　附　则

第七十条　本法自 2008 年 1 月 1 日起施行。《中华人民共和国城市规划法》同时废止。

建设工程质量管理条例

（2000 年 1 月 30 日中华人民共和国国务院令第 279 号公布
根据 2017 年 10 月 7 日《国务院关于修改部分行政法规的决定》修订）

目　　录

第一章　总　则

第一条　为了加强对建设工程质量的管理，保证建设工程质量，保护人民生命和财产安全，根据《中华人民共和国建筑法》，制定本条例。

第二条　凡在中华人民共和国境内从事建设工程的新建、扩建、改建等有关活动及实施对建设工程质量监督管理的，必须遵守本条例。本条例所称建设工程，是指土木工程、建筑工程、线路管道和设备安装工程及装修工程。

第三条　建设单位、勘察单位、设计单位、施工单位、工程监理单位依法对建设工程质量负责。

第四条　县级以上人民政府建设行政主管部门和其他有关部门应当加强对建设工程质量的监督管理。

第五条　从事建设工程活动，必须严格执行基本建设程序，坚持先勘察、后设计、再施工的原则。

县级以上人民政府及其有关部门不得超越权限审批建设项目或者擅自简化基本建设程序。

第六条　国家鼓励采用先进的科学技术和管理方法，提高建设工程质量。

第二章　建设单位的质量责任和义务

第七条　建设单位应当将工程发包给具有相应资质等级的单位。

建设单位不得将建设工程肢解发包。

第八条　建设单位应当依法对工程建设项目的勘察、设计、施工、监理以及与工程建设有关的重要设备、材料等的采购进行招标。

第九条　建设单位必须向有关的勘察、设计、施工、工程监理等单位提供与建设工程有关的原始资料。

原始资料必须真实、准确、齐全。

第十条　建设工程发包单位不得迫使承包方以低于成本的价格竞标，不得任意压缩合理工期。

建设单位不得明示或者暗示设计单位或者施工单位违反工程建设强制性标准，降低建设工程质量。

第十一条　施工图设计文件审查的具体办法，由国务院建设行政主管部门、国务院其他有关部门制定。

施工图设计文件未经审查批准的，不得使用。

第十二条　实行监理的建设工程，建设单位应当委托具有相应资质等级的工程监理单位进行监理，也可以委托具有工程监理相应资质等级并与被监理工程的施工承包单位没有隶属关系或者其他利害关系的该工程的设计单位进行监理。

下列建设工程必须实行监理：

（一）国家重点建设工程；

（二）大中型公用事业工程；

（三）成片开发建设的住宅小区工程；

（四）利用外国政府或者国际组织贷款、援助资金的工程；

（五）国家规定必须实行监理的其他工程。

第十三条　建设单位在领取施工许可证或者开工报告前，应当按照国家有关规定办理工程质量监督手续。

第十四条　按照合同约定，由建设单位采购建筑材料、建筑构配件和设备的，建设单位应当保证建筑材料、建筑构配件和设备符合设计文件和合同要求。

建设单位不得明示或者暗示施工单位使用不合格的建筑材料、建筑构配件和设备。

第十五条 涉及建筑主体和承重结构变动的装修工程，建设单位应当在施工前委托原设计单位或者具有相应资质等级的设计单位提出设计方案；没有设计方案的，不得施工。

房屋建筑使用者在装修过程中，不得擅自变动房屋建筑主体和承重结构。

第十六条 建设单位收到建设工程竣工报告后，应当组织设计、施工、工程监理等有关单位进行竣工验收。

建设工程竣工验收应当具备下列条件：

（一）完成建设工程设计和合同约定的各项内容；

（二）有完整的技术档案和施工管理资料；

（三）有工程使用的主要建筑材料、建筑构配件和设备的进场试验报告；

（四）有勘察、设计、施工、工程监理等单位分别签署的质量合格文件；

（五）有施工单位签署的工程保修书。

建设工程经验收合格的，方可交付使用。

第十七条 建设单位应当严格按照国家有关档案管理的规定，及时收集、整理建设项目各环节的文件资料，建立、健全建设项目档案，并在建设工程竣工验收后，及时向建设行政主管部门或者其他有关部门移交建设项目档案。

第三章　勘察、设计单位的质量责任和义务

第十八条 从事建设工程勘察、设计的单位应当依法取得相应等级的资质证书，并在其资质等级许可的范围内承揽工程。

禁止勘察、设计单位超越其资质等级许可的范围或者以其他勘察、设计单位的名义承揽工程。禁止勘察、设计单位允许其他单位或者个人以本单位的名义承揽工程。

勘察、设计单位不得转包或者违法分包所承揽的工程。

第十九条 勘察、设计单位必须按照工程建设强制性标准进行勘察、设计，并对其勘察、设计的质量负责。

注册建筑师、注册结构工程师等注册执业人员应当在设计文件上签字，对设计文件负责。

第二十条 勘察单位提供的地质、测量、水文等勘察成果必须真实、准确。

第二十一条 设计单位应当根据勘察成果文件进行建设工程设计。

设计文件应当符合国家规定的设计深度要求，注明工程合理使用年限。

第二十二条　设计单位在设计文件中选用的建筑材料、建筑构配件和设备，应当注明规格、型号、性能等技术指标，其质量要求必须符合国家规定的标准。

除有特殊要求的建筑材料、专用设备、工艺生产线等外，设计单位不得指定生产厂、供应商。

第二十三条　设计单位应当就审查合格的施工图设计文件向施工单位作出详细说明。

第二十四条　设计单位应当参与建设工程质量事故分析，并对因设计造成的质量事故，提出相应的技术处理方案。

第四章　施工单位的质量责任和义务

第二十五条　施工单位应当依法取得相应等级的资质证书，并在其资质等级许可的范围内承揽工程。

禁止施工单位超越本单位资质等级许可的业务范围或者以其他施工单位的名义承揽工程。禁止施工单位允许其他单位或者个人以本单位的名义承揽工程。

施工单位不得转包或者违法分包工程。

第二十六条　施工单位对建设工程的施工质量负责。

施工单位应当建立质量责任制，确定工程项目的项目经理、技术负责人和施工管理负责人。

建设工程实行总承包的，总承包单位应当对全部建设工程质量负责；建设工程勘察、设计、施工、设备采购的一项或者多项实行总承包的，总承包单位应当对其承包的建设工程或者采购的设备的质量负责。

第二十七条　总承包单位依法将建设工程分包给其他单位的，分包单位应当按照分包合同的约定对其分包工程的质量向总承包单位负责，总承包单位与分包单位对分包工程的质量承担连带责任。

第二十八条　施工单位必须按照工程设计图纸和施工技术标准施工，不得擅自修改工程设计，不得偷工减料。

施工单位在施工过程中发现设计文件和图纸有差错的，应当及时提出意见和建议。

第二十九条　施工单位必须按照工程设计要求、施工技术标准和合同约定，对建筑材料、建筑构配件、设备和商品混凝土进行检验，检验应当有书面记录和专人签字；未经检验或者检验不合格的，不得使用。

第三十条　施工单位必须建立、健全施工质量的检验制度，严格工序管理，作好隐蔽工程的质量检查和记录。隐蔽工程在隐蔽前，施工单位应当通知建设单位和建设工程质量监督机构。

第三十一条 施工人员对涉及结构安全的试块、试件以及有关材料，应当在建设单位或者工程监理单位监督下现场取样，并送具有相应资质等级的质量检测单位进行检测。

第三十二条 施工单位对施工中出现质量问题的建设工程或者竣工验收不合格的建设工程，应当负责返修。

第三十三条 施工单位应当建立、健全教育培训制度，加强对职工的教育培训；未经教育培训或者考核不合格的人员，不得上岗作业。

第五章 工程监理单位的质量责任和义务

第三十四条 工程监理单位应当依法取得相应等级的资质证书，并在其资质等级许可的范围内承担工程监理业务。

禁止工程监理单位超越本单位资质等级许可的范围或者以其他工程监理单位的名义承担工程监理业务。禁止工程监理单位允许其他单位或者个人以本单位的名义承担工程监理业务。

工程监理单位不得转让工程监理业务。

第三十五条 工程监理单位与被监理工程的施工承包单位以及建筑材料、建筑构配件和设备供应单位有隶属关系或者其他利害关系的，不得承担该项建设工程的监理业务。

第三十六条 工程监理单位应当依照法律、法规以及有关技术标准、设计文件和建设工程承包合同，代表建设单位对施工质量实施监理，并对施工质量承担监理责任。

第三十七条 工程监理单位应当选派具备相应资格的总监理工程师和监理工程师进驻施工现场。

未经监理工程师签字，建筑材料、建筑构配件和设备不得在工程上使用或者安装，施工单位不得进行下一道工序的施工。未经总监理工程师签字，建设单位不拨付工程款，不进行竣工验收。

第三十八条 监理工程师应当按照工程监理规范的要求，采取旁站、巡视和平行检验等形式，对建设工程实施监理。

第六章 建设工程质量保修

第三十九条 建设工程实行质量保修制度。

建设工程承包单位在向建设单位提交工程竣工验收报告时，应当向建设单位出具质量保修书。质量保修书中应当明确建设工程的保修范围、保修期限和保修责任等。

第四十条　在正常使用条件下，建设工程的最低保修期限为：

（一）基础设施工程、房屋建筑的地基基础工程和主体结构工程，为设计文件规定的该工程的合理使用年限；

（二）屋面防水工程、有防水要求的卫生间、房间和外墙面的防渗漏，为5年；

（三）供热与供冷系统，为2个采暖期、供冷期；

（四）电气管线、给排水管道、设备安装和装修工程，为2年。

其他项目的保修期限由发包方与承包方约定。

建设工程的保修期，自竣工验收合格之日起计算。

第四十一条　建设工程在保修范围和保修期限内发生质量问题的，施工单位应当履行保修义务，并对造成的损失承担赔偿责任。

第四十二条　建设工程在超过合理使用年限后需要继续使用的，产权所有人应当委托具有相应资质等级的勘察、设计单位鉴定，并根据鉴定结果采取加固、维修等措施，重新界定使用期。

第七章　监督管理

第四十三条　国家实行建设工程质量监督管理制度。

国务院建设行政主管部门对全国的建设工程质量实施统一监督管理。国务院铁路、交通、水利等有关部门按照国务院规定的职责分工，负责对全国的有关专业建设工程质量的监督管理。

县级以上地方人民政府建设行政主管部门对本行政区域内的建设工程质量实施监督管理。县级以上地方人民政府交通、水利等有关部门在各自的职责范围内，负责对本行政区域内的专业建设工程质量的监督管理。

第四十四条　国务院建设行政主管部门和国务院铁路、交通、水利等有关部门应当加强对有关建设工程质量的法律、法规和强制性标准执行情况的监督检查。

第四十五条　国务院发展计划部门按照国务院规定的职责，组织稽察特派员，对国家出资的重大建设项目实施监督检查。

国务院经济贸易主管部门按照国务院规定的职责，对国家重大技术改造项目实施监督检查。

第四十六条　建设工程质量监督管理，可以由建设行政主管部门或者其他有关部门委托的建设工程质量监督机构具体实施。

从事房屋建筑工程和市政基础设施工程质量监督的机构，必须按照国家有关规定经国务院建设行政主管部门或者省、自治区、直辖市人民政府建设行政主管部门考核；从事专业建设工程质量监督的机构，必须按照国家有关规定经国务院有关部门或者省、自治区、直辖市人民政府有关部门考核。经考核合格后，方可实施质量监督。

第四十七条 县级以上地方人民政府建设行政主管部门和其他有关部门应当加强对有关建设工程质量的法律、法规和强制性标准执行情况的监督检查。

第四十八条 县级以上人民政府建设行政主管部门和其他有关部门履行监督检查职责时，有权采取下列措施：

（一）要求被检查的单位提供有关工程质量的文件和资料；

（二）进入被检查单位的施工现场进行检查；

（三）发现有影响工程质量的问题时，责令改正。

第四十九条 建设单位应当自建设工程竣工验收合格之日起15日内，将建设工程竣工验收报告和规划、公安消防、环保等部门出具的认可文件或者准许使用文件报建设行政主管部门或者其他有关部门备案。

建设行政主管部门或者其他有关部门发现建设单位在竣工验收过程中有违反国家有关建设工程质量管理规定行为的，责令停止使用，重新组织竣工验收。

第五十条 有关单位和个人对县级以上人民政府建设行政主管部门和其他有关部门进行的监督检查应当支持与配合，不得拒绝或者阻碍建设工程质量监督检查人员依法执行职务。

第五十一条 供水、供电、供气、公安消防等部门或者单位不得明示或者暗示建设单位、施工单位购买其指定的生产供应单位的建筑材料、建筑构配件和设备。

第五十二条 建设工程发生质量事故，有关单位应当在24小时内向当地建设行政主管部门和其他有关部门报告。对重大质量事故，事故发生地的建设行政主管部门和其他有关部门应当按照事故类别和等级向当地人民政府和上级建设行政主管部门和其他有关部门报告。

特别重大质量事故的调查程序按照国务院有关规定办理。

第五十三条 任何单位和个人对建设工程的质量事故、质量缺陷都有权检举、控告、投诉。

第八章 罚 则

第五十四条 违反本条例规定，建设单位将建设工程发包给不具有相应资质等级的勘察、设计、施工单位或者委托给不具有相应资质等级的工程监理单位的，责令改正，处50万元以上100万元以下的罚款。

第五十五条 违反本条例规定，建设单位将建设工程肢解发包的，责令改正，处工程合同价款百分之零点五以上百分之一以下的罚款；对全部或者部分使用国有资金的项目，并可以暂停项目执行或者暂停资金拨付。

第五十六条　违反本条例规定，建设单位有下列行为之一的，责令改正，处20万元以上50万元以下的罚款：

（一）迫使承包方以低于成本的价格竞标的；

（二）任意压缩合理工期的；

（三）明示或者暗示设计单位或者施工单位违反工程建设强制性标准，降低工程质量的；

（四）施工图设计文件未经审查或者审查不合格，擅自施工的；

（五）建设项目必须实行工程监理而未实行工程监理的；

（六）未按照国家规定办理工程质量监督手续的；

（七）明示或者暗示施工单位使用不合格的建筑材料、建筑构配件和设备的；

（八）未按照国家规定将竣工验收报告、有关认可文件或者准许使用文件报送备案的。

第五十七条　违反本条例规定，建设单位未取得施工许可证或者开工报告未经批准，擅自施工的，责令停止施工，限期改正，处工程合同价款百分之一以上百分之二以下的罚款。

第五十八条　违反本条例规定，建设单位有下列行为之一的，责令改正，处工程合同价款百分之二以上百分之四以下的罚款；造成损失的，依法承担赔偿责任：

（一）未组织竣工验收，擅自交付使用的；

（二）验收不合格，擅自交付使用的；

（三）对不合格的建设工程按照合格工程验收的。

第五十九条　违反本条例规定，建设工程竣工验收后，建设单位未向建设行政主管部门或者其他有关部门移交建设项目档案的，责令改正，处1万元以上10万元以下的罚款。

第六十条　违反本条例规定，勘察、设计、施工、工程监理单位超越本单位资质等级承揽工程的，责令停止违法行为，对勘察、设计单位或者工程监理单位处合同约定的勘察费、设计费或者监理酬金1倍以上2倍以下的罚款；对施工单位处工程合同价款百分之二以上百分之四以下的罚款，可以责令停业整顿，降低资质等级；情节严重的，吊销资质证书；有违法所得的，予以没收。

未取得资质证书承揽工程的，予以取缔，依照前款规定处以罚款；有违法所得的，予以没收。

以欺骗手段取得资质证书承揽工程的，吊销资质证书，依照本条第一款规定处以罚款；有违法所得的，予以没收。

第六十一条 违反本条例规定，勘察、设计、施工、工程监理单位允许其他单位或者个人以本单位名义承揽工程的，责令改正，没收违法所得，对勘察、设计单位和工程监理单位处合同约定的勘察费、设计费和监理酬金1倍以上2倍以下的罚款；对施工单位处工程合同价款百分之二以上百分之四以下的罚款；可以责令停业整顿，降低资质等级；情节严重的，吊销资质证书。

第六十二条 违反本条例规定，承包单位将承包的工程转包或者违法分包的，责令改正，没收违法所得，对勘察、设计单位处合同约定的勘察费、设计费百分之二十五以上百分之五十以下的罚款；对施工单位处工程合同价款百分之零点五以上百分之一以下的罚款；可以责令停业整顿，降低资质等级；情节严重的，吊销资质证书。

工程监理单位转让工程监理业务的，责令改正，没收违法所得，处合同约定的监理酬金百分之二十五以上百分之五十以下的罚款；可以责令停业整顿，降低资质等级；情节严重的，吊销资质证书。

第六十三条 违反本条例规定，有下列行为之一的，责令改正，处10万元以上30万元以下的罚款：

（一）勘察单位未按照工程建设强制性标准进行勘察的；

（二）设计单位未根据勘察成果文件进行工程设计的；

（三）设计单位指定建筑材料、建筑构配件的生产厂、供应商的；

（四）设计单位未按照工程建设强制性标准进行设计的。

有前款所列行为，造成工程质量事故的，责令停业整顿，降低资质等级；情节严重的，吊销资质证书；造成损失的，依法承担赔偿责任。

第六十四条 违反本条例规定，施工单位在施工中偷工减料的，使用不合格的建筑材料、建筑构配件和设备的，或者有不按照工程设计图纸或者施工技术标准施工的其他行为的，责令改正，处工程合同价款百分之二以上百分之四以下的罚款；造成建设工程质量不符合规定的质量标准的，负责返工、修理，并赔偿因此造成的损失；情节严重的，责令停业整顿，降低资质等级或者吊销资质证书。

第六十五条 违反本条例规定，施工单位未对建筑材料、建筑构配件、设备和商品混凝土进行检验，或者未对涉及结构安全的试块、试件以及有关材料取样检测的，责令改正，处10万元以上20万元以下的罚款；情节严重的，责令停业整顿，降低资质等级或者吊销资质证书；造成损失的，依法承担赔偿责任。

第六十六条 违反本条例规定，施工单位不履行保修义务或者拖延履行保修义务的，责令改正，处 10 万元以上 20 万元以下的罚款，并对在保修期内因质量缺陷造成的损失承担赔偿责任。

第六十七条　工程监理单位有下列行为之一的，责令改正，处 50 万元以上 100 万元以下的罚款，降低资质等级或者吊销资质证书；有违法所得的，予以没收；造成损失的，承担连带赔偿责任：

（一）与建设单位或者施工单位串通，弄虚作假、降低工程质量的；

（二）将不合格的建设工程、建筑材料、建筑构配件和设备按照合格签字的。

第六十八条　违反本条例规定，工程监理单位与被监理工程的施工承包单位以及建筑材料、建筑构配件和设备供应单位有隶属关系或者其他利害关系承担该项建设工程的监理业务的，责令改正，处 5 万元以上 10 万元以下的罚款，降低资质等级或者吊销资质证书；有违法所得的，予以没收。

第六十九条　违反本条例规定，涉及建筑主体或者承重结构变动的装修工程，没有设计方案擅自施工的，责令改正，处 50 万元以上 100 万元以下的罚款；房屋建筑使用者在装修过程中擅自变动房屋建筑主体和承重结构的，责令改正，处 5 万元以上 10 万元以下的罚款。

有前款所列行为，造成损失的，依法承担赔偿责任。

第七十条　发生重大工程质量事故隐瞒不报、谎报或者拖延报告期限的，对直接负责的主管人员和其他责任人员依法给予行政处分。

第七十一条　违反本条例规定，供水、供电、供气、公安消防等部门或者单位明示或者暗示建设单位或者施工单位购买其指定的生产供应单位的建筑材料、建筑构配件和设备的，责令改正。

第七十二条　违反本条例规定，注册建筑师、注册结构工程师、监理工程师等注册执业人员因过错造成质量事故的，责令停止执业 1 年；造成重大质量事故的，吊销执业资格证书，5 年以内不予注册；情节特别恶劣的，终身不予注册。

第七十三条　依照本条例规定，给予单位罚款处罚的，对单位直接负责的主管人员和其他直接责任人员处单位罚款数额百分之五以上百分之十以下的罚款。

第七十四条　建设单位、设计单位、施工单位、工程监理单位违反国家规定，降低工程质量标准，造成重大安全事故，构成犯罪的，对直接责任人员依法追究刑事责任。

第七十五条　本条例规定的责令停业整顿，降低资质等级和吊销资质证书的行政处罚，由颁发资质证书的机关决定；其他行政处罚，由建设行政主管部门或者其他有关部门依照法定职权决定。

依照本条例规定被吊销资质证书的，由工商行政管理部门吊销其营业执照。

第七十六条 国家机关工作人员在建设工程质量监督管理工作中玩忽职守、滥用职权、徇私舞弊，构成犯罪的，依法追究刑事责任；尚不构成犯罪的，依法给予行政处分。

第七十七条 建设、勘察、设计、施工、工程监理单位的工作人员因调动工作、退休等原因离开该单位后，被发现在该单位工作期间违反国家有关建设工程质量管理规定，造成重大工程质量事故的，仍应当依法追究法律责任。

第九章 附 则

第七十八条 本条例所称肢解发包，是指建设单位将应当由一个承包单位完成的建设工程分解成若干部分发包给不同的承包单位的行为。

本条例所称违法分包，是指下列行为：

（一）总承包单位将建设工程分包给不具备相应资质条件的单位的；

（二）建设工程总承包合同中未有约定，又未经建设单位认可，承包单位将其承包的部分建设工程交由其他单位完成的；

（三）施工总承包单位将建设工程主体结构的施工分包给其他单位的；

（四）分包单位将其承包的建设工程再分包的。

本条例所称转包，是指承包单位承包建设工程后，不履行合同约定的责任和义务，将其承包的全部建设工程转给他人或者将其承包的全部建设工程肢解以后以分包的名义分别转给其他单位承包的行为。

第七十九条 本条例规定的罚款和没收的违法所得，必须全部上缴国库。

第八十条 抢险救灾及其他临时性房屋建筑和农民自建低层住宅的建设活动，不适用本条例。

第八十一条 军事建设工程的管理，按照中央军事委员会的有关规定执行。

第八十二条 本条例自发布之日起施行。

附：刑法有关条款

第一百三十七条 建设单位、设计单位、施工单位、工程监理单位违反国家规定，降低工程质量标准，造成重大安全事故的，对直接责任人员处五年以下有期徒刑或者拘役，并处罚金；后果特别严重的，处五年以上十年以下有期徒刑，并处罚金。

建设工程勘察设计管理条例

（2000年9月25日中华人民共和国国务院令第293号公布　根据2015年6月12日《国务院关于修改〈建设工程勘察设计管理条例〉的决定》修订　根据2017年10月7日《国务院关于修改部分行政法规的决定》修正）

目　　录

第一章　总　　则

第一条　为了加强对建设工程勘察、设计活动的管理，保证建设工程勘察、设计质量，保护人民生命和财产安全，制定本条例。

第二条　从事建设工程勘察、设计活动，必须遵守本条例。

本条例所称建设工程勘察，是指根据建设工程的要求，查明、分析、评价建设场地的地质地理环境特征和岩土工程条件，编制建设工程勘察文件的活动。

本条例所称建设工程设计，是指根据建设工程的要求，对建设工程所需的技术、经济、资源、环境等条件进行综合分析、论证，编制建设工程设计文件的活动。

第三条　建设工程勘察、设计应当与社会、经济发展水平相适应，做到经济效益、社会效益和环境效益相统一。

第四条　从事建设工程勘察、设计活动，应当坚持先勘察、后设计、再施工的原则。

第五条　县级以上人民政府建设行政主管部门和交通、水利等有关部门应当依照本条例的规定，加强对建设工程勘察、设计活动的监督管理。

建设工程勘察、设计单位必须依法进行建设工程勘察、设计，严格执行工程建设强制性标准，并对建设工程勘察、设计的质量负责。

第六条 国家鼓励在建设工程勘察、设计活动中采用先进技术、先进工艺、先进设备、新型材料和现代管理方法。

第二章 资质资格管理

第七条 国家对从事建设工程勘察、设计活动的单位，实行资质管理制度。具体办法由国务院建设行政主管部门商国务院有关部门制定。

第八条 建设工程勘察、设计单位应当在其资质等级许可的范围内承揽建设工程勘察、设计业务。

禁止建设工程勘察、设计单位超越其资质等级许可的范围或者以其他建设工程勘察、设计单位的名义承揽建设工程勘察、设计业务。禁止建设工程勘察、设计单位允许其他单位或者个人以本单位的名义承揽建设工程勘察、设计业务。

第九条 国家对从事建设工程勘察、设计活动的专业技术人员，实行执业资格注册管理制度。

未经注册的建设工程勘察、设计人员，不得以注册执业人员的名义从事建设工程勘察、设计活动。

第十条 建设工程勘察、设计注册执业人员和其他专业技术人员只能受聘于一个建设工程勘察、设计单位；未受聘于建设工程勘察、设计单位的，不得从事建设工程的勘察、设计活动。

第十一条 建设工程勘察、设计单位资质证书和执业人员注册证书，由国务院建设行政主管部门统一制作。

第三章 建设工程勘察设计发包与承包

第十二条 建设工程勘察、设计发包依法实行招标发包或者直接发包。

第十三条 建设工程勘察、设计应当依照《中华人民共和国招标投标法》的规定，实行招标发包。

第十四条 建设工程勘察、设计方案评标，应当以投标人的业绩、信誉和勘察、设计人员的能力以及勘察、设计方案的优劣为依据，进行综合评定。

第十五条 建设工程勘察、设计的招标人应当在评标委员会推荐的候选方案中确定中标方案。但是，建设工程勘察、设计的招标人认为评标委员会推荐的候选方案不能最大限度满足招标文件规定的要求的，应当依法重新招标。

第十六条　下列建设工程的勘察、设计，经有关主管部门批准，可以直接发包：

（一）采用特定的专利或者专有技术的；

（二）建筑艺术造型有特殊要求的；

（三）国务院规定的其他建设工程的勘察、设计。

第十七条　发包方不得将建设工程勘察、设计业务发包给不具有相应勘察、设计资质等级的建设工程勘察、设计单位。

第十八条　发包方可以将整个建设工程的勘察、设计发包给一个勘察、设计单位；也可以将建设工程的勘察、设计分别发包给几个勘察、设计单位。

第十九条　除建设工程主体部分的勘察、设计外，经发包方书面同意，承包方可以将建设工程其他部分的勘察、设计再分包给其他具有相应资质等级的建设工程勘察、设计单位。

第二十条　建设工程勘察、设计单位不得将所承揽的建设工程勘察、设计转包。

第二十一条　承包方必须在建设工程勘察、设计资质证书规定的资质等级和业务范围内承揽建设工程的勘察、设计业务。

第二十二条　建设工程勘察、设计的发包方与承包方，应当执行国家规定的建设工程勘察、设计程序。

第二十三条　建设工程勘察、设计的发包方与承包方应当签订建设工程勘察、设计合同。

第二十四条　建设工程勘察、设计发包方与承包方应当执行国家有关建设工程勘察费、设计费的管理规定。

第四章　建设工程勘察设计文件的编制与实施

第二十五条　编制建设工程勘察、设计文件，应当以下列规定为依据：

（一）项目批准文件；

（二）城乡规划；

（三）工程建设强制性标准；

（四）国家规定的建设工程勘察、设计深度要求。

铁路、交通、水利等专业建设工程，还应当以专业规划的要求为依据。

第二十六条　编制建设工程勘察文件，应当真实、准确，满足建设工程规划、选址、设计、岩土治理和施工的需要。

编制方案设计文件，应当满足编制初步设计文件和控制概算的需要。

编制初步设计文件，应当满足编制施工招标文件、主要设备材料订货和编制施工图设计文件的需要。

编制施工图设计文件，应当满足设备材料采购、非标准设备制作和施工的需要，并注明建设工程合理使用年限。

第二十七条 设计文件中选用的材料、构配件、设备，应当注明其规格、型号、性能等技术指标，其质量要求必须符合国家规定的标准。

除有特殊要求的建筑材料、专用设备和工艺生产线等外，设计单位不得指定生产厂、供应商。

第二十八条 建设单位、施工单位、监理单位不得修改建设工程勘察、设计文件；确需修改建设工程勘察、设计文件的，应当由原建设工程勘察、设计单位修改。经原建设工程勘察、设计单位书面同意，建设单位也可以委托其他具有相应资质的建设工程勘察、设计单位修改。修改单位对修改的勘察、设计文件承担相应责任。

施工单位、监理单位发现建设工程勘察、设计文件不符合工程建设强制性标准、合同约定的质量要求的，应当报告建设单位，建设单位有权要求建设工程勘察、设计单位对建设工程勘察、设计文件进行补充、修改。

建设工程勘察、设计文件内容需要作重大修改的，建设单位应当报经原审批机关批准后，方可修改。

第二十九条 建设工程勘察、设计文件中规定采用的新技术、新材料，可能影响建设工程质量和安全，又没有国家技术标准的，应当由国家认可的检测机构进行试验、论证，出具检测报告，并经国务院有关部门或者省、自治区、直辖市人民政府有关部门组织的建设工程技术专家委员会审定后，方可使用。

第三十条 建设工程勘察、设计单位应当在建设工程施工前，向施工单位和监理单位说明建设工程勘察、设计意图，解释建设工程勘察、设计文件。

建设工程勘察、设计单位应当及时解决施工中出现的勘察、设计问题。

第五章 监督管理

第三十一条 国务院建设行政主管部门对全国的建设工程勘察、设计活动实施统一监督管理。国务院铁路、交通、水利等有关部门按照国务院规定的职责分工，负责对全国的有关专业建设工程勘察、设计活动的监督管理。

县级以上地方人民政府建设行政主管部门对本行政区域内的建设工程勘察、设计活动实施监督管理。县级以上地方人民政府交通、水利等有关部门在各自的职责范围内，负责对本行政区域内的有关专业建设工程勘察、设计活动的监督管理。

第三十二条 建设工程勘察、设计单位在建设工程勘察、设计资质证书规定的业务范围内跨部门、跨地区承揽勘察、设计业务的，有关地方人民政府及其所属部门不得设置障碍，不得违反国家规定收取任何费用。

第三十三条　施工图设计文件审查机构应当对房屋建筑工程、市政基础设施工程施工图设计文件中涉及公共利益、公众安全、工程建设强制性标准的内容进行审查。县级以上人民政府交通运输等有关部门应当按照职责对施工图设计文件中涉及公共利益、公众安全、工程建设强制性标准的内容进行审查。

施工图设计文件未经审查批准的，不得使用。

第三十四条　任何单位和个人对建设工程勘察、设计活动中的违法行为都有权检举、控告、投诉。

第六章　罚　则

第三十五条　违反本条例第八条规定的，责令停止违法行为，处合同约定的勘察费、设计费1倍以上2倍以下的罚款，有违法所得的，予以没收；可以责令停业整顿，降低资质等级；情节严重的，吊销资质证书。

未取得资质证书承揽工程的，予以取缔，依照前款规定处以罚款；有违法所得的，予以没收。

以欺骗手段取得资质证书承揽工程的，吊销资质证书，依照本条第一款规定处以罚款；有违法所得的，予以没收。

第三十六条　违反本条例规定，未经注册，擅自以注册建设工程勘察、设计人员的名义从事建设工程勘察、设计活动的，责令停止违法行为，没收违法所得，处违法所得2倍以上5倍以下罚款；给他人造成损失的，依法承担赔偿责任。

第三十七条　违反本条例规定，建设工程勘察、设计注册执业人员和其他专业技术人员未受聘于一个建设工程勘察、设计单位或者同时受聘于两个以上建设工程勘察、设计单位，从事建设工程勘察、设计活动的，责令停止违法行为，没收违法所得，处违法所得2倍以上5倍以下的罚款；情节严重的，可以责令停止执行业务或者吊销资格证书；给他人造成损失的，依法承担赔偿责任。

第三十八条　违反本条例规定，发包方将建设工程勘察、设计业务发包给不具有相应资质等级的建设工程勘察、设计单位的，责令改正，处50万元以上100万元以下的罚款。

第三十九条　违反本条例规定，建设工程勘察、设计单位将所承揽的建设工程勘察、设计转包的，责令改正，没收违法所得，处合同约定的勘察费、设计费25%以上50%以下的罚款，可以责令停业整顿，降低资质等级；情节严重的，吊销资质证书。

第四十条 违反本条例规定，勘察、设计单位未依据项目批准文件，城乡规划及专业规划，国家规定的建设工程勘察、设计深度要求编制建设工程勘察、设计文件的，责令限期改正；逾期不改正的，处10万元以上30万元以下的罚款；造成工程质量事故或者环境污染和生态破坏的，责令停业整顿，降低资质等级；情节严重的，吊销资质证书；造成损失的，依法承担赔偿责任。

第四十一条 违反本条例规定，有下列行为之一的，依照《建设工程质量管理条例》第六十三条的规定给予处罚：

（一）勘察单位未按照工程建设强制性标准进行勘察的；

（二）设计单位未根据勘察成果文件进行工程设计的；

（三）设计单位指定建筑材料、建筑构配件的生产厂、供应商的；

（四）设计单位未按照工程建设强制性标准进行设计的。

第四十二条 本条例规定的责令停业整顿、降低资质等级和吊销资质证书、资格证书的行政处罚，由颁发资质证书、资格证书的机关决定；其他行政处罚，由建设行政主管部门或者其他有关部门依据法定职权范围决定。

依照本条例规定被吊销资质证书的，由工商行政管理部门吊销其营业执照。

第四十三条 国家机关工作人员在建设工程勘察、设计活动的监督管理工作中玩忽职守、滥用职权、徇私舞弊，构成犯罪的，依法追究刑事责任；尚不构成犯罪的，依法给予行政处分。

第七章　附　则

第四十四条 抢险救灾及其他临时性建筑和农民自建两层以下住宅的勘察、设计活动，不适用本条例。

第四十五条 军事建设工程勘察、设计的管理，按照中央军事委员会的有关规定执行。

第四十六条 本条例自公布之日起施行。

财政部　建设部
关于印发《建设工程价款结算暂行办法》的通知

（2004 年 10 月 20 日　财建〔2004〕369 号）

党中央有关部门，国务院各部委、各直属机构，有关人民团体，各中央管理企业，各省、自治区、直辖市、计划单列市财政厅（局）、建设厅（委、局），新疆生产建设兵团财务局：

为了维护建设市场秩序，规范建设工程价款结算活动，按照国家有关法律、法规，我们制订了《建设工程价款结算暂行办法》。现印发给你们，请贯彻执行。

附：

建设工程价款结算暂行办法

第一章　总　则

第一条　为加强和规范建设工程价款结算，维护建设市场正常秩序，根据《中华人民共和国合同法》、《中华人民共和国建筑法》、《中华人民共和国招标投标法》、《中华人民共和国预算法》、《中华人民共和国政府采购法》、《中华人民共和国预算法实施条例》等有关法律、行政法规制订本办法。

第二条　凡在中华人民共和国境内的建设工程价款结算活动，均适用本办法。国家法律法规另有规定的，从其规定。

第三条　本办法所称建设工程价款结算（以下简称“工程价款结算”），是指对建设工程的发承包合同价款进行约定和依据合同约定进行工程预付款、工程进度款、工程竣工价款结算的活动。

第四条　国务院财政部门、各级地方政府财政部门和国务院建设行政主管部门、各级地方政府建设行政主管部门在各自职责范围内负责工程价款结算的监督管理。

第五条　从事工程价款结算活动，应当遵循合法、平等、诚信的原则，并符合国家有关法律、法规和政策。

第二章　工程合同价款的约定与调整

第六条　招标工程的合同价款应当在规定时间内，依据招标文件、中标人的投标文件，由发包人与承包人（以下简称“发、承包人”）订立书面合同约定。

非招标工程的合同价款依据审定的工程预（概）算书由发、承包人在合同中约定。

合同价款在合同中约定后，任何一方不得擅自改变。

第七条　发包人、承包人应当在合同条款中对涉及工程价款结算的下列事项进行约定：

（一）预付工程款的数额、支付时限及抵扣方式；

（二）工程进度款的支付方式、数额及时限；

（三）工程施工中发生变更时，工程价款的调整方法、索赔方式、时限要求及金额支付方式；

（四）发生工程价款纠纷的解决方法；

（五）约定承担风险的范围及幅度以及超出约定范围和幅度的调整办法；

（六）工程竣工价款的结算与支付方式、数额及时限；

（七）工程质量保证（保修）金的数额、预扣方式及时限；

（八）安全措施和意外伤害保险费用；

（九）工期及工期提前或延后的奖惩办法；

（十）与履行合同、支付价款相关的担保事项。

第八条　发、承包人在签订合同时对于工程价款的约定，可选用下列一种约定方式：

（一）固定总价。合同工期较短且工程合同总价较低的工程，可以采用固定总价合同方式。

（二）固定单价。双方在合同中约定综合单价包含的风险范围和风险费用的计算方法，在约定的风险范围内综合单价不再调整。风险范围以外的综合单价调整方法，应当在合同中约定。

（三）可调价格。可调价格包括可调综合单价和措施费等，双方应在合同中约定综合单价和措施费的调整方法，调整因素包括：

1. 法律、行政法规和国家有关政策变化影响合同价款；

2. 工程造价管理机构的价格调整；

3. 经批准的设计变更；

4. 发包人更改经审定批准的的施工组织设计（修正错误除外）造成费用

增加；

5. 双方约定的其他因素。

第九条　承包人应当在合同规定的调整情况发生后14天内，将调整原因、金额以书面形式通知发包人，发包人确认调整金额后将其作为追加合同价款，与工程进度款同期支付。发包人收到承包人通知后14天内不予确认也不提出修改意见，视为已经同意该项调整。

当合同规定的调整合同价款的调整情况发生后，承包人未在规定时间内通知发包人，或者未在规定时间内提出调整报告，发包人可以根据有关资料，决定是否调整和调整的金额，并书面通知承包人。

第十条　工程设计变更价款调整

（一）施工中发生工程变更，承包人按照经发包人认可的变更设计文件，进行变更施工，其中，政府投资项目重大变更，需按基本建设程序报批后方可施工。

（二）在工程设计变更确定后14天内，设计变更涉及工程价款调整的，由承包人向发包人提出，经发包人审核同意后调整合同价款。变更合同价款按下列方法进行：

1. 合同中已有适用于变更工程的价格，按合同已有的价格变更合同价款；

2. 合同中只有类似于变更工程的价格，可以参照类似价格变更合同价款；

3. 合同中没有适用或类似于变更工程的价格，由承包人或发包人提出适当的变更价格，经对方确认后执行。如双方不能达成一致的，双方可提请工程所在地工程造价管理机构进行咨询或按合同约定的争议或纠纷解决程序办理。

（三）工程设计变更确定后14天内，如承包人未提出变更工程价款报告，则发包人可根据所掌握的资料决定是否调整合同价款和调整的具体金额。重大工程变更涉及工程价款变更报告和确认的时限由发承包双方协商确定。

收到变更工程价款报告一方，应在收到之日起14天内予以确认或提出协商意见，自变更工程价款报告送达之日起14天内，对方未确认也未提出协商意见时，视为变更工程价款报告已被确认。

确认增（减）的工程变更价款作为追加（减）合同价款与工程进度款同期支付。

第三章　工程价款结算

第十一条　工程价款结算应按合同约定办理，合同未作约定或约定不明的，发、承包双方应依照下列规定与文件协商处理：

（一）国家有关法律、法规和规章制度；

（二）国务院建设行政主管部门、省、自治区、直辖市或有关部门发布的工程造价计价标准、计价办法等有关规定；

（三）建设项目的合同、补充协议、变更签证和现场签证，以及经发、承包人认可的其他有效文件；

（四）其他可依据的材料。

第十二条 工程预付款结算应符合下列规定：

（一）包工包料工程的预付款按合同约定拨付，原则上预付比例不低于合同金额的10%，不高于合同金额的30%，对重大工程项目，按年度工程计划逐年预付。计价执行《建设工程工程量清单计价规范》（GB50500—2003）的工程，实体性消耗和非实体性消耗部分应在合同中分别约定预付款比例。

（二）在具备施工条件的前提下，发包人应在双方签订合同后的一个月内或不迟于约定的开工日期前的7天内预付工程款，发包人不按约定预付，承包人应在预付时间到期后10天内向发包人发出要求预付的通知，发包人收到通知后仍不按要求预付，承包人可在发出通知14天后停止施工，发包人应从约定应付之日起向承包人支付应付款的利息（利率按同期银行贷款利率计），并承担违约责任。

（三）预付的工程款必须在合同中约定抵扣方式，并在工程进度款中进行抵扣。

（四）凡是没有签订合同或不具备施工条件的工程，发包人不得预付工程款，不得以预付款为名转移资金。

第十三条 工程进度款结算与支付应当符合下列规定：

（一）工程进度款结算方式

1. 按月结算与支付。即实行按月支付进度款，竣工后清算的办法。合同工期在两个年度以上的工程，在年终进行工程盘点，办理年度结算。

2. 分段结算与支付。即当年开工、当年不能竣工的工程按照工程形象进度，划分不同阶段支付工程进度款。具体划分在合同中明确。

（二）工程量计算

1. 承包人应当按照合同约定的方法和时间，向发包人提交已完工程量的报告。发包人接到报告后14天内核实已完工程量，并在核实前1天通知承包人，承包人应提供条件并派人参加核实，承包人收到通知后不参加核实，以发包人核实的工程量作为工程价款支付的依据。发包人不按约定时间通知承包人，致使承包人未能参加核实，核实结果无效。

2. 发包人收到承包人报告后14天内未核实完工程量，从第15天起，承包人报告的工程量即视为被确认，作为工程价款支付的依据，双方合同另有约定的，按合同执行。

3. 对承包人超出设计图纸（含设计变更）范围和因承包人原因造成返工的工程量，发包人不予计量。

（三）工程进度款支付

1. 根据确定的工程计量结果，承包人向发包人提出支付工程进度款申请，14 天内，发包人应按不低于工程价款的 60%，不高于工程价款的 90%向承包人支付工程进度款。按约定时间发包人应扣回的预付款，与工程进度款同期结算抵扣。

2. 发包人超过约定的支付时间不支付工程进度款，承包人应及时向发包人发出要求付款的通知，发包人收到承包人通知后仍不能按要求付款，可与承包人协商签订延期付款协议，经承包人同意后可延期支付，协议应明确延期支付的时间和从工程计量结果确认后第 15 天起计算应付款的利息（利率按同期银行贷款利率计）。

3. 发包人不按合同约定支付工程进度款，双方又未达成延期付款协议，导致施工无法进行，承包人可停止施工，由发包人承担违约责任。

第十四条　工程完工后，双方应按照约定的合同价款及合同价款调整内容以及索赔事项，进行工程竣工结算。

（一）工程竣工结算方式

工程竣工结算分为单位工程竣工结算、单项工程竣工结算和建设项目竣工总结算。

（二）工程竣工结算编审

1. 单位工程竣工结算由承包人编制，发包人审查；实行总承包的工程，由具体承包人编制，在总包人审查的基础上，发包人审查。

2. 单项工程竣工结算或建设项目竣工总结算由总（承）包人编制，发包人可直接进行审查，也可以委托具有相应资质的工程造价咨询机构进行审查。政府投资项目，由同级财政部门审查。单项工程竣工结算或建设项目竣工总结算经发、承包人签字盖章后有效。

承包人应在合同约定期限内完成项目竣工结算编制工作，未在规定期限内完成的并且提不出正当理由延期的，责任自负。

（三）工程竣工结算审查期限

单项工程竣工后，承包人应在提交竣工验收报告的同时，向发包人递交竣工结算报告及完整的结算资料，发包人应按以下规定时限进行核对（审查）并提出审查意见。

	工程竣工结算报告金额	审查时间
1	500万元以下	从接到竣工结算报告和完整的竣工结算资料之日起20天
2	500万元—2000万元	从接到竣工结算报告和完整的竣工结算资料之日起30天
3	2000万元—5000万元	从接到竣工结算报告和完整的竣工结算资料之日起45天
4	5000万元以上	从接到竣工结算报告和完整的竣工结算资料之日起60天

建设项目竣工总结算在最后一个单项工程竣工结算审查确认后15天内汇总，送发包人后30天内审查完成。

（四）工程竣工价款结算

发包人收到承包人递交的竣工结算报告及完整的结算资料后，应按本办法规定的期限（合同约定有期限的，从其约定）进行核实，给予确认或者提出修改意见。发包人根据确认的竣工结算报告向承包人支付工程竣工结算价款，保留5%左右的质量保证（保修）金，待工程交付使用一年质保期到期后清算（合同另有约定的，从其约定），质保期内如有返修，发生费用应在质量保证（保修）金内扣除。

（五）索赔价款结算

发承包人未能按合同约定履行自己的各项义务或发生错误，给另一方造成经济损失的，由受损方按合同约定提出索赔，索赔金额按合同约定支付。

（六）合同以外零星项目工程价款结算

发包人要求承包人完成合同以外零星项目，承包人应在接受发包人要求的7天内就用工数量和单价、机械台班数量和单价、使用材料和金额等向发包人提出施工签证，发包人签证后施工，如发包人未签证，承包人施工后发生争议的，责任由承包人自负。

第十五条 发包人和承包人要加强施工现场的造价控制，及时对工程合同外的事项如实纪录并履行书面手续。凡由发、承包双方授权的现场代表签字的现场签证以及发、承包双方协商确定的索赔等费用，应在工程竣工结算中如实办理，不得因发、承包双方现场代表的中途变更改变其有效性。

第十六条 发包人收到竣工结算报告及完整的结算资料后，在本办法规定或合同约定期限内，对结算报告及资料没有提出意见，则视同认可。

承包人如未在规定时间内提供完整的工程竣工结算资料，经发包人催促后14天内仍未提供或没有明确答复，发包人有权根据已有资料进行审查，责任由承包人自负。

根据确认的竣工结算报告，承包人向发包人申请支付工程竣工结算款。发包人应在收到申请后 15 天内支付结算款，到期没有支付的应承担违约责任。承包人可以催告发包人支付结算价款，如达成延期支付协议，承包人应按同期银行贷款利率支付拖欠工程价款的利息。如未达成延期支付协议，承包人可以与发包人协商将该工程折价，或申请人民法院将该工程依法拍卖，承包人就该工程折价或者拍卖的价款优先受偿。

第十七条　工程竣工结算以合同工期为准，实际施工工期比合同工期提前或延后，发、承包双方应按合同约定的奖惩办法执行。

第四章　工程价款结算争议处理

第十八条　工程造价咨询机构接受发包人或承包人委托，编审工程竣工结算，应按合同约定和实际履约事项认真办理，出具的竣工结算报告经发、承包双方签字后生效。当事人一方对报告有异议的，可对工程结算中有异议部分，向有关部门申请咨询后协商处理，若不能达成一致的，双方可按合同约定的争议或纠纷解决程序办理。

第十九条　发包人对工程质量有异议，已竣工验收或已竣工未验收但实际投入使用的工程，其质量争议按该工程保修合同执行；已竣工未验收且未实际投入使用的工程以及停工、停建工程的质量争议，应当就有争议部分的竣工结算暂缓办理，双方可就有争议的工程委托有资质的的检测鉴定机构进行检测，根据检测结果确定解决方案，或按工程质量监督机构的处理决定执行，其余部分的竣工结算依照约定办理。

第二十条　当事人对工程造价发生合同纠纷时，可通过下列办法解决：

（一）双方协商确定；

（二）按合同条款约定的办法提请调解；

（三）向有关仲裁机构申请仲裁或向人民法院起诉。

第五章　工程价款结算管理

第二十一条　工程竣工后，发、承包双方应及时办清工程竣工结算，否则，工程不得交付使用，有关部门不予办理权属登记。

第二十二条　发包人与中标的承包人不按照招标文件和中标的承包人的投标文件订立合同的，或者发包人、中标的承包人背离合同实质性内容另行订立协议，造成工程价款结算纠纷的，另行订立的协议无效，由建设行政主管部门责令改正，并按《中华人民共和国招标投标法》第五十九条进行处罚。

第二十三条　接受委托承接有关工程结算咨询业务的工程造价咨询机构

应具有工程造价咨询单位资质，其出具的办理拨付工程价款和工程结算的文件，应当由造价工程师签字，并应加盖执业专用章和单位公章。

第六章　附　则

第二十四条　建设工程施工专业分包或劳务分包，总（承）包人与分包人必须依法订立专业分包或劳务分包合同，按照本办法的规定在合同中约定工程价款及其结算办法。

第二十五条　政府投资项目除执行本办法有关规定外，地方政府或地方政府财政部门对政府投资项目合同价款约定与调整、工程价款结算、工程价款结算争议处理等事项，如另有特殊规定的，从其规定。

第二十六条　凡实行监理的工程项目，工程价款结算过程中涉及监理工程师签证事项，应按工程监理合同约定执行。

第二十七条　有关主管部门、地方政府财政部门和地方政府建设行政主管部门可参照本办法，结合本部门、本地区实际情况，另行制订具体办法，并报财政部、建设部备案。

第二十八条　合同示范文本内容如与本办法不一致，以本办法为准。

第二十九条　本办法自公布之日起施行。

最高人民法院
关于审理建设工程施工合同纠纷案件适用法律问题的解释

法释〔2004〕14号

（2004年9月29日最高人民法院审判委员会第1327次会议通过
2004年10月25日最高人民法院公告公布　自2005年1月1日起施行）

根据《中华人民共和国民法通则》、《中华人民共和国合同法》、《中华人民共和国招标投标法》、《中华人民共和国民事诉讼法》等法律规定，结合民事审判实际，就审理建设工程施工合同纠纷案件适用法律的问题，制定本解释。

第一条　建设工程施工合同具有下列情形之一的，应当根据合同法第五十二条第（五）项的规定，认定无效：

（一）承包人未取得建筑施工企业资质或者超越资质等级的；

（二）没有资质的实际施工人借用有资质的建筑施工企业名义的；

（三）建设工程必须进行招标而未招标或者中标无效的。

第二条　建设工程施工合同无效，但建设工程经竣工验收合格，承包人请求参照合同约定支付工程价款的，应予支持。

第三条　建设工程施工合同无效，且建设工程经竣工验收不合格的，按照以下情形分别处理：

（一）修复后的建设工程经竣工验收合格，发包人请求承包人承担修复费用的，应予支持；

（二）修复后的建设工程经竣工验收不合格，承包人请求支付工程价款的，不予支持。

因建设工程不合格造成的损失，发包人有过错的，也应承担相应的民事责任。

第四条　承包人非法转包、违法分包建设工程或者没有资质的实际施工人借用有资质的建筑施工企业名义与他人签订建设工程施工合同的行为无效。人民法院可以根据民法通则第一百三十四条规定，收缴当事人已经取得的非法所得。

第五条　承包人超越资质等级许可的业务范围签订建设工程施工合同，在建设工程竣工前取得相应资质等级，当事人请求按照无效合同处理的，不予支持。

第六条　当事人对垫资和垫资利息有约定，承包人请求按照约定返还垫资及其利息的，应予支持，但是约定的利息计算标准高于中国人民银行发布的同期同类贷款利率的部分除外。

当事人对垫资没有约定的，按照工程欠款处理。

当事人对垫资利息没有约定，承包人请求支付利息的，不予支持。

第七条　具有劳务作业法定资质的承包人与总承包人、分包人签订的劳务分包合同，当事人以转包建设工程违反法律规定为由请求确认无效的，不予支持。

第八条　承包人具有下列情形之一，发包人请求解除建设工程施工合同的，应予支持：

（一）明确表示或者以行为表明不履行合同主要义务的；

（二）合同约定的期限内没有完工，且在发包人催告的合理期限内仍未完工的；

（三）已经完成的建设工程质量不合格，并拒绝修复的；

（四）将承包的建设工程非法转包、违法分包的。

第九条　发包人具有下列情形之一，致使承包人无法施工，且在催告的合理期限内仍未履行相应义务，承包人请求解除建设工程施工合同的，应予支持：

（一）未按约定支付工程价款的；

（二）提供的主要建筑材料、建筑构配件和设备不符合强制性标准的；

（三）不履行合同约定的协助义务的。

第十条 建设工程施工合同解除后，已经完成的建设工程质量合格的，发包人应当按照约定支付相应的工程价款；已经完成的建设工程质量不合格的，参照本解释第三条规定处理。

因一方违约导致合同解除的，违约方应当赔偿因此而给对方造成的损失。

第十一条 因承包人的过错造成建设工程质量不符合约定，承包人拒绝修理、返工或者改建，发包人请求减少支付工程价款的，应予支持。

第十二条 发包人具有下列情形之一，造成建设工程质量缺陷，应当承担过错责任：

（一）提供的设计有缺陷；

（二）提供或者指定购买的建筑材料、建筑构配件、设备不符合强制性标准；

（三）直接指定分包人分包专业工程。

承包人有过错的，也应当承担相应的过错责任。

第十三条 建设工程未经竣工验收，发包人擅自使用后，又以使用部分质量不符合约定为由主张权利的，不予支持；但是承包人应当在建设工程的合理使用寿命内对地基基础工程和主体结构质量承担民事责任。

第十四条 当事人对建设工程实际竣工日期有争议的，按照以下情形分别处理：

（一）建设工程经竣工验收合格的，以竣工验收合格之日为竣工日期；

（二）承包人已经提交竣工验收报告，发包人拖延验收的，以承包人提交验收报告之日为竣工日期；

（三）建设工程未经竣工验收，发包人擅自使用的，以转移占有建设工程之日为竣工日期。

第十五条 建设工程竣工前，当事人对工程质量发生争议，工程质量经鉴定合格的，鉴定期间为顺延工期期间。

第十六条 当事人对建设工程的计价标准或者计价方法有约定的，按照约定结算工程价款。

因设计变更导致建设工程的工程量或者质量标准发生变化，当事人对该部分工程价款不能协商一致的，可以参照签订建设工程施工合同时当地建设行政主管部门发布的计价方法或者计价标准结算工程价款。

建设工程施工合同有效，但建设工程经竣工验收不合格的，工程价款结算参照本解释第三条规定处理。

第十七条 当事人对欠付工程价款利息计付标准有约定的，按照约定处理；没有约定的，按照中国人民银行发布的同期同类贷款利率计息。

第十八条 利息从应付工程价款之日计付。当事人对付款时间没有约定或者约定不明的，下列时间视为应付款时间：

（一）建设工程已实际交付的，为交付之日；

（二）建设工程没有交付的，为提交竣工结算文件之日；

（三）建设工程未交付，工程价款也未结算的，为当事人起诉之日。

第十九条 当事人对工程量有争议的，按照施工过程中形成的签证等书面文件确认。承包人能够证明发包人同意其施工，但未能提供签证文件证明工程量发生的，可以按照当事人提供的其他证据确认实际发生的工程量。

第二十条 当事人约定，发包人收到竣工结算文件后，在约定期限内不予答复，视为认可竣工结算文件的，按照约定处理。承包人请求按照竣工结算文件结算工程价款的，应予支持。

第二十一条 当事人就同一建设工程另行订立的建设工程施工合同与经过备案的中标合同实质性内容不一致的，应当以备案的中标合同作为结算工程价款的根据。

第二十二条 当事人约定按照固定价结算工程价款，一方当事人请求对建设工程造价进行鉴定的，不予支持。

第二十三条 当事人对部分案件事实有争议的，仅对有争议的事实进行鉴定，但争议事实范围不能确定，或者双方当事人请求对全部事实鉴定的除外。

第二十四条 建设工程施工合同纠纷以施工行为地为合同履行地。

第二十五条 因建设工程质量发生争议的，发包人可以以总承包人、分包人和实际施工人为共同被告提起诉讼。

第二十六条 实际施工人以转包人、违法分包人为被告起诉的，人民法院应当依法受理。

实际施工人以发包人为被告主张权利的，人民法院可以追加转包人或者违法分包人为本案当事人。发包人只在欠付工程价款范围内对实际施工人承担责任。

第二十七条 因保修人未及时履行保修义务，导致建筑物毁损或者造成人身、财产损害的，保修人应当承担赔偿责任。

保修人与建筑物所有人或者发包人对建筑物毁损均有过错的，各自承担相应的责任。

第二十八条 本解释自2005年1月1日起施行。

施行后受理的第一审案件适用本解释。

施行前最高人民法院发布的司法解释与本解释相抵触的，以本解释为准。

【链 接】

依法保护当事人权益 促进建筑市场健康发展

——最高人民法院有关负责人就《关于审理建设工程施工合同纠纷案件适用法律问题的解释》答记者问

为了贯彻执行《民法通则》、《合同法》、《招标投标法》等法律规定，最高人民法院审判委员会第1327次会议讨论通过了《关于审理建设工程施工合同纠纷案件适用法律问题的解释》（以下简称《解释》）。值此司法解释公布之际，最高人民法院有关负责人就司法解释的有关问题接受了本报记者的采访。

一、司法解释出台的背景

问：请您介绍一下最高人民法院为什么要制定这个司法解释，这个司法解释的公布有何重要意义？

答：最高人民法院做出这个司法解释主要是基于以下两个方面的考虑，一是为了给国家关于清理工程拖欠款和农民工工资重大部署的实施提供司法保障。因为，近年来我国的建筑业发展很快，建筑业吸纳了大量的农民工就业，并拉动了诸多相关行业的发展，建筑业已经成为我国国民经济发展的新的增长点。在建筑业快速发展的同时，也出现了一些问题，如：建设工程质量问题、建筑市场行为不规范问题、投资不足问题，特别是投资不足问题造成了大量拖欠工程款和农民工工资的现象，已经严重侵害了建筑企业和进城务工人员的合法权益。这既是一个经济问题，又是一个社会问题，更是一个法律问题，引起了党中央和国务院领导的高度重视，国家已经采取专项措施予以治理，本《解释》主要是从法律上提供更加明确、有力的保障。二是由于有些法律规定还比较原则，人民法院在审理建设工程施工合同纠纷案件时，对某些法律问题在具体适用上认识不统一，如无效合同处理原则，合同解除条件，质量不合格工程、未完工程的工程价款结算问题，工程质量缺陷的责任，工程欠款利息的起算时间等，不解决这些法律适用问题，不仅影响到人民法院司法的公正性、统一性和审判的效率，而且也不利于尽快解决拖欠工程款和农民工工资问题。因此，为了配合国家专项措施的实施，统一人民法院执法尺度，公平保护各方当事人的合法权益，维护建筑市场的正常秩序，促进建筑行业的健康发展，最高人民法院决定制定这个司法解释。

根据最高人民法院工作部署，自 2002 年 3 月起，最高人民法院民事审判第一庭开始着手《解释》的起草工作。在起草过程中召开了各种类型的座谈会，反复听取了立法部门、国务院主管部门、建筑施工企业、房地产开发企业、执业律师、专家学者、工程造价和工程质量鉴定中介机构等有关方面意见，于 2003 年 11 月形成了司法解释稿。为了确保司法解释能够集中民智，体现民意，更好地维护公平与正义，依法保护各方当事人的合法权益，2003 年 12 月 15 日将起草的司法解释在《人民法院报》和人民法院网上公布，公开向社会征询意见。这个司法解释受到了社会各界的广泛关注，社会各界以不同的形式提出修改意见近千条，我们在对相关意见进行整理归纳、认真研究后，形成了《解释》的送审稿，并经最高人民法院审判委员会第 1327 次会议讨论通过。我相信，它的公布和实施，对规范建筑市场行为，促进我国建筑行业的发展，确保建设工程质量，维护人民生命财产的安全，公平保护建设工程施工合同各方当事人的合法权益，都将起到积极作用。

二、尽量维护合同的效力

问：调整建设工程施工合同纠纷案件的法律中，强制性条款很多，为何只列举 5 种合同无效的情形？

答：建设工程施工合同受到不同领域的多部法律及其他规范性文件调整。法律、行政法规和部颁规章中调整建设工程施工合同的强制性规范就有六十多条，如果违反这些规范都以违反法律强制性规定为由而认定合同无效，不符合《合同法》的立法本意，不利于维护合同稳定性，也不利于保护各方当事人的合法权益，同时也会破坏建筑市场的正常秩序。我们认为，法律和行政法规中的强制性规定，有的属于行政管理规范，如果当事人违反了这些规范应当受到行政处罚，但是不应当影响民事合同的效力。从相关法律、行政法规的强制性规范内容看，可分为两类：一是保障建设工程质量的规范，二是维护建筑市场公平竞争秩序的规范。《解释》第 1 条和第 4 条将这两大类分为以下五种情形：一是承包人未取得建筑施工企业资质或者超越资质等级的；二是没有资质的实际施工人借用有资质的建筑施工企业名义的；三是建设工程必须进行招标而未招标或者中标无效的；四是承包人非法转包建设工程的；五是承包人违法分包建设工程的。当然，《民法通则》和《合同法》等基本法律规定的合同无效的情形，也应当适用于建设工程施工合同。

三、合同无效但建设工程质量合格的，也可参照合同约定结算工程价款

问：按照《解释》规定，合同被确认无效，如果建设工程经竣工验收合格的，可以参照合同约定结算工程价款，这是否违反《民法通则》和《合同法》关于无效合同的处理原则？

答：《合同法》第五十八条规定，合同无效或者被撤销后，因该合同取得的财产，应当予以返还；不能返还或者没有必要返还的，应当折价补偿。建设工程施工合同具有特殊性，合同履行的过程，就是将劳动和建筑材料物化在建筑产品的过程。合同被确认无效后，已经履行的内容不能适用返还的方式使合同恢复到签约前的状态，而只能按照折价补偿的方式处理。从建设工程施工合同的实际履行情况看，当合同被确认无效后，有两种折价补偿方式，一是以工程定额为标准，通过鉴定确定建设工程价值，考虑到目前我国建筑市场的实际情况，有的发包人签订合同时往往把工程价款压得很低，如果合同被确认无效还按照第一方案折价补偿，将会造成无效合同比有效合同的工程价款还高，这超出了当事人签订合同的预期。二是参照合同约定结算工程价款。这种折价补偿的方式不仅符合双方当事人在订立合同时的真实意思，而且还可以节省鉴定费用，提高诉讼效率。因此，通过对以上两种折价补偿方案的比较，根据我国建筑行业的现状，衡平合同各方当事人的利益，在《解释》第2条规定，建设工程施工合同被确认无效以后，建设工程质量合格的，可以参照合同约定结算工程价款。《解释》确立了参照合同约定结算工程价款的折价补偿原则。这与《民法通则》、《合同法》第五十八条的规定并不矛盾，而是在处理无效的建设工程施工合同纠纷案件中具体体现了《合同法》规定的无效处理原则。

《解释》第2条规定适用的无效合同仅指合同标的物为质量合格的建设工程，不包括质量不合格的建设工程。建设工程质量合格，包括两方面的意思，一是建设工程经竣工验收合格，二是建设工程经竣工验收不合格，但是经过承包人修复后，再验收合格。总之，只要建设工程经过验收合格，即使确认合同无效，也可以按照合同约定结算工程价款。

四、对质量不合格又不能修复的工程可以不支付工程价款

问：如果建设工程经竣工验收不合格的，不支付工程价款是否公平，承包人因此受到的损失，有过错的发包人是否也应当承担赔偿责任？

答：《解释》第3条第1款第2项规定：合同无效，修复后的建设工程经竣工验收不合格，承包人请求支付工程价款的，不予支持。制定此项规定我们是这样考虑的：

一是建设工程施工合同属于特殊形式的承揽合同，法律规定承包人的主要合同义务就是按照合同约定向发包人交付合格的建设工程，如果承包人交付的建设工程质量不合格，发包人订立合同的目的就无法实现，发包人不仅可以拒绝受领该工程，而且也可以不支付工程价款。这是民事法律调整加工承揽关系的原则。

二是根据《解释》规定，承包人对经验收不合格的建设工程可以进行修复，经过修复建设工程质量合格的，发包人应当按照约定支付工程价款；如果经修复建设工程仍不合格的，该工程就没有利用价值，在这样的情况下让发包人支付工程价款是不公平的。

三是不能按照合同约定支付工程价款，当然会给承包人造成损失，但承包人是建设工程的建设者，对工程质量不合格应当承担主要责任，因此，一般说来，造成的损失也应当由承包人承担。但是，如果发包人对造成工程质量不合格也有过错的，也应当承担与过错相适应的责任。也就是说，在发包人有过错的情况下，发包人虽然可以不承担按照合同约定支付工程价款的给付义务，但是应当对承包人不能得到工程价款的损失按照过错承担赔偿责任。《解释》第 3 条第 2 款规定：因建设工程不合格造成的损失，发包人有过错的，也应承担相应的民事责任。《合同法》第五十八条规定，合同无效后，有过错的一方应当赔偿对方因此受到的损失，双方都有过错的，应当各自承担相应的责任。承、发包双方当事人按照过错分别承担相应的责任，这样规定不仅符合建筑市场的实际情况和民法原则，同时也有利于承包人重视建设工程质量，加强对工程质量的监督和管理。

必须指出的是，关于建设工程经验收不合格，发包人可以不支付工程价款的规定，除合同无效情形外，也适用于有效合同。《解释》第 10 条、第 16 条规定，建设工程施工合同履行中承包人交付的工程质量不合格或者合同因解除而停止履行时，建设工程经验收质量不合格的，参照《解释》第 3 条规定处理。

五、对垫资条款不作无效处理

问：根据《解释》第 6 条规定，可否认为垫资是合法的？这是否与以往法院对垫资条款无效的处理原则相矛盾？《解释》认定垫资有效是出于什么考虑？

答：以前，人民法院认为建设工程施工合同中的垫资、带资条款或者当事人另行签订的垫资合同的性质为企业法人间违规拆借资金，这种行为违反了原国家计划委员会、建设部和财政部联合发布的《关于严格禁止在工程建设中带资承包的通知》的规定，但对于是否应当认定垫资条款无效，却有不同认识。

在司法解释起草过程中，我们考虑到，一是建筑市场垫资比较普遍，发包人要求承包人垫资，如果承包人不带资、垫资也难以承揽到工程，如果不承认垫资有效，不利于保护承包人的合法权益。二是我国已经加入WTO，建筑市场是开放的，建筑市场的主体可能是本国的企业，也可能是外国的企业，而国际建筑市场是允许垫资的，如果我们认定垫资一律无效，违反国际惯例，与国际建筑市场的发展潮流相悖。三是根据《合同法》第五十二条规定，必须是违反法律、行政法规的强制性规定，才能认定合同无效。但是从法律规定的层次看，《关于严格禁止在工程建设中带资承包的通知》不属于法律、行政法规，至多归为部颁规章，不能成为人民法院认定合同条款无效的法律依据。

基于以上考虑，《解释》规定当事人对垫资及其利息有约定，请求按照合同约定返还垫资款和利息的，应当予以支持。从而确立了垫资合同有效的处理原则。根据《解释》规定，当事人对垫资利息计算标准的约定不能超过国家法定基准利率；如超出，对超出部分不予保护。

六、解除合同的条件更加明确

问：从司法解释的规定看，似乎对合同的解除规定了较严格的条件，出于什么考虑？

答：根据《合同法》规定，合同解除分为约定解除和法定解除两种。从《合同法》的规定看，法定解除主要适用于当事人不履行合同的主要义务，致使合同的目的无法实现的情形，《解释》第8条和第9条的规定，主要是对合同法第九十四条关于合同解除权规定适用于建设工程施工合同的具体化，其目的是通过明确解除合同的条件，防止合同随意被解除，从而保证建设工程施工合同全面实际履行。

《解释》第8条规定了发包人的解除权，该条规定：承包人具有下列情形之一，发包人请求解除建设工程施工合同的，应予支持：（一）明确表示或者以行为表明不履行合同主要义务的；（二）合同约定的期限内没有完工，且在发包人催告的合理期限内仍未完工的；（三）已经完成的建设工程质量不合格，并拒绝修复的；（四）将承包的建设工程非法转包、违法分包的。承包人的上述行为都属不履行合同主要义务的行为，并且会导致发包人按质按期获得建设工程的合同目的难以实现，依法应当准许发包人解除合同。

第9条规定了承包人的解除权。该条规定：发包人具有下列情形之一，致使承包人无法施工，且在催告的合理期限内仍未履行相应义务，承包人请求解除建设工程施工合同的，应予支持：一是未按约定支付工程价款的；二是提供的主要建筑材料、建筑构配件和设备不符合强制性标准的；三是不履行合同约定的协助义务的。

七、发包人对工程质量缺陷有过错的，也应承担责任

问：建设工程质量的缺陷应当由承包人负责，为什么还要发包人对工程质量缺陷承担责任？

答：建设工程的质量关系到公共安全，为了确保建设工程质量，《合同法》、《建筑法》等法律、行政法规或者部颁规章都作出了许多具体规定，如有关承包人施工资质、工程分包、工程验收、工程保修、工程监理、建材供应等方面的规定，这些规定的核心都是为了保证工程质量。一般来讲，承包人的主要合同义务就是按照合同约定和国家标准施工，将合格的建设工程交付发包人，如果工程质量有缺陷，应由承包人承担责任。但在特殊情况下，建设工程质量缺陷与发包人的过错有关，如果发包人不承担相应的责任，都让承包人承担责任是不公平的。因此，《解释》第 12 条规定，发包人提供的设计有缺陷，提供或指定购买的建筑材料、建筑构配件、设备不符合强制性标准，直接指定分包人分包专业工程的，应当承担责任。

八、发包人收到结算报告后逾期不答复的视为认可

问：从法律上讲工程价款结算是当事人的行为，结算报告是承包人单方作出的，未经发包人认可不能作为结算依据。司法解释规定按照结算报告结算工程价款有何依据？

答：一般情况下，应当按照合同约定结算工程价款，工程经竣工验收合格后，双方就应当结算。结算中，一般先由承包人提交竣工结算报告，由发包人审核。而有的发包人收到承包人提交的工程结算文件后迟迟不予答复或者根本不予答复，以达到拖欠或者不支付工程价款的目的。这种行为严重侵害了承包人的合法权益。为了制止这种不法行为，建设部发布的《建筑工程施工发包与承包计价管理办法》第 16 条规定，发包人应当在收到竣工结算文件后的约定期限内予以答复。逾期未答复的，竣工结算文件视为已被认可。合同对答复期限没有明确约定的，可认为约定期限均为 28 天。这条规定对制止发包人无正当理由拖欠工程款的不法行为，保护承包人的合法权益发挥了很大作用。为了更好地约束双方当事人，使建设部的这条规定更具有可操作性，《解释》第 20 条明确规定，当事人约定，发包人收到竣工结算文件后，在约定期限内不予答复，视为认可竣工结算文件的，按照约定处理。承包人请求按照竣工结算文件结算工程价款的，应予支持，体现了充分尊重合同当事人约定的原则。

九、拖欠工程价款，应当支付利息

问：拖欠工程价款就应当支付利息，司法解释为何专门对此问题作出规定？

答：从法理上讲，利息属于法定孳息，应当自工程欠款发生时起算，但由于建设工程是按形象进度付款的，许多案件难以确定工程欠款发生之日，因此，各级法院对拖欠工程款的利息应当从何时计付，认识不一，掌握的标准也不统一。有的从一审法庭辩论终结前起算，有的从一审举证期限届满前起算，还有的从终审判决确定工程价款给付之日起算。为了统一拖欠工程价款的利息计付时间，维护合同双方的合法权益，《解释》第 18 条规定，利息从应付工程价款之日计付。当事人对付款时间没有约定或者约定不明的，下列时间视为应付款时间：（一）建设工程已实际交付的，为交付之日；（二）建设工程没有交付的，为提交竣工结算文件之日；（三）建设工程未交付，工程价款也未结算的，为当事人起诉之日。这是根据建设工程施工合同的不同履行情况，把工程欠款利息的起算时间分为三种情况。建设工程是一种特殊的商品，建设工程的交付也是一种交易行为，一方交付商品，对方就应当付款，该款就产生利息；建设工程因结算不下来而未交付的，为了促使发包人积极履行给付工程价款的主要义务，把承包人提交结算报告的时间作为工程价款利息的起算时间具有一定的合理性。当事人因结算纠纷起诉到法院，承包人起诉之日就是以法律手段向发包人要求履行付款义务之时，人民法院对其合法权益应予以保护。

十、“黑白合同”应以备案的中标合同为准

问：在建设工程招投标中，有的当事人为了获取不正当利益，在签订中标合同前后，往往就同一工程项目再签订一份或者多份与中标合同的工程价款等主要内容不一致的合同，如果出现“黑白合同”，应当按照哪一份合同结算？

答：在招投标的工程价款结算纠纷案件中，一方当事人主张按照“黑合同”结算，对方当事人则主张按照“白合同”结算的，《解释》第 21 条明确规定：应当以“白合同”即备案的中标合同作为结算工程价款的依据。为什么不能以“黑合同”作为结算依据呢？这是因为法律、行政法规规定中标合同的变更必须经过法定程序，“黑合同”虽然可能是当事人真实意思表示，但由于合同形式不合法，不产生变更“白合同”的法律效力。当事人签订中标合同后，如果出现了变更合同的法定事由，双方协商一致后可以变更合同；但是合同变更的内容，应当及时到有关部门备案，如果未到有关部门备案，就不能成为结算的依据。这样，就能从根本上制止不法行为的发生，有利于维护建筑市场公平竞争秩序，也有利于招标投标法的贯彻实施。

十一、加强了对农民工合法权益的保护

问：《解释》第26条第2款规定是否存在突破合同相对性的问题？作出这样的规定是否会损害发包人利益？

答：《解释》第26条是为保护农民工的合法权益作出的规定。因为建筑业吸收了大量的农民工就业，但由于建设工程的非法转包和违法分包，造成许多农民工辛苦一年往往还拿不到工资。为了有利地保护农民工合法权益，《解释》第26条规定，实际施工人以发包人为被告主张权利的，人民法院可以追加转包人或者违法分包人为本案当事人，发包人只在欠付工程价款的范围内对实际施工人承担责任。从该条的规定看：

一是实际施工人可以发包人为被告起诉。从建筑市场的情况看，承包人与发包人订立建设工程施工合同后，往往又将建设工程转包或者违法分包给第三人，第三人就是实际施工人。按照合同的相对性来讲，实际施工人应当向与其有合同关系的承包人主张权利，而不应当向发包人主张权利。但是从实际情况看，有的承包人将工程转包收取一定的管理费用后，没有进行工程结算或者对工程结算不主张权利，由于实际施工人与发包人没有合同关系，这样导致实际施工人没有办法取得工程款，而实际施工人不能得到工程款则直接影响到农民工工资的发放。因此，如果不允许实际施工人向发包人主张权利，不利于对农民工利益的保护。

二是承包人将建设工程非法转包、违法分包后，建设工程施工合同的义务都是由实际施工人履行的。实际施工人与发包人已经全面实际履行了发包人与承包人之间的合同并形成了事实上的权利义务关系。在这种情况下，如果不允许实际施工人向发包人主张权利，不利于对实际施工人利益的保护。基于此种考虑，《解释》第26条规定实际施工人可以向发包人主张权利，但发包人仅在欠付工程款的范围内对实际施工人承担责任，如果发包人已经将工程价款全部支付给承包人的，发包人就不应当再承担支付工程价款的责任。因此，发包人只在欠付工程价款范围内对实际施工人承担责任，并不会损害发包人的权益。

三是为了方便案件审理，《解释》第26条还规定，人民法院可以追加转包人或者违法分包人为本案当事人，考虑到案件的审理涉及两个合同法律关系，如果转包人或者违法分包人不参加到诉讼的过程中来，许多案件的事实没有办法查清，所以人民法院可以根据案件的实际情况追加转包人或者违法分包人为共同被告或者案件的第三人；实际施工人可以发包人、承包人为共

同被告主张权利。这样规定，既能够方便查清案件的事实，分清当事人的责任，也便于实际施工人实现自己的权利。

最高人民法院
关于如何理解和适用《最高人民法院关于审理建设工程施工合同纠纷案件适用法律问题的解释》第20条的请示的答复

（2006年4月25日 〔2005〕民一他字第23号）

重庆市高级人民法院：

你院渝高法〔2005〕154号《关于如何理解和适用〈最高人民法院关于审理建设工程施工合同纠纷案件适用法律问题的解释〉第20条的请示》收悉。经研究，答复如下：

同意你院审委会的第二种意见，即：适用该司法解释第20条的前提条件是当事人之间约定了发包人收到竣工结算文件后，在约定期限内不予答复，则视为认可竣工结算文件。承包人提交的竣工结算文件可以作为工程款结算的依据。建设部制定的建设工程施工合同格式文本中的通用条款第33条第3款的规定，不能简单地推论出，双方当事人具有发包人收到竣工结算文件一定期限内不予答复，则视为认可承包人提交的竣工结算文件的一致意思表示，承包人提交的竣工结算文件不能作为工程款结算的依据。

最高人民法院
关于建设工程价款优先受偿权问题的批复

法释〔2002〕16号

（2002年6月11日最高人民法院审判委员会第1225次会议通过
2002年6月20日最高人民法院公告公布　自2002年6月27日起施行）

上海市高级人民法院：

你院沪高法〔2001〕14号《关于合同法第二百八十六条理解与适用问题的请示》收悉。经研究，答复如下：

一、人民法院在审理房地产纠纷案件和办理执行案件中，应当依照《中华人民共和国合同法》第二百八十六条的规定，认定建筑工程的承包人的优先受偿权优于抵押权和其他债权。

二、消费者交付购买商品房的全部或者大部分款项后，承包人就该商品房享有的工程价款优先受偿权不得对抗买受人。

三、建筑工程价款包括承包人为建设工程应当支付的工作人员报酬、材料款等实际支出的费用，不包括承包人因发包人违约所造成的损失。

四、建设工程承包人行使优先权的期限为6个月，自建设工程竣工之日或者建设工程合同约定的竣工之日起计算。

五、本批复第一条至第三条自公布之日起施行，第四条自公布之日起6个月后施行。

此复。

最高人民法院指导案例7号

牡丹江市宏阁建筑安装有限责任公司诉牡丹江市华隆房地产开发有限责任公司、张继增建设工程施工合同纠纷案

（最高人民法院审判委员会讨论通过　2012年4月9日发布）

关键词

民事诉讼　抗诉　申请撤诉　终结审查

裁判要点

人民法院接到民事抗诉书后，经审查发现案件纠纷已经解决，当事人申请撤诉，且不损害国家利益、社会公共利益或第三人利益的，应当依法作出对抗诉案终结审查的裁定；如果已裁定再审，应当依法作出终结再审诉讼的裁定。

相关法条

《中华人民共和国民事诉讼法》第一百四十条第一款第（十一）项

基本案情

2009年6月15日，黑龙江省牡丹江市华隆房地产开发有限责任公司（简称华隆公司）因与牡丹江市宏阁建筑安装有限责任公司（简称宏阁公司）、张继增建设工程施工合同纠纷一案，不服黑龙江省高级人民法院同年2月11日作出的（2008）黑民一终字第173号民事判决，向最高人民法院申请再审。最高人民法院于同年12月8日作出（2009）民申字第1164号民事裁定，按照审判监督程序提审本案。在最高人民法院民事审判第一庭提审期间，华隆公司鉴于当事人之间已达成和解且已履行完毕，提交了撤回再审申请书。最高人民法院经审查，于2010年12月15日以（2010）民提字第63号民事裁定准许其撤回再审申请。

申诉人华隆公司在向法院申请再审的同时，也向检察院申请抗诉。2010年11月12日，最高人民检察院受理后决定对本案按照审判监督程序提出抗诉。2011年3月9日，最高人民法院立案一庭收到最高人民检察院高检民抗〔2010〕58号民事抗诉书后进行立案登记，同月11日移送审判监督庭审理。最高人民法院审判监督庭经审查发现，华隆公司曾向本院申请再审，其纠纷已解决，且申请检察院抗诉的理由与申请再审的理由基本相同，遂与最高人

民检察院沟通并建议其撤回抗诉，最高人民检察院不同意撤回抗诉。再与华隆公司联系，华隆公司称当事人之间已就抗诉案达成和解且已履行完毕，纠纷已经解决，并于同年 4 月 13 日再次向最高人民法院提交了撤诉申请书。

裁判结果

最高人民法院于 2011 年 7 月 6 日以（2011）民抗字第 29 号民事裁定书，裁定本案终结审查。

裁判理由

最高人民法院认为：对于人民检察院抗诉再审的案件，或者人民法院依据当事人申请或依据职权裁定再审的案件，如果再审期间当事人达成和解并履行完毕，或者撤回申诉，且不损害国家利益、社会公共利益的，为了尊重和保障当事人在法定范围内对本人合法权利的自由处分权，实现诉讼法律效果与社会效果的统一，促进社会和谐，人民法院应当根据《最高人民法院关于适用〈中华人民共和国民事诉讼法〉审判监督程序若干问题的解释》第三十四条的规定，裁定终结再审诉讼。

本案中，申诉人华隆公司不服原审法院民事判决，在向最高人民法院申请再审的同时，也向检察机关申请抗诉。在本院提审期间，当事人达成和解，华隆公司向本院申请撤诉。由于当事人有权在法律规定的范围内自由处分自己的民事权益和诉讼权利，其撤诉申请意思表示真实，已裁定准许其撤回再审申请，本案当事人之间的纠纷已得到解决，且本案并不涉及国家利益、社会公共利益或第三人利益，故检察机关抗诉的基础已不存在，本案已无按抗诉程序裁定进入再审的必要，应当依法裁定本案终结审查。

第五章　知识产权

（一）综　合

最高人民法院
印发《最高人民法院关于全面加强知识产权审判工作为建设创新型国家提供司法保障的意见》的通知

（2007年1月11日　法发〔2007〕1号）

全国地方各级人民法院、各级军事法院、各铁路运输中级法院和基层法院、各海事法院，新疆生产建设兵团各级法院：

现将《最高人民法院关于全面加强知识产权审判工作为建设创新型国家提供司法保障的意见》印发给你们，请在审判工作中结合实际，认真执行。

附：

关于全面加强知识产权审判工作为建设创新型国家提供司法保障的意见

以胡锦涛同志为总书记的党中央，从全面建设小康社会、加快推进社会主义现代化事业的战略高度出发，在《中共中央国务院关于实施科技规划纲要增强自主创新能力的决定》和《中共中央关于构建社会主义和谐社会若干重大问题的决定》中明确提出把我国建设成为创新型国家的目标和任务。为充分发挥人民法院的审判职能作用，为建设创新型国家提供强有力的司法保障，现就全面加强人民法院知识产权审判工作，提出如下意见。

一、充分认识全面加强知识产权审判工作的重大意义

1. 全面加强知识产权审判工作必将促进创新型国家建设。人民法院作为国家审判机关对知识产权的司法保护，在国家整体的知识产权执法保护体系中居于基础地位，发挥着主导作用。人民法院在依法调整知识产权关系、维护知识产权权利人合法权益、惩治侵犯知识产权犯罪和维护社会主义市场经济秩序等方面，负有不可替代的法律职责，肩负着重大使命。通过全面加强知识产权审判工作，必将推进人才强国战略的实施，全面贯彻和体现尊重劳动、尊重知识、尊重人才、尊重创造的方针。

2. 全面加强知识产权审判工作必将树立我国良好的国际形象。全面加强知识产权司法保护，不仅是我国参与国际竞争、营造更具吸引力的引进国外资金和先进技术的良好投资软环境的现实需要，也是我国履行对外承诺、树立良好国际形象的客观要求。全面加强知识产权审判工作必将更好地保护和吸引外商投资，保障和提升我国企业国际竞争力，进一步促进扩大对外开放。人民法院通过严格依法制裁知识产权侵权行为，依法严惩商标假冒和盗版等严重违法犯罪行为，依法平等保护中外当事人的合法权益，必将树立中国知识产权司法保护的良好形象。

3. 全面加强知识产权审判工作必将推进社会主义和谐社会建设。通过知识产权审判，可以使有利于社会进步的创造愿望得到尊重、创造活动得到支持、创造能力得到发挥、创造成果得到保护，使社会充满生机与活力；可以促进和保障社会诚信机制的建立，引导人们信守约定、讲求信用、维护良好风尚，促成彼此信任，增加价值认同和凝聚力，实现社会的诚信友爱。

二、知识产权审判工作的指导思想、目标任务和基本原则

4. 为建设创新型国家提供司法保障，必须坚持以邓小平理论和“三个代表”重要思想为指导，全面贯彻落实科学发展观，按照建设创新型国家的要求，坚持“公正司法，一心为民”方针和“公正与效率”工作主题，进一步加大知识产权司法保护力度，依法保护知识产权，维护公平竞争，促进自主创新，服务对外开放，把知识产权司法保护贯穿于知识产权创造、管理和运用的全过程，为实施国家知识产权战略，为建设创新型国家和构建社会主义和谐社会提供强有力的司法保障，努力营造公正高效权威的法治环境。

5. 为建设创新型国家提供司法保障的主要目标和任务是：知识产权审判工作全面加强；知识产权刑事、民事和行政审判职能作用得到充分发挥；知识产权诉讼制度不断完善；知识产权司法保护体系更加健全；知识产权法官队伍素质显著提高；司法公正高效权威、权利人维权积极便捷、侵权人必受惩处、知识财富有序流转的良好的知识产权司法保护环境基本建立；知识产权司法保障能力和水平显著增强；创新型国家的司法需求得到全面满足。

6. 为建设创新型国家提供司法保障，必须坚持以下原则：一是坚持公正

司法。始终把公正司法作为知识产权审判的灵魂和生命，通过依法公正高效权威的知识产权司法，最大限度地维护和实现知识产权领域的公平正义。二是坚持司法统一。严格依法办案，确保法律规范和司法解释在知识产权审判中的统一适用，努力实现司法标准和裁判结果的协调。三是坚持平等保护。依法平等保护中外当事人的合法权益，坚决抵制地方保护和部门本位，克服地方封锁和行业垄断。四是坚持利益平衡。正确处理保护知识产权和维护公众利益的关系、激励科技创新和鼓励科技运用的关系，既要切实保护知识产权，也要制止权利滥用和非法垄断。五是坚持服务大局。牢固树立大局观念和服务意识，克服就案办案的单纯业务观念，实现个案处理的法律效果与社会效果的有机统一。

三、充分发挥知识产权司法保护的职能作用，保障全社会的创造活力和创新能力

7. 依法严惩侵犯知识产权犯罪。充分发挥知识产权刑事司法保护的职能作用，依法运用各种刑事制裁措施，发挥刑罚惩治和预防知识产权犯罪的功能。对假冒、盗版等涉及知识产权的犯罪行为，进一步完善和统一定罪量刑标准，规范缓刑适用，根据犯罪情况和危害后果，依法从严惩处；在依法适用主刑的同时，加大罚金刑的适用与执行力度；注意通过采取追缴违法所得、收缴犯罪工具、销毁侵权产品、责令赔偿损失等措施，从经济上剥夺侵权人的再犯罪能力和条件；依法审理侵犯知识产权刑事自诉案件，切实保障被害人的刑事自诉权利；在行政案件审理过程中发现涉嫌刑事犯罪应当给予刑事制裁而仅受到行政处罚或者行政处理的，应在向行政机关提出司法建议的同时，及时将犯罪线索移送公安机关侦查处理；民事案件审理中发现犯罪嫌疑线索，符合刑事自诉条件的，应当告知权利人可以同时提起刑事自诉；依法应当提起公诉的，应及时将涉嫌犯罪内容移送公安机关侦查处理，移送后不影响民事案件审理的，民事案件可以继续审理。

8. 依法妥善审理知识产权民事案件。注意充分发挥知识产权民事审判在保护知识产权和激励自主创新中的主导作用。依法审理涉及专利、技术秘密、计算机软件、植物新品种、集成电路布图设计等技术性知识产权案件，合理适度保护创新成果，加大对经济增长有重大突破性带动作用、具有自主知识产权的关键核心技术的保护力度；依法审理涉及商标、地理标志等标识性知识产权案件和各类不正当竞争案件，严格规范市场竞争秩序；依法审理涉及作品和录音录像制品等表达性知识产权案件，促进版权相关产业健康发展；依法审埋涉及计算机网络和新技术、新类型知识产权纠纷，促进新兴产业的健康成长；依法审理涉外知识产权案件，平等保护中外当事人的合法权益；

积极保护传统知识、遗传资源和民间文艺，保护持有者知情同意和惠益分享的权益；依法科学合理地解释权利范围，正确运用侵权判定方法，严格掌握专利侵权案件认定等同特征的条件；依法慎重认定驰名商标，凡是超出认定范围或者不符合认定条件的案件、原告的侵权指控不能成立的案件，不得认定驰名商标；注意商业秘密案件中对当事人的双向保护，依法平衡择业自由和商业秘密保护的关系；准确认定知识产权合同的效力与责任，严格合同解除条件，充分尊重当事人意思自治。

9. 依法监督和支持行政机关依法行政。切实发挥行政审判对知识产权行政执法行为的司法审查职能，监督和支持行政机关依法行政，保护知识产权行政相对人的合法权益，维护知识产权行政管理秩序，促进知识产权行政保护。依法支持行政机关制裁侵权行为；行政机关申请强制执行行政处理决定，经审查符合执行条件的，应及时裁定并予以强制执行；加大对严重知识产权侵权行为行政不作为的司法监督力度，督促行政执法机关及时依职权制止侵权行为；依法履行对专利、商标等知识产权确权纠纷案件的司法复审职责，在事实认定和法律适用上对行政行为进行全面的合法性审查。

10. 加强知识产权审判监督和案件协调。畅通知识产权案件申请再审渠道，严格依法审查当事人和社会反映强烈的案件，发现确有错误的裁判，及时予以再审改判；确属无理申诉的，要依照法律和政策，切实做好息诉息访工作；加强对知识产权行政授权争议案件的审判监督。对有较大社会影响的关联案件，审理法院之间要注意沟通，统一案件审判标准，保证裁判结果的协调，发现裁判结果可能发生冲突的，及时报请上级法院予以指导和协调解决；建立重大知识产权案件报告制度，对关系全局、有重大影响的案件，以及诉讼标的额巨大的案件、尚无先例的新类型案件，受理法院应及时向上级法院通报审理情况；进一步完善驰名商标认定备案制度。

11. 健全知识产权案件执行制度。建立知识产权案件归口执行制度，受理知识产权案件较多的法院，应在执行部门中指定专门合议庭或者小组负责；被执行人拒不履行停止侵权的生效裁判内容继续其原侵权行为的，除权利人可依法追究其民事责任以外，法院应当依法协调公安、检察机关以拒不执行判决、裁定罪追究其刑事责任。

12. 完善知识产权民事案件管辖和受理制度。知识产权民事案件原则上由中级以上法院一审，案件数量较多审理压力大的地方，可以通过高级法院报请最高人民法院指定部分基层法院管辖部分知识产权案件；从严掌握对专利、植物新品种和集成电路布图设计案件的指定管辖制度；适当调整知识产权民事案件级别管辖标准，扩大中级法院受理一审案件的范围；具有普遍法律适用意义的知识产权案件，下级法院经审判委员会讨论决定，可以报请上级法院审理，上级法院经审查认为符合条件的，可以直接审理；积极探索知识产权案件审级管辖改革；对于诉前临时措施案件，立案部门在进行登记后应当立即移交负责知识产权审判的业务庭，由专业审判人员进行审查，确保在法定期限内作出裁定，并由审判人员协调立即予以执行。

13. 依法加大侵权赔偿和民事制裁力度。严格知识产权侵权损害赔偿适用规则，贯彻全面赔偿原则，努力降低维权成本，加大民事制裁的威慑力度。依法适当减轻权利人的赔偿举证责任；有证据证明侵权人在不同时间多次实施侵权行为的，推定其存在持续侵权行为，相应确认其赔偿范围；作为自然人的原告因侵权行为受到精神损害的，可以根据其请求依法确定合理的精神损害抚慰金；当事人为诉讼支付的符合规定的律师费，应当根据当事人的请求，综合考虑其必要性、全部诉讼请求的支持程度、请求赔偿额和实际判赔额的比例等因素合理确定，并计入赔偿范围；考虑当事人的主观过错确定相应的赔偿责任；依法运用民事制裁惩处侵权人。

14. 依法正确适用临时措施。对于当事人诉前或者诉中提出的临时禁令或者先予执行、财产保全和证据保全等申请，要积极受理、迅速审查、慎重裁定、立即执行。高度重视诉前临时措施的时效性；准确把握采取临时措施的实质性条件，对于临时禁令要在重点审查侵权可能性的同时，考虑诉讼时效和损害状况；对于证据保全，在考虑侵权可能性的同时，重点考虑证据风险和申请人的取证能力；科学、合理地确定担保要求。

15. 妥善处理专业技术事实认定。注重发挥人民陪审员、专家证人、专家咨询、技术鉴定在解决知识产权审判专业技术事实认定难题中的作用。注意把具有专业技术特长和一定法律知识、普遍公认的专家，通过所在城市的基层法院推荐、提请任命为人民陪审员；支持当事人聘请具有专门知识的人员作为诉讼辅助人员出庭就案件的专门性问题进行说明，不受举证时限的限制；复杂、疑难知识产权案件，可以向相关领域的技术和法律专家咨询；对于采取其他方式仍难以作出认定的专业技术事实问题，可以委托进行技术鉴定。对于域外形成的公开出版物等可以直接初步确认其真实性的证据材料，除非对方当事人对其真实性能够提出有效质疑而举证方又不能有效反驳，无需办理公证认证等证明手续。

16. 禁止知识产权权利滥用。准确界定知识产权权利人和社会公众的权利界限，依法审查和支持当事人的在先权、先用权、公知技术、禁止反悔、合理使用、正当使用等抗辩事由；制止非法垄断技术、妨碍技术进步的行为，依法认定限制研发、强制回授、阻碍实施、搭售、限购和禁止有效性质疑等技术合同无效事由，维护技术市场的公平竞争；防止权利人滥用侵权警告和滥用诉权，完善确认不侵权诉讼和滥诉反赔制度。

17. 加大知识产权案件调解力度。在运用裁判方式审判案件的同时，注重知识产权案件的诉讼调解，坚持“能调则调，当判则判，调判结合，案结事了”的原则，将调解贯穿于案件审理的全过程，提高诉讼的调解率、和解撤诉率；高度重视在诉前临时措施案件中的调解；积极探索和总结知识产权行政案件协调和刑事自诉案件调解的经验；注意发挥行业协会和专业人士等的沟通协商作用，帮助消除对立情绪，协调解决矛盾纠纷。

18. 认真落实司法为民措施。加强诉讼指导和诉讼释明，增进当事人参与诉讼的能力，增强裁判的公信度和执行力。编制知识产权诉讼指南；坚持公开审判制度；全面实行当事人权利义务告知制度；实施诉讼风险提示制度；探索当事人举证指导制度；探索试行调查令制度，对于属于国家有关部门保存而当事人无法自行取得的证据和当事人确因客观原因不能自行收集的其他证据，可以探索由法院授权当事人的代理律师进行调查取证；加大司法救助力度，对经济确有困难的知识分子和特困、濒临破产企业，减免诉讼费；加强对代理人资格的审查，依法规范公民代理知识产权诉讼；依法规范法官和律师的关系，认真审查律师依法提交的诉讼材料，充分听取律师的意见；强化审限意识和效率意识，严格审查决定中止诉讼，避免造成当事人的诉累；提高裁判文书制作水平，做到辨法析理、胜败皆明。

四、采取有力措施，提高知识产权司法保障能力

19. 加强知识产权审判队伍职业化建设。注意从精通法律、外语基础较好、具有理工专业背景和一定审判经验的人员中选拔、培养知识产权法官，进一步完善知识产权审判队伍的专业结构；注意保持知识产权法官队伍的相对稳定；建立科学合理的绩效评价制度，避免简单以案件数量为衡量标准；加大对知识产权法官职业技能的培训力度；注意提高知识产权法官的政治素质和职业道德修养，切实提高廉洁司法意识。

20. 健全知识产权审判组织。最高人民法院、高级人民法院、受理知识产权民事案件较多的中级人民法院和指定受理知识产权民事案件的基层人民法院要设立独立的知识产权审判庭，其他中级人民法院要设置统一审理知识产权民事案件的合议庭；立案、刑事审判、行政审判、执行和审判监督等职能部门要指定专门的合议庭或者专业人员负责知识产权案件的审查、审判、执行。

21. 加强知识产权保护职能部门之间的协调与配合。要加强知识产权刑事、民事、行政审判部门之间的业务协调与沟通，加强知识产权审判部门与立案、执行和审判监督部门之间的工作衔接，加强上下级法院之间的信息通报和业务交流。要注意加强与相关知识产权行政执法部门的工作协调，加强与公安、检察机关在知识产权刑事执法中的工作配合与相互制约，加强同外

事、商务、科技、信息产业、新闻、宣传等综合部门在知识产权保护工作中的信息沟通与相互协作。

22. 探索建立知识产权审判工作新机制。要从整体提升知识产权司法保护能力出发，以实现方便当事人诉讼和法院审理、优化审判资源配置、简化救济程序、保证司法统一为目标，提出完善知识产权司法保护的组织基础和理顺程序运作机制的科学对策。深入研究和推动完善专利、商标等知识产权确权纠纷解决机制。

23. 加强知识产权司法解释和立法建议。进一步提高司法解释的质量，增强司法解释的可操作性和工作透明度，统一司法尺度，不断完善知识产权诉讼制度；积极参与知识产权立法活动，及时向立法机关和国家有关部门提出立法建议，将实践证明成熟可行的司法经验通过立法形式予以肯定，推动知识产权法律体系的不断健全和完善。

24. 深入开展知识产权司法保护调研。要结合科技、经济、文化发展的特点和审判工作实际，加强对知识产权司法保护新问题的法律适用和诉讼制度建设的研究，适当借鉴国际知识产权保护的有益经验，跟踪国际知识产权研究的新成果，提出科学合理、切实可行的对策建议，推动调研成果的转化。积极参与国际知识产权立法活动。

25. 积极开展知识产权司法建议。针对知识产权案件审理中发现的地方政府和企业、科研机构等在知识产权工作中存在的问题，及时向行政主管部门、行业协会和企业、科研机构等提出司法建议，督促其健全制度、加强管理、堵塞漏洞、消除隐患，为地方党委、政府制定相关政策提供决策依据。对我国科技经济发展和行业兴衰可能产生重大影响的知识产权动向，应当及时向有关方面发出预警，以便做好应对准备。

26. 加大知识产权司法保护宣传力度。结合人民法院新闻发布制度，适时发布知识产权审判中的重要新闻和典型案例；坚持审判公开和透明原则，严格按照有关规定和要求，将生效知识产权裁判文书及时上网公开；选择有影响的案例，邀请人大代表、政协委员、行业协会和有关部门的代表、外国政府和国际组织驻华机构代表、专家学者等代表性人士和社会公众等旁听庭审，增强知识产权审判的公开性和公信力；加大对外宣传力度，加深世界各国对我国知识产权司法保护制度及保护状况的全面、客观的了解。

为建设创新型国家提供强有力的知识产权司法保障是人民法院的神圣职责。各级人民法院和全体知识产权法官要不断增强做好知识产权审判工作为建设创新型国家提供强有力的司法保障的责任感和使命感，不辱使命，扎实工作，求真务实，开拓创新，努力建设公正高效权威的知识产权司法保护制度，为建设创新型国家创造良好的法治环境。

最高人民法院
关于认真学习和贯彻《国家知识产权战略纲要》的通知

（2008 年 8 月 1 日 法发〔2008〕24 号）

各省、自治区、直辖市高级人民法院，解放军军事法院，新疆维吾尔自治区高级人民法院生产建设兵团分院：

2008 年 6 月 5 日，国务院印发了《国家知识产权战略纲要》（以下简称《纲要》），决定实施国家知识产权战略。这是在改革开放新时期，党中央、国务院根据国内外新形势作出的一项重大战略部署，是关系国家前途和民族未来的大事，也是摆在全国法院面前的一项长期而紧迫的重大任务。各级人民法院要以高度的政治责任感和历史使命感，紧密结合人民法院工作实际，切实抓好国家知识产权战略的贯彻落实。现就学习和贯彻《纲要》的有关问题通知如下：

一、充分认识实施国家知识产权战略的重大意义，认真领会《纲要》精神

党的十七大报告将提高自主创新能力、建设创新型国家提到了前所未有的高度，明确将此作为促进国民经济又好又快发展的首要任务，将其定位为国家发展战略的核心和提高综合国力的关键。为此，明确提出要实施知识产权战略。《纲要》的发布实施，是落实党的十七大精神的具体体现，是建设创新型国家的重大战略抉择。

学习和贯彻好《纲要》是当前人民法院服务党和国家工作大局和中心工作的一项重要政治任务。各级人民法院要从我国经济社会文化自身发展需求和知识经济发展迅速及经济全球化进程加快的角度，深刻领会知识产权战略是我国主动运用知识产权制度促进经济发展和社会进步的重要国家战略；要从有利于增强我国自主创新能力，有利于完善我国社会主义市场经济体制，有利于增强我国企业市场竞争力和提高国家核心竞争力，有利于扩大对外开放等方面，深刻领会实施知识产权战略是建设创新型国家的迫切需要，是转变经济发展方式的必由之路，是提高国家核心竞争力的关键举措；要从激励创造、有效运用、依法保护、科学管理四个方面，深刻领会《纲要》的指导

思想和基本精神。

各级人民法院领导干部要带头学习和组织落实，各级人民法院知识产权审判部门和广大知识产权法官必须深入学习、准确把握和深刻理解《纲要》的基本内容和精神实质，切实把《纲要》精神贯彻到人民法院知识产权审判工作中去。各级人民法院要加强组织领导，加大投入力度，扎实工作，开拓进取，确保国家知识产权战略有关人民法院工作要求的贯彻落实和各项战略措施的顺利实施。要积极争取各级党委和政府的支持，加大工作协调力度，做到统筹安排，重点考虑，不断强化。

二、积极完善审判体制和工作机制，充分发挥司法保护知识产权的主导作用

《纲要》将健全知识产权执法体制作为国家知识产权战略的重点之一，明确要求“加强司法保护体系建设，发挥司法保护知识产权的主导作用，提高执法效率和水平”。发挥司法保护知识产权的主导作用，是《纲要》根据形势任务的要求和知识产权保护的实际，从全局和战略高度对知识产权司法保护作出的全新定位，表明党和国家对司法保护知识产权寄予了厚望。人民法院在实施国家知识产权战略进程中作用特殊，地位重要，责任重大。

根据“发挥司法保护知识产权的主导作用”这一战略要求，《纲要》提出了一系列战略措施，从多方面对涉及人民法院的工作作出了具体部署。有关措施主要有：“完善知识产权审判体制，优化审判资源配置，简化救济程序。研究设置统一受理知识产权民事、行政和刑事案件的专门知识产权法庭。研究适当集中专利等技术性较强案件的审理管辖权问题，探索建立知识产权上诉法院。进一步健全知识产权审判机构，充实知识产权司法队伍，提高审判和执行能力”；“加强知识产权司法解释工作。针对知识产权案件专业性强等特点，建立和完善司法鉴定、专家证人、技术调查等诉讼制度，完善知识产权诉前临时措施制度。改革专利和商标确权、授权程序，研究专利无效审理和商标评审机构向准司法机构转变的问题”；“提高知识产权执法队伍素质，合理配置执法资源，提高执法效率。……加大行政执法机关向刑事司法机关移送知识产权刑事案件和刑事司法机关受理知识产权刑事案件的力度”等。

各级人民法院要以完善审判体制和工作机制为重点，统筹兼顾和妥善安排，把《纲要》中涉及人民法院工作的部署按计划和分步骤地落到实处，使人民法院名副其实地发挥保护知识产权的主导作用。要加强对知识产权审判工作的调查研究，强化审判决策的科学性、前瞻性和主动性，着重对《纲要》提出的有关人民法院工作的战略措施开展研究。当前要特别注意做好以下三项工作：一是积极配合有关部门做好专利法、商标法等知识产权法律的修订

工作；二是积极配合最高人民法院进一步加强知识产权司法解释工作，建立和完善有关工作制度；三是对《纲要》中提出的其他各项措施，要进一步深入调研，最高人民法院决定在近期开展专题调研，将在全面深入调研和听取各方面意见的基础上，提出人民法院全面贯彻落实《纲要》的具体工作措施和实施意见。

三、全面加强各项知识产权审判工作，高度重视知识产权审判队伍建设

知识产权司法保护工作受到党中央、全国人大和国务院的高度重视。《纲要》的颁布施行，对人民法院的知识产权司法保护，既是重要的发展机遇，又是重大挑战。各级人民法院必须从贯彻落实党的十七大精神、服务国内国际两个工作大局以及促进人民司法事业发展的高度，从贯彻落实《纲要》要求和实施国家知识产权战略需要出发，高度重视并切实加强知识产权司法保护工作。

各级人民法院要认真贯彻《纲要》关于“加强知识产权保护”，“加大司法惩处力度”，“降低维权成本，提高侵权代价，有效遏制侵权行为”的要求，按照今年6月全国高级法院院长会议提出的“积极支持国家创新体系建设，加大知识产权保护力度，为技术创新和科技成果产业化提供司法保障”的工作思路，以依法审理好案件为中心，以正确适用法律责任和慎重采取临时措施为重点，依法加大知识产权保护力度，强化知识产权司法救济。要全面加强各项知识产权审判工作，充分发挥知识产权司法保护的整体效能。要依法运用各种刑事制裁措施，严惩侵犯知识产权犯罪，大力发挥刑罚惩治和预防知识产权犯罪的功能；要依法界定民事责任，积极采取救济措施，妥善处理知识产权民事纠纷，充分发挥民事审判在保护知识产权和激励自主创新中的主导作用；要依法保护行政相对人的合法权益，监督和支持依法行政，保障行政主管机关依法履行知识产权行政执法和管理职能。

各级人民法院要切实采取有效措施，落实《纲要》关于“进一步健全知识产权审判机构，充实知识产权司法队伍，提高审判和执行能力”的要求，做到机构设置和审判力量与大局要求、职能定位、责任和地位相适应，建立和健全知识产权审判组织，调整和充实知识产权审判人才，为知识产权审判工作提供可靠的组织和人才保障。各级人民法院要根据担负的知识产权审判职责和任务的客观需要，本着立足现实、兼顾长远的原则精神，加强知识产权审判庭的机构设置、人员编制和内设机构配置。要切实加强知识产权审判人才队伍建设，要以“三个至上”和社会主义法治理念为指导，高度重视知识产权法官队伍思想政治建设，加大知识产权审判技能和专业知识培训力度，下大力气培养和拥有一大批高水平的知识产权审判人才。要充分考虑知识产

权审判和知识产权法官培养的规律，在工作量、业务考核等方面采用科学合理的业绩评价指标。

以上通知，请遵照执行。在学习和贯彻《纲要》中有何问题和建议，望及时报告最高人民法院。

最高人民法院
印发《关于贯彻实施国家知识产权战略若干问题的意见》的通知

（2009年3月23日　法发〔2009〕16号）

各省、自治区、直辖市高级人民法院，解放军军事法院，新疆维吾尔自治区高级人民法院生产建设兵团分院：

现将《最高人民法院关于贯彻实施国家知识产权战略若干问题的意见》印发给你们，请结合审判工作实际，认真贯彻执行。

附：

最高人民法院
关于贯彻实施国家知识产权战略若干问题的意见

党的十七大明确提出“实施知识产权战略”的要求。国务院于2008年6月5日发布了《国家知识产权战略纲要》（以下简称《纲要》），决定实施国家知识产权战略。贯彻落实国家知识产权战略，是摆在全国法院面前的一项长期而紧迫的重要任务。各级人民法院必须以邓小平理论和“三个代表”重要思想为指导，深入学习实践科学发展观，始终坚持“三个至上”指导思想，紧紧围绕“为大局服务、为人民司法”工作主题，全面加强知识产权司法保护体系建设，充分发挥司法保护知识产权的主导作用，为建设创新型国家和全面建设小康社会提供强有力的司法保障。现根据国家知识产权战略要求，结合人民法院知识产权司法保护工作实际，制定如下意见。

一、充分认识实施国家知识产权战略的重大意义，切实增强人民法院知识产权司法保护的责任感和使命感

1. 实施知识产权战略，是提高自主创新能力，建设创新型国家，促进国民经济又好又快发展，实现全面建成小康社会奋斗目标的重大战略抉择。提高自主创新能力，建设创新型国家，这是国家发展战略的核心，是提高综合国力的关键。实施知识产权战略，这是在改革开放新时期，党中央、国务院根据提高自主创新能力和建设创新型国家的需要作出的一项重大战略部署，是关系国家前途和民族未来的大事。当前正在向实体经济蔓延的国际金融危机，更加突显了加强知识产权保护，提高自主创新能力，建设创新型国家的重要性。各级人民法院要从深入贯彻落实科学发展观的高度，从我国经济社会文化自身发展需求和知识经济发展迅速及经济全球化进程加快的角度，深刻领会知识产权战略是我国主动运用知识产权制度促进经济发展和社会进步的重要国家战略；要从有利于增强我国自主创新能力，有利于完善我国社会主义市场经济体制，有利于增强我国企业市场竞争力和提高国家核心竞争力，有利于扩大对外开放等方面，深刻领会实施知识产权战略是建设创新型国家的迫切需要，是转变经济发展方式的必由之路，是提高国家核心竞争力的关键举措；要从激励创造、有效运用、依法保护、科学管理四个方面，深刻领会实施国家知识产权战略的指导思想和基本精神。

2. 贯彻实施好国家知识产权战略，是人民法院服务大局的重要使命。为党和国家工作大局服务，是人民法院知识产权司法保护的重要出发点和立足点。各级人民法院要认清形势和明确任务，以高度的政治责任感和历史使命感，切实增强贯彻实施国家知识产权战略的自觉性和坚定性，紧紧依靠党委领导、人大监督、政府支持、政协以及社会各界的关心，抓住机遇、迎难而上，积极主动、开拓进取，加强组织领导、加大投入力度，有计划、分步骤，确保国家知识产权战略有关人民法院工作要求的贯彻落实和各项战略措施的顺利实施，使人民法院在实施国家知识产权战略进程中更加积极主动地发挥作用。

二、充分发挥司法保护知识产权的主导作用，切实保障创新型国家建设

3. 大力加强人民法院知识产权司法保护体系建设，切实发挥司法保护知识产权的主导作用。根据新形势新任务和我国知识产权保护的实际情况，《纲要》将“加强司法保护体系建设”、“发挥司法保护知识产权的主导作用”纳入国家知识产权战略重点。这是对我国司法在知识产权保护中职能作用的基本定位，也是从全局和国家发展战略的高度对我国知识产权司法保护工作提

出的殷切期望和全新要求。人民法院贯彻实施国家知识产权战略，必须增强发挥司法保护知识产权主导作用的自觉性和主动性，以保障和促进创新型国家建设为基本目标，高度重视并全面加强知识产权审判工作，充分发挥各项知识产权审判的职能作用，切实加大知识产权司法保护力度，不断提高人民法院知识产权司法保护的整体效能，努力营造鼓励和引导创新的知识产权司法环境；必须大力解决影响和制约科学发展的突出问题，不断提高司法水平和司法效率，及时出台司法解释和司法政策，建立健全知识产权相关诉讼制度，大力完善知识产权司法保护制度；必须着力构建有利于科学发展、符合知识产权案件特点的审判体制和工作机制，全面优化知识产权审判资源配置，整体提升知识产权审判队伍素质，大幅度提升人民法院知识产权司法保护能力。

4. 充分发挥各项知识产权审判的职能作用，全面加强对各种知识产权的司法保护。以执法办案为第一要务，不断提高知识产权审判质量和效率，努力确保每一起案件都能够依法公正及时裁判并得到有效执行，增强知识产权司法保护的公信力和权威性，切实体现法院司法定分止争的终局作用，最大限度地维护人民群众的创新权益，实现知识产权领域的公平正义。充分运用刑事、民事和行政三种审判职能，大力发挥知识产权审判整体效能，对各种知识产权提供全面有效的司法保护。依法严惩各类侵犯知识产权犯罪，综合运用各种刑事制裁措施，充分发挥刑事审判惩治和预防知识产权犯罪的功能；依法调整涉及各种知识产权的民事法律关系，合理界定当事人权利义务，积极采取民事救济措施，充分发挥民事审判解决各种知识产权纠纷的主渠道作用；依法保护行政相对人的合法权益，监督和维护各相关行政主管机关依法履行各自职权范围内的知识产权行政执法和行政管理职责，充分发挥行政审判监督和支持知识产权行政执法保护的职能。

5. 综合运用知识产权司法救济手段，不断增强知识产权司法保护的有效性。依法确定当事人应当承担的各种法律责任，积极采取各种救济手段，对知识产权进行全方位的有效保护。通过判决赔偿经济损失和责令停止侵权、消除影响和赔礼道歉等，对权利人予以物质的与精神的、金钱的与非金钱的综合救济；通过终审判决和诉前或诉中临时措施裁定等，对权利人予以现实的和临时的司法救济；通过判处罚金、没收财产和采取民事制裁措施等，剥夺侵权人再侵权的能力和消除再侵权危险。特别是要突出发挥损害赔偿在制裁侵权和救济权利中的作用，坚持全面赔偿原则，依法加大赔偿力度，加重恶意侵权、重复侵权、规模化侵权等严重侵权行为的赔偿责任，努力确保权利人获得足够的充分的损害赔偿，切实保障当事人合法权益的实现。

6. 及时明晰知识产权法律适用标准，有效发挥司法保护知识产权的导向作用。根据知识产权司法保护中的法律适用需求，认真总结审判实践经验，及时发布司法解释，统一司法尺度，为确保法律正确适用和有效保护知识产权及时提供操作性规范依据。深入调查研究，找准司法保护服务经济社会发展的结合点和着力点，通过各种行之有效的形式，明确司法政策，加强司法指导，积极引导经济社会文化发展。加快构建符合中国国情的知识产权司法案例指导制度，充分发挥指导性案例在规范自由裁量权行使、统一法律适用标准中的作用，减少裁量过程中的随意性。依法受理并妥善裁决各种复杂疑难和新类型知识产权纠纷，及时为企业和社会提供价值判断和行为指引，规范和促进新兴产业发展。强化知识产权裁判的说理性，充分公开裁判文书，实现审判全过程的公开，发挥司法裁判的教育和导向作用，促使当事人息诉止争，引导案外人自行解决类似矛盾纠纷。

7. 努力加强人民法院与其他司法机关和知识产权行政执法机关之间的协作配合，推动形成知识产权保护的整体合力。加强与公安、检察机关在知识产权刑事司法程序中的配合，依法受理和裁判知识产权刑事案件，切实加大刑事保护力度。加强与工商、版权、专利等行政主管部门在知识产权行政执法程序上的衔接，实现司法保护与行政保护的优势互补和良性互动。加强与知识产权、外事、商务、科技、信息产业、新闻、宣传等综合部门在知识产权保护工作中的沟通协调，扩大我国知识产权保护的影响力。

三、依法审理好各类知识产权案件，切实加大知识产权司法保护力度

8. 统筹兼顾各种重大关系，确保《纲要》提出的各项专项任务在人民法院系统的贯彻落实，实现知识产权审判全面协调可持续发展。一是处理好执行法律与服务大局的关系，既要坚持宪法和法律至上，履行法定职责，遵循司法规律、司法途径和司法方式，严格依法办案，做到公正司法，维护法律权威；又要强化大局意识和宏观思维，正确处理局部利益与全局利益的关系，努力实现办案法律效果与社会效果的有机统一，确保正确政治方向。二是处理好保护私权与维护公共利益的关系，既要强化私权保护意识和尊重私权保护规律，依法保护当事人的合法权益，通过保护私权实现激励创新的知识产权制度目标；又要合理界定知识产权的界限，服从法律为保护公共利益所设定的强制性规范，确保私权与公共利益的平衡，维护公共秩序。三是处理好依法保护与适度保护的关系，充分考虑和把握我国经济社会和科技文化发展状况，善于利用司法政策、自由裁量权和法律适用技术，使司法保护既合法，又适度；既能激励科技创新和经济发展，又有利于促进知识传播和运用；既能切实保护创新成果和创新权益，又能促进企业提高自主创新能力。四是处理好保护权利与防止滥用的关系，既要加大知识产权司法保护力度，严厉打

击假冒、盗版等严重侵权行为，大力降低维权成本，大幅提高侵权代价，有效遏制侵权行为，切实保护权利人和消费者的合法权益，维护公平竞争的市场秩序；又要防止知识产权滥用，依法审查和支持在先权、先用权、现有技术、禁止反悔、合理使用等抗辩事由，制止垄断行为，依法受理和审查确认不侵权之诉和滥诉反赔之诉，规制滥用知识产权和诉讼程序打击竞争对手、排除和限制竞争、阻碍创新的行为，维护社会公众的合法权益。

9. 加强专利权司法保护，保障技术创新权益，促进自主创新。从我国国情出发，以国家战略需求为导向，依法保护专利权，根据我国科技发展阶段和产业知识产权政策，确定合理的权利保护范围和强度，平衡好权利人、使用者和社会公众之间的利益格局，强化科技创新活动中的知识产权司法政策导向作用。加大对经济增长有重大突破性带动作用、具有自主知识产权的关键核心技术的保护力度，促进高技术产业与新兴产业发展，提升我国自主创新能力和增强国家核心竞争力。不断完善专利侵权判定标准，准确确定专利权保护范围，正确认定专利侵权行为，在依法保护专利权的同时，防止不适当地扩张专利权保护范围、压缩创新空间、损害创新能力和公共利益。严格专利权利要求的解释，充分尊重权利要求的公示和划界作用，妥善处理相同侵权与等同侵权的关系，适度从严把握等同侵权的适用条件，合理确定等同侵权的适用范围，防止等同侵权的过度适用。注重发挥人民陪审员、专家证人和专家咨询、技术鉴定的作用，通过多种途径和渠道有效解决专业技术事实认定问题。

10. 加强商标权司法保护，维护商标信誉，推动形成自主品牌。通过商标案件的审判，支持和引导企业实施商标战略，促使其在经营中积极、规范使用自主商标，促进自主品牌的形成和品牌经济的发展。严厉制裁商标假冒、恶意模仿等侵权行为，严格适用侵权法律责任，切实保障商标权人和消费者的利益，维护公平竞争的市场秩序。正确把握商标权的法律属性，根据商标用于区别商品或服务来源的核心功能，合理界定商标权的范围，根据商标的显著性程度、知名度大小等确定保护强度和范围，准确认定商标侵权判定中的商品类似、商标近似和误导性后果。正确把握驰名商标司法认定和保护的法律定位，坚持事实认定、个案认定、被动认定、因需认定等司法原则，依法慎重认定驰名商标，合理适度确定驰名商标跨类保护范围，强化有关案件的审判监督和业务指导。妥善处理商标权保护与特定产业发展的关系，既注重保护商标权，又有利于促进相关产业的升级和发展。依法受理并及时处理好涉及地理标志和奥林匹克标志、世界博览会标志、特殊标志等案件。

11. 加强著作权司法保护，维护著作权人合法权利，提升国家文化软实力。严厉制裁盗版、抄袭等侵犯著作权行为，加大侵权赔偿力度，提高全社会的版权保护意识。依法合理界定著作权保护与合理使用、法定许可的关系，平衡处理创作者、传播者和利用者之间的利益关系，确保私人权利与公共利益的平衡，保障人民基本文化权益。加强对新闻出版、广播影视、文学艺术、文化娱乐、广告设计、工艺美术、计算机软件、信息网络等领域的著作权案件审判，推动版权相关产业健康有序发展，推进文化创新，增强文化发展活力，繁荣文化市场。有效应对互联网等新技术发展对著作权保护的挑战，准确把握网络环境下著作权司法保护的尺度，妥善处理保护著作权与保障信息传播的关系，既要有利于网络新技术和新商业模式的开发和运用，促进信息传播，又要充分考虑网络侵权的特点和维权的困难，完善网络环境下的证据规则，有效保障著作权。加大对计算机软件的司法保护力度，帮助企业开拓市场，促进相关服务外包产业成长。

12. 加强商业秘密司法保护，保护企业权益和职工择业自由，保障商业信息安全与人才合理流动。依法制裁窃取和非法披露、使用他人商业秘密的行为，保护企业商业秘密权益，引导市场主体依法建立健全商业秘密管理制度。妥善处理保护商业秘密与自由择业、涉密者竞业限制与人才合理流动的关系，维护职工合法权益。根据商业秘密案件特点，合理分配当事人的举证责任，合理确定当事人和诉讼参与人的保密义务。注意保护被控侵权人对自己商业秘密的正当权益，防止原告滥用诉权获取他人商业秘密。

13. 加强植物新品种权司法保护，激励农业科技创新，促进农业发展。强化农业知识产权保护，依法保护植物新品种权和育种技术，加大对具有自主知识产权的重大农业科技成果和植物新品种的保护力度，合理调节资源提供者、育种者、生产者和经营者之间的利益关系，激励农业科技创新，推动现代农业经营方式的转变，促进农业发展，保护农民利益，维护农村稳定，保障社会主义新农村建设。准确掌握植物新品种侵权判定标准，以繁殖材料承载的性状特征确定品种权的保护范围，以生产、销售或者重复使用授权品种的繁殖材料为侵权行为方式。依法判定民事责任，保障权利人利益的实现，注重对农民合法权益的保护，通过育种者免责、农民免责等权利限制，合理平衡权利人与社会公众的利益关系；本着既要及时制止侵权和防止侵权物再扩散，又要避免资源浪费的原则，慎重适用销毁侵权物的民事责任。针对种子生产和销售的季节性特点，注意运用证据保全措施及时固定相关证据。

14. 加强特定领域知识产权司法保护，有效保护特种资源，维护我国特色优势。根据现有法律规则和立法精神，积极保护遗传资源、传统知识、民间文艺和其他一切非物质文化遗产，根据历史和现实，公平合理地协调和平衡在发掘、整理、传承、保护、开发和利用过程中各方主体的利益关系，保护提供者、持有者知情同意和惠益分享的正当权益，合理利用相关信息。加强对传统医药和传统工艺的保护，促进传统知识和民间文艺的发展，推动传统资源转化为现实生产力和市场竞争力，弘扬民族产业优势和地区特色经济优势。依法保护集成电路布图设计专有权，及时予以司法救济，促进集成电路产业发展。

15. 依法制止不正当竞争，规范市场竞争秩序，推动形成统一开放竞争有序的现代市场体系。审理好仿冒知名商品特有名称、包装、装潢和虚假宣传、商业诋毁等不正当竞争案件，积极受理涉及企业名称（商号）、商业外观、计算机网络域名等新类型知识产权案件，制止一切非诚信的仿冒搭车行为，避免市场混淆和误导公众，切实维护权利人和消费者的合法权益，确保诚信竞争和有序竞争，促进社会信用体系建设。依法积极受理涉及注册商标、企业名称等与在先权利冲突的民事纠纷，按照遵循诚实信用、维护公平竞争和保护在先权利等原则，妥善予以裁决。准确把握反不正当竞争法的立法精神和适用条件，既要与时俱进，对市场上新出现的竞争行为，适用反不正当竞争法的原则规定予以规范和调整；又要严格依法，对于法律未作特别规定的竞争行为，只有按照公认的商业标准和普遍认识能够认定违反反不正当竞争法的原则规定时，才可以认定为不正当竞争行为，防止因不适当扩大不正当竞争行为方式范围而妨碍自由、公平竞争。对于既不存在商业秘密、又不存在法定和约定竞业限制的竞争领域，不能简单地以利用或损害特定竞争优势为由，适用反不正当竞争法的原则规定认定构成不正当竞争。

16. 积极开展反垄断审判，保护市场公平竞争，维护消费者利益与社会公共利益。根据民事诉讼法和反垄断法规定的受理条件，依法受理当事人因垄断行为提起的民事诉讼。切实履行审判职责，妥善处理竞争政策与产业政策的关系，审理好涉及滥用知识产权的垄断案件以及其他各类垄断案件，制止垄断行为，鼓励公平竞争，提高引进外资质量，促进经济结构调整，维护国家经济运行健康有序。加强反垄断审判调查研究工作，认真总结审判经验，及时明确司法原则、裁判标准和操作程序。

17. 妥善处理知识产权合同纠纷，维护交易安全，促进智力成果创造运用。尊重当事人意思自治，维护合同的严肃性和有效性，严格合同解除条件，依法制裁违约行为。依法合理掌握权属纠纷诉讼时效，准确界定职务成果与非职务成果，既要有利于激发研发创作人创新积极性，又要有利于促进成果的转化实施。本着尽可能降低交易风险和减少交易成本的精神，依法界定在知识产权委托或合作创造、转让、许可、质押等环节形成的法律关系和利益分配及责任承担，促进自主创新成果的知识产权化、商品化、产业化、市场化。积极受理特许经营合同纠纷，妥善处理知识产权代理合同纠纷。

18. 认真审查知识产权诉前临时措施申请，及时慎重裁定，有效制止侵权。发挥诉前临时措施的及时救济功能，确保在法定时限内作出裁定并立即予以执行。对于商标和著作权侵权案件，尤其是假冒和盗版等显性侵权和故意侵权案件，注意积极采取诉前责令停止侵权措施。适度从严掌握认定侵权可能性的标准，原则上应当达到基本确信的程度，在专利案件尤其是发明和实用新型专利案件中，要审慎决定采取诉前责令停止侵权措施。对于当事人起诉时或诉讼中提出的临时措施申请，要迅速审查并及时裁定和执行。对于证据保全申请，重点考虑证据风险和申请人的取证能力，及时作出裁定。

19. 强化对知识产权授权确权行为的司法复审，依法审查授权条件，统一和完善授权审查标准。在事实认定和法律适用上对专利和商标等知识产权授权确权行政行为进行全面的合法性审查，既要给予行政主管机关对专业技术事实评判的适当尊重，又要对相关的实质性授权条件进行独立审查判断，切实依法全面履行司法复审的基本职责。加强与行政主管机关的工作协调与业务交流，促进审理和审查标准的统一与完善，提高相关案件的执法水平。努力提高审判效率，及时依法确认权利的有效性，保障权利维护和利益实现的时效性。

20. 加强知识产权行政司法保护，依法监督行政行为，支持依法行政。依法审理各类知识产权行政案件，在合法性审查中既要保护知识产权行政相对人的合法权益，又要维护知识产权行政管理秩序，依法支持行政机关制裁侵权行为，促进知识产权行政保护。行政机关申请强制执行行政处理决定，经审查符合执行条件的，应及时裁定并予以强制执行。

21. 加大知识产权刑事司法保护力度，依法严厉制裁侵犯知识产权犯罪行为，充分体现惩罚和震慑犯罪功能。依法受理知识产权刑事案件并及时作出裁判，切实加大对假冒注册商标和侵犯著作权犯罪行为的打击力度，在依法适用主刑的同时，加大罚金刑的适用与执行力度，并注意通过采取追缴违法所得、收缴犯罪工具、销毁侵权产品等措施，从经济上剥夺侵权人的再犯罪能力和条件。配合有关部门，针对反复侵权、群体性侵权以及大规模假冒、盗版等行为，有计划、有重点地开展知识产权保护专项行动，遏制假冒盗版现象。统一和规范侵犯知识产权犯罪案件适用刑罚的条件和标准，准确把握宽严相济的刑事政策。依法审理侵犯知识产权的刑事自诉案件，切实保障被害人的刑事自诉权利。

22. 加强知识产权审判监督，保障当事人申诉权，维护知识产权司法公正。既要充分维护正确生效裁判的既判力，又要让符合法定条件的案件及时进入再审，确保公正司法和维护法制统一。统一裁定再审的标准，以生效裁判确有错误作为上级法院和本院依职权启动再审的标准，以符合法定再审事由作为依当事人申请裁定再审的标准。通过及时、规范的听证程序和耐心细致的审查说服工作，尽可能使当事人服判息诉，尽可能降低多次申诉的比率。努力提高审查的质量和效率，对于经审查申请书、答辩意见等足以确定再审事由是否成立的，可以迳行裁定。

23. 加大知识产权案件执行力度，保障裁判权益及时实现，树立司法保护权威。健全知识产权案件强制执行机制，充分运用执行工作联动威慑机制，完善提级执行、指定执行、委托执行等措施，保证知识产权案件的切实执行，强化对诉前临时措施裁定的及时执行。对被执行人拒不履行停止侵权的生效裁判内容继续其原侵权行为的，除支持权利人依法追究其民事责任以外，积极协调公安、检察机关以拒不执行判决、裁定罪追究其刑事责任。

24. 依法开展涉外知识产权司法保护，保障对外开放，促进国际经贸合作。正确处理本国利益与他国利益的关系、对外关系与具体案件审理的关系、本国当事人与外国当事人的利益关系，始终坚持依法公正审判和平等保护原则，维护和提升我国司法良好的国际形象，优化经济发展外部环境。统筹国内国际两个大局，妥善处理与贸易有关的重大知识产权纠纷，既确保遵循相关国际公约及国际惯例，也始终维护国家利益和经济安全。注意从个案中发现知识产权工作的薄弱环节和管理漏洞，通过司法建议和裁判说明等形式，对行政管理提出改进建议，为行业和产业提供行为预警，提高企业应对知识产权纠纷的能力，延伸知识产权司法保护效果。

四、完善知识产权审判体制和工作机制，优化审判资源配置

25. 积极探索符合知识产权特点的审判组织模式。按照《纲要》要求，研究设置统一受理知识产权民事、行政和刑事案件的专门知识产权审判庭，尽快统一专利和商标等知识产权授权确权案件的审理分工，优化知识产权审判资源配置，实现知识产权司法的统一高效。认真总结近年来一些地方法院开展的由一个审判庭统一受理知识产权民事、行政和刑事案件试点工作，以及采用扩大合议庭组成或知识产权民事法官参与知识产权刑事、行政案件审判的探索工作，深入调查研究，认真解决试点和探索工作中出现的问题，加强统一协调和工作指导，积极稳妥地加以推进。

26. 探索建立知识产权上诉法院。按照《纲要》要求，加强与相关部门的沟通、协调和配合，根据完善知识产权案件上诉机制的要求，深入研究建立知识产权上诉法院的可行性和必要性，积极探索有关改革路径和模式，努力实现知识产权确权程序与侵权诉讼程序的有效衔接，简化司法救济程序，提高裁判效率，保证司法统一。

27. 推动改革专利和商标确权授权程序。积极配合国家有关部门，以简化救济程序为目标，研究专利无效审理和商标评审机构向准司法机构转变的问

题，积极推动相关法律规定的修订。

28. 健全知识产权多元纠纷解决机制。坚持“调解优先、调判结合”原则和“定分止争、案结事了”要求，加大知识产权案件调解力度，将调解贯穿于案件审理的全过程。高度重视在诉前临时措施案件和刑事自诉案件中的调解以及在知识产权行政案件中的协调，加强审判工作与人民调解、行政调解、仲裁等纠纷解决方式的衔接，积极支持调解和仲裁机构以及知识产权援助中心等发挥处理知识产权纠纷的作用，注意发挥行业协会、专业部门和专业人士等的沟通协商、参与调解的作用，扩大邀请协助调解的案件范围，努力提高诉讼调解率、和解撤诉率。

29. 加强知识产权司法保护宣传。采取各种形式大力宣传知识产权司法保护，提高全社会知识产权意识，推进知识产权文化建设。结合人民法院新闻发布制度，适时发布知识产权审判中的重要新闻和典型案例，努力做到“4·26”世界知识产权日司法保护宣传常态化。坚持审判公开和透明原则，严格按照有关规定和要求，将生效知识产权裁判文书及时上网公开。定期选择有影响的案例，邀请人大代表、政协委员、专家学者、行业协会和有关部门的代表、外国政府和国际组织驻华机构代表等代表性人士和社会公众等旁听庭审，增进司法公开，接受群众监督，扩大社会影响。

30. 扩大知识产权对外司法交流合作。建立和完善知识产权司法保护对外信息沟通交流机制，积极参与国际和区域知识产权交流与合作，拓展交流深度，加大宣传力度，加深世界各国对我国知识产权司法保护制度及保护状况的全面、客观了解。既要根据我国国情和发展需求开展知识产权司法保护，又要有针对性地学习借鉴吸收国外有益司法经验。

五、加强知识产权司法解释工作，完善知识产权诉讼制度

31. 及时制定知识产权司法解释。按照《纲要》要求，增强司法解释的针对性和及时性，针对审判实践存在的比较普遍和突出的法律适用问题，及时制定司法解释，明确司法原则和政策，统一司法标准，规范并细化自由裁量权的行使，完善知识产权诉讼制度。强化司法解释的科学性和实效性，深入开展调查研究，广泛听取和征求各方面的意见，注意发挥学术团体、研究机构以及中介组织的参与作用，共同为完善知识产权司法保护制度提供智力支持。近期发布关于驰名商标司法保护的司法解释，尽快出台关于专利侵权判断标准和反垄断民事诉讼程序的司法解释。

32. 建立健全知识产权相关诉讼制度。按照《纲要》要求，与有关部门协调配合，针对知识产权案件专业性强等特点，建立和完善司法鉴定、专家证人、技术调查等诉讼制度，鼓励有条件的法院在专利等技术性案件审判中积

极探索开展技术调查的有效方式和具体做法。完善知识产权诉前临时措施制度，适时启动相关司法解释的起草工作。配合有关部门明确知识产权代理人的诉讼执业资质问题，推动有关部门研究建立相关律师代理制度。

33. 调整完善知识产权案件管辖制度。按照既方便法院审理和当事人诉讼，又充分满足科技创新和经济社会发展对知识产权审判新需求的原则，统筹规划知识产权审判管辖体制。继续坚持对专利、植物新品种和集成电路布图设计案件的指定管辖制度，严格控制新增专利案件管辖权的中级人民法院的数量；适度集中垄断案件和涉及驰名商标认定等特殊类型知识产权案件的管辖权；适当增加受理著作权、商标、不正当竞争和知识产权合同等一般知识产权案件的基层法院；经上级人民法院依法指定，具有一般知识产权案件管辖权的基层法院可以跨区域管辖同一上级人民法院辖区内的一般知识产权案件。

六、加强知识产权审判队伍建设，提高知识产权司法保护能力

34. 进一步健全知识产权审判机构。各级人民法院要根据担负的知识产权审判职责和任务的客观需要，本着立足现实、兼顾长远的原则精神，加强知识产权审判庭的机构设置、人员编制和内设机构配置。在中级以上法院和具有案件管辖权的基层法院普遍建立知识产权审判庭，暂不具备独立设庭的中级人民法院，也应当建立或指定专门负责审理知识产权案件的合议庭。

35. 大力充实知识产权审判队伍。采取切实有效措施，调整和充实知识产权法官队伍，提高知识产权法官队伍素质，强化审判和执行能力。注意从精通法律、外语基础较好、具有理工专业背景和一定审判经验的人员中选拔、培养知识产权法官，有效缓解案件持续增长与专业审判力量相对不足的矛盾。保持知识产权法官队伍的基本稳定，完善知识产权审判人才的专业结构，对于专业性和技术性较强的知识产权案件，尽可能由相对固定的合议庭和专业法官负责审理，重点培养一批社会认可度高的专业型、专家型知识产权法官。充分考虑知识产权审判和知识产权法官培养的规律，在工作量、业务考核等方面采用科学合理的业绩评价指标。积极开展与专利复审委员会等知识产权专业部门的人员和业务交流，鼓励东中西部法院之间开展各种形式的业务和人才交流。加大知识产权审判技能和专业知识培训力度，最高人民法院和各高级人民法院要制定长期培训规划，及时更新培训大纲，保证培训时间和质量，重点加大对中、基层法院和中西部地区法院知识产权审判人员的培训力度。

36. 高度重视知识产权法官队伍思想政治建设和廉政建设。强化知识产权审判人员的政治纪律和工作责任，进一步加强社会主义法治理念教育，使全

体审判人员牢固树立“三个至上”指导思想，切实做到为民、务实、清廉。严格执行有关反腐倡廉的制度和要求，认真落实“五个严禁”的规定，每一位审判人员要时刻保持警惕，各级领导要切实负起责任，加强对关键环节的监督检查，规范司法行为，严惩违规行为，确保知识产权司法的公正和廉洁。积极发掘并大力宣传知识产权司法保护工作中的好经验、好做法、好人物、好事迹，树立人民法院和知识产权法官的良好形象。

最高人民法院
印发《关于当前经济形势下知识产权审判服务大局若干问题的意见》的通知

（2009 年 4 月 21 日　法发〔2009〕23 号）

各省、自治区、直辖市高级人民法院，解放军军事法院，新疆维吾尔自治区高级人民法院生产建设兵团分院：

现将最高人民法院《关于当前经济形势下知识产权审判服务大局若干问题的意见》印发给你们，请结合审判工作实际，认真贯彻执行。

附：

关于当前经济形势下知识产权审判服务大局若干问题的意见

当前，我国国民经济继续保持平稳较快发展，改革开放深入推进，社会事业加快发展，人民生活进一步改善，但同时也面临着严重的困难和挑战。为深入贯彻全国“两会”精神，落实国家知识产权战略，使知识产权审判更好地服务于有效应对国际金融危机冲击，促进经济平稳较快发展的大局，为“保增长、保民生、保稳定”作出更加积极的贡献，现就当前经济形势下人民法院做好知识产权审判工作的若干问题，提出如下意见：

一、立足实际，突出重点，努力增强知识产权审判服务大局的针对性和有效性

1. 充分认识知识产权保护对于促进经济平稳较快发展的重要性，切实增强服务大局的使命感。知识产权是国家科技创新能力和水平的集中体现，是国家发展的战略性资源，是提高国际竞争力的核心要素。现代经济竞争归根结底也是知识产权的竞争。加强知识产权保护，提高知识产权的创造、运用和管理水平，对于加快经济结构调整、转变发展方式、推进自主创新、深化改革、提高对外开放水平，从而保持经济平稳较快发展，都具有重要意义。历史经验表明，经济危机常常伴随着科技革命，科技革命又成为推动新一轮经济增长和繁荣的重要引擎。在当前经济形势下加强知识产权保护，对于有效推动科技创新和科技革命，为催生新兴产业、创造新的市场需求、培育新的经济增长点和引领经济发展新方向，具有重大作用。

2. 高度关注国际国内经济形势变化对于知识产权审判的新需求，切实增强服务大局的针对性、有效性和主动性。当前经济形势对于知识产权审判提出了更新更高的要求和期待。知识产权司法保护只能加强和提升，不能削弱和放松。各级法院务必要增强危机意识、忧患意识、宏观意识和大局意识，更加注重拓展创新空间，促进培育自主知识产权、自主品牌和新的经济增长点，增强企业的市场竞争力，提高国家的核心竞争力；更加注重营造开放自由的贸易和投资环境，规范市场秩序，维护公平竞争，完善社会主义市场经济体制，大力推动诚信社会的建设，在应对挑战、化危为机中充分发挥知识产权审判的独特职能作用。

二、加大专利权保护力度，着力培育科技创新能力和拓展创新空间，积极推进自主创新

3. 以贯彻新修订的专利法为契机，高度重视专利审判工作，全面提高专利审判水平。以专利为核心的科技创新成果构成了企业和国家的核心竞争力，加强专利权保护对于科技进步和自主创新具有最直接、最重要的促进作用。各有关法院要以提高创新能力和建设创新型国家的责任感和使命感，高度重视专利案件的审理，把提高专利审判水平作为一项重点工作。要深刻领会和正确把握专利法立法宗旨和精神，加强调查研究，及时发现新情况，解决新问题，确保修订后的专利法的正确贯彻实施。

4. 准确把握专利司法政策，切实加强专利权保护。要从我国国情出发，根据我国科技发展阶段和产业知识产权政策，依法确定合理的专利司法保护范围和强度，既要使企业具有投资创新的动力，使个人具有创造热情，使社会富有创造活力，又不能使专利权成为阻碍技术进步、不正当打击竞争对手的工具；既能够充分调动、配置全社会的资本和技术资源，又能够加速技术信息的传播和利用。要正确适用专利侵权判定原则和方法，进一步总结审判经验，完善权利要求解释规则和侵权对比判定标准。正确解释发明和实用新型专利的权

利要求，准确界定专利权保护范围，既不能简单地将专利权保护范围限于权利要求严格的字面含义，也不能将权利要求作为一种可以随意发挥的技术指导，应当从上述两种极端解释的中间立场出发，使权利要求的解释既能够为专利权人提供公平的保护，又能确保给予公众以合理的法律稳定性。凡写入独立权利要求的技术特征，均应纳入技术特征对比之列。对于权利人在专利授权确权程序中所做的实质性的放弃或者限制，在侵权诉讼中应当禁止反悔，不能将有关技术内容再纳入保护范围。严格等同侵权的适用条件，探索完善等同侵权的适用规则，防止不适当地扩张保护范围。依法认真审查各种不侵权抗辩事由和侵权责任抗辩事由，合理认定先用权，依法支持现有技术抗辩。

三、加强商业标识保护，积极推动品牌经济发展，规范市场秩序和维护公平竞争

5. 充分尊重知名品牌的市场价值，依法加强知名品牌保护。知名品牌凝聚了企业的竞争优势，是企业参与国内国际市场竞争的利器，代表着核心的经济竞争力，是企业和国家的战略性资产，也是引领市场消费方向的主要因素。人民法院要通过依法加强商标权保护和制止不正当竞争，为知名品牌的创立和发展提供和谐宽松的法律环境，促进品牌经济发展，刺激和创造消费需求，拉动经济增长，增强我国企业的国内和国际竞争力。

6. 完善商标司法政策，加强商标权保护，促进自主品牌的培育。正确把握商标权的专用权属性，合理界定权利范围，既确保合理利用商标资源，又维护公平竞争；既以核定使用的商品和核准使用的商标为基础，加强商标专用权核心领域的保护，又以市场混淆为指针，合理划定商标权的排斥范围，确保经营者之间在商标的使用上保持清晰的边界，使自主品牌的创立和发展具有足够的法律空间。未经商标注册人许可，在同一种商品上使用与其注册商标相同的商标的，除构成正当合理使用的情形外，认定侵权行为时不需要考虑混淆因素。认定商品类似和商标近似要考虑请求保护的注册商标的显著程度和市场知名度，对于显著性越强和市场知名度越高的注册商标，给予其范围越宽和强度越大的保护，以激励市场竞争的优胜者，净化市场环境，遏制不正当搭车、模仿行为。

7. 妥善处理注册商标实际使用与民事责任承担的关系，使民事责任的承担有利于鼓励商标使用，激活商标资源，防止利用注册商标不正当地投机取巧。请求保护的注册商标未实际投入商业使用的，确定民事责任时可将责令停止侵权行为作为主要方式，在确定赔偿责任时可以酌情考虑未实际使用的事实，除为维权而支出的合理费用外，如果确无实际损失和其他损害，一般不根据被控侵权人的获利确定赔偿；注册人或者受让人并无实际使用意图，仅将注册商标作为索赔工具的，可以不予赔偿；注册商标已构成商标法规定的连续三年停止使用情形的，可以不支持其损害赔偿请求。

8. 加强驰名商标司法认定的审核监督，完善驰名商标司法保护制度，确保司法保护的权威性和公信力。严格把握驰名商标的认定范围和认定条件，严禁扩张认定范围和降低认定条件。凡商标是否驰名不是认定被诉侵权行为要件的情形，均不应认定商标是否驰名。凡能够在认定类似商品的范围内给予保护的注册商标，均无需认定驰名商标。对于确实符合法律要求的驰名商标，要加大保护力度，坚决制止贬损或者淡化驰名商标的侵权行为，依法维护驰名商标的品牌价值。认真贯彻《最高人民法院关于涉及驰名商标认定的民事纠纷案件管辖问题的通知》（法〔2009〕1号），凡通知下发以后不具有管辖权的法院受理的此类案件，均需移送有管辖权的法院审理；通知下发前受理、尚未审结的此类案件，要严格执行判前审核制度。各级法院均应加强已认定驰名商标的案件的评查和审判监督，对于伪造证据骗取驰名商标认定的案件，以及其他违法认定驰名商标的案件，均需通过审判监督程序予以纠正；当事人在涉及驰名商标认定的案件中有妨碍民事诉讼行为的，依法给予制裁。有管辖权的法院均应积极接受各有关方面对于驰名商标司法认定的监督，发现问题务必及时解决。有关驰名商标司法保护的司法解释颁布施行以后，各级法院要认真贯彻落实，使驰名商标司法保护更加规范化。

9. 加强商标授权确权案件的审判工作，正确处理保护商标权与维持市场秩序的关系。既要有效遏制不正当抢注他人在先商标行为，加强对于具有一定知名度的在先商标的保护，又要准确把握商标权的相对权属性，不能轻率地给予非驰名注册商标跨类保护。正确区分撤销注册商标的公权事由和私权事由，防止不适当地扩张撤销注册商标的范围，避免撤销注册商标的随意性。对于注册使用时间较长、已建立较高市场声誉和形成自身的相关公众群体的商标，不能轻率地予以撤销，在依法保护在先权利的同时，尊重相关公众已在客观上将相关商标区别开来的市场实际。要把握商标法有关保护在先权利与维护市场秩序相协调的立法精神，注重维护已经形成和稳定了的市场秩序，防止当事人假商标争议制度不正当地投机取巧和巧取豪夺，避免因轻率撤销已注册商标给企业正常经营造成重大困难。与他人著作权、企业名称权等在先财产权利相冲突的注册商标，因超过商标法规定的争议期限而不可撤销的，在先权利人仍可在诉讼时效期间内对其提起侵权的民事诉讼，但人民法院不再判决承担停止使用该注册商标的民事责任。

10. 妥善处理注册商标、企业名称与在先权利的冲突，依法制止“傍名牌”等不正当竞争行为。除注册商标之间的权利冲突民事纠纷外，对于涉及注册商标、企业名称与在先权利冲突的民事纠纷，包括被告实际使用中改变了注册商标或者超出核定使用的商品范围使用注册商标的纠纷，只要属于民事权益争议并符合民事诉讼法规定的受理条件，人民法院应予受理。凡被诉侵权商标在人民法院受理案件时尚未获得注册的，均不妨碍人民法院依法受理和审理；被诉侵权商标虽为注册商标，但被诉侵权行为是复制、摹仿、翻译在先驰名商标的案件，人民法院应当依法受理。

按照诚实信用、维护公平竞争和保护在先权利等原则，依法审理该类权利冲突案件。有工商登记等的合法形式，但实体上构成商标侵权或者不正当竞争的，依法认定构成商标侵权或者不正当竞争，既不需要以行政处理为前置条件，也不应因行政处理而中止诉讼。在中国境外取得的企业名称等商业标识，即便其取得程序符合境外的法律规定，但在中国境内的使用行为违反我国法律和扰乱我国市场经济秩序的，按照知识产权的独立性和地域性原则，依照我国法律认定其使用行为构成商标侵权或者不正当竞争。企业名称因突出使用而侵犯在先注册商标专用权的，依法按照商标侵权行为处理；企业名称未突出使用但其使用足以产生市场混淆、违反公平竞争的，依法按照不正当竞争处理。对于因历史原因造成的注册商标与企业名称的权利冲突，当事人不具有恶意的，应当视案件具体情况，在考虑历史因素和使用现状的基础上，公平合理地解决冲突，不宜简单地认定构成商标侵权或者不正当竞争；对于权属已经清晰的老字号等商业标识纠纷，要尊重历史和维护已形成的法律秩序。对于具有一定市场知名度、为相关公众所熟知、已实际具有商号作用的企业名称中的字号、企业或者企业名称的简称，视为企业名称并给予制止不正当竞争的保护。因使用企业名称而构成侵犯商标权的，可以根据案件具体情况判令停止使用，或者对该企业名称的使用方式、使用范围作出限制。因企业名称不正当使用他人具有较高知名度的注册商标，不论是否突出使用均难以避免产生市场混淆的，应当根据当事人的请求判决停止使用或者变更该企业名称。判决停止使用而当事人拒不执行的，要加大强制执行和相应的损害赔偿救济力度。

11. 加强不正当竞争和反垄断审判，统筹兼顾自由竞争与公平竞争的关系，积极促进市场结构完善和社会主义市场经济体制的健全。妥善处理专利、商标、著作权等知识产权专门法与反不正当竞争法的关系，反不正当竞争法补充性保护不能抵触专门法的立法政策，凡专门法已作穷尽规定的，原则上不再以反不正当竞争法作扩展保护。凡反不正当竞争法已在特别规定中作穷尽性保护的行为，一般不再按照原则规定扩展其保护范围；对于其未作特别规定的竞争行为，只有按照公认的商业标准和普遍认识能够认定违反原则规定时，才可以认定构成不正当竞争行为，防止因不适当地扩大不正当竞争范围而妨碍自由、公平竞争。妥善处理保护商业秘密与自由择业、涉密者竞业限制和人才合理流动的关系，维护劳动者正当就业、创业的合法权益。高度重视反垄断法的执行，依法审理好各类垄断纠纷案件，遏制垄断行为，维护公平竞争，为企业提供自由宽松的创业和发展环境。

四、完善知识产权诉讼制度，着力改善贸易和投资环境，积极推动对外开放水平的提高

12. 加强诉权保护，畅通诉讼渠道。依法加强诉权保护，凡符合受理条件的起诉均应及时受理；凡经权利人明确授权代为提起诉讼的律师，均可以权利人的名义提起诉讼，并考虑境外当事人维权的实际，不苛求境外权利人在起诉书上签章。结合知识产权审判实际，完善各种诉讼制度，简化救济程序，积极施行各项便民利民措施，增强司法救济的有效性。

13. 完善确认不侵权诉讼制度，遏制知识产权滥用行为，为贸易和投资提供安全宽松的司法环境。继续探索和完善知识产权领域的确认不侵权诉讼制度，充分发挥其维护投资和经营活动安全的作用。除知识产权权利人针对特定主体发出侵权警告且未在合理期限内依法提起诉讼，被警告人可以提起确认不侵权诉讼以外，正在实施或者准备实施投资建厂等经营活动的当事人，受到知识产权权利人以其他方式实施的有关侵犯专利权等的警告或威胁，主动请求该权利人确认其行为不构成侵权，且以合理的方式提供了确认所需的资料和信息，该权利人在合理期限内未作答复或者拒绝确认的，也可以提起确认不侵权诉讼。探索确认不侵犯商业秘密诉讼的审理问题，既保护原告的合法权益和投资安全，又防止原告滥用诉权获取他人商业秘密。

14. 严格把握法律条件，慎用诉前停止侵权措施。采取诉前停止侵权措施既要积极又要慎重，既要合理又要有效，要妥善处理有效制止侵权与维护企业正常经营的关系。诉前停止侵权主要适用于事实比较清楚、侵权易于判断的案件，适度从严掌握认定侵权可能性的标准，应当达到基本确信的程度。在认定是否会对申请人造成难以弥补的损害时，应当重点考虑有关损害是否可以通过金钱赔偿予以弥补以及是否有可执行的合理预期。担保金额的确定既要合理又要有效，主要考虑禁令实施后对被申请人可能造成的损失，也可以参考申请人的索赔数额。严格审查被申请人的社会公共利益抗辩，一般只有在涉及公众健康、环保以及其他重大社会利益的情况下才予考虑。诉前停止侵权涉及当事人的重大经济利益和市场前景，要注意防止和规制当事人滥用有关权利。应考虑被诉企业的生存状态，防止采取措施不当使被诉企业生产经营陷入困境。特别是在专利侵权案件中，如果被申请人的行为不构成字面侵权，其行为还需要经进一步审理进行比较复杂的技术对比才能作出判定时，不宜裁定责令诉前停止侵犯专利权；在被申请人依法已经另案提出确认不侵权诉讼或者已就涉案专利提出无效宣告请求的情况下，要对被申请人主张的事实和理由进行审查，慎重裁定采取有关措施。根据案件进展情况，注意依法适时解除诉前停止侵权裁定。加强在诉前停止侵权措施申请错误时对受害人的救济，申请人未在法定期限内起诉或者已经实际构成申请错误，受害人提起损害赔偿诉讼的，应给予受害人应有的充分赔偿。对于为阻碍他人新产品上市等重大经营活动而恶意申请诉前停止侵权措施，致使他人的市场利益受到严重损害的情形，要注意给予受害人充分保护。

15. 充分发挥停止侵害的救济作用，妥善适用停止侵害责任，有效遏制侵权行为。根据当事人的诉讼请求、案件的具体情况和停止侵害的实际需要，可以明确责令当事人销毁制造侵权产品的专用材料、工具等，但采取销毁措施应当以确有必要为前提，与侵权行为的严重程度相当，且不能造成不必要的损失。如果停止有关行为会造成当事人之间的重大利益失衡，或者有悖社会公共利益，或者实际上无法执行，可以根据案件具体情况进行利益衡量，不判决停止行为，而采取更充分的赔偿或者经济补偿等替代性措施了断纠纷。权利人长期放任侵权、怠于维权，在其请求停止侵害时，倘若责令停止有关行为会在当事人之间造成较大的利益不平衡，可以审慎地考虑不再责令停止行为，但不影响依法给予合理的赔偿。

16. 增强损害赔偿的补偿、惩罚和威慑效果，降低维权成本，提高侵权代价。在确定损害赔偿时要善用证据规则，全面、客观地审核计算赔偿数额的证据，充分运用逻辑推理和日常生活经验，对有关证据的真实性、合法性和证明力进行综合审查判断，采取优势证据标准认定损害赔偿事实。积极引导当事人选用侵权受损或者侵权获利方法计算赔偿，尽可能避免简单适用法定赔偿方法。对于难以证明侵权受损或侵权获利的具体数额，但有证据证明前述数额明显超过法定赔偿最高限额的，应当综合全案的证据情况，在法定最高限额以上合理确定赔偿额。除法律另有规定外，在适用法定赔偿时，合理的维权成本应另行计赔。适用法定赔偿时要尽可能细化和具体说明各种实际考虑的酌定因素，使最终得出的赔偿结果合理可信。根据权利人的主张和被告无正当理由拒不提供所持证据的行为推定侵权获利的数额，要有合理的根据或者理由，所确定的数额要合情合理，具有充分的说服力。注意参照许可费计算赔偿时的可比性，充分考虑正常许可与侵权实施在实施方式、时间和规模等方面的区别，并体现侵权赔偿金适当高于正常许可费的精神。注意发挥审计、会计等专业人员辅助确定损害赔偿的作用，引导当事人借助专业人员帮助计算、说明和质证。积极探索知识产权损害赔偿专业评估问题，在条件成熟时适当引入由专业机构进行专门评估的损害赔偿认定机制。

17. 注意研究经济领域的知识产权新问题，积极促进科技兴贸基地和服务外包基地建设。加强科技兴贸基地和服务外包基地建设所涉及的知识产权保护问题的调查研究，有针对性地加强相关知识产权的司法保护，为促进科技兴贸基地和服务外包基地建设提供优良的司法环境。加大对信息、软件、医药、新材料、航空航天、精细化工等高新技术领域的知识产权保护力度，积极促进科技兴贸基地建设。引导高技术企业进一步增强自主创新能力，拥有自主知识产权，大力支持具有自主品牌和自主知识产权的高新技术产品出口，进一步提高出口产品国际市场竞争力。深入研究服务外包中的知识产权法律问题，促进服务外包基地建设。通过司法裁判引导服务外包企业树立知识产权保护意识，建立健全企业知识产权保护制度，提高外包服务的竞争力。

18. 完善有关加工贸易的司法政策，促进加工贸易健康发展。认真研究加工贸易中的知识产权保护问题，抓紧总结涉及加工贸易的知识产权案件的审判经验，解决其中存在的突出问题，完善司法保护政策，促进加工贸易的转型升级。妥善处理当前外贸“贴牌加工”中多发的商标侵权纠纷，对于构成商标侵权的情形，应当结合加工方是否尽到必要的审查注意义务，合理确定侵权责任的承担。

19. 坚持平等保护原则，坚决反对任何形式的保护主义。严格依法办案，平等保护本地与外地、本国与外国当事人的合法权益，坚决遏制地方保护和部门保护，促进国内市场的统一开放，完善投资环境和增强投资信心，提高国际声誉和树立良好形象，提高对外开放水平。统筹好国内国际两个大局，妥善处理与贸易有关的重大知识产权纠纷，积极服务于国内国际两个市场、两种资源的统筹利用，既确保遵循相关国际公约和国际惯例，促进国际经贸合作，又始终注意维护国家利益和经济安全，激励和促进自主创新，提升我国的知识产权综合能力和国际竞争力。正确处理对外关系与具体案件审理的关系，无论普通涉外案件还是引起国际关注的敏感性案件，都要严格依法办案，不能为盲目迎合片面的外部舆论而牺牲公正司法。

20. 加强同类案件和关联案件的协调指导，规范司法行为，维护法治统一。加强同类案件的调查研究和业务指导，加大司法解释力度，完善司法政策，积极推行典型案例指导制度，不断明确和完善法律适用标准。强化对法官行使自由裁量权的约束和规范机制，细化正当行使自由裁量权的标准。对于法律问题相同、裁判定性不一的案件，强化审级监督，充分发挥二审和再审的纠错功能。加强关联案件的协调指导力度，完善协调处理机制。对于涉及同一法律事实或者同一法律关系的关联案件，需要移送的，应当依照法律规定移送管辖和合并审理。健全关联案件审理法院之间的相互沟通制度和报请共同上级法院协调指导制度。在后受理的法院，应积极主动加强沟通并及时报请上级法院进行协调，避免作出相互矛盾的判决。

最高人民法院
关于印发《中国知识产权司法保护纲要（2016—2020）》的通知

（2017 年 4 月 20 日　法发〔2017〕13 号）

各省、自治区、直辖市高级人民法院，解放军军事法院，新疆维吾尔自治区高级人民法院生产建设兵团分院：

现将《中国知识产权司法保护纲要（2016—2020）》印发给你们，请认真贯彻执行。

附：

中国知识产权司法保护纲要（2016—2020）

实现中华民族伟大复兴的中国梦，极大地激发了大众创业、万众创新。创业者创新者依法获得的产权，应当受到法律的保护。知识产权作为重要的产权类型，通过转化应用，可以形成先进的生产力，这是当前和今后一个时期推动我国供给侧结构性改革，淘汰落后产能，提升国际竞争力的必然选择。因此，必须加强知识产权司法保护，充分实现知识产权价值，促进创新性成果的创造和转化应用，为建设知识产权强国和世界科技强国提供有力的司法保障。

我国知识产权司法保护制度在改革开放的大潮中起步和发展，伴随着我国商标法、专利法、著作权法等法律的实施以及加入世界贸易组织而不断完善，逐步建立起了以司法保护为主导，民事审判为基础，行政审判和刑事审判并行发展的知识产权司法保护体制机制。这一模式，凝聚着知识产权保护的“中国智慧”和“中国经验”，反映了知识产权司法规律，是我国社会主义法律体系的重要组成部分，符合国际知识产权保护的通行规则和惯例。

一、发展状况

我国知识产权司法保护用了 30 余年的时间，不断追赶西方发达国家近

300 年走过的路，走出了一条融合与创新、自主发展与自我完善的“中国道路”。

历经 30 年，我国知识产权案件数量显著增长。1985 年 2 月，人民法院受理第一宗专利权纠纷案件。1985 年至 2016 年，人民法院受理知识产权民事一审案件 792851 件，审结 766101 件。知识产权行政案件从 2002 年开始单列统计，至 2016 年，人民法院受理知识产权行政一审案件 44401 件，审结 39113 件。知识产权刑事案件从 1998 年开始单列统计，至 2016 年，人民法院受理知识产权刑事一审案件 77116 件，审结 76174 件。知识产权保护的范围涵盖了《与贸易有关的知识产权协议》所规定的各类知识产权以及不正当竞争行为。在中华老字号、中医药、中国民间文学艺术、中文字库等方面的知识产权司法保护，令古老的中华文明生机盎然。

历经 30 年，我国知识产权审判机制逐步健全。1995 年 10 月，最高人民法院成立知识产权审判庭。2014 年 11 月起，北京、广州、上海知识产权法院相继成立。2017 年初，南京、苏州、成都和武汉知识产权专门审判机构先后设立。2016 年 7 月，知识产权民事、行政和刑事案件审判“三合一”在全国法院推行。技术调查官以及司法鉴定、专家辅助人、专家咨询等技术事实查明多元化机制初步形成。由北京知识产权法院依法管辖专利、商标授权确权行政案件，部分中级人民法院集中管辖专利等技术类民事案件，部分基层人民法院管辖一般知识产权案件的格局更趋合理。截至 2016 年底，经最高人民法院指定或者依法享有专利、植物新品种、集成电路布图设计、垄断和涉及驰名商标认定民事纠纷案件专门管辖权的中级人民法院共有 224 个。此外，最高人民法院还批准了 167 个基层人民法院管辖一般知识产权民事案件。

历经 30 年，我国知识产权司法政策不断完善。最高人民法院通过制定司法政策指导审判实践，确保不同时期、不同地区、不同领域知识产权创造、运用和交易纠纷解决的法律适用标准统一透明，切实有效；确保在知识产权审判工作中坚持党的领导、人民当家作主与依法治国有机统一。1985 年至 2016 年，共制定涉知识产权司法解释 34 个，司法政策性文件 40 多件，有效发挥知识产权司法保护的主导作用。特别是党的十八大以来，最高人民法院坚决贯彻习近平总书记系列重要讲话精神和治国理政新理念新思想新战略，加大司法改革力度，不断破解制约知识产权保护的体制机制性障碍，提出当前和今后一个时期坚持“司法主导、严格保护、分类施策、比例协调”知识产权司法保护基本政策。

过去 30 年的实践和经验证明，知识产权司法保护事关创新驱动发展战略实施，事关经济社会文化发展繁荣，事关国际国内两个大局，越来越受到社会各界和国际社会的广泛关注。为此，最高人民法院设立了“最高人民法院知识产权司法保护研究中心”、“最高人民法院知识产权案例指导研究（北京）基地”、“中国法院知识产权司法保护国际交流（上海）基地”、“最高人民法院知识产权司法保护与市场价值研究（广东）基地”，定期发布《中国法院知识产权司法保护状况》《最高人民法院知识产权案件年度报告》《中国知识产权司法保护年鉴》，及时总结、权威展现中国知识产权司法保护的新成果、新经验，努力让人民群众在每一个司法案件中感受到公平正义。

过去30年的实践和经验证明，知识产权司法保护必须立足我国仍处于社会主义发展初级阶段这一基本国情，紧紧围绕实现国家治理体系和治理能力现代化目标，坚持开放思维，坚持世界眼光，严格遵守国际公约，积极参与国际知识产权治理实践，及时发出中国声音，充分彰显中国知识产权司法保护的国际影响力。

过去30年的实践和经验证明，要充分发挥知识产权司法保护的主导作用，必须打造一支司法为民、公正司法的审判队伍，始终坚持做到信念坚定、业务精通、作风优良、清正廉洁、勇于创新、敢于担当。目前，全国法院共有知识产权法官及法官助理、技术调查官、书记员等5000余人。他们传承知识产权司法保护的先进理念，推动中国知识产权司法保护的发展进步，是一支让党和人民可以信赖的队伍。

党的十八大以来，“创新、协调、绿色、开放、共享”的经济发展新理念对知识产权司法保护工作提出了更高的要求。同时，全球迎来了新一轮科技革命与产业变革，发达国家纷纷将知识产权作为抢占全球经济、科技制高点的有力武器，在国际贸易中实行高标准的知识产权保护规则，知识产权越来越成为国际竞争力的核心要素。面对新的国内和国际形势，按照《中华人民共和国国民经济和社会发展第十三个五年规划纲要》《中共中央国务院关于完善产权保护制度依法保护产权的意见》《中共中央国务院关于深化体制机制改革加快实施创新驱动发展战略的若干意见》《国家知识产权战略纲要》等决策部署，结合人民法院知识产权司法保护工作实际，特制定《中国知识产权司法保护纲要（2016—2020）》。力争通过五年的努力，知识产权司法保护体系更加完善，司法保护能力更大提升，司法保护的主导作用更加突出，同时为国际知识产权司法保护提供更多的“中国智慧”和“中国经验”。

二、指导思想

坚持以马克思列宁主义、毛泽东思想、邓小平理论、“三个代表”重要思想和科学发展观为指导，全面贯彻党的十八大和十八届三中、四中、五中、六中全会精神，深入贯彻习近平总书记系列重要讲话精神和治国理政新理念新思想新战略，牢固树立“四个意识”，按照“五位一体”总体布局和“四个全面”战略布局要求，紧紧围绕“努力让人民群众在每一个司法案件中感受到公平正义”的目标，坚持司法为民、公正司法，不断深化司法改革，充分发挥知识产权司法保护主导作用，树立保护知识产权就是保护创新的理念，为实施国家知识产权战略和创新驱动发展战略提供有效司法服务，为实现“两个一百年”奋斗目标和建设知识产权强国、世界科技强国提供有力司法保障。

三、基本原则

1. 坚持服务大局。服务大局是人民法院审判工作的根本使命，是知识产权审判的重要职责。必须切实增强大局意识，增强历史责任感和使命感，紧紧围绕党和国家发展大局，积极适应国际形势新变化，找准知识产权审判工作着力点。

2. 坚持改革创新。改革创新是知识产权审判持续健康发展的动力源泉，是实现审判体系和审判能力现代化的必由之路。对于影响和制约知识产权审判发展的关键领域和薄弱环节，必须以创新的理念和方法破解难题、补齐短板，不断完善审判体制机制，加快推进知识产权司法体系和司法能力向现代化迈进。

3. 坚持司法主导。发挥知识产权司法保护的主导作用是司法的本质属性和知识产权保护规律的内在要求，是全面推进依法治国的重要体现。必须强化司法主导理念，充分发挥司法保护的体制机制性优势，妥善处理司法保护和行政保护之间的关系，强化对行政执法行为的程序审查和执法标准的实体审查，在依法支持行政执法行为的同时，加强监督，严格规范。

4. 坚持平等保护。要平等保护不同所有制经济主体和不同国别当事人之间知识产权的合法权益。必须坚持权利平等、机会平等和规则平等，无论是公有制经济，还是非公有制经济，无论是本国当事人，还是外国当事人，都要切实保障当事人在知识产权诉讼中享有平等的程序权利和实体权利。

5. 坚持严格保护。严格保护知识产权是实施创新驱动发展战略的必然要求，是我国当前和今后一个时期知识产权司法保护的基本方向。必须以充分实现知识产权价值为导向，以有利于激励创新为出发点，严格执行法律，切实提高知识产权司法保护的针对性和有效性。

6. 坚持分类施策。正确把握技术成果类、经营标记类等不同类型知识产权的保护需求和特点，妥善界定不正当竞争和垄断行为的判断标准，不断加强对关键环节、特殊领域以及特定问题的研究和解决。根据知识产权的不同类型和领域分类施策，使保护方式、手段、标准与知识产权特质、需求相适应。

7. 坚持比例协调。统筹兼顾保护权利和激励创新，坚持知识产权保护范围和强度与其创新和贡献程度相协调，侵权人的侵权代价与其主观恶性和行为危害性相适应，知识产权保护与发展规律、国情实际和发展需求相匹配，依法合理平衡权利人利益、他人合法权益和社会公共利益、国家利益，实现保护知识产权与促进技术创新、推动产业发展和谐统一。

8. 坚持开放发展。提高我国知识产权司法保护的国际影响力是建成中国特色、世界水平的知识产权强国的必然要求。必须坚持国际视野和世界眼光，既立足现实和国情，又尊重国际规则和主流做法，大胆吸收和借鉴知识产权司法保护的国际经验，认真总结和积极宣传知识产权司法保护的中国经验，不断增强我国在知识产权国际治理规则中的引领力。

四、主要目标

1. 建立协调开放的知识产权司法保护政策体系。建立统领法律适用标准、裁判思路以及裁判价值导向，协调开放的司法政策体系。

2. 建立明确统一的知识产权裁判标准规则体系。建立在权利范围认定、侵权行为认定、损害赔偿认定、证据效力采信等方面明确统一的规则体系。

3. 建立均衡发展的知识产权法院体系。建立区域布局、横向关系、纵向关系、“三合一”机制均衡发展的知识产权法院体系。

4. 建立布局合理的知识产权案件管辖制度体系。建立地域管辖、级别管辖、专属管辖以及跨区域集中管辖的案件管辖制度体系。

5. 建立符合知识产权案件特点的证据规则体系。建立当事人提供证据与法院依职权调查取证及保全证据，证据披露与排除证据妨碍等统筹协调的证据规则体系。

6. 建立科学合理的知识产权损害赔偿制度体系。建立权利人被侵权所遭受的损失、侵权人获得的利益、许可费用、法定赔偿以及维权成本与知识产权价值相适应的损害赔偿制度体系。

7. 建设高素质的知识产权法官队伍。建设公正司法、司法为民，能够优质高效审理知识产权民事、行政和刑事案件，具有国际视野的知识产权法官队伍。

8. 建立知识产权国际司法交流合作长效机制。积极推动我国“一带一路”和“走出去”战略、“中国制造 2025”战略的实施，创造公平公正、竞争有序的国际环境。

五、重点措施

（一）公正高效审理各类知识产权案件

积极改进民行交叉案件的审判机制，避免循环诉讼，加快纠纷的实质性解决。推进案件繁简分流，根据不同审级和案件类型性质，实现案件审理程序和裁判文书的繁简有度，做到简案快审、繁案精审。适当扩大简易程序的适用范围，对于事实清楚、权利义务明确、争议不大的简单的知识产权案件，可以简化审理程序。充分发挥审判委员会总结审判经验和加强审判指导的职能作用，提高审判质量和效率。

（二）建立有效机制确保法律正确实施

认真总结专利、商标授权确权行政纠纷案件、商标民事纠纷案件和诉前行为保全中的法律适用问题，适时制定相关司法解释，统一裁判标准和尺度。推进植物新品种司法解释修订工作，加强植物新品种权的司法保护。积极开展对涉及标准必要专利、新商业模式、著作权集体管理、信息网络环境下的知识产权保护等前沿法律适用问题的调研。加强对中医药、民间文学艺术以及涉及非物质文化遗产的知识产权保护，及时制定司法政策，明确裁判原则和要求。加强对自由贸易区建设中涉平行进口、转运过境、定牌加工等知识产权纠纷问题的研究，妥善予以解决。积极参与专利法、著作权法、反不正当竞争法等法律的修订工作，力争将司法解释、司法政策中的相关规则上升为法律，推动解决知识产权司法保护和行政保护“双轨制”实际运行中存在的问题。

（三）全面推进知识产权民事、行政和刑事审判“三合一”

遵循知识产权司法规律，构建符合实际情况的“三级联动、三审合一、三位一体”的集中型立体审判模式，重点解决知识产权刑事案件侦查、批捕、公诉、审判等各个环节的协调配合问题。高级人民法院要建立辖区内人民法院与检察机关、公安机关以及知识产权行政执法机关的沟通联络机制，协调公安、检察机关做好刑事案件的侦查和移送起诉工作。高、中级人民法院成立相应的协调组织，负责指导监督辖区内的“三合一”工作。根据工作需要适当调配审判力量，加大培训力度，努力造就一支能够驾驭三大诉讼的复合型法官队伍。知识产权法院要根据全国人民代表大会常务委员会作出的相关决定适时开展“三合一”审判。

（四）不断完善知识产权案件管辖制度

按照知识产权案件适当集中、布局合理、审判模式“三合一”的原则，统筹确定知识产权案件的地域管辖、级别管辖和专门管辖。在中级人民法院辖区内的一般知识产权民事、行政和刑事案件原则上指定一个基层人民法院跨区划集中管辖，案件数量多的地区可以适当增加指定基层人民法院管辖，案件数量少的地区可以由中级人民法院提级管辖。级别管辖主要按照案件类型划分，逐步实现技术类案件集中管辖。要明确案件管辖权移转的条件、范围和程序，重大、疑难复杂、社会关注度高的案件可由上级人民法院提级管辖。知识产权法院及法庭实行跨行政区划专门管辖专利等技术类民事、行政和刑事案件。

（五）适时制定知识产权诉讼证据规则

根据知识产权自身的无形性、时间性和地域性等特点，借鉴发达国家和地区经验，制定与之相适应的诉讼证据规则，引导当事人诚信诉讼。通过明确举证责任倒置等方式合理分配举证责任，完善诉前诉中证据保全制度，支持当事人积极寻找证据，主动提供证据。探索建立证据披露、证据妨碍排除等规则，明确不同诉讼程序中证据相互采信、司法鉴定效力和证明力等问题，发挥专家辅助人的作用，适当减轻当事人的举证负担，着力破解当事人举证难、司法认定难等问题。

（六）不断完善技术事实查明机制

明确技术调查官、技术咨询专家、技术鉴定人员等司法辅助人员参与技术事实调查的方式，充分运用技术调查的各种力量资源，构建有机协调的技术事实调查认定体系，提高技术事实查明的科学性、专业性和中立性，规范技术调查报告的撰写格式和采信机制。对于辅助法官形成心证并与裁判结果有重要关联性的技术调查意见，可以通过释明等方式向当事人适度公开。强化法官在查明技术事实中的主导作用，规范技术调查主体提供的各种技术审查意见的法律定位。

（七）构建以充分实现知识产权价值为导向的侵权赔偿制度

大力弘扬尊重知识，尊重人才的理念。坚持知识产权创造价值，权利人理应享有利益回报，侵害知识产权就是侵害他人人身权和财产权的价值导向。建立公平合理、比例协调的知识产权损害赔偿制度，以补偿性为主，以惩罚性为辅，让权利人利益得到赔偿，侵权人无利可图，败诉方承担维权成本。推动在著作权法、专利法和反不正当竞争法等法律中规定惩罚性赔偿制度，提高知识产权侵权的法定赔偿额。按照《中共中央国务院关于深化体制机制改革加快实施创新驱动发展战略的若干意见》《中共中央国务院关于完善产权保护制度依法保护产权的意见》等的决策要求，实现对知识产权实行严格保护的历史性转变。

（八）开展知识产权诉讼特别程序法问题研究

为适应知识产权审判“三合一”需要，积极开展知识产权诉讼特别程序法专题调研，以适当方式适时推动制定符合知识产权审判特点的特别程序法。通过特别程序法确立知识产权民事、行政和刑事案件的地域管辖、级别管辖和专属管辖制度、知识产权诉讼证据规则和证据保全制度，进一步明确在专利和商标民事诉讼中人民法院对专利和注册商标效力进行审查的职能，明确技术调查官、专家辅助人、技术咨询专家等的诉讼权利义务与责任。

（九）推动健全知识产权审判专门机构

积极贯彻落实《京津冀协同发展纲要》精神，最高人民法院负责统筹协调京津冀技术类案件跨区域管辖工作。探索由北京知识产权法院在天津市和河北省设立派出法庭，集中管辖京津冀技术类案件，并以此为基础推动其他知识产权法院在更大范围内跨区划集中管辖技术类案件。认真总结重庆、南京、苏州、武汉和成都知识产权专门审判机构设立以来的工作情况和经验，根据审判工作实际需要，依法适当增设知识产权法院，完善知识产权专门审判机构合理布局。

（十）研究构建知识产权案件上诉机制

按照2008年《国家知识产权战略纲要》提出的“探索建立知识产权上诉法院”的要求，从国家长远发展战略的高度以及适应国际发展趋势的宽广视野，深入研究建立国家层面知识产权案件上诉机制，努力从体制上解决全国技术类案件由于二审管辖分散导致终审判决法律适用标准不统一，从而影响司法公信力的问题。

（十一）积极推行知识产权案例指导制度

最高人民法院发布的知识产权指导性案例、公报案例、最高人民法院知识产权审判庭发布的典型案例、“最高人民法院知识产权案例指导研究（北京）基地”发布的案例以及最高人民法院司法案例研究院发布的知识产权典型案例要形成科学合理的案例群，明确各自案例的遴选机制、效力层级、发布主体和发布方式。构建指导性案例和参考性案例并存的案例体系，实现各种案例严格规范生成和不断编纂更新替代的互动机制。建立覆盖全国的知识产权案例数据库，打造智能化案例信息管理和应用系统。

（十二）推动建立知识产权多元化纠纷解决机制

有效发挥仲裁和其他纠纷解决方式在知识产权纠纷解决中的积极作用，鼓励当事人通过非诉讼方式化解纠纷。加强与仲裁机构、行业协会、调解组织的沟通，推动知识产权民事纠纷解决第三方平台建设，畅通诉讼与仲裁、调解的对接机制，统一相关流程和法律文书。支持仲裁机构、调解组织在证据保全、财产保全、强制执行等方面依法履职，形成知识产权纠纷非诉讼解决便捷机制。

（十三）全面推进知识产权司法公开

积极探索移动互联环境下司法公开的新途径，强化知识产权审判对中国裁判文书网、中国审判流程信息网、中国庭审公开网等平台的广泛应用，推进知识产权司法公开的信息化、数据化、精细化。加强科技法庭建设，运用视频、音频等技术公开庭审过程，大力推进庭审同步录音录像和庭审网络直播，创新庭审公开形式，拓展庭审公开的范围。引入数据分析机构、互联网新媒体等第三方专业机构分析研发司法数据，加强司法公开的成果应用，提升司法公开的智能化。做好《中国法院知识产权司法保护状况》《最高人民法院知识产权案件年度报告》以及“十大案件和五十个典型案例”等撰写发布工作。

（十四）继续加强国际交流与合作

依托“中国法院知识产权司法保护国际交流（上海）基地”，建设具有国际水平的知识产权智库，积极开展具有国际影响力的知识产权研讨交流活动，宣传中国知识产权司法保护成就。进一步拓展国际交流合作空间，通过派员参加国际会议、出国培训、举办国际论坛、邀请外国法官和学者来华交流等方式，及时了解掌握国际知识产权保护动态，促进相互沟通与合作。通过各种对话平台，积极参与和引导国际知识产权治理规则创设和修订，推动构建更加公平公正开放透明的国际规则。

（十五）建设高素质知识产权审判队伍

加强思想政治建设，改进司法作风，确保司法廉洁。通过挂职、任职等多种方式，建立知识产权法院之间、知识产权专门审判机构之间、上下级法院之间形式多样的人员交流制度，逐步实现全国法院知识产权法官队伍建设一体化。着力培养一批顾全大局、精通法律、了解技术并具有国际视野的知识产权法官。推进人员分类管理，明确法官、法官助理、技术调查官、书记员的职责及管理要求。规范技术调查官的选任条件、任职类型、回避制度和培养机制。

最高人民法院负责本纲要的具体组织实施工作，根据工作需要成立相应的协调指导机构，确定本纲要各项重点措施实施的时间表和路线图。建立情况通报制度，及时总结经验，加强监督指导，推动地方各级人民法院按期完成各项工作任务。各级人民法院要积极做好舆论宣传工作，为知识产权司法保护营造良好的外部环境。

最高人民法院知识产权案件年度报告（2008）

（2009年4月22日）

序　言

最高人民法院知识产权审判庭负责审理本院受理的各类知识产权民事纠纷案件和部分专利、商标授权确权行政纠纷案件。2008年，最高人民法院知识产权审判庭共新收包括侵犯专利权纠纷、侵犯著作权纠纷、侵犯商标权纠纷、不正当竞争纠纷和各类知识产权合同纠纷以及专利、商标授权确权纠纷等知识产权案件277件，加上2007年旧存的各类案件52件，全年共审理各类案件329件，比2007年增长103.9%。最高人民法院通过依法履行知识产权审判职责，解决各类知识产权纷争，充分保护了当事人的合法权益。同时，最高人民法院通过一系列疑难复杂和新类型知识产权案件的裁判，不断明确相关法律适用问题，维护了知识产权司法标准的统一。最高人民法院裁判的这些知识产权案件中有关法律适用问题的阐释，对于全国法院知识产权司法保护工作具有指导和借鉴意义。为及时总结审判经验，加强审判监督和指导，促进知识产权法律适用标准的统一和完善，最高人民法院知识产权审判庭在2008年度审结的184件案件中，选取了23件典型案件的判理摘要，形成本年度报告，现公开发布。

一、知识产权民事案件

（一）专利案件

1. 在施特里克斯有限公司与宁波圣利达电器制造有限公司、华普超市有限公司侵犯专利权纠纷申请再审案中，最高人民法院（2007）民三监字第51-1号驳回再审申请通知认为，公知技术抗辩的适用仅以被控侵权产品中被指控落入专利权保护范围的全部技术特征与已经公开的其他现有技术方案的相应技术特征是否相同或者等同为必要，不能因为被控侵权产品与专利权人的专利相同而排除公知技术抗辩原则的适用。

2. 在辽宁省高级人民法院关于朝阳兴诺公司按照建设部颁发的行业标准《复合载体夯扩桩设计规程》设计、施工而实施标准中专利的行为是否构成侵犯专利权问题请示案中，最高人民法院（2008）民三他字第4号答复函认为，鉴于目前我国标准制定机关尚未建立有关标准中专利信息的公开披露及使用制度的实际情况，专利权人参与了标准的制定或者经其同意，将专利纳入国家、行业或者地方标准的，视为专利权人许可他人在实施标准的同时实施该专利，他人的有关实施行为不属于专利法第十一条所规定的侵犯专利权的行为；专利权人可以要求实施人支付一定的使用费，但支付的数额应明显低于正常的许可使用费；专利权人承诺放弃专利使用费的，依其承诺处理。

3. 在浙江杭州鑫富药业股份有限公司诉山东新发药业有限公司、上海爱兮缇国际贸易有限公司发明专利临时保护期使用费纠纷及侵犯发明专利权纠纷管辖权异议申请再审案中，最高人民法院（2008）民申字第81号民事裁定明确了发明专利临时保护期使用费纠纷的管辖确定原则。最高人民法院认为，发明专利临时保护期使用费纠纷虽然不属于一般意义上的侵犯专利权纠纷，但在本质上也是一类与专利有关的侵权纠纷，应当依据民事诉讼法第二十九条有关侵权诉讼的管辖确定原则来确定发明专利临时保护期使用费纠纷的管辖。发明专利临时保护期使用费纠纷在案件性质上与侵犯专利权纠纷最为类似，因此，在法律或者司法解释对这类案件的管辖作出特别规定之前，可以参照侵犯专利权纠纷的管辖规定确定管辖。对于被控侵权的实施行为跨越发明专利授权公告日前后的，其行为具有前后的连续性、一致性，从方便当事人诉讼出发，应当允许权利人一并就临时保护期使用费和侵犯专利权行为同时提出权利主张。

4. 在蓝星化工新材料股份有限公司江西星火有机硅厂与山东东岳有机硅材料有限公司、山东东岳氟硅材料有限公司、北京石油化工设计院有限公司侵犯实用新型专利权纠纷上诉案中，最高人民法院（2008）民三终字第7号民事裁定认为，受理法院对案件有管辖权是审理案件的前提，当确定诉讼主体与确定管辖权发生冲突时，受理法院应当首先就管辖权问题作出裁定。

5. 在蔡朗春与佛山石湾鹰牌陶瓷有限公司、江门市新力塑料厂有限公司、朱根良侵犯专利权纠纷管辖权异议申请再审案中，最高人民法院（2008）民申字第19号民事裁定认为，杭州市中级人民法院已审理过再审申请人就涉案专利权提起的多个侵权诉讼，且本案不属于在浙江省内具有重大影响的案件，因此，为便于案件的审理，上级人民法院可以根据民事诉讼法第三十九条的规定将本院管辖的第一审民事案件交下级人民法院审理。

（二）著作权案件

6. 在广东大圣文化传播有限公司与洪如丁、韩伟、广州音像出版社、重庆三峡光盘发展有限责任公司、联盛商业连锁股份有限公司侵犯著作权纠纷申请再审案中，最高人民法院（2008）民提字第51号民事判决澄清了著作权法第三十九条第三款与第四十一条第二款的法律适用范围问题。著作权法第三十九条第三款设定了限制音乐作品著作权人权利的法定许可制度，即“录音制作者使用他人已经合法录制为录音制品的音乐作品制作录音制品，可以不经著作权人许可，但应当按照规定支付报酬”。该规定虽然只是规定使用他人已合法录制为录音制品的音乐作品制作录音制品可以不经著作权人许可，但该规定的立法本意是为了便于和促进音乐作品的传播，对使用此类音乐作品制作的录音制品进行复制、发行，同样应适用著作权法第三十九条第三款法定许可的规定。即经著作权人许可制作的音乐作品的录音制品一经公开，其他人再使用该音乐作品另行制作录音制品并复制、发行，不适用第四十一条第二款“经著作权人许可”的规定。

7. 在新传在线（北京）信息技术有限公司与中国网络通信集团公司自贡分公司侵犯信息网络传播权纠纷申请再审案中，最高人民法院（2008）民申字第926号民事裁定认为，对于当事人提供的相关公证证据，人民法院在必要时可以根据网络环境和网络证据的具体情况，审查公证证明的网络信息是否来自于互联网而不是本地电脑，并在此基础上决定能否作为定案依据。因在技术上确实存在可以预先在本地电脑中设置目标网页，通过该电脑访问互联网时，该虚拟的目标网页与其他真实的互联网页同时并存的可能性，当公证行为是在公证处以外的场所进行，公证所用的电脑及移动硬盘在公证之前不为公证员控制，且公证书没有记载是否对该电脑及移动硬盘的清洁性进行检查的情况下，最高人民法院认为此类公证书虽能证明在公证员面前发生了公证书记载的行为，但还不足以证明该行为发生于互联网环境之中。本案不仅对人民法院如何审查涉及网络的公证证据具有指导意义，也有利于规范涉及网络的公证行为。

8. 在日本国株式会社双叶社与上海恩嘉经贸发展有限公司、广州市诚益眼镜有限公司、响水县世福经济发展有限公司侵犯著作权纠纷申请再审案中，最高人民法院（2007）民三监字第14-1号民事裁定认为，双叶社的起诉请求不仅主张被申请人诚益公司、世福公司在注册或者持有的商标中非法使用了其享有著作权的“蜡笔小新”美术作品，还主张恩嘉公司未经许可在产品销售、宣传时非法使用其美术作品；双叶社对上述产品销售、宣传等实际使用行为提起诉讼，属于民事权益争议，在符合民事诉讼法第一百零八条规定的情况下，人民法院应当予以受理。

9. 在中国文联音像出版社、天津天宝文化发展有限公司、天津天宝光碟有限公司与广东唱金影音有限公司及河北省河北梆子剧院等侵犯著作权纠纷上诉案中，最高人民法院（2008）民三终字第5号民事判决认为，其一，对于整台戏剧的演出，由于其筹备、组织、排练等均由剧院或剧团等演出单位主持，演出所需投入亦由演出单位承担，演出体现的是演出单位的意志，故演出单位是著作权法意义上的表演者；其二，录像制作者享有的“录像制作者权”与其从表演者及相关著作权人处获得授权的“独家出版发行相关剧目录像制品的权利”不同，前者是对其自行录制的录像制品享有的复制、发行、出租、信息网络传播等权利，后者则类似于专有出版权，可以禁止他人未经许可出版、发行同一表演者表演的该剧目的录像制品，不限于某一演出场次、某一录制版本。

10. 在孙楠与北京金视光盘有限公司、淄博银座商城有限责任公司、江西音像出版社侵犯表演者权纠纷提审案中，最高人民法院以（2008）民申字第804号民事裁定提审本案后，虽因当事人申请撤诉而以（2008）民提字第55号民事裁定准予撤诉结案，但通过本案的审理，统一了对于本案涉及的当事人举证责任以及相关证据认定标准的认识。关于表演者身份的确定，本案涉案光盘彩封及盘芯均标有“孙楠对视”、“sun nan：最新专辑”字样，印有孙楠的多幅照片，且孙楠对其中相关曲目为其表演的事实予以认可，在没有相反证据推翻该事实的情况下，可以据此认定孙楠为相关曲目的表演者。关于侵权人身份的确定，首先，金视公司否认涉案光盘由其复制、发行，但该光盘蚀刻有其生产源识别码（SID）；其次，其承认由其向法院提交的相关复制委托书是伪造的，但未说明由谁伪造，且未就为何涉案光盘显示的出版号码、出版发行日期及相关文字与另一份合法签订的复制委托书一致等作出合理解释；再次，江西音像出版社也辩称金视公司曾擅自盗用该社版号。综合上述相关证据，可以认定涉案光盘由金视公司复制、发行。

11. 在王志荣与湖南大学出版合同纠纷申请再审案中，最高人民法院（2008）民申字第823号民事裁定认为本案的主要法律问题是国家版权局制定的《出版文字作品报酬规定》第十六条应否在本案中适用的问题。最高人民法院认为鉴于该条的法律依据——修订前的著作权法实施条例第四十条已于2002年9月15日修订时被删除，虽然目前国家相关部门对《出版文字作品报酬规定》第十六条尚未做出调整，但该条因不符合现行《中华人民共和国著作权法》的精神并已经滞后而不应在本案中适用。

12. 在张培莲与四川科学技术出版社侵犯著作权纠纷申请再审案中，最高人民法院（2008）民监字第126号民事裁定明确了对于已为生效裁判确定为侵权并已给予权利人充分赔偿的图书，如在该判决生效后继续发行，属于对原判决执行的问题，不构成新的侵权行为。

（三）商标案件

13. 在深圳市远航科技有限公司与深圳市腾讯计算机系统有限公司、腾讯科技（深圳）有限公司、深圳市腾讯计算机系统有限公司西安分公司侵犯商标权及不正当竞争纠纷请示案中，最高人民法院（2008）民三他字第12号答复函认为，对于在一定地域内的相关公众中约定俗成的扑克游戏名称，如果当事人不是将其作为区分商品或者服务来源的商标使用，只是将其用作反映该类游戏内容、特点等的游戏名称，可以认定为正当使用。是否属于上述情形，应结合案件的具体情况，依据商标法实施条例第四十九条的规定作出认定。

（四）不正当竞争案件

14. 在广东伟雄集团有限公司、佛山市高明区正野电器实业有限公司、广东正野电器有限公司与佛山市顺德区正野电器有限公司、佛山市顺德区光大企业集团有限公司侵犯商标权和不正当竞争纠纷申请再审案中，最高人民法院（2005）民三监字第15-1号民事裁定认为，受反不正当竞争法保护的企业名称，特别是字号，不同于一般意义上的人身权，是区别不同市场主体的商业标识，可以承继。该裁定还明确，登记使用与他人注册商标相同的文字作为企业名称中的字号，生产经营相类似的产品，倘若足以使相关公众对商品的来源产生混淆，即使他人的商标未被认定为驰名商标或者著名商标，仍可构成不正当竞争行为。

15. 在艾利丹尼森公司、艾利（广州）有限公司、艾利（昆山）有限公司、艾利（中国）有限公司与四维企业股份有限公司、四维实业（深圳）有限公司、南海市里水意利印刷厂、佛山市环市镇东升汾江印刷厂经营部侵犯商业秘密纠纷管辖权异议上诉案中，最高人民法院（2007）民三终字第10号民事裁定认为，销售侵犯商业秘密所制造的侵权产品不属于反不正当竞争法第十条规定的侵犯商业秘密的行为；使用商业秘密的行为实施地和结果发生地通常是重合的，亦即，使用商业秘密的过程，一般是制造侵权产品的过程，当侵权产品制造完成时，使用商业秘密的侵权结果即同时发生，不宜将该侵权产品的销售地视为使用商业秘密的侵权结果发生地。

（五）技术合同案件

16. 在长城汽车股份有限公司与考泰斯（上海）塑料制品有限公司技术委托开发合同纠纷管辖权异议申请再审案中，最高人民法院（2008）民申字第46号民事裁定认为，民事诉讼法第二十四条规定明确了合同履行地法院对因合同纠纷提起的诉讼有管辖权，但对于何谓履行地并无进一步的规定，《最高人民法院关于适用〈中华人民共和国民事诉讼法〉若干问题的意见》亦未对技术合同的履行地作出解释，而合同法第四章规定了合同履行地点的确定原则。因此，可以根据合同法关于合同履行地点的规定确定民事诉讼法第二十四条规定的合同履行地。

二、知识产权行政案件

（一）专利授权确权案件

1. 在济宁无压锅炉厂诉国家知识产权局专利复审委员会、第三人舒学章发明专利无效纠纷提审案中，最高人民法院（2007）行提字第 4 号行政判决明确了对专利法上的禁止重复授权原则的理解和相关行政操作的合法性，同时也澄清了专利法上“同样的发明创造”的概念的内涵。本案的焦点在于原中国专利局于 1995 年 9 月 28 日发布的《审查指南公报》第 6 号所确立的允许同一申请人就同样的发明创造既申请实用新型专利又申请发明专利的相关行政操作是否符合专利法上的禁止重复授权原则，这也涉及到我国专利局过去依此授予的数千件专利的有效性问题。最高人法院认为，专利法所称的同样的发明创造是指保护范围相同的专利申请或者专利，在判断方法上应当仅就各自请求保护的内容进行比较即可，本案涉案两个专利不属于同样的发明创造；专利法上的禁止重复授权是指同样的发明创造不能有两项或者两项以上的处于有效状态的专利权同时存在，而不是指同样的发明创造只能被授予一次专利权，有关的行政操作并不违背当时以及现行的有关禁止重复授权的立法精神。

2. 在国家知识产权局专利复审委员会与科万商标投资有限公司、佛山市顺德区信达染整机械有限公司外观设计专利无效纠纷申请再审系列案中，最高人民法院（2008）行提字第 4、5、6、7、8 号行政判决阐明了如下意见：专利法实施细则第十三条第一款系关于禁止重复授权的规定，就外观设计而言，为防止外观设计专利权之间的相互冲突，无论是相同的外观设计，还是相近似的外观设计，也不论是否为同一申请人，均应按照上述行政法规的规定授予一项专利权；被宣告无效的专利自始即不存在，不应当再将其作为判断是否重复授权的对比文件；每个单元的外观设计均相同，所不同的只是单元数量的简单增加或者减少，属于相近似的外观设计。

3. 在如皋市爱吉科纺织机械有限公司诉国家知识产权局专利复审委员会、第三人王玉山实用新型专利无效纠纷提审案中，最高人民法院（2007）行提字第 3 号行政裁定明确了企业标准备案是否构成专利法意义上的公开和法院能否对专利确权行政案件行使司法变更权这两个重要问题。最高人民法院认为，企业标准的备案并不意味着标准的具体内容要向社会公开发布，备案也不意味着公众可以自由查阅和获得，企业标准并不因备案行为本身而构成专利法意义上的公开；在现行的行政诉讼法律框架下，法院在判决主文中直接对涉案专利权的效力作出宣告判决，缺乏充分的法律依据。

（二）商标授权确权案件

4. 在西南药业股份有限公司与国家工商行政管理总局商标评审委员会、

拜耳消费者护理股份有限公司商标行政纠纷申请再审案中，最高人民法院（2007）行监字第111-1号驳回再审通知认为，通用名称包括法定的通用名称和约定俗成的通用名称，被列入地方药品标准的名称原则上应认定为通用名称，但如该国家药品标准修改后则不宜仍将其认定为法定的通用名称；判定其是否是通用名称的标准应当是其是否是已为同行业经营者约定俗成、普遍使用的表示某类商品的名词；关于通用名称的判断时间点，应当以评审时的事实状态予以判断。

5. 在常州诚联电源制造有限公司与国家工商行政管理总局商标评审委员会、常州市创联电源有限公司商标行政纠纷申请再审案中，最高人民法院（2006）行监字第118-1号驳回再审申请通知明确了商标法第四十一条第一款中“以欺骗手段或者其他不正当手段取得注册”的情形并列，涉及的是撤销商标注册的绝对事由，在涉及在先权利的注册商标争议中，不应将该条款中的“其他不正当手段”适用于涉及私权利的撤销商标争议案件，而应当适用商标法第四十一条第二款、第三款的规定。同时，该通知书进一步明确，要解决违反诚实信用原则、抢注在先商标或者其他损害他人其他在先权利的问题，制止不正当竞争行为，正确理解和适用商标法第三十一条的规定就能够解决；商标法第三十一条对未注册商标保护设定了三个条件，即在先使用、有一定影响、以不正当手段抢注，其中“有一定影响”和“不正当手段”本身是有弹性的；对商标有一定影响的要求标准不宜过高，并可以结合注册人的明知或恶意进行考虑。

6. 在日本国株式会社双叶社与国家工商行政管理总局商标评审委员会、上海恩嘉经贸发展公司商标行政纠纷申请再审系列案中，最高人民法院（2007）民三监字第25-1、26-1、27-1、28-1、29-1、30-1、31-1、32-1、33-1号驳回再审通知认为，依据商标法第三十一条等规定，以争议商标的注册侵犯在先著作权等为由提起申请撤销该注册商标，应当自该注册商标注册之日起五年内提出；关于商标法规定的五年期限应自2001年12月1日商标法生效之日起计算的认定没有法律依据。

7. 在云南滇虹药业集团股份有限公司与汕头市康王精细化工实业有限公司、国家工商行政管理总局商标评审委员会商标行政纠纷申请再审案中，最高人民法院（2007）行监字第184-1号驳回再审申请通知明确了商标法第四十四条第（四）项规定的“使用”，应该是在商业活动中对商标进行公开、真实、合法的使用，并指出判断商标使用行为合法与否的法律依据，不限于商标法及其配套法规。经营者在违反法律法规强制性、禁止性规定的经营活动中使用商标的行为，不能认定为商标法规定的使用行为；商标法第四十四条规定的责令限期改正的处理办法，不适用于第（四）项规定的连续3年停止使用行为，他人向商标局申请撤销该注册商标后，如果注册人没有使用的证据材料或者证据材料无效，并且没有不使用的正当理由的，应该撤销其注册商标。

最高人民法院
关于印发《最高人民法院知识产权案件年度报告（2009）》的通知

（2010年4月14日　法〔2010〕173号）

各省、自治区、直辖市高级人民法院，解放军军事法院，新疆维吾尔自治区高级人民法院生产建设兵团分院：

2009年，随着知识产权司法保护工作机制的进一步完善和修正后的民事诉讼法的贯彻执行，最高人民法院受理和审结的知识产权案件大幅上升。新类型案件和重大复杂疑难案件增多，案件的专业技术性增强，涉外案件比重增大。最高人民法院通过个案的审理和裁决，对新问题和新领域进行了深入研究并给予了及时回应。为总结审判经验，加强审判监督和指导，完善和统一法律适用标准，我院决定发布《最高人民法院知识产权案件年度报告（2009）》。

发布知识产权案件年度报告，是最高人民法院对自身审理的典型案件的集中展示，是创新审判指导方式的探索和尝试，也是推进司法公开、接受各界监督的重大举措。《最高人民法院知识产权案件年度报告（2009）》汇集了最高人民法院已有最终结论性意见的37件典型案例，涉及44个典型法律适用问题。这些个案对相关法律问题的阐释，对于知识产权审判工作具有重要指导意义。

现将《最高人民法院知识产权案件年度报告（2009）》印发给你们，供各级人民法院在知识产权审判工作中参考借鉴。

特此通知。

附：

最高人民法院知识产权案件年度报告（2009）

序　言

2009年，随着知识产权司法保护工作机制的进一步完善和修正后的民事诉讼法的贯彻执行，最高人民法院知识产权审判庭受理的知识产权案件持续增长，审结的案件大幅上升，最高人民法院的知识产权审判监督和业务指导职能得以有效发挥。

2009年，最高人民法院知识产权审判庭共新收各类知识产权案件297件，加上2008年旧存的143件，共有各类在审案件440件，比2008年增长33.7%。新收案件中，按照案件所涉权利类型划分，共有专利案件121件、商标案件61件、著作权案件41件、商业秘密案件10件、其他不正当竞争案件9件、知识产权合同案件7件、植物新品种案件1件，另有请示案件47件（主要涉及知识产权案件管辖权的确定问题）；按照案件审理程序划分，共有二审案件8件、申请再审案件230件、提审案件12件、请示案件47件。全年共审结各类知识产权案件390件，比2008年增长111.96%。审结案件中，共有二审案件10件、申请再审案件319件、提审案件14件、请示案件47件。在审结的申请再审案件中，裁定驳回再审申请212件、裁定提审12件、指令再审43件、和解撤诉处理28件、函转原审法院复查处理21件（针对部分知识产权行政申请再审案件）、其他方式处理3件。

2009年最高人民法院审理的知识产权案件呈现如下特点：新类型案件和重大复杂疑难案件增多，社会影响力越来越大；案件的专业技术性增强，审理难度越来越大；涉外案件比重增大，国际关注度越来越高。新型、复杂、疑难案件不断冲击着法律的边界，拓展出需要法律调整的新领域，产生了更多更强烈的司法新需求。最高人民法院通过个案的审理和裁决，对新问题和新领域进行深入研究并给予及时回应，从而在法律的模糊之处明晰边界，在歧路之处指明方向，在空白之处创设规则。这些个案裁决体现了最高人民法院在保持法律的稳定与变动的和谐、维护私人利益和公共利益的平衡、实现法律效果和社会效果的统一方面所作出的创造性努力。作为国家最高审判机关，最高人民法院的个案裁决既能够最终解决当事人之间的纷争，又可以确立相关公众的行为准则和企业竞争模式的合法性，并引导行业和产业的发展方向，从而以其特有的宪法地位和司法行为方式不断推进我国的知识产权法治进程。

在总结2009年最高人民法院首次发布《最高人民法院知识产权案件年度报告（2008）》经验的基础上，今年最高人民法院从其已有最终结论性意见的知识产权案件中精选出37件具有普遍指导意义的典型案例，以新的撰写体例形成本年度报告并向社会公布。需要说明的是，有些案件特别是最高人民法院指令高级人民法院再审的部分知识产权案件，虽然也多具有典型性，但根据有关程序法的规定，最高人民法院并未对案件作出最终结论性表态，因此，此类案件未纳入本年度报告。

一、专利案件审判

1. 改劣技术方案是否落入专利权的保护范围

在实践中，存在被控侵权人将专利技术方案的某个技术特征进行省略或者替换，导致其技术效果劣于专利技术方案的情形。这种变劣的技术方案是否落入专利权的保护范围，过去的司法实践中存在两种不同的意见。一种意见认为，如果变劣的技术方案明显是由于故意省略或者替换某个技术特征造成的，应当适用等同原则认定构成侵权。另一种意见认为，专利侵权判定应坚持全部技术特征原则，变劣的技术方案如果由于缺少专利技术方案的某个技术特征或者相应的技术特征不相同也不等同，则不应认定构成侵权。

在申请再审人张建华与被申请人沈阳直连高层供暖技术有限公司（以下简称直连公司）、二审上诉人沈阳高联高层供暖联网技术有限公司（以下简称高联公司）侵犯实用新型专利权纠纷案［（2008）民提字第83号］中，最高人民法院认为，人民法院判断被控侵权技术方案是否落入专利权保护范围时，应当将被控侵权技术方案的技术特征与专利权利要求记载的全部技术特征进行对比；若被控侵权技术方案缺少某专利技术特征而导致技术效果的变劣，则应认定被控侵权技术方案未落入专利权的保护范围。

该案的基本案情是：直连公司拥有“高层建筑无水箱直连供暖的排气断流装置”和“高层建筑无水箱直连供暖系统的阻旋器”两项实用新型专利的独占使用权。张建华曾在直连公司工作，参与断流器、阻旋器的安装维修，离开直连公司后随即成立高联公司。2002年8月，直连公司以张建华、高联公司生产、销售的缓冲器和分气器侵犯其涉案两项专利权为由，向辽宁省沈阳市中级人民法院提起诉讼。经对比，断流器专利与被控侵权的缓冲器技术特征有如下不同：被控侵权产品没有专利的环绕罗纹导向板；被控侵权产品的呼吸装置为逆止排气阀，只能呼气不能吸气。阻旋器专利与被控侵权的分气器技术特征的不同在于，被控侵权产品没有阻隔板和止旋板，但设有集气罩。沈阳市中级人民法院一审认为，断流器专利设有环绕螺纹导向板，使水流强化成膜流状态，实现气水分离。被控侵权的缓冲器由于缺少环绕螺纹导向板，不能强化膜流运动的形成，造成减压、减速的效果降低，相对断流器专利技术方案而言，是变劣的技术方案。断流器专利通过呼吸装置进行有规律的吸气和呼气，以保持系统内正常的大气压，并采用水封的方式实现系统密封，减轻系统氧蚀。被控侵权的缓冲器内设有逆止排气阀，因逆止排气阀只能呼气，不能吸气，在系统运行不平稳、尤其是缓冲器内压力小于大气压时，外部空气无法进入，在缓冲器内会形成真空，不但不能形成膜流运动，系统也将无法运行。逆止排气阀与断流器专利的呼吸装置相比，是变劣的技术特征。被控侵权的分气器没有止旋板，仅靠水流与回水管管壁摩擦阻旋的效果不如止旋板的阻旋效果好，同样是对阻旋器专利相应技术特征的变劣。由于专利技术已为社会公知，张建华又曾在直连公司工作，其很容易省略专利中的必要技术特征，而正是由于其省略了这些必要技术特征，导致被控侵权技术方案的性能、效果变劣，故被控侵权技术方案落入专利权保护范围，张建华和高联公司构成专利侵权。遂判令高联公司、张建华承担侵权责任。张建华不服一审判决，提出上诉。辽宁省高级人民法院二审认同一审法院有关被控侵权产品属于改劣方案并构成等同侵权的认定，遂判决驳回上诉，维持原判。张建华不服二审判决，向最高人民法院申请再审。最高人民法院于2009年7月24日裁定提审本案，并于2009年10月30日再审判决撤销原一、二审民事判决，驳回直连公司的诉讼请求。

最高人民法院再审审理认为，人民法院在判断被控侵权技术方案是否落入专利权保护范围时，应当将被控侵权技术方案的技术特征与专利权利要求记载的全部技术特征进行对比。如果被控侵权技术方案缺少专利权利要求记载的一个或者一个以上的技术特征，或者被控侵权技术方案有一个或者一个以上的技术特征与专利权利要求记载的相应技术特征不相同也不等同，人民法院应当认定被控侵权技术方案没有落入专利权的保护范围。被控侵权技术方案是否因缺少某专利技术特征而导致技术效果的变劣，不是专利侵权判定时应当考虑的因素。本案中，被控侵权技术方案因缺少专利一项以上的技术特征，未落入专利权的保护范围，张建华和高联公司不构成专利侵权。

2. 禁止反悔原则的适用

所谓禁止反悔原则是指专利申请人、专利权人在专利授权或者无效宣告程序中，通过对权利要求、说明书的修改或者意见陈述而放弃的技术方案，权利人在专利侵权纠纷案件中不得再主张将其纳入专利权保护范围。在被控侵权人未主张适用禁止反悔原则时，人民法院是否可以主动适用禁止反悔原则，现行法律以及司法解释对此未作明确规定。

在申请再审人沈其衡与被申请人上海盛懋交通设施工程有限公司（以下简称盛懋公司）侵犯实用新型专利权纠纷案［（2009）民申字第 239 号］中，最高人民法院指出，即使被控侵权人没有主张适用禁止反悔原则，人民法院也可以根据业已查明的事实，适用禁止反悔原则对等同范围予以必要限制。

该案的基本案情是：2000 年 12 月 18 日，沈其衡向国家知识产权局申请了名称为“汽车地桩锁”的实用新型专利，2001 年 11 月 21 日被授予专利权。涉案专利的权利要求 1 为：“一种汽车地桩锁，其特征在于：它由底座（1）、芯轴（2）、活动桩（3）和锁具（4）构成，所述底座（1）固定在地面上，所述活动桩（3）通过芯轴（2）与座（1）相连，活动桩设有供锁具（4）插入的孔。”2003 年 3 月 19 日，案外人川阳公司就涉案专利向国家知识产权局专利复审委员会提出无效宣告请求，专利复审委员会作出第 6101 号决定，宣告权利要求 1 无效，在权利要求 2、3、4 的基础上维持专利权有效。沈其衡不服该决定提起行政诉讼，其在起诉状中称：“活动桩设有供锁具插入的孔。该描述的含义是，锁具不是永久固定在孔中，而是根据使用状态呈现两种连接关系，即锁定时位于活动桩的孔中，打开时，从孔中取出，与活动桩的孔分离。”2005 年 4 月 15 日，北京市高级人民法院作出（2005）高行终字第 37 号行政判决（以下简称第 37 号行政判决），撤销第 6101 号决定。2006 年 3 月 15 日，专利复审委员会重新作出第 8127 号决定，维持涉案专利权有效。第 8127 号决定认定：“在锁闭地桩锁时，权利要求 1 的活动桩上所设置的孔可供锁具整体的插入以达到锁闭地桩锁的目的，开启地桩锁时，可将锁具全部取出，活动桩上也无需设置附加的固定装置来固定锁具，因而本专利相对于现有技术具有实质性特点和进步……具备创造性。”2006 年 9 月 26 日，沈其衡向上海市第一中级人民法院起诉称，盛懋公司生产、销售的汽车车位锁落入涉案专利权的保护范围，请求判令盛懋公司停止侵权、赔偿损失。上海市第一中级人民法院认定，被控侵权产品的锁具是固定在底座上的，与权利要求 1 中的“活动桩设有供锁具插入的孔”不相同，根据禁止反悔原则，沈其衡不能以等同为由主张专利侵权成立，判决驳回沈其衡的诉讼请求。上海市高级人民法院二审维持了一审判决。2009 年 1 月 9 日，沈其衡向最高人民法院申请再审。2009 年 8 月 18 日，最高人民法院裁定驳回了沈其衡的再审申请。

最高人民法院审查认为，禁止反悔原则是对认定等同侵权的限制，为了维持专利权人与社会公众之间的利益平衡，不应对人民法院主动适用禁止反悔原则予以限制。因此，在认定是否构成等同侵权时，即使被控侵权人没有主张适用禁止反悔原则，人民法院也可以根据业已查明的事实，通过适用禁止反悔原则对等同范围予以必要的限制，以合理地确定专利权的保护范围。

3. 对方法专利权利要求中步骤顺序的解释

方法专利是用于解决某个技术问题的包含有一系列工艺流程或操作步骤的技术方案。当方法专利的权利要求没有明确限定步骤顺序时，步骤顺序对该方法专利的保护范围是否具有限定作用，对此存在争议。

在申请再审人OBE—工厂·翁玛赫特与鲍姆盖特纳有限公司（以下简称OBE公司）与被申请人浙江康华眼镜有限公司（以下简称康华公司）侵犯发明专利权纠纷案［（2008）民申字第980号］中，最高人民法院认为，在方法专利侵权案件中适用等同原则判定侵权时，可以结合专利说明书和附图、审查档案、权利要求记载的整体技术方案以及各个步骤之间的逻辑关系，确定各步骤是否应当按照特定的顺序实施；步骤本身和步骤之间的实施顺序均应对方法专利权的保护范围起到限定作用。

该案的基本案情是：OBE公司于1996年4月24日向国家知识产权局申请了名称为“弹簧铰链的制造方法”的发明专利，2001年10月24日被授予专利权。涉案专利的权利要求1为：“1、一种制造弹簧铰链的方法，该铰链由至少一个外壳、一个铰接件和一个弹簧构成，其特征是该方法包括下述步骤：提供一用于形成铰接件的金属带；切割出大致与铰接件外形一致的区域；通过冲压形成一圆形部分以形成铰接件的凸肩；冲出铰接件的铰接孔。”OBE公司于2002年6月24日起诉称，康华公司未经其许可，擅自为生产经营目的制造、使用、许诺销售和销售落入涉案专利权保护范围的弹簧铰链产品，构成专利侵权。请求判令康华公司停止侵权并承担赔偿损失等民事责任。北京市第一中级人民法院查明，康华公司加工铰接件的过程为：1. 人工将金属带材送入冲压机冲下铰接件；2. 人工用钳子夹住铰接件前部，用锻压机将铰接件后部砸圆；3. 人工用钳子夹住铰接件前部。将铰接件插入打孔机内打孔；4. 人工用铅丝从铰接件前部圆孔中穿过，将若干个铰接件穿在一起后用抛光轮抛光。该院认为，涉案专利的权利要求1为四个步骤，康华公司的加工步骤亦为四个，在将铰接件从金属带材上冲下后，模锻、打孔的顺序虽然可调，但顺序的调整并未产生新的效果。康华公司的方法与权利要求1所保护的方法等同，落入了涉案专利权的保护范围。北京市高级人民法院二审认为，根据涉案专利说明书的记载，涉案专利技术方案是在各步骤先后顺延的情况下实现的，步骤变化无法实现涉案专利方法的技术效果和技术目的。康华公司的制造方法包括四个步骤，其中砸圆和打孔的顺序可调，这与专利方案各步骤先后顺延的方法不同，被控侵权产品的制造方法与专利方法既不相同也不等同，没有落入涉案专利权的保护范围。故撤销一审判决，驳回OBE公司的诉讼请求。OBE公司不服二审判决，向最高人民法院申请再审。最高人民法院于2009年8月29日裁定驳回其再审申请。

最高人民法院审查认为，在方法专利侵权诉讼中，不应以权利要求没有对步骤顺序明确进行限定为由，不考虑步骤顺序对权利要求的限定作用，而是应当结合说明书和附图、审查档案、权利要求记载的整体技术方案以及各个步骤之间的逻辑关系，从本领域普通技术人员的角度出发确定各步骤是否应当按照特定的顺序实施。对于存在步骤顺序的方法发明，步骤本身以及步骤之间的顺序均应对专利权的保护范围起到限定作用。本案中。权利要求 1 记载了四个步骤，首先，供料步骤的作用在于为其他的步骤提供加工材料，因此，供料步骤必须在其他步骤之前首先实施。其次，切割步骤的作用是从金属带上切割出大致与铰接件外形一致的区域，根据涉案专利的说明书及附图，所述区域包括“用于形成凸肩 9 的基本形状”和“以后具有铰链孔范围 497 的至少一部分”。由于冲压步骤是对由切割步骤制成的“用于形成凸肩 9 的基本形状”进行冲压，冲孔步骤是在由切割步骤制成的“范围 497”内制作铰接孔，并且说明书中没有记载可以在切割步骤之前实施冲孔步骤或冲压步骤的技术内容，也没有给出相关的技术启示，本领域普通技术人员也难以预见到在切割步骤之前实施冲孔步骤或冲压步骤，能够实现涉案专利的发明目的，达到相同的技术效果。因此，权利要求 1 中的切割步骤应当在冲压步骤和冲孔步骤之前实施。从说明书记载的内容看，虽然冲压步骤与冲孔步骤的顺序是可以调换的，但是在实际加工过程中，一旦确定了二者的顺序，二者的顺序就只能依次进行。因此，权利要求 1 中的四个步骤之间具有特定的实施顺序。

4. 专利侵权案件的审理思路和技术对比分析方法

专利侵权案件因涉及专业技术事实的审查判断和技术对比分析，在审理思路和分析对比乃至裁判文书的表达上有一定的规律性和特殊性。目前的专利侵权判定司法实践中虽然一般也会遵循基本的审查、分析、推理模式，但在一些具体问题的分析以及文书表达上，各地仍存在不小的差异。

在申请再审人薛胜国与被申请人赵相民、赵章仁实用新型专利侵权纠纷案［（2009）民申字第 1562 号］中，最高人民法院对适用等同原则时如何具体判断“三个基本相同”和“显而易见性”作了比较深入的分析。最高人民法院同时指出，专利权人在侵权诉讼程序中对其技术特征所做的解释如果未超出其权利要求书的记载范围，也与其专利说明书及附图相吻合时，可以按照其解释限定该技术特征。

本案的基本案情是：2007 年 8 月 8 日，薛胜国以赵相民、赵章仁为被告提起专利侵权诉讼。薛胜国的专利权利要求为：“用于粉条加工的揉面机，它包括：机架（1），设置在所述机架（1）上的驱动电机（2），其特征在于：在机架（1）上部设置有带有进、出料口（3、4）的料斗（5），和水平设置在该料斗（5）内的由所述驱动电机（2）驱动的输送搅龙（6）；在位于所述出料口（4）上方的机架（1）上并排设置有两个相通的U形揉面斗（7、8），其中一个U形揉面斗（7）的底部与所述出料口（4）相连通；在位于每个U形揉面斗（7、8）上方的机架（1）上分别设置有一揉面锤（9、10），所述两揉面锤（9、10）的支撑架（11）通过曲柄连杆机构（12）与驱动电机（2）的动力轴相连接。”河南省郑州市中级人民法院一审认为，被控侵权产品的技术特征与专利保护的必要技术特征并不相同，未落入薛胜国专利权的保护范围，不构成侵权，遂判决驳回薛胜国的诉讼请求。薛胜国上诉后，河南省高级人民法院二审认为，一审判决认定部分技术相同或等同不当，但认定被控侵权产品未落入薛胜国专利权的保护范围从而不构成侵权正确，遂判决驳回上诉，维持原判。薛胜国仍不服，向最高人民法院申请再审。最高人民法院经听证审查，亦得出本案被申请人不构成专利侵权的结论，但具体理由不同于原审法院。最高人民法院于2009年11月26日裁定驳回薛胜国的再审申请。

在分解确定了专利技术方案和被控侵权产品6个对应技术特征的基础上，最高人民法院审查认为，对于第5项对应技术特征，被控侵权产品只是在专利的基础上，将料斗相对于揉面斗上移，从而利用了面团自身的重力，但由于面团本身不易流动的属性，如果不利用输送搅龙挤压仅靠面团自身重力难以实现料斗中的面团输送到揉面斗的目的。反过来讲，如果仅靠面团自身重力即可以实现料斗中的面团自流到揉面斗中的目的，其就无需采用输送搅龙这一技术手段。因此，被控侵权产品实质上仍是利用输送搅龙挤压将面团通过出料口输送到揉面斗，与专利一样，两者都需要利用输送搅龙这一部件实现将面团由料斗挤压输送到揉面斗这一功能。可见，与专利的该项技术特征相比，被控侵权产品系采取基本相同的手段，实现基本相同的功能，达到基本相同的效果。而且物体由于自身的重力能够自上而下滑落是一种普通生活常识，因此，将料斗相对于揉面斗上移对于所属技术领域普通技术人员来讲，无需经过创造性劳动即可联想到。根据专利司法解释的有关规定，被控侵权产品的该项技术特征构成相应专利技术特征的等同特征。对于专利技术特征6，专利权人明确确认，两个揉面锤共用的一个支撑架通过曲柄连杆机构与驱动电机的动力轴相连接，动力驱动装置通过曲柄连杆机构带动两个揉面锤同向上下往复运动。专利权人对该技术特征的上述解释并未超出其权利要求书对相应技术内容的记载范围，也与其专利说明书附图所示的两个揉面锤、支撑架、曲柄连杆机构、驱动电机之间的相互位置和连接关系相吻合。因此，涉案薛胜国专利必要技术特征6可以限定为：在位于每个U形揉面斗上方的机架上分别设置有一揉面锤，所述两揉面锤共用的一个支撑架通过曲柄连杆机构与驱动电机的动力轴相连接，动力驱动装置通过曲柄连杆机构带动两个揉面锤同向上下往复运动。对第6项对应技术特征进行对比，专利的两揉面锤共用一个支撑架，并通过曲柄连杆机构和动力驱动装置带动两个揉面锤同向上下往复运动；被控侵权产品则是两揉面锤各有一支撑架，两个揉面锤的支撑架之间由杠杆连接，其中一个揉面锤的支撑架通过曲柄连杆机构和动力驱动装置使两个揉面锤反向上下往复运动。虽然两者均具有通过支撑架支撑揉面锤，动力驱动装置通过曲柄连杆机构带动揉面锤的支撑架上下运动的基本功能，但从二者揉面锤的工作原理和运动方式来看，显属采用了不同的技术手段，不应认为是采取了基本相同的手段；同时，由于被控侵权产品的动力驱动装置驱动的是一个揉面锤的支撑架，而专利的驱动装置驱动的是两个揉面锤的支撑架，被控侵权产品的这种设计更节省动能，可使用相对较小功率的驱动电机，而且，被控侵权产品利用杠杆原理使两个揉面锤反向上下往复运动也避免了专利的两个揉面锤共用一个支撑架时同向向上运动时所作的无用功。由此可见，二者在技术效果上亦有明显不同。此外，被控侵权产品的这种变换手段，对于本领域的普通技术人员而言，也并非无需经过创造性劳动就能够联想到。因此，二者该项对应技术特征既不相同也不等同。由于被控侵权产品与涉案薛胜国专利相比，至少有一项对应技术特征既不相同也不等同，被控侵权产品并未落入涉案薛胜国专利的保护范围。

5. 对专利法第四十七条第一款中“宣告无效的专利权”的理解

专利法第四十七条第一款规定，宣告无效的专利权视为自始即不存在。国家知识产权局专利复审委员会宣告专利权无效的决定是针对无效宣告请求人与专利权人就专利权效力引发的争议作出的居中裁决。尽管该无效决定具有行政行为的公定力，但由于其可能被提起行政诉讼，其效力并未最终确定。正在审理专利侵权案件的法院在得知专利复审委员会作出宣告专利权无效的决定时，是中止对侵权案件的审理还是直接依据该无效决定驳回原告诉讼请求，对此实践中存在不同的做法。

在申请再审人深圳万虹科技发展有限公司（以下简称万虹公司）与被申请人深圳市平治东方科技发展有限公司、新诺亚舟科技（深圳）有限公司、创新诺亚舟电子（深圳）有限公司侵犯实用新型专利权纠纷案［（2009）民申字第 1573 号］中，最高人民法院认为，专利法第四十七条第一款中“宣告无效的专利权”是指专利复审委员会作出的效力最终确定的无效宣告请求审查决定所宣告无效的专利权；在该无效决定效力最终确定之前，不宜一律以之为依据直接裁判驳回权利人的诉讼请求。

该案的基本案情是：万虹公司以深圳市平治东方科技发展有限公司、新诺亚舟科技（深圳）有限公司、创新诺亚舟电子（深圳）有限公司为被告于 2008 年 10 月 25 日提起侵犯实用新型专利权诉讼。广东省深圳市中级人民法院于 2009 年 2 月 25 日作出一审判决，判决三被告承担侵权责任。三被告不服提出上诉。广东省高级人民法院二审查明，专利复审委员会于2009年6月24日作出第13590号无效宣告请求审查决定书，宣告涉案实用新型专利权全部无效。万虹公司以专利权人已针对上述决定提起行政诉讼为由向二审法院申请中止审理。广东省高级人民法院以涉案实用新型专利已被宣告全部无效为由，判决撤销一审判决，并驳回万虹公司的全部诉讼请求。万虹公司不服二审判决，向最高人民法院申请再审。最高人民法院审查查明，北京市第一中级人民法院于2009年7月2日决定受理专利权人针对第13590号无效决定提起的行政诉讼，且北京市第一中级人民法院尚未审结上述行政案件。最高人民法院于2009年12月8日裁定，指令广东省高级人民法院再审本案。

最高人民法院审查认为，对于专利复审委员会作出的宣告专利权无效的决定，如果当事人自收到通知之日起三个月期满仍未向人民法院起诉的，该决定的效力即最终确定；如果当事人依法提起了行政诉讼，该决定只有被生效的行政裁判维持其合法有效后其效力才能最终确定。本案中，涉案专利虽然被专利复审委员会第13590号无效宣告请求审查决定宣告全部无效，但专利权人已经针对该决定在法定期限内提起行政诉讼，北京市第一中级人民法院对此已经立案受理，该决定的效力显然未最终确定。在此情况下，万虹公司向二审法院申请中止审理，二审法院以涉案专利已经被第13590号无效宣告请求审查决定宣告全部无效为由直接判决驳回万虹公司的全部诉讼请求，属于适用法律错误。

6. 宣告专利权无效的决定的追溯力

专利法（2000年第二次修正）第四十七条第二款规定："宣告专利权无效的决定，对在宣告专利权无效前人民法院作出并已执行的专利侵权的判决、裁定，已经履行或者强制执行的专利侵权纠纷处理决定，以及已经履行的专利实施许可合同和专利权转让合同，不具有追溯力。但是因专利权人的恶意给他人造成的损失，应当给予赔偿。"人民法院在民事案件审理过程中，为保证审判工作的顺利进行，可能就诉讼程序方面的事项做出多个裁定，并非所有这些裁定都不受宣告专利权无效的决定的影响。

在申请再审人安吉县雪强竹木制品有限公司（以下简称雪强公司）与被申请人许赞有其他侵权纠纷案［（2008）民申字第762号］中，最高人民法院明确了专利法（2000年第二次修正）第四十七条第二款所称的"裁定"的范围。

该案的基本案情是：许赞有于2001年6月13日向国家知识产权局申请了名称为"地毯（竹）"的外观设计专利，2002年3月6日获得授权。2004年3月，杭州海关、上海海关根据许赞有的申请，以涉嫌侵犯涉案专利权为由扣留了雪强公司的出口产品集装箱。2004年4月2日，许赞有向浙江省杭州市中级人民法院提起诉讼，指控雪强公司侵犯涉案专利权，并申请法院查封扣留了上述集装箱的货物。同时许赞有要求雪强公司在上海、广州等地商品交易会期间将有关涉嫌侵犯涉案专利权的产品撤柜。2004 年 5 月 1 日，雪强公司向国家知识产权局专利复审委员会提出宣告涉案专利权无效的请求。2005 年 8 月 18 日，专利复审委员会作出第 7432 号无效宣告请求审查决定，宣告涉案专利权全部无效。2005 年 9 月 15 日，雪强公司起诉至杭州市中级人民法院称，由于许赞有申请财产保全措施错误，造成重大经济损失和不良社会影响，请求判令许赞有赔偿损失、消除影响、赔礼道歉并承担本案的全部诉讼费用。杭州市中级人民法院一审认为，许赞有在涉案专利权被宣告无效前实施的申请海关扣留、法院查封以及要求雪强公司对涉嫌侵权产品撤柜等行为具备合法性，雪强公司在涉案专利权被宣告无效后，要求许赞有就实施上述行为对雪强公司所造成的损失进行赔偿并公开赔礼道歉的诉讼请求，依据不足，遂判决驳回雪强公司的诉讼请求。上诉后，浙江省高级人民法院二审认为，雪强公司未能证明许赞有实施上述行为时具有恶意，而上述行为在涉案专利权被宣告无效时均已完成，依照专利法第四十七条第二款的规定，宣告涉案专利权无效的决定对上述行为不具有追溯力，遂判决驳回雪强公司的上诉。雪强公司不服二审判决，向最高人民法院申请再审。最高人民法院于 2009 年 3 月 24 日作出裁定，指令浙江省高级人民法院再审本案。

最高人民法院审查认为，专利法（2000 年第二次修正）第四十七条第二款所称的“裁定”，是指涉及专利侵权的裁定，即人民法院经过审理作出认定专利侵权成立的生效裁判的，就该案作出并已执行的裁定，不包括裁判认定不构成专利侵权所涉及的有关裁定。由于涉案专利权被专利复审委员会宣告无效，审理法院据此作出雪强公司不构成侵犯专利权的判决，因此，审理法院在此前作出的有关财产保全的裁定，不属于专利法第四十七条第二款规定的“裁定”，宣告涉案专利权无效的决定对其具有溯及力。同理，宣告涉案专利权无效的决定对于许赞有申请海关采取扣留措施以及要求被控侵权人撤展的行为也具有溯及力。专利权人依据专利权依法行使诉权以及申请采取相关措施，是法律赋予的权利。但是，专利权人在行使自己的权利时不得损害他人的合法权益。由于专利权的稳定性是相对的，任何人都可以通过宣告专利权无效程序对已授权的专利提出宣告无效的请求，专利权人应当知道自己的专利权存在被宣告无效的可能性。因此，专利权人在行使有关权利时，特别是申请财产保全、责令停止有关行为等有可能给被申请人直接造成损害的措施时，应谨慎注意，充分估计其中的诉讼风险。许赞有未尽注意义务，在没有最终确认雪强公司侵犯涉案专利权的情况下，即申请采取财产保全、责令停止有关行为等给雪强公司直接造成损害的措施，属于申请错误，构成侵权。

二、著作权案件审判

7. 职务作品著作权的推定归属

根据著作权法第十六条第二款的规定，职务作品著作权的归属可以通过合同的方式约定，但是该款并未对合同约定的具体形式予以明确。

在申请再审人陈俊峰与被申请人金盾出版社侵犯著作权纠纷案［（2009）民监字第361号］中，最高人民法院根据双方当事人的行为，推定当事人之间存在涉案作品著作权由金盾出版社享有的意愿，从而肯定了职务作品的著作权归属可以通过推定的方式予以确定。

该案的基本案情是：陈俊峰于1997年11月1日至2007年12月25日在金盾出版社担任编辑。涉案《跨世纪万年历》（2000年1月出版，2007年8月第9次印刷）、《袖珍实用万年历》（2000年12月出版，2007年9月第9次印刷）和2002年至2008年《工作效率手册》（每年出版一本）九种图书由金盾出版社策划选题并组织汇编。陈俊峰作为被指定的责任编辑，负责涉案图书内容的选编工作。2003年至2008年的《工作效率手册》署名陈俊峰编辑，其他涉案图书上的署名为“靳一石”编。2007年12月29日，陈俊峰向北京市海淀区人民法院提起诉讼称，金盾出版社出版涉案图书未向其支付稿酬，侵犯其著作权，请求判令被告停止销售侵权图书并支付稿酬。法院审理查明，金盾出版社在《关于对编辑实行量化考核的暂行规定》、《关于在编辑人员中实行激励机制的暂行办法》等文件中规定，编辑图书工作量指标按版面字数乘相应系数计算。经该社领导同意或授意，由责任编辑自己编写的书按照版面字数乘以3或2.5计算，各类手册按照版面字数乘以1.5计算。金盾出版社提交的陈俊峰各年度的图书编辑工作统计表、工资奖金统计表显示，涉案图书都乘以相应的系数，并获得了相应的超额奖。陈俊峰对于以上编辑量化考核和系数计算并未提出过异议。法院一审认为，涉案图书均是陈俊峰为完成单位工作任务创作的职务作品，陈俊峰的编写工作已经按照单位有关规定以相应系数计算工作量获得了相应的报酬和奖励，被告的行为不构成侵权，遂判决驳回陈俊峰的诉讼请求。陈俊峰不服，提出上诉后，北京市第一中级法院二审维持一审判决。之后陈俊峰向北京市高级人民法院提出再审申请，亦被裁定驳回，其又向最高人民法院申请再审。最高人民法院于2009年10月26日裁定驳回其再审申请。

最高人民法院审查认为，涉案的九本图书均是陈俊峰为完成单位工作任务而汇编的职务作品。金盾出版社在有关文件中规定，经出版社领导同意或授意由责任编辑自己编写的图书，按照版面字数乘以相应的系数计算工作量并发放工作量酬金、奖励。从原审查明的事实来看，陈俊峰实际领取了按照上述规定计算的涉案图书相应的酬金、奖励；在 1999 年至 2007 年涉案图书编写及出版发行期间，陈俊峰并未向金盾出版社提出过著作权问题和稿酬问题。通过双方当事人的上述行为可以推定，出版社与编辑之间具有约定此类书稿著作权归属于出版社的意愿，编辑对这种书稿不得主张除署名权以外的著作权，出版社不需要向编写此类书稿的编辑另行支付稿酬。按照著作权法第十六条第二款的规定，涉案图书的著作权应由金盾出版社享有。金盾出版社出版涉案图书未侵犯陈俊峰的著作权，也不需要向陈俊峰支付稿酬。

8. 使用他人已经合法录制为录音制品的音乐作品制作录音制品并复制和发行的法定许可

著作权法第三十九条第三款规定了录音制作者使用他人已经合法录制为录音制品的音乐作品制作录音制品的法定许可制度。根据该款规定，录音制作者使用他人已经合法录制为录音制品的音乐作品制作录音制品，可以不经著作权人许可，但应当按照规定支付报酬；著作权人声明不许使用的不得使用。同时，著作权法第四十一条第二款规定，被许可人复制、发行、通过信息网络向公众传播录音录像制品，还应当取得著作权人、表演者许可，并支付报酬。著作权法对该两款之间的适用关系未予明确。对此，有观点认为，录音制作者使用他人已经合法录制为录音制品的音乐作品制作录音制品后，复制和发行其制作的录音制品，仍然需要征得音乐作品著作权人许可，即著作权法第四十一条第二款对著作权法第三十九条第三款具有限制作用。

在申请再审人广东大圣文化传播有限公司（以下简称大圣公司）与被申请人王海成、王海星、王海燕（以下简称王海成等）、原审被告重庆三峡光盘发展有限责任公司（以下简称三峡公司）、九江联盛广场超市有限公司、南昌百货大楼股份有限公司侵犯著作权纠纷案［（2008）民提字第 57 号，以下简称“大圣公司案”］的再审判决中，最高人民法院澄清了著作权法第三十九条第三款与第四十一条第二款的法律适用关系，明确了经著作权人许可制作的音乐作品的录音制品一经公开，其他人再使用该音乐作品另行制作录音制品并复制、发行，应适用著作权法第三十九条第三款规定的法定许可，不再适用第四十一条第二款“经著作权人许可”的规定。

该案的基本案情是：《亚克西》是王洛宾 1957 年根据吐鲁番民歌改编并作词的音乐作品。王洛宾去世后，其子王海成等将该音乐作品的公开表演权、广播权和录制发行权授权中国音乐著作权协会（以下简称音著协）管理。2004 年罗林（艺名刀郎）与大圣公司签订合同，大圣公司享有将罗林制作并享有版权的《喀什噶尔胡杨》歌唱类音乐专辑节目制作录音制品（CD）出版发行的权利。之后，大圣公司与广州音像出版社签订合同，约定由该社制作、出版、发行上述专辑录音制品。大圣公司与三峡公司签订委托复制加工合同，约定复制该录音制品20万张。2004年12月8日，广州音像出版社委托三峡公司复制90万张。随后，广州音像出版社向音著协申请使用音乐作品《冰山上的雪莲》、《打起手鼓唱起歌》、《亚克西》制作、发行20万张《喀什噶尔胡杨》专辑录音制品，批发价为6.5元，并向音著协支付上述3首音乐作品的使用费21900元，音著协出具了收费证明。王海成等以被告未经许可复制、发行的涉案光盘侵犯了其复制、发行权为由起诉，请求判令被告停止侵害、赔偿损失并赔礼道歉。江西省九江市中级人民法院一审认为，《亚克西》在涉案录音制品复制、发行前早已公开发表并已制作为录音制品，根据著作权法第三十九条第三款规定，广州音像出版社、大圣公司使用涉案音乐作品制作录音制品属于法定许可，可以不经其许可，但应当支付报酬。王海成等将涉案音乐作品已交由音著协以信托的方式管理，音著协有权许可他人使用。广州音像出版社、大圣公司、三峡公司属于法定许可使用。广州音像出版社按20万张向著作权人支付了报酬，对超出的70万张未按规定支付报酬，侵犯了王海成等的获酬权。根据国家版权局1993年8月制定的《录音法定许可付酬标准暂行规定》，确定赔偿数额为录音制品批发价6.5元×3.5%×70万张的两倍，共计318500元。三峡公司不构成对涉案音乐作品著作权的侵犯。大圣公司、广州音像出版社不服一审判决，提起上诉。江西省高级人民法院二审认为，根据著作权法第四十一条第二款规定，复制、出版、发行录音制品，除应取得表演者的许可并支付报酬外，还应取得音乐作品著作权人的许可，并支付报酬。音著协的许可和收费系针对使用音乐作品制作录音制品而行使的权利，并不是行使著作权人对复制、发行录音制品所享有的许可权和获得报酬权。一审法院按整张制品所含作品的报酬总额的两倍确定其中1首作品的赔偿数额缺乏合理性。遂判决撤销一审判决，判令大圣公司、广州音像出版社共同赔偿王海成等15万元。大圣公司不服二审判决，向最高人民法院申请再审。最高人民法院裁定提审本案，并于2009年3月6日作出再审判决，撤销原一、二审判决，判令大圣公司、广州音像出版社、三峡公司向王海成等支付音乐作品使用费14477元。

最高人民法院再审审理认为，著作权法第三十九条第三款规定了限制音乐作品著作权人权利的法定许可制度。该款虽然只规定使用他人已合法录制为录音制品的音乐作品制作录音制品可以不经著作权人许可，但该款的立法本意在于便利和促进音乐作品的传播，对使用此类音乐作品制作的录音制品进行复制、发行，亦应适用，而不适用第四十一条第二款的规定。因此，经著作权人许可制作的音乐作品的录音制品一经公开，其他人再使用该音乐作品另行制作录音制品并复制、发行，不需要经过音乐作品的著作权人许可，但应依法向著作权人支付报酬。鉴于涉案专辑中使用的音乐作品《亚克西》

在该专辑发行前已经被他人多次制作成录音制品广泛传播，且著作权人没有声明不许使用，故被告使用该音乐作品制作并复制、发行涉案专辑录音制品，符合法定许可的规定，不构成侵权。

9. 涉及提供链接服务的网络服务提供者的直接侵权责任

如果网络服务提供者利用网络实施直接侵犯他人著作权的行为，应当为其行为承担直接侵权责任。同时，信息网络传播权保护条例第二十三条为网络服务提供者设置了责任限制。该条规定，网络服务提供者为服务对象提供搜索或者链接服务，在接到权利人的通知书后，根据本条例规定断开与侵权的作品、表演、录音录像制品的链接的，不承担赔偿责任。司法实践中，网络服务提供者往往主张其系提供链接服务，在接到权利人通知后已经断开链接，不应承担赔偿责任。因此，判断网络服务提供者是否系提供链接服务就成为其是否应承担直接侵权责任的关键。

在申请再审人北京慈文影视制作有限公司（以下简称慈文公司）与被申请人中国网络通信集团公司海南省分公司（以下简称海南网通公司）侵犯著作权纠纷案［（2009）民提字第 17 号］中，最高人民法院明确了涉及提供网络链接服务的网络服务提供者承担直接侵权责任的条件。从该案的再审判决中可以看出，如果主张其系提供链接服务的网络服务提供者将所谓的被链网页或网站作为其内容向公众提供，该被链网页或网站上没有显示任何对应的域名或者网站名称等信息可以表明该网页属于第三方所有，则不能认定该网络服务提供者系提供链接服务，其应对该网页或网站上的被控侵权行为承担直接侵权责任。

该案的基本案情是：慈文公司拥有电影《七剑》在大陆地区的著作权。海南网通公司在其网站 www.hai169.com 首页上设置“影视频道”，点击进入“影视天地”（IP 地址 221.11.132.112），在该页面可以在线观看上述电影。慈文公司以侵犯著作权为由向海南省海口市中级人民法院提起诉讼，要求停止侵权并赔偿损失。海南网通公司在一审诉讼中举证证明点击其网站主页“影视频道”后进入“116 天天在线”而非原来的“影视天地”网页。海口市中级人民法院一审认为，海南网通公司提供的是链接服务，被诉侵权后已断开链接，不应承担侵权责任，遂判决驳回慈文公司的诉讼请求。上诉后，海南省高级人民法院二审维持一审判决。慈文公司申请再审，最高人民法院裁定提审本案并作出再审判决，撤销原两审判决，判令海南网通公司赔偿慈文公司经济损失及为诉讼支出的合理费用人民币 8 万元。

最高人民法院审查认为，点击海南网通网站首页上的“影视频道”，即可在进入的页面上进行操作观看电影《七剑》。进入的网页上虽然有“影视天地”的名称，但该网页上没有显示任何对应的域名或者网站名称等信息可以表明该网页属于第三方所有，该网页的IP地址亦不能证明该网页另属其他主体所有，此种情形与通常所认为的链接不同，该网页至少从表面上属于海南网通公司。海南网通公司如欲证明该网页是其链接的第三方网站而不应为该网页上的侵权行为承担赔偿责任，应提交相应的证据。因该网页的IP地址位于海南网通公司管理的地址段范围内，海南网通公司能够提供该证据，而包括慈文公司在内的社会公众均无法获得。在海南网通公司未提供相关证据的情况下，其关于仅提供链接服务的抗辩不能得到支持，其应对该网页上播放慈文公司享有著作权的电影作品的侵权行为承担相应的法律责任。即使该网页确属第三方主体所有或实际经营，因该“影视频道”与海南网通公司网站“主页”、“新闻频道”、“文学频道”等并列，海南网通公司将该网页内容作为其内容频道向公众提供，且从其在原审中提交公证书显示被诉后即变更了该“影视频道”内容来看，该选择完全是海南网通公司自主进行的，因此，此种行为与仅提供指向第三方网站的普通链接不同，海南网通公司至少应对该网站的实际所有者或经营者的主体资质进行一定的审核。本案中海南网通公司至今称其并不知晓该网页的实际经营主体，可见其并未尽到最低程度的注意义务，对该网页上出现的侵权行为亦应承担连带责任。

三、商标案件审判

（一）商标授权确权行政案件审判

10.“一事不再理”原则的判断和适用标准

根据商标法实施条例第三十五条的规定，商标评审委员会对商标评审申请已经作出裁定或者决定的，任何人不得以相同的事实和理由再次提出评审申请。此即所谓的“一事不再理”原则。

在申诉人佛山市圣芳（联合）有限公司（以下简称圣芳公司）与被申诉人中华人民共和国国家工商行政管理总局商标评审委员会（以下简称商标评审委员会）、原审第三人强生公司商标行政纠纷案［（2008）行提字第2号，以下简称“采乐”商标行政案］中，最高人民法院明确了“一事不再理”原则的判断和适用标准。

该案的基本案情是：1993年1月30日，强生公司经核准注册了第627498号手写繁体“采樂”文字商标（即引证商标），核定使用商品为第5类“人用局部抗菌剂”。1994年7月以后，案外人西安杨森制药有限公司经强生公司许可，在治疗头皮脂溢性皮炎和头皮康疹的“酮康唑洗剂”药品上使用该引证商标。争议商标为圣芳公司持有的第1214187号“采乐CAILE”商标，申请日为1997年8月6日，1998年10月14日被核准注册，核定使用商品为第3类香皂、清洁制剂、洗发香波、护发素、洗面奶、浴液、牙膏、化妆品等。1998 年 11 月、2000 年 7 月，强生公司曾两次向商标评审委员会提出撤销争议商标注册的申请，商标评审委员会分别于 1999 年 12 月、2001 年 9 月作出终局裁定，认定强生公司所提争议理由不能成立，维持争议商标注册。2002 年 8 月 20 日，强生公司第三次向商标评审委员会提出撤销争议商标的申请，理由为争议商标与引证商标构成类似商品上的近似商标，争议商标是对其驰名商标的恶意抄袭摹仿，争议商标注册违反了现行商标法第十三条、第二十八条、第三十一条、第四十一条的规定。2005 年 6 月 23 日，商标评审委员会作出商评字〔2005〕第 1801 号裁定，认定引证商标为驰名商标，并认为争议商标的注册构成在非类似商品上复制摹仿他人的驰名商标，误导公众的情形，裁定撤销争议商标的注册。圣芳公司不服该裁定，提起诉讼。北京市第一中级人民法院一审认为，强生公司在本次评审申请中提交了新的证据，不属于以相同的事实和理由再次提出评审申请，商标评审委员会受理本次争议申请没有违反法定程序，故判决维持商标评审委员会第 1801 号裁定。圣芳公司不服，提起上诉。北京市高级人民法院二审认为，强生公司本次申请依据修改后的商标法第十三条第二款的规定，并且提交了新的证据增加了新的事实，商标评审委员会没有违反“一事不再理”原则，故判决维持一审判决。圣芳公司不服二审判决，向最高人民法院申请再审。最高人民法院裁定提审该案，并于 2009 年 10 月 22 日作出再审判决，撤销了原审判决及商标评审委员会第 1801 号裁定。

最高人民法院再审审理认为，强生公司在前两次提出评审申请时，均援引了修改前的商标法第十七条、第二十七条、商标法实施细则第二十五条第（2）项等规定，特别是有关公众熟知的商标或驰名商标的规定，以争议商标是对驰名商标的恶意抄袭和仿冒，争议商标与引证商标构成类似商品上的近似商标，容易引起混淆等理由，请求撤销争议商标，已经穷尽了当时可以主张的相关法律事由和法律依据。商标评审委员会已经就相关事实和理由进行了实质审理，并两次裁定维持争议商标注册。强生公司援引修改后的商标法，仍以商标驰名为主要理由，申请撤销争议商标，商标评审委员会再行受理并作出撤销争议商标的裁定，违反了“一事不再理”原则。即使按照修改后的商标法及其实施条例的规定审查，商标评审委员会本次评审裁定也没有合法依据。按照现行商标法实施条例第三十五条的规定，对已决的商标争议案件，商标评审委员会如果要受理新的评审申请，必须以有新的事实或理由为前提。新的事实应该是以新证据证明的事实，而新证据应该是在裁定或者决定之后新发现的证据，或者确实是在原行政程序中因客观原因无法取得或在规定的期限内不能提供的证据。如果将本可以在以前的行政程序中提交的证据作为新证据接受，就会使法律对启动行政程序事由的限制形同虚设，不利于形成稳定的法律秩序。强生公司在本次评审申请中提交的证明争议商标申请日之前其引证商标驰名的证据，均不属于法律意义上的新证据。行政裁定作出之后法律发生了修改，也不能成为新的理由。

11. 商标法（2001 年修正）对该法施行前已有行政终局裁定的商标争议的溯及力

在前述“采乐”商标行政案中，最高人民法院还阐明了商标法（2001 年修正）对该法施行前已有行政终局裁定的商标争议的溯及力问题。在该案的裁决中，最高人民法院基于信赖保护原则认为，2001 年修改后的商标法对于该法修改前已受终局裁定拘束的商标争议不具有追溯力。

最高人民法院在再审判决中指出，涉案商标争议在商标法（2001 年修正）施行前已经有过终局裁定，不属于最高人民法院《关于审理商标案件有关管辖和法律适用范围问题的解释》第五条规定的情形，不应适用该司法解释的规定。由于修改前的商标法对商标评审采取行政终局制度，对于当时已有终局裁决的争议事项，只能尊重和维护当时的法律制度，不能再以修改后的法律有新规定为理由对已决事项重新启动程序。在行政终局制度下，终局裁定形成了稳定的秩序并产生信赖利益。圣芳公司在终局裁定后对商标进行的大规模使用和宣传以及因此建立的商业信誉，应该受到法律保护。商标评审委员会及原审法院以强生公司引用了修改后的商标法为由，认定其提出本次评审申请有新的理由，并以修改后的商标法第十三条第二款的规定为依据撤销争议商标，属于适用法律错误。

12. 判断商标近似时对特定历史因素的考虑

商标近似，是指两商标的文字的字形、读音、含义或者图形的构图及颜色，或者其各要素组合后的整体结构相似，易使相关公众对商品的来源产生误认或者认为存在特定的联系。判断时，要以相关公众的一般注意力为标准，既要进行整体比对，又要进行主要部分的比对，而且应当考虑在先注册商标的显著性和知名度。

在申请再审人侯勇与被申请人哈尔滨秋林集团股份有限公司（以下简称秋林集团公司）、国家工商行政管理总局商标评审委员会商标行政纠纷案[（2009）知行字第 15 号]中，最高人民法院进一步指出，适用上述方法判断商标近似时，还可以结合特定历史关系及处在同一地域等因素，考虑两商标共存是否易使相关公众对商品的来源产生误认或者认为两者之间存在特定的联系。

该案的基本案情是：1900 年，俄国人伊万·雅阔列维奇·秋林（又简称为伊·雅·秋林）在哈尔滨成立商贸机构，名为“秋林洋行”。1953 年，秋林洋行被我国政府接收，其下属公司均更改了字号，1984 年恢复使用“秋林”

字号。秋林食品厂（后更名为秋林食品公司）和秋林糖果厂（后更名为秋林糖果公司）均为秋林集团公司的关联企业。秋林食品厂主要生产面包、糕点、果酒等食品。1997 年秋林糖果厂开始恢复生产历史上具有较高知名度的秋林红肠，由秋林集团公司和秋林食品公司经销。经过几年的经营，秋林红肠成为哈尔滨市的特产之一，在相关公众中具有一定知名度。秋林糖果公司于 1999 年 4 月 21 日获准注册第 1266601 号“秋林及图”引证商标，核定使用商品为第 29 类香肠等。2003 年 7 月 1 日，秋林食品公司的法定代表人侯勇向中国商标局提出第 3612653 号“伊雅秋林”商标注册申请，经商标局审查后予以初步审定。在异议期内，秋林集团公司以第 1266601 号“秋林及图”为引证商标，向商标局提出异议申请。商标局认定被异议商标与引证商标未构成近似商标，被异议商标应予以注册。秋林集团公司不服向商标评审委员会申请复审。商标评审委员会经过审理作出第 4378 号裁定，准予被异议商标注册。秋林集团公司不服，提起诉讼。北京市第一中级人民法院一审认为，引证商标文字部分“秋林”为其显著部分，该部分对于消费者而言起到主要认知作用。被异议商标“伊雅秋林”中完全包含了引证商标中起重要识别作用的文字部分“秋林”，被异议商标“伊雅秋林”如果注册在肉罐头、香肠、风肠、猪肉食品、肉等与引证商标核定使用商品相类似的商品上，会造成消费者对于商品来源的混淆，不应准许被异议商标在上述商品上的注册。故判决撤销第 4378 号裁定，责令商标评审委员会重新作出异议复审裁定。侯勇不服，提出上诉。北京市高级人民法院经过审理维持一审判决。侯勇不服二审判决，向最高人民法院申请再审。最高人民法院于 2009 年 12 月 15 日裁定驳回其再审申请。

最高人民法院审查认为，本案中在先注册的引证商标为文字图形组合商标，由文字“秋林”和其他图形组合而成。对于相关公众而言，引证商标中的“秋林”文字部分具有天然的呼叫和认知优势。此外，本案中引证商标的权利人为秋林糖果公司，其字号为“秋林”，通过秋林糖果公司对引证商标的使用，引证商标在黑龙江省尤其是哈尔滨市等区域范围内已经拥有一定的市场知名度，为相关公众知悉，相关公众也已经习惯将其认知为“秋林”商标。被异议商标为“伊雅秋林”文字商标，其完全包含了引证商标中起重要识别作用的文字“秋林”。以相关公众的一般注意力为标准，结合考虑被异议商标由秋林食品公司授权侯勇以个人名义申请注册，该公司与引证商标所有人秋林糖果公司均为原秋林公司的下属企业，且均处在同一地域，如果被异议商标注册并使用在香肠等与引证商标核定使用商品相类似的商品上，易使相关公众对商品的来源产生误认或者认为两者之间存在特定的联系。因此，被异议商标和引证商标构成近似商标。“秋林”品牌的形成具有历史过程，秋林食品公司在其中也起到重要的作用。但是，根据查明的事实，侯勇所在的秋林食品公司长期生产的是面包、果酒等产品，而被异议商标和引证商标涉及的是第 29 类香肠等。在被异议商标申请注册之前，秋林食品公司从未生产过红肠等相关商品。相反，秋林糖果公司于 1997 年恢复生产红肠等产品，并恢复使用“秋林”商标。通过使用，“秋林”商标已经具有较高的知名度，该商誉应当归于秋林糖果公司。侯勇关于秋林食品公司传承“秋林食品”的传统因而有权注册和使用被异议商标的主张不能成立。

13. 商标授权确权案件中在先商标权人同时拥有非类似商品上注册的驰名商标和类似商品上的在先注册商标时商标近似的判断

在商标授权确权案件中，判断争议商标与引证商标是否近似时，如果在先商标权人同时拥有非类似商品上注册的驰名商标和类似商品上的在先注册商标，应当分别单独考虑还是综合考虑上述两个因素，有关法院对此存在一些不同的认识。

在申诉人德士活有限公司（以下简称德士活公司）与被申诉人国家工商行政管理总局商标评审委员会、广东苹果实业有限公司（以下简称广东苹果公司）商标行政纠纷案［（2009）行提字第 3 号］中，最高人民法院指出，当在先商标权人同时拥有非类似商品上注册的驰名商标和类似商品上的在先注册商标的情况下，不仅应该将争议商标与类似商品上的在先注册商标进行比对，还应该考虑驰名商标保护的因素。该判决明确并统一了对上述问题的认识。

该案的基本案情是：德士活公司于 1981 年 7 月 15 日经中国商标局核准注册了第 148002 号“萍果牌”商标，核定使用商品为第 25 类服装。1994 年 4 月 20 日，该公司申请注册第 813677 号“texwood 及苹果图”商标并于 1996 年 2 月 7 日被核准注册，核定使用商品为第 25 类服装、鞋、靴、帽等。该公司还于 1994 年 4 月 20 日申请、1996 年 1 月 7 日被核准注册了第 805564 号“texwood 及苹果图”商标（引证商标一），核定使用的商品为第 14 类钟表、钟表盒、袖扣、领带夹等；1996 年 1 月 11 日申请、1997 年 6 月 21 日被核准注册了第 1032836 号“苹果图形”商标（引证商标二），核定使用商品为第 14 类中的珠宝、钟表计时器及其零部件、钟表盒、袖扣、领带夹等。广东苹果公司（原名增城市苹果皮具有限公司）于 1998 年 6 月 22 日申请、2000 年 1 月 21 日被核准注册了第 1355455 号“苹果图形”商标（简称争议商标），核定使用商品为第 14 类钟、表、手表带、表盒等。2000 年 10 月 23 日，德士活公司请求商标评审委员会撤销争议商标，理由为争议商标与引证商标一、二构成类似商品上的近似商标，并恶意抄袭摹仿其在牛仔服装商品上的两个驰名商标。商标评审委员会于 2004 年 10 月 10 日作出商评字［2004］第 5456 号裁定，认定德士活公司的“萍果牌”和“texwood及苹果图”在牛仔服装商品上已成为驰名商标。争议商标与引证商标一、二均指定使用于钟、表及零部件等商品，争议商标与该两个引证商标外形近似，且指定使用于相同或类似商品，易使消费者混淆误认，均构成近似。遂裁定撤销争议商标注册。广东苹果公司不服该裁定提起行政诉讼。北京市第一中级人民法院一审认为，德士活公司在牛仔服装上注册的“萍果牌”和“texwood及苹果图”商标在争议商标申请注册之前已经成为驰名商标，但商标评审委员会第5456号裁定撤销争议商标的理由与该两商标是否驰名没有关系；引证商标一与争议商标不构成近似商标，引证商标二与争议商标构成类似商品上的近似商标，遂判决维持商标评审委员会第5456号裁定。广东苹果公司不服提起上诉。北京市高级人民法院二审查明，商标评审委员会在2000年11月作出的［2000］第2529号终局裁定和2001年7月作出的［2001］第2510号终局裁定中认定，广东苹果公司与本案争议商标图形相同的其他争议商标，与德士活公司在本案中的引证商标图形相同的其他引证商标，未构成近似。二审法院认为，鉴于商标评审委员会在其作出的上述终局裁定中认定与本案引证商标二和争议商标各自相同的图形不构成近似，为了保证执法标准的严肃和统一，应该认定引证商标二与争议商标不构成近似，争议商标应予维持。二审法院判决撤销一审判决及商标评审委员会裁定，对广东苹果公司的争议商标予以维持。德士活公司向最高人民法院申请再审。最高人民法院于2008年12月23日裁定提审本案，并于2009年11月11日作出再审判决，撤销二审判决，维持一审判决及商标评审委员会第5456号裁定。

最高人民法院再审审理认为，尽管商标评审委员会在本案中由于已经认定争议商标与引证商标一、二构成相同类似商品上的近似商标，应予撤销，因而没有必要再适用商标法第十三条第二款关于对驰名商标跨类保护的规定撤销争议商标，但这并不等于否定了德士活公司关于争议商标构成对其两个驰名商标的复制、摹仿的撤销理由。第25类服装与第14类钟、表、手表带、表盒，在销售渠道和消费群体等方面存在一定的关联性，不属于没有联系或联系很弱的非类似商品。在德士活公司同时拥有非类似商品上已注册的驰名商标和类似商品上的在先注册商标的情况下，不仅应该将争议商标与权利人在类似商品上在先注册的商标进行比对，还应该考虑驰名商标跨类保护的因素，而不应该出现在权利人除了拥有驰名商标外，还拥有在相同或类似商品上在先注册商标的情况下，其所得到的保护反而弱于仅有在非类似商品上的驰名商标的情况。商标评审委员会裁定及一审判决认定争议商标与引证商标二已构成类似商品上的近似商标，争议商标应予撤销的结论正确，应予维持。

14. 判断诉争商标是否损害他人在先权利的时间界限

商标法第三十一条规定，申请商标注册不得损害他人现有的在先权利，也不得以不正当手段抢先注册他人已经使用并有一定影响的商标。

在申请再审人西南药业股份有限公司（以下简称西南药业公司）与被申请人国家工商行政管理总局商标评审委员会、被申请人拜耳消费者护理股份有限公司（以下简称拜耳公司）商标行政纠纷案［（2009）行提字第1号］中，最高人民法院明确指出，人民法院依据商标法第三十一条审查判断诉争商标是否侵害他人在先权利，一般应当以诉争商标申请日前是否存在在先权利为时间界限。

该案的基本案情是：1987年11月12日，西南药业公司与罗须公司签订合作生产协议，约定罗须公司给予西南药业公司以“散利痛”中国市场商标名的使用权，由西南药业公司用中国原料在中国生产、推销、售卖和批发这种镇痛药。“散利痛”1988年被列入四川省药品标准，1995年被列为上海市药品标准。2001年9月20日，国家药品监督管理局发布的2001国药标字XG—013号国家标准颁布件规定，自2001年10月31日起，“复方对乙酰氨基酚片（Ⅱ）”的地方标准同时停止使用，该品种原药品名称“散利痛片”作为曾用名称过渡。1992年3月17日，西南药业公司申请注册“散列通”商标，1993年2月28日该商标获得注册。1999年7月30日，罗须公司以该商标的注册侵犯其在先权利为由，对“散列通”商标提出撤销申请。商标评审委员会认为，“散列通”与“散利痛”文字构成存在明显区别，其文字含义及功效作用亦有明显区别，普通消费者一般不会将其识别为同一商标。罗须公司关于“散列通”会被消费者误认为“Saridon”的对应中文从而与“散利痛”发生混淆缺乏足够的事实依据，不能认定西南药业公司的注册行为违反了诚实信用原则。商标评审委员会于2005年4月26日作出商评字［2005］第0675号裁定，维持“散列通”商标的注册。罗须公司不服该裁定，提起诉讼。北京市第一中级人民法院一审认为，“散利痛”商标当时虽然没有在我国注册，但作为其英文注册商标Saridon的中文译名，却由罗须公司独创并长期使用，属于罗须公司已经使用并有一定影响的商标。“散列通”与“散利痛”标注的商品相同，均用于西药，两标识的文字组合顺序与形式相同，应认定构成近似商标。西南药业公司在明知“散利痛”商标属于罗须公司使用在先且有一定影响的情况下，注册与“散利痛”商标相近似的“散列通”商标，违背了商标法第三十一条之规定，同时违背了诚实信用原则，属于《商标法》第四十一条中规定的“以不正当手段取得注册的”行为。故判决撤销商标评审委员会的第0675号裁定。西南药业公司不服，提出上诉。北京市高级人民法院二审认为，本案争议商标“散列通”与“散利痛”构成近似商标；西南药业公司曾与罗须公司签订合作生产协议，并依据该协议于 1987 年至 1992 年使用“散利痛”作为商标或药品的商品名称；西南药业公司在明知“散利痛”标识归属的情况下，于双方所签合同期满后，将与“散利痛”标识相近似的“散列通”申请注册为商标，违反了诚实信用原则，已经构成注册不当行为。遂判决驳回上诉，维持一审判决。西南药业公司不服该判决，向最高人民法院申请再审。最高人民法院于 2009 年 1 月 14 日裁定提审本案，并于 2009 年 5 月 25 日作出再审判决，撤销一、二审判决，维持商标评审委员会的第 0675 号裁定。

最高人民法院审查认为，在 2001 年 10 月 31 日散利痛地方标准被修改之前，“散利痛”是一种以乙酰氨基酚为主，辅加咖啡因和异丙安替比林的解热、镇痛药的法定通用名称。由于我国商标法和药品管理法均禁止在药品上使用未注册商标，西南药业公司申请注册“散列通”商标及该商标被核准注册之时，“散利痛”在法律上不可能是“散利痛片”的未注册商标。罗须公司在与西南药业公司合作期间，在合作生产的“散利痛片”上对“散利痛”的使用，是根据药品管理法及药品说明书和标签管理等相关规定，对药品通用名称的标注，不能认定其为对未注册商标的使用。最高人民法院在该判决中进而认为，鉴于在西南药业公司提出“散列通”商标申请注册时，“散利痛”并非未注册商标，因此其不构成罗须公司提出争议的权利基础。虽然商标评审委员会第 0675 号裁定关于“散利痛”是罗须公司的未注册商标事实认定错误，但其关于维持“散列通”商标注册的结论正确，应予维持。

15. 曾被列入国家药品标准期间的商标使用情形能否纳入认定商标是否驰名的考量范围

根据商标法第十四条的规定，对商标的任何宣传工作的持续时间、程度和地理范围应当作为认定该商标是否驰名时考虑的因素之一。司法实践中，对注册商标被列入国家药品标准的期间的商标使用行为是否影响对该注册商标知名度的判断有不同的认识。

在申请再审人江西巨元医药生物工程有限公司（以下简称巨元公司）与被申请人国家工商行政管理总局商标评审委员会、第三人杭州民生药业有限公司（以下简称民生公司）商标行政纠纷案［（2009）知行字第 12 号］中，最高人民法院认为，在特定历史条件下，有些药品名称曾被列入国家药品标准，在药品标准被修订而不再作为药品法定通用名称后，如果该名称事实上尚未构成通用名称，仍应当认定该名称具有识别商品来源的作用。据此，考虑该注册商标的知名度时，可以参考其被列入国家药品标准期间注册商标权利人对该商标的使用、宣传等因素。

该案的基本案情是：杭州民生药厂系民生公司前身，于 1987 年 1 月 20

日向商标局申请了第297849号“21金维他”文字商标，并于1987年8月30日被核准注册，使用商品为第5类西药。民生公司的“21金维他”产品于1989、1997年分别被评为杭州市、浙江省著名商标，1998年被评为杭州市、浙江省名牌产品。1997年至2000年民生公司对其“21金维他”商标进行了大量广告宣传，宣传媒体包括电视广告、广播广告、户外广告等，范围覆盖全国。南昌汇日保健制剂有限公司系巨元公司前身，于2000年12月21日向中国商标局申请了第1687032号“21金维他及图形”组合商标，并于2001年12月21日被核准注册，使用商品为第30类非医用营养液等。2002年8月8日民生公司请求商标评审委员会撤销第1687032号注册商标。商标评审委员会于2004年6月30日作出［2004］第3021号裁定，认定民生公司的第279849号引证商标已构成驰名商标，应予跨类保护，撤销巨元公司的第1687032号商标。巨元公司不服该裁定，提起诉讼。北京市第一中级人民法院于2004年12月23日作出（2004）一中行初字第727号行政判决，撤销商标评审委员会［2004］第3021号裁定。民生公司不服，提出上诉。北京市高级人民法院于2005年12月1日作出（2005）高行终字第122号行政判决，撤销第727号一审行政判决及商标评审委员会［2004］第3021号裁定，由商标评审委员会重新作出裁定。商标评审委员会于2006年5月10日作出［2004］重第32号裁定，撤销巨元公司的第1687032号注册商标。巨元公司不服该裁定，再次提起诉讼。北京市第一中级人民法院经审理判决维持了商标评审委员会［2004］重第32号裁定。巨元公司不服，提出上诉。北京市高级人民法院经审理判决维持一审判决，驳回巨元公司的上诉。巨元公司不服该判决，以1984年至2000年7月1日期间民生公司的21金维他是商品通用名称，不能作为商标使用，原审判决认定民生公司引证商标为驰名商标属于认定事实错误等理由，向最高人民法院申诉。最高人民法院于2009年10月27日裁定驳回巨元公司的申诉。

最高人民法院审查认为，在1984年至2000年7月1日期间，“21金维他”因列入国家药品标准而成为法定的通用名称，但在该引证商标未经法定程序撤销之前，民生公司对引证商标依法享有注册商标专用权，有权在核定使用的商品上使用该引证商标。综合考虑民生公司的该引证商标宣传及使用的持续时间、地理范围以及受保护记录等因素，该引证商标在本案争议商标申请注册时已达到驰名程度。2000国药标字XG—005号多维元素片（21）国家药品标准自2000年7月1日实施后，“21金维他”是商品通用名称还是注册商标的历史问题已经得到解决，现有证据不能证明“21金维他”已经成为多维元素片的通用名称。

16. 认定商标驰名时对商标注册前的使用情况的考虑

商标法第十四条的规定，认定商标是否驰名应当考虑该商标的宣传和使用情况。根据最高人民法院《关于审理涉及驰名商标保护的民事纠纷案件应用法律若干问题的解释》第五条第二款的规定，商标使用的时间、范围、方式等也包括其核准注册前持续使用的情形。

在申请再审人北京中铁快运有限公司（以下简称北京中铁公司）与被申请人国家工商行政管理总局商标评审委员会、第三人中铁快运股份有限公司（以下简称中铁股份公司）商标行政纠纷案［（2009）知行字第1号］中，最高人民法院认为，认定商标是否驰名，不仅应考虑商标注册后的使用情况，还应考虑该商标注册前持续使用的情况。

该案的基本案情是：北京中铁公司于1997年8月28日提出争议商标“中铁”商标注册申请，并于1998年9月21日被核准注册，核定服务项目为第39类。北京中铁外服快运公司于1995年2月20日提出引证商标“CRE中铁快运”（“快运”不在专用范围内）商标注册申请，并于1997年1月14日被核准注册，核定服务项目为第39类传递服务（信息或商品）、包裹投递。1997年，中国铁路对外服务公司和北京中铁外服快运公司共同设立中铁快运有限公司后，该引证商标被核准转让给中铁快运有限公司（后更名为中铁股份公司）。2003年9月12日，中铁股份公司以争议商标的注册违反商标法第十三条第二款、第二十八条、第三十一条的规定为由申请撤销争议商标的注册。2005年6月23日，商标评审委员会作出商评字［2005］第1804号裁定，认定引证商标为驰名商标，争议商标的注册属于违反商标法第十三条第二款的规定而应予撤销的情况，裁定撤销争议商标注册。北京中铁公司不服该裁定，起诉至北京市第一中级人民法院。北京市第一中级人民法院于2005年12月23日作出（2005）一中行初字第842号行政判决，判决撤销［2005］第1804号裁定。商标评审委员会及中铁股份公司不服，提出上诉。北京市高级人民法院于2006年7月21日作出（2006）高行终字第261号行政判决，驳回上诉，维持原审判决。商标评审委员会另行组成合议组，于2007年6月6日作出商评字［2005］重审第60号裁定。该裁定认定，中铁股份公司在规定的期限内提交的有效证据不足以证明中铁股份公司的引证商标在争议商标申请注册时已为驰名商标，故对北京中铁公司的争议商标予以维持。中铁股份公司不服该裁定，提起诉讼。北京市第一中级人民法院一审判决维持商标评审委员会［2005］第1804号重审第60号裁定。中铁股份公司不服，提出上诉。北京市高级人民法院二审认为，引证商标在争议商标申请注册前已经成为中国相关公众广为知晓的驰名商标，遂判决撤销一审判决和商标评审委员会商评字［2005］第1804号重审第60号裁定，责令商标评审委员会重新作出裁定。北京中铁公司不服该判决，向最高人民法院申诉。最高人民法院于2009年9月21日裁定驳回其申诉。

最高人民法院审查认为，认定商标是否驰名，不仅应考虑商标注册后的使用情况，也应考虑商标注册前持续使用的情况。根据查明的事实，中铁股份公司为铁道部直属企业，其前身中铁快运有限公司及中铁快运有限公司的母公司中国铁路对外服务公司，根据铁道部的有关规定专营中国铁路包裹快运业务。该业务自1993年开始在北京、上海、天津、广州、深圳、沈阳和郑州七个城市试办，1997年正式在全国办理。在此期间，中铁快运有限公司及其母公司中国铁路对外服务公司及该公司各分公司对引证商标进行了广泛的使用、宣传，在北京中铁公司申请注册争议商标之前，引证商标已经为相关公众广为知晓，应认定为驰名商标。

（二）商标民事案件审判

17. 判断商标近似时对注册商标未实际使用因素的考虑

根据最高人民法院《关于审理商标民事纠纷案件适用法律若干问题的解释》第九条第二款、第十条的规定，商标近似，是指被控侵权的商标与原告的注册商标相比较，其文字的字形、读音、含义或者图形的构图及颜色，或者其各要素组合后的整体结构相似，或者其立体形状、颜色组合近似，易使相关公众对商品的来源产生误认或者认为其来源与原告注册商标的商品有特定的联系；在认定商标近似时，应以相关公众的一般注意力为标准，既要进行对商标的整体比对，又要进行对商标主要部分的比对，比对应当在比对对象隔离的状态下分别进行，还应当考虑请求保护注册商标的显著性和知名度。

在申请再审人云南城投置业股份有限公司（以下简称云南城投公司）与被申请人山东泰和世纪投资有限公司（以下简称泰和投资公司）、济南红河饮料制剂经营部（以下简称济南红河经营部）侵犯商标专用权纠纷案［（2008）民提字第52号，以下简称“红河”商标侵权案］中，最高人民法院进一步细化了判断商标近似时需要考虑的因素。主要体现在，判断侵权意义上的商标近似，除要比较相关商标在字形、读音、含义等构成要素上的近似性外，还应关注是否足以造成市场混淆，因此应考虑相关商标的实际使用情况、显著性、是否有不正当意图等因素进行综合判断。

“红河”商标侵权案的基本案情是：案外人大兴安岭北奇神保健品有限公司1997年6月7日经核准注册了“红河”文字商标，核准使用商品为啤酒、饮料制剂。2000年11月28日，中国商标局核准该商标转让给济南红河经营部。济南红河经营部成立于2000年11月14日，注册资金为2万元，登记经营范围为啤酒、饮料批发零售，啤酒花销售，啤酒饮料添加剂的开发销售。泰和投资公司成立于2001年4月20日，注册资本500万元，经营范围为高新技术、环境保护投资，常温保存酒水、饮料的销售等。济南红河经营部许可泰和投资公司在全国独家使用“红河”商标，2002 年 8 月商标局对该商标使用许可合同予以备案。云南城投公司的前身是 1982 年成立的云南省红河饮料厂，1992 年 5 月更名为开远光明啤酒厂，经行政机关批准改制后设立云南光明股份有限公司，1998 年 10 月 23 日该公司更名为云南红河光明股份有限公司（以下简称为云南红河公司）。1999 年该公司通过上海证券交易所公开发行股票并上市，企业类型变更为上市公司。云南红河公司在 2001 年以前将“红河”作为其啤酒的商品名称及未注册商标使用，在 2002 年以后将“红河红”作为啤酒的商品名和未注册商标使用。2001 年 7 月 24 日，该公司向商标局申请注册“红河红”商标，商标局对该商标予以初步审定公告后，泰和投资公司在异议期内向商标局提出了异议。2007 年 10 月云南红河公司进行重大资产重组，更名为云南城投公司。2004 年 3 月，泰和投资公司在广东省佛山市禅城区一家便利店公证购买了云南红河公司生产的“红河红”啤酒，随即与济南红河经营部共同向广东省佛山市中级人民法院提起诉讼，请求判令云南红河公司停止侵犯其“红河”商标专用权的行为并赔偿经济损失 1000 万元。一审法院认为，云南红河公司在其产品及宣传广告上突出使用的“红河红”文字与济南红河经营部的“红河”商标构成近似商标，足以误导公众，使相关公众对商品的来源产生误认，侵犯了原告的商标专用权。云南红河公司销售部内悬挂的一条广告挂旗上印有啤酒一瓶及“红河啤酒”四个红字，该行为也属于商标侵权行为。基于现有证据可以认定云南红河公司侵权期间至少为两年，根据云南红河公司公布的年度报告计算，侵权期间“红河红”啤酒产品的毛利为 2200 余万元，原告主张的赔偿额处于合理范围之内。一审法院遂判决云南红河公司停止侵权，向两原告支付赔偿金 1000 万元。云南红河公司向广东省高级人民法院提起上诉后，二审法院判决维持一审判决。云南城投公司向最高人民法院申请再审。最高人民法院于 2008 年 10 月 21 日裁定提审本案。在本案再审审查及再审程序中，最高人民法院要求两被申请人提交其真实使用“红河”商标生产、销售产品的有关证据以及能够反映其商誉的证据，但两被申请人一直没有提交。最高人民法院认为“红河红”与“红河”不构成商标侵权意义上的近似商标，云南红河公司使用“红河红”商标的行为未侵犯被申请人的商标专用权，因此于 2009 年 4 月 8 日判决撤销原审判决，依法改判驳回泰和投资公司和济南红河经营部的全部诉讼请求。

最高人民法院再审审理认为，判断是否构成侵犯商标专用权意义上的商标近似，不仅要比较相关商标在字形、读音、含义等构成要素上的近似性，还要考虑其近似是否达到足以造成市场混淆的程度。为此，要根据案件具体情况，综合考虑相关商标的实际使用情况、显著性、是否有不正当意图等因素，进行近似性判断。本案被申请人的注册商标文字“红河”是县级以上行政区划名称和知名度较高的河流名称，作为商标其固有的显著性不强，且没有证据证明该商标因实际使用获得较强的显著性。由于被申请人的商标尚未实际发挥识别作用，消费者也不会将“红河红”啤酒与被申请人相联系。“红河红”商标经过云南红河公司较大规模的持续性使用，已经具有一定的市场知名度，已形成识别商品的显著含义，应当认为已与“红河”商标产生整体性区别。以一般消费者的注意力标准判断，容易辨别“红河红”啤酒的来源，应认为不足以产生混淆或误认。从云南红河公司实际使用在其产品的瓶贴及外包装上的“红河红”商标的情况来看，云南红河公司主观上也不具有造成与被申请人的“红河”注册商标相混淆的不正当意图。综合考虑上述因素，应该认定二者不构成近似商标，云南红河公司使用“红河红”商标的行为未侵犯被申请人的商标专用权。

18. 判断商标近似时对商标实际使用情况的考虑

在申请再审人泸州千年酒业有限公司（以下简称千年酒业公司）、四川诸葛酿酒有限公司（以下简称诸葛酿酒公司）、四川诸葛亮酒业有限公司（以下简称诸葛亮酒业公司）与被申请人四川江口醇酒业（集团）有限公司（以下简称江口醇集团）及原审被告周文、言德权侵犯商标专用权纠纷案［（2007）民三监字第37-1号］中，最高人民法院在认定商标是否近似时，考虑了商标实际使用情况尤其是在先使用、具体使用方式等因素。

该案的基本案情是：千年酒业公司1999年11月12日登记成立，并于2002年6月受让“诸葛亮”注册商标。“诸葛亮”商标为字体从左到右横列的普通黑体字的文字商标，核定使用商品为第33类酒精饮料（啤酒除外）、米酒、酒（饮料）、黄酒、葡萄酒、食用酒精、开胃酒、白兰地、烧酒、果酒（含酒精）。2002年10月28日，千年酒业公司开始使用该商标，并于2003年6月15日与诸葛亮酒业公司签订商标使用许可合同，许可诸葛亮酒业公司使用“诸葛亮”商标（工商登记资料反映，诸葛亮酒业公司于2003年9月28日登记成立）。2003年8月1日，诸葛酿酒公司登记成立，正式生产诸葛酿酒。2003年11月20日，千年酒业公司与诸葛酿酒公司签订商标使用许可合同，许可诸葛酿酒公司使用“诸葛亮”商标。1999年4月25日，江口醇集团（原名四川省平昌县酒厂）与案外人签订了《产品开发协议书》，决定共同开发“诸葛酿”酒，并在产品上使用“诸葛酿”标识。1999年6月5日，江口醇集团正式生产“诸葛酿”酒，随后在广东市场上销售。2002年至2004年，江口醇集团生产的诸葛酿酒主要在广东、四川、湖南等地销售，销售量较好，该酒在我国南方局部地区具有一定的影响力和知名度。江口醇集团在商品上作为商品名称使用的“诸葛酿”为文字组合，“诸葛酿”三个字为采用古印体为主，融合魏体和隶书特点的字体，在字体周边外框加上印章轮廓的式样。2004 年 9 月 24 日，千年酒业公司、诸葛亮酒业公司、诸葛酿酒公司向湖南省长沙市中级人民法院起诉江口醇集团等被告，要求判令被告立即停止商标侵权行为，并赔偿损失。江口醇集团以"诸葛亮"商标的使用侵犯其"诸葛酿"知名商品特有名称构成不正当竞争为由提起反诉。一审法院认为，"诸葛酿酒"具有知名商品的特有名称权，而"诸葛亮"本身是一个历史名人，不具有独创性，其作为商标的显著性要弱一些。一般公众只要施以一般注意力，就不易对被告的"诸葛酿酒"产品与原告的"诸葛亮"注册商标商品误认为系原告所生产和销售，不会对商品的来源产生混淆和误认。江口醇集团使用"诸葛酿酒"不构成侵犯千年酒业公司等三公司"诸葛亮"注册商标专用权。千年酒业公司等三公司正当、合法使用"诸葛亮"注册商标的行为，不构成对江口醇集团"诸葛酿酒"特有名称的侵害，不构成不正当竞争行为。故判决驳回双方当事人各自的诉讼请求。千年酒业公司、诸葛亮酒业公司、诸葛酿酒公司、江口醇集团不服一审判决提起上诉。湖南省高级人民法院二审判决驳回上诉，维持一审判决。千年酒业公司、诸葛酿酒公司、诸葛亮酒业公司不服二审判决，向最高人民法院申请再审。最高人民法院于 2009 年 1 月 16 日裁定驳回其再审申请。

最高人民法院审查认为，认定"诸葛酿"是否与"诸葛亮"注册商标构成侵犯注册商标专用权意义上的近似，需要综合相关因素进行认定。首先，从二者的音、形、义上进行比较。"诸葛亮"与"诸葛酿"在读音和文字构成上确有相近之处。但在字形上，"诸葛亮"注册商标为字体从左到右横向排列的普通黑体字的文字商标；作为商品名称使用的"诸葛酿"三个文字为从上到下的排列方式，字体采用古印体为主，融合魏体和隶书特点，在字体周边外框加上印章轮廓，在具体的使用方式上与"诸葛亮"商标存在较为显著的不同。在文字的含义上，"诸葛亮"既是一位著名历史人物，又具有足智多谋的特定含义；"诸葛酿"非单独词汇，是由"诸葛"和"酿"结合而成，用以指代酒的名称，其整体含义与"诸葛亮"不同。就本案而言，由于"诸葛亮"所固有的独特含义，使得二者含义的不同在分析比较"诸葛亮"注册商标和"诸葛酿"商品名称的近似性时具有重要意义，这种含义上的差别，使相关公众较易于将二者区别开来。其次，需要考虑"诸葛亮"注册商标的显著性及二者的实际使用情况。"诸葛亮"因其固有的独特含义，在酒类商品上作为注册商标使用时，除经使用而产生了较强显著性以外，一般情况下其显著性较弱。在千年酒业公司受让前，"诸葛亮"注册商标尚未实际使用和具有知名度。千年酒业公司等也未提供证据证明"诸葛亮"注册商标经使用后取得了较强的显著性。在此种情况下，"诸葛亮"注册商标对相近似标识的排斥力较弱。虽然“诸葛酿”商品名称与其在读音和文字构成上的近似，但不足以认定构成侵犯注册商标专用权意义上的近似。而且，在“诸葛亮”商标申请注册前，江口醇集团已将“诸葛酿”作为商品名称在先使用，不具有攀附“诸葛亮”注册商标的恶意。在“诸葛亮”商标核准注册前，“诸葛酿”酒已初具规模，在广东省、四川省、湖南省等地享有较高的知名度，为相关公众所知晓，具有一定的知名度和显著性，经使用获得了独立的区别商品来源的作用。结合上述“诸葛酿”商品名称字体特点和具体使用方式，以及“诸葛亮”注册商标的显著性较弱，相关公众施以一般的注意力，不会导致混淆和误认。

19. 商标侵权意义上的商标使用的含义

商标法第五十二条规定，未经商标注册人的许可，在同一种商品或者类似商品上使用与其注册商标相同或者近似商标的，属于侵犯注册商标专用权行为。但是，商标侵权意义上的商标使用应以起到标识来源和生产者的作用为必要条件。

在申请再审人辉瑞产品有限公司、辉瑞制药有限公司与被申请人江苏联环药业股份有限公司（以下简称联环公司）、原审被告广州威尔曼药业有限公司（以下简称威尔曼公司）等侵犯商标专用权纠纷案［（2009）民申字第268号］中，最高人民法院认为，对于不能起到标识来源和生产者作用的使用，不能认定为商标意义上的使用，他人此种方式的使用不构成使用相同或者近似商标，不属于侵犯注册商标专用权的行为。

该案的基本案情是：2003年5月28日，辉瑞产品公司向中国商标局申请的指定颜色为蓝色的菱形立体商标经核准获得注册，核定使用商品为第5类医药制剂等。2005年3月10日，辉瑞产品公司许可辉瑞制药公司使用该立体商标。1998年6月2日，威尔曼公司向商标局申请注册“伟哥”文字商标，使用商品包括人用药。2002年该商标经商标局初步审定公告。2004年4月，该商标转让给广州威尔曼新药开发中心有限公司。2005年1月5日，广州威尔曼新药开发中心有限公司与联环公司签订商标使用许可合同，许可联环公司在甲磺酸酚妥拉明分散片上使用“伟哥TM”商标。联环公司生产的甲磺酸酚妥拉明分散片使用包装盒包装，盒内药片的包装为不透明材料，其上印有“伟哥”和“TM”、“江苏联环药业股份有限公司”字样，药片为浅蓝色、近似于指南针形状的菱形，并标有“伟哥”和“TM”字样。2005年10月11日，辉瑞产品公司、辉瑞制药公司以前述行为侵犯其注册商标专用权为由提起诉讼，请求判令新概念公司立即停止销售，联环公司和威尔曼公司立即停止制造和销售侵权商品的行为以及制造涉案商标标识的行为并承担其他民事责任。北京市第一中级人民法院一审认定联环公司、新概念公司的行为构成侵犯辉瑞产品公司商标专用权，并判决两公司承担侵权责任。联环公司不服，提起上诉。北京市高级人民法院二审认为，涉案被控侵权药品虽然与涉案立体商标构成近似，但消费者在购买该药品时并不会与涉案立体商标相混淆，亦不会认为该药品与二原告存在某种联系进而产生误认，联环公司等的涉案行为并未构成对辉瑞产品公司商标专用权的侵害，也未损害辉瑞制药公司的利益。遂判决撤销一审判决、驳回二原告的诉讼请求。二原告不服该判决，向最高人民法院申请再审。最高人民法院于 2009 年 6 月 24 日裁定驳回其再审申请。

最高人民法院审查认为，本案中虽然联环公司生产的“甲磺酸酚妥拉明分散片”药片的包装有与药片形状相应的菱形突起、包装盒上“伟哥”两字有土黄色的菱形图案作为衬底，但消费者在购买该药品时并不能据此识别该药片的外部形态。由于该药片包装于不透明材料内，其颜色及形状并不能起到标识其来源和生产者的作用，不能认定为侵犯注册商标专用权意义上的使用。即便该药片的外部形态与辉瑞产品公司的涉案立体商标相同或相近似，消费者在购买该药品时也不会与辉瑞产品公司的涉案立体商标相混淆，亦不会认为该药品与辉瑞产品公司、辉瑞制药公司存在某种联系进而产生误认。

20. 判断商标正当使用时对历史因素的考虑

商标正当使用不仅是对商标权排斥范围的限制，也是正确划定商标权的权利边界和维护正当的公众利益的关键所在。2009 年，最高人民法院在个案裁决中进一步发展了判断商标正当使用应考虑的因素，并细化了商标正当使用行为的判断标准。

在申请再审人狗不理集团有限公司（以下简称狗不理集团）与被申请人济南市大观园商场天丰园饭店（以下简称天丰园饭店）侵犯商标专用权纠纷案［（2008）民三监字第 10-1 号］中，最高人民法院认为，判断使用他人注册商标的行为是否构成正当使用时，应当充分考虑和尊重相关历史因素；同时应根据公平原则，对使用行为作出必要和适当的限制。

该案的基本案情是：狗不理集团的前身于 1994 年 10 月 7 日注册了“狗不理”文字商标，核定服务项目为第 42 类，即餐馆、备办宴席、快餐馆、自动餐馆。1999 年 12 月 29 日，该商标被认定为驰名商标。天丰园饭店开业日期为 1973 年，主营猪肉灌汤蒸包，并于 1986 年 9 月、11 月增加“狗不理”猪肉灌汤包等经营项目。自 80 年代至今，天丰园饭店一直持续经营“狗不理”风味猪肉灌汤包。2005 年 4 月，天丰园饭店经营的“狗不理猪肉灌汤包”经济南市贸易服务局、济南市饮食业协会评比，被认定为“济南名优（风味）小吃”。同年，“狗不理猪肉灌汤包”入选济南市消费者协会的《济南消费指南》。1990 年 8 月出版的《济南老字号》一书记载济南的“狗不理”包子从 40 年代初开始经营，到 1948 年济南解放，一直畅销不衰。特别是济南解放后，天丰园饭店门前天天顾客盈门。天丰园饭店一直在其门口悬挂经营“狗不理”猪肉灌汤包的牌匾，其主打品牌也是“狗不理”猪肉灌汤包，还曾在一楼楼道口悬挂“狗不理”黑色牌匾三个字。2006 年 10 月 16 日，狗不理集团提起诉讼，认为天丰园饭店的行为侵犯其“狗不理”注册商标专用权，请求判令天丰园饭店停止侵权，消除影响并赔偿损失。山东省济南市中级人民法院一审认为，天丰园饭店在济南这一特定地域经营“狗不理猪肉灌汤包”的历史由来已久，其未超出原有地域和服务项目，也未使用狗不理集团对于“狗不理”商标的特定书写方式，其使用“狗不理”介绍和宣传其以天丰园饭店名义经营的“狗不理包子”的行为，不构成侵犯“狗不理”服务商标专用权，遂判决驳回狗不理集团的诉讼请求。狗不理集团提起上诉。山东省高级人民法院二审认为，天丰园饭店使用“狗不理”文字作为其提供的一种菜品的名称，并在济南这一特定地域经营“狗不理猪肉灌汤包”的历史由来已久。天丰园饭店提供“狗不理猪肉灌汤包”这一食品，并非是在狗不理集团商标注册并驰名后为争夺市场才故意使用“狗不理”三字，没有违背市场公认的商业道德，也不存在搭车利用“狗不理”服务商标声誉的主观恶意，属于在先使用。但天丰园饭店将“狗不理”三字用于宣传牌匾、墙体广告和指示牌，并且突出使用“狗不理”三字或将“狗不理”三字与天丰园饭店割裂开来使用的行为，容易使消费者混淆。为规范市场秩序，体现对“狗不理”驰名商标的充分保护，天丰园饭店不得在企业的宣传牌匾、墙体广告中等使用“狗不理”三字，但仍可保留狗不理猪肉灌汤包这一菜品。遂判决撤销一审判决，判令天丰园饭店停止在宣传牌匾、墙体广告等其他广告形式中使用“狗不理”三字进行宣传；驳回狗不理集团的其他诉讼请求。狗不理集团不服二审判决，向最高人民法院申请再审。最高人民法院于 2009 年 2 月 5 日裁定驳回其再审申请。

最高人民法院审查认为，考虑在狗不理集团公司注册“狗不理”服务商标之前，天丰园饭店持续使用“狗不理猪肉灌汤包”这一菜品名称的历史因素，天丰园饭店仍可保留“狗不理猪肉灌汤包”这一菜品名称，但根据公平原则，天丰园饭店不得作其他扩张性使用。

21. 对描述性商标的正当使用的判断

描述性商标由于其商标词汇本身具有描述性，无法直接起到区别商标来源的作用，其禁止他人使用的权利范围就受到较大的限制。根据商标法实施条例第四十九条的规定，注册商标中含有的本商品的通用名称、图形、型号，或者直接表示商品的质量、主要原料、功能、用途、重量、数量及其他特点，或者含有地名，注册商标专用权人无权禁止他人正当使用。

在申请再审人漳州市宏宁家化有限公司（以下简称宏宁公司）与被申请

人漳州片仔癀药业股份有限公司（以下简称片仔癀公司）侵犯商标专用权纠纷案［（2009）民申字第1310号］中，最高人民法院认为，当注册商标具有描述性时，其他生产者出于说明或客观描述商品特点的目的，以善意方式在必要的范围内予以标注，不会导致相关公众将其视为商标而导致来源混淆的，构成正当使用；判断是否属于善意，是否必要，可以参考商业惯例等因素。

该案的基本案情是：片仔癀公司拥有在第3类牙膏、化妆品及第5类药品上的“片仔癀”及“PIEN TZE HUANG”的注册商标。1999年，使用在药品商品上的“片仔癀 PIEN TZE HUANG”商标被认定为驰名商标。宏宁公司生产、销售的“荔枝牌片仔癀珍珠霜（膏）”、“片仔癀特效牙膏”等27种化妆品及日化用品，均将“片仔癀”作为其产品名称组成部分，并在包装装潢上突出使用“片仔癀”、“PIEN TZE HUANG”，且其字体与片仔癀公司的注册商标基本相同。2007年4月20日片仔癀公司起诉，请求判令宏宁公司立即停止侵权行为、公开赔礼道歉并赔偿损失。福建省漳州市中级人民法院一审认为，宏宁公司的行为侵犯了片仔癀公司的注册商标专用权。上诉后，福建省高级人民法院维持一审判决。宏宁公司不服二审判决，向最高人民法院申请再审。最高人民法院于2009年10月27日裁定驳回其再审申请。

最高人民法院审查认为，片仔癀是一种药品的名称，如果被控产品中含有片仔癀成分，生产者出于说明或客观描述商品特点的目的，以善意方式在必要的范围内予以标注，不会导致相关公众将其视为商标而导致来源混淆的，可以认定为正当使用。判断是否属于善意，是否必要，可以参考商业惯例等因素。宏宁公司如果是为了说明其产品中含有片仔癀成分，应当按照商业惯例以适当的方式予以标注，但是本案中，宏宁公司却是在其生产、销售商品的包装装潢的显著位置突出标明“片仔癀”、“PIEN TZE HUANG”字样，该标识明显大于宏宁公司自己的商标及其他标注，并且所采用的字体与片仔癀公司的注册商标基本一致。该种使用方式已经超出说明或客观描述商品而正当使用的界限，其主观上难谓善意，在片仔癀公司注册商标已经具有很高知名度的情况下，客观上可能造成相关公众产生对商品来源的混淆。宏宁公司关于其属于正当使用的主张不能成立。

22. 标识使用者的使用意图和使用行为对其获得未注册商标保护的影响

对于未注册的商标标识，可以基于使用产生的商标知名度获得一定方式的法律保护。但是，对该标识主张权利的人必须有实际使用该标识的行为并具有将该标识作为其商标的意图。

在申请再审人辉瑞有限公司（以下简称辉瑞公司）、辉瑞制药有限公司（以下简称辉瑞制药公司）与被申请人上海东方制药有限公司（以下简称东方公司）破产清算组、原审被告北京健康新概念大药房有限公司（以下简称新概念公司）、广州威尔曼药业有限公司（以下简称威尔曼公司）不正当竞争及侵犯未注册驰名商标权纠纷案［（2009）民申字第313号］中，最高人民法院认为，在申请再审人明确认可其从未在中国境内使用某一标识的情况下，他人对该标识所做的相关宣传等行为，由于未反映其将该标识作为商标的真实意思，不能认定该标识构成未注册商标，更不能认定其构成未注册驰名商标。

该案的基本案情是：1997年11月28日，辉瑞公司的第1130739号“VIAGRA”文字商标在中国获得注册。2001年1月28日，该商标经核准转让给辉瑞产品有限公司（Pfizer Products Inc.）。1998年9月29日，《健康报》报道伟哥（Viagra）是枸橼酸西地非尔的商品名，1998年10月16日至2003年9月28日，《海口晚报》等二十几家报刊的26份报道摘录中多将“Viagra”称为“伟哥”，将“伟哥”（VIAGRA）的生产者称为辉瑞公司或辉瑞制药厂，报道的主要内容为媒体对“Viagra”的药效、销售情况、副作用的介绍以及评论。《新时代汉英大词典》2000年版第1601页和2002年版第1232页对“伟哥”词条的解释为：伟哥，也称“威尔刚”Viagra、“万艾可”Viagra，用于治疗男性功能障碍的美国药品商标。2001年1月28日，辉瑞公司将“VIAGRA”文字商标转让给辉瑞产品有限公司。2005年3月17日，中国国际贸易促进委员会专利商标事务所的代理人邱宏彦在新概念公司经公证购买了“伟哥”药品4盒。该“伟哥”产品系东方公司生产，新概念公司销售。东方公司系经威尔曼公司授权使用“伟哥”商标。2005年10月11日，辉瑞公司、辉瑞制药公司以不正当竞争及侵犯未注册驰名商标权为由，向北京市第一中级人民法院提起诉讼。一审庭审中，二原告承认其在中国内地未使用过“伟哥”商标。北京市第一中级人民法院一审认为，二原告无法证明“伟哥”为其未注册驰名商标，对该商标不享有商标法规定的合法权益，故判决驳回其全部诉讼请求。二原告不服，提出上诉。北京市高级人民法院二审认同一审的判决理由，维持了一审判决。辉瑞公司、辉瑞制药公司不服该判决，向最高人民法院申请再审。最高人民法院于2009年6月24日裁定驳回其再审申请。

最高人民法院审查认为，由于辉瑞公司已于2001年1月28日将“VIAGRA”文字商标转让给辉瑞产品有限公司，在本案一审起诉时及整个诉讼过程中，辉瑞公司均不是“VIAGRA”文字商标的商标权人，因此辉瑞公司对“VIAGRA”文字商标以及其所主张的“VIAGRA”文字商标的中文翻译“伟哥”不享有任何权益。尽管多家媒体在相关报道中将“伟哥”与“Viagra”相对应，但上述报道均系媒体所为而并非辉瑞公司和辉瑞制药公司对自己商标的宣传，且辉瑞制药公司也明确声明“万艾可”为其正式商品名，并承认其在中国内地未使用过“伟哥”商标，因此，不能认定媒体将“Viagra”称为“伟哥”反映了辉瑞公司和辉瑞制药公司当时将“伟哥”作为商标使用的真实意思。现有证据不足以证明“伟哥”为未注册商标，也无法证明其为未注册驰名商标。

四、竞争案件审判

23. 经营者的非法经营行为与应承担民事责任的不正当竞争行为的关系

如果经营者的经营行为违反行政许可法律、法规的相关规定，则构成非法经营行为。非法经营行为与民事侵权行为包括反不正当竞争法规定的不正当竞争行为存在一定的交叉，但并非所有的非法经营行为都构成民事侵权或者构成应承担民事责任的不正当竞争行为。

在上诉人北京黄金假日旅行社有限公司（以下简称黄金假日公司）与被上诉人携程计算机技术（上海）有限公司（以下简称携程计算机公司）、上海携程商务有限公司（以下简称携程商务公司）、河北康辉国际航空服务有限公司（以下简称康辉服务公司）、北京携程国际旅行社有限公司（以下简称北京携程公司）虚假宣传纠纷判决上诉案［（2007）民三终字第 2 号，以下简称“携程”判决案］中，最高人民法院明确了非法经营行为与民事侵权行为以及反不正当竞争法规定的不正当竞争行为的关系。同时，通过该案的裁决，最高人民法院确认了携程计算机公司和携程商务公司通过“携程旅行网”提供机票预订服务这一新型经营模式的合法性，既保护了商业模式创新，也激励了市场竞争。

该案的基本案情是：2006 年 7—9 月，黄金假日公司通过起诉和追加被告、追加诉讼请求等起诉称：携程计算机公司和携程商务公司均未依法取得民航客运机票销售代理资格却通过“携程旅行网”实际从事了机票销售代理业务，该行为属于非法经营行为，也构成虚假宣传；康辉服务公司虽然取得了《民用航空客运销售代理业务经营批准证书》，但其在河北省石家庄地区为携程计算机公司提供机票出票及送票服务，是非法转让行政许可，并帮助进行非法经营和虚假宣传；携程计算机公司和携程商务公司的国内机票销售是由北京携程公司进行收款，北京携程公司亦系帮助进行非法经营。故请求判令携程计算机公司和携程商务公司停止虚假宣传行为；携程计算机公司停止通过“携程旅行网（www.ctrip.com)”进行的各类经营活动；赔偿因不正当竞争行为给原告造成的损失。河北省高级人民法院一审认为，被诉行为不构成虚假宣传，遂以（2006）冀民三初字第 3-2 号判决驳回本案所审理部分内容的诉讼请求。黄金假日公司上诉后，最高人民法院于 2009 年 10 月 22 日判决驳回上诉，维持原判。对于黄金假日公司所诉其他行为，因涉及重复诉讼问题，河北省高级人民法院另行以（2006）冀民三初字第 3-1 号裁定驳回起诉。

该案黄金假日公司亦提出上诉，最高人民法院于同日裁定驳回上诉，维持原裁定（见后述“携程”裁定案）。

最高人民法院审理认为，判断行为人是否属于实际从事机票销售代理业务，应当以机票上的出票人为准，而不能将提供与机票销售相关的预订、送票和收款等业务的经营者也视为原《民用航空运输销售代理业管理规定》（即民航37号令）规定的销售代理人。本案当事人所争议的“预订”是否是“销售”的一个环节、“机票预订”及“送票”是否也是“机票销售”、是否因可能直接收取旅客机票款而构成“销售机票”等问题，对于判断是否违反民航37号令的有关规定均无实质意义。依据本案现有证据，并不能够直接认定携程计算机公司和携程商务公司存在非法经营民航客运销售代理业务的行为。假设有关行为构成违反行政许可法律、法规的非法经营行为，一般也属于应当承担行政责任乃至刑事责任的问题，应当依法由相应的行政主管部门或者刑事司法机关审查认定。只有在违反有关行政许可法律、法规的非法经营行为同时构成民事侵权行为的情况下，才涉及应否承担民事责任的问题。也就是说，非法经营并不当然等于民事侵权，民事诉讼原告不能仅以被告存在非法经营行为来代替对民事侵权行为的证明责任。进一步讲，不论经营者是否属于违反有关行政许可法律、法规而从事非法经营行为，只有因该经营者的行为同时违反反不正当竞争法的规定，并给其他经营者的合法权益造成损害时，才涉及该经营者应否承担不正当竞争的民事责任问题。

24. 企业简称能否获得反不正当竞争法的保护

根据反不正当竞争法第五条第（三）项的规定，擅自使用他人的企业名称或者姓名，引人误认为是他人的商品，构成不正当竞争。最高人民法院《关于审理不正当竞争民事案件应用法律若干问题的解释》第六条规定，具有一定的市场知名度、为相关公众所知悉的企业名称中的字号，可以认定为反不正当竞争法第五条第（三）项规定的“企业名称”。但是上述规定都未明确企业简称是否可以依据反不正当竞争法第五条第（三）项的规定获得保护。

在申请再审人山东山起重工有限公司（以下简称山起重工公司）与被申请人山东起重机厂有限公司（以下简称山东起重机厂）侵犯企业名称权纠纷案［（2008）民申字第758号］中，最高人民法院认为，对于具有一定市场知名度、为相关公众所熟知并已实际具有商号作用的企业或者企业名称的简称，可以视为企业名称，并可根据反不正当竞争法第五条第（三）项的规定获得保护。

该案的基本案情是：山东起重机厂与山起重工公司为同处山东省青州市的两家以经营起重机械为主的企业。山东起重机厂成立于1968年，1976年组建益都起重机厂，1991年10月31日又变更名称为山东起重机厂，2002年1

月 8 日再次变更名称为山东起重机厂有限公司。山东起重机厂在企业宣传片、厂房、职工服装、对外合同等对外宣传活动和经营活动中，长期主动地使用“山起”简称，其客户也常以“山起”作为其代称。山起重工公司于 2004 年 1 月 13 日预先核准现企业名称，并于 2004 年 2 月 13 日正式成立。山东起重机厂于 2005 年 7 月 11 日起诉，请求判令山起重工公司立即停止对“山起”字号的使用并赔偿损失。山东省潍坊市中级人民法院一审认定，“山起”是山东起重机厂的特定简称，山起重工公司构成对山东起重机厂名称权的侵犯，并支持了山东起重机厂的诉请。山东省高级人民法院二审时，在认定“山起”是山东起重机厂的特定简称的基础上，认为山起重工公司在企业名称中使用“山起”易产生混淆，构成不正当竞争，因此维持一审判决。山起重工公司不服二审判决，向最高人民法院申请再审。最高人民法院于 2009 年 4 月 27 日裁定驳回其再审申请。

最高人民法院审查认为，企业名称的简称源于语言交流的方便。企业简称的形成与两个过程有关：一是企业自身使用简称代替其正式名称；二是社会公众对于企业简称的认同，即认可企业简称与其正式名称所指代对象为同一企业。由于简称省去了正式名称中某些具有限定作用的要素，可能会不适当地扩大正式名称所指代的对象范围。因此，企业简称能否特指该企业，取决于该企业简称是否为相关公众所认可，并在相关公众中建立起与该企业的稳定的关联关系。对于具有一定市场知名度、为相关公众所熟知并已实际具有商号作用的企业或者企业名称的简称，可以视为企业名称。如果经过使用和公众认同，企业的特定简称已经为特定地域内的相关公众所认可，具有相应的市场知名度，与该企业建立起了稳定联系，已产生识别经营主体的商业标识意义，他人在后擅自使用该企业简称，足以使特定地域内的相关公众对在后使用者和在先企业之间发生市场主体上的混淆，在后使用者就会不恰当地利用在先企业的商誉，侵害在先企业的合法权益。具有此种情形的，应当将在先企业的特定简称视为企业名称，并根据反不正当竞争法第五条第（三）项的规定加以保护。

25. 应承担民事责任的虚假宣传行为的基本条件

在前述“携程”判决案中，最高人民法院还明确了应承担民事责任的虚假宣传行为的基本条件，即应当具备经营者之间具有竞争关系、有关宣传内容足以造成相关公众误解、对经营者造成了直接损害这三个基本条件；其中对于引人误解和直接损害的后果问题，不能简单地以相关公众可能产生的误导性后果来替代原告对自身受到损害的证明责任。

最高人民法院审理认为，反不正当竞争法第九条第一款规定的引人误解的虚假宣传行为，并非都是经营者可以主张民事权利的行为。当事人可以主张民事权利的虚假宣传行为，应当符合经营者之间具有竞争关系、有关宣传内容足以造成相关公众误解、对经营者造成了直接损害这三个基本条件。对于引入误解和直接损害的后果问题，本案黄金假日公司指控的是携程计算机公司和携程商务公司的有关宣传行为构成所谓的市场混淆行为，即消费者会对携程计算机公司和携程商务公司之间在提供相关服务的主体身份及其经营资质上发生混淆或者误认。对此，携程计算机公司和携程商务公司在经营中对各自的身份表示确有不当之处，有混同使用或者模糊称谓其经营主体身份的行为，如大量使用“携程”和“携程旅行网”的简称，有关的宣传容易使人产生对市场上的“携程”是否是一家、“携程”到底是指谁、“携程旅行网”到底是谁在经营等疑问和困惑，可能会造成相关公众对二者间身份的混淆或者误认。即使是在本案审理过程中，被上诉人提交的有关诉讼文书中也有使用“携程”的简称，让人难以区分到底是指代携程计算机公司还是携程商务公司。但是，不论相关公众是否会对该二被上诉人之间主体身份及其经营资质上发生混淆或者误认，黄金假日公司并未举证证明该携程计算机公司和携程商务公司的有关行为包括上述误导性后果使黄金假日公司自身受到了直接的损害，不能简单地以相关公众可能产生上述与黄金假日公司无关的误导性后果来替代黄金假日公司对自身受到损害的证明责任。

26. 商业诋毁行为的构成条件

反不正当竞争法第十四条对商业诋毁行为做了规定，即经营者不得捏造、散布虚伪事实，损害竞争对手的商业信誉、商品声誉。

在申请再审人上海百兰王贸易发展有限公司（以下简称百兰王公司）与被申请人上海大鹤蛋品有限公司（以下简称大鹤蛋品公司）商业诋毁纠纷案［（2009）民申字第508号］中，最高人民法院进一步明确了商业诋毁行为的构成条件。最高人民法院在裁定中认为，反不正当竞争法调整的商业诋毁行为并不要求行为人必须直接指明诋毁的具体对象的名称，但商业诋毁指向的对象应当是可辨别的；反不正当竞争法没有对商业诋毁的语言作出限制，诋毁语言并不一定要求有感情色彩。

该案的基本案情是：上海市场上销售“蘭王”品牌鸡蛋的只有大鹤蛋品公司和百兰王公司两家公司。百兰王公司正在申请注册“蘭王”商标，但尚未获得授权。2007年3月之前，大鹤蛋品公司与百兰王公司之间就“蘭王”品牌鸡蛋在中国的生产、销售存在合作关系。双方合作终止后，百兰王公司委托案外人生产“蘭王”鸡蛋。2007年5月11日，百兰王公司在上海的日文报刊上发布了日文《声明》，包括《关于“蘭王”类似商品、假冒商品的注意公告》、《关于“蘭王”商标》和《“蘭王”蛋品的确认》，声称最近在上海市场上发现其他公司销售的与百兰王公司商品相类似的或同名的商品，该商品与百兰王公司没有任何关系，百兰王公司也无法保证该类商品的使用期限及品质；为了防患于未然，对于未经百兰王公司的允许，在市场上销售标注百兰王公司商标或相类似商标的商品的行为，百兰王公司一律认定为侵犯百兰王公司的商标权。2007 年 6 月 1 日，百兰王公司发布了《相关情况》，并将其放置于百兰王公司销售的鸡蛋产品包装盒内，《相关情况》内容包括："本公司委托上海蛋品监督机构上海蛋品协会进行了调查，结果是大鹤蛋品公司根本没有鸡蛋生产的养殖场"、"一段时期内，本公司曾把 GP 工作委托给大鹤蛋品公司，但其在鸡蛋的管理、清洗、选定及包装方面发生了诸多问题"、"本公司认定该公司上市的相类似的商品属于以不正当竞争及获取不正当利益为目的的行为"等。大鹤蛋品公司以百兰王公司为被告提起诉讼，上海市第二中级人民法院一审认定百兰王公司的行为构成商业诋毁，判决百兰王公司立即停止不正当竞争行为、消除影响并赔偿损失。百兰王公司不服，提出上诉。上海市高级人民法院二审判决予以维持。百兰王公司不服二审判决，以其发表的《声明》没有指名道姓，其发表的《声明》和《相关情况》中的内容均是以描述事实为主、未使用诋毁性语言和骂人的话等理由，向最高人民法院申请再审。最高人民法院于 2009 年 8 月 4 日裁定驳回百兰王公司的再审申请。

最高人民法院审查认为，反不正当竞争法第十四条调整的商业诋毁行为并不要求行为人必须直接指明诋毁的具体对象的名称，即并不要求诋毁行为人指名道姓，但商业诋毁指向的对象应当是可辨别的。本案中，申请再审人发表的《声明》虽然没有指明针对的对象是被申请人，但当时上海仅仅有其与被申请人两家公司销售"蘭王"品牌鸡蛋，百兰王公司对此是明知的，而消费者完全可以根据该声明得出这样的判断，其他"蘭王"牌鸡蛋的经营者侵犯了百兰王公司的商标权。大鹤蛋品公司作为"蘭王"牌鸡蛋的生产者，其商业信誉和商品声誉自然会因此受到损害。因此，百兰王公司发表的《声明》构成对大鹤蛋品公司的商业诋毁。反不正当竞争法并没有对商业诋毁的语言作出限制，诋毁语言并不一律要求有感情色彩，无论是包含诸如憎恨、羞辱、藐视的语言或者说是骂人的话，还是不带任何感情色彩的陈述，只要其中涉及的事实是虚伪的，是无中生有的，并因此损害了他人的商业信誉和商品声誉，就构成商业诋毁。

五、知识产权合同案件审判

27. 技术转让合同与以技术入股的合作经营合同的区分与判断

在合同案件的审理中，确定合同的性质是审理案件的基础。由于实践中合同的复杂性，区分技术转让合同和以技术入股的合作经营合同存在一定难度。为此，应全面考虑、综合分析合同的有关约定以及当事人的履约行为，正确确定当事人所争议的合同条款的真实含义。

在申请再审人闫春梅与被申请人朱国庆技术转让合同纠纷案［（2009）民申字第159号］中，最高人民法院适用合同法第一百二十五条第一款的规定，按照合同所使用的词句、合同的有关条款、合同的目的、交易习惯以及诚实信用原则，确定了当事人所争议的合同条款的真实意思，从而正确认定了涉案合同的性质为预付前期技术转让费加利润提成方式的技术转让合同。

该案的基本案情是：闫春梅与朱国庆于2003年10月29日签订了一份名称为《合作经营合同》的合同，季新华作为中介人在该合同尾部签字。该合同第1条和第2条约定，闫春梅将其自主开发的VJ绿色奶牛精饲料技术独家转让给朱国庆，朱国庆以其所在地先期投入资金，设立奶牛精饲料公司并办理相关审批手续。该合同第4条“技术转让费的支付”约定，朱国庆分三期支付给闫春梅技术转让费100万元，第一期20万元将在本合同签字生效后即付；第二期20万元于生产设备安装完毕，生产出产品符合国家和企业标准后支付；第三期60万元在生产设备安装完毕后，生产出合格产品，首先从实现的利润中支付，60万元付款结束后，在一个月时间内，完成技术转让。该合同第5条“公司的股份确认”约定：该公司所有资产为朱国庆投入，原始资产与闫春梅无关，朱国庆具有全面管理决策权，并占有该公司65%的股份，闫春梅占有25%的股份，中介人占有10%股份。闫春梅股份是技术股，上述公司各股份按各自所占比例，具有获得公司利润和承担公司风险的权利和义务。合同第6条“双方行为的约定”约定：因为双方约定现有企业资金的投入和新增资产由朱国庆出资或由朱国庆利润支出，企业资产包括固定资产以及新增资产的产权与闫春梅无关。合同签订后，朱国庆即交付20万元的技术转让费。2003年11月27日，朱国庆等7人设立天翔公司（后名称变更为天祥公司），闫春梅和季新华均不是该公司股东，季新华未对此提出异议。闫春梅派其丈夫为天祥公司购买了生产设备，朱国庆安装了设备，但至诉讼中未进行调试和生产。双方认可，合同约定的技术配方的核心是菌种，闫春梅并未将菌种交付给朱国庆。2007年4月6日，朱国庆以闫春梅为被告提起诉讼，请求判令终止履行合同、闫春梅返还其技术转让费20万元并赔偿损失10万元。闫春梅以朱国庆违约为由反诉请求判令朱国庆给付其违约金30万元。江苏省淮安市中级人民法院一审认为，双方之间的技术转让合同有效，闫春梅不履行交付技术的主要合同义务，无法作价入股，朱国庆未设立合同约定的公司并不构成违约，故判决解除合同、闫春梅返还朱国庆技术转让费20万元并赔偿利息损失。闫春梅不服提出上诉。江苏省高级人民法院二审认为涉案合同应为技术转让及合作经营合同，维持了一审判决。闫春梅不服二审判决，以涉案合同为合作经营合同、朱国庆未设立合同约定的公司等理由向最高人民法院申请再审。最高人民法院认定涉案合同的性质为预付前期技术转让费加利润提成方式的技术转让合同，并于2009年5月25日裁定驳回闫春梅的再审申请。

最高人民法院审查认为，判断本案合同性质的关键在于对合同第5条“公司的股份确认”的理解，对此应适用合同法第一百二十五条第一款的规定确定该条的真实意思。首先，从合同第5条使用的词句来看，不能当然得出必须设立以朱国庆、闫春梅、季新华为股东的公司的明确意思表示。其次，从合同第5条和有关条款来看，合同第5条所约定的“股份”并未明确就是有限责任公司股东的出资份额，而实际是指提取公司利润的计算标准。合同第5条在明确占有公司股份的权利时强调的是获得公司利润的比例，虽然也有承担公司风险的义务，但根据合同第6条的约定，闫春梅与公司资产无关，闫春梅实际上无法承担公司风险。在最高人民法院听证时闫春梅也认可，25％的股份实际上是指有权获得公司利润的25％。季新华是双方合同的中介人，天祥公司未将其列为股东，季新华也未对此提出异议，再次印证了所谓股份对闫春梅、季新华而言仅是指提取利润的比例。再次，从合同的目的来看，设立由朱国庆、闫春梅、季新华为股东的公司并非实现合同目的所必须。合同目的是指合同双方当事人通过合同的订立和履行，期望最终得到的东西、结果或者达到的状态。合同目的通常表现为一种经济利益。根据涉案合同的具体内容，闫春梅与朱国庆订立合同的目的在于通过技术转让获取利润。该目的的实现不以设立由朱国庆、闫春梅、季新华为股东的公司所必须。又次，从交易习惯来说，在技术转让交易中，存在以固定部分转让费（也叫预付入门费）加利润提成作为技术转让计费方式的习惯。最后，从诚实信用原则来看，在天祥公司成立后，闫春梅让其丈夫帮助天祥公司购买生产设备，并没有对天祥公司的成立不符合约定提出异议。综上，涉案合同应当属于预付前期技术转让费加利润提成方式的技术转让合同。合同中所约定的财务监督、技术指导等内容，表面上是合作经营内容，实际上是技术转让合同中技术转让方的附随义务。

28. 演艺经纪公司与演员签订的演艺合同及其中演出安排条款的性质及效力

随着演艺产业的蓬勃发展，近年来，演艺经纪公司与演员之间因演艺合同引发的纠纷逐渐增多。对于演艺经纪公司与演员签订的演艺合同及其中演出安排条款的性质及效力问题，实践中存在不同的理解。

在申请再审人熊威、杨洋与被申请人北京正合世纪文化传播有限公司（以下简称世纪公司）知识产权合同纠纷案［（2009）民申字第1203号］中，最高人民法院明确了演艺合同是一种综合性合同，关于演出安排的条款既非代理性质也非行纪性质，而是综合性合同中的一部分，不能依据合同法关于代理合同或行纪合同的规定孤立地对演出安排条款适用“单方解除”规则。

该案的基本案情是：2006年3月熊威、杨洋与世纪公司签订合同约定：世纪公司聘用熊威、杨洋为签约歌手，世纪公司全权代理熊威、杨洋唱片、演艺、广告事宜，如有违约，熊威、杨洋须按约定支付违约金；营利性演艺活动的收入由双方按约定比例分成；双方共同筹措资金，制作、发行、宣传唱片，版税由双方按比例分成；合同期内唱片的著作权归世纪公司；合同有效期为2006年3月23日至2009年3月22日等。合同签订后，熊威、杨洋参加了世纪公司安排的演出，为制作音乐专辑筹集了资金；世纪公司获取了音乐专集版税，向熊威、杨洋支付了一定的演出费。2007年1月12日，熊威、杨洋以世纪公司拖欠演出费及版税为由要求解除合同，世纪公司要求二人继续履行合同。熊威、杨洋遂诉至法院，请求判决确认合同关于演出安排的条款因违反《营业性演出管理条例》无效；如果有效，其可以依据合同法规定随时解除该部分条款等。北京市第二中级人民法院一审认定，本案合同中关于演出安排的约定属世纪公司与演员之间的代理行为，不属于《营业性演出管理条例》规范的营业性演出居间、代理、行纪活动，该合同不违反相关法律及行政法规的强制性规定，应确认有效；世纪公司的违约行为尚不致产生合同目的不能实现的后果，熊威、杨洋不能因此解除合同。世纪公司，熊威、杨洋均不服，提起上诉。北京市高级人民法院二审维持原判。熊威、杨洋仍不服，向最高人民法院申请再审。最高人民法院于2009年11月27日裁定驳回其再审申请。

最高人民法院审查认为，本案合同关于演出安排的条款不违反《营业性演出管理条例》的强制性规定，应确认为有效。本案合同不仅包含关于演出安排的约定，还包含世纪公司对熊威、杨洋商业运作、包装、推广以及著作权使用许可等多方面内容，而且各部分内容相互联系、相互依存，构成双方完整的权利义务关系。关于演出安排的条款既非代理性质也非行纪性质，而是本案综合性合同中的一部分。割裂该部分条款与合同其他部分的关系，孤立地对该部分条款适用“单方解除”规则，有违合同权利义务的一致性、均衡性及公平性。因此，熊威、杨洋关于其有权依据合同法关于代理合同或行纪合同的规定随时解除本案合同中演出安排条款的主张不能成立。

六、关于知识产权侵权责任承担

29. 专利侵权损害赔偿数额的确定

由于知识产权侵权损害的无形性、不确定性和因果关系的复杂性，侵权损害赔偿数额的确定在实际操作中比较困难和复杂，对有关赔偿确定因素的把握应重点考虑其合理性和成比例性。

在上诉人华纪平、合肥安迪华进出口有限公司（以下简称安迪华公司）与被上诉人上海斯博汀贸易有限公司（以下简称斯博汀公司）、如东县丰利机械厂有限公司（以下简称丰利公司）、南通天龙塑业有限公司（以下简称天龙公司）侵犯专利权纠纷案［（2007）民三终字第3号，以下简称“手提箱”专利侵权案］中，在侵权产品销售数量、专利许可使用费和侵权产品利润率多种因素并存的情况下，最高人民法院对如何合理确定损害赔偿数额进行了具体深入的剖析。最高人民法院同时认为，在确定知识产权侵权损害赔偿额时，可以考虑当事人的主观过错程度确定相应的赔偿责任，尤其是在需要酌定具体计算标准的情况下，应当考虑当事人的主观过错程度。

该案的基本案情是：华纪平系授权公告日为1999年12月10日、名称为“哑铃套组手提箱”实用新型专利的专利权人。华纪平和案外人于2001年5月14日投资设立安迪华公司，华纪平任法定代表人。2003年1月18日，华纪平授予安迪华公司对涉案专利的“非独占性且不可转让的许可权”，约定许可使用费为每年500万元。2004年8月16日，华纪平将其在安迪华公司持有的股份全部转让给案外人并不再担任法定代表人。2005年10月，华纪平以斯博汀公司、丰利公司在南通海关出口的2160件哑铃套组手提箱侵犯其专利权为由，向南通海关申请扣押该批侵权产品，随即向江苏省高级人民法院申请诉前责令停止侵犯专利权行为、财产保全。随后，华纪平、安迪华公司向江苏省高级人民法院提起诉讼。江苏省高级人民法院一审认为，斯博汀公司和丰利公司共同侵犯了两原告的专利权，因两原告提供了斯博汀公司和丰利公司的侵权数量及专利产品的利润情况，故依法应以两原告的损失确定赔偿数额；根据涉案专利手提箱本身的价值及其在实现所包装的哑铃产品利润中所起的作用，结合双方当事人主张的利润率等因素，可以确定涉案专利手提箱的合理利润率为涉案哑铃产品销售价的15%。遂判决斯博汀公司和丰利公司立即停止侵害、销毁被扣押哑铃套组手提箱、连带赔偿两原告经济损失682129.56元以及为制止侵权而支出的合理费用2万元、律师代理费11万元和扣押哑铃套组手提箱所发生的实际仓储费用。华纪平、安迪华公司和斯博汀公司均提出上诉。最高人民法院于2009年6月11日判决驳回上诉，维持原判。

最高人民法院审理认为，在侵权产品销售数量可以确定的情况下，根据专利产品或者侵权产品的利润率，即可以计算出被侵权人的损失或者侵权人获得的利益，并以此来确定赔偿额；在有关产品的利润率难以准确计算时，人民法院可以酌定一个合理的利润率来计算。当然，如果当事人能够证明存在一个真实合理的按照产品件数计算的专利许可使用费时，也可以根据按件计费标准乘以侵权产品数量所得之积计算赔偿额，但是本案中所谓的专利许可使用费系按年度计费，并非按照产品数量计费，无法参照计算。另外，即使采用参照专利许可使用费的方法计算损害赔偿额，原告也必须负责证明专利许可使用费的真实性和合理性。本案中，涉案专利实施许可合同签订时专利权人系被许可人的股东和法定代表人，二者之间显然具有利害关系，虽然事后专利权人将其所有股份让与他人并且不再担任法定代表人，但仅据此并不能排除对该专利许可使用费的真实性和合理性的合理怀疑，况且原告也未能提供证据证明该专利许可使用费已经实际支付并依法缴纳了相应税款，故该专利许可使用费的真实性和合理性在本案中也不应当予以认定。本案各方当事人对原审法院酌定的合理利润率15%均有异议。二原告主张依其二审所举成本核算表的计算结果按44%的利润率来计算赔偿，但其在一审中曾主张30%的利润率，现所举证据也不属于一审庭审结束后新发现的证据，不能作为二审程序中的新的证据；即使可以接受该证据，由于有关内容系原告自行核算的结果，在没有其他证据佐证的情况下，不能仅凭加盖税务部门印章就认可其内容的真实性；另外，假设该利润率是真实的，也只是其出口的使用涉案专利包装箱的20KG杠铃组产品的整体利润率，并不能当然将出口整套产品的利润全部认为是涉案专利包装箱本身的利润。二侵权人关于应当根据使用专利包装箱和使用纸包装箱的产品差价来计算专利包装箱的价格并据此确定利润率的主张，虽然具有一定的合理性，但也并非绝对准确，基于特定的营销策略，专利产品与非专利产品之间的差价并不当然反映出专利的贡献作用。同时，在确定知识产权侵权损害赔偿额时，可以考虑当事人的主观过错程度确定相应的赔偿责任，尤其是在需要酌定具体计算标准的情况下，应当考虑当事人的主观过错程度。本案中斯博汀公司在与安迪华公司终止了使用涉案专利手提箱的哑铃产品的采购关系后，又向丰利公司采购同样产品，存在明显的主观过错，应当在赔偿额上有所体现。综合考虑，原审法院在当事人均不能准确举证证明相关专利产品或者侵权产品利润率的情况下，根据侵权人自认的使用涉案专利手提箱的哑铃产品的利润率，结合权利人当时主张的自己产品的利润率，同时考虑专利产品和侵权产品本身的价值和作为市场销售的哑铃产品的包装对整体产品销售利润的贡献作用，确定涉案专利包装箱的合理利润率为涉案哑铃产品销售价的15%，虽然相对较高，但考虑到侵权人的主观过错明显，该酌定的利润率并无明显不妥，无须予以变更。

30. 调查和制止侵权行为的合理开支数额的确定

在知识产权侵权案件中，权利人往往会主张对调查和制止侵权行为的合理开支一并予以赔偿。如何确定这种合理开支的范围和数额，直接涉及到权利人维权成本能否得到合理补偿问题，其关键在于要从市场维权一般状况来考虑。

在前述“手提箱”专利侵权案中，最高人民法院还根据当事人的诉辩主张，对调查和制止侵权行为的合理开支数额的确定以及权利人申请海关措施所提供侵权货物担保金的性质，作出了具体分析认定。

最高人民法院认为，权利人为调查、制止侵权行为所支付的各种开支，只要是合理的，都可以纳入赔偿范围。这种合理开支并非必须要有票据一一予以证实，人民法院可以根据案件具体情况，在有票据证明的合理开支数额的基础上，考虑其他确实可能发生的支出因素，在原告主张的合理开支赔偿数额内，综合确定合理开支赔偿额。本案中，对于权利人在调查侵权行为过程中因交通违章罚款和购买香烟、口香糖的开支，明显不合理，确实应当予以剔除；对于高达上千元的餐费，亦有不合理，在综合确定合理开支数额时应作出相应考虑；对于购买一般的食品和饮料等，属于有关调查人员在开展调查活动时为维持一般人身体所需的正常开支，并非不合理开支；对于同一天在不同酒店发生的住宿费、出租车费，权利人有关系因多人多地同时开展侵权调查的解释合乎情理，并非明显不合理。在原告作为合理开支主张的所谓的前期费用 34 万元中，主要包含南通海关扣留涉案侵权产品时所收取的案外人合肥安迪健身用品有限公司交纳的侵权货物担保金 24 万元和至本案判决执行结束时对扣留货物所发生的费用。依照《中华人民共和国知识产权海关保护条例》的有关规定，知识产权权利人向海关提供的担保金用于赔偿可能因申请不当给收货人、发货人造成的损失以及支付货物由海关扣留后的仓储、保管和处置等费用；侵权嫌疑货物被认定为侵犯知识产权的，知识产权权利人可以将其支付的有关仓储、保管和处置等费用计入其为制止侵权行为所支付的合理开支。据此，在认定构成侵犯知识产权时，担保金中扣除权利人已经支付的海关扣留货物所发生的仓储、保管和处置等有关费用以外，将退还权利人。因此，担保金并不能当然作为当事人的损失予以计算，只有权利人支付的有关侵权货物仓储、保管和处置等费用可以计入其为制止侵权行为所支付的合理开支而获得赔偿。

31. 使用他人根据民歌改编的音乐作品的付酬问题

对于使用他人根据民歌改编的音乐作品应按照何种标准付酬，最高人民法院在前述“大圣公司案”中，明确了使用此类作品的付酬标准。最高人民法院认为，使用他人根据民歌改编的音乐作品制作录音制品并复制、发行的，可以向改编者支付全额报酬。

最高人民法院在该案的裁决中指出，在当事人没有约定的情况下，可以按照国家版权局发布的《录音法定许可付酬标准暂行规定》确定付酬标准。

本案涉及多个音乐作品使用人，以谁的名义向著作权人支付报酬应遵从当事人之间的约定或行业惯例。因法律没有规定支付报酬必须在使用作品之前，因而作品使用人在不损害著作权人获得报酬权的前提下，“先使用后付款”不违反法律规定。民歌一般具有世代相传、没有特定作者的特点，根据民歌改编的音乐作品的著作权人，依法对改编的音乐作品享有著作权。使用他人根据民歌改编的音乐作品制作录音制品并复制、发行的，可以向改编者支付全额报酬。本案未支付报酬的70万张音乐作品使用费，按照批发价6.5元×版税率3.5%×录音制品发行数量70万张÷11首曲目计算为14477元。

32. 侵犯未实际投入商业使用的注册商标的民事责任

在商标侵权纠纷案件中，如果请求保护的注册商标未实际投入商业使用，则该注册商标被侵犯时，商标权利人通常不会有实际损失。此时，商标侵权人承担侵权责任的方式具有一定的特殊性。

在前述“红河”商标侵权案中，最高人民法院还首次明确了侵犯未实际投入商业使用的注册商标的民事责任承担问题。这一案件的裁决体现了如下司法原则：侵犯未实际投入商业使用的注册商标，侵权人应该承担停止侵权的民事责任并赔偿权利人制止侵权的合理支出，但可以不判决承担赔偿损失的民事责任。这一司法原则妥善处理了注册商标实际使用与民事责任承担的关系，使民事责任的承担既有利于鼓励商标使用，激活商标资源，又有利于防止商标权利人利用注册商标谋取不正当的利益。

最高人民法院认为，云南红河公司在销售部的一条广告挂旗上使用“红河啤酒”字样的行为，是未经许可在同一种商品上将与注册商标相同的文字作为未注册商标使用的行为，属于侵犯注册商标专用权的行为。对于该侵权行为，云南红河公司应当承担停止侵权行为的民事责任。被申请人没有提交证据证明其“红河”注册商标有实际使用行为，也没有举证证明其因侵权行为有实际损失，但是被申请人为制止侵权行为客观上会有一定的损失，综合考虑本案的情况，酌定申请再审人赔偿两被申请人损失共计2万元。

33. 被诉企业名称构成不正当竞争时的停止使用责任

根据最高人民法院《关于审理注册商标、企业名称与在先权利冲突的民事纠纷案件若干问题的规定》第四条的规定，被诉企业名称构成不正当竞争的，人民法院可以根据原告的诉讼请求和案件具体情况，确定被告承担停止使用、规范使用等民事责任。

在申请再审人广东星群食品饮料有限公司（以下简称星群食品饮料公司）与被申请人广州星群（药业）股份有限公司（以下简称星群药业公司）、广州星群（药业）股份有限公司滋补营养品厂（以下简称星群滋补营养品厂）不正当竞争纠纷案［（2008）民申字第982号］中，最高人民法院进一步明确，在不停止使用企业名称即不足以防止市场混淆后果的情况下，即可判令被告承担停止使用的责任。最高人民法院指出，恶意使用他人具有一定的市场知名度、为相关公众所知悉的企业名称中的字号，因处于同一地域而极易导致相关公众误认的，人民法院可以直接判决该经营者承担停止使用其企业名称的民事责任。

该案的基本案情是：星群药业公司于 1950 年开始使用“星群”作为字号，1966 年起虽有中断使用的情况，但自 1980 年起持续使用该字号至今。经过多年经营，星群药业公司的商标“群星”、“群星＋图形”自 1992 年起多次被评为著名商标；其夏桑菊产品自 1985 年起多次获得省和国家级的优质产品或名牌产品称号。星群药业公司自 1986 年起获得了多个企业荣誉，并于 2006 年 11 月 7 日，被国家商务部认定为第一批中华老字号。星群药业公司生产的“夏桑菊颗粒”的销售情况良好，拥有广泛的国内和海外市场。星群药业公司针对“夏桑菊颗粒”在各种媒体上投放了大量广告。2005 年 1 月 14 日，星群食品饮料公司经广东省工商行政管理局登记成立，该公司生产的“夏桑菊颗粒”产品与星群药业公司的“夏桑菊颗粒”产品包装、装潢相似。星群药业公司、星群滋补营养品厂于 2006 年 10 月 25 日起诉，请求法院认定星群食品饮料公司使用的字号侵犯了其企业名称权，构成不正当竞争，请求判令星群食品饮料公司不得再使用“星群”为其字号并赔偿经济损失。广东省广州市中级人民法院一审认为，星群食品饮料公司对其企业名称的使用并未侵犯星群药业公司和星群滋补营养品厂的企业名称权，判决驳回二原告的全部诉讼请求。二原告上诉后，广东省高级人民法院二审审理认为，星群食品饮料公司的行为构成不正当竞争，改判星群食品饮料公司停止在其企业名称中使用“星群”字号，向广东省工商行政管理局申请变更企业名称中的“星群”字号并赔偿损失。星群食品饮料公司不服，向最高人民法院申请再审。最高人民法院于 2009 年 9 月 24 日裁定驳回其再审申请。

最高人民法院审查认为，经营者在后选择使用他人早已为相关公众所知悉，具有一定市场知名度的字号作为自己的字号，生产与他人类似的产品，使用近似的装潢，由于处于同一地域内容易引人误认的，应认为具有“搭便车”的明显恶意，人民法院可以在民事判决中直接判决该经营者承担停止使用其企业名称的民事责任。尽管企业名称管理属于工商行政管理机关的职权范围，但是对于使用企业名称侵害他人合法民事权益，构成侵权或不正当竞争的行为，则属人民法院司法权的职权范围，人民法院有权运用民事责任方式对相应的民事侵权或不正当竞争行为作出处理。

34. 案件受理费的合理分担

在前述“手提箱”专利侵权案中，对于案件受理费的负担，斯博汀公司在上诉中附带提出应按照原告请求额与法院支持额之间的比例确定。为此，最高人民法院在该案中明确了案件受理费的分担需要考虑的因素。

最高人民法院认为，无论是原《人民法院诉讼收费办法》还是现行的《诉讼费用交纳办法》对于诉讼费用负担的原则是一致的，即由败诉的当事人负担；部分胜诉、部分败诉的，由人民法院根据案件的具体情况决定当事人各自负担的数额。尤其是在侵权案件中，案件受理费的分担不仅要考虑原告的诉讼请求额得到支持的比例，更要考虑原告主张的侵权行为本身是否成立，同时还可以考虑原告的其他诉讼请求得到支持的程度以及当事人各自行使诉权的具体情况如有无明显过错等因素，不能仅按照原告请求额与法院支持额之间的比例确定。

七、关于知识产权诉讼证据

35. 无著作权认证资格的机构出具的著作权归属证明的证据资格及审查判断

在涉及境外作品的著作权侵权案中，当事人经常以国外著作权认证机构在中国设立的常驻机构出具的著作权归属证明作为证据，证明其对该境外作品享有权利。对于该证据的证明力，有关法院认识不一。

在申请再审人广东中凯文化发展有限公司（以下简称中凯公司）与被申请人石家庄市战神传奇网吧（以下简称战神网吧）侵犯著作权纠纷案［（2009）民申字第127号］中，最高人民法院认为，韩国著作权审议调停委员会北京代表处仅可从事著作权认证的联络活动，但其并不具有证明著作权归属的资格；确认境外作品著作权的归属，应结合合法出版物等其他证据综合判断。

该案的基本案情是：中凯公司以韩国MBC公司系电视连续剧《宫S》的版权所有者，韩国MBC公司授权其独家拥有该作品在中国大陆的信息网络传播权等相关权益，战神网吧未经许可将该作品置于网吧服务器供公众下载观看，侵犯其合法权益为由提起诉讼。中凯公司提供了韩国著作权审议调停委员会北京代表处出具的证明，作为证明韩国MBC公司拥有电视连续剧《宫S》的著作权的证据。河北省石家庄市中级人民法院一审认为，韩国著作权审议调停委员会北京代表处出具的证明不具有证明力，不能证明MBC公司拥有《宫S》电视剧的著作权，据此驳回中凯公司的起诉。上诉后，河北省高级人民法院二审以相同理由维持一审裁定。中凯公司仍不服，向最高人民法院申请再审。最高人民法院于2009年5月19日裁定指令河北省高级人民法院再审。

最高人民法院审查认为，按照《国外著作权认证机构在中国设立常驻机构管理办法》的规定，韩国著作权审议调停委员会北京代表处只能从事与著作权认证有关的联络活动，并无证明境外作品著作权归属的资质。但是，对涉案影视作品《宫 S》的著作权归属，韩国著作权审议调停委员会北京代表处出具的证明仅是中凯公司提供的证据之一，除需判断该证据的证明力外，还应结合中凯公司提供的合法出版的音像制品、进口音像制品批准单、权益证明书等其他证据综合判断。原审裁定未对上述证据进行质证、认证，仅以韩国著作权审议调停委员会北京代表处出具的证明不具有证明力为由驳回中凯公司的起诉不当。

36. 侵犯录音制品制作者权案件中对权利主体及行为事实的审查判断

在侵犯录音录像制作者纠纷案件中，由于音像制品上权利人的复合性和侵权行为的复杂性，音像制品制作者证明侵权行为成立具有一定的难度。

在申请再审人茂名市（水东）佳和科技发展有限公司（以下简称佳和公司）与被申请人北京天中文化发展有限公司（以下简称天中文化公司）、原审被告淄博金帝购物广场有限责任公司（以下简称金帝购物广场）、辽宁广播电视音像出版社（以下简称辽宁音像出版社）侵犯邻接权纠纷案［（2008）民申字第 453 号］中，最高人民法院明确了此类案件中对权利主体及行为事实的审查判断问题。

该案的基本案情是：天中文化公司对其制作发行并由孙悦演唱的《孙悦一百合花》CD 光盘中涉及的 9 首曲目依法享有录音制作者权。2006 年 4 月 27 日，天中文化公司在金帝购物广场购买被诉侵权光盘一盒，金帝购物广场开具了载明“VCD 光盘”的销售发票一张。该光盘彩印外包装标注“红牌出场　三星争辉”，其中盘芯四为“孙悦 B”，盘封印有孙悦演唱的歌曲名称，其中包括天中文化公司主张权利的上述 9 首曲目。根据该光盘的生产源识别码及出版版号显示，该光盘复制、发行单位分别为佳和科技公司和辽宁音像出版社。天中文化公司以佳和科技公司及辽宁音像出版社侵犯其复制权、发行权为由诉至法院，请求判令被告停止销售并赔偿其经济损失。山东省淄博市中级人民法院一审认定，天中文化公司享有上述涉案 9 首曲目的录音制作者权，金帝购物广场的销售发票注明“VCD 光盘”，足以证明被诉侵权光盘从金帝购物广场购买。虽然被诉侵权光盘为 VCD 制品，天中文化公司的权利曲目为 CD，但同一音源可以在不同格式之间相互转换。涉案被控侵权光盘VCD 中的涉案 9 首歌曲，均标明是孙悦演唱，与天中文化公司主张权利曲目的原唱相同。佳和科技公司、辽宁音像出版社未提供相关证据证明其复制的涉案歌曲具有合法来源，故应认定被诉侵权光盘中的 9 首曲日与天中文化公司制作的《孙悦一百合花》CD 专辑中的相同曲目系出自同一音源。被诉侵权光盘上印有辽宁音像出版社出版的字样，载明的 SID 码“ifpi v103”系佳和科技公司所有。辽宁音像出版社未提供证据证明其得到合法授权，佳和科技公司亦未能提供证据证明其复制的被诉侵权光盘系他人所为或者存在免责事由。三被告侵犯了天中文化公司的录音制作者权。遂判决佳和科技公司、辽宁音像出版社共同赔偿天中文化公司经济损失22.5万元。佳和科技公司提起上诉后，山东省高级人民法院二审判决驳回上诉，维持原判。佳和科技公司不服，向最高人民法院申请再审。最高人民法院于2009年5月19日裁定驳回其再审申请。

最高人民法院审查认为，关于天中文化公司是否享有涉案曲目录音制作者权的证明问题，天中文化公司为证明其享有该项权利，不仅提交了其与悦之声公司签订的两份《合作协议》及表演者孙悦的担保证明，还提供了合法出版物《孙悦一百合花》专辑。根据上述协议、担保证明及合法出版物上载明的版权管理信息，可以确定天中文化公司对孙悦演唱的涉案9首曲目，依法享有录音制作者权。天中文化公司是否具有《音像制品制作许可证》，不影响天中文化公司行使诉权。关于销售发票与被诉侵权光盘的对应性问题，天中文化公司提供了其购买的被诉侵权光盘及金帝购物广场开具的销售发票，该销售发票能否作为天中文化公司主张权利的证据，应根据相关案件事实进行审查。金帝购物广场对其出具的销售发票的真实性没有异议，但主张销售发票与被诉侵权光盘之间没有对应关系，该举证责任应由金帝购物广场承担。关于佳和科技公司应否承担侵权责任的证明问题，根据被诉侵权光盘上的版权管理信息，可以认定该光盘由辽宁音像出版社出版、发行，佳和科技公司复制。佳和科技公司、辽宁音像出版社在原审时，仅以其复制、发行的被诉侵权光盘中孙悦演唱的9首曲目系从网上下载，并非复制于天中文化公司制作的录音制品提出抗辩，但未提供相关证据予以证明，该抗辩不能成立。

37. 当事人放弃证据鉴定申请后对该证据真实性的审查判断

当事人对某项证据的真实性有异议并曾经申请鉴定，但因未按要求缴纳鉴定费用等原因被视为放弃鉴定申请后，人民法院对该项证据应当如何审查判断，能否直接以放弃鉴定申请而否定或肯定该证据的真实性，对此在实践中容易出现模糊认识。

在申请再审人深圳市硕星交通电子设备有限公司（以下简称硕星公司）与被申请人玉环隆中机车零部件有限公司（以下简称隆中公司）专利实施许可及技术服务合同纠纷案［（2009）民申字第1325号］中，最高人民法院认为，在证据未经司法鉴定的情况下，仍然应该根据该证据的来源、形成情况、客观状态等，结合案件的其他证据，综合判断其真实性，不能直接以当事人放弃鉴定申请而否定该证据的真实性。

该案的基本案情是：2006年7月21日，硕星公司与隆中公司签订《专利实施许可及技术合作合同》，硕星公司将电机卷绕成形定子等三项专利技术许可给隆中公司使用，硕星公司保证在规定期限内，协助隆中公司生产出符合验收标准的产品。合同签订后，隆中公司分别支付了第一批和第二批费用10万元。硕星公司向隆中公司提供了技术资料并进行技术指导，隆中公司使用硕星公司提供的三项专利技术进行了生产。在产品试制阶段，隆中公司委托丽大精密模具（深圳）有限公司（以下简称丽大模具公司）制作并改制模具。至一审案件诉讼时止，双方当事人未按合同第六条约定进行验收并出具书面验收证明。硕星公司因未收到第三批专利使用费向法院起诉，请求被告支付第三批专利使用费和模具费及模具改制费。硕星公司证明其诉讼请求成立的主要依据之一是隆中公司的前员工沈怀胜的工作笔记，并曾经向一审法院申请对该笔记本的真实性进行鉴定。浙江省台州市中级人民法院一审认为，硕星公司虽然申请对该笔记进行鉴定，但因其拒付鉴定费，视为其放弃鉴定申请，且沈怀胜本人未出庭作证，该工作笔记来源不明，对该笔记所写的内容的真实性无法认定。遂判决驳回硕星公司诉讼请求。硕星公司不服，提起上诉。浙江省高级人民法院二审认为，硕星公司未预交鉴定费用，一审法院据此撤回沈怀胜笔记鉴定的委托并无不当，该笔记真实性无法认可，硕星公司的诉讼请求证据不足，判决驳回上诉。硕星公司向最高人民法院申请再审。最高人民法院在再审审查中综合各方面证据情况认可了沈怀胜工作笔记的真实性，认定隆中公司现在使用的模具为硕星公司所有，但同时也认定隆中公司使用硕星公司的技术并在其指导下未能生产出能够满足客户需求标准的合格产品，硕星公司要求隆中公司支付第三批专利许可费的条件并未成就。据此，最高人民法院于2009年12月28日裁定驳回硕星公司的再审申请。

最高人民法院审查认为，沈怀胜工作笔记记载了从2006年7月13日至2007年1月23日隆中公司的生产情况，该笔记上、下页之间在时间上、内容上是相互衔接的，无明显中断或不接续的情形，并且其上所记载的时间及工作事项与硕星公司提交的其他证据相互呼应。此外，硕星公司和隆中公司均认可沈怀胜曾是隆中公司的员工，硕星公司在再审审查听证中提交了该工作笔记的原件，隆中公司亦未提供证据证明该笔记为伪造。据此，可以对该笔记及其记载内容的真实性予以认可。

八、关于知识产权诉讼程序

38. 重复诉讼的判断

重复诉讼既给当事人增加了讼累，又浪费了司法资源。禁止重复诉讼是民事诉讼中“一事不再理”原则的必然要求。如何识别重复诉讼是司法实践中经常遇到的问题之一。

在上诉人北京黄金假日旅行社有限公司（以下简称黄金假日公司）与被上诉人携程计算机技术（上海）有限公司（以下简称携程计算机公司）、上海携程商务有限公司（以下简称携程商务公司）、河北康辉国际航空服务有限公司、北京携程国际旅行社有限公司虚假宣传纠纷裁定上诉案［（2007）民三终字第4号，简称“携程”裁定案］中，最高人民法院明确了重复诉讼的识别标准，即判断是否属于重复诉讼，关键要看是否是同一当事人基于同一法律关系、同一法律事实提出的同一诉讼请求。最高人民法院在该案的裁决中还明确了对于已为在先生效裁判所羁束的行为的继续实施仍属于生效裁判的既判力范围。

该案的基本案情是：黄金假日公司曾以携程计算机公司进行不正当竞争为由向上海市第一中级人民法院提起诉讼，该案经上海市高级人民法院二审审理作出（2005）沪高民三（知）终字第36号民事判决（以下简称第36号案）。该判决认定，携程计算机公司有关“携程旅行网（股票代码CTRP）是中国旅游业第一家在美国纳斯达克上市的公司”的表述因有证据支持而不能认定为虚假，一审判决关于公司是否超越经营范围从事非法经营（携程计算机公司被控非法从事互联网信息服务业务）不属于人民法院受理的民事诉讼范围的认定并无不当。携程计算机公司亦曾以黄金假日公司虚假宣传、商业诋毁为由向上海市第一中级人民法院提起诉讼，黄金假日公司提出反诉，该院合并审理后作出一审判决。该判决认定，携程计算机公司在宣传中使用极限性文字“最大的”本身有排斥竞争对手的含义，已构成对其服务进行引人误解的虚假宣传的不正当竞争行为。该案上诉后。上海市高级人民法院经审理作出（2006）沪高民三（知）终字第41号民事判决，维持了该一审判决。本案系在上述两案之后，黄金假日公司于2006年7—9月通过起诉和追加被告、追加诉讼请求等起诉携程计算机公司等四公司构成不正当竞争。其部分诉讼请求为：判令携程计算机公司和携程商务公司停止有关“携程旅行网于2003年12月9日在美国纳斯达克成功上市”、“中国旅游业首家在美国上市的公司”、“携程拥有行业内规模最大的统一的机票预订系统”的虚假宣传部分和携程计算机公司停止通过“携程旅行网（www.ctrip.com）”进行的各类经营活动（指其作为外商独资企业，没有取得相关的行政许可，不能经营互联网信息服务增值电信业务）。河北省高级人民法院一审认为本案所审理的上述诉讼请求构成重复诉讼，遂以（2006）冀民三初字第3-1号裁定驳回黄金假日公司对本案所审理部分内容的起诉。黄金假日公司上诉后，最高人民法院于2009年10月22日裁定驳回上诉，维持原裁定。

最高人民法院审理认为，判断是否属于重复诉讼，关键要看是否是同一当事人基于同一法律关系、同一法律事实提出的同一诉讼请求。虽然本案中被告还有另外三个公司，但原告的诉讼请求仅针对携程计算机公司和携程商务公司，而本案中有关宣传的直接行为人系携程计算机公司，应当承担责任的主体仍然是携程计算机公司；原告的诉讼请求也均是要求停止实质内容相同的宣传行为，虽然两案被诉行为的发生时间和地点有所不同，但对于已为在先生效裁判确认其合法性的行为，在生效裁判之后的继续实施，仍属于生效裁判的既判力范围，应当受到法律的保护而不能够被再次起诉。

39. 对非法经营行为的主管

对于在民事诉讼中当事人主张有关行为违反相关行政管理法律、法规而构成非法经营并据此要求人民法院责令停止有关非法经营行为，人民法院能否直接作出认定处理，直接涉及到人民法院的受案范围和案件主管问题。

在上述的“携程”裁定案中，最高人民法院认为，携程计算机公司是否构成非法经营增值电信业务，属于是否违反相关行政管理法律、法规并应当承担相关行政责任的问题，应当依法由行政主管部门查处认定，不属于人民法院民事诉讼审查范畴。事实上，黄金假日公司曾向有关主管部门投诉携程计算机公司非法从事互联网信息服务业务，但至今有关部门尚未作出过构成非法经营的明确认定和处罚。在此情况下，人民法院更不宜在民事诉讼中对此作出审查认定。人民法院在前述第 36 号案中的有关认定理由和本案一审法院对有关诉讼请求的处理，并无不妥；黄金假日公司要求人民法院在民事诉讼中对涉案有关行为的合法性独立进行审查，并无法律依据。

40. 依据劳动合同中的保密或竞业限制条款提起的商业秘密侵权案件的管辖

劳动法第七十九条规定了劳动争议的仲裁前置程序，对仲裁裁决不服的，才可向人民法院提起诉讼。如果用人单位依据劳动合同中的保密或竞业限制条款提出的商业秘密侵权纠纷，就会产生该纠纷应当通过劳动争议处理程序解决还是可以作为不正当竞争纠纷由人民法院直接予以受理的问题。

在上诉人陈建新与被上诉人化学工业部南通合成材料厂（以下简称合成厂）、南通星辰合成材料有限公司（以下简称星辰公司）、南通中蓝工程塑胶有限公司（以下简称中蓝公司）以及原审被告南通市东方实业有限公司（以下简称东方公司）、周传敏、陈晰、李道敏、戴建勋侵犯技术秘密和经营秘密纠纷管辖权异议案［（2008）民三终字第 9 号］中，最高人民法院明确指出，对于因劳动者与用人单位之间的竞业限制约定引发的纠纷，如果当事人以违约为由主张权利，则属于劳动争议，依法应当通过劳动争议处理程序解决；如果当事人以侵犯商业秘密为由主张权利，则属于不正当竞争纠纷，人民法院可以依法直接予以受理。

该案的基本案情是：合成厂与陈建新等在2001—2004年间签订的劳动合同以及《保守秘密、限制竞业协议书》均约定，双方发生争议可提交合成厂所在地劳动仲裁委员会仲裁。东方公司成立于2003年10月21日，周传敏的父亲在其中持股，周传敏是总经理，戴建勋、陈晰在该公司工作。合成厂、星辰公司、中蓝公司于2008年3月17日以东方公司、周传敏、陈建新、陈晰、李道敏、戴建勋侵犯其技术秘密和经营秘密为由，向江苏省高级人民法院起诉，主张三原告作为关联企业，共同从事塑料及相关产品的研发和生产，拥有本案涉及的商业秘密，六被告构成对其商业秘密的共同侵权，请求判令各被告立即停止侵权并连带赔偿原告4500万元。被告陈建新在答辩期内以本案系劳动争议应当由南通市劳动仲裁委员会裁决为主要理由，提出管辖权异议。江苏省高级人民法院一审认为，本案争议的实质是原告是否合法拥有诉称的商业秘密、侵权行为是否成立及侵权民事责任的承担，而非用人单位与劳动者间因劳动用工关系所发生的权利义务之争，故本案不属劳动争议案件，不存在劳动仲裁前置问题。遂裁定驳回管辖权异议。陈建新不服，向最高人民法院提起上诉。最高人民法院于2009年8月27日裁定驳回上诉，维持原裁定。

最高人民法院审理认为，合同法第一百二十二条规定，因当事人一方的违约行为，侵害对方人身、财产权益的，受损害方有权选择依照本法要求其承担违约责任或者依照其他法律要求其承担侵权责任。据此，因合同而引起的纠纷，在涉及违约责任与侵权责任的竞合时，原告有权选择提起合同诉讼还是侵权诉讼，人民法院也应当根据原告起诉的案由依法确定能否受理案件以及确定案件的管辖。劳动争议是劳动者与用人单位因劳动合同法律关系发生的争议，我国法律并未特别要求劳动合同当事人只能依据劳动合同提起劳动争议，违反劳动合同的行为同时构成侵权行为的，法律并不排除当事人针对侵权行为要求行为人承担侵权责任。因此，对于因劳动者与用人单位之间的竞业限制约定引发的纠纷，如果当事人以违约为由主张权利，则属于劳动争议，依法应当通过劳动争议处理程序解决；如果当事人以侵犯商业秘密为由主张权利，则属于不正当竞争纠纷，人民法院可以依法直接予以受理。本案原告合成厂与各自然人被告之间存在劳动合同关系，并签订了《保守秘密、限制竞业协议书》，其中也约定了仲裁条款，但本案的案由是侵犯技术秘密和经营秘密纠纷，原告的诉讼请求是要求各自然人被告以及被告东方公司承担停止侵害其商业秘密并赔偿其损失的侵权民事责任，本案的诉讼标的是原告与各被告之间的侵权法律关系，并非原告与各自然人之间的劳动合同法律关系。因此，本案不属于劳动争议案件，作为侵权案件，人民法院可以直接受理。

41. 尚在执行程序中的判决是否可以因专利权被宣告无效而裁定终结执行

当事人以发生法律效力的宣告专利权全部无效的决定为依据，申请终结执行专利权无效前人民法院作出但尚未执行或者尚未执行完毕的专利侵权的判决，人民法院是否可以终结执行，民事诉讼法第二百三十三条对此无明确规定。

在天津市高级人民法院关于正在执行的判决是否因专利权被宣告无效而终结执行的请示案［（2009）民三他字第13号］中，最高人民法院批复认为，在生效的专利侵权判决的执行过程中专利权被宣告无效的，人民法院应当裁定终结执行；当事人认为原裁判有错误的，可以依照审判监督程序办理。

该请示案的基本案情是：2008年4月，天津市高级人民法院对某专利侵权案作出终审判决，认定被告侵权成立并判令赔偿原告损失。同年6月，专利复审委员会宣告该专利全部无效，专利权人对此提起行政诉讼。同年9月，原告向天津市第一中级人民法院申请强制执行，被告以专利权已被宣告无效为由提出执行异议。同年12月，北京市第一中级人民法院判决维持了专利复审委员会的无效决定，当事人未上诉，该行政判决生效。但是，原告仍以专利法第四十七条有明确规定为由，坚持认为法院应强制执行。

最高人民法院批复认为，在认定专利侵权成立的裁判文书虽未被撤销，但该文书所认定的受侵害的专利权已被依法宣告无效的情况下，如果被告只能在通过审判监督程序撤销原侵权判决后，再申请终结执行，不仅浪费诉讼程序，还徒增当事人的诉讼成本，不利于及时定纷止争。因此，从及时给予当事人司法救济的角度出发，可以对民事诉讼法规定的终结执行适当解释，以便执行法院在当事人以专利权已经全部无效为由申请终结执行时，直接裁定终结执行，不需等待原执行依据的撤销。同时，终结执行不影响原侵权判决的被告另行通过审判监督程序申请撤销原侵权判决。

42. 对侵权行为人变更其原侵权技术方案后的新实施行为的处理

人民法院生效裁判确认特定产品或者方法构成侵犯他人专利权后，行为人有时会对其产品或者方法中涉及侵权的相应技术或者设计内容作出一定变更并予以实施。此时，对于行为人的新的实施行为，是属于生效裁判的既判力范围而应当通过执行程序处理，还是可以作为诉讼标的提起新的诉讼，实践中常有争议。

在四川省高级人民法院关于四川隆盛药业有限责任公司（以下简称隆盛公司）诉淮南市杰明生物医药研究所（以下简称杰明研究所）确认不侵犯专利权纠纷请示案［（2009）民三他字第6号］中，最高人民法院批复认为，如果行为人实质性变更了该产品或者方法中涉及侵权的相应技术或者设计内容的，有关实施变更后的技术或者设计的行为不属于原生效裁判的执行标的，不能为原生效裁决所拘束，其是否构成侵权应当另行提起诉讼加以认定。

该请示案的基本案情是：杰明研究所于2004年1月向安徽省合肥市中级人民法院起诉隆盛公司“亮菌口服液”（川卫药准字［95］011116号）生产方法侵犯了杰明研究所“亮菌糖浆的生产方法”专利，该院于2005年1月判决隆盛公司停止使用杰明研究所发明专利生产、销售“亮菌口服液”药品并赔偿经济损失。隆盛公司不服，提出上诉。安徽省高级人民法院二审维持一审判决。随后合肥市中级人民法院向国家食品药品监督管理局发出协助执行通知书，要求协助注销隆盛公司国药准字H51023188号“亮菌口服溶液”药品批文。国家食品药品监督管理局于2009年2月25日注销了隆盛公司的该药品批文。杰明研究所在互联网上发表“郑重声明”，并在成都地区扩散宣传，称隆盛公司现在生产、销售的“亮菌口服溶液”侵犯了杰明研究所“亮菌糖浆的生产方法”发明专利，并称要追究隆盛公司的法律责任。隆盛公司认为，其“亮菌口服液”与“亮菌口服溶液”是两个不同的品种，生产方法也不同，遂向四川省成都市中级人民法院起诉，请求确认其“亮菌口服溶液”的生产方法不侵犯杰明研究所的涉案专利权。四川省高级人民法院向最高人民法院请示，成都市中级人民法院受理的案件是否属于独立的诉讼。

最高人民法院批复认为，人民法院生效裁判确认特定产品或者方法构成侵犯他人专利权后，行为人实质性变更了该产品或者方法中涉及侵权的相应技术或者设计内容的，有关实施变更后的技术或者设计的行为，不属于原生效裁判的执行标的。行为人实施变更后的技术或者设计的行为是否仍构成对该专利权的侵犯，应当通过另行提起诉讼的方式予以认定。行为人拒不履行人民法院生效裁判确定的停止侵害的义务，继续其原侵权行为的，权利人除可以依法请求有关机关追究其拒不执行判决、裁定的法律责任外，也可以另行起诉追究其继续侵权行为的民事责任。

43. 对原判确有错误但当事人已经达成和解协议的申请再审案件的处理

根据民事诉讼法关于审判监督程序的规定，对于原审判决确有错误的，应该提审或者指令再审。在再审审查案件中，有时会出现原审判决确有错误，但是当事人已经达成和解协议的情况。此时，如果启动再审程序，不仅会造成诉讼程序不经济，也不利于当事人的和解意愿的达成和执行。

在申诉人上海避风塘美食有限公司（以下简称避风塘公司）与被申诉人上海东涌码头餐饮管理有限公司（以下简称东涌码头公司）不正当竞争纠纷申请再审案［（2007）民三监字第21-1号］中，最高人民法院尝试创新再审审查案件的审查处理方式，对于原判确有错误，但当事人达成和解协议的，在准予撤回再审申请裁定中一并对原判错误之处作出明确的审查认定。这样既避免了为改正原判错误认定而提起再审产生的程序不经济，也体现了鼓励和便于当事人和解解决民事争议的司法政策取向。

该案的基本案情是：避风塘公司于 1998 年 9 月 15 日登记成立，经营餐饮服务。之后在上海开设了多家分店。避风塘公司及其分店所使用的菜单、食品包装盒与印制的日历卡上均印有“避风塘”及其汉语拼音的字样。避风塘公司还分别获得 2000 年度上海商业优质服务先进集体和“静安南京路风情露吧”特色景观奖等荣誉。避风塘公司的虾饺皇、酥皮蛋挞王和蛋黄白莲蓉月饼分别被中国烹饪协会认定为中华名小吃和“2001 全国餐饮业月饼展暨餐饮食品与企业展示会”优质月饼。《新民晚报》、《读者导报》等国内外报刊曾经对避风塘公司及其分店作过报道和刊登避风塘公司的广告。东涌码头公司于 2001 年 8 月 7 日登记成立，原名为“上海徐汇渔家铜罗湾餐饮管理有限公司”，2002 年 1 月 25 日经核准变更企业名称为“上海东涌码头餐饮管理有限公司”，亦经营餐饮服务等。东涌码头公司的门面招牌及户外广告上印有“东涌码头避风塘”、“避风塘料理”等字样。在东涌码头公司使用的菜单上部标有“渔家铜锣湾”的字样，底部则印有“走进渔家铜锣湾享受原味避风塘”的广告语。避风塘公司起诉指控东涌码头公司侵犯了其知名服务特有名称和企业名称，同时也构成虚假宣传。上海市第一中级人民法院一审认为，东涌码头公司未将“避风塘”作为企业名称中的字号，不会使消费者产生误解和混淆，不构成对原告企业名称权的侵犯；“避风塘”一词并非避风塘公司独创，而是在长时期、不断发展的经营活动中，逐步成为被广大消费者普遍接受的一类特色风味菜肴和饮食经营方式的名称，被告使用“避风塘料理”等文字进行广告宣传不构成虚假宣传；“避风塘”一词非由避风塘公司首先使用在餐饮业的经营活动中，作为已被餐饮行业经营者广泛使用的代表一类特色风味菜肴和饮食经营方式的名称，不能成为原告独家享有的服务名称。遂判决不予支持原告的诉讼请求。避风塘公司上诉后，上海市高级人民法院二审认为，“避风塘”除了具有避风小港湾的原有含义外，也已成为了一种独特烹调方法以及由该种烹调方法制成的特色风味菜肴的名称。据此判决驳回上诉。避风塘公司随后向上海市高级人民法院申请再审，该院予以通知驳回。避风塘公司仍不服，向最高人民法院申诉。最高人民法院在审查中另查明：申诉人持有中国烹饪协会 2002 年 11 月颁发的抬头为“上海避风塘”的“中华餐饮名店”牌匾；在餐饮行业，有经营者普遍使用“避风塘炒蟹”、“避风塘炒虾”、“避风塘茄子”等，作为代表特色风味菜肴的菜品名称。在最高人民法院审查期间，双方当事人自愿达成和解协议，被申诉人认可“避风塘”作为申诉人的企业名称中的字号和服务标识，经申诉人的长期使用和广泛宣传，已成为申诉人特有的服务名称，被申诉人已停止并保证今后不再使用“避风塘”一词作广告宣传。根据上述和解协议，申诉人随即申请撤回申诉。最高人民法院于2009年12月31日裁定准许避风塘公司撤回申诉。

最高人民法院审查认为，上述和解协议系双方当事人自愿达成，不具有侵害国家利益、社会公共利益或者侵害案外人利益的情形，不违背当事人真实意思，也并不违反法律、行政法规禁止性规定。对于协议中当事人一致认可“避风塘”已成为上诉人知名服务的特有名称的问题，虽与原审法院的有关认定不同，但根据本案现有证据和原审法院以及本院查明的有关事实，可予认可。首先，本案可以认定申诉人提供的餐饮服务在上海地区属于知名服务，对此双方当事人在原审以及本院审查中也均无实质性争议。其次，虽然本案中“避风塘”一词除了具有地理概念上的“船舶避风港湾”的本意之外，还被餐饮业经营者为表明特色风味菜肴的名称与菜肴原料组合起来作为特定菜品的通用名称使用，但是经过申诉人在其企业名称中的长期使用和在商业标识意义上的广泛宣传，在上海地区的餐饮服务业中，“避风塘”一词同时具有识别经营者身份的作用，能够表明特定餐饮服务的来源。二审法院有关“避风塘”已成为了一种独特烹调方法以及由该种烹调方法制成的特色风味菜肴的名称的认定，并无充分证据支持。本案可以认定“避风塘”一词在上海地区是申诉人提供的知名餐饮服务的特有名称。再次，被申诉人曾在店招牌匾和户外广告牌中使用“东涌码头避风塘料理”和“避风塘料理”字样以及在菜单中使用“走进渔家铜锣湾享受原味避风塘”的广告语，这些使用方式实际上都是在突出使用“避风塘”一词，既不是作为地理概念来使用，也并不是在作为特定菜肴名称的意义上使用，而是作为一种身份标识意义上的使用，容易造成消费者对其与申诉人的混淆、误认，已经超出了对“避风塘”一词的合理使用范畴。因此，被申诉人已经实际停止并在和解协议中承诺不再以上述方式使用“避风塘”一词，体现了对申诉人有关民事权益的尊重。

44. 涉外合同协议管辖条款的效力认定

民事诉讼法第二百四十二条规定，涉外合同或者涉外财产权益纠纷的当事人，可以用书面协议选择与争议有实际联系的地点的法院管辖。上述规定应当理解为属于授权性规范还是指示性规范，对于确定当事人协议管辖条款的效力有直接影响。

在上诉人韩国MGAME公司（MGAME CORPORATION，以下简称MGAME公司）与被上诉人山东聚丰网络有限公司（以下简称聚丰网络公司）、原审第三人天津风云网络技术有限公司（以下简称风云网络公司）网络游戏代理及许可合同纠纷管辖权异议案［（2009）民三终字第4号］中，最高人民法院认为，对协议选择管辖法院条款的效力，应当依据法院地法进行判断；民事诉讼法第二百四十二条关于“可以用书面协议选择与争议有实际联系的地点的法院管辖”规定，根据当时的立法背景和有关立法精神、应当理解为属于授权性规范，而非指示性规范；涉外合同或者涉外财产权益纠纷案件当事人协议选择管辖法院时，应当选择与争议有实际联系的地点的法院，否则该法院选择协议即属无效。

该案的基本案情是：聚丰网络公司依据其与MGAME公司于2005年3月25日签订的《游戏许可协议》，以MGAME公司为被告、以风云网络公司为第三人提起诉讼。MGAME公司提出管辖权异议，认为本案应由新加坡有管辖权的法院审理。其主要理由是协议第21条的约定："本协议应当受中国法律管辖并根据中国法律解释。由本协议产生或与本协议相关的所有争议应当在新加坡最终解决，且所有由本协议产生的争议应当接受新加坡的司法管辖。"山东省高级人民法院经审查认为，双方在协议适用法律上选择中国法律为准据法，因此，双方协议管辖条款也必须符合选择的准据法即中国法律的有关规定；依据民事诉讼法第二百四十二条的规定，当事人选择的管辖法院应限定在与争议案件有实际联系的范围内，而新加坡与本案争议无任何联系，其约定管辖应属无效。遂据此裁定驳回管辖权异议。MGAME公司上诉后，最高人民法院于2009年12月22日裁定驳回上诉，维持原裁定。

最高人民法院审理认为，根据民法通则第一百四十五条和民事诉讼法第二百四十二条以及最高人民法院《关于审理涉外民事或商事合同纠纷案件法律适用若干问题的规定》第一条的规定，协议选择适用法律与协议选择管辖法院是两个截然不同的法律行为，应当根据相关法律规定分别判断其效力。对协议选择管辖法院条款的效力，应当依据法院地法进行判断；原审法院有关协议管辖条款必须符合选择的准据法所属国有关法律规定的裁定理由有误。对于涉外案件当事人协议选择管辖法院的问题，1982年10月1日起试行的《中华人民共和国民事诉讼法（试行）》并未作出特别规定。现行规定是1991年4月9日公布并施行的《中华人民共和国民事诉讼法》作出的。根据当时的立法背景和有关立法精神，对于该条中关于"可以用书面协议选择与争议有实际联系的地点的法院管辖"的规定，应当理解为属于授权性规范，而非指示性规范。即，涉外合同或者涉外财产权益纠纷案件当事人协议选择管辖法院时，应当选择与争议有实际联系的地点的法院，否则，该法院选择协议即属无效；同时，对于这种选择管辖法院的协议，既可以是事先约定，也可以是事后约定，但必须以某种书面形式予以固定和确认。据此，按照我国现行法律规定，对于涉外合同或者涉外财产权益纠纷案件当事人协议选择管辖法院的问题，仍应当坚持书面形式和实际联系原则。本案当事人协议指向的新加坡，既非当事人住所地，又非合同履行地、合同签订地、标的物所在地，同时本案当事人协议选择适用的法律也并非新加坡法律，上诉人也未能证明新加坡与本案争议有其他实际联系。因此，应当认为新加坡与本案争议没有实际联系。相应地，涉案合同第21条关于争议管辖的约定应属无效约定，不能作为确定本案管辖的依据。

结　语

编写知识产权案件年度报告，既是最高人民法院总结自身审判经验、创新审判指导方式、统一法律适用标准的全新尝试，也是推进司法公开、接受各界监督的重大举措。这些案例对法律问题的阐释，对审理知识产权案件的法官具有示范和指导作用，对于相关社会公众具有导向和指引意义。同时也需要说明，上述案例是最高人民法院于2009年在具体案件中对法律适用问题的认识和探索，可能受制于个案的具体情况、法官的认知水平以至当时的社会经济科技文化发展状况。新型、复杂、疑难案件的裁判过程是以公正和效率为目标的探索过程，是一种与时俱进的发展过程。在这个过程中不能墨守成规，而要求在正确把握国家和社会的新发展和人民群众的新司法需求的基础上进行不断创新。在这个过程中，最高人民法院将不断研究和探索，更加及时有效地回应人民群众的司法需求，更加积极能动地服务于国家和社会的发展大局。最高人民法院也将把知识产权案件年度报告的发布工作常态化，使其成为指导我国知识产权审判工作的重要载体和社会公众了解最高人民法院知识产权审判工作的重要窗口。

最高人民法院办公厅
关于印发《最高人民法院知识产权案件年度报告（2010）》的通知

（2011年4月13日　法办〔2011〕81号）

各省、自治区、直辖市高级人民法院，解放军军事法院，新疆维吾尔自治区高级人民法院生产建设兵团分院：

2010年，在全国法院受理的知识产权案件迅猛增长的背景下，最高人民法院受理的知识产权案件亦有较大幅度的增长。新类型案件、重大复杂疑难案件、关联案件增多，案件的专业技术性增强，涉外案件受到国际社会关注。最高人民法院通过个案的审理和裁决，对新问题和新领域进行了深入研究并给予了及时回应。最高人民法院从2010年已经有最终结论性意见的知识产权案件中，精选了36件案件的裁判中涉及的43个具有普遍性指导意义的问题，形成《最高人民法院知识产权案件年度报告（2010）》。这些个案对相关法律适用问题的阐释，对于知识产权审判工作具有重要指导意义。

知识产权案件年度报告是最高人民法院关于知识产权和竞争领域重大、复杂、疑难和新类型案件的审判标准、司法政策和裁判方法的集中反映。发布知识产权案件年度报告，是最高人民法院加强审判指导、统一法律适用的重要方式，也是推进司法公开、自觉接受监督、树立司法权威的重大举措。每年定期发布知识产权案件年度报告，已经成为最高人民法院的一项制度化工作。

现将《最高人民法院知识产权案件年度报告（2010）》印发给你们，供各级人民法院在知识产权审判工作中参考借鉴。

特此通知。

附：

最高人民法院知识产权案件年度报告（2010）

序　言

2010 年，最高人民法院在知识产权审判中始终坚持能动司法理念，狠抓执法办案第一要务，突出审判重心，创新审判方式，强化审判监督和业务指导，维护知识产权法律适用的统一，加强诉讼调解，实现案结事了人和，加大保护力度，维护权利人的合法权益，较好地完成了各项知识产权审判任务，司法保护知识产权的主导作用得到进一步发挥，民事审判在知识产权司法保护中的主渠道作用进一步凸显，为促进经济社会又好又快发展提供了有力的司法保障。

在全国法院受理的知识产权案件迅猛增长的背景下，最高人民法院受理的知识产权案件亦有较大幅度的增长。2010 年，最高人民法院知识产权审判庭全年共新收各类知识产权案件 313 件，比 2009 年增长 5%。在 313 件新收案件中，按照案件所涉权利类型划分，共有专利和其他技术类案件 112 件，商标案件 68 件，著作权案件 45 件，商业秘密案件 7 件，其他不正当竞争案件 25 件，知识产权合同案件 40 件，其他案件 16 件（主要涉及知识产权案件管辖权的确定问题）。另有 2009 年旧存案件 50 件，2010 全年共有各类在审案件 363 件。全年共审结各类知识产权案件 317 件，其中，二审案件 7 件，申请再审案件 263 件，提审案件 20 件，请示案件 27 件。在审结的 263 件申请再审案件中，裁定驳回再审申请 164 件，裁定提审 27 件，裁定指令或者指定再审 37 件，裁定撤诉（包括和解撤诉）19 件，函转原审法院复查处理 5 件（针对部分知识产权行政申请再审案件），终结 2 件，以其他方式处理 9 件。全年共调撤疑难案件 24 起，其中上海强生制药有限公司与西安强生药业有限公司之间的侵犯商标权及不正当竞争纠纷，新京报社与浙江在线网络传媒有限责任公司侵犯著作权纠纷，拜尔农科股份有限公司与安徽华星化工股份有限公司侵犯专利权纠纷等案件的成功调撤，在社会上产生了积极的影响。

2010 年案件呈现出如下特点：因法律规定较为原则需要明确具体界限的疑难案件所占比重越来越大；裁判结果对当事人切身利益有重大影响的案件越来越多，其中涉及争夺市场的专利、技术秘密和商标案件显得尤为突出；专业技术事实认定困难的案件越来越多，其中涉及生物、化工、医药等高新技术领域的案件显得尤为突出；关联案件明显增多，从管辖到实体，从侵权到确权，从追究刑事责任到请求民事赔偿，从地方人民法院到最高人民法院，双方当事人均穷尽各种程序的攻防手段以维护自身权益，反映出市场主体之间竞争的激烈，增加了知识产权案件审理和协调的工作难度；网络技术的发展，方便了知识产权产品的传播，创新了商业经营模式，也影响了相关行业原有利益的分配格局，因此而引发的新类型知识产权纠纷和不正当竞争纠纷明显增多；涉外案件的裁判规则越来越受到国际社会的关注等。

知识产权案件年度报告是最高人民法院发布的关于知识产权和竞争领域重大、复杂、疑难和新类型案件的审判标准、司法政策和裁判方法的重要司法文件。年度报告的发布受到社会的普遍关注和有关方面的高度重视。最高人民法院在总结往年发布知识产权案件年度报告经验的基础上，从 2010 年已经有最终结论性意见的知识产权案件中，精选了 36 件案件的裁判中涉及的 43 个具有普遍性指导意义的问题，在调整撰写体例的基础上，形成本年度报告并予以发布。需要说明的是，有些案件，如最高人民法院指令或者指定高级人民法院再审的案件，或者当事人在最高人民法院主持下达成和解而申请撤诉的案件，虽然相关法律问题或者裁判方法也具有指导性，但是最高人民法院并未作出最终的结论性表态，故未将上述案件纳入本年度报告。

一、专利案件审判

（一）专利民事案件审判

1. 解释权利要求时应当遵循的若干原则

在申请再审人孙守辉与被申请人青岛肯德基有限公司（以下简称肯德基公司）、上海柏礼贸易有限公司（以下简称柏礼公司）、百胜（中国）投资有限公司（以下简称百胜公司）侵犯实用新型专利权纠纷案［（2009）民申字第

1622 号］中，最高人民法院适用 2001 年 7 月 1 日起施行的专利法第五十六条第一款的规定，遵循说明书和附图可以用于解释权利要求、权利要求中的术语在说明书未作特别解释的情况下应采用通常理解、不同权利要求中采用的相关技术术语应当解释为具有相同的含义、考虑专利权人在专利授权和无效宣告程序中为保证获得专利权或者维持专利权有效而对专利权保护范围作出的限制等原则，正确地确定了本专利的保护范围。

本案的基本案情是：孙守辉是一种名称为“简易牙膏挤出器”的实用新型专利（以下简称本专利）的专利权人，该专利的权利要求为：“1. 一种简易牙膏挤出器，其特征在于：包括一梯形端面的框架体，其中框架梯形宽度较大的底为一长方形开口状，较小的底的中央部位设置较小的长条形开口，该长条形开口的长度略大于牙膏袋的宽度，开口的宽度略大于牙膏皮的厚度。2. 根据权利要求 1 所述的简易牙膏挤出器，其特征在于：所述梯形端面框架的长度为……。”在专利无效宣告请求审查程序中，孙守辉提交意见陈述书认为：“证据 1 中公开的是中间有狭长空洞的长方体，与本专利权利要求 1 所述的梯形端面的框架体有很明显的区别，故本专利相对于证据 1 具有新颖性；并且，这种梯形端面设计可以最大限度地节约材料，故本专利的权利要求 1 相对于证据 1 具有创造性。”国家知识产权局专利复审委员会（以下简称专利复审委员会）采纳上述理由维持本专利有效。孙守辉以被申请人生产或者销售“奇奇环保牙膏夹”侵犯本专利为由提起诉讼。山东省青岛市中级人民法院一审认为，本专利第 1 项技术特征是梯形端面的框架体，被控侵权产品对应的技术特征是卡通鱼形的框架体，应对本专利第 1 项技术特征做严格解释，被控侵权产品缺少本专利的第 1 项技术特征，未落入专利权的保护范围，遂判决驳回孙守辉的诉讼请求。孙守辉不服，提起上诉。山东省高级人民法院二审判决驳回上诉，维持一审判决。孙守辉不服二审判决，向最高人民法院申请再审，理由之一是，权利要求 1 中的“包括一梯形端面的框架体”，是指“框架体里面的一个端面为梯形”，其清楚地表明该框架体里面含有一个“梯形端面”，并不是指整个框架体的结构是梯形的，权利要求 1 对框架体的结构形状没有限定。最高人民法院审查查明，本专利说明书关于专利具体实施方式的部分载明：“如图 1、图 2 所示，本实用新型牙膏挤出器，其由塑料一体注塑成型。其结构为一具有梯形断面的框架 2，……”。本专利说明书附图 1 中的标记 2 指向框架体，并未指向框架体的任一端面。最高人民法院于 2010 年 6 月 23 日裁定驳回其再审申请。

最高人民法院审查认为：对本专利权利要求 1 的保护范围应依据 2001 年 7 月 1 日起施行的专利法第五十六条第一款的规定进行确定。该款规定：“发明或者实用新型专利权的保护范围以其权利要求的内容为准，说明书及附图可以用于解释权利要求。”同时，在专利侵权诉讼中，对专利保护范围的确定还应当考虑专利权人在专利授权和无效宣告程序中为保证获得专利权或者维持专利权有效而对专利保护范围作出的限制。首先，从权利要求1的字面内容来看，权利要求1中的“包括一梯形端面的框架体”，按通常理解，其中的“一”是用于修饰和限定“框架体”的，而并非修饰“梯形端面”，不是对“梯形端面”数量的限定。因此，“包括一梯形端面的框架体”的实际含义就是“一具有梯形横截面的框架体”，其端面本身为平面形状，即梯形，这也符合梯形通常是指平面图形的含义。与牙膏袋相适应的应当是框架体，即一具有梯形横截面的立体结构，而非端面。因此，二审法院认定本专利权利要求1第1项技术特征为“梯形端面的框架体”符合通常理解。其次，从专利说明书和附图对框架体的相关描述来看，说明书中称“其结构为一具有梯形断面的框架2”，按通常理解，此处的“2”即附图1标记2，因被置于“框架”一词之后，所以是指代“框架”，而不是指代“断面”或“端面”。结合说明书和附图，也应当认为本专利权利要求1保护的产品是一具有梯形横截面的框架体。再次，从本专利两项权利要求对“梯形”这一术语的使用来看，权利要求2所述“梯形端面框架”中的“梯形”显然是用于限定框架体横截面为梯形，根据不同权利要求中采用的相同技术术语应当解释为具有相同的含义的基本原则，权利要求1中的“梯形”也应当被解释为是对框架体的限定。另外，从专利权人孙守辉在其专利无效宣告程序中的意见陈述来看，孙守辉是将“这种梯形端面设计可以最大限度地节约材料”作为其专利相对于专利无效宣告程序中的证据1具有创造性的理由，专利复审委员会也正是基于上述理由认定本专利具有创造性，并决定维持本专利权有效。孙守辉在无效宣告程序中的上述意见陈述在本案中具有约束力，应当将本专利权利要求1中的“包括一梯形端面的框架体”认定为本专利保护的简易牙膏挤出器本身为一具有梯形横截面的框架体，否则本专利相对于无效宣告程序中的证据1就不具有创造性。

2. 对权利要求的内容存在不同理解时应根据说明书和附图进行解释

在申请再审人台山先驱建材有限公司（以下简称台山公司）与被申请人广州新绿环阻燃装饰材料有限公司（以下简称新绿环公司）、付志洪侵犯实用新型专利权纠纷案［（2010）民申字第871号］中，最高人民法院认为，如果对权利要求的表述内容产生不同理解，导致对权利要求保护范围产生争议，说明书及其附图可以用于解释权利要求。

本案的基本案情是：付志洪是名称为“玻镁、竹、木、植物纤维复合板”实用新型专利（以下简称涉案专利）的专利权人。涉案专利的权利要求1为：“一种玻镁、竹、木、植物纤维复合板，它由镁质胶凝竹、木、植物纤维复合层和玻纤网格布层或竹编网增强层组成，其特征在于：镁质胶凝竹、木、植物纤维复合层至少有两层，玻纤网格布层或竹编网增强层至少有一层，两层镁质胶凝竹、木、植物纤维层置于玻纤网格布层或竹编网增强层的下面和上面。”专利说明书称：本实用新型的目的在于提供一种采用玻纤网格布层或竹编网增强层作为增强骨架，镁质胶凝材料作为凝面剂，竹、木、植物纤维为填材料，多层结构复合，具有防火、防潮及抗水功能的玻镁、竹、木、植物纤维复合板。说明书在将该专利与现有技术进行对比时称：采用镁质胶凝植物纤维复合层和玻纤网格布层或竹编网增强层多层结构复合，具有强度好，防火、防潮、抗水、隔热、隔音多种功能……。说明书在描述具体实施例时称：镁质胶凝植物纤维层是由氯化镁、氧化镁和竹纤维或木糠或植物纤维制成的混合物。付志洪是新绿环公司的股东及法定代表人。付志洪将涉案专利许可给新绿环公司独占实施。2006 年 8 月 23 日，新绿环公司、付志洪提起诉讼，请求判令台山公司承担侵权责任。广东省广州市中级人民法院一审认为，由于说明书描述的技术内容与权利要求 1 的记载不尽相同，且前者比后者保护范围宽，根据权利要求 1 的记载优先原则，本案应当以权利要求 1 记载的技术内容确定涉案专利权的保护范围，即复合板并列采用了竹、木、植物纤维三种材料。被诉侵权产品有镁质胶凝材料与植物纤维材料复合层，不含竹、木材料，与涉案专利权利要求 1 不同。遂判决驳回新绿环公司、付志洪的诉讼请求。新绿环公司、付志洪不服一审判决，提起上诉。广东省高级人民法院二审认为，如对权利要求书中记载的内容产生不同理解，可以结合说明书对权利要求进行解释。本案中，在涉案专利说明书实施例中，对竹、木、植物纤维三种材料的采用是选择关系，三者具备其中之一即可，而非竹、木及植物纤维三者必须同时具备。因此，被诉侵权产品落入权利要求 1 的保护范围。遂判决撤销一审判决，判令台山公司承担侵权责任。台山公司不服二审判决，向最高人民法院申请再审。最高人民法院于 2010 年 9 月 7 日裁定驳回台山公司的再审申请。

最高人民法院审查认为：专利法第五十六条第一款规定，发明或者实用新型专利权的保护范围以其权利要求的内容为准，说明书及附图可以用于解释权利要求。因此，如果对权利要求的表述内容产生不同理解，导致对权利要求保护范围产生争议，说明书及其附图可以用于解释权利要求。仅从本专利权利要求 1 对“竹、木、植物纤维”三者关系的文字表述看，很难判断三者是“和”的关系还是“或”的关系，应当结合说明书记载的相关内容进行解释。根据专利说明书实施例的记载：“镁质胶凝植物纤维层是由氯化镁、氧化镁和竹纤维或木糠或植物纤维制成的混合物。”由此可见，专利权利要求 1 对“竹、木、植物纤维”三者关系的表述，其含义应当包括选择关系，即三者具备其中之一即可，而非竹、木及植物纤维三者必须同时具备。

3. 权利要求的术语在说明书中有明确的特定含义，应根据说明书的界定解释权利要求用语

在申请再审人福建多棱钢业集团有限公司（以下简称福建多棱钢公司）与被申请人启东市八菱钢丸有限公司（以下简称启东八菱钢丸公司）侵犯发明专利权纠纷案［（2010）民申字第979号］中，对于当事人存在争议的专利权利要求的技术术语，最高人民法院认为，虽然该术语在相关行业领域并没有明确的定义，但涉案专利说明书中的记载指明了其具有的特定的含义，并且该界定明确了涉案专利权利要求1的保护范围，所以应当以说明书的界定理解权利要求用语的含义。

本案的基本案情是：福建多棱钢公司系名称为“一种钢砂生产方法”发明专利（以下简称涉案专利）的专利权人。涉案专利权利要求1为：一种钢砂生产方法，其特征在于将轴承厂生产轴承时冲切下来的边角废料，进行淬火，淬火后分两级破碎，筛分得到不同粒度的钢砂，制得多棱形的钢砂。涉案专利说明书记载：“本发明的创新之处在于：……4. 本发明采用两级破碎，粗碎用颚式破碎机，细碎用辐式破碎机……对于粗大的冲切料本发明采取先用颚式破碎机将其轧碎成小块，而后进行细碎，破碎成钢砂……。”启东八菱钢丸公司生产与福建多棱钢公司相同的钢砂产品。被控侵权方法与涉案专利的独立权利要求保护的范围相对比，不同之处在于，启东八菱钢丸公司仅选用生产轴承时冲切下来的7—10毫米之间的冲片作为生产原料，淬火根据需要进行；破碎设备只使用双辊破碎机，即辐式破碎机。7—10毫米之间的冲片被直接投入双辊破碎机中，通过该机器两组单独传动的辊轴，相对旋转产生的挤轧和磨剪力破碎物料，一次性生产出投入料10%—30%的成品钢砂。之后，通过筛分，将未成品筛选出来，再次投入双辊破碎机中，以此循环，生产出成品钢砂。在相关行业领域，对两级破碎没有明确的定义。在《化工辞典》中，对“破碎”定义为“用机械方法使大块固体物料变成小块的操作”；并有“粗碎”和“细碎”设备之分。其中，按被粉碎物料的大小和所得粉碎成品的尺寸分类，“粉碎设备”可以分类为：粗碎或预碎设备：处理直径40—1500毫米范围的原料，所得成品的直径大约是5—50毫米，如颚式压碎机等；中碎和细碎设备：处理直径5—50毫米范围的原料，所得成品的直径大约是0.1—5毫米，如滚碎机等。福建多棱钢公司以启东八菱钢丸公司生产钢砂的方法落入涉案专利权的保护范围为由提起诉。江苏省南通市中级人民法院一审和江苏省高级人民法院二审均认为，被控侵权方法中的“一级破碎”与涉案专利方法中的“两级破碎”不构成等同，并判决驳回福建多棱钢公司的诉讼请求。福建多棱钢公司不服二审判决，向最高人民法院申请再审。最高人

民法院于2010年9月8日裁定驳回其再审申请。

最高人民法院审查认为：虽然“两级破碎”在相关行业领域并没有明确的定义，但根据涉案专利说明书中的记载：“本发明采用两级破碎，粗碎用颚式破碎机，细碎用辐式破碎机。本发明不是用钢珠破碎成钢砂，而是用冲切料破碎成钢砂冲切料不像钢珠粒度小且均匀，对于粗大的冲切料本发明采取先用颚式破碎机将其轧碎成小块，而后进行细碎，破碎成钢砂。”涉案专利说明书中的记载指明了“两级破碎”具有的特定的含义，并且该界定明确了涉案专利权利要求1的保护范围，所以应当以说明书的界定理解权利要求用语的含义。“两级破碎”应当理解为是先进行粗碎和后进行细碎的“两级破碎”。根据一、二审法院查明的“粉碎设备”的分类，各个破碎级别的设备所处理的原料直径范围以及加工出的成品均不相同，并且粗碎或预碎设备的出料成品直径范围为中碎和细碎设备的进料直径范围，因此，涉案专利的“两级破碎”中，“粗碎级”破碎和“细碎级”破碎应当理解为是相互独立的两个步骤，“粗碎级”的出料为“细碎级”的进料，工序一先一后，不能理解为“粗碎级”和“细碎级”可以合并或者替代。被控侵权方法仅使用一种双辊式破碎机进行钢砂加工。由于双辊式破碎机的破碎动力产生于两个辊子之间的挤压力，其加工方法是在一个级别的破碎中多次循环，每次破碎都是加工出一定比例的钢砂，在多次积累加工出钢砂后进行筛选。而且，福建多棱钢公司也曾在本案诉讼中明确，粗碎过程不可能生产出成品钢砂，所以，被控侵权方法只存在“细碎级”破碎，不存在“粗碎级”破碎，缺少涉案专利“两级破碎”中的粗碎。被控侵权方法使用辊式破碎机进行破碎的手段、实现的功能和达到的效果与涉案专利“两级破碎”并不基本相同。

4. 专利侵权纠纷中技术特征等同的认定

在申请再审人陕西竞业玻璃钢有限公司（以下简称竞业公司）与被申请人永昌积水复合材料有限公司（以下简称永昌公司）侵犯实用新型专利权纠纷案［（2010）民申字第181号］中，最高人民法院认为，根据《最高人民法院关于审理专利纠纷案件适用法律问题的若干规定》第十七条第二款的规定，在判断被诉侵权产品的技术特征与专利技术特征是否等同时，不仅要考虑被诉侵权产品的技术特征是否属于本领域的普通技术人员无需经过创造性劳动就能够联想到的技术特征，还要考虑被诉侵权产品的技术特征与专利技术特征相比，是否属于基本相同的技术手段，实现基本相同的功能，达到基本相同的效果，只有以上两个方面的条件同时具备，才能够认定二者属于等同的技术特征。

本案的基本案情是：竞业公司系名称为“玻璃钢夹砂顶管”的实用新型专利（以下简称涉案专利）的专利权人。涉案专利的权利要求1为：“一种玻璃钢夹砂顶管，它由管头、管身以及管尾组成，管头和管尾管径一致，管尾连接部设有密封用套环，管头、管尾通过套环连接，其特征在于：所述的管头、管身以及管尾采用树脂基体，管身设有两维以上方向绕制的纤维层以及石英夹砂层，管头和管尾设有为两维以上方向绕制的纤维层，所述的套环紧密设置在管头或管尾外壁的凹台内。”2007 年 5 月 8 日，竞业公司起诉请求判令永昌公司承担侵权责任。广东省广州市中级人民法院一审认为，被诉侵权产品的技术特征“插口的管外径小于承口的管外径，有锥度”与涉案专利中的技术特征“管头和管尾管径一致”构成等同，被诉侵权产品落入涉案专利权的保护范围，遂判决永昌公司承担侵权责任。永昌公司不服一审判决，提起上诉。广东省高级人民法院二审认为，根据涉案专利的权利要求书、说明书以及附图，涉案专利“管头和管尾管径一致”是指：管头和管尾的管内径一致、管头和管尾的管外径一致。被诉侵权产品的承口、插口分别对应于涉案专利中的管头和管尾，其中插口与承口的管内径一致，但插口的管外径小于承口的管外径，与涉案专利不同。并且正是基于该不同，导致两者所实现的功能、达到的技术效果均不相同，该技术特征亦非本领域的普通技术人员无需付出创造性劳动就能联想到的特征，故两者不构成等同，被诉侵权产品未落入涉案专利权的保护范围，不构成侵权。遂判决撤销一审判决，驳回竞业公司的诉讼请求。竞业公司不服二审判决，向最高人民法院申请再审。最高人民法院于 2010 年 7 月 23 日裁定驳回竞业公司的再审申请。

最高人民法院审查认为：被诉侵权产品中插口、承口的管内径虽然一致，但是二者的管外径并不一致，具体表现为承口管外径上设有用于安装钢套环的水平凹台，并且承口管外径与钢套环紧密配合；而插口管外径呈不规则台阶状。虽然现有技术《顶管施工技术》中已经公开了注浆减阻的工作原理以及注浆孔、台阶状管外径等技术特征，本领域的普通技术人员在顶管施工中为了实现注浆减阻的目的，能够在《顶管施工技术》所给出的技术启示下，显而易见地想到被诉侵权产品中的注浆孔以及插口管外径呈不规则台阶状等技术特征，无需付出创造性劳动。但是，由于被诉侵权产品中的插口管外径呈不规则台阶状，一方面导致插口管外径与钢套环之间并不能紧密配合，无法实现增强管道连接密封性的功能和效果；另一方面能够在管外径与钢套环之间形成供减阻砂浆通过的环形空间，使得从注浆孔中注入的减阻砂浆可以经由该环形空间均匀分布在管道周围，形成润滑套，实现减少管道外壁与土壤间的摩擦阻力，提高管道顶进效率的有益功能和效果。因此，被诉侵权产品中技术特征“插口管外径呈不规则台阶状”所实现的功能和效果，与权利要求 1 中“管头和管尾管径一致”所实现的功能和效果具有实质性的差异，二者不属于等同的技术特征，被诉侵权产品没有落入涉案专利权的保护范围。

5. 为克服权利要求不能得到说明书的支持的缺陷而修改权利要求可导致禁止反悔原则的适用

在申请再审人湖北午时药业股份有限公司（以下简称午时公司）与被申请人澳诺（中国）制药有限公司（以下简称澳诺公司）、原审被告王军社侵犯发明专利权纠纷案［（2009）民提字第 20 号］中，最高人民法院认为，从涉案专利审批文档中可以看出，专利申请人进行的修改是针对国家知识产权局认为涉案专利申请公开文本权利要求保护范围过宽，在实质上得不到说明书支持的审查意见而进行的；被诉侵权产品的相应技术特征属于专利权人在专利授权程序中放弃的技术方案，不应当认为其与权利要求 1 中的技术特征等同而将其纳入专利权的保护范围。

本案的基本案情是：澳诺公司系名称为“一种防治钙质缺损的药物及其制备方法”发明专利（以下简称涉案专利）的被许可人。涉案专利权利要求 1 为：“一种防治钙质缺损的药物，其特征在于：它是由下述重量配比的原料制成的药剂：活性钙 4—8 份，葡萄糖酸锌 0.1—0.4 份，谷氨酰胺或谷氨酸 0.8—1.2 份。”涉案专利申请公开文本中，其独立权利要求为可溶性钙剂，可溶性钙剂包括葡萄糖酸钙、氯化钙、乳酸钙、碳酸钙或活性钙。国家知识产权局第一次审查意见通知书中，审查员认为，该权利要求书中使用的上位概念“可溶性钙剂”包括各种可溶性的含钙物质，它概括了一个较宽的保护范围，而申请人仅对其中的“葡萄糖酸钙”和“活性钙”提供了配制药物的实施例，对于其它的可溶性钙剂没有提供配方和效果实施例，所属技术领域的技术人员难于预见其它的可溶性钙剂按本发明进行配方是否也能在人体中发挥相同的作用，权利要求在实质上得不到说明书的支持，应当对其进行修改。申请人根据审查员的要求，对权利要求书进行了修改，将“可溶性钙剂”修改为“活性钙”。2006 年 11 月 25 日，澳诺公司提起诉讼称，午时公司生产、销售新钙特牌“葡萄糖酸钙锌口服溶液”，王军社销售该产品，侵犯了涉案专利权。经鉴定，午时公司产品含有葡萄糖酸钙，而涉案专利是活性钙。河北省石家庄市中级人民法院一审认为，只有为了使专利授权机关认定其专利申请具有新颖性或创造性而进行的修改或意见陈述，才产生禁止反悔的效果，并非专利申请过程中关于权利要求的所有修改或意见陈述都会导致禁止反悔原则的适用。本案专利权人将独立权利要求中的“可溶性钙剂”修改为“活性钙”，是为了使其权利要求得到说明书的支持，不产生禁止反悔的效果。被诉侵权产品与涉案专利构成等同。遂判决午时公司、王军社承担侵权责任。午时公司不服一审判决，提起上诉。河北省高级人民法院对一审判决中有关禁止反悔原则的认定予以认可，遂判决驳回上诉，维持一审判决。午时公司不服二审判决，向最高人民法院申请再审。最高人民法院提审本案后于 2010 年

3月23日作出再审判决，撤销一、二审判决，驳回澳诺公司的诉讼请求。

最高人民法院再审认为：1. 关于权利要求1中记载的“活性钙”是否包含“葡萄糖酸钙”的问题。涉案专利申请公开文本权利要求2以及说明书第2页明确记载，可溶性钙剂是“葡萄糖酸钙、氯化钙、乳酸钙、碳酸钙或活性钙”。可见，在专利申请公开文本中，葡萄糖酸钙与活性钙是并列的两种可溶性钙剂，葡萄糖酸钙并非活性钙的一种。此外，涉案专利申请公开文本说明书实施例1记载了以葡萄糖酸钙作为原料的技术方案，实施例2记载了以活性钙作为原料的技术方案，进一步说明了葡萄糖酸钙与活性钙是并列的特定钙原料，葡萄糖酸钙并非活性钙的一种。澳诺公司辩称，专利申请人在涉案专利的审批过程中，将“可溶性钙剂”修改为“活性钙”属于一种澄清性修改，修改后的活性钙包括了葡萄糖酸钙在内的所有组分钙。然而，从涉案专利审批文档中可以看出，专利申请人进行上述修改是针对国家知识产权局认为涉案专利申请公开文本权利要求中“可溶性钙剂”保护范围过宽，在实质上得不到说明书支持的审查意见而进行的，同时，专利申请人在修改时的意见陈述中，并未说明活性钙包括了葡萄糖酸钙，故澳诺公司认为涉案专利中的活性钙包含葡萄糖酸钙的主张不能成立。2. 关于活性钙与葡萄糖酸钙是否等同的问题。专利权人在专利授权程序中对权利要求1所进行的修改，放弃了包含“葡萄糖酸钙”技术特征的技术方案。根据禁止反悔原则，专利申请人或者专利权人在专利授权或者无效宣告程序中，通过对权利要求、说明书的修改或者意见陈述而放弃的技术方案，在专利侵权纠纷中不能将其纳入专利权的保护范围。因此，涉案专利权的保护范围不应包括“葡萄糖酸钙”技术特征的技术方案。被诉侵权产品的相应技术特征为葡萄糖酸钙，属于专利权人在专利授权程序中放弃的技术方案，不应当认为其与权利要求1中记载的“活性钙”技术特征等同。原审判决对禁止反悔原则理解有误，将二者认定为等同特征不当。

6. 专利权人在授权确权程序中的意见陈述可导致禁止反悔原则的适用

在申请再审人江苏万高药业有限公司（以下简称万高公司）与被申请人成都优他制药有限责任公司（以下简称优他公司）、原审被告四川科伦医药贸易有限公司（以下简称科伦公司）侵犯发明专利权纠纷案［（2010）民提字第158号］（以下简称万高公司再审案）中，最高人民法院根据专利权人在涉案专利授权和无效宣告程序中作出的意见陈述，以及涉案专利说明书中记载的有关不同工艺条件所具有的技术效果的比较分析，认定被诉侵权产品中的相关技术特征与涉案专利中的对应技术特征不构成等同，被诉侵权产品没有落入涉案专利权利要求1的保护范围。

本案的基本案情是：优他公司是名称为“藏药独一味软胶囊制剂及其制

备方法”的发明专利（以下简称涉案专利）的专利权人。涉案专利权利要求1中关于独一味提取物的提取方法为：B1、取独一味药材，粉碎成最粗粉；B2、加水煎煮二次，第一次加10～30倍量的水，煎煮1～2小时，第二次加10～20倍量水，煎煮0.5～1.5小时；B3、合并药液，滤过，滤液浓缩成稠膏；B4、减压干燥，粉碎成细粉，过200目筛，备用。2007年2月7日，优他公司向四川省成都市中级人民法院提起诉讼称，万高公司使用涉案专利制造和销售、科伦公司销售“独一味软胶囊”，侵犯了涉案专利权。四川省成都市中级人民法院在一审中根据优他公司的申请向国家食品药品监督管理局（以下简称国家药监局）调取了“独一味软胶囊”生产工艺的研究资料，载明被诉侵权产品中独一味提取物的提取方法为：b1、取独一味药材1000g，粉碎；b2、加10倍量水煎煮3次，每次1小时；b3、合并煎液，滤过，滤液浓缩成相对密度为1.30的清膏；b4、在80℃以下干燥，研成细粉备用。万高公司、科伦公司主张本案应适用禁止反悔原则，一审法院未予支持并认定构成侵权。万高公司不服，向四川省高级人民法院提起上诉。万高公司认为，涉案专利的原始权利要求仅包含产品剂型、组成和配比的特征，优他公司在涉案专利审查过程中对原始权利要求进行了限缩性修改，增加了对独一味提取物提取方法的限定，并在后续的无效审查程序中主张涉案专利所述的独一味提取物的提取方法未被现有技术公开，与现有技术如《中华人民共和国药典》（2000年版，一部）（以下简称《药典》）中的独一味提取物并不等同，而万高公司独一味提取物的提取方法依据的就是《药典》中的现有技术，故根据禁止反悔原则，万高公司独一味提取物的提取方法与涉案专利技术方案中的提取方法不构成等同。二审法院认为，应视为优他公司在专利授权和无效程序中放弃了仅包含药品剂型、组成和配比特征的技术方案。同时，通过比较可知，万高公司独一味提取物的提取方法与《药典》中记载的提取方法并不相同，区别在于万高公司的提取方法增加了对煎煮加水比例的限定，并增加了将干燥所得物研成细粉的限定。可见被诉侵权产品的技术方案并不在优他公司在专利授权和无效程序中所放弃的技术方案范围内，故对于万高公司认为一审判决违反禁止反悔原则的主张不予支持，遂判决维持一审判决。万高公司不服，向最高人民法院申请再审。最高人民法院再审查明，涉案专利说明书第12页“最佳提取条件的确定”一节记载：“取独一味提取物三份，每份1000g，加20倍水，分别煎煮1次、2次、3次，分别滤过，滤液浓缩，干燥，……结果表明，煎煮2次和煎煮3次，得粉率和木犀草素含量接近，为降低生产成本，选择煎煮2次。”说明书第15页“实验例5浸膏粉细度的确定”一节记载：“减小粒度，增加分散媒粘度都可以有效地减小沉降速度，保证混悬液的稳定性。……试验结果表明过200目筛的细粉沉降比值最大，因此，将独一味提取物干粉碎成过 200 目筛的细粉，制成的软胶囊内容物混悬体系最稳定。”根据《药典》“凡例”记载，细粉指能全部通过五号筛即 80 目筛，但含有能通过六号筛（即 100 目筛）不少于 95%的粉末。万高公司在申请再审时提交了三份批生产记录，其记载的工艺过程包含了粉碎过 80 目筛的内容，并无过 200 目筛的步骤。在涉案专利申请授权的程序中，优他公司作出的意见陈述书记载：“根据审查意见，申请人对原权利要求 1 进行了修改，增加了对独一味提取物的限定，具体是以说明书所述独一味提取物的四种制备方法加以限定”；“本发明所述独一味提取物的四种制备方法为发明人进行了大量的工艺筛选和验证试验后最终确定的工艺步骤，现有技术中并没有公开，由此得到的本发明中所述的独一味提取物与现有技术如《中华人民共和国药典》（2000 年版，一部）中的独一味提取物并不等同。”最高人民法院于 2010 年 11 月 24 日作出再审判决，撤销一、二审判决，驳回优他公司的诉讼请求。

最高人民法院再审认为：优他公司在涉案专利授权和无效宣告程序中作出的意见陈述中强调“本发明所述独一味提取物的四种制备方法为发明人进行了大量的工艺筛选和验证试验后最终确定的工艺步骤，现有技术中并没有公开，由此得到的本发明中所述的独一味提取物与现有技术中的独一味提取物并不等同。”优他公司还在涉案专利说明书第 12 页“最佳提取条件的确定”一节强调，煎煮 2 次与煎煮 3 次相比，可以降低生产成本，所以选择煎煮 2 次；在说明书第 15～16 页“实验例 5 浸膏粉细度的确定”一节强调，将独一味提取物粉碎成过 200 目筛的细粉，制成的软胶囊内容物混悬体系最稳定。因此，根据《最高人民法院关于审理专利纠纷案件适用法律问题的若干规定》第十七条的规定，并参照《最高人民法院关于审理侵犯专利权纠纷案件应用法律若干问题的解释》第六条的规定，“煎煮 2 次”与“煎煮 3 次”、“粉碎成细粉，过 200 目筛”与“研成细粉”均不构成等同特征，被控侵权产品没有落入涉案专利权利要求 1 的保护范围。

7. 方法专利权的延及保护

在申请再审人石家庄制药集团欧意药业有限公司（以下简称欧意公司）与被申请人张喜田、二审上诉人石家庄制药集团华盛制药有限公司（以下简称华盛公司）、石药集团中奇制药技术（石家庄）有限公司（以下简称中奇公司）、一审被告吉林省玉顺堂药业有限公司（以下简称玉顺堂公司）侵犯发明专利权纠纷案［（2009）民提字第 84 号］（以下简称欧意公司再审案中，最高人民法院认为，根据专利法第十一条的规定，方法专利权的保护范围只能延及依照该专利方法直接获得的产品，即使用专利方法获得的原始产品，而不能延及对原始产品作进一步处理后获得的后续产品。

本案的基本案情是：2000 年 2 月 21 日，张喜田申请了名称为“氨氯地平对映体的拆分”发明专利（以下简称涉案专利），2003 年 1 月 29 日被授予专利权。涉案专利公开了制造左旋氨氯地平的方法，由左旋氨氯地平可进一步制得马来酸左旋氨氯地平、苯磺酸左旋氨氯地平等下游产品。马来酸左旋氨氯地平和马来酸左旋氨氯地平片新药由中奇公司研发，马来酸左旋氨氯地平（原料药）由华盛公司生产，马来酸左旋氨氯地平片（终端产品，商品名“玄宁”）由欧意公司生产并销售。经查询国家食品药品监督管理局及其药品审评中心相关网页，国内生产的左旋氨氯地平产品为华盛公司、欧意公司生产的马来酸左旋氨氯地平及其片剂，以及张喜田生产的苯磺酸左旋氨氯地平及其片剂。2005 年 2 月，张喜田提起诉讼，请求判令中奇公司、华盛公司、欧意公司、玉顺堂公司承担侵犯涉案专利权责任。吉林省长春市中级人民法院一审认为，涉案专利能够延及至被告生产的马来酸左旋氨氯地平及其片剂，判决中奇公司、华盛公司、欧意公司承担侵权责任。吉林省高级人民法院认为，左旋氨氯地平作为一种化合物，本身并不能成为直接供消费者消费的产品。涉案专利为左旋氨氯地平的拆分方法，依照该方法不能直接得到产品，而左旋氨氯地平化合物与马来酸、苯磺酸等经过成盐工艺成为马来酸左旋氨氯地平、苯磺酸左旋氨氯地平后，才真正成为产品，所以上述产品应为依照左旋氨氯地平的拆分方法直接获得的产品。涉案专利能够延及中奇公司、华盛公司、欧意公司生产的马来酸左旋氨氯地平及其片剂。遂判决维持一审判决。欧意公司不服二审判决，向最高人民法院申请再审。最高人民法院再审查明，涉案专利授权公告的权利要求 1 为：“1. 一种从混合物中分离出氨氯地平的(R)-(+)-和(S)-(-)-异构体的方法。其特征在于：包含下述反应，即在手性助剂六氘代二甲基亚砜(DMSO-d_6)或含 DMSO-d_6 的有机溶剂中，异构体的混合物同拆分手性试剂 D-或 L-酒石酸反应，结合一个 DMSO-d_6 的(S)-(-)-氨氯地平的 D-酒石酸盐，或结合一个 DMSO-d_6 的(R)-(+)-氨氯地平的 L-酒石酸盐而分别沉淀，其中氨氯地平与酒石酸的摩尔比约等于 0.25。”涉案专利的说明书记载：“拆分氨氯地平的过程是，在手性助剂六氘代二甲基亚砜(DMSO-d_6)或含 DMSO-d_6 的有机溶剂中分别溶解氨氯地平和酒石酸，然后搅拌混合，氨氯地平同 D-或 L-酒石酸反应，结合一个 DMSO-d_6 的(S)-(-)-氨氯地平的 D-酒石酸盐，或结合一个 DMSO-d_6 的(R)-(+)-氨氯地平的 L-酒石酸盐而分别沉淀，用于沉淀物的分离方法有过滤、离心分离或移注。沉淀物的进一步处理可以得到(R)-(+)-氨氯地平或(S)-(-)-氨氯地平。”涉案专利的说明书实施例 5 中还记载了由(S)-(-)-氨氯地平制造苯磺酸(S)-(-)-氨氯地平的方法。涉案专利中所称的“(S)-(-)-氨氯地平”即为左旋氨氯地平，“(R)-(+)-氨氯地平”即为右旋氨氯地平。最高人民法院于 2010 年 9 月 9 日作出再审判决，撤销一、二审判决，驳回张喜田的诉讼请求。

最高人民法院再审认为：根据涉案专利的权利要求 1，虽然其主题名称是“一种从混合物中分离出氨氯地平的(R)-(+)-和(S)-(-)-异构体的方法”，但从权利要求 1 记载的内容看，依照涉案专利方法直接获得的产品是“结合一个 DMSO-d_6 的(S)-(-)-氨氯地平的 D-酒石酸盐”，或“结合一个 DMSO-d_6 的(R)-(+)-氨氯地平的 L-酒石酸盐”，其中前者即为制造左旋氨氯地平的中间产物，而非左旋氨氯地平本身；而后者即为制造右旋氨氯地平的中间产物，亦非右旋氨氯地平本身。根据专利法第十一条的规定，方法专利权的保护范围只能延及依照该专利方法直接获得的产品，即使用专利方法获得的原始产品，而不能延及对原始产品作进一步处理后获得的后续产品。华盛公司、欧意公司生产的马来酸左旋氨氯地平、马来酸左旋氨氯地平片以及左旋氨氯地平，均属于对实施涉案专利方法直接获得的产品作进一步处理后获得的后续产品，不属于依照涉案专利方法直接获得的产品。因此，涉案专利权的保护范围不能延及左旋氨氯地平、马来酸左旋氨氯地平及其片剂。

（二）专利授权确权行政案件审判

8. 对权利要求得到说明书支持的审查判断

在申请再审人（美国）伊莱利利公司（以下简称伊莱利利公司）与被申请人国家知识产权局专利复审委员会（以下简称专利复审委员会）、哈尔滨誉衡药业有限公司（以下简称誉衡公司）、宁波市天衡制药有限公司（以下简称天衡公司）、江苏豪森药业股份有限公司（以下简称豪森公司）发明专利权无效行政纠纷案［（2009）知行字第 3 号］中，最高人民法院认为，权利要求所要求保护的技术方案应当是所属技术领域的技术人员能够从说明书充分公开的内容中得到或概括得出的技术方案，并且不得超出说明书公开的范围；如果权利要求的概括使所属技术领域的技术人员有理由怀疑该上位概括或并列概括所包含的一种或多种下位概念或选择方式不能解决发明所要解决的技术问题，并达到相同的技术效果，则应当认为该权利要求没有得到说明书的支持。

本案的基本案情是；本案诉争专利是于 1998 年 10 月 7 日授权公告的名称为“立体选择性糖基化方法”的发明专利（以下简称本专利），专利权人为伊莱利利公司，权利要求 1 保护的是一种 β 异头物富集的二氟核苷的制备方法，其限定的技术特征是：产物为式 I 的 β 异头物富集的二氟核苷；……。本专利说明书记载：短语“异头物富集”单独或结合地表示异头物混合体其中特定异头物的比例大于 1∶1，并包括基本纯净的异头物。说明书给出 58 个实施例和 3 个表格例（包括 46 组数据），58 个实施例均能够得到 β 异头物与 α 异头物之比大于 1∶1 的核苷，表格例中有 7 组数据 β 异头物与 α 异头物之比小于 1：1，4 组数据 β 异头物与 α 异头物之比等于 1：1，其他数据均能得到 β 异头物与 α 异头物之比大于 1：1 的核苷。专利复审委员会针对誉衡公司、天衡公司、豪森公司等请求人就本专利提出的无效宣告请求，作出第 9525 号无效宣告请求审查决定（以下简称第 9525 号决定），宣告本专利权无效。第 9525 号决定认定，根据说明书的描述，影响所述立体选择性方法的因素较多，按照权利要求 1 的条件，尤其是在核碱过量程度和原料糖 α 异头物富集程度比较低的情况下，存在过多无法预见产物 β 异头物是否富集的情形，权利要求请求保护的是一个范围，所属领域技术人员要通过实验选择所有的非 β 异头物富集的实施方式、确定除实施例之外的技术方案能否实现，从各种反应条件的各种排列组合中筛选出能够实现权利要求 1 所要保护的技术方案需要进行大量的反复实验或者过度劳动，因此权利要求 1 不符合专利法第二十六条第四款的规定。伊莱利利公司不服第 9525 号决定，提起行政诉讼，请求撤销第 9525 号决定。其主要理由为：对说明书和实施例的教导应当被当作一个整体来理解，本专利权利要求的保护范围比说明书所公开的范围窄，因此权利要求的保护范围得到了说明书公开内容的充分支持；虽然说明书中表 1 和 2 中的七个实施例不能得到 β 异头物富集的产物，但是本领域技术人员会注意到说明书中大量实施例作为一个整体给出的暗示，不会仅仅注意实验中的一个或者某些数据；第 9525 号决定中采用的“大量的反复实验或者过度劳动”的认定理由没有在专利法和审查指南中规定，不是判断权利要求是否得到说明书支持的正确依据。北京市第一中级人民法院一审认为，首先，在评述本专利权利要求是否得到说明书支持时，专利复审委员会主要是从表格例中没有达到 β 异头物富集的几组数据出发进行判断，而没有全面考虑说明书中有关发明目的、技术方案的记载以及大量能够实现 β 异头物富集的实施例和表格例数据在评判本专利权利要求是否得到说明书支持时的作用，并将两者结合起来进行综合评判。其次，评价权利要求是否得到说明书支持应当以“权利要求书中的每一项权利要求所要求保护的技术方案应当是所属技术领域的技术人员能够从说明书充分公开的内容得到或概括得出的技术方案，并且不得超出说明书公开的范围”作为标准。而专利复审委员会在评述和决定要点中引入“如果所属技术领域的技术人员根据说明书的教导并考虑本领域普通技术知识，仍然需要进行大量的反复实验或者过度劳动才能确定权利要求概括的除实施例以外的技术方案能否实现”作为标准评判本专利权利要求是否得到说明书支持，其评判的出发点不符合专利法第二十六条第四款的规定，是不适当的。遂判决撤销第 9525 号决定、专利复审委员会就本专利重新作出无效宣告请求审查决定。专利复审委员会、誉衡公司、天衡公司、豪森公司均不服一审判决、提起上诉，北京市高级人民法院二审认为，本专利说明书中披露的11个实施例不能达到本专利制得β异头物富集的核苷的发明目的或发明效果，本专利所属技术领域的技术人员通过阅读本专利权利要求所得到的技术方案，不能得到本专利说明书的支持。遂判决撤销一审判决，维持第9525号决定。伊莱利利公司向最高人民法院申请再审，最高人民法院于2010年11月10日裁定驳回其再审申请。

最高人民法院审查认为：本专利权利要求1保护的是一种β异头物富集的二氟核苷的制备方法，其限定的技术特征是：产物为式Ⅰ的β异头物富集的二氟核苷；……。专利权人在说明书的表格例中，有11组数据不能制备得到β异头物富集的二氟核苷。根据说明书的描述，影响所属立体选择性方法的因素较多，除了原料糖的离去基团、原料糖构型和核碱用量外，还包括温度和溶剂的选择。权利要求1概括的制备方法的各因素，即离去基团、核碱种类、核碱当量、反应温度、反应溶剂等的范围是十分宽泛的。本领域技术人员有合理的理由认为，除了11个不能实施的情况外，该权利要求1的概括还包含众多其他不能解决发明所要解决的技术问题的技术方案，所属技术领域的技术人员不容易从各种反应条件的排组合中通过常规实验或者合理推测得出能够解决技术问题的技术方案，而是需要大量反复实验或过度劳动才能确定权利要求1的范围。因此，第9525号决定和二审判决据此认为本专利权利要求1没有得到说明书的支持，不符合专利法第二十六条第四款的规定，宣告专利权无效，并无不当。

9. 判断外观设计相同或者相近似的基本方法及应关注的设计特征

在申请再审人本田技研工业株式会社（以下简称本田株式会社）与被申请人国家知识产权局专利复审委员会（以下简称专利复审委员会）、原审第三人石家庄双环汽车股份有限公司（以下简称双环公司）、河北新凯汽车制造有限公司破产清算组（以下简称新凯公司）外观设计专利权无效行政纠纷案［（2010）行提字第3号］中，最高人民法院分析了判断外观设计相同或者相近似的基本方法，并认为，在判断外观设计是否相词或者相近似时，因产品的共性设计特征对于一般消费者的视觉效果的影响比较有限，应关注更多地引起一般消费者注意的其他设计特征的变化。

本案的基本案情是：本田株式会社是“汽车”外观设计专利权（以下简称本专利）的专利权人。双环公司、新凯公司分别向专利复审委员会申请宣告本专利无效。专利复审委员会认为，本专利与对比文件（以下简称证据1）属于相近似的外观设计，不符合专利法第二十三条的规定，于2006年3月7日作出第8105号无效宣告请求审查决定（以下简称第8105号决定），宣告本专利无效。本田株式会社不服该决定，提起行政诉讼。经对比，本专利与证据1的主要差别有：1. 本专利前大灯呈不规则四边形，证据1的前大灯呈近似梯形；2. 本专利前保险杠下方的两侧配置有雾灯，证据 1 中没有雾灯；3. 本专利与证据 1 汽车前部的护板均呈倒 U 形，但本专利护板内设有水平隔片，其底部有小护牙，证据 1 护板内设有纵向空格；4. 本专利后组合灯从车顶向下延伸至车窗下部，证据 1 后组合灯基本与后车窗的高度相当。此外，两者在格栅、后保险杠、后部车顶轮廓等方面亦有细微不同之处。北京市第一中级人民法院一审认为，本专利与在先设计均为汽车整车的外观设计，一般消费者在购买和使用过程中，对汽车的整体进行观察是实际生活中经常出现的情形，故本专利与在先设计的比较应采用整体观察的方式。本专利与证据 1 的外观设计虽存在一定的差别，但属于局部的细微差别，且对于汽车整体外观而言，一般消费者更容易对汽车整体的设计风格，轮廓形状、组成部件的相互间比例关系等因素施以更多注意，二者的上述细微差别尚不足以使一般消费者对两者整体外观设计产生明显的视觉差异。因此，本专利与证据 1 属于相近似的外观设计，本专利应被宣告无效。遂判决维持第 8105 号决定。本田株式会社不服一审判决，提起上诉。北京市高级人民二审判决驳回上诉，维持一审判决。本田株式会社不服二审判决，向最高人民法院申请再审。最高人民法院提审本案后于 2010 年 11 月 26 日判决，撤销一、二审判决以及第 8105 号决定。

最高人民法院再审认为：判断外观设计是否相同或者相近似的基本方法是，基于被比设计产品的一般消费者的知识水平和认知能力，对被比设计与在先设计进行整体观察，综合判断两者的差别对于产品外观设计的视觉效果是否具有显著影响。所谓“一般消费者”，是指其对被比设计产品的同类或者相近类产品的外观设计状况具有常识性的了解，对外观设计产品之间在形状、图案以及色彩上的差别具有一定的分辨力，但不会注意到产品的形状、图案以及色彩的微小变化；所谓“常识性的了解”，是指通晓相关产品的外观设计状况而不具备设计的能力，而非局限于基础性、简单性的了解；所谓“整体”，包括产品可视部分的全部设计特征，而非其中某特定部分；所谓“综合”，是指对能够影响产品外观设计整体视觉效果的所有因素的综合。本案中，诉争类型汽车外观设计的“整体”，不仅包括汽车的基本外形轮廓以及各部分的相互比例关系，还包括汽车的前面、侧面、后面等，应当予以全面观察。在综合判断时，应当根据诉争类型汽车的特点，权衡诸部分对汽车外观设计整体视觉效果的影响。就本案诉争的汽车类型而言，因此类汽车的外形轮廓都比较接近，故该共性设计特征对于此类汽车一般消费者的视觉效果的影响比较有限。相反，汽车的前面、侧面、后面等部位的设计特征的变化，则会更多地引起此类汽车一般消费者的注意。本案中，本专利所示汽车的外观设计与证据 1 所示汽车的外观设计相比，在前大灯、雾灯、前护板、格栅、侧面车窗、后组合灯、后保险杠、车顶轮廓等装饰性较强部位均存在差别。特别是，本专利的汽车前大灯采用近似三角形的不规则四边形设计，配合带有小护牙的倒U形的前护板和中间带有横条的格栅；汽车侧面后车窗采用不规则四边形设计，且后窗玻璃与后组合灯之间由窗框所分离，配合车身上部与下部的平滑过渡；汽车后面采用后组合灯从车顶附近开始一直延伸至后保险杠翘起部的“上窄下宽”的柱形灯设计，配合带有护牙的U形后保险杠，都比较突出、醒目，具有较强的视觉冲击力。显然，这些差别对于本案诉争类型汽车的一般消费者而言是显而易见的，足以使其将本专利图片所示汽车外观设计与证据1汽车外观设计的整体视觉效果区别开来。因此，上述差别对于本专利与证据1汽车外观设计的整体视觉效果具有显著的影响，二者不属于相近似的外观设计。

10. 外观设计相同或者相近似判断中对设计空间的考虑

在申请再审人国家知识产权局专利复审委员会（以下简称专利复审委员会）、浙江今飞机械集团有限公司（以下简称今飞公司）与被申请人浙江万丰摩轮有限公司（以下简称万丰公司）专利无效行政纠纷案［（2010）行提字第5号］中，最高人民法院认为，设计空间对于确定相关设计产品的一般消费者的知识水平和认知能力具有重要意义；在外观设计相同或者相近似的判断中，应该考虑设计空间或者说设计者的创作自由度，以便准确确定该一般消费者的知识水平和认知能力；设计空间的大小是一个相对的概念，是可以变化的，在专利无效宣告程序中考量外观设计产品的设计空间，需要以专利申请日时的状态为准。

本案的基本案情是：万丰公司拥有名称为“摩托车车轮（82451）”的外观设计专利（以下简称本专利）。针对本专利，今飞公司以本专利申请日以前已有与本专利相似的外观设计在国内出版物上公开发表过为由，于2009年2月25日向专利复审委员会提出无效宣告请求，并提交了附件13《Bike》杂志2005年9月号封面和封底复印件作为证据。专利复审委员会认为，附件13公开了一款摩托车车轮的外观设计（即在先设计），将本专利与在先设计进行比较，二者的相同之处在于：均由轮辋、辐条、轮毂组成，辐条呈逆时针旋转状分布且两侧平直，轮毂表面有加强筋。二者主要不同之处在于：本专利有五根辐条，而在先设计为六根辐条；本专利辐条一面为平滑，另一面表面有凹槽，而在先设计辐条表面为平滑和凹槽交替轮换；本专利与在先设计轮毂表面的加强筋图案不同。摩托车车轮基本均由轮辋、辐条和轮毂三部分组成，圆形轮辋属于车轮的惯常设计，相对轮辋，辐条的形状设计通常对车轮的整体视觉效果更具有显著的影响。本专利与在先设计在辐条两侧的形状相同，区别仅在于在先设计比本专利多一根辐条，属于局部细微的差别，而辐条表面凹槽和平滑的差异也属于细微变化，对整体视觉效果不具有显著影响。轮毂在使用状态下通常会被支架遮挡一部分，故轮毂表面加强筋图案的差别对整体效果不具有显著影响。因此，二者属于相近似的外观设计，本专利不符合专利法（2000 年修正）第二十三条的规定。遂作出第 13657 号无效宣告请求审查决定（以下简称第 13657 号决定），宣告本专利全部无效。万丰公司不服该决定，提起行政诉讼。北京市第一中级人民法院一审认为，摩托车车轮受其所设定功能的限制，外观变化的空间均为有限，其设计差异更易对整体视觉效果产生显著的影响。本专利与在先设计之间的差别，已经对整体视觉效果产生了显著的影响，在该产品消费者所具有的较高分辨能力下，足以排除混淆。遂判决撤销第 13657 号决定，判令专利复审委员会重新作出决定。专利复审委员会、今飞公司上诉后，北京市高级人民法院二审认为，一审判决基于摩托车车轮产品在设计空间方面的限制认定本专利与在先设计不属于近似的外观设计，结论正确，遂判决维持一审判决。专利复审委员会和今飞公司均不服二审判决，向最高人民法院申请再审。最高人民法院提审本案后于 2010 年 12 月 23 日作出再审判决，撤销一、二审判决，维持第 13657 号决定。

最高人民法院再审认为：设计空间是指设计者在创作特定产品外观设计时的自由度。设计者在特定产品领域中的设计自由度通常要受到现有设计、技术、法律以及观念等多种因素的制约和影响。特定产品的设计空间的大小与认定该外观设计产品的一般消费者对同类或者相近类产品外观设计的知识水平和认知能力具有密切关联。对于设计空间极大的产品领域而言，由于设计者的创作自由度较高，该产品领域内的外观设计必然形式多样、风格迥异、异彩纷呈，该外观设计产品的一般消费者就更不容易注意到比较细小的设计差别。相反，在设计空间受到很大限制的领域，由于创作自由度较小，该产品领域内的外观设计必然存在较多的相同或者相似之处，该外观设计产品的一般消费者通常会注意到不同设计之间的较小区别。可见，设计空间对于确定相关设计产品的一般消费者的知识水平和认知能力具有重要意义。在外观设计专利与在先设计相同或者相近似的判断中，应该考虑设计空间或者说设计者的创作自由度，以便准确确定该一般消费者的知识水平和认知能力。在考虑设计空间这一因素时，应该认识到，设计空间的大小是一个相对的概念。在设计空间极大的产品领域和设计空间受到极大限制的产品领域这两个极端之间，存在着设计空间由大到小的过渡状态。同时，对于同一产品的设计空间而言，设计空间的大小也是可以变化的。随着现有设计增多、技术进步、法律变迁以及观念变化等，设计空间既可能由大变小，也可能由小变大。因此，在专利无效宣告程序中考量外观设计产品的设计空间，需要以专利申请日时的状态为准。本案从专利复审委员会提供的证据来看，即使摩托车车轮均由轮辋、辐条和轮毂组成，且受到设定功能限制的情况下，其辐条的设计只要符合受力平衡的要求，仍可以有各种各样的形状，存在较大的设计空间。原审判决以摩托车车轮的设计空间有限为前提得出本专利与在先设计的区别致使两者不相同也不相近似的结论，缺乏事实依据。

二、著作权案件审判

11. 戏曲音乐作品著作权权属的审查及认定

在申请再审人黄能华、许文霞、许文霆、许文露、许文雷（以下简称黄能华、许文霞等）与被申请人扬州扬子江音像有限公司（以下简称扬子江公司）、汝金山侵犯著作权纠纷案［（2010）民申字第556号］中，最高人民法院认为，在侵权之诉中，人民法院对相关权属状况进行审查是查清案件事实的必要环节；涉案沪剧音乐中的唱腔音乐与开幕曲、幕间曲及大合唱等场景音乐应作为一个整体作品看待，在历史上对涉案戏曲音乐曲作者署名不尽一致，且署名的案外人未参与侵权诉讼，无法查清相关事实的情况下，其中一位署名作者主张著作权归己所有不应予以支持。

本案的基本案情是：1954年至1963年，《上海新民报晚刊》等报纸上刊登的《家》、《王魁负桂英》、《两代人》、《红菱记》、《茶花女》、《为奴隶的母亲》的演出公告中，作曲署名为水辉，演出单位为勤艺沪剧团。该剧团印制的上述6部戏剧及《龙凤花烛》、《白鹭》、《妓女泪》、《星火燎原》的演出节目单与宣传单上，作曲署名亦为水辉。上海音像出版社于1990年1月出版的沪剧录音带《为奴隶的母亲》、上海音像出版社出版发行的VCD《杨飞飞沪剧专辑》中《为奴隶的母亲》片断的作曲署名均为水辉。中国唱片上海公司出版发行的《杨飞飞赵春芳艺术集锦》VCD（其中有《卖红菱》、《妓女泪》）封面上有两处作曲记载，一处为水辉，另一处为杨飞飞。黄能华、许文霞等提供的沪剧《为奴隶的母亲》的曲谱的封面记载：水辉作曲、上海勤艺沪剧团印、1955.11.8。许如辉又名水辉，于1987年1月4日去世，黄能华、许文霞等系许如辉的妻子与儿女。2005年8月25日，许文霞公证购买了由扬子江公司发行的VCD《沪剧·杨飞飞沪剧流派演唱会》1—3辑，该VCD中包含上述10部戏剧的片断或整部戏，演唱会的节目单及该VCD署名：作曲配器：汝金山。上海沪剧院向法院出具证明，汝金山由该剧院安排参加“杨飞飞沪剧流派演唱会”的音乐创作，该演唱会由该院协助演出。对于该VCD中“归家”唱段的合唱部分，经组织各方当事人将该部分合唱音乐与录音带沪剧《为奴隶的母亲》（1962年勤艺沪剧团伴奏演出）中的合唱音乐作比对，其中有二句完全相同，其余部分的音乐因唱词改动均作改动与调整。上海文化出版社于1999年出版发行的《上海沪剧志》记载：勤艺沪剧团由杨飞飞等人创建于1949年8月，杨飞飞任团长，赵春芳、丁国斌任副团长，作曲水辉、王国顺。建团后共整理、改编、创作剧目100余个，主要剧目有《家》、《为奴隶的母亲》、《茶花女》、《妓女泪》、《龙凤花烛》、《卖红菱》等。一审中，黄能华、许文霞等主张许如辉是涉案10部沪剧的作曲，请求判令扬子江公司、汝金山停止侵犯许如辉著作权的行为，扬子江公司收回并销毁侵权制品，扬子江公司、汝金山在《新民晚报》上公开致歉，赔偿黄能华、许文霞等损失20万元及维权费用10702.9元。上海市第一中级人民法院一审认为，涉案10部沪剧的唱腔音乐部分主要由杨飞飞等演员基于传统曲调改编、创作完成，场景音乐系由许如辉创作，伴奏音乐部分为黄海滨等主胡伴奏人员与杨飞飞等演员密切配合的创作成果。涉案VCD所涉经典唱段的音乐主要为唱腔音乐，其余为唱腔的伴奏音乐以及演唱会幕间曲、合唱等场景音乐，针对伴奏音乐部分，必须进行曲谱比对。由于黄能华、许文霞等除提供了《为奴隶的母亲》曲谱外，未能提供其他原始曲谱，故应承担举证不能的法律后果。通过对涉案VCD中《为奴隶的母亲》“归家”等唱段与黄能华、许文霞等提供的1955年曲谱进行比对，演唱会VCD中《为奴隶的母亲》“归家”唱段的合唱部分在1955年曲谱中并无记载，二者唱词音乐、场景音乐亦不相同，故黄能华、许文霞等主张汝金山抄袭了许如辉的原作曲内容，侵犯其著作权，缺乏事实依据，遂判决对其诉讼请求不予支持。黄能华、许文霞等不服一审判决，以本案系侵权之诉，一审法院认定案外人杨飞飞系涉案唱腔的设计者，违反“不告不理”诉讼程序等为由，提起上诉。上海市高级人民法院二审认为，五、六十年代的沪剧音乐是由老一辈戏曲艺术家、作曲、琴师等在传统民间曲调的基础上共同创作完成的合作作品。共同参与作品创作并作出独创性贡献的人员均是合作作者，共同享有与行使整个剧目音乐的著作权。黄能华、许文霞等主张涉案的沪剧音乐均由许如辉一人享有著作权，与事实不符，不予支持。许如辉作为勤艺沪剧团的专职作曲，主要是从事开幕曲、幕间曲等场景音乐、配器等部分的音乐创作，不代表对整个剧目中所有沪剧音乐元素的创作，唱段主要体现的是演员的唱腔音乐，就整个的唱段部分音乐乃至唱腔音乐而言，局部的过门、旋律的修饰不足以构成著作权法意义上的“创作”，故许如辉不能因此而对唱腔音乐享有著作权。根据我国民事诉讼法和民事证据规则规定的举证责任原则，黄能华、许文霞等应当首先举证证明其对被诉侵权VCD所涉唱段的音乐享有著作权，然后再证明扬子江公司、汝金山实施了侵犯其著作权的行为。一审法院根据当事人提供的证据对VCD专辑中黄能华、许文霞等提出被侵权的涉案沪剧唱段音乐的权属进行审查并确定其归属是正确的。遂判决驳回上诉，维持一审判决。黄能华、许文霞等不服二审判决，向最高人民法院申请再审。最高人民法院于2010年11月26日裁定驳回其再审申请。

最高人民法院审查认为：根据本案系侵权之诉的具体情况，对相关权属状况进行审查是查清案件事实的必要环节，原审法院对此进行必要的审查是正确的。作为不同的地方戏曲，都有其基本的曲牌、曲调，任何一个地方戏曲剧目，都是在民间传统曲牌、曲调的基础上创作完成，且都经历了演出的剧目从没有曲谱，到定腔定谱的发展过程。许如辉五、六十年代曾任上海勤艺沪剧团的专职作曲，负责戏曲音乐的谱曲整合、总体设计、定腔定谱等工作，其参与了涉案沪剧音乐作品创作的事实应该肯定。原审法院根据沪剧音乐产生、传承和发展规律，并根据五、六十年代戏曲演出多以演员为主的特点，认定涉案沪剧音乐系由老一辈戏曲表演艺术家及曲作者、琴师等共同创作完成，符合客观事实。但原审法院在认定共同创作的同时，又将涉案沪剧音乐中的唱腔音乐与开幕曲、幕间曲及大合唱等场景音乐分开，否认了许如辉参与整体音乐创作的客观事实不妥。本案各方当事人对许如辉系涉案沪剧音乐中场景音乐的曲作者没有争议，争议的焦点在于许如辉是否参与了唱腔音乐的创作。对此，根据双方当事人提供的证据及相关证人证言，由于不同时期、不同出版社出版发行的音像制品或报刊、杂志，对涉案沪剧音乐作品曲作者的署名不尽一致，即涉案相关沪剧剧目曲作者除许如辉外，还包括王国顺、杨飞飞等人，在上述人员非本案当事人，且杨飞飞作为证人出庭作证，坚持自己系唱腔音乐的曲作者的情况下，黄能华、许文霞等主张涉案沪剧整体音乐（包括唱腔音乐）的著作权归许如辉一人享有，缺乏事实和法律依据。

12. 作品登记是否构成著作权意义上的发表

在申请再审人坤联（厦门）照相器材有限公司（以下简称坤联公司）与深圳市宝安区公明八航五金塑胶厂（以下简称八航厂）、八航实业（深圳）有限公司（以下简称八航公司）、他普实业有限公司（以下简称他普公司）侵犯著作权纠纷案［（2010）民申字第281号］中，最高人民法院认为，作品登记的主要作用在于证明权利的归属，一般不构成著作权法意义上的发表，在没有其他证据的情况下不宜以此推定被告接触过原告作品。

本案的基本案情是：坤联公司职员创作了“取景标贴（keep 20cm）”图案，是用于贴在摄像机产品上的标贴，该美术倒案左侧为一只含有眉毛和眼睛的图案，右边是英文“keep 20cm”。坤联公司与该职员签署“职务作品确认书”，确认该作品为职务作品，坤联公司享有除署名权之外之著作权。2004年7月15日，坤联公司取得福建省版权局颁发的作品著作权登记证书，载明作品名称为“取景标贴（keep 20cm）”，作品类型为美术作品，所附的“作品创作说明”中对作品进行描述并有作品图样。八航公司、八航厂三种不同型号的摄像机产品取景器下方标有“左侧为眉毛和眼睛图形，右侧为 keep 20cm”字样的图案，与坤联公司作品稍有差别。坤联公司以侵犯其著作权为由提起诉讼，广东省深圳市中级人民法院以坤联公司未证明八航公司等接触过其作品为由，判决驳回其诉讼请求。广东省高级人民法院维持一审判决。坤联公司申请再审，最高人民法院于 2010 年 6 月 23 日裁定驳回其再审申请。

最高人民法院审查认为：坤联公司主张八航厂、八航公司及他普公司侵犯其著作权，应举证证明被诉侵权标贴系抄袭、复制其作品。本案中由于坤联公司未能提供其作品与其产品一起公开销售的证据，故主张对方接触其作品缺乏证据证明。根据国家版权局 1994 年发布的《作品自愿登记试行办法》第一条规定，作品登记的主要目的是维护作者或其他著作权人和作品使用者的合法权益，有助于解决因著作权归属造成的纠纷，并为解决著作权纠纷提供初步证据。可见，进行登记的主要作用在于证明权利的归属。虽然该试行办法规定有“作品登记应实行计算机数据库管理，并对公众开放”的内容，但对登记机构能否向公众提供相关登记的作品未作规定。原审法院结合本案的具体情况，认为作品登记不是著作权法意义上的发表，坤联公司主张八航厂、八航公司、他普公司侵权不能成立，驳回其诉讼请求是正确的。

13. 境外影视作品著作权人维护自己的合法权益不以获得行政审批为条件

在申请再审人广东中凯文化发展有限公司（以下简称中凯公司）与被申请人重庆市高新技术产业开发区水木年华网吧（以下简称水木年华网吧）、罗昌颖侵犯著作权纠纷案［（2010）民提字第 39 号］中，最高人民法院认为，境外影视作品著作权人维护自己的合法权益不以获得行政审批为条件。

本案的基本案情是：2007 年 5 月，韩国 MBC 公司将其拥有版权的电视连续剧《宫 S》在中国大陆地区的信息网络传播权独家授权给中凯公司，并授权中凯公司处理中国大陆地区的盗版行为。经 2007 年 7 月公证证明，使用水木年华网吧的电脑可在线播放《宫 S》。2008 年 6 月 20 日，中凯公司以水木年华网吧未经授权传播电视连续剧《宫 S》、侵犯了其信息网络传播权为由提起诉讼，请求判令水木年华网吧停止侵权行为，赔偿经济损失 8 万元、维权合理费用 3000 元等。一审中，中凯公司提供了在中国大陆合法出版的《宫 S》DVD，以证明涉案作品在中国大陆出版发行已经获得行政审批。重庆市第五中级人民法院一审认定水木年华网吧侵犯了中凯公司享有的信息网络传播权，判决水木年华网吧停止侵权行为、赔偿中凯公司经济损失和合理费用 2 万元等。水木年华网吧不服一审判决，提起上诉。重庆市高级人民法院二审查明，一审中，水木年华网吧辩称其使用的数据缓冲服务器是通过有偿使用协议从重庆网盟公司取得，而网盟公司提供的“网吧院线”是通过北京网尚公司授权取得，水木年华网吧一审时提交了网盟公司出具的包年使用费收据和网尚公司的网吧院线对水木年华网吧ICD授权的电子页面截屏。中凯公司提供的公证光盘中，播放影片的网站页面内容是网吧院线的内容，但是播放页面的IP地址里包含有水木年华网吧的局域网地址；在互联网上直接输入该网址无法登陆网尚公司的网站。二审法院认为，中凯公司享有涉案作品在中国大陆的独家信息网络传播权，水木年华网吧在其局域网上传播了涉案作品，侵犯了中凯公司的信息网络传播权。水木年华网吧应当承担停止侵权的法律责任。根据水木年华网吧提供的证据，可以认定其传播的涉案作品系由有正规资质的网尚公司有偿提供，有合法来源，应当由网尚公司承担主要责任。但是鉴于水木年华网吧没有提供与网尚公司的合作协议、许可使用合同等证据，审查不够充分，法律手续不够规范，存在一定过错，应当按照过错程度承担赔偿责任2000元（含中凯公司制止侵权的合理费用1000元）。中凯公司无法证明涉案作品获得了我国的行政审批，无权从事与涉案作品信息网络传播权有关的商业活动及获取报酬，因此不能获得经济损失的赔偿。水木年华网吧应当承担的赔偿金额中扣除合理费用后，还有1000元因中凯公司无权收取，应当以不当得利予以收缴，上缴国库。据此，二审法院改判水木年华网吧停止侵权行为、赔偿中凯公司制止侵权的合理费用1000元，对水木年华网吧的不当得利1000元予以收缴。中凯公司向最高人民法院申请再审，最高人民法院裁定提审本案。中凯公司称，二审判决对水木年华网吧是否尽到合理审查义务、涉案作品是否由案外人提供等事实问题的认定没有充分的依据，二审判决认定涉案作品未经行政审批错误。水木年华网吧辩称，涉案作品被批准进口的日期为2007年10月9日，晚于中凯公司公证取证的时间2007年7月26日，因此，公证取证行为是违法的。最高人民法院于2010年9月14日作出再审判决，维持二审判决中关于水木年华网吧停止侵权行为、赔偿中凯公司合理费用1000元的内容，加判水木年华网吧赔偿中凯公司经济损失1000元，驳回中凯公司的其他诉讼请求等。

最高人民法院再审认为：著作权人维护自己的合法权益并不以获得进口行政审批为条件，因此，中凯公司在2007年7月进行公证取证并不违反法律规定。中凯公司提交了已合法出版的《宫S》DVD等证据，证明涉案作品已经经过行政审批，可以在我国合法传播。二审判决认定该事实有误，予以纠正。水木年华网吧提交的证据尚不能证明涉案作品系由网尚公司有偿提供。况且，水木年华网吧提交的网尚公司关于中国网吧院线的书面宣传资料显示，网吧可以自行添加或删除其服务器中的影视剧文件。因此，不能认定水木年华网吧在传播涉案作品时尽到了必要的注意义务。对于权利人仅起诉网吧的案件，应该考虑在局域网传播作品的数量、对权利人经济利益损害的程度、网吧的侵权获利水平等因素，合理确定赔偿额。根据本案具体情形，二审判决确定的赔偿额 2000 元（含维权合理费用 1000 元）是基本适当的；但是判决没收不当得利，适用法律不当，应予纠正。

14. 买卖书号出版的图书的复制发行主体及侵权行为的认定

在申请再审人李长福与被申请人中国文史出版社（以下简称文史出版社）侵犯著作权纠纷案［（2010）民提字第 117 号］中，最高人民法院认为，出版社卖书号给书商，由书商负责编辑、印刷或发行图书，应当认定书商是复制发行图书的实质主体。

本案的基本案情是：2001 年 4 月 13 日，李长福与文史出版社签订图书出版合同约定，李长福授予文史出版社在中国大陆出版发行《邓小平理论辞典》作品汉字简体字文本的专有使用权；未经双方同意，不得将前述权利许可第三方使用；出版电子版或者许可第三方出版电子版须另行取得李长福的书面授权；合同有效期为 10 年。李长福发现，文史出版社未经其许可，将正版图书 787×960 开本（以下简称 960 版）的未定稿交给书商姚智瑞，并卖书号给书商，由书商出版发行了 787×1092 开本（含电子版光盘，以下简称 1092 版）的侵权图书，1092 版及光盘有 40 余处错误，遂起诉文史出版社未经许可擅自出版的 1092 版及其光盘侵犯其著作权。北京市第一中级人民法院一审认为，文史出版社取得了出版发行《邓小平理论辞典》汉字简体字文本的专有使用权，版本的决定权在文史出版社，其出版 1092 版纸质印刷图书并未超出合同约定范围；但 1092 版所含光盘版，超出合同约定，既属于违约又构成侵权。遂判决文史出版社停止出版发行侵权的光盘版《邓小平理论辞典》并赔偿李长福损失 40000 元等。李长福不服一审判决，提起上诉。北京市高级人民法院二审以与一审判决基本相同的理由判决驳回上诉，维持一审判决。李长福向最高人民法院申请再审，最高人民法院裁定提审本案。在再审时，文史出版社承认其原社长将录有 960 版内容的未定稿交给书商姚智瑞，合作出版了 1092 版；1092 版由书商自行排版、印刷、发行；文史出版社向书商收取了 8 万元管理费。最高人民法院于 2010 年 11 月 30 日作出再审判决，改判文史出版社停止出版发行 1092 版《邓小平理论辞典》及其配套光盘，赔偿李长福损失及维权合理费用 15 万元。

最高人民法院再审认为：根据查明的事实，可以认定 1092 版《邓小平理论辞典》是文史出版社以合作出版为名，向书商姚智瑞收取管理费，给书商办理有关手续，由书商自行排版、印刷、发行的。文史出版社放弃了编辑、校对、印刷、复制、发行等职责，致使书商以文史出版社的名义从事非法出版活动牟利，构成买卖书号行为。1092 版图书是书商从事非法出版活动出版的出版物，其复制发行的主体实质上已经不是文史出版社，而是书商姚智瑞。虽然文史出版社主张 1092 版图书为该社的合法出版物，并愿意对该版图书出现错误、未付酬等问题承担责任，但是因其主张与事实不符，不予采信。本案中 1092 版所附光盘是被控侵权的 1092 版图书的组成部分。文史出版社卖书号给书商出版侵权图书、将 960 版未定稿交给书商复制发行、出版电子版的行为，均侵犯了李长福对其作品的复制发行权。

15. 行政区划地图的可版权性及其保护程度

在申请再审人刘凯与被申请人包头市达茂联合旗人民政府（以下简称达茂旗政府）、包头市达茂联合旗建设局（以下简称达茂旗建设局）、包头市达茂联合旗国土资源局（以下简称达茂旗国土资源局）、包头市达茂联合旗工商行政管理局（以下简称达茂旗工商局）侵犯著作权及不正当竞争纠纷案［（2008）民申字第 47-1 号］中，最高人民法院认为，独立创作完成的地图，如果在整体构图、客观地理要素的选择及表现形式上具有独创性，可构成著作权法意义上的作品；行政区划图中关于行政区的整体形状、位置以及各内设辖区的形状和位置等，由于系客观存在，表达方式非常有限，在认定侵权时应不予考虑。

本案的基本案情是：刘凯主张“达尔罕茂明安联合旗行政区划图”（以下简称《行政区划图》）系其绘制，该图右下角标注“达尔罕茂明安联合旗民政局（以下简称达茂旗民政局）编制，包头市民政局监制 2002 年 8 月”，右上角标有“内部用图”字样。2004 年 6 月，达茂旗政府、达茂旗建设局共同编制发行了《达茂旗旅游交通图》（以下简称《旅游交通图》）。《行政区划图》与《旅游交通图》的对比情况如下：《行政区划图》包括各苏木/镇、行政村、自然村，《旅游交通图》基本只包括到行政村，有很少量的自然村，主要是景点图片。两幅图中关于达茂旗及各苏木/镇的整体轮廓相同，边界线的画法均为深浅两种粉色，边墙遗址（均为 4 处 13 段）和河流水库（共 9 处）的画法相同，18 个图例中 9 个相同。另外，《行政区划图》上达茂旗跟固阳县的交界线画为两横一点，而根据图例，旗县界应为一横一点，《旅游交通图》存在同样的错误。两幅图背景颜色不同，比例尺不同，角度不同，标注的道路有所不同，《旅游交通图》里没有标注白云鄂博的区域。刘凯以被申请人侵犯其著作权及不正当竞争为由提起诉讼。内蒙古自治区包头市中级人民法院一审及内蒙古自治区高级人民法院二审均认为，《行政区划图》署名为达茂旗民政局，刘凯未能证明其为作者，遂判决驳回其诉讼请求。内蒙古自治区高级人民法院再审认为，刘凯不具有测绘资质，《行政区划图》不具有独创性，不受著作权法保护，遂判决维持原二审判决。刘凯不服，向最高人民法院申请再审。最高人民法院以原再审判决认定《行政区划图》不具有独创性、不受著作权法保护理由有误，但其结论正确为由，于 2010 年 9 月 21 日裁定驳回其再审申请。

最高人民法院审查认为：1. 关于《行政区划图》是否构成受著作权法保护的作品以及刘凯是否该图的作者和著作权人。著作权法所保护的作品，是指文学、艺术和科学领域内具有独创性并能以某种有形形式进行复制的智力成果。根据我国著作权法规定，有独创性的地图属于著作权法保护的图形作品。本案中《行政区划图》系刘凯独立创作完成，在整体构图、客观地理要素的选择及表现形式上具有独创性，构成著作权法意义上的作品，刘凯作为该图的作者，依法享有著作权。2. 关于达茂旗政府、达茂旗建设局出版发行《旅游交通图》是否构成对《行政区划图》著作权的侵犯。根据《行政区划面》和《旅游交通图》的对比情况可知，《旅游交通图》主要利用了《行政区划图》关于达茂旗及各乡镇苏木的整体轮廓和结构，在此基础上添加景点图片而成。由于达茂旗的整体形状、位置以及各乡镇苏木的形状和位置是客观存在的，其表达方式非常有限，《旅游交通图》对于刘凯具有独创性的部分仅有少量使用，如边界线的颜色、边墙遗址的画法等，从整体上来看，不构成对《行政区划图》的复制，可不视为对刘凯著作权的侵犯。

三、商标案件审判

（一）商标民事案件审判

16. 判断商标近似时对被诉侵权人的主观意图、相关标识使用的历史和现状等因素的考虑

在上诉人（法国）拉科斯特股份有限公司（LACOSTE）（以下简称拉科斯特公司）与被上诉人（新加坡）鳄鱼国际机构私人有限公司（CROCODILE INTERNATIONAL PTE LTD）（以下简称鳄鱼国际公司）、上海东方鳄鱼服饰有限公司北京分公司侵犯商标专用权纠纷案［（2009）民三终字第3号］中，最高人民法院认为，侵犯注册商标专用权意义上的商标近似应当是指混淆性近似，即足以造成市场混淆的近似；由于不同案件诉争标识涉及情况的复杂性，认定商标近似除通常要考虑其构成要素的近似程度外，还可以根据案件的具体情况，综合考虑被诉侵权人的主观意图、注册商标与诉争标识使用的历史和现状等其他相关因素，在此基础上认定诉争商标是否构成混淆性近似。

本案的基本案情是：拉科斯特公司创办于1933年，同年在法国注册“鳄鱼图形”商标。1980年至1999年，拉科斯特公司在中国注册了第141103号、第879258号、第1318589号“鳄鱼图形”商标及第940231号“鳄鱼图形＋LACOSTE”商标，前述注册商标分别核定使用在第25类和第18类相关商品上。拉科斯特公司产品于1984年正式进入中国，1994年在中国上海设立第一个专柜。鳄鱼国际公司前身系陈贤进于1943年在新加坡创办的利生民公司，

1983 年更名为现名称。利生民公司于 1949 年申请并于 1951 年在新加坡获准注册了“crocodile+鳄鱼图形”商标。1951 年，利生民公司在第 25 类商品上分别在新加坡、香港注册了鳄鱼图形商标。1952 年至 1954 年，利生民公司在第 25 类商品上分别在印度、沙捞越、沙巴（洲）、马来西亚等国家和地区注册了鳄鱼图形商标。1959 年，利生民公司在日本注册了鳄鱼图形商标。1961 年至 2003 年，鳄鱼国际公司分别在文莱、印度尼西亚、斯里兰卡、韩国、中国台湾、泰国、蒙古、尼泊尔、朝鲜、摩洛哥、沙特阿拉伯、斐济等国家和地区在第 25 类商品上注册了鳄鱼图形商标。鳄鱼国际公司于 1994 年在中国上海开设第一个专卖店，于 1993 年、1994 年向中国大陆申请注册“CARTEL0 及鳄鱼图形”商标，使用商品分别为第 25 类和第 18 类，该两商标已经于 2007 年被生效判决核准注册。利生民公司曾于 1969 年在日本大阪提起民事诉讼，指控拉科斯特公司的销售商侵犯其商标权。1973 年双方在大阪高等法院达成和解，利生民公司同意拉科斯特公司在日本注册“鳄鱼图形”商标。1983 年 6 月 17 日，双方还签订和解协议。1995 年，拉科斯特公司发现鳄鱼国际公司在中国建立了多家店面，其招牌上印有写实风格的鳄鱼图形，销售标有“鳄鱼图形”商标的服装产品。2000 年 5 月 11 日，拉科斯特公司以鳄鱼国际公司侵犯其注册商标权为由提起诉讼。北京市高级人民法院一审认为，根据本案查明的事实，鳄鱼国际公司之行为不同于刻意仿冒名牌奢侈品的假冒行为，其在主观上并无利用拉科斯特公司的品牌声誉，造成消费者混淆、误认之故意；鳄鱼国际公司的系列商标标识经过在中国大陆市场上大规模、长时间使用后，客观上也已经建立起特定的商业声誉。而且，被诉侵权产品标示的并非仅为“鳄鱼图形”，还标有“CARTEL0”及“CARTEL0 及鳄鱼图形”，所有这些作为一个整体，使得被诉侵权产品具有了整体识别性，能够有效地与其他标有鳄鱼形象的商品相区别。有鉴于此，根据整体比对、综合判断的原则，拉科斯特公司与鳄鱼国际公司的系列商标标识作为整体，二者之间已经形成了显著性的区别特征。两者无论在实际购买商品时还是在商品售出后使用中均不会导致消费者的混淆和误认。鳄鱼国际公司在被诉侵权产品上单独使用“鳄鱼图形”的行为，亦不侵犯拉科斯特公司的注册商标专用权。遂判决驳回拉科斯特公司的诉讼请求。拉科斯特公司不服一审判决，提起上诉。最高人民法院于 2010 年 12 月 29 日作出二审判决，驳回上诉，维持原判。

最高人民法院二审认为：2001 年修订前的商标法第三十八条第（一）项规定，“未经注册商标所有人的许可，在同一种商品或者类似商品上使用与其注册商标相同或者近似的商标的”，构成侵犯注册商标专用权行为。《最高人民法院关于审理商标民事纠纷案件适用法律若干问题的解释》第九条第二款规定："商标法（指 2001 年 10 月 27 日修订的商标法——引注）第五十二条第（一）项规定的商标近似是指被控侵权的商标与原告的注册商标相比较，其文字的字形、读音、含义或者图形的构图及颜色，或者其各要素组合后的整体结构相似，或者其立体形状、颜色组合近似，易使相关公众对商品的来源产生误认或者认为其来源与原告注册商标的商品有特定的联系"。参照该司法解释规定及根据审判实际，认定被诉标识与原告请求保护的注册商标是否构成修订前的商标法第三十八条第（一）项规定的近似商标，通常要根据诉争标识文字的字形、读音、含义或者图形的构图及颜色等构成要素的近似性进行判断，且将是否造成混淆作为重要判断因素。因此，侵犯注册商标专用权意义上的商标近似应当是指混淆性近似，即足以造成市场混淆的近似。由于不同案件诉争标识涉及情况的复杂性，认定商标近似除通常要考虑其构成要素的近似程度外，还可以根据案件的具体情况，综合考虑其他相关因素，在此基础上认定诉争商标是否构成混淆性近似。诉争商标虽然在构成要素上具有近似性，但综合考量其他相关因素，仍不能认定其足以造成市场混淆的，不认定其构成侵犯注册商标专用权意义上的近似商标。本案中，鳄鱼国际公司使用的被诉标识鳄鱼图形与拉科斯特公司的系列注册商标相比，其均为鳄鱼图形，具有一定的近似性，但鳄鱼国际公司使用的被诉标识鳄鱼头部朝向、体型、鳞片、颜色均与拉科斯特公司主张权利的鳄鱼图形不同。特别是，双方之间的诉争商标在相关市场中具有特殊的形成历史和发展历程，有特殊的使用和共存状况，在本案中认定诉争商标是否构成侵犯注册商标专用权意义上的近似商标，既不能割裂各自形成和发展的历史，又不能无视相互之间的共存过程和使用状态，否则，就难以作出公平合理的裁判。就本案诉争商标具体情况而言，认定其是否近似仅仅比对标识本身的近似性是不够的，还必须综合考量鳄鱼国际公司的主观意图、双方共存和使用的历史与现状等因素，结合相关市场实际，进行公平合理的判断。首先，本案事实足以表明，鳄鱼国际公司进入中国市场后使用相关商标，主要是对其已有商标的沿用，且在实际使用中也有意区分诉争标识。其次，从相关国际市场看，双方诉争标识在亚洲部分国家和地区已经长期形成共存和使用的国际市场格局。再次，从诉争标识在中国市场的共存和使用情况看，两者在中国市场内已拥有各自的相关公众，在市场上均已形成客观的划分，已成为可区别的标识。综上，鳄鱼国际公司使用的被诉标识与拉科斯特公司请求保护的注册商标不构成侵犯注册商标专用权意义上的混淆性近似，不足以对拉科斯特公司的注册商标造成损害。

17. 判断商标近似时对注册商标的显著性和知名度等因素的考虑

在申请再审人湖南省华光机械实业有限公司（以下简称华光机械公司）、

湖南省嘉禾县华光钢锄厂（以下简称华光钢锄厂）与被申请人湖南省嘉禾县锻造厂（以下简称嘉禾县锻造厂）、郴州市伊斯达实业有限责任公司（以下简称伊斯达公司）侵犯商标权纠纷案［（2010）民提字第 27 号］中，最高人民法院认为，根据《最高人民法院关于审理商标民事纠纷案件适用法律若干问题的解释》第九条和第十条的规定，在商标侵权纠纷案件中，认定被诉侵权标识与主张权利的注册商标是否近似，应当视所涉商标或其构成要素的显著程度、市场知名度等具体情况，在考虑和对比文字的字形、读音和含义，图形的构图和颜色，或者各构成要素的组合结构等基础上，对其整体或者主要部分是否具有市场混淆的可能性进行综合分析判断。

本案的基本案情是：嘉禾县锻造厂成立于 1997 年 11 月，经营范围为钢锄等。伊斯达公司成立于 2000 年 11 月，经营范围为五金工具、农具生产等产品的批发零售、自营和代理各类商品和技术的进出口。嘉禾县锻造厂于 2001 年以“雉鸡”中文文字和鸡图案组合作为商标向国家工商行政管理总局商标局（以下简称商标局）申请注册商标并获得核准，商标注册号为第 1641855 号，核定使用商品第 8 类锄头等。2002 年 1 月 1 日，嘉禾县锻造厂与伊斯达公司签订合同，许可伊斯达公司使用第 1641855 号商标。嘉禾县锻造厂、伊斯达公司均生产钢锄并使用“雉鸡”中文文字和雉鸡图案组合商标，其产品出口销往非洲和东南亚等国家。华光钢锄厂成立于 1997 年，经营范围为钢锄等生产及销售。华光机械公司经营范围为工具等生产及销售。华光钢锄厂于 1999 年开始使用“银鸡”中英文和鸡图案组合商标。华光钢锄厂于 2000 年 2 月以“银鸡”中文和拼音“YINJI”组合作商标，向商标局申请注册并获得核准，商标注册号为第 1364633 号，核定使用商品第 8 类锄头等。嘉禾县锻造厂、伊斯达公司和华光机械公司、华光钢锄厂均生农用钢锄，其外形、尺寸基本相同。嘉禾县锻造厂、伊斯达公司在其生产的钢锄上使用“雉鸡”中文文字和鸡（鸡头向右，鸡尾朝左）图案，并标有英文“JOGOO-BRAND”及“中国制造”中英文加棱形图案商标。华光钢锄厂、华光机械公司在其生产的钢锄上使用“银鸡”和鸡（鸡尾朝右，鸡头向左并反向向右）图案，并标有英文“SILVERCOCK”及“中国制造”中英文加棱形图案商标。嘉禾县锻造厂 2002 年至 2006 年出口钢锄价值分别为美元 47 万元、14 万元、45 万元、7 万元、401 万元。伊斯达公司 2002 年至 2005 年出口钢锄价值分别为美元 101 万元、153 万元、151 万元、389 万元。华光钢锄厂 2002 年至 2005 年出口钢锄价值分别为美元 63 万元、64 万元、73 万元、73 万元。华光机械公司 2006 年出口钢锄价值为 282 万美元。2007 年 1 月 12 日，嘉禾县锻造厂、伊斯达公司以华光钢锄厂、华光机械公司生产和出口的“银鸡”牌钢锄侵犯其“雉鸡”牌注册商标专用权为由提起诉讼。湖南省郴州市中级人民法院一审认为，华光钢锄厂、华光机械公司使用的“银鸡”中文文字加鸡图案商标，与嘉禾县锻造厂拥有的“雉鸡”中文文字加鸡图案的注册商标从文字、图案、颜色、图形相比较，二者在视觉上基本无差别，容易使相关公众对商品的来源产生误认或者认为其来源与嘉禾县锻造厂注册商标的商品有特定的联系，侵犯了嘉禾县锻造厂注册商标专用权，遂判决华光钢锄厂、华光机械公司停止侵权并赔偿人民币 50 万元。华光钢锄厂、华光机械公司不服一审判决，提起上诉。湖南省高级人民法院经审理，对华光钢锄厂称其早在 1999 年就开始使用“银鸡”中英文和鸡图案商标的事实不予认定，认为一审判决基本正确，判决驳回上诉，维持一审判决。华光钢锄厂、华光机械公司不服二审判决，向最高人民法院申请再审。最高人民法院提审后于 2010 年 6 月 24 日作出再审判决，撤销一、二审判决，驳回嘉禾县锻造厂、伊斯达公司诉讼请求。

最高人民法院再审认为：根据民事优势证据原则，对一审法院查明的华光钢锄厂早在 1999 年就开始使用“银鸡”中英文和鸡图案商标的事实予以确认。嘉禾县锻造厂的注册商标与华光钢锄厂、华光机械公司使用的银鸡标识均由鸡图形和相关鸡文字组成。经比对，两者鸡图形从视觉上看有明显不同，“雉鸡”、“银鸡”文字在视觉及呼叫上亦有明显区别，被诉侵权标识主色调为绿白两色，且有菱形边框，从整体上比较，也与嘉禾县锻造厂的注册商标有明显的区别。此外根据最高人民法院查明的事实，在生产锄头等产品的行业内，以“鸡”图形＋文字的商标被较广泛的注册、使用。嘉禾锻造厂也未提交其第 1641855 号“雉鸡及图”注册商标在 1999 年以前具有较高知名度的相关证据，且在嘉禾锻造厂的第 1641855 号“雉鸡及图”商标注册之前，华光钢锄厂已经在其生产、销售的钢锄上使用了银鸡中英文和鸡图案商标，根据本案现有证据难以认定华光钢锄厂有借用嘉禾锻造厂的注册商标声誉的主观故意。此外，根据原审法院查明的事实，在嘉禾县锻造厂提起本案诉讼之前，华光钢锄厂、华光机械公司与嘉禾县锻造厂、伊斯达公司在其各自生产、销售的钢锄上对相关商标均进行了大规模的使用，仅本案诉讼发生之前 6 年的各自的出口产值均已超过数百万美元。因此，华光钢锄厂、华光机械公司和嘉禾县锻造厂、伊斯达公司虽然处于同一地区，双方的锄头等产品均多数销往国外市场，相关公众已经将两者的商标区别开来，已经形成了各自稳定的市场。综合考虑以上因素，华光钢锄厂、华光机械公司使用的银鸡中英文和鸡图案商标和嘉禾县锻造厂享有注册商标专用权的第 1641855 号“雉鸡及图”商标不构成近似商标。

18. 企业字号与他人在先注册商标冲突的处理规则

在申请再审人王将饺子（大连）餐饮有限公司（以下简称大连王将公司）

与被申请人李惠廷侵犯注册商标专用权纠纷案［（2010）民提字第15号］中，最高人民法院明确了企业字号与他人在先注册商标冲突案件的处理规则，指出停止使用企业名称与规范使用企业名称是两种不同的责任方式，并明确了适用这两种责任方式的具体情形。

本案的基本案情是：2003年李惠廷获准在第43类饭店、快餐馆等服务上注册“王将”商标，并在其在哈尔滨市经营的餐馆中使用“王将”商标。2005年1月，日本王将株式会社投资成立的大连饺子的王将餐饮有限公司获批成立。同年11月，经核准变更名称为王将饺子（大连）餐饮有限公司。大连王将公司在其经营的餐馆招牌、店内筷子套等餐具包装、菜谱、茶具上使用了“王将”字样服务标识以及在菜谱、茶具及发票印鉴上使用了“王将”字样服务标识。李惠廷起诉认为大连王将公司的行为侵犯其商标专用权，请求判令大连王将公司停止侵权行为、变更企业名称、公开赔礼道歉并赔偿经济损失。辽宁省大连市中级人民法院一审认为，大连王将公司注册包含“王将”字号的企业名称在李惠廷“王将”文字商标注册之后，且其经营范围包含在李惠廷注册商标的核定服务项目范围之内，大连王将公司在同业经营中使用与李惠廷注册商标相同的文字，足以使相关消费者对餐服务的来源以及不同经营者之间是否具有关联关系等产生混淆误认，属于商标法规定的给他人注册商标专用权造成其他损害的行为。同时，大连王将公司使用与注册商标相同的“王将”文字和相近似的“王将”服务标识，构成商标侵权。遂判决大连王将公司在李惠廷“王将”商标注册证核定服务项目的范围内停止使用含有“王将”字样的企业名称、立即停止使用“王将”和“王将”字样的服务标识并赔偿李惠廷经济损失。大连王将公司不服一审判决，提起上诉，辽宁省高级人民法院二审维持一审判决。大连王将公司不服，向最高人民法院申请再审。最高人民法院提审本案后于2010年6月24日作出再审判决，撤销了原审判决关于大连王将公司停止使用含有“王将”字样的企业名称与停止使用“王将”和“王将”字样的服务标识的判项，改判大连王将公司规范使用其企业名称，停止突出使用“王将”和“王将”等侵犯李惠廷注册商标专用权的行为，并赔偿李惠廷经济损失等。

最高人民法院再审认为：注册商标和企业名称均是依照相应的法律程序获得的标志权利，分属不同的标志序列，依照相应法律受到相应的保护。对于注册商标与企业名称之间的纠纷，人民法院应当区分不同的情形，按照诚实信用、维护公平竞争和保护在先权利等原则，依法处理。如果注册使用企业名称本身具有不正当性，比如不正当地将他人具有较高知名度的在先注册商标作为字号注册登记为企业名称，即使规范使用仍足以产生市场混淆的，可以按照不正当竞争处理；如果是不规范使用企业名称，在相同或者类似商品上突出使用与他人注册商标相同或相近的企业的字号，容易使相关公众产生误认的，属于给他人注册商标专用权造成其他损害的行为，依法按照侵犯商标专用权行为处理。相应地，人民法院应当依据《最高人民法院关于审理注册商标、企业名称与在先权利冲突的民事纠纷案件若干问题的规定》第四条的规定，根据原告的诉讼请求和案件具体情况，确定被告应当承担的民事责任。如果不正当地将他人具有较高知名度的在先注册商标作为字号注册登记为企业名称，注册使用企业名称本身即是违法，不论是否突出使用均难以避免产生市场混淆的，可以根据当事人的请求判决停止使用或者变更该企业名称；如果企业名称的注册使用并不违法，只是因突出使用其中的字号而侵犯注册商标专用权的，判决被告规范使用企业名称、停止突出使用行为即足以制止被告的侵权行为，因此这种情况下不宜判决停止使用或者变更企业名称。规范使用企业名称与停止使用或变更企业名称是两种不同的责任承担方式，不能因突出使用企业名称中的字号从而侵犯商标专用权就一律判决停止使用或变更企业名称。本案中，虽然李惠廷的“王将”商标注册在先，但其仅在黑龙江省哈尔滨市实际使用，且在大连王将公司注册登记企业名称时并未具有较高知名度。同时，由于大连王将公司是日本王将株式会社投资成立的，大连王将公司以王将为字号注册其企业名称，具有一定合理性。如果大连王将公司在经营活动中规范使用其王将饺子（大连）餐饮有限公司的企业名称，不足以导致相关公众的混淆误认。因此原审判决大连王将公司停止使用含有“王将”字样的企业名称，没有事实和法律依据。

（二）商标授权确权行政案件审判

19. 对含有国名的标志申请注册为商标的审查判断

在申诉人国家工商行政管理总局商标评审委员会（以下简称商标评审委员会）与被申诉人劲牌有限公司商标驳回复审行政纠纷案［（2010）行提字第4号］中，最高人民法院认为，商标法第十条第一款第（一）项所称同中华人民共和国的国家名称相同或者近似，是指该标志作为整体同我国国家名称相同或者近似；如果该标志含有与我国国家名称相同或者近似的文字，但其与其他要素相结合，作为一个整体已不再与我国国家名称构成相同或者近似的，则不宜认定为同中华人民共和国国家名称相同或者近似的标志。

本案的基本案情是：2005年，劲牌有限公司向国家工商行政管理总局商标局（以下简称商标局）申请在第33类果酒（含酒精）等商品上注册第4953206号“中国劲酒”商标（以下简称申请商标）。2008年2月26日，商标局认为申请商标内含我国国名，根据商标法第十条第一款第（一）项的规定，驳回申请商标的注册申请。劲牌有限公司不服该驳回决定，向商标评审委员会申请复审。2008年11月24日，商标评审委员会作出商评字〔2008〕

第 28028 号决定，认为申请商标中的“中国”为我国国家名称，属于商标法第十条第一款第（一）项明确规定不得作为商标使用的标志，因此驳回申请商标的注册申请。劲牌有限公司不服第 28028 号决定，提起行政诉讼称，申请商标虽含有我国国名，但申请商标与我国国名并不相同也不近似，商标评审委员会适用商标法第十条第一款第（一）项错误，请求撤销第 28028 号决定。北京市第一中级人民法院一审认为：申请商标为“中国劲酒”文字及方章图形共同构成的组合商标，方章图案中的“中国酒”三字，字体明显有别于“劲”字，虽然包含有中国国名，但该国名部分更容易使消费者理解为商标申请人的所属国。第 28028 号决定仅以申请商标中的“中国”为我国国家名称为由，即认定申请商标属于商标法第十条第一款第（一）项规定的不得作为商标使用的标志，主要证据不足。遂判决撤销第 28028 号决定。商标评审委员会不服一审判决，提起上诉。北京市高级人民法院二审认为：商标法第十条第一款第（一）项规定表明，在一般情况下禁止将与我国国名相同或者近似的标志作为商标使用，但申请商标所含我国国名与其他具备显著特征的标志相互独立，国名仅起表示申请人所属国作用的除外。本案申请商标虽包含有中国国名，但该国名部分更容易使消费者理解为仅起商标申请人所属国的作用。因此，第 28028 号决定认定事实不清，主要证据不足，一审法院判决予以撤销正确，应予维持。遂判决维持一审判决。商标评审委员会不服，向最高人民法院申请再审。最高人民法院提审本案后认为，一、二审判决理由不当，应予纠正，但其撤销第 28028 号决定的结论正确，遂于 2010 年 12 月 24 日判决维持二审判决，并判令商标评审委员会重新作出复审决定。

最高人民法院再审认为：商标是用以区别不同生产经营者所提供的商品或者服务的标志。本案中，申请商标可清晰识别为“中国”、“劲”、“酒”三部分，虽然其中含有我国国家名称“中国”，但其整体上并未与我国国家名称相同或者近似，因此申请商标并未构成同中华人民共和国国家名称相同或者近似的标志，商标评审委员会关于申请商标属于商标法第十条第一款第（一）项规定的同我国国家名称相近似的标志，据此驳回申请商标的注册申请不妥。但是，国家名称是国家的象征，如果允许随意将其作为商标的组成要素予以注册并作商业使用，将导致国家名称的滥用，损害国家尊严，也可能对社会公共利益和公共秩序产生其他消极、负面影响。因此，对于上述含有与我国国家名称相同或者近似的文字的标志，虽然对其注册申请不宜根据商标法第十条第一款第（一）项进行审查，但并不意味着属于可以注册使用的商标，而仍应当根据商标法其他相关规定予以审查。例如，此类标志若具有不良影响，仍可以按照商标法相关规定认定为不得使用和注册的商标。一、二审判决理由不当，应予纠正，但其撤销第 28028 号决定的结论正确，应予以维持。

商标评审委员会仍需就申请商标是否违反商标法其他相关规定进行审查，故需判决商标评审委员会重新作出复审决定。

20. 判断复制、摹仿驰名商标时对被异议人已有近似注册商标的考虑

在申请再审人（香港）德士活有限公司与国家工商行政管理总局商标评审委员会（以下简称商标评审委员会）、广东苹果实业有限公司（以下简称广东苹果公司）商标异议复审行政纠纷案［（2009）行提字第2号］中，最高人民法院认为，在对被异议商标是否复制、摹仿驰名商标进行判断时，如果在申请注册被异议商标之前，被异议人在同类别商品上已经拥有近似的注册商标，法院应该比较被异议商标与被异议人自己的注册商标、他人的驰名商标之间的近似程度。被异议商标与被异议人已经在同类别商品上注册的商标近似程度较高，不宜认定被异议商标构成对他人驰名商标的复制、摹仿。

本案的基本案情是：德士活制衣厂有限公司1964年在香港注册成立，于1973年更名为（香港）德士活有限公司（以下简称德士活公司）。1979年，德士活公司向国家工商行政管理总局商标局（以下简称商标局）申请了“萍果牌”商标，1981年被核准注册，核定使用商品为第25类服装。1994年4月，德士活公司向商标局申请了“texwood及苹果图”商标，1996年2月被核准注册，核定使用商品为第25类服装、鞋、靴、帽等。1994年4月，德士活公司还向商标局申请了“texwood及苹果图”商标，于1996年3月被核准注册，核定使用的商品为第18类手提包、公文包、钱包等。广东苹果公司成立于1996年3月，1996年9月受让了案外人于1996年被核准注册在第18类商品上的第861645号“苹果图形”商标、第815245号“APPLES”文字商标两个商标，两商标核定使用的商品均为公文包、背包、钱包、手提包等。1998年3月14日，广东苹果公司在第18类商品上经核准注册了第1158068号“苹果”文字商标，核定使用商品为旅行袋等。1998年4月20日，广东苹果公司申请注册第1303083号“苹果男人”商标（以下简称被异议商标），指定使用商品为第18类钱包、手提包、公文包、旅行箱等。经初步审定公告后，德士活公司在异议期内提出异议。商标局于2001年2月22日裁定维持被异议商标。德士活公司申请复审，商标评审委员会作出商评字［2004］第5484号裁定，该裁定认为，被异议商标注册未构成商标法第十三条第二款规定的不予注册并禁止使用的情形，与德士活公司在第18类皮具商品上在先注册的“texwood及苹果图”商标（以下简称引证商标）不构成同一种或类似商品上的近似商标。遂裁定被异议商标予以核准注册。德士活公司不服该裁定，提起行政诉讼。北京市第一中级人民法院一审认为，德士活公司的“萍果牌”和“texwood及苹果图”两商标在被异议商标申请注册之前已成为驰名商标。广东苹果公司自1997年以来一直将“APPLES”和“苹果图形”用

于经营皮具商品，并进行广告宣传，且在 1998 年以来先后获得一些荣誉称号。广东苹果公司在申请注册被异议商标时，“APPLES”和“苹果图形”两个商标已经在皮具类商品上具有一定的影响和知名度。在一般情况下，消费者更容易将被异议商标与广东苹果公司在词类商品上具有一定影响的上述两商标产生联系，进而同“萍果牌”和“texwood 及苹果倒”两商标区别开来，而不会误认为该商品来源于德士活公司。因此，被异议商标的注册和使用不构成商标法第十三条第二款规定的不予注册并禁止使用的情形。被异议商标在字形、读音、含义上与德士活公司在第 18 类商品上在先注册的引证商标“texwood 及苹果图”存在一定差异，而被异议商标和“APPLES”商标更易产生联系，在“APPLES”商标已经具有一定知名度的情况下，一般消费者不会将被异议商标与引证商标相混淆，因此，被异议商标的注册并未违反修改前的商标法第十七条之规定。遂判决维持了第 5484 号裁定。德士活公司不服提起上诉，北京市高级人民法院以与一审判决基本相同的理由，判决驳回上诉，维持一审判决。德士活公司向最高人民法院申请再审称，商标评审委员会及原审法院认定广东苹果公司的商标在皮具类商品上具有一定的影响和知名度，均没有以被异议商标申请时的事实为依据，违背了商标审查的原则；广东苹果公司提供的大部分使用证据晚于 1998 年 4 月 20 日，其获得的有关荣誉证书全部晚于该日期，认定其商标具有一定知名度缺乏事实依据；第 25 类服装与第 18 类皮具经常联系在一起，即通常所称的“服饰”，存在一定的关联性，被异议商标的注册和使用可能误导公众，损害德士活公司的利益。最高人民法院裁定提审本案后于 2010 年 9 月 10 日作出再审判决，在纠正原审认定事实和判决理由的基础上，维持了原审判决。

最高人民法院再审认为：广东苹果公司所提交的其“苹果图形”、“APPLES”商标使用宣传、市场占有率等证据，大部分形成时间确实晚于被异议商标申请日，其获得的荣誉证书的形成时间均晚于被异议商标申请日，据此不足以认定该两商标在被异议商标申请时已具有一定影响和知名度。德士活公司提出的该项再审理由成立，原审判决认定事实不当，应当予以纠正。本案中，要判断被异议商标是否构成商标法第十三条第二款规定的不予核准注册并禁止使用的情形，首先应该确定被异议商标是否构成对驰名商标的摹仿、复制；在能够认定的情况下，才需要进一步判断其注册和使用是否会误导公众。被异议商标“苹果男人”整体上无特定含义，仍以“苹果”为主要表现对象和识别部分。由于被异议商标申请注册之前，广东苹果公司在同类别商品上不仅拥有“APPLES”、“苹果图形”商标，还于 1998 年 3 月获准注册了“苹果”文字商标，被异议商标显然与广东苹果公司在同类别商品上已注册的商标比较近似，特别是与“苹果”文字商标更为接近。在此情况下，没有充分理由认定被异议商标构成对德士活公司驰名商标的复制、摹仿，因而德士活公司在服装商品上的驰名商标不能排斥被异议商标。商标评审委员会及原审法院已查明广东苹果公司 1998 年 3 月被核准注册“苹果”文字商标的事实，但均未充分阐述该事实对被异议商标是否应该准予注册的影响，对此应予纠正。虽然原审判决在部分事实的认定及裁判理由方面存在不当之处，但是根据原审法院已经查明的其他事实和所引用的法律规定，仍然应该认定被异议商标未构成商标法第十三条第二款规定的不予注册并禁止使用的情形。

21. 药品商品名称能否作为在先权利受到商标法的保护

在申请再审人山西康宝生物制品股份有限公司（以下简称康宝公司）与被申请人国家工商行政管理总局商标评审委员会（以下简称商标评审委员会）、原审第三人北京九龙制药有限公司（以下简称九龙公司）商标争议行政纠纷案［（2010）知行字第 52 号］中，最高人民法院认为，经实际使用并具有一定影响的药品商品名称，可以作为商标法第三十一条规定的在先权利受到法律保护。

本案的基本案情是：1994 年 1 月 21 日，原卫生部药政管理局批准九龙制药厂（九龙公司前身）生产的“磷酸苯丙哌林口服液”的商品名为“可立停”。2003 年 2 月 20 日，国家食品药品监督管理局向九龙制药厂颁发了商品名为“可立停”的“磷酸苯丙哌林口服液”的《药品注册证》。2000 年 6 月 6 日，康宝公司提出争议商标“可立停”注册申请，指定使用商品为第 5 类的医药制剂、医用药物等。2007 年 1 月 31 日，商标评审委员会裁定争议商标予以核准注册。2007 年 8 月 8 日，九龙公司向商标评审委员会提出撤销争议商标注册的申请，其主要理由为：九龙公司在先取得“可立停”药品的商品名称，其生产的“可立停”牌止咳糖浆在康宝公司申请注册争议商标前已生产销售多年，具有很高的知名度，康宝公司作为竞争者，应知该药品名称属于九龙公司，康宝公司注册争议商标侵犯其在先权利。2008 年 7 月 28 日，商标评审委员会作出商评字［2008］第 6757 号裁定，裁定撤销争议商标。康宝公司不服上述裁定，提起行政诉讼。北京市第一中级人民法院一审认为，九龙公司所提交的现有证据无法证明争议商标的注册构成对于九龙公司享有的受法律保护的在先权益的损害，遂判决撤销第 6757 号裁定，并令商标评审委员会重新作出商标争议裁定。商标评审委员会和九龙公司均不服，提起上诉。北京市高级人民法院二审认为，九龙公司经审批获得的“可立停”药品商品名称的使用即使无法达到构成知名商品的特有名称的程度，仍能够构成一定的合法权益，此合法权益属于商标法第三十一条规定的在先权利，应当给予保护。遂判决撤销一审判决，维持第 6757 号裁定。康宝公司不服二审判决，向最高人民法院申请再审。最高人民法院于 2010 年 12 月 24 日通知驳回康宝公司的再审申请。

最高人民法院审查认为：关于商标法第三十一条规定的“在先权利”，《最高人民法院关于审理商标授权确权行政案件若干问题的通知》第17条规定，“要正确理解和适用商标法第三十一条关于申请商标注册不得损害他人现有的在先权利的概括性规定。商标法虽无特别规定，但根据民法通则和其他法律的规定属于应予保护的合法权益的，应该根据该概括性规定给予保护”。根据有关行政规章和行政规范性文件规定，国家对药品商品名称的使用实行相应的行政管理制度，但除依照其他法律取得民事权利外，经药品行政管理部门批准使用的药品商品名称是否产生民事权益，取决于其实际使用情况，经实际使用并具有一定影响的药品商品名称，可作为民事权益受法律保护。根据九龙公司提供的销售合同、生产记录、销售发票等证据，结合其两次获得药品行政管理部门批文的事实，可以认定九龙公司在争议商标注册之前进行了一定规模的使用。该药品商品名称经在先使用并具有一定影响，可以产生民事权益，即合法的在先权利。康宝公司与九龙公司均系药品生产企业，应知“可立停”是九龙公司经过批准使用的药品商品名称，却仍将其申请为注册商标并使用在止咳类药品上，二审法院以康宝公司违反商标法第三十一条的规定，侵犯了九龙公司的在先权利，并维持第6757号裁定并无不当。

22. 主张权利者使用争议标志的意图、行为和效果对其受法律保护的影响

在申请再审人索尼爱立信移动通信产品（中国）有限公司（以下简称索尼爱立信公司）与被申请人国家工商行政管理总局商标评审委员会（以下简称商标评审委员会）、原审第三人刘建佳商标争议行政纠纷案［（2010）知行字第48号］中，最高人民法院认为，本案中的争议商标“索爱”，无论是作为未注册商标的简称，还是作为企业名称或知名商品特有名称的简称，其受法律保护的前提是，对该标识主张权利的人必须有实际使用该标识的行为，且该标识已能够识别其商品来源。

本案的基本案情是：2003年3月19日，刘建佳向国家工商行政管理总局商标局（以下简称商标局）提出“索爱”商标（以下简称争议商标）的注册申请，2004年8月7日该商标经核准注册，核定使用商品为第9类影碟机、扩音器、扬声器音箱、电话机等商品。互联网上关于索尼爱立信移动通讯公司（以下简称索尼爱立信通讯公司）和索尼爱立信公司的介绍如下：索尼爱立信通讯公司由爱立信公司与索尼公司于2001年共同创立；2002年3月推出首批合作产品；2002年，索尼爱立信公司销售的移动电话近2300万部。2002年8月，索尼爱立信公司成立。从2002年12月开始直至争议商标申请注册之前，曾先后在多家网站上出现了对不同型号“索爱手机”以及其他“索爱”电子产品的报道、评论，且这些产品的生产者均指向“索尼爱立信通讯公司”

或"索尼爱立信公司"。在争议商标申请注册前，索尼爱立信公司的手机均未在中国大陆生产和销售。时至 2007 年 10 月左右，索尼爱立信公司并不认同"索爱"是其公司简称或者是其手机及电子产品的简称。2007 年 12 月 17 日，CNET 科技资讯网登载题目为"索尼爱立信卢健生：请称我们'索尼爱立信'"的文章，其中提到索尼爱立信集团副总裁兼中国区主管卢健生答："长久以来，'索尼爱立信'被非正式简称为'索爱'，这是我们不可以接受的。'索爱'并不能代表'索尼爱立信'。索尼爱立信移动通信产品（中国）有限公司是经国家工商行政管理局核准注册的，品牌称谓是'索尼爱立信'及'Sony Ericsson'。把'索尼爱立信'简称为'索爱'，一方面不能充分体现两家母公司的品牌效应，另一方面也会使消费者失去理解'索尼爱立信'背后含义的机会。……只有'索尼爱立信'才能最清楚地体现我们品牌的内涵。……把'索尼爱立信'简称为'索爱'，就不能反映我们全称的优势与 Walkman 和 Cyber—shot 的关系，这无疑会影响消费者从我们的产品中获得丰富的体验。……出于对品牌的尊重，请称我们'索尼爱立信'。"2005 年 6 月 7 日，索尼爱立信公司向商标评审委员会提起对争议商标撤销注册的申请，其主要理由是："索爱"是其在中国拥有的驰名商标，刘建佳恶意注册争议商标将侵害索尼爱立信公司的合法权益，且违反商标法第十条第一款第（八）项和反不正当竞争法第五条第（二）项的规定。2007 年 11 月 28 日，商标评审委员会作出第 11295 号裁定，维持争议商标。索尼爱立信公司不服该裁定，提起行政诉讼。北京市第一中级人民法院一审认为，"索爱"已被广大消费者和媒体认可并使用，具有了区分不同商品来源、标志产品质量的作用，这些实际使用效果、影响自然及于索尼爱立信通讯公司和索尼爱立信公司，其实质即等同于他们的使用。因此，尽管索尼爱立信公司认可其没有将"索爱"作为其未注册商标进行宣传，但消费者的认可和媒体的宣传共同作用，已经达到了索尼爱立信公司自己使用"索爱"商标的实际效果，故"索爱"实质上已经成为该公司在中国使用的商标。遂判决撤销第 11295 号裁定，判令商标评审委员会重新就争议申请作出裁定。刘建佳不服一审判决，提起上诉。北京市高级人民法院二审认为，被抢注的商标是指他人已经使用并有一定影响的商标。商标的使用，包括将商标用于商品、商品包装或者容器以及商品交易文书上，或者将商标用于广告宣传、展览以及其他商业活动中。因此，被抢注的商标应当由被抢注人自己在商业活动中予以了使用。由于索尼爱立信公司未将"索爱"作为商标进行商业性的使用，一审法院的认定缺乏法律依据。遂判决撤销一审判决，维持第 11295 号裁定。索尼爱立信公司不服二审判决，向最高人民法院申请再审。最高人民法院于 2010 年 12 月 31 日通知驳回其再审申请。

最高人民法院审查认为：商标法第三十一条规定，申请商标注册不得损害他人现有的在先权利，也不得以不正当手段抢先注册他人已经使用并有一定影响的商标。《最高人民法院关于审理商标授权确权行政案件若干问题的意见》第17条第2款规定："人民法院审查判断诉争商标是否损害他人现有的在先权利，一般以诉争商标申请日为准。"因此争议商标申请日前，索尼爱立信公司是否对其享有在先权利成为认定争议商标的注册是否违反了商标法第三十一条的前提。本案中，根据索尼爱立信公司提供的证据，不能证明争议商标"索爱"已经成为其企业名称的简称及其未注册商标"索尼爱立信"简称，且根据原审法院查明的事实，在本案争议商标申请日前，索尼爱立信公司的相关手机均未在中国大陆生产和销售，其关于争议商标是其知名商品特有名称简称的主张亦不能成立。而且，无论是作为未注册商标的简称，还是作为企业名称或知名商品特有名称的简称，其受法律保护的前提是，对该标识主张权利的人必须有实际使用该标识的行为，且该标识已能够识别其商品来源。在本案争议商标申请日前，没有证据证明索尼爱立信公司将争议商标用作其产品来源的标识，亦未有证据证明其有将该争议商标用来标识其产品来源的意图。相反，根据法院查明的事实，直至2007年10月、12月，在争议商标已经被核准注册三年之后，索尼爱立信集团副总裁兼中国区主管卢健生仍多次声明"索爱"并不能代表"索尼爱立信"，认为"索尼爱立信"被非正式简称为"索爱"不可以接受。鉴此，最高人民法皖认为，在争议商标申请日前，索尼爱立信公司并无将争议商标作为其商业标识的意图和行为，相关媒体对其手机产品的相关报道不能为其创设受法律保护的民事权益，因此索尼爱立信公司关于争议商标的注册损害其在先权利的再审理由不能成立。

四、竞争案件审判

23. 注册商标侵犯他人在先企业名称中的字号权益构成不正当竞争行为

在申请再审人广东伟雄集团有限公司（以下简称伟雄集团公司）、佛山市高明区正野电器实业有限公司（以下简称高明正野公司）、广东正野电器有限公司（以下简称广东正野公司）与被申请人佛山市顺德区正野电器有限公司（以下简称顺德正野公司）、佛山市顺德区光大企业集团有限公司（以下简称顺德光大集团公司）不正当竞争纠纷案［（2008）民提字第36号］中，最高人民法院认为，受反不正当竞争法保护的企业名称，特别是字号，本质上属于一种财产权益，字号所产生的相关权益可以承继；将在先使用而有一定市场知名度的企业字号申请注册为商标并予以使用，足以使相关公众对商品的来源产生误认的，侵犯在先的企业字号权益，构成不正当竞争，应承担停止使用该注册商标的民事责任。

本案的基本案情是：顺德市正野电器实业公司于1994年9月成立，且于1995年1月获得伟雄集团公司的授权，使用“正野GENUIN”商标。该商标于1994年由伟雄集团公司申请，并于1996年获准注册，核定使用商品第11类，即管道式排风扇、空气调节器、换气扇、消毒器。高明正野公司成立于1996年5月。1998年4月30日，顺德市正野电器实业公司因场地不能满足扩大生产的需要于1998年5月14日被批准注销，该公司所有的人员设备转到高明正野公司，未了结的债权债务全部由高明正野公司承担。顺德市正野电器实业公司、高明正野公司被许可使用上述商标后，对正野商标进行长期持续性的宣传。2000年12月，“正野GENUIN”商标被评为广东省著名商标，“正野”产品行销全国。顺德光大集团公司于1998年核准注册“正野ZHENGYE”商标，核定使用商品为第9类电器插头、插座及其他接触器等。顺德正野公司于1998年10月登记使用“正野”字号。1999年2月顺德光大集团公司将“正野ZHENGYE”注册商标无偿许可顺德正野公司使用。从1999年10月，顺德正野公司在其开关插座的宣传资料、经销场所、价目表、包装盒等的显著位置上使用“正野ZHENGYE”字样。伟雄集团公司、高明正野公司等于2001年提起诉讼称，顺德正野公司明知“正野”是原告创立的知名商标和商号，在原告属下顺德正野实业公司于1998年5月14日从顺德市搬迁到高明市时，成立了与原告原顺德市正野公司完全相同的公司。顺德光大集团公司申请注册“正野ZHENGYE”商标，并许可顺德正野公司使用，引起相关公众的误认，请求法院判令顺德光大集团公司与顺德正野公司停止使用“正野”二字的不正当竞争行为；赔偿经济损失；赔礼道歉、消除影响；顺德正野公司变更企业名称。广东省佛山市中级人民法院一审认为，顺德光大集团公司与顺德正野公司有明显的搭他人便车的故意，其行为构成不正当竞争，判决顺德光大集团公司、顺德正野公司停止使用“正野”两字；顺德正野公司停止在其企业名称中使用“正野”字号，并申请变更企业字号；顺德光大集团公司、顺德正野公司赔偿原告经济损失、赔礼道歉、消除影响等。顺德光大集团公司、顺德正野公司不服一审判决，提起上诉。广东省高级人民法院二审认为，基于顺德光大集团公司的商标使用许可，顺德正野公司在自己的企业名称中使用“正野”字号，具有合法的权利基础和正当的理由。没有证据表明两者会产生混淆。顺德光大集团公司注册“正野”商标，顺德正野公司在其企业名称中使用“正野”二字并没有违反反不正当竞争法的规定。此外，原顺德正野电器实业公司注销后已经消亡，高明正野公司仅仅是在自己的企业名称中使用了“正野”二字作为字号，这种相同字号的使用，并非企业名称的继承和延续。遂判决撤销一审判决。伟雄集团公司、高明正野公司、广东正野公司向最高人民法院申请再审。最高人民法院提审本案后于2010年1月6日作出再审判决，撤销二审判决，判决顺德光大集团公司、顺德正野公司停止使用侵犯高明正野公司“正野”字号权益的“正野ZHENGYE”商标，顺德正野公司停止在其企业名称中使用“正野”字号，顺德光大集团公司、顺德正野公司向原告赔礼道歉、消除影响，顺德正野公司赔偿损失。

最高人民法院再审认为：受反不正当竞争法保护的企业名称，特别是字号，不同于一般意义上的人身权，是区别不同市场主体的商业标识，本质上属于一种财产权益。原顺德市正野电器实业公司注销后，其债权债务均由高明正野公司承继，字号所产生的相关权益也可由高明正野公司承继。通过原顺德市正野电器实业公司和高明正野公司的广告宣传和相关商品的销售，“正野”字号及相关产品已具有一定的市场知名度，为相关公众所知悉。顺德光大集团公司、顺德正野公司使用“正野ZHENGYE”商标的行为，足以使相关公众对商品的来源产生误认，侵犯高明正野公司在先“正野”字号权益，构成不正当竞争。

24. 商业机会获得反不正当竞争法保护的条件

在申请再审人山东省食品进出口公司（以下简称山东食品公司）、山东山孚集团有限公司（以下简称山孚集团公司）、山东山孚日水有限公司（以下简称山孚日水公司）与被申请人青岛圣克达诚贸易有限公司（以下简称圣克达诚公司）、马达庆不正当竞争纠纷案［（2009）民申字第1065号］（以下简称“海带配额”不正当竞争案）中，最高人民法院认为，在正常情况下能够合理预期获得的商业机会，可以成为法律特别是反不正当竞争法所保护的法益；但基于商业机会的开放性和不确定性，只有当竞争对手不遵循诚实信用原则和违反公认的商业道德，通过不正当手段攫取他人可以合理预期获得的商业机会时，才为反不正当竞争法所禁止。

本案的基本案情是：山东食品公司成立于1982年10月26日，其前身自1979年起即从事海带对日出口业务。我国对日出口海带受到配额的限制，该配额是日本国政府设定的我国对日出口海带产品的被动配额。获得该配额的国内企业可以就相关区域产特定数量海带对日出口，获得该配额就获得了对日出口海带的商业机会。根据中粮国际（北京）有限公司（以下简称中粮公司）与日本北海道渔联签订的协议，日方委托中粮公司对海带配额、质量、经营公司进行统一管理，日方认可该公司是其在华海带贸易的唯一窗口。对日出口海带的配额由日本北海道渔联主导，通过中粮公司作为日方在华海带贸易的唯一窗口来选择有关企业进行分配。山东食品公司长期以来从中粮公司获得威海地区产海带对日出口配额。马达庆于1986年进入山东食品公司工作，1988年开始从事海带加工和出口工作，2000年进入山孚集团公司的前身山东山孚得贸易有限公司工作。山东食品公司曾是山孚集团公司的出资人之一，山孚集团公司是山孚日水公司的出资人之一。2005 年 1 月 4 日起，马达庆与山孚日水公司两次签订劳动合同，期限自 2005 年 1 月 4 日至 2006 年 12 月 31 日。合同期限届满，马达庆未与山孚日水公司续签劳动合同，双方的劳动合同终止。2006 年 9 月 22 日，圣克达诚公司成立，其法定代表人为陈庆荣，公司监事为颜素贞。其中，陈庆荣系马达庆的外甥，颜素贞为马达庆的配偶。马达庆在圣克达诚公司任职。马达庆离开山孚日水公司后，日方对山东食品公司是否能保持对日出口海带的品质稳定和数量表示疑虑。2007 年 1 月 10 日，中粮公司要求山东食品公司和圣克达诚公司报送海带出口工作计划，后又分别拜访该两公司，就计划书的相关内容进行询问和调查。2007 年 2 月 14 日，中粮公司决定将 2007 年威海海带出口日本业务交由圣克达诚公司执行，山东食品公司因此丧失了威海海带对日出口配额。山东食品公司、山孚集团公司、山孚日水公司遂以圣克达诚公司和马达庆为被告提起诉讼，请求确认两被告构成不正当竞争，停止利用三原告的收购出口渠道经营海带业务并赔偿损失。山东省青岛市中级人民法院一审认为，本案两被告的行为应受反不正当竞争法第二条的规制；山东食品公司凭借其经营优势和良好信用长期稳定获得对日海带出口配额这一商业机会，应受保护；马达庆在履行单位交办工作过程中得到日本北海道渔联认可，由此形成的竞争优势应属原所在单位而非个人，马达庆滥用日本客户对自己基于履行职务行为所产生的信赖，违背了诚实信用原则和公认的商业道德，构成不正当竞争；圣克达诚公司明知马达庆违背商业道德仍允许其如此行为，亦构成不正当竞争。遂判决马达庆和圣克达诚公司承担停止侵害和连带赔偿损失的民事责任。圣克达诚公司、马达庆不服一审判决，共同提起上诉。山东省高级人民法院二审认为，马达庆在离开山东食品公司后，以正当的方式，帮助圣克达诚公司获取了贸易机会，不违反诚实信用等原则，其行为不具有不正当性；配额的分配是中粮集团、日本北海道渔联综合双方能力确定的结果，圣克达诚公司没有违反公认的商业道德和诚实信用原则，其行为不具有不正当性。遂判决撤销一审判决，驳回山东食品公司等的诉讼请求。山东食品公司等不服二审判决，向最高人民法院申请再审。最高人民法院于 2010 年 10 月 18 日裁定驳回其再审申请。

最高人民法院审查认为：对日出口海带配额长期以来只分配给国内有限的几个企业，具有相对的稳定性和一定的可预期性。对于长期稳定获得该配额的企业如本案中的山东食品公司而言，获得对日出口海带配额是一种在正常情况下可以合理预期获得的商业机会，可以成为法律特别是反不正当竞争法所保护的法益。在反不正当竞争法上，一种利益应受保护并不构成该利益的受损方获得民事救济的充分条件。商业机会虽然作为一种可以受到反不正当竞争法所保护的法益，但本身并非一种法定权利，而且交易的达成并非完全取决于单方意愿而需要交易双方的合意，因此他人可以自由参与竞争来争夺交易机会。竞争对手之间彼此进行商业机会的争夺是竞争的常态，也是市场竞争所鼓励和提倡的。对于同一交易机会而言，竞争对手间一方有所得另一方即有所失。利益受损方要获得民事救济，还必须证明竞争对手的行为具有不正当性。只有竞争对手在争夺商业机会时不遵循诚实信用的原则，违反公认的商业道德，通过不正当的手段攫取他人可以合理预期获得的商业机会，才为反不正当竞争法所禁止。

25. 适用反不正当竞争法一般条款认定不正当竞争行为的条件与标准

在前述“海带配额”不正当竞争案中，最高人民法院认为，凡是法律已经通过特别规定作出穷尽性保护的行为方式，不宜再适用反不正当竞争法的一般规定予以管制；对于竞争行为尤其是不属于反不正当竞争法第二章列举规定的行为的正当性，应当以该行为是否违反了诚实信用原则和公认的商业道德作为基本判断标准；在反不正当竞争法中，诚实信用原则主要体现为公认的商业道德；商业道德所体现的是一种商业伦理，是交易参与者共同和普遍认可的行为标准，应按照特定商业领域中市场交易参与者即经济人的伦理标准来加以评判。

最高人民法院审查认为：由于市场竞争的开放性和激烈性，必然导致市场竞争行为方式的多样性和可变性，反不正当竞争法作为管制市场竞争秩序的法律不可能对各种行为方式都作出具体化和预见性的规定。因此，在具体案件中，人民法院可以根据反不正当竞争法第二条的一般规定对那些不属于反不正当竞争法第二章列举规定的市场竞争行为予以调整，以保障市场公平竞争。自由竞争和公平竞争是市场经济的两个基本法则，二者各有侧重，互为平衡。虽然人民法院可以适用反不正当竞争法的一般条款来维护市场公平竞争，但同时应当注意严格把握适用条件，以避免不适当干预而阻碍市场自由竞争。凡是法律已经通过特别规定作出穷尽性保护的行为方式，不宜再适用反不正当竞争法的一般规定予以管制。因而，适用反不正当竞争法第二条的原则规定认定构成不正当竞争应当同时具备以下条件：一是法律对该种竞争行为未作出特别规定；二是其他经营者的合法权益确因该竞争行为而受到了实际损害；三是该种竞争行为因确属违反诚实信用原则和公认的商业道德而具有不正当性或者说可责性。在规范市场竞争秩序的反不正当竞争法意义上，诚实信用原则更多的是以公认的商业道德的形式体现出来的。商业道德要按照特定商业领域中市场交易参与者即经济人的伦理标准来加以评判，它既不同于个人品德，也不能等同于一般的社会公德，所体现的是一种商业伦理。经济人追名逐利符合商业道德的基本要求，但不一定合于个人品德的高尚标准；企业勤于慈善和公益合于社会公德，但怠于公益事业也并不违反商业道德。特别是，反不正当竞争法所要求的商业道德必须是公认的商业道德，是指特定商业领域普遍认知和接受的行为标准，具有公认性和一般性。即使在同一商业领域，由于是市场交易活动中的道德准则，公认的商业道德也应当是交易参与者共同和普遍认可的行为标准，不能仅从买方或者卖方、企业或者职工的单方立场来判断是否属于公认的商业道德。具体到个案中的公认的商业道德，需要根据特定商业领域和个案情形具体确定，特定行业的一般实践、行为后果、交易双方的主观状态和交易相对人的自愿选择等都可能成为考虑因素。

26. 职工在职期间筹划设立与所在单位具有竞争关系的新公司的行为正当性判断

在前述“海带配额”不正当竞争案中，最高人民法院认为，职工在职期间筹划设立与所在单位具有竞争关系的新公司，为自己离职后的生涯作适当准备，并不当然具有不正当性；只有当职工的有关行为违反了法定或者约定的竞业限制义务的情况下，才能够认定该行为本身具有不正当性。

最高人民法院审查认为：虽然可以认定马达庆本人在原单位工作期间即筹划设立了圣克达诚公司，意图与原单位开展竞争，但是，职工在职期间筹划设立新公司，为自己离职后的生涯作适当准备，并不当然具有不正当性。因此，只有当职工的有关行为违反了法定或者约定的竞业限制义务的情况下，才能够认定该行为本身具有不正当性。法定的竞业限制义务主要是指公司法上针对公司董事、高级管理人员设定的义务；约定的竞业限制义务一般是指依据合同法和劳动合同法针对交易相对人或者劳动者通过协议约定的义务。山东食品公司未以马达庆违反法定或者约定的竞业限制提出请求，马达庆也并非山东食品公司的董事或者公司法意义上的高级管理人员，并不负有公司法规定的竞业限制义务，同时本案现有证据也不能证明马达庆负有约定的竞业限制义务。因此，基于现有证据难以认定马达庆在职期间筹划设立新公司的行为具有不正当性。况且，无论是法定的还是约定的竞业限制制度，都属于法律赋予有关经营者的法律保护手段，山东食品公司在不能依据法定竞业限制约束马达庆的情况下，又未事先通过约定进行自我保护，由此产生的不利后果应自我承担。马达庆的所作所为可能并不合于个人品德的高尚标准，不应该得到鼓励和提倡，但这并不当然意味着他作为一个经济人同时违反了诚实信用原则和公认的商业道德。在不负有竞业限制义务的情况下，企业的一般劳动者在职期间筹划设立新公司为离职后的生涯做准备，属于市场常见现象，法律上对此行为本身也无禁止性规定。当然，如果劳动者在职期间即利用职务之便以新设公司名义攫取本应由原企业获得的现实经济利益，则应另当别论。

27. 离职员工运用个人技能为与原单位有竞争关系的公司工作的行为正当性判断

在前述“海带配额”不正当竞争案中，最高人民法院认为，职工在工作中掌握和积累的知识、经验和技能，除属于单位的商业秘密的情形外，构成其人格的组成部分，职工离职后有自主利用的自由；在既没有违反竞业限制义务，又没有侵犯商业秘密的情况下，劳动者运用自己在原用人单位学习的知识、经验与技能为其他与原单位存在竞争关系的单位服务的，不宜简单地以反不正当竞争法第二条的原则规定认定构成不正当竞争。

最高人民法院审查认为：作为具有学习能力的劳动者，职工在企业工作的过程中必然会掌握和积累与其所从事的工作有关的知识、经验和技能。除属于单位的商业秘密的情形外，这些知识、经验和技能构成职工人格的组成部分，是其生存能力和劳动能力的基础。职工离职后有自主利用其自身的知识、经验和技能的自由，因利用其自身的知识、经验和技能而赢得客户信赖并形成竞争优势的，除侵犯原企业的商业秘密的情况外，并不违背诚实信用的原则和公认的商业道德。一审法院有关企业职工在履行单位交办工作过程中所形成的竞争优势，如同在履行单位工作中产生的发明创造一样，其权利享有者是公司而非职工的认定，并不正确。知识、经验和技能等个人能力显然不能直接等同于职务发明创造，其中除涉及单位商业秘密的内容以外，均应属于个人人格内容，可以自由支配和使用，这与职务发明创造或者职务劳动成果可以成为独立的财产或者利益有明显不同。如果任何人在履行职务的过程中积累知识、经验和技能等竞争优势都应归属于任职单位，在将来离职变换工作时不能使用，显然不利于鼓励职工在现单位学习新知识，积累新经验，提高自身业务能力，更不利于整个社会在知识上的积累和利用，不利于社会的创新和发展。

28. 获得外观设计专利的商品外观在专利权终止后能否依据反不正当竞争法获得保护

在申请再审人宁波微亚达制笔有限公司（以下简称微亚达制笔公司）与被申请人上海中韩晨光文具制造有限公司（以下简称中韩晨光公司）、原审被告宁波微亚达文具有限公司（以下简称微亚达文具公司）、原审被告上海成硕工贸有限公司（以下简称成硕工贸公司）擅自使用知名商品特有装潢纠纷案［（2010）民提字第16号］（以下简称“晨光笔特有装潢”不正当竞争案）中，最高人民法院认为，外观设计专利权终止后，该设计并不当然进入公有领域，在符合条件时还可以依据反不正当竞争法关于知名商品特有包装、装潢的规定而得到制止混淆的保护。

本案的基本案情是：2002 年 7 月 19 日，中韩晨光公司向国家知识产权局申请了名称为“笔（事务笔）”的外观设计专利，该专利于 2003 年 2 月 19 日获得授权公告。因未缴纳专利年费，该专利权已于 2005 年 10 月 12 日终止。中韩晨光公司生产的 K-35 型按动式中性笔使用了该外观设计。中韩晨光公司在第 16 类笔商品上拥有“晨光”注册商标，自 2005 年起，该商标先后被评为上海市著名商标和驰名商标。中韩晨光公司对其产品也进行了广告宣传。晨光牌 K-35 型按动式中性笔的外观由揿头、笔套夹、装饰圈、笔杆、笔颈、护套、尖套组成。中韩晨光公司对其中笔套夹和装饰圈部分进行了专门设计。2007 年 6 月 4 日，中韩晨光公司在成硕工贸公司处购买了 681 型水笔一盒，该笔的结构和外观与上述 K-35 型按动式中性笔相同。681 型水笔由微亚达制笔公司和微亚达文具公司生产、销售。2008 年 4 月 21 日，中韩晨光公司以徽亚达制笔公司和徽亚达文具公司生产、销售的 681 型水笔仿冒 K-35 型按动式中性笔的特有装潢，构成不正当竞争为由提起诉讼，请求停止侵害和赔偿损失。上海市第二中级人民法院一审认为，K-35 型按动式中性笔外观中的笔套和装饰圈部分构成知名商品的特有装潢，681 型水笔与 K-35 型按动式中性笔在笔套夹和装饰圈部分的形状设计基本无差别，两个产品的其他部分也十分相似，从整体上看足以造成消费者的混淆，微亚达制笔公司和微亚达文具公司的行为构成不正当竞争，遂判决两公司停止实施仿冒 K-35 型按动式中性笔特有装潢的不正当竞争行为，共同赔偿中韩晨光公司经济损失 10 万元。微亚达制笔公司上诉后，上海市高级人民法院判决维持一审判决。微亚达制笔公司不服二审判决，向最高人民法院申请再审。最高人民法院裁定提审本案后，微亚达制笔公司因与中韩晨光公司达成和解协议，申请撤回其再审申请。最高人民法院于 2010 年 12 月 3 日裁定准许其申请。

最高人民法院审查认为：多数情况下，如果一种外观设计专利因保护期届满或者其他原因导致专利权终止，该外观设计就进入了公有领域，任何人都可以自由利用。但是，在知识产权领域内，一种客体可能同时属于多种知识产权的保护对象，其中一种权利的终止并不当然导致其他权利同时也失去效力。同时，反不正当竞争法也可以在知识产权法之外，在特定条件下对于某些民事权益提供有限的、附加的补充性保护。就获得外观设计专利权的商品外观而言，外观设计专利权终止之后，在使用该外观设计的商品成为知名商品的情况下，如果他人对该外观设计的使用足以导致相关公众对商品的来源产生混淆或者误认，这种在后使用行为就会不正当地利用该外观设计在先使用人的商誉，构成不正当竞争。因此，外观设计专利权终止后，该设计并不当然进入公有领域，在符合反不正当竞争法的保护条件时，它还可以受到该法的保护。具体而言，由于商品的外观设计可能同时构成商品的包装或者装潢，因而可以依据反不正当竞争法关于知名商品特有包装、装潢的规定而得到制止混淆的保护。此时，该外观设计应当满足以下条件：1. 使用该设计的商品必须构成知名商品；2. 该设计已经实际具有区别商品来源的作用，从而可以作为知名商品的特有包装或者装潢；3. 该设计既不属于由商品自身的性质所决定的设计，也不属于为实现某种技术效果所必需的设计或者使商品具有实质性价值的设计；4. 他人对该设计的使用会导致相关公众的混淆或者误认。不过，外观设计专利权的终止，至少使社会公众收到了该设计可能已经进入公有领域的信号，因而主张该设计受到知名商品特有包装、装潢保护的权利人应提供更加充分的证据来证明有关设计仍应受法律保护。

29. 商品外观形状构造获得知名商品特有装潢保护的条件

在前述“晨光笔特有装潢”不正当竞争案中，最高人民法院认为，凡是具有美化商品作用、外部可视的装饰，都属于装潢，通常包括文字图案类和形状构造类两种类型；与外在于商品之上的文字图案类装潢相比，内在于商品之中的形状构造类装潢构成知名商品的特有装潢需要满足更严格的条件。

最高人民法院审查认为：商品的装潢的字面含义是指商品的装饰，它起着美化商品的作用。一般而言，凡是具有美化商品作用、外部可视的装饰，都属于装潢。在外延上，商品的装潢一般可以分为如下两种类型：一类是文字图案类装潢，即外在于商品之上的文字、图案、色彩及其排列组合；另一类是形状构造类装潢，即内在于物品之中，属于物品本体但具有装饰作用的物品的整体或者局部外观构造，但仅由商品自身的性质所决定的形状、为实现某种技术效果所必需的形状以及使商品具有实质性价值的形状除外。现实生活中大多数装潢都可归为这两种类型。所谓知名商品的特有装潢，是指知名商品上具有区别商品来源的显著特征的装潢。由于文字图案类装潢和形状构造类装潢的表现形态不同，决定了它们构成特有装潢的条件也存在一定差异。对于文字图案类装潢而言，由于消费者几乎总是习惯于利用它们来区分商品来源，除因为通用性、描述性或者其他原因而缺乏显著性的情况外，它们通常都可以在一定程度上起到区别商品来源的作用。一般而言，在使用文字图案类装贸的商品构成知名商品的情况下，该文字图案类装潢除缺乏显著性的情形外，通常都可起到区别商品来源的作用，从而构成知名商品的特有装潢。形状构造类装潢则并非如此。形状构造本身与商品本体不可分割，相关公众往往更容易将其视作商品本体的组成部分，而一般不会直接将其与商品的特定生产者、提供者联系起来。即使使用该形状构造的商品已经成为知名商品，在缺乏充分证据的情况下，不能直接得出相关公众已经将该种形状构造与特定的生产者、提供者联系起来的结论。因此，对于形状构造类装潢而言，不能基于使用该种形状构造的商品已经成为知名商品就当然认为该种形状构造已经起到了区别商品来源的作用，更不能仅凭使用该种形状构造的商品已经成为知名商品就推定该种形状构造属于知名商品的特有装潢。因而，认定形状构造类装潢构成知名商品特有装潢，需要有更加充分的证据证明该种形状构造起到了区别商品来源的作用。可见，与外在于商品之上的文字图案类装潢相比，内在于商品之中的形状构造类装潢构成知名商品的特有装潢需要满足更严格的条件。这些条件一般至少包括：1. 该形状构造应该具有区别于一般常见设计的显著特征。2. 通过在市场上的使用，相关公众已经将该形状构造与特定生产者、提供者联系起来，即该形状构造通过使用获得了第二含义。也就是说，一种形状构造要成为知名商品的特有装潢，其仅仅具有新颖性和独特性并对消费者产生了吸引力是不够的，它还必须能够起到区别商品来源的作用。只要有充分证据证明该形状构造特征取得了区别商品来源的作用，就可以依据知名商品的特有装潢获得保护。

五、知识产权合同案件审判

30. 不具备“两店一年”条件的特许人所签特许经营合同的效力

在广西壮族自治区高级人民法院关于不具备“拥有至少 2 个直营店并且经营时间超过 1 年”的特许人所签订的特许经营合同是否有效的请示案［（2010）民三他字第 18 号］中，最高人民法院知识产权审判庭首次评析了该类合同的效力。

最高人民法院知识产权审判庭批复认为：2007 年 5 月 1 日起施行的《商业特许经营管理条例》第七条第二款关于“特许人从事特许经营活动应当拥有至少 2 个直营店，并且经营时间超过 1 年”的规定，属于行政法规的管理性强制性规定；特许人不具备上述条件，并不当然导致其与他人签订的特许经营合同无效。

31. 企业以外的其他单位和个人作为特许人所签特许经营合同的效力及特许人的认定

在广西壮族自治区高级人民法院关于特许人不具备企业资格签订的特许经营合同是否有效的请示案［（2010）民三他字第 19 号］中，最高人民法院知识产权审判庭首次明确了该类合同的效力。

最高人民法院知识产权审判庭批复认为：2007 年 5 月 1 日起施行的《商业特许经营管理条例》第三条第二款关于“企业以外的其他单位和个人不得作为特许人从事特许经营活动”的规定，可以认定为行政法规的效力性强制性规定；企业以外的其他单位和个人作为特许人与他人签订的特许经营合同，可以认定为无效。

最高人民法院知识产权审判庭同时指出：在具体案件审判中，法院要注意结合特许经营资源的拥有人或者实际控制人、在商务主管部门的备案信息、经营指导、技术支持以及业务培训等服务的实际提供者、涉案合同的签字人和签约名义及签字人与特许经营资源拥有人或者实际控制人之间的法律关系等因素，准确认定涉案合同的特许人，依法妥善审理好相关案件。

六、关于知识产权侵权责任承担

32. 数字图书馆侵犯著作权案件中重复诉讼的认定与赔偿责任的确定

在申请再审人北京世纪超星信息技术发展有限责任公司（以下简称世纪超星公司）与被申请人李昌奎及一审被告、二审被上诉人北京超星数图信息技术有限公司（以下简称超星数图公司）和贵州大学侵犯著作权纠纷案［（2010）民提字第159号］中，最高人民法院认为，权利人针对数字图书馆运营商及不同用户提起的侵权诉讼，因被诉侵权主体不完全相同，诉讼请求不能互相涵盖，故不构成重复诉讼，但对权利人赔偿损失的请求能否予以支持，应当进行综合考量；若权利人在以前诉讼中获得的赔偿足以补偿其因本案侵权行为所遭受的实际损失，本案被告不应再向权利人承担赔偿责任。

本案的基本案情是：《中外职业资格认证和语言考试指南：规划你的职业生涯》（以下简称《指南》）由山东人民出版社于2002年8月出版，署名为李昌奎，全书共计240千字。2005年12月，贵州大学图书馆与超星数图公司签订《数字图书馆共建协议书》，约定超星数图公司以链接或镜像方式建设数字图书馆，负责数据及书目信息的上传、修改、维护及图书馆的运行，并保证其对“超星数字图书馆”作品的使用已经过相关权利人的授权，贵州大学图书馆负责提供本项目所需的硬件设备与网络环境，不具体参与该图书馆的运营。2007年1月16日作出的公证书显示：进入贵州大学网站，点击“电子图书”，进入“超星数字图书馆”主页，在“信息检索”栏输入“李昌奎”并选择“作者”，查询到《指南》一书。该书记录下有“阅读”、“下载”、“发表评论”、“添加个人书签”四个选项。世纪超星公司是电子图书的制作者，超星数图公司是世纪超星公司的下属销售公司。在本案之前，李昌奎就《指南》一书已对世纪超星公司、超星数图公司及其他用户提起10余起侵权诉讼，共获得赔偿147016.666元。该公证书的时间是在吉林省长春市中级人民法院作出（2007）长民初字第118号判决之前，在该院判令“长春理工大学及超星数图公司停止侵权”判决生效后，世纪超星公司、超星数图公司即对“超星数字图书馆”中的《指南》一书采取措施进行删除。在最高人民法院对本案进行听证时，双方均认可包括贵州大学数字图书馆网站在内的相关网站上《指南》一书已基本删除。李昌奎的诉讼请求为：判令贵州大学立即从其服务器中删除《指南》一书，停止侵权；贵州大学、世纪超星公司及超星数图公司连带赔偿其经济损失及合理支出共 12000 元，并负担诉讼费用。贵州省贵阳市中级人民法院一审认为，李昌奎就同一侵权事实再次向世纪超星公司、超星数图公司提出赔偿损失的请求，系重复主张，违背民事诉讼中一事不再理的原则，故不予支持。贵州大学不能对“超星数字图书馆”内容进行控制，未直接获取利益，不具有侵权的故意，不存在主观过错，不应承担赔偿损失的责任，只应承担停止侵权的责任。遂判决贵州大学立即从其服务器中删除《指南》一书，停止侵权；驳回李昌奎的其他诉讼请求。李昌奎不服一审判决，提起上诉。贵州省高级人民法院二审认为，在本案诉讼之前，李昌奎就世纪超星公司、超星数图公司侵犯《指南》一书的信息网络传播权提起的其他诉讼所涉及的侵权事实与本案不是基于同一侵权事实，不属于重复诉讼，不影响本案中世纪超星公司、超星数图公司侵权行为的构成及承担侵权的民事责任。一审判决认定本案系李昌奎就同一侵权事实向超星公司、超星数图公司提出的重复诉讼，违背民事诉讼中一事不再理的原则不当，应当予以纠正。遂判决撤销一审判决，贵州大学、超星数图公司立即共同删除贵州大学网站中“超星数字图书馆”中的《指南》一书，世纪超星公司、超星数图公司赔偿李昌奎经济损失 5000 元。世纪超星公司不服二审判决，向最高人民法院申请再审。最高人民法院提审本案后于 2010 年 11 月 5 日作出再审判决，撤销一、二审判决，驳回李昌奎的诉讼请求。

最高人民法院再审认为：世纪趙星公司未经李昌奎许可，擅自将《指南》一书数字化，收录入其开发的“超星数字图书馆”中，由超星数图公司将该数字图书数据库系统销售给贵州大学，并通过镜像或链接方式供贵州大学在局域网上进行传播，其行为侵犯了李昌奎的信息网络传播权。原审法院认定世纪超星公司、超星数图公司共同承担侵权责任正确。原审法院同时认定贵州大学作为“超星数字图书馆”的使用者，通过其局域网传播涉案作品的行为，亦侵犯了李昌奎的信息网络传播权，应承担停止侵权的民事责任，亦无不当。关于是否重复诉讼问题，鉴于李昌奎针对世纪超星公司、超星数图公司及其用户的侵权行为，在不同的法院已提起多个侵权诉讼，每一个侵权诉讼之间虽有关联，但被诉侵权主体不完全相同，诉讼请求亦不能相互涵盖，故世纪超星公司主张本案李昌奎系重复诉讼的理由不能成立。关于是否重复赔偿问题，民事赔偿的功能在于补偿被侵权人因侵权行为所遭受的实际损失，李昌奎在本案中提出的赔偿请求应否予以支持，需要综合进行考量。鉴于《指南》一书在世纪超星公司开发的“超星数字图书馆”收录的图书数量中所占比例极小，且李昌奎在以前提起的多次诉讼中已获得 14 余万元赔偿，本案中因李昌奎不能提供证据证明其另有实际损失，考虑到有关诉讼在被诉侵权行为上的整体关联性，李昌奎获得的上述赔偿数额足以补偿其因世纪超星公司、超星数图公司的侵权行为所遭受的实际损失，世纪超星公司、超星数图公司在本案中不应再向李昌奎承担赔偿责任。因贵州大学对“超星数字图书馆”数据库系统的内容不能进行控制，二审法院认为贵州大学不具有侵权的故意，且未通过“超星数字图书馆”直接获取利益，可不承担赔偿责任，但负有协助超星数图公司删除《指南》一书，停止侵权行为并无明显不当。鉴于世纪超星公司、超星数图公司已经停止侵权，本案没有再判决停止侵权行为的必要。

33. 销售侵犯注册商标专用权商品销售商的赔偿责任的确定

在申请再审人鲁道夫·达斯勒体育用品波马股份公司（以下简称波马公司）与北京六里桥广客宇商贸有限责任公司（以下简称广客宇公司）侵犯注册商标专用权纠纷案［（2009）民申字第1882号］中，最高人民法院认为，销售商在未与制造者构成共同侵权、需要承担连带责任时，仅就其销售行为承担相应的责任，不应一并承担制造者应当承担的责任，更不能由其赔偿权利人因侵权而受到的所有损失。

本案的基本案情是：波马公司拥有在运动鞋等商品上的第76559号豹子图形的注册商标专用权。2007年，波马公司在广客宇公司购买到“足奇威”牌运动鞋一双，价格为96元。该款鞋的鞋帮外侧有一豹子图案，鞋的吊牌上有“ZUQIWEI”、“美国足奇威体育用品发展有限公司（授权）”字样以及生产厂商福建省晋江市钱鹏鞋塑有限公司的厂名、厂址、电话。经比对，该款鞋的鞋帮外侧的豹子图案与涉案商标相比，除后腿被截去小部分外，其余基本相同。2008年7月，波马公司以广客宇公司侵犯注册商标专用权为由提起诉讼，请求判令广客宇公司停止侵权、赔偿波马公司经济损失10万元及为制止侵权行为发生的费用700元。广客宇公司在诉讼中提交了晋江市钱鹏鞋塑有限公司企业法人营业执照、税务登记证、组织机构代码证、卫生许可证、中华人民共和国香港特别行政区政府“足奇威”品牌商标证明书、福建省鞋服质量检测中心出具的检验报告的复印件，用以证明销售的涉案产品均是正规合格的商品。北京市第二中级人民法院一审认为，波马公司所购买“足奇威”鞋的外侧鞋帮上有豹子图案，该图案与涉案商标相近似，因此该款鞋是侵犯涉案商标专用权的侵权商品。虽然广客宇公司提交了说明涉案商品的生产来源的证据，但其作为销售单位，应知晓涉案商标的知名度，主动审查商品的进货手续，现其未能提供证据证明所售商品的进货渠道，不属于法律上规定的主观上不知情的法定情形，因此广客宇公司还应承担赔偿波马公司经济损失的法律责任。遂判决广客宇公司立即停止销售侵犯涉案商标专用权的涉案鞋类商品，赔偿波马公司经济损失人民币1000元及合理诉讼支出人民币

700 元。波马公司不服一审判决，提起上诉。北京市高级人民法院二审认为，广客宇公司作为销售者，虽有一定主观过错，但其销售侵权商品的数量较小，并且提供了制造者的有关情况材料，故应在其侵权行为情节、性质、程度范围内承担相应的责任。一审法院根据本案具体情况酌情确定的赔偿数额并无不当。因此判决驳回上诉，维持一审判决。波马公司不服二审判决，认为赔偿数额太低，向最高人民法院申请再审。最高人民法院于 2010 年 5 月 21 日裁定驳回其再审申请。

最高人民法院审查认为：本案的争议焦点在于如何确定赔偿数额。根据查明的事实，广客宇公司是销售商，而非制造者，在未与制造者构成共同侵权、需要承担连带责任时，广客宇公司仅就其销售行为承担相应的责任，而不一并承担制造者应当承担的责任，更不能由某一销售商赔偿权利人因侵权而受到的所有损失。销售侵犯商标专用权商品，并需要承担赔偿责任的某一销售商的赔偿数额，同样需要根据商标法第五十六条第一、二款的规定确定，即为该销售商销售期间因销售所获得的利益，或者被侵权人在被侵权期间因该销售商的销售行为所受到的损失，包括被侵权人为制止侵权行为所支付的合理开支。如果销售商因销售侵权产品所得利益或者被侵权人的损失难以确定的，由人民法院根据销售行为的情节确定赔偿数额。在确定销售商的赔偿数额时，要综合考虑注册商标的知名度、侵权行为人的主观恶意、销售侵权商品的数量、价格以及销售持续时间等因素。本案中，波马公司虽主张广客宇公司销售规模较大，但没有提供相应的证据，相反广客宇公司提交了进货单等证明及销售情况说明，证明其销售行为规模小、数量少。同时，被控侵权产品使用了与注册商标相近似的标志，广客宇公司的此种销售行为与销售假冒注册商标商品不同，其主观过错较小。而且本案中，被控侵权产品上已经标注了产品的制造者，广客宇公司也提交了制造者的营业执照等相关证据，在该种情况下，波马公司完全可以另行向制造者主张权利，获得相应的救济。因此，原审判决广客宇公司赔偿波马公司经济损失 1000 元和诉讼合理支出 700 元并无不妥。

34. 专利权人错误申请海关扣留货物而应承担赔偿责任的确定

在申请再审人广州市兆鹰五金有限公司（以下简称兆鹰公司）与被申请人黄冈艾格尔五金制造有限公司（以下简称艾格尔公司）侵犯实用新型专利权纠纷案［（2010）民申字第 1180 号］中，最高人民法院认为，知识产权权利人错误申请海关扣留他人出口货物，他人实际交货时间因此违反合同约定，他人根据合同应支付的迟延交货违约金属于其经济损失。

本案的基本案情是：兆鹰公司为“一种水烟筒”的实用新型专利（以下简称涉案专利）的专利权人。艾格尔公司与案外人签订一份销售水烟筒的合同，合同约定若艾格尔公司延期交货或不能交货，每天需按货柜总价值的1%进行赔偿。2009年5月7日，中华人民共和国黄石海关（以下简称黄石海关）依兆鹰公司的申请，对艾格尔公司生产、报关出口的被控侵权产品予以扣押，扣留艾格尔公司申报出口的锌合金制水烟筒5800个，货物总价为580510元。2009年5月26日，兆鹰公司以艾格尔公司侵犯涉案专利权为由提起诉讼。2009年6月5日，艾格尔公司提起反诉称，其生产的产品使用的是现有技术，没有落入涉案专利权的保护范围，兆鹰公司滥用专利权，启动海关保护程序，扣留艾格尔公司出口货物，致使其因延期交货而构成违约，造成直接经济损失203178元，故请求判令兆鹰公司赔偿其经济损失203178元并承担合理开支等。2009年6月3日，兆鹰公司支付集装箱超期借用费5336元。2009年6月5日，被扣留货柜装船离港。湖北省武汉市中级人民法院一审认为，艾格尔公司主张现有技术抗辩成立，兆鹰公司请求海关扣留被控侵权产品，造成艾格尔公司迟延交货，应当支付违约金203178元。虽然没有证据证明该违约金已实际支付，但有提单和扣款通知等证明损失存在的初步证据，该损失作为艾格尔公司的预期损失应当纳入赔偿范围。遂判决兆鹰公司赔偿艾格尔公司经济损失203178元。兆鹰公司不服一审判决，提起上诉。湖北省高级人民法院二审判决驳回上诉，维持一审判决。兆鹰公司向最高人民法院申请再审。最高人民法院于2010年10月29日裁定驳回其再审申请。

最高人民法院审查认为：根据《中华人民共和国知识产权海关保护条例》第二十九条第二款的规定，知识产权权利人请求海关扣留侵权嫌疑货物后，海关不能认定被扣留的侵权嫌疑货物侵犯知识产权权利人的知识产权，或者人民法院判定不侵犯知识产权权利人的知识产权的，知识产权权利人应当依法承担赔偿责任。该赔偿责任应当是因错误扣留而使对方受到的经济损失。兆鹰公司错误申请海关扣留艾格尔公司的出口货物，导致艾格尔公司实际交货时间违反合同约定。艾格尔公司与案外人的销售合同中已经协议约定了违约金，该迟延交货的损失属于艾格尔公司的经济损失。

七、关于知识产权诉讼证据与程序

35. 人民法院应否受理因商标注册申请权权属产生的争议

在湖南省土家人酒业有限公司（原湖南省土家人工贸有限公司，以下简称酒业公司）与湖南土家人集团工贸有限公司（原湖南湘西自治州土家人事业有限责任公司，以下简称湘西公司）、湖南省正邦商标事务所（以下简称正邦事务所）确认商标申请权权属纠纷案［（2010）民监字第407号］中，最高人民法院认为，当事人在商标注册申请过程中因申请权权属发生的争议，属于民事纠纷，只要符合民事诉讼法第一百零八条规定的条件，人民法院即应予以受理。

本案的基本案情是：2001 年 10 月 26 日，酒业公司委托正邦事务所代理向国家工商行政管理总局商标局（以下简称商标局）申请“土家人及图”商标（以下简称诉争商标）在第 33 类产品上的注册，被商标局驳回。酒业公司向国家工商行政管理总局商标评审委员会（以下简称商标评审委员会）申请复审。2002 年 9 月 27 日，商标评审委员会依法受理酒业公司的商标注册驳回复审申请。2004 年 1 月 6 日，湘西公司工作人员罗明携带“湖南省土家人工贸有限公司”（酒业公司原名称）字样的公章和湘西公司的公章到正邦事务所办理了诉争商标的申请转让手续。2004 年 4 月 28 日，商标局核准了该商标注册申请的转让，该商标的注册申请人为湘西公司。2004 年 6 月 21 日，酒业公司委托长沙市公安局对商标转让申请书中“湖南省土家人工贸有限公司”的印文进行了鉴定，鉴定认定该印文不是真章所盖，而是伪造形成。2004 年 8 月 23 日，商标评审委员会复审决定，对诉争商标予以初步审定并公告。2005 年 1 月 4 日，酒业公司提起诉讼，请求确认诉争商标注册申请权归酒业公司所有，湘西公司赔偿其经济损失。湖南省长沙市中级人民法院一审认为，商标注册申请人或利害关系人在商标注册申请过程中因商标注册申请权权属发生纠纷而提起诉讼的，人民法院依法可以受理。本案中的商标注册申请转让行为属无效民事行为，酒业公司应为诉争商标的注册人。但湘西公司擅自办理转让的行为不属于侵害注册商标专用权的行为。遂判决诉争商标注册申请权归酒业公司所有；驳回酒业公司的其他诉讼请求。酒业公司不服一审判决，提起上诉。湖南省高级人民法院二审认为，本案中谁是商标注册在先申请人，应由有关行政机关审查，一审法院进行审理不当。遂判决撤销一审判决，驳回酒业公司的诉讼请求。酒业公司不服二审判决，向最高人民法院申请再审。最高人民法院审查查明，2002 年 1 月 5 日，湘西公司与酒业公司就合作生产推广土家人系列白酒事宜签订了生产营销责任书，该责任书约定，注册的土家人品牌权属湘西公司。遂在变更裁判理由的基础上于 2010 年 10 月 11 日裁定驳回酒业公司的再审申请。

最高人民法院审查认为：当事人在商标注册申请过程中因申请权权属发生的争议，属于民事纠纷，只要符合民事诉讼法第一百零八条规定的条件，人民法院即应予以受理。二审法院认为本案应由有关行政机关审查，法院不应进行审理的判决理由不当，应予纠正。根据湘西公司与酒业公司签订的“生产营销责任书”等证据，诉争商标应属于湘西公司所有，故本案即使认定商标注册申请转让无效，也不影响双方关于诉争商标应归属于湘西公司的约定的效力。二审法院从实体上驳回酒业公司诉讼请求适当，且考虑酒业公司已过申请再审法定期限和原审法院不予受理其再审申请的实际情况，本院对酒业公司申请再审的请求不予支持。

36. 涉外知识产权案件不适用《最高人民法院关于涉外民商事案件诉讼管辖若干问题的规定》

在申请再审人阿迪达斯有限公司（ADIDAS AG）（以下简称阿迪达斯公司）与被申请人阿迪王体育用品（中国）有限公司（以下简称阿迪王公司）、原审被告华珠（泉州）鞋业有限公司（以下简称华珠公司）、郭艳梅侵犯商标权及不正当竞争纠纷案［（2010）民申字第1114号］中，最高人民法院认为，《最高人民法院关于涉外民商事案件诉讼管辖若干问题的规定》不适用于涉外知识产权案件。

本案的基本案情是；2008年8月19日，阿迪达斯公司以阿迪王公司、华珠公司、郭艳梅侵犯商标权及不正当竞争为由向辽宁省营口市中级人民法院提起诉讼，请求判令阿迪王公司、华珠公司、郭艳梅立即停止侵犯其注册商标专用权的行为；华珠公司、阿迪王公司立即停止在产品和商业活动中使用阿迪王体育用品（中国）有限公司、德国阿迪王（国际）体育发展集团有限公司企业名称的不正当竞争行为；阿迪王公司变更其含有“阿迪王”字号的企业名称；阿迪王公司、华珠公司、郭艳梅在全国发行的报纸上消除影响；阿迪王公司、华珠公司、郭艳梅连带赔偿经济损失100万元。华珠公司在提交答辩状期间以华珠公司、阿迪王公司的住所地、涉案产品生产地均在福建省泉州市，华珠公司在辽宁省营口市并没有销售或仓储涉案产品，也没有被查封扣押事项为由提出管辖异议。辽宁省营口市中级人民法院一审认为，根据《最高人民法院关于审理商标民事纠纷案件适用法律若干问题的解释》第六条、第七条规定，对涉及不同侵权行为实施地的多个被告提起的共同诉讼，原告可以选择其中一个被告的侵权行为实施地人民法院管辖。阿迪达斯公司将阿迪王公司、华珠公司、郭艳梅作为共同被告起诉，郭艳梅销售被控侵权产品的行为实施地在辽宁省营口市，因此，营口市中级人民法院对本案依法拥有管辖权。故裁定驳回华珠公司的管辖异议。阿迪王公司不服一审裁定，提起上诉。辽宁省高级人民法院二审认为，因被告郭艳梅销售被控侵权产品的行为实施地在辽宁省营口市，营口市为侵权行为的实施地，营口市中级人民法院对本案有地域管辖权。本案系涉外民事案件，涉外民商事案件实行集中管辖，营口市等市区域内的第一审涉外民商事案件，由大连市中级人民法院管辖。故裁定移送大连市中级人民法院管辖。阿迪达斯公司不服二审裁定，向最高人民法院申请再审。最高人民法院于2010年11月8日裁定指令辽宁省高级人民法院再审。

37. 宣告专利权无效行政诉讼对侵犯专利权民事诉讼的影响

在申请再审人贵阳黔江航空电热电器厂（以下简称黔江电器厂）与被申

请人张保忠、林金栋、一审被告贵阳红华家电超市有限公司（以下简称红华超市）侵犯实用新型专利权纠纷案［（2010）民申字第1038号］中，在二审判决被告承担侵犯专利权责任，但专利权已经于二审判决之前被宣告无效且无效宣告请求审查决定被提起行政诉讼的情况下，最高人民法院认为，国家知识产权局专利复审委员会作出的宣告专利权无效决定还处于行政诉讼程序，而本申请再审案的审查以该行政诉讼的审理结果为依据，因此，在上述行政诉讼审结之前，应中止本案诉讼，并中止原审判决的执行。

本案的基本案情是：2009年，张保忠、林金栋以黔江电器厂和红华超市为被告提起侵犯实用新型专利权诉讼。贵州省贵阳市中级人民法院一审判决两被告承担侵权责任。黔江电器厂不服一审判决，提起上诉。贵州省高级人民法院于2010年5月17日作出驳回上诉、维持原判的二审判决。黔江电器厂不服二审判决，向最高人民法院申请再审。最高人民法院审查查明，国家知识产权局专利复审委员会于2010年4月30日作出第14837号无效宣告请求审查决定，宣告涉案专利权全部无效。北京市第一中级人民法院于2010年8月11日受理了张保忠、林金栋针对第14837号无效宣告请求审查决定提起的行政诉讼，目前该案尚在审理中。最高人民法院于2010年11月5日裁定，本案中止诉讼；中止诉讼期间，中止原审判决的执行。

38. 当事人未在行政程序中提交的证据应否采纳

在申诉人国家工商行政管理总局商标评审委员会（以下简称商标评审委员会）与被申诉人商丘市汉方堂生物科技有限公司、原审第三人广东国医堂制药股份有限公司（以下简称国医堂公司）商标撤销复审行政纠纷案［（2010）知行字第28号］中，最高人民法院认为，在行政诉讼程序中，人民法院对于原告提交的新证据一般不予采纳，并非一概不予采纳，且不予采纳的前提条件是原告依法应当提供而拒不提供。

本案的基本案情是：1995年10月16日，河南省国医保健用品总厂申请注册“国医”商标（以下简称复审商标），于1997年5月7日获准注册，该商标由“国医”汉字与包括汉语拼音“GUOYI”的图形组成，核定使用的商品是第5类医用保健袋、口罩、药茶等。2003年3月3日，复审商标经国家工商行政管理总局商标局（以下简称商标局）核准转让给商丘市汉方堂美容保健品有限公司（以下简称保健品公司）。2007年6月26日，经商标局核准，该复审商标注册人变更为商丘市汉方堂生物科技有限公司（以下简称汉方堂公司）。2004年4月5日，国医堂公司以复审商标连续三年停止使用为由向商标局提出撤销申请。商标局于2004年6月14日通知保健品公司提交在2001年4月5日至2004年4月4日期间复审商标的使用证据。保健品公司提交了相关证据。2005年3月21日，商标局经审查作出“撤200400475号决定”，认为保健品公司提交的使用证据有效，驳回国医堂公司的撤销申请，复审商标继续有效。国医堂公司不服该决定，向商标评审委员会申请复审。2008 年 6 月 11 日，商标评审委员会作出商评字［2008］第 05663 号决定，认定本案中现有证据均不足以证明复审商标在 2001 年 4 月 5 日至 2004 年 4 月 4 日期间，在商业活动中公开、真实地进行了实际使用，依据商标法第四十九条的规定，将复审商标予以撤销。汉方堂公司不服该决定，提起行政诉讼并补充提交了有关使用复审商标的相关证据。北京市第一中级人民法院一审认为，对于汉方堂公司未在行政程序中提供的证据以及第三人国医堂公司提供的证据，依据《最高人民法院关于行政诉讼证据若干问题的规定》第五十九条的规定，不予采纳。汉方堂公司在商标行政程序中提交的证据均不足以证明复审商标在 2001 年 4 月 5 日至 2004 年 4 月 4 日期间进行了商标法意义上的实际使用，遂判决维持商标评审委员会作出的被诉决定。汉方堂公司不服一审判决，提起上诉。北京市高级人民法院二审认为，复审商标本身权利状况发生多次改变，证据收集本身存在一定的障碍，汉方堂公司在每一程序阶段亦均未漠视程序价值，相反积极收集、提交证据，维护自己的权益，不存在行政程序中故意不提供证据的情形；鉴于汉方堂公司在一审、二审程序中多次补充提交新证据，虽然这些新证据并非商标评审委员会作出被诉决定时所依据的证据，但部分证据属于对行政程序中提交证据的补强，依法应予考虑，一审法院对汉方堂公司在一审程序中新提交的补强证据不予采纳错误，应予纠正。遂判决撤销一审判决及被诉决定。商标评审委员会不服二审判决，向最高人民法院申请再审。最高人民法院于 2010 年 9 月 6 日通知驳回其再审申请。

最高人民法院审查认为：根据《最高人民法院关于行政诉讼证据若干问题的规定》第二条“原告或者第三人提出其在行政程序中没有提出的反驳理由或者证据的，经人民法院准许，被告可以在第一审程序中补充相应的证据”的规定，原告可以提出其在行政程序中没有提出的反驳理由或者证据。该司法解释第五十九条规定了“被告在行政程序中依照法定程序要求原告提供证据，原告依法应当提供而拒不提供，在诉讼程序中提供的证据，人民法院一般不予采纳”。根据该条的规定，人民法院对提交的新证据不予采纳的限定条件是原告依法应当提供而拒不提供，不提供的后果是人民法院一般不予采纳，并非一概不予采纳。本案中，二审法院考虑复审商标本身权利状况发生多次改变，证据收集本身存在一定的障碍等因素，认定汉方堂公司不存在行政程序中拒不提供证据的情形，并同时考虑行政诉讼救济价值，对于当事人无不当理由而未能在行政程序中提供有效证明自己主张的证据，应予以充分考虑，并无不当。

39. 互联网下载图片证据的认定和举证责任的分配

在申请再审人华盖创意（北京）图像技术有限公司（以下简称华盖公司）与被申请人中国外运重庆有限公司（以下简称重庆外运公司）侵犯著作权纠纷案［（2010）民提字第199号］中，最高人民法院再审采信了华盖公司提供的旨在证明涉案作品权属的互联网下载图片等证据，根据该下载图片上的署名，结合重庆外运公司未提交相反证据的事实等具体情况认定下载图片的署名人为作者；并以重庆外运公司未提交证据证明其对涉案作品的使用有合法依据为由，推定涉案作品在重庆外运公司使用之前已经公开发表，即认定了重庆外运公司已实际接触涉案作品的事实。

本案的基本案情是：华盖公司是美国Getty Images，Inc（以下简称Getty公司）在中国的授权代表。Getty公司授权华盖公司在中国境内展示、销售和许可他人使用其拥有著作权的图像资料，并以其自身名义在中国境内就任何第三方对Getty公司的知识产权的侵犯和未经授权使用Getty公司拥有著作权的图像的行为采取任何形式的法律行为。华盖公司提起诉讼称，重庆外运公司未经授权在其2006年制作的企业宣传画册中使用了Getty公司享有著作权的一张图片（以下简称涉案图片），请求判令重庆外运公司停止使用涉案图片、赔偿其经济损失，并提交了2009年3月23日在Getty公司互联网网站公证取证的涉案图片等作为证据。重庆外运公司以该宣传画册系其委托广告公司制作，故不构成侵权为由提出抗辩。重庆市第一中级人民法院一审认为，华盖公司提交的公证书仅能证明Getty公司在公证时享有涉案图片的著作权，但未能证明Getty公司在涉案宣传画册形成之前就拥有涉案图片的著作权，遂判决驳回了华盖公司的诉讼请求。华盖公司提起上诉，并提交了涉案图片上传时间的公证书等新证据。重庆市高级人民法院二审认为，公证书所记载的图片上传时间来源于华盖公司自有的网站管理后台，该公司有能力对其进行修改，不应予以采信；现有证据不能确定涉案图片的上传时间，华盖公司未能证明Getty公司在宣传画册形成之前就拥有涉案图片的著作权，遂判决驳回上诉，维持一审判决。华盖公司不服二审判决，向最高人民法院申请再审。最高人民法院提审本案后于2010年12月16日作出再审判决，撤销一、二审判决，并判令重庆外运公司停止使用涉案图片并赔偿华盖公司经济损失。

最高人民法院再审认为：本案中，Getty公司虽未参加诉讼，但其是否享有涉案图片的著作权，直接关系其对华盖公司的授权行为是否存在瑕疵，以及对华盖公司的主张能否予以支持的问题，故应对此进行必要的审查，并结合双方当事人提供的证据综合分析判断。首先，Getty公司系美国知名的专业图片提供商，涉案图片上有“Getty Images”的水印，即Getty公司的署名，并标注了“本网站所有图片均由Getty公司授权发布，侵权必究”等字样，根据著作权法的规定，无相反证明，应认定在作品上的署名者为作者，并享有著作权。本案中，Getty公司出具的授权书已经美国公证机构公证，及我国驻美国旧金山总领事馆认证，对此证据效力应予采信。依据该授权书，华盖公司作为Getty公司在中国的授权代表，有权在中国境内展示、销售和许可他人使用Getty公司拥有著作权的图片，并有权在中国境内以华盖公司名义就任何侵权行为提起诉讼。其次，关于涉案图片何时公开发表的问题。鉴于本案中重庆外运公司使用的涉案图片与Getty公司享有著作权的图片完全相同，但重庆外运公司既未提交证据证明涉案图片的著作权不属于Getty公司，亦未能证明其对涉案作品的使用有合法依据，据此，可以推定涉案图片在重庆外运公司2006年使用之前已经公开发表，至于涉案图片发表的具体时间已不重要。一审法院将华盖公司2009年3月23日申请公证机构公证的时间，作为Getty公司享有著作权的时间，缺乏法律依据。二审法院以“现有证据不能证明Getty公司在2006年前对涉案图片享有著作权”为由，认定华盖公司不能依据Getty公司的授权，享有相关著作权及提起本案诉讼的权利，亦法律依据不足。根据华盖公司在一审、二审及申请再审过程中提供的相关证据，可以认定华盖公司已经取得Getty公司合法授权，其据此主张权利，依法应予支持。重庆外运公司未经许可，擅自使用涉案图片，并用于企业宣传推广，侵犯了华盖公司依法享有的复制权和发行权，应当承担停止侵害、赔偿损失的民事责任。重庆外运公司以其只是企业宣传册的使用者，不是制作者，没有侵权的故意，不构成侵权抗辩的理由不能成立。对于企业宣传画册制作者的责任，重庆外运公司可以依据其与该制作者签订的合同，另案解决。

40. 新产品制造方法专利侵权纠纷中举证责任的分配及“新产品”的认定

在前述欧意公司再审案中，最高人民法院认为，专利法第五十七条第二款规定，“专利侵权纠纷涉及新产品制造方法的发明专利的，制造同样产品的单位或者个人应当提供其产品制造方法不同于专利方法的证明。”根据该规定，在此类专利侵权纠纷中，由被诉侵权人承担证明其产品制造方法不同于专利方法的举证责任，需满足一定的前提条件，即权利人能够证明依照专利方法制造的产品属于新产品，并且被诉侵权人制造的产品与依照专利方法制造的产品属于同样的产品；在认定一项方法专利是否属于新产品制造方法专利时，应当以依照该专利方法直接获得的产品为依据；所谓“依照专利方法直接获得的产品”，是指使用专利方法获得的原始产品，而不包括对该原始产品作进一步处理后获得的后续产品。

本案的相关案情是：吉林省长春市中级人民法院一审认为，目前国内市场上只有原告生产的苯磺酸左旋氨氯地平及其片剂，以及欧意公司生产的马来酸左旋氨氯地平及其片剂，而原告产品的上市时间早于欧意公司产品。原告的左旋氨氯地平产品于 2001 年 5 月被原国家经济贸易委员会认定为 2001 年度国家重点新产品，2001 年 6 月被原国家经济贸易委员会评为“九五”国家技术创新优秀项目奖，被告虽然认为原告的产品不是新产品，但是未提供充分的证据反驳。因此，涉案专利应为新产品的制造方法专利。中奇公司、华盛公司、欧意公司未能证明其产品制造方法不同于涉案专利方法，应依法承担相应的侵权责任。吉林省高级人民法院二审对中奇公司等关于涉案专利不属于新产品制造方法专利的主张不予支持，维持了一审判决。欧意公司不服二审判决，向最高人民法院申请再审。最高人民法院在再审中明确了原告在涉及新产品制造方法专利的侵权纠纷中的举证责任和新产品的认定问题，判决驳回了张喜田的诉讼请求。

最高人民法院再审认为：依照涉案专利方法直接获得的产品是“结合一个 DMSO-d_6 的(S)-(-)-氨氯地平的 D-酒石酸盐”，或“结合一个 DMSO-d_6 的(R)-(+)-氨氯地平的 L-酒石酸盐”，其中前者即为制造左旋氨氯地平的中间产物，而非左旋氨氯地平本身；而后者即为制造右旋氨氯地平的中间产物，亦非右旋氨氯地平本身。由于在涉案专利的申请日之前，上述中间产物并未为国内外公众所知悉，可以认定依照涉案专利方法直接获得的产品是新产品，涉案专利属于新产品制造方法专利。虽然涉案专利是一项新产品制造方法专利，但要由被诉侵权人中奇公司、华盛公司、欧意公司承担证明其产品制造方法不同于专利方法的举证责任，还须由权利人张喜田证明被诉侵权人制造的产品与依照专利方法直接获得的产品属于同样的产品。张喜田提供的证据虽然能够证明华盛公司、欧意公司制造了马来酸左旋氨氯地平及其片剂，并且马来酸左旋氨氯地平的制造须以左旋氨氯地平为原料，但张喜田并没有提供证据证明华盛公司、欧意公司在制造马来酸左旋氨氯地平及其片剂时，也制造了“结合一个 DMSO-d_6 的(S)-(-)-氨氯地平的 D-酒石酸盐”中间产物，因此，张喜田提供的证据并不足以证明华盛公司、欧意公司制造的产品与依照涉案专利方法直接获得的产品属于同样的产品，本案不应由华盛公司、欧意公司承担证明其产品制造方法不同于专利方法的举证责任。

41. 药品制备方法发明专利侵权纠纷中举证责任的分配和被诉侵权技术方案的查明

在上诉人（美国）伊莱利利公司（以下简称伊莱利利公司）与被上诉人江苏豪森药业股份有限公司（以下简称豪森公司）侵犯发明专利权纠纷案[（2009）民三终字第 6 号]中，最高人民法院强调了被诉侵权人对于新产品的制造方法承担倒置举证责任的条件，并在查明相关技术事实的情况下，认定被诉侵权药品制备方法的相关技术内容应由专利权人承担举证责任。此外，最高人民法院根据化学理论基本知识、专利说明书和杂志发表论文披露的技术内容、被诉侵权人补充的确证实验的结论等证据，认定鉴定结论关于被诉侵权技术方案中相关技术内容的推定具有事实基础，原审法院采信鉴定结论并无不当。

本案的基本案情是：伊莱利利公司向江苏省高级人民法院提起本案诉讼称，其拥有抗癌药品吉西他滨及吉西他滨盐酸盐的三项中国发明专利权。豪森公司未经许可使用涉案专利方法制备了吉西他滨和吉西他滨盐酸盐并对该产品进行了促销，构成侵权。一审法院查明，伊莱利利公司的三项专利构成生产制备吉西他滨盐酸盐和吉西他滨的完整技术方案，专利一是“立体选择性糖基化方法”的方法发明专利，已经被宣告全部无效。专利二是“提纯和分离2’-脱氧-2，2’二氟核苷的方法”的方法发明专利。该专利说明书记载，“在含水酸中加入稀释的反应混合物而产生的酸性混合物，最好在适度搅拌下保持一段时间。在此保持期所发生的物理变化是过量的R”（被保护的或未被保护的胞嘧啶）溶于含水酸层中，而所需的β-核苷沉淀出来。这种沉淀是有选择性的，而不需要的α核苷则大部分留在有机层中”。专利三是“1-（2’-脱氧-2’，2’-二氟-D-呋喃核糖基）-4-氨基嘧啶-2-酮盐酸盐的制备方法”的方法发明专利。2001年5月18日，国家药品监督管理局向豪森公司核发了注射用盐酸吉西他滨新药证书及生产批件，申报的生产工艺名称为中试工艺。豪森公司涉案药品的申报材料中记载了各步反应的具体条件、装置、原料、温度以及时间和操作方法等，但对三次中试实验第八步反应产物即第九步反应起始物甲磺酸酯10α/10β的比例没有记载，第九步反应产物11α/11β记载为1.15∶1，为α异头物富集的核苷。一审法院委托对豪森公司的研制方法（即中试工艺）与伊莱利利公司三项专利所记载的方法是否相同进行了鉴定。鉴定结论为：专利二所提纯和分离的混合物是富含β异头物的核苷，根据豪森公司工艺步骤，经过打浆过滤等程序，得到的α、β之比为1.15∶1，为α富集，在处理前的混合物也应为α富集。因此，两方法所处理的关键混合物不同，两方案不同。一审法院关于鉴定结论的技术异议认为，虽然豪森公司的11α/11β中的α∶β为1.15∶1是在经过分离提纯后的核苷之比，而非SN2反应产物的直接比例。但从分离纯化过程来看，两者方法一致，豪森公司的11α/11β中的α∶β为1.15∶1是在经过分离提纯后的核苷之比，结合专利二说明书的相关表述内容可知，在分离纯化过程中，α核苷大多是被留在了溶液中而未能被提纯。在α核苷有更多损失的情况下，提纯所得的产物比仍然是α核苷富集，这说明在提纯前α核苷所占的比例应更大，豪森公司相关工艺步骤针对的是α异头物核苷富集的混合物，分离纯化不会产生相反的比例。因此，一审法院对技术鉴定报告关于被诉侵权技术与专利二不相同的技术比对结论予以了采信，并判决驳回伊莱利利公司的诉讼请求。伊莱利利公司上诉称，豪森公司应当依法记录关键步骤甲磺酸酯（10α/10β）的 α、β 比例，该比例是判断被诉侵权方法是否落入专利二、专利三保护范围的关键据，鉴于豪森公司始终拒绝履行其举证责任，一审法院应当依法推定，一旦豪森公司披露该证据，将产生对豪森公司不利的后果。豪森公司有意拒绝提供其制备吉西他滨盐酸盐的真实方法及 10α/10β 的 α、β 比例等真实数据，一审法院以所谓“推定”取代豪森公司的举证责任，得出不构成侵权的结论是错误的。豪森公司答辩称，10α/10β 的比例不是判断被诉侵权方法侵犯专利二和专利三的关键数据，因为只有在判断专利一的保护范围时才需要该比例，专利一被全部宣告无效，不再需要审理该比例。而且，该比例应当由伊莱利利公司承担举证责任。最高人民法院二审查明，1. 专利三说明书在背景技术中记载，1-（2’-脱氧-2’，2’-二氟-D-呋喃核糖基）-4-氨基嘧啶-2-酮盐酸盐（亦称为 2’-脱氧-2’，2’-二氟胞苷盐酸盐或吉西他滨盐酸盐）是本领域中已知的一系列 2’-脱氧-2’，2’-二氟核苷之一，在美国专利 4526988 和 4808614 中已公开并教导了这些化合物有抗病毒活性。欧洲专利申请公开 184365 称这些相同的二氟核苷剂有溶瘤细胞活性，吉西他滨盐酸正在进行临床评价以决定它用作治疗各种癌症，例如胰腺癌的效果。吉西他滨的合成是一个多步方法。本发明提供一个更经济和效率更高的制备吉西他滨盐酸盐的方法。2. 豪森公司在一审中提交了包括其补充的确证实验在内的三份材料，申请法院在作鉴定中予以使用。补充材料一、二记载的实验结论为，中试工艺第九步反应原料是 β 富含物（α/β 为 1∶1.05），产物是 α 富含物（α/β 为 1.12∶1）。补充材料三记载，中试工艺共三种方法，均是在研制过程中使用过的工艺，1999 年向国家 SDA 申报时选择了工艺一。3. 二审庭审中，双方当事人确认，吉西他滨盐酸盐的制备方法不是只有本案专利方法一种，可以用 β 异头物富集的核苷以外的其他物质制备吉西他滨盐酸盐。4. 根据中国医药工业杂志发表的《盐酸吉西他滨的合成》一文记载的内容，3α/3β、4α/4β 与豪森公司中试工艺的第八步、第九步在反应条件、技术参数上基本一致。文章中的数据显示，相当于 10α/10β 的步骤的 3α/3β 是 1∶1.01，β 富集的糖，4α/4β 比例大致为 1.2∶1，1.28∶1，1.31∶1。最高人民法院于 2010 年 12 月 3 日判决驳回上诉，维持原判。

最高人民法院二审认为：1. 本案鉴定结论是在推定的基础上作出的，这种推定具有事实基础，原审判决采信鉴定结论并无不当。理由为：（1）同样的产物可以由不同的反应物通过不同的方法制得，但在反应条件和目标物及工艺路线确定时，推断另一个反应物是有可能的；（2）豪森公司中试工艺中的 11α/11β 的比例是 1.15∶1，是经过分离纯化后的比例。由于豪森公司和伊莱利利公司采用的分离纯化的方法是一样的，结合专利二说明书记载的当用无机酸处理反应混合物时会减少 α 核苷的含量而增加 β 核苷的相对含量的内容，在工艺步骤分离纯化过程中，α 核苷大多是留在溶液中而没有被提纯出来，在 α 核苷存在更多的损失的情况下，豪森公司提纯出来的产物应当是 α 富集，纯化前的混合物中 α 异头物富集的程度相对更高。而且伊莱利利公司也未提交证据证明分离纯化会使 α/β 的构型发生变化；（3）《盐酸吉西他滨的合成》一文中的相关数据在容忍的误差范围内印证了鉴定报告推论的正确。此外，豪森公司在一审提交的补充材料一、二的数据也补强了其中试工艺第九步反应原料是 β 富含的糖，产物是 α 富含的核苷。2. 关于豪森公司第九步反应的起始物甲磺酸酯 10α/10β 的比例是否应当由豪森公司负举证责任。一审法院已经从江苏省药品监督管理局调取了豪森公司的相关申报材料，经与国家药品监督管理局的报批资料核对，两者的生产工艺名称、内容一致。豪森公司亦提供了相关的生产批件及对应的申报材料、生产工艺、补充材料等。比对的结果是不落入专利二、专利三的保护范围，故不能认为豪森公司没有提供其制备吉西他滨盐酸盐的方法。况且，根据专利法的规定，被诉侵权人对新产品的制造方法承担倒置举证责任是有条件的，即专利权人首先应当证明被诉侵权方法所生产的产品与涉案专利方法所生产的产品属于相同的产品；同时，还应当证明依据专利方法直接获得的产品是新产品。本案专利一的关键是合成反应物，β 异头物富集的核苷是专利一直接获得的产品。专利二是对专利一得到的反应物进行纯化反应。专利三是对专利二所得到的纯化物进行脱保护的方法。伊莱利利公司起诉时提交了豪森公司生产的盐酸吉西他滨药品，但并没有证明豪森公司实际生产了 β 异头物富集的核苷，而且，在二审中双方均认可，并非只有 β 异头物富集的核苷可以制备得到盐酸吉西他滨，盐酸吉西他滨可以用 β 异头物富集的核苷以外的其他物质制备。因此，即使根据《中华人民共和国专利法》（1992 修正）第六十条第二款的规定，对合成步骤的举证责任也应当由伊莱利利公司负担，而不应当倒置由豪森公司承担。伊莱利利公司上诉主张豪森公司应当举证证明甲磺酸酯 10α/10β 的比例的理由，不予支持。

42. 专利侵权纠纷中被诉侵权技术方案的查明

在前述万高公司再审案中，最高人民法院认为，根据现有证据，能够查明被诉侵权产品的完整生产工艺，无需根据《最高人民法院关于民事诉讼证据规则的若干规定》第七十五条的规定，以生产工艺不完整为由推定被诉侵权产品的生产工艺与专利等同；即使认为被诉侵权人没有按照现有证据载明的生产工艺生产被诉侵权产品，也应当依法进行证据保全，譬如现场勘验、查封扣押生产记录等，而不是简单地进行推定。

本案的相关案情是：优他公司是名称为“藏药独一味软胶囊制剂及其制备方法”的发明专利（以下简称涉案专利）的专利权人。涉案专利权利要求 1

中关于独一味提取物的提取方法为：B1、取独一味药材，粉碎成最粗粉；B2、加水煎煮二次，第一次加 10～30 倍量的水，煎煮 1～2 小时，第二次加 10～20 倍量水，煎煮 0.5～1.5 小时；B3、合并药液，滤过，滤液浓缩成稠膏；B4、减压干燥，粉碎成细粉，过 200 目筛，备用。2007 年 2 月 7 日，优他公司向四川省成都市中级人民法院提起诉讼称，万高公司使用涉案专利制造和销售、科伦公司销售“独一味软胶囊”，侵犯了涉案专利权。一审法院根据优他公司的申请向国家食品药品监督管理局（以下简称国家药监局）调取了“独一味软胶囊”生产工艺的研究资料，载明被诉侵权产品中独一味提取物的提取方法为：b1、取独一味药材 1000g，粉碎；b2、加 10 倍量水煎煮 3 次，每次 1 小时；b3、合并煎液，滤过，滤液浓缩成相对密度为 1.30 的清膏；b4、在 80℃以下干燥，研成细粉备用。对于涉案专利 B4 与被诉侵权产品中 b4 的对比，一审法院认为，b4 干燥后要求研成的细粉，应当是一个能满足软胶囊制剂要求的各种颗粒大小粉末的上位概念，并且包括了 B4 提出的过 200 目筛的细粉。由于 b4 仅有研成细粉的要求，其颗粒的均匀性效果上将不及 B4 提出的过 200 目筛的细粉，而 B4 中的过筛环节对最终细粉的粒度进行了质量控制，均一性效果更优，二者的细粉粒度不会存在本质上效果的不同。四川省成都市中级人民法院一审认定成侵权。四川省高级人民法院二审认为，本案中涉案专利权利要求虽然是产品权利要求，但其中包含生产方法的技术特征，而对于药品生产企业而言，此类生产方法一般均处于他人难以获取的保密状态，因此，优他公司才在一审程序中申请法院从国家药监局调取了“独一味软胶囊”生产工艺的研究资料。由于上述证据中对于万高公司“独一味软胶囊”生产工艺的记载并不完整，没有明确记载其中的具体干燥和过筛方法，优他公司主张万高公司的技术方案侵犯其发明专利权，并在一、二审程序中多次要求万高公司提供其产品批生产记录及 GMP 申报材料等记载产品详细生产过程的资料，否则应当承担对其不利的法律责任。万高公司在举证期限内未提供上述证据以证明其在干燥和过筛程序中与涉案专利方案不同，根据《最高人民法院关于民事诉讼证据的若干规定》第七十五条的规定，推定被诉侵权产品 b4 与涉案专利 B4 属于等同特征。万高公司不服，向最高人民法院申请再审。最高人民法院提审本案后查明，根据《中华人民共和国药典》（2000 年版，一部）（以下简称《药典》）记载，细粉指能全部通过五号筛即 80 目筛，但含有能通过六号筛（即 100 目筛）不少于 95％的粉末。万高公司在申请再审时提交了三份批生产记录，其记载的工艺过程包含了粉碎过 80 目筛的内容，并无过 200 目筛的步骤。

最高人民法院再审认为：本案中，一、二审法院均认定万高公司生产被诉侵权产品所使用的技术方案即为优他公司申请向国家药监局调取的“独一味软胶囊”生产工艺的研究资料所载明的技术方案，可以以该技术方案的特征与涉案专利权利要求1记载的相应技术特征进行比较。从该技术方案的内容看，对于独一味清膏干燥后研磨细度的要求，只有“研成细粉备用”的技术特征，没有“过200目筛”的技术特征，而根据《药典》的规定，“研成细粉”是指过80目筛的细粉，万高公司提交的批生产记录也进一步佐证该生产工艺在过80目筛后并无过200目筛的工艺步骤。可见该项工艺是完整的。虽然优他公司认为万高公司实际使用的方法是过200目筛，但并没有提供相应的证据予以证明，应认为被诉侵权产品缺少涉案专利权利要求1记载的“过200目筛”的技术特征。原审判决以调取的生产工艺不完整为由，根据《最高人民法院关于民事诉讼证据规则的若干规定》第七十五条的规定，简单推定“研成细粉”与“粉碎成细粉，过200目筛”等同，显然不妥。人民法院认定案件事实，应当首先根据现有证据进行。就本案来说，已经有一审法院调取的被诉侵权产品的生产工艺方法、万高公司提交的《药典》以及优他公司提交的涉案专利权利要求书和说明书等现有证据，根据这些证据记载的内容，完全可以认定调取的生产工艺中记载的“研成细粉备用”，是指过80目筛的细粉，而不是过200目筛的细粉，其工艺是完整的，根本不需要再根据《最高人民法院关于民事诉讼证据规则的若干规定》第七十五条的规定进行推定。退一步说，如果认为万高公司没有按照药品标准载明的生产工艺生产被诉侵权产品，也应当根据民事诉讼法和专利法有关证据保全的规定，依法进行证据保全，譬如现场勘验、查封扣押生产记录等，而不是简单地根据《最高人民法院关于民事诉讼证据规则的若干规定》第七十五条的规定进行推定。

43. 新产品制造方法专利侵权纠纷中被诉侵权人实施自有方法抗辩的审查

在前述欧意公司再审案中，在鉴定机构依照被诉侵权人主张的自有方法无法制得被诉侵权产品，被诉侵权人主张其实施自有方法存在一定的技巧和诀窍的情况下，最高人民法院根据各方当事人的请求，对被诉侵权人欧意公司制造相关产品的方法进行了现场试验，由被诉侵权人欧意公司进行试验验证，试验结果与其他证据相互印证，证明欧意公司依照自有方法能够制得被诉侵权产品，故最高人民法院支持了被诉侵权人实施自有方法的抗辩主张。

本案的相关案情是：中奇公司、华盛公司、欧意公司在一审中提交了专利号为200310119335.7的发明专利（以下简称335专利）申请公开说明书以及相关证据，用以证明其制造被诉侵权产品的方法与涉案专利方法不同。吉林省长春市中级人民法院一审查明，涉案专利公开了制造左旋氨氯地平的方法，由左旋氨氯地平可进一步制得马来酸左旋氨氯地平、苯磺酸左旋氨氯地平等下游产品。经委托法源司法科学证据鉴定中心（以下简称法源中心）进行鉴定，法源中心出具检验报告认为依照 335 专利方法不能达到拆分氨氯地平的目的。一、二审法院据此认为中奇公司、华盛公司、欧意公司提供的专利方法不能实现拆分氨氯地平的目的，中奇公司等应承担相应的侵权责任。为验证依照欧意公司的 335 专利能否制得左旋氨氯地平，最高人民法院根据各方当事人的请求，对欧意公司制造左旋氨氯地平的方法进行了现场勘验，由欧意公司依照 335 专利中记载的方法进行现场试验。试验结果表明，欧意公司依照 335 专利中记载的方法成功制得了左旋氨氯地平。

最高人民法院再审认为：欧意公司的现场试验结果与其他相关证据相互印证，可以证明欧意公司使用自有方法能够制得左旋氨氯地平，欧意公司关于依照自有方法制造左旋氨氯地平的抗辩理由成立。现场试验结果足以证明法源中心出具的检验报告的结论错误，因此，欧意公司关于该检验报告不能采信的再审理由成立。在进行化学试验时，操作人员的经验以及对操作技巧和诀窍的掌握程度均可能对试验结果产生实质性的影响。例如，在本案中，欧意公司在 335 专利说明书的实施例 1 中仅以“将所得固体在乙醇中重结晶”对重结晶步骤进行了相对概括的描述，但在现场试验过程中，欧意公司的工作人员实际上对重结晶步骤进行了认真、细致地观察和操作。因此，虽然法源中心组织的鉴定人员依照 335 专利无法制得左旋氨氯地平，但并不足以据此认定欧意公司依照该专利亦无法制得左旋氨氯地平。原审法院忽视了试验操作人员所掌握的经验、技巧以及诀窍对试验结果可能带来的实质影响，在欧意公司明确提出其在实施 335 专利时还拥有一定的经验、技巧和诀窍的情况下，对于欧意公司要求由其工作人员进行试验操作的请求置之不理，轻易采信法源中心的检验报告，有所不当。

结　语

每年定期发布知识产权案件年度报告，已经成为最高人民法院的一项制度化工作。这项工作既是最高人民法院统一法律适用标准、指导全国法院知识产权审判工作的重要方式，也是推进司法公开、自觉接受监督、树立司法权威的重大举措；既是对最高人民法院当年审判经验的回顾和总结，也是为将来制定司法解释和司法政策积累资源；既能全面展示知识产权法官们的司法智慧，也能充分诠释知识产权法官们为公正司法付出的艰辛和努力。同时也需要说明，本年度报告选用的案件体现了最高人民法院在具体的知识产权案件中对法律适用和裁判方法问题的认识和探索，而裁判具有较强的个案色彩，法律适用本身亦是一个与时俱进的过程，相关司法政策也会随着社会经济科技文化发展状况而进行相应调整，对此有关方面在参考借鉴本年度报告的法律适用意见时应充分注意。在知识产权审判工作方面，最高人民法院仍将根据形势和任务的要求，深入贯彻国家知识产权战略，依法公正高效审理各类知识产权案件，积极回应社会公众的司法需求，通过对个案纠纷的裁决和化解，更加奋发有为地为经济发展方式加快转变、经济结构战略性调整和实现经济社会平稳较快发展提供有力的司法保障，从而营造有利于创新发展的社会氛围，激发社会创造活力，为建设创新型国家作出积极努力。

最高人民法院办公厅
关于印发《最高人民法院知识产权案件年度报告（2011）》的通知

（2012年4月12日　法办〔2012〕95号）

各省、自治区、直辖市高级人民法院，解放军军事法院，新疆维吾尔自治区高级人民法院生产建设兵团分院：

2011年，最高人民法院新收的各类知识产权案件继续增长。其中，专利商标授权确权案件增长明显，涉及高新技术领域的专利案件和商标权人旨在维护市场利益和划定行为界限引发的商标案件比重较大，涉及软件、数据库、动漫等新兴产业领域的著作权案件和涉及网络技术、新型商业模式的不正当竞争纠纷增多，新类型和疑难案件高居不下。最高人民法院通过个案的审理和裁决，对新问题和新领域进行了深入研究并给予了及时回应。最高人民法院从2011年审结的知识产权案件中，精选了34件案件的裁判中涉及的44个具有普遍性指导意义的法律适用问题，形成《最高人民法院知识产权案件年度报告（2011）》。

知识产权案件年度报告是最高人民法院关于知识产权和竞争领域重大、复杂、疑难和新类型案件的审判标准、司法政策和裁判方法的集中反映。每年定期发布的知识产权案件年度报告，已经成为最高人民法院指导知识产权审判工作的重要载体和社会公众了解最高人民法院知识产权审判发展动态的重要渠道，并日益受到社会的普遍关注和有关方面的高度重视。最高人民法院将根据我国经济社会文化发展的新要求和人民群众对知识产权司法保护的新期待，进一步充分发挥知识产权审判职能作用，依法公正高效审理案件，切实有效回应社会司法需求，不断提升知识产权司法的权威性和公信力，努力开创知识产权司法保护新局面。

现将《最高人民法院知识产权案件年度报告（2011）》印发给你们，供各级人民法院在知识产权审判工作中参考借鉴。

特此通知。

附：

最高人民法院知识产权案件年度报告（2011）

序　言

2011 年，最高人民法院适应中国特色社会主义法律体系形成后的新要求，紧紧围绕执法办案第一要务，严格依法办案，保证知识产权案件公正高效审理；加强审判监督和业务指导，创新业务指导方式，确保知识产权司法统一；创新和发展诉讼与非诉讼相衔接的纠纷解决机制，加强诉讼调解，努力实现法律效果和社会效果的统一，知识产权审判工作取得新进展，知识产权司法保护对科技进步、知识创新和文化发展的规范、引导、促进和保障作用得到进一步发挥。

2011 年，最高人民法院知识产权审判庭全年共新收各类知识产权案件 420 件，比 2010 年增长 34.19%。在新收案件中，按照案件所涉权利类型划分，共有专利和其他技术类案件 163 件，商标案件 132 件，著作权案件 45 件，商业秘密案件 5 件，其他不正当竞争案件 10 件，知识产权合同案件 37 件，其他案件 28 件（主要涉及知识产权案件管辖权的确定问题）。按照案件性质划分，共有行政案件 115 件，占全部新收案件的 27.38%，其中专利行政案件 47 件，商标行政案件 68 件，分别比 2010 年增长 27.03%和 151.85%；共有民事案件 305 件，占全部新收案件的 72.62%。另有 2010 年旧存案件 46 件，2011 全年共有各类在审案件 466 件。全年共审结各类知识产权案件 423 件，其中二审案件 3 件，申请再审案件 363 件，提审案件 34 件，请示案件 22 件，抗诉案件 1 件。在审结的 363 件申请再审案件中，裁定驳回再审申请 256 件，裁定提审 49 件，裁定指令或者指定再审 33 件，裁定撤诉（包括和解撤诉）15 件，函转原审法院复查处理 1 件，以其他方式处理 9 件。在调撤案件中，广州市红太阳机动车配件有限公司与安徽江淮汽车集团有限公司、安徽江淮汽车股份有限公司确认不侵犯商标权纠纷等案件的成功调解，彻底化解了当事人之间的矛盾，实现了双方包容增长、和谐发展，在社会上产生了良好反响。

2011 年最高人民法院审理的知识产权和竞争案件呈现如下特点：专利商

标行政案件增长迅猛，在全部案件中所占比重增加，尤其是专利商标授权确权案件增长明显，成为去年最显著的案件特点；因法律规定比较原则需要明确法律边界，给社会公众以具体指引的新类型、疑难案件依然居高不下；专利案件数量持续上升，涉案技术的含金量越来越高，发明专利案件和涉及医药、化工、通信等高新技术领域的案件明显增多；商业标识类案件尤其是商标案件比重增多，商标权人通过诉讼维护市场利益和划定行为界限的需求日益强烈；著作权案件中涉及软件、数据库、动漫等新兴产业领域的案件比重增加，诉争保护的新类型著作权客体不断涌现；不正当竞争案件中涉及网络技术、新型商业模式的不正当竞争纠纷以及商业秘密纠纷的比重增加。与上述案件特点相适应，最高人民法院在行使知识产权审判职能方面呈现出如下特点：对专利商标行政机关授权确权行为的司法审查日渐深入，司法裁判在专利商标授权确权标准的确定和把握方面发挥的作用日益凸显，司法保护知识产权的主导作用进一步发挥；在严格依法行使审判权的同时，重视知识产权司法政策在新型、疑难、复杂案件法律适用中的导向作用，确保法律适用正确方向；依托和凝聚社会共识，明晰法律含义和明确法律边界，维护知识产权法律适用统一；在加大知识产权保护力度的同时，更加注重利益平衡，积极促进知识产权利益各方共同受益和均衡发展。

为总结和梳理最高人民法院在知识产权和竞争审判领域处理新型、疑难、复杂案件的审判标准、裁判方法和司法政策，最高人民法院从2011年审结的知识产权案件中精选出34件典型案件，归纳出44个具有普遍指导意义的法律适用问题，形成本年度报告并予以发布。

一、专利案件审判

（一）专利民事案件审判

1. 专利说明书及附图的例示性描述对权利要求解释的作用

在申请再审人徐永伟与被申请人宁波市华拓太阳能科技有限公司（以下简称华拓公司）侵犯发明专利权纠纷案［（2011）民提字第64号］（以下简称“太阳能手电筒”专利侵权案）中，最高人民法院指出，运用说明书及附图解释权利要求时，由于实施例只是发明的例示，不应当以说明书及附图的例示性描述限制专利权的保护范围。

本案的基本案情是：徐永伟是“太阳能手电筒”发明专利（即本案专利）的权利人。本案专利权利要求1为：一种太阳能手电筒，其包括有手电筒的筒体、灯头、灯座、开关，灯头与筒体进行连接，筒体里内置有充电电池作为电源，同时手电筒上安装有控制电源断通的开关，筒体的外表面固定有太阳能电池板，太阳能电池板的输出与筒体内的充电电池进行并联连接，其特征在于所述的太阳能电池板与在外面的、保护太阳能电池板的、透明的罩盖组成可脱卸的部件，同时，筒体的表面开有配合的安装孔，罩盖的前部有前缘部分，与安装孔的前沿呈插接连接，罩盖的后端面上开有小孔，紧固有紧固件，紧固件与筒体的后部里表面进行配合固定，使该部件能够通过可脱卸的连接结构安装固定在筒体的外表面安装孔上。华拓公司生产、销售被诉侵权的太阳能手电筒，并在其网站上和产品宣传册中进行许诺销售。徐永伟以华拓公司的行为构成专利侵权为由提起诉讼。浙江省宁波市中级人民法院一审认为华拓公司构成侵权，判决华拓公司立即停止侵权、赔偿徐永伟经济损失 6 万元（含徐永伟为调查、制止侵权支付的合理费用）。徐永伟、华拓公司均提起上诉。浙江省高级人民法院二审认为，本案专利的发明目的在于采用透明的罩盖对太阳能电池板进行保护，防止异物划伤损坏，延长使用寿命，并采用可脱卸式的安装结构，方便其拆换太阳能电池板。被诉侵权产品筒体后端盖经过高压冲压后固定在手电筒的筒体上，无法通过人力正常打开。因此，被诉侵权产品的筒体后端盖并不具备本案专利的“可脱卸的连接结构”这一必要技术特征，从而也使其太阳能电池板与透明罩盖之间无法进行脱卸和更换，也不具备本案专利的“太阳能电池板与在外面的、保护太阳能电池板的、透明的罩盖组成可脱卸的部件”这一必要技术特征。遂判决撤销一审判决、驳回徐永伟的诉讼请求。徐永伟向最高人民法院申请再审，最高人民法院裁定提审本案。再审过程中，徐永伟以华拓公司的侵权行为仍在继续为由，将其一审诉请的赔偿数额 20 万元调整为 50 万元。最高人民法院于 2011 年 5 月 10 日判决撤销二审判决，维持一审判决，华拓公司向徐永伟另支付制止侵权的合理费用 3 万元。

最高人民法院再审认为：权利要求的作用在于界定专利权的权利边界，说明书及附图主要用于清楚、完整地描述专利技术方案，使本领域技术人员能够理解和实施该专利。而教导本领域技术人员实施专利的最好方式之一是提供实施例，但实施例只是发明的例示，因为专利法不要求、也不可能要求说明书列举实施发明的所有具体方式。因此，运用说明书及附图解释权利要求时，不应当以说明书及附图的例示性描述限制专利权的保护范围。否则，就会不合理地限制专利权的保护范围，有违鼓励发明创造的立法本意。本案专利权利要求书并未记载电筒“后端盖”，仅在说明书的实施例部分及附图部分有所提及，不能将“后端盖”作为界定本案专利权保护范围的依据。同时，专利权利要求 1 中的“可脱卸”是指电池板与罩盖之间的可脱卸以及罩盖、电池板与筒体之间的可脱卸，而后端盖的开合是指后端盖与筒体之间的可脱卸，两者并非同一涵义。此外，华拓公司在申请再审中提交的专利审查档案进一步印证，后端盖不属于本案专利所述“可脱卸连接结构”的组成构件。

因此，专利权利要求中“可脱卸”部件或者连接结构等技术特征与后端盖能否开合无关。被诉侵权产品的后端盖不能通过人力打开，并不意味着其不具有专利权利要求中的“可脱卸”特征。被诉侵权产品具备了专利权利要求1的全部技术特征，落入本案专利权的保护范围。

2. 说明书对权利要求的用语无特别界定时应如何解释该用语的含义

在申请再审人深圳市蓝鹰五金塑胶制品厂（以下简称蓝鹰厂）与被申请人罗士中侵犯实用新型专利权纠纷案［（2011）民提字第248号］中，最高人民法院认为，在专利说明书对权利要求的用语无特别界定时，一般应根据本领域普通技术人员理解的通常含义进行解释，不能简单地将该用语的含义限缩为说明书给出的某一具体实施方式体现的内容。

本案的基本案情是：罗士中是名称为“汽车方向盘锁”的实用新型专利（即本案专利）的专利权人。本案专利的权利要求1为：“汽车方向盘锁，包括前叉、后叉、止动杆、锁头、锁体及其内部的锁止元件，其特征在于：它还包括组合锁梁，以及锁体内部的弹性定位掣，组合锁梁的叉杆左端设有前叉，右端呈直角形的设有转轴，转轴下端插入锁体左端的垂直大孔内形成铰链连接，垂直大孔的两侧设有贯穿其中心的纵向孔，左侧的纵向孔内装有堵盖和弹性定位掣，右侧的纵向孔内装有锁止元件，转轴下端的中部设有径向凹坑，其位置与锁止元件和弹性定位掣相对应，锁体中部设有控制锁止元件的锁头，锁体右端下方设有后叉，其上方固装着止动杆的左端，组合锁梁通过铰链展开后与锁体、后叉和止动杆形成一错位的横杠，锁止元件卡在转轴的径向凹坑与锁体之间，前叉的叉口朝向左方，后叉的叉口朝向右方，两叉口非对称地撑卡在方向盘圆环上；锁头控制锁止元件退出径向凹坑开锁，组合锁梁回转180度形成与锁体及其右端的止动杆平行的折叠状，弹性定位掣弹顶在转轴的径向凹坑与锁体之间，前叉与后叉的叉口均朝向右方。”罗士中认为蓝鹰厂制造、销售的蓝鹰128♯锁落入本案专利保护范围，遂提起诉讼，请求判令蓝鹰厂承担侵权责任。广东省深圳市中级人民法院一审认为，被诉侵权产品与本案专利在锁体内部结构、转轴结构以及弹性定位掣、锁止元件与转轴的配合方式方面存在不同。这种结构和配合关系的不同，导致二者在技术效果方面存在明显区别，被诉侵权产品没有落入本案专利权的保护范围。遂判决驳回罗士中的诉讼请求。罗士中不服，提起上诉。广东省高级人民法院二审认为，被诉侵权产品与本案专利权相比，两者的在锁体内部构造、转轴结构以及锁止元件、弹性定位掣与转轴操作配合方式方面均相同。一审判决始终将本案专利具体实施例与被诉侵权产品相比，比对对象错误。本案被诉侵权产品落入本案专利权保护范围。据此，判决撤销一审判决，蓝鹰厂承担侵犯专利权的法律责任。蓝鹰厂不服，向最高人民法院申请再审。最高人民法院提审本案后于2011年12月20日作出再审判决，维持二审判决，驳回了蓝鹰厂的再审申请。

最高人民法院再审认为：本案专利产品OK-310BA折叠式方向盘自动锁是本案专利实施例1的具体体现，在确定本案专利权的保护范围时，可以帮助理解权利要求的内容。但是，侵权判断时，应该防止将该具体的实施例与被诉侵权产品进行对比，以免不当地缩小专利权的保护范围。本案中，对以下技术特征是否相同或者等同存在争议：1. 锁体内部结构。本案专利权利要求中相应技术特征为："垂直大孔的两侧设有贯穿其中心的纵向孔"。"贯穿"不是一个专业技术术语，在本案专利说明书中也没有对其含义作出特别界定，应根据其通常含义对其进行解释。《现代汉语词典》载明，"贯"的意思是"穿、贯通、连贯"，"贯穿"的意思是"穿过、连通"。因此，该技术特征的字面含义为两侧的纵向孔连通并且穿过垂直大孔中心。垂直大孔是立体的，其中心指的是其轴向中心线，而不是轴向中心线的中心。要实现这一点，垂直大孔两侧的纵向孔可以在一条直线上，与垂直大孔形成"十"形结构，也可以上下错位设置，与垂直大孔形成"Z"形结构。因为垂直大孔和纵向孔都是中空的，上述两种结构均可以实现垂直大孔两侧的纵向孔连通并且穿过垂直大孔中心。被诉侵权产品锁体内部结构的技术特征为：垂直大孔两侧的纵向孔上下错位设置，分别与垂直大孔的中心相贯通，与垂直大孔形成"Z"形结构。因此，被诉侵权产品关于锁体结构的技术特征与本案专利相同。2. 转轴结构及配合关系。本案专利权利要求中相应技术特征为："转轴下端的中部设有径向凹坑，其位置与锁止元件和弹性定位掣相对应"。"径向凹坑"的字面含义为沿转轴直径方向凹陷的坑状结构。在权利要求中没有对径向凹坑的形状、数量及组合方式的限制，也没有对与锁止元件和弹性定位掣相对应的径向凹坑是同一个还是不同的进行限制。本案专利说明书中实施例1和2分别设置了一个和两个径向凹坑与锁止元件、弹性定位掣同时和分别对应。根据上述对锁体内部结构的分析，在垂直大孔两侧的纵向孔上下错位设置的情形下，也必定有不同的径向凹坑分别与锁止元件和弹性定位掣相对应。被诉侵权产品转轴结构的技术特征为：转轴下端分成上下两部分，错位开设两种不同滑槽分别与锁止元件和弹性定位掣相对应。位于上方的4个齿形滑槽（两个径向设置、两个非径向设置）与锁止元件相对应，位于下方的横截面为半圆弧形的滑槽（非径向设置）与方形弹性定位掣相对应。判断被诉侵权产品的滑槽与本案专利的径向凹坑是否相同或等同，还应该进一步确定径向凹坑的作用，而不能仅停留在其字面含义。本案专利中的径向凹坑与被诉侵权产品中的滑槽，其作用均是与弹性定位掣和锁止元件相配合，实现锁紧和开锁，以及保持组合锁梁和止动杆的折叠状态。尽管被诉侵权产品中的滑槽有些非径向设置，但其实质上和本案专利中的径向凹坑是相同的。本案专利权利要求和说明书中，对转轴转动过程中弹性定位掣的位置没有记载，也就是说没有排除在转轴转动过程中弹性定位掣始终弹顶在径向凹坑内的技术方案。被诉侵权产品弹性定位掣在转轴转动过程中，始终弹顶在横截面为半圆弧形的滑槽内，其作用也在于开锁旋转 180 度后顶在滑槽和锁体之间，保持锁体与组合锁梁折叠状态的相对稳定。在本案专利的权利要求范围内，会有不同的实施方式，不同的实施方式可能会带来技术效果上的差别，但是都落入专利权的保护范围之内。因此，在锁止元件、弹性定位掣与转轴的配合关系上，被诉侵权产品与本案专利相同，落入本案专利权保护范围。

3. 母案申请对解释分案申请授权专利权利要求的作用

在申请再审人邱则有与被申请人山东鲁班建设集团总公司（以下简称鲁班公司）侵犯专利权纠纷案［（2011）民申字第 1309 号］中，最高人民法院认为，母案申请构成分案申请的特殊的专利审查档案，在确定分案申请授权专利的权利要求保护范围时，超出母案申请公开范围的内容不能作为解释分案申请授权专利的权利要求的依据。

本案的基本案情是：邱则有是名称为“一种现浇砼空心模壳构件”的发明专利（即本案专利）的专利权人。邱则有在本案中主张权利的依据为本案专利权利要求 1 和 3，本案专利权利要求 1 的内容为：一种现浇砼空心模壳构件，包括上底（4），周围侧壁（5），下底（6），上底（4）和周围侧壁（5）构成模壳（7），模壳（7）与下底（6）彼此围成有封闭空腔（8）的模壳构件（3），其特征在于所述的模壳（7）由至少两块分块模壳板（9）拼接组装而成，分块模壳板（9）有至少一根加强杆（12）支撑。邱则有认为鲁班公司的叠合箱落入本案专利保护范围，遂提起诉讼。山东省济南市中级人民法院一审认为，鲁班公司的叠合箱由顶盒、底盒和侧框板直接组成一个封闭单元，不具备本案专利的全部必要技术特征，故判决驳回邱则有的诉讼请求。山东省高级人民法院二审维持一审判决。邱则有不服，向最高人民法院申请再审。其主要理由之一是，关于本案专利权利要求中的“分块模壳板”，根据其字面含义以及本案专利说明书第 2 页第 5—7 段的内容可知，是指把一个模壳拆成很多小块，由这些小块组装成模壳。最高人民法院审查查明：本案专利说明书第 2 页第 2 段记载：“本发明的解决方案是在现有技术的基础上，包括……。这样，由于模壳由至少两块分块模壳板拼接组装而成，而分块模壳板为包括部分上板和与之相连的部分侧壁的成型件，因而模壳构件结构简单，构造关系明确，生产容易、成本低，相应楼盖的施工成本低，从而达到了本发明的目的。”说明书第 2 页第 5—7 段记载：“本发明的特征还在于所述的上底由四块分块模壳板构成。本发明的特征还在于所述的周围侧壁由四块分块模壳板构成。本发明的特征还在于所述的分块模壳板为包括部分上板和与之相连的部分侧壁的成型件。”本案专利为第 03118134.1 号发明专利申请（以下简称母案）的分案申请，在母案申请文件中，没有记载本案专利说明书第 2 页第 5—7 段的内容。母案专利申请公开说明书记载的权利要求 4 为，“根据权利要求 2 所述的一种现浇钢筋砼空心楼盖，其特征在于模壳构件设置有十字型加强肋（10），模壳（7）由 4 块分块模壳板（9）在十字型加强肋（10）上搭接构成。”母案专利申请公开说明书第 2 页第 5 段记载为：“本发明的特征还在于模壳构件设置有十字型加强肋，模壳由 4 块分块模壳板在十字型加强肋上搭接构成。这样，楼盖中的模壳构件的制作更容易，成本更低，相应楼盖的施工成本更低。”母案专利申请公开说明书附图 4、17 中，组成模壳的 4 块分块模壳板均是包括部分上底和部分侧壁的结构。最高人民法院于 2011 年 12 月 16 日裁定驳回了邱则有的再审申请。

最高人民法院审查认为：邱则有主张分块模壳板可以为任意分块，可以是由部分上底与部分侧壁相互连接成的成型件，也可以是单纯的上底或者侧壁。这涉及到对分块模壳板的解释问题。2000 年修订的专利法第五十六条第一款规定，发明或者实用新型专利权的保护范围以其权利要求的内容为准，说明书及附图可以用于解释权利要求。基于以下理由，邱则有关于分块模壳板的解释不能成立：1、对于权利要求中的自定义词语，通常需要借助专利说明书、其他权利要求以及专利审查档案中对该特定词语的描述，确定该词语的含义。本案专利权利要求 1 限定，上底（4）和周围侧壁（5）构成模壳（7），模壳（7）由至少两块分块模壳板（9）拼接组装而成。对于所述“分块模壳板”，说明书中已经赋予其明确的定义，即，“分块模壳板为包括部分上底和与之相连的部分侧壁的成型件”。2、根据对本案专利权利要求 1 本身的通常理解，也可以得出分块模壳板为包括部分上底和与之相连的部分侧壁的成型件这一结论。权利要求 1 称“分块模壳板（9）有至少一根加强杆（12）支撑”，若分块模壳板单纯由上底或者侧壁组成，则加强杆将无法对这样的分块模壳板起到支撑作用。3、本案专利的母案专利申请公开说明书中未公开本案专利说明书第 2 页第 5—7 段的内容，邱则有以该内容主张分块模壳板可以单纯由上底或者侧壁组成，本院不予支持。分案申请是一类特殊的申请，是为了保证专利申请人的正当利益不受到损害，允许专利申请人将其在申请日提交的母案申请文件中已经批露、但因单一性等原因不能在母案中获得保护的发明创造另行提出专利申请，同时保留原申请日的一种制度。该制度在保护专利申请人利益的同时，为了平衡社会公众的利益，要求分案申请不得超出母案申请文件公开的范围，即不得在分案申请中补充母案申请文件未曾记载的新内容，以避免专利申请人将申请日后完成的发明创造通过分案申请抢占在先的申请日。因此，分案申请要受到母案申请文件的约束。在此意义上，对于分案申请而言，母案申请构成其特殊的专利审查档案，母案中未公开的内容不能作为权利人基于分案申请主张权利的依据。本案专利是分案申请，其母案专利申请公开说明书中并未记载本案专利说明书第 2 页第 5—7 段的内容。根据母案专利申请公开说明书第 2 页第 5 段的内容也不能得出分块模壳板可以单纯由上底或者侧壁组成这一结论。此外，在母案专利申请公开说明书附图 4、17 中，组成模壳的 4 块分块模壳板均是包括部分上底和部分侧壁的结构。邱则有以母案专利申请公开说明书中未公开的内容主张分块模壳板可以单纯由上底或者侧壁组成，不能成立。

4. 被诉侵权技术方案缺少专利技术特征的情况下不构成侵权

在申请再审人张镇与被申请人扬州金自豪鞋业有限公司（以下简称金自豪公司）、包头市同升祥鞋店（以下简称同升祥鞋店）侵犯实用新型专利权纠纷案［（2011）民申字第 630 号］中，最高人民法院认为，在被诉侵权技术方案缺少权利要求书中记载的一个以上技术特征的情况下，应当认定被诉侵权的技术方案没有落入专利权的保护范围。

本案的基本案情是：张镇为“一体式勾心鞋跟”实用新型专利（即本案专利）的专利权人，本案专利权利要求 1 为：一种一体式勾心鞋跟，是由弧形勾心片与鞋跟立柱组成，其特征在于：弧形勾心片的右下端装有插头，并相互固定为一体，插到鞋跟立柱上端的孔内，鞋跟立柱的下端底部插入跟垫。张镇认为金自豪公司生产、同升祥鞋店销售的凯森牌女士高跟鞋的女士鞋底专用勾心使用了本案专利技术，遂提起诉讼，请求判令金自豪公司和同升祥鞋店承担侵权责任。内蒙古自治区包头市中级人民法院一审认为，金自豪公司生产、销售的凯森牌女士高跟鞋的鞋底来源于案外人肖厚柱，金自豪公司购买肖厚柱的鞋底产品并再加工生产和销售女士高跟鞋时，并不知道该鞋底是否为侵权产品，同升祥鞋店的行为也属于同种情形。因此，金自豪公司、同升祥鞋店生产、销售凯森牌女士高跟鞋的行为不属于侵犯专利权的行为。据此判决驳回张镇的诉讼请求。张镇不服，提起上诉。内蒙古自治区高级人民法院二审认为，本案专利弧形勾心片与插头是通过特定方式连接成为一个整体，而被诉侵权产品的弧形勾心片与鞋跟立柱为一弯折并带有凹槽的整体结构，并不存在需要通过特定方式连接的特征，故被诉侵权产品的技术特征与本案专利权利要求 1 的必要技术特征既不相同也不等同。据此判决驳回上诉，维持一审判决。张镇不服，向最高人民法院申请再审，理由为被诉侵权产品所依据的肖厚柱的专利技术属于对本案专利技术的等同替换。最高人民法院于 2011 年 7 月 27 日裁定驳回了张镇的再审申请。

最高人民法院审查认为：将被诉侵权产品技术特征与本案专利技术特征

进行对比，二者均为女士勾心鞋跟，均由弧形勾心片与鞋跟立柱组成。但是，本案专利的弧形勾心片的右下端装有插头，并相互固定为一体，插到鞋跟立柱上端的孔内，而被诉侵权产品的弧形勾心片与鞋跟立柱为一整块材料弯折形成的带有凹槽整体结构，不具有本案专利弧形勾心片与鞋跟立柱通过插头连接的技术特征。因此，被诉侵权产品未落入本案专利权的保护范围。金自豪公司生产、销售使用了被诉侵权产品的凯森牌女鞋的行为，以及同升祥鞋店销售凯森牌女鞋的行为，均不侵犯本案专利权。

5. 先用权抗辩的审查与认定

在申请再审人江西银涛药业有限公司（以下简称银涛公司）与被申请人陕西汉王药业有限公司（以下简称汉王公司）、一审被告西安保赛医药有限公司（以下简称保赛公司）侵犯专利权纠纷案［（2011）民申字第1490号］中，最高人民法院认为，先用权抗辩是否成立的关键在于被诉侵权人在专利申请日前是否已经实施专利或者为实施专利作好了技术或者物质上的必要准备；药品生产批件是药品监管的行政审批事项，是否取得药品生产批件对先用权抗辩是否成立不产生影响。

本案的基本案情是：汉王公司是名称为“一种具有降压、降脂、定眩、定风作用的中药组合物及其制备方法和其用途”的发明专利（即本案专利）的专利权人。汉王公司发现银涛公司生产、销售的“强力定眩胶囊”药品处方、工艺、剂型以及主治功能等与本案专利相同，遂提起本案诉讼，请求判令银涛公司承担侵权责任。经技术特征比对，“强力定眩胶囊”药品处方、制备方法和用途均落入本案专利权保护范围。银涛公司对此提出先用权抗辩，并提交了如下证据：一是江西省食品药品监督管理局于本案专利申请日前向其出具的“强力定眩胶囊”药品注册申请受理通知书以及银涛公司申请药品注册时所报送的《“强力定眩胶囊”申报资料项目》资料，该资料的药学研究资料部分记载了“强力定眩胶囊”的处方、制备方法、用途；二是江西省药检所《药品注册检验报告表》及附件，该报告表及附件显示银涛公司于本案专利申请日前生产了三批“强力定眩胶囊”样品供申请注册检验使用；三是《药品生产许可证》和《药品GMP证书》，表明其在申请注册“强力定眩胶囊”时即已具有“胶囊剂”生产线。陕西省西安市中级人民法院一审认为，证据一中的“药品注册申请受理通知书”中注明“本件不得作其他证明使用”，同时银涛公司不能证明其所有的“胶囊剂”生产线是为生产被诉侵权药品所购买，银涛公司先用权抗辩不成立，故判决银涛公司承担侵权责任。银涛公司不服，提起上诉。陕西省高级人民法院二审认为，银涛公司虽然在本案专利申请日前申请注册被诉侵权药品，但是能否获得批准有待审查。而且，银涛公司是在本案专利申请日之后才取得药品注册批件，获准生产被诉侵权药品。因此，银涛公司的主张不符合先用权抗辩的条件。遂判决驳回上诉，维持一审判决。银涛公司不服，向最高人民法院申请再审。最高人民法院于2011年12月13日作出裁定，指令陕西省高级人民法院再审本案。

最高人民法院审查认为：根据《最高人民法院关于审理侵犯专利权纠纷案件应用法律若干问题的解释》第十五条第二款的规定，先用权是否成立，关键在于被诉侵权人在专利申请日前是否已经实施专利或者为实施专利作好了技术或者物质上的必要准备。从银涛公司提交的主张先用权抗辩的证据来看，在本案专利的申请日前，银涛公司已经完成了生产被诉侵权产品的工艺文件，具备了相应的生产设备，应当认定银涛公司在本案专利申请日前为实施本案专利作好了制造、使用的必要准备。至于银涛公司何时取得“强力定眩胶囊”药品生产批件，是药品监管的行政审批事项，不能以是否取得药品生产批件来判断其是否作好了制造、使用的必要准备。

6. 区别于现有设计的设计特征对外观设计整体视觉效果的影响

在申请再审人中山市君豪家具有限公司（以下简称君豪公司）与被申请人中山市南区佳艺工艺家具厂（以下简称佳艺家具厂）侵犯外观设计专利权纠纷案［（2011）民申字第1406号］中，最高人民法院认为，外观设计专利区别于现有设计的设计特征对于外观设计的整体视觉效果更具有显著影响；在被诉侵权设计采用了涉案外观设计专利的设计特征的前提下，装饰图案的简单替换不会影响两者整体视觉效果的近似。

本案的基本案情是：佳艺家具厂是名称为“三抽柜（蛋形）”的外观设计专利（即本案专利）独占许可使用权人。本案专利产品是一款三抽屉柜子，由柜顶、柜体和柜脚三个部分组成。从主视图看，柜体有三个抽屉上下依次排列，抽屉均呈长方形，中间有一个圆形拉手，每两个抽屉之间有一条状间隔，正面有一只类似百合花状图案贯通三个抽屉。从俯视图看，柜顶呈椭圆状，边缘有围栏式的突起，使柜顶呈一个盆状，盆中央是一支与主视图类似的百合花状图案。从左视图看，柜体上设置有一个长条形八角装饰块，其内有一支类似百合花形状图案。右视图与左视图对称。从后视图看，柜体左右两侧各有一条饰条，中间位置为空白。从仰视图看，柜脚外形也呈椭圆形，在椭圆形中对称分布四只T形脚座。君豪公司生产、销售了具有三个抽屉的椭圆形柜子。2010年9月6日，佳艺家具厂提起诉讼，请求判令君豪公司承担侵权责任。广东省中山市中级人民法院一审认为，本案专利与被诉侵权产品均是有三个抽屉的椭圆形柜子，二者在柜顶、柜体和柜脚三个部分的外观形状相似，但在柜体表面花状图案、图案的表现形式以及外观形状与图形结合方面存在的差异使二者的整体视觉效果不同，因此被诉侵权产品与本案专利不相似，君豪公司生产、销售被诉侵权产品的行为不构成侵权。故判决驳回佳艺家具厂的诉讼请求。佳艺家具厂不服，提起上诉。广东省高级人民法院二审认为，四方形三抽柜和八边形装饰框与“蛋形”圆柱体柜体按照特定方式结合、布局，是本案专利最显著的设计特征，在君豪公司未举证证明本案专利产品的形状为该类产品惯常设计的情况下，该特征对于整体视觉效果的影响更大，被诉侵权产品具备该特征。被诉侵权产品与本案专利在装饰图案的方面的差异仅为局部的、细微的差异。因此，应当认定被诉侵权设计与本案专利设计构成近似。遂判决撤销一审判决，判令君豪公司承担侵权责任。君豪公司不服，向最高人民法院申请再审。最高人民法院于 2011 年 11 月 22 日裁定驳回了君豪公司的再审申请。

最高人民法院审查认为：被诉侵权产品与涉案外观设计专利产品均为蛋形三抽柜，二者在柜顶、柜体和柜脚部分的外观形状基本相同。其主要的区别点是装饰图案不同：一是前者柜顶无装饰，后者柜顶有百合花装饰；二是后者以一支飘逸、匀称遍布状百合花装饰的部分，前者均以一团簇状牡丹花装饰。结合本案的现有证据来看，四方形三抽柜和八边形装饰框与“蛋形”柜体的组合和布局是本案专利设计区别于现有设计的设计特征。因此，被诉侵权产品和本案专利产品的外观设计在柜体的整体形状、柜体各组成部分的形状以及布局方式上的基本相同相比其他设计特征对于外观设计的整体视觉效果更具有影响。被诉侵权设计与本案专利设计虽然在装饰图案上存在差异，但二者均为花卉图案，图案的题材相同，在柜体的装饰布局上也基本相同，被诉侵权设计实质采用了本案专利设计的设计方案。以牡丹花图案替换本案专利设计的百合花图案，这种简单替换所导致的差异对于整体视觉效果的影响是局部的、细微的，以一般消费者的知识水平和认知能力来判断，该差异不足以将被诉侵权设计和本案专利设计区分开来，对于判断被诉侵权设计和本案专利设计在整体视觉效果上构成近似无实质性影响。

（二）专利行政案件审判

7. 专利说明书中没有记载的技术内容对创造性判断的影响

在申请再审人北京双鹤药业股份有限公司（以下简称双鹤公司）与被申请人湘北威尔曼制药股份有限公司（以下简称湘北威尔曼公司）、一审被告、二审被上诉人国家知识产权局专利复审委员会（以下简称专利复审委员会）发明专利权无效行政纠纷案［（2011）行提字第 8 号］（以下简称“抗 β-内酰胺酶抗菌素复合物”专利无效行政案）中，最高人民法院指出，专利申请人在申请专利时提交的专利说明书中公开的技术内容，是国务院专利行政部门审查专利的基础；专利申请人未能在专利说明书中公开的技术方案、技术效果等，一般不得作为评价专利权是否符合法定授权确权标准的依据。

本案的基本案情是：广州威尔曼公司是名称为“抗 β-内酰胺酶抗菌素复

合物”的发明专利（即本案专利）的原权利人，后该专利权利人变更为湘北威尔曼公司。针对本案专利权，双鹤公司向专利复审委员会提出无效宣告请求，理由为本案专利不具有新颖性和创造性。专利复审委员会作出第 8113 号无效宣告请求审查决定（以下简称第 8113 号决定），以不具有创造性为由宣告本案专利权全部无效。广州威尔曼公司不服，提起行政诉讼。北京市第一中级人民法院一审判决维持第 8113 号决定。广州威尔曼公司不服，提起上诉。北京市高级人民法院二审判决撤销一审判决以及第 8113 号决定，判令专利复审委员会就本案专利重新作出无效宣告请求审查决定。双鹤公司不服，向最高人民法院申请再审。2011 年 3 月 1 日，最高人民法院裁定提审本案。再审过程中，湘北威尔曼公司提交了注射用头孢噻肟钠舒巴坦钠研究资料汇编，哌拉西林钠舒巴坦钠试验、研究资料汇编等证据，以证明为掌握复方制剂的安全性、有效性和稳定性问题，获得本案专利技术方案，其进行了长期毒性试验、急性毒性试验、药理毒理研究、体外抗菌作用研究等一系列试验和研究，本案专利权利要求 1 具有新颖性和创造性。湘北威尔曼公司还提交意见认为，本案专利说明书的撰写符合专利申请日施行的《专利审查指南》的相关规定，相关试验和研究并不需要全部记载于本案专利说明书中；本案专利中的复方制剂属于药物产品，其必须满足药品注册的要求，必须符合所有药物都具备的安全性、有效性和稳定性，无论说明书如何撰写，都不能否定本案专利在安全性、有效性、稳定性三个方面所完成的研究和试验工作。2011 年 12 月 17 日，最高人民法院作出再审判决，撤销二审判决，维持一审判决及第 8113 号决定。

最高人民法院再审认为：专利申请人在其申请专利时提交的专利说明书中公开的技术内容，是国务院专利行政部门审查专利的基础，亦是社会公众了解、传播和利用专利技术的基础。因此，专利申请人未能在专利说明书中公开的技术方案、技术效果等，一般不得作为评价专利权是否符合法定授权确权标准的依据，否则会与专利法规定的先申请原则相抵触，背离专利权以公开换保护的本质属性。专利法中有关专利说明书应当对发明创造予以充分公开的规定，实为对专利说明书的最低限度要求。在满足充分公开的前提下，专利申请人有权利决定其在专利说明书中公开的技术内容的具体范围，适当保留其技术要点，但也应当承担由此可能带来的不利后果。本案中，湘北威尔曼公司主张其为了解决本案专利的安全性、有效性、稳定性，还进行了长期毒性试验、急性毒性试验、一般药理研究试验等一系列试验和研究，但由于相关技术内容并未记载于本案专利说明书中，不能体现出本案专利在安全性、有效性、稳定性等方面对现有技术作出了创新性的改进与贡献。因此，这些试验和研究不能作为认定权利要求 1 的创造性的依据。

8. 药品研制、生产的相关规定对药品专利授权条件的影响

在前述“抗β-内酰胺酶抗菌素复合物”专利无效行政案中，最高人民法院指出，对于涉及药品的发明创造而言，在其符合专利法中规定的授权条件的前提下，即可授予专利权，无需另行考虑该药品是否符合其他法律法规中有关药品研制、生产的相关规定。

最高人民法院再审认为：由于药品质量与人民群众的生命健康和医疗用药安全息息相关，故相关法律法规对药品的研制、生产规定了严格的标准和条件。与之相比，专利法保护的是以技术方案为具体对象的智力成果，专利法中有关新颖性、创造性等专利授权确权标准的规定，均是为了实现保护发明创造专利权，鼓励发明创造，有利于发明创造的推广应用，促进科学技术进步和创新的立法目的。二者在立法目的、规范对象以及具体标准方面均有实质性区别。对于涉及药品的发明创造而言，在其符合专利法中规定的授权条件的情况下，即可授予专利权，无需另行考虑该药品是否符合其他法律法规中有关药品研制、生产的相关规定。因此，对于湘北威尔曼公司有关复方制剂作为人用药物，必须具有安全性、有效性、稳定性，未经一系列研究和试验，不能显而易见地得知可以将β-内酰胺酶抑制剂与β-内酰胺类抗生素制为复方制剂的主张，不予支持。

9. 专利申请文件的修改是否超出原说明书和权利要求书记载的范围的判断标准

在申请再审人郑亚俐与精工爱普生株式会社（以下简称精工爱普生）、国家知识产权局专利复审委员会（以下简称专利复审委员会）、佛山凯德利办公用品有限公司（以下简称凯得利公司）、深圳市易彩实业发展有限公司（以下简称易彩公司）专利无效行政诉讼案［（2010）知行字第53号］（以下简称“墨盒”专利无效行政案）中，最高人民法院认为，原说明书和权利要求书记载的范围应该包括原说明书及其附图和权利要求书以文字或者图形等明确表达的内容以及所属领域普通技术人员通过综合原说明书及其附图和权利要求书可以直接、明确推导出的内容；只要所推导出的内容对于所属领域普通技术人员是显而易见的，就可认定该内容属于原说明书和权利要求书记载的范围；与上述内容相比，如果修改后的专利申请文件未引入新的技术内容，则可认定对该专利申请文件的修改未超出原说明书和权利要求书记载的范围。

本案的基本案情是：精工爱普生是名称为“墨盒”的00131800.4号发明专利（即本案专利）的申请人和权利人。本案专利是99800780.3号发明专利申请的分案申请，而后者是进入中国国家阶段的国际申请（PCT/JP99/02579），即99800780.3号发明专利申请的申请文件相当于是PCT/JP99/02579号国际申请的中文翻译件。99800780.3号发明专利申请公开文本的权

利要求书中并未出现独立使用的“存储装置”用语，而是使用了“半导体存储装置”或者指代“半导体存储装置”的“所述外部存储装置”的概念。精工爱普生对99800780.3号发明专利申请提出分案申请，并提交了修改文件。修改文件的权利要求书中未再出现“半导体存储装置”，而是使用了“存储装置”的术语。针对本案专利权，凯德利公司、郑亚俐和易彩公司分别向专利复审委员会提出无效宣告请求。专利复审委员会于2008年4月15日作出第11291号无效宣告请求审查决定（以下简称第11291号决定），以精工爱普生有关存储装置的修改以及其他修改均超出原说明书和权利要求书记载的范围，违反专利法第三十三条的规定为由，宣告本案专利全部无效。精工爱普生不服，提起行政诉讼。北京市第一中级人民法院一审判决维持专利复审委员会第11291号决定。精工爱普生不服，提起上诉。北京市高级人民法院二审认为，本领域技术人员通过阅读原权利要求书及说明书，可以毫无疑义地确定本案专利申请人在说明书中是在“半导体存储装置”意义上使用“存储装置”，精工爱普生关于“存储装置”的修改符合专利法第三十三条的规定，故判决撤销一审判决，责令专利复审委员会就此重新作出审查决定。郑亚俐不服，向最高人民法院申请再审。最高人民法院于2011年12月25日裁定驳回了郑亚俐的再审申请。

最高人民法院审查认为：专利法第三十三条包括两层含义，一是允许申请人对专利申请文件进行修改，二是对专利申请文件的修改进行限制。专利法第三十三条的立法目的在于实现专利申请人的利益与社会公众利益之间的平衡，一方面使申请人拥有修改和补正专利申请文件的机会，尽可能保证真正有创造性的发明创造能够取得授权和获得保护，另一方面又防止申请人对其在申请日时未公开的发明内容随后补入专利申请文件中，从而就该部分发明内容不正当地取得先申请的利益，损害社会公众对原专利申请文件的信赖。基于前述立法目的，对于“原说明书和权利要求书记载的范围”，应该从所属领域普通技术人员角度出发，以原说明书和权利要求书所公开的技术内容来确定。凡是原说明书和权利要求书已经披露的技术内容，都应理解为属于原说明书和权利要求书记载的范围。既要防止对记载的范围作过宽解释，乃至涵盖了申请人在原说明书和权利要求书中未公开的技术内容，又要防止对记载的范围作过窄解释，对申请人在原说明书和权利要求书中已披露的技术内容置之不顾。从这一角度出发，原说明书和权利要求书记载的范围应该包括如下内容：一是原说明书及其附图和权利要求书以文字或者图形等明确表达的内容；二是所属领域普通技术人员通过综合原说明书及其附图和权利要求书可以直接、明确推导出的内容。只要所推导出的内容对于所属领域普通技术人员是显而易见的，就可认定该内容属于原说明书和权利要求书记载的范围。与上述内容相比，如果修改后的专利申请文件未引入新的技术内容，则可认定对该专利申请文件的修改未超出原说明书和权利要求书记载的范围。由此可见，判断对专利申请文件的修改是否超出原说明书和权利要求书记载的范围，不仅应考虑原说明书及其附图和权利要求书以文字或者图形表达的内容，还应考虑所属领域普通技术人员综合上述内容后显而易见的内容。在这个过程中，不能仅仅注重前者，对修改前后的文字进行字面对比即轻易得出结论；也不能对后者作机械理解，将所属领域普通技术人员可以直接、明确推导出的内容理解为数理逻辑上唯一确定的内容。

10. 判断专利申请文件的修改是否超出原说明书和权利要求书记载的范围应当充分考虑专利申请所属技术领域的特点

在申请再审人曾关生与被申请人国家知识产权局专利复审委员会（以下简称专利复审委员会）发明专利申请驳回复审行政纠纷案［（2011）知行字第54号］中，最高人民法院认为，在审查专利申请人对专利申请文件的修改是否超出原说明书和权利要求书记载的范围时，应当充分考虑专利申请所属技术领域的特点，不能脱离本领域技术人员的知识水平。

本案的基本案情是：2000年9月8日，曾关生向国家知识产权局提出了名称为“一种既可外用又可内服的矿物类中药”的发明专利申请。在实质审查程序中，国家知识产权局于2004年8月6日向曾关生发出第二次审查意见通知书，明确指出：“‘水银八两……’属于未使用本领域的标准国际计量单位。”曾关生据此将其原专利申请配方中计量单位由“两”换算成“克”，并作了其他修改。在第六次审查意见通知书中，国家知识产权局对曾关生采用“一两＝30克（g）”的换算关系明确予以认可。2009年1月9日，国家知识产权局以曾关生对说明书和权利要求书的修改不符合专利法第三十三条的规定为由，驳回了本案专利申请。曾关生不服，向专利复审委员会提出复审请求，并于2009年8月13日提交了权利要求书和说明书的修改替换页，将配方中的水银、明矾、牙硝、硼砂分别由八两、八两、十两、五分修改为240g、240g、300－330g和1.5g。2009年12月9日，专利复审委员会作出第20574号决定，维持国家知识产权局作出的驳回决定。曾关生不服，提起行政诉讼。北京市第一中级人民法院一审判决维持第20574号决定。曾关生不服，提起上诉。北京市高级人民法院二审判决驳回上诉，维持原判。曾关生向最高人民法院申请再审。最高人民法院于2011年10月28日作出裁定，指令北京市高级人民法院再审本案。

最高人民法院审查认为：在判断专利申请人对专利申请文件的修改是否超出原说明书和权利要求书记载的范围时，应当充分考虑专利申请所属技术领域的特点，不能脱离本领域技术人员的知识水平。就一般情况而言，虽然

“两”与“克”（g）的换算关系确实存在新、旧制的不同，但是从查明的相关事实来看，在传统中药配方尤其是古方技术领域中，在进行“两”与“克”的换算时均遵循“一斤＝十六两”的旧制。根据本案专利申请说明书记载的有关内容，本案专利申请系在古方三仙丹的配方的基础上改进而成。因此，虽然说明书中没有明确记载“两”与“克”的换算是采用何种换算关系，但本领域技术人员结合本案专利申请的背景技术、发明内容以及本领域的常识，均能够确定在本案专利申请中的“两”与“克”的换算应当采用旧制，不应当采用“一斤＝十两”的新制。根据《国务院批转国家标准计量局等单位关于改革中医处方用药计量单位的请示报告》的规定，在依据旧制进行换算时，旧制的一两显然应当换算为 30 克。从《中药学》、《矿物本草》、《中药药剂学》等教科书、技术手册中记载的相关内容来看，亦均采用“一两＝30 克”的换算关系。因此，对于《方剂学》中所称的“换算时尾数可以舍去”，本领域技术人员应当理解此处所指的尾数是指“31.25g”中的“1.25”，即采用“一两＝30 克”的换算关系。即使在以旧制进行换算时还存在以其他方式舍去尾数，或者不舍去尾数的情形，亦应认识到这种尾数省略方式的不唯一性是由于中药配方领域的技术特点所决定的。不同的省略方式之间仅有细微区别，采用不同的省略方式并不会导致技术方案发生实质性的改变。在实践中，本领域技术人员可以根据具体的情况和要求，选择特定的尾数省略方式。而且，一旦选择了特定的省略方式，本领域技术人员即会在一项中药配方中予以统一适用，不会也不应出现在同一配方中适用不同省略方式的情形。因此，在旧制的基础上选择不同的尾数省略方式，均属于本领域技术人员能够直接、毫无疑义地确定的内容，并不会引入新的技术内容，损害社会公众的利益；亦不会出现专利复审委员会所担心的“有可能实质上改变本发明的技术方案，将不能实施的技术方案改为可以实施的技术方案”的情形。

11. 专利无效宣告程序中权利要求书的修改方式是否严格限于《专利审查指南》限定的三种方式

在申请再审人国家知识产权局专利复审委员会（以下简称专利复审委员会）与被申请人江苏先声药物研究有限公司（以下简称江苏先声公司）、南京先声药物研究有限公司（以下简称南京先声公司）、第三人李平专利无效行政纠纷案［（2011）知行字第 17 号］中，最高人民法院认为，专利无效宣告程序中，权利要求书的修改在满足修改原则的前提下，其修改方式一般情况下限于权利要求的删除、合并和技术方案的删除三种方式，但并未绝对排除其他修改方式。

本案的基本案情是：案外人上海家化医药科技有限公司（以下简称家化公司）于 2003 年 9 月 19 日向国家知识产权局申请名称为“氨氯地平、厄贝沙坦复方制剂”的发明专利（即本案专利），并于 2006 年 8 月 23 日被授权公告。本案专利授权公告的权利要求如下：“1. 一种复方制剂，其特征在于该制剂是以重量比组成为 1∶10－30 的氨氯地平或氨氯地平生理上可接受的盐和厄贝沙坦为活性成份组成的药物组合物。2. 根据权利要求 1 所述的复方制剂，其特征在于其中所述的药物组合物为各种医学上可接受的口服制剂。3. 根据权利要求 1 所述的复方制剂在制备治疗轻、中度高血压药物中的应用。4. 根据权利要求 3 所述的应用，其特征在于其中所述的药物适用于伴有心血管重构的高血压患者，肾性高血压、高血压伴肾功能损害或伴糖尿病肾功能损害的患者的治疗。”本案专利说明书第三部分“试验结果”表 5（第 9 页）的“9 种剂量组合及相应的剂量比”中有 A1I30（1∶30）的内容。该部分“复方对血压的影响”中有如下描述：“氨氯地平 1mg/kg 与不同剂量的厄贝沙坦组合，仅在厄贝沙坦为 30mg/kg 时才呈现稳定持续的降压效应。”说明书第四部分“分析与结论”（第 10 页）中有“氨氯地平 1mg/kg 与厄贝沙坦 30mg/kg 的组方因降压效果稳定持久，用药剂量较小，故推荐为最佳剂量组合”的内容。第 10 页及第 11 页片剂制备实施例 1 和实施例 2 分别公开了氨氯地平 2.500mg 与厄贝沙坦 75.000mg 的组合以及氨氯地平 5.000mg 与厄贝沙坦 150.000mg 的组合。针对本案专利权，李平向专利复审委员会提出无效宣告请求。2009 年 9 月 29 日，专利复审委员会进行口头审理，家化公司当庭提交了权利要求书的修改文本，其中将本案专利权利要求 1 中的比例“1∶10－30”修改为“1∶30”。2009 年 12 月 14 日，专利复审委员会作出第 14275 号无效宣告请求审查决定（以下简称第 14275 号决定），认定家化公司提交的权利要求修改文本超出原权利要求书和说明书记载的范围，并且对该反映比例关系的技术特征进行修改也不属于无效宣告程序中允许的修改方式，因此不予接受。故在原授权文本的基础上以权利要求得不到说明书支持为由宣告本案专利全部无效。家化公司不服，提起行政诉讼。北京市第一中级人民法院一审判决维持第 14275 号决定。家化公司不服，提起上诉。二审诉讼期间，江苏先声公司、南京先声公司因受让本案专利而承继家化公司的诉讼地位。北京市高级人民法院二审认为，家化公司在无效宣告程序中对专利要求的修改符合相关规定，判决撤销第 14275 号决定，责令专利复审委员会重新作出决定。专利复审委员会不服，向最高人民法院申请再审。最高人民法院于 2011 年 10 月 8 日裁定驳回了专利复审委员会的再审申请。

最高人民法院审查认为：本案中，1∶30 的比值是专利权人在原说明书中明确推荐的最佳剂量比，将权利要求修改为 1∶30 既未超出原说明书和权利要求书记载的范围，更未扩大原专利的保护范围。如果按照专利复审委员会的观点，仅以不符合修改方式的要求而不允许此种修改，使得在本案中对修改的限制纯粹成为对专利权人权利要求撰写不当的惩罚，缺乏合理性。况且，《专利审查指南》规定在满足相关修改原则的前提下，修改方式一般情况下限于前述三种，并未绝对排除其他修改方式。二审判决认定修改符合《专利审查指南》的规定并无不当，专利复审委员会对《专利审查指南》中关于无效过程中修改的要求解释过于严格，其申诉理由不予支持。

12. 专利申请文件的修改限制与专利保护范围的关系

在“墨盒”专利无效行政案中，最高人民法院还明确了专利申请文件的修改限制与专利保护范围的关系。最高人民法院认为，专利申请文件的修改限制与专利保护范围之间既存在一定的联系，又具有明显差异；在无效宣告请求的审查过程中，发明或者实用新型专利的专利权人修改其权利要求书时要受原专利的保护范围的限制，不得扩大原专利的保护范围；发明专利申请人在提出实质审查请求时以及在收到国务院专利行政部门发出的发明专利申请进入实质审查阶段通知书之日起 3 个月内进行主动修改时，只要不超出原说明书和权利要求书记载的范围，在修改原权利要求书时既可以扩大也可以缩小其请求保护的范围。

最高人民法院审查认为：根据 2000 年修正的专利法第三十三条及其实施细则的相关规定，可知专利申请文件的修改限制与专利保护范围之间既存在一定的联系，又具有明显差异。其主要差异在于，专利申请文件的修改以原说明书和权利要求书记载的范围为界，其记载的范围越广，披露的技术内容越多，允许的修改范围就越大，而发明或者实用新型专利权的保护范围以其权利要求的内容为准，说明书及附图可以用于解释权利要求，其权利要求记载的技术特征越多，其保护范围就越小。同时，专利申请人根据专利法实施细则第五十一条的规定进行主动修改时，只要不超出原说明书和权利要求书记载的范围，在修改原权利要求书时既可以扩大其请求保护的范围，也可以缩小其请求保护的范围。专利申请文件的修改限制与专利保护范围的联系在于，根据专利法实施细则第六十八条的规定，在无效宣告请求的审查过程中，发明或者实用新型专利的专利权人修改其权利要求书时要受原专利的保护范围的限制，不得扩大原专利的保护范围。本案中，精工爱普生对原权利要求书中的“半导体存储装置”的修改发生于提出分案申请之时，并非无效宣告请求审查之时，相应的修改是否合法与原专利申请文件请求保护的范围没有关联性。申请再审人有关本案专利的修改因扩大了保护范围应予无效的申请再审理由不能成立，不予支持。

13. 专利申请文件的修改限制与禁止反悔原则的关系

在“墨盒”专利无效行政案中，最高人民法院还明确了专利申请文件的修改限制与禁止反悔原则的关系。最高人民法院认为，禁止反悔原则在专利授权确权程序中应予适用，但是其要受到自身适用条件的限制以及与之相关的其他原则和法律规定的限制；在专利授权程序中，相关法律已经赋予了申请人修改专利申请文件的权利，只要这种修改不超出原说明书和权利要求书记载的范围，禁止反悔原则在该修改范围内应无适用余地。

最高人民法院审查认为：作为诚实信用原则的体现和要求，禁止反悔原则在专利授权确权程序中应予适用。但是，禁止反悔原则在专利授权确权程序中的适用并非是无条件的，其要受到自身适用条件的限制以及与之相关的其他原则或者法律规定的限制。禁止反悔原则的适用应以行为人出尔反尔的行为损害第三人对其行为的信赖和预期为必要条件。同时，法律的明确规定以及其他同等重要的原则也限制着禁止反悔原则的适用。在专利授权确权程序中适用禁止反悔原则必须综合考虑上述因素。在专利授权程序中，相关法律已经赋予了申请人修改专利申请文件的权利，只要这种修改不超出原说明书和权利要求书记载的范围即可。对于社会公众而言，基于专利法第三十三条规定，其应该预见到申请人可能对专利申请文件进行修改，其信赖的内容应该是原说明书和权利要求书记载的范围，即原说明书及其附图和权利要求书以文字或者图形等明确表达的内容和所属领域普通技术人员通过综合原说明书及其附图和权利要求书可以直接、明确推导出的内容，而不是仅信赖原权利要求书记载的保护范围。因此，如果申请人对专利申请文件的修改符合专利法第三十三条的规定，禁止反悔原则在该修改范围内应无适用余地。精工爱普生在本案中有关“存储装置”的修改符合专利法第三十三条的规定，不存在适用禁止反悔原则的问题。

14. 专利无效行政诉讼程序中人民法院可否依职权主动引入公知常识

在申请再审人福建多棱钢业集团有限公司（以下简称多棱钢业集团）与被申请人厦门市集美区联捷铸钢厂（以下简称联捷铸钢厂）、二审上诉人国家知识产权局专利复审委员会（以下简称专利复审委员会）、原审第三人福建泉州市金星钢丸有限公司（以下简称金星钢丸公司）发明专利无效行政纠纷案［（2010）知行字第6号］中，最高人民法院认为，在专利无效行政诉讼程序中，法院在无效宣告请求人自主决定的对比文件结合方式的基础上，依职权主动引入公知常识以评价专利权的有效性，并未改变无效宣告请求理由，有助于避免专利无效程序的循环往复，并不违反法定程序；法院在依职权主动引入公知常识时，应当在程序上给予当事人就此发表意见的机会。

本案的基本案情是：多棱钢业集团是名称为“一种钢砂生产方法”的01127387.9号发明专利（即本案专利）的权利人。针对本案专利，联捷铸钢厂、金星钢丸公司分别向专利复审委员会提出无效宣告请求（一）和（二），请求宣告本案专利全部无效。专利复审委员会将两次无效宣告请求合并审理，于 2006 年 8 月 7 日作出第 8585 号无效宣告请求审查决定（以下简称第 8585 号决定），宣告本案专利全部无效。多棱钢业集团不服，提起行政诉讼。北京市第一中级人民法院一审判决撤销第 8585 号决定，责令专利复审委员会重新就本案专利作出无效宣告请求审查决定。北京市高级人民法院二审维持了一审判决。专利复审委员会随后重新成立合议组对上述两个无效宣告请求案进行审查。联捷铸钢厂针对本案专利再次提出了无效宣告请求（三），请求宣告本案专利全部无效。在专利复审委员会的审查程序中，关于无效宣告请求（一）和（二），联捷铸钢厂明确表示，使用附件 1 结合附件 3，附件 1 结合附件 16，附件 1 结合常规技术手段（包括技术手册、本领域的常规技术手段）来评价本案专利权利要求 1 和 2 的创造性。专利复审委员会经审查作出第 11978 号无效宣告请求审查决定（以下简称第 11978 号决定），维持本案专利有效。联捷铸钢厂不服，提起行政诉讼。北京市第一中级人民法院一审判决撤销第 11978 号决定。专利复审委员会、多棱钢业集团不服，提起上诉。在二审庭审中，联捷铸钢厂明确其请求宣告本案专利无效中争议的主要内容为：本案专利相对于附件 1 和附件 3 的结合不具备创造性；本案专利相对于附件 1 和附件 16 的结合不具备创造性；本案专利相对于附件 1 结合公知常识证据（附件 6）不具备创造性。北京市高级人民法院二审认为，专利复审委员会在第 11978 号决定中作出的本案专利相对于附件 1 和 3 的结合具备创造性的认定事实不清，判决驳回上诉，维持一审判决。该判决在论述本案专利相对于附件 1 和 3 的结合是否具备创造性的问题时引用了附件 6 的内容。多棱钢业集团不服，向最高人民法院申请再审，其主要理由之一为，二审判决在评判附件 1 和附件 3 的结合对本案专利的创造性影响时引入了附件 6，明显违反了审查规则，破坏了无效宣告请求人联捷铸钢厂自主决定的证据结合方式，剥夺了多棱钢业集团针对附件 1、附件 3 和附件 6 的组合进行答辩的权利。最高人民法院审查查明，联捷铸钢厂和金星钢丸公司在无效宣告请求审查程序中提供附件 5、附件 6 和附件 7 用于证明钢砂产品本身是已知技术，轴承钢的技术性能和热处理工艺都是本领域公知的，多棱钢业集团对附件 5、附件 6 和附件 7 的真实性没有异议。最高人民法院于 2011 年 5 月 5 日作出驳回再审申请通知书，驳回了多棱钢业集团的再审申请。

最高人民法院审查认为：本案中，无效宣告请求人联捷铸钢厂和金星钢丸公司在无效宣告请求审查程序中提出了附件 1 和附件 3 的对比文件结合方式，而附件 6 本身属于公知常识的证据。多棱钢业集团的再审理由涉及到法院在专利无效案件审理中，在无效宣告请求人自主决定的对比文件结合方式的基础上，是否可以依职权主动引入公知常识以评价专利权有效性的问题。由于公知常识是本领域技术人员均知悉和了解的，因此在专利无效案件行政诉讼程序中，法院在无效宣告请求人自主决定的对比文件结合方式的基础上，依职权主动引入公知常识以评价专利权的有效性，并未改变无效宣告请求理由，对双方当事人来说亦无不公，且有助于避免专利无效程序的循环往复，并不违反程序。当然，法院在依职权主动引入公知常识时，应当在程序上给予当事人就此发表意见的机会。本案中，联捷铸钢厂在一、二审程序中即主张使用附件 6 中公开的内容，且多棱钢业集团对附件 6 的真实性没有异议，在此情况下，原审法院引入附件 6 评价本案专利的效力并不违反法定程序。

15. 外观设计相近似判断中“整体观察、综合判断”的把握

在申请再审人珠海格力电器股份有限公司（以下简称格力公司）与被申请人广东美的电器股份有限公司（以下简称美的公司）、二审上诉人国家知识产权局专利复审委员会（以下简称专利复审委员会）外观设计专利权无效行政纠纷案［（2011）行提字第 1 号］（以下简称“风轮”外观设计行政案）中，最高人民法院认为，所谓整体观察、综合判断，是指一般消费者从整体上而不是仅依据局部的设计变化，来判断外观设计专利与对比设计的视觉效果是否具有明显区别；在判断时，一般消费者对于外观设计专利与对比设计可视部分的相同点和区别点均会予以关注，并综合考虑各相同点、区别点对整体视觉效果的影响大小和程度。

本案的基本案情是：针对美的公司名称为“风轮（455-180）”的外观设计专利（即本案专利），格力公司向专利复审委员会提出无效宣告请求，并提交了公告号为 CN3265720、名称为“风扇扇叶”外观设计专利作为对比文件。专利复审委员会作出第 13585 号无效宣告请求审查决定（以下简称第 13585 号决定），宣告本案专利权无效。美的公司不服，提起行政诉讼。北京市第一中级人民法院一审认为，本案专利与对比文件公开的在先设计不相近似，遂判决撤销第 13585 号决定。格力公司、专利复审委员会不服，均提出上诉。北京市高级人民法院二审认为，本案专利与在先设计关于扇叶部分的区别因扇叶部分的旋转方向系由功能决定，故对整体视觉效果不具有显著影响，其他区别分布于本案专利的中部等主要视觉部分，根据整体观察、综合判断原则，对一般消费者而言，其区别足以在整体视觉效果上产生不同。据此判决驳回上诉，维持一审判决。格力公司不服，向最高人民法院申请再审。最高人民法院于 2010 年 12 月 7 日裁定提审本案，并于 2011 年 11 月 11 日判决撤销一、二审判决，维持第 13585 号决定。

最高人民法院再审认为：本案专利与在先设计均由位于中央的轮毂以及轮毂两侧呈中心对称分布的两个扇叶组成。将二者的扇叶相比较，均包括圆弧状的外侧和内侧、外侧与内侧连接处的凸起、位于前侧的尖角和直线部分，以及位于前侧的类似刀口的加厚增强层等结构；单个扇叶的形状基本相同，

两个扇叶的对称分布形态亦基本相同。二者的主要区别是：扇叶的旋转方向呈 180°反向；本案专利的扇叶突出轮毂主体一小部分，并且本案专利的扇叶比在先设计的扇叶厚。由于对称分布的两个扇叶占据了产品的主要视觉部分，更容易被一般消费者所关注，故基本相同的扇叶形状以及对称分布形态对整体视觉效果具有显著的影响。扇叶的旋转方向系由风轮的旋转功能所决定，故旋转方向的不同对整体视觉效果不具有显著影响。由于一般消费者施以一般的注意力和分辨力难于观察到二者的扇叶厚度的细微差异，故扇叶厚度的区别对整体视觉效果不具有影响。本案专利的扇叶虽突出于轮毂主体一小部分，但相对于整个扇叶而言，该突出部分所占比例较小，而且在使用状态下，该突出部分位于风轮安装面一侧，难以被一般消费者观察到，故这一区别对整体视觉效果亦不具有显著影响。将本案专利与在先设计的轮毂进行比较，二者的轮毂均由一圆台状结构构成，轮毂与扇叶的连接处均有一对呈渐开线方式延伸的圆弧状轮毂壁，轮毂壁的形状均由圆弧和直线结合形成，轮毂与扇叶内侧均由轮毂壁由下至上倾斜连接，连接方式基本相同。二者的主要区别在于，在先设计的轮毂壁延伸得更长，包围的面积更大，轮毂壁圆弧与直线边形成尖角，本案专利没有形成尖角。对于位于产品中央的设计变化，应当综合考虑其在产品整体中所占的比例、变化程度的大小等因素，确定其对整体视觉效果的影响。位于中央的设计变化并不必然对整体视觉效果具有显著影响。本案专利的轮毂虽位于中央，但相对于扇叶而言，所占面积明显较小，相对于在先设计轮毂的变化亦相对有限，在本案专利与在先设计的轮毂及其轮毂壁还具有前述诸多相同点的情况下，上述区别对整体视觉效果不具有显著影响。事实上，本案专利的轮毂是在在先设计较大的轮毂的基础上，舍弃了一部分，使得轮毂壁延伸长度减少，围成的面积减少，形成的夹角发生变化。在进行相近似判断时，如果外观设计专利的改进仅仅体现为在现有设计的基础上省略局部的设计要素，这种改进通常不能体现出外观设计专利所应当具有的创新性，亦不应对整体视觉效果带来显著影响。将本案专利与在先设计相比较，综合考虑二者的相同点、不同点以及对整体视觉效果的影响，应认定二者的整体视觉效果不具有明显区别，属于相近似的外观设计。

16. 设计要素变化所伴随的技术效果的改变对外观设计整体视觉效果的影响

在前述“风轮”外观设计行政案中，最高人民法院指出，仅仅具有功能性而不具有美感的产品设计，不应当通过外观设计专利权予以保护；一般消费者进行外观设计相近似判断时，主要关注外观设计的整体视觉效果的变化，不会基于设计要素变化所伴随的技术效果的改变而对该设计要素变化施以额外的视觉关注。

最高人民法院再审认为：一项产品的外观设计要获得外观设计专利权的保护，其必须具备专利法意义上的美感，即在实现产品的特定功能的基础上，对产品的视觉效果作出创新性的改进，使得产品能够体现出功能性和美感的有机结合。仅仅具有功能性而不具有美感的产品设计，可以通过申请发明或者实用新型专利权予以保护，而不应当通过外观设计专利权予以保护。与本领域普通技术人员总是从技术角度考虑问题有所不同，一般消费者在进行相近似判断时，其主要关注于外观设计的视觉效果的变化，而不是功能或者技术效果的变化。一般消费者也不会基于设计要素变化所伴随的技术效果的改变，而对该设计要素变化施以额外的视觉关注。因此，对于美的公司关于单纯地讨论美感没有实际意义，相关区别能够显著提高风轮的工作效率，一般消费者对于该区别更加敏感，该区别对整体视觉效果具有显著影响的主张，不予支持。

二、商标案件审判

（一）商标民事案件审判

17. 判断商标侵权行为应考虑相关公众混淆、误认的可能性

在申请再审人山东齐鲁众合科技有限公司（以下简称齐鲁众合公司）与被申请人齐鲁证券有限公司南京太平南路证券营业部（以下简称南京太平南路营业部）侵犯注册商标专用权纠纷案［（2011）民申字第222号］中，最高人民法院认为，商标侵权原则上要以存在造成相关公众混淆、误认的可能性为基础；判断是否存在造成相关公众混淆、误认的可能性时，应该考虑商标的显著性和知名度。

本案的基本案情是：齐鲁众合公司成立于1995年5月31日，2006年企业法人营业执照记载经营范围为：软件开发与应用；网络工程施工；提供科技企业投资咨询服务。2009年4月2日，其经营范围变更为：软硬件开发及批发零售。同年7月16日，又变更经营范围为：证券、期货应用软件的开发及销售；硬件开发及销售；科技企业投资咨询（不含证券、期货咨询）。2001年7月14日，案外人山东省信达投资管理有限公司（以下简称信达公司）经国家工商行政管理总局商标局核准注册了第1603776号“齐鲁”文字商标，核定服务项目为第36类：资本投资、基金投资、金融分析、金融咨询、证券交易行情、期货经纪、信托、受托管理、金融信息。2008年4月20日，信达公司将第1603776号商标许可齐鲁众合公司独占使用。2000年7月25日，中国证券监督管理委员会向山东省人民政府下发证监函（2000）187号函，同意将齐鲁信托投资有限公司等联合组建证券经纪公司的方案，并于2001年4月27日向山东省齐鲁证券经纪有限公司筹建办公室下发《关于同意山东省齐鲁

证券经纪有限公司开业的批复》文件。2001 年 12 月 9 日，山东省齐鲁证券经纪有限公司经核准变更为齐鲁证券有限公司，其经营范围为：证券的代理买卖，代理还本付息、分红派息，证券代保管、鉴证，代理登记开户，证券的承销，证券的自营买卖，证券投资咨询（含财务顾问），证券资产管理业务等。南京太平南路营业部系齐鲁证券有限公司的分支机构。南京太平南路营业部在店面招牌上使用“齐鲁证券有限公司”文字及松树图形标识，在“齐鲁证券”、“齐鲁证券业务介绍”等宣传册上除使用“齐鲁证券”文字及松树图形标识外，还使用了“真诚待客户　满意在齐鲁”字样。齐鲁众合公司以南京太平南路营业部侵犯其“齐鲁”注册商标专用权为由提起诉讼，请求判令该营业部停止使用“齐鲁”字样的服务标识，停止在其企业名称中使用“齐鲁”文字，并赔偿其经济损失 100 万元。江苏省南京市中级人民法院一审认为，南京太平南路营业部使用“齐鲁”或“齐鲁证券”文字的行为是对其企业名称的简化使用行为，该营业部在企业名称中使用“齐鲁”文字及简化使用该企业名称的行为，不侵犯齐鲁众合公司的注册商标专用权。遂判决驳回齐鲁众合公司的诉讼请求。齐鲁众合公司不服，提起上诉。江苏省高级人民法院二审判决维持一审判决。齐鲁众合公司不服，向最高人民法院申请再审。最高人民法院于 2011 年 7 月 13 日裁定驳回其再审申请。

最高人民法院审查认为：本案中，南京太平南路营业部在简化使用其企业字号时，突出使用了“齐鲁”、“齐鲁证券”文字，但是否构成侵犯齐鲁众合公司对涉案注册商标享有的被许可使用权，原则上要以是否存在造成相关公众混淆、误认的可能性为基础，而判断是否存在造成相关公众混淆、误认的可能性时，必须要考虑涉案注册商标的显著性，特别是其知名度。由于“齐鲁”系山东省的别称，故将其作为注册商标使用，本身显著性较弱。本案涉案商标虽然核定服务类别为 36 类，但注册商标权人信达公司及其被许可使用人齐鲁众合公司经营范围与齐鲁证券有限公司及其南京太平南路营业部经营范围不同。鉴于国家对证券行业实行严格的市场准入制度，未取得经营证券业务许可证的企业，不得从事特许证券经营业务。由于信达公司及齐鲁众合公司不具备从事特许证券业务的资格，且二者也没有实际从事特许证券业务，故在该行业不存在知名度的问题，进而也就不可能使公众对齐鲁众合公司与南京太平南路营业部经营主体及经营范围产生混淆、误认。因此，原审法院认定南京太平南路营业部不构成商标侵权并无不当，应予维持。

18. 独家经营和使用的具有产品和品牌混合属性的商品名称不应认定为通用名称

在申请再审人佛山市合记饼业有限公司（以下简称合记公司）与申请再审人珠海香记食品有限公司（以下简称香记公司）侵犯注册商标专用权纠纷

案［（2011）民提字第55号］中，最高人民法院认为，由于特定的历史起源、发展过程和长期唯一的提供主体以及客观的市场格局，保持着产品和品牌混合属性的商品名称，仍具有指示商品来源的意义，不能认定为通用名称。

本案的基本案情是：盲公饼是佛山市土特产名产品之一，其创制于清嘉庆年代后期，由一盲人的儿子何豫斋创制，并因而得名。盲公饼出名后创号为合记。建国初期，佛山市饼干、糕点、糖果几个行业实行公私合营，组成佛山市合记饼干糖果食品厂，盲公饼为其生产的食品种类之一。后佛山市合记饼干糖果食品厂先后改名为佛山市糖果厂、佛山嘉华食品公司（以下简称嘉华公司）。1999年12月8日，成立有限责任公司，取为现名“佛山市合记饼业有限公司”，盲公饼是其生产的食品之一。合记公司在第30类饼干商品上拥有1982年获准注册的第166967号“盲公牌”商标以及2002年获准注册的第1965555号“盲公”商标。香记公司成立于2000年4月6日。香记公司生产销售被诉侵权产品的饼身及其包装盒上均印有明显的“盲公饼”字样。合记公司以香记公司侵犯其“盲公”注册商标专用权为由，提起诉讼。广东省佛山市中级人民法院一审认为，“盲公”是特有名称而非饼类商品的通用名称，香记公司构成侵犯合记公司的两项商标权，故判令香记公司立即停止侵权并赔偿损失。香记公司不服，提起上诉。广东省高级人民法院二审认为，盲公饼为在佛山地区使用近200年的商品概念，被诉侵权盲公饼饼身所刻阳文“盲公餅”与合记公司的商标字体不同，差别显著，结合产品的外包装显著位置关于生产源的明确、突出标记，足以使一般公众区分其为不同生产源的“盲公饼”，不致发生混淆，不构成侵犯合记公司商标权。被诉侵权产品外包装盒使用的“盲公饼”商品标记侵犯了合记公司第1965555号“盲公”文字商标专用权。据此改判香记公司停止侵犯合记公司第1965555号注册商标专用权的行为并赔偿损失。合记公司和香记公司均不服，向最高人民法院申请再审。合记公司的申请再审理由为，二审判决认定“盲公饼是商品名称”没有事实根据和理由。香记公司的申请再审理由为，盲公饼是一种饼类的通称，合记公司无权禁止香记公司正当使用“盲公饼”作为商品名称。最高人民法院经过审查后裁定提审本案，并于2011年8月24日改判香记公司停止侵犯合记公司第166967号及第1965555号注册商标专用权的行为。

最高人民法院审理认为：香记公司生产和销售的产品与合记公司注册商标核定使用商品相同，虽然被诉产品饼身标注的“盲公饼”字体与合记公司第166967号和第1965555号注册商标的字体存在一些差异，外包装盒标贴“盲公饼”与第166967号注册商标也存在一些不同，但这些差别是细微的，构成在同一种商品上使用与注册商标近似商标的行为。盲公饼是有着200多年历史的一种佛山特产，有着特定的历史渊源和地方文化特色。虽然“盲公饼”具有特殊风味，但“盲公”或者“盲公饼”本身并非是此类饼干的普通描述性词汇。从其经营者传承看，虽然经历了公私合营、改制等过程，但有着较为连续的传承关系，盲公饼是包括合记饼店、佛山市合记饼干糖果食品厂、佛山市糖果厂、嘉华公司、合记公司等在内的数代经营者独家创立并一直经营的产品。而且在我国商标法施行不久，“盲公饼”的经营者即申请了“盲公”商标，并且积极维护其品牌，其生产的“盲公饼”具有较高的知名度。虽然香记公司主张“盲公饼”是通用名称，但未能举出证据证明在我国内地还有其他厂商生产“盲公饼”，从而形成多家主体共存的局面。虽然有些书籍介绍“盲公饼”的做法，我国港澳地区也有一些厂商生产各种品牌的“盲公饼”，这些客观事实有可能使得某些相关公众会认为“盲公饼”可能是一类产品的名称。但是，由于特定的历史起源、发展过程和长期唯一的提供主体以及客观的市场格局，我国内地的大多数相关公众会将“盲公饼”认知为某主体提供的某种产品。因此，在被诉侵权行为发生时，盲公饼仍保持着产品和品牌混合的属性，具有指示商品来源的意义，并没有通用化，不属于通用名称。对于这种名称，给予其较强的保护，禁止别人未经许可使用，有利于保持产品的特点和文化传统，使得产品做大做强，消费者也能真正品尝到产品的风味和背后的文化；相反，如果允许其他厂家生产制造“盲公饼”，一方面权利人的权益受到损害，另一方面也可能切断了该产品所承载的历史、传统和文化，破坏了已有的市场秩序。因此“盲公饼”并非商品通用名称，香记公司关于其正当使用的抗辩不能成立。

（二）商标行政案件审判

19. 含有描述性外国文字的商标的显著性的审查判断

在申请再审人佳选企业服务公司（以下简称佳选公司）与被申请人国家工商行政管理总局商标评审委员会（以下简称商标评审委员会）商标驳回复审行政纠纷案［（2011）行提字第9号］（以下简称“BEST BUY”商标驳回复审行政纠纷案）中，最高人民法院认为，在审理商标授权确权行政案件时，应当根据诉争商标指定使用商品的相关公众的通常认识，从整体上对商标是否具有显著特征进行审查判断；如果商标标识中含有的描述性要素不影响商标整体上具有显著特征，相关公众能够以其识别商品来源的，应当认定其具有显著特征。

本案的基本案情是：2004年2月12日，佳选公司申请在第35类推销（替他人）、进出口代理等服务项目上注册第3909917号“BEST BUY及图”商标（即申请商标）。申请商标由英文单词“BEST”、“BUY”以及一方框图形构成，其中两个英文单词上下排列，方框图形的底色为黄色。国家工商行政管理总局商标局（以下简称商标局）认为申请商标以该文字作为商标用在指定使用服务上，仅仅直接表示了服务的品质和特点，决定驳回注册申请。佳选公司向商标评审委员会提出复审申请。2008 年 5 月 28 日，商标评审委员会作出第 05222 号商标驳回复审决定（以下简称第 5222 号决定），以与商标局基本相同理由对申请商标予以驳回。佳选公司不服，提起行政诉讼，并提交了申请商标实际使用的大量证据，以证明其商标因使用获得显著特征。北京市第一中级人民法院以与商标评审委员会相同的理由判决维持第 5222 号决定。佳选公司不服，提起上诉。北京市高级人民法院二审判决驳回上诉，维持原判。佳选公司不服，向最高人民法院申请再审。最高人民法院裁定提审本案，并于 2011 年 10 月 28 日判决撤销第 5222 号决定和一、二审判决，责令商标评审委员会重新作出复审决定。

最高人民法院再审认为：人民法院在审理商标授权确权行政案件时，应当根据诉争商标指定使用商品的相关公众的通常认识，从整体上对商标是否具有显著特征进行审查判断。标志中含有的描述性要素不影响商标整体上具有显著特征，相关公众能够以其识别商品来源的，应当认定其具有显著特征。本案中，申请商标由英文单词“BEST”、“BUY”以及黄色的标签方框构成，虽然其中的“BEST”和“BUY”对于指定使用的服务具有一定描述性，但是加上标签图形和鲜艳的颜色，整体上具有显著特征，便于识别。同时，根据新查明的事实，申请商标在国际上有较高知名度，且申请商标在我国已经实际使用，经过使用也具有了一定的知名度。综合上述因素，申请商标能够起到识别服务来源的功能，相关公众能够以其识别服务来源。商标评审委员会和一、二审法院对申请商标的显著性没有进行整体判断，同时未考虑佳选公司新提交的证据，认定申请商标不具有显著性的结论错误，应予纠正。

20. 含有描述性要素的商标的显著性的审查判断

在申请再审人长沙沩山茶业有限公司（以下简称沩山茶叶公司）与被申请人国家工商行政管理总局商标评审委员会（以下简称商标评审委员会）、湖南宁乡沩山湘沩名茶厂（以下简称湘沩名茶厂）等商标行政纠纷案［（2011）行提字第 7 号）］中，最高人民法院认为，含有描述性要素的商标的显著性的判定，应当根据争议商标指定使用商品的相关公众的通常认识，从整体上对商标是否具有显著特征进行判断，不能因为商标含有描述性文字就认为其整体缺乏显著性；对于使用时间较长，已经建立一定的市场声誉，相关公众能够以其识别商品来源，并不仅仅直接表示商品特点的商标，应认为其具有显著特征。

本案的基本案情是：案外人湖南省宁乡县茶叶公司于 1990 年 5 月 11 日向国家工商行政管理总局商标局（以下简称商标局）申请注册“沩山牌及图”商标（即争议商标）。商标局于 1991 年 5 月 20 日核准争议商标注册，后争议商标被转让给沩山茶业公司。争议商标经长期使用，于 2002 年被认定为湖南省著名商标。2004 年 6 月 14 日，湘沩名茶厂等六公司以“沩山毛尖”为茶叶商品的通用名称，争议商标的注册违反了商标法第十一条第一款、第四十一条第一款的规定为由，向商标评审委员会申请撤销争议商标。商标评审委员会审查认为，“沩山茶”是一个历史悠久的茶叶品种，在市场上享有较高的声誉。茶叶是一种地域性很强的商品，茶叶产地的名称同时也表明了此种茶叶突出的、区别于其他产地的茶叶商品的品质特点。依据一般消费习惯，消费者通常将文字部分作为商标的主要识别和呼叫对象，争议商标的文字部分“沩山”缺乏显著特征，图形部分亦无法使其整体产生显著性。争议商标的拼音与其文字部分是对应的，文字部分缺乏显著特征，拼音部分亦无法使其产生显著特征。遂裁定撤销争议商标的注册。沩山茶业公司不服，提起行政诉讼。北京市第一中级人民法院一审认为，本案现有证据能够证明湖南省宁乡县沩山乡自古产茶，沩山乡独特的地理和自然环境决定了沩山茶的品质特点，争议商标由沩山牌文字及图组成，一般消费者会将文字部分作为商品的主要识别部分和呼叫对象，故其整体亦不具有显著性。遂判决维持商标评审委员会的裁定。沩山茶业公司不服，提起上诉。北京市高级人民法院二审判决驳回上诉，维持一审判决。沩山茶业公司不服，向最高人民法院申请再审。最高人民法院经审查后提审本案，并于 2011 年 6 月 29 日作出提审判决，撤销一、二审判决及商标评审委员会的裁定，维持争议商标的注册。

最高人民法院再审认为：根据商标法第十一条第一款第（二）、（三）项之规定，“仅仅直接表示商品的质量、主要原料、功能、用途、重量、数量及其他特点的”、“缺乏显著特征的”的标志不得作为商标注册。判断争议商标是否应当依据上述法律规定予以撤销时，应当根据争议商标指定使用商品的相关公众的通常认识，从整体上对商标是否具有显著特征进行判断，不能因为争议商标含有描述性文字就认为其整体缺乏显著性。本案争议商标由沩山牌文字、拼音及相关图形组成，并非仅由沩山文字及其拼音组成，其商标组成部分中的图形亦属该商标的重要组成部分。此外，根据原审法院查明的事实，争议商标自 1991 年 5 月 20 日核准注册，已经经过了近二十年的使用，且在 2002 年被评为湖南省著名商标。鉴于本案争议商标使用时间较长，已经建立一定的市场声誉，相关公众能够以其识别商品来源，并不仅仅直接表示商品的质量、主要原料、功能、用途、重量、数量及其他特点，商标评审委员会、原审法院以争议商标含有沩山文字就认为其整体缺乏显著性，属于认定事实错误，应予纠正。

21. 类似商品认定中对产品用途的考虑

在申诉人湖南省长康实业有限责任公司（以下简称长康公司）与原审被

告国家工商行政管理总局商标评审委员会（以下简称商标评审委员会）、被申诉人长沙加加食品集团有限公司（以下简称加加公司）商标异议复审行政纠纷案［（2011）知行字第7号］中，最高人民法院认为，类似商品判断中考虑商品的用途时，应以其主要用途为主，如果产品的不同用途面对的是不同的消费对象，一般情况下应该以注意程度较低的消费者为准。

本案的基本案情是：案外人长沙巨龙实业有限公司于1996年1月31日申请注册“加加及图”商标（即引证商标一），1997年6月21日核准注册，注册号为第1035667号，核定使用在第30类酱油商品上。1998年6月28日，该商标经核准转让给加加酱业（长沙）有限公司（以下简称加加酱业公司）。加加酱业公司于1998年5月21日申请注册“加加”商标（即引证商标二）、“加加JIAJIA及图”商标（即引证商标三），均于1999年10月7日核准注册，注册号分别为第1321453号、第1321451号，核定使用在第30类酱油、醋、调味品、酱菜（调味品）、佐料（调味品）、味精、蚝油商品上。1999年7月9日，长康公司向国家工商行政管理总局商标局（以下简称商标局）申请注册“加加JIAJIA”商标（即被异议商标），商标局于2000年8月28日经初步审定，商标注册号为第1482338号，指定使用在第29类芝麻油商品上。加加酱业公司针对被异议商标提出异议申请，商标局于2002年10月16日裁定被异议商标核准注册。加加酱业公司不服，向商标评审委员会申请复审。加加酱业公司其后经两次更名，变更为本案加加公司。2009年12月7日，商标评审委员会作出第34098号商标异议复审裁定（以下简称第34098号裁定），维持了商标局的裁定。加加公司不服，提起行政诉讼。北京市第一中级人民法院一审认为，芝麻油与酱油产品属于类似商品，被异议商标的注册不符合商标法第二十八条的规定，判决撤销第34098号裁定，责令商标评审委员会重新作出裁定。长康公司不服，提起上诉。北京市高级人民法院二审判决驳回上述，维持一审判决。长康公司向最高人民法院申请再审。最高人民法院于2011年8月31日裁定驳回了长康公司的再审申请。

最高人民法院审查认为：根据《最高人民法院关于审理商标授权确权行政案件若干问题的意见》第15条的规定，判断商品是否类似，应当考虑商品的功能、用途、生产部门、销售渠道、消费群体等是否相同或者具有较大的关联性，是否容易使相关公众认为是同一主体提供的，或者其提供者之间存在特定联系。根据查明的事实，芝麻香油是芝麻油主要面向普通消费者的产品形态，其可用作调味，而且其产品包装规格更类似于酱油、醋这样的调味品，即一般为小瓶包装，与其他食用油明显不同。芝麻油作为食用油脂更主要是作为食用调和油的原料，而不是独立的产品。关于芝麻油的其他用途，比如作为其他产品的生产原料等，一方面，对于产品用途的判断，应以其主要用途为主；另一方面，如果产品的不同用途面对的是不同的消费对象，一般情况下应该以注意程度较低的消费者为准。本案中，应以家庭烹饪用品的消费者作为相关公众，对于此类普通消费者来讲，其普遍的认知应该是芝麻油是调味品的一种。此外，判断商品是否类似除主要应考虑前述的功能、用途等因素外，相关商标的知名度对于判断是否容易引起相关公众混淆也会产生影响。本案中，相关证据可以证明引证商标在被异议商标申请注册时已在湖南省具有一定的知名度。因此，原审法院认定芝麻油与酱油等商品构成类似商品，从而撤销第 34098 号裁定是正确的。

22. 关联商品可视情纳入类似商品范围

在申请再审人杭州啄木鸟鞋业有限公司（以下简称啄木鸟公司）与被申请人国家工商行政管理总局商标评审委员会（以下简称商标评审委员会）、七好（集团）有限公司（以下简称七好公司）商标争议行政纠纷案［（2011）知行字第 37 号］（以下简称“啄木鸟”商标争议行政案）中，最高人民法院认为，避免来源混淆是商品类似关系判断时需坚持的基本原则，如果近似商标在具有一定关联性的商品上共存，容易使相关公众认为两商品是由同一主体提供或者其提供者之间存在特定联系，应认定两商品构成类似商品。

本案的基本案情是：啄木鸟公司于 2000 年 5 月 26 日向国家工商行政管理总局商标局（以下简称商标局）申请注册第 1609312 号图形商标（即争议商标），指定使用在第 25 类 2507 群的鞋、靴商品，指定使用颜色为啄木鸟通体为黑色，嘴的下部为绿色。商标局于 2001 年 8 月 7 日核准该商标注册。2004 年 2 月 3 日，七好公司向商标评审委员会提出撤销争议商标注册申请，并援引四个商标为引证商标，其中引证商标一为七好公司于 1993 年 1 月 3 日在第 25 类服装商品上申请、1994 年 3 月 7 日核准注册的第 680928 号“鸟图形＋TUCANO”商标。商标评审委员会审查认为，争议商标指定使用的鞋、靴商品与各引证商标指定使用的服装、领带、皮包等商品所属的范围和领域不同，消费者获取上述商品的渠道有所区别，在《类似商品和服务区分表》中亦不属同一类似群组，不属于类似商品；争议商标与引证商标未构成使用在同一种或类似商品上的近似商标。据此，商标评审委员会作出商评字［2009］第 2577 号商标争议裁定书（简称第 2577 号裁定），维持争议商标注册。七好公司不服，提起行政诉讼。北京市第一中级人民法院一审认为，争议商标指定使用的鞋、靴商品与引证商标指定使用的服装、领带、皮包等商品不属于类似商品，争议商标与引证商标使用在非类似商品上，不会导致普通消费者对商品来源的混淆误认，故判决维持第 2577 号裁定。七好公司不服，提起上诉。北京市高级人民法院二审认为，争议商标与引证商标两者指定使用商品虽不为同一类似群组，但均为穿戴类商品，商品及生产商品的企业关联性极强，属于关联商品，其在市场上的共同使用易使消费者对其商品来源产生混淆、误认。遂判决撤销一审判决和第 2577 号裁定。啄木鸟公司不服，向最高人民法院申请再审。最高人民法院于 2011 年 7 月 12 日驳回了啄木鸟公司的再审申请。

最高人民法院审查认为：商标法设置商品类似关系，是因为商标主要是按商品类别进行注册、管理和保护。在商标授权确权和侵权判定过程中，进行商标法意义上相关商品是否类似的判断，并非作相关商品物理属性的比较，而是主要考虑商标能否共存或者决定商标保护范围的大小。避免来源混淆是商品类似关系判断时要坚持的一项基本原则。本案中，争议商标指定使用的商品为鞋和靴，引证商标核定使用的商品是服装等。虽然两者在具体的原料、用途等方面具有一些差别，但是两者的消费对象是相同的，而且在目前的商业环境下，一个厂商同时生产服装和鞋类产品，服装和鞋通过同一渠道销售，比如同一专卖店、专柜销售的情形较为多见。同时，争议商标与引证商标中的“鸟图形”虽然在细部上略有差异，但两者基本形态相同，且根据查明的事实，引证商标通过使用具有较高的知名度。在这种情况下，如果两商标在服装和鞋类商品上共存，容易使相关公众认为两商品是同一主体提供的，或者其提供者之间存在特定联系。因此，争议商标与引证商标构成类似商品上的近似商标。

23.《类似商品和服务区分表》对类似商品认定的作用

在前述“啄木鸟”商标争议行政案中，最高人民法院还阐述了《类似商品和服务区分表》（以下简称《区分表》）对认定类似商品或者服务的作用。最高人民法院认为，《区分表》可以作为判断类似商品或者服务的参考，但不能机械、简单地以《区分表》为依据或标准，而应当更多地考虑实际因素，结合个案的情况进行认定。

最高人民法院审查认为：《区分表》是我国商标主管机关以世界知识产权组织提供的《商标注册用商品和服务国际分类》为基础，总结我国长期的商标审查实践并结合我国国情而形成的判断商品和服务类似与否的规范性文件。该表对类似商品的划分是在综合考虑了商品的功能、用途、生产部门、销售渠道、销售对象等因素的基础上确定的。因此，《区分表》可以作为判断类似商品或者服务的参考。尤其商标注册申请审查，强调标准的客观性、一致性和易于操作性，为了保证执法的统一性和效率，商标行政主管机关以《区分表》为准进行类似商品划分并以此为基础进行商标注册和管理，符合商标注册审查的内在规律。但是，商品和服务的项目更新和市场交易情况不断变化，类似商品和服务的类似关系不是一成不变。商标异议、争议是有别于商标注册申请审查的制度设置，承载不同的制度功能和价值取向，更多涉及特定民事权益的保护，强调个案性和实际情况，尤其是进入诉讼程序的案件，更强调司法对个案的救济性。在这些环节中，如果还立足于维护一致性和稳定性，而不考虑实际情况和个案因素，则背离了制度设置的目的和功能。因此在商标异议、争议和后续诉讼以及侵权诉讼中进行商品类似关系判断时，不能机械、简单地以《区分表》为依据或标准，而应当考虑更多实际要素，结合个案的情况进行认定。《区分表》的修订有其自身的规则和程序，无法解决滞后性，也无法考虑个案情况。把个案中准确认定商品类似关系寄托在《区分表》的修订是不现实和不符合逻辑的，相反个案的认定和突破才能及时反映商品关系变化，在必要时也可促进《区分表》的修正。因此，啄木鸟公司关于鞋和服装在《区分表》中被划分为非类似商品、不应突破的观点缺乏法律依据。

24. 商标是否驰名应根据案件具体情况及所涉商品特点等进行综合判断

在申请再审人北京华夏长城高级润滑油有限责任公司（以下简称华夏长城公司）与被申请人国家工商行政管理总局商标评审委员会（以下简称商标评审委员会）、原审第三人日产自动车株式会社（以下简称日产株式会社）商标争议行政纠纷案［（2011）知行字第45号］中，最高人民法院认为，商标是否驰名是对当事人提交的全部证据进行综合判断后得出的结论，不能孤立地看相关的证据，也不能机械地要求必须提供哪一类的证据，需根据案件具体情况、所涉及的商品特点等进行具体分析判断。

本案的基本案情是：1978年3月24日，日产株式会社申请注册“日产”商标（引证商标一），并于1979年11月28日获准注册，核定使用在第12类飞机、汽车等商品上。1993年9月8日，日产株式会社申请注册“NISSAN及图”商标（引证商标二），并于1995年4月14日获准注册，核定使用在第12类车辆等商品上。2000年3月23日，华夏长城公司提出“日产及图”（即争议商标）注册申请，并于2001年4月21日获准注册，核定使用在第4类润滑油等商品上。2005年4月18日，华夏长城公司许可案外人北京日产嘉禾润滑油有限公司（以下简称日产嘉禾公司）使用争议商标，该争议商标现已申请转让给日产嘉禾公司。2006年4月20日，日产株式会社以两引证商标为驰名商标、争议商标的注册违反商标法第十三条的规定为由，向商标评审委员会提出撤销争议商标注册的申请，并提交了2003年《日产汽车公司简介》、2002年5月第41期《财富》杂志中文版《拯救日产的大师》、《公司在行业里的排名》以及2003年5月第53期《财富》杂志中文版特别报道《各行各业的最佳公司》等报道、1972年至2003年日产株式会社在中国的大事记、日本汽车出口协会的出口汽车明细表复印件、郑州日产汽车有限公司的批准文件及简介、日产株式会社在中国各地的特约维修服务中心和零件特约店列表、部分宣传材料及相关媒体报道复印件等证据。商标评审委员会认定两引证商标构成汽车商品上的驰名商标，争议商标的注册违反了商标法第十三条第二款的规定，裁定撤销争议商标的注册。华夏长城公司不服，提起诉讼。北京市第一中级人民法院和北京市高级人民法院均判决维持商标评审委员会的裁定。华夏长城公司不服，向最高人民法院申请再审。最高人民法院于 2011 年 11 月 30 日裁定驳回了华夏长城公司的再审申请。

最高人民法院审查认为：华夏长城公司主要对于日产株式会社提交的证据能否证明其商标驰名提出质疑，主张本案两引证商标未在汽车商品上实际使用即不可能成为相关公众熟知的驰名商标。我国法律规定的驰名商标是指在我国境内为相关公众广为知晓的商标。由于其知名度高，其所承载的商誉也更高，相关公众看到与其相同或者近似的标识，更容易与其商标所有人产生联系，所以法律对驰名商标提供较普通注册商标更宽的保护。当事人为了在具体案件中达到受保护的目的，提供关于其商标知名度的证据，需要证明的是通过其使用、宣传等行为，相关公众对其商标有了广泛的认知。商标是否为相关公众广泛知晓是对所有的证据进行综合判断后得出的结论，不能孤立地看相关的证据，也不能机械地要求必须提供哪一类的证据。本案中两引证商标核定使用的商品为汽车，引证商标一“日产”同时为日产株式会社的企业字号，引证商标二中的“NISSAN”文字与日产具有对应关系，考虑到汽车商品的特殊性，消费者会特别关注生产厂商，所以，日产株式会社对其企业名称的使用、所生产各种车型的汽车的销售维修等情况，均有助于其引证商标知名度的提高。华夏长城公司过于机械地理解法律对于驰名商标的证据要求，其主张不予支持。

25. 近似商标共存协议影响商标可注册性的审查判断

在申请再审人北京台联良子保健技术有限公司（以下简称北京良子公司）与一审被告（二审被上诉人）国家工商行政管理总局商标评审委员会（以下简称商标评审委员会）、被申请人山东良子自然健身研究院有限公司（以下简称山东良子公司）商标争议行政纠纷案［（2010）知行字第 50 号］中，最高人民法院认为，当事人之间关于近似商标的共存协议影响商标可注册性的审查判断。

本案的基本案情是：史英建、朱国凡等七人在山东和北京合作开办、经营良子洗脚店，并于 1997 年 9 月 23 日签订良子集体发展决议，约定责成朱国凡以济南良子店名义申请注册良子商标，该商标由全体股东共同创立和拥有。但朱国凡却成立以自己为法定代表人的新疆良子公司，于 1997 年 10 月向国家工商行政管理总局商标局（以下简称商标局）提出第 1235891 号“良子及图”商标（即引证商标）的注册申请，核定使用服务为第 42 类按摩、推拿，类似群组为 4204。1998 年史英建、朱国凡等七人签订分家协议书后，史英建拥有的济南市历下区良子健身总店以恶意抢注为由对引证商标提出异议申请。2000 年 2 月 17 日，史英建拥有的山东良子公司向商标局提出“良子”商标（即争议商标）的注册申请，2001 年 4 月 7 日被核准注册，核定使用服务为第 42 类保健、理疗等。2001 年 8 月 27 日，济南历下区良子健身总店与新疆良子公司在商标局的主持下签署协议书（即共存协议），其中第四条约定，本协议生效后，双方均不得再对对方其他带有“良子”字样的商标注册申请提出异议或注册不当申请。2002 年 12 月 31 日，朱国凡拥有的北京良子公司以争议商标的注册违反了商标法第二十八条的规定为由，向商标评审委员会提出撤销注册不当商标申请。商标评审委员会认为，争议商标与引证商标构成类似商品上的近似商标，违反商标法第二十八条规定，共存协议与本案没有关系，故裁定撤销争议商标。山东良子公司不服，提起行政诉讼。北京市第一中级人民法院一审认为，争议商标的撤销程序虽然由当事人申请启动，但争议商标是否应当被撤销是商标评审委员会在对相关事实、理由、请求进行评审的基础上依法作出的裁断。共存协议的约定不能排除商标法对商标可注册性的法定要求，争议商标违反商标法第二十八条规定。据此判决维持商标评审委员会的裁定。山东良子公司不服，提起上诉。北京市高级人民法院二审认为，共存协议体现了当事人的意思自治，亦不违反商标法第二十八条的立法本意。根据共存协议，北京良子公司不应对争议商标提出撤销注册不当商标申请，其行为违反诚实信用原则。争议商标经过山东良子公司的使用已经具有较高的知名度，如果在评审程序中被撤销，将无法通过其他法定程序获得救济。故判决撤销一审判决和商标评审委员会的裁定。北京良子公司不服，向最高人民法院申请再审。最高人民法院于 2011 年 11 月 15 日裁定驳回了北京良子公司的再审申请。

最高人民法院审查认为：本案纠纷的发生有着特定的历史过程，在处理时必须予以充分考虑，以作出公平、合理的裁决。根据查明的事实，“良子”商标为朱国凡、史英建等七人共同创立，按照集体发展协议，申请注册的“良子”商标本应为全体股东拥有。但朱国凡违反该协议的约定，将“良子”商标注册到自己成立的新疆良子公司名下，导致后续一系列纠纷的发生。为了解决纠纷，划定双方的商标权利，新疆良子公司与济南历下区良子健身总店签订共存协议，其中第四条约定双方均放弃对对方其他带有“良子”字样的商标提出异议或注册不当申请的权利。在共存协议签订时，本案的争议商标已经过初审公告后获准注册，作为协议签订一方的新疆良子公司理应知晓山东良子公司注册争议商标这一事实，在此基础上仍签订共存协议，应视为新疆良子公司同意山东良子公司注册争议商标，因此争议商标受到共存协议第四条的拘束。按照共存协议的约定，济南市历下区良子健身总店放弃了对新疆良子公司注册的引证商标的异议申请，引证商标从而获准注册。然而，新疆良子公司法定代表人朱国凡成立的北京良子公司却违反协议约定，向商标评审委员会提出撤销争议商标的申请，以致商标评审委员会撤销争议商标。北京良子公司的上述行为，违反了共存协议的约定和诚实信用原则，而撤销争议商标的结果，显然打破了共存协议约定的利益平衡和多年来形成的市场格局，对山东良子公司明显不公平。二审法院综合考虑上述因素，判决撤销一审判决和商标评审委员会的裁定并无不妥。

26. 注册商标连续 3 年停止使用撤销制度中商业使用和合法使用的判断标准

在申请再审人法国卡斯特兄弟股份有限公司（以下简称卡斯特公司）与被申请人国家工商行政管理总局商标评审委员会（以下简称商标评审委员会）、李道之商标撤销复审行政纠纷案［（2010）知行字第 55 号］中，最高人民法院认为，只要在商业活动中公开、真实地使用了注册商标，且注册商标的使用行为本身没有违反商标法律规定，则注册商标权利人已经尽到法律规定的使用义务；有关注册商标使用的其他经营活动中是否违反进口、销售等方面的法律规定，并非商标法第四十四条第（四）项所要规范和调整的问题。

本案的基本案情是："卡斯特"商标（即争议商标）系 1998 年 9 月 7 日申请、2000 年 3 月 7 日被核准注册，指定使用在第 33 类"果酒（含酒精）"等商品上，商标权人为李道之。2005 年 7 月，卡斯特公司以连续 3 年停止使用为由，向商标局申请撤销争议商标。国家工商行政管理总局商标局（以下简称商标局）以李道之未在法定期间内提交其使用争议商标的证据材料为由，决定撤销争议商标。李道之不服，向商标评审委员会申请复审，并提交了商标使用许可合同和被许可人上海班提酒业有限公司（以下简称班提公司）销售卡斯特干红葡萄酒的增值税发票 2 张等使用证据。商标评审委员会经审查认为，争议商标的前述使用事实符合商标法实施条例第三条及第三十九条第三款关于商标使用的规定，不符合商标法第四十四条所指的连续 3 年停止使用应予撤销的情形，遂维持争议商标的注册。卡斯特公司不服，提起行政诉讼。北京市第一中级人民法院和北京市高级人民法院先后维持了商标评审委员会的决定。卡斯特公司不服，向最高人民法院申请再审，认为争议商标仅有形式使用、象征性使用，而且违反了葡萄酒商品进口、销售等方面的法律法规，属于违法使用，应予撤销。最高人民法院于 2011 年 12 月 17 日裁定驳回了卡斯特公司的再审申请。

最高人民法院审查认为：注册商标长期搁置不用，该商标不仅不会发挥商标的功能和作用，而且还会妨碍他人注册、使用，从而影响商标制度的良好运转。因此，商标法第四十四条第（四）项规定，注册商标连续 3 年停止使用的，由商标局责令限期改正或者撤销其注册商标。应当注意的是，该条款的立法目的在于激活商标资源，清理闲置商标，撤销只是手段，而不是目的。因此只要在商业活动中公开、真实地使用了注册商标，且注册商标的使用行为本身没有违反商标法律规定，则注册商标权利人已经尽到法律规定的使用义务，不宜认定注册商标违反该项规定。本案中，李道之在评审程序中提交了其许可班提公司使用争议商标的合同和班提公司销售卡斯特干红葡萄酒的增值税发票，在申请再审审查期间又补充提交了 30 余张销售发票和进口卡斯特干红葡萄酒的相关材料。综合上述证据，可以证明班提公司在商业活动中对争议商标进行公开、真实地使用，争议商标不属于商标法第四十四条第（四）项规定连续 3 年停止使用、应由商标局责令限期改正或者撤销的情形。至于班提公司在使用争议商标有关的其他经营活动中是否违反进口、销售等方面的法律规定，并非商标法第四十四条第（四）项所要规范和调整的问题。卡斯特公司的相关申请再审理由缺乏法律依据。

27. 商标驳回复审程序和商标异议复审程序之间一事不再理原则的适用

在申诉人河南省养生殿酒业有限公司（以下简称养生殿公司）与被申诉人国家工商行政管理总局商标评审委员会（以下简称商标评审委员会）、一审第三人安徽高炉酒厂（以下简称高炉酒厂）商标异议复审行政纠纷案［（2010）知行字第 53 号］中，最高人民法院认为，商标驳回复审程序和商标异议复审程序在启动主体和救济目的方面均不相同，不能在两个程序之间机械适用一事不再理原则，剥夺引证商标权利人在异议阶段提出异议的权利。

本案的基本案情是：2002 年 1 月 30 日，养生殿公司在第 33 类米酒等商品上提出第 3084432 号“六味地”商标（即涉案商标）注册申请。国家工商行政管理总局商标局（以下简称商标局）以涉案商标与高炉酒厂 1996 年 11 月 21 日申请、1998 年 5 月 6 日获准注册、核定使用在第 33 类白酒上的第 1173132 号“六味池 LIUWEICHI 及图”商标（即引证商标）近似为由予以驳回。养生殿公司不服，向商标评审委员会申请复审。2004 年 8 月 30 日，商标评审委员会作出第 4556 号商标驳回复审决定（以下简称第 4556 号决定），认定涉案商标“六味地”与引证商标“六味池”未构成类似商品上的近似商标，故决定初步审定并公告涉案商标。高炉酒厂在异议期内向商标局提出商标异议申请。商标局以涉案商标与引证商标未构成近似商标为由，裁定涉案商标予以核准注册。高炉酒厂不服，提出异议复审申请。2010 年 1 月 11 日，商标评审委员会作出第 38086 号商标异议复审裁定（以下简称第 38086 号裁定），认为涉案商标与引证商标已构成使用于同一种或类似商品上的近似商标，裁定涉案商标不予核准注册。养生殿公司不服，提起行政诉讼。北京市第一中级人民法院一审判决维持第 38086 号裁定。养生殿公司不服，提起上诉，主张商标评审委员会的行为违反商标法实施条例第三十五条规定的“一事不再理原则”。北京市高级人民法院二审认为，涉案商标与引证商标已构成使用于同一种或者类似商品上的近似商标。商标法实施条例第三十五条的规定属于在同一个评审程序中对于申请人提出的评审申请进行审查的依据，而不应扩展适用到两个不同评审程序中，不同的申请主体提出评审申请的情形。涉案第 38086 号裁定与第 4556 号决定的评审程序不同，且评审程序中的当事人亦有区别，商标评审委员会受理高炉酒厂的复审申请进行评审程序符合相关法律规定。据此判决驳回上诉，维持原判。养生殿公司不服，以商标评审委员会的行为违反“一事不再理”原则等为由，向最高人民法院申请再审。最高人民法院于 2011 年 9 月 29 日裁定驳回了养生殿公司的再审申请。

最高人民法院审查认为：商标评审委员会确曾在涉及被异议商标的驳回复审程序中认定被异议商标与引证商标不构成类似商品上的近似商标。但是，驳回复审程序是依被异议商标申请人的请求而启动，在该程序中，由于引证商标权利人不是评审当事人，无从知晓被异议商标申请人的主张，没有机会对被异议商标与引证商标是否近似这一问题陈述意见和提供反驳证据，也无法就对其不利的驳回复审决定向人民法院提起诉讼。被异议商标初审公告后，引证商标权利人认为被异议商标与其在先注册的引证商标构成冲突，损害其在先权利的，只能通过后续的异议或者争议程序予以解决。因此，如果引证商标权利人按照法律规定对被异议商标提出异议和后续的异议复审申请，商标局和商标评审委员会应当受理并依法进行审理，不能因为存在在先的驳回复审决定而剥夺引证商标权利人异议的权利，否则将严重损害引证商标权利人的权益。商标法实施条例第三十五条关于“商标评审委员会对商标评审申请已经作出裁定或者决定的，任何人不得以相同的事实和理由再次提出评审申请”的规定不适用于本案的情形。

28. 商标驳回复审行政诉讼程序中应否考虑阻碍申请商标注册的事实发生的新变化

在申请再审人艾德文特软件有限公司（以下简称艾德文特公司）与被申请人国家工商行政管理总局商标评审委员会（以下简称商标评审委员会）商标驳回复审行政纠纷案［（2011）行提字第 14 号］中，最高人民法院认为，在商标驳回复审行政纠纷案件中，如果引证商标在诉讼程序中因连续 3 年停止使用而被撤销，鉴于申请商标尚未完成注册，人民法院应根据情势变更原则，依据变化了的事实依法作出裁决。

本案的基本案情是：2002 年 5 月 21 日，案外人佛山市顺德区海得曼电器有限公司向国家工商行政管理总局商标局（以下简称商标局）申请注册“Advent 海得曼”（即引证商标），于 2004 年 12 月 14 日被核准注册，核定使用在第9类的计算机、晶片（锗片）等商品上。2005年10月20日，艾德文特公司向商标局申请注册“ADVENT”商标（即申请商标），指定使用在第9类的“计算机软件（已录制）；计算机程序（可下载软件）；已录制的计算机程序；与计算机软件一同销售的使用手册（软件）”商品上。2008年5月21日，商标局以申请商标与引证商标构成在相同或类似商品上的近似商标为由，依据商标法第二十八条的规定，驳回了申请商标的注册申请。艾德文特公司不服，向商标评审委员会申请复审。商标评审委员会作出第12733号决定，以与商标局相同的理由将申请商标予以驳回。艾德文特公司不服，提起行政诉讼。北京市第一中级人民法院判决维持商标评审委员会的驳回复审决定。艾德文特公司不服，提起上诉。在二审阶段，引证商标因连续3年停止使用被商标局予以撤销。北京市高级人民法院二审认为，商标评审委员会作出复审决定和一审法院作出判决时，引证商标仍为有效，故判决维持商标评审委员会的复审决定和一审判决。艾德文特公司不服，向最高人民法院申请再审。最高人民法院裁定提审本案，并于2011年11月24日作出再审判决，撤销商标评审委员会复审决定及原审判决，责令商标评审委员会重新作出复审决定。

最高人民法院再审认为：本案在二审过程中，引证商标因连续3年停止使用而被商标局予以撤销，引证商标已丧失商标专用权。依据商标法第二十八条的规定，引证商标已不构成申请商标注册的在先权利障碍。在商标评审委员会作出第12733号决定的事实依据已经发生了变化的情形下，如一味考虑在行政诉讼中，人民法院仅针对行政机关的具体行政行为进行合法性审查，而忽视已经发生变化了的客观事实，判决维持商标评审委员会的上述决定，显然对商标申请人不公平，也不符合商标权利是一种民事权利的属性，以及商标法保护商标权人利益的立法宗旨。商标驳回复审案件本身具有特殊性，在商标驳回复审后续的诉讼期间，商标的注册程序并未完成。因此，在商标驳回复审行政纠纷案件中，如果引证商标在诉讼程序中因连续3年停止使用而被商标局予以撤销，鉴于申请商标尚未完成注册，人民法院应根据情势变更原则，依据变化了的事实依法作出裁决。在艾德文特公司明确主张引证商标权利已经消失、其申请商标应予注册的情况下，二审法院没有考虑相应的事实依据已经发生变化的情形，维持商标评审委员会的第12733号决定以及一审判决显属不当，应予纠正。

29. 商标驳回复审行政诉讼程序中应否考虑证明申请商标使用情况的新证据

在前述“BEST BUY”商标驳回复审行政纠纷案中，最高人民法院认为，在商标驳回复审行政诉讼中，对于当事人提交的关于申请商标使用情况的新证据应当予以考虑。

最高人民法院再审认为：商标驳回复审案件中，申请商标的注册程序尚未完成，评审时包括诉讼过程中的事实状态都是决定是否驳回商标注册需要考虑的。本案中，佳选公司在一审诉讼过程中提交了申请商标实际使用的大量证据，这些证据所反映的事实影响申请商标显著性的判断，如果不予考虑，佳选公司将失去救济机会，因此在判断申请商标是否具有显著特征时，应当考虑这些证据。一审法院以这些证据为诉讼中提交的新证据，且无正当理由，对上述证据不予采纳的做法不妥。

30. 商标行政诉讼程序中对当事人提交的新证据的处理及类似商品的认定

在申请再审人吴树填与一审被告（二审被上诉人）国家工商行政管理总局商标评审委员会（以下简称商标评审委员会）、被申请人佛山市富士宝电器科技股份有限公司（以下简称富士宝公司）商标行政纠纷案［（2011）知行字第9号］中，最高人民法院认为，人民法院对于当事人在行政诉讼程序中提交的新证据并非一概不予采纳；人民法院可以根据案件具体情形，考虑新证据对当事人合法权益的影响及行政诉讼的救济价值，判令商标评审委员会在综合原有证据及新证据的基础上重新作出裁定。

本案的基本案情是：富士宝公司是第621975号“富士寶 FUSHIBAO 及图”商标（即引证商标一）、第1091355号“Fushibao 及图”商标（即引证商标二）的商标权人。前述两引证商标分别于1991年、1997年被核准注册，核定使用在第11类“电热水器”等商品上。2000年6月6日，顺德市桂洲镇顺宝燃气具厂（以下简称顺宝厂）在第11类“空气冷却装置、空气加热器、空气干燥器、空气调节器、风扇（空气调节）、厨房用抽油烟机、个人用电风扇、排气风扇、消毒碗柜、饮水机”商品上向商标局申请注册“富士寶 FUSHIBAO 及图”（即争议商标）。2002年2月2日，争议商标获准注册，并于2004年5月17日转让给吴树填。2002年6月10日，富士宝公司前身南海富士宝公司认为争议商标的注册侵犯了其在先权利、争议商标核定使用的商品与引证商标核定使用的商品构成类似商品，向商标评审委员会提出撤销申请，并提交了主要产品销量表等证据，以证明在争议商标申请注册日之前，其生产销售的“富士宝”牌空调扇等具有一定知名度。商标评审委员会审理认为，争议商标指定使用商品中仅饮水机一项与两引证商标指定使用的商品类似，争议商标指定使用的风扇（空气调节）、消毒碗柜等其他商品与两引证商标指定使用的商品均不属于类似商品；南海富士宝公司提交的证据不足以证明其“富士宝”标识在争议商标申请注册前，已通过在风扇（空气调节）、消毒碗柜等商品上的使用在相关公众中具有一定影响，南海富士宝公司申请撤销争议商标的理由不能成立，遂作出第06284号商标争议裁定，裁定撤销争议商标在饮水机商品上的注册，维持争议商标在风扇（空气调节）、消毒碗柜等商品上的注册。富士宝公司不服，提起行政诉讼。北京市第一中级人民法院一审判决维持商标评审委员会的裁定。富士宝公司不服，提起上诉，并提交了北京市高级人民法院（1999）高知初字第75号民事判决和最高人民法院（2003）民三终字第2号民事调解书，以补充证明在争议商标申请注册日之前，其生产销售的“富士宝”牌空调扇等已经具有一定知名度。北京市高级人民法院二审认为，在争议商标申请注册日之前，“富士宝”牌空调扇的产销量已经达到一定规模，“富士宝”牌空调扇具有一定的知名度。商标评审委员会以争议商标与富士宝公司的企业名称差别较大为由，不支持其关于争议商标注册损害其企业名称权的决定理由不充分。富士宝公司的引证商标一指定使用的商品“煮水器、电热水器”与引证商标二指定使用的商品“电热开水器”与争议商标核定使用“消毒碗柜”均为厨房用电器，易使相关消费者对上述商品的来源产生混淆误认。商标评审委员会认定争议商标在“消毒碗柜”商品上的注册未构成与引证商标一、引证商标二使用在类似商品上的近似商标，理由不充分。富士宝公司在诉讼阶段提交相关证据与本案争议焦点问题有较强关联性，如果不予考虑，会对双方当事人的合法权益造成较大影响，本案应当由商标评审委员会在综合原有证据以及当事人在诉讼过程中提交的证据的基础上，重新对本案争议商标作出裁定。遂判决撤销一审判决和商标评审委员会的裁定，责令商标评审委员会重新作出裁定。吴树填不服，向最高人民法院申请再审。最高人民法院于2011年4月12日驳回其再审申请。

最高人民法院审查认为：根据《最高人民法院关于行政诉讼证据若干问题的规定》第二条的规定，原告可以提出其在行政程序中没有提出过的反驳理由或者证据。该司法解释第五十九条同时规定，被告在行政程序中依照法定程序要求原告提供证据，原告依法应当提供而拒不提供，在诉讼程序中提供的证据，人民法院一般不予采纳。据此，人民法院对在行政诉讼中提交的新证据不予采纳的限定条件是原告依法应当提供而拒不提供，不提供的后果是人民法院一般不予采纳，并非一概不予采纳。本案中，二审法院考虑本案的具体情形并同时考虑行政诉讼救济价值，对于当事人未能在行政程序中提供有效证明自己主张的证据，判令商标评审委员会在综合原有证据以及当事人在诉讼过程中提交的证据的基础上，重新对本案争议商标作出裁定并无不当。

人民法院审查判断相关商品或者服务是否类似，应当考虑商品的功能、用途、生产部门、销售渠道、消费群体等是否相同或具有较大的关联性。《商标注册用商品和服务国际分类表》、《类似商品和服务区分表》可以作为判断类似商品或者服务的参考。本案中，富士宝公司的引证商标一、引证商标二指定使用的商品“煮水器、电热水器”、“电热开水器”与争议商标核定使用的“消毒碗柜”均为厨房用电器，其销售渠道、消费群体具有较大的关联性，且相关证据已证明南海富士宝公司的引证商标一、二于争议商标申请日前在珠江三角洲一带已有一定知名度。在此情况下，因争议商标与引证商标一、引证商标二核定使用的商品之间存在较大关联性，容易使相关公众造成混淆。鉴此，二审法院关于商标评审委员会第06284号裁定“争议商标在消毒碗柜商品上的注册未构成与引证商标一、引证商标二使用在类似商品上的近似商标的理由不够充分”的认定是正确的。

三、著作权案件审判

31. 本身并不表达某种思想的答题卡不构成著作权法意义上的作品

在申请再审人陈建与被申请人富顺县万普印务有限公司（以下简称万普公司）侵犯著作权纠纷案［（2011）民申字第1129号］中，最高人民法院认为，本身并不表达某种思想的答题卡不构成著作权法意义上的作品。

本案的基本案情是：陈建长期从事机读卡阅卷和研究工作，完成了具有三个主观分答题卡的设计并于2008年4月9日在四川省版权局对设计的三个主观分答题卡进行了版权登记。万普公司于2008年8月11日成立，自成立起即生产销售三个主观分答题卡。陈建认为，万普公司生产销售的主观分答题卡侵犯了其著作权，遂提起诉讼。四川省自贡市中级人民法院一审认为，万普公司复制、销售三个主观答题卡的行为构成对陈建三个主观分答题卡著作权的侵犯，遂判决万普公司停止侵权，支付陈建律师费3000元。万普公司不服，提起上诉。四川省高级人民法院二审认为，本案三个主观分答题卡属于通用数表，不受著作权法保护，遂判决撤销一审判决，驳回陈建的全部诉讼请求。陈建不服，向最高人民法院申请再审。最高人民法院于2011年8月30日裁定驳回其再审申请。

最高人民法院审查认为：根据著作权法实施条例第二条的规定，著作权法意义上的作品是指文学、艺术和科学领域内具有独创性并能以某种有形形式复制的智力成果。本案诉争的三个主观分答题卡由客观题和主观题答题卡组成，其组成部分主要包括若干题号和代表选项的字母A、B、C、D或数字0—9，以及少量考试信息相关的文字，如姓名、准考证号、科目、考试注意事项等。答题卡的前述设置主要针对考题的选项设置和统计信息需要而设的，且图形排布受制于光标阅读机等阅读设备所识别的行列间距等参数，其本身并不表达某种思想和设计，且其排列及表达方式有限，不属于著作权法意义上的具有独创性的智力成果，二审法院认定其属于通用数表有所不当，但认定不属于著作权法保护的客体并无不当。

四、竞争案件审判

32. 构成国家秘密的商业秘密的秘密性认定

在申请再审人高辛茂与被申请人北京一得阁墨业有限责任公司（以下简称一得阁公司）、原审被告北京传人文化艺术有限公司（以下简称传人公司）侵犯商业秘密纠纷案［（2011）民监字第414号］（简称“一得阁墨汁”商业秘密侵权案）中，最高人民法院认为，国家秘密中的信息由于关系国家安全和利益，是处于尚未公开或者依照有关规定不应当公开的内容；属于国家秘密的信息在解密前，应当认定为该信息不为公众所知悉。

本案的基本案情是：一得阁墨汁厂于1967年研制成功了北京墨汁。1996年5月24日，“一得阁墨汁”和“中华墨汁”被列为北京市国家秘密技术项目。1997年7月14日，一得阁工贸集团还成立了保密委员会，高辛茂任副组长。一得阁公司采取主、辅料分别提供的办法对墨汁配方进行保密。高辛茂于1978年调入一得阁墨汁厂工作，先在技术股工作，1987年后任副厂长、副经理等职务，曾主管生产、行政、劳动、技术检验、市场开发等工作。其中，1987年至1995年期间，高辛茂任主管技术的副厂长，其职责是负责全厂的技术开发、产品升级换代、技术改造、技术攻关及日常技术管理方面的组织领导工作，组织领导制订技术标准、工艺操作规程等。传人公司成立于2002年1月9日，系家族式企业，共有股东13人，高辛茂是该公司最大股东，其妻为法定代表人。2002年底，传人公司生产出了“国画墨汁”、“书法墨汁”、“习作墨汁”三种产品。2003年7月24日，一得阁公司公证购买了传人公司生产的三种产品。一得阁公司认为上述产品的品质、效果指标与其生产的“一得阁墨汁”、“中华墨汁”、“北京墨汁”相同或非常近似，遂起诉传人公司和高辛茂侵害其商业秘密。传人公司和高辛茂共同辩称：传人公司生产的墨汁是公司独立开发研制的产品。一得阁公司无证据证明一得阁公司生产墨汁的配方、生产工艺与传人公司使用的相同，也无证据证明传人公司和高辛茂采取了反不正当竞争法列举的侵犯商业秘密的手段。北京市第一中级人民法院一审认为，一得阁公司主张权利的相关墨汁配方符合商业秘密构成条件，高辛茂和传人公司侵犯了一得阁公司的商业秘密，故判决两被告承担停止侵权和连带赔偿损失的民事责任。传人公司、高辛茂不服，共同提起上诉。北京市高级人民法院二审判决驳回上诉，维持原判。高辛茂向最高人民法院申请再审，最高人民法院于2011年11月23日裁定驳回高辛茂的再审申请。

最高人民法院审查认为：国家秘密是关系国家的安全和利益，依照法定程序确定，在一定时间内只限一定范围的人员知悉的事项。对于纳入国家秘密技术项目的持有单位，包括国家秘密的产生单位、使用单位和经批准的知悉单位均有严格的保密管理规范。我国反不正当竞争法所指的不为公众所知悉，是有关信息不为其所属领域的相关人员普遍知悉和容易获得。国家秘密中的信息由于关系国家安全和利益，是处于尚未公开或者依照有关规定不应当公开的内容。被列为北京市国家秘密技术项目的“一得阁墨汁”、“中华墨汁”在技术出口保密审查、海关监管、失泄密案件查处中均有严格规定。既然涉及保密内容，北京市国家秘密技术项目通告中就不可能记载“一得阁墨汁”、“中华墨汁”的具体配方以及生产工艺。根据国家科委、国家保密局于1998年1月4日发布的《国家秘密技术项目持有单位管理暂行办法》第七条第二款规定，涉密人员离、退休或调离该单位时，应与单位签订科技保密责任书，继续履行保密义务，未经本单位同意或上级主管部门批准，不得在任何单位从事与该技术有关的工作，直到该项目解密为止。因此，“一得阁墨汁”、“中华墨汁”产品配方和加工工艺在解密前，应认定该配方信息不为公众所知悉。

33. 作为商业秘密的整体信息是否为公众所知悉的认定

在前述“一得阁墨汁”商业秘密侵权案中，最高人民法院认为，在能够带来竞争优势的技术信息或经营信息是一种整体信息的情况下，不能将其各个部分与整体割裂开来，简单地以部分信息被公开就认为该整体信息已为公众所知悉。

最高人民法院审查认为：申请再审人提交的有关证据描述了墨汁制造的有关配方以及某项组分在每一种配方中可能起到的作用。但是在上述证据中，墨汁的配方具体组分各不相同，有交叉也有重合；对于制作方法的描述也各有不同。因此，不能因为配方的有关组成部分被公开就认为对这些组分的独特组合信息亦为公众所知。相反，正是由于各个组分配比的独特排列组合，才对最终产品的品质效果产生了特殊的效果。他人不经一定的努力和付出代价不能获取。这种能够带来竞争优势的特殊组合是一种整体信息，不能将各个部分与整体割裂开来。一得阁公司的有关墨汁被纳入国家秘密技术项目，且一得阁墨汁在市场上有很高的知名度也反证了其配方的独特效果。

34. 单纯的竞业限制约定能否构成作为商业秘密保护条件的保密措施

在申请再审人上海富日实业有限公司（以下简称富日公司）与被申请人黄子瑜、上海萨菲亚纺织品有限公司（以下简称萨菲亚公司）侵犯商业秘密纠纷案［（2011）民申字第122号］中，最高人民法院认为，符合反不正当竞争法第十条规定的保密措施应当表明权利人保密的主观愿望，明确作为商业秘密保护的信息的范围，使义务人能够知悉权利人的保密愿望及保密客体，并在正常情况下足以防止涉密信息泄漏；单纯的竞业限制约定，如果没有明确用人单位保密的主观愿望和作为商业秘密保护的信息的范围，不能构成反不正当竞争法第十条规定的保密措施。

本案的基本案情是：1996年，黄子瑜与案外人管烽共同出资设立富日公司，黄子瑜持股40%，并在公司担任监事、副总经理等职。黄子瑜与富日公司签订的劳动合同第十一条约定，黄子瑜在与富日公司解除合同后，五年内不得与在解除合同前与富日公司已有往来的客户（公司或个人）有任何形式的业务关系。否则，黄子瑜将接受富日公司的索赔。该劳动合同中没有关于保守商业秘密的约定。2000年年初左右，富日公司开始与案外人“森林株式会社”发生持续的交易。2002年4月30日，富日公司通过股东会决议，同意黄子瑜退出公司并辞去相关职务。2002年4月间，黄子瑜与案外人刘学宏共同投资组建了萨菲亚公司。萨菲亚公司设立后，“森林株式会社”基于对黄子瑜的信任，随即与之建立了业务关系。富日公司以黄子瑜、萨菲亚公司共同侵犯其商业秘密为由提起诉讼。上海市第一中级人民法院一审认为，本案并无证据表明富日公司主张保护的特定客户信息不为公众所知悉，并采取了相应保密措施，遂判决驳回富日公司的全部诉讼请求。富日公司不服，提起上诉。上海市高级人民法院二审认为，本案中并无证据表明富日公司对其与“森林株式会社”的销售合同及相关附件采取了相关保密措施；劳动合同第十一条应认定为竞业禁止条款，该条款未涉及因此限制而应支付的补偿费，也没有证据证明富日公司曾支付给黄子瑜相关补偿费用，富日公司不能援引该条款主张黄子瑜侵犯了其商业秘密。遂判决驳回上诉，维持一审判决。富日公司向最高人民法院申请再审。最高人民法院于2011年7月27日裁定驳回富日公司的再审申请。

最高人民法院审查认为：符合反不正当竞争法第十条规定的保密措施应当表明权利人保密的主观愿望，并明确作为商业秘密保护的信息的范围，使义务人能够知悉权利人的保密愿望及保密客体，并在正常情况下足以防止涉密信息泄漏。本案中，富日公司提供的劳动合同第十一条没有明确富日公司作为商业秘密保护的信息的范围，也没有明确黄子瑜应当承担的保密义务，而仅限制黄子瑜在一定时间内与富日公司的原有客户进行业务联系，显然不构成反不正当竞争法第十条规定的保密措施。竞业限制是指对特定的人从事竞争业务的限制，分为法定的竞业限制和约定的竞业限制。我国立法允许约定竞业限制，目的在于保护用人单位的商业秘密和其他可受保护的利益。但是，竞业限制协议与保密协议在性质上是不同的。前者是限制特定的人从事竞争业务，后者则是要求保守商业秘密。用人单位依法可以与负有保密义务的劳动者约定竞业限制，竞业限制约定因此成为保护商业秘密的一种手段，即通过限制负有保密义务的劳动者从事竞争业务而在一定程度上防止劳动者泄露、使用其商业秘密。但是，相关信息作为商业秘密受到保护，必须具备反不正当竞争法规定的要件，包括采取了保密措施，而并不是单纯约定竞业限制就可以实现的。对于单纯的竞业限制约定，即便其主要目的就是为了保护商业秘密，但由于该约定没有明确用人单位保密的主观愿望和作为商业秘密保护的信息的范围，因而不能构成反不正当竞争法第十条规定的保密措施。

35. 商业秘密侵权认定中对不正当手段的事实推定

在前述“一得阁墨汁”商业秘密侵权案中，最高人民法院认为，当事人基于其工作职责完全具备掌握商业秘密信息的可能和条件，为他人生产与该商业秘密信息有关的产品，且不能举证证明该产品系独立研发，根据案件具体情况及日常生活经验，可以推定该当事人非法披露了其掌握的商业秘密。

最高人民法院审查认为：高辛茂具有接触墨汁的保密配方的可能或条件。高辛茂是传人公司最大的股东，其妻是该公司的法定代表人。高辛茂、传人公司未能证明独立开发研制墨汁产品。通过公知资料中对生产墨汁的配方组分进行有机的排列组合，生产出符合市场需要的高质量的墨汁必定需要大量的劳动和反复的实验，而传人公司在成立后短短时间凭借几个没有相关技术背景的个人，就很快开始生产出产品，并在北京、深圳等地销售，在没有现成的成熟配方前提下是不可能的。一审庭审中，传人公司的股东曾陈述，其问过高辛茂关于墨汁的材料、配方等问题。高辛茂有接触一得阁公司商业秘密的条件，根据一得阁公司的相关墨汁作为国家秘密的事实，结合传人公司设立情况及主张独立研发的证据不能成立的事实，依据日常生活经验，原审法院认定高辛茂向传人公司披露了一得阁公司生产墨汁的配方，传人公司非法使用了高辛茂披露的墨汁配方，并无不当。

36. 具有描述性的商品名称构成知名商品特有名称的条件

在申请再审人厦门康士源生物工程有限公司（以下简称康士源公司）与被申请人北京御生堂生物工程有限公司（以下简称御生堂公司）、原审被告厦门康中源保健品有限公司（以下简称康中源公司）、长春市东北大药房有限公司（以下简称东北大药房）擅自使用知名商品特有名称、包装、装潢纠纷案〔（2011）民提字第60号〕中，最高人民法院认为，对于本身具有描述商品功能和用途的商品名称，需要有证据证明其通过使用获得了区别商品来源的第二含义，才能构成知名商品的特有名称。

本案的基本案情是：御生堂公司拥有2001年9月18日申请注册并于2003年8月5日核准注册在“茶及茶叶代用品”上“御生堂”商标。2008年6月16日，该商标被北京市工商行政管理局认定为北京市著名商标。2003年6月，由御生堂公司监制的御生堂牌肠清茶上市。2004年7月29日，北京御生堂营销策划有限公司向国家专利局申请包装盒（御生堂肠清茶）外观设计专利，于2005年4月13日取得了专利证书，并随后授权御生堂公司无限期独占使用。本案御生堂公司主张权利的产品名称、包装装潢与上述外观设计专利的产品名称、包装装潢一致。御生堂牌肠清茶产品自2003年6月上市以来，御生堂公司在全国部分城市平面媒体上对其进行了大量广告宣传。但是，早在2001年以前，医药、保健品行业既已存在“肠清口服液”、“肠清液”、“肠清胶囊”等称谓，一些专业人士也在杂志上发表了关于“肠清口服液”或“肠清液”或“肠清胶囊”的研究文章。2004年，康中源公司成立，此后不久其原法定代表人叶秋枫即申请“肠清”商标并申请涉案“康中源肠清茶”产品包装盒的外观设计专利。2006年康士源公司成立，生产销售康中源肠清茶产品。康士源公司生产的康中源牌肠清茶产品的包装装潢与御生堂肠清茶的包装装潢近似，同时突出使用了“肠清茶”字样。御生堂公司以康士源公司、康中源公司及东北大药房擅自使用其知名商标特有名称、包装、装潢为由，提起诉讼。长春市中级人民法院一审认为，“御生堂肠清茶”构成知名商品特有名称，其装潢构成特有装潢，康士源公司未经许可使用了与其相同或相近似的产品名称、装潢，东北大药房未经许可销售了上述侵权产品，构成不正当竞争。遂判决康士源公司和东北大药房停止侵害，康士源公司赔偿御生堂公司经济损失30万元。康士源公司不服，提起上诉。吉林省高级人民法院二审改判康士源公司赔偿经济损失20万元，维持一审其他判项。康士源公司不服，向最高人民法院申请再审。最高人民法院经审查后提审本案，于2011年8月2日改判康士源公司停止使用与“御生堂肠清茶”知名商品特有装潢近似的商品装潢，同时认为“御生堂肠清茶”虽为知名商品，但并非特有名称。

最高人民法院审查认为：“肠清”有“肠道清理”之意，其直接表明了该类商品的功能和用途，一般情况下不具有识别商品来源的作用，不能成为某一市场主体享有权利的特有名称，除非该主体能证明该商品名称通过使用获得了显著特征，能够将商品来源直接指向该市场主体。本案中，御生堂公司负有这一举证责任。根据其提交的大量广告宣传的证据，可以认定御生堂肠清茶产品销售时间较长、区域较广，宣传的范围亦很广，能够为相关公众所知悉，可以认定为反不正当竞争法第五条第（二）项规定的“知名商品”。但能否认定“肠清茶”已经通过使用成为产品来源的标识，还需结合其广告方式、相关公众的认知等相关因素进行判断。本案中，御生堂公司提交大量平面媒体广告，基本形式为大幅宣传洗肠的必要性及益处、肠清茶热销等情况，配有小幅御生堂肠清茶产品图样及购买方式等信息。这种广告方式侧重宣传的是肠清茶产品的功能，未能克服肠清茶本身所具有的描述商品功能的性质，不能达到使相关公众将“肠清茶”与某一特定来源主体联系起来的目的。“肠清茶”三字在御生堂肠清茶产品包装装潢中占有显著位置也并不必然表明其能够成为指代产品来源的标识。御生堂公司主张“肠清茶”为其知名商品特有名称证据不足，不予支持。

五、知识产权合同案件审判

37. 技术合同所涉的产品或者服务需要行政审批和许可对技术合同效力的影响

在申请再审人海南康力元药业有限公司（以下简称康力元公司）、海南通用康力制药有限公司（以下简称康力制药公司）与被申请人海口奇力制药股份有限公司（以下简称奇力制药公司）技术转让合同纠纷案〔（2011）民提字第 307 号〕中，最高人民法院认为，在技术合同纠纷案件中，当技术合同涉及的产品或服务依法须经行政部门审批或者行政许可，未经审批或者许可的，不影响当事人订立的相关技术合同的效力。

本案的基本案情是：康力元公司为药品经营企业，康力制药公司和奇力制药公司均为药品生产企业。2004 年 6 月 12 日，奇力制药公司与康力元公司、康力制药公司签订《关于转让注射用头孢哌酮钠他唑巴坦钠的合同》（以下简称《转让合同》）。该合同以奇力制药公司为甲方，康力元公司和康力制药公司为乙方，其主要内容为：甲方在注射用头孢哌酮钠他唑巴坦钠 II 期临床工作结束后，立即向国家药监部门申报新药证书及生产批件，并在获得批准后将规格为 1.125g/瓶的产品转让给乙方；转让完成后，该规格产品的所有权归乙方，甲方向乙方提供有关该规格产品的全套资料（含临床资料）复印件；囿于有关药品管理法规的制约，该规格产品的生产批文上所载的生产单位仍为甲方，但甲方承诺取得生产批件后即积极配合乙方办理委托加工手续，并在获准后立即转交乙方生产，甲方派人指导乙方连续生产三批合格产品；自合同生效之日起，甲方不再与第三方谈本规格产品合作、转让事宜。2006 年 12 月 31 日，康力制药公司的《药品生产质量管理规范认证证书》（以下简称药品 GMP 证书）因故被海南省食品药品监督管理局收回。2007 年 5 月 21 日，国家食品药品监督管理局向奇力制药公司核发了“注射用头孢哌酮钠他唑巴坦钠”《新药证书》和《药品注册批件》（规格为“1.125g”和“2.25g”），其中载明药品监测期为 4 年，至 2011 年 5 月 20 日。奇力制药公司遂自行进行生产，并于 2007 年 12 月开始交其他公司和个人代理销售。自 2007 年 8 月 6 日开始，奇力制药公司以康力元公司、康力制药公司违反国家法律法规，不具备涉案新药的药品 GMP 证书，不符合受让及委托生产该新药的法定条件为由，要求解除合同。康力元公司、康力制药公司遂提起本案诉讼，请求判令奇力制药公司继续履行合同。海南省海口市中级人民法院一审认为，《转让合同》系三方的真实意思表示，且合同内容不违反国家法律或行政法规的禁止性规定，属有效合同；奇力制药公司要求解除合同，缺乏事实和法律依据。据此判决各方继续履行合同。奇力制药公司、康力元公司和康力制药公司均不服一审判决，提起上诉。海南省高级人民法院二审认为，《转让合同》履行过程中，康力制药公司的药品 GMP 证书被海南省食品药品监督管理局收回，已不具备生产涉案新药的法定资质条件，此一变故属于不可抗力，导致合同的目的不能实现，应依法解除。据此判决撤销一审判决，解除《转让合同》。康力元公司、康力制药公司不服二审判决，向最高人民法院申请再审。最高人民法院提审本案后于 2011 年 12 月 9 日作出再审判决，撤销二审判决，判令合同继续履行。

最高人民法院审理认为：《转让合同》涉及新药技术转让和新药委托生产两方面的内容。关于药品委托生产问题，药品管理法第十三条规定，经有关药品监督管理部门批准，药品生产企业可以接受委托生产药品。药品管理法实施条例第十条规定，接受委托生产药品的，受托方必须持有与其受托生产的药品相适应的药品 GMP 证书。在本案双方当事人签订《转让合同》时，康力制药公司持有与涉案新药相适应的《药品生产许可证》和药品 GMP 证书，因此双方当事人关于委托康力制药公司生产涉案新药的约定不违反法律和行政法规的规定。本案双方当事人关于委托加工生产药品的约定有效，双方亦应依约履行。《最高人民法院关于审理技术合同纠纷案件适用法律若干问题的解释》第八条第一款规定，生产产品或者提供服务依法须经有关部门审批或者取得行政许可，而未经审批或者许可的，不影响当事人订立的相关技术合同的效力。因此，康力制药公司是否能够获得生产涉案新药的《药品生产许可证》和药品 GMP 证书，并不影响《转让合同》的效力。综上，《转让合同》应认定为有效合同。

38. 特许经营合同的定性与判断

在申请再审人付玉平、李秀荣与被申请人谢金莲、曹火珠及名嘴国际餐饮管理（北京）有限公司（以下简称名嘴公司）特许经营合同纠纷案［（2011）民申字第 1262 号］中，最高人民法院认为，判断当事人之间的合同是否属于特许经营合同，不应单纯以合同的名称是否包含“特许经营”等关键词加以判断，而应根据合同内容是否符合特许经营的内涵与法律特征来进行综合判断。

本案的基本案情是：2008 年 3 月 13 日，名嘴公司作为甲方，谢金莲、曹火珠作为乙方，签订《“甜蜜公主”冰淇淋区域代理合同》（以下简称《代理合同》），主要约定甲方授权乙方为三明地区级代理。2008 年 3 月 19 日，名嘴公司出具《授权证书》，授权谢金莲、曹火珠为“甜蜜公主”冰淇凌店福建省三明地区级代理商。2008 年 5 月 5 日，谢金莲、曹火珠作为名嘴公司三明地区总代理（甲方），付玉平、李秀荣作为乙方，签订《合作协议》，约定甲方授权乙方有权使用“甜蜜公主”冰淇淋品牌、商号、VI系统、店面字号；甲方对乙方技术骨干人员上岗前提供免费的专业培训，并免费提供长期的技术指导；乙方有权使用甲方的生产工艺、配方及设备的正确操作并包教包会；双方为各自独立的经济实体，双方之间不存在任何共同投资、雇佣承包关系；甲、乙双方其中的任何一方对另一方的债务不承担任何责任；乙方专卖店的商号及VI系统、生产技术、配方及经营管理技术等为甲方所有；乙方有权使用，未经甲方书面许可，乙方不得扩大使用；乙方专卖店的有形资产为乙方所有；乙方经营范围为“甜蜜公主”冰淇淋系列产品，经营地点为三明市列东江滨新村46幢，乙方不得跨区域经营；合同签署当日，乙方一次性向甲方支付45000元，含全套设备（供乙方自主开店经营使用）及赠品、技术及配方的转让，培训耗材等费用，此费用不退；自合同签订之日起10天内，乙方每年（一次性）向甲方交纳600元品牌管理费，如乙方没有按期交纳，甲方有权终止乙方品牌使用权，并在该区域另外发展专卖店。上述合同签订后，付玉平、李秀荣向谢金莲、曹火珠支付了加盟费4.5万元、管理费600元、购机费1000元，并租店，进行装修。谢金莲、曹火珠收取费用后，为付玉平、李秀荣订购约定的相关设备，进行人员培训，提供相关的技术资料，履行了相关的合同义务。2008年6月10日，付玉平、李秀荣到三明市梅列区工商行政管理局办理工商登记时，发现“甜蜜公主”冰淇淋品牌已被林志君登记注册，三明市梅列区已有一家经营“甜蜜公主”冰淇淋品牌的专卖店正式开张营业，双方因此产生纠纷。福建省三明市中级人民法院一审认为，名嘴公司与谢金莲、曹火珠签订的《代理合同》系特许经营合同；《合作协议》是基于上述《代理合同》而签订，其内容并非特许经营合同，而是合作协议；付玉平、李秀荣无法办理工商营业执照，谢金莲、曹火珠的行为构成违约，且使付玉平、李秀荣不能实现合同目的。遂判决解除《合作协议》，判令谢金莲、曹火珠偿还付玉平、李秀荣加盟费和管理费，并赔偿店租损失和装修损失。付玉平、李秀荣与谢金莲、曹火珠均不服，提起上诉。福建省高级人民法院二审认为，本案不符合法律规定的解除合同的事由，故判决撤销一审判决，驳回付玉平、李秀荣的诉讼请求。付玉平、李秀荣不服，向最高人民法院申请再审。最高人民法院于2011年12月12日裁定驳回其再审申请。

最高人民法院审查认为：名嘴公司先后与谢金莲、曹火珠签订《代理合同》并出具《授权证书》，授权谢金莲、曹火珠为“甜蜜公主”冰淇凌店福建省三明地区级代理商。《代理合同》和《授权证书》是双方真实意思的表示，名嘴公司与谢金莲、曹火珠代理关系成立，谢金莲、曹火珠经过名嘴公司的授权，作为名嘴公司的代理人发展加盟店符合法律规定，付玉平、李秀荣关于谢金莲、曹火珠不具备特许人资格以及二审法院没有认定名嘴公司与谢金莲、曹火珠之间关系的主张于法无据。本案中，《合作协议》符合《商业特许经营管理条例》关于特许经营合同的规定，特许人是名嘴公司三明地区总代理谢金莲、曹火珠，被特许人是付玉平、李秀荣，有许可经营的内容，商业运行模式也符合特许经营的模式，《合作协议》是在双方自愿的基础上签订的，系双方当事人的真实意思表示。据此，付玉平、李秀荣关于《合作协议》不是特许经营合同的主张不能成立。

六、关于知识产权侵权责任承担

39. 专利临时保护期内制造、销售、进口的被诉专利侵权产品的后续使用、许诺销售、销售行为的民事责任

在申请再审人深圳市坑梓自来水有限公司（以下简称坑梓自来水公司）与被申请人深圳市斯瑞曼精细化工有限公司（以下简称斯瑞曼公司）、深圳市康泰蓝水处理设备有限公司（以下简称康泰蓝公司）侵犯发明专利权纠纷案［（2011）民提字第259号］中，最高人民法院认为，在专利临时保护期内制造、销售、进口被诉专利侵权产品不为专利法禁止的情况下，后续的使用、许诺销售、销售该产品的行为，专利权人无权禁止；在销售者、使用者提供了合法来源的情况下，销售者、使用者不应承担支付适当费用的责任。

本案的基本案情是：斯瑞曼公司于2006年1月19日向国家知识产权局申请了名称为“制备高纯度二氧化氯的方法和设备”的发明专利（即本案专利）。本案专利于2006年7月19日公开，2009年1月21日授权公告，授权的发明名称为“制备高纯度二氧化氯的设备”，专利权人为斯瑞曼公司。2008年10月20日，坑梓自来水公司向康泰蓝公司购买KTL-FSQ10000L康泰蓝二氧化氯发生器1套，随后投入使用。康泰蓝公司为该产品的正常运转提供维修、保养等技术支持。2009年3月16日，斯瑞曼公司提起诉讼，请求判令康泰蓝公司、坑梓自来水公司停止侵权，共同赔偿经济损失30万元并负担斯瑞曼公司维权的合理费用。广东省深圳市中级人民法院一审认为，在本案专利授权之前，康泰蓝公司、坑梓自来水公司实施本案专利技术的行为，不属于专利侵权行为，权利人可以请求支付发明专利临时保护期使用费，但斯瑞曼公司没有相应诉讼请求，在一审法院已作适当释明的情况下，斯瑞曼公司仍坚持原请求，故在本案中对发明专利临时保护期使用费不予考虑，斯瑞曼公司可另案解决；康泰蓝公司、坑梓自来水公司在本案专利授权后未经许可继续实施本案专利属于侵权行为，应承担相应的侵权赔偿责任；考虑坑梓自来水公司自来水消毒、净化处理涉及社会公众利益，停止被诉侵权产品的使用将在某种程度上影响社会公益，故不判令停止使用，但康泰蓝公司、坑梓自来水公司应就该使用侵权行为向斯瑞曼公司作出赔偿。遂判决康泰蓝公司

立即停止侵权行为，康泰蓝公司、坑梓自来水公司连带赔偿斯瑞曼公司经济损失 8 万元。康泰蓝公司、坑梓自来水公司均不服，提起上诉。广东省高级人民法院二审判决维持一审判决。坑梓自来水公司不服，向最高人民法院申请再审。最高人民法院提审本案后于 2011 年 12 月 20 日作出判决，撤销一、二审判决，驳回斯瑞曼公司的诉讼请求。

最高人民法院再审认为：专利法虽然规定了申请人可以要求在发明专利申请公布后至专利权授予之前（即专利临时保护期内）实施其发明的单位或者个人支付适当的费用，即享有请求给付发明专利临时保护期使用费的权利，但对于专利临时保护期内实施其发明的行为并不享有请求停止实施的权利。因此，在发明专利临时保护期内实施相关发明的，不属于专利法禁止的行为。在专利临时保护期内制造、销售、进口被诉专利侵权产品不为专利法禁止的情况下，其后续的使用、许诺销售、销售该产品的行为，即使未经专利权人许可，也应当得到允许。也就是说，专利权人无权禁止他人对专利临时保护期内制造、销售、进口的被诉专利侵权产品的后续使用、许诺销售、销售。当然，这并不否定专利权人根据专利法第十三条规定行使要求实施其发明者支付适当费用的权利。对于在专利临时保护期内制造、销售、进口的被诉专利侵权产品，在销售者、使用者提供了合法来源的情况下，销售者、使用者不应承担支付适当费用的责任。这里的“合法来源”是指相关产品是通过正当、合法的商业渠道获得的，并不必然要求考虑销售者或者供应者在提供相关产品时是否符合相关行政管理规定。本案中，康泰蓝公司销售被诉专利侵权产品是在本案专利临时保护期内，不为专利法所禁止。在此情况下，后续的坑梓自来水公司使用所购买的被诉专利侵权产品的行为也应当得到允许。因此，坑梓自来水公司后续的使用行为不侵犯本案专利权。同理，康泰蓝公司在本案专利授权后为坑梓自来水公司使用被诉专利侵权产品提供售后服务也不侵犯本案专利权。

七、关于知识产权诉讼证据与程序

40. 确认不侵犯知识产权之诉的受理条件

在申请再审人北京数字天堂信息科技有限责任公司（以下简称北京天堂公司）与被申请人南京烽火星空通信发展有限公司（以下简称南京烽火公司）确认不侵犯著作权纠纷管辖权异议案［（2011）民提字第 48 号］中，最高人民法院认为，确认不侵犯专利权之外的其他确认不侵犯知识产权之诉是否具备法定条件，应参照《最高人民法院关于审理侵犯专利权纠纷案件应用法律若干问题的解释》第十八条的规定进行审查；人民法院受理当事人提起的确认不侵权之诉，应以利害关系人受到警告，而权利人未在合理期限内依法启动纠纷解决程序为前提。

本案的基本案情是：北京天堂公司于2010年2月8日向南京烽火公司发出侵犯著作权警告函，并于同日向北京市第一中级人民法院递交诉状，起诉南京烽火公司侵犯其著作权。北京市第一中级人民法院于当日出具“立案材料收取清单”。2010年2月9日，北京天堂公司通过银行转账预缴了一审案件受理费。2010年3月4日，北京市第一中级人民法院向北京天堂公司发出受理通知书。南京烽火公司于2010年2月11日收到北京天堂公司的警告函，并于2010年2月26日向江苏省南京市中级人民法院提起确认不侵权诉讼，北京天堂公司在答辩期内提出管辖异议申请。江苏省南京市中级人民法院一审认为，本案应由北京市第一中级人民法院管辖，故裁定本案移送至北京市第一中级人民法院审理。南京烽火公司不服，提起上诉。江苏省高级人民法院二审认为，南京市中级人民法院对本案具有管辖权，故裁定撤销一审裁定。北京天堂公司不服，向最高人民法院申请再审。最高人民法院裁定提审本案，并于2011年3月1日作出裁定，撤销原一、二审裁定，驳回南京烽火公司的起诉。

最高人民法院审理认为：确认不侵权之诉是目前我国知识产权纠纷领域特有的民事诉讼制度，本质上属于侵权之诉。本案南京烽火公司向南京市中级人民法院提起确认不侵权诉讼是否具备法定条件，应根据民事诉讼法关于侵权诉讼的相关规定，并参照《最高人民法院关于审理侵犯专利权纠纷案件应用法律若干问题的解释》第十八条的规定进行审查。即，人民法院受理当事人提起的确认不侵权之诉，应以利害关系人受到警告，而权利人未在合理期限内依法启动纠纷解决程序为前提。本案北京天堂公司在向南京烽火公司发出“警告函”的当天，即向北京市第一中级人民法院提起了侵权诉讼，并于次日预缴了诉讼费用，在北京天堂公司已经启动诉讼程序的情况下，南京烽火公司不应当就相同的法律关系再提起确认不侵权诉讼。本案原一审、二审法院均未按照上述司法解释的规定，针对南京烽火公司起诉是否符合法定程序、北京天堂公司提出管辖权异议是否具有正当性进行审查，导致对南京市中级人民法院应否受理本案的认定不当，适用法律错误，裁决结果违反法定程序，应予纠正。本案南京烽火公司提起的确认不侵犯著作权诉讼不符合法定条件，南京市中级人民法院不应当予以受理。

41. 被诉侵权产品的出口装船交货地可否认定为侵权行为地

在申请再审人山东凯赛生物科技材料有限公司（以下简称凯赛材料公司）与被申请人山东瀚霖生物技术有限公司（以下简称瀚霖技术公司）、中国科学院微生物研究所以及原审被告山东凯赛生物技术有限公司（以下简称凯赛技术公司）、上海凯赛生物技术研发中心有限公司侵犯发明专利权纠纷管辖权异议案［（2011）民申字第1049号］中，最高人民法院认为，通过FOB和CIF价格条件出口销售被诉依照本案专利方法直接获得的产品，该产品的装船交货地属于销售行为实施地。

本案的基本案情是：中国科学院微生物研究所系ZL95117436.3号（微生物同步发酵生产长链αω二羟酸的方法）发明专利权的专利权人，其与瀚霖技术公司向山东省青岛市中级人民法院起诉称，凯赛材料公司等被告侵犯其本案发明专利权，请求判令被诉侵权人停止侵权行为及赔偿损失。青岛市中级人民法院受理后，凯赛材料公司在答辩期内提出管辖权异议称，原告没有证明青岛海关所在地系侵权行为地，青岛市中级人民法院对本案没有管辖权。瀚霖技术公司辩称，凯赛材料公司等被告非法使用本案专利方法直接获得的二元酸产品，并通过FOB青岛及CIF青岛的价格条件从青岛出口销售，无论FOB青岛还是CIF青岛的价格条件，均在青岛港装船交货。因此，青岛是凯赛材料公司销售二元酸产品的实施地，青岛市中级人民法院享有管辖权。青岛市中级人民法院一审认为，该院对本案有管辖权。凯赛材料公司提起上诉。山东省高级人民法院二审认为，一审法院作为被诉侵权产品销售地法院之一对本案享有管辖权。凯赛材料公司不服，向最高人民法院申请再审。最高人民法院于2011年9月13日裁定驳回了凯赛材料公司的再审申请。

最高人民法院审查认为：本案是专利方法发明，管辖地应当依照该专利方法直接获得的产品的使用、许诺销售、销售、进口等行为的实施地，以及上述侵权行为的侵权结果发生地确定。瀚霖技术公司与中国科学院微生物研究所是以凯赛材料公司和凯赛技术公司通过FOB青岛和CIF青岛的价格条件出口销售非法使用本案专利方法直接获得的二元酸产品为由，向青岛市中级人民法院提起本案诉讼。青岛港作为被诉依照本案专利方法直接获得产品的装船交货所在地，属于销售行为的实施地，青岛市中级人民法院依法对本案享有管辖权。

42. 对原审诉讼期间仍在持续的侵权行为的处理

在前述“太阳能手电筒”专利侵权案中，最高人民法院还明确了对原审诉讼期间仍在持续的侵权行为的处理。最高人民法院认为，当事人以侵权行为在原审诉讼期间仍在持续为由提出增加损害赔偿数额，属于对一审诉讼请求的增加，原告可就该行为另行起诉；原告为调查此期间的侵权行为而支出的费用，不在本案处理之列。

最高人民法院再审认为：徐永伟在再审中申请调整损失赔偿数额，其主要理由是被诉侵权行为在本案原审诉讼期间仍在继续，故属于对一审诉讼请求的增加。根据《最高人民法院关于适用〈中华人民共和国民事诉讼法〉若干问题的意见》第184条的规定，徐永伟可就原审诉讼期间华拓公司的实施行为另行起诉。徐永伟为调查此期间华拓公司实施行为而支出的公证费，不在本案处理之列。徐永伟为本案的申请再审、再审所支付的差旅、住宿、律师代理等费用并不针对华拓公司在原审诉讼期间的实施行为，属于因制止本案被诉侵权行为所支付的费用，结合具体案情，酌情确定该期间的合理费用为3万元。

43. 无独立请求权的第三人在诉讼程序中是否有权申请鉴定

在申请再审人瓦房店市玉米原种场与被申请人赵劲霖等、原审第三人北京奥瑞金种业股份有限公司（以下简称奥瑞金公司）植物新品种权权属纠纷案［（2011）民申字第10号］（简称“连玉15号”植物新品种权案）中，最高人民法院认为，根据案件需要，无独立请求权的第三人可以申请委托对植物新品种的同一性进行司法鉴定。

本案的基本案情是：“连玉15号”由瓦房店市玉米原种场和大连市种子管理站共同选育，并经辽宁省农作物品种审定委员会审定合格，同意在大连地区种植。2002年8月2日，瓦房店市玉米原种场和大连市种子管理站作为共同申请人，就“连玉15号”向农业部植物新品种保护办公室申请植物新品种保护，后该申请被视为撤回。1999年12月16日，蠡县玉米研究所作为申请人就玉米新品种“蠡玉6号”向农业部植物新品种保护办公室申请植物新品种保护。2002年11月7日，蠡县玉米研究所签订品种申请权转让协议，约定蠡县玉米研究所将“蠡玉6号”的品种申请权转让给奥瑞金公司。协议签订后，奥瑞金公司到农业部植物新品种保护办公室办理了相关手续，将品种暂定名称由“蠡玉6号”变更为“临奥1号”，将申请人由蠡县玉米研究所变更为奥瑞金公司。2003年3月1日，奥瑞金公司被授予“临奥1号”品种权。蠡县玉米研究所是合伙企业，合伙人为赵劲霖等，于2004年被注销。瓦房店市玉米原种场于2004年以蠡县玉米研究所使用的亲本811是剽窃其自行培育的136－87自交系，侵犯其合法权益为由提起诉讼，请求确认蠡玉6号、临奥1号与连玉15号玉米杂交种子为同一品种，并请求判令蠡玉6号、临奥1号、连玉15号品种所有权归其所有。为查明本案事实，河北省石家庄市中级人民法院依据第三人奥瑞金公司的申请，于2006年12月5日从农业部植物新品种保护办公室植物新品种保藏中心分别提取了“连玉15号”和“临奥1号”的繁殖材料，并委托科技部知识产权事务中心就“连玉15号”和“临奥1号”是否为同一品种进行了鉴定。2007年4月2日，科技部知识产权事务中心作出技术鉴定结论，认为“连玉15号”和“临奥1号”不属于同一品种。河北省石家庄市中级人民法院一审认为，根据鉴定结论，诉争的两个玉米品种不属于同一品种，遂判决驳回瓦房店市玉米原种场的诉讼请求。瓦房店市玉米原种场不服，提出上诉。河北省高级人民法院二审判决驳回上诉，维持原判。瓦房店市玉米原种场向最高人民法院申请再审。2011 年 7 月 28 日，最高人民法院裁定驳回瓦房店市玉米原种场的再审申请。

最高人民法院审查认为：由于本案的处理结果对奥瑞金公司有法律上的利害关系，属于无独立请求权的第三人。根据《最高人民法院关于民事诉讼证据的若干规定》第二十五条的规定，奥瑞金公司可以提出鉴定申请。一审法院依据第三人的申请委托进行鉴定，并无不当。瓦房店市玉米原种场提出一审法院以奥瑞金公司的申请委托进行司法鉴定违反了法律规定，程序违法的主张于法无据，不予支持。

44. 鉴定材料取样时未通知当事人到场是否构成鉴定程序违法

在前述“连玉 15 号”植物新品种权权属纠纷案中，最高人民法院认为，不能基于鉴定检材取样时没有通知当事人到场而当然认定鉴定程序违法。

最高人民法院审查认为：一审法院从农业部植物新品种保护办公室植物新品种保藏中心分别提取了“连玉 15 号”和“临奥 1 号”的繁殖材料，委托科学技术部知识产权事务中心进行鉴定。一审法院提取的送检材料是品种权申请人按品种权主管机关的要求自行送至保藏中心的申请品种的繁殖材料。根据《植物新品种保护条例实施细则》第三十二条的规定，农业部植物新品种保护办公室植物新品种保藏中心和测试机构对申请品种的繁殖材料负有保密的责任，该繁殖材料一经提交，任何人不得更换检验合格的繁殖材料。一审法院送交鉴定的繁殖材料的提取地点是该保藏中心。对于瓦房店市玉米原种场以取样时当事人未到场为由提出的鉴定程序违法的主张，不予支持。

结　语

每年定期发布的知识产权案件年度报告，已经成为最高人民法院指导知识产权审判工作的重要载体和社会公众了解最高人民法院知识产权审判发展动态的重要渠道，并日益受到社会的普遍关注和有关方面的高度重视。案件年度报告在明晰法律规则、指导审判实践、统一法律适用方面的作用和意义也越来越大。同时仍需说明，虽然本年度报告归纳的法律适用标准和方法具有一定普遍意义，但由于其是最高人民法院在具体案件裁判中针对新型、复杂、疑难问题形成的认识，具有较强的个案性和探索性。而且，随着对有关问题认识的深入和经济社会文化的发展，相关法律适用标准和方法也可能会随之发生调整和变化。最高人民法院将根据我国经济社会文化发展的新要求和人民群众对知识产权司法保护的新期待，进一步充分发挥知识产权审判职能作用，依法公正高效审理案件，切实有效回应社会司法需求，不断提升知识产权司法的权威性和公信力，努力开创知识产权司法保护新局面。

最高人民法院办公厅
关于印发《最高人民法院知识产权案件年度报告（2012）》的通知

（2013年4月15日　法办〔2013〕43号）

各省、自治区、直辖市高级人民法院，解放军军事法院，新疆维吾尔自治区高级人民法院生产建设兵团分院：

为及时总结知识产权和竞争案件审判经验，加强审判指导，推进司法公开和提升司法公信，最高人民法院从2012年审结的知识产权和竞争案件中精选了34件典型案例，归纳出37个具有普遍指导意义的法律适用问题，形成了《最高人民法院知识产权案件年度报告（2012）》。该案件年度报告反映了最高人民法院处理新型、疑难、复杂知识产权和竞争案件的审判标准、裁判方法和司法政策导向，对于知识产权审判工作具有重要指导意义。

现将《最高人民法院知识产权案件年度报告（2012）》印发给你们，供在知识产权审判工作中参考借鉴。

附：

最高人民法院知识产权案件年度报告（2012）

序　言

2012年，最高人民法院围绕党和国家工作大局，以强化执法办案、加强监督指导、完善体制机制为中心，进一步加大司法保护力度、明晰司法保护政策、统一司法保护标准、提高司法保护透明度，不断增强司法保护知识产权的主导性，提升知识产权司法保护能力，为积极促进创新型国家建设、推动文化发展繁荣和保障社会主义市场经济健康运行做出了积极贡献。

最高人民法院知识产权审判庭全年共新收各类知识产权案件359件，比2011年降低14.52%。在新收案件中，按照案件所涉权利类型划分，共有专利和其他技术类案件138件，商标案件121件，著作权案件37件，商业秘密案件 4 件，其他不正当竞争案 9 件，知识产权合同案件 24 件，其他案件 26 件（主要涉及知识产权案件管辖权的确定问题）。按照案件性质划分，共有行政案件 98 件，占全部新收案件的 27.30%，其中专利行政案件 44 件，商标行政案件 54 件，分别比 2011 年降低 6.38%和 20.59%；共有民事案件 261 件，占全部新收案件的 72.70%。另有 2011 年旧存案件 45 件，2012 全年共有各类在审案件 404 件。全年共审结各类知识产权案件 366 件，其中二审案件 9 件，申请再审案件 284 件，提审案件 44 件，请示案件 29 件。在审结的 284 件申请再审案件中，裁定驳回再审申请 209 件，裁定提审 39 件，裁定指令或者指定再审 20 件，裁定撤诉（包括和解撤诉）14 件，以其他方式处理 2 件。在审结案件中，北大方正兰亭字库案、百度 MP3 搜索引擎案、泥人张不正当竞争案等案件在业界产生了较大影响。

最高人民法院 2012 年审理的知识产权和竞争案件的特点和趋势是：案件数量大幅增长的势头得到缓解，受理案件总量趋向基本稳定；新类型、疑难案件持续增加，涉及复杂技术事实查明的案件、需要明确法律边界或者填补法律空白的案件越来越多；专利案件涉及领域越来越广，涉案技术的含金量和市场价值越来越高，所涉法律问题日趋广泛深入，疑难案件比重增加，专利民事案件中涉及权利要求解释规则的较多，专利行政案件中涉及创造性判断的较多；商标案件的比重保持基本稳定，涉及权利冲突的案件居多，在商标行政案件中尤为突出；著作权案件中涉及网络、软件、动漫等新兴产业领域的案件继续增多，所涉作品的商业价值越来越大；不正当竞争案件中涉及网络技术、新型商业模式的纠纷和仿冒行为的纠纷增多。最高人民法院根据新形势新任务的要求，结合案件特点，在行使知识产权审判职能方面体现出如下特点：更加注重知识产权司法政策对知识产权审判工作的指导作用，明确提出“加强保护、分门别类、宽严适度”的知识产权司法保护基本政策，细化不同类别知识产权的具体司法保护政策，初步形成了较为完整的知识产权司法保护政策体系；更加注重司法保护主导作用的发挥，强化对知识产权授权确权行政行为的司法复审深度，发挥裁判指引功能，从程序和实体两个方面进一步明晰司法标准；更加注重纠纷的实质性解决，确保当事人及早获得司法公正；更加注重加大司法保护力度，突出加强保护的司法导向。

本年度报告从最高人民法院 2012 年审结的知识产权和竞争案件中精选了 34 件典型案件，归纳出 37 个具有普遍指导意义的法律适用问题，反映了最高人民法院在知识产权和竞争审判领域处理新型、疑难、复杂案件的审判标准、裁判方法和司法政策导向，现予公布。

一、专利案件审判

（一）专利民事案件审判

1. 权利要求技术特征的划分方法

在申请再审人张强与被申请人烟台市栖霞大易工贸有限公司（以下简称大易工贸公司）、被申请人魏二有侵犯专利权纠纷案［（2012）民申字第137号］中，最高人民法院指出，划分权利要求的技术特征时，一般应把能够实现一种相对独立的技术功能的技术单元作为一个技术特征，不宜把实现不同技术功能的多个技术单元划定为一个技术特征。

本案的基本案情是：张强为“多功能程控拳击训练器”的实用新型专利（即本案专利）的权利人。本案专利权利要求1为：“一种用于拳击运动训练的多功能程控拳击训练器，该训练器包含五个靶标，测力传感器，指示灯，显示器，语音处理芯片和音乐芯片，及放音部件，一个折叠键盘，一个遥控器和遥控接收器，一个或者几个步进电机和相应的驱动，上述电路有一个单片机控制。”专利说明书记载：“在面板上有按头、胸、腹部位排列的五个靶位，在每个靶位内装有靶标。”大易工贸公司的被诉侵权产品的对应技术特征为九个靶标，分别为左头击打部位、右头击打部位、左臂击打部位、右臂击打部位、左肋击打部位、右肋击打部位、腹部击打部位、左胯击打部位和右跨击打部位。张强以大易工贸公司构成侵权为由提起本案诉讼。山东省烟台市中级人民法院一审认为，本案专利权利要求1的技术特征“该训练器包含五个靶标”与被诉侵权产品对应的技术特征“九个靶标”不同，张强在申请专利时应当知道靶标的数量是可以变动的，但仍将靶标限定为五个，现又主张被诉侵权产品“九个靶标”的技术特征与其专利权利要求中“五个靶标”的技术特征等同，不予支持。遂判决驳回张强的诉讼请求。山东省高级人民法院二审维持一审判决。张强不服，向最高人民法院申请再审。2012年8月6日，最高人民法院裁定驳回其再审申请。

最高人民法院审查认为：本案专利和被诉侵权产品的靶标数量虽然不同，但是由于本案专利的每一个靶标在击打时单独发挥作用，因此不能将五个靶标作为一个技术特征来考虑，而应当将其分解为头部靶标、腹部靶标和腰部靶标来考虑。被诉侵权产品包含了头部靶标和腹部靶标，其胯部靶标与本案专利的腰部靶标在功能效果上是等同的，因此应当认定被诉侵权技术方案包含本案专利五个靶标的相同或等同技术特征。一审法院认为本案专利“五个靶标”的技术特征与被诉侵权产品“九个靶标”的技术特征不等同，适用法律错误。但因被诉侵权产品缺少本案专利的其他技术特征，未落入本案专利权保护范围。原审判决虽然在法律适用上存在不当之处，但判决结果正确。

2. 可否利用说明书修改权利要求用语的明确含义

在申请再审人无锡市隆盛电缆材料厂（以下简称无锡隆盛厂）、上海锡盛电缆材料有限公司（以下简称上海锡盛公司）与被申请人西安秦邦电信材料有限责任公司（以下简称西安秦邦公司）、原审被告古河电工（西安）光通信有限公司（原西古光纤光缆有限公司，以下简称西古公司）侵犯专利权纠纷案［（2012）民提字第3号］中，最高人民法院指出，当本领域普通技术人员对权利要求相关表述的含义可以清楚确定，且说明书又未对权利要求的术语含义作特别界定时，应当以本领域普通技术人员对权利要求自身内容的理解为准，而不应当以说明书记载的内容否定权利要求的记载；但权利要求特定用语的表述存在明显错误，本领域普通技术人员能够根据说明书和附图的相应记载明确、直接、毫无疑义地修正权利要求的该特定用语的含义的，应根据修正后的含义进行解释。

本案的基本案情是：西安秦邦公司是名称为"平滑型金属屏蔽复合带的制作方法"发明专利（即本案专利）的专利权人。本案专利权利要求1为：一种平滑型金属屏蔽复合带的制作方法，是将塑料薄膜与金属箔带表面进行凹凸不平的非纯平面粘合，使复合带与光缆、电缆纵包模具或定径模具之间形成点接触，以减小摩擦力，避免电缆起包、漏气、脱膜及断带。工艺过程与条件如下：（1）将原金属箔带开卷伸直，进行前预热处理；（2）将塑料熔体或塑料膜通过温度为35℃－80℃，直径为φ240mm－φ600mm，目数为40目－85目的粗糙面细目钢辊，与直径为φ160mm－φ480mm传动金属箔带的挤压辊，相互转动，使塑料膜的表面形成0.04－0.09mm厚的凹凸不平粗糙面，热挤压在金属箔带一面的基材上；（3）将带有塑料膜的金属箔经过导辊、弹簧辊传动，再经倒向辊翻面，对另一面金属箔进行塑料膜热挤压复合处理；（4）将复合处理后的复合带通过运行时线速度为10m/min－80m/min的导辊进入加热烘箱，进行后加热处理，加热温度为250℃－400℃；（5）根据传动线速度，调整加热温度，使复合带的粗糙度在后工序处理过程中破坏最小，并使拉毛的塑料表面形成新的带有圆弧过渡的凹凸不平粗糙面，以加强复合带的剥离强度和塑料塑化的定型；（6）对后加热处理过的复合带进行冷却处理并收卷。本案专利说明书第1页记载："目前，制作光缆、电缆外层金属屏蔽复合带的方法大致有三种……这三种工艺方法生产的金属屏蔽复合带存在的共同缺陷是，塑料薄膜与金属箔带层是纯平面粘合，使其在使用中形成复合带表面与光缆、电缆纵包模具或定径模具之间的面接触，因而摩擦力加大，容易造成光缆、电缆的起包、漏气、脱模、断带等问题。本发明的目的是提供一种摩擦力小，可顺利通过光缆、电缆纵包模具或定径模具，且无断带现象的金属屏蔽复合带制作方法。实现本发明目的的技术关键是将塑料薄膜与金属箔带表面进行凹凸不平的非纯平面粘合，使复合带与光缆、电缆纵包模具或定径模具之间形成点接触，以减小摩擦力，避免电缆起包、漏气、脱模及断带等问题。”无锡隆盛厂向西古公司销售了其生产的光缆用铝塑复合带产品。上海锡盛公司由无锡隆盛厂设立，无锡隆盛厂主要负责生产，上海锡盛公司主要负责销售。西安秦邦公司以无锡隆盛厂、上海锡盛公司未经许可使用本案专利方法生产并销售侵权产品为由，起诉至陕西省西安市中级人民法院。随后，一审法院根据当事人的鉴定申请，委托陕西西安知识产权司法鉴定中心（以下简称鉴定中心）对无锡隆盛厂生产的铝塑复合带产品与使用本案专利方法制造的产品是否属于相同产品以及无锡隆盛厂生产的铝塑复合带产品工艺方法与本案专利的必要技术特征是否相同或等同进行鉴定。2007年3月13日，鉴定中心作出鉴定意见认为：双方产品所用的原材料相同，均包括铝箔和塑料；产品的结构相同，均采用流延工艺在铝箔两面复合乙烯－丙烯酸共聚物或乙烯－甲基丙烯酸共聚物；双方生产的产品执行标准相同，均为YD/T723.1～723.3－94，为同样产品；本案专利权利要求1所述的必要技术特征由（1）－（6）个步骤组成，无锡隆盛厂的生产方法中有三个步骤与权利要求1的步骤（1）、（5）、（6）相同，另有三个步骤与权利要求1的步骤（2）、（3）、（4）等同。鉴定意见还认为，权利要求1记载的“使塑料膜的表面形成0.04－0.09mm厚的凹凸不平粗糙面”，应当解释为塑料膜本身的厚度，因为专利说明书实施例记载的0.04mm、0.09mm和0.07mm均为塑料膜的厚度，与申请再审人使用的塑料膜表面粗糙度Ral.8μm－5μm（实测为Ra2.47μm－3.53μm）没有可比性。而申请再审人使用的塑料膜的厚度为0.055mm－0.070mm，故二者等同。一审法院据此认为，被诉侵权产品与本案专利方法生产的产品属于同样产品，本案被诉侵权方法落入本案专利保护范围，遂判决无锡隆盛厂、上海锡盛公司和西古公司停止侵害，无锡隆盛厂、上海锡盛公司赔偿西安秦邦公司经济损失。无锡隆盛厂和上海锡盛公司不服，提起上诉。陕西省高级人民法院二审维持一审判决。无锡隆盛厂和上海锡盛公司仍不服，向最高人民法院申请再审。最高人民法院指令陕西省高级人民法院再审本案。陕西省高级人民法院再审维持原审判决。最高人民法院提审本案后，于2012年8月24日判决撤销原一、二审和再审判决，改判驳回西安秦邦公司的诉讼请求。

最高人民法院提审认为：本案专利权利要求1记载的“使塑料膜的表面形成0.04－0.09mm厚的凹凸不平粗糙面”的含义的解释，涉及权利要求解释的方法及其界限。权利要求内容的确定，应当根据权利要求的记载，结合本领域普通技术人员阅读说明书及附图后对权利要求的理解进行。但是，当本领域普通技术人员对权利要求相关表述的含义可以清楚确定，且说明书又未对权利要求的术语含义作特别界定时，应当以本领域普通技术人员对权利要求自身内容的理解为准，而不应当以说明书记载的内容否定权利要求的记载，从而达到实质修改权利要求的结果，并使得专利侵权诉讼程序对权利要求的解释成为专利权人额外获得的修改权利要求的机会。否则，权利要求对专利保护范围的公示和划界作用就会受到损害，专利权人因此不当获得了权利要求本不应该涵盖的保护范围。当然，如果本领域普通技术人员阅读说明书及附图后可以立即获知，权利要求特定用语的表述存在明显错误，并能够根据说明书和附图的相应记载明确、直接、毫无疑义地修正权利要求的该特定用语的含义的，可以根据说明书或附图修正权利要求用语的明显错误。但是，本案中的权利要求用语并不属于明显错误的情形。本案专利权利要求 1 的“使塑料膜的表面形成 0.04－0.09mm 厚的凹凸不平粗糙面”的含义是清楚、完整的，是指塑料膜表面凹凸不平粗糙面的厚度为 0.04－0.09mm。本案专利说明书既未对上述技术特征进行详细说明，又未对塑料薄膜的厚度进行限定和解释，而仅仅在实施例中提及了塑料薄膜的厚度分别为 0.04mm、0.09mm 和 0.07mm。在此情况下，本领域普通技术人员在阅读权利要求书和说明书之后，难以形成上述表述实际上应为“塑料膜厚度为 0.04－0.09mm”的认识。虽然该表述中“0.04－0.09mm”的数值范围与实施例中塑料膜厚度数值之间较为接近并存在重叠，但是简单地以此为由认为该表述存在明显错误，并进而将塑料膜表面凹凸不平粗糙面的厚度修正为塑料膜的厚度，依据不足。因此，本案专利权利要求 1 中“使塑料膜的表面形成 0.04－0.09mm 厚的凹凸不平粗糙面”，其含义是指塑料膜表面凹凸不平粗糙面的厚度为 0.04－0.09mm，即塑料膜表面形成 0.04－0.09mm（40μm－90μm）的凹凸落差表面结构，而非塑料膜的厚度为 0.04－0.09mm。

3. 通过测量说明书附图得到的尺寸参数不能限定权利要求的保护范围

在申请再审人深圳盛凌电子股份有限公司（以下简称盛凌公司）与被申请人安费诺东亚电子科技（深圳）有限公司（以下简称安费诺东亚公司）侵犯实用新型专利权纠纷案［（2011）民申字第 1318 号］中，最高人民法院指出，未在权利要求书中记载而仅通过测量说明书附图得到的尺寸参数一般不能用来限定权利要求保护范围。

本案的基本案情是：安费诺东亚公司是名称为“小型计算机系统接口双向连接器”实用新型专利（即本案专利）的专利权人。本案专利的技术特征之一为“端盖设有可将插接本体之梯形槽框架端固定的定位槽，端盖与壳体间为卡扣连接”。安费诺东亚公司认为盛凌公司生产、销售、许诺销售 SCSI 连接器，侵犯本案专利权，提起本案诉讼。广东省深圳市中级人民法院一审认为，本案涉及的被诉侵权产品分为两类，一类是在盛凌公司处保全的被诉侵权产品，一类是盛凌公司在其网站上做广告的被诉侵权产品。保全的被诉侵权产品缺乏定位槽的技术特征，故该被诉侵权产品未落入本案专利权的保护范围。第二类被诉侵权产品落入本案专利权的保护范围。因安费诺东亚公司提交的证据仅证明盛凌公司从事了许诺销售侵权行为，并无实际生产、销售行为，故安费诺东亚公司要求盛凌公司承担停止生产、销售专利产品并赔偿经济损失的诉讼请求，不予支持。遂判决盛凌公司立即停止本案许诺销售行为，驳回安费诺东亚公司其他诉讼请求。安费诺东亚公司和盛凌公司均不服，提出上诉。广东省高级人民法院二审认为，一审法院保全的被诉侵权产品全部覆盖了本案专利权利要求 1 的必要技术特征，落入了本案专利权保护范围，故判决撤销一审判决，判令盛凌公司停止制造、销售、许诺销售侵权产品以及销毁库存侵权产品，赔偿安费诺东亚公司经济损失。盛凌公司不服，向最高人民法院申请再审。最高人民法院于 2012 年 2 月 15 日裁定驳回其再审申请。

最高人民法院审查认为：本案专利权利要求 1 要求保护的技术方案中，端盖与壳体以及梯形槽框架三者的配合关系是，通过定位槽将插接本体中梯形槽框架的端部固定、端盖与壳体之间卡扣连接。权利要求 1 限定了通过该定位槽将端盖与梯形槽框架进行配合，并具有端盖能够与壳体卡扣连接的技术特征。至于定位槽的厚度以及梯形槽框架左端的厚度，没有予以限定。虽然本案专利说明书附图中所示的定位槽的宽度略等于梯形槽框架左端部的厚度，但是，通过对说明书附图进行测量得到的尺寸参数不能限定权利要求的技术特征。其原因是发明或者实用新型专利权的保护范围以其权利要求书的内容为准，说明书是权利要求书的依据，而权利要求是在说明书的基础上，用构成发明或者实用新型技术方案的技术特征来表明要求专利保护的范围。只有记载在权利要求书中的技术特征才会对该权利要求的保护范围产生限定作用，在说明书中予以描述而没有在权利要求书中予以记载的技术特征，一般不能用来限定权利要求的保护范围。由于本案专利权利要求书中“定位槽”的含义是清楚、确定的，并且说明书没有就“定位槽”的含义作特别界定，因此，应当以权利要求自身界定的内容为准，而不能以“说明书及附图可以用于解释权利要求的内容”为依据，以解释定位槽为借口，将权利要求中没有记载的内容纳入到权利要求中，将说明书附图中测量得到的定位槽的厚度读入到权利要求书，达到实质上以说明书来修改权利要求的目的。权利要求 1 没有限定“定位槽”的厚度，说明书也没有对“定位槽”予以特别定义，不能推导出定位槽的宽度是略等于梯形槽框架左端的厚度。盛凌公司将说明书附图中的定位槽的厚度读入权利要求，提出定位槽的厚度略等于梯形槽框架左端部的厚度的主张，不予支持。

4. 使用环境特征的解释

在申请再审人株式会社岛野与被申请人宁波市日骋工贸有限公司（以下简称日骋公司）侵犯发明专利权纠纷案［（2012）民提字第1号］中，最高人民法院认为，已经写入权利要求的使用环境特征属于必要技术特征，对于权利要求的保护范围具有限定作用；使用环境特征对于权利要求保护范围的限定程度需要根据个案情况具体确定，一般情况下应该理解为要求被保护的主题对象可以用于该使用环境即可，而不是必须用于该使用环境，但是本领域普通技术人员在阅读专利权利要求书、说明书以及专利审查档案后可以明确而合理地得知被保护对象必须用于该使用环境的除外。

本案的基本案情是：株式会社岛野是专利号为 ZL94102612.4、名称为“后换档器支架”的中国发明专利（即本案专利）的专利权人。本案专利授权文本权利要求1记载：一种用于将后换档器连接到自行车车架上的自行车后换档器支架，所述后换档器具有支架件、用于支撑链条导向装置的支撑件、以及一对用于连接所述支撑件和所述支架件的连接件，所述自行车车架具有形成在自行车车架的后叉端的换档器安装延伸部上的连接结构，所述后换档器支架包括：一由大致L形板构成的支架体；设在所述支架体一端近旁，用于将所述后换档器的所述支架件连接到所述支架体上、可绕第一轴线枢转的第一连接结构；设在所述支架体另一端近旁，用于将所述支架体连接到所述自行车车架的所述连接结构上的第二连接结构；以及用于与所述换档器安装延伸部接触从而使所述后换档器相对于所述后叉端以一种预定的姿势定位的定位结构；其特征在于：所述第一连接结构和所述第二连接结构的布置应使当所述支架体安装在所述后叉端上时，所述的第一连接结构提供的连接点是在所述第二连接结构提供的连接点的下方和后方。在专利申请过程中，原始申请文本的权利要求书并未对自行车后换挡器支架所连接的后换挡器的结构进行限定。原国家专利局针对该申请发出第一次审查意见通知书，引用本案专利优先权日前的对比文件1和对比文件2，认为本案专利权利要求1不具备新颖性。为将本专利申请所要求保护的后换挡器支架与该对比文件1公开的悬挂构件相区别，株式会社岛野修改了权利要求1，并在意见陈述书中明确指出，该对比文件1中所述的悬挂构件是垂直下降组件一部分，由垂直下降构件、悬挂构件以及用于将悬挂构件连接至下降构件上的装置等组合起来才相当于本案专利申请中的带后换挡器安装延伸部的后叉端的结构。为了将本专利申请所要求保护的后换挡器支架与该对比文件2公开的下降组件相区别，株式会社岛野在意见陈述书中明确指出，该对比文件2所述的叉端是一个水平方向开槽的下降组件，该对比文件并没有公开或者提出本发明申请的特征，特别是支架体没有被连接至垂直下降组件或L形板上。针对上述意见陈述书，国家知识产权局发出第二次审查意见通知书，引用对比文件3，认为修改后权利要求1不具备新颖性。据此，株式会社岛野在权利要求1中增加了关于后换挡器支架所连接的后换挡器的结构特征。本次修改后该专利申请获得授权。日骋公司生产、销售了本案被诉侵权产品，该被诉侵权产品具有支架体和与之连接的后换挡器。该支架体具有本案专利权利要求1所述支架体的结构特征，与该支架体连接的后换挡器具有本案专利权利要求1所述后换挡器的结构特征。株式会社岛野以日骋公司的行为侵犯本案专利权为由，诉至浙江省宁波市中级人民法院，请求判令日骋公司停止侵害并赔偿损失。一审法院判决驳回株式会社岛野的诉讼请求。一审法院认为，本案专利权利要求1所述的特定的自行车车架结构及特定的安装方式是本案专利的两个必要技术特征，被诉侵权产品在使用过程中并非只能借助本案专利所述的安装方法安装在权利要求1所述结构的自行车车架上，而是可以安装在其他结构的自行车车架上。由于被诉侵权产品因尚未被安装在自行车上，其安装后是否具备本案专利所述的特定的自行车车架结构和安装方式不能确定，侵权判定的条件尚不具备。株式会社岛野不服，提出上诉。浙江省高级人民法院二审维持一审判决。株式会社岛野不服，向最高人民法院申请再审。最高人民法院指令浙江省高级人民法院再审。浙江省高级人民法院再审维持原审判决。最高人民法院提审本案后，于2012年12月11日判决撤销原一、二审和再审判决，改判日骋公司侵权成立，并判令其停止侵害并赔偿株式会社岛野经济损失。

最高人民法院提审认为：使用环境特征是指权利要求中用来描述发明所使用的背景或者条件的技术特征。首先，关于使用环境特征对于专利保护范围的限定作用。已经写入权利要求的使用环境特征属于权利要求的必要技术特征，对于权利要求的保护范围具有限定作用。本案专利的保护主题是“自行车后换档器支架”，但是权利要求1在描述该后换挡器支架的结构特征的同时，也限定了该后换挡器支架所用以连接的后换挡器和自行车车架的具体结构。这些关于后换挡器支架所连接的后换挡器和自行车车架的特征实际上限定了后换挡器支架所使用的背景和条件，属于使用环境特征，对于权利要求1所保护的后换挡器支架具有限定作用。权利要求1所保护的后换挡器支架所使用的自行车车架的特征、后换挡器的特征与权利要求1的其他特征一起，组成一个完整的技术方案，共同限定了权利要求1的保护范围。其次，关于使用环境特征对于保护范围的限定程度。限定程度是指使用环境特征对权利要求的限定作用的大小，具体地说是指该使用环境特征限定的被保护的主题对象必须用于该使用环境还是可以用于该使用环境即可。使用环境特征对于保护范围的限定程度需要根据个案情况具体确定。一般情况下，使用环境特征应该理解为要求被保护的主题对象可以用于该使用环境即可，不要求被保护的主题对象必须用于该使用环境。但是，如果本领域普通技术人员在阅读专利权利要求书、说明书以及专利审查档案后可以明确而合理地得知被保护对象必须用于该使用环境，那么该使用环境特征应被理解为要求被保护对象必须用于该特定环境。本案专利权利要求 1 对所保护的后换挡器支架限定了两个使用环境特征。第一，关于自行车车架的结构特征。根据株式会社岛野的意见陈述可知，本案专利所保护的后换挡器支架只能与带换档器安装延伸部的后叉端相连接，而不能成为自行车车架后叉端垂直下降组件的构成部分，也不能安装在具有水平方向开槽的下降组件的自行车车架后叉端上。因此，对于自行车车架的结构特征，应该理解为本案专利所保护的自行车后换挡器支架必须使用在具有该结构特征的自行车车架后叉端上。第二，关于后换挡器的结构特征。针对第二次审查意见通知书，株式会社岛野再次修改了权利要求 1，增加了关于后换挡器的结构特征。同时，根据株式会社岛野的意见陈述可知，本专利所保护的后换挡器支架必须与后换挡器的支架件相连接，而不能成为后换挡器自身的组成部分。可见，对于后换挡器的结构特征，应该理解为本案专利所保护的自行车后换挡器支架必须用于具有该结构特征的后换挡器上。综上，本案专利的使用环境特征对于保护范围具有限定作用，本案专利所保护的自行车后换挡器支架必须用于该使用环境。株式会社岛野关于本案专利权利要求中出现的使用环境特征不构成本案专利的必要技术特征，不影响权利要求的保护范围的申请再审理由不能成立。但是，本案证据能够证明被诉侵权产品在商业上必然用于本案专利权利要求 1 限定的自行车车架，在安装后必然呈现权利要求 1 限定的安装位置特征，并具备专利要求 1 限定的其他全部特征，落入权利要求 1 的保护范围。

5. 封闭式权利要求的解释

在申请再审人山西振东泰盛制药有限公司（以下简称泰盛公司）、山东特利尔营销策划有限公司医药分公司（以下简称特利尔分公司）与被申请人胡小泉侵犯发明专利权纠纷案［（2012）民提字第 10 号］（以下简称“注射用三磷酸腺苷二钠氯化镁”专利侵权案）中，最高人民法院指出，对于封闭式权利要求，一般应当解释为不含有该权利要求所述以外的结构组成部分或者方法步骤；对于组合物封闭式权利要求，一般应当解释为组合物中仅包括所指出的组分而排除所有其他的组分，但是可以包含通常含量的杂质，辅料并不属于杂质。

本案的基本案情是：胡小泉是名称为“注射用三磷酸腺苷二钠氯化镁冻干粉针剂及其生产方法”发明专利（即本案专利）的专利权人。本案专利权利要求 2 内容为：“一种注射用三磷酸腺苷二钠氯化镁冻干粉针剂，其特征是：由三磷酸腺苷二钠与氯化镁组成，二者的重量比为 100 毫克比 32 毫克。”

在本案专利授权后，泰盛公司生产、许诺销售、销售了名称为“注射用三磷酸腺苷二钠氯化镁”的药品，特利尔分公司销售了泰盛公司生产的上述药品。本案药品的主要成分为三磷酸腺苷二钠和氯化镁，规格为三磷酸腺苷二钠100mg、氯化镁32mg，性状为白色或类白色冻干块状物或粉末。在本案药品说明书记载的成分中出现了“全部辅料名称为：碳酸氢钠和精氨酸”的记载，该信息在国家相关部门核发的说明书中未体现。胡小泉以本案药品落入本案专利权利要求2的保护范围为由起诉，请求判令泰盛公司、特利尔分公司停止侵权、赔偿直接经济损失20万元和间接经济损失5万元等。特利尔分公司应诉后，在答辩期内向国家知识产权局专利复审委员会（以下简称专利复审委员会）提出了宣告本案专利权无效的请求，并被受理。山东省济南市中级人民法院一审认为，即使被诉侵权药品含有药品说明书中出现的辅料碳酸氢钠和精氨酸，但正如其说明书所表述的仅仅为辅料而非主要成分，被告以存在辅料为由提出的不侵权抗辩不能成立。据此判决二被告承担侵权责任。二被告不服，提起上诉。在二审期间，专利复审委员会作出第13268号无效宣告请求审查决定（以下简称第13268号决定），宣告本案专利权全部无效。山东省高级人民法院据此撤销一审判决，驳回胡小泉的诉讼请求。胡小泉以第13268号决定尚未生效为由向最高人民法院申请再审。最高人民法院裁定指令山东省高级人民法院再审本案。山东省高级人民法院再审查明第13268号决定被法院生效判决撤销。山东省高级人民法院再审认为，加入辅料是药物制备过程中的必备环节，碳酸氢钠和精氨酸是药物制备工艺中的常用辅料，不是发挥药效的活性成分，对本案专利封闭式权利要求进行解释时，“不包括其他组分”不应理解为不包括辅料成分，被诉侵权药品落入本案专利权保护范围，故判决撤销二审判决，维持一审判决。泰盛公司、特利尔分公司不服，向最高人民法院申请再审。最高人民法院裁定提审本案，并于2012年12月20日判决撤销原审判决，驳回胡小泉的诉讼请求。

最高人民法院提审认为：对于开放式权利要求、封闭式权利要求的典型限定方式及其解释规则，历版《专利审查指南》的规定是一以贯之的。例如2006年版《专利审查指南》在权利要求的一般性规定中规定：“通常，开放式的权利要求宜采用‘包含’、‘包括’、‘主要由……组成’的表达方式，其解释为还可以含有该权利要求中没有述及的结构组成部分或方法步骤。封闭式的权利要求宜采用‘由……组成’的表达方式，其一般解释为不含有该权利要求所述以外的结构组成部分或方法步骤。”《专利审查指南》的相关规定既不存在与专利法、专利法实施细则相抵触的情形，亦符合国际通行做法。此外，通过长期的专利法实践，开放式权利要求与封闭式权利要求的撰写方式和解释规则业已为业界认识和接受。根据《专利审查指南》中有关开放式、封闭式权利要求的具体规定可知，这两种权利要求由于使用措词的含义不同，其保护范围也不同，由此也决定了在实质审查中获得授权难度的不同。开放式权利要求的保护范围较大，但在实质审查中更容易受到有关新颖性、创造性或者权利要求得不到说明书的支持等方面的质疑，增加了获得授权的难度；与此相反，封闭式权利要求更容易通过实质审查获得授权，但其授权后的保护范围较相应的开放式权利要求小。《专利审查指南》是国家知识产权局制定并公布、施行的部门规章，是国务院专利行政部门在专利授权、确权程序中对专利申请或者专利进行审查的依据，同时也是专利申请人或者专利权人撰写和修改专利申请文件或者专利文件的指引，更是社会公众理解授权专利权利要求的重要依据。专利申请人或者专利权人在撰写和修改专利申请文件之初，应当了解《专利审查指南》的相关规定，并根据《专利审查指南》的相关规定和其发明创造的实际情况选择适当的撰写方式。审查员在审查过程中也应当根据《专利审查指南》的相关规定对不同的权利要求予以区分和进行审查。当专利权利要求被授权以后，在《专利审查指南》相关规定的指引下，社会公众将根据该规定和专利权利要求的用语来判断专利权的保护范围，进而决定采取何种经营策略。为维护社会公众的信赖，在专利侵权诉讼程序中确定专利权的保护范围时，一般应当尊重专利授权程序中适用的《专利审查指南》相关规定和专利权利要求的用语。如果专利权人在专利授权程序中出于各种原因未能恰当地选择权利要求的撰写方式，选择了保护范围相对较小的封闭式权利要求，从而导致其获得授权的权利要求没有其预想的保护范围大，那么，专利权人只能接受这种后果。也就是说，在授权以后的专利侵权诉讼程序中，如果专利权人主张其封闭式权利要求并未排除其他未限定的组成部分，该主张违背社会公众根据《专利审查指南》和权利要求的用语对封闭式权利要求作出的解释，应当不予支持。更深层次的理由在于，在有充分的机会主张更宽保护范围的权利要求而没有这么做的专利权人与更为普遍的社会公众之间，应当由专利权人承担未能为其发明或者实用新型确定更有利的权利要求表达方式的代价。综上，为了维护社会公众对专利权利要求保护范围的信赖，在专利侵权诉讼程序中确定专利权的保护范围时，对于封闭式权利要求，一般应当解释为不含有该权利要求所述以外的结构组成部分或者方法步骤。上述解释与自 1993 年以来的《专利审查指南》的明确规定和长期的专利法实践保持了一致，也是对社会公众基于相关规定业已形成的稳定预期的尊重，有利于维护权利要求解释规则的确定性和可预见性。此外，上述解释规则看似严格，但并不会对专利权人的利益造成损害，专利权人在申请专利时可以根据具体情况在开放式、封闭式、活性成分封闭、部分封闭等多种方式中选择恰当的撰写方式，从而获得恰当的保护范围。因此，上述解释规则能够合理平衡专利权人与社会公众的利益。本案中，本案专利权利要求 2 明确采用了“由……组成”的封闭式表达方式，属于封闭式权利要求，应该解释为要求保护的注射用三磷酸腺苷二钠氯化镁冻干粉针剂仅由三磷酸腺苷二钠与氯化镁组成，除可能具有通常含量的杂质外，别无其他组分。辅料并不属于杂质，辅料也在本案专利权利要求 2 的排除范围之内。原再审判决认为本案专利权利要求 2 不应理解为不包括辅料成分错误，应予纠正。

6. 封闭式权利要求侵权判定中等同原则的适用

在前述“注射用三磷酸腺苷二钠氯化镁”专利侵权案中，最高人民法院还明确了等同原则在封闭式权利要求侵权判定中的适用。最高人民法院指出，专利权人选择封闭式权利要求表明其明确将其他未被限定的结构组成部分或者方法步骤排除在专利权保护范围之外，不宜再通过适用等同原则将其重新纳入保护范围。

最高人民法院认为：所谓等同，是指被诉侵权技术方案中的技术特征与专利权利要求中记载的对应技术特征之间的等同，而不是指被诉侵权技术方案与专利权利要求所要求保护的技术方案之间的整体等同。之所以在专利侵权判定中发展出等同原则，是考虑到事实上不可能要求专利权人在撰写权利要求时能够预见到侵权者以后可能采取的所有侵权方式，因此对权利要求的文字所表达的保护范围作出适度扩展，将仅仅针对专利技术方案作出非实质性变动的情况认定为构成侵权，以保护专利权人的合法权益，维护整个专利制度的作用。然而，在权利要求中采用“由……组成”的封闭式表达方式，本身意味着专利权人通过其撰写，限定了专利权的保护范围，明确将其他未被限定的结构组成部分或者方法步骤排除在专利权保护范围之外。本案中，本案专利权利要求 2 属于封闭式权利要求，其本身使用的措词已经将三磷酸腺苷二钠和氯化镁之外的组分排除在专利权保护范围之外。如果通过适用等同原则，将专利权人明确排除的结构组成部分或者方法步骤重新纳入封闭式权利要求的保护范围，认定被诉侵权产品与权利要求 2 构成整体等同，既不符合适用等同原则的基本目的，亦不符合有关技术特征等同的规定。

7. 部分权利要求被宣告无效情形下禁止反悔原则的适用

在申请再审人中誉电子（上海）有限公司（以下简称中誉公司）与被申请人上海九鹰电子科技有限公司（以下简称九鹰公司）侵犯实用新型专利权纠纷案［（2011）民提字第 306 号］中，最高人民法院指出，禁止反悔原则通常适用于专利权人通过修改或意见陈述而自我放弃技术方案的情形；若独立权利要求被宣告无效而在其从属权利要求的基础上维持专利权有效，且专利权人未曾作自我放弃，则不宜仅因此即对该从属权利要求适用禁止反悔原则并限制等同侵权原则的适用。

本案的基本案情是：本案专利是名称为“一种舵机”的实用新型专利(即本案专利)，其权利要求1—3为：“1. 一种模型舵机，其特征在于，包括支架、电机、丝杆和滑块，所述支架包括电机座和滑块座，所述电机设置于所述电机座内，在所述电机的一端设置有一主动齿轮，所述丝杆纵向穿过所述滑块座，在所述丝杆的一端设置有一从动齿轮，所述主动齿轮和所述从动齿轮相互啮合，所述滑块穿在所述丝杆上，并且所述滑块伸出所述滑块，在所述滑块底面设置有一电刷。2. 如权利要求1所述的舵机，其特征在于，在所述支架上，设置有固定到一舵机驱动电路板上的固定孔。3. 如权利要求2所述的舵机，其特征在于，在所述舵机驱动电路板上，印制有一条形的碳膜和银膜，所述支架通过其上的固定孔固定到所述舵机驱动电路板上，且所述滑块底面上的电刷与该碳膜和银膜相接触。”专利复审委员会于2009年7月22日作出第13717号无效宣告请求审查决定，宣告本案专利权利要求1—2，4—6无效，在权利要求3的基础上维持本案专利权有效。本案争议的被诉侵权产品技术特征g为：“在所述含有舵机驱动电路的电路板上，印制有一条形的碳膜和镀金铜条，且所述滑块底面上的电刷与该碳膜和镀金铜条相接触。”上海市第二中级人民法院一审认为，被诉侵权产品的技术方案是一项现有技术与公知常识的简单组合，九鹰公司的现有技术抗辩成立，其不构成侵犯本案专利权，遂判决驳回中誉公司的诉讼请求。中誉公司上诉至上海市高级人民法院。二审法院认为，从属权利要求3被维持有效的原因在于，在权利要求1中增加了从属权利要求2和3记载的附加技术特征，这实质上是修改权利要求1。因此，权利要求3的技术特征“在所述支架上，设置有固定到一舵机驱动电路板上的固定孔”以及“在所述舵机驱动电路板上，印制有一条形的碳膜和银膜，所述支架通过其上的固定孔固定到所述舵机驱动电路板上，且所述滑块底面上的电刷与该碳膜和银膜相接触”，属于为维持专利权有效而限制性修改权利要求1所增加的技术特征。本案专利技术方案将舵机驱动电路板上作为直线型电位器的导流条明确限定为“银膜”，该具体限定应视为专利权人放弃了除“银膜”外以其他导电材料作为导流条的技术方案。被诉侵权产品技术方案系采用镀金铜条作为导流条。依据禁止反悔原则，九鹰公司不构成等同侵权。另外，九鹰公司的现有技术抗辩成立。据此判决驳回上诉，维持原判。中誉公司向最高人民法院申请再审。最高人民法院裁定提审本案，并于2012年4月12日判决撤销原一、二审判决，判令九鹰公司赔偿中誉公司经济损失。

最高人民法院提审认为：一般情况下，只有对权利要求、说明书的修改或者意见陈述，才可能产生技术方案的放弃，进而导致禁止反悔原则的适用。本案中，独立权利要求1及其从属权利要求2均被宣告无效，在权利要求2

的从属权利要求3的基础上维持本案专利有效。对权利要求3适用禁止反悔原则的前提在于，权利要求3是否仅仅因此构成对其所从属的权利要求1—2的限制性修改。独立权利要求被宣告无效，在其从属权利要求的基础上维持专利权有效，该从属权利要求即实际取代了原独立权利要求的地位。但是，该从属权利要求的内容或者所确定的保护范围并没有因为原独立权利要求的无效而改变。因为，每一项权利要求都是单独的、完整的技术方案，其均应准确、完整地概括申请人在原始申请中要求的保护范围，而不论其是否以独立权利要求的形式出现。正基于此，每一项权利要求可以被单独地维持有效或宣告无效。每一项权利要求的效力应当被推定为独立于其他权利要求的效力。即使从属权利要求所从属的权利要求被宣告无效，该从属权利要求并不能因此被认为无效。所以，不应当以从属权利要求所从属的权利要求被无效而简单地认为该从属权利要求所确定的保护范围即受到限制。本案中，权利要求3中的“银膜”并没有被权利要求1—2所提及。而且，中誉公司在专利授权和无效宣告程序中没有修改权利要求和说明书，在意见陈述中也没有放弃除“银膜”外其他导电材料作为导流条的技术方案。因此，不应当基于权利要求1—2被宣告无效，而认为对权利要求3的附加技术特征“银膜”不能再适用等同原则。

8. 保护范围明显不清楚的专利权的侵权指控不应支持

在申请再审人柏万清与被申请人成都难寻物品营销服务中心（以下简称难寻中心）、被申请人上海添香实业有限公司（以下简称添香公司）侵害实用新型专利权纠纷案［（2012）民申字第1544号］中，最高人民法院指出，准确界定专利权的保护范围，是认定被诉侵权技术方案是否构成侵权的前提条件，对于保护范围明显不清楚的专利权，不应认定被诉侵权技术方案构成侵权。

本案的基本案情是：柏万清是专利号为200420091540.7、名称为“防电磁污染服”实用新型专利（即本案专利）的专利权人。本案专利权利要求1的技术特征为：A. 一种防电磁污染服，包括上装和下装；B. 服装的面料里设有起屏蔽作用的金属网或膜；C. 起屏蔽作用的金属网或膜由导磁率高而无剩磁的金属细丝或者金属粉末构成。被诉侵权产品的技术特征是：a. 一种防电磁污染服上装；b. 服装的面料里设有起屏蔽作用的金属防护网；c. 起屏蔽作用的金属防护网由不锈钢金属纤维构成。一审法院认为，根据柏万清陈述，不锈钢并不一定是导磁率高而无剩磁的金属，其中铁的含量影响导磁率的高低，故在柏万清既未明确本案专利技术特征中导磁率高低的区分标准，又未证明被诉侵权产品所采用的不锈钢丝的导磁率已达到上述“高”限的情况下，柏万清关于技术特征C与c相同的主张不能成立，本案证据不足以证明被诉侵权产品落入其专利保护范围。柏万清不服，提起上诉。四川省高级人民法院二审维持一审判决。柏万清向最高人民法院申请再审。最高人民法院于2012年12月28日裁定驳回其再审申请。

最高人民法院审查认为：准确界定专利权的保护范围，是认定被诉侵权技术方案是否构成侵权的前提条件。如果结合本案专利说明书、本领域的公知常识以及相关现有技术等，仍然不能确定权利要求中技术术语的具体含义，无法准确确定专利权的保护范围，则无法将被诉侵权技术方案与之进行有意义的侵权对比。因此，对于保护范围明显不清楚的专利权，不应认定被诉侵权技术方案构成侵权。就“导磁率高”这一技术特征而言，首先，在本案专利说明书中，既没有记载导磁率在本案专利技术方案中是指相对磁导率还是绝对磁导率或者其他概念，也没有记载导磁率高的具体范围，亦没有记载包括磁场强度H等在内的计算导磁率的客观条件。本领域技术人员根据本案专利说明书，难以确定本案专利中所称的导磁率高的具体含义。其次，从柏万清提交的相关证据来看，虽能证明有些现有技术中确实采用了高磁导率、高磁导率等表述，但根据技术领域以及磁场强度的不同，所谓高导磁率的含义十分宽泛。柏万清提供的证据并不能证明在本案专利所属技术领域中，本领域技术人员对于高导磁率的含义或者范围有着相对统一的认识。最后，柏万清主张根据具体使用环境的不同，本领域技术人员可以确定具体的安全下限，从而确定所需的导磁率。该主张实际上是将能够实现防辐射目的的所有情形均纳入本案专利权的保护范围，保护范围过于宽泛，亦缺乏事实和法律依据。

9. 现有技术抗辩的比对方法与审查方式

在申请再审人盐城泽田机械有限公司（以下简称泽田公司）与被申请人盐城市格瑞特机械有限公司（以下简称格瑞特公司）侵犯实用新型专利权纠纷案［（2012）民申字第18号］中，最高人民法院指出，审查现有技术抗辩时，比对方法是将被诉侵权技术方案与现有技术进行对比，在两者并非相同的情况下，审查时可以专利权利要求为参照，确定被诉侵权技术方案中被指控落入专利权保护范围的技术特征，并判断现有技术是否公开了与之相同或者等同的技术特征。

本案的基本案情是：泽田公司是名称为“液压摇臂裁断机直联式液压控制装置”的实用新型专利（即本案专利）的专利权人。2009年，格瑞特公司生产并销售了与泽田公司相同的液压摇臂式裁断机，泽田公司遂向江苏省盐城市中级人民法院提起诉讼。因2004年3月案外人曾生产并销售四台F45型液压摇臂式裁断机（以下简称F45裁断机），格瑞特公司据此提出现有技术抗辩。一审法院认为，格瑞特公司的行为构成对泽田公司专利权的侵犯，格瑞特公司未能提供充分证据证明泽田公司的专利为现有技术，其关于现有技术的抗辩理由不能成立，遂判决格瑞特公司承担侵权责任。格瑞特公司不服，提起上诉。二审审理过程中，江苏省高级人民法院主持进行现场勘验，双方当事人对 F45 裁断机与本案专利进行了技术比对。对于 F45 油压摇臂式裁断机的液压控制装置，泽田公司认为该装置中电磁阀的形状及与油泵之间连接方向与本案专利附图及专利产品实物不同，其他技术特征相同。二审法院认为，本案专利权利要求 1 有关电磁阀的技术特征为“电磁阀的出口直接与有杆活塞的外端相联接，电磁阀与油泵之间通过方块法兰和联结管使之相联”，并未对电磁阀的形状和连接方向进行限定，电磁阀的形状和连接方向不属于本案专利保护范围。F45 裁断机的液压控制装置中的电磁阀形状和连接方向虽与本案专利附图和专利产品实物不同，但符合本案专利权利要求 1 描述的全部技术特征，故格瑞特公司的现有技术抗辩成立。据此判决撤销一审判决，驳回泽田公司的诉讼请求。泽田公司不服，向最高人民法院申请再审。最高人民法院于 2012 年 7 月 11 日裁定驳回其再审申请。

最高人民法院审查认为：在专利侵权诉讼中设立现有技术抗辩制度的根本原因在于，专利权的保护范围不应覆盖现有技术，以及相对于现有技术而言显而易见，构成等同的技术。在审查现有技术抗辩时，比较方法是将被诉侵权技术方案与现有技术进行对比，而不是将现有技术与专利技术方案进行对比。审查方式则是以专利权利要求为参照，确定被诉侵权技术方案中被指控落入专利权保护范围的技术特征，并判断现有技术是否公开了相同或者等同的技术特征。现有技术抗辩的成立，并不要求被诉侵权技术方案与现有技术完全相同，对于被诉侵权产品中与专利权保护范围无关的技术特征，在判断现有技术抗辩能否成立时应不予考虑。被诉侵权技术方案与专利技术方案是否相同或者等同，与现有技术抗辩能否成立亦无必然关联。因此，即使在被诉侵权技术方案与专利技术方案完全相同，但与现有技术有所差异的情况下，亦有可能认定现有技术抗辩成立。本案专利权利要求 1 限定了电磁阀的连接方式，但并未限定电磁阀的具体结构，故电磁阀的具体结构与本案专利权的保护范围无关，亦与现有技术抗辩能否成立无关。因此，认定现有技术抗辩是否成立的关键在于，确定现有技术中是否公开了与上述连接方式相同或者等同的技术特征，而无需考虑被诉侵权产品中电磁阀的具体结构是否被现有技术公开。由于现有技术中确已公开将电磁阀的出口与有杆活塞的外端直接相联接，故二审法院认定现有技术抗辩成立，并无不当。

10. 外观设计专利保护中产品类别的确定

在申请再审人弓箭国际与被申请人义乌市兰之韵玻璃工艺品厂（以下简称兰之韵厂）侵犯外观设计专利权纠纷案［（2012）民申字第 41 号、第 54 号］中，最高人民法院指出，确定外观设计专利产品类别，应以具有独立存在形态、可以单独销售的产品的用途为依据；外观设计专利的保护范围限于相同或者相近种类产品的外观设计。

本案的基本案情是：弓箭国际拥有名称分别为“餐具用贴纸（柠檬）”和“餐具用贴纸（苹果）”的外观设计专利（前者简称涉案专利1，后者简称涉案专利2）。2009年3月18日，深圳市鑫辉达贸易有限公司（以下简称鑫辉达公司）申报出口一批厨房用玻璃水杯，因涉嫌侵犯弓箭国际多个外观设计专利权被海关扣留。其中19箱798个玻璃杯上贴有柠檬图案，该图案与涉案专利1的图案形状相近似；15箱630个玻璃杯上贴有青苹果图案，该图案与涉案专利2的图案形状完全相同，不同之处仅在于其中苹果的颜色为绿色。该批玻璃杯系兰之韵厂生产并销售给鑫辉达公司，该产品上的图案系油墨印刷形成。弓箭国际以兰之韵厂和鑫辉达公司的行为侵犯其涉案两个专利权为由，分别诉至浙江省宁波市中级人民法院。一审法院认为，两案中，被诉侵权产品的外观设计与涉案专利均相近似，兰之韵厂的行为侵犯了弓箭国际的外观设计专利权，应承担侵权责任。兰之韵厂不服，提起上诉。浙江省高级人民法院认为，根据外观设计专利的保护原则，被诉侵权产品与外观设计专利进行侵权比对判断的前提是，被诉侵权产品与外观设计专利应属相同或相近种类产品；两案中被诉侵权产品均为餐具，而涉案专利产品均为“餐具用贴纸”，两者属于不同种类的产品，无需比对即可认定不构成侵权。故在两案中均判决撤销一审判决，驳回弓箭国际的诉讼请求。弓箭国际不服，向最高人民法院申请再审。最高人民法院分别于2012年5月16日和2012年5月3日裁定驳回其再审申请。

最高人民法院审查认为：外观设计应当以产品为依托，不能脱离产品独立存在。因为外观设计专利必须附着在产品载体上，所以外观设计专利需要和产品一起保护。确定被诉侵权产品与外观设计专利产品是否属于相同或者相近的种类是判断被诉侵权设计是否落入外观设计专利权保护范围的前提。《最高人民法院关于审理侵犯专利权纠纷案件应用法律若干问题的解释》第九条规定：“人民法院应当根据外观设计产品的用途，认定产品种类是否相同或者相近。确定产品的用途，可以参考外观设计的简要说明、国际外观设计分类表、产品的功能以及产品销售、实际使用的情况等因素。”两案中，涉案专利产品均是“餐具用贴纸”，其用途是美化和装饰餐具，具有独立存在的产品形态，可以作为产品单独销售。被诉侵权产品均是杯子，其用途是存放饮料或食物等，虽然被诉侵权产品上印刷有与涉案外观设计相同或者相近似的图案，但该图案为油墨印刷而成，不能脱离杯子单独存在，不具有独立的产品形态，亦不能作为产品单独销售。被诉侵权产品和涉案专利产品用途不同，既不属于相同种类产品又不属于相近种类产品。因此，被诉侵权设计未落入涉案外观设计专利权保护范围，弓箭国际的申请再审理由不能成立。

11. 专利法第四十七条第二款中专利权被宣告无效的时间点的确定

在申请再审人陕西东明农业科技有限公司（以下简称东明公司）与被申请人陕西秦丰农机（集团）有限公司（以下简称秦丰公司）侵害实用新型专利权纠纷案［（2012）民提字第110号］中，最高人民法院认为，专利法第四十七条第二款中专利权被宣告无效的时间点应以无效宣告请求审查决定书载明的决定日为准。

本案的基本案情是：2004年2月6日，乔宏岳向国家知识产权局提出微型履带灵巧型农用机实用新型专利申请。2005年2月16日，该专利申请被授权公告，专利号为ZL200420041558.6（即本案专利）。2005年3月7日，秦丰公司与乔宏岳订立专利权转让合同，约定本案专利为秦丰公司所有。秦丰公司以东明公司生产的1YG-7.5型遥控微耕机侵犯其本案专利权为由，向陕西省西安市中级人民法院起诉，请求判令东明公司停止侵权、消除影响并赔偿损失。因东明公司在答辩期内向国家知识产权局专利复审委员会（以下简称专利复审委员会）提出宣告本案专利权无效的请求，一审法院中止了本案审理。2008年9月27日，专利复审委员会作出第12379号无效宣告请求审查决定，宣告本案专利部分无效，在权利要求2、3的基础上维持有效。一审法院恢复审理后认为，本案被诉侵权产品落入维持有效的本案专利权的保护范围，东明公司的行为构成侵权，故判令东明公司停止侵害并赔偿秦丰公司经济损失。东明公司不服，提起上诉。陕西省高级人民法院二审判决驳回上诉，维持原判。2011年3月9日，应秦丰公司的强制执行申请，一审法院冻结了东明公司的存款。2011年3月16日，一审法院完成了执行行为，并裁定终结本案的执行。2010年9月8日，东明公司再次提出宣告本案专利无效的请求，专利复审委员会作出第16225号无效宣告请求审查决定（以下简称第16225号决定），宣告本案专利权全部无效。第16225号决定的决定日是2011年3月15日，发文日是3月25日，通过邮寄送达秦丰公司的时间为2011年4月3日。秦丰公司不服，提起行政诉讼。第16225号决定在行政诉讼程序中得到维持，已经发生法律效力。随后，东明公司向最高人民法院申请再审。最高人民法院裁定提审本案，并于2012年11月20日判决撤销原判，驳回秦丰公司的诉讼请求。

最高人民法院提审认为：专利法第四十七条第二款的立法目的在于实现公平与秩序的协调和平衡。一方面，赋予专利无效宣告请求审查决定对专利权被宣告无效后尚未执行或者履行完毕的专利侵权判决、调解书、专利侵权纠纷处理决定、专利实施许可合同、专利权转让合同等以追溯力，保障被指控的专利侵权人、专利被许可人以及被转让人的正当利益，防止专利权人藉无效专利获得不当利益。另一方面，对于已经执行或者履行完毕的专利侵权判决、调解书、专利侵权纠纷处理决定、专利实施许可合同、专利权转让合同，专利无效宣告审查请求决定没有追溯力，维持已经形成并稳定化的社会秩序。由于宣告无效的专利权视为自始即不存在，以该专利权为基础的利益本不应由专利权人获得。因此，专利法第四十七条第二款的规定以专利无效宣告请求审查决定有追溯力为原则，以无追溯力为例外。基于上述原因，在确定宣告无效的时间点时，应该考虑如下因素：一是该时间点应有对世性，应是社会公众均可公开得知并明确知晓的；二是该时间点应有确定性，应是一个确定的时点，原则上不宜随当事人的具体情况或者其他人为因素发生变动；三是该时间点应是较早的具有法律意义的时间点，尽量增加无效宣告请求审查决定发挥追溯力的机会。本案中，第 16225 号决定涉及三个具有法律意义的时间点：决定日（2011 年 3 月 15 日）；发文日（3 月 25 日）；送达日（2011 年 4 月 3 日）。决定日（2011 年 3 月 15 日）是无效宣告请求决定的作出时间。决定日在无效宣告请求审查决定书上有明确记载，社会公众可以方便地获知。无效宣告请求决定一经作出即对专利复审委员会产生拘束力，不得随意撤销或者变更。发文日（3 月 25 日）是专利复审委员会向当事人发送无效宣告请求审查决定的时间，是送达过程的开始时间。该时间在无效宣告请求审查决定书上亦有明确记载。送达日（2011 年 4 月 3 日）是当事人收到无效宣告请求审查决定的时间，是可提起行政诉讼期间的起算点。送达日无法在无效宣告请求审查决定书上载明，只能根据送达当事人的具体情况予以查明。无效宣告请求审查决定作出后，无论是发文日还是送达日均可能由于人为因素发生变动，有时大大迟于决定作出日。如果以发文日或者送达日作为专利权被宣告无效的时间点，则决定作出日至发文日或者送达日这一时间间隔可能被当事人利用，通过恶意加快或者拖延执行或履行来影响无效宣告请求审查决定的追溯力，从而获得有利于自己的追溯力结果。可见，无论以无效宣告请求审查决定的发文日还是送达日作为宣告专利权无效的时间点，均可能造成不合理的结果。相反，以无效宣告请求审查决定的决定日（作出日）作为确定专利权被宣告无效的时间点，不仅具有对世性和确定性，还可以在一定程度上增加无效宣告请求审查决定发挥追溯力的机会，实现结果公正。因此，宣告专利权无效的时间点应以无效宣告请求审查决定的决定日（作出日）为准。本案中，第 16225 号决定的决定日是 2011 年 3 月 15 日，原审判决执行完毕日是 2011 年 3 月 16 日，决定日早于执行完毕日，故本案不属于专利法第四十七条第二款规定的不具有追溯力的情形。

（二）专利行政案件审判

12. 解释权利要求时应使保护范围与说明书公开的范围相适应

在申请再审人东莞佳畅玩具有限公司（以下简称东莞佳畅公司）、许楚华与被申请人新利达电池实业（德庆）有限公司（以下简称新利达德庆公司）、肇庆新利达电池实业有限公司（以下简称肇庆新利达公司），一审被告、二审上诉人国家知识产权局专利复审委员会（以下简称专利复审委员会），一审第三人、二审上诉人四会永利五金电池有限公司等实用新型专利权无效行政纠纷案［（2012）行提字第29号］中，最高人民法院指出，利用说明书和附图解释权利要求时，应当以说明书为依据，使其保护范围与说明书公开的范围相适应。

本案的基本案情是：新利达德庆公司和肇庆新利达公司是名称为“无水银碱性钮形电池”、授权公告日为2002年10月2日的01234722.1号实用新型专利（即本案专利）的专利权人。本案专利权利要求1记载：“一种无水银碱性钮形电池，包括正极片、负极盖、负极锌膏、密封胶圈、正极外壳和隔膜，其特征在于，在电池负极片上电镀上一层铟或锡原料，并在锌膏中加入金属铟以代替水银。”专利说明书记载如下内容：“目前一般电芯电池，因内藏‘锌’这种原料，必须加入水银，防止‘锌’与其他原料或金属接触时，产生气体而膨胀。……在负极片上进行了镀金、镀银、铜、锡、铟等试验，最后发现在负极片上镀铟或锡成功地控制了电池负极锌膏与负极片接触时产生的气体……。本实用新型是在电池的负极片上镀上一层铟稀有金属或锡，镀上铟或锡后的负极片，可以防止‘锌’因与负极片接触时所产生的气体膨胀。……按照常规的生产工艺，将金属片制成负极片，电镀镍或铜，然后电镀上一层金属铟或锡。电镀方法是（1）可将金属片（铁片或不锈钢片）制成负极片，经电镀镍或铜后，再用滚镀的方法镀上一层金属铟或锡。（2）也可将金属片以卷状先镀上镍或铜等，再镀上一层铟或锡，铟或锡可镀在金属片两面之中的一面，然后再制成负极片，……。”针对本案专利，东莞佳畅公司等先后向专利复审委员会提出无效宣告请求。专利复审委员会于2008年6月19日作出第13560号无效宣告请求审查决定（以下简称第13560号决定），宣告本案专利全部无效。第13560号决定认为，本案专利权利要求1中的“电池负极片”是指“已电镀镍或铜的金属片”，而对比文件中对应公开的负极集电体（或负极外壳）的铜层与不锈钢层之间是层压结构。本案专利实际解决的技术问题是，避免了层压结构在冲压过程中发生错位，保证了良好的镀铟效果，从而防止漏液。在钮扣电池制造领域经常采用电镀工艺，且在电镀时，要在钢铁上镀铟或锡，最好预镀铜或镍。当面临层压结构容易发生错位这个技术问题时，本领域技术人员有动机改进该最接近的现有技术，利用钮扣电池制造领域常用的“电镀”方式，采用在不锈钢片上电镀镍层或铜层替代现有技术的层压结构，从而获得本案专利保护的技术方案，故权利要求 1 的技术方案是显而易见的。新利达德庆公司和肇庆新利达公司不服，提起行政诉讼。北京市第一中级人民法院一审认为，依据现有证据可以认定层压结构相对于电镀方式而言并不更容易导致漏液情况的产生，反而是电镀方式相比层压方式更容易产生漏液情况，专利复审委员会在第 13560 号决定中认定本案专利权利要求 1 不具有创造性所依据的前提条件不存在。据此判决撤销第 13560 号决定。专利复审委员会、东莞佳畅公司等不服一审判决，提起上诉。北京市高级人民法院二审判决驳回上诉，维持原判。东莞佳畅公司和许楚华向最高人民法院申请再审。最高人民法院裁定提审本案，并于 2012 年 12 月 20 日判决撤销原审判决，维持第 13560 号决定。

最高人民法院提审认为：本案专利权利要求 1 未对电池负极片的结构及成型方法进行具体的限定。根据通常的理解，电池负极片是指用作电池负极的片状物，其不仅覆盖了单层的片状物，也覆盖了多层的片状物；不仅覆盖通过电镀方式形成的多层片状物，也覆盖了通过诸如层压的其它方式形成的多层片状物。利用说明书和附图解释权利要求时，应当以说明书为依据，使其保护范围与说明书公开的范围相适应。首先，本案专利说明书背景技术部分记载：“必须加入水银，防止‘锌’与其它原料或金属接触时，产生气体而膨胀。”由此可见，本案专利的申请人从产生发明动机开始直到申请专利之时并未认识到层压结构的电池负极片与电镀结构的电池负极片孰优孰劣，而是认识到水银之所以能够防止漏液，是因为其能够在锌与其它原料或金属之间形成隔离，防止它们之间的接触。故其认为解决钮形电池无汞化问题旨在找到一种能够代替汞的材料，使其亦能够在锌与其它原料或金属之间形成隔离，而未认识到要对电池负极片本身的结构作出专门的改进。其次，本案专利说明书发明内容部分记载：“在负极片上进行镀金、镀银、铜、锡、铟等实验，最后发现在负极片上镀铟或锡成功地控制了电池负极锌膏与负极片接触时产生的气体……。”由此可见，本案专利的申请人在探索本案专利的过程中，所做的工作主要是探索在负极片上电镀哪种金属能够成功地控制电池负极锌膏和负极片的接触，而并未针对电池负极片本身的结构变化进行任何尝试性的探索。再次，本案专利说明书发明内容部分还记载：“本实用新型是在电池的负极片上镀上一层铟稀有金属或锡，镀上铟或锡后的负极片，可以防止‘锌’因与负极片接触时所产生的气体膨胀。”由此可见，本案专利的申请人认为在电池的负极片上镀上铟或锡，就可以防止锌与负极片接触而产生气体膨胀，就已经完成了其发明的任务，而没有认识到其已经完成的该项发明是否还有待进一步的改进，诸如要对电池负极片本身的结构作进一步的改进并为此付出了创造性的劳动。最后，本案专利说明书发明内容部分还记载："电镀方法是（1）可将金属片（铁片或不锈钢片）制成负极片……。（2）再镀上一层铟或锡，……然后制成负极片。"由此可见，这里制成的负极片既可以是未镀镍或铜之前的金属裸片也可以是镀完铟或锡的最终产物。故本案专利的申请人即使在申请专利之时亦未想到要对负极片的概念加以区分以体现其针对电池负极片的结构作出过改进。本案专利并非是针对电池负极片的结构作出的改进，新利达德庆公司和肇庆新利达公司认为本案专利权利要求 1 的电池负极片特指是电镀结构的主张均没有事实和法律依据。

13. 实用新型专利创造性判断中对现有技术领域的确定与考虑

在赵东红、张如一与国家知识产权局专利复审委员会（以下简称专利复审委员会）、第三人邹继豪实用新型专利权无效行政纠纷案［（2011）知行字第 19 号］中，最高人民法院认为，评价实用新型专利创造性时，一般应当着重比对该实用新型专利所属技术领域的现有技术；但在现有技术已经给出明确技术启示的情况下，也可以考虑相近或者相关技术领域的现有技术；相近技术领域一般指与实用新型专利产品功能以及具体用途相近的领域，相关技术领域一般指实用新型专利与最接近的现有技术的区别技术特征所应用的功能领域。

本案的基本案情是：赵东红、张如一拥有名称为"握力计"的实用新型专利（即本案专利）。2008 年 4 月 28 日，邹继豪以本案专利不具备创造性为由，向专利复审委员会提出无效宣告请求，并提交了 7 份现有技术作为证据。其中，与本案专利最接近的现有技术证据 7 公开了一种体力测定器，证据 2 公开了一种手提式数字显示电子秤。本案专利权利要求 1 的技术方案与证据 7 公开的内容相比，其区别在于：（1）本案专利权利要求 1 中的测力传感器是具有多个凸台的弹性体梁，而证据 7 中是利用由压缩弹簧、压缩板、齿条杆、齿条、回转式编码器、小齿轮构成的整体来实现测力传感器的功能；（2）本案专利权利要求 1 中的检测显示装置安装于外壳内，而证据 7 中没有明确记载显示装置的安装位置。2008 年 11 月 6 日，专利复审委员会作出第 12613 号无效宣告请求审查决定（以下简称第 12613 号决定），宣告本案专利权全部无效。专利复审委员会认为，上述区别技术特征（1）和（2）均已被证据 2 公开；并且证据 2 与本案专利、证据 7 同属于测力装置技术领域，证据 2 中的重力与本案专利、证据 7 中的握力仅仅是施力对象不同，不会对该重力和握力的测量造成实质性影响，即该重力和握力的测量原理基本相同；此外，对本领域技术人员来说，用测重力装置中的压力传感器来替换测握力装置中的传感器结构不需要付出创造性劳动。因此，把证据 7 与证据 2 相结合来得到本专利权利要求 1 的技术方案对于本领域技术人员来说是显而易见的，本案专利权利要求1相对于证据7和证据2的结合不具备创造性。北京市第一中级人民法院一审维持第12613号决定。北京市高级人民法院二审认为，本案专利与证据2公开的手提式数字显示电子秤属于不同技术领域，本领域技术人员不能轻易想到将其他技术领域中的传感器运用到本领域。遂判决撤销一审判决和第12613号决定。专利复审委员会不服，向最高人民法院申请再审。最高人民法院于2012年1月19日裁定驳回其再审申请。

最高人民法院审查认为：发明专利和实用新型专利的创造性标准不同，在技术比对时所考虑的现有技术领域也应当有所不同，这是体现发明专利和实用新型专利创造性标准差别的一个重要方面。技术领域应当是要求保护的发明或者实用新型技术方案所属或者应用的具体技术领域，既不是上位的或者相邻的技术领域，也不是发明或者实用新型本身。技术领域的确定，应当以权利要求所限定的内容为准，一般根据专利的主题名称，结合技术方案所实现的技术功能、用途加以确定。专利在国际专利分类表中的最低位置对其技术领域的确定具有参考作用。相近的技术领域一般指与实用新型专利产品功能以及具体用途相近的领域；相关的技术领域一般指实用新型专利与最接近的现有技术的区别技术特征所应用的功能领域。由于技术领域范围的划分与专利创造性要求的高低密切相关，考虑到实用新型专利创造性标准要求较低，因此在评价其创造性时所考虑的现有技术领域范围应当较窄，一般应当着重比对实用新型专利所属技术领域的现有技术。但是在现有技术已经给出明确的技术启示，促使本领域技术人员到相近或者相关的技术领域寻找有关技术手段的情形下，也可以考虑相近或者相关技术领域的现有技术。所谓明确的技术启示是指明确记载在现有技术中的技术启示或者本领域技术人员能够从现有技术直接、毫无疑义地确定的技术启示。本案专利技术功能属于测力装置，具体用途为测人手的握力。本案专利权利要求1的技术方案与最接近的现有技术证据7（一种体力测定器）公开的内容相比，区别技术特征在于测力传感器不同，测力传感装置为本案专利的相关技术领域。为了评价测力传感器的创造性，专利复审委员会考虑了证据2（手提式数字显示电子秤，用于测重力），将其测力传感器与本案专利的传感器进行比对。虽然握力计和电子秤都是测力装置，但二者分别具有不同的特定用途。同时，重力和人手的握力相比较，施力对象不同，施力方向也不同，重力单纯向下，人手的握力不是单纯向下而是从四周向中心，所以二者不属于相同技术领域。但本案专利与手提式数字显示电子秤功能相同，用途相近，测力传感器的测力原理基本相同，可以将手提式数字显示电子秤视为本案专利的相近技术领域。但是，由于现有技术并未给出明确的技术启示，专利复审委员会在评价本案专利的创造性时考虑手提式电子秤的测力传感器，适用法律错误。

14. 新晶型化合物的创造性判断

在申请再审人贝林格尔英格海姆法玛两合公司（以下简称贝林格尔公司）与被申请人中华人民共和国国家知识产权局专利复审委员会（以下简称专利复审委员会）、原审第三人江苏正大天晴药业股份有限公司（以下简称正大天晴公司）发明专利权无效行政纠纷案［（2011）知行字第86号］中，最高人民法院认为，《专利审查指南》所称“结构接近的化合物”，仅特指该化合物必须具有相同的核心部分或者基本的环，不涉及化合物微观晶体结构本身的比较；在新晶型化合物创造性判断中，并非所有的微观晶体结构变化均必然具有突出的实质性特点和显著的进步，必须结合其是否带来预料不到的技术效果进行考虑。

本案的基本案情是：正大天晴公司以创造性为由向专利复审委员会申请宣告贝林格尔公司01817143.5号发明专利权（即本案专利）无效。2008年8月，专利复审委员会作出第12206号无效宣告请求审查决定（以下简称第12206号决定），宣告本案专利全部无效。主要理由为，本案专利权利要求1所保护的是溴化替托品单水合物晶体，而对比文件证据5a系溴化替托品X水合物，证据1系溴化替托品晶体，三种物质的基本核心部分均为溴化替托品。上述三种物质在物理形态上或许存在差别，但该差别并不至于影响对基本核心部分的认定。由于晶体的构效关系不明确以及制备特定类型晶体存在困难，目前通常是基于稳定性、更高纯度、便于处理称量等普遍存在的动机，依据常规的结晶方法制备晶体，在制备出晶体后检测其性能。此时，晶体所实现的技术效果是决定其是否具有创造性的最重要因素。评价创造性时所需考虑的技术效果只能是记载于原始申请文件中或可从原始申请文件直接确定的技术效果。贝林格尔公司所述的反证1的技术效果并未记载在专利申请文件中，而且新证据2无法使得本领域技术人员确定权利要求1的晶体具有反证1所述的技术效果。北京市第一中级人民法院和北京市高级人民法院先后判决维持第12206号决定。贝林格尔公司不服，向最高人民法院申请再审。2012年11月27日，最高人民法院裁定驳回其再审申请。

最高人民法院审查认为：虽然晶体化合物基于不同的分子排列可能在物理化学参数上存在差异，但其仍属化合物范畴，故《专利审查指南》关于化合物创造性的规定可以适用于新晶型化合物的创造性判断。晶体化合物的微观晶体结构变化多样，某一化合物在固体状态下可能基于两种或者两种以上不同的分子排列而产生不同的固体结晶形态，但并非所有的微观晶体结构变化均必然导致突出的实质性特点和显著的进步，故不能单单依据微观晶体结构的不接近而认定其结构上不接近。亦即，《专利审查指南》所称“结构接近的化合物”，仅特指该化合物必须具有相同的核心部分或者基本的环，而不涉及微观晶体结构本身的比较。在晶体的创造性判断中，微观晶体结构本身必须结合其是否带来预料不到的技术效果进行考虑。本案中，权利要求 1 所保护的是溴化替托品单水合物晶体，证据 5a 公开的是溴化替托品 X 水合物，证据 1 公开的是溴化替托品晶体，上述三种物质的微观晶体结构可能存在差别，但因基本核心部分均为溴化替托品，该基本核心部分使三者具有相同的活性。对于本领域的技术人员而言，三者的结构都是接近的，故其属于《专利审查指南》所称的“结构接近的化合物”。本领域技术人员通过阅读说明书及 2000 年版药典关于“加速试验”的规定，无法得出反证 1 所述“粒径稳定”的技术效果已被说明书记载的结论，反证 1 所述的技术效果在评价权利要求 1 的创造性时不应被考虑。

15. 创造性判断中商业成功的考量时机与认定方法

在申请再审人国家知识产权局专利复审委员会（以下简称专利复审委员会）与被申请人胡颖、原审第三人深圳市恩普电子技术有限公司（以下简称恩普公司）实用新型专利权无效行政纠纷案［（2012）行提字第 8 号］中，最高人民法院认为，一般情况下，只有利用“三步法”难以判断技术方案的创造性或者得出无创造性的评价时，才将商业上的成功作为创造性判断的辅助因素；对于商业上的成功的考量应当持相对严格的标准，只有技术方案相比现有技术作出改进的技术特征是商业上成功的直接原因的，才可认定其具有创造性。

本案的基本案情是：胡颖是名称为“女性计划生育手术 B 型超声监测仪”的第 200420012332.3 号实用新型专利（即本案专利）的专利权人。2008 年 5 月 16 日，恩普公司针对本案专利提出无效宣告请求。专利复审委员会经审查作出第 12728 号无效宣告请求审查决定（以下简称第 12728 号决定），以本案专利不具有创造性为由，宣告本案专利权全部无效。胡颖不服，提起行政诉讼。北京市第一中级人民法院判决维持第 12728 号决定。胡颖不服，提起上诉。二审审理期间，胡颖主张本案专利取得了商业上的成功，并提交了相关证据。北京市高级人民法院二审认为，本案专利克服了现有技术中的缺点与不足，解决了本领域长期以来存在的技术问题，胡颖提交的新证据可以证明本案专利已经取得商业上的成功，而且这种成功是由于该实用新型的技术特征直接导致的。据此判决撤销一审判决和第 12728 号决定。专利复审委员会不服，向最高人民法院申请再审。最高人民法院裁定提审本案，并于 2012 年 4 月 13 日判决撤销原审判决和第 12728 号决定，判令专利复审委员会重新作出无效宣告审查决定。

最高人民法院提审认为：对技术方案创造性的评价，一般是从对现有技术作出贡献的角度出发，采取相对客观的“三步法”判断方式，判断要求保护的技术方案是否对现有技术构成了实质上的贡献，从而决定是否对其授予垄断性的专利权。当采取“三步法”难以判断技术方案的创造性或者得出技术方案无创造性的评价时，从社会经济的激励作用角度出发，商业上的成功就会被纳入创造性判断的考量因素。当一项技术方案的产品在商业上获得成功时，如果这种成功是由于其技术特征直接导致的，则一方面反映了该技术方案具有有益的效果，同时也说明了其是非显而易见的，该技术方案即具有创造性。但是，如果商业上的成功是由于其他原因所致，例如销售技术的改进或者广告宣传等，则不能作为判断创造性的依据。因此，商业上的成功是当技术方案本身与现有技术的区别在构成可授予专利权的程度上有所欠缺时，如有证据能够证明该区别技术特征在市场上取得了成功，则从经济激励的层面对其予以肯定。商业成功是创造性判断的辅助性因素。相比相对客观的“三步法”而言，对于商业上的成功是否确实导致技术方案达到被授予专利权的程度，应当持相对严格的标准。当申请人或专利权人主张其发明或者实用新型获得了商业上的成功时，应当审查：发明或者实用新型的技术方案是否真正取得了商业上的成功；该商业上的成功是否源于发明或者实用新型的技术方案相比现有技术作出改进的技术特征，而非该技术特征以外的其他因素所导致的。商业上的成功体现的是一项发明或者实用新型被社会认可的程度。理论上讲，成功与否应当由该发明或者实用新型所代表的技术或商品相比其他类似的技术或商品在同行业所占的市场份额来决定，单纯的产品销售并不能代表已经取得商业上的成功。一项发明或者实用新型获得商业上的成功所基于的直接原因应当是创造性判断的重点。导致商业上取得成功的，必须是发明或者实用新型的技术方案相比现有技术作出改进的技术特征，而非该技术特征之外的其他因素。因此，必须对导致商业成功的原因进行详细分析，从而排除技术特征之外的其他因素对取得商业成功的影响。本案中，专利权人在二审阶段提交证据以证明本案专利产品获得了商业成功，但其提交的证据仅载明湖北、河南、黑龙江省人口与计划生育委员会采购了116台本案专利产品，从产品的销售量来看，尚不足以证明本案专利产品达到商业上成功的标准。二审判决基于该新证据得出本案专利已经取得商业上的成功，证据不足。

16. 确定对比文件公开的产品结构图形的内容时可结合其结构特点及公知常识

在申请再审人镇江市营房塑电有限公司（以下简称镇江营房塑电公司）与被申请人广东科进尼龙管道制品有限公司（以下简称广东科进公司）、一审被告、二审被上诉人国家知识产权局专利复审委员会（以下简称专利复审委员会）实用新型专利权无效行政纠纷案［（2012）行提字第25号］中，最高人民法院指出，对比文件中仅公开产品的结构图形但没有文字描述的，可以结合其结构特点和本领域技术人员的公知常识确定其含义。

本案的基本案情是：2005 年 9 月 28 日，国家知识产权局授权公告了名称为“一种带法兰的铸型尼龙管道”实用新型专利权（即本案专利），专利权人为广东科进公司。本案专利共有 7 项权利要求，其中权利要求 1 记载有“法兰（1）和直管（2）为一体式”的技术特征。2009 年 4 月 10 日，镇江营房塑电公司以本案专利不具有创造性为由，向专利复审委员会提出无效宣告请求，并提交了名称为“直管”的外观设计专利（对比文件 1）。该对比文件公开了“直管与圆柱型凸起一体成型”的特征。专利复审委员会作出第 15012 号无效宣告请求审查决定（以下简称第 15012 号决定），宣告本案专利相关权利要求无效。该决定认为，对比文件 1 公开了“直管与两端有圆柱型凸起一体成型”的特征，本领域技术人员在对比文件 1 的基础上容易想到将直管与法兰一体成型，从而得到法兰与直管一体式的技术方案。广东科进公司不服，提起行政诉讼。北京市第一中级人民法院一审认为，对比文件 1 的主视图只能看到直管以及其两端点圆柱型凸起，不能直接地、毫无疑义地确定该圆柱型凸起为法兰或其他管道连接部件，亦不存在将直管和法兰铸为一体式的技术启示。遂判决撤销专利复审委员会第 15012 号决定，责令其重新作出审查决定。镇江营房塑电公司不服，提起上诉。北京市高级人民法院二审判决驳回上诉，维持原判。镇江营房塑电公司向最高人民法院申请再审。最高人民法院裁定提审本案，并于 2012 年 11 月 30 日判决撤销原审判决，维持专利复审委员会第 15012 号决定。

最高人民法院提审认为：法兰是英文 flange 的音译，其汉语意译就是凸缘，是结构或机械零件上垂直于零件轴线突出的边缘，可用于管件或设备之间的相互连接。法兰之间的连接可通过螺栓连接、焊接、粘结、卡夹连接等多种方式实现。因此，采用螺栓连接的法兰仅是各种不同法兰连接类型中的一种形式，也存在如下情况，即法兰作为成品时不带有螺栓孔，而是在安装过程中与其连接的另外法兰进行配钻制孔。广东科进公司仅以对比文件 1 的圆柱型凸起上缺少螺栓孔而认定其不是法兰的主张缺乏事实依据，不予支持。虽然对比文件 1 没有明确说明该圆柱型凸起为法兰，但结合其结构特点和本领域技术人员的公知常识，该圆柱型凸起实际是起到法兰的作用。原审判决关于从对比文件 1 中的主视图来看，直管两端的圆柱型凸起不能直接地、毫无疑义地确定为法兰或其他管道连接部件的认定存在错误，应予纠正。

17. 权利要求的技术特征被对比文件公开的认定标准

在申请再审人国家知识产权局专利复审委员会（以下简称专利复审委员会）与被申请人北京市捷瑞特弹性阻尼体技术研究中心（以下简称捷瑞特中

心）、第三人北京金自天和缓冲技术有限公司（以下简称金自天和公司）实用新型专利权无效行政纠纷案［（2012）知行字第3号］中，最高人民法院指出，权利要求的技术特征被对比文件公开，不仅要求该对比文件中包含有相应的技术特征，还要求该相应的技术特征在对比文件中所起的作用与权利要求中的技术特征所起的作用实质相同。

本案的基本案情是：捷瑞特中心拥有一项名称为“快进慢出型弹性阻尼体缓冲器”的实用新型专利（即本案专利）。本案专利权利要求1是：“一种快进慢出型弹性阻尼体缓冲器，主要由套筒座（1），承撞头（2），活塞（3），弹性阻尼体（4）和密封装置（5）组成，其特征在于：在承撞头（2）的内腔（22）中装入弹性阻尼体（4），将活塞（3）与活塞杆（31）相连接，装入承撞头（2）的内腔（22）之中，将缸盖（21）与承撞头（2）连接成一整体，沿活塞（3）圆周部位设置有单向限流装置（32），压缩行程时单项限流装置（32）打开，回复行程时单项限流装置（32）关闭，活塞（3）外径与内腔（22）之间留有间隙。”金自天和公司向专利复审委员会请求宣告本案专利权无效。2010年3月18日，专利复审委作出第14603号无效宣告请求审查决定（以下简称第14603号决定），宣告本案专利权全部无效。该决定认定，证据1公开了两种弹性胶泥缓冲器，其中图1（a）为带单向阀的方案，图1（b）为带高压室的方案。图1（a）中示出该弹性胶泥缓冲器具有套筒座、壳体（相当于本案专利的承接头）、活塞、弹性胶泥和密封圈，壳体和内腔中装入弹性胶泥，活塞和活塞杆相连接，装入壳体的内腔之中，将缸盖与壳体连接成一整体，活塞外径与内腔之间留有间隙。图1（a）中未示出该单向阀的设置位置。证据1的文字部分记载两种缓冲器结构方案的主要区别是：活塞杆压缩后返回到初始位置的原理不同。第一种结构方案中（图1a）采用单向阀；第二种结构方案中（图1b）预设高压室。专利复审委员会认为，图1（b）的缓冲器回程依靠高压室，高压室的作用是增加因承接头受撞击时的活塞杆进入弹性胶泥腔内通过压缩弹性胶泥而产生的反力，该反力使得活塞回程；图1（a）所述带单向阀的缓冲器其活塞杆回程依靠单向阀，其单向阀设置位置是安装在活塞圆周部位上，活塞杆压缩时单向阀关闭，活塞杆回程时单向阀打开，以促进弹性胶泥的流动。因此，证据1隐含公开了沿活塞圆周部位设置有单向限流装置的技术特征。本案专利权利要求1与证据1的区别在于：压缩行程时单向限流装置打开，回复行程时单向限流装置关闭。其所要实际解决的技术问题是，通过活塞上的限流装置与活塞外径和内腔之间留有的间隙的配合实现缓冲器的快进慢出。而本领域技术人员容易想到将单向限流装置反装来实现缓冲器的快进慢出。故在证据1的基础上结合本领域技术人员的常规设计，得到本案专利权利要求1的技术方案是显而易见的，该权利要求1

不具备创造性。捷瑞特中心不服，提起行政诉讼。北京市第一中级人民法院一审认为，单向阀的形状和位置这一技术特征不能够从证据 1 附图中直接地、毫无疑义地确定，证据 1 文字部分也没有记载单向阀的形状和位置，第 14603 号决定关于隐含公开的认定结论系从证据 1 附图中推测得出，缺乏事实依据，据此判决撤销第 14603 号决定，由专利复审委员会重新作出决定。专利复审委员会和金自天和公司均不服，提出上诉。北京市高级人民法院二审判决驳回上诉，维持原判。专利复审委员会不服，向最高人民法院申请再审。最高人民法院于 2012 年 4 月 20 日裁定驳回其再审申请。

最高人民法院审查认为：引用对比文件判断发明或者实用新型的创造性时，应当以对比文件公开的技术内容为准；该技术内容不仅包括明确记载在对比文件中的内容，而且包括对于所属技术领域的技术人员来说，隐含的且可直接地、毫无疑义地确定的技术内容。认定权利要求中的技术特征被对比文件公开，不仅要求该对比文件中包含有相应的技术特征，还要求该相应的技术特征在对比文件中所起的作用和该技术特征在权利要求中所起的作用相同。相应的技术特征在对比文件中所起的作用是指该相应的技术特征在对比文件公开的技术方案中实际所起的作用，而不是该相应的技术特征客观上可具有的作用的全集。本案专利系一种快进慢出型弹性阻尼体缓冲器，其单向阀在本案专利中的作用就是调节缓冲器内腔内填充的弹性阻尼体的流量。在压缩行程时，由于单向阀打开，阻尼体的流量增大，从而减小阻尼力；在回复行程时，由于单向阀关闭，阻尼体的流量减小，从而增加阻尼力，通过单向阀的这种调节作用，实现承撞头的快进慢出，达到保护设备和降低噪音的目的。证据 1 的附图 1（a）没有公开单向阀的具体形状和位置，从证据 1 文字部分的表述内容来看，图 1（a）中单向阀的作用是使压缩后的活塞杆返回到初始位置。由此可见，证据 1 中单向阀的作用不同于本案专利权利要求 1 中单向限流装置的作用，故本案专利权利要求 1 中“沿活塞圆周部位设置有单向限流装置”的技术特征，并不能从证据 1 中直接地、毫无疑义地确定。专利复审委员会认定证据 1 隐含公开了沿活塞圆周部位设置有单向限流装置的技术特征，没有事实依据。

18. 判断权利要求书是否得到说明书支持时对权利要求书撰写错误的处理

在申请再审人洪亮与被申请人国家知识产权局专利复审委员会（以下简称专利复审委员会）、宋章根实用新型专利权无效行政纠纷案［（2011）行提字第 13 号］中，最高人民法院指出，权利要求中的撰写错误并不必然导致其得不到说明书支持；如果权利要求存在明显错误，本领域普通技术人员根据说明书和附图的相应记载能够确定其唯一的正确理解的，应根据修正后的理解确定权利要求所保护的技术方案，在此基础上再对该权利要求是否得到说明书的支持进行判断。

本案的基本案情是：洪亮是名称为“精密旋转补偿器”的实用新型专利（即本案专利）的专利权人，授权公告的权利要求书为：“1、一种精密旋转补偿器，包括外套管、内管、压料法兰、延伸管和密封材料，内管与外套管之间装有柔性石墨填料，柔性石墨填料的端面装有压料法兰，压料法兰与外套管一端的法兰之间由螺栓连接，外套管内凸环和内套管外凸环之间设有钢球；在所述的外套管的另一端与延伸管连接，两者之间留有间隙，其特征在于：所述的延伸管为与内套管内径相同的直管，两者同轴对应；所述的压料法兰的外侧与外套管的内侧为紧密配合。”本案专利说明书摘要和发明内容部分记载，“……在所述的外套管的另一端与延伸管连接，两者之间留有间隙……”，但在具体实施方式部分则记载，“……外套管外侧是直通延伸管，与内管内径相等，延伸管与内管之间留有适当间隙（1－10mm）……”。宋章根向专利复审委员会提出无效宣告请求。专利复审委员会作出第13091号无效宣告请求审查决定（以下简称第13091号决定），宣告本案专利权全部无效。洪亮不服，提起行政诉讼。北京市第一中级人民法院认为，本案专利权利要求1的技术方案不能从说明书公开的内容中毫无疑义地得出，本案专利的权利要求书没有得到说明书的支持，不符合专利法第二十六条第四款的规定。据此判决维持第13091号决定。洪亮不服，提起上诉。北京市高级人民法院判决驳回上诉，维持一审判决。洪亮向最高人民法院申请再审。最高人民法院裁定提审本案，并于2012年5月11日判决撤销原审判决和第13091号决定。

最高人民法院提审认为：由于语言表达的局限性以及撰写和代理水平的客观限制，权利要求书在撰写过程中难免出现用词不够严谨或者表达不够准确等缺陷。根据撰写缺陷的性质和程度不同，权利要求书中的撰写错误可以分为明显错误和非明显错误。所谓明显错误，是指对于本领域技术人员来说，根据所具有的普通技术知识在阅读权利要求后能够立即发现某一技术特征存在错误，同时该技术人员结合其具有的普通技术知识，阅读说明书及说明书附图的相关内容后能够立即确定其唯一的正确答案。在判断一项权利要求能否得到说明书的支持之前，首先需要确定权利要求所要保护的技术方案。对于权利要求中存在的明显错误，由于该错误的存在对本领域技术人员而言是如此“明显”，在阅读权利要求时能够立即发现其存在错误，同时更正该错误的答案也是如此“确定”，结合其普通技术知识和说明书能够立即得出其唯一的正确答案，所以本领域技术人员必然以该唯一的正确解释为基准理解技术方案，明显错误的存在并不会导致权利要求的边界模糊不清。在无效宣告请求的审查过程中，如果不对权利要求中的明显错误作出更正性理解，而是“将错就错”地径行因明显错误的存在而一概以不符合专利法第二十六条第四款的规定为由将专利宣告无效，将会造成专利法第二十六条第四款成为一种对撰写权利要求不当的惩罚，导致专利权人获得的利益与其对社会做出的贡献明显不相适应，有悖于专利法第二十六条第四款的立法宗旨。不仅不利于鼓励发明创造，保护发明创造者的利益，而且会降低发明人以“公开换保护”制度申请专利的积极性。无论是判断权利要求是否符合专利法第二十六条第四款的规定，还是判断权利要求中是否存在明显错误，判断主体都是本领域技术人员，而非一般的公众。由于本领域技术人员在阅读权利要求时能够立即发现该明显错误，并且能从说明书的整体及上下文立即看出其唯一的正确答案，此时，本领域技术人员在再现该发明或实用新型的技术方案时，不会教条地“照搬错误”，而是必然会在自行纠正该明显错误的基础上，理解发明创造的技术方案。尤其是对该明显错误的更正性理解，并不会导致权利要求的技术方案在内容上发生变化，进而损害社会公众的利益和权利要求的公示性、稳定性和权威性。如果对明显错误进行更正性理解后的权利要求所保护的技术方案，能够从说明书充分公开的内容得到或者概括得出，没有超出说明书公开的范围，则应当认定权利要求能得到说明书的支持，符合专利法第二十六条第四款的规定。由于本领域的技术人员能够清楚准确地得出唯一的正确解释，“两者之间留有间隙”是指内管和延伸管之间留有一定的间隙，这与说明书中公开的内容相一致。因此，本案专利权利要求 1 所要求保护的技术方案能从说明书公开的内容中得出，得到了说明书的支持，符合专利法第二十六条第四款的规定。

19. 功能性设计特征的认定及其意义

在申请再审人国家知识产权局专利复审委员会（以下简称专利复审委员会）与被申请人张迪军、原审第三人慈溪市鑫隆电子有限公司（以下简称鑫隆公司）外观设计专利权无效行政纠纷案［（2012）行提字第 14 号］中，最高人民法院指出，功能性设计特征是指那些在该外观设计产品的一般消费者看来，由所要实现的特定功能唯一决定而并不考虑美学因素的设计特征；功能性设计特征的判断标准并不在于该设计特征是否因功能或技术条件的限制而不具有可选择性，而在于一般消费者看来该设计特征是否仅仅由特定功能所决定，从而不需要考虑该设计特征是否具有美感；功能性设计特征对于外观设计的整体视觉效果通常不具有显著影响。

本案的基本案情是：张迪军是名称为“逻辑编程开关（SR14）”、专利号为 200630128900.0、申请日为 2006 年 8 月 4 日的外观设计专利（即本案专利）的专利权人。2009 年 5 月 31 日，鑫隆公司向专利复审委员会提出无效宣告请求，并提交了 9 份证据。其中证据 7 系授权公告日为 2000 年 10 月 25 日的第 00302321.4 号中国外观设计专利（即在先设计），公开了一款旋转式开关的外观设计。2009 年 9 月 15 日，专利复审委员会作出第 13912 号专利无效宣告请求审查决定（以下简称第 13912 号决定），宣告本案专利全部无效。该决定认为，本案专利与在先设计的主要不同点在于，在先设计上部的粗柱多了矩形凹槽设计，且二者下部的引脚位置不同。由于本案专利较在先设计简化的凹槽设计相对于整体形状而言仅属于局部的细微变化，且二者引脚位置的差别属于由连接功能所限定的局部位置变化，均对二者的整体外观设计不具有显著影响，两者属于相近似的外观设计。本案专利不符合专利法第二十三条的规定。张迪军不服，提起行政诉讼。北京市第一中级人民法院一审认为，本案专利与在先设计的相关消费者应为电器产品专业生产和采购人员。本案专利与在先设计相比较，在先设计的上部粗柱有矩形凹槽，本案专利没有（区别特征一）；两者下部的引脚位置不同，本案专利五只引脚均在底座的一个侧面上，在先设计只有三只引脚设置在底座的一个侧面上，另外两只引脚设置在底座的另一个相对的侧面上（区别特征二）。本领域的相关消费者在选择此类产品时，会施以较大注意力关注该产品的上述部位。因此，上述部位的差别对整体视觉效果产生了显著的影响，不会造成对两者的混淆误认。据此判决撤销第 13912 号决定。专利复审委员会与鑫隆公司均不服，提出上诉。北京市高级人民法院二审判决驳回上诉，维持原判。专利复审委员会向最高人民法院申请再审。最高人民法院裁定提审本案，并于 2012 年 6 月 29 日判决撤销原审判决，维持第 13912 号决定。

最高人民法院提审认为：首先，关于功能性设计特征与装饰性设计特征的区分。任何产品的外观设计通常都需要考虑两个基本要素：功能因素和美学因素。即，产品必须首先要实现其功能，其次还要在视觉上具有美感。可以说，大多数产品都是功能性和装饰性的结合。就某一外观设计产品的具体某一设计特征而言，同样需要考虑功能性和美感的双重需求，是技术性与装饰性妥协和平衡的产物。因此，产品的设计特征的功能性或者装饰性通常是相对而言的，绝对地区分功能性设计特征和装饰性设计特征在大多数情况下是不现实的。只有在特殊的情形下，某种产品的某项设计特征才可能完全由装饰性或者功能性所决定。因此，至少存在三种不同类型的设计特征：功能性设计特征、装饰性设计特征以及功能性与装饰性兼具的设计特征。其次，关于功能性设计特征的区分标准。功能性设计特征是指那些在该外观设计产品的一般消费者看来，由所要实现的特定功能所唯一决定而并不考虑美学因素的设计特征。功能性设计特征与该设计特征的可选择性存在一定的关联性。如果某种设计特征是由某种特定功能所决定的唯一设计，则该种设计特征不存在考虑美学因素的空间，显然属于功能性设计特征。如果某种设计特征是实现特定功能的有限的设计方式之一，则这一事实是证明该设计特征属于功能性特征的有力证据。不过，即使某种设计特征仅仅是实现某种特定功能的多种设计方式之一，只要该设计特征仅仅由所要实现的特定功能所决定而与美学因素的考虑无关，仍可认定其属于功能性设计特征。如果把功能性设计特征仅仅理解为实现某种功能的唯一设计，则会过分限制功能性设计特征的范围，把具有两种或者两种以上替代设计的设计特征排除在外，进而使得外观设计申请人可以通过对有限的替代设计分别申请外观设计专利的方式实现对特定功能的垄断，不符合外观设计专利保护具有美感的创新性设计方案的立法目的。从这个角度而言，功能性设计特征的判断标准并不在于该设计特征是否因功能或技术条件的限制而不具有可选择性，而在于在一般消费者看来，该设计特征是否仅仅由特定功能所决定，从而不需要考虑该设计特征是否具有美感。最后，关于区分不同类型设计特征的意义。不同类型设计特征对于外观设计产品整体视觉效果的影响存在差异。功能性设计特征对于外观设计的整体视觉效果通常不具有显著影响；装饰性特征对于外观设计的整体视觉效果一般具有影响；功能性与装饰性兼具的设计特征对整体视觉效果的影响则需要考虑其装饰性的强弱，其装饰性越强，对整体视觉效果的影响可能相对较大一些，反之则相对较小。当然，以上所述仅仅是一般原则，一种设计特征对于外观设计产品整体视觉效果的影响最终需要结合案件具体情况进行综合评判。本案中，在本案专利产品的一般消费者看来，无论引脚的位置分布在底座的一个侧面上还是分布在两个相对的侧面上，都是基于与之相配合的电路板布局的需要，以便实现两者的适配与连接，其中并不涉及对美学因素的考虑。因此，区别特征二是功能性设计特征，其对本案专利产品的整体视觉效果并不产生显著影响。虽然现有证据不能充分证明区别特征一是功能性设计特征，但其是一种普通的、常见的设计，对于本案专利产品的整体视觉效果亦不具有显著影响。原审判决认定本案专利与对比设计不构成相同或相近似外观设计，适用法律错误。

20. 创造性判断中采纳申请日后补交的实验数据的条件

在申请再审人武田药品工业株式会社与被申请人中华人民共和国国家知识产权局专利复审委员会（以下简称专利复审委员会）、四川海思科制药有限公司（以下简称海思科公司）、重庆医药工业研究院有限责任公司（以下简称重庆研究院）发明专利权行政纠纷案［（2012）知行字第 41 号］中，最高人民法院指出，创造性判断中，当专利申请人或专利权人在申请日后补充对比试验数据以证明专利技术方案产生了意料不到的技术效果时，接受该实验数据的前提是其用以证明的技术效果在原申请文件中有明确记载。

本案的基本案情是：武田药品工业株式会社是名称为“用于治疗糖尿病的药物组合物”的发明专利（即本案专利）的专利权人。本案专利授权公告的独立权利要求 1 为：用于预防或治疗糖尿病、糖尿病综合症、糖代谢紊乱或脂质代射紊乱的药物组合物，其含有选自吡格列酮或其药理学可接受的盐的胰岛素敏感性增强剂，和作为胰岛素分泌增强剂的磺酰脲。针对本案专利，海思科公司、重庆研究院分别提出无效宣告请求。武田药品工业株式会社提供了实验数据反证 7 以证明本专利权利要求 1 的技术方案取得了预料不到的技术效果。2008 年 10 月 31 日，专利复审委员会作出第 12712 号无效宣告请求审查决定（以下简称第 12712 号决定），宣告本案专利权全部无效。第 12712 号决定对反证 7 的真实性不予采信，并认为，证据 1 公开了胰岛素非依赖型糖尿病病人单独给予磺脲剂、并用磺脲剂和胰岛素抵抗性改善剂以及与 a 一糖苷酶抑制剂三者并用的疗法。其中对于胰岛素增敏剂，证据 1 列举了吡格列酮和曲格列酮，并且指出两种制剂具有相同的降血糖作用机制。而且与单独使用相比，与磺脲剂或胰岛素的并用效果更值得期待。本案专利权利要求 1 的技术方案与证据 1 公开的内容相比，区别仅在于权利要求 1 选择了具体的胰岛素敏感性增强剂即吡格列酮或其药理学可接受的盐。然而，证据 1 已指出吡格列酮与曲格列酮具有相同的降血糖作用机制，可以用作胰岛素敏感性增强剂，而且明确教导了胰岛素抵抗性改善剂与磺脲剂或胰岛素的并用效果更值得期待。在此教导下，选择吡格列酮作为胰岛素敏感性增强剂与磺脲剂一起制成药物组合物用于预防或治疗糖尿病对于本领域技术人员来说是显而易见的，不具备突出的实质性特点。而且，本案专利说明书也未记载这种选择相对于证据 1 取得了任何意料不到的技术效果。故权利要求 1 的技术方案相对于证据 1 不具备创造性。武田药品工业株式会社不服，提起行政诉讼。在一审程序中，武田药品工业株式会社提交了本案专利审查档案和欧洲同族专利审查档案，用于证明其在无效程序中提交的实验数据反证 7 在本案专利实审程序及其同族欧洲专利审查程序中曾经提交过并被审查员接受，因此其真实性应当予以认可。北京市第一中级人民法院一审认为，对武田药品工业株式会社提交的对比试验数据反证 7，海思科公司以及重庆研究院对其真实性不予认可，由于反证 7 记载的内容没有显示其实验结果由哪一机构或个人作出，武田药品工业株式会社在无效程序中也没有提供证据证实其真实性，故专利复审委员会对反证 7 的真实性不予认可正确。由于无法确认反证 7 的真实性，不能以反证 7 来证明本案专利权利要求 1 由于取得了预料不到的技术效果而具备创造性。遂判决维持第 12712 号决定。武田药品工业株式会社不服，提起上诉。北京市高级人民法院二审判决驳回上诉，维持一审判决。武田药品工业株式会社不服，向最高人民法院申请再审。最高人民法院于 2012 年 9 月 17 日裁定驳回其再审申请。

最高人民法院审查认为：说明书应当满足充分公开发明或者实用新型的

要求。化学领域属于实验性科学领域，影响发明结果的因素是多方面、相互交叉且错综复杂的。说明书的撰写应该达到所属技术领域的技术人员能够实施发明的程度。根据现有技术，本领域技术人员无法预测请求保护的技术方案能够实现所述用途、技术效果时，说明书应当清楚、完整地记载相应的实验数据，以使所属技术领域的技术人员能够实现该技术方案，解决其技术问题，并且产生预期的技术效果。凡是所属领域的技术人员不能从现有技术中直接、唯一地得出的有关内容，均应当在说明书中予以表述。如果所属领域的技术人员根据现有技术不能预期该技术方案所声称的治疗效果时，说明书还应当给出足以证明所述技术方案能够产生所声称效果的实验数据。没有在专利说明书中公开的技术方案、技术效果等，一般不得作为评价专利权是否符合法定授权确权标准的依据。申请日后补交的实验数据不属于专利原始申请文件记载和公开的内容，公众看不到这些信息，如果这些实验数据也不是本申请的现有技术内容，在专利申请日之前并不能被所属领域技术人员所获知，则以这些实验数据为依据认定技术方案能够达到所述技术效果，有违专利先申请制原则，也背离专利权以公开换保护的制度本质，在此基础上对申请授予专利权对于公众来说是不公平的。当专利申请人或专利权人欲通过提交对比试验数据证明其要求保护的技术方案相对于现有技术具备创造性时，接受该数据的前提必须是针对在原申请文件中明确记载的技术效果。武田药品工业株式会社提交反证 7 欲证明吡格列酮与格列美脲的联合用药方案相对于单独用药方案以及其他联合用药方案均取得了意料不到的降血糖效果。但是，本案专利说明书没有提及各种不同的药物联用方案之间效果的优劣。武田药品工业株式会社提交实验数据所要证明的技术效果是原始申请文件中未记载，也未证实的，不能以这样的实验数据作为评价专利创造性的依据。武田药品工业株式会社关于其在申请日后补交的实验证据是在证明客观存在的技术效果，该类证据应当予以采纳的申请再审理由不能成立。

21. 判决专利复审委员会重作决定应考量的情形

在申请再审人曹忠泉与被申请人国家知识产权局专利复审委员会员会（以下简称专利复审委员会）、一审第三人上海精凯服装机械有限公司（以下简称精凯公司）实用新型专利权无效行政纠纷案［（2012）行提字第 7 号］中，最高人民法院认为，人民法院在判决撤销或者部分撤销被诉具体行政行为时，是否判决被诉行政机关重新作出具体行政行为要视案件的具体情况而定。

本案的基本案情是：曹忠泉是名称为“裁剪机磨刀机构中斜齿轮组的保油装置”的实用新型专利（即本案专利）的专利权人。精凯公司针对本专利提出无效宣告请求，其提出的无效理由是：本专利权利要求 1、2、3 不符合专利法第二十二条第二款、第三款，第二十六条第三款、第四款，专利法实施细则第二十条第一款的规定；权利要求 3 不符合专利法实施细则第二十一条第三款的规定。精凯公司还提交了包括附件 5-1 在内的多份对比文件来评价本专利权利要求的新颖性和创造性。专利复审委员会于 2009 年 4 月 14 日作出第 13216 号无效宣告请求审查决定（以下简称第 13216 号决定），依据附件 5-1 作出本专利权利要求没有创造性的评价，宣告本专利权全部无效，对于精凯公司提出的其他无效理由和证据没有作出评述。曹忠泉不服，提起行政诉讼。北京市第一中级人民法院和北京市高级人民法院先后判决维持第 13216 号决定。曹忠泉不服，向最高人民法院申请再审。最高人民法院裁定提审本案，并于 2012 年 5 月 3 日判决撤销一、二审判决和第 13216 号决定，责令专利复审委员会重新作出决定。

最高人民法院提审认为：人民法院在判决撤销或者部分撤销被诉具体行政行为时，可以判决被告重新作出具体行政行为，但是否判决被告重新作出具体行政行为要视案件的具体情况而定。人民法院在审查专利复审委员会作出的无效宣告请求审查决定时，对于专利复审委员会认为专利权有效，而人民法院认为专利权无效的情况，在判决撤销被诉决定的同时，应一并判决专利复审委员会重新作出决定；对于专利复审委员会认为专利权无效的，人民法院在判决撤销被诉决定时，是否一并判决专利复审委员会重新作出决定，要区分如下两种情况：专利复审委员会针对无效宣告请求人所提出的无效理由和证据全部作出评述，而人民法院认为专利权有效的，不必再判决专利复审委员会重新作出决定；专利复审委员会没有对无效宣告请求人所提出的无效理由和证据全部作出评述，而依据部分理由及相应证据作出的无效决定不能成立的，人民法院应一并判决专利复审委员会针对无效宣告请求人所提出的其他无效理由和证据重新作出决定。本案中，专利复审委员会在作出第 13216 号决定时，依据附件 5-1 对本专利权利要求作出没有创造性的评价，对于精凯公司提出的其他无效理由和证据没有作出评述。因此，人民法院在判决撤销专利复审委员会第 13216 号决定时，应同时责令专利复审委员会针对精凯公司提出的其他无效理由和证据重新作出决定。

二、商标案件审判

（一）商标民事案件审判

22. 被错误注销后重新恢复的注册商标应视为一直存续

在申请再审人青岛海洋焊接材料有限公司（以下简称海洋公司）与被申请人青岛鑫源焊接材料有限公司（以下简称青岛鑫源公司）、烟台市鑫源焊条有限公司（以下简称烟台鑫源公司）侵犯商标权纠纷案［（2012）民提字第 9

号〕中，最高人民法院指出，被错误注销后重新恢复的注册商标应视为一直存续，他人未经许可使用该商标构成侵权，但因相信该商标被注销而进行使用的善意第三人除外。

本案的基本案情是：第140236号“海洋”牌注册商标及标识原系山东省机械设备进出口公司注册享有。1998年8月28日，该商标转让给海洋公司。2003年4月22日，该商标有效期续展至2013年2月28日。2000年3月2日，海洋公司与青岛鑫源公司签订《商标实施许可合同》，许可青岛鑫源公司自2000年3月2日至2003年2月28日在其生产的电焊条产品包装上使用第140236号“海洋”牌商标，许可使用费每年五万元；青岛鑫源公司有权在青岛、烟台（即烟台鑫源公司）两厂生产的电焊条及相关资料上使用“海洋”牌商标及标识。2001年3月1日，海洋公司与青岛鑫源公司又签订一份《商标实施许可合同》，该合同约定，海洋公司许可青岛鑫源公司自2001年3月2日至2004年3月1日在其生产的电焊条产品包装上使用第140236号“海洋”牌商标，许可使用费每年三万元。2005年1月12日，海洋公司以青岛鑫源公司、烟台鑫源公司在许可合同到期后仍然使用海洋牌商标为由，提起本案诉讼。青岛鑫源公司在一审审理期间提交了一份补充协议，该补充协议载明，经双方协商，对2000年3月2日的《商标许可合同》及补充协议做如下补充：该合同的“海洋”牌商标许可使用期限延长到2008年3月1日；自2004年2月29日开始，使用费变更为每年三万元，青岛鑫源公司于每年3月1日支付海洋公司；本协议2004年2月29日起生效。补充协议盖有海洋公司和青岛鑫源公司的公章。山东省青岛市中级人民法院以补充协议上海洋公司公章为真实为由认定该协议有效，判决驳回海洋公司诉讼请求。山东省高级人民法院二审维持一审判决。最高人民法院指令山东省高级人民法院再审本案。再审查明，2003年10月10日，陈刚代理海洋公司委托北京集佳专利商标事务所申请注销第140236号和第1929583号注册商标。2007年，海洋公司以注销不是其真实意思表示为由提起诉讼，请求确认注销第140236号、第1729583号注册商标的行为系无效行为。北京市朝阳区人民法院于2007年9月24日判决支持了海洋公司的诉讼请求。陈刚、李庆森上诉至北京市第二中级人民法院，该院于2008年6月20日判决维持一审判决。2008年8月26日商标局作出通知，撤销了核准第140236号、第1729583号“OCEAN”注册商标注销决定。再审法院认为，涉案注册商标专用权自2003年10月16日（商标局收到注销申请之日）至2008年8月26日（撤销核准注销决定之日）期间终止，在此期间海洋公司对原涉案商标不再享有注册商标专用权，青岛鑫源公司、烟台鑫源公司在此期间使用涉案商标标识，不构成侵权，故判决维持原二审判决。海洋公司不服，向最高人民法院申请再审。最高人民法院裁定提审本案，并于 2012 年 12 月 20 日判决撤销原一、二审判决和再审判决，判令青岛鑫源公司、烟台鑫源公司停止侵权并共同赔偿海洋公司经济损失。

最高人民法院提审认为：自 2003 年 10 月 16 日海洋公司第 140236 号注册商标被申请注销，至 2008 年 8 月 26 日撤销该核准注销决定，其商标权应视为一直存续。当然，对于因相信该商标被注销而进行使用的善意第三人，可以不认定为构成对该商标权的侵犯。但本案中青岛鑫源公司、烟台鑫源公司并非这样的善意第三人。两公司在本案一审、二审时的委托代理人陈刚是申请注销商标的具体经办人，其在本案一审、二审中从未提及该商标已被注销的事实，也未以该商标被注销为由进行抗辩，且在一审中明确承认海洋公司享有商标权。青岛鑫源公司、烟台鑫源公司对海洋牌商标的使用均是在明知海洋公司系商标权人的基础上进行的，且其 2004 年 3 月 13 日之后的使用未获得海洋公司的许可，故其行为构成对海洋公司商标权的侵犯。再审判决以被注销期间海洋公司不享有商标权为由认定不构成商标侵权，属于适用法律不当，予以纠正。

23. 商标侵权判定中对授权经销商合理使用商标的认定

在申请再审人四川省宜宾五粮液集团有限公司（以下简称五粮液公司）与被申请人济南天源通海酒业有限公司（以下简称天源通海公司）侵犯商标专用权及不正当竞争纠纷案［（2012）民申字第 887 号］中，最高人民法院指出，授权经销商为指明其授权身份、宣传推广商标权人的商品而善意使用商标，未破坏商标的识别功能的，不构成侵犯商标权。

本案的基本案情是：五粮液公司是五粮液文字、图形和拼音注册商标的权利人。上述商标核定使用商品均为 33 类的含酒精饮料（不包括啤酒）、酒、酒精饮料（啤酒除外）。天源通海公司成立于 2010 年 8 月 17 日。2010 年 5 月 28 日，宜宾五粮液酒类销售有限责任公司（由宜宾五粮液股份有限公司与四川省宜宾五粮液集团有限公司共同出资设立）为上海锦绣前程酒业有限公司（以下简称锦绣前程公司）出具《经销商身份证明书》，证明锦绣前程公司系宜宾五粮液酒类销售有限责任公司 2010 年度锦绣前程品牌在全国的经销商，有效期限自 2010 年 6 月 1 日至 2010 年 12 月 31 日。2010 年 6 月 20 日，锦绣前程公司与天源通海公司签订《锦绣前程酒购销协议》，天源通海公司成为五粮液锦绣前程系列酒山东省营运商，授权有效期限至 2010 年 12 月 31 日。天源通海公司在网页中使用了五粮液文字、图形及拼音商标以及五粮液公司的企业名称，并在网站中称其为五粮液山东运营机构。2010 年 9 月 16 日和 11 月 3 日，天源通海公司分别在《齐鲁晚报》广告版刊登的《五粮液新品区域独家开店总经销权竞标公告》和“五粮液新品招商”广告中使用了五粮液文字和图形商标，同时称品牌制造商为宜宾五粮液股份有限公司，品牌运营商为天源通海公司。天源通海公司在其制作的五粮液连锁店加盟手册封面及文中使用了五粮液图形和文字商标，并有五粮液集团简介内容，称制造商为宜宾五粮液股份有限公司，运营商为天源通海公司。天源通海公司在其制作的五粮液品牌授权经销合同书封面中使用了五粮液图形和文字商标及中国四川宜宾五粮液集团有限公司企业名称，在合同正文中称是五粮液股份有限公司出品的五粮液锦绣前程酒、五粮液金谷春酒、五粮液万事如意酒山东省的唯一合法的总经销商。天源通海公司所销售的锦绣前程酒系宜宾五粮液股份有限公司生产，酒产品外包装显著位置标有五粮液图形商标。五粮液公司认为天源通海公司的上述行为侵犯了其注册商标专用权，同时构成不正当竞争，遂提起本案诉讼。请求判令天源通海公司停止侵犯原告注册商标专用权和不正当竞争行为，赔偿五粮液公司经济损失并消除影响。山东省济南市中级人民法院一审判决驳回五粮液公司的诉讼请求。五粮液公司不服，提起上诉。山东省高级人民法院二审判决驳回上诉，维持原判。五粮液公司向最高人民法院申请再审。最高人民法院于 2012 年 11 月 30 日裁定驳回其再审申请。

最高人民法院审查认为：天源通海公司是五粮液公司生产的“锦绣前程”系列酒的山东运营商，其在上述经营活动中使用五粮液文字、图形和拼音商标虽未经五粮液公司许可，但其使用上述商标的意图是指明“锦绣前程”系列酒系五粮液公司所生产、其为五粮液公司“锦绣前程”系列酒的山东运营商，且五粮液三字既是五粮液公司的商标亦为五粮液公司的字号，“锦绣前程”系列酒本身标注五粮液图形商标。同时，天源通海公司在经营活动中使用涉案商标是为了更好地宣传推广和销售“锦绣前程”系列酒，亦无主观恶意，这种使用行为并没有破坏商标识别商品来源的主要功能，未侵犯五粮液公司的涉案商标专用权。

24. 成员企业在经营活动中合理规范使用集团标识不构成商标侵权

在申请再审人江苏迈安德食品机械有限公司（以下简称迈安德公司）与被申请人江苏牧羊集团有限公司（以下简称牧羊集团公司）侵害注册商标专用权案［（2012）民提字第 61 号］中，最高人民法院认为，集团公司的成员企业为彰显其集团公司成员企业身份而在经营活动中合理规范使用集团标识，不构成侵犯商标权。

本案的基本案情是：牧羊集团公司系粮食机械类设备经营企业。2003 年 1 月 9 日，牧羊集团公司聘请徐斌任公司常务副总裁，聘期自 2003 年 1 月 9 日至 2003 年 12 月 31 日。牧羊集团公司享有“牧羊 MUYANG 及图”商标及图形商标的注册商标专用权。迈安德公司设立于 2002 年 11 月，其前身为江苏润扬线缆制造有限公司，经营范围亦包括粮食机械类设备。2003 年 7 月 15

日，徐斌出任该公司董事长。2003年4月19日，牧羊集团公司董事徐有辉、徐斌、范天铭、李敏悦、许荣华共同签署《上岛协议》，约定：允许董事中任何一名投资注册公司，新创设公司注册资本的10%股份无偿分配给本协议项下五位董事。另约定：新创设公司可以有偿使用“牧羊”注册商标及在公司名称中使用“牧羊”二字，也可以为牧羊集团公司的成员单位。经牧羊集团公司董事批准，由牧羊集团公司与新设公司签订商标许可使用合同。2004年2月28日，牧羊集团公司董事签署了《江苏牧羊集团大股东之间的共同事业创业股委托代管协议》。同日，徐有辉与徐斌签订《“牧羊”注册商标许可使用合同》。2003年10月31日，牧羊集团公司市场部与《中国油脂》杂志签订合同，委托该杂志为迈安德公司发布广告。迈安德公司在经营活动中，使用了带有“牧羊”及其图形商标的相关标识，2009年1月，牧羊集团公司提起诉讼，认为迈安德公司在其企业网站、宣传画册、生产的产品、信封及销售合同文本显著位置突出使用牧羊集团公司的注册商标，侵犯了其注册商标专用权；在对外宣传时均标注牧羊集团公司的企业名称与牧羊集团公司的商标组合使用，误导公众，是不正当竞争行为。请求判令迈安德公司停止商标侵权行为及不正当竞争行为，向牧羊集团公司赔礼道歉并赔偿经济损失。江苏省扬州市中级人民法院一审认为，迈安德公司作为牧羊集团公司成员企业在经营过程中为彰显成员身份而使用牧羊集团标识，不构成侵权。由于牧羊集团公司许可迈安德公司使用“牧羊”字号为无偿不定期许可，牧羊集团公司可随时取消许可。牧羊集团公司在本次诉讼中已明确表示不再许可迈安德公司使用“牧羊”字号，且不再承认迈安德公司企业集团成员身份，在此情况下迈安德公司应在合理期限内停止使用相关标识。在迈安德公司不能提供证据证明商标许可使用合同已经牧羊集团公司董事会批准，且牧羊集团公司拒绝追认的情况下，该合同为无效合同。迈安德公司未经牧羊集团公司有效许可而在对外经营过程中以多种形式使用牧羊集团公司图形商标，侵犯了牧羊集团公司的注册商标专用权，同时构成不正当竞争。遂判令迈安德公司停止使用与牧羊集团公司图形商标相同的标识；停止使用“牧羊集团”字样及“江苏牧羊迈安德食品机械有限公司”中的“牧羊”字号；消除影响并赔偿牧羊集团公司经济损失。迈安德公司不服，提起上诉。江苏省高级人民法院二审维持一审判决。迈安德公司不服，向最高人民法院申请再审。最高人民法院裁定提审本案，并于2012年7月20日改判驳回牧羊集团公司的诉讼请求。

最高人民法院提审认为：关于迈安德公司使用牧羊集团公司的集团标识是否具有正当性问题。虽然《上岛协议》没有就牧羊集团公司成员企业作出界定，但根据牧羊集团公司董事会会议纪要等相关证据，可以证明迈安德公司系牧羊集团公司的成员企业。牧羊集团公司为了规范使用其集团标识，制作了相关企业视觉识别系统，且有多种表现形式。从牧羊集团公司公开使用的不同的集团标识看，整体上都含有图形注册商标及牧羊集团公司企业名称及其字母组合；涉及分（子）公司的，对图形商标与文字及字母如何排列有严格的要求。鉴于牧羊集团公司对其分（子）公司及其成员企业是否均有权使用牧羊集团公司的集团标识没有限制性规定，因而迈安德公司作为牧羊集团公司的成员企业，为彰显其牧羊集团公司成员企业的身份，在经营活动中使用牧羊集团公司的集团标识符合常理，且无不正当性。根据查明的事实，迈安德公司在经营活动中系按照与其他分（子）公司或成员企业相同的方式使用牧羊集团公司的集团标识，没有在其产品上单独使用牧羊集团公司的图形注册商标，也不存在不规范使用牧羊集团公司的集团标识的行为。对于迈安德公司使用牧羊集团公司的集团标识的行为，牧羊集团公司非但没有禁止，且在长达一年的时间内，主动在公开发行的杂志上为迈安德公司使用集团标识的事实，亦证明牧羊集团公司认可迈安德公司有权使用集团标识。牧羊集团公司关于迈安德公司无权使用其集团标识的主张证据不足。

（二）商标行政案件审判

25. 以商品部分外观申请立体商标的显著性的审查判断

在再审申请人意大利爱马仕公司（HERMES ITALIE S. P. A.）（以下简称爱马仕公司）与被申请人国家工商行政管理总局商标评审委员会（以下简称商标评审委员会）商标驳回复审行政纠纷案［（2012）民申字第68号］中，最高人民法院认为，以商品部分外观的三维形状申请商标注册时，由于这种三维形状通常不能够脱离商品本身而单独使用，相关公众更容易将其视为商品的组成部分而非商标，除非该商品外观本身具有区别于同类商品外观的显著特征，或者申请人能够证明已经通过使用行为而使相关公众足以将该商品外观与特定的商品提供者联系起来，否则其注册申请应予驳回。

本案的基本案情是：国际注册第798099号“立体图形”商标（申请商标）于2003年2月6日获得国际注册，注册号为G798099。2003年3月27日，爱马仕公司就申请商标向我国提出领土延伸保护申请。申请商标指定使用于第18类“皮革及人造皮革皮具（专用盒、手套和腰带除外）、包，如手提包、旅行包、背包、小皮钱包、证件套（钞票夹）、皮革钥匙包、文件夹、箱子、行李、小口袋”等商品上。申请商标是一个三维立体标识，由包体上的翻盖、由包背面穿出的两条平行皮带及开关挂锁组成。国家工商行政管理总局商标局（以下简称商标局）认为申请商标缺乏显著特征，驳回注册申请。爱马仕公司向商标评审委员会提出复审申请。商标评审委员会作出第5961号商标驳回复审决定（以下简称第5961号决定），以与商标局基本相同的理由对申请商标予以驳回。爱马仕公司不服，提起行政诉讼。北京市第一中级人民法院认为，申请商标缺乏商标应有的显著性，不足以使相关公众区分商品来源，爱马仕公司也未提交充足证据证明申请商标在中国境内经过长期使用已经取得了显著特征。据此判决维持第5961号决定。爱马仕公司不服，提起上诉。北京市高级人民法院二审判决驳回上诉，维持原判。爱马仕公司不服，向最高人民法院申请再审。最高人民法院于2012年12月3日裁定驳回其再审申请。

最高人民法院审查认为：对于申请商标是否具有显著性，应当结合指定使用商品的相关公众的通常认识，从整体上进行判断。申请商标是以商品部分外观的三维形状申请商标注册的情形，在通常情况下，这种三维形状不能脱离商品本身而单独使用，故相关公众更易将其视为商品的组成部分。除非这种三维形状的商品外观自身具有区别于同类商品外观的显著特征，或者有充分的证据证明，通过使用，相关公众已经能够将这种商品外观与特定的商品提供者联系起来。申请商标指定使用的商品主要为包类，结合此类商品相关公众的通常认识，申请商标所包含的经过一定变形的皮包翻盖、皮带和金属部件均是包类商品上运用较多的设计元素，将这几种设计元素组合在一起的设计方式并未使其产生明显区别于同类其他商品外观的显著特征。故仅从该三维标识本身来看，申请商标并不具有内在显著性。此外，爱马仕公司在诉讼过程中提交的证据也难以证明申请商标已经通过使用而获得了显著性。据此，爱马仕公司既未能证明申请商标具有内在显著性，也未能证明申请商标通过使用而获得了显著性，原审判决及第5961号决定正确。

26. 将去世的知名人物姓名注册为商标可否认定具有其他不良影响

在贵州美酒河酿酒有限公司（以下简称贵州美酒河公司）与国家工商行政管理总局商标评审委员会（以下简称商标评审委员会）、李长寿商标争议行政纠纷案［（2012）知行字第11号］中，最高人民法院指出，将在相关行业具有一定知名度和影响力的知名人物姓名作为商标注册在该行业相关商品上，易使相关消费者将该商品的品质特点与该行业相关知名商品生产工艺相联系，从而误导消费者的，可以认定为具有其他不良影响。

本案的基本案情是：2003年12月23日，贵州美酒河公司提出“李兴发及图”商标（即争议商标）注册申请，于2005年10月14日被核准注册，核定使用商品为第33类的酒精饮料（啤酒除外）。2006年11月15日，李兴发之子李长寿针以争议商标侵犯其父姓名权并造成不良影响为由，向商标评审委员会提出撤销申请。商标评审委员会于2010年3月29日作出商评字［2010］第3390号《关于第3858717号“李兴发LIXINGFA及图”商标争议裁定书》（以下简称第3390号裁定），裁定撤销争议商标的注册。该裁定认为，他人的姓名权中的“他人”是指在世的自然人，因李兴发已死亡，李长寿主张争议商标的注册损害李长寿在先姓名权的主张缺乏事实依据。根据查明的事实，李兴发原为茅台酒厂的副厂长，其因在1964年带领科研小组摸索出茅台酒三种典型体，从而使茅台酒的传统工艺得到进一步的认识和完善，勾兑方法更科学，受到贵州省政府、轻工厅的奖励，并在1984年至1992年期间获得了多项荣誉，为茅台酒的酿造工艺做出一定贡献。基于茅台酒的知名度和影响力及本案证据，能够证明李兴发在酒行业内具有一定的知名度和影响力，将其姓名作为商标注册在“酒精饮料（啤酒除外）”商品上，易使相关消费者将商品的品质特点与李兴发本人或茅台酒的生产工艺相联系，从而误导消费者，并造成不良影响。贵州美酒河公司不服，提起行政诉讼。北京市第一中级人民法院一审判决维持第3390号裁定。贵州美酒河公司不服，提起上诉。北京市高级人民法院二审判决驳回上诉，维持原判。贵州美酒河公司向最高人民法院申请再审。最高人民法院于2012年3月26日裁定驳回其再审申请。

最高人民法院审查认为：人民法院在审查判断有关标志是否构成具有其他不良影响的情形时，应当考虑该标志或者其构成要素是否可能对我国政治、经济、文化、宗教、民族等社会公共利益和公共秩序产生消极、负面影响。本案中，争议商标由“李兴法”文字及图组成，根据商标评审委员会及原审法院查明的事实，李兴发生前系茅台酒厂的副厂长，曾经研究完善茅台酒的传统工艺并获得多项奖励和荣誉，为茅台酒的酿造工艺做出一定贡献，在酒行业内具有一定的知名度和影响力，将其姓名作为商标注册在“酒精饮料（啤酒除外）”商品上，易使相关消费者将商品的品质特点与李兴发本人或茅台酒的生产工艺相联系，从而误导消费者，并造成不良影响。鉴此，原审法院认定争议商标的注册违反了商标法第十条第一款第（八）项的规定，并无不当。

三、著作权案件审判

27. 计算机中文字库的作品属性

在北京北大方正电子有限公司（以下简称北大方正公司）与暴雪娱乐股份有限公司（以下简称暴雪公司）等侵犯著作权纠纷案［（2010）民三终字第6号］（以下简称“北大方正兰亭字库”著作权侵权案）中，最高人民法院指出，作为字型轮廓构建指令及相关数据与字型轮廓动态调整数据指令代码的结合的计算机中文字库，应作为计算机程序而不是美术作品受到著作权法的保护。

本案的基本案情是：北大方正公司是涉案方正兰亭字库的权利人。暴雪公司是网络游戏《魔兽世界》的著作权人，其授权第九城市公司对网络游戏进行汉化，并由第九城市公司在中国大陆运营该网络游戏。九城互动公司从第九城市公司经营该游戏的收入中进行分成，并作为2005年、2006年该游戏的会计核算主体。北京情文图书有限公司是第九城市公司授权的网络游戏《魔兽世界》客户端软件光盘经销商之一。2007年5月，北大方正公司在北京图书批发交易市场购买了两套“魔兽世界”软件光盘，发票上盖有“北京情文图书有限公司财务专用章”。北大方正公司提交的公证书记载，安装网络游戏《魔兽世界》客户端软件或者登录网址为www.wowchina.com的网站，下载网络游戏《魔兽世界》客户端软件或者相关补丁程序后，通过点击相应的操作，可以在计算机屏幕上显示出涉案5款方正字体的信息。暴雪公司、九城互动公司、第九城市公司对网络游戏《魔兽世界》中使用了涉案5款字体以及标有GBK的各款字体包含21000个汉字、标有GB的字体包含7000个汉字的事实无异议。北京市高级人民法院审理认为，涉案“北大方正兰亭字库”不属于计算机软件保护条例所规定的程序，也不是程序的文档，其字库中每款字体的字型是由线条构成的具有一定审美意义的书法作品，符合著作权法规定的美术作品的条件，属于受著作权法及其实施条例保护的美术作品，暴雪公司等侵犯了北大方正公司的著作权。据此判决暴雪公司等停止侵权并赔偿北大方正公司经济损失140万元、诉讼合理支出5万元。双方当事人均不服，提起上诉。最高人民法院二审判决暴雪公司等停止侵权并改判赔偿北大方正公司经济损失200万元及诉讼合理支出5万元。

最高人民法院审理认为：计算机软件是指计算机程序及有关文档，计算机程序是指为了得到某种结果而可以由计算机等具有信息处理能力的装置执行的代码化指令序列，或者可以被自动转换成代码化指令序列的符号化指令序列或者符号化语句序列。本案中诉争字库的相关字体是在字型原稿的基础上，由其制作人员把握原创风格，按照印刷字的组字规律，将原创的部件衍生成一套完整的印刷字库后，再进行人工调整后使用Truetype指令，将设计好的字型用特定的数字函数描述其字体轮廓外形并用相应的控制指令对字型进行相应的精细调整后，编码成Truetype字库。由于印刷字库中的字体字型是由字型原稿经数字化处理后和由人工或计算机根据字型原稿的风格结合汉字组合规律拼合而成，其字库中的每个汉字的字型与其字型原稿并不具有一一对应关系，亦不是字型原稿的数字化，且在数量上也远远多于其字型原稿。印刷字库经编码形成计算机字库后，其组成部分的每个汉字不再以汉字字型图像的形式存在，而是以相应的坐标数据和相应的函数算法存在。在输出时经特定的指令及软件调用、解释后，还原为相应的字型图像。涉案方正兰亭字库中的字体文件的功能是支持相关字体字型的显示和输出，其内容是字型轮廓构建指令及相关数据与字型轮廓动态调整数据指令代码的结合，其经特定软件调用后产生运行结果，属于计算机系统软件的一种，应当认定其是为了得到可在计算机及相关电子设备的输出装置中显示相关字体字型而制作的由计算机执行的代码化指令序列。因此，其涉案方正兰亭字库属于计算机程序。美术作品是指绘画、书法、雕塑等以线条、色彩或者其他方式构成的有审美意义的平面或者立体的造型艺术作品。涉案方正兰亭字库中的每款字体均使用相关特定的数字函数，描述常用的5000余汉字字体轮廓外形，并用相应的控制指令对相关字体字型进行相应的精细调整，因此每款字体均由上述指令及相关数据构成，并非由线条、色彩或其他方式构成的有审美意义的平面或者立体的造型艺术作品，故涉案方正兰亭字库不属于著作权法意义上的美术作品。

28. 计算机中文字库运行后产生的单个汉字的著作权保护

在前述"北大方正兰亭字库"著作权侵权案中，最高人民法院还明确了计算机中文字库运行后产生的单个汉字的著作权保护问题。最高人民法院认为，计算机中文字库运行后产生的单个汉字具有著作权法意义上的独创性时，可作为美术作品进行保护，但不能禁止他人正当使用该汉字来表达思想和传递信息。

最高人民法院审理认为：根据涉案"方正兰亭字库"的制作过程，其制作过程中的印刷字库与经编码完成的计算机字库及该字库经相关计算机软件调用运行后产生的字体属于不同的客体。由于汉字本身构造及其表现形式受到一定限制等特点，该单个汉字只有具有著作权法意义上的独创性时，才能认定为美术作品。但鉴于汉字具有表达思想、传递信息的功能，无论其是否属于著作权法意义上的美术作品，其均不能禁止他人正当使用汉字来表达思想、传达信息的权利。

29. "通知一删除"程序中网络服务提供者的义务与责任承担

在上诉人浙江泛亚电子商务有限公司（以下简称泛亚公司）与北京百度网讯科技有限公司（以下简称百度网讯公司）、百度在线网络技术（北京）有限公司（以下简称百度在线公司）侵害著作权纠纷上诉案［（2009）民三终字第2号］中，最高人民法院认为，在著作权人已多次发送符合条件的通知，网络服务提供者对著作权人权利被侵害的事实已有一定了解的情况下，网络服务提供者不应仅因为著作权人之后发送的通知不符合相应条件就对其视而不见，而应积极与著作权人联系协商以确定如何采取合理措施；怠于采取合理措施的，应对直接侵权行为继续所导致的损失的扩大承担相应责任。

本案的基本案情是：泛亚公司对《你的选择》等351首歌曲享有词曲的著作财产权、表演者权中的财产权以及录音制作者权。百度网讯公司、百度在线公司通过百度网站的MP3搜索框向用户提供MP3搜索服务。泛亚公司于2006年12月至2007年1月期间陆续向百度网讯公司、百度在线公司发出9份公函。在该9份公函中，泛亚公司对输入歌曲名后的搜索结果进行了甄别和选择，根据歌手、歌词内容和专辑名来确定搜索结果中的侵权歌曲，将其认为属于侵权的链接用星号标出，并将具体链接地址填写在后附表格中，要求百度网讯公司、百度在线公司对泛亚公司提供了著作权证书及词曲内容的音乐作品断开侵权网页及MP3地址的链接。2007年3月19日，泛亚公司再次向百度网讯公司、百度在线公司发出律师公函，指出该两公司无权以任何方式直接向用户提供泛亚公司享有著作权的音乐作品，该律师公函所附的《歌曲清单》中列明了歌曲名、词曲内容及作者、版权登记号，并附有演唱录音的光盘，但未列出具体链接地址。百度网讯公司和百度在线公司对9份公函中指明具体地址的1848条侵权链接结果全部断开链接，对于律师公函则未采取相应措施进行删除或断开链接。泛亚公司认为百度网讯公司所有的百度网站上通过空白搜索框、音乐盒、歌词快照等方式提供了其享有著作权的上述作品，且经过其多次通知仍继续提供作品，构成侵权。百度在线公司为该网站提供搜索引擎技术服务，应与百度网讯公司共同承担侵权责任。遂提起本案诉讼，请求判令百度网讯公司、百度在线公司停止侵权、赔偿经济损失等。北京市高级人民法院一审认为，百度网站上提供空白搜索框搜索mp3以及音乐盒服务均是定位、链接服务，不构成对泛亚公司信息网络传播权的直接侵犯。对于泛亚公司发送的符合条件的通知，百度网讯公司、百度在线公司已经删除了相关作品，其行为符合《信息网络传播权保护条例》规定的免责条件。但百度网站上提供的歌词快照系将第三方网站的歌词复制到百度网站的服务器上，且完全起到了取代第三方网站提供歌词的作用，故构成对泛亚公司涉案26首歌词享有的信息网络传播权的侵犯。遂判决百度网讯公司、百度在线公司停止侵犯涉案歌词作品信息网络传播的行为，共同赔偿泛亚公司经济损失5.2万元以及合理诉讼支出1.8万元。泛亚公司不服，提起上诉。最高人民法院二审维持一审关于停止侵权的判项，并改判百度网讯公司、百度在线公司共同赔偿泛亚公司经济损失40万元及诉讼合理支出12.8万元。

最高人民法院审理认为：泛亚公司所发的律师公函未将每首歌曲的演唱者与歌曲名对应，未指明具体侵权链接地址，不符合信息网络传播权保护条例第十四条的规定，百度网讯公司、百度在线公司未采取相应措施进行删除或断开链接。对此泛亚公司应负有一定的责任。作为著作权人，泛亚公司最了解其作品，最有条件提供合适的信息以便于搜索引擎服务提供者可以相对准确地屏蔽相关侵权链接。在律师公函中，泛亚公司并未提供歌曲的演唱者，仅凭歌曲名称显然不能达到准确过滤的效果。但是，即使泛亚公司的律师公函不符合通知的要求，其并非毫无意义。百度网讯公司、百度在线公司接到律师公函后毫无行动亦不能认为其积极履行了法律赋予的义务。泛亚公司在先已经发送过9份公函，百度网讯公司亦据此删除了大量侵权链接，其对于泛亚公司的权利人身份以及通过其MP3搜索服务能够搜索到侵权作品的事实应有所了解。由于网络上信息量巨大且时时变化的特点，法律未赋予搜索引擎服务提供者保证搜索结果不侵犯他人著作权的义务，但该特点的另一方面，就是权利人发送包含具体侵权链接地址的通知也非常困难，百度网讯公司、百度在线公司对此亦应十分了解。因此，当其再次接到泛亚公司的通知时，尽管没有具体的侵权链接地址，但作为一个负责任的搜索引擎服务提供者，百度网讯公司、百度在线公司应当意识到其MP3搜索结果中仍然存在侵犯泛亚公司权利的链接地址，而且泛亚公司已明确表明希望其断开的意图，百度网讯公司、百度在线公司不应仅因为该律师公函不符合通知的要件就对其视而不见、置之不理，其有义务与泛亚公司联系协商，以得到符合条件的通知，或者其他信息使其能够采取合理的措施停止对侵权结果的链接。但其没有采取任何行动，对侵犯泛亚公司权利的作品继续传播所导致的损失应负有一定的责任。另外，百度网讯公司仅删除了公证书中进行下载的特定链接地址，对于其他明显包含有相同信息的链接地址未采取任何措施，且仍然未与权利人泛亚公司进行联系以便协商确定如何采取合理措施，其对侵权链接的继续存在所导致的泛亚公司的损失应当负有相应的赔偿责任。

四、竞争案件审判

30. 已经实际具有区别产品来源功能的特定产品型号应受保护

在申请再审人乐清市万顺电器有限公司（以下简称万顺公司）、深圳新宝凯电器有限公司（以下简称深圳宝凯公司）与被申请人河北宝凯电器有限公司（以下简称河北宝凯公司）不正当竞争纠纷案［（2012）民申字第398号］中，最高人民法院指出，已经实际上具有区别产品来源功能的特定产品型号可以获得反不正当竞争法的保护。

本案的基本案情是：1997年8月2日，河北宝凯公司成立。经中国电器工业协会通用低压电器分会审核批准，河北宝凯公司获得了低压电器产品BKM1、BKM3、BKM3L、BKM3ZF、BKW5、BKC1等系列产品的低压电器产品型号证书，其上载明产品型号的具体含义为：BK为企业代码，W为万能式断路器，M为塑料外壳式断路器，C为交流接触器，1、3、5、3L、3ZF为设计序号。中国电器工业协会是原国家经贸委委托中国机械工业联合会代行管理权的行业协会，通用低压电器分会是其专业分会之一，常设办事机构设于上海电器科学研究所，该所原承担低压电器行业的技术归口工作。2003年8月8日前，由上海电器科学研究所负责低压电器产品型号的注册管理业务；2003 年 8 月 8 日后，低压电器产品型号的登记管理工作由中国电器工业协会负责，具体由其通用低压电器分会受理。河北宝凯公司生产的“BK”系列低压电器产品先后获得多项荣誉，其宝凯 BAOKAI 及图商标被认定为河北省著名商标。2010 年，河北宝凯公司发现万顺公司、深圳宝凯公司在其生产、销售的低压电器产品上使用型号“BK”，遂提起本案诉讼，请求判令万顺公司、深圳宝凯公司停止使用“BK”系列低压电器产品型号。河北省保定市中级人民法院一审判决支持河北宝凯公司的诉请。万顺公司、深圳宝凯公司不服，提起上诉。河北省高级人民法院二审判决驳回上诉，维持原判。万顺公司、深圳宝凯公司向最高人民法院申请再审。最高人民法院于 2012 年 6 月 26 日裁定驳回其再审申请。

最高人民法院审查认为：一般情况下，商品的型号仅仅起到说明、概括商品本身性质、特点，从而对商品进行分类的作用，并不具有区别商品来源的功能，也不具有指代商品名称的功能。但是本案中，由于低压电器产品涉及各行各业乃至千家万户用电安全，属于强制性产品认证范围，低压电器产品的型号必须按产品质量法第二十七条的要求标注，假冒或者滥用低压电器产品型号属于法律禁止的违法行为。实践中，低压电器产品企业就其研发生产的每一种类低压电器产品，都需要获得中国质量认证中心的强制性产品认证，同时，根据中国电器工业协会批准实施的《低压电器产品型号管理办法》，还应当向中国电器工业协会通用低压电器分会提出申请，按照一定的命名规则办理产品型号登记，并予以公示，以确保产品型号的唯一性。因此，在低压电器产品领域，不同企业研发生产的产品，以及同一企业研发生产的不同类型产品，都会有不同的产品型号。低压电器产品型号的登记公示制度，使得产品型号实际上具有了区别产品来源和指代商品名称的功能。本案中，河北宝凯公司经中国电器工业协会通用低压电器分会审核批准，取得了“BK”系列低压电器产品型号的登记证书，所述产品型号中的“BK”为河北宝凯公司的企业代码，其后的字母和数字为特定的产品类型代码。因此，在低压电器产品领域，产品型号“BK”表示该产品是河北宝凯公司研发生产的低压电器产品，型号“BK”因而同时具有了区别商品来源和指代商品名称的功能。并且，这种具有区别商品来源和指代商品名称功能的显著性特征，因河北宝凯公司对“BK”型号的多年商业使用及取得的良好行业信誉而不断得到强化。万顺公司、深圳宝凯公司在其生产、销售的低压电器产品上使用“BK”型号，不可避免地会使购买者误认为该产品是河北宝凯公司所生产的产品，从而造成混淆。万顺公司、深圳宝凯公司作为生产、销售低压电器产品的企业，应当了解行业规则，并负有申请、登记、使用自己的产品型号的义务。万顺公司、深圳宝凯公司在其生产、销售的低压电器产品上使用型号

“BK”的行为构成不正当竞争。

31. 具有很高知名度的指代特定人群及其技艺或作品的特定称谓可以获得反不正当竞争法保护

在申请再审人张锠、张宏岳、北京泥人张艺术开发有限责任公司（以下简称泥人张艺术开发公司）与被申请人张铁成、北京泥人张博古陶艺厂、北京泥人张艺术品有限公司（以下简称泥人张艺术品公司）不正当竞争纠纷案［（2010）民提字第113号］（以下简称“泥人张”不正当竞争纠纷案）中，最高人民法院指出，具有很高知名度、承载着极大商业价值的特定人群的称谓，应当受到法律保护；该特定人群所传承的特定技艺或者作品的特定称谓用作商品名称时，可作为反不正当竞争法上知名商品（包括服务）的特有名称受到法律保护。

本案的基本案情是：根据1884年出版的《津门杂记》等诸多公开出版物的记载，清朝张明山在世时因精于捏塑被群众称为“泥人张”，张明山之子张玉亭、张华棠为“泥人张”第二代传人。张玉亭于1914年获东京大正博览会奖状，于1915年获巴拿马赛会奖状。张明山之孙张景禧、张景福、张景祜为“泥人张”第三代传人。张锠为张明山之曾孙、张景祜之子，系“泥人张”第四代传人之一。张宏岳为张锠之子，系“泥人张”第五代传人之一。张明山的后代继承和发展了家族的泥塑艺术，并在经营活动中长期使用“泥人张”作为商业标识。如，1950年至1955年张景禧取得营业执照在天津开办泥人张社；1958年决定成立由张明山后代张景禧、张铭、张镇等共同参加的天津泥人张彩塑工作室；1966年“文革”开始后，该工作室被迫摘掉了“泥人张彩塑工作室”的牌子，1974年更名为天津彩塑工作室，1983年12月又恢复原来的天津泥人张彩塑工作室的名称；1985年12月12日成立天津古文化街泥人张工艺品经营部，并悬挂“泥人张”牌匾；1988年10月27日天津泥人张彩塑工作室将“泥人张”申请注册商标，1993年12月29日天津古文化街泥人张工艺品经营部变更为天津市泥人张工艺品经营部。上海辞书出版社2000年第1版《辞海》第1095页载有：“泥人张：泛指天津张姓一家祖孙相传的泥塑名手，张长林（字明山）是泥人张第一代，清张焘《津门杂记》曾记其事。第二、第三、第四代传人分别是张玉亭、张景祜、张铭。”张明山及其后代最早生活在天津，张明山的后代张景祜最晚在1956年即到北京发展；张明山及其后代被全国范围内的报纸、史料使用“泥人张”的称谓进行报道和记载，其作品广为多国博物馆收藏。泥人张艺术开发公司成立于1997年8月14日，张宏岳为该公司的法定代表人。北京泥人张博古陶艺厂于1982年11月26日注册成立，泥人张艺术品公司于1994年7月4日成立，二者法定代表人均为张铁成，在经营中均使用了“泥人张”。2005年10月8日，在泥人张艺术品公司的网站（域名为：www.nirenzhang.com）上登载的公司简介中称："'北京泥人张'始于清末道光年间，至今已有近160年的历史，泥人张艺术品公司下属北京泥人张博古陶艺厂，是制作'北京泥人张'传统仿古泥陶艺术品的专业厂家，厂长张铁成系'北京泥人张'的第四代传人，深得其艺术真传，现任该厂的法人代表。"使用"泥人张"或者"北京泥人张"对张铁成及其家族进行报道的公开出版物及文章有1979年7月13日《北京日报》、1980年7月12日《中国青年报》刊登的《名师传艺记》、1988年出版的《北京工商史话》收录的吴国洋著《北京的"泥人张"》和1989年出版的《创业之歌》收录的潇湘著《北京"泥人张"》等。张锠等以张铁成等对"泥人张"的使用侵犯其"泥人张"名称专有权、构成不正当竞争为由提起诉讼，请求停止侵权、赔礼道歉并赔偿经济损失等。北京市第二中级人民法院以侵犯名称权及不正当竞争纠纷为由受理本案，并判决张铁成一方停止关于"北京泥人张"及张铁成为"北京泥人张"第四代传人的宣传、停止使用"泥人张"专有名称、停止使用并注销相关互联网域名、赔偿合理费用1万元等。张铁成一方不服，提起上诉。北京市高级人民法院二审将案由确定为不正当竞争纠纷，判决张铁成一方赔偿合理费用1万元、在"nirenzhang"域名前附加区别性标识，撤销了一审关于停止使用"泥人张"专有名称的判项。张锠一方不服，向最高人民法院申请再审。被申请人答辩称，"行业＋姓氏"或者"商品＋姓氏"是对民间手艺人、商品经营者的通用称谓，"泥人＋姓氏"是对民间泥塑艺人的习惯性称谓，"泥人张"是对民间张姓泥塑艺人的通用称谓，没有唯一性和专属性，在全国范围内可用地域加以区分，如北京"泥人张"、天津"泥人张"。最高人民法院经审查，裁定提审本案，并于2012年2月28日判决撤销二审判决，维持一审判决。

最高人民法院提审认为：从对"泥人张"的使用历史和现状看，"泥人张"具有多种含义和用途，承载多种民事权益。就本案而言，首先，"泥人张"作为对张明山及其后代中泥塑艺人包括本案申请再审人张锠、张宏岳这一特定人群的称谓，具有很高的知名度，是张明山及其后几代人通过自己的劳动创造形成的。该称谓还承载着极大的商业价值，用"泥人张"标识泥塑作品，明确了作品的来源或者作品与张明山及其后几代人的特定联系，不仅便于消费者准确识别相关商品来源，而且显然会增强使用者的市场竞争力和获利能力。因此，"泥人张"作为张明山及其后代中泥塑艺人的特定称谓，应当受到法律保护。其次，"泥人张"这一称谓在使用过程中，已经从对特定人群的称谓发展到对该特定人群所传承的特定泥塑技艺和创作、生产的作品的一种特定称谓，在将其用作商品名称时则属于反不正当竞争法意义上的知名商品（包括服务）的特有名称，同样也应当受到法律保护。因此，申请再审人张锠、张宏岳作为张明山后代中从事彩塑创作的人员，申请再审人泥人张艺术开发公司作为由张宏岳成立并任法定代表人且经张锠等“泥人张”权利人授权使用“泥人张”的公司，有权就他人未经许可以各种形式对“泥人张”进行商业使用的行为主张权利。“泥人张”的知名度非常高，其所承载的商业价值极大，申请再审人张锠、张宏岳等对“泥人张”享有多项民事权益，应当依法给予保护。

32. 对通用称谓进行审查判断时的考虑因素

在前述“泥人张”不正当竞争纠纷案中，最高人民法院指出，通用称谓不具有识别特定商品来源即商品提供者的功能，在判断“行业（或商品）＋姓氏”的称谓是否属于通用称谓时，应当考虑该称谓是否属于仅有的称谓方法、该称谓所指的人物或者商品的来源是否特定、该称谓是否使用了文学上的比较手法等因素。

最高人民法院提审认为：所谓通用称谓即通用名称，是指在一定范围内普遍使用的名称，其本身不具有识别特定商品来源即商品提供者的功能。通用名称包括法定的或者约定俗成的两种情况。法定的通用名称是指法律规定或者国家标准、行业标准等规范性文件确定的通用名称。约定俗成的通用名称是指相关公众普遍认可和使用的通用名称。这里的相关公众一般是指全国范围内的相关公众，但如果被指称的行业或者商品由于历史传统、风土人情或者自然条件、法律限制等原因而被局限在特定地域市场或者其他相关市场内，则以该相关市场的公众作为判断标准。本案中的“泥人张”显然并非法定的通用名称。判断其是否为约定俗成的通用名称时，应当以全国范围内的相关公众的通常认识为标准，因为泥塑行业和商品在全国范围内均有分布。根据日常生活经验，“行业＋姓氏”或者“商品＋姓氏”确实是社会大众特别是北京人对民间艺人的一种称谓方法。但是，这种方法并不是仅有的一种称谓方法，而且，这也不意味着根据这种方法产生的称谓就必然是相关商品的通用名称，是人人可以自由使用的称谓。被申请人所谓的“面人郎”、“泥人李”等名称，如果确实存在，显然所指的人物或者商品的来源也应当是特定的，并不是对特定姓氏艺人的通用称谓。被申请人提供的证据本身不能证明在较长历史范围内社会公众已将“泥人张”用作通用称谓。此外，“泥人张”作为对张明山及其后几代人中泥塑艺人的称谓，历史悠久、声誉较高。媒体或者特定范围内的人称其他做泥人的艺人为“泥人张”，通常是一种文学上的比较手法，体现了对该艺人技艺的艺术性肯定或者夸张。媒体报道对于“泥人张”的使用并不能当然赋予被报道的张姓泥塑艺人亦可以在商业活动中使用“泥人张”这一称谓的权利。相反，根据上海辞书出版社 2000 年第 1 版《辞海》对“泥人张”这一名词的解释，真正的“泥人张”显然是特指张明山及其后几代人中的泥塑艺人。很显然，“泥人＋姓氏”并非是对泥塑艺人的通用称谓，被申请人提供的证据不能证明全国范围内的张姓泥塑艺人均被普遍称为“泥人张”。

33. 合同附随义务不能构成商业秘密的保密措施

在申诉人张家港市恒立电工有限公司（以下简称恒利公司）清算组与被申诉人江苏国泰国际集团国贸股份有限公司（以下简称国贸公司）、张家港市宇阳橡塑电器有限公司（以下简称宇阳公司）侵害商业经营秘密纠纷案［（2012）民监字第253号］中，最高人民法院指出，派生于诚实信用原则的保守秘密的合同附随义务，无法体现商业秘密权利人对信息采取保密措施的主观愿望，不能构成作为积极行为的保密措施。

本案的基本案情是：恒立公司、国贸公司、张家港保税区金恒国际贸易有限公司（以下简称金恒公司）三方签订协议确认，经金恒公司介绍，恒立公司与金恒公司就开关、插座、灯头等产品出口至坦桑尼亚事宜与外商进行了谈判，并达成了供货协议，外销合同经恒立公司、金恒公司同意，由国贸公司代其对外签约，并代理出口该产品。各方并对恒立公司供货具体品名、数量、与国贸公司结算的价格、交货时间、地点及合同履行过程中的权利义务进行了约定。该协议加盖有金恒公司公章，以及金恒公司黄建宏的个人签名。坦桑尼亚NM公司先行支付国贸公司2万美金。随后，坦方向恒立公司和国贸公司出具开工确认书，就样品的改进提出具体的修改要求，并确认同意开始动工生产。此后，恒立公司与国贸公司就该出口事项又分别签订五份合同，约定由国贸公司向恒立公司订购开关、插座、灯头等出口产品。恒立公司按合同约定陆续履行了上述五批货物的交货义务，国贸公司陆续向恒立公司支付了部分货款。2002年1月14日，国贸公司向恒立公司转发坦方传真件，该传真件称，先前所发货物产品质量太差，要求国贸公司暂缓付款给厂方。国贸公司随后终止了与恒立公司所签协议的履行。2002年4月21日，恒立公司决定停止公司生产经营活动并解散，由全体股东成立清算组对公司进行清算，恒立公司与国贸公司的索赔诉讼由清算组负责进行。恒立公司清算组于2009年5月31日提起本案诉讼，主张涉案订货商NM公司及收货商AC公司的信息构成其商业秘密，国贸公司违反约定披露、允许他人使用其商业秘密，宇阳公司收到恒立公司通知后明知业务违法，仍故意使用他人商业秘密，构成共同侵权。请求确认两被告侵犯其商业秘密，并判令宇阳公司停止侵权。江苏省苏州市中级人民法院一审判决驳回恒立公司清算组的诉讼请求。一审判决生效后，恒立公司清算组向江苏省高级人民法院申请再审。江苏省高级人民法院裁定驳回恒立公司清算组的再审申请。恒立公司清算组向最高人民法院提出申诉。最高人民法院于2012年8月6日裁定驳回其申诉。

最高人民法院审查认为：尽管根据合同法规定，当事人不论在合同的订立过程、履约过程，还是合同终止后，对其知悉的商业秘密都有保密、不得泄露或者不正当使用的附随义务。但合同的附随义务与商业秘密的权利人对具有秘密性的信息采取保密措施是两个不同的概念，不能以国贸公司负有合同法上的保密附随义务来判定恒立公司对其主张的信息采取了保密措施。商业秘密是通过权利人采取保密措施加以保护而存在的无形财产，权利人必须有将该信息作为秘密进行保护的主观意识，并实施了客观的保密措施。派生于诚实信用原则的合同的附随义务，是根据合同的性质、目的和交易习惯履行的附属于主债务的从属义务，其有别于商业秘密构成要件“保密性”这种积极的行为，并不体现商业秘密权利人对信息采取保密措施的主观愿望以及客观措施。本案中，恒立公司清算组既没有证据证明其对请求保护的信息采取了客观的保密措施，更没有证据证明该保密措施的合理性，其主张的客户名单构成商业秘密的申诉理由不能成立。

34. 具有特殊地理因素的商号之间的共存

在申请再审人福建省白沙消防工贸有限公司（以下简称福建白沙公司）与被申请人南安市白沙消防设备有限公司（以下简称南安白沙公司）侵犯企业名称（商号）权及不正当竞争纠纷案［（2012）民申字第 14 号］中，最高人民法院指出，村名属于公共资源，同处该村区域的经营者均将村名作为企业名称中的字号登记注册，企业名称具有一定区别，在后注册的经营者不具有主观恶意，且未导致相关公众混淆误认的，不宜认定在后注册的经营者构成不正当竞争。

本案的基本案情是：1989 年 4 月 16 日，福建白沙公司的前身福建省南安县白沙消防器材厂成立，后经几次更名变更为现名，住所地为美林镇白沙村，主营室内消火栓、室外消火栓、室外水泵接合器等。1995 年 1 月 9 日，南安白沙公司的前身福建省南安市白沙消防设备厂成立，后经几次更名变更为现名，住所地为美林镇白沙村，经营范围为多型地下式消防水泵接合器、室内消火栓、直流水枪、室外消火栓、消防接口等。福建白沙公司拥有两枚“远红”文字及图形商标，其中三角形图形商标自 2002 年 12 月 16 日起先后被认定为泉州市知名商标、福建省著名商标；“远红”文字商标于 2006 年 12 月 10 日被认定为中国驰名商标。1997 年 7 月 28 日，南安白沙公司的前身向商标局申请注册第 1065970 号“白沙”商标，核定使用的商品为第 9 类灭火器具。2003 年 9 月 16 日，南安白沙公司向商标局申请注册“白沙”文字商标，使用商品为第 9 类“灭火器，灭火设备，火灾扑打器，太平梯，消防水龙带喷头，消防软管喷嘴，消防车，消防船，灭火洒水系统”，目前该商标尚未核准注册。福建白沙公司以南安白沙公司注册“白沙”字号和“白沙”商标的行为构成不正当竞争，提起本案诉讼。福建省泉州市中级人民法院一审认为，两家企业同是生产消防产品，存在同业竞争关系，由于地理位置等原因，存在一定程度上的混淆和误认。南安白沙公司申请注册的“白沙”商标与福建白沙公司在先取得的企业名称专用权相冲突；福建白沙公司对“白沙”字号注册在先，依法享有“白沙”字号的优先权利。据此判决南安白沙公司停止使用“白沙”商标和含有“白沙”字号的企业名称，并向有关工商管理部门办理变更登记。福建省高级人民法院二审认为，南安白沙公司的现有企业名称是依法定程序登记并得到核准注册，与福建白沙公司的行政区划、经营特点均不相同，可以认定二者既不相同也不近似，消防行业这一特殊行业的相关公众对两家公司的消防产品不足以产生混淆，不构成不正当竞争。两家公司原来都是南安市美林镇白沙村的集体所有制企业，均以“白沙”为字号登记注册企业名称，有其历史原因和特殊的地理因素，没有违反诚实信用原则。据此改判撤销一审判决，驳回福建白沙公司的全部诉讼请求。福建白沙公司向最高人民法院申请再审。最高人民法院于 2012 年 5 月 23 日裁定驳回其再审申请。

最高人民法院审查认为：南安白沙公司将“白沙”作为其企业名称中的字号登记注册具有特殊的地理因素。南安白沙公司与福建白沙公司同处福建省南安市美林镇镇白沙村，“白沙”系两公司住所地村名，属于公共资源。福建白沙公司虽先将“白沙”村名作为其企业名称中的字号登记注册，但对该村名并不享有专有权，不能排斥同处该村的其他企业使用“白沙”二字。事实上，白沙村已有不少企业将“白沙”登记注册为企业名称中的字号。而且，至本案一审起诉时止，福建白沙公司使用“白沙”字号 18 年，南安白沙公司使用“白沙”字号也 12 年，二者已共存了十余年。因此，南安白沙公司将“白沙”作为其字号属于对该公司住所地村名的正当使用。福建白沙公司主张其企业名称因该公司拥有“远红”驰名商标而具有较高的知名度、南安白沙公司注册“白沙”字号具有傍名牌、搭便车的恶意。判断南安白沙公司申请注册其企业名称中字号的主观意图，主要以其申请注册时的主观状况为准，不能以福建白沙公司此后具有知名度而推定南安白沙公司此前注册“白沙”字号时具有攀附其声誉和市场价值的主观恶意。从本案查明的事实来看，南安白沙公司 1995 年核准注册；福建白沙公司的“远红”商标于 2002 年后被认定为泉州市知名商标、福建省著名商标、驰名商标。即使这些证据能够证明福建白沙公司的“远红”商标后来具有知名度，但尚不足以证明其在南安白沙公司申请注册时已具有知名度，故不能证明南安白沙公司申请注册其字号具有主观恶意，不足以认定其违反诚实信用原则。福建白沙公司与南安白沙公司除均将其公司住所地村名“白沙”作为企业名称中的字号外，两公司企业名称中的行政区划不同，虽同属消防行业，但是前者为消防工贸，后者是消防设备，存在一定区别，消防领域的相关公众能够区分，不会导致混淆误认。南安白沙公司将“白沙”登记注册为企业名称中的字号属于对其住所地村名的正当使用，将其村名且字号“白沙”注册为商标的行为本身亦具有正当性。

五、关于知识产权诉讼程序与证据

35. 消费者使用的被诉侵权商品的扣押地不属于据以确定管辖的“查封扣押地”

在申请再审人日照金通车辆制造有限公司（以下简称金通公司）与被申请人金杯汽车股份有限公司（以下简称金杯股份公司）、一审被告金杯车辆制造集团有限公司（以下简称金杯集团公司）侵犯商标专用权纠纷管辖权异议案［（2012）民提字第109号］中，最高人民法院认为，《最高人民法院关于审理商标民事纠纷案件适用法律若干问题的解释》第六条所指的“侵权商品的查封扣押地”，不包括消费者使用被诉侵权商品的扣押地。

本案的基本案情是：2010年11月18日，金杯股份公司以金通公司和金杯集团公司侵犯其注册商标专用权为由，向辽宁省沈阳市中级人民法院提起诉讼。金通公司在答辩期内对管辖权提出异议。金通公司认为，《最高人民法院关于审理商标民事纠纷案件适用法律若干问题的解释》（以下简称商标法司法解释）第六条中的“查封扣押”应指对被诉侵权人生产、销售被诉侵权商品的查封扣押，而非对消费者使用被诉侵权商品的查封扣押，辽宁省沈阳市康平县工商行政管理局（以下简称康平县工商局）对消费者石月娇所购被诉侵权车辆予以扣押的行为不属于上述情况，沈阳市并非该司法解释中的“查封扣押地”，沈阳市中级人民法院对本案没有管辖权。一审法院认为，该司法解释第六条规定的查封扣押地，是指海关、工商等行政机关依法查封、扣押侵权商品所在地。因法律未对上述被查封扣押财产的主体作限制性规定，因此该主体不应仅指被诉侵权商品的生产者和销售者。另根据该条规定，侵权行为实施地与查封扣押地应系不同概念，而被诉侵权人生产、销售被诉侵权商品的地点应属侵权行为实施地范畴，如果将查封扣押地解释为仅指查封扣押被诉侵权人生产、销售被诉侵权商品的地点，则查封扣押地将与侵权行为实施地将发生混同。被诉侵权商品由康平县工商局予以扣押，沈阳市系该被诉侵权商品的查封扣押地，沈阳市中级人民法院享有本案管辖权。遂裁定驳回金通公司的管辖权异议。金通公司不服，提起上诉。辽宁省高级人民法院二审裁定维持一审裁定。金通公司不服，向最高人民法院申请再审。最高人民法院裁定提审本案，并于2012年11月23日裁定撤销原一、二审裁定，将本案移送山东省日照市中级人民法院审理。

最高人民法院提审认为：商标法司法解释关于商标民事纠纷案件管辖的规定，是根据民事诉讼法的规定制定，同时考虑了商标民事纠纷案件的特点，确定了相应的管辖规则。法院对此类案件行使管辖权时，应严格适用该司法解释第六条确定的由“侵权行为实施地、侵权商品储藏地或查封扣押地、被告住所地法院”管辖的规则。本案中，能否将消费者使用的被诉侵权商品的扣押地认定为该司法解释第六条所指的“侵权商品的查封扣押地”是争议的焦点。从立法本意看，该规定以增强案件管辖的确定性，既方便当事人行使诉权，又方便法院审理为目的。如果将消费者使用被诉侵权商品的扣押地理解为该司法解释第六条规定的“侵权商品的查封扣押地”，将会增加当事人选择管辖法院的随意性，减损此类案件管辖的确定性，违背有关管辖规定的本意。本案原审法院以消费者使用的被诉侵权商品由康平县工商局予以扣押，沈阳市系该被诉侵权商品的查封扣押地为由，确定沈阳市中级人民法院享有本案管辖权，属于适用法律错误，应予以纠正。

36. 涉及同一事实的确认不侵犯专利权诉讼和专利侵权诉讼的管辖

在上诉人本田技研工业株式会社（以下简称本田株式会社）与被上诉人石家庄双环汽车股份有限公司（以下简称双环公司）侵犯外观设计专利权纠纷管辖权异议案［（2012）民三终字第1号］中，最高人民法院认为，不同法院受理的涉及同一事实的确认不侵犯专利权诉讼和专利侵权诉讼应当移送管辖合并审理；移送过程中，如涉及地域管辖，应按照立案时间的先后顺序，由后立案受理的法院将案件移送到先立案受理的法院审理；如涉及级别管辖，一般按“就高不就低”的原则由级别低的法院将其立案受理的案件移送到级别高的法院审理。

本案的基本案情是：2003年11月24日，本田株式会社以双环公司侵犯涉案外观设计专利权为由，向北京市高级人民法院（以下简称北京高院）提起侵权诉讼，诉讼标的额为0.8亿元。鉴于该案与河北省石家庄市中级人民法院（以下简称石家庄中院）于2003年10月16日立案受理的双环公司诉本田株式会社确认不侵犯涉案外观设计专利权案件基于同一事实，最高人民法院于2004年6月24日作出（2004）民三他字第4号通知，责成北京高院将该案移送石家庄中院，与该院此前受理的确认不侵权案件合并审理，并指出如涉及级别管辖问题，依照民事诉讼法等有关规定处理。2004年12月9日，河北省高级人民法院（以下简称河北高院）作出（2004）冀立民函字第43号通知，将上述侵权案件指定石家庄中院与其受理的双环公司诉本田株式会社确认不侵权案件合并审理。在上述两案一审期间，涉案外观设计专利权被宣告无效。二审期间，因最高人民法院以（2010）行提字第3号行政判决撤销了针对涉案外观设计专利的无效宣告请求审查决定，河北高院遂裁定撤销一审判决，发回重审。石家庄中院重审期间，本田株式会社提出撤回侵权起诉的申请，石家庄中院经审查裁定准许。2011 年 7 月 18 日，本田株式会社根据双环公司提交的《石家庄双环汽车股份有限公司因专利侵权纠纷造成利润损失评估咨询报告书》，将诉讼标的额由 0.8 亿元增至 3.4857 亿元，以同一案件事实向河北高院提起本案诉讼，双环公司为此提出管辖权异议。河北高院一审审查认为，在涉案外观设计专利侵权案和确认不侵权案已由石家庄中院管辖的情况下，本田株式会社就侵权案件提出撤诉申请，被准许之后又以相同案件事实随即增加诉讼标的额，直接向河北高院提起诉讼，显然系有意规避民事诉讼法第三十九条规定的行为，对此不应支持。双环公司的管辖异议成立，予以支持。据此，河北高院裁定本案移送石家庄中院与其受理的确认不侵权案合并审理。本田株式会社不服，向最高人民法院提起上诉。最高人民法院于 2012 年 5 月 22 日作出二审裁定，指令河北高院审理本案。

最高人民法院审理认为：石家庄中院现审理的确认不侵权案与本案均涉及同一外观设计专利，属于涉及同一事实的确认不侵犯专利权诉讼和专利侵权诉讼，根据最高人民法院（2004）民三他字第 4 号通知第一条规定，为了避免同一事实的案件为不同法院重复审判，两案应当移送管辖合并审理。如何移送管辖，应当根据地域管辖和级别管辖的规定分别予以确定。如果属于地域管辖，则应按照上述通知第四条规定的精神，依照民事诉讼法第三十七条第二款和《最高人民法院关于在经济审判工作中严格执行〈中华人民共和国民事诉讼法〉的若干规定》第 2 条的规定，按照立案时间的先后顺序予以移送，即由后立案受理的法院移送到先立案受理的法院。如果属于级别管辖，则应当按照《最高人民法院关于审理民事级别管辖异议案件若干问题的规定》和《最高人民法院关于调整地方各级人民法院管辖第一审知识产权民事案件标准的通知》的规定，一般按“就高不就低”的原则予以移送，即级别低的法院应将其立案受理的案件移送到级别高的法院合并审理，而级别高的法院一般不能将其立案受理的案件移送到对该案没有管辖权的级别低的法院合并审理。本案涉及的是级别管辖权异议，按照本案的标的额和涉外性质，河北高院才有权作为本案的一审法院，石家庄中院无权管辖本案，故河北高院应当将石家庄中院现审理的确认不侵权案件提至该院，与其立案受理的本案合并审理，而不是将应当由自己审理的本案指定给没有管辖权的石家庄中院与其正在审理的确认不侵权案件合并审理。本案重审期间，本田株式会社就侵权案件提出撤诉申请，是对其诉权的合法处置。石家庄中院准许其撤诉后，本田株式会社根据双环公司提交的《石家庄双环汽车股份有限公司因专利侵权纠纷造成利润损失评估咨询报告书》，重新计算其损害赔偿请求额，并向河北高院提起本案诉讼，合法有据。

37. 管理专利工作的部门受理专利侵权纠纷处理请求的条件

在申请再审人江苏省微生物研究所有限责任公司（以下简称微生物公司）与被申请人福州海王福药制药有限公司（以下简称福药公司）、一审被告辽宁省知识产权局、一审第三人辽宁民生中一药业有限公司（以下简称民生公司）、常州方圆制药有限公司（以下简称方圆公司）专利侵权纠纷处理决定案［（2011）知行字第99号］中，最高人民法院指出，相关请求人已经就针对同一专利的相同或者相关联的侵权纠纷向人民法院提起诉讼，无论当事人是否完全相同，只要可能存在处理结果冲突，管理专利工作的部门即不能受理相关专利侵权纠纷处理请求。

本案的基本案情是：微生物公司是专利号为ZL93112412.3、名称为“一种含1-N-乙基庆大霉素C1a或其盐的药用制剂及其制备方法”的发明专利（即本案专利）的专利权人。2008年7月18日，本案专利的专利权人变更为微生物公司和方圆公司。微生物公司先后以不同形式许可方圆公司、无锡济民可信山禾药业股份有限公司（以下简称山禾公司）、海南爱科制药有限公司（以下简称爱科公司）实施本案专利。2004年8月31日，海南省海口市中级人民法院受理了原告爱科公司诉被告福药公司、海南豪迈医药公司（以下简称豪迈公司）、第三人微生物公司、山禾公司侵犯发明专利权纠纷一案。2009年4月29日，海口市中级人民法院判决驳回了爱科公司的诉讼请求。该判决已经发生法律效力。2008年5月，民生公司销售了福药公司生产的硫酸依替米星氯化钠注射液。该药所附产品说明书上载明药物有效成分为硫酸依替米星，其化学结构式与本案专利要求保护的“1-N-乙基庆大霉素C1a硫酸盐”化学结构式相同。2008年11月14日微生物公司和方圆公司向辽宁省知识产权局提出申请，要求对福药公司和民生公司的专利侵权行为进行处理。2009年4月10日，辽宁省知识产权局作出辽知执字（2009）1号专利侵权纠纷处理决定（以下简称（2009）1号决定），认定福药公司未经专利权人许可生产的硫酸依替米星氯化钠注射液侵犯了本案专利权，要求福药公司停止生产和销售涉案产品。福药公司不服，向辽宁省沈阳市中级人民法院提起行政诉讼。沈阳市中级人民法院一审判决驳回福药公司的诉讼请求。福药公司不服，提起上诉。其上诉理由之一为，辽宁省知识产权局受理本案时，微生物公司与爱科公司就福药公司生产硫酸依替米星氯化钠注射液一事，已经向海口市中级人民法院提起专利侵权诉讼，海口市中级人民法院正在审理之中，辽宁省知识产权局受理本案并作出（2009）1号决定，违反了国家知识产权局《专利行政执法办法》（2001）第五条第一款第（五）项的规定。辽宁省高级人民法院支持了福药公司的该上诉理由，判决撤销一审判决和（2009）1号决定。微生物公司不服，向最高人民法院申请再审。2012 年 12 月 5 日，最高人民法院裁定驳回其再审申请。

最高人民法院审查认为：根据《专利行政执法办法》（2001）第五条第一款第（五）项的规定，请求管理专利工作的部门处理专利侵权纠纷，其条件之一是当事人没有就该专利侵权纠纷向人民法院起诉。专利侵权纠纷存在司法和行政两种纠纷解决方式。《专利行政执法办法》（2001）第五条第一款第（五）项规定的主要目的在于：避免人民法院和专利行政管理机关对同一侵权行为作出的司法裁判与行政处理决定相互冲突；节约执法资源，减少当事人的纠纷处理成本。基于此目的，该项规定应该理解为，相关请求人没有就针对同一专利的相同或者相关联的侵权纠纷向人民法院提起诉讼。在诉争专利和涉嫌侵权产品相同的情况下，即使行政处理程序中的当事人与在先民事侵权案件的当事人并不完全相同，只要两个纠纷的当事人之间存在交叉，其请求的内容存在一定的重叠，在先民事案件的审理结果与行政处理决定的处理结果具有关联性，可能出现结果冲突的，均应认为当事人已经就该专利侵权纠纷向人民法院提起了诉讼。本案中，专利权人微生物公司作为请求人，请求辽宁省知识产权局对福药公司及其销售商民生公司涉嫌侵犯本案专利权的行为作出处理，要求福药公司停止生产和销售硫酸依替米星氯化钠注射液。在此之前，微生物公司的专利实施许可人之一爱科公司已经就福药公司及其销售商豪迈公司侵犯本案专利权的行为向海南省海口市中级人民法院提起了诉讼，其诉讼请求之一亦是请求判令福药公司停止生产和销售硫酸依替米星氯化钠注射液，且专利权人微生物公司作为该案第三人参加了诉讼。虽然上述两案的当事人有所不同，但是微生物公司和福药公司均为两案的当事人之一，微生物公司在两案中均处于指控地位或者支持指控的地位，福药公司在两案中均处于被指控的地位，请求的内容均包括关于福药公司停止生产和销售硫酸依替米星氯化钠注射液的行为。可见，两个案件之间存在密切的关联性，民事侵权案件的处理结果与行政案件的处理结果存在着冲突的可能性。在辽宁省知识产权局受理本案之前，当事人已经就涉及本案专利的侵权纠纷向人民法院提起了相关诉讼。二审法院认定辽宁省知识产权局受理微生物公司和方圆公司的请求不符合《专利行政执法办法》（2001）第五条第一款第（五）项的规定，并无不当。

结　语

定期发布知识产权案件年度报告的工作已经持续五年，案件年度报告在明晰法律规则、指导审判实践、统一法律适用方面的作用和意义越来越大，日益受到社会各界的普遍关注和高度重视。但一如既往应该指出的是，本年度报告是最高人民法院在具体案件裁判中针对新型、复杂、疑难问题形成的认识，具有较强的个案性和探索性，其中归纳总结的法律适用标准和方法不可避免地存在一定的局限性，而且可能会随着对有关问题认识的深入和经济社会文化的发展发生调整和变化。最高人民法院将以推动增强创新驱动发展新动力为核心，以进一步突出加强知识产权司法保护为导向，大力加强知识产权审判工作，不断提高案件审判质量和效率，确保司法公正，提升司法公信力，为深入实施创新驱动发展战略，推进依法治国和建设法治中国作出更大贡献。

最高人民法院办公厅
关于印发《最高人民法院知识产权案件年度报告（2013）》的通知

（2014年4月17日　法办〔2014〕38号）

各省、自治区、直辖市高级人民法院，解放军军事法院，新疆维吾尔自治区高级人民法院生产建设兵团分院：

为及时总结知识产权和竞争案件审判经验，加强审判指导，推进司法公开和提升司法公信，最高人民法院从2013年审结的知识产权和竞争案件中精选了30件典型案例，归纳出39个具有普遍指导意义的法律适用问题，形成了《最高人民法院知识产权案件年度报告（2013）》。该年度报告反映了最高人民法院处理新型、疑难、复杂知识产权和竞争案件的审判标准、裁判方法和司法导向，对于知识产权审判工作具有重要指导意义。

现将《最高人民法院知识产权案件年度报告（2013）》印发给你们，供在知识产权审判工作中参考借鉴。

附：

最高人民法院知识产权案件年度报告（2013）

序　言

2013年，最高人民法院以推动增强创新驱动发展新动力为核心，以进一步突出加大知识产权司法保护力度为导向，解放思想，改革创新，大力加强知识产权司法公正，不断提升知识产权司法公信力和国际影响力，为建设创新型国家、社会主义文化强国和全面建成小康社会提供了有力保障。

最高人民法院知识产权审判庭全年共新收各类知识产权案件 594 件，比 2012 年增长 65.46%。在新收案件中，按照案件审理程序划分，共有二审案件 7 件，提审案件 51 件，申请再审案件 488 件，抗诉案件 2 件，请示案件 46 件。按照案件所涉客体类型划分，共有专利案件 186 件，植物新品种案件 6 件，商标案件 141 件，著作权案件 176 件，垄断案件 1 件，商业秘密案件 8 件，其他不正当竞争案件 9 件，知识产权合同案件 24 件，其他案件 43 件（主要涉及知识产权审判管理事务）。按照案件性质划分，共有行政案件 137 件，占全部新收案件的 23.06%，其中专利行政案件 64 件，商标行政案件 73 件，分别比 2012 年上升 45.45%和 35.19%；共有民事案件 457 件，占全部新收案件的 76.94%。另有 2012 年旧存案件 39 件，2013 年共有各类在审案件 633 件。全年共审结各类知识产权案件 548 件，其中二审案件 3 件，提审案件 40 件，申请再审案件 458 件，请示案件 45 件，抗诉案件 2 件。在审结的 458 件申请再审案件中，行政申请再审案件 104 件，民事申请再审案件 354 件；裁定驳回再审申请 355 件，裁定提审 67 件，裁定指令或者指定再审 15 件，裁定撤诉（包括和解撤诉）8 件，裁定终结 3 件，以其他方式处理 10 件。

最高人民法院 2013 年审理的知识产权和竞争案件的基本规律和特点是：案件数量呈现猛增势头，增长率创 2009 年以来新高。专利等技术类案件增幅较大，所涉法律问题深度触及专利基本制度和基本理念，所涉技术事实愈加前沿和复杂，市场价值和利益更加巨大；专利行政案件增长较快，涉及医药、电子、通讯等领域基本专利的案件比重增大；专利民事案件中涉及侵权判定规则的案件较多；植物新品种案件呈现高速增长态势。商标案件整体增幅回落，商标民事案件基本稳定，商标行政案件比重进一步增加，涉及商标抢注的案件占有较大比例。著作权案件中关联案件较多，涉及软件、动漫、实用艺术等文化创意产业的案件继续增多。竞争案件中涉及网络技术和新型商业模式的案件比重较大，商业秘密和仿冒行为案件继续增多，最高人民法院首次审理垄断案件。

最高人民法院根据新形势新任务的要求，结合案件特点，在行使知识产权审判职能方面体现出如下特点：大力加强知识产权司法保护力度，把加强保护作为当前知识产权审判工作的总基调；提高司法政策指导的针对性，根据不同产业和技术领域的创新和发展需求，结合各类知识产权的属性、功能、特点，不断丰富和完善具体司法政策；注重发挥司法保护知识产权的主导作用，发挥裁判指引功能，明晰知识产权行政授权确权案件司法标准；深化司法公开，加大公开力度，完善知识产权审判宣传工作机制，积极回应新媒体时代司法宣传新要求。

本年度报告从最高人民法院2013年审结的知识产权和竞争案件中精选了30件（案件事实和法律问题基本相同的关联案件计为1件）典型案件，归纳出39个具有普遍指导意义的法律适用问题，反映了最高人民法院在知识产权和竞争领域处理新型、疑难、复杂案件的审判标准、裁判方法和司法导向，现予公布。

一、专利案件审判

（一）专利民事案件审判

1. 主题名称对专利权保护范围是否具有限定作用

在再审申请人哈尔滨工业大学星河实业有限公司（以下简称星河公司）与被申请人江苏润德管业有限公司（以下简称润德公司）侵害发明专利权纠纷案［（2013）民申字第790号］（以下简称“排水管道”发明专利侵权案）中，最高人民法院指出，在确定权利要求的保护范围时，权利要求记载的主题名称应当予以考虑；主题名称对权利要求保护范围的实际限定作用取决于其对权利要求所要保护的主题本身产生何种影响。

本案的基本案情是：星河公司系名称为“一种钢带增强塑料排水管道及其制造方法和装置”的发明专利（即本案专利）的权利人。本案专利有三个独立权利要求，分别是权利要求1、2和6。上述三个独立权利要求分别为：1. 一种钢带增强塑料复合排水管道，包括一个塑料管体和与管体成一体的加强肋，加强肋内复合有增强钢带，其特征在于钢带上有若干矩形或圆形的通孔或钢带两侧轧制有纹路，两个加强肋之间塑料形状具有中间凸起，管体的端部具有一个连接用的承插接头，承插接头的连接部具有密封胶或橡胶圈。2. 一种制造权利要求1所述的钢带增强塑料排水管道的方法，其特征在于包括如下步骤：A、将挤出机与复合机头成直角布置，钢带从机头一端引入复合机头，并在机头内与塑料复合，经冷却、定型、牵引后成型为钢带增强塑料复合异型带材钢带；B、将异型带材运送到安装现场；C、缠绕并熔焊异型带材形成钢带增强塑料排水管；D、在排水管的端口设置塑料承插接头并将其熔焊连接形成连续的排水管道。6. 一种实施权利要求2所述方法的制造钢带增强塑料排水管的装置，包括：A、将钢带与塑料复合形成具有钢带加强肋的异型带材的复合装置；B、缠绕并熔焊异型带材形成钢带增强塑料排水管的缠绕装置；C、在钢带增强塑料排水管的端口设置承插接头的装置。星河公司发现润德公司使用与其本案专利相同的制造方法和装置生产、销售塑料钢带缠绕排水管，遂提起诉讼，请求法院判令润德公司停止侵权并赔偿损失。江苏省南京市中级人民法院一审认为，润德公司管道缺少权利要求 1 记载的“钢带上有若干矩形或圆形的通孔或钢带两侧轧制有纹路”和“两个加强肋之间塑料形状具有中间凸起”两个技术特征，故润德公司制造的管道未落入本案专利独立权利要求 1 的保护范围；权利要求 2 和 6 的这一主题名称不属于技术特征，对其保护范围不具有限定作用，故润德公司制造排水管道的方法落入权利要求 2 的保护范围；生产排水管道的装置落入权利要求 6 的保护范围。润德公司不服，提出上诉。江苏省高级人民法院二审认为，主题名称属于解决技术问题的必要技术特征，在确定专利权的保护范围时应当予以考虑；权利要求 2 和 6 引用在先权利要求是为了避免权利要求之间相同内容的不必要重复，其所引用的在先权利要求的技术特征对权利要求 2 和 6 具有限定作用。故润德公司生产被诉侵权产品的方法未落入引用在先权利要求的权利要求 2 的保护范围，不构成专利侵权；润德公司制造被诉侵权产品的装置也未落入引用在先权利要求的权利要求 6 的保护范围，同样不构成专利侵权。遂判决撤销一审判决，驳回星河公司的诉讼请求。星河公司不服，向最高人民法院申请再审。最高人民法院于 2013 年 12 月 30 日裁定驳回星河公司的再审申请。

最高人民法院审查认为：根据专利法实施细则第二十一条的规定，发明或者实用新型的独立权利要求应当包括前序部分和特征部分。前序部分写明要求保护的发明或者实用新型技术方案的主题名称和发明或者实用新型主题与最接近的现有技术共有的必要技术特征，特征部分写明发明或者实用新型区别于最接近的现有技术的技术特征。这些特征和前序部分写明的特征合在一起，限定发明或者实用新型要求保护的范围。因此，通常情况下，在确定权利要求的保护范围时，对权利要求中记载的主题名称应当予以考虑，而其实际的限定作用应当取决于该主题名称对权利要求所要保护的主题本身产生了何种影响。本案中，确定权利要求 2 和 6 的保护范围时，均应当考虑其主题名称对所要求保护的主题本身实际上所起的限定作用。

2. 并列独立权利要求引用在前独立权利要求时保护范围的确定

在前述“排水管道”发明专利侵权案中，最高人民法院还明确了并列独立权利要求引用在前的独立权利要求时，在前独立权利要求对该并列独立权利要求保护范围的限定作用应当如何确定的问题。最高人民法院指出，在确定引用在前独立权利要求的并列独立权利要求的保护范围时，虽然被引用的在前独立权利要求的特征应当予以考虑，但其对该并列独立权利要求并不必然具有限定作用，其实际的限定作用应当根据其对该并列独立权利要求的技术方案或保护主题是否有实质性影响来确定。

最高人民法院审查认为：在一件专利申请的权利要求书中，应当至少有一项独立权利要求。当有两项或者两项以上独立权利要求时，写在最前面的权利要求为第一独立权利要求，其他独立权利要求为并列独立权利要求。独立权利要求应当反映整体的技术方案，并按照各自的内容确定专利权的保护范围。独立权利要求之间可以不存在引用关系，也可以存在引用关系。当并列独立权利要求引用在前的独立权利要求时，该并列独立权利要求仍然属于独立权利要求，而不属于从属权利要求。虽然在确定并列独立权利要求的保护范围时，被引用的独立权利要求的特征均应当予以考虑，但其对该并列独立权利要求并不必然具有限定作用，其实际的限定作用应当根据其对该并列独立权利要求的技术方案或保护主题是否有实质性影响来确定。本案中，润德公司的被诉侵权产品与本案专利权利要求 1 相比，缺少“钢带上有若干矩形或圆形的通孔或钢带两侧轧制有纹路”和“两个加强肋之间塑料形状具有中间凸起”两个技术特征。本案专利独立权利要求 2 记载了一种制造权利要求 1 所述的钢带增强塑料排水管道的方法，独立权利要求 6 记载了一种实施权利要求 2 所述方法的制造钢带增强塑料排水管的装置，包括了将钢带与塑料复合形成具有钢带加强肋的异型带材的复合装置。从本案专利权利要求书及说明书记载的一步复合方式来看，普通钢带在权利要求 6 记载的复合装置中，经过权利要求 2 记载的步骤 A，形成了复合异型带材，即钢带上有矩形或圆形的通孔或纹路，塑料熔融后在两个加强肋之间生成了中间凸起。虽然权利要求书和说明书对形成通孔或纹路以及凸起的装置部件未作具体的结构描述，但根据本案专利权利要求 1 记载的产品技术特征，可以推定权利要求 6 记载的复合装置必然具备生成上述区别技术特征的部件。可见，权利要求 1 记载的技术特征对于权利要求 2 和 6 产生了实质性的影响，具有限定作用。被诉侵权产品没有通孔或纹路以及凸起，星河公司亦未举证证明被诉侵权的装置具备生成上述特征的部件，因此可以推定被诉侵权的装置不同于权利要求 6 所记载的装置，也未使用被诉侵权的方法。

3. 封闭式权利要求的侵权判定

在再审申请人河北鑫宇焊业有限公司（以下简称鑫宇公司）与被申请人宜昌猴王焊丝有限公司（以下简称猴王公司）侵害发明专利权纠纷案［（2013）民申字第 1201 号］中，最高人民法院指出，对于封闭式权利要求这种特殊类型的权利要求，如果被诉侵权产品或者方法除具备权利要求明确记载的技术特征之外，还具备其他特征的，应当认定其未落入权利要求保护范围。

本案的基本案情是：鑫宇公司系名称为“高强度结构钢用气体保护焊丝”发明专利（即本案专利）的独占许可使用权人。本案专利权利要求 1 为：“一种高强度结构钢用气体保护焊丝，其特征在于：由下列重量百分比的元素：

C：0.04－0.12、Mn：1.2－2.20、Si：0.40－0.90、Ti：0.03－0.20、V：0.03－0.06、B：0.002－0.006、S<0.025、P<0.025，余量为铁及其不可避免的杂质构成。”鑫宇公司以猴王公司侵害本案专利权为由提起诉讼，请求法院判令猴王公司承担停止侵权、赔偿损失等责任。经鉴定，猴王公司生产的被诉侵权产品定量分析（含量百分比）如下：碳（C）0.085、硫（S）0.004、铬（Cr）0.080、铜（Cu）0.087、锰（Mn）1.69、镍（Ni）0.049、磷（P）0.009、硅（S1）0.69、钛（Ti）0.091、钒（V）0.031、铁（Fe）余量、硼（B）0.0028、铌（Nb）<0.002。湖北省宜昌市中级人民法院一审认为，对于以封闭式权利要求表征的组合物专利，如果被诉侵权技术方案含有权利要求记载的组分之外的其他组分，则应认定其未落入专利权的保护范围。被诉侵权产品中镍的含量高达0.049%，应认定为猴王公司有意添加的组分。鑫宇公司在专利背景技术中指出加镍的种种弊端，不添加镍正是本案专利的特征。因此，被诉侵权产品未落入本案专利权的保护范围。据此判决驳回鑫宇公司的诉讼请求。鑫宇公司不服，提出上诉。湖北省高级人民法院二审判决驳回上诉，维持原判。鑫宇公司仍不服，向最高人民法院申请再审。最高人民法院于2013年9月15日裁定驳回鑫宇公司的再审申请。

最高人民法院审查认为：封闭式权利要求通过“由……组成”、“余量为……”等表达方式的限定，表明其排除权利要求明确记载的技术特征之外的其他组分、结构或者步骤。本案专利权利要求1采用了“由……构成”、“余量为铁及其不可避免的杂质构成”等措辞，表明权利人以明确的意思表示，对权利要求1请求保护的“高强度结构钢用气体保护焊丝”组分进行了穷尽式列举，权利要求1属于封闭式权利要求。根据全面覆盖原则，如果被诉侵权技术方案包含与权利要求记载的全部技术特征相同或者等同的技术特征，则构成侵权行为。即使被诉侵权技术方案还附加有其他技术特征，亦不影响侵权判断，仍应认定侵权行为成立。适用全面覆盖原则时，应当首先确定权利要求的保护范围。封闭式权利要求是一种特殊类型的权利要求，其以特定措辞或者表达，限定了其保护范围仅包括权利要求中明确记载的技术特征及其等同物，排除了其他组分、结构或者步骤。因此，对于封闭式权利要求，如果被诉侵权产品除具备权利要求明确记载的技术特征之外，还具备其他特征，应当认定被诉侵权产品未落入权利要求的保护范围。否则，会出现在授权确权程序中权利要求从严解释，权利人更容易避开现有技术获得授权；在侵权诉讼中从宽解释，覆盖更宽保护范围，权利人两头得利，法律适用前后脱节的情形。本案被诉侵权产品除具有权利要求1记载的全部组分之外，还含有铬、铜、镍三种组分，其中镍是本案专利说明书中明确指出需要排除的组分。因此，被诉侵权产品未落入本案专利权的保护范围。

4. 采用与权利要求限定的技术手段相反的技术方案是否构成等同侵权

在再审申请人北京市捷瑞特弹性阻尼体技术研究中心（以下简称捷瑞特中心）与被申请人北京金自天和缓冲技术有限公司（以下简称金自天和公司）、王菡夏侵害实用新型专利权纠纷案［（2013）民申字第1146号］中，最高人民法院认为，被诉侵权技术方案的技术手段与权利要求明确限定的技术手段相反，技术效果亦相反，且不能实现发明目的的，不构成等同侵权。

本案的基本案情是：捷瑞特中心是名称为“快进慢出型弹性阻尼体缓冲器”的实用新型专利（即本案专利）的权利人。本案专利权利要求1为：“一种快进慢出型弹性阻尼体缓冲器，主要由套筒座，承接头，活塞，弹性阻尼体和密封装置组成，其特征在于：在承接头的内腔中装入弹性阻尼体将活塞与活塞杆相连接，装入承接头的内腔之中，将缸盖与承接头连接成一整体，沿活塞圆周部位设置有单向限流装置，压缩行程时单项限流装置打开，回复行程时单项限流装置关闭，活塞外径与内腔之间留有间隙。”本案专利说明书记载，“本实用新型的目的在于提供一种当缓冲器受到冲击载荷后，可迅速缓冲能吸收大部分撞击能量，然后缓慢稳定地回复，免予弹跳，保护设备并有效降低了噪音的一种快进慢出型弹性阻尼体缓冲器。为了实现上述目的，本实用新型通过以下技术方案来实现：……沿活塞圆周部位设置有单向限流装置，压缩行程时单向限流装置打开，回复行程时单向限流装置关闭。由于采用了上述技术方案，本实用新型具有以下优点和效果：……能承受较大的冲击载荷，承撞头快进慢出，外载荷撤销后自动回复，无需增设回弹装置，有效地保护了设备和降低了噪声”。金自天和公司制造并销售了HM-1型缓冲器弹性胶泥芯体，该产品在单向限流装置上采取了压缩行程时关闭、回复行程时打开的安装方式，实现了承撞头慢进快出的效果。捷瑞特中心认为，金自天和公司的被诉侵权产品落入本案专利权保护范围，王菡夏非法窃取捷瑞特中心的专利技术信息与金自天和公司合作生产被诉侵权产品，均构成侵权。遂提起诉讼，请求法院判令两被告停止侵权行为，连带赔偿其经济损失1000万元。北京市第一中级人民法院一审认为，被诉侵权产品没有本案专利的套筒座，且单向限流装置安装方式与本案专利相反，未落入本案专利权的保护范围；捷瑞特中心关于王菡夏共同侵犯本案专利权的主张，无事实和法律依据。据此判决驳回捷瑞特中心的诉讼请求。捷瑞特中心不服，提出上诉。北京市高级人民法院二审判决驳回上诉，维持一审判决。捷瑞特中心不服，向最高人民法院申请再审。最高人民法院于2013年11月18日裁定驳回捷瑞特中心的再审申请。

最高人民法院审查认为：从本案专利说明书的记载来看，本案专利的发明目的是提供一种快进慢出型的弹性阻尼体缓冲器。为实现这一发明目的，本案专利在单向限流装置上采取了压缩行程时打开、回复行程时关闭的安装方式，以达到承撞头快进慢出的效果。对此，本案专利权利要求 1 对单向限流装置的安装方式也作出了明确的限定。本案被诉侵权产品在单向限流装置上采取的是压缩行程时关闭、回复行程时打开的安装方式，实现的是承撞头慢进快出的效果。因此，本案被诉侵权产品在单向限流装置的安装方式上与本案专利权利要求 1 限定的安装方式既不相同，也不等同，没有落入本案专利权保护范围。

5. 改变方法专利的步骤顺序是否构成等同侵权

在再审申请人浙江乐雪儿家居用品有限公司（以下简称乐雪儿公司）与被申请人陈顺弟、一审被告、二审上诉人何建华、第三人温士丹侵害发明专利权纠纷案［（2013）民提字第 225 号］中，最高人民法院指出，方法专利的步骤顺序是否对专利权的保护范围起到限定作用，从而导致发生步骤顺序改变时限制等同原则的适用，关键在于所涉步骤是否必须以特定的顺序实施以及这种顺序改变是否会带来技术功能或者技术效果的实质性差异。

本案的基本案情是：陈顺弟系“布塑热水袋的加工方法”发明专利（即本案专利）的权利人。本案专利权利要求 1 为：“布塑热水袋的加工方法，布塑热水袋由袋体、袋口和袋塞所组成，所述的袋体有内层、外层和保温层，在袋体的边缘有粘合边，所述的袋塞是螺纹塞座和螺纹塞盖，螺纹塞座的外壁有复合层，螺纹塞盖有密封垫片，袋塞中的螺纹塞座是聚丙烯材料，复合层是聚氯乙烯材料，密封垫片是硅胶材料所制成，其特征在于：第一步：首先取内层、保温层以及外层材料；第二步：将内层、保温层、外层依次层叠，成为组合层；第三步：将两层组合层对应重叠，采用高频热合机按照热水袋的形状对两层组合层边缘进行高频热粘合；第四步：对高频热粘合的热水袋进行分只裁剪；第五步：取聚丙烯材料注塑螺纹塞座，再把螺纹塞座作为嵌件放入模具，另外取聚氯乙烯材料在螺纹塞座外二次注塑复合层；第六步：将有复合层的螺纹塞座安入袋口内，与内层接触，采用高频热合机对热水袋口部与螺纹塞座复合层进行热粘合；第七步：对热水袋袋体进行修边；第八步：取塑料材料注制螺纹塞盖；第九步：取硅胶材料注制密封垫片；第十步：将密封垫片和螺纹塞盖互相装配后旋入螺纹塞座中；第十一步：充气试压检验，向热水袋充入压缩空气进行耐压试验；第十二步：包装。”本案专利说明书在第 3 页中明确记载步骤 10 和 11 可以调换。陈顺弟认为，乐雪儿公司生产、销售，何建华销售和许诺销售的布塑热水袋侵犯了其本案专利权，遂提起诉讼。请求法院判令：何建华立即停止销售侵权产品，赔偿其经济损失 50 万元；乐雪儿公司立即停止制造、销售侵权产品，并赔偿经济损失 100 万元。乐雪儿公司辩称，其被诉侵权方法的步骤 6、7 和步骤 8、10 分别与本案专利权利要求1的步骤6、7和步骤10、11顺序相反，且这种步骤顺序的改变产生了不同的技术效果；同时，被诉侵权方法亦不包括本案专利权利要求1的步骤5、8、9，即加工螺纹塞座、螺纹塞盖和密封垫片的步骤，其生产的热水袋中的上述三个部件均为合法外购取得；上述外购部件的加工方法是注塑，其没有义务知晓该加工方法，故其行为不构成侵权。辽宁省沈阳市中级人民法院一审认为，被诉侵权方法的技术特征完全覆盖了本案专利权利要求的全部技术特征，乐雪儿公司的行为侵犯了本案专利权；何建华销售被诉侵权产品，未举证证明其合法来源，不能免除赔偿责任。据此判决何建华停止销售侵权产品，赔偿陈顺弟经济损失及合理费用1万元；乐雪儿公司停止侵权行为，赔偿陈顺弟经济损失及合理费用30万元；驳回陈顺弟其他诉讼请求。乐雪儿公司、何建华均不服，提出上诉。辽宁省高级人民法院二审认为，被诉侵权方法的步骤6、7和步骤8、10虽然分别与本案专利权利要求1的步骤6、7和步骤10、11顺序相反，但其技术特征和技术效果无实质区别，故被诉侵权方法落入本案专利权保护范围。鉴于陈顺弟在二审中放弃了对何建华的诉讼请求，遂判决撤销一审判决中针对何建华的判项内容。乐雪儿公司不服，向最高人民法院申请再审。最高人民法院裁定提审本案，并于2013年12月25日判决撤销原审判决，驳回陈顺弟的全部诉讼请求。

最高人民法院提审认为：方法发明专利的权利要求是包括有时间过程的活动。涉及产品制造方法的发明专利通常是通过方法步骤的组合以及一定的步骤顺序来实现的。方法专利的步骤顺序是否对专利权的保护范围起到限定作用，从而导致在步骤互换时限制等同原则的适用，关键要看这些步骤是否必须以特定的顺序实施以及这种互换是否会带来技术功能或者技术效果上的实质性差异。关于本案专利权利要求1步骤6、7是否与被诉侵权方法的步骤6、7构成等同的问题。从被诉侵权方法此前的加工步骤来看，其已在步骤4中对高频热粘合后的热水袋进行了裁剪，此时修边的主要目的是为了使热水袋美观，接近成品，其减少空间的作用非常有限，而且多余边角料的存在不会干扰塞座的粘合，对塞座粘合不会产生实质性影响。因而，这两个步骤的实施不具有先后顺序的唯一对应性，先修边还是先进行热粘合对于整个技术方案的实现没有实质性影响，这两个步骤的互换在技术功能和技术效果上也没有产生实质性的差异。故被诉侵权方法调换后的步骤与本案专利权利要求1的步骤6、7属于等同的技术特征。关于本案专利权利要求1的步骤10、11是否与被诉侵权方法的步骤8、10构成等同的问题。本案专利权利要求1的步骤10是将密封垫片和螺纹塞盖互相装配后旋入螺纹塞座中，步骤11步充气试压检验。被诉侵权方法采用的是先充气试压检验，后将密封垫片和螺纹塞盖互相装配后旋入螺纹塞座。对热水袋进行充气试压检验，需要通过热水袋的口部进行。按照本案专利权利要求 1 的步骤 10、11 进行操作，在进行充气试压检验前，必须要从螺纹塞座中旋下螺纹塞盖后方能进行。与被诉侵权方法所采取的先试压检验后再装配螺纹塞盖的步骤相比，这种操作步骤实质上是增加了充气试压检验的操作环节，导致操作时间延长，效率降低。故将步骤 10、11 调换后，确实产生了减少操作环节，节约时间，提高效率的技术效果。因此这种步骤互换所产生的技术效果上的差异是实质性的，调换后的步骤与本案专利权利要求 1 的步骤 10、11 不构成等同技术特征。被诉侵权方法未落入本案专利权的保护范围。

6. 外观设计专利侵权判定中相同或相近种类产品的认定

在再审申请人福建省晋江市青阳维多利食品有限公司（以下简称维多利公司）与被申请人漳州市越远食品有限公司（以下简称越远公司）、一审被告、二审被上诉人李欣彩侵害外观设计专利权纠纷案［（2013）民申字第 1658 号］中，最高人民法院指出，在外观设计专利侵权判定中，确定产品种类是否相同或相近的依据是产品是否具有相同或相近似的用途，产品销售、实际使用的情况可以作为认定用途的参考因素。

本案的基本案情是：越远公司是名称为“工艺品（凤梨拼盘）”外观设计专利（即本案专利）的独占被许可人。越远公司在李欣彩经营的商店公证购买了名称为“旺来拼盘吸冻”的被诉侵权产品。维多利公司确认被诉侵权产品由其生产、销售。被诉侵权产品的外形整体造型为承载在托盘上的凤梨，自上而下由三部分构成：顶层是朝上伸展的叶子；中间层是由若干颗粒捆扎而成的圆柱形果实，圆柱形果实的内部填充了具有可食用性的果冻；底层是带底座的托盘。销售时，顶层的装饰物、底层的托盘与中间层的圆柱型果实一同销售。根据产品实际使用情况，被诉侵权产品除供食用外，消费者购买后也可以将其作为贡品和摆设，达到装饰的效果。越远公司以李欣彩和维多利公司为被告提起诉讼，请求法院判令两被告立即停止侵害本案专利权的行为，赔偿经济损失 8 万元。福建省厦门市中级人民法院一审认为，本案被诉侵权产品为果冻，系可食用食品，而本案外观设计专利为“工艺品（凤梨拼盘）”，系装饰品，两者用途不同，产品功能不同，且在国际外观设计分类表中分别属不同的类别，故本案被诉侵权产品的外观设计未落入本案专利保护范围。据此判决驳回越远公司的全部诉讼请求。越远公司不服，提出上诉。福建省高级人民法院二审认为，在凤梨模型中注入可食用的材料并不影响其同时具有装饰的功能和用途，被诉侵权产品可以用作装饰陈列、摆放，故被诉侵权产品与本案专利产品属于相近种类产品。维多利公司在与本案专利相近的产品种类上使用与本案专利相近似的外观设计，构成侵权。遂判决维多利公司、李欣彩立即停止侵权行为，维多利公司赔偿越远公司 2 万元。维多利公司不服，向最高人民法院申请再审。最高人民法院于 2013 年 9 月 26 日驳回维多利公司的再审申请。

最高人民法院审查认为：外观设计不能脱离其产品而单独存在，但外观设计专利的保护客体并非产品本身，也并非脱离外观设计专利限定的产品类别抽象出来的设计方案。在确定外观设计专利权的保护范围时，产品的种类以及外观设计均是需要考虑的因素。如果在与外观设计专利产品相同或者相近种类产品上，被诉侵权产品采用了与授权外观设计相同或者近似的外观设计，则应当认定被诉侵权产品落入外观设计专利权的保护范围。确定产品种类相同或相近的依据是产品是否具有相同或相近似的用途，而产品销售、实际使用的情况是认定用途的参考因素。根据产品实际使用情况，被诉侵权产品除供食用外，消费者购买后也可以将其作为贡品和摆设，达到装饰的效果。尽管被诉侵权产品的果实中盛装了果冻，具有食用的功能，但由于其与本案专利产品具有相同的装饰用途，应认为被诉侵权产品与本案外观设计专利产品种类相近。维多利公司在与本案专利相近的产品种类上使用与本案专利相近似的外观设计，二审法院认定被诉侵权产品落入本案外观设计专利的保护范围，并无不当。

（二）专利行政案件审判

7. 权利要求的解释方法在专利授权确权程序和民事侵权程序中的异同

在再审申请人精工爱普生株式会社（以下简称精工爱普生）与被申请人中华人民共和国国家知识产权局专利复审委员会（以下简称专利复审委员会）、郑亚俐、佛山凯德利办公用品有限公司（以下简称凯德利公司）、深圳市易彩实业发展有限公司（以下简称易彩公司）发明专利权无效行政纠纷案［（2010）知行字第 53-1 号］（以下简称“墨盒”专利无效行政案）中，最高人民法院认为，专利权利要求的解释方法在专利授权确权程序与专利民事侵权程序中既有根本的一致性，又在特殊场合下体现出一定的差异性，其差异突出体现在当事人意见陈述的作用上；在专利授权确权程序中，申请人在审查档案中的意见陈述原则上只能作为理解说明书以及权利要求书含义的参考，而不是决定性依据。

本案的基本案情是：精工爱普生是名称为“墨盒”的 00131800.4 号发明专利（即本案专利）的申请人和权利人。本案专利是 99800780.3 号发明专利申请的分案申请，而 99800780.3 号发明专利申请是进入中国国家阶段的国际申请（PCT/JP99/02579）。该国际申请的申请日是 1999 年 5 月 18 日，其主张的最早优先权日是 1998 年 5 月 18 日，进入中国国家阶段后的公开日是 2000 年 11 月 1 日。该国际专利申请原文为日文，其内容可以参照该国际申请文件的中文译文，即 99800780.3 号发明专利申请的申请文件。99800780.3 号发明专利申请公开文本的权利要求书和说明书中，均未出现“记忆装置”的用语。但在 PCT/JP99/02579 号国际专利申请文件的权利要求书中出现过“半導体記憶手段”的日文用语，在说明书中则分别出现过“半導体記憶手段”和“記憶手段”的用语，上述用语在 99800780.3 号发明专利申请公开文本中分别被翻译为“半导体存储装置”和“存储装置”。2000 年 10 月 30 日，精工爱普生以分案方式提出本案专利申请。本案专利申请公开文本的权利要求书共计 12 项权利要求，其中权利要求 6、7 和 8 中出现了“记忆装置安装部分”的用语。此后，精工爱普生对本案专利申请进行了多次修改。第三次修改时，将原来的 12 项权利要求修改为 66 项权利要求。该次修改后的权利要求书的独立权利要求和部分从属权利要求中使用了“记忆装置”的用语，且在从属权利要求 19、36、37 中，“记忆装置”和“存储装置”的用语同时出现。第四次修改时，删除了原权利要求 1—22、24、53 以及 66，并将剩余的权利要求重新编号为 1—41，并对其中部分权利要求进行了修改，同时增加了新权利要求 42。在此次修改中，精工爱普生将权利要求 1（即第三次修改后的权利要求 23）中的“记忆装置”修改为“存储装置”，对于其他独立权利要求则均保留了“记忆装置”的用语。对于重新编号后的权利要求 8 中的“记忆装置”，精工爱普生在意见陈述中作了如下说明：“申请人首先希望解释，该权利要求及其后的权利要求中所述的‘记忆装置’是指说明书及附图中记载的电路板及设置在其上的半导体存储装置。”针对本案专利权，凯德利公司、郑亚俐和易彩公司分别向专利复审委员会提出无效宣告请求。精工爱普生在无效宣告审查阶段再次修改其权利要求书，将原来的 42 项权利要求变为 40 项权利要求。专利复审委员会于 2008 年 4 月 15 日作出第 11291 号无效宣告请求审查决定（以下简称第 11291 号决定），以精工爱普生有关记忆装置的修改以及其他修改均超出原说明书和权利要求书记载的范围，违反专利法第三十三条的规定为由，宣告本案专利全部无效。精工爱普生不服，提起行政诉讼。北京市第一中级人民法院一审判决维持第 11291 号决定。精工爱普生不服，提出上诉。北京市高级人民法院二审认为，“记忆装置”系专利申请人新增加的内容，不符合专利法第三十三条的规定；关于“存储装置”的修改符合专利法第三十三条的规定；一审判决及第 11291 号决定部分事实认定错误，适用法律不当，应予撤销。遂判决撤销一审判决及第 11291 号决定，判令专利复审委员会重新作出审查决定。精工爱普生不服，向最高人民法院申请再审，主张其关于“记忆装置”的修改符合专利法第三十三条的规定。最高人民法院于 2013 年 9 月 23 日裁定驳回了精工爱普生的再审申请。

最高人民法院审查认为：在专利授权确权程序与专利民事侵权程序中，权利要求的解释方法既存在很强的一致性，又存在一定的差异性。其一致性至少体现在如下两个方面：一是，权利要求的解释属于文本解释的一种，无论是专利授权确权程序还是专利民事侵权程序中对权利要求的解释，均需遵循文本解释的一般规则；二是，无论是专利授权确权程序还是专利民事侵权程序中对权利要求的解释，均应遵循权利要求解释的一般规则。但是，由于专利授权确权程序与专利民事侵权程序中权利要求解释的目的不同，两者在特殊场合又存在一定的差异。在专利授权确权程序中，解释权利要求的目的在于通过明确权利要求的含义及其保护范围，对专利权利要求是否符合专利授权条件或者其效力如何作出判断。基于此目的，在解释权利要求用语的含义时，必须顾及专利法关于说明书应该充分公开发明的技术方案、权利要求书应当得到说明书支持、专利申请文件的修改不得超出原说明书和权利要求书记载的范围等法定要求。若说明书对该用语的含义未作特别界定，原则上应采本领域普通技术人员在阅读权利要求书、说明书和附图之后对该术语所能理解的通常含义，尽量避免利用说明书或者审查档案对该术语作不适当的限制，以便对权利要求是否符合授权条件和效力问题作出更清晰的结论，从而促使申请人修改和完善专利申请文件，提高专利授权确权质量。在专利民事侵权程序中，解释权利要求的目的在于通过明确权利要求的含义及其保护范围，对被诉侵权技术方案是否落入专利保护范围作出认定。在这一程序中，如果专利保护范围字面含义界定过宽，出现权利要求得不到说明书支持、将现有技术包含在内或者专利审查档案对该术语的含义作出过限制解释因而可能导致适用禁止反悔原则等情形时，可以利用说明书、审查档案等对保护范围予以限制，从而对被诉侵权技术方案是否落入保护范围作出更客观公正的结论。因此，专利权利要求的解释方法在专利授权确权程序与专利民事侵权程序中既有根本的一致性，又在特殊场合下体现出一定的差异性。这种差异突出体现在当事人意见陈述的作用上。在专利授权确权程序中解释权利要求时，意见陈述书的作用在特定的场合下要受到专利法明文规定的限制。例如，我国专利法规定了说明书应当对发明作出清楚完整的说明、权利要求书应当得到说明书的支持、专利申请文件的修改不得超出原说明书和权利要求书记载的范围等法定要求。在审查某项专利或者专利申请是否符合上述法定要求时，当然应该以说明书或者原说明书和权利要求书为依据，当事人意见陈述不能也不应该起到决定作用。相反，如果将当事人的意见陈述作为判断某项专利或者专利申请是否符合上述法定要求的决定性依据，则无法促使专利申请人将相关内容尽量写入说明书，专利法的前述法定要求也将无法得到实现。因此，在专利授权确权程序中，申请人在审查档案中的意见陈述在通常情况下只能作为理解说明书以及权利要求书含义的参考，而不是决定性依据。而在专利民事侵权程序中解释权利要求的保护范围时，只要当事人在专利申请或者授权程序中通过意见陈述放弃了某个技术方案，一般情况下应该根据当事人的意见陈述对专利保护范围进行限缩解释。

8. 物质的医药用途发明的撰写要求

在再审申请人卡比斯特制药公司（以下简称卡比斯特公司）与被申请人中华人民共和国国家知识产权局专利复审委员会（以下简称专利复审委员会）发明专利权无效行政纠纷案［（2012）知行字第75号］（以下简称“抗生素的给药方法”发明专利无效行政案）中，最高人民法院指出，如果发明的实质及其对现有技术的改进在于物质的医药用途，申请专利权保护时，应当将权利要求撰写为制药方法类型权利要求，并以与制药相关的技术特征对权利要求的保护范围进行限定。

本案的基本案情是：卡比斯特公司于1999年9月24日向中华人民共和国国家知识产权局申请了名称为“抗生素的给药方法”的发明专利（即本案专利），并于2004年5月19日获得授权。授权公告的权利要求为：“1. 潜霉素在制备用于治疗有此需要的患者细菌感染而不产生骨骼肌毒性的药剂中的用途，其中用于所述治疗的剂量是3～75mg/kg的潜霉素，其中重复给予所述的剂量，其中所述的剂量间隔是每隔24小时一次至每48小时一次……。”2008年6月4日，肖红针对本案专利向专利复审委员会提出无效宣告请求。其提交的证据6公开了在2毫克/千克每24小时剂量下，潜霉素显示出有效治疗多种革兰氏阳性感染，在3毫克/千克每12小时的剂量下注意到偶发的副作用，并公开了潜霉素的抗菌机理。证据7公开了潜霉素可用于治疗细菌感染，患者单独用潜霉素与潜霉素加氨基糖苷类（庆大霉素或托普霉素）治疗相比，取得了类似的有利效果，还公开了潜霉素与阿米卡星的联合给药。证据8公开了制药学纯化的潜霉素或其盐可以配制为口服或非胃肠给药的制剂，用于治疗或预防细菌感染。2009年4月7日，专利复审委员会作出第13188号无效宣告请求审查决定（以下简称第13188号决定），宣告本案专利权全部无效。专利复审委员会认为，没有证据表明对潜霉素不产生骨骼肌毒性的副作用的进一步认识能使权利要求1保护的制药用途区别于证据6公开的已知制药用途。同时，本领域技术人员公知给药剂量、重复给药和时间间隔特征是医生在治疗过程中，针对患者进行选择和确定的信息，属于用药过程的信息，与制药过程无关，不能使权利要求1的制药用途区别于证据6公开的已知制药用途。权利要求1的制药用途与证据6、证据7或证据8公开的用途实质相同，不具备新颖性和创造性。卡比斯特公司不服，提起行政诉讼。卡比斯特公司主张，现有技术在潜霉素高剂量给药时产生骨骼肌毒性，本案专利“不产生骨骼肌毒性”使得潜霉素在针对严重革兰氏阳性菌感染的治疗中，具备了真正的用药安全性及工业实用性，进而具备了治疗用途和制药用途。“不产生骨骼肌毒性”是本案专利区别于现有技术的关键功能和效果特征，使得本案专利与现有技术的制药用途实质不同，具备新颖性、创造性。北京市第一中级人民法院和北京市高级人民法院先后判决维持第 13188 号决定。卡比斯特公司不服，向最高人民法院申请再审。最高人民法院于 2013 年 11 月 19 日裁定驳回卡比斯特公司的再审申请。

最高人民法院审查认为：在化学领域发明专利的申请中，制药用途权利要求是一类特殊的权利要求。当物质的医药用途以“用于治病”、“用于诊断病”、“作为药物的应用”等这样的权利要求申请专利，会因为属于我国专利法第二十五条第一款第（三）项“疾病的诊断和治疗方法”，而不能被授予专利权。但若该物质用于制造药品，则可依法授予专利权。由于药品及其制备方法均可依法授予专利权，故物质的医药用途发明以药品权利要求或者以“在制药中的应用”，“在制备治疗某病的药物中的应用”等属于制药方法类型的用途权利要求申请专利的，则不属于专利法第二十五条第一款第（三）项规定的情形。为了保护发明人对现有技术的创新性贡献，实现专利法保护创新、鼓励发明创造的立法宗旨，在相当长时间的专利审查实践中，国务院专利行政部门均允许将那些发明实质在于药物新用途的发明创造，撰写成制药方法类型的权利要求来获得专利权，如“化合物 X 作为制备治 Y 病药的应用”或与此类似的形式。其实质上是针对物质的医药用途发明创造所作的特别规定，通过给医药用途发明创造提供必要的保护空间和制度激励，平衡社会公众与权利人的利益。经过多年的审查实践，已被普遍认可和接受。《专利审查指南》在关于化学领域发明专利申请审查的若干规定中明确，化学物质的用途发明是基于发现物质新的性能，利用此性能而作出的发明。无论是新物质还是已知物质，其性能是物质本身所固有的。用途发明的本质不在于物质本身，而在于物质性能的应用。因此，用途发明是一种方法发明，其权利要求属于方法类型。当发明的实质及其对现有技术的改进在于物质的医药用途，申请人在申请专利权保护时，应当按照《专利审查指南》的相关规定，将权利要求撰写为制药方法类型权利要求，并以与制药相关的技术特征，对权利要求的保护范围进行限定。

9. 不产生特定毒副作用的特征对权利要求请求保护的医药用途发明是否具有限定作用

在前述“抗生素的给药方法”发明专利无效行政案中，最高人民法院认为，如果权利要求中不产生特定毒副作用的特征没有改变药物已知的治疗对象和适应症，也未发现药物的新性能，不足以与已知用途相区别，则其对权利要求请求保护的医药用途发明不具有限定作用。

最高人民法院审查认为：“不产生骨骼肌毒性”不是患者在潜霉素施用之

前呈现的症状，而是患者在施用潜霉素之后身体中某些指标发生变化的结果，体现的是药物本身是否具有毒副作用。本案专利“不产生骨骼肌毒性”仅是改善了潜霉素的不良反应，使得骨骼肌毒性降低，并没有改变潜霉素本身的治疗对象和适应症，更没有发现药物的新性能。使用潜霉素后不产生骨骼肌毒性，其针对的适应症是细菌感染，使用潜霉素后产生了骨骼肌毒性，其针对的适应症也是细菌感染。就潜霉素本身的用途而言，二者并没有任何区别。本专利在撰写中采用“不产生骨骼肌毒性”的限定，没有使其与现有技术公开的已知用途产生区别，对药物用途本身不具有限定作用，对本专利权利要求并未产生限定作用。

10. 给药特征对权利要求请求保护的制药方法发明是否具有限定作用

在前述“抗生素的给药方法”发明专利无效行政案中，最高人民法院认为，用药过程的特征对药物制备过程的影响需要具体判断和分析；仅体现于用药行为中的特征不是制药用途的技术特征，对权利要求请求保护的制药方法本身不具有限定作用。

最高人民法院审查认为：在实践中，给药对象、给药形式、给药剂量、时间间隔等是制药方法权利要求中经常出现的特征。分析各个技术特征体现的是制药行为还是用药行为，以及新用途与已知用途是否实质不同，对判定所要求保护的技术方案与现有技术相比是否具备新颖性非常关键。由于制药方法权利要求约束的是制造某一用途药品的制造商的制造行为，所以仍应从方法权利要求的角度来分析其技术特征。通常能直接对其起到限定作用的是原料、制备步骤和工艺条件、药物产品形态或成分以及设备等。专利法意义上的制药过程通常是指以特定步骤、工艺、条件、原料等制备特定药物本身的行为，并不包括药品的说明书、标签和包装的撰写等药品出厂包装前的工序。对于仅涉及药物使用方法的特征，例如药物的给药剂量、时间间隔等，如果这些特征与制药方法之间并不存在直接关联，其实质上属于在实施制药方法并获得药物后，将药物施用于人体的具体用药方法，与制药方法没有直接、必然的关联性。这种仅体现于用药行为中的特征不是制药用途的技术特征，对权利要求请求保护的制药方法本身不具有限定作用。给药剂量与单位剂量是不同的概念：单位剂量通常是指每一药物单位中所含药物量，该含量取决于配制药物时加入的药量；给药剂量是指每次或者每日的服药量，指药物的使用份量，可由药物的使用者自行决定，如一天两次或一天三次的给药，属于对药物的使用方法。临床实践中，若单位剂量的药物含量没有达到用药量，可通过服用多个单位剂量的药物实现，若药物含量大于用药剂量，则减量服用。本案专利权利要求 1 记载的所述治疗的剂量是 3～75 毫克/千克，并没有限定是单位剂量还是给药剂量。本案专利说明书也没有记载该剂量对制药过程及制药用途种类具有影响。作为本领域的技术人员，对于本案专利权利要求 1 中记载的所述治疗的剂量是 3～75 毫克/千克，通常理解为是每千克的活性成分为 3～75 毫克，所限定的是给药剂量。针对患者个体修改服用方式，选择服用的药物剂量，从而达到药品的最佳治疗效果是用药过程中使用药物治病的行为。给药剂量的改变并不必然影响药物的制备过程，导致药物含量的变化。同样，本案专利通过时间间隔形成的给药方案是用药过程中如何使用该药物的方法特征，属于体现在用药过程，不体现在制药阶段的医学实践活动。该用药过程的特征与药物生产的制备本身并没有必然的联系，没有对潜霉素的制备方法产生改变，从而影响药物本身，对制药过程不具有限定作用，不能使该制药用途具备新颖性。

11. 开放式与封闭式权利要求的区分适用于机械领域专利

在再审申请人北京世纪联保消防新技术有限公司（以下简称世纪联保公司）与被申请人国家知识产权局专利复审委员会（以下简称专利复审委员会）、二审第三人山西中远消防设备有限公司（以下简称中远公司）发明专利权无效行政纠纷案［（2012）行提字第 20 号］（以下简称“灭火装置”发明专利无效案）中，最高人民法院认为，“含有”、“包括”本身就具有并未排除未指出内容的含义，因而成为开放式专利权利要求的重要标志；开放式和封闭式权利要求的区分在包括化学、机械领域在内的全部技术领域有普遍适用性。

本案的基本案情是：世纪联保公司是名称为“脉冲超细干粉自动灭火装置”的发明专利（即本案专利）的权利人。本案专利属于机械领域发明专利，授权公告的权利要求 1 如下：“1. 脉冲超细干粉自动灭火装置，含有启动器和内装超细干粉灭火剂（冷气溶胶灭火剂）的壳体，其特征在于，它含有：壳体，它包括：外壳、装在外壳内的粒度在 30μm 以下的超细干粉灭火剂及壳体喷口密封用的铝膜；传导速度大于 0.5 米/秒的启动器，它包括：由燃点大于或等于 135℃、并对火焰或温度敏感的热敏线和套在热敏线外的套管组成的启动组件，由靠螺母和贯穿着热敏线的穿孔螺栓紧压在壳体内侧的铝板、与热敏线接触的产气剂和扣压在铝板上用以包住产气剂的非金属薄膜共同组成的产气组件。”针对本案专利，中远公司提出无效宣告请求，并提交了附件 1 即中国第 00200992.7 号实用新型专利说明书作为对比文件。该对比文件中公开的灭火装置中有多孔件，而本案专利技术方案没有提及该部件。专利复审委员会认定本案专利权利要求 1 与附件 1 存在三个区别技术特征，但未将权利要求 1 缺少多孔件以及由多孔件上端与顶盖底部环形凸端配合形成的产气室作为区别技术特征。专利复审委员会认为，权利要求 1—5 相对于附件 1 不具有创造性；本案专利权利要求 1 中没有多孔件，相应地也就不具有附件 1 说明书中所述的多孔件的功能，缺失多孔件不能使权利要求 1 的技术方案具备创造性。2010 年 3 月 2 日，专利复审委员会作出第 14523 号无效宣告请求审查决定（以下简称第 14523 号决定），宣告本案专利权全部无效。世纪联保公司不服，提起行政诉讼。北京市第一中级人民法院一审维持第 14523 号决定。世纪联保公司不服，提出上诉。北京市高级人民法院二审认为，虽然附件 1 的灭火器中还装有多孔件，本案专利权利要求 1 没有记载该部件，但是本案专利权利要求 1 属于开放式的权利要求，其并没有排除还可能包含除了其中明确限定的部件以外的部件，因此“多孔件”并不能构成本案专利权利要求 1 与附件 1 的区别技术特征。遂判决维持一审判决及第 14523 号决定。世纪联保公司仍不服，向最高人民法院申请再审。最高人民法院裁定提审本案，并于 2013 年 2 月 26 日判决维持原一、二审判决。

最高人民法院提审认为：2001 年版《审查指南》仅在第二部分第十章“关于化学领域发明专利申请审查的若干规定”中第 3.2.1 节规定了开放式、封闭式及半开放式三种表达方式。开放式表示组合物中并不排除权利要求中未指出的组分，封闭式则表示组合物中仅包括所指出的组分而排除所有其他的组分，半开放式介于两者之间。这三种表达方式的保护范围不同。其中，“含有”、“包括”为开放式表达方式的常用措词。鉴于开放式和封闭式权利要求在其他领域也有普遍适用性，且半开放式权利要求保护范围的判断方法与开放式权利要求的判断方法在实际操作中相同，2006 年版《审查指南》对此作了修改，删除了半开放式权利要求的相关规定，并将原来的半开放式权利要求的几种表达方式归入开放式权利要求中，同时将开放式权利要求和封闭式权利要求的规定移入权利要求的通用章节即第二部分第二章第 3.3 节“权利要求的撰写规定”中。虽然本案专利的审查应当适用 2001 年版《审查指南》，且根据该《审查指南》，开放式与封闭式权利要求的表达方式仅适用于化学领域发明专利，但是开放式、封闭式权利要求的常用措词本身是对专利申请审查实践中不同类型权利要求常用措词的总结，申请人应当考虑到了措词本身的含义。根据《现代汉语词典（第 5 版）》，“包括”的含义为包含（或列举各部分，或着重指出某一部分）。本案专利权利要求 1 使用的“含有”、“包括”措词的本身含义就应当理解为没有排除未指出的结构组成部分。在此情况下，二审判决关于“本案专利权利要求 1 是一开放式的权利要求，其并没有排除还可能包含除了其中明确限定的部件以外的部件”的认定并无不妥。

12. 开放式权利要求的区别技术特征的认定

在前述“灭火装置”发明专利无效案中，最高人民法院认为，认定开放式权利要求相对于对比文件的区别技术特征时，如果对比文件的某个技术特征在该开放式权利要求中未明确提及，一般不将缺少该技术特征作为开放式权利要求相对于对比文件的区别技术特征。

最高人民法院提审认为：专利复审委员会根据本案专利权利要求1使用的“含有”、“包括”措词的本身含义以及本案专利没有将多孔件排除在保护范围之外的限定内容，在多孔件是附件1的技术特征而不是本案专利权利要求1的技术特征的情况下，未将“多孔件”作为本案专利权利要求1与附件1的区别技术特征，符合机械领域专利审查实践的常规做法，并无不妥。二审法院基于同样理由认定本案专利权利要求1是开放式权利要求，其并未排除还可能包含除明确限定的部件以外的部件，多孔件并不能构成本案专利权利要求1与附件1的区别技术特征。二审法院的相关认定并不存在错误。世纪联保公司所述的产气室是指由附件1灭火器中的多孔件与顶盖底部环形凸端配合形成的腔室，本身并不是一个独立的部件；没有多孔件，就不会形成所谓的产气室。在多孔件不属于本案专利权利要求1与附件1的区别技术特征的情况下，依附于多孔件而存在的所谓产气室自然也不属于本案专利权利要求1与附件1的区别技术特征。

13. 技术偏见是否存在应结合现有技术的整体内容进行判断

在申诉人阿瑞斯塔生命科学北美有限责任公司（以下简称阿瑞斯塔公司）与被申诉人中华人民共和国国家知识产权局专利复审委员会（以下简称专利复审委员会）发明专利权行政纠纷案［（2013）知行字第31号］中，最高人民法院认为，现有技术中是否存在技术偏见，应当结合现有技术的整体内容进行判断。

本案的基本案情是：本专利申请为名称“以取代的苯基磺酰基氨基羰基三唑琳酮为基础的选择性除草剂”的发明专利申请。2006年6月30日，申请人变更为阿瑞斯塔公司。中华人民共和国国家知识产权局结合对比文件1（US5534486A）和对比文件2（WO98/12923A1），认定本专利申请权利要求1和2不具有新颖性、权利要求3—6不具有创造性，于2005年2月25日驳回本专利申请。阿瑞斯塔公司不服，向专利复审委员会提出复审请求，同时提交了本专利申请权利要求书和说明书的修改替换页，删除了原权利要求1—5，将原权利要求6修改为新的权利要求1，并增加了新的从属权利要求2—7。专利复审委员会发出复审通知书，指出权利要求1相对于对比文件2不具备创造性，从属权利要求2—7也不具有创造性。阿瑞斯塔公司针对上述复审通知书，对权利要求1增加了药效限定的技术特征。修改后的权利要求1为：“在谷类作物中选择性控制至少一种杂草的方法，所述杂草选自冰草属、燕麦属、芸苔属、荠属、黑麦草属、芥属、遏蓝菜属、婆婆纳属及其组合，该方法包括将有效量的式（I）化合物2-（2-三氟甲氧基-苯基磺酰基氨基羰基）-4-甲基-5-甲氧基-2，4-二氢-3H-1，2，4-三唑-3酮和/或式（I）化合物的盐施用于所述谷类作物和/或其环境中，其中对至少一种杂草的药效百分比为70%至

100%。”对比文件2公开了一种除草组合物，该组合物含有式（I）化合物或其盐以及另一种除草剂以及表面活性剂和/或常规扩充剂，所述组合物除草剂具有特别高的除草活性，可用于各种作物特别是小麦中以去除杂草，杂草种类包括冰草属、燕麦属、荠属、黑麦草属、芥属、婆婆纳属等单子叶和双子叶杂草。对比文件2表A-2中还公开了作为本专利申请的已知单一化合物（1-2，Na盐）施用于风草和狗尾草的效果，与含式（I）化合物的钠盐和赛克津的组合物相比，针对风草测试植物破坏或有效百分比，前者为60%，后者为98%；针对狗尾草测试植物破坏或有效百分比，前者为90%，后者为100%。权利要求1要求保护的技术方案与对比文件2的区别在于：权利要求1中将式（I）化合物的钠盐（I-2，Na盐）具体限定应用于谷类作物，并具体限定用于去除冰草属、燕麦属、芸苔属、荠属、黑麦草属、芥属、遏蓝菜属、婆婆纳属杂草，以及对上述至少一种杂草的药效百分比为70%至100%。专利复审委员会于2007年11月29日作出第11964号复审请求审查决定（以下简称第11964号决定），认为权利要求1不具有创造性，遂维持国家知识产权局的驳回决定。阿瑞斯塔公司不服，提起行政诉讼。北京市第一中级人民法院一审判决维持第11964号决定。阿瑞斯塔公司不服，提出上诉。北京市高级人民法院二审判决驳回上诉，维持一审判决。阿瑞斯塔公司向北京市高级人民法院申请再审，北京市高级人民法院予以驳回。阿瑞斯塔公司仍不服，向最高人民法院申诉。最高人民法院于2013年11月5日裁定驳回阿瑞斯塔公司的申诉。

最高人民法院审查认为：主张克服了技术偏见而具备创造性的前提是能够证明这种技术偏见客观存在。虽然对比文件2表A-2的数据表明，单独使用与本专利申请完全相同的式（I）化合物的钠盐（I-2，Na盐），与其和赛克津组合使用的协同作用效果相比，显示的效果差，但对比文件2并没有披露式（I）化合物的钠盐（I-2，Na盐）不能用于对比文件2所述的施用作物范围和除草范围。相反，对比文件2表A-2的数据表明，单独使用式（I）化合物的钠盐（I-2，Na盐）时，针对风草和狗尾草的药效百分比分别达到了60%和90%。阿瑞斯塔公司提交的证据尚不能证明单独选择使用单一化合物式（I）化合物（I-2，Na盐）作为谷类作物选择性的控制杂草是本领域技术人员舍弃的技术方案，也不能证明对比文件2记载的式（I）化合物在除草方面存在何种具体的活性缺陷或不足，从而导致本领域技术人员不去考虑单独使用式（I）化合物来去除任何杂草。尽管对比文件2的表A-2是用于说明式（I）化合物的钠盐（I-2，Na盐）与其他活性物质混合使用的效果好于单独使用式（I）化合物的钠盐（I-2，Na盐），但观察到的对比结果表明，单独使用式（I）化合物的钠盐（I-2，Na盐）在风草和狗尾草上也有一定的技术效果。

因此，将式（I）化合物和其他化合物组合使用的技术方案与单独使用式（I）化合物的技术方案并不属于两个完全对立的技术方案。对本领域技术人员而言，存在将式（I）化合物的钠盐（I—2，Na 盐）应用于对比文件 2 所述的施用作物范围和除草范围的技术启示。阿瑞斯塔公司提出本专利申请克服了技术偏见以及对比文件 2 具有反面教导的理由不能成立。

14. 专利申请文件修改超范围的判断

在再审申请人株式会社岛野与被申请人中华人民共和国国家知识产权局专利复审委员会（以下简称专利复审委员会）及一审第三人宁波赛冠车业有限公司（以下简称赛冠公司）发明专利权无效行政纠纷案〔（2013）行提字第 21 号〕（以下简称“后换挡器”发明专利无效行政案）中，最高人民法院指出，专利法第三十三条中“原说明书和权利要求书记载的范围”应当理解为原说明书和权利要求书所呈现的发明创造的全部信息；审查专利申请文件的修改是否超出原说明书和权利要求书记载的范围，应当考虑所属技术领域的技术特点和惯常表达、所属领域普通技术人员的知识水平和认知能力、技术方案本身在技术上的内在要求等因素。

本案的基本案情是：株式会社岛野是“后换档器”发明专利（即本案专利）的权利人。本案专利系以“后换挡器支架”发明专利申请（即原申请）为基础提出分案申请被授权而来。根据赛冠公司的无效宣告请求，专利复审委员会就本案专利作出第 15307 号无效宣告请求审查决定（以下简称第 15307 号决定），宣告本案专利权全部无效。第 15307 号决定认为，“圆形孔”是“圆的螺栓孔”、“圆形螺栓孔”的上位概念，而且与“螺栓孔”的含义也有所不同，将原申请中“圆的螺栓孔”、“圆形螺栓孔”或“螺栓孔”概括修改为本案专利权利要求 1、3、6 中的“圆形孔”，包含了并未记载在原申请中的内容。“压制”为“模压”的上位概念，对本领域技术人员来说，原申请中的“模压”和本专利权利要求 2 以及说明书中“压制”表达的是不同的信息。上述修改均使得本领域技术人员看到的信息与原申请记载的信息不同，并且不能从原申请记载的信息中直接地、毫无疑义地确定，其余权利要求也不能完全克服上述缺陷。因此，本案专利权利要求 1—6 和说明书的修改均不符合专利法第三十三条的规定。北京市第一中级人民法院和北京市高级人民法院先后判决维持第 15307 号决定。株式会社岛野不服，向最高人民法院申请再审。其理由之一是，导致本案专利被宣告无效的两处修改均与发明点无关，第 15307 号决定无视本领域的技术现状和本专利的实际贡献，违背了专利法第三十三条的立法本意。最高人民法院裁定提审本案，并于 2013 年 12 月 27 日判决撤销原一、二审判决和第 15307 号决定，判令专利复审委员会重新作出审查决定。

最高人民法院提审认为：专利法第三十三条的立法目的在于实现先申请制下专利申请人与社会公众之间的利益平衡：一方面，允许专利申请人对其专利申请文件进行修改和补正，以保证确有创造性的发明创造取得专利权；另一方面，将专利申请人的修改权限制在申请日公开的技术信息范围内，以保护社会公众对原专利申请文件的信赖利益。因此，可以将专利法第三十三条的含义作如下分解：第一，专利申请人有权对其专利申请文件进行修改。其一，可以通过修改补正专利申请文件中的撰写瑕疵；其二，可以通过修改对专利申请文件中公开的技术信息以适当的方式进行表述，对要求保护的范围作出调整。第二，基于先申请原则，专利申请人对发明和实用新型专利申请文件的修改不得超出原说明书和权利要求书记载的范围。究其原因，一是为了鼓励专利申请人在申请日充分公开其发明创造；二是为了防止专利申请人将其在申请日未公开的发明创造通过修改纳入申请文件而不正当地获得先申请利益。实践中，对于专利法第三十三条的适用，争议主要集中在什么是“原说明书和权利要求书记载的范围”。从该条的立法目的出发，“原说明书和权利要求书记载的范围”应当理解为原说明书和权利要求书所呈现的发明创造的全部信息，是对发明创造的全部信息的固定。这既是先申请制度的基石，也是专利申请进入后续阶段的客观基础。“原说明书和权利要求书记载的范围”具体可以表现为：原说明书及其附图和权利要求书以文字和图形直接记载的内容，以及所属领域普通技术人员根据原说明书及其附图和权利要求书能够确定的内容。审查专利申请文件的修改是否超出原说明书和权利要求书记载的范围，应当考虑所属技术领域的技术特点和惯常表达、所属领域普通技术人员的知识水平和认知能力、技术方案本身在技术上的内在必然要求等因素，以正确确定原说明书和权利要求书记载的范围。本案中，对本领域普通技术人员而言，“圆形孔”与“圆的螺栓孔”具有不同的技术含义，本案专利权利要求 1、3 的修改不符合专利法第三十三条的规定；权利要求 6 通过附加技术特征的限定，将 8b 从“圆形孔”修改回到了“圆的螺栓孔”，符合专利法第三十三条的规定；对本领域普通技术人员而言，“压制”属于“模压”的上位概念，两者具有不同的技术含义，权利要求 2 的修改不符合专利法第三十三条的规定。

15. 专利申请文件中“非发明点”的修改及其救济

在前述“后换挡器”发明专利无效行政案中，最高人民法院还指出，为避免确有创造性的发明创造因为“非发明点”的修改超出原说明书和权利要求书记载的范围而丧失其本应获得的与其对现有技术的贡献相适应的专利权，相关部门应当积极寻求相应的解决和救济渠道，在防止专利申请人获得不正当的先申请利益的同时，积极挽救具有技术创新价值的发明创造。

最高人民法院提审认为：一项技术方案能够被授予独占性的专利权，是因为其对现有技术做出了实质性的贡献。被授予的专利权的范围与该技术方案对现有技术的贡献大小相当，这是专利制度的合理性基础。一般而言，一项技术方案包含多个技术特征，其中体现发明创造对现有技术做出贡献的技术特征通常被称为“发明点”。“发明点”使发明创造相对于现有技术具有新颖性和创造性，是发明创造能够被授予专利权的基础和根本原因。在专利授权和确权程序中，确实存在因为“发明点”以外的技术特征的修改超出原说明书和权利要求书记载的范围而使得确有创造性的发明创造不能取得专利权的情形。专利法第三十三条对专利申请文件的修改没有区分“发明点”和“非发明点”而采取不同的标准，但是该条款的立法本意之一是尽可能保证确有创造性的发明创造取得专利权，实现专利申请人所获得的权利与其技术贡献相匹配。如果仅仅因为专利申请文件中“非发明点”的修改超出原说明书和权利要求书记载的范围而无视整个发明创造对现有技术的贡献，最终使得确有创造性的发明创造难以取得专利权，专利申请人获得的利益与其对社会做出的贡献明显不相适应，不仅有违实质公平，也有悖于专利法第三十三条的立法本意，不利于创新激励和科技发展。因此，在现行法律框架和制度体系下，在维护专利法第三十三条标准的前提下，相关部门应当积极寻求相应的解决和救济渠道，在防止专利申请人获得不正当的先申请利益的同时，积极挽救具有技术创新价值的发明创造。譬如，可以考虑通过在专利授权确权行政审查过程中设置相应的回复程序，允许专利申请人和专利权人放弃不符合专利法第三十三条的修改内容，将专利申请和授权文本再修改回到申请日提交的原始文本状态等程序性途径予以解决，避免确有创造性的发明创造因为“非发明点”的修改超出原说明书和权利要求书记载的范围而丧失其本应获得的与其对现有技术的贡献相适应的专利权，以推动科技进步和创新，最大限度地提升科技支撑引领经济社会发展的能力。

16. 申请人可否基于审查员对专利申请文件修改的认可获得信赖利益保护

在前述“墨盒”专利无效行政案中，最高人民法院还对专利申请人是否可基于其修改在专利授权过程中得到审查员认可而享有信赖利益保护问题表明了态度。最高人民法院指出，是否对专利申请文件进行修改原则上是申请人的一项权利；国家知识产权局依法行使对专利申请进行审查的职权，但并不负有保证专利授权正确无误的责任，申请人对其修改行为所造成的一切后果应自负其责。

最高人民法院审查认为：根据 1992 年修订的专利法第三十三条及其实施细则的规定，是否对专利申请文件进行修改原则上是申请人的一项权利，只是该项权利的行使方式和范围受到专利法及其实施细则的限制。在主动修改的情况下，只要遵守专利法及其实施细则的相关规定，是否修改专利申请文件以及如何修改很大程度上由申请人自主决定。即使在被动修改的情况下，申请人对于如何修改仍有自主决定的权利。国家知识产权局依法行使对专利申请进行审查的职权，但并不负有也不可能负有保证专利授权正确无误的责任。申请人对其修改行为所造成的一切后果应自负其责。本案中，精工爱普生针对记忆装置的修改属于主动修改，并非应审查员的要求进行的被动修改，当然应该对其修改行为的后果自行负责。精工爱普生关于其修改行为在实审程序中已经得到审查员认可，其基于信赖该审查结论而产生的信赖利益在后续无效程序中应得到保障的主张，缺乏法律依据。

17. 判断专利申请文件修改是否合法时当事人意见陈述的作用

在前述“墨盒”专利无效行政案中，最高人民法院还阐明了当事人意见陈述在判断专利申请文件修改是否合法时的作用。最高人民法院认为，判断专利申请文件修改是否合法时，当事人的意见陈述通常只能作为理解说明书以及权利要求书含义的参考，而不是决定性依据；其参考价值的大小取决于该意见陈述的具体内容及其与说明书和权利要求书的关系。

最高人民法院审查认为：判断专利申请文件的修改是否符合专利法第三十三条的规定，其基本依据是原说明书和权利要求书记载的范围。在判断专利申请文件的修改是否超出原说明书和权利要求书记载的范围时，当事人的意见陈述在通常情况下只能作为理解说明书以及权利要求书含义的参考，而不是决定性依据。至于其参考价值的大小，则取决于该意见陈述的具体内容及其与说明书和权利要求书的关系。尤其需要注意的是，如果当事人意见陈述的内容超出了原说明书和权利要求书中记载的范围，则该部分内容将完全丧失参考作用，不能参考该意见陈述的相关内容对说明书或者权利要求书进行解释。

二、商标案件审判

（一）商标民事案件审判

18. 商品通用名称的认定与正当使用

在再审申请人山西沁州黄小米（集团）有限公司（以下简称沁州黄公司）与被申请人山西沁州檀山皇小米发展有限公司（以下简称檀山皇发展公司）、山西沁县檀山皇小米基地有限公司（以下简称檀山皇基地公司）确认不侵害商标权及侵害商标权纠纷案［（2013）民申字第1642号］中，最高人民法院认为，因历史传统、风土人情、地理环境等原因形成的相关市场较为固定的商品，其在该相关市场内的通用称谓可以认定为通用名称；注册商标权人不能因其在该商品市场推广中的贡献主张对该商品的通用名称享有商标权，无权禁止他人使用该通用名称来表明商品品种来源。

本案的基本案情是：沁州黄公司享有第606790号“沁州”注册商标专用权。该商标于1992年被核准注册，核定使用商品为第30类小米。2003年和2006年，该商标先后被认定为长治市知名商标和山西省著名商标、驰名商标。檀山皇发展公司享有第1368854号“檀山皇＋图形＋拼音”商标、第1368856号“檀山＋图形＋拼音”注册商标专用权。该商标于2000年被核准注册，核定使用商品为第30类谷类制品、米。2006年3月，“檀山皇”商标被认定为山西省著名商标。2006年2月，山西省长治市工商局根据沁州黄公司的投诉，对四伟檀山皇名优特产经销部涉嫌侵犯“沁州”注册商标专用权的产品进行了查处。檀山皇发展公司不服，向山西省长治市中级人民法院提起行政诉讼。该院一审认定檀山皇发展公司的行为构成侵权。檀山皇发展公司不服，提起上诉。山西省高级人民法院二审判决驳回上诉，维持一审判决。2008年，山西省太原市工商行政管理局在处理山西省工商行政管理局转来的沁州黄公司投诉材料时，就小米商品上使用“沁州黄”等字样是否侵权，请示山西省工商行政管理局。山西省工商行政管理局批复依法保护“沁州”商标专用权，对涉嫌侵权行为依法进行查处。檀山皇发展公司等企业不服，针对该批复向国家工商行政管理总局提起行政复议。国家工商行政管理总局复议认为，司法机关已认定“沁州黄”不是小米品种的通用名称，复议申请人的行为侵害了“沁州”商标专用权。2008年11月，檀山皇发展公司、檀山皇基地公司以沁州黄公司为被告向山西省太原市中级人民法院提起本案诉讼，要求确认其有权在小米商品上以非商标形式使用“沁州黄”，不侵犯“沁州”商标专用权。沁州黄公司提出管辖权异议后，本案被移送至山西省长治市中级人民法院审理。一审法院审理认为，在先生效裁判文书已确认“沁州黄”不是商品通用名称，檀山皇发展公司在相同商品包装上突出使用“沁州黄”等字样的行为构成侵权。双方当事人均不服，提出上诉。山西省高级人民法院二审认为，“沁州黄”是谷物类中小米特产的通称，檀山皇发展公司、檀山皇基地公司在商品包装上使用“沁州黄”属正当使用，不侵犯“沁州”注册商标专用权。沁州黄公司不服，向最高人民法院申请再审。2013年12月30日，最高人民法院裁定驳回沁州黄公司的再审申请。

最高人民法院审查认为：依据本案事实，根据1959年山西省农业建设厅编辑的《山西省农作物品种志》以及1987年商业部粮食购销司编著的《粮食商品手册·名优品种》等文献，“沁州黄”小米是小米品种名称，且列为5个小米名优品种之一。2004年7月1日实施的中华人民共和国国家标准《原产地域产品沁州黄小米》（GB19503－2004）及2008年11月1日实施的中华人民共和国国家标准《地理标志产品沁州黄小米》（GB/T19503－2008），对

“沁州黄小米”的定义均为：源于古沁州，即现今山西省长治市所辖沁县、武乡、襄垣及屯留县境内特定的小米产区，选用沁州黄等优质品种，按照特定生产技术规程种植的谷子加工而成的粳性小米。约定俗成的通用名称一般以全国范围内相关公众的通常认识为判断标准。对于由于历史传统、风土人情、地理环境等原因形成的相关市场较为固定的商品，在该相关市场内通用的称谓，可以认定为通用名称。“沁州黄”能够反映出一类谷子（米）与其他谷子（米）的根本区别，符合通用名称的要求。“沁州黄”不是沁州黄公司最初使用并创造的名称。作为谷物品种的名称，“沁州黄”符合通用名称对广泛性和规范性的要求。在“沁州”商标申请注册前，“沁州黄”已经成为通用的谷物品种名称，沁州黄公司对沁州黄小米品种提纯复壮、产业化及商品化的贡献，不能成为其垄断“沁州黄”这一通用名称的理由。沁州黄公司没有提交证据证明“沁州黄”已经与其形成一一对应关系。“沁州”注册商标虽然具有较高知名度，但是无权禁止其他企业将“沁州黄”文字使用在以“沁州黄”谷子加工而成的小米商品上，以表明其小米的品种来源。檀山皇发展公司、檀山皇基地公司在包装上使用“沁州黄”文字以表明小米品种来源的行为，属于正当使用。

（二）商标行政案件审判

19. 商标法第十五条规定的代理人或者代表人身份的推定

在再审申请人新东阳企业（集团）有限公司（以下简称新东阳企业公司）与被申请人新东阳股份有限公司（以下简称新东阳股份公司）、原审被告国家工商行政管理总局商标评审委员会（以下简称商标评审委员会）商标异议复审行政纠纷案［（2013）知行字第 97 号案］中，最高人民法院指出，与代理人或者代表人有串通合谋抢注商标行为的人，可以视为代理人或者代表人；判断是否构成串通合谋抢注行为，可以视情根据该人与代理人或者代表人的特定身份关系进行推定。

本案的基本案情是：2000 年 11 月 23 日，新东阳企业公司向国家工商行政管理总局商标局（以下简称商标局）提出第 1691098 号“新东阳及图”（即被异议商标）的注册申请。在法定异议期内，新东阳股份公司向商标局提出异议，商标局审查后裁定被异议商标予以核准注册。新东阳股份公司不服，向商标评审委员会申请复审。2010 年 10 月 12 日，商标评审委员会作出商评字［2010］第 26528 号《关于第 1691098 号“新东阳及图”商标异议复审裁定书》（以下简称第 26528 号裁定），裁定被异议商标予以核准注册。新东阳股份公司不服，提起行政诉讼。北京市第一中级人民法院一审认为，新东阳企业公司申请注册“新东阳”商标并未违反商标法第十五条的规定，遂判决维持商标评审委员会第 26528 号裁定。新东阳股份公司不服，提出上诉。北京市高级人民法院二审认为，由于麦石来曾为新东阳股份公司的副董事长，现在仍为其董事、股东，并且曾担任由新东阳股份公司投资的上海新东阳食品有限公司的负责人，因此能够认定麦石来与新东阳股份公司形成代表关系。同时，新东阳企业公司系麦石来所设立，其行为与麦石来具有主观的合谋，新东阳企业公司的行为应视为麦石来的行为，其商标注册行为违反了商标法第十五条的规定，故被异议商标不应当予以核准注册。遂判决撤销一审判决及第26528号裁定。新东阳企业公司不服，向最高人民法院申请再审。最高人民法院于2013年12月20日裁定驳回新东阳企业公司的再审申请。

最高人民法院审查认为：根据商标法第十五条的规定，未经授权，代理人或者代表人以自己的名义将被代理人或者被代表人的商标进行注册，被代理人或者被代表人提出异议的，不予注册并禁止使用。本院《关于审理商标授权确权行政案件若干问题的意见》第12条规定，与代理人或者代表人有串通合谋抢注行为的商标注册申请人，可以视其为代理人或者代表人。至于串通合谋抢注行为，可以视情况根据商标注册申请人与上述代理人或者代表人之间的特定身份关系进行推定。本案中，新东阳股份公司在争议商标申请日前在我国台湾地区注册有多个“新东阳”商标。麦石来自1978年至1993年间历任新东阳股份公司要职多年，并曾以企业副董事长身份被董事会委任全权负责大陆市场业务，至今仍为新东阳股份公司董事之一。新东阳企业公司在向本院申请再审时提交的上海新东阳食品有限公司2013年6月28日的说明也证明了“麦石来先生受新东阳股份有限公司董事会委任全权负责中国大陆市场业务”这一事实。据此可以认定，麦石来受新东阳股份公司董事会委任全权负责中国大陆市场业务，其是新东阳股份公司在中国大陆的代表人，未经新东阳股份公司许可，其无权以自己的名义将新东阳股份公司的“新东阳”商标在中国大陆申请注册。现麦石来通过其任法定代表人的新东阳企业公司的名义申请注册该商标，新东阳企业公司可以视为商标法第十五条所称的代理人或者代表人。因此，二审法院认定新东阳企业公司在未经授权的情况下，擅自在我国大陆地区申请注册“新东阳”系列商标，违反了商标法第十五条的规定，并无不妥。

20. 商标法第三十一条“以不正当手段抢先注册他人已经使用并有一定影响的商标”的适用及其例外

在再审申请人抚顺博格环保科技有限公司（以下简称抚顺博格公司）与国家工商行政管理总局商标评审委员会（以下简称商标评审委员会）、营口玻璃纤维有限公司（以下简称营口玻纤公司）商标争议行政纠纷案［（2013）行提字第11号］中，最高人民法院认为，依据商标法第三十一条主张争议商标应予撤销的当事人，应证明其在争议商标申请日之前，已经在相同或者类似产品上使用了与争议商标相同或者近似的商标并且在相关公众中具有了一定影响，而争议商标申请人申请注册争议商标具有抢占其商标商誉的恶意；一般情况下，商标申请人明知或者应知他人在先使用并有一定影响的商标而申请注册即可推定其具有利用他人商标商誉获利的意图，但不排除特殊情况下，在先商标虽然已经具有一定影响，但商标申请人并不具有抢占在先商标商誉的恶意。

本案的基本案情是：第 1994272 号“氟美斯 FMS”商标（即争议商标）由抚顺市工业用布厂于 2001 年 5 月 31 日向国家工商行政管理局商标局（以下简称商标局）提出注册申请，于 2002 年 8 月 21 日被核准注册，核定使用商品为第 24 类无纺布、过滤布、滤气呢、纺织品过滤材料、纺织用玻璃纤维织物、玻璃布等。2006 年 5 月 7 日，经商标局核准，争议商标被转让给抚顺博格公司。2002 年 12 月 30 日，营口玻纤公司向商标评审委员会提出撤销争议商标的申请。2008 年 10 月 20 日，商标评审委员会作出商评字［2008］第 19498 号《关于第 1994272 号“氟美斯 FMS”商标争议裁定书》（以下简称第 19498 号裁定），该裁定依据商标法第三十一条、第四十一条第一款和第四十三条的规定，撤销争议商标的注册。商标评审委员会认为：营口玻纤公司称“氟美斯 FMS”系多功能玻璃纤维复合滤料商品的通用名称，但营口玻纤公司未能提供相应的证据支持。营口玻纤公司主张争议商标在作为商品名称的同时，又作为商标使用，抚顺市工业用布厂违反诚实信用原则，属于恶意抢注行为。营口玻纤公司提交的证据可以证明，其将“FMS 氟美斯”指定使用于针刺滤料商品上早于抚顺市工业用布厂提出争议商标注册申请的时间。抚顺市工业用布厂与营口玻纤公司为同一地域的同行，理应知晓营口玻纤公司将“氟美斯 FMS”指定使用于针刺滤料商品上，仍将“氟美斯 FMS”作为商标指定使用于相同商品上进行申请注册，致使营口玻纤公司在先获得的新产品名称不能正常使用。同时，该行为也违反了商标法第三十一条“不得以不正当手段抢先注册他人已经使用并有一定影响的商标”的规定。抚顺博格公司不服，提起行政诉讼。北京市第一中级人民法院一审认为，根据抚顺博格公司在诉讼阶段提交的新证据，截至争议商标申请日之前，抚顺市工业用布厂在商业活动中已经大量使用了争议商标，并使之具有了一定的知名度。在抚顺博格公司与营口玻纤公司都使用争议商标的情况下，本案已经没有适用商标法第三十一条的必要，根据商标注册的先申请原则，抚顺博格公司申请注册争议商标并无不当。据此判决撤销第 19498 号裁定。商标评审委员会、营口玻纤公司不服，提出上诉。北京市高级人民法院二审认为，营口玻纤公司在先使用了“氟美斯”商标并在相关公众中已经具有一定影响，抚顺市工业用布厂申请注册争议商标属于商标法第三十一条规定的“以不正当手段抢先注册他人已经使用并有一定影响的商标”的情形，第19498号裁定据此撤销争议商标的注册并无不当。遂判决撤销一审判决，维持第19498号裁定。抚顺博格公司不服，向最高人民法院申请再审。最高人民法院裁定提审本案，并于2013年9月26日判决撤销二审判决，维持一审判决。

最高人民法院提审认为：营口玻纤公司依据商标法第三十一条“以不正当手段抢先注册他人已经使用并有一定影响的商标”主张争议商标应予撤销，应证明其在争议商标申请日之前，已经在相同或者类似产品上使用了与争议商标相同或者近似的商标，并且在相关公众中具有了一定影响，同时抚顺博格公司申请注册争议商标具有抢占其商标商誉的恶意。本案证据可以证明，营口玻纤公司是氟美斯新产品的主要研发者，抚顺市工业用布厂仅提供了辅助性的帮助；该产品命名有从斯氟美（CFM）到氟美斯的变化过程，最终定名氟美斯（FMS）。营口玻纤公司作为氟美斯（FMS）产品的主要研发者和命名者，其在1998年即开始销售“氟美斯FMS”产品，并于2000年获得国家级新产品证书和国家级火炬计划项目证书及其他多项奖励。至争议商标申请日，营口玻纤公司已经使用“氟美斯FMS”商标近三年，有一定的市场规模，且获得了一定荣誉，可以认为该商标已经成为其在先使用并有一定影响的商标。虽然一般情况下，商标申请人明知他人在先使用并有一定影响的商标而申请注册即可推定其具有利用他人商标商誉获利的意图。但是，本案事实显示，抚顺博格公司申请注册争议商标并不具有抢占营口玻纤公司在先使用并有一定影响的商标商誉的恶意。抚顺博格公司前身抚顺市工业用布厂与营口玻纤公司几乎同时开始使用“氟美斯FMS”商标，且在争议商标申请日前其销售规模大于营口玻纤公司。本案争议商标申请日前，营口玻纤公司和抚顺市工业用布厂同时在市场上销售“氟美斯FMS”商品且互相知晓，但双方对该标识的归属并无特别约定。我国商标法采用“先申请原则”，并未有类似“创作作品的人为作者”、“对发明的技术方案作出实质性贡献的人为发明人”的规定。在缺乏其他法律或者合同依据的情况下，不能类比得出“共同使用商标者应为共有商标权人”的结论。本案中抚顺博格公司独自申请注册争议商标并不侵犯营口玻纤公司的合法权益，亦不违反诚实信用原则，不应依据商标法第三十一条的规定予以撤销。

21. 长期停止使用的商业标识不能作为有一定影响的未注册商标或在先权利予以保护

在再审申请人余晓华与国家工商行政管理总局商标评审委员会（以下简称商标评审委员会）、第三人成都同德福合川桃片食品有限公司（以下简称成都同德福公司）商标争议行政纠纷案［（2013）知行字第80号］中，最高人民法院指出，商标法第三十一条所称的“有一定影响”，应当是一种基于持续使用行为而产生的法律效果，“在先权利”应当是指至争议商标的申请日时仍然存在的现有权利；在长期停止使用的情况下，商业标识已经不具备商标法第三十一条所规定的未注册商标的知名度和影响力，不构成在先使用并有一定影响的商标或者在先权利。

本案的基本案情是：第1215206号“同德福TONGDEFU及图”商标（即争议商标）由合川市桃片厂温江分厂于1997年8月4日提出注册申请，1998年10月14日经国家工商行政管理总局商标局（以下简称商标局）核准注册，指定使用在第30类桃片（糕点）等商品上。2000年11月7日该商标注册人名义经商标局核准变更为成都同德福公司。2003年4月24日，余晓华以争议商标违反了商标法第三十一条、第四十一条规定为由，申请对争议商标予以撤销。2010年5月4日，商标评审委员会作出商评字［2010］第9618号《关于第1215206号“同德福TONGDEFU及图”商标争议裁定》（以下简称第9618号裁定），对争议商标的注册予以维持。该裁定认为：根据余晓华提交的证据，“同德福”于20世纪20年代至50年代在桃片商品上在四川地区已形成一定商誉，具有较高知名度。但是1956年公私合营后，由于历史原因，余晓华父亲停止使用“同德福”四十余年。余晓华提交的证据不足以证明“同德福”作为商号经余晓华先辈使用所形成的商誉和商业价值在其停止使用该商号四十余年后仍得以延续至争议商标注册申请日。且余晓华重新启用“同德福”并以其为商号成立合川市老字号同德福桃片厂的时间为2002年，晚于争议商标注册申请日。故不能认定成都同德福公司在“同德福”停用四十余年后申请注册争议商标构成商标法第三十一条所指“损害他人现有的在先权利”之情形。此外，余晓华提交的证据不足以证明“同德福”作为商标经余晓华先辈使用所具有的影响力延续至争议商标注册申请日，亦不足以证明余晓华在争议商标注册申请日之前重新使用“同德福”商标并具有一定影响以及成都同德福公司系以不正当手段恶意抢注争议商标。故亦不能认定争议商标的注册构成商标法第三十一条所指“以不正当手段抢先注册他人已经使用并有一定影响的商标”之情形。余晓华不服第9618号裁定，于法定期限内提起行政诉讼。北京市第一中级人民法院一审判决维持第9618号裁定。余晓华不服，提出上诉。北京市高级人民法院二审判决驳回上诉、维持原判。余晓华仍不服，向最高人民法院申请再审。最高人民法院于2013年12月4日裁定驳回余晓华的再审申请。

最高人民法院审查认为：商标法第三十一条所称的“他人在先使用并有一定影响的商标”，是指已经使用了一定的时间、因一定的销售量、广告宣传等而在一定范围的相关公众中具有知名度，从而被视为区分商品来源的未注册商业标志。这里所称的“有一定影响”应当是一种基于持续使用行为而产生的法律效果，争议商标的申请日是判断在先商标是否有一定影响的时间节点。“同德福”商号确曾在余晓华先辈的经营下获得了较好的发展，于20世纪20年代至50年代期间，在四川地区于桃片商品上积累了一定的商誉，形成了较高的知名度。但自1956年起至争议商标的申请日，作为一个商业标识的“同德福”停止使用近半个世纪的时间。在这种情况下，即使余氏家族曾经在先将“同德福”作为商业标识使用，但至争议商标的申请日，因长期停止使用，“同德福”已经不具备商标法第三十一条所规定的未注册商标的知名度和影响力，不构成“在先使用并有一定影响的商标”。虽然余晓华自2002年又开始使用“同德福”作为字号，成立了同德福桃片厂，但该行为的发生已经晚于争议商标的申请日。在成都同德福公司已经在先注册并实际使用争议商标，余晓华对此又不享有任何在先权益的情况下，不能以其在后的使用行为对抗第三人已经合法形成的注册商标专用权。成都同德福公司注册争议商标的行为，不构成抢注他人在先使用并有一定影响的商标，亦未违反诚实信用原则。同理，商标法第三十一条所称的“在先权利”应当是指至争议商标的申请日时仍然存在的现有权利。“同德福”作为商号的使用最早始于同德福京果铺，后经余家人接手经营而逐渐壮大，但至1956年公私合营之时停止使用。至争议商标的申请日，四十余年的时间中没有任何人将“同德福”作为商号使用。因此，在争议商标申请注册之时，“同德福”已不构成商标法所保护的、现有的在先权利，不符合阻却争议商标注册的法定事由。

22. 商标法第四十一条第一款规定的“其他不正当手段”的认定

在再审申请人李隆丰与被申请人中华人民共和国国家工商行政管理总局商标评审委员会（以下简称商标评审委员会）、一审第三人三亚市海棠湾管理委员会（以下简称海棠湾管委会）商标争议行政纠纷案［（2013）知行字第41、42号］中，最高人民法院指出，商标法第四十一条第一款规定的“以其他不正当手段取得注册”，是指以欺骗手段以外的扰乱商标注册秩序、损害公共利益、不正当占用公共资源或者以其他方式谋取不正当利益的手段取得注册；民事主体申请注册商标，应该有使用的真实意图，其申请注册商标行为应具有合理性或正当性。

本案的基本案情是：2005年6月8日，李隆丰在第36类的不动产出租、不动产管理、住所（公寓）等服务上注册了第4706493号“海棠湾”商标，在第43类住所（旅馆、供膳寄宿处）、旅游房屋出租、饭店、餐馆等服务上注册了第4706970号“海棠湾”商标（即两争议商标）。海棠湾管委会依据商标法第三十一条、第四十一条第一款、第十条规定向商标评审委员会申请撤销上述两争议商标。商标评审委员会分别作出商评字［2011］第13255号《关于第4706493号“海棠湾”商标争议裁定书》（以下简称第13255号裁定）

和［2011］第 12545 号《关于第 4706970 号“海棠湾”商标争议裁定书》（以下简称第 12545 号裁定），裁定撤销上述两个“海棠湾”商标。李隆丰不服，分别提起行政诉讼。北京市第一中级人民法院一审分别判决撤销第 13255 号裁定和第 12545 号裁定。商标评审委员会和海棠湾管委会不服，提出上诉。北京市高级人民法院二审分别判决撤销一审判决，维持第 13255 号裁定和第 12545 号裁定。李隆丰不服，向最高人民法院申请再审。最高人民法院于 2013 年 8 月 12 日分别裁定驳回李隆丰的再审申请。

最高人民法院审查认为：根据商标法第四十一条第一款的规定，已经注册的商标是以欺骗手段或者其他不正当手段取得注册的，其他单位或者个人可以请求商标评审委员会裁定撤销。审查判断诉争商标是否属于该条款规定的“以其他不正当手段取得注册”的情形，要考虑其是否属于欺骗手段以外的扰乱商标注册秩序、损害公共利益、不正当占用公共资源或者以其他方式谋取不正当利益的手段。商标法第四条规定，自然人、法人或者其他组织对其生产、制造、加工、拣选或者经销的商品或者提供的服务，需要取得商标专用权的，应当向商标局申请商标注册。从该条规定的精神来看，民事主体申请注册商标，应该有使用的真实意图，以满足自己的商标使用需求为目的，其申请注册商标行为应具有合理性或正当性。根据商标评审委员会及原审法院查明的事实，在李隆丰申请注册争议商标之前，“海棠湾”标志经过海南省相关政府机构的宣传推广，已经成为公众知晓的三亚市旅游度假区的地名和政府规划的大型综合开发项目的名称，其含义和指向明确。李隆丰自己在接受媒体采访时也承认是在看到报纸报道香港著名企业家将参与开发海棠湾的消息后，认为该标志会非常知名，作为商标会具有较高的价值，因而才将其申请注册为商标。李隆丰作为个人，不仅在第 36 类的不动产出租、不动产管理、住所（公寓）等服务上和第 43 类的住所（旅馆、供膳寄宿处）、旅游房屋出租、饭店、餐馆等服务上注册了本案争议商标，还在其他商品或服务类别上申请注册了“海棠湾”商标。此外，李隆丰在多个类别的商品或服务上还注册了“香水湾”、“椰林湾”等 30 余件商标，其中不少与公众知晓的海南岛的地名、景点名称有关。李隆丰利用政府部门宣传推广海棠湾休闲度假区及其开发项目所产生的巨大影响力，抢先申请注册多个“海棠湾”商标的行为，以及没有合理理由大量注册囤积其他商标的行为，并无真实使用意图，不具备注册商标应有的正当性，属于不正当占用公共资源、扰乱商标注册秩序的情形。

23. 同一主体的不同注册商标的知名度在特定条件下可以辐射

在再审申请人博内特里塞文奥勒有限公司（以下简称博内特里公司）与被申请人中华人民共和国国家工商行政管理总局商标评审委员会（以下简称

商标评审委员会）、被申请人佛山市名仕实业有限公司（以下简称名仕公司）商标争议行政纠纷案［（2012）行提字第28号］中，最高人民法院认为，同一主体的不同注册商标的知名度在特定条件下可以辐射；在争议商标申请日前，争议商标的标识因同一主体对相近似商标的长期广泛使用已经具有较高知名度，而引证商标不具有知名度的，引证商标的排斥权范围应受到限制。

本案的基本案情是：博内特里公司于2002年3月20日向国家工商行政管理总局商标局（以下简称商标局）申请注册第3119295号“花图形”商标（即争议商标），2003年7月2日该商标被核准注册，指定使用在第25类：围兜（衣服）；婴儿睡衣；吊裤带；婴儿用鞋；皮带（服饰用）等商品上。名仕公司于1990年10月29日申请注册第572522号“花图形”商标（即引证商标），2001年11月20日该商标被核准注册，指定使用在第26类：裤带扣；女装裙扣；鞋花扣商品上。2005年8月8日，名仕公司针对博内特里公司的争议商标提出撤销申请。2009年8月3日，商标评审委员会作出商评字［2009］第20773号《关于第3119295号图形商标争议裁定书》（以下简称第20773号裁定）。商标评审委员会认为：争议商标指定使用的“皮带（服饰用）”与引证商标核定使用的“裤带扣”属于商品和配件关系，两商品功能用途联系紧密，属于类似商品。争议商标与引证商标构成相近商标，使用在上述商品上易使消费者对两商品来源产生混淆。据此裁定争议商标核定使用在“皮带（服饰用）”商品上的注册商标予以撤销，核定使用在其他商品上的注册商标予以维持。博内特里公司不服，提起行政诉讼。北京市第一中级人民法院一审判决维持第20773号裁定。博内特里公司不服，提出上诉。北京市高级人民法院二审判决驳回上诉，维持一审判决。博内特里公司不服，向最高人民法院申请再审。最高人民法院裁定提审本案，并于2013年12月13日判决撤销原一、二审判决及第20773号裁定，责令商标评审委员会重新作出裁定。

最高人民法院提审认为：争议商标与引证商标整体视觉效果近似；引证商标核定使用的“裤带扣”与争议商标核定使用的“服饰用皮带”在功能、用途、生产部门、销售渠道、消费对象等方面有一定交叉，相关公众一般会认为二者存在特定联系。但是，名仕公司在本案中未提交任何足以证明引证商标在争议商标申请日之前的使用证据，故引证商标在争议商标申请注册之前并不具备一定的知名度。博内特里公司最早于1977年8月11日在法国注册了国际注册号为432096号的“花图形”商标。1985年8月19日，博内特里公司向商标局申请注册第253489号“MONTAGUT＋花图形”组合商标，该商标于1986年6月30日被商标局核准注册，核定使用在第25类衣服等商品上。该商标中包含的“花图形”与争议商标的“花图形”基本无差别。自此，博内特里公司在中国开始大量使用含有“花图形”标志的商标。1991 年 12 月 30 日，博内特里公司经商标局核准注册了第 577537 号“夢特嬌”文字商标，核定使用在第 25 类衣服等商品上。1994 年 2 月 21 日，博内特里公司在中国申请注册第 795657 号“花图形”商标，该商标于 1995 年 11 月 28 日被核准注册在第 25 类的服装、鞋、帽、皮带服饰用、腰带、服装带等商品上。2004 年 11 月 29 日，博内特里公司注册的“花图形”、“MONTAGUT＋花图形”、“夢特嬌”商标被认定为使用在服装等商品上的驰名商标。从上述事实看，博内特里公司于 1985 年申请注册的“MONTAGUT＋花图形”组合商标中就包含有与争议商标基本相同的“花图形”标志，该“花图形”标志的申请注册时间早于引证商标的申请注册日。博内特里公司又于 1994 年将与争议商标基本相同的“花图形”商标申请注册在服饰用皮带等商品上。本案争议商标于 2002 年申请，2003 年被核准注册，博内特里公司包括“花图形”在内的三个系列商标于 2004 年就被认定为驰名商标。显然，其中被认定为驰名商标的“花图形”商标的知名度不是由刚核准注册一年的争议商标带来的，而是由于博内特里公司在申请注册争议商标之前就在中国长期、大量地使用带有“花图形”标志的“MONTAGUT＋花图形”商标及 1994 年申请注册“花图形”商标，使“花图形”标志在相关公众中广为知晓，在服饰领域产生了较高的知名度。相关公众已经将“花图形”、“MONTAGUT＋花图形”、“夢特嬌”商标与博内特里公司之间建立了特定的联系。博内特里公司 1994 年申请注册的第 795657 号“花图形”商标与本案争议商标基本无差别且同样都注册在服饰用皮带上。尽管本案争议商标与已被认定为驰名商标的“MONTAGUT＋花图形”、“花图形”商标与本案争议商标为不同的商标，本案争议商标又在引证商标之后申请注册，但争议商标的“花图形”标识早在其申请注册之前已经过长期、广泛使用，“花图形”标志多年来在博内特里公司“MONTAGUT＋花图形”、“花图形”驰名商标上建立的商誉已经体现在争议商标“花图形”商标上，本案争议商标延续性地承载着在先“花图形”商标背后的巨大商誉。因此，虽然不同的注册商标专用权是相互独立的，但商标所承载的商誉是可以承继的，在后的争议商标会因为在先驰名商标商誉的存在而在较短的时间内具有了较高的知名度。因此，即便争议商标与引证商标在自然属性上构成近似，争议商标核定使用在“皮带（服饰用）”上的商品与引证商标核定使用在“裤带扣”的商品构成类似，但毕竟争议商标在第 25 类注册，引证商标在第 26 类注册，二者属于不同类别上注册的不同商品。而且，引证商标不具有一定的知名度，名仕公司对引证商标虽享有商标专用权，但其商标专用权的排斥力因其商标不具知名度而应受到一定的限制。相反，博内特里公司在先注册并大量使用的“花图形”标识的商誉已延续至争议商标，使得争议商标具有较高的知名度，已建立较高市场声誉和形成相关公众群体，相关公众已在客观上将博内特里公司的争议商标与名仕公司的引证商标区别开来。此时允许争议商标存在只是限制引证商标排斥权的范围，并不限制其商标专用权。从本案争议商标的特殊性考虑，认定争议商标的注册具有合法性，能维护已经形成和稳定的市场秩序。商标评审委员会及一、二审法院认定争议商标在“皮带服饰上”的注册违反商标法第二十八条的规定，有失偏颇。

三、著作权案件审判

24. 实用性与艺术性兼备的客体作为美术作品获得保护的条件

在再审申请人乐高公司与被申请人广东小白龙动漫玩具实业有限公司（以下简称小白龙动漫公司）、北京华远西单购物中心有限公司（以下简称西单购物中心）侵害著作权纠纷案［（2013）民申字第1262号至1271号、第1275号至1282号、第1327号至1346号、第1348号至1365号］中，最高人民法院指出，不同种类作品对独创性的要求不尽相同，美术作品的独创性要求体现作者在美学领域的独特创造力和观念；对于既有欣赏价值又有实用价值的客体而言，其是否可以作为美术作品保护取决于作者在美学方面付出的智力劳动所体现的独特个性和创造力，那些不属于美学领域的智力劳动则与独创性无关。

本案的基本案情是：乐高公司主张其为第6015号轮胎造型等56件积木块的著作权人，并提交了设计图纸、产品图册以及使用说明书等证据。2007年4月2日、4月3日、10月26日，乐高公司的委托代理人通过公证程序，在西单购物中心购买了“COGO积高玩具”及“小白龙LWDRAGON玩具”，西单购物中心出具了相应的购买发票，其中包含涉案56件被诉侵权积木块。乐高公司以小白龙动漫公司生产、西单购物中心销售的被诉侵权积木块侵犯其著作权为由，提起诉讼。北京市第一中级人民法院一审认为，乐高公司请求保护的56块积木块不具有独创性，不构成美术作品，判决驳回乐高公司的诉讼请求。乐高公司不服，提出上诉。北京市高级人民法院二审判决驳回上诉、维持原判。乐高公司仍不服，向最高人民法院申请再审。最高人民法院于2013年11月29日裁定驳回乐高公司的再审申请。

最高人民法院审查认为：独创性是作品的基本属性，是指作品由作者独立完成并表现了作者独特的个性和思想。独创性是一个需要根据具体事实加以判断的问题，不存在适用于所有作品的统一标准。实际上，不同种类作品对独创性的要求不尽相同。对于美术作品而言，其独创性要求体现作者在美学领域的独特创造力和观念。因此，对于那些既有欣赏价值又有实用价值的客体而言，其是否可以作为美术作品保护取决于作者在美学方面付出的智力劳动所体现的独特个性和创造力，那些不属于美学领域的智力劳动则与独创性无关。根据乐高公司在原审程序中提交的产品设计图纸等证据，可以证明涉案玩具积木块由乐高公司独立完成，并为此付出了一定的劳动和资金。但是，独立完成和付出劳动本身并不是某项客体获得著作权法保护的充分条件。从涉案玩具积木块的设计来看，它并未赋予涉案玩具积木块足够的美学方面的独特性，不符合著作权法关于美术作品的独创性要求。此外，涉案玩具积木块获得著作权登记本身并不能成为其当然能够获得著作权法保护的依据。即使著作权登记能够成为权利人享有权利或者某项客体属于著作权法保护的作品的初步证据，在当事人于个案中对此发生争议时，人民法院仍然有权对权属或者独创性问题重新作出审查判断。

25. 立体造型美术作品的保护范围与侵权判断

在再审申请人景德镇法蓝瓷实业有限公司（以下简称法蓝瓷公司）与被申请人潮州市加兰德陶瓷有限公司（以下简称加兰德公司）侵害著作权纠纷案［（2012）民申字第 1392 号］中，最高人民法院认为，设计思路以及相应的工艺方法并非著作权法的保护对象，权利人不能通过著作权垄断相应的设计思路和工艺方法；他人可以采用同样的设计思路和工艺方法，设计并生产类似主题的产品，但不能抄袭他人具有独创性的表达。

本案的基本案情是：法蓝瓷公司经著作权人海畅实业有限公司（以下简称海畅公司）许可获得了“蜂鸟茶具系列”、“小红莓系列”、“蜂鸟摆饰系列”等陶瓷作品的专有使用权。加兰德公司生产“圣诞果系列”、“金鱼系列”、“鸢尾花系列”陶瓷产品。法蓝瓷公司主张加兰德公司产品是对其享有专有使用权的作品的刻意模仿，侵犯了法蓝瓷公司的著作权，遂提起著作权侵权诉讼。福建省厦门市中级人民法院一审认为，加兰德公司“圣诞果系列”产品侵犯了法蓝瓷公司“小红莓系列”作品著作权，据此判决加兰德公司承担停止侵权、赔偿损失的民事责任。法蓝瓷公司和加兰德公司均不服，提出上诉。福建省高级人民法院在一审判决的基础上，又增加认定加兰德公司“鸢尾花系列”中的大盘、杯盘组构成侵权，但认为“鸢尾花系列”中的茶壶、奶罐糖罐以及“金鱼系列”陶瓷制品不构成侵权。法蓝瓷公司不服，向最高人民法院申请再审。最高人民法院于 2013 年 3 月 25 日裁定驳回法蓝瓷公司的再审申请。

最高人民法院审查认为：将动植物形象引入到生活用品中，制作出精美的陶瓷制品的设计思路、工艺方法早在一百多年前已经出现。海畅公司借鉴已有的设计思路和工艺方法，用鸢尾花、蜂鸟、金鱼等动植物的形象来装饰茶壶、杯盘汤匙组和奶罐糖罐等产品，使其系列瓷制品在艺术造型、结构、色彩搭配上具有独创性，构成有审美意义的立体造型艺术作品，应当受到著作权法的保护。但著作权法保护思想的表达，并不保护思想本身。将动植物形象装饰陶瓷制品，在各种器形载体的杯缘、瓶口、把手上刻画出立体生动的动植物造型的设计思路以及相应的工艺方法并非海畅公司所独创，也非著作权法的保护对象。海畅公司不能通过著作权垄断相应的设计思路和工艺方法，否则将违背著作权法的立法原意，阻碍文学、艺术、科学的进步和作品的多样性。模仿是文学、艺术和自然科学、社会科学、工程技术等进步的基本手段和方法，他人可以采用同样的设计思路和工艺方法，设计并生产类似主题的产品。著作权制度并不禁止他人的适度模仿，但不能抄袭他人具有独创性的表达。自然界中已经客观存在的动植物形象不属于海畅公司独创，但如果其用特定的方式、赋予其具有特定审美意义的造型表达，则应当予以保护。将加兰德公司的"鸢尾花系列"产品中的茶壶、奶罐糖罐以及"金鱼系列"产品与海畅公司的相应产品对比可见，虽然加兰德公司的产品具有模仿海畅公司产品的痕迹，两者产品有相同之处，但也有明显的差异。相同之处主要是设计主题、思路、位置关系和动植物形象等元素，这些相同之处尚未使两公司产品达到实质性相似的程度，加兰德公司的行为没有超出合法模仿的界限，二审法院认定加兰德公司生产的"鸢尾花系列"中的茶壶、奶罐糖罐以及"金鱼系列"陶瓷制品未侵犯法蓝瓷公司著作权正确。

四、竞争案件审判

26. 知名商品特有的包装、装潢权益能否承继

在再审申请人桂林南药股份有限公司（以下简称桂林南药公司）与被申请人三门峡赛诺维制药有限公司（以下简称赛诺维公司）侵害外观设计专利权和擅自使用知名商品特有包装、装潢纠纷案［（2013）民提字第163号］中，最高人民法院指出，知名商品特有的包装、装潢属于反不正当竞争法保护的财产权益，依法可以转让和承继。

本案的基本案情是：1963年10月9日，广西壮族自治区卫生厅批复同意桂林制药厂生产乳酶生片。1979年至2000年，相关部门多次授予桂林制药厂生产的乳酶生片为名牌产品及优质产品等称号。2001年6月11日，广西壮族自治区人民政府批复同意以桂林制药厂等为发起人设立桂林南药公司，并于2001年6月22日成立。2001年10月12日，桂林制药厂乳酶生片等72个品种的生产单位变更为桂林南药公司。自2001年12月1日起，桂林制药厂停止生产已变更生产单位的药品。2002年2月2日，桂林南药公司向广西壮族自治区药品监督管理局申请涉案包装、装潢版本一，2002年9月18日获得批准。2006年11月8日，桂林南药公司向广西壮族自治区食品药品监督管理局

申请涉案包装、装潢版本二，该包装、装潢与版本一整体相同，细节上略有区别，2007 年 6 月 4 日获得批准。2010 年 12 月 22 日，桂林南药公司吸收合并桂林制药有限责任公司（其前身为桂林制药厂）。2011 年 5 月 17 日，桂林制药有限责任公司经核准注销。2001 年 8 月 8 日，赛诺维公司成立。2005 年 3 月 21 日，赛诺维公司的老厂区分立为三门峡华一制药有限公司。2007 年 5 月 25 日，河南省食品药品监督管理局同意三门峡华一制药有限公司乳酶生片药品说明书和标签备案，该标签内容同桂林南药公司的涉案包装、装潢版本二基本相同。2008 年 2 月 26 日，三门峡华一制药有限公司生产的使用上述包装袋的乳酶生片在市场上销售。后赛诺维公司与三门峡华一制药有限公司合并，原三门峡华一制药有限公司的复方氢氧化铝等 26 个品种的生产单位变更为赛诺维公司，原药品批准文号不变。2008 年 5 月 20 日，赛诺维公司委托他人印制同三门峡华一制药有限公司乳酶生片包装、装潢相同的包装。桂林南药公司以赛诺维公司仿冒桂林南药公司知名商品包装、装潢，构成不正当竞争为由，提起诉讼。河南省洛阳市中级人民法院一审认为，桂林制药厂所生产的乳酶生片虽有一定知名度，但在桂林南药公司吸收合并桂林制药厂之前，桂林制药厂仅仅是桂林南药公司的股东之一，桂林制药厂的声誉和知名度不能为桂林南药公司享有；两公司合并后，桂林制药厂已停止生产乳酶生片近十年，其所曾经享有的声誉和知名度也不能为桂林南药公司所继续享有。据此判决驳回桂林南药公司的诉讼请求。桂林南药公司不服，提出上诉。河南省高级人民法院二审认为，桂林南药公司成立后，对乳酶生片这一产品重新进行药品审批，其生产单位、药品批号等已发生变化，桂林南药公司生产的乳酶生片与桂林制药厂生产的乳酶生片已不是同一商品，不能认定桂林南药公司生产的乳酶生片是知名商品，故赛诺维公司使用涉案包装、装潢的行为不构成不正当竞争。据此判决驳回上诉，维持一审判决。桂林南药公司不服，向最高人民法院申请再审。最高人民法院裁定提审本案，并于 2013 年 12 月 7 日判决撤销原一、二审判决，改判赛诺维公司停止使用涉案包装、装潢的不正当竞争行为，赔偿桂林南药公司经济损失 21.32 万元。

最高人民法院提审认为：桂林南药公司一直在生产销售乳酶生片，而且该乳酶生片与桂林制药厂生产的乳酶生片为同一种商品，药品批准文号的变化并不足以证明二者不是同一种商品。知名商品特有的包装、装潢属于反不正当竞争法保护的财产权益，依法可以转让和承继。在桂林制药厂生产的乳酶生片为知名商品的情形下，其生产的 0.15 克袋装乳酶生片的包装、装潢应当属于知名商品特有的包装、装潢。基于桂林南药公司和桂林制药厂本身就具有较为特殊的承继关系且两者生产的乳酶生片为同一种商品，而且因桂林南药公司和桂林制药厂在 0.15 克袋装乳酶生片上使用的包装、装潢并无实质性差别，故桂林南药公司应当有权利承继桂林制药厂所拥有的上述知名商品特有的包装、装潢权益。桂林南药公司生产销售的0.15克袋装乳酶生片的包装、装潢属于知名商品特有的包装、装潢。赛诺维公司生产销售的0.15克袋装乳酶生片的包装、装潢侵犯了桂林南药股份有限公司知名商品特有的包装、装潢权益，构成不正当竞争。

27. 知名商品的名称、包装和装潢的特有性与新颖性的关系

在再审申请人华文出版社有限公司（以下简称华文出版社）与被申请人吉林文史出版社及一审被告长春联合图书城有限公司（以下简称长春联合图书城）侵害著作权及不正当竞争纠纷案[（2013）民申字第371号]（以下简称《男人来自火星·女人来自金星》图书不正当竞争案），最高人民法院指出，知名商品的名称、包装和装潢的特有性是指该商品名称、包装和装潢能够起到区别商品来源的作用，而不是指该商品名称、包装和装潢具有新颖性或者独创性；即使商品名称、包装和装潢不具有新颖性或者独创性，也不意味着其必然不具有特有性。

本案的基本案情是：吉林文史出版社自2004年取得美国作者约翰·格雷博士授权，在中国大陆范围内独家出版其作品，英文名为“Men Are from Mars，Women Are From Venus”，中文名为《男人来自火星·女人来自金星》。该书封面以两张大幅男人、女人头像图片为背景，图片为黑白色，封面整体呈现蓝绿色。封面中间是中文书名，封面顶端是宣传语，中文书名的左上角是美术体的英文书名，中文书名的正下方是“全球最畅销图书被翻译成40多种语言”的宣传语。该书封底呈黑绿色，上部以美术体标示英文书名，中间是“让男人读懂女人，让女人读懂男人”的宣传语，然后依次引用有关外文报刊对本书的评论。2006年、2007年、2009年在中国图书商报统计的各地书店畅销书排序中，本案图书均榜上有名且销量较大。2007年至2011年在当当网图书畅销榜上，该书亦榜上有名。华文出版社出版于2010年1月出版了翟文明编著的《男人来自火星·女人来自金星大全集》一书。在该书封面上的“男人来自火星·女人来自金星”字体显著突出，“大全集”三字字体相对较小。同时，该书在封面的装饰图片选择、位置排列、颜色搭配以及封面和封底的中英文文字、宣传标语的选择、排列布置等方面与吉林文史出版社的涉案图书非常接近。2010年7月，吉林文史出版社在长春联合图书城购买华文出版社出版的《男人来自火星·女人来自金星大全集》两本。吉林文史出版社以华文出版社侵犯其本案图书著作权及擅自使用其知名商品特有名称和装潢为由，提起诉讼，请求法院判令华文出版社停止侵权并赔偿损失。吉林省长春市中级人民法院一审认为，华文出版社及长春联合图书城未侵犯吉林文史出版社的专有出版权，但是华文出版社擅自使用与他人知名商品特有

名称和装潢近似的名称和装潢，构成不正当竞争行为。遂判决华文出版社停止出版、发行“使用《男人来自火星·女人来自金星大全集》名称及其封面封底设计”的图书，赔偿吉林文史出版社 20 万元；长春联合图书城停止销售前述图书。华文出版社不服，提出上诉。吉林省高级人民法院二审认为，一审判决确定的赔偿数额过高，应予调整。遂改判华文出版社赔偿吉林文史出版社 10 万元。华文出版社仍不服，向最高人民法院申请再审。其主要理由是文史出版社本案图书的名称和装潢不构成知名商品的特有名称和装潢；本案可以判决责令附加区分来源的其他标识，原审判决停止出版、发行被诉侵权图书，责任过重。最高人民法院于 2013 年 12 月 26 日裁定驳回华文出版社的再审申请。

最高人民法院审查认为：反不正当竞争法第五条第（二）项规定的知名商品的名称、包装和装潢的特有性是指该商品名称、包装和装潢能够起到区别商品来源的作用，而不是指该商品名称、包装和装潢具有新颖性或者独创性。对相关公众而言，只要该商品名称、包装和装潢由于商业使用已经客观上起到区别商品来源的作用，其便具有了特有性，其是否具有新颖性或者独创性并不重要。当然，商品名称、包装和装潢的新颖性或者独创性与特有性具有一定的联系。如果商品名称、包装和装潢具有新颖性或者独创性，将该种具有新颖性或者独创性商品名称、包装和装潢用于商业活动，则该名称、包装和装潢通常会起到区别商品来源的作用，因而具备特有性。但是，即使商品名称、包装和装潢不具有新颖性或者独创性，也不意味着其必然不具有特有性。在经营者将该不具有新颖性或者独创性商品名称、包装和装潢用于商业活动的情况下，如果经过使用，该商品及其名称、包装和装潢具有了一定的知名度，该名称、包装和装潢成为相关公众区分商品来源的标识之一，则其同样具备特有性。关于本案图书的商品名称的特有性。虽然本案图书名称《男人来自火星·女人来自金星》来自西方谚语，并非吉林文史出版社独创，但是吉林文史出版社在先将其作为图书商品名称并出版发行，且本案没有证据表明其他经营者也将同样的名称用于图书类商品并早于本案图书而出版发行。在本案图书已具有较高知名度的情况下，其名称已经具有了区别商品来源的作用，构成知名商品的特有名称。关于本案图书装潢的特有性。本案图书的装潢包含封面与封底，封面的装饰图片选择、位置排列、颜色搭配以及封面和封底的中英文文字、宣传标语的选择、排列布置等均体现出一定的特色。本案没有证据证明有他人早于本案图书在相同或者类似商品上使用了相同或者近似的装潢设计。在本案图书已具有较高知名度的情况下，其装潢已经具有区别商品来源的作用，构成知名商品的特有装潢。

28. 不具有市场属性的信息不属于商业秘密

在再审申请人王者安与被申请人卫生部国际交流与合作中心（以下简称卫生部国际中心）、李洪山、原晋林侵害商业秘密纠纷案［（2013）民申字第1238号］中，最高人民法院指出，反不正当竞争法所规范的“竞争”并非任何形式、任何范围的竞争，而是特指市场经营主体之间的“市场竞争”；商业秘密应以市场为依托，仅在单位内部为当事人带来工作岗位竞争优势的信息不属于商业秘密。

本案的基本案情是：王者安是卫生部国际中心工作的工作人员。2000年5月，卫生部国际中心根据卫生部的要求开始酝酿人事制度改革。王者安是改革小组成员之一，负责薪酬的改革方案，并参与完成了《卫生部国际交流中心分配制度改革办法》（以下简称《分配制度改革办法》）。后王者安向北京市第一中级人民法院起诉称，《分配制度改革办法》符合商业秘密的所有特征，卫生部国际中心原主任李洪山有预谋地骗取了王者安的《分配制度改革办法》，并将其提供给原晋林，供原晋林履行综合人事部处长职责，并与王者安进行岗位竞争，导致王者安在2001年竞争综合人事部处长职位时失利。2001年以后，卫生部国际中心一直使用王者安的《分配制度改革办法》，资产增长到5亿多，取得了巨大的经济利益。王者安请求法院判令卫生部国际中心、李洪山、原晋林停止侵权，共同赔偿损失1036万元。北京市第一中级人民法院一审认为，王者安提交的现有证据不足以证明《分配制度改革办法》系由王者安独立完成，且卫生部国际中心的人事制度改革方案是集体参与制定的，王者安作为员工参与该项工作是履行单位分配的工作任务。据此判决驳回王者安的全部诉讼请求。王者安不服，提出上诉。北京市高级人民法院以基本相同的理由判决驳回上诉，维持一审判决。王者安仍不服，向最高人民法院申请再审。最高人民法院于2013年12月18日裁定驳回王者安的再审申请。

最高人民法院审查认为：反不正当竞争法规范的主体应为参与市场经营活动的市场主体即经营者，其规范的行为应为经营者的经营行为。本案中，王者安并非从事商品经营或者营利性服务的经营者，其与三被申请人之间亦不存在市场竞争关系。王者安与卫生部国际中心为劳动合同关系，王者安与李洪山、原晋林为同事关系。王者安起草、制定《分配制度改革办法》系履行工作职责、完成工作任务。故本案三被申请人的行为不构成反不正当竞争法规定的不正当竞争行为。反不正当竞争法所规范的“竞争”，并非任何形式、任何范围的竞争，而是特指市场经营主体之间的“市场竞争”。因此，王者安所谓的“工作岗位竞争”即综合人事部处长职位竞争系单位内部职位竞争，并不属于反不正当竞争法规范的“市场竞争”。商业秘密应以市场为依托，仅在单位内部为当事人带来工作岗位竞争优势的信息不属于商业秘密。因此，三被申请人未侵害王者安的商业秘密。

五、知识产权合同案件审判

29. 尚未获得注册的商标的许可使用合同是否有效

在再审申请人天津开发区泰盛贸易有限公司（以下简称泰盛公司）与被申请人北京业宏达经贸有限公司（以下简称业宏达公司），一审被告、二审被上诉人广州睿翔春皮具有限公司（以下简称睿翔春公司）商标许可使用合同纠纷案［（2012）民申字第 1501 号］中，最高人民法院认为，法律法规对许可他人使用尚未获得注册的商标未作禁止性规定，商标许可合同当事人对商标应该获得注册亦未有特别约定，一方以许可使用的商标未获得注册构成欺诈为由主张许可合同无效的，不予支持。

本案的基本案情是：2007 年 3 月 1 日，业宏达公司从案外人沃尔西公司获得“wolsey”系列文字及图形商标在中国大陆、香港、澳门地区独占使用权和再许可权，期限为 2007 年 3 月 1 日至 2013 年 12 月 31 日。2007 年 4 月 12 日，业宏达公司与泰盛公司签订《再许可授权协议》，约定业宏达公司授权泰盛公司在中国大陆独家使用第 1802 类商品上的“wolsey”商标、“无赛”商标和“狐狸图形”商标，该协议有效期为 2007 年 5 月 1 日至 2013 年 12 月 31 日。其中“wolsey”商标的注册/申请号为 3730891 号，“无赛”商标的注册/申请号为 37308090 号，“狐狸图形”商标的注册/申请号为 3730889 号，其授权使用的商品均为第 1802 类皮革、人造革及其制品、皮箱和旅行包等商品。协议还规定了泰盛公司应从 2008 年 1 月 1 日起向业宏达公司支付商标使用费的数额与方式，以及泰盛公司应向业宏达公司提交相关报表和报告等义务。同日，业宏达公司与泰盛公司签订《补充协议》，约定泰盛公司的法定代表人金立锡成立新公司后，以新公司的名义重新签署合同；泰盛公司向业宏达公司交付 50 万美元（人民币 383 万元）的 wolsey（金狐狸）商标的加盟费用等。2007 年 6 月 1 日，睿翔春公司成立，随后向业宏达公司支付了 383 万元商标加盟费。前述商标许可合同中的三个商标均由沃尔西公司于 2003 年 9 月 24 日申请，其中第 3730889 号“狐狸图形”注册商标和 37308090 号“无赛”注册商标于 2006 年 6 月 7 日获得注册，核定使用的商品包括第 1802 类箱包皮具商品。第 3730891 号“wolsey”商标申请注册时其申请使用的商品类别为包括第 1802 类箱包皮具商品在内的第 18 类商品。商标局于 2006 年 2 月 14 日裁定驳回了该商标在第 1802 类箱包皮具商品上的注册申请。国家工商行政管理总局商标评审委员会于 2010 年 3 月 1 日维持了商标局裁定。随后，第 3730891 号“wolsey”商标于 2010 年 9 月 7 日获得注册，核定使用的商品为第 1801 类、第 1804 类、第 1805 类、第 1806 类。上述情况发生的原因在于，案外人海图公司已经在先申请“wolsey”商标，并于 2009 年 11 月 28 日在第

1802 类箱包皮具商品上获准注册。案外人海图公司获得“wolsey”注册商标之后，向工商行政管理部门投诉泰盛公司使用“wolsey”商标的行为。泰盛公司因此受到工商行政管理部门的行政处罚。2011 年 10 月 11 日，业宏达公司以泰盛公司、睿翔春公司未依约提供报表、报告，拒不支付商标许可费为由，提起诉讼，请求法院判令解除许可合同，两被告给付商标使用费 1488 万元及逾期付款滞纳金。泰盛公司、睿翔春公司以许可合同中的第 3730891 号“wolsey”注册商标并未在第 1802 类皮具商品上获得注册，业宏达公司构成根本违约为由，提出抗辩。北京市第二中级人民法院一审认为，本案商标许可合同有效，但是第 3730891 号“wolsey”注册商标核定使用的商品并不包括协议约定的第 1802 类皮具商品，致使泰盛公司签订合同目的不能实现，业宏达公司构成根本违约。遂判决解除本案商标许可协议，业宏达公司返还泰盛公司商标加盟费 383 万元。业宏达公司不服，提出上诉。北京市高级人民法院二审认为，泰盛公司并未就主张业宏达公司返还商标加盟费提起反诉，一审判决超出了当事人诉讼请求范围；业宏达公司在签订合同时不存在欺诈，本案商标许可合同有效。遂判决解除本案商标许可合同，同时改判泰盛公司给付业宏达公司商标许可使用费 446.4 万元。泰盛公司不服，向最高人民法院申请再审。其主要理由之一为，第 3730891 号“wolsey”商标具有核心价值，业宏达公司故意隐瞒其不享有该商标在第 1802 类商品上的注册商标专用权的事实，与泰盛公司就包括该商标在内的三个商标签订许可协议，构成合同欺诈，业宏达公司无权收取商标使用费。最高人民法院于 2013 年 3 月 26 日裁定驳回泰盛公司的再审申请。

最高人民法院审查认为：关于业宏达公司是否存在欺诈行为的问题。本案业宏达公司与泰盛公司签订的《再许可授权协议》及《补充协议》是双方当事人的真实意思表示，不违反法律禁止性规定。泰盛公司主张业宏达公司构成欺诈，其主要理由是认为业宏达公司隐瞒了沃尔西公司在第 1802 类商品上不享有“wolsey”注册商标专用权的事实。但根据查明的事实，首先，2007 年 3 月 1 日沃尔西公司将“wolsey”商标许可业宏达公司独占使用，以及 2007 年 5 月 1 日业宏达公司再许可泰盛公司独占使用时，海图公司尚未获得“wolsey”注册商标，3730891 号“wolsey”商标系沃尔西公司正在申请注册（包括在第 1802 类商品上）中的商标。在此期间，业宏达公司将该商标再许可泰盛公司使用的行为并无不当。其次，未注册商标能否许可他人使用，法律法规对此没有禁止性规定，且在业宏达公司与泰盛公司签订的合同中，亦未限定许可泰盛公司使用的三个商标必须均为注册商标。相反，许可合同明确写明了业宏达公司“不保证商标有效性”的条款。根据该条款的内容，泰盛公司作为本案商标的被许可方，理应知晓签订合同时被许可使用的三个商标的权利状态，其中第 3730891 号“wolsey”商标为业宏达公司正在申请注册中的商标。最后，本案合同关于商标许可使用费的约定未区分三个商标各自的独立价值，特别是未就第 3730891 号“wolsey”商标是否具有核心价值，其使用费应高于其他两个商标等作出特别约定。二审法院结合泰盛公司在签订本案合同前即与业宏达公司存在商业合作关系，以及泰盛公司一直将“wolsey”商标与“狐狸图形”商标在相关商品上同时使用等情况，认定业宏达公司“wolsey”商标在第 1802 类皮具商品上未获得注册，不影响泰盛公司实现签订本案合同根本目的，业宏达公司不存在欺诈行为，并无不当。

30. 技术转让合同中出让方技术资料真实保证义务的延续性

在再审申请人北京福瑞康正医药技术研究所（以下简称福瑞研究所）与被申请人济川药业集团股份有限公司（以下简称济川公司）技术转让合同纠纷案［（2013）民申字第 718 号］中，最高人民法院认为，药品临床批件申请项下的技术发生转让的，技术出让方在后续的药品申报生产阶段仍负有保证申报资料数据真实可靠的约定义务和法定义务。

本案的基本案情是：2003 年 12 月 16 日，济川公司与福瑞研究所签订新药技术转让合同，转让项目为新药盐酸罗哌卡因原料与注射剂的临床批件，包括原料药与注射剂。双方约定：因福瑞研究所技术原因，导致该新药申报失败的，福瑞研究所应在责任判定后十日内全额退回已收技术转让费给济川公司；福瑞研究所负有保证技术内容与有关数据的真实与可靠性的义务；福瑞研究所向济川公司提供技术转让项目所有相关技术资料与临床批件，包括新药综述研究资料、新药药学研究资料等。2004 年，国家食品药品监督管理局向福瑞研究所下发审批意见通知件，同意对盐酸罗哌卡因原料药、注射液进行临床研究，对盐酸罗哌卡因氯化钠注射液免予临床研究。同年 3 月 9 日，福瑞研究所授权济川公司对盐酸罗哌卡因原料与水针开展二期临床研究。福瑞研究所向济川公司提供了包括盐酸罗哌卡因原料药及注射液在内的稳定性研究的试验资料及文献资料。济川公司按照合同约定向福瑞研究所付款 150 万元。为盐酸罗哌卡因注射液Ⅱ期临床试验，济川公司与有关医院签订协议并支付了临床验证费，还就盐酸罗哌卡因Ⅱ期临床研究统计分析工作签订技术服务合同，并支付了技术服务费。临床试验结束后，济川公司与福瑞研究所共同向国家食品药品监督管理局申请新药证书和生产批件。2008 年 8 月 28 日，国家食品药品监督管理局向两单位下发审批意见通知件，不批准两单位对盐酸罗哌卡因及其注射液提出的注册申请，理由均为本申请药学方面资料的真实性存在问题。经比对，真实性存在问题的图谱资料来源于福瑞研究所向国家食品药品监督管理局申请盐酸罗哌卡因原料及注射液临床批件时提交的申报资料 10。济川公司以福瑞研究所提供的资料不真实，导致生产批件和新药证书申报失败为由提起本案诉讼，请求法院判决解除双方签订的技术转让合同，判令福瑞研究所退回已收取的技术转让费，赔偿济川公司临床研究费用损失以及利息损失。江苏省泰州市中级人民法院一审判决解除本案技术转让合同，判令福瑞研究所返还济川公司技术转让费150万元，驳回济川公司其他诉讼请求。福瑞研究所不服，提出上诉。江苏省高级人民法院二审判决驳回上诉，维持一审判决。福瑞研究所仍不服，向最高人民法院申请再审。最高人民法院于2013年7月9日裁定驳回福瑞研究所的再审申请。

最高人民法院审查认为：合同法第三百四十九条规定，技术转让合同的让与人应当保证自己是所提供的技术的合法拥有者，并保证所提供的技术完整、无误、有效，能够达到约定的目的。作为技术受让方，济川公司对从福瑞研究所受让而来的技术的真实性有着合理的期待。双方在合同中也约定福瑞研究所负有保证技术内容和有关数据的真实与可靠性的义务以及由于技术原因导致该新药申报失败时全额退回已收技术转让费的责任。因此，福瑞研究所作为新药研发的技术出让方，应当知晓其向济川公司所提供相关技术资料的用途，并应当负有保证该转让品种的技术内容与有关数据的真实性与可靠性的义务。此外，根据《药品注册管理办法》的规定，药品注册申请人应当对申报资料内容的真实性负责。福瑞研究所向济川公司提供真实可靠的技术资料，不仅是双方合同约定的义务，也是其作为药品注册申请人的法定义务。对新药及其制剂进行稳定性研究，是确保用药安全有效的一项重要内容。通常，申报生产时的稳定性数据是临床申报时稳定性数据的一种延续，在新药申报中保证数据的真实性属于技术出让方应当负有的责任。福瑞研究所作为临床批件的技术出让方，应当保证延续生产中的技术数据的稳定性。本案中，申请新药证书及生产批件过程中出现的不真实的药学图谱资料来源于福瑞研究所申请临床批件的药物稳定性研究的试验资料，而该资料已经由福瑞研究所依技术转让合同的约定提供给了济川公司。由于负有法定和约定义务的福瑞研究所提供的药学试验资料的真实性存在问题，致使该新药的有效期、安全性和临床药效无法确定，无法确定该新药的技术是否稳定可靠，直接导致济川公司签订的技术转让合同目的落空，福瑞研究所理应承担违约责任。

六、知识产权侵权责任承担

31. 停止侵害民事责任具体承担方式的确定

在前述《男人来自火星·女人来自金星》图书不正当竞争案中，最高人民法院还明确了确定停止侵害民事责任的具体方式的原则和标准。最高人民法院认为，停止侵害民事责任的具体方式的确定，应该遵循比例原则，结合被诉行为的特点，考虑具体责任方式的合目的性、必要性和均衡性。

最高人民法院审查认为：停止侵害责任的具体方式的确定，需要结合被诉行为的特点，考虑具体责任方式的合目的性、必要性和均衡性。即该种具体责任方式要能够和适于实现停止侵害的目的；在能够有效实现停止侵害目的的各种手段中，对被诉侵权人利益造成的不利影响相对较小，且不会与停止侵害的目的不成比例。本案中，华文出版社实施了使用与他人知名商品近似的名称和装潢的不正当竞争行为。对于使用与他人知名商品近似的名称的行为而言，只要被诉侵权图书使用“男人来自火星　女人来自金星”这一名称，均可能导致相关公众发生混淆和误认，附加区别标识不足以起到停止侵害的目的。对于使用与他人知名商品近似的装潢的行为而言，只有在变更装潢，改变原有装潢的显著性的情况下，才能达到停止侵害的目的。因此，本案中通过附加区别标识不足以实现停止侵害的目的，原审法院判令华文出版社于判决生效后立即停止出版、发行“使用《男人来自火星·女人来自金星大全集》名称及其封面封底设计”的图书，这一责任方式并无不当。

32. 企业字号与注册商标冲突时的民事责任

在再审申请人北京大宝化妆品有限公司（以下简称大宝化妆品公司）与被申请人北京市大宝日用化学制品厂（以下简称大宝日化厂）、深圳市碧桂园化工有限公司（以下简称碧桂园公司）侵害注册商标专用权和不正当竞争纠纷案［（2012）民提字第166号］中，最高人民法院认为，企业字号与注册商标冲突时应根据案件的具体情况予以处理：因突出使用企业名称侵犯注册商标专用权的，可以判令规范使用企业名称；该企业名称因特殊的历史关系已经长期善意使用的，可以不判令变更企业名称。

本案的基本案情是：案外人北京三露厂（以下简称三露厂）于1987年至1995年经国家工商行政管理总局商标局（以下简称商标局）核准注册了“大宝”系列商标。其中“大宝”文字加图形商标与“Dabao”拼音商标被商标局认定为驰名商标。1989年，三露厂出资设立北京市大宝特种粘合剂厂（以下简称粘合剂厂）。从1991年起，粘合剂厂使用“大宝”文字加图形商标生产五洁粉产品。1999年三露厂设立大宝化妆品公司，因涉及字号重名问题，粘合剂厂为此出具函件，同意大宝化妆品公司使用“大宝”字号。2004年8月，粘合剂厂进行股份制改造，将企业名称变更为大宝日化厂，三露厂出具函件同意该厂使用“大宝”作为企业字号。此后，大宝日化厂在其五洁粉产品上使用了“大宝”文字加图形与“Dabao”拼音注册商标。同年9月，三露厂将涉案“大宝牌”文字加图形、“大宝”文字加图形与“Dabao”拼音注册商标转让给大宝化妆品公司所有。2007年1月15日，大宝日化厂与碧桂园公司签署协议，合作生产、销售日用化学品。两公司联合出品的“SOD蜜”、“洗发露”等产品上均带有“大宝日化”或“DABAO RIHUA”字样，并同时使用了大宝日化厂的“贝贝熊”商标；碧桂园公司在其网站上展示了其与大宝日化厂联合生产的标有“大宝日化”字样的多种产品；大宝日化厂在其网站上使用了“大宝日化”字样，并展示了该厂生产的标有“大宝日化”字样的包括涉案产品在内的多种产品。2008 年 7 月，三露厂将大宝化妆品公司全部股权出售给案外人强生（中国）投资有限公司，此过程未涉及大宝日化厂。大宝化妆品公司以大宝日化厂与碧桂园公司为共同被告提起诉讼，请求二被告停止侵害注册商标专用权行为、消除影响；大宝日化厂停止使用并限期变更带有“大宝”字样的企业名称；连带赔偿大宝化妆品公司经济损失及合理费用 500 万元。北京市第一中级人民法院一审认为，大宝日化厂与碧桂园公司构成商标侵权，判令二被告停止在其产品和网站上使用“大宝日化”、“DABAO RIHUA”字样的行为及在其网站上展示带有“大宝日化”及“DABAO RIHUA”字样产品的行为，驳回大宝化妆品公司的其他诉讼请求。大宝化妆品公司不服，提出上诉。北京市高级人民法院二审判决驳回上诉，维持一审判决。大宝化妆品公司不服，向最高人民法院申请再审。最高人民法院裁定提审本案，并于 2013 年 5 月 7 日改判撤销二审判决及一审判决第二项，维持一审判决第一项，大宝日化厂、碧桂园公司共同赔偿经济损失及合理费用 50 万元。

最高人民法院提审认为：首先，本案中，大宝日化厂成立时将“大宝”作为企业字号不具有恶意是各方当事人均认可的事实，因而不能简单地以该字号晚于“大宝”系列商标注册的时间为由，否认大宝日化厂使用“大宝”字号的合理性。其次，注册商标专用权与企业名称权均是受法律保护的民事权利，不同的权利主体在行使权利时，均不得超越其权利边界而损害他人的合法权益。鉴于“大宝”系列注册商标显著性较强，特别是通过多年的广告宣传已经具有了较高的知名度，只要提到“大宝”，消费者就会将其与大宝化妆品品牌联系在一起。从大宝日化厂与碧桂园公司共同生产、销售的 SOD 蜜等化妆品与洗涤类产品的包装看，“大宝日化”字样在前且明显，大宝日化厂的“贝贝熊”注册商标在背面且很小。因“大宝日化”中的“大宝”字样具有区别商品来源的作用，故大宝日化厂与碧桂园公司突出使用“大宝日化”标识，明显具有攀附“大宝”系列注册商标商誉的恶意，易使相关公众对其商品来源产生混淆误认，或者认为不同的生产者之间具有关联关系。大宝日化厂与碧桂园公司在被诉侵权的产品上突出使用“大宝日化”、“DABAO RIHUA”标识的行为，违反了商标法及商标司法解释的相关规定，侵害了大宝化妆品公司“大宝”系列注册商标专用权，应承担相应的民事责任。根据《最高人民法院关于审理注册商标、企业名称与在先权利冲突的民事纠纷案件若干问题的规定》第四条的规定，被诉企业名称侵犯注册商标专用权或者构成不正当竞争的，人民法院可以根据原告的诉讼请求和案件的具体情况，确定被告承担停止使用、规范使用等民事责任。该司法解释中提到的“规范使用”，主要针对的是突出使用企业名称字号侵害他人注册商标专用权的行为人，在行为构成侵权时，法院可以判令其以规范的方式使用商业标识。本案大宝日化厂应停止突出使用“大宝日化”、“DABAO RIHUA”标识的侵权行为，以消除或者避免权利冲突的发生。对于大宝日化厂应否停止使用“大宝”字号问题，考虑到大宝日化厂持续使用“大宝”字号已20多年，特别是本案中没有证据证明强生中国公司收购大宝化妆品公司时，大宝日化厂也参与其中且已经明确大宝日化厂不能再继续使用“大宝”字号的事实，故对大宝化妆品公司关于判令大宝日化厂停止使用“大宝”字号的请求不予支持。

33. 专利权人与侵权人的事先约定可以作为确定专利侵权损害赔偿数额的依据

在再审申请人中山市隆成日用制品有限公司（以下简称隆成公司）与被申请人湖北童霸儿童用品有限公司（以下简称童霸公司）侵害实用新型专利权纠纷案［（2013）民提字第116号］中，最高人民法院认为，侵权人与权利人就再次侵权的赔偿数额作出约定后再次侵权的，人民法院可直接适用该约定确定侵权损害赔偿数额。

本案的基本案情是：隆成公司系名称为“前轮定位装置”实用新型专利（即本案专利）的专利权人。2008年4月，隆成公司曾以童霸公司侵犯本案专利为由提起诉讼。湖北省武汉市中级人民法院一审判决童霸公司停止侵权并赔偿损失。童霸公司不服，提起上诉。二审期间，经法院主持调解，双方达成调解协议并由湖北省高级人民法院制作了民事调解书，其主要内容为：童霸公司保证不再侵犯隆成公司的专利权，如发现一起侵犯隆成公司实用新型专利权的行为，自愿赔偿隆成公司100万元。后隆成公司发现童霸公司仍在从事侵害本案专利权的经营行为，遂于2011年5月再次向湖北省武汉市中级人民法院提起诉讼，请求法院判令童霸公司赔偿隆成公司100万元并承担诉讼费用。一审庭审中，经法院释明，隆成公司明确表示本案依据专利侵权起诉，不选择合同违约之诉，但请求法院对侵权赔偿数额按双方约定的标准计算。一审法院认为，根据合同法第一百二十二条的规定，侵权责任与违约责任竞合时，受损害方有选择权。隆成公司明确选择提起侵权之诉，应根据侵权责任法确定赔偿数额。若赔偿标准以前案民事调解书的约定为准，则与合同法的上述规定相冲突。因隆成公司主张侵权之诉，违约之诉无法纳入法庭调查和辩论的范围，法院无须对违约行为及违约责任作出判断，故不宜适用当事人约定的违约赔偿金。一审法院遂适用法定赔偿判决童霸公司赔偿隆成公司14万元。隆成公司不服，提出上诉。湖北省高级人民法院二审认为，侵权行为成立与否是本案双方当事人权利义务关系的基础，前案中被诉侵权童车产品的型号与本案中被诉侵权童车产品的型号不同，故调解协议约定的赔偿数额不能适用于本案。遂判决驳回上诉，维持一审判决。隆成公司仍不服，向最高人民法院申请再审。最高人民法院裁定提审本案，并于 2013 年 12 月 7 日判决撤销原一、二审判决，判令童霸公司赔偿隆成公司 100 万元。

最高人民法院提审认为：关于本案能否适用双方在前案调解协议中约定的赔偿数额确定方法。首先，本案中童霸公司应承担的民事责任不属于侵权责任与违约责任竞合之情形。合同法第一百二十二条所规定的违约责任与侵权责任发生竞合的前提是当事人双方之间存在基础交易合同关系，基于该交易合同关系，一方当事人的违约行为侵害了对方权益而产生侵权责任。因此，该规定中的违约行为是指对基础交易合同约定义务的违反，且该违约行为同时侵害了对方权益，而不是指对侵权行为发生之后当事人就如何承担赔偿责任所作约定的违反。前案调解协议不是隆成公司与童霸公司之间的基础交易合同，而是对侵权行为发生后如何承担侵权赔偿责任（包括计算方法和数额）的约定。因此，本案中童霸公司应承担的民事责任不属于合同法第一百二十二条规定的侵权责任与违约责任竞合的情形。其次，本案中童霸公司应承担的民事责任系侵权责任。前案调解协议的法律意义与效果不在于对童霸公司的合同交易义务作出约定，而在于对侵权责任如何承担作出约定。当事人双方将童霸公司将来侵权行为发生后的具体赔偿方法和数额写进调解协议，只是为了明确童霸公司再次侵权时其侵权责任应如何承担。再次，侵权责任法、专利法等法律并未禁止被侵权人与侵权人就侵权责任的方式、侵权赔偿数额等预先作出约定。这种约定的实质是，双方就未来发生侵权时权利人因被侵权所受到的损失或者侵权人因侵权所获得的利益，预先达成的一种简便的计算和确定方法。基于举证困难、诉讼耗时费力等因素的考虑，双方当事人在私法自治的范畴内完全可以对侵权赔偿数额作出约定。这种约定既包括侵权行为发生后的事后约定，也包括侵权行为发生前的事先约定。因此，本案适用调解协议中双方约定的赔偿数额确定方法，与专利法第六十五条的有关规定并不冲突。综上，本案可以适用前案调解协议中约定的赔偿数额确定方法。

七、关于知识产权诉讼程序与证据

34. 侵权结果地应当理解为侵权行为直接产生的结果的发生地

在再审申请人郑州润达电力清洗有限公司（以下简称郑州润达公司）、陈庭荣与被申请人湖北洁达环境工程有限公司（以下简称湖北洁达公司）、一审被告、二审上诉人吴祥林侵害商业秘密纠纷管辖权异议案［（2013）民提字第 16 号］中，最高人民法院指出，侵权结果地应当理解为侵权行为直接产生的结果的发生地，不能简单地以原告受到损害就认定原告住所地是侵权结果发生地。

本案的基本案情是：2011 年 9 月，湖北洁达公司以吴祥林、陈庭荣和郑州润达公司侵害商业秘密为由，向湖北省荆州市中级人民法院提起诉讼。吴祥林、陈庭荣、郑州润达公司对管辖权提出异议，认为本案应由被告住所地人民法院管辖。湖北省荆州市中级人民法院一审认为，本案系湖北洁达公司以吴祥林、陈庭荣、郑州润达公司侵害其商业秘密为由提起的诉讼，三被告的住所地及侵权行为地法院均有管辖权。湖北洁达公司有权选择向侵权行为地法院提起诉讼。三被告提出的管辖权异议不能成立，遂裁定驳回吴祥林、陈庭荣、郑州润达公司的管辖权异议。郑州润达公司、陈庭荣、吴祥林不服，提出上诉。湖北省高级人民法院二审裁定驳回上诉，维持一审裁定。郑州润达公司、陈庭荣不服，向最高人民法院申请再审。最高人民法院裁定提审本案，并于 2013 年 4 月 23 日裁定撤销原一、二审裁定，将本案移送湖北省襄阳市中级人民法院审理。

最高人民法院提审认为：对于吴祥林和陈庭荣使用或者允许他人使用其所掌握的商业秘密这一被诉侵权行为而言，其侵权行为实施地应是涉案商业秘密的使用行为地。本案中，被诉使用该商业秘密实施设备清洗行为的行为地均不位于湖北省荆州市。对于陈庭荣作为法定代表人的郑州润达公司明知陈庭荣和吴祥林的违法行为仍使用他人商业秘密这一被诉侵权行为而言，其行为实施地与前述吴祥林和陈庭荣的被诉侵权行为实施地重合，亦不位于湖北省荆州市。侵权结果地应当理解为侵权行为直接产生的结果的发生地，不能以权利人认为受到损害就认为原告所在地就是侵权结果发生地。本案中，侵权结果地与上述侵权行为实施地重合，不位于荆州市。因此，湖北洁达公司关于荆州市是侵权结果地的主张不能成立。吴祥林和陈庭荣作为湖北洁达公司的员工，在工作中获知湖北洁达公司的商业秘密，不属于反不正当竞争法第十条规定的侵害商业秘密的具体行为种类。湖北洁达公司在起诉时也未将该行为列入其指控的对象。因此，原二审裁定以陈庭荣、吴祥林涉嫌在湖北洁达公司工作期间掌握涉案商业秘密为由，认定侵害商业秘密的行为发生在湖北洁达公司住所地湖北省荆州市，适用法律有误，应予纠正。本案被诉侵权行为的实施地、结果地以及被告住所地均不位于湖北省荆州市，湖北省荆州市中级人民法院对本案没有管辖权。

35. 与本诉具有牵连关系的对抗性诉讼可以作为反诉受理

在再审申请人江西盛世欣兴格力贸易有限公司（以下简称江西格力公司）与被申请人江西美的制冷设备销售有限公司（以下简称江西美的公司）、原审被告美的集团股份有限公司（以下简称美的公司）不正当竞争纠纷案［（2013）民申字第 2270 号］中，最高人民法院认为，与本诉在具体事实和法律关系方面具有同一性并非反诉的必要条件；基于产生原因上的联系而提起的具有明显针对性、对抗性和关联性的诉讼，因其与本诉具有牵连关系，可以作为反诉处理。

本案的基本案情是：珠海格力公司通过媒体在全国范围内宣传使用1赫兹变频技术的格力空调产品，江西格力公司是在江西省范围内销售格力空调产品的公司。广东美的制冷设备有限公司亦通过媒体在全国范围内宣传使用全直流变频技术的美的空调产品，江西美的公司是在江西省范围内销售美的空调产品的公司。江西美的公司于2012年4月1日至5日在《江南都市报》《南昌晚报》等媒体发布"全直流比1赫兹好，为什么"、"1赫兹OUT了，请别再忽悠消费者了"等广告语。江西格力公司于2012年4月5日、6日亦在相同媒体上发布"全直流早OUT了，不再用10年前的技术"等广告语。2012年4月9日，江西格力公司以江西美的公司、美的公司对其构成不正当竞争为由，向江西省南昌市中级人民法院提起本诉。2012年8月27日，江西美的公司以江西格力公司对其构成不正当竞争为由，向江西省南昌市中级人民法院提起反诉。一审法院将本诉与反诉合并审理，认为江西格力公司与江西美的公司均对对方构成商业诋毁，遂判决双方同时承担停止侵权行为、赔礼道歉、赔偿损失等法律责任。江西格力公司与江西美的公司均不服，提出上诉。江西省高级人民法院二审判决驳回上诉，维持原判。江西格力公司不服，以原审法院受理并审理江西美的公司所提反诉违反民事诉讼法的规定为由，向最高人民法院申请再审。2013年12月10日，最高人民法院裁定驳回江西格力公司的再审申请。

最高人民法院审查认为：本案中，本诉要解决的问题是江西美的公司在《江南都市报》《南昌晚报》等媒体上刊登广告语的行为是否构成对江西格力公司的商业诋毁，反诉要解决的问题是江西格力公司在《江南都市报》《南昌晚报》等媒体上刊登广告语的行为是否构成对江西美的公司的商业诋毁。本诉与反诉所针对的具体事实和法律关系虽然不具有同一性，但两项侵权行为的实施者互为本诉与反诉的原告、被告，借助的媒体完全相同，实施时间极为接近，侵权行为的具体形式高度近似。由此可以看出，两侵权行为在产生原因上具有明显的针对性、对抗性和关联性，其目的均是通过发布比较广告的方式获取相关地域内空调销售方面的竞争优势。由于本案反诉与本诉之间存在事实与法律关系上的关联性，原审法院以反诉与本诉具有牵连关系、合并审理符合设立反诉制度的目的为由，对江西美的公司的反诉予以受理和审理，并无不当。江西格力公司所提反诉与本诉之间必须基于同一法律关系和原因事实的再审理由缺乏法律依据。此外，从当事人诉权的行使和保障以及本案处理的法律效果和社会效果来看，原一、二审法院基于两侵权行为具有的明显的对抗性和针对性，在同一案件中对江西格力公司和江西美的公司的行为性质同时作出评判，在双方当事人的行为均构成侵权的情况下，判决其同一时间、在同一媒体之上以刊登道歉声明的方式消除相互诋毁行为所产生的不良影响，实现了对双方当事人同等程度的惩戒和救济，有利于对公平竞争的市场秩序的维护，也获得了较好的法律效果和社会效果。

36. 因诉争焦点变化而未能及时提交的证据属于“新的证据”

在再审申请人安斯泰来制药株式会社与被申请人成都力思特制药股份有限公司（以下简称力思特公司）及一审被告张红兵侵害发明专利权纠纷案［（2013）民申字第261号］（以下简称“四氢苯并咪唑衍生物的制备方法”发明专利侵权案）中，最高人民法院认为，举证期限届满后，因诉争焦点发生变化，当事人为支持其主张而补充提交关键性证据，不审理该证据可能导致裁判明显不公的，应认定该证据属于“新的证据”。

本案的基本案情是：安斯泰来制药株式会社是名称为“四氢苯并咪唑衍生物的制备方法”发明专利（即本案专利）的专利权人。该公司以力思特公司擅自使用本案专利技术生产、销售和许诺销售盐酸雷莫司琼注射液，张红兵销售上述产品，共同侵犯专利权为由，提起诉讼。北京市第一中级人民法院两次开庭审理本案。在第一次开庭审理中，力思特公司主张其将外购的雷莫司琼原料进行拆分后再转化为盐酸雷莫司琼，该制备方法不同于本案专利方法，且其使用的雷莫司琼原料来源于案外人，并提供了在国家食品药品监督管理局备案的盐酸雷莫司琼注射液生产工艺等材料予以证明。安斯泰来制药株式会社认为，力思特公司提供的上述证据不能证明其实际使用的雷莫司琼原料确实来源于案外供应商，存在自产的可能；力思特公司生产的盐酸雷莫司琼与使用本案专利权利要求9的方法生产的产品完全一样，即使力思特公司的外购行为是真实的，其拆分行为也与案外供应商一起构成共同侵权。双方当时争议的焦点在于外购行为是否确实发生，以及力思特公司使用雷莫司琼原料进行拆分后转化为盐酸雷莫司琼的步骤是否包含在本案专利权利要求9中，并未涉及外购的雷莫司琼原料在数量上能否满足生产需要的问题。在第二次开庭审理中，安斯泰来制药株式会社通过计算指出，力思特公司要满足其销售的盐酸雷莫司琼和盐酸雷莫司琼注射液的生产，需要雷莫司琼原料的数量为2.8公斤，而力思特公司从案外供应商购买的雷莫司琼原料仅为1公斤左右，故主张力思特公司使用的雷莫司琼原料还存在其他来源，并提出力思特公司存在自产的可能。针对上述质疑，力思特公司在第二次开庭审理结束后提交了其外购雷莫司琼原料的2张发票的复印件（购买量分别为1公斤），并申请追加案外供应商为共同被告。北京市第一中级人民法院一审认定力思特公司构成侵权并判决承担赔偿损失等责任。力思特公司不服，提出上诉。在二审期间，力思特公司除提交上述 2 张发票的原件外，又提交了另外 5 张发票的原件以及相关付款凭证、进货检验报告等，用以证明其生产使用的雷莫司琼原料系外购。安斯泰来制药株式会社认为上述 7 张发票不属于二审“新的证据”，并对其真实性、关联性持异议。为审查核实上述证据的真实性，北京市高级人民法院到相关税务机关和供应商处进行调查。在力思特公司提交新的证据的基础上，该院二审判决撤销一审判决，改判驳回安斯泰来制药株式会社的诉讼请求。安斯泰来制药株式会社不服，向最高人民法院申请再审。其申请再审理由之一为，力思特公司在二审期间提交的一系列材料均在本案起诉前已经形成并一直为力思特公司控制和持有，不属于“新的证据”，不应采信。最高人民法院于 2013 年 5 月 30 日裁定驳回力思特公司的再审申请。

最高人民法院审查认为：在诉讼过程中，双方当事人关注和争议的焦点往往会发生变化，而焦点的变化通常会影响当事人对证据材料本身价值的判断，并进而影响证据的提交。本案中，力思特公司首先提交了在国家食品药品监督管理局备案的材料以证明其使用的雷莫司琼原料系外购，在安斯泰来制药株式会社针对雷莫司琼原料的购买数量提出质疑后又补充提交发票予以回应和反驳。可见，力思特公司未及时提交发票与双方关注焦点的变化密切相关，在一审中未提交相关发票有正当理由。而且，在本案中，上述发票是认定力思特公司是否构成侵权的关键性证据，不审理该证据可能导致裁判明显不公。因此，对于安斯泰来制药株式会社提出的力思特公司在二审期间提交的发票等证据不属于“新的证据”的申请再审理由，不予支持。

37. 人民法院依职权调查收集必要证据的正当性

在前述“四氢苯并咪唑衍生物的制备方法”发明专利侵权案中，最高人民法院认为，人民法院为了审查核实当事人提供证据的真实性而收集必要的证据，属于行使民事诉讼法规定的职权，不违反法定程序。

最高人民法院审查认为：根据民事诉讼法的相关规定，当事人对自己提出的主张，有责任提供证据；当事人及其诉讼代理人因客观原因不能自行收集的证据，或者人民法院认为审理案件需要的证据，人民法院应当调查收集；人民法院应当按照法定程序，全面地、客观地审查核实证据。同时，民事诉讼法还要求审判人员必须认真审核诉讼材料，调查收集必要的证据。根据上述规定，人民法院有审查核实证据的职权。本案中，力思特公司在二审期间自行提交 7 张发票以证明其使用的雷莫司琼原料系外购的主张，该 7 张发票并非二审法院主动调查收集的证据。二审法院要求力思特公司进一步提交相关付款凭证等证据，并到相关税务机关和相关公司进行调查，是为了核实力思特公司提交的发票的真实性，确认力思特公司以该发票所欲证明的购销事实是否真实发生。人民法院为了审查核实当事人提供证据的真实性而收集必要的证据，属于行使民事诉讼法规定的职权，不违反“谁主张、谁举证”等程序要求。

38. 外国鉴定机构出具的鉴定结论能否采信

在再审申请人圆谷制作株式会社、上海圆谷策划有限公司（以下简称上海圆谷公司）与被申请人辛波特·桑登猜、采耀版权有限公司（以下简称采耀公司）及一审被告广州购书中心有限公司（以下简称广州购书中心）、上海音像出版社侵害著作权纠纷案［（2011）民申字第259号］中，最高人民法院认为，鉴定结论只有经过审查判断才能作为认定事实的依据；对于鉴定程序合法，当事人没有异议的鉴定结论，一般可以作为法院认定相关案件事实的依据；对于外国鉴定机构出具的鉴定结论，在当事人提出质疑时能否采信，应当按照中国的相关法律进行审查。

本案的基本案情是：2005年9月30日，辛波特、采耀公司以圆谷制作株式会社、上海圆谷公司、广州购书中心、上海音像出版社四被告侵害其著作权为由，提起诉讼，请求法院判令四被告停止侵害、赔礼道歉并赔偿损失。辛波特、采耀公司主张权利的证据有：1.《1976年合同》（1976年3月4日）。其主要内容是圆谷制作与企业有限公司向采耀公司总裁辛波特就有关动画片及影片进行授权。授权区域和授权期限为无期限的在日本国以外的独占专权。授权范围为分销权；制作权；复制权；版权；商标权；广告权；角色形象权以及将上述权利转分给第三方的权利。合同的最后一段的内容为：“我，圆谷皋，通过本合同宣布已经全额收到了第一条记载的所有动画片和影片的独占专权金额，在此代表圆谷制作与企业有限公司签名并加盖公司印章。”在合同的底部有圆谷皋的英文签名和圆谷企业株式会社公章以及圆谷皋的汉字印章。2.《致歉信》（1996年7月23日）。该信系圆谷皋之子圆谷一夫向辛波特发出。其主要内容是澄清《1976年合同》的真实性和有效性，并对圆谷制作株式会社1989年9月与UM公司签署世界范围内的分销和授权代理合同时，没有将上述已授予采耀公司的权利排除在外表示歉意，并对辛波特声明圆谷制作株式会社已与UM公司等达成的合同在期满前有效，而不提出控诉表示感激。圆谷制作株式会社与辛波特此前在日本国和泰国均发生过与本案具有关联性的诉讼。2001年，圆谷制作株式会社在日本国提起著作权确认之诉，经日本国最高裁判所终审裁决，认定《1976年合同》真实有效，确认辛波特享有在日本国以外的奥特曼作品的独占使用权，驳回圆谷制作株式会社的其他诉讼请求。此外，圆谷制作株式会社还在泰国起诉采耀公司、辛波特等四被告侵害著作权，泰国中央知识产权和国际贸易法院判决认定《1976年合同》真实有效，圆谷制作株式会社应根据反诉向辛波特承担赔偿责任。圆谷制作株式会社上诉后，泰国最高法院终审判决采信由泰国警察总署证据检验处处长任命的七名专家组成的文件审核委员会出具的鉴定意见，对《1976 年合同》真实性不予确认，并撤销一审判决。广东省广州市中级人民法院一审认为：泰国最高法院采信的鉴定报告由泰国警察总署作出，结论客观真实，可以作为证据予以采信；《致歉信》虽然真实，但不足以印证《1976 年合同》的客观真实性。遂判决驳回辛波特和采耀公司的诉讼请求。辛波特与采耀公司不服，提出上诉。广东省高级人民法院二审认为，一审法院直接认定泰国鉴定机构的鉴定结论，缺乏法律依据，且泰国法院的判决在中国不具约束力，遂判决撤销一审判决，改判广州购物中心、上海音像出版社、上海圆谷公司、圆谷制作株式会社停止侵权行为并赔偿损失。圆谷制作株式会社、上海圆谷公司不服，向最高人民法院申请再审。最高人民法院于 2013 年 9 月 29 日裁定驳回圆谷制作株式会社、上海圆谷公司的再审申请。

最高人民法院审查认为：鉴定机构出具的鉴定结论属于证据的一种形式。作为具有重要诉讼价值的鉴定结论，必须符合客观性、关联性和合法性的要求。对于鉴定程序合法，当事人没有异议的鉴定结论，一般可以作为法院认定相关案件事实的依据。但是，这并不意味着简单地将鉴定结论直接作为裁判的依据，具体案件中对案件事实的实质性审查判断仍是法官是否采信鉴定结论的前提，否则无异于将对案件事实的审查权让渡于鉴定机构。中国法院对涉及外国鉴定机构出具的鉴定结论能否采信，应当按照中国的相关法律进行审查。在辛波特、采耀公司对该鉴定结论提出合理质疑的情况下，二审法院未采信泰国警察总署出具的鉴定结论并无不当。

39. 非新产品制造方法专利侵权纠纷中的事实推定

在再审申请人潍坊恒联浆纸有限公司（以下简称潍坊恒联公司）与被申请人宜宾长毅浆粕有限责任公司（以下简称宜宾长毅公司）、一审被告成都鑫瑞鑫塑料有限公司（以下简称成都鑫瑞鑫公司）侵害发明专利权纠纷案［（2013）民申字第 309 号］中，最高人民法院认为，在专利权人能够证明被诉侵权人制造了同样产品，经合理努力仍无法证明被诉侵权人确实使用了该专利方法的情况下，根据案件具体情况，结合已知事实及日常生活经验，能够认定该同样产品经由专利方法制造的可能性很大，被诉侵权人拒不配合法院调查收集证据或者保全证据的，可以推定被诉侵权人使用了该专利方法。

本案的基本案情是：宜宾长毅公司是“木浆粕变性生产工艺”发明专利（即本案专利）的权利人。利用本案专利可生产粘胶木浆粕产品，但该产品并非新产品。2011 年 4 月，宜宾长毅公司从成都鑫瑞鑫公司购买了标注为“潍坊恒联公司”生产的粘胶木浆粕产品。2011 年 6 月，宜宾长毅公司对上述粘胶木浆粕抽样进行检验，检验结果报告单载明该产品浆粕纤维种类为 100%针叶木浆。据此，宜宾长毅公司以潍坊恒联公司、成都鑫瑞鑫公司侵害其本案方法专利权为由提起诉讼。四川省成都市中级人民法院一审认为，宜宾长毅公司提供的证据能够证明本案粘胶木浆粕产品系潍坊恒联公司生产和销售，潍坊恒联公司生产粘胶木浆粕的具体生产方法需通过其生产现场或原始生产记录等方法获得，而该证据在潍坊恒联公司实际控制之下，宜宾长毅公司无法获得，故本案非新产品粘胶木浆粕生产方法的举证责任应由潍坊恒联公司承担。潍坊恒联公司经法院释明后无正当理由拒不提供其本案粘胶木浆粕生产方法，构成举证妨碍，可推定宜宾长毅公司主张成立。遂判决潍坊恒联公司和成都鑫瑞鑫公司立即停止侵权行为，潍坊恒联公司赔偿宜宾长毅公司经济损失 50 万元。潍坊恒联公司不服，提起上诉。四川省高级人民法院二审维持一审判决。潍坊恒联公司不服，向最高人民法院申请再审。最高人民法院于 2013 年 7 月 17 日裁定驳回潍坊恒联公司的再审申请。

最高人民法院审查认为：在专利权人能够证明被诉侵权人制造了同样产品，经合理努力仍无法证明被诉侵权人确实使用了该专利方法的情况下，根据案件具体情况，结合已知事实及日常生活经验，能够认定该同样产品经由专利方法制造的可能性很大，被诉侵权人拒不配合法院调查收集证据或者保全证据的，可以推定被诉侵权人使用了该专利方法。本案中，专利权人宜宾长毅公司提供了“潍坊恒联公司棉浆粕出门证”、“潍坊恒联公司浆粕质量检验单”等一系列证据证明被诉侵权人潍坊恒联公司生产销售了被诉侵权产品，并且通过产品检验等方式证明了该产品是与本案专利方法生产的产品相同的粘胶木浆粕。对于该被诉侵权产品的制造方法，宜宾长毅公司提供了其所拍摄到的潍坊恒联公司的生产车间、相关机器设备以及原材料木浆板投放过程的视频资料。虽然这些证据不能形成完整的生产步骤和工艺参数，尚不足以证明潍坊恒联公司生产被诉侵权产品的制造方法，但是潍坊恒联公司在一审中认可该视频资料显示的是其公司的生产现场。一审法院根据宜宾长毅公司的证据保全申请，两次赴潍坊恒联公司进行调查取证：第一次取证中，潍坊恒联公司称其负责人不在，阻止法院进入生产现场；第二次取证中，该公司将法院带至棉浆粕生产现场而非上述视频资料所显示的生产现场。由于潍坊恒联公司不予配合，致使法院未能调取到被诉侵权产品制造方法证据。根据上述事实和日常生活经验，可以推断潍坊恒联公司侵权的可能性较大。原一、二审法院据此认定潍坊恒联公司被诉侵权产品的制造方法落入本案专利权保护范围，并无不当。

结　语

知识产权案件年度报告发布六年来，日益受到社会的普遍关注和高度重视，在明晰裁判规则、指导审判实践、统一法律适用等方面发挥着日益重要的作用。但仍应指出的是，本年度报告是最高人民法院在具体案件裁判中针对新型、复杂、疑难问题形成的认识，具有较强的阶段性、个案性和探索性，其中归纳总结的法律适用标准和方法不可避免地存在一定的局限性，而且可能会随着认识的深入和形势的发展发生调整和变化。在未来工作中，最高人民法院将继续坚持执法办案第一要务，加强疑难复杂案件审判指导，大力推进司法公开，不断提高知识产权案件审判质量和效率，努力让人民群众在每一个知识产权司法案件中都感受到公平正义。

最高人民法院知识产权案件年度报告（2014）

（2015年4月21日）

序　言

2014年，最高人民法院坚持司法为民、公正司法的工作主线，积极实施国家知识产权战略，充分发挥司法保护知识产权的主导作用，深化知识产权司法体制改革，不断提升司法能力和司法公信力，不断扩大知识产权司法保护的国际影响力，为创新型国家和法治中国建设作出了积极贡献。

最高人民法院知识产权审判庭全年共新收各类知识产权案件481件。在新收案件中，按照案件审理程序划分，共有二审案件11件，提审案件51件，申请再审案件393件，抗诉案件6件，请示案件20件。按照案件所涉客体类型划分，共有专利案件192件，植物新品种案件8件，商标案件148件，著作权案件56件，垄断案件3件，商业秘密案件9件，其他不正当竞争案件16件，知识产权合同案件26件，其他案件23件（主要涉及知识产权审判管理事务）。按照案件性质划分，共有行政案件145件，占全部新收案件的30.15%，其中专利行政案件56件，商标行政案件89件，分别比2013年下降12.5%和上升21.92%；共有民事案件336件，占全部新收案件的69.85%。另有2013年旧存案件85件，2014年共有各类在审案件566件。全年共审结各类知识产权案件490件，其中二审案件10件，提审案件51件，申请再审案件402件，请示案件21件，抗诉案件6件。在审结的402件申请再审案件中，行政申请再审案件131件，民事申请再审案件271件；裁定驳回再审申请303件，裁定提审37件，裁定指令或者指定再审20件，裁定撤诉（包括和解撤诉）24 件，以其他方式处理 18 件。

最高人民法院 2014 年审理的知识产权和竞争案件的基本规律和特点是：案件数量大幅增长的趋势有所缓解，受理案件数量整体趋向稳定；新类型、疑难案件持续增加，需要明确法律边界或填补法律空白的案件越来越多；专利等技术类案件在整体案件数量中仍占有较大比重，专利行政案件涉及实际要解决的技术问题的确定等基本法律规则解释的案件比例较高，专利民事案件涉及侵权判定规则的案件较多，专利与标准结合、默示许可的认定等新类型法律问题开始出现；植物新品种案件继续呈现增长态势，所涉法律问题向品种同一性的对比等纵深领域发展；商标案件整体增幅平稳，商标民事案件基本稳定，商标行政案件比重进一步增加，涉及权利取得的正当性判断、立体商标显著性判断等新类型商标案件的数量有所增加。著作权案件整体增幅回落，所涉争议向保护对象的确定、著作权权属证明等著作权基本制度和基本理念问题回归。竞争案件中涉及网络技术和新型商业模式的案件比重较大，商业秘密和仿冒行为案件继续增多，最高人民法院首次审结垄断案件。

最高人民法院根据新形势新任务的要求，结合案件特点，在行使知识产权审判职能方面体现出如下特点：充分发挥知识产权司法保护机制对社会创新动力、创造潜力和创业活力的激励作用，合理确定知识产权的保护范围，加强对创新成果的保护力度，维护公平竞争的市场格局和经济秩序；贯彻落实“加强保护、分门别类、宽严适度”的知识产权司法保护基本政策，依法有效维护知识产权权利人的合法利益；充分发挥知识产权司法保护的主导作用，明晰知识产权行政授权确权案件的裁判标准，发挥司法裁判对关联民事、行政案件的指引功能和引领作用，注重纠纷的实质性解决；推进司法公开，积极回应社会关切，不断提升知识产权审判的影响力。

本年度报告从最高人民法院 2014 年审结的知识产权和竞争案件中精选了 35 件（案件事实和法律问题基本相同的关联案件计为 1 件）典型案件，上述案件涵盖了已经入选 2014 年中国法院 10 大知识产权案件、10 大创新性知识产权案件和 50 件典型知识产权案例的全部案件。我们从中归纳出 50 个具有普遍指导意义的法律适用问题，反映了最高人民法院在知识产权和竞争领域处理新型、疑难、复杂案件的审理思路和裁判方法，现予公布。

一、专利案件审判

（一）专利民事案件审判

1. 独立权利要求与从属权利要求区别解释的条件

【裁判要旨】

通常情况下，应当推定独立权利要求与其从属权利要求具有不同的保护范围。但是，如果二者的保护范围相同或实质性相同，则不能机械地对二者的保护范围作出区别性解释。

【关键词】

发明　权利要求　保护范围　区别解释

【案号】

最高人民法院（2014）民申字第497号

【基本案情】

在再审申请人自由位移整装公司（以下简称自由位移公司）与被申请人常州市英才金属制品有限公司（以下简称英才公司）、上海健达健身器材有限公司（以下简称健达公司）侵害发明专利权纠纷案中，自由位移公司系名称为“锻炼装置”的发明专利（即本案专利）的权利人。本案专利共20项权利要求，其中，权利要求1和2分别为：“1. 一种锻炼装置，包括：一个阻力部件；一个将第一延伸臂和第二延伸臂连接到阻力部件上的绳索，其中该绳索包括一个第一绳股和一个第二绳股……2. 如权利要求1所述的锻炼装置，其特征在于，绳索实质上由单根绳索组成。”自由位移公司以英才公司、健达公司生产、销售的“复合大飞鸟”训练机落入了本案专利权利要求1、3、4、5、6的保护范围，侵害本案专利权为由，提起诉讼。上海市第二中级人民法院一审认为，被诉侵权产品中包括两个独立的阻力部件和两根独立绳索，与本案专利一个阻力部件和单根绳索的技术特征相比，既不相同也不等同，未落人本案专利权利要求1的保护范围，也未落入从属权利要求3、4、5、6的保护范围。据此判决驳回自由位移公司的诉讼请求。自由位移公司不服，提起上诉。上海市高级人民法院二审判决驳回上诉、维持原判。自由位移公司不服，向最高人民法院申请再审，并主张根据区别解释原则和内部证据优先原则，权利要求1中的“一个绳索”并非是将绳索的数量限定为“单根”，被诉侵权产品的两根绳索与权利要求1中的上述特征构成相同或等同。最高人民法院于2014年11月13日裁定驳回自由位移公司的再审申请。

【裁判意见】

最高人民法院审查认为：我国现行法律、法规以及司法解释中，尚未对权利要求的区别解释规则作出明确规定。但对不同权利要求进行区别解释，将不同的权利要求解释为具有不同的保护范围，在通常情形下是必要和合理的。考虑到申请人撰写不同权利要求的目的，尤其是在独立权利要求的基础上撰写从属权利要求，是为了限定出不同层次的保护范围，使得专利权的保护范围更为明确和立体。因此，通常应当推定不同的权利要求具有不同的保护范围。然而，语言文字本身存在一词多义，也可能存在多词同义的情形。加之申请人在撰写技巧、主观认识等方面的偏差，对于同一技术方案，有可能使用不同的技术术语，以不同的表述方式进行限定，从而出现不同权利要求的保护范围相同或者实质相同的情形。在此种情形下，机械地进行区别解释，无疑是有悖于客观事实的。本案中，对于本领域技术人员而言，权利要求 1 中的“一个绳索”与权利要求 2 中的“单根绳索”并无实质性的区别，二者仅仅是表述方式不同而已。因此，对于自由位移公司有关根据权利要求的区别解释原则，应当将权利要求 1 中的“一个”解释为“一个或者多个”的理由，不予支持。

2. **权利要求中自行创设技术术语的解释规则**

【裁判要旨】

在解释权利要求时，对于申请人自行创设的技术术语，一般可依据权利要求书、说明书中的定义或解释来确定其含义。如果缺乏该种解释或定义的，则应当结合权利要求书、说明书、附图中记载的有关背景技术、发明目的、技术效果等内容，查明该技术术语的工作方式、功能、效果，以确定其在整体技术方案中的含义。

【关键词】

实用新型　权利要求　自创术语　解释规则

【案号】

最高人民法院（2013）民提字第 113 号

【基本案情】

在再审申请人上海摩的露可锁具制造厂（以下简称摩的露可厂）与被申请人上海固坚锁业有限公司（以下简称固坚公司）侵害实用新型专利权纠纷案中，固坚公司系名称为“一种空转锁的装置”的实用新型专利（即本案专利）的独占被许可人。本案专利共包括 7 项权利要求，其中，独立权利要求 1 为：“一种空转锁的装置：包含钥匙（1）、锁芯（4）、锁体（8），其特征是，所述锁芯（4）的一端供钥匙（1）插入，另一端设有旋转推进器（5），伸缩联动器（6）一端与旋转推进器（5）相邻，另一端设有伸缩杆，锁体（8）一端或锁体（8）外圆设有供伸缩联动器（6）向外伸出的通道（11）……”固坚公司以摩的露可厂侵害本案专利权为由，提起诉讼。上海市第一中级人民法院一审认为，被诉侵权产品是一种空转锁，其中存在与旋转推进器配合的部件，且这一部件也有其伸缩的运行空间，故被诉侵权产品的技术特征与本案专利必要技术特征相同。在本案专利申请日之前，摩的露可厂已经实际制造、销售了相同车锁，故其有权在原有范围内继续制造车锁。据此判决驳回固坚公司的诉讼请求。固坚公司不服，提起上诉。上海市高级人民法院二审认为，被诉侵权产品落入本案专利权的保护范围，但现有证据不能证明摩的露可厂享有先用权。遂判决撤销一审判决，改判摩的露可厂立即停止侵权行为并赔偿固坚公司经济损失及合理费用35000元。摩的露可厂不服，向最高人民法院申请再审。最高人民法院裁定提审本案，并于2014年1月26日判决撤销一审、二审判决，驳回固坚公司的诉讼请求。

【裁判意见】

最高人民法院提审认为：判断被诉侵权产品是否落入本案专利权保护范围的前提，在于正确理解权利要求1中“伸缩联动器”在整体技术方案中的含义。“伸缩联动器”并非申请日前本领域已有技术术语，而是由专利申请人自行创设。为满足描述新专利技术方案的客观需要，应当允许申请人在撰写专利申请文件时使用自行创设的技术术语。但是，由于该类技术术语的含义并不为本领域普通技术人员所知悉，申请人在使用这种技术术语时，有义务在权利要求书或者说明书中对该技术术语进行清楚、准确的定义、解释或者说明，以使得本领域技术人员能够清楚地理解其在技术方案中的含义。在确定这类技术术语的含义时，如果权利要求书、说明书已经对其进行了清楚、明确的定义或者解释的，一般可依据该定义或者解释来确定其含义。如果缺乏该种定义或解释的，即应结合说明书、附图中记载的背景技术、技术问题、发明目的、技术方案、技术效果等相关内容，在查明该技术术语工作方式、功能、效果的基础上，确定其在本案专利整体技术方案中的含义。本案中，申请人在权利要求书和说明书中均没有对“伸缩联动器”进行定义或者解释，根据说明书所记载的背景技术、技术效果等内容，本案专利的发明目的是提供一种空转防盗锁装置。利用该装置，可以直接将各种类型的锁芯改造成空转锁，使普通锁具备空转防盗功能。根据本案专利的具体实施方式，伸缩联动器是设置在旋转推进器与锁舌或者锁栓之间，用以推动锁舌或者锁栓运动的中间部件，其与锁舌或者锁栓各自独立，并非同一部件。本案专利技术方案中没有记载以伸缩联动器直接替代锁舌或者锁栓，由伸缩联动器本身直接起闭锁作用的技术内容，即伸缩联动器并非“锁舌”而实质上属于“锁舌拨动件”，其与锁舌或者锁栓既各自独立，又相互配合，方能实现本案专利技术方案的发明目的和技术效果。被诉侵权产品中的锁舌直接起闭锁作用，锁舌由旋转推进器直接推动，二者之间没有设置伸缩联动器或其他中间部件。在空转防盗时，被诉侵权产品由于锁舌通道随锁体转动，使得锁舌无法通过通道回复到锁体中，从而实现空转防盗功能。而本案专利则是由于旋转推进器无法推动伸缩联动器，继而无法推动锁舌或者锁栓，从而实现空转防盗的功能。因此，被诉侵权产品中的锁舌与本案专利中伸缩联动器的工作方式、功能、效果均不相同，未落入本案专利权的保护范围。

3. 实施包含专利技术的推荐性标准需取得专利权人的许可

【裁判要旨】

专利权人对纳入推荐性标准的专利技术履行了披露义务，他人在实施该标准时，应当取得专利权人的许可，并支付许可使用费。未经许可实施包含专利技术的推荐性标准，或拒绝支付许可使用费的，构成侵害标准所含专利权的行为。

【关键词】

发明　标准　披露　许可

【案号】

最高人民法院（2012）民提字第125号

【基本案情】

在再审申请人张晶廷与被申请人衡水子牙河建筑工程有限公司（以下简称子牙河公司）及一审被告、二审被上诉人衡水华泽工程勘测设计咨询有限公司（以下简称华泽公司）侵害发明专利权纠纷案中，张晶廷是名称为“预制复合承重墙结构的节点构造施工方法”发明专利（即本案专利）的权利人和CL建筑体系的发明人。张晶廷于2008年10月将本案专利技术许可石家庄开发区晶达建筑体系发展公司（以下简称晶达公司）使用。《CL结构设计规程》（以下简称2006年规程）、《CL结构构造图集》（以下简称CL图集）均为河北省工程建设标准，前言或编制说明部分记载上述规程或图集涉及专利，使用时需要取得授权许可，且同时标明了应识别出的专利技术方案名称。2008年7月25日，子牙河公司作为发包人与华泽公司就“和谐嘉园”部分住宅楼工程签订《建设工程设计合同》约定，设计人应按国家技术规范、标准、规程及发包人提出的设计要求，进行工程设计，相关标准图由发包人购买。华泽公司依据2006年规程完成了建筑施工图的设计。经公证程序证实，由子牙河公司承建的“和谐嘉园”小区的部分住宅楼使用了本案专利的技术方案。张晶廷以子牙河公司侵害本案专利权为由，提起诉讼。后华泽公司被追加为共同被告，但张晶廷同意华泽公司使用本案专利的技术方案并承诺不追究其侵权责任。河北省石家庄市中级人民法院一审认为，2006年规程及CL图集是地方标准，但明确表明2006年规程涉及专利，未经权利人允许不得使用。子牙河公司、华泽公司未经权利人许可使用本案专利技术，构成侵权行为。鉴于张晶廷放弃追究华泽公司的侵权责任，一审法院遂判决子牙河公司立即停止侵权行为并赔偿张晶廷经济损失80万元。子牙河公司不服，提起上诉。河北省高级人民法院二审认为，根据《最高人民法院关于朝阳兴诺公司按照建设部颁发的行业标准〈复合载体夯扩桩设计规程〉设计、施工而实施标准中专利的行为是否构成侵犯专利权问题的函》［（2008）民三他字第4号］答复意见的精神，即专利权人参与了标准的制定或者经其同意，将专利纳入国家、行业或者地方标准的，视为专利权人许可他人在实施标准的同时实施该专利，他人的有关实施行为不属于专利法第十一条所规定的侵害专利权的行为。本案专利已经被纳入河北省地方标准，权利人参与了标准的制定，应视为张晶廷许可他人在实施标准的同时实施本案专利，子牙河公司的行为不构成侵权，但应当向张晶廷支付一定数额的专利使用费。二审法院据此判决撤销一审判决，改判子牙河公司支付张晶廷专利使用费10万元。张晶廷不服，向最高人民法院申请再审。最高人民法院裁定提审本案，并于2014年1月2日撤销二审判决及一审判决第一项，维持一审判决第三项，改判子牙河公司赔偿张晶廷经济损失40万元。

【裁判意见】

最高人民法院提审认为：2006年规程为推荐性标准，张晶廷履行了专利披露义务，且在2006年规程的前言部分，明确记载有识别的专利技术和专利权人的联系方式。因此，规程的实施者不能从中推断出，2006年规程包含专利技术或者专利权人向公众开放免费的专利使用许可的意图。实施该标准，应当取得专利权人的许可，并支付许可使用费。在未经专利权人的许可，并拒绝支付许可使用费的情况下，原则上，专利侵权救济不应当受到限制。本案也不存在权利人有意隐瞒专利权的存在，从而导致标准的实施者产生该技术为无需付费的公知技术的信赖，子牙河公司的行为侵害了本案专利权。二审法院援引的答复意见系针对个案，不应直接作为裁判案件的依据，二审法院据此认定不构成侵权属于适用法律错误。此外，由于设计单位根据专利技术完成设计图纸的行为不属于专利法第十一条规定的侵权行为，亦无证据证明华泽公司对子牙河公司实施了诱导或帮助等侵权行为，故华泽公司设计建筑施工图纸的行为不构成专利侵权。

4. **专利权人向他人提供专利图纸的行为是否构成默示许可**

【裁判要旨】

专利权人向他人提供本案专利图纸进行推广的行为，不当然地等同于许可他人实施其专利的意思表示。

【关键词】

实用新型　权利人　推广　默示许可

【案号】

最高人民法院（2013）民提字第223号

【基本案情】

在再审申请人范俊杰与被申请人吉林市亿辰工贸有限公司（以下简称亿辰公司）侵害实用新型专利权纠纷案中，范俊杰系名称为“棘齿防盗螺栓及紧固工具”的实用新型专利（即本案专利）的权利人。范俊杰自述，其于2006年曾将本案专利图纸及电子文件提供给吉林省公路勘测设计院（以下简称设计院），设计院在该图纸基础上完成了被诉侵权螺栓的设计图纸。亿辰公司根据需方吉林宏运公路工程股份有限公司（以下简称宏运公司）提供的设计图纸（来源于设计院）完成了被诉侵权螺栓的加工制作和销售，被诉侵权螺栓被实际使用于营梅高速公路01标段工程中。被诉侵权产品与本案专利权利要求1、权利要求3记载的技术特征相同。范俊杰以亿辰公司侵害本案专利权为由，提起诉讼。吉林省长春市中级人民法院一审认为，范俊杰提供图纸的行为不是权利人销售专利产品的行为，且本案专利及相应技术方案已经向社会公开，本领域普通技术人员通过阅读权利要求可以绘制出相应的图纸或制造产品，不能据此推断出范俊杰许可亿辰公司实施本案专利。据此判决亿辰公司停止侵权行为并赔偿范俊杰经济损失30万元。亿辰公司不服，提出上诉。吉林省高级人民法院二审认为，范俊杰作为本案专利的权利人，未按照法律规定对其专利技术加以保护，而是无偿将其提供给公路设计部门，且公路设计部门未将本案专利的权属问题披露给第三方，范俊杰的行为属于许可使用，亿辰公司未侵害本案专利权。遂判决撤销一审判决，驳回范俊杰的诉讼请求。范俊杰不服，向最高人民法院申请再审。最高人民法院裁定提审本案，并于2014年6月30日判决撤销二审判决，改判亿辰公司立即停止侵权行为并赔偿范俊杰经济损失20万元。

【裁判意见】

最高人民法院提审认为：根据专利法第十二条的规定，任何单位或者个人实施他人专利的，应当与专利权人订立实施许可合同，向专利权人支付专利使用费。被许可人无权允许合同以外的任何单位或者个人实施该专利。根据范俊杰和设计院的陈述，范俊杰确实曾向设计院提供本案专利图纸进行推广，设计院也是在该图纸的基础上制作了被诉侵权产品的图纸。但是，设计院本身并不实施专利产品的制造、销售和使用行为，范俊杰从未与设计院签订实施许可合同并主张支付使用费，故从范俊杰上述推广行为中，并不能得出其许可设计院实施本案专利的意思表示，更无法得出范俊杰许可设计方案的具体实施方宏运公司、亿辰公司实施本案专利的意思表示。宏运公司、亿辰公司如需实施本案专利的技术方案，仍需从专利权人或者经其许可的主体处购买专利产品，或者依法获得专利权人的许可。亿辰公司未经范俊杰的许可，销售落入本案专利权保护范围的被诉侵权产品，侵害了范俊杰的专利权，依法应当承担相应的民事责任。

5. **保护范围对外观设计专利侵权判断的影响**

【裁判要旨】

本案专利虽然仅仅保护形状设计而不包括图案，但形状和图案在外观设计上属于相互独立的设计要素，在形状之上增加图案并不必然对形状设计本身产生视觉影响。在二者的形状设计构成近似的情况下，包含图案的被诉侵权产品仍然落入本案专利的保护范围。

【关键词】

外观设计　保护范围　设计要素　视觉影响

【案号】

最高人民法院（2014）民申字第438号

【基本案情】

在再审申请人兰溪市长城食品有限公司（以下简称长城公司）与被申请人陈纯彬、原审被告北京民生家乐商业管理有限公司（以下简称民生公司）侵害外观设计专利权纠纷案中，陈纯彬系名称为“食品包装罐（1）”的外观设计专利（即本案专利）的权利人。根据授权公告的视图可见，本案专利的罐体截面近似椭圆形，有四个对称内凹；罐顶有一个椭圆形的罐盖和两个条状提手。本案专利为无图案的形状设计。陈纯彬以长城公司生产、民生公司销售的被诉侵权产品侵害本案专利权为由，提起诉讼。经对比，被诉侵权产品与本案专利均为食品包装罐，由罐体、罐盖、提手三部分组成，其中罐盖均为椭圆形，提手均为条状。二者的主要区别在于被诉侵权产品的罐体截面系具有八个对称内凹的近似椭圆形，本案专利的相同部位仅有四个对称内凹；被诉侵权产品包含图案，本案专利没有图案。浙江省金华市中级人民法院一审认为，外观设计专利侵权判断中，对比的范围应当限于专利权的保护范围，本案专利为单纯的形状设计专利，侵权对比的范围亦应仅限于此。与本案专利相比，被诉侵权产品仅多了四个小的内凹，该不同点未导致视觉效果上的明显差异，被诉侵权产品落入本案专利权的保护范围。据此判决长城公司、民生公司立即停止侵权行为，长城公司赔偿陈纯彬经济损失5万元。长城公司不服，提起上诉。浙江省高级人民法院二审判决驳回上诉、维持原判。长城公司不服，向最高人民法院申请再审。最高人民法院于2014年7月15日裁定驳回长城公司的再审申请。

【裁判意见】

最高人民法院审查认为：根据专利法第五十九条第二款的规定，外观设计专利权的保护范围以表示在图片或者照片中的该产品的外观设计为准，简要说明可以用于解释图片或者照片所表示的该产品的外观设计。经与本案专利对比，被诉侵权产品和本案专利的整体形状均是由横截面的形状所决定，被诉侵权产品与本案专利在罐盖和提手部分设计基本相同，虽然被诉侵权产品增加的四个内凹使得罐体轮廓在整体视觉上产生一定的变化，但上述局部变化尚不构成实质性差异。此外，由本案专利授权公告的视图可见，其保护范围为产品形状而不包括图案设计。虽然被诉侵权产品的罐体有图案，但该额外增加的图案设计要素对整体视觉效果并不具有实质性或显著影响，被诉侵权产品落入本案专利的保护范围。

6. **并非由产品功能唯一决定的设计特征应当在外观设计相同或者相近似判断中予以考虑**

【裁判要旨】

不是由产品功能唯一决定的设计特征，应当在判断外观设计是否相同或相近似时予以考虑。

【关键词】

外观设计　近似判断　产品功能　设计特征

【案号】

最高人民法院（2014）民提字第 193 号

【基本案情】

在再审申请人洛阳晨诺电气有限公司（以下简称晨诺公司）与被申请人天津威科真空开关有限公司（以下简称威科公司）、张春江、一审被告、二审被上诉人天津市智合电器有限公司（以下简称智合公司）侵害外观设计专利权纠纷案中，张春江系名称为“真空接触器（极柱式）”外观设计专利（即本案专利）的权利人。2011 年 9 月 15 日，张春江将本案专利的生产权转让给威科公司。威科公司、张春江以晨诺公司、智合公司生产、销售的真空接触器侵害本案专利权为由，提起诉讼。天津市第一中级人民法院一审认为，被诉侵权产品实施的为现有设计。据此判决驳回张春江、威科公司的诉讼请求。威科公司不服，提出上诉。天津市高级人民法院二审认为，对于极柱式接触器、断路器这类产品而言，对整体视觉效果更具影响的是极柱区和箱体的具体设计变化，被诉侵权产品与本案专利在极柱形状、极柱与箱体的连接方式方面无实质性差异。尽管二者的极柱在波纹的形状和数量方面不尽相同，但该区别属于细微差异，不足以对视觉效果产生显著影响。遂判决撤销一审判决，改判晨诺公司立即停止侵权行为，赔偿威科公司经济损失 20 万元。晨诺公司不服，向最高人民法院申请再审。最高人民法院裁定提审本案，并于 2014 年 12 月 20 日判决撤销二审判决，维持一审判决。

【裁判意见】

最高人民法院提审认为：判断被诉侵权产品是否与本案专利设计相同或者近似，须遵循整体观察、综合判断的原则。对于极柱式接触器、断路器这类产品而言，产品整体由等大极柱和类似立方体的箱体组成是惯常设计，且受其功能影响，极柱表面均有凸起的波纹。因此，被诉侵权产品与本案专利设计在上述方面的相同点不会对产品的整体视觉效果产生显著影响，对该类产品的整体视觉效果更具有影响的是极柱区和箱体的具体设计，这也是该类产品通常可以进行设计变化的部位。被诉侵权产品与本案专利设计虽然在导电端子的形状、位置、极柱与箱体通过连接板连接上相同，但在极柱与箱体的比例、极柱的形状、波纹的分布、疏密和形状、臂状结构的具体形状、箱体上部连接板的具体形状及与箱体的具体连接方式、箱体上孔洞的具体形状和位置以及箱体底部是否有底盘等方面均存在不同，这些具体设计上的差别，足以对二者的整体视觉效果产生显著影响，使该类外观设计产品的一般消费者将二者区别开来。虽然对于极柱式接触器、断路器这类产品而言，受其功能影响，极柱表面均会有凸起的波纹，但波纹的具体形状、疏密以及波纹在极柱表面的分布并不是由该类产品的功能所唯一决定的，故在判断该类产品的外观设计是否相同或者相近似时，对于波纹的具体设计变化也应予以考虑。被诉侵权产品与本案专利设计既不相同也不近似。

（二）专利行政案件审判

7. 专利复审及无效阶段对“明显实质性缺陷”的审查范围

【裁判要旨】

《专利审查指南》在实质审查以及复审无效审查部分并未对“明显实质性缺陷”的具体情形进行列举。虽然在初步审查、实质审查及复审无效这三个阶段对“明显实质性缺陷”的审查范围不完全一致，但“明显实质性缺陷”的性质应当相同。因此，《专利审查指南》中列举的初步审查阶段的“明显实质性缺陷”，当然也适用于实质审查和复审无效审查阶段。

【关键词】

发明　实质审查　复审无效审查　明显实质性缺陷

【案号】

最高人民法院（2014）知行字第2号

【基本案情】

在再审申请人中华人民共和国国家知识产权局专利复审委员会（以下简称专利复审委员会）与被申请人赢创德固赛有限责任公司（以下简称德固赛公司）发明专利申请驳回复审行政纠纷案中，德固赛公司于2004年5月13日提出名称为“表面改性的沉淀二氧化硅”的发明专利申请（以下简称本案申请）。2009年12月4日，中华人民共和国国家知识产权局（以下简称国家知识产权局）以权利要求1－31不符合专利法第三十三条规定为由，对本案申请予以驳回。德固赛公司不服，于2010年3月18日向专利复审委员会提出复审请求，并同时修改了权利要求书。2011 年 3 月 15 日，专利复审委员会作出第 30895 号专利复审请求审查决定（以下简称第 30895 号决定），认为德固赛公司在复审程序中对权利要求书的修改符合专利法及专利法实施细则的有关规定，但修改后的权利要求 1 不具备创造性，据此维持了国家知识产权局的驳回决定。德固赛公司不服，提起行政诉讼。北京市第一中级人民法院一审认为，《专利审查指南》在初步审查部分所规定的“明显实质性缺陷”的审查对象，不包括专利法第二十二条第三款，且专利法实施细则第五十三条关于“明显实质性缺陷”审查的规定中，亦不包含对创造性问题的审查。专利复审委员会主动将本案申请是否具备创造性的问题纳入“明显实质性缺陷”的审查范围之中，缺乏法律依据。据此判决撤销第 30895 号决定并责令专利复审委员会重新作出审查决定。专利复审委员会不服，提起上诉。北京市高级人民法院二审判决驳回上诉、维持原判。专利复审委员会仍不服，向最高人民法院申请再审。最高人民法院于 2014 年 9 月 17 日裁定驳回专利复审委员会的再审申请。

【裁判意见】

最高人民法院审查认为，《专利审查指南》在“发明专利申请的初步审查”部分列举了属于“明显实质性缺陷”的各种情形，包括是否属于完整的技术方案、是否违反法律或社会公德等情形，都属于本领域技术人员无需深入调查证实或无需技术比对即可判定的情形，但创造性评价并不包含其中。虽然初步审查与实质审查、复审无效审查阶段对“明显实质性缺陷”的审查范围不应当完全一致，但“明显实质性缺陷”的性质应当相同。因此，在实质审查以及复审无效审查阶段对“明显实质性缺陷”的审查，应当依照《专利审查指南》在初步审查阶段列举的具体情形进行判断。初步审查阶段的“明显实质性缺陷”，当然也适用于实质审查及复审无效审查阶段。此外，对创造性问题的评价，不仅要考虑本案申请的技术方案本身，还要考虑所属技术领域、所要解决的技术问题及所产生的技术效果，因此，也不宜将《专利审查指南》列明的“明显实质性缺陷”的审查范围涵盖至创造性问题。

8. 专利无效审查程序中依职权审查的范围

【裁判要旨】

2006 年《审查指南》[①] 对专利复审委员会可以依职权审查的具体情形作了列举规定，限定了专利复审委员会依职权审查的范围。对于请求人放弃的无效理由和证据，在没有法律依据的情况下，专利复审委员会通常不应再作审查。

---

① 对应 2014 年 3 月新修订《专利审查指南》。

【关键词】

实用新型　无效程序　请求原则　依职权审查原则

【案号】

最高人民法院（2013）知行字第92号

【基本案情】

在再审申请人国家知识产权局专利复审委员会（以下简称专利复审委员会）与被申请人王伟耀及一审第三人、二审上诉人福田雷沃国际重工股份有限公司（以下简称福田雷沃公司）实用新型专利权无效行政纠纷案中，王伟耀系名称为“全喂入联合收割机的脱粒与分离装置”的实用新型专利（即本案专利）的权利人。2011年9月30日，福田雷沃公司针对本案专利向专利复审委员会提出无效宣告请求。在口头审理过程中，福田雷沃公司明确其无效理由为权利要求1—4相对于对比文件2结合公知常识不具备创造性，放弃对比文件3、5、6、7分别结合公知常识评价创造性的理由。其后，专利复审委员会决定对权利要求1相对于对比文件2、3和公知常识的结合是否具备创造性进行依职权审查，并发出无效宣告请求审查通知书。王伟耀对专利复审委员会依职权审查的内容提出异议。专利复审委员会于2012年7月4日作出第18967号无效宣告请求审查决定（以下简称第18967号决定），以权利要求1—4相对于对比文件2、3及公知常识的结合不具有创造性为由，宣告本案专利权全部无效。王伟耀不服，提起行政诉讼。北京市第一中级人民法院一审认为，专利复审委员会依职权审查的情形应当是明确而特定的，原则上限于《审查指南》的明确规定，不能对依职权审查原则作任意的扩大解释。福田雷沃公司在口头审理过程中已经明确放弃对比文件3结合公知常识评价本案专利创造性的理由，专利复审委员会依职权引入权利要求1—4相对于对比文件2、3及公知常识的结合不具备创造性的理由没有法律依据。据此判决撤销第18967号决定并责令专利复审委员会重新作出审查决定。专利复审委员会不服，提出上诉。北京市高级人民法院二审判决驳回上诉、维持原判。专利复审委员会仍不服，向最高人民法院申请再审。最高人民法院于2014年5月21日裁定驳回专利复审委员会的再审申请。

【裁判意见】

最高人民法院审查认为：请求原则是无效宣告审查程序的基本原则，无效宣告审查程序依当事人的请求而启动，且仅针对当事人明确的无效宣告请求的范围、理由和提交的证据进行审查是请求原则的应有之义，专利复审委员会不承担全面审查权利有效性的义务。请求原则还意味着请求人有权处分自己的权利，可以放弃全部或者部分无效宣告理由及证据。对于请求人已经放弃的理由和证据，在没有法律依据的情况下，专利复审委员会通常不应再作审查。《审查指南》同时规定了依职权审查原则，并对专利复审委员会可以依职权引入无效理由的具体情形作了列举规定。依职权审查原则是请求原则的例外，它一方面赋予专利复审委员会在给予公众相应预期的前提下主动审查的职权，另一方面也限定了专利复审委员会可以依职权审查的范围。本案中，福田雷沃公司并未提出过本案专利相对于对比文件2、3和公知常识的结合不具备创造性的无效理由，且在口头审理过程中明确放弃对比文件3结合公知常识评价本案专利创造性的理由，专利复审委员会主动引入请求人放弃的对比文件3及请求人未提出的证据组合方式，并据此宣告本案专利权无效，缺乏相应的法律依据。

9. **区别技术特征的认定应当以记载在权利要求中的技术特征为基础**

【裁判要旨】

认定权利要求与最接近现有技术之间的区别技术特征，应当以权利要求记载的技术特征为准，并将其与最接近的现有技术公开的技术特征进行逐一对比。未记载在权利要求中的技术特征不能作为对比的基础，当然也不能构成区别技术特征。

【关键词】

发明　权利要求　现有技术　区别技术特征

【案号】

最高人民法院（2013）知行字第77号

【基本案情】

在再审申请人北京亚东生物制药有限公司（以下简称亚东制药公司）与被申请人国家知识产权局专利复审委员会（以下简称专利复审委员会）、一审第三人山东华洋制药有限公司（以下简称华洋公司）发明专利权无效行政纠纷案（以下简称“乳腺疾病药物组合物及制备方法”发明专利无效案）中，亚东制药公司是名称为“治疗乳腺增生性疾病的药物组合物及其制备方法”发明专利的权利人。本案专利权利要求1通过重量份的方式限定了药物组合物的原料药构成及制备方法，但权利要求及说明书中未记载丹酚酸B的功能、效果等内容。2010年3月10日，华洋公司针对本案专利向专利复审委提出无效宣告请求，并提交了证据1、证据3作为对比文件。权利要求1与证据1相比，中药组分和配比相同，区别在于二者的剂型不同，且本案专利省略了减压干燥步骤。此外，证据1还记载了按照药典标准生产的乳块消片产品总有效率为89.32%。证据3公开了颗粒剂的两种制法。亚东制药公司提交了反证3和反证4，反证3的发表时间晚于本案专利的申请日，其以丹酚酸B为指标，比较了减压干燥、喷雾干燥两种干燥方式制备的乳块消片提取物的含量差异，结论为喷雾干燥制备的乳块消片中提取物丹酚酸B的含量比较高。反证 4 记载了北京中医药大学药厂生产的乳块消片的总有效率为 86%。专利复审委员会于 2010 年 10 月 15 日作出第 15409 号无效宣告请求审查决定（简称第 15409 号决定），宣告本案专利权全部无效。亚东制药公司不服，提起行政诉讼。北京市第一中级人民法院一审认为，第 15409 号决定夸大了本领域技术人员对本案专利技术效果的预期能力，权利要求 1—3 具备创造性。据此判决撤销第 15409 号决定并责令专利复审委员会重新作出审查决定。专利复审委员会不服，提起上诉。北京市高级人民法院二审认为，本案专利仅是对已知药物常规剂型的转换，且省略减压干燥步骤所带来的技术效果的改变是本领域技术人员可以预料的。遂判决撤销一审判决，维持第 15409 号决定。亚东制药公司不服，向最高人民法院申请再审。最高人民法院于 2014 年 10 月 17 日裁定驳回亚东制药公司的再审申请。

【裁判意见】

最高人民法院审查认为：认定权利要求与最接近现有技术之间的区别技术特征，应当以权利要求记载的技术特征为准，未记载在权利要求中的技术特征不能作为对比的基础，也不能构成区别技术特征。本案专利权利要求 1 限定的是原料药的组分、配比、制备方法，并未限定最终制备形成的药物组合物产品的活性成分及含量。丹酚酸 B 的功能、效果等技术内容也未记载在本案专利权利要求书及说明书中。因此，在阅读本案专利权利要求书和说明书后，本领域的技术人员无法得知请求保护的技术方案是提高丹酚酸 B 的提取物含量，以及其含量与本案专利要解决的技术问题有何关联。亚东制药公司关于丹酚酸 B 的含量构成权利要求 1 与现有技术的区别技术特征的主张，缺乏事实与法律依据。

10. **未记载在说明书中的技术贡献不能作为要求获得专利权保护的基础**

【裁判要旨】

未记载在说明书中的技术贡献不能作为要求获得专利权保护的基础。对于专利权人提交的申请日之后的技术文献，用于证明未在专利说明书中记载的技术内容，如该技术内容不属于申请日之前的公知常识，或不是用于证明本领域技术人员的知识水平与认知能力的，一般不应作为判断能否获得专利权的依据。

【关键词】

发明　创造性　现有技术　技术贡献

【案号】

最高人民法院（2013）知行字第 77 号

【裁判意见】

在前述“乳腺疾病药物组合物及制备方法”发明专利无效案中，最高人民法院审查认为：作为以公开换保护的专利制度，对专利权的保护应当与发明人相对于申请日前的现有技术所作出的技术贡献相称，其技术贡献应当充分公开，并记载在说明书中。申请日提交的专利申请文件是确定专利申请能否获得授权的基础。反证 3 虽然一定程度上解释了制备工艺与丹酚酸 B 含量之间的关系，但其系本案专利申请日之后公开的技术文献，所述技术内容并非用于证明本领域技术人员在本案专利申请日前所具有的知识水平与认知能力，故不应当以反证 3 记载的内容作为判断本案专利技术效果的基础。在本案专利说明书没有记载提高丹酚酸 B 含量及其技术效果的情况下，也不应当将反证 3 作为对比实验数据使用。而且，即使考虑反证 3 中的相关内容，由于亚东制药公司所主张的本案专利的技术效果，即丹酚酸 B 含量的提高可以有效改善乳块消片的临床效果，并未记载在专利申请文件中，且本案专利与证据 1 的区别也并非在于用喷雾干燥替换减压干燥，故反证 3 中的相关内容与判断本案专利是否具备创造性之间也缺乏直接关联。

11. **确定区别技术特征是否已经被现有技术公开应当考虑它们在各自技术方案中所起的作用**

【裁判要旨】

在确定本案专利的某一区别技术特征与现有技术中的技术特征是否具有对应关系，从而导致该区别技术特征已经被现有技术所公开时，要考虑它们在各自技术方案中所起的作用是否相同。

【关键词】

发明　区别技术特征　现有技术　对应关系

【案号】

最高人民法院（2014）知行字第 43 号

【基本案情】

在再审申请人宁波展通电信设备实业有限公司（以下简称展通公司）与被申请人泰科电子瑞侃有限公司（以下简称泰科公司）及一审被告、二审被上诉人中华人民共和国国家知识产权局专利复审委员会（以下简称专利复审委员会）发明专利权无效行政纠纷案中，泰科公司系名称为“闭锁装置”的发明专利（即本案专利）的权利人。根据本案专利权利要求书的记载，权利要求 1 限定的接合表面和延长段均设置在杠杆 11 的一个自由端上，在工作时，延长段与第二部分协同作用，提供初始闭锁杠杆作用，接合表面与第二部分相接触，提供最终的杠杆闭锁作用。对于延长段和接合表面实现上述作用的具体结构和方式，本案专利没有作出进一步的限定，也没有对自由端进行进一步的解释。2010 年 6 月 28 日，展通公司针对本案专利向专利复审委员会提出无效宣告请求，主张权利要求 1 相对于证据 1 和证据 2 的结合不具有创造性。证据 1（GB2253020A）涉及一种可释放的夹具，证据 1 中设有凹口 24A 和延长到凹口 24A 之外的延伸部分的杠杆 11A 的这一端通过枢轴 9A 与第二部分 B 相连，无法与第二部分分离，运动轨迹固定。证据 2（US5315489A）公开了一种闭锁装置，其中杠杆 38 具有一个自由端，上面设置有一个与物件的第二部分 32 接合的接合表面 42。专利复审委员会审查认为，本案专利权利要求 1 与证据 1 的区别在于，本案专利中接合表面设置在杠杆的自由端上，而证据 1 中接合表面设置在杠杆的侧部而非自由端，但该区别技术特征已经被证据 2 所公开。在此基础上，专利复审委员会认定本案专利相对于证据 1 和证据 2 的结合不具有创造性，并作出第 16394 号无效宣告请求审查决定（简称第 16394 号决定），宣告本案专利权全部无效。泰科公司不服，提起行政诉讼。北京市第一中级人民法院一审判决驳回泰科公司的诉讼请求。泰科公司不服，提起上诉。北京市高级人民法院二审认为，第 16394 号决定及一审判决未考虑权利要求 1 与证据 1 在实现相应功能时的技术手段的差异，而此种差异足以构成两种技术方案中的区别技术特征。遂判决撤销第 16394 号决定及一审判决。展通公司不服，向最高人民法院申请再审。最高人民法院于 2014 年 12 月 12 日裁定驳回展通公司的再审申请。

【裁判意见】

最高人民法院审查认为：判断发明相对于现有技术而言是否显而易见，通常要先确定发明与最接近的现有技术之间的区别技术特征。具体而言，需要先把本案专利权利要求保护的技术方案划分为若干技术特征，进而判断最接近的现有技术公开了哪些技术特征，哪些技术特征与本案专利的技术特征相当，以及哪些技术特征构成区别技术特征。但应当注意，本案专利技术方案是一个整体，其所包含的技术特征之间并非孤立存在，不能割裂技术特征之间的关系，从而忽视有关技术特征在整体技术方案中所发挥的作用。特别是在机械结构领域的发明创造中，由于技术方案的整体技术构思、工作方式、技术效果不同，结构或者位置关系类似的部件在不同的技术方案中发挥的作用可能完全不同。因此，在确定现有技术中的某个技术特征与本案专利的必要技术特征是否具有相当性时，应当考虑它们在各自技术方案中所起到的作用是否相同。展通公司主张证据 1 中的凹口 24A 相当于本案专利的接合表面，杠杆 11A 延长到凹口 24A 之外的延伸部分相当于权利要求 1 中的延长段。虽然由于权利要求 1 中没有进一步限定延长段和接合表面实现上述作用的具体结构和方式，不能将其他权利要求和实施例进一步限定的结构、方式特征引入来与证据 1 进行比对，但必须考虑权利要求 1 中已有的位置关系和作用限定。权利要求 1 中延长段和接合表面均是设置在可以脱离于第二部分而自由运动的杠杆的一端，该限定服从于本案专利的整体技术方案，服务于本案专利的发明目的，也决定了延长段和接合表面的工作方式和功能作用。由于证据 1 的技术方案所要解决的技术问题和实现的技术效果与本案专利不同，因此，证据 1 中凹口 24A 和延长到凹口 24A 之外的延伸部分相对于其他部件的位置关系与权利要求 1 中的接合表面、延长段和其他部件的位置关系明显不同，在各自技术方案中所起作用也不同，不能认定证据 1 中凹口 24A 和延长到凹口 24A 之外的延伸部分相当于权利要求 1 中限定的接合表面和延长段。

12. “独立权利要求缺少必要技术特征”与“权利要求书应当以说明书为依据”的关系

【裁判要旨】

独立权利要求缺少必要技术特征，不符合专利法实施细则第二十一条第二款[①]规定的，一般也不能得到说明书的支持，不符合专利法第二十六条第四款的规定。

【关键词】

发明　权利要求　技术特征　说明书

【案号】

最高人民法院（2014）行提字第 13-15 号

【基本案情】

在再审申请人（瑞士）埃利康亚洲股份公司（以下简称埃利康公司）与被申请人中华人民共和国国家知识产权局专利复审委员会（以下简称专利复审委员会）、一审第三人刘夏阳、怡峰工业设备（深圳）有限公司（以下简称怡峰公司）发明专利权无效行政纠纷案（以下简称“机动车托架”发明专利无效案）中，埃利康公司系名称为“自动的机械停车场中用于机动车水平传送的托架”发明专利（即本案专利）的权利人。本案专利共有 15 项权利要求，其中独立权利要求 1 为：“在轮子（3）上自行走的托架，……一个部分还具有一对装置（58），装置（58）可对称地垂直于该托架纵轴线移动并被构造用来支承、定中心、停止移动及抬升该机动车的一个轴的两个车轮，而另一部分具有一对装置（59），装置（59）可对称地垂直于该托架纵轴线移动并被构造用来支承、定中心、停止移动及抬升该机动车第二轴的两个车轮……”本案专利说明书部分有如下记载：“关于已知的托架及附属系统，……这些中没有一个令人满意地解决了涉及以下诸方面的所有问题：机动车的可靠传送（以下简称可靠传送），传送的速度（以下简称传送速度），减小传送及停泊机动车所需的空间（以下简称减小空间），和减小用于传送及停泊机动车的托架及相关系统的综合成本（以下简称减小成本）。因此，本发明的目的是以这样

---

① 对应 2010 年 1 月新修订《专利法实施细则》第二十条第二款。

一种方法来解决所有这些问题：提供一种托架，是区别特性的总和的革新，该托架在实现其功能及克服现有技术的局限上是最佳的。”“……本发明具有上面指出的所有最佳的特性，并且当与列举过的所有已知发明比较时是优越的。”针对本案专利，刘夏阳、怡峰公司先后于 2009 年 2 月 9 日、2009 年 5 月 4 日及 2009 年 7 月 24 日分三次提出无效宣告请求，理由之一为权利要求 1—15 缺少必要技术特征，不符合专利法实施细则第二十一条第二款[①]的规定。专利复审委员会对上述无效宣告请求进行合案审理后认为，权利要求 1—3，引用权利要求 1—3 中任一项的权利要求 5、6，以及权利要求 7—15 缺少必要技术特征，故作出本案涉及的第 14538 号决定，宣告上述权利要求无效。在认定权利要求 1 及有关从属权利要求缺少必要技术特征并宣告其无效的基础上，专利复审委员会进一步审查了权利要求 4、权利要求 5 或 6 直接或间接引用权利要求 4 的技术方案是否符合专利法第二十六条第四款的规定，并认为上述权利要求符合专利法第二十六条第四款的规定。埃利康公司不服，提起行政诉讼，北京市第一中级人民法院及北京市高级人民法院先后判决维持第 14538 号决定。埃利康公司不服，向最高人民法院申请再审。最高人民法院裁定提审本案，并于 2014 年 12 月 18 日判决撤销第 14538 号决定及一审、二审判决，责令专利复审委员会重新作出审查决定。

【裁判意见】

最高人民法院提审认为：专利法第二十六条第四款与专利法实施细则第二十一条第二款均涉及权利要求书与说明书的对应关系。专利法实施细则第二十一条第二款仅适用于独立权利要求缺少必要技术特征的情形，专利法第二十六条第四款的适用范围更为宽泛。不仅适用于独立权利要求，也适用于从属权利要求。不仅适用于权利要求中记载的技术特征的范围过宽，技术特征本身不能得到说明书支持的情形，也适用于权利要求缺少技术特征，使得其所限定的技术方案不能解决专利所要解决的技术问题，使权利要求整体上不能得到说明书支持的情形。因此，独立权利要求缺少必要技术特征，不符合专利法实施细则第二十一条第二款的规定的，一般也不能得到说明书的支持，不符合专利法第二十六条第四款的规定。第 14538 号决定一方面认定权利要求 1 中没有详细描述支承装置（58、59）的结构以及如何通过该装置同时完成支承、定中心、停止移动和抬升机动车的方式，本领域技术人员不能得知该装置是如何通过车轮的水平运动来进行定中心的，据此认定权利要求 1 缺少必要技术特征。另一方面，又认定权利要求 1 虽然使用了功能性限定的技术特征，但本领域技术人员根据说明书、说明书附图及本领域的公知常识，

① 对应 2010 年 1 月新修订《专利法实施细则》第二十条第二款。

能够确定合适的实施方式，据此认定权利要求 4 等符合专利法第二十六条第四款的规定。上述认定在理由及结论上相互矛盾，缺乏法律依据。

13. **在确定独立权利要求是否记载必要技术特征时，如何考虑权利要求中记载的功能性技术特征**

【裁判要旨】

独立权利要求记载了解决技术问题的必要技术特征的，即使其为功能性技术特征，亦应当认定其符合专利法实施细则第二十一条第二款的规定，不宜再以独立权利要求中没有记载实现功能的具体结构或者方式为由，认定其缺少必要技术特征。

【关键词】

发明　权利要求　技术特征　功能性

【案号】

最高人民法院（2014）行提字第 13-15 号

【裁判意见】

在前述“机动车托架”发明专利无效案中，最高人民法院提审认为：在权利要求中使用功能性技术特征，不为法律法规所禁止。在“无法用结构特征来限定，或者用结构特征限定不如用功能或效果特征来限定更为恰当”等情形下，亦有必要允许使用功能性技术特征进行限定。在认定独立权利要求是否缺少必要技术特征时，关键在于独立权利要求中是否记载了解决技术问题的必要技术特征，即必要技术特征的有无问题。对于必要技术特征概括得是否适当，以及能否得到说明书的支持，应当另行依据专利法第二十六条第四款进行审查判断。独立权利要求中记载了解决技术问题的必要技术特征的，即使其为功能性技术特征，亦应当认定其符合专利法实施细则第二十一条第二款的规定，不宜再以独立权利要求中没有记载实现该功能的具体结构或者方式为由，认定其缺少必要技术特征。

14. **发明实际所要解决的技术问题的确定**

【裁判要旨】

在创造性判断中，确定发明实际解决的技术问题，通常要在发明相对于最接近的现有技术存在的区别技术特征的基础上，由本领域技术人员在阅读本案专利说明书后，根据该区别技术特征在权利要求请求保护的技术方案中所产生的作用、功能或者技术效果等来确定。

【关键词】

发明　创造性　技术问题　区别特征

【案号】

最高人民法院（2013）知行字第 77 号

【裁判意见】

在前述“乳腺疾病药物组合物及制备方法”发明专利无效案中，最高人民法院审查认为：在采用“三步法”判断权利要求是否具备创造性时，确定权利要求保护的发明实际要解决的技术问题是判断该发明相对于现有技术是否显而易见的基础和前提。亚东制药公司主张本案专利实际要解决的技术问题是提高丹酚酸B的含量，并非改变剂型。然而，本案专利权利要求书中并没有记载药物组合物中丹酚酸B的含量，也没有记载用于提高丹酚酸B的具体技术手段，更没有记载丹酚酸B的含量与疗效之间的因果关系。本领域技术人员在阅读说明书后，无法得知本发明要解决的技术问题与提高丹酚酸B的含量有何关联，更无法得出本案专利实际要解决的技术问题是改变药物特定活性成分比例的结论。

15. **背景技术不能用于确定发明实际所要解决的技术问题**

【裁判要旨】

发明实际所要解决的技术问题的确定，是通过与最接近的现有技术比较得出的，而非以其背景技术的记载为依据。

【关键词】

发明　技术问题　现有技术　背景技术

【案号】

最高人民法院（2014）知行字第6号

【基本案情】

在再审申请人深圳市理邦精密仪器股份有限公司（以下简称理邦公司）与被申请人国家知识产权局专利复审委员会（以下简称专利复审委员会）、第三人深圳迈瑞生物医疗电子股份有限公司（以下简称迈瑞公司）发明专利权无效行政纠纷案中，迈瑞公司系名称为“一种便携超声诊断仪”的发明专利（即本案专利）的权利人。本案专利权利要求1限定了电源板竖直设置于主机架一侧，主板与探头板竖直设置于主机架另一侧。根据说明书的记载，本案专利权利要求1所要实际解决的技术问题是在便携超声诊断仪中减小电源板对探头板的干扰以及避免机器重心的偏差。说明书的背景技术部分同时记载，现有的便携式超声诊断系统中的架构方案为主板和探头板竖直分置于机器的两侧，电源板和探头板紧挨在一起。2011年7月4日，理邦公司针对本案专利向专利复审委员会提出无效宣告请求，并提交了证据1（US6561979B1）作为对比文件。证据1公开了一种便携式超声诊断仪，其中：信号处理板432、发射/接收板430竖直安装于金属结构402内，电源板426竖直安装于金属结构402后下部。理邦公司同时提交了证据2和证据11作为公知常识性证据。证据2公开了电子设备防干扰的控制策略、原理和技术，并具体公开了将相互易干扰的设备尽量安排得距离远一些、将其分别放置使之各自隔离以便实现防止干扰的相关技术手段。证据 11 记载了超声诊断设备的结构设计依据要考虑到整体轻便。2011 年 12 月 21 日，专利复审委员会作出第 17842 号无效宣告请求审查决定（以下简称第 17842 号决定），维持本案专利权有效。理邦公司不服，提起行政诉讼。北京市第一中级人民法院一审认为，权利要求 1 相对于证据 1 与公知常识的结合对本领域技术人员来说是显而易见的，不具有突出的实质性特点和显著的进步。据此判决撤销第 17842 号决定，责令专利复审委员会重新作出审查决定。迈瑞公司、专利复审委员会均不服，提出上诉。北京市高级人民法院二审认为，如何根据证据 2 及证据 11 所公开的基本原理，将其运用到本案专利所要解决的技术问题中从而实现其技术效果，需要本领域技术人员付出创造性的劳动。权利要求 1 相对于证据 1 与公知常识的结合具备创造性。遂判决撤销一审判决，维持第 17842 号决定。理邦公司不服，向最高人民法院申请再审。最高人民法院于 2014 年 7 月 16 日裁定驳回理邦公司的再审申请。

【裁判意见】

最高人民法院审查认为：判断要求保护的发明是否具有创造性，就是要判断对本领域技术人员来说，该发明相对于现有技术是否显而易见。在这一判断过程中，要确定现有技术整体上是否存在某种启示，以促使本领域技术人员在面对所述技术问题时，有动机改进最接近的现有技术并获得要求保护的发明。权利要求 1 实际要解决的技术问题是，在便携超声诊断仪中减小电源板对探头板的干扰以及避免机器重心的偏差。证据 1 中防止各组件之间的电磁干扰主要是通过设置封闭的屏蔽隔室的技术手段来实现的。证据 2 公开了电子设备防干扰控制的空间分离方法、元器件布局技术；证据 11 记载了超声诊断设备的结构设计要尽量做到外形美观、整体轻便。证据 2 和证据 11 并没有具体披露本案专利所要实际解决的技术问题的具体技术手段。本案专利虽然在背景技术部分记载了现有 CRT 显示器的超声诊断系统的主板、探头板、电源板是放置在机架两侧的，理邦公司也据此主张对于采用 CRT 显示器的超声诊断仪而言，将电路板布置在 CRT 显示器两侧是常规技术手段，本案专利实际要解决的技术问题仅在于到底哪块电路板放置在哪一侧，这对于本领域技术人员而言是显而易见的。但发明实际要解决的技术问题，是指为获得更好的技术效果而需对最接近的现有技术进行改进的技术任务。该技术问题的确定，是将其与最接近的现有技术相比较而得出的，而非以其背景技术的记载为依据。权利要求 1 对本领域技术人员而言并非显而易见，实现本案专利的技术效果需要本领域技术人员付出创造性劳动。

16. 如何认定专利法实施细则第二十一条第二款中的“技术问题”

【裁判要旨】

专利法实施细则第二十一条第二款所称的“技术问题”，是指说明书中记载的专利所要解决的技术问题，是申请人根据其对说明书中记载的背景技术的主观认识，在说明书中声称其要解决的技术问题。当说明书中明确记载本案专利能够解决多个技术问题时，独立权利要求中应当记载能够同时解决上述技术问题的全部必要技术特征。

【关键词】

发明　说明书　技术问题　技术特征

【案号】

最高人民法院（2014）行提字第13-15号

【裁判意见】

在前述“机动车托架”发明专利无效案中，最高人民法院提审认为：首先，独立权利要求中记载的必要技术特征应当与发明或者实用新型专利所要解决的技术问题相对应。正确认定专利法实施细则第二十一条第二款所称的“技术问题”，是判断独立权利要求是否缺少必要技术特征的基础。其次，专利法实施细则第二十一条第二款的规定，旨在进一步规范说明书与独立权利要求之间的对应关系。在确定专利所要解决的技术问题时，应当以说明书中记载的技术问题为基本依据，并综合考虑说明书中有关背景技术及其存在的技术缺陷、本案专利相对于背景技术取得的有益效果等内容。独立权利要求中记载的技术特征本身，并非认定专利所要解决的技术问题的依据。再次，专利法实施细则第二十一条第二款所称的“技术问题”，不同于判断权利要求是否具有创造性时，根据区别技术特征重新确定的专利实际要解决的技术问题。在认定权利要求是否缺少必要技术特征时，也不能以重新确定的技术问题为基础。最后，专利权的保护范围应当与其创新程度相适应。在专利所要解决的各个技术问题以及解决技术问题的技术特征均彼此相对独立的情况下，独立权利要求中记载了解决一个或者部分技术问题的必要技术特征的，即可认定其符合专利法实施细则第二十一条第二款的规定。但是，说明书中明确记载专利技术方案能够同时解决多个技术问题的，独立权利要求中应当记载能够同时解决各个技术问题的全部必要技术特征。根据说明书的记载，本案专利要同时解决可靠传送、传送速度、减小空间、减小成本四方面的技术问题。独立权利要求1中应当记载能够同时解决匕主技术问题的全部必要技术特征。第14538号决定和一审、二审判决依据权利要求1中记载的技术特征，认定本案专利所要解决的技术问题仅为传送速度和减小成本，认定事实与适用法律均有错误。

17. **对预料不到的技术效果的确定**

【裁判要旨】

发明的技术效果是判断创造性的重要因素。如果发明相对于现有技术所产生的技术效果在质或量上发生明显变化，超出了本领域技术人员的合理预期，可以认定发明具有预料不到的技术效果。在认定是否存在预料不到的技术效果时，应当综合考虑发明所属技术领域的特点尤其是技术效果的可预见性、现有技术中存在的技术启示等因素。通常，现有技术中给出的技术启示越明确，技术效果的可预见性就越高。

【关键词】

发明　创造性　现有技术　技术效果

【案号】

最高人民法院（2013）知行字第77号

【裁判意见】

在前述“乳腺疾病药物组合物及制备方法”发明专利无效案中，最高人民法院审查认为：片剂和颗粒剂均为中药领域常见剂型，该领域对两种制备方法及所带来的技术效果的可预见性研究得较为充分。在对技术效果存在合理预期的情况下，面对本案专利实际要解决的剂型改变的技术问题时，本领域技术人员容易想到结合证据3公开的将中药提取物制成颗粒剂的常规制法。由于常规颗粒剂制法的两种具体方法均不含减压干燥步骤，本领域技术人员对本案专利所采用的颗粒剂的常规制法有利于保持药物活性、产品易于崩解、药物溶出度和生物利用度好进而能够提高药物有效率，具有普遍的预期。亚东制药公司以本案专利说明书记载的药物总有效率明显优于现有技术的产品总有效率为由，主张本案专利具有预料不到的技术效果。但现有证据无法认定上述产品有效率是以同一种测定方法做出的，故相关实验结果数据不能证明本案专利具有临床疗效上的显著进步。此外，由于本案专利在制备颗粒剂时省去了减压干燥步骤，对药物活性成分的影响也相应减少，因此带来的药物整体有效率的提高也是本领域技术人员能够合理预期的。即使认可上述实验数据，本案专利的药物有效率优于现有技术的原因是本案专利限定的制备方法本身的特点所带来的，亦不能得出本案专利具有预料不到技术效果的结论。

18. **未取得预料不到技术效果的数值范围选择不能给本专利带来创造性**

【裁判要旨】

在判断权利要求是否具备创造性时，应当考虑其选择的数值范围与现有技术相比是否取得了预料不到的技术效果。

【关键词】

发明　创造性　数值范围　技术效果

【案号】

最高人民法院（2014）知行字第84号

【基本案情】

在再审申请人日本斯倍利亚社股份有限公司（以下简称斯倍利亚社）与被申请人中华人民共和国国家知识产权局专利复审委员会（以下简称专利复审委员会）、一审第三人史天蕾发明专利权无效行政纠纷案中，斯倍利亚社的前身斯比瑞尔社股份有限公司（以下简称斯比瑞尔社）于1999年3月15日向国家知识产权局提出名称为“无铅软钎焊料合金”的发明专利（以下简称本案专利）申请，并于2004年9月29日获得授权。本案专利授权公告的权利要求1为：“1. 无铅的钎焊料合金，其特征在于，含有0.1－2wt%Cu，0.002－1wt%Ni，其余为Sn。”史天蕾于2006年6月30日针对本案专利向专利复审委员会提出无效宣告请求，并提交了证据1（US5366692）作为对比文件。与权利要求1相比，证据1中公开的合金组成中Ni为0.5wt%。斯比瑞尔社于2006年9月15日对权利要求书进行了修改，修改后的权利要求1仍为含有0.002－1wt%Ni。2007年8月6日，专利复审委员会作出第10354号无效宣告请求审查决定（以下简称第10354号决定），宣告本案专利权利要求1至6全部无效。斯比瑞尔社不服，提起行政诉讼。北京市第一中级人民法院于2008年3月31日作出（2008）一中行初字第133号行政判决（以下简称第133号判决），维持第10354号决定。斯比瑞尔社不服，提出上诉。北京市高级人民法院二审判决撤销第133号判决和第10354号决定，责令专利复审委员会重新作出无效宣告请求审查决定。2009年1月9日，国家知识产权局核准本案专利权人变更为斯倍利亚社。2009年8月24日，斯倍利亚社再次修改了权利要求书，修改后的权利要求1中含有0.04－0.1wt%的Ni。2010年9月17日，专利复审委员会重新作出第15158号无效宣告请求审查决定（以下简称第15158号决定），宣告本案专利权全部无效。斯倍利亚社不服，提起行政诉讼。北京市第一中级人民法院一审认为，权利要求1与证据1的区别在于Ni的含量不同。本领域技术人员通过证据1的教导并结合普通技术人员的常规实验能力，很容易得到权利要求1保护的技术方案。据此判决维持第15158号决定。斯倍利亚社不服，提出上诉。北京市高级人民法院二审判决驳回上诉、维持原判。斯倍利亚社不服，向最高人民法院申请再审。最高人民法院于2014年12月16日裁定驳回斯倍利亚社的再审申请。

【裁判意见】

最高人民法院审查认为：本案专利权利要求1与证据1的区别技术特征

仅为 Ni 的含量不同。在此情况下，判断本案专利权利要求 1 是否具有创造性，则应当考虑该数值范围与现有技术相比的技术效果是否产生了质的变化，具有新的性能，或者产生了量的变化，超出人们的预期。斯倍利亚社虽主张调节 Ni 的含量能够改善熔融焊料合金的流动性，但从其据以佐证的说明书所示试验数据的记载来看，不能证明权利要求 1 限定的 Ni 的含量范围相较于证据 1 公开的技术方案，以及包含有该技术方案的修改前的技术方案中 Ni 的含量范围，在改善流动性方面具有预料不到的技术效果，也不能说明焊料合金的伸长率仅仅是由 Ni 的含量决定的，更不能确定或教导焊料合金中 Ni 的含量不同和伸长率之间具有必然联系，且说明书中亦未记载附表中的伸长率与熔融焊料合金的流动性的线性关系。因此，权利要求 1 对于 Ni 含量的选择，是本领域技术人员通过有限的试验就可以得到的，并未取得预料不到的技术效果，相对于证据 1 而言是显而易见的，不具有突出的实质性特点和显著的进步。

19. **申请日在先的注册商标专用权可以用于判断是否与外观设计专利权相冲突**

【裁判要旨】

只要商标申请日在外观设计专利申请日之前，且提起无效宣告请求时商标已被核准注册并仍然有效，该注册商标专用权就能够用于评述在后外观设计专利权是否与之构成权利冲突。

【关键词】

外观设计　注册商标　申请日　权利冲突

【案号】

最高人民法院（2014）知行字第 4 号

【基本案情】

在再审申请人国家知识产权局专利复审委员会（以下简称专利复审委员会）与被申请人白象食品股份有限公司（以下简称白象公司）、一审第三人陈朝晖外观设计专利权无效行政纠纷案中，产品名称为“食品包装袋”的外观设计专利（即本案专利）由陈朝晖于 2000 年 10 月 16 日向国家知识产权局提出申请，2001 年 5 月 2 日被授权公告。白象公司持有的第 1506193 号“白象”商标（以下简称白象商标）的申请日为 1997 年 12 月 12 日，核准注册日为 2001 年 1 月 14 日。2009 年 8 月 4 日，白象公司针对本案专利，以其与在先的白象商标权冲突为由，向专利复审委员会提出无效宣告请求。专利复审委员会于 2009 年 12 月 8 日作出第 14261 号无效宣告请求审查决定（以下简称第 14261 号决定），认为白象商标的核准注册日在本案专利申请日之后，不属于专利法第二十三条规定的合法在先权利，故维持本案专利权有效。白象公司不服，提起行政诉讼。北京市第一中级人民法院一审认为，应以外观设计专利权的“授权公告日”而非“专利申请日”作为判断在先权利的时间标准，即在“授权公告日”之前已合法产生的权利或权益构成外观设计专利权的在先权利。因白象商标的核准注册日为2001年1月14日，早于本案专利的授权公告日，白象商标构成本案专利的在先权利。北京市第一中级人民法院据此判决撤销第14261号决定，并责令专利复审委员会重新作出审查决定。专利复审委员会不服，提起上诉。北京市高级人民法院二审认为，白象商标的申请日早于本案专利的申请日，白象公司基于白象商标而享有的商标申请权构成专利法第二十三条规定的在先取得的合法权利。遂判决驳回上诉、维持原判。专利复审委员会不服，向最高人民法院申请再审。最高人民法院于2014年10月11日裁定驳回专利复审委员会的再审申请。

【裁判意见】

最高人民法院审查认为：商标申请权本身是现实存在的合法权益，在性质上是对注册商标专用权的一种期待权，应当受到法律保护。在商标申请日早于外观设计专利申请日的情况下，外观设计专利权的实施不会对商标是否可被核准注册产生影响，也不会产生二者的权利冲突问题。因此，商标申请权不能作为专利法第二十三条所称的在先取得的合法权利。但是，商标申请权对于判断外观设计专利权和注册商标专用权是否构成权利冲突具有重要意义。商标申请权作为一种期待权，最终期待的完整权利是注册商标专用权，只有商标获得注册，商标申请的最终权益才得以实现。此时，应当溯及既往地对商标申请权进行保护，确认商标申请日对于注册商标专用权的法律意义。只要商标申请日在外观设计专利申请日之前，在先申请的注册商标专用权就可以对抗申请日在后的外观设计专利权。白象商标获得注册后，本案专利的实施客观上会与其产生权利冲突，应当依照保护在先权利的原则，认定申请日在先的白象注册商标专用权可用于对抗陈朝晖的外观设计专利权。至于二者是否会构成实际的权利冲突，应当由专利复审委员会重新审查后作出判断。

二、商标案件审判

（一）商标民事案件审判

20. 恶意取得并行使商标权的行为不受法律保护

【裁判要旨】

诚实信用原则是一切市场活动参与者所应遵循的基本准则，民事诉讼活动同样应当遵循诚实信用原则。任何违背法律目的和精神，以损害他人正当权益为目的，恶意取得并行使商标权的行为均属于权利滥用，相关主张不能得到法律的保护和支持。

【关键词】

商标侵权　诚实信用　恶意　权利滥用

【案号】

最高人民法院（2014）民提字第 24 号

【基本案情】

在再审申请人深圳歌力思服饰股份有限公司（以下简称歌力思公司）、再审申请人王碎永及一审被告杭州银泰世纪百货有限公司（以下简称杭州银泰公司）侵害商标权纠纷案中，深圳市歌力思服饰设计有限公司（以下简称歌力思设计公司）成立于 1996 年 11 月 18 日，为本案歌力思公司的股东（发起人）之一。第 1348583 号“歌力思”商标由歌力思设计公司提出注册申请，核定使用于第 25 类的服装等商品之上，核准注册于 1999 年 12 月，现商标权人为歌力思公司。第 4225104 号“ELLASSAY”商标的注册人为深圳歌力思服装实业有限公司，核定使用在第 18 类的钱包、手提包等商品上。第 7925873 号“歌力思”商标（以下简称“歌力思”商标）核准注册于 2011 年 6 月，注册人王碎永，核定使用商品为第 18 类的钱包、手提包等。第 4157840 号“歌力思及图”商标（以下简称“歌力思及图”商标）于 2004 年 7 月 7 日提出注册申请，经初步审定公告后，歌力思设计公司在法定异议期内提出异议申请。北京市高级人民法院于 2014 年 4 月 2 日二审认定第 4157840 号商标损害了歌力思投资管理有限公司享有的在先商号权，不应予以核准注册。自 2011 年 9 月起，王碎永先后在杭州、南京、上海、福州等地的“ELLASSAY”专柜，通过公证程序购买了带有“品牌中文名：歌力思，品牌英文名：ELLASSAY”字样吊牌的皮包。2012 年 3 月 7 日，王碎永以歌力思公司及杭州银泰公司生产、销售上述皮包的行为构成对王碎永拥有的“歌力思”商标、“歌力思及图”商标权的侵害为由，提起诉讼。杭州市中级人民法院一审认为，歌力思公司及杭州银泰公司生产、销售被诉侵权商品的行为侵害了王碎永的注册商标专用权。遂判决歌力思公司、杭州银泰公司承担停止侵权行为、赔偿王碎永经济损失及合理费用共计 10 万元及消除影响等法律责任。歌力思公司不服，提起上诉。浙江省高级人民法院二审判决驳回上诉、维持原判。歌力思公司及王碎永均不服，向最高人民法院申请再审。最高人民法院裁定提审本案，并于 2014 年 8 月 14 日判决撤销一审、二审判决，驳回王碎永的全部诉讼请求。

【裁判意见】

最高人民法院提审认为：“歌力思及图”商标迄今为止尚未被核准注册，王碎永无权据此对他人提起侵害商标权之诉。对于歌力思公司、杭州银泰公司的行为是否侵害“歌力思”商标权的问题，首先，歌力思公司拥有合法的在先权利基础。歌力思公司及其关联企业最早将“歌力思”作为企业字号使用的时间为1996年，最早在服装等商品上取得“歌力思”注册商标专用权的时间为1999年。经长期使用和广泛宣传，作为企业字号和注册商标的“歌力思”已经具有了较高的市场知名度，歌力思公司对前述商业标识享有合法的在先权利。其次，歌力思公司在本案中的使用行为系基于合法的权利基础，使用方式和行为性质均具有正当性。从销售场所来看，歌力思公司对被诉侵权商品的展示和销售行为均完成于杭州银泰公司的歌力思专柜，专柜通过标注歌力思公司的“ELLASSAY”商标等方式，明确表明了被诉侵权商品的提供者。在歌力思公司的字号、商标等商业标识已经具有较高的市场知名度，而王碎永未能举证证明其“歌力思”商标同样具有知名度的情况下，歌力思公司在其专柜中销售被诉侵权商品的行为，不会使普通消费者误认该商品来自于王碎永。从歌力思公司的具体使用方式来看，被诉侵权商品的外包装、商品内的显著部位均明确标注了“ELLASSAY”商标，而仅在商品吊牌之上使用了“品牌中文名：歌力思”的字样。由于“歌力思”本身就是歌力思公司的企业字号，且与其“ELLASSAY”商标具有互为指代关系，故歌力思公司在被诉侵权商品的吊牌上使用“歌力思”文字来指代商品生产者的做法并无明显不妥，不具有攀附王碎永“歌力思”商标知名度的主观意图，亦不会为普通消费者正确识别被诉侵权商品的来源制造障碍。在此基础上，杭州银泰公司销售被诉侵权商品的行为亦不为法律所禁止。最后，王碎永取得和行使“歌力思”商标权的行为难谓正当。“歌力思”商标由中文文字“歌力思”构成，与歌力思公司在先使用的企业字号及在先注册的“歌力思”商标的文字构成完全相同。“歌力思”本身为无固有含义的臆造词，具有较强的固有显著性，依常理判断，在完全没有接触或知悉的情况下，因巧合而出现雷同注册的可能性较低。作为地域接近、经营范围关联程度较高的商品经营者，王碎永对“歌力思”字号及商标完全不了解的可能性较低。在上述情形之下，王碎永仍在手提包、钱包等商品上申请注册“歌力思”商标，其行为难谓正当。王碎永以非善意取得的商标权对歌力思公司的正当使用行为提起的侵权之诉，构成权利滥用。

21. **不具有区分商品来源作用的描述性使用不构成商标侵权**

【裁判要旨】

不具有区分商品或服务来源作用的描述性使用，不构成对商标权的侵害。

【关键词】

商标侵权　商标使用　描述性使用　区分来源

【案号】

最高人民法院（2014）民申字第1033号

【基本案情】

在再审申请人陕西茂志娱乐有限公司（以下简称茂志公司）与被申请人梦工场动画影片公司（以下简称梦工场公司）、派拉蒙影业公司（以下简称派拉蒙公司）、中国电影集团公司（以下简称中影公司）、北京华影天映影院管理有限公司（以下简称华影天映公司）侵害商标权纠纷案中，茂志公司于2010年6月28日获准注册第6353409号“功夫熊猫及图”商标（即本案商标），核定使用服务为第41类的图书出版、电影制作等。动画电影《KUNG FU PANDA》（中文名称为《功夫熊猫》）、《KUNG FU PANDA2》（中文名称为《功夫熊猫2》）由梦工场公司制作、派拉蒙公司发行，先后于2008年6月和2011年5月在中国大陆地区首映。中影公司拥有《功夫熊猫2》中国大陆地区的电影发行权，华影天映公司经营的传奇时代影城宣传册中使用了“功夫熊猫2”字样。茂志公司以梦工场公司、派拉蒙公司、中影公司、华影天映公司的上述行为侵害本案商标权为由，提起诉讼。北京市第二中级人民法院一审认为，“功夫熊猫”作为该部电影作品的组成部分，系用以概括说明电影内容的表达主题，本身具有叙述性，而并非用以区分电影的来源，即电影的制作主体。电影名称不能起到商标所具有的区分服务来源的功能。遂判决驳回茂志公司的诉讼请求。茂志公司不服，提起上诉，北京市高级人民法院二审判决驳回上诉、维持原判。茂志公司不服，向最高人民法院申请再审。最高人民法院于2014年11月27日裁定驳回茂志公司的再审申请。

【裁判意见】

最高人民法院审查认为：商标的基本特性是区别商品或者服务来源，构成侵害商标权的行为应当是在商业标识意义上使用相同或者近似商标的行为，即被诉侵权标识必须进行了商标意义上的使用。梦工场公司制作的《功夫熊猫》电影在本案商标获准注册前的2008年就已经在中国大陆地区公映，并自2005年起就在新闻报道、海报等宣传材料中以“功夫熊猫”作为电影名称进行了持续宣传。梦工场公司制作完成相关电影后，将其“DREAMWORKS”标识显著地使用于电影、电影海报及其他宣传材料中，用以表明其电影制作服务来源是“DREAMWORKS”。由于《功夫熊猫2》使用“功夫熊猫”字样是对前述《功夫熊猫》电影的延续，且“功夫熊猫”表示的是该电影的名称，用以概括说明电影内、容的表达主题，属于描述性使用，而并非用以区分电影的来源，故梦工场对“功夫熊猫”文字的使用并非商标意义上的使用，不构成对本案商标权的侵害。

22. **足以导致混淆、误认的回收利用行为构成商标侵权**

【裁判要旨】

符合国家政策导向的回收利用行为亦不能损害他人的合法利益。使用回收容器的行为未合理避让他人的商标权或其他合法权利，并足以导致消费者对商品或服务的来源产生混淆、误认的，构成商标侵权行为。

【关键词】

商标侵权　回收利用　混淆　误认

【案号】

最高人民法院（2014）民申字第1182号

【基本案情】

在再审申请人浙江喜盈门啤酒有限公司（原浙江汾湖啤酒有限公司，以下简称喜盈门公司）与被申请人百威英博（中国）销售有限公司（以下简称百威英博公司）、一审被告浙江蓝堡投资有限公司（以下简称蓝堡公司）、抚州喜盈门啤酒有限公司（以下简称抚州喜盈门公司）、黑龙江北国啤酒集团有限公司（以下简称北国公司）侵害商标权及不正当竞争纠纷案中，安海斯一布希公司于2011年8月7日经核准注册了“百威英博”文字商标，核定使用商品为第32类的啤酒等。2012年7月，安海斯一布希公司（许可人）与百威英博公司（被许可人）签订《商标使用维权许可协议》，许可百威英博公司使用“百威英博”商标，并以自身名义提起维权之诉及获得赔偿。2012年5月至6月期间，百威英博公司的委托代理人先后通过公证程序取得了喜盈门冰纯啤酒和哈啤冰纯啤酒若干。上述啤酒瓶的瓶体下部均有“百威英博”或“百威英博专用瓶”浮雕字样。百威英博公司以蓝堡公司、喜盈门公司、北国公司、抚州喜盈门公司在其共同生产、销售的啤酒商品上，擅自使用“百威”、“百威英博”商标和“百威英博”字号的行为构成商标侵权及不正当竞争为由，提起诉讼。上海市第一中级人民法院一审认为，蓝堡公司等在啤酒瓶上使用“百威英博”或者“百威英博专用瓶”浮雕文字的行为，属于商标使用。现有证据不足以证明蓝堡公司等使用的带有“百威英博”浮雕文字的啤酒瓶系回收瓶。且即使使用回收瓶，亦不能妨碍他人行使商标权。被诉侵权商品的背贴上虽将上述四家公司均列为生产商，但瓶盖上的生产商编号与喜盈门公司对应，喜盈门公司也认可该啤酒由其生产、销售，故蓝堡公司、北国公司、抚州喜盈门公司与喜盈门公司不构成共同侵权行为。据此判令喜盈门公司立即停止侵权行为、消除影响并赔偿百威英博公司经济损失及合理费用10万元。喜盈门公司不服，提起上诉。上海市高级人民法院二审判决驳回上诉、维持原判。喜盈门公司仍不服，向最高人民法院申请再审。最高人民法院于2014年11月28日裁定驳回喜盈门公司的再审申请。

【裁判意见】

最高人民法院审查认为：回收并重复利用符合安全标准的啤酒瓶为国家环保政策所提倡，也是我国啤酒行业多年来的通行做法。啤酒生产企业应使用符合安全标准的啤酒瓶（包括回收并重复利用），是国家对公共利益保护的具体要求。啤酒生产企业在生产、销售产品的过程中，应遵守国家的相关法律规定，不损害他人权益，不侵害他人的知识产权，也是其应尽的法律义务。一般情况下，如果仅仅是将回收的其他企业的专用瓶作为自己的啤酒容器使用，且在啤酒瓶的瓶身粘贴自己的商标和企业名称的瓶贴（包括包装装潢），与其他企业的瓶贴存在明显区别，使消费者通过不同的瓶贴即可区分啤酒的商标和生产商，不会产生混淆误认的，该使用方式应属于正当使用，不构成侵权。但在本案中，百威英博公司经公证购买的整箱被诉侵权商品的酒瓶下部均有“百威英博”、“百威英博专用瓶”浮雕文字，这与一般回收行业混杂回收各种啤酒瓶的客观事实不相吻合，喜盈门公司未对此作出合理的解释。喜盈门公司实施的系列行为明显具有傍名牌、搭便车的主观故意，构成对“百威英博”商标权的侵害。

（二）商标行政案件审判

23. 作为商品包装的立体商标的显著性判断

【裁判要旨】

对于以商品包装形式体现的三维标志，设计上的独特性不当然地等同于商标的显著性，而仍应当以其能否区分商品来源作为固有显著性的判断标准。同业经营者的使用情况对通过使用获得显著性的认定具有影响，当现有证据不足以克服相关公众对三维标志仅为商品包装这一认知的情况下，不能认定该三维标志通过使用获得了显著性。

【关键词】

商标争议　三维标志　商品包装　显著性

【案号】

最高人民法院（2014）知行字第 21 号

【基本案情】

在再审申请人雀巢产品有限公司（以下简称雀巢公司）与被申请人开平味事达调味品有限公司（以下简称味事达公司）、中华人民共和国国家工商行政管理总局商标评审委员会（以下简称商标评审委员会）商标争议行政纠纷案中，国际注册第 640537 号三维标志商标（以下简称争议商标），于 2002 年 3 月 14 日在中国提出注册申请，核定使用在第 30 类“食用调味品”商品上，指定颜色为棕色、黄色，权利人为雀巢公司。在争议期内，味事达公司针对争议商标向商标评审委员会提出撤销申请。商标评审委员会作出商评字［2010］第 15921 号《关于国际注册第 640537 号“三维标志”商标争议裁定书》（以下简称第 15921 号裁定），对争议商标的注册予以维持。味事达公司不服，提起行政诉讼。北京市第一中级人民法院以违反法定程序为由，撤销第 15921 号裁定。商标评审委员会对审理程序进行补正后，重新作出商评字［2010］第 15921 号重审第 00789 号《关于国际注册第 640537 号“三维标志”商标争议裁定书》（以下简称重审第 789 号裁定），认定指定使用在食用调味品商品上的争议商标已具备显著特征，对争议商标的注册予以维持。味事达公司不服，提起行政诉讼。北京市第一中级人民法院一审认为，争议商标不具有固有显著性，亦无证据证明通过使用获得了显著性，争议商标的注册不符合商标法第十一条①的规定。据此判决撤销重审第 789 号裁定。雀巢公司不服，提起上诉。北京市高级人民法院二审判决驳回上诉、维持原判。雀巢公司不服，向最高人民法院申请再审。最高人民法院于 2014 年 10 月 24 日裁定驳回了雀巢公司的再审申请。

【裁判意见】

最高人民法院审查认为：作为商品包装的三维标志，由于其具有实用因素，在设计上具有一定的独特性并不当然表明其具有作为商标所需的显著性，而仍应当以相关公众的一般认识，判断其是否能够区别商品的来源。争议商标指定”使用的“调味品”是普通消费者熟悉的日常用品，在争议商标申请领土延伸保护之前，市场上已存在与争议商标瓶型近似的同类商品包装，且由于 2001 年修改前的商标法并无三维标志可注册商标的规定，相关公众不会将其作为区分不同商品来源的标志，故争议商标不具有固有显著性。味事达公司及其关联公司至迟于 1983 年即开始使用与争议商标近似的棕色方形瓶作为产品的包装，持续使用多年并进行了大量广告宣传，使用该包装的“味极鲜”酱油具有很高的市场占有率。此外，在争议商标申请日之前，多项他人申请的外观设计专利中亦显示了与争议商标近似的包装瓶，多家知名的调味品生产企业亦使用了与争议商标近似的棕色（或透明）方形瓶作为液体调味产品的容器和外包装，而雀巢公司在中国大陆的最早使用时间为 1997 年，晚于味事达公司等企业的使用时间。大量同行业企业使用近似的瓶型作为调味品包装这一事实，进一步强化了争议商标瓶型仅是商品包装这一认知，在现有证据不足以克服相关公众上述认知的情况下，雀巢公司同样未能证明争议商标已经通过使用获得了显著性。

24. 代表人或者代理人抢注被代表人或者被代理人商标的适用条件

【裁判要旨】

商标法第十五条系针对代理或者代表关系这种特殊法律关系，基于诚实

① 对应 2013 年 8 月新修订《商标法》第十一条规定：“下列标志不得作为商标注册：（一）仅有本商品的通用名称、图形、型号的；（二）仅直接表示商品的质量、主要原料、功能、用途、重量、数量及其他特点的；（三）其他缺乏显著特征的。前款所列标志经过使用取得显著特征，并便于识别的，可以作为商标注册。

信用原则而设立的对被代理人或者被代表人的商标予以特殊保护的制度，并不一概要求该商标已经在先使用；只要特定商标应归于被代理人或者被代表人，代理人或者代表人即应善尽忠诚和勤勉义务，不得擅自以自己名义进行注册。

【关键词】

商标争议　代理代表关系　诚实信用　特殊保护

【案号】

最高人民法院（2014）行提字第3号

【基本案情】

在再审申请人香港雷博有限公司（以下简称雷博公司）与被申请人中华人民共和国国家工商行政管理总局商标评审委员会（以下简称商标评审委员会）、家园有限公司（以下简称家园公司）商标争议行政纠纷案中，2001年8月，雷博公司的两个实际创始人爱德华·雷门和博杨曾就创办新公司进行过磋商。双方就共同创建未来的公司达成了基本一致的意见，只是对未来公司的部分细节问题没有形成明确的一致意见。双方曾谈及公司名称使用“LehmanBrown”，并形成了未来公司主要面向中国大陆开展会计、咨询等业务，以及要将公司品牌申请注册为商标的共识。博杨还专门设计了“LehmanBrown”标志样式及含有该标志的信头纸。2001年11月7日，爱德华·雷门提出第3013120号“LehmanBrown”商标（以下简称争议商标）的注册申请，申请注册的商品类别为第35类：税务咨询、会计、审计等服务。经双方交涉，爱德华·雷门于2001年11月16日出具承诺函，认可其以自己名义申请了争议商标，并不可撤回地同意，一旦上述商标获得注册，会将该商标转让给新公司。后爱德华·雷门单方将争议商标转让给家园公司。雷博公司以争议商标申请违反商标法第十五条规定为由，向商标评审委员会提出撤销注册申请。商标评审委员会于2010年3月1日作出商评字［2010］第04597号《关于第3013120号“LehmanBrown”商标争议裁定》（以下简称第4597号裁定），维持争议商标的注册。雷博公司不服，提起行政诉讼。北京市第一中级人民法院一审认为，雷博公司提交的证据不能证明在本案争议商标注册申请日之前，该公司已经实际商业使用了与争议商标相同或近似的标志，且使用范围与争议商标核定使用服务相同或者类似。据此判决维持第4597号裁定。雷博公司不服，提出上诉。北京市高级人民法院二审认为，雷博公司不能证明对争议商标享有任何在先权利，遂判决驳回上诉、维持原判。雷博公司不服，向最高人民法院申请再审。最高人民法院裁定提审本案，并于2014年9月16日判决撤销一审、二审判决，责令商标评审委员会重新作出裁定。

【裁判意见】

最高人民法院提审认为：适用商标法第十五条关于代理人或者代表人以自己的名义注册被代理人或者被代表人商标的规定，需要具备如下条件：商标申请人与异议人之间构成代表或者代理关系；争议商标系被代理人或者被代表人的商标；争议商标核定使用的商品或者服务与被代理人或者被代表人提供的商品或者服务类似；代表人或者代理人违反诚信原则，未经授权擅自以自己名义将争议商标进行注册。代理或者代表关系是一种具有信赖性的特殊法律关系。基于这种特殊的法律关系，代理人或者代表人对于被代理人或者被代表人负有特殊的忠诚和勤勉义务，必须恪尽职守，秉承最大限度有利于被代理人或者被代表人的利益之原则行事。商标法第十五条系针对代理或者代表关系这种特殊法律关系，基于诚实信用原则而设立的对被代理人或者被代表人的商标予以特殊保护制度，并不一概要求该商标已经在先使用。只要特定商标应归于被代理人或者被代表人，代理人或者代表人即应善尽忠诚和勤勉义务，不得擅自以自己名义进行注册。被代理人或者被代表人是否已经将该商标投入商业使用，并非商标法第十五条的适用条件。作为正在创建中的雷博公司的代表人，爱德华·雷门对雷博公司负有善尽忠诚和勤勉义务，应该最大限度地维护雷博公司的利益。爱德华·雷门在其与博杨就筹建中的雷博公司的名称、商号以及将公司品牌申请商标等事宜已经达成一致，雷博公司将使用“LehmanBrown”作为名称和商号的情况下，依然将争议商标以个人名义进行注册，违反了代表人的忠诚和勤勉义务，损害了正在筹建中的雷博公司的利益。爱德华·雷门在此过程中还一直存在隐瞒事实的行为，且争议商标的转让进一步增大了危及雷博公司利益的可能性。争议商标属于商标法第十五条规定的不予注册的情形。一审、二审法院关于商标法第十五条的适用应以被代理人或者被代表人在先使用与争议商标相同或近似的标志为条件的认定，适用法律错误。

25. **中文商标与英文商标之间的近似性判断需要考虑的因素**

【裁判要旨】

确定中文商标与英文商标之间的近似性，需要考虑相关公众对英文商标的认知水平和能力、中文商标与英文商标含义上的关联性或者对应性、引证商标自身的知名度和显著性、争议商标实际使用情况等因素。

【关键词】

商标争议　商标近似　知名度　显著性

【案号】

最高人民法院（2014）知行字第49号

【基本案情】

在再审申请人高文新与被申请人戴比尔斯百年有限公司（以下简称戴比尔斯公司）、中华人民共和国国家工商行政管理总局商标评审委员会（以下简称商标评审委员会）商标争议行政纠纷案中，高文新于 2005 年 2 月 4 日提出第 4497942 号“永恒印记”商标（以下简称争议商标）的注册申请，2008 年 4 月 14 日获准注册，核定使用在第 14 类未加工或半加工贵重金属、宝石（珠宝）等商品上。戴比尔斯公司名下拥有国际注册第 745654 号“FOREVERMARK”商标（以下简称引证商标一）、第 2018506 号“FOREVERMARK 及图”商标（以下简称引证商标二）。其中，引证商标一于 2000 年向中国提出领土延伸保护申请，后被核定使用于第 14 类宝石等商品上。引证商标二于 2004 年获准核定使用在第 14 类未加工或半加工贵重金属等商品上。2011 年 6 月 22 日，戴比尔斯公司针对争议商标向商标评审委员会提出撤销申请。2012 年 12 月 10 日，商标评审委员会作出商评字［2012］第 49687 号《关于第 4497942 号“永恒印记”商标争议裁定书》（以下简称第 49687 号裁定），裁定对争议商标予以维持。戴比尔斯公司不服，提起行政诉讼。北京市第一中级人民法院一审认为，“FOREVER”及“MARK”均为常见的英文单词，相关公众很容易将“FOREVERMARK”认读为“永恒印记”，争议商标与引证商标一、二分别构成使用在相同或类似商品上的近似商标。遂判决撤销第 49687 号裁定，责令商标评审委员会重新作出裁定。高文新不服，提出上诉。北京市高级人民法院二审判决驳回上诉、维持原判。高文新仍不服，向最高人民法院申请再审。最高人民法院于 2014 年 11 月 28 日裁定驳回了高文新的再审申请。

【裁判意见】

最高人民法院审查认为：判断争议商标与引证商标是否构成近似，关键在于判断“永恒印记”与“FOREVERMARK”是否构成近似。由于“永恒印记”与“FOREVERMARK”在音、形上不相同也不相近似，因此主要需从含义上确定两者近似与否。确定争议的中文商标与引证的英文商标的近似性，需要考虑如下因素：相关公众对英文商标的认知水平和能力、中文商标与英文商标含义上的关联性或者对应性、引证商标自身的知名度和显著性、争议商标实际使用情况等。第一，相关公众对英文商标的认知水平和能力。需要考虑我国相关公众对英文文字的认知水平和引证的英文商标词汇自身的常用程度。我国境内相关公众对于常用英文词汇具有一定的认知能力和水平。同时，“FOREVER”和“MARK”均为使用频度较高的常用英文单词。在我国境内相关公众对于引证商标的中文含义具有相当的理解力的情况下，容易将引证商标相对应的中文含义与引证商标联系起来。第二，引证的英文商标与争议的中文商标含义上的关联性或者对应性程度。这种对应性和关联性可以从英译中和中译英两个角度进行考量。“FOREVER”具有“永远、永恒、永久、常常、始终”等含义，“MARK”具有“标志、分数、痕迹、记号”等含义，且“MARK”在注册的中英文组合商标中常被译为“印记”，“FOREVERMARK”可译为“永恒印记”。同时，“永恒印记”翻译成英文，也可译为“FOREVERMARK”。由此可见，“永恒印记”与“FOREVERMARK”含义上确实存在呼应关系，相关公众容易将二者对应起来。当争议商标和引证商标共同使用在相同或类似商品上时，相关公众施以一般注意力，容易误认为其商品来自同一主体或者两者之间存在特定联系。第三，引证商标的知名度。根据当事人提供的证据，戴比尔斯公司在争议商标申请日以前，曾在国内的报纸上采取有奖销售等形式宣传使用引证商标，引证商标具有一定的知名度。第四，争议商标的实际使用情况。高文新提交的证据不足以证明争议商标经过实际使用已经具有较高的市场声誉，更不能证明相关公众已在客观上将争议商标与引证商标区别开来。据此，争议商标与引证商标构成近似商标。

26. **复杂历史因素下对商标法第二十八条**[①]**的适用**

【裁判要旨】

通常情况下，依据商标法第二十八条的规定，被异议商标与引证商标构成使用在相同或者类似商品上的近似商标的，不应予以核准注册。但本案具有复杂的历史因素，当一方当事人主张被异议商标系对其在先字号及在先注册商标的延续时，判断其应否被核准注册，除依据商标法的规定外，亦应对历史、现实以及业已形成的市场秩序给予充分的尊重，在尽可能地划清有关商业标识之间界限的基础上，公平合理地作出裁判。

【关键词】

商标异议　商标近似　历史因素　市场秩序

【案号】

最高人民法院（2014）知行字第85号

【基本案情】

在再审申请人苏州稻香村食品工业有限公司（以下简称苏州稻香村公司）与被申请人国家工商行政管理总局商标评审委员会（以下简称商标评审委员会）、一审第三人北京稻香村食品有限责任公司（以下简称北京稻香村公司）商标异议复审行政纠纷案中，苏州稻香村食品厂成立于1980年12月，曾获得“中华老字号”称号。2004年3月，苏州稻香村食品厂、河北保定稻香村

① 对应2013年8月新修订《商标法》第三十条。

新亚食品有限公司、北京新亚趣香食品有限公司共同设立苏州稻香村公司。保定市稻香村食品厂先后于 1982 年 4 月 2 日、1988 年 5 月 24 日申请了分别核定使用于第 30 类“饼干”和“果子面包、糕点”商品上的“稻香村 DXC 及图”商标。上述商标曾被评为 1995 年河北省著名商标。2004 年 11 月 14 日，两商标经核准转让给苏州稻香村公司。2006 年 7 月 18 日，苏州稻香村公司提出第 5485873 号“稻香村及图”商标（以下简称被异议商标）的注册申请，指定使用商品为第 30 类的“面包、糕点”等食品。国家工商行政管理总局商标局（以下简称商标局）对被异议商标予以初步审定公告。北京稻香村公司的前身为北京东城区稻香村南味食品店，后于 1984 年变更为北京市稻香村南味食品店，1994 年组建为北京稻香村食品集团，2005 年 10 月改制后成立北京稻香村公司。第 1011610 号“稻香村”商标（以下简称引证商标一）由北京稻香村食品集团提出注册申请，并于 1997 年 5 月 21 日获准注册，核定使用商品为第 30 类的年糕、粽子等商品。2006 年 7 月 31 日，引证商标一的注册人名义变更为北京稻香村公司。北京稻香村公司的“稻香村”商标多次荣获北京市著名商标称号。2009 年 7 月 2 日，北京稻香村公司在法定期限内对被异议商标提出异议申请。商标局裁定异议理由不成立，被异议商标予以核准注册。北京稻香村公司不服，向商标评审委员会申请复审。2013 年 4 月 2 日，商标评审委员会作出商评字（2013）第 9277 号《关于第 5485873 号“稻香村及图”商标异议复审裁定书》（以下简称第 9277 号裁定），对被异议商标不予核准注册。苏州稻香村公司不服第 9277 号裁定，提起行政诉讼。北京市第一中级人民法院、北京市高级人民法院一审、二审均判决维持第 9277 号裁定。苏州稻香村公司仍不服，向最高人民法院申请再审。最高人民法院于 2014 年 12 月 19 日裁定驳回苏州稻香村公司的再审申请。

【裁判意见】

最高人民法院审查认为：被异议商标与引证商标一构成使用在相同或者类似商品上的近似商标。通常情况下，依据商标法第二十八条的规定，被异议商标不应核准注册。但对因历史原因形成不同市场主体各自拥有相同字号或相同类似商品上的相同、近似商标，当其中一方主体以对在先字号及在先注册商标具有历史延续关系为由，提出新的商标注册申请时，对该商标是否应予核准注册的审查，除应当依据商标法的规定外，亦应尊重历史和现状，以及业已形成的市场秩序，全面、审慎、客观地考量各种因素，以尽可能地划清商业标识之间的界限为指针，公平合理地作出裁判。“稻香村”字号已经由苏州稻香村公司、北京稻香村公司及其关联企业分别使用多年，且两公司均拥有第 30 类商品上的在先商标权利。在此情形下，被异议商标的申请注册是否具有合理性，还应当考量两公司的发展历史、在先注册商标和引证商标一的实际使用状况、知名度，以及被异议商标与在先注册商标和引证商标一本身的近似程度等因素。综合上述因素，对被异议商标不予核准注册的结论并无不妥。特别是考虑到如果核准被异议商标的注册，一方面会破坏业已稳定的市场共存格局，导致“稻香村”标识之间的混淆或误认，从而损害消费者的利益；另一方面也不利于苏州稻香村公司和北京稻香村公司划清彼此商业标识之间的界限，不利于各自企业的发展壮大以及稻香村品牌知名度的进一步提升。在市场经济条件下，苏州稻香村公司和北京稻香村公司只有诚信经营，相互尊重，才能增强和提升各自企业的核心竞争力，焕发稻香村老字号的生命和活力，才能得到广大消费者的认同和赞誉，使“稻香村”老字号基业长青。而任何投机取巧，希望通过不诚信经营而获取他人商誉的行为都是短视的商业行为，不为法律所支持和保护，最终也会损害“稻香村”老字号的利益。

27. **商标法第三十一条[①]规定中在先权利“利害关系人”的界定**

【裁判要旨】

现行法律法规并未对“利害关系人”的范围作出明确界定，虽然利害关系人多以被许可使用人、合法继承人的形式体现，但其他有证据证明与案件具有利害关系的主体，亦可依据商标法第三十一条的规定，以利害关系人的身份对争议商标提出撤销申请。

【关键词】

商标争议　在先权利　商号权　利害关系

【案号】

最高人民法院（2014）行提字第2号

【基本案情】

在再审申请人采埃孚转向系统有限公司（以下简称采埃孚公司）与被申请人中华人民共和国国家工商行政管理总局商标评审委员会（以下简称商标评审委员会）、第三人台州汇昌机电有限公司（以下简称汇昌机电公司）商标争议行政纠纷案中，汇昌机电公司于2002年1月4日向中华人民共和国国家工商行政管理总局商标局申请注册第3060409号“采埃孚”商标（即争议商标）。2003年7月28日，争议商标被核准注册在第7类液压泵、液压阀等商品上。2004年9月10日，采埃孚公司以争议商标违反商标法第三十一条等规定为由，向商标评审委员会提出撤销申请。2010年7月26日，商标评审委员会作出商评字［2010］第17687号《关于第3060409号“采埃孚”商标争议裁定书》（以下简称第17687号裁定），对争议商标的注册予以维持。采埃孚

① 对应2013年8月新修订《商标法》第三十二条。

公司不服，提起行政诉讼。北京市第一中级人民法院一审判决维持第 17687 号裁定。采埃孚公司不服，向北京市高级人民法院提起上诉。北京市高级人民法院二审认为，商标法第四十一条第二款[①]所规定的“利害关系人”应当主要包括相关权利的被许可使用人、合法继承人。采埃孚公司主张争议商标的注册侵犯了其在先商号权，但其提交的使用和宣传证据中均未显示该公司名称，也不能证明其与证据中显示的上海采埃孚转向机有限公司（以下简称上海采埃孚公司）、柳州采埃孚机械有限公司（以下简称柳州采埃孚公司）等单位存在商标权或商号权上的利害关系。且采埃孚公司亦无证据证明在争议商标申请日前，采埃孚公司或其商号权的利害关系人在争议商标核定使用的商品或类似商品上在先将“采埃孚”作为商号在中国大陆地区使用并具有一定的知名度，争议商标未构成商标法第三十一条规定的情形。遂判决驳回上诉、维持原判。采埃孚公司不服，向最高人民法院申请再审。最高人民法院裁定提审本案，并于 2014 年 7 月 17 日判决撤销第 17687 号裁定及一审、二审判决，责令商标评审委员会重新作出裁定。

【裁判意见】

最高人民法院提审认为：采埃孚公司明确主张以上海采埃孚公司、柳州采埃孚公司等国内企业对“采埃孚”字号的使用证据，作为“采埃孚”系在先商号权予以保护的证明。采埃孚公司为上海采埃孚公司、柳州采埃孚公司的发起人，且依超过 50%的投资比例对上海采埃孚公司形成控股。上海采埃孚公司、柳州采埃孚公司等使用“采埃孚”字号的国内企业，均由采埃孚公司参与投资设立，上述企业对“采埃孚”字号的使用显然是基于投资关系而获得的采埃孚公司的授权或许可。采埃孚公司应有权根据上海采埃孚公司等企业对“采埃孚”字号的使用行为，提出将“采埃孚”作为在先商号权进行保护的周津上的利益。二审法院关于现有证据不能证明采埃孚公司与上海采埃孚公司等存在商标权或商号权上的利害关系的认定缺乏事实依据。至争议商标申请日即 2002 年 1 月 4 日，通过上海采埃孚公司等企业的使用，“采埃孚”已经成为在中国大陆境内具有一定市场知名度的商号，应当作为商标法第三十一条所称的“在先权利”予以保护。作为同业经营者的汇昌机电公司，应当知道采埃孚公司及上海采埃孚公司在先使用的“采埃孚”商号已经在转向机等汽车零配件等商品上具有一定知名度，却将与该商号完全相同的“采埃孚”文字作为商标注册在与上海采埃孚公司的实际经营范围联系紧密的液

---

① 对应 2013 年 8 月新修订《商标法》第四十四条第二款，规定：“商标局做出宣告注册商标无效的决定，应当书面通知当事人。当事人对商标局的决定不服的，可以自收到通知之日起十五日内向商标评审委员会申请复审。商标评审委员会应当自收到申请之日起九个月内做出决定，并书面通知当事人。有特殊情况需要延长的，经国务院工商行政管理部门批准，可以延长三个月。当事人对商标评审委员会的决定不服的，可以自收到通知之日起三十日内向人民法院起诉。”

压泵、液压阀等商品上，损害了采埃孚公司及其关联公司对“采埃孚”字号享有的在先商号权，违反了商标法第三十一条的规定。

28. **商标法第三十一条规定中“在先权利”的界定**

【裁判要旨】

申请商标不得损害他人现有的在先权利。在中国境内具有一定市场知名度、为相关公众所知悉的企业名称中的字号，亦可以作为企业名称权的一种特殊情况对待，作为商标法第三十一条所规定的在先权利受到保护。

【关键词】

商标异议　在先权利　字号　企业名称权

【案号】

最高人民法院（2014）行提字第9号

【基本案情】

在再审申请人帕克无形资产有限责任公司（以下简称帕克公司）与被申请人中华人民共和国国家工商行政管理总局商标评审委员会（以下简称商标评审委员会）、第三人戴均欢商标异议复审行政纠纷案中，戴均欢于2004年9月8日向中华人民共和国国家工商行政管理总局商标局（以下简称商标局）申请注册第4259661号“派克汉尼汾 PARKERHANNIFIN”商标（即被异议商标），指定使用在第17类的密封环、PVC软管等商品上。经初步审定公告后，帕克公司向商标局提出异议申请。商标局裁定被异议商标予以核准注册。帕克公司不服，向商标评审委员会提出复审申请。商标评审委员会于2011年12月1日作出商评字［2011］第31393号《关于第4259661号“派克汉尼汾 PARKERHANNIFIN”商标异议复审裁定书》（以下简称第31393号裁定），对被异议商标予以核准注册。帕克公司不服，提起行政诉讼。北京市第一中级人民法院、北京市高级人民法院先后作出一审、二审判决，维持第31393号裁定。帕克公司仍不服，向最高人民法院申请再审。最高人民法院裁定提审本案，并于2014年8月13日判决撤销第31393号裁定及一审、二审判决，责令商标评审委员会重新作出裁定。

【裁判意见】

最高人民法院提审认为：中国境内具有一定市场知名度、为相关公众所知悉的企业名称中的字号，可以作为企业名称权的一种特殊情况对待，作为商标法第三十一条所规定的“在先权利”受到保护。本案中，“Parker Hannifin”是两个名称的组合，其中Parker是派克公司的创始人的名字，Hannifin是其合并公司的名称，这种因为公司并购后以两家公司名称组合的字号有其特别的历史背景，作为商业标记具有较强的显著性。“派克汉尼汾”是其惯用音译，通过派克汉尼汾公司及其关联公司的使用及相关宣传报道，已成为

“Parker Hannifin”对应音译。“PARKER HANNIFIN”、“派克汉尼汾”作为派克汉尼汾公司及其子公司或关联公司的字号，在被异议商标申请日之前在中国已经使用多年，且在相关新闻报道及报刊杂志文章中，亦清晰地显示了派克汉尼汾公司及其关联公司的企业名称及其相关排名、销售额及市场情况。在被异议商标申请日之前，通过派克汉尼汾公司及其关联公司的使用，“派克汉尼汾”已经成为在中国大陆地区具有一定市场知名度的字号，可以作为商标法第三十一条所称的“在先权利”予以保护。现有证据证明，派克汉尼汾公司及其关联公司所生产经营的商品包括各种流体连接件、橡胶等60个大类的产品。被异议商标指定使用商品中的密封环、PVC软管等商品，与派克汉尼汾公司及其关联公司在中国生产和经营的部分产品明显具有类似性或较强的关联性。本案中，被异议商标与派克汉尼汾公司及其关联公司的中英文字号完全相同，并指定使用在类似商品上。戴均欢作为产品具有密切关系的同业经营者，应当知道派克汉尼汾字号的知名度，却仍将与该中英文字号完全相同的文字申请注册为商标，难以认定巧合，具有明显攀附派克汉尼汾公司及其关联公司字号商誉的恶意，侵犯了该公司的在先字号权，争议商标不应予以核准注册。

29. **包含通用名称的商标显著性的认定**

【裁判要旨】

商标中虽然包含通用名称等不具有显著性的部分，但其他具有显著性的图案或者文字具有突出的识别效果，仍可认定商标整体具备显著性。

【关键词】

商标争议　通用名称　显著性　识别效果

【案号】

最高人民法院（2013）行提字第8号

【基本案情】

在再审申请人上海避风塘美食有限公司（以下简称上海避风塘公司）与被申请人中华人民共和国国家工商行政管理总局商标评审委员会（以下简称商标评审委员会）及一审第三人、二审被上诉人上海磐石意舟餐饮管理有限公司（以下简称磐石意舟公司）商标争议行政纠纷案中，第1427895号“竹家庄避风塘及图”商标（即争议商标）由上海竹家庄美食有限公司（以下简称竹家庄公司）于1999年4月28日提出注册申请，使用于第42类“餐馆；酒吧”等服务上。2010年12月27日，争议商标转让至磐石意舟公司。第1055861号“避风塘BFT”商标（以下简称“避风塘BIT”商标）由成都市武侯区避风塘海鲜大排档于1996年1月29日提出注册申请，指定使用在第42类“餐馆”等服务上。1999年8月1日，竹家庄公司针对“避风塘BFT”商标向商标评审委员会提出撤销申请。2000年2月，商标评审委员会于2000年2月作出［2000］第11号终局裁定，以“避风塘”为一种风味料理名称、不应由一家独占为由，撤销“避风塘BFT”商标。2003年11月11日，上海避风塘公司针对争议商标向商标评审委员会提出撤销申请。2008年12月29日，商标评审委员会作出商评字［2008］第30896号《关于第1427895号“竹家庄避风塘及图”商标争议裁定书》（以下简称第30896号裁定），对争议商标予以维持。商标评审委员会认为，争议商标除“避风塘”文字外还包括具有显著特征的图形部分，不能认定其整体缺乏显著特征；由于争议商标的注册情况属于公开信息，竹家庄公司申请撤销他人“避风塘BIT”商标的行为，不属于以欺骗手段取得注册的情形，争议商标未违反商标法第四十一条第一款[①]的规定。上海避风塘公司不服，提起行政诉讼。北京市第一中级人民法院、北京市高级人民法院先后判决维持第30896号裁定。上海避风塘公司仍不服，向最高人民法院申请再审，最高人民法院裁定提审本案，并于2015年1月8日判决维持二审判决。

【裁判意见】

最高人民法院提审认为：“避风塘”一名源于香港，最初是指香港渔民躲避台风的港湾。后渔民在港湾附近打捞鱼虾并以简单的烹饪方法（油盐水、艇仔粥）进行加工并销售给游客，这种料理因保留了鱼虾等食材的原味和鲜美而广受欢迎，“避风塘”一词遂由地理名词逐渐发展成为一种特别的风味料理或者烹饪方法的通用名称。从上世纪七十年代起，香港已有多家经营避风塘料理的餐饮店。上世纪八十年代，我国大陆地区开始出现经营避风塘料理的餐馆。目前，全国范围内经营避风塘菜品的店铺已有一百多家。这些店铺的菜单以及有关烹饪的书籍，均载有“避风塘炒蟹”“避风塘炒虾”“避风塘茄子”等菜肴名称。因此，“避风塘”一词除具有渔民躲避台风的港湾这一涵义外，还具有指称一种特别的风味料理或者菜肴烹饪方法的涵义。但由于争议商标由竹子图案与“竹家庄避风塘”文字组成，不仅仅是“避风塘”文字，故争议商标具有显著性。

三、著作权案件审判

30. 图片作品著作权权属的证明

【裁判要旨】

专业图片公司在官方网站上登载图片并销售的行为，虽然不同于传统意

---

① 对应2013年8月新修订《商标法》第四十四条第一款，规定：“已经注册的商标，违反本法第十条、第十一条、第十二条规定的，或者是以欺骗手段或者其他不正当手段取得注册的，由商标局宣告该注册商标无效；其他单位或者个人可以请求商标评审委员会宣告该注册商标无效。”

义上的“发表”，但同样是“公之于众”的一种方式。网站中对作品的“署名”，包括权利声明和水印，在没有相反证据的情况下，构成著作权权利归属的初步证明。

【关键词】

著作权侵权 图片作品 署名 权属证明

【案号】

最高人民法院（2014）民提字第57号

【基本案情】

在再审申请人华盖创意（北京）图像技术有限公司（以下简称华盖公司）与被申请人哈尔滨正林软件开发有限责任公司（以下简称正林公司）侵害著作权纠纷案中，2008年6月9日，Getty Images. Inc，（以下简称Getty公司）的高级副总裁、总顾问John J. LaphamⅢ签署了确认授权书，确认Getty公司的图片展示于www. gettyimages. com网站之上，华盖公司为Getty公司在中国的授权代表，有权在中国境内展示、销售和许可他人使用Getty公司的品牌图片，并有权以自己的名义对侵犯Getty公司知识产权的行为采取法律行动。授权书加盖了Getty公司的印章，所涉图片品牌包括Photodisc。其后，公证机关出具公证书证实，www. gettyimages. cn网站上有名为“Shipping”的图片，图片编号AA030502，同时附有Getty公司的权利声明。域名gettyimages. cn的注册人为华盖公司。正林公司在其企业宣传品中使用了与AA030502的图片内容一致的图片。华盖公司以正林公司侵害著作权为由，提起诉讼。黑龙江省哈尔滨市中级人民法院一审认为，正林公司的行为构成侵权，遂判决其停止侵权行为并赔偿华盖公司经济损失3000元。正林公司不服，提起上诉。黑龙江省高级人民法院二审认为，现有证据不足以证明Getty公司是被诉侵权图片的著作权人。遂判决撤销一审判决，驳回华盖公司的诉讼请求。华盖公司不服，向最高人民法院申请再审。最高人民法院裁定提审本案，并于2014年10月21日撤销一审、二审判决，判令正林公司停止侵权行为并赔偿华盖公司经济损失及合理费用共计4000元。

【裁判意见】

最高人民法院提审认为：著作权具有作品创作完成即自动产生的特性，缺乏类似专利权、商标权授予的审查和公示程序，无法通过提交权利证书的方式来主张权利。著作权登记证书仅是权利人自愿取得的著作权权属的初步证明，是否登记并不影响著作权的获取。除非有相反证据，作品中的署名一般可以作为确定著作权权利归属的初步证据。对初步证据的举证要求，要结合作品及具体案情予以合理确定。Getty公司、华盖公司在其官方网站中登载并销售图片的行为，虽然不同于传统意义上的公开发表，但同样是“公之于众”的一种方式。网站上的“署名”，包括权利声明和图片中“gettyimages”水印，在没有相反证据的情况下，可以作为著作权权属的证明。如果对初步证据要求过高，如要求每一张图片都取得摄影师的授权证明，或者都进行著作权登记，将为权利人带来巨大的负担。且如相关费用属于合理开支，最终仍要由侵权人承担。华盖公司以确认授权书、网站权利声明以及图片上的水印共同主张权利，已经完成了著作权权属证明的初步举证责任。

31. 根据同一历史题材创作作品中的必要场景和有限表达方式不受著作权法保护

【裁判要旨】

著作权法所保护的是作品中具有独创性的表达，即思想或情感的表现形式，不包括思想或情感本身。创意、素材、公有领域的信息、创作形式、必要场景、有限或唯一的表达方式，均不受著作权法的保护。

【关键词】

著作权侵权　独创性　表现形式　公有领域

【案号】

最高人民法院（2013）民申字第1049号

【基本案情】

在再审申请人张晓燕与被申请人雷献和、赵琪、一审被告山东爱书人音像图书有限公司侵害著作权纠纷案中，张晓燕于1999年12月3日取得小说《雪域河源》电视剧制作及改编权，并于2000年1月创作完成二十集电视连续剧《高原骑兵连》（以下简称《张剧》）剧本。2000年8月17日，张晓燕代表山东省国际友好联络会与雷献和代表的兰州军区政治部电视艺术中心签订合作拍摄电视剧协议。《张剧》的著作权及相关权益归张晓燕个人所有。2004年5月期间，《张剧》在中央电视台第八套节目播出。《解放军文艺》于1996年第12期发表了赵琪的小说《骑马挎枪走天涯》。2001年4月，解放军文艺出版社出版了师永刚的小说《天苍茫》。2003年4月24日，雷献和代表的兰州军区政治部电视艺术中心与师永刚签订合同，取得了长篇小说《天苍茫》的电视剧改编权。2003年7月21日，雷献和代表的兰州军区政治部电视艺术中心与赵琪签订关于修改电视剧《最后的骑兵》（以下简称《雷剧》）剧本的协议书，邀请赵琪修改由雷献和根据师永刚长篇小说《天苍茫》改编的电视剧本《雷剧》。2004年5月期间，《雷剧》在中央电视台第一套节目播出。张晓燕于2010年以《雷剧》侵害了《张剧》剧本及电视剧著作权为由提起诉讼。经鉴定，《雷剧》与《张剧》主要人物设置及关系部分相似；主要线索脉络相似；情节部分相同或者近似，但除一处语言表达基本相同之外，情节的具体表达基本不同。山东省济南市中级人民法院一审判决驳回张晓燕的诉讼请求。张晓燕不服，提起上诉。山东省高级人民法院二审判决驳回上诉、维持原判。张晓燕仍不服，向最高人民法院提出再审申请。最高人民法院于 2014 年 11 月 28 日裁定驳回张晓燕的再审申请。

【裁判意见】

最高人民法院审查认为：著作权法所保护的是作品中作者具有独创性的表达，即思想或情感的表现形式，不包括作品中所反映的思想或情感本身。著作权法保护的表达不仅指文字、色彩、线条等符号的最终形式，当作品的内容被用于体现作者的思想、情感时，内容也属于受著作权法保护的表达，但创意、素材或公有领域的信息、创作形式、必要场景或表达唯一或有限则被排除在著作权法的保护范围之外。在判断《雷剧》与《张剧》是否构成实质相似时，应比较两部作品中对于思想和情感的表达，即两部作品表达中作者的取舍、选择、安排、设计是否相同或相似。从题材主线来看，《张剧》、《雷剧》、《骑马挎枪走天涯》、《天苍茫》，均系以二十世纪八十年代中期精简整编中骑兵部队撤（缩）编为历史背景而创作的军旅题材作品，该题材主线是全社会的共同财富，不能为个别人所垄断，四部作品的作者都有权以自己的方式对此类题材加以利用并创作作品。从人物设置与人物关系来看，《张剧》、《雷剧》、《天苍茫》三部作品中均包含的三角恋爱关系、官兵上下关系、军民关系等人物设置和人物关系，属于军旅题材作品不可避免的必要场景，因表达方式有限，不应受到著作权法的保护。从语言表达和故事情节来看《雷剧》与《张剧》除故事情节完全不同的部分外，其相同、相似的部分多属于公有领域素材或缺乏独创性的素材，情节所展开的具体内容和表达的意义并不相同，不会导致读者和观众对两部作品产生相同、相似的欣赏体验，不能得出两部作品实质相似的结论。《雷剧》与《张剧》属于由不同作者就同一题材创作的作品，两剧都有独创性，各自享有独立的著作权。

32. **对雕塑作品进行合理使用过程中署名义务的确定**

【裁判要旨】

对设置在室外公共场所的雕塑作品进行临摹、摄影等，无需征得许可和支付报酬，但应指明作者姓名和作品名称。社会公众应指明的作者姓名取决于雕塑本身的署名情况。如果该雕塑作品并未注明系依据他人绘画作品而创作，进行合理使用的社会公众没有义务去追溯原始绘画作品的作者并为其署名。但本案中的管理者并非一般的社会公众，在负有更高注意义务的情况下，应为原作者署名。

【关键词】

著作权侵权　雕塑作品　合理使用　署名

【案号】

最高人民法院（2013）民提字第15号

【基本案情】

在申诉人绍兴市水利局与被申诉人王巨贤，一审被告、二审被上诉人绍兴神采印刷有限公司（以下简称神采公司）侵害著作权纠纷案中，王巨贤于2005年5月将其创作的《康乾驻跸图》等十一幅绘画作品交付浙江东方现代文化艺术有限公司（以下简称东方公司），参与绍兴市龙横江整治鹿湖园（以下简称鹿湖园）雕塑工程竞标。中标后，东方公司经王巨贤授权并根据其画稿，组织钱士元等人创作完成《康乾驻跸碑》等十一幅雕塑作品，并放置于鹿湖园景区内。王巨贤以东方公司侵害其署名权为由，提起诉讼。经查，《康乾驻跸碑》当时的碑记记载：东方公司设计制作，潘鸿海主创，王巨贤绘画，钱士元雕刻。浙江省绍兴市中级人民法院判决认为，王巨贤系涉案十一幅雕塑作品的绘画作者，东方公司应对王巨贤提出署名主张的《勾践围鹿》、《越人驯鹿》雕塑作品署名为绘画王巨贤，将《康乾驻跸碑》雕塑第二段说明文字改为“碑由东方公司设计制作，王巨贤绘画，钱士元雕刻”。该判决生效后，一审法院依法采取强制执行的方式，在上述雕塑作品上署名绘画王巨贤。2009年1月，绍兴市水利局委托上海世纪出版股份有限公司（即学林出版社）出版《绍兴龙横江·鹿湖园》旅游图册，学林出版社委托神采公司印刷、新华书店上海发行所发行。图册中使用了《康乾驻跸碑》等十一幅雕塑作品的摄影图片。王巨贤以绍兴市水利局在图册中未就雕塑作品为王巨贤署名为由，提起诉讼。浙江省绍兴市中级人民法院一审认为，绍兴市水利局在涉案图册中使用了由王巨贤美术作品演绎而来的雕塑作品，但雕塑作品系他人创作，所应标明的权利人并非王巨贤本人，王巨贤所诉侵犯其署名权的主张没有事实与法律依据。一审法院遂判决驳回王巨贤的诉讼请求。王巨贤不服，提起上诉。浙江省高级人民法院二审认为，王巨贤作为原绘画作品的作者，署名权亦应延及演绎作品，绍兴市水利局应在图册中指明王巨贤的作者身份。二审法院遂判决撤销一审判决，判令绍兴市水利局在媒体上刊登声明指明王巨贤的作者身份。绍兴市水利局不服，向最高人民法院申请再审。最高人民法院于2011年12月12日指令浙江省高级人民法院再审本案。浙江省高级人民法院再审维持二审判决。绍兴市水利局仍不服，再次向最高人民法院申诉。最高人民法院裁定提审本案，并于2014年12月24日判决维持浙江省高级人民法院的再审判决。

【裁判意见】

最高人民法院提审认为：绍兴市水利局将十一幅雕塑作品的摄影图片汇编于涉案图册中属于合理使用行为，但仍应当根据著作权法第二十二条第

（十）项的规定指明作者姓名、作品名称。社会公众在对室外雕塑作品进行合理使用的过程中，应如何指明作者姓名取决于雕塑本身的署名情况。如果雕塑作品本身并未注明系依据他人绘画作品而创作，以临摹、摄影等方式使用的社会公众没有义务去追溯该雕塑作品是否为演绎作品、是否还存在原始绘画作者，并为该作者署名，否则将影响社会公众正常的合理使用行为。但结合本案事实，即《康乾驻跸碑》碑记中有王巨贤的署名，且考虑到绍兴市水利局的特殊地位，即其并非任意的社会公众，应当知道王巨贤为涉案雕塑的原绘画作者，有义务为王巨贤署名。

33. **著作权合同的解释规则**

【裁判要旨】

当事人对合同条款的理解有争议的，应当按照合同所使用的词句、合同有关条款、合同目的、交易习惯以及诚实信用原则，确定该条款的真实意思。在有关概念含义不明的情况下，当事人签订合同时应当更为谨慎并对合同中的权利义务作出明确约定，否则应当承担相应的法律后果。

【关键词】

信息网络传播权　著作权合同　条款　解释

【案号】

最高人民法院（2014）民申字第658号

【基本案情】

在再审申请人百视通网络电视技术发展有限责任公司（以下简称百视通公司）与被申请人乐视网信息技术（北京）股份有限公司（以下简称乐视网公司）及一审被告康佳集团股份有限公司（以下简称康佳公司）、国美电器有限公司（以下简称国美公司）侵害作品信息网络传播权纠纷案中，乐视网公司对电影《敢死队》享有独占的信息网络传播权。2010年12月31日，百视通公司与乐视网公司签订《节目授权播出协议》约定，乐视网公司将影片《敢死队》授权百视通公司运营的IPTV平台通过网络对机顶盒、电脑等终端客户提供视频点播、直播（包括VOD、IPTV等）方式进行传播的权利，不包括数字电视、互联网机顶盒和互联网电视机。乐视网公司发现，其从国美公司购买并由康佳公司生产的互联网电视中，可通过连接互联网在线观看影片《敢死队》。康佳公司证实，上述影片由百视通公司提供。乐视网公司以国美公司销售、康佳公司生产的互联网电视可在线观看由百视通公司提供的影片《敢死队》侵害其信息网络传播权为由，提起诉讼。北京市第二中级人民法院一审认为，虽然百视通公司曾与乐视网公司签有《节目授权播出协议》，但该协议的授权范围不包括数字电视、互联网机顶盒和互联网电视机。百视通公司通过互联网电视机对涉案作品的在线播放行为，超出了乐视网公司的授权范围。遂判决百视通公司停止侵权行为并赔偿经济损失及合理支出共 2 万元。百视通公司不服，提起上诉。北京市高级人民法院二审判决驳回上诉、维持原判。百视通公司仍不服，向最高人民法院申请再审。最高人民法院于 2014 年 7 月 17 日裁定驳回百事通公司的再审申请。

【裁判意见】

最高人民法院审查认为：百事通公司与乐视网公司签订的《节目授权播出协议》共三处均约定“授权范围为：通过网络对机顶盒、电脑等终端客户提供视频点播、直播（包括 VOD、IPTV）等方式进行传播的权利，不包括数字电视、不包括互联网机顶盒和互联网电视机”。百事通公司主张小字体部分：“不包括数字电视、不包括互联网机顶盒和互联网电视机”的内容为“衍文”，是笔误。但合同及其附件中三处均有相同约定，百事通公司未能证明三处内容均为笔误，且在该合同履行过程中亦未就该合同条款内容提出异议或者变更、撤销请求，其“笔误”主张不能成立。此外，根据合同条款可知，双方在合同中约定“不包括互联网机顶盒和互联网电视机”，即已经将被诉侵权行为明确排除在授权范围之外，百事通公司通过康佳公司的互联网电视提供涉案影片的行为超出乐视网公司的授权范围，侵犯了乐视网公司的信息网络传播权。由于合同中使用的“IPTV”这一概念目前并无明确、统一的法律定义，故在与合同有关的重要概念含义或范围不明的情况下，当事人在签订合同时应更为谨慎并应就权利范围的具体含义作出明确约定，否则应当承担相应的法律后果。

四、不正当竞争案件审判

34. 互联网市场背景下对反不正当竞争法第二条规定的适用

【裁判要旨】

经营者在市场交易中，应当遵循自愿、平等、公平、诚实信用的原则，遵守公认的商业道德。上述规定同样适用于互联网市场领域。认定行为是否构成不正当竞争，关键在于该行为是否违反了诚实信用原则和互联网行业公认的商业道德，并损害了他人的合法权益。

【关键词】

不正当竞争　互联网市场　诚实信用　公平竞争

【案号】

最高人民法院（2013）民三终字第 5 号

【基本案情】

在上诉人北京奇虎科技有限公司（以下简称奇虎公司）、奇智软件（北京）有限公司（以下简称奇智公司）与被上诉人腾讯科技（深圳）有限公司

(以下简称腾讯公司)、深圳市腾讯计算机系统有限公司（以下简称腾讯计算机公司）不正当竞争纠纷案（以下简称“腾讯QQ”不正当竞争案）中，奇虎公司、奇智公司针对QQ软件专门开发了扣扣保镖，在相关网站上宣传扣扣保镖全面保护QQ用户安全，并提供下载。本案中，在安装了扣扣保镖软件后，该软件会自动对QQ软件进行体检，然后显示“体检得分4分，QQ存在严重的健康问题”；“共检查了40项，其中31项有问题，建议立即修复！重新体检”；“在QQ的运行过程中，会扫描您电脑里的文件（腾讯称之为安全扫描），为避免您的隐私泄露，您可禁止QQ扫描您的文件”等用语。同时，以红色字体警示用户QQ存在严重的健康问题，以绿色字体提供一键修复帮助，同时将“没有安装360安全卫士，电脑处于危险之中；升级QQ安全中心；阻止QQ扫描我的文件”列为危险项目；查杀QQ木马时，显示“如果您不安装360安全卫士，将无法使用木马查杀功能”，并以绿色功能键提供360安全卫士的安装及下载服务；经过一键修复，扣扣保镖将QQ软件的安全沟通界面替换成扣扣保镖界面。2011年6月10日，腾讯公司、腾讯计算机公司以奇虎公司、奇智公司的上述行为构成不正当竞争为由，提起诉讼。广东省高级人民法院一审认为，奇虎公司、奇智公司针对QQ软件专门开发的扣扣保镖破坏了合法运行的QQ软件及其服务的安全性、完整性，使腾讯公司、腾讯计算机公司丧失合法增值业务的交易机会及广告、游戏等收入，扣扣保镖通过篡改QQ的功能界面从而取代QQ软件的部分功能以推销自己的产品，上述行为违反了诚实信用和公平竞争的原则，构成不正当竞争行为。奇虎公司、奇智公司针对腾讯公司、腾讯计算机公司的经营，故意捏造、散布虚伪事实，损害了腾讯公司、腾讯计算机公司的商业信誉和商品声誉，构成商业诋毁。遂判决奇虎公司、奇智公司公开赔礼道歉、消除影响，并连带赔偿腾讯公司、腾讯计算机公司经济损失及合理维权费用共计500万元。奇虎公司、奇智公司不服，提起上诉。最高人民法院于2014年2月18日判决驳回上诉、维持原判。

【裁判意见】

最高人民法院二审认为：在市场竞争中，经营者通常可以根据市场需要和消费者需求自由选择商业模式，这是市场经济的必然要求。腾讯公司、腾讯计算机公司为谋取市场利益，通过开发QQ软件，以该软件为核心搭建一个综合性互联网业务平台，并提供免费的即时通讯服务，吸引相关消费者体验、使用其增值业务，同时亦以该平台为媒介吸引相关广告商投放广告，以此创造商业机会并取得相关广告收入。这种免费平台与广告或增值服务相结合的商业模式是本案争议发生时，互联网行业惯常的经营方式，也符合我国互联网市场发展的阶段性特征。事实上，本案奇虎公司、奇智公司也采用这种商业模式。这种商业模式并不违反反不正当竞争法的原则精神和禁止性规定，腾讯公司、腾讯计算机公司以此谋求商业利益的行为应受保护，他人不得以不正当干扰方式损害其正当权益。奇虎公司、奇智公司专门针对QQ软件开发、经营扣扣保镖，以帮助、诱导等方式破坏QQ软件及其服务的安全性、完整性，减少了腾讯公司、腾讯计算机公司的经济收益和增值服务交易机会，干扰了其正当经营活动，损害了其合法权益。正当的市场竞争是竞争者通过必要的付出而进行的诚实竞争。不付出劳动或者不正当地利用他人已经取得的市场成果，为自己谋取商业机会，从而获取竞争优势的行为，属于食人而肥的不正当竞争行为。奇虎公司、奇智公司在经营扣扣保镖时，将自己的产品和服务嵌入QQ软件界面，取代了腾讯公司、腾讯计算机公司QQ软件的部分功能，其根本目的在于依附QQ软件强大用户群，通过对QQ软件及其服务进行贬损的手段来推销、推广360安全卫士，从而增加奇虎公司、奇智公司的市场交易机会并获取市场竞争优势，此行为本质上属于不正当地利用他人市场成果，为自己谋取商业机会从而获取竞争优势的行为。据此，奇虎公司、奇智公司的上述行为均违反了诚实信用和公平竞争原则，构成不正当竞争。

35. **互联网市场领域中商业诋毁行为的认定**

【裁判要旨】

判定某一行为是否构成商业低毁，其判定标准是该行为是否属于捏造、散布虚伪事实，对竞争对手的商业信誉或者商品声誉造成了损害。正当的市场竞争是竞争者通过必要的付出而进行的诚实竞争。竞争自由和创新自由必须以不侵犯他人合法权益为边界，互联网的健康发展需要有序的市场环境和明确的市场竞争规则作为保障。

【关键词】

不正当竞争　商业诋毁　虚伪事实　损害

【案号】

最高人民法院（2013）民三终字第5号

【裁判意见】

在前述“腾讯QQ”不正当竞争案中，最高人民法院还明确了互联网市场领域中商业诋毁行为的认定规则。最高人民法院二审认为：商业低毁行为是指经营者针对竞争对手的营业活动、商品或者服务进行虚假陈述而损害其商品声誉或者商业信誉的行为。认定是否构成商业低毁，其根本要件是相关经营者之行为是否以误导方式对竞争对手的商业信誉或者商品声誉造成了损害。经营者对于他人的产品、服务或者其他经营活动并非不能评论或者批评，但评论或者批评必须有正当目的，必须客观、真实、公允和中立，不能误导公众和损人商誉。经营者为竞争目的对他人进行商业评论或者批评，尤其要善尽谨慎注意义务。奇虎公司、奇智公司无事实依据地宣称 QQ 软件会对用户电脑硬盘隐私文件强制性查看，并且以自己的标准对 QQ 软件进行评判并宣传 QQ 存在严重的健康问题，造成了用户对 QQ 软件及其服务的恐慌及负面评价，使相关消费者对 QQ 软件的安全性产生怀疑，影响了消费者的判断，并容易导致相关用户弃用 QQ 软件及其服务或者选用扣扣保镖保护其 QQ 软件。这种评论已超出正当商业评价、评论的范畴，突破了法律界限，亦属于反不正当竞争法第十四条予以规范的应有之义。奇虎公司、奇智公司的行为构成商业诋毁。

36. **互联网市场领域技术创新、自由竞争和不正当竞争的界限**

【裁判要旨】

竞争自由和创新自由必须以不侵犯他人合法权益为边界，互联网的健康发展需要有序的市场环境和明确的市场竞争规则作为保障。

【关键词】

不正当竞争　互联网市场　技术创新　自由竞争

【案号】

最高人民法院（2013）民三终字第 5 号

【裁判意见】

在前述“腾讯 QQ”不正当竞争案中，最高人民法院还明确了互联网市场领域技术创新、自由竞争和不正当竞争的关系。最高人民法院二审认为：互联网的发展有赖于自由竞争和科技创新，互联网行业鼓励自由竞争和创新，但这并不等于互联网领域是一个可以为所欲为的法外空间。竞争自由和创新自由必须以不侵犯他人合法权益为边界，互联网的健康发展需要有序的市场环境和明确的市场竞争规则作为保障。是否属于互联网精神鼓励的自由竞争和创新，仍然需要以是否有利于建立平等公平的竞争秩序、是否符合消费者的一般利益和社会公共利益为标准来进行判断，而不是仅有某些技术上的进步即应认为属于自由竞争和创新。否则，任何人均可以技术进步为借口，对他人的技术产品或者服务进行任意干涉，就将导致借技术进步、创新之名，而行“丛林法则”之实。技术创新可以刺激竞争，竞争又可以促进技术创新。技术本身虽然是中立的，但技术也可以成为进行不正当竞争的工具。技术革新应当成为公平自由竞争的工具，而非干涉他人正当商业模式的借口。奇虎公司、奇智公司以技术创新为名，专门开发扣扣保镖对 QQ 软件进行深度干预，难以认定其行为符合互联网自由和创新之精神。

37. 缺乏正当性与合理性而对他人搜索结果实施干扰的行为构成不正当竞争

【裁判要旨】

安全软件在计算机系统中拥有优先权限，其应当审慎运用这种“特权”，对用户及其他服务提供者的干预行为应以“实现其功能所必需”为前提。在缺乏合理性与必要性的情况下，未经许可对他人搜索结果实施的干扰行为，构成不正当竞争。

【关键词】

不正当竞争　干扰　合理性　必要性

【案号】

最高人民法院（2014）民申字第873号

【基本案情】

在再审申请人北京奇虎科技有限公司（以下简称奇虎公司）与被申请人北京百度网讯科技有限公司（以下简称百度网讯公司）、百度在线网络技术（北京）有限公司（以下简称百度在线公司）及一审被告奇智软件（北京）有限公司（以下简称奇智公司）不正当竞争纠纷案中，根据公证文书的内容显示，在安装运行“360安全卫士v8.6Beta3”后，使用关键词搜索的方式访问百度网时，搜索结果处会出现红底白色感叹号图标（在未安装“360安全卫士v8.6Beta3”之前，搜索结果处无任何图标），点击该图标后自动弹出包含有“360安全中心”、“存在欺诈广告的网站”、“当前页面含有大量未经证实的广告信息，虚假广告可能给您造成财产损失，请您谨慎访问”等内容的对话框。点击搜索结果后，页面内容显示“360网盾”、“存在欺诈广告的网站”、“当前页面含有大量未经证实的广告信息，虚假广告可能给您造成财产损失，请您谨慎访问”。根据该页面的指引，网页自动跳转至s.se.360.cn/v3/bd/ljy.html，该网页包含有“体验360安全浏览器”等字样，点击“体验360安全浏览器”，弹出对话框引导用户安装“360安全浏览器4.1正式版”。运行桌面上360安全浏览器的快捷方式，弹出页面进入网站se.360.en，点击该页面上的“开始上网”，进入网站hao.360.cn。百度网讯公司、百度在线公司以奇虎公司、奇智公司的相关行为侵害商标权及不正当竞争为由，提起诉讼。北京市第一中级人民法院一审认为，奇虎公司的360安全卫士在百度网站搜索结果页面上有选择地插入了红底白色感叹号图标作为警告标识，以警示用户该搜索结果对应的网站存在风险的行为，违反了反不正当竞争法第二条规定的诚实信用原则，构成不正当竞争。遂判决奇虎公司停止不正当竞争行为，赔偿百度网讯公司、百度在线公司经济损失40万元及合理支出5万元。奇虎公司不服，提起上诉。北京市高级人民法院二审判决驳回上诉、维持原判。

奇虎公司仍不服，向最高人民法院申请再审。最高人民法院于 2014 年 11 月 14 日裁定驳回奇虎公司的再审申请。

【裁判意见】

最高人民法院审查认为：安全软件在计算机系统中拥有优先权限，其应当审慎运用这种“特权”，对用户以及其他服务提供者的干预行为应以“实现其功能所必需”为前提。奇虎公司在未经允许的情况下对百度搜索结果进行了干扰，应证明其行为具有必要性和合理性。本案中，是否添加安全警示以及在哪个搜索结果中添加安全警示，甚至对于哪个搜索引擎的搜索结果添加安全警示，完全依赖于奇虎公司单方的选择和判断，奇虎公司不仅有义务证明其添加警示图标的行为具有合理的基础，且应当证明该行为是实现其安全防护功能所必须采用的措施。搜索结果中可能存在含有有害信息的网站这一事实，不能当然成为安全软件以插标方式干扰他人搜索引擎服务的合理理由。此外，奇虎公司对其声称添加警示图标的两类网站，即含有欺诈信息的网站和含有病毒、木马的网站，采用的是相同的添加警示图标的方式，并没有根据信息的有害程度和安全风险的大小，对应地采取成比例的干扰手段。奇虎公司未能证明其插标行为的合理性和必要性，其行为违反了反不正当竞争法第二条的规定。

五、垄断案件审判

38. 在滥用市场支配地位案件中是否均须明确界定相关市场

【裁判要旨】

并非在任何滥用市场支配地位的案件中均必须明确而清楚地界定相关市场；即使不明确界定相关市场，也可以通过排除或者妨碍竞争的直接证据对被诉经营者的市场地位及被诉垄断行为可能的市场影响进行评估。

【关键词】

滥用市场支配地位　相关市场　市场地位　市场影响

【案号】

最高人民法院（2013）民三终字第 4 号

【基本案情】

在上诉人北京奇虎科技有限公司（以下简称奇虎公司）与被上诉人腾讯科技（深圳）有限公司（以下简称腾讯公司）、被上诉人深圳市腾讯计算机系统有限公司（以下简称腾讯计算机公司）滥用市场支配地位纠纷案（以下简称“腾讯 QQ”垄断案）中，奇虎公司、奇智软件（北京）有限公司于 2010 年 10 月 29 日发布扣扣保镖软件。2010 年 11 月 3 日，腾讯公司发布《致广大 QQ 用户的一封信》，在装有 360 软件的电脑上停止运行 QQ 软件。11 月 4

日，奇虎公司宣布召回扣扣保镖软件。同日，360 安全中心亦宣布，在国家有关部门的强力干预下，目前 QQ 和 360 软件已经实现了完全兼容。2010 年 9 月，腾讯 QQ 即时通信软件与 QQ 软件管理一起打包安装，安装过程中并未提示用户将同时安装 QQ 软件管理。2010 年 9 月 21 日，腾讯公司发出公告称，正在使用的 QQ 软件管理和 QQ 医生将自动升级为 QQ 电脑管家。奇虎公司诉至广东省高级人民法院，指控腾讯公司滥用其在即时通信软件及服务相关市场的市场支配地位。奇虎公司主张，腾讯公司和腾讯计算机公司在即时通信软件及服务相关市场具有市场支配地位，两公司明示禁止其用户使用奇虎公司的 360 软件，否则停止 QQ 软件服务；拒绝向安装有 360 软件的用户提供相关的软件服务，强制用户删除 360 软件；采取技术手段，阻止安装了 360 浏览器的用户访问 QQ 空间，上述行为构成限制交易；腾讯公司和腾讯计算机公司将 QQ 软件管家与即时通信软件相捆绑，以升级 QQ 软件管家的名义安装 QQ 医生，构成捆绑销售。请求判令腾讯公司和腾讯计算机公司立即停止滥用市场支配地位的垄断行为，连带赔偿奇虎公司经济损失 1.5 亿元。广东省高级人民法院一审判决驳回奇虎公司的诉讼请求，但并未明确界定本案相关商品市场的具体范围。奇虎公司不服，提出上诉，其理由之一是一审判决未对本案相关商品市场作出明确认定，属于对案件基本事实认定不清。最高人民法院于 2014 年 10 月 8 日二审判决驳回上诉、维持原判。

【裁判意见】

最高人民法院二审认为：并非在任何滥用市场支配地位的案件中均必须明确而清楚地界定相关市场。竞争行为都是在一定的市场范围内发生和展开的，界定相关市场可以明确经营者之间竞争的市场范围及其面对的竞争约束。在滥用市场支配的案件中，合理地界定相关市场，对于正确认定经营者的市场地位、分析经营者的行为对市场竞争的影响、判断经营者行为是否违法以及在违法情况下需承担的法律责任等关键问题，具有重要意义。因此，在反垄断案件的审理中，界定相关市场通常是重要的分析步骤。尽管如此，是否能够明确界定相关市场取决于案件具体情况，尤其是案件证据、相关数据的可获得性、相关领域竞争的复杂性等。在滥用市场支配地位案件的审理中，界定相关市场是评估经营者的市场力量及被诉垄断行为对竞争的影响的工具，其本身并非目的。即使不明确界定相关市场，也可以通过排除或者妨碍竞争的直接证据对被诉经营者的市场地位及被诉垄断行为可能的市场影响进行评估。因此，并非在每一个滥用市场支配地位的案件中均必须明确而清楚地界定相关市场。一审法院实际上已经对本案相关商品市场进行了界定，只是由于本案相关市场的边界具有模糊性，一审法院仅对其边界的可能性进行了分析而没有对相关市场的边界给出明确结论。有鉴于此，奇虎公司关于一审法院未对本案相关商品市场作出明确界定，属于本案基本事实认定不清的理由不能成立。

39. **相关市场界定中“假定垄断者测试”的可适用性及其适用方法**

【裁判要旨】

作为界定相关市场的一种分析思路，假定垄断者测试（HMT）具有普遍的适用性，但是选择何种方式进行假定垄断者测试，需要根据案件具体情况；在产品差异化非常明显且质量、服务、创新、消费者体验等非价格竞争成为重要竞争形式的领域，采用数量不大但有意义且并非短暂的价格上涨（SSNIP）的方法则存在较大困难；此时可以采取该方法的变通形式，例如基于质量下降的假定垄断者测试。

【关键词】

滥用市场支配地位　相关市场　假定垄断者测试　免费商品

【案号】

最高人民法院（2013）民三终字第4号

【裁判意见】

在前述“腾讯QQ”垄断案中，最高人民法院还对假定垄断者测试可否适用于免费商品领域表明了态度。最高人民法院二审认为：第一，作为界定相关市场的一种分析思路，假定垄断者测试（HMT）具有普遍的适用性。实践中，假定垄断者测试的分析方法有多种，既可以通过数量不大但有意义且并非短暂的价格上涨（SSNIP）的方法进行，又可以通过数量不大但有意义且并非短暂的质量下降（SSNDQ）的方法进行。同时，作为一种分析思路或者思考方法，假定垄断者测试在实际运用时既可以通过定性分析的方法进行，又可以在条件允许的情况下通过定量分析的方法进行。第二，在实践中，选择何种方法进行假定垄断者测试取决于案件所涉市场竞争领域以及可获得的相关数据的具体情况。如果特定市场领域的商品同质化特征比较明显，价格竞争是较为重要的竞争形式，则采用数量不大但有意义且并非短暂的价格上涨（SSNIP）的方法较为可行。但是如果在产品差异化非常明显且质量、服务、创新、消费者体验等非价格竞争成为重要竞争形式的领域，采用数量不大但有意义且并非短暂的价格上涨（SSNIP）的方法则存在较大困难。特别是，当特定领域商品的市场均衡价格为零时，运用SSNIP方法尤为困难。在运用SSNIP方法时，通常需要确定适当的基准价格，进行5%～10%幅度的价格上涨，然后确定需求者的反应。在基准价格为零的情况下，如果进行5%～10%幅度的价格增长，增长后其价格仍为零；如果将价格从零提升到一个较小的正价格，则相当于价格增长幅度的无限增大，意味着商品特性或者经营模式发生较大变化，因而难以进行SSNIP测试。第三，关于假定垄断者测试在本案中的可适用性问题。互联网服务提供商在互联网领域的竞争中更加注重质量、服务、创新等方面的竞争而不是价格竞争。在免费的互联网基础即时通信服务已经长期存在并成为通行商业模式的情况下，用户具有极高的价格敏感度，改变免费策略转而收取哪怕是较小数额的费用都可能导致用户的大量流失。同时，将价格由免费转变为收费也意味着商品特性和经营模式的重大变化，即由免费商品转变为收费商品，由间接盈利模式转变为直接盈利模式。在这种情况下，如果采取基于相对价格上涨的假定垄断者测试，很可能将不具有替代关系的商品纳人相关市场中，导致相关市场界定过宽。因此，基于相对价格上涨的假定垄断者测试并不完全适宜在本案中适用。尽管基于相对价格上涨的假定垄断者测试难以在本案中完全适用，但仍可以采取该方法的变通形式，例如基于质量下降的假定垄断者测试。由于质量下降程度较难评估以及相关数据难以获得，因此可以采用质量下降的假定垄断者测试进行定性分析而不是定量分析。

40. **互联网领域平台竞争的特点对相关市场界定的影响**

【裁判要旨】

判断本案相关商品市场是否应确定为互联网应用平台，其关键问题在于，网络平台之间为争夺用户注意力和广告主的相互竞争是否完全跨越了由产品或者服务特点所决定的界限，并给经营者施加了足够强大的竞争约束；这一问题的答案最终取决于实证检验，在缺乏确切证据支持的情况下，在相关市场界定阶段可以不主要考虑互联网平台竞争的特性。

【关键词】

滥用市场支配地位　相关市场　相关商品市场　互联网应用平台

【案号】

最高人民法院（2013）民三终字第4号

【裁判意见】

在前述“腾讯QQ”垄断案中，最高人民法院针对互联网领域平台竞争的特点，阐述了相关市场界定时应如何考虑平台竞争的特点及处理方式。最高人民法院二审认为：第一，互联网竞争一定程度地呈现出平台竞争的特征。被诉垄断行为发生时，互联网的平台竞争特征已经比较明显。互联网经营者通过特定的切入点进入互联网领域，在不同类型和需求的消费者之间发挥中介作用，以此创造价值。第二，判断本案相关商品市场是否应确定为互联网应用平台，其关键问题在于，网络平台之间为争夺用户注意力和广告主的相互竞争是否完全跨越了由产品或者服务特点所决定的界限，并给经营者施加了足够强大的竞争约束。这一问题的答案最终取决于实证检验。在缺乏确切的实证数据的情况下，至少注意如下方面：首先，互联网应用平台之间争夺用户注意力和广告主的竞争以其提供的关键核心产品或者服务为基础。其次，互联网应用平台的关键核心产品或者服务在属性、特征、功能、用途等方面上存在较大的不同。虽然广告主可能不关心这些产品或者服务的差异，只关心广告的价格和效果，因而可能将不同的互联网应用平台视为彼此可以替代，但是对于免费端的广大用户而言，其很难将不同平台提供的功能和用途完全不同的产品或者服务视为可以有效地相互替代。一个试图查找某个历史人物生平的用户通常会选择使用搜索引擎而不是即时通信，其几乎不会认为两者可以相互替代。再次，互联网应用平台关键核心产品或者服务的特性、功能、用途等差异决定了其所争夺的主要用户群体和广告主可能存在差异，因而在获取经济利益的模式、目标用户群、所提供的后续市场产品等方面存在较大区别。最后，本案中应该关注的是被上诉人是否利用了其在即时通信领域中可能的市场支配力量排除、限制互联网安全软件领域的竞争，将其在即时通信领域中可能存在的市场支配力量延伸到安全软件领域，这一竞争过程更多地发生在免费的用户端。鉴于上述理由，在本案相关市场界定阶段将不主要考虑互联网平台竞争的特性。第三，本案中对互联网企业平台竞争特征的考虑方式。相关市场界定的目的是为了明确经营者所面对的竞争约束，合理认定经营者的市场地位，并正确判断其行为对市场竞争的影响。即使不在相关市场界定阶段主要考虑互联网平台竞争的特性，但为了正确认定经营者的市场地位，仍然可以在识别经营者的市场地位和市场控制力时予以适当考虑。因此，对于本案，不在相关市场界定阶段主要考虑互联网平台竞争的特性并不意味着忽视这一特性，而是为了以更恰当的方式考虑这一特性。

41. **网络即时通信服务相关地域市场界定需考虑的因素**

【裁判要旨】

基于互联网的即时通信服务并无额外的、值得关注的运输成本、价格成本或者技术障碍，在界定相关地域市场时，可以主要考虑多数需求者选择商品的实际区域、法律法规的规定、境外竞争者的现状及其进入的及时性等因素。

【关键词】

滥用市场支配地位　相关市场　相关地域市场　即时通信

【案号】

最高人民法院（2013）民三终字第4号

【裁判意见】

在前述“腾讯QQ垄断案中，最高人民法院还阐述了即时通信服务相关地域市场界定需要注意的问题。最高人民法院二审认为：本案相关地域市场的界定，应从中国大陆地区的即时通信服务市场这一目标地域开始，对本案相关地域市场进行考察。因为基于互联网的即时通信服务可以低成本、低代价到达或者覆盖全球，并无额外的、值得关注的运输成本、价格成本或者技术障碍，所以在界定相关地域市场时，将主要考虑多数需求者选择商品的实际区域、法律法规的规定、境外竞争者的现状及其进入的及时性等因素。由于每一个因素均不是决定性的，因此需要根据上述因素进行综合评估。首先，中国大陆地区境内绝大多数用户均选择使用中国大陆地区范围内的经营者提供的即时通信服务。中国大陆地区境内用户对于国际即时通信产品并无较高的关注度。其次，我国有关互联网的行政法规规章等对经营即时通信服务规定了明确的要求和条件。我国对即时通信等增值电信业务实行行政许可制度，外国经营者通常不能直接进人我国大陆境内经营，需要以中外合资经营企业的方式进入并取得相应的行政许可。再次，位于境外的即时通信服务经营者的实际情况。在本案被诉垄断行为发生前，多数主要国际即时通信经营者例如 MSN、雅虎、Skype、谷歌等均已经通过合资的方式进入中国大陆地区市场。因此，在被诉垄断行为发生时，尚未进入我国大陆境内的主要国际即时通信服务经营者已经很少。如果我国大陆境内的即时通信服务质量小幅下降，已没有多少境外即时通信服务经营者可供境内用户选择。最后，境外即时通信服务经营者在较短的时间内（例如一年）及时进入中国大陆地区并发展到足以制约境内经营者的规模存在较大困难。境外即时通信服务经营者首先需要通过合资方式建立企业、满足一系列许可条件并取得相应的行政许可，这在相当程度上延缓了境外经营者的进入时间。综上，本案相关地域市场应为中国大陆地区市场。

42. **市场份额在认定市场支配力方面的地位和作用**

【裁判要旨】

市场份额只是判断市场支配地位的一项比较粗糙且可能具有误导性的指标，其在认定市场支配力方面的地位和作用必须根据案件具体情况确定。

【关键词】

滥用市场支配地位　市场支配力　市场份额　互联网环境

【案号】

最高人民法院（2013）民三终字第 4 号

【裁判意见】

在前述“腾讯 QQ”垄断案中，最高人民法院还阐述了经营者在相关市场中的市场份额在认定其市场支配力方面的地位和作用，澄清了一些模糊认识。最高人民法院二审认为：市场份额在认定市场支配力方面的地位和作用必须根据案件具体情况确定。一般而言，市场份额越高，持续的时间越长，就越可能预示着市场支配地位的存在。尽管如此，市场份额只是判断市场支配地位的一项比较粗糙且可能具有误导性的指标。在市场进入比较容易，或者高市场份额源于经营者更高的市场效率或者提供了更优异的产品，或者市场外产品对经营者形成较强的竞争约束等情况下，高的市场份额并不能直接推断出市场支配地位的存在。特别是，互联网环境下的竞争存在高度动态的特征，相关市场的边界远不如传统领域那样清晰，在此情况下，更不能高估市场份额的指示作用，而应更多地关注市场进人、经营者的市场行为、对竞争的影响等有助于判断市场支配地位的具体事实和证据。

43. 滥用市场支配地位行为的分析步骤与方法

【裁判要旨】

即使初步认定被诉经营者不具有市场支配地位，仍可以进一步分析被诉垄断行为对竞争的影响效果，以检验关于其是否具有市场支配地位的结论正确与否。

【关键词】

滥用市场支配地位　三步法　影响竞争的效果　综合评估

【案号】

最高人民法院（2013）民三终字第4号

【裁判意见】

在前述“腾讯QQ”垄断案中，最高人民法院还打破了传统的分析滥用市场支配地位行为的“三步法”，采用了更为灵活的分析步骤和方法。最高人民法院二审认为：原则上，如果被诉经营者不具有市场支配地位，则无须对其是否滥用市场支配地位进行分析，可以直接认定其不构成反垄断法所禁止的滥用市场支配地位行为。不过，在相关市场边界较为模糊、被诉经营者是否具有市场支配地位不甚明确时，可以进一步分析被诉垄断行为对竞争的影响效果，以检验关于其是否具有市场支配地位的结论正确与否。此外，即使被诉经营者具有市场支配地位，判断其是否构成滥用市场支配地位，也需要综合评估该行为对消费者和竞争造成的消极效果和可能具有的积极效果，进而对该行为的合法性与否作出判断。

六、植物新品种案件审判

44. 未经登记公告的品种权转让行为无效

【裁判要旨】

著录事项变更虽然是一种行政管理措施，但因其同时涉及权利人与社会公众的利益，变更应当采取公示的方式。在未经登记公示之前，品种权转让行为并未生效。

【关键词】

植物新品种　转让　公示　生效

【案号】

最高人民法院（2014）民申字第52-54号

【基本案情】

在再审申请人甘肃省敦煌种业股份有限公司（以下简称敦煌公司）与被申请人武威市武科种业科技有限责任公司（以下简称武科公司）、被申请人郑州赤天种业有限公司（以下简称赤天公司）、被申请人河南省大京九种业有限公司（以下简称大京九公司）、被申请人河南弘展农业科技有限公司（以下简称弘展公司）侵害植物新品种权纠纷案中，武威市农业科学研究院（以下简称武威农科院）和黄文龙是名称为“吉祥1号”玉米品种的权利人，该品种于2011年1月1日被农业部授予植物新品种权。2011年12月9日，双方签订合同约定黄文龙将其享有的“吉祥1号”玉米植物新品种权全部转让给武威农科院。2011年12月16日，武威农科院将“吉祥1号”的生产经营权转让给敦煌公司，敦煌公司以独占许可的方式获得“吉祥1号”的生产经营权。2012年10月9日，敦煌公司、武威农科院、武科公司三方约定武科公司在甘肃境内生产“吉祥1号”，并不得授权他人生产经营。2013年1月25日，敦煌公司购买到了标注有“郑州赤天种业有限公司”“武科公司弘展公司经销”和“武科公司大京九公司经销”字样的玉米种子。敦煌公司以武科公司、赤天公司、弘展公司及大京九公司郑州分公司侵害“吉祥1号”的植物新品种权为由，提起诉讼。河南省郑州市中级人民法院一审认为，敦煌公司并无证据证明黄文龙与武威农科院已就品种权转让行为向农业部登记并经公告。在敦煌公司仅取得了部分品种权人授权的情况下，不能基于独占实施许可合同的被许可人身份提起侵权之诉。遂判决驳回敦煌公司的诉讼请求。敦煌公司不服，提起上诉。河南省高级人民法院二审判决驳回上诉、维持原判。敦煌公司不服，向最高人民法院申请再审。最高人民法院于2014年5月21日裁定驳回敦煌公司的再审申请。

【裁判意见】

最高人民法院审查认为：根据植物新品种保护条例第九条第四款的规定，转让申请权或者品种权的，当事人应当订立书面合同，并向审批机关登记，由审批机关予以公告。由此可见，植物新品种权的审查和授予属于国务院农业、林业行政主管部门的职权范围，权利存续与否、期限长短及权利归属均根据行政审批机关登记的内容予以确定。著录事项变更登记虽然是一种行政管理措施，但因其同时涉及权利人与社会公众的利益，植物新品种的权利变动只有在向行政机关进行登记公示后才具有权利外观。未经登记公示之前，品种权转让行为并未生效。不论本案是否存在敦煌公司所称的“吉祥 1 号”品种权因被依法冻结而不能进行著录项目变更的情况，黄文龙与武威农科院之间的植物新品种权转让未完成变更登记公告是客观事实，故“吉祥 1 号”的品种权转让行为尚未生效，不能认定武威农科院是“吉祥 1 号”唯一的品种权人，敦煌公司关于品种权是否登记不影响品种权共有人转让品种权的理由不能成立。虽然双方的转让行为因没能登记公告而未发生法律效力，但双方约定由武威农科院单独行使植物新品种权的意思表示真实合法有效。作为品种权共有人的武威农科院，其亦有权单独实施或许可他人实施“吉祥 1 号”品种权。根据武威农科院的授权，敦煌公司可作为“吉祥 1 号”品种权的利害关系人提起诉讼。由于现有证据不能证明存在违反三方协议的生产、销售行为，故尽管一审、二审法院对敦煌公司诉讼主体是否适格的认定存在错误，但驳回敦煌公司诉讼请求的处理结果并无不当。

45. **植物新品种侵权损害赔偿数额的计算**

【裁判要旨】

侵权人未能提供相反证据推翻权利人有关授权品种利润的证据，人民法院可以参考权利人的证据酌情确定赔偿数额。

【关键词】

植物新品种　损害赔偿　利润　相反证据

【案号】

最高人民法院（2014）民提字第 26 号

【基本案情】

在再审申请人敦煌种业先锋良种有限公司（以下简称敦煌先锋公司）、再审申请人新疆新特丽种苗有限公司（以下简称新特丽公司）与被申请人新疆生产建设兵团农一师四团（以下简称四团）侵害植物新品种权纠纷案（以下简称新特丽公司植物新品种侵权案）中，“先玉 335”的品种权人是先锋国际良种公司。2010 年 7 月 22 日，先锋国际良种公司将“先玉 335”的植物新品种权授予敦煌先锋公司。2011 年 5 月 10 日，新特丽公司与四团签订合同约定由新特丽公司提供亲本，委托四团繁育 1900 亩玉米品种 HB-09 和 1600 亩玉米品种 XT-25。玉米品种 XT-25 在四团九连共种植 838 亩，总产量为 262781 公斤。敦煌先锋公司以新特丽公司和四团未经许可擅自繁育生产“先玉 335”玉米种子的行为侵害敦煌先锋公司的植物新品种权为由，提起诉讼。根据敦煌先锋公司的申请，新疆生产建设兵团农十二师中级人民法院（以下简称一审法院）对涉嫌侵权种子 XT-25 进行了证据保全和委托鉴定，鉴定结论认为涉嫌侵权种子与“先玉 335”无明显差异。经审计，每公斤“先玉 335”可获得净利润 13.16 元。一审法院认为，新特丽公司的行为构成对“先玉 335”植物新品种权的侵犯。敦煌先锋公司主张按侵权人因侵权所得利益确定赔偿数额，故以新特丽公司生产侵权品种的数量×单位利润确定赔偿数额。遂判决新特丽公司立即停止侵权行为并赔偿敦煌先锋公司经济损失3458185.32元及鉴定损失5030元。敦煌先锋公司、新特丽公司均不服，向新疆维吾尔自治区高级人民法院生产建设兵团分院（以下简称二审法院）提起上诉。二审法院认为，依照证据保全过程中取样地块的面积，新特丽公司种植被诉侵权玉米种的面积应为485亩。敦煌先锋公司主张以审核报告的利润为标准计算其经济损失的主张于法无据，由于其未举证证明因侵权行为受到的经济损失明显超过50万元，二审法院据此判决撤销一审判决，改判新特丽公司立即停止侵权行为并赔偿敦煌先锋公司经济损失15万元及鉴定费5030元。敦煌先锋公司、新特丽公司均不服，向最高人民法院申请再审。最高人民法院裁定提审本案，并于2014年12月13日判决撤销一审、二审判决，改判新特丽公司立即停止侵权行为并赔偿敦煌先锋公司经济损失500万元及合理开支3万元。

【裁判意见】

最高人民法院提审认为：在案证据足以证明，被诉侵权的XT-25玉米种在四团九连、十一连、十四连种植。一审法院依法在九连二斗四农地块取得被诉侵权的XT-25样品，新特丽公司虽主张只能按被取样的二斗四农地块认定侵权品种种植面积，但其并未提交任何证据证明其他地块的玉米种与二斗四农地块的玉米种不是同一品种。在有关证据已经形成证据链条且具有明显证据优势的情况下，据《新特丽制种地亩数及单产》统计，可以认定被诉侵权的XT-25品种的种植面积共计1669亩，总产量705893公斤。敦煌先锋公司提交的《专项审核报告》记载：敦煌先锋公司2011年销售“先玉335”玉米种子的利润为13.16元/公斤。对此，新特丽公司和四团均未提交任何反证予以否定。参照《专项审核报告》记载的“先玉335”的单位利润，并综合考虑新特丽公司未就其利润进行举证、新特丽公司的生产经营模式等因素，酌情确定本案侵权的XT-25的合理利润为10元/公斤。在新特丽公司和四团未举证证明所种植XT-25未进入市场的情况下，根据侵权品种的产量乘以单位合理利润之积计算侵权人因侵权所获利益，即705893公斤×10元/公斤＝7058930元，显然已经超出了敦煌先锋公司本案中索赔的500万元。因此，对于敦煌先锋公司关于本案赔偿数额为500万元的主张予以支持。

46. **植物新品种侵权案件的损害赔偿数额包括为制止侵权行为支付的合理开支**

【裁判要旨】

在计算植物新品种侵权案件的损害赔偿数额时，未适用法定赔偿不意味着不能另行计算维权费用。侵犯植物新品种权案件的赔偿数额还可以包括权利人为制止侵权行为所支付的合理开支。

【关键词】

植物新品种　损害赔偿　法定赔偿　合理开支

【案号】

最高人民法院（2014）民提字第 26 号

【裁判意见】

在前述新特丽公司植物新品种侵权案中，最高人民法院提审认为：《最高人民法院关于审理侵犯植物新品种权纠纷案件具体应用法律问题的若干规定》（以下简称植物新品种司法解释）第六条规定，适用法定赔偿时，应当考虑维权费用，并不意味着不适用法定赔偿时就不能另行计算维权费用。参照专利法第六十五条第一款关于“赔偿数额还应当包括权利人为制止侵权行为所支付的合理开支”的规定，对于敦煌先锋公司主张的新特丽公司赔偿其合理维权费用的诉讼请求，应当予以支持。一审、二审法院以维权合理费用规定在植物新品种司法解释第六条第三款为由，未支持敦煌先锋公司的有关合理开支，属于适用法律错误。

47. **植物新品种侵权案件中证据保全效力的认定**

【裁判要旨】

邀请相关专业技术人员参与田间取样并非人民法院进行证据保全的必经程序，不能以未邀请有关专业技术人员协助取样为由，当然地否定植物新品种侵权案件中证据保全的效力。

【关键词】

植物新品种　证据保全　协助取证　效力

【案号】

最高人民法院（2014）民提字第 26 号

【裁判意见】

在前述新特丽公司植物新品种侵权案中，最高人民法院提审认为：根据植物新品种司法解释第五条第二款规定，人民法院采取证据保全措施时，可以根据案件具体情况，邀请有关专业技术人员安置相应的技术规程协助取证。该款规定系指导性而非强制性条款。邀请相关专业技术人员参与田间取样并非法院证据保全的必经程序，不能以未邀请有关专业技术人员协助取样为由简单地否定证据保全的效力。本案中，一审法院虽未邀请有关专业技术人员参加取样，但新特丽公司在一审审理过程中对取样过程和样品均无异议，在二审及提审程序中，亦未提交证据证明证据保全行为违反法定程序。因此，一审法院的证据保全程序合法、有效。

七、关于知识产权诉讼程序与证据

48. 合法来源抗辩的举证责任和证明尺度

【裁判要旨】

侵权产品的使用者、销售者与制造者就各自的行为分别承担法律责任，不能因查明或认定了侵权产品的制造者就当然推定使用者、销售者的合法来源杭辩成立，免除其举证责任。也不能因为制造者已经承担了侵权责任，就免除合法来源抗辩不成立的使用者、销售者的赔偿责任。对于合法来源证据的审查应当从严把握，尤其要注重对证据的真实性、证明力、关联性、同一性的审查。

【关键词】

专利侵权　销售者　合法来源　证据审查

【案号】

最高人民法院（2013）民提字第187号

【基本案情】

在再审申请人广东雅洁五金有限公司（以下简称雅洁公司）与被申请人杨建忠、卢炳仙侵害外观设计专利权纠纷案（以下简称“锁面组件”外观设计专利侵权案）中，曹湛斌为名称为“锁面组件（H87P-H135G）”的外观设计专利（即本案专利）的权利人。雅洁公司为本案专利的独占实施被许可人。2011年10月18日，雅洁公司的委托代理人通过公证程序，在卢炳仙处购得被诉侵权产品“吉固”门锁一把。被诉侵权产品与本案专利的外观无实质性差异。被诉侵权产品包装上标有“吉固＋JIGU＋图”注册商标，该商标的权利人为温州市鹿城区临江县昌隆五金加工厂的业主杨建忠。卢炳仙提交的发货清单传真件上记载有“温州市昌隆五金厂发货清单”字样，收货单位为“石家庄卢炳仙”，日期为“2009年7月4日”，所购货物共四种，合计金额3280元。卢炳仙提交的银行个人存款回单上载明的时间为“2009年6月4日15：16：32”，未显示付款人姓名和账号/卡号，交易金额6900元。雅洁公司以杨建忠和卢炳仙侵犯其外观设计专利权为由，提起诉讼。河北省石家庄市中级人民法院一审认为，杨建忠出售被诉侵权产品给卢炳仙的时间为2009年7月4日，在本案专利授权公告日即2009年9月16日之前，故杨建忠的行为不构成侵权。卢炳仙在本案专利授权公告日以后销售被诉侵权产品的行为构成侵权。但现有证据不能证明卢炳仙知道或者应当知道其所售为侵权产品，且因上述产品有合法来源，故卢炳仙无须承担赔偿责任。据此判决卢炳仙停止侵权行为。雅洁公司不服，提起上诉。河北省高级人民法院二审判决驳回上诉、维持原判。雅洁公司仍不服，向最高人民法院申请再审。最高人民法院裁定提审本案，并于 2014 年 6 月 30 日判决撤销一审、二审判决，改判杨建忠、卢炳仙立即停止侵权行为，分别赔偿雅洁公司经济损失 5 万元和 2 千元。

【裁判意见】

最高人民法院提审认为：合法来源抗辩需要同时满足使用者、销售者无主观过错及被诉侵权产品具有合法来源两项条件。对于主观要件，需要被诉侵权产品的使用者、销售者证明其不知道使用、许诺销售或者销售的是侵权产品，作为一种消极事实，一般应申权利人举证证明被诉侵权者知道或者应当知道的主观状态。如权利人无法证明，则一般可以推定侵权者没有主观过错。对于被诉侵权产品是否有合法来源，应当由使用者、销售者举证证明被诉侵权产品具有合法的购货渠道、合理的价格和直接的供货方。侵权产品的使用者、销售者与制造者所需承担的法律责任是不同的，所负担的举证责任亦不同。侵权产品的使用者、销售者的这种举证责任，并不因为发现了真正的制造者而得以免除或减轻。当侵权产品的使用者、销售者是从制造者处直接购买产品，而没有其他的中间销售环节，通过事实和法律的认定，可以确认制造者生产并销售了侵权产品，使用者、销售者也不能因此免除或减轻合法来源抗辩的举证责任。首先，合法来源抗辩是法律赋予善意的侵权产品使用者、销售者的一种权利，根据“谁主张、谁举证”的举证责任分配原则，侵权产品的使用者、销售者在行使合法来源抗辩权时，应提供合法获取侵权产品的证据，如购货发票或收据以及付款凭证等。其次，对于这种特殊情况下侵权产品使用者、销售者的举证责任，也应该与存在多个中间销售环节时侵权产品使用者、销售者的举证责任相 致。最后，这种举证责任的分配方式，既可以规范流通环节的市场秩序，也可以防止侵权产品使用者、销售者与他人串通，以提供虚假合法来源证据的方式逃避赔偿责任。侵权产品的使用者、销售者与制造者应就各自的行为分别承担法律责任，不能因查明或认定了侵权产品的制造者就当然地推定使用者、销售者的合法来源抗辩成立，免除其赔偿责任；也不能因为制造者已经承担了侵权责任，就免除合法来源抗辩不成立的使用者、销售者的赔偿责任。对于合法来源抗辩证据的审查应当从严把握，尤其要注重对证据的真实性、证明力，关联性、同一性的审查。本案中，卢炳仙为证明其销售的被诉侵权产品有合法来源，提供了发货清单和个人存款回单。但发货清单为无签名或盖章的传真件，亦无相应的购货合同予以佐证。个人存款回单没有付款人姓名，且付款金额与发货清单不符。卢炳仙虽辩称该金额相对应的发货除了发货清单上所列货品，还有其他货物，但并未就此进行举证，其合法来源抗辩不能成立。

49. **侵权产品上所示商标的权利人可以被合理地推定为侵权产品的制造者**

【裁判要旨】

侵权产品外包装上使用的注册商标的权利人有制造能力，且无相反证据证明侵权产品的实际制造者并非商标权人本人的情况下，可以合理地推定商标权人是侵权产品的制造者。

【关键词】

专利侵权　商标权　制造能力　制造者

【案号】

最高人民法院（2013）民提字第187号

【裁判意见】

在前述“锁面组件”外观设计专利侵权案中，最高人民法院提审认为：侵权产品上标注有“吉固+JIGU+图”商标，杨建忠为商标权人。温州市鹿城区临江县昌隆五金加工厂由杨建忠注册成立，足以证明杨建忠有制造侵权产品的能力。在没有相反证据证明侵权产品的实际制造者并非杨建忠本人，且其从未对此提出任何异议的情况下，可以合理地推定杨建忠是侵权产品的制造者。

50. **警告函对销售商主观过错的证明作用**

【裁判要旨】

当事人援引专利法第七十条的规定主张“合法来源”抗辩时，如果专利权人能够证明，已经向销售商发出了明确记载有专利权和被诉侵权产品的基本情况、侵权比对结果及联系人等信息的警告函，且销售商已经收到该警告函的情况下，原则上可以推定销售商知道其销售的是专利侵权产品。

【关键词】

专利侵权　销售商　合法来源　警告函

【案号】

最高人民法院（2014）民申字第1036号

【基本案情】

在再审申请人孙俊义与被申请人郑宁侵害实用新型专利权纠纷案中，孙俊义是名称为“防粘连自动排气阀”的实用新型专利（即本案专利）的权利人。2013年6月28日，长春市宽城锅炉排气阀厂向个体工商户业主郑宁发出通知函，主要内容为：你店销售的“胜益”牌全自动排气阀已经侵犯了长春市宽城锅炉排气阀厂“中权”牌排气阀的专利权（专利号为ZL200320112523.2，专利权人为孙俊义）。请你店立即停止销售，并与我厂联系，协商赔偿事宜，否则将向人民法院提起诉讼。落款处有“长春市宽城锅炉排气阀厂打假办”公章和专利权人孙俊义的签章，并附有通讯地址、邮政编码、联系人及联系电话。2013 年 7 月，孙俊义从郑宁处购买到了被诉侵权产品即“胜益”牌排气阀，并以郑宁侵害其实用新型专利权为由提起诉讼。辽宁省沈阳市中级人民法院一审认为，被诉侵权产品的技术特征与本案专利的技术方案构成等同，落人本案专利权的保护范围。孙俊义虽然于 2013 年 6 月 28 日向郑宁邮寄了通知函，但通知函并未附有专利证书和其他必要的文件，不足以使郑宁认识到其销售的被诉侵权产品将构成侵害本案专利权。作为销售者，鉴于郑宁已经提供了专利侵权产品的合法来源，主观上并无过错，依法可免除赔偿责任。据此判决驳回孙俊义的诉讼请求。孙俊义不服，提出上诉。辽宁省高级人民法院二审判决驳回上诉、维持原判。孙俊义不服，向最高人民法院申请再审。最高人民法院于 2014 年 12 月 13 日裁定指令辽宁省高级人民法院再审本案。

【裁判意见】

最高人民法院审查认为：专利侵权行为的构成不以过错为要件。同时，考虑到侵权产品销售者进行侵权判断的实际困难，为维护正常的市场经营秩序和鼓励打击侵权源头，专利法第七十条对侵权产品销售者的赔偿责任作出了免责规定，即不知道是未经专利权人许可而制造并售出的专利侵权产品，能证明该产品合法来源的，不承担赔偿责任。判断销售者是否知道其销售的是专利侵权产品，应当结合案件事实进行综合判断。如销售者曾经销售过专利产品，或其购人被诉侵权产品的价格不合理地低于专利产品的市场价格等，均可以作为认定销售者知道其销售的是专利侵权产品的事实基础。如果上述情况均不存在，而仅仅是权利人向销售者发出过侵权警告函，则需要进一步对警告函中的具体内容予以审查。如果警告函中记载或包含有专利权（专利号、专利名称、专利权证书复印件等）和被诉侵权产品的基本情况、侵权比对结果及联系人信息等内容，在销售者也已经收到该警告函的情况下，原则上应当推定其知道销售的是专利侵权产品。

结　语

今年是最高人民法院第七次发布知识产权案件年度报告，案件年度报告在明晰裁判规则、指导审判实践、统一法律适用方面发挥着重要的作用，也日益受到社会各界的普遍关注和高度重视。但仍需要说明的是，案件年度报告是最高人民法院在具体案件裁判中针对新型、复杂、疑难问题形成的认识、具有较强的个案性、探索性和阶段性，在法律适用标准和方法方面难免存在局限，并可能随着认识的深入和时代的发展发生调整和变化。在未来的工作中，最高人民法院将围绕“努力让人民群众在每一个司法案件中感受到公平正义”的目标，坚持司法为民、公正司法工作主线，忠实履行宪法法律赋予的职责，充分发挥知识产权审判职能作用，依法公正高效审理案件，不断提升知识产权司法保护的权威性和公信力，为深入实施创新驱动发展战略，推进依法治国和建设法治中国作出更大贡献。

最高人民法院知识产权案件年度报告（2015）

（2016年4月25日）

序　言

2015年，最高人民法院坚持服务大局，更好地适应和服务经济发展新常态。积极实施国家知识产权战略，充分发挥司法保护知识产权的主导作用。鼓励和支持大众创业、万众创新。倡导诚实守信，依法保护知识产权，积极维护市场经济秩序。不断扩大知识产权司法保护的国际影响力，努力服务和保障经济社会发展。

最高人民法院知识产权审判庭2015年全年共新收各类知识产权案件759件。在新收案件中，按照案件审理程序划分，共有二审案件8件，提审案件29件，申请再审案件696件，请示案件26件。按照案件所涉客体类型划分，共有专利案件257件，植物新品种案件3件，商标案件325件，著作权案件83件，集成电路布图设计案件3件，垄断案件3件，商业秘密案件9件，其他不正当竞争案件14件，知识产权合同案件34件，其他案件28件（主要涉及知识产权审判管理事务）。按照案件性质划分，共有行政案件378件，占全部新收案件的49.80%，其中专利行政案件112件，商标行政案件266件，分别比2014年上升100%及198.88%；共有民事案件381件，占全部新收案件的50.20%。另有2014年旧存案件77件，2015年共有各类在审案件836件。全年共审结各类知识产权案件754件，其中二审案件7件，提审案件39件，申请再审案件682件，请示案件26件。在审结的682件申请再审案件中，行政申请再审案件361件，民事申请再审案件321件；裁定驳回再审申请514件，裁定提审81件，裁定指令或者指定再审38件，裁定撤诉（包括和解撤诉）16件，以其他方式处理33件。

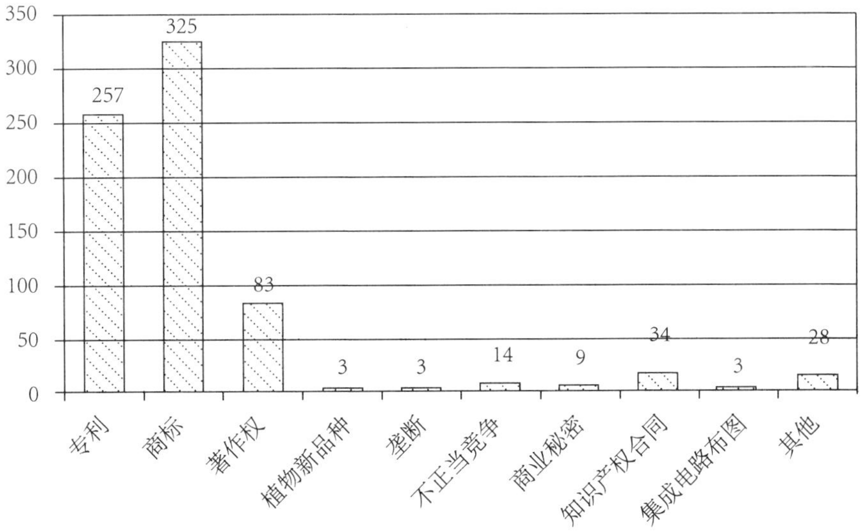

2015 **最高人民法院知识产权庭新收知识产权案件类型图**

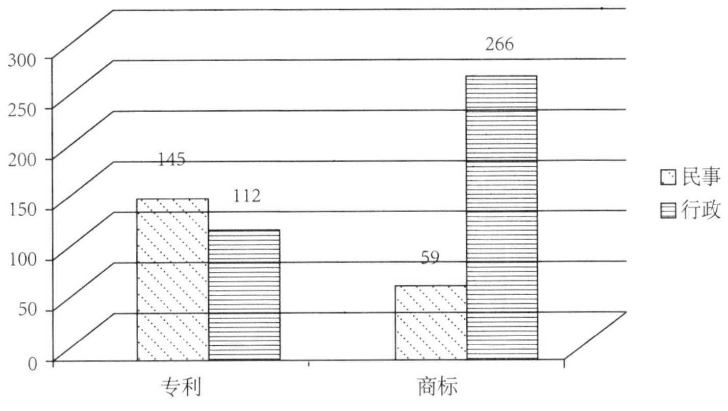

2015 **年最高人民法院知识产权庭受理专利、**
商标民事及行政案件数量对比图

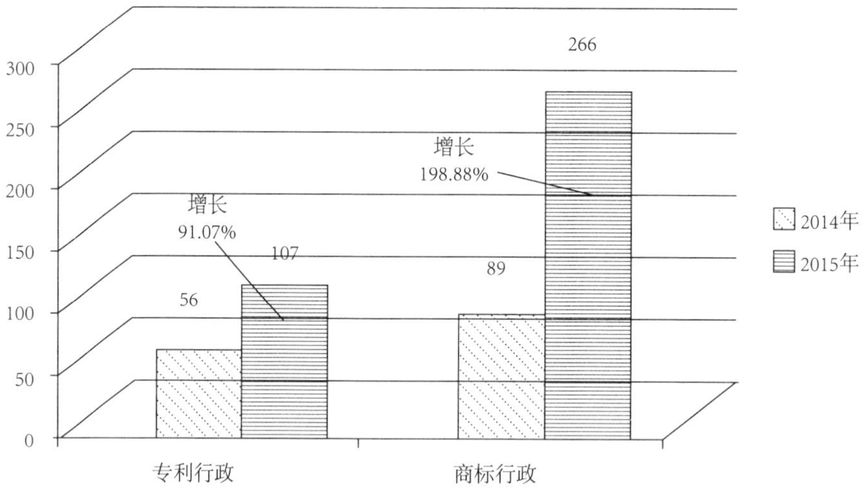

2015 年最高人民法院知识产权庭新收专利、商标行政案件增长对比图

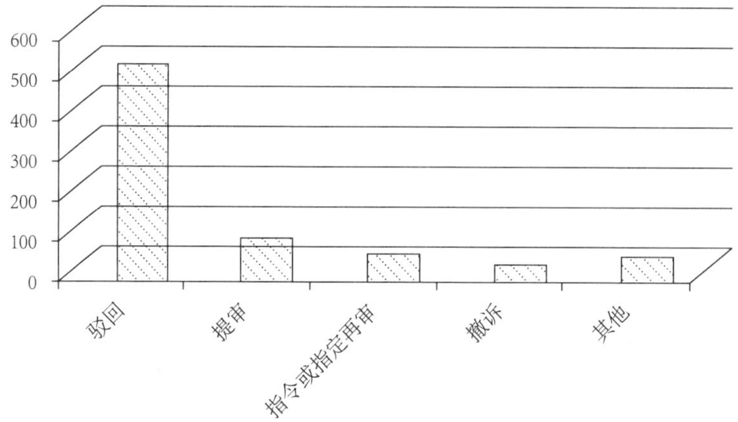

2015 年最高人民法院知识产权庭再审审查案件结案方式统计图

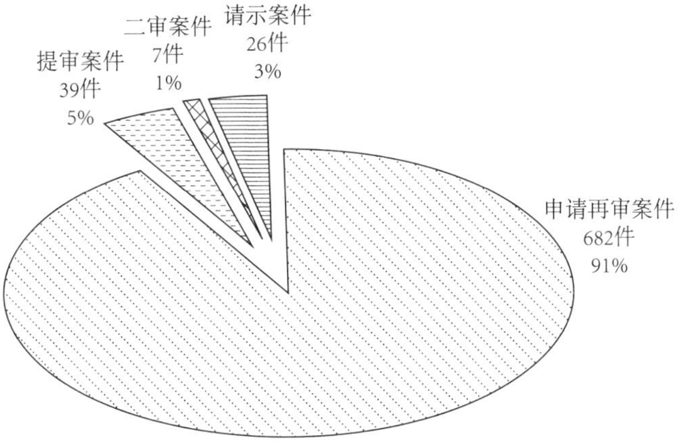

2015 年最高人民法院知识产权庭审结案件类型图

最高人民法院 2015 年审理的知识产权和竞争案件的基本规律和特点是：与专利和商标有关的知识产权案件仍在全部受理案件中占有最大比重，专利及商标授权确权类行政案件增幅明显；专利行政案件更多涉及的仍是技术特征的划分和解释、背景技术公开内容的确定、说明书是否充分公开等基础性法律问题，专利民事案件中涉及等同侵权争议的案件比例较高，现有技术抗辩和先有权抗辩的运用比较普遍；植物新品种案件在借助 DNA 等技术进行同一性对比方面继续向纵深发展，所涉技术问题更为复杂和专业；商标案件整体增幅较大，商标行政案件数量在 2015 年再次出现大比例增长，商标近似和商品类似的判断、在先权利的保护等法律问题仍居主导地位，诚实信用原则对商标案件审理的价值引导作用更为突出；著作权案件的数量和所占比例基本平稳，新商业模式下的网络侵权问题仍然突出，影视作品著作权争议频发。竞争案件中商业秘密纠纷所占比例较大，权利人取证和举证能力较弱，进而导致保护范围难以确定的现象时有发生。最高人民法院还首次审结集成电路布图设计案件，并对布图设计保护范围的确定等问题进行了有益的探索。

最高人民法院根据服务大局的要求，结合案件特点，在行使知识产权审判职能方面体现出如下特点：坚持依法保护知识产权，倡导诚实守信，合理确定知识产权的保护范围，维护公平竞争的市场格局和经济秩序；充分发挥知识产权司法保护机制的保障和激励作用，加强对创新成果的保护力度，鼓励和支持大众创业、万众创新；贯彻落实“加强保护、分门别类、宽严适度”的知识产权司法保护基本政策，依法有效维护知识产权权利人的合法利益，增强市场活力；明晰知识产权行政授权确权类案件的司法审查标准，注重纠纷的实质性解决；深化司法公开，用公开促公正，不断加强知识产权审判对核心价值建设的影响力。

本年度报告从最高人民法院2015年审结的知识产权和竞争案件中精选了32件（案件事实和法律问题基本相同的关联案件计为1件）典型案件，上述案件涵盖了已经入选2015年中国法院10大知识产权案件和50件典型知识产权案例的全部案件。我们从中归纳出38个具有普遍指导意义的法律适用问题，反映了最高人民法院在知识产权和竞争领域处理新型、疑难、复杂案件的审理思路和裁判方法，现予公布。

各类知识产权案件审理情况概要

一、专利案件审判

（一）专利民事案件审判

2015年，最高人民法院知识产权庭审理的专利民事案件反映出如下问题：

第一，侵害专利权案件中，专利权利人仅针对销售商或者终端用户提起诉讼的案件占据相当比例，合法来源抗辩成为该类案件审理的重点。对此问题，最高人民法院在多个案件均表明了态度。最高人民法院指出，审查合法来源是否成立时，一方面要充分考虑市场环境、尊重市场交易实际，保护基本的交易安全，另一方面又要合理确定销售商注意义务和合法来源抗辩标准，引导和规范市场流通领域经营者合法规范经营，避免侵权行为在流通领域的扩大。对于处于不同销售环节的销售商，应当分别审查其提交的证据是否足以证明其销售的产品具有合法来源，不能因查明或认定被诉侵权产品的生产者或者该商品的上家销售商就当然认为被诉侵权的销售商所主张的合法来源抗辩成立而不必再承担举证责任，免除被诉销售商的赔偿责任。

第二，涉及等同侵权争议的案件比例较高。在68件侵害发明和实用新型专利权纠纷案件中，有12件案件中当事人对是否构成等同侵权发生了争议。在该12件案件中，除1件案件被指令再审外，其他案件的最终裁判结果均认定等同侵权不成立。最高人民法院通过案件进一步发展了等同侵权的判断标准，指出：判断专利权利要求的特定技术特征与被诉侵权产品的相应技术特征是否构成等同时，对于并非专利发明点的技术特征，不宜过分限制该技术特征的等同范围。

第三，权利人因证据不足而败诉的案件占有一定比例。在132件侵害专利权纠纷案件中，有11件案件权利人因证据不足而败诉。其中涉及的主要问题是权利人不能证明被告实施了相应的侵权行为。这反映出权利人在获取侵权证据时存在一定困难。在个别案件中，权利人通过向专利行政管理部门投诉来获取被告侵权证据，但由于专利行政管理部门在行政查处过程中取证不规范，致使相应证据难以证明案件事实。为此，最高人民法院在案件中表达了依法支持当事人的证据保全申请的态度，即对于专利权人依法提出证据保全，并且符合法律规定的证据保全条件的，人民法院应当及时采取证据保全措施。权利人已经提供了初步证据，证明对方当事人有可能实施了侵权行为，而权利人对于对方当事人的其他侵权证据难以取得的情况下，法院应当根据民事诉讼法第六十四条第二款的规定调查收集相关证据。据此，最高人民法院指令原审法院再审该案。

第四，技术特征划分和技术特征解释问题争议频发。对于发明和实用新型专利而言，对于专利技术特征的划分及其解释问题往往成为案件争议的核心所在。运用说明书、意见陈述、生效的专利无效宣告决定、涉及专利权效力问题的生效行政判决等解释权利要求的情形较为多见。最高人民法院通过案件审理，对如何划分技术特征的问题作出了明确阐释，指出：技术特征是指构成要求保护的技术方案的技术单元，每个技术单元能够实现相对独立的功能，产生相应的效果。就产品专利而言，技术特征不等同于产品的组成部件，不能根据产品部件简单划分技术特征。如果由一个以上部件组合形成特定工作关系以实现某一相对独立功能的技术单元，应当作为一项技术特征予以认定。

第五，现有技术抗辩以及先用权抗辩较为常见。在 68 件侵害发明和实用新型专利权纠纷案件中，有 13 件案件涉及现有技术或者先用权抗辩。最高人民法院在再审申请人慈溪市博生塑料制品有限公司与被申请人陈剑侵害实用新型专利权纠纷案［（2015）民申字第 188 号］中，参照现有技术抗辩，明确认可了抵触申请抗辩。在再审申请人北京英特莱技术公司与被申请人北京华润曙光房地产开发有限公司等侵害发明专利权纠纷案［（2015）民申字第 1541 号］中，最高人民法院对可以主张先用权抗辩的主体做了扩展，即认为销售商在证明合法来源的情况下，亦可以主张生产商享有的先用权。

第六，外观设计侵权判定争议较多。在 63 件侵害外观设计专利权纠纷案件中，有 13 件案件的当事人对于被诉产品设计与专利设计是否相同或者近似发生了争议，且被告往往同时提出现有设计抗辩。对此，最高人民法院通过裁判形成了较为成熟的侵权判断方法。例如在再审申请人浙江健龙卫浴有限公司与被申请人高仪股份公司侵害外观设计专利权纠纷案［（2015）民提字第 23 号］、再审申请人丹阳市盛美照明器材有限公司与被申请人童先平侵害外观设计专利权纠纷案［（2015）民申字第 633 号］等案件中，最高人民法院明确了在审查现有设计抗辩时，对外观设计专利、被诉侵权设计及现有设计之间进行对比的步骤、区别于现有设计的设计特征对于外观设计的整体视觉效果更具有影响等规则。

第七，在一定事实和数据基础上，根据具体案情酌定实际损失或侵权所得的裁量性赔偿案件逐渐增多。在5件侵害专利权案件中，法院在计算赔偿所需的部分数据确有证据支持的基础上，根据案情运用裁量权确定计算赔偿所需的其他数据，酌定公平合理的赔偿数额。在部分案件中，最高人民法院对于原审法院考虑产品价值并结合双方当事人主张的利润率，在酌情确定侵权产品合理利润率的基础之上，对赔偿数额予以酌定的损害赔偿计算方法予以支持，体现出在计算赔偿数额方面依靠证据、实事求是、公平合理的司法态度。

第八，判决不停止侵害行为的案件极为罕见。在仅有的1件未判决使用者停止相应行为的案件中，原审法院综合考虑涉案专利权的类型、侵权行为的性质、被诉侵权产品的销售价格以及权利人为制止侵权行为所支付的合理开支等，判决使用人支付合理使用费的方式替代其停止侵权的责任履行方式。最高人民法院在该案的再审审查程序中对此予以支持。

第九，专利权权属纠纷和职务发明奖励报酬纠纷有增多趋势。在全部专利民事纠纷中，专利申请权纠纷、专利权权属纠纷、职务发明奖励报酬纠纷以及类似性质的纠纷共计有19件，占比12.26%。这些纠纷大多与职务发明创造有关，反映出单位与职工之间在专利权归属以及奖励报酬方面缺乏明确约定，争议较大。

第十，申请再审案件中，因涉案专利在原审判决作出后被宣告无效或者部分无效而中止诉讼或者进入再审程序的案件比例较高。在中止诉讼的14件案件中，中止诉讼的原因均为涉案专利在原审判决作出后被宣告无效或者部分无效，尚处于专利无效行政诉讼程序。在指令再审和提审的30件案件中，有7件案件进入再审程序的原因为涉案专利已经确定被宣告无效或者部分无效，且原审判决并未执行完毕。这一问题反映出，原审法院在审理与无效行政程序交织的专利民事侵权案件时，对于中止诉讼的审查标准把握过严，致使多件问题专利在侵权程序中获得了保护。

（二）专利行政案件审判

2015年，最高人民法院知识产权审判庭审理的专利行政案件反映出如下问题：

第一，对权利要求的解释和技术特征的理解仍然是案件中的基础性问题。在再审申请人李晓乐与被申请人国家知识产权局专利复审委员会及一审第三人、二审上诉人郭伟等发明专利权无效行政纠纷案［（2014）行提字第17号］中，最高人民法院就权利要求的最大合理解释原则作出了进一步的明确。而对于权利要求记载的技术特征的字面含义存在歧义的情况下，应当以本领域技术人员以符合发明目的，以及不得与公知常识相抵触的原则进行理解，是最高人民法院在申诉人辽宁般若网络科技有限公司与被申诉人国家知识产权局专利复审委员会、一审第三人中国惠普有限公司发明专利权无效行政纠纷案［（2013）行提字第17号］中阐释的观点。

第二，创造性的判断仍是专利授权确权案件中的难点问题。在对专利是否具有创造性进行判断的过程中，除了因对技术特征的解释而导致的事实认定问题之外，因采取“事后诸葛亮”的审查方式而产生的欠缺客观性的创造性评判结论，仍然具有一定的普遍性。如还原发明创造产生的过程时，简单机械地进行特征比对和拼凑，将发明所要解决技术问题的技术手段替代技术问题本身，而未能根据区别技术特征所能够达到的技术效果，来确定技术问题。对于是否存在技术启示进行认定的过程中，亦存在直接以常规技术手段的认定而替代当事人必要的举证责任的现象。

第三，化学领域产品发明的说明书充分公开问题一直受到业界的广泛关注。在再审申请人国家知识产权局专利复审委员会、北京嘉林药业股份有限公司与被申请人沃尼尔·朗伯有限责任公司、一审第三人张楚发明专利权无效行政纠纷案［（2014）行提字第8号］中，最高人民法院进一步厘清了确定发明所要解决的技术问题与判断说明书是否充分公开之间的关系，明确了技术方案的再现和是否解决了技术问题、产生了技术效果的评价之间，存在着先后顺序上的逻辑关系的观点。即从审理思路上，应首先确认本领域技术人员根据说明书公开的内容是否能够实现该技术方案，然后再确认是否解决了技术问题、产生了技术效果。

第四，进一步明确网络证据的真实性审查标准。在审查判断以公证书形式固定的互联网站网页发布时间的真实性与证明力时，最高人民法院强调，应综合考虑相关公证书的制作过程、网页及其发布时间的形成过程、管理该网页的网站资质和信用状况、经营管理状况、所采用的技术手段等相关因素，结合案件其他证据，对该公证书及所附网页发布时间的真实性和证明力作出判断。在审查证据的基础上，如果确信现有证据能够证明待证事实的存在具有高度可能性，对方当事人对相应证据的质疑或者提供的反证不足以实质削弱相关证据的证明力，不能影响相关证据的证明力达到高度盖然性的证明标准的，应当认定待证事实存在。

二、商标案件审判

（一）商标民事案件审判

2015年，最高人民法院知识产权审判庭审理的商标民事案件反映出如下问题：

第一，侵害商标权与不正当竞争行为的竞合在商标民事案件中大量存在。在2015年审结的侵害商标权纠纷案件中，有23件存在与不正当竞争案由并存的情形，占全部商标民事案件数量的38.3%。

第二，诚实信用原则的适用在商标民事案件审理过程中得到了更为广泛的运用。最高人民法院在近年来审结的多起案件中，通过对当事人以非善意取得的商标权为权利基础，对他人的正当使用行为提起的诉讼不予支持的方式，重申了诚实信用原则在商标民事案件审理过程中的重要作用。如在再审申请人宁波广天赛克思液压有限公司与被申请人邵文军侵害商标权纠纷案［（2014）民提字第168号］中，最高人民法院再次明确了以违反诚实信用原则恶意取得的注册商标专用权，对他人的正当使用行为提起的侵害商标权之诉，不应得到法律的支持和保护的观点。

第三，商标民事案件与企业字号的保护问题关系密切，在案件审理过程中常需面对复杂的历史背景，以及权利能否共存等需要进行利益平衡的问题。最高人民法院通过多起案件的审理，对该类具有一定特殊性案件的审理进行了指引。

第四，对于《中华人民共和国商标法》（以下简称商标法）第五十九条规定的关于通用名称等描述性内容的正当使用问题，也是近年来商标法适用过程中一个较为突出的问题。最高人民法院通过部分案件的审理，明确了正当使用行为的界限。最高法院指出，在被诉侵权产品的宣传中使用注册商标中包含的历史地名，系对该产品历史产地所作的描述性说明，反映的是商品的其他特点，该行为不构成对注册商标专用权的侵害。

（二）商标行政案件审判

2015年，最高人民法院知识产权庭审理的商标行政案件反映出如下问题：

第一，商标近似、商品类似判断问题仍然是商标行政案件争议的主要焦点。在驳回再审申请的181案件中，有61件案件涉及当事人对引证商标与被异议商标、争议商标是否近似、商品是否类似的问题。在11件提审判决中，7件涉及商标近似、商品类似的问题。对此问题，最高人民法院在多个案件中均支持了商标评审委员会和原审法院的意见。此外，亦在裁判过程中明确了商标近似性的判断要考虑引证商标的知名度以及特定的历史背景等因素，不能仅仅以商标的含义相同为由即作出商标近似的结论。

第二，对特定领域相关公众的界定作出了进一步的明确。相关公众的界定和范围，一直是司法实践中的重点和难点问题。在部分案件的审理过程中，最高人民法院明确，在指定使用商品为医药制剂等特定领域的商品类别时，相关公众的范围也应区别于一般意义上的消费者，而包括可能或实际使用前述类别药品进行病患预防、诊断和治疗的医护、药剂、病患人员，以及经营销售前述类别药品的相关经营人员。

第三，关于在先权利保护的商标行政案件中，涉及著作权及商号权益保护的案件数量较多。对于这类在先权益的保护问题，最高人民法院明确，对于在先商号权益能否阻碍在后的注册商标申请，需要考虑商号登记注册的时间以及在后商标的申请日、商号的知名度、在先商号与在后注册商标的共存是否容易导致相关公众混淆误认以及是否可能损害在先商号权益人的利益等因素。被异议商标的注册申请是否侵犯在先著作权，应依据著作权法的规定，判断涉案作品是否具有独创性，是否构成著作权法意义上的作品。

第四，在商标行政案件中明确和重申驰名商标的按需认定原则。近年来，当事人在商标行政案件审理过程中提出驰名商标认定请求的情况屡见不鲜。特别是在适用商标法第十三条规定的过程中，部分当事人提出了适用商标法第十三条的前提是驰名商标的认定这样一种观点。对此，最高人民法院在再审申请人巨化集团公司与被申请人国家工商行政管理总局商标评审委员会，一审第三人胡金云商标异议复审行政案［（2015）知行字第 112 号］中，进一步明确和强调了在商标行政案件中亦应遵循驰名商标按需认定原则的观点，即在判断诉争商标是否违反了商标法第十三条规定的过程中，如果诉争商标并没有构成对在先商标的复制、摹仿或者翻译，或者诉争商标获准注册的结果并不会导致误导公众并可能损害在先商标权利人利益的结果，即无需对在先商标是否构成驰名的问题作出审查和认定。

第五，对代理人、代表人抢注被代理人、被代表人商标情形的规范，进一步明确了法律适用的具体要求。最高人民法院指出，无论被代理人或者被代表人对其商标的使用是否侵害他人的合法权益，均无法成为代理人或者代表人申请注册诉争商标的合法事由。即使被代理人或被代表人对商标的使用可能侵害他人的合法权益，亦需在相关权利人提出权利主张的情况下，通过适当程序予以解决，代理人或代表人无权对此主张权利。

第六，坚持诚实信用、保护在先合法权利的司法态度。在再审申请人北京福联升鞋业有限公司因与被申请人国家工商行政管理总局商标评审委员会、北京内联升鞋业有限公司商标异议复审行政案［（2015）知行字第 116 号］中，最高人民法院指出，民事活动应当遵循诚实信用的原则。诉争商标的申请人作为同业竞争者，在明确知晓在先商标具有较高知名度和较强显著性的情况下，仍然恶意申请注册、使用与之近似的诉争商标，如果承认以该种行为形成的所谓市场秩序或知名度，无异于鼓励同业竞争者违背诚实信用原则，罔顾他人合法在先权利，并终将严重损害在先商标权人的合法权益以及广大消费者的利益。

第七，当事人将违反法定程序作为再审申请理由的情况仍较为普遍，具体理由涉及主体资格的审查、证据采信及是否存在程序瑕疵等问题。对于提出异议申请的主体与一事不再理原则的关系问题，最高人民法院指出，根据商标法第十九条的规定，初步审定公告之日起三个月内，任何人均可提出异议申请。这一异议程序是向所有单位和个人开放的，任何潜在的异议人的权利都得到了该条款的法律保护。因此，异议一经裁定，任何人，包括异议申请人及未提出异议的其他任何人，均不得以相同的事实和理由再次申请裁定，否则将造成行政、司法资源的无端浪费，并影响终局裁定的法律既判力。对于如何对待当事人在行政诉讼程序中补交证据的行为，最高人民法院对当事人补充提交证据的行为作出了进一步的规范，即行政诉讼作为司法复审程序，是对具体行政行为的合法性进行审查，在行政程序中如果任由裁决双方当事人提交其在行政程序中无正当理由未提交的证据，势必影响行政裁定的严肃性、稳定性，亦与司法复审的属性相背离。

三、著作权案件审判

2015 年，最高人民法院知识产权庭审理的著作权民事案件反映出如下问题：

第一，案件的广度和维度不断扩张。案件延伸呈现出立体全方位的态势。著作权主体多样化，既有单一的权利主体，又有两个或多个权利主体；著作权保护客体广泛化，既有传统意义上的作品，又有衍生出来的作品；侵权主体扩大化，既有个人侵权，又有单位侵权；案件空间不断扩展，既有现实社会的作品保护纠纷，又有虚拟空间的作品保护纠纷；案件类型全覆盖，既有传统的权属纠纷、侵权纠纷等案件类型，又有网络环境和数字化环境衍生的传统媒体新闻作品保护、影视作品保护等案件类型。

第二，网络著作权侵权案件数量仍然较多并出现新情况，除表现出传统网络著作权侵权案件的一般性特征外，还体现出了在新商业模式下的网络著作权案件的新态势。如在部分涉及开放平台著作权侵权的案件中，最高人民法院明确了开放平台的经营者获取利益和承担义务应具有对等性与一致性的原则。

第三，影视作品保护新问题层出不穷。此类案件除涉及传统的修改改编与原创作者的权利冲突之外，也出现了抄袭剽窃、合理使用、共有权利人侵权纠纷以及作品角色的衍生保护等问题，还涉及到了对影视作品著作权进行质押和转让问题。最高人民法院在北京金色里程文化艺术有限公司与上海晋鑫影视发展有限公司等侵害著作权纠纷案［（2015）民申字第 131 号］中，明确了共有权利人单独行使权利必须具备四个条件，即与对方协商不成、对方无正当理由、行使的权利不含转让、与对方分享收益。此外，因对著作权进行质押和转让，是对著作权的重大处分，在未与共有权利人进行协商的情况下，构成对共有权人利益的侵害。

第四，摄影作品侵权案件数量较多，但赔偿标准仍待统一。此类案件原告诉讼请求金额较低，数量较多。由代理人或专门机构进行商业化和批量维权的现象仍然比较突出，维权范围辐射全国，被告地域分布范围较广。赔偿数额的确定仍以酌定为主，各地法院的赔偿标准仍待统一。

第五，网络环境下证据举证和证据采信仍面临一些困难。互联网环境下，网络产业发展迅速，新的网络功能和新的商业经营模式不断推出，为当事人对证据的收集及人民法院对案件事实的查明不断提出新的挑战。

此外，在著作权审判领域尚有一些亟待解决的问题：

第一，关于影视作品的保护问题。目前我国影视作品剧本涉嫌侵权的情况大量存在，伴随着电视剧综艺节目的发展及相关收视率提升所带来的显著经济效益和品牌效应，有关综艺节目的法律关系日趋复杂，法律纠纷逐渐增多。而在影视作品中包含的音乐作品及其后期制作、广告宣传、发行过程中可能出现的各种法律问题，均尚待研究。

第二，数字环境下传统媒体新闻作品的著作权保护问题。进入互联网时代后，由于传统媒体的著作权保护意识相对薄弱，缺乏有效的维权机制，网络媒体侵害传统媒体新闻作品著作权的问题越来越突出。如何提高传统媒体的著作权保护意识，正确运用法律手段维护自身的合法权益，需要引起相关从业者的深思。

第三，角色形象的著作权保护问题。近年来，随着人们对优秀国产动画片价值认识的不断加深，一些经典的国产动画片被重新制作和包装后推出市场，在获得良好的经济效益的同时，与角色形象有关的权利归属等法律问题的争议也受到了广泛关注，亦需要人民法院及时明确有关的裁判规则。

四、不正当竞争案件及垄断案件审判

2015 年，最高人民法院知识产权庭审理的不正当竞争及垄断案件反映出如下问题：

第一，与侵害商标权行为的竞合现象较为普遍，在超过半数的不正当竞争案件中，当事人均同时提出了侵害商标权的诉由。

第二，不正当竞争案件中，商业秘密案件占有较大的比重。最高人民法院通过部分案件的审理，明确了商业秘密案件的一些重要的裁判规则。如在再审申请人新发药业有限公司与被申请人亿帆鑫富药业股份有限公司、一审被告姜红海、马吉锋侵害商业秘密纠纷案［（2015）民申字第 2035 号］中，最高人民法院就权利人对商业秘密内容和范围的明确与固定问题表明了观点，即应当允许权利人在案件审理过程中对其商业秘密的内容和范围进行明确和固定，在不影响对方当事人程序性权利的情况下，人民法院在此基础上的裁判不构成超出诉讼请求裁判的行为。

第三，垄断案件的数量较少，所涉具体行为类型主要集中于滥用市场支配地位。在垄断案件审理的过程中，当事人诉讼能力较弱的现象仍然比较突出，人民法院对此类案件的审判经验亦有待进一步的积累。

五、其他案件的审判

（一）技术合同案件审判

2015年，最高人民法院知识产权庭审理的技术合同案件反映出如下问题：

第一，审结的案件均涉及合同履行是否符合约定，是否存在违约行为的事实查明是此类案件审理的主要问题，如不能达产达标是由于技术出让方所涉技术不符合合同约定还是技术受让方的不当行为所导致等情形。

第二，案件争议焦点多集中于合同是否应当解除以及法律责任的承担。由于所涉技术的经济价值以及完整实施需要多个技术合同的配套实施，关联案件的存在增加了事实查明的难度。此外，此类案件通常涉及事实时间跨度大、证据多、证据真实性难以判断，为案件事实的查明提出了诸多挑战。

第三，关于当事人是否履行了合同约定的阶段性义务，亦是技术合同案件中争议较大的问题。其中，又以如何判断是否构成情势变更以及民事责任的承担为其中的难点。最高人民法院在部分案件的审理过程中，也对此明确了观点，即虽然合同法及有关司法解释并未明确规定政府政策调整等情况属于情势变更的情形，但如果确因政策调整，导致不能继续履行合同或者不能实现合同目的，当然属于合同当事人意志之外的客观情况发生重大变化的情形，属于合同法规定的情势变更，合同履行方的行为不构成违约。此外，如何分割技术开发协议期间形成的共有财产也曾在技术合同案件中引发争议，尤以涉及新药研发的技术合同案件表现得最为突出。对此，最高人民法院指出，新药研发属于高投入、高风险的科研活动，不仅需要投入巨额资金，而且时间周期长，研发风险大。临床试验是新药研发的关键环节，完成临床试验并通过审批的新药，方能获得新药证书。因此，如果在获得临床批件之后，技术开发方拒绝履行合作开发协议约定的相关合同义务，未在法定期限内进行临床试验，则临床批件将自行废止，并会导致无法实现合同目的。因此，技术开发方对其拒绝履行约定的临床试验的后果是清楚的，在获得临床批件前后，其以无正当理由拒绝履行，应视为对其曾经开发的技术成果所能享有的权利进行了处分。在此基础上，对于在合同解除后的技术成果归属问题的处理，亦应有利于鼓励守约方进一步开展研发工作，促进科技创新和成果转化。

（二）植物新品种案件审判

2015年，最高人民法院审理的植物新品种案件反映出：植物新品种权案件的同一性对比问题继续向纵深发展。如何审查认定 DNA 鉴定结论，以及存在 DNA 鉴定结论的情况下，是否允许当事人进行田间种植测试，如何分配举证责任成为此类案件审判中的新问题。近年来，我国在水稻、玉米育种创新领域，仍然存在着育成品种遗传基础狭窄、种植资源研究和利用水平不高、多数品种为低水平派生等现象。通过植物新品种案件的审判，如何推动和提高我国植物新品种领域的育种质量和水平，也值得我们进一步研究。

（三）集成电路布图设计案件审判

2015 年，最高人民法院审理的集成电路布图设计案件反映出：案件的焦点问题集中于能否依据权利人登记时提交的样品确定集成电路布图设计的保护范围，案件深入分析了确定集成电路布图设计保护范围的事实和法律依据、如何看待集成电路样品的法律地位、如何看待集成电路布图专有权保护与专利权保护之间的关系等深层次的法律问题。

一、专利案件审判

（一）专利民事案件审判

1. 专利权人主张本国优先权时的举证责任和说明义务

【裁判要旨】

专利权人主张本国优先权时，应当承担相应的举证责任和说明义务。未能提交与本国优先权主题相关的在先申请文件，亦未能证明本案专利与在先申请属于相同主题的发明创造，不能依据在先申请日享有本国优先权。

【关键词】

实用新型专利　侵权　本国优先权　举证责任

【案号】

最高人民法院（2015）民申字第 188 号

【基本案情】

在再审申请人慈溪市博生塑料制品有限公司（简称博生公司）与被申请人陈剑侵害实用新型专利权纠纷案中（简称“清洁工具”实用新型专利侵权案），陈剑系名称为“清洁工具”的实用新型专利（即本案专利）的权利人，本案专利的申请日为 2011 年 6 月 24 日。2013 年 6 月 20 日，陈剑以博生公司未经许可，制造、销售、许诺销售的被诉侵权产品侵害本案专利权为由，提起诉讼。浙江省杭州市中级人民法院一审认为，被诉侵权产品未落入本案专利权的保护范围，据此判决驳回陈剑的诉讼请求。陈剑不服，提起上诉。在二审答辩过程中，博生公司除认为被诉侵权产品未落入本案专利权的保护范围外，还提出申请号为 201120157568.6、名称为“用于手压式旋转拖的拖把底盘和脱水桶”的实用新型专利（简称在先申请专利）的申请日早于本案专利的申请日，构成本案专利的抵触申请。博生公司系依据在先申请专利制造被诉侵权产品，不构成对本案专利权的侵害。浙江省高级人民法院二审认为，被诉侵权产品落入本案专利权的保护范围，博生公司的抵触申请抗辩主张不能成立。遂判决撤销一审判决，判令博生公司立即停止侵权行为，并赔偿陈剑经济损失 10 万元。博生公司不服，向最高人民法院申请再审。最高人民法院于 2015 年 12 月 2 日裁定驳回博生公司的再审申请。

【裁判意见】

最高人民法院审查认为：本案专利能否享有本国优先权，对于在先申请专利能否构成抵触申请具有实质性影响。本案专利属于实用新型专利，对于其本国优先权的审查，参照《审查指南》的相关规定，审查员在初步审查过程中，仅审查前后两申请的主题是否明显不相关，并不审查二者的实质内容是否一致。在申请主题明显不相关时，即可发出未要求优先权通知书。本案中，国务院专利行政部门在本案专利授权前，并未对其能否享有本国优先权的问题进行实质审查。因此，应由专利权人就本案专利享有本国优先权承担举证责任和说明义务。在权利人未能提交与本国优先权有关的在先申请文件副本，且未能证明本案专利与在先申请属于相同主题的发明创造的，均不能享有本国优先权，也不得以优先权日作为本案专利的申请日。专利权人陈剑虽然提交了其他在先申请文件，但并未证明上述文件与本案专利属于相同主题的技术方案。因此，本案专利不能依据上述在先申请享有本国优先权，在先申请专利构成本案专利的抵触申请。

2. 在说明书引证背景技术文件的情况下，对说明书公开内容的正确理解

【裁判要旨】

在可能的情况下，说明书的背景技术部分应当引证反映背景技术的文件。在文件内容构成本案专利的现有技术，且通过引证的方式，上述内容已经成为说明书所涉技术方案的组成部分，则文件内容应视为已被说明书所公开。

【关键词】

实用新型专利　侵权　背景技术　公开

【裁判意见】

在前述“清洁工具”实用新型专利侵权案中，最高人民法院审查认为：对于抵触申请中公开的具体内容，博生公司提出，在先申请专利已经明确提及专利文献 CN201755206U（简称被引证专利）的相关内容，故被引证专利中的拖把杆结构应视为已经被在先申请专利所公开。根据《中华人民共和国专利法实施细则》第十七条的规定，在可能的情况下，背景技术部分应当引证反映背景技术的文件。本案中，在先申请专利在说明书中先后两次援引被引证专利。其一是在说明书背景技术中记载：“为达到旋转的目的，常采用的驱动方式分为两种：……另一种采用被引证专利公开的手压式旋转拖。”其二是在说明书具体实施方式中记载：“‘拖把杆13’具有被引证专利公开的结构”。本案中，被引证专利的授权公告日早于本案专利的申请日，构成本案专利的现有技术。且在先申请专利不仅在说明书背景技术中援引了被引证专利，用于说明其公开的手压式旋转拖属于本领域“常采用的驱动方式”，还在说明书具体实施方式中明确记载了拖把杆13与被引证专利公开的结构一致。即被引证专利中的拖把杆结构属于在先申请专利技术方案的组成部分，应视为作为抵触申请的在先申请专利中已经公开的内容。因此，二审判决认定在先申请专利并未涉及拖把杆的具体结构和特征的结论，缺乏事实与法律依据。

3. **应用环境特征在方法专利侵权判断过程中的作用**

【裁判要旨】

对于虽然并未作为技术特征写入权利要求，却是实施专利方法最为合理、常见和普遍的运行环境和操作模式，应当在涉及方法专利的侵权判断中予以考量。

【关键词】

发明专利　方法　侵权　应用环境

【案号】

最高人民法院（2015）民申字第2720号

【基本案情】

在再审申请人华为技术有限公司（以下简称华为公司）与被申请人中兴通讯股份有限公司（以下简称中兴公司）、杭州阿里巴巴广告有限公司（以下简称阿里巴巴公司）侵害发明专利权纠纷案中，华为公司是名称为“一种动态地址分配中防止IP地址欺骗的方法”的发明专利（即本案专利）的权利人。本案专利权利要求1描述了一种动态IP地址分配中防止IP地址欺骗的方法，即先行在合法用户地址表中添加用户终端的MAC地址和源IP地址信息，继而由用户终端向交换机发出ARP报文，交换机在合法用户地址表中查找是否有与信息相匹配项，若存在，即将发出该ARP报文中的源IP地址和源MAC地址加入ARP表，使得用户终端能够上网通信；否则，丢弃该ARP报文，该用户终端即不能上网通信，从而实现防止IP地址欺骗的发明目的。权利要求1中未对具体的网络应用环境进行限定。华为公司以中兴公司生产、阿里巴巴公司销售的型号为ZXR103952A的交换机（以下简称被诉侵权产品）使用的技术方案落入了本案专利权的保护范围为由，提起诉讼。杭州市中级人民法院一审认为，侵害方法发明专利的表现形式为使用了专利方法。鉴于华为公司不能证明中兴公司在生产被诉侵权产品时使用华为组网方式进行相应的技术开发和检测，或者被诉侵权产品的使用者根据华为组网方式使用该产品，而被诉侵权产品在本案专利文件中给出的组网方式下所呈现的技术方案与本案专利权利要求 1 不一致，故现有证据不能证明中兴公司使用了本案专利方法。遂判决驳回华为公司的诉讼请求。华为公司不服，提起上诉。华为公司认为，一审法院将权利要求 1 并未涉及的“开启 DHCP 中继的组网方式”作为其隐含技术特征予以解读，对华为组网方式予以排除，缩小了权利要求 1 的保护范围。浙江省高级人民法院二审判决驳回上诉、维持原判。华为公司仍不服，向最高人民法院申请再审。最高人民法院于 2015 年 12 月 11 日裁定驳回华为公司的再审申请。

【裁判意见】

最高人民法院审查认为：本案专利虽未将专利方法的具体网络应用环境作为技术特征写入权利要求 1，但专利方法的实施不能与之相分离。因为本案专利方法正是为了防止在动态 IP 地址的申请和分配过程中所可能发生的 IP 地址欺骗行为，其间必然涉及 DHCP 服务器与用户终端之间的通信，具体运行时也就存在 DHCP 服务器与用户终端是否处于同一网段的两种情形。就本案专利而言，首先，对权利要求作体系化解读，从属权利要求所涉的用户终端在动态 IP 地址的申请和分配过程中与 DHCP 服务器之间的通信均通过 DHCP 中继进行，并通过交换机的转发处理，将分配给用户的 IP 地址和 MAC 地址写入合法用户地址表，这意味着权利要求书是在开启 DHCP 中继的情形下，给出了如何完成权利要求 1 所描述的防止 IP 地址欺骗的第一个步骤“在合法用户地址表中增加用户终端 MAC 地址、源 IP 地址信息”的相关启示。其次，根据本案专利的说明书记载，本案专利是为了解决在跨网段的实际网络应用环境下可能出现的 IP 地址欺骗问题，亦主张基于网络安全考量，将 DHCP 服务器设置于单独网段，与用户终端作跨网段设置。再者，本案专利的附图说明明确记载“图 1 为本发明的网络应用环境示意图”，亦即专利方法的实际组网应用情况，而该图 1 正是将 DHCP 客户端与 DHCP 服务器分置于两个子网，通过“具备 DHCP 中继功能的三层交换机”相连接。故综合上述内容，依据本领域普通技术人员的通常理解，应确认开启 DHCP 中继使得 DHCP 服务器实现为不在其网段的用户终端提供服务应是实施本案专利方法最为合理、最为常见和普遍的运行环境和操作模式，也是华为公司作为专利权人所预设的专利方法理想的网络应用环境。二审判决的相关认定并不存在对本案专利技术特征的增减，对此应予维持。

4. 专利法意义上的销售行为的认定标准

【裁判要旨】

专利法意义上销售行为的认定，需要考虑专利法第十一条的立法目的，正确厘定销售行为与许诺销售行为之间的关系，充分保护专利权人利益。为此，销售行为的认定应当以销售合同成立为标准，而不应以合同生效、合同价款支付完成、标的物交付或者所有权转移为标准。

【关键词】

实用新型专利　侵权　销售行为　合同成立

【案号】

最高人民法院（2015）民申字第 1070 号

【基本案情】

在再审申请人刘鸿彬与被申请人北京京联发数控科技有限公司（以下简称京联发公司）、天威四川硅业有限责任公司（以下简称天威公司）侵害实用新型专利权纠纷案中，刘鸿彬是名称为“硅棒锥度或外圆数控磨床”的实用新型专利（即本案专利）的权利人。本案专利的申请日为 2008 年 12 月 31 日，授权日为 2009 年 10 月 21 日。2009 年 4 月 10 日，天威公司（买方）通过公开招投标与京联发公司（卖方）签订《加工设备购销合同》，其中涉及将本案被诉侵权产品硅芯磨锥机销售给天威公司。该合同还约定，买方支付合同总额 90%的货款后，卖方同时向买方提供合同总价 100%的商业发票；剩余合同总价的 10%作为质保金，待合同设备初步验收合格，一年保证期满后 1 个月内支付。2009 年 10 月 16 日，京联发公司向天威公司出具了合同总价全额的增值税专用发票。刘鸿彬以京联发公司生产制造并销售给天威公司的硅芯磨锥机与本案专利权利要求 1 的特征完全相同为由，提起诉讼。四川省成都市中级人民法院一审认为，被诉侵权产品落入本案专利权利要求 1 的保护范围，京联发公司未经刘鸿彬许可，以生产经营为目的，制造、销售了被诉侵权产品，侵害了本案专利权；大威公司公开招标的时间以及签订《加工设备购销合同》的时间均早于本案专利授权公告日，尽到了合理审查义务，且能够证明其使用的被诉侵权产品具有合法来源，不应承担赔偿责任。遂判决天威公司和京联发公司停止侵害，京联发公司赔偿刘鸿彬经济损失 10 万元。京联发公司不服，提起上诉。四川省高级人民法院二审认为，在实用新型专利授权公告日之前发生和实施与该专利相同技术方案的行为，不构成侵害专利权。遂撤销一审判决，驳回刘鸿彬的诉讼请求。刘鸿彬不服，向最高人民法院申请再审。最高人民法院于 2015 年 8 月 28 日裁定驳回刘鸿彬的再审申请。

【裁判意见】

最高人民法院审查认为：专利法意义上销售行为的认定，需要考虑《中华人民共和国专利法》（以下简称专利法）第十一条的立法目的，正确厘定销售行为与许诺销售行为之间的关系，充分保护专利权人利益。该条规定的立法目的在于清晰界定专利权的权利范围，划定专利权人与社会公众的权利界限，充分保护专利权人的利益。该条规定从行为类型入手，规定发明和实用新型专利的权利人拥有制造、使用、许诺销售、销售和进口等五项权能，外观设计专利的权利人拥有制造、许诺销售、销售和进口等四项权能。上述权能同时构成专利权人禁止权的范围，是认定侵权行为的重要尺度。为确保专利权权利范围的清晰性，增强可预见性并预防纠纷发生，销售权能或者说销售侵权行为的认定标准必须清晰明确、简单易行、可操作性强。同时，为充分保护专利权人的利益，销售行为的认定标准还应当尽可能实现许诺销售行为与销售行为之间的无缝衔接，以便覆盖对专利权人利益产生较大影响的有关交易环节和过程，从而更有效地制止销售侵权行为。关于销售行为是否完成，京联发公司主张应以合同成立或者生效为标准，刘鸿彬则主张以标的物所有权转移或者合同价款支付为标准。因此，对于销售行为的认定标准，至少存在四种选择：合同成立标准、合同生效标准、合同价款支付完成标准、标的物交付或者所有权转移标准。如果采用标的物交付或者所有权转移标准，则被诉侵权人自合同成立到标的物交付或者所有权转移之前的行为将不构成销售，此段行为将脱离专利权人的权利范围，过分缩小了专利权人的权利空间；而且，标的物交付或者所有权转移必须结合合同具体内容以及履行过程来判断，不仅使得认定标准复杂化，还大大增加了专利权人维权时的取证成本和证明难度。如果采用价款支付完成标准，则被诉侵权人自合同订立到合同价款支付完成之前的行为同样无法构成销售，脱离专利权人的权利范围，缩小了权利人的权利空间；而且，合同价款支付涉及合同履行过程，当事人在实践中可能采取分期支付、抵销、债务让与等多种方式履行合同，同样会导致认定标准复杂化，增加专利权人维权时的取证成本和证明难度。如果采用合同生效标准，则自合同成立到生效之前的行为同样无法构成销售，脱离专利权人的权利范围，缩小了权利人的权利空间；而且，合同生效是法律对合同效力评价的结果，合同是否发生效力并非完全取决于当事人的意愿，将其作为认定销售行为尤其是销售侵权产品的标准，与作为侵权责任基础的意志自由原则相悖。如果采用合同成立作为认定销售行为的判断标准，由于合同成立之前当事人以广告、商品展示等方式作出的销售商品的单方意思表示属于许诺销售行为，双方就销售商品的意思表示达成合意属于销售行为，则销售行为与许诺销售行为可以实现密切衔接，使得销售行为与许诺销售行为之间不存在专利权无法覆盖的空间，有利于充分保护专利权人的利益。同时，合同成立是双方当事人就销售商品的意思表示达成合意的事实状态，往往通过书面合同等材料体现出来，不需要进一步考察合同的具体条款和履行过程，专利权人获取证据和证明销售行为成立更为容易，取证成本和认定成本均较低。因此，销售行为的认定，一般应当以销售合同成立为标准。本案中，天威公司与京联发公司之间的《加工设备购销合同》签订于2009年4月10日，专利法意义上的销售行为在该日已经实施，早于本案专利授权公告日（2009年10月21日）。二审法院认定京联发公司销售被诉侵权产品的行为在本案专利授权公告日前已经完成，结论正确。

5. 专利申请时已经明确排除的技术方案，不能以技术特征等同为由在侵权判断时重新纳入专利权的保护范围

【裁判要旨】

等同原则的适用需要兼顾专利权人和社会公众的利益，且须考虑专利申请与专利侵权时的技术发展水平，合理界定专利权的保护范围。

【关键词】

实用新型专利　侵权　保护范围　等同原则

【案号】

最高人民法院（2015）民申字第740号

【基本案情】

在再审申请人孙俊义与被申请人任丘市博成水暖器材有限公司（以下简称博成公司）、张泽辉、乔泰达侵害实用新型专利权纠纷案中，孙俊义系名称为“防粘连自动排气阀”实用新型专利的权利人（即本案专利）。本案专利请求保护的防粘连自动排气阀包括壳体、浮球、阀座，壳体底部有进水口，进水口上有进水套，其特征之一在于进水套的上表面呈锥面。本案专利说明书同时载明，进水套的锥面与浮球为线接触，所以不会产生腐蚀，这样就防止了由于腐蚀造成的锈块粘连，避免了跑水事故的发生。孙俊义以博成公司、张泽辉、乔泰达生产销售的“必安阁”排气阀（以下简称被诉侵权产品）侵害本案专利权为由，提起诉讼。经对比，各方当事人对于被诉侵权产品的进水套上表面呈平面，且区别于本案专利上表面为锥面的技术特征均无异议。黑龙江省哈尔滨市中级人民法院一审认为，被诉侵权产品使用进水套的上表面呈平面、浮球中部凸沿落在进水套上的技术特征，与本案专利进水套的上表面呈锥面、浮球下部落在进水套上的技术特征构成等同，侵害了本案专利权。遂判决乔泰达赔偿孙俊义经济损失1万元，博成公司、张泽辉赔偿孙俊义经济损失49万元并对乔泰达承担连带赔偿责任。博成公司、张泽辉不服，提起上诉。黑龙江省高级人民法院二审认为，本案专利将进水套上表面限定为“锥面”，显然认为进水套上表面呈“平面”无法达到其发明目的，或者“锥面”具有更先进的功能和效果，故“进水套上表面呈平面”这一常规手段应当被排除在本案专利的保护范围之外，被诉侵权产品并未落入本案专利权的保护范围，不构成专利侵权。孙俊义不服，向最高人民法院申请再审。最高人民法院于2015年11月12日裁定驳回了孙俊义的再审申请。

【裁判意见】

最高人民法院审查认为：判断被诉侵权产品“一体式盖母上表面呈平面”与本案专利“进水套上表面呈锥面”的技术特征是否等同，需考虑以下因素：首先，应考虑等同原则与专利权保护范围之间的关系，以及专利法律制度规定等同原则的必要性。一方面，在专利侵权判定中，等同原则是对专利权利要求字面保护范围的扩张，为专利权人提供了更为切实有效的法律保护，鼓励了技术创新；另一方面，专利制度本身又要确保专利权的保护范围具有足够的法律确定性和可预见性，不因等同原则的滥用而导致保护范围缺乏确定性而损害社会公众的利益。因此，等同原则的适用需要兼顾专利权人和社会公众的利益，既要保护专利权人在现有技术基础上作出的技术贡献，又要促进科学技术的进步。其次，等同原则的适用须考虑专利申请与专利侵权时的技术发展水平，防止对专利技术方案中的某些技术特征，以申请日后新出现的技术进行简单替换而规避侵权的发生，合理界定专利权的保护范围。本案中，本案专利的权利要求和说明书均明确记载和限定，进水套的上表面呈锥面。由于锥面和平面均为本案专利申请日前公知的技术方案，专利权人作出上述限定的目的，即为将平面排除在本案专利权的保护范围之外。因此，在进行侵权判定时，亦不能将技术特征“锥面”扩张到“平面”予以保护，否则将有损社会公众对专利权保护范围确定性和可预见性的信赖，并损害社会公众的利益，动摇专利制度的基石。据此，被诉侵权产品的技术特征与本案专利权利要求记载的技术特征相比，并未构成等同的技术特征，被诉侵权产品未落入本案专利权的保护范围。

6. **外观设计近似性判断的判断主体、比对方法和比对对象**

【裁判要旨】

外观设计近似性的判断，应当基于一般消费者的知识水平和认知能力，根据外观设计的全部设计特征，以整体视觉效果进行综合判断。当专利保护的是产品整体的外观设计时，不应当将产品整体予以拆分、改变原使用状态后进行比对。如果实物照片真实反映了被诉侵权产品的客观情况，可以使用照片中的被诉侵权产品与本案专利进行比对。

【关键词】

外观设计专利　侵权　判断主体　比对方法

【案号】

最高人民法院（2014）民三终字第8号

【基本案情】

在上诉人本田技研工业株式会社（以下简称本田株式会社）与被上诉人石家庄双环汽车股份有限公司（以下简称双环股份公司）、石家庄双环汽车有限公司（以下简称双环有限公司）、石家庄双环新能源汽车有限公司侵害外观设计专利权纠纷案中，本田株式会社系名称为“汽车”的外观设计专利（即本案专利）的权利人。本田株式会社以双环股份公司、双环有限公司共同制造、销售“LAIBAO S—RV”汽车（以下简称被诉侵权产品）的行为侵害本案专利权为由，提起诉讼。河北省高级人民法院一审认为，被诉侵权产品未落入本案专利权的保护范围，遂判决驳回本田株式会社的诉讼请求。本田公司不服，提起上诉。本田公司认为，一审法院对于外观设计侵权判断的判断主体、比对方法、对象等，均存在错误。最高人民法院于 2015 年 7 月 23 日二审判决驳回上诉、维持原判。

【裁判意见】

最高人民法院二审认为：第一，关于判断主体。对外观设计近似性的判断，应当基于一般消费者的知识水平和认知能力，根据外观设计的全部设计特征，以整体视觉效果进行综合判断。一般消费者是指对相关设计状况具有常识性了解，且对不同外观设计之间在形状、图案、色彩上的差别具有分辨力的人，但其通常不会注意到形状、图案、色彩的微小变化。一般消费者是法律虚拟的一个概念，其所具有的“常识性了解”与一般的汽车发烧友并不一致。一审法院未将本田株式会社提交的各类媒体文章、汽车发烧友的评论等内容作为认定一般消费者认知的证据，并无不当之处。第二，关于比对方法。外观设计专利侵权的比对，应当以授权公告中的图片或者照片与被诉侵权产品的实物进行对比，判断两者的外观设计是否相同或近似。当实物照片真实反映了实物的客观情况，将照片中被诉侵权产品的外观与本案专利进行比对，亦是侵权案件中经常采用的方法。本田株式会社在提起本案诉讼时，并未向一审法院提交被诉侵权产品的实物，一审法院使用本田株式会社提交的、与实物并无明显视觉差异的图片进行比对的方法，并无不当之处。第三，关于比对对象。外观设计专利侵权判断采用整体观察、综合判断的标准，对比对象是产品在正常使用状态下的可视整体外观，不应当将产品整体予以拆分、改变原使用状态后，对部分外观设计进行对比。本田株式会社主张，在侵权对比过程中，不应考虑汽车顶部的行李架横杆、导流板、前后保险杠护板等选装件。但拆除上述选装件后，产品所呈现的是组装时的外观状态，而非一般消费者在购买后的正常使用状态。本田株式会社的上述主张，亦与其以整车外观设计为依据提起本案诉讼的事实基础不符。

7. **设计特征的认定及对外观设计近似性判断的影响**

【裁判要旨】

设计特征体现了授权外观设计不同于现有设计的创新内容，也体现了设计人对现有设计的创造性贡献。如果被诉侵权产品未包含授权外观设计区别于现有设计的全部设计特征，一般可以推定二者不构成近似外观设计。设计特征的存在应由专利权人进行举证，允许第三人提供反证予以推翻，并由人民法院依法予以确定。

【关键词】

外观设计专利　侵权　设计特征　显著影响

【案号】

最高人民法院（2015）民提字第23号

【基本案情】

在再审申请人浙江健龙卫浴有限公司（以下简称健龙公司）与被申请人高仪股份公司（以下简称高仪公司）侵害外观设计专利权纠纷案中，高仪公司系“手持淋浴喷头（NO. A4284410X2）”外观设计专利（即本案专利）的权利人。高仪公司以健龙公司生产、销售和许诺销售的丽雅系列等卫浴产品（即被诉侵权产品）侵害本案专利权为由，提起诉讼。浙江省台州市中级人民法院一审认为，高仪公司主张喷头出水面设计为本案专利的设计要点，但本案专利授权公告的“简要说明”中对此并无体现，被诉侵权产品与本案专利虽在喷头的出水面上高度近似，但喷头头部周边设计、手柄设计存在差别，两者不构成近似。据此判决驳回高仪公司的诉讼请求。高仪公司不服，提起上诉。浙江省高级人民法院二审认为，跑道状的喷头出水面应作为本案专利区别于现有设计的设计特征予以重点考量，而被诉侵权产品正是采用了与之高度相似的出水面设计。此外，被诉侵权产品与本案专利在淋浴喷头的整体轮廓、喷头与把手的长度分割比例等方面均非常相似，应认定二者构成相近似的外观设计。据此判决撤销一审判决，判令健龙公司停止侵权行为，销毁库存侵权产品，赔偿高仪公司经济损失人民币10万元。健龙公司不服，向最高人民法院申请再审。最高人民法院裁定提审本案，并于2015年8月11日判决撤销二审判决，维持一审判决。

【裁判意见】

最高人民法院提审认为：外观设计专利制度的立法目的在于保护具有美感的创新性工业设计方案，一项外观设计应当具有区别于现有设计的可识别性创新设计才能获得专利授权，该创新设计即是授权外观设计的设计特征。由于设计特征的存在，一般消费者容易将授权外观设计区别于现有设计，因此，其对外观设计产品的整体视觉效果具有显著影响，如果被诉侵权产品未包含授权外观设计区别于现有设计的全部设计特征，一般可以推定被诉侵权产品与授权外观设计不近似。专利权人可能将设计特征记载在简要说明中，也可能会在专利授权确权或者侵权程序中对设计特征作出相应陈述。无论是专利权人举证证明的设计特征，还是通过授权确权有关审查文档记载确定的设计特征，如果第三人提出异议，都应当允许其提供反证予以推翻。人民法院在听取各方当事人质证意见的基础上，对证据进行充分审查，依法确定授权外观设计的设计特征。本案专利的设计特征有三点：一是喷头及其各面过渡的形状，二是喷头出水面形状，三是喷头宽度与手柄直径的比例。虽然被诉侵权产品采用了与本案专利高度近似的跑道状出水面，但在喷头及其各面过渡的形状这一设计特征上，二者在设计风格上呈现明显差异。二审判决仅重点考虑了本案专利跑道状出水面的设计特征，而对于其他设计特征，以及产品正常使用时容易被直接观察到的其他区别设计特征未予考虑，从而认定二者构成近似外观设计的结论是错误的。

8. **抵触申请抗辩成立的条件**

【裁判要旨】

被诉侵权人以其实施的技术方案属于抵触申请为由，主张不侵害专利权的，应当审查被诉侵权技术方案是否已被抵触申请完整公开。在该技术方案相对于抵触申请不具有新颖性时，抵触申请抗辩成立。

【关键词】

实用新型专利　侵权　抗辩　抵触申请

【裁判意见】

在前述“清洁工具”实用新型专利侵权案中，最高人民法院审查认为：如果被诉侵权技术方案已被抵触申请公开，则相较于抵触申请不应被授予专利权，也不应被纳入本案专利权的保护范围。因此，被诉侵权人以其实施的技术方案属于抵触申请为由，主张未侵害本案专利权的，人民法院可以参照有关现有技术抗辩的规定，对抵触申请抗辩能否成立进行审查。但是，由于抵触申请与现有技术的含义和性质存在一定差异，故抵触申请抗辩的审查判断标准应与抵触申请的性质相适应。即抵触申请仅可以被用来单独评价本案专利的新颖性，既不能与现有技术或者公知常识结合，更不能用于评价本案专利的创造性。且只有在被诉侵权技术方案的各项技术特征均已被抵触申请单独、完整地公开，相对于抵触申请不具有新颖性时，才能够认定抵触申请抗辩成立。本案中，在先申请专利没有公开被诉侵权产品中的“拖把杆包括内杆和外杆”“内外杆间相互套接”等技术特征，被诉侵权产品相对于抵触申请具有新颖性。此外，博生公司有关将在先申请专利与公知常识结合后进行抵触申请抗辩的主张，缺乏法律依据，其抵触申请抗辩不能成立。

9. **现有设计抗辩的审查与判断**

【裁判要旨】

在被诉侵权产品与本案专利相近似的情况下，如果被诉侵权产品采用了本案专利与现有设计相区别的设计特征，现有设计抗辩不能成立。

【关键词】

外观设计专利　侵权　抗辩　现有设计

【案号】

最高人民法院（2015）民申字第633号

【基本案情】

在再审申请人丹阳市盛美照明器材有限公司（以下简称盛美公司）与被申请人童先平侵害外观设计专利权纠纷案中，童先平为“LED路灯（JD-2006B）”外观设计专利（即本案专利）的权利人。童先平以盛美公司制造、销售以及许诺销售被诉侵权产品的行为侵害本案专利权为由，提起诉讼。江苏省镇江市中级人民法院一审认为，被诉侵权产品与本案专利在整体视觉效果上无实质性差异，两者构成近似，盛美公司的现有设计抗辩主张不能成立，遂判令盛美公司立即停止侵权行为，并赔偿童先平经济损失58950元。盛美公司不服，提起上诉。江苏省高级人民法院二审判决驳回上诉、维持原判。盛美公司仍不服，向最高人民法院申请再审。最高人民法院于2015年10月23日裁定驳回盛美公司的再审申请。

【裁判意见】

最高人民法院审查认为：现有设计是指外观设计申请日前为国内外公众所知的设计。被诉侵权人有证据证明其实施的设计属于现有设计的，不构成侵害外观设计专利权。盛美公司对于被诉侵权产品与本案专利构成相近似的结论并无异议，但主张被诉侵权产品属于现有设计。通过对比可见，除产品尾部设计是否有螺钉固定外，本案专利与现有设计在正面整体轮廓、下灯盖侧面形状、灯槽、灯罩、内部反光板形状、上灯盖背部以及产品尾部接口处截面设计方面的区别设计特征，均体现在被诉侵权产品与现有设计的区别中，而正是这些区别设计特征的存在，使本案专利在整体视觉效果上明显区别于现有设计，也即这些区别设计特征是本案专利的创新之处，其相较于本案专利的其他设计特征而言，对于外观设计相同或近似的判断，在整体视觉效果上更具有影响。在被诉侵权产品采用了本案专利与现有设计相区别的设计特征的情况下，被诉侵权产品与本案专利构成近似，与现有设计则存在实质性差异，盛美公司的现有设计抗辩不能成立。

10. **先用权抗辩的审查与认定**

【裁判要旨】

现有证据能够证明，制造商在申请日前已经实施或已经为实施本案专利做好了技术或物质上的必要准备，且仅在原有范围内继续制造的，先用权抗辩成立。在制造商并非本案被告，但销售商能够证明被诉侵权产品的合法来源以及制造商享有先用权的情况下，销售商可以提出先用权抗辩。

【关键词】

发明专利　侵权　抗辩　先用权

【案号】

最高人民法院（2015）民申字第 1255 号

【基本案情】

在再审申请人北京英特莱技术公司（以下简称英特莱公司）与被申请人深圳蓝盾公司北京分公司（以下简称蓝盾北京分公司）、北京蓝盾创展门业有限公司（以下简称蓝盾创展公司）侵害发明专利权纠纷案中，英特莱公司是名称为“防火隔热卷帘用耐火纤维复合卷帘及其应用”的发明专利（即本案专利）的权利人。英特莱公司以蓝盾北京分公司、蓝盾创展公司制造的防火卷帘产品（以下简称被诉侵权产品）落入了本案专利权的保护范围，侵害本案专利权为由，提起诉讼。经比对，被诉侵权产品落入本案专利权保护范围。但蓝盾北京分公司、蓝盾创展公司主张，被诉侵权产品来源于案外人深圳市蓝盾实业有限公司（以下简称深圳蓝盾公司），且深圳蓝盾公司享有先用权，被诉侵权产品不构成对本案专利权的侵害。北京市第二中级人民法院一审认为，被诉侵权产品落入本案专利权的保护范围，但被诉侵权产品是从深圳蓝盾公司进货，蓝盾北京分公司和蓝盾创展公司不是被诉侵权产品的制造者。而深圳蓝盾公司在专利申请日前已经制造相同产品，并且仅在原有范围内继续制造，依法享有先用权，蓝盾北京分公司和蓝盾创展公司所提先用权抗辩理由成立。遂判决驳回英特莱公司的诉讼请求。英特莱公司不服，提出上诉。北京市高级人民法院二审判决驳回上诉、维持原判。英特莱公司仍不服，向最高人民法院申请再审。最高人民法院于 2015 年 10 月 9 日裁定驳回英特莱公司的再审申请。

【裁判意见】

最高人民法院审查认为：蓝盾北京分公司和蓝盾创展公司提供了深圳蓝盾公司研发与本案专利相同的防火卷帘产品的设计可行性报告、计划书、任务书、研制报告书、设计总结、相关研发会议纪要和技术人员的证人证言以及案外人提供研发产品原材料的证明，可以证明被诉侵权产品系深圳蓝盾公司自行研发。在已确认国家建设部门相关规范的修订导致全行业开展新产品研发和深圳蓝盾公司于本案专利申请日前已生产出相关产品这两项事实的前提下，本案相关证据已经形成较为完整的证据链，可以认定深圳蓝盾公司在申请日前为实施本案专利做好了制造的必要准备。此外，虽然享有先用权的主体应为制造商，但制造商并非本案被告。在销售商已经举证证明被诉侵权产品的合法来源，及制造商享有先用权的情况下，如果一味要求追加制造商为当事人或者驳回销售商的抗辩，不仅会增加当事人诉累，也与在制造商享有先用权的情况下，其生产的产品可以合法流通的立法宗旨相违背，故销售商可以在本案中提出先用权抗辩。

（二）专利行政案件审判

11. **权利要求的解释所需遵循的一般原则**

【裁判要旨】

在专利授权确权程序中解释权利要求用语的含义时，必须顾及专利法关于说明书应该充分公开发明的技术方案、权利要求书应当得到说明书支持、专利申请文件的修改不得超出原说明书和权利要求书记载的范围等法定要求，基于权利要求的文字记载，结合对说明书的理解，对权利要求作出最广义的合理解释。

【关键词】

发明专利　无效程序　权利要求　解释

【案号】

最高人民法院（2014）行提字第17号

【基本案情】

在再审申请人李晓乐与被申请人国家知识产权局专利复审委员会（以下简称专利复审委员会）、一审第三人、二审上诉人郭伟、沈阳天正输变电设备制造有限责任公司（以下简称沈阳天正公司）发明专利权无效行政纠纷案中，郭伟和沈阳天正公司为第03123304.X号、名称为“反射式萨格奈克干涉仪型全光纤电流互感器”的发明专利（即本案专利）的共同权利人。本案专利共有12项权利要求，独立权利要求1公开了一种反射式萨格奈克干涉仪型全光纤电流互感器，其特征之一在于：它至少由光电单元和光纤电流感应单元连接构成。权利要求1中没有关于反射膜的内容记载。权利要求10为权利要求1的从属权利要求，其进一步限定了光纤电流感应单元设在电流互感器的高压区，至少由λ/4波片，其中λ为光纤中传递的光信号的波长、感应光纤线圈和感应光纤线圈端面镀反射膜组成。2009年9月27日，李晓乐以本案专利不具有新颖性、创造性等为由，向专利复审委员会提出无效宣告请求。专利复审委员会于2010年4月22日作出第14794号无效宣告请求审查决定（以下简称第14794号决定），维持本案专利权有效，并认定权利要求1中的“全光纤”应当是在光纤电流感应单元中由光纤端面镀反射膜作为反射体而构成的全光纤结构。李晓乐不服，提起行政诉讼。北京市第一中级人民法院一审维持第14794号决定。李晓乐、郭伟、沈阳天正公司均不服，提起上诉。北京市高级人民法院二审认为，虽然权利要求1没有记载由光纤端面镀反射膜作为反射体这一技术特征，而是在权利要求10中记载了该特征，但权利要求1所记载的技术特征应不包含使用镜子作为反射体的内容，即权利要求1中的全光纤应当是使用镜子以外的其他反射体进行反射的全光纤结构。专利复审委员会对相关技术特征的认定正确。遂判决驳回上诉、维持原判。李晓乐仍不服，向最高人民法院申请再审。最高人民法院裁定提审本案，并于2015年8月11日判决撤销一审、二审判决和第14794号决定，判令专利复审委员会重新作出审查决定。

【裁判意见】

最高人民法院提审认为：专利授权确权程序中，权利要求解释的目的在于通过明确权利要求的含义及其保护范围，对权利要求是否符合专利授权条件或者其效力如何作出判断。基于此目的，在解释权利要求用语的含义时，必须顾及专利法关于说明书应该充分公开发明的技术方案、权利要求书应当得到说明书支持、专利申请文件的修改不得超出原说明书和权利要求书记载的范围等法定要求。通常情况下，在专利授权确权程序中，对权利要求的解释采取最大合理解释原则，即基于权利要求的文字记载，结合对说明书的理解，对权利要求作出最广义的合理解释。如果说明书未对权利要求用语的含义作出特别界定，原则上应采取本领域普通技术人员在阅读权利要求书、说明书和附图之后对该术语所能理解的通常含义，尽量避免利用说明书或者审查档案对该术语作不适当的限制，以便对权利要求是否符合授权条件和效力问题作出更清晰的结论，从而促使申请人修改和完善专利申请文件，提高专利授权确权质量。本案中，本专利权利要求1中记载全光纤电流互感器至少由光电单元和光纤电流感应单元连接构成，并没有记载“反射膜”的技术特征，“反射膜”的技术特征出现在权利要求1的从属权利要求10的附加技术特征中。说明书中既没有将具有“反射膜”的技术方案作为背景技术描述，也没有用“反射膜”这一技术特征对权利要求1所述的“全光纤电流互感器”作出特别界定，说明书中的相关内容仅能说明本专利在对应于从属权利要求10的进一步的优选实施例中，采用了光纤端面镀反射膜的方式，并不是指本专利权利要求1中的“全光纤电流互感器”具有此处描述的特定含义。第14794号决定在对权利要求1中的“全光纤电流互感器”进行界定时，引入其从属权利要求的附加技术特征和说明书的内容对其进行限缩性解释，适用法律错误，应予纠正。

12. **字面含义存在歧义的技术特征的解释规则**

【裁判要旨】

对于权利要求中字面含义存在歧义的技术特征的解释，应当结合说明书及附图中已经公开的内容，并符合本案专利的发明目的，且不得与本领域的公知常识相矛盾。

【关键词】

发明专利　无效程序　技术术语　解释

【案号】

最高人民法院（2013）行提字第17号

【基本案情】

在申诉人辽宁般若网络科技有限公司（以下简称般若公司）与被申诉人国家知识产权局专利复审委员会（以下简称专利复审委员会）、一审第三人中国惠普有限公司（以下简称惠普公司）发明专利权无效行政纠纷案中，般若公司为第01106125.1号、名称为“容错阵列服务器”的发明专利（即本案专利）的权利人。本案专利权利要求1的技术特征b为：“键盘、鼠标、显示器、网卡和电源通过整体插头和整体插座连接”。本案专利说明书记载了如下内容：本发明的目的是提供一种一次插拔就可以完成键盘、鼠标、显示器、网卡和电源的连接，主板可以带电插拔、同一背板上可以插拔多个服务器的容错阵列服务器。它通过切换器实现光驱、软驱、键盘、显示器和鼠标的共用。2009年2月23日，惠普公司以权利要求1～8不具有创造性为由，向专利复审委员会提出无效宣告请求。专利复审委员会于2009年6月23日作出第13610号无效宣告请求审查决定（简称第13610号决定），宣告本案专利权全部无效。般若公司不服，提起行政诉讼。北京市第一中级人民法院一审判决维持第13610号决定。般若公司不服，提起上诉。北京市高级人民法院二审判决驳回上诉、维持原判。般若公司仍不服，向最高人民法院申请再审。其再审申请理由之一为，权利要求1的技术特征b限定了服务器与机箱的连接方式和内容。其中整体插头和整体插座连接，键盘、鼠标、显示器、网卡和电源为并列关系。第13610号决定认定权利要求1的特征b是“键盘、鼠标、显示器……连接电源”，与权利要求1的内容不符。最高人民法院裁定提审本案，并于2015年4月1日判决撤销第13610号决定及一审、二审判决，责令专利复审委员会重新作出审查决定。

【裁判意见】

最高人民法院提审认为：对于技术特征b，本案中有两种理解。专利复审委员会认为，电源是键盘、鼠标、显示器和网卡的连接对象。般若公司则认为，电源与键盘、鼠标、显示器、网卡为并列关系。因此，技术特征b的字面含义存在歧义。对于权利要求中该种技术特征的解释，应当结合说明书及其附图中的有关内容，符合本案专利的发明目的，且不得与本领域的公知常识相矛盾。首先，根据说明书中关于发明目的和技术效果的记载，本案专利通过一次性的热插拔，实现键盘、鼠标、显示器、网卡和电源的连接，通过切换器实现光驱、软驱、键盘、显示器和鼠标的共用。其次，本案专利的改进之一为通过设置集中容错电源，实现同时给容错阵列服务器供电，以避免传统电源在容错时一个服务器备用一个冗余电源的技术缺陷。因此，集中容错电源是为了给容错阵列服务器中各个服务器集中供电，而非仅仅为键盘、鼠标、显示器、网卡供电而设置。各个服务器是通过整体插头和整体插座的一次插拔，实现键盘、鼠标、显示器、网卡以及电源的连接和断开，而不仅仅是将键盘、鼠标、显示器、网卡与电源相连接。再次，在现有技术中，鼠标、键盘和网卡通常无需单独连接电源，而是通过接口的插拔同时实现电力以及信号的传输。因此，如果将技术特征 b 仅仅理解为通过整体插头和整体插座的连接，使得键盘、鼠标、显示器、网卡与电源相连接，既不能实现本案专利所要解决的“一次插拔”的发明目的，亦有悖于本领域的公知常识，般若公司关于技术特征 b 应理解为“电源与键盘、鼠标、显示器、网卡为并列关系，所述部件均通过整体插头和整体插座连接”的主张成立。

13. **化学领域产品发明说明书充分公开的判断**

【裁判要旨】

化学领域产品发明的专利说明书中应当记载化学产品的确认、制备和用途。

【关键词】

发明专利　化学产品　无效程序　充分公开

【案号】

最高人民法院（2014）行提字第 8 号

【基本案情】

在再审申请人国家知识产权局专利复审委员会（简称专利复审委员会）、北京嘉林药业股份有限公司（简称嘉林公司）与被申请人沃尼尔·朗伯有限责任公司（简称沃尼尔·朗伯公司）、一审第三人张楚发明专利权无效行政纠纷案（简称“阿托伐他汀”发明专利权无效案）中，1996 年 7 月 8 日，沃尼尔·朗伯公司申请了名称为“结晶［R-（R＊，R＊）］-2-（4-氟苯基）-β，δ-二羟基-5-（1-甲基乙基）-3-苯基-4-［（苯氨基）羰基］-1H-吡咯-1-庚酸半钙盐”发明专利（即本案专利），2002 年 7 月 10 日获得授权，专利号为 96195564.3。本案专利权利要求 1 的主题为含 1-8 摩尔水的Ⅰ型结晶阿托伐他汀水合物，特征部分用 X-射线粉末衍射图（XPRD）予以限定。针对本案专利，嘉林公司、张楚分别向专利复审委员会提起无效宣告请求，专利复审委员会合并审理后于 2009 年 6 月 17 日作出第 13582 号无效宣告请求审查决定（简称第 13582 号决定），以本案专利不符合专利法第二十六条第三款规定为由，宣告本案专利权全部无效。主要理由为：1. 说明书中没有提供任何定性或定量的数据证明其得到的Ⅰ型结晶阿托伐他汀水合物中确实包含 1－8 摩尔

（优选3摩尔）水；而且，从其制备方法的步骤，以及用于表征产品晶型的XPRD数据及谱图中也无法确切地推知其产品中水含量为1—8摩尔（或3摩尔）。因此，本领域技术人员根据说明书公开的内容无法确认权利要求中保护的产品。2. 本领域技术人员根据本案专利说明书的内容无法确信如何才能制备得到本案专利保护的含1—8摩尔水（优选3摩尔）的Ⅰ型结晶阿托伐他汀水合物。沃尼尔·朗伯公司不服，提起行政诉讼。北京市第一中级人民法院一审判决维持第13582号决定。沃尼尔·朗伯公司不服，提起上诉。北京市高级人民法院二审认为，本发明要解决的技术问题是要获得阿托伐他汀的结晶形式，具体是Ⅰ型结晶阿托伐他汀，用以克服“无定形阿托伐他汀不适合大规模生产中的过滤和干燥”的技术问题。由于专利复审委员会并没有确定本发明所要解决的技术问题，也没有明确哪些参数是“与要解决的技术问题相关的化学物理性能参数”。因此，专利复审委员会在未对本发明要解决的技术问题进行整体考虑的情况下，作出本案专利不符合专利法第二十六条第三款规定的相关认定显属不当。遂判决撤销一审判决和第13582号决定，并责令专利复审委员会重新作出决定。专利复审委员会、嘉林公司均不服，向最高人民法院申请再审。最高人民法院裁定提审本案，并于2015年4月16日判决撤销二审判决，维持一审判决。

【裁判意见】

最高人民法院提审认为：本发明涉及Ⅰ型结晶阿托伐他汀及其水合物，为典型的化学领域产品发明，而化学领域发明专利相比于其他领域具有特殊性，即化学领域属于实验性科学领域，影响发明结果的因素是多方面、相互交叉且错综复杂的。由于化学领域发明专利的这些特性，化学产品发明的专利说明书中应当记载化学产品的确认、制备和用途。具体而言，当发明是一种化合物时，说明书中应当说明该化合物的化学结构及与发明要解决的技术问题相关的化学、物理性能参数，使本领域技术人员能确认该化合物。化学产品的确认是指本领域技术人员应能够根据说明书中公开的内容清楚地确认权利要求所保护的化学产品。本案专利请求保护的Ⅰ型结晶阿托伐他汀水合物中的水含量是该产品发明的组成部分和结构特征，说明书中应当有定性或者定量的数据使本领域技术人员相信本案专利请求保护的Ⅰ型结晶阿托伐他汀水合物中确实含有1到8摩尔水，优选3摩尔水。也就是说，含水量的确认作为证明本案专利产品实际存在状态的证据，属于本案专利产品确认中必不可少的重要内容。沃尼尔·朗伯公司认可本案专利说明书中未测定得到的Ⅰ型结晶阿托伐他汀含有多少水，也认可通过本案专利说明书公开的图谱本身不能确定对应的化合物中水的含量，在说明书仅有声称性结论的情况下，本领域技术人员无法确认本案专利请求保护的Ⅰ型结晶阿托伐他汀水合物确实含有1到8

摩尔水，优选3摩尔水。说明书中还应当至少公开一种制备方法，使本领域技术人员能够实施。由于本案专利说明书中没有对请求保护的I型结晶阿托伐他汀水合物中的水进行清楚、完整的说明，本领域技术人员无论是根据本案专利说明书中的一般性记载，还是根据其中具体的实施例，均无法确信可以受控地制备得到本案专利请求保护的含1—8摩尔水（优选3摩尔）的I型结晶阿托伐他汀水合物。从化学产品确认和制备的角度，本案专利说明书不符合专利法第二十六条第三款的规定。

14. **确定发明所要解决的技术问题与判断说明书是否充分公开之间的关系**

【裁判要旨】

技术方案的再现与是否解决了技术问题、产生了技术效果的评价之间，存在着先后顺序上的逻辑关系，应首先确认本领域技术人员根据说明书公开的内容是否能够实现该技术方案，然后再确认是否解决了技术问题、产生了技术效果。

【关键词】

发明　无效程序　充分公开　技术问题

【裁判意见】

在前述“阿托伐他汀”发明专利权无效案中，最高人民法院还对判断说明书是否充分公开与实现技术方案和解决技术问题之间的关系表明了态度。最高人民法院提审认为：本案专利说明书应对权利要求所限定的发明内容进行清楚、完整的说明，以本领域技术人员根据说明书公开的内容能够实现为准。而“能够实现”，参照《审查指南》的规定，是指本领域技术人员根据说明书公开的内容，能够实现发明的技术方案，解决其技术问题，并且产生预期的技术效果。也就是说，必须是能够实现技术方案、解决技术问题、产生预期效果三者同时满足，才符合专利法第二十六条第三款的规定。可见，在判断是否符合专利法第二十六条第三款的规定时，需要考虑发明所要解决的技术问题，如果说明书给出了技术手段，但本领域技术人员采用该手段不能解决发明所要解决的技术问题，同样不符合专利法第二十六条第三款的规定。但需要考虑发明解决的技术问题并不意味须首先考虑发明所需解决的技术问题，如果一个发明的技术方案本身都无法实现，显然已经不符合专利法第二十六条第三款的规定，这时候再考虑发明要解决的技术问题已经没有实际意义。因此，技术方案的再现和是否解决了技术问题、产生了技术效果的评价之间，存在着先后顺序上的逻辑关系，应首先确认本领域技术人员根据说明书公开的内容是否能够实现该技术方案，然后再确认是否解决了技术问题、产生了技术效果，在不对技术方案本身是否可以实现作出确认的前提下，其与现有技术相比是否能够解决相应的技术问题，并实现有益的技术效果均无从谈起。本案中，二审法院实际并没有考虑本案专利权利要求限定的技术方案的可实现性，而是首先考虑发明要解决的技术问题，进而考虑与要解决的技术问题相关的化学物理性能参数，该审理思路不当，对此应当予以纠正。

15. **申请日后补交的实验性证据是否可以用于证明说明书充分公开**

【裁判要旨】

在申请日后提交的用于证明说明书充分公开的实验性证据，如果可以证明以本领域技术人员在申请日前的知识水平和认知能力，通过说明书公开的内容可以实现该发明，那么该实验性证据应当予以考虑，不能仅仅因为该证据是申请日后提交而不予接受。

【关键词】

发明专利　无效程序　申请日　实验性证据

【裁判意见】

在前述“阿托伐他汀”发明专利权无效案中，沃尼尔·朗伯公司和嘉林公司均提交了实验性证据用以证明本领域技术人员根据说明书的内容是否可以实现本案专利。最高人民法院提审认为：专利法第二十六条第三款要求，本领域技术人员在专利申请日之前就可以根据说明书充分公开的内容实现发明，而在申请日后补充的实验性证据，一般以事后验证的方式来证明说明书达到了上述要求。在专利申请日后提交的用于证明说明书充分公开的实验性证据，如果可以证明以本领域技术人员在申请日前的知识水平和认知能力，通过说明书公开的内容可以实现该发明，那么该实验性证据应当予以考虑，不应仅仅因为该证据是申请日后提交而不予接受。在考虑实验性证据是否采纳的时候应严格审查时间和主体两个条件。首先，实验性证据涉及的实验条件、方法等在时间上应该是申请日或优先权日前本领域技术人员通过阅读说明书能够直接得到或容易想到的；其次，在主体上，应立足于本领域技术人员的知识水平和认知能力。沃尼尔·朗伯公司和嘉林公司提交的实验性证据均无法达到上述要求，故对此不予采纳。

16. **从属权利要求是否得到说明书支持的判断**

【裁判要旨】

对于形式上具有从属关系，实质上替换了独立权利要求中特定技术特征的从属权利要求，应当按照其限定的技术方案的实质内容来确定其保护范围，并在此基础上判断是否得到说明书的支持。

【关键词】

发明专利　无效程序　从属权利要求　说明书

【案号】

最高人民法院（2014）行提字第32号

【基本案情】

在再审申请人朱福奶、翟佑华、马国奶与被申请人国家知识产权局专利复审委员会（以下简称专利复审委员会）及一审第三人、二审上诉人河南全新液态起动设备有限公司（以下简称全新公司）发明专利权无效行政纠纷案中，朱福奶、翟佑华、马国奶系名称为“无刷自控电机软启动器”的第03112809.2号发明专利（即本案专利）的权利人。本案专利共有5项权利要求，其中，独立权利要求1请求保护一种无刷自控电机软启动器，包括电解液、电解液贮容器，处于电解液中可相对移动的静电极和动电极以及与其电气相连接的接线柱，接线柱与电机电枢连接，使静电极和动电极之间的电阻与电枢串接。其特征包括，动电极与静电极之间设有阻止动电极向静电极移动的弹性阻力装置；所述弹性阻力装置的阻力与动电极和静电极之间距离成反比，电解液贮容器上还设有排气阀和安全阀。权利要求3在权利要求1或2的基础上，进一步限定弹性阻力装置为拉簧，拉簧的一端固定在动电极上，另一端固定在环形凹腔的内环侧壁上。权利要求5在权利要求3的基础上，进一步限定所述排气阀为离心式排气阀，设置在靠近转轴位置的端面上。针对本案专利，全新公司于2010年1月14日以权利要求书未得到说明书的支持等为由，向专利复审委员会提出无效宣告请求。专利复审委员会作出第15243号无效宣告请求审查决定（简称第15243号决定）认为，权利要求1中记载的是动、静电极之间设有弹性阻力装置，而根据说明书记载，动电极与静电极之间并未设置任何部件。因此，权利要求1没有得到说明书的支持。权利要求2～5直接或间接从属于权利要求1，其各自限定部分的内容并未克服权利要求1得不到说明书支持的缺陷，权利要求2～5也不符合专利法第二十六条第四款的规定，遂宣告本案专利权全部无效。朱福奶、翟佑华、马国奶不服第15243号决定，提起行政诉讼。北京市第一中级人民法院一审认为，本案专利权利要求1保护的范围是“动电极与静电极之间设有阻止动电极向静电极移动的弹性阻力装置。所述弹性阻力装置的阻力与动电极和静电极之间距离成反比”。说明书记载了“动电极与静电极之间设有阻止动电极向静电极移动的弹性阻力装置”，并对弹性阻力装置作用进行了清楚的说明。同时，在说明书具体实施方式二结构剖视图及具体实施方式一结构剖视图中，均可以清晰地看出为实现本案专利发明目的所设置的弹性阻力装置（弹簧、杠杆）。本案专利符合专利法第二十六条第四款的规定。遂判决撤销第15243号决定，并责令专利复审委员会重新作出审查决定。专利复审委员会、全新公司均不服，提起上诉。北京市高级人民法院二审认为，本领域技术人员在阅读说明书中有关“阻止动电极向静电极移动的弹性阻力装置”设置在动电极与凹腔内环侧壁之间的具体实施方式后，无法得出本案专利权利要求中记载有“动电极与静电极之间设有阻止动电极向静电极移动的弹性阻力装置”的技术方案。本案专利的权利要求未以说明书为依据来说明要求专利保护的技术方案。二审法院遂撤销一审判决，维持第15243号决定。朱福奶、翟佑华、马国奶不服，向最高人民法院申请再审。最高人民法院裁定提审本案，并于2015年7月1日判决撤销一审、二审判决，并责令专利复审委员会重新作出审查决定。

【裁判意见】

最高人民法院提审认为：第15243号决定及二审判决认定权利要求1、2、4没有得到说明书支持的结论是正确的。权利要求3虽然形式上是权利要求1的从属权利要求，但权利要求3替换了权利要求1中“动电极与静电极之间”的技术特征。对于这种形式上从属于某权利要求，但实质上替换了特定技术特征的权利要求，应当按照其限定的技术方案的实质内容来确定其保护范围，并在此基础上判断是否得到说明书的支持。本案专利说明书记载了环形凹腔外环侧壁上敷设一层薄铜皮构成静电极以及每块动电极与凹腔内环侧壁之间对称地设有一对拉簧。权利要求3限定的技术方案在说明书中有具体的实施例，得到了说明书的支持。权利要求5作为权利要求3的从属权利要求，进一步限定了排气阀为离心式排气阀，设置在靠近转轴位置的端面上。该技术方案同样得到了说明书的支持。第15243号决定以及二审判决以权利要求1没有得到说明书支持，进而直接认定其从属权利要求3和5得不到说明书支持，没有结合本案专利的具体情况，对权利要求3和5的具体技术方案作进一步分析，导致结论错误，对此应予纠正。

17. **同一技术方案中产品权利要求与方法权利要求创造性评判之间的关系**

【裁判要旨】

对于同时包含产品权利要求与方法权利要求的发明专利而言，如果产品权利要求并非由方法权利要求所唯一限定，即存在通过其他方法获得该产品的可能性。在方法权利要求具备创造性的情况下，并不能必然得出产品权利要求也具备创造性的结论。

【关键词】

发明专利　无效程序　产品权利要求　方法权利要求

【案号】

最高人民法院（2015）知行字第261号

【基本案情】

在再审申请人广东天普生化医药股份有限公司（以下简称天普生化公司）与被申请人国家知识产权局专利复审委员会（以下简称专利复审委员会）、第三人张亮发明专利权无效行政纠纷案中，天普生化公司系名称为“高纯度乌司他丁及其制备方法和含有乌司他丁的药物组合物”的发明专利（即本案专利）的权利人，本案专利授权公告共 8 项权利要求。其中，权利要求 1 和 8 为产品权利要求，权利要求 2～7 为方法权利要求。权利要求 1 公开了“一种高纯度乌司他丁”的产品及其特征，权利要求 8 公开了一种以权利要求 1 中的高纯度乌司他丁作为活性成分的药物组合物。权利要求 2～7 公开了一种制备权利要求 1 中高纯度乌司他丁的方法及其具体步骤。2011 年 9 月 2 日，张亮以本案专利不具有新颖性、创造性等为由，向专利复审委员会提出无效宣告请求。专利复审委员会于 2012 年 11 月 14 日作出第 19578 号无效宣告请求审查决定（以下简称第 19578 号决定），宣告本案专利的权利要求 1、8 无效，在权利要求 2～7 的基础上继续维持本案专利权有效。天普生化公司不服，提起行政诉讼。北京市第一中级人民法院一审判决维持第 19578 号决定。天普生化公司不服，提起上诉。北京市高级人民法院二审判决驳回上诉、维持原判。天普生化公司仍不服，向最高人民法院申请再审。天普公司的再审申请理由之一为，本领域技术人员在现有技术的基础上获得权利要求 1 要求保护的乌司他丁产品需要付出创造性劳动。最高人民法院于 2015 年 12 月 24 日裁定驳回天普生化公司的再审申请。

【裁判意见】

最高人民法院审查认为：天普生化公司在再审程序中主张本案专利具备创造性所依据的事实实际上是本案专利限定的方法技术方案，而在对方法权利要求 2～7 的无效审查程序中，第 19578 号决定已经在相对于对比文件和公知常识结合的基础上，认定其具备创造性。但是，权利要求 1 并非是由权利要求 2～7 限定的产品，在无证据证明权利要求 1 的产品只能由权利要求 2～7 的方法获得，而更高纯度乌司他丁产品可以通过其他方法获得的情况下，如果认定权利要求 1 的乌司他丁产品具备创造性，就会使得通过其他方法获得的高纯度乌司他丁产品落入权利要求 1 的保护范围，而事实上，这种保护与发明人对本案专利权利要求 1 所作出的技术贡献并不匹配。由于本案专利权利要求 1、8 并非由权利要求 2～7 的特定纯化方法限定，第 19578 号决定认定权利要求 2～7 的纯化方法具有创造性，与作为产品权利要求的权利要求 1 和 8 不具备创造性的结论并不存在矛盾。

二、商标案件审判

（一）商标民事案件审判

18. 缺乏合法性基础的注册商标专用权不能对抗他人的正当使用行为

【裁判要旨】

以违反诚实信用原则恶意取得的注册商标专用权，对他人的正当使用行为提起的侵害商标权之诉，不应得到法律的支持和保护。

【关键词】

商标　侵权　诚实信用　正当使用

【案号】

最高人民法院（2014）民提字第168号

【基本案情】

在再审申请人宁波广天赛克思液压有限公司（以下简称广天赛克思公司）与被申请人邵文军侵害商标权纠纷案中，邵文军原系宁波市工商行政管理局江北分局的工作人员，2003年辞去公职。2006年2月10日，邵文军向国家工商行政管理总局商标局申请注册第5154071号“赛克思SAIKESI”商标（即本案商标），该商标于2009年3月21日被核准注册，核定使用商品为第7类：泵膜片；机器、发动机和引擎的液压控制器；液压滤油器；泵（机器）；加热装置用泵；液压泵；液压元件等。邵文军以广天赛克思公司使用与本案商标相同的文字作为企业字号，并在本案商标核定使用的商品上突出使用，构成对本案商标权的侵害为由，提起诉讼。浙江省宁波市中级人民法院一审认为，广天赛克思公司的使用行为具有合法的在先权利基础，且不具有攀附邵文军商标声誉的恶意，客观上也不会使相关公众对商品的来源产生混淆、误认，不构成对本案商标权的侵害。据此，一审法院判决驳回邵文军的诉讼请求。邵文军不服，提出上诉。浙江省高级人民法院二审认为，广天赛克思公司在先使用了“赛克思”“SAIKESI”“saikesi”等标识，有权继续规范使用其企业名称。但是，我国实行的是商标注册制度，商标一旦获准注册，不论该商标实际使用的情况如何，注册商标专用权均应受到法律保护。广天赛克思公司对与本案商标相近似的标识进行了商标意义上的使用，容易导致相关公众混淆误认，其行为构成侵权。但因本案商标并未进行实际使用，广天赛克思公司亦不存在侵权的主观故意，邵文军并无实际损失，故赔偿数额仅限于合理开支部分。据此，二审法院判决撤销一审判决，并判令广天赛克思公司立即停止侵权行为，赔偿邵文军经济损失两万元。广天赛克思公司不服，向最高人民法院申请再审。最高人民法院裁定提审本案，并于2015年10月30日判决撤销二审判决，维持一审判决。

【裁判意见】

最高人民法院提审认为：广天赛克思公司对由其字号“赛克思”拼音首字母组成的“SKS”商标享有在先的注册商标专用权，以及合法的在先字号和域名权益，其在本案商标申请注册前，对合法拥有的商标、企业字号文字、拼音以及企业名称简称的文字、拼音的使用行为不具有恶意。从本案商标注册申请日起，至二审判决作出时，邵文军都未能提交对本案商标进行实际使用并产生知名度的证据，故广天赛克思公司的被诉侵权行为不具有攀附本案商标知名度的主观恶意。广天赛克思公司将“SKS”“赛克思液压”“SKS HYDRAULIC”“赛克思厂”组合在一起，经过长期使用，已具有较高的知名度，不会导致相关公众的混淆和误认，其使用行为具有正当性。此外，邵文军在辞职时亦有条件知悉广天赛克思公司及其关联企业的商标注册情况、字号及企业名称简称的实际使用状况等信息，其辞职后在与广天赛克思公司经营范围相同的商品类别上，申请注册与广天赛克思公司企业字号主要部分的文字及拼音相同的商标，直至本案二审程序结束亦未实际使用，却对在先权利人提起侵权之诉，其行为有违诚实信用原则，不应当受到法律保护。据此，邵文军以非善意取得的商标权对广天赛克思公司的正当使用行为提起侵权之诉，属于对其注册商标专用权的滥用，其诉讼请求不应得到支持。

19. **涉外委托加工中商标使用行为的判断**

【裁判要旨】

商标法保护商标的基本功能，是保护其识别性。判断在相同或类似商品上使用相同或近似商标的行为是否容易导致混淆，要以商标发挥或者可能发挥识别功能为前提。在全部用于出口的委托加工产品上贴附的标志，既不具有区分所加工商品来源的意义，也不能实现识别该商品来源的功能，该标志不具有商标的属性，该贴附行为不构成商标意义上的使用行为。

【关键词】

商标　侵权委托加工　商标使用

【案号】

最高人民法院（2014）民提字第38号

【基本案情】

在再审申请人浦江亚环锁业有限公司（以下简称亚环公司）与被申请人莱斯防盗产品国际有限公司（以下简称莱斯公司）侵害商标权纠纷案中，许浩荣于2003年5月21日在第6类的“家具用金属附件、五金锁具、挂锁、金属锁（非电）”等商品上获准注册第3071808号“PRETUL及椭圆图形”商标（即本案商标）。2010年3月27日，本案商标经核准转让给莱斯公司。亚环公司于2010年与案外人墨西哥TRUPER HERRAMIENTAS S. A. DE C. V.（以下简称储伯公司）签订售货确认书若干，约定由亚环公司向储伯公司供给挂锁。后宁波海关分两次查获亚环公司自该海关出口至墨西哥的228箱684打和3411箱10233打被诉侵权挂锁。挂锁的锁体、钥匙及所附的产品说明书上均带有“PRETUL”商标，挂锁包装盒上标有“PRETUL及椭圆图形”商标，并以西班牙文标明“进口商：储伯公司”和“中国制造”，但并未标注亚环公司的相关信息。储伯公司在墨西哥等多个国家和地区拥有第6类、第8类商品类别上的“PRETUL”或“PRETUL及椭圆图形”商标权，其出具声明称，亚环公司生产的标有“PRETUL”商标的所有型号的挂锁均是根据该公司的授权而生产，并全部出口墨西哥。莱斯公司以亚环公司的前述行为构成侵害其商标权为由，提起诉讼。浙江省宁波市中级人民法院一审认为，莱斯公司是本案商标的合法权利人，亚环公司在挂锁锁体、钥匙及产品说明书上标注“PRETUL”等标识，属于商标意义上的使用行为。储伯公司在墨西哥取得的商标权不受我国法律保护。亚环公司在其加工的产品上标注的“PRETUL”商标与本案商标不相同，产品不在中国境内销售，消费者没有发生混淆的可能，故“PRETUL”商标未侵害本案商标权。但包装盒上标注的“PRETUL及椭圆图形”商标与本案商标相同，亚环公司对该商标的使用行为构成对本案商标权的侵害。遂判决亚环公司停止侵权并承担相应的民事责任。莱斯公司、亚环公司均不服一审判决，向浙江省高级人民法院提起上诉。浙江省高级人民法院二审认为，亚环公司在同类商品上使用“PRETUL”商标的行为构成对本案商标权的侵害。遂撤销一审判决，判令亚环公司立即停止侵权行为并赔偿莱斯公司经济损失8万元。亚环公司仍不服，向最高人民法院申请再审。最高人民法院裁定提审本案，并于2015年11月26日判决撤销一审、二审判决，驳回莱斯公司的诉讼请求。

【裁判意见】

最高人民法院提审认为：商标作为区分商品或者服务来源的标识，其基本功能在于商标的识别性。亚环公司依据储伯公司的授权使用“PRETUL”标志，在中国境内仅属物理贴附行为，为储伯公司在享有商标专用权的墨西哥国使用其商标提供了必要的技术性条件，在中国境内并不具有识别商品来源的功能。因此，亚环公司在委托加工产品上贴附的标志，既不具有区分所加工商品来源的意义，也不能实现识别该商品来源的功能，其所贴附的标志不具有商标的属性，在产品上贴附标志的行为亦不能被认定为商标意义上的使用行为。在商标并不能发挥识别作用，并非商标法意义上的商标使用的情况下，判断是否在相同商品上使用相同的商标，或者判断在相同商品上使用近似的商标，或者判断在类似商品上使用相同或者近似的商标是否容易导致混淆，都不具实际意义。

（二）商标行政案件审判

20. **对包含外文文字的申请商标是否构成禁止注册的外国国家名称，应基于相关公众的知识水平和认知能力作出判断**

【裁判要旨】

相关公众基于其知识水平和认知能力，不会认为申请商标整体上与外国国家名称相同或近似的，应认定申请商标未违反商标法第十条第一款第（二）

项的规定。

【关键词】

商标 驳回复审程序 国家名称 外文商标

【案号】

最高人民法院（2015）知行字第 80 号

【基本案情】

在再审申请人耐克国际有限公司（以下简称耐克公司）与被申请人国家工商行政管理总局商标评审委员会（以下简称商标评审委员会）商标驳回复审行政纠纷案中，耐克公司于 2009 年 10 月 13 日申请注册第 7752573 号“JORDAN”商标（即申请商标），指定使用商品为第 28 类篮球、球类专用袋等。2010 年 10 月 12 日，国家工商行政管理总局商标局以申请商标“JORDAN”的中文可译为“约旦”，为不得作为商标使用的外国国家名称，以及申请商标违反商标法第二十八条规定为由，决定对申请商标予以驳回。商标评审委员会维持商标局的驳回决定。耐克公司不服，提起行政诉讼。北京市第一中级人民法院一审判决驳回耐克公司的诉讼请求。耐克公司不服，提起上诉。北京市高级人民法院二审判决驳回上诉、维持原判。耐克公司仍不服，向最高人民法院申请再审。最高人民法院于 2015 年 12 月 2 日裁定驳回耐克公司的再审申请。

【裁判意见】

最高人民法院审查认为：与外国国家名称相同或近似的标志不得作为商标注册的立法目的，在于尊重外国的国家主权。在认定申请商标是否违反上述法律规定时，应当以相关公众作为判断主体，将申请商标标识整体与外国国家名称进行比较。相关公众基于其知识水平和认知能力，认定申请商标整体上与外国国家名称不相同也不近似的，应当认定申请商标未违反商标法第十条第一款第（二）项的规定。本案中，申请商标为组合商标，由上方的“”图形和下方的“JORDAN”文字共同组成。其中文字部分“Jordan”除了构成约旦国（全称约旦哈希姆王国）英文国家名称“The Hashemite Kingdom of Jordan”的重要组成部分外，还具有人名、地名等其他含义。而且，申请商标的文字部分与图形部分“”紧密结合，整体上与“JORDAN”形成了一定的差异。由于地理差距、语言差异等因素，我国境内的相关公众对“JORDAN”为约旦国家英文名称重要组成部分的了解程度相对有限，相关公众基于其知识水平和认知能力，一般不会将申请商标中的“JORDAN”与约旦国联系在一起，更不会认为申请商标整体上与约旦的国家名相同或者近似，申请商标未违反商标法第十条第一款第（二）项的规定。

21. 驰名商标按需认定原则在商标授权确权行政案件中的适用

【裁判要旨】

人民法院审理涉及驰名商标保护的商标授权确权行政案件，亦应遵循驰名商标的按需认定原则。如果被异议商标并未构成对引证商标的复制、摹仿或者翻译，或者被异议商标获准注册并不会导致误导公众并可能损害引证商标权利人利益的结果，即无需对引证商标是否构成驰名的问题作出审查和认定。

【关键词】

商标　异议程序　驰名商标　按需认定

【案号】

最高人民法院（2014）知行字第112号

【基本案情】

在再审申请人巨化集团公司（以下简称巨化公司）与被申请人国家工商行政管理总局商标评审委员会（以下简称商标评审委员会）、第三人胡金云商标异议复审行政纠纷案中，巨化公司在先于第1类液氯、电石、甲醇、烧碱等商品上获准注册第143726号“巨化牌JH”商标（即引证商标）。第5894566号“巨化”商标（即被异议商标）由胡金云于2007年2月7日向国家工商行政管理总局商标局（简称商标局）提出注册申请，指定使用商品为第11类灯、灯罩、车灯、煤气热水器等。巨化集团在法定异议期内对被异议商标提出异议申请。2011年9月7日，商标局裁定对被异议商标予以核准注册。巨化集团不服，向商标评审委员会提出复审申请。商标评审委员会于2013年11月11日作出商评字［2013］第101103号《关于第5894566号“巨化”商标异议复审裁定》（简称101103号裁定）认定：巨化公司提交的证据不足以证明引证商标在被异议商标申请日之前在第1类商品上已构成驰名商标，即使引证商标已构成驰名商标，其赖以驰名的第1类烧碱等商品与被异议商标指定使用的第11类灯等商品区别较大，被异议商标的注册使用不会引起消费者的混淆、误认，被异议商标未违反商标法第十三条的规定。此外，被异议商标亦未违反商标法第三十一条的规定。据此，商标评审委员会对被异议商标予以核准注册。巨化公司不服，提起行政诉讼。北京市第一中级人民法院一审认为，根据驰名商标按需认定的原则，由于被异议商标指定使用的第11类灯、灯罩、龙头商品与引证商标指定使用的第1类烧碱、液氯、电石等商品区别较大，即便引证商标可以被认定为驰名商标，亦无法予以跨类保护，被异议商标的申请注册未违反商标法第十三条第二款的规定。此外，被异议商标亦未违反商标法第三十一条的规定，遂判决维持第101103号裁定。巨化公司不服，提起上诉。北京市高级人民法院于 2014 年 9 月 9 日判决驳回上诉、维持原判。巨化公司仍不服，向最高人民法院申请再审，其再审申请理由之一为，一审、二审法院及商标评审委员会漏审引证商标是否构成驰名商标的事实，被异议商标是对已注册驰名商标（即引证商标）的恶意复制和摹仿，违反了商标法第十三条第二款的规定。最高人民法院于 2015 年 8 月 7 日裁定驳回巨化公司的再审申请。

【裁判意见】

最高人民法院审查认为：在先商标为已经在中国注册的驰名商标、被异议商标构成对该驰名商标的复制、摹仿或者翻译，以及被异议商标的申请注册将容易导致消费者混淆或者误导公众，进而损害驰名商标注册人的利益，是在本案中适用商标法第十三条第二款规定的三个基本条件。在案件审理过程中，固然要对异议申请人请求予以保护的引证商标所具有的知名度予以考量，但并不意味着必须将其作为适用商标法第十三条第二款的前提条件，即首先对引证商标是否构成驰名商标的问题进行审查和认定。我国商标法律框架之下驰名商标法律保护制度的立法本义，在于给予具有较高知名度的商标与其显著性和知名度相适应的保护范围和保护强度，并非授予一项荣誉称号。《最高人民法院关于审理涉及驰名商标保护的民事纠纷案件应用法律若干问题的解释》第二条第一款第（一）项明确了驰名商标的按需认定原则，人民法院审理涉及驰名商标保护的商标授权确权行政案件，亦应遵循驰名商标的按需认定原则。如果被异议商标并没有构成对引证商标的复制、摹仿或者翻译，或者被异议商标获准注册并不会导致误导公众，并可能损害引证商标权利人利益的结果，即无需对引证商标是否构成驰名的问题作出审查和认定。引证商标核定使用的“烧碱、甲醇”等化工产品与被异议商标指定使用的“灯、煤气热水器”等家用电器商品，无论是从功能、用途，还是商品的销售渠道、消费者群体等方面看，均具有较大的差异性，虽然引证商标在化工产品上积累了一定的市场知名度，但并未能证明该种知名度已经于被异议商标申请日之前，辐射到了被异议商标指定使用的商品，或类似商品或具有关联性的商品之上，不足以证明因引证商标的在先知名度，被异议商标的核准注册将产生误导公众，并损害引证商标权利人利益的结果。一审、二审法院认定被异议商标的注册并未违反商标法第十三条第二款规定的结论正确。且在引证商标不符合给予其特殊保护条件的情况下，一审、二审法院对其是否构成驰名商标的问题不予评述的做法亦符合法律规定。

22. 在先商标具有较高显著性和知名度的情况下，在后申请人应负有更高的注意和避让义务

【裁判要旨】

在引证商标具有较高的显著性和知名度的情况下，与其构成近似商标的范围较普通商标也应更宽，同业竞争者亦应具有更高的注意和避让义务。

【关键词】

商标　异议程序　显著性　知名度

【案号】

最高人民法院（2015）知行字第116号

【基本案情】

在再审申请人北京福联升鞋业有限公司（以下简称福联升公司）与被申请人国家工商行政管理总局商标评审委员会（以下简称商标评审委员会）、北京内联升鞋业有限公司（以下简称内联升公司）商标异议复审行政纠纷案中，内联升公司系在先申请注册的第7307621号“内联升”商标（即引证商标）的权利人，引证商标核定使用商品为第25类的“鞋”。福联升公司于2009年6月29日向国家工商行政管理总局商标局申请注册第7504400号“福联升FULIANSHENG及图”商标（即被异议商标），被异议商标指定使用在第25类的“服装、内衣、鞋”商品上。在法定异议期内，内联升公司对被异议商标提出异议申请，商标局裁定对被异议商标予以核准注册。内联升公司不服，向商标评审委员会提出复审申请。商标评审委员会于2013年12月2日作出的商评字［2013］）第123029号《关于第7504400号“福联升FULIANSHENG及图”商标异议复审裁定》（以下简称第123029号裁定），以被异议商标违反商标法第二十八条规定为由，裁定对被异议商标不予核准注册。福联升公司不服，提起行政诉讼。北京市第一中级人民法院一审认为，被异议商标与引证商标共存于市场，不会导致相关公众的混淆误认，被异议商标未违反商标法第二十八条规定。遂判决撤销第123029号裁定，并责令商标评审委员会重新作出复审裁定。商标评审委员会和内联升公司均不服，提起上诉。北京市高级人民法院二审认为，考虑到引证商标在被异议商标申请日前已经具有一定知名度，当二者同时使用在同一种或类似商品上时，相关公众容易误认为二者是同一市场主体提供的系列商标，或者误认为二者的提供者之间存在某种特定联系。遂判决撤销一审判决，维持第123029号裁定。福联升公司不服，向最高人民法院申请再审。最高人民法院于2015年11月18日裁定驳回福联升公司的再审申请。

【裁判意见】

最高人民法院审查认为：“内联升”系中国驰名商标，先后被认定为中华老字号、国家非物质文化遗产，荣获“中国布鞋第一家”等荣誉称号，其销售的布鞋产品在相关公众中具有极高的美誉。在引证商标具有如此高的显著性和知名度的情况下，与其构成近似商标的范围较普通商标也应更宽，同业竞争者亦应具有更高的注意和避让义务。本案中，福联升公司作为同地域的同业竞争者，理应对内联升公司及其引证商标的知名度和显著性有相当程度的认识，在鞋类商品上注册、使用有关商标时，理应遵守诚实信用原则，而本案相关证据表明，福联升公司在注册、使用被异议商标时，存在攀附内联升公司与引证商标的明显恶意。虽然福联升公司经过一定时间和范围的使用，客观上形成了一定的市场规模，但被异议商标的使用行为大多是在申请日之后而尚未获准注册的情况下发生。且在福联升公司大规模使用被异议商标之前，理应认识到基于引证商标的知名度和显著性，存在被异议商标不被核准注册，乃至侵犯引证商标权利的法律风险。福联升公司未能尽到合理的注意和避让义务，仍然申请注册并大规模使用被异议商标，如果承认福联升公司此种行为所形成的所谓市场秩序或知名度，无异于鼓励同业竞争者违背诚实信用原则，罔顾他人合法在先权利，强行将其恶意申请的商标做大、做强。这样既不利于有效区分市场，亦不利于净化商标注册、使用环境，并终将严重损害在先商标权人的合法权益以及广大消费者的利益，违背诚实信用原则以及商标法的立法宗旨。

23. **商标之间适当共存的考量因素**

【裁判要旨】

商标之间的适当共存，一般具有特殊的历史背景，且需考虑在先权利人的意愿和客观上是否已经形成了市场区分的事实。

【关键词】

商标　异议程序　共存　市场区分

【案号】

最高人民法院（2015）行提字第3号

【基本案情】

在再审申请人特多瓦公司与被申请人北京龟博士汽车清洗连锁有限公司（以下简称龟博士公司）及一审被告、二审被上诉人国家工商行政管理总局商标评审委员会（以下简称商标评审委员会），一审第三人、二审被上诉人北京半隆贸易中心（以下简称半隆中心）商标异议复审行政纠纷案中，特多瓦公司在先于第3类“汽车上光蜡、清洗液”商品上获准注册第908487号“龟博士”商标（即引证商标）。长沙大地公司于2002年5月8日向国家工商行政管理总局商标局（以下简称商标局）提出第3167289号“龟博士”商标（即被异议商标）的注册申请，核定使用在“车辆加润滑油；车辆维修”服务上。

2010年7月，被异议商标经核准转让给龟博士公司。在法定异议期内，特多瓦公司、半隆中心对被异议商标提出异议申请，商标局裁定对被异议商标予以核准注册。特多瓦公司、半隆中心不服，向商标评审委员会申请复审。商标评审委员会作出商评字（2010）第38951号《关于第3167289号“龟博士”商标异议复审裁定书》（以下简称第38951号裁定）认为，被异议商标违反商标法第十五条、第二十八条的规定，被异议商标不予核准注册。龟博士公司不服，提起行政诉讼。北京市第一中级人民法院一审认为，被异议商标违反了商标法第二十八条的规定，但商标评审委员会认定被异议商标违反商标法第十五条的规定有误，故判决驳回龟博士公司的诉讼请求。龟博士公司、特多瓦公司均不服，提起上诉。北京市高级人民法院二审认为，商标法第十五条规定不适用于本案。但鉴于龟博士公司在汽车维修等服务上使用的“龟博士”商标已有一定知名度，被异议商标和引证商标已分别建立各自的消费群体，应认定两商标不构成近似商标。二审法院遂撤销一审判决，并责令商标评审委员会重新作出裁定。特多瓦公司不服，向最高人民法院申请再审。最高人民法院裁定提审本案，并于2015年11月18日判决撤销二审判决，并在对法律适用问题予以纠正的前提下对一审判决予以维持。

【裁判意见】

最高人民法院审查认为：通常情况下，如果同一商标分别使用在不同的商品或服务上，会使相关公众认为上述商品或服务系由同一主体提供或存在特定联系，容易造成混淆。被异议商标核定使用的“车辆加润滑油、车辆维修”服务和引证商标核定使用的“汽车上光蜡、清洗液”商品均属车辆维修、保养范畴，因“车辆加润滑油、车辆维修”服务提供者在提供服务时亦可能会使用“汽车上光蜡、清洗液”等商品，二者的服务场所或销售场所、消费对象存在同一性可能，故如在上述商品或服务上均使用“龟博士”商标，以相关公众的一般交易观念和通常认识，可能误认为二者系由同一主体提供或提供者之间具有特定联系，从而导致混淆误认的结果。允许商标之间的适当共存，需基于特殊历史原因或历史延续关系，且需考虑在先权利人的意愿及客观上是否已经形成了市场区分等因素。本案中，并无需要考量的特殊历史因素，亦无在先权利人同意共存且双方商标客观上已经形成市场区分的事实，故被异议商标违反了商标法第二十八条的规定。

24. **特殊历史背景下在先使用并有一定影响商标的认定**

【裁判要旨】

判断被异议商标是否属于以不正当手段抢先注册他人在先使用并有一定影响的商标时，需考查在先商标的历史、申请注册情况，并结合在先商标在被异议商标申请日前是否为合法使用等因素综合判断。

【关键词】

商标　异议程序　在先使用　知名度

【案号】

最高人民法院（2015）知行字第115号

【基本案情】

在再审申请人贵州赖世家酒业有限责任公司（以下简称赖世家酒业公司）与被申请人国家工商行政管理总局商标评审委员会（以下简称商标评审委员会）、一审第三人中国贵州茅台酒厂（集团）有限责任公司（以下简称茅台酒厂有限公司）商标异议复审行政纠纷案中，1951年至1953年，贵州省仁怀县人民政府通过赎买、没收、接管等方式将仁怀茅台镇“成义酒房”“荣和酒房”“恒兴酒厂”三家私营酿酒烧房资产收归国有，成立贵州茅台酒厂，并将三家私营酿酒烧房所生产的“华茅”“王茅”“赖茅”酒产品整合，统一称为“茅台酒”。1988年12月29日，贵州茅台酒厂在酒商品上申请注册“赖茅”“王茅”“华茅”商标，“赖茅”商标（简称在先“赖茅”商标）于1996年6月27日获准注册，注册号为627426号。2003年7月，深圳市赖永初酒业经销有限公司以连续三年停止使用为由，申请撤销在先“赖茅”商标。2005年3月16日，国家工商行政管理总局商标局（简称商标局）决定撤销在先“赖茅”商标，商标评审委员会维持上述撤销决定。2005年3月29日，茅台酒厂有限公司在酒（饮料）等商品上提出第4570381号“赖茅”商标（即被异议商标）的注册申请。赖世家酒业公司及贵州赖永初酒业有限公司在法定期限内提出异议申请。2012年7月30日，商标评审委员会作出商评字［2012］第33395号《关于第4570381号“赖茅”商标异议复审裁定》（简称第33395号裁定），对被异议商标予以核准注册。赖世家酒业公司不服，提起行政诉讼。北京市第一中级人民法院一审认为，被异议商标未构成商标法第三十一条所指以不正当手段抢先注册他人在先使用并有一定影响商标之情形，遂判决维持第33395号裁定。赖世家酒业公司不服，提起上诉，北京市高级人民法院二审判决驳回上诉、维持原判。赖世家酒业公司仍不服，向最高人民法院申请再审。最高人民法院于2015年9月10日裁定驳回赖世家酒业公司的再审申请。

【裁判意见】

最高人民法院审查认为：判断被异议商标的申请注册是否属于以不正当手段抢先注册赖世家酒业公司在先使用并有一定影响的在先“赖茅”商标，需考查在先“赖茅”商标的历史、申请注册情况，并结合赖世家酒业公司在被异议商标申请注册日前是否为合法使用等因素。首先，根据原审法院查明的事实，1951年至1953年，贵州省仁怀县人民政府通过赎买、没收、接管等方式将仁怀茅台镇“成义酒房”“荣和酒房”和“恒兴酒厂”三家私营酿酒烧房资产收归国有，在此基础上成立贵州茅台酒厂，并将三家私营酿酒烧房所生产的“华茅”“王茅”“赖茅”酒产品整合，统一称为“茅台酒”。赖世家酒业公司在五十年代后对“赖茅”商标并不享有商标权益。其次，从在先“赖茅”商标核准注册到该商标因三年不使用被撤销期间，茅台酒厂有限公司对在先“赖茅”商标享有注册商标专用权，任何人未经其许可，不得在与酒相同或者类似商品上使用“赖茅”标识。赖世家酒业公司在此期间的使用行为实为侵犯在先“赖茅”商标专用权的行为，并不能因违法行为而产生商标权益。赖世家酒业公司虽主张其在先使用“赖茅”商标且在原有范围内继续使用并不违法，但在先“赖茅”商标五十年代后即归属贵州茅台酒厂，虽然我国商标法于 1982 年 8 月 23 日颁布，但并不表明此前商标权利人对商标没有权利。在在先“赖茅”商标五十年代后已折价划归贵州茅台酒厂的情形下，即使如赖世家酒业公司所述，其前身于八十年代开始生产“赖茅”酒，该行为难言正当，亦不能产生商标法意义上的在先使用权益。茅台酒厂有限公司于在先“赖茅”商标被撤销后十几日即申请注册被异议商标，赖世家酒业公司在短短十几日内使用“赖茅”商标亦难以达到一定影响。据此，被异议商标的申请注册并未违反商标法第三十一条的规定。

25. **注册商标连续三年停止使用制度中的“使用”行为，应以核定使用的商品为限**

【裁判要旨】

在注册商标连续三年停止使用予以撤销制度中，复审商标的使用行为应以核定使用的商品为限。

【关键词】

商标　撤销复审程序　使用　核定商品

【案号】

最高人民法院（2015）知行字第 255 号

【基本案情】

在再审申请人宁波市青华漆业有限公司（以下简称青华公司）与被申请人国家工商行管理总局商标评审委员会（以下简称商标评审委员会）、一审第三人上海市方达（北京）律师事务所（以下简称方达事务所）商标撤销复审行政纠纷案中，青华公司系第 1688809 号“B 及图”商标（即复审商标）的权利人。复审商标于 2001 年 12 月 28 日被核准注册，核定使用在国际分类第 2 类的油漆、漆、铝涂料、银涂料等商品上，专用期限经续展至 2021 年 12 月 27 日止。2010 年 6 月 11 日，方达事务所以连续三年停止使用为由，对复审商标提出撤销请求。国家工商行政管理总局商标局（以下简称商标局）以青华公司提供的使用证据有效为由，维持复审商标继续有效。方达事务所不服，提出复审请求。商标评审委员会以青华公司未能提供证据证明复审商标在核定使用商品上进行了真实有效的商业使用为由，以商评字［2014］第97239号《关于第1688809号“B及图”商标撤销复审决定书》（以下简称第97239号决定）对复审商标予以撤销。青华公司不服，提起行政诉讼。北京知识产权法院一审认为，批墙膏与油漆、涂料等商品属于同类商品，青华公司在批墙膏等商品上对复审商标的使用应视为在核定使用商品上的使用。据此，判决撤销第97239号决定，并责令商标评审委员会重新作出复审决定。商标评审委员会不服，提起上诉。北京市高级人民法院二审认为，复审商标在批墙膏商品上的使用，不应视为在核定商品上的使用。遂判决撤销一审判决，维持第97239号决定。青华公司不服，向最高人民法院申请再审。最高人民法院于2015年11月23日裁定驳回青华公司的再审申请。

【裁判意见】

最高人民法院审查认为：商标法第四十四条第（四）项的规定旨在督促商标权人积极使用核准注册的商标，避免商标资源闲置。该条规定中所称的注册商标连续三年停止使用中的“使用”行为，应当理解为在核定类别商品上的使用。虽然青华公司提供的经销协议、增值税发票、广告合同、制作单及门店招牌等证据，可以证明青华公司在批墙膏商品上使用了复审商标，但批墙膏不包括在复审商标核定使用的第2类商品中的油漆、漆、铝涂料、银涂料等商品范围之中，且与该类商品在功能、用途等方面存在一定的差异。因此，复审商标在批墙膏商品上的使用，不应视为在核定商品上的使用，复审商标应当予以撤销。

26. **象征性使用不构成商标的实际使用行为**

【裁判要旨】

在注册商标连续三年停止使用的复审案件中，判断复审商标是否进行了实际使用，需要考察商标注册人是否具有真实的使用意图和使用行为。仅为维持复审商标存在而进行的象征性使用，不构成商标的实际使用行为。

【关键词】

商标　撤销复审程序　象征性使用　实际使用

【案号】

最高人民法院（2015）知行字第181号

【基本案情】

在再审申请人成超与被申请人通用磨坊食品亚洲有限公司（以下简称通用磨坊公司）、一审被告国家工商行政管理总局商标评审委员会（以下简称商标评审委员会）商标撤销复审行政纠纷案中，第1591629号“湾仔码头”商标（即复审商标）由中山市南区百鸟归巢火锅美食店于2000年3月31日提出注册申请，核定使用在第42类的咖啡馆、自助食堂、餐厅等服务上。2009年8月13日，复审商标经核准转让予成超。2009年8月21日，通用磨坊公司以复审商标连续三年停止使用为由，向国家工商行政管理总局商标局（以下简称商标局）提出撤销申请。后商标局以成超提供的使用证据无效为由，决定对复审商标予以撤销。成超不服，向商标评审委员会提出复审申请。商标评审委员会于2013年6月2日作出商评字［2013］第18947号《关于第1591629号“湾仔码头”商标撤销复审决定书》（以下简称第18947号决定），对复审商标予以撤销。成超不服，提起行政诉讼。北京市第一中级人民法院一审认为，成超在指定期限内对复审商标进行了真实的商业使用，遂判决撤销第18947号决定，并责令商标评审委员会重新作出复审决定。通用磨坊公司不服，向北京市高级人民法院提起上诉。北京市高级人民法院二审认为，成超提供的使用证据多为意在维持复审商标注册的单次、象征性使用，商标评审委员会所作复审商标在指定期间并无真实商业使用行为的结论正确，遂判决撤销一审判决，维持第18947号决定。成超不服，向最高人民法院申请再审。最高人民法院于2015年12月2日裁定驳回成超的再审申请。

【裁判意见】

最高人民法院审查认为：商标的价值在于识别商品或者服务的来源，商标法第四十四条规定连续三年停止使用予以撤销的制度目的，在于促使商标的实际使用，发挥商标的实际效用，防止浪费商标资源。商标的使用，不仅包括商标权人自用，也包括许可他人使用以及其他不违背商标权人意志的使用。没有实际使用注册商标，仅有转让、许可行为，或商标注册信息的公布以及享有注册商标专用权的声明等，不能认定为商标使用。判断商标是否实际使用，需要判断商标注册人是否有真实的使用意图和实际的使用行为，仅为维持注册商标的存在而进行的象征性使用，不构成商标的实际使用。本案中，成超主张复审商标在指定期间内以广告宣传和许可他人使用的方式进行了使用，但其提交的《广告代理合同》《广告协议》、湾仔码头小吃部的招商广告、《湾仔码头商标合作合同》《商标许可使用合同》等证据，或无相关证据予以佐证，或发生时间晚于商标局指定期间，均不能证明其对复审商标进行了实际使用。此外，二审法院参考成超申请注册50余件与他人知名商标相同或近似商标的情况，认定其并无对复审商标进行真实使用的意图，该结论并无不当。

三、著作权案件审判

27. 表格类表达方式是否具备独创性的判断

【裁判要旨】

作品的独创性应体现在作品的表达方式而非思想或观点之中，具有独创性的表达方式应由作者独立完成且不同以往。表格形式仍属于一般性的表格分类方式，表格内容的表达方式相对固定，不具备作品所应具有的独创性，不能受到著作权法的保护。

【关键词】

著作权　侵权　表格　独创性

【案号】

最高人民法院（2015）民申字第 1665 号

【基本案情】

在再审申请人马琦与被申请人乐山市文化广播影视新闻出版局（以下简称出版局）、唐长寿著作权权属、侵害著作权纠纷案中，马琦曾参加全国第二次文物普查工作中四川省乐山市市中区的文物调查。调查工作中使用的相关表格由四川省文物普查办公室提供。其中，《文物分布一览表》内容项有“市县名称、编号、名称、位置、时代、文物保护单位级别、说明、备注。”《古墓葬调查表》内容项有“市县、编号、名称、位置、文物保护单位级别、数量及范围、保存现状、周围环境、墓葬型制规格、出土器物、墓碑、评定与建议、备注、照片、调查日期。”《古建筑调查表》内容项有“市县、编号、名称、位置、文物保护单位级别、照片号、绘图号、沿革、保存现状、内容（包括座向、平面布局、建筑材料、建筑形式、测量数据、特定、价值等）、参考文件及题记、周围环境、备注、照片、调查日期。”马琦参加了近 40 个文物点的调查和制表工作，并将调查表上报给乐山市文化局，后该局将相关资料汇集后上报四川省文化厅文物普查办公室。2008 年，为了对历次文物调查的成果进行系统整理和科学总结，国家文物局编辑出版《中国文物地图集》，该图集由国家文物局主编，文物出版社出版。其中，《中国文物地图集·四川分册》中收录了马琦参与制作的调查表。马琦以其为《中国文物地图集·四川分册》中的文物调查表的作者，著作权遭受侵害为由，提起诉讼。四川省乐山市中级人民法院一审认为，马琦参与填写的调查表不具有独创性，不构成著作权法所保护的作品，遂判决驳回其诉讼请求。马琦不服，提起上诉。四川省高级人民法院二审判决驳回上诉、维持原判。马琦仍不服，向最高人民法院申请再审。最高人民法院于 2015 年 10 月 30 日裁定驳回马琦的再审申请。

【裁判意见】

最高人民法院审查认为：著作权法所称作品，是指文学、艺术和科学领域内具有独创性并能以某种有形形式复制的智力成果。这里的独创性是指作品表达形式而非作品思想或观点的独创性。按照著作权法对独创性的要求，作品的表达形式应当是作者独立完成且不同于公有领域业已存在或他人在先作品的表达形式。本案中，马琦主张受到保护的文物调查表是其独立完成，但调查表本身并未超出一般表格分类的表现形式，不符合独创性的要求。表格中所填写的内容，由于是对文物点名称、年代、形状、数量、大小等事实的客观描述，受上述基本事实信息真实、客观、准确要求的限制，其文字选择有限，表达方式相对固定，亦不具有独创性。此外，马琦虽主张其对相关文物点历史年代的考证具有创新性、其为相关数据的准确测量付出了辛苦劳动等理由，但对历史年代的考证结论以及说明事物性状的具体数据属于思想而不是表达，对相关数据的测量行为更多表现为体力劳动而非智力成果，不具备作品的构成要件。

28. **共有权利人之间相互侵害著作权行为的认定**

【裁判要旨】

著作权的共有权利人可以在与对方协商不成、对方无正当理由、行使的权利不含转让、与对方分享收益等情况下，有条件地单独行使权利。但著作权的质押和转让，是对权利的重大处分。未与共有权人协商而对著作权进行转让，构成未经许可侵害共有权人著作权的行为。

【关键词】

著作权　侵权　共有权利　权利处分

【案号】

最高人民法院（2015）民申字第131号

【基本案情】

在再审申请人北京金色里程文化艺术有限公司（以下简称金色里程公司）与被申请人上海晋鑫影视发展有限公司（以下简称晋鑫公司）、原审被告李晓军、李文秀侵害著作权纠纷案中，晋鑫公司与金色里程公司于2006年11月22日签订《联合摄制合同》约定：双方共同摄制20集电视连续剧《天情》；电视剧版权及与此有关的一切权利均属晋鑫公司、金色里程公司共有并按出资比例分配；所有与拍摄电视剧有关的合同和协议的订立和生效均需双方同意；未经对方书面同意，任何一方不得抵押或出卖关于联合摄制电视剧的任何财产、资产和无形权利，不得将其在电视剧中的权益转让或抵押。2007年2月25日，金色里程公司与案外人中天公司签订《版权质押典当合同》，约定作价30万元将《天情》版权及原剧本的电视剧使用权质押给中天公司。2007

年 12 月 25 日，金色里程公司与中天公司签订《绝当协议书》，对《版权质押典当合同》进行绝当处理，金色里程公司将《天下父母心》（原名《天情》）的版权及原剧本的电视剧使用权、发行权和唯一的电视剧摄制数码母带（含制作许可证、发行许可证）移交给中天公司，由中天公司全权处置。2008 年 4 月 8 日，中天公司作价 54.8 万元，将上述全部权利转让给晋杰公司。晋鑫公司以金色里程公司的上述行为侵害其著作权为由，提起诉讼。江苏省无锡市中级人民法院一审认为，金色里程公司擅自典当电视剧著作权的行为侵害了晋鑫公司的著作权，遂判决金色里程公司赔偿晋鑫公司经济损失 50 万元。晋鑫公司不服，提起上诉。江苏省高级人民法院二审认为，因金色里程公司的过错致使涉案电视剧未能发行，故晋鑫公司主张以其无法回收的投资款作为实际损失，具有事实依据。遂改判金色里程公司赔偿晋鑫公司经济损失 2631993.50 元。金色里程公司不服，向最高人民法院申请再审。最高人民法院于 2015 年 6 月 25 日裁定驳回金色里程公司的再审申请。

【裁判意见】

最高人民法院审查认为：涉案电视剧由金色里程公司和晋鑫公司共同摄制，双方为共同著作权人。著作权法实施条例规定，不可分割的合作作品，共有权利人应协商行使著作权，在不能协商一致的情况下，共有权利人有权单独行使除转让以外的其他权利，但所得收益应当合理分配给共有人，另一方有正当理由的除外。双方亦在合同中约定，对于作品的典当质押行为应与对方协商并征得书面同意。通常情况下，权利的行使必须经过权利人的同意，但共有权利人可以在与对方协商不成、对方无正当理由、行使的权利不含转让、与对方分享收益等条件满足的情况下，单独行使权利。对著作权进行质押和转让，是对著作权权利的重大处分，金色里程公司实施的上述行为未与晋鑫公司进行任何协商，违反了著作权法及双方合同的约定，导致作品著作权被转让的严重后果，使共有权利人丧失了对涉案作品的控制和联系，并无法参与到涉案作品的发行利用及由此产生的利益分享和亏损承担，属于未经共有权利人许可侵害其权利的行为。

四、不正当竞争案件审判

29. 权利人对商业秘密内容和范围的明确与固定

【裁判要旨】

在商业秘密案件审理过程中，应当允许权利人对其商业秘密的内容和范围进行明确和固定，人民法院在此基础上进行的审理和裁判，只要不影响当事人的程序性权利，即不构成超出诉讼请求的裁判。

【关键词】

商业秘密　侵权　诉讼请求内容范围

【案号】

最高人民法院（2015）民申字第2035号

【基本案情】

在再审申请人新发药业有限公司（以下简称新发公司）与被申请人亿帆鑫富药业股份有限公司（以下简称鑫富公司）、一审被告姜红海、马吉锋侵害商业秘密纠纷案中，鑫富公司是一家主要生产D-泛酸钙的公司，其主张对微生物酶法制备D-泛解酸技术享有商业秘密。鑫富公司以新发公司、姜红海、马吉锋非法获取、披露、允许他人使用鑫富公司的上述商业秘密为由，提起诉讼。鑫富公司在起诉状中明确其商业秘密的内容为“微生物酶法制备D-泛解酸技术”。在一审庭审过程中，鑫富公司称，其主张的“微生物酶法制备D-泛解酸技术”是对“微生物酶法拆分生产D-泛酸钙工艺中的技术指标、生产操作的具体方法和要点、异常情况处理方法等技术信息、5000T泛酸钙的工艺流程图中记载技术信息的整体组合”的概括。一审、二审法院以鑫富公司于庭审中概括的商业秘密范围为准，对本案进行了审理并作出裁判。上海市第一中级人民法院一审认为，鑫富公司主张受到保护的技术信息符合商业秘密的保护条件，三被告的行为均构成对原告鑫富公司所享有的商业秘密权利的侵犯，应当承担相应的侵权民事责任。遂判决新发公司立即停止侵权行为，姜红海、马吉锋、新发公司连带赔偿鑫富公司经济损失31557903.87元及合理费用10万元。新发公司不服，提起上诉。上海市高级人民法院二审认为，新发公司、姜红海、马吉锋的行为构成共同侵权，应当承担相应的法律责任。但鑫富公司并未提供证据证明涉案商业秘密因新发公司及姜红海、马吉锋的侵权行为而为公众所知悉，故一审法院以研发投入为标准确定损害赔偿数额有所不妥。在鑫富公司的损失难以准确计算的情况下，二审法院酌情确定损害赔偿额为900万元。新发公司不服，向最高人民法院申请再审。最高人民法院于2015年12月22日裁定驳回鑫富公司的再审申请。

【裁判意见】

最高人民法院审查认为：新发公司主张，一审、二审法院以鑫富公司在一审庭审中对商业秘密内容的描述为基础确定商业秘密的范围，超出了鑫富公司的诉讼请求。对此，在商业秘密侵权纠纷审判实践中，参加诉讼的原告即商业秘密权利人内部的技术人员、法务人员、管理人员或者外请的代理律师会对商业秘密范围有不同的理解，甚至同一诉讼参加人随着诉讼进程的推进，对商业秘密范围也会有不同的认识。人民法院审理商业秘密侵权纠纷首先需要做的工作就是由原告固定商业秘密的范围。这是商业秘密侵权纠纷不同于其他知识产权侵权纠纷的特殊之处。人民法院根据原告固定后的商业秘密范围进行审理和裁判，只要不影响被告的程序权利，应当允许，不构成超出诉讼请求裁判。

30. **专利权人于侵权认定作出前发送侵权警告维护自身权益的行为，不构成不正当竞争**

【裁判要旨】

专利权人可以在提起侵权诉讼之前或者起诉期间发送侵权警告，发送侵权警告是其自行维护权益的途径和协商解决纠纷的环节，法律对此并无禁止性规定，且允许以此种方式解决争议有利于降低维权成本、提高纠纷解决效率和节约司法资源，符合经济效益。

【关键词】

确认不侵权　警告函　自力救助　争议解决

【案号】

最高人民法院（2014）民三终字第 7 号

【基本案情】

在石家庄双环汽车股份有限公司（以下简称双环股份公司）与本田技研工业株式会社（以下简称本田株式会社）确认不侵害专利权、损害赔偿纠纷案中（以下简称“汽车”外观设计专利确认不侵权案）中，本田株式会社系名称为“汽车”的外观设计专利（即本案专利）的权利人。2003 年 9 月起，本田株式会社以双环股份公司生产、销售的“LAIBAO S-RV”汽车（以下简称被诉侵权产品）涉嫌侵害本案专利权为由，多次向其发送警告，并于 2003 年 11 月向北京市高级人民法院提起侵害外观设计专利权之诉。2003 年 10 月 16 日，双环股份公司向河北省石家庄市中级人民法院提起请求确认不侵害外观设计专利权及损害赔偿之诉。在上述案件审理期间，双环股份公司针对本案专利，向国家知识产权局专利复审委员会（以下简称专利复审委员会）提出无效宣告请求。2006 年 3 月 6 日，专利复审委员会作出第 8105 号无效宣告请求审查决定（以下简称第 8105 号决定），宣告本案专利权无效。本田株式会社不服，提起行政诉讼。北京市第一中级人民法院及北京市高级人民法院先后判决维持第 8105 号决定。据此，双环股份公司以本田株式会社发送警告信散布不良舆论，导致其经营权、名誉权受损为由，在其提起的确认不侵害外观设计专利权及损害赔偿之诉中，增加诉讼请求为赔偿经济损失 36574 万元。本田株式会社不服北京市高级人民法院维持第 8105 号决定的行政判决，向最高人民法院申请再审。最高人民法院裁定提审本案，并于 2010 年 11 月 26 日判决撤销一审、二审判决及第 8105 号决定。本案专利权恢复有效后，本田株式会社撤回此前对双环股份公司提出的侵害外观设计专利权之诉，将索赔金额提高到 34857.04 万元之后，重新向河北省高级人民法院对双环股份公司提起侵权之诉。后根据最高人民法院的指定，河北省石家庄市中级人民法院将此前受理的双环股份公司所提确认不侵害外观设计专利权之诉移送至河北省高级人民法院，由该院对本田株式会社提起的侵害外观设计专利权及损害赔偿纠纷及双环股份公司提起的确认不侵害外观设计专利权纠纷合并审理。2014 年 2 月 19 日，河北省高级人民法院就两案分别作出一审判决。在本案涉及的确认不侵害外观设计专利权及损害赔偿之诉中，河北省高级人民法院一审确认双环股份公司生产、销售的被诉侵权产品不侵害本案专利权，并判令本田株式会社赔偿双环股份公司经济损失人民币 5000 万元。双环股份公司、本田株式会社均不服，提起上诉。最高人民法院于 2015 年 12 月 8 日二审判决确认双环股份公司生产、销售的被诉侵权产品不侵害本案专利权，改判本田株式会社赔偿经济损失 1600 万元。

【裁判意见】

最高人民法院二审认为：本田株式会社提起侵权之诉前，向双环股份公司发送侵权警告信之时，本案专利权合法有效。双环股份公司接到侵权警告信后，经与本田株式会社协商沟通，明确被警告行为的具体信息，双环股份公司立即对其所称“非定型产品”的外观进行了修改，并于 2003 年 10 月 15 日将改变后的定型产品的外观设计告知本田株式会社。双环股份公司的行为表明，本田株式会社侵权警告信的内容足以使双环股份公司知悉被警告行为可能存在侵害本案专利权的事实。双环股份公司自行作出判断，选择了立即与本田株式会社沟通，并修改被诉侵权产品的外观设计。侵权警告信的内容对于双环股份公司而言是明确的。双环股份公司所谓停止生产、推迟上市以及对产品外观等进行改造导致的损失，属于其自行对侵权警告进行判断后所带来的商业风险，不利后果应由其自行承担。本田株式会社在起诉之前向双环股份公司发送侵权警告的行为，属于专利权人正当的维权行为。专利权人针对已经法院判决认定的侵权行为可以向被诉侵权行为人发送侵权警告，也可以在提起专利侵权诉讼之前或者起诉期间发送侵权警告维护权益。专利权人发送侵权警告是其自行维护权益的途径和协商解决纠纷的环节，法律对于在侵权判决作出之前专利权人自行维护其权益的行为，并无禁止性规定。允许以此种方式解决争议有利于降低维权成本、提高纠纷解决效率和节约司法资源，符合经济效益，双环股份公司主张本田株式会社在法院侵权之诉的判决作出前发送侵权警告无法律依据的理由不能成立。

31. **侵权警告的发送应限于合理范围，并善尽注意义务**

【裁判要旨】

权利人发送侵权警告维护自身合法权益是其行使民事权利的应有之义，

但行使权利应当在合理的范围内，并善尽注意义务。

【关键词】

确认不侵权　侵权警告　合理范围　注意义务

【裁判意见】

在前述“汽车”外观设计专利确认不侵权案中，最高人民法院二审认为：权利人发送侵权警告维护自身合法权益是其行使民事权利的应有之义，但行使权利应当在合理的范围内。在采取维护权利行为的同时，也要注重对公平竞争秩序的维护，避免滥用侵权警告，打压竞争对手合法权益。权利人发送侵权警告的目的，在于让被警告者知悉存在可能侵害他人权利的事实，自行停止侵权或与权利人积极沟通、协商解决纠纷，权利人无需再提起侵权之诉寻求公力救济。制造者作为侵权的源头，通常是权利人进行侵权警告的主要对象，权利人希望被警告的制造者停止侵权行为或与其进行协商以获得授权，制造者往往会选择与权利人正面协商、沟通的方式解决纠纷。权利人发送侵权警告的对象还可能包括产品的销售商、进口商，或者发明或实用新型产品的使用者等，这些人作为制造者的交易相对方，往往也是权利人争夺的目标客户群。由于他们通常对是否侵权的判断认知能力相对较弱，对所涉侵权的具体情况知之较少，与制造者不同，他们的避险意识较强，更易受到侵权警告的影响，可能会选择将产品下架、退货等方式停止被警告行为。因此，向这些主体进行警告的行为容易直接导致制造商无法销售，影响所涉产品的竞争交易秩序。向销售商发送侵权警告时，对确定被警告行为构成侵权而产生的注意义务要高于向制造者发送侵权警告的情形，其警告所涉信息应当详细、充分，如披露请求保护的权利的范围、涉嫌侵权的具体信息以及其他与认定侵权和停止侵权相关的必要信息。本案中，本田株式会社在双环股份公司已经与其进行沟通协商，且双方均已启动司法救济程序后，仍继续向被诉侵权产品的销售商发送侵权警告信，并扩大警告对象的范围，难以认定其尽到了审慎注意义务，其行为违反了反不正当竞争法第二条的规定。

32. **善意的在先使用行为不构成擅自使用他人企业名称**

【裁判要旨】

他人善意使用诉争名称的时间早于权利人对其企业名称的使用，该使用行为不构成擅自使用他人企业名称的行为。

【关键词】

商标侵权　不正当竞争　企业名称　在先使用

【案号】

最高人民法院（2013）民提字第102号

【基本案情】

在再审申请人广州星河湾实业发展有限公司（以下简称星河湾公司）、广州宏富房地产有限公司（以下简称宏富公司）与被申请人江苏炜赋集团建设开发有限公司（以下简称炜赋公司）侵害商标权及不正当竞争纠纷案（以下简称“星河湾”商标侵权及不正当竞争案）中，核定使用在第 36 类“公寓出租、公寓管理”等服务上的第 1946396 号和第 1948763 号组合商标由宏富公司提出注册申请，后先后转让给案外人宏宇企业集团（香港）有限公司（以下简称宏宇公司）及星河湾公司。宏富公司经许可使用上述两注册商标，并有权以自身的名义提起侵权诉讼。宏富公司及其关联企业先后在广州、北京、上海等地开发以“星河湾”命名的地产项目，“星河湾”地产项目及宏宇集团、星河湾公司先后获得多项荣誉。自 2000 年起，炜赋公司在江苏省南通市先后推出“星河湾花园”“星辰花园”“星景花园”等多个地产项目，小区名称均报经南通市民政局批准。星河湾公司、宏富公司以炜赋公司在开发的不动产项目中使用“星河湾”字样，侵害其注册商标权并构成不正当竞争为由，提起诉讼。江苏省南通市中级人民法院一审认为，炜赋公司使用“星河湾花园”作为其开发的楼盘名称，未导致消费者对该楼盘来源产生混淆，不构成商标侵权。宏富公司开发的“星河湾”楼盘在广州地区具有较高知名度，但炜赋公司长期正当、合理使用“星河湾花园”这一名称，主观上并无搭便车之故意，客观上也未造成消费者误认，故炜赋公司使用该名称不构成不正当竞争。遂判决驳回星河湾公司、宏富公司的诉讼请求。星河湾公司、宏富公司不服，向江苏省高级人民法院提起上诉。江苏省高级人民法院二审判决驳回上诉、维持原判。星河湾公司、宏富公司仍不服，向最高人民法院申请再审。最高人民法院裁定提审本案，并于 2015 年 2 月 26 日判决撤销一审、二审判决，判令炜赋公司在其尚未出售的楼盘和将来拟开发的楼盘上不得使用相关“星河湾”名称作为其楼盘名称，并赔偿星河湾公司、宏富公司经济损失 5 万元。

【裁判意见】

最高人民法院提审认为：星河湾公司原名为广州明宇木业有限公司，2007 年 8 月更名为星河湾公司。以“星”字开头命名楼盘名称，是炜赋公司自 2000 年以来形成的习惯和传统，且早在 2006 年 5 月 15 日，炜赋公司已向南通市民政局申请命名该小区为“炜赋・星河湾”，理由为：继星辰花园、星景花园后仍以“星”字开头，因保留该地原有两条河流穿过小区，故以“炜赋・星河湾”命名。同年 5 月 25 日，南通市民政局批复同意炜赋公司将该住宅区命名为“星河湾花园”，因此诉争楼盘名称的使用先于星河湾公司企业名称的使用，该种使用并不属于擅自使用他人企业名称的行为。

五、植物新品种案件审判

33. 侵害植物新品种权案件中，对结论不同的测试报告的采信与认定

【裁判要旨】

特征特性相同为认定侵害植物新品种权行为的前提条件。植物新品种的授权依据为田间种植的 DUS 测试，当田间种植的 DUS 测试确定的特异性结论与 DNA 指纹检测结论不同时，应以田间种植的 DUS 测试结论为准。

【关键词】

植物新品种　侵权　特征特性　测试报告

【案号】

最高人民法院（2015）民申字第 2633 号

【基本案情】

在再审申请人山东登海先锋种业有限公司（以下简称登海公司）与被申请人陕西农丰种业有限责任公司（以下简称农丰种业公司）、山西大丰种业有限公司（以下简称大丰公司）侵害植物新品种权纠纷案中，先锋国际良种公司是“先玉 335”植物新品种的权利人，其授权登海公司可以自身名义对侵害其植物新品种权的行为提起民事诉讼。本案中的被诉侵权产品为大丰公司生产、农丰种业公司销售的“大丰 30”玉米种子。根据农业行政执法部门的委托，河南省依斯特种子质量检测有限公司对“大丰 30”进行品种真实性检测的结论为“大丰 30”与“先玉 335”的电泳谱带对比一致。其后，扶风县农业管理部门对前述“大丰 30”玉米种子予以扣押，并送交北京玉米种子检测中心进行 DNA 检验，检验结果为“大丰 30”与“先玉 335”相同或极近似。因对上述检测结论存在异议，大丰公司提交了农业部植物新品种测试中心出具的《农业植物新品种测试报告》（以下简称 DUS 测试报告），该报告的结论为“大丰 30”具有特异性、一致性、稳定性。陕西省西安市中级人民法院一审认为，“大丰 30”和“先玉 335”不是同一个玉米品种，故判决驳回登海公司的诉讼请求。登海公司不服，提出上诉。陕西省高级人民法院二审判决驳回上诉、维持原判。登海公司仍不服，向最高人民法院提出再审申请。最高人民法院于 2015 年 12 月 11 日裁定驳回登海公司的再审申请。

【裁判意见】

最高人民法院审查认为：“大丰 30”曾于申请品种审定过程中被认定与“先玉 335”无差异，DUS 测试报告是大丰公司对上述检测结论提出异议后，山西省农业种子总站委托农业部植物新品种测试中心进行测试形成的，测试报告本身具备合法性。大丰公司对品种审定过程中的 DNA 指纹检测提出异议，申请进行田间种植检测的主要原因即为两个品种在性状上具有明显差异，

为不同品种。DUS测试报告是通过田间种植表现出的特征特性，核实两个品种是否具有差异，且作为活体繁殖材料，其特征特性应当依据田间种植进行DUS测试所确定的性状特征为准。DUS测试报告证明，“大丰30”与“先玉335”通过田间种植后进行比较，“大丰30”具有特异性，“大丰30”与“先玉335”的特征特性并不相同。由于“被诉侵权物的特征特性与授权品种的特征特性相同，或者特征特性不同是因为非遗传变异所导致”才能够认定为侵害植物新品种权的行为，故“大丰30”并未构成对“先玉335”植物新品种权的侵害。此外，由于DNA检测所采取的核心引物（位点）与DUS测试的性状特征之间并不一定具有对应性，而植物新品种的授予所依据的是田间种植的DUS测试，因此，当DNA鉴定结论为相同或高度近似时，可直接进行田间成对DUS测试比较，通过田间表型确定身份。大丰公司主张以田间种植DUS测试确定的特异性结论推翻DNA指纹检测结论，且DUS测试报告亦表明，通过田间种植，“大丰30”与“先玉335”相比具有特异性，故一审、二审法院驳回登海公司的诉讼请求并无不当。

六、集成电路布图设计案件审判

34. 登记图样和样品对集成电路布图设计保护范围确定的作用

【裁判要旨】

登记时已投入商业利用的集成电路布图设计，其专有权的保护内容应当以申请登记时提交的复制件或图样为准，必要时样品可以作为辅助参考。

【关键词】

集成电路布图设计　侵权　保护范围　图样

【案号】

最高人民法院（2015）民申字第785号

【基本案情】

在再审申请人昂宝电子（上海）有限公司（以下简称昂宝公司）与被申请人南京智浦芯联电子科技有限公司（以下简称南京芯联公司）、深圳赛灵贸易有限公司（以下简称深圳赛灵公司）、深圳市梓坤嘉科技有限公司（以下简称深圳梓坤嘉公司）侵害集成电路布图设计专有权纠纷案中，2009年11月19日，昂宝公司获得名称为OB2535/6/8，登记号为BS.09500527.7的集成电路布图设计（即本案布图设计）登记证书。本案布图设计在登记时已经投入商业使用。昂宝公司在登记时提交了集成电路样品及部分纸质图样。纸质图样共有两层：图样一Metal-1和图样二Metal—-2，该两层均为金属层图样。昂宝公司以南京芯联公司和深圳赛灵公司直接复制并商业利用了本案布图设计，深圳梓坤嘉公司商业利用了本案布图设计为由，提起诉讼。江苏省南京市中级人民法院一审认为，昂宝公司提交的布图设计图样，只有两层金属层图样，无法确定包含有源元件在内的各种元件与互连线路的具体内容。如果公众不能通过公开的图样，而只能通过商业利用的集成电路产品获得相关布图设计，势必与保护布图设计的法律宗旨相违背，也会导致布图设计的保护范围出现不确定性。在无法确定本案布图设计专有权保护范围的情况下，亦无法将被诉侵权的布图设计与之进行侵权对比。遂判决驳回昂宝公司的诉讼请求。昂宝公司不服，提起上诉。江苏省高级人民法院二审判决驳回上诉、维持原判。昂宝公司仍不服，向最高人民法院申请再审。最高人民法院于2015年11月19日裁定驳回昂宝公司的再审申请。

【裁判意见】

最高人民法院审查认为：根据《集成电路布图设计保护条例》第十六条的规定，申请布图设计登记时，应当提交布图设计的复制件或者图样。布图设计已投入商业利用的，应当提交含有该布图设计的集成电路样品。同时，根据《集成电路布图设计保护条例实施细则》第三十九条的规定，在布图设计登记公告后，公众可以请求查阅该布图设计的复制件或者图样的纸件。由此可知，无论布图设计在登记时是否已经投入商业利用，对布图设计的复制件或图样的提交要求均没有差异。因此，如果人民法院在相关诉讼程序中忽略复制件或图样的法律地位，直接依据样品确定布图设计保护内容，极有可能引发轻视复制件或图样法律地位的错误倾向，也将使现行法律关于登记时应当提交申请资料的相关规定无法落实。此外，也会使公众可以通过查阅方式获知布图设计内容的制度设计目的落空。因此，昂宝公司所称布图设计的复制件或者图样无法精确表示布图设计的保护内容，而应以登记时提交的样品确定布图设计保护范围的相关主张，缺乏充分的事实和法律依据。原审法院据此判决驳回昂宝公司诉讼请求符合法律规定。

七、关于知识产权诉讼程序与证据

35. 具有举证能力的一方当事人拒绝明确商业秘密的具体内容，不影响人民法院对确认不侵害商业秘密案件的受理

【裁判要旨】

在确认不侵害商业秘密纠纷案中，应当根据当事人的举证能力和取证难度，确定商业秘密的具体内容和诉讼权利义务的指向对象。具有举证能力的一方当事人拒绝明确商业秘密的具体内容，应就此承担不利的法律后果，但不影响人民法院对确认不侵害商业秘密案件的受理。

【关键词】

确认不侵权　商业秘密　举证能力　案件受理

【案号】

最高人民法院（2015）民申字第628号

【基本案情】

在再审申请人丹东克隆集团有限责任公司（以下简称丹东克隆公司）与被申请人江西华电电力有限责任公司（以下简称江西华电公司）确认不侵害商业秘密纠纷案中，江西华电公司向丹东克隆公司及其客户发送侵权警告函称，丹东克隆公司进行的螺杆膨胀动力机开发、生产和经营活动侵害了江西华电公司的商业秘密。但在近三年的时间里，江西华电公司既未撤回侵权警告函也未向人民法院提起侵权诉讼。丹东克隆公司据此提起诉讼，请求确认其行为不构成侵权。辽宁省丹东市中级人民法院一审认为，丹东克隆公司作为利害关系人可以向人民法院提出诉讼请求，确认其行为不侵害知识产权。丹东克隆公司从公知技术渠道获得了螺杆动力机所依赖的技术，亦未采取不正当手段获取商业秘密。据此判决确认丹东克隆公司生产、销售涉案螺杆膨胀动力机的行为不侵害江西华电公司的商业秘密。江西华电公司不服，提起上诉。辽宁省高级人民法院二审认为，丹东克隆公司要求确认其生产的螺杆动力机属公知技术、不侵害江西华电公司商业秘密的诉讼请求，无法确定诉讼权利义务关系所指向的对象，不属于人民法院受理民事诉讼的范围。据此判决撤销一审判决，驳回丹东克隆公司的起诉。丹东克隆公司不服，向最高人民法院申请再审。最高人民法院于2015年11月27日裁定撤销二审判决，指令辽宁省高级人民法院再审本案。

【裁判意见】

最高人民法院审查认为：确认不侵权之诉，是通过确定权利人与被诉侵权人之间侵权法律关系的存在与否，防止权利人滥发侵权警告函等滥用权利的行为给被诉侵权人合法权益造成损害，平衡权利人与被指控侵权人的程序利益。本案中，江西华电公司向丹东克隆公司及其客户发送侵权警告函，但在将近三年的时间里又未向人民法院提起侵权诉讼，丹东克隆公司为此提起本案诉讼，请求确认其生产的螺杆膨胀动力机未侵害江西华电的商业秘密。与专利权等知识产权相比，商业秘密不具有外显性，本案虽由丹东克隆公司提起，但根据双方的举证能力和获取证据的难易程度，江西华电公司应当可以明确侵权警告函中所称丹东克隆公司所侵害的商业秘密的具体内容。如果江西华电公司拒绝明示其商业秘密，则依法应由其承担不利的法律后果。二审法院以本案商业秘密不明、诉讼权利义务指向对象难以确定为由，认定本案不属于人民法院受理民事诉讼的范围，适用法律错误，应予纠正。

36. 电子证据真实性和证明力的审查判断

【裁判要旨】

在审查判断以公证书形式固定的互联网站网页发布时间的真实性与证明力时，应考虑公证书的制作过程、网页及其发布时间的形成过程、管理该网页的网站资质和信用状况、经营管理状况、所采用的技术手段等相关因素，结合案件其他证据进行综合判断。

【关键词】

外观设计专利　无效程序　电子证据　证明力

【案号】

最高人民法院（2015）知行字第 61 号

【基本案情】

在再审申请人董健飞与被申请人吴树祥、一审被告、二审上诉人国家知识产权局专利复审委员会（以下简称专利复审委员会）外观设计专利权无效行政纠纷案中，董健飞系名称为“水晶烫钻模（5）”的外观设计专利（即本案专利）的权利人。吴树祥针对本案专利提出无效宣告请求，并提交了附件 1 即世界工厂网互联网网站公证打印页及附件 2 即世界工厂网网站运营商出具的关于网页发布情况的复函作为证据，主张本案专利在申请日前已经通过互联网方式公开。专利复审委员会认为，互联网中的网页信息具有可编辑性，现有证据既不能证明公证下载的网页首次生成时具有的内容，又不能排除该网页在被下载之前已经过修改的可能性，不足以证明相关网页上的图片在本案专利申请日之前公开发布。据此，专利复审委员会作出第 20444 号无效宣告请求审查决定（以下简称第 20444 号决定），维持本案专利权有效。吴树祥不服，提起行政诉讼。北京市第一中级人民法院一审认为，世界工厂网系案外人经营的网站，虽然该网站的信息由企业自行发布，但网站上载明的发布该信息的时间在通常情况下由计算机服务器自动生成，信息发布人难以对该发布时间进行更改，可以证明相关网页上的图片在本案专利申请日之前公开发布。遂判决撤销第 20444 号决定。专利复审委员会和董健飞均不服，提起上诉。北京市高级人民法院二审判决驳回上诉、维持原判。董健飞不服，向最高人民法院申请再审。最高人民法院于 2015 年 10 月 29 日裁定驳回董健飞的再审申请。

【裁判意见】

最高人民法院审查认为：在审查判断以公证书形式固定的互联网站网页发布时间的真实性与证明力时，应综合考虑相关公证书的制作过程、该网页及其发布时间的形成过程、管理该网页的网站资质和信用状况、经营管理状况、所采用的技术手段等相关因素，结合案件其他证据，对该公证书及所附网页发布时间的真实性和证明力作出明确判断。在审查证据的基础上，如果确信现有证据能够证明待证事实的存在具有高度可能性，对方当事人对相应证据的质疑或者提供的反证不足以实质削弱相关证据的证明力，不能影响相关证据的证明力达到高度盖然性的证明标准的，应该认定待证事实存在。本案中，附件1显示，以非注册的普通用户身份登陆“世界工厂网”，可以看到第7页显示的烫钻模具图片发布时间为2010年8月16日，第10页显示的烫钻模具图片发布时间为2010年3月8日，均早于本案专利申请日（2010年9月7日）。“世界工厂网”系规模较大、知名度较高的电子商务平台，具有较高的信用和较好的管理手段。在此情况下，除非存在人为删改的情况，该网站上网页图片显示的发布时间与其真实的发布时间通常一致。董健飞提交的反证并未实质性削弱附件1的证明力。原审法院认定附件1以公证书形式固定的互联网网站图片在本案专利申请日前已经公开，并无不当。

37. **对证据证明效力的审核认定及对提供伪证行为的处罚**

【裁判要旨】

人民法院应当按照法定程序，全面、客观地审核证据，依照法律规定，运用逻辑推理和日常生活经验法则，对证据有无证明力和证明力大小进行判断，并公开判断的理由和结果。对于严重违反诚实信用原则，提交伪证、进行虚假陈述、扰乱司法秩序的行为，应当按照法定程序予以处罚。

【关键词】

不正当竞争　证据伪证　处罚

【案号】

最高人民法院（2014）民提字第196号

【基本案情】

在再审申请人广东华润涂料有限公司（以下简称华润公司）与被申请人江苏大象东亚制漆有限公司（以下简称大象公司）、一审被告吴雪春不正当竞争纠纷案中，大象公司以其在油漆商品上使用的“滑雪人物版面”的包装装潢构成知名商品特有包装装潢，华润公司未经许可使用了上述包装装潢为由，提起诉讼。江苏省苏州市中级人民法院一审认为，采用“滑雪人物版面”包装装潢的“大象”油漆涂料商品属于有较高知名度的商品，“滑雪人物版面”文字及色彩特征具有显著性，应认定为知名商品特有的包装装潢。华润公司生产的“IdoI爱的漆”滑雪人图案包装装潢与大象公司“滑雪人物版面”包装装潢构成近似。遂判决华润公司、吴雪春立即停止侵权行为，华润公司赔偿大象公司经济损失2217.274万元。华润公司、吴雪春均不服，提起上诉。江苏省高级人民法院二审认为，大象公司于2008年9月向一审法院提起本案诉讼已超过两年的诉讼时效，但华润公司的侵权行为在大象公司起诉时仍在持续，故虽应判决华润公司停止侵权行为，但在确定损失赔偿额时应以两年计算。遂改判华润公司赔偿大象公司经济损失 40 万元。华润公司仍不服，向最高人民法院申请再审。最高人民法院裁定提审本案，并于 2015 年 11 月 4 日判决撤销一审、二审判决，驳回大象公司的全部诉讼请求。并于同日以在诉讼中提交伪证并进行虚假陈述为由，对大象公司及其法定代表人杨少武下达处罚决定书，分别对二者罚款一百万元及十万元。

【裁判意见】

最高人民法院提审认为：人民法院应当按照法定程序，全面、客观地审核证据，依照法律规定，运用逻辑推理和日常生活经验法则，对证据有无证明力和证明力大小进行判断，并公开判断的理由和结果。本案的争议焦点之一为大象公司提交的公证保全证据中，用以证明其在先使用行为的爱地漆包装罐是否系伪造。经审查现有证据可知，大象公司没有任何证据证明其“爱地漆”商品的销售额情况、涉案包装装潢中的文字设计过程和使用图片的来源，并结合其提交的包装罐上的电话数位与实际使用时间不符，书面说明、证人证言与庭审陈述自相矛盾等事实，运用逻辑推理和日常生活经验法则进行分析判断，通过全面、客观的审核，足以认定大象公司提交的用以证明其在先使用行为的涉案包装罐是伪证，故对此不予采信。此外，鉴于大象公司利用该包装罐及相应的公证书，对华润公司多次提起商标争议、行政诉讼、民事诉讼，严重违反诚信原则，提交伪证、作虚假陈述，严重妨碍人民法院审理案件，扰乱司法秩序，影响司法公正。大象公司的法定代表人杨少武不仅对上述证据造假及恶意诉讼活动知情，而且显然参与了相关活动。大象公司的证人陶国庆提供虚假证言，帮助大象公司作伪证，也是明知故犯。据此，对大象公司及其法定代表人杨少武的造假行为及不诚信诉讼行为，对证人陶国庆作伪证的行为，予以严厉谴责，并将另行依照法定程序予以处罚。

38. **停止侵权责任的承担，应当遵循善意保护原则并兼顾公共利益**

【裁判要旨】

在商标权等知识产权与物权等财产权发生冲突时，是否判令当事人承担停止使用的法律责任，应当遵循善意保护原则并兼顾公共利益。

【关键词】

商标侵权　不正当竞争　停止侵权　善意保护

【裁判意见】

在前述“星河湾”商标侵权及不正当竞争案中，最高人民法院提审认为：根据民法关于善意保护之原则，在商标权等知识产权与物权等其他财产权发生冲突时，应以其他财产权是否善意作为权利界限和是否容忍的标准，同时应兼顾公共利益之保护。本案中，由于炜赋公司经南通市民政局批准将小区命名为“炜赋·星河湾”，小区居民已经入住多年，且并无证据证明其购买该房产时知晓小区名称侵犯星河湾公司商标权，如果判令停止使用该小区名称，会导致商标权人与公共利益及小区居民利益的失衡，故不再判令停止使用该小区名称，但炜赋公司在其尚未出售的楼盘和将来拟开发的楼盘上不得使用相关“星河湾”名称作为其楼盘名称。

结　语

今年是最高人民法院第八次发布知识产权案件年度报告，年度报告在明晰裁判规则、指导审判实践、统一法律适用方面发挥着重要的作用，也日益受到社会各界的普遍关注和高度重视。但仍需要说明的是，年度报告是最高人民法院在具体案件裁判中针对新型、复杂、疑难问题形成的认识，具有较强的个案性、探索性和阶段性，在法律适用标准和方法方面难免存在局限，并可能随着认识的深入和时代的发展发生调整和变化。在未来的工作中，最高人民法院将紧紧围绕“努力让人民群众在每一个司法案件中感受到公平正义”的目标，忠实履行宪法法律赋予的职责，充分发挥知识产权审判职能作用，不断提升知识产权司法保护的权威性和公信力，通过发挥职能作用，保障创新驱动发展。

最高人民法院办公厅
关于印发《最高人民法院知识产权案件年度报告（2016）》的通知

（2017年4月26日　法办〔2017〕74号）

各省、自治区、直辖市高级人民法院，解放军军事法院，新疆维吾尔自治区高级人民法院生产建设兵团分院：

为及时总结知识产权和竞争案件审判经验，加强审判指导，推进司法公开和提升司法公信，最高人民法院从2016年审结的知识产权和竞争案件中精选了27件典型案例，归纳出39个具有普遍指导意义的法律适用问题，形成了《最高人民法院知识产权案件年度报告（2016）》。该年度报告反映了最高人民法院处理新型、疑难、复杂知识产权和竞争案件的审判标准、裁判方法和司法导向，对于知识产权审判工作具有重要指导意义。

现将《最高人民法院知识产权案件年度报告（2016）》印发给你们，供在知识产权审判工作中参考借鉴。

附：

最高人民法院知识产权案件年度报告（2016）

序 言

2016 年，最高人民法院积极主动适应国际形势新变化和经济发展新常态，切实增强机遇意识、责任意识、创新意识，深入贯彻实施国家知识产权战略和创新驱动发展战略，贯彻“司法主导、严格保护、分类施策、比例协调”的基本司法政策，以严格保护、深化改革、完善制度、统一规则为着力点，不断推进知识产权司法体系和司法能力现代化，为建设知识产权强国和世界科技强国提供坚强有力的司法保障。

最高人民法院知识产权庭 2016 年全年共新收各类知识产权案件 724 件。在新收案件中，按照案件审理程序划分，共有抗诉案件 2 件，二审案件 7 件，提审案件 99 件，申请再审案件 601 件，申诉案件 3 件，请示案件 12 件。按照案件所涉客体类型划分，共有专利案件 227 件，植物新品种案件 1 件，商标案件 337 件，著作权案件 64 件，集成电路布图设计案件 2 件，垄断案件 2 件，商业秘密案件 12 件，其他不正当竞争案件 23 件，知识产权合同案件 38 件，其他案件 18 件（主要涉及知识产权审判管理事务）。按照案件性质划分，共有行政案件 352 件，其中专利行政案件 84 件，商标行政案件 268 件；共有民事案件 372 件。全年共审结各类知识产权案件 735 件，其中抗诉案件 2 件，二审案件 11 件，提审案件 96 件，申请再审案件 614 件，请示案件 12 件。在审结的 614 件申请再审案件中，行政申请再审案件 283 件，民事申请再审案件 331 件；裁定驳回再审申请 454 件，裁定提审 76 件，裁定指令或者指定再审 31 件，裁定撤诉（包括和解撤诉）18 件，以其他方式处理 35 件。

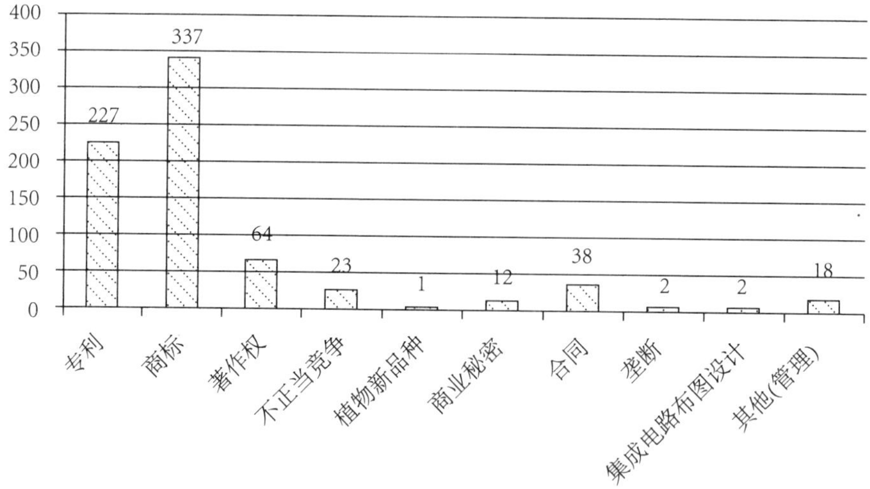

2016 最高人民法院知识产权庭新收知识产权案件类型图

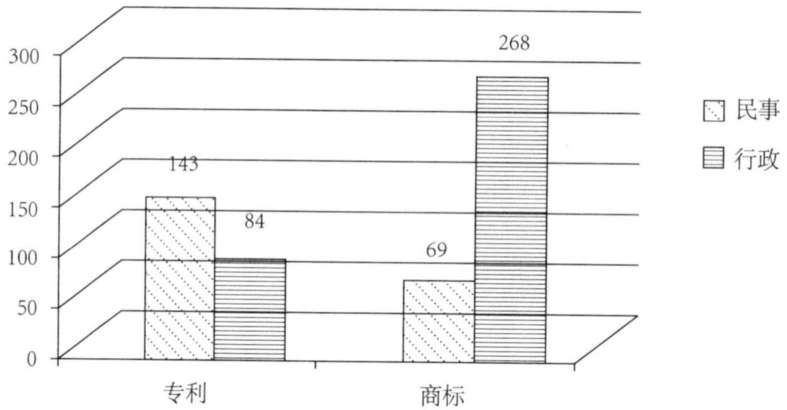

2016 年最高人民法院知识产权庭受理专利、商标民事及行政案件数量对比图

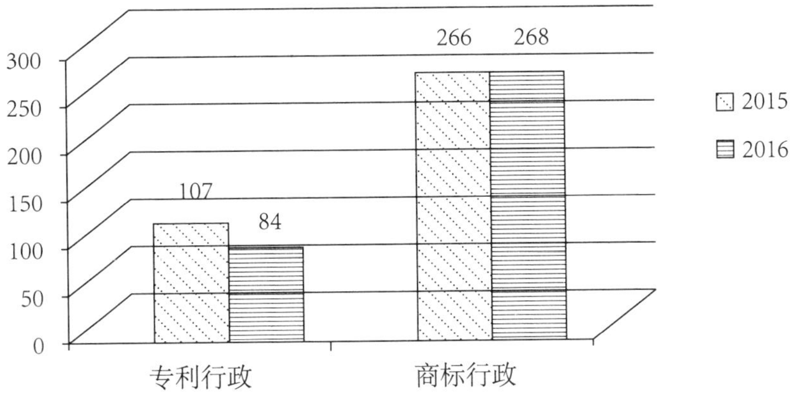

2016 年最高人民法院知识产权庭新收专利、商标行政案件增长对比图

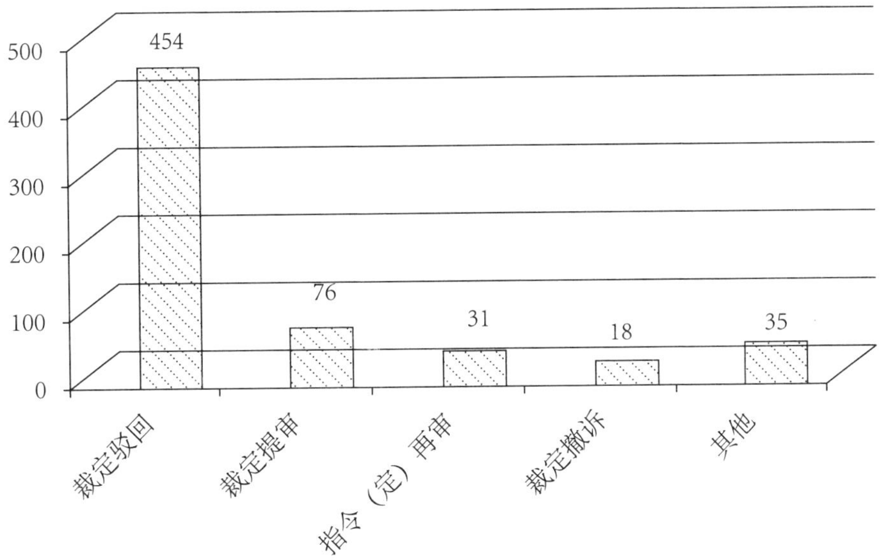

2016 年最高人民法院知识产权庭再审审查案件结案方式统计图

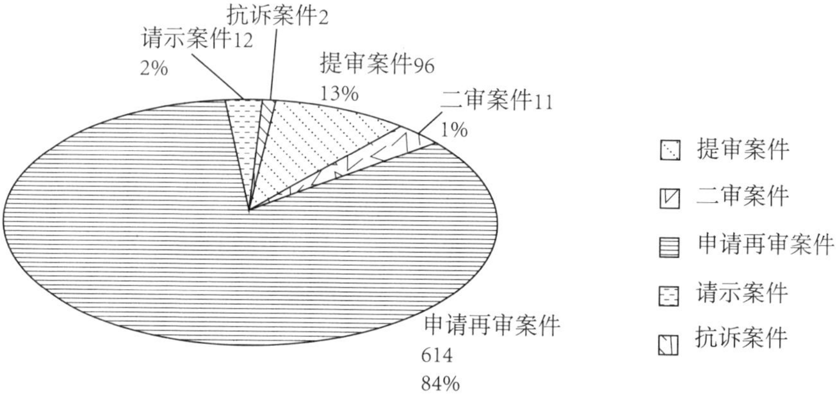

2016 年最高人民法院知识产权庭审结案件类型图

最高人民法院 2016 年审理的知识产权和竞争案件的基本规律和特点是：与专利和商标有关的知识产权案件仍在全部受理案件中占有最大比重，商标授权确权类行政案件增幅明显；专利行政案件的争议焦点问题仍集中于新颖性和创造性的评价，在化学和医药生物领域的案件中，说明书是否充分公开、权利要求书是否得到了说明书的支持，仍然是较为突出的法律问题。当事人对专利权评价报告的地位和作用存在认识误区，是专利民事案件中普遍存在的一个问题。此外，技术调查官制度在技术事实查明方面发挥的作用值得关注；商标案件继续保持整体数量上的高位运行，商标行政案件占比较大，诉争商标是否具有不良影响及在先权利的保护条件和范围等法律适用问题仍存争议，裁判标准和尺度有待明确和统一。通过运用商标近似、商品类似、混淆等弹性因素，在充分考虑市场实际的基础上，体现商标权保护的强度与商标的显著程度、知名度相适应，“比例协调”原则在商标民事案件的审理中得到了较为充分的体现；著作权案件的数量和所占比例基本平稳，涉及卡拉 OK 经营者等诉讼主体的关联性案件较多，当事人取证程序不规范以及证据认定标准不一的情况仍然比较普遍；竞争案件中的商业秘密纠纷占比较大，争议焦点多集中于相关信息的秘密性，以及是否采取了保密措施等与权利基础的证明有关的法律问题，垄断案件的数量有所上升，但当事人的诉讼能力尚需积累和提升。

本年度报告从最高人民法院 2016 年审结的知识产权和竞争案件中精选了 27 件（案件事实和法律问题基本相同的关联案件计为 1 件）典型案件，上述案件涵盖了已经入选 2016 年中国法院 10 大知识产权案件和 50 件典型知识产权案例的全部案件。我们从中归纳出 39 个具有普遍指导意义的法律适用问题，反映了最高人民法院在知识产权和竞争领域处理新型、疑难、复杂案件的审理思路和裁判方法，现予公布。

各类知识产权案件审理情况概要

一、专利案件审判

（一）专利民事案件审判

2016年，最高人民法院知识产权庭审结的专利民事案件共157件，其中，裁定驳回再审申请127件，最高人民法院裁定提审17件，指令下级法院再审10件，发回重审1件，最高人民检察院抗诉案件2件。案件类型涉及侵害发明专利权纠纷59件，侵害实用新型专利权纠纷37件，侵害外观设计专利权纠纷38件。上述案件反映出如下特点和问题：

第一，涉及损害赔偿数额争议的案件比例较高。在134件侵害专利权纠纷案件中，有16件涉及酌定赔偿数额的确定。最高人民法院在这些案件中指出，在无充分证据证明权利人实际损失、侵权人所获利益以及专利许可使用费的情况下，法院根据专利权的类型、侵权行为的性质和情节等因素酌定赔偿数额并无不当。同时，在适用法定赔偿的方式具体确定赔偿数额的过程中，应准确参考相关因素，依靠证据，实事求是。对于原审法院将没有证据证明实际发生的专利许可使用费纳入法定赔偿之参考因素的做法，最高人民法院予以纠正；对于有证据证明侵权产品合理利润较高，原审法院在专利法规定的法定赔偿额幅度之上确定赔偿数额的做法，最高人民法院予以支持，彰显公平合理的司法态度。

第二，涉及管辖权异议的案件占一定比例，知识产权案件级别管辖分工有待明确。在《全国人大常委会关于在北京、上海、广州设立知识产权法院的决定》《最高人民法院关于北京、上海、广州知识产权法院案件管辖的规定》《最高人民法院关于知识产权法院案件管辖等有关问题的通知》等决定、规定和通知以及现行其他有效的法律和司法解释没有对高级人民法院与知识产权法院之间的案件管辖分工作出特别规定的情形下，知识产权法院受理案件的级别管辖仍应受到《最高人民法院关于审理民事级别管辖异议案件若干问题的规定》《最高人民法院关于调整地方各级人民法院管辖第一审知识产权民事案件标准的通知》等一般规定拘束。从级别管辖上，不排除高级人民法院对一审知识产权案件的管辖权。

第三，技术调查官首次参与最高人民法院的案件审理程序。在礼来公司与华生公司侵害发明专利权纠纷一案中，最高人民法院依法组成合议庭，并指派技术调查官参与诉讼。综合运用技术调查官、专家辅助人、科技专家咨询等多种途径来解决技术事实查明问题，提高了知识产权审判的专业化水平。

第四，当事人对专利权评价报告的功能存在认识误区。最高人民法院在3件涉及侵害实用新型专利权纠纷案中，对该问题予以明确：专利权评价报告的主要功能是提供评估专利有效性的参考，其定位是审理专利侵权纠纷的证据之一。不可直接依据专利权评价报告中对专利权人的不利结论驳回专利权人的诉讼请求，此外，如果专利复审委员会已经就涉案专利权作出了维持有效的审查决定，则不能仅以实用新型专利权评价报告的结论推翻专利复审委员会审查决定的结论。

第五，申请再审案件中，因涉案专利在原审判决作出后被宣告无效或者部分无效而中止诉讼或者进入再审程序的案件比例较高。在中止诉讼的9件案件中，中止诉讼的原因均为涉案专利在原审判决作出后被宣告无效或者部分无效，尚处于权利不稳定状态。最高人民法院同时指出，如果被告是在答辩期满后请求宣告涉案专利权无效的，人民法院应当审查是否属于确有必要中止案件诉讼的情形。

（二）专利行政案件审判

2016年，最高人民法院知识产权庭审结专利行政案件共84件。从案件处理结果看，裁定驳回再审申请70件，提审后判决6件，裁定提审8件。案件涉及发明专利纠纷44件，实用新型专利纠纷17件，外观设计专利纠纷21件（含关联案件16件），其他专利行政纠纷2件。上述案件反映出如下特点和问题：

第一，随着专利复审委员会实行以“新颖性、创造性、实用性”为中心的审查思路，多数案件的争议焦点问题也集中于“新颖性、创造性、实用性”的审查标准。此外，医药生物领域的行政案件较多涉及说明书是否充分公开以及权利要求书是否得到了说明书支持的问题，案件复杂程度普遍较高。与商业方法有关的专利行政案件的数量也有明显的上升趋势。最高人民法院通过对专利行政案件的审理，对以下法律适用标准予以明确：

（1）在涉及新颖性问题的审查中，最高人民法院对于物质的医药用途以及外观设计相近似的判断标准沿袭既往，保持了与审查指南标准的基本一致。在涉及化合物新颖性问题的案件中，最高人民法院明确，对于现有技术文献是否已公开了某化合物，应当以所属领域的普通技术人员根据该文献的启示，能否制造或分离出该化合物为准。专利申请人对此提出相反主张的，应承担进一步的举证责任。

（2）在涉及创造性问题的案件中，争议焦点集中于对技术特征的理解，以及由此引发的对区别技术特征的认定是否存在错误的问题。对于以制备方法主张产品权利要求具备创造性的案件，最高人民法院明确，制备方法特征并未在产品权利要求中予以限定的，不应作为判断该产品权利要求是否具备创造性的考量因素。

（3）在涉及实用性问题的案件中，最高人民法院明确了实用性所要求的“能够制造或者使用”和说明书公开充分所体现的“能够实现”条款二者之间的关系，明确了在形式上虽然体现为技术方案未进行充分公开，但技术方案在实质上违反自然规律的情况下可以适用实用性条款的原则。

（4）在涉及是否充分公开问题的案件中，最高人民法院在部分案件中明确，对于化学产品的专利申请，应当完整公开该产品的用途和/或使用效果。

（5）在涉及是否具有可专利性问题的案件中，最高人民法院对于商业管理方法专利申请的审查标准保持了与审查指南的一致性，并在部分案件中明确，如果一项发明申请没有采用技术手段或者利用自然规律，也没有解决技术问题和产生技术效果，则其请求保护的内容不构成技术方案，不具有可专利性。

（6）在涉及修改是否超范围问题的案件中，最高人民法院在部分案件中明确，专利法第三十三条的意旨在于对先申请制度的维护，而非对创造性予以评价。以增加技术特征的修改方式为例，只要该新增技术特征在原说明书和权利要求书记载的范围之内，无论其是否属于本领域公知常识，这一修改都符合专利法第三十三条之规定；反之，若该新增技术特征不在原说明书和权利要求书记载的范围之内，即便其是本领域公知常识，也不能认定这一修改符合专利法第三十三条规定。

（7）在涉及外观设计专利审查的案件中，焦点问题多集中于对是否构成现有设计证据的审查判断，特别是鉴定机关对此问题出具的鉴定报告的证明力。对于近似外观设计的判断，集中在是否存在明显差异，是否为惯常设计或功能性特征的认定。

第二，专利行政案件审理过程中涉及证据审查认定的案件数量仍然较多。对此，最高人民法院严格证据审查的标准，依据证据规则，并结合优势证据认定的经验法则及生活常识，综合判断证据的证明效力。

第三，涉及行政程序性异议的案件数量不多。这一特点也在一定程度上反映出专利审查过程中的程序性问题已经得到了重视。最高人民法院在部分案件中也进一步明确了对“审查范围”的理解，最高人民法院指出，对从属权利要求进行创造性判断时，专利复审委员会在审查过程中引入该从属权利要求引用的权利要求的对比文件作为证据，不属于超范围审查。

第四，当事人怠于行使诉权的现象仍然比较突出。在2016年审结的专利行政案件中，出现了多起因当事人超过法定期限起诉原审法院未予受理，进而申请再审的案件。这一现象的产生，也提醒当事人在重视实体权利维护的同时，也要避免因诉讼权利的懈怠而产生于己不利的法律后果。

二、商标案件审判

（一）商标民事案件审判

2016年，最高人民法院知识产权庭审理的商标民事案件共75件，其中，最高人民法院裁定提审13件，指令下级法院再审3件，最高人民检察院抗诉案件1件，终结审查程序6件，中止审理1件，撤销申请2件，驳回再审申请49件。案件类型涉及侵害商标权纠纷65件，商标合同纠纷7件（商标权转让合同纠纷4件、商标许可使用合同纠纷2件、特许经营合同纠纷1件），股东出资纠纷1件，财产损害赔偿纠纷1件，商标权权属纠纷1件。除了商标相同近似以及商品类似认定问题外，还反映出如下特点和问题：

第一，侵害商标权纠纷和相关权属纠纷交错。2016年审结的多起侵权案件中同时涉及对诉争商标权属或取得方式有争议，或是当事人曾为合作关系，合作终止后对相关无形资产处置不明晰；又或是相关老字号传承人与注册商标权人之间的纠纷；再或是企业改制对相关国有资产处置模糊以及相关商标的承继不清。

第二，审理了多起涉及新商标法第五十九条第一款和第三款的案件。该条第一款规定了商标的正当使用问题，第三款规定了在先使用抗辩问题。关于是否构成商标的正当使用，案件的争议焦点往往围绕于事实的查明。如果已有证据显示，注册商标中含有本商品通用名称等或直接表示商品的质量等特点或者含有地名的，注册商标权人无权禁止他人正当使用。关于在先使用抗辩问题，通过对已经审结的案件进行分析，对该条款的适用需要注意的问题包括：判定在先使用的时间节点原则上应为商标申请日；商品或者服务构成相同或者类似应为适用的前提；在商标申请日前的使用行为是否具有一定影响。

第三，如何在正确认定商品关联关系的基础上合理划定商标权的保护范围，仍然是审判中的难点，需要多加研究。既需考虑现行商品和服务分属不同类别注册的注册体系，又要考虑此类商品经营的客观现实，还要综合考虑是否存在注册商标之间的冲突以及是否侵犯他人在先权利等因素。

（二）商标行政案件审判

2016年，最高人民法院知识产权庭共审结商标行政案件257件，按案件类型划分：商标驳回复审案件81件，商标异议复审案件99件，商标争议案件44件，商标无效案件14件，商标撤销复审案件14件，其他案件5件；按裁判结果划分：裁定驳回再审申请135件，撤诉9件，裁定指令再审1件，裁定中止诉讼8件，裁定提审43件，提审后改判49件，提审后维持原判7

件，其他案件5件。上述案件主要反映出如下问题与特点：

第一，商标近似、商品类似判断问题仍然是商标行政案件争议的主要焦点。在裁定驳回再审申请的135件案件中，有88件涉及商标是否近似、商品是否类似的问题。在56件提审判决中，19件涉及商标近似、商品类似的问题。对此问题，最高人民法院在多数案件中的意见与商标评审委员会及一审、二审法院一致，但也存在部分分歧。在裁判过程中，最高人民法院明确了进行商标近似性判断要综合考虑引证商标的知名度、申请商标使用情况、申请商标申请人的主观意图、相关公众的注意程度等因素，同时也要关注引证商标权利人与商标申请人之间的共存协议及特定历史背景等因素；对于涉及中、外文商标的近似性判断，还要考虑该中、外文商标是否已经与特定商标和主体形成了较为稳定的对应关系。

第二，对于不良影响条款的适用标准仍需进一步明确和统一。在部分驳回复审和异议复审类案件中，最高人民法院明确了商标法第十条第一款第（八）项“不良影响”规定条款适用的条件，即应当是对申请商标是否可能损及公共利益或善良风俗的道德评价，是否导致消费者的误认误购并不构成不良影响。此外，对于含有中华人民共和国和外国国家名称，但整体上与中国和外国国家名称并不相同或者不相近似的标志，虽然不属于商标法第十条第一款第（一）（二）项规定的情形，但如果上述标志作为商标注册可能损害国家尊严的，可以认定其属于商标法第十条第一款第（八）项规定的情形。

第三，关于在先权利保护的商标行政案件中，涉及著作权、姓名权保护的问题仍呈增长趋势。对于以著作权主张在先权利保护的案件，最高人民法院明确，人民法院应当依照著作权法等相关规定，对所主张的客体是否构成作品、当事人是否为著作权人或者其他有权主张著作权的利害关系人以及诉争商标是否构成对著作权的侵害等进行审查。在该商标标志构成作品，又没有相反证据足以推翻的情况下，当事人提供的诉争商标申请日之前的著作权登记证书可以作为证明著作权归属的初步证据；商标公告、商标注册证等可以作为确定商标申请人为有权主张商标标志著作权的利害关系人的初步证据。对于以姓名权主张在先权利的案件，最高人民法院明确，当事人以其全名、笔名、艺名、译名等特定名称主张姓名权，如果该特定名称具有一定的知名度，且能与该自然人建立稳定对应关系，相关公众以其指代该自然人的，该名称可以作为在先权利予以保护。他人使用与该名称相同或近似的标志，相关公众认为该标志指代了该自然人，容易认为标记有该商标的商品系经过该自然人许可或者与该自然人存在特定联系的，人民法院应当认定该商标侵害了自然人的姓名权。

第四，对于商标使用证据的把握不应过于苛刻。在因连续三年停止使用撤销复审案件中，最高人民法院明确，对于使用证据的把握应注重考察是否能证明具有真实有效的使用意图以及是否存在持续使用的事实。商标权人自行使用、他人经许可使用以及其他不违背商标权人意志的使用，均可认定为商标使用行为。实际使用的商标标志与核准注册的商标标志有细微差别，但未改变其显著特征的，也可以视为注册商标的使用。

第五，由于引证商标被撤销或者无效，在先权利障碍不复存在，人民法院根据情势变更原则，依据新的事实撤销商标评审委员会相关裁决的案件增多。在上述案件中，最高人民法院明确，申请注册商标并不是简单地占有某一特定符号，商标的价值源于其识别性，如果在申请商标授权之前，已经不存在可能与之形成权利冲突的商标标识，申请商标可以正常发挥其识别功能的情况下，其注册申请是可以被核准的。因此，在人民法院审理商标授权确权行政案件的过程中，商标评审委员会对诉争商标予以驳回、不予核准注册或者予以无效宣告的事由不复存在的，人民法院可以依据新的事实撤销商标评审委员会相关裁决，并判令其根据变更后的事实重新作出裁决。

三、著作权案件审判

2016 年，最高人民法院知识产权庭共审结著作权纠纷案件 66 件。其中，提审后改判 3 件，裁定提审 2 件，裁定指令下级法院再审 17 件，裁定驳回再审申请 44 件。上述案件反映出如下特点和问题：

第一，涉及卡拉 OK 经营者的侵害著作权纠纷案件占比较高，该类案件中关于公证证据的采信标准亟待统一。2016 年最高人民法院审理的涉及卡拉 OK 经营者的侵害著作权纠纷案件达 22 件，占全部著作权纠纷案件的 33.33%；其中有 14 件因原审法院对公证证据的采信标准把握不当，而被指令再审，占该类案件总数的 63.64%。最高人民法院在上述案件中指出，部分人民法院对于公证证据的采信标准过于苛刻，未完整录制被诉侵权的 MTV 不能当然构成相关公证证据不应予以采信的充分理由。

第二，涉及著作权基本法律问题的案件占一定比例，相关司法裁判标准有待进一步统一。2016 年最高人民法院审理的著作权纠纷案件中涉及独创性判断、实质性近似判断等著作权基本法律问题的案件仍占一定比例。其中，独创性判断问题最为突出。最高人民法院在部分案件中明确指出，独立创作是独创性的首要之义，作品的外在表现是否与公有领域作品存在一定程度的差异是独创性判断的重要方面。

第三，著作权语境下的合同解释规则进一步丰富。2016 年，最高人民法院审理了 6 件著作权领域的合同纠纷，其中大都涉及合同解释问题。最高人民法院在部分案件中指出，当合同未能明确约定，业内亦无惯例可循时，对于出版合同的解释，应当兼顾出版商利益的保护和作者创作积极性的维护，促进出版行业健康有序发展。

第四，著作权侵权责任承担规则进一步完善。在最高人民法院 2016 年审理的侵害著作权纠纷案件中，侵权责任的承担问题仍是较为集中的案件争议焦点。最高人民法院在部分案件中明确了侵权责任法第十二条在侵害著作权纠纷案件中的具体适用规则。此外，还在有关案件中明确了著作权领域合法来源抗辩的规则，即若销售商能够证明其所售侵权刊物具有合法来源，则其仅须停止侵权，而无需承担赔偿损失的侵权责任。

四、不正当竞争案件审判

2016 年，最高人民法院知识产权庭共审结反不正当竞争案件 30 件。其中，最高人民法院裁定提审 4 件，指令下级法院再审 1 件，撤回再审申请 2 件，驳回再审申请 23 件。案件类型涉及虚假宣传纠纷 10 件，仿冒纠纷 3 件，侵害商业秘密纠纷 12 件，冒用企业名称（商号）纠纷 2 件，擅自使用知名商品特有的名称、包装、装潢纠纷 2 件，其他不正当竞争纠纷 1 件。其中，不正当竞争与侵害商标权纠纷交叉案件 2 件。上述案件反映出如下特点和问题：

第一，在全部不正当竞争纠纷案件中，侵害商业秘密纠纷仍然占有较大比例。从商业秘密案件的自身情况来看：商业秘密权利人对自身权利保护不充分是其败诉的重要原因之一。最高人民法院在部分案件中指出，当事人虽主张对商业秘密共有，但仍应举证证明其均对商业秘密采取了合理的保密措施。商业秘密案件的权利人对主张商业秘密的范围界定不清楚，是导致此类案件审理难度较大的一个原因。商业秘密案件中，如果原告主张其商业秘密被侵害，应当首先明确商业秘密的具体内容。但在 2016 年审结的多起案件中，均不同程度地存在权利人对商业秘密的具体内容含糊其辞或多次变更主张的秘密点的现象，导致此类案件的事实查明难度较大，审理周期较长。刑民交织是商业秘密案件的重要特点。是否能够在民事诉讼程序中直接援引刑事判决的内容，仍应结合案件当中的具体情况，而不宜一概而论。例如，在先生效刑事判决认定的商业秘密内容若与当事人在民事案件中主张的权利范围不一致，即不能直接援引刑事判决中的相关认定。

第二，涉及虚假宣传、商业诋毁的案件数量较多。在 2016 年审结的案件当中，经营者因在生产经营活动中使用片面的宣传和对比方式、具有歧义性的语言，损害其他经营者的合法权益，是很多案件纠纷发生的诱因。最高人民法院在部分案件中指出，当事人通过混淆商品概念等不当宣传方式，使相关公众可能产生对具有竞争关系的其他企业和产品的错误认识，应当认定该行为构成对其他生产经营者的商业诋毁。

第三，在涉及企业字号的案件中，不正当竞争与商标权纠纷交织，且纠纷常产生于复杂历史背景之下的现象亦十分突出。

五、垄断案件审判

2016 年，最高人民法院知识产权庭共审结反垄断案件 5 件。其中，最高人民法院裁定提审 1 件，驳回再审申请 4 件。案件类型涉及经营者集中纠纷 2 件，垄断协议纠纷 1 件，滥用市场支配地位纠纷 2 件。上述案件反映出如下特点和问题：

第一，反垄断案件总体数量不多，但增幅较大，相较于 2015 年，案件数量增幅达 66.7%。

第二，通过对已经审结的案件进行分析，垄断案件当事人的诉讼能力亟待加强。在部分涉及滥用市场支配地位行为的案件中，根据法律明确规定，原告应就被告在相关市场中具有支配地位及存在滥用行为等事实承担举证责任。但经法院反复释明，部分当事人仍无法按照法律规定完成其应有的举证责任。

第三，人民法院在积极探索反垄断纠纷案件审理思路的同时，有关法律适用标准仍待统一。如对竞争者是否具有市场支配地位的认定，部分案件未予涉及，而直接以对诉争行为是否具有排除、限制竞争的后果，或者诉争行为是否属于没有正当理由拒绝与交易相对人进行交易的判断进行取代，并得出诉争行为是否构成垄断的结论；有的案件则遵循了首先对竞争者是否具有市场支配地位进行认定，再对被诉行为本身进行分析，进而认定其是否属于反垄断法禁止的滥用市场支配地位行为的审理思路。

六、技术合同案件审判

2016 年，最高人民法院知识产权庭共审结各类技术合同纠纷案件 22 件。其中，二审案件 2 件、再审判决 1 件、裁定指令再审 3 件、裁定提审 1 件，裁定驳回再审申请 15 件，在案件类型方面，广泛涉及技术开发合同、技术转让、技术服务、技术咨询等纠纷。上述案件反映出如下特点和问题：

第一，案件类型较为集中。在技术合同纠纷中，案件数量仍以技术转让合同与技术开发合同居多，技术咨询和技术服务合同数量相对较少。

第二，对违约行为的审查判断仍为案件审理的焦点。其中，对双方履约事实的查明往往是案件审理当中的难点，双方同时存在违约的现象在部分案件中表现得比较突出。在此基础上，如何合理确定违约责任、后续合同履行及合同款项亦是案件当中涉及较多的问题。

第三，技术成果的无形性特征，使对当事人是否履行了合同义务及附随义务的判断较为复杂。在部分案件中，最高人民法院明确指出，对于接受委托的一方是否如约交付了技术成果，是否形成了符合合同约定的技术效果，应当在正确分配举证责任的基础上进行审查判断。

第四，与药品研发有关的技术合同通常涉及技术提供方与原料提供商、药品生产商、销售商等多个环节，履行时间跨度较大，证据繁多，且需要考虑药品研发本身的特点，故此类案件仍为技术合同案件中的疑难领域。最高人民法院在部分案件中指出，一项新药研发和上市，研发单位通常需要投入大量的人力、物力和财力，并经过反复实验、临床试验等多道程序才能完成。且在研发过程中，新药研发能否成功的不确定性非常高。因此，研发单位为了保证自己的利益，约定合作协议期满后合同的另外一方不得生产涉案药品，具有一定合理性，不能构成合同条款无效的理由。

一、专利案件审判

（一）专利民事案件审判

1. 药品制备方法专利侵权纠纷中被诉侵权药品制备工艺的查明

【裁判要旨】

药品制备方法专利侵权纠纷中，在无其他相反证据的情形下，应当推定被诉侵权药品在药监部门的备案工艺为其实际的制备工艺；有证据证明被诉侵权药品备案工艺不真实的，应当充分审查被诉侵权药品的技术来源、生产规程、批生产记录、备案文件等证据，依法确定被诉侵权药品的实际制备工艺。对于被诉侵权药品制备工艺等复杂的技术事实，可以综合运用技术调查官、专家辅助人、司法鉴定以及科技专家咨询等多种途径进行查明。

【关键词】

发明专利　侵权　技术调查官　技术事实查明

【案号】

（2015）民三终字第1号

【基本案情】

在上诉人礼来公司与上诉人常州华生制药有限公司（以下简称华生公司）侵害发明专利权纠纷案中，礼来公司系名称为“制备一种噻吩并苯二氮杂䓬化合物的方法”的第91103346.7号发明专利（即本案专利）的权利人，使用本案专利方法制备的药物奥氮平为新产品。2001年7月，中国医学科学院药物研究所（以下简称医科院药物所）和华生公司向国家药品监督管理局（以下简称国家药监局）申请奥氮平及其片剂的新药证书。2003年5月9日，医科院药物所和华生公司获得国家药监局颁发的奥氮平原料药和奥氮平片《新药证书》。华生公司获得奥氮平和奥氮平片《药品注册批件》。新药申请资料中《原料药生产工艺的研究资料及文献资料》记载了制备工艺（即2003年备案工艺）为：加入4-氨基-2-甲基-10-苄基-噻吩并苯并二氮杂䓬，盐酸盐，甲基哌嗪及二甲基甲酰胺搅拌，得粗品，收率94.5%；加入2-甲基-10-苄基-(4-甲基-1-哌嗪基)-4H-噻吩并苯并二氮杂䓬、冰醋酸、盐酸搅拌，然后用氢氧化钠中和后得粗品，收率73.2%；再经过两次精制，总收率为39.1%。从反应式分析，该过程就是以式四化合物与甲基哌嗪反应生成式五化合物，再对式五化合物脱苄基，得式一化合物。2003年8月，华生公司向青岛市第七人民医院推销其生产的“华生-奥氮平”5mg-新型抗精神病药，其产品宣传资料记载，奥氮平片主要成分为奥氮平，其化学名称为2-甲基-10-(4-甲基-1-哌嗪)-4H-噻吩并苯并二氮杂䓬。礼来公司以华生公司使用落入本案专利权保护范围的制备方法生产药物奥氮平并用于销售，侵害了本案专利权为由提起诉讼。根据江苏省高级人民法院的委托，上海市科技咨询服务中心于2011年8月25日出具（2010）鉴字第19号《技术鉴定报告书》，鉴定结论为华生公司备案资料中记载的生产原料药奥氮平的关键反应步骤缺乏真实性，该备案的生产工艺不可行。在一审审理过程中，华生公司又提交了2010年9月8日国家药监局《药品补充申请批件》（即2008年备案工艺），其后所附《奥氮平药品补充申请注册资料》中5.1原料药生产工艺的研究资料及文献资料章节中5.1.1说明内容为：“根据我公司奥氮平原料药的实际生产情况，在不改变原来申报生产工艺路线的基础上，对奥氮平的制备工艺过程做了部分调整变更，对工艺进行优化，使奥氮平各中间体的质量得到进一步的提高和保证，其制备过程中的相关杂质得到有效控制。……由于工艺路线没有变更，并且最后一步的结晶溶剂亦没有变更，故化合物的结构及晶型不会改变。”5.1.5工艺变更前后的具体变化及变更解释中记载：仲胺化反应中，原料之一的钠氢变更为氢氧化钠，变更理由是可以增加生产安全性；溶剂四氢呋喃变更为丙酮，变更理由为可以节约成本；反应24小时，变更为4～5小时，变更理由为溶剂改变后相应的反应时间也缩短了。华生公司主张，其自2003年至今一直使用2008年补充报批的奥氮平备案生产工艺，该备案文件已于2010年9月8日获国家药监局批准，具备可行性。在礼来公司未提供任何证据证明华生公司的生产工艺的情况下，应以华生公司2008年奥氮平备案工艺作为认定侵权与否的比对工艺。江苏省高级人民法院一审认为，相关鉴定报告已经认定华生公司2003年备案的生产工艺不可行，华生公司在本案中并未明确指出何种具体工艺的变更克服了2003年备案工艺中的缺陷，从而导致其生产工艺发生实质性变更，进而证明其2008年备案工艺具有可行性，也未证明其提交的生产记录、生产规程与2008年备案工艺相一致。根据现有证据，华生公司的不侵权抗辩主张不能成立。据此，判决华生公司赔偿礼来公司经济损失及为制止侵权支出的合理费用350万元；驳回礼来公司的其他诉讼请求。礼来公司、华生公司均不服，提起上诉。最高人民法院在二审审理过程中，为准确查明案件所涉技术事实，经当事人申请，通知礼来公司的专家辅助人、华生公司的证人、鉴定机构工作人员出庭参加诉讼。同时，首次指派技术调查官出庭，就相关技术问题与各方当事人分别询问了专家辅助人、证人及鉴定人。2016年5月31日，最高人民法院二审判决撤销一审判决，驳回礼来公司的诉讼请求。

【裁判意见】

最高人民法院二审认为：华生公司主张其自2003年至今一直使用2008年向国家药监局补充备案工艺生产奥氮平，并提交了其2003年和2008年奥氮平批生产记录、2003年、2007年和2013年生产规程、《药品补充申请批件》等证据证明其实际使用的奥氮平制备工艺。本案的侵权判定关键在于两个技术方案反应路线的比对，华生公司2008年补充备案工艺的反应路线可见于其向国家药监局提交的《奥氮平药品补充申请注册资料》，其中5.1“原料药生产工艺的研究资料及文献资料”之5.1.2“工艺路线”图显示该反应路线为：先将“仲胺化物”中的仲氨基用苄基保护起来，制得“苄基化物”（苄基化），再进行闭环反应，生成“苄基取代的噻吩并苯并二氮杂”三环化合物（还原化物）。“还原化物”中的氨基被N-甲基哌嗪取代，生成“缩合物”，然后脱去苄基，制得奥氮平。最高人民法院对此认为，现有在案证据能够形成完整证据链，证明华生公司2003年至涉案专利权到期日期间一直使用其2008年补充备案工艺的反应路线生产奥氮平。首先，华生公司2008年向国家药监局提出奥氮平药品补充申请注册，在其提交的《奥氮平药品补充申请注册资料》中，明确记载了其奥氮平制备工艺的反应路线。针对该补充申请，江苏省药监部门于2009年7月7日和8月25日对华生公司进行了生产现场检查和产品抽样，并出具了《药品注册生产现场检查报告》，该报告显示华生公司的“生产过程按申报的工艺进行”，三批样品“已按抽样要求进行了抽样”，现场检查结论为“通过”。也就是说，华生公司2008年补充备案工艺经过药监部门的现场检查，具备可行性。基于此，2010年9月8日，国家药监局向华生公司颁发了《药品补充申请批件》，同意华生公司奥氮平“变更生产工艺并修订质量标准”。对于华生公司2008年补充备案工艺的可行性，礼来公司专家辅助人在二审庭审中予以认可，江苏省科技咨询中心出具的（2014）司鉴字第02号《技术鉴定报告》在其鉴定结论部分也认为“华生公司2008年向国家药监局备案的奥氮平制备工艺是可行的”。因此，在无其他相反证据的情形下，应当推定华生公司2008年补充备案工艺即为其取得《药品补充申请批件》后实际使用的奥氮平制备工艺。其次，一般而言，适用于大规模工业化生产的药品制备工艺步骤繁琐，操作复杂，其形成不可能是一蹴而就的。从研发阶段到实际生产阶段，其长期的技术积累过程通常是在保持基本反应路线稳定的情况下，针对实际生产中发现的缺陷不断优化调整反应条件和操作细节。华生公司的奥氮平制备工艺受让于医科院药物所，双方于 1999 年 10 月 28 日签订了《技术转让合同》。按照合同约定，医科院药物所负责完成临床前报批资料并在北京申报临床。在医科院药物所 1999 年 10 月填报的《新药临床研究申请表》中，“制备工艺”栏绘制的反应路线显示，其采用了与华生公司 2008 年补充备案工艺相同的反应路线。2003 年 5 月 9 日，医科院药物所和华生公司获得国家药监局颁发的奥氮平原料药和奥氮平片《新药证书》。由此可见，华生公司自 1999 年即拥有了与其 2008 年补充备案工艺反应路线相同的奥氮平制备工艺，并以此申报新药注册，取得新药证书。因此，华生公司在 2008 补充备案工艺之前使用反应路线完全不同的其他制备工艺生产奥氮平的可能性不大。最后，国家药监局 2010 年 9 月 8 日向华生公司颁发的《药品补充申请批件》“审批结论”栏记载：“变更后的生产工艺在不改变原合成路线的基础上，仅对其制备工艺中所用溶剂和试剂进行调整”，即国家药监局确认华生公司 2008 年补充备案工艺与其之前的制备工艺反应路线相同。经二审审查，华生公司 2003 年、2008 年的奥氮平批生产记录是分别依据 2003 年、2007 年的生产规程进行实际生产所作的记录，上述生产规程和批生产记录均表明华生公司奥氮平制备工艺的基本反应路线与其 2008 年补充备案工艺的反应路线相同，只是在保持该基本反应路线不变的基础上对反应条件、溶剂等生产细节进行调整，不断优化，这样的技术积累过程是符合实际生产规律的。综上，华生公司 2008 年补充备案工艺真实可行，2003 年至涉案专利权到期日期间华生公司一直使用 2008 年补充备案工艺的反应路线生产奥氮平。

2. 产品说明书是否属于专利法意义上的公开出版物

【裁判要旨】

产品操作和维护说明书随产品销售而交付使用者，使用者及接触者均没有保密义务，且其能够为不特定公众所获取，属于专利法意义上的公开出版物。其中记载的技术方案，以交付给使用者的时间作为公开时间。

【关键词】

发明专利　侵权　产品说明书　出版物公开

【案号】

（2016）最高法民再 179 号

【基本案情】

在再审申请人蒂森克虏伯机场系统（中山）有限公司（以下简称蒂森中山公司）与被申请人中国国际海运集装箱（集团）股份有限公司（以下简称

中集公司)、深圳中集天达空港设备有限公司（以下简称天达公司）、一审被告广州市白云国际机场股份有限公司（以下简称白云机场）侵害发明专利权纠纷案中，中集公司系名称为“登机桥辅助支撑装置和带有该装置的登机桥及其控制方法”的第200410004652.9号发明专利（即本案专利）的权利人，本案专利的申请日为2004年2月26日，授权公告日为2007年8月22日。授权时的专利权人是中集公司。2009年5月8日，本案发明专利权人变更为中集公司和天达公司。中集公司与天达公司以白云机场和蒂森中山公司未经许可擅自实施本案专利的技术方案侵害其专利权为由，提起诉讼。蒂森中山公司在一审诉讼过程中提出现有技术抗辩，并提交了蒂森克虏伯机场系统公司运营总监雷蒙德·K·斯特里特的证言及来源于该公司的佐证证言的附件作为支持其现有技术抗辩的证据。该证据记载，从2000年10月至2001年3月，蒂森克虏伯集团派往旧金山国际机场的现场小组为消除晃动幅度过大的问题研究出一种技术解决方案，其中包括在登机桥的横梁/负重轮的两侧均安装一个液压稳定器，以增强登机桥的稳定性。这种方法被称为“悬臂梁设计”或“悬臂梁装置”。用户接受使用“悬臂梁设计”或“悬臂梁装置”的建议。随后便进行了生产和安装。《手册》的附录Y“液压稳定器”（以下简称附录Y）经更新后发布并交付用户。蒂森中山公司主张，附录Y证明其使用的为现有技术。广东省广州市中级人民法院一审认为，附录Y是一份由蒂森中山公司关联公司自行印制的非正规出版物。在蒂森中山公司不能证明其关联公司曾使用“悬臂梁装置”技术的情况下，一审法院难以确认该附录Y内容的真实性及其印制及交付给旧金山国际机场的时间。因蒂森中山公司不能证明“悬臂梁装置”技术于2000年～2001年就已通过附录Y公开发表，故其现有技术抗辩不能成立。一审法院遂判决蒂森中山公司、白云机场立即停止侵权行为，蒂森中山公司赔偿中集公司与天达公司经济损失50万元并驳回中集公司与天达公司的其他诉讼请求。蒂森中山公司不服，提起上诉。广东省高级人民法院二审判决驳回上诉、维持原判。蒂森中山公司仍不服，向最高人民法院申请再审。最高人民法院裁定提审本案，并于2016年10月10日判决撤销一审、二审判决，驳回中集公司与天达公司的诉讼请求。

【裁判意见】

最高人民法院提审认为：蒂森中山公司在本案中主张现有技术抗辩，即因附录Y构成出版物公开，故其使用的是现有技术，不侵害本案专利权。专利法意义上的出版物是指记载有技术或设计内容的独立存在的传播载体，并且应当表明或者有其他证据证明其公开发表或出版的时间。附录Y虽是一份产品操作和维护说明书并随产品销售而交付使用者，但其使用者以及接触者均没有保密义务，也即附录Y是可公开的，且其能够为不特定公众通过复印的方式获取。由此可见，附录 Y 系独立存在的传播载体，鉴于其也记载了涉案专利技术的技术特征，其交付给旧金山国际机场的时间，即公开时间亦能确定，故其属于专利法意义上的出版物公开，蒂森中山公司据此主张现有技术抗辩，有事实和法律依据，应当予以支持。

3. **对专利法第四十七条第二款中“追溯力”的理解**

【裁判要旨】

在专利权被宣告无效前，人民法院作出侵权认定的判决已经执行完毕，宣告专利权无效的决定对上述判决内容不具有追溯力。但专利权被无效后，有关技术方案即进入公有领域，任何单位和个人均可自由实施，专利权人无权予以制止。

【关键词】

实用新型专利　侵权　专利权无效　溯及力

【案号】

（2016）最高法民再 384 号

【基本案情】

在再审申请人上海优周电子科技有限公司（以下简称优周公司）与被申请人深圳市精华隆安防设备有限公司（以下简称精华隆公司）侵害实用新型专利权纠纷案中，精华隆公司系专利号为 200920131979.0、名称为“红外线探测器支架”的实用新型专利（即本案专利）的权利人。精华隆公司以优周公司生产的“带线拔插式安装支架”侵害本案专利权为由，提起诉讼。广东省深圳市中级人民法院一审认定优周公司的侵权行为成立，遂判决其停止侵权行为并赔偿精华隆公司经济损失 5 万元。优周公司不服，提起上诉。广东省高级人民法院二审判决驳回上诉、维持原判。二审判决作出后，优周公司于 2015 年 6 月 10 日向精华隆公司支付了经济赔偿 5 万元。其后，本案专利权于 2015 年 8 月 13 日被专利复审委员会宣告无效。优周公司遂针对二审判决，向最高人民法院申请再审，请求撤销一审、二审判决并由精华隆公司返还全部赔偿金。最高人民法院于 2016 年 12 月 13 日裁定维持二审判决，驳回优周公司的再审申请。

【裁判意见】

最高人民法院提审认为：因二审判决在涉案专利权被宣告无效之前已经执行，根据专利法第四十七条第二款之规定，无效决定对本案二审判决不具有追溯力，对优周公司的再审申请不应予以支持。但是，鉴于涉案专利权已经无效，该专利的技术方案已经进入社会公有领域，任何单位和个人实施该技术方案，即制造、使用、许诺销售、销售、进口涉案专利产品都不构成侵权，精华隆公司均无权予以制止。

（二）专利行政案件审判

4. **发明专利申请是否具备实用性的判断**

【裁判要旨】

发明专利申请具备实用性，是指该技术方案本身符合自然规律，可实际应用并能够工业化再现。

【关键词】

发明专利　复审程序　实用性　工业化再现

【案号】

（2016）最高法行申 789 号

【基本案情】

在再审申请人顾庆良、彭安玲与被申请人国家知识产权局专利复审委员会（以下简称专利复审委员会）发明专利申请驳回复审行政纠纷案（以下简称“磁悬浮磁能动力机”发明专利权驳回复审案）中，申请号为201010147700.5、名称为“磁悬浮磁能动力机”的发明专利申请（即本案申请）的申请人为顾庆良、彭安玲。根据本案申请说明书的记载，其请求保护的磁悬浮磁能动力机，是替代应用汽、风、水、汽油、柴油及交流电机作动力源的节能环保型动力机。本案申请要创新出目前动力驱动设备中没有使用过的能源——“磁能”来驱动设备……本发明的磁悬浮磁能动力机利用磁能为动力，将磁极的同性相斥、异性相吸的公知常识具体应用在本发明中，采用少量直流电能做启动和控制，巧妙地利用特殊的结构支撑这一目前仅有的磁悬浮磁能动力机……这种发明维持旋转动力的能量主要来自磁能……采用磁极同性相斥、异性相吸的原理，通过特殊结构，很好的把“磁能”应用到磁悬浮磁能动力机，实现驱动。国家知识产权局原审查部门以本案申请违反能量守恒定律、不具有实用性为由予以驳回。顾庆良、彭安玲向专利复审委员会提出复审请求。专利复审委员会作出第 68294 号复审请求审查决定（以下简称第 68294 号决定），以本案申请不具有实用性为由，维持国家知识产权局作出的驳回决定。顾庆良、彭安玲不服，提起行政诉讼。北京市第一中级人民法院一审判决维持第 68294 号决定。顾庆良、彭安玲不服，提起上诉，主张本案申请不违反能量守恒定律的理由在于，电能驱动后，飞轮能量、惯性能量等为本申请动磁场不断地输入能量，是利用定子环对转子的摆动不断补充能量，实现连续运转的主要能量源是“磁能”，而不是提供给飞轮转动的电能。北京市高级人民法院二审判决驳回上诉、维持原判。顾庆良、彭安玲仍不服，向最高人民法院申请再审。最高人民法院于 2016 年 11 月 7 日裁定驳回顾庆良、彭安玲的再审申请。

【裁判意见】

最高人民法院审查认为：对于本案申请是否具有实用性，应当结合说明书和权利要求书公开的整体技术内容，判断该技术方案能否解决技术问题，并且能够产业上制造、使用。本案申请限定的技术方案强调的是利用“磁能”，实现节能环保的效果，该“磁能”的来源是动力机的内部特定结构，且该“磁能”是动力机旋转的主要能量来源。故判断本案申请是否具有实用性，关键在于其利用“磁能”实现连续运转的技术方案能否在产业上制造或者使用。依据本案申请公开的整体技术内容，该磁悬浮磁能动力机具备外转子和内转子以及飞轮等结构，在少量的动能输入的情况下，由磁场产生磁力对负载阻力做功，主要能量来源于内部特定结构产生的“磁能”。飞轮的惯性需要外力提供，外力对飞轮做功后，一方面要克服负载阻力，另一方面要加速推动外转子旋转做功，而要维持该磁场为动磁场，也需要能量的输入。由此可知，要达到持续推动飞轮前进，并对外做功的效果，输出的能量必然要大于输入的能量。但依据本案申请权利要求书和说明书公开的整体技术内容，其请求保护的技术方案的实质是要在磁悬浮磁能动力机只有少量用于维持飞轮转动的直流电输入的情况下，通过动力机特定结构得到“磁能”，满足300°空间不消耗电能，实现连续运转的技术效果。由于离开永磁体磁场之时与进入永磁体磁场之时相比而言无法获得更多能量，在运转的设备还存在能量消耗的情况下，本案申请不可能通过磁场内部产生的磁力得到一个大于输入的输出能量，本案申请违反了能量守恒定律。因此，本案申请请求保护的技术方案仅仅是一种设想或者结果，依靠所谓的“磁能”实现不间断的连续运转的技术方案不能够在产业上制造或使用。

5. **专利法关于“能够制造或者使用”与“能够实现”之间的关系**

【裁判要旨】

专利法第二十二条第四款规定的“能够制造或者使用”是指发明或者实用新型的技术方案具有在产业中被制造或使用的可能性。专利法第二十六条第三款规定的“能够实现”是指本领域技术人员根据说明书的内容能否实现该发明或实用新型。两者判断标准不同，之间没有必然联系。

【关键词】

发明专利　复审程序　制造或使用　实现

【裁判意见】

在前述“磁悬浮磁能动力机”发明专利权驳回复审案中，最高人民法院还对专利法第二十二条第四款规定的“能够制造或者使用”与专利法第二十六条第三款规定的“能够实现”之间的关系表明了态度。最高人民法院审查认为：本案申请说明书尽管在形式上没有公开电能驱动后如何利用所获得的

“磁能”实现连续运转的具体技术方案，以至于本领域技术人员不能够实现该技术方案。但是，本案申请能否在产业上被制造或者使用，是基于技术方案的本质而言。由于本案申请的技术方案违反自然规律，导致其事实上就不包含可以实施的技术信息，无法在工业上再现并产生积极的效果，因此，这种由于技术方案本身固有的缺陷引起的不能够制造或使用，与说明书中是否充分公开了权利要求的相关信息并无关系。虽然本案申请说明书同样没有对发明作出清楚、完整的说明，形式上存在本领域技术人员不能够实现的问题，但鉴于本案申请存在的本质缺陷，第 68294 号决定以本案申请不具备实用性予以审查评述，并无不当。

6. 化学产品专利申请充分公开的要求

【裁判要旨】

对于化学产品的专利申请，应当完整公开该产品的用途和/或使用效果。如果所属技术领域的技术人员无法根据现有技术预测发明能够实现所述用途和/或使用效果，则说明书中还应当记载对于本领域技术人员来说，足以证明发明的技术方案可以实现所述用途和/或达到预期效果的定性或定量实验数据。

【关键词】

发明专利　复审程序化学产品　充分公开

【案号】

（2015）知行字第 352 号

【基本案情】

在再审申请人田边三菱制药株式会社（以下简称田边株式会社）与被申请人国家知识产权局专利复审委员会（以下简称专利复审委员会）发明专利申请驳回复审行政纠纷案中，2012 年 11 月 29 日，专利复审委员会针对田边株式会社申请号为 200480022007.8、名称为“新颖化合物”的发明专利申请（即本案申请）作出第 47530 号复审请求审查决定（简称第 47530 号决定），认为：本案申请权利要求 1～6 请求保护式（I）（略）化合物或其医药上可接受的盐，权利要求 7 请求保护医药组合物，权利要求 8 和 9 请求保护式（I）化合物的制备方法。根据说明书的记载，本案申请的目的是提供具有钠依赖型葡萄糖转运体（SGLT）抑制活性的化合物，所述 SGLT 抑制剂通过降低糖尿病患者的血糖水平而预防糖尿病及糖尿病并发症如糖尿病视网膜病变、糖尿病神经病变、糖尿病肾病以及延迟性伤口愈合的发病与进程。本案申请说明书记载了大量式（I）化合物的苯环上连有噻吩基甲基和 1-β-D-吡喃葡萄糖基的具体化合物的制备实施例。但是，说明书没有给出式（I）化合物对钠依赖性葡萄糖转运体（SGLT）的抑制活性数据或其降低血糖的效果数据，也未给出任何实验室试验（包括动物试验）或者临床试验的定性或者定量数据证明本案申请式（I）化合物具有所述生物活性及医药用途，仅仅在发明内容部分断言式地描述式（I）化合物具有上述活性和相关医药用途。在此基础上，所属领域技术人员难以从中得出式（I）化合物具有上述活性和相关医药用途的结论，进而无法确信本案申请请求保护的化合物具有其声称的预防糖尿病及糖尿病并发症的效果。本案申请说明书公开不清楚、完整，不符合专利法第二十六条第三款的规定。在此基础上，专利复审委员会维持国家知识产权局原审查部门对本案申请作出的驳回决定。田边株式会社不服，提起行政诉讼。北京市第一中级人民法院一审判决维持第47530号决定。田边株式会社不服，提起上诉。北京市高级人民法院二审认为，对于新化合物产品及其制备方法权利要求，不能仅仅因为说明书没有充分公开新化合物能够取得某种治疗效果或具体用途的实验数据就认定说明书公开不充分。虽然在判断创造性和实用性时有可能需要考虑化合物能够取得的治疗效果或具体用途，但这与说明书充分公开是不同的问题，应分别判断。说明书没有充分公开实验数据支持发明人声称的治疗效果或具体用途是否会导致其不具备创造性或者实用性，应当根据法律对创造性或者实用性的相关规定进行判断。如果本案申请权利要求1仅仅要求保护式（I）化合物这种物质本身，从充分公开的角度来看，不需要说明书充分公开该化合物是否能够取得某种治疗效果。但是，本案申请对（I）化合物在医药上可接受的盐公开不充分。二审法院遂以此为由，判决驳回上诉、维持原判。田边株式会社仍不服，向最高人民法院申请再审。最高人民法院于2016年2月26日裁定驳回田边株式会社的再审申请。

【裁判意见】

最高人民法院审查认为：首先，发明专利权作为一种工业产权，应当具备产业上的利用价值，对于尚不确定其具有何种技术意义或者无积极效果的发明创造不应予以保护。其次，一项发明的技术方案是否具备产业的利用价值，需要根据说明书公开的内容并结合现有技术状况来判断，即专利说明书是判断发明创造是否实质上被完成以及是否应给予专利保护的关键，因此，说明书应当记载发明创造是否具备产业价值、是否已实质上完成的技术信息。基于此，《专利审查指南》第二部分第十章“关于化学领域发明专利申请审查的若干规定”第3.1节“化学产品发明的充分公开”部分有如下规定：“要求保护的发明为化学产品本身的，说明书中应当记载化学产品的确认、化学产品的制备以及化学产品的用途。”“对于化学产品发明，应当完整地公开该产品的用途和/或使用效果，即使是结构首创的化合物，也应当至少记载一种用途。”“如果所属技术领域的技术人员无法根据现有技术预测发明能够实现所述用途和/或使用效果，则说明书中还应当记载对于本领域技术人员来说，足以证明发明的技术方案可以实现所述用途和/或达到预期效果的定性或定量实验数据。”上述关于化学产品发明充分公开的判断标准符合我国专利法第二十六条第三款的规定，也为我国专利审查实践所长期遵循。最后，对于化学领域的发明创造，要求公开其用途和效果是该领域发明创造的特点决定的。在多数情况下，化学发明能否实施以及具备何种用途或效果往往难以预测，必须借助于实验结果加以证实才能得到确认。因此，在本领域技术人员根据现有技术不能预测新的化合物具备说明书所述用途和/或使用效果的情况下，专利申请说明书应当记载该化合物可以实现所述用途和/或达到预期效果的定性或定量实验数据。

7. 化合物新颖性判断中现有技术公开内容的认定标准

【裁判要旨】

在涉及化合物专利是否具有新颖性的判断过程中，对于现有技术文献是否已公开了该化合物，应以所属领域的普通技术人员根据该文献的启示，能否制造或分离出该化合物为标准。

【关键词】

发明专利　复审程序　新颖性　化合物

【案号】

（2015）知行字第 356 号

【基本案情】

在基因技术股份有限公司（以称简称基因公司）与国家知识产权局专利复审委员会（以下简称专利复审委员会）发明专利驳回复审行政纠纷案中，基因公司是名称为“用离子交换层析纯化蛋白质”发明专利申请（即本案申请）的申请人。经实质审查，国家知识产权局原审查部门以本案申请不具备新颖性等为由，对本案申请予以驳回。驳回决定所针对的权利要求 1 为：“1. 一种包含抗-HER2 抗体和一种或多种其酸性变体的组合物，其特征在于，该酸性变体的量少于 25%，该组合物还包含药物学上可接受的载体，该抗-HER2 抗体是 humMAb4D5-8，其轻链氨基酸序列是 SEQ ID NO：1，而重链氨基酸序列是 SEQ ID NO：2，其中所述酸性变体主要是抗 HER2 抗体的一个或多个天冬酰胺残基已被脱酰胺的脱酰胺变体，且所述脱酰胺变体在 humMAb4D5-8 的任一或两个 VL 区的 CDR1 中的 Asn30 被转换为天冬氨酸。”基因公司不服，向专利复审委员会提出复审请求。专利复审委员会认为，对比文件 1（WO9704801A1，公开日为 1997 年 2 月 13 日）公开了一系列包含抗-HER2 的全长人源化抗体 humMAb4D5-8 的液体制剂及其稳定性测试结果。根据对比文件公开的内容，本领域技术人员可推断出上述液体制剂中除非变性蛋白以外，还含有酸性变体 Asp30（尤其是在 pH 为 6.0 的情况下，如附图

6、7），且该酸性变体的量应小于18%，在降解后最多达到28%。而humMAb4D5-8作为一种已知的常用抗体，其轻链和重链氨基酸序列都是已知的添加其序列特征并不会使其结构发生变化。可见，对比文件1已经隐含公开了权利要求1的组合物技术方案，权利要求1所要求保护的技术方案相对于对比文件1不具有新颖性。据此，专利复审委员会于2010年3月8日作出第36975号复审请求审查决定（以下简称第36975号决定），维持国家知识产权局原审查部门对本案申请作出的驳回决定。基因公司不服，提起行政诉讼。北京市第一中级人民法院一审判决维持第36975号决定。基因公司不服，提起上诉。在二审诉讼过程中，基因公司认可对比文件1实施例中所涉及的抗体就是本案申请所要保护的抗体，仅主张该抗体在本案申请优先权日之前并未公开，公众无法获得，故本案申请符合专利法关于新颖性的要求。北京市高级人民法院二审判决驳回上诉、维持原判。基因公司仍不服，向最高人民法院申请再审。最高人民法院于2016年6月29日裁定驳回基因公司的再审申请。

【裁判意见】

最高人民法院审查认为：对于现有技术文献是否已公开了某化合物，应以所属领域的普通技术人员从该文献的启示能否制造或分离出该化合物为准。本案中，基因公司已经认可对比文件1实施例中所使用的抗体即是本案申请中的纯化抗体，即应推定本案申请不具有新颖性。基因公司主张对比文件1披露的技术结果公众无法获得，即所属领域的普通技术人员不能制造或分离出该产品，其应进一步举证证明。在二审法院指定的举证期限内，基因公司所提交的证据，仅能证明在本申请优先权日之前，其对使用本案申请说明书的纯化方法制备本案申请产品采取了保密措施，尚不能证明对比文件1提及的产品公众无法获得。二审法院据此认为基因公司并未完成举证责任，进而认定本案申请相对于对比文件1不具有新颖性，并无不当。

8. **使用同源性加上来源和功能限定方式的生物序列权利要求得到说明书支持的判断**

【裁判要旨】

对于保护主题为生物序列的权利要求是否得到说明书的支持，需要考虑其中的同源性、来源、功能等技术特征对该生物序列的限定作用。如果这些特征的限定导致包含于该权利要求中的生物序列极其有限，且根据专利说明书公开的内容能够预见到这些极其有限的序列均能实现发明目的，达到预期的技术效果，则权利要求能够得到说明书的支持。

【关键词】

发明专利　无效程序　同源性加上来源和功能限定　说明书支持

【案号】

(2016) 最高法行再 85 号

【基本案情】

在再审申请人国家知识产权局专利复审委员会（以下简称专利复审委员会）、诺维信公司与被申请人江苏博立生物制品有限公司（以下简称博立公司）发明专利权无效行政纠纷案中，国家知识产权局于 2006 年 6 月 28 日授权公告名称为“热稳定的葡糖淀粉酶”的发明专利（即本案专利），专利号为 98813338.5，申请日为 1998 年 11 月 26 日，专利权人为诺维信公司。本案专利与争议焦点相关的部分权利要求如下：“6. 一种具有葡糖淀粉酶活性的分离的酶，与 SEQ ID NO：7 中所示全长序列之间同源的程度至少为 99%，并且具有由等电聚焦测定的低于 3.5 的等电点……10. 根据权利要求 6～9 任一项的分离的酶，所述的酶来源于丝状真菌 Talaromyces 属，其中丝状真菌是 T. emersonii 菌株。11. 权利要求 10 的酶，其中丝状真菌是 T. emersonii CBS 793.97。12. 一种克隆的 DNA 序列，所述 DNA 序列编码表现出葡糖淀粉酶活性的酶，该 DNA 序列包括：(a) 在 SEQ ID NO：33 中所示 DNA 序列的所述葡糖淀粉酶编码部分；(b) 在 SEQ ID NO：33 中第 649－2724 位中所示的 DNA 序列或其互补链……13. 权利要求 12 的 DNA 序列，其中所述的 DNA 序列来源于丝状真菌 Talaromyces 属，其中所述丝状真菌是 T. emersonii 的菌株。14. 权利要求 13 的 DNA 序列，其中所述丝状真菌是 T. emersonii CBS 793.97……”2011 年 7 月 1 日，博立公司与案外人山东隆大生物工程有限公司以本案专利权利要求未得到说明书支持等为由，分别请求宣告本案专利的权利要求 1～28 无效。专利复审委员会针对该无效宣告请求，作出第 17956 号决定认为：在说明书已经证实了来源于 T. emersonii CBS 793.97 的酶具有葡糖淀粉酶活性的基础上，本领域技术人员可以预计来源于 T. emersonii 菌株，且与 SEQ ID NO：7 全长序列具有至少 99%同源的多肽也具有葡糖淀粉酶的活性，因此，权利要求 10 和 11 能够得到说明书的支持；权利要求 13 和 14 中引用权利要求 12 的 (a) 和 (b) 的技术方案也能够得到说明书的支持。博立公司不服，提起行政诉讼。北京市第一中级人民法院一审认为，权利要求 10、11、13 和 14 虽然限定到了具体的菌株，但其中有关同源性和开放式的撰写方式使得被限定的氨基酸序列和 DNA 序列包括了可能产生各种变异的其他序列，在本专利说明书未给出充分实验数据支持的情况下，上述权利要求的概括显然超出了说明书的内容。一审法院遂判决撤销第 17956 号决定。专利复审委员会不服，提起上诉。北京市高级人民法院二审判决驳回上诉、维持原判。专利复审委员会和诺维信公司仍不服，向最高人民法院申请再审。最高人民法院裁定提审本案，并于 2016 年 12 月 30 日判决撤销一审、二审判决，维持第 17956 号决定。

【裁判意见】

最高人民法院提审认为：根据专利法第二十六条第四款规定，权利要求所要求保护的技术方案应当是所属技术领域的技术人员能够从说明书充分公开的内容中得到或概括得出的技术方案，并且不得超出说明书的范围。对于全长 591 个氨基酸的 SEQ ID NO：7 而言，尽管与之具有 99％以上同源性的序列仍有约 5、6 个氨基酸位点的差异，但是，除了同源性特征之外，权利要求 10、11 进一步限定所述的酶来源于 T. emersonii 菌种和特定菌株 T. emersonii CBS 793.97。本领域普通技术人员一般认为，种是生物分类的基本单位，在某些基本特征上，同一种中的个体彼此显示出高度的相似性。同一种真菌或同一株真菌编码其体内某种酶的基因序列一般是确定的，偶尔会存在极少数同源性极高的变体序列，相应地，由该基因编码的酶也是确定的或者极少数的。本案中，99％以上同源性与菌种或者菌株来源的双重限定已经使得权利要求 10 和 11 的保护范围限缩至极其有限的酶，何况权利要求 10 和 11 还包括权利要求 6 所限定的酶的等电点和具有葡糖淀粉酶活性的功能。因此，在说明书实施例 1～4 已经证实了上述 SEQ ID NO：7 具有葡糖淀粉酶活性的情况下，权利要求 10 和 11 的保护范围能够得到说明书的支持。权利要求 13 和 14 中引用权利要求 12（a）(b）的技术方案也能够得到说明书的支持。

二、商标案件审判

（一）商标民事案件审判

9. 商标权共有人行使权利的一般规则

【裁判要旨】

在商标权共有的情况下，商标权的行使应遵循当事人意思自治原则，由共有人协商一致行使；不能协商一致，又无正当理由的，任何一方共有人不得阻止其他共有人以普通许可的方式许可他人使用该商标。

【关键词】

商标　侵权　权利共有　权利行使

【案号】

（2015）民申字第 3640 号

【基本案情】

在再审申请人张绍恒与被申请人沧州田霸农机有限公司（以下简称田霸

公司)、朱占峰侵害商标权纠纷案中，张绍恒与朱占峰于2009年4月共同成立沧州科丰农机有限公司（以下简称科丰公司）。2010年9月14日，科丰公司获准注册“田霸”商标（即涉案商标）。2012年3月28日，科丰公司将涉案商标转让给田霸公司。2012年5月8日，张绍恒与朱占峰在河北省河间市人民法院就科丰公司的清算问题达成调解协议，河北省河间市人民法院出具了（2011）河民清字第1452号民事调解书。调解书中明确约定：涉案商标归张绍恒和朱占峰共同所有，田霸公司归朱占峰所有；张绍恒承诺不再以任何方式追究朱占峰的任何责任或以任何方式再向其提出任何主张等。2013年1月4日，张绍恒以“朱占峰利用曾任科丰公司法定代表人的便利条件，将‘田霸’商标擅自转让给田霸公司，田霸公司的行为严重损害了其合法权益”为由，提起诉讼，请求确认转让行为无效。该案经河北省沧州市中级人民法院、河北省高级人民法院和最高人民法院审理，认定朱占峰擅自转让涉案商标的行为无效。张绍恒认为，朱占峰未经商标权共有人的同意，擅自将涉案商标转让给田霸公司使用至今，侵害了张绍恒的商标权。基于此，张绍恒提起本案诉讼。河北省沧州市人民法院一审认为，根据（2011）河民清字第1452号调解书第三条的约定，张绍恒不得再向朱占峰主张“协议约定之外的任何权利”，现张绍恒提起本案诉讼违反了上述约定，故对张绍恒的诉讼请求不予支持。张绍恒不服，提起上诉。河北省高级人民法院二审认为，张绍恒在二审开庭时明确其主张的是调解协议之后田霸公司使用涉案商标的侵权行为。根据（2011）河民清字第1452号调解书第二条的约定，涉案商标归张绍恒和朱占峰共同所有。张绍恒在没有合理理由的情况下，不能阻止朱占峰许可田霸公司使用涉案商标，田霸公司的行为不构成侵权。二审法院遂判决驳回上诉、维持原判。张绍恒不服，向最高人民法院申请再审。最高人民法院于2016年3月31日裁定驳回张绍恒的再审申请。

【裁判意见】

最高人民法院审查认为：本案关键问题在于作为涉案商标权共有人之一的朱占峰是否有权以普通许可的方式单独许可田霸公司使用该商标。首先，商标只有用于生产经营活动中，与商品或者服务结合起来，才能起到区分商品或者服务来源的作用，体现商标的真正价值。如果因为商标权共有人难以协商一致导致注册商标无法使用，不仅难以体现出注册商标的价值，有悖于商标法的立法本意，也难以保障共有人的共同利益。其次，商标权共有人单独以普通许可方式许可他人使用该商标，一般不会影响其他共有人利益，其他共有人可以自己使用或者以普通许可方式许可他人使用该商标，该种许可方式原则上应当允许。商标权共有人如果单独以排他许可或者独占许可的方式许可他人使用该商标，则对其他共有人的利益影响较大，原则上应禁止。

再次，根据商标法的规定，许可人应当监督被许可人使用其注册商标的商品质量，被许可人应当保证使用该注册商标的商品质量。因此，从保证商品质量和商标商誉的角度，商标权共有人单独进行普通许可，对其他共有人的利益一般也不会产生重大影响。退一步而言，即便商标权共有人单独进行普通许可造成了该商标商誉的降低，损害到了其他共有人的利益，也是商标权共有制度自身带来的风险。在商标权共有人对权利行使规则没有作出约定的情况下，共有人应对该风险有所预期。最后，要求商标权共有人全部同意才可进行普通许可，无疑会增加商标许可使用的成本，甚至导致一些有价值的商标因共有人不能达成一致而无法使用。据此，最高人民法院认为，商标权作为一种私权，在商标权共有的情况下，其权利行使的规则应遵循意思自治原则，由共有人协商一致行使；不能协商一致，又无正当理由的，任何一方共有人不得阻止其他共有人以普通许可的方式许可他人使用该商标。按照上述规则，涉案商标共有人朱占峰有权单独以普通许可方式许可田霸公司使用该商标，田霸公司使用该商标的行为不构成侵权。

10. **商标权的保护强度应当与其显著性和知名度相适应**

【裁判要旨】

商标权的保护强度，应当与其显著性和知名度相适应。如果使用行为并未损害涉案商标的识别和区分功能，亦未因此而导致市场混淆的后果，即不为法律所禁止。

【关键词】

商标　侵权　显著性　知名度

【案号】

（2016）最高法民再216号

【基本案情】

在再审申请人杭州奥普卫厨科技有限公司（以下简称奥普卫厨公司）与被申请人浙江现代新能源有限公司（以下简称新能源公司）、浙江凌普电器有限公司（以下简称凌普公司）、杨艳侵害商标权纠纷案中，1995年2月起，奥普卫厨公司的关联企业即开始在第11类“照明器材”等商品上申请并获准注册多个“奥普”文字及图文组合商标。2001年6月起，“奥普”系列商标先后被评为杭州市及浙江省著名商标，“奥普”商号被认定为浙江省知名商号。2005年9月，核定使用在第11类商品上的“奥普”商标被司法机关认定为驰名商标。第1737521号 aoøu 奥普 商标（即涉案商标）于2002年3月28日被核准注册，核定使用在第6类的“金属建筑材料、家具用金属附件”等商品上。2009年8月7日，涉案商标经核准转让于新能源公司，凌普公司为涉案商标的被许可使用人。2009 年 11 月 18 日，新能源公司通过公证程序，在杨艳经营的“奥普 I＋N 浴顶”商店内，购买了由奥普卫厨公司生产、标注有“AUPU 奥普©”字样的“浴顶”十四箱。在被诉侵权产品的外包装上，除标注有“产品名称：普通扣板”之外，还清晰地标明了生产商奥普卫厨公司企业名称的全称、奥普卫厨公司经许可使用的“1＋N 浴顶”“浴顶”的商标图样。新能源公司、凌普公司遂以奥普卫厨公司生产、杨艳销售的被诉侵权产品侵害涉案商标权为由，提起诉讼。请求法院判令：奥普卫厨公司、杨艳立即停止侵权行为；连带赔偿经济损失 500 万元；在全国媒体上发表声明消除影响。江苏省苏州市中级人民法院一审认为，奥普卫厨公司在金属扣板产品上显著标注了“AUPU 奥普”标识，“AUPU 奥普”与“aoøu 奥普”两者应属于近似，容易造成消费者的混淆和误认。遂判决奥普卫厨公司、杨艳停止侵权行为；奥普卫厨公司赔偿经济损失 10 万元等。新能源公司、凌普公司、奥普卫厨公司、杨艳均不服，提起上诉。后凌普公司在二审阶段放弃其全部诉讼请求。江苏省高级人民法院二审认为，奥普卫厨公司、杨艳在其生产、销售的金属扣板商品上使用“AUPU 奥普”标识的行为，构成对涉案商标权的侵害。奥普卫厨公司的“奥普”商标知名度较高，新能源公司合法行使其涉案商标专用权受到的压制及所受损失必然较大，一审法院赔偿数额偏低，遂改判奥普卫厨公司赔偿经济损失 30 万元。奥普卫厨公司不服，向最高人民法院申请再审。最高人民法院裁定提审本案，并于 2016 年 6 月 25 日判决撤销一审、二审判决，驳回新能源公司的全部诉讼请求。

【裁判意见】

最高人民法院提审认为：商标法所要保护的，是商标所具有的识别和区分商品及服务来源的功能，而并非仅以注册行为所固化的商标标识本身。商标权的保护强度，应当与其应有的显著性和知名度相适应。商标标识本身的近似不是认定侵权行为是否成立的决定性因素，如果使用行为并未损害涉案商标的识别和区分功能，亦未因此而导致市场混淆的后果，该种使用行为即不在商标法所禁止的范围之中。具体到本案而言，涉案商标中的中文文字“奥普”为臆造词，具有较强的固有显著性，且与奥普卫厨公司及其关联企业的商号完全一致。至涉案商标申请日之前，经奥普卫厨公司及其关联企业的使用，“奥普”系列商标已经具有了较高的知名度。与此相比，经新能源公司的许可，凌普公司在对涉案商标进行使用的过程中，多次因不规范或突出使用“奥普”文字的行为，受到行政处罚或被司法机关认定为不正当竞争行为。其商誉攀附的对象，正是在市场中已经具有较高知名度的奥普电器产品。因此，涉案商标中“奥普”文字的显著性和知名度，实际上来源于奥普公司及其关联企业的使用行为。涉案商标虽然在“金属建筑材料”上享有注册商标专用权，但对该权利的保护范围和保护强度，应当与新能源公司对该商标的显著性和知名度所作出的贡献相符。本案中，被诉侵权产品的销售地点为奥普公司的正规销售门店，门店之上突出标注了奥普公司的字号及注册商标。被诉侵权产品的外包装和产品本身清晰标注了奥普卫厨公司企业名称的全称及其关联企业在第6类商品上拥有的“1+N浴顶”等注册商标。结合奥普卫厨公司的在先权利基础，一般消费者凭借奥普卫厨公司在销售场所和被诉侵权商品上标注的上述信息，已足以实现对商品来源的清晰区分，不会导致误认被诉侵权产品来源于新能源公司的结果，亦不会产生攀附涉案商标商业信誉的损害后果。因此，奥普卫厨公司、杨艳生产、销售使用“AUPU奥普©”及“AUPU”标识的被诉侵权商品的行为，不构成对涉案商标权的侵害。

11. 销售发票指向非侵权商品的商标使用行为不构成侵权

【裁判要旨】

销售发票上的商标使用行为是否合法，需要根据其指向的商品或服务本身是否构成侵权作出判断。

【关键词】

商标　侵权　销售发票　使用

【案号】

（2016）最高法民申2216号

【基本案情】

在无锡小天鹅股份有限公司（以下简称小天鹅公司）与内蒙古包头百货大楼集团股份有限公司（以下简称包头百货公司）及内蒙古包头百货大楼集团股份有限公司昆区海威超市（以下简称海威超市）侵害商标权及不正当竞争纠纷一案中，小天鹅公司为核定使用在第7类“洗衣机、洗衣机甩干机”商品上的第788582号“小天鹅”商标（即涉案商标）的注册商标专用权人。小天鹅公司以海威超市销售的洗衣机（即被诉侵权商品）外包装盒及洗衣机面板、使用说明书均标注“海南三金小天鹅电器有限公司”，包头百货公司开具的发票中载明“小天鹅洗衣机”的行为侵害涉案商标权并构成不正当竞争为由，提起诉讼。内蒙古自治区包头市中级人民法院一审认为，被诉侵权商品并未在企业名称中突出使用其字号，不构成对涉案商标权的侵害。在被诉侵权商品本身不侵害涉案商标权的基础上，不能单独凭借发票中对该商品的文字标注即认定该商品构成侵权。据此，包头百货公司销售被诉侵权商品的行为亦不构成侵权。遂判决驳回小天鹅公司的诉讼请求。小天鹅公司不服，提起上诉。内蒙古自治区高级人民法院二审判决驳回上诉、维持原判。小天鹅公司仍不服，向最高人民法院申请再审。最高人民法院于2016年9月18

日裁定驳回小天鹅公司的再审申请。

【裁判意见】

最高人民法院审查认为：被诉侵权商品在面板及商品外包装上，标注有生产商的企业名称全称，并未突出使用“小天鹅”字样，故被诉侵权商品未侵害涉案商标权。关于包头百货公司在发票上标注“小天鹅”字样的行为是否构成侵权的问题，最高人民法院认为，商标是用以区分商品或服务来源的标识，独立的标识无法构成商标法意义上的商标。作为商品交易文书的一种，发票使用属于一种商标使用行为，但在实际使用中，发票对商标的使用必然是与特定商品或服务的结合性使用。因此，在判断该使用行为是否侵犯他人权利时，仍然需要结合其指向的商品或服务本身予以综合判断。具体到本案而言，按交易惯例，购买洗衣机一般均是在先察看商品、了解功能价格来源等情况下，再决定购买、付款，销售者在款项收讫的情况下出具发票，发票出具是商品交易过程中的一个环节。包头百货公司在发票上的标注属于对商标的使用，但该行为所指向的对象仍是被诉侵权商品本身。在被诉侵权商品本身不构成侵权的情况下，仅凭发票标注“小天鹅”字样，尚不足以认定该行为构成侵害商标权。

12. **姓名的商业使用不能与他人合法的在先权利相冲突**

【裁判要旨】

公民享有合法的姓名权，并有权合理使用自己的姓名，但不得违反诚实信用原则，侵害他人的在先权利。明知他人注册商标或字号具有较高的知名度，仍以攀附他人知名度为目的，将相同文字注册为字号并突出使用，即使该字号中含有与姓名相同的文字，亦不属于对姓名的合理使用，而构成侵害他人注册商标专用权及不正当竞争。

【关键词】

商标　侵权　不正当竞争　姓名

【案号】

（2016）最高法民再 238 号

【基本案情】

在再审申请人北京庆丰包子铺（以下简称庆丰包子铺）与被申请人山东庆丰餐饮管理有限公司（以下简称庆丰餐饮公司）侵害商标权与不正当竞争纠纷案中，北京市西城区饮食公司庆丰包子铺于 1986 年 6 月 3 日取得营业执照，经营范围为面食，营业执照中记载的开业时间为 1956 年。2007 年 7 月 24 日，经核准变更名称为庆丰包子铺。庆丰包子铺月坛店于 2007 年被北京市商务局认定为“中国风味特色餐厅”。2007 年至 2009 年 6 月，庆丰包子铺在北京广播电台、北京电视台等媒体投入广告费用共计 450 余万元。后庆丰包子铺先后取得核定使用在第 42 类（现第 43 类）餐馆服务项目上的第 1171838 号“慶豐”商标，以及核定使用在第 30 类包子等商品上的第 3201612 号“老庆丰＋laoqingfeng”商标，上述商标目前均在有效期内。2009 年 6 月 24 日，庆丰餐饮公司经核准登记成立，法定代表人徐庆丰，经营范围为餐饮管理及咨询。庆丰包子铺以庆丰餐饮公司明知庆丰包子铺商标及字号的知名度，仍使用“庆丰”字号成立餐饮公司，并在其官网、店面门头、菜单、广告宣传上使用“庆丰”或“庆丰餐饮”标识，侵害庆丰包子铺的商标权并构成不正当竞争为由，提起诉讼。山东省济南市中级人民法院一审认为，庆丰餐饮公司使用“庆丰”与其使用环境一致，且未从字体、大小和颜色方面突出使用，属于对其字号的合理使用。庆丰包子铺在庆丰餐饮公司注册并使用其字号时，其经营地域和商誉并未涉及或影响到济南和山东，不能证明相关公众存在误认的可能，故不构成对庆丰包子铺商标权的侵害，遂判决驳回庆丰包子铺的诉讼请求。庆丰包子铺不服，提起上诉。山东省高级人民法院二审判决驳回上诉、维持原判。庆丰包子铺仍不服，向最高人民法院申请再审。最高人民法院裁定提审本案，并于 2016 年 9 月 29 日判决撤销一审、二审判决，判令庆丰餐饮公司立即停止侵害商标权的行为及停止使用“庆丰”字号，赔偿庆丰包子铺经济损失及合理费用 5 万元。

【裁判意见】

最高人民法院提审认为：庆丰包子铺采用全国性连锁经营的模式，经过多年诚信经营和广告宣传，其商标及字号取得了较高的显著性和知名度。庆丰包子铺在餐馆服务上注册的“慶豐”商标及在方便面、糕点、包子等商品上注册的“老庆丰＋laoqingfeng”商标，在全国具有较高的知名度和影响力。“慶豐”与“庆丰”是汉字繁体与简体的一一对应关系，其呼叫相同；“老庆丰＋laoqingfeng”完全包含了“庆丰”文字。庆丰餐饮公司将“庆丰”文字商标性使用在与庆丰包子铺的上述两注册商标核定使用的商品或服务类似的餐馆服务上，容易使相关公众对商品或服务的来源产生误认或者认为其与庆丰包子铺之间存在某种特定的联系，可能导致相关公众的混淆和误认。庆丰餐饮公司的法定代表人为徐庆丰，其姓名中含有“庆丰”二字，徐庆丰享有合法的姓名权，当然可以合理使用自己的姓名。但是，徐庆丰曾在北京餐饮行业工作，应当知道庆丰包子铺商标的知名度和影响力，却仍在其网站、经营场所突出使用与庆丰包子铺注册商标相同或相近似的商标，明显具有攀附庆丰包子铺注册商标知名度的恶意，容易使相关公众产生误认，属于给他人注册商标专用权造成其他损害的行为，不属于对该公司法定代表人姓名的合理使用。此外，庆丰包子铺自 1956 年开业，1982 年 1 月 5 日起开始使用“庆丰”企业字号，至庆丰餐饮公司注册之日止已逾二十七年，属于具有较高的市场知名度、为相关公众所知悉的企业名称中的字号，庆丰餐饮公司擅自将庆丰包子铺的字号作为其字号注册使用，经营相同的商品或服务，具有攀附庆丰包子铺企业名称知名度的恶意，其行为构成不正当竞争。

13. **商标侵权案件中对是否构成在先使用的审查判断**

【裁判要旨】

主张在先使用权益的一方当事人，应当举证证明其使用时间早于注册商标的申请日，且通过使用行为使未注册商标产生了一定影响。

【关键词】

商标　侵权　在先使用　一定影响

【案号】

（2015）民提字第 38 号

【基本案情】

在再审申请人梁或、卢宜坚与被申请人安徽采蝶轩蛋糕集团有限公司（以下简称采蝶轩集团公司）、合肥采蝶轩企业管理服务有限公司（以下简称采蝶轩服务公司）、一审被告、二审被上诉人安徽巴莉甜甜食品有限公司（以下简称巴莉甜甜公司）侵害商标权及不正当竞争纠纷案中（以下简称“采蝶轩”侵害商标权及不正当竞争案），卢宜坚、梁或先后通过受让或自行申请注册的方式，获得核定使用在第 30 类的“咖啡；茶；糖浆；蛋糕面粉”等商品上的第 1328994 号、核定使用在第 42 类“餐馆”等服务上的第 1344787 号、核定使用在第 30 类“糖果；蛋糕；面包”等商品上的第 3422492 号“”商标，以及核定使用在第 30 类“蛋糕；面包”等商品上的第 4640785 号图形商标；核定使用在第 43 类“面包店”等服务上的第 4502639 号和第 4502638 号“采蝶軒”商标；核定使用在第 30 类“蛋糕”等商品上的第 4640787 号商标。后梁或、卢宜坚将第 1344787 号、第 3422492 号、第 1328994 号、第 1329111 号注册商标许可给中山市采蝶轩食品有限公司使用，并在国家工商行政管理总局商标局备案。2010 年，第 3422492 号注册商标被广东省工商行政管理局认定为广东省著名商标。梁或、卢宜坚提供的其他获奖证书均为中山市采蝶轩食品有限公司获得。合肥采蝶轩食品有限责任公司成立于 2000 年 6 月 8 日，经营范围包括糕点生产、销售等。后其企业名称相继变更为合肥采蝶轩蛋糕有限公司、安徽采蝶轩蛋糕有限公司和安徽采蝶轩蛋糕集团有限公司（即本案中的采蝶轩集团公司）。梁或、卢宜坚以采蝶轩集团公司、采蝶轩服务公司和巴莉甜甜公司擅自在其店面、宣传广告和产品上使用“”“采蝶轩 CAIDIEXUAN”和“采蝶轩图形”商标，并将前述注册商标以企业字号的形式突出使用，侵害了梁或、卢宜坚的商标专用权并构成不正当竞争为由，提起诉讼。安徽省合肥市中级人民法院一审认为，相对于本案梁或、卢宜坚取得涉案商品商标权而言，采蝶轩集团公司将“采蝶轩”标识作为非注册商标用于产品使用在先。采蝶轩集团公司“采蝶轩”商品商标在合肥地区的知名度和影响力系由其独创，而梁或、卢宜坚商品商标和服务商标的使用范围和影响力并未延及合肥地区。因此采蝶轩集团公司、采蝶轩服务公司和巴莉甜甜公司将“采蝶轩”标识作为商品商标使用，并未造成相关公众的混淆、误认。但为规范市场竞争秩序，采蝶轩集团公司、采蝶轩服务公司和巴莉甜甜公司应停止以组合或拆分的方式将“”作为商品商标使用。采蝶轩服务公司在店面门头上使用“采蝶轩”标识，系对自身享有的服务商标权的行使，未侵害梁或、卢宜坚的商标专用权。对于不正当竞争部分的诉讼主张，一审法院认为，梁或、卢宜坚与采蝶轩集团公司、采蝶轩服务公司和巴莉甜甜公司之间不存在特定、具体的竞争关系，不符合提起不正当竞争之诉的主体要件。一审法院遂判决驳回梁或、卢宜坚的诉讼请求。梁或、卢宜坚不服，提起上诉。安徽省高级人民法院二审判决驳回上诉、维持原判。梁或、卢宜坚仍不服，向最高人民法院申请再审。最高人民法院裁定提审本案，并于 2016 年 6 月 7 日判决撤销一审、二审判决，判令采蝶轩集团公司、采蝶轩服务公司、巴莉甜甜公司立即停止侵权行为，并赔偿梁或、卢宜坚经济损失 544511 元（含合理费用）及消除影响。

【裁判意见】

最高人民法院提审认为：关于采蝶轩集团公司、采蝶轩服务公司和巴莉甜甜公司对“采蝶轩”字号和“采蝶轩”标识的使用是否构成在先使用问题。本案被诉侵权行为发生在现行商标法修正前，因此应适用 2001 年修正的商标法，该法并未对先使用抗辩问题作出明确规定。即使参照现行商标法关于先用权抗辩问题的规定，采蝶轩集团公司、采蝶轩服务公司和巴莉甜甜公司对被诉侵权标识的使用，也不构成在先使用。理由在于，第 1344787 号和第 1328994 号“”注册商标的申请日分别是 1998 年 7 月 3 日和 1998 年 7 月 6 日，均早于采蝶轩集团公司的前身合肥采蝶轩公司成立的 2000 年 6 月 8 日，也即采蝶轩集团公司、采蝶轩服务公司对于被诉侵权标识的使用，晚于前述两个注册商标的申请日；即使如原审法院所认定的前述两个注册商标与被控侵权标识不构成类似商品和服务，也即不考虑前述两个注册商标对在先使用判断的影响，在第 3422492 号“”注册商标的申请日，即 2002 年 12 月 31 日前，采蝶轩集团公司当时也只有 5 家门店，且 2003 年的销售额只有 7.58 万元，难言具有一定影响。同理，采蝶轩集团公司对于其企业字号的商标性使用也没有在先使用的权利。故此，原审法院认定采蝶轩集团公司、采蝶轩服务公司和巴莉甜甜公司具有在先使用的权利，没有事实根据，依法予以纠正。

14. **损害赔偿数额的计算应当遵循比例原则**

【裁判要旨】

销售收入与生产经营规模、广告宣传、商品质量等密切相关，而不仅仅来源于对商标的使用及其知名度。当事人主张以全部销售收入与销售利润率为基础计算侵权获利的，不应予以支持。

【关键词】

商标侵权　损害赔偿　关联性

【裁判意见】

在前述“采蝶轩”侵害商标权及不正当竞争案中，最高人民法院还在损害赔偿计算的过程中贯彻了比例原则。最高人民法院提审认为：关于侵权损害赔偿问题，根据商标法（2001 年修正）第五十六条第一款、第二款的规定，梁或、卢宜坚主张按照采蝶轩集团公司、采蝶轩服务公司和巴莉甜甜公司分别从 2002 年和 2005 年起至起诉时止的侵权获利来计算损害赔偿额，并据此提出了 1500 万元的赔偿请求。对此最高人民法院认为，关于侵权损害赔偿时间的计算，根据《最高人民法院关于审理商标民事纠纷案件适用法律若干问题的解释》第十八条的规定，梁或、卢宜坚于 2012 年 9 月 17 日向一审法院提起诉讼时，侵权行为仍在持续，故本案的损害赔偿计算时间，应从梁或、卢宜坚提起本案诉讼之日起向前推算两年计算，梁或、卢宜坚主张分别从 2002 年和 2005 年起计算损害赔偿数额没有法律依据。关于采蝶轩集团公司、采蝶轩服务公司和巴莉甜甜公司的侵权获利，梁或、卢宜坚主张按照其销售收入与中山市采蝶轩食品有限公司的销售利润率的乘积计算。采蝶轩集团公司、采蝶轩服务公司和巴莉甜甜公司的销售收入与其生产经营规模、广告宣传、商品质量等是密切相关的，不仅仅来源于对涉案商标的使用以及涉案商标的知名度，故对梁或、卢宜坚的前述主张不予支持。对于本案的损害赔偿数额，应当根据被申请人和巴莉甜甜公司实施侵权行为的性质、期间、后果以及涉案商标的声誉等情况，酌情确定采蝶轩集团公司、采蝶轩服务公司和巴莉甜甜公司赔偿梁或、卢宜坚 50 万元。梁或、卢宜坚为制止侵权行为，支出公证费、差旅费、律师费等合计 44511 元，该合理开支由采蝶轩集团公司、采蝶轩服务公司和巴莉甜甜公司承担。

（二）商标行政案件审判

15. **伤害宗教感情的标志可以认定为“具有其他不良影响”**

【裁判要旨】

对具有宗教含义的商标，一般可以该商标的注册有害于宗教感情、宗教信仰或者民间信仰为由，认定其具有“其他不良影响”。判断商标是否具有宗教含义，应当结合当事人提交的证据、宗教人士的认知以及该宗教的历史渊源和社会现实综合予以认定。

【关键词】

商标　争议程序　不良影响　宗教含义

【案号】

（2016）最高法行再21号

【基本案情】

在再审申请人泰山石膏股份有限公司（以下简称泰山石膏公司）与被申请人山东万佳建材有限公司（以下简称万佳公司）、一审被告、二审被上诉人国家工商行政管理总局商标评审委员会（以下简称商标评审委员会）商标争议行政纠纷案中，第3011175号“泰山大帝”商标（即争议商标）由泰安泰山元帅纸面石膏板厂于2001年11月5日提出注册申请，2003年3月21日被核准注册，核定使用在第19类“石膏板”商品上。2010年4月14日，争议商标经核准转让予万佳公司。2013年5月17日，泰山石膏公司向商标评审委员会提出争议申请，商标评审委员会于2014年4月14日作出商评字〔2014〕第051795号《关于第3011175号“泰山大帝”商标争议裁定书》（以下简称第51795号裁定），以争议商标容易伤害宗教人士的感情、容易产生社会不良影响为由，对争议商标予以撤销。万佳公司不服，提起行政诉讼。北京市第一中级人民法院一审认为，“泰山大帝”为道教众神之一，万佳公司将“泰山大帝”申请注册为商标并进行使用，容易伤害宗教人士、道教信众的宗教感情，已构成商标法（2001年修正）第十条第一款第（八）项规定的情形，遂判决维持第51795号裁定。万佳公司不服，提起上诉。北京市高级人民法院二审认为，一审法院认定“泰山大帝”为道教山东泰山地区独有的神灵名称缺乏依据，故判决撤销一审判决及第51795号裁定，判令商标评审委员会针对争议商标重新作出裁定。泰山石膏公司不服，向最高人民法院申请再审，并提交了泰安市道教协会出具的《关于“泰山大帝”信仰情况的说明》、泰安市人民政府出具的《关于“泰山大帝”民俗和信仰情况的说明》等证据，用以证明“泰山大帝”系日常使用的道教神灵称谓。最高人民法院裁定提审本案，并于2016年5月11日判决撤销二审判决，维持一审判决。

【裁判意见】

最高人民法院提审认为：判断有关标志是否构成具有其他不良影响的情形时，应当考虑该标志或者其构成要素是否可能对我国政治、经济、文化、宗教、民族等社会公共利益和公共秩序产生消极、负面影响。如果某标志具有宗教含义，不论相关公众是否能够普遍认知，该标志是否已经使用并具有一定知名度，通常可以认为该标志的注册有害于宗教感情、宗教信仰或者民间信仰，具有不良影响。本案中，判断“泰山大帝”是否系道教神灵的称谓，是否具有宗教含义，不仅需考量本案当事人所提交的相关证据，也需考量相关宗教机构人士的认知以及道教在中国民间信众广泛的历史渊源和社会现实。首先，虽然当事人提交的大部分证据，也即二审法院认定的官方记载未记载“东岳大帝”或“泰山神”称为“泰山大帝”，但有部分书籍、新闻报道和论文中提及“东岳大帝”或“泰山神”称为“泰山大帝”。其次，泰安市民族与宗教事务局、泰安市道教协会也出具说明证明“泰山大帝”系道教神灵的称谓，他们的认知本身即是相关宗教机构人士的认知。最后，道教是我国具有悠久历史传统的一种宗教，在漫长的历史过程中，道教信众广泛，有关记载道教的书籍、杂志、报道众多。因此，关于道教神灵的称谓也难言仅限于国家官方记载。故即便官方文献未记载“泰山大帝”为“泰山神”或“东岳大帝”，“泰山大帝”不是“东岳大帝”或“泰山神”称谓的唯一对应，但相关证据和宗教界机构人士的认知表明，“泰山大帝”均指向“泰山神”或“东岳大帝”，而不是指向其他道教神灵，“泰山大帝”的称谓系客观存在，具有宗教含义。万佳公司以及争议商标原申请注册人将“泰山大帝”作为商标加以注册和使用，可能对宗教信仰、宗教感情或者民间信仰造成伤害，从而造成不良影响。因此，争议商标的注册属于商标法第十条第一款第（八）项规定的情形，应予撤销。

16. **证明商标显著性的认定**

【裁判要旨】

商标法虽然对证明商标的申请主体、使用主体及基本功能作出了专门规定，但商标法关于注册商标应当具备显著特征的要求，同样适用于证明商标。

【关键词】

商标　复审程序　证明商标　显著性

【案号】

（2016）最高法行申 2159 号

【基本案情】

在再审申请人布鲁特斯 SIG 有限公司（以下简称布鲁特斯公司）与被申请人国家工商行政管理总局商标评审委员会（以下简称商标评审委员会）商

标驳回复审行政纠纷案中，第 5918201 号证明商标“蓝牙”（即申请商标），由布鲁特斯公司于 2007 年 2 月 14 日向国家工商行政管理总局商标局（以下简称商标局）提出注册申请，指定使用在第 42 类“计算机编程；与数据、声音、影像及照明的录制、传送及复制有关的计算机硬件及软件咨询”等服务上。商标局以申请商标违反了商标法（2001 年修正）第十一条第一款第（二）项和第二十八条规定为由，对申请商标予以驳回。布鲁特斯公司不服，向商标评审委员会提出复审申请。商标评审委员会于 2013 年 12 月 9 日作出商评字［2013］第 129452 号《关于第 5918201 号“蓝牙”（证明商标）商标驳回复审决定》（以下简称第 129452 号决定），对申请商标不予核准注册。布鲁特斯公司不服，提起行政诉讼。北京市第一中级人民法院一审认为，“蓝牙”作为商标使用在指定服务上，直接表示了指定服务的服务内容和服务方式等，缺乏商标应有的显著性。遂判决维持第 129452 号决定。布鲁特斯公司不服，提起上诉。北京市高级人民法院二审判决驳回上诉、维持原判。布鲁特斯公司仍不服，以证明商标与普通商标在区分功能、权利主体、使用主体等方面具有明显区别，证明商标要求的表征特定品质不同于商标法第十一条第一款第（二）项规定的“显著性”标准，原审判决适用法律错误为由，向最高人民法院申请再审。最高人民法院于 2016 年 7 月 26 日裁定驳回布鲁特斯公司的再审申请。

【裁判意见】

最高人民法院审查认为：显著性是商标发挥识别不同商品或者服务功能的基础。虽然商标法对证明商标的申请主体、使用主体及基本功能作出了专门规定，但证明商标作为注册商标的一种类型，仍然应当符合注册商标的一般性规定，即具有显著性。虽然“蓝牙”最初是作为“Bluetooth”的中文翻译进入我国并为中国消费者所认识，而“Bluetooth”也已作为商标在中国被核准注册。但自上世纪 90 年代蓝牙技术产生后，布鲁特斯公司及电子通信领域的公司长期将“蓝牙”作为“一种近距离无线通信技术”使用在音箱、耳机、打印机、手机、鼠标等产品上，并开展相关标准化活动，蓝牙技术、蓝牙产品已迅速普及并被广大消费者所接受，相关公众普遍认为“蓝牙”是一种能在移动电话、PDA、无线耳机、笔记本电脑、相关外设等众多设备之间进行无线信息交换的短距离无线通信技术，蓝牙产品就是包含短距离无线通信技术的产品。而且，布鲁特斯公司在诉讼过程中也曾称“申请商标一直都是仅使用在符合特定技术标准和要求的商品和服务上，与特定技术标准联系更为紧密。”因此，申请商标“蓝牙”使用在指定服务上，直接表示了服务的技术特点，缺乏商标应有的显著特征，不符合商标法第十一条第一款第（二）项的规定。

17. 驰名商标认定的证据审查标准

【裁判要旨】

在判断相关证据能否证明引证商标驰名与否时，应当注意，公司的经营历史及知名度与引证商标的宣传、使用历史及知名度并不必然等同；相关公众能否通过正规、有效的渠道，认知和了解引证商标；一般性的消息报道，而非针对引证商标的广告宣传，不足以作为认定特定商标已在中国经广泛商业宣传达到驰名程度的事实依据。

【关键词】

商标　异议程序　驰名商标　证据认定

【案号】

（2016）最高法行申 3386 号

【基本案情】

在再审申请人苹果公司与被申请人国家工商行政管理总局商标评审委员会（以下简称商标评审委员会）、一审第三人新通天地科技（北京）有限公司（以下简称新通天地公司）商标异议复审行政纠纷案中，苹果公司在先申请并注册了第 3339849 号“IPHONE”商标和第 4073735 号“i-phone”文字及图商标（即引证商标），分别核定使用在国际分类第 9 类计算机硬件、计算机软件（已录制）等商品以及第 9 类电话机、手提电话等商品上。新通天地公司于 2007 年 9 月 29 日向国家工商行政管理总局商标局（以下简称商标局）提出第 6304198 号“IPHONE”商标（即被异议商标）的注册申请，指定使用在第 18 类“仿皮、牛皮、钱包、小皮夹、皮制绳索”等商品上。在法定异议期内，苹果公司对被异议商标提出异议申请。商标局裁定对被异议商标予以核准注册。苹果公司不服，向商标评审委员会提出复审申请。2013 年 12 月 16 日，商标评审委员会作出商评字［2013］第 135654 号关于第 6304198 号“IPHONE”商标异议复审裁定（以下简称第 135654 号裁定），对被异议商标予以核准注册。苹果公司不服，提起行政诉讼。北京市第一中级人民法院一审判决驳回苹果公司的诉讼请求。苹果公司不服，提起上诉。北京市高级人民法院二审判决驳回上诉、维持原判。苹果公司仍不服，以被异议商标构成对已驰名的引证商标的复制、摹仿为由，向最高人民法院申请再审。苹果公司同时提交了《2007 年 7 月智能手机市场关注度及价格报告》等证据，欲证明在被异议商标申请日之前，引证商标受到中国消费者持续关注，应被认定为驰名商标。最高人民法院于 2016 年 12 月 27 日裁定驳回苹果公司的再审申请。

【裁判意见】

最高人民法院审查认为：引证商标在被异议商标申请日之前是否已达到

驰名商标的程度，是其能否合法阻止被异议商标在不相类似商品上获得注册的关键事实。苹果公司主张，引证商标随着 IPHONE 手机概念的公布及在美国首次销售的信息在全球传播，已瞬间成为驰名商标。对此最高人民法院认为，苹果公司在商标异议复审、一审、二审及再审申请阶段，分别提交了相关证据。上述证据中，部分内容仅涉及引证商标在被异议商标申请日后的实际使用及知名度的事实，与本案的关键事实并无直接关联性。其他证据，如关于苹果公司于 1993 年开始在北京设立办事处、于 2007 年 1 月公布 IPHONE 手机概念、于 2007 年 6 月 29 日在美国上市第一代 IPHONE 手机，以及“中关村在线”网站等媒体报道或网站信息，其证明的相关事实虽早于被异议商标申请日发生，但仍不足以证明引证商标在被异议商标申请日之前已达到驰名程度，主要理由在于：（1）苹果公司派驻代表机构在中国开展商务活动之初，尚不存在任何关于宣传和使用 IPHONE 商业标志的事实，苹果公司的经营历史及知名度与引证商标的宣传、使用历史及知名度并不必然等同；（2）苹果公司正式向中国市场销售 IPHONE 手机的时间为 2009 年 10 月，自 IPHONE 手机概念公布至 2009 年 10 月的逾两年内，苹果公司并未在中国市场销售 IPHONE 手机，相关公众在中国市场无法通过正规销售渠道购得 IPHONE 手机，中国相关公众缺乏通过购买、使用 IPHONE 手机熟悉并高度认同 IPHONE 商标的有效渠道；（3）“中关村在线”网站发布的《2007 年 7 月智能手机市场关注度及价格报告》等证据亦显示，在被异议商标申请日前通过非正规销售渠道流入中国市场的 IPHONE 手机，在当时的中国智能手机市场中并未占有较高份额；（4）在被异议商标申请日之前，与 IPHONE 手机有关的信息内容主要集中在对苹果公司下一代产品及经营策略的新闻报道、分析预测性文章，传播载体集中于《程序员》《软件世界》《环球》《经济论丛》等专业性较强的报刊，鲜有面向中国相关公众（尤其是广大消费者）的 IPHONE 手机商业广告。相反的是，苹果公司的部分证据反映了以下特点：（1）IPHONE 手机概念公布至被异议商标申请日期间，IPHONE 手机是部分媒体关注的对象，但并非中国主要媒体商业广告的对象，也未成为中国市场广大消费者熟悉并认可的知名品牌；（2）IPHONE 手机概念公布至苹果公司正式向中国市场销售 IPHONE 手机的逾两年内，苹果公司基于其经营策略，未实施向中国市场投放 IPHONE 品牌广告、销售 IPHONE 手机商品等经营行为，IPHONE 商标至少在被异议商标申请日之前缺乏在中国驰名的客观条件。因此，苹果公司的证据尚未有效证明在被异议商标申请日前，引证商标为中国相关公众所熟知并已达到驰名程度的事实。苹果公司主张引证商标随着 IPHONE 手机概念的公布及在美国首次销售的信息在全球传播而瞬间成为驰名商标的理由，既不符合 2007 年互联网在中国的实际状况，也不符合引证商标当时在中国的使用状况。苹果公司主张引证商标在被异议商标申请日之前已在中国驰名的理由无事实根据。

18. **判断中外文商标是否构成近似应当考虑二者是否已经形成了稳定的对应关系**

【裁判要旨】

判断中文商标与外文商标是否构成近似，不仅要考虑商标构成要素及其整体的近似程度、相关商标的显著性和知名度、所使用商品的关联程度等因素，还应考虑二者是否已经在相关公众之间形成了稳定的对应关系。

【关键词】

商标　争议程序　商标近似　对应关系

【案号】

（2016）最高法行再 34 号

【基本案情】

在再审申请人拉菲罗斯柴尔德酒庄（以下简称拉菲酒庄）与被申请人国家工商行政管理总局商标评审委员会（以下简称商标评审委员会）、南京金色希望酒业有限公司（以下简称金色希望公司）商标争议行政纠纷案（以下简称“拉菲庄园”商标争议案）中，第 4578349 号“拉菲庄园”商标（即争议商标）的申请日为 2005 年 4 月 1 日，核定使用在第 33 类葡萄酒、酒（饮料）、果酒（含酒精）、蒸馏酒精饮料、苹果酒、含酒精液体、含水果的酒精饮料、米酒、青稞酒、料酒商品上，注册商标专用权人为金色希望公司。“LAFITE”商标（即引证商标）申请日为 1996 年 10 月 10 日，核定使用在第 33 类的含酒精饮料（啤酒除外）商品上，注册商标专用权人为拉菲酒庄。在法定期限内，拉菲酒庄以争议商标违反商标法（2001 年修正）第二十八条等规定为由，向商标评审委员会提出争议申请。商标评审委员会于 2013 年 9 月 2 日作出商评字［2013］第 55856 号《关于第 4578349 号“拉菲庄园”商标争议裁定书》（以下简称第 55856 号裁定），以争议商标违反商标法第二十八条规定为由，对争议商标予以撤销。金色希望公司不服，提起行政诉讼。北京市第一中级人民法院一审判决维持第 55856 号裁定。金色希望公司不服，提起上诉。北京市高级人民法院二审认为，难以认定引证商标在争议商标申请日之前，已经在我国具有市场知名度，相关公众已经能够将引证商标与“拉菲”进行对应性识别。争议商标的注册和使用长达十年之久，其已经形成稳定的市场秩序，从维护已经形成和稳定的市场秩序考虑，本案争议商标的注册应予维持。遂判决撤销一审判决及第 55856 号裁定。拉菲酒庄不服，向最高人民法院申请再审。经查明，中国经济网 2014 年 2 月 12 日《质检总局公布六款进口“拉菲”葡萄酒质量不合格》报道记载：“‘拉菲’葡萄酒一直让中国消费者对其趋之若鹜……然而近日，国家质检总局公布六款洋拉菲酒质量不合格，让‘拉菲迷’们大跌眼镜。中国经济网了解到，六款不合格产品为：拉菲庄园2012干红葡萄酒……”2016年8月1日搜狐财经刊登图文消息：“‘拉菲庄园’隆重登陆糖酒会，消费者不知其为山寨”。最高人民法院裁定提审本案，并于2016年12月23日判决撤销二审判决，维持一审判决及第55856号裁定。

【裁判意见】

最高人民法院提审认为：认定商标是否近似，既要考虑商标构成要素及其整体的近似程度，也要考虑相关商标的显著性和知名度、所使用商品的关联程度等因素，以是否容易导致混淆作为判断标准。争议商标由中文文字“拉菲庄园”构成，“庄园”用在葡萄酒类别上显著性较弱，“拉菲”系争议商标的主要部分，判断争议商标与引证商标是否构成近似，关键在于判断“拉菲”与“LAFITE”是否构成近似或者形成了较为稳定的对应关系。在争议商标申请日前，各类宣传报道中即有将引证商标“LAFITE”音译为“拉菲”的情况，且《新快报》《扬子晚报》《北京日报》等刊物属于消费者容易接触到的，受众面较大的宣传媒介。相关媒体所载文章均对“LAFITE”葡萄酒给予了极高评价，引证商标具有较高的知名度。此外，拉菲酒庄通过多年的商业经营活动，客观上在“拉菲”与“LAFITE”之间建立了稳固的联系，我国相关公众通常以“拉菲”指代“LAFITE”商标，争议商标与引证商标构成近似商标。此外，对于已经注册使用一段时间的商标，是否已经通过使用建立较高市场声誉和形成自身的相关公众群体，并非由使用时间决定，而是要看相关公众能否通过其使用行为，在客观上实现了与其他商标的区分。根据查明的事实，有关新闻报道所涉不合格产品，均系使用了争议商标的相关产品。从前述报道也可以看出，相关公众对争议商标与引证商标仍会混淆误认。因此，金色希望公司提交的证据未能证明其通过对争议商标的使用已经形成了相关公众群体，二审法院所作争议商标已经形成了稳定的市场秩序的结论并无事实依据，对此应予纠正。

19. 已注册商标是否已经形成稳定的市场秩序的判断

【裁判要旨】

对于已经注册使用的商标，是否已经通过使用建立较高市场声誉，并形成了相关公众群体，应当以相关公众能否在客观上实现市场区分并避免混淆误认的结果为判断标准。

【关键词】

商标　争议程序　市场区分　混淆

【裁判意见】

在前述“拉菲庄园”商标争议案中，最高人民法院还明确了已注册商标是否已经形成了稳定的市场秩序的判断标准。最高人民法院提审认为：对于已经注册使用一段时间的商标，是否已经通过使用建立较高市场声誉和形成自身的相关公众群体，并非由使用时间的长短决定，而是要看相关公众能否通过其使用行为，在客观上实现了市场区分。金色希望公司主张，争议商标的知名度和市场占有率远远超过拉菲酒庄，其对争议商标的大量使用所形成的稳定市场秩序足以使争议商标与引证商标相区分。但根据查明的事实，有关新闻报道所涉不合格产品，均系使用了争议商标的相关产品。从前述报道也可以看出，相关公众对争议商标与引证商标仍会混淆误认。金色希望公司提交的证据未能证明其通过对争议商标的使用已经形成了自身的相关公众群体，相关公众不会将争议商标和引证商标混淆误认。二审法院认定“争议商标的注册和使用长达十年之久，其已经形成稳定的市场秩序，从维护已经形成和稳定的市场秩序考虑，本案争议商标的注册应予维持”的结论并无事实和法律依据，对此予以纠正。

20. **共存协议在**2001**年修正的商标法第二十八条适用过程中的作用**

【裁判要旨】

共存协议是认定申请商标是否违反2001年修正的商标法第二十八条规定的重要考量因素。在共存协议没有损害国家利益、社会公共利益或者第三人合法权益的情况下，不应简单以损害消费者利益为由，对共存协议不予采信。

【关键词】

商标　复审程序　共存协议消费者利益

【案号】

（2016）最高法行再103号

【基本案情】

在再审申请人谷歌公司与被申请人国家工商行政管理总局商标评审委员会（以下简称商标评审委员会）商标驳回复审行政纠纷案中，案外人株式会社岛野于1999年5月13日提出第1465863号“NEXUS”商标（即引证商标）的注册申请，核定使用在第9类“自行车用计算机”商品上，专用期限至2020年10月27日。谷歌公司于2012年11月7日提出第11709162号“NEXUS”商标（即申请商标）的注册申请，指定使用在第9类“手持式计算机、便携式计算机”商品上。2013年9月9日，国家工商行政管理总局商标局（以下简称商标局）以申请商标与引证商标构成近似，违反商标法（2001年修正）第二十八条规定为由，对申请商标予以驳回。谷歌公司不服，向商标评审委员会申请复审。商标评审委员会于2014年3月25日作出商评字［2014］第36493号《关于第11709162号“NEXUS”商标驳回复审决定》（以下简称第36493号决定），对申请商标予以驳回。谷歌公司不服，提起行政诉讼，并提交了引证商标的权利人株式会社岛野于 2014 年 9 月 3 日出具的“同意书”，其主要内容为同意谷歌公司在我国境内使用和注册包括申请商标在内的有关商标。北京市第一中级人民法院一审认为，申请商标与引证商标构成使用在类似商品上的近似商标。谷歌公司主张其与引证商标权利人签署了商标共存协议，故申请商标应予核准注册。但商标法的立法目的一方面在于保护商标权人的利益，另一方面在于保障消费者利益，防止市场混淆。因此，若两商标指定使用的商品相同或类似，标识相同或极为近似，出于维护正常市场秩序、防止混淆的目的，通常不应考虑相关的共存协议。一审法院据此判决维持第 36493 号决定。谷歌公司不服，提起上诉。北京市高级人民法院二审判决驳回上诉、维持原判。谷歌公司仍不服，向最高人民法院申请再审，最高人民法院裁定提审本案，并于 2016 年 12 月 23 日判决撤销第 36493 号决定和一审、二审判决，判令商标评审委员会针对申请商标重新作出复审决定。

【裁判意见】

最高人民法院提审认为：引证商标权利人在本案中出具的同意书，是认定申请商标的注册是否违反商标法第二十八条规定的重要考虑因素。首先，引证商标权利人通过出具同意书，明确对争议商标的注册、使用予以认可，是引证商标权利人处分其合法权利的方式之一。在同意书没有损害国家利益、社会公共利益或者第三人合法权益的情况下，应当予以必要的尊重。其次，保障消费者的利益和生产、经营者的利益均是商标法的立法目的，二者不可偏废。虽然是否容易造成相关公众的混淆、误认是适用商标法第二十八条的重要考虑因素，但也要考虑到相关公众对于近似商业标志具有一定的分辨能力，在现实生活中也难以完全、绝对地排除商业标志的混淆可能性。考虑到特定历史背景等因素，可能产生因不同生产、经营者善意注册、使用行为而出现的商业标志共存。本案中，相较于尚不确实是否受到损害的一般消费者的利益，申请商标的注册和使用对于引证商标权利人株式会社岛野利益的影响更为直接和现实。株式会社岛野出具同意书，同意谷歌公司的商标申请行为，表明其对申请商标的注册是否容易导致相关公众的混淆、误认持否定或者容忍态度。尤其是考虑到谷歌公司、株式会社岛野分别为相关领域的知名企业，本案中没有证据证明，谷歌公司申请或使用申请商标存在攀附株式会社岛野及引证商标知名度的恶意，也没有证据证明申请商标的注册会损害国家利益或者社会公共利益。最后，虽然商标的主要作用在于区分商品或者服务的来源，但除申请商标和引证商标外，包括谷歌公司的企业名称及字号、相关商品特有的包装装潢等其他商业标志也可以一并起到区分来源的作用。即使准予申请商标注册，如在实际使用过程中结合其他商业标志，也可以有效避免相关公众的混淆、误认。综合考虑申请商标与引证商标指定使用的商品的关联程度，以及株式会社岛野出具同意书等情形，应当认定申请商标的注册未违反商标法（2001 年修正）第二十八条的规定。

21. 姓名权构成商标法保护的“在先权利”

【裁判要旨】

姓名权是自然人对其姓名享有的重要人身权，姓名权可以构成 2001 年修正的商标法第三十一条规定的“在先权利”。

【关键词】

商标　争议程序　在先权利　姓名权

【案号】

（2016）最高法行再 27 号

【基本案情】

在再审申请人迈克尔·杰弗里·乔丹（以下简称乔丹）与被申请人国家工商行政管理总局商标评审委员会（以下简称商标评审委员会）、一审第三人乔丹体育股份有限公司（以下简称乔丹公司）商标争议行政纠纷案（以下简称“乔丹”商标争议案）中，第 6020569 号“乔丹”商标（以下简称争议商标）由乔丹公司于 2007 年 4 月 26 日提出注册申请，核定使用在国际分类第 28 类的“体育活动器械、游泳池（娱乐用）、旱冰鞋、圣诞树装饰品（灯饰和糖果除外）”商品上，专用权期限自 2012 年 3 月 28 日至 2022 年 3 月 27 日。2012 年 10 月 31 日，乔丹以争议商标的注册损害了其在先权利等为由，提出撤销申请。2014 年 4 月 14 日，商标评审委员会作出商评字［2014］第 052058 号《关于第 6020569 号“乔丹”商标争议裁定》（以下简称第 52058 号裁定），对争议商标的注册予以维持。乔丹不服，提起行政诉讼。北京市第一中级人民法院一审认为，本案证据尚不足以证明单独的“乔丹”明确指向乔丹。此外，争议商标指定使用的商品与乔丹具有影响力的篮球运动领域差别较大，相关公众不易将争议商标与乔丹相联系，现有证据不足以证明争议商标的注册与使用不当利用了乔丹的知名度，或可能对乔丹的姓名权造成其他影响。争议商标的注册未损害乔丹的姓名权。一审法院遂判决维持第 52058 号裁定。乔丹不服，提起上诉。北京市高级人民法院二审判决驳回上诉、维持原判。乔丹仍不服，向最高人民法院申请再审。最高人民法院裁定提审本案，并于 2016 年 12 月 30 日判决撤销第 52058 号裁定和一审、二审判决，判令商标评审委员会对争议商标重新作出裁定。

【裁判意见】

最高人民法院提审认为：商标法（2001 年修正）第三十一条规定：“申请商标注册不得损害他人现有的在先权利”。对于商标法已有特别规定的在先权利，应当根据商标法的特别规定予以保护。对于商标法虽无特别规定，但根据民法通则、侵权责任法和其他法律的规定应予保护，并且在争议商标申请日之前已由民事主体依法享有的民事权利或者民事权益，应当根据该概括性规定给予保护。民法通则第九十九条第一款、侵权责任法第二条第二款均明确规定，自然人依法享有姓名权。故姓名权可以构成商标法第三十一条规定的“在先权利”。争议商标的注册损害他人在先姓名权的，应当认定该争议商标的注册违反商标法第三十一条的规定。姓名被用于指代、称呼、区分特定的自然人，姓名权是自然人对其姓名享有的重要人身权。随着我国社会主义市场经济不断发展，具有一定知名度的自然人将其姓名进行商业化利用，通过合同等方式为特定商品、服务代言并获得经济利益的现象已经日益普遍。在适用商标法第三十一条的规定对他人的在先姓名权予以保护时，不仅涉及对自然人人格尊严的保护，而且涉及对自然人姓名，尤其是知名人物姓名所蕴含的经济利益的保护。未经许可擅自将他人享有在先姓名权的姓名注册为商标，容易导致相关公众误认为标记有该商标的商品或者服务与该自然人存在代言、许可等特定联系的，应当认定该商标的注册损害他人的在先姓名权，违反商标法第三十一条的规定。

22. **自然人可就其未主动使用的特定名称获得姓名权的保护**

【裁判要旨】

“使用”是姓名权人享有的权利内容之一，并非其承担的义务，更不是姓名权人主张保护其姓名权的法定前提条件。在符合有关姓名权保护条件的情况下，自然人有权根据2001年修正的商标法第三十一条的规定，就其并未主动使用的特定名称获得姓名权的保护。

【关键词】

商标　争议程序　姓名权　主动使用

【裁判意见】

在前述“乔丹”商标争议案中，最高人民法院还明确了权利人的主动使用行为与其获得姓名权保护之间的关系。最高人民法院提审认为：首先，根据民法通则第九十九条第一款的规定，“使用”是姓名权人享有的权利内容之一，并非其承担的义务，更不是姓名权人“禁止他人干涉、盗用、假冒”，主张保护其姓名权的法定前提条件。其次，在适用商标法第三十一条的规定保护他人在先姓名权时，相关公众是否容易误认为标记有争议商标的商品或者服务与该自然人存在代言、许可等特定联系，是认定争议商标的注册是否损害该自然人姓名权的重要因素。因此，在符合前述有关姓名权保护的三项条件的情况下，自然人有权根据商标法第三十一条的规定，就其并未主动使用的特定名称获得姓名权的保护。最后，对于在我国具有一定知名度的外国人，其本人或者利害关系人可能并未在我国境内主动使用其姓名；或者由于便于称呼、语言习惯、文化差异等原因，我国相关公众、新闻媒体所熟悉和使用的“姓名”与其主动使用的姓名并不完全相同。商标评审委员会、乔丹公司关于乔丹、耐克公司未主动使用“乔丹”，故对“乔丹”不享有姓名权的主张不能成立。

23. **自然人就特定名称主张姓名权保护时应当满足的条件**

【裁判要旨】

自然人就特定名称主张姓名权保护的，该特定名称应当符合三项条件：其一，该特定名称在我国具有一定的知名度、为相关公众所知悉；其二，相关公众使用该特定名称指代该自然人；其三，该特定名称已经与该自然人之间建立了稳定的对应关系。外国人外文姓名的中文译名如符合前述三项条件，可以依法主张姓名权的保护。

【关键词】

商标　争议程序　姓名权　特定名称

【裁判意见】

在前述“乔丹”商标争议案中，最高人民法院还明确了自然人根据特定名称主张姓名权保护时应当满足的条件。最高人民法院提审认为，自然人依据商标法第三十一条的规定，就特定名称主张姓名权保护时，应当满足必要的条件。其一，该特定名称应具有一定知名度、为相关公众所知悉，并用于指代该自然人。《最高人民法院关于审理不正当竞争民事案件应用法律若干问题的解释》第六条第二款是针对“擅自使用他人的姓名，引人误认为是他人的商品”的不正当竞争行为的认定作出的司法解释，该不正当竞争行为本质上也是损害他人姓名权的侵权行为。认定该行为时所涉及的“引人误认为是他人的商品”，与本案中认定争议商标的注册是否容易导致相关公众误认为存在代言、许可等特定联系是密切相关的。因此，在本案中可参照适用上述司法解释的规定，确定自然人姓名权保护的条件。其二，该特定名称应与该自然人之间已建立稳定的对应关系。在解决本案涉及的在先姓名权与注册商标权的权利冲突时，应合理确定在先姓名权的保护标准，平衡在先姓名权人与商标权人的利益。既不能由于争议商标标志中使用或包含有仅为部分人所知悉或临时性使用的自然人“姓名”，即认定争议商标的注册损害该自然人的姓名权；也不能如商标评审委员会所主张的那样，以自然人主张的“姓名”与该自然人形成“唯一”对应为前提，对自然人主张姓名权的保护提出过苛的标准。自然人所主张的特定名称与该自然人已经建立稳定的对应关系时，即使该对应关系达不到“唯一”的程度，也可以依法获得姓名权的保护。综上，在适用商标法第三十一条关于“不得损害他人现有的在先权利”的规定时，自然人就特定名称主张姓名权保护的，该特定名称应当符合以下三项条件：其一，该特定名称在我国具有一定的知名度、为相关公众所知悉；其二，相关公众使用该特定名称指代该自然人；其三，该特定名称已经与该自然人之间建立了稳定的对应关系。在判断外国人能否就其外文姓名的部分中文译名主张姓名权保护时，需要考虑我国相关公众对外国人的称谓习惯。中文译名符合前述三项条件的，可以依法主张姓名权的保护。

24. **非以诚信经营为前提的商业成功与市场秩序不是维持商标注册的正当理由**

【裁判要旨】

商标权人主张的市场秩序或者商业成功并不完全是诚信经营的合法成果，而是一定程度上建立于相关公众误认的基础之上。维护此种市场秩序或者商业成功，不仅不利于保护姓名权人的合法权益，而且不利于保障消费者的利益，更不利于净化商标注册和使用环境。

【关键词】

商标　争议程序　诚实信用　市场秩序

【裁判意见】

在前述“乔丹”商标争议案中，最高人民法院还就商标权人主张已经形成的市场秩序和商业成功，与争议商标的注册是否应予维持之间的关系进行了阐释。最高人民法院提审认为，乔丹公司的经营状况，以及乔丹公司对其企业名称、有关商标的宣传、使用、获奖、被保护等情况，均不足以使争议商标的注册具有合法性。其一，从权利的性质以及损害在先姓名权的构成要件来看，姓名被用于指代、称呼、区分特定的自然人，姓名权是自然人对其姓名享有的人身权。而商标的主要作用在于区分商品或者服务来源，属于财产权，与姓名权是性质不同的权利。在认定争议商标的注册是否损害他人在先姓名权时，关键在于是否容易导致相关公众误认为标记有争议商标的商品或者服务与姓名权人之间存在代言、许可等特定联系，其构成要件与侵害商标权的认定不同。因此，即使乔丹公司经过多年的经营、宣传和使用，使得乔丹公司及其“乔丹”商标在特定商品类别上具有较高知名度，相关公众能够认识到标记有“乔丹”商标的商品来源于乔丹公司，也不足以据此认定相关公众不容易误认为标记有“乔丹”商标的商品与乔丹之间存在代言、许可等特定联系。其二，乔丹公司恶意申请注册争议商标，损害乔丹的在先姓名权，明显有悖于诚实信用原则。商标评审委员会、乔丹公司主张的市场秩序或者商业成功并不完全是乔丹公司诚信经营的合法成果，而是一定程度上建立于相关公众误认的基础之上。维护此种市场秩序或者商业成功，不仅不利于保护姓名权人的合法权益，而且不利于保障消费者的利益，更不利于净化商标注册和使用环境。

25. **商标申请或注册人信息不属于著作权法规定的表明作者身份的署名行为**

【裁判要旨】

商标申请人及商标注册人信息仅能证明注册商标权的归属，不属于著作权法规定的表明作品创作者身份的署名行为。

【关键词】

商标　异议程序　注册信息　署名

【案号】

（2016）最高法行申 2154 号

【基本案情】

在再审申请人格里高利登山用品有限公司（以下简称格里高利公司）与被申请人鹤山三丽雅工艺制品有限公司（以下简称三丽雅公司）、一审被告、二审被上诉人国家工商行政管理总局商标评审委员会（以下简称商标评审委员会）商标异议复审行政纠纷案（以下简称“格里高利”商标异议案）中，被异议商标系第 5636685 号“GREGORY 及图”商标，于 2006 年 9 月 28 日向国家工商行政管理总局商标局（以下简称商标局）提出注册申请，指定使用在第 9 类“计算器袋（套）、时钟、量具、假币检测器、传真机、电话机、光学品、麦克风、教学投影灯、教学仪器”等商品上。初步审定公告后，格里高利公司在法定期限内以被异议商标损害其在先著作权为由，提出异议申请。商标局裁定对被异议商标予以核准注册。格里高利公司不服，向商标评审委员会提出复审申请。各方当事人对被异议商标与格里高利公司主张在先著作权的“GREGORY 山形图案”构成实质性近似这一事实并无异议。商标评审委员会于 2013 年 10 月 28 日作出商评字［2013］第 94808 号《关于第 5636685 号“GREGORY 及图”商标异议复审裁定书》（以下简称第 94808 号裁定）认为：格里高利公司所述的“GREGORY 山形图案”标识属于我国著作权法保护的美术作品，其创作完成时间早于被异议商标申请注册日，格里高利公司对该作品享有在先著作权。三丽雅公司将格里高利公司在先享有著作权的作品作为被异议商标申请注册，构成对格里高利公司享有的在先著作权之损害，遂裁定对被异议商标不予核准注册。三丽雅公司不服，提起行政诉讼。北京市第一中级人民法院一审判决维持第 94808 号裁定。三丽雅公司不服，提起上诉。北京市高级人民法院二审认为，虽然格里高利公司主张其著作权最初来源于边奇公司的授权，并提供了边奇公司在美国申请注册相关商标的证据，但上述证据未经翻译和公证认证。此外，仅有商标申请注册文件不足以证明涉案作品的著作权归属。因此，格里高利公司提交的证据尚不足以证明其对涉案作品享有著作权。二审法院遂判决撤销一审判决及第94808号裁定，判令商标评审委员会重新作出复审裁定。格里高利公司不服，向最高人民法院申请再审。最高人民法院于2016年9月21日裁定驳回格里高利公司的再审申请。

【裁判意见】

最高人民法院审查认为：本案的关键问题是判断“GREGORY山形图案”的著作权是否归格里高利公司享有。格里高利公司主张涉案“GREGORY山形图案”的著作权归其享有的主要理由是：Pamela Beverly创作了“GREGORY山形图案”，边奇公司享有该图形的著作权，边奇公司将该图形的著作权转让给原格里高利公司前身，原格里高利公司前身更名为原格里高利公司，原格里高利公司与珠穆朗玛联合Ⅱ有限公司合并成立格里高利公司，格里高利公司继受了原格里高利公司的所有知识产权，故格里高利公司对“GREGORY山形图案”享有在先的著作权。格里高利公司为此提交了边奇公司于1992年11月16日向美国专利及商标局申请注册“GREGORY山形图案”商标、1994年5月17日获准注册的证据以证明其享有“GREGORY山形图案”的在先著作权。首先，著作权法规定，在作品上署名的公民、法人或者其他组织为作者。商标申请人及商标注册人信息仅仅能证明注册商标权的归属，不属于著作权法规定的表明作品创作者身份的署名行为。因此，边奇公司在美国申请并核准注册“GREGORY山形图案”商标的证据不足以证明该涉案作品的著作权最早归边奇公司享有。其次，格里高利公司字号最早的使用时间晚于被异议商标申请日，且“GREGORY山形图案”中英文文字“GREGORY”是整个图案的组成部分，“GREGORY”系常见男子名，故格里高利公司商标注册证上显示的“GREGORY”不能视为格里高利公司的署名行为。最后，商标具有地域性，持有美国的商标注册证，仅能证明商标注册人从著作权人处获得了在美国申请注册该图形商标的权利，不能据此证明其当然享有在中国行使著作权的权利。

26. 著作权登记证书对在先著作权的证明效力

【裁判要旨】

在商标申请日之前取得的著作权登记证书，在作品具有独创性、没有相反证据足以推翻的情况下，可以证明登记证书上记载的权利人享有在先著作权。申请日之后取得的著作权登记证书，不具有证明在先著作权的证明效力。

【关键词】

商标　异议程序　在先权利　著作权登记

【裁判意见】

在前述“格里高利”商标异议案中，最高人民法院还认为，格里高利公司为证明其对“GREGORY 山形图案”享有在先著作权，在商标评审期间向商标评审委员会提交了 2009 年 10 月 27 日颁发的《著作权登记证书》，载明原格里高利公司经边奇公司转让，取得了美术作品“GREGORY 山形图案”在中国范围内的著作权，转让期间自 1992 年起至永久。首先，我国著作权登记采取自愿登记制，著作权登记机关仅进行形式审查，在注册商标申请日之前取得的著作权登记证书，在该作品具有独创性、没有相反证据足以推翻的情况下，可以证明登记证书上记载的权利人在先享有著作权。本案被异议商标于 2006 年 9 月 28 日申请注册，格里高利公司取得《著作权登记证书》晚于被异议商标注册申请日三年多，故在后取得的著作权登记证书，不足以证明其享有在先的著作权。其次，被异议商标于 2009 年 5 月 21 日予以初步审定公告，格里高利公司自公告之日起三个月内，向商标局提出异议申请，随后进行著作权登记，格里高利公司在商标异议申请后取得的著作权登记证书，不足以证明其享有在先的著作权。最后，三丽雅公司于 2006 年 12 月 7 日早于格里高利公司对与涉案“GREGORY 山形图案”构成实质性近似的被异议商标图形亦进行了著作权登记，故格里高利公司在后取得的著作权登记证书，不足以证明其享有在先的著作权。

三、著作权案件审判

27. 对作品的独创性与有形形式的理解与认定

【裁判要旨】

如果智力成果在表现形式上是唯一的，无法体现与已有作品存在的差异，即不符合著作权法关于独创性的要求。智力劳动成果必须借助特定形式为他人知晓和确定，是作品须具备有形形式要求的应有之义。

【关键词】

著作权　侵权　独创性　有形形式

【案号】

（2016）最高法民申 2136 号

【基本案情】

在再审申请人孙新争与被申请人马居奎侵害著作权纠纷案中，孙新争系莘县康宝养鸡专业合作社成员，其于 2013 年 3 月 12 日对《716 预测 817 行情趋势方向图表》（以下简称涉案图表）进行了著作权登记，涉案图表拟对 817 品种鸡苗价格进行分析预测。孙新争自述，涉案图表中的紫线代表每天鸡苗的价格，红线代表 45 日的移动平均趋势线，黑色曲折线代表 21 日短期移动平均趋势线；绿线代表 60 日移动平均趋势线，通过鸡苗价格线与 60 天移动平均线的变化，来分析今后的鸡苗价格从而增加收入减少损失等。孙新争以马居奎根据涉案图表的提示投资鸡苗获取利润的行为侵害其著作权为由，提起诉讼。根据孙新争的陈述，一审法院当庭使用 WPS 表格工具，演示了涉案图表的生成过程。山东省聊城市中级人民法院一审认为，涉案图表是孙新争经过 WPS 表格软件通过输入数据完成，只是其利用现有的表格软件进行制作，并没有孙新争自己独立构思的内容。对图表的数据分析不属于表现形式范畴，故涉案图表不能获得著作权法保护。遂判决驳回孙新争的诉讼请求。孙新争不服，提起上诉。山东省高级人民法院二审判决驳回上诉、维持原判。孙新争仍不服，向最高人民法院申请再审。最高人民法院于 2016 年 9 月 13 日裁定驳回孙新争的再审申请。

【裁判意见】

最高人民法院审查认为：具备独创性并能以某种有形形式复制的智力成果，是著作权法给予保护的作品。首先，判断一部作品是否具有独创性，应当从是否独立创作及在外在表现上是否与已有作品存在一定程度的差异，或具备最低程度的创造性进行分析判断。如果智力成果的表现形式是唯一的，因其无法呈现出作品与已有作品的差异性或者最低的创造性，在现实上也是无法与已有的智力劳动成果进行区分的。本案中，孙新争所主张的曲线图，系当事人根据客观的价格数据，通过使用 WPS 制表工具制作完成。鉴于图表所使用的数据客观存在，数量有限，WPS 为通用软件，将上述数据录入制表工具所形成的结果，尽管属于孙新争运用智力的结果，但使用上述数据与工具所产生的结果缺少差异性。这种唯一或有限的表达方式，通常被排除在独创性之外。其次，著作权法保护那些凝结了作者智力劳动的成果归其所有，作者的智力劳动须借助于特定的形式予以传达，否则该智力劳动他人无从知晓，智力成果也将是不确定的，这是作品须具备有形形式的本质含义。对说明性作品而言，即使在作品本身可以获得著作权法保护的情况下，著作权法通常也仅着重于保护作品的表达方式而非结论本身，垄断结论不符合著作权法的立法本义。孙新争主张保护的曲线图本身并不符合作品构成的要件，加之其主张的所谓分析结果并无明确确定的形式，一审、二审法院对其主张不予支持的作法并无不当。

28. **对包含他人合法在先权利作品的著作权行使规则**

【裁判要旨】

著作权人在行使自身权利之时，应遵循合法、善意及审慎的原则，对于因历史原因而包含于作品当中的他人合法的在先权利，应当合理避让。

【关键词】

商标　侵权　权利交叉　合理避让

【案号】

（2016）最高法民申 1975 号

【基本案情】

在再审申请人诸暨市开心猫食品有限公司（以下简称开心猫公司）与被申请人诸暨市优莱客食品商行（以下简称优莱客食品商行）、王坤、何铁永、傅凤丽、广东飞鹅包装彩印有限公司（以下简称飞鹅公司）、长沙市裕得康食品贸易有限公司（以下简称裕得康公司）侵害商标权纠纷案中，王坤系第4315837 号“波斯猫 BOSIMAO”商标（以下简称涉案商标）的权利人，涉案商标于 2007 年 3 月 14 日获准注册，核定使用在第 29 类水果沙拉、五香豆等商品上，有效期至 2017 年 3 月 13 日止。2004 年 12 月起，何铁永与王坤等曾先后签订“波斯猫”系列商品的合作协议。双方合作期间，王坤自 2004 年 10 月起，开始申请并获准注册了包括涉案商标在内的多个“波斯猫”商标。何铁永自 2005 年 4 月起，以诸暨市永利食品厂（以下简称永利食品厂，系优莱客食品商行的前身）名义，委托案外人设计了包含涉案商标的“波斯猫”食品包装袋，湖南省高级人民法院（2013）湘高法民终字第 55 号判决认定上述包装袋所载美术作品“波斯猫爱挑逗”的著作权人系永利食品厂。2006 年 4 月 30 日，何铁永与王坤协议终止合作，协议同时允许永利食品厂使用涉案商标五个月，此后即应终止使用行为。2014 年 11 月 24 日，王坤通过公证程序购买了由优莱客食品商行授权，开心猫公司等生产、销售并包含涉案商标的被诉侵权商品，被诉侵权商品外包装图案与永利食品厂享有著作权的美术作品相符。王坤以被诉侵权商品侵害其涉案商标权为由，提起诉讼。浙江省绍兴市中级人民法院一审认为，被诉侵权产品外包装左上角的“波斯猫 BOSIMAO”标识与涉案商标视觉基本无差别，且使用在相同商品上，构成侵害涉案商标权的行为，遂判决开心猫公司、优莱客食品商行、飞鹅公司、裕得康公司停止侵权行为并赔偿经济损失及合理开支五十万元。开心猫公司不服，提出上诉。浙江省高级人民法院二审判决驳回上诉、维持原判。开心猫公司、优莱客食品商行仍不服，以其对包含涉案商标的“波斯猫爱挑逗”作品享有著作权、其使用行为具有合法性为由，向最高人民法院申请再审。最高人民法院于 2016 年 11 月 7 日裁定驳回波斯猫公司、优莱客食品商行的再审申请。

【裁判意见】

最高人民法院审查认为：虽然已有生效判决确认优莱客食品商行系“波斯猫爱挑逗”作品的著作权人，但该判决同时确认，优莱客食品商行创作完成该作品的时间为 2005 年 5 月 17 日，其时何铁永与王坤尚在合作期间，何铁永在产品包装中使用涉案商标的行为，系基于王坤的明确授权。双方亦曾明确约定，在合作终止后，优莱客食品商行不得再继续使用涉案商标。因此，至本案被诉侵权行为发生之时，优莱客食品商行在产品包装中对被诉侵权标识的使用已经不具备合法性基础。其在行使自身享有的著作权权利之时，应对王坤合法拥有的在先涉案商标权予以避让，即不能继续在包装中使用涉案商标，是优莱客食品商行合法、善意、审慎行使其著作权的应有之义。但本案被诉侵权行为的发生，具有一定的历史原因和背景：首先，双方之间曾经存在合作及知识产权许可关系。自 2004 年起，何铁永与王坤即针对“波斯猫”商品开展了一系列合作经营活动。涉案产品包装中对“波斯猫 BOSIMAO”等标识的使用，最早即来源于王坤在合作过程中的明确授权。本案被诉侵权行为的性质因此而区别于恶意攀附他人商誉的“搭便车”行为。其次，知识产权权利保护客体具有一定的特殊性，使其在权利的行使和权利边界界定的过程中，相较于具有明确物理边界的物权而言，具有更多的复杂因素。具体到本案而言，在双方各自拥有的著作权与商标权形成和行使的过程中，因伴随着曾经的合作和知识产权许可关系，而使得权利的行使出现了一定程度的交叉。对于并不具有专业知识背景的本案当事人而言，如何正确理解和行使知识产权的相关权利，客观上确实存在一定的困难。双方曾经存在长期的合作关系，并均因此而获益。在合作终止后，双方所涉知识产权纠纷不断，不仅影响了正常的生产经营活动，亦可能损及自身的企业形象。而即使作为具有同业经营关系的市场经营者，亦应遵循诚实信用原则，遵守公认的商业道德，开展有序的市场竞争，而不应以诉讼为名行恶性竞争之实。双方在充分尊重他人合法权利的同时，亦应善意、审慎地行使自身权利，从而在诚信经营的基础上，获取消费者的认同和赞誉。

四、不正当竞争案件审判

29. 不正当竞争案件中当事人诉讼主体资格的确定

【裁判要旨】

不正当竞争案件中原告主体资格的确定，不能仅依据其与被告是否为具有直接竞争关系的产品经营者判断。

【关键词】

不正当竞争　主体资格　竞争关系　产品经营者

【裁判意见】

在前述“采蝶轩”侵害商标权及不正当竞争案中，最高人民法院还明确了不正当竞争案件中诉讼主体资格的条件。最高人民法院提审认为：根据反不正当竞争法第二条第二款、第三款规定，不正当竞争，是指经营者违反法律规定，损害其他经营者的合法权益，扰乱社会经济秩序的行为。经营者，是指从事商品经营或者营利性服务的法人、其他经济组织和个人。梁或、卢宜坚是涉案注册商标权人，其认为采蝶轩集团公司、采蝶轩服务公司和巴莉甜甜公司的行为侵害了涉案注册商标专用权，构成不正当竞争，即可以据此提起诉讼，其诉讼主体资格的有无，不能仅据其是否系具体的涉诉商标产品的实际经营者来判断。原审法院认定梁或、卢宜坚与采蝶轩集团公司、采蝶轩服务公司和巴莉甜甜公司不具有竞争关系，不符合提起不正当竞争之诉的主体要件，没有法律依据，对此予以纠正。

30. **商业秘密共有案件中合理保密措施的认定**

【裁判要旨】

当事人虽对相关商业秘密主张共有，但涉案信息实际上是在各当事人处分别形成。故某一当事人采取的保密措施，不能取代其他当事人应分别对涉案商业秘密采取的合理保密措施。

【关键词】

商业秘密　侵权　共有　保密措施

【案号】

（2014）民三终字第 3 号

【基本案情】

在上诉人化学工业部南通合成材料厂（以下简称合成材料厂）、南通星辰合成材料有限公司（以下简称星辰公司）、南通中蓝工程塑胶有限公司（以下简称中蓝公司）与被上诉人南通市旺茂实业有限公司（原南通市东方实业有限公司，简称旺茂公司）、周传敏、陈建新、陈晰、李道敏、戴建勋（统称五自然人被告）侵害商业技术秘密和商业经营秘密纠纷案中，聚对苯二甲酸丁二醇酯（PBT）是一种热塑型饱和聚酯类工程塑料，属五大通用工程塑料之一。国内外对 PBT 进行了广泛的改性研究，采用化学或物理的方法改变其力学性能、阻燃性能、耐热性能、抗老化性能等，以达到客户指定的各种使用性能要求。经过改性的 PBT 称为改性 PBT 或 PBT 改性产品。合成材料厂设立于 1990 年 7 月 31 日，经营范围包括化工产品的生产销售等。1991 年 10 月 22 日，合成材料厂成立 PBT 合成车间，并随后对 PBT 装置进行了多次试车。星辰公司设立于 2000 年 8 月 21 日，经营范围包括工程塑料等，合成材料厂为星辰公司成立时的股东之一。中蓝公司设立于 2003 年 1 月 23 日，经营范围包括工程塑料及改性产品等。合成材料厂称，PBT 改性产品系中蓝公司主导生产，星辰公司、中蓝公司提供技术、人员服务。1997 年 7 月，合成材料厂成立技术保密小组并制定技术保密管理办法。该《保密工作管理办法》对企业要求保护的技术信息秘密、经营信息秘密的内容范围及管理工作办法进行了明确规定。2000 年 6 月 12 日，合成材料厂作出《关于保护秘密、限制同行业竞争，签订保密协议的通知》，要求全员签订保密协议。周传敏、陈建新、陈晰、李道敏、戴建勋于2000年分别与合成材料厂签订了保密协议。星辰公司的《文件和记录管理规定》中记载，制定该文件的目的是："为了使受控文件的编制、发放、更改、保存和管理规范化，确保质量管理活动的有效进行。"其内容主要涉及对公司文件的管理性措施。中蓝公司的《程序文件一览表》记载了26项程序文件的名称及编号，《文件与资料和管理程序》规定了文件的结构、部门职责、审核批准程序、编制规则及资料管理等事项。星辰公司、中蓝公司主张，由于其从事PBT改性产品的生产和管理人员的劳动关系均在合成材料厂，故其在实际生产经营中也执行合成材料厂规定的保密措施。周传敏自1998年起，先后任合成材料厂副厂长、厂长，星辰公司董事、总经理，中蓝公司董事兼董事长。陈建新自1991年起，先后任合成材料厂PBT合成车间副主任、主任、副厂长、PBT装置第八次试车指挥部成员兼办公室主任，星辰公司副总经理，中蓝公司董事。陈晰与周传敏系夫妻关系，曾分别在合成材料厂检测中心、研发中心、国际贸易部工作。戴建勋、李道敏原均系合成材料厂员工。东方公司（即旺茂公司前身）原由周传敏之父周庆壁等四名自然人于2003年10月21日投资设立，生产销售的产品以PBT改性产品为主。周传敏、陈建新、陈晰、李道敏、戴建勋离开原单位后，陆续至东方公司工作。周传敏任总经理，陈建新任副总经理，陈晰、李道敏从事产品研发工作，戴建勋从事销售工作。合成材料厂、星辰公司、中蓝公司以旺茂公司、五自然人被告侵害其在改性PBT材料领域持有的技术秘密和经营秘密为由，提起诉讼。江苏省高级人民法院一审认为，关于技术信息，涉案改性PBT产品的相关技术信息已不在当事人所约定的保密范围之内。即便仍属当事人约定的保密范围，各权利人也未采取合理的保密措施。关于涉案改性PBT产品的相关客户交易信息，因其不具备明显有别于公知信息的深度交易信息，现有证据不能证明权利主体已采取了合理的保密措施，故不符合经营秘密的构成要件。遂判决驳回合成材料厂、星辰公司、中蓝公司的诉讼请求。合成材料厂、星辰公司、中蓝公司不服，提起上诉。最高人民法院于2016年9月26日判决驳回上诉，维持原判。

【裁判意见】

最高人民法院二审认为：合成材料厂、星辰公司、中蓝公司是否对其主张商业秘密保护的涉案信息采取了合理的保密措施是本案的争议焦点。合成材料厂、星辰公司、中蓝公司主张，涉案信息为合成材料厂、星辰公司、中蓝公司共同共有，只要当事人之一采取了合理的保密措施，就应视为合成材料厂、星辰公司、中蓝公司均采取了合理的保密措施。首先，保密措施通常是由商业秘密的权利人所采取的，体现出权利人对其主张商业秘密保护的信息具有保密的主观意愿。本案中，合成材料厂、星辰公司、中蓝公司主张的技术秘密为改性 PBT 的 155 项配方以及相关工艺，经营秘密为 55 项客户名单。涉案信息实际上是在较长时间内，在合成材料厂、星辰公司和中蓝公司三个民事主体处分别形成的。涉案信息中的一部分以出资的方式，在合成材料厂与星辰公司之间，以及星辰公司与中蓝公司之间，先后经历了两次权利人的变更。合成材料厂、星辰公司、中蓝公司为各自独立的民事主体，组织机构各不相同，本案并无充分证据证明三者存在“三个单位、一套人马、三位一体”的情形。在合成材料厂、星辰公司和中蓝公司主张共有之前，中蓝公司作为涉案信息唯一的权利人，应当就涉案信息采取合理的保密措施。在合成材料厂、星辰公司和中蓝公司人主张共有之后，中蓝公司作为共有人之一，亦应当就涉案信息采取合理的保密措施。但是在本案中，合成材料厂、星辰公司和中蓝公司提供的证据不能证明中蓝公司采取了合理的保密措施。同理，合成材料厂采取的保密措施仅适用于在该厂形成的有关涉案信息，不能作为在星辰公司、中蓝公司处取得或形成的有关涉案信息的保密措施。相应的，星辰公司采取的保密措施，也不能作为在中蓝公司处取得或形成的有关涉案信息的保密措施。其次，关于合成材料厂、星辰公司、中蓝公司主张共有涉案信息对本案的影响。在没有相反证据证明的情况下，因共有而发生的涉案信息权利人的变更并不能对形成共有之前的保密措施的认定带来实质性影响。且不论共有方式如何，合成材料厂、星辰公司、中蓝公司均应就涉案信息采取合理的保密措施。因此，一审法院认定“在共同共有的状态下，合理的保密措施还意味着各共有人对该非公知信息均应采取合理的保密措施”并无不当。合成材料厂、星辰公司、中蓝公司有关“只要某一当事人采取了合理的保密措施，就应视为合成材料厂、星辰公司、中蓝公司均采取了合理的保密措施”的主张缺乏事实和法律依据。

五、垄断案件审判

31. 经营者占有市场支配地位的认定

【裁判要旨】

作为特定区域内唯一合法经营有线电视传输业务的经营者及电视节目集中播控者，在市场准入、市场份额、经营地位、经营规模等各要素上均具有优势，可以认定该经营者占有市场支配地位。

【关键词】

垄断　捆绑交易　经营者　市场支配地位

【案号】

（2016）最高法民再 98 号

【基本案情】

在再审申请人吴小秦与被申请人陕西广电网络传媒（集团）股份有限公司（以下简称广电公司）捆绑交易纠纷案（以下简称广电公司捆绑交易案）中，广电公司是经陕西省政府批准，陕西境内唯一合法经营有线电视传输业务的经营者和唯一电视节目集中播控者。2012 年 5 月 10 日，吴小秦前往广电公司缴纳数字电视基本收视维护费时获悉，数字电视基本收视维护费每月最低标准由 25 元上调至 30 元。吴小秦缴纳了 2012 年 5 月 10 日至 8 月 9 日的数字电视基本收视维护费 90 元。广电公司向吴小秦出具的收费专用发票载明：数字电视基本收视维护费 75 元及数字电视节目费 15 元。之后，吴小秦通过广电公司客户服务中心咨询，广电公司节目升级增加了不同的收费节目，有不同的套餐，其中最低套餐基本收视费每年 360 元，用户每次最少应缴纳 3 个月费用。之后，吴小秦获悉数字电视节目应由用户自由选择，自愿订购。吴小秦认为，广电网络公司属于公用企业，在数字电视市场内具有支配地位，其收取数字电视节目费的行为剥夺了自己的自主选择权，构成搭售，故诉至法院，请求确认广电公司 2012 年 5 月 10 日收取其数字电视节目费 15 元的行为无效并返还其 15 元。陕西省西安市中级人民法院一审确认广电公司收取吴小秦数字电视节目费 15 元的行为无效，并判令广电公司返还吴小秦 15 元。广电公司不服，提起上诉。陕西省高级人民法院二审认为，广电公司在销售时不仅提供了组合服务，也提供了基本服务，存在两种以上的选择。选择权既然存在，就不符合搭售行为的构成要件。二审法院遂判决撤销一审判决并驳回吴小秦的诉讼请求。吴小秦不服，向最高人民法院申请再审。最高人民法院裁定提审本案，并于 2016 年 5 月 31 日改判撤销二审判决，维持一审判决。

【裁判意见】

最高人民法院提审认为：反垄断法第十七条第五项规定，禁止具有市场支配地位的经营者没有正当理由搭售商品或者在交易时附加其他不合理的交易条件。本案中，广电公司在一审答辩中明确认可其“是经陕西省政府批准，陕西境内唯一合法经营有线电视传输业务的经营者。作为陕西省内唯一电视节目集中播控者，广电公司具备陕西省有线电视市场支配地位，鼓励用户选择更丰富的有线电视套餐，但并未滥用市场支配地位，也未强行规定用户在基本收视业务之外必须消费的服务项目。”二审中，广电公司虽对此不予认可，但并未举出其不具有市场支配地位的相应证据。再审审查过程中，广电公司对一审、二审法院认定其具有市场支配地位的事实并未提出异议。鉴于广电公司作为陕西境内唯一合法经营有线电视传输业务的经营者，陕西省内唯一电视节目集中播控者，一审、二审法院在查明事实的基础上认定在有线电视传输市场中，广电公司在市场准入、市场份额、经营地位、经营规模等各要素上均具有优势，占有支配地位，并无不当。

32. 滥用市场支配地位案件中“搭售”行为的认定

【裁判要旨】

经营者利用市场支配地位，将数字电视基本收视维护费和数字电视付费节目费捆绑在一起向消费者收取，侵害了消费者的消费选择权，不利于其他服务提供者进入数字电视服务市场。经营者即使存在两项服务分别收费的例外情形，也不足以否认其实施了反垄断法所禁止的搭售行为。

【关键词】

垄断　滥用市场支配地位　捆绑交易　搭售

【裁判意见】

在前述广电公司捆绑交易案中，最高人民法院还明确了在滥用市场支配地位的案件中，认定“搭售”行为的标准。最高人民法院提审认为：广电公司的工作人员告知吴小秦每月最低收费标准已从 2012 年 3 月起由 25 元上调为 30 元，每次最少缴纳一个季度，并未告知吴小秦可以单独缴纳数字电视基本收视维护费或者数字电视付费节目费。结合广电公司给吴小秦开具的收费专用发票记载的收费项目——数字电视基本收视维护费 75 元及数字电视节目费 15 元的事实，可以认定广电公司实际上是将数字电视基本收视节目和数字电视付费节目捆绑在一起向吴小秦销售，并没有告知吴小秦是否可以单独选购数字电视基本收视服务的服务项目。虽然广电公司提交了向其他用户单独收取数字电视基本收视维护费的相关票据，但仅能证明广电公司在收取该费用时存在客户服务中心说明的套餐之外的例外情形，并不足以否认广电公司将数字电视基本收视维护费和数字电视付费节目费一起收取的普遍做法。因此，现有证据不能证明普通消费者可以仅缴纳数字电视基本收视维护费或者数字电视付费节目费，即不能证明消费者选择权的存在。此外，数字电视基本收视维护费和数字电视付费节目费属于两项单独的服务，广电公司未证明将两项服务一起提供符合提供数字电视服务的交易习惯；同时，如将数字电视基本收视维护费和数字电视付费节目费分别收取，现亦无证据证明会损害该两种服务的性能和使用价值；广电公司更未对前述行为说明其正当理由，在此情形下，广电公司利用其市场支配地位，将数字电视基本收视维护费和数字电视付费节目费一起收取，客观上影响消费者选择其他服务提供者提供相关数字付费节目，同时也不利于其他服务提供者进入电视服务市场，对市场竞争具有不利的效果。一审法院认定其违反了反垄断法第十七条第五项之规定，并无不当。

六、技术合同案件审判

33. 技术委托开发合同中欺诈行为认定的基本原则

【裁判要旨】

对于技术委托开发合同中受托方欺诈行为的认定，应当尊重技术开发活动本身的特点和规律，区分技术开发的不同阶段，以合同签订之时的已知事实和受托方当时可以合理预知的情况，作为判断其是否告知了虚假情况或隐瞒了真实情况的标准。

【关键词】

技术合同　欺诈　技术开发　合理预知

【案号】

（2015）民三终字第8号

【基本案情】

在上诉人钦州锐丰钒钛铁科技有限公司（以下简称钦州锐丰公司）与被上诉人北京航空航天大学（以下简称北航大学）技术合同纠纷案（以下简称“钒钛磁铁砂矿”技术合同纠纷案）中，北航大学与北京金坤宏宇矿业科技有限公司（以下简称北京金坤宏宇公司）共同研发了“钒钛磁铁砂矿综合利用技术”，该技术已经过半工业试验，相关技术成果经中国有色金属工业协会鉴定合格，并出具《科学技术成果鉴定证书》（以下简称《鉴定证书》）。《鉴定证书》记载了涉案钒钛磁铁砂矿综合利用技术的简要技术说明、主要技术性能指标、推广应用前景与措施、主要技术文件目录及来源、鉴定意见等内容。其中“鉴定意见”一节载明“……该试验对工艺技术条件进行了优化，流程简单、技术先进，为工业试验提供了技术依据。预计将有较好的经济效益和社会效益，其工艺技术达到国际先进水平……该项目的实施符合国家循环经济和节能减排产业政策……建议尽快进行工业化试验和建设处理钒钛磁铁矿的工业示范基地。”此外，《鉴定证书》第1页“2.1钒钛磁铁砂矿综合利用的工艺流程”一节记载“……电炉深度还原熔分—高钒铁水、高钛渣……”钦州锐丰公司的母公司香港锐丰集团有限公司（以下简称香港锐丰公司）与北航大学就钒钛铁分离技术工业化示范项目的合作问题多次洽谈，并多次到北航大学进行技术考察。涉案合同磋商阶段，北航大学向香港锐丰公司提交了《鉴定证书》《钒钛铁分离技术工业化示范项目申请报告》（以下简称《示范项目申请报告》）。《示范项目申请报告》是该技术规模化工业试验阶段的项目规划，报告第21页记载，在工业试验阶段的“熔分过程仅进行钛渣与钒铁分离”，所得钛渣经过“进一步提取和加工”才能得到高钛渣。2010年8月10日，钦州锐丰公司作为委托方、北航大学作为受托方签订了《技术开发（委托）合同》及相关附件（以下简称涉案合同），约定双方共同研究开发钒钛铁分离技术工业化示范项目。涉案合同签订后，钦州锐丰公司实际向北航大学支付了人民币 5796 万元。其后，钦州锐丰公司以北航大学提供虚假技术，虚报项目产品、产值，虚报项目开发成本，构成对钦州锐丰公司的欺诈为由，提起诉讼，请求撤销涉案合同，返还锐丰公司已经支付的技术开发经费 5796 万元，并赔偿钦州锐丰公司经济损失 22704 万元。北京市高级人民法院一审认为，没有足够有效证据证明北航大学提供的技术存在致命缺陷，北航大学以其经鉴定合格的钒钛铁分离技术与钦州锐丰公司合作并签订涉案合同以寻求该技术的工业化的过程并不存在欺诈。遂判决驳回钦州锐丰公司的诉讼请求。钦州锐丰公司不服，提起上诉。最高人民法院于 2016 年 11 月 29 日判决驳回上诉、维持原判。

【裁判意见】

最高人民法院二审认为：在技术委托开发合同领域，对于受托方是否告知虚假情况或隐瞒真实情况的判断，须充分考虑技术开发活动本身的特性。技术开发活动具有阶段性，其结果具有不确定性。从实验室试验，到半工业试验、工业试验，再到成熟的工业生产，研发阶段的不断递进不只是产量和规模的简单递增，更是不断克服已知和未知困难的复杂过程，技术开发活动中的某些困难可能难以预见、难以预防、难以控制、难以克服。规模化工业试验并不是半工业试验的简单再现，二者在试验目的、试验环境、试验规模、试验设备等方面均有不同，可能遇到的技术困难也不尽一致。以顺畅的规模化工业生产为目的，对半工业试验中的工艺进行适应性调整和改进，本就是工业试验的题中之意。因而，工业试验在整体工艺和具体工序上与半工业试验的工艺、工序有所差异，实属正常。关于北航大学是否向钦州锐丰公司告知了虚假情况或隐瞒了真实情况的判断，主要应考虑两个方面的问题：一是北航大学是否向钦州锐丰公司完整告知了半工业试验阶段钒钛磁铁砂矿综合利用技术的真实情况；二是北航大学是否向钦州锐丰公司完整告知了钒钛铁分离技术工业化示范项目的真实规划。北航大学在涉案合同磋商阶段向香港锐丰公司、钦州锐丰公司提供了《鉴定证书》，即已完整告知了关于涉案钒钛磁铁砂矿综合利用技术半工业试验阶段的真实情况。北航大学正是在钒钛磁铁砂矿综合利用技术半工业试验的基础上，对工业试验阶段的工艺作出了调整。北航大学完整地告知了钦州锐丰公司钒钛磁铁砂矿综合利用技术半工业试验阶段的真实情况，其未对涉案技术在这一研发阶段的情况实施欺诈；且依据现有证据难以认定《鉴定证书》所载钒钛磁铁砂矿综合利用技术系虚假技术。同时，北航大学在涉案合同磋商阶段也向钦州锐丰公司提交了《示范项目申请报告》，用以说明其关于钒钛磁铁砂矿综合利用技术工业化试验项目的规划。鉴于北航大学完整告知了钒钛磁铁砂矿综合利用技术半工业试验阶段的真实情况，以及钒钛铁分离技术工业化示范项目的真实规划，故北航大学不构成对钦州锐丰公司的欺诈。

34. **对技术委托开发合同中“产品”的理解与受托方欺诈行为的认定**

【裁判要旨】

对于技术合同中“产品”的理解，应当考虑技术研发活动具有的阶段性及阶段产品存在差异的特点。对受托方使用不尽相同的概念对技术合同中的产品进行指代的行为，应当在考虑其所处研发阶段及对应具体工序的基础上，认定其是否实施了虚报项目产品的欺诈行为。

【关键词】

技术合同　研发阶段　产品　欺诈

【裁判意见】

在前述“钒钛磁铁砂矿”技术合同纠纷案中，最高人民法院还明确了如何在正确理解合同约定中“产品”概念的基础上，认定受托方是否存在欺诈行为。最高人民法院二审认为：钦州锐丰公司以《示范项目申请报告》中使用了“富钛渣”“高钛渣”“钛渣”“钒铁金属间化合物”“钒铁”等多个概念为由，认为北航大学虚报了项目产品。对此最高人民法院认为，技术研发活动具有阶段性，后一阶段并非前一阶段的简单复现和放大，不同研发阶段的产品可能存在差异；即便就同一研发阶段而言，不同工序也会对应不同产品。所谓“中间产品”本就不是一个指向固定的概念，中间产品为何物，取决于其对应的工序为何者。故对于产品的理解，特别是对中间产品的理解，既要考虑其所处的研发阶段，也要考虑其所对应的具体工序。本案中，《示范项目申请报告》中既有对《鉴定证书》所载钒钛磁铁砂矿综合利用技术半工业试验阶段的情况回顾，也有对该技术规模化工业试验阶段的项目规划；既有对钒钛铁分离技术示范项目一期工程的介绍，也有对后期工程的展望，因而其中所涉及的产品相对复杂。对于《示范项目申请报告》中“富钛渣”“高钛渣”“钛渣”“钒铁金属间化合物”“钒铁”等产品概念的理解，必须结合不同语境，明确其所指向的研发阶段和具体工序，不能简单因为报告中同时出现了上述概念就认定其自相矛盾或陈述不实。首先，《示范项目申请报告》中的“富钛渣”“高钛渣”基本都指向半工业试验阶段的钒钛磁铁砂矿综合利用技术或整个钒钛铁分离技术工业化示范项目。其次，《示范项目申请报告》中“钛渣”基本都指向钒钛铁分离技术工业化示范项目的一期工程。再次，根据《示范项目申请报告》第1页的记载，该报告中的“钒铁”均为“钒铁金属间化合物”的简称，故在该报告语境下“钒铁金属间化合物”和“钒铁”并无差异。最后，《示范项目申请报告》在产品描述方面也确有未尽精准之处，混杂出现了钛渣、富钛富钒渣、高钛渣等多个概念。但考虑到：一方面，“中间产品”的概念确有一定的不确定性，一个工艺流程包含若干不同工序，本就可以有多个不同的中间产品；另一方面，报告关于熔分后的产物为钛渣，钛渣中二氧化钛含量为46%的表述自始至终是清晰、一贯的，且这与涉案合同中关于钒钛铁分离技术工业化示范项目一期工程的产品为还原铁、钛渣、钒渣的明确约定也是一致的，故上述表述并不涉及故意告知虚假情况或故意隐瞒真实情况等陈述不实之情形。

35. **对技术委托开发合同中“技术开发成本”的理解与受托方欺诈行为的认定**

【裁判要旨】

技术开发成本包括但不限于试验设备的相关费用，也仅仅是决定技术开发合同价款的因素之一。对技术开发成本的认定，应当符合技术开发成本的客观构成，以及技术开发合同定价的基本规律，并在此基础上认定受托方是否以虚报技术开发成本的方式实施了欺诈行为。

【关键词】

技术合同技术开发成本　虚报　欺诈

【裁判意见】

在前述“钒钛磁铁砂矿”技术合同纠纷案中，最高人民法院还明确了在如何理解合同约定中的“技术开发成本”的基础上，认定受托人是否存在欺诈行为。该案中钦州锐丰公司主张，涉案合同的总额为3.15亿元，但北航大学向案外人发包生产线制造项目的总费用仅为1.702亿元，故北航大学以虚报1.448亿元项目开发成本的方式实施了欺诈行为。对此最高人民法院认为，首先，技术开发成本包括但不限于试验设备的相关费用。尽管试验设备在技术开发活动中的作用举足轻重，但其远非技术研发活动的全部。尤其是在工业化试验项目中，除试验设备外，项目的整体设计、生产工艺的优化、生产流程的监控等也都至关重要，其相应对价均可计入技术开发成本。其次，技术开发成本仅仅是决定技术开发合同价款的因素之一。技术成果的先进性、技术成果实施转化和应用的程度、当事人享有的权益和承担的责任、技术成果的经济效益等，亦与技术开发成本一样，是技术开发合同定价的重要考虑因素。故在本案中，北航大学向案外人发包生产线制造项目的1.702亿元仅是钒钛铁分离技术工业化示范项目技术开发成本的一部分，而该项目的技术开发成本也仅是整个合同定价的考虑因素之一。钦州锐丰公司将项目生产线的制造费用等同于整个技术开发成本，又将技术开发成本等同于涉案合同价款，既不符合技术开发成本的客观构成，也不符合技术开发合同定价的基本规律，其关于北航大学虚报技术开发成本的主张，缺乏依据。

36. 技术委托开发合同中委托方应当自行完成的商业判断与受托方欺诈行为的认定

【裁判要旨】

判断技术合同中的委托方是否因受欺诈而陷于错误判断，应当充分尊重技术开发活动的特性，并综合考虑委托方的认知能力、信息来源及所能合理预知的情况等因素。在受托方已经尽到合理告知义务的情况下，委托方未完成应由其自行完成的商业判断，不能据此认定受托方构成欺诈。

【关键词】

技术合同　欺诈　委托方　商业判断

【裁判意见】

在前述“钒钛磁铁砂矿”技术合同纠纷案中，最高人民法院还对技术合同的委托方应自行完成的商业判断，与认定受托方是否构成欺诈之间的关系作出了明确。该案中钦州锐丰公司主张，北航大学以虚报项目成本和产值，使其陷入错误判断的方式实施了欺诈行为。对此最高人民法院认为，技术开发活动具有阶段性，其结果具有不确定性。对于技术委托开发合同中委托方是否因受欺诈而陷于错误判断，并在此基础上做出违背其真意的意思表示的认定，也应在充分尊重技术开发活动固有特性的前提下，综合考虑委托方对合同项目的认知能力、委托方的信息来源、委托方所能合理预知的情况等因素，认定其是否陷于错误判断，以及其错误判断与受托方的欺诈行为是否具有因果关系。关于是否向规模化工业试验项目投资的判断，尽管离不开对技术和项目的理解，但本质上仍是一种商业判断。磋商阶段，技术方应确保其所供技术并非虚假，所做规划未有不实；至于估算项目产值，核算项目成本，预测项目利润等商业分析理应由投资方自行完成。本案中，北航大学固然是对钒钛铁分离技术工业化示范项目的商业价值提出了参考意见，但是否投资该项目仍应是钦州锐丰公司自己的商业判断。鉴于北航大学真实、完整地告知了钦州锐丰公司钒钛磁铁砂矿综合利用技术半工业试验阶段的情况和钒钛铁分离技术工业化示范项目的规划；亦鉴于，涉案合同载明的还原铁、钛渣、钒渣等项目一期工程产品均系行业内的常见产品，钦州锐丰公司完全有能力自行估算项目产值，并在此基础上判断以3.15亿元的对价签订涉案合同是否符合其商业利益。钦州锐丰公司主张北航大学虚报项目成本和产值，使其陷入错误判断，缺乏依据，对此不予支持。

七、集成电路布图设计案件审判

37. 集成电路布图设计侵权案件中合法来源抗辩是否成立的判断

【裁判要旨】

集成电路布图设计公告内容通常仅包括著录项目信息，不包括布图设计的具体内容。有证据证明通过合法途径获得被诉侵权产品，不知道也没有合理理由知道其中含有非法复制的布图设计的，合法来源抗辩成立。

【关键词】

集成电路布图设计　侵权　合法来源抗辩　举证责任

【案号】

（2016）最高法民申 1491 号

【基本案情】

在再审申请人南京微盟电子有限公司（以下简称微盟公司）与被申请人泉芯电子技术（深圳）有限公司（以下简称泉芯公司）侵害集成电路布图设计专有权纠纷案中，微盟公司的“ME6206 线性稳压器芯片”的布图设计（即涉案布图设计）于 2007 年 3 月 26 日获得国家知识产权局颁发的《集成电路布图设计登记证书》，登记号为 BS.07500011.3。微盟公司以泉芯公司在市场上销售的 QX6206 芯片（即被诉侵权产品）与微盟公司的涉案布图设计相同并构成侵权为由，提起诉讼。泉芯公司以被诉侵权产品系购自案外人深圳市京众电子有限责任公司（以下简称京众公司）为由，提出合法来源抗辩。广东省深圳市中级人民法院一审认为，被诉侵权产品与涉案布图设计属相同产品。但泉芯公司提交的证据不能证明被诉侵权产品来源于京众公司，其合法来源抗辩不能成立。遂判决泉芯公司停止侵权行为并赔偿微盟公司人民币 40 万元。泉芯公司不服，提起上诉。广东省高级人民法院二审认为，根据泉芯公司提交的证据，其多次、持续、大批量向京众公司购买了被诉侵权产品，相关交易在双方的对账单、送货单以及增值税专用发票中均有明确指向。在微盟公司未能提供相反证据的情况下，可以认定被诉侵权产品即来源于京众公司。二审法院遂判决撤销一审判决，驳回微盟公司的诉讼请求。微盟公司不服，向最高人民法院申请再审。微盟公司认为，泉芯公司并非普通的销售公司，其作为专注于集成电路设计和开发的企业，应当知晓微盟公司已经登记并受法律保护的集成电路布图设计，其合法来源抗辩主张不能成立。最高人民法院于 2016 年 11 月 18 日裁定驳回微盟公司的再审申请。

【裁判意见】

最高人民法院审查认为：在泉芯公司主张其不知道且没有合理理由应

当知道时，二审法院认定应由微盟公司承担举证责任，证明泉芯公司具有知道或者应当知道的主观状态，并无不当。本案中，微盟公司没有提供证据证明泉芯公司知道或者应当知道QX6206中含有非法复制的布图设计。根据《集成电路布图设计保护条例》第十八条的规定，布图设计公告内容通常仅包括相关著录项目信息，不包括布图设计的具体内容，公众若希望了解具体内容，仍需办理查阅手续。微盟公司没有提交证据证明泉芯公司查阅了布图设计的具体内容。故微盟公司的再审主张缺乏事实依据，不应予以支持。

八、关于知识产权诉讼程序与证据

38. 商标驳回复审程序中通常不应当考虑与知名度有关的证据

【裁判要旨】

由于商标驳回复审程序为单方程序，引证商标权利人并无机会提交有关引证商标知名度的证据。为维护程序的正当性，在商标驳回复审程序中通常不应当考虑与知名度有关的证据。

【关键词】

商标　复审程序　单方性　知名度

【案号】

（2016）最高法行申362号

【基本案情】

在再审申请人深圳市柏森家居用品有限公司（以下简称柏森公司）与被申请人国家工商行政管理总局商标评审委员会（以下简称商标评审委员会）商标驳回复审行政纠纷案中，柏森公司于2012年12月28日提出第11971963号“BESON”商标（即申请商标）的注册申请，指定使用在第20类的“凳子（家具）、办公家具、家具、镜子（玻璃镜）”等商品上。第3352410号“美洲野牛BISON及图”商标（即引证商标一）的申请日为2002年10月30日，2008年1月21日被核准注册，核定使用在第20类的“办公家具”等商品上。第5631303号“邦元·名匠beson及图”商标（即引证商标二）的申请日为2006年9月26日，2010年1月21日被核准注册，核定使用在第20类的“像框、个人用扇（非电动）、家庭宠物箱”等商品上。商标评审委员会于2014年11月26日作出商评字〔2014〕第87886号商标驳回复审决定书（以下简称第87886号决定），以申请商标与引证商标构成使用在同一种或类似商品上的近似商标为由，对申请商标的注册申请予以驳回。柏森公司不服，提起行政诉讼。北京知识产权法院一审认为，申请商标与两引证商标并不构成近似商标，未违反商标法（2001年修正）第二十八条的规定，遂判决撤销第

87886 号决定。商标评审委员会不服，提起上诉。柏森公司在二审阶段提交了部分合同、发票、荣誉证书，用以证明申请商标的使用、宣传和获奖情况。北京市高级人民法院二审认为，申请商标与引证商标一、二的显著部分在字母构成、发音方面均高度近似，同时使用在类似商品上，相关公众施以一般注意力，易对其指定使用的商品来源产生混淆或误认。本案为商标申请驳回复审行政纠纷，对于引证商标一、二的实际使用情况尚不知晓，仅凭柏森公司的证据亦不足以证明申请商标与引证商标一、二能够区分。二审法院遂判决撤销一审判决，驳回柏森公司的诉讼请求。柏森公司不服，向最高人民法院申请再审。最高人民法院于 2016 年 9 月 26 日裁定驳回柏森公司的再审申请。

【裁判意见】

最高人民法院审查认为：商标驳回复审案件为单方程序，引证商标持有人不可能作为诉讼主体参与到该程序中，有关引证商标知名度的证据因而在该程序中无法得以出示，在缺乏对申请商标，特别是引证商标进行充分举证和辩论的情况下，商标知名度实际上无法予以考虑。否则，将有违程序的正当性。本案中，只有柏森公司提交证据，试图证明申请商标知名度强、引证商标知名度弱，而引证商标持有人并无机会参与诉讼程序。由于柏森公司的证据均为单方证据，故二审法院认为仅凭柏森公司的证据不足以证明申请商标与引证商标一、引证商标二能够实现区分，该结论并无不当。

39. **对法律适用存在瑕疵但裁判结果正确的二审判决的处理方式**

【裁判要旨】

二审判决在适用法律方面存在瑕疵，但裁判结果正确，可参照适用民事诉讼法及相关司法解释的规定，对二审判决适用法律存在的瑕疵予以纠正的基础上，裁定驳回再审申请。

【关键词】

商标　复审程序　法律适用　裁判结果

【案号】

（2016）最高法行申 356 号

【基本案情】

在再审申请人黄小东与被申请人国家工商行政管理总局商标评审委员会（以下简称商标评审委员会）、原审第三人沙特阿若必恩石油公司（以下简称阿若必恩公司）商标异议复审行政纠纷案中，第 4378454 号“沙特阿美及图”商标（即被异议商标）由黄小东于 2004 年 11 月 23 日向国家工商行政管理总局商标局（以下简称商标局）申请注册，指定使用在第 4 类的“工业用脂、石油（原油或精炼油）、切削液、发动机油、润滑油、石油气、二甲苯、汽车燃料非化学添加剂、地蜡、燃料油”等商品上。阿若必恩公司在法定期限内提出异议申请。商标局裁定对被异议商标予以核准注册。阿若必恩公司不服，向商标评审委员会申请复审。2013 年 10 月 28 日，商标评审委员会作出商评字［2013］第 94152 号《关于第 4378454 号“沙特阿美及图”商标异议复审裁定书》（以下简称第 94152 号裁定）认为，被异议商标“沙特阿美及图”中“沙特”一词易使消费者理解为“沙特阿拉伯”，其已经构成商标法（2001 年修正）第十条第一款第（二）项所规定的情形，故对被异议商标不予核准注册。黄小东不服，提起行政诉讼。北京市第一中级人民法院一审判决维持第 94152 号裁定。黄小东不服，提起上诉。北京市高级人民法院二审判决驳回上诉、维持原判。黄小东仍不服，向最高人民法院申请再审。最高人民法院在纠正二审判决法律适用瑕疵的基础上，于 2016 年 6 月 27 日裁定驳回黄小东的再审申请。

【裁判意见】

最高人民法院审查认为：商标法第十条第一款第（二）项所称“同外国的国家名称相同或者近似的标志”，是指该标志作为整体同外国国家名称相同或者近似。如果该标志含有与外国国家名称相同或者近似的文字，且其与其他要素相结合，作为一个整体已不再与外国国家名称构成相同或者近似的，则不宜认定为同外国国家名称相同或者近似的标志。本案中，被异议商标为“沙特阿美及图”，图形为狗头图案，文字为“沙特阿美”，图形在文字上方，图形所占面积超过文字所占面积的二倍。被异议商标虽然含有“沙特”二字，但该标志整体上并未与沙特阿拉伯王国的国家名称相同或者近似。但根据商标法第十条第一款第（八）项的规定，有害于社会主义道德风尚或者有其他不良影响的标志不得作为商标使用。被异议商标的构成要素中含有“沙特”和狗头图形，且被异议商标指定使用于“石油”等相关商品上，相关公众容易认为其指定使用的商品与沙特阿拉伯王国有所联系。在此情况下，如果允许被异议商标在我国予以注册并作商业使用，将产生不良影响。因此，被异议商标违反了商标法第十条第一款第（八）项的规定，不应当予以核准注册。综上，被异议商标虽然并未构成商标法第十条第一款第（二）项规定的情形，但构成了商标法第十条第一款第（八）项规定的情形，同样不应当核准注册。二审判决在适用法律方面存在瑕疵，但裁判结果正确。对于此种情况如何处理，行政诉讼法并未作出明确规定。但根据行政诉讼法第一百零一条的规定，对此可参照适用民事诉讼法的相关规定。根据《最高人民法院关于适用〈中华人民共和国民事诉讼法〉的解释》第三百三十四条规定：“原判决、裁定认定事实或者适用法律虽有瑕疵，但裁判结果正确的，第二审人民法院可以在判决、裁定中纠正瑕疵后，依照民事诉讼法第一百七十条第一款第一项规定予以维持。”依照和参照上述规定，在对二审判决适用法律存在的瑕疵予以纠正的基础上，驳回黄小东的再审申请。

结　语

今年是最高人民法院第九次发布知识产权案件年度报告，年度报告作为最高人民法院知识产权案例指导制度体系的重要组成部分，在严格执行法律，统一司法理念、尺度和规则方面发挥着积极的作用。一如既往需要予以说明的是，年度报告是最高人民法院在具体案件裁判中针对新型、复杂、疑难问题形成的认识，具有较强的个案性、探索性和阶段性，在法律适用标准和方法方面难免存在局限，并可能随着认识的深入和时代的发展发生调整和变化。在未来的工作中，最高人民法院将始终铭记知识产权司法保护的使命与担当，充分发挥司法保护知识产权的主导作用，进一步完善知识产权司法保护的体制机制，努力打造更加科学高效的知识产权审判体系，为建设知识产权强国提供坚强有力的司法保障。

最高人民法院
关于调整地方各级人民法院管辖第一审知识产权民事案件标准的通知

（2010年1月28日　法发〔2010〕5号）

各省、自治区、直辖市高级人民法院，解放军军事法院，新疆维吾尔自治区高级人民法院生产建设兵团分院：

为进一步加强最高人民法院和高级人民法院的知识产权审判监督和业务指导职能，合理均衡各级人民法院的工作负担，根据人民法院在知识产权民事审判工作中贯彻执行修改后的民事诉讼法的实际情况，现就调整地方各级人民法院管辖第一审知识产权民事案件标准问题，通知如下：

一、高级人民法院管辖诉讼标的额在2亿元以上的第一审知识产权民事案件，以及诉讼标的额在1亿元以上且当事人一方住所地不在其辖区或者涉外、涉港澳台的第一审知识产权民事案件。

二、对于本通知第一项标准以下的第一审知识产权民事案件，除应当由经最高人民法院指定具有一般知识产权民事案件管辖权的基层人民法院管辖的以外，均由中级人民法院管辖。

三、经最高人民法院指定具有一般知识产权民事案件管辖权的基层人民法院，可以管辖诉讼标的额在500万元以下的第一审一般知识产权民事案件，以及诉讼标的额在500万元以上1000万元以下且当事人住所地均在其所属高级或中级人民法院辖区的第一审一般知识产权民事案件，具体标准由有关高级人民法院自行确定并报最高人民法院批准。

四、对重大疑难、新类型和在适用法律上有普遍意义的知识产权民事案件，可以依照民事诉讼法第三十九条的规定，由上级人民法院自行决定由其审理，或者根据下级人民法院报请决定由其审理。

五、对专利、植物新品种、集成电路布图设计纠纷案件和涉及驰名商标认定的纠纷案件以及垄断纠纷案件等特殊类型的第一审知识产权民事案件，确定管辖时还应当符合最高人民法院有关上述案件管辖的特别规定。

六、军事法院管辖军内第一审知识产权民事案件的标准，参照当地同级地方人民法院的标准执行。

七、本通知下发后，需要新增指定具有一般知识产权民事案件管辖权的基层人民法院的，有关高级人民法院应将该基层人民法院管辖第一审一般知识产权民事案件的标准一并报最高人民法院批准。

八、本通知所称“以上”包括本数，“以下”不包括本数。

九、本通知自2010年2月1日起执行。之前已经受理的案件，仍按照各地原标准执行。

本通知执行过程中遇到的问题，请及时报告最高人民法院。

最高人民法院
关于印发《基层人民法院管辖第一审知识产权民事案件标准》的通知

（2010年1月28日　法发〔2010〕6号）

各省、自治区、直辖市高级人民法院，解放军军事法院，新疆维吾尔自治区高级人民法院生产建设兵团分院：

根据各有关高级人民法院的报请，现将经最高人民法院批准的目前具有一般知识产权民事案件管辖权的基层人民法院管辖第一审知识产权民事案件的标准（见附件）统一予以印发，自2010年2月1日起施行。之前已经受理的案件，仍按照各地原标准执行。

特此通知。

附件：

基层人民法院管辖第一审知识产权民事案件标准

地区	基层人民法院	管辖第一审知识产权民事案件的标准
北京市[①]	东城区人民法院	诉讼标的额在500万元以下的第一审一般知识产权民事案件以及诉讼标的额在500万元以上1000万元以下且当事人住所地均在北京市高级人民法院辖区的第一审一般知识产权民事案件
	西城区人民法院	
	崇文区人民法院	
	宣武区人民法院	
	朝阳区人民法院	
	海淀区人民法院	
	丰台区人民法院	
	石景山区人民法院	
	昌平区人民法院	

① 东城区与崇文区合并；西城区与宣武区合并。——编者注

续表

<table>
<tr><th>地区</th><th colspan="2">基层人民法院</th><th>管辖第一审知识产权民事案件的标准</th></tr>
<tr><td rowspan="2">天津市</td><td colspan="2">和平区人民法院</td><td>诉讼标的额在100万元以下的第一审一般知识产权民事案件</td></tr>
<tr><td colspan="2">经济技术开发区人民法院</td><td>诉讼标的额在50万元以下的第一审一般知识产权民事案件</td></tr>
<tr><td>辽宁省</td><td>大连市</td><td>西岗区人民法院</td><td>诉讼标的额在500万元以下的第一审一般知识产权民事案件</td></tr>
<tr><td rowspan="4">上海市</td><td colspan="2">浦东新区人民法院</td><td rowspan="4">诉讼标的额在200万元以下的第一审一般知识产权民事案件</td></tr>
<tr><td colspan="2">卢湾区人民法院</td></tr>
<tr><td colspan="2">杨浦区人民法院</td></tr>
<tr><td colspan="2">黄浦区人民法院</td></tr>
<tr><td rowspan="16">江苏省</td><td rowspan="3">南京市</td><td>宣武区人民法院</td><td rowspan="11">诉讼标的额在200万元以下的第一审一般知识产权民事案件</td></tr>
<tr><td>鼓楼区人民法院</td></tr>
<tr><td>江宁区人民法院</td></tr>
<tr><td rowspan="5">苏州市</td><td>虎丘区人民法院</td></tr>
<tr><td>昆山市人民法院</td></tr>
<tr><td>太仓市人民法院</td></tr>
<tr><td>常熟市人民法院</td></tr>
<tr><td>工业园区人民法院</td></tr>
<tr><td rowspan="3">无锡市</td><td>滨湖区人民法院</td></tr>
<tr><td>江阴市人民法院</td></tr>
<tr><td>宜兴市人民法院</td></tr>
<tr><td rowspan="3">常州市</td><td>武进区人民法院</td><td rowspan="5">诉讼标的额在100万元以下的第一审一般知识产权民事案件</td></tr>
<tr><td>天宁区人民法院</td></tr>
<tr><td>常州高新技术产业开发区人民法院</td></tr>
<tr><td>镇江市</td><td>镇江经济开发区人民法院</td></tr>
<tr><td>南通市</td><td>通州区人民法院</td></tr>
</table>

续表

<table>
<tr><th>地区</th><th colspan="2">基层人民法院</th><th>管辖第一审知识产权民事案件的标准</th></tr>
<tr><td rowspan="18">浙江省</td><td rowspan="4">杭州市</td><td>西湖区人民法院</td><td rowspan="18">诉讼标的额在 500 万元以下的第一审一般知识产权民事案件（义乌市人民法院同时管辖诉讼标的额在 500 万元以下的第一审实用新型和外观设计专利纠纷案件）</td></tr>
<tr><td>滨江区人民法院</td></tr>
<tr><td>余杭区人民法院</td></tr>
<tr><td>萧山区人民法院</td></tr>
<tr><td rowspan="4">宁波市</td><td>北仑区人民法院</td></tr>
<tr><td>鄞州区人民法院</td></tr>
<tr><td>余姚市人民法院</td></tr>
<tr><td>慈溪市人民法院</td></tr>
<tr><td rowspan="4">温州市</td><td>鹿城区人民法院</td></tr>
<tr><td>瓯海区人民法院</td></tr>
<tr><td>乐清市人民法院</td></tr>
<tr><td>瑞安市人民法院</td></tr>
<tr><td rowspan="2">嘉兴市</td><td>南湖区人民法院</td></tr>
<tr><td>海宁市人民法院</td></tr>
<tr><td>绍兴市</td><td>绍兴县人民法院</td></tr>
<tr><td rowspan="2">金华市</td><td>婺城区人民法院</td></tr>
<tr><td>义乌市人民法院</td></tr>
<tr><td></td><td>玉环县人民法院</td></tr>
<tr><td>安徽省</td><td>合肥市</td><td>高新技术产业开发区人民法院</td><td>诉讼标的额在 5 万元以下的第一审一般知识产权民事案件</td></tr>
<tr><td rowspan="3">福建省</td><td>福州市</td><td>鼓楼区人民法院</td><td rowspan="3">诉讼标的额在 50 万元以下的第一审一般知识产权民事案件</td></tr>
<tr><td>厦门市</td><td>思明区人民法院</td></tr>
<tr><td>泉州市</td><td>晋江市人民法院</td></tr>
<tr><td rowspan="2">江西省</td><td rowspan="2">南昌市</td><td>南昌高新技术产业开发区人民法院</td><td rowspan="2">诉讼标的额在 100 万元以下的第一审一般知识产权民事案件</td></tr>
<tr><td>南昌经济技术开发区人民法院</td></tr>
<tr><td rowspan="2">山东省</td><td>济南市</td><td>历下区人民法院</td><td rowspan="2">诉讼标的额在 50 万元以下的第一审一般知识产权民事案件以及诉讼标的额在 50 万元以上 100 万元以下且当事人住所地均在其所属中级人民法院辖区的第一审一般知识产权民事案件</td></tr>
<tr><td>青岛市</td><td>市南区人民法院</td></tr>
<tr><td>湖北省</td><td>武汉市</td><td>江岸区人民法院</td><td>诉讼标的额在 300 万元以下的第一审一般知识产权民事案件以及诉讼标的额在 300 万元以上 800 万元以下且当事人住所地均在武汉市中级人民法院辖区的第一审一般知识产权民事案件</td></tr>
</table>

续表

<table>
<tr><th>地区</th><th colspan="2">基层人民法院</th><th>管辖第一审知识产权民事案件的标准</th></tr>
<tr><td rowspan="3">湖南省</td><td rowspan="2">长沙市</td><td>天心区人民法院</td><td rowspan="3">诉讼标的额在300万元以下的第一审一般知识产权民事案件</td></tr>
<tr><td>岳麓区人民法院</td></tr>
<tr><td>株洲市</td><td>天元区人民法院</td></tr>
<tr><td rowspan="19">广东省</td><td rowspan="6">广州市</td><td>越秀区人民法院</td><td rowspan="19">诉讼标的额在200万元以下的第一审一般知识产权民事案件</td></tr>
<tr><td>海珠区人民法院</td></tr>
<tr><td>天河区人民法院</td></tr>
<tr><td>白云区人民法院</td></tr>
<tr><td>萝岗区人民法院</td></tr>
<tr><td>南沙区人民法院</td></tr>
<tr><td rowspan="6">深圳市</td><td>罗湖区人民法院</td></tr>
<tr><td>福田区人民法院</td></tr>
<tr><td>南山区人民法院</td></tr>
<tr><td>盐田区人民法院</td></tr>
<tr><td>龙岗区人民法院</td></tr>
<tr><td>宝安区人民法院</td></tr>
<tr><td rowspan="3">佛山市</td><td>南海区人民法院</td></tr>
<tr><td>禅城区人民法院</td></tr>
<tr><td>顺德区人民法院</td></tr>
<tr><td>汕头市</td><td>龙湖区人民法院</td></tr>
<tr><td rowspan="2">江门市</td><td>蓬江区人民法院</td></tr>
<tr><td>新会区人民法院</td></tr>
<tr><td>东莞市</td><td>东莞市第一人民法院</td></tr>
<tr><td></td><td>中山市</td><td>中山市人民法院</td><td></td></tr>
<tr><td>广西壮族自治区</td><td>南宁市</td><td>青秀区人民法院</td><td>诉讼标的额在80万元以下的第一审一般知识产权民事案件以及诉讼标的额在80万元以上150万元以下且当事人住所地均在南宁市中级人民法院辖区的第一审一般知识产权民事案件</td></tr>
<tr><td rowspan="3">四川省</td><td rowspan="3">成都市</td><td>高新区人民法院</td><td rowspan="3">诉讼标的额在50万元以下的第一审一般知识产权民事案件</td></tr>
<tr><td>武侯区人民法院</td></tr>
<tr><td>锦江区人民法院</td></tr>
<tr><td rowspan="2">重庆市</td><td colspan="2">渝中区人民法院</td><td rowspan="2">诉讼标的额在300万元以下的第一审一般知识产权民事案件</td></tr>
<tr><td colspan="2">沙坪坝区人民法院</td></tr>
<tr><td rowspan="2">甘肃省</td><td>兰州市</td><td>城关区人民法院</td><td rowspan="2">诉讼标的额在30万元以下的第一审一般知识产权民事案件</td></tr>
<tr><td>天水市</td><td>秦州区人民法院</td></tr>
</table>

续表

地区	基层人民法院		管辖第一审知识产权民事案件的标准
新疆生产建设兵团	农十二师	乌鲁木齐垦区人民法院	诉讼标的额在100万元以下的第一审一般知识产权民事案件以及诉讼标的额在100万元以上300万元以下且当事人住所地均在农十二师中级人民法院辖区的第一审一般知识产权民事案件
	农六师	五家渠市人民法院	诉讼标的额在100万元以下的第一审一般知识产权民事案件以及诉讼标的额在100万元以上200万元以下且当事人住所地均在农六师中级人民法院辖区的第一审一般知识产权民事案件

注：本附件所称“以上”包括本数，“以下”不包括本数。

最高人民法院
关于北京、上海、广州知识产权法院案件管辖的规定

法释〔2014〕12号

（2014年10月27日最高人民法院审判委员会第1628次会议通过
2014年10月31日最高人民法院公告公布　自2014年11月3日起施行）

为进一步明确北京、上海、广州知识产权法院的案件管辖，根据《中华人民共和国民事诉讼法》《中华人民共和国行政诉讼法》《全国人民代表大会常务委员会关于在北京、上海、广州设立知识产权法院的决定》等规定，制定本规定。

第一条　知识产权法院管辖所在市辖区内的下列第一审案件：

（一）专利、植物新品种、集成电路布图设计、技术秘密、计算机软件民事和行政案件；

（二）对国务院部门或者县级以上地方人民政府所作的涉及著作权、商标、不正当竞争等行政行为提起诉讼的行政案件；

（三）涉及驰名商标认定的民事案件。

第二条　广州知识产权法院对广东省内本规定第一条第（一）项和第（三）项规定的案件实行跨区域管辖。

第三条　北京市、上海市各中级人民法院和广州市中级人民法院不再受

理知识产权民事和行政案件。

广东省其他中级人民法院不再受理本规定第一条第（一）项和第（三）项规定的案件。

北京市、上海市、广东省各基层人民法院不再受理本规定第一条第（一）项和第（三）项规定的案件。

第四条 案件标的既包含本规定第一条第（一）项和第（三）项规定的内容，又包含其他内容的，按本规定第一条和第二条的规定确定管辖。

第五条 下列第一审行政案件由北京知识产权法院管辖：

（一）不服国务院部门作出的有关专利、商标、植物新品种、集成电路布图设计等知识产权的授权确权裁定或者决定的；

（二）不服国务院部门作出的有关专利、植物新品种、集成电路布图设计的强制许可决定以及强制许可使用费或者报酬的裁决的；

（三）不服国务院部门作出的涉及知识产权授权确权的其他行政行为的。

第六条 当事人对知识产权法院所在市的基层人民法院作出的第一审著作权、商标、技术合同、不正当竞争等知识产权民事和行政判决、裁定提起的上诉案件，由知识产权法院审理。

第七条 当事人对知识产权法院作出的第一审判决、裁定提起的上诉案件和依法申请上一级法院复议的案件，由知识产权法院所在地的高级人民法院知识产权审判庭审理。

第八条 知识产权法院所在省（直辖市）的基层人民法院在知识产权法院成立前已经受理但尚未审结的本规定第一条第（一）项和第（三）项规定的案件，由该基层人民法院继续审理。

除广州市中级人民法院以外，广东省其他中级人民法院在广州知识产权法院成立前已经受理但尚未审结的本规定第一条第（一）项和第（三）项规定的案件，由该中级人民法院继续审理。

【链　接】

最高人民法院有关负责人就《关于北京、上海、广州知识产权法院案件管辖的规定》答记者问

各位记者：

大家上午好！今天新闻发布会的主题是向大家通报最高人民法院审判委

员会第1628次会议通过的《关于北京、上海、广州知识产权法院案件管辖的规定》（以下简称《知识产权法院案件管辖规定》）的有关情况。

下面，我简要介绍一下《知识产权法院案件管辖规定》出台的背景、主要内容及最高人民法院关于加强知识产权保护的下一步工作安排。

一、《知识产权法院案件管辖规定》制定的背景与意义

党的十八届三中全会作出了“加强知识产权运用和保护，健全技术创新激励机制，探索建立知识产权法院”的重大部署。2014年8月31日，第十二届全国人民代表大会常务委员会第十次会议通过《关于在北京、上海、广州设立知识产权法院的决定》（以下简称《决定》），以立法形式宣布在北京、上海、广州设立知识产权法院，并对知识产权法院的机构设置、案件管辖、法官任命等作了规定。根据《决定》的规定，知识产权法院将以审理专利等技术类案件为主，并在省级行政区域内实行跨区域管辖。这是知识产权案件管辖制度的重大革新。同时，北京、上海、广州知识产权法院成立后，知识产权法院辖区内将出现两个以上管辖地域重叠的中级法院，由此带来基层法院与知识产权法院之间、知识产权法院与同级行政区划内中级法院之间的管辖关系变化和协调问题。虽然《决定》对知识产权法院的管辖案件类型、与上下级法院的关系等作了规定，但是相关规定仍需要进一步明确，不少问题仍亟待解决。

为明确知识产权法院的案件管辖，保证即将正式成立的知识产权法院正常运转，最高人民法院在《决定》颁布后立即启动《知识产权法院案件管辖规定》起草工作。在起草过程中，我们先后征求了全国人大法工委、国家知识产权局等部门以及部分地方法院的意见，并与全国人大法工委、北京、上海、广东三地法院反复协商。在综合反馈意见的基础上，又经多次讨论修改和研究论证，形成送审稿，提请最高人民法院审判委员会审议后通过。

《知识产权法院案件管辖规定》的出台具有重要意义。首先，该司法解释是全面落实全国人大常委会关于设立知识产权法院部署的重要举措。该司法解释根据《决定》关于知识产权法院案件管辖的规定，进一步明确了知识产权法院的一审案件管辖范围、跨区域管辖的案件类型、知识产权授权确权案件范围等重要问题。既严格遵循了《决定》的规定，又进一步细化了《决定》的具体要求，增强了《决定》的可操作性。其次，该司法解释是保障知识产权法院充分发挥职能作用的重要举措之一。该司法解释依据《决定》关于审级关系的规定，进一步明确了知识产权法院与辖区内基层人民法院、同级人民法院以及所在地高级人民法院的关系，为即将正式成立的知识产权法院受理案件、处理审级关系提供了指引，为知识产权法院充分发挥其审判职能作

用提供了保障。最后，该司法解释是最高人民法院深入贯彻党的十八届三中、四中全会精神的重要举措。知识产权法院作为我国司法体制改革的基础性和制度性措施，担负着全面实行中央司法改革的各项措施的使命。正如最高人民法院周强院长向全国人大常委会作说明所说："知识产权法院是全面深化司法改革的重要组成部分，将全面实行各项司法改革措施。"该司法解释根据党的十八届三中全会关于健全技术创新激励机制、优化科技创新法治环境的精神，将计算机软件案件纳入知识产权法院第一审管辖的技术类案件范围，力图通过更专业的审判为科技创新和新兴产业发展提供更优质的司法服务。该司法解释还根据党的十八届四中全会关于探索设立跨行政区划的人民法院的精神，扩大了知识产权法院跨区域管辖的一审知识产权案件范围，为进一步提升知识产权司法公正和公信确立了制度保障。

二、《知识产权法院案件管辖规定》的主要内容

《知识产权法院案件管辖规定》共八条，主要涉及知识产权法院的案件管辖及审级关系，包括一审管辖、跨区域管辖、专属管辖、二审管辖、上诉管辖及未结案件处理等。其主要内容如下：

（一）关于知识产权法院管辖的第一审案件的范围

根据《知识产权法院案件管辖规定》第一条，知识产权法院管辖的第一审案件主要包括三类：一是专利、植物新品种、集成电路布图设计、技术秘密、计算机软件等技术类民事和行政案件；二是对国务院部门或者县级以上地方人民政府所作的涉及著作权、商标、不正当竞争等行政行为提起诉讼的行政案件；三是涉及驰名商标认定的民事案件。对于第一项的技术类案件，司法解释在《决定》规定的专利、植物新品种、集成电路布图设计、技术秘密民事和行政案件的基础上，根据科技发展趋势、审判实践和国际经验，增加了计算机软件民事和行政案件。实践中，计算机软件案件涉及专业技术事实认定，技术性较强，基层法院审理存在较大难度，有必要由知识产权法院管辖。第二项的行政案件主要是指行政机关涉及知识产权的行政处罚、行政处理决定等行政行为引发的行政案件。由于知识产权法院在辖区范围上与相关中级人民法院存在重叠，因而需要进一步明确该类案件应由知识产权法院管辖。第三项是涉及驰名商标认定的民事案件，为进一步规范和加强驰名商标保护，亦将其纳入知识产权法院管辖范围。

（二）关于知识产权法院跨区域管辖的案件范围

跨区域管辖是《决定》规定的重要内容。根据《决定》要求，在知识产权法院设立的三年内，可以先在所在省（直辖市）实行跨区域管辖。由于北京、上海知识产权法院的辖区分别是整个北京市和上海市，不存在跨区域管

辖问题。因此，《知识产权法院案件管辖规定》第二条直接规定了广州知识产权法院跨区域管辖的案件类型，包括第一审专利、植物新品种、集成电路布图设计、技术秘密、计算机软件等技术类民事和行政案件，以及第一审涉及驰名商标认定的民事案件。

（三）关于北京知识产权法院的专属管辖范围

知识产权授权确权类案件由北京知识产权法院专属管辖，该类案件是整个知识产权案件的中枢，在知识产权司法保护中具有极为重要的意义。《知识产权法院案件管辖规定》第五条进一步细化了由北京知识产权法院专属管辖的第一审授权确权案件范围。这类案件主要包括：不服国务院部门授权确权类裁定或者决定的知识产权授权确权类行政案件；与知识产权强制许可有关的行政案件；与知识产权授权确权有关的其他行政行为引发的行政案件。其中，“与知识产权授权确权有关的其他行政行为引发的行政案件”主要是指那些虽不属于授权确权但与之有密切关联的行政行为引发的案件。例如对国家工商行政管理总局商标局商标申请不予受理或者不予续展行为提起诉讼的案件、对国家知识产权局中止专利审查行为提起诉讼的案件。

《知识产权法院案件管辖规定》的最大亮点是，根据全国人大常委会《决定》的精神，彻底实现了知识产权法院及其所在地高级人民法院民事和行政审判“二合一”，即由知识产权法院及其所在地高级人民法院知识产权审判庭统一管辖和审理涉及知识产权的全部民事和行政案件。这体现在：第一，知识产权法院管辖的第一审案件，不仅包括知识产权授权确权类行政案件，还包括涉及知识产权的行政处罚、行政强制措施等引发的普通行政案件。第二，在知识产权法院辖区内，对基层人民法院第一审知识产权民事和行政判决、裁定提起的上诉案件，均由知识产权法院管辖，无论该第一审案件由基层法院知识产权审判庭审理还是由行政审判庭审理。第三，对知识产权法院作出的第一审民事和行政判决、裁定提起的上诉案件，均由知识产权法院所在地的高级人民法院知识产权审判庭审理，不再分由该高级人民法院的知识产权审判庭和行政审判庭各自审理。这是我国知识产权案件审判体制的重大革新，对于统一知识产权案件裁判标准、提升知识产权司法保护品质具有重要意义。

三、下一步的工作举措

当前，知识产权法院正在紧张筹备之中，我国知识产权司法保护进入全新的发展阶段。党的十八届四中全会对全面推进依法治国做出了全面部署，知识产权司法保护面临重大的历史发展机遇。下一步，最高人民法院将根据中央精神，以开拓创新的精神，积极采取有效措施，进一步改革和完善知识产权审判体制机制，不断提升知识产权审判质量和水平。

第一，进一步加快知识产权法院的设立进程。最高人民法院将会同有关地方和部门，进一步加快知识产权法院的法官任命、机构设置、硬件配套等工作，推动知识产权法院尽快设立并正式运行。北京知识产权法院将于11月上旬挂牌成立，上海和广州知识产权法院也将在年内正式成立。

第二，进一步落实知识产权法院的各项改革措施。知识产权法院不仅是我国知识产权司法保护制度的重大改革，事实上也是我国司法改革的探索者和先行者。知识产权法院将按照党的十八届三中、四中全会的部署，全面实行各项司法改革措施。例如，知识产权法院将实行主审法官制度，探索建立法官员额制度，完善合议庭办案责任制。知识产权法院还将探索完善以审判为中心的知识产权诉讼制度，建立符合知识产权案件审判规律的专门化程序和审理规则。

第三，进一步加强知识产权法院配套制度的建设。知识产权法院将围绕技术类案件的审理，探索完善符合中国国情、具有中国特色的技术调查官制度，提高技术事实查明的科学性、专业性和中立性，保证技术类案件审理的公正与高效。目前，最高人民法院正在研究制定相关司法解释和工作规范，明确技术调查官的职能定位、配置数量、选任条件、管理模式、职权行使等问题。最高人民法院还将改组成立“中国知识产权司法保护研究中心”，吸收审判经验丰富的一线法官参与研究，加强理论和实践的结合与互动，进一步提升我国知识产权审判的水平和国际影响力。

第四，进一步加大知识产权保护力度。最高人民法院陶凯元副院长在全国知识产权审判工作座谈会和“加大知识产权司法保护力度”调研座谈会上指出，要积极探索知识产权各领域加大保护力度的具体实现方式，充分发挥司法保护知识产权的主导作用。加强计算机软件、数据库、动漫游戏等新兴产业知识产权保护，促进我国新兴产业实现创新发展。加强传统知识、遗传资源等非物质文化遗产保护，积极保护非物质文化遗产的传承和商业开发利用，促进我国丰富的文化资源转化为强大的文化竞争力。

谢谢大家。

（撰稿人：王　闯）

附：

北京知识产权民事、行政案件管辖示意图

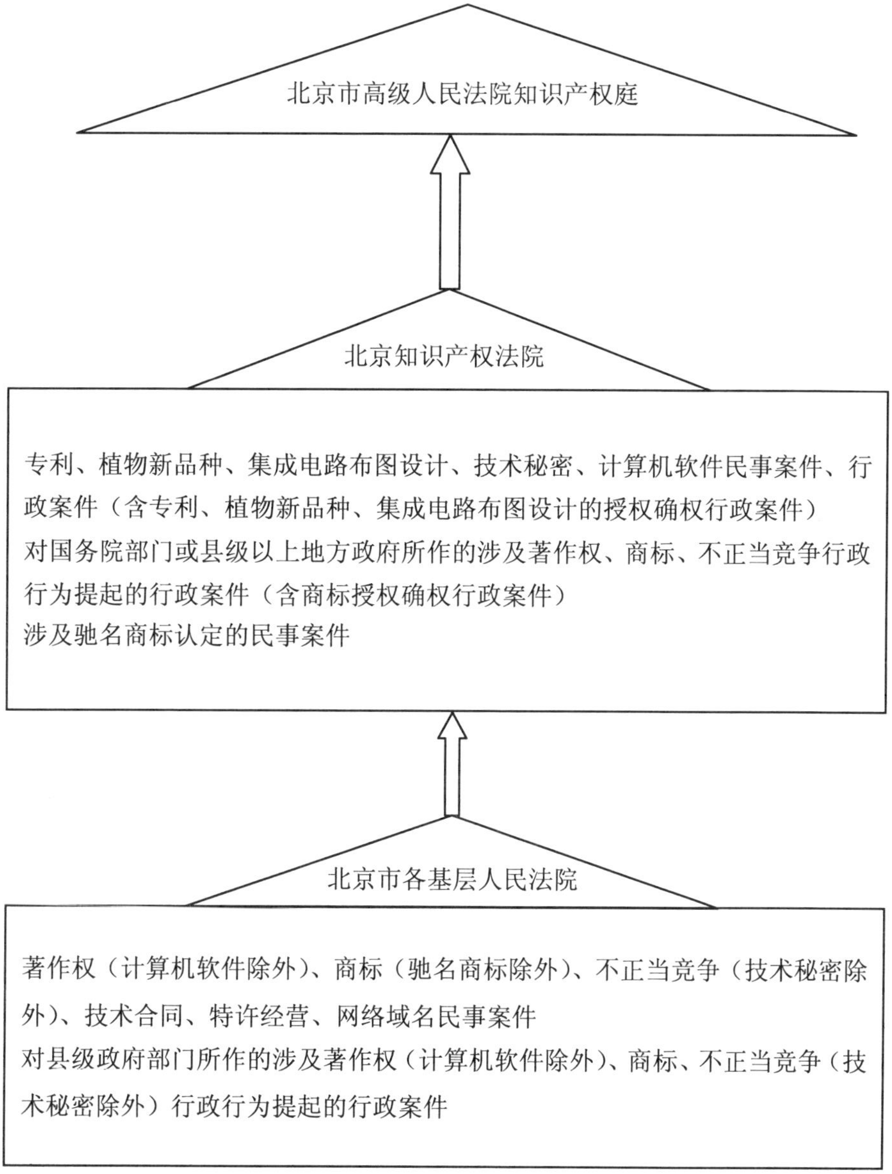

上海知识产权民事、行政案件管辖示意图

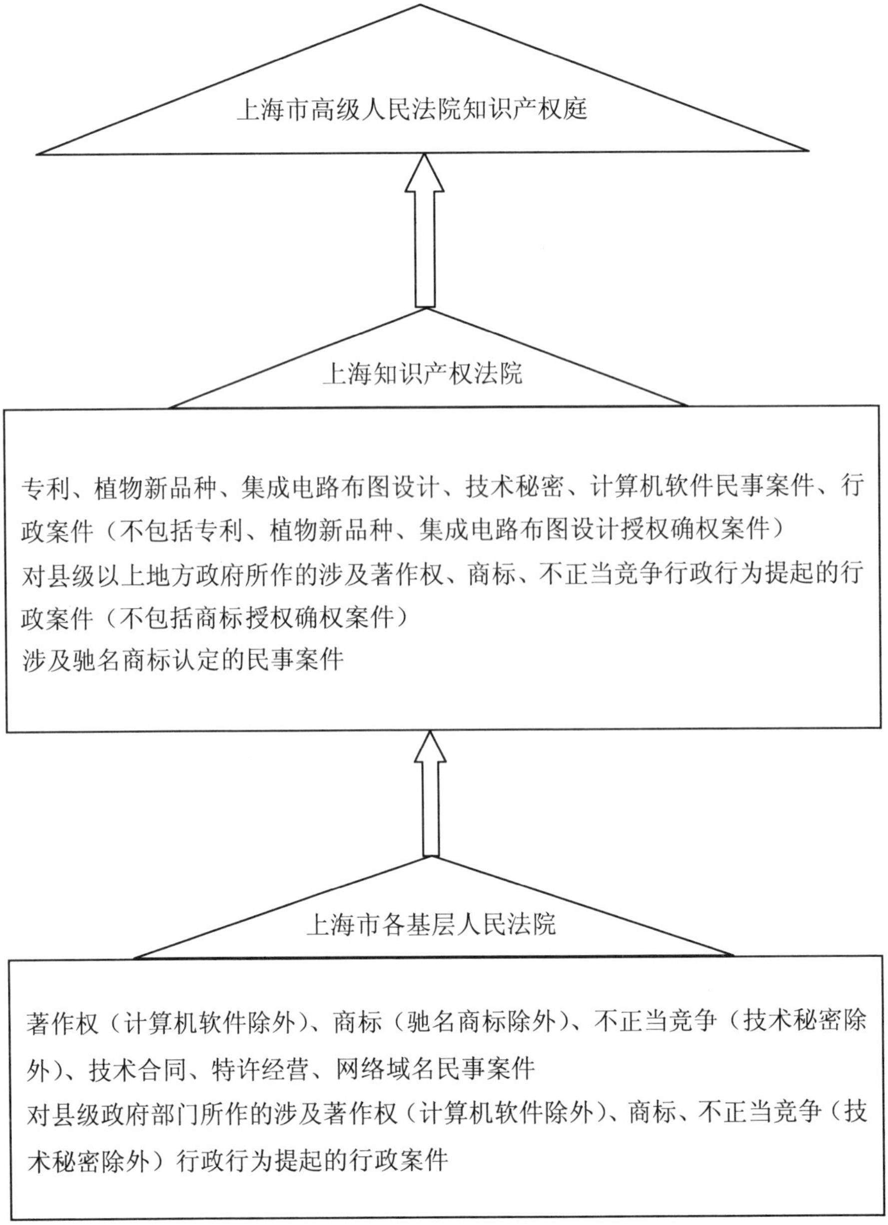

广东知识产权民事、行政案件管辖示意图

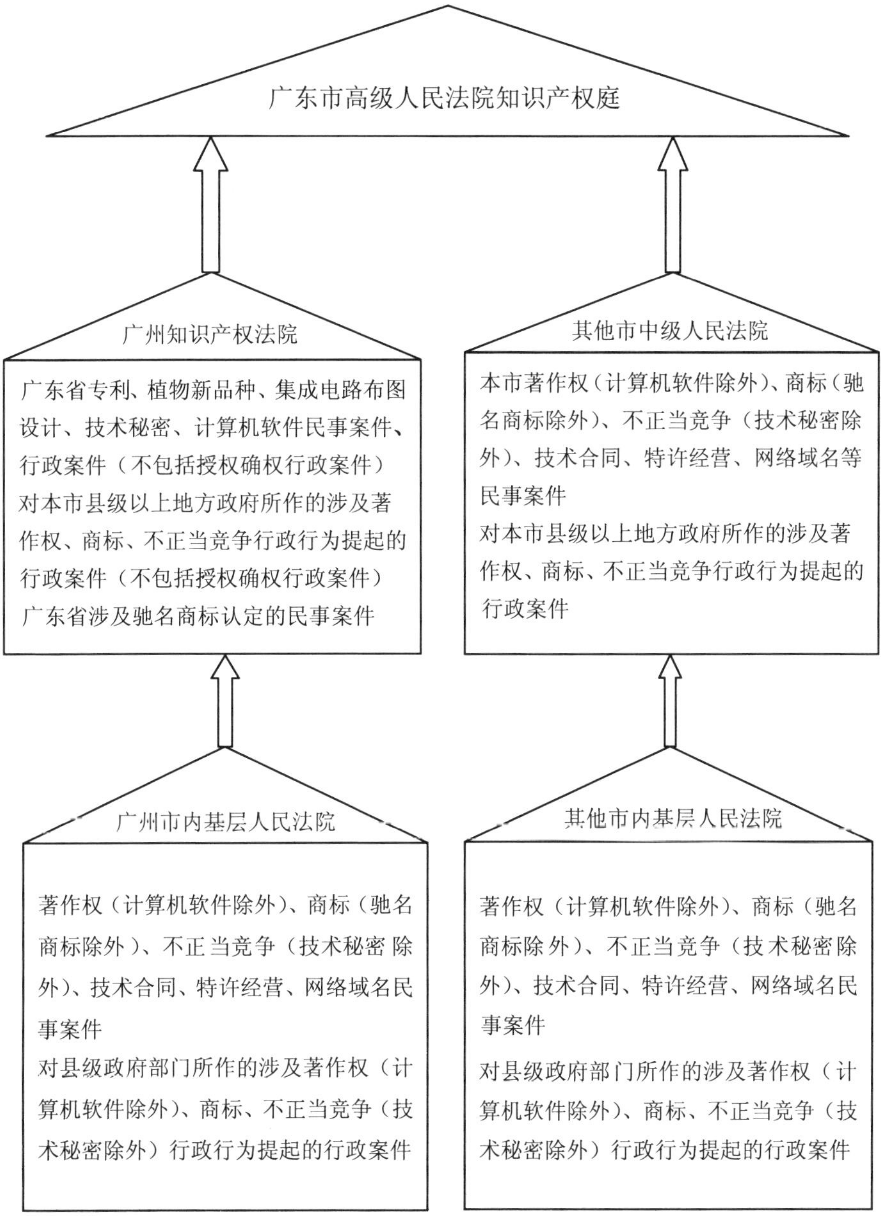

最高人民法院
关于印发《知识产权法院法官选任工作指导意见（试行）》的通知

（2014年10月28日　法〔2014〕267号）

北京市、上海市、广东省高级人民法院：

现将《知识产权法院法官选任工作指导意见（试行）》予以印发，请认真贯彻执行。

附：

知识产权法院法官选任工作指导意见（试行）

根据《中华人民共和国人民法院组织法》《中华人民共和国法官法》和全国人大常委会《关于在北京、上海、广州设立知识产权法院的决定》以及中央《关于司法体制改革试点若干问题的框架意见》有关规定，结合知识产权审判工作实际，制定知识产权法院法官选任工作指导意见如下：

一、知识产权法院法官选任工作应坚持党管干部原则、公开选任原则和注重实绩原则，并突出知识产权审判专业特点。

二、知识产权法院审判员应根据《中华人民共和国人民法院组织法》和《中华人民共和国法官法》规定公开选任。其中，院长、副院长、庭长的选任工作，按照《党政领导干部选拔任用工作条例》有关规定组织。

三、知识产权法院审判员应在从事知识产权及相关审判工作的优秀审判人员中选任，也可在具备同等资格和条件的从事知识产权法律实务、法学研究和法学教学的专业人员中选任。

四、审判人员担任知识产权法院审判员的，应符合《中华人民共和国法官法》规定的资格条件，并具备以下条件：

（一）具有四级高级法官任职资格；

（二）具有6年以上相关审判工作经验；

（三）具有普通高等院校法律专业本科或以上学历；

（四）具有较强的主持庭审及撰写裁判文书能力。

五、其他法律专业人员担任知识产权法院审判员的，任职资格和条件可由各地参照本意见设定。

六、法官遴选委员会对法官人选的专业能力进行评审，并根据评审情况提出差额人选。

七、知识产权法院院长、副院长、庭长、审判员人选考察工作，由组织人事部门与纪检监察部门共同负责。

八、知识产权法院院长人选确定后，由所在地的市人民代表大会常务委员会主任会议提请本级人民代表大会常务委员会任命。

其他审判职务人选确定后，由知识产权法院院长提请本级人民代表大会常务委员会任命。

九、知识产权法院法官选任工作在所在地高级人民法院领导下进行，重大问题应及时向最高人民法院、当地党委及政法委员会报告。

最高人民法院
印发《关于知识产权法院技术调查官参与诉讼活动若干问题的暂行规定》的通知

（2014 年 12 月 31 日　法〔2014〕360 号）

各省、自治区、直辖市高级人民法院，解放军军事法院，新疆维吾尔自治区高级人民法院生产建设兵团分院：

《最高人民法院关于知识产权法院技术调查官参与诉讼活动若干问题的暂行规定》已于 2014 年 12 月 30 日由最高人民法院审判委员会第 1639 次会议通过，现印发给你们，请结合审判实际，认真贯彻执行。执行中如有新情况，请及时层报最高人民法院。

附：

最高人民法院
关于知识产权法院技术调查官参与诉讼活动若干问题的暂行规定

为依法规范知识产权法院技术调查官参与诉讼活动，根据《中华人民共和国民事诉讼法》《中华人民共和国行政诉讼法》《全国人民代表大会常务委员会关于在北京、上海、广州设立知识产权法院的决定》以及《关于司法体制改革试点若干问题的框架意见》，结合审判实际，制定本规定。

一、知识产权法院配备技术调查官，技术调查官属于司法辅助人员。

知识产权法院设置技术调查室，负责技术调查官的日常管理。

二、知识产权法院审理有关专利、植物新品种、集成电路布图设计、技术秘密、计算机软件等专业技术性较强的民事和行政案件时，可以指派技术调查官参与诉讼活动。

三、法官根据案件审理需要，可以书面通知技术调查室指派技术调查官参与诉讼活动。

技术调查官参与诉讼活动的，应当在裁判文书首部的案件来源部分列明其身份和姓名。

四、知识产权法院确定技术调查官参与诉讼活动后，应当在三日内告知当事人。

五、当事人有权申请技术调查官回避。技术调查官的回避，参照适用民事诉讼法、行政诉讼法等有关审判人员回避的规定。

六、技术调查官根据法官的要求，就案件有关技术问题履行下列职责：

（一）通过查阅诉讼文书和证据材料，明确技术事实的争议焦点；

（二）对技术事实的调查范围、顺序、方法提出建议；

（三）参与调查取证、勘验、保全，并对其方法、步骤等提出建议；

（四）参与询问、听证、庭审活动；

（五）提出技术审查意见，列席合议庭评议；

（六）必要时，协助法官组织鉴定人、相关技术领域的专业人员提出鉴定意见、咨询意见；

（七）完成法官指派的其他相关工作。

七、技术调查官参与询问、听证、庭审活动时，经法官许可，可以就案件有关技术问题向当事人、诉讼代理人、证人、鉴定人、勘验人、有专门知识的人发问。

技术调查官的座位设在法官助理的左侧，书记员的座位设在法官助理的右侧。

八、技术调查官列席案件评议时，应当针对案件有关技术问题提出意见，接受法官对技术问题的询问。

技术调查官对案件裁判结果不具有表决权。

技术调查官提出的意见应当记入评议笔录，并由其签名。

九、技术调查官提出的技术审查意见可以作为法官认定技术事实的参考。

十、其他人民法院审理本规定第二条所列的案件时，可以参照适用本规定。

最高人民法院
关于印发《知识产权法院技术调查官选任工作指导意见（试行）》的通知

（2017 年 8 月 8 日　法发〔2017〕24 号）

各省、自治区、直辖市高级人民法院，新疆维吾尔自治区高级人民法院生产建设兵团分院：

经中央组织部、人力资源社会保障部同意，现将《知识产权法院技术调查官选任工作指导意见（试行）》印发给你们，请结合工作实际，认真贯彻执行。实施中遇有问题，请及时报告最高人民法院。

附：

知识产权法院技术调查官选任工作指导意见（试行）

为规范技术调查官选任工作，加强技术类知识产权案件审理，根据《中华人民共和国公务员法》和聘任制公务员管理有关规定，结合知识产权审判工作实际，制定本意见。

一、技术调查官是审判辅助人员，负责对知识产权案件审理中涉及的技术问题进行调查、询问、分析、判断等，为法官裁判案件提供专业技术意见。

二、经省级公务员主管部门批准，知识产权法院可以按照聘任制公务员管理有关规定，以合同形式聘任技术调查官。

根据审判工作需要，符合资格条件的专利行政管理等部门的专业技术人员，可到知识产权法院挂职交流1至2年，在交流期间担任技术调查官。担任技术调查官的专利行政管理部门交流人员应为现职审查员。

其他符合技术调查官资格条件的专业技术人员，经行业协会、有关单位推荐和知识产权法院审核，可兼职担任技术调查官。

三、选任技术调查官，坚持党管干部原则，坚持德才兼备、以德为先，坚持注重实绩、业内认可、以用为本，坚持公开、平等、竞争、择优原则，依照法定的权限、条件、标准和程序进行，并突出知识产权审判工作的专业特点。

四、技术调查官主要从机械、化工、光学、材料、电子信息、计算机、医药、生物等领域从事生产、管理、审查或研究的专业技术人员中选聘。

五、担任技术调查官应符合以下资格条件：

（一）具有普通高等院校理工科专业本科及以上学历；

（二）具有中级以上专业技术资格；

（三）具有5年以上相关专业技术领域生产、管理、审查或研究工作经验。

应聘技术调查官的人员除应符合上述资格条件外，还应具备中华人民共和国公务员法规定的条件。

六、具有以下情形之一的，不得担任技术调查官：

（一）曾因犯罪受过刑事处罚的；

（二）曾被开除公职的或者因违纪违法被解除聘用合同和聘任合同的；

（三）涉嫌违法违纪正在接受审查尚未作出结论的；

（四）受处分期间或者未满影响期限的；

（五）其他不适宜担任技术调查官的情形。

七、聘任技术调查官的程序按照聘任制公务员管理的有关规定执行。

八、知识产权法院应当邀请相关领域专家共同组成评审委员会，对技术调查官人选的专业水平进行评审。

九、知识产权法院与聘任的技术调查官应当按照平等自愿、协商一致的原则，签订书面聘任合同，确定双方权利、义务。聘任合同应当具备合同期限，职位及职责要求，工资、福利、保险待遇、违约责任等条款。经双方协商一致后，聘任合同可以变更或者解除。

聘任合同解除或者终止，知识产权法院须出具解除或者终止聘任合同的书面证明，按规定办理人事档案、社会保险关系转移等相关手续后，聘任的技术调查官不再具有聘任制公务员身份，须按要求进行公务交接。

聘任合同的签订、变更、解除或者终止，应当报同级公务员主管部门备案。

十、聘任合同期限为 1 至 3 年。聘任合同可以约定试用期，试用期相应为 1 至 6 个月。

聘任的技术调查官，工资待遇按照聘任制公务员管理的有关规定执行。

十一、以挂职交流或兼职形式担任技术调查官的人员，在担任技术调查官期间，不改变与原单位的人事、工资关系。

十二、知识产权法院应对技术调查官履职情况进行年度考评，及时调整不称职或不能继续履职的技术调查官。

十三、其他具有技术类知识产权案件管辖权的人民法院，经报最高人民法院同意后，可以参照本意见选任技术调查官。

十四、本意见由最高人民法院负责解释。

十五、本意见自 2017 年 8 月 14 日起施行。

全国人民代表大会常务委员会
关于专利等知识产权案件诉讼程序
若干问题的决定

（2018 年 10 月 26 日第十三届全国人民代表大会常务委员会第六次会议通过）

为了统一知识产权案件裁判标准，进一步加强知识产权司法保护，优化科技创新法治环境，加快实施创新驱动发展战略，特作如下决定：

一、当事人对发明专利、实用新型专利、植物新品种、集成电路布图设计、技术秘密、计算机软件、垄断等专业技术性较强的知识产权民事案件第一审判决、裁定不服，提起上诉的，由最高人民法院审理。

二、当事人对专利、植物新品种、集成电路布图设计、技术秘密、计算机软件、垄断等专业技术性较强的知识产权行政案件第一审判决、裁定不服，提起上诉的，由最高人民法院审理。

三、对已经发生法律效力的上述案件第一审判决、裁定、调解书，依法申请再审、抗诉等，适用审判监督程序的，由最高人民法院审理。最高人民法院也可以依法指令下级人民法院再审。

四、本决定施行满三年，最高人民法院应当向全国人民代表大会常务委员会报告本决定的实施情况。

五、本决定自2019年1月1日起施行。

民商事办案法律规范适用全典

Civil and Commercial Laws and Regulations

第三卷

司伟◎编

中国法制出版社
CHINA LEGAL PUBLISHING HOUSE

总目录

（第一卷）

民事篇

（第二卷）

（第三卷）

（第四卷）

商事篇

（第五卷）

民事诉讼篇

(第六卷)

目　录*

（第三卷）

（二）著作权

* 目录中的日期为法律文件的公布时间或最后一次修正、修订公布时间。

(三) 商标权

（四）专利权、技术合同

（五）反不正当竞争

（六）反垄断

（七）其 他

第六章　侵权损害赔偿

（一）综　合

（二）产品责任

（三）机动车交通事故责任

（四）铁路、航空、水上交通事故责任

（二）著作权

中华人民共和国著作权法

（1990 年 9 月 7 日第七届全国人民代表大会常务委员会第十五次会议通过
根据 2001 年 10 月 27 日第九届全国人民代表大会常务委员会第二十四次会议
《关于修改〈中华人民共和国著作权法〉的决定》第一次修正　根据
2010 年 2 月 26 日第十一届全国人民代表大会常务委员会第十三次会议
《关于修改〈中华人民共和国著作权法〉的决定》第二次修正）

目　　录

第一章　总　则

第一条　【立法宗旨】为保护文学、艺术和科学作品作者的著作权，以及与著作权有关的权益，鼓励有益于社会主义精神文明、物质文明建设的作品的创作和传播，促进社会主义文化和科学事业的发展与繁荣，根据宪法制定本法。

第二条 【适用范围】中国公民、法人或者其他组织的作品，不论是否发表，依照本法享有著作权。

外国人、无国籍人的作品根据其作者所属国或者经常居住地国同中国签订的协议或者共同参加的国际条约享有的著作权，受本法保护。

外国人、无国籍人的作品首先在中国境内出版的，依照本法享有著作权。

未与中国签订协议或者共同参加国际条约的国家的作者以及无国籍人的作品首次在中国参加的国际条约的成员国出版的，或者在成员国和非成员国同时出版的，受本法保护。

第三条 【作品的范围】本法所称的作品，包括以下列形式创作的文学、艺术和自然科学、社会科学、工程技术等作品：

（一）文字作品；

（二）口述作品；

（三）音乐、戏剧、曲艺、舞蹈、杂技艺术作品；

（四）美术、建筑作品；

（五）摄影作品；

（六）电影作品和以类似摄制电影的方法创作的作品；

（七）工程设计图、产品设计图、地图、示意图等图形作品和模型作品；

（八）计算机软件；

（九）法律、行政法规规定的其他作品。

第四条 【著作权的监督管理】著作权人行使著作权，不得违反宪法和法律，不得损害公共利益。国家对作品的出版、传播依法进行监督管理。

第五条 【不适用本法保护的对象】本法不适用于：

（一）法律、法规，国家机关的决议、决定、命令和其他具有立法、行政、司法性质的文件，及其官方正式译文；

（二）时事新闻；

（三）历法、通用数表、通用表格和公式。

第六条 【民间文艺作品的著作权保护】民间文学艺术作品的著作权保护办法由国务院另行规定。

第七条 【著作权管理机构】国务院著作权行政管理部门主管全国的著作权管理工作；各省、自治区、直辖市人民政府的著作权行政管理部门主管本行政区域的著作权管理工作。

第八条 【著作权集体管理组织】著作权人和与著作权有关的权利人可以授权著作权集体管理组织行使著作权或者与著作权有关的权利。著作权集体管理组织被授权后，可以以自己的名义为著作权人和与著作权有关的权利人主张权利，并可以作为当事人进行涉及著作权或者与著作权有关的权利的诉讼、仲裁活动。

著作权集体管理组织是非营利性组织，其设立方式、权利义务、著作权许可使用费的收取和分配，以及对其监督和管理等由国务院另行规定。

第二章　著作权

第一节　著作权人及其权利

第九条　【著作权人的范围】著作权人包括：

（一）作者；

（二）其他依照本法享有著作权的公民、法人或者其他组织。

第十条　【著作权的内容】著作权包括下列人身权和财产权：

（一）发表权，即决定作品是否公之于众的权利；

（二）署名权，即表明作者身份，在作品上署名的权利；

（三）修改权，即修改或者授权他人修改作品的权利；

（四）保护作品完整权，即保护作品不受歪曲、篡改的权利；

（五）复制权，即以印刷、复印、拓印、录音、录像、翻录、翻拍等方式将作品制作一份或者多份的权利；

（六）发行权，即以出售或者赠与方式向公众提供作品的原件或者复制件的权利；

（七）出租权，即有偿许可他人临时使用电影作品和以类似摄制电影的方法创作的作品、计算机软件的权利，计算机软件不是出租的主要标的的除外；

（八）展览权，即公开陈列美术作品、摄影作品的原件或者复制件的权利；

（九）表演权，即公开表演作品，以及用各种手段公开播送作品的表演的权利；

（十）放映权，即通过放映机、幻灯机等技术设备公开再现美术、摄影、电影和以类似摄制电影的方法创作的作品等的权利；

（十一）广播权，即以无线方式公开广播或者传播作品，以有线传播或者转播的方式向公众传播广播的作品，以及通过扩音器或者其他传送符号、声音、图像的类似工具向公众传播广播的作品的权利；

（十二）信息网络传播权，即以有线或者无线方式向公众提供作品，使公众可以在其个人选定的时间和地点获得作品的权利；

（十三）摄制权，即以摄制电影或者以类似摄制电影的方法将作品固定在载体上的权利；

（十四）改编权，即改变作品，创作出具有独创性的新作品的权利；

（十五）翻译权，即将作品从一种语言文字转换成另一种语言文字的权利；

（十六）汇编权，即将作品或者作品的片段通过选择或者编排，汇集成新作品的权利；

（十七）应当由著作权人享有的其他权利。

著作权人可以许可他人行使前款第（五）项至第（十七）项规定的权利，并依照约定或者本法有关规定获得报酬。

著作权人可以全部或者部分转让本条第一款第（五）项至第（十七）项规定的权利，并依照约定或者本法有关规定获得报酬。

第二节　著作权归属

第十一条　【著作权归属的一般原则】著作权属于作者，本法另有规定的除外。

创作作品的公民是作者。

由法人或者其他组织主持，代表法人或者其他组织意志创作，并由法人或者其他组织承担责任的作品，法人或者其他组织视为作者。

如无相反证明，在作品上署名的公民、法人或者其他组织为作者。

第十二条　【演绎作品的著作权归属】改编、翻译、注释、整理已有作品而产生的作品，其著作权由改编、翻译、注释、整理人享有，但行使著作权时不得侵犯原作品的著作权。

第十三条　【合作作品的著作权归属】两人以上合作创作的作品，著作权由合作作者共同享有。没有参加创作的人，不能成为合作作者。

合作作品可以分割使用的，作者对各自创作的部分可以单独享有著作权，但行使著作权时不得侵犯合作作品整体的著作权。

第十四条　【汇编作品的著作权归属】汇编若干作品、作品的片段或者不构成作品的数据或者其他材料，对其内容的选择或者编排体现独创性的作品，为汇编作品，其著作权由汇编人享有，但行使著作权时，不得侵犯原作品的著作权。

第十五条　【电影作品的著作权归属】电影作品和以类似摄制电影的方法创作的作品的著作权由制片者享有，但编剧、导演、摄影、作词、作曲等作者享有署名权，并有权按照与制片者签订的合同获得报酬。

电影作品和以类似摄制电影的方法创作的作品中的剧本、音乐等可以单独使用的作品的作者有权单独行使其著作权。

第十六条　【职务作品的著作权归属】公民为完成法人或者其他组织工作任务所创作的作品是职务作品，除本条第二款的规定以外，著作权由作者享有，但法人或者其他组织有权在其业务范围内优先使用。作品完成两年内，未经单位同意，作者不得许可第三人以与单位使用的相同方式使用该作品。

有下列情形之一的职务作品，作者享有署名权，著作权的其他权利由法人或者其他组织享有，法人或者其他组织可以给予作者奖励：

（一）主要是利用法人或者其他组织的物质技术条件创作，并由法人或者其他组织承担责任的工程设计图、产品设计图、地图、计算机软件等职务作品；

（二）法律、行政法规规定或者合同约定著作权由法人或者其他组织享有的职务作品。

第十七条　【委托作品的著作权归属】受委托创作的作品，著作权的归属由委托人和受托人通过合同约定。合同未作明确约定或者没有订立合同的，著作权属于受托人。

第十八条　【美术作品的著作权归属】美术等作品原件所有权的转移，不视为作品著作权的转移，但美术作品原件的展览权由原件所有人享有。

第十九条　【著作权的继受】著作权属于公民的，公民死亡后，其本法第十条第一款第（五）项至第（十七）项规定的权利在本法规定的保护期内，依照继承法的规定转移。

著作权属于法人或者其他组织的，法人或者其他组织变更、终止后，其本法第十条第一款第（五）项至第（十七）项规定的权利在本法规定的保护期内，由承受其权利义务的法人或者其他组织享有；没有承受其权利义务的法人或者其他组织的，由国家享有。

第三节　权利的保护期

第二十条　【署名权、修改权、保护作品完整权的保护期】作者的署名权、修改权、保护作品完整权的保护期不受限制。

第二十一条　【发表权、财产权的保护期】公民的作品，其发表权、本法第十条第一款第（五）项至第（十七）项规定的权利的保护期为作者终生及其死亡后五十年，截止于作者死亡后第五十年的 12 月 31 日；如果是合作作品，截止于最后死亡的作者死亡后第五十年的 12 月 31 日。

法人或者其他组织的作品、著作权（署名权除外）由法人或者其他组织享有的职务作品，其发表权、本法第十条第一款第（五）项至第（十七）项规定的权利的保护期为五十年，截止于作品首次发表后第五十年的 12 月 31 日，但作品自创作完成后五十年内未发表的，本法不再保护。

电影作品和以类似摄制电影的方法创作的作品、摄影作品，其发表权、本法第十条第一款第（五）项至第（十七）项规定的权利的保护期为五十年，截止于作品首次发表后第五十年的12月31日，但作品自创作完成后五十年内未发表的，本法不再保护。

第四节　权利的限制

第二十二条　【合理使用】在下列情况下使用作品，可以不经著作权人许可，不向其支付报酬，但应当指明作者姓名、作品名称，并且不得侵犯著作权人依照本法享有的其他权利：

（一）为个人学习、研究或者欣赏，使用他人已经发表的作品；

（二）为介绍、评论某一作品或者说明某一问题，在作品中适当引用他人已经发表的作品；

（三）为报道时事新闻，在报纸、期刊、广播电台、电视台等媒体中不可避免地再现或者引用已经发表的作品；

（四）报纸、期刊、广播电台、电视台等媒体刊登或者播放其他报纸、期刊、广播电台、电视台等媒体已经发表的关于政治、经济、宗教问题的时事性文章，但作者声明不许刊登、播放的除外；

（五）报纸、期刊、广播电台、电视台等媒体刊登或者播放在公众集会上发表的讲话，但作者声明不许刊登、播放的除外；

（六）为学校课堂教学或者科学研究，翻译或者少量复制已经发表的作品，供教学或者科研人员使用，但不得出版发行；

（七）国家机关为执行公务在合理范围内使用已经发表的作品；

（八）图书馆、档案馆、纪念馆、博物馆、美术馆等为陈列或者保存版本的需要，复制本馆收藏的作品；

（九）免费表演已经发表的作品，该表演未向公众收取费用，也未向表演者支付报酬；

（十）对设置或者陈列在室外公共场所的艺术作品进行临摹、绘画、摄影、录像；

（十一）将中国公民、法人或者其他组织已经发表的以汉语言文字创作的作品翻译成少数民族语言文字作品在国内出版发行；

（十二）将已经发表的作品改成盲文出版。

前款规定适用于对出版者、表演者、录音录像制作者、广播电台、电视台的权利的限制。

第二十三条　【特定教科书的法定许可】为实施九年制义务教育和国家教育规划而编写出版教科书，除作者事先声明不许使用的外，可以不经著作权人许可，在教科书中汇编已经发表的作品片段或者短小的文字作品、音乐作品或者单幅的美术作品、摄影作品，但应当按照规定支付报酬，指明作者姓名、作品名称，并且不得侵犯著作权人依照本法享有的其他权利。

前款规定适用于对出版者、表演者、录音录像制作者、广播电台、电视台的权利的限制。

第三章　著作权许可使用和转让合同

第二十四条　【著作权许可使用合同】使用他人作品应当同著作权人订立许可使用合同，本法规定可以不经许可的除外。

许可使用合同包括下列主要内容：

（一）许可使用的权利种类；

（二）许可使用的权利是专有使用权或者非专有使用权；

（三）许可使用的地域范围、期间；

（四）付酬标准和办法；

（五）违约责任；

（六）双方认为需要约定的其他内容。

第二十五条　【著作权转让合同】转让本法第十条第一款第（五）项至第（十七）项规定的权利，应当订立书面合同。

权利转让合同包括下列主要内容：

（一）作品的名称；

（二）转让的权利种类、地域范围；

（三）转让价金；

（四）交付转让价金的日期和方式；

（五）违约责任；

（六）双方认为需要约定的其他内容。

第二十六条　【著作权的出质】以著作权出质的，由出质人和质权人向国务院著作权行政管理部门办理出质登记。

第二十七条　【著作权许可使用和转让合同中未明确的权利】许可使用合同和转让合同中著作权人未明确许可、转让的权利，未经著作权人同意，另一方当事人不得行使。

第二十八条　【著作权使用费的支付】使用作品的付酬标准可以由当事人约定，也可以按照国务院著作权行政管理部门会同有关部门制定的付酬标准支付报酬。当事人约定不明确的，按照国务院著作权行政管理部门会同有关部门制定的付酬标准支付报酬。

第二十九条　【使用他人作品的权利限制】出版者、表演者、录音录像制作者、广播电台、电视台等依照本法有关规定使用他人作品的，不得侵犯作者的署名权、修改权、保护作品完整权和获得报酬的权利。

第四章　出版、表演、录音录像、播放

第一节　图书、报刊的出版

第三十条　【出版合同】图书出版者出版图书应当和著作权人订立出版合同，并支付报酬。

第三十一条　【专有出版权】图书出版者对著作权人交付出版的作品，按照合同约定享有的专有出版权受法律保护，他人不得出版该作品。

第三十二条　【出版者与著作权人的义务】著作权人应当按照合同约定期限交付作品。图书出版者应当按照合同约定的出版质量、期限出版图书。

图书出版者不按照合同约定期限出版，应当依照本法第五十四条的规定承担民事责任。

图书出版者重印、再版作品的，应当通知著作权人，并支付报酬。图书脱销后，图书出版者拒绝重印、再版的，著作权人有权终止合同。

第三十三条　【报社、期刊社的权利和义务】著作权人向报社、期刊社投稿的，自稿件发出之日起十五日内未收到报社通知决定刊登的，或者自稿件发出之日起三十日内未收到期刊社通知决定刊登的，可以将同一作品向其他报社、期刊社投稿。双方另有约定的除外。

作品刊登后，除著作权人声明不得转载、摘编的外，其他报刊可以转载或者作为文摘、资料刊登，但应当按照规定向著作权人支付报酬。

第三十四条　【图书出版者、报社、期刊社对作品的修改权】图书出版者经作者许可，可以对作品修改、删节。

报社、期刊社可以对作品作文字性修改、删节。对内容的修改，应当经作者许可。

第三十五条　【出版演绎作品的义务】出版改编、翻译、注释、整理、汇编已有作品而产生的作品，应当取得改编、翻译、注释、整理、汇编作品的著作权人和原作品的著作权人许可，并支付报酬。

第三十六条　【版式设计的专有使用权】出版者有权许可或者禁止他人使用其出版的图书、期刊的版式设计。

前款规定的权利的保护期为十年，截止于使用该版式设计的图书、期刊首次出版后第十年的12月31日。

第二节　表　演

第三十七条　【表演者、演出组织者对著作权人的义务】使用他人作品

演出，表演者（演员、演出单位）应当取得著作权人许可，并支付报酬。演出组织者组织演出，由该组织者取得著作权人许可，并支付报酬。

使用改编、翻译、注释、整理已有作品而产生的作品进行演出，应当取得改编、翻译、注释、整理作品的著作权人和原作品的著作权人许可，并支付报酬。

第三十八条　【表演者的权利】表演者对其表演享有下列权利：

（一）表明表演者身份；

（二）保护表演形象不受歪曲；

（三）许可他人从现场直播和公开传送其现场表演，并获得报酬；

（四）许可他人录音录像，并获得报酬；

（五）许可他人复制、发行录有其表演的录音录像制品，并获得报酬；

（六）许可他人通过信息网络向公众传播其表演，并获得报酬。

被许可人以前款第（三）项至第（六）项规定的方式使用作品，还应当取得著作权人许可，并支付报酬。

第三十九条　【表演者权的保护期】本法第三十八条第一款第（一）项、第（二）项规定的权利的保护期不受限制。

本法第三十八条第一款第（三）项至第（六）项规定的权利的保护期为五十年，截止于该表演发生后第五十年的 12 月 31 日。

第三节　录音录像

第四十条　【录音录像制作者对著作权人的义务】录音录像制作者使用他人作品制作录音录像制品，应当取得著作权人许可，并支付报酬。

录音录像制作者使用改编、翻译、注释、整理已有作品而产生的作品，应当取得改编、翻译、注释、整理作品的著作权人和原作品著作权人许可，并支付报酬。

录音制作者使用他人已经合法录制为录音制品的音乐作品制作录音制品，可以不经著作权人许可，但应当按照规定支付报酬；著作权人声明不许使用的不得使用。

第四十一条　【录音录像制作者对表演者的义务】录音录像制作者制作录音录像制品，应当同表演者订立合同，并支付报酬。

第四十二条　【录音录像制作者的权利】录音录像制作者对其制作的录音录像制品，享有许可他人复制、发行、出租、通过信息网络向公众传播并获得报酬的权利；权利的保护期为五十年，截止于该制品首次制作完成后第五十年的 12 月 31 日。

被许可人复制、发行、通过信息网络向公众传播录音录像制品，还应当取得著作权人、表演者许可，并支付报酬。

第四节　广播电台、电视台播放

第四十三条　【广播电台、电视台对著作权人的义务】广播电台、电视台播放他人未发表的作品，应当取得著作权人许可，并支付报酬。

广播电台、电视台播放他人已发表的作品，可以不经著作权人许可，但应当支付报酬。

第四十四条　【播放已经出版的录音制品时的义务】广播电台、电视台播放已经出版的录音制品，可以不经著作权人许可，但应当支付报酬。当事人另有约定的除外。具体办法由国务院规定。

第四十五条　【广播电台、电视台的权利】广播电台、电视台有权禁止未经其许可的下列行为：

（一）将其播放的广播、电视转播；

（二）将其播放的广播、电视录制在音像载体上以及复制音像载体。

前款规定的权利的保护期为五十年，截止于该广播、电视首次播放后第五十年的 12 月 31 日。

第四十六条　【电视台播放他人电影作品的义务】电视台播放他人的电影作品和以类似摄制电影的方法创作的作品、录像制品，应当取得制片者或者录像制作者许可，并支付报酬；播放他人的录像制品，还应当取得著作权人许可，并支付报酬。

第五章　法律责任和执法措施

第四十七条　【承担民事责任的侵权行为】有下列侵权行为的，应当根据情况，承担停止侵害、消除影响、赔礼道歉、赔偿损失等民事责任：

（一）未经著作权人许可，发表其作品的；

（二）未经合作作者许可，将与他人合作创作的作品当作自己单独创作的作品发表的；

（三）没有参加创作，为谋取个人名利，在他人作品上署名的；

（四）歪曲、篡改他人作品的；

（五）剽窃他人作品的；

（六）未经著作权人许可，以展览、摄制电影和以类似摄制电影的方法使用作品，或者以改编、翻译、注释等方式使用作品的，本法另有规定的除外；

（七）使用他人作品，应当支付报酬而未支付的；

（八）未经电影作品和以类似摄制电影的方法创作的作品、计算机软件、录音录像制品的著作权人或者与著作权有关的权利人许可，出租其作品或者录音录像制品的，本法另有规定的除外；

（九）未经出版者许可，使用其出版的图书、期刊的版式设计的；

（十）未经表演者许可，从现场直播或者公开传送其现场表演，或者录制其表演的；

（十一）其他侵犯著作权以及与著作权有关的权益的行为。

第四十八条　【承担民事责任、行政责任和刑事责任的侵权行为】有下列侵权行为的，应当根据情况，承担停止侵害、消除影响、赔礼道歉、赔偿损失等民事责任；同时损害公共利益的，可以由著作权行政管理部门责令停止侵权行为，没收违法所得，没收、销毁侵权复制品，并可处以罚款；情节严重的，著作权行政管理部门还可以没收主要用于制作侵权复制品的材料、工具、设备等；构成犯罪的，依法追究刑事责任：

（一）未经著作权人许可，复制、发行、表演、放映、广播、汇编、通过信息网络向公众传播其作品的，本法另有规定的除外；

（二）出版他人享有专有出版权的图书的；

（三）未经表演者许可，复制、发行录有其表演的录音录像制品，或者通过信息网络向公众传播其表演的，本法另有规定的除外；

（四）未经录音录像制作者许可，复制、发行、通过信息网络向公众传播其制作的录音录像制品的，本法另有规定的除外；

（五）未经许可，播放或者复制广播、电视的，本法另有规定的除外；

（六）未经著作权人或者与著作权有关的权利人许可，故意避开或者破坏权利人为其作品、录音录像制品等采取的保护著作权或者与著作权有关的权利的技术措施的，法律、行政法规另有规定的除外；

（七）未经著作权人或者与著作权有关的权利人许可，故意删除或者改变作品、录音录像制品等的权利管理电子信息的，法律、行政法规另有规定的除外；

（八）制作、出售假冒他人署名的作品的。

第四十九条　【赔偿标准】侵犯著作权或者与著作权有关的权利的，侵权人应当按照权利人的实际损失给予赔偿；实际损失难以计算的，可以按照侵权人的违法所得给予赔偿。赔偿数额还应当包括权利人为制止侵权行为所支付的合理开支。

权利人的实际损失或者侵权人的违法所得不能确定的，由人民法院根据侵权行为的情节，判决给予五十万元以下的赔偿。

第五十条　【诉前禁止令】著作权人或者与著作权有关的权利人有证据证明他人正在实施或者即将实施侵犯其权利的行为，如不及时制止将会使其合法权益受到难以弥补的损害的，可以在起诉前向人民法院申请采取责令停止有关行为和财产保全的措施。

人民法院处理前款申请，适用《中华人民共和国民事诉讼法》第九十三条至第九十六条和第九十九条的规定。

第五十一条 【诉前证据保全】为制止侵权行为，在证据可能灭失或者以后难以取得的情况下，著作权人或者与著作权有关的权利人可以在起诉前向人民法院申请保全证据。

人民法院接受申请后，必须在四十八小时内作出裁定；裁定采取保全措施的，应当立即开始执行。

人民法院可以责令申请人提供担保，申请人不提供担保的，驳回申请。

申请人在人民法院采取保全措施后十五日内不起诉的，人民法院应当解除保全措施。

第五十二条 【人民法院对侵权行为的民事制裁】人民法院审理案件，对于侵犯著作权或者与著作权有关的权利的，可以没收违法所得、侵权复制品以及进行违法活动的财物。

第五十三条 【有关复制品侵权的过错推定】复制品的出版者、制作者不能证明其出版、制作有合法授权的，复制品的发行者或者电影作品或者以类似摄制电影的方法创作的作品、计算机软件、录音录像制品的复制品的出租者不能证明其发行、出租的复制品有合法来源的，应当承担法律责任。

第五十四条 【违约责任】当事人不履行合同义务或者履行合同义务不符合约定条件的，应当依照《中华人民共和国民法通则》、《中华人民共和国合同法》等有关法律规定承担民事责任。

第五十五条 【著作权纠纷的解决】著作权纠纷可以调解，也可以根据当事人达成的书面仲裁协议或者著作权合同中的仲裁条款，向仲裁机构申请仲裁。

当事人没有书面仲裁协议，也没有在著作权合同中订立仲裁条款的，可以直接向人民法院起诉。

第五十六条 【对行政处罚不服的救济】当事人对行政处罚不服的，可以自收到行政处罚决定书之日起三个月内向人民法院起诉，期满不起诉又不履行的，著作权行政管理部门可以申请人民法院执行。

第六章　附　则

第五十七条 【著作权与版权的关系】本法所称的著作权即版权。

第五十八条 【出版的含义】本法第二条所称的出版，指作品的复制、发行。

第五十九条 【计算机软件、信息网络传播权的保护】计算机软件、信息网络传播权的保护办法由国务院另行规定。

第六十条　【追溯力】本法规定的著作权人和出版者、表演者、录音录像制作者、广播电台、电视台的权利，在本法施行之日尚未超过本法规定的保护期的，依照本法予以保护。

本法施行前发生的侵权或者违约行为，依照侵权或者违约行为发生时的有关规定和政策处理。

第六十一条　【施行日期】本法自 1991 年 6 月 1 日起施行。

中华人民共和国著作权法实施条例

（2002年8月2日中华人民共和国国务院令第359号公布　根据2011年1月8日《国务院关于废止和修改部分行政法规的决定》第一次修订　根据2013年1月30日《国务院关于修改〈中华人民共和国著作权法实施条例〉的决定》第二次修订）

第一条　根据《中华人民共和国著作权法》（以下简称著作权法），制定本条例。

第二条　著作权法所称作品，是指文学、艺术和科学领域内具有独创性并能以某种有形形式复制的智力成果。

第三条　著作权法所称创作，是指直接产生文学、艺术和科学作品的智力活动。

为他人创作进行组织工作，提供咨询意见、物质条件，或者进行其他辅助工作，均不视为创作。

第四条　著作权法和本条例中下列作品的含义：

（一）文字作品，是指小说、诗词、散文、论文等以文字形式表现的作品；

（二）口述作品，是指即兴的演说、授课、法庭辩论等以口头语言形式表现的作品；

（三）音乐作品，是指歌曲、交响乐等能够演唱或者演奏的带词或者不带词的作品；

（四）戏剧作品，是指话剧、歌剧、地方戏等供舞台演出的作品；

（五）曲艺作品，是指相声、快书、大鼓、评书等以说唱为主要形式表演的作品；

（六）舞蹈作品，是指通过连续的动作、姿势、表情等表现思想情感的作品；

（七）杂技艺术作品，是指杂技、魔术、马戏等通过形体动作和技巧表现的作品；

（八）美术作品，是指绘画、书法、雕塑等以线条、色彩或者其他方式构成的有审美意义的平面或者立体的造型艺术作品；

（九）建筑作品，是指以建筑物或者构筑物形式表现的有审美意义的作品；

（十）摄影作品，是指借助器械在感光材料或者其他介质上记录客观物体形象的艺术作品；

（十一）电影作品和以类似摄制电影的方法创作的作品，是指摄制在一定介质上，由一系列有伴音或者无伴音的画面组成，并且借助适当装置放映或者以其他方式传播的作品；

（十二）图形作品，是指为施工、生产绘制的工程设计图、产品设计图，以及反映地理现象、说明事物原理或者结构的地图、示意图等作品；

（十三）模型作品，是指为展示、试验或者观测等用途，根据物体的形状和结构，按照一定比例制成的立体作品。

第五条　著作权法和本条例中下列用语的含义：

（一）时事新闻，是指通过报纸、期刊、广播电台、电视台等媒体报道的单纯事实消息；

（二）录音制品，是指任何对表演的声音和其他声音的录制品；

（三）录像制品，是指电影作品和以类似摄制电影的方法创作的作品以外的任何有伴音或者无伴音的连续相关形象、图像的录制品；

（四）录音制作者，是指录音制品的首次制作人；

（五）录像制作者，是指录像制品的首次制作人；

（六）表演者，是指演员、演出单位或者其他表演文学、艺术作品的人。

第六条　著作权自作品创作完成之日起产生。

第七条　著作权法第二条第三款规定的首先在中国境内出版的外国人、无国籍人的作品，其著作权自首次出版之日起受保护。

第八条　外国人、无国籍人的作品在中国境外首先出版后，30日内在中国境内出版的，视为该作品同时在中国境内出版。

第九条　合作作品不可以分割使用的，其著作权由各合作作者共同享有，通过协商一致行使；不能协商一致，又无正当理由的，任何一方不得阻止他方行使除转让以外的其他权利，但是所得收益应当合理分配给所有合作作者。

第十条　著作权人许可他人将其作品摄制成电影作品和以类似摄制电影的方法创作的作品的，视为已同意对其作品进行必要的改动，但是这种改动不得歪曲篡改原作品。

第十一条　著作权法第十六条第一款关于职务作品的规定中的“工作任务”，是指公民在该法人或者该组织中应当履行的职责。

著作权法第十六条第二款关于职务作品的规定中的“物质技术条件”，是指该法人或者该组织为公民完成创作专门提供的资金、设备或者资料。

第十二条 职务作品完成两年内，经单位同意，作者许可第三人以与单位使用的相同方式使用作品所获报酬，由作者与单位按约定的比例分配。

作品完成两年的期限，自作者向单位交付作品之日起计算。

第十三条 作者身份不明的作品，由作品原件的所有人行使除署名权以外的著作权。作者身份确定后，由作者或者其继承人行使著作权。

第十四条 合作作者之一死亡后，其对合作作品享有的著作权法第十条第一款第（五）项至第（十七）项规定的权利无人继承又无人受遗赠的，由其他合作作者享有。

第十五条 作者死亡后，其著作权中的署名权、修改权和保护作品完整权由作者的继承人或者受遗赠人保护。

著作权无人继承又无人受遗赠的，其署名权、修改权和保护作品完整权由著作权行政管理部门保护。

第十六条 国家享有著作权的作品的使用，由国务院著作权行政管理部门管理。

第十七条 作者生前未发表的作品，如果作者未明确表示不发表，作者死亡后50年内，其发表权可由继承人或者受遗赠人行使；没有继承人又无人受遗赠的，由作品原件的所有人行使。

第十八条 作者身份不明的作品，其著作权法第十条第一款第（五）项至第（十七）项规定的权利的保护期截止于作品首次发表后第50年的12月31日。作者身份确定后，适用著作权法第二十一条的规定。

第十九条 使用他人作品的，应当指明作者姓名、作品名称；但是，当事人另有约定或者由于作品使用方式的特性无法指明的除外。

第二十条 著作权法所称已经发表的作品，是指著作权人自行或者许可他人公之于众的作品。

第二十一条 依照著作权法有关规定，使用可以不经著作权人许可的已经发表的作品的，不得影响该作品的正常使用，也不得不合理地损害著作权人的合法利益。

第二十二条 依照著作权法第二十三条、第三十三条第二款、第四十条第三款的规定使用作品的付酬标准，由国务院著作权行政管理部门会同国务院价格主管部门制定、公布。

第二十三条 使用他人作品应当同著作权人订立许可使用合同，许可使用的权利是专有使用权的，应当采取书面形式，但是报社、期刊社刊登作品除外。

第二十四条 著作权法第二十四条规定的专有使用权的内容由合同约定，合同没有约定或者约定不明的，视为被许可人有权排除包括著作权人在内的任何人以同样的方式使用作品；除合同另有约定外，被许可人许可第三人行使同一权利，必须取得著作权人的许可。

第二十五条　与著作权人订立专有许可使用合同、转让合同的，可以向著作权行政管理部门备案。

第二十六条　著作权法和本条例所称与著作权有关的权益，是指出版者对其出版的图书和期刊的版式设计享有的权利，表演者对其表演享有的权利，录音录像制作者对其制作的录音录像制品享有的权利，广播电台、电视台对其播放的广播、电视节目享有的权利。

第二十七条　出版者、表演者、录音录像制作者、广播电台、电视台行使权利，不得损害被使用作品和原作品著作权人的权利。

第二十八条　图书出版合同中约定图书出版者享有专有出版权但没有明确其具体内容的，视为图书出版者享有在合同有效期限内和在合同约定的地域范围内以同种文字的原版、修订版出版图书的专有权利。

第二十九条　著作权人寄给图书出版者的两份订单在 6 个月内未能得到履行，视为著作权法第三十二条所称图书脱销。

第三十条　著作权人依照著作权法第三十三条第二款声明不得转载、摘编其作品的，应当在报纸、期刊刊登该作品时附带声明。

第三十一条　著作权人依照著作权法第四十条第三款声明不得对其作品制作录音制品的，应当在该作品合法录制为录音制品时声明。

第三十二条　依照著作权法第二十三条、第三十三条第二款、第四十条第三款的规定，使用他人作品的，应当自使用该作品之日起 2 个月内向著作权人支付报酬。

第三十三条　外国人、无国籍人在中国境内的表演，受著作权法保护。

外国人、无国籍人根据中国参加的国际条约对其表演享有的权利，受著作权法保护。

第三十四条　外国人、无国籍人在中国境内制作、发行的录音制品，受著作权法保护。

外国人、无国籍人根据中国参加的国际条约对其制作、发行的录音制品享有的权利，受著作权法保护。

第三十五条　外国的广播电台、电视台根据中国参加的国际条约对其播放的广播、电视节目享有的权利，受著作权法保护。

第三十六条　有著作权法第四十八条所列侵权行为，同时损害社会公共利益，非法经营额 5 万元以上的，著作权行政管理部门可处非法经营额 1 倍以上 5 倍以下的罚款；没有非法经营额或者非法经营额 5 万元以下的，著作权行政管理部门根据情节轻重，可处 25 万元以下的罚款。

第三十七条 有著作权法第四十七条所列侵权行为，同时损害社会公共利益的，由地方人民政府著作权行政管理部门负责查处。

国务院著作权行政管理部门可以查处在全国有重大影响的侵权行为。

第三十八条 本条例自2002年9月15日起施行。1991年5月24日国务院批准、1991年5月30日国家版权局发布的《中华人民共和国著作权法实施条例》同时废止。

著作权集体管理条例

（2004年12月28日中华人民共和国国务院令第429号公布 根据2011年1月8日国务院令第588号《国务院关于废止和修改部分行政法规的决定》第一次修订 根据2013年12月7日国务院令第645号《国务院关于修改部分行政法规的决定》第二次修订）

第一章 总 则

第一条 为了规范著作权集体管理活动，便于著作权人和与著作权有关的权利人（以下简称权利人）行使权利和使用者使用作品，根据《中华人民共和国著作权法》（以下简称著作权法）制定本条例。

第二条 本条例所称著作权集体管理，是指著作权集体管理组织经权利人授权，集中行使权利人的有关权利并以自己的名义进行的下列活动：

（一）与使用者订立著作权或者与著作权有关的权利许可使用合同（以下简称许可使用合同）；

（二）向使用者收取使用费；

（三）向权利人转付使用费；

（四）进行涉及著作权或者与著作权有关的权利的诉讼、仲裁等。

第三条 本条例所称著作权集体管理组织，是指为权利人的利益依法设立，根据权利人授权、对权利人的著作权或者与著作权有关的权利进行集体管理的社会团体。

著作权集体管理组织应当依照有关社会团体登记管理的行政法规和本条例的规定进行登记并开展活动。

第四条 著作权法规定的表演权、放映权、广播权、出租权、信息网络传播权、复制权等权利人自己难以有效行使的权利，可以由著作权集体管理组织进行集体管理。

第五条　国务院著作权管理部门主管全国的著作权集体管理工作。

第六条　除依照本条例规定设立的著作权集体管理组织外，任何组织和个人不得从事著作权集体管理活动。

第二章　著作权集体管理组织的设立

第七条　依法享有著作权或者与著作权有关的权利的中国公民、法人或者其他组织，可以发起设立著作权集体管理组织。

设立著作权集体管理组织，应当具备下列条件：

（一）发起设立著作权集体管理组织的权利人不少于50人；

（二）不与已经依法登记的著作权集体管理组织的业务范围交叉、重合；

（三）能在全国范围代表相关权利人的利益；

（四）有著作权集体管理组织的章程草案、使用费收取标准草案和向权利人转付使用费的办法（以下简称使用费转付办法）草案。

第八条　著作权集体管理组织章程应当载明下列事项：

（一）名称、住所；

（二）设立宗旨；

（三）业务范围；

（四）组织机构及其职权；

（五）会员大会的最低人数；

（六）理事会的职责及理事会负责人的条件和产生、罢免的程序；

（七）管理费提取、使用办法；

（八）会员加入、退出著作权集体管理组织的条件、程序；

（九）章程的修改程序；

（十）著作权集体管理组织终止的条件、程序和终止后资产的处理。

第九条　申请设立著作权集体管理组织，应当向国务院著作权管理部门提交证明符合本条例第七条规定的条件的材料。国务院著作权管理部门应当自收到材料之日起60日内，作出批准或者不予批准的决定。批准的，发给著作权集体管理许可证；不予批准的，应当说明理由。

第十条　申请人应当自国务院著作权管理部门发给著作权集体管理许可证之日起30日内，依照有关社会团体登记管理的行政法规到国务院民政部门办理登记手续。

第十一条　依法登记的著作权集体管理组织，应当自国务院民政部门发给登记证书之日起30日内，将其登记证书副本报国务院著作权管理部门备案；国务院著作权管理部门应当将报备的登记证书副本以及著作权集体管理组织章程、使用费收取标准、使用费转付办法予以公告。

第十二条 著作权集体管理组织设立分支机构，应当经国务院著作权管理部门批准，并依照有关社会团体登记管理的行政法规到国务院民政部门办理登记手续。经依法登记的，应当将分支机构的登记证书副本报国务院著作权管理部门备案，由国务院著作权管理部门予以公告。

第十三条 著作权集体管理组织应当根据下列因素制定使用费收取标准：

（一）使用作品、录音录像制品等的时间、方式和地域范围；

（二）权利的种类；

（三）订立许可使用合同和收取使用费工作的繁简程度。

第十四条 著作权集体管理组织应当根据权利人的作品或者录音录像制品等使用情况制定使用费转付办法。

第十五条 著作权集体管理组织修改章程，应当依法经国务院民政部门核准后，由国务院著作权管理部门予以公告。

第十六条 著作权集体管理组织被依法撤销登记的，自被撤销登记之日起不得再进行著作权集体管理业务活动。

第三章 著作权集体管理组织的机构

第十七条 著作权集体管理组织会员大会（以下简称会员大会）为著作权集体管理组织的权力机构。

会员大会由理事会依照本条例规定负责召集。理事会应当于会员大会召开60日以前将会议的时间、地点和拟审议事项予以公告；出席会员大会的会员，应当于会议召开30日以前报名。报名出席会员大会的会员少于章程规定的最低人数时，理事会应当将会员大会报名情况予以公告，会员可以于会议召开5日以前补充报名，并由全部报名出席会员大会的会员举行会员大会。

会员大会行使下列职权：

（一）制定和修改章程；

（二）制定和修改使用费收取标准；

（三）制定和修改使用费转付办法；

（四）选举和罢免理事；

（五）审议批准理事会的工作报告和财务报告；

（六）制定内部管理制度；

（七）决定使用费转付方案和著作权集体管理组织提取管理费的比例；

（八）决定其他重大事项。

会员大会每年召开一次；经10%以上会员或者理事会提议，可以召开临时会员大会。会员大会作出决定，应当经出席会议的会员过半数表决通过。

第十八条　著作权集体管理组织设立理事会，对会员大会负责，执行会员大会决定。理事会成员不得少于 9 人。

理事会任期为 4 年，任期届满应当进行换届选举。因特殊情况可以提前或者延期换届，但是换届延期不得超过 1 年。

第四章　著作权集体管理活动

第十九条　权利人可以与著作权集体管理组织以书面形式订立著作权集体管理合同，授权该组织对其依法享有的著作权或者与著作权有关的权利进行管理。权利人符合章程规定加入条件的，著作权集体管理组织应当与其订立著作权集体管理合同，不得拒绝。

权利人与著作权集体管理组织订立著作权集体管理合同并按照章程规定履行相应手续后，即成为该著作权集体管理组织的会员。

第二十条　权利人与著作权集体管理组织订立著作权集体管理合同后，不得在合同约定期限内自己行使或者许可他人行使合同约定的由著作权集体管理组织行使的权利。

第二十一条　权利人可以依照章程规定的程序，退出著作权集体管理组织，终止著作权集体管理合同。但是，著作权集体管理组织已经与他人订立许可使用合同的，该合同在期限届满前继续有效；该合同有效期内，权利人有权获得相应的使用费并可以查阅有关业务材料。

第二十二条　外国人、无国籍人可以通过与中国的著作权集体管理组织订立相互代表协议的境外同类组织，授权中国的著作权集体管理组织管理其依法在中国境内享有的著作权或者与著作权有关的权利。

前款所称相互代表协议，是指中国的著作权集体管理组织与境外的同类组织相互授权对方在其所在国家或者地区进行集体管理活动的协议。

著作权集体管理组织与境外同类组织订立的相互代表协议应当报国务院著作权管理部门备案，由国务院著作权管理部门予以公告。

第二十三条　著作权集体管理组织许可他人使用其管理的作品、录音录像制品等，应当与使用者以书面形式订立许可使用合同。

著作权集体管理组织不得与使用者订立专有许可使用合同。

使用者以合理的条件要求与著作权集体管理组织订立许可使用合同，著作权集体管理组织不得拒绝。

许可使用合同的期限不得超过 2 年；合同期限届满可以续订。

第二十四条　著作权集体管理组织应当建立权利信息查询系统，供权利人和使用者查询。权利信息查询系统应当包括著作权集体管理组织管理的权利种类和作品、录音录像制品等的名称、权利人姓名或者名称、授权管理的期限。

权利人和使用者对著作权集体管理组织管理的权利的信息进行咨询时，该组织应当予以答复。

第二十五条 除著作权法第二十三条、第三十三条第二款、第四十条第三款、第四十三条第二款和第四十四条规定应当支付的使用费外，著作权集体管理组织应当根据国务院著作权管理部门公告的使用费收取标准，与使用者约定收取使用费的具体数额。

第二十六条 两个或者两个以上著作权集体管理组织就同一使用方式向同一使用者收取使用费，可以事先协商确定由其中一个著作权集体管理组织统一收取。统一收取的使用费在有关著作权集体管理组织之间经协商分配。

第二十七条 使用者向著作权集体管理组织支付使用费时，应当提供其使用的作品、录音录像制品等的名称、权利人姓名或者名称和使用的方式、数量、时间等有关使用情况；许可使用合同另有约定的除外。

使用者提供的有关使用情况涉及该使用者商业秘密的，著作权集体管理组织负有保密义务。

第二十八条 著作权集体管理组织可以从收取的使用费中提取一定比例作为管理费，用于维持其正常的业务活动。

著作权集体管理组织提取管理费的比例应当随着使用费收入的增加而逐步降低。

第二十九条 著作权集体管理组织收取的使用费，在提取管理费后，应当全部转付给权利人，不得挪作他用。

著作权集体管理组织转付使用费，应当编制使用费转付记录。使用费转付记录应当载明使用费总额、管理费数额、权利人姓名或者名称、作品或者录音录像制品等的名称、有关使用情况、向各权利人转付使用费的具体数额等事项，并应当保存10年以上。

第五章 对著作权集体管理组织的监督

第三十条 著作权集体管理组织应当依法建立财务、会计制度和资产管理制度，并按照国家有关规定设置会计账簿。

第三十一条 著作权集体管理组织的资产使用和财务管理受国务院著作权管理部门和民政部门的监督。

著作权集体管理组织应当在每个会计年度结束时制作财务会计报告，委托会计师事务所依法进行审计，并公布审计结果。

第三十二条 著作权集体管理组织应当对下列事项进行记录，供权利人和使用者查阅：

（一）作品许可使用情况；

（二）使用费收取和转付情况；

（三）管理费提取和使用情况。

权利人有权查阅、复制著作权集体管理组织的财务报告、工作报告和其他业务材料；著作权集体管理组织应当提供便利。

第三十三条 权利人认为著作权集体管理组织有下列情形之一的，可以向国务院著作权管理部门检举：

（一）权利人符合章程规定的加入条件要求加入著作权集体管理组织，或者会员依照章程规定的程序要求退出著作权集体管理组织，著作权集体管理组织拒绝的；

（二）著作权集体管理组织不按照规定收取、转付使用费，或者不按照规定提取、使用管理费的；

（三）权利人要求查阅本条例第三十二条规定的记录、业务材料，著作权集体管理组织拒绝提供的。

第三十四条 使用者认为著作权集体管理组织有下列情形之一的，可以向国务院著作权管理部门检举：

（一）著作权集体管理组织违反本条例第二十三条规定拒绝与使用者订立许可使用合同的；

（二）著作权集体管理组织未根据公告的使用费收取标准约定收取使用费的具体数额的；

（三）使用者要求查阅本条例第三十二条规定的记录，著作权集体管理组织拒绝提供的。

第三十五条 权利人和使用者以外的公民、法人或者其他组织认为著作权集体管理组织有违反本条例规定的行为的，可以向国务院著作权管理部门举报。

第三十六条 国务院著作权管理部门应当自接到检举、举报之日起60日内对检举、举报事项进行调查并依法处理。

第三十七条 国务院著作权管理部门可以采取下列方式对著作权集体管理组织进行监督，并应当对监督活动作出记录：

（一）检查著作权集体管理组织的业务活动是否符合本条例及其章程的规定；

（二）核查著作权集体管理组织的会计账簿、年度预算和决算报告及其他有关业务材料；

（三）派员列席著作权集体管理组织的会员大会、理事会等重要会议。

第三十八条 著作权集体管理组织应当依法接受国务院民政部门和其他

有关部门的监督。

第六章 法律责任

第三十九条 著作权集体管理组织有下列情形之一的，由国务院著作权管理部门责令限期改正：

（一）违反本条例第二十二条规定，未将与境外同类组织订立的相互代表协议报国务院著作权管理部门备案的；

（二）违反本条例第二十四条规定，未建立权利信息查询系统的；

（三）未根据公告的使用费收取标准约定收取使用费的具体数额的。

著作权集体管理组织超出业务范围管理权利人的权利的，由国务院著作权管理部门责令限期改正，其与使用者订立的许可使用合同无效；给权利人、使用者造成损害的，依法承担民事责任。

第四十条 著作权集体管理组织有下列情形之一的，由国务院著作权管理部门责令限期改正；逾期不改正的，责令会员大会或者理事会根据本条例规定的权限罢免或者解聘直接负责的主管人员：

（一）违反本条例第十九条规定拒绝与权利人订立著作权集体管理合同的，或者违反本条例第二十一条的规定拒绝会员退出该组织的要求的；

（二）违反本条例第二十三条规定，拒绝与使用者订立许可使用合同的；

（三）违反本条例第二十八条规定提取管理费的；

（四）违反本条例第二十九条规定转付使用费的；

（五）拒绝提供或者提供虚假的会计账簿、年度预算和决算报告或者其他有关业务材料的。

第四十一条 著作权集体管理组织自国务院民政部门发给登记证书之日起超过6个月无正当理由未开展著作权集体管理活动，或者连续中止著作权集体管理活动6个月以上的，由国务院著作权管理部门吊销其著作权集体管理许可证，并由国务院民政部门撤销登记。

第四十二条 著作权集体管理组织从事营利性经营活动的，由工商行政管理部门依法予以取缔，没收违法所得；构成犯罪的，依法追究刑事责任。

第四十三条 违反本条例第二十七条的规定，使用者能够提供有关使用情况而拒绝提供，或者在提供有关使用情况时弄虚作假的，由国务院著作权管理部门责令改正；著作权集体管理组织可以中止许可使用合同。

第四十四条 擅自设立著作权集体管理组织或者分支机构，或者擅自从事著作权集体管理活动的，由国务院著作权管理部门或者民政部门依照职责分工予以取缔，没收违法所得；构成犯罪的，依法追究刑事责任。

第四十五条 依照本条例规定从事著作权集体管理组织审批和监督工作

的国家行政机关工作人员玩忽职守、滥用职权、徇私舞弊，构成犯罪的，依法追究刑事责任；尚不构成犯罪的，依法给予行政处分。

第七章　附　则

第四十六条　本条例施行前已经设立的著作权集体管理组织，应当自本条例生效之日起 3 个月内，将其章程、使用费收取标准、使用费转付办法及其他有关材料报国务院著作权管理部门审核，并将其与境外同类组织订立的相互代表协议报国务院著作权管理部门备案。

第四十七条　依照著作权法第二十三条、第三十三条第二款、第四十条第三款的规定使用他人作品，未能依照《中华人民共和国著作权法实施条例》第三十二条的规定向权利人支付使用费的，应当将使用费连同邮资以及使用作品的有关情况送交管理相关权利的著作权集体管理组织，由该著作权集体管理组织将使用费转付给权利人。

负责转付使用费的著作权集体管理组织应当建立作品使用情况查询系统，供权利人、使用者查询。

负责转付使用费的著作权集体管理组织可以从其收到的使用费中提取管理费，管理费按照会员大会决定的该集体管理组织管理费的比例减半提取。除管理费外，该著作权集体管理组织不得从其收到的使用费中提取其他任何费用。

第四十八条　本条例自 2005 年 3 月 1 日起施行。

计算机软件保护条例

（2001 年 12 月 20 日中华人民共和国国务院令第 339 号公布　根据 2011 年 1 月 8 日《国务院关于废止和修改部分行政法规的决定》第一次修订　根据 2013 年 1 月 30 日中华人民共和国国务院令第 632 号《国务院关于修改〈计算机软件保护条例〉的决定》第二次修订）

第一章　总　则

第一条　为了保护计算机软件著作权人的权益，调整计算机软件在开发、传播和使用中发生的利益关系，鼓励计算机软件的开发与应用，促进软件产业和国民经济信息化的发展，根据《中华人民共和国著作权法》，制定本条例。

第二条 本条例所称计算机软件（以下简称软件），是指计算机程序及其有关文档。

第三条 本条例下列用语的含义：

（一）计算机程序，是指为了得到某种结果而可以由计算机等具有信息处理能力的装置执行的代码化指令序列，或者可以被自动转换成代码化指令序列的符号化指令序列或者符号化语句序列。同一计算机程序的源程序和目标程序为同一作品。

（二）文档，是指用来描述程序的内容、组成、设计、功能规格、开发情况、测试结果及使用方法的文字资料和图表等，如程序设计说明书、流程图、用户手册等。

（三）软件开发者，是指实际组织开发、直接进行开发，并对开发完成的软件承担责任的法人或者其他组织；或者依靠自己具有的条件独立完成软件开发，并对软件承担责任的自然人。

（四）软件著作权人，是指依照本条例的规定，对软件享有著作权的自然人、法人或者其他组织。

第四条 受本条例保护的软件必须由开发者独立开发，并已固定在某种有形物体上。

第五条 中国公民、法人或者其他组织对其所开发的软件，不论是否发表，依照本条例享有著作权。

外国人、无国籍人的软件首先在中国境内发行的，依照本条例享有著作权。

外国人、无国籍人的软件，依照其开发者所属国或者经常居住地国同中国签订的协议或者依照中国参加的国际条约享有的著作权，受本条例保护。

第六条 本条例对软件著作权的保护不延及开发软件所用的思想、处理过程、操作方法或者数学概念等。

第七条 软件著作权人可以向国务院著作权行政管理部门认定的软件登记机构办理登记。软件登记机构发放的登记证明文件是登记事项的初步证明。

办理软件登记应当缴纳费用。软件登记的收费标准由国务院著作权行政管理部门会同国务院价格主管部门规定。

第二章 软件著作权

第八条 软件著作权人享有下列各项权利：

（一）发表权，即决定软件是否公之于众的权利；

（二）署名权，即表明开发者身份，在软件上署名的权利；

（三）修改权，即对软件进行增补、删节，或者改变指令、语句顺序的权利；

（四）复制权，即将软件制作一份或者多份的权利；

（五）发行权，即以出售或者赠与方式向公众提供软件的原件或者复制件的权利；

（六）出租权，即有偿许可他人临时使用软件的权利，但是软件不是出租的主要标的的除外；

（七）信息网络传播权，即以有线或者无线方式向公众提供软件，使公众可以在其个人选定的时间和地点获得软件的权利；

（八）翻译权，即将原软件从一种自然语言文字转换成另一种自然语言文字的权利；

（九）应当由软件著作权人享有的其他权利。

软件著作权人可以许可他人行使其软件著作权，并有权获得报酬。

软件著作权人可以全部或者部分转让其软件著作权，并有权获得报酬。

第九条　软件著作权属于软件开发者，本条例另有规定的除外。

如无相反证明，在软件上署名的自然人、法人或者其他组织为开发者。

第十条　由两个以上的自然人、法人或者其他组织合作开发的软件，其著作权的归属由合作开发者签订书面合同约定。无书面合同或者合同未作明确约定，合作开发的软件可以分割使用的，开发者对各自开发的部分可以单独享有著作权；但是，行使著作权时，不得扩展到合作开发的软件整体的著作权。合作开发的软件不能分割使用的，其著作权由各合作开发者共同享有，通过协商一致行使；不能协商一致，又无正当理由的，任何一方不得阻止他方行使除转让权以外的其他权利，但是所得收益应当合理分配给所有合作开发者。

第十一条　接受他人委托开发的软件，其著作权的归属由委托人与受托人签订书面合同约定；无书面合同或者合同未作明确约定的，其著作权由受托人享有。

第十二条　由国家机关下达任务开发的软件，著作权的归属与行使由项目任务书或者合同规定；项目任务书或者合同中未作明确规定的，软件著作权由接受任务的法人或者其他组织享有。

第十三条　自然人在法人或者其他组织中任职期间所开发的软件有下列情形之一的，该软件著作权由该法人或者其他组织享有，该法人或者其他组织可以对开发软件的自然人进行奖励：

（一）针对本职工作中明确指定的开发目标所开发的软件；

（二）开发的软件是从事本职工作活动所预见的结果或者自然的结果；

（三）主要使用了法人或者其他组织的资金、专用设备、未公开的专门信息等物质技术条件所开发并由法人或者其他组织承担责任的软件。

第十四条 软件著作权自软件开发完成之日起产生。

自然人的软件著作权，保护期为自然人终生及其死亡后50年，截止于自然人死亡后第50年的12月31日；软件是合作开发的，截止于最后死亡的自然人死亡后第50年的12月31日。

法人或者其他组织的软件著作权，保护期为50年，截止于软件首次发表后第50年的12月31日，但软件自开发完成之日起50年内未发表的，本条例不再保护。

第十五条 软件著作权属于自然人的，该自然人死亡后，在软件著作权的保护期内，软件著作权的继承人可以依照《中华人民共和国继承法》的有关规定，继承本条例第八条规定的除署名权以外的其他权利。

软件著作权属于法人或者其他组织的，法人或者其他组织变更、终止后，其著作权在本条例规定的保护期内由承受其权利义务的法人或者其他组织享有；没有承受其权利义务的法人或者其他组织的，由国家享有。

第十六条 软件的合法复制品所有人享有下列权利：

（一）根据使用的需要把该软件装入计算机等具有信息处理能力的装置内；

（二）为了防止复制品损坏而制作备份复制品。这些备份复制品不得通过任何方式提供给他人使用，并在所有人丧失该合法复制品的所有权时，负责将备份复制品销毁；

（三）为了把该软件用于实际的计算机应用环境或者改进其功能、性能而进行必要的修改；但是，除合同另有约定外，未经该软件著作权人许可，不得向任何第三方提供修改后的软件。

第十七条 为了学习和研究软件内含的设计思想和原理，通过安装、显示、传输或者存储软件等方式使用软件的，可以不经软件著作权人许可，不向其支付报酬。

第三章 软件著作权的许可使用和转让

第十八条 许可他人行使软件著作权的，应当订立许可使用合同。

许可使用合同中软件著作权人未明确许可的权利，被许可人不得行使。

第十九条 许可他人专有行使软件著作权的，当事人应当订立书面合同。

没有订立书面合同或者合同中未明确约定为专有许可的，被许可行使的权利应当视为非专有权利。

第二十条　转让软件著作权的，当事人应当订立书面合同。

第二十一条　订立许可他人专有行使软件著作权的许可合同，或者订立转让软件著作权合同，可以向国务院著作权行政管理部门认定的软件登记机构登记。

第二十二条　中国公民、法人或者其他组织向外国人许可或者转让软件著作权的，应当遵守《中华人民共和国技术进出口管理条例》的有关规定。

第四章　法律责任

第二十三条　除《中华人民共和国著作权法》或者本条例另有规定外，有下列侵权行为的，应当根据情况，承担停止侵害、消除影响、赔礼道歉、赔偿损失等民事责任：

（一）未经软件著作权人许可，发表或者登记其软件的；

（二）将他人软件作为自己的软件发表或者登记的；

（三）未经合作者许可，将与他人合作开发的软件作为自己单独完成的软件发表或者登记的；

（四）在他人软件上署名或者更改他人软件上的署名的；

（五）未经软件著作权人许可，修改、翻译其软件的；

（六）其他侵犯软件著作权的行为。

第二十四条　除《中华人民共和国著作权法》、本条例或者其他法律、行政法规另有规定外，未经软件著作权人许可，有下列侵权行为的，应当根据情况，承担停止侵害、消除影响、赔礼道歉、赔偿损失等民事责任；同时损害社会公共利益的，由著作权行政管理部门责令停止侵权行为，没收违法所得，没收、销毁侵权复制品，可以并处罚款；情节严重的，著作权行政管理部门并可以没收主要用于制作侵权复制品的材料、工具、设备等；触犯刑律的，依照刑法关于侵犯著作权罪、销售侵权复制品罪的规定，依法追究刑事责任：

（一）复制或者部分复制著作权人的软件的；

（二）向公众发行、出租、通过信息网络传播著作权人的软件的；

（三）故意避开或者破坏著作权人为保护其软件著作权而采取的技术措施的；

（四）故意删除或者改变软件权利管理电子信息的；

（五）转让或者许可他人行使著作权人的软件著作权的。

有前款第一项或者第二项行为的，可以并处每件100元或者货值金额1倍以上5倍以下的罚款；有前款第三项、第四项或者第五项行为的，可以并处20万元以下的罚款。

第二十五条 侵犯软件著作权的赔偿数额，依照《中华人民共和国著作权法》第四十九条的规定确定。

第二十六条 软件著作权人有证据证明他人正在实施或者即将实施侵犯其权利的行为，如不及时制止，将会使其合法权益受到难以弥补的损害的，可以依照《中华人民共和国著作权法》第五十条的规定，在提起诉讼前向人民法院申请采取责令停止有关行为和财产保全的措施。

第二十七条 为了制止侵权行为，在证据可能灭失或者以后难以取得的情况下，软件著作权人可以依照《中华人民共和国著作权法》第五十一条的规定，在提起诉讼前向人民法院申请保全证据。

第二十八条 软件复制品的出版者、制作者不能证明其出版、制作有合法授权的，或者软件复制品的发行者、出租者不能证明其发行、出租的复制品有合法来源的，应当承担法律责任。

第二十九条 软件开发者开发的软件，由于可供选用的表达方式有限而与已经存在的软件相似的，不构成对已经存在的软件的著作权的侵犯。

第三十条 软件的复制品持有人不知道也没有合理理由应当知道该软件是侵权复制品的，不承担赔偿责任；但是，应当停止使用、销毁该侵权复制品。如果停止使用并销毁该侵权复制品将给复制品使用人造成重大损失的，复制品使用人可以在向软件著作权人支付合理费用后继续使用。

第三十一条 软件著作权侵权纠纷可以调解。

软件著作权合同纠纷可以依据合同中的仲裁条款或者事后达成的书面仲裁协议，向仲裁机构申请仲裁。

当事人没有在合同中订立仲裁条款，事后又没有书面仲裁协议的，可以直接向人民法院提起诉讼。

第五章　附　则

第三十二条 本条例施行前发生的侵权行为，依照侵权行为发生时的国家有关规定处理。

第三十三条 本条例自 2002 年 1 月 1 日起施行。1991 年 6 月 4 日国务院发布的《计算机软件保护条例》同时废止。

计算机软件著作权登记办法

（2002 年 2 月 20 日国家版权局令第 1 号公布　自发布之日起施行）

第一章　总　则

第一条　为贯彻《计算机软件保护条例》（以下简称《条例》）制定本办法。

第二条　为促进我国软件产业发展，增强我国信息产业的创新能力和竞争能力，国家著作权行政管理部门鼓励软件登记，并对登记的软件予以重点保护。

第三条　本办法适用于软件著作权登记、软件著作权专有许可合同和转让合同登记。

第四条　软件著作权登记申请人应当是该软件的著作权人以及通过继承、受让或者承受软件著作权的自然人、法人或者其他组织。

软件著作权合同登记的申请人，应当是软件著作权专有许可合同或者转让合同的当事人。

第五条　申请人或者申请人之一为外国人、无国籍人的，适用本办法。

第六条　国家版权局主管全国软件著作权登记管理工作。

国家版权局认定中国版权保护中心为软件登记机构。

经国家版权局批准，中国版权保护中心可以在地方设立软件登记办事机构。

第二章　登记申请

第七条　申请登记的软件应是独立开发的，或者经原著作权人许可对原有软件修改后形成的在功能或者性能方面有重要改进的软件。

第八条　合作开发的软件进行著作权登记的，可以由全体著作权人协商确定一名著作权人作为代表办理。著作权人协商不一致的，任何著作权人均可在不损害其他著作权人利益的前提下申请登记，但应当注明其他著作权人。

第九条　申请软件著作权登记的，应当向中国版权保护中心提交以下材料：

（一）按要求填写的软件著作权登记申请表；

（二）软件的鉴别材料；

（三）相关的证明文件。

第十条 软件的鉴别材料包括程序和文档的鉴别材料。

程序和文档的鉴别材料应当由源程序和任何一种文档前、后各连续30页组成。整个程序和文档不到60页的，应当提交整个源程序和文档。除特定情况外，程序每页不少于50行，文档每页不少于30行。

第十一条 申请软件著作权登记的，应当提交以下主要证明文件：

（一）自然人、法人或者其他组织的身份证明；

（二）有著作权归属书面合同或者项目任务书的，应当提交合同或者项目任务书；

（三）经原软件著作权人许可，在原有软件上开发的软件，应当提交原著作权人的许可证明；

（四）权利继承人、受让人或者承受人，提交权利继承、受让或者承受的证明。

第十二条 申请软件著作权登记的，可以选择以下方式之一对鉴别材料作例外交存：

（一）源程序的前、后各连续的30页，其中的机密部分用黑色宽斜线覆盖，但覆盖部分不得超过交存源程序的50%；

（二）源程序连续的前10页，加上源程序的任何部分的连续的50页；

（三）目标程序的前、后各连续的30页，加上源程序的任何部分的连续的20页。

文档作例外交存的，参照前款规定处理。

第十三条 软件著作权登记时，申请人可以申请将源程序、文档或者样品进行封存。除申请人或者司法机关外，任何人不得启封。

第十四条 软件著作权转让合同或者专有许可合同当事人可以向中国版权保护中心申请合同登记。申请合同登记时，应当提交以下材料：

（一）按要求填写的合同登记表；

（二）合同复印件；

（三）申请人身份证明。

第十五条 申请人在登记申请批准之前，可以随时请求撤回申请。

第十六条 软件著作权登记人或者合同登记人可以对已经登记的事项作变更或者补充。申请登记变更或者补充时，申请人应当提交以下材料：

（一）按照要求填写的变更或者补充申请表；

（二）登记证书或者证明的复印件；

（三）有关变更或者补充的材料。

第十七条 登记申请应当使用中国版权保护中心制定的统一表格，并由申请人盖章（签名）。

申请表格应当使用中文填写。提交的各种证件和证明文件是外文的，应当附中文译本。

申请登记的文件应当使用国际标准 A4 型 297mm×210mm（长×宽）纸张。

第十八条 申请文件可以直接递交或者挂号邮寄。申请人提交有关申请文件时，应当注明申请人、软件的名称，有受理号或登记号的，应当注明受理号或登记号。

第三章 审查和批准

第十九条 对于本办法第九条和第十四条所指的申请，以收到符合本办法第二章规定的材料之日为受理日，并书面通知申请人。

第二十条 中国版权保护中心应当自受理日起 60 日内审查完成所受理的申请，申请符合《条例》和本办法规定的，予以登记，发给相应的登记证书，并予以公告。

第二十一条 有下列情况之一的，不予登记并书面通知申请人：

（一）表格内容填写不完整、不规范，且未在指定期限内补正的；

（二）提交的鉴别材料不是《条例》规定的软件程序和文档的；

（三）申请文件中出现的软件名称、权利人署名不一致，且未提交证明文件的；

（四）申请登记的软件存在权属争议的。

第二十二条 中国版权保护中心要求申请人补正其他登记材料的，申请人应当在 30 日内补正，逾期未补正的，视为撤回申请。

第二十三条 国家版权局根据下列情况之一，可以撤销登记：

（一）最终的司法判决；

（二）著作权行政管理部门作出的行政处罚决定。

第二十四条 中国版权保护中心可以根据申请人的申请，撤销登记。

第二十五条 登记证书遗失或损坏的，可申请补发或换发。

第四章 软件登记公告

第二十六条 除本办法另有规定外，任何人均可查阅软件登记公告以及可公开的有关登记文件。

第二十七条 软件登记公告的内容如下：

（一）软件著作权的登记；

（二）软件著作权合同登记事项；
（三）软件登记的撤销；
（四）其他事项。

第五章　费　用

第二十八条　申请软件登记或者办理其他事项，应当交纳下列费用：
（一）软件著作权登记费；
（二）软件著作权合同登记费；
（三）变更或补充登记费；
（四）登记证书费；
（五）封存保管费；
（六）例外交存费；
（七）查询费；
（八）撤销登记申请费；
（九）其他需交纳的费用。
具体收费标准由国家版权局会同国务院价格主管部门规定并公布。

第二十九条　申请人自动撤回申请或者登记机关不予登记的，所交费用不予退回。

第三十条　本办法第二十八条规定的各种费用，可以通过邮局或银行汇付，也可以直接向中国版权保护中心交纳。

第六章　附　则

第三十一条　本办法规定的、中国版权保护中心指定的各种期限，第一日不计算在内。期限以年或者月计算的，以最后一个月的相应日为届满日；该月无相应日的，以该月的最后一日为届满日。届满日是法定节假日的，以节假日后的第一个工作日为届满日。

第三十二条　申请人向中国版权保护中心邮寄的各种文件，以寄出的邮戳日为递交日。信封上寄出的邮戳日不清晰的，除申请人提出证明外，以收到日为递交日。中国版权保护中心邮寄的各种文件，送达地是省会、自治区首府及直辖市的，自文件发出之日满十五日，其他地区满二十一日，推定为收件人收到文件之日。

第三十三条　申请人因不可抗力或其他正当理由，延误了本办法规定或者中国版权保护中心指定的期限，在障碍消除后三十日内，可以请求顺延期限。

第三十四条　本办法由国家版权局负责解释和补充修订。

第三十五条　本办法自发布之日起实施。

信息网络传播权保护条例

（2006年5月18日中华人民共和国国务院令第468号公布
根据2013年1月30日中华人民共和国国务院令第634号公布
《国务院关于修改〈信息网络传播权保护条例〉的决定》修订）

第一条 为保护著作权人、表演者、录音录像制作者（以下统称权利人）的信息网络传播权，鼓励有益于社会主义精神文明、物质文明建设的作品的创作和传播，根据《中华人民共和国著作权法》（以下简称著作权法），制定本条例。

第二条 权利人享有的信息网络传播权受著作权法和本条例保护。除法律、行政法规另有规定的外，任何组织或者个人将他人的作品、表演、录音录像制品通过信息网络向公众提供，应当取得权利人许可，并支付报酬。

第三条 依法禁止提供的作品、表演、录音录像制品，不受本条例保护。

权利人行使信息网络传播权，不得违反宪法和法律、行政法规，不得损害公共利益。

第四条 为了保护信息网络传播权，权利人可以采取技术措施。

任何组织或者个人不得故意避开或者破坏技术措施，不得故意制造、进口或者向公众提供主要用于避开或者破坏技术措施的装置或者部件，不得故意为他人避开或者破坏技术措施提供技术服务。但是，法律、行政法规规定可以避开的除外。

第五条 未经权利人许可，任何组织或者个人不得进行下列行为：

（一）故意删除或者改变通过信息网络向公众提供的作品、表演、录音录像制品的权利管理电子信息，但由于技术上的原因无法避免删除或者改变的除外；

（二）通过信息网络向公众提供明知或者应知未经权利人许可被删除或者改变权利管理电子信息的作品、表演、录音录像制品。

第六条 通过信息网络提供他人作品，属于下列情形的，可以不经著作权人许可，不向其支付报酬：

（一）为介绍、评论某一作品或者说明某一问题，在向公众提供的作品中适当引用已经发表的作品；

（二）为报道时事新闻，在向公众提供的作品中不可避免地再现或者引用已经发表的作品；

（三）为学校课堂教学或者科学研究，向少数教学、科研人员提供少量已经发表的作品；

（四）国家机关为执行公务，在合理范围内向公众提供已经发表的作品；

（五）将中国公民、法人或者其他组织已经发表的、以汉语言文字创作的作品翻译成的少数民族语言文字作品，向中国境内少数民族提供；

（六）不以营利为目的，以盲人能够感知的独特方式向盲人提供已经发表的文字作品；

（七）向公众提供在信息网络上已经发表的关于政治、经济问题的时事性文章；

（八）向公众提供在公众集会上发表的讲话。

第七条 图书馆、档案馆、纪念馆、博物馆、美术馆等可以不经著作权人许可，通过信息网络向本馆馆舍内服务对象提供本馆收藏的合法出版的数字作品和依法为陈列或者保存版本的需要以数字化形式复制的作品，不向其支付报酬，但不得直接或者间接获得经济利益。当事人另有约定的除外。

前款规定的为陈列或者保存版本需要以数字化形式复制的作品，应当是已经损毁或者濒临损毁、丢失或者失窃，或者其存储格式已经过时，并且在市场上无法购买或者只能以明显高于标定的价格购买的作品。

第八条 为通过信息网络实施九年制义务教育或者国家教育规划，可以不经著作权人许可，使用其已经发表作品的片断或者短小的文字作品、音乐作品或者单幅的美术作品、摄影作品制作课件，由制作课件或者依法取得课件的远程教育机构通过信息网络向注册学生提供，但应当向著作权人支付报酬。

第九条 为扶助贫困，通过信息网络向农村地区的公众免费提供中国公民、法人或者其他组织已经发表的种植养殖、防病治病、防灾减灾等与扶助贫困有关的作品和适应基本文化需求的作品，网络服务提供者应当在提供前公告拟提供的作品及其作者、拟支付报酬的标准。自公告之日起 30 日内，著作权人不同意提供的，网络服务提供者不得提供其作品；自公告之日起满 30 日，著作权人没有异议的，网络服务提供者可以提供其作品，并按照公告的标准向著作权人支付报酬。网络服务提供者提供著作权人的作品后，著作权人不同意提供的，网络服务提供者应当立即删除著作权人的作品，并按照公告的标准向著作权人支付提供作品期间的报酬。

依照前款规定提供作品的，不得直接或者间接获得经济利益。

第十条 依照本条例规定不经著作权人许可、通过信息网络向公众提供其作品的，还应当遵守下列规定：

（一）除本条例第六条第一项至第六项、第七条规定的情形外，不得提供作者事先声明不许提供的作品；

（二）指明作品的名称和作者的姓名（名称）；

（三）依照本条例规定支付报酬；

（四）采取技术措施，防止本条例第七条、第八条、第九条规定的服务对象以外的其他人获得著作权人的作品，并防止本条例第七条规定的服务对象的复制行为对著作权人利益造成实质性损害；

（五）不得侵犯著作权人依法享有的其他权利。

第十一条　通过信息网络提供他人表演、录音录像制品的，应当遵守本条例第六条至第十条的规定。

第十二条　属于下列情形的，可以避开技术措施，但不得向他人提供避开技术措施的技术、装置或者部件，不得侵犯权利人依法享有的其他权利：

（一）为学校课堂教学或者科学研究，通过信息网络向少数教学、科研人员提供已经发表的作品、表演、录音录像制品，而该作品、表演、录音录像制品只能通过信息网络获取；

（二）不以营利为目的，通过信息网络以盲人能够感知的独特方式向盲人提供已经发表的文字作品，而该作品只能通过信息网络获取；

（三）国家机关依照行政、司法程序执行公务；

（四）在信息网络上对计算机及其系统或者网络的安全性能进行测试。

第十三条　著作权行政管理部门为了查处侵犯信息网络传播权的行为，可以要求网络服务提供者提供涉嫌侵权的服务对象的姓名（名称）、联系方式、网络地址等资料。

第十四条　对提供信息存储空间或者提供搜索、链接服务的网络服务提供者，权利人认为其服务所涉及的作品、表演、录音录像制品，侵犯自己的信息网络传播权或者被删除、改变了自己的权利管理电子信息的，可以向该网络服务提供者提交书面通知，要求网络服务提供者删除该作品、表演、录音录像制品，或者断开与该作品、表演、录音录像制品的链接。通知书应当包含下列内容：

（一）权利人的姓名（名称）、联系方式和地址；

（二）要求删除或者断开链接的侵权作品、表演、录音录像制品的名称和网络地址；

（三）构成侵权的初步证明材料。

权利人应当对通知书的真实性负责。

第十五条　网络服务提供者接到权利人的通知书后，应当立即删除涉嫌侵权的作品、表演、录音录像制品，或者断开与涉嫌侵权的作品、表演、录音录像制品的链接，并同时将通知书转送提供作品、表演、录音录像制品的服务对象；服务对象网络地址不明、无法转送的，应当将通知书的内容同时在信息网络上公告。

第十六条 服务对象接到网络服务提供者转送的通知书后，认为其提供的作品、表演、录音录像制品未侵犯他人权利的，可以向网络服务提供者提交书面说明，要求恢复被删除的作品、表演、录音录像制品，或者恢复与被断开的作品、表演、录音录像制品的链接。书面说明应当包含下列内容：

（一）服务对象的姓名（名称）、联系方式和地址；

（二）要求恢复的作品、表演、录音录像制品的名称和网络地址；

（三）不构成侵权的初步证明材料。

服务对象应当对书面说明的真实性负责。

第十七条 网络服务提供者接到服务对象的书面说明后，应当立即恢复被删除的作品、表演、录音录像制品，或者可以恢复与被断开的作品、表演、录音录像制品的链接，同时将服务对象的书面说明转送权利人。权利人不得再通知网络服务提供者删除该作品、表演、录音录像制品，或者断开与该作品、表演、录音录像制品的链接。

第十八条 违反本条例规定，有下列侵权行为之一的，根据情况承担停止侵害、消除影响、赔礼道歉、赔偿损失等民事责任；同时损害公共利益的，可以由著作权行政管理部门责令停止侵权行为，没收违法所得，非法经营额5万元以上的，可处非法经营额1倍以上5倍以下的罚款；没有非法经营额或者非法经营额5万元以下的，根据情节轻重，可处25万元以下的罚款；情节严重的，著作权行政管理部门可以没收主要用于提供网络服务的计算机等设备；构成犯罪的，依法追究刑事责任：

（一）通过信息网络擅自向公众提供他人的作品、表演、录音录像制品的；

（二）故意避开或者破坏技术措施的；

（三）故意删除或者改变通过信息网络向公众提供的作品、表演、录音录像制品的权利管理电子信息，或者通过信息网络向公众提供明知或者应知未经权利人许可而被删除或者改变权利管理电子信息的作品、表演、录音录像制品的；

（四）为扶助贫困通过信息网络向农村地区提供作品、表演、录音录像制品超过规定范围，或者未按照公告的标准支付报酬，或者在权利人不同意提供其作品、表演、录音录像制品后未立即删除的；

（五）通过信息网络提供他人的作品、表演、录音录像制品，未指明作品、表演、录音录像制品的名称或者作者、表演者、录音录像制作者的姓名

（名称），或者未支付报酬，或者未依照本条例规定采取技术措施防止服务对象以外的其他人获得他人的作品、表演、录音录像制品，或者未防止服务对象的复制行为对权利人利益造成实质性损害的。

第十九条　违反本条例规定，有下列行为之一的，由著作权行政管理部门予以警告，没收违法所得，没收主要用于避开、破坏技术措施的装置或者部件；情节严重的，可以没收主要用于提供网络服务的计算机等设备；非法经营额5万元以上的，可处非法经营额1倍以上5倍以下的罚款；没有非法经营额或者非法经营额5万元以下的，根据情节轻重，可处25万元以下的罚款；构成犯罪的，依法追究刑事责任：

（一）故意制造、进口或者向他人提供主要用于避开、破坏技术措施的装置或者部件，或者故意为他人避开或者破坏技术措施提供技术服务的；

（二）通过信息网络提供他人的作品、表演、录音录像制品，获得经济利益的；

（三）为扶助贫困通过信息网络向农村地区提供作品、表演、录音录像制品，未在提供前公告作品、表演、录音录像制品的名称和作者、表演者、录音录像制作者的姓名（名称）以及报酬标准的。

第二十条　网络服务提供者根据服务对象的指令提供网络自动接入服务，或者对服务对象提供的作品、表演、录音录像制品提供自动传输服务，并具备下列条件的，不承担赔偿责任：

（一）未选择并且未改变所传输的作品、表演、录音录像制品；

（二）向指定的服务对象提供该作品、表演、录音录像制品，并防止指定的服务对象以外的其他人获得。

第二十一条　网络服务提供者为提高网络传输效率，自动存储从其他网络服务提供者获得的作品、表演、录音录像制品，根据技术安排自动向服务对象提供，并具备下列条件的，不承担赔偿责任：

（一）未改变自动存储的作品、表演、录音录像制品；

（二）不影响提供作品、表演、录音录像制品的原网络服务提供者掌握服务对象获取该作品、表演、录音录像制品的情况；

（三）在原网络服务提供者修改、删除或者屏蔽该作品、表演、录音录像制品时，根据技术安排自动予以修改、删除或者屏蔽。

第二十二条　网络服务提供者为服务对象提供信息存储空间，供服务对象通过信息网络向公众提供作品、表演、录音录像制品，并具备下列条件的，不承担赔偿责任：

（一）明确标示该信息存储空间是为服务对象所提供，并公开网络服务提供者的名称、联系人、网络地址；

（二）未改变服务对象所提供的作品、表演、录音录像制品；

（三）不知道也没有合理的理由应当知道服务对象提供的作品、表演、录音录像制品侵权；

（四）未从服务对象提供作品、表演、录音录像制品中直接获得经济利益；

（五）在接到权利人的通知书后，根据本条例规定删除权利人认为侵权的作品、表演、录音录像制品。

第二十三条 网络服务提供者为服务对象提供搜索或者链接服务，在接到权利人的通知书后，根据本条例规定断开与侵权的作品、表演、录音录像制品的链接的，不承担赔偿责任；但是，明知或者应知所链接的作品、表演、录音录像制品侵权的，应当承担共同侵权责任。

第二十四条 因权利人的通知导致网络服务提供者错误删除作品、表演、录音录像制品，或者错误断开与作品、表演、录音录像制品的链接，给服务对象造成损失的，权利人应当承担赔偿责任。

第二十五条 网络服务提供者无正当理由拒绝提供或者拖延提供涉嫌侵权的服务对象的姓名（名称）、联系方式、网络地址等资料的，由著作权行政管理部门予以警告；情节严重的，没收主要用于提供网络服务的计算机等设备。

第二十六条 本条例下列用语的含义：

信息网络传播权，是指以有线或者无线方式向公众提供作品、表演或者录音录像制品，使公众可以在其个人选定的时间和地点获得作品、表演或者录音录像制品的权利。

技术措施，是指用于防止、限制未经权利人许可浏览、欣赏作品、表演、录音录像制品的或者通过信息网络向公众提供作品、表演、录音录像制品的有效技术、装置或者部件。

权利管理电子信息，是指说明作品及其作者、表演及其表演者、录音录像制品及其制作者的信息，作品、表演、录音录像制品权利人的信息和使用条件的信息，以及表示上述信息的数字或者代码。

第二十七条 本条例自 2006 年 7 月 1 日起施行。

使用文字作品支付报酬办法

（2014年8月21日国家版权局局务会议通过并经国家发展和改革委员会同意　2014年9月23日国家版权局、国家发展和改革委员会令第11号公布　自2014年11月1日起施行）

第一条　为保护文字作品著作权人的著作权，规范使用文字作品的行为，促进文字作品的创作与传播，根据《中华人民共和国著作权法》及相关行政法规，制定本办法。

第二条　除法律、行政法规另有规定外，使用文字作品支付报酬由当事人约定；当事人没有约定或者约定不明的，适用本办法。

第三条　以纸介质出版方式使用文字作品支付报酬可以选择版税、基本稿酬加印数稿酬或者一次性付酬等方式。

版税，是指使用者以图书定价×实际销售数或者印数×版税率的方式向著作权人支付的报酬。

基本稿酬，是指使用者按作品的字数，以千字为单位向著作权人支付的报酬。

印数稿酬，是指使用者根据图书的印数，以千册为单位按基本稿酬的一定比例向著作权人支付的报酬。

一次性付酬，是指使用者根据作品的质量、篇幅、作者的知名度、影响力以及使用方式、使用范围和授权期限等因素，一次性向著作权人支付的报酬。

第四条　版税率标准和计算方法：

（一）原创作品：3%—10%

（二）演绎作品：1%—7%

采用版税方式支付报酬的，著作权人可以与使用者在合同中约定，在交付作品时或者签订合同时由使用者向著作权人预付首次实际印数或者最低保底发行数的版税。

首次出版发行数不足千册的，按千册支付版税，但在下次结算版税时对已经支付版税部分不再重复支付。

第五条　基本稿酬标准和计算方法：

（一）原创作品：每千字80—300元，注释部分参照该标准执行。

（二）演绎作品：

1. 改编：每千字 20—100 元

2. 汇编：每千字 10—20 元

3. 翻译：每千字 50—200 元

支付基本稿酬以千字为单位，不足千字部分按千字计算。

支付报酬的字数按实有正文计算，即以排印的版面每行字数乘以全部实有的行数计算。占行题目或者末尾排不足一行的，按一行计算。

诗词每十行按一千字计算，作品不足十行的按十行计算。

辞书类作品按双栏排版的版面折合的字数计算。

第六条 印数稿酬标准和计算方法：

每印一千册，按基本稿酬的 1%支付。不足一千册的，按一千册计算。

作品重印时只支付印数稿酬，不再支付基本稿酬。

采用基本稿酬加印数稿酬的付酬方式的，著作权人可以与使用者在合同中约定，在交付作品时由使用者支付基本稿酬的 30%—50%。除非合同另有约定，作品一经使用，使用者应当在 6 个月内付清全部报酬。作品重印的，应在重印后 6 个月内付清印数稿酬。

第七条 一次性付酬的，可以参照本办法第五条规定的基本稿酬标准及其计算方法。

第八条 使用演绎作品，除合同另有约定或者原作品已进入公有领域外，使用者还应当取得原作品著作权人的许可并支付报酬。

第九条 使用者未与著作权人签订书面合同，或者签订了书面合同但未约定付酬方式和标准，与著作权人发生争议的，应当按本办法第四条、第五条规定的付酬标准的上限分别计算报酬，以较高者向著作权人支付，并不得以出版物抵作报酬。

第十条 著作权人许可使用者通过转授权方式在境外出版作品，但对支付报酬没有约定或约定不明的，使用者应当将所得报酬扣除合理成本后的 70%支付给著作权人。

第十一条 报刊刊载作品只适用一次性付酬方式。

第十二条 报刊刊载未发表的作品，除合同另有约定外，应当自刊载后 1 个月内按每千字不低于 100 元的标准向著作权人支付报酬。

报刊刊载未发表的作品，不足五百字的按千字作半计算；超过五百字不足千字的按千字计算。

第十三条 报刊依照《中华人民共和国著作权法》的相关规定转载、摘编其他报刊已发表的作品，应当自报刊出版之日起 2 个月内，按每千字 100 元的付酬标准向著作权人支付报酬，不足五百字的按千字作半计算，超过五百字不足千字的按千字计算。

报刊出版者未按前款规定向著作权人支付报酬的，应当将报酬连同邮资以及转载、摘编作品的有关情况送交中国文字著作权协会代为收转。中国文字著作权协会收到相关报酬后，应当按相关规定及时向著作权人转付，并编制报酬收转记录。

报刊出版者按前款规定将相关报酬转交给中国文字著作权协会后，对著作权人不再承担支付报酬的义务。

第十四条　以纸介质出版方式之外的其他方式使用文字作品，除合同另有约定外，使用者应当参照本办法规定的付酬标准和付酬方式付酬。

在数字或者网络环境下使用文字作品，除合同另有约定外，使用者可以参照本办法规定的付酬标准和付酬方式付酬。

第十五条　教科书法定许可使用文字作品适用《教科书法定许可使用作品支付报酬办法》。

第十六条　本办法由国家版权局会同国家发展和改革委员会负责解释。

第十七条　本办法自 2014 年 11 月 1 日起施行。国家版权局 1999 年 4 月 5 日发布的《出版文字作品报酬规定》同时废止。

最高人民法院
关于审理著作权民事纠纷案件适用法律若干问题的解释

法释〔2002〕31 号

（2002 年 10 月 12 日最高人民法院审判委员会第 1246 次会议通过
2002 年 10 月 12 日最高人民法院公告公布　自 2002 年 10 月 15 日起施行）

为了正确审理著作权民事纠纷案件，根据《中华人民共和国民法通则》、《中华人民共和国合同法》、《中华人民共和国著作权法》、《中华人民共和国民事诉讼法》等法律的规定，就适用法律若干问题解释如下：

第一条　人民法院受理以下著作权民事纠纷案件：

（一）著作权及与著作权有关权益权属、侵权、合同纠纷案件；

（二）申请诉前停止侵犯著作权、与著作权有关权益行为，申请诉前财产保全、诉前证据保全案件；

（三）其他著作权、与著作权有关权益纠纷案件。

第二条 著作权民事纠纷案件，由中级以上人民法院管辖。

各高级人民法院根据本辖区的实际情况，可以确定若干基层人民法院管辖第一审著作权民事纠纷案件。

第三条 对著作权行政管理部门查处的侵犯著作权行为，当事人向人民法院提起诉讼追究该行为人民事责任的，人民法院应当受理。

人民法院审理已经过著作权行政管理部门处理的侵犯著作权行为的民事纠纷案件，应当对案件事实进行全面审查。

第四条 因侵犯著作权行为提起的民事诉讼，由著作权法第四十六条、第四十七条所规定侵权行为的实施地、侵权复制品储藏地或者查封扣押地、被告住所地人民法院管辖。

前款规定的侵权复制品储藏地，是指大量或者经常性储存、隐匿侵权复制品所在地；查封扣押地，是指海关、版权、工商等行政机关依法查封、扣押侵权复制品所在地。

第五条 对涉及不同侵权行为实施地的多个被告提起的共同诉讼，原告可以选择其中一个被告的侵权行为实施地人民法院管辖；仅对其中某一被告提起的诉讼，该被告侵权行为实施地的人民法院有管辖权。

第六条 依法成立的著作权集体管理组织，根据著作权人的书面授权，以自己的名义提起诉讼，人民法院应当受理。

第七条 当事人提供的涉及著作权的底稿、原件、合法出版物、著作权登记证书、认证机构出具的证明、取得权利的合同等，可以作为证据。

在作品或者制品上署名的自然人、法人或者其他组织视为著作权、与著作权有关权益的权利人，但有相反证明的除外。

第八条 当事人自行或者委托他人以定购、现场交易等方式购买侵权复制品而取得的实物、发票等，可以作为证据。

公证人员在未向涉嫌侵权的一方当事人表明身份的情况下，如实对另一方当事人按照前款规定的方式取得的证据和取证过程出具的公证书，应当作为证据使用，但有相反证据的除外。

第九条 著作权法第十条第（一）项规定的“公之于众”，是指著作权人自行或者经著作权人许可将作品向不特定的人公开，但不以公众知晓为构成条件。

第十条 著作权法第十五条第二款所指的作品，著作权人是自然人的，其保护期适用著作权法第二十一条第一款的规定；著作权人是法人或其他组织的，其保护期适用著作权法第二十一条第二款的规定。

第十一条 因作品署名顺序发生的纠纷，人民法院按照下列原则处理：有约定的按约定确定署名顺序；没有约定的，可以按照创作作品付出的劳动、作品排列、作者姓氏笔画等确定署名顺序。

第十二条 按照著作权法第十七条规定委托作品著作权属于受托人的情形，委托人在约定的使用范围内享有使用作品的权利；双方没有约定使用作品范围的，委托人可以在委托创作的特定目的范围内免费使用该作品。

第十三条 除著作权法第十一条第三款规定的情形外，由他人执笔，本人审阅定稿并以本人名义发表的报告、讲话等作品，著作权归报告人或者讲话人享有。著作权人可以支付执笔人适当的报酬。

第十四条 当事人合意以特定人物经历为题材完成的自传体作品，当事人对著作权权属有约定的，依其约定；没有约定的，著作权归该特定人物享有，执笔人或整理人对作品完成付出劳动的，著作权人可以向其支付适当的报酬。

第十五条 由不同作者就同一题材创作的作品，作品的表达系独立完成并且有创作性的，应当认定作者各自享有独立著作权。

第十六条 通过大众传播媒介传播的单纯事实消息属于著作权法第五条第（二）项规定的时事新闻。传播报道他人采编的时事新闻，应当注明出处。

第十七条 著作权法第三十二条第二款规定的转载，是指报纸、期刊登载其他报刊已发表作品的行为。转载未注明被转载作品的作者和最初登载的报刊出处的，应当承担消除影响、赔礼道歉等民事责任。

第十八条 著作权法第二十二条第（十）项规定的室外公共场所的艺术作品，是指设置或者陈列在室外社会公众活动处所的雕塑、绘画、书法等艺术作品。

对前款规定艺术作品的临摹、绘画、摄影、录像人，可以对其成果以合理的方式和范围再行使用，不构成侵权。

第十九条 出版者、制作者应当对其出版、制作有合法授权承担举证责任，发行者、出租者应当对其发行或者出租的复制品有合法来源承担举证责任。举证不能的，依据著作权法第四十六条、第四十七条的相应规定承担法律责任。

第二十条 出版物侵犯他人著作权的，出版者应当根据其过错、侵权程度及损害后果等承担民事赔偿责任。

出版者对其出版行为的授权、稿件来源和署名、所编辑出版物的内容等未尽到合理注意义务的，依据著作权法第四十八条的规定，承担赔偿责任。

出版者尽了合理注意义务，著作权人也无证据证明出版者应当知道其出版涉及侵权的，依据民法通则第一百一十七条第一款的规定，出版者承担停止侵权、返还其侵权所得利润的民事责任。

出版者所尽合理注意义务情况，由出版者承担举证责任。

第二十一条 计算机软件用户未经许可或者超过许可范围商业使用计算机软件的，依据著作权法第四十七条第（一）项、《计算机软件保护条例》第二十四条第（一）项的规定承担民事责任。

第二十二条 著作权转让合同未采取书面形式的，人民法院依据合同法第三十六条、第三十七条的规定审查合同是否成立。

第二十三条 出版者将著作权人交付出版的作品丢失、毁损致使出版合同不能履行的，依据著作权法第五十三条、民法通则第一百一十七条以及合同法第一百二十二条的规定追究出版者的民事责任。

第二十四条 权利人的实际损失，可以根据权利人因侵权所造成复制品发行减少量或者侵权复制品销售量与权利人发行该复制品单位利润乘积计算。发行减少量难以确定的，按照侵权复制品市场销售量确定。

第二十五条 权利人的实际损失或者侵权人的违法所得无法确定的，人民法院根据当事人的请求或者依职权适用著作权法第四十八条第二款的规定确定赔偿数额。

人民法院在确定赔偿数额时，应当考虑作品类型、合理使用费、侵权行为性质、后果等情节综合确定。

当事人按照本条第一款的规定就赔偿数额达成协议的，应当准许。

第二十六条 著作权法第四十八条第一款规定的制止侵权行为所支付的合理开支，包括权利人或者委托代理人对侵权行为进行调查、取证的合理费用。

人民法院根据当事人的诉讼请求和具体案情，可以将符合国家有关部门规定的律师费用计算在赔偿范围内。

第二十七条 在著作权法修改决定施行前发生的侵犯著作权行为起诉的案件，人民法院于该决定施行后做出判决的，可以参照适用著作权法第四十八条的规定。

第二十八条 侵犯著作权的诉讼时效为二年，自著作权人知道或者应当知道侵权行为之日起计算。权利人超过二年起诉的，如果侵权行为在起诉时仍在持续，在该著作权保护期内，人民法院应当判决被告停止侵权行为；侵权损害赔偿数额应当自权利人向人民法院起诉之日起向前推算二年计算。

第二十九条 对著作权法第四十七条规定的侵权行为，人民法院根据当事人的请求除追究行为人民事责任外，还可以依据民法通则第一百三十四条第三款的规定给予民事制裁，罚款数额可以参照《中华人民共和国著作权法实施条例》的有关规定确定。

著作权行政管理部门对相同的侵权行为已经给予行政处罚的，人民法院不再予以民事制裁。

第三十条　对2001年10月27日前发生的侵犯著作权行为，当事人于2001年10月27日后向人民法院提出申请采取责令停止侵权行为或者证据保全措施的，适用著作权法第四十九条、第五十条的规定。

人民法院采取诉前措施，参照《最高人民法院关于诉前停止侵犯注册商标专用权行为和保全证据适用法律问题的解释》的规定办理。

第三十一条　除本解释另行规定外，2001年10月27日以后人民法院受理的著作权民事纠纷案件，涉及2001年10月27日前发生的民事行为的，适用修改前著作权法的规定；涉及该日期以后发生的民事行为的，适用修改后著作权法的规定；涉及该日期前发生，持续到该日期后的民事行为的，适用修改后著作权法的规定。

第三十二条　以前的有关规定与本解释不一致的，以本解释为准。

最高人民法院
关于审理侵害信息网络传播权民事纠纷案件适用法律若干问题的规定

法释〔2012〕20号

（2012年11月26日最高人民法院审判委员会第1561次会议通过
2012年12月17日最高人民法院公告公布　自2013年1月1日起施行）

为正确审理侵害信息网络传播权民事纠纷案件，依法保护信息网络传播权，促进信息网络产业健康发展，维护公共利益，根据《中华人民共和国民法通则》《中华人民共和国侵权责任法》《中华人民共和国著作权法》《中华人民共和国民事诉讼法》等有关法律规定，结合审判实际，制定本规定。

第一条　人民法院审理侵害信息网络传播权民事纠纷案件，在依法行使裁量权时，应当兼顾权利人、网络服务提供者和社会公众的利益。

第二条　本规定所称信息网络，包括以计算机、电视机、固定电话机、移动电话机等电子设备为终端的计算机互联网、广播电视网、固定通信网、移动通信网等信息网络，以及向公众开放的局域网络。

第三条　网络用户、网络服务提供者未经许可，通过信息网络提供权利人享有信息网络传播权的作品、表演、录音录像制品，除法律、行政法规另有规定外，人民法院应当认定其构成侵害信息网络传播权行为。

通过上传到网络服务器、设置共享文件或者利用文件分享软件等方式，将作品、表演、录音录像制品置于信息网络中，使公众能够在个人选定的时间和地点以下载、浏览或者其他方式获得的，人民法院应当认定其实施了前款规定的提供行为。

第四条 有证据证明网络服务提供者与他人以分工合作等方式共同提供作品、表演、录音录像制品，构成共同侵权行为的，人民法院应当判令其承担连带责任。网络服务提供者能够证明其仅提供自动接入、自动传输、信息存储空间、搜索、链接、文件分享技术等网络服务，主张其不构成共同侵权行为的，人民法院应予支持。

第五条 网络服务提供者以提供网页快照、缩略图等方式实质替代其他网络服务提供者向公众提供相关作品的，人民法院应当认定其构成提供行为。

前款规定的提供行为不影响相关作品的正常使用，且未不合理损害权利人对该作品的合法权益，网络服务提供者主张其未侵害信息网络传播权的，人民法院应予支持。

第六条 原告有初步证据证明网络服务提供者提供了相关作品、表演、录音录像制品，但网络服务提供者能够证明其仅提供网络服务，且无过错的，人民法院不应认定为构成侵权。

第七条 网络服务提供者在提供网络服务时教唆或者帮助网络用户实施侵害信息网络传播权行为的，人民法院应当判令其承担侵权责任。

网络服务提供者以言语、推介技术支持、奖励积分等方式诱导、鼓励网络用户实施侵害信息网络传播权行为的，人民法院应当认定其构成教唆侵权行为。

网络服务提供者明知或者应知网络用户利用网络服务侵害信息网络传播权，未采取删除、屏蔽、断开链接等必要措施，或者提供技术支持等帮助行为的，人民法院应当认定其构成帮助侵权行为。

第八条 人民法院应当根据网络服务提供者的过错，确定其是否承担教唆、帮助侵权责任。网络服务提供者的过错包括对于网络用户侵害信息网络传播权行为的明知或者应知。

网络服务提供者未对网络用户侵害信息网络传播权的行为主动进行审查的，人民法院不应据此认定其具有过错。

网络服务提供者能够证明已采取合理、有效的技术措施，仍难以发现网络用户侵害信息网络传播权行为的，人民法院应当认定其不具有过错。

第九条 人民法院应当根据网络用户侵害信息网络传播权的具体事实是否明显，综合考虑以下因素，认定网络服务提供者是否构成应知：

（一）基于网络服务提供者提供服务的性质、方式及其引发侵权的可能性大小，应当具备的管理信息的能力；

（二）传播的作品、表演、录音录像制品的类型、知名度及侵权信息的明显程度；

（三）网络服务提供者是否主动对作品、表演、录音录像制品进行了选择、编辑、修改、推荐等；

（四）网络服务提供者是否积极采取了预防侵权的合理措施；

（五）网络服务提供者是否设置便捷程序接收侵权通知并及时对侵权通知作出合理的反应；

（六）网络服务提供者是否针对同一网络用户的重复侵权行为采取了相应的合理措施；

（七）其他相关因素。

第十条　网络服务提供者在提供网络服务时，对热播影视作品等以设置榜单、目录、索引、描述性段落、内容简介等方式进行推荐，且公众可以在其网页上直接以下载、浏览或者其他方式获得的，人民法院可以认定其应知网络用户侵害信息网络传播权。

第十一条　网络服务提供者从网络用户提供的作品、表演、录音录像制品中直接获得经济利益的，人民法院应当认定其对该网络用户侵害信息网络传播权的行为负有较高的注意义务。

网络服务提供者针对特定作品、表演、录音录像制品投放广告获取收益，或者获取与其传播的作品、表演、录音录像制品存在其他特定联系的经济利益，应当认定为前款规定的直接获得经济利益。网络服务提供者因提供网络服务而收取一般性广告费、服务费等，不属于本款规定的情形。

第十二条　有下列情形之一的，人民法院可以根据案件具体情况，认定提供信息存储空间服务的网络服务提供者应知网络用户侵害信息网络传播权：

（一）将热播影视作品等置于首页或者其他主要页面等能够为网络服务提供者明显感知的位置的；

（二）对热播影视作品等的主题、内容主动进行选择、编辑、整理、推荐，或者为其设立专门的排行榜的；

（三）其他可以明显感知相关作品、表演、录音录像制品为未经许可提供，仍未采取合理措施的情形。

第十三条　网络服务提供者接到权利人以书信、传真、电子邮件等方式提交的通知，未及时采取删除、屏蔽、断开链接等必要措施的，人民法院应当认定其明知相关侵害信息网络传播权行为。

第十四条　人民法院认定网络服务提供者采取的删除、屏蔽、断开链接等必要措施是否及时，应当根据权利人提交通知的形式，通知的准确程度，采取措施的难易程度，网络服务的性质，所涉作品、表演、录音录像制品的类型、知名度、数量等因素综合判断。

第十五条 侵害信息网络传播权民事纠纷案件由侵权行为地或者被告住所地人民法院管辖。侵权行为地包括实施被诉侵权行为的网络服务器、计算机终端等设备所在地。侵权行为地和被告住所地均难以确定或者在境外的，原告发现侵权内容的计算机终端等设备所在地可以视为侵权行为地。

第十六条 本规定施行之日起，《最高人民法院关于审理涉及计算机网络著作权纠纷案件适用法律若干问题的解释》（法释〔2006〕11号）同时废止。

本规定施行之后尚未终审的侵害信息网络传播权民事纠纷案件，适用本规定。本规定施行前已经终审，当事人申请再审或者按照审判监督程序决定再审的，不适用本规定。

【链　接】

加强网络环境下著作权保护　促进信息网络产业健康发展

——最高人民法院知识产权庭负责人就规范侵害信息网络传播权民事案件法律适用问题答记者问

2012年12月26日，最高人民法院全文公布《最高人民法院关于审理侵害信息网络传播权民事纠纷案件适用法律若干问题的规定》（以下简称《信息网络传播权司法解释》）。就该司法解释涉及的一些问题，最高人民法院知识产权庭负责人接受了记者专访。

一、司法解释起草背景

记者：《信息网络传播权司法解释》的起草背景是什么？

负责人： 随着互联网的迅速发展，产生了一种全新的作品传播途径，对传统的著作权保护制度带来了前所未有的冲击和挑战。在互联网环境下，如何保护著作权人和相关权利人的权利，规范作品等在互联网上的传播行为，成为迫切需要解决的问题。

2000年12月19日，最高人民法院起草了《最高人民法院关于审理涉及计算机网络著作权纠纷案件适用法律若干问题的解释》，在著作权法修订之前，对互联网环境下的著作权保护起到了重要的作用。随着《中华人民共和国著作权法》的第二次修订及《信息网络传播权保护条例》的制定，以及

《中华人民共和国侵权责任法》的颁布，该司法解释的一些内容已经不适应当前审判实际并且和相关法律有不协调之处，迫切需要进行调整。此外，由于《信息网络传播权保护条例》和《侵权责任法》对互联网环境下的侵害信息网络传播权的相关问题仅进行了原则性的规定，加之近年来互联网技术和相关产业发展迅猛，新的商业模式不断涌现，涉及的著作权问题日渐突出，导致人民法院受理的涉及网络著作权案件大幅度增加。

据统计，自2002年以来，人民法院受理的著作权案件一直位居全部知识产权案件之首，以2011年为例，全国地方法院共新收知识产权民事一审案件59882件，其中著作权案件为35185件，而涉及网络著作权纠纷的案件数量近年来又占全部著作权案件的60%左右。

在审理这些涉及侵害信息网络传播权的案件时，如何界定侵害信息网络传播权，特别是如何确定网络服务提供者的法律责任，成为人民法院知识产权审判工作面临的重大挑战。与此同时，国际社会高度关注我院起草关于网络服务提供者在提供网络服务时侵害权利人信息网络传播权相关问题的司法解释，中美商贸谈判对话等将其列为重要议题，起草司法解释是促进对外经贸交往的重要举措。

基于以上考虑，2010年，最高人民法院将《网络环境下著作权的司法保护》作为重点调研课题，由知识产权庭组成课题组，在全国法院范围内展开了相关调研工作，并完成了相关调研成果，为司法解释起草工作奠定了重要基础。2012年4月最高人民法院公布了《信息网络传播权司法解释》(征求意见稿)。

司法解释的起草受到国内外广泛关注，美国政府、美国商会、欧盟商会、日本辨理事协会、中国律师协会、中国互联网协会以及其他机构团体和个人都提出了修改建议，汇集的修改意见多达500余条。在综合各相关部门和各有关方面意见的基础上，又经反复修改和慎重论证，形成送审稿，提请最高人民法院审判委员会审议后通过。

二、基本精神和原则

记者：起草《信息网络传播权司法解释》时坚持的基本精神和原则是什么？

负责人：司法解释严格依据《著作权法》《侵权责任法》和《信息网络传播权保护条例》等法律和行政法规的规定及其精神进行起草。由于信息网络传播权保护的特殊性，我们在起草《信息网络传播权司法解释》时主要坚持了以下原则：

一是遵循法律规定。我们以《著作权法》的相关规定为基础，结合《侵权责任法》《信息网络传播权保护条例》等法律、行政法规，将信息网络传播行为划分为作品等内容提供行为和网络服务提供行为，在此基础上规定了直接侵权与间接侵权，重点规定了网络服务提供行为的责任形态、归责原则和责任要件，还对于实践中需要规定的其他情形作出了规定。

二是总结司法成熟经验和保持适当的前瞻相结合。在起草过程中，我们深入总结人民法院审理信息网络传播权案件中认可度较高的审判实践，对于成熟的、没有争议的问题进行了规定，对于实践中争议较大、一时还看不清楚或者实践需求不大等问题没有规定，留给实践中根据实际情况解决。同时，该司法解释通过对直接侵权与间接侵权的科学划分、各类侵权行为认定标准的具体设计等，为调整各种新出现的行为和法律问题提供依据。

三是体现利益平衡精神。针对网络环境下著作权保护的实际，我们在起草《信息网络传播权司法解释》时，特别强调了人民法院在审理此类案件行使裁量权时，应当兼顾权利人、网络服务提供者和社会公众的利益，司法解释的具体规定充分体现了利益平衡精神。

三、利益平衡原则

记者：能否介绍一下特别强调利益平衡原则的具体考虑?

负责人：网络环境下的著作权保护是著作权保护在网络环境下的延伸。传统著作权保护主要涉及著作权人与社会公众之间的利益平衡，而网络著作权保护则涉及著作权人、网络服务提供者及社会公众三者利益之间的平衡。

数字传播技术的运用和发达大大提升了网络用户传播侵权复制品的能力，但由于网络用户的侵权行为具有隐蔽性，又多数不具有赔偿能力，因此追究网络用户的法律责任不可行且不具有经济性，而网络服务提供者客观上为大量分散的用户的网络传播行为提供了便利条件并使侵权作品迅速传播，给权利人的利益带来更大的危害并直接或者间接从网络用户的侵权行为中受益，因此转而追究网络服务提供者的法律责任成为相关国际公约及各国网络著作权保护的趋势，让网络服务提供者对于用户不正当利用其服务进行的侵权承担间接责任，也就成为一项重要的制度选择。

但是，信息网络产业是新兴产业和知识经济的重要载体，促进信息网络产业健康发展是实施我国创新发展战略的重要方面。网络服务提供者对于促进信息网络技术创新和商业模式发展具有极其重要的作用，对其行为的控制和确定其如何承担侵权责任要适可而止，避免不适当妨碍技术的发展创新，尽量为相关互联网产业的发展留下空间。因此，既让网络服务提供者承担相应的责任，又避免使其过重地承担责任，这是网络环境下著作权保护中平衡著作权人与网络服务提供者之间的利益的基本原则。因此，如何在网络环境下保护著作权人等相关权利人权利的同时，又不妨碍科学技术的发展及社会公众获取信息自由的权利，已成为世界各国网络著作权保护要解决的重要课题。为此，包括欧美在内的许多国家均针对互联网环境下的特殊利益格局，设定了信息网络环境下著作权保护的特殊规则，为网络服务提供者提供了“避风港”，规定了“通知”“删除”规则。

最高人民法院
关于做好涉及网吧著作权纠纷案件审判工作的通知

（2010年11月25日　法发〔2010〕50号）

各省、自治区、直辖市高级人民法院，新疆维吾尔自治区高级人民法院生产建设兵团分院：

近年来，各级法院审理的网吧因提供影视作品被诉侵权的相关案件大幅增加，出现了一些新情况和新问题，引起了有关方面的高度关注。为解决当前审理涉及网吧著作权纠纷案件中存在的突出问题，依法妥善审理好此类案件，现就有关事项通知如下：

一、各级法院要认真研究分析当前涉及网吧著作权纠纷案件急剧上升的成因和现状，在此类案件的审理中，在积极支持当事人依法维权的同时，也要注意防止滥用权利情形的发生。要注意处理好依法保护与适度保护的关系，既要依法保护当事人的著作权，有效制止侵权行为，又要正确确定网吧经营者和相关影视作品提供者的责任承担，注意把握司法导向和利益平衡，积极促进信息传播和规范传播秩序，推动相关互联网文化产业健康发展。

二、要积极探索有效解决纠纷的途径，认真贯彻“调解优先，调判结合”的工作原则。在加强诉讼调解的同时，积极推动建立诉讼与非诉讼相衔接的矛盾纠纷解决机制，发挥行业主管部门和行业协会的作用，采取各种措施引导网吧经营者规范经营行为，以减少诉讼，维护社会和谐稳定。

三、网吧经营者未经许可，通过网吧自行提供他人享有著作权的影视作品，侵犯他人信息网络传播权等权利的，应当根据原告的诉讼请求判决其停止侵权和赔偿损失。赔偿数额的确定要合理和适度，要符合网吧经营活动的特点和实际，除应考虑涉案影视作品的市场影响、知名度、上映档期、合理的许可使用费外，还应重点考虑网吧的服务价格、规模、主观过错程度以及侵权行为的性质、持续时间、对侵权作品的点击或下载数量、当地经济文化发展状况等因素。

法律、行政法规对网吧经营者承担侵权责任的情形另有规定的，按其规定执行。

四、网吧经营者不知道也没有合理理由应当知道涉案影视作品侵犯他人信息网络传播权等权利，且能证明涉案影视作品是从有经营资质的影视作品提供者合法取得的，不承担赔偿损失的民事责任。但网吧经营者经权利人通知后，未及时采取必要措施的，应对损害的扩大部分承担相应的民事责任。

五、网吧经营者请求追加涉案影视作品提供者为共同被告的，可根据案件的具体情况决定是否追加其参加诉讼。

本通知自下发之日起执行。执行中如有问题和新情况，请及时层报最高人民法院。

最高人民法院
关于加强“红色经典”和英雄烈士合法权益司法保护弘扬社会主义核心价值观的通知

（2018年5月11日　法〔2018〕68号）

各省、自治区、直辖市高级人民法院，解放军军事法院，新疆维吾尔自治区高级人民法院生产建设兵团分院：

为全面贯彻落实习近平新时代中国特色社会主义思想和党的十九大以及十九届二中、三中全会精神，深入贯彻落实《中共中央关于培育和践行社会主义核心价值观的意见》，依法保护红色经典传承和英雄烈士合法权益，倡导讲品位、讲格调、讲责任，教育和引导社会公众尤其是广大青少年自觉抵制“低俗、庸俗、媚俗”，抵制历史虚无主义，规范不良传播行为，维护社会公共利益，指导地方各级人民法院正确审理涉及保护红色经典传承和英雄烈士合法权益纠纷案件，弘扬社会主义核心价值观，根据《中华人民共和国民法总则》《中华人民共和国英雄烈士保护法》以及知识产权法律等相关规定，现通知如下。

一、要充分认识保护红色经典和英雄烈士合法权益的重大意义

在中国共产党领导下，在长期的革命战争年代、社会主义建设时期和改革开放过程中诞生了大量的红色经典，涌现出了无数的英雄烈士，他们是我

们党和国家的宝贵精神财富，是中华儿女的杰出代表，其所承载的精神价值，是中华民族共同的历史记忆，是全体中国人民共同的价值追求，是社会主义核心价值观的重要源泉。依法保护红色经典和英雄烈士合法权益，就是维护最广大人民群众的根本利益，就是弘扬社会主义核心价值观，这是人民法院审判工作肩负的神圣使命和重大职责，是全面贯彻落实习近平总书记提出的“更好构筑中国精神、中国价值、中国力量，为人民提供精神指引”的必然要求，必须旗帜鲜明毫不动摇地依法保护红色经典传承和英雄烈士合法权益。要正确处理好保护红色经典和英雄烈士合法权益与推动社会主义文化繁荣发展之间的关系，尊重历史，尊重经典，崇尚英雄烈士。通过审判工作，激发广大人民群众的民族自豪感，坚定“四个自信”，为建设富强民主文明和谐美丽的社会主义现代化强国，实现中华民族伟大复兴的中国梦提供强大的精神动力。

二、要依法妥善审理好使用红色经典作品报酬纠纷和英雄烈士合法权益纠纷案件

要深刻认识使用红色经典作品报酬纠纷和英雄烈士合法权益纠纷案件的特殊性，在侵权认定、报酬计算和判令停止行为时，应当秉承尊重历史、尊重法律、尊重权利的原则，坚持红色经典和英雄烈士合法权益司法保护的利益衡平。为维护党和国家利益、社会公共利益，对因使用红色经典作品产生的报酬纠纷案件，不得判令红色经典作品停止表演或者演出。在确定红色经典作品报酬时，要与其他商品化作品主要由市场决定交易价格和报酬的计算方法相区别，要综合考量红色经典作品的类型、实际表演或者演出情形以及演绎作品对红色经典作品使用比例等因素，同时充分考量创作红色经典时的特殊时代背景，从有利于传承红色经典和宣传英雄烈士光辉事迹的导向作用，酌情确定合理的报酬数额，防止简单化计算金钱给付。

三、要切实保障红色经典和英雄烈士相关利益主体的诉讼权利

根据著作权法规定，红色经典作品的作者对原作品享有署名权、修改权、保护作品完整权，上述人身权的保护期不受时间限制，其他人未经明确授权不得行使。权利人或者利害关系人依法向人民法院提起诉讼的，人民法院应当受理。

如果被侵权的红色经典作品的作者已经死亡而其利害关系人未提起诉讼，或者英雄烈士的姓名、肖像、名誉、荣誉被侵害而没有近亲属或者近亲属未提起诉讼，检察机关或者法律规定的其他机关和有关组织向人民法院提起诉讼的，人民法院可以参照《中华人民共和国民事诉讼法》第五十五条的规定予以受理。

为保护红色经典和英雄烈士合法权益提起诉讼的当事人，缴纳诉讼费用确有困难申请减、缓、免交诉讼费用的，人民法院应当予以支持。

四、要依法正确界定红色经典诉讼双方的权利义务和英雄烈士合法权益

要依法正确界定受著作权法保护的红色经典作品类型，并在此基础上准确认定不同的权利属性和类别。侵害著作权的，应当明确侵害人身权或者财产权的具体权利范围，如署名权、修改权、保护作品完整权以及获得报酬权等；侵害著作权相关权利的，应当明确侵害表演者权、录音录像制作者权、广播组织权等具体权利范围；对于违反商标法和反不正当竞争法的，应当明确相应的权益内容。

要充分发挥知识产权民事、行政和刑事审判“三合一”的机制优势，正确把握民事法律责任、行政法律责任以及刑事法律责任在法律适用上的差异，准确确定侵害相关权利所应当承担的民事、行政和刑事责任，不断提高对红色经典和英雄烈士合法权益司法保护的整体效能。

五、要积极协同推进对红色经典和英雄烈士合法权益的司法保护工作

保护红色经典和英雄烈士合法权益需要全社会协同努力。对案件审理中遇到的重大疑难敏感问题，地方各级人民法院要深入调查研究，充分发挥人民陪审员制度作用，广泛听取文化宣传和著作权等行政管理部门在内的各界意见，上级法院要加强对下级法院的业务指导，确保案件认定事实清楚，适用法律正确，裁判结果既尊重历史、符合法律，又符合国情社情民意，充分彰显社会主义法治与德治相结合，努力实现办案的法律效果和社会效果的统一。

地方各级人民法院要加强组织领导，按照“三同步”要求，积极做好舆论引导工作，发现新情况新问题要及时层报最高人民法院。

特此通知。

最高人民法院指导案例 48 号

北京精雕科技有限公司诉上海奈凯电子科技有限公司侵害计算机软件著作权纠纷案

（最高人民法院审判委员会讨论通过　2015 年 4 月 15 日发布）

关键词

民事　侵害计算机软件著作权　捆绑销售　技术保护措施　权利滥用

裁判要点

计算机软件著作权人为实现软件与机器的捆绑销售，将软件运行的输出数据设定为特定文件格式，以限制其他竞争者的机器读取以该特定文件格式保存的数据，从而将其在软件上的竞争优势扩展到机器，不属于著作权法所规定的著作权人为保护其软件著作权而采取的技术措施。他人研发软件读取其设定的特定文件格式的，不构成侵害计算机软件著作权。

相关法条

《中华人民共和国著作权法》第四十八条第一款第六项

《计算机软件保护条例》第二条、第三条第一款第一项、第二十四条第一款第三项

基本案情

原告北京精雕科技有限公司（以下简称精雕公司）诉称：原告自主开发了精雕 CNC 雕刻系统，该系统由精雕雕刻 CAD/CAM 软件（JDPaint 软件）、精雕数控系统、机械本体三大部分组成。该系统的使用通过两台计算机完成，一台是加工编程计算机，另一台是数控控制计算机。两台计算机运行两个不同的程序需要相互交换数据，即通过数据文件进行。具体是：JDPaint 软件通过加工编程计算机运行生成 Eng 格式的数据文件，再由运行于数控控制计算机上的控制软件接收该数据文件，将其变成加工指令。原告对上述 JDPaint 软件享有著作权，该软件不公开对外销售，只配备在原告自主生产的数控雕刻机上使用。2006 年初，原告发现被告上海奈凯电子科技有限公司（以下简称奈凯公司）在其网站上大力宣传其开发的 NC-1000 雕铣机数控系统全面支持精雕各种版本的 Eng 文件。被告上述数控系统中的 Ncstudio 软件能够读取 JDPaint 软件输出的 Eng 格式数据文件，而原告对 Eng 格式采取了加密措施。被告非法破译 Eng 格式的加密措施，开发、销售能够读取 Eng 格式数据文件

的数控系统，属于故意避开或者破坏原告为保护软件著作权而采取的技术措施的行为，构成对原告软件著作权的侵犯。被告的行为使得其他数控雕刻机能够非法接收 Eng 文件，导致原告精雕雕刻机销量减少，造成经济损失。故请求法院判令被告立即停止支持精雕 JDPaint 各种版本输出 Eng 格式的数控系统的开发、销售及其他侵权行为，公开赔礼道歉，并赔偿损失 485000 元。

奈凯公司辩称：其开发的 Ncstudio 软件能够读取 JDPaint 软件输出的 Eng 格式数据文件，但 Eng 数据文件及该文件所使用的 Eng 格式不属于计算机软件著作权的保护范围，故被告的行为不构成侵权。请求法院驳回原告的诉讼请求。

法院经审理查明：原告精雕公司分别于 2001 年、2004 年取得国家版权局向其颁发的软著登字第 0011393 号、软著登字第 025028 号《计算机软件著作权登记证书》，登记其为精雕雕刻软件 JDPaintV4.0、JDPaintV5.0（两软件以下简称 JDPaint）的原始取得人。奈凯公司分别于 2004 年、2005 年取得国家版权局向其颁发的软著登字第 023060 号、软著登字第 041930 号《计算机软件著作权登记证书》，登记其为软件奈凯数控系统 V5.0、维宏数控运动控制系统 V3.0（两软件以下简称 Ncstudio）的原始取得人。

奈凯公司在其公司网站上宣称：2005 年 12 月，奈凯公司推出 NC-1000 雕铣机控制系统，该数控系统全面支持精雕各种版本 Eng 文件，该功能是针对用户对精雕 JDPaintV5.19 这一排版软件的酷爱而研发的。

精雕公司的 JDPaint 软件输出的 Eng 文件是数据文件，采用 Eng 格式。奈凯公司的 Ncstudio 软件能够读取 JDPaint 软件输出的 Eng 文件，即 Ncstudio 软件与 JDPaint 软件所输出的 Eng 文件兼容。

裁判结果

上海市第一中级人民法院于 2006 年 9 月 20 日作出（2006）沪一中民五（知）初字第 134 号民事判决：驳回原告精雕公司的诉讼请求。宣判后，精雕公司提出上诉。上海市高级人民法院于 2006 年 12 月 13 日作出（2006）沪高民三（知）终字第 110 号民事判决：驳回上诉，维持原判。

裁判理由

法院生效裁判认为：本案应解决的争议焦点是：一、原告精雕公司的 JDPaint 软件输出的、采取加密措施的 Eng 格式数据文件，是否属于计算机软件著作权的保护范围；二、奈凯公司研发能够读取 JDPaint 软件输出的 Eng 格式文件的软件的行为，是否构成《中华人民共和国著作权法》（以下简称《著作权法》）第四十八条第一款第六项、《计算机软件保护条例》第二十四条第一款第三项规定的“故意避开或者破坏著作权人为保护其软件著作权而采取的技术措施”的行为。

关于第一点。《计算机软件保护条例》第二条规定："本条例所称计算机软件（下称软件），是指计算机程序及其有关文档。"第三条规定："本条例下列用语的含义：（一）计算机程序，是指为了得到某种结果而可以由计算机等具有信息处理能力的装置执行的代码化指令序列，或者可以被自动转换成代码化指令序列的符号化指令序列或者符号化语句序列。同一计算机程序的源程序和目标程序为同一作品。（二）文档，是指用来描述程序的内容、组成、设计、功能规格、开发情况、测试结果及使用方法的文字资料和图表等，如程序设计说明书、流程图、用户手册等……"第四条规定："受本条例保护的软件必须由开发者独立开发，并已固定在某种有形物体上。"根据上述规定，计算机软件著作权的保护范围是软件程序和文档。

本案中，Eng 文件是 JDPaint 软件在加工编程计算机上运行所生成的数据文件，其所使用的输出格式即 Eng 格式是计算机 JDPaint 软件的目标程序经计算机执行产生的结果。该格式数据文件本身不是代码化指令序列、符号化指令序列、符号化语句序列，也无法通过计算机运行和执行，对 Eng 格式文件的破解行为本身也不会直接造成对 JDPaint 软件的非法复制。此外，该文件所记录的数据并非原告精雕公司的 JDPaint 软件所固有，而是软件使用者输入雕刻加工信息而生成的，这些数据不属于 JDPaint 软件的著作权人精雕公司所有。因此，Eng 格式数据文件中包含的数据和文件格式均不属于 JDPaint 软件的程序组成部分，不属于计算机软件著作权的保护范围。

关于第二点。根据《著作权法》第四十八条第一款第六项、《计算机软件保护条例》第二十四条第一款第三项的规定，故意避开或者破坏著作权人为保护其软件著作权而采取的技术措施的行为，是侵犯软件著作权的行为。上述规定体现了对恶意规避技术措施的限制，是对计算机软件著作权的保护。但是，上述限制"恶意规避技术措施"的规定不能被滥用。上述规定主要限制的是针对受保护的软件著作权实施的恶意技术规避行为。著作权人为输出的数据设定特定文件格式，并对该文件格式采取加密措施，限制其他品牌的机器读取以该文件格式保存的数据，从而保证捆绑自己计算机软件的机器拥有市场竞争优势的行为，不属于上述规定所指的著作权人为保护其软件著作权而采取技术措施的行为。他人研发能够读取著作权人设定的特定文件格式的软件的行为，不构成对软件著作权的侵犯。

根据本案事实，JDPaint 输出的 Eng 格式文件是在精雕公司的"精雕 CNC 雕刻系统"中两个计算机程序间完成数据交换的文件。从设计目的而言，精雕公司采用 Eng 格式而没有采用通用格式完成数据交换，并不在于对 JDPaint 软件进行加密保护，而是希望只有"精雕 CNC 雕刻系统"能接收此种格式，只有与"精雕 CNC 雕刻系统"相捆绑的雕刻机床才可以使用该软件。精雕公司对 JDPaint 输出文件采用 Eng 格式，旨在限定 JDPaint 软件只能在“精雕 CNC 雕刻系统”中使用，其根本目的和真实意图在于建立和巩固 JDPaint 软件与其雕刻机床之间的捆绑关系。这种行为不属于为保护软件著作权而采取的技术保护措施。如果将对软件著作权的保护扩展到与软件捆绑在一起的产品上，必然超出我国著作权法对计算机软件著作权的保护范围。精雕公司在本案中采取的技术措施，不是为保护 JDPaint 软件著作权而采取的技术措施，而是为获取著作权利益之外利益而采取的技术措施。因此，精雕公司采取的技术措施不属于《著作权法》《计算机软件保护条例》所规定著作权人为保护其软件著作权而采取的技术措施，奈凯公司开发能够读取 JDPaint 软件输出的 Eng 格式文件的软件的行为，并不属于故意避开和破坏著作权人为保护软件著作权而采取的技术措施的行为。

最高人民法院指导案例 49 号

石鸿林诉泰州华仁电子资讯有限公司侵害计算机软件著作权纠纷案

（最高人民法院审判委员会讨论通过　2015 年 4 月 15 日发布）

关键词

民事　侵害计算机软件著作权　举证责任　侵权对比　缺陷性特征

裁判要点

在被告拒绝提供被控侵权软件的源程序或者目标程序，且由于技术上的限制，无法从被控侵权产品中直接读出目标程序的情形下，如果原、被告软件在设计缺陷方面基本相同，而被告又无正当理由拒绝提供其软件源程序或者目标程序以供直接比对，则考虑到原告的客观举证难度，可以判定原、被告计算机软件构成实质性相同，由被告承担侵权责任。

相关法条

《计算机软件保护条例》第三条第一款

基本案情

原告石鸿林诉称：被告泰州华仁电子资讯有限公司（以下简称华仁公司）未经许可，长期大量复制、发行、销售与石鸿林计算机软件“S 型线切割机床单片机控制器系统软件 V1.0”相同的软件，严重损害其合法权益。故诉请判令华仁公司停止侵权，公开赔礼道歉，并赔偿原告经济损失10万元、为制止侵权行为所支付的证据保全公证费、诉讼代理费9200元以及鉴定费用。

被告华仁公司辩称：其公司HR－Z型线切割机床控制器所采用的系统软件系其独立开发完成，与石鸿林S型线切割机床单片机控制系统应无相同可能，且其公司产品与石鸿林生产的S型线切割机床单片机控制器的硬件及键盘布局也完全不同，请求驳回石鸿林的诉讼请求。

法院经审理查明：2000年8月1日，石鸿林开发完成S型线切割机床单片机控制器系统软件。

2005年4月18日获得国家版权局软著登字第035260号计算机软件著作权登记证书，证书载明软件名称为S型线切割机床单片机控制器系统软件V1.0（以下简称S系列软件），著作权人为石鸿林，权利取得方式为原始取得。2005年12月20日，泰州市海陵区公证处出具（2005）泰海证民内字第1146号公证书一份，对石鸿林以660元价格向华仁公司购买HR－Z线切割机床数控控制器（以下简称HR-Z型控制器）一台和取得销售发票（No：00550751）的购买过程，制作了保全公证工作记录、拍摄了所购控制器及其使用说明书、外包装的照片8张，并对该控制器进行了封存。

一审中，法院委托江苏省科技咨询中心对下列事项进行比对鉴定：（1）石鸿林本案中提供的软件源程序与其在国家版权局版权登记备案的软件源程序的同一性；（2）公证保全的华仁公司HR-Z型控制器系统软件与石鸿林获得版权登记的软件源程序代码相似性或者相同性。后江苏省科技咨询中心出具鉴定工作报告，因被告的软件主要固化在美国ATMEL公司的AT89F51和菲利普公司的P89C58两块芯片上，而代号为“AT89F51”的芯片是一块带自加密的微控制器，必须首先破解它的加密系统，才能读取固化其中的软件代码。而根据现有技术条件，无法解决芯片解密程序问题，因而根据现有鉴定材料难以作出客观、科学的鉴定结论。

二审中，法院根据原告石鸿林的申请，就以下事项组织技术鉴定：原告软件与被控侵权软件是否具有相同的软件缺陷及运行特征。经鉴定，中国版权保护中心版权鉴定委员会出具鉴定报告，结论为：通过运行原、被告软件，发现二者存在如下相同的缺陷情况：（1）二控制器连续加工程序段超过2048条后，均出现无法正常执行的情况；（2）在加工完整的一段程序后只让自动报警两声以下即按任意键关闭报警时，在下一次加工过程中加工回复线之前自动暂停后，二控制器均有偶然出现蜂鸣器响声2声的现象。

二审法院另查明：原、被告软件的使用说明书基本相同。两者对控制器功能的描述及技术指标基本相同；两者对使用操作的说明基本相同；两者在段落编排方式和多数语句的使用上基本相同。经二审法院多次释明，华仁公司始终拒绝提供被控侵权软件的源程序以供比对。

裁判结果

江苏省泰州市中级人民法院于2006年12月8日作出（2006）泰民三初字第2号民事判决：驳回原告石鸿林的诉讼请求。石鸿林提起上诉，江苏省高级人民法院于2007年12月17日作出（2007）苏民三终字第0018号民事判决：一、撤销江苏省泰州市中级人民法院（2006）泰民三初字第2号民事判决；二、华仁公司立即停止生产、销售侵犯石鸿林S型线切割机床单片机控制器系统软件V1.0著作权的产品；三、华仁公司于本判决生效之日起10日内赔偿石鸿林经济损失79200元；四、驳回石鸿林的其他诉讼请求。

裁判理由

法院生效裁判认为：根据现有证据，应当认定华仁公司侵犯了石鸿林S系列软件著作权。

一、本案的证明标准应根据当事人客观存在的举证难度合理确定

根据法律规定，当事人对自己提出的诉讼请求所依据的事实有责任提供证据加以证明。本案中，石鸿林主张华仁公司侵犯其S系列软件著作权，其须举证证明双方计算机软件之间构成相同或实质性相同。一般而言，石鸿林就此须举证证明两计算机软件的源程序或目标程序之间构成相同或实质性相同。但本案中，由于存在客观上的困难，石鸿林实际上无法提供被控侵权的HR-Z软件的源程序或目标程序，并进而直接证明两者的源程序或目标程序构成相同或实质性相同。1. 石鸿林无法直接获得被控侵权的计算机软件源程序或目标程序。由于被控侵权的HR-Z软件的源程序及目标程序处于华仁公司的实际掌握之中，因此在华仁公司拒绝提供的情况下，石鸿林实际无法提供HR-Z软件的源程序或目标程序以供直接对比。2. 现有技术手段无法从被控侵权的HR-Z型控制器中获得HR-Z软件源程序或目标程序。根据一审鉴定情况，HR-Z软件的目标程序系加载于HR-Z型控制器中的内置芯片上，由于该芯片属于加密芯片，无法从芯片中读出HR-Z软件的目标程序，并进而反向编译出源程序。因此，依靠现有技术手段无法从HR-Z型控制器中获得HR-Z软件源程序或目标程序。

综上，本案在华仁公司无正当理由拒绝提供软件源程序以供直接比对，石鸿林确因客观困难无法直接举证证明其诉讼主张的情形下，应从公平和诚实信用原则出发，合理把握证明标准的尺度，对石鸿林提供的现有证据能否形成高度盖然性优势进行综合判断。

二、石鸿林提供的现有证据能够证明被控侵权的 HR-Z 软件与石鸿林的 S 系列软件构成实质相同，华仁公司应就此承担提供相反证据的义务

本案中的现有证据能够证明以下事实：

1. 二审鉴定结论显示：通过运行安装 HX-Z 软件的 HX-Z 型控制器和安装 HR-Z 软件的 HR-Z 型控制器，发现二者存在前述相同的系统软件缺陷情况。

2. 二审鉴定结论显示：通过运行安装 HX-Z 软件的 HX-Z 型控制器和安装 HR-Z 软件的 HR-Z 型控制器，发现二者在加电运行时存在相同的特征性情况。

3. HX-Z 和 HR-Z 型控制器的使用说明书基本相同。

4. HX-Z 和 HR-Z 型控制器的整体外观和布局基本相同，主要包括面板、键盘的总体布局基本相同等。

据此，鉴于 HX-Z 和 HR-Z 软件存在共同的系统软件缺陷，根据计算机软件设计的一般性原理，在独立完成设计的情况下，不同软件之间出现相同的软件缺陷几率极小，而如果软件之间存在共同的软件缺陷，则软件之间的源程序相同的概率较大。同时结合两者在加电运行时存在相同的特征性情况、HX-Z 和 HR-Z 型控制器的使用说明书基本相同、HX-Z 和 HR-Z 型控制器的整体外观和布局基本相同等相关事实，法院认为石鸿林提供的现有证据能够形成高度盖然性优势，足以使法院相信 HX-Z 和 HR-Z 软件构成实质相同。同时，由于 HX-Z 软件是石鸿林对其 S 系列软件的改版，且 HX-Z 软件与 S 系列软件实质相同。因此，被控侵权的 HR-Z 软件与石鸿林的 S 系列软件亦构成实质相同，即华仁公司侵犯了石鸿林享有的 S 系列软件著作权。

三、华仁公司未能提供相反证据证明其诉讼主张，应当承担举证不能的不利后果

本案中，在石鸿林提供了上述证据证明其诉讼主张的情形下，华仁公司并未能提供相反证据予以反证，依法应当承担举证不能的不利后果。经本院反复释明，华仁公司最终仍未提供被控侵权的 HR-Z 软件源程序以供比对。华仁公司虽提供了 DX-Z 线切割控制器微处理器固件程序系统 V3.0 的计算机软件著作权登记证书，但其既未证明该软件与被控侵权的 HR-Z 软件属于同一软件，又未证明被控侵权的 HR-Z 软件的完成时间早于石鸿林的 S 系列软件，或系其独立开发完成。尽管华仁公司还称，其二审中提供的 2004 年 5 月 19 日商业销售发票，可以证明其于 2004 年就开发完成了被控侵权软件。对此法院认为，该份发票上虽注明货物名称为 HR-Z 线切割控制器，但并不能当然推断出该控制器所使用的软件即为被控侵权的 HR-Z 软件，华仁公司也未就此进一步提供其他证据予以证实。同时结合该份发票并非正规的增值税发票、也未注明购货单位名称等一系列瑕疵，法院认为，华仁公司2004年就开发完成了被控侵权软件的诉讼主张缺乏事实依据，不予采纳。

综上，根据现有证据，同时在华仁公司持有被控侵权的HR-Z软件源程序且无正当理由拒不提供的情形下，应当认定被控侵权的HR-Z软件与石鸿林的S系列软件构成实质相同，华仁公司侵犯了石鸿林S系列软件著作权。

最高人民法院指导案例80号

洪福远、邓春香诉贵州五福坊食品有限公司、贵州今彩民族文化研发有限公司著作权侵权纠纷案

（最高人民法院审判委员会讨论通过　2017年3月6日发布）

关键词

民事　著作权侵权　民间文学艺术衍生作品

裁判要点

民间文学艺术衍生作品的表达系独立完成且有创作性的部分，符合著作权法保护的作品特征的，应当认定作者对其独创性部分享有著作权。

相关法条

《中华人民共和国著作权法》第三条

《中华人民共和国著作权法实施条例》第二条

基本案情

原告洪福远、邓春香诉称：原告洪福远创作完成的《和谐共生十二》作品，发表在2009年8月贵州人民出版社出版的《福远蜡染艺术》一书中。洪福远曾将该涉案作品的使用权（蜡染上使用除外）转让给原告邓春香，由邓春香维护著作财产权。被告贵州五福坊食品有限公司（以下简称五福坊公司）以促销为目的，擅自在其销售的商品上裁切性地使用了洪福远的上述画作。原告认为被告侵犯了洪福远的署名权和邓春香的著作财产权，请求法院判令：被告就侵犯著作财产权赔偿邓春香经济损失20万元；被告停止使用涉案图案，销毁涉案包装盒及产品册页；被告就侵犯洪福远著作人身权刊登声明赔礼道歉。

被告五福坊公司辩称：第一，原告起诉其拥有著作权的作品与贵州今彩民族文化研发有限公司（以下简称今彩公司）为五福坊公司设计的产品外包装上的部分图案，均借鉴了贵州黄平革家传统蜡染图案，被告使用今彩公司

设计的产品外包装不构成侵权；第二，五福坊公司的产品外包装是委托本案第三人今彩公司设计的，五福坊公司在使用产品外包装时已尽到合理注意义务；第三，本案所涉作品在产品包装中位于右下角，整个作品面积只占产品外包装面积的二十分之一左右，对于产品销售的促进作用影响较小，原告起诉的赔偿数额 20 万元显然过高。原告的诉请没有事实和法律依据，故请求驳回原告的诉讼请求。

第三人今彩公司述称：其为五福坊公司进行广告设计、策划，2006 年 12 月创作完成“四季如意”的手绘原稿，直到 2011 年 10 月五福坊公司开发针对旅游市场的礼品，才重新截取该图案的一部分使用，图中的鸟纹、如意纹、铜鼓纹均源于贵州黄平革家蜡染的“原形”，原告作品中的鸟纹图案也源于贵州传统蜡染，原告方主张的作品不具有独创性，本案不存在侵权的事实基础，故原告的诉请不应支持。

法院经审理查明：原告洪福远从事蜡染艺术设计创作多年，先后被文化部授予“中国十大民间艺术家”“非物质文化遗产保护工作先进个人”等荣誉称号。2009 年 8 月其创作完成的《和谐共生十二》作品发表在贵州人民出版社出版的《福远蜡染艺术》一书中，该作品借鉴了传统蜡染艺术的自然纹样和几何纹样的特征，色彩以靛蓝为主，描绘了一幅花、鸟共生的和谐图景。但该作品对鸟的外形进行了补充，对鸟的眼睛、嘴巴丰富了线条，使得鸟图形更加传神，对鸟的脖子、羽毛融入了作者个人的独创，使得鸟图形更为生动，对中间的铜鼓纹花也融合了作者自己的构思而有别于传统的蜡染艺术图案。2010 年 8 月 1 日，原告洪福远与原告邓春香签订《作品使用权转让合同》，合同约定洪福远将涉案作品的使用权（蜡染上使用除外）转让给邓春香，由邓春香维护受让权利范围内的著作财产权。

被告五福坊公司委托第三人今彩公司进行产品的品牌市场形象策划设计服务，包括进行产品包装及配套设计、产品手册以及促销宣传品的设计等。根据第三人今彩公司的设计服务，五福坊公司在其生产销售的产品贵州辣子鸡、贵州小米渣、贵州猪肉干的外包装礼盒的左上角、右下角使用了蜡染花鸟图案和如意图案边框。洪福远认为五福坊公司使用了其创作的《和谐共生十二》作品，一方面侵犯了洪福远的署名权，割裂了作者与作品的联系，另一方面侵犯了邓春香的著作财产权。经比对查明，五福坊公司生产销售的上述三种产品外包装礼盒和产品手册上使用的蜡染花鸟图案与洪福远创作的《和谐共生十二》作品，在鸟与花图形的结构造型、线条的取舍与排列上一致，只是图案的底色和线条的颜色存在差别。

裁判结果

贵州省贵阳市中级人民法院于 2015 年 9 月 18 日作出（2015）筑知民初

字第17号民事判决：一、被告贵州五福坊食品有限公司于本判决生效之日起10日内赔偿原告邓春香经济损失10万元；二、被告贵州五福坊食品有限公司在本判决生效后，立即停止使用涉案《和谐共生十二》作品；三、被告贵州五福坊食品有限公司于本判决生效之日起5日内销毁涉案产品贵州辣子鸡、贵州小米渣、贵州猪肉干的包装盒及产品宣传册页；四、驳回原告洪福远和邓春香的其余诉讼请求。一审宣判后，各方当事人均未上诉，判决已发生法律效力。

裁判理由

法院生效裁判认为：本案的争议焦点一是本案所涉《和谐共生十二》作品是否受著作权法保护；二是案涉产品的包装图案是否侵犯原告的著作权；三是如何确定本案的责任主体；四是本案的侵权责任方式如何判定；五是本案的赔偿数额如何确定。

关于第一个争议焦点，本案所涉原告洪福远的《和谐共生十二》画作中两只鸟尾部重合，中间采用铜鼓纹花连接而展示对称的美感，而这些正是传统蜡染艺术的自然纹样和几何纹样的主题特征，根据本案现有证据，可以认定涉案作品显然借鉴了传统蜡染艺术的表达方式，创作灵感直接来源于黄平革家蜡染背扇图案。但涉案作品对鸟的外形进行了补充，对鸟的眼睛、嘴巴丰富了线条，对鸟的脖子、羽毛融入了作者个人的独创，使得鸟图形更为传神生动，对中间的铜鼓纹花也融合了作者的构思而有别于传统的蜡染艺术图案。根据著作权法实施条例第二条“著作权法所称作品，是指文学、艺术和科学领域内具有独创性并能以某种有形形式复制的智力成果”的规定，本案所涉原告洪福远创作的《和谐共生十二》画作属于传统蜡染艺术作品的衍生作品，是对传统蜡染艺术作品的传承与创新，符合著作权法保护的作品特征，在洪福远具有独创性的范围内受著作权法的保护。

关于第二个争议焦点，根据著作权法实施条例第四条第九项“美术作品，是指绘画、书法、雕塑等以线条、色彩或者其他方式构成的有审美意义的平面或者立体的造型艺术作品”的规定，绘画作品主要是以线条、色彩等方式构成的有审美意义的平面造型艺术作品。经过庭审比对，本案所涉产品贵州辣子鸡等包装礼盒和产品手册中使用的花鸟图案与涉案《和谐共生十二》画作，在鸟与花图形的结构造型、线条的取舍与排列上一致，只是图案的底色和线条的颜色存在差别，就比对的效果来看图案的底色和线条的颜色差别已然成为侵权的掩饰手段而已，并非独创性的智力劳动；第三人今彩公司主张其设计、使用在五福坊公司产品包装礼盒和产品手册中的作品创作于2006年，但其没有提交任何证据可以佐证，而洪福远的涉案作品于2009年发表在《福远蜡染艺术》一书中，且书中画作直接注明了作品创作日期为2003年，由此可以认定洪福远的涉案作品创作并发表在先。在五福坊公司生产、销售涉案产品之前，洪福远即发表了涉案《和谐共生十二》作品，五福坊公司有机会接触到原告的作品。据此，可以认定第三人今彩公司有抄袭洪福远涉案作品的故意，五福坊公司在生产、销售涉案产品包装礼盒和产品手册中部分使用原告的作品，侵犯了原告对涉案绘画美术作品的复制权。

关于第三个争议焦点，庭前准备过程中，经法院向洪福远释明是否追加今彩公司为被告参加诉讼，是否需要变更诉讼请求，原告以书面形式表示不同意追加今彩公司为被告，并认为五福坊公司与今彩公司属于另一法律关系，不宜与本案合并审理。事实上，五福坊公司与今彩公司签订了合同书，合同约定被告生产的所有产品的外包装、广告文案、宣传品等皆由今彩公司设计，合同也约定如今彩公司提交的设计内容有侵权行为，造成的后果由今彩公司全部承担。但五福坊公司作为产品包装的委托方，并未举证证明其已尽到了合理的注意义务，且也是侵权作品的最终使用者和实际受益者，根据著作权法第四十八条第二款第一项“有下列侵权行为的，应当根据情况，承担停止侵害、消除影响、赔礼道歉、赔偿损失等民事责任……（一）未经著作权人许可，复制、发行、表演、放映、广播、汇编、通过信息网络向公众传播其作品的，本法另有规定的除外”、《最高人民法院关于审理著作权民事纠纷案件适用法律若干问题的解释》（以下简称《著作权纠纷案件解释》）第十九条、第二十条第二款的规定，五福坊公司依法应承担本案侵权的民事责任。五福坊公司与第三人今彩公司之间属另一法律关系，不属于本案的审理范围，当事人可另行主张解决。

关于第四个争议焦点，根据著作权法第四十七条、第四十八条规定，侵犯著作权或与著作权有关的权利的，应当根据案件的实际情况，承担停止侵害、消除影响、赔礼道歉、赔偿损失等民事责任。本案中，第一，原告方的部分著作人身权和财产权受到侵害，客观上产生相应的经济损失，对于原告方的第一项赔偿损失的请求，依法应当获得相应的支持；第二，无论侵权人有无过错，为防止损失的扩大，责令侵权人立即停止正在实施的侵犯他人著作权的行为，以保护权利人的合法权益，也是法律实施的目的，对于原告方第二项要求被告停止使用涉案图案，销毁涉案包装盒及产品册页的诉请，依法应予支持；第三，五福坊公司事实上并无主观故意，也没有重大过失，只是没有尽到合理的审查义务而基于法律的规定承担侵权责任，洪福远也未举证证明被告侵权行为造成其声誉的损害，故对于洪福远要求五福坊公司在《贵州都市报》综合版面刊登声明赔礼道歉的第三项诉请，不予支持。

关于第五个争议焦点，本案中，原告方并未主张为制止侵权行为所支出的合理费用，也没有举证证明为制止侵权行为所支出的任何费用。庭审中，原告方没有提交任何证据以证明其实际损失的多少，也没有提交任何证据以证明五福坊公司因侵权行为的违法所得。事实上，原告方的实际损失本身难以确定，被告方因侵权行为的违法所得也难以查清。根据《著作权纠纷案件解释》第二十五条第一款、第二款“权利人的实际损失或者侵权人的违法所得无法确定的，人民法院根据当事人的请求或者依职权适用著作权法第四十八条第二款（现为第四十九条第二款）的规定确定赔偿数额。人民法院在确定赔偿数额时，应当考虑作品类型、合理使用费、侵权行为性质、后果等情节综合确定”的规定，结合本案的客观实际，主要考量以下 5 个方面对侵犯著作权赔偿数额的影响：第一，洪福远的涉案《和谐共生十二》作品属于贵州传统蜡染艺术作品的衍生作品，著作权作品的创作是在传统蜡染艺术作品基础上的传承与创新，涉案作品中鸟图形的轮廓与对称的美感来源于传统艺术作品，作者构思的创新有一定的限度和相对局限的空间；第二，贵州蜡染有一定的区域特征和地理标志意义，以花、鸟、虫、鱼等为创作缘起的蜡染艺术作品在某种意义上属于贵州元素或贵州符号，五福坊公司作为贵州的本土企业，其使用贵州蜡染艺术作品符合民间文学艺术作品作为非物质文化遗产固有的民族性、区域性的基本特征要求；第三，根据洪福远与邓春香签订的《作品使用权转让合同》，洪福远已经将其创作的涉案《和谐共生十二》作品的使用权（蜡染上使用除外）转让给邓春香，即涉案作品的大部分著作财产权转让给了传统民间艺术传承区域外的邓春香，由邓春香维护涉案作品著作财产权，基于本案著作人身权与财产权的权利主体在传统民间艺术传承区域范围内外客观分离的状况，传承区域范围内的企业侵权行为产生的后果与影响并不显著；第四，洪福远几十年来执着于民族蜡染艺术的探索与追求，在创作中将传统的民族蜡染与中国古典文化有机地糅和，从而使蜡染艺术升华到一定高度，对区域文化的发展起到一定的推动作用。尽管涉案作品的大部分著作财产权已经转让给了传统民间艺术传承区域外的邓春香，但洪福远的创作价值以及其在蜡染艺术业内的声誉应得到尊重；第五，五福坊公司涉案产品贵州辣子鸡、贵州小米渣、贵州猪肉干的生产经营规模、销售渠道等应予以参考，根据五福坊公司提交的五福坊公司与广州卓凡彩色印刷有限公司的采购合同，尽管上述证据不一定完全客观反映五福坊公司涉案产品的生产经营状况，但在原告方无任何相反证据的情形下，被告的证明主张在合理范围内应为法律所允许。综合考量上述因素，参照贵州省当前的经济发展水平和人们的生活水平，酌情确定由五福坊公司赔偿邓春香经济损失 10 万元。

（生效裁判审判人员：唐有临、刘永菊、袁波文）

最高人民法院指导案例81号

张晓燕诉雷献和、赵琪、山东爱书人音像图书有限公司著作权侵权纠纷案

（最高人民法院审判委员会讨论通过　2017年3月6日发布）

关键词

民事　著作权侵权　影视作品　历史题材　实质相似

裁判要点

1. 根据同一历史题材创作的作品中的题材主线、整体线索脉络，是社会共同财富，属于思想范畴，不能为个别人垄断，任何人都有权对此类题材加以利用并创作作品。

2. 判断作品是否构成侵权，应当从被诉侵权作品作者是否接触过权利人作品、被诉侵权作品与权利人作品之间是否构成实质相似等方面进行。在判断是否构成实质相似时，应比较作者在作品表达中的取舍、选择、安排、设计等是否相同或相似，不应从思想、情感、创意、对象等方面进行比较。

3. 按照著作权法保护作品的规定，人民法院应保护作者具有独创性的表达，即思想或情感的表现形式。对创意、素材、公有领域信息、创作形式、必要场景，以及具有唯一性或有限性的表达形式，则不予保护。

相关法条

《中华人民共和国著作权法》第二条

《中华人民共和国著作权法实施条例》第二条

基本案情

原告张晓燕诉称：其于1999年12月开始改编创作《高原骑兵连》剧本，2000年8月根据该剧本筹拍20集电视连续剧《高原骑兵连》（以下将该剧本及其电视剧简称“张剧”），2000年12月该剧摄制完成，张晓燕系该剧著作权人。被告雷献和作为《高原骑兵连》的名誉制片人参与了该剧的摄制。被告雷献和作为第一编剧和制片人、被告赵琪作为第二编剧拍摄了电视剧《最后的骑兵》（以下将该电视剧及其剧本简称“雷剧”）。2009年7月1日，张晓燕从被告山东爱书人音像图书有限公司购得《最后的骑兵》DVD光盘，发现与“张剧”有很多雷同之处，主要人物关系、故事情节及其他方面相同或近似，“雷剧”对“张剧”剧本及电视剧构成侵权。故请求法院判令：三被告停止侵

权，雷献和在《齐鲁晚报》上公开发表致歉声明并赔偿张晓燕剧本稿酬损失、剧本出版发行及改编费损失共计80万元。

被告雷献和辩称："张剧"剧本根据张冠林的长篇小说《雪域河源》改编而成，"雷剧"最初由雷献和根据师永刚的长篇小说《天苍茫》改编，后由赵琪参照其小说《骑马挎枪走天涯》重写剧本定稿。2000年上半年，张晓燕找到雷献和，提出合拍反映骑兵生活的电视剧。雷献和向张晓燕介绍了改编《天苍茫》的情况，建议合拍，张晓燕未同意。2000年8月，雷献和与张晓燕签订了合作协议，约定拍摄制作由张晓燕负责，雷献和负责军事保障，不参与艺术创作，雷献和没有看到张晓燕的剧本。"雷剧"和"张剧"创作播出的时间不同，"雷剧"不可能影响"张剧"的发行播出。

法院经审理查明："张剧""雷剧"、《骑马挎枪走天涯》《天苍茫》，均系以二十世纪八十年代中期精简整编中骑兵部队撤（缩）编为主线展开的军旅、历史题材作品。短篇小说《骑马挎枪走天涯》发表于《解放军文艺》1996年第12期总第512期；长篇小说《天苍茫》于2001年4月由解放军文艺出版社出版发行；"张剧"于2004年5月17日至5月21日由中央电视台第八套节目在上午时段以每天四集的速度播出；"雷剧"于2004年5月19日至29日由中央电视台第一套节目在晚上黄金时段以每天两集的速度播出。

《骑马挎枪走天涯》通过对骑兵连被撤销前后连长、指导员和一匹神骏的战马的描写，叙述了骑兵在历史上的辉煌、骑兵连被撤销、骑兵连官兵特别是骑兵连长对骑兵、战马的痴迷。《骑马挎枪走天涯》存在如下描述：神马（15号军马）出身来历中透着的神秘、连长与军马的水乳交融、指导员孔越华的人物形象、连长作诗、父亲当过骑兵团长、骑兵在未来战争中发挥的重要作用、连长为保留骑兵连所做的努力、骑兵连最后被撤销、结尾处连长与神马的悲壮。"雷剧"中天马的来历也透着神秘，除了连长常问天的父亲曾为骑兵师长外，上述情节内容与《骑马挎枪走天涯》基本相似。

《天苍茫》是讲述中国军队最后一支骑兵连充满传奇与神秘历史的书，书中展示草原与骑兵的生活，如马与人的情感、最后一匹野马的基因价值，以及研究马语的老人，神秘的预言者，最后的野马在香港赛马场胜出的传奇故事。《天苍茫》中连长成天的父亲是原骑兵师的师长，司令员是山南骑兵连的第一任连长、成天父亲的老部下，成天从小暗恋司令员女儿兰静，指导员王青衣与兰静相爱，并促进成天与基因学者刘可可的爱情。最后连长为救被困沼泽的研究人员牺牲。雷剧中高波将前指导员跑得又快又稳性子好的"大喇嘛"牵来交给常问天作为临时坐骑。结尾连长为完成抓捕任务而牺牲。"雷剧"中有关指导员孔越华与连长常问天之间关系的描述与《天苍茫》中指导员王青衣与连长成天关系的情节内容有相似之处。

法院依法委托中国版权保护中心版权鉴定委员会对张剧与雷剧进行鉴定，结论如下：1. 主要人物设置及关系部分相似；2. 主要线索脉络即骑兵部队缩编（撤销）存在相似之处；3. 存在部分相同或者近似的情节，但除一处语言表达基本相同之外，这些情节的具体表达基本不同。语言表达基本相同的情节是指双方作品中男主人公表达“愿做牧马人”的话语的情节。“张剧”电视剧第四集秦冬季说：“草原为家，以马为伴，做个牧马人”；“雷剧”第十八集常问天说：“以草原为家，以马为伴，你看过电影《牧马人》吗？做个自由的牧马人”。

裁判结果

山东省济南市中级人民法院于 2011 年 7 月 13 日作出（2010）济民三初字第 84 号民事判决：驳回张晓燕的全部诉讼请求。张晓燕不服，提起上诉。山东省高级人民法院于 2012 年 6 月 14 日作出（2011）鲁民三终字第 194 号民事判决：驳回上诉，维持原判。张晓燕不服，向最高人民法院申请再审。最高人民法院经审查，于 2014 年 11 月 28 日作出（2013）民申字第 1049 号民事裁定：驳回张晓燕的再审申请。

裁判理由

法院生效裁判认为：本案的争议焦点是“雷剧”的剧本及电视剧是否侵害“张剧”的剧本及电视剧的著作权。

判断作品是否构成侵权，应当从被诉侵权作品的作者是否“接触”过要求保护的权利人作品、被诉侵权作品与权利人的作品之间是否构成“实质相似”两个方面进行判断。本案各方当事人对雷献和接触“张剧”剧本及电视剧并无争议，本案的核心问题在于两部作品是否构成实质相似。

我国著作权法所保护的是作品中作者具有独创性的表达，即思想或情感的表现形式，不包括作品中所反映的思想或情感本身。这里指的思想，包括对物质存在、客观事实、人类情感、思维方法的认识，是被描述、被表现的对象，属于主观范畴。思想者借助物质媒介，将构思诉诸形式表现出来，将意象转化为形象、将抽象转化为具体、将主观转化为客观、将无形转化为有形，为他人感知的过程即为创作，创作形成的有独创性的表达属于受著作权法保护的作品。著作权法保护的表达不仅指文字、色彩、线条等符号的最终形式，当作品的内容被用于体现作者的思想、情感时，内容也属于受著作权法保护的表达，但创意、素材或公有领域的信息、创作形式、必要场景或表达唯一或有限则被排除在著作权法的保护范围之外。必要场景，指选择某一类主题进行创作时，不可避免而必须采取某些事件、角色、布局、场景，这种表现特定主题不可或缺的表达方式不受著作权法保护；表达唯一或有限，指一种思想只有唯一一种或有限的表达形式，这些表达视为思想，也不给予著作权保护。在判断“雷剧”与“张剧”是否构成实质相似时，应比较两部作品中对于思想和情感的表达，将两部作品表达中作者的取舍、选择、安排、设计是否相同或相似，而不是离开表达看思想、情感、创意、对象等其他方面。结合张晓燕的主张，从以下几个方面进行分析判断：

关于张晓燕提出“雷剧”与“张剧”题材主线相同的主张，因“雷剧”与《骑马挎枪走天涯》都通过紧扣“英雄末路、骑兵绝唱”这一主题和情境描述了“最后的骑兵”在撤编前后发生的故事，可以认定“雷剧”题材主线及整体线索脉络来自《骑马挎枪走天涯》。“张剧”“雷剧”以及《骑马挎枪走天涯》《天苍茫》4部作品均系以二十世纪八十年代中期精简整编中骑兵部队撤（缩）编为主线展开的军旅历史题材作品，是社会的共同财富，不能为个别人所垄断，故4部作品的作者都有权以自己的方式对此类题材加以利用并创作作品。因此，即便“雷剧”与“张剧”题材主线存在一定的相似性，因题材主线不受著作权法保护，且“雷剧”的题材主线系来自最早发表的《骑马挎枪走天涯》，不能认定“雷剧”抄袭自“张剧”。

关于张晓燕提出“雷剧”与“张剧”人物设置与人物关系相同、相似的主张，鉴于前述4部作品均系以特定历史时期骑兵部队撤（缩）编为主线展开的军旅题材作品，除了《骑马挎枪走天涯》受短篇小说篇幅的限制，没有三角恋爱关系或军民关系外，其他3部作品中都包含三角恋爱关系、官兵上下关系、军民关系等人物设置和人物关系，这样的表现方式属于军旅题材作品不可避免地采取的必要场景，因表达方式有限，不受著作权法保护。

关于张晓燕提出“雷剧”与“张剧”语言表达及故事情节相同、相似的主张，从语言表达看，如“雷剧”中“做个自由的‘牧马人’”与“张剧”中“做个牧马人”语言表达基本相同，但该语言表达属于特定语境下的惯常用语，非独创性表达。从故事情节看，用于体现作者的思想与情感的故事情节属于表达的范畴，具有独创性的故事情节应受著作权法保护，但是，故事情节中仅部分元素相同、相似并不能当然得出故事情节相同、相似的结论。前述4部作品相同、相似的部分多属于公有领域素材或缺乏独创性的素材，有的仅为故事情节中的部分元素相同，但情节所展开的具体内容和表达的意义并不相同。二审法院认定“雷剧”与“张剧”6处相同、相似的故事情节，其中老部下关系、临时指定马匹等在《天苍茫》中也有相似的情节内容，其他部分虽在情节设计方面存在相同、相似之处，但有的仅为情节表达中部分元素的相同、相似，情节内容相同、相似的部分少且微不足道。

整体而言，“雷剧”与“张剧”具体情节展开不同、描写的侧重点不同、主人公性格不同、结尾不同，二者相同、相似的故事情节在“雷剧”中所占比例极低，且在整个故事情节中处于次要位置，不构成“雷剧”中的主要部分，不会导致读者和观众对两部作品产生相同、相似的欣赏体验，不能得出两部作品实质相似的结论。根据《最高人民法院关于审理著作权民事纠纷案件适用法律若干问题的解释》第十五条“由不同作者就同一题材创作的作品，作品的表达系独立完成并且有创作性的，应当认定作者各自享有独立著作权”的规定，“雷剧”与“张剧”属于由不同作者就同一题材创作的作品，两剧都有独创性，各自享有独立著作权。

（生效裁判审判人员：于晓白、骆电、李嵘）

（三）商标权

中华人民共和国商标法

（1982 年 8 月 23 日第五届全国人民代表大会常务委员会第二十四次会议通过　根据 1993 年 2 月 22 日第七届全国人民代表大会常务委员会第三十次会议《关于修改〈中华人民共和国商标法〉的决定》第一次修正　根据 2001 年 10 月 27 日第九届全国人民代表大会常务委员会第二十四次会议《关于修改〈中华人民共和国商标法〉的决定》第二次修正　根据 2013 年 8 月 30 日第十二届全国人民代表大会常务委员会第四次会议《关于修改〈中华人民共和国商标法〉的决定》第三次修正）

目　录

第一章　总　则

第一条　【立法宗旨】为了加强商标管理，保护商标专用权，促使生产、经营者保证商品和服务质量，维护商标信誉，以保障消费者和生产、经营者的利益，促进社会主义市场经济的发展，特制定本法。

第二条　【商标行政主管部门】国务院工商行政管理部门商标局主管全国商标注册和管理的工作。

国务院工商行政管理部门设立商标评审委员会，负责处理商标争议事宜。

第三条　【注册商标及其分类与保护】经商标局核准注册的商标为注册商标，包括商品商标、服务商标和集体商标、证明商标；商标注册人享有商标专用权，受法律保护。

本法所称集体商标，是指以团体、协会或者其他组织名义注册，供该组织成员在商事活动中使用，以表明使用者在该组织中的成员资格的标志。

本法所称证明商标，是指由对某种商品或者服务具有监督能力的组织所控制，而由该组织以外的单位或者个人使用于其商品或者服务，用以证明该商品或者服务的原产地、原料、制造方法、质量或者其他特定品质的标志。

集体商标、证明商标注册和管理的特殊事项，由国务院工商行政管理部门规定。

第四条　【商标注册申请】自然人、法人或者其他组织在生产经营活动中，对其商品或者服务需要取得商标专用权的，应当向商标局申请商标注册。

本法有关商品商标的规定，适用于服务商标。

第五条　【注册商标共有】两个以上的自然人、法人或者其他组织可以共同向商标局申请注册同一商标，共同享有和行使该商标专用权。

第六条　【商标强制注册】法律、行政法规规定必须使用注册商标的商品，必须申请商标注册，未经核准注册的，不得在市场销售。

第七条　【诚实信用原则和商品质量】申请注册和使用商标，应当遵循诚实信用原则。

商标使用人应当对其使用商标的商品质量负责。各级工商行政管理部门应当通过商标管理，制止欺骗消费者的行为。

第八条　【商标的构成要素】任何能够将自然人、法人或者其他组织的商品与他人的商品区别开的标志，包括文字、图形、字母、数字、三维标志、颜色组合和声音等，以及上述要素的组合，均可以作为商标申请注册。

第九条　【申请注册商标应具备的条件】申请注册的商标，应当有显著特征，便于识别，并不得与他人在先取得的合法权利相冲突。

商标注册人有权标明“注册商标”或者注册标记。

第十条　【禁止作为商标使用的标志】下列标志不得作为商标使用：

（一）同中华人民共和国的国家名称、国旗、国徽、国歌、军旗、军徽、军歌、勋章等相同或者近似的，以及同中央国家机关的名称、标志、所在地特定地点的名称或者标志性建筑物的名称、图形相同的；

（二）同外国的国家名称、国旗、国徽、军旗等相同或者近似的，但经该国政府同意的除外；

（三）同政府间国际组织的名称、旗帜、徽记等相同或者近似的，但经该组织同意或者不易误导公众的除外；

（四）与表明实施控制、予以保证的官方标志、检验印记相同或者近似的，但经授权的除外；

（五）同“红十字”、“红新月”的名称、标志相同或者近似的；

（六）带有民族歧视性的；

（七）带有欺骗性，容易使公众对商品的质量等特点或者产地产生误认的；

（八）有害于社会主义道德风尚或者有其他不良影响的。

县级以上行政区划的地名或者公众知晓的外国地名，不得作为商标。但是，地名具有其他含义或者作为集体商标、证明商标组成部分的除外；已经注册的使用地名的商标继续有效。

第十一条　【不得作为商标注册的标志】下列标志不得作为商标注册：

（一）仅有本商品的通用名称、图形、型号的；

（二）仅直接表示商品的质量、主要原料、功能、用途、重量、数量及其他特点的；

（三）其他缺乏显著特征的。

前款所列标志经过使用取得显著特征，并便于识别的，可以作为商标注册。

第十二条　【三维标志申请注册商标的限制条件】以三维标志申请注册商标的，仅由商品自身的性质产生的形状、为获得技术效果而需有的商品形状或者使商品具有实质性价值的形状，不得注册。

第十三条　【驰名商标的保护】为相关公众所熟知的商标，持有人认为其权利受到侵害时，可以依照本法规定请求驰名商标保护。

就相同或者类似商品申请注册的商标是复制、摹仿或者翻译他人未在中国注册的驰名商标，容易导致混淆的，不予注册并禁止使用。

就不相同或者不相类似商品申请注册的商标是复制、摹仿或者翻译他人已经在中国注册的驰名商标，误导公众，致使该驰名商标注册人的利益可能受到损害的，不予注册并禁止使用。

第十四条 【驰名商标的认定】驰名商标应当根据当事人的请求，作为处理涉及商标案件需要认定的事实进行认定。认定驰名商标应当考虑下列因素：

（一）相关公众对该商标的知晓程度；

（二）该商标使用的持续时间；

（三）该商标的任何宣传工作的持续时间、程度和地理范围；

（四）该商标作为驰名商标受保护的记录；

（五）该商标驰名的其他因素。

在商标注册审查、工商行政管理部门查处商标违法案件过程中，当事人依照本法第十三条规定主张权利的，商标局根据审查、处理案件的需要，可以对商标驰名情况作出认定。

在商标争议处理过程中，当事人依照本法第十三条规定主张权利的，商标评审委员会根据处理案件的需要，可以对商标驰名情况作出认定。

在商标民事、行政案件审理过程中，当事人依照本法第十三条规定主张权利的，最高人民法院指定的人民法院根据审理案件的需要，可以对商标驰名情况作出认定。

生产、经营者不得将“驰名商标”字样用于商品、商品包装或者容器上，或者用于广告宣传、展览以及其他商业活动中。

第十五条 【恶意注册他人商标】未经授权，代理人或者代表人以自己的名义将被代理人或者被代表人的商标进行注册，被代理人或者被代表人提出异议的，不予注册并禁止使用。

就同一种商品或者类似商品申请注册的商标与他人在先使用的未注册商标相同或者近似，申请人与该他人具有前款规定以外的合同、业务往来关系或者其他关系而明知该他人商标存在，该他人提出异议的，不予注册。

第十六条 【地理标志】商标中有商品的地理标志，而该商品并非来源于该标志所标示的地区，误导公众的，不予注册并禁止使用；但是，已经善意取得注册的继续有效。

前款所称地理标志，是指标示某商品来源于某地区，该商品的特定质量、信誉或者其他特征，主要由该地区的自然因素或者人文因素所决定的标志。

第十七条 【外国人在中国申请商标注册】外国人或者外国企业在中国申请商标注册的，应当按其所属国和中华人民共和国签订的协议或者共同参加的国际条约办理，或者按对等原则办理。

第十八条 【商标代理机构】申请商标注册或者办理其他商标事宜，可以自行办理，也可以委托依法设立的商标代理机构办理。

外国人或者外国企业在中国申请商标注册和办理其他商标事宜的，应当委托依法设立的商标代理机构办理。

第十九条　【商标代理机构的行为规范】商标代理机构应当遵循诚实信用原则，遵守法律、行政法规，按照被代理人的委托办理商标注册申请或者其他商标事宜；对在代理过程中知悉的被代理人的商业秘密，负有保密义务。

委托人申请注册的商标可能存在本法规定不得注册情形的，商标代理机构应当明确告知委托人。

商标代理机构知道或者应当知道委托人申请注册的商标属于本法第十五条和第三十二条规定情形的，不得接受其委托。

商标代理机构除对其代理服务申请商标注册外，不得申请注册其他商标。

第二十条　【商标代理行业组织对会员的管理】商标代理行业组织应当按照章程规定，严格执行吸纳会员的条件，对违反行业自律规范的会员实行惩戒。商标代理行业组织对其吸纳的会员和对会员的惩戒情况，应当及时向社会公布。

第二十一条　【商标国际注册】商标国际注册遵循中华人民共和国缔结或者参加的有关国际条约确立的制度，具体办法由国务院规定。

第二章　商标注册的申请

第二十二条　【商标注册申请的提出】商标注册申请人应当按规定的商品分类表填报使用商标的商品类别和商品名称，提出注册申请。

商标注册申请人可以通过一份申请就多个类别的商品申请注册同一商标。

商标注册申请等有关文件，可以以书面方式或者数据电文方式提出。

第二十三条　【注册申请的另行提出】注册商标需要在核定使用范围之外的商品上取得商标专用权的，应当另行提出注册申请。

第二十四条　【注册申请的重新提出】注册商标需要改变其标志的，应当重新提出注册申请。

第二十五条　【优先权及其手续】商标注册申请人自其商标在外国第一次提出商标注册申请之日起六个月内，又在中国就相同商品以同一商标提出商标注册申请的，依照该外国同中国签订的协议或者共同参加的国际条约，或者按照相互承认优先权的原则，可以享有优先权。

依照前款要求优先权的，应当在提出商标注册申请的时候提出书面声明，并且在三个月内提交第一次提出的商标注册申请文件的副本；未提出书面声明或者逾期未提交商标注册申请文件副本的，视为未要求优先权。

第二十六条　【国际展览会中的临时保护】商标在中国政府主办的或者承认的国际展览会展出的商品上首次使用的，自该商品展出之日起六个月内，该商标的注册申请人可以享有优先权。

依照前款要求优先权的，应当在提出商标注册申请的时候提出书面声明，并且在三个月内提交展出其商品的展览会名称、在展出商品上使用该商标的证据、展出日期等证明文件；未提出书面声明或者逾期未提交证明文件的，视为未要求优先权。

第二十七条 【申报事项和材料的真实、准确、完整】为申请商标注册所申报的事项和所提供的材料应当真实、准确、完整。

第三章 商标注册的审查和核准

第二十八条 【初步审定并公告】对申请注册的商标，商标局应当自收到商标注册申请文件之日起九个月内审查完毕，符合本法有关规定的，予以初步审定公告。

第二十九条 【商标注册申请内容的说明】在审查过程中，商标局认为商标注册申请内容需要说明或者修正的，可以要求申请人做出说明或者修正。申请人未做出说明或者修正的，不影响商标局做出审查决定。

第三十条 【商标注册申请的驳回】申请注册的商标，凡不符合本法有关规定或者同他人在同一种商品或者类似商品上已经注册的或者初步审定的商标相同或者近似的，由商标局驳回申请，不予公告。

第三十一条 【申请在先原则】两个或者两个以上的商标注册申请人，在同一种商品或者类似商品上，以相同或者近似的商标申请注册的，初步审定并公告申请在先的商标；同一天申请的，初步审定并公告使用在先的商标，驳回其他人的申请，不予公告。

第三十二条 【在先权利与恶意抢注】申请商标注册不得损害他人现有的在先权利，也不得以不正当手段抢先注册他人已经使用并有一定影响的商标。

第三十三条 【商标异议和核准注册】对初步审定公告的商标，自公告之日起三个月内，在先权利人、利害关系人认为违反本法第十三条第二款和第三款、第十五条、第十六条第一款、第三十条、第三十一条、第三十二条规定的，或者任何人认为违反本法第十条、第十一条、第十二条规定的，可以向商标局提出异议。公告期满无异议的，予以核准注册，发给商标注册证，并予公告。

第三十四条 【驳回商标申请的处理】对驳回申请、不予公告的商标，商标局应当书面通知商标注册申请人。商标注册申请人不服的，可以自收到通知之日起十五日内向商标评审委员会申请复审。商标评审委员会应当自收到申请之日起九个月内做出决定，并书面通知申请人。有特殊情况需要延长的，经国务院工商行政管理部门批准，可以延长三个月。当事人对商标评审委员会的决定不服的，可以自收到通知之日起三十日内向人民法院起诉。

第三十五条　【商标异议的处理】对初步审定公告的商标提出异议的，商标局应当听取异议人和被异议人陈述事实和理由，经调查核实后，自公告期满之日起十二个月内做出是否准予注册的决定，并书面通知异议人和被异议人。有特殊情况需要延长的，经国务院工商行政管理部门批准，可以延长六个月。

商标局做出准予注册决定的，发给商标注册证，并予公告。异议人不服的，可以依照本法第四十四条、第四十五条的规定向商标评审委员会请求宣告该注册商标无效。

商标局做出不予注册决定，被异议人不服的，可以自收到通知之日起十五日内向商标评审委员会申请复审。商标评审委员会应当自收到申请之日起十二个月内做出复审决定，并书面通知异议人和被异议人。有特殊情况需要延长的，经国务院工商行政管理部门批准，可以延长六个月。被异议人对商标评审委员会的决定不服的，可以自收到通知之日起三十日内向人民法院起诉。人民法院应当通知异议人作为第三人参加诉讼。

商标评审委员会在依照前款规定进行复审的过程中，所涉及的在先权利的确定必须以人民法院正在审理或者行政机关正在处理的另一案件的结果为依据的，可以中止审查。中止原因消除后，应当恢复审查程序。

第三十六条　【有关决定的生效及效力】法定期限届满，当事人对商标局做出的驳回申请决定、不予注册决定不申请复审或者对商标评审委员会做出的复审决定不向人民法院起诉的，驳回申请决定、不予注册决定或者复审决定生效。

经审查异议不成立而准予注册的商标，商标注册申请人取得商标专用权的时间自初步审定公告三个月期满之日起计算。自该商标公告期满之日起至准予注册决定做出前，对他人在同一种或者类似商品上使用与该商标相同或者近似的标志的行为不具有追溯力；但是，因该使用人的恶意给商标注册人造成的损失，应当给予赔偿。

第三十七条　【及时审查原则】对商标注册申请和商标复审申请应当及时进行审查。

第三十八条　【商标申请文件和注册文件错误的更正】商标注册申请人或者注册人发现商标申请文件或者注册文件有明显错误的，可以申请更正。商标局依法在其职权范围内作出更正，并通知当事人。

前款所称更正错误不涉及商标申请文件或者注册文件的实质性内容。

第四章　注册商标的续展、变更、转让和使用许可

第三十九条　【注册商标的有效期限】注册商标的有效期为十年，自核

准注册之日起计算。

第四十条 【续展手续的办理】注册商标有效期满，需要继续使用的，商标注册人应当在期满前十二个月内按照规定办理续展手续；在此期间未能办理的，可以给予六个月的宽展期。每次续展注册的有效期为十年，自该商标上一届有效期满次日起计算。期满未办理续展手续的，注销其注册商标。

商标局应当对续展注册的商标予以公告。

第四十一条 【注册商标的变更】注册商标需要变更注册人的名义、地址或者其他注册事项的，应当提出变更申请。

第四十二条 【注册商标的转让】转让注册商标的，转让人和受让人应当签订转让协议，并共同向商标局提出申请。受让人应当保证使用该注册商标的商品质量。

转让注册商标的，商标注册人对其在同一种商品上注册的近似的商标，或者在类似商品上注册的相同或者近似的商标，应当一并转让。

对容易导致混淆或者有其他不良影响的转让，商标局不予核准，书面通知申请人并说明理由。

转让注册商标经核准后，予以公告。受让人自公告之日起享有商标专用权。

第四十三条 【注册商标的使用许可】商标注册人可以通过签订商标使用许可合同，许可他人使用其注册商标。许可人应当监督被许可人使用其注册商标的商品质量。被许可人应当保证使用该注册商标的商品质量。

经许可使用他人注册商标的，必须在使用该注册商标的商品上标明被许可人的名称和商品产地。

许可他人使用其注册商标的，许可人应当将其商标使用许可报商标局备案，由商标局公告。商标使用许可未经备案不得对抗善意第三人。

第五章 注册商标的无效宣告

第四十四条 【注册不当商标的处理】已经注册的商标，违反本法第十条、第十一条、第十二条规定的，或者是以欺骗手段或者其他不正当手段取得注册的，由商标局宣告该注册商标无效；其他单位或者个人可以请求商标评审委员会宣告该注册商标无效。

商标局做出宣告注册商标无效的决定，应当书面通知当事人。当事人对商标局的决定不服的，可以自收到通知之日起十五日内向商标评审委员会申请复审。商标评审委员会应当自收到申请之日起九个月内做出决定，并书面通知当事人。有特殊情况需要延长的，经国务院工商行政管理部门批准，可以延长三个月。当事人对商标评审委员会的决定不服的，可以自收到通知之日起三十日内向人民法院起诉。

其他单位或者个人请求商标评审委员会宣告注册商标无效的，商标评审委员会收到申请后，应当书面通知有关当事人，并限期提出答辩。商标评审委员会应当自收到申请之日起九个月内做出维持注册商标或者宣告注册商标无效的裁定，并书面通知当事人。有特殊情况需要延长的，经国务院工商行政管理部门批准，可以延长三个月。当事人对商标评审委员会的裁定不服的，可以自收到通知之日起三十日内向人民法院起诉。人民法院应当通知商标裁定程序的对方当事人作为第三人参加诉讼。

第四十五条　【对与他人在先权利相冲突的注册商标的处理】已经注册的商标，违反本法第十三条第二款和第三款、第十五条、第十六条第一款、第三十条、第三十一条、第三十二条规定的，自商标注册之日起五年内，在先权利人或者利害关系人可以请求商标评审委员会宣告该注册商标无效。对恶意注册的，驰名商标所有人不受五年的时间限制。

商标评审委员会收到宣告注册商标无效的申请后，应当书面通知有关当事人，并限期提出答辩。商标评审委员会应当自收到申请之日起十二个月内做出维持注册商标或者宣告注册商标无效的裁定，并书面通知当事人。有特殊情况需要延长的，经国务院工商行政管理部门批准，可以延长六个月。当事人对商标评审委员会的裁定不服的，可以自收到通知之日起三十日内向人民法院起诉。人民法院应当通知商标裁定程序的对方当事人作为第三人参加诉讼。

商标评审委员会在依照前款规定对无效宣告请求进行审查的过程中，所涉及的在先权利的确定必须以人民法院正在审理或者行政机关正在处理的另一案件的结果为依据的，可以中止审查。中止原因消除后，应当恢复审查程序。

第四十六条　【有关宣告注册商标无效或维持的决定、裁定生效】法定期限届满，当事人对商标局宣告注册商标无效的决定不申请复审或者对商标评审委员会的复审决定、维持注册商标或者宣告注册商标无效的裁定不向人民法院起诉的，商标局的决定或者商标评审委员会的复审决定、裁定生效。

第四十七条　【宣告注册商标无效的法律效力】依照本法第四十四条、第四十五条的规定宣告无效的注册商标，由商标局予以公告，该注册商标专用权视为自始即不存在。

宣告注册商标无效的决定或者裁定，对宣告无效前人民法院做出并已执行的商标侵权案件的判决、裁定、调解书和工商行政管理部门做出并已执行的商标侵权案件的处理决定以及已经履行的商标转让或者使用许可合同不具有追溯力。但是，因商标注册人的恶意给他人造成的损失，应当给予赔偿。

依照前款规定不返还商标侵权赔偿金、商标转让费、商标使用费，明显违反公平原则的，应当全部或者部分返还。

第六章　商标使用的管理

第四十八条　【商标的使用】本法所称商标的使用，是指将商标用于商品、商品包装或者容器以及商品交易文书上，或者将商标用于广告宣传、展览以及其他商业活动中，用于识别商品来源的行为。

第四十九条　【违法使用注册商标】商标注册人在使用注册商标的过程中，自行改变注册商标、注册人名义、地址或者其他注册事项的，由地方工商行政管理部门责令限期改正；期满不改正的，由商标局撤销其注册商标。

注册商标成为其核定使用的商品的通用名称或者没有正当理由连续三年不使用的，任何单位或者个人可以向商标局申请撤销该注册商标。商标局应当自收到申请之日起九个月内做出决定。有特殊情况需要延长的，经国务院工商行政管理部门批准，可以延长三个月。

第五十条　【对被撤销、宣告无效或者注销的商标的管理】注册商标被撤销、被宣告无效或者期满不再续展的，自撤销、宣告无效或者注销之日起一年内，商标局对与该商标相同或者近似的商标注册申请，不予核准。

第五十一条　【对强制注册商标的管理】违反本法第六条规定的，由地方工商行政管理部门责令限期申请注册，违法经营额五万元以上的，可以处违法经营额百分之二十以下的罚款，没有违法经营额或者违法经营额不足五万元的，可以处一万元以下的罚款。

第五十二条　【对未注册商标的管理】将未注册商标冒充注册商标使用的，或者使用未注册商标违反本法第十条规定的，由地方工商行政管理部门予以制止，限期改正，并可以予以通报，违法经营额五万元以上的，可以处违法经营额百分之二十以下的罚款，没有违法经营额或者违法经营额不足五万元的，可以处一万元以下的罚款。

第五十三条　【违法使用驰名商标的责任】违反本法第十四条第五款规定的，由地方工商行政管理部门责令改正，处十万元罚款。

第五十四条　【对撤销或不予撤销注册商标决定的复审】对商标局撤销或者不予撤销注册商标的决定，当事人不服的，可以自收到通知之日起十五日内向商标评审委员会申请复审。商标评审委员会应当自收到申请之日起九个月内做出决定，并书面通知当事人。有特殊情况需要延长的，经国务院工商行政管理部门批准，可以延长三个月。当事人对商标评审委员会的决定不服的，可以自收到通知之日起三十日内向人民法院起诉。

第五十五条　【撤销注册商标决定的生效】法定期限届满，当事人对商标局做出的撤销注册商标的决定不申请复审或者对商标评审委员会做出的复审决定不向人民法院起诉的，撤销注册商标的决定、复审决定生效。

被撤销的注册商标，由商标局予以公告，该注册商标专用权自公告之日起终止。

第七章 注册商标专用权的保护

第五十六条 【注册商标专用权的保护范围】注册商标的专用权，以核准注册的商标和核定使用的商品为限。

第五十七条 【商标侵权行为】有下列行为之一的，均属侵犯注册商标专用权：

（一）未经商标注册人的许可，在同一种商品上使用与其注册商标相同的商标的；

（二）未经商标注册人的许可，在同一种商品上使用与其注册商标近似的商标，或者在类似商品上使用与其注册商标相同或者近似的商标，容易导致混淆的；

（三）销售侵犯注册商标专用权的商品的；

（四）伪造、擅自制造他人注册商标标识或者销售伪造、擅自制造的注册商标标识的；

（五）未经商标注册人同意，更换其注册商标并将该更换商标的商品又投入市场的；

（六）故意为侵犯他人商标专用权行为提供便利条件，帮助他人实施侵犯商标专用权行为的；

（七）给他人的注册商标专用权造成其他损害的。

第五十八条 【不正当竞争】将他人注册商标、未注册的驰名商标作为企业名称中的字号使用，误导公众，构成不正当竞争行为的，依照《中华人民共和国反不正当竞争法》处理。

第五十九条 【注册商标专用权行使限制】注册商标中含有的本商品的通用名称、图形、型号，或者直接表示商品的质量、主要原料、功能、用途、重量、数量及其他特点，或者含有的地名，注册商标专用权人无权禁止他人正当使用。

三维标志注册商标中含有的商品自身的性质产生的形状、为获得技术效果而需有的商品形状或者使商品具有实质性价值的形状，注册商标专用权人无权禁止他人正当使用。

商标注册人申请商标注册前，他人已经在同一种商品或者类似商品上先于商标注册人使用与注册商标相同或者近似并有一定影响的商标的，注册商标专用权人无权禁止该使用人在原使用范围内继续使用该商标，但可以要求其附加适当区别标识。

第六十条 【侵犯注册商标专用权的责任】有本法第五十七条所列侵犯注册商标专用权行为之一，引起纠纷的，由当事人协商解决；不愿协商或者协商不成的，商标注册人或者利害关系人可以向人民法院起诉，也可以请求工商行政管理部门处理。

工商行政管理部门处理时，认定侵权行为成立的，责令立即停止侵权行为，没收、销毁侵权商品和主要用于制造侵权商品、伪造注册商标标识的工具，违法经营额五万元以上的，可以处违法经营额五倍以下的罚款，没有违法经营额或者违法经营额不足五万元的，可以处二十五万元以下的罚款。对五年内实施两次以上商标侵权行为或者有其他严重情节的，应当从重处罚。销售不知道是侵犯注册商标专用权的商品，能证明该商品是自己合法取得并说明提供者的，由工商行政管理部门责令停止销售。

对侵犯商标专用权的赔偿数额的争议，当事人可以请求进行处理的工商行政管理部门调解，也可以依照《中华人民共和国民事诉讼法》向人民法院起诉。经工商行政管理部门调解，当事人未达成协议或者调解书生效后不履行的，当事人可以依照《中华人民共和国民事诉讼法》向人民法院起诉。

第六十一条 【对侵犯注册商标专用权的处理】对侵犯注册商标专用权的行为，工商行政管理部门有权依法查处；涉嫌犯罪的，应当及时移送司法机关依法处理。

第六十二条 【对商标侵权行为的查处】县级以上工商行政管理部门根据已经取得的违法嫌疑证据或者举报，对涉嫌侵犯他人注册商标专用权的行为进行查处时，可以行使下列职权：

（一）询问有关当事人，调查与侵犯他人注册商标专用权有关的情况；

（二）查阅、复制当事人与侵权活动有关的合同、发票、账簿以及其他有关资料；

（三）对当事人涉嫌从事侵犯他人注册商标专用权活动的场所实施现场检查；

（四）检查与侵权活动有关的物品；对有证据证明是侵犯他人注册商标专用权的物品，可以查封或者扣押。

工商行政管理部门依法行使前款规定的职权时，当事人应当予以协助、配合，不得拒绝、阻挠。

在查处商标侵权案件过程中，对商标权属存在争议或者权利人同时向人民法院提起商标侵权诉讼的，工商行政管理部门可以中止案件的查处。中止原因消除后，应当恢复或者终结案件查处程序。

第六十三条　【侵犯商标专用权的赔偿数额的确定】侵犯商标专用权的赔偿数额，按照权利人因被侵权所受到的实际损失确定；实际损失难以确定的，可以按照侵权人因侵权所获得的利益确定；权利人的损失或者侵权人获得的利益难以确定的，参照该商标许可使用费的倍数合理确定。对恶意侵犯商标专用权，情节严重的，可以在按照上述方法确定数额的一倍以上三倍以下确定赔偿数额。赔偿数额应当包括权利人为制止侵权行为所支付的合理开支。

人民法院为确定赔偿数额，在权利人已经尽力举证，而与侵权行为相关的账簿、资料主要由侵权人掌握的情况下，可以责令侵权人提供与侵权行为相关的账簿、资料；侵权人不提供或者提供虚假的账簿、资料的，人民法院可以参考权利人的主张和提供的证据判定赔偿数额。

权利人因被侵权所受到的实际损失、侵权人因侵权所获得的利益、注册商标许可使用费难以确定的，由人民法院根据侵权行为的情节判决给予三百万元以下的赔偿。

第六十四条　【商标侵权纠纷中的免责情形】注册商标专用权人请求赔偿，被控侵权人以注册商标专用权人未使用注册商标提出抗辩的，人民法院可以要求注册商标专用权人提供此前三年内实际使用该注册商标的证据。注册商标专用权人不能证明此前三年内实际使用过该注册商标，也不能证明因侵权行为受到其他损失的，被控侵权人不承担赔偿责任。

销售不知道是侵犯注册商标专用权的商品，能证明该商品是自己合法取得并说明提供者的，不承担赔偿责任。

第六十五条　【诉前临时保护措施】商标注册人或者利害关系人有证据证明他人正在实施或者即将实施侵犯其注册商标专用权的行为，如不及时制止将会使其合法权益受到难以弥补的损害的，可以依法在起诉前向人民法院申请采取责令停止有关行为和财产保全的措施。

第六十六条　【诉前证据保全】为制止侵权行为，在证据可能灭失或者以后难以取得的情况下，商标注册人或者利害关系人可以依法在起诉前向人民法院申请保全证据。

第六十七条　【刑事责任】未经商标注册人许可，在同一种商品上使用与其注册商标相同的商标，构成犯罪的，除赔偿被侵权人的损失外，依法追究刑事责任。

伪造、擅自制造他人注册商标标识或者销售伪造、擅自制造的注册商标标识，构成犯罪的，除赔偿被侵权人的损失外，依法追究刑事责任。

销售明知是假冒注册商标的商品，构成犯罪的，除赔偿被侵权人的损失外，依法追究刑事责任。

第六十八条 【商标代理机构的法律责任】商标代理机构有下列行为之一的，由工商行政管理部门责令限期改正，给予警告，处一万元以上十万元以下的罚款；对直接负责的主管人员和其他直接责任人员给予警告，处五千元以上五万元以下的罚款；构成犯罪的，依法追究刑事责任：

（一）办理商标事宜过程中，伪造、变造或者使用伪造、变造的法律文件、印章、签名的；

（二）以诋毁其他商标代理机构等手段招徕商标代理业务或者以其他不正当手段扰乱商标代理市场秩序的；

（三）违反本法第十九条第三款、第四款规定的。

商标代理机构有前款规定行为的，由工商行政管理部门记入信用档案；情节严重的，商标局、商标评审委员会并可以决定停止受理其办理商标代理业务，予以公告。

商标代理机构违反诚实信用原则，侵害委托人合法利益的，应当依法承担民事责任，并由商标代理行业组织按照章程规定予以惩戒。

第六十九条 【商标监管机构及其人员的行为要求】从事商标注册、管理和复审工作的国家机关工作人员必须秉公执法，廉洁自律，忠于职守，文明服务。

商标局、商标评审委员会以及从事商标注册、管理和复审工作的国家机关工作人员不得从事商标代理业务和商品生产经营活动。

第七十条 【工商行政管理部门的内部监督】工商行政管理部门应当建立健全内部监督制度，对负责商标注册、管理和复审工作的国家机关工作人员执行法律、行政法规和遵守纪律的情况，进行监督检查。

第七十一条 【相关工作人员的法律责任】从事商标注册、管理和复审工作的国家机关工作人员玩忽职守、滥用职权、徇私舞弊，违法办理商标注册、管理和复审事项，收受当事人财物，牟取不正当利益，构成犯罪的，依法追究刑事责任；尚不构成犯罪的，依法给予处分。

第八章　附　则

第七十二条 【商标规费】申请商标注册和办理其他商标事宜的，应当缴纳费用，具体收费标准另定。

第七十三条 【时间效力】本法自1983年3月1日起施行。1963年4月10日国务院公布的《商标管理条例》同时废止；其他有关商标管理的规定，凡与本法抵触的，同时失效。

中华人民共和国商标法实施条例

（2002年8月3日国务院令第358号公布
2014年4月29日国务院令第651号修订
自2014年5月1日起施行）

第一章　总　则

第一条　根据《中华人民共和国商标法》（以下简称商标法），制定本条例。

第二条　本条例有关商品商标的规定，适用于服务商标。

第三条　商标持有人依照商标法第十三条规定请求驰名商标保护的，应当提交其商标构成驰名商标的证据材料。商标局、商标评审委员会应当依照商标法第十四条的规定，根据审查、处理案件的需要以及当事人提交的证据材料，对其商标驰名情况作出认定。

第四条　商标法第十六条规定的地理标志，可以依照商标法和本条例的规定，作为证明商标或者集体商标申请注册。

以地理标志作为证明商标注册的，其商品符合使用该地理标志条件的自然人、法人或者其他组织可以要求使用该证明商标，控制该证明商标的组织应当允许。以地理标志作为集体商标注册的，其商品符合使用该地理标志条件的自然人、法人或者其他组织，可以要求参加以该地理标志作为集体商标注册的团体、协会或者其他组织，该团体、协会或者其他组织应当依据其章程接纳为会员；不要求参加以该地理标志作为集体商标注册的团体、协会或者其他组织的，也可以正当使用该地理标志，该团体、协会或者其他组织无权禁止。

第五条　当事人委托商标代理机构申请商标注册或者办理其他商标事宜，应当提交代理委托书。代理委托书应当载明代理内容及权限；外国人或者外国企业的代理委托书还应当载明委托人的国籍。

外国人或者外国企业的代理委托书及与其有关的证明文件的公证、认证手续，按照对等原则办理。

申请商标注册或者转让商标，商标注册申请人或者商标转让受让人为外国人或者外国企业的，应当在申请书中指定中国境内接收人负责接收商标局、商标评审委员会后继商标业务的法律文件。商标局、商标评审委员会后继商标业务的法律文件向中国境内接收人送达。

商标法第十八条所称外国人或者外国企业，是指在中国没有经常居所或者营业所的外国人或者外国企业。

第六条 申请商标注册或者办理其他商标事宜，应当使用中文。

依照商标法和本条例规定提交的各种证件、证明文件和证据材料是外文的，应当附送中文译文；未附送的，视为未提交该证件、证明文件或者证据材料。

第七条 商标局、商标评审委员会工作人员有下列情形之一的，应当回避，当事人或者利害关系人可以要求其回避：

（一）是当事人或者当事人、代理人的近亲属的；

（二）与当事人、代理人有其他关系，可能影响公正的；

（三）与申请商标注册或者办理其他商标事宜有利害关系的。

第八条 以商标法第二十二条规定的数据电文方式提交商标注册申请等有关文件，应当按照商标局或者商标评审委员会的规定通过互联网提交。

第九条 除本条例第十八条规定的情形外，当事人向商标局或者商标评审委员会提交文件或者材料的日期，直接递交的，以递交日为准；邮寄的，以寄出的邮戳日为准；邮戳日不清晰或者没有邮戳的，以商标局或者商标评审委员会实际收到日为准，但是当事人能够提出实际邮戳日证据的除外。通过邮政企业以外的快递企业递交的，以快递企业收寄日为准；收寄日不明确的，以商标局或者商标评审委员会实际收到日为准，但是当事人能够提出实际收寄日证据的除外。以数据电文方式提交的，以进入商标局或者商标评审委员会电子系统的日期为准。

当事人向商标局或者商标评审委员会邮寄文件，应当使用给据邮件。

当事人向商标局或者商标评审委员会提交文件，以书面方式提交的，以商标局或者商标评审委员会所存档案记录为准；以数据电文方式提交的，以商标局或者商标评审委员会数据库记录为准，但是当事人确有证据证明商标局或者商标评审委员会档案、数据库记录有错误的除外。

第十条 商标局或者商标评审委员会的各种文件，可以通过邮寄、直接递交、数据电文或者其他方式送达当事人；以数据电文方式送达当事人的，应当经当事人同意。当事人委托商标代理机构的，文件送达商标代理机构视为送达当事人。

商标局或者商标评审委员会向当事人送达各种文件的日期，邮寄的，以当事人收到的邮戳日为准；邮戳日不清晰或者没有邮戳的，自文件发出之日起满 15 日视为送达当事人，但是当事人能够证明实际收到日的除外；直接递交的，以递交日为准；以数据电文方式送达的，自文件发出之日起满 15 日视为送达当事人，但是当事人能够证明文件进入其电子系统日期的除外。文件通过上述方式无法送达的，可以通过公告方式送达，自公告发布之日起满 30 日，该文件视为送达当事人。

第十一条　下列期间不计入商标审查、审理期限：

（一）商标局、商标评审委员会文件公告送达的期间；

（二）当事人需要补充证据或者补正文件的期间以及因当事人更换需要重新答辩的期间；

（三）同日申请提交使用证据及协商、抽签需要的期间；

（四）需要等待优先权确定的期间；

（五）审查、审理过程中，依案件申请人的请求等待在先权利案件审理结果的期间。

第十二条　除本条第二款规定的情形外，商标法和本条例规定的各种期限开始的当日不计算在期限内。期限以年或者月计算的，以期限最后一月的相应日为期限届满日；该月无相应日的，以该月最后一日为期限届满日；期限届满日是节假日的，以节假日后的第一个工作日为期限届满日。

商标法第三十九条、第四十条规定的注册商标有效期从法定日开始起算，期限最后一月相应日的前一日为期限届满日，该月无相应日的，以该月最后一日为期限届满日。

第二章　商标注册的申请

第十三条　申请商标注册，应当按照公布的商品和服务分类表填报。每一件商标注册申请应当向商标局提交《商标注册申请书》1 份、商标图样 1 份；以颜色组合或者着色图样申请商标注册的，应当提交着色图样，并提交黑白稿 1 份；不指定颜色的，应当提交黑白图样。

商标图样应当清晰，便于粘贴，用光洁耐用的纸张印制或者用照片代替，长和宽应当不大于 10 厘米，不小于 5 厘米。

以三维标志申请商标注册的，应当在申请书中予以声明，说明商标的使用方式，并提交能够确定三维形状的图样，提交的商标图样应当至少包含三面视图。

以颜色组合申请商标注册的，应当在申请书中予以声明，说明商标的使用方式。

以声音标志申请商标注册的，应当在申请书中予以声明，提交符合要求的声音样本，对申请注册的声音商标进行描述，说明商标的使用方式。对声音商标进行描述，应当以五线谱或者简谱对申请用作商标的声音加以描述并附加文字说明；无法以五线谱或者简谱描述的，应当以文字加以描述；商标描述与声音样本应当一致。

申请注册集体商标、证明商标的，应当在申请书中予以声明，并提交主体资格证明文件和使用管理规则。

商标为外文或者包含外文的，应当说明含义。

第十四条 申请商标注册的，申请人应当提交其身份证明文件。商标注册申请人的名义与所提交的证明文件应当一致。

前款关于申请人提交其身份证明文件的规定适用于向商标局提出的办理变更、转让、续展、异议、撤销等其他商标事宜。

第十五条 商品或者服务项目名称应当按照商品和服务分类表中的类别号、名称填写；商品或者服务项目名称未列入商品和服务分类表的，应当附送对该商品或者服务的说明。

商标注册申请等有关文件以纸质方式提出的，应当打字或者印刷。

本条第二款规定适用于办理其他商标事宜。

第十六条 共同申请注册同一商标或者办理其他共有商标事宜的，应当在申请书中指定一个代表人；没有指定代表人的，以申请书中顺序排列的第一人为代表人。

商标局和商标评审委员会的文件应当送达代表人。

第十七条 申请人变更其名义、地址、代理人、文件接收人或者删减指定的商品的，应当向商标局办理变更手续。

申请人转让其商标注册申请的，应当向商标局办理转让手续。

第十八条 商标注册的申请日期以商标局收到申请文件的日期为准。

商标注册申请手续齐备、按照规定填写申请文件并缴纳费用的，商标局予以受理并书面通知申请人；申请手续不齐备、未按照规定填写申请文件或者未缴纳费用的，商标局不予受理，书面通知申请人并说明理由。申请手续基本齐备或者申请文件基本符合规定，但是需要补正的，商标局通知申请人予以补正，限其自收到通知之日起 30 日内，按照指定内容补正并交回商标局。在规定期限内补正并交回商标局的，保留申请日期；期满未补正的或者不按照要求进行补正的，商标局不予受理并书面通知申请人。

本条第二款关于受理条件的规定适用于办理其他商标事宜。

第十九条 两个或者两个以上的申请人，在同一种商品或者类似商品上，分别以相同或者近似的商标在同一天申请注册的，各申请人应当自收到商标局通知之日起 30 日内提交其申请注册前在先使用该商标的证据。同日使用或者均未使用的，各申请人可以自收到商标局通知之日起 30 日内自行协商，并将书面协议报送商标局；不愿协商或者协商不成的，商标局通知各申请人以抽签的方式确定一个申请人，驳回其他人的注册申请。商标局已经通知但申请人未参加抽签的，视为放弃申请，商标局应当书面通知未参加抽签的申请人。

第二十条　依照商标法第二十五条规定要求优先权的，申请人提交的第一次提出商标注册申请文件的副本应当经受理该申请的商标主管机关证明，并注明申请日期和申请号。

第三章　商标注册申请的审查

第二十一条　商标局对受理的商标注册申请，依照商标法及本条例的有关规定进行审查，对符合规定或者在部分指定商品上使用商标的注册申请符合规定的，予以初步审定，并予以公告；对不符合规定或者在部分指定商品上使用商标的注册申请不符合规定的，予以驳回或者驳回在部分指定商品上使用商标的注册申请，书面通知申请人并说明理由。

第二十二条　商标局对一件商标注册申请在部分指定商品上予以驳回的，申请人可以将该申请中初步审定的部分申请分割成另一件申请，分割后的申请保留原申请的申请日期。

需要分割的，申请人应当自收到商标局《商标注册申请部分驳回通知书》之日起 15 日内，向商标局提出分割申请。

商标局收到分割申请后，应当将原申请分割为两件，对分割出来的初步审定申请生成新的申请号，并予以公告。

第二十三条　依照商标法第二十九条规定，商标局认为对商标注册申请内容需要说明或者修正的，申请人应当自收到商标局通知之日起 15 日内作出说明或者修正。

第二十四条　对商标局初步审定予以公告的商标提出异议的，异议人应当向商标局提交下列商标异议材料一式两份并标明正、副本：

（一）商标异议申请书；

（二）异议人的身份证明；

（三）以违反商标法第十三条第二款和第三款、第十五条、第十六条第一款、第三十条、第三十一条、第三十二条规定为由提出异议的，异议人作为在先权利人或者利害关系人的证明。

商标异议申请书应当有明确的请求和事实依据，并附送有关证据材料。

第二十五条　商标局收到商标异议申请书后，经审查，符合受理条件的，予以受理，向申请人发出受理通知书。

第二十六条　商标异议申请有下列情形的，商标局不予受理，书面通知申请人并说明理由：

（一）未在法定期限内提出的；

（二）申请人主体资格、异议理由不符合商标法第三十三条规定的；

（三）无明确的异议理由、事实和法律依据的；

（四）同一异议人以相同的理由、事实和法律依据针对同一商标再次提出异议申请的。

第二十七条 商标局应当将商标异议材料副本及时送交被异议人，限其自收到商标异议材料副本之日起30日内答辩。被异议人不答辩的，不影响商标局作出决定。

当事人需要在提出异议申请或者答辩后补充有关证据材料的，应当在商标异议申请书或者答辩书中声明，并自提交商标异议申请书或者答辩书之日起3个月内提交；期满未提交的，视为当事人放弃补充有关证据材料。但是，在期满后生成或者当事人有其他正当理由未能在期满前提交的证据，在期满后提交的，商标局将证据交对方当事人并质证后可以采信。

第二十八条 商标法第三十五条第三款和第三十六条第一款所称不予注册决定，包括在部分指定商品上不予注册决定。

被异议商标在商标局作出准予注册决定或者不予注册决定前已经刊发注册公告的，撤销该注册公告。经审查异议不成立而准予注册的，在准予注册决定生效后重新公告。

第二十九条 商标注册申请人或者商标注册人依照商标法第三十八条规定提出更正申请的，应当向商标局提交更正申请书。符合更正条件的，商标局核准后更正相关内容；不符合更正条件的，商标局不予核准，书面通知申请人并说明理由。

已经刊发初步审定公告或者注册公告的商标经更正的，刊发更正公告。

第四章 注册商标的变更、转让、续展

第三十条 变更商标注册人名义、地址或者其他注册事项的，应当向商标局提交变更申请书。变更商标注册人名义的，还应当提交有关登记机关出具的变更证明文件。商标局核准的，发给商标注册人相应证明，并予以公告；不予核准的，应当书面通知申请人并说明理由。

变更商标注册人名义或者地址的，商标注册人应当将其全部注册商标一并变更；未一并变更的，由商标局通知其限期改正；期满未改正的，视为放弃变更申请，商标局应当书面通知申请人。

第三十一条 转让注册商标的，转让人和受让人应当向商标局提交转让注册商标申请书。转让注册商标申请手续应当由转让人和受让人共同办理。商标局核准转让注册商标申请的，发给受让人相应证明，并予以公告。

转让注册商标，商标注册人对其在同一种或者类似商品上注册的相同或者近似的商标未一并转让的，由商标局通知其限期改正；期满未改正的，视为放弃转让该注册商标的申请，商标局应当书面通知申请人。

第三十二条　注册商标专用权因转让以外的继承等其他事由发生移转的，接受该注册商标专用权的当事人应当凭有关证明文件或者法律文书到商标局办理注册商标专用权移转手续。

注册商标专用权移转的，注册商标专用权人在同一种或者类似商品上注册的相同或者近似的商标，应当一并移转；未一并移转的，由商标局通知其限期改正；期满未改正的，视为放弃该移转注册商标的申请，商标局应当书面通知申请人。

商标移转申请经核准的，予以公告。接受该注册商标专用权移转的当事人自公告之日起享有商标专用权。

第三十三条　注册商标需要续展注册的，应当向商标局提交商标续展注册申请书。商标局核准商标注册续展申请的，发给相应证明并予以公告。

第五章　商标国际注册

第三十四条　商标法第二十一条规定的商标国际注册，是指根据《商标国际注册马德里协定》（以下简称马德里协定）、《商标国际注册马德里协定有关议定书》（以下简称马德里议定书）及《商标国际注册马德里协定及该协定有关议定书的共同实施细则》的规定办理的马德里商标国际注册。

马德里商标国际注册申请包括以中国为原属国的商标国际注册申请、指定中国的领土延伸申请及其他有关的申请。

第三十五条　以中国为原属国申请商标国际注册的，应当在中国设有真实有效的营业所，或者在中国有住所，或者拥有中国国籍。

第三十六条　符合本条例第三十五条规定的申请人，其商标已在商标局获得注册的，可以根据马德里协定申请办理该商标的国际注册。

符合本条例第三十五条规定的申请人，其商标已在商标局获得注册，或者已向商标局提出商标注册申请并被受理的，可以根据马德里议定书申请办理该商标的国际注册。

第三十七条　以中国为原属国申请商标国际注册的，应当通过商标局向世界知识产权组织国际局（以下简称国际局）申请办理。

以中国为原属国的，与马德里协定有关的商标国际注册的后期指定、放弃、注销，应当通过商标局向国际局申请办理；与马德里协定有关的商标国际注册的转让、删减、变更、续展，可以通过商标局向国际局申请办理，也可以直接向国际局申请办理。

以中国为原属国的，与马德里议定书有关的商标国际注册的后期指定、转让、删减、放弃、注销、变更、续展，可以通过商标局向国际局申请办理，也可以直接向国际局申请办理。

第三十八条 通过商标局向国际局申请商标国际注册及办理其他有关申请的，应当提交符合国际局和商标局要求的申请书和相关材料。

第三十九条 商标国际注册申请指定的商品或者服务不得超出国内基础申请或者基础注册的商品或者服务的范围。

第四十条 商标国际注册申请手续不齐备或者未按照规定填写申请书的，商标局不予受理，申请日不予保留。

申请手续基本齐备或者申请书基本符合规定，但需要补正的，申请人应当自收到补正通知书之日起 30 日内予以补正，逾期未补正的，商标局不予受理，书面通知申请人。

第四十一条 通过商标局向国际局申请商标国际注册及办理其他有关申请的，应当按照规定缴纳费用。

申请人应当自收到商标局缴费通知单之日起 15 日内，向商标局缴纳费用。期满未缴纳的，商标局不受理其申请，书面通知申请人。

第四十二条 商标局在马德里协定或者马德里议定书规定的驳回期限（以下简称驳回期限）内，依照商标法和本条例的有关规定对指定中国的领土延伸申请进行审查，作出决定，并通知国际局。商标局在驳回期限内未发出驳回或者部分驳回通知的，该领土延伸申请视为核准。

第四十三条 指定中国的领土延伸申请人，要求将三维标志、颜色组合、声音标志作为商标保护或者要求保护集体商标、证明商标的，自该商标在国际局国际注册簿登记之日起 3 个月内，应当通过依法设立的商标代理机构，向商标局提交本条例第十三条规定的相关材料。未在上述期限内提交相关材料的，商标局驳回该领土延伸申请。

第四十四条 世界知识产权组织对商标国际注册有关事项进行公告，商标局不再另行公告。

第四十五条 对指定中国的领土延伸申请，自世界知识产权组织《国际商标公告》出版的次月 1 日起 3 个月内，符合商标法第三十三条规定条件的异议人可以向商标局提出异议申请。

商标局在驳回期限内将异议申请的有关情况以驳回决定的形式通知国际局。

被异议人可以自收到国际局转发的驳回通知书之日起 30 日内进行答辩，答辩书及相关证据材料应当通过依法设立的商标代理机构向商标局提交。

第四十六条 在中国获得保护的国际注册商标，有效期自国际注册日或者后期指定日起算。在有效期届满前，注册人可以向国际局申请续展，在有效期内未申请续展的，可以给予 6 个月的宽展期。商标局收到国际局的续展通知后，依法进行审查。国际局通知未续展的，注销该国际注册商标。

第四十七条　指定中国的领土延伸申请办理转让的，受让人应当在缔约方境内有真实有效的营业所，或者在缔约方境内有住所，或者是缔约方国民。

转让人未将其在相同或者类似商品或者服务上的相同或者近似商标一并转让的，商标局通知注册人自发出通知之日起 3 个月内改正；期满未改正或者转让容易引起混淆或者有其他不良影响的，商标局作出该转让在中国无效的决定，并向国际局作出声明。

第四十八条　指定中国的领土延伸申请办理删减，删减后的商品或者服务不符合中国有关商品或者服务分类要求或者超出原指定商品或者服务范围的，商标局作出该删减在中国无效的决定，并向国际局作出声明。

第四十九条　依照商标法第四十九条第二款规定申请撤销国际注册商标，应当自该商标国际注册申请的驳回期限届满之日起满 3 年后向商标局提出申请；驳回期限届满时仍处在驳回复审或者异议相关程序的，应当自商标局或者商标评审委员会作出的准予注册决定生效之日起满 3 年后向商标局提出申请。

依照商标法第四十四条第一款规定申请宣告国际注册商标无效的，应当自该商标国际注册申请的驳回期限届满后向商标评审委员会提出申请；驳回期限届满时仍处在驳回复审或者异议相关程序的，应当自商标局或者商标评审委员会作出的准予注册决定生效后向商标评审委员会提出申请。

依照商标法第四十五条第一款规定申请宣告国际注册商标无效的，应当自该商标国际注册申请的驳回期限届满之日起 5 年内向商标评审委员会提出申请；驳回期限届满时仍处在驳回复审或者异议相关程序的，应当自商标局或者商标评审委员会作出的准予注册决定生效之日起 5 年内向商标评审委员会提出申请。对恶意注册的，驰名商标所有人不受 5 年的时间限制。

第五十条　商标法和本条例下列条款的规定不适用于办理商标国际注册相关事宜：

（一）商标法第二十八条、第三十五条第一款关于审查和审理期限的规定；

（二）本条例第二十二条、第三十条第二款；

（三）商标法第四十二条及本条例第三十一条关于商标转让由转让人和受让人共同申请并办理手续的规定。

第六章　商标评审

第五十一条　商标评审是指商标评审委员会依照商标法第三十四条、第三十五条、第四十四条、第四十五条、第五十四条的规定审理有关商标争议事宜。当事人向商标评审委员会提出商标评审申请，应当有明确的请求、事实、理由和法律依据，并提供相应证据。

商标评审委员会根据事实，依法进行评审。

第五十二条 商标评审委员会审理不服商标局驳回商标注册申请决定的复审案件，应当针对商标局的驳回决定和申请人申请复审的事实、理由、请求及评审时的事实状态进行审理。

商标评审委员会审理不服商标局驳回商标注册申请决定的复审案件，发现申请注册的商标有违反商标法第十条、第十一条、第十二条和第十六条第一款规定情形，商标局并未依据上述条款作出驳回决定的，可以依据上述条款作出驳回申请的复审决定。商标评审委员会作出复审决定前应当听取申请人的意见。

第五十三条 商标评审委员会审理不服商标局不予注册决定的复审案件，应当针对商标局的不予注册决定和申请人申请复审的事实、理由、请求及原异议人提出的意见进行审理。

商标评审委员会审理不服商标局不予注册决定的复审案件，应当通知原异议人参加并提出意见。原异议人的意见对案件审理结果有实质影响的，可以作为评审的依据；原异议人不参加或者不提出意见的，不影响案件的审理。

第五十四条 商标评审委员会审理依照商标法第四十四条、第四十五条规定请求宣告注册商标无效的案件，应当针对当事人申请和答辩的事实、理由及请求进行审理。

第五十五条 商标评审委员会审理不服商标局依照商标法第四十四条第一款规定作出宣告注册商标无效决定的复审案件，应当针对商标局的决定和申请人申请复审的事实、理由及请求进行审理。

第五十六条 商标评审委员会审理不服商标局依照商标法第四十九条规定作出撤销或者维持注册商标决定的复审案件，应当针对商标局作出撤销或者维持注册商标决定和当事人申请复审时所依据的事实、理由及请求进行审理。

第五十七条 申请商标评审，应当向商标评审委员会提交申请书，并按照对方当事人的数量提交相应份数的副本；基于商标局的决定书申请复审的，还应当同时附送商标局的决定书副本。

商标评审委员会收到申请书后，经审查，符合受理条件的，予以受理；不符合受理条件的，不予受理，书面通知申请人并说明理由；需要补正的，通知申请人自收到通知之日起30日内补正。经补正仍不符合规定的，商标评审委员会不予受理，书面通知申请人并说明理由；期满未补正的，视为撤回申请，商标评审委员会应当书面通知申请人。

商标评审委员会受理商标评审申请后，发现不符合受理条件的，予以驳回，书面通知申请人并说明理由。

第五十八条　商标评审委员会受理商标评审申请后应当及时将申请书副本送交对方当事人，限其自收到申请书副本之日起30日内答辩；期满未答辩的，不影响商标评审委员会的评审。

第五十九条　当事人需要在提出评审申请或者答辩后补充有关证据材料的，应当在申请书或者答辩书中声明，并自提交申请书或者答辩书之日起3个月内提交；期满未提交的，视为放弃补充有关证据材料。但是，在期满后生成或者当事人有其他正当理由未能在期满前提交的证据，在期满后提交的，商标评审委员会将证据交对方当事人并质证后可以采信。

第六十条　商标评审委员会根据当事人的请求或者实际需要，可以决定对评审申请进行口头审理。

商标评审委员会决定对评审申请进行口头审理的，应当在口头审理15日前书面通知当事人，告知口头审理的日期、地点和评审人员。当事人应当在通知书指定的期限内作出答复。

申请人不答复也不参加口头审理的，其评审申请视为撤回，商标评审委员会应当书面通知申请人；被申请人不答复也不参加口头审理的，商标评审委员会可以缺席评审。

第六十一条　申请人在商标评审委员会作出决定、裁定前，可以书面向商标评审委员会要求撤回申请并说明理由，商标评审委员会认为可以撤回的，评审程序终止。

第六十二条　申请人撤回商标评审申请的，不得以相同的事实和理由再次提出评审申请。商标评审委员会对商标评审申请已经作出裁定或者决定的，任何人不得以相同的事实和理由再次提出评审申请。但是，经不予注册复审程序予以核准注册后向商标评审委员会提起宣告注册商标无效的除外。

第七章　商标使用的管理

第六十三条　使用注册商标，可以在商品、商品包装、说明书或者其他附着物上标明“注册商标”或者注册标记。

注册标记包括和®。使用注册标记，应当标注在商标的右上角或者右下角。

第六十四条　《商标注册证》遗失或者破损的，应当向商标局提交补发《商标注册证》申请书。《商标注册证》遗失的，应当在《商标公告》上刊登遗失声明。破损的《商标注册证》，应当在提交补发申请时交回商标局。

商标注册人需要商标局补发商标变更、转让、续展证明，出具商标注册证明，或者商标申请人需要商标局出具优先权证明文件的，应当向商标局提交相应申请书。符合要求的，商标局发给相应证明；不符合要求的，商标局不予办理，通知申请人并告知理由。

伪造或者变造《商标注册证》或者其他商标证明文件的，依照刑法关于伪造、变造国家机关证件罪或者其他罪的规定，依法追究刑事责任。

第六十五条 有商标法第四十九条规定的注册商标成为其核定使用的商品通用名称情形的，任何单位或者个人可以向商标局申请撤销该注册商标，提交申请时应当附送证据材料。商标局受理后应当通知商标注册人，限其自收到通知之日起2个月内答辩；期满未答辩的，不影响商标局作出决定。

第六十六条 有商标法第四十九条规定的注册商标无正当理由连续3年不使用情形的，任何单位或者个人可以向商标局申请撤销该注册商标，提交申请时应当说明有关情况。商标局受理后应当通知商标注册人，限其自收到通知之日起2个月内提交该商标在撤销申请提出前使用的证据材料或者说明不使用的正当理由；期满未提供使用的证据材料或者证据材料无效并没有正当理由的，由商标局撤销其注册商标。

前款所称使用的证据材料，包括商标注册人使用注册商标的证据材料和商标注册人许可他人使用注册商标的证据材料。

以无正当理由连续3年不使用为由申请撤销注册商标的，应当自该注册商标注册公告之日起满3年后提出申请。

第六十七条 下列情形属于商标法第四十九条规定的正当理由：

（一）不可抗力；

（二）政府政策性限制；

（三）破产清算；

（四）其他不可归责于商标注册人的正当事由。

第六十八条 商标局、商标评审委员会撤销注册商标或者宣告注册商标无效，撤销或者宣告无效的理由仅及于部分指定商品的，对在该部分指定商品上使用的商标注册予以撤销或者宣告无效。

第六十九条 许可他人使用其注册商标的，许可人应当在许可合同有效期内向商标局备案并报送备案材料。备案材料应当说明注册商标使用许可人、被许可人、许可期限、许可使用的商品或者服务范围等事项。

第七十条 以注册商标专用权出质的，出质人与质权人应当签订书面质权合同，并共同向商标局提出质权登记申请，由商标局公告。

第七十一条 违反商标法第四十三条第二款规定的，由工商行政管理部门责令限期改正；逾期不改正的，责令停止销售，拒不停止销售的，处10万元以下的罚款。

第七十二条 商标持有人依照商标法第十三条规定请求驰名商标保护的，可以向工商行政管理部门提出请求。经商标局依照商标法第十四条规定认定为驰名商标的，由工商行政管理部门责令停止违反商标法第十三条规定使用商标的行为，收缴、销毁违法使用的商标标识；商标标识与商品难以分离的，一并收缴、销毁。

第七十三条 商标注册人申请注销其注册商标或者注销其商标在部分指定商品上的注册的，应当向商标局提交商标注销申请书，并交回原《商标注册证》。

商标注册人申请注销其注册商标或者注销其商标在部分指定商品上的注册，经商标局核准注销的，该注册商标专用权或者该注册商标专用权在该部分指定商品上的效力自商标局收到其注销申请之日起终止。

第七十四条 注册商标被撤销或者依照本条例第七十三条的规定被注销的，原《商标注册证》作废，并予以公告；撤销该商标在部分指定商品上的注册的，或者商标注册人申请注销其商标在部分指定商品上的注册的，重新核发《商标注册证》，并予以公告。

第八章 注册商标专用权的保护

第七十五条 为侵犯他人商标专用权提供仓储、运输、邮寄、印制、隐匿、经营场所、网络商品交易平台等，属于商标法第五十七条第六项规定的提供便利条件。

第七十六条 在同一种商品或者类似商品上将与他人注册商标相同或者近似的标志作为商品名称或者商品装潢使用，误导公众的，属于商标法第五十七条第二项规定的侵犯注册商标专用权的行为。

第七十七条 对侵犯注册商标专用权的行为，任何人可以向工商行政管理部门投诉或者举报。

第七十八条 计算商标法第六十条规定的违法经营额，可以考虑下列因素：

（一）侵权商品的销售价格；

（二）未销售侵权商品的标价；

（三）已查清侵权商品实际销售的平均价格；

（四）被侵权商品的市场中间价格；

（五）侵权人因侵权所产生的营业收入；

（六）其他能够合理计算侵权商品价值的因素。

第七十九条 下列情形属于商标法第六十条规定的能证明该商品是自己

合法取得的情形：

（一）有供货单位合法签章的供货清单和货款收据且经查证属实或者供货单位认可的；

（二）有供销双方签订的进货合同且经查证已真实履行的；

（三）有合法进货发票且发票记载事项与涉案商品对应的；

（四）其他能够证明合法取得涉案商品的情形。

第八十条 销售不知道是侵犯注册商标专用权的商品，能证明该商品是自己合法取得并说明提供者的，由工商行政管理部门责令停止销售，并将案件情况通报侵权商品提供者所在地工商行政管理部门。

第八十一条 涉案注册商标权属正在商标局、商标评审委员会审理或者人民法院诉讼中，案件结果可能影响案件定性的，属于商标法第六十二条第三款规定的商标权属存在争议。

第八十二条 在查处商标侵权案件过程中，工商行政管理部门可以要求权利人对涉案商品是否为权利人生产或者其许可生产的产品进行辨认。

第九章 商标代理

第八十三条 商标法所称商标代理，是指接受委托人的委托，以委托人的名义办理商标注册申请、商标评审或者其他商标事宜。

第八十四条 商标法所称商标代理机构，包括经工商行政管理部门登记从事商标代理业务的服务机构和从事商标代理业务的律师事务所。

商标代理机构从事商标局、商标评审委员会主管的商标事宜代理业务的，应当按照下列规定向商标局备案：

（一）交验工商行政管理部门的登记证明文件或者司法行政部门批准设立律师事务所的证明文件并留存复印件；

（二）报送商标代理机构的名称、住所、负责人、联系方式等基本信息；

（三）报送商标代理从业人员名单及联系方式。

工商行政管理部门应当建立商标代理机构信用档案。商标代理机构违反商标法或者本条例规定的，由商标局或者商标评审委员会予以公开通报，并记入其信用档案。

第八十五条 商标法所称商标代理从业人员，是指在商标代理机构中从事商标代理业务的工作人员。

商标代理从业人员不得以个人名义自行接受委托。

第八十六条 商标代理机构向商标局、商标评审委员会提交的有关申请文件，应当加盖该代理机构公章并由相关商标代理从业人员签字。

第八十七条 商标代理机构申请注册或者受让其代理服务以外的其他商

标，商标局不予受理。

第八十八条　下列行为属于商标法第六十八条第一款第二项规定的以其他不正当手段扰乱商标代理市场秩序的行为：

（一）以欺诈、虚假宣传、引人误解或者商业贿赂等方式招徕业务的；

（二）隐瞒事实，提供虚假证据，或者威胁、诱导他人隐瞒事实，提供虚假证据的；

（三）在同一商标案件中接受有利益冲突的双方当事人委托的。

第八十九条　商标代理机构有商标法第六十八条规定行为的，由行为人所在地或者违法行为发生地县级以上工商行政管理部门进行查处并将查处情况通报商标局。

第九十条　商标局、商标评审委员会依照商标法第六十八条规定停止受理商标代理机构办理商标代理业务的，可以作出停止受理该商标代理机构商标代理业务6个月以上直至永久停止受理的决定。停止受理商标代理业务的期间届满，商标局、商标评审委员会应当恢复受理。

商标局、商标评审委员会作出停止受理或者恢复受理商标代理的决定应当在其网站予以公告。

第九十一条　工商行政管理部门应当加强对商标代理行业组织的监督和指导。

第十章　附　则

第九十二条　连续使用至1993年7月1日的服务商标，与他人在相同或者类似的服务上已注册的服务商标相同或者近似的，可以继续使用；但是，1993年7月1日后中断使用3年以上的，不得继续使用。

已连续使用至商标局首次受理新放开商品或者服务项目之日的商标，与他人在新放开商品或者服务项目相同或者类似的商品或者服务上已注册的商标相同或者近似的，可以继续使用；但是，首次受理之日后中断使用3年以上的，不得继续使用。

第九十三条　商标注册用商品和服务分类表，由商标局制定并公布。

申请商标注册或者办理其他商标事宜的文件格式，由商标局、商标评审委员会制定并公布。

商标评审委员会的评审规则由国务院工商行政管理部门制定并公布。

第九十四条　商标局设置《商标注册簿》，记载注册商标及有关注册事项。

第九十五条　《商标注册证》及相关证明是权利人享有注册商标专用权的凭证。《商标注册证》记载的注册事项，应当与《商标注册簿》一致；记载不一致的，除有证据证明《商标注册簿》确有错误外，以《商标注册簿》为准。

第九十六条 商标局发布《商标公告》，刊发商标注册及其他有关事项。

《商标公告》采用纸质或者电子形式发布。

除送达公告外，公告内容自发布之日起视为社会公众已经知道或者应当知道。

第九十七条 申请商标注册或者办理其他商标事宜，应当缴纳费用。缴纳费用的项目和标准，由国务院财政部门、国务院价格主管部门分别制定。

第九十八条 本条例自2014年5月1日起施行。

国家工商行政管理总局
关于执行修改后的《中华人民共和国商标法》有关问题的通知

（2014年4月15日　工商标字〔2014〕81号）

各省、自治区、直辖市及计划单列市、副省级市工商行政管理局、市场监督管理局：

第十二届全国人民代表大会常务委员会第四次会议通过的《关于修改〈中华人民共和国商标法〉的决定》于2014年5月1日起施行。为了贯彻执行修改后的《中华人民共和国商标法》（以下简称商标法），现就新旧商标法衔接的有关问题通知如下：

一、关于商标注册事宜

（一）对于2014年5月1日以前向商标局提出的商标注册、异议、变更、转让、续展、撤销、注销、许可备案等申请，商标局于2014年5月1日以后（含5月1日，下同）作出的行政决定适用修改后的商标法。但是，对异议申请中异议人主体资格和异议理由的审查适用修改前的商标法。

（二）对于2014年5月1日以前向商标局提出的商标注册、异议、撤销申请，应自2014年5月1日起开始计算审查期限。但是，被异议商标初审公告至2014年5月1日不满三个月的，应自公告期满之日起计算审查期限。

二、关于商标评审

（一）对于当事人不服商标局作出的驳回商标注册申请决定在2014年5

月 1 日以前向商标评审委员会提出复审申请，商标评审委员会于 2014 年 5 月 1 日以后审理的案件，适用修改后的商标法。

（二）对于当事人不服商标局作出的异议裁定在 2014 年 5 月 1 日以前向商标评审委员会提出复审申请，商标评审委员会于 2014 年 5 月 1 日以后审理的案件，当事人提出异议和复审的主体资格适用修改前的商标法，其他程序问题和实体问题适用修改后的商标法。

（三）对于已经注册的商标，当事人在 2014 年 5 月 1 日以前向商标评审委员会提出争议和撤销复审申请，商标评审委员会于 2014 年 5 月 1 日以后审理的案件，相关程序问题适用修改后的商标法，实体问题适用修改前的商标法。

（四）对于当事人在 2014 年 5 月 1 日以前向商标评审委员会提出申请的商标评审案件，应自 2014 年 5 月 1 日起开始计算审理期限。

三、关于商标监督管理

（一）商标违法行为发生在 2014 年 5 月 1 日以前的，适用修改前的商标法处理；商标违法行为发生在 2014 年 5 月 1 日以前且持续到 2014 年 5 月 1 日以后的，适用修改后的商标法处理。

（二）对于将“驰名商标”字样用于商品、商品包装或者容器上，或者用于广告宣传、展览以及其他商业活动中的行为，适用修改后的商标法处理。但是，对于将“驰名商标”字样用于商品、商品包装或者容器上并于 2014 年 5 月 1 日以前已经进入流通领域的除外。

对于将“驰名商标”字样用于商品、商品包装或者容器上，驰名商标持有人应承担违法责任，由其住所地工商行政管理部门查处。住所地以外的工商行政管理部门发现上述违法行为的，移送其住所地工商行政管理部门查处。住所地不在中国境内或者因管辖权发生争议的，由国家工商行政管理总局指定的工商行政管理部门查处。

集体商标、证明商标注册和管理办法

（2003年4月17日工商总局令第6号公布　自2003年6月1日起施行）

第一条　根据《中华人民共和国商标法》（以下简称商标法）第三条的规定，制定本办法。

第二条　集体商标、证明商标的注册和管理，依照商标法、《中华人民共和国商标法实施条例》（以下简称实施条例）和本办法的有关规定进行。

第三条　本办法有关商品的规定，适用于服务。

第四条　申请集体商标注册的，应当附送主体资格证明文件并应当详细说明该集体组织成员的名称和地址；以地理标志作为集体商标申请注册的，应当附送主体资格证明文件并应当详细说明其所具有的或者其委托的机构具有的专业技术人员、专业检测设备等情况，以表明其具有监督使用该地理标志商品的特定品质的能力。

申请以地理标志作为集体商标注册的团体、协会或者其他组织，应当由来自该地理标志标示的地区范围内的成员组成。

第五条　申请证明商标注册的，应当附送主体资格证明文件并应当详细说明其所具有的或者其委托的机构具有的专业技术人员、专业检测设备等情况，以表明其具有监督该证明商标所证明的特定商品品质的能力。

第六条　申请以地理标志作为集体商标、证明商标注册的，还应当附送管辖该地理标志所标示地区的人民政府或者行业主管部门的批准文件。

外国人或者外国企业申请以地理标志作为集体商标、证明商标注册的，申请人应当提供该地理标志以其名义在其原属国受法律保护的证明。

第七条　以地理标志作为集体商标、证明商标注册的，应当在申请书件中说明下列内容：

（一）该地理标志所标示的商品的特定质量、信誉或者其他特征；

（二）该商品的特定质量、信誉或者其他特征与该地理标志所标示的地区的自然因素和人文因素的关系；

（三）该地理标志所标示的地区的范围。

第八条　作为集体商标、证明商标申请注册的地理标志，可以是该地理标志标示地区的名称，也可以是能够标示某商品来源于该地区的其他可视性标志。

前款所称地区无需与该地区的现行行政区划名称、范围完全一致。

第九条　多个葡萄酒地理标志构成同音字或者同形字的，在这些地理标志能够彼此区分且不误导公众的情况下，每个地理标志都可以作为集体商标或者证明商标申请注册。

第十条　集体商标的使用管理规则应当包括：

（一）使用集体商标的宗旨；

（二）使用该集体商标的商品的品质；

（三）使用该集体商标的手续；

（四）使用该集体商标的权利、义务；

（五）成员违反其使用管理规则应当承担的责任；

（六）注册人对使用该集体商标商品的检验监督制度。

第十一条　证明商标的使用管理规则应当包括：

（一）使用证明商标的宗旨；

（二）该证明商标证明的商品的特定品质；

（三）使用该证明商标的条件；

（四）使用该证明商标的手续；

（五）使用该证明商标的权利、义务；

（六）使用人违反该使用管理规则应当承担的责任；

（七）注册人对使用该证明商标商品的检验监督制度。

第十二条　使用他人作为集体商标、证明商标注册的葡萄酒、烈性酒地理标志标示并非来源于该地理标志所标示地区的葡萄酒、烈性酒，即使同时标出了商品的真正来源地，或者使用的是翻译文字，或者伴有诸如某某“种”、某某“型”、某某“式”、某某“类”等表述的，适用商标法第十六条的规定。

第十三条　集体商标、证明商标的初步审定公告的内容，应当包括该商标的使用管理规则的全文或者摘要。

集体商标、证明商标注册人对使用管理规则的任何修改，应报经商标局审查核准，并自公告之日起生效。

第十四条　集体商标注册人的成员发生变化的，注册人应当向商标局申请变更注册事项，由商标局公告。

第十五条　证明商标注册人准许他人使用其商标的，注册人应当在一年内报商标局备案，由商标局公告。

第十六条　申请转让集体商标、证明商标的，受让人应当具备相应的主体资格，并符合商标法、实施条例和本办法的规定。

集体商标、证明商标发生移转的，权利继受人应当具备相应的主体资格，并符合商标法、实施条例和本办法的规定。

第十七条 集体商标注册人的集体成员，在履行该集体商标使用管理规则规定的手续后，可以使用该集体商标。

集体商标不得许可非集体成员使用。

第十八条 凡符合证明商标使用管理规则规定条件的，在履行该证明商标使用管理规则规定的手续后，可以使用该证明商标，注册人不得拒绝办理手续。

实施条例第六条第二款中的正当使用该地理标志是指正当使用该地理标志中的地名。

第十九条 使用集体商标的，注册人应发给使用人《集体商标使用证》；使用证明商标的，注册人应发给使用人《证明商标使用证》。

第二十条 证明商标的注册人不得在自己提供的商品上使用该证明商标。

第二十一条 集体商标、证明商标注册人没有对该商标的使用进行有效管理或者控制，致使该商标使用的商品达不到其使用管理规则的要求，对消费者造成损害的，由工商行政管理部门责令限期改正；拒不改正的，处以违法所得三倍以下的罚款，但最高不超过三万元；没有违法所得的，处以一万元以下的罚款。

第二十二条 违反实施条例第六条、本办法第十四条、第十五条、第十七条、第十八条、第二十条规定的，由工商行政管理部门责令限期改正；拒不改正的，处以违法所得三倍以下的罚款，但最高不超过三万元；没有违法所得的，处以一万元以下的罚款。

第二十三条 本办法自 2003 年 6 月 1 日起施行。国家工商行政管理局 1994 年 12 月 30 日发布的《集体商标、证明商标注册和管理办法》同时废止。

商标印制管理办法

（2004 年 8 月 19 日工商总局令第 15 号公布　自 2004 年 9 月 1 日起施行）

第一条 为了加强商标印制管理，保护注册商标专用权，维护社会主义市场经济秩序，根据《中华人民共和国商标法》、《中华人民共和国商标法实施条例》（以下分别简称《商标法》、《商标法实施条例》）的有关规定，制定本办法。

第二条 以印刷、印染、制版、刻字、织字、晒蚀、印铁、铸模、冲压、烫印、贴花等方式制作商标标识的，应当遵守本办法。

第三条 商标印制委托人委托商标印制单位印制商标的，应当出示营业执照副本或者合法的营业证明或者身份证明。

第四条 商标印制委托人委托印制注册商标的，应当出示《商标注册证》或者由注册人所在地县级工商行政管理局签章的《商标注册证》复印件，并另行提供一份复印件。

签订商标使用许可合同使用他人注册商标，被许可人需印制商标的，还应当出示商标使用许可合同文本并提供一份复印件；商标注册人单独授权被许可人印制商标的，除出示由注册人所在地县级工商行政管理局签章的《商标注册证》复印件外，还应当出示授权书并提供一份复印件。

第五条 委托印制注册商标的，商标印制委托人提供的有关证明文件及商标图样应当符合下列要求：

（一）所印制的商标样稿应当与《商标注册证》上的商标图样相同；

（二）被许可人印制商标标识的，应有明确的授权书，或其所提供的《商标使用许可合同》含有许可人允许其印制商标标识的内容；

（三）被许可人的商标标识样稿应当标明被许可人的企业名称和地址；其注册标记的使用符合《商标法实施条例》的有关规定。

第六条 委托印制未注册商标的，商标印制委托人提供的商标图样应当符合下列要求：

（一）所印制的商标不得违反《商标法》第十条的规定；

（二）所印制的商标不得标注“注册商标”字样或者使用注册标记。

第七条 商标印制单位应当对商标印制委托人提供的证明文件和商标图样进行核查。

商标印制委托人未提供本办法第三条、第四条所规定的证明文件，或者其要求印制的商标标识不符合本办法第五条、第六条规定的，商标印制单位不得承接印制。

第八条 商标印制单位承印符合本办法规定的商标印制业务的，商标印制业务管理人员应当按照要求填写《商标印制业务登记表》，载明商标印制委托人所提供的证明文件的主要内容，《商标印制业务登记表》中的图样应当由商标印制单位业务主管人员加盖骑缝章。

商标标识印制完毕，商标印制单位应当在 15 天内提取标识样品，连同《商标印制业务登记表》、《商标注册证》复印件、商标使用许可合同复印件、商标印制授权书复印件等一并造册存档。

第九条 商标印制单位应当建立商标标识出入库制度，商标标识出入库应当登记台帐。废次标识应当集中进行销毁，不得流入社会。

第十条　商标印制档案及商标标识出入库台帐应当存档备查，存查期为两年。

第十一条　商标印制单位违反本办法第七条至第十条规定的，由所在地工商行政管理局责令其限期改正，并视其情节予以警告，处以非法所得额三倍以下的罚款，但最高不超过三万元，没有违法所得的，可以处以一万元以下的罚款。

第十二条　擅自设立商标印刷企业或者擅自从事商标印刷经营活动的，由所在地或者行为地工商行政管理局依照《印刷业管理条例》的有关规定予以处理。

第十三条　商标印制单位违反第七条规定承接印制业务，且印制的商标与他人注册商标相同或者近似的，属于《商标法实施条例》第五十条第（二）项所述的商标侵权行为，由所在地或者行为地工商行政管理局依《商标法》的有关规定予以处理。

第十四条　商标印制单位的违法行为构成犯罪的，所在地或者行为地工商行政管理局应及时将案件移送司法机关追究刑事责任。

第十五条　本办法所称“商标印制”是指印刷、制作商标标识的行为。

本办法所称“商标标识”是指与商品配套一同进入流通领域的带有商标的有形载体，包括注册商标标识和未注册商标标识。

本办法所称“商标印制委托人”是指要求印制商标标识的商标注册人、未注册商标使用人、注册商标被许可使用人以及符合《商标法》规定的其他商标使用人。

本办法所称“商标印制单位”是指依法登记从事商标印制业务的企业和个体工商户。

本办法所称《商标注册证》包括国家工商行政管理总局商标局所发的有关变更、续展、转让等证明文件。

第十六条　本办法自 2004 年 9 月 1 日起施行。国家工商行政管理局 1996 年 9 月 5 日发布的《商标印制管理办法》同时废止。

商标评审规则

（1995年11月2日国家工商行政管理局第37号令公布　根据2002年9月17日国家工商行政管理总局令第3号第一次修订　根据2005年9月26日国家工商行政管理总局令第20号第二次修订　根据2014年5月28日国家工商行政管理总局令第65号第三次修订）

第一章　总　则

第一条　为规范商标评审程序，根据《中华人民共和国商标法》（以下简称商标法）和《中华人民共和国商标法实施条例》（以下简称实施条例），制定本规则。

第二条　根据商标法及实施条例的规定，国家工商行政管理总局商标评审委员会（以下简称商标评审委员会）负责处理下列商标评审案件：

（一）不服国家工商行政管理总局商标局（以下简称商标局）驳回商标注册申请决定，依照商标法第三十四条规定申请复审的案件；

（二）不服商标局不予注册决定，依照商标法第三十五条第三款规定申请复审的案件；

（三）对已经注册的商标，依照商标法第四十四条第一款、第四十五条第一款规定请求无效宣告的案件；

（四）不服商标局宣告注册商标无效决定，依照商标法第四十四条第二款规定申请复审的案件；

（五）不服商标局撤销或者不予撤销注册商标决定，依照商标法第五十四条规定申请复审的案件。

在商标评审程序中，前款第（一）项所指请求复审的商标统称为申请商标，第（二）项所指请求复审的商标统称为被异议商标，第（三）项所指请求无效宣告的商标统称为争议商标，第（四）、（五）项所指请求复审的商标统称为复审商标。本规则中，前述商标统称为评审商标。

第三条　当事人参加商标评审活动，可以以书面方式或者数据电文方式办理。

数据电文方式办理的具体办法由商标评审委员会另行制定。

第四条 商标评审委员会审理商标评审案件实行书面审理，但依照实施条例第六十条规定决定进行口头审理的除外。

口头审理的具体办法由商标评审委员会另行制定。

第五条 商标评审委员会根据商标法、实施条例和本规则做出的决定和裁定，应当以书面方式或者数据电文方式送达有关当事人，并说明理由。

第六条 除本规则另有规定外，商标评审委员会审理商标评审案件实行合议制度，由三名以上的单数商标评审人员组成合议组进行审理。

合议组审理案件，实行少数服从多数的原则。

第七条 当事人或者利害关系人依照实施条例第七条的规定申请商标评审人员回避的，应当以书面方式办理，并说明理由。

第八条 在商标评审期间，当事人有权依法处分自己的商标权和与商标评审有关的权利。在不损害社会公共利益、第三方权利的前提下，当事人之间可以自行或者经调解以书面方式达成和解。

对于当事人达成和解的案件，商标评审委员会可以结案，也可以做出决定或者裁定。

第九条 商标评审案件的共同申请人和共有商标的当事人办理商标评审事宜，应当依照实施条例第十六条第一款的规定确定一个代表人。

代表人参与评审的行为对其所代表的当事人发生效力，但代表人变更、放弃评审请求或者承认对方当事人评审请求的，应当有被代表的当事人书面授权。

商标评审委员会的文件应当送达代表人。

第十条 外国人或者外国企业办理商标评审事宜，在中国有经常居所或者营业所的，可以委托依法设立的商标代理机构办理，也可以直接办理；在中国没有经常居所或者营业所的，应当委托依法设立的商标代理机构办理。

第十一条 代理权限发生变更、代理关系解除或者变更代理人的，当事人应当及时书面告知商标评审委员会。

第十二条 当事人及其代理人可以申请查阅本案有关材料。

第二章 申请与受理

第十三条 申请商标评审，应当符合下列条件：

（一）申请人须有合法的主体资格；

（二）在法定期限内提出；

（三）属于商标评审委员会的评审范围；

（四）依法提交符合规定的申请书及有关材料；

（五）有明确的评审请求、事实、理由和法律依据；

（六）依法缴纳评审费用。

第十四条　申请商标评审，应当向商标评审委员会提交申请书；有被申请人的，应当按照被申请人的数量提交相应份数的副本；评审商标发生转让、移转、变更，已向商标局提出申请但是尚未核准公告的，当事人应当提供相应的证明文件；基于商标局的决定书申请复审的，还应当同时附送商标局的决定书。

第十五条　申请书应当载明下列事项：

（一）申请人的名称、通信地址、联系人和联系电话。评审申请有被申请人的，应当载明被申请人的名称和地址。委托商标代理机构办理商标评审事宜的，还应当载明商标代理机构的名称、地址、联系人和联系电话；

（二）评审商标及其申请号或者初步审定号、注册号和刊登该商标的《商标公告》的期号；

（三）明确的评审请求和所依据的事实、理由及法律依据。

第十六条　商标评审申请不符合本规则第十三条第（一）、（二）、（三）、（六）项规定条件之一的，商标评审委员会不予受理，书面通知申请人，并说明理由。

第十七条　商标评审申请不符合本规则第十三条第（四）、（五）项规定条件之一的，或者未按照实施条例和本规则规定提交有关证明文件的，或者有其他需要补正情形的，商标评审委员会应当向申请人发出补正通知，申请人应当自收到补正通知之日起三十日内补正。

经补正仍不符合规定的，商标评审委员会不予受理，书面通知申请人，并说明理由。未在规定期限内补正的，依照实施条例第五十七条规定，视为申请人撤回评审申请，商标评审委员会应当书面通知申请人。

第十八条　商标评审申请经审查符合受理条件的，商标评审委员会应当在三十日内向申请人发出《受理通知书》。

第十九条　商标评审委员会已经受理的商标评审申请，有下列情形之一的，属于不符合受理条件，应当依照实施条例第五十七条规定予以驳回：

（一）违反实施条例第六十二条规定，申请人撤回商标评审申请后，又以相同的事实和理由再次提出评审申请的；

（二）违反实施条例第六十二条规定，对商标评审委员会已经做出的裁定或者决定，以相同的事实和理由再次提出评审申请的；

（三）其他不符合受理条件的情形。

对经不予注册复审程序予以核准注册的商标提起宣告注册商标无效的，不受前款第（二）项规定限制。

商标评审委员会驳回商标评审申请，应当书面通知申请人，并说明理由。

第二十条 当事人参加评审活动，应当按照对方当事人的数量，提交相应份数的申请书、答辩书、意见书、质证意见及证据材料副本，副本内容应当与正本内容相同。不符合前述要求且经补正仍不符合要求的，依照本规则第十七条第二款的规定，不予受理评审申请，或者视为未提交相关材料。

第二十一条 评审申请有被申请人的，商标评审委员会受理后，应当及时将申请书副本及有关证据材料送达被申请人。被申请人应当自收到申请材料之日起三十日内向商标评审委员会提交答辩书及其副本；未在规定期限内答辩的，不影响商标评审委员会的评审。

商标评审委员会审理不服商标局不予注册决定的复审案件，应当通知原异议人参加并提出意见。原异议人应当在收到申请材料之日起三十日内向商标评审委员会提交意见书及其副本；未在规定期限内提出意见的，不影响案件审理。

第二十二条 被申请人参加答辩和原异议人参加不予注册复审程序应当有合法的主体资格。

商标评审答辩书、意见书及有关证据材料应当按照规定的格式和要求填写、提供。

不符合第二款规定或者有其他需要补正情形的，商标评审委员会向被申请人或者原异议人发出补正通知，被申请人或者原异议人应当自收到补正通知之日起三十日内补正。经补正仍不符合规定或者未在法定期限内补正的，视为未答辩或者未提出意见，不影响商标评审委员会的评审。

第二十三条 当事人需要在提出评审申请或者答辩后补充有关证据材料的，应当在申请书或者答辩书中声明，并自提交申请书或者答辩书之日起三个月内一次性提交；未在申请书或者答辩书中声明或者期满未提交的，视为放弃补充证据材料。但是，在期满后生成或者当事人有其他正当理由未能在期满前提交的证据，在期满后提交的，商标评审委员会将证据交对方当事人并质证后可以采信。

对当事人在法定期限内提供的证据材料，有对方当事人的，商标评审委员会应当将该证据材料副本送达给对方当事人。当事人应当在收到证据材料副本之日起三十日内进行质证。

第二十四条 当事人应当对其提交的证据材料逐一分类编号和制作目录清单，对证据材料的来源、待证的具体事实作简要说明，并签名盖章。

商标评审委员会收到当事人提交的证据材料后，应当按目录清单核对证据材料，并由经办人员在回执上签收，注明提交日期。

第二十五条 当事人名称或者通信地址等事项发生变更的，应当及时通知商标评审委员会，并依需要提供相应的证明文件。

第二十六条　在商标评审程序中，当事人的商标发生转让、移转的，受让人或者承继人应当及时以书面方式声明承受相关主体地位，参加后续评审程序并承担相应的评审后果。

未书面声明且不影响评审案件审理的，商标评审委员会可以将受让人或者承继人列为当事人做出决定或者裁定。

第三章　审　理

第二十七条　商标评审委员会审理商标评审案件实行合议制度。但有下列情形之一的案件，可以由商标评审人员一人独任评审：

（一）仅涉及商标法第三十条和第三十一条所指在先商标权利冲突的案件中，评审时权利冲突已消除的；

（二）被请求撤销或者无效宣告的商标已经丧失专用权的；

（三）依照本规则第三十二条规定应当予以结案的；

（四）其他可以独任评审的案件。

第二十八条　当事人或者利害关系人依照实施条例第七条和本规则第七条的规定对商标评审人员提出回避申请的，被申请回避的商标评审人员在商标评审委员会做出是否回避的决定前，应当暂停参与本案的审理工作。

商标评审委员会在做出决定、裁定后收到当事人或者利害关系人提出的回避申请的，不影响评审决定、裁定的有效性。但评审人员确实存在需要回避的情形的，商标评审委员会应当依法做出处理。

第二十九条　商标评审委员会审理商标评审案件，应当依照实施条例第五十二条、第五十三条、第五十四条、第五十五条、第五十六条的规定予以审理。

第三十条　经不予注册复审程序予以核准注册的商标，原异议人向商标评审委员会请求无效宣告的，商标评审委员会应当另行组成合议组进行审理。

第三十一条　依照商标法第三十五条第四款、第四十五条第三款和实施条例第十一条第（五）项的规定，需要等待在先权利案件审理结果的，商标评审委员会可以决定暂缓审理该商标评审案件。

第三十二条　有下列情形之一的，终止评审，予以结案：

（一）申请人死亡或者终止后没有继承人或者继承人放弃评审权利的；

（二）申请人撤回评审申请的；

（三）当事人自行或者经调解达成和解协议，可以结案的；

（四）其他应当终止评审的情形。

商标评审委员会予以结案，应当书面通知有关当事人，并说明理由。

第三十三条　合议组审理案件应当制作合议笔录，并由合议组成员签名。

合议组成员有不同意见的，应当如实记入合议笔录。

经审理终结的案件，商标评审委员会依法做出决定、裁定。

第三十四条 商标评审委员会做出的决定、裁定应当载明下列内容：

（一）当事人的评审请求、争议的事实、理由和证据；

（二）决定或者裁定认定的事实、理由和适用的法律依据；

（三）决定或者裁定结论；

（四）可以供当事人选用的后续程序和时限；

（五）决定或者裁定做出的日期。

决定、裁定由合议组成员署名，加盖商标评审委员会印章。

第三十五条 对商标评审委员会做出的决定、裁定，当事人不服向人民法院起诉的，应当在向人民法院递交起诉状的同时或者至迟十五日内将该起诉状副本抄送或者另行将起诉信息书面告知商标评审委员会。

除商标评审委员会做出的准予初步审定或者予以核准注册的决定外，商标评审委员会自发出决定、裁定之日起四个月内未收到来自人民法院应诉通知或者当事人提交的起诉状副本、书面起诉通知的，该决定、裁定移送商标局执行。

商标评审委员会自收到当事人提交的起诉状副本或者书面起诉通知之日起四个月内未收到来自人民法院应诉通知的，相关决定、裁定移送商标局执行。

第三十六条 在一审行政诉讼程序中，若因商标评审决定、裁定所引证的商标已经丧失在先权利导致决定、裁定事实认定、法律适用发生变化的，在原告撤诉的情况下，商标评审委员会可以撤回原决定或者裁定，并依据新的事实，重新做出商标评审决定或者裁定。

商标评审决定、裁定送达当事人后，商标评审委员会发现存在文字错误等非实质性错误的，可以向评审当事人发送更正通知书对错误内容进行更正。

第三十七条 商标评审决定、裁定经人民法院生效判决撤销的，商标评审委员会应当重新组成合议组，及时审理，并做出重审决定、裁定。

重审程序中，商标评审委员会对当事人新提出的评审请求和法律依据不列入重审范围；对当事人补充提交的足以影响案件审理结果的证据可以予以采信，有对方当事人的，应当送达对方当事人予以质证。

第四章 证据规则

第三十八条 当事人对自己提出的评审请求所依据的事实或者反驳对方评审请求所依据的事实有责任提供证据加以证明。

证据包括书证、物证、视听资料、电子数据、证人证言、鉴定意见、当事人的陈述等。

没有证据或者证据不足以证明当事人的事实主张的，由负有举证责任的当事人承担不利后果。

一方当事人对另一方当事人陈述的案件事实明确表示承认的，另一方当事人无需举证，但商标评审委员会认为确有必要举证的除外。

当事人委托代理人参加评审的，代理人的承认视为当事人的承认。但未经特别授权的代理人对事实的承认直接导致承认对方评审请求的除外；当事人在场但对其代理人的承认不作否认表示的，视为当事人的承认。

第三十九条　下列事实，当事人无需举证证明：

（一）众所周知的事实；

（二）自然规律及定理；

（三）根据法律规定或者已知事实和日常生活经验法则，能推定出的另一事实；

（四）已为人民法院发生法律效力的裁判所确认的事实；

（五）已为仲裁机构的生效裁决所确认的事实；

（六）已为有效公证文书所证明的事实。

前款（一）、（三）、（四）、（五）、（六）项，有相反证据足以推翻的除外。

第四十条　当事人向商标评审委员会提供书证的，应当提供原件，包括原本、正本和副本。提供原件有困难的，可以提供相应的复印件、照片、节录本；提供由有关部门保管的书证原件的复制件、影印件或者抄录件的，应当注明出处，经该部门核对无异后加盖其印章。

当事人向商标评审委员会提供物证的，应当提供原物。提供原物有困难的，可以提供相应的复制件或者证明该物证的照片、录像等其他证据；原物为数量较多的种类物的，可以提供其中的一部分。

一方当事人对另一方当事人所提书证、物证的复制件、照片、录像等存在怀疑并有相应证据支持的，或者商标评审委员会认为有必要的，被质疑的当事人应当提供或者出示有关证据的原件或者经公证的复印件。

第四十一条　当事人向商标评审委员会提供的证据系在中华人民共和国领域外形成，或者在香港、澳门、台湾地区形成，对方当事人对该证据的真实性存在怀疑并有相应证据支持的，或者商标评审委员会认为必要的，应当依照有关规定办理相应的公证认证手续。

第四十二条　当事人向商标评审委员会提供外文书证或者外文说明资料，应当附有中文译文。未提交中文译文的，该外文证据视为未提交。

对方当事人对译文具体内容有异议的，应当对有异议的部分提交中文译文。必要时，可以委托双方当事人认可的单位对全文，或者所使用或者有异议的部分进行翻译。

双方当事人对委托翻译达不成协议的，商标评审委员会可以指定专业翻译单位对全文，或者所使用的或者有异议的部分进行翻译。委托翻译所需费用由双方当事人各承担50%；拒绝支付翻译费用的，视为其承认对方提交的译文。

第四十三条 对单一证据有无证明力和证明力大小可以从下列方面进行审核认定：

（一）证据是否原件、原物，复印件、复制品与原件、原物是否相符；

（二）证据与本案事实是否相关；

（三）证据的形式、来源是否符合法律规定；

（四）证据的内容是否真实；

（五）证人或者提供证据的人，与当事人有无利害关系。

第四十四条 评审人员对案件的全部证据，应当从各证据与案件事实的关联程度、各证据之间的联系等方面进行综合审查判断。

有对方当事人的，未经交换质证的证据不应当予以采信。

第四十五条 下列证据不能单独作为认定案件事实的依据：

（一）未成年人所作的与其年龄和智力状况不相适应的证言；

（二）与一方当事人有亲属关系、隶属关系或者其他密切关系的证人所作的对该当事人有利的证言，或者与一方当事人有不利关系的证人所作的对该当事人不利的证言；

（三）应当参加口头审理作证而无正当理由不参加的证人证言；

（四）难以识别是否经过修改的视听资料；

（五）无法与原件、原物核对的复制件或者复制品；

（六）经一方当事人或者他人改动，对方当事人不予认可的证据材料；

（七）其他不能单独作为认定案件事实依据的证据材料。

第四十六条 一方当事人提出的下列证据，对方当事人提出异议但没有足以反驳的相反证据的，商标评审委员会应当确认其证明力：

（一）书证原件或者与书证原件核对无误的复印件、照片、副本、节录本；

（二）物证原物或者与物证原物核对无误的复制件、照片、录像资料等；

（三）有其他证据佐证并以合法手段取得的、无疑点的视听资料或者与视听资料核对无误的复制件。

第四十七条 一方当事人委托鉴定部门做出的鉴定结论，另一方当事人没有足以反驳的相反证据和理由的，可以确认其证明力。

第四十八条 一方当事人提出的证据，另一方当事人认可或者提出的相反证据不足以反驳的，商标评审委员会可以确认其证明力。

一方当事人提出的证据，另一方当事人有异议并提出反驳证据，对方当事人对反驳证据认可的，可以确认反驳证据的证明力。

第四十九条　双方当事人对同一事实分别举出相反的证据，但都没有足够的依据否定对方证据的，商标评审委员会应当结合案件情况，判断一方提供证据的证明力是否明显大于另一方提供证据的证明力，并对证明力较大的证据予以确认。

因证据的证明力无法判断导致争议事实难以认定的，商标评审委员会应当依据举证责任分配原则做出判断。

第五十条　评审程序中，当事人在申请书、答辩书、陈述及其委托代理人的代理词中承认的对己方不利的事实和认可的证据，商标评审委员会应当予以确认，但当事人反悔并有相反证据足以推翻的除外。

第五十一条　商标评审委员会就数个证据对同一事实的证明力，可以依照下列原则认定：

（一）国家机关以及其他职能部门依职权制作的公文文书优于其他书证；

（二）鉴定结论、档案材料以及经过公证或者登记的书证优于其他书证、视听资料和证人证言；

（三）原件、原物优于复制件、复制品；

（四）法定鉴定部门的鉴定结论优于其他鉴定部门的鉴定结论；

（五）原始证据优于传来证据；

（六）其他证人证言优于与当事人有亲属关系或者其他密切关系的证人提供的对该当事人有利的证言；

（七）参加口头审理作证的证人证言优于未参加口头审理作证的证人证言；

（八）数个种类不同、内容一致的证据优于一个孤立的证据。

第五章　期间、送达

第五十二条　期间包括法定期间和商标评审委员会指定的期间。期间应当依照实施条例第十二条的规定计算。

第五十三条　当事人向商标评审委员会提交的文件或者材料的日期，直接递交的，以递交日为准；邮寄的，以寄出的邮戳日为准；邮戳日不清晰或者没有邮戳的，以商标评审委员会实际收到日为准，但是当事人能够提出实际邮戳日证据的除外。通过邮政企业以外的快递企业递交的，以快递企业收寄日为准；收寄日不明确的，以商标评审委员会实际收到日为准，但是当事人能够提出实际收寄日证据的除外。以数据电文方式提交的，以进入商标评审委员会电子系统的日期为准。

当事人向商标评审委员会邮寄文件，应当使用给据邮件。

当事人向商标评审委员会提交文件，应当在文件中标明商标申请号或者注册号、申请人名称。提交的文件内容，以书面方式提交的，以商标评审委员会所存档案记录为准；以数据电文方式提交的，以商标评审委员会数据库记录为准，但是当事人确有证据证明商标评审委员会档案、数据库记录有错误的除外。

第五十四条 商标评审委员会的各种文件，可以通过邮寄、直接递交、数据电文或者其他方式送达当事人；以数据电文方式送达当事人的，应当经当事人同意。当事人委托商标代理机构的，文件送达商标代理机构视为送达当事人。

商标评审委员会向当事人送达各种文件的日期，邮寄的，以当事人收到的邮戳日为准；邮戳日不清晰或者没有邮戳的，自文件发出之日起满十五日，视为送达当事人，但当事人能够证明实际收到日的除外；直接递交的，以递交日为准。以数据电文方式送达的，自文件发出之日满十五日，视为送达当事人；文件通过上述方式无法送达的，可以通过公告方式送达当事人，自公告发布之日起满三十日，该文件视为已经送达。

商标评审委员会向当事人邮寄送达文件被退回后通过公告送达的，后续文件均采取公告送达方式，但当事人在公告送达后明确告知通信地址的除外。

第五十五条 依照实施条例第五条第三款的规定，商标评审案件的被申请人或者原异议人是在中国没有经常居所或者营业所的外国人或者外国企业的，由该评审商标注册申请书中载明的国内接收人负责接收商标评审程序的有关法律文件；商标评审委员会将有关法律文件送达该国内接收人，视为送达当事人。

依照前款规定无法确定国内接收人的，由商标局原审程序中的或者最后一个申请办理该商标相关事宜的商标代理机构承担商标评审程序中有关法律文件的签收及转达义务；商标评审委员会将有关法律文件送达该商标代理机构。商标代理机构在有关法律文件送达之前已经与国外当事人解除商标代理关系的，应当以书面形式向商标评审委员会说明有关情况，并自收到文件之日起十日内将有关法律文件交回商标评审委员会，由商标评审委员会另行送达。

马德里国际注册商标涉及国际局转发相关书件的，应当提交相应的送达证据。未提交的，应当书面说明原因，自国际局发文之日起满十五日视为送达。

上述方式无法送达的，公告送达。

第六章 附 则

第五十六条 从事商标评审工作的国家机关工作人员玩忽职守、滥用职权、徇私舞弊，违法办理商标评审事项，收受当事人财物，牟取不正当利益的，依法给予处分。

第五十七条 对于当事人不服商标局做出的驳回商标注册申请决定在2014年5月1日以前向商标评审委员会提出复审申请，商标评审委员会于2014年5月1日以后（含5月1日，下同）审理的案件，适用修改后的商标法。

对于当事人不服商标局做出的异议裁定在2014年5月1日以前向商标评审委员会提出复审申请，商标评审委员会于2014年5月1日以后审理的案件，当事人提出异议和复审的主体资格适用修改前的商标法，其他程序问题和实体问题适用修改后的商标法。

对于已经注册的商标，当事人在2014年5月1日以前向商标评审委员会提出争议和撤销复审申请，商标评审委员会于2014年5月1日以后审理的案件，相关程序问题适用修改后的商标法，实体问题适用修改前的商标法。

对于当事人在2014年5月1日以前向商标评审委员会提出申请的商标评审案件，应当自2014年5月1日起开始计算审理期限。

第五十八条 办理商标评审事宜的文书格式，由商标评审委员会制定并公布。

第五十九条 本规则由国家工商行政管理总局负责解释。

第六十条 本规则自2014年6月1日起施行。

驰名商标认定和保护规定

（2003年4月17日国家工商行政管理总局令第5号发布
根据2014年7月3日国家工商行政管理总局令第66号修订）

第一条 为规范驰名商标认定工作，保护驰名商标持有人的合法权益，根据《中华人民共和国商标法》（以下简称商标法）、《中华人民共和国商标法实施条例》（以下简称实施条例），制定本规定。

第二条 驰名商标是在中国为相关公众所熟知的商标。

相关公众包括与使用商标所标示的某类商品或者服务有关的消费者，生产前述商品或者提供服务的其他经营者以及经销渠道中所涉及的销售者和相关人员等。

第三条 商标局、商标评审委员会根据当事人请求和审查、处理案件的需要，负责在商标注册审查、商标争议处理和工商行政管理部门查处商标违法案件过程中认定和保护驰名商标。

第四条 驰名商标认定遵循个案认定、被动保护的原则。

第五条 当事人依照商标法第三十三条规定向商标局提出异议，并依照商标法第十三条规定请求驰名商标保护的，可以向商标局提出驰名商标保护的书面请求并提交其商标构成驰名商标的证据材料。

第六条 当事人在商标不予注册复审案件和请求无效宣告案件中，依照商标法第十三条规定请求驰名商标保护的，可以向商标评审委员会提出驰名商标保护的书面请求并提交其商标构成驰名商标的证据材料。

第七条 涉及驰名商标保护的商标违法案件由市（地、州）级以上工商行政管理部门管辖。当事人请求工商行政管理部门查处商标违法行为，并依照商标法第十三条规定请求驰名商标保护的，可以向违法行为发生地的市（地、州）级以上工商行政管理部门进行投诉，并提出驰名商标保护的书面请求，提交证明其商标构成驰名商标的证据材料。

第八条 当事人请求驰名商标保护应当遵循诚实信用原则，并对事实及所提交的证据材料的真实性负责。

第九条 以下材料可以作为证明符合商标法第十四条第一款规定的证据材料：

（一）证明相关公众对该商标知晓程度的材料。

（二）证明该商标使用持续时间的材料，如该商标使用、注册的历史和范围的材料。该商标为未注册商标的，应当提供证明其使用持续时间不少于五年的材料。该商标为注册商标的，应当提供证明其注册时间不少于三年或者持续使用时间不少于五年的材料。

（三）证明该商标的任何宣传工作的持续时间、程度和地理范围的材料，如近三年广告宣传和促销活动的方式、地域范围、宣传媒体的种类以及广告投放量等材料。

（四）证明该商标曾在中国或者其他国家和地区作为驰名商标受保护的材料。

（五）证明该商标驰名的其他证据材料，如使用该商标的主要商品在近三年的销售收入、市场占有率、净利润、纳税额、销售区域等材料。

前款所称“三年”、“五年”，是指被提出异议的商标注册申请日期、被提出无效宣告请求的商标注册申请日期之前的三年、五年，以及在查处商标违法案件中提出驰名商标保护请求日期之前的三年、五年。

第十条　当事人依照本规定第五条、第六条规定提出驰名商标保护请求的，商标局、商标评审委员会应当在商标法第三十五条、第三十七条、第四十五条规定的期限内及时作出处理。

第十一条　当事人依照本规定第七条规定请求工商行政管理部门查处商标违法行为的，工商行政管理部门应当对投诉材料予以核查，依照《工商行政管理机关行政处罚程序规定》的有关规定决定是否立案。决定立案的，工商行政管理部门应当对当事人提交的驰名商标保护请求及相关证据材料是否符合商标法第十三条、第十四条、实施条例第三条和本规定第九条规定进行初步核实和审查。经初步核查符合规定的，应当自立案之日起三十日内将驰名商标认定请示、案件材料副本一并报送上级工商行政管理部门。经审查不符合规定的，应当依照《工商行政管理机关行政处罚程序规定》的规定及时作出处理。

第十二条　省（自治区、直辖市）工商行政管理部门应当对本辖区内市（地、州）级工商行政管理部门报送的驰名商标认定相关材料是否符合商标法第十三条、第十四条、实施条例第三条和本规定第九条规定进行核实和审查。经核查符合规定的，应当自收到驰名商标认定相关材料之日起三十日内，将驰名商标认定请示、案件材料副本一并报送商标局。经审查不符合规定的，应当将有关材料退回原立案机关，由其依照《工商行政管理机关行政处罚程序规定》的规定及时作出处理。

第十三条　商标局、商标评审委员会在认定驰名商标时，应当综合考虑商标法第十四条第一款和本规定第九条所列各项因素，但不以满足全部因素为前提。

商标局、商标评审委员会在认定驰名商标时，需要地方工商行政管理部门核实有关情况的，相关地方工商行政管理部门应当予以协助。

第十四条　商标局经对省（自治区、直辖市）工商行政管理部门报送的驰名商标认定相关材料进行审查，认定构成驰名商标的，应当向报送请示的省（自治区、直辖市）工商行政管理部门作出批复。

立案的工商行政管理部门应当自商标局作出认定批复后六十日内依法予以处理，并将行政处罚决定书抄报所在省（自治区、直辖市）工商行政管理部门。省（自治区、直辖市）工商行政管理部门应当自收到抄报的行政处罚决定书之日起三十日内将案件处理情况及行政处罚决定书副本报送商标局。

第十五条　各级工商行政管理部门在商标注册和管理工作中应当加强对驰名商标的保护，维护权利人和消费者合法权益。商标违法行为涉嫌犯罪的，应当将案件及时移送司法机关。

第十六条 商标注册审查、商标争议处理和工商行政管理部门查处商标违法案件过程中，当事人依照商标法第十三条规定请求驰名商标保护时，可以提供该商标曾在我国作为驰名商标受保护的记录。

当事人请求驰名商标保护的范围与已被作为驰名商标予以保护的范围基本相同，且对方当事人对该商标驰名无异议，或者虽有异议，但异议理由和提供的证据明显不足以支持该异议的，商标局、商标评审委员会、商标违法案件立案部门可以根据该保护记录，结合相关证据，给予该商标驰名商标保护。

第十七条 在商标违法案件中，当事人通过弄虚作假或者提供虚假证据材料等不正当手段骗取驰名商标保护的，由商标局撤销对涉案商标已作出的认定，并通知报送驰名商标认定请示的省（自治区、直辖市）工商行政管理部门。

第十八条 地方工商行政管理部门违反本规定第十一条、第十二条规定未履行对驰名商标认定相关材料进行核实和审查职责，或者违反本规定第十三条第二款规定未予以协助或者未履行核实职责，或者违反本规定第十四条第二款规定逾期未对商标违法案件作出处理或者逾期未报送处理情况的，由上一级工商行政管理部门予以通报，并责令其整改。

第十九条 各级工商行政管理部门应当建立健全驰名商标认定工作监督检查制度。

第二十条 参与驰名商标认定与保护相关工作的人员，玩忽职守、滥用职权、徇私舞弊，违法办理驰名商标认定有关事项，收受当事人财物，牟取不正当利益的，依照有关规定予以处理。

第二十一条 本规定自公布之日起 30 日后施行。2003 年 4 月 17 日国家工商行政管理总局公布的《驰名商标认定和保护规定》同时废止。

最高人民法院
关于人民法院对注册商标权进行财产保全的解释

法释〔2001〕1号

（2000年11月22日最高人民法院审判委员会第1144次会议通过
2001年1月2日最高人民法院公告公布　自2001年1月21日起施行）

为了正确实施对注册商标权的财产保全措施，避免重复保全，现就人民法院对注册商标权进行财产保全有关问题解释如下：

第一条　人民法院根据民事诉讼法有关规定采取财产保全措施时，需要对注册商标权进行保全的，应当向国家工商行政管理局商标局（以下简称商标局）发出协助执行通知书，载明要求商标局协助保全的注册商标的名称、注册人、注册证号码、保全期限以及协助执行保全的内容，包括禁止转让、注销注册商标、变更注册事项和办理商标权质押登记等事项。

第二条　对注册商标权保全的期限一次不得超过6个月，自商标局收到协助执行通知书之日起计算。如果仍然需要对该注册商标权继续采取保全措施的，人民法院应当在保全期限届满前向商标局重新发出协助执行通知书，要求继续保全。否则，视为自动解除对该注册商标权的财产保全。

第三条　人民法院对已经进行保全的注册商标权，不得重复进行保全。

最高人民法院
关于审理商标案件有关管辖和法律适用范围问题的解释

法释〔2002〕1号

（2001年12月25日最高人民法院审判委员会第1203次会议通过
2002年1月9日最高人民法院公告公布　自2002年1月21日起施行）

《全国人民代表大会常务委员会关于修改〈中华人民共和国商标法〉的决定》（以下简称商标法修改决定）已由第九届全国人民代表大会常务委员会第二十四次会议通过，自2001年12月1日起施行。为了正确审理商标案件，根据《中华人民共和国商标法》（以下简称商标法）、《中华人民共和国民事诉讼法》和《中华人民共和国行政诉讼法》（以下简称行政诉讼法）的规定，现就人民法院审理商标案件有关管辖和法律适用范围等问题，作如下解释：

第一条　人民法院受理以下商标案件：

1. 不服国务院工商行政管理部门商标评审委员会（以下简称商标评审委员会）作出的复审决定或者裁定的案件；

2. 不服工商行政管理部门作出的有关商标的具体行政行为的案件；

3. 商标专用权权属纠纷案件；

4. 侵犯商标专用权纠纷案件；

5. 商标专用权转让合同纠纷案件；

6. 商标许可使用合同纠纷案件；

7. 申请诉前停止侵犯商标专用权案件；

8. 申请诉前财产保全案件；

9. 申请诉前证据保全案件；

10. 其他商标案件。

第二条　本解释第一条所列第1项第一审案件，由北京市高级人民法院根据最高人民法院的授权确定其辖区内有关中级人民法院管辖。

本解释第一条所列第2项第一审案件，根据行政诉讼法的有关规定确定管辖。

商标民事纠纷第一审案件，由中级以上人民法院管辖。

各高级人民法院根据本辖区的实际情况，经最高人民法院批准，可以在较大城市确定 1～2 个基层人民法院受理第一审商标民事纠纷案件。

第三条　商标注册人或者利害关系人向工商行政管理部门就侵犯商标专用权行为请求处理，又向人民法院提起侵犯商标专用权诉讼请求损害赔偿的，人民法院应当受理。

第四条　商标评审委员会在商标法修改决定施行前受理的案件，于该决定施行后作出复审决定或裁定，当事人对复审决定或裁定不服向人民法院起诉的，人民法院应当受理。

第五条　除本解释另行规定外，对商标法修改决定施行前发生，属于修改后商标法第四条、第五条、第八条、第九条第一款、第十条第一款第（二）、（三）、（四）项、第十条第二款、第十一条、第十二条、第十三条、第十五条、第十六条、第二十四条、第二十五条、第三十一条所列举的情形，商标评审委员会于商标法修改决定施行后作出复审决定或者裁定，当事人不服向人民法院起诉的行政案件，适用修改后商标法的相应规定进行审查；属于其他情形的，适用修改前商标法的相应规定进行审查。

第六条　当事人就商标法修改决定施行时已满 1 年的注册商标发生争议，不服商标评审委员会作出的裁定向人民法院起诉的，适用修改前商标法第二十七条第二款规定的提出申请的期限处理；商标法修改决定施行时商标注册不满 1 年的，适用修改后商标法第四十一条第二款、第三款规定的提出申请的期限处理。

第七条　对商标法修改决定施行前发生的侵犯商标专用权行为，商标注册人或者利害关系人于该决定施行后在起诉前向人民法院提出申请采取责令停止侵权行为或者保全证据措施的，适用修改后商标法第五十七条、第五十八条的规定。

第八条　对商标法修改决定施行前发生的侵犯商标专用权行为起诉的案件，人民法院于该决定施行时尚未作出生效判决的，参照修改后商标法第五十六条的规定处理。

第九条　除本解释另行规定外，商标法修改决定施行后人民法院受理的商标民事纠纷案件，涉及该决定施行前发生的民事行为的，适用修改前商标法的规定；涉及该决定施行后发生的民事行为的，适用修改后商标法的规定；涉及该决定施行前发生，持续到该决定施行后的民事行为的，分别适用修改前、后商标法的规定。

第十条　人民法院受理的侵犯商标专用权纠纷案件，已经过工商行政管理部门处理的，人民法院仍应当就当事人民事争议的事实进行审查。

最高人民法院
关于诉前停止侵犯注册商标专用权行为和保全证据适用法律问题的解释

法释〔2002〕2号

（2001年12月25日最高人民法院审判委员会第1203次会议通过
2002年1月9日最高人民法院公告公布　自2002年1月22日起施行）

为切实保护商标注册人和利害关系人的合法权益，根据《中华人民共和国民法通则》、《中华人民共和国商标法》（以下简称商标法）、《中华人民共和国民事诉讼法》（以下简称民事诉讼法）的有关规定，现就有关诉前停止侵犯注册商标专用权行为和保全证据适用法律问题解释如下：

第一条　根据商标法第五十七条、第五十八条的规定，商标注册人或者利害关系人可以向人民法院提出诉前责令停止侵犯注册商标专用权行为或者保全证据的申请。

提出申请的利害关系人，包括商标使用许可合同的被许可人、注册商标财产权利的合法继承人。注册商标使用许可合同被许可人中，独占使用许可合同的被许可人可以单独向人民法院提出申请；排他使用许可合同的被许可人在商标注册人不申请的情况下，可以提出申请。

第二条　诉前责令停止侵犯注册商标专用权行为或者保全证据的申请，应当向侵权行为地或者被申请人住所地对商标案件有管辖权的人民法院提出。

第三条　商标注册人或者利害关系人向人民法院提出诉前停止侵犯注册商标专用权行为的申请，应当递交书面申请状。申请状应当载明：

（一）当事人及其基本情况；

（二）申请的具体内容、范围；

（三）申请的理由，包括有关行为如不及时制止，将会使商标注册人或者利害关系人的合法权益受到难以弥补的损害的具体说明。

商标注册人或者利害关系人向人民法院提出诉前保全证据的申请，应当递交书面申请状。申请状应当载明：

（一）当事人及其基本情况；

（二）申请保全证据的具体内容、范围、所在地点；

（三）请求保全的证据能够证明的对象；

（四）申请的理由，包括证据可能灭失或者以后难以取得，且当事人及其诉讼代理人因客观原因不能自行收集的具体说明。

第四条　申请人提出诉前停止侵犯注册商标专用权行为的申请时，应当提交下列证据：

（一）商标注册人应当提交商标注册证，利害关系人应当提交商标使用许可合同、在商标局备案的材料及商标注册证复印件；排他使用许可合同的被许可人单独提出申请的，应当提交商标注册人放弃申请的证据材料；注册商标财产权利的继承人应当提交已经继承或者正在继承的证据材料。

（二）证明被申请人正在实施或者即将实施侵犯注册商标专用权的行为的证据，包括被控侵权商品。

第五条　人民法院作出诉前停止侵犯注册商标专用权行为或者保全证据的裁定事项，应当限于商标注册人或者利害关系人申请的范围。

第六条　申请人提出诉前停止侵犯注册商标专用权行为的申请时应当提供担保。

申请人申请诉前保全证据可能涉及被申请人财产损失的，人民法院可以责令申请人提供相应的担保。

申请人提供保证、抵押等形式的担保合理、有效的，人民法院应当准许。

申请人不提供担保的，驳回申请。

人民法院确定担保的范围时，应当考虑责令停止有关行为所涉及的商品销售收益，以及合理的仓储、保管等费用，停止有关行为可能造成的合理损失等。

第七条　在执行停止有关行为裁定过程中，被申请人可能因采取该项措施造成更大损失的，人民法院可以责令申请人追加相应的担保。申请人不追加担保的，可以解除有关停止措施。

第八条　停止侵犯注册商标专用权行为裁定所采取的措施，不因被申请人提供担保而解除，但申请人同意的除外。

第九条　人民法院接受商标注册人或者利害关系人提出责令停止侵犯注册商标专用权行为的申请后，经审查符合本规定第四条的，应当在48小时内作出书面裁定；裁定责令被申请人停止侵犯注册商标专用权行为的，应当立即开始执行。

人民法院作出诉前责令停止有关行为的裁定，应当及时通知被申请人，至迟不得超过5日。

第十条　当事人对诉前责令停止侵犯注册商标专用权行为裁定不服的，可以在收到裁定之日起10日内申请复议一次。复议期间不停止裁定的执行。

第十一条　人民法院对当事人提出的复议申请应当从以下方面进行审查：

（一）被申请人正在实施或者即将实施的行为是否侵犯注册商标专用权；

（二）不采取有关措施，是否会给申请人合法权益造成难以弥补的损害；

（三）申请人提供担保的情况；

（四）责令被申请人停止有关行为是否损害社会公共利益。

第十二条 商标注册人或者利害关系人在人民法院采取停止有关行为或者保全证据的措施后15日内不起诉的，人民法院应当解除裁定采取的措施。

第十三条 申请人不起诉或者申请错误造成被申请人损失的，被申请人可以向有管辖权的人民法院起诉请求申请人赔偿，也可以在商标注册人或者利害关系人提起的侵犯注册商标专用权的诉讼中提出损害赔偿请求，人民法院可以一并处理。

第十四条 停止侵犯注册商标专用权行为裁定的效力，一般应维持到终审法律文书生效时止。

人民法院也可以根据案情，确定停止有关行为的具体期限；期限届满时，根据当事人的请求及追加担保的情况，可以作出继续停止有关行为的裁定。

第十五条 被申请人违反人民法院责令停止侵犯注册商标专用权行为或者保全证据裁定的，依照民事诉讼法第一百零二条规定处理。

第十六条 商标注册人或者利害关系人向人民法院提起商标侵权诉讼时或者诉讼中，提出先行停止侵犯注册商标专用权请求的，人民法院可以先行作出裁定。前款规定涉及的有关申请、证据提交、担保的确定、裁定的执行和复议等事项，参照本司法解释有关规定办理。

第十七条 诉前停止侵犯注册商标专用权行为和保全证据的案件，申请人应当按照《人民法院诉讼收费办法》及其补充规定缴纳费用。

最高人民法院
关于审理商标民事纠纷案件适用法律若干问题的解释

法释〔2002〕32号

（2002年10月12日最高人民法院审判委员会第1246次会议通过
2002年10月12日最高人民法院公告公布　自2002年10月16日起施行）

为了正确审理商标纠纷案件，根据《中华人民共和国民法通则》、《中华人民共和国合同法》、《中华人民共和国商标法》、《中华人民共和国民事诉讼法》等法律的规定，就适用法律若干问题解释如下：

第一条　下列行为属于商标法第五十二条第（五）项规定的给他人注册商标专用权造成其他损害的行为：

（一）将与他人注册商标相同或者相近似的文字作为企业的字号在相同或者类似商品上突出使用，容易使相关公众产生误认的；

（二）复制、摹仿、翻译他人注册的驰名商标或其主要部分在不相同或者不相类似商品上作为商标使用，误导公众，致使该驰名商标注册人的利益可能受到损害的；

（三）将与他人注册商标相同或者相近似的文字注册为域名，并且通过该域名进行相关商品交易的电子商务，容易使相关公众产生误认的。

第二条　依据商标法第十三条第一款的规定，复制、摹仿、翻译他人未在中国注册的驰名商标或其主要部分，在相同或者类似商品上作为商标使用，容易导致混淆的，应当承担停止侵害的民事法律责任。

第三条　商标法第四十条规定的商标使用许可包括以下三类：

（一）独占使用许可，是指商标注册人在约定的期间、地域和以约定的方式，将该注册商标仅许可一个被许可人使用，商标注册人依约定不得使用该注册商标；

（二）排他使用许可，是指商标注册人在约定的期间、地域和以约定的方式，将该注册商标仅许可一个被许可人使用，商标注册人依约定可以使用该注册商标但不得另行许可他人使用该注册商标；

（三）普通使用许可，是指商标注册人在约定的期间、地域和以约定的方式，许可他人使用其注册商标，并可自行使用该注册商标和许可他人使用其注册商标。

第四条　商标法第五十三条规定的利害关系人，包括注册商标使用许可合同的被许可人、注册商标财产权利的合法继承人等。

在发生注册商标专用权被侵害时，独占使用许可合同的被许可人可以向人民法院提起诉讼；排他使用许可合同的被许可人可以和商标注册人共同起诉，也可以在商标注册人不起诉的情况下，自行提起诉讼；普通使用许可合同的被许可人经商标注册人明确授权，可以提起诉讼。

第五条　商标注册人或者利害关系人在注册商标续展宽展期内提出续展申请，未获核准前，以他人侵犯其注册商标专用权提起诉讼的，人民法院应当受理。

第六条　因侵犯注册商标专用权行为提起的民事诉讼，由商标法第十三条、第五十二条所规定侵权行为的实施地、侵权商品的储藏地或者查封扣押地、被告住所地人民法院管辖。

前款规定的侵权商品的储藏地，是指大量或者经常性储存、隐匿侵权商品所在地；查封扣押地，是指海关、工商等行政机关依法查封、扣押侵权商品所在地。

第七条 对涉及不同侵权行为实施地的多个被告提起的共同诉讼，原告可以选择其中一个被告的侵权行为实施地人民法院管辖；仅对其中某一被告提起的诉讼，该被告侵权行为实施地的人民法院有管辖权。

第八条 商标法所称相关公众，是指与商标所标识的某类商品或者服务有关的消费者和与前述商品或者服务的营销有密切关系的其他经营者。

第九条 商标法第五十二条第（一）项规定的商标相同，是指被控侵权的商标与原告的注册商标相比较，二者在视觉上基本无差别。

商标法第五十二条第（一）项规定的商标近似，是指被控侵权的商标与原告的注册商标相比较，其文字的字形、读音、含义或者图形的构图及颜色，或者其各要素组合后的整体结构相似，或者其立体形状、颜色组合近似，易使相关公众对商品的来源产生误认或者认为其来源与原告注册商标的商品有特定的联系。

第十条 人民法院依据商标法第五十二条第（一）项的规定，认定商标相同或者近似按照以下原则进行：

（一）以相关公众的一般注意力为标准；

（二）既要进行对商标的整体比对，又要进行对商标主要部分的比对，比对应当在比对对象隔离的状态下分别进行；

（三）判断商标是否近似，应当考虑请求保护注册商标的显著性和知名度。

第十一条 商标法第五十二条第（一）项规定的类似商品，是指在功能、用途、生产部门、销售渠道、消费对象等方面相同，或者相关公众一般认为其存在特定联系、容易造成混淆的商品。

类似服务，是指在服务的目的、内容、方式、对象等方面相同，或者相关公众一般认为存在特定联系、容易造成混淆的服务。

商品与服务类似，是指商品和服务之间存在特定联系，容易使相关公众混淆。

第十二条 人民法院依据商标法第五十二条第（一）项的规定，认定商品或者服务是否类似，应当以相关公众对商品或者服务的一般认识综合判断；《商标注册用商品和服务国际分类表》、《类似商品和服务区分表》可以作为判断类似商品或者服务的参考。

第十三条 人民法院依据商标法第五十六条第一款的规定确定侵权人的赔偿责任时，可以根据权利人选择的计算方法计算赔偿数额。

第十四条　商标法第五十六条第一款规定的侵权所获得的利益，可以根据侵权商品销售量与该商品单位利润乘积计算；该商品单位利润无法查明的，按照注册商标商品的单位利润计算。

第十五条　商标法第五十六条第一款规定的因被侵权所受到的损失，可以根据权利人因侵权所造成商品销售减少量或者侵权商品销售量与该注册商标商品的单位利润乘积计算。

第十六条　侵权人因侵权所获得的利益或者被侵权人因被侵权所受到的损失均难以确定的，人民法院可以根据当事人的请求或者依职权适用商标法第五十六条第二款的规定确定赔偿数额。

人民法院在确定赔偿数额时，应当考虑侵权行为的性质、期间、后果，商标的声誉，商标使用许可费的数额，商标使用许可的种类、时间、范围及制止侵权行为的合理开支等因素综合确定。

当事人按照本条第一款的规定就赔偿数额达成协议的，应当准许。

第十七条　商标法第五十六条第一款规定的制止侵权行为所支付的合理开支，包括权利人或者委托代理人对侵权行为进行调查、取证的合理费用。

人民法院根据当事人的诉讼请求和案件具体情况，可以将符合国家有关部门规定的律师费用计算在赔偿范围内。

第十八条　侵犯注册商标专用权的诉讼时效为二年，自商标注册人或者利害权利人知道或者应当知道侵权行为之日起计算。商标注册人或者利害关系人超过二年起诉的，如果侵权行为在起诉时仍在持续，在该注册商标专用权有效期限内，人民法院应当判决被告停止侵权行为，侵权损害赔偿数额应当自权利人向人民法院起诉之日起向前推算二年计算。

第十九条　商标使用许可合同未经备案的，不影响该许可合同的效力，但当事人另有约定的除外。

商标使用许可合同未在商标局备案的，不得对抗善意第三人。

第二十条　注册商标的转让不影响转让前已经生效的商标使用许可合同的效力，但商标使用许可合同另有约定的除外。

第二十一条　人民法院在审理侵犯注册商标专用权纠纷案件中，依据民法通则第一百三十四条、商标法第五十三条的规定和案件具体情况，可以判决侵权人承担停止侵害、排除妨碍、消除危险、赔偿损失、消除影响等民事责任，还可以作出罚款，收缴侵权商品、伪造的商标标识和专门用于生产侵权商品的材料、工具、设备等财物的民事制裁决定。罚款数额可以参照《中华人民共和国商标法实施条例》的有关规定确定。

工商行政管理部门对同一侵犯注册商标专用权行为已经给予行政处罚的，人民法院不再予以民事制裁。

第二十二条 人民法院在审理商标纠纷案件中，根据当事人的请求和案件的具体情况，可以对涉及的注册商标是否驰名依法作出认定。

认定驰名商标，应当依照商标法第十四条的规定进行。

当事人对曾经被行政主管机关或者人民法院认定的驰名商标请求保护的，对方当事人对涉及的商标驰名不持异议，人民法院不再审查。提出异议的，人民法院依照商标法第十四条的规定审查。

第二十三条 本解释有关商品商标的规定，适用于服务商标。

第二十四条 以前的有关规定与本解释不一致的，以本解释为准。

最高人民法院
关于审理注册商标、企业名称与在先权利冲突的民事纠纷案件若干问题的规定

法释〔2008〕3号

（2008年2月18日最高人民法院审判委员会第1444次会议通过
2008年2月18日最高人民法院公告公布　自2008年3月1日起施行）

为正确审理注册商标、企业名称与在先权利冲突的民事纠纷案件，根据《中华人民共和国民事诉讼法》、《中华人民共和国民法通则》、《中华人民共和国商标法》和《中华人民共和国反不正当竞争法》等法律的规定，结合审判实践，制定本规定。

第一条 原告以他人注册商标使用的文字、图形等侵犯其著作权、外观设计专利权、企业名称权等在先权利为由提起诉讼，符合民事诉讼法第一百零八条规定的，人民法院应当受理。

原告以他人使用在核定商品上的注册商标与其在先的注册商标相同或者近似为由提起诉讼的，人民法院应当根据民事诉讼法第一百一十一条第（三）项的规定，告知原告向有关行政主管机关申请解决。但原告以他人超出核定商品的范围或者以改变显著特征、拆分、组合等方式使用的注册商标，与其注册商标相同或者近似为由提起诉讼的，人民法院应当受理。

第二条 原告以他人企业名称与其在先的企业名称相同或者近似，足以使相关公众对其商品的来源产生混淆，违反反不正当竞争法第五条第（三）项的规定为由提起诉讼，符合民事诉讼法第一百零八条规定的，人民法院应当受理。

第三条　人民法院应当根据原告的诉讼请求和争议民事法律关系的性质，按照《民事案件案由规定（试行）》，确定注册商标或者企业名称与在先权利冲突的民事纠纷案件的案由，并适用相应的法律。

第四条　被诉企业名称侵犯注册商标专用权或者构成不正当竞争的，人民法院可以根据原告的诉讼请求和案件具体情况，确定被告承担停止使用、规范使用等民事责任。

最高人民法院
关于审理涉及驰名商标保护的民事纠纷案件应用法律若干问题的解释

法释〔2009〕3号

（2009年4月22日最高人民法院审判委员会第1467次会议通过
2009年4月23日最高人民法院公告公布　自2009年5月1日起施行）

为在审理侵犯商标权等民事纠纷案件中依法保护驰名商标，根据《中华人民共和国商标法》、《中华人民共和国反不正当竞争法》、《中华人民共和国民事诉讼法》等有关法律规定，结合审判实际，制定本解释。

第一条　本解释所称驰名商标，是指在中国境内为相关公众广为知晓的商标。

第二条　在下列民事纠纷案件中，当事人以商标驰名作为事实根据，人民法院根据案件具体情况，认为确有必要的，对所涉商标是否驰名作出认定：

（一）以违反商标法第十三条的规定为由，提起的侵犯商标权诉讼；

（二）以企业名称与其驰名商标相同或者近似为由，提起的侵犯商标权或者不正当竞争诉讼；

（三）符合本解释第六条规定的抗辩或者反诉的诉讼。

第三条　在下列民事纠纷案件中，人民法院对于所涉商标是否驰名不予审查：

（一）被诉侵犯商标权或者不正当竞争行为的成立不以商标驰名为事实根据的；

（二）被诉侵犯商标权或者不正当竞争行为因不具备法律规定的其他要件而不成立的。

原告以被告注册、使用的域名与其注册商标相同或者近似，并通过该域名进行相关商品交易的电子商务，足以造成相关公众误认为由，提起的侵权诉讼，按照前款第（一）项的规定处理。

第四条 人民法院认定商标是否驰名，应当以证明其驰名的事实为依据，综合考虑商标法第十四条规定的各项因素，但是根据案件具体情况无需考虑该条规定的全部因素即足以认定商标驰名的情形除外。

第五条 当事人主张商标驰名的，应当根据案件具体情况，提供下列证据，证明被诉侵犯商标权或者不正当竞争行为发生时，其商标已属驰名：

（一）使用该商标的商品的市场份额、销售区域、利税等；

（二）该商标的持续使用时间；

（三）该商标的宣传或者促销活动的方式、持续时间、程度、资金投入和地域范围；

（四）该商标曾被作为驰名商标受保护的记录；

（五）该商标享有的市场声誉；

（六）证明该商标已属驰名的其他事实。

前款所涉及的商标使用的时间、范围、方式等，包括其核准注册前持续使用的情形。

对于商标使用时间长短、行业排名、市场调查报告、市场价值评估报告、是否曾被认定为著名商标等证据，人民法院应当结合认定商标驰名的其他证据，客观、全面地进行审查。

第六条 原告以被诉商标的使用侵犯其注册商标专用权为由提起民事诉讼，被告以原告的注册商标复制、摹仿或者翻译其在先未注册驰名商标为由提出抗辩或者提起反诉的，应当对其在先未注册商标驰名的事实负举证责任。

第七条 被诉侵犯商标权或者不正当竞争行为发生前，曾被人民法院或者国务院工商行政管理部门认定驰名的商标，被告对该商标驰名的事实不持异议的，人民法院应当予以认定。被告提出异议的，原告仍应当对该商标驰名的事实负举证责任。

除本解释另有规定外，人民法院对于商标驰名的事实，不适用民事诉讼证据的自认规则。

第八条 对于在中国境内为社会公众广为知晓的商标，原告已提供其商标驰名的基本证据，或者被告不持异议的，人民法院对该商标驰名的事实予以认定。

第九条 足以使相关公众对使用驰名商标和被诉商标的商品来源产生误认，或者足以使相关公众认为使用驰名商标和被诉商标的经营者之间具有许可使用、关联企业关系等特定联系的，属于商标法第十三条第一款规定的“容易导致混淆”。

足以使相关公众认为被诉商标与驰名商标具有相当程度的联系，而减弱驰名商标的显著性、贬损驰名商标的市场声誉，或者不正当利用驰名商标的市场声誉的，属于商标法第十三条第二款规定的“误导公众，致使该驰名商标注册人的利益可能受到损害”。

第十条　原告请求禁止被告在不相类似商品上使用与原告驰名的注册商标相同或者近似的商标或者企业名称的，人民法院应当根据案件具体情况，综合考虑以下因素后作出裁判：

（一）该驰名商标的显著程度；

（二）该驰名商标在使用被诉商标或者企业名称的商品的相关公众中的知晓程度；

（三）使用驰名商标的商品与使用被诉商标或者企业名称的商品之间的关联程度；

（四）其他相关因素。

第十一条　被告使用的注册商标违反商标法第十三条的规定，复制、摹仿或者翻译原告驰名商标，构成侵犯商标权的，人民法院应当根据原告的请求，依法判决禁止被告使用该商标，但被告的注册商标有下列情形之一的，人民法院对原告的请求不予支持：

（一）已经超过商标法第四十一条第二款规定的请求撤销期限的；

（二）被告提出注册申请时，原告的商标并不驰名的。

第十二条　当事人请求保护的未注册驰名商标，属于商标法第十条、第十一条、第十二条规定不得作为商标使用或者注册情形的，人民法院不予支持。

第十三条　在涉及驰名商标保护的民事纠纷案件中，人民法院对于商标驰名的认定，仅作为案件事实和判决理由，不写入判决主文；以调解方式审结的，在调解书中对商标驰名的事实不予认定。

第十四条　本院以前有关司法解释与本解释不一致的，以本解释为准。

最高人民法院
关于商标法修改决定施行后商标案件管辖和法律适用问题的解释

法释〔2014〕4号

（2014年2月10日最高人民法院审判委员会第1606次会议通过
2014年3月25日最高人民法院公告公布　自2014年5月1日起施行）

为正确审理商标案件，根据2013年8月30日第十二届全国人民代表大会常务委员会第四次会议《关于修改〈中华人民共和国商标法〉的决定》和重新公布的《中华人民共和国商标法》《中华人民共和国民事诉讼法》和《中华人民共和国行政诉讼法》等法律的规定，就人民法院审理商标案件有关管辖和法律适用等问题，制定本解释。

第一条　人民法院受理以下商标案件：

1. 不服国务院工商行政管理部门商标评审委员会（以下简称商标评审委员会）作出的复审决定或者裁定的行政案件；
2. 不服工商行政管理部门作出的有关商标的其他具体行政行为的案件；
3. 商标权权属纠纷案件；
4. 侵害商标专用权纠纷案件；
5. 确认不侵害商标专用权纠纷案件；
6. 商标权转让合同纠纷案件；
7. 商标使用许可合同纠纷案件；
8. 商标代理合同纠纷案件；
9. 申请诉前停止侵害商标专用权案件；
10. 因申请停止侵害商标专用权损害责任案件；
11. 因商标纠纷申请诉前财产保全案件；
12. 因商标纠纷申请诉前证据保全案件；
13. 其他商标案件。

第二条　不服商标评审委员会作出的复审决定或者裁定的行政案件及国家工商行政管理总局商标局（以下简称商标局）作出的有关商标的具体行政行为案件，由北京市有关中级人民法院管辖。

第三条　第一审商标民事案件，由中级以上人民法院及最高人民法院指定的基层人民法院管辖。

涉及对驰名商标保护的民事、行政案件，由省、自治区人民政府所在地市、计划单列市、直辖市辖区中级人民法院及最高人民法院指定的其他中级人民法院管辖。

第四条　在工商行政管理部门查处侵害商标权行为过程中，当事人就相关商标提起商标权权属或者侵害商标专用权民事诉讼的，人民法院应当受理。

第五条　对于在商标法修改决定施行前提出的商标注册及续展申请，商标局于决定施行后作出对该商标申请不予受理或者不予续展的决定，当事人提起行政诉讼的，人民法院审查时适用修改后的商标法。

对于在商标法修改决定施行前提出的商标异议申请，商标局于决定施行后作出对该异议不予受理的决定，当事人提起行政诉讼的，人民法院审查时适用修改前的商标法。

第六条　对于在商标法修改决定施行前当事人就尚未核准注册的商标申请复审，商标评审委员会于决定施行后作出复审决定或者裁定，当事人提起行政诉讼的，人民法院审查时适用修改后的商标法。

对于在商标法修改决定施行前受理的商标复审申请，商标评审委员会于决定施行后作出核准注册决定，当事人提起行政诉讼的，人民法院不予受理；商标评审委员会于决定施行后作出不予核准注册决定，当事人提起行政诉讼的，人民法院审查相关诉权和主体资格问题时，适用修改前的商标法。

第七条　对于在商标法修改决定施行前已经核准注册的商标，商标评审委员会于决定施行前受理、在决定施行后作出复审决定或者裁定，当事人提起行政诉讼的，人民法院审查相关程序问题适用修改后的商标法，审查实体问题适用修改前的商标法。

第八条　对于在商标法修改决定施行前受理的相关商标案件，商标局、商标评审委员会于决定施行后作出决定或者裁定，当事人提起行政诉讼的，人民法院认定该决定或者裁定是否符合商标法有关审查时限规定时，应当从修改决定施行之日起计算该审查时限。

第九条　除本解释另行规定外，商标法修改决定施行后人民法院受理的商标民事案件，涉及该决定施行前发生的行为的，适用修改前商标法的规定；涉及该决定施行前发生，持续到该决定施行后的行为的，适用修改后商标法的规定。

最高人民法院
关于审理商标授权确权行政案件若干问题的规定

法释〔2017〕2号

（2016年12月12日最高人民法院审判委员会第1703次会议通过
2017年1月10日最高人民法院公告公布　自2017年3月1日起施行）

为正确审理商标授权确权行政案件，根据《中华人民共和国商标法》《中华人民共和国行政诉讼法》等法律规定，结合审判实践，制定本规定。

第一条　本规定所称商标授权确权行政案件，是指相对人或者利害关系人因不服国务院工商行政管理部门商标评审委员会（以下简称商标评审委员会）作出的商标驳回复审、商标不予注册复审、商标撤销复审、商标无效宣告及无效宣告复审等行政行为，向人民法院提起诉讼的案件。

第二条　人民法院对商标授权确权行政行为进行审查的范围，一般应根据原告的诉讼请求及理由确定。原告在诉讼中未提出主张，但商标评审委员会相关认定存在明显不当的，人民法院在各方当事人陈述意见后，可以对相关事由进行审查并做出裁判。

第三条　商标法第十条第一款第（一）项规定的同中华人民共和国的国家名称等“相同或者近似”，是指商标标志整体上与国家名称等相同或者近似。

对于含有中华人民共和国的国家名称等，但整体上并不相同或者不相近似的标志，如果该标志作为商标注册可能导致损害国家尊严的，人民法院可以认定属于商标法第十条第一款第（八）项规定的情形。

第四条　商标标志或者其构成要素带有欺骗性，容易使公众对商品的质量等特点或者产地产生误认，商标评审委员会认定其属于2001年修正的商标法第十条第一款第（七）项规定情形的，人民法院予以支持。

第五条　商标标志或者其构成要素可能对我国社会公共利益和公共秩序产生消极、负面影响的，人民法院可以认定其属于商标法第十条第一款第（八）项规定的“其他不良影响”。

将政治、经济、文化、宗教、民族等领域公众人物姓名等申请注册为商标，属于前款所指的“其他不良影响”。

第六条　商标标志由县级以上行政区划的地名或者公众知晓的外国地名

和其他要素组成，如果整体上具有区别于地名的含义，人民法院应当认定其不属于商标法第十条第二款所指情形。

第七条 人民法院审查诉争商标是否具有显著特征，应当根据商标所指定使用商品的相关公众的通常认识，判断该商标整体上是否具有显著特征。商标标志中含有描述性要素，但不影响其整体具有显著特征的；或者描述性标志以独特方式加以表现，相关公众能够以其识别商品来源的，应当认定其具有显著特征。

第八条 诉争商标为外文标志时，人民法院应当根据中国境内相关公众的通常认识，对该外文商标是否具有显著特征进行审查判断。标志中外文的固有含义可能影响其在指定使用商品上的显著特征，但相关公众对该固有含义的认知程度较低，能够以该标志识别商品来源的，可以认定其具有显著特征。

第九条 仅以商品自身形状或者自身形状的一部分作为三维标志申请注册商标，相关公众一般情况下不易将其识别为指示商品来源标志的，该三维标志不具有作为商标的显著特征。

该形状系申请人所独创或者最早使用并不能当然导致其具有作为商标的显著特征。

第一款所称标志经过长期或者广泛使用，相关公众能够通过该标志识别商品来源的，可以认定该标志具有显著特征。

第十条 诉争商标属于法定的商品名称或者约定俗成的商品名称的，人民法院应当认定其属于商标法第十一条第一款第（一）项所指的通用名称。依据法律规定或者国家标准、行业标准属于商品通用名称的，应当认定为通用名称。相关公众普遍认为某一名称能够指代一类商品的，应当认定为约定俗成的通用名称。被专业工具书、辞典等列为商品名称的，可以作为认定约定俗成的通用名称的参考。

约定俗成的通用名称一般以全国范围内相关公众的通常认识为判断标准。对于由于历史传统、风土人情、地理环境等原因形成的相关市场固定的商品，在该相关市场内通用的称谓，人民法院可以认定为通用名称。

诉争商标申请人明知或者应知其申请注册的商标为部分区域内约定俗成的商品名称的，人民法院可以视其申请注册的商标为通用名称。

人民法院审查判断诉争商标是否属于通用名称，一般以商标申请日时的事实状态为准。核准注册时事实状态发生变化的，以核准注册时的事实状态判断其是否属于通用名称。

第十一条 商标标志只是或者主要是描述、说明所使用商品的质量、主要原料、功能、用途、重量、数量、产地等的，人民法院应当认定其属于商标法第十一条第一款第（二）项规定的情形。商标标志或者其构成要素暗示商品的特点，但不影响其识别商品来源功能的，不属于该项所规定的情形。

第十二条 当事人依据商标法第十三条第二款主张诉争商标构成对其未注册的驰名商标的复制、摹仿或者翻译而不应予以注册或者应予无效的，人民法院应当综合考量如下因素以及因素之间的相互影响，认定是否容易导致混淆：

（一）商标标志的近似程度；

（二）商品的类似程度；

（三）请求保护商标的显著性和知名程度；

（四）相关公众的注意程度；

（五）其他相关因素。

商标申请人的主观意图以及实际混淆的证据可以作为判断混淆可能性的参考因素。

第十三条 当事人依据商标法第十三条第三款主张诉争商标构成对其已注册的驰名商标的复制、摹仿或者翻译而不应予以注册或者应予无效的，人民法院应当综合考虑如下因素，以认定诉争商标的使用是否足以使相关公众认为其与驰名商标具有相当程度的联系，从而误导公众，致使驰名商标注册人的利益可能受到损害：

（一）引证商标的显著性和知名程度；

（二）商标标志是否足够近似；

（三）指定使用的商品情况；

（四）相关公众的重合程度及注意程度；

（五）与引证商标近似的标志被其他市场主体合法使用的情况或者其他相关因素。

第十四条 当事人主张诉争商标构成对其已注册的驰名商标的复制、摹仿或者翻译而不应予以注册或者应予无效，商标评审委员会依据商标法第三十条规定裁决支持其主张的，如果诉争商标注册未满五年，人民法院在当事人陈述意见之后，可以按照商标法第三十条规定进行审理；如果诉争商标注册已满五年，应当适用商标法第十三条第三款进行审理。

第十五条 商标代理人、代表人或者经销、代理等销售代理关系意义上的代理人、代表人未经授权，以自己的名义将与被代理人或者被代表人的商标相同或者近似的商标在相同或者类似商品上申请注册的，人民法院适用商标法第十五条第一款的规定进行审理。

在为建立代理或者代表关系的磋商阶段，前款规定的代理人或者代表人将被代理人或者被代表人的商标申请注册的，人民法院适用商标法第十五条第一款的规定进行审理。

商标申请人与代理人或者代表人之间存在亲属关系等特定身份关系的，可以推定其商标注册行为系与该代理人或者代表人恶意串通，人民法院适用商标法第十五条第一款的规定进行审理。

第十六条　以下情形可以认定为商标法第十五条第二款中规定的“其他关系”：

（一）商标申请人与在先使用人之间具有亲属关系；

（二）商标申请人与在先使用人之间具有劳动关系；

（三）商标申请人与在先使用人营业地址邻近；

（四）商标申请人与在先使用人曾就达成代理、代表关系进行过磋商，但未形成代理、代表关系；

（五）商标申请人与在先使用人曾就达成合同、业务往来关系进行过磋商，但未达成合同、业务往来关系。

第十七条　地理标志利害关系人依据商标法第十六条主张他人商标不应予以注册或者应予无效，如果诉争商标指定使用的商品与地理标志产品并非相同商品，而地理标志利害关系人能够证明诉争商标使用在该产品上仍然容易导致相关公众误认为该产品来源于该地区并因此具有特定的质量、信誉或者其他特征的，人民法院予以支持。

如果该地理标志已经注册为集体商标或者证明商标，集体商标或者证明商标的权利人或者利害关系人可选择依据该条或者另行依据商标法第十三条、第三十条等主张权利。

第十八条　商标法第三十二条规定的在先权利，包括当事人在诉争商标申请日之前享有的民事权利或者其他应予保护的合法权益。诉争商标核准注册时在先权利已不存在的，不影响诉争商标的注册。

第十九条　当事人主张诉争商标损害其在先著作权的，人民法院应当依照著作权法等相关规定，对所主张的客体是否构成作品、当事人是否为著作权人或者其他有权主张著作权的利害关系人以及诉争商标是否构成对著作权的侵害等进行审查。

商标标志构成受著作权法保护的作品的，当事人提供的涉及商标标志的设计底稿、原件、取得权利的合同、诉争商标申请日之前的著作权登记证书等，均可以作为证明著作权归属的初步证据。

商标公告、商标注册证等可以作为确定商标申请人为有权主张商标标志著作权的利害关系人的初步证据。

第二十条　当事人主张诉争商标损害其姓名权，如果相关公众认为该商标标志指代了该自然人，容易认为标记有该商标的商品系经过该自然人许可或者与该自然人存在特定联系的，人民法院应当认定该商标损害了该自然人的姓名权。

当事人以其笔名、艺名、译名等特定名称主张姓名权，该特定名称具有一定的知名度，与该自然人建立了稳定的对应关系，相关公众以其指代该自然人的，人民法院予以支持。

第二十一条 当事人主张的字号具有一定的市场知名度，他人未经许可申请注册与该字号相同或者近似的商标，容易导致相关公众对商品来源产生混淆，当事人以此主张构成在先权益的，人民法院予以支持。

当事人以具有一定市场知名度并已与企业建立稳定对应关系的企业名称的简称为依据提出主张的，适用前款规定。

第二十二条 当事人主张诉争商标损害角色形象著作权的，人民法院按照本规定第十九条进行审查。

对于著作权保护期限内的作品，如果作品名称、作品中的角色名称等具有较高知名度，将其作为商标使用在相关商品上容易导致相关公众误认为其经过权利人的许可或者与权利人存在特定联系，当事人以此主张构成在先权益的，人民法院予以支持。

第二十三条 在先使用人主张商标申请人以不正当手段抢先注册其在先使用并有一定影响的商标的，如果在先使用商标已经有一定影响，而商标申请人明知或者应知该商标，即可推定其构成“以不正当手段抢先注册”。但商标申请人举证证明其没有利用在先使用商标商誉的恶意的除外。

在先使用人举证证明其在先商标有一定的持续使用时间、区域、销售量或者广告宣传的，人民法院可以认定为有一定影响。

在先使用人主张商标申请人在与其不相类似的商品上申请注册其在先使用并有一定影响的商标，违反商标法第三十二条规定的，人民法院不予支持。

第二十四条 以欺骗手段以外的其他方式扰乱商标注册秩序、损害公共利益、不正当占用公共资源或者谋取不正当利益的，人民法院可以认定其属于商标法第四十四条第一款规定的“其他不正当手段”。

第二十五条 人民法院判断诉争商标申请人是否“恶意注册”他人驰名商标，应综合考虑引证商标的知名度、诉争商标申请人申请诉争商标的理由以及使用诉争商标的具体情形来判断其主观意图。引证商标知名度高、诉争商标申请人没有正当理由的，人民法院可以推定其注册构成商标法第四十五条第一款所指的“恶意注册”。

第二十六条 商标权人自行使用、他人经许可使用以及其他不违背商标权人意志的使用，均可认定为商标法第四十九条第二款所称的使用。

实际使用的商标标志与核准注册的商标标志有细微差别，但未改变其显著特征的，可以视为注册商标的使用。

没有实际使用注册商标，仅有转让或者许可行为；或者仅是公布商标注册信息、声明享有注册商标专用权的，不认定为商标使用。

商标权人有真实使用商标的意图，并且有实际使用的必要准备，但因其他客观原因尚未实际使用注册商标的，人民法院可以认定其有正当理由。

第二十七条　当事人主张商标评审委员会下列情形属于行政诉讼法第七十条第（三）项规定的“违反法定程序”的，人民法院予以支持：

（一）遗漏当事人提出的评审理由，对当事人权利产生实际影响的；

（二）评审程序中未告知合议组成员，经审查确有应当回避事由而未回避的；

（三）未通知适格当事人参加评审，该方当事人明确提出异议的；

（四）其他违反法定程序的情形。

第二十八条　人民法院审理商标授权确权行政案件的过程中，商标评审委员会对诉争商标予以驳回、不予核准注册或者予以无效宣告的事由不复存在的，人民法院可以依据新的事实撤销商标评审委员会相关裁决，并判令其根据变更后的事实重新作出裁决。

第二十九条　当事人依据在原行政行为之后新发现的证据，或者在原行政程序中因客观原因无法取得或在规定的期限内不能提供的证据，或者新的法律依据提出的评审申请，不属于以“相同的事实和理由”再次提出评审申请。

在商标驳回复审程序中，商标评审委员会以申请商标与引证商标不构成使用在同一种或者类似商品上的相同或者近似商标为由准予申请商标初步审定公告后，以下情形不视为“以相同的事实和理由”再次提出评审申请：

（一）引证商标所有人或者利害关系人依据该引证商标提出异议，国务院工商行政管理部门商标局予以支持，被异议商标申请人申请复审的；

（二）引证商标所有人或者利害关系人在申请商标获准注册后依据该引证商标申请宣告其无效的。

第三十条　人民法院生效裁判对于相关事实和法律适用已作出明确认定，相对人或者利害关系人对于商标评审委员会依据该生效裁判重新作出的裁决提起诉讼的，人民法院依法裁定不予受理；已经受理的，裁定驳回起诉。

第三十一条　本规定自2017年3月1日起施行。人民法院依据2001年修正的商标法审理的商标授权确权行政案件可参照适用本规定。

【链　接】

完善法律适用标准
促进和维护诚信有序的商标法治环境

——最高人民法院知识产权庭负责人就《最高人民法院关于审理商标授权确权行政案件若干问题的规定》答记者问

1月11日，最高人民法院召开新闻发布会，发布《最高人民法院关于审理商标授权确权行政案件若干问题的规定》（以下简称《授权确权规定》）。该司法解释将于2017年3月1日施行。为更好地理解和适用《授权确权规定》，最高人民法院知识产权庭负责人接受了本报记者的采访。

问：请简要介绍一下《授权确权规定》制定的背景和主要内容。

答：《授权确权规定》是针对商标授权确权行政案件适用法律问题所作的规定。这类案件包括当事人不服国家工商行政管理总局商标评审委员会作出的商标驳回复审、商标不予注册复审、商标撤销复审、商标无效宣告及无效宣告复审等行政行为而向人民法院提起的行政诉讼。近年来商标授权确权案件数量增长迅速，据统计，此类案件自2001年商标法修正后纳入人民法院司法审查范围，从2002年到2009年，北京市第一中级人民法院共审结商标授权确权行政一审案件2624件，而2013年该院受理的一审商标行政案件达到2161件，2014年更是增加到7951件。北京知识产权法院2015年受理一审案件7545件，其中商标授权确权行政案件5501件，约占其一审案件的73%。此类案件不仅数量大，而且社会关注度高，所涉及的商标法条文众多，对统一法律适用标准提出了很高要求。最高人民法院一贯重视商标授权确权行政案件的审理工作，在2010年发布了《关于审理商标授权确权行政案件若干问题的意见》（以下简称2010年意见），就一些问题的法律适用进行了明确，对司法实践起到了积极的指引作用。《授权确权规定》是在2010年意见的基础上，吸收了该意见中的部分重要条文，另针对司法实践中仍然存在的突出问题，在深入调研、多方征求意见的基础上起草而成。《授权确权规定》于2013年列入司法解释立项计划。在起草过程中，最高人民法院知识产权庭广泛征求了相关部门的意见，听取了专家学者、律师、代理人和企业代表等的意见，并通过最高人民法院官方网站向社会公开征求意见。在梳理、归纳、吸收这些意见的基础上，对条文草案进行多次修改，经最高人民法院审判委员会讨论，最终通过了该司法解释。

《授权确权规定》共 31 条，主要涉及审查范围、显著特征判断、驰名商标保护、著作权、姓名权等在先权利保护等实体内容，以及违反法定程序、一事不再理等程序内容，对商标授权确权行政案件所涉及的重要问题和审判实践中的难点问题进行了明确。

问：《授权确权规定》内容很多，是否可以介绍一下该司法解释的指导思想或者原则？

答：确实，《授权确权规定》对商标授权确权案件所涉及的重要的实体和程序问题均有规定，内容丰富。在起草过程中，我们始终坚持如下指导思想：1. 厘清法律条文之间界限，准确适用法律。商标授权确权案件涉及商标法众多的条文，明确各条文的含义，厘清条文之间的界限，对于准确适用法律意义重大。《授权确权规定》多个条文与此有关。2. 倡导诚实信用原则，维护商标申请和授权的良好秩序。商标作为区分商品来源的标志，是市场主体用以吸引消费者和积累商誉的利器，维护商标领域的良好秩序对于保护经营者合法权益和消费者利益，以及促进健康有序的市场竞争至关重要。2013 年修正的商标法第七条明确将"诚实信用原则"作为申请注册和使用商标应遵循的基本原则，《授权确权规定》在对商标法具体条文的适用上充分体现了该立法精神，体现了保护诚实经营、遏制恶意抢注商标的一贯司法导向。3. 强调发挥司法审查功能，加大实质性解决纠纷力度。在目前的法律框架下，商标授权确权案件是作为行政案件审理的，但是由于此类纠纷，特别是商标不予注册复审和商标无效纠纷，更多是当事人之间就商标能否获得授权或者是否应当无效而产生的争议，商标评审委员会居中裁决，其性质更类似于准司法裁决而非行使行政职权，因此商标授权确权行政案件有其不同于一般行政案件的特点。《授权确权规定》在现有法律框架内，充分考虑了此类案件的特点，相关条文设计充分体现发挥司法主导作用，加大司法审查力度，强化实质性解决纠纷，避免程序空转和循环诉讼的总体思路。

问：您刚才提到，最高人民法院 2010 年曾经发布过《关于审理商标授权确权行政案件若干问题的意见》，请问该意见与《授权确权规定》是何关系？

答：刚才也介绍过，《授权确权规定》是在 2010 年意见的基础上，另针对司法实践中仍然存在的突出问题，深入调研，多方征求意见起草而成的。2010 年意见并非司法解释，而是一个指导性意见，人民法院在审理案件时不能作为法律依据直接援引。本次的《授权确权规定》吸收了 2010 年意见的部分重要条文，比如关于显著特征判断以及关于三年不使用撤销的条文。另有一些条文有一定的修改，比如关于商标法第三十二条规定的“不得以不正当手段抢先注册他人在先使用并有一定影响的商标”，2010年意见对“不正当手段”界定为：“如果申请人明知或者应知他人已经使用并有一定影响的商标而予以抢注，即可认定其采用了不正当手段”。本次《授权确权规定》第二十三条规定“如果在先使用商标已经有一定影响，而商标申请人明知或者应知该商标，即可推定其构成以不正当手段抢先注册。但商标申请人举证证明其没有利用在先使用商标商誉的恶意的除外”。一方面明确了所谓的不正当手段指的是利用他人商誉的恶意，另一方面将他人商标具有一定影响作为“推定”恶意的证据，允许商标申请人举证以推翻。这也是对司法实践中经验的总结，使得相关规定更为完善。当然，《授权确权规定》还包含了很多2010年意见未涉及到的重要内容。总之，《授权确权规定》基本涵盖了2010年意见的内容，更重要的是，《授权确权规定》作为司法解释可以在裁判文书中直接援引。

问：第三次修正的商标法明确了混淆误认可能性的判断标准。我们注意到《授权确权规定》第十二条规定了容易导致混淆的判断因素，请详细说明一下。

答：混淆可能性的判断是商标法领域的重要问题。《授权确权规定》第十二条采用了列举考虑因素、综合判断的方法。2013年商标法修正之前，虽然没有明确将混淆误认可能性规定在具体的法律条文中，但这是商标法保护商标区别性的基本功能的应有含义。人民法院在司法实践中是通过对“商标近似”和“商品类似”这两个概念进行解释，从而包含了对混淆可能性的判断。比如最高人民法院2002年《关于审理商标民事纠纷案件适用法律若干问题的解释》第九条对商标近似的解释，在“文字的字形、读音、含义或者图形的构图及颜色，或者各要素组合后的整体结构相似，或者其立体形状、颜色组合近似”之外，另有“易使相关公众对商品的来源产生误认或者认为其来源与原告注册商标的商品有特定的联系”的要求，这是在当时商标法关于侵犯商标权的条款中没有明确规定混淆可能性的情况下，司法解释所作的有益补充。2013年修正的商标法在关于侵害商标权的第五十七条第（二）项中，在商标近似、商品类似之外明确规定了“容易导致混淆”的要件，故有必要对之前将“混淆可能性”纳入商标近似概念的做法进行调整。《授权确权规定》第十二条对混淆可能性的判断方法作了明确，将商标标志的近似程度、商品的类似程度以及请求保护商标的显著性和知名程度、相关公众的注意程度等均作为判断混淆可能性的考虑因素，并且强调这些因素之间可以互相影响。比如，对于完全相同或者高度近似的商标，在商品类别范围上可能放宽；而如果是在同一类商品上，对近似程度的要求可能降低；在先商标具有较高的知名度和显著性，即使商标本身近似程度弱一些，也可能造成混淆；相关公众注意程度低的商品，更容易造成混淆等。第一款列举的四项因素是市场环境下消费者是否容易混淆的基本考虑因素，第二款规定的申请人的意图和实际混淆的证据，只是参考因素，如果存在该两项因素可以佐证混淆可能性的存在，但缺乏该两项因素不妨碍对混淆可能性的认定。

《授权确权规定》第十二条针对的是商标法第十三条第二款未注册驰名商标的保护，但事实上，商标法第三十条关于在先注册商标的保护也涉及混淆可能性的判断，第三十二条在先权利中比如字号的保护也会涉及这个问题，同样可以参照《授权确权规定》第十二条的规定来进行判断。

问：《授权确权规定》第十九条对在先著作权的问题进行了规定，尤其是对在先商标注册证对权属的证明效力问题，能否请您对规定的内容详细解释一下？

答：商标法第三十二条规定，申请注册商标不得损害他人现有的在先权利。著作权是在先权利的一种，实践中经常出现以在先商标标志主张著作权保护的情形。关于商标注册证或者商标公告在权属问题上的证明效力问题，有一种观点认为，商标公告和商标注册证载明的商标申请人及商标注册人的信息仅仅表明注册商标权的归属，其不属于著作权法意义上在作品中表明作者身份的署名行为，且商标权人与著作权人有不一致的情况，故仅依据商标注册证、商标公告不能用来证明商标标志著作权的归属。这种观点有一定的合理性，但根据商标法的规定，有权主张著作权的不仅包括著作权人，还包括利害关系人。在先的注册商标经过公告，在没有相反证据的情况下，应当认为其是合法取得的，不侵犯他人著作权。在这个前提下，其商标标志可能有如下来源：自行创作；委托创作；许可；受让。在第一种和第四种情况下，商标权人享有著作权。在委托创作的情况下，委托人即在先商标申请人可以依照合同约定享有著作权，如果合同没有约定，则其有权在约定的范围内或者委托创作的目的范围内使用作品。考虑到商标的特性，应认为除非合同中有相反约定，在先商标申请人对于将该标志作为商标注册和使用享有专有权，其可作为利害关系人来主张权利。许可使用的情况下商标申请人作为被许可人亦是有权主张著作权的利害关系人。故《授权确权规定》第十九条第三款规定在先商标申请人可以作为利害关系人来对在先商标标志主张著作权。当然，其也可以提供该条第二款规定的如设计底稿、取得权利的合同等证据证明其为著作权人。这种“初步证据＋反证”的方式也符合著作权法对于权属问题的通常证明标准。另一方面，如果在后的商标申请人并非抄袭在先商标标志，而是有其他来源，其也很容易举出反证。

值得注意的是，权属问题只是主张在先著作权要解决的问题之一，其他如是否构成著作权法意义上的作品、是否在著作权保护期、诉争商标与其作品是否构成实质性近似等，都需要根据著作权法的相关规定一一进行判断。

问：在先权利保护确实是比较突出的问题，《授权确权规定》也用了相当多的条文来进行规定，除了著作权之外，关于姓名权的保护也是比较引人关注的，请您介绍一下相关内容。

答：商标法第三十二条关于保护在先权利和禁止抢注他人在先使用并有一定影响的商标的规定，是体现诚实信用原则、遏制恶意抢注的重要法律依据。关于在先权利，《授权确权规定》第十八条将其定位为一种开放性的规定，既包括法律有明确规定的在先权利，也包括其他应予保护的合法权益。之后分别用了四个条文对在先著作权、姓名权、字号权益以及角色形象、作品名称以及角色名称的保护进行了规定。关于姓名权的问题，由于经常涉及一些名人姓名，所以实践中比较容易引起关注。姓名权是《民法通则》明确规定的一项权利，商标领域主要涉及的是未经许可将他人姓名申请注册为商标并进行使用的行为，《授权确权规定》第二十条第一款从“相关公众认为商标标志指代了该自然人，容易认为标记有该商标的商品系经过该自然人许可或者与该自然人存在特定联系”的角度，认定了对姓名权的损害。对于实践中出现的并非以自然人的户籍姓名，而是以笔名、艺名、译名等特定名称来主张姓名权的，该条第二款规定，“如果该特定名称具有一定的知名度，与该自然人建立了稳定的对应关系，相关公众以其指代该自然人的，人民法院应当予以支持”，并依照第一款规定判断诉争商标的申请是否对其构成损害。最高人民法院最近审结的“乔丹”案件，涉及的就是外国自然人就其姓名的部分译名主张姓名权的问题，第二款对特定名称的保护条件也是对该案判决所体现规则的归纳和确认。

问：《授权确权规定》第二十二条规定了角色形象、角色名称和作品名称的保护，请您就这个问题说明一下。

答：《授权确权规定》主要是在总结司法实践经验的基础上，对实践中经常遇到的、与商标法第三十二条所涉及的在先权利有关的内容作了具体化的规定。首先，前面已经提到，商标法第三十二条的在先权利是一个开放性的规定，既包括法律有明确规定的在先权利，也包括虽然没有特别规定，但根据《民法通则》和其他法律应予保护的在先合法权益。这一点已经被大家广为接受，《授权确权规定》第十八条也对此进行了确认。在这样的前提下，《授权确权规定》第二十二条对于司法实践中较为常见的角色形象、作品名称和角色名称的保护问题进行了规定。该条分为两款，第一款规定当事人对角色形象主张著作权保护的，按照著作权法相关规定进行审查。角色形象，尤其是虚拟形象有很多可以作为美术作品来进行保护，是著作权法所保护的一种作品类型，属于法律有明确规定的在先权利。第二款规定的作品名称和角色名称，按照我国著作权法的规定，通常不能受到著作权法的保护，但是对于具有较高知名度的作品名称、角色名称而言，其知名度会带来相应的商业价值，权利人可以自行使用或者许可他人使用，构成可受保护的一种合法权益。司法实践中已经对如“邦德007”“功夫熊猫”“哈利波特”等知名的作品名称或者角色名称给予了保护，表明了人民法院倡导诚信经营、平等保护的司法态度，取得了良好的社会效果。《授权确权规定》第二十二条也是在总结实践经验并充分征求意见的基础上进行的规定。需要强调的是，对于作品名称、角色名称的保护要慎重把握“度”的问题，既要对合法权益进行保护，防止不正当占用他人的经营成果，也要避免损害社会公众对社会公共文化资源的正当使用。据了解，北京市高级人民法院目前对涉及此类问题的案件有事先报备的要求，也是便于了解情况和统一掌握保护的尺度和条件。最高人民法院也会以适当方式对此类案件予以关注。

问：商标授权确权案件作为行政案件，具有自身的一些特点，《授权确权规定》中有哪些条文体现了此类案件的特殊性，有什么考虑?

答：前面也提到，目前的法律框架下，商标授权确权案件是作为行政案件审理的，但是由于此类纠纷，特别是商标不予注册复审和商标无效纠纷，更多是当事人之间就商标能否获得授权或者是否应当无效而产生的争议，商标评审委员会居中裁决，其性质更类似于准司法裁决而非行使行政职权，因此商标授权确权行政案件有其不同于一般行政案件的特点。比如，《授权确权规定》第二条规定，人民法院对商标授权确权行政行为进行审查的范围，一般应根据原告的诉讼请求及理由确定。原告诉讼中未提出主张，但商标评审委员会相关认定存在明显不当的，人民法院在各方当事人陈述意见后，可以对相关事由进行审查并作出裁判。

因受制于目前行政诉讼的框架，人民法院无法在行政诉讼中直接认定商标的效力，只能判令商标评审委员会重新作出裁决，当事人对商标评审委员会所作裁决可能再次提起行政诉讼，导致循环诉讼的出现，影响授权确权效率。尤其是商标评审委员会完全依据人民法院生效裁判的事实和理由重新作出的裁决，其事实上是执行法院生效判决的行为，并没有自由裁量的空间，属于最高人民法院《关于适用〈中华人民共和国行政诉讼法〉若干问题的解释》第三条第一款第（九）项“诉讼标的已为生效裁判所羁束的”情形，应当不予受理或者驳回起诉。故《授权确权规定》第三十条规定，人民法院生效裁判对于相关事实和法律适用已作出明确认定，当事人对于商标评审委员会依据该生效裁判重新作出的裁决提起诉讼的，人民法院依法裁定不予受理；已经受理的，裁定驳回起诉。当然，如果商标评审委员会所作裁决引入了新的事实或者理由，则不适用该条。

提高商标授权确权效率是2013年商标法修订要着重解决的问题之一，最高人民法院近年来也一直在强化实质性解决纠纷的思路，这也要求人民法院在审理商标授权确权行政案件中加大司法审查力度，对于当事人所提出的理由尽可能在实体上给出回复，给商标评审委员会后续裁决以明确指引。《授权确权规定》的相关条文均体现了上述精神。

问：我注意到今天发布的《授权确权规定》与2014年公开征求意见的条文相比有一些差异，能否具体说明一下？

答：《授权确权规定》制定过程中广泛地征求了意见，这也是最高人民法院司法解释制定工作的要求和公开化的体现。正式发布稿与征求意见稿相比，差异可以归纳为三个方面：第一，增加了部分条文，主要是前面提到的2010年意见中的部分条文，比如关于显著特征判断、通用名称认定、商标使用等的规定。第二，结合征求意见的情况对条文的修改，很多条文都有修改，比如混淆可能性的考虑因素，比如关于商标法第十五条第二款的“其他关系”等等。另外，征求意见稿中有些条文设置了两种意见，最终采纳了其中一种。第三，删掉了一些条文。有一些是征求意见稿中即设置了两种意见，比如驰名商标案件适用要件顺序的条款，采纳了删除的意见。还有其他原因，如与相关部门尚未达成一致意见等，比如征求意见稿中规定如果人民法院认为商标评审委员会宣告诉争商标无效的理由均不成立，且无效申请人所提理由均已经过审理，诉争商标应予维持的，可直接判决撤销被诉裁决，不再判决商标评审委员会重新作出裁决。本意是在这种情况下已无需再作裁决，诉争商标自然仍是有效的商标，且不再重新作出裁决，从根本上杜绝重复诉讼的问题。但由于涉及商标评审委员会内部操作问题，并且《授权确权规定》已经有条文专门规定了重复起诉不予受理的问题，故删除该条规定。但是，有些条文被删除，并不意味着对条文所体现观点的否定，比如关于大规模抢注、共存协议等条文，作为司法解释规定条件尚不成熟，但是实践中仍然可以按照目前的做法，进一步探索完善适用条件。

《授权确权规定》是最高人民法院总结审判实践经验、完善商标授权确权法律适用标准的重要举措，该司法解释的颁布，有利于进一步形成良好的商标申请和注册秩序，倡导诚实信用、正当竞争的理念，有利于充分发挥商标和品牌在创新驱动、提高国际竞争能力、促进经济发展的积极作用。

最高人民法院指导案例 82 号

王碎永诉深圳歌力思服饰股份有限公司、杭州银泰世纪百货有限公司侵害商标权纠纷案

（最高人民法院审判委员会讨论通过　2017 年 3 月 6 日发布）

关键词

民事　侵害商标权　诚实信用　权利滥用

裁判要点

当事人违反诚实信用原则，损害他人合法权益，扰乱市场正当竞争秩序，恶意取得、行使商标权并主张他人侵权的，人民法院应当以构成权利滥用为由，判决对其诉讼请求不予支持。

相关法条

《中华人民共和国民事诉讼法》第十三条

《中华人民共和国商标法》第五十二条

基本案情

深圳歌力思服装实业有限公司成立于 1999 年 6 月 8 日。2008 年 12 月 18 日，该公司通过受让方式取得第 1348583 号“歌力思”商标，该商标核定使用于第 25 类的服装等商品之上，核准注册于 1999 年 12 月。2009 年 11 月 19 日，该商标经核准续展注册，有效期自 2009 年 12 月 28 日至 2019 年 12 月 27 日。深圳歌力思服装实业有限公司还是第 4225104 号“ELLASSAY”的商标注册人。该商标核定使用商品为第 18 类的（动物）皮；钱包；旅行包；文件夹（皮革制）；皮制带子；裘皮；伞；手杖；手提包；购物袋。注册有效期限自 2008 年 4 月 14 日至 2018 年 4 月 13 日。2011 年 11 月 4 日，深圳歌力思服装实业有限公司更名为深圳歌力思服饰股份有限公司（以下简称歌力思公司，即本案一审被告人）。2012 年 3 月 1 日，上述“歌力思”商标的注册人相应变更为歌力思公司。

一审原告人王碎永于 2011 年 6 月申请注册了第 7925873 号“歌力思”商标，该商标核定使用商品为第 18 类的钱包、手提包等。王碎永还曾于 2004 年 7 月 7 日申请注册第 4157840 号“歌力思及图”商标。后因北京市高级人民法院于 2014 年 4 月 2 日作出的二审判决认定，该商标损害了歌力思公司的关联企业歌力思投资管理有限公司的在先字号权，因此不应予以核准注册。

自2011年9月起，王碎永先后在杭州、南京、上海、福州等地的“ELLASSAY”专柜，通过公证程序购买了带有“品牌中文名：歌力思，品牌英文名：ELLASSAY”字样吊牌的皮包。2012年3月7日，王碎永以歌力思公司及杭州银泰世纪百货有限公司（以下简称杭州银泰公司）生产、销售上述皮包的行为构成对王碎永拥有的“歌力思”商标、“歌力思及图”商标权的侵害为由，提起诉讼。

裁判结果

杭州市中级人民法院于2013年2月1日作出（2012）浙杭知初字第362号民事判决，认为歌力思公司及杭州银泰公司生产、销售被诉侵权商品的行为侵害了王碎永的注册商标专用权，判决歌力思公司、杭州银泰公司承担停止侵权行为、赔偿王碎永经济损失及合理费用共计10万元及消除影响。歌力思公司不服，提起上诉。浙江省高级人民法院于2013年6月7日作出（2013）浙知终字第222号民事判决，驳回上诉、维持原判。歌力思公司及王碎永均不服，向最高人民法院申请再审。最高人民法院裁定提审本案，并于2014年8月14日作出（2014）民提字第24号判决，撤销一审、二审判决，驳回王碎永的全部诉讼请求。

裁判理由

法院生效裁判认为，诚实信用原则是一切市场活动参与者所应遵循的基本准则。一方面，它鼓励和支持人们通过诚实劳动积累社会财富和创造社会价值，并保护在此基础上形成的财产性权益，以及基于合法、正当的目的支配该财产性权益的自由和权利；另一方面，它又要求人们在市场活动中讲究信用、诚实不欺，在不损害他人合法利益、社会公共利益和市场秩序的前提下追求自己的利益。民事诉讼活动同样应当遵循诚实信用原则。一方面，它保障当事人有权在法律规定的范围内行使和处分自己的民事权利和诉讼权利；另一方面，它又要求当事人在不损害他人和社会公共利益的前提下，善意、审慎地行使自己的权利。任何违背法律目的和精神，以损害他人正当权益为目的，恶意取得并行使权利、扰乱市场正当竞争秩序的行为均属于权利滥用，其相关权利主张不应得到法律的保护和支持。

第4157840号“歌力思及图”商标迄今为止尚未被核准注册，王碎永无权据此对他人提起侵害商标权之诉。对于歌力思公司、杭州银泰公司的行为是否侵害王碎永的第7925873号“歌力思”商标权的问题，首先，歌力思公司拥有合法的在先权利基础。歌力思公司及其关联企业最早将“歌力思”作为企业字号使用的时间为1996年，最早在服装等商品上取得“歌力思”注册商标专用权的时间为1999年。经长期使用和广泛宣传，作为企业字号和注册商标的“歌力思”已经具有了较高的市场知名度，歌力思公司对前述商业标识享有合法的在先权利。其次，歌力思公司在本案中的使用行为系基于合法的权利基础，使用方式和行为性质均具有正当性。从销售场所来看，歌力思公司对被诉侵权商品的展示和销售行为均完成于杭州银泰公司的歌力思专柜，专柜通过标注歌力思公司的“ELLASSAY”商标等方式，明确表明了被诉侵权商品的提供者。在歌力思公司的字号、商标等商业标识已经具有较高的市场知名度，而王碎永未能举证证明其“歌力思”商标同样具有知名度的情况下，歌力思公司在其专柜中销售被诉侵权商品的行为，不会使普通消费者误认该商品来自于王碎永。从歌力思公司的具体使用方式来看，被诉侵权商品的外包装、商品内的显著部位均明确标注了“ELLASSAY”商标，而仅在商品吊牌之上使用了“品牌中文名：歌力思”的字样。由于“歌力思”本身就是歌力思公司的企业字号，且与其“ELLASSAY”商标具有互为指代关系，故歌力思公司在被诉侵权商品的吊牌上使用“歌力思”文字来指代商品生产者的做法并无明显不妥，不具有攀附王碎永“歌力思”商标知名度的主观意图，亦不会为普通消费者正确识别被诉侵权商品的来源制造障碍。在此基础上，杭州银泰公司销售被诉侵权商品的行为亦不为法律所禁止。最后，王碎永取得和行使“歌力思”商标权的行为难谓正当。“歌力思”商标由中文文字“歌力思”构成，与歌力思公司在先使用的企业字号及在先注册的“歌力思”商标的文字构成完全相同。“歌力思”本身为无固有含义的臆造词，具有较强的固有显著性，依常理判断，在完全没有接触或知悉的情况下，因巧合而出现雷同注册的可能性较低。作为地域接近、经营范围关联程度较高的商品经营者，王碎永对“歌力思”字号及商标完全不了解的可能性较低。在上述情形之下，王碎永仍在手提包、钱包等商品上申请注册“歌力思”商标，其行为难谓正当。王碎永以非善意取得的商标权对歌力思公司的正当使用行为提起的侵权之诉，构成权利滥用。

（生效裁判审判人员：王艳芳、朱理、佟姝）

最高人民法院指导案例 87 号

郭明升、郭明锋、孙淑标假冒注册商标案

（最高人民法院审判委员会讨论通过　2017 年 3 月 6 日发布）

关键词

刑事　假冒注册商标罪　非法经营数额　网络销售　刷信誉

裁判要点

假冒注册商标犯罪的非法经营数额、违法所得数额，应当综合被告人供述、证人证言、被害人陈述、网络销售电子数据、被告人银行账户往来记录、送货单、快递公司电脑系统记录、被告人等所作记账等证据认定。被告人辩解称网络销售记录存在刷信誉的不真实交易，但无证据证实的，对其辩解不予采纳。

相关法条

《中华人民共和国刑法》第二百一十三条

基本案情

公诉机关指控：2013 年 11 月底至 2014 年 6 月期间，被告人郭明升为谋取非法利益，伙同被告人孙淑标、郭明锋在未经三星（中国）投资有限公司授权许可的情况下，从他人处批发假冒三星手机裸机及配件进行组装，利用其在淘宝网上开设的“三星数码专柜”网店进行“正品行货”宣传，并以明显低于市场价格公开对外销售，共计销售假冒的三星手机 20000 余部，销售金额 2000 余万元，非法获利 200 余万元，应当以假冒注册商标罪追究其刑事责任。被告人郭明升在共同犯罪中起主要作用，系主犯。被告人郭明锋、孙淑标在共同犯罪中起辅助作用，系从犯，应当从轻处罚。

被告人郭明升、孙淑标、郭明锋及其辩护人对其未经“SΛMSUNG”商标注册人授权许可，组装假冒的三星手机，并通过淘宝网店进行销售的犯罪事实无异议，但对非法经营额、非法获利提出异议，辩解称其淘宝网店存在请人刷信誉的行为，真实交易量只有 10000 多部。

法院经审理查明：“SΛMSUNG”是三星电子株式会社在中国注册的商标，该商标有效期至 2021 年 7 月 27 日；三星（中国）投资有限公司是三星电子株式会社在中国投资设立，并经三星电子株式会社特别授权负责三星电子株式会社名下商标、专利、著作权等知识产权管理和法律事务的公司。2013 年 11 月，被告人郭明升通过网络中介购买店主为“汪亮”、账号为

play2011-1985 的淘宝店铺，并改名为“三星数码专柜”，在未经三星（中国）投资公司授权许可的情况下，从深圳市华强北远望数码城、深圳福田区通天地手机市场批发假冒的三星 I8552 手机裸机及配件进行组装，并通过“三星数码专柜”在淘宝网上以“正品行货”进行宣传、销售。被告人郭明锋负责该网店的客服工作及客服人员的管理，被告人孙淑标负责假冒的三星 I8552 手机裸机及配件的进货、包装及联系快递公司发货。至 2014 年 6 月，该网店共计组装、销售假冒三星 I8552 手机 20000 余部，非法经营额 2000 余万元，非法获利 200 余万元。

裁判结果

江苏省宿迁市中级人民法院于 2015 年 9 月 8 日作出（2015）宿中知刑初字第 0004 号刑事判决，以被告人郭明升犯假冒注册商标罪，判处有期徒刑五年，并处罚金人民币 160 万元；被告人孙淑标犯假冒注册商标罪，判处有期徒刑三年，缓刑五年，并处罚金人民币 20 万元。被告人郭明锋犯假冒注册商标罪，判处有期徒刑三年，缓刑四年，并处罚金人民币 20 万元。宣判后，三被告人均没有提出上诉，该判决已经生效。

裁判理由

法院生效裁判认为，被告人郭明升、郭明锋、孙淑标在未经“SΛMSUNG”商标注册人授权许可的情况下，购进假冒“SΛMSUNG”注册商标的手机机头及配件，组装假冒“SΛMSUNG”注册商标的手机，并通过网店对外以“正品行货”销售，属于未经注册商标所有人许可在同一种商品上使用与其相同的商标的行为，非法经营数额达 2000 余万元，非法获利 200 余万元，属情节特别严重，其行为构成假冒注册商标罪。被告人郭明升、郭明锋、孙淑标虽然辩解称其网店售销记录存在刷信誉的情况，对公诉机关指控的非法经营数额、非法获利提出异议，但三被告人在公安机关的多次供述，以及公安机关查获的送货单、支付宝向被告人郭明锋银行账户付款记录、郭明锋银行账户对外付款记录、“三星数码专柜”淘宝记录、快递公司电脑系统记录、公安机关现场扣押的笔记等证据之间能够互相印证，综合公诉机关提供的证据，可以认定公诉机关关于三被告人共计销售假冒的三星 I8552 手机 20000 余部，销售金额 2000 余万元，非法获利 200 余万元的指控能够成立，三被告人关于销售记录存在刷信誉行为的辩解无证据予以证实，不予采信。被告人郭明升、郭明锋、孙淑标，系共同犯罪，被告人郭明升起主要作用，是主犯；被告人郭明锋、孙淑标在共同犯罪中起辅助作用，是从犯，依法可以从轻处罚。故依法作出上述判决。

（生效裁判审判人员：程黎明、朱庚、白金）

（四）专利权、技术合同

中华人民共和国专利法

（1984年3月12日第六届全国人民代表大会常务委员会第四次会议通过
根据1992年9月4日第七届全国人民代表大会常务委员会第二十七次会议
《关于修改〈中华人民共和国专利法〉的决定》第一次修正　根据
2000年8月25日第九届全国人民代表大会常务委员会第十七次会议
《关于修改〈中华人民共和国专利法〉的决定》第二次修正　根据
2008年12月27日第十一届全国人民代表大会常务委员会第六次会议
《关于修改〈中华人民共和国专利法〉的决定》第三次修正）

目　　录

第一章　总　则

第一条　【立法目的】为了保护专利权人的合法权益，鼓励发明创造，推动发明创造的应用，提高创新能力，促进科学技术进步和经济社会发展，制定本法。

第二条　【发明创造范围】本法所称的发明创造是指发明、实用新型和外观设计。

发明，是指对产品、方法或者其改进所提出的新的技术方案。

实用新型，是指对产品的形状、构造或者其结合所提出的适于实用的新的技术方案。

外观设计，是指对产品的形状、图案或者其结合以及色彩与形状、图案的结合所作出的富有美感并适于工业应用的新设计。

第三条 【专利管理部门】国务院专利行政部门负责管理全国的专利工作；统一受理和审查专利申请，依法授予专利权。

省、自治区、直辖市人民政府管理专利工作的部门负责本行政区域内的专利管理工作。

第四条 【保密处理】申请专利的发明创造涉及国家安全或者重大利益需要保密的，按照国家有关规定办理。

第五条 【不授予专利权情形】对违反法律、社会公德或者妨害公共利益的发明创造，不授予专利权。

对违反法律、行政法规的规定获取或者利用遗传资源，并依赖该遗传资源完成的发明创造，不授予专利权。

第六条 【职务发明】执行本单位的任务或者主要是利用本单位的物质技术条件所完成的发明创造为职务发明创造。职务发明创造申请专利的权利属于该单位；申请被批准后，该单位为专利权人。

非职务发明创造，申请专利的权利属于发明人或者设计人；申请被批准后，该发明人或者设计人为专利权人。

利用本单位的物质技术条件所完成的发明创造，单位与发明人或者设计人订有合同，对申请专利的权利和专利权的归属作出约定的，从其约定。

第七条 【非职务专利申请对待】对发明人或者设计人的非职务发明创造专利申请，任何单位或者个人不得压制。

第八条 【合作发明专利权归属】两个以上单位或者个人合作完成的发明创造、一个单位或者个人接受其他单位或者个人委托所完成的发明创造，除另有协议的以外，申请专利的权利属于完成或者共同完成的单位或者个人；申请被批准后，申请的单位或者个人为专利权人。

第九条 【优先规定】同样的发明创造只能授予一项专利权。但是，同一申请人同日对同样的发明创造既申请实用新型专利又申请发明专利，先获得的实用新型专利权尚未终止，且申请人声明放弃该实用新型专利权的，可以授予发明专利权。

两个以上的申请人分别就同样的发明创造申请专利的，专利权授予最先申请的人。

第十条 【申请权、专利权转让】专利申请权和专利权可以转让。

中国单位或者个人向外国人、外国企业或者外国其他组织转让专利申请权或者专利权的，应当依照有关法律、行政法规的规定办理手续。

转让专利申请权或者专利权的，当事人应当订立书面合同，并向国务院专利行政部门登记，由国务院专利行政部门予以公告。专利申请权或者专利权的转让自登记之日起生效。

第十一条 【排他规定】发明和实用新型专利权被授予后，除本法另有规定的以外，任何单位或者个人未经专利权人许可，都不得实施其专利，即不得为生产经营目的制造、使用、许诺销售、销售、进口其专利产品，或者使用其专利方法以及使用、许诺销售、销售、进口依照该专利方法直接获得的产品。

外观设计专利权被授予后，任何单位或者个人未经专利权人许可，都不得实施其专利，即不得为生产经营目的制造、许诺销售、销售、进口其外观设计专利产品。

第十二条 【许可合同】任何单位或者个人实施他人专利的，应当与专利权人订立实施许可合同，向专利权人支付专利使用费。被许可人无权允许合同规定以外的任何单位或者个人实施该专利。

第十三条 【发明实施费用支付】发明专利申请公布后，申请人可以要求实施其发明的单位或者个人支付适当的费用。

第十四条 【公益发明】国有企业事业单位的发明专利，对国家利益或者公共利益具有重大意义的，国务院有关主管部门和省、自治区、直辖市人民政府报经国务院批准，可以决定在批准的范围内推广应用，允许指定的单位实施，由实施单位按照国家规定向专利权人支付使用费。

第十五条 【专利共有】专利申请权或者专利权的共有人对权利的行使有约定的，从其约定。没有约定的，共有人可以单独实施或者以普通许可方式许可他人实施该专利；许可他人实施该专利的，收取的使用费应当在共有人之间分配。

除前款规定的情形外，行使共有的专利申请权或者专利权应当取得全体共有人的同意。

第十六条 【职务发明奖励】被授予专利权的单位应当对职务发明创造的发明人或者设计人给予奖励；发明创造专利实施后，根据其推广应用的范围和取得的经济效益，对发明人或者设计人给予合理的报酬。

第十七条 【署名权】发明人或者设计人有权在专利文件中写明自己是发明人或者设计人。

专利权人有权在其专利产品或者该产品的包装上标明专利标识。

第十八条 【涉外规定】在中国没有经常居所或者营业所的外国人、外国企业或者外国其他组织在中国申请专利的，依照其所属国同中国签订的协议或者共同参加的国际条约，或者依照互惠原则，根据本法办理。

第十九条　【专利事务委托】在中国没有经常居所或者营业所的外国人、外国企业或者外国其他组织在中国申请专利和办理其他专利事务的，应当委托依法设立的专利代理机构办理。

中国单位或者个人在国内申请专利和办理其他专利事务的，可以委托依法设立的专利代理机构办理。

专利代理机构应当遵守法律、行政法规，按照被代理人的委托办理专利申请或者其他专利事务；对被代理人发明创造的内容，除专利申请已经公布或者公告的以外，负有保密责任。专利代理机构的具体管理办法由国务院规定。

第二十条　【中国人涉外专利申请委托】任何单位或者个人将在中国完成的发明或者实用新型向外国申请专利的，应当事先报经国务院专利行政部门进行保密审查。保密审查的程序、期限等按照国务院的规定执行。

中国单位或者个人可以根据中华人民共和国参加的有关国际条约提出专利国际申请。申请人提出专利国际申请的，应当遵守前款规定。

国务院专利行政部门依照中华人民共和国参加的有关国际条约、本法和国务院有关规定处理专利国际申请。

对违反本条第一款规定向外国申请专利的发明或者实用新型，在中国申请专利的，不授予专利权。

第二十一条　【专利审查要求】国务院专利行政部门及其专利复审委员会应当按照客观、公正、准确、及时的要求，依法处理有关专利的申请和请求。

国务院专利行政部门应当完整、准确、及时发布专利信息，定期出版专利公报。

在专利申请公布或者公告前，国务院专利行政部门的工作人员及有关人员对其内容负有保密责任。

第二章　授予专利权的条件

第二十二条　【授予条件】授予专利权的发明和实用新型，应当具备新颖性、创造性和实用性。

新颖性，是指该发明或者实用新型不属于现有技术；也没有任何单位或者个人就同样的发明或者实用新型在申请日以前向国务院专利行政部门提出过申请，并记载在申请日以后公布的专利申请文件或者公告的专利文件中。

创造性，是指与现有技术相比，该发明具有突出的实质性特点和显著的进步，该实用新型具有实质性特点和进步。

实用性，是指该发明或者实用新型能够制造或者使用，并且能够产生积极效果。

本法所称现有技术，是指申请日以前在国内外为公众所知的技术。

第二十三条　【外观设计专利权授予条件】授予专利权的外观设计，应当不属于现有设计；也没有任何单位或者个人就同样的外观设计在申请日以前向国务院专利行政部门提出过申请，并记载在申请日以后公告的专利文件中。

授予专利权的外观设计与现有设计或者现有设计特征的组合相比，应当具有明显区别。

授予专利权的外观设计不得与他人在申请日以前已经取得的合法权利相冲突。

本法所称现有设计，是指申请日以前在国内外为公众所知的设计。

第二十四条　【新颖性保持特殊规定】申请专利的发明创造在申请日以前六个月内，有下列情形之一的，不丧失新颖性：

（一）在中国政府主办或者承认的国际展览会上首次展出的；

（二）在规定的学术会议或者技术会议上首次发表的；

（三）他人未经申请人同意而泄露其内容的。

第二十五条　【不授予专利权的情形】对下列各项，不授予专利权：

（一）科学发现；

（二）智力活动的规则和方法；

（三）疾病的诊断和治疗方法；

（四）动物和植物品种；

（五）用原子核变换方法获得的物质；

（六）对平面印刷品的图案、色彩或者二者的结合作出的主要起标识作用的设计。

对前款第（四）项所列产品的生产方法，可以依照本法规定授予专利权。

第三章　专利的申请

第二十六条　【发明或实用新型专利申请文件】申请发明或者实用新型专利的，应当提交请求书、说明书及其摘要和权利要求书等文件。

请求书应当写明发明或者实用新型的名称，发明人的姓名，申请人姓名或者名称、地址，以及其他事项。

说明书应当对发明或者实用新型作出清楚、完整的说明，以所属技术领域的技术人员能够实现为准；必要的时候，应当有附图。摘要应当简要说明发明或者实用新型的技术要点。

权利要求书应当以说明书为依据，清楚、简要地限定要求专利保护的范围。

依赖遗传资源完成的发明创造，申请人应当在专利申请文件中说明该遗传资源的直接来源和原始来源；申请人无法说明原始来源的，应当陈述理由。

第二十七条　【外观设计专利权申请文件】申请外观设计专利的，应当提交请求书、该外观设计的图片或者照片以及对该外观设计的简要说明等文件。

申请人提交的有关图片或者照片应当清楚地显示要求专利保护的产品的外观设计。

第二十八条　【申请日确定】国务院专利行政部门收到专利申请文件之日为申请日。如果申请文件是邮寄的，以寄出的邮戳日为申请日。

第二十九条　【申请优先权】申请人自发明或者实用新型在外国第一次提出专利申请之日起十二个月内，或者自外观设计在外国第一次提出专利申请之日起六个月内，又在中国就相同主题提出专利申请的，依照该外国同中国签订的协议或者共同参加的国际条约，或者依照相互承认优先权的原则，可以享有优先权。

申请人自发明或者实用新型在中国第一次提出专利申请之日起十二个月内，又向国务院专利行政部门就相同主题提出专利申请的，可以享有优先权。

第三十条　【优先权书面声明】申请人要求优先权的，应当在申请的时候提出书面声明，并且在三个月内提交第一次提出的专利申请文件的副本；未提出书面声明或者逾期未提交专利申请文件副本的，视为未要求优先权。

第三十一条　【专利数量确定】一件发明或者实用新型专利申请应当限于一项发明或者实用新型。属于一个总的发明构思的两项以上的发明或者实用新型，可以作为一件申请提出。

一件外观设计专利申请应当限于一项外观设计。同一产品两项以上的相似外观设计，或者用于同一类别并且成套出售或者使用的产品的两项以上外观设计，可以作为一件申请提出。

第三十二条　【申请撤回】申请人可以在被授予专利权之前随时撤回其专利申请。

第三十三条　【申请文件的修改】申请人可以对其专利申请文件进行修改，但是，对发明和实用新型专利申请文件的修改不得超出原说明书和权利要求书记载的范围，对外观设计专利申请文件的修改不得超出原图片或者照片表示的范围。

第四章　专利申请的审查和批准

第三十四条　【审查公布】国务院专利行政部门收到发明专利申请后，

经初步审查认为符合本法要求的，自申请日起满十八个月，即行公布。国务院专利行政部门可以根据申请人的请求早日公布其申请。

第三十五条 【实质审查】发明专利申请自申请日起三年内，国务院专利行政部门可以根据申请人随时提出的请求，对其申请进行实质审查；申请人无正当理由逾期不请求实质审查的，该申请即被视为撤回。

国务院专利行政部门认为必要的时候，可以自行对发明专利申请进行实质审查。

第三十六条 【实质审查资料提交】发明专利的申请人请求实质审查的时候，应当提交在申请日前与其发明有关的参考资料。

发明专利已经在外国提出过申请的，国务院专利行政部门可以要求申请人在指定期限内提交该国为审查其申请进行检索的资料或者审查结果的资料；无正当理由逾期不提交的，该申请即被视为撤回。

第三十七条 【申请不符合规定的处理】国务院专利行政部门对发明专利申请进行实质审查后，认为不符合本法规定的，应当通知申请人，要求其在指定的期限内陈述意见，或者对其申请进行修改；无正当理由逾期不答复的，该申请即被视为撤回。

第三十八条 【驳回申请的情形】发明专利申请经申请人陈述意见或者进行修改后，国务院专利行政部门仍然认为不符合本法规定的，应当予以驳回。

第三十九条 【发明专利权的授予】发明专利申请经实质审查没有发现驳回理由的，由国务院专利行政部门作出授予发明专利权的决定，发给发明专利证书，同时予以登记和公告。发明专利权自公告之日起生效。

第四十条 【实用新型和外观设计专利权的授予】实用新型和外观设计专利申请经初步审查没有发现驳回理由的，由国务院专利行政部门作出授予实用新型专利权或者外观设计专利权的决定，发给相应的专利证书，同时予以登记和公告。实用新型专利权和外观设计专利权自公告之日起生效。

第四十一条 【专利申请复审】国务院专利行政部门设立专利复审委员会。专利申请人对国务院专利行政部门驳回申请的决定不服的，可以自收到通知之日起三个月内，向专利复审委员会请求复审。专利复审委员会复审后，作出决定，并通知专利申请人。

专利申请人对专利复审委员会的复审决定不服的，可以自收到通知之日起三个月内向人民法院起诉。

第五章 专利权的期限、终止和无效

第四十二条 【专利权期限】发明专利权的期限为二十年，实用新型专利权和外观设计专利权的期限为十年，均自申请日起计算。

第四十三条　【年费缴纳】专利权人应当自被授予专利权的当年开始缴纳年费。

第四十四条　【专利权提前终止的情形】有下列情形之一的，专利权在期限届满前终止：

（一）没有按照规定缴纳年费的；

（二）专利权人以书面声明放弃其专利权的。

专利权在期限届满前终止的，由国务院专利行政部门登记和公告。

第四十五条　【专利权授予异议】自国务院专利行政部门公告授予专利权之日起，任何单位或者个人认为该专利权的授予不符合本法有关规定的，可以请求专利复审委员会宣告该专利权无效。

第四十六条　【异议审查】专利复审委员会对宣告专利权无效的请求应当及时审查和作出决定，并通知请求人和专利权人。宣告专利权无效的决定，由国务院专利行政部门登记和公告。

对专利复审委员会宣告专利权无效或者维持专利权的决定不服的，可以自收到通知之日起三个月内向人民法院起诉。人民法院应当通知无效宣告请求程序的对方当事人作为第三人参加诉讼。

第四十七条　【专利权宣告无效的效力和处理】宣告无效的专利权视为自始即不存在。

宣告专利权无效的决定，对在宣告专利权无效前人民法院作出并已执行的专利侵权的判决、调解书，已经履行或者强制执行的专利侵权纠纷处理决定，以及已经履行的专利实施许可合同和专利权转让合同，不具有追溯力。但是因专利权人的恶意给他人造成的损失，应当给予赔偿。

依照前款规定不返还专利侵权赔偿金、专利使用费、专利权转让费，明显违反公平原则的，应当全部或者部分返还。

第六章　专利实施的强制许可

第四十八条　【对具备实施条件单位的强制许可】有下列情形之一的，国务院专利行政部门根据具备实施条件的单位或者个人的申请，可以给予实施发明专利或者实用新型专利的强制许可：

（一）专利权人自专利权被授予之日起满三年，且自提出专利申请之日起满四年，无正当理由未实施或者未充分实施其专利的；

（二）专利权人行使专利权的行为被依法认定为垄断行为，为消除或者减少该行为对竞争产生的不利影响的。

第四十九条　【公益性强制许可】在国家出现紧急状态或者非常情况时，

或者为了公共利益的目的，国务院专利行政部门可以给予实施发明专利或者实用新型专利的强制许可。

第五十条 【药品专利的强制许可】为了公共健康目的，对取得专利权的药品，国务院专利行政部门可以给予制造并将其出口到符合中华人民共和国参加的有关国际条约规定的国家或者地区的强制许可。

第五十一条 【重大意义专利实施的强制许可】一项取得专利权的发明或者实用新型比前已经取得专利权的发明或者实用新型具有显著经济意义的重大技术进步，其实施又有赖于前一发明或者实用新型的实施的，国务院专利行政部门根据后一专利权人的申请，可以给予实施前一发明或者实用新型的强制许可。

在依照前款规定给予实施强制许可的情形下，国务院专利行政部门根据前一专利权人的申请，也可以给予实施后一发明或者实用新型的强制许可。

第五十二条 【半导体技术强制许可】强制许可涉及的发明创造为半导体技术的，其实施限于公共利益的目的和本法第四十八条第（二）项规定的情形。

第五十三条 【强制许可的市场范围】除依照本法第四十八条第（二）项、第五十条规定给予的强制许可外，强制许可的实施应当主要为了供应国内市场。

第五十四条 【申请强制许可的证明提交】依照本法第四十八条第（一）项、第五十一条规定申请强制许可的单位或者个人应当提供证据，证明其以合理的条件请求专利权人许可其实施专利，但未能在合理的时间内获得许可。

第五十五条 【强制许可的通知及公告】国务院专利行政部门作出的给予实施强制许可的决定，应当及时通知专利权人，并予以登记和公告。

给予实施强制许可的决定，应当根据强制许可的理由规定实施的范围和时间。强制许可的理由消除并不再发生时，国务院专利行政部门应当根据专利权人的请求，经审查后作出终止实施强制许可的决定。

第五十六条 【独占实施权的排除】取得实施强制许可的单位或者个人不享有独占的实施权，并且无权允许他人实施。

第五十七条 【费用支付】取得实施强制许可的单位或者个人应当付给专利权人合理的使用费，或者依照中华人民共和国参加的有关国际条约的规定处理使用费问题。付给使用费的，其数额由双方协商；双方不能达成协议的，由国务院专利行政部门裁决。

第五十八条 【起诉情形】专利权人对国务院专利行政部门关于实施强制许可的决定不服的，专利权人和取得实施强制许可的单位或者个人对国务院专利行政部门关于实施强制许可的使用费的裁决不服的，可以自收到通知之日起三个月内向人民法院起诉。

第七章　专利权的保护

第五十九条　【保护范围】发明或者实用新型专利权的保护范围以其权利要求的内容为准，说明书及附图可以用于解释权利要求的内容。

外观设计专利权的保护范围以表示在图片或者照片中的该产品的外观设计为准，简要说明可以用于解释图片或者照片所表示的该产品的外观设计。

第六十条　【纠纷解决】未经专利权人许可，实施其专利，即侵犯其专利权，引起纠纷的，由当事人协商解决；不愿协商或者协商不成的，专利权人或者利害关系人可以向人民法院起诉，也可以请求管理专利工作的部门处理。管理专利工作的部门处理时，认定侵权行为成立的，可以责令侵权人立即停止侵权行为，当事人不服的，可以自收到处理通知之日起十五日内依照《中华人民共和国行政诉讼法》向人民法院起诉；侵权人期满不起诉又不停止侵权行为的，管理专利工作的部门可以申请人民法院强制执行。进行处理的管理专利工作的部门应当事人的请求，可以就侵犯专利权的赔偿数额进行调解；调解不成的，当事人可以依照《中华人民共和国民事诉讼法》向人民法院起诉。

第六十一条　【纠纷证据】专利侵权纠纷涉及新产品制造方法的发明专利的，制造同样产品的单位或者个人应当提供其产品制造方法不同于专利方法的证明。

专利侵权纠纷涉及实用新型专利或者外观设计专利的，人民法院或者管理专利工作的部门可以要求专利权人或者利害关系人出具由国务院专利行政部门对相关实用新型或者外观设计进行检索、分析和评价后作出的专利权评价报告，作为审理、处理专利侵权纠纷的证据。

第六十二条　【不构成侵权的证明】在专利侵权纠纷中，被控侵权人有证据证明其实施的技术或者设计属于现有技术或者现有设计的，不构成侵犯专利权。

第六十三条　【假冒他人专利的处罚】假冒专利的，除依法承担民事责任外，由管理专利工作的部门责令改正并予公告，没收违法所得，可以并处违法所得四倍以下的罚款；没有违法所得的，可以处二十万元以下的罚款；构成犯罪的，依法追究刑事责任。

第六十四条　【调查手段】管理专利工作的部门根据已经取得的证据，对涉嫌假冒专利行为进行查处时，可以询问有关当事人，调查与涉嫌违法行为有关的情况；对当事人涉嫌违法行为的场所实施现场检查；查阅、复制与涉嫌违法行为有关的合同、发票、账簿以及其他有关资料；检查与涉嫌违法行为有关的产品，对有证据证明是假冒专利的产品，可以查封或者扣押。

管理专利工作的部门依法行使前款规定的职权时，当事人应当予以协助、配合，不得拒绝、阻挠。

第六十五条 【侵权赔偿数额确定】侵犯专利权的赔偿数额按照权利人因被侵权所受到的实际损失确定；实际损失难以确定的，可以按照侵权人因侵权所获得的利益确定。权利人的损失或者侵权人获得的利益难以确定的，参照该专利许可使用费的倍数合理确定。赔偿数额还应当包括权利人为制止侵权行为所支付的合理开支。

权利人的损失、侵权人获得的利益和专利许可使用费均难以确定的，人民法院可以根据专利权的类型、侵权行为的性质和情节等因素，确定给予一万元以上一百万元以下的赔偿。

第六十六条 【诉前禁令】专利权人或者利害关系人有证据证明他人正在实施或者即将实施侵犯专利权的行为，如不及时制止将会使其合法权益受到难以弥补的损害的，可以在起诉前向人民法院申请采取责令停止有关行为的措施。

申请人提出申请时，应当提供担保；不提供担保的，驳回申请。

人民法院应当自接受申请之时起四十八小时内作出裁定；有特殊情况需要延长的，可以延长四十八小时。裁定责令停止有关行为的，应当立即执行。当事人对裁定不服的，可以申请复议一次；复议期间不停止裁定的执行。

申请人自人民法院采取责令停止有关行为的措施之日起十五日内不起诉的，人民法院应当解除该措施。

申请有错误的，申请人应当赔偿被申请人因停止有关行为所遭受的损失。

第六十七条 【证据保全】为了制止专利侵权行为，在证据可能灭失或者以后难以取得的情况下，专利权人或者利害关系人可以在起诉前向人民法院申请保全证据。

人民法院采取保全措施，可以责令申请人提供担保；申请人不提供担保的，驳回申请。

人民法院应当自接受申请之时起四十八小时内作出裁定；裁定采取保全措施的，应当立即执行。

申请人自人民法院采取保全措施之日起十五日内不起诉的，人民法院应当解除该措施。

第六十八条 【诉讼时效】侵犯专利权的诉讼时效为二年，自专利权人或者利害关系人得知或者应当得知侵权行为之日起计算。

发明专利申请公布后至专利权授予前使用该发明未支付适当使用费的，专利权人要求支付使用费的诉讼时效为二年，自专利权人得知或者应当得知他人使用其发明之日起计算，但是，专利权人于专利权授予之日前即已得知或者应当得知的，自专利权授予之日起计算。

第六十九条　【专利侵权例外规定】有下列情形之一的，不视为侵犯专利权：

（一）专利产品或者依照专利方法直接获得的产品，由专利权人或者经其许可的单位、个人售出后，使用、许诺销售、销售、进口该产品的；

（二）在专利申请日前已经制造相同产品、使用相同方法或者已经作好制造、使用的必要准备，并且仅在原有范围内继续制造、使用的；

（三）临时通过中国领陆、领水、领空的外国运输工具，依照其所属国同中国签订的协议或者共同参加的国际条约，或者依照互惠原则，为运输工具自身需要而在其装置和设备中使用有关专利的；

（四）专为科学研究和实验而使用有关专利的；

（五）为提供行政审批所需要的信息，制造、使用、进口专利药品或者专利医疗器械的，以及专门为其制造、进口专利药品或者专利医疗器械的。

第七十条　【赔偿责任的免除】为生产经营目的使用、许诺销售或者销售不知道是未经专利权人许可而制造并售出的专利侵权产品，能证明该产品合法来源的，不承担赔偿责任。

第七十一条　【泄露国家秘密的处罚】违反本法第二十条规定向外国申请专利，泄露国家秘密的，由所在单位或者上级主管机关给予行政处分；构成犯罪的，依法追究刑事责任。

第七十二条　【侵权行政处分】侵夺发明人或者设计人的非职务发明创造专利申请权和本法规定的其他权益的，由所在单位或者上级主管机关给予行政处分。

第七十三条　【主管部门推荐专利产品的禁止及处罚】管理专利工作的部门不得参与向社会推荐专利产品等经营活动。

管理专利工作的部门违反前款规定的，由其上级机关或者监察机关责令改正，消除影响，有违法收入的予以没收；情节严重的，对直接负责的主管人员和其他直接责任人员依法给予行政处分。

第七十四条　【渎职处罚】从事专利管理工作的国家机关工作人员以及其他有关国家机关工作人员玩忽职守、滥用职权、徇私舞弊，构成犯罪的，依法追究刑事责任；尚不构成犯罪的，依法给予行政处分。

第八章　附　则

第七十五条　【手续费用缴纳】向国务院专利行政部门申请专利和办理其他手续，应当按照规定缴纳费用。

第七十六条　【施行日期】本法自 1985 年 4 月 1 日起施行。

中华人民共和国专利法实施细则

（2001年6月15日中华人民共和国国务院令第306号公布　根据2002年12月28日《国务院关于修改〈中华人民共和国专利法实施细则〉的决定》第一次修订　根据2010年1月9日《国务院关于修改〈中华人民共和国专利法实施细则〉的决定》第二次修订）

第一章　总　则

第一条　根据《中华人民共和国专利法》（以下简称专利法），制定本细则。

第二条　专利法和本细则规定的各种手续，应当以书面形式或者国务院专利行政部门规定的其他形式办理。

第三条　依照专利法和本细则规定提交的各种文件应当使用中文；国家有统一规定的科技术语的，应当采用规范词；外国人名、地名和科技术语没有统一中文译文的，应当注明原文。

依照专利法和本细则规定提交的各种证件和证明文件是外文的，国务院专利行政部门认为必要时，可以要求当事人在指定期限内附送中文译文；期满未附送的，视为未提交该证件和证明文件。

第四条　向国务院专利行政部门邮寄的各种文件，以寄出的邮戳日为递交日；邮戳日不清晰的，除当事人能够提出证明外，以国务院专利行政部门收到日为递交日。

国务院专利行政部门的各种文件，可以通过邮寄、直接送交或者其他方式送达当事人。当事人委托专利代理机构的，文件送交专利代理机构；未委托专利代理机构的，文件送交请求书中指明的联系人。

国务院专利行政部门邮寄的各种文件，自文件发出之日起满15日，推定为当事人收到文件之日。

根据国务院专利行政部门规定应当直接送交的文件，以交付日为送达日。

文件送交地址不清，无法邮寄的，可以通过公告的方式送达当事人。自公告之日起满1个月，该文件视为已经送达。

第五条　专利法和本细则规定的各种期限的第一日不计算在期限内。期限以年或者月计算的，以其最后一月的相应日为期限届满日；该月无相应日的，以该月最后一日为期限届满日；期限届满日是法定休假日的，以休假日后的第一个工作日为期限届满日。

第六条 当事人因不可抗拒的事由而延误专利法或者本细则规定的期限或者国务院专利行政部门指定的期限，导致其权利丧失的，自障碍消除之日起 2 个月内，最迟自期限届满之日起 2 年内，可以向国务院专利行政部门请求恢复权利。

除前款规定的情形外，当事人因其他正当理由延误专利法或者本细则规定的期限或者国务院专利行政部门指定的期限，导致其权利丧失的，可以自收到国务院专利行政部门的通知之日起 2 个月内向国务院专利行政部门请求恢复权利。

当事人依照本条第一款或者第二款的规定请求恢复权利的，应当提交恢复权利请求书，说明理由，必要时附具有关证明文件，并办理权利丧失前应当办理的相应手续；依照本条第二款的规定请求恢复权利的，还应当缴纳恢复权利请求费。

当事人请求延长国务院专利行政部门指定的期限的，应当在期限届满前，向国务院专利行政部门说明理由并办理有关手续。

本条第一款和第二款的规定不适用专利法第二十四条、第二十九条、第四十二条、第六十八条规定的期限。

第七条 专利申请涉及国防利益需要保密的，由国防专利机构受理并进行审查；国务院专利行政部门受理的专利申请涉及国防利益需要保密的，应当及时移交国防专利机构进行审查。经国防专利机构审查没有发现驳回理由的，由国务院专利行政部门作出授予国防专利权的决定。

国务院专利行政部门认为其受理的发明或者实用新型专利申请涉及国防利益以外的国家安全或者重大利益需要保密的，应当及时作出按照保密专利申请处理的决定，并通知申请人。保密专利申请的审查、复审以及保密专利权无效宣告的特殊程序，由国务院专利行政部门规定。

第八条 专利法第二十条所称在中国完成的发明或者实用新型，是指技术方案的实质性内容在中国境内完成的发明或者实用新型。

任何单位或者个人将在中国完成的发明或者实用新型向外国申请专利的，应当按照下列方式之一请求国务院专利行政部门进行保密审查：

（一）直接向外国申请专利或者向有关国外机构提交专利国际申请的，应当事先向国务院专利行政部门提出请求，并详细说明其技术方案；

（二）向国务院专利行政部门申请专利后拟向外国申请专利或者向有关国外机构提交专利国际申请的，应当在向外国申请专利或者向有关国外机构提交专利国际申请前向国务院专利行政部门提出请求。

向国务院专利行政部门提交专利国际申请的，视为同时提出了保密审查请求。

第九条 国务院专利行政部门收到依照本细则第八条规定递交的请求后，经过审查认为该发明或者实用新型可能涉及国家安全或者重大利益需要保密的，应当及时向申请人发出保密审查通知；申请人未在其请求递交日起4个月内收到保密审查通知的，可以就该发明或者实用新型向外国申请专利或者向有关国外机构提交专利国际申请。

国务院专利行政部门依照前款规定通知进行保密审查的，应当及时作出是否需要保密的决定，并通知申请人。申请人未在其请求递交日起6个月内收到需要保密的决定的，可以就该发明或者实用新型向外国申请专利或者向有关国外机构提交专利国际申请。

第十条 专利法第五条所称违反法律的发明创造，不包括仅其实施为法律所禁止的发明创造。

第十一条 除专利法第二十八条和第四十二条规定的情形外，专利法所称申请日，有优先权的，指优先权日。

本细则所称申请日，除另有规定的外，是指专利法第二十八条规定的申请日。

第十二条 专利法第六条所称执行本单位的任务所完成的职务发明创造，是指：

（一）在本职工作中作出的发明创造；

（二）履行本单位交付的本职工作之外的任务所作出的发明创造；

（三）退休、调离原单位后或者劳动、人事关系终止后1年内作出的，与其在原单位承担的本职工作或者原单位分配的任务有关的发明创造。

专利法第六条所称本单位，包括临时工作单位；专利法第六条所称本单位的物质技术条件，是指本单位的资金、设备、零部件、原材料或者不对外公开的技术资料等。

第十三条 专利法所称发明人或者设计人，是指对发明创造的实质性特点作出创造性贡献的人。在完成发明创造过程中，只负责组织工作的人、为物质技术条件的利用提供方便的人或者从事其他辅助工作的人，不是发明人或者设计人。

第十四条 除依照专利法第十条规定转让专利权外，专利权因其他事由发生转移的，当事人应当凭有关证明文件或者法律文书向国务院专利行政部门办理专利权转移手续。

专利权人与他人订立的专利实施许可合同，应当自合同生效之日起3个月内向国务院专利行政部门备案。

以专利权出质的，由出质人和质权人共同向国务院专利行政部门办理出质登记。

第二章　专利的申请

第十五条　以书面形式申请专利的，应当向国务院专利行政部门提交申请文件一式两份。

以国务院专利行政部门规定的其他形式申请专利的，应当符合规定的要求。

申请人委托专利代理机构向国务院专利行政部门申请专利和办理其他专利事务的，应当同时提交委托书，写明委托权限。

申请人有 2 人以上且未委托专利代理机构的，除请求书中另有声明的外，以请求书中指明的第一申请人为代表人。

第十六条　发明、实用新型或者外观设计专利申请的请求书应当写明下列事项：

（一）发明、实用新型或者外观设计的名称；

（二）申请人是中国单位或者个人的，其名称或者姓名、地址、邮政编码、组织机构代码或者居民身份证件号码；申请人是外国人、外国企业或者外国其他组织的，其姓名或者名称、国籍或者注册的国家或者地区；

（三）发明人或者设计人的姓名；

（四）申请人委托专利代理机构的，受托机构的名称、机构代码以及该机构指定的专利代理人的姓名、执业证号码、联系电话；

（五）要求优先权的，申请人第一次提出专利申请（以下简称在先申请）的申请日、申请号以及原受理机构的名称；

（六）申请人或者专利代理机构的签字或者盖章；

（七）申请文件清单；

（八）附加文件清单；

（九）其他需要写明的有关事项。

第十七条　发明或者实用新型专利申请的说明书应当写明发明或者实用新型的名称，该名称应当与请求书中的名称一致。说明书应当包括下列内容：

（一）技术领域：写明要求保护的技术方案所属的技术领域；

（二）背景技术：写明对发明或者实用新型的理解、检索、审查有用的背景技术；有可能的，并引证反映这些背景技术的文件；

（三）发明内容：写明发明或者实用新型所要解决的技术问题以及解决其技术问题采用的技术方案，并对照现有技术写明发明或者实用新型的有益效果；

（四）附图说明：说明书有附图的，对各幅附图作简略说明；

（五）具体实施方式：详细写明申请人认为实现发明或者实用新型的优选方式；必要时，举例说明；有附图的，对照附图。

发明或者实用新型专利申请人应当按照前款规定的方式和顺序撰写说明书，并在说明书每一部分前面写明标题，除非其发明或者实用新型的性质用其他方式或者顺序撰写能节约说明书的篇幅并使他人能够准确理解其发明或者实用新型。

发明或者实用新型说明书应当用词规范、语句清楚，并不得使用“如权利要求……所述的……”一类的引用语，也不得使用商业性宣传用语。

发明专利申请包含一个或者多个核苷酸或者氨基酸序列的，说明书应当包括符合国务院专利行政部门规定的序列表。申请人应当将该序列表作为说明书的一个单独部分提交，并按照国务院专利行政部门的规定提交该序列表的计算机可读形式的副本。

实用新型专利申请说明书应当有表示要求保护的产品的形状、构造或者其结合的附图。

第十八条 发明或者实用新型的几幅附图应当按照“图1，图2，……”顺序编号排列。

发明或者实用新型说明书文字部分中未提及的附图标记不得在附图中出现，附图中未出现的附图标记不得在说明书文字部分中提及。申请文件中表示同一组成部分的附图标记应当一致。

附图中除必需的词语外，不应当含有其他注释。

第十九条 权利要求书应当记载发明或者实用新型的技术特征。

权利要求书有几项权利要求的，应当用阿拉伯数字顺序编号。

权利要求书中使用的科技术语应当与说明书中使用的科技术语一致，可以有化学式或者数学式，但是不得有插图。除绝对必要的外，不得使用“如说明书……部分所述”或者“如图……所示”的用语。

权利要求中的技术特征可以引用说明书附图中相应的标记，该标记应当放在相应的技术特征后并置于括号内，便于理解权利要求。附图标记不得解释为对权利要求的限制。

第二十条 权利要求书应当有独立权利要求，也可以有从属权利要求。

独立权利要求应当从整体上反映发明或者实用新型的技术方案，记载解决技术问题的必要技术特征。

从属权利要求应当用附加的技术特征，对引用的权利要求作进一步限定。

第二十一条 发明或者实用新型的独立权利要求应当包括前序部分和特

征部分，按照下列规定撰写：

（一）前序部分：写明要求保护的发明或者实用新型技术方案的主题名称和发明或者实用新型主题与最接近的现有技术共有的必要技术特征；

（二）特征部分：使用“其特征是……”或者类似的用语，写明发明或者实用新型区别于最接近的现有技术的技术特征。这些特征和前序部分写明的特征合在一起，限定发明或者实用新型要求保护的范围。

发明或者实用新型的性质不适于用前款方式表达的，独立权利要求可以用其他方式撰写。

一项发明或者实用新型应当只有一个独立权利要求，并写在同一发明或者实用新型的从属权利要求之前。

第二十二条　发明或者实用新型的从属权利要求应当包括引用部分和限定部分，按照下列规定撰写：

（一）引用部分：写明引用的权利要求的编号及其主题名称；

（二）限定部分：写明发明或者实用新型附加的技术特征。

从属权利要求只能引用在前的权利要求。引用两项以上权利要求的多项从属权利要求，只能以择一方式引用在前的权利要求，并不得作为另一项多项从属权利要求的基础。

第二十三条　说明书摘要应当写明发明或者实用新型专利申请所公开内容的概要，即写明发明或者实用新型的名称和所属技术领域，并清楚地反映所要解决的技术问题、解决该问题的技术方案的要点以及主要用途。

说明书摘要可以包含最能说明发明的化学式；有附图的专利申请，还应当提供一幅最能说明该发明或者实用新型技术特征的附图。附图的大小及清晰度应当保证在该图缩小到4厘米×6厘米时，仍能清晰地分辨出图中的各个细节。摘要文字部分不得超过300个字。摘要中不得使用商业性宣传用语。

第二十四条　申请专利的发明涉及新的生物材料，该生物材料公众不能得到，并且对该生物材料的说明不足以使所属领域的技术人员实施其发明的，除应当符合专利法和本细则的有关规定外，申请人还应当办理下列手续：

（一）在申请日前或者最迟在申请日（有优先权的，指优先权日），将该生物材料的样品提交国务院专利行政部门认可的保藏单位保藏，并在申请时或者最迟自申请日起4个月内提交保藏单位出具的保藏证明和存活证明；期满未提交证明的，该样品视为未提交保藏；

（二）在申请文件中，提供有关该生物材料特征的资料；

（三）涉及生物材料样品保藏的专利申请应当在请求书和说明书中写明该生物材料的分类命名（注明拉丁文名称）、保藏该生物材料样品的单位名称、地址、保藏日期和保藏编号；申请时未写明的，应当自申请日起4个月内补正；期满未补正的，视为未提交保藏。

第二十五条 发明专利申请人依照本细则第二十四条的规定保藏生物材料样品的，在发明专利申请公布后，任何单位或者个人需要将该专利申请所涉及的生物材料作为实验目的使用的，应当向国务院专利行政部门提出请求，并写明下列事项：

（一）请求人的姓名或者名称和地址；

（二）不向其他任何人提供该生物材料的保证；

（三）在授予专利权前，只作为实验目的使用的保证。

第二十六条 专利法所称遗传资源，是指取自人体、动物、植物或者微生物等含有遗传功能单位并具有实际或者潜在价值的材料；专利法所称依赖遗传资源完成的发明创造，是指利用了遗传资源的遗传功能完成的发明创造。

就依赖遗传资源完成的发明创造申请专利的，申请人应当在请求书中予以说明，并填写国务院专利行政部门制定的表格。

第二十七条 申请人请求保护色彩的，应当提交彩色图片或者照片。

申请人应当就每件外观设计产品所需要保护的内容提交有关图片或者照片。

第二十八条 外观设计的简要说明应当写明外观设计产品的名称、用途，外观设计的设计要点，并指定一幅最能表明设计要点的图片或者照片。省略视图或者请求保护色彩的，应当在简要说明中写明。

对同一产品的多项相似外观设计提出一件外观设计专利申请的，应当在简要说明中指定其中一项作为基本设计。

简要说明不得使用商业性宣传用语，也不能用来说明产品的性能。

第二十九条 国务院专利行政部门认为必要时，可以要求外观设计专利申请人提交使用外观设计的产品样品或者模型。样品或者模型的体积不得超过30厘米×30厘米×30厘米，重量不得超过15公斤。易腐、易损或者危险品不得作为样品或者模型提交。

第三十条 专利法第二十四条第（一）项所称中国政府承认的国际展览会，是指国际展览会公约规定的在国际展览局注册或者由其认可的国际展览会。

专利法第二十四条第（二）项所称学术会议或者技术会议，是指国务院有关主管部门或者全国性学术团体组织召开的学术会议或者技术会议。

申请专利的发明创造有专利法第二十四条第（一）项或者第（二）项所列情形的，申请人应当在提出专利申请时声明，并自申请日起2个月内提交有关国际展览会或者学术会议、技术会议的组织单位出具的有关发明创造已经展出或者发表，以及展出或者发表日期的证明文件。

申请专利的发明创造有专利法第二十四条第（三）项所列情形的，国务院专利行政部门认为必要时，可以要求申请人在指定期限内提交证明文件。

申请人未依照本条第三款的规定提出声明和提交证明文件的，或者未依照本条第四款的规定在指定期限内提交证明文件的，其申请不适用专利法第二十四条的规定。

第三十一条　申请人依照专利法第三十条的规定要求外国优先权的，申请人提交的在先申请文件副本应当经原受理机构证明。依照国务院专利行政部门与该受理机构签订的协议，国务院专利行政部门通过电子交换等途径获得在先申请文件副本的，视为申请人提交了经该受理机构证明的在先申请文件副本。要求本国优先权，申请人在请求书中写明在先申请的申请日和申请号的，视为提交了在先申请文件副本。

要求优先权，但请求书中漏写或者错写在先申请的申请日、申请号和原受理机构名称中的一项或者两项内容的，国务院专利行政部门应当通知申请人在指定期限内补正；期满未补正的，视为未要求优先权。

要求优先权的申请人的姓名或者名称与在先申请文件副本中记载的申请人姓名或者名称不一致的，应当提交优先权转让证明材料，未提交该证明材料的，视为未要求优先权。

外观设计专利申请的申请人要求外国优先权，其在先申请未包括对外观设计的简要说明，申请人按照本细则第二十八条规定提交的简要说明未超出在先申请文件的图片或者照片表示的范围的，不影响其享有优先权。

第三十二条　申请人在一件专利申请中，可以要求一项或者多项优先权；要求多项优先权的，该申请的优先权期限从最早的优先权日起计算。

申请人要求本国优先权，在先申请是发明专利申请的，可以就相同主题提出发明或者实用新型专利申请；在先申请是实用新型专利申请的，可以就相同主题提出实用新型或者发明专利申请。但是，提出后一申请时，在先申请的主题有下列情形之一的，不得作为要求本国优先权的基础：

（一）已经要求外国优先权或者本国优先权的；

（二）已经被授予专利权的；

（三）属于按照规定提出的分案申请的。

申请人要求本国优先权的，其在先申请自后一申请提出之日起即视为撤回。

第三十三条　在中国没有经常居所或者营业所的申请人，申请专利或者要求外国优先权的，国务院专利行政部门认为必要时，可以要求其提供下列文件：

（一）申请人是个人的，其国籍证明；

（二）申请人是企业或者其他组织的，其注册的国家或者地区的证明文件；

（三）申请人的所属国，承认中国单位和个人可以按照该国国民的同等条件，在该国享有专利权、优先权和其他与专利有关的权利的证明文件。

第三十四条 依照专利法第三十一条第一款规定，可以作为一件专利申请提出的属于一个总的发明构思的两项以上的发明或者实用新型，应当在技术上相互关联，包含一个或者多个相同或者相应的特定技术特征，其中特定技术特征是指每一项发明或者实用新型作为整体，对现有技术作出贡献的技术特征。

第三十五条 依照专利法第三十一条第二款规定，将同一产品的多项相似外观设计作为一件申请提出的，对该产品的其他设计应当与简要说明中指定的基本设计相似。一件外观设计专利申请中的相似外观设计不得超过10项。

专利法第三十一条第二款所称同一类别并且成套出售或者使用的产品的两项以上外观设计，是指各产品属于分类表中同一大类，习惯上同时出售或者同时使用，而且各产品的外观设计具有相同的设计构思。

将两项以上外观设计作为一件申请提出的，应当将各项外观设计的顺序编号标注在每件外观设计产品各幅图片或者照片的名称之前。

第三十六条 申请人撤回专利申请的，应当向国务院专利行政部门提出声明，写明发明创造的名称、申请号和申请日。

撤回专利申请的声明在国务院专利行政部门作好公布专利申请文件的印刷准备工作后提出的，申请文件仍予公布；但是，撤回专利申请的声明应当在以后出版的专利公报上予以公告。

第三章 专利申请的审查和批准

第三十七条 在初步审查、实质审查、复审和无效宣告程序中，实施审查和审理的人员有下列情形之一的，应当自行回避，当事人或者其他利害关系人可以要求其回避：

（一）是当事人或者其代理人的近亲属的；

（二）与专利申请或者专利权有利害关系的；

（三）与当事人或者其代理人有其他关系，可能影响公正审查和审理的；

（四）专利复审委员会成员曾参与原申请的审查的。

第三十八条 国务院专利行政部门收到发明或者实用新型专利申请的请求书、说明书（实用新型必须包括附图）和权利要求书，或者外观设计专利申请的请求书、外观设计的图片或者照片和简要说明后，应当明确申请日、给予申请号，并通知申请人。

第三十九条 专利申请文件有下列情形之一的，国务院专利行政部门不予受理，并通知申请人：

（一）发明或者实用新型专利申请缺少请求书、说明书（实用新型无附图）或者权利要求书的，或者外观设计专利申请缺少请求书、图片或者照片、简要说明的；

（二）未使用中文的；

（三）不符合本细则第一百二十一条第一款规定的；

（四）请求书中缺少申请人姓名或者名称，或者缺少地址的；

（五）明显不符合专利法第十八条或者第十九条第一款的规定的；

（六）专利申请类别（发明、实用新型或者外观设计）不明确或者难以确定的。

第四十条 说明书中写有对附图的说明但无附图或者缺少部分附图的，申请人应当在国务院专利行政部门指定的期限内补交附图或者声明取消对附图的说明。申请人补交附图的，以向国务院专利行政部门提交或者邮寄附图之日为申请日；取消对附图的说明的，保留原申请日。

第四十一条 两个以上的申请人同日（指申请日；有优先权的，指优先权日）分别就同样的发明创造申请专利的，应当在收到国务院专利行政部门的通知后自行协商确定申请人。

同一申请人在同日（指申请日）对同样的发明创造既申请实用新型专利又申请发明专利的，应当在申请时分别说明对同样的发明创造已申请了另一专利；未作说明的，依照专利法第九条第一款关于同样的发明创造只能授予一项专利权的规定处理。

国务院专利行政部门公告授予实用新型专利权，应当公告申请人已依照本条第二款的规定同时申请了发明专利的说明。

发明专利申请经审查没有发现驳回理由，国务院专利行政部门应当通知申请人在规定期限内声明放弃实用新型专利权。申请人声明放弃的，国务院专利行政部门应当作出授予发明专利权的决定，并在公告授予发明专利权时一并公告申请人放弃实用新型专利权声明。申请人不同意放弃的，国务院专利行政部门应当驳回该发明专利申请；申请人期满未答复的，视为撤回该发明专利申请。

实用新型专利权自公告授予发明专利权之日起终止。

第四十二条 一件专利申请包括两项以上发明、实用新型或者外观设计的，申请人可以在本细则第五十四条第一款规定的期限届满前，向国务院专利行政部门提出分案申请；但是，专利申请已经被驳回、撤回或者视为撤回的，不能提出分案申请。

国务院专利行政部门认为一件专利申请不符合专利法第三十一条和本细则第三十四条或者第三十五条的规定的，应当通知申请人在指定期限内对其申请进行修改；申请人期满未答复的，该申请视为撤回。

分案的申请不得改变原申请的类别。

第四十三条 依照本细则第四十二条规定提出的分案申请，可以保留原申请日，享有优先权的，可以保留优先权日，但是不得超出原申请记载的范围。

分案申请应当依照专利法及本细则的规定办理有关手续。

分案申请的请求书中应当写明原申请的申请号和申请日。提交分案申请时，申请人应当提交原申请文件副本；原申请享有优先权的，并应当提交原申请的优先权文件副本。

第四十四条 专利法第三十四条和第四十条所称初步审查，是指审查专利申请是否具备专利法第二十六条或者第二十七条规定的文件和其他必要的文件，这些文件是否符合规定的格式，并审查下列各项：

（一）发明专利申请是否明显属于专利法第五条、第二十五条规定的情形，是否不符合专利法第十八条、第十九条第一款、第二十条第一款或者本细则第十六条、第二十六条第二款的规定，是否明显不符合专利法第二条第二款、第二十六条第五款、第三十一条第一款、第三十三条或者本细则第十七条至第二十一条的规定；

（二）实用新型专利申请是否明显属于专利法第五条、第二十五条规定的情形，是否不符合专利法第十八条、第十九条第一款、第二十条第一款或者本细则第十六条至第十九条、第二十一条至第二十三条的规定，是否明显不符合专利法第二条第三款、第二十二条第二款、第四款、第二十六条第三款、第四款、第三十一条第一款、第三十三条或者本细则第二十条、第四十三条第一款的规定，是否依照专利法第九条规定不能取得专利权；

（三）外观设计专利申请是否明显属于专利法第五条、第二十五条第一款第（六）项规定的情形，是否不符合专利法第十八条、第十九条第一款或者本细则第十六条、第二十七条、第二十八条的规定，是否明显不符合专利法第二条第四款、第二十三条第一款、第二十七条第二款、第三十一条第二款、第三十三条或者本细则第四十三条第一款的规定，是否依照专利法第九条规定不能取得专利权；

（四）申请文件是否符合本细则第二条、第三条第一款的规定。

国务院专利行政部门应当将审查意见通知申请人，要求其在指定期限内陈述意见或者补正；申请人期满未答复的，其申请视为撤回。申请人陈述意见或者补正后，国务院专利行政部门仍然认为不符合前款所列各项规定的，应当予以驳回。

第四十五条 除专利申请文件外，申请人向国务院专利行政部门提交的与专利申请有关的其他文件有下列情形之一的，视为未提交：

（一）未使用规定的格式或者填写不符合规定的；

（二）未按照规定提交证明材料的。

国务院专利行政部门应当将视为未提交的审查意见通知申请人。

第四十六条 申请人请求早日公布其发明专利申请的，应当向国务院专利行政部门声明。国务院专利行政部门对该申请进行初步审查后，除予以驳回的外，应当立即将申请予以公布。

第四十七条 申请人写明使用外观设计的产品及其所属类别的，应当使用国务院专利行政部门公布的外观设计产品分类表。未写明使用外观设计的产品所属类别或者所写的类别不确切的，国务院专利行政部门可以予以补充或者修改。

第四十八条 自发明专利申请公布之日起至公告授予专利权之日止，任何人均可以对不符合专利法规定的专利申请向国务院专利行政部门提出意见，并说明理由。

第四十九条 发明专利申请人因有正当理由无法提交专利法第三十六条规定的检索资料或者审查结果资料的，应当向国务院专利行政部门声明，并在得到有关资料后补交。

第五十条 国务院专利行政部门依照专利法第三十五条第二款的规定对专利申请自行进行审查时，应当通知申请人。

第五十一条 发明专利申请人在提出实质审查请求时以及在收到国务院专利行政部门发出的发明专利申请进入实质审查阶段通知书之日起的 3 个月内，可以对发明专利申请主动提出修改。

实用新型或者外观设计专利申请人自申请日起 2 个月内，可以对实用新型或者外观设计专利申请主动提出修改。

申请人在收到国务院专利行政部门发出的审查意见通知书后对专利申请文件进行修改的，应当针对通知书指出的缺陷进行修改。

国务院专利行政部门可以自行修改专利申请文件中文字和符号的明显错误。国务院专利行政部门自行修改的，应当通知申请人。

第五十二条 发明或者实用新型专利申请的说明书或者权利要求书的修改部分，除个别文字修改或者增删外，应当按照规定格式提交替换页。外观设计专利申请的图片或者照片的修改，应当按照规定提交替换页。

第五十三条 依照专利法第三十八条的规定，发明专利申请经实质审查应当予以驳回的情形是指：

（一）申请属于专利法第五条、第二十五条规定的情形，或者依照专利法第九条规定不能取得专利权的；

（二）申请不符合专利法第二条第二款、第二十条第一款、第二十二条、第二十六条第三款、第四款、第五款、第三十一条第一款或者本细则第二十条第二款规定的；

（三）申请的修改不符合专利法第三十三条规定，或者分案的申请不符合本细则第四十三条第一款的规定的。

第五十四条　国务院专利行政部门发出授予专利权的通知后，申请人应当自收到通知之日起2个月内办理登记手续。申请人按期办理登记手续的，国务院专利行政部门应当授予专利权，颁发专利证书，并予以公告。

期满未办理登记手续的，视为放弃取得专利权的权利。

第五十五条　保密专利申请经审查没有发现驳回理由的，国务院专利行政部门应当作出授予保密专利权的决定，颁发保密专利证书，登记保密专利权的有关事项。

第五十六条　授予实用新型或者外观设计专利权的决定公告后，专利法第六十条规定的专利权人或者利害关系人可以请求国务院专利行政部门作出专利权评价报告。

请求作出专利权评价报告的，应当提交专利权评价报告请求书，写明专利号。每项请求应当限于一项专利权。

专利权评价报告请求书不符合规定的，国务院专利行政部门应当通知请求人在指定期限内补正；请求人期满未补正的，视为未提出请求。

第五十七条　国务院专利行政部门应当自收到专利权评价报告请求书后2个月内作出专利权评价报告。对同一项实用新型或者外观设计专利权，有多个请求人请求作出专利权评价报告的，国务院专利行政部门仅作出一份专利权评价报告。任何单位或者个人可以查阅或者复制该专利权评价报告。

第五十八条　国务院专利行政部门对专利公告、专利单行本中出现的错误，一经发现，应当及时更正，并对所作更正予以公告。

第四章　专利申请的复审与专利权的无效宣告

第五十九条　专利复审委员会由国务院专利行政部门指定的技术专家和法律专家组成，主任委员由国务院专利行政部门负责人兼任。

第六十条　依照专利法第四十一条的规定向专利复审委员会请求复审的，应当提交复审请求书，说明理由，必要时还应当附具有关证据。

复审请求不符合专利法第十九条第一款或者第四十一条第一款规定的，

专利复审委员会不予受理，书面通知复审请求人并说明理由。

复审请求书不符合规定格式的，复审请求人应当在专利复审委员会指定的期限内补正；期满未补正的，该复审请求视为未提出。

第六十一条　请求人在提出复审请求或者在对专利复审委员会的复审通知书作出答复时，可以修改专利申请文件；但是，修改应当仅限于消除驳回决定或者复审通知书指出的缺陷。

修改的专利申请文件应当提交一式两份。

第六十二条　专利复审委员会应当将受理的复审请求书转交国务院专利行政部门原审查部门进行审查。原审查部门根据复审请求人的请求，同意撤销原决定的，专利复审委员会应当据此作出复审决定，并通知复审请求人。

第六十三条　专利复审委员会进行复审后，认为复审请求不符合专利法和本细则有关规定的，应当通知复审请求人，要求其在指定期限内陈述意见。期满未答复的，该复审请求视为撤回；经陈述意见或者进行修改后，专利复审委员会认为仍不符合专利法和本细则有关规定的，应当作出维持原驳回决定的复审决定。

专利复审委员会进行复审后，认为原驳回决定不符合专利法和本细则有关规定的，或者认为经过修改的专利申请文件消除了原驳回决定指出的缺陷的，应当撤销原驳回决定，由原审查部门继续进行审查程序。

第六十四条　复审请求人在专利复审委员会作出决定前，可以撤回其复审请求。

复审请求人在专利复审委员会作出决定前撤回其复审请求的，复审程序终止。

第六十五条　依照专利法第四十五条的规定，请求宣告专利权无效或者部分无效的，应当向专利复审委员会提交专利权无效宣告请求书和必要的证据一式两份。无效宣告请求书应当结合提交的所有证据，具体说明无效宣告请求的理由，并指明每项理由所依据的证据。

前款所称无效宣告请求的理由，是指被授予专利的发明创造不符合专利法第二条、第二十条第一款、第二十二条、第二十三条、第二十六条第三款、第四款、第二十七条第二款、第三十三条或者本细则第二十条第二款、第四十三条第一款的规定，或者属于专利法第五条、第二十五条的规定，或者依照专利法第九条规定不能取得专利权。

第六十六条　专利权无效宣告请求不符合专利法第十九条第一款或者本细则第六十五条规定的，专利复审委员会不予受理。

在专利复审委员会就无效宣告请求作出决定之后，又以同样的理由和证据请求无效宣告的，专利复审委员会不予受理。

以不符合专利法第二十三条第三款的规定为理由请求宣告外观设计专利权无效，但是未提交证明权利冲突的证据的，专利复审委员会不予受理。

专利权无效宣告请求书不符合规定格式的，无效宣告请求人应当在专利复审委员会指定的期限内补正；期满未补正的，该无效宣告请求视为未提出。

第六十七条 在专利复审委员会受理无效宣告请求后，请求人可以在提出无效宣告请求之日起 1 个月内增加理由或者补充证据。逾期增加理由或者补充证据的，专利复审委员会可以不予考虑。

第六十八条 专利复审委员会应当将专利权无效宣告请求书和有关文件的副本送交专利权人，要求其在指定的期限内陈述意见。

专利权人和无效宣告请求人应当在指定期限内答复专利复审委员会发出的转送文件通知书或者无效宣告请求审查通知书；期满未答复的，不影响专利复审委员会审理。

第六十九条 在无效宣告请求的审查过程中，发明或者实用新型专利的专利权人可以修改其权利要求书，但是不得扩大原专利的保护范围。

发明或者实用新型专利的专利权人不得修改专利说明书和附图，外观设计专利的专利权人不得修改图片、照片和简要说明。

第七十条 专利复审委员会根据当事人的请求或者案情需要，可以决定对无效宣告请求进行口头审理。

专利复审委员会决定对无效宣告请求进行口头审理的，应当向当事人发出口头审理通知书，告知举行口头审理的日期和地点。当事人应当在通知书指定的期限内作出答复。

无效宣告请求人对专利复审委员会发出的口头审理通知书在指定的期限内未作答复，并且不参加口头审理的，其无效宣告请求视为撤回；专利权人不参加口头审理的，可以缺席审理。

第七十一条 在无效宣告请求审查程序中，专利复审委员会指定的期限不得延长。

第七十二条 专利复审委员会对无效宣告的请求作出决定前，无效宣告请求人可以撤回其请求。

专利复审委员会作出决定之前，无效宣告请求人撤回其请求或者其无效宣告请求被视为撤回的，无效宣告请求审查程序终止。但是，专利复审委员会认为根据已进行的审查工作能够作出宣告专利权无效或者部分无效的决定的，不终止审查程序。

第五章 专利实施的强制许可

第七十三条 专利法第四十八条第（一）项所称未充分实施其专利，是指专利权人及其被许可人实施其专利的方式或者规模不能满足国内对专利产品或者专利方法的需求。

专利法第五十条所称取得专利权的药品，是指解决公共健康问题所需的医药领域中的任何专利产品或者依照专利方法直接获得的产品，包括取得专利权的制造该产品所需的活性成分以及使用该产品所需的诊断用品。

第七十四条　请求给予强制许可的，应当向国务院专利行政部门提交强制许可请求书，说明理由并附具有关证明文件。

国务院专利行政部门应当将强制许可请求书的副本送交专利权人，专利权人应当在国务院专利行政部门指定的期限内陈述意见；期满未答复的，不影响国务院专利行政部门作出决定。

国务院专利行政部门在作出驳回强制许可请求的决定或者给予强制许可的决定前，应当通知请求人和专利权人拟作出的决定及其理由。

国务院专利行政部门依照专利法第五十条的规定作出给予强制许可的决定，应当同时符合中国缔结或者参加的有关国际条约关于为了解决公共健康问题而给予强制许可的规定，但中国作出保留的除外。

第七十五条　依照专利法第五十七条的规定，请求国务院专利行政部门裁决使用费数额的，当事人应当提出裁决请求书，并附具双方不能达成协议的证明文件。国务院专利行政部门应当自收到请求书之日起 3 个月内作出裁决，并通知当事人。

第六章　对职务发明创造的发明人或者设计人的奖励和报酬

第七十六条　被授予专利权的单位可以与发明人、设计人约定或者在其依法制定的规章制度中规定专利法第十六条规定的奖励、报酬的方式和数额。

企业、事业单位给予发明人或者设计人的奖励、报酬，按照国家有关财务、会计制度的规定进行处理。

第七十七条　被授予专利权的单位未与发明人、设计人约定也未在其依法制定的规章制度中规定专利法第十六条规定的奖励的方式和数额的，应当自专利权公告之日起 3 个月内发给发明人或者设计人奖金。一项发明专利的奖金最低不少于 3000 元；一项实用新型专利或者外观设计专利的奖金最低不少于 1000 元。

由于发明人或者设计人的建议被其所属单位采纳而完成的发明创造，被授予专利权的单位应当从优发给奖金。

第七十八条　被授予专利权的单位未与发明人、设计人约定也未在其依法制定的规章制度中规定专利法第十六条规定的报酬的方式和数额的，在专利权有效期限内，实施发明创造专利后，每年应当从实施该项发明或者实用新型专利的营业利润中提取不低于2%或者从实施该项外观设计专利的营业利润中提取不低于0.2%，作为报酬给予发明人或者设计人，或者参照上述比例，给予发明人或者设计人一次性报酬；被授予专利权的单位许可其他单位或者个人实施其专利的，应当从收取的使用费中提取不低于10%，作为报酬给予发明人或者设计人。

第七章　专利权的保护

第七十九条　专利法和本细则所称管理专利工作的部门，是指由省、自治区、直辖市人民政府以及专利管理工作量大又有实际处理能力的设区的市人民政府设立的管理专利工作的部门。

第八十条　国务院专利行政部门应当对管理专利工作的部门处理专利侵权纠纷、查处假冒专利行为、调解专利纠纷进行业务指导。

第八十一条　当事人请求处理专利侵权纠纷或者调解专利纠纷的，由被请求人所在地或者侵权行为地的管理专利工作的部门管辖。

两个以上管理专利工作的部门都有管辖权的专利纠纷，当事人可以向其中一个管理专利工作的部门提出请求；当事人向两个以上有管辖权的管理专利工作的部门提出请求的，由最先受理的管理专利工作的部门管辖。

管理专利工作的部门对管辖权发生争议的，由其共同的上级人民政府管理专利工作的部门指定管辖；无共同上级人民政府管理专利工作的部门的，由国务院专利行政部门指定管辖。

第八十二条　在处理专利侵权纠纷过程中，被请求人提出无效宣告请求并被专利复审委员会受理的，可以请求管理专利工作的部门中止处理。

管理专利工作的部门认为被请求人提出的中止理由明显不能成立的，可以不中止处理。

第八十三条　专利权人依照专利法第十七条的规定，在其专利产品或者该产品的包装上标明专利标识的，应当按照国务院专利行政部门规定的方式予以标明。

专利标识不符合前款规定的，由管理专利工作的部门责令改正。

第八十四条　下列行为属于专利法第六十三条规定的假冒专利的行为：

（一）在未被授予专利权的产品或者其包装上标注专利标识，专利权被宣告无效后或者终止后继续在产品或者其包装上标注专利标识，或者未经许可在产品或者产品包装上标注他人的专利号；

（二）销售第（一）项所述产品；

（三）在产品说明书等材料中将未被授予专利权的技术或者设计称为专利

技术或者专利设计，将专利申请称为专利，或者未经许可使用他人的专利号，使公众将所涉及的技术或者设计误认为是专利技术或者专利设计；

（四）伪造或者变造专利证书、专利文件或者专利申请文件；

（五）其他使公众混淆，将未被授予专利权的技术或者设计误认为是专利技术或者专利设计的行为。

专利权终止前依法在专利产品、依照专利方法直接获得的产品或者其包装上标注专利标识，在专利权终止后许诺销售、销售该产品的，不属于假冒专利行为。

销售不知道是假冒专利的产品，并且能够证明该产品合法来源的，由管理专利工作的部门责令停止销售，但免除罚款的处罚。

第八十五条　除专利法第六十条规定的外，管理专利工作的部门应当事人请求，可以对下列专利纠纷进行调解：

（一）专利申请权和专利权归属纠纷；

（二）发明人、设计人资格纠纷；

（三）职务发明创造的发明人、设计人的奖励和报酬纠纷；

（四）在发明专利申请公布后专利权授予前使用发明而未支付适当费用的纠纷；

（五）其他专利纠纷。

对于前款第（四）项所列的纠纷，当事人请求管理专利工作的部门调解的，应当在专利权被授予之后提出。

第八十六条　当事人因专利申请权或者专利权的归属发生纠纷，已请求管理专利工作的部门调解或者向人民法院起诉的，可以请求国务院专利行政部门中止有关程序。

依照前款规定请求中止有关程序的，应当向国务院专利行政部门提交请求书，并附具管理专利工作的部门或者人民法院的写明申请号或者专利号的有关受理文件副本。

管理专利工作的部门作出的调解书或者人民法院作出的判决生效后，当事人应当向国务院专利行政部门办理恢复有关程序的手续。自请求中止之日起1年内，有关专利申请权或者专利权归属的纠纷未能结案，需要继续中止有关程序的，请求人应当在该期限内请求延长中止。期满未请求延长的，国务院专利行政部门自行恢复有关程序。

第八十七条　人民法院在审理民事案件中裁定对专利申请权或者专利权采取保全措施的，国务院专利行政部门应当在收到写明申请号或者专利号的裁定书和协助执行通知书之日中止被保全的专利申请权或者专利权的有关程序。保全期限届满，人民法院没有裁定继续采取保全措施的，国务院专利行政部门自行恢复有关程序。

第八十八条 国务院专利行政部门根据本细则第八十六条和第八十七条规定中止有关程序，是指暂停专利申请的初步审查、实质审查、复审程序，授予专利权程序和专利权无效宣告程序；暂停办理放弃、变更、转移专利权或者专利申请权手续，专利权质押手续以及专利权期限届满前的终止手续等。

第八章 专利登记和专利公报

第八十九条 国务院专利行政部门设置专利登记簿，登记下列与专利申请和专利权有关的事项：

（一）专利权的授予；

（二）专利申请权、专利权的转移；

（三）专利权的质押、保全及其解除；

（四）专利实施许可合同的备案；

（五）专利权的无效宣告；

（六）专利权的终止；

（七）专利权的恢复；

（八）专利实施的强制许可；

（九）专利权人的姓名或者名称、国籍和地址的变更。

第九十条 国务院专利行政部门定期出版专利公报，公布或者公告下列内容：

（一）发明专利申请的著录事项和说明书摘要；

（二）发明专利申请的实质审查请求和国务院专利行政部门对发明专利申请自行进行实质审查的决定；

（三）发明专利申请公布后的驳回、撤回、视为撤回、视为放弃、恢复和转移；

（四）专利权的授予以及专利权的著录事项；

（五）发明或者实用新型专利的说明书摘要，外观设计专利的一幅图片或者照片；

（六）国防专利、保密专利的解密；

（七）专利权的无效宣告；

（八）专利权的终止、恢复；

（九）专利权的转移；

（十）专利实施许可合同的备案；

（十一）专利权的质押、保全及其解除；

（十二）专利实施的强制许可的给予；

（十三）专利权人的姓名或者名称、地址的变更；

（十四）文件的公告送达；

（十五）国务院专利行政部门作出的更正；

（十六）其他有关事项。

第九十一条　国务院专利行政部门应当提供专利公报、发明专利申请单行本以及发明专利、实用新型专利、外观设计专利单行本，供公众免费查阅。

第九十二条　国务院专利行政部门负责按照互惠原则与其他国家、地区的专利机关或者区域性专利组织交换专利文献。

第九章　费　用

第九十三条　向国务院专利行政部门申请专利和办理其他手续时，应当缴纳下列费用：

（一）申请费、申请附加费、公布印刷费、优先权要求费；

（二）发明专利申请实质审查费、复审费；

（三）专利登记费、公告印刷费、年费；

（四）恢复权利请求费、延长期限请求费；

（五）著录事项变更费、专利权评价报告请求费、无效宣告请求费。

前款所列各种费用的缴纳标准，由国务院价格管理部门、财政部门会同国务院专利行政部门规定。

第九十四条　专利法和本细则规定的各种费用，可以直接向国务院专利行政部门缴纳，也可以通过邮局或者银行汇付，或者以国务院专利行政部门规定的其他方式缴纳。

通过邮局或者银行汇付的，应当在送交国务院专利行政部门的汇单上写明正确的申请号或者专利号以及缴纳的费用名称。不符合本款规定的，视为未办理缴费手续。

直接向国务院专利行政部门缴纳费用的，以缴纳当日为缴费日；以邮局汇付方式缴纳费用的，以邮局汇出的邮戳日为缴费日；以银行汇付方式缴纳费用的，以银行实际汇出日为缴费日。

多缴、重缴、错缴专利费用的，当事人可以自缴费日起 3 年内，向国务院专利行政部门提出退款请求，国务院专利行政部门应当予以退还。

第九十五条　申请人应当自申请日起 2 个月内或者在收到受理通知书之日起 15 日内缴纳申请费、公布印刷费和必要的申请附加费；期满未缴纳或者未缴足的，其申请视为撤回。

申请人要求优先权的，应当在缴纳申请费的同时缴纳优先权要求费；期满未缴纳或者未缴足的，视为未要求优先权。

第九十六条 当事人请求实质审查或者复审的，应当在专利法及本细则规定的相关期限内缴纳费用；期满未缴纳或者未缴足的，视为未提出请求。

第九十七条 申请人办理登记手续时，应当缴纳专利登记费、公告印刷费和授予专利权当年的年费；期满未缴纳或者未缴足的，视为未办理登记手续。

第九十八条 授予专利权当年以后的年费应当在上一年度期满前缴纳。专利权人未缴纳或者未缴足的，国务院专利行政部门应当通知专利权人自应当缴纳年费期满之日起 6 个月内补缴，同时缴纳滞纳金；滞纳金的金额按照每超过规定的缴费时间 1 个月，加收当年全额年费的 5%计算；期满未缴纳的，专利权自应当缴纳年费期满之日起终止。

第九十九条 恢复权利请求费应当在本细则规定的相关期限内缴纳；期满未缴纳或者未缴足的，视为未提出请求。

延长期限请求费应当在相应期限届满之日前缴纳；期满未缴纳或者未缴足的，视为未提出请求。

著录事项变更费、专利权评价报告请求费、无效宣告请求费应当自提出请求之日起 1 个月内缴纳；期满未缴纳或者未缴足的，视为未提出请求。

第一百条 申请人或者专利权人缴纳本细则规定的各种费用有困难的，可以按照规定向国务院专利行政部门提出减缴或者缓缴的请求。减缴或者缓缴的办法由国务院财政部门会同国务院价格管理部门、国务院专利行政部门规定。

第十章 关于国际申请的特别规定

第一百零一条 国务院专利行政部门根据专利法第二十条规定，受理按照专利合作条约提出的专利国际申请。

按照专利合作条约提出并指定中国的专利国际申请（以下简称国际申请）进入国务院专利行政部门处理阶段（以下称进入中国国家阶段）的条件和程序适用本章的规定；本章没有规定的，适用专利法及本细则其他各章的有关规定。

第一百零二条 按照专利合作条约已确定国际申请日并指定中国的国际申请，视为向国务院专利行政部门提出的专利申请，该国际申请日视为专利法第二十八条所称的申请日。

第一百零三条 国际申请的申请人应当在专利合作条约第二条所称的优先权日（本章简称优先权日）起 30 个月内，向国务院专利行政部门办理进入中国国家阶段的手续；申请人未在该期限内办理该手续的，在缴纳宽限费后，可以在自优先权日起 32 个月内办理进入中国国家阶段的手续。

第一百零四条　申请人依照本细则第一百零三条的规定办理进入中国国家阶段的手续的，应当符合下列要求：

（一）以中文提交进入中国国家阶段的书面声明，写明国际申请号和要求获得的专利权类型；

（二）缴纳本细则第九十三条第一款规定的申请费、公布印刷费，必要时缴纳本细则第一百零三条规定的宽限费；

（三）国际申请以外文提出的，提交原始国际申请的说明书和权利要求书的中文译文；

（四）在进入中国国家阶段的书面声明中写明发明创造的名称，申请人姓名或者名称、地址和发明人的姓名，上述内容应当与世界知识产权组织国际局（以下简称国际局）的记录一致；国际申请中未写明发明人的，在上述声明中写明发明人的姓名；

（五）国际申请以外文提出的，提交摘要的中文译文，有附图和摘要附图的，提交附图副本和摘要附图副本，附图中有文字的，将其替换为对应的中文文字；国际申请以中文提出的，提交国际公布文件中的摘要和摘要附图副本；

（六）在国际阶段向国际局已办理申请人变更手续的，提供变更后的申请人享有申请权的证明材料；

（七）必要时缴纳本细则第九十三条第一款规定的申请附加费。

符合本条第一款第（一）项至第（三）项要求的，国务院专利行政部门应当给予申请号，明确国际申请进入中国国家阶段的日期（以下简称进入日），并通知申请人其国际申请已进入中国国家阶段。

国际申请已进入中国国家阶段，但不符合本条第一款第（四）项至第（七）项要求的，国务院专利行政部门应当通知申请人在指定期限内补正；期满未补正的，其申请视为撤回。

第一百零五条　国际申请有下列情形之一的，其在中国的效力终止：

（一）在国际阶段，国际申请被撤回或者被视为撤回，或者国际申请对中国的指定被撤回的；

（二）申请人未在优先权日起32个月内按照本细则第一百零三条规定办理进入中国国家阶段手续的；

（三）申请人办理进入中国国家阶段的手续，但自优先权日起32个月期限届满仍不符合本细则第一百零四条第（一）项至第（三）项要求的。

依照前款第（一）项的规定，国际申请在中国的效力终止的，不适用本细则第六条的规定；依照前款第（二）项、第（三）项的规定，国际申请在中国的效力终止的，不适用本细则第六条第二款的规定。

第一百零六条 国际申请在国际阶段作过修改，申请人要求以经修改的申请文件为基础进行审查的，应当自进入日起2个月内提交修改部分的中文译文。在该期间内未提交中文译文的，对申请人在国际阶段提出的修改，国务院专利行政部门不予考虑。

第一百零七条 国际申请涉及的发明创造有专利法第二十四条第（一）项或者第（二）项所列情形之一，在提出国际申请时作过声明的，申请人应当在进入中国国家阶段的书面声明中予以说明，并自进入日起2个月内提交本细则第三十条第三款规定的有关证明文件；未予说明或者期满未提交证明文件的，其申请不适用专利法第二十四条的规定。

第一百零八条 申请人按照专利合作条约的规定，对生物材料样品的保藏已作出说明的，视为已经满足了本细则第二十四条第（三）项的要求。申请人应当在进入中国国家阶段声明中指明记载生物材料样品保藏事项的文件以及在该文件中的具体记载位置。

申请人在原始提交的国际申请的说明书中已记载生物材料样品保藏事项，但是没有在进入中国国家阶段声明中指明的，应当自进入日起4个月内补正。期满未补正的，该生物材料视为未提交保藏。

申请人自进入日起4个月内向国务院专利行政部门提交生物材料样品保藏证明和存活证明的，视为在本细则第二十四条第（一）项规定的期限内提交。

第一百零九条 国际申请涉及的发明创造依赖遗传资源完成的，申请人应当在国际申请进入中国国家阶段的书面声明中予以说明，并填写国务院专利行政部门制定的表格。

第一百一十条 申请人在国际阶段已要求一项或者多项优先权，在进入中国国家阶段时该优先权要求继续有效的，视为已经依照专利法第三十条的规定提出了书面声明。

申请人应当自进入日起2个月内缴纳优先权要求费；期满未缴纳或者未缴足的，视为未要求该优先权。

申请人在国际阶段已依照专利合作条约的规定，提交过在先申请文件副本的，办理进入中国国家阶段手续时不需要向国务院专利行政部门提交在先申请文件副本。申请人在国际阶段未提交在先申请文件副本的，国务院专利行政部门认为必要时，可以通知申请人在指定期限内补交；申请人期满未补交的，其优先权要求视为未提出。

第一百一十一条 在优先权日起30个月期满前要求国务院专利行政部门提前处理和审查国际申请的，申请人除应当办理进入中国国家阶段手续外，还应当依照专利合作条约第二十三条第二款规定提出请求。国际局尚未向国务院专利行政部门传送国际申请的，申请人应当提交经确认的国际申请副本。

第一百一十二条　要求获得实用新型专利权的国际申请，申请人可以自进入日起 2 个月内对专利申请文件主动提出修改。

要求获得发明专利权的国际申请，适用本细则第五十一条第一款的规定。

第一百一十三条　申请人发现提交的说明书、权利要求书或者附图中的文字的中文译文存在错误的，可以在下列规定期限内依照原始国际申请文本提出改正：

（一）在国务院专利行政部门作好公布发明专利申请或者公告实用新型专利权的准备工作之前；

（二）在收到国务院专利行政部门发出的发明专利申请进入实质审查阶段通知书之日起 3 个月内。

申请人改正译文错误的，应当提出书面请求并缴纳规定的译文改正费。

申请人按照国务院专利行政部门的通知书的要求改正译文的，应当在指定期限内办理本条第二款规定的手续；期满未办理规定手续的，该申请视为撤回。

第一百一十四条　对要求获得发明专利权的国际申请，国务院专利行政部门经初步审查认为符合专利法和本细则有关规定的，应当在专利公报上予以公布；国际申请以中文以外的文字提出的，应当公布申请文件的中文译文。

要求获得发明专利权的国际申请，由国际局以中文进行国际公布的，自国际公布日起适用专利法第十三条的规定；由国际局以中文以外的文字进行国际公布的，自国务院专利行政部门公布之日起适用专利法第十三条的规定。

对国际申请，专利法第二十一条和第二十二条中所称的公布是指本条第一款所规定的公布。

第一百一十五条　国际申请包含两项以上发明或者实用新型的，申请人可以自进入日起，依照本细则第四十二条第一款的规定提出分案申请。

在国际阶段，国际检索单位或者国际初步审查单位认为国际申请不符合专利合作条约规定的单一性要求时，申请人未按照规定缴纳附加费，导致国际申请某些部分未经国际检索或者未经国际初步审查，在进入中国国家阶段时，申请人要求将所述部分作为审查基础，国务院专利行政部门认为国际检索单位或者国际初步审查单位对发明单一性的判断正确的，应当通知申请人在指定期限内缴纳单一性恢复费。期满未缴纳或者未足额缴纳的，国际申请中未经检索或者未经国际初步审查的部分视为撤回。

第一百一十六条　国际申请在国际阶段被有关国际单位拒绝给予国际申请日或者宣布视为撤回的，申请人在收到通知之日起 2 个月内，可以请求国际局将国际申请档案中任何文件的副本转交国务院专利行政部门，并在该期限内向国务院专利行政部门办理本细则第一百零三条规定的手续，国务院专利行政部门应当在接到国际局传送的文件后，对国际单位作出的决定是否正确进行复查。

第一百一十七条 基于国际申请授予的专利权，由于译文错误，致使依照专利法第五十九条规定确定的保护范围超出国际申请的原文所表达的范围的，以依据原文限制后的保护范围为准；致使保护范围小于国际申请的原文所表达的范围的，以授权时的保护范围为准。

第十一章 附 则

第一百一十八条 经国务院专利行政部门同意，任何人均可以查阅或者复制已经公布或者公告的专利申请的案卷和专利登记簿，并可以请求国务院专利行政部门出具专利登记簿副本。

已视为撤回、驳回和主动撤回的专利申请的案卷，自该专利申请失效之日起满2年后不予保存。

已放弃、宣告全部无效和终止的专利权的案卷，自该专利权失效之日起满3年后不予保存。

第一百一十九条 向国务院专利行政部门提交申请文件或者办理各种手续，应当由申请人、专利权人、其他利害关系人或者其代表人签字或者盖章；委托专利代理机构的，由专利代理机构盖章。

请求变更发明人姓名、专利申请人和专利权人的姓名或者名称、国籍和地址、专利代理机构的名称、地址和代理人姓名的，应当向国务院专利行政部门办理著录事项变更手续，并附具变更理由的证明材料。

第一百二十条 向国务院专利行政部门邮寄有关申请或者专利权的文件，应当使用挂号信函，不得使用包裹。

除首次提交专利申请文件外，向国务院专利行政部门提交各种文件、办理各种手续的，应当标明申请号或者专利号、发明创造名称和申请人或者专利权人姓名或者名称。

一件信函中应当只包含同一申请的文件。

第一百二十一条 各类申请文件应当打字或者印刷，字迹呈黑色，整齐清晰，并不得涂改。附图应当用制图工具和黑色墨水绘制，线条应当均匀清晰，并不得涂改。

请求书、说明书、权利要求书、附图和摘要应当分别用阿拉伯数字顺序编号。

申请文件的文字部分应当横向书写。纸张限于单面使用。

第一百二十二条 国务院专利行政部门根据专利法和本细则制定专利审

查指南。

第一百二十三条　本细则自 2001 年 7 月 1 日起施行。1992 年 12 月 12 日国务院批准修订、1992 年 12 月 21 日中国专利局发布的《中华人民共和国专利法实施细则》同时废止。

国防专利条例

（2004 年 9 月 17 日国务院、中央军事委员会令
第 418 号公布　自 2004 年 11 月 1 日起施行）

第一章　总　则

第一条　为了保护有关国防的发明专利权，确保国家秘密，便利发明创造的推广应用，促进国防科学技术的发展，适应国防现代化建设的需要，根据《中华人民共和国专利法》，制定本条例。

第二条　国防专利是指涉及国防利益以及对国防建设具有潜在作用需要保密的发明专利。

第三条　国家国防专利机构（以下简称国防专利机构）负责受理和审查国防专利申请。经国防专利机构审查认为符合本条例规定的，由国务院专利行政部门授予国防专利权。

国务院国防科学技术工业主管部门和中国人民解放军总装备部（以下简称总装备部）分别负责地方系统和军队系统的国防专利管理工作。

第四条　涉及国防利益或者对国防建设具有潜在作用被确定为绝密级国家秘密的发明不得申请国防专利。

国防专利申请以及国防专利的保密工作，在解密前依照《中华人民共和国保守国家秘密法》和国家有关规定进行管理。

第五条　国防专利权的保护期限为 20 年，自申请日起计算。

第六条　国防专利在保护期内，因情况变化需要变更密级、解密或者国防专利权终止后需要延长保密期限的，国防专利机构可以作出变更密级、解密或者延长保密期限的决定；但是对在申请国防专利前已被确定为国家秘密的，应当征得原确定密级和保密期限的机关、单位或者其上级机关的同意。

被授予国防专利权的单位或者个人（以下统称国防专利权人）可以向国防专利机构提出变更密级、解密或者延长保密期限的书面申请；属于国有企

业事业单位或者军队单位的，应当附送原确定密级和保密期限的机关、单位或者其上级机关的意见。

国防专利机构应当将变更密级、解密或者延长保密期限的决定，在该机构出版的《国防专利内部通报》上刊登，并通知国防专利权人，同时将解密的国防专利报送国务院专利行政部门转为普通专利。国务院专利行政部门应当及时将解密的国防专利向社会公告。

第七条 国防专利申请权和国防专利权经批准可以向国内的中国单位和个人转让。

转让国防专利申请权或者国防专利权，应当确保国家秘密不被泄露，保证国防和军队建设不受影响，并向国防专利机构提出书面申请，由国防专利机构进行初步审查后依照本条例第三条第二款规定的职责分工，及时报送国务院国防科学技术工业主管部门、总装备部审批。

国务院国防科学技术工业主管部门、总装备部应当自国防专利机构受理申请之日起30日内作出批准或者不批准的决定；作出不批准决定的，应当书面通知申请人并说明理由。

经批准转让国防专利申请权或者国防专利权的，当事人应当订立书面合同，并向国防专利机构登记，由国防专利机构在《国防专利内部通报》上刊登。国防专利申请权或者国防专利权的转让自登记之日起生效。

第八条 禁止向国外的单位和个人以及在国内的外国人和外国机构转让国防专利申请权和国防专利权。

第九条 需要委托专利代理机构申请国防专利和办理其他国防专利事务的，应当委托国防专利机构指定的专利代理机构办理。专利代理机构及其工作人员对在办理国防专利申请和其他国防专利事务过程中知悉的国家秘密，负有保密义务。

第二章 国防专利的申请、审查和授权

第十条 申请国防专利的，应当向国防专利机构提交请求书、说明书及其摘要和权利要求书等文件。

国防专利申请人应当按照国防专利机构规定的要求和统一格式撰写申请文件，并亲自送交或者经过机要通信以及其他保密方式传交国防专利机构，不得按普通函件邮寄。

国防专利机构收到国防专利申请文件之日为申请日；申请文件通过机要通信邮寄的，以寄出的邮戳日为申请日。

第十一条 国防专利机构定期派人到国务院专利行政部门查看普通专利申请，发现其中有涉及国防利益或者对国防建设具有潜在作用需要保密的，

经国务院专利行政部门同意后转为国防专利申请，并通知申请人。

普通专利申请转为国防专利申请后，国防专利机构依照本条例的有关规定对该国防专利申请进行审查。

第十二条　授予国防专利权的发明，应当具备新颖性、创造性和实用性。

新颖性，是指在申请日之前没有同样的发明在国外出版物上公开发表过、在国内出版物上发表过、在国内使用过或者以其他方式为公众所知，也没有同样的发明由他人提出过申请并在申请日以后获得国防专利权。

创造性，是指同申请日之前已有的技术相比，该发明有突出的实质性特点和显著的进步。

实用性，是指该发明能够制造或者使用，并且能够产生积极效果。

第十三条　申请国防专利的发明在申请日之前 6 个月内，有下列情形之一的，不丧失新颖性：

（一）在国务院有关主管部门、中国人民解放军有关主管部门举办的内部展览会上首次展出的；

（二）在国务院有关主管部门、中国人民解放军有关主管部门召开的内部学术会议或者技术会议上首次发表的；

（三）他人未经国防专利申请人同意而泄露其内容的。

有前款所列情形的，国防专利申请人应当在申请时声明，并自申请日起 2 个月内提供有关证明文件。

第十四条　国防专利机构对国防专利申请进行审查后，认为不符合本条例规定的，应当通知国防专利申请人在指定的期限内陈述意见或者对其国防专利申请进行修改、补正；无正当理由逾期不答复的，该国防专利申请即被视为撤回。

国防专利申请人在自申请日起 6 个月内或者在对第一次审查意见通知书进行答复时，可以对其国防专利申请主动提出修改。

申请人对其国防专利申请文件进行修改不得超出原说明书和权利要求书记载的范围。

第十五条　国防专利申请人陈述意见或者对国防专利申请进行修改、补正后，国防专利机构认为仍然不符合本条例规定的，应当予以驳回。

第十六条　国防专利机构设立国防专利复审委员会，负责国防专利的复审和无效宣告工作。

国防专利复审委员会由技术专家和法律专家组成，其主任委员由国防专利机构负责人兼任。

第十七条　国防专利申请人对国防专利机构驳回申请的决定不服的，可以自收到通知之日起 3 个月内，向国防专利复审委员会请求复审。国防专利复审委员会复审并作出决定后，通知国防专利申请人。

第十八条 国防专利申请经审查认为没有驳回理由或者驳回后经过复审认为不应当驳回的，由国务院专利行政部门作出授予国防专利权的决定，并委托国防专利机构颁发国防专利证书，同时在国务院专利行政部门出版的专利公报上公告该国防专利的申请日、授权日和专利号。国防专利机构应当将该国防专利的有关事项予以登记，并在《国防专利内部通报》上刊登。

第十九条 任何单位或者个人认为国防专利权的授予不符合本条例规定的，可以向国防专利复审委员会提出宣告该国防专利权无效的请求。

第二十条 国防专利复审委员会对宣告国防专利权无效的请求进行审查并作出决定后，通知请求人和国防专利权人。宣告国防专利权无效的决定，国防专利机构应当予以登记并在《国防专利内部通报》上刊登，国务院专利行政部门应当在专利公报上公布。

第三章 国防专利的实施

第二十一条 国防专利机构应当自授予国防专利权之日起 3 个月内，将该国防专利有关文件副本送交国务院有关主管部门或者中国人民解放军有关主管部门。收到文件副本的部门，应当在 4 个月内就该国防专利的实施提出书面意见，并通知国防专利机构。

第二十二条 国务院有关主管部门、中国人民解放军有关主管部门，可以允许其指定的单位实施本系统或者本部门内的国防专利；需要指定实施本系统或者本部门以外的国防专利的，应当向国防专利机构提出书面申请，由国防专利机构依照本条例第三条第二款规定的职责分工报国务院国防科学技术工业主管部门、总装备部批准后实施。

国防专利机构对国防专利的指定实施予以登记，并在《国防专利内部通报》上刊登。

第二十三条 实施他人国防专利的单位应当与国防专利权人订立书面实施合同，依照本条例第二十五条的规定向国防专利权人支付费用，并报国防专利机构备案。实施单位不得允许合同规定以外的单位实施该国防专利。

第二十四条 国防专利权人许可国外的单位或者个人实施其国防专利的，应当确保国家秘密不被泄露，保证国防和军队建设不受影响，并向国防专利机构提出书面申请，由国防专利机构进行初步审查后依照本条例第三条第二款规定的职责分工，及时报送国务院国防科学技术工业主管部门、总装备部审批。

国务院国防科学技术工业主管部门、总装备部应当自国防专利机构受理申请之日起 30 日内作出批准或者不批准的决定；作出不批准决定的，应当书面通知申请人并说明理由。

第二十五条　实施他人国防专利的，应当向国防专利权人支付国防专利使用费。实施使用国家直接投入的国防科研经费或者其他国防经费进行科研活动所产生的国防专利，符合产生该国防专利的经费使用目的的，可以只支付必要的国防专利实施费；但是，科研合同另有约定或者科研任务书另有规定的除外。

前款所称国防专利实施费，是指国防专利实施中发生的为提供技术资料、培训人员以及进一步开发技术等所需的费用。

第二十六条　国防专利指定实施的实施费或者使用费的数额，由国防专利权人与实施单位协商确定；不能达成协议的，由国防专利机构裁决。

第二十七条　国家对国防专利权人给予补偿。国防专利机构在颁发国防专利证书后，向国防专利权人支付国防专利补偿费，具体数额由国防专利机构确定。属于职务发明的，国防专利权人应当将不少于50%的补偿费发给发明人。

第四章　国防专利的管理和保护

第二十八条　国防专利机构出版的《国防专利内部通报》属于国家秘密文件，其知悉范围由国防专利机构确定。

《国防专利内部通报》刊登下列内容：

（一）国防专利申请中记载的著录事项；

（二）国防专利的权利要求书；

（三）发明说明书的摘要；

（四）国防专利权的授予；

（五）国防专利权的终止；

（六）国防专利权的无效宣告；

（七）国防专利申请权、国防专利权的转移；

（八）国防专利的指定实施；

（九）国防专利实施许可合同的备案；

（十）国防专利的变更密级、解密；

（十一）国防专利保密期限的延长；

（十二）国防专利权人的姓名或者名称、地址的变更；

（十三）其他有关事项。

第二十九条　国防专利权被授予后，有下列情形之一的，经国防专利机构同意，可以查阅国防专利说明书：

（一）提出宣告国防专利权无效请求的；

（二）需要实施国防专利的；

（三）发生国防专利纠纷的；

（四）因国防科研需要的。

查阅者对其在查阅过程中知悉的国家秘密负有保密义务。

第三十条 国务院有关主管部门、中国人民解放军有关主管部门和各省、自治区、直辖市的国防科学技术工业管理部门应当指定一个机构管理国防专利工作，并通知国防专利机构。该管理国防专利工作的机构在业务上受国防专利机构指导。

承担国防科研、生产任务以及参与军事订货的军队单位、国务院履行出资人职责的企业和国务院直属事业单位，应当指定相应的机构管理本单位的国防专利工作。

第三十一条 国防专利机构应当事人请求，可以对下列国防专利纠纷进行调解：

（一）国防专利申请权和国防专利权归属纠纷；

（二）国防专利发明人资格纠纷；

（三）职务发明的发明人的奖励和报酬纠纷；

（四）国防专利使用费和实施费纠纷。

第三十二条 除《中华人民共和国专利法》和本条例另有规定的以外，未经国防专利权人许可实施其国防专利，即侵犯其国防专利权，引起纠纷的，由当事人协商解决；不愿协商或者协商不成的，国防专利权人或者利害关系人可以向人民法院起诉，也可以请求国防专利机构处理。

第三十三条 违反本条例规定，泄露国家秘密的，依照《中华人民共和国保守国家秘密法》和国家有关规定处理。

第五章 附 则

第三十四条 向国防专利机构申请国防专利和办理其他手续，应当按照规定缴纳费用。

第三十五条 《中华人民共和国专利法》和《中华人民共和国专利法实施细则》的有关规定适用于国防专利，但本条例有专门规定的依照本条例的规定执行。

第三十六条 本条例自2004年11月1日起施行。1990年7月30日国务院、中央军事委员会批准的《国防专利条例》同时废止。

专利代理条例

（1991年3月4日国务院令第76号公布　自1991年4月1日起施行）

第一章　总　则

第一条　为了保障专利代理机构以及委托人的合法权益，维护专利代理工作的正常秩序，制定本条例。

第二条　本条例所称专利代理是指专利代理机构以委托人的名义，在代理权限范围内，办理专利申请或者办理其他专利事务。

第二章　专利代理机构

第三条　本条例所称专利代理机构是指接受委托人的委托，在委托权限范围内，办理专利申请或者办理其他专利事务的服务机构。

专利代理机构包括：

（一）办理涉外专利事务的专利代理机构；

（二）办理国内专利事务的专利代理机构；

（三）办理国内专利事务的律师事务所。

第四条　专利代理机构的成立，必须符合下列条件：

（一）有自己的名称、章程、固定办公场所；

（二）有必要的资金和工作设施；

（三）财务独立，能够独立承担民事责任；

（四）有三名以上具有专利代理人资格的专职人员和符合中国专利局规定的比例的具有专利代理人资格的兼职人员。

律师事务所开办专利代理业务的，必须有前款第四项规定的专职人员。

第五条　向专利管理机关申请成立专利代理机构，应当提交下列文件：

（一）成立专利代理机构的申请书，并写明专利代理机构的名称、办公场所、负责人姓名；

（二）专利代理机构章程；

（三）专利代理人姓名及其资格证书；

（四）专利代理机构资金和设施情况的书面证明。

第六条　申请成立办理国内专利事务的专利代理机构，或者律师事务所申请开办专利代理业务的，应当经过其主管机关同意后，报请省、自治区、直辖市专利管理机关审查；没有主管机关的，可以直接报请省、自治区、直辖市专利管理机关审查。审查同意的，由审查机关报中国专利局审批。

申请成立办理涉外专利事务的专利代理机构，应当依照《中华人民共和国专利法》的有关规定办理。办理涉外专利事务的专利代理机构，经中国专利局批准的，可以办理国内专利事务。

第七条 专利代理机构自批准之日起成立，依法开展专利代理业务，享有民事权利，承担民事责任。

第八条 专利代理机构承办下列事务：

（一）提供专利事务方面的咨询；

（二）代写专利申请文件，办理专利申请；请求实质审查或者复审的有关事务；

（三）提出异议，请求宣告专利权无效的有关事务；

（四）办理专利申请权、专利权的转让以及专利许可的有关事务；

（五）接受聘请，指派专利代理人担任专利顾问；

（六）办理其他有关事务。

第九条 专利代理机构接受委托，承办业务，应当有委托人具名的书面委托书，写明委托事项和委托权限。

专利代理机构可以根据需要，指派委托人指定的专利代理人承办代理业务。

专利代理机构接受委托，承办业务，可以按照国家有关规定收取费用。

第十条 专利代理机构接受委托后，不得就同一内容的专利事务接受有利害关系的其他委托人的委托。

第十一条 专利代理机构应当聘任有《专利代理人资格证书》的人员为专利代理人。对聘任的专利代理人应当办理聘任手续，由专利代理机构发给《专利代理人工作证》，并向中国专利局备案。

初次从事专利代理工作的人员，实习满一年后，专利代理机构方可发给《专利代理人工作证》。

专利代理机构对解除聘任关系的专利代理人，应当及时收回其《专利代理人工作证》，并报中国专利局备案。

第十二条 专利代理机构变更机构名称、地址和负责人的，应当报中国专利局予以变更登记，经批准登记后，变更方可生效。

专利代理机构停业，应当在妥善处理各种尚未办结的事项后，向原审查机关申报，并由该机关报中国专利局办理有关手续。

第十三条 已批准的专利代理机构，因情况变化不再符合本条例第四条规定的条件，并在一年内仍不能具备这些条件的，原审查的专利管理机关应当建议中国专利局撤销该专利代理机构。

第三章　专利代理人

第十四条　本条例所称专利代理人是指获得《专利代理人资格证书》，持有《专利代理人工作证》的人员。

第十五条　拥护中华人民共和国宪法，并具备下列条件的中国公民，可以申请专利代理人资格：

（一）十八周岁以上，具有完全的民事行为能力；

（二）高等院校理工科专业毕业（或者具有同等学历），并掌握一门外语；

（三）熟悉专利法和有关的法律知识；

（四）从事过两年以上的科学技术工作或者法律工作。

第十六条　申请专利代理人资格的人员，经本人申请，专利代理人考核委员会考核合格的，由中国专利局发给《专利代理人资格证书》。

专利代理人考核委员会由中国专利局、国务院有关部门以及专利代理人的组织的有关人员组成。

第十七条　专利代理人必须承办专利代理机构委派的专利代理工作，不得自行接受委托。

第十八条　专利代理人不得同时在两个以上专利代理机构从事专利代理业务。

专利代理人调离专利代理机构前，必须妥善处理尚未办结的专利代理案件。

第十九条　获得《专利代理人资格证书》，五年内未从事专利代理业务或者专利行政管理工作的，其《专利代理人资格证书》自动失效。

第二十条　专利代理人在从事专利代理业务期间和脱离专利代理业务后一年内，不得申请专利。

第二十一条　专利代理人依法从事专利代理业务，受国家法律的保护，不受任何单位和个人的干涉。

第二十二条　国家机关工作人员，不得到专利代理机构兼职，从事专利代理工作。

第二十三条　专利代理人对其在代理业务活动中了解的发明创造的内容，除专利申请已经公布或者公告的以外，负有保守秘密的责任。

第四章　罚　则

第二十四条　专利代理机构有下列情形之一的，其上级主管部门或者省、自治区、直辖市专利管理机关，可以给予警告处罚；情节严重的，由中国专利局给予撤销机构处罚：

（一）申请审批时隐瞒真实情况，弄虚作假的；

（二）擅自改变主要登记事项的；

（三）未经审查批准，或者超越批准专利代理业务范围，擅自接受委托，承办专利代理业务的；

（四）从事其他非法业务活动的。

第二十五条 专利代理人有下列行为之一，情节轻微的，由其所在的专利代理机构给予批评教育。情节严重的，可以由其所在的专利代理机构解除聘任关系，并收回其《专利代理人工作证》；由省、自治区、直辖市专利管理机关给予警告或者由中国专利局给予吊销《专利代理人资格证书》处罚：

（一）不履行职责或者不称职以致损害委托人利益的；

（二）泄露或者剽窃委托人的发明创造内容的；

（三）超越代理权限，损害委托人利益的；

（四）私自接受委托，承办专利代理业务，收取费用的；

前款行为，给委托人造成经济损失的，专利代理机构承担经济赔偿责任后，可以按一定比例向该专利代理人追偿。

第二十六条 被处罚的专利代理机构对中国专利局撤销其机构，被处罚的专利代理人对吊销其《专利代理人资格证书》的处罚决定不服的，可以向中国专利局申请复议，不服复议决定的，可以在收到复议决定书十五日内，向人民法院起诉。

第五章 附 则

第二十七条 本条例由中国专利局负责解释。

第二十八条 本条例自一九九一年四月一日起施行。一九八五年九月四日国务院批准，同年九月十二日中国专利局发布的《专利代理暂行规定》同时废止。

专利代理管理办法

（2015 年 4 月 30 日国家知识产权局令第 70 号公布　自 2015 年 5 月 1 日起施行）

目　录

第一章　总　则

第一条　为了完善专利代理制度，维护专利代理行业的正常秩序，保障专利代理机构和专利代理人依法执业，根据《专利法》和《专利代理条例》以及国务院的有关规定，制定本办法。

第二条　国家知识产权局和各省、自治区、直辖市知识产权局依照《专利法》、《专利代理条例》和本办法对专利代理机构、专利代理人进行管理和监督。

中华全国专利代理人协会应组织、引导专利代理机构和专利代理人规范执行《专利法》、《专利代理条例》和本办法，规范执业行为，严格行业自律，不断提高行业服务水平。

第二章　专利代理机构及其办事机构的设立、变更、停业和撤销

第三条　专利代理机构的组织形式为合伙制专利代理机构或者有限责任制专利代理机构。

合伙制专利代理机构应当由 3 名以上合伙人共同出资发起，有限责任制专利代理机构应当由 5 名以上股东共同出资发起。

合伙制专利代理机构的合伙人对该专利代理机构的债务承担无限连带责任；有限责任制专利代理机构以该机构的全部资产对其债务承担责任。

第四条　设立专利代理机构应当符合下列条件：

（一）具有符合本办法第七条规定的机构名称；

（二）具有合伙协议书或者章程；

（三）具有符合本办法第五条、第六条规定的合伙人或者股东；

（四）具有固定的办公场所和必要的工作设施。

律师事务所申请开办专利代理业务的，在该律师事务所执业的专职律师中应当有3名以上具有专利代理人资格。

第五条 专利代理机构的合伙人或者股东应当符合下列条件：

（一）具有专利代理人资格；

（二）具有2年以上在专利代理机构执业的经历；

（三）能够专职从事专利代理业务；

（四）申请设立专利代理机构时的年龄不超过65周岁；

（五）品行良好。

第六条 有下列情形之一的，不得作为专利代理机构的合伙人或股东：

（一）不具有完全民事行为能力的；

（二）在国家机关或企事业单位工作，尚未正式办理辞职、解聘或离休、退休手续的；

（三）作为另一专利代理机构的合伙人或者股东不满2年的；

（四）受到《专利代理惩戒规则（试行）》第五条规定的通报批评或者收回专利代理人执业证的惩戒不满3年的；

（五）受刑事处罚的（过失犯罪除外）。

第七条 专利代理机构只能享有和使用一个名称。

专利代理机构的名称应当由该机构所在城市名称、字号、“专利代理事务所”、“专利代理有限公司”或者“知识产权代理事务所”、“知识产权代理有限公司”组成。其字号不得在全国范围内与正在使用或者已经使用过的专利代理机构的字号相同或者相近似。

律师事务所开办专利代理业务的，可以使用该律师事务所的名称。

第八条 设立专利代理机构应当提交下列申请材料：

（一）设立专利代理机构申请表；

（二）专利代理机构的合伙协议书或者章程；

（三）专利代理人资格证和身份证的复印件；

（四）人员简历及人事档案存放证明和离退休证件复印件；

（五）办公场所和工作设施的证明；

（六）其他必要的证明材料。

律师事务所申请开办专利代理业务的，应当提交下列申请材料：

（一）开办专利代理业务申请表；

（二）主管该律师事务所的司法行政机关出具的同意其开办专利代理业务的函件；

（三）律师事务所合伙协议书或者章程；

（四）律师事务所执业许可证复印件；

（五）专利代理人的律师执业证、专利代理人资格证和身份证的复印件；

（六）办公场所和工作设施的证明；

（七）其他必要的证明材料。

上述证明材料应当是在申请设立专利代理机构或开办专利代理业务之前的 6 个月内出具的证明材料。

第九条　设立专利代理机构的审批程序如下：

（一）申请设立专利代理机构的，应当向其所在地的省、自治区、直辖市知识产权局提出申请。经审查，省、自治区、直辖市知识产权局认为符合本办法规定条件的，应当自收到申请之日起 30 日内上报国家知识产权局批准；认为不符合本办法规定条件的，应当自收到申请之日起 30 日内书面通知申请人。

（二）国家知识产权局对符合本办法规定条件的申请，应当自收到上报材料之日起 30 日内作出批准决定，通知上报的省、自治区、直辖市知识产权局，并向新设立的机构颁发专利代理机构注册证和机构代码；对不符合本办法规定条件的申请，应当自收到上报材料之日起 30 日内通知上报的省、自治区、直辖市知识产权局重新进行审查。

律师事务所申请开办专利代理业务的，参照上述规定进行审批。

第十条　专利代理机构的名称、地址、章程、合伙人或者股东等注册事项发生变化的，应当自发生变化之日起 30 日内向国家知识产权局申请变更，同时报所在地的省、自治区、直辖市知识产权局。变更经国家知识产权局批准后生效。

国家知识产权局以及省、自治区、直辖市知识产权局发现专利代理机构未依照前款规定办理变更手续的，应当责令其限期办理。

第十一条　专利代理机构在国家知识产权局登记的信息应当与其在工商行政管理部门登记的信息一致。

第十二条　专利代理机构停业或者撤销的，应当在妥善处理各种尚未办结的事项后，向其所在地的省、自治区、直辖市的知识产权局申请。经审查同意的，应当将专利代理机构注册证及标识牌交回省、自治区、直辖市知识产权局，并向国家知识产权局办理停业或撤销手续。

第十三条　专利代理机构在本省内设立办事机构的，应当向所在地的省、自治区、直辖市知识产权局申请。经批准的，由省、自治区、直辖市知识产权局报国家知识产权局备案。

专利代理机构跨省设立办事机构的，应当在获得其所在地的省、自治区、直辖市知识产权局同意后，向办事机构所在地的省、自治区、直辖市知识产权局申请。经批准的，由办事机构所在地的省、自治区、直辖市知识产权局报国家知识产权局备案。

第十四条 申请设立办事机构的专利代理机构应当符合下列条件：

（一）设立时间满2年以上；

（二）具有10名以上专利代理人；

（三）未被列入专利代理机构经营异常名录或者严重违法专利代理机构名单。

第十五条 专利代理机构的办事机构应当符合下列条件：

（一）具有2名以上由专利代理机构派驻或者聘用的专职专利代理人；

（二）具有固定的办公场所；

（三）办事机构的名称由专利代理机构全名称、办事机构所在城市名称和“办事处”组成。

第十六条 各省、自治区、直辖市知识产权局可以附加规定专利代理机构在其行政区域内设立办事机构的其他条件和程序，并将有关规定报国家知识产权局备案。

第十七条 专利代理机构的办事机构不得以其单独名义办理专利代理业务，其人事、财务、业务等由其所属专利代理机构统一管理。专利代理机构应当对其办事机构的业务活动承担民事责任。

专利代理机构跨省设立办事机构的，其办事机构应当接受办事机构所在地的省、自治区、直辖市知识产权局的指导和监督。

第十八条 办事机构停业或者撤销的，应当在妥善处理各种尚未办结的事项后，向办事机构所在地的省、自治区、直辖市知识产权局申请。经批准的，由该知识产权局报国家知识产权局备案，同时抄送专利代理机构所在地的省、自治区、直辖市知识产权局。

专利代理机构停业或者撤销的，其办事机构应当同时终止。

第三章 专利代理人的执业

第十九条 专利代理人执业应当接受批准设立的专利代理机构的聘请任用，并持有专利代理人执业证。

第二十条 专利代理机构聘用专利代理人应当按照自愿和协商一致的原则与受聘的专利代理人订立聘用协议。订立聘用协议的双方应当遵守并履行协议。

第二十一条　颁发专利代理人执业证应当符合下列条件：

（一）具有专利代理人资格；

（二）能够专职从事专利代理业务；

（三）不具有专利代理或专利审查经历的人员在专利代理机构中连续实习满 1 年，并参加上岗培训；

（四）由专利代理机构聘用；

（五）颁发时的年龄不超过 70 周岁；

（六）品行良好。

第二十二条　有下列情形之一的，不予颁发专利代理人执业证：

（一）不具有完全民事行为能力的；

（二）申请前在另一专利代理机构执业，尚未被该专利代理机构解聘并未办理专利代理人执业证注销手续的；

（三）领取专利代理执业证后不满 1 年又转换专利代理机构的；

（四）受到《专利代理惩戒规则（试行）》第五条规定的收回专利代理人执业证的惩戒不满 3 年的；

（五）受刑事处罚的（过失犯罪除外）。

第二十三条　申请颁发专利代理人执业证应当提交下列材料：

（一）专利代理人执业证申请表；

（二）专利代理人资格证和身份证的复印件；

（三）人事档案存放证明或者离退休证件复印件；

（四）专利代理机构出具的聘用协议；

（五）申请前在另一专利代理机构执业的，应提交该专利代理机构的解聘证明；

（六）首次申请颁发专利代理执业证的，应提交其实习所在专利代理机构出具的实习证明和参加上岗培训的证明。

第二十四条　中华全国专利代理人协会负责颁发、变更以及注销专利代理人执业证的具体事宜，国家知识产权局依法进行监督和指导。

第二十五条　经审核，中华全国专利代理人协会认为专利代理人执业证的颁发申请符合本办法规定条件的，应当在收到申请之日起的 15 日内颁发专利代理人执业证；认为不符合条件的，应当在收到申请之日起的 15 日内书面通知申请人。

第二十六条　专利代理机构辞退专利代理人的，应当提前 30 日通知该专利代理人；专利代理人辞职的，应当提前 30 日通知其所在的专利代理机构。

专利代理机构与专利代理人解除聘用关系的，应当由专利代理机构收回其专利代理人执业证，出具解聘证明，并在出具解聘证明之日起的 10 日内向中华全国专利代理人协会办理专利代理人执业证注销手续。

第二十七条 专利代理机构停业或者撤销的，应当在获得省、自治区、直辖市知识产权局审查同意之日起的10日内，收回其全部专利代理人执业证并向中华全国专利代理人协会办理专利代理人执业证注销手续。

第二十八条 中华全国专利代理人协会应当在颁发、变更或者注销专利代理人执业证之日起的5日内向国家知识产权局备案并上报有关材料，同时抄送专利代理机构所在地的省、自治区、直辖市知识产权局。

第二十九条 未持有专利代理人执业证的人员不得以专利代理人的名义为牟取经济利益从事专利代理业务。

第三十条 专利代理人承办专利代理业务应当以所在专利代理机构的名义接受委托，与委托人订立书面委托合同，统一收取费用并如实入账。专利代理人不得私自接受委托，办理专利代理业务并收取费用。

第四章 专利代理监管

第三十一条 国家知识产权局负责组织专利代理机构年度报告的提交和公示，并负责专利代理机构经营异常名录和严重违法专利代理机构名单的公示。

省、自治区、直辖市知识产权局配合国家知识产权局开展上述提交和公示工作。

中华全国专利代理人协会按照协会章程及自律规范对专利代理人的执业活动进行考核。

第三十二条 专利代理机构应当于每年3月1日至3月31日向国家知识产权局提交年度报告。

专利代理机构应当对其提供的年度报告信息的真实性负责。

第三十三条 专利代理机构年度报告内容包括：

（一）专利代理机构通信地址、邮政编码、联系电话、电子邮箱等信息；

（二）执行事务合伙人或者法定代表人姓名、合伙人或者股东姓名、专利代理人姓名、从业人数；

（三）合伙人或者股东认缴和实缴的出资额、出资时间、出资方式等信息；

（四）专利代理机构开业、歇业、清算等存续状态信息；

（五）设立办事机构的信息；

（六）专利代理机构网站以及从事网络经营的网店的名称、网址等信息；

（七）专利代理机构代理专利申请、复审、无效宣告、诉讼、质押融资等业务信息；

（八）专利代理机构资产总额、负债总额、营业总收入、主营业务收入、利润总额、净利润、纳税总额等信息；

（九）其他应当予以报告的信息。

前款第一项至第六项信息自每年 4 月 1 日起公示；专利代理机构选择公示第七项至第九项信息的，同时予以公示。逾期提交专利代理机构年度报告的，自提交之日起 30 日内予以公示。

第三十四条　国家知识产权局以及省、自治区、直辖市知识产权局的工作人员应当对专利代理机构年度报告中不予公示的内容保密。

第三十五条　任何单位或者个人发现专利代理机构公示的信息不准确的，可以向国家知识产权局提出，国家知识产权局核查后予以更正。

第三十六条　任何单位或者个人认为专利代理机构公示的信息虚假的，可以向国家知识产权局或者省、自治区、直辖市知识产权局举报，国家知识产权局或者省、自治区、直辖市知识产权局应当自收到举报材料之日起 30 日内进行核查并作出相应处理。

第三十七条　专利代理机构有下列情形之一的，国家知识产权局将其列入专利代理机构经营异常名录，并进行公示：

（一）取得专利代理机构注册证或者提交年度报告时提供虚假信息的；

（二）未在规定的期限提交年度报告或者未按照国家知识产权局责令的期限提交有关专利代理机构信息的；

（三）擅自变更名称、办公场所、执行事务合伙人或者法定代表人、合伙人或者股东的；

（四）擅自设立办事机构的；

（五）不再符合设立条件，省、自治区、直辖市知识产权局责令其整改，期限届满仍不符合条件的；

（六）就同一专利申请或者专利案件接受有利害关系的其他委托人委托的；

（七）以自己名义申请专利或者请求宣告专利权无效的；

（八）疏于管理，造成严重后果的。

专利代理机构自被列入经营异常名录之日起满 1 年未再发生第一款规定情形的，由国家知识产权局将其移出经营异常名录。

第三十八条　专利代理机构自被列入经营异常名录之日起满 3 年仍不符合规定的，国家知识产权局将其列入严重违法专利代理机构名单，并进行公示。

专利代理机构自被列入严重违法专利代理机构名单之日起满 5 年未再发生本办法第三十七条第一款规定情形的，由国家知识产权局将其移出严重违法专利代理机构名单。

第三十九条 国家知识产权局组织指导省、自治区、直辖市知识产权局对专利代理机构和专利代理人的信息公示情况和执业活动进行检查、监督。

省、自治区、直辖市知识产权局应当于每年 12 月 31 日前向国家知识产权局提交当年的检查监督报告。

第四十条 省、自治区、直辖市知识产权局应当按照公平规范的要求，根据本行政区域内专利代理机构数量，对专利代理机构进行抽查或者普查。

本行政区域内专利代理机构 20 家以下的，进行普查；专利代理机构 21 家以上 50 家以下的，每年抽查不少于 20 家；专利代理机构 51 家以上的，每年抽查不少于 30 家。

第四十一条 省、自治区、直辖市知识产权局可以采取书面检查、实地检查、网络监测等方式对专利代理机构进行检查，可以根据需要与相关部门联合检查。对已被列入经营异常名录或者严重违法专利代理机构名单的专利代理机构应当进行实地检查。

第四十二条 省、自治区、直辖市知识产权局应当重点对以下事项进行检查监督：

（一）专利代理机构是否符合设立条件；

（二）专利代理机构执行事务合伙人或者法定代表人、合伙人或者股东是否符合资格要求；

（三）专利代理机构提交的年度报告公示信息与实际情况是否一致，与工商行政管理部门公示的信息是否一致；

（四）专利代理机构是否存在本办法第三十七条第一款规定的情形；

（五）专利代理人是否符合执业条件，其执业活动是否符合执业规范。

第四十三条 省、自治区、直辖市知识产权局进行检查监督时，发现专利代理机构和专利代理人的执业活动有不符合相关法律法规规定的，应当及时依法处理；发现专利代理机构有本办法第三十七条第一款规定情形的，应当上报国家知识产权局。

第四十四条 省、自治区、直辖市知识产权局依法对专利代理机构进行检查监督时，应当将检查监督的情况和处理结果予以记录，由检查监督人员签字后归档。

专利代理机构应当配合省、自治区、直辖市知识产权局的检查监督，接受询问，如实提供有关情况和材料。

第五章 附 则

第四十五条 本办法由国家知识产权局负责解释。

第四十六条　本办法自2015年5月1日起施行。2003年6月6日国家知识产权局令第三十号发布的《专利代理管理办法》和2011年3月28日国家知识产权局令第六十一号发布的《关于修改〈专利代理管理办法〉的决定》同时废止。

专利标识标注办法

（2012年3月8日国家知识产权局令第63号公布　自2012年5月1日起施行）

第一条　为了规范专利标识的标注方式，维护正常的市场经济秩序，根据《中华人民共和国专利法》（以下简称专利法）和《中华人民共和国专利法实施细则》的有关规定，制定本办法。

第二条　标注专利标识的，应当按照本办法予以标注。

第三条　管理专利工作的部门负责在本行政区域内对标注专利标识的行为进行监督管理。

第四条　在授予专利权之后的专利权有效期内，专利权人或者经专利权人同意享有专利标识标注权的被许可人可以在其专利产品、依照专利方法直接获得的产品、该产品的包装或者该产品的说明书等材料上标注专利标识。

第五条　标注专利标识的，应当标明下述内容：

（一）采用中文标明专利权的类别，例如中国发明专利、中国实用新型专利、中国外观设计专利；

（二）国家知识产权局授予专利权的专利号。

除上述内容之外，可以附加其他文字、图形标记，但附加的文字、图形标记及其标注方式不得误导公众。

第六条　在依照专利方法直接获得的产品、该产品的包装或者该产品的说明书等材料上标注专利标识的，应当采用中文标明该产品系依照专利方法所获得的产品。

第七条　专利权被授予前在产品、该产品的包装或者该产品的说明书等材料上进行标注的，应当采用中文标明中国专利申请的类别、专利申请号，并标明“专利申请，尚未授权”字样。

第八条　专利标识的标注不符合本办法第五条、第六条或者第七条规定的，由管理专利工作的部门责令改正。

专利标识标注不当，构成假冒专利行为的，由管理专利工作的部门依照专利法第六十三条的规定进行处罚。

第九条 本办法由国家知识产权局负责解释。

第十条 本办法自2012年5月1日起施行。2003年5月30日国家知识产权局令第二十九号发布的《专利标记和专利号标注方式的规定》同时废止。

专利实施强制许可办法

（2012年3月15日国家知识产权局令第64号公布　自2012年5月1日起施行）

第一章　总　则

第一条 为了规范实施发明专利或者实用新型专利的强制许可（以下简称强制许可）的给予、费用裁决和终止程序，根据《中华人民共和国专利法》（以下简称专利法）、《中华人民共和国专利法实施细则》及有关法律法规，制定本办法。

第二条 国家知识产权局负责受理和审查强制许可请求、强制许可使用费裁决请求和终止强制许可请求并作出决定。

第三条 请求给予强制许可、请求裁决强制许可使用费和请求终止强制许可，应当使用中文以书面形式办理。

依照本办法提交的各种证件、证明文件是外文的，国家知识产权局认为必要时，可以要求当事人在指定期限内附送中文译文；期满未附送的，视为未提交该证件、证明文件。

第四条 在中国没有经常居所或者营业所的外国人、外国企业或者外国其他组织办理强制许可事务的，应当委托依法设立的专利代理机构办理。

当事人委托专利代理机构办理强制许可事务的，应当提交委托书，写明委托权限。一方当事人有两个以上且未委托专利代理机构的，除另有声明外，以提交的书面文件中指明的第一当事人为该方代表人。

第二章　强制许可请求的提出与受理

第五条 专利权人自专利权被授予之日起满3年，且自提出专利申请之日起满4年，无正当理由未实施或者未充分实施其专利的，具备实施条件的单位或者个人可以根据专利法第四十八条第一项的规定，请求给予强制许可。

专利权人行使专利权的行为被依法认定为垄断行为的，为消除或者减少该行为对竞争产生的不利影响，具备实施条件的单位或者个人可以根据专利法第四十八条第二项的规定，请求给予强制许可。

第六条 在国家出现紧急状态或者非常情况时，或者为了公共利益的目的，国务院有关主管部门可以根据专利法第四十九条的规定，建议国家知识产权局给予其指定的具备实施条件的单位强制许可。

第七条 为了公共健康目的，具备实施条件的单位可以根据专利法第五十条的规定，请求给予制造取得专利权的药品并将其出口到下列国家或者地区的强制许可：

（一）最不发达国家或者地区；

（二）依照有关国际条约通知世界贸易组织表明希望作为进口方的该组织的发达成员或者发展中成员。

第八条 一项取得专利权的发明或者实用新型比前已经取得专利权的发明或者实用新型具有显著经济意义的重大技术进步，其实施又有赖于前一发明或者实用新型的实施的，该专利权人可以根据专利法第五十一条的规定请求给予实施前一专利的强制许可。国家知识产权局给予实施前一专利的强制许可的，前一专利权人也可以请求给予实施后一专利的强制许可。

第九条 请求给予强制许可的，应当提交强制许可请求书，写明下列各项：

（一）请求人的姓名或者名称、地址、邮政编码、联系人及电话；

（二）请求人的国籍或者注册的国家或者地区；

（三）请求给予强制许可的发明专利或者实用新型专利的名称、专利号、申请日、授权公告日，以及专利权人的姓名或者名称；

（四）请求给予强制许可的理由和事实、期限；

（五）请求人委托专利代理机构的，受托机构的名称、机构代码以及该机构指定的代理人的姓名、执业证号码、联系电话；

（六）请求人的签字或者盖章；委托专利代理机构的，还应当有该机构的盖章；

（七）附加文件清单；

（八）其他需要注明的事项。

请求书及其附加文件应当一式两份。

第十条 强制许可请求涉及两个或者两个以上的专利权人的，请求人应当按专利权人的数量提交请求书及其附加文件副本。

第十一条 根据专利法第四十八条第一项或者第五十一条的规定请求给予强制许可的，请求人应当提供证据，证明其以合理的条件请求专利权人许可其实施专利，但未能在合理的时间内获得许可。

根据专利法第四十八条第二项的规定请求给予强制许可的，请求人应当提交已经生效的司法机关或者反垄断执法机构依法将专利权人行使专利权的行为认定为垄断行为的判决或者决定。

第十二条 国务院有关主管部门根据专利法第四十九条建议给予强制许可的，应当指明下列各项：

（一）国家出现紧急状态或者非常情况，或者为了公共利益目的需要给予强制许可；

（二）建议给予强制许可的发明专利或者实用新型专利的名称、专利号、申请日、授权公告日，以及专利权人的姓名或者名称；

（三）建议给予强制许可的期限；

（四）指定的具备实施条件的单位名称、地址、邮政编码、联系人及电话；

（五）其他需要注明的事项。

第十三条 根据专利法第五十条的规定请求给予强制许可的，请求人应当提供进口方及其所需药品和给予强制许可的有关信息。

第十四条 强制许可请求有下列情形之一的，不予受理并通知请求人：

（一）请求给予强制许可的发明专利或者实用新型专利的专利号不明确或者难以确定；

（二）请求文件未使用中文；

（三）明显不具备请求强制许可的理由；

（四）请求给予强制许可的专利权已经终止或者被宣告无效。

第十五条 请求文件不符合本办法第四条、第九条、第十条规定的，请求人应当自收到通知之日起 15 日内进行补正。期满未补正的，该请求视为未提出。

第十六条 国家知识产权局受理强制许可请求的，应当及时将请求书副本送交专利权人。除另有指定的外，专利权人应当自收到通知之日起 15 日内陈述意见；期满未答复的，不影响国家知识产权局作出决定。

第三章 强制许可请求的审查和决定

第十七条 国家知识产权局应当对请求人陈述的理由、提供的信息和提交的有关证明文件以及专利权人陈述的意见进行审查；需要实地核查的，应当指派两名以上工作人员实地核查。

第十八条 请求人或者专利权人要求听证的，由国家知识产权局组织听证。

国家知识产权局应当在举行听证 7 日前通知请求人、专利权人和其他利害关系人。

除涉及国家秘密、商业秘密或者个人隐私外，听证公开进行。

举行听证时，请求人、专利权人和其他利害关系人可以进行申辩和质证。

举行听证时应当制作听证笔录，交听证参加人员确认无误后签字或者盖章。

根据专利法第四十九条或者第五十条的规定建议或者请求给予强制许可的，不适用听证程序。

第十九条　请求人在国家知识产权局作出决定前撤回其请求的，强制许可请求的审查程序终止。

在国家知识产权局作出决定前，请求人与专利权人订立了专利实施许可合同的，应当及时通知国家知识产权局，并撤回其强制许可请求。

第二十条　经审查认为强制许可请求有下列情形之一的，国家知识产权局应当作出驳回强制许可请求的决定：

（一）请求人不符合本办法第四条、第五条、第七条或者第八条的规定；

（二）请求给予强制许可的理由不符合专利法第四十八条、第五十条或者第五十一条的规定；

（三）强制许可请求涉及的发明创造是半导体技术的，其理由不符合专利法第五十二条的规定；

（四）强制许可请求不符合本办法第十一条或者第十三条的规定；

（五）请求人陈述的理由、提供的信息或者提交的有关证明文件不充分或者不真实。

国家知识产权局在作出驳回强制许可请求的决定前，应当通知请求人拟作出的决定及其理由。除另有指定的外，请求人可以自收到通知之日起 15 日内陈述意见。

第二十一条　经审查认为请求给予强制许可的理由成立的，国家知识产权局应当作出给予强制许可的决定。在作出给予强制许可的决定前，应当通知请求人和专利权人拟作出的决定及其理由。除另有指定的外，双方当事人可以自收到通知之日起 15 日内陈述意见。

国家知识产权局根据专利法第四十九条作出给予强制许可的决定前，应当通知专利权人拟作出的决定及其理由。

第二十二条　给予强制许可的决定应当写明下列各项：

（一）取得强制许可的单位或者个人的名称或者姓名、地址；

（二）被给予强制许可的发明专利或者实用新型专利的名称、专利号、申请日及授权公告日；

（三）给予强制许可的范围和期限；

（四）决定的理由、事实和法律依据；

（五）国家知识产权局的印章及负责人签字；

（六）决定的日期；

（七）其他有关事项。

给予强制许可的决定应当自作出之日起 5 日内通知请求人和专利权人。

第二十三条 国家知识产权局根据专利法第五十条作出给予强制许可的决定的，还应当在该决定中明确下列要求：

（一）依据强制许可制造的药品数量不得超过进口方所需的数量，并且必须全部出口到该进口方；

（二）依据强制许可制造的药品应当采用特定的标签或者标记明确注明该药品是依据强制许可而制造的；在可行并且不会对药品价格产生显著影响的情况下，应当对药品本身采用特殊的颜色或者形状，或者对药品采用特殊的包装；

（三）药品装运前，取得强制许可的单位应当在其网站或者世界贸易组织的有关网站上发布运往进口方的药品数量以及本条第二项所述的药品识别特征等信息。

第二十四条 国家知识产权局根据专利法第五十条作出给予强制许可的决定的，由国务院有关主管部门将下列信息通报世界贸易组织：

（一）取得强制许可的单位的名称和地址；

（二）出口药品的名称和数量；

（三）进口方；

（四）强制许可的期限；

（五）本办法第二十三条第三项所述网址。

第四章 强制许可使用费裁决请求的审查和裁决

第二十五条 请求裁决强制许可使用费的，应当提交强制许可使用费裁决请求书，写明下列各项：

（一）请求人的姓名或者名称、地址；

（二）请求人的国籍或者注册的国家或者地区；

（三）给予强制许可的决定的文号；

（四）被请求人的姓名或者名称、地址；

（五）请求裁决强制许可使用费的理由；

（六）请求人委托专利代理机构的，受托机构的名称、机构代码以及该机构指定的代理人的姓名、执业证号码、联系电话；

（七）请求人的签字或者盖章；委托专利代理机构的，还应当有该机构的盖章；

（八）附加文件清单；

（九）其他需要注明的事项。

请求书及其附加文件应当一式两份。

第二十六条　强制许可使用费裁决请求有下列情形之一的，不予受理并通知请求人：

（一）给予强制许可的决定尚未作出；

（二）请求人不是专利权人或者取得强制许可的单位或者个人；

（三）双方尚未进行协商或者经协商已经达成协议。

第二十七条　国家知识产权局受理强制许可使用费裁决请求的，应当及时将请求书副本送交对方当事人。除另有指定的外，对方当事人应当自收到通知之日起 15 日内陈述意见；期满未答复的，不影响国家知识产权局作出决定。

强制许可使用费裁决过程中，双方当事人可以提交书面意见。国家知识产权局可以根据案情需要听取双方当事人的口头意见。

第二十八条　请求人在国家知识产权局作出决定前撤回其裁决请求的，裁决程序终止。

第二十九条　国家知识产权局应当自收到请求书之日起 3 个月内作出强制许可使用费的裁决决定。

第三十条　强制许可使用费裁决决定应当写明下列各项：

（一）取得强制许可的单位或者个人的名称或者姓名、地址；

（二）被给予强制许可的发明专利或者实用新型专利的名称、专利号、申请日及授权公告日；

（三）裁决的内容及其理由；

（四）国家知识产权局的印章及负责人签字；

（五）决定的日期；

（六）其他有关事项。

强制许可使用费裁决决定应当自作出之日起 5 日内通知双方当事人。

第五章　终止强制许可请求的审查和决定

第三十一条　有下列情形之一的，强制许可自动终止：

（一）给予强制许可的决定规定的强制许可期限届满；

（二）被给予强制许可的发明专利或者实用新型专利终止或者被宣告无效。

第三十二条　给予强制许可的决定中规定的强制许可期限届满前，强制许可的理由消除并不再发生的，专利权人可以请求国家知识产权局作出终止强制许可的决定。

请求终止强制许可的，应当提交终止强制许可请求书，写明下列各项：

（一）专利权人的姓名或者名称、地址；

（二）专利权人的国籍或者注册的国家或者地区；

（三）请求终止的给予强制许可决定的文号；

（四）请求终止强制许可的理由和事实；

（五）专利权人委托专利代理机构的，受托机构的名称、机构代码以及该机构指定的代理人的姓名、执业证号码、联系电话；

（六）专利权人的签字或者盖章；委托专利代理机构的，还应当有该机构的盖章；

（七）附加文件清单；

（八）其他需要注明的事项。

请求书及其附加文件应当一式两份。

第三十三条 终止强制许可的请求有下列情形之一的，不予受理并通知请求人：

（一）请求人不是被给予强制许可的发明专利或者实用新型专利的专利权人；

（二）未写明请求终止的给予强制许可决定的文号；

（三）请求文件未使用中文；

（四）明显不具备终止强制许可的理由。

第三十四条 请求文件不符合本办法第三十二条规定的，请求人应当自收到通知之日起15日内进行补正。期满未补正的，该请求视为未提出。

第三十五条 国家知识产权局受理终止强制许可请求的，应当及时将请求书副本送交取得强制许可的单位或者个人。除另有指定的外，取得强制许可的单位或者个人应当自收到通知之日起15日内陈述意见；期满未答复的，不影响国家知识产权局作出决定。

第三十六条 国家知识产权局应当对专利权人陈述的理由和提交的有关证明文件以及取得强制许可的单位或者个人陈述的意见进行审查；需要实地核查的，应当指派两名以上工作人员实地核查。

第三十七条 专利权人在国家知识产权局作出决定前撤回其请求的，相关程序终止。

第三十八条 经审查认为请求终止强制许可的理由不成立的，国家知识产权局应当作出驳回终止强制许可请求的决定。在作出驳回终止强制许可请求的决定前，应当通知专利权人拟作出的决定及其理由。除另有指定的外，专利权人可以自收到通知之日起 15 日内陈述意见。

第三十九条　经审查认为请求终止强制许可的理由成立的，国家知识产权局应当作出终止强制许可的决定。在作出终止强制许可的决定前，应当通知取得强制许可的单位或者个人拟作出的决定及其理由。除另有指定的外，取得强制许可的单位或者个人可以自收到通知之日起 15 日内陈述意见。

终止强制许可的决定应当写明下列各项：

（一）专利权人的姓名或者名称、地址；

（二）取得强制许可的单位或者个人的名称或者姓名、地址；

（三）被给予强制许可的发明专利或者实用新型专利的名称、专利号、申请日及授权公告日；

（四）给予强制许可的决定的文号；

（五）决定的事实和法律依据；

（六）国家知识产权局的印章及负责人签字；

（七）决定的日期；

（八）其他有关事项。

终止强制许可的决定应当自作出之日起 5 日内通知专利权人和取得强制许可的单位或者个人。

第六章　附　则

第四十条　已经生效的给予强制许可的决定和终止强制许可的决定，以及强制许可自动终止的，应当在专利登记簿上登记并在专利公报上公告。

第四十一条　当事人对国家知识产权局关于强制许可的决定不服的，可以依法申请行政复议或者提起行政诉讼。

第四十二条　本办法由国家知识产权局负责解释。

第四十三条　本办法自 2012 年 5 月 1 日起施行。2003 年 6 月 13 日国家知识产权局令第三十一号发布的《专利实施强制许可办法》和 2005 年 11 月 29 日国家知识产权局令第三十七号发布的《涉及公共健康问题的专利实施强制许可办法》同时废止。

专利实施许可合同备案办法

（2011年6月27日国家知识产权局令第62号公布　自2011年8月1日起施行）

第一条　为了切实保护专利权，规范专利实施许可行为，促进专利权的运用，根据《中华人民共和国专利法》、《中华人民共和国合同法》和相关法律法规，制定本办法。

第二条　国家知识产权局负责全国专利实施许可合同的备案工作。

第三条　专利实施许可的许可人应当是合法的专利权人或者其他权利人。

以共有的专利权订立专利实施许可合同的，除全体共有人另有约定或者《中华人民共和国专利法》另有规定的外，应当取得其他共有人的同意。

第四条　申请备案的专利实施许可合同应当以书面形式订立。

订立专利实施许可合同可以使用国家知识产权局统一制订的合同范本；采用其他合同文本的，应当符合《中华人民共和国合同法》的规定。

第五条　当事人应当自专利实施许可合同生效之日起3个月内办理备案手续。

第六条　在中国没有经常居所或者营业所的外国人、外国企业或者外国其他组织办理备案相关手续的，应当委托依法设立的专利代理机构办理。

中国单位或者个人办理备案相关手续的，可以委托依法设立的专利代理机构办理。

第七条　当事人可以通过邮寄、直接送交或者国家知识产权局规定的其他方式办理专利实施许可合同备案相关手续。

第八条　申请专利实施许可合同备案的，应当提交下列文件：

（一）许可人或者其委托的专利代理机构签字或者盖章的专利实施许可合同备案申请表；

（二）专利实施许可合同；

（三）双方当事人的身份证明；

（四）委托专利代理机构的，注明委托权限的委托书；

（五）其他需要提供的材料。

第九条　当事人提交的专利实施许可合同应当包括以下内容：

（一）当事人的姓名或者名称、地址；

（二）专利权项数以及每项专利权的名称、专利号、申请日、授权公告日；

（三）实施许可的种类和期限。

第十条　除身份证明外，当事人提交的其他各种文件应当使用中文。身份证明是外文的，当事人应当附送中文译文；未附送的，视为未提交。

第十一条　国家知识产权局自收到备案申请之日起7个工作日内进行审查并决定是否予以备案。

第十二条　备案申请经审查合格的，国家知识产权局应当向当事人出具《专利实施许可合同备案证明》。

备案申请有下列情形之一的，不予备案，并向当事人发送《专利实施许可合同不予备案通知书》：

（一）专利权已经终止或者被宣告无效的；

（二）许可人不是专利登记簿记载的专利权人或者有权授予许可的其他权利人的；

（三）专利实施许可合同不符合本办法第九条规定的；

（四）实施许可的期限超过专利权有效期的；

（五）共有专利权人违反法律规定或者约定订立专利实施许可合同的；

（六）专利权处于年费缴纳滞纳期的；

（七）因专利权的归属发生纠纷或者人民法院裁定对专利权采取保全措施，专利权的有关程序被中止的；

（八）同一专利实施许可合同重复申请备案的；

（九）专利权被质押的，但经质权人同意的除外；

（十）与已经备案的专利实施许可合同冲突的；

（十一）其他不应当予以备案的情形。

第十三条　专利实施许可合同备案后，国家知识产权局发现备案申请存在本办法第十二条第二款所列情形并且尚未消除的，应当撤销专利实施许可合同备案，并向当事人发出《撤销专利实施许可合同备案通知书》。

第十四条　专利实施许可合同备案的有关内容由国家知识产权局在专利登记簿上登记，并在专利公报上公告以下内容：许可人、被许可人、主分类号、专利号、申请日、授权公告日、实施许可的种类和期限、备案日期。

专利实施许可合同备案后变更、注销以及撤销的，国家知识产权局予以相应登记和公告。

第十五条　国家知识产权局建立专利实施许可合同备案数据库。公众可以查询专利实施许可合同备案的法律状态。

第十六条　当事人延长实施许可的期限的，应当在原实施许可的期限届满前2个月内，持变更协议、备案证明和其他有关文件向国家知识产权局办理备案变更手续。

变更专利实施许可合同其他内容的，参照前款规定办理。

第十七条 实施许可的期限届满或者提前解除专利实施许可合同的，当事人应当在期限届满或者订立解除协议后30日内持备案证明、解除协议和其他有关文件向国家知识产权局办理备案注销手续。

第十八条 经备案的专利实施许可合同涉及的专利权被宣告无效或者在期限届满前终止的，当事人应当及时办理备案注销手续。

第十九条 经备案的专利实施许可合同的种类、期限、许可使用费计算方法或者数额等，可以作为管理专利工作的部门对侵权赔偿数额进行调解的参照。

第二十条 当事人以专利申请实施许可合同申请备案的，参照本办法执行。

申请备案时，专利申请被驳回、撤回或者视为撤回的，不予备案。

第二十一条 当事人以专利申请实施许可合同申请备案的，专利申请被批准授予专利权后，当事人应当及时将专利申请实施许可合同名称及有关条款作相应变更；专利申请被驳回、撤回或者视为撤回的，当事人应当及时办理备案注销手续。

第二十二条 本办法自2011年8月1日起施行。2001年12月17日国家知识产权局令第十八号发布的《专利实施许可合同备案管理办法》同时废止。

专利优先审查管理办法

（2017年6月27日知识产权局令第76号公布 自2017年8月1日起施行）

第一条 为了促进产业结构优化升级，推进国家知识产权战略实施和知识产权强国建设，服务创新驱动发展，完善专利审查程序，根据《中华人民共和国专利法》和《中华人民共和国专利法实施细则》（以下简称专利法实施细则）的有关规定，制定本办法。

第二条 下列专利申请或者案件的优先审查适用本办法：

（一）实质审查阶段的发明专利申请；

（二）实用新型和外观设计专利申请；

（三）发明、实用新型和外观设计专利申请的复审；

（四）发明、实用新型和外观设计专利的无效宣告。

依据国家知识产权局与其他国家或者地区专利审查机构签订的双边或者

多边协议开展优先审查的，按照有关规定处理，不适用本办法。

第三条　有下列情形之一的专利申请或者专利复审案件，可以请求优先审查：

（一）涉及节能环保、新一代信息技术、生物、高端装备制造、新能源、新材料、新能源汽车、智能制造等国家重点发展产业；

（二）涉及各省级和设区的市级人民政府重点鼓励的产业；

（三）涉及互联网、大数据、云计算等领域且技术或者产品更新速度快；

（四）专利申请人或者复审请求人已经做好实施准备或者已经开始实施，或者有证据证明他人正在实施其发明创造；

（五）就相同主题首次在中国提出专利申请又向其他国家或者地区提出申请的该中国首次申请；

（六）其他对国家利益或者公共利益具有重大意义需要优先审查。

第四条　有下列情形之一的无效宣告案件，可以请求优先审查：

（一）针对无效宣告案件涉及的专利发生侵权纠纷，当事人已请求地方知识产权局处理、向人民法院起诉或者请求仲裁调解组织仲裁调解；

（二）无效宣告案件涉及的专利对国家利益或者公共利益具有重大意义。

第五条　对专利申请、专利复审案件提出优先审查请求，应当经全体申请人或者全体复审请求人同意；对无效宣告案件提出优先审查请求，应当经无效宣告请求人或者全体专利权人同意。

处理、审理涉案专利侵权纠纷的地方知识产权局、人民法院或者仲裁调解组织可以对无效宣告案件提出优先审查请求。

第六条　对专利申请、专利复审案件、无效宣告案件进行优先审查的数量，由国家知识产权局根据不同专业技术领域的审查能力、上一年度专利授权量以及本年度待审案件数量等情况确定。

第七条　请求优先审查的专利申请或者专利复审案件应当采用电子申请方式。

第八条　申请人提出发明、实用新型、外观设计专利申请优先审查请求的，应当提交优先审查请求书、现有技术或者现有设计信息材料和相关证明文件；除本办法第三条第五项的情形外，优先审查请求书应当由国务院相关部门或者省级知识产权局签署推荐意见。

当事人提出专利复审、无效宣告案件优先审查请求的，应当提交优先审查请求书和相关证明文件；除在实质审查或者初步审查程序中已经进行优先审查的专利复审案件外，优先审查请求书应当由国务院相关部门或者省级知识产权局签署推荐意见。

地方知识产权局、人民法院、仲裁调解组织提出无效宣告案件优先审查请求的，应当提交优先审查请求书并说明理由。

第九条 国家知识产权局受理和审核优先审查请求后，应当及时将审核意见通知优先审查请求人。

第十条 国家知识产权局同意进行优先审查的，应当自同意之日起，在以下期限内结案：

（一）发明专利申请在四十五日内发出第一次审查意见通知书，并在一年内结案；

（二）实用新型和外观设计专利申请在两个月内结案；

（三）专利复审案件在七个月内结案；

（四）发明和实用新型专利无效宣告案件在五个月内结案，外观设计专利无效宣告案件在四个月内结案。

第十一条 对于优先审查的专利申请，申请人应当尽快作出答复或者补正。申请人答复发明专利审查意见通知书的期限为通知书发文日起两个月，申请人答复实用新型和外观设计专利审查意见通知书的期限为通知书发文日起十五日。

第十二条 对于优先审查的专利申请，有下列情形之一的，国家知识产权局可以停止优先审查程序，按普通程序处理，并及时通知优先审查请求人：

（一）优先审查请求获得同意后，申请人根据专利法实施细则第五十一条第一、二款对申请文件提出修改；

（二）申请人答复期限超过本办法第十一条规定的期限；

（三）申请人提交虚假材料；

（四）在审查过程中发现为非正常专利申请。

第十三条 对于优先审查的专利复审或者无效宣告案件，有下列情形之一的，专利复审委员会可以停止优先审查程序，按普通程序处理，并及时通知优先审查请求人：

（一）复审请求人延期答复；

（二）优先审查请求获得同意后，无效宣告请求人补充证据和理由；

（三）优先审查请求获得同意后，专利权人以删除以外的方式修改权利要求书；

（四）专利复审或者无效宣告程序被中止；

（五）案件审理依赖于其他案件的审查结论；

（六）疑难案件，并经专利复审委员会主任批准。

第十四条 本办法由国家知识产权局负责解释。

第十五条 本办法自 2017 年 8 月 1 日起施行。2012 年 8 月 1 日起施行的《发明专利申请优先审查管理办法》同时废止。

国家知识产权局
关于修改《关于规范专利申请行为的若干规定》的决定

（2017年2月28日国家知识产权局令第75号公布
自2017年4月1日起施行）

国家知识产权局决定对《关于规范专利申请行为的若干规定》作如下修改：

一、第三条的修改

删去第一项中的“或者指使他人提交多件内容明显相同的专利申请”；

删去第二项中的“或者指使他人提交多件明显抄袭现有技术或者现有设计的专利申请”；

增加一项，作为第三项：

“（三）同一单位或者个人提交多件不同材料、组分、配比、部件等简单替换或者拼凑的专利申请；”

增加一项，作为第四项：

“（四）同一单位或者个人提交多件实验数据或者技术效果明显编造的专利申请；”

增加一项，作为第五项：

“（五）同一单位或者个人提交多件利用计算机技术等随机生成产品形状、图案或者色彩的专利申请；”

将第三项改为第六项，修改为：

“（六）帮助他人提交或者专利代理机构代理提交本条第一项至第五项所述类型的专利申请。”

二、第四条的修改

删去“国家知识产权局对非正常申请专利的行为”中的“国家知识产权局”；

将第一项修改为：

“（一）不予减缴专利费用；已经减缴的，要求补缴已经减缴的费用；情节严重的，自本年度起五年内不予减缴专利费用；”

第二项中增加“并纳入全国信用信息共享平台”；

将第四项修改为：

“各级知识产权局不予资助或者奖励；已经资助或者奖励的，全部或者部分追还；情节严重的，自本年度起五年内不予资助或者奖励；”

删去第五项中的两处“建议”。

三、第五条的修改

将本条修改为：

“采取本规定第四条所列处理措施前，必要时应当给予当事人陈述意见的机会。”

四、第六条的修改

将“各地人民政府管理专利工作的部门”修改为“各级知识产权局”。

本决定自 2017 年 4 月 1 日起施行。

附件：《关于规范专利申请行为的若干规定》修改对照表

附：

关于规范专利申请行为的若干规定

第一条 为了规范申请专利的行为，维护正常的专利工作秩序，依据专利法、专利法实施细则和专利代理条例制定本规定。

第二条 提交或者代理提交专利申请的，应当遵照法律、法规和规章的有关规定，恪守诚实信用原则，不得从事非正常申请专利的行为。

第三条 本规定所称非正常申请专利的行为是指：

（一）同一单位或者个人提交多件内容明显相同的专利申请；

（二）同一单位或者个人提交多件明显抄袭现有技术或者现有设计的专利申请；

（三）同一单位或者个人提交多件不同材料、组分、配比、部件等简单替换或者拼凑的专利申请；

（四）同一单位或者个人提交多件实验数据或者技术效果明显编造的专利申请；

（五）同一单位或者个人提交多件利用计算机技术等随机生成产品形状、

图案或者色彩的专利申请；

（六）帮助他人提交或者专利代理机构代理提交本条第一项至第五项所述类型的专利申请。

第四条　对非正常申请专利的行为，除依据专利法及其实施细则的规定对提交的专利申请进行处理之外，可以视情节采取下列处理措施：

（一）不予减缴专利费用；已经减缴的，要求补缴已经减缴的费用；情节严重的，自本年度起五年内不予减缴专利费用；

（二）在国家知识产权局政府网站以及《中国知识产权报》上予以通报，并纳入全国信用信息共享平台。

（三）在国家知识产权局的专利申请数量统计中扣除非正常申请专利的数量。

（四）各级知识产权局不予资助或者奖励；已经资助或者奖励的，全部或者部分追还；情节严重的，自本年度起五年内不予资助或者奖励；

（五）中华全国专利代理人协会对从事非正常申请专利行为的专利代理机构以及专利代理人采取行业自律措施，必要时建议专利代理惩戒委员会根据《专利代理惩戒规则（暂行）》的规定给予相应惩戒。

（六）通过非正常申请专利的行为骗取资助和奖励，情节严重构成犯罪的，依法移送有关机关追究刑事责任。

第五条　采取本规定第四条所列处理措施前，必要时应当给予当事人陈述意见的机会。

第六条　各级知识产权局应当引导公众和专利代理机构依法提交专利申请。

专利代办处发现非正常申请专利行为的，应当及时报告国家知识产权局。

第七条　本决定自 2017 年 4 月 1 日起施行。

专利行政执法办法

（2010年12月29日国家知识产权局令第60号发布
根据2015年5月29日发布的国家知识产权局令
第七十一号《国家知识产权局关于修改
〈专利行政执法办法〉的决定》修正）

目　录

第一章　总　则

第一条　为深入推进依法行政，规范专利行政执法行为，保护专利权人和社会公众的合法权益，维护社会主义市场经济秩序，根据《中华人民共和国专利法》、《中华人民共和国专利法实施细则》以及其他有关法律法规，制定本办法。

第二条　管理专利工作的部门开展专利行政执法，即处理专利侵权纠纷、调解专利纠纷以及查处假冒专利行为，适用本办法。

第三条　管理专利工作的部门处理专利侵权纠纷应当以事实为依据、以法律为准绳，遵循公正、及时的原则。

管理专利工作的部门调解专利纠纷，应当遵循自愿、合法的原则，在查明事实、分清是非的基础上，促使当事人相互谅解，达成调解协议。

管理专利工作的部门查处假冒专利行为，应当以事实为依据、以法律为准绳，遵循公正、公开的原则，给予的行政处罚应当与违法行为的事实、性质、情节以及社会危害程度相当。

第四条　管理专利工作的部门应当加强专利行政执法力量建设，严格行政执法人员资格管理，落实行政执法责任制，规范开展专利行政执法。

专利行政执法人员（以下简称‘执法人员’）应当持有国家知识产权局或者省、自治区、直辖市人民政府颁发的行政执法证件。执法人员执行公务时应当严肃着装。

第五条　对有重大影响的专利侵权纠纷案件、假冒专利案件，国家知识产权局在必要时可以组织有关管理专利工作的部门处理、查处。

对于行为发生地涉及两个以上省、自治区、直辖市的重大案件，有关省、自治区、直辖市管理专利工作的部门可以报请国家知识产权局协调处理或者查处。

管理专利工作的部门开展专利行政执法遇到疑难问题的，国家知识产权局应当给予必要的指导和支持。

第六条　管理专利工作的部门可以依据本地实际，委托有实际处理能力的市、县级人民政府设立的专利管理部门查处假冒专利行为、调解专利纠纷。

委托方应当对受托方查处假冒专利和调解专利纠纷的行为进行监督和指导，并承担法律责任。

第七条　管理专利工作的部门指派的执法人员与当事人有直接利害关系的，应当回避，当事人有权申请其回避。当事人申请回避的，应当说明理由。

执法人员的回避，由管理专利工作部门的负责人决定。是否回避的决定作出前，被申请回避的人员应当暂停参与本案的工作。

第八条　管理专利工作的部门应当加强展会和电子商务领域的行政执法，快速调解、处理展会期间和电子商务平台上的专利侵权纠纷，及时查处假冒专利行为。

第九条　管理专利工作的部门应当加强行政执法信息化建设和信息共享。

第二章　专利侵权纠纷的处理

第十条　请求管理专利工作的部门处理专利侵权纠纷的，应当符合下列条件：

（一）请求人是专利权人或者利害关系人；

（二）有明确的被请求人；

（三）有明确的请求事项和具体事实、理由；

（四）属于受案管理专利工作的部门的受案和管辖范围；

（五）当事人没有就该专利侵权纠纷向人民法院起诉。

第一项所称利害关系人包括专利实施许可合同的被许可人、专利权人的合法继承人。专利实施许可合同的被许可人中，独占实施许可合同的被许可人可以单独提出请求；排他实施许可合同的被许可人在专利权人不请求的情况下，可以单独提出请求；除合同另有约定外，普通实施许可合同的被许可人不能单独提出请求。

第十一条 请求管理专利工作的部门处理专利侵权纠纷的，应当提交请求书及下列证明材料：

（一）主体资格证明，即个人应当提交居民身份证或者其他有效身份证件，单位应当提交有效的营业执照或者其他主体资格证明文件副本及法定代表人或者主要负责人的身份证明；（二）专利权有效的证明，即专利登记簿副本，或者专利证书和当年缴纳专利年费的收据。

专利侵权纠纷涉及实用新型或者外观设计专利的，管理专利工作的部门可以要求请求人出具由国家知识产权局作出的专利权评价报告（实用新型专利检索报告）。

请求人应当按照被请求人的数量提供请求书副本及有关证据。

第十二条 请求书应当记载以下内容：

（一）请求人的姓名或者名称、地址，法定代表人或者主要负责人的姓名、职务，委托代理人的，代理人的姓名和代理机构的名称、地址；

（二）被请求人的姓名或者名称、地址；

（三）请求处理的事项以及事实和理由。

有关证据和证明材料可以以请求书附件的形式提交。

请求书应当由请求人签名或者盖章。

第十三条 请求符合本办法第十条规定条件的，管理专利工作的部门应当在收到请求书之日起5个工作日内立案并通知请求人，同时指定3名或者3名以上单数执法人员处理该专利侵权纠纷；请求不符合本办法第十条规定条件的，管理专利工作的部门应当在收到请求书之日起5个工作日内通知请求人不予受理，并说明理由。

第十四条 管理专利工作的部门应当在立案之日起5个工作日内将请求书及其附件的副本送达被请求人，要求其在收到之日起15日内提交答辩书并按照请求人的数量提供答辩书副本。被请求人逾期不提交答辩书的，不影响管理专利工作的部门进行处理。

被请求人提交答辩书的，管理专利工作的部门应当在收到之日起5个工作日内将答辩书副本送达请求人。

第十五条 管理专利工作的部门处理专利侵权纠纷案件时，可以根据当事人的意愿进行调解。双方当事人达成一致的，由管理专利工作的部门制作调解协议书，加盖其公章，并由双方当事人签名或者盖章。调解不成的，应当及时作出处理决定。

第十六条　管理专利工作的部门处理专利侵权纠纷，可以根据案情需要决定是否进行口头审理。管理专利工作的部门决定进行口头审理的，应当至少在口头审理3个工作日前将口头审理的时间、地点通知当事人。当事人无正当理由拒不参加的，或者未经允许中途退出的，对请求人按撤回请求处理，对被请求人按缺席处理。

第十七条　管理专利工作的部门举行口头审理的，应当将口头审理的参加人和审理要点记入笔录，经核对无误后，由执法人员和参加人签名或者盖章。

第十八条　专利法第五十九条第一款所称的“发明或者实用新型专利权的保护范围以其权利要求的内容为准”，是指专利权的保护范围应当以其权利要求记载的技术特征所确定的范围为准，也包括与记载的技术特征相等同的特征所确定的范围。等同特征是指与记载的技术特征以基本相同的手段，实现基本相同的功能，达到基本相同的效果，并且所属领域的普通技术人员无需经过创造性劳动就能够联想到的特征。

第十九条　除达成调解协议或者请求人撤回请求之外，管理专利工作的部门处理专利侵权纠纷应当制作处理决定书，写明以下内容：

（一）当事人的姓名或者名称、地址；

（二）当事人陈述的事实和理由；

（三）认定侵权行为是否成立的理由和依据；

（四）处理决定认定侵权行为成立并需要责令侵权人立即停止侵权行为的，应当明确写明责令被请求人立即停止的侵权行为的类型、对象和范围；认定侵权行为不成立的，应当驳回请求人的请求；

（五）不服处理决定提起行政诉讼的途径和期限。

处理决定书应当加盖管理专利工作的部门的公章。

第二十条　管理专利工作的部门或者人民法院作出认定侵权成立并责令侵权人立即停止侵权行为的处理决定或者判决之后，被请求人就同一专利权再次作出相同类型的侵权行为，专利权人或者利害关系人请求处理的，管理专利工作的部门可以直接作出责令立即停止侵权行为的处理决定。

第二十一条　管理专利工作的部门处理专利侵权纠纷，应当自立案之日起3个月内结案。案件特别复杂需要延长期限的，应当由管理专利工作的部门负责人批准。经批准延长的期限，最多不超过1个月。

案件处理过程中的公告、鉴定、中止等时间不计入前款所述案件办理期限。

第三章　专利纠纷的调解

第二十二条　请求管理专利工作的部门调解专利纠纷的，应当提交请求书。

请求书应当记载以下内容：

（一）请求人的姓名或者名称、地址，法定代表人或者主要负责人的姓名、职务，委托代理人的，代理人的姓名和代理机构的名称、地址；

（二）被请求人的姓名或者名称、地址；

（三）请求调解的具体事项和理由。

单独请求调解侵犯专利权赔偿数额的，应当提交有关管理专利工作的部门作出的认定侵权行为成立的处理决定书副本。

第二十三条 管理专利工作的部门收到调解请求书后，应当及时将请求书副本通过寄交、直接送交或者其他方式送达被请求人，要求其在收到之日起 15 日内提交意见陈述书。

第二十四条 被请求人提交意见陈述书并同意进行调解的，管理专利工作的部门应当在收到意见陈述书之日起 5 个工作日内立案，并通知请求人和被请求人进行调解的时间和地点。

被请求人逾期未提交意见陈述书，或者在意见陈述书中表示不接受调解的，管理专利工作的部门不予立案，并通知请求人。

第二十五条 管理专利工作的部门调解专利纠纷可以邀请有关单位或者个人协助，被邀请的单位或者个人应当协助进行调解。

第二十六条 当事人经调解达成协议的，由管理专利工作的部门制作调解协议书，加盖其公章，并由双方当事人签名或者盖章；未能达成协议的，管理专利工作的部门以撤销案件的方式结案，并通知双方当事人。

第二十七条 因专利申请权或者专利权的归属纠纷请求调解的，当事人可以持管理专利工作的部门的受理通知书请求国家知识产权局中止该专利申请或者专利权的有关程序。

经调解达成协议的，当事人应当持调解协议书向国家知识产权局办理恢复手续；达不成协议的，当事人应当持管理专利工作的部门出具的撤销案件通知书向国家知识产权局办理恢复手续。自请求中止之日起满 1 年未请求延长中止的，国家知识产权局自行恢复有关程序。

第四章 假冒专利行为的查处

第二十八条 管理专利工作的部门发现或者接受举报、投诉发现涉嫌假冒专利行为的，应当自发现之日起 5 个工作日内或者收到举报、投诉之日起 10 个工作日内立案，并指定两名或者两名以上执法人员进行调查。

第二十九条 查处假冒专利行为由行为发生地的管理专利工作的部门管辖。

管理专利工作的部门对管辖权发生争议的，由其共同的上级人民政府管理专利工作的部门指定管辖；无共同上级人民政府管理专利工作的部门的，由国家知识产权局指定管辖。

第三十条　管理专利工作的部门查封、扣押涉嫌假冒专利产品的，应当经其负责人批准。查封、扣押时，应当向当事人出具有关通知书。

管理专利工作的部门查封、扣押涉嫌假冒专利产品，应当当场清点，制作笔录和清单，由当事人和执法人员签名或者盖章。当事人拒绝签名或者盖章的，由执法人员在笔录上注明。清单应当交当事人一份。

第三十一条　案件调查终结，经管理专利工作的部门负责人批准，根据案件情况分别作如下处理：

（一）假冒专利行为成立应当予以处罚的，依法给予行政处罚；

（二）假冒专利行为轻微并已及时改正的，免予处罚；

（三）假冒专利行为不成立的，依法撤销案件；

（四）涉嫌犯罪的，依法移送公安机关。

第三十二条　管理专利工作的部门作出行政处罚决定前，应当告知当事人作出处罚决定的事实、理由和依据，并告知当事人依法享有的权利。

管理专利工作的部门作出较大数额罚款的决定之前，应当告知当事人有要求举行听证的权利。当事人提出听证要求的，应当依法组织听证。

第三十三条　当事人有权进行陈述和申辩，管理专利工作的部门不得因当事人申辩而加重行政处罚。

管理专利工作的部门对当事人提出的事实、理由和证据应当进行核实。当事人提出的事实属实、理由成立的，管理专利工作的部门应当予以采纳。

第三十四条　对情节复杂或者重大违法行为给予较重的行政处罚的，应当由管理专利工作的部门负责人集体讨论决定。

第三十五条　经调查，假冒专利行为成立应当予以处罚的，管理专利工作的部门应当制作处罚决定书，写明以下内容：

（一）当事人的姓名或者名称、地址；

（二）认定假冒专利行为成立的证据、理由和依据；

（三）处罚的内容以及履行方式；

（四）不服处罚决定申请行政复议和提起行政诉讼的途径和期限。

处罚决定书应当加盖管理专利工作的部门的公章。

第三十六条　管理专利工作的部门查处假冒专利案件，应当自立案之日起 1 个月内结案。案件特别复杂需要延长期限的，应当由管理专利工作的部门负责人批准。经批准延长的期限，最多不超过 15 日。

案件处理过程中听证、公告等时间不计入前款所述案件办理期限。

第五章　调查取证

第三十七条　在专利侵权纠纷处理过程中，当事人因客观原因不能自行收集部分证据的，可以书面请求管理专利工作的部门调查取证。管理专利工作的部门根据情况决定是否调查收集有关证据。

在处理专利侵权纠纷、查处假冒专利行为过程中，管理专利工作的部门可以根据需要依职权调查收集有关证据。

执法人员调查收集有关证据时，应当向当事人或者有关人员出示其行政执法证件。当事人和有关人员应当协助、配合，如实反应情况，不得拒绝、阻挠。

第三十八条　管理专利工作的部门调查收集证据可以查阅、复制与案件有关的合同、账册等有关文件；询问当事人和证人；采用测量、拍照、摄像等方式进行现场勘验。涉嫌侵犯制造方法专利权的，管理专利工作的部门可以要求被调查人进行现场演示。

管理专利工作的部门调查收集证据应当制作笔录。笔录应当由执法人员、被调查的单位或者个人签名或者盖章。被调查的单位或者个人拒绝签名或者盖章的，由执法人员在笔录上注明。

第三十九条　管理专利工作的部门调查收集证据可以采取抽样取证的方式。

涉及产品专利的，可以从涉嫌侵权的产品中抽取一部分作为样品；涉及方法专利的，可以从涉嫌依照该方法直接获得的产品中抽取一部分作为样品。被抽取样品的数量应当以能够证明事实为限。

管理专利工作的部门进行抽样取证应当制作笔录和清单，写明被抽取样品的名称、特征、数量以及保存地点，由执法人员、被调查的单位或者个人签字或者盖章。被调查的单位或者个人拒绝签名或者盖章的，由执法人员在笔录上注明。清单应当交被调查人一份。

第四十条　在证据可能灭失或者以后难以取得，又无法进行抽样取证的情况下，管理专利工作的部门可以进行登记保存，并在7日内作出决定。

经登记保存的证据，被调查的单位或者个人不得销毁或者转移。

管理专利工作的部门进行登记保存应当制作笔录和清单，写明被登记保存证据的名称、特征、数量以及保存地点，由执法人员、被调查的单位或者个人签名或者盖章。被调查的单位或者个人拒绝签名或者盖章的，由执法人员在笔录上注明。清单应当交被调查人一份。

第四十一条　管理专利工作的部门需要委托其他管理专利工作的部门协助调查收集证据的，应当提出明确的要求。接受委托的部门应当及时、认真地协助调查收集证据，并尽快回复。

第四十二条　海关对被扣留的侵权嫌疑货物进行调查，请求管理专利工作的部门提供协助的，管理专利工作的部门应当依法予以协助。

管理专利工作的部门处理涉及进出口货物的专利案件的，可以请求海关提供协助。

第六章　法律责任

第四十三条　管理专利工作的部门认定专利侵权行为成立，作出处理决定，责令侵权人立即停止侵权行为的，应当采取下列制止侵权行为的措施：

（一）侵权人制造专利侵权产品的，责令其立即停止制造行为，销毁制造侵权产品的专用设备、模具，并且不得销售、使用尚未售出的侵权产品或者以任何其他形式将其投放市场；侵权产品难以保存的，责令侵权人销毁该产品；

（二）侵权人未经专利权人许可使用专利方法的，责令侵权人立即停止使用行为，销毁实施专利方法的专用设备、模具，并且不得销售、使用尚未售出的依照专利方法所直接获得的侵权产品或者以任何其他形式将其投放市场；侵权产品难以保存的，责令侵权人销毁该产品；

（三）侵权人销售专利侵权产品或者依照专利方法直接获得的侵权产品的，责令其立即停止销售行为，并且不得使用尚未售出的侵权产品或者以任何其他形式将其投放市场；尚未售出的侵权产品难以保存的，责令侵权人销毁该产品；

（四）侵权人许诺销售专利侵权产品或者依照专利方法直接获得的侵权产品的，责令其立即停止许诺销售行为，消除影响，并且不得进行任何实际销售行为；

（五）侵权人进口专利侵权产品或者依照专利方法直接获得的侵权产品的，责令侵权人立即停止进口行为；侵权产品已经入境的，不得销售、使用该侵权产品或者以任何其他形式将其投放市场；侵权产品难以保存的，责令侵权人销毁该产品；侵权产品尚未入境的，可以将处理决定通知有关海关；

（六）责令侵权的参展方采取从展会上撤出侵权展品、销毁或者封存相应的宣传材料、更换或者遮盖相应的展板等撤展措施；

（七）停止侵权行为的其他必要措施。

管理专利工作的部门认定电子商务平台上的专利侵权行为成立，作出处理决定的，应当通知电子商务平台提供者及时对专利侵权产品或者依照专利方法直接获得的侵权产品相关网页采取删除、屏蔽或者断开链接等措施。

第四十四条　管理专利工作的部门作出认定专利侵权行为成立并责令侵

权人立即停止侵权行为的处理决定后，被请求人向人民法院提起行政诉讼的，在诉讼期间不停止决定的执行。

侵权人对管理专利工作的部门作出的认定侵权行为成立的处理决定期满不起诉又不停止侵权行为的，管理专利工作的部门可以申请人民法院强制执行。

第四十五条 管理专利工作的部门认定假冒专利行为成立的，应当责令行为人采取下列改正措施：

（一）在未被授予专利权的产品或者其包装上标注专利标识、专利权被宣告无效后或者终止后继续在产品或者其包装上标注专利标识或者未经许可在产品或者产品包装上标注他人的专利号的，立即停止标注行为，消除尚未售出的产品或者其包装上的专利标识；产品上的专利标识难以消除的，销毁该产品或者包装；

（二）销售第（一）项所述产品的，立即停止销售行为；

（三）在产品说明书等材料中将未被授予专利权的技术或者设计称为专利技术或者专利设计，将专利申请称为专利，或者未经许可使用他人的专利号，使公众将所涉及的技术或者设计误认为是他人的专利技术或者专利设计的，立即停止发放该材料，销毁尚未发出的材料，并消除影响；

（四）伪造或者变造专利证书、专利文件或者专利申请文件的，立即停止伪造或者变造行为，销毁伪造或者变造的专利证书、专利文件或者专利申请文件，并消除影响；

（五）责令假冒专利的参展方采取从展会上撤出假冒专利展品、销毁或者封存相应的宣传材料、更换或者遮盖相应的展板等撤展措施；

（六）其他必要的改正措施。

管理专利工作的部门认定电子商务平台上的假冒专利行为成立的，应当通知电子商务平台提供者及时对假冒专利产品相关网页采取删除、屏蔽或者断开链接等措施。

第四十六条 管理专利工作的部门作出认定专利侵权行为成立并责令侵权人立即停止侵权行为的决定，或者认定假冒专利行为成立并作出处罚决定的，应当自作出决定之日起20个工作日内予以公开，通过政府网站等途径及时发布执法信息。

第四十七条 管理专利工作的部门认定假冒专利行为成立的，可以按照下列方式确定行为人的违法所得：

（一）销售假冒他人专利的产品的，以产品销售价格乘以所销售产品的数量作为其违法所得；

（二）订立假冒他人专利的合同的，以收取的费用作为其违法所得。

第四十八条　管理专利工作的部门作出处罚决定后，当事人申请行政复议或者向人民法院提起行政诉讼的，在行政复议或者诉讼期间不停止决定的执行。

第四十九条　假冒专利行为的行为人应当自收到处罚决定书之日起 15 日内，到指定的银行缴纳处罚决定书写明的罚款；到期不缴纳的，每日按罚款数额的百分之三加处罚款。

第五十条　拒绝、阻碍管理专利工作的部门依法执行公务的，由公安机关根据《中华人民共和国治安管理处罚法》的规定给予处罚；情节严重构成犯罪的，由司法机关依法追究刑事责任。

第七章　附　则

第五十一条　管理专利工作的部门可以通过寄交、直接送交、留置送达、公告送达或者其他方式送达有关法律文书和材料。

第五十二条　本办法由国家知识产权局负责解释。

第五十三条　本办法自 2011 年 2 月 1 日起施行。2001 年 12 月 17 日国家知识产权局令第十九号发布的《专利行政执法办法》同时废止。

施行修改后的专利法实施细则的过渡办法

（2010 年 1 月 21 日国家知识产权局令第 54 号公布　自 2010 年 2 月 1 日起施行）

第一条　为了保障 2010 年 1 月 9 日公布的《国务院关于修改〈中华人民共和国专利法实施细则〉的决定》的施行，依照立法法第八十四条的规定，制定本办法。

第二条　修改前的专利法实施细则的规定适用于申请日在 2010 年 2 月 1 日前（不含该日）的专利申请以及根据该专利申请授予的专利权；修改后的专利法实施细则的规定适用于申请日在 2010 年 2 月 1 日以后（含该日，下同）的专利申请以及根据该专利申请授予的专利权；但本办法以下各条对申请日在 2010 年 2 月 1 日前的专利申请以及根据该申请授予的专利权的特殊规定除外。

第三条　2010 年 2 月 1 日以后以不符合专利法第二十三条第三款的规定为理由提出无效宣告请求的，对该无效宣告请求的审查适用修改后的专利法实施细则第六十六条第三款的规定。

第四条　2010年2月1日以后提出无效宣告请求的，对该无效宣告请求的审查适用修改后的专利法实施细则第七十二条第二款的规定。

第五条　专利国际申请的申请人在2010年2月1日以后办理进入中国国家阶段手续的，该国际申请适用修改后的专利法实施细则第十章的规定。

第六条　在2010年2月1日以后请求国家知识产权局中止有关程序的，适用修改后的专利法实施细则第九十三条和第九十九条的规定，不再缴纳中止程序请求费。

在2010年2月1日以后请求退还多缴、重缴、错缴的专利费用的，适用修改后的专利法实施细则第九十四条第四款的规定。

在2010年2月1日以后缴纳申请费、公布印刷费和申请附加费的，适用修改后的专利法实施细则第九十五条的规定。

在2010年2月1日以后办理授予专利权的登记手续的，适用修改后的专利法实施细则第九十三条和第九十七条的规定，不再缴纳申请维持费。

第七条　本办法自2010年2月1日起施行。

施行修改后的专利法的过渡办法

（2009年9月29日国家知识产权局令第53号公布　自2009年10月1日起施行）

第一条　为了保障2008年12月27日公布的《全国人民代表大会常务委员会关于修改〈中华人民共和国专利法〉的决定》的施行，依照立法法第八十四条的规定，制定本办法。

第二条　修改前的专利法的规定适用于申请日在2009年10月1日前（不含该日，下同）的专利申请以及根据该专利申请授予的专利权；修改后的专利法的规定适用于申请日在2009年10月1日以后（含该日，下同）的专利申请以及根据该专利申请授予的专利权；但本办法以下各条对申请日在2009年10月1日前的专利申请以及根据该申请授予的专利权的特殊规定除外。

前款所述申请日的含义依照专利法实施细则的有关规定理解。

第三条　2009年10月1日以后请求给予实施专利的强制许可的，适用修改后的专利法第六章的规定。

第四条　管理专利工作的部门对发生在2009年10月1日以后的涉嫌侵犯专利权行为进行处理的，适用修改后的专利法第十一条、第六十二条、第六十九条、第七十条的规定。

第五条 管理专利工作的部门对发生在 2009 年 10 月 1 日以后的涉嫌假冒专利行为进行查处的，适用修改后的专利法第六十三条、第六十四条的规定。

第六条 专利权人在 2009 年 10 月 1 日以后标明专利标识的，适用修改后的专利法第十七条的规定。

第七条 在中国没有经常居所或者营业所的外国人、外国企业或者外国其他组织在 2009 年 10 月 1 日以后委托或者变更专利代理机构的，适用修改后的专利法第十九条的规定。

第八条 本办法自 2009 年 10 月 1 日起施行。

关于专利电子申请的规定

（2010 年 8 月 26 日国家知识产权局令第 57 号公布 自 2010 年 10 月 1 日起施行）

第一条 为了规范与通过互联网传输并以电子文件形式提出的专利申请（以下简称专利电子申请）有关的程序和要求，方便申请人提交专利申请，提高专利审批效率，推进电子政务建设，依照《中华人民共和国专利法实施细则》（以下简称专利法实施细则）第二条和第十五条第二款，制定本规定。

第二条 提出专利电子申请的，应当事先与国家知识产权局签订《专利电子申请系统用户注册协议》（以下简称用户协议）。

开办专利电子申请代理业务的专利代理机构，应当以该专利代理机构名义与国家知识产权局签订用户协议。

申请人委托已与国家知识产权局签订用户协议的专利代理机构办理专利电子申请业务的，无须另行与国家知识产权局签订用户协议。

第三条 申请人有两人以上且未委托专利代理机构的，以提交电子申请的申请人为代表人。

第四条 发明、实用新型和外观设计专利申请均可以采用电子文件形式提出。

依照专利法实施细则第一百零一条第二款的规定进入中国国家阶段的专利申请，可以采用电子文件形式提交。

依照专利法实施细则第一百零一条第一款的规定向国家知识产权局提出专利国际申请的，不适用本规定。

第五条 申请专利的发明创造涉及国家安全或者重大利益需要保密的，应当以纸件形式提出专利申请。

申请人以电子文件形式提出专利申请后，国家知识产权局认为该专利申请需要保密的，应当将该专利申请转为纸件形式继续审查并通知申请人。申请人在后续程序中应当以纸件形式递交各种文件。

依照专利法实施细则第八条第二款第（一）项直接向外国申请专利或者向有关国外机构提交专利国际申请的，申请人向国家知识产权局提出的保密审查请求和技术方案应当以纸件形式提出。

第六条 提交专利电子申请和相关文件的，应当遵守规定的文件格式、数据标准、操作规范和传输方式。专利电子申请和相关文件未能被国家知识产权局专利电子申请系统正常接收的，视为未提交。

第七条 申请人办理专利电子申请各种手续的，应当以电子文件形式提交相关文件。除另有规定外，国家知识产权局不接受申请人以纸件形式提交的相关文件。不符合本款规定的，相关文件视为未提交。

以纸件形式提出专利申请并被受理后，除涉及国家安全或者重大利益需要保密的专利申请外，申请人可以请求将纸件申请转为专利电子申请。

特殊情形下需要将专利电子申请转为纸件申请的，申请人应当提出请求，经国家知识产权局审批并办理相关手续后可以转为纸件申请。

第八条 申请人办理专利电子申请的各种手续的，对专利法及其实施细则或者专利审查指南中规定的应当以原件形式提交的相关文件，申请人可以提交原件的电子扫描文件。国家知识产权局认为必要时，可以要求申请人在指定期限内提交原件。

申请人在提出专利电子申请时请求减缴或者缓缴专利法实施细则规定的各种费用需要提交有关证明文件的，应当在提出专利申请时提交证明文件原件的电子扫描文件。未提交电子扫描文件的，视为未提交有关证明文件。

第九条 采用电子文件形式向国家知识产权局提交的各种文件，以国家知识产权局专利电子申请系统收到电子文件之日为递交日。

对于专利电子申请，国家知识产权局以电子文件形式向申请人发出的各种通知书、决定或者其他文件，自文件发出之日起满 15 日，推定为申请人收到文件之日。

第十条 专利法及其实施细则和专利审查指南中关于专利申请和相关文件的所有规定，除专门针对以纸件形式提交的专利申请和相关文件的规定之外，均适用于专利电子申请。

第十一条 本规定由国家知识产权局负责解释。

第十二条 本规定自 2010 年 10 月 1 日起施行。2004 年 2 月 12 日国家知识产权局令第三十五号发布的《关于电子专利申请的规定》同时废止。

关于台湾同胞专利申请的若干规定

（2010年11月15日国家知识产权局令第58号公布 自2010年11月22日起施行）

第一条 为了方便台湾同胞向国家知识产权局申请专利，制定本规定。

第二条 台湾地区申请人（以下简称申请人）在台湾地区专利主管机构第一次提出发明或者实用新型专利申请之日起十二个月内，或者第一次提出外观设计专利申请之日起六个月内，又在国家知识产权局就相同主题提出专利申请的，可以要求享有其台湾地区在先申请的优先权（以下简称台湾地区优先权）。

申请人根据前款规定要求台湾地区优先权的，其在先申请的申请日应当在2010年9月12日（含当日）以后。

第三条 申请人可以在一件申请中要求一项或者多项台湾地区优先权；要求多项台湾地区优先权的，该申请的台湾地区优先权期限从最早的在先申请的申请日起计算。

第四条 申请人要求台湾地区优先权的，应当在向国家知识产权局提出专利申请的同时在请求书中声明，并且在三个月内提交由台湾地区专利主管机构出具的在先申请文件的副本；未在请求书中声明或者期满未提交在先申请文件副本的，视为未要求台湾地区优先权。

申请人在请求书中声明要求台湾地区优先权的，应当写明在先申请的申请日和申请号，并写明原受理机构为“台湾地区”。

第五条 申请人要求一项或者多项台湾地区优先权而在请求书的声明中未写明或者错写其中某件在先申请的申请日、申请号和原受理机构名称中的一项或者两项内容，但申请人已在规定的期限内提交了在先申请文件副本的，国家知识产权局应当通知申请人补正；申请人期满未答复或者补正后仍不符合规定的，视为未要求该项台湾地区优先权。

第六条 申请人要求多项台湾地区优先权的，应当提交全部在先申请文件副本。

在先申请文件副本至少应当表明原受理机构、申请人、申请日、申请号。在先申请文件副本不符合规定的，国家知识产权局应当通知申请人补正；申请人期满未答复或者补正后仍不符合规定的，视为未提交该在先申请文件副本。

国家知识产权局依据有关协议，通过电子交换途径获得在先申请文件副本的，视为申请人提交了符合规定的在先申请文件副本。

申请人已向国家知识产权局提交过在先申请文件副本，需要再次提交的，可以仅提交该副本的题录，但应当注明在先申请文件副本的原件所在申请案卷的申请号。

第七条 要求台湾地区优先权的申请人与在先申请文件副本中记载的申请人不一致的，应当在向国家知识产权局提出专利申请之日起三个月内提交台湾地区优先权转让证明或者有关说明；期满未提交或者提交的文件不符合规定的，视为未要求台湾地区优先权。

第八条 申请人要求台湾地区优先权后，可以撤回其全部或者其中某一项或者几项台湾地区优先权要求。

申请人撤回其台湾地区优先权要求的，应当提交全体申请人签字或者盖章的撤回台湾地区优先权声明；撤回台湾地区优先权声明不符合规定的，视为未提出撤回台湾地区优先权声明。

申请人撤回其台湾地区优先权要求导致该申请的最早台湾地区优先权日变更，且自该台湾地区优先权日起算的各种期限尚未届满的，其台湾地区优先权期限应当自变更后的最早台湾地区优先权日或者申请日起算；撤回台湾地区优先权的声明是在变更前的最早台湾地区优先权日起十五个月之后到达国家知识产权局的，则在后专利申请的公布期限仍按照变更前的最早台湾地区优先权日起算。

第九条 要求台湾地区优先权的，应当在缴纳申请费的同时，根据专利法实施细则第九十三条的规定缴纳台湾地区优先权要求费；期满未缴纳或者未缴足的，视为未要求台湾地区优先权。

第十条 被视为未要求台湾地区优先权并属于下列情形之一的，申请人可以根据专利法实施细则第六条的规定请求恢复要求台湾地区优先权的权利：

（一）由于未在指定期限内办理补正手续导致视为未要求台湾地区优先权的；

（二）要求台湾地区优先权声明中至少一项内容填写正确，但未在规定的期限内提交在先申请文件副本或者台湾地区优先权转让证明文件或者有关说明的；

（三）要求台湾地区优先权声明中至少一项内容填写正确，但未在规定的期限内缴纳或者缴足台湾地区优先权要求费的；

（四）分案申请的原申请要求了台湾地区优先权的。

除上述情形外，其他原因造成被视为未要求台湾地区优先权的，不予恢复。

第十一条　申请人提出的专利申请文件中，含有与现行法律、法规、规章相抵触的词句的，国家知识产权局应当通知申请人在两个月内删除或者修改，期满不答复的，其申请被视为撤回；申请人拒绝删除、修改或者修改后仍不符合规定的，应当驳回该专利申请。明显不涉及技术内容的词句，国家知识产权局可以依职权删除并通知申请人；申请人不同意删除的，应当驳回该专利申请。

第十二条　国家知识产权局依申请人请求出具申请文件副本的，应当先根据本规定第十一条对申请文件用语进行审查；申请文件中含有与现行法律、法规、规章相抵触的词句的，在初审合格之前不予办理。

第十三条　申请人不愿公布其地址的，可在“申请人地址”栏中注明“中国台湾”。

第十四条　本规定自2010年11月22日起施行。原中国专利局1993年3月29日颁布的《关于受理台胞专利申请的规定》（国专发法字〔1993〕第63号）和1993年4月23日颁布的《关于台胞申请专利手续中若干问题的处理办法》（国专发审字〔1993〕第69号）同时废止。

关于中国实施专利合作条约的规定

（1993年11月23日专利局令第5号公布　根据1995年5月28日专利局令第7号《〈关于中国实施《专利合作条约》的规定〉的修改》修正）

第一章　总　则

第一条　为实施《专利合作条约》，特制定本规定。

第二条　在本规定中：

（一）“条约”是指《专利合作条约》；

（二）“条约实施细则”是指上述条约的实施细则；

（三）“条约行政规程“是指上述条约的行政规程；

（四）“国际局”是指世界知识产权组织的国际局；

（五）“国际申请”是指按照上述条约规定提出的发明或者实用新型专利申请；

（六）“专利局”是指中华人民共和国专利局；

（七）“专利法”是指中华人民共和国专利法；

（八）“实施细则”是指中华人民共和国专利法实施细则；

（九）、为计算期限的目的，“优先权日”是指：国际申请要求优先权的，指在先申请的申请日；国际申请要求多项优先权的，指最早的在先申请的申请日；国际申请未要求优先权的，指该国际申请的国际申请日。

第三条 向专利局提出或者指定或者选定中国的国际申请适用条约、条约实施细则、条约行政规程和本规定的规定。除非条约、条约实施细则、条约行政规程或者本规定另有规定，在专利局作为指定局或者选定局的程序开始后，国际申请适用专利法和实施细则的规定。

第二章 国际申请程序

第四条 专利局作为国际申请的受理局，负责受理中国国民，或者在中国有经常居所或者营业所的外国人、外国企业或者外国其他组织提出的国际申请，并按照条约、条约实施细则和条约行政规程的规定对该国际申请进行检查和处理。

根据中国与其他的条约缔约国签订的双边协定，专利局也可以受理该缔约国的国民或者居民提出的国际申请。

第五条 申请人应当使用中文或者英文向专利局提出国际申请，该申请应当包括请求书、说明书、一项或者几项权利要求、一幅或者几幅附图（需要时）和摘要各一份。

第六条 专利局收到符合条约第十一条第一款规定的国际申请之日为国际申请日。

专利法第二十八条第二句不适用于国际申请日的确定。

国际申请不符合条约第十一条第一款规定的，专利局应当通知申请人在专利局依照条约实施细则第二十条第六款指定的期限内进行改正。申请人按照要求进行改正的，以专利局收到改正之日为国际申请日；申请人期满未答复的，或者改正后，专利局认为仍然不符合条约第十一条第一款规定的，专利局应当迅速通知申请人，其申请将不作为国际申请处理。

国际申请中写有对附图的说明但申请中又未包括该附图的，专利局应当通知申请人在不完整的文件提交之日起三十天内补交附图。

申请人在规定期限内补交附图的，以专利局收到该附图之日为国际申请日；否则，对附图的说明被认为不存在。

第七条 申请人向专利局提出国际申请的，可以按照条约第八条规定要求在《保护工业产权巴黎公约》的缔约国提出的或者对该缔约国有效的一项或者几项在先申请的优先权。要求该优先权的，其手续适用条约实施细则第四条第十款和第十七条第一款的规定。

第八条　专利局发现国际申请存在条约第十四条第一款（ⅰ）项所述缺陷的，应当通知申请人按照条约实施细则第二十六条的规定进行改正；未改正的，该国际申请被认为撤回，并由专利局予以宣布。

第三章　国际检索程序

第九条　专利局作为国际申请的主管国际检索单位，应当按照条约、条约实施细则、条约行政规程以及专利局与国际局依照条约第十六条第三款签订的协议的规定对该申请进行国际检索。

如果专利局认为：

（ⅰ）国际申请涉及的情况或者主题按照条约实施细则第十三条之三第一款（C）或者第三十九条的规定无须专利局检索而且专利局决定对该申请不作检索，或者

（ⅱ）说明书、权利要求书或者附图不符合条约实施细则规定的要求，以至不能进行有意义的检索，专利局应当作出相应的宣布，并通知申请人和国际局将不作出国际检索报告。如果（ⅰ）或者（ⅱ）所述的情形仅存在于某些权利要求，国际检索报告中应当对这些权利要求加以说明，而对其它权利要求则应当作出检索报告。如果专利局认为国际申请不符合条约实施细则第十三条规定的发明单一性的要求，它应当要求申请人按照条约实施细则第四十条的规定缴纳附加费。

专利局应当对国际申请的权利要求中首先提到的发明（“主要发明”）部分作出国际检索报告，并在要求的附加费已在条约实施细则第四十条第三款规定的期限内付清后，对国际申请中已经缴纳该项费用的发明部分作出国际检索报告。

第十条　专利局应当在自收到检索本之日起三个月内或者自优先权日起九个月内，以后到期的为准，作出国际检索报告或者宣布不进行国际检索。

第十一条　申请人根据条约实施细则第四十六条的规定，有一次机会按照条约第十九条向国际局对国际申请的权利要求提出修改。

修改应当在自专利局向国际局和申请人送交国际检索报告之日起二个月内或者自优先权日起十六个月内提出，以后到期的为准。但国际局在适用的期限届满后收到按照条约第十九条规定所作的修改的，如果该修改在国际公布的技术准备工作完成之前到达国际局，应当认为国际局已在上述期限的最后一日收到该修改。这种修改不得超出国际申请提出时对发明公开的范围。

第四章　国际初步审查程序

第十二条　已经向专利局提出了国际申请的申请人以及属于专利局与国

际局为国际初步审查目的签订的协议中所规定的范围内的人，可以请求专利局对该申请进行国际初步审查。

国际初步审查的要求应当以书面形式提交，使用提出国际申请时所用的语言，并应当符合条约实施细则第五十三条的规定。

国际初步审查要求书中应当至少指明一个预定使用该国际初步审查结果，并受条约第二章约束的缔约国作为选定国，该选定应当仅选已经在国际申请中指定的国家。

第十三条 专利局作为国际申请的主管国际初步审查单位，应当按照条约、条约实施细则、条约行政规程以及专利局与国际局根据条约第三十二条签订的协议的规定对国际申请进行国际初步审查。

如果专利局认为：（ⅰ）国际申请涉及的情况或者主题按照条约实施细则第六十六条第二款（a）（ⅶ）或者（a）（ⅶ）或者第六十七条的规定，无须专利局进行国际初步审查，并且专利局决定对该申请不作审查，或者（ⅱ）说明书、权利要求书或者附图不清楚，或者权利要求书在说明书中没有适当的依据，因而不能对请求保护的发明的新颖性、创造性（非显而易见性）或者工业上的实用性，形成有意义的意见，专利局应当不就条约第三十三条第一款规定的各项问题进行审查，并应当将这种意见和理由通知申请人。如果认为（ⅰ）或者（）所述的任何一种情况只存在于某些权利要求中，或者只与某些权利要求有关，上句规定只适用于这些权利要求。

专利局发现国际申请存在条约实施细则第六十六条第二款（a）项所列情形的，专利局应当书面通知申请人并要求申请人提出书面答复。申请人答复时可以提出修改，或者，申请人不同意专利局意见的，可以提出答辩，或者两者兼用。这种修改不得超出国际申请提出时对发明公开的范围。

专利局认为国际申请不符合条约实施细则第十三条关于发明单一性的规定的，专利局应当根据条约第三十四条第三款和条约实施细则第六十八条的规定进行处理。申请人可以自己选择对权利要求书加以限制，或者缴纳附加费；申请人未在指定期限内进行选择的，或者，申请人虽然对权利要求作了限制，但是仍然不足以符合发明单一性要求的，或者申请人缴纳附加费不足的，专利局仅就国际申请中看来是主要发明的部分或者已经交纳附加费的发明部分作出国际初步审查报告。

第十四条 申请人可以在提出国际初步审查要求书时，或者在国际初步审查报告作出之前，按照条约实施细则第六十六条的规定，向专利局提出条约第三十四条规定的对权利要求书、说明书和附图的修改。这种修改不得超出国际申请提出时对发明公开的范围。

第十五条 专利局作出国际初步审查报告的期限应当为：（ⅰ）如果国际

初步审查要求书是在优先权日起十九个月届满之前收到的，自优先权日起二十八个月；（ⅱ）如果国际初步审查要求书是在优先权日起十九个月届满之后收到的，自国际初步审查开始起九个月。

第五章 指定和选定程序

第十六条 指定中国的国际申请，自按照条约第十一条第一款确定的国际申请日起与同一日向专利局提出的中国国家申请具有同等效力。

第十七条 指定中国的国际申请的申请人，如果要求专利局授予实用新型专利的，应当在其国际申请请求书中作出说明。

第十八条 指定中国并要求获得发明专利保护的国际申请，由国际局按照条约第二十一条规定以中文进行国际公布的，自国际公布日起，申请人享有专利法第十三条规定的权利；由国际局以中文以外的文字进行国际公布的，自专利局收到申请人提交的该国际申请中文译文并在中国专利公报上公布该译文之日起，申请人享有专利法第十三条规定的权利。

第十九条 除本规定第二十条的规定外，指定中国的国际申请以中文以外的文字提交的，申请人应当在自优先权日起二十个月届满前向专利局提交国际申请的中文译文；期满未提交中文译文的，该申请在中国的效力终止。

第二十条 在自优先权日起第十九个月届满前已经选定中国的国际申请，如果是以中文以外的文字提交的，申请人应当在自优先权日起三十个月届满前向专利局提交国际申请的中文译文；期满未提交中文译文的，该申请在中国的效力终止。

第二十一条 申请人按照本规定第十九条或者第二十条规定提交的国际申请的译文应当包括请求书、说明书、权利要求书、附图中的文字（附具附图副本）和摘要各一式两份，如果权利要求书已经按照条约第十九条规定进行了修改，该译文还应当包括修改后的权利要求和条约第十九条所述的声明；如果申请文件已经按照条约第三十四条规定进行了修改，该译文还应当包括国际初步审查报告附件中的任何修改。

如果申请人提交了前款所述的译文，但对于修改部分未同时提交原始提出的和修改后的译文的，专利局应当通知申请人在根据情况是适当的并在通知中规定的期限内提交缺少的译文。如果申请人未按通知规定提交缺少的原始申请的译文，该国际申请被认为撤回；如果申请人未按通知规定提交缺少的修改后的译文，该修改不予以考虑。

如果申请人仅提交了一份译文，专利局应当通知申请人在根据情况是适当的并在通知中规定的期限内提交另一份译文。申请人未遵守通知规定的，该申请被认为撤回。如果申请人未提交按条约第十九条所述的声明的译文，该声明不予以考虑。

第二十二条 国际申请指定中国的，申请人可以在履行本规定第十九条规定的行为之日起一个月内向专利局提出对权利要求书、说明书和附图的修改；但是，如果在本规定第十九条规定的期限届满时，条约实施细则第四十七条第一款规定的送达尚未进行，申请人可以在自该期限届满之日起四个月内向专利局提出上述修改。这种修改不得超出国际申请提出时对发明公开的范围。

第二十三条 国际申请在自优先权日起十九个月届满前选定中国的，申请人可以在履行本规定第二十条规定的行为之日起一个月内向专利局提出对权利要求书、说明书和附图的修改；但是，如果在本规定第二十条规定的期限届满时，国际初步审查报告的送交尚未进行，申请人可以在自该期限届满之日起四个月内向专利局提出上述修改。这种修改不得超出国际申请提出时对发明公开的范围。

第二十四条 指定中国或者选定中国的国际申请由于不符合发明单一性的规定，其某些部分未经国际检索或者国际初步审查的，申请人应当在专利局指定的期限内缴纳条约第十七条第三款（b）或者条约第三十四条第三款（b）中所述的特别的费用。期满未缴纳或者未缴足的，该申请中的发明的未经检索或者国际初步审查部分被认为撤回。

第二十五条 按照专利法和实施细则的规定，指定中国或者选定中国的国际申请应当向专利局提交条约第二十七条第二款和第六款规定的证明文件的，应当在本规定第十九条或者第二十条规定的期限届满前提交；期满未提交的，专利局应当通知申请人在通知规定的期限内补交。

第二十六条 指定中国并要求一个或者几个按照专利法规定提出的在先申请的优先权的国际申请适用实施细则第三十三条的规定。

第六章　费　用

第二十七条 在国际申请的国际程序中，申请人应当按照条约实施细则的规定缴纳下列费用：

（一）传送费；

（二）国际费，包括基本费和指定费；

（三）检索费和附加检索费；

（四）手续费；

（五）初步审查费和附加初步审查费；

（六）确认费；

（七）滞纳金；

（八）条约实施细则规定的其他费用。前款所列各种费用的数额，缴费的币种和缴费方式由专利局另行公布。

第二十八条　申请人应当在自专利局收到国际申请之日起一个月内缴纳传送费、基本费和检索费；期满未缴纳或者未缴足的，专利局应当通知申请人在自通知之日起一个月内缴纳未缴的费用和滞纳金；期满未缴纳的，该申请被认为撤回。

申请人应当在自优先权日起一年内，或者在专利局收到国际申请之日起一个月内，以后到期的为准，缴纳指定费；期满未缴纳或者未缴足的，专利局应当通知申请人在自通知之日起一个月内缴纳未缴的费用和滞纳金；期满未缴纳的，与该费用有关的指定，或者如果未缴纳任何指定费的，该项指定或者该国际申请被认为撤回。在按照条约实施细则第四条第九款（C）确认一项指定时，申请人应当在自优先权日起十五个月内缴纳指定费和确认费。

申请人在向专利局提交国际初步审查要求书时应当缴纳手续费和初步审查费；未按规定缴纳或者缴足的，专利局应当通知申请人在通知之日起一个月内缴纳；期满未缴纳的，该要求书被认为未提交。国际申请不符合发明单一性的规定的，申请人应当在专利局按照条约实施细则第四十条第三款或者第六十八条第二款指定的期限内缴纳附加检索费和附加初步审查费。

第二十九条　国际申请指定中国或者选定中国的，申请人应当在本规定第十九条或者第二十条规定的期限内缴纳申请费；期满未缴纳或者未缴足的，该申请在中国的效力终止。

国际申请指定中国或者选定中国并要求优先权的，申请人应当在本规定第十九条或者第二十条规定的期限内缴纳优先权要求费；期满未缴纳或者未缴足的，专利局应当通知申请人在自通知规定的期限内缴纳，期满仍未缴纳的，该优先权被认为未要求。

第三十条　国际申请指定中国或者选定中国并要求获得发明专利保护的，申请人应当在自国际申请日起第二十五个月届满前缴纳第三年度申请维持费。如果上述缴费期限届满之日早于本规定第二十条规定的期限届满之日，申请人应当在本规定第二十条规定的期限届满前缴纳第三年度申请维持费；期满未缴纳或者未缴足的，专利局应当通知申请人自应当缴纳该申请维持费期限届满之日起六个月内补缴，同时缴纳金额为申请维持费的25%滞纳金。

第三十一条　指定中国或者选定中国的国际申请，在履行本规定第十九条或者第二十条规定的行为和缴纳本规定第二十九条第一款规定的申请费之后，除本规定第二十九条和第三十条另有规定外，申请人应当按照专利法和实施细则的规定缴纳费用。

第七章　其他条款

第三十二条　向专利局提出国际申请，在专利局作为国际检索单位或者国际初步审查单位，或者作为指定局或者选定局的程序中，以及处理与国际申请有关的其他事务的，申请人应当委托专利局指定的专利代理机构办理。

第三十三条　中国单位和个人提出国际申请的，应当经国务院有关主管部门同意。

中国单位和个人提出国际申请的，可以首先向专利局提出国内申请，并在自申请日起十二个月内提出国际申请指定或者选定条约其它缔约国，或者直接向专利局提出国际申请指定或者选定中国和条约其它缔约国。

第三十四条　如果受理局拒绝给予国际申请日，或者宣布国际申请已被认为撤回，或者如果国际局已经按条约第十二条第三款作出认定，申请人在履行本规定第十九条或者第二十条规定的行为和缴纳本规定第二十九条第一款规定的申请费之后，根据条约第二十五条第二款（a），可以要求专利局根据条约和条约实施细则决定该拒绝，宣布或者认定是否合理。如果专利局认为拒绝或者宣布是由受理局的错误或者疏忽所造成，或者认定是由国际局的错误或者疏忽所造成，就本规定而言，该国际申请应当和未发生这种错误或者疏忽一样被对待。

第三十五条　指定中国或者选定中国的国际申请因未履行本规定第十九条或者第二十条规定的行为和缴纳本规定第二十九条第一款规定的申请费其效力在中国被终止的，申请人可以在本规定第十九条或者第二十条规定的期限届满之日起二个月内请求恢复其权利。申请人请求恢复权利的，应当缴纳恢复费并同时履行上述各条款中规定的行为。

除本规定另有规定的以外，指定中国或者选定中国的国际申请在履行本规定第十九条或者第二十条规定的行为和缴纳本规定第二十九条第一款规定的申请费之后由于不可抗拒的事由或者由于正当理由未能遵守专利法或者实施细则规定的期限或者专利局指定的期限，造成其权利丧失的，适用实施细则第七条的规定。

该条已被中国专利局令第 7 号——《关于中国实施〈专利合作条约〉的规定》修改。

第三十六条　指定中国或者选定中国的国际申请涉及新的微生物、微生物学方法或者其产品，而且使用的微生物是公众不能得到的，申请人最迟应当在国际申请日向依照布达佩斯条约取得了国际保藏单位资格的保藏单位，提交微生物菌种保藏。

申请人按照上款提交微生物菌种保藏的，应当在本规定第十九条或者第二十条规定的期限届满之日起三个月内提交国际保藏单位出具的保藏证明和存活证明；期满未提交证明的，该菌种被认为未提交保藏。

第三十七条　本规定由中国专利局负责解释。

第三十八条　本规定自一九九四年一月一日起施行。

最高人民法院
关于对诉前停止侵犯专利权行为适用法律问题的若干规定

法释〔2001〕20号

（2001年6月5日最高人民法院审判委员会第1179次会议通过
2001年6月7日最高人民法院公告公布　自2001年7月1日起施行）

为切实保护专利权人和其他利害关系人的合法权益，根据《中华人民共和国民法通则》、《中华人民共和国专利法》（以下简称专利法）、《中华人民共和国民事诉讼法》（以下简称民事诉讼法）的有关规定，现就有关诉前停止侵犯专利权行为适用法律若干问题规定如下：

第一条　根据专利法第六十一条的规定，专利权人或者利害关系人可以向人民法院提出诉前责令被申请人停止侵犯专利权行为的申请。

提出申请的利害关系人，包括专利实施许可合同的被许可人、专利财产权利的合法继承人等。专利实施许可合同被许可人中，独占实施许可合同的被许可人可以单独向人民法院提出申请；排他实施许可合同的被许可人在专利权人不申请的情况下，可以提出申请。

第二条　诉前责令停止侵犯专利权行为的申请，应当向有专利侵权案件管辖权的人民法院提出。

第三条　专利权人或者利害关系人向人民法院提出申请，应当递交书面申请状；申请状应当载明当事人及其基本情况、申请的具体内容、范围和理由等事项。申请的理由包括有关行为如不及时制止会使申请人合法权益受到难以弥补的损害的具体说明。

第四条　申请人提出申请时，应当提交下列证据：

（一）专利权人应当提交证明其专利权真实有效的文件，包括专利证书、权利要求书、说明书、专利年费交纳凭证。提出的申请涉及实用新型专利的，申请人应当提交国务院专利行政部门出具的检索报告。

（二）利害关系人应当提供有关专利实施许可合同及其在国务院专利行政部门备案的证明材料，未经备案的应当提交专利权人的证明，或者证明其享有权利的其他证据。

排他实施许可合同的被许可人单独提出申请的，应当提交专利权人放弃申请的证明材料。

专利财产权利的继承人应当提交已经继承或者正在继承的证据材料。

（三）提交证明被申请人正在实施或者即将实施侵犯其专利权的行为的证据，包括被控侵权产品以及专利技术与被控侵权产品技术特征对比材料等。

第五条 人民法院作出诉前停止侵犯专利权行为的裁定事项，应当限于专利权人或者利害关系人申请的范围。

第六条 申请人提出申请时应当提供担保，申请人不提供担保的，驳回申请。

当事人提供保证、抵押等形式的担保合理、有效的，人民法院应当准予。

人民法院确定担保范围时，应当考虑责令停止有关行为所涉及产品的销售收入，以及合理的仓储、保管等费用；被申请人停止有关行为可能造成的损失，以及人员工资等合理费用支出；其他因素。

第七条 在执行停止有关行为裁定过程中，被申请人可能因采取该项措施造成更大损失的，人民法院可以责令申请人追加相应的担保。申请人不追加担保的，解除有关停止措施。

第八条 停止侵犯专利权行为裁定所采取的措施，不因被申请人提出反担保而解除。

第九条 人民法院接受专利权人或者利害关系人提出责令停止侵犯专利权行为的申请后，经审查符合本规定第四条的，应当在48小时内作出书面裁定；裁定责令被申请人停止侵犯专利权行为的，应当立即开始执行。

人民法院在前述期限内，需要对有关事实进行核对的，可以传唤单方或双方当事人进行询问，然后再及时作出裁定。

人民法院作出诉前责令被申请人停止有关行为的裁定，应当及时通知被申请人，至迟不得超过5日。

第十条 当事人对裁定不服的，可以在收到裁定之日起10日内申请复议一次。复议期间不停止裁定的执行。

第十一条 人民法院对当事人提出的复议申请应当从以下方面进行审查：

（一）被申请人正在实施或即将实施的行为是否构成侵犯专利权；

（二）不采取有关措施，是否会给申请人合法权益造成难以弥补的损害；

（三）申请人提供担保的情况；

（四）责令被申请人停止有关行为是否损害社会公共利益。

第十二条 专利权人或者利害关系人在人民法院采取停止有关行为的措施后 15 日内不起诉的，人民法院解除裁定采取的措施。

第十三条 申请人不起诉或者申请错误造成被申请人损失的，被申请人可以向有管辖权的人民法院起诉请求申请人赔偿，也可以在专利权人或者利害关系人提起的专利权侵权诉讼中提出损害赔偿的请求，人民法院可以一并处理。

第十四条 停止侵犯专利权行为裁定的效力，一般应维持到终审法律文书生效时止。人民法院也可以根据案情，确定具体期限；期限届满时，根据当事人的请求仍可作出继续停止有关行为的裁定。

第十五条 被申请人违反人民法院责令停止有关行为裁定的，依照民事诉讼法第一百零二条规定处理。

第十六条 人民法院执行诉前停止侵犯专利权行为的措施时，可以根据当事人的申请，参照民事诉讼法第七十四条的规定，同时进行证据保全。

人民法院可以根据当事人的申请，依照民事诉讼法第九十二条、第九十三条的规定进行财产保全。

第十七条 专利权人或者利害关系人向人民法院提起专利侵权诉讼时，同时提出先行停止侵犯专利权行为请求的，人民法院可以先行作出裁定。

第十八条 诉前停止侵犯专利权行为的案件，申请人应当按照《人民法院诉讼收费办法》及其补充规定交纳费用。

最高人民法院
关于修改《最高人民法院关于审理专利纠纷案件适用法律问题的若干规定》的决定

法释〔2015〕4 号

（2015 年 1 月 19 日最高人民法院审判委员会第 1641 次会议通过
2015 年 1 月 29 日最高人民法院公告公布　自 2015 年 2 月 1 日起施行）

根据最高人民法院审判委员会第 1641 次会议决定，对《最高人民法院关于审理专利纠纷案件适用法律问题的若干规定》作如下修改：

一、将第五条第二款修改为："侵权行为地包括：被诉侵犯发明、实用新型专利权的产品的制造、使用、许诺销售、销售、进口等行为的实施地；专利方法使用行为的实施地，依照该专利方法直接获得的产品的使用、许诺销售、销售、进口等行为的实施地；外观设计专利产品的制造、许诺销售、销售、进口等行为的实施地；假冒他人专利的行为实施地。上述侵权行为的侵权结果发生地。”

二、将第八条第一款修改为：“对申请日在2009年10月1日前（不含该日）的实用新型专利提起侵犯专利权诉讼，原告可以出具由国务院专利行政部门作出的检索报告；对申请日在2009年10月1日以后的实用新型或者外观设计专利提起侵犯专利权诉讼，原告可以出具由国务院专利行政部门作出的专利权评价报告。根据案件审理需要，人民法院可以要求原告提交检索报告或者专利权评价报告。原告无正当理由不提交的，人民法院可以裁定中止诉讼或者判令原告承担可能的不利后果。”

三、将第九条第一项修改为：“（一）原告出具的检索报告或者专利权评价报告未发现导致实用新型或者外观设计专利权无效的事由的；”

四、将第十七条修改为：“专利法第五十九条第一款所称的‘发明或者实用新型专利权的保护范围以其权利要求的内容为准，说明书及附图可以用于解释权利要求的内容’，是指专利权的保护范围应当以权利要求记载的全部技术特征所确定的范围为准，也包括与该技术特征相等同的特征所确定的范围。

等同特征，是指与所记载的技术特征以基本相同的手段，实现基本相同的功能，达到基本相同的效果，并且本领域普通技术人员在被诉侵权行为发生时无需经过创造性劳动就能够联想到的特征。”

五、将第十八条修改为：“侵犯专利权行为发生在2001年7月1日以前的，适用修改前专利法的规定确定民事责任；发生在2001年7月1日以后的，适用修改后专利法的规定确定民事责任。”

六、将第十九条修改为：“假冒他人专利的，人民法院可以依照专利法第六十三条的规定确定其民事责任。管理专利工作的部门未给予行政处罚的，人民法院可以依照民法通则第一百三十四条第三款的规定给予民事制裁，适用民事罚款数额可以参照专利法第六十三条的规定确定。”

七、删除第二十条第一款，第二款改为第一款并修改为：“专利法第六十五条规定的权利人因被侵权所受到的实际损失可以根据专利权人的专利产品因侵权所造成销售量减少的总数乘以每件专利产品的合理利润所得之积计算。权利人销售量减少的总数难以确定的，侵权产品在市场上销售的总数乘以每件专利产品的合理利润所得之积可以视为权利人因被侵权所受到的实际损失。”

第三款改为第二款，修改为：“专利法第六十五条规定的侵权人因侵权所获得的利益可以根据该侵权产品在市场上销售的总数乘以每件侵权产品的合理利润所得之积计算。侵权人因侵权所获得的利益一般按照侵权人的营业利润计算，对于完全以侵权为业的侵权人，可以按照销售利润计算。”

八、将第二十一条修改为：“权利人的损失或者侵权人获得的利益难以确定，有专利许可使用费可以参照的，人民法院可以根据专利权的类型、侵权行为的性质和情节、专利许可的性质、范围、时间等因素，参照该专利许可使用费的倍数合理确定赔偿数额；没有专利许可使用费可以参照或者专利许可使用费明显不合理的，人民法院可以根据专利权的类型、侵权行为的性质和情节等因素，依照专利法第六十五条第二款的规定确定赔偿数额。”

九、将第二十二条修改为：“权利人主张其为制止侵权行为所支付合理开支的，人民法院可以在专利法第六十五条确定的赔偿数额之外另行计算。”

十、将第二十四条修改为：“专利法第十一条、第六十九条所称的许诺销售，是指以做广告、在商店橱窗中陈列或者在展销会上展出等方式作出销售商品的意思表示。”

根据本决定，将《最高人民法院关于审理专利纠纷案件适用法律问题的若干规定》作相应修改，重新公布。

附：

最高人民法院
关于审理专利纠纷案件适用法律问题的若干规定

（2001年6月19日最高人民法院审判委员会第1180次会议通过　根据2013年2月25日《最高人民法院关于修改〈最高人民法院关于审理专利纠纷案件适用法律问题的若干规定〉的决定》第一次修正　根据2015年1月19日《最高人民法院关于修改〈最高人民法院关于审理专利纠纷案件适用法律问题的若干规定〉的决定》第二次修正）

为了正确审理专利纠纷案件，根据《中华人民共和国民法通则》（以下简称民法通则）、《中华人民共和国专利法》（以下简称专利法）、《中华人民共和国民事诉讼法》和《中华人民共和国行政诉讼法》等法律的规定，作如下规定：

第一条　人民法院受理下列专利纠纷案件：

1. 专利申请权纠纷案件；
2. 专利权权属纠纷案件；
3. 专利权、专利申请权转让合同纠纷案件；

4. 侵犯专利权纠纷案件；
5. 假冒他人专利纠纷案件；
6. 发明专利申请公布后、专利权授予前使用费纠纷案件；
7. 职务发明创造发明人、设计人奖励、报酬纠纷案件；
8. 诉前申请停止侵权、财产保全案件；
9. 发明人、设计人资格纠纷案件；
10. 不服专利复审委员会维持驳回申请复审决定案件；
11. 不服专利复审委员会专利权无效宣告请求决定案件；
12. 不服国务院专利行政部门实施强制许可决定案件；
13. 不服国务院专利行政部门实施强制许可使用费裁决案件；
14. 不服国务院专利行政部门行政复议决定案件；
15. 不服管理专利工作的部门行政决定案件；
16. 其他专利纠纷案件。

第二条 专利纠纷第一审案件，由各省、自治区、直辖市人民政府所在地的中级人民法院和最高人民法院指定的中级人民法院管辖。

最高人民法院根据实际情况，可以指定基层人民法院管辖第一审专利纠纷案件。

第三条 当事人对专利复审委员会于2001年7月1日以后作出的关于实用新型、外观设计专利权撤销请求复审决定不服向人民法院起诉的，人民法院不予受理。

第四条 当事人对专利复审委员会于2001年7月1日以后作出的关于维持驳回实用新型、外观设计专利申请的复审决定，或者关于实用新型、外观设计专利权无效宣告请求的决定不服向人民法院起诉的，人民法院应当受理。

第五条 因侵犯专利权行为提起的诉讼，由侵权行为地或者被告住所地人民法院管辖。

侵权行为地包括：被诉侵犯发明、实用新型专利权的产品的制造、使用、许诺销售、销售、进口等行为的实施地；专利方法使用行为的实施地，依照该专利方法直接获得的产品的使用、许诺销售、销售、进口等行为的实施地；外观设计专利产品的制造、许诺销售、销售、进口等行为的实施地；假冒他人专利的行为实施地。上述侵权行为的侵权结果发生地。

第六条 原告仅对侵权产品制造者提起诉讼，未起诉销售者，侵权产品制造地与销售地不一致的，制造地人民法院有管辖权；以制造者与销售者为共同被告起诉的，销售地人民法院有管辖权。

销售者是制造者分支机构，原告在销售地起诉侵权产品制造者制造、销售行为的，销售地人民法院有管辖权。

第七条　原告根据1993年1月1日以前提出的专利申请和根据该申请授予的方法发明专利权提起的侵权诉讼，参照本规定第五条、第六条的规定确定管辖。

人民法院在上述案件实体审理中依法适用方法发明专利权不延及产品的规定。

第八条　对申请日在2009年10月1日前（不含该日）的实用新型专利提起侵犯专利权诉讼，原告可以出具由国务院专利行政部门作出的检索报告；对申请日在2009年10月1日以后的实用新型或者外观设计专利提起侵犯专利权诉讼，原告可以出具由国务院专利行政部门作出的专利权评价报告。根据案件审理需要，人民法院可以要求原告提交检索报告或者专利权评价报告。原告无正当理由不提交的，人民法院可以裁定中止诉讼或者判令原告承担可能的不利后果。

侵犯实用新型、外观设计专利权纠纷案件的被告请求中止诉讼的，应当在答辩期内对原告的专利权提出宣告无效的请求。

第九条　人民法院受理的侵犯实用新型、外观设计专利权纠纷案件，被告在答辩期间内请求宣告该项专利权无效的，人民法院应当中止诉讼，但具备下列情形之一的，可以不中止诉讼：

（一）原告出具的检索报告或者专利权评价报告未发现导致实用新型或者外观设计专利权无效的事由的；

（二）被告提供的证据足以证明其使用的技术已经公知的；

（三）被告请求宣告该项专利权无效所提供的证据或者依据的理由明显不充分的；

（四）人民法院认为不应当中止诉讼的其他情形。

第十条　人民法院受理的侵犯实用新型、外观设计专利权纠纷案件，被告在答辩期间届满后请求宣告该项专利权无效的，人民法院不应当中止诉讼，但经审查认为有必要中止诉讼的除外。

第十一条　人民法院受理的侵犯发明专利权纠纷案件或者经专利复审委员会审查维持专利权的侵犯实用新型、外观设计专利权纠纷案件，被告在答辩期间内请求宣告该项专利权无效的，人民法院可以不中止诉讼。

第十二条　人民法院决定中止诉讼，专利权人或者利害关系人请求责令被告停止有关行为或者采取其他制止侵权损害继续扩大的措施，并提供了担保，人民法院经审查符合有关法律规定的，可以在裁定中止诉讼的同时一并作出有关裁定。

第十三条　人民法院对专利权进行财产保全，应当向国务院专利行政部门发出协助执行通知书，载明要求协助执行的事项，以及对专利权保全的期限，并附人民法院作出的裁定书。

对专利权保全的期限一次不得超过六个月，自国务院专利行政部门收到协助执行通知书之日起计算。如果仍然需要对该专利权继续采取保全措施的，人民法院应当在保全期限届满前向国务院专利行政部门另行送达继续保全的协助执行通知书。保全期限届满前未送达的，视为自动解除对该专利权的财产保全。

人民法院对出质的专利权可以采取财产保全措施，质权人的优先受偿权不受保全措施的影响；专利权人与被许可人已经签订的独占实施许可合同，不影响人民法院对该专利权进行财产保全。

人民法院对已经进行保全的专利权，不得重复进行保全。

第十四条 2001年7月1日以前利用本单位的物质技术条件所完成的发明创造，单位与发明人或者设计人订有合同，对申请专利的权利和专利权的归属作出约定的，从其约定。

第十五条 人民法院受理的侵犯专利权纠纷案件，涉及权利冲突的，应当保护在先依法享有权利的当事人的合法权益。

第十六条 专利法第二十三条所称的在先取得的合法权利包括：商标权、著作权、企业名称权、肖像权、知名商品特有包装或者装潢使用权等。

第十七条 专利法第五十九条第一款所称的“发明或者实用新型专利权的保护范围以其权利要求的内容为准，说明书及附图可以用于解释权利要求的内容”，是指专利权的保护范围应当以权利要求记载的全部技术特征所确定的范围为准，也包括与该技术特征相等同的特征所确定的范围。

等同特征，是指与所记载的技术特征以基本相同的手段，实现基本相同的功能，达到基本相同的效果，并且本领域普通技术人员在被诉侵权行为发生时无需经过创造性劳动就能够联想到的特征。

第十八条 侵犯专利权行为发生在2001年7月1日以前的，适用修改前专利法的规定确定民事责任；发生在2001年7月1日以后的，适用修改后专利法的规定确定民事责任。

第十九条 假冒他人专利的，人民法院可以依照专利法第六十三条的规定确定其民事责任。管理专利工作的部门未给予行政处罚的，人民法院可以依照民法通则第一百三十四条第三款的规定给予民事制裁，适用民事罚款数额可以参照专利法第六十三条的规定确定。

第二十条 专利法第六十五条规定的权利人因被侵权所受到的实际损失可以根据专利权人的专利产品因侵权所造成销售量减少的总数乘以每件专利产品的合理利润所得之积计算。权利人销售量减少的总数难以确定的，侵权产品在市场上销售的总数乘以每件专利产品的合理利润所得之积可以视为权利人因被侵权所受到的实际损失。

专利法第六十五条规定的侵权人因侵权所获得的利益可以根据该侵权产品在市场上销售的总数乘以每件侵权产品的合理利润所得之积计算。侵权人因侵权所获得的利益一般按照侵权人的营业利润计算，对于完全以侵权为业的侵权人，可以按照销售利润计算。

第二十一条 权利人的损失或者侵权人获得的利益难以确定，有专利许可使用费可以参照的，人民法院可以根据专利权的类型、侵权行为的性质和情节、专利许可的性质、范围、时间等因素，参照该专利许可使用费的倍数合理确定赔偿数额；没有专利许可使用费可以参照或者专利许可使用费明显不合理的，人民法院可以根据专利权的类型、侵权行为的性质和情节等因素，依照专利法第六十五条第二款的规定确定赔偿数额。

第二十二条 权利人主张其为制止侵权行为所支付合理开支的，人民法院可以在专利法第六十五条确定的赔偿数额之外另行计算。

第二十三条 侵犯专利权的诉讼时效为二年，自专利权人或者利害关系人知道或者应当知道侵权行为之日起计算。权利人超过二年起诉的，如果侵权行为在起诉时仍在继续，在该项专利权有效期内，人民法院应当判决被告停止侵权行为，侵权损害赔偿数额应当自权利人向人民法院起诉之日起向前推算二年计算。

第二十四条 专利法第十一条、第六十九条所称的许诺销售，是指以做广告、在商店橱窗中陈列或者在展销会上展出等方式作出销售商品的意思表示。

第二十五条 人民法院受理的侵犯专利权纠纷案件，已经过管理专利工作的部门作出侵权或者不侵权认定的，人民法院仍应当就当事人的诉讼请求进行全面审查。

第二十六条 以前的有关司法解释与本规定不一致的，以本规定为准。

最高人民法院
关于审理侵犯专利权纠纷案件应用法律若干问题的解释

法释〔2009〕21号

（2009年12月21日最高人民法院审判委员会第1480次会议通过
2009年12月28日最高人民法院公告公布　自2010年1月1日起施行）

为正确审理侵犯专利权纠纷案件，根据《中华人民共和国专利法》、《中华人民共和国民事诉讼法》等有关法律规定，结合审判实际，制定本解释。

第一条　人民法院应当根据权利人主张的权利要求，依据专利法第五十九条第一款的规定确定专利权的保护范围。权利人在一审法庭辩论终结前变更其主张的权利要求的，人民法院应当准许。

权利人主张以从属权利要求确定专利权保护范围的，人民法院应当以该从属权利要求记载的附加技术特征及其引用的权利要求记载的技术特征，确定专利权的保护范围。

第二条　人民法院应当根据权利要求的记载，结合本领域普通技术人员阅读说明书及附图后对权利要求的理解，确定专利法第五十九条第一款规定的权利要求的内容。

第三条　人民法院对于权利要求，可以运用说明书及附图、权利要求书中的相关权利要求、专利审查档案进行解释。说明书对权利要求用语有特别界定的，从其特别界定。

以上述方法仍不能明确权利要求含义的，可以结合工具书、教科书等公知文献以及本领域普通技术人员的通常理解进行解释。

第四条　对于权利要求中以功能或者效果表述的技术特征，人民法院应当结合说明书和附图描述的该功能或者效果的具体实施方式及其等同的实施方式，确定该技术特征的内容。

第五条　对于仅在说明书或者附图中描述而在权利要求中未记载的技术方案，权利人在侵犯专利权纠纷案件中将其纳入专利权保护范围的，人民法院不予支持。

第六条　专利申请人、专利权人在专利授权或者无效宣告程序中，通过对权利要求、说明书的修改或者意见陈述而放弃的技术方案，权利人在侵犯专利权纠纷案件中又将其纳入专利权保护范围的，人民法院不予支持。

第七条　人民法院判定被诉侵权技术方案是否落入专利权的保护范围，应当审查权利人主张的权利要求所记载的全部技术特征。

被诉侵权技术方案包含与权利要求记载的全部技术特征相同或者等同的技术特征的，人民法院应当认定其落入专利权的保护范围；被诉侵权技术方案的技术特征与权利要求记载的全部技术特征相比，缺少权利要求记载的一个以上的技术特征，或者有一个以上技术特征不相同也不等同的，人民法院应当认定其没有落入专利权的保护范围。

第八条　在与外观设计专利产品相同或者相近种类产品上，采用与授权外观设计相同或者近似的外观设计的，人民法院应当认定被诉侵权设计落入专利法第五十九条第二款规定的外观设计专利权的保护范围。

第九条　人民法院应当根据外观设计产品的用途，认定产品种类是否相同或者相近。确定产品的用途，可以参考外观设计的简要说明、国际外观设计分类表、产品的功能以及产品销售、实际使用的情况等因素。

第十条　人民法院应当以外观设计专利产品的一般消费者的知识水平和认知能力，判断外观设计是否相同或者近似。

第十一条　人民法院认定外观设计是否相同或者近似时，应当根据授权外观设计、被诉侵权设计的设计特征，以外观设计的整体视觉效果进行综合判断；对于主要由技术功能决定的设计特征以及对整体视觉效果不产生影响的产品的材料、内部结构等特征，应当不予考虑。

下列情形，通常对外观设计的整体视觉效果更具有影响：

（一）产品正常使用时容易被直接观察到的部位相对于其他部位；

（二）授权外观设计区别于现有设计的设计特征相对于授权外观设计的其他设计特征。

被诉侵权设计与授权外观设计在整体视觉效果上无差异的，人民法院应当认定两者相同；在整体视觉效果上无实质性差异的，应当认定两者近似。

第十二条　将侵犯发明或者实用新型专利权的产品作为零部件，制造另一产品的，人民法院应当认定属于专利法第十一条规定的使用行为；销售该另一产品的，人民法院应当认定属于专利法第十一条规定的销售行为。

将侵犯外观设计专利权的产品作为零部件，制造另一产品并销售的，人民法院应当认定属于专利法第十一条规定的销售行为，但侵犯外观设计专利权的产品在该另一产品中仅具有技术功能的除外。

对于前两款规定的情形，被诉侵权人之间存在分工合作的，人民法院应当认定为共同侵权。

第十三条　对于使用专利方法获得的原始产品，人民法院应当认定为专利法第十一条规定的依照专利方法直接获得的产品。

对于将上述原始产品进一步加工、处理而获得后续产品的行为，人民法院应当认定属于专利法第十一条规定的使用依照该专利方法直接获得的产品。

第十四条 被诉落入专利权保护范围的全部技术特征，与一项现有技术方案中的相应技术特征相同或者无实质性差异的，人民法院应当认定被诉侵权人实施的技术属于专利法第六十二条规定的现有技术。

被诉侵权设计与一个现有设计相同或者无实质性差异的，人民法院应当认定被诉侵权人实施的设计属于专利法第六十二条规定的现有设计。

第十五条 被诉侵权人以非法获得的技术或者设计主张先用权抗辩的，人民法院不予支持。

有下列情形之一的，人民法院应当认定属于专利法第六十九条第（二）项规定的已经作好制造、使用的必要准备：

（一）已经完成实施发明创造所必需的主要技术图纸或者工艺文件；

（二）已经制造或者购买实施发明创造所必需的主要设备或者原材料。

专利法第六十九条第（二）项规定的原有范围，包括专利申请日前已有的生产规模以及利用已有的生产设备或者根据已有的生产准备可以达到的生产规模。

先用权人在专利申请日后将其已经实施或作好实施必要准备的技术或设计转让或者许可他人实施，被诉侵权人主张该实施行为属于在原有范围内继续实施的，人民法院不予支持，但该技术或设计与原有企业一并转让或者承继的除外。

第十六条 人民法院依据专利法第六十五条第一款的规定确定侵权人因侵权所获得的利益，应当限于侵权人因侵犯专利权行为所获得的利益；因其他权利所产生的利益，应当合理扣除。

侵犯发明、实用新型专利权的产品系另一产品的零部件的，人民法院应当根据该零部件本身的价值及其在实现成品利润中的作用等因素合理确定赔偿数额。

侵犯外观设计专利权的产品为包装物的，人民法院应当按照包装物本身的价值及其在实现被包装产品利润中的作用等因素合理确定赔偿数额。

第十七条 产品或者制造产品的技术方案在专利申请日以前为国内外公众所知的，人民法院应当认定该产品不属于专利法第六十一条第一款规定的新产品。

第十八条 权利人向他人发出侵犯专利权的警告，被警告人或者利害关系人经书面催告权利人行使诉权，自权利人收到该书面催告之日起一个月内或者自书面催告发出之日起二个月内，权利人不撤回警告也不提起诉讼，被警告人或者利害关系人向人民法院提起请求确认其行为不侵犯专利权的诉讼的，人民法院应当受理。

第十九条　被诉侵犯专利权行为发生在2009年10月1日以前的，人民法院适用修改前的专利法；发生在2009年10月1日以后的，人民法院适用修改后的专利法。

被诉侵犯专利权行为发生在2009年10月1日以前且持续到2009年10月1日以后，依据修改前和修改后的专利法的规定侵权人均应承担赔偿责任的，人民法院适用修改后的专利法确定赔偿数额。

第二十条　本院以前发布的有关司法解释与本解释不一致的，以本解释为准。

最高人民法院
关于审理侵犯专利权纠纷案件应用法律若干问题的解释（二）

法释〔2016〕1号

（2016年1月25日最高人民法院审判委员会第1676次会议通过
2016年3月21日最高人民法院公告公布　自2016年4月1日起施行）

为正确审理侵犯专利权纠纷案件，根据《中华人民共和国专利法》《中华人民共和国侵权责任法》《中华人民共和国民事诉讼法》等有关法律规定，结合审判实践，制定本解释。

第一条　权利要求书有两项以上权利要求的，权利人应当在起诉状中载明据以起诉被诉侵权人侵犯其专利权的权利要求。起诉状对此未记载或者记载不明的，人民法院应当要求权利人明确。经释明，权利人仍不予明确的，人民法院可以裁定驳回起诉。

第二条　权利人在专利侵权诉讼中主张的权利要求被专利复审委员会宣告无效的，审理侵犯专利权纠纷案件的人民法院可以裁定驳回权利人基于该无效权利要求的起诉。

有证据证明宣告上述权利要求无效的决定被生效的行政判决撤销的，权利人可以另行起诉。

专利权人另行起诉的，诉讼时效期间从本条第二款所称行政判决书送达之日起计算。

第三条 因明显违反专利法第二十六条第三款、第四款导致说明书无法用于解释权利要求，且不属于本解释第四条规定的情形，专利权因此被请求宣告无效的，审理侵犯专利权纠纷案件的人民法院一般应当裁定中止诉讼；在合理期限内专利权未被请求宣告无效的，人民法院可以根据权利要求的记载确定专利权的保护范围。

第四条 权利要求书、说明书及附图中的语法、文字、标点、图形、符号等存有歧义，但本领域普通技术人员通过阅读权利要求书、说明书及附图可以得出唯一理解的，人民法院应当根据该唯一理解予以认定。

第五条 在人民法院确定专利权的保护范围时，独立权利要求的前序部分、特征部分以及从属权利要求的引用部分、限定部分记载的技术特征均有限定作用。

第六条 人民法院可以运用与涉案专利存在分案申请关系的其他专利及其专利审查档案、生效的专利授权确权裁判文书解释涉案专利的权利要求。

专利审查档案，包括专利审查、复审、无效程序中专利申请人或者专利权人提交的书面材料，国务院专利行政部门及其专利复审委员会制作的审查意见通知书、会晤记录、口头审理记录、生效的专利复审请求审查决定书和专利权无效宣告请求审查决定书等。

第七条 被诉侵权技术方案在包含封闭式组合物权利要求全部技术特征的基础上增加其他技术特征的，人民法院应当认定被诉侵权技术方案未落入专利权的保护范围，但该增加的技术特征属于不可避免的常规数量杂质的除外。

前款所称封闭式组合物权利要求，一般不包括中药组合物权利要求。

第八条 功能性特征，是指对于结构、组分、步骤、条件或其之间的关系等，通过其在发明创造中所起的功能或者效果进行限定的技术特征，但本领域普通技术人员仅通过阅读权利要求即可直接、明确地确定实现上述功能或者效果的具体实施方式的除外。

与说明书及附图记载的实现前款所称功能或者效果不可缺少的技术特征相比，被诉侵权技术方案的相应技术特征是以基本相同的手段，实现相同的功能，达到相同的效果，且本领域普通技术人员在被诉侵权行为发生时无需经过创造性劳动就能够联想到的，人民法院应当认定该相应技术特征与功能性特征相同或者等同。

第九条 被诉侵权技术方案不能适用于权利要求中使用环境特征所限定的使用环境的，人民法院应当认定被诉侵权技术方案未落入专利权的保护范围。

第十条 对于权利要求中以制备方法界定产品的技术特征，被诉侵权产品的制备方法与其不相同也不等同的，人民法院应当认定被诉侵权技术方案未落入专利权的保护范围。

第十一条　方法权利要求未明确记载技术步骤的先后顺序，但本领域普通技术人员阅读权利要求书、说明书及附图后直接、明确地认为该技术步骤应当按照特定顺序实施的，人民法院应当认定该步骤顺序对于专利权的保护范围具有限定作用。

第十二条　权利要求采用“至少”“不超过”等用语对数值特征进行界定，且本领域普通技术人员阅读权利要求书、说明书及附图后认为专利技术方案特别强调该用语对技术特征的限定作用，权利人主张与其不相同的数值特征属于等同特征的，人民法院不予支持。

第十三条　权利人证明专利申请人、专利权人在专利授权确权程序中对权利要求书、说明书及附图的限缩性修改或者陈述被明确否定的，人民法院应当认定该修改或者陈述未导致技术方案的放弃。

第十四条　人民法院在认定一般消费者对于外观设计所具有的知识水平和认知能力时，一般应当考虑被诉侵权行为发生时授权外观设计所属相同或者相近种类产品的设计空间。设计空间较大的，人民法院可以认定一般消费者通常不容易注意到不同设计之间的较小区别；设计空间较小的，人民法院可以认定一般消费者通常更容易注意到不同设计之间的较小区别。

第十五条　对于成套产品的外观设计专利，被诉侵权设计与其一项外观设计相同或者近似的，人民法院应当认定被诉侵权设计落入专利权的保护范围。

第十六条　对于组装关系唯一的组件产品的外观设计专利，被诉侵权设计与其组合状态下的外观设计相同或者近似的，人民法院应当认定被诉侵权设计落入专利权的保护范围。

对于各构件之间无组装关系或者组装关系不唯一的组件产品的外观设计专利，被诉侵权设计与其全部单个构件的外观设计均相同或者近似的，人民法院应当认定被诉侵权设计落入专利权的保护范围；被诉侵权设计缺少其单个构件的外观设计或者与之不相同也不近似的，人民法院应当认定被诉侵权设计未落入专利权的保护范围。

第十七条　对于变化状态产品的外观设计专利，被诉侵权设计与变化状态图所示各种使用状态下的外观设计均相同或者近似的，人民法院应当认定被诉侵权设计落入专利权的保护范围；被诉侵权设计缺少其一种使用状态下的外观设计或者与之不相同也不近似的，人民法院应当认定被诉侵权设计未落入专利权的保护范围。

第十八条　权利人依据专利法第十三条诉请在发明专利申请公布日至授

权公告日期间实施该发明的单位或者个人支付适当费用的，人民法院可以参照有关专利许可使用费合理确定。

发明专利申请公布时申请人请求保护的范围与发明专利公告授权时的专利权保护范围不一致，被诉技术方案均落入上述两种范围的，人民法院应当认定被告在前款所称期间内实施了该发明；被诉技术方案仅落入其中一种范围的，人民法院应当认定被告在前款所称期间内未实施该发明。

发明专利公告授权后，未经专利权人许可，为生产经营目的使用、许诺销售、销售在本条第一款所称期间内已由他人制造、销售、进口的产品，且该他人已支付或者书面承诺支付专利法第十三条规定的适当费用的，对于权利人关于上述使用、许诺销售、销售行为侵犯专利权的主张，人民法院不予支持。

第十九条 产品买卖合同依法成立的，人民法院应当认定属于专利法第十一条规定的销售。

第二十条 对于将依照专利方法直接获得的产品进一步加工、处理而获得的后续产品，进行再加工、处理的，人民法院应当认定不属于专利法第十一条规定的“使用依照该专利方法直接获得的产品”。

第二十一条 明知有关产品系专门用于实施专利的材料、设备、零部件、中间物等，未经专利权人许可，为生产经营目的将该产品提供给他人实施了侵犯专利权的行为，权利人主张该提供者的行为属于侵权责任法第九条规定的帮助他人实施侵权行为的，人民法院应予支持。

明知有关产品、方法被授予专利权，未经专利权人许可，为生产经营目的积极诱导他人实施了侵犯专利权的行为，权利人主张该诱导者的行为属于侵权责任法第九条规定的教唆他人实施侵权行为的，人民法院应予支持。

第二十二条 对于被诉侵权人主张的现有技术抗辩或者现有设计抗辩，人民法院应当依照专利申请日时施行的专利法界定现有技术或者现有设计。

第二十三条 被诉侵权技术方案或者外观设计落入在先的涉案专利权的保护范围，被诉侵权人以其技术方案或者外观设计被授予专利权为由抗辩不侵犯涉案专利权的，人民法院不予支持。

第二十四条 推荐性国家、行业或者地方标准明示所涉必要专利的信息，被诉侵权人以实施该标准无需专利权人许可为由抗辩不侵犯该专利权的，人民法院一般不予支持。

推荐性国家、行业或者地方标准明示所涉必要专利的信息，专利权人、被诉侵权人协商该专利的实施许可条件时，专利权人故意违反其在标准制定中承诺的公平、合理、无歧视的许可义务，导致无法达成专利实施许可合同，且被诉侵权人在协商中无明显过错的，对于权利人请求停止标准实施行为的主张，人民法院一般不予支持。

本条第二款所称实施许可条件，应当由专利权人、被诉侵权人协商确定。经充分协商，仍无法达成一致的，可以请求人民法院确定。人民法院在确定上述实施许可条件时，应当根据公平、合理、无歧视的原则，综合考虑专利的创新程度及其在标准中的作用、标准所属的技术领域、标准的性质、标准实施的范围和相关的许可条件等因素。

法律、行政法规对实施标准中的专利另有规定的，从其规定。

第二十五条　为生产经营目的使用、许诺销售或者销售不知道是未经专利权人许可而制造并售出的专利侵权产品，且举证证明该产品合法来源的，对于权利人请求停止上述使用、许诺销售、销售行为的主张，人民法院应予支持，但被诉侵权产品的使用者举证证明其已支付该产品的合理对价的除外。

本条第一款所称不知道，是指实际不知道且不应当知道。

本条第一款所称合法来源，是指通过合法的销售渠道、通常的买卖合同等正常商业方式取得产品。对于合法来源，使用者、许诺销售者或者销售者应当提供符合交易习惯的相关证据。

第二十六条　被告构成对专利权的侵犯，权利人请求判令其停止侵权行为的，人民法院应予支持，但基于国家利益、公共利益的考量，人民法院可以不判令被告停止被诉行为，而判令其支付相应的合理费用。

第二十七条　权利人因被侵权所受到的实际损失难以确定的，人民法院应当依照专利法第六十五条第一款的规定，要求权利人对侵权人因侵权所获得的利益进行举证；在权利人已经提供侵权人所获利益的初步证据，而与专利侵权行为相关的账簿、资料主要由侵权人掌握的情况下，人民法院可以责令侵权人提供该账簿、资料；侵权人无正当理由拒不提供或者提供虚假的账簿、资料的，人民法院可以根据权利人的主张和提供的证据认定侵权人因侵权所获得的利益。

第二十八条　权利人、侵权人依法约定专利侵权的赔偿数额或者赔偿计算方法，并在专利侵权诉讼中主张依据该约定确定赔偿数额的，人民法院应予支持。

第二十九条　宣告专利权无效的决定作出后，当事人根据该决定依法申请再审，请求撤销专利权无效宣告前人民法院作出但未执行的专利侵权的判决、调解书的，人民法院可以裁定中止再审审查，并中止原判决、调解书的执行。

专利权人向人民法院提供充分、有效的担保，请求继续执行前款所称判决、调解书的，人民法院应当继续执行；侵权人向人民法院提供充分、有效的反担保，请求中止执行的，人民法院应当准许。人民法院生效裁判未撤销宣告专利权无效的决定的，专利权人应当赔偿因继续执行给对方造成的损失；宣告专利权无效的决定被人民法院生效裁判撤销，专利权仍有效的，人民法院可以依据前款所称判决、调解书直接执行上述反担保财产。

第三十条 在法定期限内对宣告专利权无效的决定不向人民法院起诉或者起诉后生效裁判未撤销该决定，当事人根据该决定依法申请再审，请求撤销宣告专利权无效前人民法院作出但未执行的专利侵权的判决、调解书的，人民法院应当再审。当事人根据该决定，依法申请终结执行宣告专利权无效前人民法院作出但未执行的专利侵权的判决、调解书的，人民法院应当裁定终结执行。

第三十一条 本解释自2016年4月1日起施行。最高人民法院以前发布的相关司法解释与本解释不一致的，以本解释为准。

【链 接】

统一细化专利侵权裁判标准 营造有利于创新的法治环境

——最高人民法院民三庭负责人就《关于审理侵犯专利权纠纷案件应用法律若干问题的解释（二）》答记者问

2016年3月22日，最高人民法院召开新闻发布会，发布《最高人民法院关于审理侵犯专利权纠纷案件应用法律若干问题的解释（二）》（以下简称《解释二》）。该司法解释将于2016年4月1日施行。为更好地理解和适用《解释二》，最高人民法院民三庭负责人接受了本报记者的采访。

问：《解释二》将于4月1日正式施行，请您介绍一下起草该司法解释的有关背景情况。

答：2009年12月，最高人民法院曾发布《关于审理侵犯专利权纠纷案件应用法律若干问题的解释》。该司法解释在依法保护专利权人利益、激励科技创新等方面发挥了重要作用。五年多以来，专利侵权案件稳步增长，所涉法律问题深度触及专利基本制度和基本理念，所涉技术事实愈加前沿和复杂，市场价值和利益更加巨大。北京、上海、江苏等地高级人民法院分别出台有关审理专利侵权纠纷案件的指导意见。特别是《中共中央关于全面深化改革若干重大问题的决定》明确提出，加强知识产权运用和保护，健全技术创新激励机制，建设国家创新体系。全国人大常委会决定在北京、上海、广州设立知识产权法院，集中审理专利等专业技术性较强的案件。为确保专利法的正确实施，统一和细化专利侵权裁判标准，及时回应科技创新对专利审判的新期待，有必要再次起草有关专利侵权判定的司法解释。

早在2011年年底，最高人民法院民三庭即开始进行专利侵权判定标准的专项调研。2014年初，列入最高人民法院司法解释立项计划。在向社会公开征求意见，并多次听取中央有关部门、专家学者、法院、律师、专利代理人、企业、行业协会等反馈意见的基础上，条文草案历经十六次修改形成送审稿，经最高人民法院审判委员会讨论，最终审议通过了该司法解释。

《解释二》共31条，主要来源于《最高人民法院公报》刊登的典型案例以及近年来对专利审判经验的总结。涉及的主要问题有：权利要求解释、间接侵权、标准实施抗辩、合法来源抗辩、停止侵权行为、赔偿额计算、专利无效对侵权诉讼的影响等。在总体框架上，基本按照专利权保护范围、侵权行为样态、不侵权抗辩、侵权责任以及程序性事项进行排列。

问：专利案件审理与科技创新关系密切，《解释二》的出台对于大众创业万众创新将产生什么影响?

答：当前，全球新一轮科技革命和产业变革蓄势待发，我国经济发展方式加快转变，创新引领发展的趋势更加明显，知识产权制度激励创新的基本保障作用更加突出。十八届五中全会提出“创新、协调、绿色、开放、共享”的五大发展理念，排在首位的就是“创新”。并强调创新是引领发展的第一动力，必须把创新摆在国家发展全局的核心位置，让创新贯穿党和国家一切工作，让创新在全社会蔚然成风。可以说，抓创新就是抓发展，谋创新就是谋未来。今年是“十三五”的开局之年，也是全面建成小康社会决胜阶段的开局之年。面对新形势新要求，充分发挥专利制度在激励创新、促进科技进步和经济社会发展方面的关键作用，着力构建公正、透明的法治环境，激发创新动力、创造潜力和创业活力，对于加快实施创新驱动发展战略具有十分重要的意义。

《解释二》的起草紧扣专利法鼓励发明创造、促进科技进步和经济社会发展的立法目的，立足专利审判实践，始终贯彻如下指导思想：一是坚持问题导向，加大专利权保护力度，尽可能地解决“周期长、举证难、赔偿低”等突出问题，确保专利权人利益的实现，从根本上激励创新；二是坚持折中解释原则，强化权利要求的公示和划界作用，增强专利权保护范围的确定性，为社会公众提供明确的法律预期，促使专利文件撰写水平的提高；三是坚持利益平衡原则，厘清专利权与其他民事权利的法律边界，既保护权利人的正当权益，鼓励发明创造，又避免专利权不适当地扩张，防止压缩再创新空间和损害公共利益、他人合法权益。

《解释二》的出台，是最高人民法院积极营造有利于创新的法治环境的重要举措，丰富和完善了我国专利法律制度，将进一步遏制侵犯专利权的行为，进一步强化司法裁判对科技创新的导向作用，进一步有效激励自主创新和技术跨越，为大众创业万众创新提供有力的法律保障。

问：对于当前我国专利保护中“举证难、赔偿低”的问题，《解释二》有哪些针对性的规定？

答：举证难和赔偿低是紧密关联的两个问题。导致侵权案件赔偿数额较低的主要原因是有关损失或获利的证据不足，也就是举证难的问题。由于专利侵权的隐蔽性，很多侵权证据由侵权人掌握，而权利人难以取得，也就是说，权利人和侵权人对于侵权证据的举证难易存在较大差别。因此，“举证难、赔偿低”问题的根本解决，不在于替权利人举证或者一味地提高法定赔偿数额，而应当是制定一套符合知识产权诉讼特点的举证规则。《解释二》第二十七条对专利侵权诉讼中有关赔偿数额的举证规则进行了一定程度的完善。在参考商标法第六十三条第二款有关证据妨碍规定的基础上，根据专利权人的初步举证以及侵权人掌握相关证据的情况，将有关侵权人获利的举证义务分配给侵权人，并将此与专利法第六十五条规定的赔偿额计算顺序相衔接。需要指出的是，该规则的适用，需以权利人初步举证证明被告的获利情况，且与专利侵权行为相关的账簿、资料主要由侵权人掌握为前提。若上述两条件均不成就，则无法进行证据妨碍推定，导致“侵权获利难以确定”。依照专利法第六十五条，进而需要确定是否可以参照专利许可费确定赔偿数额。

问：专利保护中的“周期长”是不是通常所说的“民行交叉”的问题？《解释二》又是如何解决的？

答：正如你所说，专利侵权纠纷案件的审理周期较长，主要是由现行法规定的“民行二元分立”诉讼架构造成的。权利人起诉被告侵犯其专利权，被告往往向专利复审委员会另行提起宣告专利权无效的请求，而审理专利侵权纠纷案件的法院又无权审查专利权的效力，通常中止民事诉讼，等待专利授权确权行政诉讼的结果。然而，专利授权确权程序过于繁冗，循环诉讼和程序空转的情况较为突出，不利于纠纷的实质性解决。为提高专利侵权诉讼的审理效率，尽可能缓解审理周期较长的负面影响，充分考虑专利授权确权行政诉讼改变专利复审委员会决定的比例较低的实际，《解释二》第二条设计了“先行裁驳、另行起诉”的制度，即在专利复审委员会作出宣告专利权无效的决定后，审理专利侵权纠纷案件的法院便可以裁定“驳回起诉”，无需等待行政诉讼的最终结果，并通过“另行起诉”给权利人以司法救济途径。之所以采用从程序上裁定驳回起诉，而非实体上判决驳回诉讼请求，主要是考虑若无效决定被行政裁判推翻，则权利人仍可另行起诉。

因专利侵权诉讼的原告可能仅为专利被许可人，通常其不参加专利无效程序，故不是行政判决书的被送达人，其另行起诉的时效计算则适用民法通则关于诉讼时效的一般规定，即知道或应当知道专利权恢复有效的时间。为避免文字繁冗，该条第三款仅规定了专利权人另行起诉的时效计算问题。

又如，对于专利复审委员会作出宣告专利权无效的决定后，当事人依据该决定申请再审撤销专利权无效宣告前人民法院作出但未执行的专利侵权的判决、调解书的问题，《解释二》第二十九条第一款规定，人民法院可以裁定中止再审审查，并中止原判决、调解书的执行，旨在减少专利最终无效后因继续执行导致的执行回转，赋予该无效决定一定程度地对抗判决、调解书的效力。又因该专利无效决定尚未被司法审查，故为平衡专利权人与侵权人的执行利益，避免“中止原判决、调解书执行”可能产生的副作用，参照《最高人民法院关于适用执行程序若干问题的解释》第十六条关于执行异议的规定，《解释二》第二十九条第二款规定，在人民法院已经裁定中止执行的情况下，专利权人可以在提供担保后请求继续执行。对此，侵权人则可通过反担保请求中止执行以制衡。当专利权被最终确定是否有效后，人民法院可执行担保或反担保财产，以避免执行利益落空。

虽然《解释二》的上述两个条款在提高诉讼效率方面进行了积极探索，但受现行法律规定的限制，并不能从根本上解决“民行二元分立”导致的周期长问题。比如，《解释二》的第三条规定，对于专利存在明显违反专利法第二十六条第三款或第四款、应被宣告无效的情形，审理专利侵权纠纷案件的法院也只能向当事人释明，告知其启动专利无效宣告程序。若无效程序被启动，则专利侵权诉讼一般应当中止。只有在合理期限内该专利权未被请求宣告无效的，人民法院才可以根据权利要求的记载确定专利权的保护范围。可见，困扰专利保护已久的“周期长”问题的根本解决，还需要从立法层面对“民行二元分立”的诉讼架构进行改造。当前，我国正在进行专利法的第四次修订工作，我们希望上述问题能够在这次专利法修订中得到解决。

问：您刚才提到，《解释二》的起草贯彻了强化权利要求公示作用的指导思想，能否具体介绍一下这些条文？

答：作为划定专利权权利边界的标尺，权利要求是专利法的核心概念，专利制度中的许多规则都是围绕权利要求展开。2009 年发布的专利法司法解释曾体现了强化权利要求公示性的导向，《解释二》继续贯彻了这一指导思想，旨在增强专利权保护范围的确定性，为社会公众提供明确的法律预期。这也是充分考虑我国现阶段专利质量总体上还处在较低水平的现状以及创新驱动发展战略实施的需求。

《解释二》第五条、第十条和第十二条分别针对的是前序特征、产品权利要求中的制备方法和数值特征中的强调用语，规定上述特征和用语对专利权保护范围具有限定作用。上述特征和用语是否作为专利的必要技术特征，属于专利授权确权阶段应当解决好的问题，审理专利侵权纠纷案件的人民法院对此不宜再甄别，也就是说，专利文件撰写人应当在专利申请阶段对于上述特征和用语的表述给予足够的注意。

《解释二》第七条明确了实践中争议已久的封闭式组合物权利要求的解释规则，也凸显了对权利要求公示性的尊重以及维护社会公众对专利权保护范围的信赖。因为历次版本的《专利审查指南》对于封闭式组合物权利要求的规定是相同的，即不得含有该权利要求所述特征之外的其他组分，除非是无法避免的常量杂质。通过长期的专利实践，此撰写方式和解释规则已为业界普遍接受，《解释二》第七条第一款规定的解释规则与《专利审查指南》保持了一致。第二款规定的中药组合物权利要求属于第一款的例外。

需要指出的是，文字表达本身具有一定的局限性，权利要求书对专利技术方案的概括难以做到全面、精准。而且，专利文件撰写水平的提高需要一个过程，不可能一蹴而就。因此，在强调权利要求公示性这一基本导向的同时，权利要求的解释需要保有一定的弹性，避免“唯文字论”，使真正有技术贡献的专利能获得比较周延的保护。

问：对于中药组合物权利要求作特别规定，是出于什么考虑？

答：中药领域的组合物在作用方式、制作工艺、理化参数等方面皆与化学药物存在根本区别，不宜简单地套用《解释二》第七条第一款的解释规则。而且，我国在中药领域具有独特优势，采取与化学药物组合物不同的权利要求解释规则，符合中药产业发展实际，有利于保护中药领域的创新、推动行业的发展。因此，对于以“由……制成”等主要撰写方式的中药组合物权利要求的解释，原则上不适用第一款的规定，而应当审查被诉侵权产品增加的技术特征对于技术问题的解决是否产生实质性影响。如未产生实质性影响，则一般认为被诉侵权产品落入专利权的保护范围。

问：《解释二》第二十五条为什么规定善意使用者可以不停止使用？

答：专利法第七十条规定使用者、许诺销售者、销售者合法来源抗辩成立时，免除其赔偿责任。争议在于，善意的使用者在证明合法来源且已支付合理对价的情况下是否还应停止使用。实践中，侵权产品的使用者通常不知道也不应当知道其购买的是侵权产品，因使用者在侵权行为链条的末端，容易被权利人发现，故权利人往往选择起诉使用者。即使制造者、销售者和使用者均为共同被告，若依照专利法第七十条，使用者仅免除赔偿损失的责任，其仍应承担停止使用的侵权责任。若不停止使用，则需支付专利使用费，作为不停止使用的替代。然而，使用者在购买侵权产品时已经支付了对价。实际上等于使用者要支付双份的对价。调研发现，近年来以广大使用者为被告的关联案件明显增多，上述现象较为突出。为厘清专利权与其他民事权利的法律边界，根据利益平衡原则，《解释二》第二十五条通过但书将善意使用者予以排除。

在起草中，曾有一种意见认为，该条免除了善意使用者不停止使用的责任，与专利法第七十条存在冲突。另一种意见认为，在制度本意上，设立合法来源抗辩制度是为了打击侵权源头，而制造者才是侵权的主要源头。TRIPS 协议亦未要求善意使用的行为应被禁止。使用者在主观上是善意的，在客观上提供了合法来源，且在获得该侵权产品时向销售者支付了合理对价，理应阻却专利权禁止力的延伸。专利权排他性强，但不等于可以无限扩张。专利法不仅仅是专利权人的法，一味地、过分地强调专利权人单方的利益，置善意使用者的正当利益于不顾，将侵占善意使用者的合理空间、妨碍交易安全，这并非专利法第七十条的原意，也有违利益平衡的法律基本精神。在征求有关立法部门意见的基础上，《解释二》采纳了第二种意见。

若权利人反证证明使用者未支付对价或对价明显不合理，则不符合免除停止侵权的构成要件，使用者仍应承担停止使用的民事责任，除非符合《解释二》第二十六条规定的损害“国家利益、公共利益”的除外情形。《解释二》第二十五条所称合理对价，是指与专利产品基本相当或略低于专利产品的交易价格或交易条件。如果该对价明显低于专利产品的交易价格或条件，通常可以推定购买者应当知道所购产品并非专利产品。

问：《解释二》第二十六条有关不判令停止被诉行为的规定，与专利法规定的专利强制许可制度是什么关系？

答：通常情况下，侵权人应当承担停止侵权的法律责任。但是，如果侵权人停止行为将损害国家利益、公共利益，法院也可以不判令其停止被诉行为，而代之以支付合理的使用费，此为国内外司法实践的通例。关于侵权责任的承担方式，专利法没有明确规定，但侵权责任法第十五条规定承担侵权责任的方式，可以单独适用，也可以合并适用。《解释二》第二十六条属于在个案中对民事责任承担方式的确定，是侵权责任法等法律适用的应有之义。虽然专利法规定了专利强制许可制度，但《解释二》第二十六条与专利强制许可制度并行不悖。若将行政机关颁发强制许可作为民事侵权诉讼的前置程序，则将导致民事诉讼的中止，人为地将救济程序复杂化，不利于及时定纷止争。需要指出的是，只有在损害国家利益、公共利益等极特殊的例外情况下，法院才不判令停止被诉行为，停止侵权仍是专利侵权责任承担的基本方式。

问：您刚才提到发明专利临时保护期，请介绍一下有关条文。

答：发明专利采“早期公开、延迟审查”制，故存在专利申请公布日与授权公告日之间的临时保护期。因专利法第十一条规定的侵权行为均在专利权被授予后，故临时保护期内实施发明在性质上不属于侵权行为。但是，实践中争议较大的问题是，临时保护期内已制造、销售、进口的产品能否在专利授权公告日后销售、许诺销售或者使用？对此，起草中曾有两种意见：第一种意见认为，临时保护期内制造、销售、进口的产品不是侵权产品，专利权人无权在授权公告日之后禁止非侵权产品的后续销售、使用等行为；第二种意见认为，依照专利法第十一条的规定，专利权被授予后，专利权人可以禁止他人未经其许可的任何实施行为。使用、许诺销售、销售临时保护期内已制造、销售或进口的产品，不属于专利法第六十九条规定的不视为侵权的情形，故应依法被禁止。如果采用第一种意见，就可能导致行为人在临时保护期内囤积产品、待授权公告日后再销售的情况。如果采用第二种意见，则与临时保护期内制造的产品不是侵权产品的定性不符，对于被告过于严苛。因此，《解释二》第十八条作了折衷处理：临时保护期实施制造、销售、进口行为的人按照专利法第十三条的规定向权利人支付适当费用的，临时保护期内已制造、销售、进口的产品不视为侵权产品，其后续的使用、销售、许诺销售不属于专利法第十一条规定的侵权行为。

实践中，权利人可能在起诉时将制造者、使用者、销售者均作为共同被告，也可能仅起诉销售者，当销售者提出制造者已书面承诺支付适当费用的抗辩时，权利人才申请将制造者追加进来。对此，应当依照民事诉讼法及其司法解释的相应规定处理，《解释二》未再赘述。之所以规定“书面承诺”，一是为了增强操作性，二是为针对制造者、销售者、进口者可能提起的费用之诉提供依据。

问：近年来，标准必要专利的问题倍受国内外的关注，《解释二》第二十四条涉及了这一问题，请介绍一下有关情况。

答：专利侵权诉讼中，被诉侵权人以实施标准为由主张不停止实施行为的法律问题较为典型。上述抗辩是否成立，取决于标准实施人的主观状态，即其对标准所涉专利的知悉程度，而该知悉程度则是由标准对专利信息的披露决定的。因此，《解释二》第二十四条在专利信息披露背景下探究当事人的主观过错，进而确定是否判令停止标准实施行为以及民事责任的承担，这仍属于专利法和侵权责任法的视角，并不涉及竞争法的问题。

鉴于标准必要专利的问题较为复杂，《解释二》摒弃了此前“大而全”的起草思路，仅就各方能形成共识的典型问题予以明确，而对于争议较大的问题暂不涉及。特别是，2013 年 12 月国家标准化管理委员会、国家知识产权局发布的《国家标准涉及专利的管理规定（暂行）》完善了专利信息披露程序，明确了国家标准中涉及的专利应当是必要专利。为保持与上述暂行规定的一致性，《解释二》仅规定推荐性标准及其明示所涉专利的情形。对于上述暂行规定未涉及的标准未披露专利信息、强制性标准、国际标准等问题，将留给司法实践逐步解决。

问：前不久，国务院法制办公开向社会征求对专利法修订草案的意见，《解释二》与这次专利法修订草案在条文上有哪些对接呢？

答：司法解释来源于审判实践，来源于全国法院大量鲜活的案例。正是从这个意义上讲，司法解释是立法的先导。专利法司法解释不仅仅是法官审理专利案件适用的依据，更在填补法律漏洞、细化法律标准等方面发挥着重要作用，构成了我国专利法律制度的有机组成部分。专利法司法解释的施行，将进一步验证和完善有关法律规则，为专利法的修订奠定更为扎实的基础。

比如，《解释二》第二十一条规定的专利间接侵权制度，这次专利法修订草案也有类似的条文。实践中，间接侵权人与最终实施发明创造的侵权人之间没有意思联络，并不构成共同过错。但鉴于间接侵权人主观恶意明显且其提供的零部件等是直接侵权行为的专用品，或者其积极诱导他人实施侵权行为，故纳入侵权责任法第九条规制的范围。这是侵权责任法适用的应有之义，并非在现行法律框架之外给予专利权人以额外的保护，符合加强专利权保护的客观实际。

需要强调的是，间接侵权应当以直接侵权为前提，故条文表述为“实施了”侵犯专利权的行为。但并不意味着，在提起间接侵权诉讼之前，必须存在认定直接侵权成立的裁判。关于是否将间接侵权人和直接侵权人作为共同被告的问题，考虑到可能存在直接侵权人已经被在先裁判认定的情况，人民法院可以根据具体案情依法决定是否作为共同被告。

除了间接侵权，《解释二》还进一步丰富了权利要求解释规则，明确了不侵权抗辩事由等。还有些问题在征求意见稿中曾有所反映，比如专利抵触申请抗辩、生产经营目的等，最终由于现行专利法的限制等原因，未再写入《解释二》，但不意味着征求意见稿在某些问题上的观点是错误的。有些可能在今后的司法政策、典型案例中予以体现，有些可能需要进一步研究论证、统一认识，还有些是专利法本身的深层次问题，需要在本次或以后的专利法修订中予以重点关注。

问：我注意到，这次司法解释的标题冠之以“解释（二）”，它和已有的专利法司法解释是什么关系？

答：2009 年 12 月，最高人民法院发布《关于审理侵犯专利权纠纷案件应用法律若干问题的解释》。《解释二》系在 2009 年专利法司法解释的基础上，对专利侵权判定标准的进一步丰富和细化，故表述为“解释（二）”，亦为将来的系列专利法司法解释预留空间，以便专利侵权司法解释的体系化。此外，《解释二》第二十三条将（93）经他字第20号批复予以吸收。但是，2001年、2009年发布的两个专利法司法解释与《解释二》没有抵触，不存在通过《解释二》替代的问题。

问：《解释二》施行后，最高人民法院将采取哪些具体措施予以贯彻？

答：最高人民法院将通过法院系统的业务会议、法官学院的培训课程等多种方式，让专利审判一线的法官在第一时间准确掌握《解释二》的起草本意以及理解和适用中应注意的问题等。此外，为满足广大专利法律实务工作者以及社会公众对专利法司法解释条文原意理解的需要，最高人民法院已经成立编写组，拟于今年第二季度出版《专利法司法解释理解与适用》（暂定名）一书，该书将全面梳理现行的三部专利法司法解释，按照便于查阅的全新体例进行编排。

最高人民法院将加强对《解释二》实施情况的跟踪，不断收集、总结司法解释实施中的问题，及时统一适用尺度，确保专利法的正确实施。

最高人民法院
关于审理技术合同纠纷案件适用法律若干问题的解释

法释〔2004〕20号

（2004年11月30日最高人民法院审判委员会第1335次会议通过
2004年12月16日最高人民法院公告公布　自2005年1月1日起施行）

为了正确审理技术合同纠纷案件，根据《中华人民共和国合同法》、《中华人民共和国专利法》和《中华人民共和国民事诉讼法》等法律的有关规定，结合审判实践，现就有关问题作出以下解释。

一、一般规定

第一条　技术成果，是指利用科学技术知识、信息和经验作出的涉及产品、工艺、材料及其改进等的技术方案，包括专利、专利申请、技术秘密、计算机软件、集成电路布图设计、植物新品种等。

技术秘密，是指不为公众所知悉、具有商业价值并经权利人采取保密措施的技术信息。

第二条　合同法第三百二十六条第二款所称“执行法人或者其他组织的工作任务”，包括：

（一）履行法人或者其他组织的岗位职责或者承担其交付的其他技术开发任务；

（二）离职后一年内继续从事与其原所在法人或者其他组织的岗位职责或者交付的任务有关的技术开发工作，但法律、行政法规另有规定的除外。

法人或者其他组织与其职工就职工在职期间或者离职以后所完成的技术成果的权益有约定的，人民法院应当依约定确认。

第三条　合同法第三百二十六条第二款所称“物质技术条件”，包括资金、设备、器材、原材料、未公开的技术信息和资料等。

第四条　合同法第三百二十六条第二款所称“主要利用法人或者其他组织的物质技术条件”，包括职工在技术成果的研究开发过程中，全部或者大部分利用了法人或者其他组织的资金、设备、器材或者原材料等物质条件，并且这些物质条件对形成该技术成果具有实质性的影响；还包括该技术成果实质性内容是在法人或者其他组织尚未公开的技术成果、阶段性技术成果基础上完成的情形。但下列情况除外：

（一）对利用法人或者其他组织提供的物质技术条件，约定返还资金或者交纳使用费的；

（二）在技术成果完成后利用法人或者其他组织的物质技术条件对技术方案进行验证、测试的。

第五条　个人完成的技术成果，属于执行原所在法人或者其他组织的工作任务，又主要利用了现所在法人或者其他组织的物质技术条件的，应当按照该自然人原所在和现所在法人或者其他组织达成的协议确认权益。不能达成协议的，根据对完成该项技术成果的贡献大小由双方合理分享。

第六条　合同法第三百二十六条、第三百二十七条所称完成技术成果的“个人”，包括对技术成果单独或者共同作出创造性贡献的人，也即技术成果的发明人或者设计人。人民法院在对创造性贡献进行认定时，应当分解所涉及技术成果的实质性技术构成。提出实质性技术构成并由此实现技术方案的人，是作出创造性贡献的人。

提供资金、设备、材料、试验条件，进行组织管理，协助绘制图纸、整理资料、翻译文献等人员，不属于完成技术成果的个人。

第七条　不具有民事主体资格的科研组织订立的技术合同，经法人或者其他组织授权或者认可的，视为法人或者其他组织订立的合同，由法人或者其他组织承担责任；未经法人或者其他组织授权或者认可的，由该科研组织成员共同承担责任，但法人或者其他组织因该合同受益的，应当在其受益范围内承担相应责任。

前款所称不具有民事主体资格的科研组织，包括法人或者其他组织设立的从事技术研究开发、转让等活动的课题组、工作室等。

第八条 生产产品或者提供服务依法须经有关部门审批或者取得行政许可，而未经审批或者许可的，不影响当事人订立的相关技术合同的效力。

当事人对办理前款所称审批或者许可的义务没有约定或者约定不明确的，人民法院应当判令由实施技术的一方负责办理，但法律、行政法规另有规定的除外。

第九条 当事人一方采取欺诈手段，就其现有技术成果作为研究开发标的与他人订立委托开发合同收取研究开发费用，或者就同一研究开发课题先后与两个或者两个以上的委托人分别订立委托开发合同重复收取研究开发费用的，受损害方依照合同法第五十四条第二款规定请求变更或者撤销合同的，人民法院应当予以支持。

第十条 下列情形，属于合同法第三百二十九条所称的“非法垄断技术、妨碍技术进步”：

（一）限制当事人一方在合同标的技术基础上进行新的研究开发或者限制其使用所改进的技术，或者双方交换改进技术的条件不对等，包括要求一方将其自行改进的技术无偿提供给对方、非互惠性转让给对方、无偿独占或者共享该改进技术的知识产权；

（二）限制当事人一方从其他来源获得与技术提供方类似技术或者与其竞争的技术；

（三）阻碍当事人一方根据市场需求，按照合理方式充分实施合同标的技术，包括明显不合理地限制技术接受方实施合同标的技术生产产品或者提供服务的数量、品种、价格、销售渠道和出口市场；

（四）要求技术接受方接受并非实施技术必不可少的附带条件，包括购买非必需的技术、原材料、产品、设备、服务以及接收非必需的人员等；

（五）不合理地限制技术接受方购买原材料、零部件、产品或者设备等的渠道或者来源；

（六）禁止技术接受方对合同标的技术知识产权的有效性提出异议或者对提出异议附加条件。

第十一条 技术合同无效或者被撤销后，技术开发合同研究开发人、技术转让合同让与人、技术咨询合同和技术服务合同的受托人已经履行或者部分履行了约定的义务，并且造成合同无效或者被撤销的过错在对方的，对其已履行部分应当收取的研究开发经费、技术使用费、提供咨询服务的报酬，人民法院可以认定为因对方原因导致合同无效或者被撤销给其造成的损失。

技术合同无效或者被撤销后，因履行合同所完成新的技术成果或者在他人技术成果基础上完成后续改进技术成果的权利归属和利益分享，当事人不能重新协议确定的，人民法院可以判决由完成技术成果的一方享有。

第十二条　根据合同法第三百二十九条的规定，侵害他人技术秘密的技术合同被确认无效后，除法律、行政法规另有规定的以外，善意取得该技术秘密的一方当事人可以在其取得时的范围内继续使用该技术秘密，但应当向权利人支付合理的使用费并承担保密义务。

当事人双方恶意串通或者一方知道或者应当知道另一方侵权仍与其订立或者履行合同的，属于共同侵权，人民法院应当判令侵权人承担连带赔偿责任和保密义务，因此取得技术秘密的当事人不得继续使用该技术秘密。

第十三条　依照前条第一款规定可以继续使用技术秘密的人与权利人就使用费支付发生纠纷的，当事人任何一方都可以请求人民法院予以处理。继续使用技术秘密但又拒不支付使用费的，人民法院可以根据权利人的请求判令使用人停止使用。

人民法院在确定使用费时，可以根据权利人通常对外许可该技术秘密的使用费或者使用人取得该技术秘密所支付的使用费，并考虑该技术秘密的研究开发成本、成果转化和应用程度以及使用人的使用规模、经济效益等因素合理确定。

不论使用人是否继续使用技术秘密，人民法院均应当判令其向权利人支付已使用期间的使用费。使用人已向无效合同的让与人支付的使用费应当由让与人负责返还。

第十四条　对技术合同的价款、报酬和使用费，当事人没有约定或者约定不明确的，人民法院可以按照以下原则处理：

（一）对于技术开发合同和技术转让合同，根据有关技术成果的研究开发成本、先进性、实施转化和应用的程度，当事人享有的权益和承担的责任，以及技术成果的经济效益等合理确定；

（二）对于技术咨询合同和技术服务合同，根据有关咨询服务工作的技术含量、质量和数量，以及已经产生和预期产生的经济效益等合理确定。

技术合同价款、报酬、使用费中包含非技术性款项的，应当分项计算。

第十五条　技术合同当事人一方迟延履行主要债务，经催告后在30日内仍未履行，另一方依据合同法第九十四条第（三）项的规定主张解除合同的，人民法院应当予以支持。

当事人在催告通知中附有履行期限且该期限超过30日的，人民法院应当认定该履行期限为合同法第九十四条第（三）项规定的合理期限。

第十六条 当事人以技术成果向企业出资但未明确约定权属，接受出资的企业主张该技术成果归其享有的，人民法院一般应当予以支持，但是该技术成果价值与该技术成果所占出资额比例明显不合理损害出资人利益的除外。

当事人对技术成果的权属约定有比例的，视为共同所有，其权利使用和利益分配，按共有技术成果的有关规定处理，但当事人另有约定的，从其约定。

当事人对技术成果的使用权约定有比例的，人民法院可以视为当事人对实施该项技术成果所获收益的分配比例，但当事人另有约定的，从其约定。

二、技术开发合同

第十七条 合同法第三百三十条所称“新技术、新产品、新工艺、新材料及其系统”，包括当事人在订立技术合同时尚未掌握的产品、工艺、材料及其系统等技术方案，但对技术上没有创新的现有产品的改型、工艺变更、材料配方调整以及对技术成果的验证、测试和使用除外。

第十八条 合同法第三百三十条第四款规定的“当事人之间就具有产业应用价值的科技成果实施转化订立的”技术转化合同，是指当事人之间就具有实用价值但尚未实现工业化应用的科技成果包括阶段性技术成果，以实现该科技成果工业化应用为目标，约定后续试验、开发和应用等内容的合同。

第十九条 合同法第三百三十五条所称“分工参与研究开发工作”，包括当事人按照约定的计划和分工，共同或者分别承担设计、工艺、试验、试制等工作。

技术开发合同当事人一方仅提供资金、设备、材料等物质条件或者承担辅助协作事项，另一方进行研究开发工作的，属于委托开发合同。

第二十条 合同法第三百四十一条所称“当事人均有使用和转让的权利”，包括当事人均有不经对方同意而自己使用或者以普通使用许可的方式许可他人使用技术秘密，并独占由此所获利益的权利。当事人一方将技术秘密成果的转让权让与他人，或者以独占或者排他使用许可的方式许可他人使用技术秘密，未经对方当事人同意或者追认的，应当认定该让与或者许可行为无效。

第二十一条 技术开发合同当事人依照合同法的规定或者约定自行实施专利或使用技术秘密，但因其不具备独立实施专利或者使用技术秘密的条件，以一个普通许可方式许可他人实施或者使用的，可以准许。

三、技术转让合同

第二十二条 合同法第三百四十二条规定的“技术转让合同”，是指合法拥有技术的权利人，包括其他有权对外转让技术的人，将现有特定的专利、专利申请、技术秘密的相关权利让与他人，或者许可他人实施、使用所订立的合同。但就尚待研究开发的技术成果或者不涉及专利、专利申请或者技术秘密的知识、技术、经验和信息所订立的合同除外。

技术转让合同中关于让与人向受让人提供实施技术的专用设备、原材料或者提供有关的技术咨询、技术服务的约定，属于技术转让合同的组成部分。因此发生的纠纷，按照技术转让合同处理。

当事人以技术入股方式订立联营合同，但技术入股人不参与联营体的经营管理，并且以保底条款形式约定联营体或者联营对方支付其技术价款或者使用费的，视为技术转让合同。

第二十三条　专利申请权转让合同当事人以专利申请被驳回或者被视为撤回为由请求解除合同，该事实发生在依照专利法第十条第三款的规定办理专利申请权转让登记之前的，人民法院应当予以支持；发生在转让登记之后的，不予支持，但当事人另有约定的除外。

专利申请因专利申请权转让合同成立时即存在尚未公开的同样发明创造的在先专利申请被驳回，当事人依据合同法第五十四条第一款第（二）项的规定请求予以变更或者撤销合同的，人民法院应当予以支持。

第二十四条　订立专利权转让合同或者专利申请权转让合同前，让与人自己已经实施发明创造，在合同生效后，受让人要求让与人停止实施的，人民法院应当予以支持，但当事人另有约定的除外。

让与人与受让人订立的专利权、专利申请权转让合同，不影响在合同成立前让与人与他人订立的相关专利实施许可合同或者技术秘密转让合同的效力。

第二十五条　专利实施许可包括以下方式：

（一）独占实施许可，是指让与人在约定许可实施专利的范围内，将该专利仅许可一个受让人实施，让与人依约定不得实施该专利；

（二）排他实施许可，是指让与人在约定许可实施专利的范围内，将该专利仅许可一个受让人实施，但让与人依约定可以自行实施该专利；

（三）普通实施许可，是指让与人在约定许可实施专利的范围内许可他人实施该专利，并且可以自行实施该专利。

当事人对专利实施许可方式没有约定或者约定不明确的，认定为普通实施许可。专利实施许可合同约定受让人可以再许可他人实施专利的，认定该再许可为普通实施许可，但当事人另有约定的除外。

技术秘密的许可使用方式，参照本条第一、二款的规定确定。

第二十六条　专利实施许可合同让与人负有在合同有效期内维持专利权

有效的义务，包括依法缴纳专利年费和积极应对他人提出宣告专利权无效的请求，但当事人另有约定的除外。

第二十七条 排他实施许可合同让与人不具备独立实施其专利的条件，以一个普通许可的方式许可他人实施专利的，人民法院可以认定为让与人自己实施专利，但当事人另有约定的除外。

第二十八条 合同法第三百四十三条所称“实施专利或者使用技术秘密的范围”，包括实施专利或者使用技术秘密的期限、地域、方式以及接触技术秘密的人员等。

当事人对实施专利或者使用技术秘密的期限没有约定或者约定不明确的，受让人实施专利或者使用技术秘密不受期限限制。

第二十九条 合同法第三百四十七条规定技术秘密转让合同让与人承担的“保密义务”，不限制其申请专利，但当事人约定让与人不得申请专利的除外。

当事人之间就申请专利的技术成果所订立的许可使用合同，专利申请公开以前，适用技术秘密转让合同的有关规定；发明专利申请公开以后、授权以前，参照适用专利实施许可合同的有关规定；授权以后，原合同即为专利实施许可合同，适用专利实施许可合同的有关规定。

人民法院不以当事人就已经申请专利但尚未授权的技术订立专利实施许可合同为由，认定合同无效。

四、技术咨询合同和技术服务合同

第三十条 合同法第三百五十六条第一款所称“特定技术项目”，包括有关科学技术与经济社会协调发展的软科学研究项目，促进科技进步和管理现代化、提高经济效益和社会效益等运用科学知识和技术手段进行调查、分析、论证、评价、预测的专业性技术项目。

第三十一条 当事人对技术咨询合同受托人进行调查研究、分析论证、试验测定等所需费用的负担没有约定或者约定不明确的，由受托人承担。

当事人对技术咨询合同委托人提供的技术资料和数据或者受托人提出的咨询报告和意见未约定保密义务，当事人一方引用、发表或者向第三人提供的，不认定为违约行为，但侵害对方当事人对此享有的合法权益的，应当依法承担民事责任。

第三十二条 技术咨询合同受托人发现委托人提供的资料、数据等有明显错误或者缺陷，未在合理期限内通知委托人的，视为其对委托人提供的技术资料、数据等予以认可。委托人在接到受托人的补正通知后未在合理期限内答复并予补正的，发生的损失由委托人承担。

第三十三条　合同法第三百五十六条第二款所称“特定技术问题”，包括需要运用专业技术知识、经验和信息解决的有关改进产品结构、改良工艺流程、提高产品质量、降低产品成本、节约资源能耗、保护资源环境、实现安全操作、提高经济效益和社会效益等专业技术问题。

第三十四条　当事人一方以技术转让的名义提供已进入公有领域的技术，或者在技术转让合同履行过程中合同标的技术进入公有领域，但是技术提供方进行技术指导、传授技术知识，为对方解决特定技术问题符合约定条件的，按照技术服务合同处理，约定的技术转让费可以视为提供技术服务的报酬和费用，但是法律、行政法规另有规定的除外。

依照前款规定，技术转让费视为提供技术服务的报酬和费用明显不合理的，人民法院可以根据当事人的请求合理确定。

第三十五条　当事人对技术服务合同受托人提供服务所需费用的负担没有约定或者约定不明确的，由受托人承担。

技术服务合同受托人发现委托人提供的资料、数据、样品、材料、场地等工作条件不符合约定，未在合理期限内通知委托人的，视为其对委托人提供的工作条件予以认可。委托人在接到受托人的补正通知后未在合理期限内答复并予补正的，发生的损失由委托人承担。

第三十六条　合同法第三百六十四条规定的“技术培训合同”，是指当事人一方委托另一方对指定的学员进行特定项目的专业技术训练和技术指导所订立的合同，不包括职业培训、文化学习和按照行业、法人或者其他组织的计划进行的职工业余教育。

第三十七条　当事人对技术培训必需的场地、设施和试验条件等工作条件的提供和管理责任没有约定或者约定不明确的，由委托人负责提供和管理。

技术培训合同委托人派出的学员不符合约定条件，影响培训质量的，由委托人按照约定支付报酬。

受托人配备的教员不符合约定条件，影响培训质量，或者受托人未按照计划和项目进行培训，导致不能实现约定培训目标的，应当减收或者免收报酬。

受托人发现学员不符合约定条件或者委托人发现教员不符合约定条件，未在合理期限内通知对方，或者接到通知的一方未在合理期限内按约定改派的，应当由负有履行义务的当事人承担相应的民事责任。

第三十八条　合同法第三百六十四条规定的“技术中介合同”，是指当事人一方以知识、技术、经验和信息为另一方与第三人订立技术合同进行联系、介绍以及对履行合同提供专门服务所订立的合同。

第三十九条　中介人从事中介活动的费用，是指中介人在委托人和第三人订立技术合同前，进行联系、介绍活动所支出的通信、交通和必要的调查研究等费用。中介人的报酬，是指中介人为委托人与第三人订立技术合同以及对履行该合同提供服务应当得到的收益。

当事人对中介人从事中介活动的费用负担没有约定或者约定不明确的，由中介人承担。当事人约定该费用由委托人承担但未约定具体数额或者计算方法的，由委托人支付中介人从事中介活动支出的必要费用。

当事人对中介人的报酬数额没有约定或者约定不明确的，应当根据中介人所进行的劳务合理确定，并由委托人承担。仅在委托人与第三人订立的技术合同中约定中介条款，但未约定给付中介人报酬或者约定不明确的，应当支付的报酬由委托人和第三人平均承担。

第四十条　中介人未促成委托人与第三人之间的技术合同成立的，其要求支付报酬的请求，人民法院不予支持；其要求委托人支付其从事中介活动必要费用的请求，应当予以支持，但当事人另有约定的除外。

中介人隐瞒与订立技术合同有关的重要事实或者提供虚假情况，侵害委托人利益的，应当根据情况免收报酬并承担赔偿责任。

第四十一条　中介人对造成委托人与第三人之间的技术合同的无效或者被撤销没有过错，并且该技术合同的无效或者被撤销不影响有关中介条款或者技术中介合同继续有效，中介人要求按照约定或者本解释的有关规定给付从事中介活动的费用和报酬的，人民法院应当予以支持。

中介人收取从事中介活动的费用和报酬不应当被视为委托人与第三人之间的技术合同纠纷中一方当事人的损失。

五、与审理技术合同纠纷有关的程序问题

第四十二条　当事人将技术合同和其他合同内容或者将不同类型的技术合同内容订立在一个合同中的，应当根据当事人争议的权利义务内容，确定案件的性质和案由。

技术合同名称与约定的权利义务关系不一致的，应当按照约定的权利义务内容，确定合同的类型和案由。

技术转让合同中约定让与人负责包销或者回购受让人实施合同标的技术制造的产品，仅因让与人不履行或者不能全部履行包销或者回购义务引起纠纷，不涉及技术问题的，应当按照包销或者回购条款约定的权利义务内容确定案由。

第四十三条　技术合同纠纷案件一般由中级以上人民法院管辖。

各高级人民法院根据本辖区的实际情况并报经最高人民法院批准，可以指定若干基层人民法院管辖第一审技术合同纠纷案件。

其他司法解释对技术合同纠纷案件管辖另有规定的，从其规定。

合同中既有技术合同内容，又有其他合同内容，当事人就技术合同内容和其他合同内容均发生争议的，由具有技术合同纠纷案件管辖权的人民法院受理。

第四十四条　一方当事人以诉讼争议的技术合同侵害他人技术成果为由请求确认合同无效，或者人民法院在审理技术合同纠纷中发现可能存在该无效事由的，人民法院应当依法通知有关利害关系人，其可以作为有独立请求权的第三人参加诉讼或者依法向有管辖权的人民法院另行起诉。

利害关系人在接到通知后 15 日内不提起诉讼的，不影响人民法院对案件的审理。

第四十五条　第三人向受理技术合同纠纷案件的人民法院就合同标的技术提出权属或者侵权请求时，受诉人民法院对此也有管辖权的，可以将权属或者侵权纠纷与合同纠纷合并审理；受诉人民法院对此没有管辖权的，应当告知其向有管辖权的人民法院另行起诉或者将已经受理的权属或者侵权纠纷案件移送有管辖权的人民法院。权属或者侵权纠纷另案受理后，合同纠纷应当中止诉讼。

专利实施许可合同诉讼中，受让人或者第三人向专利复审委员会请求宣告专利权无效的，人民法院可以不中止诉讼。在案件审理过程中专利权被宣告无效的，按照专利法第四十七条第二款和第三款的规定处理。

六、其他

第四十六条　集成电路布图设计、植物新品种许可使用和转让等合同争议，相关行政法规另有规定的，适用其规定；没有规定的，适用合同法总则的规定，并可以参照合同法第十八章和本解释的有关规定处理。

计算机软件开发、许可使用和转让等合同争议，著作权法以及其他法律、行政法规另有规定的，依照其规定；没有规定的，适用合同法总则的规定，并可以参照合同法第十八章和本解释的有关规定处理。

第四十七条　本解释自 2005 年 1 月 1 日起施行。

【链　接】

正确处理技术合同纠纷　努力促进科技进步创新

——最高人民法院民三庭庭长蒋志培就《关于审理技术合同纠纷案件适用法律若干问题的解释》答记者问

为了贯彻执行合同法、专利法和民事诉讼法等法律的有关规定，正确审理技术合同纠纷案件，最高人民法院审判委员会于2004年11月30日第1335次会议通过了《最高人民法院关于审理技术合同纠纷案件适用法律若干问题的解释》（以下简称《解释》）。值此司法解释公布之际，为更好地理解和适用该《解释》的精神和内容，最高人民法院审判委员会委员、民事审判第三庭庭长蒋志培就司法解释的有关问题接受了本报记者的采访。

问：据了解，《解释》的起草时间比较长，能否请您先简要介绍一下起草的背景、指导思想和重要意义。

答：现行合同法于1999年10月1日起施行，原技术合同法及其实施条例同时废止，《最高人民法院关于审理科技纠纷案件的若干问题的规定》也于2000年7月25日被废止。技术合同审判面临着许多曾有行政法规和司法解释可以援用而现在却无明确法律依据的问题和一些审判实践中出现的新问题。为完善技术合同审判法律适用体系，最高人民法院根据合同法等有关法律规定，在总结审判经验的基础上，以多种方式广泛征求意见和充分论证，历经五年多，先后九易其稿，制定了这个以贯彻合同法技术合同规范为主的司法解释。

《解释》的起草贯彻了以下指导思想：确保合同法总则对技术合同的统领作用，同时充分体现技术合同的特点；合理承继原有法律、行政法规和司法解释有关技术合同规定的基本内容，体现技术合同审判工作的连续性；根据审判实践需要，增加、完善新内容；坚持与TRIPS协议和国际惯例相一致的原则。

作为合同法司法解释的一个重要组成部分，《解释》的出台，是贯彻党的十六届三中、四中全会和中央经济工作会议精神，落实科学发展观的重要举措，对于进一步完善技术合同法律适用体系，统一司法标准，规范技术市场秩序，依法保护技术合同当事人的合法权益，鼓励技术进步和科技创新，促进科技成果的转化、应用和推广，充分保护知识产权，推动科教兴国战略的实施，提高国民经济的整体素质和竞争力，具有十分重要的意义。

问：技术成果是技术合同中一个十分重要的概念，到底什么是技术成果？都有哪些类型？为何要对其中的技术秘密作新解释？

答：技术成果是一种无形财产，是技术合同的重要标的，在现代社会发挥着越来越重要的作用。正是由于这种财产内容的技术性和特殊性，我国曾以专门的技术合同法予以调整，统一后的合同法也将技术合同作为一种独立的合同类型设专章予以规范。

如何精确界定技术成果的概念，直接关系到技术合同法律规范的适用范围。《解释》在承继了原技术合同法实施条例关于技术成果的概念的基础上，进一步明确了技术成果的一般类型，规定“技术成果，是指利用科学技术知识、信息和经验作出的涉及产品、工艺、材料及其改进等的技术方案，包括专利、专利申请、技术秘密、计算机软件、集成电路布图设计、植物新品种等。”就本质而言，作为技术合同标的的技术成果应当是一种技术方案，不包含技术内容的其他劳动成果，如一般作品和商标不能够成为技术合同标的。技术成果与知识产权是两个既有交叉而又不等同的概念，大多数技术成果享有知识产权，但并不要求技术成果必须能够或者已经依法取得知识产权，如技术服务合同的标的技术就可能是公知技术。

原技术合同法及其实施条例没有明确技术成果的一般类型，只是把技术成果分为专利技术和非专利技术成果；合同法也仅提到了专利和技术秘密这两种技术成果，没有明确提及新出现的一些知识产权类型，如计算机软件、集成电路布图设计、植物新品种等；对于申请专利但尚未授权特别是处于专利临时保护期的技术，既不属于技术秘密又不是专利，是一种处于特定阶段的有特殊法律意义的技术成果。为了对各级人民法院适用法律提供明确的指导，《解释》以开放式的规定列举了前述六种技术成果。

《解释》参照TRIPS协议的有关规定，对技术秘密的构成要件重新予以界定，即“技术秘密，是指不为公众所知悉、具有商业价值并经权利人采取保密措施的技术信息。”实际上这是将我国反不正当竞争法第十条和刑法第二百一十九条所确认的商业秘密的构成要件中的“能为权利人带来经济利益、具有实用性”的要求统一规定为“具有商业价值”。这种规定更符合国际标准和惯例，有利于按照我国加入世界贸易组织的承诺加强对包括技术秘密在内的商业秘密的法律保护。

问：单位与职工之间的技术成果权属纠纷一直较受社会关注，《解释》是如何来界定职务技术成果与非职务技术成果的？与专利法等法律的规定如何衔接？

答：对职务技术成果与非职务技术成果的权属确认，直接涉及保护单位的技术权益与鼓励发明人的发明创造积极性的平衡问题。《解释》对有关问题的明确规定，有利于科技成果产权的明晰，有利于鼓励单位增加科技投入，有利于激发个人积极从事科技创新，最终有利于促进科技进步和技术成果的转化、应用和推广。

对职务技术成果与非职务技术成果的界定，首先，要尊重当事人的约定。《解释》根据合同法体现的合同自由原则，规定“法人或者其他组织与其职工就职工在职期间或者离职以后所完成的技术成果的权益有约定的，人民法院应当依约定确认。”2000 年修订的专利法规定当事人可以对利用本单位物质技术条件完成的发明创造的权属作出约定，对执行本单位任务完成的发明创造的权属当事人能否约定，未作规定。《解释》的这一规定补充了适用专利法有关规定的不足。

其次，要界定个人完成的技术成果是否属于“执行法人或者其他组织的工作任务”。《解释》规定，职工离职后一年内继续从事与其原所在法人或者其他组织的岗位职责或者交付的任务有关的技术开发工作，仍属于执行法人或者其他组织的工作任务，但法律、行政法规另有规定的除外。这里的“离职”应当理解为包括退职、退休、停薪留职、开除、辞退等各种原因离开原单位的情形。但书条款主要是考虑植物新品种保护条例的两个实施细则均对离职以后的期限规定为 3 年，这些细则虽属行政规章，人民法院可以参照适用。

最后，要看完成技术成果的个人是否系“主要利用法人或者其他组织的物质技术条件”。人的智力创造是形成技术成果的最关键因素，在利用单位物质条件问题上，与过去有关规定相比，《解释》更加侧重考虑技术成果的技术性贡献因素，进一步弱化了物质贡献因素，要求不仅是要“全部或者大部分利用”单位的物质条件，而且需要“这些物质条件对形成该技术成果具有实质性的影响”，方可认定为职务技术成果。

问：合同效力问题往往是当事人争议的焦点问题之一，关于技术合同效力问题，《解释》有哪些主要规定？实践中因侵害他人技术秘密而导致技术合同无效的情况较多，如何保护其中善意第三人的利益？

答：技术合同的效力问题确实是技术合同审判中经常遇到的重要问题。《解释》从合同法立法精神出发，一方面坚持尽量维护合同效力的原则，保证交易的稳定性；另一方面注意防止对知识产权的滥用，制止非法垄断技术。

在维持合同有效性上，根据《解释》的规定，对不具有民事主体资格的科研组织签订的技术合同，主要是判断其责任的承担，而不要轻易以主体不适格而认定合同无效；《解释》明确规定未办理生产审批或者许可证等不影响技术合同效力，专利权、专利申请权转让合同不影响在先许可合同的效力；对于以欺诈手段就已有成果签订技术开发合同和就同一开发课题重复签约收费问题，以前是按照无效处理，《解释》对此按照合同法关于欺诈行为的规定予以处理；对于当事人一方以技术转让的名义提供已进入公有领域的技术，或者在技术转让合同履行过程中合同标的技术进入公有领域，但是技术提供方进行技术指导、传授技术知识，为对方解决特定技术问题符合约定条件的，《解释》规定要按照技术服务合同作有效处理。《解释》还规定不以就专利申请技术订立专利实施许可合同为由，认定合同无效。

在防止权利滥用方面，《解释》根据 TRIPS 协议、参照技术进出口管理条例的有关规定，并参考国外的一些立法和判例，以开放式列举了“非法垄断技术、妨碍技术进步”这一合同无效事由的六种具体情形。在执行中要注意，因具有这些情形而导致技术合同部分无效，不影响其他部分效力的，其他部分仍然有效。

《解释》完善了侵害技术秘密的技术合同无效后的法律后果，在制裁侵权行为、保护技术秘密权利人合法利益的同时，注意与善意使用人正当权益的平衡。对侵犯技术秘密的合同中善意第三人使用权的界定是一个由宽到严、逐渐细化的过程，反映了对技术秘密从作为债权保护对象到作为知识产权保护对象的认识过程。《解释》规定“侵害他人技术秘密的技术合同被确认无效后，除法律、行政法规另有规定的以外，善意取得该技术秘密的一方当事人可以在其取得时的范围内继续使用该技术秘密，但应当向权利人支付合理的使用费并承担保密义务。”原技术合同法实施条例并无“善意”的要求；已废止的司法解释仅增加了“善意”的条件，并未限定仅“可以在取得时的范围内继续使用”。

问：近年来因以技术成果出资而引发的权属纠纷时有发生，如何理解《解释》就权属界定问题作出的规定？

答：《解释》依据公司法和合伙企业法等法律的立法精神，考虑到技术出资毕竟不同于资金和实物，并顾及交易习惯，原则上确认技术出资就是以技术的整体权利投入受资体，但也规定“技术成果价值与该技术成果所占出资额比例明显不合理损害出资人利益的除外”。这里的但书主要是指出资额过分低于技术成果本身的价值。《解释》还规定，当事人对技术成果的权属约定有比例的，视为共同所有，其权利使用和利益分配，按共有技术成果的有关规定处理；当事人对技术成果的使用权约定有比例的，视为当事人对实施该项技术成果所获收益的分配比例。技术成果作为无形财产，不可能实行按份共有，但可以在利益分配上体现当事人关于比例约定的真实意思表示。

问：对技术开发合同当事人实施技术成果的权利，《解释》的规定既有从严限定的一面，也有从宽的一面，为什么要这样规定？

答：这主要是考虑既要执行法律的规定，又要顾及其实际操作的可行性和技术市场的客观需求。合同法第三百四十一条规定“委托开发或者合作开发完成的技术秘密成果的使用权、转让权以及利益的分配办法，由当事人约定。没有约定或者约定不明确，依照本法第六十一条的规定仍不能确定的，当事人均有使用和转让的权利，……”。《解释》将“当事人均有使用和转让的权利”限定为当事人均有不经对方同意而自己使用或者以普通使用许可的方式许可他人使用技术秘密并独占由此所获利益的权利。之所以如此规定，是因为，技术秘密转让是指技术秘密成果的整体权利的让与，技术秘密使用是指自己使用和许可他人使用，在同一研究开发项目中形成的技术成果只能有一项转让权，但可以同时存在两项或两项以上的使用权，对同一开发项目产生的同一技术秘密，不可能由当事人作一次以上的转让，即使是许可他人使用，如果是独占或者排他许可，也必然会与其他共有人行使同样的权利发生冲突。因此，只能将这种权利限于自己使用和普通实施许可。

《解释》规定技术开发合同当事人依照合同法的规定或者约定其有自行实施专利或使用技术秘密的权利，但因其不具备独立实施专利或者使用技术秘密的条件，以一个普通许可方式许可他人实施或者使用的，可以准许。作这种相对从宽的解释主要是考虑技术开发市场中确有一些当事人虽享有实施权却不具备自己独立实施的条件，导致当事人之间利益失衡，也影响到技术的转化、应用和推广，故将发放一个普通实施许可证视为当事人自己实施。同理，《解释》对排他实施许可合同让与人的自己实施也作了类似规定。

问：合同法未对植物新品种、集成电路布图设计和计算机软件的许可使用和转让问题作明确规定，这类合同争议如何适用法律？

答：合同法第三百四十二条第一款规定：“技术转让合同包括专利权转让、专利申请权转让、技术秘密转让、专利实施许可合同。”合同法其他条文也未涉及集成电路布图设计、植物新品种、计算机软件等的转让和许可问题。为保证在这些合同争议中准确适用法律，根据合同法第一百二十三条对其他法律列名合同和第一百二十四条对无名合同的规定，并考虑涉及这些特殊标的知识产权的立法现状，《解释》规定的法律适用顺序是，已经有法律、行政法规规定的，从其规定；没有规定的，适用合同法总则的规定，并可以参照合同法第十八章和本《解释》的有关规定处理。

问：我注意到《解释》对技术合同纠纷案件审理程序的一些问题也作了

规定，主要有哪些内容？

答：《解释》虽然主要是贯彻合同法关于技术合同的规定，但技术合同审判实践除了有实体法适用的问题之外，也存在一些程序法适用的问题，需要一并作出规定。《解释》对程序问题的规定最主要的有两个问题。一是在管辖上，与其他知识产权案件的管辖原则一致，一般以中级以上法院作为一审法院，以经指定的基层法院管辖为例外；对具有技术合同内容的混合合同纠纷，只要涉及技术合同争议，就应当由具有技术合同纠纷案件管辖权的法院受理。二是在技术合同案件审理中发现侵害他人技术成果的合同无效事由时的处理问题。《解释》规定，一方当事人以诉争技术合同侵害他人技术成果为由请求确认合同无效或者法院在审理技术合同纠纷中发现可能存在该无效事由的，应当依法通知有关利害关系人，其可以作为有独立请求权的第三人参加诉讼或者依法向有管辖权的法院另行起诉；利害关系人在接到通知后15日内不提起诉讼的，不影响法院对案件的审理。这样规定，是为了能够及时查明案件事实，保障利害关系人的合法权益，保证诉讼活动的顺利进行，与本院《关于适用〈中华人民共和国民事诉讼法〉若干问题的意见》第五十八条关于追加共同诉讼原告的精神也是一致的。《解释》还就案外人主张权利时的合并审理与中止诉讼等问题，依据民事诉讼法作出了进一步的规定。

最高人民法院
关于印发《全国法院知识产权审判工作会议关于审理技术合同纠纷案件若干问题的纪要》的通知

（2001年6月19日　法〔2001〕84号）

各省、自治区、直辖市高级人民法院，解放军军事法院，新疆维吾尔自治区高级人民法院生产建设兵团分院：

现将全国法院知识产权审判工作会议关于审理技术合同纠纷案件若干问题的纪要印发，望认真贯彻执行。

附：

全国法院知识产权审判工作会议关于审理技术合同纠纷案件若干问题的纪要

（2001年6月15日）

1999年3月15日，第九届全国人民代表大会第二次会议通过《中华人民共和国合同法》（以下简称合同法），并于同年10月1日起施行。合同法的颁布与施行，结束了经济合同法、涉外经济合同法和技术合同法三部合同法并存的局面，实现了三部合同法的统一。我国合同法律制度发生了重大变革。根据合同法规定，技术合同法被废止，其主要内容已被吸收在合同法分则的第十八章技术合同中。与之相适应，最高人民法院根据技术合同法和技术合同法实施条例制定的《关于审理科技纠纷案件的若干问题的规定》司法解释，也被废止。为了适应我国合同法律制度的重大变革，实现新旧合同法律制度的平稳过渡，最高人民法院正在有计划、有步骤地制定有关合同法的司法解释，目前已发布了《关于适用〈中华人民共和国合同法〉若干问题的解释》（一），有关技术合同部分的司法解释被列为《关于适用〈中华人民共和国合同法〉若干问题的解释》（三）。

1999年8月，最高人民法院即开始进行《解释》（三）的起草工作，在对原有的技术合同法律、行政法规和司法解释进行清理的基础上，并根据合同法对技术合同新的规定和审判实践中出现的新情况、新问题，形成了征求意见稿。1999年11月，为贯彻执行合同法，最高人民法院在安徽省合肥市召开全国法院技术合同审判工作座谈会，全国31个高院和22个中院、2个基层法院近70余名代表参加了会议，李国光副院长出席会议并作了重要讲话。座谈会上对征求意见稿进行了充分讨论，有近20个法院还提交了书面意见。国家科技部和国家知识产权局亦派代表参加了会议。2000年4月上旬，原知识产权庭与国家科技部又共同在西安市召开技术合同法律问题研讨会，再次就征求意见稿征求了部分地方科委、科协组织、知识产权诉讼律师和专利代理人的意见。此后，还向全国人大常委会法工委、国务院法制办等8个部门和郑成思、梁慧星等11名专家书面征求意见。在广泛征求意见并反复修改的基础上，形成送审稿。

2001年6月12日至15日，最高人民法院在上海市召开全国法院知识产权审判工作会议。全国30个高级人民法院、新疆高院生产建设兵团分院、解放军军事法院、24个中级人民法院分管知识产权审判工作的副院长、知识产权审判庭或者负责知识产权审判工作的业务庭庭长或副庭长，以及全国人大法工委、全国人大教科文卫委、国务院法制办、国家科技部、国家工商行政管理总局、国家知识产权局、国家版权局等单位的负责同志，中国社会科学院知识产权中心、清华大学法学院、北京大学知识产权学院、中国人民大学知识产权教学与研究中心的著名专家学者等共120余人参加了会议。最高人民法院副院长曹建明出席会议并作了讲话。会议分析了当前知识产权审判工作面临的形势，总结了近二十年来知识产权审判工作的经验，部署了当前和今后一段时期人民法院知识产权审判工作的任务。会议着重围绕我国"入世"对知识产权审判工作的影响及应做的准备工作，贯彻新修改的专利法、合同法以及其他知识产权法律，充分发挥知识产权审判整体职能等议题，进行了深入的讨论。会议还对技术合同纠纷案件适用法律的若干问题进行了研讨。会议认为，为解决当前人民法院审理技术合同纠纷案件的急需，有必要将已经成熟的一些审判技术合同若干适用法律问题的原则纪要发给各地人民法院，以作为指导全国法院审理技术合同纠纷案件的指导意见。各地法院在执行中，要继续总结经验，及时将执行中有关问题反映给最高人民法院民事审判第三庭，以便将审判技术合同纠纷适用法律的司法解释稿修改得更加完善，待提交最高人民法院审判委员会讨论通过后正式发布施行。现就审理技术合同纠纷案件适用法律的若干问题纪要如下：

一、一般规定

（一）技术成果和技术秘密

1. 合同法第十八章所称技术成果，是指利用科学技术知识、信息和经验作出的产品、工艺、材料及其改进等技术方案，包括专利、专利申请、技术秘密和其他能够取得知识产权的技术成果（如植物新品种、计算机软件、集成电路布图设计和新药成果等）。

2. 合同法第十八章所称的技术秘密，是指不为公众所知悉、能为权利人带来经济利益、具有实用性并经权利人采取保密措施的技术信息。

前款所称不为公众所知悉，是指该技术信息的整体或者精确的排列组合或者要素，并非为通常涉及该信息有关范围的人所普遍知道或者容易获得；能为权利人带来经济利益、具有实用性，是指该技术信息因属于秘密而具有商业价值，能够使拥有者获得经济利益或者获得竞争优势；权利人采取保密措施，是指该技术信息的合法拥有者根据有关情况采取的合理措施，在正常情况下可以使该技术信息得以保密。

合同法所称技术秘密与技术秘密成果是同义语。

（二）职务技术成果与非职务技术成果

3. 法人或者其他组织与其职工在劳动合同或者其他协议中就职工在职期间或者离职以后所完成的技术成果的权益有约定的，依其约定确认。但该约定依法应当认定为无效或者依法被撤销、解除的除外。

4. 合同法第三百二十六条第二款所称执行法人或者其他组织的工作任务，是指：

（1）职工履行本岗位职责或者承担法人或者其他组织交付的其他科学研究和技术开发任务。

（2）离职、退职、退休后1年内继续从事与其原所在法人或者其他组织的岗位职责或者交付的任务有关的科学研究和技术开发，但法律、行政法规另有规定或者当事人另有约定的除外。

前款所称岗位职责，是指根据法人或者其他组织的规定，职工所在岗位的工作任务和责任范围。

5. 合同法第三百二十六条第二款所称物质技术条件，是指资金、设备、器材、原材料、未公开的技术信息和资料。

合同法第三百二十六条第二款所称主要利用法人或者其他组织的物质技术条件，是指职工在完成技术成果的研究开发过程中，全部或者大部分利用了法人或者其他组织的资金、设备、器材或者原材料，或者该技术成果的实质性内容是在该法人或者其他组织尚未公开的技术成果、阶段性技术成果或者关键技术的基础上完成的。但对利用法人或者其他组织提供的物质技术条件，约定返还资金或者交纳使用费的除外。

在研究开发过程中利用法人或者其他组织已对外公开或者已为本领域普通技术人员公知的技术信息，或者在技术成果完成后利用法人或者其他组织的物质条件对技术方案进行验证、测试的，不属于主要利用法人或者其他组织的物质技术条件。

6. 完成技术成果的个人既执行了原所在法人或者其他组织的工作任务，又就同一科学研究或者技术开发课题主要利用了现所在法人或者其他组织的物质技术条件所完成的技术成果的权益，由其原所在法人或者其他组织和现所在法人或者其他组织协议确定，不能达成协议的，由双方合理分享。

7. 职工于本岗位职责或者其所在法人或者其他组织交付的任务之外从事业余兼职活动或者与他人合作完成的技术成果的权益，按照其与聘用人（兼职单位）或者合作人的约定确认。没有约定或者约定不明确，依照合同法第六十一条的规定不能达成补充协议的，按照合同法第三百二十六条和第三百二十七条的规定确认。

依照前款规定处理时不得损害职工所在的法人或者其他组织的技术权益。

8. 合同法第三百二十六条和第三百二十七条所称完成技术成果的个人，是指对技术成果单独或者共同作出创造性贡献的人，不包括仅提供资金、设备、材料、试验条件的人员，进行组织管理的人员，协助绘制图纸、整理资料、翻译文献等辅助服务人员。

判断创造性贡献时，应当分解技术成果的实质性技术构成，提出实质性技术构成和由此实现技术方案的人是作出创造性贡献的人。对技术成果做出创造性贡献的人为发明人或者设计人。

（三）技术合同的主体

9. 法人或者其他组织设立的从事技术研究开发、转让等活动的不具有民事主体资格的科研组织（包括课题组、工作室等）订立的技术合同，经法人或者其他组织授权或者认可的，视为法人或者其他组织订立的合同，由法人或者其他组织承担责任；未经法人或者其他组织授权或者认可的，由该科研组织成员共同承担责任，但法人或者其他组织因该合同受益的，应当在其受益范围内承担相应的责任。

（四）技术合同的效力

10. 技术合同不因下列事由无效：

（1）合同标的技术未经技术鉴定；

（2）技术合同未经登记或者未向有关部门备案；

（3）以已经申请专利尚未授予专利权的技术订立专利实施许可合同。

11. 技术合同内容有下列情形的，属于合同法第三百二十九条所称“非法垄断技术，妨碍技术进步”：

（1）限制另一方在合同标的技术的基础上进行新的研究开发，或者双方交换改进技术的条件不对等，包括要求一方将其自行改进的技术无偿地提供给对方、非互惠性的转让给对方、无偿地独占或者共享该改进技术的知识产权；

（2）限制另一方从其他来源吸收技术；

（3）阻碍另一方根据市场的需求，按照合理的方式充分实施合同标的技术，包括不合理地限制技术接受方实施合同标的技术生产产品或者提供服务的数量、品种、价格、销售渠道和出口市场；

（4）要求技术接受方接受并非实施技术必不可少的附带条件，包括购买技术接受方并不需要的技术、服务、原材料、设备或者产品等和接收技术接受方并不需要的人才等；

（5）不合理地限制技术接受方自由选择从不同来源购买原材料、零部件或者设备等。；

（6）禁止技术接受方对合同标的技术的知识产权的有效性提出异议的条件。

12. 技术合同内容有下列情形的，属于合同法第三百二十九条所称侵害他人技术成果：

（1）侵害他人专利权、专利申请权、专利实施权的；

（2）侵害他人技术秘密成果使用权、转让权的；

（3）侵害他人植物新品种权、植物新品种申请权、植物新品种实施权的；

（4）侵害他人计算机软件著作权、集成电路电路布图设计权、新药成果权等技术成果权的；

（5）侵害他人发明权、发现权以及其他科技成果权的。

侵害他人发明权、发现权以及其他科技成果权等技术成果完成人人身权利的合同，合同部分无效，不影响其他部分效力的，其他部分仍然有效。

13. 当事人使用或者转让其独立研究开发或者以其他正当方式取得的与他人的技术秘密相同或者近似的技术秘密的，不属于合同法第三百二十九条所称侵害他人技术成果。

通过合法的参观访问或者对合法取得的产品进行拆卸、测绘、分析等反向工程手段掌握相关技术的，属于前款所称以其他正当方式取得。但法律另有规定或者当事人另有约定的除外。

14. 除当事人另有约定或者技术成果的权利人追认的以外，技术秘密转让合同和专利实施许可合同的受让人，将合同标的技术向他人转让而订立的合同无效。

15. 技术转让合同中既有专利权转让或者专利实施许可内容，又有技术秘密转让内容，专利权被宣告无效或者技术秘密被他人公开的，不影响合同中另一部分内容的效力。但当事人另有约定的除外。

16. 当事人一方采取欺诈手段，就其现有技术成果作为研究开发标的与他人订立委托开发合同收取研究开发费用，或者就同一研究开发课题先后与两个或者两个以上的委托人分别订立委托开发合同重复收取研究开发费用的，受损害方可以依照合同法第五十四条第二款的规定请求变更或者撤销合同，但属于合同法第五十二条和第三百二十九条规定的情形应当对合同作无效处理的除外。

17. 技术合同无效或者被撤销后，研究开发人、让与人、受托人已经履行了约定的义务，且造成合同无效或者被撤销的过错在对方的，其按约定应当收取的研究开发经费、技术使用费和提供咨询服务的报酬，可以视为因对方原因导致合同无效或者被撤销给其造成的损失。

18. 技术合同无效或者被撤销后，当事人因合同取得的技术资料、样品、样机等技术载体应当返还权利人，并不得保留复制品；涉及技术秘密的，当事人依法负有保密义务。

19. 技术合同无效或者被撤销后，因履行合同所完成的新的技术成果或者在他人技术成果的基础上完成的后续改进部分的技术成果的权利归属和利益分享，当事人不能重新协议确定的，由完成技术成果的一方当事人享有。

20. 侵害他人技术秘密成果使用权、转让权的技术合同无效后，除法律、行政法规另有规定的以外，善意、有偿取得该技术秘密的一方可以继续使用该技术秘密，但应当向权利人支付合理的使用费并承担保密义务。除与权利人达成协议以外，善意取得的一方（使用人）继续使用该技术秘密不得超过其取得时确定的使用范围。当事人双方恶意串通或者一方明知或者应知另一方侵权仍然与其订立或者履行合同的，属于共同侵权，应当承担连带赔偿责任和保密义务，因该无效合同而取得技术秘密的当事人不得继续使用该技术秘密。

前款规定的使用费由使用人与权利人协议确定，不能达成协议的，任何一方可以请求人民法院予以裁决。使用人拒不履行双方达成的使用费协议的，权利人除可以请求人民法院判令使用人支付已使用期间的使用费以外，还可以请求判令使用人停止使用该技术秘密；使用人拒不执行人民法院关于使用费的裁决的，权利人除可以申请强制执行已使用期间的使用费外，还可以请求人民法院判令使用人停止使用该技术秘密。在双方就使用费达成协议或者人民法院作出生效裁决以前，使用人可以不停止使用该技术秘密。

21. 人民法院在裁决前条规定的使用费时，可以根据权利人善意对外转让该技术秘密的费用并考虑使用人的使用规模和经济效益等因素来确定；也可以依据使用人取得该技术秘密所支付的费用并考虑该技术秘密的研究开发成本、成果转化和应用程度和使用人的使用规模和经济效益等因素来确定。

人民法院应当对已使用期间的使用费和以后使用的付费标准一并作出裁决。

合同被确认无效后，使用人不论是否继续使用该技术秘密，均应当向权利人支付其已使用期间的使用费，其已向无效合同的让与人支付的费用应当由让与人负责返还，该费用中已由让与人作为侵权损害的赔偿直接给付权利人的部分，在计算使用人向权利人支付的使用费时相应扣除。

22. 法律、法规规定生产产品或者提供服务须经有关部门审批手续或者领取许可证，而实际尚未办理该审批手续或者领取许可证的，不影响当事人就有关产品的生产或者服务的提供所订立的技术合同的效力。

当事人对办理前款所称审批手续或者许可证的义务没有约定或者约定不明确，依照合同法第六十一条的规定不能达成补充协议的，除法律、法规另有规定的以外，由实施技术的一方负责办理。

（五）技术合同履行内容的确定

23. 当事人对技术合同的价款、报酬和使用费没有约定或者约定不明确，依照合同法第六十一条的规定不能达成补充协议的，人民法院可以按照以下原则处理：

（1）对于技术开发合同和技术转让合同，根据有关技术成果的研究开发成本、先进性、实施转化和应用的程度，当事人享有的权益和承担的责任，以及技术成果的经济效益和社会效益等合理认定；

（2）对于技术咨询合同和技术服务合同，根据有关咨询服务工作的数量、质量和技术含量，以及预期产生的经济效益和社会效益等合理认定。

技术合同价款、报酬、使用费中包含非技术性款项的，应当分项计算。

24. 当事人对技术合同的履行地点没有约定或者约定不明确，依照合同法第六十一条的规定不能达成补充协议的，技术开发合同以研究开发人所在地为履行地，但依据合同法第三百三十条第四款订立的合同以技术成果实施地为履行地；技术转让合同以受让人所在地为履行地；技术咨询合同以受托人所在地为履行地；技术服务合同以委托人所在地为履行地。但给付合同价款、报酬、使用费的，以接受给付的一方所在地为履行地。

25. 技术合同当事人对技术成果的验收标准没有约定或者约定不明确，在适用合同法第六十二条的规定时，没有国家标准、行业标准或者专业技术标准的，按照本行业合乎实用的一般技术要求履行。

当事人订立技术合同时所作的可行性分析报告中有关经济效益或者成本指标的预测和分析，不应当视为合同约定的验收标准，但当事人另有约定的除外。

（六）技术合同的解除与违约责任

26. 技术合同当事人一方迟延履行主要债务，经催告后在30日内仍未履行的，另一方可以依据合同法第九十四条第（三）项的规定解除合同。

当事人在催告通知中附有履行期限且该期限长于30日的，自该期限届满时，方可解除合同。

27. 有下列情形之一，使技术合同的履行成为不必要或者不可能时，当事人可以依据合同法第九十四条第（四）项的规定解除合同：

（1）因一方违约致使履行合同必备的物质条件灭失或者严重破坏，无法替代或者修复的；

（2）技术合同标的的项目或者技术因违背科学规律或者存在重大缺陷，无法达到约定的技术、经济效益指标的；

28. 专利实施许可合同和技术秘密转让合同约定按照提成支付技术使用

费，受让人无正当理由不实施合同标的技术，并以此为由拒绝支付技术使用费的，让与人可以依据合同法第九十四条第（四）项的规定解除合同。

29. 在技术秘密转让合同有效期内，由于非受让人的原因导致合同标的技术公开且已进入公有领域的，当事人可以解除合同，但另有约定的除外。

30. 技术合同履行中，当事人一方在技术上发生的能够及时纠正的差错，或者为适应情况变化所作的必要技术调整，不影响合同目的实现的，不认为是违约行为，因此发生的额外费用自行承担。但因未依照合同法第六十条第二款的规定履行通知义务而造成对方当事人损失的，应当承担相应的违约责任。

31. 在履行技术合同中，为提供技术成果或者咨询服务而交付的技术载体和内容等与约定不一致的，应当及时更正、补充。不按时更正、补充的和因更正、补充有关技术载体和内容等给对方造成损失或者增加额外负担的，应当承担相应的违约责任。但一方所作技术改进，使合同的履行产生了比原合同更为积极或者有利效果的除外。

（七）技术合同的定性

32. 当事人将技术合同和其他合同内容合订为一个合同，或者将不同类型的技术合同内容合订在一个合同中的，应当根据当事人争议的权利义务内容，确定案件的性质和案由，适用相应的法律、法规。

33. 技术合同名称与合同约定的权利义务关系不一致的，应当按照合同约定的权利义务内容，确定合同的类型和案由，适用相应的法律、法规。

34. 当事人以技术开发、转让、咨询或者服务为承包内容订立的合同，属于技术合同。

35. 转让阶段性技术成果并约定后续开发义务的合同，就该阶段性技术成果的重复试验效果方面发生争议的，按照技术转让合同处理；就后续开发方面发生争议的，按照技术开发合同处理。

36. 技术转让合同中约定让与人向受让人提供实施技术的专用设备、原材料或者提供有关的技术咨询、技术服务的，这类约定属于技术转让合同的组成部分。因这类约定发生纠纷的，按照技术转让合同处理。

37. 当事人以技术入股方式订立联营合同，但技术入股人不参与联营体的经营管理，并且以保底条款形式约定联营体或者联营对方支付其技术价款或者使用费的，属于技术转让合同。

38. 技术转让合同中约定含让与人负责包销（回购）受让人实施合同标的技术制造的产品，仅因让与人不履行或者不能全部履行包销（回购）义务引起纠纷，不涉及技术问题的，按照包销（回购）条款所约定的权利义务内容确定案由，并适用相应的法律规定处理。

39. 技术开发合同当事人一方仅提供资金、设备、材料等物质条件，承担辅助协作事项，另一方进行研究开发工作的合同，属于委托开发合同。

40. 当事人一方以技术转让的名义提供已进入公有领域的技术，并进行技术指导，传授技术知识等，为另一方解决特定技术问题所订立的合同，可以视为技术服务合同履行，但属于合同法第五十二条和第五十四条规定情形的除外。

（八）几种特殊标的技术合同的法律适用

41. 新药技术成果转让和植物新品种申请权转让、植物新品种权转让和使用许可等合同争议，适用合同法总则的规定，并可以参照合同法第十八章和本纪要关于技术转让合同的规定，但法律另有规定的，依照其规定。

42. 计算机软件开发、许可、转让等合同争议，著作权法以及其他法律另有规定的，依照其规定；没有规定的，适用合同法总则的规定，并可以参照合同法第十八章和本纪要的有关规定。

二、技术开发合同

（一）相关概念

43. 合同法第三百三十条所称新技术、新产品、新工艺、新材料及其系统，是指当事人在订立技术合同时尚未掌握的产品、工艺、材料及其系统等技术方案，但在技术上没有创新的现有产品的改型、工艺变更、材料配方调整以及技术成果的验证、测试和使用除外。

44. 合同法第三百三十条第四款所称当事人之间就具有产业应用价值的科技成果实施转化订立的合同，是指当事人之间就具有实用价值但尚未能够实现商品化、产业化应用的科技成果（包括阶段性技术成果），以实现该科技成果的商品化、产业化应用为目标，约定有关后续试验、开发和应用等内容的合同。

45. 合同法第三百三十五条所称分工参与研究开发工作，是指按照约定的计划和分工共同或者分别承担设计、工艺、试验、试制等工作。

46. 合同法第三百四十一条所称技术秘密成果的使用权、转让权，是指当事人依据法律规定或者合同约定所取得的使用、转让技术秘密成果的权利。使用权是指以生产经营为目的自己使用或者许可他人使用技术秘密成果的权利；转让权是指向他人让与技术秘密成果的权利。

47. 合同法第三百四十一条所称当事人均有使用和转让的权利，是指当事人均有不经对方同意而自己使用或者以普通使用许可的方式许可他人使用技术秘密并独占由此获得的利益的权利。当事人一方将技术秘密成果的使用权、转让权全部让与他人，或者以独占、排他使用许可的方式许可他人使用技术秘密的，必须征得对方当事人的同意。

（二）当事人的权利和义务

48. 委托开发合同委托人在不妨碍研究开发人正常工作的情况下，有权依据合同法第六十条第二款的规定，对研究开发人履行合同和使用研究开发经费的情况进行必要的监督检查，包括查阅账册和访问现场。

研究开发人有权依据合同法第三百三十一条的规定，要求委托人补充必要的背景资料和数据等，但不得超过履行合同所需要的范围。

49. 研究开发成果验收时，委托开发合同的委托人和合作开发合同的当事人有权取得实施技术成果所必需的技术资料、试验报告和数据，要求另一方进行必要的技术指导，保证所提供的技术成果符合合同约定的条件。

50. 根据合同法第三百三十九条第一款和第三百四十条第一款的规定，委托开发或者合作开发完成的技术成果所获得的专利权为当事人共有的，实施该专利的方式和利益分配办法，由当事人约定。当事人没有约定或者约定不明确，依照合同法第六十一条的规定不能达成补充协议的，当事人均享有自己实施该专利的权利，由此所获得的利益归实施人。

当事人不具备独立实施专利的条件，以普通实施许可的方式许可一个法人或者其他组织实施该专利，或者与一个法人、其他组织或者自然人合作实施该专利或者通过技术入股与之联营实施该专利，可以视为当事人自己实施专利。

51. 根据合同法第三百四十一条的规定，当事人一方仅享有自己使用技术秘密的权利，但其不具备独立使用该技术秘密的条件，以普通使用许可的方式许可一个法人或者其他组织使用该技术秘密，或者与一个法人、其他组织或者自然人合作使用该技术秘密或者通过技术入股与之联营使用该技术秘密，可以视为当事人自己使用技术秘密。

三、技术转让合同

（一）技术转让合同的一般规定

52. 合同法第三百四十二条所称技术转让合同，是指技术的合法拥有者包括有权对外转让技术的人将特定和现有的专利、专利申请、技术秘密的相关权利让与他人或者许可他人使用所订立的合同，不包括就尚待研究开发的技术成果或者不涉及专利、专利申请或者技术秘密的知识、技术、经验和信息订立的合同。其中：

（1）专利权转让合同，是指专利权人将其专利权让与受让人，受让人支付价款所订立的合同。

（2）专利申请权转让合同，是指让与人将其特定的技术成果申请专利的权利让与受让人，受让人支付价款订立的合同。

（3）技术秘密转让合同，是指技术秘密成果的权利人或者其授权的人作为让与人将技术秘密提供给受让人，明确相互之间技术秘密成果使用权、转让权，受让人支付价款或者使用费所订立的合同。

（4）专利实施许可合同，是指专利权人或者其授权的人作为让与人许可受让人在约定的范围内实施专利，受让人支付使用费所订立的合同。

53. 技术转让合同让与人应当保证受让人按约定的方式实施技术达到约定的技术指标。除非明确约定让与人保证受让人达到约定的经济效益指标，让与人不对受让人实施技术后的经济效益承担责任。

转让阶段性技术成果，让与人应当保证在一定条件下重复试验可以得到预期的效果。

54. 技术转让合同中约定受让人取得的技术须经受让人小试、中试、工业性试验后才能投入批量生产的，受让人未经小试、中试、工业性试验直接投入批量生产所发生的损失，让与人不承担责任。

55. 合同法第三百四十三条所称实施专利或者使用技术秘密的范围，是指实施专利或者使用技术秘密的期限、地域和方式以及接触技术秘密的人员等。

56. 合同法第三百五十四条所称后续改进，是指在技术转让合同有效期内，当事人一方或各方对合同标的技术所作的革新或者改良。

57. 当事人之间就申请专利的技术成果所订立的许可使用合同，专利申请公开以前，适用技术秘密转让合同的有关规定；发明专利申请公开以后、授权以前，参照专利实施许可合同的有关规定；授权以后，原合同即为专利实施许可合同，适用专利实施许可合同的有关规定。

（二）专利权转让合同和专利申请权转让合同

58. 订立专利权转让合同或者专利申请权转让合同前，让与人自己已经实施发明创造的，除当事人另有约定的以外，在合同生效后，受让人有权要求让与人停止实施。

专利权或者专利申请权依照专利法的规定让与受让人后，受让人可以依法作为专利权人或者专利申请人对他人行使权利。

59. 专利权转让合同、专利申请权转让合同不影响让与人在合同成立前与他人订立的专利实施许可合同或者技术秘密转让合同的效力。有关当事人之间的权利义务依照合同法第五章的规定确定。

60. 专利申请权依照专利法的规定让与受让人前专利申请被驳回的，当事人可以解除专利申请权转让合同；让与受让人后专利申请被驳回的，合同效力不受影响。但当事人另有约定的除外。

专利申请因专利申请权转让合同成立时即存在尚未公开的同样发明创造

的在先专利申请而被驳回的，当事人可以依据合同法第五十四条第一款第（二）项的规定请求予以变更或者撤销合同。

（三）专利实施许可合同

61. 专利实施许可合同让与人应当在合同有效期内维持专利权有效，但当事人另有约定的除外。

在合同有效期内，由于让与人的原因导致专利权被终止的，受让人可以依据合同法第九十四条第（四）项的规定解除合同，让与人应当承担违约责任；专利权被宣告无效的，合同终止履行，并依据专利法的有关规定处理。

62. 专利实施许可合同对实施专利的期限没有约定或者约定不明确，依照合同法第六十一条的规定不能达成补充协议的，受让人实施专利不受期限限制。

63. 专利实施许可可以采取独占实施许可、排他实施许可、普通实施许可等方式。

前款所称排他实施许可，是指让与人在已经许可受让人实施专利的范围内无权就同一专利再许可他人实施；独占实施许可，是指让与人在已经许可受让人实施专利的范围内无权就同一专利再许可他人实施或者自己实施；普通实施许可，是指让与人在已经许可受让人实施专利的范围内仍可以就同一专利再许可他人实施。

当事人对专利实施许可方式没有约定或者约定不明确，依照合同法第六十一条的规定不能达成补充协议的，视为普通实施许可。

专利实施许可合同约定受让人可以再许可他人实施该专利的，该再许可为普通实施许可，但当事人另有约定的除外。

64. 除当事人另有约定的以外，根据实施专利的强制许可决定而取得的专利实施权为普通实施许可。

65. 除当事人另有约定的以外，排他实施许可合同让与人不具备独立实施其专利的条件，与一个法人、其他组织或者自然人合作实施该专利，或者通过技术入股实施该专利，可视为让与人自己实施专利。但让与人就同一专利与两个或者两个以上法人、其他组织或者自然人分别合作实施或者入股联营的，属于合同法第三百五十一条规定的违反约定擅自许可第三人实施专利的行为。

66. 除当事人另有约定的以外，专利实施许可合同的受让人将受让的专利与他人合作实施或者入股联营的，属于合同法第三百五十二条规定的未经让与人同意擅自许可第三人实施专利的行为。

（四）技术秘密转让合同

67. 技术秘密转让合同对使用技术秘密的期限没有约定或者约定不明确，

依照合同法第六十一条的规定不能达成补充协议的，受让人可以无限期地使用该技术秘密。

68. 合同法第三百四十七条所称技术秘密转让合同让与人的保密义务不影响其申请专利的权利，但当事人约定让与人不得申请专利或者明确约定让与人承担保密义务的除外。

69. 技术秘密转让可以采取本纪要第六十三条规定的许可使用方式，并参照适用合同法和本纪要关于专利实施许可使用方式的有关规定。

四、技术咨询合同和技术服务合同

（一）技术咨询合同

70. 合同法第三百五十六条第一款所称的特定技术项目，包括有关科学技术与经济、社会协调发展的软科学研究项目和促进科技进步和管理现代化，提高经济效益和社会效益的技术项目以及其他专业性技术项目。

71. 除当事人另有约定的以外，技术咨询合同受托人进行调查研究、分析论证、试验测定等所需费用，由受托人自己负担。

72. 技术咨询合同委托人提供的技术资料和数据或者受托人提出的咨询报告和意见，当事人没有约定保密义务的，在不侵害对方当事人对此享有的合法权益的前提下，双方都有引用、发表和向第三人提供的权利。

73. 技术咨询合同受托人发现委托人提供的资料、数据等有明显错误和缺陷的，应当及时通知委托人。委托人应当及时答复并在约定的期限内予以补正。

受托人发现前款所述问题不及时通知委托人的，视为其认可委托人提供的技术资料、数据等符合约定的条件。

（二）技术服务合同

74. 合同法第三百五十六条第二款所称特定技术问题，是指需要运用科学技术知识解决专业技术工作中的有关改进产品结构、改良工艺流程、提高产品质量、降低产品成本、节约资源能耗、保护资源环境、实现安全操作、提高经济效益和社会效益等问题。

75. 除当事人另有约定的以外，技术服务合同受托人完成服务项目，解决技术问题所需费用，由受托人自己负担。

76. 技术服务合同受托人发现委托人提供的资料、数据、样品、材料、场地等工作条件不符合约定的，应当及时通知委托人。委托人应当及时答复并在约定的期限内予以补正。

受托人发现前款所述问题不及时通知委托人的，视为其认可委托人提供的技术资料、数据等工作条件符合约定的条件。

77. 技术服务合同受托人在履约期间，发现继续工作对材料、样品或者设备等有损坏危险时，应当中止工作，并及时通知委托人或者提出建议。委托人应当在约定的期限内作出答复。

受托人不中止工作或者不及时通知委托人并且未采取适当措施的，或者委托人未按期答复的，对因此发生的危险后果由责任人承担相应的责任。

（三）技术培训合同

78. 合同法第三百六十四条所称技术培训合同，是指当事人一方委托另一方对指定的人员（学员）进行特定项目的专业技术训练和技术指导所订立的合同，不包括职业培训、文化学习和按照行业、单位的计划进行的职工业余教育。

79. 技术培训合同委托人的主要义务是按照约定派出符合条件的学员；保证学员遵守培训纪律，接受专业技术训练和技术指导；按照约定支付报酬。

受托人的主要义务是按照约定配备符合条件的教员；制定和实施培训计划，按期完成培训；实现约定的培训目标。

80. 当事人对技术培训必需的场地、设施和试验条件等的提供和管理责任没有约定或者约定不明确，依照合同法第六十一条的规定不能达成补充协议的，由委托人负责提供和管理。

81. 技术培训合同委托人派出的学员不符合约定条件，影响培训质量的，委托人应当按照约定支付报酬。

受托人配备的教员不符合约定条件，影响培训质量的，或者受托人未按照计划和项目进行培训，导致不能实现约定的培训目标的，应当承担减收或者免收报酬等违约责任。

受托人发现学员不符合约定条件或者委托人发现教员不符合约定条件的，应当及时通知对方改派。对方应当在约定的期限内改派。未及时通知或者未按约定改派的，责任人承担相应的责任。

（四）技术中介合同

82. 合同法第三百六十四条所称技术中介合同，是指当事人一方以知识、技术、经验和信息为另一方与第三人订立技术合同进行联系、介绍、组织商品化、产业化开发并对履行合同提供服务所订立的合同，但就不含有技术中介服务内容订立的各种居间合同除外。

83. 技术中介合同委托人的主要义务是提出明确的订约要求，提供有关背景材料；按照约定承担中介人从事中介活动的费用；按照约定支付报酬。

中介人的主要义务是如实反映委托人和第三人的技术成果、资信状况和履约能力；保守委托人和第三人的商业秘密；按照约定为委托人和第三人订立、履行合同提供服务。

84. 当事人对中介人从事中介活动的费用的负担没有约定或者约定不明确，依照合同法第六十一条的规定不能达成补充协议的，由中介人自己负担。当事人约定该费用由委托人承担但没有约定该费用的数额或者计算方法的，委托人应当支付中介人从事中介活动支出的必要费用。

前款所称中介人从事中介活动的费用，是指中介人在委托人和第三人订立技术合同前，进行联系、介绍活动所支出的通信、交通和必要的调查研究等费用。

85. 当事人对中介人的报酬数额没有约定或者约定不明确，依照合同法第六十一条的规定不能达成补充协议的，根据中介人的劳务合理确定，并由委托人负担。仅在委托人与第三人订立的技术合同中约定有中介条款，但对给付中介人报酬的义务没有约定或者约定不明确，依照合同法第六十一条的规定不能达成补充协议的，由委托人和第三人平均负担。

前款所称中介人的报酬，是指中介人为委托人与第三人订立技术合同，以及为其履行合同提供服务应当得到的收益。

86. 中介人未促成委托人与第三人之间的技术合同成立的，无权要求支付报酬，但可以要求委托人支付从事中介活动支出的必要费用。

87. 中介人故意隐瞒与订立技术合同有关的重要事实或者提供虚假情况，损害委托人利益的，应当承担免收报酬和损害赔偿责任。

88. 中介人收取的从事中介活动的费用和报酬不应视为委托人与第三人之间的技术合同纠纷中一方当事人的损失。

89. 中介人对造成委托人与第三人之间的技术合同的无效或者被撤销没有过错，且该技术合同无效或者被撤销不影响有关中介条款或者技术中介合同继续有效的，中介人仍有权按照约定收取从事中介活动的费用和报酬。

五、与审理技术合同纠纷有关的程序问题

（一）技术合同纠纷的管辖与受理

90. 技术合同纠纷属于与知识产权有关的纠纷，由中级以上人民法院管辖，但最高人民法院另行确定管辖的除外。

91. 合同中既有技术合同内容，又有其他合同内容，当事人就技术合同内容和其他合同内容均发生争议的，由具有技术合同纠纷案件管辖权的人民法院受理。

92. 一方当事人以诉讼争议的技术合同侵害他人技术成果为由主张合同无效或者人民法院在审理技术合同纠纷中发现可能存在该无效事由时，应当依法通知有关利害关系人作为有独立请求权的第三人参加诉讼。

93. 他人向受理技术合同纠纷的人民法院就该合同标的技术提出权属或者

侵权主张时，受诉人民法院对此亦有管辖权的，可以将该权属或者侵权纠纷与合同纠纷合并审理；受诉人民法院对此没有管辖权的，应当告知其向有管辖权的人民法院另行起诉。权属或者侵权纠纷另案受理后，合同纠纷应当中止诉讼。

94. 专利实施许可合同诉讼中，受让人（被许可人）或者第三人向专利复审委员会请求宣告该专利权无效的，人民法院可以不中止诉讼。在审理过程中该专利权被宣告无效的，按照专利法的有关规定处理。

95. 因技术中介合同中介人违反约定的保密义务发生的纠纷，可以与技术合同纠纷合并审理。

96. 中介人一般不作为委托人与第三人之间的技术合同诉讼的当事人，但下列情况除外：

（1）中介人与技术合同一方当事人恶意串通损害另一方利益的，恶意串通的双方应列为共同被告，承担连带责任；

（2）中介人隐瞒技术合同一方当事人的真实情况给另一方造成损失的，中介人应列为被告，并依其过错承担相应的责任；

（3）因中介人不履行技术中介合同或者中介条款约定的其他义务，导致技术合同不能依约履行的，可以根据具体情况将中介人列为诉讼当事人。

（二）技术合同标的技术的鉴定

97. 在技术合同纠纷诉讼中，需对合同标的技术进行鉴定的，除法定鉴定部门外，当事人协商推荐共同信任的组织或者专家进行鉴定的，人民法院可予指定；当事人不能协商一致的，人民法院可以从由省级以上科技行政主管部门推荐的鉴定组织或者专家中选择并指定，也可以直接指定相关组织或者专家进行鉴定。

指定专家进行鉴定的，应当组成鉴定组。

鉴定人应当是三人以上的单数。

98. 鉴定应当以合同约定由当事人提供的技术成果或者技术服务内容为鉴定对象，从原理、设计、工艺和必要的技术资料等方面，按照约定的检测方式和验收标准，审查其能否达到约定的技术指标和经济效益指标。

99. 当事人对技术成果的检测方式或者验收标准没有约定或者约定不明确，依照合同法第六十一条的规定不能达成补充协议的，可以根据具体案情采用本行业常用的或者合乎实用的检测方式或者验收标准进行检测鉴定、专家评议或者验收鉴定。

对合同约定的验收标准明确、技术问题并不复杂的，可以采取当事人现场演示、操作、制作等方式对技术成果进行鉴定。

100. 技术咨询合同当事人对咨询报告和意见的验收或者评价办法没有约

定或者约定不明确，依照合同法第六十一条的规定不能达成补充协议的，按照合乎实用的一般要求进行鉴定。

101. 对已经按照国家有关规定通过技术成果鉴定、新产品鉴定等鉴定，又无相反的证据能够足以否定该鉴定结论的技术成果，或者已经实际使用证明是成熟可靠的技术成果，在诉讼中当事人又对该技术成果的评价发生争议的，不再进行鉴定。

102. 不能以授予专利权的有关专利文件代替对合同标的技术的鉴定结论。

最高人民法院
关于学习贯彻修改后的专利法的通知

（2009年9月27日　法发〔2009〕49号）

各省、自治区、直辖市高级人民法院，解放军军事法院，新疆维吾尔自治区高级人民法院生产建设兵团分院：

《全国人民代表大会常务委员会关于修改〈中华人民共和国专利法〉的决定》于2008年12月27日经第十一届全国人民代表大会常务委员会第六次会议审议通过，自2009年10月1日起施行。为了保证修改后的专利法的贯彻实施，现就有关问题通知如下：

一、认真做好修改后的专利法的学习、贯彻工作。修改后的专利法，适度调整了专利授权条件，赋予外观设计专利权人许诺销售权，强化专利侵权损害赔偿责任，明确规定诉前证据保全措施、现有技术和现有设计抗辩事由等，对激励自主创新、促进科学技术进步和经济社会发展具有十分重要的意义，是我国专利制度发展历程中又一里程碑。各级人民法院要充分认识专利法修改的重要意义，高度重视修改后的专利法的学习、贯彻工作，结合人民法院的实际情况，制定学习、贯彻的具体计划和措施，学习好、领会好新的立法精神，为贯彻实施修改后的专利法打下良好的基础。

二、人民法院审理侵犯专利权纠纷案件，对于2009年10月1日以前的被诉侵犯专利权行为，适用修改前的专利法；对于2009年10月1日以后的被诉侵犯专利权行为，适用修改后的专利法；对于发生在2009年10月1日以前且持续到2009年10月1日以后的被诉侵犯专利权行为，依据修改前和修改后的专利法侵权人均应承担赔偿责任的，适用修改后的专利法确定赔偿数额。

三、被诉侵犯专利权行为发生在2009年10月1日以前，当事人在2009年10月1日以后向人民法院申请采取责令停止有关行为的措施、申请保全证据的，适用修改后的专利法。

四、人民法院适用修改后的专利法审理专利纠纷案件时，《最高人民法院关于对诉前停止侵犯专利权行为适用法律问题的若干规定》、《最高人民法院关于审理专利纠纷案件适用法律问题的若干规定》与修改后的专利法相抵触的内容，不再适用。

五、各级人民法院在适用修改后的专利法的过程中，要不断总结经验。对遇到的问题，要认真研究并提出意见，及时向最高人民法院请示报告，以保证修改后的专利法正确贯彻实施。

特此通知。

最高人民法院
印发《关于专利、商标等授权确权类知识产权行政案件审理分工的规定》的通知

（2009年6月26日 法发〔2009〕39号）

各省、自治区、直辖市高级人民法院，解放军军事法院，新疆维吾尔自治区高级人民法院生产建设兵团分院：

现将最高人民法院《关于专利、商标等授权确权类知识产权行政案件审理分工的规定》印发给你们，请认真贯彻执行。

附：

最高人民法院
关于专利、商标等授权确权类知识产权行政案件审理分工的规定

（经2009年6月22日最高人民法院审判委员会第1469次会议讨论通过）

为贯彻落实《国家知识产权战略纲要》，完善知识产权审判体制，确保司

法标准的统一，现就专利、商标等授权确权类知识产权行政案件的审理分工作如下规定：

第一条 下列一、二审案件由北京市有关中级人民法院、北京市高级人民法院和最高人民法院知识产权审判庭审理：

（一）不服国务院专利行政部门专利复审委员会作出的专利复审决定和无效决定的案件；

（二）不服国务院专利行政部门作出的实施专利强制许可决定和实施专利强制许可的使用费裁决的案件；

（三）不服国务院工商行政管理部门商标评审委员会作出的商标复审决定和裁定的案件；

（四）不服国务院知识产权行政部门作出的集成电路布图设计复审决定和撤销决定的案件；

（五）不服国务院知识产权行政部门作出的使用集成电路布图设计非自愿许可决定的案件和使用集成电路布图设计非自愿许可的报酬裁决的案件；

（六）不服国务院农业、林业行政部门植物新品种复审委员会作出的植物新品种复审决定、无效决定和更名决定的案件；

（七）不服国务院农业、林业行政部门作出的实施植物新品种强制许可决定和实施植物新品种强制许可的使用费裁决的案件。

第二条 当事人对于人民法院就第一条所列案件作出的生效判决或者裁定不服，向上级人民法院申请再审的案件，由上级人民法院知识产权审判庭负责再审审查和审理。

第三条 由最高人民法院、北京市高级人民法院和北京市有关中级人民法院知识产权审判庭审理的上述案件，立案时统一使用“知行”字编号。

第四条 本规定自2009年7月1日起施行，最高人民法院于2002年5月21日作出的《关于专利法、商标法修改后专利、商标相关案件分工问题的批复》（法〔2002〕117号）同时废止。

最高人民法院指导案例 20 号

深圳市斯瑞曼精细化工有限公司诉深圳市坑梓自来水有限公司、深圳市康泰蓝水处理设备有限公司侵害发明专利权纠纷案

（最高人民院审判委员会讨论通过　2013 年 11 月 8 日发布）

关键词

民事　知识产权　侵害发明专利权　临时保护期　后续行为

裁判要点

在发明专利申请公布后至专利权授予前的临时保护期内制造、销售、进口的被诉专利侵权产品不为专利法禁止的情况下，其后续的使用、许诺销售、销售，即使未经专利权人许可，也不视为侵害专利权，但专利权人可以依法要求临时保护期内实施其发明的单位或者个人支付适当的费用。

相关法条

《中华人民共和国专利法》第十一条、第十三条、第六十九条

基本案情

深圳市斯瑞曼精细化工有限公司（以下简称斯瑞曼公司）于 2006 年 1 月 19 日向国家知识产权局申请发明专利，该专利于 2006 年 7 月 19 日公开，2009 年 1 月 21 日授权公告，授权的发明名称为“制备高纯度二氧化氯的设备”，专利权人为斯瑞曼公司。该专利最近一次年费缴纳时间为 2008 年 11 月 28 日。2008 年 10 月 20 日，深圳市坑梓自来水有限公司（以下简称坑梓自来水公司）与深圳市康泰蓝水处理设备有限公司（以下简称康泰蓝公司）签订《购销合同》一份，坑梓自来水公司向康泰蓝公司购买康泰蓝二氧化氯发生器一套，价款 26 万元。康泰蓝公司已于 2008 年 12 月 30 日就上述产品销售款要求税务机关代开统一发票。在上述《购销合同》中，约定坑梓自来水公司分期向康泰蓝公司支付设备款项，康泰蓝公司为坑梓自来水公司提供安装、调试、维修、保养等技术支持及售后服务。

2009 年 3 月 16 日，斯瑞曼公司向广东省深圳市中级人民法院诉称：其拥有名称为“制备高纯度二氧化氯的设备”的发明专利（以下简称涉案发明专利），康泰蓝公司生产、销售和坑梓自来水公司使用的二氧化氯生产设备落入涉案发明专利保护范围。请求判令二被告停止侵权并赔偿经济损失 30 万元、

承担诉讼费等费用。在本案中，斯瑞曼公司没有提出支付发明专利临时保护期使用费的诉讼请求，在一审法院已作释明的情况下，斯瑞曼公司仍坚持原诉讼请求。

裁判结果

广东省深圳市中级人民法院于2010年1月6日作出（2009）深中法民三初字第94号民事判决：康泰蓝公司停止侵权，康泰蓝公司和坑梓自来水公司连带赔偿斯瑞曼公司经济损失8万元。康泰蓝公司、坑梓自来水公司均提起上诉，广东省高级人民法院于2010年11月15日作出（2010）粤高法民三终字第444号民事判决：驳回上诉，维持原判。坑梓自来水公司不服二审判决，向最高人民法院申请再审。最高人民法院于2011年12月20日作出（2011）民提字第259号民事判决：撤销原一、二审判决，驳回斯瑞曼公司的诉讼请求。

裁判理由

最高人民法院认为：斯瑞曼公司在本案中没有提出支付发明专利临时保护期使用费的诉讼请求，因此本案的主要争议焦点在于，坑梓自来水公司在涉案发明专利授权后使用其在涉案发明专利临时保护期内向康泰蓝公司购买的被诉专利侵权产品是否侵犯涉案发明专利权，康泰蓝公司在涉案发明专利授权后为坑梓自来水公司使用被诉专利侵权产品提供售后服务是否侵犯涉案发明专利权。

对于侵犯专利权行为的认定，应当全面综合考虑专利法的相关规定。根据本案被诉侵权行为时间，本案应当适用2000年修改的《中华人民共和国专利法》。专利法第十一条第一款规定："发明和实用新型专利权被授予后，除本法另有规定的以外，任何单位或者个人未经专利权人许可，都不得实施其专利，即不得为生产经营目的制造、使用、许诺销售、销售、进口其专利产品，或者使用其专利方法以及使用、许诺销售、销售、进口依照该专利方法直接获得的产品。"第十三条规定："发明专利申请公布后，申请人可以要求实施其发明的单位或者个人支付适当的费用。"第六十二条规定："侵犯专利权的诉讼时效为二年，自专利权人或者利害关系人得知或者应当得知侵权行为之日起计算。发明专利申请公布后至专利权授予前使用该发明未支付适当使用费的，专利权人要求支付使用费的诉讼时效为二年，自专利权人得知或者应当得知他人使用其发明之日起计算，但是，专利权人于专利权授予之日前即已得知或者应当得知的，自专利权授予之日起计算。"综合考虑上述规定，专利法虽然规定了申请人可以要求在发明专利申请公布后至专利权授予之前（即专利临时保护期内）实施其发明的单位或者个人支付适当的费用，即享有请求给付发明专利临时保护期使用费的权利，但对于专利临时保护期内实施其发明的行为并不享有请求停止实施的权利。因此，在发明专利临时保护期内实施相关发明的，不属于专利法禁止的行为。在专利临时保护期内制造、销售、进口被诉专利侵权产品不为专利法禁止的情况下，其后续的使用、许诺销售、销售该产品的行为，即使未经专利权人许可，也应当得到允许。也就是说，专利权人无权禁止他人对专利临时保护期内制造、销售、进口的被诉专利侵权产品的后续使用、许诺销售、销售。当然，这并不否定专利权人根据专利法第十三条规定行使要求实施其发明者支付适当费用的权利。对于在专利临时保护期内制造、销售、进口的被诉专利侵权产品，在销售者、使用者提供了合法来源的情况下，销售者、使用者不应承担支付适当费用的责任。

认定在发明专利授权后针对发明专利临时保护期内实施发明得到的产品的后续使用、许诺销售、销售等实施行为不构成侵权，符合专利法的立法宗旨。一方面，专利制度的设计初衷是“以公开换保护”，且是在授权之后才能请求予以保护。对于发明专利申请来说，在公开日之前实施相关发明，不构成侵权，在公开日后也应当允许此前实施发明得到的产品的后续实施行为；在公开日到授权日之间，为发明专利申请提供的是临时保护，在此期间实施相关发明，不为专利法所禁止，同样也应当允许实施发明得到的产品在此期间之后的后续实施行为，但申请人在获得专利权后有权要求在临时保护期内实施其发明者支付适当费用。由于专利法没有禁止发明专利授权前的实施行为，则专利授权前制造出来的产品的后续实施也不构成侵权。否则就违背了专利法的立法初衷，为尚未公开或者授权的技术方案提供了保护。另一方面，专利法规定了先用权，虽然仅规定了先用权人在原有范围内继续制造相同产品、使用相同方法不视为侵权，没有规定制造的相同产品或者使用相同方法制造的产品的后续实施行为是否构成侵权，但是不能因为专利法没有明确规定就认定上述后续实施行为构成侵权，否则，专利法规定的先用权没有任何意义。

本案中，康泰蓝公司销售被诉专利侵权产品是在涉案发明专利临时保护期内，该行为不为专利法所禁止。在此情况下，后续的坑梓自来水公司使用所购买的被诉专利侵权产品的行为也应当得到允许。因此，坑梓自来水公司后续的使用行为不侵犯涉案发明专利权。同理，康泰蓝公司在涉案发明专利授权后为坑梓自来水公司使用被诉专利侵权产品提供售后服务也不侵犯涉案发明专利权。

最高人民法院指导案例55号

柏万清诉成都难寻物品营销服务中心等侵害实用新型专利权纠纷案

（最高人民法院审判委员会讨论通过　2015年11月19日发布）

关键词

民事　侵害实用新型专利权　保护范围　技术术语　侵权对比

裁判要点

专利权的保护范围应当清楚，如果实用新型专利权的权利要求书的表述存在明显瑕疵，结合涉案专利说明书、附图、本领域的公知常识及相关现有技术等，不能确定权利要求中技术术语的具体含义而导致专利权的保护范围明显不清，则因无法将其与被诉侵权技术方案进行有实质意义的侵权对比，从而不能认定被诉侵权技术方案构成侵权。

相关法条

《中华人民共和国专利法》第26条第4款、第59条第1款

基本案情

原告柏万清系专利号200420091540.7、名称为“防电磁污染服”实用新型专利（以下简称涉案专利）的专利权人。涉案专利权利要求1的技术特征为：A. 一种防电磁污染服，包括上装和下装；B. 服装的面料里设有起屏蔽作用的金属网或膜；C. 起屏蔽作用的金属网或膜由导磁率高而无剩磁的金属细丝或者金属粉末构成。该专利说明书载明，该专利的目的是提供一种成本低、保护范围宽和效果好的防电磁污染服。其特征在于所述服装在面料里设有由导磁率高而无剩磁的金属细丝或者金属粉末构成的起屏蔽保护作用的金属网或膜。所述金属细丝可用市售5到8丝的铜丝等，所述金属粉末可用如软铁粉末等。附图1、2表明，防护服是在不改变已有服装样式和面料功能的基础上，通过在面料里织进导电金属细丝或者以喷、涂、扩散、浸泡和印染等任一方式的加工方法将导电金属粉末与面料复合，构成带网眼的网状结构即可。

2010年5月28日，成都难寻物品营销服务中心销售了由上海添香实业有限公司生产的添香牌防辐射服上装，该产品售价490元，其技术特征是：a.

一种防电磁污染服上装；b. 服装的面料里设有起屏蔽作用的金属防护网；c. 起屏蔽作用的金属防护网由不锈钢金属纤维构成。7 月 19 日，柏万清以成都难寻物品营销服务中心销售、上海添香实业有限公司生产的添香牌防辐射服上装（以下简称被诉侵权产品）侵犯涉案专利权为由，向四川省成都市中级人民法院提起民事诉讼，请求判令成都难寻物品营销服务中心立即停止销售被控侵权产品；上海添香实业有限公司停止生产、销售被控侵权产品，并赔偿经济损失 100 万元。

裁判结果

四川省成都市中级人民法院于 2011 年 2 月 18 日作出（2010）成民初字第 597 号民事判决，驳回柏万清的诉讼请求。宣判后，柏万清提起上诉。四川省高级人民法院于 2011 年 10 月 24 日作出（2011）川民终字第 391 号民事判决驳回柏万清上诉，维持原判。柏万清不服，向最高人民法院申请再审，最高人民法院于 2012 年 12 月 28 日裁定驳回其再审申请。

裁判理由

法院生效裁判认为：本案争议焦点是上海添香实业有限公司生产、成都难寻物品营销服务中心销售的被控侵权产品是否侵犯柏万清的"防电磁污染服"实用新型专利权。《中华人民共和国专利法》第二十六条第四款规定："权利要求书应当以说明书为依据，清楚、简要地限定要求专利保护的范围。"第五十九条第一款规定："发明或者实用新型专利权的保护范围以其权利要求的内容为准，说明书及附图可以用于解释权利要求的内容。"可见，准确界定专利权的保护范围，是认定被诉侵权技术方案是否构成侵权的前提条件。如果权利要求书的撰写存在明显瑕疵，结合涉案专利说明书、附图、本领域的公知常识以及相关现有技术等，仍然不能确定权利要求中技术术语的具体含义，无法准确确定专利权的保护范围的，则无法将被诉侵权技术方案与之进行有意义的侵权对比。因此，对于保护范围明显不清楚的专利权，不能认定被诉侵权技术方案构成侵权。

本案中，涉案专利权利要求 1 的技术特征 C 中的"导磁率高"的具体范围难以确定。首先，根据柏万清提供的证据，虽然磁导率有时也被称为导磁率，但磁导率有绝对磁导率与相对磁导率之分，根据具体条件的不同还涉及起始磁导率 μi、最大磁导率 μm 等概念。不同概念的含义不同，计算方式也不尽相同。磁导率并非常数，磁场强度 H 发生变化时，即可观察到磁导率的变化。但是在涉案专利说明书中，既没有记载导磁率在涉案专利技术方案中是指相对磁导率还是绝对磁导率或者其他概念，又没有记载导磁率高的具体范围，也没有记载包括磁场强度 H 等在内的计算导磁率的客观条件。本领域技术人员根据涉案专利说明书，难以确定涉案专利中所称的导磁率高的具体含义。其次，从柏万清提交的相关证据来看，虽能证明有些现有技术中确实采用了高磁导率、高导磁率等表述，但根据技术领域以及磁场强度的不同，所谓高导磁率的含义十分宽泛，从 80 Gs/Oe 至 83.5×104 Gs/Oe 均被柏万清称为高导磁率。柏万清提供的证据并不能证明在涉案专利所属技术领域中，本领域技术人员对于高导磁率的含义或者范围有着相对统一的认识。最后，柏万清主张根据具体使用环境的不同，本领域技术人员可以确定具体的安全下限，从而确定所需的导磁率。该主张实际上是将能够实现防辐射目的的所有情形均纳入涉案专利权的保护范围，保护范围过于宽泛，亦缺乏事实和法律依据。

综上所述，根据涉案专利说明书以及柏万清提供的有关证据，本领域技术人员难以确定权利要求 1 技术特征 C 中“导磁率高”的具体范围或者具体含义，不能准确确定权利要求 1 的保护范围，无法将被诉侵权产品与之进行有实质意义的侵权对比。因此，二审判决认定柏万清未能举证证明被诉侵权产品落入涉案专利权的保护范围，并无不当。

（生效裁判审判人员：周翔、罗霞、杜微科）

最高人民法院指导案例 83 号

威海嘉易烤生活家电有限公司诉永康市金仕德工贸有限公司、浙江天猫网络有限公司侵害发明专利权纠纷案

（最高人民法院审判委员会讨论通过　2017 年 3 月 6 日发布）

关键词

民事　侵害发明专利权　有效通知　必要措施　网络服务提供者　连带责任

裁判要点

1. 网络用户利用网络服务实施侵权行为，被侵权人依据侵权责任法向网络服务提供者所发出的要求其采取必要措施的通知，包含被侵权人身份情况、权属凭证、侵权人网络地址、侵权事实初步证据等内容的，即属有效通知。网络服务提供者自行设定的投诉规则，不得影响权利人依法维护其自身合法权利。

2. 侵权责任法第三十六条第二款所规定的网络服务提供者接到通知后所应采取的必要措施包括但并不限于删除、屏蔽、断开链接。“必要措施”应遵循审慎、合理的原则，根据所侵害权利的性质、侵权的具体情形和技术条件等来加以综合确定。

相关法条

《中华人民共和国侵权责任法》第三十六条

基本案情

原告威海嘉易烤生活家电有限公司（以下简称嘉易烤公司）诉称：永康市金仕德工贸有限公司（以下简称金仕德公司）未经其许可，在天猫商城等网络平台上宣传并销售侵害其ZL200980000002.8号专利权的产品，构成专利侵权；浙江天猫网络有限公司（以下简称天猫公司）在嘉易烤公司投诉金仕德公司侵权行为的情况下，未采取有效措施，应与金仕德公司共同承担侵权责任。请求判令：1. 金仕德公司立即停止销售被诉侵权产品；2. 金仕德公司立即销毁库存的被诉侵权产品；3. 天猫公司撤销金仕德公司在天猫平台上所有的侵权产品链接；4. 金仕德公司、天猫公司连带赔偿嘉易烤公司50万元；5. 本案诉讼费用由金仕德公司、天猫公司承担。

金仕德公司答辩称：其只是卖家，并不是生产厂家，嘉易烤公司索赔数额过高。

天猫公司答辩称：1. 其作为交易平台，并不是生产销售侵权产品的主要经营方或者销售方；2. 涉案产品是否侵权不能确定；3. 涉案产品是否使用在先也不能确定；4. 在不能证明其为侵权方的情况下，由其连带赔偿50万元缺乏事实和法律依据，且其公司业已删除了涉案产品的链接，嘉易烤公司关于撤销金仕德公司在天猫平台上所有侵权产品链接的诉讼请求亦不能成立。

法院经审理查明：2009年1月16日，嘉易烤公司及其法定代表人李琎熙共同向国家知识产权局申请了名称为“红外线加热烹调装置”的发明专利，并于2014年11月5日获得授权，专利号为ZL200980000002.8。该发明专利的权利要求书记载：“1. 一种红外线加热烹调装置，其特征在于，该红外线加热烹调装置包括：托架，在其上部中央设有轴孔，且在其一侧设有控制电源的开关；受红外线照射就会被加热的旋转盘，作为在其上面可以盛食物的圆盘形容器，在其下部中央设有可拆装的插入到上述轴孔中的突起；支架，在上述托架的一侧纵向设置；红外线照射部，其设在上述支架的上端，被施加电源就会朝上述旋转盘照射红外线；上述托架上还设有能够从内侧拉出的接油盘；在上述旋转盘的突起上设有轴向的排油孔。”2015年1月26日，涉案发明专利的专利权人变更为嘉易烤公司。涉案专利年费缴纳至2016年1月15日。

2015年1月29日，嘉易烤公司的委托代理机构北京商专律师事务所向北京市海诚公证处申请证据保全公证，其委托代理人王永先、时寅在公证处监督下，操作计算机登入天猫网（网址为http：//www.tmall.com），在一家名为“益心康旗舰店”的网上店铺购买了售价为388元的3D烧烤炉，并拷贝了该网店经营者的营业执照信息。同年2月4日，时寅在公证处监督下接收了寄件人名称为“益心康旗舰店”的快递包裹一个，内有韩文包装的3D烧烤炉及赠品、手写收据联和中文使用说明书、保修卡。公证员对整个证据保全过程进行了公证并制作了（2015）京海诚内民证字第01494号公证书。同年2月10日，嘉易烤公司委托案外人张一军向淘宝网知识产权保护平台上传了包含专利侵权分析报告和技术特征比对表在内的投诉材料，但淘宝网最终没有审核通过。同年5月5日，天猫公司向浙江省杭州市钱塘公证处申请证据保全公证，由其代理人刁曼丽在公证处的监督下操作电脑，在天猫网益心康旗舰店搜索“益心康3D烧烤炉韩式家用不粘电烤炉无烟烤肉机电烤盘铁板烧烤肉锅”，显示没有搜索到符合条件的商品。公证员对整个证据保全过程进行了公证并制作了（2015）浙杭钱证内字第10879号公证书。

一审庭审中，嘉易烤公司主张将涉案专利权利要求1作为本案要求保护的范围。经比对，嘉易烤公司认为除了开关位置的不同，被控侵权产品的技术特征完全落入了涉案专利权利要求1记载的保护范围，而开关位置的变化是业内普通技术人员不需要创造性劳动就可解决的，属于等同特征。两原审被告对比对结果不持异议。

另查明，嘉易烤公司为本案支出公证费4000元，代理服务费81000元。

裁判结果

浙江省金华市中级人民法院于2015年8月12日作出（2015）浙金知民初字第148号民事判决：一、金仕德公司立即停止销售侵犯专利号为ZL200980000002.8的发明专利权的产品的行为；二、金仕德公司于判决生效之日起十日内赔偿嘉易烤公司经济损失150000元（含嘉易烤公司为制止侵权而支出的合理费用）；三、天猫公司对上述第二项中金仕德公司赔偿金额的50000元承担连带赔偿责任；四、驳回嘉易烤公司的其他诉讼请求。一审宣判后，天猫公司不服，提起上诉。浙江省高级人民法院于2015年11月17日作出（2015）浙知终字第186号民事判决：驳回上诉，维持原判。

裁判理由

法院生效裁判认为：各方当事人对于金仕德公司销售的被诉侵权产品落入嘉易烤公司涉案专利权利要求1的保护范围，均不持异议，原审判决认定金仕德公司涉案行为构成专利侵权正确。关于天猫公司在本案中是否构成共同侵权，侵权责任法第三十六条第二款规定，网络用户利用网络服务实施侵权行为的，被侵权人有权通知网络服务提供者采取删除、屏蔽、断开链接等必要措施。网络服务提供者接到通知后未及时采取必要措施的，对损害的扩大部分与该网络用户承担连带责任。上述规定系针对权利人发现网络用户利用网络服务提供者的服务实施侵权行为后“通知”网络服务提供者采取必要措施，以防止侵权后果不当扩大的情形，同时还明确界定了此种情形下网络服务提供者所应承担的义务范围及责任构成。本案中，天猫公司涉案被诉侵权行为是否构成侵权应结合对天猫公司的主体性质、嘉易烤公司“通知”的有效性以及天猫公司在接到嘉易烤公司的“通知”后是否应当采取措施及所采取的措施的必要性和及时性等加以综合考量。

首先，天猫公司依法持有增值电信业务经营许可证，系信息发布平台的服务提供商，其在本案中为金仕德公司经营的“益心康旗舰店”销售涉案被诉侵权产品提供网络技术服务，符合侵权责任法第三十六条第二款所规定网络服务提供者的主体条件。

其次，天猫公司在二审庭审中确认嘉易烤公司已于 2015 年 2 月 10 日委托案外人张一军向淘宝网知识产权保护平台上传了包含被投诉商品链接及专利侵权分析报告、技术特征比对表在内的投诉材料，且根据上述投诉材料可以确定被投诉主体及被投诉商品。

侵权责任法第三十六条第二款所涉及的“通知”是认定网络服务提供者是否存在过错及应否就危害结果的不当扩大承担连带责任的条件。“通知”是指被侵权人就他人利用网络服务商的服务实施侵权行为的事实向网络服务提供者所发出的要求其采取必要技术措施，以防止侵权行为进一步扩大的行为。“通知”既可以是口头的，也可以是书面的。通常，“通知”内容应当包括权利人身份情况、权属凭证、证明侵权事实的初步证据以及指向明确的被诉侵权人网络地址等材料。符合上述条件的，即应视为有效通知。嘉易烤公司涉案投诉通知符合侵权责任法规定的“通知”的基本要件，属有效通知。

再次，经查，天猫公司对嘉易烤公司投诉材料作出审核不通过的处理，其在回复中表明审核不通过原因是：烦请在实用新型、发明的侵权分析对比表表二中详细填写被投诉商品落入贵方提供的专利权利要求的技术点，建议采用图文结合的方式一一指出。（需注意，对比的对象为卖家发布的商品信息上的图片、文字），并提供购买订单编号或双方会员名。

二审法院认为，发明或实用新型专利侵权的判断往往并非仅依赖表面或书面材料就可以作出，因此专利权人的投诉材料通常只需包括权利人身份、专利名称及专利号、被投诉商品及被投诉主体内容，以便投诉接受方转达被投诉主体。在本案中，嘉易烤公司的投诉材料已完全包含上述要素。至于侵权分析比对，天猫公司一方面认为其对卖家所售商品是否侵犯发明专利判断能力有限，另一方面却又要求投诉方“详细填写被投诉商品落入贵方提供的专利权利要求的技术点，建议采用图文结合的方式一一指出”，该院认为，考虑到互联网领域投诉数量巨大、投诉情况复杂的因素，天猫公司的上述要求基于其自身利益考量虽也具有一定的合理性，而且也有利于天猫公司对于被投诉行为的性质作出初步判断并采取相应的措施。但就权利人而言，天猫公司的前述要求并非权利人投诉通知有效的必要条件。况且，嘉易烤公司在本案的投诉材料中提供了多达5页的以图文并茂的方式表现的技术特征对比表，天猫公司仍以教条的、格式化的回复将技术特征对比作为审核不通过的原因之一，处置失当。至于天猫公司审核不通过并提出提供购买订单编号或双方会员名的要求，该院认为，本案中投诉方是否提供购买订单编号或双方会员名并不影响投诉行为的合法有效。而且，天猫公司所确定的投诉规制并不对权利人维权产生法律约束力，权利人只需在法律规定的框架内行使维权行为即可，投诉方完全可以根据自己的利益考量决定是否接受天猫公司所确定的投诉规制。更何况投诉方可能无需购买商品而通过其他证据加以证明，也可以根据他人的购买行为发现可能的侵权行为，甚至投诉方即使存在直接购买行为，但也可以基于某种经济利益或商业秘密的考量而拒绝提供。

最后，侵权责任法第三十六条第二款所规定的网络服务提供者接到通知后所应采取必要措施包括但并不限于删除、屏蔽、断开链接。“必要措施”应根据所侵害权利的性质、侵权的具体情形和技术条件等来加以综合确定。

本案中，在确定嘉易烤公司的投诉行为合法有效之后，需要判断天猫公司在接受投诉材料之后的处理是否审慎、合理。该院认为，本案系侵害发明专利权纠纷。天猫公司作为电子商务网络服务平台的提供者，基于其公司对于发明专利侵权判断的主观能力、侵权投诉胜诉概率以及利益平衡等因素的考量，并不必然要求天猫公司在接受投诉后对被投诉商品立即采取删除和屏蔽措施，对被诉商品采取的必要措施应当秉承审慎、合理原则，以免损害被投诉人的合法权益。但是将有效的投诉通知材料转达被投诉人并通知被投诉人申辩当属天猫公司应当采取的必要措施之一。否则权利人投诉行为将失去任何意义，权利人的维权行为也将难以实现。网络服务平台提供者应该保证有效投诉信息传递的顺畅，而不应成为投诉信息的黑洞。被投诉人对于其或生产或销售的商品是否侵权，以及是否应主动自行停止被投诉行为，自会作出相应的判断及应对。而天猫公司未履行上述基本义务的结果导致被投诉人未收到任何警示从而造成损害后果的扩大。至于天猫公司在嘉易烤公司起诉后即对被诉商品采取删除和屏蔽措施，当属审慎、合理。综上，天猫公司在接到嘉易烤公司的通知后未及时采取必要措施，对损害的扩大部分应与金仕德公司承担连带责任。天猫公司就此提出的上诉理由不能成立。关于天猫公司所应承担责任的份额，一审法院综合考虑侵权持续的时间及天猫公司应当知道侵权事实的时间，确定天猫公司对金仕德公司赔偿数额的 50000 元承担连带赔偿责任，并无不当。

（生效裁判审判人员：周平、陈宇、刘静）

最高人民法院指导案例 84 号

礼来公司诉常州华生制药有限公司侵害发明专利权纠纷案

（最高人民法院审判委员会讨论通过　2017 年 3 月 6 日发布）

关键词

民事　侵害发明专利权　药品制备方法发明专利　保护范围　技术调查官　被诉侵权药品制备工艺查明

裁判要点

1. 药品制备方法专利侵权纠纷中，在无其他相反证据情形下，应当推定被诉侵权药品在药监部门的备案工艺为其实际制备工艺；有证据证明被诉侵权药品备案工艺不真实的，应当充分审查被诉侵权药品的技术来源、生产规程、批生产记录、备案文件等证据，依法确定被诉侵权药品的实际制备工艺。

2. 对于被诉侵权药品制备工艺等复杂的技术事实，可以综合运用技术调查官、专家辅助人、司法鉴定以及科技专家咨询等多种途径进行查明。

相关法条

《中华人民共和国专利法》（2008 年修正）第五十九条第一款、第六十一条、第六十八条第一款（本案适用的是 2000 年修正的《中华人民共和国专利法》第五十六条第一款、第五十七条第二款、第六十二条第一款）

《中华人民共和国民事诉讼法》第七十八条、第七十九条

基本案情

2013 年 7 月 25 日，礼来公司（又称伊莱利利公司）向江苏省高级人民法院（以下简称江苏高院）诉称，礼来公司拥有涉案 91103346.7 号方法发明专利权，涉案专利方法制备的药物奥氮平为新产品。常州华生制药有限公司（以下简称华生公司）使用落入涉案专利权保护范围的制备方法生产药物奥氮平并面向市场销售，侵害了礼来公司的涉案方法发明专利权。为此，礼来公

司提起本案诉讼，请求法院判令：1. 华生公司赔偿礼来公司经济损失人民币151060000元、礼来公司为制止侵权所支付的调查取证费和其他合理开支人民币28800元；2. 华生公司在其网站及《医药经济报》刊登声明，消除因其侵权行为给礼来公司造成的不良影响；3. 华生公司承担礼来公司因本案发生的律师费人民币1500000元；4. 华生公司承担本案的全部诉讼费用。

江苏高院一审查明：

涉案专利为英国利利工业公司1991年4月24日申请的名称为“制备一种噻吩并苯二氮杂化合物的方法”的第91103346.7号中国发明专利申请，授权公告日为1995年2月19日。2011年4月24日涉案专利权期满终止。1998年3月17日，涉案专利的专利权人变更为英国伊莱利利有限公司；2002年2月28日专利权人变更为伊莱利利公司。

涉案专利授权公告的权利要求为：

1. 一种制备2-甲基-10-（4-甲基-1-哌嗪基）-4H-噻吩并［2，3，-b］［1，5］苯并二氮杂，或其酸加成盐的方法，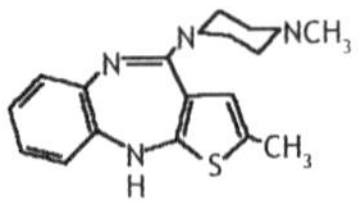

所述方法包括：

（a）使N-甲基哌嗪与下式化合物反应，

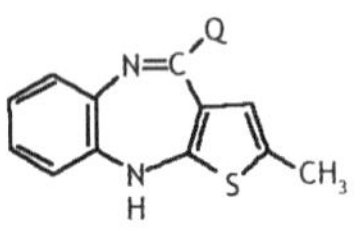

式中Q是一个可以脱落的基团，或

（b）使下式的化合物进行闭环反应

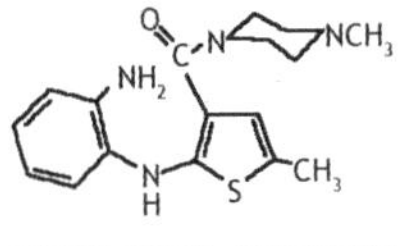

2001年7月，中国医学科学院药物研究所（简称医科院药物所）和华生公司向国家药品监督管理局（简称国家药监局）申请奥氮平及其片剂的新药证书。2003年5月9日，医科院药物所和华生公司获得国家药监局颁发的奥氮平原料药和奥氮平片《新药证书》，华生公司获得奥氮平和奥氮平片《药品注册批件》。新药申请资料中《原料药生产工艺的研究资料及文献资料》记载了制备工艺，即加入4-氨基-2-甲基-10-苄基-噻吩并苯并二氮杂，盐酸盐，甲基哌嗪及二甲基甲酰胺搅拌，得粗品，收率94.5%；加入2-甲基-10-苄基-（4-甲基-1-哌嗪基）-4H-噻吩并苯并二氮杂、冰醋酸、盐酸搅拌，然后用氢氧化钠中和后得粗品，收率73.2%；再经过两次精制，总收率为39.1%。从反应式分析，该过程就是以式四化合物与甲基哌嗪反应生成式五化合物，再对式五化合物脱苄基，得式一化合物。2003 年 8 月，华生公司向青岛市第七人民医院推销其生产的“华生-奥氮平”5mg-新型抗精神病药，其产品宣传资料记载，奥氮平片主要成分为奥氮平，其化学名称为 2-甲基-10-（4-甲基-1-哌嗪）-4H-噻吩并苯并二氮杂。

在另案审理中，根据江苏高院的委托，2011 年 8 月 25 日，上海市科技咨询服务中心出具（2010）鉴字第 19 号《技术鉴定报告书》。该鉴定报告称，按华生公司备案的“原料药生产工艺的研究资料及文献资料”中记载的工艺进行实验操作，不能获得原料药奥氮平。鉴定结论为：华生公司备案资料中记载的生产原料药奥氮平的关键反应步骤缺乏真实性，该备案的生产工艺不可行。

经质证，伊莱利利公司认可该鉴定报告，华生公司对该鉴定报告亦不持异议，但是其坚持认为采取两步法是可以生产出奥氮平的，只是因为有些内容涉及商业秘密没有写入备案资料中，故专家依据备案资料生产不出来。

华生公司认为其未侵害涉案专利权，理由是：2003 年至今，华生公司一直使用 2008 年补充报批的奥氮平备案生产工艺，该备案文件已于 2010 年 9 月 8 日获国家药监局批准，具备可行性。在礼来公司未提供任何证据证明华生公司的生产工艺的情况下，应以华生公司 2008 年奥氮平备案工艺作为认定侵权与否的比对工艺。

华生公司提交的 2010 年 9 月 8 日国家药监局《药品补充申请批件》中“申请内容”栏为：“（1）改变影响药品质量的生产工艺；（2）修改药品注册标准。”“审批结论”栏为：“经审查，同意本品变更生产工艺并修订质量标准。变更后的生产工艺在不改变原合成路线的基础上，仅对其制备工艺中所用溶剂和试剂进行调整。质量标准所附执行，有效期 24 个月。”

上述 2010 年《药品补充申请批件》所附《奥氮平药品补充申请注册资料》中 5.1 原料药生产工艺的研究资料及文献资料章节中 5.1.1 说明内容为：“根据我公司奥氮平原料药的实际生产情况，在不改变原来申报生产工艺路线的基础上，对奥氮平的制备工艺过程做了部分调整变更，对工艺进行优化，使奥氮平各中间体的质量得到进一步的提高和保证，其制备过程中的相关杂质得到有效控制。……由于工艺路线没有变更，并且最后一步的结晶溶剂亦没有变更，故化合物的结构及晶型不会改变。”

最高人民法院二审审理过程中，为准确查明本案所涉技术事实，根据民事诉讼法第七十九条、《最高人民法院关于适用〈中华人民共和国民事诉讼法〉的解释》（以下简称《民事诉讼法解释》）第一百二十二条之规定，对礼来公司的专家辅助人出庭申请予以准许；根据《民事诉讼法解释》第一百一十七条之规定，对华生公司的证人出庭申请予以准许；根据民事诉讼法第七十八条、《民事诉讼法解释》第二百二十七条之规定，通知出具（2014）司鉴定第 02 号《技术鉴定报告》的江苏省科技咨询中心工作人员出庭；根据《最高人民法院关于知识产权法院技术调查官参与诉讼活动若干问题的暂行规定》第二条、第十条之规定，首次指派技术调查官出庭，就相关技术问题与各方当事人分别询问了专家辅助人、证人及鉴定人。

最高人民法院二审另查明：

1999 年 10 月 28 日，华生公司与医科院药物所签订《技术合同书》，约定医科院药物所将其研制开发的抗精神分裂药奥氮平及其制剂转让给华生公司，医科院药物所负责完成临床前报批资料并在北京申报临床；验收标准和方法按照新药审批标准，采用领取临床批件和新药证书方式验收；在其他条款中双方对新药证书和生产的报批作出了约定。

医科院药物所 1999 年 10 月填报的（京 99）药申临字第 82 号《新药临床研究申请表》中，“制备工艺”栏绘制的反应路线如下：

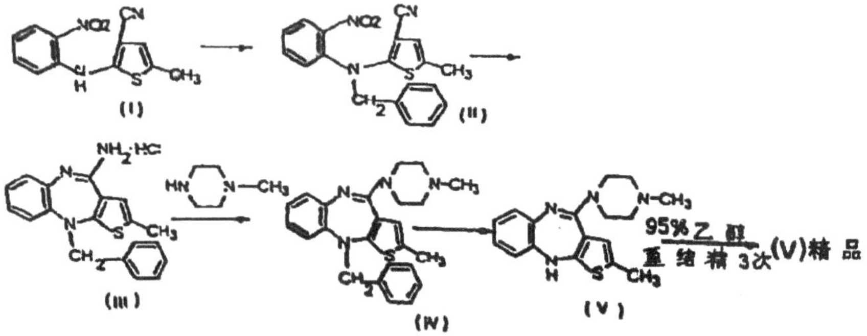

1999 年 11 月 9 日，北京市卫生局针对医科院药物所的新药临床研究申请作出《新药研制现场考核报告表》，“现场考核结论”栏记载：“该所具备研制此原料的条件，原始记录、实验资料基本完整，内容真实。”

2001 年 6 月，医科院药物所和华生公司共同向国家药监局提交《新药证书、生产申请表》[（2001）京申产字第 019 号]。针对该申请，江苏省药监局 2001 年 10 月 22 日作出《新药研制现场考核报告表》，“现场考核结论”栏记载：“经现场考核，样品制备及检验原始记录基本完整，检验仪器条件基本具备，研制单位暂无原料药生产车间，现申请本品的新药证书。”

根据华生公司申请，江苏药监局 2009 年 5 月 21 日发函委托江苏省常州市食品药品监督管理局药品安全监管处对华生公司奥氮平生产现场进行检查和产品抽样，江苏药监局针对该检查和抽样出具了《药品注册生产现场检查报告》（受理号 CXHB0800159），其中“检查结果”栏记载：“按照药品注册现场检查的有关要求，2009 年 7 月 7 日对该品种的生产现场进行了第一次检查，该公司的机构和人员、生产和检验设施能满足该品种的生产要求，原辅材料等可溯源，主要原料均按规定量投料，生产过程按申报的工艺进行。2009 年 8 月 25 日，按药品注册现场核查的有关要求，检查了 70309001、70309002、70309003 三批产品的批生产记录、检验记录、原料领用使用、库存情况记录等，已按抽样要求进行了抽样。”“综合评定结论”栏记载：“根据综合评定，现场检查结论为：通过”。

国家药监局 2010 年 9 月 8 日颁发给华生公司的《药品补充申请批件》所附《奥氮平药品补充申请注册资料》中，5.1“原料药生产工艺的研究资料及文献资料”之 5.1.2“工艺路线”中绘制的反应路线如下：

5.1.2 工艺路线

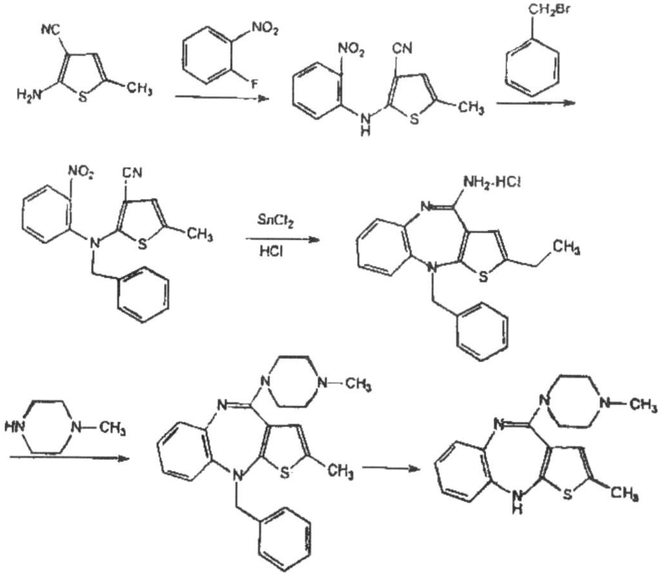

2015 年 3 月 5 日，江苏省科技咨询中心受上海市方达（北京）律师事务所委托出具（2014）司鉴字第 02 号《技术鉴定报告》，其“鉴定结论”部分记载：“1. 华生公司 2008 年向国家药监局备案的奥氮平制备工艺是可行的。2. 对比华生公司 2008 年向国家药监局备案的奥氮平制备工艺与礼来公司第 91103346.7 号方法专利，两者起始原料均为仲胺化物，但制备工艺路径不同，具体表现在：（1）反应中产生的关键中间体不同；（2）反应步骤不同：华生公司的是四步法，礼来公司是二步法；（3）反应条件不同：取代反应中，华生公司采用二甲基甲酰胺为溶媒，礼来公司采用二甲基亚砜和甲苯的混合溶剂为溶媒。”

二审庭审中，礼来公司明确其在本案中要求保护涉案专利权利要求 1 中的方法（a）。

裁判结果

江苏省高级人民法院于2014年10月14日作出（2013）苏民初字第0002号民事判决：1. 常州华生制药有限公司赔偿礼来公司经济损失及为制止侵权支出的合理费用人民币计350万元；2. 驳回礼来公司的其他诉讼请求。案件受理费人民币809744元，由礼来公司负担161950元，常州华生制药有限公司负担647794元。礼来公司、常州华生制药有限公司均不服，提起上诉。最高人民法院2016年5月31日作出（2015）民三终字第1号民事判决：1. 撤销江苏省高级人民法院（2013）苏民初字第0002号民事判决；2. 驳回礼来公司的诉讼请求。一、二审案件受理费各人民币809744元，由礼来公司负担323897元，常州华生制药有限公司负担1295591元。

裁判理由

法院生效裁判认为，《最高人民法院关于审理侵犯专利权纠纷案件应用法律若干问题的解释》第七条规定："人民法院判定被诉侵权技术方案是否落入专利权的保护范围，应当审查权利人主张的权利要求所记载的全部技术特征。被诉侵权技术方案包含与权利要求记载的全部技术特征相同或者等同的技术特征的，人民法院应当认定其落入专利权的保护范围；被诉侵权技术方案的技术特征与权利要求记载的全部技术特征相比，缺少权利要求记载的一个以上的技术特征，或者有一个以上技术特征不相同也不等同的，人民法院应当认定其没有落入专利权的保护范围。"本案中，华生公司被诉生产销售的药品与涉案专利方法制备的产品相同，均为奥氮平，判定华生公司奥氮平制备工艺是否落入涉案专利权保护范围，涉及以下三个问题：

一、关于涉案专利权的保护范围

专利法第五十六条第一款规定："发明或者实用新型专利权的保护范围以其权利要求的内容为准，说明书及附图可以用于解释权利要求。"本案中，礼来公司要求保护涉案专利权利要求1中的方法（a），该权利要求采取开放式的撰写方式，其中仅限定了参加取代反应的三环还原物及N-甲基哌嗪以及发生取代的基团，其保护范围涵盖了所有采用所述三环还原物与N-甲基哌嗪在Q基团处发生取代反应而生成奥氮平的制备方法，无论采用何种反应起始物、溶剂、反应条件，均在其保护范围之内。基于此，判定华生公司奥氮平制备工艺是否落入涉案专利权保护范围，关键在于两个技术方案反应路线的比对，而具体的反应起始物、溶剂、反应条件等均不纳入侵权比对范围，否则会不当限缩涉案专利权的保护范围，损害礼来公司的合法权益。

二、关于华生公司实际使用的奥氮平制备工艺

专利法第五十七条第二款规定："专利侵权纠纷涉及新产品制造方法的发明专利的，制造同样产品的单位或者个人应当提供其产品制造方法不同于专利方法的证明。”本案中，双方当事人对奥氮平为专利法中所称的新产品不持异议，华生公司应就其奥氮平制备工艺不同于涉案专利方法承担举证责任。具体而言，华生公司应当提供证据证明其实际使用的奥氮平制备工艺反应路线未落入涉案专利权保护范围，否则，将因其举证不能而承担推定礼来公司侵权指控成立的法律后果。

本案中，华生公司主张其自 2003 年至今一直使用 2008 年向国家药监局补充备案工艺生产奥氮平，并提交了其 2003 年和 2008 年奥氮平批生产记录（一审补充证据 6）、2003 年、2007 年和 2013 年生产规程（一审补充证据 7）、《药品补充申请批件》（一审补充证据 12）等证据证明其实际使用的奥氮平制备工艺。如前所述，本案的侵权判定关键在于两个技术方案反应路线的比对，华生公司 2008 年补充备案工艺的反应路线可见于其向国家药监局提交的《奥氮平药品补充申请注册资料》，其中 5.1“原料药生产工艺的研究资料及文献资料”之 5.1.2“工艺路线”图显示该反应路线为：先将“仲胺化物”中的仲氨基用苄基保护起来，制得“苄基化物”（苄基化），再进行闭环反应，生成“苄基取代的噻吩并苯并二氮杂”三环化合物（还原化物）。“还原化物”中的氨基被 N—甲基哌嗪取代，生成“缩合物”，然后脱去苄基，制得奥氮平。本院认为，现有在案证据能够形成完整证据链，证明华生公司 2003 年至涉案专利权到期日期间一直使用其 2008 年补充备案工艺的反应路线生产奥氮平，主要理由如下：

首先，华生公司 2008 年向国家药监局提出奥氮平药品补充申请注册，在其提交的《奥氮平药品补充申请注册资料》中，明确记载了其奥氮平制备工艺的反应路线。针对该补充申请，江苏省药监部门于 2009 年 7 月 7 日和 8 月 25 日对华生公司进行了生产现场检查和产品抽样，并出具了《药品注册生产现场检查报告》（受理号 CXHB0800159），该报告显示华生公司的“生产过程按申报的工艺进行”，三批样品“已按抽样要求进行了抽样”，现场检查结论为“通过”。也就是说，华生公司 2008 年补充备案工艺经过药监部门的现场检查，具备可行性。基于此，2010 年 9 月 8 日，国家药监局向华生公司颁发了《药品补充申请批件》，同意华生公司奥氮平“变更生产工艺并修订质量标准”。对于华生公司 2008 年补充备案工艺的可行性，礼来公司专家辅助人在二审庭审中予以认可，江苏省科技咨询中心出具的（2014）司鉴字第 02 号《技术鉴定报告》在其鉴定结论部分也认为“华生公司 2008 年向国家药监局备案的奥氮平制备工艺是可行的”。因此，在无其他相反证据的情形下，应当推定华生公司 2008 年补充备案工艺即为其取得《药品补充申请批件》后实际使用的奥氮平制备工艺。

其次，一般而言，适用于大规模工业化生产的药品制备工艺步骤繁琐，操作复杂，其形成不可能是一蹴而就的。从研发阶段到实际生产阶段，其长期的技术积累过程通常是在保持基本反应路线稳定的情况下，针对实际生产中发现的缺陷不断优化调整反应条件和操作细节。华生公司的奥氮平制备工艺受让于医科院药物所，双方于 1999 年 10 月 28 日签订了《技术转让合同》。按照合同约定，医科院药物所负责完成临床前报批资料并在北京申报临床。在医科院药物所 1999 年 10 月填报的（京 99）药申临字第 82 号《新药临床研究申请表》中，“制备工艺”栏绘制的反应路线显示，其采用了与华生公司 2008 年补充备案工艺相同的反应路线。针对该新药临床研究申请，北京市卫生局 1999 年 11 月 9 日作出《新药研制现场考核报告表》，确认“原始记录、实验资料基本完整，内容真实。”在此基础上，医科院药物所和华生公司按照《技术转让合同》的约定，共同向国家药监局提交新药证书、生产申请表［（2001）京申产字第 019 号］。针对该申请，江苏省药监局 2001 年 10 月 22 日作出《新药研制现场考核报告表》，确认“样品制备及检验原始记录基本完整”。通过包括前述考核在内的一系列审查后，2003 年 5 月 9 日，医科院药物所和华生公司获得国家药监局颁发的奥氮平原料药和奥氮平片《新药证书》。由此可见，华生公司自 1999 年即拥有了与其 2008 年补充备案工艺反应路线相同的奥氮平制备工艺，并以此申报新药注册，取得新药证书。因此，华生公司在 2008 补充备案工艺之前使用反应路线完全不同的其他制备工艺生产奥氮平的可能性不大。

最后，国家药监局 2010 年 9 月 8 日向华生公司颁发的《药品补充申请批件》“审批结论”栏记载：“变更后的生产工艺在不改变原合成路线的基础上，仅对其制备工艺中所用溶剂和试剂进行调整”，即国家药监局确认华生公司 2008 年补充备案工艺与其之前的制备工艺反应路线相同。华生公司在一审中提交了其 2003、2007 和 2013 年的生产规程，2003、2008 年的奥氮平批生产记录，华生公司主张上述证据涉及其商业秘密，一审法院组织双方当事人进行了不公开质证，确认其真实性和关联性。本院经审查，华生公司 2003、2008 年的奥氮平批生产记录是分别依据 2003、2007 年的生产规程进行实际生产所作的记录，上述生产规程和批生产记录均表明华生公司奥氮平制备工艺的基本反应路线与其 2008 年补充备案工艺的反应路线相同，只是在保持该基本反应路线不变的基础上对反应条件、溶剂等生产细节进行调整，不断优化，这样的技术积累过程是符合实际生产规律的。

综上，本院认为，华生公司 2008 年补充备案工艺真实可行，2003 年至涉案专利权到期日期间华生公司一直使用 2008 年补充备案工艺的反应路线生产奥氮平。

三、关于礼来公司的侵权指控是否成立

对比华生公司奥氮平制备工艺的反应路线和涉案方法专利，二者的区别在于反应步骤不同，关键中间体不同。具体而言，华生公司奥氮平制备工艺使用的三环还原物的胺基是被苄基保护的，由此在取代反应之前必然存在苄基化反应步骤以生成苄基化的三环还原物，相应的在取代反应后也必然存在脱苄基反应步骤以获得奥氮平。而涉案专利的反应路线中并未对三环还原物中的胺基进行苄基保护，从而不存在相应的苄基化反应步骤和脱除苄基的反应步骤。

《最高人民法院关于审理专利纠纷案件适用法律问题的若干规定》第十七条第二款规定："等同特征，是指与所记载的技术特征以基本相同的手段，实现基本相同的功能，达到基本相同的效果，并且本领域普通技术人员在被诉侵权行为发生时无需经过创造性劳动就能够联想到的特征。"本案中，就华生公司奥氮平制备工艺的反应路线和涉案方法专利的区别而言，首先，苄基保护的三环还原物中间体与未加苄基保护的三环还原物中间体为不同的化合物，两者在化学反应特性上存在差异，即在未加苄基保护的三环还原物中间体上，可脱落的 Q 基团和胺基均可与 N-甲基哌嗪发生反应，而苄基保护的三环还原物中间体由于其中的胺基被苄基保护，无法与 N-甲基哌嗪发生不期望的取代反应，取代反应只能发生在 Q 基团处；相应地，涉案专利的方法中不存在取代反应前后的加苄基和脱苄基反应步骤。因此，两个技术方案在反应中间物和反应步骤上的差异较大。其次，由于增加了加苄基和脱苄基步骤，华生公司的奥氮平制备工艺在终产物收率方面会有所减损，而涉案专利由于不存在加苄基保护步骤和脱苄基步骤，收率不会因此而下降。故两个技术方案的技术效果如收率高低等方面存在较大差异。最后，尽管对所述三环还原物中的胺基进行苄基保护以减少副反应是化学合成领域的公知常识，但是这种改变是实质性的，加苄基保护的三环还原物中间体的反应特性发生了改变，增加反应步骤也使收率下降。而且加苄基保护为公知常识仅说明华生公司的奥氮平制备工艺相对于涉案专利方法改进有限，但并不意味着两者所采用的技术手段是基本相同的。

综上，华生公司的奥氮平制备工艺在三环还原物中间体是否为苄基化中间体以及由此增加的苄基化反应步骤和脱苄基步骤方面，与涉案专利方法是不同的，相应的技术特征也不属于基本相同的技术手段，达到的技术效果存在较大差异，未构成等同特征。因此，华生公司奥氮平制备工艺未落入涉案专利权保护范围。

综上所述，华生公司奥氮平制备工艺未落入礼来公司所有的涉案专利权的保护范围，一审判决认定事实和适用法律存在错误，依法予以纠正。

（生效裁判审判人员：周翔、吴蓉、宋淑华）

最高人民法院指导案例85号

高仪股份公司诉浙江健龙卫浴有限公司侵害外观设计专利权纠纷案

（最高人民法院审判委员会讨论通过　2017年3月6日发布）

关键词

民事　侵害外观设计专利　设计特征　功能性特征　整体视觉效果

裁判要点

1. 授权外观设计的设计特征体现了其不同于现有设计的创新内容，也体现了设计人对现有设计的创造性贡献。如果被诉侵权设计未包含授权外观设计区别于现有设计的全部设计特征，一般可以推定被诉侵权设计与授权外观设计不近似。

2. 对设计特征的认定，应当由专利权人对其所主张的设计特征进行举证。人民法院在听取各方当事人质证意见基础上，对证据进行充分审查，依法确定授权外观设计的设计特征。

3. 对功能性设计特征的认定，取决于外观设计产品的一般消费者看来该设计是否仅仅由特定功能所决定，而不需要考虑该设计是否具有美感。功能性设计特征对于外观设计的整体视觉效果不具有显著影响。功能性与装饰性兼具的设计特征对整体视觉效果的影响需要考虑其装饰性的强弱，装饰性越强，对整体视觉效果的影响越大，反之则越小。

相关法条

《中华人民共和国专利法》第五十九条第二款

基本案情

高仪股份公司（以下简称高仪公司）为“手持淋浴喷头（No. A4284410X2）”外观设计专利的权利人，该外观设计专利现合法有效。2012年11月，高仪公司以浙江健龙卫浴有限公司（以下简称健龙公司）生产、销售和许诺销售的丽雅系列等卫浴产品侵害其“手持淋浴喷头”外观设计专利权为由提起诉讼，请求法院判令健龙公司立即停止被诉侵权行为，销毁库存的侵权产品及专用于生产侵权产品的模具，并赔偿高仪公司经济损失20万元。经一审庭审比对，健龙公司被诉侵权产品与高仪公司涉案外观设计专利的相同之处为：二者属于同类产品，从整体上看，二者均是由喷头头部和手柄两个部分组成，被诉侵权产品头部出水面的形状与涉案专利相同，均表现为出水孔呈放射状分布在两端圆、中间长方形的区域内，边缘呈圆弧状。两者的不同之处为：1. 被诉侵权产品的喷头头部四周为斜面，从背面向出水口倾斜，而涉案专利主视图及左视图中显示其喷头头部四周为圆弧面；2. 被诉侵权产品头部的出水面与面板间仅由一根线条分隔，涉案专利头部的出水面与面板间由两条线条构成的带状分隔；3. 被诉侵权产品头部出水面的出水孔分布方式与涉案专利略有不同；4. 涉案专利的手柄上有长椭圆形的开关设计，被诉侵权产品没有；5. 涉案专利中头部与手柄的连接虽然有一定的斜角，但角度很小，几乎为直线形连接，被诉侵权产品头部与手柄的连接产生的斜角角度较大；6. 从涉案专利的仰视图看，手柄底部为圆形，被诉侵权产品仰视的底部为曲面扇形，涉案专利手柄下端为圆柱体，向与头部连接处方向逐步收缩压扁呈扁椭圆体，被诉侵权产品的手柄下端为扇面柱体，且向与喷头连接处过渡均为扇面柱体，过渡中的手柄中段有弧度的突起；7. 被诉侵权产品的手柄底端有一条弧形的装饰线，将手柄底端与产品的背面连成一体，涉案专利的手柄底端没有这样的设计；8. 涉案专利头部和手柄的长度比例与被诉侵权产品有所差别，两者的头部与手柄的连接处弧面亦有差别。

裁判结果

浙江省台州市中级人民法院于2013年3月5日作出（2012）浙台知民初字第573号民事判决，驳回高仪公司诉讼请求。高仪公司不服，提起上诉。浙江省高级人民法院于2013年9月27日作出（2013）浙知终字第255号民事判决：1. 撤销浙江省台州市中级人民法院（2012）浙台知民初字第573号民事判决；2. 健龙公司立即停止制造、许诺销售、销售侵害高仪公司“手持淋浴喷头”外观设计专利权的产品的行为，销毁库存的侵权产品；3. 健龙公司赔偿高仪公司经济损失（含高仪公司为制止侵权行为所支出的合理费用）人民币10万元；4. 驳回高仪公司的其他诉讼请求。健龙公司不服，提起再审申请。最高人民法院于2015年8月11日作出（2015）民提字第23号民事判决：1. 撤销二审判决；2. 维持一审判决。

裁判理由

法院生效裁判认为，本案的争议焦点在于被诉侵权产品外观设计是否落入涉案外观设计专利权的保护范围。

专利法第五十九条第二款规定：“外观设计专利权的保护范围以表示在图片或者照片中的该产品的外观设计为准，简要说明可以用于解释图片或者照片所表示的该产品的外观设计。”《最高人民法院关于审理侵犯专利权纠纷案件应用法律若干问题的解释》（以下简称《侵犯专利权纠纷案件解释》）第八条规定：“在与外观设计专利产品相同或者相近种类产品上，采用与授权外观设计相同或者近似的外观设计的，人民法院应当认定被诉侵权设计落入专利法第五十九条第二款规定的外观设计专利权的保护范围”；第十条规定：“人民法院应当以外观设计专利产品的一般消费者的知识水平和认知能力，判断外观设计是否相同或者近似。”本案中，被诉侵权产品与涉案外观设计专利产品相同，均为淋浴喷头类产品，因此，本案的关键问题是对于一般消费者而言，被诉侵权产品外观设计与涉案授权外观设计是否相同或者近似，具体涉及以下四个问题：

一、关于涉案授权外观设计的设计特征

外观设计专利制度的立法目的在于保护具有美感的创新性工业设计方案，一项外观设计应当具有区别于现有设计的可识别性创新设计才能获得专利授权，该创新设计即是授权外观设计的设计特征。通常情况下，外观设计的设计人都是以现有设计为基础进行创新。对于已有产品，获得专利权的外观设计一般会具有现有设计的部分内容，同时具有与现有设计不相同也不近似的设计内容，正是这部分设计内容使得该授权外观设计具有创新性，从而满足专利法第二十三条所规定的实质性授权条件：不属于现有设计也不存在抵触申请，并且与现有设计或者现有设计特征的组合相比具有明显区别。对于该部分设计内容的描述即构成授权外观设计的设计特征，其体现了授权外观设计不同于现有设计的创新内容，也体现了设计人对现有设计的创造性贡献。由于设计特征的存在，一般消费者容易将授权外观设计区别于现有设计，因此，其对外观设计产品的整体视觉效果具有显著影响，如果被诉侵权设计未包含授权外观设计区别于现有设计的全部设计特征，一般可以推定被诉侵权设计与授权外观设计不近似。

对于设计特征的认定，一般来说，专利权人可能将设计特征记载在简要说明中，也可能会在专利授权确权或者侵权程序中对设计特征作出相应陈述。根据“谁主张、谁举证”的证据规则，专利权人应当对其所主张的设计特征进行举证。另外，授权确权程序的目的在于对外观设计是否具有专利性进行审查，因此，该过程中有关审查文档的相关记载对确定设计特征有着重要的参考意义。理想状态下，对外观设计专利的授权确权，应当是在对整个现有设计检索后的基础上确定对比设计来评判其专利性，但是，由于检索数据库的限制、无效宣告请求人检索能力的局限等原因，授权确权程序中有关审查文档所确定的设计特征可能不是在穷尽整个现有设计的检索基础上得出的，因此，无论是专利权人举证证明的设计特征，还是通过授权确权有关审查文档记载确定的设计特征，如果第三人提出异议，都应当允许其提供反证予以推翻。人民法院在听取各方当事人质证意见的基础上，对证据进行充分审查，依法确定授权外观设计的设计特征。

本案中，专利权人高仪公司主张跑道状的出水面为涉案授权外观设计的设计特征，健龙公司对此不予认可。对此，法院生效裁判认为，首先，涉案授权外观设计没有简要说明记载其设计特征，高仪公司在二审诉讼中提交了12份淋浴喷头产品的外观设计专利文件，其中7份记载的公告日早于涉案专利的申请日，其所附图片表示的外观设计均未采用跑道状的出水面。在针对涉案授权外观设计的无效宣告请求审查程序中，专利复审委员会作出第17086号决定，认定涉案授权外观设计与最接近的对比设计证据1相比："从整体形状上看，与在先公开的设计相比，本专利喷头及其各面过渡的形状、喷头正面出水区域的设计以及喷头宽度与手柄直径的比例具有较大差别，上述差别均是一般消费者容易关注的设计内容"，即该决定认定喷头出水面形状的设计为涉案授权外观设计的设计特征之一。其次，健龙公司虽然不认可跑道状的出水面为涉案授权外观设计的设计特征，但是在本案一、二审诉讼中其均未提交相应证据证明跑道状的出水面为现有设计。本案再审审查阶段，健龙公司提交200630113512.5号淋浴喷头外观设计专利视图拟证明跑道状的出水面已被现有设计所公开，经审查，该外观设计专利公告日早于涉案授权外观设计申请日，可以作为涉案授权外观设计的现有设计，但是其主视图和使用状态参考图所显示的出水面两端呈矩形而非呈圆弧形，其出水面并非跑道状。因此，对于健龙公司关于跑道状出水面不是涉案授权外观设计的设计特征的再审申请理由，本院不予支持。

二、关于涉案授权外观设计产品正常使用时容易被直接观察到的部位

认定授权外观设计产品正常使用时容易被直接观察到的部位，应当以一般消费者的视角，根据产品用途，综合考虑产品的各种使用状态得出。本案中，首先，涉案授权外观设计是淋浴喷头产品外观设计，淋浴喷头产品由喷头、手柄构成，二者在整个产品结构中所占空间比例相差不大。淋浴喷头产品可以手持，也可以挂于墙上使用，在其正常使用状态下，对于一般消费者而言，喷头、手柄及其连接处均是容易被直接观察到的部位。其次，第17086号决定认定在先申请的设计证据2与涉案授权外观设计采用了同样的跑道状出水面，但是基于涉案授权外观设计的"喷头与手柄成一体，喷头及其与手柄连接的各面均为弧面且喷头前倾，此与在先申请的设计相比具有较大的差别，上述差别均是一般消费者容易关注的设计内容"，认定二者属于不相同且不相近似的外观设计。可见，淋浴喷头产品容易被直接观察到的部位并不仅限于其喷头头部出水面，在对淋浴喷头产品外观设计的整体视觉效果进行综合判断时，其喷头、手柄及其连接处均应作为容易被直接观察到的部位予以考虑。

三、关于涉案授权外观设计手柄上的推钮是否为功能性设计特征

外观设计的功能性设计特征是指那些在外观设计产品的一般消费者看来，由产品所要实现的特定功能唯一决定而不考虑美学因素的特征。通常情况下，设计人在进行产品外观设计时，会同时考虑功能因素和美学因素。在实现产品功能的前提下，遵循人文规律和法则对产品外观进行改进，即产品必须首先实现其功能，其次还要在视觉上具有美感。具体到一项外观设计的某一特征，大多数情况下均兼具功能性和装饰性，设计者会在能够实现特定功能的多种设计中选择一种其认为最具美感的设计，而仅由特定功能唯一决定的设计只有在少数特殊情况下存在。因此，外观设计的功能性设计特征包括两种：一是实现特定功能的唯一设计；二是实现特定功能的多种设计之一，但是该设计仅由所要实现的特定功能决定而与美学因素的考虑无关。对功能性设计特征的认定，不在于该设计是否因功能或技术条件的限制而不具有可选择性，而在于外观设计产品的一般消费者看来该设计是否仅仅由特定功能所决定，而不需要考虑该设计是否具有美感。一般而言，功能性设计特征对于外观设计的整体视觉效果不具有显著影响；而功能性与装饰性兼具的设计特征对整体视觉效果的影响需要考虑其装饰性的强弱，装饰性越强，对整体视觉效果的影响相对较大，反之则相对较小。

本案中，涉案授权外观设计与被诉侵权产品外观设计的区别之一在于后者缺乏前者在手柄位置上具有的一类跑道状推钮设计。推钮的功能是控制水流开关，是否设置推钮这一部件是由是否需要在淋浴喷头产品上实现控制水流开关的功能所决定的，但是，只要在淋浴喷头手柄位置设置推钮，该推钮的形状就可以有多种设计。当一般消费者看到淋浴喷头手柄上的推钮时，自然会关注其装饰性，考虑该推钮设计是否美观，而不是仅仅考虑该推钮是否能实现控制水流开关的功能。涉案授权外观设计的设计者选择将手柄位置的推钮设计为类跑道状，其目的也在于与其跑道状的出水面相协调，增加产品整体上的美感。因此，二审判决认定涉案授权外观设计中的推钮为功能性设计特征，适用法律错误，本院予以纠正。

四、关于被诉侵权产品外观设计与涉案授权外观设计是否构成相同或者近似

《侵犯专利权纠纷案件解释》第十一条规定，认定外观设计是否相同或者近似时，应当根据授权外观设计、被诉侵权设计的设计特征，以外观设计的整体视觉效果进行综合判断；对于主要由技术功能决定的设计特征，应当不予考虑。产品正常使用时容易被直接观察到的部位相对于其他部位、授权外观设计区别于现有设计的设计特征相对于授权外观设计的其他设计特征，通常对外观设计的整体视觉效果更具有影响。

本案中，被诉侵权产品外观设计与涉案授权外观设计相比，其出水孔分布在喷头正面跑道状的区域内，虽然出水孔的数量及其在出水面两端的分布与涉案授权外观设计存在些许差别，但是总体上，被诉侵权产品采用了与涉案授权外观设计高度近似的跑道状出水面设计。关于两者的区别设计特征，一审法院归纳了八个方面，对此双方当事人均无异议。对于这些区别设计特征，首先，如前所述，第 17086 号决定认定涉案外观设计专利的设计特征有三点：一是喷头及其各面过渡的形状，二是喷头出水面形状，三是喷头宽度与手柄直径的比例。除喷头出水面形状这一设计特征之外，喷头及其各面过渡的形状、喷头宽度与手柄直径的比例等设计特征也对产品整体视觉效果产生显著影响。虽然被诉侵权产品外观设计采用了与涉案授权外观设计高度近似的跑道状出水面，但是，在喷头及其各面过渡的形状这一设计特征上，涉案授权外观设计的喷头、手柄及其连接各面均呈圆弧过渡，而被诉侵权产品外观设计的喷头、手柄及其连接各面均为斜面过渡，从而使得二者在整体设计风格上呈现明显差异。另外，对于非设计特征之外的被诉侵权产品外观设计与涉案授权外观设计相比的区别设计特征，只要其足以使两者在整体视觉效果上产生明显差异，也应予以考虑。其次，淋浴喷头产品的喷头、手柄及其连接处均为其正常使用时容易被直接观察到的部位，在对整体视觉效果进行综合判断时，在上述部位上的设计均应予以重点考查。具体而言，涉案授权外观设计的手柄上设置有一类跑道状推钮，而被诉侵权产品无此设计，因该推钮并非功能性设计特征，推钮的有无这一区别设计特征会对产品的整体视觉效果产生影响；涉案授权外观设计的喷头与手柄连接产生的斜角角度较小，而被诉侵权产品的喷头与手柄连接产生的斜角角度较大，从而使得两者在左视图上呈现明显差异。正是由于被诉侵权产品外观设计未包含涉案授权外观设计的全部设计特征，以及被诉侵权产品外观设计与涉案授权外观设计在手柄、喷头与手柄连接处的设计等区别设计特征，使得两者在整体视觉效果上呈现明显差异，两者既不相同也不近似，被诉侵权产品外观设计未落入涉案外观设计专利权的保护范围。二审判决仅重点考虑了涉案授权外观设计跑道状出水面的设计特征，而对于涉案授权外观设计的其他设计特征，以及淋浴喷头产品正常使用时其他容易被直接观察到的部位上被诉侵权产品外观设计与涉案授权外观设计专利的区别设计特征未予考虑，认定两者构成近似，适用法律错误，本院予以纠正。

综上，健龙公司生产、许诺销售、销售的被诉侵权产品外观设计与高仪公司所有的涉案授权外观设计既不相同也不近似，未落入涉案外观设计专利权保护范围，健龙公司生产、许诺销售、销售被诉侵权产品的行为不构成对高仪公司涉案专利权的侵害。二审判决适用法律错误，本院依法应予纠正。

（生效裁判审判人员：周翔、吴蓉、宋淑华）

（五）反不正当竞争

中华人民共和国反不正当竞争法

（1993年9月2日第八届全国人民代表大会常务委员会第三次会议通过
2017年11月4日第十二届全国人民代表大会常务委员会第三十次会议修订）

目　　录

第一章　总　则

第一条　为了促进社会主义市场经济健康发展，鼓励和保护公平竞争，制止不正当竞争行为，保护经营者和消费者的合法权益，制定本法。

第二条　经营者在生产经营活动中，应当遵循自愿、平等、公平、诚信的原则，遵守法律和商业道德。

本法所称的不正当竞争行为，是指经营者在生产经营活动中，违反本法规定，扰乱市场竞争秩序，损害其他经营者或者消费者的合法权益的行为。

本法所称的经营者，是指从事商品生产、经营或者提供服务（以下所称商品包括服务）的自然人、法人和非法人组织。

第三条　各级人民政府应当采取措施，制止不正当竞争行为，为公平竞争创造良好的环境和条件。

国务院建立反不正当竞争工作协调机制，研究决定反不正当竞争重大政策，协调处理维护市场竞争秩序的重大问题。

第四条　县级以上人民政府履行工商行政管理职责的部门对不正当竞争行为进行查处；法律、行政法规规定由其他部门查处的，依照其规定。

第五条　国家鼓励、支持和保护一切组织和个人对不正当竞争行为进行社会监督。

国家机关及其工作人员不得支持、包庇不正当竞争行为。

行业组织应当加强行业自律，引导、规范会员依法竞争，维护市场竞争秩序。

第二章　不正当竞争行为

第六条　经营者不得实施下列混淆行为，引人误认为是他人商品或者与他人存在特定联系：

（一）擅自使用与他人有一定影响的商品名称、包装、装潢等相同或者近似的标识；

（二）擅自使用他人有一定影响的企业名称（包括简称、字号等）、社会组织名称（包括简称等）、姓名（包括笔名、艺名、译名等）；

（三）擅自使用他人有一定影响的域名主体部分、网站名称、网页等；

（四）其他足以引人误认为是他人商品或者与他人存在特定联系的混淆行为。

第七条　经营者不得采用财物或者其他手段贿赂下列单位或者个人，以谋取交易机会或者竞争优势：

（一）交易相对方的工作人员；

（二）受交易相对方委托办理相关事务的单位或者个人；

（三）利用职权或者影响力影响交易的单位或者个人。

经营者在交易活动中，可以以明示方式向交易相对方支付折扣，或者向中间人支付佣金。经营者向交易相对方支付折扣、向中间人支付佣金的，应当如实入账。接受折扣、佣金的经营者也应当如实入账。

经营者的工作人员进行贿赂的，应当认定为经营者的行为；但是，经营者有证据证明该工作人员的行为与为经营者谋取交易机会或者竞争优势无关的除外。

第八条　经营者不得对其商品的性能、功能、质量、销售状况、用户评价、曾获荣誉等作虚假或者引人误解的商业宣传，欺骗、误导消费者。

经营者不得通过组织虚假交易等方式，帮助其他经营者进行虚假或者引人误解的商业宣传。

第九条　经营者不得实施下列侵犯商业秘密的行为：

（一）以盗窃、贿赂、欺诈、胁迫或者其他不正当手段获取权利人的商业秘密；

（二）披露、使用或者允许他人使用以前项手段获取的权利人的商业秘密；

（三）违反约定或者违反权利人有关保守商业秘密的要求，披露、使用或者允许他人使用其所掌握的商业秘密。

第三人明知或者应知商业秘密权利人的员工、前员工或者其他单位、个人实施前款所列违法行为，仍获取、披露、使用或者允许他人使用该商业秘密的，视为侵犯商业秘密。

本法所称的商业秘密，是指不为公众所知悉、具有商业价值并经权利人采取相应保密措施的技术信息和经营信息。

第十条 经营者进行有奖销售不得存在下列情形：

（一）所设奖的种类、兑奖条件、奖金金额或者奖品等有奖销售信息不明确，影响兑奖；

（二）采用谎称有奖或者故意让内定人员中奖的欺骗方式进行有奖销售；

（三）抽奖式的有奖销售，最高奖的金额超过五万元。

第十一条 经营者不得编造、传播虚假信息或者误导性信息，损害竞争对手的商业信誉、商品声誉。

第十二条 经营者利用网络从事生产经营活动，应当遵守本法的各项规定。

经营者不得利用技术手段，通过影响用户选择或者其他方式，实施下列妨碍、破坏其他经营者合法提供的网络产品或者服务正常运行的行为：

（一）未经其他经营者同意，在其合法提供的网络产品或者服务中，插入链接、强制进行目标跳转；

（二）误导、欺骗、强迫用户修改、关闭、卸载其他经营者合法提供的网络产品或者服务；

（三）恶意对其他经营者合法提供的网络产品或者服务实施不兼容；

（四）其他妨碍、破坏其他经营者合法提供的网络产品或者服务正常运行的行为。

第三章 对涉嫌不正当竞争行为的调查

第十三条 监督检查部门调查涉嫌不正当竞争行为，可以采取下列措施：

（一）进入涉嫌不正当竞争行为的经营场所进行检查；

（二）询问被调查的经营者、利害关系人及其他有关单位、个人，要求其说明有关情况或者提供与被调查行为有关的其他资料；

（三）查询、复制与涉嫌不正当竞争行为有关的协议、账簿、单据、文件、记录、业务函电和其他资料；

（四）查封、扣押与涉嫌不正当竞争行为有关的财物；

（五）查询涉嫌不正当竞争行为的经营者的银行账户。

采取前款规定的措施，应当向监督检查部门主要负责人书面报告，并经批准。采取前款第四项、第五项规定的措施，应当向设区的市级以上人民政府监督检查部门主要负责人书面报告，并经批准。

监督检查部门调查涉嫌不正当竞争行为，应当遵守《中华人民共和国行政强制法》和其他有关法律、行政法规的规定，并应当将查处结果及时向社会公开。

第十四条　监督检查部门调查涉嫌不正当竞争行为，被调查的经营者、利害关系人及其他有关单位、个人应当如实提供有关资料或者情况。

第十五条　监督检查部门及其工作人员对调查过程中知悉的商业秘密负有保密义务。

第十六条　对涉嫌不正当竞争行为，任何单位和个人有权向监督检查部门举报，监督检查部门接到举报后应当依法及时处理。

监督检查部门应当向社会公开受理举报的电话、信箱或者电子邮件地址，并为举报人保密。对实名举报并提供相关事实和证据的，监督检查部门应当将处理结果告知举报人。

第四章　法律责任

第十七条　经营者违反本法规定，给他人造成损害的，应当依法承担民事责任。

经营者的合法权益受到不正当竞争行为损害的，可以向人民法院提起诉讼。

因不正当竞争行为受到损害的经营者的赔偿数额，按照其因被侵权所受到的实际损失确定；实际损失难以计算的，按照侵权人因侵权所获得的利益确定。赔偿数额还应当包括经营者为制止侵权行为所支付的合理开支。

经营者违反本法第六条、第九条规定，权利人因被侵权所受到的实际损失、侵权人因侵权所获得的利益难以确定的，由人民法院根据侵权行为的情节判决给予权利人三百万元以下的赔偿。

第十八条　经营者违反本法第六条规定实施混淆行为的，由监督检查部门责令停止违法行为，没收违法商品。违法经营额五万元以上的，可以并处违法经营额五倍以下的罚款；没有违法经营额或者违法经营额不足五万元的，可以并处二十五万元以下的罚款。情节严重的，吊销营业执照。

经营者登记的企业名称违反本法第六条规定的，应当及时办理名称变更登记；名称变更前，由原企业登记机关以统一社会信用代码代替其名称。

第十九条　经营者违反本法第七条规定贿赂他人的，由监督检查部门没收违法所得，处十万元以上三百万元以下的罚款。情节严重的，吊销营业执照。

第二十条　经营者违反本法第八条规定对其商品作虚假或者引人误解的商业宣传，或者通过组织虚假交易等方式帮助其他经营者进行虚假或者引人误解的商业宣传的，由监督检查部门责令停止违法行为，处二十万元以上一百万元以下的罚款；情节严重的，处一百万元以上二百万元以下的罚款，可以吊销营业执照。

经营者违反本法第八条规定，属于发布虚假广告的，依照《中华人民共和国广告法》的规定处罚。

第二十一条　经营者违反本法第九条规定侵犯商业秘密的，由监督检查部门责令停止违法行为，处十万元以上五十万元以下的罚款；情节严重的，处五十万元以上三百万元以下的罚款。

第二十二条　经营者违反本法第十条规定进行有奖销售的，由监督检查部门责令停止违法行为，处五万元以上五十万元以下的罚款。

第二十三条　经营者违反本法第十一条规定损害竞争对手商业信誉、商品声誉的，由监督检查部门责令停止违法行为、消除影响，处十万元以上五十万元以下的罚款；情节严重的，处五十万元以上三百万元以下的罚款。

第二十四条　经营者违反本法第十二条规定妨碍、破坏其他经营者合法提供的网络产品或者服务正常运行的，由监督检查部门责令停止违法行为，处十万元以上五十万元以下的罚款；情节严重的，处五十万元以上三百万元以下的罚款。

第二十五条　经营者违反本法规定从事不正当竞争，有主动消除或者减轻违法行为危害后果等法定情形的，依法从轻或者减轻行政处罚；违法行为轻微并及时纠正，没有造成危害后果的，不予行政处罚。

第二十六条　经营者违反本法规定从事不正当竞争，受到行政处罚的，由监督检查部门记入信用记录，并依照有关法律、行政法规的规定予以公示。

第二十七条　经营者违反本法规定，应当承担民事责任、行政责任和刑事责任，其财产不足以支付的，优先用于承担民事责任。

第二十八条　妨害监督检查部门依照本法履行职责，拒绝、阻碍调查的，由监督检查部门责令改正，对个人可以处五千元以下的罚款，对单位可以处五万元以下的罚款，并可以由公安机关依法给予治安管理处罚。

第二十九条　当事人对监督检查部门作出的决定不服的，可以依法申请行政复议或者提起行政诉讼。

第三十条　监督检查部门的工作人员滥用职权、玩忽职守、徇私舞弊或者泄露调查过程中知悉的商业秘密的，依法给予处分。

第三十一条　违反本法规定，构成犯罪的，依法追究刑事责任。

第五章　附　则

第三十二条　本法自 2018 年 1 月 1 日起施行。

最高人民法院
关于审理涉及计算机网络域名民事纠纷案件适用法律若干问题的解释

法释〔2001〕24 号

（2001 年 6 月 26 日最高人民法院审判委员会第 1182 次会议通过
2001 年 7 月 17 日最高人民法院公告公布　自 2001 年 7 月 24 日起施行）

为了正确审理涉及计算机网络域名注册、使用等行为的民事纠纷案件（以下简称域名纠纷案件），根据《中华人民共和国民法通则》（以下简称民法通则）、《中华人民共和国反不正当竞争法》（以下简称反不正当竞争法）和《中华人民共和国民事诉讼法》（以下简称民事诉讼法）等法律的规定，作如下解释：

第一条　对于涉及计算机网络域名注册、使用等行为的民事纠纷，当事人向人民法院提起诉讼，经审查符合民事诉讼法第一百零八条规定的，人民法院应当受理。

第二条　涉及域名的侵权纠纷案件，由侵权行为地或者被告住所地的中级人民法院管辖。对难以确定侵权行为地和被告住所地的，原告发现该域名的计算机终端等设备所在地可以视为侵权行为地。

涉外域名纠纷案件包括当事人一方或者双方是外国人、无国籍人、外国企业或组织、国际组织，或者域名注册地在外国的域名纠纷案件。在中华人民共和国领域内发生的涉外域名纠纷案件，依照民事诉讼法第四编的规定确定管辖。

第三条　域名纠纷案件的案由，根据双方当事人争议的法律关系的性质确定，并在其前冠以计算机网络域名；争议的法律关系的性质难以确定的，可以通称为计算机网络域名纠纷案件。

第四条　人民法院审理域名纠纷案件，对符合以下各项条件的，应当认定被告注册、使用域名等行为构成侵权或者不正当竞争：

（一）原告请求保护的民事权益合法有效；

（二）被告域名或其主要部分构成对原告驰名商标的复制、模仿、翻译或音译；或者与原告的注册商标、域名等相同或近似，足以造成相关公众的误认；

（三）被告对该域名或其主要部分不享有权益，也无注册、使用该域名的正当理由；

（四）被告对该域名的注册、使用具有恶意。

第五条 被告的行为被证明具有下列情形之一的，人民法院应当认定其具有恶意：

（一）为商业目的将他人驰名商标注册为域名的；

（二）为商业目的注册、使用与原告的注册商标、域名等相同或近似的域名，故意造成与原告提供的产品、服务或者原告网站的混淆，误导网络用户访问其网站或其他在线站点的；

（三）曾要约高价出售、出租或者以其他方式转让该域名获取不正当利益的；

（四）注册域名后自己并不使用也未准备使用，而有意阻止权利人注册该域名的；

（五）具有其他恶意情形的。

被告举证证明在纠纷发生前其所持有的域名已经获得一定的知名度，且能与原告的注册商标、域名等相区别，或者具有其他情形足以证明其不具有恶意的，人民法院可以不认定被告具有恶意。

第六条 人民法院审理域名纠纷案件，根据当事人的请求以及案件的具体情况，可以对涉及的注册商标是否驰名依法作出认定。

第七条 人民法院在审理域名纠纷案件中，对符合本解释第四条规定的情形，依照有关法律规定构成侵权的，应当适用相应的法律规定；构成不正当竞争的，可以适用民法通则第四条、反不正当竞争法第二条第一款的规定。

涉外域名纠纷案件，依照民法通则第八章的有关规定处理。

第八条 人民法院认定域名注册、使用等行为构成侵权或者不正当竞争的，可以判令被告停止侵权、注销域名，或者依原告的请求判令由原告注册使用该域名；给权利人造成实际损害的，可以判令被告赔偿损失。

最高人民法院
关于审理不正当竞争民事案件应用法律若干问题的解释

法释〔2007〕2号

（2006年12月30日最高人民法院审判委员会第1412次会议通过
2007年1月12日最高人民法院公告公布 自2007年2月1日起施行）

为了正确审理不正当竞争民事案件，依法保护经营者的合法权益，维护市场竞争秩序，依照《中华人民共和国民法通则》、《中华人民共和国反不正当竞争法》、《中华人民共和国民事诉讼法》等法律的有关规定，结合审判实践经验和实际情况，制定本解释。

第一条 在中国境内具有一定的市场知名度，为相关公众所知悉的商品，应当认定为反不正当竞争法第五条第（二）项规定的“知名商品”。人民法院认定知名商品，应当考虑该商品的销售时间、销售区域、销售额和销售对象，进行任何宣传的持续时间、程度和地域范围，作为知名商品受保护的情况等因素，进行综合判断。原告应当对其商品的市场知名度负举证责任。

在不同地域范围内使用相同或者近似的知名商品特有的名称、包装、装潢，在后使用者能够证明其善意使用的，不构成反不正当竞争法第五条第（二）项规定的不正当竞争行为。因后来的经营活动进入相同地域范围而使其商品来源足以产生混淆，在先使用者请求责令在后使用者附加足以区别商品来源的其他标识的，人民法院应当予以支持。

第二条 具有区别商品来源的显著特征的商品的名称、包装、装潢，应当认定为反不正当竞争法第五条第（二）项规定的“特有的名称、包装、装潢”。有下列情形之一的，人民法院不认定为知名商品特有的名称、包装、装潢：

（一）商品的通用名称、图形、型号；

（二）仅仅直接表示商品的质量、主要原料、功能、用途、重量、数量及其他特点的商品名称；

（三）仅由商品自身的性质产生的形状，为获得技术效果而需有的商品形状以及使商品具有实质性价值的形状；

（四）其他缺乏显著特征的商品名称、包装、装潢。

前款第（一）、（二）、（四）项规定的情形经过使用取得显著特征的，可以认定为特有的名称、包装、装潢。

知名商品特有的名称、包装、装潢中含有本商品的通用名称、图形、型号，或者直接表示商品的质量、主要原料、功能、用途、重量、数量以及其他特点，或者含有地名，他人因客观叙述商品而正当使用的，不构成不正当竞争行为。

第三条 由经营者营业场所的装饰、营业用具的式样、营业人员的服饰等构成的具有独特风格的整体营业形象，可以认定为反不正当竞争法第五条第（二）项规定的“装潢”。

第四条 足以使相关公众对商品的来源产生误认，包括误认为与知名商品的经营者具有许可使用、关联企业关系等特定联系的，应当认定为反不正当竞争法第五条第（二）项规定的“造成和他人的知名商品相混淆，使购买者误认为是该知名商品”。

在相同商品上使用相同或者视觉上基本无差别的商品名称、包装、装潢，应当视为足以造成和他人知名商品相混淆。

认定与知名商品特有名称、包装、装潢相同或者近似，可以参照商标相同或者近似的判断原则和方法。

第五条 商品的名称、包装、装潢属于商标法第十条第一款规定的不得作为商标使用的标志，当事人请求依照反不正当竞争法第五条第（二）项规定予以保护的，人民法院不予支持。

第六条 企业登记主管机关依法登记注册的企业名称，以及在中国境内进行商业使用的外国（地区）企业名称，应当认定为反不正当竞争法第五条第（三）项规定的“企业名称”。具有一定的市场知名度、为相关公众所知悉的企业名称中的字号，可以认定为反不正当竞争法第五条第（三）项规定的“企业名称”。

在商品经营中使用的自然人的姓名，应当认定为反不正当竞争法第五条第（三）项规定的“姓名”。具有一定的市场知名度、为相关公众所知悉的自然人的笔名、艺名等，可以认定为反不正当竞争法第五条第（三）项规定的“姓名”。

第七条 在中国境内进行商业使用，包括将知名商品特有的名称、包装、装潢或者企业名称、姓名用于商品、商品包装以及商品交易文书上，或者用于广告宣传、展览以及其他商业活动中，应当认定为反不正当竞争法第五条第（二）项、第（三）项规定的“使用”。

第八条 经营者具有下列行为之一，足以造成相关公众误解的，可以认定为反不正当竞争法第九条第一款规定的引人误解的虚假宣传行为：

（一）对商品作片面的宣传或者对比的；

（二）将科学上未定论的观点、现象等当作定论的事实用于商品宣传的；

（三）以歧义性语言或者其他引人误解的方式进行商品宣传的。

以明显的夸张方式宣传商品，不足以造成相关公众误解的，不属于引人误解的虚假宣传行为。

人民法院应当根据日常生活经验、相关公众一般注意力、发生误解的事实和被宣传对象的实际情况等因素，对引人误解的虚假宣传行为进行认定。

第九条　有关信息不为其所属领域的相关人员普遍知悉和容易获得，应当认定为反不正当竞争法第十条第三款规定的“不为公众所知悉”。

具有下列情形之一的，可以认定有关信息不构成不为公众所知悉：

（一）该信息为其所属技术或者经济领域的人的一般常识或者行业惯例；

（二）该信息仅涉及产品的尺寸、结构、材料、部件的简单组合等内容，进入市场后相关公众通过观察产品即可直接获得；

（三）该信息已经在公开出版物或者其他媒体上公开披露；

（四）该信息已通过公开的报告会、展览等方式公开；

（五）该信息从其他公开渠道可以获得；

（六）该信息无需付出一定的代价而容易获得。

第十条　有关信息具有现实的或者潜在的商业价值，能为权利人带来竞争优势的，应当认定为反不正当竞争法第十条第三款规定的“能为权利人带来经济利益、具有实用性”。

第十一条　权利人为防止信息泄露所采取的与其商业价值等具体情况相适应的合理保护措施，应当认定为反不正当竞争法第十条第三款规定的“保密措施”。

人民法院应当根据所涉信息载体的特性、权利人保密的意愿、保密措施的可识别程度、他人通过正当方式获得的难易程度等因素，认定权利人是否采取了保密措施。

具有下列情形之一，在正常情况下足以防止涉密信息泄露的，应当认定权利人采取了保密措施：

（一）限定涉密信息的知悉范围，只对必须知悉的相关人员告知其内容；

（二）对于涉密信息载体采取加锁等防范措施；

（三）在涉密信息的载体上标有保密标志；

（四）对于涉密信息采用密码或者代码等；

（五）签订保密协议；

（六）对于涉密的机器、厂房、车间等场所限制来访者或者提出保密要求；

（七）确保信息秘密的其他合理措施。

第十二条 通过自行开发研制或者反向工程等方式获得的商业秘密，不认定为反不正当竞争法第十条第（一）、（二）项规定的侵犯商业秘密行为。

前款所称“反向工程”，是指通过技术手段对从公开渠道取得的产品进行拆卸、测绘、分析等而获得该产品的有关技术信息。当事人以不正当手段知悉了他人的商业秘密之后，又以反向工程为由主张获取行为合法的，不予支持。

第十三条 商业秘密中的客户名单，一般是指客户的名称、地址、联系方式以及交易的习惯、意向、内容等构成的区别于相关公知信息的特殊客户信息，包括汇集众多客户的客户名册，以及保持长期稳定交易关系的特定客户。

客户基于对职工个人的信赖而与职工所在单位进行市场交易，该职工离职后，能够证明客户自愿选择与自己或者其新单位进行市场交易的，应当认定没有采用不正当手段，但职工与原单位另有约定的除外。

第十四条 当事人指称他人侵犯其商业秘密的，应当对其拥有的商业秘密符合法定条件、对方当事人的信息与其商业秘密相同或者实质相同以及对方当事人采取不正当手段的事实负举证责任。其中，商业秘密符合法定条件的证据，包括商业秘密的载体、具体内容、商业价值和对该项商业秘密所采取的具体保密措施等。

第十五条 对于侵犯商业秘密行为，商业秘密独占使用许可合同的被许可人提起诉讼的，人民法院应当依法受理。

排他使用许可合同的被许可人和权利人共同提起诉讼，或者在权利人不起诉的情况下，自行提起诉讼，人民法院应当依法受理。

普通使用许可合同的被许可人和权利人共同提起诉讼，或者经权利人书面授权，单独提起诉讼的，人民法院应当依法受理。

第十六条 人民法院对于侵犯商业秘密行为判决停止侵害的民事责任时，停止侵害的时间一般持续到该项商业秘密已为公众知悉时为止。

依据前款规定判决停止侵害的时间如果明显不合理的，可以在依法保护权利人该项商业秘密竞争优势的情况下，判决侵权人在一定期限或者范围内停止使用该项商业秘密。

第十七条 确定反不正当竞争法第十条规定的侵犯商业秘密行为的损害赔偿额，可以参照确定侵犯专利权的损害赔偿额的方法进行；确定反不正当竞争法第五条、第九条、第十四条规定的不正当竞争行为的损害赔偿额，可以参照确定侵犯注册商标专用权的损害赔偿额的方法进行。

因侵权行为导致商业秘密已为公众所知悉的，应当根据该项商业秘密的商业价值确定损害赔偿额。商业秘密的商业价值，根据其研究开发成本、实施该项商业秘密的收益、可得利益、可保持竞争优势的时间等因素确定。

第十八条　反不正当竞争法第五条、第九条、第十条、第十四条规定的不正当竞争民事第一审案件，一般由中级人民法院管辖。

各高级人民法院根据本辖区的实际情况，经最高人民法院批准，可以确定若干基层人民法院受理不正当竞争民事第一审案件，已经批准可以审理知识产权民事案件的基层人民法院，可以继续受理。

第十九条　本解释自2007年2月1日起施行。

最高人民法院指导案例29号

天津中国青年旅行社诉天津国青国际旅行社擅自使用他人企业名称纠纷案

（最高人民法院审判委员会讨论通过　2014年6月26日发布）

关键词

民事　不正当竞争　擅用他人企业名称

裁判要点

1. 对于企业长期、广泛对外使用，具有一定市场知名度、为相关公众所知悉，已实际具有商号作用的企业名称简称，可以视为企业名称予以保护。

2. 擅自将他人已实际具有商号作用的企业名称简称作为商业活动中互联网竞价排名关键词，使相关公众产生混淆误认的，属于不正当竞争行为。

相关法条

《中华人民共和国民法通则》第一百二十条

《中华人民共和国反不正当竞争法》第五条

基本案情

原告天津中国青年旅行社（以下简称天津青旅）诉称：被告天津国青国际旅行社有限公司在其版权所有的网站页面、网站源代码以及搜索引擎中，非法使用原告企业名称全称及简称“天津青旅”，违反了反不正当竞争法的规定，请求判令被告立即停止不正当竞争行为、公开赔礼道歉、赔偿经济损失10万元，并承担诉讼费用。

被告天津国青国际旅行社有限公司（以下简称天津国青旅）辩称：“天津青旅”没有登记注册，并不由原告享有，原告主张的损失没有事实和法律依据，请求驳回原告诉讼请求。

法院经审理查明：天津中国青年旅行社于1986年11月1日成立，是从事国内及出入境旅游业务的国有企业，直属于共青团天津市委员会。共青团天津市委员会出具证明称，“天津青旅”是天津中国青年旅行社的企业简称。2007年，《今晚报》等媒体在报道天津中国青年旅行社承办的活动中已开始以“天津青旅”简称指代天津中国青年旅行社。天津青旅在报价单、旅游合同、与同行业经营者合作文件、发票等资料以及经营场所各门店招牌上等日常经营活动中，使用“天津青旅”作为企业的简称。天津国青国际旅行社有限公司于2010年7月6日成立，是从事国内旅游及入境旅游接待等业务的有限责任公司。

2010年底，天津青旅发现通过Google搜索引擎分别搜索“天津中国青年旅行社”或“天津青旅”，在搜索结果的第一名并标注赞助商链接的位置，分别显示“天津中国青年旅行社网上营业厅 www. lechuyou. com 天津国青网上在线营业厅，是您理想选择，出行提供优质、贴心、舒心的服务”或“天津青旅网上营业厅 www. lechuyou. com 天津国青网上在线营业厅，是您理想选择，出行提供优质、贴心、舒心的服务”，点击链接后进入网页是标称天津国青国际旅行社乐出游网的网站，网页顶端出现“天津国青国际旅行社一青年旅行社青旅/天津国旅”等字样，网页内容为天津国青旅游业务信息及报价，标称网站版权所有：乐出游网一天津国青，并标明了天津国青的联系电话和经营地址。同时，天津青旅通过百度搜索引擎搜索“天津青旅”，在搜索结果的第一名并标注推广链接的位置，显示“欢迎光临天津青旅重合同守信誉单位，汇集国内出境经典旅游线路，100%出团，天津青旅 400-611-5253 022. ctsgz. cn”，点击链接后进入网页仍然是上述标称天津国青乐出游网的网站。

裁判结果

天津市第二中级人民法院于2011年10月24日作出（2011）二中民三知初字第135号民事判决：一、被告天津国青国际旅行社有限公司立即停止侵害行为；二、被告于本判决生效之日起三十日内，在其公司网站上发布致歉声明持续15天；三、被告赔偿原告天津中国青年旅行社经济损失30000元；四、驳回原告其他诉讼请求。宣判后，天津国青旅提出上诉。天津市高级人民法院于2012年3月20日作出（2012）津高民三终字第3号民事判决：一、维持天津市第二中级人民法院上述民事判决第二、三、四项；二、变更判决第一项“被告天津国青国际旅行社有限公司立即停止侵害行为”为“被告天津国青国际旅行社有限公司立即停止使用‘天津中国青年旅行社’、‘天津青旅’字样及作为天津国青国际旅行社有限公司网站的搜索链接关键词”；三、驳回被告其他上诉请求。

裁判理由

法院生效裁判认为：根据《最高人民法院关于审理不正当竞争民事案件应用法律若干问题的解释》第六条第一款规定："企业登记主管机关依法登记注册的企业名称，以及在中国境内进行商业使用的外国（地区）企业名称，应当认定为反不正当竞争法第五条第（三）项规定的'企业名称'。具有一定的市场知名度、为相关公众所知悉的企业名称中的字号，可以认定为反不正当竞争法第五条第（三）项规定的'企业名称'。"因此，对于企业长期、广泛对外使用，具有一定市场知名度、为相关公众所知悉，已实际具有商号作用的企业名称简称，也应当视为企业名称予以保护。"天津中国青年旅行社"是原告1986年成立以来一直使用的企业名称，原告享有企业名称专用权。"天津青旅"作为其企业名称简称，于2007年就已被其在经营活动中广泛使用，相关宣传报道和客户也以"天津青旅"指代天津中国青年旅行社，经过多年在经营活动中使用和宣传，已享有一定市场知名度，为相关公众所知悉，已与天津中国青年旅行社之间建立起稳定的关联关系，具有可以识别经营主体的商业标识意义。所以，可以将"天津青旅"视为企业名称与"天津中国青年旅行社"共同加以保护。

《中华人民共和国反不正当竞争法》第五条第（三）项规定，经营者不得采用擅自使用他人的企业名称，引人误认为是他人的商品等不正当手段从事市场交易，损害竞争对手。因此，经营者擅自将他人的企业名称或简称作为互联网竞价排名关键词，使公众产生混淆误认，利用他人的知名度和商誉，达到宣传推广自己的目的的，属于不正当竞争行为，应当予以禁止。天津国青旅作为从事旅游服务的经营者，未经天津青旅许可，通过在相关搜索引擎中设置与天津青旅企业名称有关的关键词并在网站源代码中使用等手段，使相关公众在搜索"天津中国青年旅行社"和"天津青旅"关键词时，直接显示天津国青旅的网站链接，从而进入天津国青旅的网站联系旅游业务，达到利用网络用户的初始混淆争夺潜在客户的效果，主观上具有使相关公众在网络搜索、查询中产生误认的故意，客观上擅自使用"天津中国青年旅行社"及"天津青旅"，利用了天津青旅的企业信誉，损害了天津青旅的合法权益，其行为属于不正当竞争行为，依法应予制止。天津国青旅作为与天津青旅同业的竞争者，在明知天津青旅企业名称及简称享有较高知名度的情况下，仍擅自使用，有借他人之名为自己谋取不当利益的意图，主观恶意明显。依照《中华人民共和国民法通则》第一百二十条规定，天津国青旅应当承担停止侵害、消除影响、赔偿损失的法律责任。至于天津国青旅在网站网页顶端显示的"青年旅行社青旅"字样，并非原告企业名称的保护范围，不构成对原告的不正当竞争行为。

最高人民法院指导案例 30 号

兰建军、杭州小拇指汽车维修科技股份有限公司诉天津市小拇指汽车维修服务有限公司等侵害商标权及不正当竞争纠纷案

（最高人民法院审判委员会讨论通过　2014 年 6 月 26 日发布）

关键词

民事　侵害商标权　不正当竞争　竞争关系

裁判要点

1. 经营者是否具有超越法定经营范围而违反行政许可法律法规的行为，不影响其依法行使制止商标侵权和不正当竞争的民事权利。

2. 反不正当竞争法并未限制经营者之间必须具有直接的竞争关系，也没有要求其从事相同行业。经营者之间具有间接竞争关系，行为人违背反不正当竞争法的规定，损害其他经营者合法权益的，也应当认定为不正当竞争行为。

相关法条

《中华人民共和国反不正当竞争法》第二条

基本案情

原告兰建军、杭州小拇指汽车维修科技股份有限公司（以下简称杭州小拇指公司）诉称：其依法享有“小拇指”注册商标专用权，而天津市小拇指汽车维修服务有限公司（以下简称天津小拇指公司）、天津市华商汽车进口配件公司（以下简称天津华商公司）在从事汽车维修及通过网站进行招商加盟过程中，多处使用了“小拇指 TIAN JIN XIAO MU ZHI”标识，且存在单独或突出使用“小拇指”的情形，侵害了其注册商标专用权；同时，天津小拇指公司擅自使用杭州小拇指公司在先的企业名称，构成对杭州小拇指公司的不正当竞争。故诉请判令天津小拇指公司立即停止使用“小拇指”字号进行经营，天津小拇指公司及天津华商公司停止商标侵权及不正当竞争行为、公开赔礼道歉、连带赔偿经济损失 630000 元及合理开支 24379.4 元，并承担案件诉讼费用。

被告天津小拇指公司、天津华商公司辩称：1. 杭州小拇指公司的经营范围并不含许可经营项目及汽车维修类，也未取得机动车维修的许可，且不具备“两店一年”的特许经营条件，属于超越经营范围的非法经营，故其权利不应得到保护。2. 天津小拇指公司、天津华商公司使用“小拇指”标识有合

法来源，不构成商标侵权。3. 杭州小拇指公司并不从事汽车维修行业，双方不构成商业竞争关系，且不能证明其为知名企业，其主张企业名称权缺乏法律依据，天津小拇指公司、天津华商公司亦不构成不正当竞争，故请求驳回原告诉讼请求。

法院经审理查明：杭州小拇指公司成立于2004年10月22日，法定代表人为兰建军。其经营范围为："许可经营项目：无；一般经营项目：服务；汽车玻璃修补的技术开发，汽车油漆快速修复的技术开发；批发、零售；汽车配件；含下属分支机构经营范围；其他无需报经审批的一切合法项目（上述经营范围不含国家法律法规规定禁止、限制和许可经营的项目。）凡以上涉及许可证制度的凭证经营。"其下属分支机构为杭州小拇指公司萧山分公司，该分公司成立于2005年11月8日，经营范围为："汽车涂漆、玻璃安装"。该分公司于2008年8月1日取得的《道路运输经营许可证》载明的经营范围为："维修（二类机动车维修：小型车辆维修）"。

2011年1月14日，杭州小拇指公司取得第6573882号"小拇指"文字注册商标，核定服务项目（第35类）：连锁店的经营管理（工商管理辅助）；特许经营的商业管理；商业管理咨询；广告（截止）。该商标现在有效期内。2011年4月14日，兰建军将其拥有的第6573881号"小拇指"文字注册商标以独占使用许可的方式，许可给杭州小拇指公司使用。

杭州小拇指公司多次获中国连锁经营协会颁发的中国特许经营连锁120强证书，2009年杭州小拇指公司"小拇指汽车维修服务"被浙江省质量技术监督局认定为浙江服务名牌。

天津小拇指公司成立于2008年10月16日，法定代表人田俊山。其经营范围为："小型客车整车修理、总成修理、整车维护、小修、维修救援、专项修理。（许可经营项目的经营期限以许可证为准）"。该公司于2010年7月28日取得的《天津市机动车维修经营许可证》载明类别为"二类（汽车维修）"，经营项目为"小型客车整车修理、总成修理、整车维护、小修、维修救援、专项维修。"有效期自2010年7月28日至2012年7月27日。

天津华商公司成立于1992年11月23日，法定代表人与天津小拇指公司系同一人，即田俊山。其经营范围为："汽车配件、玻璃、润滑脂、轮胎、汽车装具；车身清洁维护、电气系统维修、涂漆；代办快件、托运、信息咨询；普通货物（以上经营范围涉及行业许可证的凭许可证件在有效期内经营，国家有专项专营规定的按规定办理）。"天津华商公司取得的《天津市机动车维修经营许可证》的经营项目为："小型客车整车修理、总成修理、整车维护、小修、维修救援、专项修理"，类别为"二类（汽车维修）"，现在有效期内。

天津小拇指公司、天津华商公司在从事汽车维修及通过网站进行招商加盟过程中，多处使用了“”标识，且存在单独或突出使用“小拇指”的情形。

2008 年 6 月 30 日，天津华商公司与杭州小拇指公司签订了《特许连锁经营合同》，许可天津华商公司在天津经营“小拇指”品牌汽车维修连锁中心，合同期限为 2008 年 6 月 30 日至 2011 年 6 月 29 日。该合同第三条第（4）项约定：“乙方（天津华商公司）设立加盟店，应以甲方（杭州小拇指公司）书面批准的名称开展经营活动。商号的限制使用（以下选择使用）：（√）未经甲方书面同意，乙方不得在任何场合和时间，以任何形式使用或对‘小拇指’或‘小拇指微修’等相关标志进行企业名称登记注册；未经甲方书面同意，不得将‘小拇指’或‘小拇指微修’名称加上任何前缀、后缀进行修改或补充；乙方不得注册含有‘小拇指’或‘小拇指微修’或与其相关或相近似字样的域名等，该限制包含对乙方的分支机构的限制”。2010 年 12 月 16 日，天津华商公司与杭州小拇指公司因履行《特许连锁经营合同》发生纠纷，经杭州市仲裁委员会仲裁裁决解除合同。

另查明，杭州小拇指公司于 2008 年 4 月 8 日取得商务部商业特许经营备案。天津华商公司曾向商务部行政主管部门反映杭州小拇指公司违规从事特许经营活动应予撤销备案的问题。对此，浙江省商务厅《关于上报杭州小拇指汽车维修科技股份有限公司特许经营有关情况的函》记载：1. 杭州小拇指公司特许经营备案时已具备“两店一年”条件，符合《商业特许经营管理条例》第七条的规定，可以予以备案；2. 杭州小拇指公司主要负责“小拇指”品牌管理，不直接从事机动车维修业务，并且拥有自己的商标、专利、经营模式等经营资源，可以开展特许经营业务；3. 经向浙江省道路运输管理局有关负责人了解，杭州小拇指公司下属直营店拥有《道路运输经营许可证》，经营范围包含“三类机动车维修”或“二类机动车维修”，具备从事机动车维修的资质；4. 杭州小拇指公司授权许可，以及机动车维修经营不在特许经营许可范围内。

裁判结果

天津市第二中级人民法院于 2012 年 9 月 17 日作出（2012）二中民三知初字第 47 号民事判决：一、判决生效之日起天津市小拇指汽车维修服务有限公司立即停止侵害第 6573881 号和第 6573882 号“小拇指”文字注册商标的行为，即天津市小拇指汽车维修服务有限公司立即在其网站（www.tjxiaomuzhi.net）、宣传材料、优惠体验券及其经营场所（含分支机构）停止使用“”标识，并停止单独使用“小拇指”字样；二、判决生效之日起天津市华商汽车进口配件公司立即停止侵害第 6573881 号和第 6573882 号“小拇指”文字注册商标的行为，即天津市华商汽车进口配件公司立即停止在其网站（www.tjxiaomuzhi.com）使用“”标识；三、判决生效之日起十日内，天津市小拇指汽车维修服务有限公司、天津市华商汽车进口配件公司连带赔偿兰建军、杭州小拇指汽车维修科技股份有限公司经济损失及维权费用人民币50000元；四、驳回兰建军、杭州小拇指汽车维修科技股份有限公司的其他诉讼请求。宣判后，兰建军、杭州小拇指公司及天津小拇指公司、天津华商公司均提出上诉。天津市高级人民法院于2013年2月19日作出（2012）津高民三终字第0046号民事判决：一、维持天津市第二中级人民法院（2012）二中民三知初字47号民事判决第一、二、三项及逾期履行责任部分；二、撤销天津市第二中级人民法院（2012）二中民三知初字第47号民判决第四项；三、自本判决生效之日起，天津市小拇指汽车维修服务有限公司立即停止在其企业名称中使用“小拇指”字号；四、自本判决生效之日起十日内，天津市小拇指汽车维修服务有限公司赔偿杭州小拇指汽车维修科技股份有限公司经济损失人民币30000元；五、驳回兰建军、杭州小拇指汽车维修科技股份有限公司的其他上诉请求；六、驳回天津市小拇指汽车维修服务有限公司、天津市华商汽车进口配件公司的上诉请求。

裁判理由

法院生效裁判认为：本案的主要争议焦点为被告天津小拇指公司、天津华商公司的被诉侵权行为是否侵害了原告兰建军、杭州小拇指公司的注册商标专用权，以及是否构成对杭州小拇指公司的不正当竞争。

一、关于被告是否侵害了兰建军、杭州小拇指公司的注册商标专用权

天津小拇指公司、天津华商公司在从事汽车维修及通过网站进行招商加盟过程中，多处使用了“”标识，且存在单独或突出使用“小拇指”的情形，相关公众施以一般注意力，足以对服务的来源产生混淆，或误认天津小拇指公司与杭州小拇指公司之间存在特定联系。“”标识主体及最易识别部分“小拇指”字样与涉案注册商标相同，同时考虑天津小拇指公司在经营场所、网站及宣传材料中对“小拇指”的商标性使用行为，应当认定该标识与涉案的“小拇指”文字注册商标构成近似。据此，因天津小拇指公司、天津华商公司在与兰建军、杭州小拇指公司享有权利的第6573881号“小拇指”文字注册商标核定的相同服务项目上，未经许可而使用“”及单独使用“小拇指”字样，足以导致相关公众的混淆和误认，属于《中华人民共和国商标法》（简称《商标法》）第五十二条第（一）项规定的侵权行为。天津小拇指公司、天津华商公司通过其网站进行招商加盟的商业行为，根据《最高人民法院关于审理商标民事纠纷案件适用法律若干问题的解释》第十二条之规定，可以认定在与兰建军、杭州小拇指公司享有权利的第6573882号“小拇指”文字注册商标核定服务项目相类似的服务中使用了近似商标，且未经权利人许可，亦构成《商标法》第五十二条第（一）项规定的侵权行为。

二、被告是否构成对杭州小拇指公司的不正当竞争

该争议焦点涉及两个关键问题：一是经营者是否存在超越法定经营范围的违反行政许可法律法规行为及其民事权益能否得到法律保护；二是如何认定反不正当竞争法调整的竞争关系。

（一）关于经营者是否存在超越法定经营范围行为及其民事权益能否得到法律保护

天津小拇指公司、天津华商公司认为其行为不构成不正当竞争的一个主要理由在于，杭州小拇指公司未依法取得机动车维修的相关许可，超越法定经营范围从事特许经营且不符合法定条件，属于非法经营行为，杭州小拇指公司主张的民事权益不应得到法律保护。故本案中要明确天津小拇指公司、天津华商公司所指称杭州小拇指公司超越法定经营范围而违反行政许可法律法规的行为是否成立，以及相应民事权益能否受到法律保护的问题。

首先，对于超越法定经营范围违反有关行政许可法律法规的行为，应当依法由相应的行政主管部门进行认定，主张对方有违法经营行为的一方，应自行承担相应的举证责任。本案中，对于杭州小拇指公司是否存在非法从事机动车维修及特许经营业务的行为，从现有证据和事实看，难以得出肯定性的结论。经营汽车维修属于依法许可经营的项目，但杭州小拇指公司并未从事汽车维修业务，其实际从事的是授权他人在车辆清洁、保养和维修等服务中使用其商标，或以商业特许经营的方式许可其直营店、加盟商在经营活动中使用其“小拇指”品牌、专利技术等，这并不以其自身取得经营机动车维修业务的行政许可为前提条件。此外，杭州小拇指公司已取得商务部商业特许经营备案，杭州小拇指公司特许经营备案时已具备“两店一年”条件，其主要负责“小拇指”品牌管理，不直接从事机动车维修业务，并且拥有自己的商标、专利、经营模式等经营资源，可以开展特许经营业务。故本案依据现有证据，并不能认定杭州小拇指公司存在违反行政许可法律法规从事机动车维修或特许经营业务的行为。

其次，即使有关行为超越法定经营范围而违反行政许可法律法规，也应由行政主管部门依法查处，不必然影响有关民事权益受到侵害的主体提起民事诉讼的资格，亦不能以此作为被诉侵权者对其行为不构成侵权的抗辩。本案中，即使杭州小拇指公司超越法定经营范围而违反行政许可法律法规，这属于行政责任范畴，该行为并不影响其依法行使制止商标侵权和不正当竞争行为的民事权利，也不影响人民法院依法保护其民事权益。被诉侵权者以经营者超越法定经营范围而违反行政许可法律法规为由主张其行为不构成侵权的，人民法院不予支持。

（二）关于如何认定反不正当竞争法调整的竞争关系

经营者之间是否存在竞争关系是认定构成不正当竞争的关键。《中华人民共和国反不正当竞争法》（以下简称反不正当竞争法）第二条规定："经营者在市场交易中，应当遵循自愿、平等、公平、诚实信用的原则，遵守公认的商业道德。本法所称的不正当竞争，是指经营者违反本法规定，损害其他经营者的合法权益，扰乱社会经济秩序的行为。本法所称的经营者，是指从事商品经营或者营利性服务（以下所称商品包括服务）的法人、其他经济组织和个人。"由此可见，反不正当竞争法并未限制经营者之间必须具有直接的或具体的竞争关系，也没有要求经营者从事相同行业。反不正当竞争法所规制的不正当竞争行为，是指损害其他经营者合法权益、扰乱经济秩序的行为，从直接损害对象看，受损害的是其他经营者的市场利益。因此，经营者之间具有间接竞争关系，行为人违背反不正当竞争法的规定，损害其他经营者合法权益的，也应当认定为不正当竞争行为。

本案中，被诉存在不正当竞争的天津小拇指公司与天津华商公司均从事汽车维修行业。根据已查明的事实，杭州小拇指公司本身不具备从事机动车维修的资质，也并未实际从事汽车维修业务，但从其所从事的汽车玻璃修补、汽车油漆快速修复等技术开发活动，以及经授权许可使用的注册商标核定服务项目所包含的车辆保养和维修等可以认定，杭州小拇指公司通过将其拥有的企业标识、注册商标、专利、专有技术等经营资源许可其直营店或加盟店使用，使其成为"小拇指"品牌的运营商，以商业特许经营的方式从事与汽车维修相关的经营活动。因此，杭州小拇指公司是汽车维修市场的相关经营者，其与天津小拇指公司及天津华商公司之间存在间接竞争关系。

反不正当竞争法第五条第（三）项规定，禁止经营者擅自使用他人企业名称，引人误认为是他人的商品，以损害竞争对手。在认定原被告双方存在间接竞争关系的基础上，确定天津小拇指公司登记注册"小拇指"字号是否构成擅自使用他人企业名称的不正当竞争行为，应当综合考虑以下因素：

1. 杭州小拇指公司的企业字号是否具有一定的市场知名度。根据本案现有证据，杭州小拇指公司自 2004 年 10 月成立时起即以企业名称中的"小拇指"作为字号使用，并以商业特许经营的方式从事汽车维修行业，且专门针对汽车小擦小碰的微创伤修复，创立了"小拇指"汽车微修体系，截至 2011 年，杭州小拇指公司在全国已有加盟店 400 余个。虽然"小拇指"本身为既有词汇，但通过其直营店和加盟店在汽车维修领域的持续使用及宣传，"小拇指"汽车维修已在相关市场起到识别经营主体及与其他服务相区别的作用。

2008 年 10 月天津小拇指公司成立时，杭州小拇指公司的“小拇指”字号及相关服务在相关公众中已具有一定的市场知名度。

2. 天津小拇指公司登记使用“小拇指”字号是否具有主观上的恶意。市场竞争中的经营者，应当遵循诚实信用原则，遵守公认的商业道德，尊重他人的市场劳动成果，登记企业名称时，理应负有对同行业在先字号予以避让的义务。本案中，天津华商公司作为被特许人，曾于 2008 年 6 月 30 日与作为“小拇指”品牌特许人的杭州小拇指公司签订《特许连锁经营合同》，法定代表人田俊山代表该公司在合同上签字，其知晓合同的相关内容。天津小拇指公司虽主张其与天津华商公司之间没有关联，是两个相互独立的法人，但两公司的法定代表人均为田俊山，且天津华商公司的网站内所显示的宣传信息及相关联系信息均直接指向天津小拇指公司，并且天津华商公司将其登记的经营地点作为天津小拇指公司天津总店的经营地点。故应认定，作为汽车维修相关市场的经营者，天津小拇指公司成立时，对杭州小拇指公司及其经营资源、发展趋势等应当知晓，但天津小拇指公司仍将“小拇指”作为企业名称中识别不同市场主体核心标识的企业字号，且不能提供使用“小拇指”作为字号的合理依据，其主观上明显具有“搭便车”及攀附他人商誉的意图。

3. 天津小拇指公司使用“小拇指”字号是否足以造成市场混淆。根据已查明事实，天津小拇指公司在其开办的网站及其他宣传材料中，均以特殊字体突出注明“汽车小划小碰怎么办？找天津小拇指”“天津小拇指专业特长”的字样，其“优惠体验券”中亦载明“汽车小划小痕，找天津小拇指”，其服务对象与杭州小拇指公司运营的“小拇指”汽车微修体系的消费群体多有重合。且自 2010 年起，杭州小拇指公司在天津地区的加盟店也陆续成立，两者的服务区域也已出现重合。故天津小拇指公司以“小拇指”为字号登记使用，必然会使相关公众误认两者存在某种渊源或联系，加之天津小拇指公司存在单独或突出使用“小拇指”汽车维修、“天津小拇指”等字样进行宣传的行为，足以使相关公众对市场主体和服务来源产生混淆和误认，容易造成竞争秩序的混乱。

综合以上分析，天津小拇指公司登记使用该企业名称本身违反了诚实信用原则，具有不正当性，且无论是否突出使用均难以避免产生市场混淆，已构成不正当竞争，应对此承担停止使用“小拇指”字号及赔偿相应经济损失的民事责任。

最高人民法院指导案例 45 号

北京百度网讯科技有限公司诉青岛奥商网络技术有限公司等不正当竞争纠纷案

（最高人民法院审判委员会讨论通过　2015 年 4 月 15 日发布）

关键词

民事　不正当竞争　网络服务　诚信原则

裁判要点

从事互联网服务的经营者，在其他经营者网站的搜索结果页面强行弹出广告的行为，违反诚实信用原则和公认商业道德，妨碍其他经营者正当经营并损害其合法权益，可以依照《中华人民共和国反不正当竞争法》第二条的原则性规定认定为不正当竞争。

相关法条

《中华人民共和国反不正当竞争法》第二条

基本案情

原告北京百度网讯科技有限公司（以下简称百度公司）诉称：其拥有的 www. baidu. com 网站（以下简称百度网站）是中文搜索引擎网站。三被告青岛奥商网络技术有限公司（以下简称奥商网络公司）、中国联合网络通信有限公司青岛市分公司（以下简称联通青岛公司）、中国联合网络通信有限公司山东省分公司（以下简称联通山东公司）在山东省青岛地区，利用网通的互联网接入网络服务，在百度公司网站的搜索结果页面强行增加广告的行为，损害了百度公司的商誉和经济效益，违背了诚实信用原则，构成不正当竞争。请求判令：1. 奥商网络公司、联通青岛公司的行为构成对原告的不正当竞争行为，并停止该不正当竞争行为；第三人承担连带责任；2. 三被告在报上刊登声明以消除影响；3. 三被告共同赔偿原告经济损失 480 万元和因本案的合理支出 10 万元。

被告奥商网络公司辩称：其不存在不正当竞争行为，不应赔礼道歉和赔偿 480 万元。

被告联通青岛公司辩称：原告没有证据证明其实施了被指控行为，没有提交证据证明遭受的实际损失，原告与其不存在竞争关系，应当驳回原告全部诉讼请求。

被告联通山东公司辩称：原告没有证据证明其实施了被指控的不正当竞争或侵权行为，承担连带责任没有法律依据。

第三人青岛鹏飞国际航空旅游服务有限公司（以下简称鹏飞航空公司）述称：本案与第三人无关。

法院经审理查明：百度公司经营范围为互联网信息服务业务，核准经营网址为 www. baidu. com 的百度网站，主要向网络用户提供互联网信息搜索服务。奥商网络公司经营范围包括网络工程建设、网络技术应用服务、计算机软件设计开发等，其网站为 www. og. com. cn。该公司在上述网站“企业概况”中称其拥有 4 个网站：中国奥商网（www. og. com. cn）、讴歌网络营销伴侣（www. og. net. cn）、青岛电话实名网（www. 0532114. org）、半岛人才网（www. job17. com）。该公司在其网站介绍其“网络直通车”业务时称：无需安装任何插件，广告网页强制出现。介绍“搜索通”产品表现形式时，以图文方式列举了下列步骤：第一步在搜索引擎对话框中输入关键词；第二步优先出现网络直通车广告位（5 秒钟展现）；第三步同时点击上面广告位直接进入宣传网站新窗口；第四步 5 秒后原窗口自动展示第一步请求的搜索结果。该网站还以其他形式介绍了上述服务。联通青岛公司的经营范围包括因特网接入服务和信息服务等，青岛信息港（域名为 qd. sd. cn）为其所有的网站。“电话实名”系联通青岛公司与奥商公司共同合作的一项语音搜索业务，网址为 www. 0532114. org 的“114 电话实名语音搜索”网站表明该网站版权所有人为联通青岛公司，独家注册中心为奥商网络公司。联通山东公司经营范围包括因特网接入服务和信息服务业务。其网站（www. sdcnc. cn）显示，联通青岛公司是其下属分公司。鹏飞航空公司经营范围包括航空机票销售代理等。

2009 年 4 月 14 日，百度公司发现通过山东省青岛市网通接入互联网，登录百度网站（www. baidu. com），在该网站显示对话框中：输入“鹏飞航空”，点击“百度一下”，弹出显示有“打折机票抢先拿就打 114”的页面，迅速点击该页面，打开了显示地址为 http：//air. qd. sd. cn/的页面；输入“青岛人才网”，点击“百度一下”，弹出显示有“找好工作到半岛人才网 www. job17. com”的页面，迅速点击该页面中显示的“马上点击”，打开了显示地址为 http：//www. job17. com/的页面；输入“电话实名”，点击“百度一下”，弹出显示有“查信息打 114，语音搜索更好用”的页面，随后该页面转至相应的“电话实名”搜索结果页面。百度公司委托代理人利用公证处的计算机对登录百度搜索等网站操作过程予以公证，公证书记载了前述内容。经专家论证，所链接的网站（http：//air. qd. sd. cn/）与联通山东公司的下属网站青岛信息港（www. qd. sd. cn）具有相同域（qd. sd. cn），网站 air. qd. sd. cn 是联通山东公司下属网站青岛站点所属。

裁判结果

山东省青岛市中级人民法院于2009年9月2日作出（2009）青民三初字第110号民事判决：一、奥商网络公司、联通青岛公司于本判决生效之日起立即停止针对百度公司的不正当竞争行为，即不得利用技术手段，使通过联通青岛公司提供互联网接入服务的网络用户，在登录百度网站进行关键词搜索时，弹出奥商网络公司、联通青岛公司的广告页面；二、奥商网络公司、联通青岛公司于本判决生效之日起十日内赔偿百度公司经济损失二十万元；三、奥商网络公司、联通青岛公司于本判决生效之日起十日内在各自网站首页位置上刊登声明以消除影响，声明刊登时间应为连续的十五天；四、驳回百度公司的其他诉讼请求。宣判后，联通青岛公司、奥商网络公司提起上诉。山东省高级人民法院于2010年3月20日作出（2010）鲁民三终字第5-2号民事判决，驳回上诉，维持原判。

裁判理由

法院生效裁判认为：本案百度公司起诉奥商网络公司、联通青岛公司、联通山东公司，要求其停止不正当竞争行为并承担相应的民事责任。据此，判断原告的主张能否成立应按以下步骤进行：一、本案被告是否实施了被指控的行为；二、如果实施了被指控行为，该行为是否构成不正当竞争；三、如果构成不正当竞争，如何承担民事责任。

一、关于被告是否实施了被指控的行为

域名是互联网络上识别和定位计算机的层次结构式的字符标识。根据查明的事实，www.job17.com系奥商网络公司所属的半岛人才网站，“电话实名语音搜索”系联通青岛公司与奥商网络公司合作经营的业务。域名qd.sd.cn属于联通青岛公司所有，并将其作为“青岛信息港”的域名实际使用。air.qd.sd.cn作为qd.sd.cn的子域，是其上级域名qd.sd.cn分配与管理的。联通青岛公司作为域名qd.sd.cn的持有人否认域名air.qd.sd.cn为其所有，但没有提供证据予以证明，应认定在公证保全时该子域名的使用人为联通青岛公司。

在互联网上登录搜索引擎网站进行关键词搜索时，正常出现的应该是搜索引擎网站搜索结果页面，不应弹出与搜索引擎网站无关的其他页面，但是在联通青岛公司所提供的网络接入服务网络区域内，却出现了与搜索结果无关的广告页面强行弹出的现象。这种广告页面的弹出并非接入互联网的公证处计算机本身安装程序所导致，联通青岛公司既没有证据证明在其他网络接入服务商网络区域内会出现同样情况，又没有对在其网络接入服务区域内出现的上述情况给予合理解释，可以认定在联通青岛公司提供互联网接入服务的区域内，对于网络服务对象针对百度网站所发出的搜索请求进行了人为干预，使干预者想要发布的广告页面在正常搜索结果页面出现前强行弹出。

关于上述干预行为的实施主体问题，从查明的事实来看，奥商网络公司在其主页中对其“网络直通车”业务的介绍表明，其中关于广告强行弹出的介绍与公证保全的形式完全一致，且公证保全中所出现的弹出广告页面“半岛人才网”“114 电话语音搜索”均是其正在经营的网站或业务。因此，奥商网络公司是该干预行为的受益者，在其没有提供证据证明存在其他主体为其实施上述广告行为的情况下，可以认定奥商网络公司是上述干预行为的实施主体。

关于联通青岛公司是否被控侵权行为的实施主体问题，奥商网络公司这种干预行为不是通过在客户端计算机安装插件、程序等方式实现，而是在特定网络接入服务区域内均可实现，因此这种行为如果没有网络接入服务商的配合则无法实现。联通青岛公司没有证据证明奥商网络公司是通过非法手段干预其互联网接入服务而实施上述行为。同时，联通青岛公司是域名 air. qd. sd. cn 的所有人，因持有或使用域名而侵害他人合法权益的责任，由域名持有者承担。联通青岛公司与奥商网络公司合作经营电话实名业务，即联通青岛公司也是上述行为的受益人。因此，可以认定联通青岛公司也是上述干预行为的实施主体。

关于联通山东公司是否实施了干预行为，因联通山东公司、联通青岛公司同属于中国联合网络通信有限公司分支机构，无证据证明两公司具有开办和被开办的关系，也无证据证明联通山东公司参与实施了干预行为，联通青岛公司作为民事主体有承担民事责任的资格，故对联通山东公司的诉讼请求，不予支持。百度公司将鹏飞航空公司作为本案第三人，但是在诉状及庭审过程中并未指出第三人有不正当竞争行为，也未要求第三人承担民事责任，故将鹏飞航空公司作为第三人属于列举当事人不当，不予支持。

二、关于被控侵权行为是否构成不正当竞争

《中华人民共和国反不正当竞争法》（简称《反不正当竞争法》）第二章第五条至第十五条，对不正当竞争行为进行了列举式规定，对于没有在具体条文中列举的行为，只有按照公认的商业道德和普遍认识能够认定违反该法第二条原则性规定时，才可以认定为不正当竞争行为。判断经营者的行为构成不正当竞争，应当考虑以下方面：一是行为实施者是反不正当竞争法意义上的经营者；二是经营者从事商业活动时，没有遵循自愿、平等、公平、诚实信用原则，违反了反不正当竞争法律规定和公认的商业道德；三是经营者的不正当竞争行为损害正当经营者的合法权益。

首先，根据《反不正当竞争法》第二条有关经营者的规定，经营者的确定并不要求原、被告属同一行业或服务类别，只要是从事商品经营或者营利性服务的市场主体，就可成为经营者。联通青岛公司、奥商网络公司与百度公司均属于从事互联网业务的市场主体，属于反不正当竞争法意义上的经营者。虽然联通青岛公司是互联网接入服务经营者，百度公司是搜索服务经营者，服务类别上不完全相同，但是联通青岛公司实施的在百度搜索结果出现之前弹出广告的商业行为，与百度公司的付费搜索模式存在竞争关系。

其次，在市场竞争中存在商业联系的经营者，违反诚信原则和公认商业道德，不正当地妨碍了其他经营者正当经营，并损害其他经营者合法权益的，可以依照《反不正当竞争法》第二条的原则性规定，认定为不正当竞争。尽管在互联网上发布广告、进行商业活动与传统商业模式有较大差异，但是从事互联网业务的经营者仍应当通过诚信经营、公平竞争来获得竞争优势，不能未经他人许可，利用他人的服务行为或市场份额来进行商业运作并从中获利。联通青岛公司与奥商网络公司实施的行为，是利用了百度网站搜索引擎在我国互联网用户中被广泛使用优势，利用技术手段，让使用联通青岛公司提供互联网接入服务的网络用户，在登录百度网站进行关键词搜索时，在正常搜索结果显示前强行弹出奥商公司发布的与搜索的关键词及内容有紧密关系的广告页面。这种行为诱使本可能通过百度公司搜索结果检索相应信息的网络用户点击该广告页面，影响了百度公司向网络用户提供付费搜索服务与推广服务，属于利用百度公司提供的搜索服务来为自己牟利。该行为既没有征得百度公司同意，又违背了使用其互联网接入服务用户的意志，容易导致上网用户误以为弹出的广告页面系百度公司所为，会使上网用户对百度公司提供服务的评价降低，对百度公司的商业信誉产生不利影响，损害了百度公司的合法权益，同时也违背了诚实信用和公认的商业道德，已构成不正当竞争。

三、关于民事责任的承担

由于联通青岛公司与奥商网络公司共同实施了不正当竞争行为，依照《中华人民共和国民法通则》第一百三十条的规定应当承担连带责任。依照《中华人民共和国民法通则》第一百三十四条、《反不正当竞争法》第二十条的规定，应当承担停止侵权、赔偿损失、消除影响的民事责任。首先，奥商网络公司、联通青岛公司应当立即停止不正当竞争行为，即不得利用技术手段使通过联通青岛公司提供互联网接入服务的网络用户，在登录百度网站进行关键词搜索时，弹出两被告的广告页面。其次，根据原告为本案支出的合理费用、被告不正当竞争行为的情节、持续时间等，酌定两被告共同赔偿经济损失 20 万元。最后，互联网用户在登录百度进行搜索时，面对弹出的广告页面，通常会认为该行为系百度公司所为。因此两被告的行为给百度公司造成了一定负面影响，应当承担消除影响的民事责任。由于该行为发生在互联网上，且发生在联通青岛公司提供互联网接入服务的区域内，故确定两被告应在其各自网站的首页上刊登消除影响的声明。

最高人民法院指导案例 46 号

山东鲁锦实业有限公司诉鄄城县鲁锦工艺品有限责任公司、济宁礼之邦家纺有限公司侵害商标权及不正当竞争纠纷案

（最高人民法院审判委员会讨论通过　2015 年 4 月 15 日发布）

关键词

民事　商标侵权　不正当竞争　商品通用名称

裁判要点

判断具有地域性特点的商品通用名称，应当注意从以下方面综合分析：（1）该名称在某一地区或领域约定俗成，长期普遍使用并为相关公众认可；（2）该名称所指代的商品生产工艺经某一地区或领域群众长期共同劳动实践而形成；（3）该名称所指代的商品生产原料在某一地区或领域普遍生产。

相关法条

《中华人民共和国商标法》第五十九条

基本案情

原告山东鲁锦实业有限公司（以下简称鲁锦公司）诉称：被告鄄城县鲁锦工艺品有限责任公司（以下简称鄄城鲁锦公司）、济宁礼之邦家纺有限公司（以下简称礼之邦公司）大量生产、销售标有“鲁锦”字样的鲁锦产品，侵犯其“鲁锦”注册商标专用权。鄄城鲁锦公司企业名称中含有原告的“鲁锦”注册商标字样，误导消费者，构成不正当竞争。“鲁锦”不是通用名称。请求判令二被告承担侵犯商标专用权和不正当竞争的法律责任。

被告鄄城鲁锦公司辩称：原告鲁锦公司注册成立前及鲁锦商标注册完成前，“鲁锦”已成为通用名称。按照有关规定，其属于“正当使用”，不构成商标侵权，也不构成不正当竞争。

被告礼之邦公司一审未作答辩，二审上诉称：“鲁锦”是鲁西南一带民间纯棉手工纺织品的通用名称，不知道“鲁锦”是鲁锦公司的注册商标，接到诉状后已停止相关使用行为，故不应承担赔偿责任。

法院经审理查明：鲁锦公司的前身嘉祥县瑞锦民间工艺品厂于 1999 年 12

月21日取得注册号为第1345914号的“鲁锦”文字商标，有效期为1999年12月21日至2009年12月20日，核定使用商品为第25类服装、鞋、帽类。鲁锦公司又于2001年11月14日取得注册号为第1665032号的“Lj＋LUJIN”的组合商标，有效期为2001年11月14日至2011年11月13日，核定使用商品为第24类的“纺织物、棉织品、内衣用织物、纱布、纺织品、毛巾布、无纺布、浴巾、床单、纺织品家具罩等”。嘉祥县瑞锦民间工艺品厂于2001年2月9日更名为嘉祥县鲁锦实业有限公司，后于2007年6月11日更名为山东鲁锦实业有限公司。

鲁锦公司在获得“鲁锦”注册商标专用权后，在多家媒体多次宣传其产品及注册商标，并于2006年3月被“中华老字号”工作委员会接纳为会员单位。鲁锦公司经过多年努力及长期大量的广告宣传和市场推广，其“鲁锦”牌系列产品，特别是“鲁锦”牌服装在国内享有一定的知名度。2006年11月16日，“鲁锦”注册商标被审定为山东省著名商标。

2007年3月，鲁锦公司从礼之邦鲁锦专卖店购买到由鄄城鲁锦公司生产的同鲁锦公司注册商标所核定使用的商品相同或类似的商品，该商品上的标签（吊牌）、包装盒、包装袋及店堂门面上均带有“鲁锦”字样。在该店门面上“鲁锦”已被突出放大使用，其出具的发票上加盖的印章为礼之邦公司公章。

鄄城鲁锦公司于2003年3月3日成立，在产品上使用的商标是“精一坊文字＋图形”组合商标，该商标已申请注册，但尚未核准。2007年9月，鄄城鲁锦公司申请撤销鲁锦公司已注册的第1345914号“鲁锦”商标，国家工商总局商标评审委员会已受理但未作出裁定。

一审法院根据鲁锦公司的申请，依法对鄄城鲁锦公司、礼之邦公司进行了证据保全，发现二被告处存有大量同“鲁锦”注册商标核准使用的商品同类或者类似的商品，该商品上的标签（吊牌）、包装盒、包装袋、商品标价签以及被告店堂门面上均带有原告注册商标“鲁锦”字样。被控侵权商品的标签（吊牌）、包装盒、包装袋上已将“鲁锦”文字放大，作为商品的名称或者商品装潢醒目突出使用，且包装袋上未标识生产商及其地址。

另查明：鲁西南民间织锦是一种山东民间纯棉手工纺织品，因其纹彩绚丽、灿烂似锦而得名，在鲁西南地区已有上千年的历史，是历史悠久的齐鲁文化的一部分。从20世纪80年代中期开始，鲁西南织锦开始被开发利用。1986年1月8日，在济南举行了“鲁西南织锦与现代生活展览汇报会”。1986年8月20日，在北京民族文化宫举办了“鲁锦与现代生活展”。1986年前后，《人民日报》《经济参考》《农民日报》等报刊发表“鲁锦”的专题报道，中央电视台、山东电视台也拍摄了多部“鲁锦”的专题片。自此，“鲁锦”作为山东民间手工棉纺织品的通称被广泛使用。此后，鲁锦的研究、开发和生产逐渐普及并不断发展壮大。1987 年 11 月 15 日，为促进鲁锦文化与现代生活的进一步结合，加拿大国际发展署（CIDA）与中华全国妇女联合会共同在鄄城县杨屯村举行了双边合作项目——鄄城杨屯妇女鲁锦纺织联社培训班。

山东省及济宁、菏泽等地方史志资料在谈及历史、地方特产或传统工艺时，对“鲁锦”也多有记载，均认为“鲁锦”是流行在鲁西南地区广大农村的一种以棉纱为主要原料的传统纺织产品，是山东的主要民间美术品种之一。相关工具书及出版物也对“鲁锦”多有介绍，均认为“鲁锦”是山东民间手工织花棉布，以棉花为主要原料，手工织线、染色、织造，俗称“土布”或“手织布”，因此布色彩斑斓，似锦似绣，故称为“鲁锦”。

1995 年 12 月 25 日，山东省文物局作出《关于建设“中国鲁锦博物馆”的批复》，同意菏泽地区文化局在鄄城县成立“中国鲁锦博物馆”。2006 年 12 月 23 日，山东省人民政府公布第一批省级非物质文化遗产，其中山东省文化厅、鄄城县、嘉祥县申报的“鲁锦民间手工技艺”被评定为非物质文化遗产。2008 年 6 月 7 日，国务院国发〔2008〕19 号文件确定由山东省鄄城县、嘉祥县申报的“鲁锦织造技艺”被列入第二批国家级非物质文化遗产名录。

裁判结果

山东省济宁市中级人民法院于 2008 年 8 月 25 日作出（2007）济民五初字第 6 号民事判决：一、鄄城鲁锦公司于判决生效之日立即停止在其生产、销售的第 25 类服装类系列商品上使用“鲁锦”作为其商品名称或者商品装潢，并于判决生效之日起 30 日内，消除其现存被控侵权产品上标明的“鲁锦”字样；礼之邦公司立即停止销售鄄城鲁锦公司生产的被控侵权商品。二、鄄城鲁锦公司于判决生效之日起 15 日内赔偿鲁锦公司经济损失 25 万元；礼之邦公司赔偿鲁锦公司经济损失 1 万元。三、鄄城鲁锦公司于判决生效之日起 30 日内变更企业名称，变更后的企业名称中不得包含“鲁锦”文字；礼之邦公司于判决生效之日立即消除店堂门面上的“鲁锦”字样。宣判后，鄄城鲁锦公司与礼之邦公司提出上诉。山东省高级人民法院于 2009 年 8 月 5 日作出（2009）鲁民三终字第 34 号民事判决：撤销山东省济宁市中级人民法院（2007）济民五初字第 6 号民事判决；驳回鲁锦公司的诉讼请求。

裁判理由

法院生效裁判认为：根据本案事实可以认定，在 1999 年鲁锦公司将“鲁锦”注册为商标之前，已是山东民间手工棉纺织品的通用名称，“鲁锦”织造技艺为非物质文化遗产。鄄城鲁锦公司、济宁礼之邦公司的行为不构成商标侵权，也非不正当竞争。

首先，“鲁锦”已成为具有地域性特点的棉纺织品的通用名称。商品通用名称是指行业规范或社会公众约定俗成的对某一商品的通常称谓。该通用名称可以是行业规范规定的称谓，也可以是公众约定俗成的简称。鲁锦指鲁西南民间纯棉手工织锦，其纹彩绚丽灿烂似锦，在鲁西南地区已有上千年的历史。“鲁锦”作为具有山东特色的手工纺织品的通用名称，为国家主流媒体、各类专业报纸以及山东省新闻媒体所公认，山东省、济宁、菏泽、嘉祥、鄄城的省市县三级史志资料均将“鲁锦”记载为传统鲁西南民间织锦的“新名”，有关工艺美术和艺术的工具书中也确认“鲁锦”就是产自山东的一种民间纯棉手工纺织品。“鲁锦”织造工艺历史悠久，在提到“鲁锦”时，人们想到的就是传统悠久的山东民间手工棉纺织品及其织造工艺。“鲁锦织造技艺”被确定为国家级非物质文化遗产。“鲁锦”代表的纯棉手工纺织生产工艺并非由某一自然人或企业法人发明而成，而是由山东地区特别是鲁西南地区人民群众长期劳动实践而形成。“鲁锦”代表的纯棉手工纺织品的生产原料亦非某一自然人或企业法人特定种植，而是山东不特定地区广泛种植的棉花。自20世纪80年代中期后，经过媒体的大量宣传，“鲁锦”已成为以棉花为主要原料、手工织线、染色、织造的山东地区民间手工纺织品的通称，且已在山东地区纺织行业领域内通用，并被相关社会公众所接受。综上，可以认定“鲁锦”是山东地区特别是鲁西南地区民间纯棉手工纺织品的通用名称。

关于鲁锦公司主张“鲁锦”这一名称不具有广泛性，在我国其他地方也出产老粗布，但不叫“鲁锦”。对此法院认为，对于具有地域性特点的商品通用名称，判断其广泛性应以特定产区及相关公众为标准，而不应以全国为标准。我国其他省份的手工棉纺织品不叫“鲁锦”，并不影响“鲁锦”专指山东地区特有的民间手工棉纺织品这一事实。关于鲁锦公司主张“鲁锦”不具有科学性，棉织品应称为“棉”而不应称为“锦”。对此法院认为，名称的确定与其是否符合科学没有必然关系，对于已为相关公众接受、指代明确、约定俗成的名称，即使有不科学之处，也不影响其成为通用名称。关于鲁锦公司还主张“鲁锦”不具有普遍性，山东省内有些经营者、消费者将这种民间手工棉纺织品称为“粗布”或“老土布”。对此法院认为，“鲁锦”这一称谓是20世纪80年代中期确定的新名称，经过多年宣传与使用，现已为相关公众所知悉和接受。“粗布”“老土布”等旧有名称的存在，不影响“鲁锦”通用名称的认定。

其次，注册商标中含有的本商品的通用名称，注册商标专用权人无权禁止他人正当使用。《中华人民共和国商标法实施条例》第四十九条规定：“注册商标中含有的本商品的通用名称、图形、型号，或者直接表示商品的质量、主要原料、功能、用途、重量、数量及其他特点，或者含有地名，注册商标专用权人无权禁止他人正当使用。”商标的作用主要为识别性，即消费者能够依不同的商标而区别相应的商品及服务的提供者。保护商标权的目的，就是防止对商品及服务的来源产生混淆。由于鲁锦公司“鲁锦”文字商标和“Lj＋LUJIN”组合商标，与作为山东民间手工棉纺织品通用名称的“鲁锦”一致，其应具备的显著性区别特征因此趋于弱化。“鲁锦”虽不是鲁锦服装的通用名称，但却是山东民间手工棉纺织品的通用名称。商标注册人对商标中通用名称部分不享有专用权，不影响他人将“鲁锦”作为通用名称正当使用。鲁西南地区有不少以鲁锦为面料生产床上用品、工艺品、服饰的厂家，这些厂家均可以正当使用“鲁锦”名称，在其产品上叙述性标明其面料采用鲁锦。

本案中，鄄城鲁锦公司在其生产的涉案产品的包装盒、包装袋上使用“鲁锦”两字，虽然在商品上使用了鲁锦公司商标中含有的商品通用名称，但仅是为了表明其产品采用鲁锦面料，其生产技艺具备鲁锦特点，并不具有侵犯鲁锦公司“鲁锦”注册商标专用权的主观恶意，也并非作为商业标识使用，属于正当使用，故不应认定为侵犯“鲁锦”注册商标专用权的行为。基于同样的理由，鄄城鲁锦公司在其企业名称中使用“鲁锦”字样，也系正当使用，不构成不正当竞争。礼之邦公司作为鲁锦制品的专卖店，同样有权使用“鲁锦”字样，亦不构成对“鲁锦”注册商标专用权的侵犯。

此外，鲁锦公司的“鲁锦”文字商标和“Lj＋LUJIN”的组合商标已经国家商标局核准注册并核定使用于第25类、第24类商品上，该注册商标专用权应依法受法律保护。虽然鄄城鲁锦公司对此商标提出撤销申请，但在国家商标局商标评审委员会未撤销前，仍应依法保护上述有效注册商标。鉴于“鲁锦”是注册商标，为规范市场秩序，保护公平竞争，鄄城鲁锦公司在今后使用“鲁锦”字样以标明其产品面料性质的同时，应合理避让鲁锦公司的注册商标专用权，应在其产品包装上突出使用自己的“精一坊”商标，以显著区别产品来源，方便消费者识别。

最高人民法院指导案例47号

意大利费列罗公司诉蒙特莎（张家港）食品有限公司、天津经济技术开发区正元行销有限公司不正当竞争纠纷案

（最高人民法院审判委员会讨论通过　2015年4月15日发布）

关键词

民事　不正当竞争　知名商品　特有包装、装潢

裁判要点

1. 反不正当竞争法所称的知名商品，是指在中国境内具有一定的市场知名度，为相关公众所知悉的商品。在国际上已知名的商品，我国对其特有的名称、包装、装潢的保护，仍应以其在中国境内为相关公众所知悉为必要。故认定该知名商品，应当结合该商品在中国境内的销售时间、销售区域、销售额和销售对象，进行宣传的持续时间、程度和地域范围，作为知名商品受保护的情况等因素，并适当考虑该商品在国外已知名的情况，进行综合判断。

2. 反不正当竞争法所保护的知名商品特有的包装、装潢，是指能够区别商品来源的盛装或者保护商品的容器等包装，以及在商品或者其包装上附加的文字、图案、色彩及其排列组合所构成的装潢。

3. 对他人能够区别商品来源的知名商品特有的包装、装潢，进行足以引起市场混淆、误认的全面模仿，属于不正当竞争行为。

相关法条

《中华人民共和国反不正当竞争法》第五条第二项

基本案情

原告意大利费列罗公司（以下简称费列罗公司）诉称：被告蒙特莎（张家港）食品有限公司（以下简称蒙特莎公司）仿冒原告产品，擅自使用与原告知名商品特有的包装、装潢相同或近似的包装、装潢，使消费者产生混淆。被告蒙特莎公司的上述行为及被告天津经济技术开发区正元行销有限公司（以下简称正元公司）销售仿冒产品的行为已给原告造成重大经济损失。请求判令蒙特莎公司不得生产、销售，正元公司不得销售符合前述费列罗公司巧克力产品特有的任意一项或者几项组合的包装、装潢的产品或者任何与费列罗公司的上述包装、装潢相似的足以引起消费者误认的巧克力产品，并赔礼道歉、消除影响、承担诉讼费用，蒙特莎公司赔偿损失300万元。

被告蒙特莎公司辩称：原告涉案产品在中国境内市场并没有被相关公众所知悉，而蒙特莎公司生产的金莎巧克力产品在中国境内消费者中享有很高的知名度，属于知名商品。原告诉请中要求保护的包装、装潢是国内外同类巧克力产品的通用包装、装潢，不具有独创性和特异性。蒙特莎公司生产的金莎巧克力使用的包装、装潢是其和专业设计人员合作开发的，并非仿冒他人已有的包装、装潢。普通消费者只需施加一般的注意，就不会混淆原、被告各自生产的巧克力产品。原告认为自己产品的包装涵盖了商标、外观设计、著作权等多项知识产权，但未明确指出被控侵权产品的包装、装潢具体侵犯了其何种权利，其起诉要求保护的客体模糊不清。故原告起诉无事实和法律依据，请求驳回原告的诉讼请求。

法院经审理查明：费列罗公司于1946年在意大利成立，1982年其生产的费列罗巧克力投放市场，曾在亚洲多个国家和地区的电视、报刊、杂志发布广告。在我国台湾和香港地区，费列罗巧克力取名“金莎”巧克力，并分别于1990年6月和1993年在我国台湾和香港地区注册“金莎”商标。1984年2月，费列罗巧克力通过中国粮油食品进出口总公司采取寄售方式进入了国内市场，主要在免税店和机场商店等当时政策所允许的场所销售，并延续到1993年前。1986年10月，费列罗公司在中国注册了“FERRERO ROCHER”和图形（椭圆花边图案）以及其组合的系列商标，并在中国境内销售的巧克力商品上使用。费列罗巧克力使用的包装、装潢的主要特征是：1. 每一粒球状巧克力用金色纸质包装；2. 在金色球状包装上配以印有“FERRERO ROCHER”商标的椭圆形金边标签作为装潢；3. 每一粒金球状巧克力均有咖啡色纸质底托作为装潢；4. 若干形状的塑料透明包装，以呈现金球状内包装；5. 塑料透明包装上使用椭圆形金边图案作为装潢，椭圆形内配有产品图案和商标，并由商标处延伸出红金颜色的绶带状图案。费列罗巧克力产品的8粒装、16粒装、24粒装以及30粒装立体包装于1984年在世界知识产权组织申请为立体商标。费列罗公司自1993年开始，以广东、上海、北京地区为核心逐步加大费列罗巧克力在国内的报纸、期刊和室外广告的宣传力度，相继在一些大中城市设立专柜进行销售，并通过赞助一些商业和体育活动，提高其产品的知名度。2000年6月，其“FERRERO ROCHER”商标被国家工商行政管理部门列入全国重点商标保护名录。我国广东、河北等地工商行政管理部门曾多次查处仿冒费列罗巧克力包装、装潢的行为。

蒙特莎公司是1991年12月张家港市乳品一厂与比利时费塔代尔有限公司合资成立的生产、销售各种花色巧克力的中外合资企业。张家港市乳品一厂自1990年开始生产金莎巧克力，并于1990年4月23日申请注册“金莎”文字商标，1991年4月经国家工商行政管理局商标局核准注册。2002年，张家港市乳品一厂向蒙特莎公司转让“金莎”商标，于2002年11月25日提出申请，并于2004年4月21日经国家工商管理总局商标局核准转让。由此蒙特莎公司开始生产、销售金莎巧克力。蒙特莎公司生产、销售金莎巧克力产品，其除将“金莎”更换为“金莎 TRESOR DORE”组合商标外，仍延续使用张家港市乳品一厂金莎巧克力产品使用的包装、装潢。被控侵权的金莎TRESOR DORE巧克力包装、装潢为：每粒金莎 TRESOR DORE 巧克力呈球状并均由金色锡纸包装；在每粒金球状包装顶部均配以印有“金莎TRESOR DORE”商标的椭圆形金边标签；每粒金球状巧克力均配有底面平滑无褶皱、侧面带波浪褶皱的呈碗状的咖啡色纸质底托；外包装为透明塑料纸或塑料盒；外包装正中处使用椭圆金边图案，内配产品图案及金莎TRESOR DORE商标，并由此延伸出红金色绶带。以上特征与费列罗公司起诉中请求保护的包装、装潢在整体印象和主要部分上相近似。正元公司为蒙特莎公司生产的金莎 TRESOR DORE 巧克力在天津市的经销商。2003 年 1 月，费列罗公司经天津市公证处公证，在天津市河东区正元公司处购买了被控侵权产品。

裁判结果

天津市第二中级人民法院于 2005 年 2 月 7 日作出（2003）二中民三初字第 63 号民事判决：判令驳回费列罗公司对蒙特莎公司、正元公司的诉讼请求。费列罗公司提起上诉，天津市高级人民法院于 2006 年 1 月 9 日作出（2005）津高民三终字第 36 号判决：1. 撤销一审判决；2. 蒙特莎公司立即停止使用金莎 TRESOR DORE 系列巧克力侵权包装、装潢；3. 蒙特莎公司赔偿费列罗公司人民币 700000 元，于本判决生效后十五日内给付；4. 责令正元公司立即停止销售使用侵权包装、装潢的金莎 TRESOR DORE 系列巧克力；5. 驳回费列罗公司其他诉讼请求。蒙特莎公司不服二审判决，向最高人民法院提出再审申请。最高人民法院于 2008 年 3 月 24 日作出（2006）民三提字第 3 号民事判决：1. 维持天津市高级人民法院（2005）津高民三终字第 36 号民事判决第一项、第五项；2. 变更天津市高级人民法院（2005）津高民三终字第 36 号民事判决第二项为：蒙特莎公司立即停止在本案金莎 TRESOR DORE 系列巧克力商品上使用与费列罗系列巧克力商品特有的包装、装潢相近似的包装、装潢的不正当竞争行为；3. 变更天津市高级人民法院（2005）津高民三终字第 36 号民事判决第三项为：蒙特莎公司自本判决送达后十五日内，赔偿费列罗公司人民币 500000 元；4. 变更天津市高级人民法院（2005）津高民三终字第 36 号民事判决第四项为：责令正元公司立即停止销售上述金莎 TREDOR DORE 系列巧克力商品。

裁判理由

最高人民法院认为：本案主要涉及费列罗巧克力是否为在先知名商品，费列罗巧克力使用的包装、装潢是否为特有的包装、装潢，以及蒙特莎公司生产的金莎 TRESOR DORE 巧克力使用包装、装潢是否构成不正当竞争行为等争议焦点问题。

一、关于费列罗巧克力是否为在先知名商品

根据中国粮油食品进出口总公司与费列罗公司签订的寄售合同、寄售合同确认书等证据，二审法院认定费列罗巧克力自 1984 年开始在中国境内销售无误。反不正当竞争法所指的知名商品，是在中国境内具有一定的市场知名度，为相关公众所知悉的商品。在国际已知名的商品，我国法律对其特有名称、包装、装潢的保护，仍应以在中国境内为相关公众所知悉为必要。其所主张的商品或者服务具有知名度，通常系由在中国境内生产、销售或者从事其他经营活动而产生。认定知名商品，应当考虑该商品的销售时间、销售区域、销售额和销售对象，进行宣传的持续时间、程度和地域范围，作为知名商品受保护的情况等因素，进行综合判断；也不排除适当考虑国外已知名的因素。本案二审判决中关于“对商品知名状况的评价应根据其在国内外特定市场的知名度综合判定，不能理解为仅指在中国境内知名的商品”的表述欠当，但根据费列罗巧克力进入中国市场的时间、销售情况以及费列罗公司进行的多种宣传活动，认定其属于在中国境内的相关市场中具有较高知名度的知名商品正确。蒙特莎公司关于费列罗巧克力在中国境内市场知名的时间晚于金莎 TRESOR DORE 巧克力的主张不能成立。此外，费列罗公司费列罗巧克力的包装、装潢使用在先，蒙特莎公司主张其使用的涉案包装、装潢为自主开发设计缺乏充分证据支持，二审判决认定蒙特莎公司擅自使用费列罗巧克力特有包装、装潢正确。

二、关于费列罗巧克力使用的包装、装潢是否具有特有性

盛装或者保护商品的容器等包装，以及在商品或者其包装上附加的文字、图案、色彩及其排列组合所构成的装潢，在其能够区别商品来源时，即属于反不正当竞争法保护的特有包装、装潢。费列罗公司请求保护的费列罗巧克力使用的包装、装潢系由一系列要素构成。如果仅仅以锡箔纸包裹球状巧克力，采用透明塑料外包装，呈现巧克力内包装等方式进行简单的组合，所形成的包装、装潢因无区别商品来源的显著特征而不具有特有性；而且这种组合中的各个要素也属于食品包装行业中通用的包装、装潢元素，不能被独占使用。但是，锡纸、纸托、塑料盒等包装材质与形状、颜色的排列组合有很大的选择空间；将商标标签附加在包装上，该标签的尺寸、图案、构图方法等亦有很大的设计自由度。在可以自由设计的范围内，将包装、装潢各要素独特排列组合，使其具有区别商品来源的显著特征，可以构成商品特有的包装、装潢。费列罗巧克力所使用的包装、装潢因其构成要素在文字、图形、色彩、形状、大小等方面的排列组合具有独特性，形成了显著的整体形象，且与商品的功能性无关，经过长时间使用和大量宣传，已足以使相关公众将上述包装、装潢的整体形象与费列罗公司的费列罗巧克力商品联系起来，具有识别其商品来源的作用，应当属于反不正当竞争法第五条第二项所保护的特有的包装、装潢。蒙特莎公司关于判定涉案包装、装潢为特有，会使巧克力行业的通用包装、装潢被费列罗公司排他性独占使用，垄断国内球形巧克力市场等理由，不能成立。

三、关于相关公众是否容易对费列罗巧克力与金莎 TRESOR DORE 巧克力引起混淆、误认

对商品包装、装潢的设计，不同经营者之间可以相互学习、借鉴，并在此基础上进行创新设计，形成有明显区别各自商品的包装、装潢。这种做法是市场经营和竞争的必然要求。就本案而言，蒙特莎公司可以充分利用巧克力包装、装潢设计中的通用要素，自由设计与他人在先使用的特有包装、装潢具有明显区别的包装、装潢。但是，对他人具有识别商品来源意义的特有包装、装潢，则不能作足以引起市场混淆、误认的全面模仿，否则就会构成不正当的市场竞争。我国反不正当竞争法中规定的混淆、误认，是指足以使相关公众对商品的来源产生误认，包括误认为与知名商品的经营者具有许可使用、关联企业关系等特定联系。本案中，由于费列罗巧克力使用的包装、装潢的整体形象具有区别商品来源的显著特征，蒙特莎公司在其巧克力商品上使用的包装、装潢与费列罗巧克力特有包装、装潢，又达到在视觉上非常近似的程度。即使双方商品存在价格、质量、口味、消费层次等方面的差异和厂商名称、商标不同等因素，也未免使相关公众易于误认金莎 TRESOR DORE 巧克力与费列罗巧克力存在某种经济上的联系。据此，再审申请人关于本案相似包装、装潢不会构成消费者混淆、误认的理由不能成立。

综上，蒙特莎公司在其生产的金莎 TRESOR DORE 巧克力商品上，擅自使用与费列罗公司的费列罗巧克力特有的包装、装潢相近似的包装、装潢，足以引起相关公众对商品来源的混淆、误认，构成不正当竞争。

最高人民法院指导案例 58 号

成都同德福合川桃片有限公司诉重庆市合川区同德福桃片有限公司、余晓华侵害商标权及不正当竞争纠纷案

（最高人民法院审判委员会讨论通过　2016 年 5 月 20 日发布）

关键词

民事　侵害商标权　不正当竞争　老字号　虚假宣传

裁判要点

1. 与“老字号”无历史渊源的个人或企业将“老字号”或与其近似的字号注册为商标后，以“老字号”的历史进行宣传的，应认定为虚假宣传，构成不正当竞争。

2. 与“老字号”具有历史渊源的个人或企业在未违反诚实信用原则的前提下，将“老字号”注册为个体工商户字号或企业名称，未引人误认且未突

出使用该字号的，不构成不正当竞争或侵犯注册商标专用权。

相关法条

《中华人民共和国商标法》第 57 条第 7 项

《中华人民共和国反不正当竞争法》第 2 条、第 9 条

基本案情

原告（反诉被告）成都同德福合川桃片食品有限公司（以下简称成都同德福公司）诉称，成都同德福公司为“同德福 TONGDEFU 及图”商标权人，余晓华先后成立的个体工商户和重庆市合川区同德福桃片有限公司（以下简称重庆同德福公司），在其字号及生产的桃片外包装上突出使用了“同德福”，侵害了原告享有的“同德福 TONGDEFU 及图”注册商标专用权并构成不正当竞争。请求法院判令重庆同德福公司、余晓华停止使用并注销含有“同德福”字号的企业名称；停止侵犯原告商标专用权的行为，登报赔礼道歉、消除影响，赔偿原告经济、商誉损失 50 万元及合理开支 5066.4 元。

被告（反诉原告）重庆同德福公司、余晓华共同答辩并反诉称，重庆同德福公司的前身为始创于 1898 年的同德福斋铺，虽然同德福斋铺因公私合营而停止生产，但未中断独特技艺的代代相传。“同德福”第四代传人余晓华继承祖业先后注册了个体工商户和公司，规范使用其企业名称及字号，重庆同德福公司、余晓华的注册行为是善意的，不构成侵权。成都同德福公司与老字号“同德福”并没有直接的历史渊源，但其将“同德福”商标与老字号“同德福”进行关联的宣传，属于虚假宣传。而且，成都同德福公司擅自使用“同德福”知名商品名称，构成不正当竞争。请求法院判令成都同德福公司停止虚假宣传，在全国性报纸上登报消除影响；停止对“同德福”知名商品特有名称的侵权行为。

法院经审理查明：开业于 1898 年的同德福斋铺，在 1916 年至 1956 年期间，先后由余鸿春、余复光、余永祚三代人经营。在 20 世纪 20 年代至 50 年代期间，“同德福”商号享有较高知名度。1956 年，由于公私合营，同德福斋铺停止经营。1998 年，合川市桃片厂温江分厂获准注册了第 1215206 号“同德福 TONGDEFU 及图”商标，核定使用范围为第 30 类，即糕点、桃片（糕点）、可可产品、人造咖啡。2000 年 11 月 7 日，前述商标的注册人名义经核准变更为成都同德福公司。成都同德福公司的多种产品外包装使用了“老字号”“百年老牌”字样、“‘同德福牌’桃片简介：‘同德福牌’桃片创制于清乾隆年间（或 1840 年），有着悠久的历史文化”等字样。成都同德福公司网站中“公司简介”页面将《合川文史资料选辑（第二辑）》中关于同德福斋铺的历史用于其“同德福”牌合川桃片的宣传。

2002 年 1 月 4 日，余永祚之子余晓华注册个体工商户，字号名称为合川

市老字号同德福桃片厂，经营范围为桃片、小食品自产自销。2007 年，其字号名称变更为重庆市合川区同德福桃片厂，后注销。2011 年 5 月 6 日，重庆同德福公司成立，法定代表人为余晓华，经营范围为糕点（烘烤类糕点、熟粉类糕点）生产，该公司是第 6626473 号“余复光 1898”图文商标、第 7587928 号“余晓华”图文商标的注册商标专用权人。重庆同德福公司的多种产品外包装使用了“老字号【同德福】商号，始创于清光绪二十三年（1898 年）历史悠久”等介绍同德福斋铺历史及获奖情况的内容，部分产品在该段文字后注明“以上文字内容摘自《合川县志》”；“【同德福】颂：同德福，在合川，驰名远，开百年，做桃片，四代传，品质高，价亦廉，讲诚信，无欺言，买卖公，热情谈”；“合川桃片”“重庆市合川区同德福桃片有限公司”等字样。

裁判结果

重庆市第一中级人民法院于 2013 年 7 月 3 日作出（2013）渝一中法民初字第 00273 号民事判决：一、成都同德福公司立即停止涉案的虚假宣传行为。二、成都同德福公司就其虚假宣传行为于本判决生效之日起连续五日在其网站刊登声明消除影响。三、驳回成都同德福公司的全部诉讼请求。四、驳回重庆同德福公司、余晓华的其他反诉请求。一审宣判后，成都同德福公司不服，提起上诉。重庆市高级人民法院于 2013 年 12 月 17 日作出（2013）渝高法民终字 00292 号民事判决：驳回上诉，维持原判。

裁判理由

法院生效裁判认为：个体工商户余晓华及重庆同德福公司与成都同德福公司经营范围相似，存在竞争关系；其字号中包含“同德福”三个字与成都同德福公司的“同德福 TONGDEFU 及图”注册商标的文字部分相同，与该商标构成近似。其登记字号的行为是否构成不正当竞争关键在于该行为是否违反诚实信用原则。成都同德福公司的证据不足以证明“同德福 TONGDEFU 及图”商标已经具有相当知名度，即便他人将“同德福”登记为字号并规范使用，不会引起相关公众误认，因而不能说明余晓华将个体工商户字号注册为“同德福”具有“搭便车”的恶意。而且，在二十世纪二十年代至五十年代期间，“同德福”商号享有较高商誉。同德福斋铺先后由余鸿春、余复光、余永祚三代人经营，尤其是在余复光经营期间，同德福斋铺生产的桃片获得了较多荣誉。余晓华系余复光之孙、余永祚之子，基于同德福斋铺的商号曾经获得的知名度及其与同德福斋铺经营者之间的直系亲属关系，将个体工商户字号登记为“同德福”具有合理性。余晓华登记个体工商户字号的行为是善意的，并未违反诚实信用原则，不构成不正当竞争。基于经营的延续性，其变更个体工商户字号的行为以及重庆同德福公司登记公司名称的行为亦不构成不正当竞争。

从重庆同德福公司产品的外包装来看，重庆同德福公司使用的是企业全称，标注于外包装正面底部，“同德福”三字位于企业全称之中，与整体保持一致，没有以简称等形式单独突出使用，也没有为突出显示而采取任何变化，且整体文字大小、字形、颜色与其他部分相比不突出。因此，重庆同德福公司在产品外包装上标注企业名称的行为系规范使用，不构成突出使用字号，也不构成侵犯商标权。就重庆同德福公司标注“同德福颂”的行为而言，“同德福颂”四字相对于其具体内容（三十六字打油诗）字体略大，但视觉上形成一个整体。其具体内容系根据史料记载的同德福斋铺曾经在商品外包装上使用过的一段类似文字改编，意在表明“同德福”商号的历史和经营理念，并非为突出“同德福”三个字。且重庆同德福公司的产品外包装使用了多项商业标识，其中“合川桃片”集体商标特别突出，其自有商标也比较明显，并同时标注了“合川桃片”地理标志及重庆市非物质文化遗产，相对于这些标识来看，“同德福颂”及其具体内容仅属于普通描述性文字，明显不具有商业标识的形式，也不够突出醒目，客观上不容易使消费者对商品来源产生误认，亦不具备替代商标的功能。因此，重庆同德福公司标注“同德福颂”的行为不属于侵犯商标权意义上的“突出使用”，不构成侵犯商标权。

成都同德福公司的网站上登载的部分“同德福牌”桃片的历史及荣誉，与史料记载的同德福斋铺的历史及荣誉一致，且在其网站上标注了史料来源，但并未举证证明其与同德福斋铺存在何种联系。此外，成都同德福公司还在其产品外包装标明其为“百年老牌”“老字号”“始创于清朝乾隆年间”等字样，而其“同德福 TONGDEFU 及图”商标核准注册的时间是 1998 年，就其采取前述标注行为的依据，成都同德福公司亦未举证证明。成都同德福公司的前述行为与事实不符，容易使消费者对于其品牌的起源、历史及其与同德福斋铺的关系产生误解，进而取得竞争上的优势，构成虚假宣传，应承担相应的停止侵权、消除影响的民事责任。

（生效裁判审判人员：李剑、周露、宋黎黎）

（六）反垄断

中华人民共和国反垄断法

（2007年8月30日第十届全国人民代表大会常务委员会第二十九次会议通过
2007年8月30日中华人民共和国主席令第68号公布
自2008年8月1日起施行）

目　　录

第一章　总　则

第一条　【立法目的】为了预防和制止垄断行为，保护市场公平竞争，提高经济运行效率，维护消费者利益和社会公共利益，促进社会主义市场经济健康发展，制定本法。

第二条　【适用范围】中华人民共和国境内经济活动中的垄断行为，适用本法；中华人民共和国境外的垄断行为，对境内市场竞争产生排除、限制影响的，适用本法。

第三条　【垄断行为】本法规定的垄断行为包括：

（一）经营者达成垄断协议；

（二）经营者滥用市场支配地位；

（三）具有或者可能具有排除、限制竞争效果的经营者集中。

第四条　【基本原则】国家制定和实施与社会主义市场经济相适应的竞争规则，完善宏观调控，健全统一、开放、竞争、有序的市场体系。

第五条　【允许经营者集中】经营者可以通过公平竞争、自愿联合，依法实施集中，扩大经营规模，提高市场竞争能力。

第六条　【不得滥用市场支配地位】具有市场支配地位的经营者，不得滥用市场支配地位，排除、限制竞争。

第七条　【特殊行业的保护及监管】国有经济占控制地位的关系国民经济命脉和国家安全的行业以及依法实行专营专卖的行业，国家对其经营者的合法经营活动予以保护，并对经营者的经营行为及其商品和服务的价格依法实施监管和调控，维护消费者利益，促进技术进步。

前款规定行业的经营者应当依法经营，诚实守信，严格自律，接受社会公众的监督，不得利用其控制地位或者专营专卖地位损害消费者利益。

第八条　【禁止行政垄断】行政机关和法律、法规授权的具有管理公共事务职能的组织不得滥用行政权力，排除、限制竞争。

第九条　【反垄断组织协调机构】国务院设立反垄断委员会，负责组织、协调、指导反垄断工作，履行下列职责：

（一）研究拟订有关竞争政策；

（二）组织调查、评估市场总体竞争状况，发布评估报告；

（三）制定、发布反垄断指南；

（四）协调反垄断行政执法工作；

（五）国务院规定的其他职责。

国务院反垄断委员会的组成和工作规则由国务院规定。

第十条　【反垄断执法机构】国务院规定的承担反垄断执法职责的机构（以下统称国务院反垄断执法机构）依照本法规定，负责反垄断执法工作。

国务院反垄断执法机构根据工作需要，可以授权省、自治区、直辖市人民政府相应的机构，依照本法规定负责有关反垄断执法工作。

第十一条　【行业协会反垄断义务】行业协会应当加强行业自律，引导本行业的经营者依法竞争，维护市场竞争秩序。

第十二条　【经营者及相关市场的含义】本法所称经营者，是指从事商品生产、经营或者提供服务的自然人、法人和其他组织。

本法所称相关市场，是指经营者在一定时期内就特定商品或者服务（以下统称商品）进行竞争的商品范围和地域范围。

第二章　垄断协议

第十三条　【横向垄断协议】禁止具有竞争关系的经营者达成下列垄断

协议：

（一）固定或者变更商品价格；

（二）限制商品的生产数量或者销售数量；

（三）分割销售市场或者原材料采购市场；

（四）限制购买新技术、新设备或者限制开发新技术、新产品；

（五）联合抵制交易；

（六）国务院反垄断执法机构认定的其他垄断协议。

本法所称垄断协议，是指排除、限制竞争的协议、决定或者其他协同行为。

第十四条　【纵向垄断协议】禁止经营者与交易相对人达成下列垄断协议：

（一）固定向第三人转售商品的价格；

（二）限定向第三人转售商品的最低价格；

（三）国务院反垄断执法机构认定的其他垄断协议。

第十五条　【垄断协议豁免的情形】经营者能够证明所达成的协议属于下列情形之一的，不适用本法第十三条、第十四条的规定：

（一）为改进技术、研究开发新产品的；

（二）为提高产品质量、降低成本、增进效率，统一产品规格、标准或者实行专业化分工的；

（三）为提高中小经营者经营效率，增强中小经营者竞争力的；

（四）为实现节约能源、保护环境、救灾救助等社会公共利益的；

（五）因经济不景气，为缓解销售量严重下降或者生产明显过剩的；

（六）为保障对外贸易和对外经济合作中的正当利益的；

（七）法律和国务院规定的其他情形。

属于前款第一项至第五项情形，不适用本法第十三条、第十四条规定的，经营者还应当证明所达成的协议不会严重限制相关市场的竞争，并且能够使消费者分享由此产生的利益。

第十六条　【行业协会不得实施垄断行为】行业协会不得组织本行业的经营者从事本章禁止的垄断行为。

第三章　滥用市场支配地位

第十七条　【禁止滥用市场支配地位】禁止具有市场支配地位的经营者从事下列滥用市场支配地位的行为：

（一）以不公平的高价销售商品或者以不公平的低价购买商品；

（二）没有正当理由，以低于成本的价格销售商品；

（三）没有正当理由，拒绝与交易相对人进行交易；

（四）没有正当理由，限定交易相对人只能与其进行交易或者只能与其指定的经营者进行交易；

（五）没有正当理由搭售商品，或者在交易时附加其他不合理的交易条件；

（六）没有正当理由，对条件相同的交易相对人在交易价格等交易条件上实行差别待遇；

（七）国务院反垄断执法机构认定的其他滥用市场支配地位的行为。

本法所称市场支配地位，是指经营者在相关市场内具有能够控制商品价格、数量或者其他交易条件，或者能够阻碍、影响其他经营者进入相关市场能力的市场地位。

第十八条　【市场支配地位的认定因素】认定经营者具有市场支配地位，应当依据下列因素：

（一）该经营者在相关市场的市场份额，以及相关市场的竞争状况；

（二）该经营者控制销售市场或者原材料采购市场的能力；

（三）该经营者的财力和技术条件；

（四）其他经营者对该经营者在交易上的依赖程度；

（五）其他经营者进入相关市场的难易程度；

（六）与认定该经营者市场支配地位有关的其他因素。

第十九条　【市场支配地位的推定因素】有下列情形之一的，可以推定经营者具有市场支配地位：

（一）一个经营者在相关市场的市场份额达到二分之一的；

（二）两个经营者在相关市场的市场份额合计达到三分之二的；

（三）三个经营者在相关市场的市场份额合计达到四分之三的。

有前款第二项、第三项规定的情形，其中有的经营者市场份额不足十分之一的，不应当推定该经营者具有市场支配地位。

被推定具有市场支配地位的经营者，有证据证明不具有市场支配地位的，不应当认定其具有市场支配地位。

第四章　经营者集中

第二十条　【经营者集中的情形】经营者集中是指下列情形：

（一）经营者合并；

（二）经营者通过取得股权或者资产的方式取得对其他经营者的控制权；

（三）经营者通过合同等方式取得对其他经营者的控制权或者能够对其他经营者施加决定性影响。

第二十一条　【经营者集中事先申报】经营者集中达到国务院规定的申报标准的，经营者应当事先向国务院反垄断执法机构申报，未申报的不得实施集中。

第二十二条　【经营者集中申报豁免】经营者集中有下列情形之一的，可以不向国务院反垄断执法机构申报：

（一）参与集中的一个经营者拥有其他每个经营者百分之五十以上有表决权的股份或者资产的；

（二）参与集中的每个经营者百分之五十以上有表决权的股份或者资产被同一个未参与集中的经营者拥有的。

第二十三条　【申报集中的文件资料】经营者向国务院反垄断执法机构申报集中，应当提交下列文件、资料：

（一）申报书；

（二）集中对相关市场竞争状况影响的说明；

（三）集中协议；

（四）参与集中的经营者经会计师事务所审计的上一会计年度财务会计报告；

（五）国务院反垄断执法机构规定的其他文件、资料。

申报书应当载明参与集中的经营者的名称、住所、经营范围、预定实施集中的日期和国务院反垄断执法机构规定的其他事项。

第二十四条　【文件不完备的处理】经营者提交的文件、资料不完备的，应当在国务院反垄断执法机构规定的期限内补交文件、资料。经营者逾期未补交文件、资料的，视为未申报。

第二十五条　【经营者集中初步审查】国务院反垄断执法机构应当自收到经营者提交的符合本法第二十三条规定的文件、资料之日起三十日内，对申报的经营者集中进行初步审查，作出是否实施进一步审查的决定，并书面通知经营者。国务院反垄断执法机构作出决定前，经营者不得实施集中。

国务院反垄断执法机构作出不实施进一步审查的决定或者逾期未作出决定的，经营者可以实施集中。

第二十六条　【经营者集中进一步审查】国务院反垄断执法机构决定实施进一步审查的，应当自决定之日起九十日内审查完毕，作出是否禁止经营者集中的决定，并书面通知经营者。作出禁止经营者集中的决定，应当说明理由。审查期间，经营者不得实施集中。

有下列情形之一的，国务院反垄断执法机构经书面通知经营者，可以延长前款规定的审查期限，但最长不得超过六十日：

（一）经营者同意延长审查期限的；

（二）经营者提交的文件、资料不准确，需要进一步核实的；

（三）经营者申报后有关情况发生重大变化的。

国务院反垄断执法机构逾期未作出决定的，经营者可以实施集中。

第二十七条 【经营者集中审查的因素】审查经营者集中，应当考虑下列因素：

（一）参与集中的经营者在相关市场的市场份额及其对市场的控制力；

（二）相关市场的市场集中度；

（三）经营者集中对市场进入、技术进步的影响；

（四）经营者集中对消费者和其他有关经营者的影响；

（五）经营者集中对国民经济发展的影响；

（六）国务院反垄断执法机构认为应当考虑的影响市场竞争的其他因素。

第二十八条 【集中的禁止与豁免】经营者集中具有或者可能具有排除、限制竞争效果的，国务院反垄断执法机构应当作出禁止经营者集中的决定。但是，经营者能够证明该集中对竞争产生的有利影响明显大于不利影响，或者符合社会公共利益的，国务院反垄断执法机构可以作出对经营者集中不予禁止的决定。

第二十九条 【集中豁免和附加条件】对不予禁止的经营者集中，国务院反垄断执法机构可以决定附加减少集中对竞争产生不利影响的限制性条件。

第三十条 【审查决定的公布】国务院反垄断执法机构应当将禁止经营者集中的决定或者对经营者集中附加限制性条件的决定，及时向社会公布。

第三十一条 【外资并购的国家安全审查】对外资并购境内企业或者以其他方式参与经营者集中，涉及国家安全的，除依照本法规定进行经营者集中审查外，还应当按照国家有关规定进行国家安全审查。

第五章 滥用行政权力排除、限制竞争

第三十二条 【禁止滥用行政权力限定商品】行政机关和法律、法规授权的具有管理公共事务职能的组织不得滥用行政权力，限定或者变相限定单位或者个人经营、购买、使用其指定的经营者提供的商品。

第三十三条 【禁止滥用行政权力妨碍商品地区间流通】行政机关和法律、法规授权的具有管理公共事务职能的组织不得滥用行政权力，实施下列行为，妨碍商品在地区之间的自由流通：

（一）对外地商品设定歧视性收费项目、实行歧视性收费标准，或者规定歧视性价格；

（二）对外地商品规定与本地同类商品不同的技术要求、检验标准，或者对外地商品采取重复检验、重复认证等歧视性技术措施，限制外地商品进入

本地市场；

（三）采取专门针对外地商品的行政许可，限制外地商品进入本地市场；

（四）设置关卡或者采取其他手段，阻碍外地商品进入或者本地商品运出；

（五）妨碍商品在地区之间自由流通的其他行为。

第三十四条　【禁止滥用行政权力排除或限制外地经营者参加本地招投标】行政机关和法律、法规授权的具有管理公共事务职能的组织不得滥用行政权力，以设定歧视性资质要求、评审标准或者不依法发布信息等方式，排斥或者限制外地经营者参加本地的招标投标活动。

第三十五条　【禁止滥用行政权力排斥或限制外地经营者在本地投资或设立分支机构】行政机关和法律、法规授权的具有管理公共事务职能的组织不得滥用行政权力，采取与本地经营者不平等待遇等方式，排斥或者限制外地经营者在本地投资或者设立分支机构。

第三十六条　【禁止滥用行政权力强制经营者从事垄断行为】行政机关和法律、法规授权的具有管理公共事务职能的组织不得滥用行政权力，强制经营者从事本法规定的垄断行为。

第三十七条　【禁止滥用行政权力制定排除、限制竞争的规定】行政机关不得滥用行政权力，制定含有排除、限制竞争内容的规定。

第六章　对涉嫌垄断行为的调查

第三十八条　【反垄断行为的调查与举报】反垄断执法机构依法对涉嫌垄断行为进行调查。

对涉嫌垄断行为，任何单位和个人有权向反垄断执法机构举报。反垄断执法机构应当为举报人保密。

举报采用书面形式并提供相关事实和证据的，反垄断执法机构应当进行必要的调查。

第三十九条　【反垄断执法机构的调查措施】反垄断执法机构调查涉嫌垄断行为，可以采取下列措施：

（一）进入被调查的经营者的营业场所或者其他有关场所进行检查；

（二）询问被调查的经营者、利害关系人或者其他有关单位或者个人，要求其说明有关情况；

（三）查阅、复制被调查的经营者、利害关系人或者其他有关单位或者个人的有关单证、协议、会计账簿、业务函电、电子数据等文件、资料；

（四）查封、扣押相关证据；

（五）查询经营者的银行账户。

采取前款规定的措施，应当向反垄断执法机构主要负责人书面报告，并经批准。

第四十条 【反垄断执法程序】反垄断执法机构调查涉嫌垄断行为，执法人员不得少于二人，并应当出示执法证件。

执法人员进行询问和调查，应当制作笔录，并由被询问人或者被调查人签字。

第四十一条 【执法机构及其工作人员保密义务】反垄断执法机构及其工作人员对执法过程中知悉的商业秘密负有保密义务。

第四十二条 【被调查者的配合义务】被调查的经营者、利害关系人或者其他有关单位或者个人应当配合反垄断执法机构依法履行职责，不得拒绝、阻碍反垄断执法机构的调查。

第四十三条 【被调查者及利害关系人陈述意见的权利】被调查的经营者、利害关系人有权陈述意见。反垄断执法机构应当对被调查的经营者、利害关系人提出的事实、理由和证据进行核实。

第四十四条 【认定垄断行为的决定及其公布】反垄断执法机构对涉嫌垄断行为调查核实后，认为构成垄断行为的，应当依法作出处理决定，并可以向社会公布。

第四十五条 【中止调查、终止调查、恢复调查】对反垄断执法机构调查的涉嫌垄断行为，被调查的经营者承诺在反垄断执法机构认可的期限内采取具体措施消除该行为后果的，反垄断执法机构可以决定中止调查。中止调查的决定应当载明被调查的经营者承诺的具体内容。

反垄断执法机构决定中止调查的，应当对经营者履行承诺的情况进行监督。经营者履行承诺的，反垄断执法机构可以决定终止调查。

有下列情形之一的，反垄断执法机构应当恢复调查：

（一）经营者未履行承诺的；

（二）作出中止调查决定所依据的事实发生重大变化的；

（三）中止调查的决定是基于经营者提供的不完整或者不真实的信息作出的。

第七章　法律责任

第四十六条 【达成、实施垄断协议的行政责任】经营者违反本法规定，达成并实施垄断协议的，由反垄断执法机构责令停止违法行为，没收违法所得，并处上一年度销售额百分之一以上百分之十以下的罚款；尚未实施所达成的垄断协议的，可以处五十万元以下的罚款。

经营者主动向反垄断执法机构报告达成垄断协议的有关情况并提供重要

证据的，反垄断执法机构可以酌情减轻或者免除对该经营者的处罚。

行业协会违反本法规定，组织本行业的经营者达成垄断协议的，反垄断执法机构可以处五十万元以下的罚款；情节严重的，社会团体登记管理机关可以依法撤销登记。

第四十七条　【滥用市场支配地位的行政责任】经营者违反本法规定，滥用市场支配地位的，由反垄断执法机构责令停止违法行为，没收违法所得，并处上一年度销售额百分之一以上百分之十以下的罚款。

第四十八条　【经营者违法集中的行政责任】经营者违反本法规定实施集中的，由国务院反垄断执法机构责令停止实施集中、限期处分股份或者资产、限期转让营业以及采取其他必要措施恢复到集中前的状态，可以处五十万元以下的罚款。

第四十九条　【确定罚款数额的因素】对本法第四十六条、第四十七条、第四十八条规定的罚款，反垄断执法机构确定具体罚款数额时，应当考虑违法行为的性质、程度和持续的时间等因素。

第五十条　【垄断行为的民事责任】经营者实施垄断行为，给他人造成损失的，依法承担民事责任。

第五十一条　【实施行政垄断的责任】行政机关和法律、法规授权的具有管理公共事务职能的组织滥用行政权力，实施排除、限制竞争行为的，由上级机关责令改正；对直接负责的主管人员和其他直接责任人员依法给予处分。反垄断执法机构可以向有关上级机关提出依法处理的建议。

法律、行政法规对行政机关和法律、法规授权的具有管理公共事务职能的组织滥用行政权力实施排除、限制竞争行为的处理另有规定的，依照其规定。

第五十二条　【阻碍反垄断执法的责任】对反垄断执法机构依法实施的审查和调查，拒绝提供有关材料、信息，或者提供虚假材料、信息，或者隐匿、销毁、转移证据，或者有其他拒绝、阻碍调查行为的，由反垄断执法机构责令改正，对个人可以处二万元以下的罚款，对单位可以处二十万元以下的罚款；情节严重的，对个人处二万元以上十万元以下的罚款，对单位处二十万元以上一百万元以下的罚款；构成犯罪的，依法追究刑事责任。

第五十三条　【反垄断当事人的法律救济】对反垄断执法机构依据本法第二十八条、第二十九条作出的决定不服的，可以先依法申请行政复议；对行政复议决定不服的，可以依法提起行政诉讼。

对反垄断执法机构作出的前款规定以外的决定不服的，可以依法申请行政复议或者提起行政诉讼。

第五十四条　【反垄断执法机构工作人员渎职的责任】反垄断执法机构

工作人员滥用职权、玩忽职守、徇私舞弊或者泄露执法过程中知悉的商业秘密，构成犯罪的，依法追究刑事责任；尚不构成犯罪的，依法给予处分。

第八章　附　则

第五十五条　【本法与知识产权法的关系】经营者依照有关知识产权的法律、行政法规规定行使知识产权的行为，不适用本法；但是，经营者滥用知识产权，排除、限制竞争的行为，适用本法。

第五十六条　【农产品经营活动中的联合或协同行为不适用本法】农业生产者及农村经济组织在农产品生产、加工、销售、运输、储存等经营活动中实施的联合或者协同行为，不适用本法。

第五十七条　【施行日期】本法自2008年8月1日起施行。

最高人民法院
关于认真学习和贯彻《中华人民共和国反垄断法》的通知

（2008年7月28日　法发〔2008〕23号）

各省、自治区、直辖市高级人民法院，解放军军事法院，新疆维吾尔自治区高级人民法院生产建设兵团分院：

《中华人民共和国反垄断法》（以下简称反垄断法）已由第十届全国人民代表大会常务委员会第二十九次会议于2007年8月30日通过，将自2008年8月1日起施行。为正确适用反垄断法，审理好与反垄断法相关的案件，现就学习和贯彻反垄断法的有关问题通知如下：

一、充分认识反垄断法实施的重大意义

反垄断法是制止垄断行为、保护市场竞争和维护市场秩序的基本法律，也是完善市场结构、保障经济安全和确保市场配置资源基础性作用的重要法律。反垄断法对于维护经营者和消费者合法权益，促进技术创新和技术进步，提高企业竞争力，保证国民经济的健康、持续、协调发展，具有极为重要的作用。各级人民法院要认真学习和贯彻执行反垄断法，正确领会反垄断法的立法意图，充分发挥审判职能作用，通过依法审理反垄断案件，制止非法垄断行为，保护经营者和消费者的合法权益，维护公平竞争的市场秩序。

二、依法审理好各类反垄断案件

反垄断法第五十条规定："经营者实施垄断行为，给他人造成损失的，依法承担民事责任。"当事人因垄断行为提起民事诉讼的，只要符合民事诉讼法第一百零八条和反垄断法规定的受理条件，人民法院应当依法受理，并依法审判。反垄断法与制止知识产权滥用行为和保护知识产权紧密相关，也与反不正当竞争法同属于竞争法范畴。今年 4 月 1 日起施行的《最高人民法院民事案件案由规定》将垄断纠纷与各种不正当竞争纠纷集中规定，统一纳入了知识产权纠纷范围。据此，各级人民法院负责知识产权案件审判业务的审判庭，要依法履行好审判职责，切实审理好涉及滥用知识产权的反垄断民事案件以及其他各类反垄断民事案件。

反垄断执法机构依据反垄断法作出的具体行政行为，公民、法人或者其他组织不服提起行政诉讼的，应根据行政诉讼法和反垄断法第五十三条的规定，确定是否需要经过行政复议。对于应由人民法院受理的案件，只要符合行政诉讼法规定的起诉条件的，人民法院应当依法受理，并依法审判。

三、加强调查研究工作，认真总结反垄断审判经验

反垄断案件高度疑难复杂，经济与法律问题相互交织，专业性很强，对企业和行业均有重大影响，有些案件还涉及国家的经济安全。反垄断法的一些规定具有较强的原则性和抽象性，涉及人民法院的操作条款相对比较简单。因此，在审理反垄断案件中将会遇到许多新情况新问题，各级人民法院要未雨绸缪，早作部署和应对，切实搞好调查研究，及时总结审判经验。特别是，对于案件管辖、原告资格、适格被告、垄断行为的认定、民事责任的承担和反垄断具体行政行为合法性的标准等问题，要加强调研。对于适用反垄断法中遇到的新情况新问题和调研成果，要及时层报最高人民法院。对于重大反垄断案件，要认真执行大要案件层报制度。

以上各项，请遵照执行。

最高人民法院
关于审理因垄断行为引发的民事纠纷案件应用法律若干问题的规定

法释〔2012〕5号

（2012年1月30日最高人民法院审判委员会第1539次会议通过
2012年5月3日最高人民法院公告公布　自2012年6月1日起施行）

为正确审理因垄断行为引发的民事纠纷案件，制止垄断行为，保护和促进市场公平竞争，维护消费者利益和社会公共利益，根据《中华人民共和国反垄断法》、《中华人民共和国侵权责任法》、《中华人民共和国合同法》和《中华人民共和国民事诉讼法》等法律的相关规定，制定本规定。

第一条　本规定所称因垄断行为引发的民事纠纷案件（以下简称垄断民事纠纷案件），是指因垄断行为受到损失以及因合同内容、行业协会的章程等违反反垄断法而发生争议的自然人、法人或者其他组织，向人民法院提起的民事诉讼案件。

第二条　原告直接向人民法院提起民事诉讼，或者在反垄断执法机构认定构成垄断行为的处理决定发生法律效力后向人民法院提起民事诉讼，并符合法律规定的其他受理条件的，人民法院应当受理。

第三条　第一审垄断民事纠纷案件，由省、自治区、直辖市人民政府所在地的市、计划单列市中级人民法院以及最高人民法院指定的中级人民法院管辖。

经最高人民法院批准，基层人民法院可以管辖第一审垄断民事纠纷案件。

第四条　垄断民事纠纷案件的地域管辖，根据案件具体情况，依照民事诉讼法及相关司法解释有关侵权纠纷、合同纠纷等的管辖规定确定。

第五条　民事纠纷案件立案时的案由并非垄断纠纷，被告以原告实施了垄断行为为由提出抗辩或者反诉且有证据支持，或者案件需要依据反垄断法作出裁判，但受诉人民法院没有垄断民事纠纷案件管辖权的，应当将案件移送有管辖权的人民法院。

第六条　两个或者两个以上原告因同一垄断行为向有管辖权的同一法院分别提起诉讼的，人民法院可以合并审理。

两个或者两个以上原告因同一垄断行为向有管辖权的不同法院分别提起

诉讼的，后立案的法院在得知有关法院先立案的情况后，应当在七日内裁定将案件移送先立案的法院；受移送的法院可以合并审理。被告应当在答辩阶段主动向受诉人民法院提供其因同一行为在其他法院涉诉的相关信息。

第七条　被诉垄断行为属于反垄断法第十三条第一款第（一）项至第（五）项规定的垄断协议的，被告应对该协议不具有排除、限制竞争的效果承担举证责任。

第八条　被诉垄断行为属于反垄断法第十七条第一款规定的滥用市场支配地位的，原告应当对被告在相关市场内具有支配地位和其滥用市场支配地位承担举证责任。

被告以其行为具有正当性为由进行抗辩的，应当承担举证责任。

第九条　被诉垄断行为属于公用企业或者其他依法具有独占地位的经营者滥用市场支配地位的，人民法院可以根据市场结构和竞争状况的具体情况，认定被告在相关市场内具有支配地位，但有相反证据足以推翻的除外。

第十条　原告可以以被告对外发布的信息作为证明其具有市场支配地位的证据。被告对外发布的信息能够证明其在相关市场内具有支配地位的，人民法院可以据此作出认定，但有相反证据足以推翻的除外。

第十一条　证据涉及国家秘密、商业秘密、个人隐私或者其他依法应当保密的内容的，人民法院可以依职权或者当事人的申请采取不公开开庭、限制或者禁止复制、仅对代理律师展示、责令签署保密承诺书等保护措施。

第十二条　当事人可以向人民法院申请一至二名具有相应专门知识的人员出庭，就案件的专门性问题进行说明。

第十三条　当事人可以向人民法院申请委托专业机构或者专业人员就案件的专门性问题作出市场调查或者经济分析报告。经人民法院同意，双方当事人可以协商确定专业机构或者专业人员；协商不成的，由人民法院指定。

人民法院可以参照民事诉讼法及相关司法解释有关鉴定结论的规定，对前款规定的市场调查或者经济分析报告进行审查判断。

第十四条　被告实施垄断行为，给原告造成损失的，根据原告的诉讼请求和查明的事实，人民法院可以依法判令被告承担停止侵害、赔偿损失等民事责任。

根据原告的请求，人民法院可以将原告因调查、制止垄断行为所支付的合理开支计入损失赔偿范围。

第十五条　被诉合同内容、行业协会的章程等违反反垄断法或者其他法律、行政法规的强制性规定的，人民法院应当依法认定其无效。

第十六条　因垄断行为产生的损害赔偿请求权诉讼时效期间，从原告知道或者应当知道权益受侵害之日起计算。

原告向反垄断执法机构举报被诉垄断行为的，诉讼时效从其举报之日起中断。反垄断执法机构决定不立案、撤销案件或者决定终止调查的，诉讼时效期间从原告知道或者应当知道不立案、撤销案件或者终止调查之日起重新计算。反垄断执法机构调查后认定构成垄断行为的，诉讼时效期间从原告知道或者应当知道反垄断执法机构认定构成垄断行为的处理决定发生法律效力之日起重新计算。

原告起诉时被诉垄断行为已经持续超过二年，被告提出诉讼时效抗辩的，损害赔偿应当自原告向人民法院起诉之日起向前推算二年计算。

【链　接】

依法有效制止垄断行为　创造公平有序市场环境

——最高人民法院知识产权庭负责人就《关于审理因垄断行为引发的民事纠纷案件应用法律若干问题的规定》答记者问

5月8日，最高人民法院召开新闻发布会，全文公布了《关于审理因垄断行为引发的民事纠纷案件应用法律若干问题的规定》（以下简称《垄断司法解释》）。

发布会后，为详细了解这部司法解释的起草背景、基本原则以及此类案件的起诉、受理、管辖、举证责任分配、诉讼证据、民事责任和诉讼时效等问题，帮助有关从业人员尽快掌握垄断民事诉讼的基本框架和制度设计，进一步明晰反垄断法相关规定具体含义，记者采访了最高人民法院知识产权庭负责人。

一、起草背景：历时三年，汇集中外意见

记者：垄断民事案件疑难复杂，专业性很强，一直是人民法院面临的重大挑战之一。请您介绍一下《垄断司法解释》的起草背景。

负责人：反垄断法是制止垄断行为、保护市场竞争和维护市场秩序的基本法律，也是完善市场结构、保障经济安全和确保市场配置资源基础性作用的重要法律，素有“经济宪法”之称。

为此，最高人民法院早在2009年就正式启动了垄断司法解释的起草工作，历时三年，中间反复修改并多次征求意见。

司法解释的起草受到国内外的较多关注，美国政府、美国律师协会、中国欧盟商会、中国日本商会、中国世贸组织研究会竞争政策与法律专业委员会等提出了修改建议，加上其他机构、团体和个人的意见，汇集的修改意见多达250余条。

二、起草原则：实事求是，全球视野

记者：《垄断司法解释》对垄断民事诉讼的基本架构作了具体设计，请问起草这部司法解释时遵循了哪些原则？

负责人：我们把握了下面四个原则。

一是遵循法律规定。我们以反垄断法第五十条的规定为基础，结合民事诉讼法、侵权责任法、合同法等法律，对于垄断民事案件的范围、管辖与受理、证明责任、民事责任承担及诉讼时效等问题作了规定。

二是总结了一些较为成熟、认可度较高的司法经验。对于那些争议较大、尚处于探索当中的问题，基本未纳入《垄断司法解释》。

三是从国情和实际出发。既要通过明确规则、便利当事人诉讼来充分发挥反垄断民事司法的功能与优势，提高人们的竞争意识和培育良好的竞争精神，又要避免威慑过度，抑制市场活力，同时还要协调好反垄断行政执法与民事司法之间的关系，保证反垄断法最佳实施效果的实现。

四是体现全球视野和国际眼光。在起草过程中，我们比较借鉴了有关国家和地区较为成熟的反垄断民事司法经验，在此基础上根据我国的立法和国情进行了适当创新。

三、案件分两种，损失须符合三要件

记者：请问，垄断民事纠纷案件包括哪些类型？哪些当事人具备原告资格？

负责人：《垄断司法解释》第一条规定了垄断民事纠纷案件的两种基本类型，一是因垄断行为受到损失而引起的诉讼，通常属于侵权之诉，二是因合同内容、行业协会的章程等违反反垄断法而发生争议引起的诉讼，这种情况既可能是合同之诉，也可能是其他诉讼。

这两种案件类型本身就界定了原告的范围和条件。在垄断民事诉讼中，只要原告有证据证明因垄断行为受到损失，或者因合同内容、行业协会的章程等违反反垄断法而发生争议，均可以提起诉讼，要求垄断行为人承担民事责任。

因垄断行为造成的损失，需具备三个条件。一是这种损失应该是实际损失。二是这种损失应该是由垄断行为造成的，即损失与垄断行为之间存在因果关系。三是这种损失必须是反垄断法所意图防止的那种损失，即由垄断行为的违法性所导致的损失。如果某种损害虽然由垄断行为造成，但与垄断行为的违法性无关，那么这种损害不能依据反垄断法得到救济。

四、章程违法的行业协会可以成为被告

记者：《垄断司法解释》第一条明确了因行业协会的章程违反反垄断法发生争议，可以提起民事诉讼，请问这是出于何种考虑？

负责人：在我国目前的市场环境中，通过行业协会的章程实施垄断行为的现象时有发生。

反垄断法已经明确将行业协会实施的垄断行为作为该法的调整对象，当事人有权针对制定该章程的行业协会提起垄断民事诉讼。

五、原告有两种诉讼方式

记者：《垄断司法解释》第二条规定了原告提起诉讼的两种方式，请问这一规定的依据是什么？

负责人：垄断民事纠纷案件中，原告往往面临取证困难、缺乏必要专业知识等难题。如果涉嫌垄断行为已经反垄断执法机构查处，认定构成垄断行为，那么允许原告在该处理决定效力确定后起诉，更有利于原告维护自身的正当权益并最终获得赔偿救济。因此，司法解释对于后继诉讼做了明确指引。从国际上看，它是原告提起垄断民事诉讼的基本方式之一。

司法实践中已采取由当事人直接向法院提起诉讼的做法。最高人民法院在《关于认真学习和贯彻〈中华人民共和国反垄断法〉的通知》中，也已明确了此种诉讼方式。因此，司法解释对这两种诉讼方式作了明确规定。

六、移送管辖：先审查，后决定，防止拖讼

记者：《垄断司法解释》第五条规定了立案时的案由并非垄断纠纷的民事案件的移送管辖问题，请问如何理解和适用这一规定？

负责人：如果案件并非以垄断纠纷立案，那么在立案时就不可能适用垄断案件的集中管辖。但是，在审理过程中，当事人可能依据反垄断法提出抗辩或者反诉，人民法院也可能依职权认为案件需要以反垄断法作出裁决，这就说明该案可能属于垄断纠纷。如果审理该案的法院本身不具备垄断民事纠纷案件的管辖权，就可能发生移送管辖问题。

在决定是否符合移送管辖的条件时，一方面要维护垄断民事纠纷案件的集中管辖制度，另一方面也要防止当事人滥用垄断抗辩和反诉拖延诉讼。因此，受诉人民法院应该首先对当事人提出的垄断抗辩或者反诉进行审查，看其是否确有证据支持。如果确有证据支持，则应将案件移送有管辖权的人民法院；如果明显缺乏证据支持，则不应移送管辖。

七、五项垄断协议实行举证责任倒置

记者：对于反垄断法第十三条第一款第（一）项至第（五）项规定的垄断协议，《垄断司法解释》第七条规定被告应对该协议不具有排除、限制竞争的效果承担举证责任，这一规定应如何理解？

负责人：我国反垄断法区分了两类垄断协议：横向垄断协议和纵向垄断协议。两种协议对于竞争的可能影响具有较大差异。横向协议对竞争的危害程度往往更大。

对于大多数纵向协议，只有在品牌间竞争不充分的情况下才会产生竞争问题。也就是说，只有在供应商层面或购买商层面或这两个层面同时存在特定水平的市场势力的情况下才可能对竞争有消极影响。

基于长期的实践观察，横向固定价格、限制产量、划分市场、限制技术、联合抵制等行为，通常情况下都会对竞争具有非常明显的消极效果。我国反垄断法第十三条第一款第（一）项至第（五）项对此作了明确列举。因此，对于反垄断法第十三条明文列举的横向协议，可以推定其具有排除、限制竞争的效果的事实成立，而由被告对其行为不具有排除、限制竞争效果承担举证责任。

需要说明的是，除了反垄断法第十三条第一款第（一）项至第（五）项明确列举的横向协议外，其他横向协议对竞争是否会造成排除、限制竞争的消极效果通常是不确定的，需要具体问题具体分析。因此，对于反垄断法第十三条明文列举之外的其他横向垄断协议，原告通常仍需对该协议具有排除、限制竞争的效果承担举证责任。

八、被告居支配地位时可减轻原告举证责任

记者：《垄断司法解释》第九条规定了对公用企业或者其他依法具有独占地位的经营者的市场支配地位的认定问题，请问这一规定应如何理解和适用？

负责人：公用企业或者其他依法具有独占地位的经营者所在的市场往往是自然垄断或者市场竞争不充分的市场，市场支配地位常常是自身固有或者依法确立的。基于此类市场主体和市场竞争的特殊性，可以适度减轻原告在证明此类市场主体的市场支配地位方面的举证责任。

但是，并非所有的公用企业或者其他依法具有独占地位的经营者都当然在相关市场内具有支配地位。因此，在认定该类主体是否在相关市场内具有市场支配地位时，既要适当减轻原告的举证责任，又要坚持认定市场支配地

位的市场竞争标准。如果通过对市场结构和竞争状况的分析，结合经济学基本经验和常识，明显能够认定该类主体在相关市场内具有支配地位的，则可以认定其具有市场支配地位，不再要求原告承担过重的举证责任。当然，公用企业或者其他依法具有独占地位的经营者可以提供相反证据推翻这一认定。

九、专家意见：着重审查四个问题

记者：在垄断民事纠纷案件中，有时会遇到需要专业机构或者专业人员就案件的专门性问题出具专家意见的情况，对于这类专家意见，请问应如何审查判断？

负责人：在垄断民事诉讼中，专家意见对于解决案件中关键经济学问题往往起着重要作用。《垄断司法解释》第十三条对此作了明确规定。考虑到垄断民事诉讼中涉及的专家意见尤其是市场调查或者经济分析报告与鉴定结论的性质相类似，《垄断司法解释》第十三条规定，对于此类市场调查或者经济分析报告可以参照民事诉讼法及相关司法解释有关鉴定结论的规定进行审查判断。

可着重审查如下问题：该报告是否具有充分的事实或者数据基础；是否运用了合理、可靠的市场调查或者经济分析方法；是否考虑了可能改变市场调查或者经济分析结果的相关事实；专家是否尽到了专业人员所应具有的谨慎和勤勉等等。

十、民事责任：停止侵害，赔偿损失

记者：请问，《垄断司法解释》对垄断行为人应该承担的民事责任作了哪些规定？如何克服垄断民事纠纷案件中损害赔偿计算的困难？

负责人：根据反垄断法第五十条的规定，经营者实施垄断行为，给他人造成损失的，应承担民事责任。该条并没有把垄断行为人的责任方式限定为损害赔偿，而是使用了更上位的“民事责任”概念。因此，反垄断法为垄断行为的民事责任留下了选择空间。民法通则、侵权责任法和合同法规定的各种责任方式可以适用于垄断行为的民事责任领域。从垄断民事纠纷案件的具体情况来看，垄断行为的民事责任方式通常包括停止侵害和赔偿损失等。因此，《垄断司法解释》规定了垄断行为可能承担的停止侵害和赔偿损失等民事责任。

在司法实践中，可以探索适用知识产权案件中常用的酌定赔偿的方法。原告有证据证明被诉垄断行为已经给其造成实际损失但证明该损失的数额较为困难的，可以根据已查明的事实，考虑被诉垄断行为的性质、程度和持续的时间等因素，确定合理的赔偿数额。

最高人民法院指导案例 78 号

北京奇虎科技有限公司诉腾讯科技（深圳）有限公司、深圳市腾讯计算机系统有限公司滥用市场支配地位纠纷案

（最高人民法院审判委员会讨论通过　2017 年 3 月 6 日发布）

关键词

民事　滥用市场支配地位　垄断　相关市场

裁判要点

1. 在反垄断案件的审理中，界定相关市场通常是重要的分析步骤。但是，能否明确界定相关市场取决于案件具体情况。在滥用市场支配地位的案件中，界定相关市场是评估经营者的市场力量及被诉垄断行为对竞争影响的工具，其本身并非目的。如果通过排除或者妨碍竞争的直接证据，能够对经营者的市场地位及被诉垄断行为的市场影响进行评估，则不需要在每一个滥用市场支配地位的案件中，都明确而清楚地界定相关市场。

2. 假定垄断者测试（HMT）是普遍适用的界定相关市场的分析思路。在实际运用时，假定垄断者测试可以通过价格上涨（SSNIP）或质量下降（SSNDQ）等方法进行。互联网即时通信服务的免费特征使用户具有较高的价格敏感度，采用价格上涨的测试方法将导致相关市场界定过宽，应当采用质量下降的假定垄断者测试进行定性分析。

3. 基于互联网即时通信服务低成本、高覆盖的特点，在界定其相关地域市场时，应当根据多数需求者选择商品的实际区域、法律法规的规定、境外竞争者的现状及进入相关地域市场的及时性等因素，进行综合评估。

4. 在互联网领域中，市场份额只是判断市场支配地位的一项比较粗糙且可能具有误导性的指标，其在认定市场支配力方面的地位和作用必须根据案件具体情况确定。

相关法条

《中华人民共和国反垄断法》第十七条、第十八条、第十九条

基本案情

北京奇虎科技有限公司（以下简称奇虎公司）、奇智软件（北京）有限公司于 2010 年 10 月 29 日发布扣扣保镖软件。2010 年 11 月 3 日，腾讯科技（深圳）有限公司（以下简称腾讯公司）发布《致广大 QQ 用户的一封信》，

在装有 360 软件的电脑上停止运行 QQ 软件。11 月 4 日，奇虎公司宣布召回扣扣保镖软件。同日，360 安全中心亦宣布，在国家有关部门的强力干预下，目前 QQ 和 360 软件已经实现了完全兼容。2010 年 9 月，腾讯 QQ 即时通信软件与 QQ 软件管理一起打包安装，安装过程中并未提示用户将同时安装 QQ 软件管理。2010 年 9 月 21 日，腾讯公司发出公告称，正在使用的 QQ 软件管理和 QQ 医生将自动升级为 QQ 电脑管家。奇虎公司诉至广东省高级人民法院，指控腾讯公司滥用其在即时通信软件及服务相关市场的市场支配地位。奇虎公司主张，腾讯公司和深圳市腾讯计算机系统有限公司（以下简称腾讯计算机公司）在即时通信软件及服务相关市场具有市场支配地位，两公司明示禁止其用户使用奇虎公司的 360 软件，否则停止 QQ 软件服务；拒绝向安装有 360 软件的用户提供相关的软件服务，强制用户删除 360 软件；采取技术手段，阻止安装了 360 浏览器的用户访问 QQ 空间，上述行为构成限制交易；腾讯公司和腾讯计算机公司将 QQ 软件管家与即时通信软件相捆绑，以升级 QQ 软件管家的名义安装 QQ 医生，构成捆绑销售。请求判令腾讯公司和腾讯计算机公司立即停止滥用市场支配地位的垄断行为，连带赔偿奇虎公司经济损失 1.5 亿元。

裁判结果

广东省高级人民法院于 2013 年 3 月 20 日作出（2011）粤高法民三初字第 2 号民事判决：驳回北京奇虎科技有限公司的诉讼请求。北京奇虎科技有限公司不服，提出上诉。最高人民法院于 2014 年 10 月 8 日作出（2013）民三终字第 4 号民事判决：驳回上诉、维持原判。

裁判理由

法院生效裁判认为：本案中涉及的争议焦点主要包括，一是如何界定本案中的相关市场，二是被上诉人是否具有市场支配地位，三是被上诉人是否构成反垄断法所禁止的滥用市场支配地位行为等几个方面。

一、如何界定本案中的相关市场

该争议焦点可以进一步细化为一些具体问题，择要概括如下：

首先，并非在任何滥用市场支配地位的案件中均必须明确而清楚地界定相关市场。竞争行为都是在一定的市场范围内发生和展开的，界定相关市场可以明确经营者之间竞争的市场范围及其面对的竞争约束。在滥用市场支配地位的案件中，合理地界定相关市场，对于正确认定经营者的市场地位、分析经营者的行为对市场竞争的影响、判断经营者行为是否违法，以及在违法情况下需承担的法律责任等关键问题，具有重要意义。因此，在反垄断案件的审理中，界定相关市场通常是重要的分析步骤。尽管如此，是否能够明确界定相关市场取决于案件具体情况，尤其是案件证据、相关数据的可获得性、相关领域竞争的复杂性等。在滥用市场支配地位案件的审理中，界定相关市场是评估经营者的市场力量及被诉垄断行为对竞争的影响的工具，其本身并非目的。即使不明确界定相关市场，也可以通过排除或者妨碍竞争的直接证据对被诉经营者的市场地位及被诉垄断行为可能的市场影响进行评估。因此，并非在每一个滥用市场支配地位的案件中均必须明确而清楚地界定相关市场。一审法院实际上已经对本案相关市场进行了界定，只是由于本案相关市场的边界具有模糊性，一审法院仅对其边界的可能性进行了分析而没有对相关市场的边界给出明确结论。有鉴于此，奇虎公司关于一审法院未对本案相关商品市场作出明确界定，属于本案基本事实认定不清的理由不能成立。

其次，关于“假定垄断者测试”方法可否适用于免费商品领域问题。法院生效裁判认为：第一，作为界定相关市场的一种分析思路，假定垄断者测试（HMT）具有普遍的适用性。实践中，假定垄断者测试的分析方法有多种，既可以通过数量不大但有意义且并非短暂的价格上涨（SSNIP）的方法进行，又可以通过数量不大但有意义且并非短暂的质量下降（SSNDQ）的方法进行。同时，作为一种分析思路或者思考方法，假定垄断者测试在实际运用时既可以通过定性分析的方法进行，又可以在条件允许的情况下通过定量分析的方法进行。第二，在实践中，选择何种方法进行假定垄断者测试取决于案件所涉市场竞争领域以及可获得的相关数据的具体情况。

如果特定市场领域的商品同质化特征比较明显，价格竞争是较为重要的竞争形式，则采用数量不大但有意义且并非短暂的价格上涨（SSNIP）的方法较为可行。但是如果在产品差异化非常明显且质量、服务、创新、消费者体验等非价格竞争成为重要竞争形式的领域，采用数量不大但有意义且并非短暂的价格上涨（SSNIP）的方法则存在较大困难。特别是，当特定领域商品的市场均衡价格为零时，运用 SSNIP 方法尤为困难。在运用 SSNIP 方法时，通常需要确定适当的基准价格，进行5%－10%幅度的价格上涨，然后确定需求者的反应。在基准价格为零的情况下，如果进行5%－10%幅度的价格增长，增长后其价格仍为零；如果将价格从零提升到一个较小的正价格，则相当于价格增长幅度的无限增大，意味着商品特性或者经营模式发生较大变化，因而难以进行 SSNIP 测试。第三，关于假定垄断者测试在本案中的可适用性问题。互联网服务提供商在互联网领域的竞争中更加注重质量、服务、创新等方面的竞争而不是价格竞争。在免费的互联网基础即时通信服务已经长期存在并成为通行商业模式的情况下，用户具有极高的价格敏感度，改变免费策略转而收取哪怕是较小数额的费用都可能导致用户的大量流失。同时，将价格由免费转变为收费也意味着商品特性和经营模式的重大变化，即由免费商品转变为收费商品，由间接盈利模式转变为直接盈利模式。在这种情况下，如果采取基于相对价格上涨的假定垄断者测试，很可能将不具有替代关系的商品纳入相关市场中，导致相关市场界定过宽。因此，基于相对价格上涨的假定垄断者测试并不完全适宜在本案中适用。尽管基于相对价格上涨的假定垄断者测试难以在本案中完全适用，但仍可以采取该方法的变通形式，例如基于质量下降的假定垄断者测试。由于质量下降程度较难评估以及相关数据难以获得，因此可以采用质量下降的假定垄断者测试进行定性分析而不是定量分析。

再次，关于本案相关市场是否应确定为互联网应用平台问题。上诉人认为，互联网应用平台与本案的相关市场界定无关；被上诉人则认为，互联网竞争实际上是平台的竞争，本案的相关市场范围远远超出了即时通信服务市场。法院生效裁判针对互联网领域平台竞争的特点，阐述了相关市场界定时应如何考虑平台竞争的特点及处理方式，认为：第一，互联网竞争一定程度地呈现出平台竞争的特征。被诉垄断行为发生时，互联网的平台竞争特征已经比较明显。互联网经营者通过特定的切入点进入互联网领域，在不同类型和需求的消费者之间发挥中介作用，以此创造价值。第二，判断本案相关商品市场是否应确定为互联网应用平台，其关键问题在于，网络平台之间为争夺用户注意力和广告主的相互竞争是否完全跨越了由产品或者服务特点所决定的界限，并给经营者施加了足够强大的竞争约束。这一问题的答案最终取决于实证检验。在缺乏确切的实证数据的情况下，至少注意如下方面：一是互联网应用平台之间争夺用户注意力和广告主的竞争以其提供的关键核心产品或者服务为基础。二是互联网应用平台的关键核心产品或者服务在属性、特征、功能、用途等方面上存在较大的不同。虽然广告主可能不关心这些产品或者服务的差异，只关心广告的价格和效果，因而可能将不同的互联网应用平台视为彼此可以替代，但是对于免费端的广大用户而言，其很难将不同平台提供的功能和用途完全不同的产品或者服务视为可以有效地相互替代。一个试图查找某个历史人物生平的用户通常会选择使用搜索引擎而不是即时通信，其几乎不会认为两者可以相互替代。三是互联网应用平台关键核心产品或者服务的特性、功能、用途等差异决定了其所争夺的主要用户群体和广告主可能存在差异，因而在获取经济利益的模式、目标用户群、所提供的后续市场产品等方面存在较大区别。四是本案中应该关注的是被上诉人是否利用了其在即时通信领域中可能的市场支配力量排除、限制互联网安全软件领域的竞争，将其在即时通信领域中可能存在的市场支配力量延伸到安全软件领域，这一竞争过程更多地发生在免费的用户端。鉴于上述理由，在本案相关市场界定阶段互联网平台竞争的特性不是主要考虑因素。第三，本案中对互联网企业平台竞争特征的考虑方式。相关市场界定的目的是为了明确经营者所面对的竞争约束，合理认定经营者的市场地位，并正确判断其行为对市场竞争的影响。即使不在相关市场界定阶段主要考虑互联网平台竞争的特性，但为了正确认定经营者的市场地位，仍然可以在识别经营者的市场地位和市场控制力时予以适当考虑。因此，对于本案，不在相关市场界定阶段主要考虑互联网平台竞争的特性并不意味着忽视这一特性，而是为了以更恰当的方式考虑这一特性。

最后，关于即时通信服务相关地域市场界定需要注意的问题。法院生效裁判认为：本案相关地域市场的界定，应从中国大陆地区的即时通信服务市场这一目标地域开始，对本案相关地域市场进行考察。因为基于互联网的即时通信服务可以低成本、低代价到达或者覆盖全球，并无额外的、值得关注的运输成本、价格成本或者技术障碍，所以在界定相关地域市场时，将主要考虑多数需求者选择商品的实际区域、法律法规的规定、境外竞争者的现状及其进入相关地域市场的及时性等因素。由于每一个因素均不是决定性的，因此需要根据上述因素进行综合评估。第一，中国大陆地区境内绝大多数用户均选择使用中国大陆地区范围内的经营者提供的即时通信服务。中国大陆地区境内用户对于国际即时通信产品并无较高的关注度。第二，我国有关互联网的行政法规规章等对经营即时通信服务规定了明确的要求和条件。我国对即时通信等增值电信业务实行行政许可制度，外国经营者通常不能直接进入我国大陆境内经营，需要以中外合资经营企业的方式进入并取得相应的行政许可。第三，位于境外的即时通信服务经营者的实际情况。在本案被诉垄断行为发生前，多数主要国际即时通信经营者例如 MSN、雅虎、Skype、谷歌等均已经通过合资的方式进入中国大陆地区市场。因此，在被诉垄断行为发生时，尚未进入我国大陆境内的主要国际即时通信服务经营者已经很少。如果我国大陆境内的即时通信服务质量小幅下降，已没有多少境外即时通信服务经营者可供境内用户选择。第四，境外即时通信服务经营者在较短的时间内（例如一年）及时进入中国大陆地区并发展到足以制约境内经营者的规模存在较大困难。境外即时通信服务经营者首先需要通过合资方式建立企业、满足一系列许可条件并取得相应的行政许可，这在相当程度上延缓了境外经营者的进入时间。综上，本案相关地域市场应为中国大陆地区市场。

综合本案其他证据和实际情况，本案相关市场应界定为中国大陆地区即时通信服务市场，既包括个人电脑端即时通信服务，又包括移动端即时通信服务；既包括综合性即时通信服务，又包括文字、音频以及视频等非综合性即时通信服务。

二、被上诉人是否具有市场支配地位

对于经营者在相关市场中的市场份额在认定其市场支配力方面的地位和

作用，法院生效裁判认为：市场份额在认定市场支配力方面的地位和作用必须根据案件具体情况确定。一般而言，市场份额越高，持续的时间越长，就越可能预示着市场支配地位的存在。尽管如此，市场份额只是判断市场支配地位的一项比较粗糙且可能具有误导性的指标。在市场进入比较容易，或者高市场份额源于经营者更高的市场效率或者提供了更优异的产品，或者市场外产品对经营者形成较强的竞争约束等情况下，高的市场份额并不能直接推断出市场支配地位的存在。特别是，互联网环境下的竞争存在高度动态的特征，相关市场的边界远不如传统领域那样清晰，在此情况下，更不能高估市场份额的指示作用，而应更多地关注市场进入、经营者的市场行为、对竞争的影响等有助于判断市场支配地位的具体事实和证据。

结合上述思路，法院生效裁判从市场份额、相关市场的竞争状况、被诉经营者控制商品价格、数量或者其他交易条件的能力、该经营者的财力和技术条件、其他经营者对该经营者在交易上的依赖程度、其他经营者进入相关市场的难易程度等方面，对被上诉人是否具有市场支配地位进行考量和分析。最终认定本案现有证据并不足以支持被上诉人具有市场支配地位的结论。

三、被上诉人是否构成反垄断法所禁止的滥用市场支配地位行为

法院生效裁判打破了传统的分析滥用市场支配地位行为的“三步法”，采用了更为灵活的分析步骤和方法，认为：原则上，如果被诉经营者不具有市场支配地位，则无需对其是否滥用市场支配地位进行分析，可以直接认定其不构成反垄断法所禁止的滥用市场支配地位行为。不过，在相关市场边界较为模糊、被诉经营者是否具有市场支配地位不甚明确时，可以进一步分析被诉垄断行为对竞争的影响效果，以检验关于其是否具有市场支配地位的结论正确与否。此外，即使被诉经营者具有市场支配地位，判断其是否构成滥用市场支配地位，也需要综合评估该行为对消费者和竞争造成的消极效果和可能具有的积极效果，进而对该行为的合法性与否作出判断。本案主要涉及两个方面的问题：

一是关于被上诉人实施的“产品不兼容”行为（用户二选一）是否构成反垄断法禁止的限制交易行为。根据反垄断法第十七条的规定，具有市场支配地位的经营者，没有正当理由，限定交易相对人只能与其进行交易或者只能与其指定的经营者进行交易的，构成滥用市场支配地位。上诉人主张，被上诉人没有正当理由，强制用户停止使用并卸载上诉人的软件，构成反垄断法所禁止的滥用市场支配地位限制交易行为。对此，法院生效裁判认为，虽然被上诉人实施的“产品不兼容”行为对用户造成了不便，但是并未导致排除或者限制竞争的明显效果。这一方面说明被上诉人实施的“产品不兼容”行为不构成反垄断法所禁止的滥用市场支配地位行为，也从另一方面佐证了被上诉人不具有市场支配地位的结论。

二是被上诉人是否构成反垄断法所禁止的搭售行为。根据反垄断法第十七条的规定，具有市场支配地位的经营者，没有正当理由搭售商品，或者在交易时附加其他不合理的交易条件的，构成滥用市场支配地位。上诉人主张，被上诉人将QQ软件管家与即时通信软件捆绑搭售，并且以升级QQ软件管家的名义安装QQ医生，不符合交易惯例、消费习惯或者商品的功能，消费者选择权受到了限制，不具有正当理由；一审判决关于被诉搭售行为产生排除、限制竞争效果的举证责任分配错误。对此，法院生效裁判认为，上诉人关于被上诉人实施了滥用市场支配地位行为的上诉理由不能成立。

（生效裁判审判人员：王闯、王艳芳、朱理）

最高人民法院指导案例79号

吴小秦诉陕西广电网络传媒（集团）股份有限公司捆绑交易纠纷案

（最高人民法院审判委员会讨论通过　2017年3月6日发布）

关键词

民事　捆绑交易　垄断　市场支配地位　搭售

裁判要点

1. 作为特定区域内唯一合法经营有线电视传输业务的经营者及电视节目集中播控者，在市场准入、市场份额、经营地位、经营规模等各要素上均具有优势，可以认定该经营者占有市场支配地位。

2. 经营者利用市场支配地位，将数字电视基本收视维护费和数字电视付费节目费捆绑在一起向消费者收取，侵害了消费者的消费选择权，不利于其他服务提供者进入数字电视服务市场。经营者即使存在两项服务分别收费的例外情形，也不足以否认其构成反垄断法所禁止的搭售。

相关法条

《中华人民共和国反垄断法》第十七条第一款第五项

基本案情

原告吴小秦诉称：2012 年 5 月 10 日，其前往陕西广电网络传媒（集团）股份有限公司（以下简称广电公司）缴纳数字电视基本收视维护费得知，该项费用由每月 25 元调至 30 元，吴小秦遂缴纳了 3 个月费用 90 元，其中数字电视基本收视维护费 75 元、数字电视节目费 15 元。之后，吴小秦获悉数字电视节目应由用户自由选择，自愿订购。吴小秦认为，广电公司属于公用企业，在数字电视市场内具有支配地位，其收取数字电视节目费的行为剥夺了自己的自主选择权，构成搭售，故诉至法院，请求判令：确认被告 2012 年 5 月 10 日收取其数字电视节目费 15 元的行为无效，被告返还原告 15 元。

广电公司辩称：广电公司作为陕西省内唯一电视节目集中播控者，向选择收看基本收视节目之外的消费者收取费用，符合反垄断法的规定；广电公司具备陕西省有线电视市场支配地位，鼓励用户选择有线电视套餐，但并未滥用市场支配地位，强行规定用户在基本收视业务之外必须消费的服务项目，用户有自主选择权；垄断行为的认定属于行政权力，而不是司法权力，原告没有请求认定垄断行为无效的权利；广电公司虽然推出了一系列满足用户进行个性化选择的电视套餐，但从没有进行强制搭售的行为，保证了绝大多数群众收看更多电视节目的选择权利；故请求驳回原告要求确认广电公司增加节目并收取费用无效的请求；愿意积极解决吴小秦的第二项诉讼请求。

法院经审理查明：2012 年 5 月 10 日，吴小秦前往广电公司缴纳数字电视基本收视维护费时获悉，数字电视基本收视维护费每月最低标准由 25 元上调至 30 元。吴小秦缴纳了 2012 年 5 月 10 日至 8 月 9 日的数字电视基本收视维护费 90 元。广电公司向吴小秦出具的收费专用发票载明：数字电视基本收视维护费 75 元及数字电视节目费 15 元。之后，吴小秦通过广电公司客户服务中心（服务电话 96766）咨询，广电公司节目升级增加了不同的收费节目，有不同的套餐，其中最低套餐基本收视费每年 360 元，用户每次最少应缴纳 3 个月费用。广电公司是经陕西省政府批准，陕西境内唯一合法经营有线电视传输业务的经营者和唯一电视节目集中播控者。广电公司承认其在有线电视传输业务中在陕西省占有支配地位。

另查，2004 年 12 月 2 日国家发展改革委、国家广电总局印发的《有线电视基本收视维护费管理暂行办法》规定：有线电视基本收视维护费实行政府定价，收费标准由价格主管部门制定。2005 年 7 月 11 日国家广电总局关于印发《推进试点单位有线电视数字化整体转换的若干意见（试行）》的通知规定，各试点单位在推进整体转换过程中，要重视付费频道等新业务的推广，供用户自由选择，自愿订购。陕西省物价局于 2006 年 5 月 29 日出台的《关于全省数字电视基本收视维护费标准的通知》规定：数字电视基本收视维护费收费标准为：以居民用户收看一台电视机使用一个接收终端为计费单位。全省县城以上城市居民用户每主终端每月 25 元；有线数字电视用户可根据实际情况自愿选择按月、按季或按年度缴纳基本收视维护费。国家发展改革委、国家广电总局于 2009 年 8 月 25 日出台的《关于加强有线电视收费管理等有关问题的通知》指出：有线电视基本收视维护费实行政府定价；有线电视增值业务服务和数字电视付费节目收费，由有线电视运营机构自行确定。

二审中，广电公司提供了四份收费专用发票复印件，证明在 5 月 10 日前后，广电公司的营业厅收取过 25 元的月服务费，因无原件，吴小秦不予质证。庭后广电公司提供了其中三张的原件，双方进行了核对与质证。该票据上均显示一年交费金额为 300 元，即每月 25 元。广电公司提供了五张票据的原件，包括一审提供过原件的三张，交易地点均为咸阳市。由此证明广电公司在 5 月 10 日前后，提供过每月 25 元的收费服务。

再审中，广电公司提交了其 2016 年网站收费套餐截图、关于印发《2016 年大众业务实施办法（试行）的通知》、2016 年部分客户收费发票。

裁判结果

陕西省西安市中级人民法院于 2013 年 1 月 5 日作出（2012）西民四初字第 438 号民事判决：1. 确认陕西广电网络传媒（集团）股份有限公司 2012 年 5 月 10 日收取原告吴小秦数字电视节目费 15 元的行为无效；2. 陕西广电网络传媒（集团）股份有限公司于本判决生效之日起十日内返还吴小秦 15 元。陕西广电网络传媒（集团）股份有限公司提起上诉，陕西省高级人民法院于 2013 年 9 月 12 日作出（2013）陕民三终字第 38 号民事判决：1. 撤销一审判决；2. 驳回吴小秦的诉讼请求。吴小秦不服二审判决，向最高人民法院提出再审申请。最高人民法院于 2016 年 5 月 31 日作出（2016）最高法民再 98 号民事判决：1. 撤销陕西省高级人民法院（2013）陕民三终字第 38 号民事判决；2. 维持陕西省西安市中级人民法院（2012）西民四初字第 438 号民事判决。

裁判理由

法院生效裁判认为：本案争议焦点包括，一是本案诉争行为是否违反了反垄断法第十七条第五项之规定，二是一审法院适用反垄断法是否适当。

一、关于本案诉争行为是否违反了反垄断法第十七条第五项之规定

反垄断法第十七条第五项规定，禁止具有市场支配地位的经营者没有正当理由搭售商品或者在交易时附加其他不合理的交易条件。本案中，广电公司在一审答辩中明确认可其“是经陕西省政府批准，陕西境内唯一合法经营有线电视传输业务的经营者。作为陕西省内唯一电视节目集中播控者，广电公司具备陕西省有线电视市场支配地位，鼓励用户选择更丰富的有线电视套餐，但并未滥用市场支配地位，也未强行规定用户在基本收视业务之外必须消费的服务项目。”二审中，广电公司虽对此不予认可，但并未举出其不具有市场支配地位的相应证据。再审审查过程中，广电公司对一、二审法院认定其具有市场支配地位的事实并未提出异议。鉴于广电公司作为陕西境内唯一合法经营有线电视传输业务的经营者，陕西省内唯一电视节目集中播控者，一、二审法院在查明事实的基础上认定在有线电视传输市场中，广电公司在市场准入、市场份额、经营地位、经营规模等各要素上均具有优势，占有支配地位，并无不当。

关于广电公司在向吴小秦提供服务时是否构成搭售的问题。反垄断法第十七条第五项规定禁止具有市场支配地位的经营者没有正当理由搭售商品。本案中，根据原审法院查明的事实，广电公司在提供服务时其工作人员告知吴小秦每月最低收费标准已从2012年3月起由25元上调为30元，每次最少缴纳一个季度，并未告知吴小秦可以单独缴纳数字电视基本收视维护费或者数字电视付费节目费。吴小秦通过广电公司客户服务中心（服务电话号码96766）咨询获悉，广电公司节目升级，增加了不同的收费节目，有不同的套餐，其中最低套餐基本收视费为每年360元，每月30元，用户每次最少应缴纳3个月费用。根据前述事实并结合广电公司给吴小秦开具的收费专用发票记载的收费项目——数字电视基本收视维护费75元及数字电视节目费15元的事实，可以认定广电公司实际上是将数字电视基本收视节目和数字电视付费节目捆绑在一起向吴小秦销售，并没有告知吴小秦是否可以单独选购数字电视基本收视服务的服务项目。此外，从广电公司客户服务中心（服务电话号码96766）的答复中亦可佐证广电公司在提供此服务时，是将数字电视基本收视维护费和数字电视付费节目费一起收取并提供。虽然广电公司在二审中提交了其向其他用户单独收取数字电视基本收视维护费的相关票据，但该证据仅能证明广电公司在收取该费用时存在客户服务中心说明的套餐之外的例外情形。再审中，广电公司并未对客户服务中心说明的套餐之外的例外情形作出合理解释，其提交的单独收取相关费用的票据亦发生在本案诉讼之后，不足以证明诉讼时的情形，对此不予采信。因此，存在客户服务中心说明的套餐之外的例外情形并不足以否认广电公司将数字电视基本收视维护费和数字电视付费节目费一起收取的普遍做法。二审法院认定广电公司不仅提供了组合服务，也提供了基本服务，证据不足，应予纠正。因此，现有证据不能证明普通消费者可以仅缴纳电视基本收视维护费或者数字电视付费节目费，即不能证明消费者选择权的存在。二审法院在不能证明是否有选择权的情况下直接认为本案属于未告知消费者有选择权而涉及侵犯消费者知情权的问题，进而在此基础上，认定为广电公司的销售行为未构成反垄断法所规制的没有正当理由的搭售，事实和法律依据不足，应予纠正。

根据本院查明的事实，数字电视基本收视维护费和数字电视付费节目费属于两项单独的服务。在原审诉讼及本院诉讼中，广电公司未证明将两项服务一起提供符合提供数字电视服务的交易习惯；同时，如将数字电视基本收视维护费和数字电视付费节目费分别收取，现亦无证据证明会损害该两种服务的性能和使用价值；广电公司更未对前述行为说明其正当理由，在此情形下，广电公司利用其市场支配地位，将数字电视基本收视维护费和数字电视付费节目费一起收取，客观上影响消费者选择其他服务提供者提供相关数字付费节目，同时也不利于其他服务提供者进入电视服务市场，对市场竞争具有不利的效果。因此一审法院认定其违反了反垄断法第十七条第五项之规定，并无不当。吴小秦部分再审申请理由成立，予以支持。

二、关于一审法院适用反垄断法是否适当

本案诉讼中，广电公司在答辩中认为本案的发生实质上是一个有关吴小秦基于消费者权益保护法所应当享受的权利是否被侵犯的纠纷，而与垄断行为无关，认为一审法院不应当依照反垄断法及相关规定，认为其处于市场支配地位，从而确认其收费行为无效。根据《最高人民法院关于适用〈中华人民共和国民事诉讼法〉的解释》第二百二十六条及第二百二十八条的规定，人民法院应当根据当事人的诉讼请求、答辩意见以及证据交换的情况，归纳争议焦点，并就归纳的争议焦点征求当事人的意见。在法庭审理时，应当围绕当事人争议的事实、证据和法律适用等焦点问题进行。根据查明的事实，吴小秦在其诉状中明确主张“被告收取原告数字电视节目费，实际上是为原告在提供上述服务范围外增加提供服务内容，对此原告应当具有自主选择权。被告属于公用企业或者其他依法具有独占地位的经营者，在数字电视市场内具有支配地位。被告的上述行为违反了反垄断法第十七条第一款第五项关于‘禁止具有市场支配地位的经营者从事没有正当理由搭售商品，或者在交易时附加其他不合理的交易条件的滥用市场支配地位行为’，侵害了原告的合法权益。原告依照《最高人民法院关于审理因垄断行为引发的民事纠纷案件应用法律若干问题的规定》，提起民事诉讼，请求人民法院依法确认被告的捆绑交易行为无效，判令其返还原告 15 元。”在该诉状中，吴小秦并未主张其消费者权益受到损害，因此一审法院根据吴小秦的诉讼请求适用反垄断法进行审理，并无不当。

综上，广电公司在陕西省境内有线电视传输服务市场上具有市场支配地位，其将数字电视基本收视服务和数字电视付费节目服务捆绑在一起向吴小秦销售，违反了反垄断法第十七条第一款第五项之规定。吴小秦关于确认广电公司收取其数字电视节目费 15 元的行为无效和请求判令返还 15 元的再审请求成立。一审判决认定事实清楚，适用法律正确，应予维持，二审判决认定事实依据不足，适用法律有误，应予纠正。

（生效裁判审判人员：王艳芳、钱小红、杜微科）

（七）其　他

中华人民共和国知识产权海关保护条例

（2003 年 12 月 2 日中华人民共和国国务院令第 395 号公布　根据 2010 年 3 月 24 日《国务院关于修改〈中华人民共和国知识产权海关保护条例〉的决定》修订　根据 2018 年 3 月 19 日《国务院关于修改和废止部分行政法规的决定》修正）

目　录

第一章　总　则

第一条　为了实施知识产权海关保护，促进对外经济贸易和科技文化交往，维护公共利益，根据《中华人民共和国海关法》，制定本条例。

第二条　本条例所称知识产权海关保护，是指海关对与进出口货物有关并受中华人民共和国法律、行政法规保护的商标专用权、著作权和与著作权有关的权利、专利权（以下统称知识产权）实施的保护。

第三条　国家禁止侵犯知识产权的货物进出口。

海关依照有关法律和本条例的规定实施知识产权保护，行使《中华人民共和国海关法》规定的有关权力。

第四条　知识产权权利人请求海关实施知识产权保护的，应当向海关提出采取保护措施的申请。

第五条　进口货物的收货人或者其代理人、出口货物的发货人或者其代理人应当按照国家规定，向海关如实申报与进出口货物有关的知识产权状况，并提交有关证明文件。

第六条　海关实施知识产权保护时，应当保守有关当事人的商业秘密。

第二章　知识产权的备案

第七条　知识产权权利人可以依照本条例的规定，将其知识产权向海关总署申请备案；申请备案的，应当提交申请书。申请书应当包括下列内容：

（一）知识产权权利人的名称或者姓名、注册地或者国籍等；

（二）知识产权的名称、内容及其相关信息；

（三）知识产权许可行使状况；

（四）知识产权权利人合法行使知识产权的货物的名称、产地、进出境地海关、进出口商、主要特征、价格等；

（五）已知的侵犯知识产权货物的制造商、进出口商、进出境地海关、主要特征、价格等。

前款规定的申请书内容有证明文件的，知识产权权利人应当附送证明文件。

第八条　海关总署应当自收到全部申请文件之日起30个工作日内作出是否准予备案的决定，并书面通知申请人；不予备案的，应当说明理由。

有下列情形之一的，海关总署不予备案：

（一）申请文件不齐全或者无效的；

（二）申请人不是知识产权权利人的；

（三）知识产权不再受法律、行政法规保护的。

第九条　海关发现知识产权权利人申请知识产权备案未如实提供有关情况或者文件的，海关总署可以撤销其备案。

第十条　知识产权海关保护备案自海关总署准予备案之日起生效，有效期为10年。

知识产权有效的，知识产权权利人可以在知识产权海关保护备案有效期届满前6个月内，向海关总署申请续展备案。每次续展备案的有效期为10年。

知识产权海关保护备案有效期届满而不申请续展或者知识产权不再受法

律、行政法规保护的，知识产权海关保护备案随即失效。

第十一条 知识产权备案情况发生改变的，知识产权权利人应当自发生改变之日起30个工作日内，向海关总署办理备案变更或者注销手续。

知识产权权利人未依照前款规定办理变更或者注销手续，给他人合法进出口或者海关依法履行监管职责造成严重影响的，海关总署可以根据有关利害关系人的申请撤销有关备案，也可以主动撤销有关备案。

第三章 扣留侵权嫌疑货物的申请及其处理

第十二条 知识产权权利人发现侵权嫌疑货物即将进出口的，可以向货物进出境地海关提出扣留侵权嫌疑货物的申请。

第十三条 知识产权权利人请求海关扣留侵权嫌疑货物的，应当提交申请书及相关证明文件，并提供足以证明侵权事实明显存在的证据。

申请书应当包括下列主要内容：

（一）知识产权权利人的名称或者姓名、注册地或者国籍等；

（二）知识产权的名称、内容及其相关信息；

（三）侵权嫌疑货物收货人和发货人的名称；

（四）侵权嫌疑货物名称、规格等；

（五）侵权嫌疑货物可能进出境的口岸、时间、运输工具等。

侵权嫌疑货物涉嫌侵犯备案知识产权的，申请书还应当包括海关备案号。

第十四条 知识产权权利人请求海关扣留侵权嫌疑货物的，应当向海关提供不超过货物等值的担保，用于赔偿可能因申请不当给收货人、发货人造成的损失，以及支付货物由海关扣留后的仓储、保管和处置等费用；知识产权权利人直接向仓储商支付仓储、保管费用的，从担保中扣除。具体办法由海关总署制定。

第十五条 知识产权权利人申请扣留侵权嫌疑货物，符合本条例第十三条的规定，并依照本条例第十四条的规定提供担保的，海关应当扣留侵权嫌疑货物，书面通知知识产权权利人，并将海关扣留凭单送达收货人或者发货人。

知识产权权利人申请扣留侵权嫌疑货物，不符合本条例第十三条的规定，或者未依照本条例第十四条的规定提供担保的，海关应当驳回申请，并书面通知知识产权权利人。

第十六条 海关发现进出口货物有侵犯备案知识产权嫌疑的，应当立即书面通知知识产权权利人。知识产权权利人自通知送达之日起3个工作日内依照本条例第十三条的规定提出申请，并依照本条例第十四条的规定提供担保的，海关应当扣留侵权嫌疑货物，书面通知知识产权权利人，并将海关扣留凭单送达收货人或者发货人。知识产权权利人逾期未提出申请或者未提供担保的，海关不得扣留货物。

第十七条　经海关同意，知识产权权利人和收货人或者发货人可以查看有关货物。

第十八条　收货人或者发货人认为其货物未侵犯知识产权权利人的知识产权的，应当向海关提出书面说明并附送相关证据。

第十九条　涉嫌侵犯专利权货物的收货人或者发货人认为其进出口货物未侵犯专利权的，可以在向海关提供货物等值的担保金后，请求海关放行其货物。知识产权权利人未能在合理期限内向人民法院起诉的，海关应当退还担保金。

第二十条　海关发现进出口货物有侵犯备案知识产权嫌疑并通知知识产权权利人后，知识产权权利人请求海关扣留侵权嫌疑货物的，海关应当自扣留之日起30个工作日内对被扣留的侵权嫌疑货物是否侵犯知识产权进行调查、认定；不能认定的，应当立即书面通知知识产权权利人。

第二十一条　海关对被扣留的侵权嫌疑货物进行调查，请求知识产权主管部门提供协助的，有关知识产权主管部门应当予以协助。

知识产权主管部门处理涉及进出口货物的侵权案件请求海关提供协助的，海关应当予以协助。

第二十二条　海关对被扣留的侵权嫌疑货物及有关情况进行调查时，知识产权权利人和收货人或者发货人应当予以配合。

第二十三条　知识产权权利人在向海关提出采取保护措施的申请后，可以依照《中华人民共和国商标法》、《中华人民共和国著作权法》、《中华人民共和国专利法》或者其他有关法律的规定，就被扣留的侵权嫌疑货物向人民法院申请采取责令停止侵权行为或者财产保全的措施。

海关收到人民法院有关责令停止侵权行为或者财产保全的协助执行通知的，应当予以协助。

第二十四条　有下列情形之一的，海关应当放行被扣留的侵权嫌疑货物：

（一）海关依照本条例第十五条的规定扣留侵权嫌疑货物，自扣留之日起20个工作日内未收到人民法院协助执行通知的；

（二）海关依照本条例第十六条的规定扣留侵权嫌疑货物，自扣留之日起50个工作日内未收到人民法院协助执行通知，并且经调查不能认定被扣留的侵权嫌疑货物侵犯知识产权的；

（三）涉嫌侵犯专利权货物的收货人或者发货人在向海关提供与货物等值的担保金后，请求海关放行其货物的；

（四）海关认为收货人或者发货人有充分的证据证明其货物未侵犯知识产

权权利人的知识产权的；

（五）在海关认定被扣留的侵权嫌疑货物为侵权货物之前，知识产权权利人撤回扣留侵权嫌疑货物的申请的。

第二十五条 海关依照本条例的规定扣留侵权嫌疑货物，知识产权权利人应当支付有关仓储、保管和处置等费用。知识产权权利人未支付有关费用的，海关可以从其向海关提供的担保金中予以扣除，或者要求担保人履行有关担保责任。

侵权嫌疑货物被认定为侵犯知识产权的，知识产权权利人可以将其支付的有关仓储、保管和处置等费用计入其为制止侵权行为所支付的合理开支。

第二十六条 海关实施知识产权保护发现涉嫌犯罪案件的，应当将案件依法移送公安机关处理。

第四章 法律责任

第二十七条 被扣留的侵权嫌疑货物，经海关调查后认定侵犯知识产权的，由海关予以没收。

海关没收侵犯知识产权货物后，应当将侵犯知识产权货物的有关情况书面通知知识产权权利人。

被没收的侵犯知识产权货物可以用于社会公益事业的，海关应当转交给有关公益机构用于社会公益事业；知识产权权利人有收购意愿的，海关可以有偿转让给知识产权权利人。被没收的侵犯知识产权货物无法用于社会公益事业且知识产权权利人无收购意愿的，海关可以在消除侵权特征后依法拍卖，但对进口假冒商标货物，除特殊情况外，不能仅清除货物上的商标标识即允许其进入商业渠道；侵权特征无法消除的，海关应当予以销毁。

第二十八条 海关接受知识产权保护备案和采取知识产权保护措施的申请后，因知识产权权利人未提供确切情况而未能发现侵权货物、未能及时采取保护措施或者采取保护措施不力的，由知识产权权利人自行承担责任。

知识产权权利人请求海关扣留侵权嫌疑货物后，海关不能认定被扣留的侵权嫌疑货物侵犯知识产权权利人的知识产权，或者人民法院判定不侵犯知识产权权利人的知识产权的，知识产权权利人应当依法承担赔偿责任。

第二十九条 进口或者出口侵犯知识产权货物，构成犯罪的，依法追究刑事责任。

第三十条 海关工作人员在实施知识产权保护时，玩忽职守、滥用职权、徇私舞弊，构成犯罪的，依法追究刑事责任；尚不构成犯罪的，依法给予行政处分。

第五章 附 则

第三十一条 个人携带或者邮寄进出境的物品，超出自用、合理数量，并侵犯本条例第二条规定的知识产权的，按照侵权货物处理。

第三十二条 本条例自2004年3月1日起施行。1995年7月5日国务院发布的《中华人民共和国知识产权海关保护条例》同时废止。

特殊标志管理条例

（1996年7月13日中华人民共和国国务院令
第202号公布 自发布之日起施行）

第一章 总 则

第一条 为了加强对特殊标志的管理，推动文化、体育、科学研究及其他社会公益活动的发展，保护特殊标志所有人、使用人和消费者的合法权益，制定本条例。

第二条 本条例所称特殊标志，是指经国务院批准举办的全国性和国际性的文化、体育、科学研究及其他社会公益活动所使用的，由文字、图形组成的名称及缩写、会徽、吉祥物等标志。

第三条 经国务院工商行政管理部门核准登记的特殊标志，受本条例保护。

第四条 含有下列内容的文字、图形组成的特殊标志，不予登记：

（一）有损于国家或者国际组织的尊严或者形象的；

（二）有害于社会善良习俗和公共秩序的；

（三）带有民族歧视性，不利于民族团结的；

（四）缺乏显著性，不便于识别的；

（五）法律、行政法规禁止的其他内容。

第五条 特殊标志所有人使用或者许可他人使用特殊标志所募集的资金，必须用于特殊标志所服务的社会公益事业，并接受国务院财政部门、审计部门的监督。

第二章 特殊标志的登记

第六条 举办社会公益活动的组织者或者筹备者对其使用的名称、会徽、吉祥物等特殊标志，需要保护的，应当向国务院工商行政管理部门提出登记申请。

登记申请可以直接办理，也可以委托他人代理。

第七条 申请特殊标志登记，应当填写特殊标志登记申请书并提交下列文件：

（一）国务院批准举办该社会公益活动的文件；

（二）准许他人使用特殊标志的条件及管理办法；

（三）特殊标志图样5份，黑白墨稿1份。图样应当清晰，便于粘贴，用光洁耐用的纸张印制或者用照片代替，长和宽不大于10厘米、不小于5厘米；

（四）委托他人代理的，应当附代理人委托书，注明委托事项和权限；

（五）国务院工商行政管理部门认为应当提交的其他文件。

第八条 国务院工商行政管理部门收到申请后，按照以下规定处理：

（一）符合本条例有关规定，申请文件齐备无误的，自收到申请之日起15日内，发给特殊标志登记申请受理通知书，并在发出通知之日起2个月内，将特殊标志有关事项、图样和核准使用的商品和服务项目，在特殊标志登记簿上登记，发给特殊标志登记证书。

特殊标志经核准登记后，由国务院工商行政管理部门公告。

（二）申请文件不齐备或者有误的，自收到申请之日起10日内发给特殊标志登记申请补正通知书，并限其自收到通知之日起15日内予以补正；期满不补正或者补正仍不符合规定的，发给特殊标志登记申请不予受理通知书。

（三）违反本条例第四条规定的，自收到申请之日起15日内发给特殊标志登记申请驳回通知书。申请人对驳回通知不服的，可以自收到驳回通知之日起15日内，向国务院工商行政管理部门申请复议。

前款所列各类通知书，由国务院工商行政管理部门送达申请人或者其代理人。因故不能直接送交的，以国务院工商行政管理部门公告或者邮寄之日起的20日为送达日期。

第九条 特殊标志有效期为4年，自核准登记之日起计算。

特殊标志所有人可以在有效期满前3个月内提出延期申请，延长的期限由国务院工商行政管理部门根据实际情况和需要决定。

特殊标志所有人变更地址，应当自变更之日起1个月内报国务院工商行政管理部门备案。

第十条 已获准登记的特殊标志有下列情形之一的，任何单位和个人可以在特殊标志公告刊登之日至其有效期满的期间，向国务院工商行政管理部门申明理由并提供相应证据，请求宣告特殊标志登记无效：

（一）同已在先申请的特殊标志相同或者近似的；

（二）同已在先申请注册的商标或者已获得注册的商标相同或者近似的；

（三）同已在先申请外观设计专利或者已依法取得专利权的外观设计专利相同或者近似的；

（四）侵犯他人著作权的。

第十一条　国务院工商行政管理部门自收到特殊标志登记无效申请之日起10日内，通知被申请人并限其自收到通知之日起15日内作出答辩。

被申请人拒绝答辩或者无正当理由超过答辩期限的，视为放弃答辩的权利。

第十二条　国务院工商行政管理部门自收到特殊标志登记无效申请之日起3个月内作出裁定，并通知当事人；当事人对裁定不服的，可以自收到通知之日起15日内，向国务院工商行政管理部门申请复议。

第三章　特殊标志的使用与保护

第十三条　特殊标志所有人可以在与其公益活动相关的广告、纪念品及其他物品上使用该标志，并许可他人在国务院工商行政管理部门核准使用该标志的商品或者服务项目上使用。

第十四条　特殊标志的使用人应当是依法成立的企业、事业单位、社会团体、个体工商户。

特殊标志使用人应当同所有人签订书面使用合同。

特殊标志使用人应当自合同签订之日起1个月内，将合同副本报国务院工商行政管理部门备案，并报使用人所在地县级以上人民政府工商行政管理部门存查。

第十五条　特殊标志所有人或者使用人有下列行为之一的，由其所在地或者行为发生地县级以上人民政府工商行政管理部门责令改正，可以处5万元以下的罚款；情节严重的，由县级以上人民政府工商行政管理部门责令使用人停止使用该特殊标志，由国务院工商行政管理部门撤销所有人的特殊标志登记：

（一）擅自改变特殊标志文字、图形的；

（二）许可他人使用特殊标志，未签订使用合同，或者使用人在规定期限内未报国务院工商行政管理部门备案或者未报所在地县级以上人民政府工商行政管理机关存查的；

（三）超出核准登记的商品或者服务范围使用的。

第十六条　有下列行为之一的，由县级以上人民政府工商行政管理部门责令侵权人立即停止侵权行为，没收侵权商品，没收违法所得，并处违法所得 5 倍以下的罚款，没有违法所得的，处 1 万元以下的罚款：

（一）擅自使用与所有人的特殊标志相同或者近似的文字、图形或者其组合的；

（二）未经特殊标志所有人许可，擅自制造、销售其特殊标志或者将其特殊标志用于商业活动的；

（三）有给特殊标志所有人造成经济损失的其他行为的。

第十七条 特殊标志所有人或者使用人发现特殊标志所有权或者使用权被侵害时，可以向侵权人所在地或者侵权行为发生地县级以上人民政府工商行政管理部门投诉；也可以直接向人民法院起诉。

工商行政管理部门受理特殊标志侵权案件投诉的，应当依特殊标志所有人的请求，就侵权的民事赔偿主持调解；调解不成的，特殊标志所有人可以向人民法院起诉。

第十八条 工商行政管理部门受理特殊标志侵权案件，在调查取证时，可以行使下列职权，有关当事人应当予以协助，不得拒绝：

（一）询问有关当事人；

（二）检查与侵权活动有关的物品；

（三）调查与侵权活动有关的行为；

（四）查阅、复制与侵权活动有关的合同、帐册等业务资料。

第四章　附　则

第十九条 特殊标志申请费、公告费、登记费的收费标准，由国务院财政部门、物价部门会同国务院工商行政管理部门制定。

第二十条 申请特殊标志登记有关文书格式由国务院工商行政管理部门制定。

第二十一条 经国务院批准代表中国参加国际性文化、体育、科学研究等活动的组织所使用的名称、徽记、吉祥物等标志的保护，参照本条例的规定施行。

第二十二条 本条例自发布之日起施行。

奥林匹克标志保护条例

（2002 年 2 月 4 日中华人民共和国国务院令第 345 号公布
2018 年 6 月 28 日中华人民共和国国务院令第 699 号修订
自 2018 年 7 月 31 日起施行）

第一条　为了加强对奥林匹克标志的保护，保障奥林匹克标志权利人的合法权益，促进奥林匹克运动发展，制定本条例。

第二条　本条例所称奥林匹克标志，是指：

（一）国际奥林匹克委员会的奥林匹克五环图案标志、奥林匹克旗、奥林匹克格言、奥林匹克徽记、奥林匹克会歌；

（二）奥林匹克、奥林匹亚、奥林匹克运动会及其简称等专有名称；

（三）中国奥林匹克委员会的名称、徽记、标志；

（四）中国境内申请承办奥林匹克运动会的机构的名称、徽记、标志；

（五）在中国境内举办的奥林匹克运动会的名称及其简称、吉祥物、会歌、火炬造型、口号、“主办城市名称＋举办年份”等标志，以及其组织机构的名称、徽记；

（六）《奥林匹克宪章》和相关奥林匹克运动会主办城市合同中规定的其他与在中国境内举办的奥林匹克运动会有关的标志。

第三条　本条例所称奥林匹克标志权利人，是指国际奥林匹克委员会、中国奥林匹克委员会和中国境内申请承办奥林匹克运动会的机构、在中国境内举办的奥林匹克运动会的组织机构。

国际奥林匹克委员会、中国奥林匹克委员会和中国境内申请承办奥林匹克运动会的机构、在中国境内举办的奥林匹克运动会的组织机构之间的权利划分，依照《奥林匹克宪章》和相关奥林匹克运动会主办城市合同确定。

第四条　奥林匹克标志权利人依照本条例对奥林匹克标志享有专有权。

未经奥林匹克标志权利人许可，任何人不得为商业目的使用奥林匹克标志。

第五条　本条例所称为商业目的使用，是指以营利为目的，以下列方式利用奥林匹克标志：

（一）将奥林匹克标志用于商品、商品包装或者容器以及商品交易文书上；

（二）将奥林匹克标志用于服务项目中；

（三）将奥林匹克标志用于广告宣传、商业展览、营业性演出以及其他商业活动中；

（四）销售、进口、出口含有奥林匹克标志的商品；

（五）制造或者销售奥林匹克标志；

（六）其他以营利为目的利用奥林匹克标志的行为。

第六条 除本条例第五条规定外，利用与奥林匹克运动有关的元素开展活动，足以引人误认为与奥林匹克标志权利人之间有赞助或者其他支持关系，构成不正当竞争行为的，依照《中华人民共和国反不正当竞争法》处理。

第七条 国务院市场监督管理部门、知识产权主管部门依据本条例的规定，负责全国的奥林匹克标志保护工作。

县级以上地方市场监督管理部门依据本条例的规定，负责本行政区域内的奥林匹克标志保护工作。

第八条 奥林匹克标志权利人应当将奥林匹克标志提交国务院知识产权主管部门，由国务院知识产权主管部门公告。

第九条 奥林匹克标志有效期为10年，自公告之日起计算。

奥林匹克标志权利人可以在有效期满前12个月内办理续展手续，每次续展的有效期为10年，自该奥林匹克标志上一届有效期满次日起计算。国务院知识产权主管部门应当对续展的奥林匹克标志予以公告。

第十条 取得奥林匹克标志权利人许可，为商业目的使用奥林匹克标志的，应当同奥林匹克标志权利人订立使用许可合同。奥林匹克标志权利人应当将其许可使用奥林匹克标志的种类、被许可人、许可使用的商品或者服务项目、时限、地域范围等信息及时披露。

被许可人应当在使用许可合同约定的奥林匹克标志种类、许可使用的商品或者服务项目、时限、地域范围内使用奥林匹克标志。

第十一条 本条例施行前已经依法使用奥林匹克标志的，可以在原有范围内继续使用。

第十二条 未经奥林匹克标志权利人许可，为商业目的擅自使用奥林匹克标志，或者使用足以引人误认的近似标志，即侵犯奥林匹克标志专有权，引起纠纷的，由当事人协商解决；不愿协商或者协商不成的，奥林匹克标志权利人或者利害关系人可以向人民法院提起诉讼，也可以请求市场监督管理部门处理。市场监督管理部门处理时，认定侵权行为成立的，责令立即停止侵权行为，没收、销毁侵权商品和主要用于制造侵权商品或者为商业目的擅自制造奥林匹克标志的工具。违法经营额5万元以上的，可以并处违法经营额5倍以下的罚款，没有违法经营额或者违法经营额不足5万元的，可以并处 25 万元以下的罚款。当事人对处理决定不服的，可以依照《中华人民共和国行政复议法》申请行政复议，也可以直接依照《中华人民共和国行政诉讼法》向人民法院提起诉讼。进行处理的市场监督管理部门应当事人的请求，可以就侵犯奥林匹克标志专有权的赔偿数额进行调解；调解不成的，当事人可以依照《中华人民共和国民事诉讼法》向人民法院提起诉讼。

利用奥林匹克标志进行诈骗等活动，构成犯罪的，依法追究刑事责任。

第十三条　对侵犯奥林匹克标志专有权的行为，市场监督管理部门有权依法查处。

市场监督管理部门根据已经取得的违法嫌疑证据或者举报，对涉嫌侵犯奥林匹克标志专有权的行为进行查处时，可以行使下列职权：

（一）询问有关当事人，调查与侵犯奥林匹克标志专有权有关的情况；

（二）查阅、复制与侵权活动有关的合同、发票、账簿以及其他有关资料；

（三）对当事人涉嫌侵犯奥林匹克标志专有权活动的场所实施现场检查；

（四）检查与侵权活动有关的物品；对有证据证明是侵犯奥林匹克标志专有权的物品，予以查封或者扣押。

市场监督管理部门依法行使前款规定的职权时，当事人应当予以协助、配合，不得拒绝、阻挠。

第十四条　进出口货物涉嫌侵犯奥林匹克标志专有权的，由海关参照《中华人民共和国海关法》和《中华人民共和国知识产权海关保护条例》规定的权限和程序查处。

第十五条　侵犯奥林匹克标志专有权的赔偿数额，按照权利人因被侵权所受到的损失或者侵权人因侵权所获得的利益确定，包括为制止侵权行为所支付的合理开支；被侵权人的损失或者侵权人获得的利益难以确定的，参照该奥林匹克标志许可使用费合理确定。

销售不知道是侵犯奥林匹克标志专有权的商品，能证明该商品是自己合法取得并说明提供者的，不承担赔偿责任。

第十六条　奥林匹克标志除依照本条例受到保护外，还可以依照《中华人民共和国著作权法》、《中华人民共和国商标法》、《中华人民共和国专利法》、《特殊标志管理条例》等法律、行政法规的规定获得保护。

第十七条　对残奥会有关标志的保护，参照本条例执行。

第十八条　本条例自 2018 年 7 月 31 日起施行。

世界博览会标志保护条例

（2004年10月13日中华人民共和国国务院第66次常务会议通过
2004年10月20日中华人民共和国国务院令第422号公布
自2004年12月1日起施行）

第一条 为了加强对世界博览会标志的保护，维护世界博览会标志权利人的合法权益，制定本条例。

第二条 本条例所称世界博览会标志，是指：

（一）中国2010年上海世界博览会申办机构的名称（包括全称、简称、译名和缩写，下同）、徽记或者其他标志；

（二）中国2010年上海世界博览会组织机构的名称、徽记或者其他标志；

（三）中国2010年上海世界博览会的名称、会徽、会旗、吉祥物、会歌、主题词、口号；

（四）国际展览局的局旗。

第三条 本条例所称世界博览会标志权利人，是指中国2010年上海世界博览会组织机构和国际展览局。

中国2010年上海世界博览会组织机构为本条例第二条第（一）、（二）、（三）项规定的世界博览会标志的权利人。中国2010年上海世界博览会组织机构和国际展览局之间关于本条例第二条第（四）项规定的世界博览会标志的权利划分，依照中国2010年上海世界博览会《申办报告》、《注册报告》和国际展览局《关于使用国际展览局局旗的规定》确定。

第四条 世界博览会标志权利人依照本条例享有世界博览会标志专有权。

未经世界博览会标志权利人许可，任何人不得为商业目的（含潜在商业目的，下同）使用世界博览会标志。

第五条 本条例所称为商业目的使用，是指以营利为目的，以下列方式使用世界博览会标志：

（一）将世界博览会标志用于商品、商品包装或者容器以及商品交易文书上；

（二）将世界博览会标志用于服务业中；

（三）将世界博览会标志用于广告宣传、商业展览、营业性演出以及其他商业活动中；

（四）销售、进口、出口含有世界博览会标志的商品；

（五）制造或者销售世界博览会标志；

（六）将世界博览会标志作为字号申请企业名称登记，可能造成市场误认、混淆的；

（七）可能使他人认为行为人与世界博览会标志权利人之间存在许可使用关系而使用世界博览会标志的其他行为。

第六条　国务院工商行政管理部门依照本条例的规定，负责全国的世界博览会标志保护工作。

县级以上地方工商行政管理部门依照本条例的规定，负责本行政区域内的世界博览会标志保护工作。

第七条　世界博览会标志权利人应当将世界博览会标志报国务院工商行政管理部门备案，由国务院工商行政管理部门公告。

第八条　在本条例施行前已经依法使用世界博览会标志的，可以在原有范围内继续使用。

第九条　未经世界博览会标志权利人许可，为商业目的擅自使用世界博览会标志即侵犯世界博览会标志专有权，引起纠纷的，由当事人协商解决；不愿协商或者协商不成的，世界博览会标志权利人或者利害关系人可以依法向人民法院提起诉讼，也可以请求工商行政管理部门处理。

应当事人的请求，工商行政管理部门可以就侵犯世界博览会标志专有权的赔偿数额进行调解；调解不成的，当事人可以依法向人民法院提起诉讼。

第十条　工商行政管理部门根据已经取得的违法嫌疑证据或者举报查处涉嫌侵犯世界博览会标志专有权的行为时，可以行使下列职权：

（一）询问有关当事人，调查与侵犯世界博览会标志专有权有关的情况；

（二）查阅、复制与侵权活动有关的合同、发票、账簿以及其他有关资料；

（三）对当事人涉嫌侵犯世界博览会标志专有权活动的场所实施现场检查；

（四）检查与侵权活动有关的物品；对有证据证明侵犯世界博览会标志专有权的物品，予以查封或者扣押。

工商行政管理部门依法行使前款规定的职权时，当事人应当予以协助、配合，不得拒绝、阻挠。

第十一条　工商行政管理部门处理侵犯世界博览会标志专有权行为时，认定侵权行为成立的，责令立即停止侵权行为，没收、销毁侵权商品和专门用于制造侵权商品或者为商业目的擅自制造世界博览会标志的工具，有违法所得的，没收违法所得，可以并处违法所得 5 倍以下的罚款；没有违法所得的，可以并处5万元以下的罚款。

利用世界博览会标志进行诈骗等活动，构成犯罪的，依法追究刑事责任。

第十二条 侵犯世界博览会标志专有权的货物禁止进出口。世界博览会标志专有权海关保护的程序适用《中华人民共和国知识产权海关保护条例》的规定。

第十三条 侵犯世界博览会标志专有权的赔偿数额，按照权利人因被侵权所受到的损失或者侵权人因侵权所获得的利益确定，包括为制止侵权行为所支付的合理开支；被侵权人的损失或者侵权人获得的利益难以确定的，参照该世界博览会标志许可使用费合理确定。

销售不知道是侵犯世界博览会标志专有权的商品，能证明该商品是自己合法取得并说明提供者的，不承担赔偿责任。

第十四条 任何单位或者个人可以向工商行政管理部门或有关行政管理部门举报违反本条例使用世界博览会标志的行为。

第十五条 世界博览会标志除依照本条例受到保护外，还可以依照《中华人民共和国著作权法》、《中华人民共和国商标法》、《中华人民共和国专利法》、《中华人民共和国反不正当竞争法》、《特殊标志管理条例》等法律、行政法规的规定获得保护。

第十六条 本条例自2004年12月1日起施行。

展会知识产权保护办法

（2006年1月10日商务部、国家工商总局、国家版权局、国家知识产权局令第1号公布　自2006年3月1日起施行）

第一章　总　则

第一条 为加强展会期间知识产权保护，维护会展业秩序，推动会展业的健康发展，根据《中华人民共和国对外贸易法》、《中华人民共和国专利法》、《中华人民共和国商标法》和《中华人民共和国著作权法》及相关行政法规等制定本办法。

第二条 本办法适用于在中华人民共和国境内举办的各类经济技术贸易展览会、展销会、博览会、交易会、展示会等活动中有关专利、商标、版权的保护。

第三条 展会管理部门应加强对展会期间知识产权保护的协调、监督、检查，维护展会的正常交易秩序。

第四条　展会主办方应当依法维护知识产权权利人的合法权益。展会主办方在招商招展时，应加强对参展方有关知识产权的保护和对参展项目（包括展品、展板及相关宣传资料等）的知识产权状况的审查。在展会期间，展会主办方应当积极配合知识产权行政管理部门的知识产权保护工作。

展会主办方可通过与参展方签订参展期间知识产权保护条款或合同的形式，加强展会知识产权保护工作。

第五条　参展方应当合法参展，不得侵犯他人知识产权，并应对知识产权行政管理部门或司法部门的调查予以配合。

第二章　投诉处理

第六条　展会时间在三天以上（含三天），展会管理部门认为有必要的，展会主办方应在展会期间设立知识产权投诉机构。设立投诉机构的，展会举办地知识产权行政管理部门应当派员进驻，并依法对侵权案件进行处理。

未设立投诉机构的，展会举办地知识产权行政管理部门应当加强对展会知识产权保护的指导、监督和有关案件的处理，展会主办方应当将展会举办地的相关知识产权行政管理部门的联系人、联系方式等在展会场馆的显著位置予以公示。

第七条　展会知识产权投诉机构应由展会主办方、展会管理部门、专利、商标、版权等知识产权行政管理部门的人员组成，其职责包括：

（一）接受知识产权权利人的投诉，暂停涉嫌侵犯知识产权的展品在展会期间展出；

（二）将有关投诉材料移交相关知识产权行政管理部门；

（三）协调和督促投诉的处理；

（四）对展会知识产权保护信息进行统计和分析；

（五）其他相关事项。

第八条　知识产权权利人可以向展会知识产权投诉机构投诉也可直接向知识产权行政管理部门投诉。权利人向投诉机构投诉的，应当提交以下材料：

（一）合法有效的知识产权权属证明：涉及专利的，应当提交专利证书、专利公告文本、专利权人的身份证明、专利法律状态证明；涉及商标的，应当提交商标注册证明文件，并由投诉人签章确认，商标权利人身份证明；涉及著作权的，应当提交著作权权利证明、著作权人身份证明；

（二）涉嫌侵权当事人的基本信息；

（三）涉嫌侵权的理由和证据；

（四）委托代理人投诉的，应提交授权委托书。

第九条 不符合本办法第八条规定的，展会知识产权投诉机构应当及时通知投诉人或者请求人补充有关材料。未予补充的，不予接受。

第十条 投诉人提交虚假投诉材料或其他因投诉不实给被投诉人带来损失的，应当承担相应法律责任。

第十一条 展会知识产权投诉机构在收到符合本办法第八条规定的投诉材料后，应于24小时内将其移交有关知识产权行政管理部门。

第十二条 地方知识产权行政管理部门受理投诉或者处理请求的，应当通知展会主办方，并及时通知被投诉人或者被请求人。

第十三条 在处理侵犯知识产权的投诉或者请求程序中，地方知识产权行政管理部门可以根据展会的展期指定被投诉人或者被请求人的答辩期限。

第十四条 被投诉人或者被请求人提交答辩书后，除非有必要作进一步调查，地方知识产权行政管理部门应当及时作出决定并送交双方当事人。

被投诉人或者被请求人逾期未提交答辩书的，不影响地方知识产权行政管理部门作出决定。

第十五条 展会结束后，相关知识产权行政管理部门应当及时将有关处理结果通告展会主办方。展会主办方应当做好展会知识产权保护的统计分析工作，并将有关情况及时报展会管理部门。

第三章　展会期间专利保护

第十六条 展会投诉机构需要地方知识产权局协助的，地方知识产权局应当积极配合，参与展会知识产权保护工作。地方知识产权局在展会期间的工作可以包括：

（一）接受展会投诉机构移交的关于涉嫌侵犯专利权的投诉，依照专利法律法规的有关规定进行处理；

（二）受理展出项目涉嫌侵犯专利权的专利侵权纠纷处理请求，依照专利法第五十七条的规定进行处理；

（三）受理展出项目涉嫌假冒他人专利和冒充专利的举报，或者依职权查处展出项目中假冒他人专利和冒充专利的行为，依据专利法第五十八条和第五十九条的规定进行处罚。

第十七条 有下列情形之一的，地方知识产权局对侵犯专利权的投诉或者处理请求不予受理：

（一）投诉人或者请求人已经向人民法院提起专利侵权诉讼的；

（二）专利权正处于无效宣告请求程序之中的；

（三）专利权存在权属纠纷，正处于人民法院的审理程序或者管理专利工作的部门的调解程序之中的；

（四）专利权已经终止，专利权人正在办理权利恢复的。

第十八条　地方知识产权局在通知被投诉人或者被请求人时，可以即行调查取证，查阅、复制与案件有关的文件，询问当事人，采用拍照、摄像等方式进行现场勘验，也可以抽样取证。

地方知识产权局收集证据应当制作笔录，由承办人员、被调查取证的当事人签名盖章。被调查取证的当事人拒绝签名盖章的，应当在笔录上注明原因；有其他人在现场的，也可同时由其他人签名。

第四章　展会期间商标保护

第十九条　展会投诉机构需要地方工商行政管理部门协助的，地方工商行政管理部门应当积极配合，参与展会知识产权保护工作。地方工商行政管理部门在展会期间的工作可以包括：

（一）接受展会投诉机构移交的关于涉嫌侵犯商标权的投诉，依照商标法律法规的有关规定进行处理；

（二）受理符合商标法第五十二条规定的侵犯商标专用权的投诉；

（三）依职权查处商标违法案件。

第二十条　有下列情形之一的，地方工商行政管理部门对侵犯商标专用权的投诉或者处理请求不予受理：

（一）投诉人或者请求人已经向人民法院提起商标侵权诉讼的；

（二）商标权已经无效或者被撤销的。

第二十一条　地方工商行政管理部门决定受理后，可以根据商标法律法规等相关规定进行调查和处理。

第五章　展会期间著作权保护

第二十二条　展会投诉机构需要地方著作权行政管理部门协助的，地方著作权行政管理部门应当积极配合，参与展会知识产权保护工作。地方著作权行政管理部门在展会期间的工作可以包括：

（一）接受展会投诉机构移交的关于涉嫌侵犯著作权的投诉，依照著作权法律法规的有关规定进行处理；

（二）受理符合著作权法第四十七条规定的侵犯著作权的投诉，根据著作权法的有关规定进行处罚。

第二十三条　地方著作权行政管理部门在受理投诉或请求后，可以采取以下手段收集证据：

（一）查阅、复制与涉嫌侵权行为有关的文件档案、帐簿和其他书面材料；

（二）对涉嫌侵权复制品进行抽样取证；

（三）对涉嫌侵权复制品进行登记保存。

第六章　法律责任

第二十四条　对涉嫌侵犯知识产权的投诉，地方知识产权行政管理部门认定侵权成立的，应会同会展管理部门依法对参展方进行处理。

第二十五条　对涉嫌侵犯发明或者实用新型专利权的处理请求，地方知识产权局认定侵权成立的，应当依据专利法第十一条第一款关于禁止许诺销售行为的规定以及专利法第五十七条关于责令侵权人立即停止侵权行为的规定作出处理决定，责令被请求人从展会上撤出侵权展品，销毁介绍侵权展品的宣传材料，更换介绍侵权项目的展板。

对涉嫌侵犯外观设计专利权的处理请求，被请求人在展会上销售其展品，地方知识产权局认定侵权成立的，应当依据专利法第十一条第二款关于禁止销售行为的规定以及第五十七条关于责令侵权人立即停止侵权行为的规定作出处理决定，责令被请求人从展会上撤出侵权展品。

第二十六条　在展会期间假冒他人专利或以非专利产品冒充专利产品，以非专利方法冒充专利方法的，地方知识产权局应当依据专利法第五十八条和第五十九条规定进行处罚。

第二十七条　对有关商标案件的处理请求，地方工商行政管理部门认定侵权成立的，应当根据《商标法》、《商标法实施条例》等相关规定进行处罚。

第二十八条　对侵犯著作权及相关权利的处理请求，地方著作权行政管理部门认定侵权成立的，应当根据著作权法第四十七条的规定进行处罚，没收、销毁侵权展品及介绍侵权展品的宣传材料，更换介绍展出项目的展板。

第二十九条　经调查，被投诉或者被请求的展出项目已经由人民法院或者知识产权行政管理部门作出判定侵权成立的判决或者决定并发生法律效力的，地方知识产权行政管理部门可以直接作出第二十六条、第二十七条、第二十八条和第二十九条所述的处理决定。

第三十条　请求人除请求制止被请求人的侵权展出行为之外，还请求制止同一被请求人的其他侵犯知识产权行为的，地方知识产权行政管理部门对发生在其管辖地域之内的涉嫌侵权行为，可以依照相关知识产权法律法规以及规章的规定进行处理。

第三十一条　参展方侵权成立的，展会管理部门可依法对有关参展方予以公告；参展方连续两次以上侵权行为成立的，展会主办方应禁止有关参展方参加下一届展会。

第三十二条　主办方对展会知识产权保护不力的，展会管理部门应对主办方给予警告，并视情节依法对其再次举办相关展会的申请不予批准。

第七章　附　则

第三十三条　展会结束时案件尚未处理完毕的，案件的有关事实和证据可经展会主办方确认，由展会举办地知识产权行政管理部门在 15 个工作日内移交有管辖权的知识产权行政管理部门依法处理。

第三十四条　本办法中的知识产权行政管理部门是指专利、商标和版权行政管理部门；本办法中的展会管理部门是指展会的审批或者登记部门。

第三十五条　本办法自 2006 年 3 月 1 日起实施。

中华人民共和国植物新品种保护条例

（1997 年 3 月 20 日中华人民共和国国务院令第 213 号公布　根据 2013 年 1 月 31 日《国务院关于修改〈中华人民共和国植物新品种保护条例〉的决定》第一次修订　根据 2014 年 7 月 29 日《国务院关于修改部分行政法规的决定》第二次修订）

第一章　总　则

第一条　为了保护植物新品种权，鼓励培育和使用植物新品种，促进农业、林业的发展，制定本条例。

第二条　本条例所称植物新品种，是指经过人工培育的或者对发现的野生植物加以开发，具备新颖性、特异性、一致性和稳定性并有适当命名的植物品种。

第三条　国务院农业、林业行政部门（以下统称审批机关）按照职责分工共同负责植物新品种权申请的受理和审查并对符合本条例规定的植物新品种授予植物新品种权（以下称品种权）。

第四条　完成关系国家利益或者公共利益并有重大应用价值的植物新品种育种的单位或者个人，由县级以上人民政府或者有关部门给予奖励。

第五条　生产、销售和推广被授予品种权的植物新品种（以下称授权品种），应当按照国家有关种子的法律、法规的规定审定。

第二章　品种权的内容和归属

第六条　完成育种的单位或者个人对其授权品种，享有排他的独占权。任何单位或者个人未经品种权所有人（以下称品种权人）许可，不得为商业目的生产或者销售该授权品种的繁殖材料，不得为商业目的将该授权品种的繁殖材料重复使用于生产另一品种的繁殖材料；但是，本条例另有规定的除外。

第七条　执行本单位的任务或者主要是利用本单位的物质条件所完成的职务育种，植物新品种的申请权属于该单位；非职务育种，植物新品种的申请权属于完成育种的个人。申请被批准后，品种权属于申请人。

委托育种或者合作育种，品种权的归属由当事人在合同中约定；没有合同约定的，品种权属于受委托完成或者共同完成育种的单位或者个人。

第八条　一个植物新品种只能授予一项品种权。两个以上的申请人分别就同一个植物新品种申请品种权的，品种权授予最先申请的人；同时申请的，品种权授予最先完成该植物新品种育种的人。

第九条　植物新品种的申请权和品种权可以依法转让。

中国的单位或者个人就其在国内培育的植物新品种向外国人转让申请权或者品种权的，应当经审批机关批准。

国有单位在国内转让申请权或者品种权的，应当按照国家有关规定报经有关行政主管部门批准。

转让申请权或者品种权的，当事人应当订立书面合同，并向审批机关登记，由审批机关予以公告。

第十条　在下列情况下使用授权品种的，可以不经品种权人许可，不向其支付使用费，但是不得侵犯品种权人依照本条例享有的其他权利：

（一）利用授权品种进行育种及其他科研活动；

（二）农民自繁自用授权品种的繁殖材料。

第十一条　为了国家利益或者公共利益，审批机关可以作出实施植物新品种强制许可的决定，并予以登记和公告。

取得实施强制许可的单位或者个人应当付给品种权人合理的使用费，其数额由双方商定；双方不能达成协议的，由审批机关裁决。

品种权人对强制许可决定或者强制许可使用费的裁决不服的，可以自收到通知之日起3个月内向人民法院提起诉讼。

第十二条　不论授权品种的保护期是否届满，销售该授权品种应当使用其注册登记的名称。

第三章　授予品种权的条件

第十三条　申请品种权的植物新品种应当属于国家植物品种保护名录中列举的植物的属或者种。植物品种保护名录由审批机关确定和公布。

第十四条　授予品种权的植物新品种应当具备新颖性。新颖性，是指申请品种权的植物新品种在申请日前该品种繁殖材料未被销售，或者经育种者许可，在中国境内销售该品种繁殖材料未超过1年；在中国境外销售藤本植物、林木、果树和观赏树木品种繁殖材料未超过6年，销售其他植物品种繁殖材料未超过4年。

第十五条　授予品种权的植物新品种应当具备特异性。特异性，是指申请品种权的植物新品种应当明显区别于在递交申请以前已知的植物品种。

第十六条　授予品种权的植物新品种应当具备一致性。一致性，是指申请品种权的植物新品种经过繁殖，除可以预见的变异外，其相关的特征或者特性一致。

第十七条　授予品种权的植物新品种应当具备稳定性。稳定性，是指申请品种权的植物新品种经过反复繁殖后或者在特定繁殖周期结束时，其相关的特征或者特性保持不变。

第十八条　授予品种权的植物新品种应当具备适当的名称，并与相同或者相近的植物属或者种中已知品种的名称相区别。该名称经注册登记后即为该植物新品种的通用名称。

下列名称不得用于品种命名：

（一）仅以数字组成的；

（二）违反社会公德的；

（三）对植物新品种的特征、特性或者育种者的身份等容易引起误解的。

第四章　品种权的申请和受理

第十九条　中国的单位和个人申请品种权的，可以直接或者委托代理机构向审批机关提出申请。

中国的单位和个人申请品种权的植物新品种涉及国家安全或者重大利益需要保密的，应当按照国家有关规定办理。

第二十条　外国人、外国企业或者外国其他组织在中国申请品种权的，应当按其所属国和中华人民共和国签订的协议或者共同参加的国际条约办理，或者根据互惠原则，依照本条例办理。

第二十一条　申请品种权的，应当向审批机关提交符合规定格式要求的请求书、说明书和该品种的照片。

申请文件应当使用中文书写。

第二十二条 审批机关收到品种权申请文件之日为申请日；申请文件是邮寄的，以寄出的邮戳日为申请日。

第二十三条 申请人自在外国第一次提出品种权申请之日起 12 个月内，又在中国就该植物新品种提出品种权申请的，依照该外国同中华人民共和国签订的协议或者共同参加的国际条约，或者根据相互承认优先权的原则，可以享有优先权。

申请人要求优先权的，应当在申请时提出书面说明，并在 3 个月内提交经原受理机关确认的第一次提出的品种权申请文件的副本；未依照本条例规定提出书面说明或者提交申请文件副本的，视为未要求优先权。

第二十四条 对符合本条例第二十一条规定的品种权申请，审批机关应当予以受理，明确申请日、给予申请号，并自收到申请之日起 1 个月内通知申请人缴纳申请费。

对不符合或者经修改仍不符合本条例第二十一条规定的品种权申请，审批机关不予受理，并通知申请人。

第二十五条 申请人可以在品种权授予前修改或者撤回品种权申请。

第二十六条 中国的单位或者个人将国内培育的植物新品种向国外申请品种权的，应当按照职责分工向省级人民政府农业、林业行政部门登记。

第五章 品种权的审查与批准

第二十七条 申请人缴纳申请费后，审批机关对品种权申请的下列内容进行初步审查：

（一）是否属于植物品种保护名录列举的植物属或者种的范围；

（二）是否符合本条例第二十条的规定；

（三）是否符合新颖性的规定；

（四）植物新品种的命名是否适当。

第二十八条 审批机关应当自受理品种权申请之日起 6 个月内完成初步审查。对经初步审查合格的品种权申请，审批机关予以公告，并通知申请人在 3 个月内缴纳审查费。

对经初步审查不合格的品种权申请，审批机关应当通知申请人在 3 个月内陈述意见或者予以修正；逾期未答复或者修正后仍然不合格的，驳回申请。

第二十九条 申请人按照规定缴纳审查费后，审批机关对品种权申请的特异性、一致性和稳定性进行实质审查。

申请人未按照规定缴纳审查费的，品种权申请视为撤回。

第三十条 审批机关主要依据申请文件和其他有关书面材料进行实质审

查。审批机关认为必要时，可以委托指定的测试机构进行测试或者考察业已完成的种植或者其他试验的结果。

因审查需要，申请人应当根据审批机关的要求提供必要的资料和该植物新品种的繁殖材料。

第三十一条　对经实质审查符合本条例规定的品种权申请，审批机关应当作出授予品种权的决定，颁发品种权证书，并予以登记和公告。

对经实质审查不符合本条例规定的品种权申请，审批机关予以驳回，并通知申请人。

第三十二条　审批机关设立植物新品种复审委员会。

对审批机关驳回品种权申请的决定不服的，申请人可以自收到通知之日起 3 个月内，向植物新品种复审委员会请求复审。植物新品种复审委员会应当自收到复审请求书之日起 6 个月内作出决定，并通知申请人。

申请人对植物新品种复审委员会的决定不服的，可以自接到通知之日起 15 日内向人民法院提起诉讼。

第三十三条　品种权被授予后，在自初步审查合格公告之日起至被授予品种权之日止的期间，对未经申请人许可，为商业目的生产或者销售该授权品种的繁殖材料的单位和个人，品种权人享有追偿的权利。

第六章　期限、终止和无效

第三十四条　品种权的保护期限，自授权之日起，藤本植物、林木、果树和观赏树木为 20 年，其他植物为 15 年。

第三十五条　品种权人应当自被授予品种权的当年开始缴纳年费，并且按照审批机关的要求提供用于检测的该授权品种的繁殖材料。

第三十六条　有下列情形之一的，品种权在其保护期限届满前终止：

（一）品种权人以书面声明放弃品种权的；

（二）品种权人未按照规定缴纳年费的；

（三）品种权人未按照审批机关的要求提供检测所需的该授权品种的繁殖材料的；

（四）经检测该授权品种不再符合被授予品种权时的特征和特性的。

品种权的终止，由审批机关登记和公告。

第三十七条　自审批机关公告授予品种权之日起，植物新品种复审委员会可以依据职权或者依据任何单位或者个人的书面请求，对不符合本条例第十四条、第十五条、第十六条和第十七条规定的，宣告品种权无效；对不符合本条例第十八条规定的，予以更名。宣告品种权无效或者更名的决定，由审批机关登记和公告，并通知当事人。

对植物新品种复审委员会的决定不服的，可以自收到通知之日起3个月内向人民法院提起诉讼。

第三十八条 被宣告无效的品种权视为自始不存在。

宣告品种权无效的决定，对在宣告前人民法院作出并已执行的植物新品种侵权的判决、裁定，省级以上人民政府农业、林业行政部门作出并已执行的植物新品种侵权处理决定，以及已经履行的植物新品种实施许可合同和植物新品种权转让合同，不具有追溯力；但是，因品种权人的恶意给他人造成损失的，应当给予合理赔偿。

依照前款规定，品种权人或者品种权转让人不向被许可实施人或者受让人返还使用费或者转让费，明显违反公平原则的，品种权人或者品种权转让人应当向被许可实施人或者受让人返还全部或者部分使用费或者转让费。

第七章 罚 则

第三十九条 未经品种权人许可，以商业目的生产或者销售授权品种的繁殖材料的，品种权人或者利害关系人可以请求省级以上人民政府农业、林业行政部门依据各自的职权进行处理，也可以直接向人民法院提起诉讼。

省级以上人民政府农业、林业行政部门依据各自的职权，根据当事人自愿的原则，对侵权所造成的损害赔偿可以进行调解。调解达成协议的，当事人应当履行；调解未达成协议的，品种权人或者利害关系人可以依照民事诉讼程序向人民法院提起诉讼。

省级以上人民政府农业、林业行政部门依据各自的职权处理品种权侵权案件时，为维护社会公共利益，可以责令侵权人停止侵权行为，没收违法所得和植物品种繁殖材料；货值金额5万元以上的，可处货值金额1倍以上5倍以下的罚款；没有货值金额或者货值金额5万元以下的，根据情节轻重，可处25万元以下的罚款。

第四十条 假冒授权品种的，由县级以上人民政府农业、林业行政部门依据各自的职权责令停止假冒行为，没收违法所得和植物品种繁殖材料；货值金额5万元以上的，处货值金额1倍以上5倍以下的罚款；没有货值金额或者货值金额5万元以下的，根据情节轻重，处25万元以下的罚款；情节严重，构成犯罪的，依法追究刑事责任。

第四十一条 省级以上人民政府农业、林业行政部门依据各自的职权在查处品种权侵权案件和县级以上人民政府农业、林业行政部门依据各自的职权在查处假冒授权品种案件时，根据需要，可以封存或者扣押与案件有关的植物品种的繁殖材料，查阅、复制或者封存与案件有关的合同、账册及有关文件。

第四十二条　销售授权品种未使用其注册登记的名称的，由县级以上人民政府农业、林业行政部门依据各自的职权责令限期改正，可以处 1000 元以下的罚款。

第四十三条　当事人就植物新品种的申请权和品种权的权属发生争议的，可以向人民法院提起诉讼。

第四十四条　县级以上人民政府农业、林业行政部门的及有关部门的工作人员滥用职权、玩忽职守、徇私舞弊、索贿受贿，构成犯罪的，依法追究刑事责任；尚不构成犯罪的，依法给予行政处分。

第八章　附　则

第四十五条　审批机关可以对本条例施行前首批列入植物品种保护名录的和本条例施行后新列入植物品种保护名录的植物属或者种的新颖性要求作出变通性规定。

第四十六条　本条例自 1997 年 10 月 1 日起施行。

中华人民共和国植物新品种保护条例实施细则（林业部分）

（根据 2011 年 1 月 25 日国家林业局令第 26 号《国家林业局关于废止和修改部分部门规章的决定》修正）

目　录

第一章　总　则

第一条　根据《中华人民共和国植物新品种保护条例》（以下简称《条例》），制定本细则。

第二条　本细则所称植物新品种，是指符合《条例》规定的林木、竹、木质藤本、木本观赏植物（包括木本花卉）、果树（干果部分）及木本油料、饮料、调料、木本药材等植物品种。

植物品种保护名录由国家林业局确定和公布。

第三条　国家林业局依照《条例》和本细则规定受理、审查植物新品种权的申请并授予植物新品种权（以下简称品种权）。

国家林业局植物新品种保护办公室（以下简称植物新品种保护办公室），负责受理和审查本细则第二条规定的植物新品种的品种权申请，组织与植物新品种保护有关的测试、保藏等业务，按国家有关规定承办与植物新品种保护有关的国际事务等具体工作。

第二章　品种权的内容和归属

第四条　《条例》所称的繁殖材料，是指整株植物（包括苗木）、种子（包括根、茎、叶、花、果实等）以及构成植物体的任何部分（包括组织、细胞）。

第五条　《条例》第七条所称的职务育种是指：

（一）在本职工作中完成的育种；

（二）履行本单位分配的本职工作之外的任务所完成的育种；

（三）离开原单位后3年内完成的与其在原单位承担的本职工作或者分配的任务有关的育种；

（四）利用本单位的资金、仪器设备、试验场地、育种资源和其他繁殖材料及不对外公开的技术资料等所完成的育种。

除前款规定情形之外的，为非职务育种。

第六条　《条例》所称完成植物新品种育种的人、品种权申请人、品种权人，均包括单位或者个人。

第七条　两个以上申请人就同一个植物新品种在同一日分别提出品种权申请的，植物新品种保护办公室可以要求申请人自行协商确定申请权的归属；协商达不成一致意见的，植物新品种保护办公室可以要求申请人在规定的期限内提供证明自己是最先完成该植物新品种育种的证据；逾期不提供证据的，视为放弃申请。

第八条　中国的单位或者个人就其在国内培育的植物新品种向外国人转

让申请权或者品种权的，应当报国家林业局批准。

转让申请权或者品种权的，当事人应当订立书面合同，向国家林业局登记，并由国家林业局予以公告。

转让申请权或者品种权的，自登记之日起生效。

第九条　依照《条例》第十一条规定，有下列情形之一的，国家林业局可以作出或者依当事人的请求作出实施植物新品种强制许可的决定：

（一）为满足国家利益或者公共利益等特殊需要；

（二）品种权人无正当理由自己不实施或者实施不完全，又不许可他人以合理条件实施的。

请求植物新品种强制许可的单位或者个人，应当向国家林业局提出强制许可请求书，说明理由并附具有关证明材料各一式两份。

第十条　按照《条例》第十一条第二款规定，请求国家林业局裁决植物新品种强制许可使用费数额的，当事人应当提交裁决请求书，并附具不能达成协议的有关材料。国家林业局自收到裁决请求书之日起 3 个月内作出裁决并通知有关当事人。

第三章　授予品种权的条件

第十一条　授予品种权的，应当符合《条例》第十三条、第十四条、第十五条、第十六条、第十七条、第十八条和本细则第二条的规定。

第十二条　依照《条例》第四十五条的规定，对《条例》施行前首批列入植物品种保护名录的和《条例》施行后新列入植物品种保护名录的属或者种的植物品种，自名录公布之日起一年内提出的品种权申请，经育种人许可，在中国境内销售该品种的繁殖材料不超过 4 年的，视为具有新颖性。

第十三条　除《条例》第十八条规定的以外，有下列情形之一的，不得用于植物新品种命名：

（一）违反国家法律、行政法规规定或者带有民族歧视性的；

（二）以国家名称命名的；

（三）以县级以上行政区划的地名或者公众知晓的外国地名命名的；

（四）同政府间国际组织或者其他国际知名组织的标识名称相同或者近似的；

（五）属于相同或者相近植物属或者种的已知名称的。

第四章　品种权的申请和受理

第十四条　中国的单位和个人申请品种权的，可以直接或者委托代理机构向国家林业局提出申请。

第十五条 中国的单位和个人申请品种权的植物品种，如涉及国家安全或者重大利益需要保密的，申请人应当在请求书中注明，植物新品种保护办公室应当按国家有关保密的规定办理，并通知申请人；植物新品种保护办公室认为需要保密而申请人未注明的，按保密申请办理，并通知有关当事人。

第十六条 外国人、外国企业或者其他外国组织向国家林业局提出品种权申请和办理其他品种权事务的，应当委托代理机构办理。

第十七条 申请人委托代理机构向国家林业局申请品种权或者办理其他有关事务的，应当提交委托书，写明委托权限。

申请人为两个以上而未委托代理机构代理的，应当书面确定一方为代表人。

第十八条 申请人申请品种权时，应当向植物新品种保护办公室提交国家林业局规定格式的请求书、说明书以及符合本细则第十九条规定的照片各一式两份。

第十九条 《条例》第二十一条所称的照片，应当符合以下要求：

（一）有利于说明申请品种权的植物品种的特异性；

（二）一种性状的对比应在同一张照片上；

（三）照片应为彩色；

（四）照片规格为8.5厘米×12.5厘米或者10厘米×15厘米。

照片应当附有简要文字说明；必要时，植物新品种保护办公室可以要求申请人提供黑白照片。

第二十条 品种权的申请文件有下列情形之一的，植物新品种保护办公室不予受理：

（一）内容不全或者不符合规定格式的；

（二）字迹不清或者有严重涂改的；

（三）未使用中文的。

第二十一条 植物新品种保护办公室可以要求申请人送交申请品种权的植物品种和对照品种的繁殖材料，用于审查和检测。

第二十二条 申请人应当自收到植物新品种保护办公室通知之日起3个月内送交繁殖材料。送交种子的，申请人应当送至植物新品种保护办公室指定的保藏机构；送交无性繁殖材料的，申请人应当送至植物新品种办公室指定的测试机构。

申请人逾期不送交繁殖材料的，视为放弃申请。

第二十三条 申请人送交的繁殖材料应当依照国家有关规定进行检疫；应检疫而未检疫或者检疫不合格的，保藏机构或者测试机构不予接收。

第二十四条 申请人送交的繁殖材料不能满足测试或者检测需要以及不

符合要求的，植物新品种保护办公室可以要求申请人补交。

申请人三次补交繁殖材料仍不符合规定的，视为放弃申请。

第二十五条　申请人送交的繁殖材料应当符合下列要求：

（一）与品种权申请文件中所描述的该植物品种的繁殖材料相一致；

（二）最新收获或者采集的；

（三）无病虫害；

（四）未进行药物处理。

申请人送交的繁殖材料已经进行了药物处理，应当附有使用药物的名称、使用的方法和目的。

第二十六条　保藏机构或者测试机构收到申请人送交的繁殖材料的，应当向申请人出具收据。

保藏机构或者测试机构对申请人送交的繁殖材料经检测合格的，应当出具检验合格证明，并报告植物新品种保护办公室；经检测不合格的，应当报告植物新品种保护办公室，由其按照有关规定处理。

第二十七条　保藏机构或者测试机构对申请人送交的繁殖材料，在品种权申请的审查期间和品种权的有效期限内，应当保密和妥善保管。

第二十八条　在中国没有经常居所或者营业所的外国人、外国企业或者其他外国组织申请品种权或者要求优先权的，植物新品种保护办公室可以要求其提供下列文件：

（一）国籍证明；

（二）申请人是企业或者其他组织的，其营业所或者总部所在地的证明文件；

（三）外国人、外国企业、外国其他组织的所属国承认中国的单位和个人可以按照该国国民的同等条件，在该国享有植物新品种的申请权、优先权和其他与品种权有关的证明文件。

第二十九条　申请人向国家林业局提出品种权申请之后，又向外国申请品种权的，可以请求植物新品种保护办公室出具优先权证明文件；符合条件的，植物新品种保护办公室应当出具优先权证明文件。

第三十条　申请人撤回品种权申请的，应当向国家林业局提出撤回申请，写明植物品种名称、申请号和申请日。

第三十一条　中国的单位和个人将在国内培育的植物新品种向国外申请品种权的，应当向国家林业局登记。

第五章　品种权的审查批准

第三十二条　国家林业局对品种权申请进行初步审查时，可以要求申请人就有关问题在规定的期限内提出陈述意见或者予以修正。

第三十三条 一件品种权申请包括二个以上品种权申请的，在实质审查前，植物新品种保护办公室应当要求申请人在规定的期限内提出分案申请；申请人在规定的期限内对其申请未进行分案修正或者期满未答复的，该申请视为放弃。

第三十四条 依照本细则第三十三条规定提出的分案申请，可以保留原申请日；享有优先权的，可保留优先权日，但不得超出原申请的范围。

分案申请应当依照《条例》及本细则的有关规定办理各种手续。

分案申请的请求书中应当写明原申请的申请号和申请日。原申请享有优先权的，应当提交原申请的优先权文件副本。

第三十五条 经初步审查符合《条例》和本细则规定条件的品种权申请，由国家林业局予以公告。

自品种权申请公告之日起至授予品种权之日前，任何人均可以对不符合《条例》和本细则规定的品种权申请向国家林业局提出异议，并说明理由。

第三十六条 品种权申请文件的修改部分，除个别文字修改或者增删外，应当按照规定格式提交替换页。

第三十七条 经实质审查后，符合《条例》规定的品种权申请，由国家林业局作出授予品种权的决定，向品种权申请人颁发品种权证书，予以登记和公告。

品种权人应当自收到领取品种权证书通知之日起 3 个月内领取品种权证书，并按照国家有关规定缴纳第一年年费。逾期未领取品种权证书并未缴纳年费的，视为放弃品种权，有正当理由的除外。

品种权自作出授予品种权的决定之日起生效。

第三十八条 国家林业局植物新品种复审委员会（以下简称复审委员会）由植物育种专家、栽培专家、法律专家和有关行政管理人员组成。

复审委员会主任委员由国家林业局主要负责人指定。

植物新品种保护办公室根据复审委员会的决定办理复审的有关事宜。

第三十九条 依照《条例》第三十二条第二款的规定向复审委员会请求复审的，应当提交符合国家林业局规定格式的复审请求书，并附具有关的证明材料。复审请求书和证明材料应当各一式两份。

申请人请求复审时，可以修改被驳回的品种权申请文件，但修改仅限于驳回申请的决定所涉及的部分。

第四十条 复审请求不符合规定要求的，复审请求人可以在复审委员会指定的期限内补正；期满未补正或者补正后仍不符合规定要求的，该复审请求视为放弃。

第四十一条　复审请求人在复审委员会作出决定前，可以撤回其复审请求。

第六章　品种权的终止和无效

第四十二条　依照《条例》第三十六条规定，品种权在其保护期限届满前终止的，其终止日期为：

（一）品种权人以书面声明放弃品种权的，自声明之日起终止；

（二）品种权人未按照有关规定缴纳年费的，自补缴年费期限届满之日起终止；

（三）品种权人未按照要求提供检测所需的该授权品种的繁殖材料或者送交的繁殖材料不符合要求的，国家林业局予以登记，其品种权自登记之日起终止；

（四）经检测该授权品种不再符合被授予品种权时的特征和特性的，自国家林业局登记之日起终止。

第四十三条　依照《条例》第三十七条第一款的规定，任何单位或者个人请求宣告品种权无效的，应当向复审委员会提交国家林业局规定格式的品种权无效宣告请求书和有关材料各一式两份，并说明所依据的事实和理由。

第四十四条　已授予的品种权不符合《条例》第十四条、第十五条、第十六条和第十七条规定的，由复审委员会依据职权或者任何单位或者个人的书面请求宣告品种权无效。

宣告品种权无效，由国家林业局登记和公告，并由植物新品种保护办公室通知当事人。

第四十五条　品种权无效宣告请求书中未说明所依据的事实和理由，或者复审委员会就一项品种权无效宣告请求已审理并决定仍维持品种权的，请求人又以同一事实和理由请求无效宣告的，复审委员会不予受理。

第四十六条　复审委员会应当自收到无效宣告请求书之日起 15 日内将品种权无效宣告请求书副本和有关材料送达品种权人。品种权人应当在收到后 3 个月内提出陈述意见；逾期未提出的，不影响复审委员会审理。

第四十七条　复审委员会对授权品种作出更名决定的，由国家林业局登记和公告，并由植物新品种保护办公室通知品种权人，更换品种权证书。

授权品种更名后，不得再使用原授权品种名称。

第四十八条　复审委员会对无效宣告的请求作出决定前，无效宣告请求人可以撤回其请求。

第七章　文件的递交、送达和期限

第四十九条　《条例》和本细则规定的各种事项，应当以书面形式办理。

第五十条 按照《条例》和本细则规定提交的各种文件应当使用中文，并采用国家统一规定的科技术语。

外国人名、地名和没有统一中文译文的科技术语，应当注明原文。

依照《条例》和本细则规定提交的证明文件是外文的，应当附送中文译文；未附送的，视为未提交证明文件。

第五十一条 当事人提交的各种文件可以打印，也可以使用钢笔或者毛笔书写，但要整齐清晰，纸张只限单面使用。

第五十二条 依照《条例》和本细则规定，提交各种文件和有关材料的，当事人可以直接提交，也可以邮寄。邮寄时，以寄出的邮戳日为提交日。寄出的邮戳日不清晰的，除当事人能够提供证明外，以收到日为提交日。

依照《条例》和本细则规定，向当事人送达的各种文件和有关材料的，可以直接送交、邮寄或者以公告的方式送达。当事人委托代理机构的，送达代理机构；未委托代理机构的，送达当事人。

依本条第二款规定直接送达的，以交付日为送达日；邮寄送达的，自寄出之日起满 15 日，视为送达；公告送达的，自公告之日起满 2 个月，视为送达。

第五十三条 《条例》和本细则规定的各种期限，以年或者月计算的，以其最后一月的相应日为期限届满日；该月无相应日的，以该月最后一日为期限届满日；期限届满日是法定节假日的，以节假日后的第一个工作日为期限届满日。

第五十四条 当事人因不可抗力或者特殊情况耽误《条例》和本细则规定的期限，造成其权利丧失的，自障碍消除之日起 2 个月内，但是最多不得超过自期限届满之日起 2 年，可以向国家林业局说明理由并附具有关证明材料，请求恢复其权利。

第五十五条 《条例》和本细则所称申请日，有优先权的，指优先权日。

第八章　费用和公报

第五十六条 申请品种权的，应当按照规定缴纳申请费、审查费；需要测试的，应当缴纳测试费。授予品种权的，应当缴纳年费。

第五十七条 当事人缴纳本细则第五十六条规定费用的，可以向植物新品种保护办公室直接缴纳，也可以通过邮局或者银行汇付，但不得使用电汇。

通过邮局或者银行汇付的，应当注明申请号或者品种权证书号、申请人或者品种权人的姓名或者名称、费用名称以及授权品种名称。

通过邮局或者银行汇付时，以汇出日为缴费日。

第五十八条 依照《条例》第二十四条的规定，申请人可以在提交品种权申请的同时缴纳申请费，也可以在收到缴费通知之日起1个月内缴纳；期满未缴纳或者未缴足的，其申请视为撤回。

按照规定应当缴纳测试费的，自收到缴费通知之日起1个月内缴纳；期满未缴纳或者未缴足的，其申请视为放弃。

第五十九条　第一次年费应当于领取品种权证书时缴纳，以后的年费应当在前一年度期满前1个月内预缴。

第六十条　品种权人未按时缴纳第一年以后的年费或者缴纳数额不足的，植物新品种保护办公室应当通知品种权人自应当缴纳年费期满之日起6个月内补缴，同时缴纳金额为年费的25%的滞纳金。

第六十一条　自本细则施行之日起3年内，当事人缴纳本细则第五十六条规定的费用确有困难的，经申请并由国家林业局批准，可以减缴或者缓缴。

第六十二条　国家林业局定期出版植物新品种保护公报，公告品种权申请、授予、转让、继承、终止等有关事项。

植物新品种保护办公室设置品种权登记簿，登记品种权申请、授予、转让、继承、终止等有关事项。

第九章　附　则

第六十三条　县级以上林业主管部门查处《条例》规定的行政处罚案件时，适用林业行政处罚程序的规定。

第六十四条　《条例》所称的假冒授权品种，是指：

（一）使用伪造的品种权证书、品种权号的；

（二）使用已经被终止或者被宣告无效品种权的品种权证书、品种权号的；

（三）以非授权品种冒充授权品种的；

（四）以此种授权品种冒充他种授权品种的；

（五）其他足以使他人将非授权品种误认为授权品种的。

第六十五条　当事人因植物新品种的申请权或者品种权发生纠纷，已向人民法院提起诉讼并受理的，应当向国家林业局报告并附具人民法院已受理的证明材料。国家林业局按照有关规定作出中止或者终止的决定。

第六十六条　在初步审查、实质审查、复审和无效宣告程序中进行审查和复审的人员，有下列情形之一的，应当申请回避；当事人或者其他有利害关系人也可以要求其回避：

（一）是当事人或者其代理人近亲属的；

（二）与品种权申请或者品种权有直接利害关系的；

（三）与当事人或者其他代理人有其他可能影响公正审查和审理关系的。

审查人员的回避，由植物新品种保护办公室决定；复审委员会人员的回避，由国家林业局决定。在回避申请未被批准前，审查和复审人员不得终止履行职责。

第六十七条 任何人经植物新品种保护办公室同意，可以查阅或者复制已经公告的品种权申请的案卷和品种权登记簿。

依照《条例》和本细则的规定，已被驳回、撤回或者视为放弃品种权申请的材料和已被放弃、无效宣告或者终止品种权的材料，由植物新品种保护办公室予以销毁。

第六十八条 请求变更品种权申请人和品种权人的，应当向植物新品种保护办公室办理著录事项变更手续，并提出变更理由和证明材料。

第六十九条 本细则由国家林业局负责解释。

第七十条 本细则自发布之日起施行。

中华人民共和国植物新品种保护条例实施细则（农业部分）

（2007年9月19日农业部令第5号公布　2011年12月31日农业部令2011年第4号第一次修订　2014年4月25日农业部令2014年第3号第二次修订）

目　录

第一章　总　则

第一条 根据《中华人民共和国植物新品种保护条例》（以下简称《条

例》)，制定本细则。

第二条　农业植物新品种包括粮食、棉花、油料、麻类、糖料、蔬菜（含西甜瓜）、烟草、桑树、茶树、果树（干果除外）、观赏植物（木本除外）、草类、绿肥、草本药材、食用菌、藻类和橡胶树等植物的新品种。

第三条　依据《条例》的规定，农业部为农业植物新品种权的审批机关，依照《条例》规定授予农业植物新品种权（以下简称品种权）。

农业部植物新品种保护办公室（以下简称品种保护办公室），承担品种权申请的受理、审查等事务，负责植物新品种测试和繁殖材料保藏的组织工作。

第四条　对危害公共利益、生态环境的植物新品种不授予品种权。

第二章　品种权的内容和归属

第五条　《条例》所称繁殖材料是指可繁殖植物的种植材料或植物体的其他部分，包括籽粒、果实和根、茎、苗、芽、叶等。

第六条　申请品种权的单位或者个人统称为品种权申请人；获得品种权的单位或者个人统称为品种权人。

第七条　《条例》所称执行本单位任务所完成的职务育种是指下列情形之一：

（一）在本职工作中完成的育种；

（二）履行本单位交付的本职工作之外的任务所完成的育种；

（三）退职、退休或者调动工作后，3 年内完成的与其在原单位承担的工作或者原单位分配的任务有关的育种。

《条例》第七条所称本单位的物质条件是指本单位的资金、仪器设备、试验场地以及单位所有的尚未允许公开的育种材料和技术资料等。

第八条　《条例》所称完成新品种育种的人是指完成新品种育种的单位或者个人（以下简称育种者）。

第九条　完成新品种培育的人员（以下简称培育人）是指对新品种培育作出创造性贡献的人。仅负责组织管理工作、为物质条件的利用提供方便或者从事其他辅助工作的人不能被视为培育人。

第十条　一个植物新品种只能被授予一项品种权。

一个植物新品种由两个以上申请人分别于同一日内提出品种权申请的，由申请人自行协商确定申请权的归属；协商不能达成一致意见的，品种保护办公室可以要求申请人在指定期限内提供证据，证明自己是最先完成该新品种育种的人。逾期未提供证据的，视为撤回申请；所提供证据不足以作为判定依据的，品种保护办公室驳回申请。

第十一条　中国的单位或者个人就其在国内培育的新品种向外国人转让

申请权或者品种权的，应当向农业部申请审批。

转让申请权或者品种权的，当事人应当订立书面合同，向农业部登记，由农业部予以公告，并自公告之日起生效。

第十二条 有下列情形之一的，农业部可以作出实施品种权的强制许可决定：

（一）为了国家利益或者公共利益的需要；

（二）品种权人无正当理由自己不实施，又不许可他人以合理条件实施的；（三）对重要农作物品种，品种权人虽已实施，但明显不能满足国内市场需求，又不许可他人以合理条件实施的。

申请强制许可的，应当向农业部提交强制许可请求书，说明理由并附具有关证明文件各一式两份。

农业部自收到请求书之日起20个工作日内作出决定。需要组织专家调查论证的，调查论证时间不得超过3个月。同意强制许可请求的，由农业部通知品种权人和强制许可请求人，并予以公告；不同意强制许可请求的，通知请求人并说明理由。

第十三条 依照《条例》第十一条第二款规定，申请农业部裁决使用费数额的，当事人应当提交裁决申请书，并附具未能达成协议的证明文件。农业部自收到申请书之日起3个月内作出裁决并通知当事人。

第三章 授予品种权的条件

第十四条 依照《条例》第四十五条的规定，列入植物新品种保护名录的植物属或者种，从名录公布之日起1年内提出的品种权申请，凡经过育种者许可，申请日前在中国境内销售该品种的繁殖材料未超过4年，符合《条例》规定的特异性、一致性和稳定性及命名要求的，农业部可以授予品种权。

第十五条 具有下列情形之一的，属于《条例》第十四条规定的销售：

（一）以买卖方式将申请品种的繁殖材料转移他人；

（二）以易货方式将申请品种的繁殖材料转移他人；

（三）以入股方式将申请品种的繁殖材料转移他人；

（四）以申请品种的繁殖材料签订生产协议；

（五）以其他方式销售的情形。

具有下列情形之一的，视为《条例》第十四条规定的育种者许可销售：

（一）育种者自己销售；

（二）育种者内部机构销售；

（三）育种者的全资或者参股企业销售；

（四）农业部规定的其他情形。

第十六条　《条例》第十五条所称“已知的植物品种”，包括品种权申请初审合格公告、通过品种审定或者已推广应用的品种。

第十七条　《条例》第十六条、所称“相关的特征或者特性”是指至少包括用于特异性、一致性和稳定性测试的性状或者授权时进行品种描述的性状。

第十八条　有下列情形之一的，不得用于新品种命名：

（一）仅以数字组成的；

（二）违反国家法律或者社会公德或者带有民族歧视性的；

（三）以国家名称命名的；

（四）以县级以上行政区划的地名或者公众知晓的外国地名命名的；

（五）同政府间国际组织或者其他国际国内知名组织及标识名称相同或者近似的；

（六）对植物新品种的特征、特性或者育种者的身份等容易引起误解的；

（七）属于相同或相近植物属或者种的已知名称的；

（八）夸大宣传的。

已通过品种审定的品种，或获得《农业转基因生物安全证书（生产应用）》的转基因植物品种，如品种名称符合植物新品种命名规定，申请品种权的品种名称应当与品种审定或农业转基因生物安全审批的品种名称一致。

第四章　品种权的申请和受理

第十九条　中国的单位和个人申请品种权的，可以直接或者委托代理机构向品种保护办公室提出申请。

在中国没有经常居所的外国人、外国企业或其他外国组织，向品种保护办公室提出品种权申请的，应当委托代理机构办理。

申请人委托代理机构办理品种权申请等相关事务时，应当与代理机构签订委托书，明确委托办理事项与权责。代理机构在向品种保护办公室提交申请时，应当同时提交申请人委托书。品种保护办公室在上述申请的受理与审查程序中，直接与代理机构联系。

第二十条　申请品种权的，申请人应当向品种保护办公室提交请求书、说明书和品种照片各一式两份，同时提交相应的请求书和说明书的电子文档。

请求书、说明书按照品种保护办公室规定的统一格式填写。

第二十一条　申请人提交的说明书应当包括下列内容：

（一）申请品种的暂定名称，该名称应当与请求书的名称一致；

（二）申请品种所属的属或者种的中文名称和拉丁文名称；

（三）育种过程和育种方法，包括系谱、培育过程和所使用的亲本或者其他繁殖材料来源与名称的详细说明；

（四）有关销售情况的说明；

（五）选择的近似品种及理由；

（六）申请品种特异性、一致性和稳定性的详细说明；

（七）适于生长的区域或者环境以及栽培技术的说明；

（八）申请品种与近似品种的性状对比表。

前款第（五）、（八）项所称近似品种是指在所有已知植物品种中，相关特征或者特性与申请品种最为相似的品种。

第二十二条 申请人提交的照片应当符合以下要求：

（一）照片有利于说明申请品种的特异性；

（二）申请品种与近似品种的同一种性状对比应在同一张照片上；

（三）照片应为彩色，必要时，品种保护办公室可以要求申请人提供黑白照片；

（四）照片规格为 8.5 厘米×12.5 厘米或者 10 厘米×15 厘米；

（五）关于照片的简要文字说明。

第二十三条 品种权申请文件有下列情形之一的，品种保护办公室不予受理：

（一）未使用中文的；

（二）缺少请求书、说明书或者照片之一的；

（三）请求书、说明书和照片不符合本细则规定格式的；

（四）文件未打印的；

（五）字迹不清或者有涂改的；

（六）缺少申请人和联系人姓名（名称）、地址、邮政编码的或者不详的；

（七）委托代理但缺少代理委托书的。

第二十四条 中国的单位或者个人将国内培育的植物新品种向国外申请品种权的，应当向所在地省级人民政府农业行政主管部门申请登记。

第二十五条 申请人依照《条例》第二十三条的规定要求优先权的，应当在申请中写明第一次提出品种权申请的申请日、申请号和受理该申请的国家或组织；未写明的，视为未要求优先权。申请人提交的第一次品种权申请文件副本应当经原受理机关确认。

第二十六条 在中国没有经常居所或者营业所的外国人、外国企业和外国其他组织，申请品种权或者要求优先权的，品种保护办公室认为必要时，可以要求其提供下列文件：

（一）申请人是个人的，其国籍证明；

（二）申请人是企业或者其他组织的，其营业所或者总部所在地的证明；

（三）外国人、外国企业、外国其他组织的所属国，承认中国单位和个人可以按照该国国民的同等条件，在该国享有品种申请权、优先权和其他与品种权有关的权利的证明文件。

第二十七条　申请人在向品种保护办公室提出品种权申请 12 个月内，又向国外申请品种权的，依照该国或组织同中华人民共和国签订的协议或者共同参加的国际条约，或者根据相互承认优先权的原则，可以请求品种保护办公室出具优先权证明文件。

第二十八条　依照《条例》第十九条第二款规定，中国的单位和个人申请品种权的植物新品种涉及国家安全或者重大利益需要保密的，申请人应当在申请文件中说明，品种保护办公室经过审查后作出是否按保密申请处理的决定，并通知申请人；品种保护办公室认为需要保密而申请人未注明的，仍按保密申请处理，并通知申请人。

第二十九条　申请人送交的申请品种繁殖材料应当与品种权申请文件中所描述的繁殖材料相一致，并符合下列要求：

（一）未遭受意外损害；

（二）未经过药物处理；

（三）无检疫性的有害生物；

（四）送交的繁殖材料为籽粒或果实的，籽粒或果实应当是最近收获的。

第三十条　品种保护办公室认为必要的，申请人应当送交申请品种和近似品种的繁殖材料，用于申请品种的审查和检测。申请品种属于转基因品种的，应当附具生产性试验阶段的《农业转基因生物安全审批书》或《农业转基因生物安全证书（生产应用）》复印件。

申请人应当自收到品种保护办公室通知之日起 3 个月内送交繁殖材料。送交繁殖材料为籽粒或果实的，应当送至品种保护办公室植物新品种保藏中心（以下简称保藏中心）；送交种苗、种球、块茎、块根等无性繁殖材料的，应当送至品种保护办公室指定的测试机构。

申请人送交的繁殖材料数量少于品种保护办公室规定的，保藏中心或者测试机构应当通知申请人，申请人应自收到通知之日起 1 个月内补足。特殊情况下，申请人送交了规定数量的繁殖材料后仍不能满足测试或者检测需要时，品种保护办公室有权要求申请人补交。

第三十一条　繁殖材料应当依照有关规定实施植物检疫。检疫不合格或者未经检疫的，保藏中心或者测试机构不予接收。

保藏中心或者测试机构收到申请人送交的繁殖材料后应当出具书面证明，并在收到繁殖材料之日起 20 个工作日内（有休眠期的植物除外）完成生活力等内容的检测。检测合格的，应当向申请人出具书面检测合格证明；检测不合格的，应当通知申请人自收到通知之日起1个月内重新送交繁殖材料并取回检测不合格的繁殖材料，申请人到期不取回的，保藏中心或者测试机构应当销毁。

申请人未按规定送交繁殖材料的，视为撤回申请。

第三十二条 保藏中心和测试机构对申请品种的繁殖材料负有保密的责任，应当防止繁殖材料丢失、被盗等事故的发生，任何人不得更换检验合格的繁殖材料。发生繁殖材料丢失、被盗、更换的，依法追究有关人员的责任。

第五章 品种权的审查与批准

第三十三条 在初步审查、实质审查、复审和无效宣告程序中进行审查和复审人员有下列情形之一的，应当自行回避，当事人或者其他利害关系人可以要求其回避：

（一）是当事人或者其代理人近亲属的；

（二）与品种权申请或者品种权有直接利害关系的；

（三）与当事人或者其代理人有其他关系，可能影响公正审查和审理的。

审查人员的回避由品种保护办公室决定，复审人员的回避由植物新品种复审委员会主任决定。

第三十四条 一件植物品种权申请包括两个以上新品种的，品种保护办公室应当要求申请人提出分案申请。申请人在指定期限内对其申请未进行分案修正或者期满未答复的，视为撤回申请。

申请人按照品种保护办公室要求提出的分案申请，可以保留原申请日；享有优先权的，可保留优先权日。但不得超出原申请文件已有内容的范围。

分案申请应当依照《条例》及本细则的规定办理相关手续。

分案申请的请求书中应当写明原申请的申请号和申请日。原申请享有优先权的，应当提交原申请的优先权文件副本。

第三十五条 品种保护办公室对品种权申请的下列内容进行初步审查：

（一）是否符合《条例》第二十七条规定；

（二）选择的近似品种是否适当；申请品种的亲本或其他繁殖材料来源是否公开。

品种保护办公室应当将审查意见通知申请人。品种保护办公室有疑问的，可要求申请人在指定期限内陈述意见或者补正；申请人期满未答复的，视为撤回申请。申请人陈述意见或者补正后，品种保护办公室认为仍然不符合规定的，应当驳回其申请。

第三十六条 除品种权申请文件外，任何人向品种保护办公室提交的与品种权申请有关的材料，有下列情形之一的，视为未提出：

（一）未使用规定的格式或者填写不符合要求的；

（二）未按照规定提交证明材料的。

当事人当面提交材料的，受理人员应当当面说明材料存在的缺陷后直接退回；通过邮局提交的，品种保护办公室应当将视为未提出的审查意见和原材料一起退回；邮寄地址不清的，采用公告方式退回。

第三十七条　自品种权申请之日起至授予品种权之日前，任何人均可以对不符合《条例》第八条、第十三至第十八条以及本细则第四条规定的品种权申请，向品种保护办公室提出异议，并提供相关证据和说明理由。未提供相关证据的，品种保护办公室不予受理。

第三十八条　未经品种保护办公室批准，申请人在品种权授予前不得修改申请文件的下列内容：

（一）申请品种的名称、申请品种的亲本或其他繁殖材料名称、来源以及申请品种的育种方法；

（二）申请品种的最早销售时间；

（三）申请品种的特异性、一致性和稳定性内容。

品种权申请文件的修改部分，除个别文字修改或者增删外，应当按照规定格式提交替换页。

第三十九条　品种保护办公室负责对品种权申请进行实质审查，并将审查意见通知申请人。品种保护办公室可以根据审查的需要，要求申请人在指定期限内陈述意见或者补正。申请人期满未答复的，视为撤回申请。

第四十条　依照《条例》和本细则的规定，品种权申请经实质审查应当予以驳回的情形是指：

（一）不符合《条例》第八条、第十三条至第十七条规定之一的；

（二）属于本细则第四条规定的；

（三）不符合命名规定，申请人又不按照品种保护办公室要求修改的；

（四）申请人陈述意见或者补正后，品种保护办公室认为仍不符合规定的。

第四十一条　品种保护办公室发出办理授予品种权手续的通知后，申请人应当自收到通知之日起 2 个月内办理相关手续和缴纳第 1 年年费。对按期办理的，农业部授予品种权，颁发品种权证书，并予以公告。品种权自授权公告之日起生效。

期满未办理的，视为放弃取得品种权的权利。

第四十二条　农业部植物新品种复审委员会，负责审理驳回品种权申请的复审案件、品种权无效宣告案件和授权品种更名案件。具体规定由农业部另行制定。

第六章　文件的提交、送达和期限

第四十三条　依照《条例》和本细则规定提交的各种文件应当使用中文，并采用国家统一规定的科学技术术语和规范词。外国人名、地名和科学技术术语没有统一中文译文的，应当注明原文。

依照《条例》和本细则规定提交的各种证件和证明文件是外文的，应当附送中文译文；未附送的，视为未提交该证明文件。

第四十四条　当事人向品种保护办公室提交的各种文件应当打印或者印刷，字迹呈黑色，并整齐清晰。申请文件的文字部分应当横向书写，纸张只限单面使用。

第四十五条　当事人提交的各种文件和办理的其他手续，应当由申请人、品种权人、其他利害关系人或者其代表人签字或者盖章；委托代理机构的，由代理机构盖章。请求变更培育人姓名、品种权申请人和品种权人的姓名或者名称、国籍、地址、代理机构的名称和代理人姓名的，应当向品种保护办公室办理著录事项变更手续，并附具变更理由的证明材料。

第四十六条　当事人提交各种材料时，可以直接提交，也可以邮寄。邮寄时，应当使用挂号信函，不得使用包裹，一件信函中应当只包含同一申请的相关材料。邮寄的，以寄出的邮戳日为提交日。信封上寄出的邮戳日不清晰的，除当事人能够提供证明外，以品种保护办公室的收到日期为提交日。

品种保护办公室的各种文件，可以通过邮寄、直接送交或者以公告的方式送达当事人。当事人委托代理机构的，文件送交代理机构；未委托代理机构的，文件送交请求书中收件人地址及收件人或者第一署名人或者代表人。当事人拒绝接收文件的，该文件视为已经送达。

品种保护办公室邮寄的各种文件，自文件发出之日起满 15 日，视为当事人收到文件之日。

根据规定应当直接送交的文件，以交付日为送达日。文件送达地址不清，无法邮寄的，可以通过公告的方式送达当事人。自公告之日起满 2 个月，该文件视为已经送达。

第四十七条　《条例》和本细则规定的各种期限的第一日不计算在期限内。期限以年或者月计算的，以其最后一月的相应日为期限届满日；该月无相应日的，以该月最后一日为期限届满日。期限届满日是法定节假日的，以节假日后的第一个工作日为期限届满日。

第四十八条　当事人因不可抗力而耽误《条例》或者本细则规定的期限或者品种保护办公室指定的期限，导致其权利丧失的，自障碍消除之日起 2 个月内，最迟自期限届满之日起 2 年内，可以向品种保护办公室说明理由并附具有关证明文件，请求恢复其权利。

当事人因正当理由而耽误《条例》或者本细则规定的期限或者品种保护办公室指定的期限，造成其权利丧失的，可以自收到通知之日起 2 个月内向品种保护办公室说明理由，请求恢复其权利。

当事人请求延长品种保护办公室指定期限的，应当在期限届满前，向品种保护办公室说明理由并办理有关手续。

本条第一款和第二款的规定不适用《条例》第十四条、第二十三条、第三十二条第二、三款、第三十四条、第三十七条第二款规定的期限。

第四十九条 除《条例》第二十二条的规定外，《条例》所称申请日，有优先权的，指优先权日。

第七章 费用和公报

第五十条 申请品种权和办理其他手续时，应当按照国家有关规定向农业部缴纳申请费、审查费、年费。

第五十一条 《条例》和本细则规定的各种费用，可以直接缴纳，也可以通过邮局或者银行汇付。

通过邮局或者银行汇付的，应当注明品种名称，同时将汇款凭证的复印件传真或者邮寄至品种保护办公室，并说明该费用的申请号或者品种权号、申请人或者品种权人的姓名或名称、费用名称。

通过邮局或者银行汇付的，以汇出日为缴费日。

第五十二条 依照《条例》第二十四条的规定，申请人可以在提交品种权申请的同时缴纳申请费，但最迟自申请之日起 1 个月内缴纳申请费，期满未缴纳或者未缴足的，视为撤回申请。

第五十三条 经初步审查合格的品种权申请，申请人应当按照品种保护办公室的通知，在规定的期限内缴纳审查费。期满未缴纳或者未缴足的，视为撤回申请。

第五十四条 申请人在领取品种权证书前，应当缴纳授予品种权第 1 年的年费。以后的年费应当在前 1 年度期满前 1 个月内预缴。

第五十五条 品种权人未按时缴纳授予品种权第 1 年以后的年费，或者缴纳的数额不足的，品种保护办公室应当通知申请人自应当缴纳年费期满之日起 6 个月内补缴；期满未缴纳的，自应当缴纳年费期满之日起，品种权终止。

第五十六条 品种保护办公室定期发布植物新品种保护公报，公告品种权有关内容。

第八章　附　则

第五十七条　《条例》第四十条、第四十一条所称的假冒授权品种行为是指下列情形之一：

（一）印制或者使用伪造的品种权证书、品种权申请号、品种权号或者其他品种权申请标记、品种权标记；

（二）印制或者使用已经被驳回、视为撤回或者撤回的品种权申请的申请号或者其他品种权申请标记；

（三）印制或者使用已经被终止或者被宣告无效的品种权的品种权证书、品种权号或者其他品种权标记；

（四）生产或者销售本条第（一）项、第（二）项和第（三）项所标记的品种；

（五）生产或销售冒充品种权申请或者授权品种名称的品种；

（六）其他足以使他人将非品种权申请或者非授权品种误认为品种权申请或者授权品种的行为。

第五十八条　农业行政部门根据《条例》第四十一条的规定对封存或者扣押的植物品种繁殖材料，应当在三十日内做出处理；情况复杂的，经农业行政部门负责人批准可以延长，延长期限不超过三十日。

第五十九条　当事人因品种申请权或者品种权发生纠纷，向人民法院提起诉讼并且人民法院已受理的，可以向品种保护办公室请求中止有关程序。

依照前款规定申请中止有关程序的，应当向品种保护办公室提交申请书，并附具人民法院的有关受理文件副本。

在人民法院作出的判决生效后，当事人应当向品种保护办公室请求恢复有关程序。自请求中止之日起 1 年内，有关品种申请权或者品种权归属的纠纷未能结案，需要继续中止有关程序的，请求人应当在该期限内请求延长中止。期满未请求延长的，品种保护办公室可以自行恢复有关程序。

第六十条　已被视为撤回、驳回和主动撤回的品种权申请的案卷，自该品种权申请失效之日起满 2 年后不予保存。

已被宣告无效的品种权案卷自该品种权无效宣告之日起，终止的品种权案卷自该品种权失效之日起满 3 年后不予保存。

第六十一条　本细则自 2008 年 1 月 1 日起施行。1999 年 6 月 16 日农业部发布的《中华人民共和国植物新品种保护条例实施细则（农业部分）》同时废止。

最高人民法院
关于审理植物新品种纠纷案件若干问题的解释

法释〔2001〕5号

（2000年12月25日最高人民法院审判委员会第1154次会议通过
2001年2月5日最高人民法院公告公布　自2001年2月14日起施行）

为依法受理和审判植物新品种纠纷案件，根据《中华人民共和国民事诉讼法》、《中华人民共和国行政诉讼法》的有关规定，现就有关问题解释如下：

第一条　人民法院受理的植物新品种纠纷案件主要包括以下几类：

（一）是否应当授予植物新品种权纠纷案件；

（二）宣告授予的植物新品种权无效或者维持植物新品种权的纠纷案件；

（三）授予品种权的植物新品种更名的纠纷案件；

（四）实施强制许可的纠纷案件；

（五）实施强制许可使用费的纠纷案件；

（六）植物新品种申请权纠纷案件；

（七）植物新品种权权利归属纠纷案件；

（八）转让植物新品种申请权和转让植物新品种权的纠纷案件；

（九）侵犯植物新品种权的纠纷案件；

（十）不服省级以上农业、林业行政管理部门依据职权对侵犯植物新品种权处罚的纠纷案件；

（十一）不服县级以上农业、林业行政管理部门依据职权对假冒授权品种处罚的纠纷案件。

第二条　人民法院在依法审查当事人涉及植物新品种权的起诉时，只要符合《中华人民共和国民事诉讼法》第一百零八条、《中华人民共和国行政诉讼法》第四十一条规定的民事案件或者行政案件的起诉条件，均应当依法予以受理。

第三条　本解释第一条所列第（一）至（五）类案件，由北京市第二中级人民法院作为第一审人民法院审理；第（六）至（十一）类案件，由各省、自治区、直辖市人民政府所在地和最高人民法院指定的中级人民法院作为第一审人民法院审理。

第四条　以侵权行为地确定人民法院管辖的侵犯植物新品种权的民事案

件，其所称的侵权行为地，是指未经品种权所有人许可，以商业目的生产、销售该授权植物新品种的繁殖材料的所在地，或者将该授权品种的繁殖材料重复使用于生产另一品种的繁殖材料的所在地。

第五条 关于是否应当授予植物新品种权的纠纷案件、宣告授予的植物新品种权无效或者维持植物新品种权的纠纷案件、授予品种权的植物新品种更名的纠纷案件，应当以行政主管机关植物新品种复审委员会为被告；关于实施强制许可的纠纷案件，应当以植物新品种审批机关为被告；关于强制许可使用费纠纷案件，应当根据原告所请求的事项和所起诉的当事人确定被告。

第六条 人民法院审理侵犯植物新品种权纠纷案件，被告在答辩期间内向行政主管机关植物新品种复审委员会请求宣告该植物新品种权无效的，人民法院一般不中止诉讼。

【链　接】

最高人民法院民三庭负责人就《关于审理植物新品种纠纷案件若干问题的解释》答记者问

问：最高人民法院公布《关于审理植物新品种纠纷案件若干问题的解释》的目的和意义是什么？

答：《植物新品种保护条例》已于1997年10月1日起施行。1999年4月23日我国正式加入“国际植物新品种保护联盟（UPOV）”，承诺履行该联盟公约义务。1999年6月16日和8月10日，《植物新品种保护条例实施细则》的农业部分和林业部分也分别发布施行。农业部、国家林业局按照职责分工，已从1999年4月23日起受理国内外植物新品种权申请，并对符合条件的申请授予了植物新品种权。截止到2000年12月31日，我国植物新品种保护审批机关已经受理了392件植物新品种权申请，并对68个品种权申请予以授权。在一些地方涉及植物新品种的纠纷也已经发生。不少农、林业科研机构和权利人要求保护他们的智力劳动。因此，依法对植物新品种权进行司法保护，突出地摆在人民法院的面前。对植物新品种权的司法保护，是国家法律赋予人民法院的一项新的审判职能，是人民法院知识产权审判工作的又一个新的领域。做好这项审判工作将有利于促进广大农业科技人员聪明才智的发挥，有利于建立我国自己的植物新品种优势。这项审判工作的开展，将成为人民法院为我国农业、林业快速、持续发展提供的一项重要司法保障。为确保人民法院依法受理和公正审判涉及植物新品种保护的纠纷案件，最高人民法院公布了《关于审理植物新品种纠纷案件的若干问题的解释》。这一司法解释的出台，必将对人民法院依法受理和公正审理植物新品种纠纷案件，保证执法的统一，起到积极的作用。

问：人民法院受理的植物新品种纠纷案件都包括哪些类型？

答：人民法院受理的植物新品种权纠纷案件主要包括以下几类：（1）是否应当授予植物新品种权纠纷案件；（2）宣告授予的植物新品种权无效或者维持植物新品种权的纠纷案件；（3）授予品种权的植物新品种更名的纠纷案件；（4）实施强制许可的纠纷案件；（5）实施强制许可使用费的纠纷案件；（6）植物新品种申请权纠纷案件；（7）植物新品种权权利归属纠纷案件；（8）转让植物新品种申请权和转让植物新品种权的纠纷案件；（9）侵犯植物新品种权的纠纷案件；（10）不服省级以上农业、林业行政管理部门依据职权对侵犯植物新品种权处罚的纠纷案件；（11）不服县级以上农业、林业行政管理部门依据职权对假冒授权品种处罚的纠纷案件。上述涉及植物新品种权纠纷可以分为民事案件和行政案件，人民法院在依法审查当事人涉及植物新品种权的起诉时，只要符合《中华人民共和国民事诉讼法》第一百零八条、《中华人民共和国行政诉讼法》第四十一条规定的民事案件或者行政案件的起诉条件，均应当依法予以受理。

问：为什么在司法解释中确定植物新品种纠纷案件由各省、自治区、直辖市人民政府所在地和最高人民法院指定的中级人民法院管辖？

答：《植物新品种保护条例》规定植物新品种要具备新颖性、特异性、一致性和稳定性，并经过人工培育或者对发现的野生植物加以开发。这类案件所涉及的技术难度大、专业性强、法律问题复杂，考虑到人民法院审判力量配置、发案数量和方便人民群众诉讼等因素，根据《民事诉讼法》和《行政诉讼法》的规定，司法解释将这类案件的受诉法院相对集中，统一由最高人民法院确定的中级人民法院作为第一审人民法院。其中司法解释第一条所列第（一）至（五）类案件，由于涉及国家植物新品种审批机关的住所地北京市第二中级人民法院的辖区内，因此，规定由该院作为第一审人民法院审理；第（六）至（十一）类案件，由各省、自治区、直辖市人民政府所在地和最高人民法院指定的中级人民法院作为第一审人民法院审理。

问：对涉及侵犯植物新品种权纠纷案件，人民法院如何确定管辖？

答：《民事诉讼法》第二十九条规定，因侵权行为提起的诉讼，由侵权行为地或者被告住所地人民法院管辖。司法解释中明确规定了侵犯植物新品种权的侵权行为地的概念，即指未经品种权所有人许可，以商业目的生产、销售该授权植物新品种的繁殖材料的所在地，或者将该授权品种的繁殖材料重复使用于生产另一品种的繁殖材料的所在地。

问：为什么在司法解释中规定侵犯植物新品种权纠纷案件，被告在答辩期间内向行政主管机关植物新品种复审委员会请求宣告该植物新品种权无效的，人民法院一般不中止诉讼？

答：植物新品种授权要经过主管机关对申请的对象进行新颖性、特异性、一致性和稳定性的审查，稳定性较高，因此，为保护权利人的合法权益，防止诉讼拖延，被控侵权人在侵权诉讼期间提出宣告该植物新品种无效，一般不中止侵权诉讼。

问：植物新品种纠纷案件的审判是人民法院知识产权审判的一项新的工作，也是我国为加入 WTO 所做的准备，人民法院如何应对新形势，做好执法的各项准备工作？

答：最高人民法院在公布上述司法解释的同时，发出了《关于开展植物新品种纠纷案件审判工作的通知》。该通知要求各高、中级人民法院组织有关审判工作人员，认真学习和研究植物新品种保护国际公约和植物新品种保护条例、实施细则以及最高人民法院的司法解释，熟悉、掌握相关的法学理论和专业知识，积极开展该领域的内外业务交流和培训及时总结审判经验，努力提高审判人员的业务素质和执法水平，保证案件的质量。同时，最高人民法院、各地高级人民法院也将对植物新品种纠纷案件的审判不断进行指导与监督。

最高人民法院
关于开展植物新品种纠纷案件审判工作的通知

（2001 年 2 月 5 日　法〔2001〕18 号）

各省、自治区、直辖市高级人民法院，解放军军事法院，新疆维吾尔自治区高级人民法院生产建设兵团分院：

《中华人民共和国植物新品种保护条例》已于 1997 年 10 月 1 日起施行。1999 年 4 月 23 日我国正式加入“国际植物新品种保护联盟（UPOV）”，承诺履行该联盟公约义务。1999 年 6 月 16 日和 8 月 10 日，《中华人民共和国植物新品种保护条例实施细则》的农业部分和林业部分也已经分别发布施行。农业部、国家林业局按照职责分工，已从 1999 年 4 月 23 日起受理国内外植物新品种权申请，并已对符合条件的申请授予了植物新品种权。对植物新品种权的司法保护，是国家法律赋予人民法院的一项新的审判职能，是人民法院知识产权审判工作的又一个新的领域。做好这项审判工作将有利于建立我国自己的植物新品种优势，为农业、林业的快速发展提供有力的司法保障。

为确保人民法院依法受理和公正审判涉及植物新品种保护的纠纷案件，最高人民法院发布了《关于审理植物新品种纠纷案件的若干问题的解释》。现将有关问题通知如下：

一、审判植物新品种纠纷案件是人民法院知识产权审判的一项新的工作，各高、中级人民法院要组织有关审判人员，认真学习和研究植物新品种保护国际公约和植物新品种保护条例、实施细则，以及最高人民法院的司法解释，熟悉、掌握相关的法学理论和专业知识，积极开展该领域的内外业务交流，及时总结审判经验，努力提高审判人员的业务素质和执法水平。

二、涉及植物新品种的纠纷案件，属于知识产权纠纷案件类别，应当按照最高人民法院法发〔2000〕30 号文件的规定，由相关的审判业务庭办理。

三、要主动与有关行政主管机关沟通情况，积极开展有关植物新品种纠纷的调研工作。对于社会影响重大、案情复杂、适用法律难度大的案件，要在查明事实的基础上，及时向最高人民法院通报情况。涉及植物新品种纠纷案件的终审裁决，应将法律文书及时报送最高人民法院民事审判第三庭。

最高人民法院
关于审理侵犯植物新品种权纠纷案件具体应用法律问题的若干规定

法释〔2007〕1 号

（2006 年 12 月 25 日最高人民法院审判委员会第 1411 次会议通过
2007 年 1 月 12 日最高人民法院公告公布　自 2007 年 2 月 1 日起施行）

为正确处理侵犯植物新品种权纠纷案件，根据《中华人民共和国民法通则》、《中华人民共和国民事诉讼法》等有关规定，结合侵犯植物新品种权纠纷案件的审判经验和实际情况，就具体应用法律的若干问题规定如下：

第一条　植物新品种权所有人（以下称品种权人）或者利害关系人认为植物新品种权受到侵犯的，可以依法向人民法院提起诉讼。

前款所称利害关系人，包括植物新品种实施许可合同的被许可人、品种权财产权利的合法继承人等。

独占实施许可合同的被许可人可以单独向人民法院提起诉讼；排他实施

许可合同的被许可人可以和品种权人共同起诉，也可以在品种权人不起诉时，自行提起诉讼；普通实施许可合同的被许可人经品种权人明确授权，可以提起诉讼。

第二条 未经品种权人许可，为商业目的生产或销售授权品种的繁殖材料，或者为商业目的将授权品种的繁殖材料重复使用于生产另一品种的繁殖材料的，人民法院应当认定为侵犯植物新品种权。

被控侵权物的特征、特性与授权品种的特征、特性相同，或者特征、特性的不同是因非遗传变异所致的，人民法院一般应当认定被控侵权物属于商业目的生产或者销售授权品种的繁殖材料。

被控侵权人重复以授权品种的繁殖材料为亲本与其他亲本另行繁殖的，人民法院一般应当认定属于商业目的将授权品种的繁殖材料重复使用于生产另一品种的繁殖材料。

第三条 侵犯植物新品种权纠纷案件涉及的专门性问题需要鉴定的，由双方当事人协商确定的有鉴定资格的鉴定机构、鉴定人鉴定；协商不成的，由人民法院指定的有鉴定资格的鉴定机构、鉴定人鉴定。

没有前款规定的鉴定机构、鉴定人的，由具有相应品种检测技术水平的专业机构、专业人员鉴定。

第四条 对于侵犯植物新品种权纠纷案件涉及的专门性问题可以采取田间观察检测、基因指纹图谱检测等方法鉴定。

对采取前款规定方法作出的鉴定结论，人民法院应当依法质证，认定其证明力。

第五条 品种权人或者利害关系人向人民法院提起侵犯植物新品种权诉讼时，同时提出先行停止侵犯植物新品种权行为或者保全证据请求的，人民法院经审查可以先行作出裁定。

人民法院采取证据保全措施时，可以根据案件具体情况，邀请有关专业技术人员按照相应的技术规程协助取证。

第六条 人民法院审理侵犯植物新品种权纠纷案件，应当依照民法通则第一百三十四条的规定，结合案件具体情况，判决侵权人承担停止侵害、赔偿损失等民事责任。

人民法院可以根据被侵权人的请求，按照被侵权人因侵权所受损失或者侵权人因侵权所得利益确定赔偿数额。被侵权人请求按照植物新品种实施许可费确定赔偿数额的，人民法院可以根据植物新品种实施许可的种类、时间、范围等因素，参照该植物新品种实施许可费合理确定赔偿数额。

依照前款规定难以确定赔偿数额的，人民法院可以综合考虑侵权的性质、期间、后果，植物新品种实施许可费的数额，植物新品种实施许可的种类、时间、范围及被侵权人调查、制止侵权所支付的合理费用等因素，在50万元以下确定赔偿数额。

第七条　被侵权人和侵权人均同意将侵权物折价抵扣被侵权人所受损失的，人民法院应当准许。被侵权人或者侵权人不同意折价抵扣的，人民法院依照当事人的请求，责令侵权人对侵权物作消灭活性等使其不能再被用作繁殖材料的处理。

侵权物正处于生长期或者销毁侵权物将导致重大不利后果的，人民法院可以不采取责令销毁侵权物的方法，但法律、行政法规另有规定的除外。

第八条　以农业或者林业种植为业的个人、农村承包经营户接受他人委托代为繁殖侵犯品种权的繁殖材料，不知道代繁物是侵犯品种权的繁殖材料并说明委托人的，不承担赔偿责任。

集成电路布图设计保护条例

（2001年3月28日国务院第36次常务会议通过　2001年4月2日国务院令第300号发布　自2001年10月1日起施行）

第一章　总　则

第一条　为了保护集成电路布图设计专有权，鼓励集成电路技术的创新，促进科学技术的发展，制定本条例。

第二条　本条例下列用语的含义：

（一）集成电路，是指半导体集成电路，即以半导体材料为基片，将至少有一个是有源元件的两个以上元件和部分或者全部互连线路集成在基片之中或者基片之上，以执行某种电子功能的中间产品或者最终产品；

（二）集成电路布图设计（以下简称布图设计），是指集成电路中至少有一个是有源元件的两个以上元件和部分或者全部互连线路的三维配置，或者为制造集成电路而准备的上述三维配置；

（三）布图设计权利人，是指依照本条例的规定，对布图设计享有专有权的自然人、法人或者其他组织；

（四）复制，是指重复制作布图设计或者含有该布图设计的集成电路的行为；

（五）商业利用，是指为商业目的进口、销售或者以其他方式提供受保护的布图设计、含有该布图设计的集成电路或者含有该集成电路的物品的行为。

第三条 中国自然人、法人或者其他组织创作的布图设计，依照本条例享有布图设计专有权。

外国人创作的布图设计首先在中国境内投入商业利用的，依照本条例享有布图设计专有权。

外国人创作的布图设计，其创作者所属国同中国签订有关布图设计保护协议或者与中国共同参加有关布图设计保护国际条约的，依照本条例享有布图设计专有权。

第四条 受保护的布图设计应当具有独创性，即该布图设计是创作者自己的智力劳动成果，并且在其创作时该布图设计在布图设计创作者和集成电路制造者中不是公认的常规设计。

受保护的由常规设计组成的布图设计，其组合作为整体应当符合前款规定的条件。

第五条 本条例对布图设计的保护，不延及思想、处理过程、操作方法或者数学概念等。

第六条 国务院知识产权行政部门依照本条例的规定，负责布图设计专有权的有关管理工作。

第二章 布图设计专有权

第七条 布图设计权利人享有下列专有权：

（一）对受保护的布图设计的全部或者其中任何具有独创性的部分进行复制；

（二）将受保护的布图设计、含有该布图设计的集成电路或者含有该集成电路的物品投入商业利用。

第八条 布图设计专有权经国务院知识产权行政部门登记产生。

未经登记的布图设计不受本条例保护。

第九条 布图设计专有权属于布图设计创作者，本条例另有规定的除外。

由法人或者其他组织主持，依据法人或者其他组织的意志而创作，并由法人或者其他组织承担责任的布图设计，该法人或者其他组织是创作者。

由自然人创作的布图设计，该自然人是创作者。

第十条 两个以上自然人、法人或者其他组织合作创作的布图设计，其专有权的归属由合作者约定；未作约定或者约定不明的，其专有权由合作者共同享有。

第十一条 受委托创作的布图设计，其专有权的归属由委托人和受托人双方约定；未作约定或者约定不明的，其专有权由受托人享有。

第十二条　布图设计专有权的保护期为10年，自布图设计登记申请之日或者在世界任何地方首次投入商业利用之日起计算，以较前日期为准。但是，无论是否登记或者投入商业利用，布图设计自创作完成之日起15年后，不再受本条例保护。

第十三条　布图设计专有权属于自然人的，该自然人死亡后，其专有权在本条例规定的保护期内依照继承法的规定转移。

布图设计专有权属于法人或者其他组织的，法人或者其他组织变更、终止后，其专有权在本条例规定的保护期内由承继其权利、义务的法人或者其他组织享有；没有承继其权利、义务的法人或者其他组织的，该布图设计进入公有领域。

第三章　布图设计的登记

第十四条　国务院知识产权行政部门负责布图设计登记工作，受理布图设计登记申请。

第十五条　申请登记的布图设计涉及国家安全或者重大利益，需要保密的，按照国家有关规定办理。

第十六条　申请布图设计登记，应当提交：

（一）布图设计登记申请表；

（二）布图设计的复制件或者图样；

（三）布图设计已投入商业利用的，提交含有该布图设计的集成电路样品；

（四）国务院知识产权行政部门规定的其他材料。

第十七条　布图设计自其在世界任何地方首次商业利用之日起2年内，未向国务院知识产权行政部门提出登记申请的，国务院知识产权行政部门不再予以登记。

第十八条　布图设计登记申请经初步审查，未发现驳回理由的，由国务院知识产权行政部门予以登记，发给登记证明文件，并予以公告。

第十九条　布图设计登记申请人对国务院知识产权行政部门驳回其登记申请的决定不服的，可以自收到通知之日起3个月内，向国务院知识产权行政部门请求复审。国务院知识产权行政部门复审后，作出决定，并通知布图设计登记申请人。布图设计登记申请人对国务院知识产权行政部门的复审决定仍不服的，可以自收到通知之日起3个月内向人民法院起诉。

第二十条　布图设计获准登记后，国务院知识产权行政部门发现该登记不符合本条例规定的，应当予以撤销，通知布图设计权利人，并予以公告。布图设计权利人对国务院知识产权行政部门撤销布图设计登记的决定不服的，可以自收到通知之日起 3 个月内向人民法院起诉。

第二十一条 在布图设计登记公告前，国务院知识产权行政部门的工作人员对其内容负有保密义务。

第四章 布图设计专有权的行使

第二十二条 布图设计权利人可以将其专有权转让或者许可他人使用其布图设计。

转让布图设计专有权的，当事人应当订立书面合同，并向国务院知识产权行政部门登记，由国务院知识产权行政部门予以公告。布图设计专有权的转让自登记之日起生效。

许可他人使用其布图设计的，当事人应当订立书面合同。

第二十三条 下列行为可以不经布图设计权利人许可，不向其支付报酬：

（一）为个人目的或者单纯为评价、分析、研究、教学等目的而复制受保护的布图设计的；

（二）在依据前项评价、分析受保护的布图设计的基础上，创作出具有独创性的布图设计的；

（三）对自己独立创作的与他人相同的布图设计进行复制或者将其投入商业利用的。

第二十四条 受保护的布图设计、含有该布图设计的集成电路或者含有该集成电路的物品，由布图设计权利人或者经其许可投放市场后，他人再次商业利用的，可以不经布图设计权利人许可，并不向其支付报酬。

第二十五条 在国家出现紧急状态或者非常情况时，或者为了公共利益的目的，或者经人民法院、不正当竞争行为监督检查部门依法认定布图设计权利人有不正当竞争行为而需要给予补救时，国务院知识产权行政部门可以给予使用其布图设计的非自愿许可。

第二十六条 国务院知识产权行政部门作出给予使用布图设计非自愿许可的决定，应当及时通知布图设计权利人。

给予使用布图设计非自愿许可的决定，应当根据非自愿许可的理由，规定使用的范围和时间，其范围应当限于为公共目的非商业性使用，或者限于经人民法院、不正当竞争行为监督检查部门依法认定布图设计权利人有不正当竞争行为而需要给予的补救。

非自愿许可的理由消除并不再发生时，国务院知识产权行政部门应当根据布图设计权利人的请求，经审查后作出终止使用布图设计非自愿许可的决定。

第二十七条 取得使用布图设计非自愿许可的自然人、法人或者其他组织不享有独占的使用权，并且无权允许他人使用。

第二十八条　取得使用布图设计非自愿许可的自然人、法人或者其他组织应当向布图设计权利人支付合理的报酬，其数额由双方协商；双方不能达成协议的，由国务院知识产权行政部门裁决。

第二十九条　布图设计权利人对国务院知识产权行政部门关于使用布图设计非自愿许可的决定不服的，布图设计权利人和取得非自愿许可的自然人、法人或者其他组织对国务院知识产权行政部门关于使用布图设计非自愿许可的报酬的裁决不服的，可以自收到通知之日起3个月内向人民法院起诉。

第五章　法律责任

第三十条　除本条例另有规定的外，未经布图设计权利人许可，有下列行为之一的，行为人必须立即停止侵权行为，并承担赔偿责任：

（一）复制受保护的布图设计的全部或者其中任何具有独创性的部分的；

（二）为商业目的进口、销售或者以其他方式提供受保护的布图设计、含有该布图设计的集成电路或者含有该集成电路的物品的。

侵犯布图设计专有权的赔偿数额，为侵权人所获得的利益或者被侵权人所受到的损失，包括被侵权人为制止侵权行为所支付的合理开支。

第三十一条　未经布图设计权利人许可，使用其布图设计，即侵犯其布图设计专有权，引起纠纷的，由当事人协商解决；不愿协商或者协商不成的，布图设计权利人或者利害关系人可以向人民法院起诉，也可以请求国务院知识产权行政部门处理。国务院知识产权行政部门处理时，认定侵权行为成立的，可以责令侵权人立即停止侵权行为，没收、销毁侵权产品或者物品。当事人不服的，可以自收到处理通知之日起15日内依照《中华人民共和国行政诉讼法》向人民法院起诉；侵权人期满不起诉又不停止侵权行为的，国务院知识产权行政部门可以请求人民法院强制执行。应当事人的请求，国务院知识产权行政部门可以就侵犯布图设计专有权的赔偿数额进行调解；调解不成的，当事人可以依照《中华人民共和国民事诉讼法》向人民法院起诉。

第三十二条　布图设计权利人或者利害关系人有证据证明他人正在实施或者即将实施侵犯其专有权的行为，如不及时制止将会使其合法权益受到难以弥补的损害的，可以在起诉前依法向人民法院申请采取责令停止有关行为和财产保全的措施。

第三十三条　在获得含有受保护的布图设计的集成电路或者含有该集成电路的物品时，不知道也没有合理理由应当知道其中含有非法复制的布图设计，而将其投入商业利用的，不视为侵权。

前款行为人得到其中含有非法复制的布图设计的明确通知后，可以继续将现有的存货或者此前的订货投入商业利用，但应当向布图设计权利人支付合理的报酬。

第三十四条 国务院知识产权行政部门的工作人员在布图设计管理工作中玩忽职守、滥用职权、徇私舞弊，构成犯罪的，依法追究刑事责任；尚不构成犯罪的，依法给予行政处分。

第六章 附 则

第三十五条 申请布图设计登记和办理其他手续，应当按照规定缴纳费用。缴费标准由国务院物价主管部门、国务院知识产权行政部门制定，并由国务院知识产权行政部门公告。

第三十六条 本条例自2001年10月1日起施行。

集成电路布图设计保护条例实施细则

（2001年9月18日知识产权局局长令第11号发布
自2001年10月1日起施行）

第一章 总 则

第一条 宗旨

为了保护集成电路布图设计（以下简称布图设计）专有权，促进我国集成电路技术的进步与创新，根据《集成电路布图设计保护条例》（以下简称条例），制定本实施细则（以下简称本细则）。

第二条 登记机构

条例所称的国务院知识产权行政部门是指国家知识产权局。

第三条 办理手续需用的形式

条例和本细则规定的各种文件，应当以书面形式或者以国家知识产权局规定的其他形式办理。

第四条 代理机构

中国单位或者个人在国内申请布图设计登记和办理其他与布图设计有关的事务的，可以委托专利代理机构办理。

在中国没有经常居所或者营业所的外国人、外国企业或者外国其他组织在中国申请布图设计登记和办理其他与布图设计有关的事务的，应当委托国家知识产权局指定的专利代理机构办理。

第五条 申请文件和申请日的确定

向国家知识产权局申请布图设计登记的，应当提交布图设计登记申请表和该布图设计的复制件或者图样；布图设计在申请日以前已投入商业利用的，还应当提交含有该布图设计的集成电路样品。

国家知识产权局收到前款所述布图设计申请文件之日为申请日。如果申请文件是邮寄的，以寄出的邮戳日为申请日。

第六条 文件的语言

依照条例和本细则规定提交的各种文件应当使用中文。国家有统一规定的科技术语的，应当采用规范词；外国人名、地名和科技术语没有统一中文译文的，应当注明原文。依照条例和本细则规定提交的各种证件和证明文件是外文的，国家知识产权局认为必要时，可以要求当事人在指定期限内附送中文译文；期满未附送的，视为未提交该证件和证明文件。

第七条 文件的递交和送达

向国家知识产权局邮寄的各种文件，以寄出的邮戳日为递交日。邮戳日不清晰的，除当事人能够提出证明外，以国家知识产权局收到文件之日为递交日。国家知识产权局的各种文件，可以通过邮寄、直接送交或者其他方式送达当事人。当事人委托专利代理机构的，文件送交专利代理机构；未委托专利代理机构的，文件送交申请表中指明的联系人。国家知识产权局邮寄的各种文件，自文件发出之日起满 15 日，推定为当事人收到文件之日。根据国家知识产权局规定应当直接送交的文件，以交付日为送达日。文件送交地址不清，无法邮寄的，可以通过公告的方式送达当事人。自公告之日起满 1 个月，该文件视为已经送达。

第八条 期限的计算

条例和本细则规定的各种期限的第一日不计算在期限内。期限以年或者月计算的，以其最后一月的相应日为期限届满日；该月无相应日的，以该月最后一日为期限届满日。

期限届满日是法定节假日的，以节假日后的第一个工作日为期限届满日。

第九条 权利的恢复和期限的延长

当事人因不可抗拒的事由而耽误本细则规定的期限或者国家知识产权局指定的期限，造成其权利丧失的，自障碍消除之日起 2 个月内，但是最迟自期限届满之日起 2 年内，可以向国家知识产权局说明理由并附具有关证明文件，请求恢复其权利。

当事人因正当理由而耽误本细则规定的期限或者国家知识产权局指定的期限，造成其权利丧失的，可以自收到国家知识产权局的通知之日起 2 个月内向国家知识产权局说明理由，请求恢复其权利。

当事人请求延长国家知识产权局指定的期限的，应当在期限届满前，向国家知识产权局说明理由并办理有关手续。条例规定的期限不得请求延长。

第十条　共有

布图设计是 2 个以上单位或者个人合作创作的，创作者应当共同申请布图设计登记；有合同约定的，从其约定。

涉及共有的布图设计专有权的，每一个共同布图设计权利人在没有征得其他共同布图设计权利人同意的情况下，不得将其所持有的那一部分权利进行转让、出质或者与他人订立独占许可合同或者排他许可合同。

第十一条　向外国人转让专有权

中国单位或者个人向外国人转让布图设计专有权的，在向国家知识产权局办理转让登记时应当提交国务院有关主管部门允许其转让的证明文件。

布图设计专有权发生转移的，当事人应当凭有关证明文件或者法律文书向国家知识产权局办理著录项目变更手续。

第二章　布图设计登记的申请和审查

第十二条　申请文件

以书面形式申请布图设计登记的，应当向国家知识产权局提交布图设计登记申请表一式两份以及一份布图设计的复制件或者图样。

以国家知识产权局规定的其他形式申请布图设计登记的，应当符合规定的要求。

申请人委托专利代理机构向国家知识产权局申请布图设计登记和办理其他手续的，应当同时提交委托书，写明委托权限。

申请人有 2 个以上且未委托专利代理机构的，除申请表中另有声明外，以申请表中指明的第一申请人为代表人。

第十三条　申请表

布图设计登记申请表应当写明下列各项：

（一）申请人的姓名或者名称、地址或者居住地；

（二）申请人的国籍；

（三）布图设计的名称；

（四）布图设计创作者的姓名或者名称；

（五）布图设计的创作完成日期；

（六）该布图设计所用于的集成电路的分类；

（七）申请人委托专利代理机构的，应当注明的有关事项；申请人未委托专利代理机构的，其联系人的姓名、地址、邮政编码及联系电话；

（八）布图设计有条例第十七条所述商业利用行为的，该行为的发生日；

（九）布图设计登记申请有保密信息的，含有该保密信息的图层的复制件或者图样页码编号及总页数；

（十）申请人或者专利代理机构的签字或者盖章；

（十一）申请文件清单；

（十二）附加文件及样品清单；

（十三）其他需要注明的事项。

第十四条　复制件或者图样

按照条例第十六条规定提交的布图设计的复制件或者图样应当符合下列要求：

（一）复制件或者图样的纸件应当至少放大到用该布图设计生产的集成电路的 20 倍以上；申请人可以同时提供该复制件或者图样的电子版本；提交电子版本的复制件或者图样的，应当包含该布图设计的全部信息，并注明文件的数据格式；

（二）复制件或者图样有多张纸件的，应当顺序编号并附具目录；

（三）复制件或者图样的纸件应当使用 A4 纸格式；如果大于 A4 纸的，应当折叠成 A4 纸格式；

（四）复制件或者图样可以附具简单的文字说明，说明该集成电路布图设计的结构、技术、功能和其他需要说明的事项。

第十五条　涉及保密信息的申请

布图设计在申请日之前没有投入商业利用的，该布图设计登记申请可以有保密信息，其比例最多不得超过该集成电路布图设计总面积的 50%。含有保密信息的图层的复制件或者图样页码编号及总页数应当与布图设计登记申请表中所填写的一致。

布图设计登记申请有保密信息的，含有该保密信息的图层的复制件或者图样纸件应当置于在另一个保密文档袋中提交。除侵权诉讼或者行政处理程序需要外，任何人不得查阅或者复制该保密信息。

第十六条　集成电路样品

布图设计在申请日之前已投入商业利用的，申请登记时应当提交 4 件含有该布图设计的集成电路样品，并应当符合下列要求：

（一）所提交的 4 件集成电路样品应当置于能保证其不受损坏的专用器具中，并附具填写好的国家知识产权局统一编制的表格；

（二）器具表面应当写明申请人的姓名、申请号和集成电路名称；

（三）器具中的集成电路样品应当采用适当的方式固定，不得有损坏，并能够在干燥器中至少存放十年。

第十七条 不予受理

布图设计登记申请有下列情形的，国家知识产权局不予受理，并通知申请人：

（一）未提交布图设计登记申请表或者布图设计的复制件或者图样的，已投入商业利用而未提交集成电路样品的，或者提交的上述各项不一致的；

（二）外国申请人的所属国未与中国签订有关布图设计保护协议或者与中国共同参加有关国际条约；

（三）所涉及的布图设计属于条例第十二条规定不予保护的；

（四）所涉及的布图设计属于条例第十七条规定不予登记的；

（五）申请文件未使用中文的；

（六）申请类别不明确或者难以确定其属于布图设计的；

（七）未按规定委托代理机构的；

（八）布图设计登记申请表填写不完整的。

第十八条 文件的补正和修改

除本细则第十七条规定不予受理的外，申请文件不符合条例和本细则规定的条件的，申请人应当在收到国家知识产权局的审查意见通知之日起2个月内进行补正。补正应当按照审查意见通知书的要求进行。逾期未答复的，该申请视为撤回。

申请人按照国家知识产权局的审查意见补正后，申请文件仍不符合条例和本细则的规定的，国家知识产权局应当作出驳回决定。

国家知识产权局可以自行修改布图设计申请文件中文字和符号的明显错误。国家知识产权局自行修改的，应当通知申请人。

第十九条 申请的驳回

除本细则第十八条第二款另有规定的外，申请登记的布图设计有下列各项之一的，国家知识产权局应当作出驳回决定，写明所依据的理由：

（一）明显不符合条例第二条第（一）（二）项规定的；

（二）明显不符合条例第五条规定的。

第二十条 布图设计专有权的生效

布图设计登记申请经初步审查没有发现驳回理由的，国家知识产权局应当颁发布图设计登记证书，并在国家知识产权局互联网站和中国知识产权报上予以公告。布图设计专有权自申请日起生效。

第二十一条 登记证书

国家知识产权局颁发的布图设计登记证书应当包括下列各项：

（一）布图设计权利人的姓名或者名称和地址；

（二）布图设计的名称；

（三）布图设计在申请日之前已经投入商业利用的，其首次商业利用的时间；

（四）布图设计的申请日及创作完成日；

（五）布图设计的颁证日期；

（六）布图设计的登记号；

（七）国家知识产权局的印章及负责人签字。

第二十二条 更正

国家知识产权局对布图设计公告中出现的错误，一经发现，应当及时更正，并对所作更正予以公告。

第三章 布图设计登记申请的复审、复议和专有权的撤销

第二十三条 复审和撤销机构

国家知识产权局专利复审委员会（以下简称专利复审委员会）负责对国家知识产权局驳回布图设计登记申请决定不服而提出的复审请求的审查，以及负责对布图设计专有权撤销案件的审查。

第二十四条 复审的请求

向专利复审委员会请求复审的，应当提交复审请求书，说明理由，必要时还应当附具有关证据。复审请求书不符合条例第十九条有关规定的，专利复审委员会不予受理。

复审请求不符合规定格式的，复审请求人应当在专利复审委员会指定的期限内补正；期满未补正的，该复审请求视为未提出。

第二十五条 复审程序中文件的修改

复审请求人在提出复审请求或者在对专利复审委员会的复审通知书作出答复时，可以修改布图设计申请文件；但是修改应当仅限于消除驳回决定或者复审通知书指出的缺陷。

修改的申请文件应当提交一式两份。

第二十六条 复审决定

专利复审委员会进行审查后，认为布图设计登记申请的复审请求不符合条例或者本细则有关规定的，应当通知复审请求人，要求其在指定期限内陈述意见。期满未答复的，该复审请求视为撤回；经陈述意见或者进行修改后，专利复审委员会认为该申请仍不符条例和本细则有关规定的，应当作出维持原驳回决定的复审决定。

专利复审委员会进行复审后，认为原驳回决定不符合条例和本细则有关规定的，或者认为经过修改的申请文件消除了原驳回决定指出的缺陷的，应

当撤销原驳回决定，通知原审查部门对该申请予以登记和公告。

专利复审委员会的复审决定，应当写明复审决定的理由，并通知布图设计登记申请人。

第二十七条 复审请求的撤回

复审请求人在专利复审委员会作出决定前，可以撤回其复审请求。

复审请求人在专利复审委员会作出决定前撤回其复审请求的，复审程序终止。

第二十八条 复议请求

当事人对国家知识产权局作出的下列具体行政行为不服或者有争议的，可以向国家知识产权局行政复议部门申请复议：

（一）不予受理布图设计申请的；

（二）将布图设计申请视为撤回的；

（三）不允许恢复有关权利的请求的；

（四）其他侵犯当事人合法权益的具体行政行为。

第二十九条 撤销程序

布图设计登记公告后，发现登记的布图设计专有权不符合集成电路布图设计保护条例第二条第（一）（二）项、第三条、第四条、第五条、第十二条或者第十七条规定的，由专利复审委员会撤销该布图设计专有权。

撤销布图设计专有权的，应当首先通知该布图设计权利人，要求其在指定期限内陈述意见。期满未答复的，不影响专利复审委员会作出撤销布图设计专有权的决定。

专利复审委员会撤销布图设计专有权的决定应当写明所依据的理由，并通知该布图设计权利人。

第三十条 撤销决定的公告

对专利复审委员会撤销布图设计专有权的决定未在规定期限内向人民法院起诉，或者在人民法院维持专利复审委员会撤销布图设计专有权决定的判决生效后，国家知识产权局应当将撤销该布图设计专有权的决定在国家知识产权局互联网站和中国知识产权报上公告。

被撤销的布图设计专有权视为自始即不存在。

第四章 布图设计专有权的保护

第三十一条 布图设计专有权的放弃

布图设计权利人在其布图设计专有权保护期届满之前，可以向国家知识产权局提交书面声明放弃该专有权。

布图设计专有权已许可他人实施或者已经出质的，该布图设计专有权的放弃应当征得被许可人或质权人的同意。

布图设计专有权的放弃应当由国家知识产权局登记和公告。

第三十二条　国家知识产权局受理侵权纠纷案件的条件

根据条例第三十一条的规定请求国家知识产权局处理布图设计专有权侵权纠纷的，应当符合下列条件：

（一）该布图设计已登记、公告；

（二）请求人是布图设计权利人或者与该侵权纠纷有直接利害关系的单位或者个人；

（三）有明确的被请求人；

（四）有明确的请求事项和具体的事实、理由；

（五）当事人任何一方均未就该侵权纠纷向人民法院起诉。

第三十三条　有关程序的中止和恢复

当事人因布图设计申请权或者布图设计专有权的归属发生纠纷，已经向人民法院起诉的，可以请求国家知识产权局中止有关程序。

依照前款规定请求中止有关程序的，应当向国家知识产权局提交请求书，并附具人民法院的有关受理文件副本。

在人民法院作出的判决生效后，当事人应当向国家知识产权局办理恢复有关程序的手续。自请求中止之日起一年内，有关布图设计申请权或者布图设计专有权归属的纠纷未能结案，需要继续中止有关程序的，请求人应当在该期限内请求延长中止。期满未请求延长的，国家知识产权局自行恢复有关程序。

人民法院在审理民事案件中裁定对布图设计专有权采取保全措施的，国家知识产权局在协助执行时中止被保全的布图设计专有权的有关程序。保全期限届满，人民法院没有裁定继续采取保全措施的，国家知识产权局自行恢复有关程序。

第五章　费　用

第三十四条　应缴纳的费用

向国家知识产权局申请布图设计登记和办理其他手续时，应当缴纳下列费用：

（一）布图设计登记费；

（二）著录事项变更手续费、延长期限请求费、恢复权利请求费；

（三）复审请求费；

（四）非自愿许可许可请求费、非自愿许可使用费的裁决请求费。

前款所列各种费用的数额，由国务院价格管理部门会同国家知识产权局另行规定。

第三十五条　缴费手续

条例和本细则规定的各种费用，可以直接向国家知识产权局缴纳，也可以通过邮局或者银行汇付，或者以国家知识产权局规定的其他方式缴纳。

通过邮局或者银行汇付的，应当在送交国家知识产权局的汇单上至少写明正确的申请号以及缴纳的费用名称。不符合本款规定的，视为未办理缴费手续。

直接向国家知识产权局缴纳费用的，以缴纳当日为缴费日；以邮局汇付方式缴纳费用的，以邮局汇出的邮戳日为缴费日；以银行汇付方式缴纳费用的，以银行实际汇出日为缴费日。但是自汇出日至国家知识产权局收到日超过 15 日的，除邮局或者银行出具证明外，以国家知识产权局收到日为缴费日。

多缴、重缴、错缴布图设计登记费用的，当事人可以向国家知识产权局提出退款请求，但是该请求应当自缴费日起一年内提出。

第三十六条　缴费期限

申请人应当在收到受理通知书后 2 个月内缴纳布图设计登记费；期满未缴纳或者未缴足的，其申请视为撤回。

当事人请求恢复权利或者复审的，应当在条例及本细则规定的相关期限内缴纳费用；期满未缴纳或者未缴足的，视为未提出请求。

著录事项变更手续费、非自愿许可请求费、非自愿许可使用费的裁决请求费应当自提出请求之日起 1 个月内缴纳；延长期限请求费应当在相应期限届满前缴纳；期满未缴纳或者未缴足的，视为未提出请求。

第六章　附　则

第三十七条　布图设计登记簿

国家知识产权局设置布图设计登记簿，登记下列事项：

（一）布图设计权利人的姓名或者名称、国籍和地址及其变更；

（二）布图设计的登记；

（三）布图设计专有权的转移和继承；

（四）布图设计专有权的放弃；

（五）布图设计专有权的质押、保全及其解除；

（六）布图设计专有权的撤销；

（七）布图设计专有权的终止；

（八）布图设计专有权的恢复；

（九）布图设计专有权实施的非自愿许可。

第三十八条　布图设计公告

国家知识产权局定期在国家知识产权局互联网站和中国知识产权报上登载布图设计登记公报，公布或者公告下列内容：

（一）布图设计登记簿记载的著录事项；

（二）对地址不明的当事人的通知；

（三）国家知识产权局作出的更正；

（四）其他有关事项。

第三十九条　公众查阅和复制

布图设计登记公告后，公众可以请求查阅该布图设计登记簿或者请求国家知识产权局提供该登记簿的副本。公众也可以请求查阅该布图设计的复制件或者图样的纸件。

本细则第十四条所述的电子版本的复制件或者图样，除侵权诉讼或者行政处理程序需要外，任何人不得查阅或者复制。

第四十条　失效案卷的处理

布图设计登记申请被撤回、视为撤回或者驳回的，以及布图设计专有权被声明放弃、撤销或者终止的，与该布图设计申请或者布图设计专有权有关的案卷，自该申请失效或者该专有权失效之日起满 3 年后不予保存。

第四十一条　文件的邮寄

向国家知识产权局邮寄有关申请或者布图设计专有权的文件，应当使用挂号信函，一件信函应当只包含同一申请文件。电子版本的复制件或者图样和集成电路样品的邮寄方式应当保证其在邮寄过程中不受损坏。

第四十二条　本细则的解释

本细则由国家知识产权局负责解释。

第四十三条　本细则的实施日期

本细则自 2001 年 10 月 1 日起施行。

最高人民法院
关于开展涉及集成电路布图设计案件审判工作的通知

（2001年10月30日最高人民法院审判委员会第1197次会议通过
2001年11月16日最高人民法院以法发〔2001〕24号发布）

各省、自治区、直辖市高级人民法院，解放军军事法院，新疆维吾尔自治区高级人民法院生产建设兵团分院：

国务院《集成电路布图设计保护条例》自2001年10月1日起施行。对集成电路布图设计专有权进行司法保护，是人民法院的一项新的审判任务。做好这项审判工作，将对保护集成电路布图设计权利人的合法权益，鼓励集成电路技术的创新，促进科学技术的发展具有重要意义。

为确保人民法院依法受理和公正审判涉及集成电路布图设计（以下简称布图设计）的案件，根据《中华人民共和国民事诉讼法》、《中华人民共和国行政诉讼法》及《集成电路布图设计保护条例》的有关规定，现就涉及布图设计案件审判工作的有关问题通知如下：

一、关于受理案件的范围

人民法院受理符合《中华人民共和国民事诉讼法》第一百零八条、《中华人民共和国行政诉讼法》第四十一条规定的起诉条件的下列涉及布图设计的案件：

（一）布图设计专有权权属纠纷案件；

（二）布图设计专有权转让合同纠纷案件；

（三）侵犯布图设计专有权纠纷案件；

（四）诉前申请停止侵权、财产保全案件；

（五）不服国务院知识产权行政部门驳回布图设计登记申请的复审决定的案件；

（六）不服国务院知识产权行政部门撤销布图设计登记申请决定的案件；

（七）不服国务院知识产权行政部门关于使用布图设计非自愿许可决定的案件；

（八）不服国务院知识产权行政部门关于使用布图设计非自愿许可的报酬

的裁决的案件；

（九）不服国务院知识产权行政部门对侵犯布图设计专有权行为处理决定的案件；

（十）不服国务院知识产权行政部门行政复议决定的案件；

（十一）其他涉及布图设计的案件。

二、关于案件的管辖

本通知第一条所列第（五）至（十）类案件，由北京市第一中级人民法院作为第一审人民法院审理；其余各类案件，由各省、自治区、直辖市人民政府所在地，经济特区所在地和大连、青岛、温州、佛山、烟台市的中级人民法院作为第一审人民法院审理。

三、关于诉前申请采取责令停止有关行为措施的适用

对于申请人民法院采取诉前责令停止侵犯布图设计专有权行为措施的，应当参照《最高人民法院关于对诉前停止侵犯专利权行为适用法律问题的若干规定》执行。

四、关于中止诉讼

人民法院受理的侵犯布图设计专有权纠纷案件，被告以原告的布图设计专有权不具有足够的稳定性为由要求中止诉讼的，人民法院一般不中止诉讼。

各高、中级人民法院要组织有关审判人员认真学习、研究集成电路布图设计条例，熟悉掌握相关的法学理论和专业知识，努力提高审判人员的业务素质和司法水平。要积极开展涉及布图设计案件的调研工作，及时总结审判经验。对涉及布图设计案件终审裁决的法律文书，要及时报送最高人民法院。

最高人民法院指导案例 86 号

天津天隆种业科技有限公司与江苏徐农种业科技有限公司侵害植物新品种权纠纷案

（最高人民法院审判委员会讨论通过　2017 年 3 月 6 日发布）

关键词

民事　侵害植物新品种权　相互授权许可

裁判要点

分别持有植物新品种父本与母本的双方当事人，因不能达成相互授权许可协议，导致植物新品种不能继续生产，损害双方各自利益，也不符合合作育种的目的。为维护社会公共利益，保障国家粮食安全，促进植物新品种转化实施，确保已广为种植的新品种继续生产，在衡量父本与母本对植物新品种生产具有基本相同价值基础上，人民法院可以直接判令双方当事人相互授权许可并相互免除相应的许可费。

相关法条

《中华人民共和国合同法》第五条

《中华人民共和国植物新品种保护条例》第二条、第六条、第三十九条

基本案情

天津天隆种业科技有限公司（以下简称天隆公司）与江苏徐农种业科技有限公司（以下简称徐农公司）相互以对方为被告，分别向法院提起两起植物新品种侵权诉讼。

北方杂交粳稻工程技术中心（与辽宁省稻作研究所为一套机构两块牌子）、徐州农科所共同培育成功的三系杂交粳稻9优418水稻品种，于2000年11月10日通过国家农作物品种审定。9优418水稻品种来源于母本9201A、父本C418。2003年12月30日，辽宁省稻作研究所向国家农业部提出C418水稻品种植物新品种权申请，于2007年5月1日获得授权，并许可天隆公司独占实施C418植物新品种权。2003年9月25日，徐州农科所就其选育的徐9201A水稻品种向国家农业部申请植物新品种权保护，于2007年1月1日获得授权。2008年1月3日，徐州农科所许可徐农公司独占实施徐9201A植物新品种权。经审理查明，徐农公司和天隆公司生产9优418使用的配组完全相同，都使用父本C418和母本徐9201A。

2010年11月14日，一审法院根据天隆公司申请，委托农业部合肥测试中心对天隆公司公证保全的被控侵权品种与授权品种C418是否存在亲子关系进行DNA鉴定。检验结论：利用国家标准GB/T20396—2006中的48个水稻SSR标记，对9优418和C418的DNA进行标记分析，结果显示，在测试的所有标记中，9优418完全继承了C418的带型，可以认定9优418与C418存在亲子关系。

2010年8月5日，一审法院根据徐农公司申请，委托农业部合肥测试中心对徐农公司公证保全的被控侵权品种与C418和徐9201A是否存在亲子关系进行鉴定。检验结论：利用国家标准GB/T20396—2006中的48个水稻SSR标记，对被控侵权品种与C418和徐9201A的DNA进行标记分析，结果显示：在测试的所有标记中，被控侵权品种完全继承了C418和徐9201A的带

型，可以认定被控侵权品种与C418和徐9201A存在亲子关系。

根据天隆公司提交的C418品种权申请请求书，其说明书内容包括：C418是北方杂粳中心国际首创“籼粳架桥”制恢技术，和利用籼粳中间材料构建籼粳有利基因集团培育出形态倾籼且有特异亲和力的粳型恢复系。C418具有较好的特异亲和性，这是通过“籼粳架桥”方法培育出来的恢复系所具有的一种性能，体现在杂种一代更好的协调籼粳两大基因组生态差异和遗传差异，因而较好地解决了通常籼粳杂种存在的结实率偏低，籽粒充实度差，对温度敏感、早衰等障碍。C418具有籼粳综合优良性状，所配制的杂交组合一般都表现较高的结实率和一定的耐寒性。

根据徐农公司和徐州农科所共同致函天津市种子管理站，称其自主选育的中粳不育系徐9201A于1996年通过，在审定之前命名为“9201A”，简称“9A”，审定时命名为“徐9201A”。以徐9201A为母本先后选配出9优138、9优418、9优24等三系杂交粳稻组合。在2000年填报全国农作物品种审定申请书时关于亲本的内容仍延用1995年配组时的品种来源9201A×C418。徐9201A于2003年7月申请农业部新品种权保护，在品种权申请请求书的品种说明中已注明徐9201A配组育成了9优138、9优418、9优24、9优686、9优88等杂交组合。徐9201A与9201A是同一个中粳稻不育系。天隆公司侵权使用9201A就是侵权使用徐9201A。

裁判结果

就天隆公司诉徐农公司一案，江苏省南京市中级人民法院于2011年8月31日作出（2009）宁民三初字第63号民事判决：一、徐农公司立即停止销售9优418杂交粳稻种子，未经权利人许可不得将植物新品种C418种子重复使用于生产9优418杂交粳稻种子；二、徐农公司于判决生效之日起十五日内赔偿天隆公司经济损失50万元；三、驳回天隆公司的其他诉讼请求。一审案件受理费15294元，由徐农公司负担。

就徐农公司诉天隆公司一案，江苏省南京市中级人民法院于2011年9月8日作出（2010）宁知民初字第069号民事判决：一、天隆公司于判决生效之日起立即停止对徐农公司涉案徐9201A植物新品种权之独占实施权的侵害；二、天隆公司于判决生效之日起10日内赔偿徐农公司经济损失200万元；三、驳回徐农公司的其他诉讼请求。

徐农公司、天隆公司不服一审判决，就上述两案分别提起上诉。江苏省高级人民法院于2013年12月29日合并作出（2011）苏知民终字第0194号、（2012）苏知民终字第0055号民事判决：一、撤销江苏省南京市中级人民法院（2009）宁民三初字第63号、（2010）宁知民初字第069号民事判决。二、天隆公司于本判决生效之日起十五日内补偿徐农公司50万元整。三、驳回天隆公司、徐农公司的其他诉讼请求。

裁判理由

法院生效裁判认为：在通常情况下，植物新品种权作为一种重要的知识产权应当受到尊重和保护。植物新品种保护条例第六条明确规定："完成育种的单位或者个人对其授权品种，享有排他的独占权。任何单位或者个人未经品种权所有人许可，不得为商业目的生产或者销售该授权品种的繁殖材料，不得为商业目的将该授权品种的繁殖材料重复使用于生产另一品种的繁殖材料"，但需要指出的是，该规定并不适用于本案情形。首先，9优418的合作培育源于20世纪90年代国内杂交水稻科研大合作，本身系无偿配组。9优418品种性状优良，在江苏、安徽、河南等地广泛种植，受到广大种植农户的普遍欢迎，已成为中粳杂交水稻的当家品种，而双方当事人相互指控对方侵权，本身也足以表明9优418品种具有较高的经济价值和市场前景，涉及到辽宁稻作所与徐州农科所合作双方以及本案双方当事人的重大经济利益。在二审期间，法院做了大量调解工作，希望双方当事人能够相互授权许可，使9优418这一优良品种能够继续获得生产，双方当事人也均同意就涉案品种权相互授权许可，但仅因一审判令天隆公司赔偿徐农公司200万元，徐农公司赔偿天隆公司50万元，就其中的150万元赔偿差额双方当事人不能达成妥协，故调解不成。天隆公司与徐农公司不能达成妥协，致使9优418品种不能继续生产，不能认为仅关涉双方的利益，实际上已经损害了国家粮食安全战略的实施，有损公共利益，且不符合当初辽宁稻作所与徐州农科所合作育种的根本目的，也不符合促进植物新品种转化实施的根本要求。从表面上看，双方当事人的行为系维护各自的知识产权，但实际结果是损害知识产权的运用和科技成果的转化。鉴于该两案已关涉国家粮食生产安全等公共利益，影响9优418这一优良品种的推广，双方当事人在行使涉案植物新品种独占实施许可权时均应当受到限制，即在生产9优418水稻品种时，均应当允许对方使用己方的亲本繁殖材料，这一结果显然有利于辽宁稻作所与徐州农科所合作双方及本案双方当事人的共同利益，也有利于广大种植农户的利益，故一审判令该两案双方当事人相互停止侵权并赔偿对方损失不当，应予纠正。其次，9优418是三系杂交组合，综合双亲优良性状，杂种优势显著，其中母本不育系作用重要，而父本C418的选育也成功解决了三系杂交粳稻配套的重大问题，在9优418配组中父本与母本具有相同的地位及作用。法院判决，9优418水稻品种的合作双方徐州农科所和辽宁省稻作研究所及其本案当事人徐农公司和天隆公司均有权使用对方获得授权的亲本繁殖材料，且应当相互免除许可使用费，但仅限于生产和销售9优418这一水稻品种，不得用于其他商业目的。因徐农公司为推广9优418品种付出了许多商业努力并进行种植技术攻关，而天隆公司是在9优418品种已获得市场广泛认可的情况下进入该生产领域，其明显减少了推广该品种的市场成本，为体现公平合理，法院同时判令天隆公司给予徐农公司50万元的经济补偿。最后，鉴于双方当事人各自生产9优418，事实上存在着一定的市场竞争和利益冲突，法院告诫双方当事人应当遵守我国反不正当竞争法的相关规定，诚实经营，有序竞争，确保质量，尤其应当清晰标注各自的商业标识，防止发生新的争议和纠纷，共同维护好9优418品种的良好声誉。

（生效裁判审判人员：宋健、顾韬、袁滔）

最高人民法院指导案例92号

莱州市金海种业有限公司诉张掖市富凯农业科技有限责任公司侵犯植物新品种权纠纷案

（最高人民法院审判委员会讨论通过　2017年11月15日发布）

关键词

民事　侵犯植物新品种权　玉米品种鉴定　DNA指纹检测　近似品种　举证责任

裁判要点

依据中华人民共和国农业行业标准《玉米品种鉴定DNA指纹方法》NY/T1432—2007检测及判定标准的规定，品种间差异位点数等于1，判定为近似品种；品种间差异位点数大于等于2，判定为不同品种。品种间差异位点数等于1，不足以认定不是同一品种。对差异位点数在两个以下的，应当综合其他因素判定是否为不同品种，如可采取扩大检测位点进行加测，以及提交审定样品进行测定等，举证责任由被诉侵权一方承担。

相关法条

《中华人民共和国植物新品种保护条例》第16条、第17条

基本案情

2003年1月1日，经农业部核准，“金海5号”被授予中华人民共和国植物新品种权，品种号为：CNA20010074.2，品种权人为莱州市金海农作物研究有限公司。2010年1月8日，品种权人授权莱州市金海种业有限公司（以下简称“金海种业公司”）独家生产经营玉米杂交种“金海5号”，并授权金

海种业公司对擅自生产销售该品种的侵权行为，可以以自己的名义独立提起诉讼。2011年，张掖市富凯农业科技有限责任公司（以下简称“富凯公司”）在张掖市甘州区沙井镇古城村八社、十一社进行玉米制种。金海种业公司以富凯公司的制种行为侵害其“金海5号”玉米植物新品种权为由向张掖市中级人民法院（以下简称“张掖中院”）提起诉讼。张掖中院受理后，根据金海种业公司的申请，于2011年9月13日对沙井镇古城村八社、十一社种植的被控侵权玉米以活体玉米植株上随机提取玉米果穗，现场封存的方式进行证据保全，并委托北京市农科院玉米种子检测中心对被提取的样品与农业部植物新品种保护办公室植物新品种保藏中心保存的“金海5号”标准样品之间进行对比鉴定。该鉴定中心出具的检测报告结论为“无明显差异”。

张掖中院以构成侵权为由，判令富凯公司承担侵权责任。富凯公司不服，向甘肃省高级人民法院（以下简称“甘肃高院”）提出上诉，甘肃高院审理后以原审判决认定事实不清，裁定发回张掖中院重审。

案件发回重审后，张掖中院复函北京市农科院玉米种子检测中心，要求对“JA2011—098—006”号结论为“无明显差异”的检测报告给予补充鉴定或说明。该中心答复：“待测样品与农业部品种保护的对照样品金海5号比较，在40个点位上，仅有1个差异位点，依据行业标准判定为近似，结论为待测样品与对照样品无明显差异。这一结论应解读为：依据DNA指纹检测标准，将差异至少两个位点作为判定两个样品不同的充分条件，而对差异位点在两个以下的，表明依据该标准判定两个样品不同的条件不充分，因此不能得出待测样品与对照样品不同的结论。”经质证，金海种业公司对该检测报告不持异议。富凯公司认为检验报告载明差异位点数为“1”，说明被告并未侵权，故该检测报告不能作为本案证据予以采信。

裁判结果

张掖市中级人民法院以（2012）张中民初字第28号民事判决，判令：驳回莱州市金海种业有限公司的诉讼请求。莱州市金海种业有限公司不服，提出上诉。甘肃省高级人民法院于2014年9月17日作出（2013）甘民三终字第63号民事判决：一、撤销张掖市中级人民法院（2012）张中民初字第28号民事判决。二、张掖市富凯农业科技有限责任公司立即停止侵犯莱州市金海种业有限公司植物新品种权的行为，并赔偿莱州市金海种业有限公司经济损失50万元。

裁判理由

法院生效判决认为：未经品种权人许可，为商业目的生产或销售授权品种的繁殖材料的，是侵犯植物新品种权的行为。而确定行为人生产、销售的植物新品种的繁殖材料是否是授权品种的繁殖材料，核心在于应用该繁殖材料培育的植物新品种的特征、特性，是否与授权品种的特征、特性相同。本案中，经人民法院委托鉴定，北京市农科院玉米种子检测中心出具的鉴定意见表明待测样品与授权样品“无明显差异”，但在DNA指纹图谱检测对比的40个位点上，有1个位点的差异。依据中华人民共和国农业行业标准《玉米品种鉴定DNA指纹方法NY/T1432－2007检测及判定标准》的规定：品种间差异位点数等于1，判定为近似品种；品种间差异位点数大于等于2，判定为不同品种。依据DNA指纹检测标准，将差异至少两个位点作为标准，来判定两个品种是否不同。品种间差异位点数等于1，不足以认定不是同一品种。DNA检测与DUS（田间观察检测）没有位点的直接对应性。对差异位点数在两个以下的，应当综合其他因素进行判定，如可采取扩大检测位点进行加测以及提交审定样品进行测定等。此时的举证责任应由被诉侵权的一方承担。由于植物新品种授权所依据的方式是DUS检测，而不是实验室的DNA指纹鉴定，因此，张掖市富凯农业科技有限责任公司如果提交相反的证据证明通过DUS检测，被诉侵权繁殖材料的特征、特性与授权品种的特征、特性不相同，则可以推翻前述结论。根据已查明的事实，被上诉人富凯公司经释明后仍未能提供相反的证据，亦不具备DUS检测的条件。因此，依据《最高人民法院关于审理侵犯植物新品种权纠纷案件具体应用法律问题的若干规定》第二条第一款“未经品种权人许可，为商业目的生产或销售授权品种的繁殖材料，或者为商业目的将授权品种的繁殖材料重复使用于生产另一品种的繁殖材料的，人民法院应当认定为侵犯植物新品种权”的规定，应认定富凯公司的行为构成侵犯植物新品种权。

关于侵权责任问题。依据《最高人民法院关于审理侵犯植物新品种权纠纷案件具体应用法律问题的若干规定》第六条之规定，富凯公司应承担停止侵害、赔偿损失的民事责任。由于本案的侵权行为发生在三年前，双方当事人均未能就被侵权人因侵权所受损失或侵权人因侵权所获利润双方予以充分举证，法院查明的侵权品种种植亩数是1000亩，综合考虑侵权行为的时间、性质、情节等因素，酌定赔偿50万元，并判令停止侵权行为。

（生效裁判审判人员：康天翔、窦桂兰、李雪亮）

第六章　侵权损害赔偿

（一）综　合

中华人民共和国侵权责任法

（2009年12月26日第十一届全国人民代表大会常务委员会第十二次会议通过
2009年12月26日中华人民共和国主席令第21号公布　自2010年7月1日起施行）

目　录

第一章　一般规定

第一条　【立法目的】为保护民事主体的合法权益，明确侵权责任，预防并制裁侵权行为，促进社会和谐稳定，制定本法。

第二条　【民事权益的范围】侵害民事权益，应当依照本法承担侵权责任。

本法所称民事权益，包括生命权、健康权、姓名权、名誉权、荣誉权、肖像权、隐私权、婚姻自主权、监护权、所有权、用益物权、担保物权、著作权、专利权、商标专用权、发现权、股权、继承权等人身、财产权益。

第三条　【被侵权人的请求权】被侵权人有权请求侵权人承担侵权责任。

第四条　【侵权责任的优先适用】侵权人因同一行为应当承担行政责任或者刑事责任的，不影响依法承担侵权责任。

因同一行为应当承担侵权责任和行政责任、刑事责任，侵权人的财产不足以支付的，先承担侵权责任。

第五条　【其他法律规定的优先适用】其他法律对侵权责任另有特别规定的，依照其规定。

第二章　责任构成和责任方式

第六条　【过错责任与推定过错责任】行为人因过错侵害他人民事权益，应当承担侵权责任。

根据法律规定推定行为人有过错，行为人不能证明自己没有过错的，应当承担侵权责任。

第七条　【无过错责任】行为人损害他人民事权益，不论行为人有无过错，法律规定应当承担侵权责任的，依照其规定。

第八条　【共同侵权的连带责任】二人以上共同实施侵权行为，造成他人损害的，应当承担连带责任。

第九条　【教唆、帮助他人侵权的责任方式】教唆、帮助他人实施侵权行为的，应当与行为人承担连带责任。

教唆、帮助无民事行为能力人、限制民事行为能力人实施侵权行为的，应当承担侵权责任；该无民事行为能力人、限制民事行为能力人的监护人未尽到监护责任的，应当承担相应的责任。

第十条　【共同危险行为】二人以上实施危及他人人身、财产安全的行为，其中一人或者数人的行为造成他人损害，能够确定具体侵权人的，由侵权人承担责任；不能确定具体侵权人的，行为人承担连带责任。

第十一条　【多人分别侵权的连带责任】二人以上分别实施侵权行为造成同一损害，每个人的侵权行为都足以造成全部损害的，行为人承担连带责任。

第十二条　【多人分别侵权的按份责任】二人以上分别实施侵权行为造成同一损害，能够确定责任大小的，各自承担相应的责任；难以确定责任大小的，平均承担赔偿责任。

第十三条　【被侵权人对连带责任的主张形式】法律规定承担连带责任

的，被侵权人有权请求部分或者全部连带责任人承担责任。

第十四条 【连带责任内部责任分担】连带责任人根据各自责任大小确定相应的赔偿数额；难以确定责任大小的，平均承担赔偿责任。

支付超出自己赔偿数额的连带责任人，有权向其他连带责任人追偿。

第十五条 【承担侵权责任的方式】承担侵权责任的方式主要有：

（一）停止侵害；

（二）排除妨碍；

（三）消除危险；

（四）返还财产；

（五）恢复原状；

（六）赔偿损失；

（七）赔礼道歉；

（八）消除影响、恢复名誉。

以上承担侵权责任的方式，可以单独适用，也可以合并适用。

第十六条 【人身损害赔偿范围】侵害他人造成人身损害的，应当赔偿医疗费、护理费、交通费等为治疗和康复支出的合理费用，以及因误工减少的收入。造成残疾的，还应当赔偿残疾生活辅助具费和残疾赔偿金。造成死亡的，还应当赔偿丧葬费和死亡赔偿金。

第十七条 【同一事故多人死亡的同命同价原则】因同一侵权行为造成多人死亡的，可以以相同数额确定死亡赔偿金。

第十八条 【请求赔偿的权利主体范围】被侵权人死亡的，其近亲属有权请求侵权人承担侵权责任。被侵权人为单位，该单位分立、合并的，承继权利的单位有权请求侵权人承担侵权责任。

被侵权人死亡的，支付被侵权人医疗费、丧葬费等合理费用的人有权请求侵权人赔偿费用，但侵权人已支付该费用的除外。

第十九条 【财产损失的计算标准】侵害他人财产的，财产损失按照损失发生时的市场价格或者其他方式计算。

第二十条 【与人身权相关的损失计算标准】侵害他人人身权益造成财产损失的，按照被侵权人因此受到的损失赔偿；被侵权人的损失难以确定，侵权人因此获得利益的，按照其获得的利益赔偿；侵权人因此获得的利益难以确定，被侵权人和侵权人就赔偿数额协商不一致，向人民法院提起诉讼的，由人民法院根据实际情况确定赔偿数额。

第二十一条 【危及他人人身、财产安全的责任承担】侵权行为危及他人人身、财产安全的，被侵权人可以请求侵权人承担停止侵害、排除妨碍、消除危险等侵权责任。

第二十二条　【精神损害赔偿】侵害他人人身权益，造成他人严重精神损害的，被侵权人可以请求精神损害赔偿。

第二十三条　【防止、制止他人侵权的责任承担】因防止、制止他人民事权益被侵害而使自己受到损害的，由侵权人承担责任。侵权人逃逸或者无力承担责任，被侵权人请求补偿的，受益人应当给予适当补偿。

第二十四条　【公平分担损失】受害人和行为人对损害的发生都没有过错的，可以根据实际情况，由双方分担损失。

第二十五条　【损害赔偿金的支付方式】损害发生后，当事人可以协商赔偿费用的支付方式。协商不一致的，赔偿费用应当一次性支付；一次性支付确有困难的，可以分期支付，但应当提供相应的担保。

第三章　不承担责任和减轻责任的情形

第二十六条　【过失相抵】被侵权人对损害的发生也有过错的，可以减轻侵权人的责任。

第二十七条　【受害人故意时行为人不承担责任】损害是因受害人故意造成的，行为人不承担责任。

第二十八条　【第三人侵权】损害是因第三人造成的，第三人应当承担侵权责任。

第二十九条　【不可抗力时的责任形式】因不可抗力造成他人损害的，不承担责任。法律另有规定的，依照其规定。

第三十条　【正当防卫时的责任形式】因正当防卫造成损害的，不承担责任。正当防卫超过必要的限度，造成不应有的损害的，正当防卫人应当承担适当的责任。

第三十一条　【紧急避险时的责任形式】因紧急避险造成损害的，由引起险情发生的人承担责任。如果危险是由自然原因引起的，紧急避险人不承担责任或者给予适当补偿。紧急避险采取措施不当或者超过必要的限度，造成不应有的损害的，紧急避险人应当承担适当的责任。

第四章　关于责任主体的特殊规定

第三十二条　【监护人的责任】无民事行为能力人、限制民事行为能力人造成他人损害的，由监护人承担侵权责任。监护人尽到监护责任的，可以减轻其侵权责任。

有财产的无民事行为能力人、限制民事行为能力人造成他人损害的，从本人财产中支付赔偿费用。不足部分，由监护人赔偿。

第三十三条　【完全民事行为能力人暂时失去意识时的责任形式】完全

民事行为能力人对自己的行为暂时没有意识或者失去控制造成他人损害有过错的，应当承担侵权责任；没有过错的，根据行为人的经济状况对受害人适当补偿。

完全民事行为能力人因醉酒、滥用麻醉药品或者精神药品对自己的行为暂时没有意识或者失去控制造成他人损害的，应当承担侵权责任。

第三十四条 【用人单位责任与用工单位责任】用人单位的工作人员因执行工作任务造成他人损害的，由用人单位承担侵权责任。

劳务派遣期间，被派遣的工作人员因执行工作任务造成他人损害的，由接受劳务派遣的用工单位承担侵权责任；劳务派遣单位有过错的，承担相应的补充责任。

第三十五条 【个人劳务关系的责任重大】个人之间形成劳务关系，提供劳务一方因劳务造成他人损害的，由接受劳务一方承担侵权责任。提供劳务一方因劳务自己受到损害的，根据双方各自的过错承担相应的责任。

第三十六条 【网络侵权】网络用户、网络服务提供者利用网络侵害他人民事权益的，应当承担侵权责任。

网络用户利用网络服务实施侵权行为的，被侵权人有权通知网络服务提供者采取删除、屏蔽、断开链接等必要措施。网络服务提供者接到通知后未及时采取必要措施的，对损害的扩大部分与该网络用户承担连带责任。

网络服务提供者知道网络用户利用其网络服务侵害他人民事权益，未采取必要措施的，与该网络用户承担连带责任。

第三十七条 【公共场所的安全保障义务与第三人责任】宾馆、商场、银行、车站、娱乐场所等公共场所的管理人或者群众性活动的组织者，未尽到安全保障义务，造成他人损害的，应当承担侵权责任。

因第三人的行为造成他人损害的，由第三人承担侵权责任；管理人或者组织者未尽到安全保障义务的，承担相应的补充责任。

第三十八条 【受伤害学生为无民事行为能力人时的责任承担】无民事行为能力人在幼儿园、学校或者其他教育机构学习、生活期间受到人身损害的，幼儿园、学校或者其他教育机构应当承担责任，但能够证明尽到教育、管理职责的，不承担责任。

第三十九条 【受伤害学生为限制民事行为能力人时的责任承担】限制民事行为能力人在学校或者其他教育机构学习、生活期间受到人身损害，学校或者其他教育机构未尽到教育、管理职责的，应当承担责任。

第四十条 【侵权人为校外人员时的责任承担】无民事行为能力人或者限制民事行为能力人在幼儿园、学校或者其他教育机构学习、生活期间，受到幼儿园、学校或者其他教育机构以外的人员人身损害的，由侵权人承担侵权责任；幼儿园、学校或者其他教育机构未尽到管理职责的，承担相应的补充责任。

第五章 产品责任

第四十一条 【生产者的产品责任】因产品存在缺陷造成他人损害的，生产者应当承担侵权责任。

第四十二条 【销售者的产品责任】因销售者的过错使产品存在缺陷，造成他人损害的，销售者应当承担侵权责任。

销售者不能指明缺陷产品的生产者也不能指明缺陷产品的供货者的，销售者应当承担侵权责任。

第四十三条 【产品责任的请求权与追偿权的行使】因产品存在缺陷造成损害的，被侵权人可以向产品的生产者请求赔偿，也可以向产品的销售者请求赔偿。

产品缺陷由生产者造成的，销售者赔偿后，有权向生产者追偿。

因销售者的过错使产品存在缺陷的，生产者赔偿后，有权向销售者追偿。

第四十四条 【生产者、销售者向第三人追偿权】因运输者、仓储者等第三人的过错使产品存在缺陷，造成他人损害的，产品的生产者、销售者赔偿后，有权向第三人追偿。

第四十五条 【产品缺陷危及他人人身、财产的侵权责任】因产品缺陷危及他人人身、财产安全的，被侵权人有权请求生产者、销售者承担排除妨碍、消除危险等侵权责任。

第四十六条 【缺陷产品的警示、召回】产品投入流通后发现存在缺陷的，生产者、销售者应当及时采取警示、召回等补救措施。未及时采取补救措施或者补救措施不力造成损害的，应当承担侵权责任。

第四十七条 【产品责任的惩罚性赔偿】明知产品存在缺陷仍然生产、销售，造成他人死亡或者健康严重损害的，被侵权人有权请求相应的惩罚性赔偿。

第六章 机动车交通事故责任

第四十八条 【机动车交通事故的法律适用】机动车发生交通事故造成损害的，依照道路交通安全法的有关规定承担赔偿责任。

第四十九条 【机动车所有人与使用人不同的责任承担】因租赁、借用等情形机动车所有人与使用人不是同一人时，发生交通事故后属于该机动车一方责任的，由保险公司在机动车强制保险责任限额范围内予以赔偿。不足部分，由机动车使用人承担赔偿责任；机动车所有人对损害的发生有过错的，承担相应的赔偿责任。

第五十条 【机动车已交付但未变更登记的责任承担】当事人之间已经以买卖等方式转让并交付机动车但未办理所有权转移登记，发生交通事故后属于该机动车一方责任的，由保险公司在机动车强制保险责任限额范围内予以赔偿。不足部分，由受让人承担赔偿责任。

第五十一条 【拼装或报废机动车交通事故的责任承担】以买卖等方式转让拼装或者已达到报废标准的机动车，发生交通事故造成损害的，由转让人和受让人承担连带责任。

第五十二条 【盗窃、抢劫或者抢夺的机动车交通事故责任承担】盗窃、抢劫或者抢夺的机动车发生交通事故造成损害的，由盗窃人、抢劫人或者抢夺人承担赔偿责任。保险公司在机动车强制保险责任限额范围内垫付抢救费用的，有权向交通事故责任人追偿。

第五十三条 【驾驶人逃逸的责任承担】机动车驾驶人发生交通事故后逃逸，该机动车参加强制保险的，由保险公司在机动车强制保险责任限额范围内予以赔偿；机动车不明或者该机动车未参加强制保险，需要支付被侵权人人身伤亡的抢救、丧葬等费用的，由道路交通事故社会救助基金垫付。道路交通事故社会救助基金垫付后，其管理机构有权向交通事故责任人追偿。

第七章 医疗损害责任

第五十四条 【医疗过错责任】患者在诊疗活动中受到损害，医疗机构及其医务人员有过错的，由医疗机构承担赔偿责任。

第五十五条 【医务人员的说明义务以及患者的同意权】医务人员在诊疗活动中应当向患者说明病情和医疗措施。需要实施手术、特殊检查、特殊治疗的，医务人员应当及时向患者说明医疗风险、替代医疗方案等情况，并取得其书面同意；不宜向患者说明的，应当向患者的近亲属说明，并取得其书面同意。

医务人员未尽到前款义务，造成患者损害的，医疗机构应当承担赔偿责任。

第五十六条 【紧急情况下知情同意的特殊规定】因抢救生命垂危的患者等紧急情况，不能取得患者或者其近亲属意见的，经医疗机构负责人或者授权的负责人批准，可以立即实施相应的医疗措施。

第五十七条 【医务人员诊疗中的注意义务】医务人员在诊疗活动中未尽到与当时的医疗水平相应的诊疗义务，造成患者损害的，医疗机构应当承担赔偿责任。

第五十八条 【医疗机构的过错推定】患者有损害，因下列情形之一的，推定医疗机构有过错：

（一）违反法律、行政法规、规章以及其他有关诊疗规范的规定；

（二）隐匿或者拒绝提供与纠纷有关的病历资料；

（三）伪造、篡改或者销毁病历资料。

第五十九条　【医疗产品有缺陷时的责任主体】因药品、消毒药剂、医疗器械的缺陷，或者输入不合格的血液造成患者损害的，患者可以向生产者或者血液提供机构请求赔偿，也可以向医疗机构请求赔偿。患者向医疗机构请求赔偿的，医疗机构赔偿后，有权向负有责任的生产者或者血液提供机构追偿。

第六十条　【医疗机构的法定免责事由】患者有损害，因下列情形之一的，医疗机构不承担赔偿责任：

（一）患者或者其近亲属不配合医疗机构进行符合诊疗规范的诊疗；

（二）医务人员在抢救生命垂危的患者等紧急情况下已经尽到合理诊疗义务；

（三）限于当时的医疗水平难以诊疗。

前款第一项情形中，医疗机构及其医务人员也有过错的，应当承担相应的赔偿责任。

第六十一条　【医疗机构对资料的保存义务以及患者的查询与复制权】医疗机构及其医务人员应当按照规定填写并妥善保管住院志、医嘱单、检验报告、手术及麻醉记录、病理资料、护理记录、医疗费用等病历资料。

患者要求查阅、复制前款规定的病历资料的，医疗机构应当提供。

第六十二条　【患者的隐私权】医疗机构及其医务人员应当对患者的隐私保密。泄露患者隐私或者未经患者同意公开其病历资料，造成患者损害的，应当承担侵权责任。

第六十三条　【过度诊疗的禁止】医疗机构及其医务人员不得违反诊疗规范实施不必要的检查。

第六十四条　【医疗机构及其人员合法权益的保护】医疗机构及其医务人员的合法权益受法律保护。干扰医疗秩序，妨害医务人员工作、生活的，应当依法承担法律责任。

第八章　环境污染责任

第六十五条　【环境污染的无过错责任】因污染环境造成损害的，污染者应当承担侵权责任。

第六十六条　【污染者举证责任】因污染环境发生纠纷，污染者应当就法律规定的不承担责任或者减轻责任的情形及其行为与损害之间不存在因果关系承担举证责任。

第六十七条 【污染者责任的确定】两个以上污染者污染环境，污染者承担责任的大小，根据污染物的种类、排放量等因素确定。

第六十八条 【污染者赔偿责任及其向第三人的追偿权】因第三人的过错污染环境造成损害的，被侵权人可以向污染者请求赔偿，也可以向第三人请求赔偿。污染者赔偿后，有权向第三人追偿。

第九章 高度危险责任

第六十九条 【高度危险作业的严格责任】从事高度危险作业造成他人损害的，应当承担侵权责任。

第七十条 【核事故侵权责任】民用核设施发生核事故造成他人损害的，民用核设施的经营者应当承担侵权责任，但能够证明损害是因战争等情形或者受害人故意造成的，不承担责任。

第七十一条 【航空事故侵权责任】民用航空器造成他人损害的，民用航空器的经营者应当承担侵权责任，但能够证明损害是因受害人故意造成的，不承担责任。

第七十二条 【高度危险物占有人或者使用人的侵权责任】占有或者使用易燃、易爆、剧毒、放射性等高度危险物造成他人损害的，占有人或者使用人应当承担侵权责任，但能够证明损害是因受害人故意或者不可抗力造成的，不承担责任。被侵权人对损害的发生有重大过失的，可以减轻占有人或者使用人的责任。

第七十三条 【高空、高压、地下挖掘以及高速轨道运输侵权责任及免责事由】从事高空、高压、地下挖掘活动或者使用高速轨道运输工具造成他人损害的，经营者应当承担侵权责任，但能够证明损害是因受害人故意或者不可抗力造成的，不承担责任。被侵权人对损害的发生有过失的，可以减轻经营者的责任。

第七十四条 【遗失、抛弃高度危险物侵权责任】遗失、抛弃高度危险物造成他人损害的，由所有人承担侵权责任。所有人将高度危险物交由他人管理的，由管理人承担侵权责任；所有人有过错的，与管理人承担连带责任。

第七十五条 【非法占有高度危险物侵权责任】非法占有高度危险物造成他人损害的，由非法占有人承担侵权责任。所有人、管理人不能证明对防止他人非法占有尽到高度注意义务的，与非法占有人承担连带责任。

第七十六条 【擅自进入高危区域的责任承担】未经许可进入高度危险活动区域或者高度危险物存放区域受到损害，管理人已经采取安全措施并尽到警示义务的，可以减轻或者不承担责任。

第七十七条　【高度危险责任赔偿限额】承担高度危险责任，法律规定赔偿限额的，依照其规定。

第十章　饲养动物损害责任

第七十八条　【动物损害侵权责任】饲养的动物造成他人损害的，动物饲养人或者管理人应当承担侵权责任，但能够证明损害是因被侵权人故意或者重大过失造成的，可以不承担或者减轻责任。

第七十九条　【未对动物采取安全措施的侵权责任】违反管理规定，未对动物采取安全措施造成他人损害的，动物饲养人或者管理人应当承担侵权责任。

第八十条　【烈性犬等危险动物致人损害的严格责任】禁止饲养的烈性犬等危险动物造成他人损害的，动物饲养人或者管理人应当承担侵权责任。

第八十一条　【动物园动物侵权责任】动物园的动物造成他人损害的，动物园应当承担侵权责任，但能够证明尽到管理职责的，不承担责任。

第八十二条　【遗弃、逃逸动物侵权责任】遗弃、逃逸的动物在遗弃、逃逸期间造成他人损害的，由原动物饲养人或者管理人承担侵权责任。

第八十三条　【动物侵权的第三人过错责任】因第三人的过错致使动物造成他人损害的，被侵权人可以向动物饲养人或者管理人请求赔偿，也可以向第三人请求赔偿。动物饲养人或者管理人赔偿后，有权向第三人追偿。

第八十四条　【饲养动物的合法原则】饲养动物应当遵守法律，尊重社会公德，不得妨害他人生活。

第十一章　物件损害责任

第八十五条　【建筑物等设施脱落、坠落侵权的过错推定责任】建筑物、构筑物或者其他设施及其搁置物、悬挂物发生脱落、坠落造成他人损害，所有人、管理人或者使用人不能证明自己没有过错的，应当承担侵权责任。所有人、管理人或者使用人赔偿后，有其他责任人的，有权向其他责任人追偿。

第八十六条　【建筑物等设施倒塌侵权责任】建筑物、构筑物或者其他设施倒塌造成他人损害的，由建设单位与施工单位承担连带责任。建设单位、施工单位赔偿后，有其他责任人的，有权向其他责任人追偿。

因其他责任人的原因，建筑物、构筑物或者其他设施倒塌造成他人损害的，由其他责任人承担侵权责任。

第八十七条　【高楼坠物的可能加害人责任】从建筑物中抛掷物品或者从建筑物上坠落的物品造成他人损害，难以确定具体侵权人的，除能够证明自己不是侵权人的外，由可能加害的建筑物使用人给予补偿。

第八十八条 【堆放物倒塌的过错推定责任】堆放物倒塌造成他人损害，堆放人不能证明自己没有过错的，应当承担侵权责任。

第八十九条 【堆放、倾倒、遗撒物品损害侵权责任】在公共道路上堆放、倾倒、遗撒妨碍通行的物品造成他人损害的，有关单位或者个人应当承担侵权责任。

第九十条 【林木折断自然损害侵权责任】因林木折断造成他人损害，林木的所有人或者管理人不能证明自己没有过错的，应当承担侵权责任。

第九十一条 【公共场所以及路面施工侵权责任】在公共场所或者道路上挖坑、修缮安装地下设施等，没有设置明显标志和采取安全措施造成他人损害的，施工人应当承担侵权责任。

窨井等地下设施造成他人损害，管理人不能证明尽到管理职责的，应当承担侵权责任。

第十二章 附 则

第九十二条 【施行时间】本法自2010年7月1日起施行。

最高人民法院
关于适用《中华人民共和国侵权责任法》若干问题的通知

（2010年6月30日 法发〔2010〕23号）

各省、自治区、直辖市高级人民法院，解放军军事法院，新疆维吾尔自治区高级人民法院生产建设兵团分院：

《中华人民共和国侵权责任法》（以下简称侵权责任法），自2010年7月1日起施行。为了正确适用侵权责任法，现就有关问题通知如下：

一、侵权责任法施行后发生的侵权行为引起的民事纠纷案件，适用侵权责任法的规定。侵权责任法施行前发生的侵权行为引起的民事纠纷案件，适用当时的法律规定。

二、侵权行为发生在侵权责任法施行前，但损害后果出现在侵权责任法施行后的民事纠纷案件，适用侵权责任法的规定。

三、人民法院适用侵权责任法审理民事纠纷案件，根据当事人的申请或者依职权决定进行医疗损害鉴定的，按照《全国人民代表大会常务委员会关于司法鉴定管理问题的决定》、《人民法院对外委托司法鉴定管理规定》及国家有关部门的规定组织鉴定。

四、人民法院适用侵权责任法审理民事纠纷案件，如受害人有被抚养人的，应当依据《最高人民法院关于审理人身损害赔偿案件适用法律若干问题的解释》第二十八条的规定，将被抚养人生活费计入残疾赔偿金或死亡赔偿金。

各级人民法院在适用侵权责任法过程中遇到的其他重大问题，请及时层报我院。

中华人民共和国英雄烈士保护法

（2018 年 4 月 27 日第十三届全国人民代表大会常务委员会第二次会议通过
2018 年 4 月 27 日中华人民共和国主席令第 5 号公布　自 2018 年 5 月 1 日起施行）

第一条　为了加强对英雄烈士的保护，维护社会公共利益，传承和弘扬英雄烈士精神、爱国主义精神，培育和践行社会主义核心价值观，激发实现中华民族伟大复兴中国梦的强大精神力量，根据宪法，制定本法。

第二条　国家和人民永远尊崇、铭记英雄烈士为国家、人民和民族作出的牺牲和贡献。

近代以来，为了争取民族独立和人民解放，实现国家富强和人民幸福，促进世界和平和人类进步而毕生奋斗、英勇献身的英雄烈士，功勋彪炳史册，精神永垂不朽。

第三条　英雄烈士事迹和精神是中华民族的共同历史记忆和社会主义核心价值观的重要体现。

国家保护英雄烈士，对英雄烈士予以褒扬、纪念，加强对英雄烈士事迹和精神的宣传、教育，维护英雄烈士尊严和合法权益。

全社会都应当崇尚、学习、捍卫英雄烈士。

第四条　各级人民政府应当加强对英雄烈士的保护，将宣传、弘扬英雄烈士事迹和精神作为社会主义精神文明建设的重要内容。

县级以上人民政府负责英雄烈士保护工作的部门和其他有关部门应当依法履行职责，做好英雄烈士保护工作。

军队有关部门按照国务院、中央军事委员会的规定，做好英雄烈士保护工作。

县级以上人民政府应当将英雄烈士保护工作经费列入本级预算。

第五条 每年9月30日为烈士纪念日，国家在首都北京天安门广场人民英雄纪念碑前举行纪念仪式，缅怀英雄烈士。

县级以上地方人民政府、军队有关部门应当在烈士纪念日举行纪念活动。

举行英雄烈士纪念活动，邀请英雄烈士遗属代表参加。

第六条 在清明节和重要纪念日，机关、团体、乡村、社区、学校、企业事业单位和军队有关单位根据实际情况，组织开展英雄烈士纪念活动。

第七条 国家建立并保护英雄烈士纪念设施，纪念、缅怀英雄烈士。

矗立在首都北京天安门广场的人民英雄纪念碑，是近代以来中国人民和中华民族争取民族独立解放、人民自由幸福和国家繁荣富强精神的象征，是国家和人民纪念、缅怀英雄烈士的永久性纪念设施。

人民英雄纪念碑及其名称、碑题、碑文、浮雕、图形、标志等受法律保护。

第八条 县级以上人民政府应当将英雄烈士纪念设施建设和保护纳入国民经济和社会发展规划、城乡规划，加强对英雄烈士纪念设施的保护和管理；对具有重要纪念意义、教育意义的英雄烈士纪念设施依照《中华人民共和国文物保护法》的规定，核定公布为文物保护单位。

中央财政对革命老区、民族地区、边疆地区、贫困地区英雄烈士纪念设施的修缮保护，应当按照国家规定予以补助。

第九条 英雄烈士纪念设施应当免费向社会开放，供公众瞻仰、悼念英雄烈士，开展纪念教育活动，告慰先烈英灵。

前款规定的纪念设施由军队有关单位管理的，按照军队有关规定实行开放。

第十条 英雄烈士纪念设施保护单位应当健全服务和管理工作规范，方便瞻仰、悼念英雄烈士，保持英雄烈士纪念设施庄严、肃穆、清净的环境和氛围。

任何组织和个人不得在英雄烈士纪念设施保护范围内从事有损纪念英雄烈士环境和氛围的活动，不得侵占英雄烈士纪念设施保护范围内的土地和设施，不得破坏、污损英雄烈士纪念设施。

第十一条 安葬英雄烈士时，县级以上人民政府、军队有关部门应当举行庄严、肃穆、文明、节俭的送迎、安葬仪式。

第十二条 国家建立健全英雄烈士祭扫制度和礼仪规范，引导公民庄严有序地开展祭扫活动。

县级以上人民政府有关部门应当为英雄烈士遗属祭扫提供便利。

第十三条 县级以上人民政府有关部门应当引导公民通过瞻仰英雄烈士

纪念设施、集体宣誓、网上祭奠等形式，铭记英雄烈士的事迹，传承和弘扬英雄烈士的精神。

第十四条　英雄烈士在国外安葬的，中华人民共和国驻该国外交、领事代表机构应当结合驻在国实际情况组织开展祭扫活动。

国家通过与有关国家的合作，查找、收集英雄烈士遗骸、遗物和史料，加强对位于国外的英雄烈士纪念设施的修缮保护工作。

第十五条　国家鼓励和支持开展对英雄烈士事迹和精神的研究，以辩证唯物主义和历史唯物主义为指导认识和记述历史。

第十六条　各级人民政府、军队有关部门应当加强对英雄烈士遗物、史料的收集、保护和陈列展示工作，组织开展英雄烈士史料的研究、编纂和宣传工作。

国家鼓励和支持革命老区发挥当地资源优势，开展英雄烈士事迹和精神的研究、宣传和教育工作。

第十七条　教育行政部门应当以青少年学生为重点，将英雄烈士事迹和精神的宣传教育纳入国民教育体系。

教育行政部门、各级各类学校应当将英雄烈士事迹和精神纳入教育内容，组织开展纪念教育活动，加强对学生的爱国主义、集体主义、社会主义教育。

第十八条　文化、新闻出版、广播电视、电影、网信等部门应当鼓励和支持以英雄烈士事迹为题材、弘扬英雄烈士精神的优秀文学艺术作品、广播电视节目以及出版物的创作生产和宣传推广。

第十九条　广播电台、电视台、报刊出版单位、互联网信息服务提供者，应当通过播放或者刊登英雄烈士题材作品、发布公益广告、开设专栏等方式，广泛宣传英雄烈士事迹和精神。

第二十条　国家鼓励和支持自然人、法人和非法人组织以捐赠财产、义务宣讲英雄烈士事迹和精神、帮扶英雄烈士遗属等公益活动的方式，参与英雄烈士保护工作。

自然人、法人和非法人组织捐赠财产用于英雄烈士保护的，依法享受税收优惠。

第二十一条　国家实行英雄烈士抚恤优待制度。英雄烈士遗属按照国家规定享受教育、就业、养老、住房、医疗等方面的优待。抚恤优待水平应当与国民经济和社会发展相适应并逐步提高。

国务院有关部门、军队有关部门和地方人民政府应当关心英雄烈士遗属的生活情况，每年定期走访慰问英雄烈士遗属。

第二十二条　禁止歪曲、丑化、亵渎、否定英雄烈士事迹和精神。

英雄烈士的姓名、肖像、名誉、荣誉受法律保护。任何组织和个人不得在公共场所、互联网或者利用广播电视、电影、出版物等，以侮辱、诽谤或者其他方式侵害英雄烈士的姓名、肖像、名誉、荣誉。任何组织和个人不得将英雄烈士的姓名、肖像用于或者变相用于商标、商业广告，损害英雄烈士的名誉、荣誉。

公安、文化、新闻出版、广播电视、电影、网信、市场监督管理、负责英雄烈士保护工作的部门发现前款规定行为的，应当依法及时处理。

第二十三条 网信和电信、公安等有关部门在对网络信息进行依法监督管理工作中，发现发布或者传输以侮辱、诽谤或者其他方式侵害英雄烈士的姓名、肖像、名誉、荣誉的信息的，应当要求网络运营者停止传输，采取消除等处置措施和其他必要措施；对来源于中华人民共和国境外的上述信息，应当通知有关机构采取技术措施和其他必要措施阻断传播。

网络运营者发现其用户发布前款规定的信息的，应当立即停止传输该信息，采取消除等处置措施，防止信息扩散，保存有关记录，并向有关主管部门报告。网络运营者未采取停止传输、消除等处置措施的，依照《中华人民共和国网络安全法》的规定处罚。

第二十四条 任何组织和个人有权对侵害英雄烈士合法权益和其他违反本法规定的行为，向负责英雄烈士保护工作的部门、网信、公安等有关部门举报，接到举报的部门应当依法及时处理。

第二十五条 对侵害英雄烈士的姓名、肖像、名誉、荣誉的行为，英雄烈士的近亲属可以依法向人民法院提起诉讼。

英雄烈士没有近亲属或者近亲属不提起诉讼的，检察机关依法对侵害英雄烈士的姓名、肖像、名誉、荣誉，损害社会公共利益的行为向人民法院提起诉讼。

负责英雄烈士保护工作的部门和其他有关部门在履行职责过程中发现第一款规定的行为，需要检察机关提起诉讼的，应当向检察机关报告。

英雄烈士近亲属依照第一款规定提起诉讼的，法律援助机构应当依法提供法律援助服务。

第二十六条 以侮辱、诽谤或者其他方式侵害英雄烈士的姓名、肖像、名誉、荣誉，损害社会公共利益的，依法承担民事责任；构成违反治安管理行为的，由公安机关依法给予治安管理处罚；构成犯罪的，依法追究刑事责任。

第二十七条 在英雄烈士纪念设施保护范围内从事有损纪念英雄烈士环境和氛围的活动的，纪念设施保护单位应当及时劝阻；不听劝阻的，由县级以上地方人民政府负责英雄烈士保护工作的部门、文物主管部门按照职责规定给予批评教育，责令改正；构成违反治安管理行为的，由公安机关依法给予治安管理处罚。

亵渎、否定英雄烈士事迹和精神，宣扬、美化侵略战争和侵略行为，寻衅滋事，扰乱公共秩序，构成违反治安管理行为的，由公安机关依法给予治安管理处罚；构成犯罪的，依法追究刑事责任。

第二十八条　侵占、破坏、污损英雄烈士纪念设施的，由县级以上人民政府负责英雄烈士保护工作的部门责令改正；造成损失的，依法承担民事责任；被侵占、破坏、污损的纪念设施属于文物保护单位的，依照《中华人民共和国文物保护法》的规定处罚；构成违反治安管理行为的，由公安机关依法给予治安管理处罚；构成犯罪的，依法追究刑事责任。

第二十九条　县级以上人民政府有关部门及其工作人员在英雄烈士保护工作中滥用职权、玩忽职守、徇私舞弊的，对直接负责的主管人员和其他直接责任人员，依法给予处分；构成犯罪的，依法追究刑事责任。

第三十条　本法自2018年5月1日起施行。

最高人民法院
关于认真学习宣传贯彻《中华人民共和国英雄烈士保护法》的通知

（2018年5月8日　法〔2018〕18号）

各省、自治区、直辖市高级人民法院，解放军军事法院，新疆维吾尔自治区高级人民法院生产建设兵团分院：

《中华人民共和国英雄烈士保护法》（以下简称《英烈保护法》）经2018年4月27日第十三届全国人民代表大会常务委员会第二次会议审议通过，自2018年5月1日起施行。为在审判工作中正确适用《英烈保护法》，现就有关事项通知如下：

一、充分认识贯彻落实《英烈保护法》的重要意义。《英烈保护法》是为了加强对英雄烈士的保护，维护社会公共利益，传承和弘扬英雄烈士精神、爱国主义精神制定的一部重要法律，对于培育和践行社会主义核心价值观，激发实现中华民族伟大复兴中国梦的强大精神力量具有重要意义。要高度重视、深入学习、认真贯彻《英烈保护法》的相关规定，以司法手段捍卫英雄烈士合法权益，维护公序良俗，弘扬社会主义核心价值观、反对历史虚无主义。

二、依法审理侵害英雄烈士姓名、肖像、名誉、荣誉的案件。对英雄烈士的近亲属提出的侵害英雄烈士姓名、肖像、名誉、荣誉的案件，依据法律及司法解释的规定依法予以受理，并确定行为人、网络服务提供者等应当承担的民事责任。对检察机关提起的侵害英雄烈士姓名、肖像、名誉、荣誉的案件，及时按照《中华人民共和国民事诉讼法》第五十五条等规定依法予以受理，并按照《中华人民共和国民法总则》《中华人民共和国侵权责任法》《英烈保护法》等法律及相关司法解释的规定，确定行为人应当承担的民事责任。

三、依法审理涉及英雄烈士形象、事迹等商标权、著作权案件。

对歪曲、丑化、亵渎、否定英雄烈士事迹和精神，诋毁、贬损英雄烈士形象，侵害著作权的行为，依法认定行为人承担相应的法律责任。通过司法裁判旗帜鲜明地维护广大人民群众对英雄烈士事迹的价值认同和英雄烈士公知公认的光辉形象，最大限度地实现案件裁判的政治效果、法律效果、社会效果的有机统一。

四、依法审理涉及英雄烈士保护的刑事案件。侵害英雄烈士姓名、肖像、名誉、荣誉，损害社会公共利益；亵渎、否定英雄烈士事迹和精神，宣扬、美化侵略战争和侵略行为，寻衅滋事，扰乱公共秩序；侵占、破坏、污损英雄烈士纪念设施；负有法定职责的相关工作人员在英雄烈士保护工作中滥用职权、玩忽职守、徇私舞弊等构成犯罪的，依法追究相应的刑事责任。

五、加强对下级法院贯彻落实《英烈保护法》审理涉及英烈保护案件的指导。要认真组织学习、宣传和贯彻，一手抓审判，一手抓调研，及时总结审判工作中出现的新情况、新问题，有针对性地提出新对策。要高度重视涉及英烈保护案件的审理和舆论引导、宣传工作，主动加强与地方党委、有关部门、媒体和学术研究机构的沟通、协调，切实提高司法应对工作的自觉性、创造性，共同维护中华民族共同历史记忆，弘扬社会主义核心价值观。

本通知执行中如遇新情况、新问题，请及时层报最高人民法院。

最高人民法院
关于确定民事侵权精神损害赔偿
责任若干问题的解释

法释〔2001〕7号

（2001年2月26日最高人民法院审判委员会第1161次会议通过
2001年3月8日最高人民法院公告公布　自2001年3月10日起施行）

为在审理民事侵权案件中正确确定精神损害赔偿责任，根据《中华人民共和国民法通则》等有关法律规定，结合审判实践经验，对有关问题作如下解释：

第一条　自然人因下列人格权利遭受非法侵害，向人民法院起诉请求赔偿精神损害的，人民法院应当依法予以受理：

（一）生命权、健康权、身体权；

（二）姓名权、肖像权、名誉权、荣誉权；

（三）人格尊严权、人身自由权。

违反社会公共利益、社会公德侵害他人隐私或者其他人格利益，受害人以侵权为由向人民法院起诉请求赔偿精神损害的，人民法院应当依法予以受理。

第二条　非法使被监护人脱离监护，导致亲子关系或者近亲属间的亲属关系遭受严重损害，监护人向人民法院起诉请求赔偿精神损害的，人民法院应当依法予以受理。

第三条　自然人死亡后，其近亲属因下列侵权行为遭受精神痛苦，向人民法院起诉请求赔偿精神损害的，人民法院应当依法予以受理：

（一）以侮辱、诽谤、贬损、丑化或者违反社会公共利益、社会公德的其他方式，侵害死者姓名、肖像、名誉、荣誉；

（二）非法披露、利用死者隐私，或者以违反社会公共利益、社会公德的其他方式侵害死者隐私；

（三）非法利用、损害遗体、遗骨，或者以违反社会公共利益、社会公德的其他方式侵害遗体、遗骨。

第四条　具有人格象征意义的特定纪念物品，因侵权行为而永久性灭失或者毁损，物品所有人以侵权为由，向人民法院起诉请求赔偿精神损害的，人民法院应当依法予以受理。

第五条 法人或者其他组织以人格权利遭受侵害为由，向人民法院起诉请求赔偿精神损害的，人民法院不予受理。

第六条 当事人在侵权诉讼中没有提出赔偿精神损害的诉讼请求，诉讼终结后又基于同一侵权事实另行起诉请求赔偿精神损害的，人民法院不予受理。

第七条 自然人因侵权行为致死，或者自然人死亡后其人格或者遗体遭受侵害，死者的配偶、父母和子女向人民法院起诉请求赔偿精神损害的，列其配偶、父母和子女为原告；没有配偶、父母和子女的，可以由其他近亲属提起诉讼，列其他近亲属为原告。

第八条 因侵权致人精神损害，但未造成严重后果，受害人请求赔偿精神损害的，一般不予支持，人民法院可以根据情形判令侵权人停止侵害、恢复名誉、消除影响、赔礼道歉。

因侵权致人精神损害，造成严重后果的，人民法院除判令侵权人承担停止侵害、恢复名誉、消除影响、赔礼道歉等民事责任外，可以根据受害人一方的请求判令其赔偿相应的精神损害抚慰金。

第九条 精神损害抚慰金包括以下方式：

（一）致人残疾的，为残疾赔偿金；

（二）致人死亡的，为死亡赔偿金；

（三）其他损害情形的精神抚慰金。

第十条 精神损害的赔偿数额根据以下因素确定：

（一）侵权人的过错程度，法律另有规定的除外；

（二）侵害的手段、场合、行为方式等具体情节；

（三）侵权行为所造成的后果；

（四）侵权人的获利情况；

（五）侵权人承担责任的经济能力；

（六）受诉法院所在地平均生活水平。

法律、行政法规对残疾赔偿金、死亡赔偿金等有明确规定的，适用法律、行政法规的规定。

第十一条 受害人对损害事实和损害后果的发生有过错的，可以根据其过错程度减轻或者免除侵权人的精神损害赔偿责任。

第十二条 在本解释公布施行之前已经生效施行的司法解释，其内容有与本解释不一致的，以本解释为准。

【链 接】

最高人民法院副院长唐德华就《关于确定民事侵权精神损害赔偿责任若干问题的解释》答记者问

问：最高人民法院今天公布《关于确定民事侵权精神损害赔偿责任若干问题的解释》（以下简称本解释）的指导思想是什么？为什么要制定这样一个司法解释？

答：首先，加强对民事权益的司法保护，努力实现司法公正，是人民法院工作的一项重要指导思想和基本价值目标。改革开放以来，随着《中华人民共和国民法通则》等民事法律的颁布施行，我国的社会生活发生了巨大的变化，民主法治观念逐步深入人心，公民的权利意识日益觉醒。近年来，在审判实践中发生了大量以维护公民自身合法权益为内容的民事案件，集中体现了公民维权意识的提高，反映出我国社会正在向现代法治社会转型。社会的发展对人民法院的审判工作提出了更高的要求，顺应时代要求，加强对民事权益的司法保护，是人民法院工作的职责所在，也是公正司法的必然要求。最高人民法院制定关于如何确定精神损害赔偿责任的司法解释，就是加强对民事权益司法保护的一项重要措施。

其次，以人为本，权利在民，是建立现代民事审判制度的一个重要前提。去年十月召开的全国民事审判工作会议，规划了在新世纪建立我国现代民事审判制度的宏伟蓝图，也确立了我国现代民事审判制度维护和保障公民民事权利的司法价值目标。在新中国的法制建设历史上，《民法通则》的颁布实施是一个重要的里程碑。《民法通则》将人身权从其他民事权利中独立出来，单独作为一节，体现了经历过“文革”浩劫以后，中国人民痛定思痛，要依法维护人身权利和人格尊严的决心和信念。确认侵害他人人身权益应当承担精神损害赔偿责任，是最高人民法院制定司法解释的基本指导思想，也是对《民法通则》立法精神的贯彻实施。人民法院通过司法裁判确认精神损害赔偿责任，可以抚慰受害人，教育、惩罚侵权人，引导社会努力形成尊重他人人身权利，尊重他人人格尊严的法治意识和良好社会风尚，促进社会的文明、进步。

最后，最高人民法院制定关于确定精神损害赔偿责任的司法解释，是审判实践的需要。过去，最高人民法院曾经函复有关部门以及批复下级法院，肯定因交通肇事致人死亡应对死者家属酌情给予抚恤或者经济补偿，既表示对死者负责，也是对死者家属精神上的安慰。可以认为这是审判实践中确认精神损害赔偿责任的最早先例。《民法通则》颁布以后，法学理论实现了拨乱反正，一度被视为“人格权利商品化”的精神损害赔偿也首次在立法上得到确认。但在审判实践中，对精神损害赔偿的范围、标准和赔偿数额的确定，长期存在理解不一致，适用法律不统一的现象，影响了司法的严肃性和权威性，并导致对当事人利益的司法保护不够统一和均衡。社会各界对此反响强烈。为正确适用法律，确保司法公正，最高人民法院在广泛征求意见的基础上，起草制定了该项司法解释。

问：按照本解释的规定，哪些民事权益受到侵害，可以请求赔偿精神损害？本解释作出规定的法律依据是什么？

答：《民法通则》第五条规定：“公民、法人合法的民事权益受法律保护，任何组织和个人不得侵犯。”《民法通则》第一百一十九条、第一百二十条对公民的生命权、健康权、姓名权、肖像权、名誉权、荣誉权受到侵害，应当承担损害赔偿责任作出了原则性规定，这是我们制定司法解释的基本法律依据。此外，《消费者权益保护法》等民事特别法对人格尊严权和人身自由权的规定，也给司法解释的制定提供了法律依据。除了以上权利受到侵害的情形以外，根据《民法通则》第七条的规定，违反社会公共利益和社会公德，侵害他人合法的人格利益，也构成侵权。如对隐私的侵害，就是属于对法律所保护的合法人格利益的侵害。过去的司法解释将对隐私的侵害作为侵犯名誉权的一种类型，对隐私的保护不够充分。本解释将违反社会公共利益或者社会公德侵害他人人格利益作为一种独立的侵权类型，对这类合法利益提供直接的司法保护，体现了现代社会法律道德化和道德法律化的历史发展趋势，是建立有中国特色的现代民事审判制度的一个重要特点。

本解释关于赔偿范围的另一项重要内容，是类推《最高人民法院关于审理名誉权案件若干问题的解答》第五条的规定，将对死者名誉的保护延伸到死者姓名、肖像、荣誉、隐私、遗体、遗骨。中国古代思想家认为，慎终追远，民德归厚。对逝去亲人的怀念和哀思，是生者精神利益的重要内容，其中所体现出的人性的光辉，有助于社会的团结和睦，有利于维护社会稳定。因此，对死者人格的侵害，实际上是对其生存着的近亲属精神利益和人格尊严的直接侵害，对死者人格的保护，归根结底是为了保护生者的人格利益和尊严。

本解释对监护权遭受侵害，以及因特定纪念物品遭受灭失毁损引起的精神损害，也规定受害人可以请求赔偿精神损害。

问：《婚姻法》目前正在修订过程当中，《婚姻法》（修正草案）第四十六条规定："因一方重婚或即使不以夫妻名义但形成婚外同居关系、实施家庭暴力或以其他行为虐待家庭成员、或遗弃家庭成员而导致离婚的，无过失方有权请求损害赔偿。"据了解，这里规定的"无过失方有权请求损害赔偿"主要是指精神损害赔偿。如果该条规定最后审议通过，本解释对此没有规定，是否与《婚姻法》相冲突？

答：本解释是最高人民法院行使司法解释权，对审判实践中如何适用法律的问题进行解释。对法律有明确规定的，应当依照法律规定。《婚姻法》是全国人大制定的法律，《婚姻法》的修订一旦审议通过，人民法院将直接在审判实践中遵照执行，本解释规定与否，对此不会发生影响。

问：因侵权造成他人精神损害，应当如何承担民事责任？

答：本解释第九条对此有明文规定："因侵权致人精神损害，但未造成严重后果，受害人请求赔偿精神损害的，一般不予支持，人民法院可以根据情形判令侵权人停止侵害、恢复名誉、消除影响、赔礼道歉。因侵权致人精神损害，造成严重后果的，人民法院除判令侵权人承担停止侵害、恢复名誉、消除影响、赔礼道歉等民事责任外，可以根据受害人一方的请求判令其赔偿精神损害抚慰金。"应当明确，精神损害赔偿只是当事人承担民事责任的一种方式，因此，人民法院在审判实践中要正确引导当事人，尽量避免滥诉行为，避免无谓增加诉讼负担。

问：精神损害赔偿数额应当如何确定，有没有最高或者最低限额？

答：本解释规定的精神损害赔偿仅是因侵权行为给受害人造成精神痛苦应支付的抚慰金，不包括侵权人应赔偿给受害人因此而支付的费用及其他实际损失。关于赔偿数额的确定，本解释第十一条规定应当结合侵权人的过错程度、侵权行为所造成的损害后果、侵权人的获利情况、侵权人承担责任的经济能力，以及受诉法院所在地的平均生活水平等因素，综合予以确定。本解释没有规定最高或者最低限额，因为案件千差万别，各地经济发展水平和生活水平也相差很大，而且社会还处在不断的发展变化之中，因此，应该由法官根据案件具体情况决定。需要强调指出的是，金钱赔偿并不是给精神损害"明码标价"，精神损害与金钱赔偿之间不存在商品货币领域中等价交换的对应关系。金钱赔偿实质上是人民法院的审判人员依法行使审判权，对加害行为的可归责性及其道德上的可谴责性，结合精神损害后果的严重程度作出的司法评价。因此，精神损害赔偿应当根据当地社会的经济文化发展水平，考虑社会公众的认可程度，合理确定赔偿数额。应当明确，人民法院通过审判活动，确认侵权人的精神损害赔偿责任，其目的在于抚慰受害人，教育、惩罚侵权行为人，在社会上倡导尊重他人人身权利，尊重他人人格尊严的现代法治意识和文明进步的良好道德风尚。若是盲目攀比，一味求高，结果将会事与愿违。

问：本解释的公布施行，将会对审判实践产生重要的影响，应当如何评价其影响和作用？

答：本解释是对《民法通则》等有关法律的贯彻实施，也是对审判实践经验的总结。社会生活是不断发展的，新情况、新问题不断涌现，审判实践也是不断发展的。本解释只是人民法院在努力实现司法公正过程中的一个阶段性总结；即使旧的矛盾解决了，还会有很多新问题需要研究，需要从理论和实践方面进一步总结、探讨。但是，人民法院维护公民合法人身权益的职责不会改变，追求实现司法公正的价值目标不会改变，并将为此继续作出不懈的努力。

最高人民法院
关于审理人身损害赔偿案件适用法律若干问题的解释

法释〔2003〕20号

（2003年12月4日最高人民法院审判委员会第1299次会议通过
2003年12月26日最高人民法院公告公布　自2004年5月1日起施行）

为正确审理人身损害赔偿案件，依法保护当事人的合法权益，根据《中华人民共和国民法通则》（以下简称民法通则）、《中华人民共和国民事诉讼法》（以下简称民事诉讼法）等有关法律规定，结合审判实践，就有关适用法律的问题作如下解释：

第一条　因生命、健康、身体遭受侵害，赔偿权利人起诉请求赔偿义务人赔偿财产损失和精神损害的，人民法院应予受理。

本条所称“赔偿权利人”，是指因侵权行为或者其他致害原因直接遭受人身损害的受害人、依法由受害人承担扶养义务的被扶养人以及死亡受害人的近亲属。

本条所称“赔偿义务人”，是指因自己或者他人的侵权行为以及其他致害原因依法应当承担民事责任的自然人、法人或者其他组织。

第二条　受害人对同一损害的发生或者扩大有故意、过失的，依照民法通则第一百三十一条的规定，可以减轻或者免除赔偿义务人的赔偿责任。但侵权人因故意或者重大过失致人损害，受害人只有一般过失的，不减轻赔偿义务人的赔偿责任。

适用民法通则第一百零六条第三款规定确定赔偿义务人的赔偿责任时，受害人有重大过失的，可以减轻赔偿义务人的赔偿责任。

第三条　二人以上共同故意或者共同过失致人损害，或者虽无共同故意、共同过失，但其侵害行为直接结合发生同一损害后果的，构成共同侵权，应当依照民法通则第一百三十条规定承担连带责任。

二人以上没有共同故意或者共同过失，但其分别实施的数个行为间接结合发生同一损害后果的，应当根据过失大小或者原因力比例各自承担相应的赔偿责任。

第四条　二人以上共同实施危及他人人身安全的行为并造成损害后果，不能确定实际侵害行为人的，应当依照民法通则第一百三十条规定承担连带责任。共同危险行为人能够证明损害后果不是由其行为造成的，不承担赔偿责任。

第五条　赔偿权利人起诉部分共同侵权人的，人民法院应当追加其他共同侵权人作为共同被告。赔偿权利人在诉讼中放弃对部分共同侵权人的诉讼请求的，其他共同侵权人对被放弃诉讼请求的被告应当承担的赔偿份额不承担连带责任。责任范围难以确定的，推定各共同侵权人承担同等责任。

人民法院应当将放弃诉讼请求的法律后果告知赔偿权利人，并将放弃诉讼请求的情况在法律文书中叙明。

第六条　从事住宿、餐饮、娱乐等经营活动或者其他社会活动的自然人、法人、其他组织，未尽合理限度范围内的安全保障义务致使他人遭受人身损害，赔偿权利人请求其承担相应赔偿责任的，人民法院应予支持。

因第三人侵权导致损害结果发生的，由实施侵权行为的第三人承担赔偿责任。安全保障义务人有过错的，应当在其能够防止或者制止损害的范围内承担相应的补充赔偿责任。安全保障义务人承担责任后，可以向第三人追偿。赔偿权利人起诉安全保障义务人的，应当将第三人作为共同被告，但第三人不能确定的除外。

第七条　对未成年人依法负有教育、管理、保护义务的学校、幼儿园或者其他教育机构，未尽职责范围内的相关义务致使未成年人遭受人身损害，或者未成年人致他人人身损害的，应当承担与其过错相应的赔偿责任。

第三人侵权致未成年人遭受人身损害的，应当承担赔偿责任。学校、幼儿园等教育机构有过错的，应当承担相应的补充赔偿责任。

第八条　法人或者其他组织的法定代表人、负责人以及工作人员，在执行职务中致人损害的，依照民法通则第一百二十一条的规定，由该法人或者其他组织承担民事责任。上述人员实施与职务无关的行为致人损害的，应当由行为人承担赔偿责任。

属于《国家赔偿法》赔偿事由的，依照《国家赔偿法》的规定处理。

第九条 雇员在从事雇佣活动中致人损害的，雇主应当承担赔偿责任；雇员因故意或者重大过失致人损害的，应当与雇主承担连带赔偿责任。雇主承担连带赔偿责任的，可以向雇员追偿。

前款所称“从事雇佣活动”，是指从事雇主授权或者指示范围内的生产经营活动或者其他劳务活动。雇员的行为超出授权范围，但其表现形式是履行职务或者与履行职务有内在联系的，应当认定为“从事雇佣活动”。

第十条 承揽人在完成工作过程中对第三人造成损害或者造成自身损害的，定作人不承担赔偿责任。但定作人对定作、指示或者选任有过失的，应当承担相应的赔偿责任。

第十一条 雇员在从事雇佣活动中遭受人身损害，雇主应当承担赔偿责任。雇佣关系以外的第三人造成雇员人身损害的，赔偿权利人可以请求第三人承担赔偿责任，也可以请求雇主承担赔偿责任。雇主承担赔偿责任后，可以向第三人追偿。

雇员在从事雇佣活动中因安全生产事故遭受人身损害，发包人、分包人知道或者应当知道接受发包或者分包业务的雇主没有相应资质或者安全生产条件的，应当与雇主承担连带赔偿责任。

属于《工伤保险条例》调整的劳动关系和工伤保险范围的，不适用本条规定。

第十二条 依法应当参加工伤保险统筹的用人单位的劳动者，因工伤事故遭受人身损害，劳动者或者其近亲属向人民法院起诉请求用人单位承担民事赔偿责任的，告知其按《工伤保险条例》的规定处理。

因用人单位以外的第三人侵权造成劳动者人身损害，赔偿权利人请求第三人承担民事赔偿责任的，人民法院应予支持。

第十三条 为他人无偿提供劳务的帮工人，在从事帮工活动中致人损害的，被帮工人应当承担赔偿责任。被帮工人明确拒绝帮工的，不承担赔偿责任。帮工人存在故意或者重大过失，赔偿权利人请求帮工人和被帮工人承担连带责任的，人民法院应予支持。

第十四条 帮工人因帮工活动遭受人身损害的，被帮工人应当承担赔偿责任。被帮工人明确拒绝帮工的，不承担赔偿责任；但可以在受益范围内予以适当补偿。

帮工人因第三人侵权遭受人身损害的，由第三人承担赔偿责任。第三人不能确定或者没有赔偿能力的，可以由被帮工人予以适当补偿。

第十五条 为维护国家、集体或者他人的合法权益而使自己受到人身损害，因没有侵权人、不能确定侵权人或者侵权人没有赔偿能力，赔偿权利人请求受益人在受益范围内予以适当补偿的，人民法院应予支持。

第十六条 下列情形，适用民法通则第一百二十六条的规定，由所有人或者管理人承担赔偿责任，但能够证明自己没有过错的除外：

（一）道路、桥梁、隧道等人工建造的构筑物因维护、管理瑕疵致人损害的；

（二）堆放物品滚落、滑落或者堆放物倒塌致人损害的；

（三）树木倾倒、折断或者果实坠落致人损害的。

前款第（一）项情形，因设计、施工缺陷造成损害的，由所有人、管理人与设计、施工者承担连带责任。

第十七条 受害人遭受人身损害，因就医治疗支出的各项费用以及因误工减少的收入，包括医疗费、误工费、护理费、交通费、住宿费、住院伙食补助费、必要的营养费，赔偿义务人应当予以赔偿。

受害人因伤致残的，其因增加生活上需要所支出的必要费用以及因丧失劳动能力导致的收入损失，包括残疾赔偿金、残疾辅助器具费、被扶养人生活费，以及因康复护理、继续治疗实际发生的必要的康复费、护理费、后续治疗费，赔偿义务人也应当予以赔偿。

受害人死亡的，赔偿义务人除应当根据抢救治疗情况赔偿本条第一款规定的相关费用外，还应当赔偿丧葬费、被扶养人生活费、死亡补偿费以及受害人亲属办理丧葬事宜支出的交通费、住宿费和误工损失等其他合理费用。

第十八条 受害人或者死者近亲属遭受精神损害，赔偿权利人向人民法院请求赔偿精神损害抚慰金的，适用《最高人民法院关于确定民事侵权精神损害赔偿责任若干问题的解释》予以确定。

精神损害抚慰金的请求权，不得让与或者继承。但赔偿义务人已经以书面方式承诺给予金钱赔偿，或者赔偿权利人已经向人民法院起诉的除外。

第十九条 医疗费根据医疗机构出具的医药费、住院费等收款凭证，结合病历和诊断证明等相关证据确定。赔偿义务人对治疗的必要性和合理性有异议的，应当承担相应的举证责任。

医疗费的赔偿数额，按照一审法庭辩论终结前实际发生的数额确定。器官功能恢复训练所必要的康复费、适当的整容费以及其他后续治疗费，赔偿权利人可以待实际发生后另行起诉。但根据医疗证明或者鉴定结论确定必然发生的费用，可以与已经发生的医疗费一并予以赔偿。

第二十条 误工费根据受害人的误工时间和收入状况确定。

误工时间根据受害人接受治疗的医疗机构出具的证明确定。受害人因伤致残持续误工的，误工时间可以计算至定残日前一天。

受害人有固定收入的，误工费按照实际减少的收入计算。受害人无固定收入的，按照其最近三年的平均收入计算；受害人不能举证证明其最近三年的平均收入状况的，可以参照受诉法院所在地相同或者相近行业上一年度职工的平均工资计算。

第二十一条 护理费根据护理人员的收入状况和护理人数、护理期限确定。

护理人员有收入的，参照误工费的规定计算；护理人员没有收入或者雇佣护工的，参照当地护工从事同等级别护理的劳务报酬标准计算。护理人员原则上为一人，但医疗机构或者鉴定机构有明确意见的，可以参照确定护理人员人数。

护理期限应计算至受害人恢复生活自理能力时止。受害人因残疾不能恢复生活自理能力的，可以根据其年龄、健康状况等因素确定合理的护理期限，但最长不超过二十年。

受害人定残后的护理，应当根据其护理依赖程度并结合配制残疾辅助器具的情况确定护理级别。

第二十二条 交通费根据受害人及其必要的陪护人员因就医或者转院治疗实际发生的费用计算。交通费应当以正式票据为凭；有关凭据应当与就医地点、时间、人数、次数相符合。

第二十三条 住院伙食补助费可以参照当地国家机关一般工作人员的出差伙食补助标准予以确定。

受害人确有必要到外地治疗，因客观原因不能住院，受害人本人及其陪护人员实际发生的住宿费和伙食费，其合理部分应予赔偿。

第二十四条 营养费根据受害人伤残情况参照医疗机构的意见确定。

第二十五条 残疾赔偿金根据受害人丧失劳动能力程度或者伤残等级，按照受诉法院所在地上一年度城镇居民人均可支配收入或者农村居民人均纯收入标准，自定残之日起按二十年计算。但六十周岁以上的，年龄每增加一岁减少一年；七十五周岁以上的，按五年计算。

受害人因伤致残但实际收入没有减少，或者伤残等级较轻但造成职业妨害严重影响其劳动就业的，可以对残疾赔偿金作相应调整。

第二十六条 残疾辅助器具费按照普通适用器具的合理费用标准计算。伤情有特殊需要的，可以参照辅助器具配制机构的意见确定相应的合理费用标准。

辅助器具的更换周期和赔偿期限参照配制机构的意见确定。

第二十七条 丧葬费按照受诉法院所在地上一年度职工月平均工资标准，

以六个月总额计算。

第二十八条　被扶养人生活费根据扶养人丧失劳动能力程度，按照受诉法院所在地上一年度城镇居民人均消费性支出和农村居民人均年生活消费支出标准计算。被扶养人为未成年人的，计算至十八周岁；被扶养人无劳动能力又无其他生活来源的，计算二十年。但六十周岁以上的，年龄每增加一岁减少一年；七十五周岁以上的，按五年计算。

被扶养人是指受害人依法应当承担扶养义务的未成年人或者丧失劳动能力又无其他生活来源的成年近亲属。被扶养人还有其他扶养人的，赔偿义务人只赔偿受害人依法应当负担的部分。被扶养人有数人的，年赔偿总额累计不超过上一年度城镇居民人均消费性支出额或者农村居民人均年生活消费支出额。

第二十九条　死亡赔偿金按照受诉法院所在地上一年度城镇居民人均可支配收入或者农村居民人均纯收入标准，按二十年计算。但六十周岁以上的，年龄每增加一岁减少一年；七十五周岁以上的，按五年计算。

第三十条　赔偿权利人举证证明其住所地或者经常居住地城镇居民人均可支配收入或者农村居民人均纯收入高于受诉法院所在地标准的，残疾赔偿金或者死亡赔偿金可以按照其住所地或者经常居住地的相关标准计算。

被扶养人生活费的相关计算标准，依照前款原则确定。

第三十一条　人民法院应当按照民法通则第一百三十一条以及本解释第二条的规定，确定第十九条至第二十九条各项财产损失的实际赔偿金额。

前款确定的物质损害赔偿金与按照第十八条第一款规定确定的精神损害抚慰金，原则上应当一次性给付。

第三十二条　超过确定的护理期限、辅助器具费给付年限或者残疾赔偿金给付年限，赔偿权利人向人民法院起诉请求继续给付护理费、辅助器具费或者残疾赔偿金的，人民法院应予受理。赔偿权利人确需继续护理、配制辅助器具，或者没有劳动能力和生活来源的，人民法院应当判令赔偿义务人继续给付相关费用五至十年。

第三十三条　赔偿义务人请求以定期金方式给付残疾赔偿金、被扶养人生活费、残疾辅助器具费的，应当提供相应的担保。人民法院可以根据赔偿义务人的给付能力和提供担保的情况，确定以定期金方式给付相关费用。但一审法庭辩论终结前已经发生的费用、死亡赔偿金以及精神损害抚慰金，应当一次性给付。

第三十四条　人民法院应当在法律文书中明确定期金的给付时间、方式以及每期给付标准。执行期间有关统计数据发生变化的，给付金额应当适时进行相应调整。

定期金按照赔偿权利人的实际生存年限给付，不受本解释有关赔偿期限的限制。

第三十五条 本解释所称“城镇居民人均可支配收入”、“农村居民人均纯收入”、“城镇居民人均消费性支出”、“农村居民人均年生活消费支出”、“职工平均工资”，按照政府统计部门公布的各省、自治区、直辖市以及经济特区和计划单列市上一年度相关统计数据确定。

“上一年度”，是指一审法庭辩论终结时的上一统计年度。

第三十六条 本解释自2004年5月1日起施行。2004年5月1日后新受理的一审人身损害赔偿案件，适用本解释的规定。已经作出生效裁判的人身损害赔偿案件依法再审的，不适用本解释的规定。

在本解释公布施行之前已经生效施行的司法解释，其内容与本解释不一致的，以本解释为准。

【链 接】

最高人民法院有关负责人在公布《关于审理人身损害赔偿案件适用法律若干问题的解释》新闻发布会上的讲话

（2003年12月29日）

各位记者、各位朋友：

《最高人民法院关于审理人身损害赔偿案件适用法律若干问题的解释》（以下简称本解释），已于2003年12月4日由最高人民法院审判委员会第1299次会议通过，并于今天公布，2004年5月1日起正式施行。下面，我就本解释制定的背景、主要内容和意义等问题，向各位作出简要介绍和说明。

一、本解释制定的背景

在人民法院的审判实践中，侵权案件历来是仅次于婚姻家庭纠纷案件的一个主要案件类型。侵权案件中，人身损害赔偿案件又居于突出的地位。1987年1月1日起施行的《中华人民共和国民法通则》（以下简称《民法通则》），为人民法院正确审理人身损害赔偿案件提供了基本的法律依据。近年来，随着我国经济和社会发展，侵权人身损害赔偿案件在类型和数量上也发生了重大变化，给审判实践带来了许多新情况、新问题。《民法通则》对侵权民事责任的法律规定比较原则；《最高人民法院关于贯彻执行〈中华人民共和国民法通则〉若干问题的意见（试行）》对审理侵权案件的法律适用原则虽有所补充，但仍不能适应当前审判实践的迫切需要；尤其是对人身损害赔偿的范围和计算标准，至今没有统一的规范可供遵循，客观上影响了人民法院依法公正、及时地审理人身损害赔偿案件。各级法院审判人员对此反映强烈，希望尽快出台司法解释，规范和统一侵权人身损害赔偿的法律适用问题。最高人民法院制定这一司法解释，不仅是依法公正、及时审理人身损害赔偿案件，保护公民人身权利的需要，而且也是审判实践的迫切需要。

在过去的审判实践中，确定人身损害赔偿案件的赔偿范围和标准，主要是以 1991 年 9 月 22 日国务院发布的《道路交通事故处理办法》（以下简称《办法》）的规定为依据。《办法》的规定对人民法院审理人身损害赔偿案件起到了积极作用。但是，随着我国经济发展和人民生活水平的提高，《办法》规定的赔偿标准明显偏低，不能充分体现填补受害人损失的损害赔偿原则；另一方面，有关部门就各种侵权类型的人身损害赔偿制定了各不相同的标准，当然有的规定是符合国际惯例的；但是对不同侵权类型的人身损害分别规定不同的赔偿范围和标准，不利于法制统一，也难以保证司法公正。起草本解释的初衷就是根据法制统一原则，按照《民法通则》的基本原则，规范人身损害的赔偿标准，以确保法律适用的统一，确保受害人的损失能够得到最大限度的补偿，保护广大人民群众的合法权益。

本解释的起草始于 1998 年。由于人身损害赔偿案件多由基层法院管辖，为了配合当年召开的人民法庭工作会议，最高人民法院在调研基础上起草了本解释的征求意见稿，提交会议进行讨论。2001 年以后，随着国家立法规划将起草民法典提上议事日程，本解释的起草工作伴随着参与立法活动以及参与立法学术活动，进入了一个理论上得到提升的新的阶段。在起草过程中，本解释的指导思想经历了较大的变化。本解释对过去既有的赔偿标准和赔偿原则持基本否定的态度，完全抛弃我国历来采取的定型化赔偿模式，按照主观计算方法设计新的人身损害赔偿模式，实行差额赔偿。在征求有关部门意见中，此种差额赔偿模式受到了普遍的质疑和批评。结合实务进行具体计算的结果也表明，完全按照主观计算方法设计的差额赔偿模式脱离中国实际，强化了贫富不均和两极分化的对立，不符合我国的社会公共政策。在否定之否定的基础上，我们对起草本解释的指导思想进行了调整，重新回到从中国实际出发，按照主观计算与客观计算相结合的方法设计的定型化赔偿模式，同时根据国家统计部门的建议，对赔偿所依据的统计指标进行了调整，在较为充分地保护受害人利益的基础上，兼顾人身损害赔偿制度的历史连续性和社会公正性，适当平衡当事人双方的利益，制定了这一司法解释。

今年8月，最高人民法院为贯彻党中央关于“三个代表”的重要思想，向社会公布了司法为民的23项措施，其中包括制定10项与人民群众切身利益密切相关的司法解释；人身损害赔偿的司法解释，就是其中之一。为充分体现司法解释起草制定的民主性，最高人民法院通过《人民法院报》和中国法院网向社会公布了本解释的征求意见稿，广泛征求人民群众和社会各界的意见。群众反响热烈，在网上发表评论意见600多条约50万字；社会各界还以书面形式提出意见帮助我们修改条文，其中包括来自乡村基层的普通农民群众和侨居海外的企业家、留学生。我们对社会各界提出的意见和建议进行了归纳整理，分析论证，许多好的建议我们都予以吸收，包括一些条款的增设和文字表述都被直接吸收进本解释的条文。由于本解释的规定涉及与国家有关制度的配合和协调，涉及与国家立法的关系，我们还多次以书面征求意见、召开座谈会以及直接磋商的方式，向全国人大法工委、国务院法制办、劳动和社会保障部、公安部、财政部、教育部、国家统计局等有关部委办征求意见，协调立场；同时，由于本解释的内容涉及损害赔偿法律制度中的一些重大理论问题，我们也多次以座谈会、书面咨询等方式征求法学专家的意见。本解释历经反复修改达28稿，终于经最高人民法院审判委员会讨论通过。本解释的起草制定，是贯彻司法为民指导思想的一项重要举措，也是司法解释制定程序民主化的一次重要实践。本解释的公布，是社会各界和广大人民群众倾力支持的结果，表明了大家对建设法治国家的关心，对人民司法的支持。

二、本解释规定的主要内容

本解释的内容可以分为五个部分：第一部分（第一条），是对人身损害赔偿法律关系的一般规定，分别就人身损害赔偿的客体范围（生命权、健康权、身体权）、主体范围（赔偿权利人、赔偿义务人）和内容范围（财产损失和精神损害）进行界定。第二部分（第二～五条），是对过失相抵原则的适用范围和共同侵权的构成要件等一般问题的规定。第三部分（第六～十六条），是对11种具体侵权类型的法律适用问题进行解释。第四部分（第十七～三十五条），是对赔偿范围、标准等相关问题的具体规定。第五部分（三十六条），是对本解释适用的效力范围的规定。具体内容主要包括以下几个方面：

第一，关于共同侵权行为，涉及两个主要问题：其一，关于共同侵权行为的构成要件。本解释规定：“二人以上共同故意或者共同过失致人损害，或者虽无共同故意、共同过失，但其侵害行为直接结合发生同一损害后果的，构成共同侵权，应当依照《民法通则》第一百三十条规定承担连带责任。”根据这一规定，本解释对共同侵权的构成要件采取客观说，不以当事人有意思联络为必要。只要数人实施的加害行为相互直接结合发生同一损害后果，其行为具有关联共同性，即构成共同侵权，应当依照《民法通则》第一百三十条的规定承担连带责任。客观说较有利于保护受害人的利益，也是共同侵权理论的一个发展趋势。但对于数个原因间接结合发生同一损害结果即多因一果的情形，本解释规定应当按照过错大小或者原因力比例承担责任。

其二，关于受害人仅免除部分侵权人责任的效力问题。传统民法理论认为，受害人仅免除部分侵权人责任的，对全体被诉共同侵权人发生绝对效力，“免除一部等于免除全部”。我们根据理论的最新发展和审判实践，对这种免责表示采纳相对效力的观点，以充分尊重债权人对自己权利的处分自由，同时平衡各债务人之间的利益。

第二，关于经营者的安全保障义务。近年来，审判实践中出现了一系列犯罪分子在酒店、银行等经营场所杀人越货的事件，经营者在安全保障上存在的问题给犯罪分子以可乘之机。受害人往往在向犯罪分子索赔不能的情况下，单独起诉酒店、银行等要求赔偿。但过去的侵权法理论未能提供受害人行使此种请求权的理论依据。本解释根据审判实践中积累的经验，结合民法理论上的社会活动安全注意义务理论，对安全保障义务的范围和违反义务时的责任界限进行界定。根据该规定，从事社会活动应当对相关公众的安全给予合理的注意，疏于注意造成他人人身损害的，安全保障义务人应当承担赔偿责任；在第三人侵权的情形，安全保障义务人没有尽到注意义务的，应当承担补充赔偿责任。该理论旨在解决不作为行为与损害结果的因果关系问题，对解决审判实践中的众多新类型案件具有重要意义。

第三，关于雇主责任。近年来，随着我国劳动用工制度的改革，在劳动关系领域里已实行全面的劳动合同制。在《劳动法》调整的劳动关系领域以外，也存在各种形式的劳动用工。无论是劳动合同形式的用工关系还是劳务合同形式的用工关系，本质上都是通过使用他人劳动扩大雇主的事业范围或者活动范围，用人单位和雇主因此获得利益；同时，这种事业范围的扩大或者活动范围的扩大也增加了其他人因此受到损害的风险。为体现利益与风险一致，风险和责任一致的原则，本解释根据审判实践和多数专家意见，规定雇主要为雇员与履行职务有关的侵权行为承担责任。同时规定，雇员因故意或者重大过失致人损害的，也要为自己的侵权行为负责，与雇主共同对受害人承担连带赔偿责任，以利于对受害人给予及时和充分救济，也促使雇主加强对企业的管理，加强对劳动者、雇员的教育，提高自身的风险防范意识。

第四，关于工伤保险赔偿与民事损害赔偿的相互关系。工伤保险与民事损害赔偿的关系，在审判实践中长期存在争论。从性质上看，工伤保险属于社会保险范畴，与私权救济性质的民事损害赔偿存在根本的差别。但是，由于工伤保险赔付是基于工伤事故的发生或者劳动者罹患职业病，与劳动安全事故或者劳动保护瑕疵等原因有关，因此，工伤事故在民法上被评价为民事侵权（如雇主提供的机器爆炸）。这就产生了工伤保险赔偿与民事损害赔偿的竞合问题。对此问题的处理，世界各国有四种模式：（1）工伤保险取代民事损害赔偿；（2）受害人可以同时获得工伤保险待遇和民事损害赔偿，但劳动者个人需交纳高额保险费；（3）受害人可以选择获得工伤保险待遇或者民事损害赔偿；（4）民事损害赔偿与工伤保险待遇实行差额互补。鉴于工伤保险实行社会统筹和用人单位无过错责任，有利于受害人及时获得充分救济；有利于企业摆脱高额赔付造成的困境，避免因行业风险过大导致竞争不利；还有利于劳资关系和谐，避免劳资冲突和纠纷，因此，我们赞成用人单位通过缴纳工伤保险费的方式承担责任。这对用人单位和劳动者双方都有利。但如果劳动者遭受工伤，是由于第三人的侵权行为造成，第三人不能免除民事赔偿责任。

第五，关于赔偿范围和标准。本解释对赔偿范围和标准的规定，有以下特点：

其一，关于赔偿范围，从“积极损害”和“消极损害”两个方面进行界定。积极损害是指：（1）因治疗损伤支出的费用：如医疗费、护理费、交通费、营养费、后续治疗费、康复费、整容费；（2）因生活上增加需要支出的费用：如配制残疾用具、长期护理依赖支出的费用。消极损害是指：因全部或者部分丧失劳动能力或者因受害人死亡导致的未来收入损失。

其二，关于赔偿的计算方法，采取差额赔偿与定型化赔偿相结合的折中模式：即具体损失采取“差额赔偿”，抽象损失采取“定型化赔偿”。所谓具体损失，就是受害人实际支出的费用或者实际减少的收入等可以交换价值计算的损失，如医疗费、误工费、交通费、营养费；所谓“抽象损失”，就是因劳动能力丧失或受害人死亡等因素只能抽象评价的未来收入损失。本解释对残疾者生活补助费和死亡补偿费就是采取定型化赔偿，设置有固定的赔偿标准和期限；对医疗费、误工费等则采取差额赔偿，实际支出或者损失多少就赔多少，体现了折中的原则。抽象损失采取“定型化赔偿”的理由：（1）与过去的有关立法、解释相衔接；（2）已被审判实践所肯定并被社会普遍接受；（3）有法理依据；（4）具有社会妥当性。至于定型化赔偿的弊端，即可能与受害人的实际生存利益不一致，本解释也采取了补救办法。例如，残疾赔偿二十年期满受害人仍尚生存，且没有生活来源的，本解释规定赔偿权利人可以另行起诉。

其三，关于残疾赔偿采取“劳动能力丧失说”。“劳动能力丧失说”是根据残疾等级抽象评定劳动力丧失程度，并以此作为评价受害人利益损失的学说。“劳动能力丧失说”与“收入丧失说”相对而言。依据“收入丧失说”，只有实际取得收入的受害人才会有收入损失，也只有实际减少收入的人才存在收入损失。未成年人、待业人员都不存在收入损失，因此不能获得赔偿。受害人虽然因伤致残，但实际收入没有减少的，也不应获得赔偿。这显然不合理。因此，绝对的“收入丧失税”实际上没有人主张，通常都是“收入丧失说”结合“劳动能力丧失说”作为评价残疾赔偿的理论依据。本解释以“劳动能力丧失说”为原则，同时也考虑收入丧失与否的实际情况，作为决定残疾赔偿的加权因素，以平衡当事人双方的利益。

其四，关于死亡赔偿采取“继承丧失说”。赔偿权利人因受害人死亡所蒙受的财产损失有两种计算方法，一是以被扶养人丧失生活来源作为计算依据的“扶养丧失说”，二是以受害人死亡导致的家庭整体收入减少为计算依据的“继承丧失说”。本解释对死亡赔偿采纳“继承丧失说”，即将“死亡赔偿金”的性质确定为收入损失的赔偿，而非“精神损害抚慰金”。赔偿数额，按照“人均可支配收入”的客观标准以二十年固定赔偿年限计算，即采取定型化赔偿模式。该计算方法既与过去的法律法规相衔接，又不致因主观计算导致贫富悬殊、两极分化。按照这一计算方法，死亡赔偿金比过去提高一倍多。例如，以 2000 年北京市城镇居民人均消费性支出 8493.5 元计算，过去的死亡赔偿金全额为 84935 元。同年北京市城镇居民人均可支配收入为10350元，依本解释计算的全额死亡赔偿金可达 207000 元。

第六，关于定期金赔偿。过去的审判实践，一般采取一次性赔付的方式赔偿受害人损失。但一次性支付赔偿金有诸多弊端：首先，过分加重了侵权人一方的赔偿负担，甚至有可能导致侵权人支付不能或者企业破产，最终损害受害人一方的利益；其次，可能导致受害人不能对赔偿金进行合理的分配使用，使赔偿目的落空，或者被其他人（如未成年人的监护人）挪用、侵吞，获得不当利益等。本解释借鉴有关国家经验，对赔偿金的支付兼采一次性赔偿和定期金赔偿两种形式，以一次性赔偿为原则，定期金赔偿为补充。同时规定以定期金赔偿的，赔偿义务人应当提供担保。

除上述内容外，本解释还就学生伤害事故、定作人的侵权责任、义务帮工致人损害、工作物责任、损害赔偿计算的标准时、本解释适用的效力范围等问题，作出了具体规定。

三、本解释出台的意义

现代社会，随着经济发展、技术进步，道路交通、工业灾害等各种侵权事件频繁发生，对人民群众的人身安全造成极大的威胁。如何才能有效地防止各种侵权事件的发生，发生侵权事件以后如何合理地转移和分散损害，给受害人公平、合理和充分的救济，不仅是立法机关的重要职责，也是人民法院肩负的神圣使命。立法调整主要通过对民事权利义务的分配，实现分配的正义；司法救济则是通过使赔偿义务人承担责任，填补受害人的损失，实现平均的正义。但这一过程，并不是一个简单的移转损害的操作过程，它也是一个体现司法为民的指导思想、贯彻公平正义的司法理念的法治文明的建设过程。司法解释的起草制定，对这一法治文明的建设负有特殊重要的使命。我们起草制定关于人身损害赔偿的司法解释，其最根本的意义正在于此。作为审理侵权案件的一个重要司法解释，本解释的出台还具有以下几个方面的意义：

第一，对于加强对人身权利的司法保护，进一步强化全社会的权利尊重和保障意识，具有重要意义。人身权利是宪法宣言和保护的公民的基本权利，是以人格尊严为核心的首要的和基本的人权。人权的保障历来被视为公法的基本任务，但对自然人的人身权利遭受侵害的情形，以民事司法的保护方法给予受害人公正、及时的损害赔偿救济，本质上也是人权司法保障的一个重要方面。近年来，最高人民法院不断加强对人身权利的司法保护，相继出台了精神损害赔偿、触电人身损害赔偿等几个司法解释，从人身损害赔偿的一个方面或一种类型出发，不断完善和发展司法保护的内容，加强司法保护的力度。本解释的出台，可以说是“百尺竿头，更进一步”，在既有司法解释的基础上，对人身权利提供更为全面的司法保护，而且从更为积极、主动的意义上强化社会生活中的权利保护意识和安全保障义务，对于提升全社会的权利尊重和保障意识将会起到良好的促进作用，发挥深远的影响。

第二，为人民法院审理人身损害赔偿案件提供了可操作的规范，有利于公正、及时地审理相关案件。在过去的审判实践中，人身损害赔偿的范围和标准事实上处于长期缺位的状态。在 2000 年 1 月最高人民法院制定《关于审理触电人身损害赔偿案件若干问题的解释》以前，人民法院审理人身损害赔偿案件，涉及对赔偿范围的确定和赔偿标准的计算时，只能参照《道路交通事故处理办法》的相关规定；对非道路交通事故的侵权案件，其赔偿标准的确定和计算事实上“无法可依”。这应当说是民事司法领域里的一个重要缺陷。本解释的制定，为人身损害赔偿的范围和标准提供了规范性的依据，具有可操作性，弥补了这一缺陷。这不仅有利于人民法院及时、公正审理相关案件，而且也有助于促进人身损害赔偿的范围和标准在立法上实现统一，进而维护国家法制的统一和尊严。

第三，本解释对侵权损害赔偿领域里的若干重大理论问题进行了有益和积极的探索，将会促进我国侵权法理论研究的深入发展，并为民法典的制定提供有益的经验。本解释的起草制定，有两个重要的源泉：一是人民法院的审判实践，为我们提供了丰富的案件类型和经验资源；另一是侵权法理论的不断发展，为我们提供了有益的知识和思想资源。本解释的制定，并不是消极地接受现行的理论成果，而是从公正审理人身损害赔偿案件的价值目标出发，坚持以“三个代表”重要思想为指导，努力贯彻“司法为民”的宗旨，积极探索符合“公平正义”理念、符合中国实际的司法保护模式和相应的制度规范。在起草过程中，我们涉及了侵权法理论上的一些基本问题。如共同侵权的构成要件，理论上有各种学说；而我们加以取舍和折中的标准，是基于一个基本的司法价值理念，就是要让无辜的受害人能够得到司法救济，而让无视他人人身权利和人格尊严的侵权人承担责任和风险。为此，我们对各家学说进行了综合取舍与改造，以贯彻我们的司法理念。本解释的规定，还吸收了民法典起草中的最新理论成果和经验，例如，关于经营者的安全保障义务的规定，就是在理论上的一个最新发展。我们结合审判实务，对安全保障义务的范围、责任界限，以及诉讼结构都进行了认真的探索，形成了具有操作性的具体规范。这些探索的成果形成现在的解释，其是否妥当，是否有利于保护受害人的权益，有利于平衡各方当事人的利益，当然还要经过实践的检验；但我们的探索是在中国走向法治的历史进程中，在理论、实务与立法的交互影响和作用中不断发展和深入进行的；因此，我相信，这些探索的成果也必将对侵权法理论的进一步发展和深入起到积极的推动作用，必将为民法典的起草制定提供有益的经验。

谢谢大家！

最高人民法院有关负责人就《关于审理人身损害赔偿案件适用法律若干问题的解释》答记者问

一、出台解释是审判实践的迫切需要

问：最高人民法院今天公布《关于审理人身损害赔偿案件适用法律若干问题的解释》(以下简称司法解释)，请您谈谈司法解释出台的背景。

答：这一司法解释的出台，是依法公正、及时审理人身损害赔偿案件，保护公民人身权利的需要。近年来，随着我国经济和社会发展，人身损害赔偿案件在类型和数量上也发生了重大变化，给审判实践带来了许多新情况、新问题。《民法通则》对人身损害赔偿的法律适用规定得比较原则，《最高人民法院关于贯彻执行〈中华人民共和国民法通则〉若干问题的意见（试行）》

虽有所补充但仍不能适应当前审判实践的迫切需要；尤其是对人身损害赔偿的范围和计算标准，至今没有统一的规范可供遵循，致使有些案件难以依法及时处理，不利于及时、公正地维护广大人民群众的合法权益，广大法官和社会各界都希望尽快出台司法解释，规范和统一侵权人身损害赔偿的法律适用问题。

二、经营者未尽安全保障义务应承担补充赔偿责任

问：司法解释规定经营者从事经营活动负有安全保障义务，其法律依据是什么？怎样理解经营者的补充赔偿责任？

答：司法解释规定从事经营活动或者其他社会活动，经营者或者组织者对相关公众负有安全保障义务的法律依据。一是《民法通则》第五条规定："公民、法人的合法的民事权益受法律保护，任何组织和个人不得侵犯。"积极实施侵害行为为法律所禁止，消极不履行安全保障义务造成他人人身损害，也应当承担民事责任。二是《消费者权益保护法》第十八条规定："经营者应当保证其提供的商品或者服务符合保障人身、财产安全的要求。"该规定是经营者从事经营活动负有安全保障义务的直接法律依据。近年来，审判实践中遇到了一些在宾馆、酒店、银行、寄宿学校等杀人越货的案件。从这些案件发生的原因看，经营者在安全保障上存在的问题，正是这些单位未尽安全保障义务给了犯罪分子以可乘之机。有的赔偿权利人在向犯罪分子索赔不能而要求经营者赔偿时，经营者往往以没有实施侵害行为，不应承担民事责任为由进行抗辩。按照司法解释的规定，从事经营活动或者其他社会活动的人，负有对相关公众在合理限度范围内的安全保障义务。未尽安全保障义务造成他人人身损害的，就应当承担相应的赔偿责任；因第三人侵权造成人身损害，安全保障义务人有过错的，应当在其能够防止和制止损害的范围内承担补充赔偿责任，从而明确了安全保障义务人的义务范围和责任界限，这不仅有利于促进商品、服务领域在安全保障方面加强管理，以更加人性化的服务体现对人的关照和尊重，而且也有利于合理分配损害，补偿受害人的损失。不仅在经营活动中，在其他具有公众参与或者具有广泛社会接触的活动中，管理者、组织者、具体实施者都应关注其活动范围内的安全保障问题，对他人的人身安全给予必要的关照和保障。"己所不欲，勿施于人"；有不忍人之心，人才有不忍之心；为他人提供安全保障，才能人人都有安全保障。传统的民法理论孤立地看待"自然人"，把民事主体想象成荒岛上的鲁滨逊，忽视了社会生活中人们的相互依存关系，未能就社会活动的安全保障义务提供理论依据。司法解释的制定，以我国现行法律为依据，吸收了现代民法理论的研究成果，明确规定经营者从事经营活动，对相关公众负有安全保障义务。司法解释的规定，突出体现了现代司法以人为本的价值理念，也体现了司法为民的要求。

经营者违反安全保障义务，造成他人人身损害的，应当承担相应的赔偿责任。这是经营者的直接责任。经营者未尽安全保障义务，致使第三人侵权造成他人人身损害的，经营者应当承担补充赔偿责任。经营者承担补充赔偿责任的法理依据，在于经营者违反应当积极作为的安全保障义务，使本来可以避免或者减少的损害得以发生或者扩大，增加了损害发生的几率；因此经营者应当为受害人向直接侵权人求偿不能承担风险责任。让无辜的受害人得到救济，而让那些侵害他人或者无视他人安全的人承担责任和风险，符合司法正义的理念。司法解释的规定，对解决审判实践中的众多新类型案件具有重要意义。

三、学校应对校园伤害事故承担过错责任

问：司法解释对学生伤害事故的规定与教育部去年制定的《学生伤害事故处理办法》有什么不同?

答：按照《教育法》和《未成年人保护法》的规定，教育机构对未成年人负有教育、管理、保护的法定职责和义务。违反法定义务，造成未成年人人身损害的，应当承担相应的民事责任。

校园伤害事故是近年来人民法院受理的侵权案件中一种常见、多发的案件类型。对校园伤害事故的责任承担，审判实践中存在较大争议。一种观点认为，未成年人到学校接受教育，事实上脱离了父母的监护；为保护未成年人的利益，当然发生监护权的转移。因此，对学生伤害事故，学校应当承担监护人的责任。我们认为，我国《民法通则》规定的监护制度以一定的亲属关系或者身份关系为前提，法律对担任监护人的范围有明确规定。监护职责不因未成年人到学校接受教育而当然发生转移。教育机构依法负有对未成年人的教育、管理和保护义务，如果因过错没有尽到相应的义务，致发生学生伤害事故的，学校应当承担与其过错相应的民事责任。司法解释的规定，就是明确教育机构对学生伤害事故的责任，在性质上是违反法定义务的过错责任，而不是《民法通则》第一百三十三条规定的监护人的责任。

司法解释对教育机构责任性质的界定，与教育部的规章没有原则分歧。教育部的规章是教育行政部门处理学生伤害事故的依据，但规章在审判实务中只具有参照的效力。司法解释则是国家最高审判机关对法律适用作出的解释，对人民法院审理案件具有约束力。

四、雇主应对雇员的致害行为承担赔偿责任

问：司法解释规定雇员侵权致人损害，由雇主承担赔偿责任。为什么雇

主要替雇员承担责任？

答：近年来，随着我国劳动用工制度的改革，在劳动关系领域里已实行全面的劳动合同制。在《劳动法》调整的劳动关系领域以外，也存在各种形式的劳动用工。不论是劳动合同形式的用工关系，还是劳务合同形式的用工关系，都是通过使用他人劳动获得利益；同时，因使用他人劳动而使雇主事业范围扩大或者活动范围扩大，也相应增加了其他人因此受到损害的风险。根据利益和风险一致、风险和责任一致的民法理论，使用他人劳动获得利益的人，当然要为受雇人在劳动过程中的致他人损害的行为承担责任。对无辜的受害人给予公平的救济，使死有所葬、残有所养，肉体的创伤得到救治，心灵的痛苦得以慰藉，这是一个法治社会最基本的正义观念。

当然，雇主承担替代责任，并不意味着雇主就是责任的渊薮。侵权法在着眼于对受害人的损害给予填补时，也着眼于损害的转移和分散。责任保险制度就是有效分散损害、合理分配企业经营风险的一项制度。雇主承担替代责任，不仅有利于对受害人给予及时和充分救济，也有利于雇主加强对企业的管理，加强对劳动者、雇员的教育，提高自身的风险防范意识。需要强调的是，雇员因故意或者重大过失致人损害的，也要为自己的侵权行为负责，与雇主一起对受害人承担连带赔偿责任。雇主责任并非雇员恣意妄为的“避风港”，任何人都要为自己非法侵害他人人身权利的行为付出代价，承担责任。

五、受害人获工伤保险赔付不免除第三人的侵权责任

问：发生工伤事故，工伤职工除享受工伤保险待遇外，能否再请求民事损害赔偿？

答：工伤保险与民事损害赔偿的关系，在审判实践中长期存在争论。从性质上看，工伤保险属于社会保险范畴，与民事损害赔偿性质上存在根本的差别。但是，由于工伤保险赔付是基于工伤事故的发生，与劳动安全事故或者劳动保护瑕疵等原因有关，因此，工伤事故在民法上被评价为民事侵权。这就产生了工伤保险赔付与民事损害赔偿的相互关系问题。对此问题，世界各国有四种处理模式：第一，工伤保险取代民事损害赔偿；第二，受害人可以同时获得工伤保险待遇和民事损害赔偿，但劳动者个人需交纳高额保险费；第三，受害人可以选择获得工伤保险待遇或者民事损害赔偿；第四，民事损害赔偿与保险待遇实行差额互补。国务院今年公布的《工伤保险条例》，将于2004年1月1日起正式实施。根据政府有关部门的规定，在中国境内的企事业单位和个体工商户都要参加工伤保险统筹，为劳动者缴纳工伤保险费。应当参保的企业违法不缴纳保险费的，发生工伤事故，也要按照《工伤保险条

例》的规定承担给付工伤职工相应保险待遇的责任。相对于民事损害赔偿而言，工伤保险具有特殊的优点：工伤保险实行用人单位无过错责任，并且不考虑劳动者是否有过错，只要发生工伤，工伤保险经办机构就应给予全额赔偿。民事侵权考虑受害人自身是否存在过失，实行过失相抵，即根据受害人过失程度相应减少赔偿数额。此外，工伤保险实行社会统筹，有利于受害人及时获得充分救济；企业参加工伤保险，分散了赔偿责任，有利于企业摆脱高额赔付造成的困境，避免因行业风险过大导致竞争不利；工伤保险还有利于劳资关系和谐，避免劳资冲突和纠纷。鉴于上述理由，我们认为，用人单位通过缴纳保险费的方式承担责任，对用人单位和劳动者双方都有利。因此，发生工伤事故，属于用人单位责任的，工伤职工应当按照《工伤保险条例》的规定享受工伤保险待遇，不能再通过民事诉讼获得双重赔偿。但如果劳动者遭受工伤，是由于第三人的侵权行为造成的，第三人不能免除民事赔偿责任。例如，职工因公出差遭遇交通事故，工伤职工虽依法享受工伤保险待遇，但对交通肇事负有责任的第三人仍应当承担民事赔偿责任。

六、见义勇为者可请求受益人给予补偿

问：因见义勇为而遭受损害的人，可否由受益人赔偿？最近经常看到有关“英雄流血又流泪”的报道，司法解释对此是否有一个说法？

答：我们的社会鼓励见义勇为的行为，我们的道德也赞赏见义勇为的行为。为了给见义勇为者提供全面的司法保护，使其受到损失后能得到相应的补偿，本司法解释从公平原则出发，对因见义勇为遭受人身损害的赔偿权利人作出以下具体规定，以保护其合法权益：第一，没有侵权人，如为抢救落水儿童而献身；第二，不能确定侵权人，如为制止犯罪遭受伤害，案件未能侦破的；第三，犯罪分子或者侵权人没有赔偿能力的。在以上三种情形下，人民法院可以根据赔偿权利人的请求，判令受益人在受益范围内对受害人的损害予以适当补偿。

受益人非侵权人，其承担补偿责任并不是因为其有过错，而是基于对损害的分担。从侵权损害赔偿的角度看，因见义勇为遭受人身损害的受害人，与受益人应当是利益共同体。他们共同面对危险、面对侵害；而见义勇为者以自己慷慨赴险的壮举，使受益人转危为安。对受害人的救助，从长远来看应当是社会的责任。但在缺乏相应机制的条件下，作为利益共同体的受益人，适当分担损害，给受害人以补偿，是符合公平原则的。这在客观上也有助于弘扬正气，有助于发扬中华民族扶危济困的良好道德风尚。

七、赔偿标准更加科学合理

问：关于赔偿标准的规定，是司法解释的一个重要内容。请问，司法解

释规定的赔偿标准，与以前的标准有什么不同?

答：司法解释确定的赔偿标准比以前的赔偿标准更加科学、合理。这主要体现在以下几个方面：第一，赔偿标准的确定更加符合民法中的“平均的正义”或者“矫正的正义”的价值理念，也就是更加符合侵权法中的“填补损失”或者“填平损害”的原则。具体而言就是指：对侵权行为造成的财产损失，要按照损失前后的差额赔偿其交换价值；对造成的精神损害，则应当给付精神损害抚慰金。第二，赔偿与损失相一致。过去的赔偿标准，对残疾受害人的收入损失不予赔偿，只赔偿其生活补助费；司法解释规定的残疾赔偿金，则是按照城镇居民人均可支配收入或者农村居民人均纯收入标准，赔偿受害人的收入损失，是对既有标准的矫正，体现了损害与赔偿相一致的原则。以前对被扶养人生活费的赔偿标准是生活困难补助标准或者基本生活费标准，前者每月就几十元，后者实际上是城镇居民最低生活保障标准，也不过每月二、三百元。司法解释以平均生活费作为赔偿被扶养人生活费的标准，也体现了赔偿与损害的一致。第三，对实际支出的费用和误工损失，按照差额据实赔偿；对未来的收入损失，因为具有抽象性和不确定性，按照人均可支配收入的客观指标予以赔偿。为了确定科学、合理的赔偿标准，司法解释征求了国家统计局等有关专业部门的多方意见，将民法损害赔偿理论与有关专业技术指标有机地结合起来，努力使赔偿标准合理化。可以说，合理化既是我们制定司法解释的一个基本目标，也是其基本特征。

八、死亡赔偿金增加一倍多

问：过去由于死亡赔偿标准偏低，许多人担心会诱发非道德行为，例如，对交通肇事受害人不予抢救反而故意致其死亡。司法解释如何回应这种担心?

答：司法解释对死亡赔偿，从几个方面作了调整：第一，合理界定死亡赔偿的性质。民法理论认为，自然人的权利能力始于出生、终于死亡，受害人因侵权行为死亡后，其作为民事主体的资格已经消灭，因此，死亡受害人不能以主体资格主张民事权利；享有损害赔偿请求权的，是间接受害人，即死者近亲属。死者近亲属受到的损害有两个方面，一是财产损害，按照过去的理论认为就是死者生前所扶养的人丧失生活供给来源所受损害，立法上叫作“被扶养人生活费”；二是非财产损害即精神损害，立法上称为“死亡补偿费”或者“死亡赔偿金”，死亡赔偿金的性质据此被认定为精神损害抚慰金。1994年5月12日八届人大七次会议通过的《中华人民共和国国家赔偿法》，首次明确了死亡赔偿金的内涵是对受害人收入损失的赔偿。司法解释据此将“死亡赔偿金”界定为财产性质的收入损失赔偿。第二，根据对死亡赔偿金性质的确认，死亡赔偿金的赔偿标准也调整为“人均可支配收入”。较之过去的赔偿标准，在赔偿参数上有了明显的提高。以北京为例，2001 年统计年度北京市城镇居民人均可支配收入为 11577.8 元，城镇居民人均消费性支出约为 8922.7 元。后者就是过去死亡赔偿所依据的“平均生活费”标准。显然，人均可支配收入标准较高，也更合理。第三，赔偿年限由过去的 10 年提高为 20 年，比过去延长一倍，实际赔偿额则超过过去的一倍多。根据 2000 年的统计，北京市城镇居民人均消费性支出为 8493.5 元/年，按《道路交通事故处理办法》计算的全额死亡补偿费为 84935 元；同年城镇居民人均可支配收入北京为 10350 元/年，按《解释》计算的全额死亡补偿费为 207000 元，《解释》的计算方法比《道路交通事故处理办法》提高 122065 元。当然，对所谓非道德行为，不能靠提高死亡赔偿金来制止；故意侵害他人生命的，应当依法给予刑事处罚，发挥刑罚制裁作用。

九、一次性赔偿不限于一次请求

问：司法解释对残疾赔偿金和死亡赔偿金的赔偿数额都有所提高，但仍然规定了 20 年的赔偿期限，这是否合理？受伤致残者 20 年后仍然生存的，何以为生？

答：20 年期限的赔偿，在理论上称为定额化赔偿，或者叫作定型化赔偿。我国的人身损害赔偿制度历来采取定型化赔偿方式。司法解释采取这一方式的理由如下：

第一，与现行有关法律、法规的规定相一致。《国家赔偿法》《道路交通事故处理办法》对死亡赔偿金、残疾赔偿金或者残疾者生活补助费都规定了 20 年的赔偿期限，《解释》的规定既体现残疾赔偿和死亡赔偿制度的历史连续性，又与现行有关法律、法规的规定相一致。

第二，按 20 年计算的残疾赔偿金须一次性给付。大陆法系国家的传统做法，是要按照霍夫曼计算法或者莱布尼兹计算法扣除一次性给付损害赔偿金的期前利息。但由于中国经济发展迅速，物价水平和工资水平在未来相当一段时间内还会不断发生变化。因此，我国的一次性赔偿向来不考虑扣除期前利息。这样，与扣除期前利息的大陆法系国家和地区比较，按 20 年计算的一次性赔偿金与其他国家和地区按平均寿命计算的一次性损害赔偿金，事实上不会过于悬殊，甚至还互有短长。

第三，指向未来的一次性赔偿有许多不确定因素，计算期限过长难免会发生实际赔偿与实际生活利益不一致的情形，过分加重赔偿义务人的负担，并有可能使一次性高额赔偿转化为不当利益。为避免因期限过长导致不确定因素的发生几率相应增大，适当期间的赔偿年限就是必要的。20 年期限在多数情形下较按平均寿命计算的赔偿期限为短，且在过去的立法实践和审判实践中都已被社会所接受，故无论是在心理上、社会效果上和当事人双方的利益均衡上都是一个较为恰当和适中的期限。

第四，由于司法解释第三十二条赋予了赔偿权利人就赔偿期限届满后再次起诉的权利，按20年计算相关损害赔偿金的不利因素基本上被消除。

十、赔偿义务人可以申请给付定期金

问：人身损害赔偿以一次性赔偿为原则，是否意味着有例外？

答：司法解释在赔偿制度上的另一个特色，就是引进大陆法系国家的终身定期金制度，作为对一次性赔偿的补充。对损害赔偿采取一次性赔偿的原则，无论是20年的定型化赔偿，还是按照余命年岁计算赔偿总额的一次性赔偿，都存在赔偿与实际生活状况的错位。即赔偿权利人的实际生存期间往往长于或者短于一次性赔偿所预定的赔偿年限。最合理的赔偿，就是定期给付按一定标准确定的损害赔偿金，给付时间与赔偿权利人实际生存年限相一致。但定期金赔偿也存在风险，如赔偿义务人破产，导致赔偿不能，对赔偿权利人的利益造成损害。因此，司法解释规定，赔偿义务人请求以定期金方式给付损害赔偿金的，应当提供相应的担保。引进定期金赔偿制度，为当事人选择赔偿金的给付方式提供了可能，有利于赔偿制度的合理化，也有利于平衡当事人双方的利益。

十一、高度重视网上和来信的意见

问：司法解释的征求意见稿，曾在媒体上向全社会公开征求意见，这些意见是否得到采纳？

答：如前所述，为推定司法解释制定的民主化，最高人民法院通过《人民法院报》和中国法院网向社会公布了司法解释的征求意见稿，受到了社会各界和新闻媒体的普遍关注，群众参与的热情非常高。仅网上发表的意见，就有600多条，信函300多封；各种意见共计50多万字。为了保证人民群众的意见能够体现到司法解释中，我们做了以下工作：第一，整理归纳，即将有关意见整理归纳出法律问题要点；第二，筛选分类，即对提出的意见进行筛选，分类归入相应的条文；第三，合并分立，即对重复的意见予以合并，对不同的内容予以分立；第四，论证修改，即根据有关意见对条文进行论证修改。凡是合理的意见，我们都充分予以吸收。例如，有意见认为误工费应当据实赔偿，建议取消职工平均工资五倍的限制；有的来信提出，对明知承揽人不具有相应资质和安全生产条件，仍然将工程发包给承揽人，由此造成安全事故致使雇员遭受人身损害的，发包人、分包人应当与承揽工程的雇主承担连带责任。对这些意见，司法解释都已采纳。也有的意见，其价值取向完全正确，但鉴于司法解释本身的性质，这些意见没有被吸收。例如，一位农村群众来信认为对故意侵权的，应当规定惩罚性赔偿；另一位侨居海外的企业界人士，也提出了同样的见解。其价值取向，我们完全赞成，但鉴于司法解释不能直接创设惩罚性赔偿制度，因此，司法解释未能就此作出规定。但我们会向立法机关建议将来制定民法典时应当充分考虑这些意见。

司法解释在制定过程中，广泛向社会征求意见，让人民群众参与解释的制定，这是司法解释制定民主化的体现。它不仅可以保证司法解释符合广大人民的共同意愿，也有利于司法解释的内容更加科学合理，能够更充分地体现公平正义的价值理念，从而有利于提高司法解释的质量。借此机会，我们感谢广大群众和社会各界人士的参与，并希望大家一如既往地支持人民法院的工作！

最高人民法院　最高人民检察院　公安部
国家安全部　司法部
关于发布《人体损伤程度鉴定标准》的公告

（2013年8月30日）

为进一步加强人身损伤程度鉴定标准化、规范化工作，现将《人体损伤程度鉴定标准》发布，自2014年1月1日起施行。《人体重伤鉴定标准》（司发〔1990〕070号）、《人体轻伤鉴定标准（试行）》［法（司）发〔1990〕6号］和《人体轻微伤的鉴定》（GA/T146－1996）同时废止。

附：

人体损伤程度鉴定标准

1　范围

本标准规定了人体损伤程度鉴定的原则、方法、内容和等级划分。

本标准适用于《中华人民共和国刑法》及其他法律、法规所涉及的人体损伤程度鉴定。

2 规范性引用文件

下列文件对于本文件的应用是必不可少的。本标准引用文件的最新版本适用于本标准。

GB 18667 道路交通事故受伤人员伤残评定

GB/T 16180 劳动能力鉴定 职工工伤与职业病致残等级

GB/T 26341—2010 残疾人残疾分类和分级

3 术语和定义

3.1 重伤

使人肢体残废、毁人容貌、丧失听觉、丧失视觉、丧失其他器官功能或者其他对于人身健康有重大伤害的损伤，包括重伤一级和重伤二级。

3.2 轻伤

使人肢体或者容貌损害，听觉、视觉或者其他器官功能部分障碍或者其他对于人身健康有中度伤害的损伤，包括轻伤一级和轻伤二级。

3.3 轻微伤

各种致伤因素所致的原发性损伤，造成组织器官结构轻微损害或者轻微功能障碍。

4 总则

4.1 鉴定原则

4.1.1 遵循实事求是的原则，坚持以致伤因素对人体直接造成的原发性损伤及由损伤引起的并发症或者后遗症为依据，全面分析，综合鉴定。

4.1.2 对于以原发性损伤及其并发症作为鉴定依据的，鉴定时应以损伤当时伤情为主，损伤的后果为辅，综合鉴定。

4.1.3 对于以容貌损害或者组织器官功能障碍作为鉴定依据的，鉴定时应以损伤的后果为主，损伤当时伤情为辅，综合鉴定。

4.2 鉴定时机

4.2.1 以原发性损伤为主要鉴定依据的，伤后即可进行鉴定；以损伤所致的并发症为主要鉴定依据的，在伤情稳定后进行鉴定。

4.2.2 以容貌损害或者组织器官功能障碍为主要鉴定依据的，在损伤 90 日后进行鉴定；在特殊情况下可以根据原发性损伤及其并发症出具鉴定意见，但须对有可能出现的后遗症加以说明，必要时应进行复检并予以补充鉴定。

4.2.3 疑难、复杂的损伤，在临床治疗终结或者伤情稳定后进行鉴定。

4.3 伤病关系处理原则

4.3.1 损伤为主要作用的，既往伤/病为次要或者轻微作用的，应依据本标准相应条款进行鉴定。

4.3.2 损伤与既往伤/病共同作用的，即二者作用相当的，应依据本标准相应条款适度降低损伤程度等级，即等级为重伤一级和重伤二级的，可视具体情况鉴定为轻伤一级或者轻伤二级，等级为轻伤一级和轻伤二级的，均鉴定为轻微伤。

4.3.3 既往伤/病为主要作用的，即损伤为次要或者轻微作用的，不宜进行损伤程度鉴定，只说明因果关系。

5 损伤程度分级

5.1 颅脑、脊髓损伤

5.1.1 重伤一级

a）植物生存状态。

b）四肢瘫（三肢以上肌力3级以下）。

c）偏瘫、截瘫（肌力2级以下），伴大便、小便失禁。

d）非肢体瘫的运动障碍（重度）。

e）重度智能减退或者器质性精神障碍，生活完全不能自理。

5.1.2 重伤二级

a）头皮缺损面积累计75.0cm^2以上。

b）开放性颅骨骨折伴硬脑膜破裂。

c）颅骨凹陷性或者粉碎性骨折，出现脑受压症状和体征，须手术治疗。

d）颅底骨折，伴脑脊液漏持续4周以上。

e）颅底骨折，伴面神经或者听神经损伤引起相应神经功能障碍。

f）外伤性蛛网膜下腔出血，伴神经系统症状和体征。

g）脑挫（裂）伤，伴神经系统症状和体征。

h）颅内出血，伴脑受压症状和体征。

i）外伤性脑梗死，伴神经系统症状和体征。

j）外伤性脑脓肿。

k）外伤性脑动脉瘤，须手术治疗。

l）外伤性迟发性癫痫。

m）外伤性脑积水，须手术治疗。

n）外伤性颈动脉海绵窦瘘。

o）外伤性下丘脑综合征。

p）外伤性尿崩症。

q）单肢瘫（肌力3级以下）。

r）脊髓损伤致重度肛门失禁或者重度排尿障碍。

5.1.3 轻伤一级

a）头皮创口或者瘢痕长度累计20.0cm以上。

b）头皮撕脱伤面积累计50.0cm^2以上；头皮缺损面积累计24.0cm^2

以上。

c）颅骨凹陷性或者粉碎性骨折。

d）颅底骨折伴脑脊液漏。

e）脑挫（裂）伤；颅内出血；慢性颅内血肿；外伤性硬脑膜下积液。

f）外伤性脑积水；外伤性颅内动脉瘤；外伤性脑梗死；外伤性颅内低压综合征。

g）脊髓损伤致排便或者排尿功能障碍（轻度）。

h）脊髓挫裂伤。

5.1.4 轻伤二级

a）头皮创口或者瘢痕长度累计 8.0cm 以上。

b）头皮撕脱伤面积累计 20.0cm^2 以上；头皮缺损面积累计 10.0cm^2 以上。

c）帽状腱膜下血肿范围 50.0cm^2 以上。

d）颅骨骨折。

e）外伤性蛛网膜下腔出血。

f）脑神经损伤引起相应神经功能障碍。

5.1.5 轻微伤

a）头部外伤后伴有神经症状。

b）头皮擦伤面积 5.0cm^2 以上；头皮挫伤；头皮下血肿。

c）头皮创口或者瘢痕。

5.2　面部、耳廓损伤

5.2.1 重伤一级

a）容貌毁损（重度）。

5.2.2 重伤二级

a）面部条状瘢痕（50%以上位于中心区），单条长度 10.0cm 以上，或者两条以上长度累计 15.0cm 以上。

b）面部块状瘢痕（50%以上位于中心区），单块面积 6.0cm^2 以上，或者两块以上面积累计 10.0cm^2 以上。

c）面部片状细小瘢痕或者显著色素异常，面积累计达面部 30%。

d）一侧眼球萎缩或者缺失。

e）眼睑缺失相当于一侧上眼睑 1/2 以上。

f）一侧眼睑重度外翻或者双侧眼睑中度外翻。

g）一侧上睑下垂完全覆盖瞳孔。

h）一侧眼眶骨折致眼球内陷 0.5cm 以上。

i）一侧鼻泪管和内眦韧带断裂。

j）鼻部离断或者缺损 30%以上。

k）耳廓离断、缺损或者挛缩畸形累计相当于一侧耳廓面积 50%以上。

l）口唇离断或者缺损致牙齿外露 3 枚以上。

m）舌体离断或者缺损达舌系带。

n）牙齿脱落或者牙折共 7 枚以上。

o）损伤致张口困难Ⅲ度。

p）面神经损伤致一侧面肌大部分瘫痪，遗留眼睑闭合不全和口角歪斜。

q）容貌毁损（轻度）。

5.2.3 轻伤一级

a）面部单个创口或者瘢痕长度 6.0cm 以上；多个创口或者瘢痕长度累计 10.0cm 以上。

b）面部块状瘢痕，单块面积 4.0cm^2 以上；多块面积累计 7.0cm^2 以上。

c）面部片状细小瘢痕或者明显色素异常，面积累计 30.0cm^2 以上。

d）眼睑缺失相当于一侧上眼睑 1/4 以上。

e）一侧眼睑中度外翻；双侧眼睑轻度外翻。

f）一侧上眼睑下垂覆盖瞳孔超过 1/2。

g）两处以上不同眶壁骨折；一侧眶壁骨折致眼球内陷 0.2cm 以上。

h）双侧泪器损伤伴溢泪。

i）一侧鼻泪管断裂；一侧内眦韧带断裂。

j）耳廓离断、缺损或者挛缩畸形累计相当于一侧耳廓面积 30%以上。

k）鼻部离断或者缺损 15%以上。

l）口唇离断或者缺损致牙齿外露 1 枚以上。

m）牙齿脱落或者牙折共 4 枚以上。

n）损伤致张口困难Ⅱ度。

o）腮腺总导管完全断裂。

p）面神经损伤致一侧面肌部分瘫痪，遗留眼睑闭合不全或者口角歪斜。

5.2.4 轻伤二级

a）面部单个创口或者瘢痕长度 4.5cm 以上；多个创口或者瘢痕长度累计 6.0cm 以上。

b）面颊穿透创，皮肤创口或者瘢痕长度 1.0cm 以上。

c）口唇全层裂创，皮肤创口或者瘢痕长度 1.0cm 以上。

d）面部块状瘢痕，单块面积 3.0cm^2 以上或多块面积累计 5.0cm^2 以上。

e）面部片状细小瘢痕或者色素异常，面积累计 8.0cm^2 以上。

f）眶壁骨折（单纯眶内壁骨折除外）。

g）眼睑缺损。

h）一侧眼睑轻度外翻。

i）一侧上眼睑下垂覆盖瞳孔。

j）一侧眼睑闭合不全。

k）一侧泪器损伤伴溢泪。

l）耳廓创口或者瘢痕长度累计 6.0cm 以上。

m）耳廓离断、缺损或者挛缩畸形累计相当于一侧耳廓面积 15%以上。

n）鼻尖或者一侧鼻翼缺损。

o）鼻骨粉碎性骨折；双侧鼻骨骨折；鼻骨骨折合并上颌骨额突骨折；鼻骨骨折合并鼻中隔骨折；双侧上颌骨额突骨折。

p）舌缺损。

q）牙齿脱落或者牙折 2 枚以上。

r）腮腺、颌下腺或者舌下腺实质性损伤。

s）损伤致张口困难Ⅰ度。

t）颌骨骨折（牙槽突骨折及一侧上颌骨额突骨折除外）。

u）颧骨骨折。

5.2.5 轻微伤

a）面部软组织创。

b）面部损伤留有瘢痕或者色素改变。

c）面部皮肤擦伤，面积 2.0cm^2 以上；面部软组织挫伤；面部划伤 4.0cm 以上。

d）眶内壁骨折。

e）眼部挫伤；眼部外伤后影响外观。

f）耳廓创。

g）鼻骨骨折；鼻出血。

h）上颌骨额突骨折。

i）口腔粘膜破损；舌损伤。

j）牙齿脱落或者缺损；牙槽突骨折；牙齿松动 2 枚以上或者Ⅲ度松动 1 枚以上。

5.3　听器听力损伤

5.3.1 重伤一级

a）双耳听力障碍（≥91dB HL）。

5.3.2 重伤二级

a）一耳听力障碍（≥91dB HL）。

b）一耳听力障碍（≥81dB HL），另一耳听力障碍（≥41dB HL）。

c）一耳听力障碍（≥81dB HL），伴同侧前庭平衡功能障碍。

d）双耳听力障碍（≥61dB HL）。

e）双侧前庭平衡功能丧失，睁眼行走困难，不能并足站立。

5.3.3 轻伤一级

a）双耳听力障碍（≥41dB HL）。

b）双耳外耳道闭锁。

5.3.4 轻伤二级

a）外伤性鼓膜穿孔 6 周不能自行愈合。

b）听骨骨折或者脱位；听骨链固定。

c）一耳听力障碍（≥41dB HL）。

d）一侧前庭平衡功能障碍，伴同侧听力减退。

e）一耳外耳道横截面 1/2 以上狭窄。

5.3.5 轻微伤

a）外伤性鼓膜穿孔。

b）鼓室积血。

c）外伤后听力减退。

5.4　视器视力损伤

5.4.1 重伤一级

a）一眼眼球萎缩或者缺失，另一眼盲目 3 级。

b）一眼视野完全缺损，另一眼视野半径 20°以下（视野有效值 32%以下）。

c）双眼盲目 4 级。

5.4.2 重伤二级

a）一眼盲目 3 级。

b）一眼重度视力损害，另一眼中度视力损害。

c）一眼视野半径 10°以下（视野有效值 16%以下）。

d）双眼偏盲；双眼残留视野半径 30°以下（视野有效值 48%以下）。

5.4.3 轻伤一级

a）外伤性青光眼，经治疗难以控制眼压。

b）一眼虹膜完全缺损。

c）一眼重度视力损害；双眼中度视力损害。

d）一眼视野半径 30°以下（视野有效值 48%以下）；双眼视野半径 50°以下（视野有效值 80%以下）。

5.4.4 轻伤二级

a）眼球穿通伤或者眼球破裂伤；前房出血须手术治疗；房角后退；虹膜根部离断或者虹膜缺损超过 1 个象限；睫状体脱离；晶状体脱位；玻璃体积

血；外伤性视网膜脱离；外伤性视网膜出血；外伤性黄斑裂孔；外伤性脉络膜脱离。

b）角膜斑翳或者血管翳；外伤性白内障；外伤性低眼压；外伤性青光眼。

c）瞳孔括约肌损伤致瞳孔显著变形或者瞳孔散大（直径0.6cm以上）。

d）斜视；复视。

e）睑球粘连。

f）一眼矫正视力减退至0.5以下（或者较伤前视力下降0.3以上）；双眼矫正视力减退至0.7以下（或者较伤前视力下降0.2以上）；原单眼中度以上视力损害者，伤后视力降低一个级别。

g）一眼视野半径50°以下（视野有效值80%以下）。

5.4.5 轻微伤

a）眼球损伤影响视力。

5.5　颈部损伤

5.5.1 重伤一级

a）颈部大血管破裂。

b）咽喉部广泛毁损，呼吸完全依赖气管套管或者造口。

c）咽或者食管广泛毁损，进食完全依赖胃管或者造口。

5.5.2 重伤二级

a）甲状旁腺功能低下（重度）。

b）甲状腺功能低下，药物依赖。

c）咽部、咽后区、喉或者气管穿孔。

d）咽喉或者颈部气管损伤，遗留呼吸困难（3级）。

e）咽或者食管损伤，遗留吞咽功能障碍（只能进流食）。

f）喉损伤遗留发声障碍（重度）。

g）颈内动脉血栓形成，血管腔狭窄（50%以上）。

h）颈总动脉血栓形成，血管腔狭窄（25%以上）。

i）颈前三角区增生瘢痕，面积累计30.0cm² 以上。

5.5.3 轻伤一级

a）颈前部单个创口或者瘢痕长度10.0cm以上；多个创口或者瘢痕长度累计16.0cm以上。

b）颈前三角区瘢痕，单块面积10.0cm² 以上；多块面积累计12.0cm² 以上。

c）咽喉部损伤遗留发声或者构音障碍。

d）咽或者食管损伤，遗留吞咽功能障碍（只能进半流食）。

e）颈总动脉血栓形成；颈内动脉血栓形成；颈外动脉血栓形成；椎动脉血栓形成。

5.5.4 轻伤二级

a）颈前部单个创口或者瘢痕长度 5.0cm 以上；多个创口或者瘢痕长度累计 8.0cm 以上。

b）颈前部瘢痕，单块面积 4.0cm^2 以上，或者两块以上面积累计 6.0cm^2 以上。

c）甲状腺挫裂伤。

d）咽喉软骨骨折。

e）喉或者气管损伤。

f）舌骨骨折。

g）膈神经损伤。

h）颈部损伤出现窒息征象。

5.5.5 轻微伤

a）颈部创口或者瘢痕长度 1.0cm 以上。

b）颈部擦伤面积 4.0cm^2 以上。

c）颈部挫伤面积 2.0cm^2 以上。

d）颈部划伤长度 5.0cm 以上。

5.6　胸部损伤

5.6.1 重伤一级

a）心脏损伤，遗留心功能不全（心功能 IV 级）。

b）肺损伤致一侧全肺切除或者双肺三肺叶切除。

5.6.2 重伤二级

a）心脏损伤，遗留心功能不全（心功能 III 级）。

b）心脏破裂；心包破裂。

c）女性双侧乳房损伤，完全丧失哺乳功能；女性一侧乳房大部分缺失。

d）纵隔血肿或者气肿，须手术治疗。

e）气管或者支气管破裂，须手术治疗。

f）肺破裂，须手术治疗。

g）血胸、气胸或者血气胸，伴一侧肺萎陷 70%以上，或者双侧肺萎陷均在 50%以上。

h）食管穿孔或者全层破裂，须手术治疗。

i）脓胸或者肺脓肿；乳糜胸；支气管胸膜瘘；食管胸膜瘘；食管支气管瘘。

j）胸腔大血管破裂。

k）膈肌破裂。

5.6.3 轻伤一级

a）心脏挫伤致心包积血。

b）女性一侧乳房损伤，丧失哺乳功能。

c）肋骨骨折 6 处以上。

d）纵隔血肿；纵隔气肿。

e）血胸、气胸或者血气胸，伴一侧肺萎陷 30%以上，或者双侧肺萎陷均在 20%以上。

f）食管挫裂伤。

5.6.4 轻伤二级

a）女性一侧乳房部分缺失或者乳腺导管损伤。

b）肋骨骨折 2 处以上。

c）胸骨骨折；锁骨骨折；肩胛骨骨折。

d）胸锁关节脱位；肩锁关节脱位。

e）胸部损伤，致皮下气肿 1 周不能自行吸收。

f）胸腔积血；胸腔积气。

g）胸壁穿透创。

h）胸部挤压出现窒息征象。

5.6.5 轻微伤

a）肋骨骨折；肋软骨骨折。

b）女性乳房擦挫伤。

5.7　腹部损伤

5.7.1 重伤一级

a）肝功能损害（重度）。

b）胃肠道损伤致消化吸收功能严重障碍，依赖肠外营养。

c）肾功能不全（尿毒症期）。

5.7.2 重伤二级

a）腹腔大血管破裂。

b）胃、肠、胆囊或者胆道全层破裂，须手术治疗。

c）肝、脾、胰或者肾破裂，须手术治疗。

d）输尿管损伤致尿外渗，须手术治疗。

e）腹部损伤致肠瘘或者尿瘘。

f）腹部损伤引起弥漫性腹膜炎或者感染性休克。

g）肾周血肿或者肾包膜下血肿，须手术治疗。

h）肾功能不全（失代偿期）。

i）肾损伤致肾性高血压。

j）外伤性肾积水；外伤性肾动脉瘤；外伤性肾动静脉瘘。

k）腹腔积血或者腹膜后血肿，须手术治疗。

5.7.3 轻伤一级

a）胃、肠、胆囊或者胆道非全层破裂。

b）肝包膜破裂；肝脏实质内血肿直径 2.0cm 以上。

c）脾包膜破裂；脾实质内血肿直径 2.0cm 以上。

d）胰腺包膜破裂。

e）肾功能不全（代偿期）。

5.7.4 轻伤二级

a）胃、肠、胆囊或者胆道挫伤。

b）肝包膜下或者实质内出血。

c）脾包膜下或者实质内出血。

d）胰腺挫伤。

e）肾包膜下或者实质内出血。

f）肝功能损害（轻度）。

g）急性肾功能障碍（可恢复）。

h）腹腔积血或者腹膜后血肿。

i）腹壁穿透创。

5.7.5 轻微伤

a）外伤性血尿。

5.8　盆部及会阴损伤

5.8.1 重伤一级

a）阴茎及睾丸全部缺失。

b）子宫及卵巢全部缺失。

5.8.2 重伤二级

a）骨盆骨折畸形愈合，致双下肢相对长度相差 5.0cm 以上。

b）骨盆不稳定性骨折，须手术治疗。

c）直肠破裂，须手术治疗。

d）肛管损伤致大便失禁或者肛管重度狭窄，须手术治疗。

e）膀胱破裂，须手术治疗。

f）后尿道破裂，须手术治疗。

g）尿道损伤致重度狭窄。

h）损伤致早产或者死胎；损伤致胎盘早期剥离或者流产，合并轻度休克。

i）子宫破裂，须手术治疗。

j）卵巢或者输卵管破裂，须手术治疗。

k）阴道重度狭窄。

l）幼女阴道II度撕裂伤。

m）女性会阴或者阴道III度撕裂伤。

n）龟头缺失达冠状沟。

o）阴囊皮肤撕脱伤面积占阴囊皮肤面积50%以上。

p）双侧睾丸损伤，丧失生育能力。

q）双侧附睾或者输精管损伤，丧失生育能力。

r）直肠阴道瘘；膀胱阴道瘘；直肠膀胱瘘。

s）重度排尿障碍。

5.8.3 轻伤一级

a）骨盆2处以上骨折；骨盆骨折畸形愈合；髋臼骨折。

b）前尿道破裂，须手术治疗。

c）输尿管狭窄。

d）一侧卵巢缺失或者萎缩。

e）阴道轻度狭窄。

f）龟头缺失1/2以上。

g）阴囊皮肤撕脱伤面积占阴囊皮肤面积30%以上。

h）一侧睾丸或者附睾缺失；一侧睾丸或者附睾萎缩。

5.8.4 轻伤二级

a）骨盆骨折。

b）直肠或者肛管挫裂伤。

c）一侧输尿管挫裂伤；膀胱挫裂伤；尿道挫裂伤。

d）子宫挫裂伤；一侧卵巢或者输卵管挫裂伤。

e）阴道撕裂伤。

f）女性外阴皮肤创口或者瘢痕长度累计4.0cm以上。

g）龟头部分缺损。

h）阴茎撕脱伤；阴茎皮肤创口或者瘢痕长度2.0cm以上；阴茎海绵体出血并形成硬结。

i）阴囊壁贯通创；阴囊皮肤创口或者瘢痕长度累计4.0cm以上；阴囊内积血，2周内未完全吸收。

j）一侧睾丸破裂、血肿、脱位或者扭转。

k）一侧输精管破裂。

l）轻度肛门失禁或者轻度肛门狭窄。

m）轻度排尿障碍。

n）外伤性难免流产；外伤性胎盘早剥。

5.8.5 轻微伤

a）会阴部软组织挫伤。

b）会阴创；阴囊创；阴茎创。

c）阴囊皮肤挫伤。

d）睾丸或者阴茎挫伤。

e）外伤性先兆流产。

5.9　脊柱四肢损伤

5.9.1 重伤一级

a）二肢以上离断或者缺失（上肢腕关节以上、下肢踝关节以上）。

b）二肢六大关节功能完全丧失。

5.9.2 重伤二级

a）四肢任一大关节强直畸形或者功能丧失 50%以上。

b）臂丛神经干性或者束性损伤，遗留肌瘫（肌力 3 级以下）。

c）正中神经肘部以上损伤，遗留肌瘫（肌力 3 级以下）。

d）桡神经肘部以上损伤，遗留肌瘫（肌力 3 级以下）。

e）尺神经肘部以上损伤，遗留肌瘫（肌力 3 级以下）。

f）骶丛神经或者坐骨神经损伤，遗留肌瘫（肌力 3 级以下）。

g）股骨干骨折缩短 5.0cm 以上、成角畸形 30°以上或者严重旋转畸形。

h）胫腓骨骨折缩短 5.0cm 以上、成角畸形 30°以上或者严重旋转畸形。

i）膝关节挛缩畸形屈曲 30°以上。

j）一侧膝关节交叉韧带完全断裂遗留旋转不稳。

k）股骨颈骨折或者髋关节脱位，致股骨头坏死。

l）四肢长骨骨折不愈合或者假关节形成；四肢长骨骨折并发慢性骨髓炎。

m）一足离断或者缺失 50%以上；足跟离断或者缺失 50%以上。

n）一足的第一趾和其余任何二趾离断或者缺失；一足除第一趾外，离断或者缺失 4 趾。

o）两足 5 个以上足趾离断或者缺失。

p）一足第一趾及其相连的跖骨离断或者缺失。

q）一足除第一趾外，任何三趾及其相连的跖骨离断或者缺失。

5.9.3 轻伤一级

a）四肢任一大关节功能丧失 25%以上。

b）一节椎体压缩骨折超过 1/3 以上；二节以上椎体骨折；三处以上横突、棘突或者椎弓骨折。

c）膝关节韧带断裂伴半月板破裂。

d）四肢长骨骨折畸形愈合。

e）四肢长骨粉碎性骨折或者两处以上骨折。

f）四肢长骨骨折累及关节面。

g）股骨颈骨折未见股骨头坏死，已行假体置换。

h）骺板断裂。

i）一足离断或者缺失10%以上；足跟离断或者缺失20%以上。

j）一足的第一趾离断或者缺失；一足除第一趾外的任何二趾离断或者缺失。

k）三个以上足趾离断或者缺失。

l）除第一趾外任何一趾及其相连的跖骨离断或者缺失。

m）肢体皮肤创口或者瘢痕长度累计45.0cm以上。

5.9.4 轻伤二级

a）四肢任一大关节功能丧失10%以上。

b）四肢重要神经损伤。

c）四肢重要血管破裂。

d）椎骨骨折或者脊椎脱位（尾椎脱位不影响功能的除外）；外伤性椎间盘突出。

e）肢体大关节韧带断裂；半月板破裂。

f）四肢长骨骨折；髌骨骨折。

g）骨骺分离。

h）损伤致肢体大关节脱位。

i）第一趾缺失超过趾间关节；除第一趾外，任何二趾缺失超过趾间关节；一趾缺失。

j）两节趾骨骨折；一节趾骨骨折合并一跖骨骨折。

k）两跖骨骨折或者一跖骨完全骨折；距骨、跟骨、骰骨、楔骨或者足舟骨骨折；跖跗关节脱位。

l）肢体皮肤一处创口或者瘢痕长度10.0cm以上；两处以上创口或者瘢痕长度累计15.0cm以上。

5.9.5 轻微伤

a）肢体一处创口或者瘢痕长度1.0cm以上；两处以上创口或者瘢痕长度累计1.5cm以上；刺创深达肌层。

b）肢体关节、肌腱或者韧带损伤。

c）骨挫伤。

d）足骨骨折。

e）外伤致趾甲脱落，甲床暴露；甲床出血。

f）尾椎脱位。

5.10　手损伤

5.10.1 重伤一级

a）双手离断、缺失或者功能完全丧失。

5.10.2 重伤二级

a）手功能丧失累计达一手功能 36%。

b）一手拇指挛缩畸形不能对指和握物。

c）一手除拇指外，其余任何三指挛缩畸形，不能对指和握物。

d）一手拇指离断或者缺失超过指间关节。

e）一手食指和中指全部离断或者缺失。

f）一手除拇指外的任何三指离断或者缺失均超过近侧指间关节。

5.10.3 轻伤一级

a）手功能丧失累计达一手功能 16%。

b）一手拇指离断或者缺失未超过指间关节。

c）一手除拇指外的食指和中指离断或者缺失均超过远侧指间关节。

d）一手除拇指外的环指和小指离断或者缺失均超过近侧指间关节。

5.10.4 轻伤二级

a）手功能丧失累计达一手功能 4%。

b）除拇指外的一个指节离断或者缺失。

c）两节指骨线性骨折或者一节指骨粉碎性骨折（不含第 2 至 5 指末节）。

d）舟骨骨折、月骨脱位或者掌骨完全性骨折。

5.10.5 轻微伤

a）手擦伤面积 10.0cm^2 以上或者挫伤面积 6.0cm^2 以上。

b）手一处创口或者瘢痕长度 1.0cm 以上；两处以上创口或者瘢痕长度累计 1.5cm 以上；刺伤深达肌层。

c）手关节或者肌腱损伤。

d）腕骨、掌骨或者指骨骨折。

e）外伤致指甲脱落，甲床暴露；甲床出血。

5.11　体表损伤

5.11.1 重伤二级

a）挫伤面积累计达体表面积 30%。

b）创口或者瘢痕长度累计 200.0cm 以上。

5.11.2 轻伤一级

a）挫伤面积累计达体表面积 10%。

b）创口或者瘢痕长度累计 40.0cm 以上。

c）撕脱伤面积 100.0cm^2 以上。

d）皮肤缺损 30.0cm^2 以上。

5.11.3 轻伤二级

a）挫伤面积达体表面积 6%。

b）单个创口或者瘢痕长度 10.0cm 以上；多个创口或者瘢痕长度累计 15.0cm 以上。

c）撕脱伤面积 50.0cm^2 以上。

d）皮肤缺损 6.0cm^2 以上。

5.11.4 轻微伤

a）擦伤面积 20.0cm^2 以上或者挫伤面积 15.0cm^2 以上。

b）一处创口或者瘢痕长度 1.0cm 以上；两处以上创口或者瘢痕长度累计 1.5cm 以上；刺创深达肌层。

c）咬伤致皮肤破损。

5.12　其他损伤

5.12.1 重伤一级

a）深Ⅱ°以上烧烫伤面积达体表面积 70%或者Ⅲ°面积达 30%。

5.12.2 重伤二级

a）Ⅱ°以上烧烫伤面积达体表面积 30%或者Ⅲ°面积达 10%；面积低于上述程度但合并吸入有毒气体中毒或者严重呼吸道烧烫伤。

b）枪弹创，创道长度累计 180.0cm。

c）各种损伤引起脑水肿（脑肿胀），脑疝形成。

d）各种损伤引起休克（中度）。

e）挤压综合征（Ⅱ级）。

f）损伤引起脂肪栓塞综合征（完全型）。

g）各种损伤致急性呼吸窘迫综合征（重度）。

h）电击伤（Ⅱ°）。

i）溺水（中度）。

j）脑内异物存留；心脏异物存留。

k）器质性阴茎勃起障碍（重度）。

5.12.3 轻伤一级

a）Ⅱ°以上烧烫伤面积达体表面积 20%或者Ⅲ°面积达 5%。

b）损伤引起脂肪栓塞综合征（不完全型）。

c）器质性阴茎勃起障碍（中度）。

5.12.4 轻伤二级

a）Ⅱ°以上烧烫伤面积达体表面积5%或者Ⅲ°面积达0.5%。

b）呼吸道烧伤。

c）挤压综合征（Ⅰ级）。

d）电击伤（Ⅰ°）。

e）溺水（轻度）。

f）各种损伤引起休克（轻度）。

g）呼吸功能障碍，出现窒息征象。

h）面部异物存留；眶内异物存留；鼻窦异物存留。

i）胸腔内异物存留；腹腔内异物存留；盆腔内异物存留。

j）深部组织内异物存留。

k）骨折内固定物损坏需要手术更换或者修复。

l）各种置入式假体装置损坏需要手术更换或者修复。

m）器质性阴茎勃起障碍（轻度）。

5.12.5 轻微伤

a）身体各部位骨皮质的砍（刺）痕；轻微撕脱性骨折，无功能障碍。

b）面部Ⅰ°烧烫伤面积10.0cm^2以上；浅Ⅱ°烧烫伤。

c）颈部Ⅰ°烧烫伤面积15.0cm^2以上；浅Ⅱ°烧烫伤面积2.0cm^2以上。

d）体表Ⅰ°烧烫伤面积20.0cm^2以上；浅Ⅱ°烧烫伤面积4.0cm^2以上；深Ⅱ°烧烫伤。

6　附则

6.1　伤后因其他原因死亡的个体，其生前损伤比照本标准相关条款综合鉴定。

6.2　未列入本标准中的物理性、化学性和生物性等致伤因素造成的人体损伤，比照本标准中的相应条款综合鉴定。

6.3　本标准所称的损伤是指各种致伤因素所引起的人体组织器官结构破坏或者功能障碍。反应性精神病、癔症等，均为内源性疾病，不宜鉴定损伤程度。

6.4　本标准未作具体规定的损伤，可以遵循损伤程度等级划分原则，比照本标准相近条款进行损伤程度鉴定。

6.5　盲管创、贯通创，其创道长度可视为皮肤创口长度，并参照皮肤创口长度相应条款鉴定损伤程度。

6.6　牙折包括冠折、根折和根冠折，冠折须暴露髓腔。

6.7　骨皮质的砍（刺）痕或者轻微撕脱性骨折（无功能障碍）的，不构成本标准所指的轻伤。

6.8　本标准所称大血管是指胸主动脉、主动脉弓分支、肺动脉、肺静脉、上腔静脉和下腔静脉，腹主动脉、髂总动脉、髂外动脉、髂外静脉。

6.9　本标准四肢大关节是指肩、肘、腕、髋、膝、踝等六大关节。

6.10　本标准四肢重要神经是指臂丛及其分支神经（包括正中神经、尺神经、桡神经和肌皮神经等）和腰骶丛及其分支神经（包括坐骨神经、腓总神经、腓浅神经和胫神经等）。

6.11　本标准四肢重要血管是指与四肢重要神经伴行的同名动、静脉。

6.12　本标准幼女或者儿童是指年龄不满14周岁的个体。

6.13　本标准所称的假体是指植入体内替代组织器官功能的装置，如：颅骨修补材料、人工晶体、义眼座、固定义齿（种植牙）、阴茎假体、人工关节、起搏器、支架等，但可摘式义眼、义齿等除外。

6.14　移植器官损伤参照相应条款综合鉴定。

6.15　本标准所称组织器官包括再植或者再造成活的。

6.16　组织器官缺失是指损伤当时完全离体或者仅有少量皮肤和皮下组织相连，或者因损伤经手术切除的。器官离断（包括牙齿脱落），经再植、再造手术成功的，按损伤当时情形鉴定损伤程度。

6.17　对于两个部位以上同类损伤可以累加，比照相关部位数值规定高的条款进行评定。

6.18　本标准所涉及的体表损伤数值，0～6岁按50%计算，7～10岁按60%计算，11～14岁按80%计算。

6.19　本标准中出现的数字均含本数。

附录A

（规范性附录）

损伤程序等级划分原则

A.1　重伤一级

各种致伤因素所致的原发性损伤或者由原发性损伤引起的并发症，严重危及生命；遗留肢体严重残废或者重度容貌毁损；严重丧失听觉、视觉或者其他重要器官功能。

A.2　重伤二级

各种致伤因素所致的原发性损伤或者由原发性损伤引起的并发症，危及生命；遗留肢体残废或者轻度容貌毁损；丧失听觉、视觉或者其他重要器官功能。

A. 3　轻伤一级

各种致伤因素所致的原发性损伤或者由原发性损伤引起的并发症，未危及生命；遗留组织器官结构、功能中度损害或者明显影响容貌。

A. 4　轻伤二级

各种致伤因素所致的原发性损伤或者由原发性损伤引起的并发症，未危及生命；遗留组织器官结构、功能轻度损害或者影响容貌。

A. 5　轻微伤

各种致伤因素所致的原发性损伤，造成组织器官结构轻微损害或者轻微功能障碍。

A. 6　等级限度

重伤二级是重伤的下限，与重伤一级相衔接，重伤一级的上限是致人死亡；轻伤二级是轻伤的下限，与轻伤一级相衔接，轻伤一级的上限与重伤二级相衔接；轻微伤的上限与轻伤二级相衔接，未达轻微伤标准的，不鉴定为轻微伤。

附录 B

（规范性附录）

功能损害判定基准和使用说明

B. 1　颅脑损伤

B. 1. 1 智能（IQ）减退

极重度智能减退：IQ 低于 25；语言功能丧失；生活完全不能自理。

重度智能减退：IQ25～39 之间；语言功能严重受损，不能进行有效的语言交流；生活大部分不能自理。

中度智能减退：IQ40～54 之间；能掌握日常生活用语，但词汇贫乏，对周围环境辨别能力差，只能以简单的方式与人交往；生活部分不能自理，能做简单劳动。

轻度智能减退：IQ55～69 之间；无明显语言障碍，对周围环境有较好的辨别能力，能比较恰当的与人交往；生活能自理，能做一般非技术性工作。

边缘智能状态：IQ70～84 之间；抽象思维能力或者思维广度、深度机敏性显示不良；不能完成高级复杂的脑力劳动。

B. 1. 2 器质性精神障碍

有明确的颅脑损伤伴不同程度的意识障碍病史，并且精神障碍发生和病程与颅脑损伤相关。症状表现为：意识障碍；遗忘综合征；痴呆；器质性人格改变；精神病性症状；神经症样症状；现实检验能力或者社会功能减退。

B. 1. 3 生活自理能力

生活自理能力主要包括以下五项：

（1）进食。

（2）翻身。

（3）大、小便。

（4）穿衣、洗漱。

（5）自主行动。

生活完全不能自理：是指上述五项均需依赖护理者。

生活大部分不能自理：是指上述五项中三项以上需依赖护理者。

生活部分不能自理：是指上述五项中一项以上需依赖护理者。

B. 1. 4 肌瘫（肌力）

0 级：肌肉完全瘫痪，毫无收缩。

1 级：可看到或者触及肌肉轻微收缩，但不能产生动作。

2 级：肌肉在不受重力影响下，可进行运动，即肢体能在床面上移动，但不能抬高。

3 级：在和地心引力相反的方向中尚能完成其动作，但不能对抗外加的阻力。

4 级：能对抗一定的阻力，但较正常人为低。

5 级：正常肌力。

B. 1. 5 非肢体瘫的运动障碍

非肢体瘫的运动障碍包括肌张力增高，共济失调，不自主运动或者震颤等。根据其对生活自理影响的程度划分为轻、中、重三度。

重度：不能自行进食，大小便，洗漱，翻身和穿衣，需要他人护理。

中度：上述动作困难，但在他人帮助下可以完成。

轻度：完成上述动作虽有一些困难，但基本可以自理。

B. 1. 6 外伤性迟发性癫痫应具备的条件

（1）确证的头部外伤史。

（2）头部外伤 90 日后仍被证实有癫痫的临床表现。

（3）脑电图检查（包括常规清醒脑电图检查、睡眠脑电图检查或者较长时间连续同步录像脑电图检查等）显示异常脑电图。

（4）影像学检查确证颅脑器质性损伤。

B. 1. 7 肛门失禁

重度：大便不能控制；肛门括约肌收缩力很弱或者丧失；肛门括约肌收缩反射很弱或者消失；直肠内压测定，肛门注水法＜$20cmH_2O$。

轻度：稀便不能控制；肛门括约肌收缩力较弱；肛门括约肌收缩反射较

弱；直肠内压测定，肛门注水法 20～30cmH_2O。

B. 1. 8 排尿障碍

重度：出现真性重度尿失禁或者尿潴留残余尿≥50mL。

轻度：出现真性轻度尿失禁或者尿潴留残余尿<50mL。

B. 2　头面部损伤

B. 2. 1 眼睑外翻

重度外翻：睑结膜严重外翻，穹隆部消失。

中度外翻：睑结膜和睑板结膜外翻。

轻度外翻：睑结膜与眼球分离，泪点脱离泪阜。

B. 2. 2 容貌毁损

重度：面部瘢痕畸形，并有以下六项中四项者。（1）眉毛缺失；（2）双睑外翻或者缺失；（3）外耳缺失；（4）鼻缺失；（5）上、下唇外翻或者小口畸形；（6）颈颏粘连。

中度：具有以下六项中三项者。（1）眉毛部分缺失；（2）眼睑外翻或者部分缺失；（3）耳廓部分缺失；（4）鼻翼部分缺失；（5）唇外翻或者小口畸形；（6）颈部瘢痕畸形。

轻度：含中度畸形六项中二项者。

B. 2. 3 面部及中心区

面部的范围是指前额发际下，两耳屏前与下颌下缘之间的区域，包括额部、眶部、鼻部、口唇部、颏部、颧部、颊部、腮腺咬肌部。

面部中心区：以眉弓水平线为上横线，以下唇唇红缘中点处作水平线为下横线，以双侧外眦处作两条垂直线，上述四条线围绕的中央部分为中心区。

B. 2. 4 面瘫（面神经麻痹）

本标准涉及的面瘫主要是指外周性（核下性）面神经损伤所致。

完全性面瘫：是指面神经 5 个分支（颞支、颧支、颊支、下颌缘支和颈支）支配的全部颜面肌肉瘫痪，表现为：额纹消失，不能皱眉；眼睑不能充分闭合，鼻唇沟变浅；口角下垂，不能示齿，鼓腮，吹口哨，饮食时汤水流逸。

不完全性面瘫：是指面神经颧支、下颌支或者颞支和颊支损伤出现部分上述症状和体征。

B. 2. 5 张口困难分级

张口困难Ⅰ度：大张口时，只能垂直置入食指和中指。

张口困难Ⅱ度：大张口时，只能垂直置入食指。

张口困难Ⅲ度：大张口时，上、下切牙间距小于食指之横径。

B. 3　听器听力损伤

听力损失计算应按照世界卫生组织推荐的听力减退分级的频率范围，取0.5、1、2、4kHz四个频率气导听阈级的平均值。如所得均值不是整数，则小数点后之尾数采用4舍5入法进为整数。

纯音听阈级测试时，如某一频率纯音气导最大声输出仍无反应时，以最大声输出值作为该频率听阈级。

听觉诱发电位测试时，若最大输出声强仍引不出反应波形的，以最大输出声强为反应阈值。在听阈评估时，听力学单位一律使用听力级（dB HL）。一般情况下，受试者听觉诱发电位反应阈要比其行为听阈高10～20dB（该差值又称“校正值”），即受试者的行为听阈等于其听觉诱发电位反应阈减去“校正值”。听觉诱发电位检测实验室应建立自己的“校正值”，如果没有自己的“校正值”，则取平均值（15dB）作为“较正值”。

纯音气导听阈级应考虑年龄因素，按照《纯音气导阈的年龄修正值》（GB7582－87）听阈级偏差的中值（50%）进行修正，其中4000Hz的修正值参考2000Hz的数值。

表B.1　纯音气导阈值的年龄修正值（GB7582－87）

年龄	男			女		
	500Hz	1000Hz	2000Hz	500Hz	1000Hz	2000Hz
30	1	1	1	1	1	1
40	2	2	3	2	2	3
50	4	4	7	4	4	6
60	6	7	12	6	7	11
70	10	11	19	10	11	16

B.4　视觉器官损伤

B.4.1 盲及视力损害分级

表B.2　盲及视力损害分级标准（2003年，WHO）

分类	远视力低于	远视力等于或优于
轻度或无视力损害		0.3
中度视力损害（视力损害1级）	0.3	0.1
重度视力损害（视力损害2级）	0.1	0.05
盲（盲目3级）	0.05	0.02
盲（盲目4级）	0.02	光感
盲（盲目5级）		无光感

B.4.2 视野缺损

视野有效值计算公式：

$$实测视野有效值（\%）=\frac{8条子午线实测视野值}{500}$$

表 B.3 视野有效值与视野半径的换算

视野有效值（%）	视野度数（半径）
8	5°
16	10°
24	15°
32	20°
40	25°
48	30°
56	35°
64	40°
72	45°
80	50°
88	55°
96	60°

B.5 颈部损伤

B.5.1 甲状腺功能低下

重度：临床症状严重；T3、T4 或者 FT3、FT4 低于正常值，TSH＞50μU/L。

中度：临床症状较重；T3、T4 或者 FT3、FT4 正常，TSH＞50μU/L。

轻度：临床症状较轻；T3、T4 或者 FT3、FT4 正常，TSH，轻度增高但＜50μU/L。

B.5.2 甲状旁腺功能低下（以下分级需结合临床症状分析）

重度：空腹血钙＜6mg/dL。

中度：空腹血钙 6～7mg/dL。

轻度：空腹血钙 7.1～8mg/dL。

B.5.3 发声功能障碍

重度：声哑、不能出声。

轻度：发音过弱、声嘶、低调、粗糙、带鼻音。

B.5.4 构音障碍

严重构音障碍：表现为发音不分明，语不成句，难以听懂，甚至完全不能说话。

轻度构音障碍：表现为发音不准，吐字不清，语调速度、节律等异常，鼻音过重。

B.6　胸部损伤

B.6.1 心功能分级

Ⅰ级：体力活动不受限，日常活动不引起过度的乏力、呼吸困难或者心悸。即心功能代偿期。

Ⅱ级：体力活动轻度受限，休息时无症状，日常活动即可引起乏力、心悸、呼吸困难或者心绞痛。亦称Ⅰ度或者轻度心衰。

Ⅲ级：体力活动明显受限，休息时无症状，轻于日常的活动即可引起上述症状。亦称Ⅱ度或者中度心衰。

Ⅳ级：不能从事任何体力活动，休息时亦有充血性心衰或心绞痛症状，任何体力活动后加重。亦称Ⅲ度或者重度心衰。

B.6.2 呼吸困难

1级：与同年龄健康者在平地一同步行无气短，但登山或者上楼时呈气短。

2级：平路步行1000m无气短，但不能与同龄健康者保持同样速度，平路快步行走呈现气短，登山或者上楼时气短明显。

3级：平路步行100m即有气短。

4级：稍活动（如穿衣、谈话）即气短。

B.6.3 窒息征象

临床表现为面、颈、上胸部皮肤出现针尖大小的出血点，以面部与眼眶部为明显；球睑结膜下出现出血斑点。

B.7　腹部损伤

B.7.1 肝功能损害

表B.4　肝功能损害分度

程度	血清清蛋白	血清总胆红素	腹水	脑症	凝血酶原时间
重度	＜2.5g/dL	＞3.0mg/dL	顽固性	明显	明显延长（较对照组＞9秒）
中度	2.5～3.0g/dL	2.0～3.0mg/dL	无或者少量，治疗后消失	无或者轻度	延长（较对照组＞6秒）
轻度	3.1～3.5g/dL	1.5～2.0mg/dL	无	无	稍延长（较对照组＞3秒）

B. 7. 2 肾功能不全

表 B. 5　肾功能不全分期

分期	内生肌酐清除率	血尿素氮浓度	血肌酐浓度	临床症状
代偿期	降至正常的 50% 50～70mL/min	正常	正常	通常无明显 临床症状
失代偿期	25～49mL/min		＞177μmol/L（2mg/dL）但 ＜450μmol/L（5mg/dL）	无明显临床症状， 可有轻度贫血； 夜尿、多尿
尿毒症期	＜25mL/min	＞21. 4mmol/L （60mg/dL）	450～ 707μmol/L（5～8mg/dL）	常伴有酸中毒和严 重尿毒症临床症状

B. 7. 3 会阴及阴道撕裂

Ⅰ度：会阴部粘膜、阴唇系带、前庭粘膜、阴道粘膜等处有撕裂，但未累及肌层及筋膜。

Ⅱ度：撕裂伤累及盆底肌肉筋膜，但未累及肛门括约肌。

Ⅲ度：肛门括约肌全部或者部分撕裂，甚至直肠前壁亦被撕裂。

B. 8　其他损伤

B. 8. 1 烧烫伤分度

表 B. 6　烧伤深度分度

程度		损伤组织	烧伤部位特点	愈后情况
Ⅰ度		表皮	皮肤红肿，有热、痛感，无水疱，干燥，局部温度稍有增高	不留瘢痕
Ⅱ度	浅Ⅱ度	真皮浅层	剧痛，表皮有大而薄的水疱，疱底有组织充血和明显水肿；组织坏死仅限于皮肤的真皮层，局部温度明显增高	不留瘢痕
	深Ⅱ度	真皮深层	痛，损伤已达真皮深层，水疱较小，表皮和真皮层大部分凝固和坏死。将已分离的表皮揭去，可见基底微湿，色泽苍白上有红出血点，局部温度较低	可留下瘢痕
Ⅲ度		全层皮肤或者皮下组织、肌肉、骨骼	不痛，皮肤全层坏死，干燥如皮革样，不起水疱，蜡白或者焦黄，炭化，知觉丧失，脂肪层的大静脉全部坏死，局部温度低，发凉	需自体皮肤移植，有瘢痕或者畸形

B. 8. 2 电击伤

Ⅰ度：全身症状轻微，只有轻度心悸。触电肢体麻木，全身无力，如极短时间内脱离电源，稍休息可恢复正常。

Ⅱ度：触电肢体麻木，面色苍白，心跳、呼吸增快，甚至昏厥、意识丧失，但瞳孔不散大。对光反射存在。

Ⅲ度：呼吸浅而弱、不规则，甚至呼吸骤停。心律不齐，有室颤或者心搏骤停。

B. 8. 3 溺水

重度：落水后3～4分钟，神志昏迷，呼吸不规则，上腹部膨胀，心音减弱或者心跳、呼吸停止。淹溺到死亡的时间一般为5～6分钟。

中度：落水后1～2分钟，神志模糊，呼吸不规则或者表浅，血压下降，心跳减慢，反射减弱。

轻度：刚落水片刻，神志清，血压升高，心率、呼吸增快。

B. 8. 4 挤压综合征

系人体肌肉丰富的四肢与躯干部位因长时间受压（例如暴力挤压）或者其他原因造成局部循环障碍，结果引起肌肉缺血性坏死，出现肢体明显肿胀、肌红蛋白尿及高血钾等为特征的急性肾功能衰竭。

Ⅰ级：肌红蛋白尿试验阳性，肌酸磷酸激酶（CPK）增高，而无肾衰等周身反应者。

Ⅱ级：肌红蛋白尿试验阳性，肌酸磷酸激酶（CPK）明显升高，血肌酐和尿素氮增高，少尿，有明显血浆渗入组织间隙，致有效血容量丢失，出现低血压者。

Ⅲ级：肌红蛋白尿试验阳性，肌酸磷酸激酶（CPK）显著升高，少尿或者尿闭，休克，代谢性酸中毒以及高血钾者。

B. 8. 5 急性呼吸窘迫综合征

急性呼吸窘迫综合征（ARDS）须具备以下条件：

（1）有发病的高危因素。

（2）急性起病，呼吸频率数和/或呼吸窘迫。

（3）低氧血症，PaO2/FiO2≤200mmHg。

（4）胸部X线检查两肺浸润影。

（5）肺毛细血管楔压（PCWP）≤18mmHg，或者临床上除外心源性肺水肿。

凡符合以上5项可诊断为ARDS。

表 B.7 急性呼吸窘迫综合征分度

程度	临床分级			血气分析分级	
	呼吸频率	临床表现	X线示	吸空气	吸纯氧15分钟后
轻度	＞35次/分	无发绀	无异常或者纹理增多，边缘模糊	氧分压＜8.0kPa 二氧化碳分压＜4.7kPa	氧分压＜46.7kPa Qs/Qt＞10%
中度	＞40次/分	发绀，肺部有异常体征	斑片状阴影或者呈磨玻璃样改变，可见支气管气相	氧分压＜6.7kPa 二氧化碳分压＜5.3kPa	氧分压＜20.0kPa Qs/Qt＞20%
重度	呼吸极度窘迫	发绀进行性加重，肺广泛湿罗音或者实变	双肺大部分密度普遍增高，支气管气相明显	氧分压＜5.3kPa(40mmHg) 二氧化碳分压＞6.0kPa	氧分压＜13.3kPa Qs/Qt＞30%

B.8.6 脂肪栓塞综合征

不完全型（或者称部分症候群型）：伤者骨折后出现胸部疼痛，咳呛震痛，胸闷气急，痰中带血，神疲身软，面色无华，皮肤出现瘀血点，上肢无力伸举，脉多细涩。实验室检查有明显低氧血症，预后一般良好。

完全型（或者称典型症候群型）：伤者创伤骨折后出现神志恍惚，严重呼吸困难，口唇紫绀，胸闷欲绝，脉细涩。本型初起表现为呼吸和心动过速、高热等非特异症状。此后出现呼吸窘迫、神志不清以至昏迷等神经系统症状，在眼结膜及肩、胸皮下可见散在瘀血点，实验室检查可见血色素降低，血小板减少，血沉增快以及出现低氧血症。肺部X线检查可见多变的进行性的肺部斑片状阴影改变和右心扩大。

B.8.7 休克分度

表 B.8 休克分度

程度	血压（收缩压）kPa	脉搏（次/分）	全身状况
轻度	12～13.3（90～100mmHg）	90～100	尚好
中度	10～12（75～90mmHg）	110～130	抑制、苍白、皮肤冷
重度	＜10（＜75mmHg）	120～160	明显抑制
垂危	0		呼吸障碍、意识模糊

B. 8. 8 器质性阴茎勃起障碍

重度：阴茎无勃起反应，阴茎硬度及周径均无改变。

中度：阴茎勃起时最大硬度>0，<40%，每次勃起持续时间<10 分钟。

轻度：阴茎勃起时最大硬度≥40%，<60%，每次勃起持续时间<10 分钟。

附录 C
（资料性附录）
人体损伤程度鉴定常用技术

C. 1　视力障碍检查

视力记录可采用小数记录或者 5 分记录两种方式。视力（指远距视力）经用镜片（包括接触镜，针孔镜等），纠正达到正常视力范围（0.8 以上）或者接近正常视力范围（0.4—0.8）的都不属视力障碍范围。

中心视力好而视野缩小，以注视点为中心，视野半径小于 10 度而大于 5 度者为盲目 3 级，如半径小于 5 度者为盲目 4 级。

周边视野检查：视野缩小系指因损伤致眼球注视前方而不转动所能看到的空间范围缩窄，以致难以从事正常工作、学习或者其他活动。

对视野检查要求，视标颜色：白色，视标大小：5mm，检查距离 330mm，视野背景亮度：31.5asb。

周边视野缩小，鉴定以实测得八条子午线视野值的总和计算平均值，即有效视野值。

视力障碍检查具体方法参考《视觉功能障碍法医鉴定指南》（SF/Z JD0103004）。

C. 2　听力障碍检查

听力障碍检查应符合《听力障碍的法医学评定》(GA/T 914)。

C. 3　前庭平衡功能检查

本标准所指的前庭平衡功能丧失及前庭平衡功能减退，是指外力作用颅脑或者耳部，造成前庭系统的损伤。伤后出现前庭平衡功能障碍的临床表现，自发性前庭体征检查法和诱发性前庭功能检查法等有阳性发现（如眼震电图/眼震视图、静、动态平衡仪、前庭诱发电位等检查），结合听力检查和神经系统检查，以及影像学检查综合判定，确定前庭平衡功能是丧失，或者减退。

C. 4　阴茎勃起功能检测

阴茎勃起功能检测应满足阴茎勃起障碍法医学鉴定的基本要求，具体方法参考《男子性功能障碍法医学鉴定规范》(SF/Z JD0103002)。

C.5　体表面积计算

九分估算法：成人体表面积视为100%，将总体表面积划分为11个9%等面积区域，即头（面）颈部占一个9%，双上肢占二个9%，躯干前后及会阴部占三个9%，臀部及双下肢占五个9%+1%（见表B2）。

表C.1　体表面积的九分估算法

部位	面积，%	按九分法面积，%
头	6	（1×9）=9
颈	3	
前躯	13	（3×9）=27
后躯	13	
会阴	1	
双上臂	7	（3×9）=27
双前臂	6	
双手	5	
臀	5	（5×9+1）=46
双大腿	21	
双小腿	13	
双足	7	
全身合计	100	（11×9+1）=100

注：12岁以下儿童体表面积：头颈部=9+（12-年龄），双下肢=46-（12-年龄）

手掌法：受检者五指并拢，一掌面相当其自身体表面积的1%。

公式计算法：S（平方米）=0.0061×身长（cm）+0.0128×体重（kg）-0.1529

C.6　肢体关节功能丧失程度评价

肢体关节功能评价使用说明（适用于四肢大关节功能评定）：

1. 各关节功能丧失程度等于相应关节所有轴位（如腕关节有两个轴位）和所有方位（如腕关节有四个方位）功能丧失值的之和再除以相应关节活动的方位数之和。例如：腕关节掌屈40度，背屈30度，桡屈15度，尺屈20度。查表得相应功能丧失值分别为30%、40%、60%和60%，求得腕关节功能丧失程度为47.5%。如果掌屈伴肌力下降（肌力3级），查表得相应功能丧失值分别为65%、40%、60%和60%。求得腕关节功能丧失程度为56.25%。

2. 当关节活动受限于某一方位时，其同一轴位的另一方位功能丧失值以

100%计。如腕关节掌屈和背屈轴位上的活动限制在掌屈 10 度与 40 度之间，则背屈功能丧失值以 100%计，而掌屈以 40 度计，查表得功能丧失值为 30%，背屈功能以 100%计，则腕关节功能丧失程度为 65%。

3. 对疑有关节病变（如退行性变）并影响关节功能时，伤侧关节功能丧失值应与对侧进行比较，即同时用查表法分别求出伤侧和对侧关节功能丧失值，并用伤侧关节功能丧失值减去对侧关节功能丧失值即为伤侧关节功能实际丧失值。

4. 由于本标准对于关节功能的评定已经考虑到肌力减退对于关节功能的影响，故在测量关节运动活动度时，应以关节被动活动度为准。

C. 6. 1 肩关节功能丧失程度评定

表 C. 2　肩关节功能丧失程度（%）

	关节运动活动度	肌　　力				
		≤M1	M2	M3	M4	M5
前屈	≥171	100	75	50	25	0
	151～170	100	77	55	32	10
	131～150	100	80	60	40	20
	111～130	100	82	65	47	30
	91～110	100	85	70	55	40
	71～90	100	87	75	62	50
	51～70	100	90	80	70	60
	31～50	100	92	85	77	70
	≤30	100	95	90	85	80
后伸	≥41	100	75	50	25	0
	31～40	100	80	60	40	20
	21～30	100	85	70	55	40
	11～20	100	90	80	70	60
	≤10	100	95	90	85	80

续表

	关节运动活动度	肌　力				
		≤M1	M2	M3	M4	M5
外展	≥171	100	75	50	25	0
	151～170	100	77	55	32	10
	131～150	100	80	60	40	20
	111～130	100	82	65	47	30
	91～110	100	85	70	55	40
外展	71～90	100	87	75	62	50
	51～70	100	90	80	70	60
	31～50	100	92	85	77	70
	≤30	100	95	90	85	80
内收	≥41	100	75	50	25	0
	31～40	100	80	60	40	20
	21～30	100	85	70	55	40
	11～20	100	90	80	70	60
	≤10	100	95	90	85	80
内旋	≥81	100	75	50	25	0
	71～80	100	77	55	32	10
	61～70	100	80	60	40	20
	51～60	100	82	65	47	30
	41～50	100	85	70	55	40
	31～40	100	87	75	62	50
	21～30	100	90	80	70	60
	11～20	100	92	85	77	70
	≤10	100	95	90	85	80

续表

	关节运动活动度	肌　　力				
		≤M1	M2	M3	M4	M5
外旋	≥81	100	75	50	25	0
	71～80	100	77	55	32	10
	61～70	100	80	60	40	20
	51～60	100	82	65	47	30
	41～50	100	85	70	55	40
	31～40	100	87	75	62	50
	21～30	100	90	80	70	60
	11～20	100	92	85	77	70
	≤10	100	95	90	85	80

C.6.2 肘关节功能丧失程度评定

表 C.3　肘关节功能丧失程度（%）

	关节运动活动度	肌　　力				
		≤M1	M2	M3	M4	M5
屈曲	≥41	100	75	50	25	0
	36～40	100	77	55	32	10
	31～35	100	80	60	40	20
	26～30	100	82	65	47	30
	21～25	100	85	70	55	40
	16～20	100	87	75	62	50
	11～15	100	90	80	70	60
	6～10	100	92	85	77	70
	≤5	100	95	90	85	80

续表

	关节运动活动度	肌　　力				
		≤M1	M2	M3	M4	M5
伸展	81～90	100	75	50	25	0
	71～80	100	77	55	32	10
	61～70	100	80	60	40	20
	51～60	100	82	65	47	30
	41～50	100	85	70	55	40
	31～40	100	87	75	62	50
	21～30	100	90	80	70	60
	11～20	100	92	85	77	70
	≤10	100	95	90	85	80

注：为方便肘关节功能计算，此处规定肘关节以屈曲 90 度为中立位 0 度。

C.6.3 腕关节功能丧失程度评定

表 C.4　腕关节功能丧失程度（%）

	关节运动活动度	肌　　力				
		≤M1	M2	M3	M4	M5
掌屈	≥61	100	75	50	25	0
	51～60	100	77	55	32	10
	41～50	100	80	60	40	20
	31～40	100	82	65	47	30
	26～30	100	85	70	55	40
	21～25	100	87	75	62	50
	16～20	100	90	80	70	60
掌屈	11～15	100	92	85	77	70
	≤10	100	95	90	85	80

续表

	关节运动活动度	肌力				
		≤M1	M2	M3	M4	M5
背屈	≥61	100	75	50	25	0
	51～60	100	77	55	32	10
	41～50	100	80	60	40	20
	31～40	100	82	65	47	30
	26～30	100	85	70	55	40
	21～25	100	87	75	62	50
	16～20	100	90	80	70	60
	11～15	100	92	85	77	70
	≤10	100	95	90	85	80
桡屈	≥21	100	75	50	25	0
	16～20	100	80	60	40	20
	11～15	100	85	70	55	40
	6～10	100	90	80	70	60
	≤5	100	95	90	85	80
尺屈	≥41	100	75	50	25	0
	31～40	100	80	60	40	20
	21～30	100	85	70	55	40
	11～20	100	90	80	70	60
	≤10	100	95	90	85	80

C.6.4 髋关节功能丧失程度评定

表 C.5　髋关节功能丧失程度（%）

	关节运动活动度	肌力				
		≤M1	M2	M3	M4	M5
前屈	≥121	100	75	50	25	0
	106～120	100	77	55	32	10
	91～105	100	80	60	40	20
	76～90	100	82	65	47	30
	61～75	100	85	70	55	40
前屈	46～60	100	87	75	62	50
	31～45	100	90	80	70	60
	16～30	100	92	85	77	70
	≤15	100	95	90	85	80
后伸	≥11	100	75	50	25	0
	6～10	100	85	70	55	20
	1～5	100	90	80	70	50
	0	100	95	90	85	80
外展	≥41	100	75	50	25	0
	31～40	100	80	60	40	20
	21～30	100	85	70	55	40
	11～20	100	90	80	70	60
	≤10	100	95	90	85	80
内收	≥16	100	75	50	25	0
	11～15	100	80	60	40	20
	6～10	100	85	70	55	40
	1～5	100	90	80	70	60
	0	100	95	90	85	80

续表

	关节运动活动度	肌　　力				
		≤M1	M2	M3	M4	M5
外旋	≥41	100	75	50	25	0
	31～40	100	80	60	40	20
	21～30	100	85	70	55	40
	11～20	100	90	80	70	60
	≤10	100	95	90	85	80
内旋	≥41	100	75	50	25	0
	31～40	100	80	60	40	20
	21～30	100	85	70	55	40
	11～20	100	90	80	70	60
	≤10	100	95	90	85	80

注：表中前屈指屈膝位前屈。

C. 6. 5 膝关节功能丧失程度评定

表 C. 6　膝关节功能丧失程度（%）

	关节运动活动度	肌　　力				
		≤M1	M2	M3	M4	M5
屈曲	≥130	100	75	50	25	0
	116～129	100	77	55	32	10
	101～115	100	80	60	40	20
	86～100	100	82	65	47	30
	71～85	100	85	70	55	40
	61～70	100	87	75	62	50
	46～60	100	90	80	70	60
	31～45	100	92	85	77	70
	≤30	100	95	90	85	80

续表

	关节运动活动度	肌　力				
		≤M1	M2	M3	M4	M5
伸展	≤-5	100	75	50	25	0
	-6～-10	100	77	55	32	10
	-11～-20	100	80	60	40	20
	-21～-25	100	82	65	47	30
	-26～-30	100	85	70	55	40
	-31～-35	100	87	75	62	50
	-36～-40	100	90	80	70	60
	-41～-45	100	92	85	77	70
	≥46	100	95	90	85	80

注：表中负值表示膝关节伸展时到达功能位（直立位）所差的度数。

使用说明：考虑到膝关节同一轴位屈伸活动相互重叠，膝关节功能丧失程度的计算方法与其他关节略有不同，即根据关节屈曲与伸展运动活动度查表得出相应功能丧失程度，再求和即为膝关节功能丧失程度。当二者之和大于 100%时，以 100%计算。

C. 6. 6 踝关节功能丧失程度评定

表 C. 7 踝关节功能丧失程度（%）

	关节运动活动度	肌　力				
		≤M1	M2	M3	M4	M5
背屈	≥16	100	75	50	25	0
	11～15	100	80	60	40	20
	6～10	100	85	70	55	40
	1～5	100	90	80	70	60
	0	100	95	90	85	80
跖屈	≥41	100	75	50	25	0
	31～40	100	80	60	40	20
	21～30	100	85	70	55	40
	11～20	100	90	80	70	60
	≤10	100	95	90	85	80

C.7　手功能计算

C.7.1 手缺失和丧失功能的计算

一手拇指占一手功能的36%，其中末节和近节指节各占18%；食指、中指各占一手功能的18%，其中末节指节占8%，中节指节占7%，近节指节占3%；无名指和小指各占一手功能的9%，其中末节指节占4%，中节指节占3%，近节指节占2%。一手掌占一手功能的10%，其中第一掌骨占4%，第二、第三掌骨各占2%，第四、第五掌骨各占1%。本标准中，双手缺失或丧失功能的程度是按前面方法累加计算的结果。

C.7.2 手感觉丧失功能的计算

手感觉丧失功能是指因事故损伤所致手的掌侧感觉功能的丧失。手感觉丧失功能的计算按相应手功能丧失程度的50%计算。

最高人民法院
关于执行《人体损伤程度鉴定标准》有关问题的通知

（2014年1月2日　法〔2014〕3号）

各省、自治区、直辖市高级人民法院，解放军军事法院，新疆维吾尔自治区高级人民法院生产建设兵团分院：

《最高人民法院、最高人民检察院、公安部、国家安全部、司法部关于发布〈人体损伤程度鉴定标准〉的公告》已于2013年8月30日发布，《人体损伤程度鉴定标准》（以下简称《损伤标准》）自2014年1月1日起施行。《人体重伤鉴定标准》（司发〔1990〕070号）、《人体轻伤鉴定标准（试行）》（法（司）发〔1990〕6号）和《人体轻微伤的鉴定》（GA/T146—1996）同时废止。为正确适用《损伤标准》，做好涉人体损伤案件审判工作，现就执行《损伤标准》有关问题通知如下：

一、致人损伤的行为发生在2014年1月1日之前，尚未审判或者正在审判的案件，需要进行损伤程度鉴定的，适用原鉴定标准。但按照《损伤标准》不构成损伤或者损伤程度较轻的，适用《损伤标准》。

二、致人损伤的行为发生在2014年1月1日之后，需要进行损伤程度鉴定的，适用《损伤标准》。

三、2014年1月1日前已发生法律效力的判决、裁定，按照当时的法律和司法解释，认定事实和适用法律没有错误的，不再变动。当事人及其法定代理人、近亲属以《损伤程度》的相关规定发生变更为由申请再审的，人民法院不予受理。

四、对于正在审理案件需要进行损伤程度鉴定的，司法技术部门应做好前期技术审核工作，在对外委托时应明确向鉴定机构提出适用标准。

五、各级人民法院应认真组织开展《损伤标准》学习培训，在执行过程中发现问题，应及时报告请示最高人民法院。

特此通知。

最高人民法院　最高人民检察院
公安部　国家安全部　司法部
关于发布《人体损伤致残程度分级》的公告

（2016 年 4 月 18 日）

为进一步规范人体损伤致残程度鉴定，现公布《人体损伤致残程度分级》，自 2017 年 1 月 1 日起施行。司法鉴定机构和司法鉴定人进行人体损伤致残程度鉴定统一适用《人体损伤致残程度分级》。

附：

人体损伤致残程度分级

1　范围

本标准规定了人体损伤致残程度分级的原则、方法、内容和等级划分。

本标准适用于人身损害致残程度等级鉴定。

2　规范性引用文件

下列文件对本标准的应用是必不可少的。凡是注日期的引用文件，仅注日期的版本适用于本标准；凡是不注日期的引用文件，其最新版本（包括所有的修改单）适用于本标准。

最高人民法院、最高人民检察院、公安部、国家安全部、司法部发布人体损伤程度鉴定标准

GB/T 16180—2014 劳动能力鉴定职工工伤与职业病致残等级

GB/T 31147 人身损害护理依赖程度评定

3 术语和定义

3.1 损伤

各种因素造成的人体组织器官结构破坏和/或功能障碍。

3.2 残疾

人体组织器官结构破坏或者功能障碍，以及个体在现代临床医疗条件下难以恢复的生活、工作、社会活动能力不同程度的降低或者丧失。

4 总则

4.1 鉴定原则

应以损伤治疗后果或者结局为依据，客观评价组织器官缺失和/或功能障碍程度，科学分析损伤与残疾之间的因果关系，实事求是地进行鉴定。

受伤人员符合两处以上致残程度等级者，鉴定意见中应该分别写明各处的致残程度等级。

4.2 鉴定时机

应在原发性损伤及其与之确有关联的并发症治疗终结或者临床治疗效果稳定后进行鉴定。

4.3 伤病关系处理

当损伤与原有伤、病共存时，应分析损伤与残疾后果之间的因果关系。根据损伤在残疾后果中的作用力大小确定因果关系的不同形式，可依次分别表述为：完全作用、主要作用、同等作用、次要作用、轻微作用、没有作用。

除损伤“没有作用”以外，均应按照实际残情鉴定致残程度等级，同时说明损伤与残疾后果之间的因果关系；判定损伤“没有作用”的，不应进行致残程度鉴定。

4.4 致残等级划分

本标准将人体损伤致残程度划分为10个等级，从一级（人体致残率100%）到十级（人体致残率10%），每级致残率相差10%。致残程度等级划分依据见附录A。

4.5 判断依据

依据人体组织器官结构破坏、功能障碍及其对医疗、护理的依赖程度，适当考虑由于残疾引起的社会交往和心理因素影响，综合判定致残程度等级。

5 致残程度分级

5.1 一级

5.1.1 颅脑、脊髓及周围神经损伤

1）持续性植物生存状态；

2）精神障碍或者极重度智能减退，日常生活完全不能自理；

3）四肢瘫（肌力3级以下）或者三肢瘫（肌力2级以下）；

4）截瘫（肌力2级以下）伴重度排便功能障碍与重度排尿功能障碍。

5.1.2　颈部及胸部损伤

1）心功能不全，心功能Ⅳ级；

2）严重器质性心律失常，心功能Ⅲ级；

3）心脏移植术后，心功能Ⅲ级；

4）心肺联合移植术后；

5）肺移植术后呼吸困难（极重度）。

5.1.3　腹部损伤

1）原位肝移植术后肝衰竭晚期；

2）双肾切除术后或者孤肾切除术后，需透析治疗维持生命；肾移植术后肾衰竭。

5.1.4　脊柱、骨盆及四肢损伤

1）三肢缺失（上肢肘关节以上，下肢膝关节以上）；

2）二肢缺失（上肢肘关节以上，下肢膝关节以上），第三肢各大关节功能丧失均达75%；

3）二肢缺失（上肢肘关节以上，下肢膝关节以上），第三肢任二大关节均强直固定或者功能丧失均达90%。

5.2　二级

5.2.1　颅脑、脊髓及周围神经损伤

1）精神障碍或者重度智能减退，日常生活随时需有人帮助；

2）三肢瘫（肌力3级以下）；

3）偏瘫（肌力2级以下）；

4）截瘫（肌力2级以下）；

5）非肢体瘫运动障碍（重度）。

5.2.2　头面部损伤

1）容貌毁损（重度）；

2）上颌骨或者下颌骨完全缺损；

3）双眼球缺失或者萎缩；

4）双眼盲目5级；

5）双侧眼睑严重畸形（或者眼睑重度下垂，遮盖全部瞳孔），伴双眼盲目3级以上。

5.2.3　颈部及胸部损伤

1）呼吸困难（极重度）；

2）心脏移植术后；

3）肺移植术后。

5.2.4　腹部损伤

1）肝衰竭晚期；

2）肾衰竭；

3）小肠大部分切除术后，消化吸收功能丧失，完全依赖肠外营养。

5.2.5　脊柱、骨盆及四肢损伤

1）双上肢肘关节以上缺失，或者一上肢肘关节以上缺失伴一下肢膝关节以上缺失；

2）一肢缺失（上肢肘关节以上，下肢膝关节以上），其余任二肢体各有二大关节功能丧失均达75%；

3）双上肢各大关节均强直固定或者功能丧失均达90%。

5.2.6　体表及其他损伤

1）皮肤瘢痕形成达体表面积90%；

2）重型再生障碍性贫血。

5.3　三级

5.3.1　颅脑、脊髓及周围神经损伤

1）精神障碍或者重度智能减退，不能完全独立生活，需经常有人监护；

2）完全感觉性失语或者混合性失语；

3）截瘫（肌力3级以下）伴排便或者排尿功能障碍；

4）双手全肌瘫（肌力2级以下），伴双腕关节功能丧失均达75%；

5）重度排便功能障碍伴重度排尿功能障碍。

5.3.2　头面部损伤

1）一眼球缺失、萎缩或者盲目5级，另一眼盲目3级；

2）双眼盲目4级；

3）双眼视野接近完全缺损，视野有效值≤4%（直径≤5°）；

4）吞咽功能障碍，完全依赖胃管进食。

5.3.3　颈部及胸部损伤

1）食管闭锁或者切除术后，摄食依赖胃造口或者空肠造口；

2）心功能不全，心功能Ⅲ级。

5.3.4　腹部损伤

1）全胰缺失；

2）一侧肾切除术后，另一侧肾功能重度下降；

3）小肠大部分切除术后，消化吸收功能严重障碍，大部分依赖肠外营养。

5.3.5 盆部及会阴部损伤

1）未成年人双侧卵巢缺失或者萎缩，完全丧失功能；

2）未成年人双侧睾丸缺失或者萎缩，完全丧失功能；

3）阴茎接近完全缺失（残留长度≤1.0cm）。

5.3.6 脊柱、骨盆及四肢损伤

1）二肢缺失（上肢腕关节以上，下肢膝关节以上）；

2）一肢缺失（上肢腕关节以上，下肢膝关节以上），另一肢各大关节均强直固定或者功能丧失均达90%；

3）双上肢各大关节功能丧失均达75%；双下肢各大关节均强直固定或者功能丧失均达90%；一上肢与一下肢各大关节均强直固定或者功能丧失均达90%。

5.4 四级

5.4.1 颅脑、脊髓及周围神经损伤

1）精神障碍或者中度智能减退，日常生活能力严重受限，间或需要帮助；

2）外伤性癫痫（重度）；

3）偏瘫（肌力3级以下）；

4）截瘫（肌力3级以下）；

5）阴茎器质性勃起障碍（重度）。

5.4.2 头面部损伤

1）符合容貌毁损（重度）标准之三项者；

2）上颌骨或者下颌骨缺损达1/2；

3）一眼球缺失、萎缩或者盲目5级，另一眼重度视力损害；

4）双眼盲目3级；

5）双眼视野极度缺损，视野有效值≤8%（直径≤10°）；

6）双耳听力障碍≥91dB HL。

5.4.3 颈部及胸部损伤

1）严重器质性心律失常，心功能Ⅱ级；

2）一侧全肺切除术后；

3）呼吸困难（重度）。

5.4.4 腹部损伤

1）肝切除2/3以上；

2）肝衰竭中期；

3）胰腺大部分切除，胰岛素依赖；

4）肾功能重度下降；

5）双侧肾上腺缺失；

6）永久性回肠造口。

5.4.5　盆部及会阴部损伤

1）膀胱完全缺失或者切除术后，行永久性输尿管腹壁造瘘或者肠代膀胱并永久性造口。

5.4.6　脊柱、骨盆及四肢损伤

1）一上肢腕关节以上缺失伴一下肢踝关节以上缺失，或者双下肢踝关节以上缺失；

2）双下肢各大关节功能丧失均达75%；一上肢与一下肢各大关节功能丧失均达75%；

3）手功能丧失分值达150分。

5.4.7　体表及其他损伤

1）皮肤瘢痕形成达体表面积70%；

2）放射性皮肤癌。

5.5　五级

5.5.1　颅脑、脊髓及周围神经损伤

1）精神障碍或者中度智能减退，日常生活能力明显受限，需要指导；

2）完全运动性失语；

3）完全性失用、失写、失读或者失认等；

4）双侧完全性面瘫；

5）四肢瘫（肌力4级以下）；

6）单肢瘫（肌力2级以下）；

7）非肢体瘫运动障碍（中度）；

8）双手大部分肌瘫（肌力2级以下）；

9）双足全肌瘫（肌力2级以下）；

10）排便伴排尿功能障碍，其中一项达重度。

5.5.2　头面部损伤

1）符合容貌毁损（重度）标准之二项者；

2）一眼球缺失、萎缩或者盲目5级，另一眼中度视力损害；

3）双眼重度视力损害；

4）双眼视野重度缺损，视野有效值≤16%（直径≤20°）；

5）一侧眼睑严重畸形（或者眼睑重度下垂，遮盖全部瞳孔），伴另一眼盲目3级以上；

6）双耳听力障碍≥81dB HL；

7）一耳听力障碍≥91dB HL，另一耳听力障碍≥61dB HL；

8）舌根大部分缺损；

9）咽或者咽后区损伤遗留吞咽功能障碍，只能吞咽流质食物。

5.5.3　颈部及胸部损伤

1）未成年人甲状腺损伤致功能减退，药物依赖；

2）甲状旁腺功能损害（重度）；

3）食管狭窄，仅能进流质食物；

4）食管损伤，肠代食管术后。

5.5.4　腹部损伤

1）胰头合并十二指肠切除术后；

2）一侧肾切除术后，另一侧肾功能中度下降；

3）肾移植术后，肾功能基本正常；

4）肾上腺皮质功能明显减退；

5）全胃切除术后；

6）小肠部分切除术后，消化吸收功能障碍，部分依赖肠外营养；

7）全结肠缺失。

5.5.5　盆部及会阴部损伤

1）永久性输尿管腹壁造口；

2）尿瘘难以修复；

3）直肠阴道瘘难以修复；

4）阴道严重狭窄（仅可容纳一中指）；

5）双侧睾丸缺失或者完全萎缩，丧失生殖功能；

6）阴茎大部分缺失（残留长度≤3.0cm）。

5.5.6　脊柱、骨盆及四肢损伤

1）一上肢肘关节以上缺失；

2）一肢缺失（上肢腕关节以上，下肢膝关节以上），另一肢各大关节功能丧失均达50%或者其余肢体任二大关节功能丧失均达75%；

3）手功能丧失分值≥120分。

5.6　六级

5.6.1　颅脑、脊髓及周围神经损伤

1）精神障碍或者中度智能减退，日常生活能力部分受限，但能部分代偿，部分日常生活需要帮助；

2）外伤性癫痫（中度）；

3）尿崩症（重度）；

4）一侧完全性面瘫；

5）三肢瘫（肌力4级以下）；

6）截瘫（肌力4级以下）伴排便或者排尿功能障碍；
7）双手部分肌瘫（肌力3级以下）；
8）一手全肌瘫（肌力2级以下），伴相应腕关节功能丧失75%以上；
9）双足全肌瘫（肌力3级以下）；
10）阴茎器质性勃起障碍（中度）。
5.6.2 头面部损伤
1）符合容貌毁损（中度）标准之四项者；
2）面部中心区条状瘢痕形成（宽度达0.3cm），累计长度达20.0cm；
3）面部片状细小瘢痕形成或者色素显著异常，累计达面部面积的80%；
4）双侧眼睑严重畸形；
5）一眼球缺失、萎缩或者盲目5级，另一眼视力≤0.5；
6）一眼重度视力损害，另一眼中度视力损害；
7）双眼视野中度缺损，视野有效值≤48%（直径≤60°）；
8）双侧前庭平衡功能丧失，睁眼行走困难，不能并足站立；
9）唇缺损或者畸形，累计相当于上唇2/3以上。
5.6.3 颈部及胸部损伤
1）双侧喉返神经损伤，影响功能；
2）一侧胸廓成形术后，切除6根以上肋骨；
3）女性双侧乳房完全缺失；
4）心脏瓣膜置换术后，心功能不全；
5）心功能不全，心功能Ⅱ级；
6）器质性心律失常安装永久性起搏器后；
7）严重器质性心律失常；
8）两肺叶切除术后。
5.6.4 腹部损伤
1）肝切除1/2以上；
2）肝衰竭早期；
3）胰腺部分切除术后伴功能障碍，需药物治疗；
4）肾功能中度下降；
5）小肠部分切除术后，影响消化吸收功能，完全依赖肠内营养。
5.6.5 盆部及会阴部损伤
1）双侧卵巢缺失或者萎缩，完全丧失功能；
2）未成年人双侧卵巢萎缩，部分丧失功能；
3）未成年人双侧睾丸萎缩，部分丧失功能；
4）会阴部瘢痕挛缩伴阴道狭窄；

5）睾丸或者附睾损伤，生殖功能重度损害；

6）双侧输精管损伤难以修复；

7）阴茎严重畸形，不能实施性交行为。

5.6.6 脊柱、骨盆及四肢损伤

1）脊柱骨折后遗留 30°以上侧弯或者后凸畸形；

2）一肢缺失（上肢腕关节以上，下肢膝关节以上）；

3）双足跖跗关节以上缺失；

4）手或者足功能丧失分值≥90 分。

5.6.7 体表及其他损伤

1）皮肤瘢痕形成达体表面积 50％；

2）非重型再生障碍性贫血。

5.7 七级

5.7.1 颅脑、脊髓及周围神经损伤

1）精神障碍或者轻度智能减退，日常生活有关的活动能力极重度受限；

2）不完全感觉性失语；

3）双侧大部分面瘫；

4）偏瘫（肌力 4 级以下）；

5）截瘫（肌力 4 级以下）；

6）单肢瘫（肌力 3 级以下）；

7）一手大部分肌瘫（肌力 2 级以下）；

8）一足全肌瘫（肌力 2 级以下）；

9）重度排便功能障碍或者重度排尿功能障碍。

5.7.2 头面部损伤

1）面部中心区条状瘢痕形成（宽度达 0.3cm），累计长度达 15.0cm；

2）面部片状细小瘢痕形成或者色素显著异常，累计达面部面积的 50％；

3）双侧眼睑重度下垂，遮盖全部瞳孔；

4）一眼球缺失或者萎缩；

5）双眼中度视力损害；

6）一眼盲目 3 级，另一眼视力≤0.5；

7）双眼偏盲；

8）一侧眼睑严重畸形（或者眼睑重度下垂，遮盖全部瞳孔）合并该眼盲目 3 级以上；

9）一耳听力障碍≥81dB HL，另一耳听力障碍≥61dB HL；

10）咽或者咽后区损伤遗留吞咽功能障碍，只能吞咽半流质食物；

11）上颌骨或者下颌骨缺损达 1/4；

12）上颌骨或者下颌骨部分缺损伴牙齿缺失14枚以上；
13）颌面部软组织缺损，伴发涎漏。
5.7.3　颈部及胸部损伤
1）甲状腺功能损害（重度）；
2）甲状旁腺功能损害（中度）；
3）食管狭窄，仅能进半流质食物；食管重建术后并发反流性食管炎；
4）颏颈粘连（中度）；
5）女性双侧乳房大部分缺失或者严重畸形；
6）未成年或者育龄女性双侧乳头完全缺失；
7）胸廓畸形，胸式呼吸受限；
8）一肺叶切除，并肺段或者肺组织楔形切除术后。
5.7.4　腹部损伤
1）肝切除1/3以上；
2）一侧肾切除术后；
3）胆道损伤胆肠吻合术后，反复发作逆行性胆道感染；
4）未成年人脾切除术后；
5）小肠部分（包括回盲部）切除术后；
6）永久性结肠造口；
7）肠瘘长期不愈（1年以上）。
5.7.5　盆部及会阴部损伤
1）永久性膀胱造口；
2）膀胱部分切除术后合并轻度排尿功能障碍；
3）原位肠代膀胱术后；
4）子宫大部分切除术后；
5）睾丸损伤，血睾酮降低，需药物替代治疗；
6）未成年人一侧睾丸缺失或者严重萎缩；
7）阴茎畸形，难以实施性交行为；
8）尿道狭窄（重度）或者成形术后；
9）肛管或者直肠损伤，排便功能重度障碍或者肛门失禁（重度）；
10）会阴部瘢痕挛缩致肛门闭锁，结肠造口术后。
5.7.6　脊柱、骨盆及四肢损伤
1）双下肢长度相差8.0cm以上；
2）一下肢踝关节以上缺失；
3）四肢任一大关节（踝关节除外）强直固定于非功能位；
4）四肢任二大关节（踝关节除外）功能丧失均达75%；

5）一手除拇指外，余四指完全缺失；

6）双足足弓结构完全破坏；

7）手或者足功能丧失分值≥60 分。

5.8　八级

5.8.1　颅脑、脊髓及周围神经损伤

1）精神障碍或者轻度智能减退，日常生活有关的活动能力重度受限；

2）不完全运动性失语；不完全性失用、失写、失读或者失认；

3）尿崩症（中度）；

4）一侧大部分面瘫，遗留眼睑闭合不全和口角歪斜；

5）单肢瘫（肌力 4 级以下）；

6）非肢体瘫运动障碍（轻度）；

7）一手大部分肌瘫（肌力 3 级以下）；

8）一足全肌瘫（肌力 3 级以下）；

9）阴茎器质性勃起障碍（轻度）。

5.8.2　头面部损伤

1）容貌毁损（中度）；

2）符合容貌毁损（重度）标准之一项者；

3）头皮完全缺损，难以修复；

4）面部条状瘢痕形成，累计长度达 30.0cm；面部中心区条状瘢痕形成（宽度达 0.2cm），累计长度达 15.0cm；

5）面部块状增生性瘢痕形成，累计面积达 15.0cm2；面部中心区块状增生性瘢痕形成，单块面积达 7.0cm2 或者多块累计面积达 9.0cm2；

6）面部片状细小瘢痕形成或者色素异常，累计面积达 100.0cm2；

7）一眼盲目 4 级；

8）一眼视野接近完全缺损，视野有效值≤4%（直径≤5°）；

9）双眼外伤性青光眼，经手术治疗；

10）一侧眼睑严重畸形（或者眼睑重度下垂，遮盖全部瞳孔）合并该眼重度视力损害；

11）一耳听力障碍≥91dB HL；

12）双耳听力障碍≥61dB HL；

13）双侧鼻翼大部分缺损，或者鼻尖大部分缺损合并一侧鼻翼大部分缺损；

14）舌体缺损达舌系带；

15）唇缺损或者畸形，累计相当于上唇 1/2 以上；

16）脑脊液漏经手术治疗后持续不愈；

17）张口受限Ⅲ度；

18）发声功能或者构音功能障碍（重度）；

19）咽成形术后咽下运动异常。

5.8.3　颈部及胸部损伤

1）甲状腺功能损害（中度）；

2）颈总动脉或者颈内动脉严重狭窄支架置入或者血管移植术后；

3）食管部分切除术后，并后遗胸腔胃；

4）女性一侧乳房完全缺失；女性双侧乳房缺失或者毁损，累计范围相当于一侧乳房3/4以上；

5）女性双侧乳头完全缺失；

6）肋骨骨折12根以上并后遗6处畸形愈合；

7）心脏或者大血管修补术后；

8）一肺叶切除术后；

9）胸廓成形术后，影响呼吸功能；

10）呼吸困难（中度）。

5.8.4　腹部损伤

1）腹壁缺损≥腹壁的1/4；

2）成年人脾切除术后；

3）胰腺部分切除术后；

4）胃大部分切除术后；

5）肠部分切除术后，影响消化吸收功能；

6）胆道损伤，胆肠吻合术后；

7）损伤致肾性高血压；

8）肾功能轻度下降；

9）一侧肾上腺缺失；

10）肾上腺皮质功能轻度减退。

5.8.5　盆部及会阴部损伤

1）输尿管损伤行代替术或者改道术后；

2）膀胱大部分切除术后；

3）一侧输卵管和卵巢缺失；

4）阴道狭窄；

5）一侧睾丸缺失；

6）睾丸或者附睾损伤，生殖功能轻度损害；

7）阴茎冠状沟以上缺失；

8）阴茎皮肤瘢痕形成，严重影响性交行为。

5.8.6　脊柱、骨盆及四肢损伤

1）二椎体压缩性骨折（压缩程度均达 1/3）；

2）三个以上椎体骨折，经手术治疗后；

3）女性骨盆骨折致骨产道变形，不能自然分娩；

4）股骨头缺血性坏死，难以行关节假体置换术；

5）四肢长骨开放性骨折并发慢性骨髓炎、大块死骨形成，长期不愈（1年以上）；

6）双上肢长度相差 8.0cm 以上；

7）双下肢长度相差 6.0cm 以上；

8）四肢任一大关节（踝关节除外）功能丧失 75％以上；

9）一踝关节强直固定于非功能位；

10）一肢体各大关节功能丧失均达 50％；

11）一手拇指缺失达近节指骨 1/2 以上并相应掌指关节强直固定；

12）一足足弓结构完全破坏，另一足足弓结构部分破坏；

13）手或者足功能丧失分值≥40 分。

5.8.7　体表及其他损伤

1）皮肤瘢痕形成达体表面积 30％。

5.9　九级

5.9.1　颅脑、脊髓及周围神经损伤

1）精神障碍或者轻度智能减退，日常生活有关的活动能力中度受限；

2）外伤性癫痫（轻度）；

3）脑叶部分切除术后；

4）一侧部分面瘫，遗留眼睑闭合不全或者口角歪斜；

5）一手部分肌瘫（肌力 3 级以下）；

6）一足大部分肌瘫（肌力 3 级以下）；

7）四肢重要神经损伤（上肢肘关节以上，下肢膝关节以上），遗留相应肌群肌力 3 级以下；

8）严重影响阴茎勃起功能；

9）轻度排便或者排尿功能障碍。

5.9.2　头面部损伤

1）头皮瘢痕形成或者无毛发，达头皮面积 50％；

2）颅骨缺损 25.0cm2 以上，不宜或者无法手术修补；

3）容貌毁损（轻度）；

4）面部条状瘢痕形成，累计长度达 20.0cm；面部条状瘢痕形成（宽度达 0.2cm），累计长度达 10.0cm，其中至少 5.0cm 以上位于面部中心区；

5）面部块状瘢痕形成，单块面积达 7.0cm2，或者多块累计面积达 9.0cm2；

6）面部片状细小瘢痕形成或者色素异常，累计面积达 30.0cm2；

7）一侧眼睑严重畸形；一侧眼睑重度下垂，遮盖全部瞳孔；双侧眼睑轻度畸形；双侧眼睑下垂，遮盖部分瞳孔；

8）双眼泪器损伤均后遗溢泪；

9）双眼角膜斑翳或者血管翳，累及瞳孔区；双眼角膜移植术后；

10）双眼外伤性白内障；儿童人工晶体植入术后；

11）一眼盲目 3 级；

12）一眼重度视力损害，另一眼视力≤0.5；

13）一眼视野极度缺损，视野有效值≤8%（直径≤10°）；

14）双眼象限性视野缺损；

15）一侧眼睑轻度畸形（或者眼睑下垂，遮盖部分瞳孔）合并该眼中度视力损害；

16）一眼眶骨折后遗眼球内陷 5mm 以上；

17）耳廓缺损或者畸形，累计相当于一侧耳廓；

18）一耳听力障碍≥81dB HL；

19）一耳听力障碍≥61dB HL，另一耳听力障碍≥41dB HL；

20）一侧鼻翼或者鼻尖大部分缺损或者严重畸形；

21）唇缺损或者畸形，露齿 3 枚以上（其中 1 枚露齿达 1/2）；

22）颌骨骨折，经牵引或者固定治疗后遗留功能障碍；

23）上颌骨或者下颌骨部分缺损伴牙齿缺失或者折断 7 枚以上；

24）张口受限Ⅱ度；

25）发声功能或者构音功能障碍（轻度）。

5.9.3　颈部及胸部损伤

1）颈前三角区瘢痕形成，累计面积达 50.0cm2；

2）甲状腺功能损害（轻度）；

3）甲状旁腺功能损害（轻度）；

4）气管或者支气管成形术后；

5）食管吻合术后；

6）食管腔内支架置入术后；

7）食管损伤，影响吞咽功能；

8）女性双侧乳房缺失或者毁损，累计范围相当于一侧乳房 1/2 以上；

9）女性一侧乳房大部分缺失或者严重畸形；

10）女性一侧乳头完全缺失或者双侧乳头部分缺失（或者畸形）；

11）肋骨骨折12根以上，或者肋骨部分缺失4根以上；肋骨骨折8根以上并后遗4处畸形愈合；

12）心功能不全，心功能Ⅰ级；

13）冠状动脉移植术后；

14）心脏室壁瘤；

15）心脏异物存留或者取出术后；

16）缩窄性心包炎；

17）胸导管损伤；

18）肺段或者肺组织楔形切除术后；

19）肺脏异物存留或者取出术后。

5.9.4　腹部损伤

1）肝部分切除术后；

2）脾部分切除术后；

3）外伤性胰腺假性囊肿术后；

4）一侧肾部分切除术后；

5）胃部分切除术后；

6）肠部分切除术后；

7）胆道损伤胆管外引流术后；

8）胆囊切除术后；

9）肠梗阻反复发作；

10）膈肌修补术后遗留功能障碍（如膈肌麻痹或者膈疝）。

5.9.5　盆部及会阴部损伤

1）膀胱部分切除术后；

2）输尿管狭窄成形术后；

3）输尿管狭窄行腔内扩张术或者腔内支架置入术后；

4）一侧卵巢缺失或者丧失功能；

5）一侧输卵管缺失或者丧失功能；

6）子宫部分切除术后；

7）一侧附睾缺失；

8）一侧输精管损伤难以修复；

9）尿道狭窄（轻度）；

10）肛管或者直肠损伤，排便功能轻度障碍或者肛门失禁（轻度）。

5.9.6　脊柱、骨盆及四肢损伤

1）一椎体粉碎性骨折，椎管内骨性占位；

2）一椎体并相应附件骨折，经手术治疗后；二椎体压缩性骨折；

3）骨盆两处以上骨折或者粉碎性骨折，严重畸形愈合；

4）青少年四肢长骨骨骺粉碎性或者压缩性骨折；

5）四肢任一大关节行关节假体置换术后；

6）双上肢前臂旋转功能丧失均达 75%；

7）双上肢长度相差 6.0cm 以上；

8）双下肢长度相差 4.0cm 以上；

9）四肢任一大关节（踝关节除外）功能丧失 50%以上；

10）一踝关节功能丧失 75%以上；

11）一肢体各大关节功能丧失均达 25%；

12）双足拇趾功能丧失均达 75%；一足 5 趾功能均完全丧失；

13）双足跟骨粉碎性骨折畸形愈合；

14）双足足弓结构部分破坏；一足足弓结构完全破坏；

15）手或者足功能丧失分值≥25 分。

5.9.7　体表及其他损伤

1）皮肤瘢痕形成达体表面积 10%。

5.10　十级

5.10.1　颅脑、脊髓及周围神经损伤

1）精神障碍或者轻度智能减退，日常生活有关的活动能力轻度受限；

2）颅脑损伤后遗脑软化灶形成，伴有神经系统症状或者体征；

3）一侧部分面瘫；

4）嗅觉功能完全丧失；

5）尿崩症（轻度）；

6）四肢重要神经损伤，遗留相应肌群肌力 4 级以下；

7）影响阴茎勃起功能；

8）开颅术后。

5.10.2　头面部损伤

1）面颅骨部分缺损或者畸形，影响面容；

2）头皮瘢痕形成或者无毛发，面积达 40.0cm2；

3）面部条状瘢痕形成（宽度达 0.2cm），累计长度达 6.0cm，其中至少 3.0cm 位于面部中心区；

4）面部条状瘢痕形成，累计长度达 10.0cm；

5）面部块状瘢痕形成，单块面积达 3.0cm2，或者多块累计面积达 5.0cm2；

6）面部片状细小瘢痕形成或者色素异常，累计面积达 10.0cm2；

7）一侧眼睑下垂，遮盖部分瞳孔；一侧眼睑轻度畸形；一侧睑球粘连影响眼球运动；

8）一眼泪器损伤后遗溢泪；

9）一眼眶骨折后遗眼球内陷 2mm 以上；

10）复视或者斜视；

11）一眼角膜斑翳或者血管翳，累及瞳孔区；一眼角膜移植术后；

12）一眼外伤性青光眼，经手术治疗；一眼外伤性低眼压；

13）一眼外伤后无虹膜；

14）一眼外伤性白内障；一眼无晶体或者人工晶体植入术后；

15）一眼中度视力损害；

16）双眼视力≤0.5；

17）一眼视野中度缺损，视野有效值≤48%（直径≤60°）；

18）一耳听力障碍≥61dB HL；

19）双耳听力障碍≥41dB HL；

20）一侧前庭平衡功能丧失，伴听力减退；

21）耳廓缺损或者畸形，累计相当于一侧耳廓的 30%；

22）鼻尖或者鼻翼部分缺损深达软骨；

23）唇外翻或者小口畸形；

24）唇缺损或者畸形，致露齿；

25）舌部分缺损；

26）牙齿缺失或者折断 7 枚以上；牙槽骨部分缺损，合并牙齿缺失或者折断 4 枚以上；

27）张口受限Ⅰ度；

28）咽或者咽后区损伤影响吞咽功能。

5.10.3　颈部及胸部损伤

1）颏颈粘连畸形松解术后；

2）颈前三角区瘢痕形成，累计面积达 25.0cm2；

3）一侧喉返神经损伤，影响功能；

4）器质性声音嘶哑；

5）食管修补术后；

6）女性一侧乳房部分缺失或者畸形；

7）肋骨骨折 6 根以上，或者肋骨部分缺失 2 根以上；肋骨骨折 4 根以上并后遗 2 处畸形愈合；

8）肺修补术后；

9）呼吸困难（轻度）。

5.10.4　腹部损伤

1）腹壁疝，难以手术修补；

2）肝、脾或者胰腺修补术后；

3）胃、肠或者胆道修补术后；

4）膈肌修补术后。

5.10.5　盆部及会阴部损伤

1）肾、输尿管或者膀胱修补术后；

2）子宫或者卵巢修补术后；

3）外阴或者阴道修补术后；

4）睾丸破裂修补术后；

5）一侧输精管破裂修复术后；

6）尿道修补术后；

7）会阴部瘢痕挛缩，肛管狭窄；

8）阴茎头部分缺失。

5.10.6　脊柱、骨盆及四肢损伤

1）枢椎齿状突骨折，影响功能；

2）一椎体压缩性骨折（压缩程度达1/3）或者粉碎性骨折；一椎体骨折经手术治疗后；

3）四处以上横突、棘突或者椎弓根骨折，影响功能；

4）骨盆两处以上骨折或者粉碎性骨折，畸形愈合；

5）一侧髌骨切除；

6）一侧膝关节交叉韧带、半月板伴侧副韧带撕裂伤经手术治疗后，影响功能；

7）青少年四肢长骨骨折累及骨骺；

8）一上肢前臂旋转功能丧失75%以上；

9）双上肢长度相差4.0cm以上；

10）双下肢长度相差2.0cm以上；

11）四肢任一大关节（踝关节除外）功能丧失25%以上；

12）一踝关节功能丧失50%以上；

13）下肢任一大关节骨折后遗创伤性关节炎；

14）肢体重要血管循环障碍，影响功能；

15）一手小指完全缺失并第5掌骨部分缺损；

16）一足拇趾功能丧失75%以上；一足5趾功能丧失均达50%；双足拇趾功能丧失均达50%；双足除拇趾外任何4趾功能均完全丧失；

17）一足跟骨粉碎性骨折畸形愈合；

18）一足足弓结构部分破坏；

19）手或者足功能丧失分值≥10分。

5.10.7　体表及其他损伤

1）手部皮肤瘢痕形成或者植皮术后，范围达一手掌面积50%；

2）皮肤瘢痕形成达体表面积4%；

3）皮肤创面长期不愈超过1年，范围达体表面积1%。

6　附则

6.1　遇有本标准致残程度分级系列中未列入的致残情形，可根据残疾的实际情况，依据本标准附录A的规定，并比照最相似等级的条款，确定其致残程度等级。

6.2　同一部位和性质的残疾，不应采用本标准条款两条以上或者同一条款两次以上进行鉴定。

6.3　本标准中四肢大关节是指肩、肘、腕、髋、膝、踝等六大关节。

6.4　本标准中牙齿折断是指冠折1/2以上，或者牙齿部分缺失致牙髓腔暴露。

6.5　移植、再植或者再造成活组织器官的损伤应根据实际后遗功能障碍程度参照相应分级条款进行致残程度等级鉴定。

6.6　永久性植入式假体（如颅骨修补材料、种植牙、人工支架等）损坏引起的功能障碍可参照相应分级条款进行致残程度等级鉴定。

6.7　本标准中四肢重要神经是指臂丛及其分支神经（包括正中神经、尺神经、桡神经和肌皮神经等）和腰骶丛及其分支神经（包括坐骨神经、腓总神经和胫神经等）。

6.8　本标准中四肢重要血管是指与四肢重要神经伴行的同名动、静脉。

6.9　精神分裂症或者心境障碍等内源性疾病不是外界致伤因素直接作用所致，不宜作为致残程度等级鉴定的依据，但应对外界致伤因素与疾病之间的因果关系进行说明。

6.10　本标准所指未成年人是指年龄未满18周岁者。

6.11　本标准中涉及面部瘢痕致残程度需测量长度或者面积的数值时，0～6周岁者按标准规定值50%计，7～14周岁者按80%计。

6.12　本标准中凡涉及数量、部位规定时，注明“以上”、“以下”者，均包含本数（有特别说明的除外）。

附录A：致残程度等级划分依据（略）

附录B：器官功能分级判定基准及使用说明（略）

附录C：常用鉴定技术和方法（略）

（二）产品责任

中华人民共和国产品质量法

（1993年2月22日第七届全国人民代表大会常务委员会第三十次会议通过
根据2000年7月8日第九届全国人民代表大会常务委员会第十六次会议
《关于修改〈中华人民共和国产品质量法〉的决定》第一次修正
根据2009年8月27日第十一届全国人民代表大会常务委员会
第十次会议《关于修改部分法律的决定》第二次修正）

目　录

第一章　总　则

第一条　【立法目的】为了加强对产品质量的监督管理，提高产品质量水平，明确产品质量责任，保护消费者的合法权益，维护社会经济秩序，制定本法。

第二条　【适用范围】在中华人民共和国境内从事产品生产、销售活动，必须遵守本法。

本法所称产品是指经过加工、制作，用于销售的产品。

建设工程不适用本法规定；但是，建设工程使用的建筑材料、建筑构配件和设备，属于前款规定的产品范围的，适用本法规定。

第三条　【建立健全内部产品质量管理制度】生产者、销售者应当建立健全内部产品质量管理制度，严格实施岗位质量规范、质量责任以及相应的考核办法。

第四条 【依法承担产品质量责任】生产者、销售者依照本法规定承担产品质量责任。

第五条 【禁止行为】禁止伪造或者冒用认证标志、名优标志等质量标志；禁止伪造产品的产地，伪造或者冒用他人的厂名、厂址；禁止在生产、销售的产品中掺杂、掺假，以假充真、以次充好。

第六条 【鼓励推行先进科学技术】国家鼓励推行科学的质量管理方法，采用先进的科学技术，鼓励企业产品质量达到并且超过行业标准、国家标准和国际标准。对产品质量管理先进和产品质量达到国际先进水平、成绩显著的单位和个人，给予奖励。

第七条 【各级人民政府保障本法的施行】各级人民政府应当把提高产品质量纳入国民经济和社会发展规划，加强对产品质量工作的统筹规划和组织领导，引导、督促生产者、销售者加强产品质量管理，提高产品质量，组织各有关部门依法采取措施，制止产品生产、销售中违反本法规定的行为，保障本法的施行。

第八条 【监管部门的监管权限】国务院产品质量监督部门主管全国产品质量监督工作。国务院有关部门在各自的职责范围内负责产品质量监督工作。

县级以上地方产品质量监督部门主管本行政区域内的产品质量监督工作。县级以上地方人民政府有关部门在各自的职责范围内负责产品质量监督工作。

法律对产品质量的监督部门另有规定的，依照有关法律的规定执行。

第九条 【各级政府的禁止行为】各级人民政府工作人员和其他国家机关工作人员不得滥用职权、玩忽职守或者徇私舞弊，包庇、放纵本地区、本系统发生的产品生产、销售中违反本法规定的行为，或者阻挠、干预依法对产品生产、销售中违反本法规定的行为进行查处。

各级地方人民政府和其他国家机关有包庇、放纵产品生产、销售中违反本法规定的行为的，依法追究其主要负责人的法律责任。

第十条 【公众检举权】任何单位和个人有权对违反本法规定的行为，向产品质量监督部门或者其他有关部门检举。

产品质量监督部门和有关部门应当为检举人保密，并按照省、自治区、直辖市人民政府的规定给予奖励。

第十一条 【禁止产品垄断经营】任何单位和个人不得排斥非本地区或者非本系统企业生产的质量合格产品进入本地区、本系统。

第二章 产品质量的监督管理

第十二条 【产品质量要求】产品质量应当检验合格，不得以不合格产品冒充合格产品。

第十三条 【工业产品质量标准要求】可能危及人体健康和人身、财产安全的工业产品，必须符合保障人体健康，人身、财产安全的国家标准、行业标准；未制定国家标准、行业标准的，必须符合保障人体健康，人身、财产安全的要求。

禁止生产、销售不符合保障人体健康和人身、财产安全的标准和要求的工业产品。具体管理办法由国务院规定。

第十四条 【企业质量体系认证制度】国家根据国际通用的质量管理标准，推行企业质量体系认证制度。企业根据自愿原则可以向国务院产品质量监督管理部门或者国务院产品质量监督管理部门授权的部门认可的认证机构申请企业质量体系认证。经认证合格的，由认证机构颁发企业质量体系认证证书。

国家参照国际先进的产品标准和技术要求，推行产品质量认证制度。企业根据自愿原则可以向国务院产品质量监督管理部门或者国务院产品质量监督管理部门授权的部门认可的认证机构申请产品质量认证。经认证合格的，由认证机构颁发产品质量认证证书，准许企业在产品或者其包装上使用产品质量认证标志。

第十五条 【组织领导监督检查制度】国家对产品质量实行以抽查为主要方式的监督检查制度，对可能危及人体健康和人身、财产安全的产品，影响国计民生的重要工业产品以及消费者、有关组织反映有质量问题的产品进行抽查。抽查的样品应当在市场上或者企业成品仓库内的待销产品中随机抽取。监督抽查工作由国务院产品质量监督部门规划和组织。县级以上地方产品质量监督部门在本行政区域内也可以组织监督抽查。法律对产品质量的监督检查另有规定的，依照有关法律的规定执行。

国家监督抽查的产品，地方不得另行重复抽查；上级监督抽查的产品，下级不得另行重复抽查。

根据监督抽查的需要，可以对产品进行检验。检验抽取样品的数量不得超过检验的合理需要，并不得向被检查人收取检验费用。监督抽查所需检验费用按照国务院规定列支。

生产者、销售者对抽查检验的结果有异议的，可以自收到检验结果之日起十五日内向实施监督抽查的产品质量监督部门或者其上级产品质量监督部门申请复检，由受理复检的产品质量监督部门作出复检结论。

第十六条 【质量监督检查】对依法进行的产品质量监督检查，生产者、销售者不得拒绝。

第十七条 【违反监督抽查规定的行政责任】依照本法规定进行监督抽

查的产品质量不合格的，由实施监督抽查的产品质量监督部门责令其生产者、销售者限期改正。逾期不改正的，由省级以上人民政府产品质量监督部门予以公告；公告后经复查仍不合格的，责令停业，限期整顿；整顿期满后经复查产品质量仍不合格的，吊销营业执照。

监督抽查的产品有严重质量问题的，依照本法第五章的有关规定处罚。

第十八条　【县级以上产品质量监督部门职权范围】县级以上产品质量监督部门根据已经取得的违法嫌疑证据或者举报，对涉嫌违反本法规定的行为进行查处时，可以行使下列职权：

（一）对当事人涉嫌从事违反本法的生产、销售活动的场所实施现场检查；

（二）向当事人的法定代表人、主要负责人和其他有关人员调查、了解与涉嫌从事违反本法的生产、销售活动有关的情况；

（三）查阅、复制当事人有关的合同、发票、账簿以及其他有关资料；

（四）对有根据认为不符合保障人体健康和人身、财产安全的国家标准、行业标准的产品或者有其他严重质量问题的产品，以及直接用于生产、销售该项产品的原辅材料、包装物、生产工具，予以查封或者扣押。

县级以上工商行政管理部门按照国务院规定的职责范围，对涉嫌违反本法规定的行为进行查处时，可以行使前款规定的职权。

第十九条　【产品质量检验机构设立条件】产品质量检验机构必须具备相应的检测条件和能力，经省级以上人民政府产品质量监督管理部门或者其授权的部门考核合格后，方可承担产品质量的检验工作。法律、行政法规对产品质量检验机构另有规定的，依照有关的法律、行政法规的规定执行。

第二十条　【产品质量检验、认证中介机构依法设立】从事产品质量检验、认证的社会中介机构必须依法设立，不得与行政机关和其他国家机关存在隶属关系或者其他利益关系。

第二十一条　【产品质量检验、公证机构必须依法出具检验结果、认证证明】产品质量检验机构、认证机构必须依法按照有关标准，客观、公正地出具检验结果或者认证证明。

产品质量认证机构应当依照国家规定对准许使用认证标志的产品进行认证后的跟踪检查；对不符合认证标准而使用认证标志的，要求其改正；情节严重的，取消其使用认证标志的资格。

第二十二条　【消费者的查询、申诉权】消费者有权就产品质量问题，向产品的生产者、销售者查询；向产品质量监督部门、工商行政管理部门及有关部门申诉，接受申诉的部门应当负责处理。

第二十三条　【消费者权益组织的职能】保护消费者权益的社会组织可

以就消费者反映的产品质量问题建议有关部门负责处理，支持消费者对因产品质量造成的损害向人民法院起诉。

第二十四条 【抽查产品质量状况定期公告】国务院和省、自治区、直辖市人民政府的产品质量监督部门应当定期发布其监督抽查的产品的质量状况公告。

第二十五条 【监管机构的禁止行为】产品质量监督部门或者其他国家机关以及产品质量检验机构不得向社会推荐生产者的产品；不得以对产品进行监制、监销等方式参与产品经营活动。

第三章 生产者、销售者的产品质量责任和义务

第一节 生产者的产品质量责任和义务

第二十六条 【生产者的产品质量要求】生产者应当对其生产的产品质量负责。

产品质量应当符合下列要求：

（一）不存在危及人身、财产安全的不合理的危险，有保障人体健康，人身、财产安全的国家标准、行业标准的，应当符合该标准；

（二）具备产品应当具备的使用性能，但是，对产品存在使用性能的瑕疵作出说明的除外；

（三）符合在产品或者其包装上注明采用的产品标准，符合以产品说明、实物样品等方式表明的质量状况。

第二十七条 【产品及其包装上的标识要求】产品或者其包装上的标识必须真实，并符合下列要求：

（一）有产品质量检验合格证明；

（二）有中文标明的产品名称、生产厂厂名和厂址；

（三）根据产品的特点和使用要求，需要标明产品规格、等级、所含主要成分的名称和含量的，用中文相应予以标明；需要事先让消费者知晓的，应当在外包装上标明，或者预先向消费者提供有关资料；

（四）限期使用的产品，应当在显著位置清晰地标明生产日期和安全使用期或者失效日期；

（五）使用不当，容易造成产品本身损坏或者可能危及人身、财产安全的产品，应当有警示标志或者中文警示说明。

裸装的食品和其他根据产品的特点难以附加标识的裸装产品，可以不附加产品标识。

第二十八条 【危险物品包装质量要求】易碎、易燃、易爆、有毒、有

腐蚀性、有放射性等危险物品以及储运中不能倒置和其他有特殊要求的产品，其包装质量必须符合相应要求，依照国家有关规定作出警示标志或者中文警示说明，标明储运注意事项。

第二十九条　【禁止生产国家明令淘汰的产品】生产者不得生产国家明令淘汰的产品。

第三十条　【禁止伪造产地、伪造或者冒用他人的厂名、厂址】生产者不得伪造产地，不得伪造或者冒用他人的厂名、厂址。

第三十一条　【禁止伪造或者冒用认证标志等质量标志】生产者不得伪造或者冒用认证标志、名优标志等质量标志。

第三十二条　【生产者的禁止行为】生产者生产产品，不得掺杂、掺假，不得以假充真、以次充好，不得以不合格产品冒充合格产品。

第二节　销售者的产品质量责任和义务

第三十三条　【进货检查验收制度】销售者应当执行进货检查验收制度，验明产品合格证明和其他标识。

第三十四条　【保持销售产品质量的义务】销售者应当采取措施，保持销售产品的质量。

第三十五条　【禁止销售的产品范围】销售者不得销售国家明令淘汰并停止销售的产品和失效、变质的产品。

第三十六条　【销售产品的标识要求】销售者销售的产品的标识应当符合本法第二十七条的规定。

第三十七条　【禁止伪造产地、伪造或者冒用他人的厂名、厂址】销售者不得伪造产地，不得伪造或者冒用他人的厂名、厂址。

第三十八条　【禁止伪造或者冒用认证标志等质量标志】销售者不得伪造或者冒用认证标志、名优标志等质量标志。

第三十九条　【销售者的禁止行为】销售者销售产品，不得掺杂、掺假，不得以假充真、以次充好，不得以不合格产品冒充合格产品。

第四章　损害赔偿

第四十条　【销售者的损害赔偿责任】售出的产品有下列情形之一的，销售者应当负责修理、更换、退货；给购买产品的用户、消费者造成损失的，销售者应当赔偿损失：

（一）不具备产品应当具备的使用性能而事先未作说明的；

（二）不符合在产品或者其包装上注明采用的产品标准的；

（三）不符合以产品说明、实物样品等方式表明的质量状况的。

销售者依照前款规定负责修理、更换、退货、赔偿损失后，属于生产者的责任或者属于向销售者提供产品的其他销售者（以下简称供货者）的责任的，销售者有权向生产者、供货者追偿。

销售者未按照第一款规定给予修理、更换、退货或者赔偿损失的，由管理产品质量监督工作的部门或者工商行政管理部门责令改正。

生产者之间、销售者之间、生产者与销售者之间订立的产品购销、加工承揽合同有不同约定的，合同当事人按照合同约定执行。

第四十一条 【生产者的赔偿责任及例外】因产品存在缺陷造成人身、缺陷产品以外的其他财产（以下简称他人财产）损害的，生产者应当承担赔偿责任。

生产者能够证明有下列情形之一的，不承担赔偿责任：

（一）未将产品投入流通的；

（二）产品投入流通时，引起损害的缺陷尚不存在的；

（三）将产品投入流通时的科学技术水平尚不能发现缺陷的存在的。

第四十二条 【销售者的过错赔偿责任】由于销售者的过错使产品存在缺陷，造成人身、他人财产损害的，销售者应当承担赔偿责任。

销售者不能指明缺陷产品的生产者也不能指明缺陷产品的供货者的，销售者应当承担赔偿责任。

第四十三条 【受害者的选择赔偿权】因产品存在缺陷造成人身、他人财产损害的，受害人可以向产品的生产者要求赔偿，也可以向产品的销售者要求赔偿。属于产品的生产者的责任，产品的销售者赔偿的，产品的销售者有权向产品的生产者追偿。属于产品的销售者的责任，产品的生产者赔偿的，产品的生产者有权向产品的销售者追偿。

第四十四条 【人身伤害的赔偿范围】因产品存在缺陷造成受害人人身伤害的，侵害人应当赔偿医疗费、治疗期间的护理费、因误工减少的收入等费用；造成残疾的，还应当支付残疾者生活自助具费、生活补助费、残疾赔偿金以及由其扶养的人所必需的生活费等费用；造成受害人死亡的，并应当支付丧葬费、死亡赔偿金以及由死者生前扶养的人所必需的生活费等费用。

因产品存在缺陷造成受害人财产损失的，侵害人应当恢复原状或者折价赔偿。受害人因此遭受其他重大损失的，侵害人应当赔偿损失。

第四十五条 【诉讼时效期间】因产品存在缺陷造成损害要求赔偿的诉讼时效期间为二年，自当事人知道或者应当知道其权益受到损害时起计算。

因产品存在缺陷造成损害要求赔偿的请求权，在造成损害的缺陷产品交付最初用户、消费者满十年丧失；但是，尚未超过明示的安全使用期的除外。

第四十六条 【缺陷的含义】本法所称缺陷，是指产品存在危及人身、他人财产安全的不合理的危险；产品有保障人体健康，人身、财产安全的国家标准、行业标准的，是指不符合该标准。

第四十七条　【纠纷解决方式】因产品质量发生民事纠纷时，当事人可以通过协商或者调解解决。当事人不愿通过协商、调解解决或者协商、调解不成的，可以根据当事人各方的协议向仲裁机构申请仲裁；当事人各方没有达成仲裁协议或者仲裁协议无效的，可以直接向人民法院起诉。

第四十八条　【仲裁机构或者人民法院对产品质量检验的规定】仲裁机构或者人民法院可以委托本法第十九条规定的产品质量检验机构，对有关产品质量进行检验。

第五章　罚　则

第四十九条　【生产、销售不符合安全标准的产品的行政责任、刑事责任】生产、销售不符合保障人体健康和人身、财产安全的国家标准、行业标准的产品的，责令停止生产、销售，没收违法生产、销售的产品，并处违法生产、销售产品（包括已售出和未售出的产品，下同）货值金额等值以上三倍以下的罚款；有违法所得的，并处没收违法所得；情节严重的，吊销营业执照；构成犯罪的，依法追究刑事责任。

第五十条　【假冒产品的行政责任、刑事责任】在产品中掺杂、掺假，以假充真，以次充好，或者以不合格产品冒充合格产品的，责令停止生产、销售，没收违法生产、销售的产品，并处违法生产、销售产品货值金额百分之五十以上三倍以下的罚款；有违法所得的，并处没收违法所得；情节严重的，吊销营业执照；构成犯罪的，依法追究刑事责任。

第五十一条　【生产、销售淘汰产品的行政责任】生产国家明令淘汰的产品的，销售国家明令淘汰并停止销售的产品的，责令停止生产、销售，没收违法生产、销售的产品，并处违法生产、销售产品货值金额等值以下的罚款；有违法所得的，并处没收违法所得；情节严重的，吊销营业执照。

第五十二条　【销售失效、变质的产品的行政责任、刑事责任】销售失效、变质的产品的，责令停止销售，没收违法销售的产品，并处违法销售产品货值金额二倍以下的罚款；有违法所得的，并处没收违法所得；情节严重的，吊销营业执照；构成犯罪的，依法追究刑事责任。

第五十三条　【伪造、冒用产品产地、厂名、厂址、标志的行政责任】伪造产品产地的，伪造或者冒用他人厂名、厂址的，伪造或者冒用认证标志等质量标志的，责令改正，没收违法生产、销售的产品，并处违法生产、销售产品货值金额等值以下的罚款；有违法所得的，并处没收违法所得；情节严重的，吊销营业执照。

第五十四条 【不符合产品包装、标识要求的行政责任】产品标识不符合本法第二十七条规定的，责令改正；有包装的产品标识不符合本法第二十七条第（四）项、第（五）项规定，情节严重的，责令停止生产、销售，并处违法生产、销售产品货值金额百分之三十以下的罚款；有违法所得的，并处没收违法所得。

第五十五条 【销售者的从轻或者减轻处罚情节】销售者销售本法第四十九条至第五十三条规定禁止销售的产品，有充分证据证明其不知道该产品为禁止销售的产品并如实说明其进货来源的，可以从轻或者减轻处罚。

第五十六条 【违反依法接受产品质量监督检查义务的行政责任】拒绝接受依法进行的产品质量监督检查的，给予警告，责令改正；拒不改正的，责令停业整顿；情节特别严重的，吊销营业执照。

第五十七条 【产品质量中介机构的行政责任、刑事责任】产品质量检验机构、认证机构伪造检验结果或者出具虚假证明的，责令改正，对单位处五万元以上十万元以下的罚款，对直接负责的主管人员和其他直接责任人员处一万元以上五万元以下的罚款；有违法所得的，并处没收违法所得；情节严重的，取消其检验资格、认证资格；构成犯罪的，依法追究刑事责任。

产品质量检验机构、认证机构出具的检验结果或者证明不实，造成损失的，应当承担相应的赔偿责任；造成重大损失的，撤销其检验资格、认证资格。

产品质量认证机构违反本法第二十一条第二款的规定，对不符合认证标准而使用认证标志的产品，未依法要求其改正或者取消其使用认证标志资格的，对因产品不符合认证标准给消费者造成的损失，与产品的生产者、销售者承担连带责任；情节严重的，撤销其认证资格。

第五十八条 【社会团体、社会中介机构的连带赔偿责任】社会团体、社会中介机构对产品质量作出承诺、保证，而该产品又不符合其承诺、保证的质量要求，给消费者造成损失的，与产品的生产者、销售者承担连带责任。

第五十九条 【虚假广告的责任承担】在广告中对产品质量作虚假宣传，欺骗和误导消费者的，依照《中华人民共和国广告法》的规定追究法律责任。

第六十条 【生产伪劣产品的材料、包装、工具的没收】对生产者专门用于生产本法第四十九条、第五十一条所列的产品或者以假充真的产品的原辅材料、包装物、生产工具，应当予以没收。

第六十一条 【运输、保管、仓储部门的责任承担】知道或者应当知道属于本法规定禁止生产、销售的产品而为其提供运输、保管、仓储等便利条件的，或者为以假充真的产品提供制假生产技术的，没收全部运输、保管、仓储或者提供制假生产技术的收入，并处违法收入百分之五十以上三倍以下的罚款；构成犯罪的，依法追究刑事责任。

第六十二条　【服务业经营者的责任承担】服务业的经营者将本法第四十九条至第五十二条规定禁止销售的产品用于经营性服务的，责令停止使用；对知道或者应当知道所使用的产品属于本法规定禁止销售的产品的，按照违法使用的产品（包括已使用和尚未使用的产品）的货值金额，依照本法对销售者的处罚规定处罚。

第六十三条　【隐匿、转移、变卖、损毁被依法查封、扣押的物品的行政责任】隐匿、转移、变卖、损毁被产品质量监督部门或者工商行政管理部门查封、扣押的物品的，处被隐匿、转移、变卖、损毁物品货值金额等值以上三倍以下的罚款；有违法所得的，并处没收违法所得。

第六十四条　【民事赔偿责任优先原则】违反本法规定，应当承担民事赔偿责任和缴纳罚款、罚金，其财产不足以同时支付时，先承担民事赔偿责任。

第六十五条　【国家工作人员的责任承担】各级人民政府工作人员和其他国家机关工作人员有下列情形之一的，依法给予行政处分；构成犯罪的，依法追究刑事责任：

（一）包庇、放纵产品生产、销售中违反本法规定行为的；

（二）向从事违反本法规定的生产、销售活动的当事人通风报信，帮助其逃避查处的；

（三）阻挠、干预产品质量监督部门或者工商行政管理部门依法对产品生产、销售中违反本法规定的行为进行查处，造成严重后果的。

第六十六条　【质检部门的责任承担】产品质量监督部门在产品质量监督抽查中超过规定的数量索取样品或者向被检查人收取检验费用的，由上级产品质量监督部门或者监察机关责令退还；情节严重的，对直接负责的主管人员和其他直接责任人员依法给予行政处分。

第六十七条　【国家机关推荐产品的责任承担】产品质量监督部门或者其他国家机关违反本法第二十五条的规定，向社会推荐生产者的产品或者以监制、监销等方式参与产品经营活动的，由其上级机关或者监察机关责令改正，消除影响，有违法收入的予以没收；情节严重的，对直接负责的主管人员和其他直接责任人员依法给予行政处分。

产品质量检验机构有前款所列违法行为的，由产品质量监督部门责令改正，消除影响，有违法收入的予以没收，可以并处违法收入一倍以下的罚款；情节严重的，撤销其质量检验资格。

第六十八条　【产品监管部门工作人员的违法行为的责任承担】从事产品质量监督管理的国家工作人员滥用职权、玩忽职守、徇私舞弊，构成犯罪的，依法追究刑事责任；不构成犯罪的，给予行政处分。

第六十九条　【妨碍监管公务的行政责任】以暴力、威胁方法阻碍从事产品质量监督管理的国家工作人员依法执行职务的，依照刑法第一百五十七条的规定追究刑事责任；拒绝、阻碍从事产品质量监督管理的国家工作人员依法执行职务未使用暴力、威胁方法的，由公安机关依照治安管理处罚法的规定处罚。

第七十条　【监管部门的行政处罚权限】本法规定的吊销营业执照的行政处罚由工商行政管理部门决定，其他行政处罚由管理产品质量监督工作的部门或者工商行政管理部门按照国务院规定的职权范围决定。法律、行政法规对行使行政处罚权的机关另有规定的，依照有关法律、行政法规的规定执行。

第七十一条　【没收产品的处理】对依照本法规定没收的产品，依照国家有关规定进行销毁或者采取其他方式处理。

第七十二条　【货值金额的计算】本法第四十九条至第五十四条、第六十二条、第六十三条所规定的货值金额以违法生产、销售产品的标价计算；没有标价的，按照同类产品的市场价格计算。

第六章　附　则

第七十三条　【军工、核产品另行制定】军工产品质量监督管理办法，由国务院、中央军事委员会另行制定。

因核设施、核产品造成损害的赔偿责任，法律、行政法规另有规定的，依照其规定。

第七十四条　【施行日期】本法自 1993 年 9 月 1 日起施行。

中华人民共和国消费者权益保护法

（1993年10月31日第八届全国人民代表大会常务委员会第四次会议通过
根据2009年8月27日第十一届全国人民代表大会常务委员会第十次会议
《关于修改部分法律的决定》第一次修正　根据2013年10月25日
第十二届全国人民代表大会常务委员会第五次会议《关于修改
〈中华人民共和国消费者权益保护法〉的决定》第二次修正）

目　　录

第一章　总　则

第一条　【立法宗旨】为保护消费者的合法权益，维护社会经济秩序，促进社会主义市场经济健康发展，制定本法。

第二条　【本法调整对象——消费者】消费者为生活消费需要购买、使用商品或者接受服务，其权益受本法保护；本法未作规定的，受其他有关法律、法规保护。

第三条　【本法调整对象——经营者】经营者为消费者提供其生产、销售的商品或者提供服务，应当遵守本法；本法未作规定的，应当遵守其他有关法律、法规。

第四条　【交易原则】经营者与消费者进行交易，应当遵循自愿、平等、公平、诚实信用的原则。

第五条　【国家保护消费者合法权益的职能】国家保护消费者的合法权

益不受侵害。

国家采取措施，保障消费者依法行使权利，维护消费者的合法权益。

国家倡导文明、健康、节约资源和保护环境的消费方式，反对浪费。

第六条 【全社会共同保护消费者合法权益原则】保护消费者的合法权益是全社会的共同责任。

国家鼓励、支持一切组织和个人对损害消费者合法权益的行为进行社会监督。

大众传播媒介应当做好维护消费者合法权益的宣传，对损害消费者合法权益的行为进行舆论监督。

第二章 消费者的权利

第七条 【安全保障权】消费者在购买、使用商品和接受服务时享有人身、财产安全不受损害的权利。

消费者有权要求经营者提供的商品和服务，符合保障人身、财产安全的要求。

第八条 【知情权】消费者享有知悉其购买、使用的商品或者接受的服务的真实情况的权利。

消费者有权根据商品或者服务的不同情况，要求经营者提供商品的价格、产地、生产者、用途、性能、规格、等级、主要成分、生产日期、有效期限、检验合格证明、使用方法说明书、售后服务，或者服务的内容、规格、费用等有关情况。

第九条 【选择权】消费者享有自主选择商品或者服务的权利。

消费者有权自主选择提供商品或者服务的经营者，自主选择商品品种或者服务方式，自主决定购买或者不购买任何一种商品、接受或者不接受任何一项服务。

消费者在自主选择商品或者服务时，有权进行比较、鉴别和挑选。

第十条 【公平交易权】消费者享有公平交易的权利。

消费者在购买商品或者接受服务时，有权获得质量保障、价格合理、计量正确等公平交易条件，有权拒绝经营者的强制交易行为。

第十一条 【获得赔偿权】消费者因购买、使用商品或者接受服务受到人身、财产损害的，享有依法获得赔偿的权利。

第十二条 【成立维权组织权】消费者享有依法成立维护自身合法权益的社会组织的权利。

第十三条 【获得知识权】消费者享有获得有关消费和消费者权益保护方面的知识的权利。

消费者应当努力掌握所需商品或者服务的知识和使用技能，正确使用商品，提高自我保护意识。

第十四条　【受尊重权及信息得到保护权】消费者在购买、使用商品和接受服务时，享有人格尊严、民族风俗习惯得到尊重的权利，享有个人信息依法得到保护的权利。

第十五条　【监督权】消费者享有对商品和服务以及保护消费者权益工作进行监督的权利。

消费者有权检举、控告侵害消费者权益的行为和国家机关及其工作人员在保护消费者权益工作中的违法失职行为，有权对保护消费者权益工作提出批评、建议。

第三章　经营者的义务

第十六条　【经营者义务】经营者向消费者提供商品或者服务，应当依照本法和其他有关法律、法规的规定履行义务。

经营者和消费者有约定的，应当按照约定履行义务，但双方的约定不得违背法律、法规的规定。

经营者向消费者提供商品或者服务，应当恪守社会公德，诚信经营，保障消费者的合法权益；不得设定不公平、不合理的交易条件，不得强制交易。

第十七条　【听取意见、接受监督的义务】经营者应当听取消费者对其提供的商品或者服务的意见，接受消费者的监督。

第十八条　【安全保障义务】经营者应当保证其提供的商品或者服务符合保障人身、财产安全的要求。对可能危及人身、财产安全的商品和服务，应当向消费者作出真实的说明和明确的警示，并说明和标明正确使用商品或者接受服务的方法以及防止危害发生的方法。

宾馆、商场、餐馆、银行、机场、车站、港口、影剧院等经营场所的经营者，应当对消费者尽到安全保障义务。

第十九条　【对存在缺陷的产品和服务及时采取措施的义务】经营者发现其提供的商品或者服务存在缺陷，有危及人身、财产安全危险的，应当立即向有关行政部门报告和告知消费者，并采取停止销售、警示、召回、无害化处理、销毁、停止生产或者服务等措施。采取召回措施的，经营者应当承担消费者因商品被召回支出的必要费用。

第二十条　【提供真实、全面信息的义务】经营者向消费者提供有关商品或者服务的质量、性能、用途、有效期限等信息，应当真实、全面，不得作虚假或者引人误解的宣传。

经营者对消费者就其提供的商品或者服务的质量和使用方法等问题提出

的询问，应当作出真实、明确的答复。

经营者提供商品或者服务应当明码标价。

第二十一条 【标明真实名称和标记的义务】经营者应当标明其真实名称和标记。

租赁他人柜台或者场地的经营者，应当标明其真实名称和标记。

第二十二条 【出具发票的义务】经营者提供商品或者服务，应当按照国家有关规定或者商业惯例向消费者出具发票等购货凭证或者服务单据；消费者索要发票等购货凭证或者服务单据的，经营者必须出具。

第二十三条 【质量担保义务、瑕疵举证责任】经营者应当保证在正常使用商品或者接受服务的情况下其提供的商品或者服务应当具有的质量、性能、用途和有效期限；但消费者在购买该商品或者接受该服务前已经知道其存在瑕疵，且存在该瑕疵不违反法律强制性规定的除外。

经营者以广告、产品说明、实物样品或者其他方式表明商品或者服务的质量状况的，应当保证其提供的商品或者服务的实际质量与表明的质量状况相符。

经营者提供的机动车、计算机、电视机、电冰箱、空调器、洗衣机等耐用商品或者装饰装修等服务，消费者自接受商品或者服务之日起六个月内发现瑕疵，发生争议的，由经营者承担有关瑕疵的举证责任。

第二十四条 【退货、更换、修理业务】经营者提供的商品或者服务不符合质量要求的，消费者可以依照国家规定、当事人约定退货，或者要求经营者履行更换、修理等义务。没有国家规定和当事人约定的，消费者可以自收到商品之日起七日内退货；七日后符合法定解除合同条件的，消费者可以及时退货，不符合法定解除合同条件的，可以要求经营者履行更换、修理等义务。

依照前款规定进行退货、更换、修理的，经营者应当承担运输等必要费用。

第二十五条 【无理由退货制度】经营者采用网络、电视、电话、邮购等方式销售商品，消费者有权自收到商品之日起七日内退货，且无需说明理由，但下列商品除外：

（一）消费者定作的；

（二）鲜活易腐的；

（三）在线下载或者消费者拆封的音像制品、计算机软件等数字化商品；

（四）交付的报纸、期刊。

除前款所列商品外，其他根据商品性质并经消费者在购买时确认不宜退货的商品，不适用无理由退货。

消费者退货的商品应当完好。经营者应当自收到退回商品之日起七日内返还消费者支付的商品价款。退回商品的运费由消费者承担；经营者和消费者另有约定的，按照约定。

第二十六条　【格式条款的限制】经营者在经营活动中使用格式条款的，应当以显著方式提请消费者注意商品或者服务的数量和质量、价款或者费用、履行期限和方式、安全注意事项和风险警示、售后服务、民事责任等与消费者有重大利害关系的内容，并按照消费者的要求予以说明。

经营者不得以格式条款、通知、声明、店堂告示等方式，作出排除或者限制消费者权利、减轻或者免除经营者责任、加重消费者责任等对消费者不公平、不合理的规定，不得利用格式条款并借助技术手段强制交易。

格式条款、通知、声明、店堂告示等含有前款所列内容的，其内容无效。

第二十七条　【不得侵犯人格尊严和人身自由的义务】经营者不得对消费者进行侮辱、诽谤，不得搜查消费者的身体及其携带的物品，不得侵犯消费者的人身自由。

第二十八条　【特定领域经营者的信息披露义务】采用网络、电视、电话、邮购等方式提供商品或者服务的经营者，以及提供证券、保险、银行等金融服务的经营者，应当向消费者提供经营地址、联系方式、商品或者服务的数量和质量、价款或者费用、履行期限和方式、安全注意事项和风险警示、售后服务、民事责任等信息。

第二十九条　【收集、使用消费者个人信息的限制】经营者收集、使用消费者个人信息，应当遵循合法、正当、必要的原则，明示收集、使用信息的目的、方式和范围，并经消费者同意。经营者收集、使用消费者个人信息，应当公开其收集、使用规则，不得违反法律、法规的规定和双方的约定收集、使用信息。

经营者及其工作人员对收集的消费者个人信息必须严格保密，不得泄露、出售或者非法向他人提供。经营者应当采取技术措施和其他必要措施，确保信息安全，防止消费者个人信息泄露、丢失。在发生或者可能发生信息泄露、丢失的情况时，应当立即采取补救措施。

经营者未经消费者同意或者请求，或者消费者明确表示拒绝的，不得向其发送商业性信息。

第四章　国家对消费者合法权益的保护

第三十条　【听取消费者的意见】国家制定有关消费者权益的法律、法规、规章和强制性标准，应当听取消费者和消费者协会等组织的意见。

第三十一条　【各级政府的职责】各级人民政府应当加强领导，组织、协调、督促有关行政部门做好保护消费者合法权益的工作，落实保护消费者合法权益的职责。

各级人民政府应当加强监督，预防危害消费者人身、财产安全行为的发生，及时制止危害消费者人身、财产安全的行为。

第三十二条　【工商部门的职责】各级人民政府工商行政管理部门和其他有关行政部门应当依照法律、法规的规定，在各自的职责范围内，采取措施，保护消费者的合法权益。

有关行政部门应当听取消费者和消费者协会等组织对经营者交易行为、商品和服务质量问题的意见，及时调查处理。

第三十三条　【抽查检验的职责】有关行政部门在各自的职责范围内，应当定期或者不定期对经营者提供的商品和服务进行抽查检验，并及时向社会公布抽查检验结果。

有关行政部门发现并认定经营者提供的商品或者服务存在缺陷，有危及人身、财产安全危险的，应当立即责令经营者采取停止销售、警示、召回、无害化处理、销毁、停止生产或者服务等措施。

第三十四条　【行政部门的职责】有关国家机关应当依照法律、法规的规定，惩处经营者在提供商品和服务中侵害消费者合法权益的违法犯罪行为。

第三十五条　【人民法院的职责】人民法院应当采取措施，方便消费者提起诉讼。对符合《中华人民共和国民事诉讼法》起诉条件的消费者权益争议，必须受理，及时审理。

第五章　消费者组织

第三十六条　【消费者协会】消费者协会和其他消费者组织是依法成立的对商品和服务进行社会监督的保护消费者合法权益的社会组织。

第三十七条　【消费者协会的公益性职责】消费者协会履行下列公益性职责：

（一）向消费者提供消费信息和咨询服务，提高消费者维护自身合法权益的能力，引导文明、健康、节约资源和保护环境的消费方式；

（二）参与制定有关消费者权益的法律、法规、规章和强制性标准；

（三）参与有关行政部门对商品和服务的监督、检查；

（四）就有关消费者合法权益的问题，向有关部门反映、查询，提出建议；

（五）受理消费者的投诉，并对投诉事项进行调查、调解；

（六）投诉事项涉及商品和服务质量问题的，可以委托具备资格的鉴定人鉴定，鉴定人应当告知鉴定意见；

（七）就损害消费者合法权益的行为，支持受损害的消费者提起诉讼或者依照本法提起诉讼；

（八）对损害消费者合法权益的行为，通过大众传播媒介予以揭露、批评。

各级人民政府对消费者协会履行职责应当予以必要的经费等支持。

消费者协会应当认真履行保护消费者合法权益的职责，听取消费者的意见和建议，接受社会监督。

依法成立的其他消费者组织依照法律、法规及其章程的规定，开展保护消费者合法权益的活动。

第三十八条　【消费者组织的禁止行为】消费者组织不得从事商品经营和营利性服务，不得以收取费用或者其他牟取利益的方式向消费者推荐商品和服务。

第六章　争议的解决

第三十九条　【争议解决的途径】消费者和经营者发生消费者权益争议的，可以通过下列途径解决：

（一）与经营者协商和解；

（二）请求消费者协会或者依法成立的其他调解组织调解；

（三）向有关行政部门投诉；

（四）根据与经营者达成的仲裁协议提请仲裁机构仲裁；

（五）向人民法院提起诉讼。

第四十条　【消费者索赔的权利】消费者在购买、使用商品时，其合法权益受到损害的，可以向销售者要求赔偿。销售者赔偿后，属于生产者的责任或者属于向销售者提供商品的其他销售者的责任的，销售者有权向生产者或者其他销售者追偿。

消费者或者其他受害人因商品缺陷造成人身、财产损害的，可以向销售者要求赔偿，也可以向生产者要求赔偿。属于生产者责任的，销售者赔偿后，有权向生产者追偿。属于销售者责任的，生产者赔偿后，有权向销售者追偿。

消费者在接受服务时，其合法权益受到损害的，可以向服务者要求赔偿。

第四十一条　【企业变更后的索赔】消费者在购买、使用商品或者接受服务时，其合法权益受到损害，因原企业分立、合并的，可以向变更后承受其权利义务的企业要求赔偿。

第四十二条　【营业执照出借人或借用人的连带责任】使用他人营业执照的违法经营者提供商品或者服务，损害消费者合法权益的，消费者可以向其要求赔偿，也可以向营业执照的持有人要求赔偿。

第四十三条 【展销会、租赁柜台的责任】消费者在展销会、租赁柜台购买商品或者接受服务，其合法权益受到损害的，可以向销售者或者服务者要求赔偿。展销会结束或者柜台租赁期满后，也可以向展销会的举办者、柜台的出租者要求赔偿。展销会的举办者、柜台的出租者赔偿后，有权向销售者或者服务者追偿。

第四十四条 【网络交易平台提供者的责任】消费者通过网络交易平台购买商品或者接受服务，其合法权益受到损害的，可以向销售者或者服务者要求赔偿。网络交易平台提供者不能提供销售者或者服务者的真实名称、地址和有效联系方式的，消费者也可以向网络交易平台提供者要求赔偿；网络交易平台提供者作出更有利于消费者的承诺的，应当履行承诺。网络交易平台提供者赔偿后，有权向销售者或者服务者追偿。

网络交易平台提供者明知或者应知销售者或者服务者利用其平台侵害消费者合法权益，未采取必要措施的，依法与该销售者或者服务者承担连带责任。

第四十五条 【虚假广告相关责任人的责任】消费者因经营者利用虚假广告或者其他虚假宣传方式提供商品或者服务，其合法权益受到损害的，可以向经营者要求赔偿。广告经营者、发布者发布虚假广告的，消费者可以请求行政主管部门予以惩处。广告经营者、发布者不能提供经营者的真实名称、地址和有效联系方式的，应当承担赔偿责任。

广告经营者、发布者设计、制作、发布关系消费者生命健康商品或者服务的虚假广告，造成消费者损害的，应当与提供该商品或者服务的经营者承担连带责任。

社会团体或者其他组织、个人在关系消费者生命健康商品或者服务的虚假广告或者其他虚假宣传中向消费者推荐商品或者服务，造成消费者损害的，应当与提供该商品或者服务的经营者承担连带责任。

第四十六条 【投诉】消费者向有关行政部门投诉的，该部门应当自收到投诉之日起七个工作日内，予以处理并告知消费者。

第四十七条 【消费者协会的诉权】对侵害众多消费者合法权益的行为，中国消费者协会以及在省、自治区、直辖市设立的消费者协会，可以向人民法院提起诉讼。

第七章 法律责任

第四十八条 【经营者承担责任的情形】经营者提供商品或者服务有下列情形之一的，除本法另有规定外，应当依照其他有关法律、法规的规定，承担民事责任：

（一）商品或者服务存在缺陷的；

（二）不具备商品应当具备的使用性能而出售时未作说明的；

（三）不符合在商品或者其包装上注明采用的商品标准的；

（四）不符合商品说明、实物样品等方式表明的质量状况的；

（五）生产国家明令淘汰的商品或者销售失效、变质的商品的；

（六）销售的商品数量不足的；

（七）服务的内容和费用违反约定的；

（八）对消费者提出的修理、重作、更换、退货、补足商品数量、退还货款和服务费用或者赔偿损失的要求，故意拖延或者无理拒绝的；

（九）法律、法规规定的其他损害消费者权益的情形。

经营者对消费者未尽到安全保障义务，造成消费者损害的，应当承担侵权责任。

第四十九条　【造成人身损害的赔偿责任】经营者提供商品或者服务，造成消费者或者其他受害人人身伤害的，应当赔偿医疗费、护理费、交通费等为治疗和康复支出的合理费用，以及因误工减少的收入。造成残疾的，还应当赔偿残疾生活辅助具费和残疾赔偿金。造成死亡的，还应当赔偿丧葬费和死亡赔偿金。

第五十条　【侵犯人格尊严的弥补】经营者侵害消费者的人格尊严、侵犯消费者人身自由或者侵害消费者个人信息依法得到保护的权利的，应当停止侵害、恢复名誉、消除影响、赔礼道歉，并赔偿损失。

第五十一条　【精神损害赔偿责任】经营者有侮辱诽谤、搜查身体、侵犯人身自由等侵害消费者或者其他受害人人身权益的行为，造成严重精神损害的，受害人可以要求精神损害赔偿。

第五十二条　【造成财产损害的民事责任】经营者提供商品或者服务，造成消费者财产损害的，应当依照法律规定或者当事人约定承担修理、重作、更换、退货、补足商品数量、退还货款和服务费用或者赔偿损失等民事责任。

第五十三条　【预付款后未履约的责任】经营者以预收款方式提供商品或者服务的，应当按照约定提供。未按照约定提供的，应当按照消费者的要求履行约定或者退回预付款；并应当承担预付款的利息、消费者必须支付的合理费用。

第五十四条　【退货责任】依法经有关行政部门认定为不合格的商品，消费者要求退货的，经营者应当负责退货。

第五十五条　【惩罚性赔偿】经营者提供商品或者服务有欺诈行为的，应当按照消费者的要求增加赔偿其受到的损失，增加赔偿的金额为消费者购买商品的价款或者接受服务的费用的三倍；增加赔偿的金额不足五百元的，为五百元。法律另有规定的，依照其规定。

经营者明知商品或者服务存在缺陷，仍然向消费者提供，造成消费者或者其他受害人死亡或者健康严重损害的，受害人有权要求经营者依照本法第四十九条、第五十一条等法律规定赔偿损失，并有权要求所受损失二倍以下的惩罚性赔偿。

第五十六条 【严重处罚的情形】经营者有下列情形之一，除承担相应的民事责任外，其他有关法律、法规对处罚机关和处罚方式有规定的，依照法律、法规的规定执行；法律、法规未作规定的，由工商行政管理部门或者其他有关行政部门责令改正，可以根据情节单处或者并处警告、没收违法所得、处以违法所得一倍以上十倍以下的罚款，没有违法所得的，处以五十万元以下的罚款；情节严重的，责令停业整顿、吊销营业执照：

（一）提供的商品或者服务不符合保障人身、财产安全要求的；

（二）在商品中掺杂、掺假，以假充真，以次充好，或者以不合格商品冒充合格商品的；

（三）生产国家明令淘汰的商品或者销售失效、变质的商品的；

（四）伪造商品的产地，伪造或者冒用他人的厂名、厂址，篡改生产日期，伪造或者冒用认证标志等质量标志的；

（五）销售的商品应当检验、检疫而未检验、检疫或者伪造检验、检疫结果的；

（六）对商品或者服务作虚假或者引人误解的宣传的；

（七）拒绝或者拖延有关行政部门责令对缺陷商品或者服务采取停止销售、警示、召回、无害化处理、销毁、停止生产或者服务等措施的；

（八）对消费者提出的修理、重作、更换、退货、补足商品数量、退还货款和服务费用或者赔偿损失的要求，故意拖延或者无理拒绝的；

（九）侵害消费者人格尊严、侵犯消费者人身自由或者侵害消费者个人信息依法得到保护的权利的；

（十）法律、法规规定的对损害消费者权益应当予以处罚的其他情形。

经营者有前款规定情形的，除依照法律、法规规定予以处罚外，处罚机关应当记入信用档案，向社会公布。

第五十七条 【经营者的刑事责任】经营者违反本法规定提供商品或者服务，侵害消费者合法权益，构成犯罪的，依法追究刑事责任。

第五十八条 【民事赔偿责任优先原则】经营者违反本法规定，应当承担民事赔偿责任和缴纳罚款、罚金，其财产不足以同时支付的，先承担民事赔偿责任。

第五十九条 【经营者的权利】经营者对行政处罚决定不服的，可以依法申请行政复议或者提起行政诉讼。

第六十条　【暴力抗法的责任】以暴力、威胁等方法阻碍有关行政部门工作人员依法执行职务的，依法追究刑事责任；拒绝、阻碍有关行政部门工作人员依法执行职务，未使用暴力、威胁方法的，由公安机关依照《中华人民共和国治安管理处罚法》的规定处罚。

第六十一条　【国家机关工作人员的责任】国家机关工作人员玩忽职守或者包庇经营者侵害消费者合法权益的行为的，由其所在单位或者上级机关给予行政处分；情节严重，构成犯罪的，依法追究刑事责任。

第八章　附　则

第六十二条　【购买农业生产资料的参照执行】农民购买、使用直接用于农业生产的生产资料，参照本法执行。

第六十三条　【实施日期】本法自 1994 年 1 月 1 日起施行。

中华人民共和国食品安全法

（2009 年 2 月 28 日第十一届全国人民代表大会常务委员会第七次会议通过
2015 年 4 月 24 日第十二届全国人民代表大会常务委员会第十四次会议修订）

目　录

第一章　总　则

第一条　【立法目的】为了保证食品安全，保障公众身体健康和生命安全，制定本法。

第二条　【适用范围】在中华人民共和国境内从事下列活动，应当遵守本法：

（一）食品生产和加工（以下称食品生产），食品销售和餐饮服务（以下称食品经营）；

（二）食品添加剂的生产经营；

（三）用于食品的包装材料、容器、洗涤剂、消毒剂和用于食品生产经营的工具、设备（以下称食品相关产品）的生产经营；

（四）食品生产经营者使用食品添加剂、食品相关产品；

（五）食品的贮存和运输；

（六）对食品、食品添加剂、食品相关产品的安全管理。

供食用的源于农业的初级产品（以下称食用农产品）的质量安全管理，遵守《中华人民共和国农产品质量安全法》的规定。但是，食用农产品的市场销售、有关质量安全标准的制定、有关安全信息的公布和本法对农业投入品作出规定的，应当遵守本法的规定。

第三条　【食品安全工作原则】食品安全工作实行预防为主、风险管理、全程控制、社会共治，建立科学、严格的监督管理制度。

第四条　【食品生产经营者的责任】食品生产经营者对其生产经营食品的安全负责。

食品生产经营者应当依照法律、法规和食品安全标准从事生产经营活动，保证食品安全，诚信自律，对社会和公众负责，接受社会监督，承担社会责任。

第五条　【食品安全管理体制】国务院设立食品安全委员会，其职责由国务院规定。

国务院食品药品监督管理部门依照本法和国务院规定的职责，对食品生产经营活动实施监督管理。

国务院卫生行政部门依照本法和国务院规定的职责，组织开展食品安全风险监测和风险评估，会同国务院食品药品监督管理部门制定并公布食品安全国家标准。

国务院其他有关部门依照本法和国务院规定的职责，承担有关食品安全工作。

第六条 【地方政府食品安全监督管理职责】县级以上地方人民政府对本行政区域的食品安全监督管理工作负责，统一领导、组织、协调本行政区域的食品安全监督管理工作以及食品安全突发事件应对工作，建立健全食品安全全程监督管理工作机制和信息共享机制。

县级以上地方人民政府依照本法和国务院的规定，确定本级食品药品监督管理、卫生行政部门和其他有关部门的职责。有关部门在各自职责范围内负责本行政区域的食品安全监督管理工作。

县级人民政府食品药品监督管理部门可以在乡镇或者特定区域设立派出机构。

第七条 【地方政府食品安全责任制】县级以上地方人民政府实行食品安全监督管理责任制。上级人民政府负责对下一级人民政府的食品安全监督管理工作进行评议、考核。县级以上地方人民政府负责对本级食品药品监督管理部门和其他有关部门的食品安全监督管理工作进行评议、考核。

第八条 【政府对食品安全工作的财政保障和监管职责】县级以上人民政府应当将食品安全工作纳入本级国民经济和社会发展规划，将食品安全工作经费列入本级政府财政预算，加强食品安全监督管理能力建设，为食品安全工作提供保障。

县级以上人民政府食品药品监督管理部门和其他有关部门应当加强沟通、密切配合，按照各自职责分工，依法行使职权，承担责任。

第九条 【食品行业协会和消费者协会的责任】食品行业协会应当加强行业自律，按照章程建立健全行业规范和奖惩机制，提供食品安全信息、技术等服务，引导和督促食品生产经营者依法生产经营，推动行业诚信建设，宣传、普及食品安全知识。

消费者协会和其他消费者组织对违反本法规定，损害消费者合法权益的行为，依法进行社会监督。

第十条 【食品安全宣传教育和舆论监督】各级人民政府应当加强食品安全的宣传教育，普及食品安全知识，鼓励社会组织、基层群众性自治组织、食品生产经营者开展食品安全法律、法规以及食品安全标准和知识的普及工作，倡导健康的饮食方式，增强消费者食品安全意识和自我保护能力。

新闻媒体应当开展食品安全法律、法规以及食品安全标准和知识的公益宣传，并对食品安全违法行为进行舆论监督。有关食品安全的宣传报道应当真实、公正。

第十一条 【食品安全研究和农药管理】国家鼓励和支持开展与食品安

全有关的基础研究、应用研究，鼓励和支持食品生产经营者为提高食品安全水平采用先进技术和先进管理规范。

国家对农药的使用实行严格的管理制度，加快淘汰剧毒、高毒、高残留农药，推动替代产品的研发和应用，鼓励使用高效低毒低残留农药。

第十二条 【社会监督】任何组织或者个人有权举报食品安全违法行为，依法向有关部门了解食品安全信息，对食品安全监督管理工作提出意见和建议。

第十三条 【表彰、奖励有突出贡献的单位和个人】对在食品安全工作中做出突出贡献的单位和个人，按照国家有关规定给予表彰、奖励。

第二章 食品安全风险监测和评估

第十四条 【食品安全风险监测制度】国家建立食品安全风险监测制度，对食源性疾病、食品污染以及食品中的有害因素进行监测。

国务院卫生行政部门会同国务院食品药品监督管理、质量监督等部门，制定、实施国家食品安全风险监测计划。

国务院食品药品监督管理部门和其他有关部门获知有关食品安全风险信息后，应当立即核实并向国务院卫生行政部门通报。对有关部门通报的食品安全风险信息以及医疗机构报告的食源性疾病等有关疾病信息，国务院卫生行政部门应当会同国务院有关部门分析研究，认为必要的，及时调整国家食品安全风险监测计划。

省、自治区、直辖市人民政府卫生行政部门会同同级食品药品监督管理、质量监督等部门，根据国家食品安全风险监测计划，结合本行政区域的具体情况，制定、调整本行政区域的食品安全风险监测方案，报国务院卫生行政部门备案并实施。

第十五条 【食品安全风险监测工作】承担食品安全风险监测工作的技术机构应当根据食品安全风险监测计划和监测方案开展监测工作，保证监测数据真实、准确，并按照食品安全风险监测计划和监测方案的要求报送监测数据和分析结果。

食品安全风险监测工作人员有权进入相关食用农产品种植养殖、食品生产经营场所采集样品、收集相关数据。采集样品应当按照市场价格支付费用。

第十六条 【及时通报食品安全风险监测结果】食品安全风险监测结果表明可能存在食品安全隐患的，县级以上人民政府卫生行政部门应当及时将相关信息通报同级食品药品监督管理等部门，并报告本级人民政府和上级人民政府卫生行政部门。食品药品监督管理等部门应当组织开展进一步调查。

第十七条 【食品安全风险评估制度】国家建立食品安全风险评估制度，

运用科学方法，根据食品安全风险监测信息、科学数据以及有关信息，对食品、食品添加剂、食品相关产品中生物性、化学性和物理性危害因素进行风险评估。

国务院卫生行政部门负责组织食品安全风险评估工作，成立由医学、农业、食品、营养、生物、环境等方面的专家组成的食品安全风险评估专家委员会进行食品安全风险评估。食品安全风险评估结果由国务院卫生行政部门公布。

对农药、肥料、兽药、饲料和饲料添加剂等的安全性评估，应当有食品安全风险评估专家委员会的专家参加。

食品安全风险评估不得向生产经营者收取费用，采集样品应当按照市场价格支付费用。

第十八条 【食品安全风险评估法定情形】有下列情形之一的，应当进行食品安全风险评估：

（一）通过食品安全风险监测或者接到举报发现食品、食品添加剂、食品相关产品可能存在安全隐患的；

（二）为制定或者修订食品安全国家标准提供科学依据需要进行风险评估的；

（三）为确定监督管理的重点领域、重点品种需要进行风险评估的；

（四）发现新的可能危害食品安全因素的；

（五）需要判断某一因素是否构成食品安全隐患的；

（六）国务院卫生行政部门认为需要进行风险评估的其他情形。

第十九条 【监管部门在食品安全风险评估中的配合协作义务】国务院食品药品监督管理、质量监督、农业行政等部门在监督管理工作中发现需要进行食品安全风险评估的，应当向国务院卫生行政部门提出食品安全风险评估的建议，并提供风险来源、相关检验数据和结论等信息、资料。属于本法第十八条规定情形的，国务院卫生行政部门应当及时进行食品安全风险评估，并向国务院有关部门通报评估结果。

第二十条 【卫生行政、农业行政部门相互通报有关信息】省级以上人民政府卫生行政、农业行政部门应当及时相互通报食品、食用农产品安全风险监测信息。

国务院卫生行政、农业行政部门应当及时相互通报食品、食用农产品安全风险评估结果等信息。

第二十一条 【食品安全风险评估结果】食品安全风险评估结果是制定、修订食品安全标准和实施食品安全监督管理的科学依据。

经食品安全风险评估，得出食品、食品添加剂、食品相关产品不安全结论的，国务院食品药品监督管理、质量监督等部门应当依据各自职责立即向社会公告，告知消费者停止食用或者使用，并采取相应措施，确保该食品、食品添加剂、食品相关产品停止生产经营；需要制定、修订相关食品安全国家标准的，国务院卫生行政部门应当会同国务院食品药品监督管理部门立即制定、修订。

第二十二条　【综合分析食品安全状况并公布警示】国务院食品药品监督管理部门应当会同国务院有关部门，根据食品安全风险评估结果、食品安全监督管理信息，对食品安全状况进行综合分析。对经综合分析表明可能具有较高程度安全风险的食品，国务院食品药品监督管理部门应当及时提出食品安全风险警示，并向社会公布。

第二十三条　【食品安全风险交流】县级以上人民政府食品药品监督管理部门和其他有关部门、食品安全风险评估专家委员会及其技术机构，应当按照科学、客观、及时、公开的原则，组织食品生产经营者、食品检验机构、认证机构、食品行业协会、消费者协会以及新闻媒体等，就食品安全风险评估信息和食品安全监督管理信息进行交流沟通。

第三章　食品安全标准

第二十四条　【食品安全标准制定原则】制定食品安全标准，应当以保障公众身体健康为宗旨，做到科学合理、安全可靠。

第二十五条　【食品安全标准强制性】食品安全标准是强制执行的标准。除食品安全标准外，不得制定其他食品强制性标准。

第二十六条　【食品安全标准的内容】食品安全标准应当包括下列内容：

（一）食品、食品添加剂、食品相关产品中的致病性微生物，农药残留、兽药残留、生物毒素、重金属等污染物质以及其他危害人体健康物质的限量规定；

（二）食品添加剂的品种、使用范围、用量；

（三）专供婴幼儿和其他特定人群的主辅食品的营养成分要求；

（四）对与卫生、营养等食品安全要求有关的标签、标志、说明书的要求；

（五）食品生产经营过程的卫生要求；

（六）与食品安全有关的质量要求；

（七）与食品安全有关的食品检验方法与规程；

（八）其他需要制定为食品安全标准的内容。

第二十七条　【食品安全国家标准制定、公布主体】食品安全国家标准由国务院卫生行政部门会同国务院食品药品监督管理部门制定、公布，国务院标准化行政部门提供国家标准编号。

食品中农药残留、兽药残留的限量规定及其检验方法与规程由国务院卫生行政部门、国务院农业行政部门会同国务院食品药品监督管理部门制定。

屠宰畜、禽的检验规程由国务院农业行政部门会同国务院卫生行政部门制定。

第二十八条 【制定食品安全国家标准要求和程序】制定食品安全国家标准，应当依据食品安全风险评估结果并充分考虑食用农产品安全风险评估结果，参照相关的国际标准和国际食品安全风险评估结果，并将食品安全国家标准草案向社会公布，广泛听取食品生产经营者、消费者、有关部门等方面的意见。

食品安全国家标准应当经国务院卫生行政部门组织的食品安全国家标准审评委员会审查通过。食品安全国家标准审评委员会由医学、农业、食品、营养、生物、环境等方面的专家以及国务院有关部门、食品行业协会、消费者协会的代表组成，对食品安全国家标准草案的科学性和实用性等进行审查。

第二十九条 【食品安全地方标准】对地方特色食品，没有食品安全国家标准的，省、自治区、直辖市人民政府卫生行政部门可以制定并公布食品安全地方标准，报国务院卫生行政部门备案。食品安全国家标准制定后，该地方标准即行废止。

第三十条 【食品安全企业标准】国家鼓励食品生产企业制定严于食品安全国家标准或者地方标准的企业标准，在本企业适用，并报省、自治区、直辖市人民政府卫生行政部门备案。

第三十一条 【食品安全标准公布和有关问题解答】省级以上人民政府卫生行政部门应当在其网站上公布制定和备案的食品安全国家标准、地方标准和企业标准，供公众免费查阅、下载。

对食品安全标准执行过程中的问题，县级以上人民政府卫生行政部门应当会同有关部门及时给予指导、解答。

第三十二条 【食品安全标准跟踪评价和执行】省级以上人民政府卫生行政部门应当会同同级食品药品监督管理、质量监督、农业行政等部门，分别对食品安全国家标准和地方标准的执行情况进行跟踪评价，并根据评价结果及时修订食品安全标准。

省级以上人民政府食品药品监督管理、质量监督、农业行政等部门应当对食品安全标准执行中存在的问题进行收集、汇总，并及时向同级卫生行政部门通报。

食品生产经营者、食品行业协会发现食品安全标准在执行中存在问题的，应当立即向卫生行政部门报告。

第四章　食品生产经营

第一节　一般规定

第三十三条　【食品生产经营要求】食品生产经营应当符合食品安全标准，并符合下列要求：

（一）具有与生产经营的食品品种、数量相适应的食品原料处理和食品加工、包装、贮存等场所，保持该场所环境整洁，并与有毒、有害场所以及其他污染源保持规定的距离；

（二）具有与生产经营的食品品种、数量相适应的生产经营设备或者设施，有相应的消毒、更衣、盥洗、采光、照明、通风、防腐、防尘、防蝇、防鼠、防虫、洗涤以及处理废水、存放垃圾和废弃物的设备或者设施；

（三）有专职或者兼职的食品安全专业技术人员、食品安全管理人员和保证食品安全的规章制度；

（四）具有合理的设备布局和工艺流程，防止待加工食品与直接入口食品、原料与成品交叉污染，避免食品接触有毒物、不洁物；

（五）餐具、饮具和盛放直接入口食品的容器，使用前应当洗净、消毒，炊具、用具用后应当洗净，保持清洁；

（六）贮存、运输和装卸食品的容器、工具和设备应当安全、无害，保持清洁，防止食品污染，并符合保证食品安全所需的温度、湿度等特殊要求，不得将食品与有毒、有害物品一同贮存、运输；

（七）直接入口的食品应当使用无毒、清洁的包装材料、餐具、饮具和容器；

（八）食品生产经营人员应当保持个人卫生，生产经营食品时，应当将手洗净，穿戴清洁的工作衣、帽等；销售无包装的直接入口食品时，应当使用无毒、清洁的容器、售货工具和设备；

（九）用水应当符合国家规定的生活饮用水卫生标准；

（十）使用的洗涤剂、消毒剂应当对人体安全、无害；

（十一）法律、法规规定的其他要求。

非食品生产经营者从事食品贮存、运输和装卸的，应当符合前款第六项的规定。

第三十四条　【禁止生产经营的食品、食品添加剂、食品相关产品】禁止生产经营下列食品、食品添加剂、食品相关产品：

（一）用非食品原料生产的食品或者添加食品添加剂以外的化学物质和其他可能危害人体健康物质的食品，或者用回收食品作为原料生产的食品；

（二）致病性微生物，农药残留、兽药残留、生物毒素、重金属等污染物质以及其他危害人体健康的物质含量超过食品安全标准限量的食品、食品添加剂、食品相关产品；

（三）用超过保质期的食品原料、食品添加剂生产的食品、食品添加剂；

（四）超范围、超限量使用食品添加剂的食品；

（五）营养成分不符合食品安全标准的专供婴幼儿和其他特定人群的主辅食品；

（六）腐败变质、油脂酸败、霉变生虫、污秽不洁、混有异物、掺假掺杂或者感官性状异常的食品、食品添加剂；

（七）病死、毒死或者死因不明的禽、畜、兽、水产动物肉类及其制品；

（八）未按规定进行检疫或者检疫不合格的肉类，或者未经检验或者检验不合格的肉类制品；

（九）被包装材料、容器、运输工具等污染的食品、食品添加剂；

（十）标注虚假生产日期、保质期或者超过保质期的食品、食品添加剂；

（十一）无标签的预包装食品、食品添加剂；

（十二）国家为防病等特殊需要明令禁止生产经营的食品；

（十三）其他不符合法律、法规或者食品安全标准的食品、食品添加剂、食品相关产品。

第三十五条　【食品生产经营许可】国家对食品生产经营实行许可制度。从事食品生产、食品销售、餐饮服务，应当依法取得许可。但是，销售食用农产品，不需要取得许可。

县级以上地方人民政府食品药品监督管理部门应当依照《中华人民共和国行政许可法》的规定，审核申请人提交的本法第三十三条第一款第一项至第四项规定要求的相关资料，必要时对申请人的生产经营场所进行现场核查；对符合规定条件的，准予许可；对不符合规定条件的，不予许可并书面说明理由。

第三十六条　【对食品生产加工小作坊和食品摊贩的管理】食品生产加工小作坊和食品摊贩等从事食品生产经营活动，应当符合本法规定的与其生产经营规模、条件相适应的食品安全要求，保证所生产经营的食品卫生、无毒、无害，食品药品监督管理部门应当对其加强监督管理。

县级以上地方人民政府应当对食品生产加工小作坊、食品摊贩等进行综合治理，加强服务和统一规划，改善其生产经营环境，鼓励和支持其改进生产经营条件，进入集中交易市场、店铺等固定场所经营，或者在指定的临时经营区域、时段经营。

食品生产加工小作坊和食品摊贩等的具体管理办法由省、自治区、直辖市制定。

第三十七条 【利用新的食品原料从事食品生产等的安全性评估】利用新的食品原料生产食品，或者生产食品添加剂新品种、食品相关产品新品种，应当向国务院卫生行政部门提交相关产品的安全性评估材料。国务院卫生行政部门应当自收到申请之日起六十日内组织审查；对符合食品安全要求的，准予许可并公布；对不符合食品安全要求的，不予许可并书面说明理由。

第三十八条 【食品中不得添加药品】生产经营的食品中不得添加药品，但是可以添加按照传统既是食品又是中药材的物质。按照传统既是食品又是中药材的物质目录由国务院卫生行政部门会同国务院食品药品监督管理部门制定、公布。

第三十九条 【食品添加剂生产许可】国家对食品添加剂生产实行许可制度。从事食品添加剂生产，应当具有与所生产食品添加剂品种相适应的场所、生产设备或者设施、专业技术人员和管理制度，并依照本法第三十五条第二款规定的程序，取得食品添加剂生产许可。

生产食品添加剂应当符合法律、法规和食品安全国家标准。

第四十条 【食品添加剂允许使用的条件和使用要求】食品添加剂应当在技术上确有必要且经过风险评估证明安全可靠，方可列入允许使用的范围；有关食品安全国家标准应当根据技术必要性和食品安全风险评估结果及时修订。

食品生产经营者应当按照食品安全国家标准使用食品添加剂。

第四十一条 【食品相关产品的生产要求】生产食品相关产品应当符合法律、法规和食品安全国家标准。对直接接触食品的包装材料等具有较高风险的食品相关产品，按照国家有关工业产品生产许可证管理的规定实施生产许可。质量监督部门应当加强对食品相关产品生产活动的监督管理。

第四十二条 【食品安全全程追溯制度】国家建立食品安全全程追溯制度。

食品生产经营者应当依照本法的规定，建立食品安全追溯体系，保证食品可追溯。国家鼓励食品生产经营者采用信息化手段采集、留存生产经营信息，建立食品安全追溯体系。

国务院食品药品监督管理部门会同国务院农业行政等有关部门建立食品安全全程追溯协作机制。

第四十三条 【鼓励食品企业规模化生产、连锁经营、配送，参加食品安全责任保险】地方各级人民政府应当采取措施鼓励食品规模化生产和连锁经营、配送。

国家鼓励食品生产经营企业参加食品安全责任保险。

第二节　生产经营过程控制

第四十四条　【食品生产经营企业食品安全管理】食品生产经营企业应当建立健全食品安全管理制度，对职工进行食品安全知识培训，加强食品检验工作，依法从事生产经营活动。

食品生产经营企业的主要负责人应当落实企业食品安全管理制度，对本企业的食品安全工作全面负责。

食品生产经营企业应当配备食品安全管理人员，加强对其培训和考核。经考核不具备食品安全管理能力的，不得上岗。食品药品监督管理部门应当对企业食品安全管理人员随机进行监督抽查考核并公布考核情况。监督抽查考核不得收取费用。

第四十五条　【食品从业人员健康管理】食品生产经营者应当建立并执行从业人员健康管理制度。患有国务院卫生行政部门规定的有碍食品安全疾病的人员，不得从事接触直接入口食品的工作。

从事接触直接入口食品工作的食品生产经营人员应当每年进行健康检查，取得健康证明后方可上岗工作。

第四十六条　【食品生产企业制定并实施食品安全管理控制要求】食品生产企业应当就下列事项制定并实施控制要求，保证所生产的食品符合食品安全标准：

（一）原料采购、原料验收、投料等原料控制；

（二）生产工序、设备、贮存、包装等生产关键环节控制；

（三）原料检验、半成品检验、成品出厂检验等检验控制；

（四）运输和交付控制。

第四十七条　【食品生产经营者建立食品安全自查制度】食品生产经营者应当建立食品安全自查制度，定期对食品安全状况进行检查评价。生产经营条件发生变化，不再符合食品安全要求的，食品生产经营者应当立即采取整改措施；有发生食品安全事故潜在风险的，应当立即停止食品生产经营活动，并向所在地县级人民政府食品药品监督管理部门报告。

第四十八条　【鼓励食品企业提高食品安全管理水平】国家鼓励食品生产经营企业符合良好生产规范要求，实施危害分析与关键控制点体系，提高食品安全管理水平。

对通过良好生产规范、危害分析与关键控制点体系认证的食品生产经营企业，认证机构应当依法实施跟踪调查；对不再符合认证要求的企业，应当依法撤销认证，及时向县级以上人民政府食品药品监督管理部门通报，并向社会公布。认证机构实施跟踪调查不得收取费用。

第四十九条 【农业投入品使用管理】食用农产品生产者应当按照食品安全标准和国家有关规定使用农药、肥料、兽药、饲料和饲料添加剂等农业投入品，严格执行农业投入品使用安全间隔期或者休药期的规定，不得使用国家明令禁止的农业投入品。禁止将剧毒、高毒农药用于蔬菜、瓜果、茶叶和中草药材等国家规定的农作物。

食用农产品的生产企业和农民专业合作经济组织应当建立农业投入品使用记录制度。

县级以上人民政府农业行政部门应当加强对农业投入品使用的监督管理和指导，建立健全农业投入品安全使用制度。

第五十条 【食品生产者进货查验记录制度】食品生产者采购食品原料、食品添加剂、食品相关产品，应当查验供货者的许可证和产品合格证明；对无法提供合格证明的食品原料，应当按照食品安全标准进行检验；不得采购或者使用不符合食品安全标准的食品原料、食品添加剂、食品相关产品。

食品生产企业应当建立食品原料、食品添加剂、食品相关产品进货查验记录制度，如实记录食品原料、食品添加剂、食品相关产品的名称、规格、数量、生产日期或者生产批号、保质期、进货日期以及供货者名称、地址、联系方式等内容，并保存相关凭证。记录和凭证保存期限不得少于产品保质期满后六个月；没有明确保质期的，保存期限不得少于二年。

第五十一条 【食品出厂检验记录制度】食品生产企业应当建立食品出厂检验记录制度，查验出厂食品的检验合格证和安全状况，如实记录食品的名称、规格、数量、生产日期或者生产批号、保质期、检验合格证号、销售日期以及购货者名称、地址、联系方式等内容，并保存相关凭证。记录和凭证保存期限应当符合本法第五十条第二款的规定。

第五十二条 【食品安全检验】食品、食品添加剂、食品相关产品的生产者，应当按照食品安全标准对所生产的食品、食品添加剂、食品相关产品进行检验，检验合格后方可出厂或者销售。

第五十三条 【食品经营者进货查验记录制度】食品经营者采购食品，应当查验供货者的许可证和食品出厂检验合格证或者其他合格证明（以下称合格证明文件）。

食品经营企业应当建立食品进货查验记录制度，如实记录食品的名称、规格、数量、生产日期或者生产批号、保质期、进货日期以及供货者名称、地址、联系方式等内容，并保存相关凭证。记录和凭证保存期限应当符合本法第五十条第二款的规定。

实行统一配送经营方式的食品经营企业，可以由企业总部统一查验供货者的许可证和食品合格证明文件，进行食品进货查验记录。

从事食品批发业务的经营企业应当建立食品销售记录制度，如实记录批发食品的名称、规格、数量、生产日期或者生产批号、保质期、销售日期以及购货者名称、地址、联系方式等内容，并保存相关凭证。记录和凭证保存期限应当符合本法第五十条第二款的规定。

第五十四条　【食品经营者贮存食品的要求】食品经营者应当按照保证食品安全的要求贮存食品，定期检查库存食品，及时清理变质或者超过保质期的食品。

食品经营者贮存散装食品，应当在贮存位置标明食品的名称、生产日期或者生产批号、保质期、生产者名称及联系方式等内容。

第五十五条　【餐饮服务提供者制定并实施原料采购控制要求以及加工检查措施】餐饮服务提供者应当制定并实施原料控制要求，不得采购不符合食品安全标准的食品原料。倡导餐饮服务提供者公开加工过程，公示食品原料及其来源等信息。

餐饮服务提供者在加工过程中应当检查待加工的食品及原料，发现有本法第三十四条第六项规定情形的，不得加工或者使用。

第五十六条　【餐饮服务提供者确保餐饮设施、用具安全卫生】餐饮服务提供者应当定期维护食品加工、贮存、陈列等设施、设备；定期清洗、校验保温设施及冷藏、冷冻设施。

餐饮服务提供者应当按照要求对餐具、饮具进行清洗消毒，不得使用未经清洗消毒的餐具、饮具；餐饮服务提供者委托清洗消毒餐具、饮具的，应当委托符合本法规定条件的餐具、饮具集中消毒服务单位。

第五十七条　【集中用餐单位食品安全管理】学校、托幼机构、养老机构、建筑工地等集中用餐单位的食堂应当严格遵守法律、法规和食品安全标准；从供餐单位订餐的，应当从取得食品生产经营许可的企业订购，并按照要求对订购的食品进行查验。供餐单位应当严格遵守法律、法规和食品安全标准，当餐加工，确保食品安全。

学校、托幼机构、养老机构、建筑工地等集中用餐单位的主管部门应当加强对集中用餐单位的食品安全教育和日常管理，降低食品安全风险，及时消除食品安全隐患。

第五十八条　【餐饮具集中消毒服务单位食品安全责任】餐具、饮具集中消毒服务单位应当具备相应的作业场所、清洗消毒设备或者设施，用水和使用的洗涤剂、消毒剂应当符合相关食品安全国家标准和其他国家标准、卫生规范。

餐具、饮具集中消毒服务单位应当对消毒餐具、饮具进行逐批检验，检验合格后方可出厂，并应当随附消毒合格证明。消毒后的餐具、饮具应当在独立包装上标注单位名称、地址、联系方式、消毒日期以及使用期限等内容。

第五十九条 【食品添加剂生产者出厂检验记录制度】食品添加剂生产者应当建立食品添加剂出厂检验记录制度，查验出厂产品的检验合格证和安全状况，如实记录食品添加剂的名称、规格、数量、生产日期或者生产批号、保质期、检验合格证号、销售日期以及购货者名称、地址、联系方式等相关内容，并保存相关凭证。记录和凭证保存期限应当符合本法第五十条第二款的规定。

第六十条 【食品添加剂经营者进货查验记录制度】食品添加剂经营者采购食品添加剂，应当依法查验供货者的许可证和产品合格证明文件，如实记录食品添加剂的名称、规格、数量、生产日期或者生产批号、保质期、进货日期以及供货者名称、地址、联系方式等内容，并保存相关凭证。记录和凭证保存期限应当符合本法第五十条第二款的规定。

第六十一条 【集中交易市场的开办者、柜台出租者和展销会举办者食品安全责任】集中交易市场的开办者、柜台出租者和展销会举办者，应当依法审查入场食品经营者的许可证，明确其食品安全管理责任，定期对其经营环境和条件进行检查，发现其有违反本法规定行为的，应当及时制止并立即报告所在地县级人民政府食品药品监督管理部门。

第六十二条 【网络食品交易第三方平台提供者的义务】网络食品交易第三方平台提供者应当对入网食品经营者进行实名登记，明确其食品安全管理责任；依法应当取得许可证的，还应当审查其许可证。

网络食品交易第三方平台提供者发现入网食品经营者有违反本法规定行为的，应当及时制止并立即报告所在地县级人民政府食品药品监督管理部门；发现严重违法行为的，应当立即停止提供网络交易平台服务。

第六十三条 【食品召回制度】国家建立食品召回制度。食品生产者发现其生产的食品不符合食品安全标准或者有证据证明可能危害人体健康的，应当立即停止生产，召回已经上市销售的食品，通知相关生产经营者和消费者，并记录召回和通知情况。

食品经营者发现其经营的食品有前款规定情形的，应当立即停止经营，通知相关生产经营者和消费者，并记录停止经营和通知情况。食品生产者认为应当召回的，应当立即召回。由于食品经营者的原因造成其经营的食品有前款规定情形的，食品经营者应当召回。

食品生产经营者应当对召回的食品采取无害化处理、销毁等措施，防止其再次流入市场。但是，对因标签、标志或者说明书不符合食品安全标准而被召回的食品，食品生产者在采取补救措施且能保证食品安全的情况下可以继续销售；销售时应当向消费者明示补救措施。

食品生产经营者应当将食品召回和处理情况向所在地县级人民政府食品药品监督管理部门报告；需要对召回的食品进行无害化处理、销毁的，应当提前报告时间、地点。食品药品监督管理部门认为必要的，可以实施现场监督。

食品生产经营者未依照本条规定召回或者停止经营的，县级以上人民政府食品药品监督管理部门可以责令其召回或者停止经营。

第六十四条　【食用农产品批发市场对进场销售的食用农产品抽样检验】食用农产品批发市场应当配备检验设备和检验人员或者委托符合本法规定的食品检验机构，对进入该批发市场销售的食用农产品进行抽样检验；发现不符合食品安全标准的，应当要求销售者立即停止销售，并向食品药品监督管理部门报告。

第六十五条　【食用农产品进货查验记录制度】食用农产品销售者应当建立食用农产品进货查验记录制度，如实记录食用农产品的名称、数量、进货日期以及供货者名称、地址、联系方式等内容，并保存相关凭证。记录和凭证保存期限不得少于六个月。

第六十六条　【食用农产品使用添加剂和食品相关产品应当符合食品安全国家标准】进入市场销售的食用农产品在包装、保鲜、贮存、运输中使用保鲜剂、防腐剂等食品添加剂和包装材料等食品相关产品，应当符合食品安全国家标准。

第三节　标签、说明书和广告

第六十七条　【预包装食品标签】预包装食品的包装上应当有标签。标签应当标明下列事项：

（一）名称、规格、净含量、生产日期；

（二）成分或者配料表；

（三）生产者的名称、地址、联系方式；

（四）保质期；

（五）产品标准代号；

（六）贮存条件；

（七）所使用的食品添加剂在国家标准中的通用名称；

（八）生产许可证编号；

（九）法律、法规或者食品安全标准规定应当标明的其他事项。

专供婴幼儿和其他特定人群的主辅食品，其标签还应当标明主要营养成分及其含量。

食品安全国家标准对标签标注事项另有规定的，从其规定。

第六十八条 【食品经营者销售散装食品的标注要求】食品经营者销售散装食品，应当在散装食品的容器、外包装上标明食品的名称、生产日期或者生产批号、保质期以及生产经营者名称、地址、联系方式等内容。

第六十九条 【转基因食品显著标示】生产经营转基因食品应当按照规定显著标示。

第七十条 【食品添加剂的标签、说明书和包装】食品添加剂应当有标签、说明书和包装。标签、说明书应当载明本法第六十七条第一款第一项至第六项、第八项、第九项规定的事项，以及食品添加剂的使用范围、用量、使用方法，并在标签上载明“食品添加剂”字样。

第七十一条 【标签、说明书的基本要求】食品和食品添加剂的标签、说明书，不得含有虚假内容，不得涉及疾病预防、治疗功能。生产经营者对其提供的标签、说明书的内容负责。

食品和食品添加剂的标签、说明书应当清楚、明显，生产日期、保质期等事项应当显著标注，容易辨识。

食品和食品添加剂与其标签、说明书的内容不符的，不得上市销售。

第七十二条 【按照食品标签的警示要求销售食品】食品经营者应当按照食品标签标示的警示标志、警示说明或者注意事项的要求销售食品。

第七十三条 【食品广告】食品广告的内容应当真实合法，不得含有虚假内容，不得涉及疾病预防、治疗功能。食品生产经营者对食品广告内容的真实性、合法性负责。

县级以上人民政府食品药品监督管理部门和其他有关部门以及食品检验机构、食品行业协会不得以广告或者其他形式向消费者推荐食品。消费者组织不得以收取费用或者其他牟取利益的方式向消费者推荐食品。

第四节　特殊食品

第七十四条 【特殊食品严格监督管理】国家对保健食品、特殊医学用途配方食品和婴幼儿配方食品等特殊食品实行严格监督管理。

第七十五条 【保健食品原料和功能声称】保健食品声称保健功能，应当具有科学依据，不得对人体产生急性、亚急性或者慢性危害。

保健食品原料目录和允许保健食品声称的保健功能目录，由国务院食品药品监督管理部门会同国务院卫生行政部门、国家中医药管理部门制定、调整并公布。

保健食品原料目录应当包括原料名称、用量及其对应的功效；列入保健食品原料目录的原料只能用于保健食品生产，不得用于其他食品生产。

第七十六条 【保健食品的注册和备案管理】使用保健食品原料目录以

外原料的保健食品和首次进口的保健食品应当经国务院食品药品监督管理部门注册。但是，首次进口的保健食品中属于补充维生素、矿物质等营养物质的，应当报国务院食品药品监督管理部门备案。其他保健食品应当报省、自治区、直辖市人民政府食品药品监督管理部门备案。

进口的保健食品应当是出口国（地区）主管部门准许上市销售的产品。

第七十七条　【保健食品注册和备案的具体要求】依法应当注册的保健食品，注册时应当提交保健食品的研发报告、产品配方、生产工艺、安全性和保健功能评价、标签、说明书等材料及样品，并提供相关证明文件。国务院食品药品监督管理部门经组织技术审评，对符合安全和功能声称要求的，准予注册；对不符合要求的，不予注册并书面说明理由。对使用保健食品原料目录以外原料的保健食品作出准予注册决定的，应当及时将该原料纳入保健食品原料目录。

依法应当备案的保健食品，备案时应当提交产品配方、生产工艺、标签、说明书以及表明产品安全性和保健功能的材料。

第七十八条　【保健食品的标签、说明书】保健食品的标签、说明书不得涉及疾病预防、治疗功能，内容应当真实，与注册或者备案的内容相一致，载明适宜人群、不适宜人群、功效成分或者标志性成分及其含量等，并声明“本品不能代替药物”。保健食品的功能和成分应当与标签、说明书相一致。

第七十九条　【保健食品广告】保健食品广告除应当符合本法第七十三条第一款的规定外，还应当声明“本品不能代替药物”；其内容应当经生产企业所在地省、自治区、直辖市人民政府食品药品监督管理部门审查批准，取得保健食品广告批准文件。省、自治区、直辖市人民政府食品药品监督管理部门应当公布并及时更新已经批准的保健食品广告目录以及批准的广告内容。

第八十条　【特殊医学用途配方食品】特殊医学用途配方食品应当经国务院食品药品监督管理部门注册。注册时，应当提交产品配方、生产工艺、标签、说明书以及表明产品安全性、营养充足性和特殊医学用途临床效果的材料。

特殊医学用途配方食品广告适用《中华人民共和国广告法》和其他法律、行政法规关于药品广告管理的规定。

第八十一条　【婴幼儿配方食品的管理】婴幼儿配方食品生产企业应当实施从原料进厂到成品出厂的全过程质量控制，对出厂的婴幼儿配方食品实施逐批检验，保证食品安全。

生产婴幼儿配方食品使用的生鲜乳、辅料等食品原料、食品添加剂等，应当符合法律、行政法规的规定和食品安全国家标准，保证婴幼儿生长发育所需的营养成分。

婴幼儿配方食品生产企业应当将食品原料、食品添加剂、产品配方及标签等事项向省、自治区、直辖市人民政府食品药品监督管理部门备案。

婴幼儿配方乳粉的产品配方应当经国务院食品药品监督管理部门注册。注册时，应当提交配方研发报告和其他表明配方科学性、安全性的材料。

不得以分装方式生产婴幼儿配方乳粉，同一企业不得用同一配方生产不同品牌的婴幼儿配方乳粉。

第八十二条 【注册、备案材料确保真实】保健食品、特殊医学用途配方食品、婴幼儿配方乳粉的注册人或者备案人应当对其提交材料的真实性负责。

省级以上人民政府食品药品监督管理部门应当及时公布注册或者备案的保健食品、特殊医学用途配方食品、婴幼儿配方乳粉目录，并对注册或者备案中获知的企业商业秘密予以保密。

保健食品、特殊医学用途配方食品、婴幼儿配方乳粉生产企业应当按照注册或者备案的产品配方、生产工艺等技术要求组织生产。

第八十三条 【特殊食品生产质量管理体系】生产保健食品，特殊医学用途配方食品、婴幼儿配方食品和其他专供特定人群的主辅食品的企业，应当按照良好生产规范的要求建立与所生产食品相适应的生产质量管理体系，定期对该体系的运行情况进行自查，保证其有效运行，并向所在地县级人民政府食品药品监督管理部门提交自查报告。

第五章 食品检验

第八十四条 【食品检验机构】食品检验机构按照国家有关认证认可的规定取得资质认定后，方可从事食品检验活动。但是，法律另有规定的除外。

食品检验机构的资质认定条件和检验规范，由国务院食品药品监督管理部门规定。

符合本法规定的食品检验机构出具的检验报告具有同等效力。

县级以上人民政府应当整合食品检验资源，实现资源共享。

第八十五条 【食品检验机构检验人】食品检验由食品检验机构指定的检验人独立进行。

检验人应当依照有关法律、法规的规定，并按照食品安全标准和检验规范对食品进行检验，尊重科学，恪守职业道德，保证出具的检验数据和结论客观、公正，不得出具虚假检验报告。

第八十六条 【食品检验机构与检验人共同负责制】食品检验实行食品检验机构与检验人负责制。食品检验报告应当加盖食品检验机构公章，并有检验人的签名或者盖章。食品检验机构和检验人对出具的食品检验报告负责。

第八十七条　【监督抽检】县级以上人民政府食品药品监督管理部门应当对食品进行定期或者不定期的抽样检验，并依据有关规定公布检验结果，不得免检。进行抽样检验，应当购买抽取的样品，委托符合本法规定的食品检验机构进行检验，并支付相关费用；不得向食品生产经营者收取检验费和其他费用。

第八十八条　【复检】对依照本法规定实施的检验结论有异议的，食品生产经营者可以自收到检验结论之日起七个工作日内向实施抽样检验的食品药品监督管理部门或者其上一级食品药品监督管理部门提出复检申请，由受理复检申请的食品药品监督管理部门在公布的复检机构名录中随机确定复检机构进行复检。复检机构出具的复检结论为最终检验结论。复检机构与初检机构不得为同一机构。复检机构名录由国务院认证认可监督管理、食品药品监督管理、卫生行政、农业行政等部门共同公布。

采用国家规定的快速检测方法对食用农产品进行抽查检测，被抽查人对检测结果有异议的，可以自收到检测结果时起四小时内申请复检。复检不得采用快速检测方法。

第八十九条　【自行检验和委托检验】食品生产企业可以自行对所生产的食品进行检验，也可以委托符合本法规定的食品检验机构进行检验。

食品行业协会和消费者协会等组织、消费者需要委托食品检验机构对食品进行检验的，应当委托符合本法规定的食品检验机构进行。

第九十条　【对食品添加剂的检验】食品添加剂的检验，适用本法有关食品检验的规定。

第六章　食品进出口

第九十一条　【食品进出口监督管理部门】国家出入境检验检疫部门对进出口食品安全实施监督管理。

第九十二条　【进口食品、食品添加剂和相关产品的要求】进口的食品、食品添加剂、食品相关产品应当符合我国食品安全国家标准。

进口的食品、食品添加剂应当经出入境检验检疫机构依照进出口商品检验相关法律、行政法规的规定检验合格。

进口的食品、食品添加剂应当按照国家出入境检验检疫部门的要求随附合格证明材料。

第九十三条　【进口尚无食品安全国家标准的食品及“三新”产品的要求】进口尚无食品安全国家标准的食品，由境外出口商、境外生产企业或者其委托的进口商向国务院卫生行政部门提交所执行的相关国家（地区）标准或者国际标准。国务院卫生行政部门对相关标准进行审查，认为符合食品安全要求的，决定暂予适用，并及时制定相应的食品安全国家标准。进口利用新的食品原料生产的食品或者进口食品添加剂新品种、食品相关产品新品种，依照本法第三十七条的规定办理。

出入境检验检疫机构按照国务院卫生行政部门的要求，对前款规定的食品、食品添加剂、食品相关产品进行检验。检验结果应当公开。

第九十四条 【境外出口商、生产企业、进口商食品安全义务】境外出口商、境外生产企业应当保证向我国出口的食品、食品添加剂、食品相关产品符合本法以及我国其他有关法律、行政法规的规定和食品安全国家标准的要求，并对标签、说明书的内容负责。

进口商应当建立境外出口商、境外生产企业审核制度，重点审核前款规定的内容；审核不合格的，不得进口。

发现进口食品不符合我国食品安全国家标准或者有证据证明可能危害人体健康的，进口商应当立即停止进口，并依照本法第六十三条的规定召回。

第九十五条 【进口食品等出现严重食品安全问题的应对】境外发生的食品安全事件可能对我国境内造成影响，或者在进口食品、食品添加剂、食品相关产品中发现严重食品安全问题的，国家出入境检验检疫部门应当及时采取风险预警或者控制措施，并向国务院食品药品监督管理、卫生行政、农业行政部门通报。接到通报的部门应当及时采取相应措施。

县级以上人民政府食品药品监督管理部门对国内市场上销售的进口食品、食品添加剂实施监督管理。发现存在严重食品安全问题的，国务院食品药品监督管理部门应当及时向国家出入境检验检疫部门通报。国家出入境检验检疫部门应当及时采取相应措施。

第九十六条 【对进出口食品商、代理商、境外食品生产企业的管理】向我国境内出口食品的境外出口商或者代理商、进口食品的进口商应当向国家出入境检验检疫部门备案。向我国境内出口食品的境外食品生产企业应当经国家出入境检验检疫部门注册。已经注册的境外食品生产企业提供虚假材料，或者因其自身的原因致使进口食品发生重大食品安全事故的，国家出入境检验检疫部门应当撤销注册并公告。

国家出入境检验检疫部门应当定期公布已经备案的境外出口商、代理商、进口商和已经注册的境外食品生产企业名单。

第九十七条 【进口的预包装食品、食品添加剂标签、说明书】进口的预包装食品、食品添加剂应当有中文标签；依法应当有说明书的，还应当有中文说明书。标签、说明书应当符合本法以及我国其他有关法律、行政法规的规定和食品安全国家标准的要求，并载明食品的原产地以及境内代理商的名称、地址、联系方式。预包装食品没有中文标签、中文说明书或者标签、说明书不符合本条规定的，不得进口。

第九十八条　【食品、食品添加剂进出口和销售记录制度】进口商应当建立食品、食品添加剂进口和销售记录制度，如实记录食品、食品添加剂的名称、规格、数量、生产日期、生产或者进口批号、保质期、境外出口商和购货者名称、地址及联系方式、交货日期等内容，并保存相关凭证。记录和凭证保存期限应当符合本法第五十条第二款的规定。

第九十九条　【对出口食品和出口食品企业的要求】出口食品生产企业应当保证其出口食品符合进口国（地区）的标准或者合同要求。

出口食品生产企业和出口食品原料种植、养殖场应当向国家出入境检验检疫部门备案。

第一百条　【国家出入境检验检疫部门收集信息及实施信用管理】国家出入境检验检疫部门应当收集、汇总下列进出口食品安全信息，并及时通报相关部门、机构和企业：

（一）出入境检验检疫机构对进出口食品实施检验检疫发现的食品安全信息；

（二）食品行业协会和消费者协会等组织、消费者反映的进口食品安全信息；

（三）国际组织、境外政府机构发布的风险预警信息及其他食品安全信息，以及境外食品行业协会等组织、消费者反映的食品安全信息；

（四）其他食品安全信息。

国家出入境检验检疫部门应当对进出口食品的进口商、出口商和出口食品生产企业实施信用管理，建立信用记录，并依法向社会公布。对有不良记录的进口商、出口商和出口食品生产企业，应当加强对其进出口食品的检验检疫。

第一百零一条　【国家出入境检验检疫部门的职责】国家出入境检验检疫部门可以对向我国境内出口食品的国家（地区）的食品安全管理体系和食品安全状况进行评估和审查，并根据评估和审查结果，确定相应检验检疫要求。

第七章　食品安全事故处置

第一百零二条　【食品安全事故应急预案】国务院组织制定国家食品安全事故应急预案。

县级以上地方人民政府应当根据有关法律、法规的规定和上级人民政府的食品安全事故应急预案以及本行政区域的实际情况，制定本行政区域的食品安全事故应急预案，并报上一级人民政府备案。

食品安全事故应急预案应当对食品安全事故分级、事故处置组织指挥体系与职责、预防预警机制、处置程序、应急保障措施等作出规定。

食品生产经营企业应当制定食品安全事故处置方案，定期检查本企业各项食品安全防范措施的落实情况，及时消除事故隐患。

第一百零三条 【食品安全事故应急处置、报告、通报】发生食品安全事故的单位应当立即采取措施，防止事故扩大。事故单位和接收病人进行治疗的单位应当及时向事故发生地县级人民政府食品药品监督管理、卫生行政部门报告。

县级以上人民政府质量监督、农业行政等部门在日常监督管理中发现食品安全事故或者接到事故举报，应当立即向同级食品药品监督管理部门通报。

发生食品安全事故，接到报告的县级人民政府食品药品监督管理部门应当按照应急预案的规定向本级人民政府和上级人民政府食品药品监督管理部门报告。县级人民政府和上级人民政府食品药品监督管理部门应当按照应急预案的规定上报。

任何单位和个人不得对食品安全事故隐瞒、谎报、缓报，不得隐匿、伪造、毁灭有关证据。

第一百零四条 【食源性疾病的报告和通报】医疗机构发现其接收的病人属于食源性疾病病人或者疑似病人的，应当按照规定及时将相关信息向所在地县级人民政府卫生行政部门报告。县级人民政府卫生行政部门认为与食品安全有关的，应当及时通报同级食品药品监督管理部门。

县级以上人民政府卫生行政部门在调查处理传染病或者其他突发公共卫生事件中发现与食品安全相关的信息，应当及时通报同级食品药品监督管理部门。

第一百零五条 【食品安全事故发生后应采取的措施】县级以上人民政府食品药品监督管理部门接到食品安全事故的报告后，应当立即会同同级卫生行政、质量监督、农业行政等部门进行调查处理，并采取下列措施，防止或者减轻社会危害：

（一）开展应急救援工作，组织救治因食品安全事故导致人身伤害的人员；

（二）封存可能导致食品安全事故的食品及其原料，并立即进行检验；对确认属于被污染的食品及其原料，责令食品生产经营者依照本法第六十三条的规定召回或者停止经营；

（三）封存被污染的食品相关产品，并责令进行清洗消毒；

（四）做好信息发布工作，依法对食品安全事故及其处理情况进行发布，并对可能产生的危害加以解释、说明。

发生食品安全事故需要启动应急预案的，县级以上人民政府应当立即成立事故处置指挥机构，启动应急预案，依照前款和应急预案的规定进行处置。

发生食品安全事故，县级以上疾病预防控制机构应当对事故现场进行卫生处理，并对与事故有关的因素开展流行病学调查，有关部门应当予以协助。县级以上疾病预防控制机构应当向同级食品药品监督管理、卫生行政部门提交流行病学调查报告。

第一百零六条　【食品安全事故责任调查】发生食品安全事故，设区的市级以上人民政府食品药品监督管理部门应当立即会同有关部门进行事故责任调查，督促有关部门履行职责，向本级人民政府和上一级人民政府食品药品监督管理部门提出事故责任调查处理报告。

涉及两个以上省、自治区、直辖市的重大食品安全事故由国务院食品药品监督管理部门依照前款规定组织事故责任调查。

第一百零七条　【食品安全事故调查要求】调查食品安全事故，应当坚持实事求是、尊重科学的原则，及时、准确查清事故性质和原因，认定事故责任，提出整改措施。

调查食品安全事故，除了查明事故单位的责任，还应当查明有关监督管理部门、食品检验机构、认证机构及其工作人员的责任。

第一百零八条　【食品安全事故调查部门的职权】食品安全事故调查部门有权向有关单位和个人了解与事故有关的情况，并要求提供相关资料和样品。有关单位和个人应当予以配合，按照要求提供相关资料和样品，不得拒绝。

任何单位和个人不得阻挠、干涉食品安全事故的调查处理。

第八章　监督管理

第一百零九条　【食品安全风险分级管理和年度监督管理】县级以上人民政府食品药品监督管理、质量监督部门根据食品安全风险监测、风险评估结果和食品安全状况等，确定监督管理的重点、方式和频次，实施风险分级管理。

县级以上地方人民政府组织本级食品药品监督管理、质量监督、农业行政等部门制定本行政区域的食品安全年度监督管理计划，向社会公布并组织实施。

食品安全年度监督管理计划应当将下列事项作为监督管理的重点：

（一）专供婴幼儿和其他特定人群的主辅食品；

（二）保健食品生产过程中的添加行为和按照注册或者备案的技术要求组织生产的情况，保健食品标签、说明书以及宣传材料中有关功能宣传的情况；

（三）发生食品安全事故风险较高的食品生产经营者；

（四）食品安全风险监测结果表明可能存在食品安全隐患的事项。

第一百一十条 【食品安全监督检查措施】县级以上人民政府食品药品监督管理、质量监督部门履行各自食品安全监督管理职责，有权采取下列措施，对生产经营者遵守本法的情况进行监督检查：

（一）进入生产经营场所实施现场检查；

（二）对生产经营的食品、食品添加剂、食品相关产品进行抽样检验；

（三）查阅、复制有关合同、票据、账簿以及其他有关资料；

（四）查封、扣押有证据证明不符合食品安全标准或者有证据证明存在安全隐患以及用于违法生产经营的食品、食品添加剂、食品相关产品；

（五）查封违法从事生产经营活动的场所。

第一百一十一条 【有害物质的临时限量值和临时检验方法】对食品安全风险评估结果证明食品存在安全隐患，需要制定、修订食品安全标准的，在制定、修订食品安全标准前，国务院卫生行政部门应当及时会同国务院有关部门规定食品中有害物质的临时限量值和临时检验方法，作为生产经营和监督管理的依据。

第一百一十二条 【快速检测】县级以上人民政府食品药品监督管理部门在食品安全监督管理工作中可以采用国家规定的快速检测方法对食品进行抽查检测。

对抽查检测结果表明可能不符合食品安全标准的食品，应当依照本法第八十七条的规定进行检验。抽查检测结果确定有关食品不符合食品安全标准的，可以作为行政处罚的依据。

第一百一十三条 【食品安全信用档案】县级以上人民政府食品药品监督管理部门应当建立食品生产经营者食品安全信用档案，记录许可颁发、日常监督检查结果、违法行为查处等情况，依法向社会公布并实时更新；对有不良信用记录的食品生产经营者增加监督检查频次，对违法行为情节严重的食品生产经营者，可以通报投资主管部门、证券监督管理机构和有关的金融机构。

第一百一十四条 【对食品生产经营者进行责任约谈】食品生产经营过程中存在食品安全隐患，未及时采取措施消除的，县级以上人民政府食品药品监督管理部门可以对食品生产经营者的法定代表人或者主要负责人进行责任约谈。食品生产经营者应当立即采取措施，进行整改，消除隐患。责任约谈情况和整改情况应当纳入食品生产经营者食品安全信用档案。

第一百一十五条 【有奖举报和保护举报人合法权益】县级以上人民政府食品药品监督管理、质量监督等部门应当公布本部门的电子邮件地址或者电话，接受咨询、投诉、举报。接到咨询、投诉、举报，对属于本部门职责的，应当受理并在法定期限内及时答复、核实、处理；对不属于本部门职责的，应当移交有权处理的部门并书面通知咨询、投诉、举报人。有权处理的部门应当在法定期限内及时处理，不得推诿。对查证属实的举报，给予举报人奖励。

有关部门应当对举报人的信息予以保密，保护举报人的合法权益。举报人举报所在企业的，该企业不得以解除、变更劳动合同或者其他方式对举报人进行打击报复。

第一百一十六条　【加强食品安全执法人员管理】县级以上人民政府食品药品监督管理、质量监督等部门应当加强对执法人员食品安全法律、法规、标准和专业知识与执法能力等的培训，并组织考核。不具备相应知识和能力的，不得从事食品安全执法工作。

食品生产经营者、食品行业协会、消费者协会等发现食品安全执法人员在执法过程中有违反法律、法规规定的行为以及不规范执法行为的，可以向本级或者上级人民政府食品药品监督管理、质量监督等部门或者监察机关投诉、举报。接到投诉、举报的部门或者机关应当进行核实，并将经核实的情况向食品安全执法人员所在部门通报；涉嫌违法违纪的，按照本法和有关规定处理。

第一百一十七条　【对所属食品安全监管部门或下级地方人民政府进行责任约谈】县级以上人民政府食品药品监督管理等部门未及时发现食品安全系统性风险，未及时消除监督管理区域内的食品安全隐患的，本级人民政府可以对其主要负责人进行责任约谈。

地方人民政府未履行食品安全职责，未及时消除区域性重大食品安全隐患的，上级人民政府可以对其主要负责人进行责任约谈。

被约谈的食品药品监督管理等部门、地方人民政府应当立即采取措施，对食品安全监督管理工作进行整改。

责任约谈情况和整改情况应当纳入地方人民政府和有关部门食品安全监督管理工作评议、考核记录。

第一百一十八条　【食品安全信息统一公布制度】国家建立统一的食品安全信息平台，实行食品安全信息统一公布制度。国家食品安全总体情况、食品安全风险警示信息、重大食品安全事故及其调查处理信息和国务院确定需要统一公布的其他信息由国务院食品药品监督管理部门统一公布。食品安全风险警示信息和重大食品安全事故及其调查处理信息的影响限于特定区域的，也可以由有关省、自治区、直辖市人民政府食品药品监督管理部门公布。未经授权不得发布上述信息。

县级以上人民政府食品药品监督管理、质量监督、农业行政部门依据各自职责公布食品安全日常监督管理信息。

公布食品安全信息，应当做到准确、及时，并进行必要的解释说明，避免误导消费者和社会舆论。

第一百一十九条 【食品安全信息的报告、通报制度】县级以上地方人民政府食品药品监督管理、卫生行政、质量监督、农业行政部门获知本法规定需要统一公布的信息，应当向上级主管部门报告，由上级主管部门立即报告国务院食品药品监督管理部门；必要时，可以直接向国务院食品药品监督管理部门报告。

县级以上人民政府食品药品监督管理、卫生行政、质量监督、农业行政部门应当相互通报获知的食品安全信息。

第一百二十条 【不得编造、散布虚假食品安全信息】任何单位和个人不得编造、散布虚假食品安全信息。

县级以上人民政府食品药品监督管理部门发现可能误导消费者和社会舆论的食品安全信息，应当立即组织有关部门、专业机构、相关食品生产经营者等进行核实、分析，并及时公布结果。

第一百二十一条 【涉嫌食品安全犯罪案件的处理】县级以上人民政府食品药品监督管理、质量监督等部门发现涉嫌食品安全犯罪的，应当按照有关规定及时将案件移送公安机关。对移送的案件，公安机关应当及时审查；认为有犯罪事实需要追究刑事责任的，应当立案侦查。

公安机关在食品安全犯罪案件侦查过程中认为没有犯罪事实，或者犯罪事实显著轻微，不需要追究刑事责任，但依法应当追究行政责任的，应当及时将案件移送食品药品监督管理、质量监督等部门和监察机关，有关部门应当依法处理。

公安机关商请食品药品监督管理、质量监督、环境保护等部门提供检验结论、认定意见以及对涉案物品进行无害化处理等协助的，有关部门应当及时提供，予以协助。

第九章 法律责任

第一百二十二条 【未经许可从事食品生产经营活动等的法律责任】违反本法规定，未取得食品生产经营许可从事食品生产经营活动，或者未取得食品添加剂生产许可从事食品添加剂生产活动的，由县级以上人民政府食品药品监督管理部门没收违法所得和违法生产经营的食品、食品添加剂以及用于违法生产经营的工具、设备、原料等物品；违法生产经营的食品、食品添加剂货值金额不足一万元的，并处五万元以上十万元以下罚款；货值金额一万元以上的，并处货值金额十倍以上二十倍以下罚款。

明知从事前款规定的违法行为，仍为其提供生产经营场所或者其他条件的，由县级以上人民政府食品药品监督管理部门责令停止违法行为，没收违法所得，并处五万元以上十万元以下罚款；使消费者的合法权益受到损害的，应当与食品、食品添加剂生产经营者承担连带责任。

第一百二十三条　【八类最严重违法食品生产经营行为的法律责任】违反本法规定，有下列情形之一，尚不构成犯罪的，由县级以上人民政府食品药品监督管理部门没收违法所得和违法生产经营的食品，并可以没收用于违法生产经营的工具、设备、原料等物品；违法生产经营的食品货值金额不足一万元的，并处十万元以上十五万元以下罚款；货值金额一万元以上的，并处货值金额十五倍以上三十倍以下罚款；情节严重的，吊销许可证，并可以由公安机关对其直接负责的主管人员和其他直接责任人员处五日以上十五日以下拘留：

（一）用非食品原料生产食品、在食品中添加食品添加剂以外的化学物质和其他可能危害人体健康的物质，或者用回收食品作为原料生产食品，或者经营上述食品；

（二）生产经营营养成分不符合食品安全标准的专供婴幼儿和其他特定人群的主辅食品；

（三）经营病死、毒死或者死因不明的禽、畜、兽、水产动物肉类，或者生产经营其制品；

（四）经营未按规定进行检疫或者检疫不合格的肉类，或者生产经营未经检验或者检验不合格的肉类制品；

（五）生产经营国家为防病等特殊需要明令禁止生产经营的食品；

（六）生产经营添加药品的食品。

明知从事前款规定的违法行为，仍为其提供生产经营场所或者其他条件的，由县级以上人民政府食品药品监督管理部门责令停止违法行为，没收违法所得，并处十万元以上二十万元以下罚款；使消费者的合法权益受到损害的，应当与食品生产经营者承担连带责任。

违法使用剧毒、高毒农药的，除依照有关法律、法规规定给予处罚外，可以由公安机关依照第一款规定给予拘留。

第一百二十四条　【十一类违法食品生产经营行为的法律责任】违反本法规定，有下列情形之一，尚不构成犯罪的，由县级以上人民政府食品药品监督管理部门没收违法所得和违法生产经营的食品、食品添加剂，并可以没收用于违法生产经营的工具、设备、原料等物品；违法生产经营的食品、食品添加剂货值金额不足一万元的，并处五万元以上十万元以下罚款；货值金额一万元以上的，并处货值金额十倍以上二十倍以下罚款；情节严重的，吊销许可证：

（一）生产经营致病性微生物，农药残留、兽药残留、生物毒素、重金属等污染物质以及其他危害人体健康的物质含量超过食品安全标准限量的食品、食品添加剂；

（二）用超过保质期的食品原料、食品添加剂生产食品、食品添加剂，或者经营上述食品、食品添加剂；

（三）生产经营超范围、超限量使用食品添加剂的食品；

（四）生产经营腐败变质、油脂酸败、霉变生虫、污秽不洁、混有异物、掺假掺杂或者感官性状异常的食品、食品添加剂；

（五）生产经营标注虚假生产日期、保质期或者超过保质期的食品、食品添加剂；

（六）生产经营未按规定注册的保健食品、特殊医学用途配方食品、婴幼儿配方乳粉，或者未按注册的产品配方、生产工艺等技术要求组织生产；

（七）以分装方式生产婴幼儿配方乳粉，或者同一企业以同一配方生产不同品牌的婴幼儿配方乳粉；

（八）利用新的食品原料生产食品，或者生产食品添加剂新品种，未通过安全性评估；

（九）食品生产经营者在食品药品监督管理部门责令其召回或者停止经营后，仍拒不召回或者停止经营。

除前款和本法第一百二十三条、第一百二十五条规定的情形外，生产经营不符合法律、法规或者食品安全标准的食品、食品添加剂的，依照前款规定给予处罚。

生产食品相关产品新品种，未通过安全性评估，或者生产不符合食品安全标准的食品相关产品的，由县级以上人民政府质量监督部门依照第一款规定给予处罚。

第一百二十五条 【五类违法生产经营行为的法律责任】违反本法规定，有下列情形之一的，由县级以上人民政府食品药品监督管理部门没收违法所得和违法生产经营的食品、食品添加剂，并可以没收用于违法生产经营的工具、设备、原料等物品；违法生产经营的食品、食品添加剂货值金额不足一万元的，并处五千元以上五万元以下罚款；货值金额一万元以上的，并处货值金额五倍以上十倍以下罚款；情节严重的，责令停产停业，直至吊销许可证：

（一）生产经营被包装材料、容器、运输工具等污染的食品、食品添加剂；

（二）生产经营无标签的预包装食品、食品添加剂或者标签、说明书不符合本法规定的食品、食品添加剂；

（三）生产经营转基因食品未按规定进行标示；

（四）食品生产经营者采购或者使用不符合食品安全标准的食品原料、食品添加剂、食品相关产品。

生产经营的食品、食品添加剂的标签、说明书存在瑕疵但不影响食品安全且不会对消费者造成误导的，由县级以上人民政府食品药品监督管理部门责令改正；拒不改正的，处二千元以下罚款。

第一百二十六条 【十六类生产经营过程违法行为所应承担的法律责任】违反本法规定，有下列情形之一的，由县级以上人民政府食品药品监督管理部门责令改正，给予警告；拒不改正的，处五千元以上五万元以下罚款；情节严重的，责令停产停业，直至吊销许可证：

（一）食品、食品添加剂生产者未按规定对采购的食品原料和生产的食品、食品添加剂进行检验；

（二）食品生产经营企业未按规定建立食品安全管理制度，或者未按规定配备或者培训、考核食品安全管理人员；

（三）食品、食品添加剂生产经营者进货时未查验许可证和相关证明文件，或者未按规定建立并遵守进货查验记录、出厂检验记录和销售记录制度；

（四）食品生产经营企业未制定食品安全事故处置方案；

（五）餐具、饮具和盛放直接入口食品的容器，使用前未经洗净、消毒或者清洗消毒不合格，或者餐饮服务设施、设备未按规定定期维护、清洗、校验；

（六）食品生产经营者安排未取得健康证明或者患有国务院卫生行政部门规定的有碍食品安全疾病的人员从事接触直接入口食品的工作；

（七）食品经营者未按规定要求销售食品；

（八）保健食品生产企业未按规定向食品药品监督管理部门备案，或者未按备案的产品配方、生产工艺等技术要求组织生产；

（九）婴幼儿配方食品生产企业未将食品原料、食品添加剂、产品配方、标签等向食品药品监督管理部门备案；

（十）特殊食品生产企业未按规定建立生产质量管理体系并有效运行，或者未定期提交自查报告；

（十一）食品生产经营者未定期对食品安全状况进行检查评价，或者生产经营条件发生变化，未按规定处理；

（十二）学校、托幼机构、养老机构、建筑工地等集中用餐单位未按规定履行食品安全管理责任；

（十三）食品生产企业、餐饮服务提供者未按规定制定、实施生产经营过程控制要求。

餐具、饮具集中消毒服务单位违反本法规定用水，使用洗涤剂、消毒剂，或者出厂的餐具、饮具未按规定检验合格并随附消毒合格证明，或者未按规定在独立包装上标注相关内容的，由县级以上人民政府卫生行政部门依照前款规定给予处罚。

食品相关产品生产者未按规定对生产的食品相关产品进行检验的，由县级以上人民政府质量监督部门依照第一款规定给予处罚。

食用农产品销售者违反本法第六十五条规定的，由县级以上人民政府食品药品监督管理部门依照第一款规定给予处罚。

第一百二十七条 【对食品生产加工小作坊、食品摊贩等的违法行为的处罚】对食品生产加工小作坊、食品摊贩等的违法行为的处罚，依照省、自治区、直辖市制定的具体管理办法执行。

第一百二十八条 【事故单位违法行为所应承担的法律责任】违反本法规定，事故单位在发生食品安全事故后未进行处置、报告的，由有关主管部门按照各自职责分工责令改正，给予警告；隐匿、伪造、毁灭有关证据的，责令停产停业，没收违法所得，并处十万元以上五十万元以下罚款；造成严重后果的，吊销许可证。

第一百二十九条 【进出口违法行为所应承担的法律责任】违反本法规定，有下列情形之一的，由出入境检验检疫机构依照本法第一百二十四条的规定给予处罚：

（一）提供虚假材料，进口不符合我国食品安全国家标准的食品、食品添加剂、食品相关产品；

（二）进口尚无食品安全国家标准的食品，未提交所执行的标准并经国务院卫生行政部门审查，或者进口利用新的食品原料生产的食品或者进口食品添加剂新品种、食品相关产品新品种，未通过安全性评估；

（三）未遵守本法的规定出口食品；

（四）进口商在有关主管部门责令其依照本法规定召回进口的食品后，仍拒不召回。

违反本法规定，进口商未建立并遵守食品、食品添加剂进口和销售记录制度、境外出口商或者生产企业审核制度的，由出入境检验检疫机构依照本法第一百二十六条的规定给予处罚。

第一百三十条 【集中交易市场违法行为所应承担的法律责任】违反本法规定，集中交易市场的开办者、柜台出租者、展销会的举办者允许未依法取得许可的食品经营者进入市场销售食品，或者未履行检查、报告等义务的，由县级以上人民政府食品药品监督管理部门责令改正，没收违法所得，并处五万元以上二十万元以下罚款；造成严重后果的，责令停业，直至由原发证部门吊销许可证；使消费者的合法权益受到损害的，应当与食品经营者承担连带责任。

食用农产品批发市场违反本法第六十四条规定的，依照前款规定承担责任。

第一百三十一条　【网络食品交易违法行为所应承担的法律责任】违反本法规定，网络食品交易第三方平台提供者未对入网食品经营者进行实名登记、审查许可证，或者未履行报告、停止提供网络交易平台服务等义务的，由县级以上人民政府食品药品监督管理部门责令改正，没收违法所得，并处五万元以上二十万元以下罚款；造成严重后果的，责令停业，直至由原发证部门吊销许可证；使消费者的合法权益受到损害的，应当与食品经营者承担连带责任。

消费者通过网络食品交易第三方平台购买食品，其合法权益受到损害的，可以向入网食品经营者或者食品生产者要求赔偿。网络食品交易第三方平台提供者不能提供入网食品经营者的真实名称、地址和有效联系方式的，由网络食品交易第三方平台提供者赔偿。网络食品交易第三方平台提供者赔偿后，有权向入网食品经营者或者食品生产者追偿。网络食品交易第三方平台提供者作出更有利于消费者承诺的，应当履行其承诺。

第一百三十二条　【进行食品贮存、运输和装卸违法行为所应承担的法律责任】违反本法规定，未按要求进行食品贮存、运输和装卸的，由县级以上人民政府食品药品监督管理等部门按照各自职责分工责令改正，给予警告；拒不改正的，责令停产停业，并处一万元以上五万元以下罚款；情节严重的，吊销许可证。

第一百三十三条　【拒绝、阻扰、干涉依法开展食品安全工作、打击报复举报人的法律责任】违反本法规定，拒绝、阻挠、干涉有关部门、机构及其工作人员依法开展食品安全监督检查、事故调查处理、风险监测和风险评估的，由有关主管部门按照各自职责分工责令停产停业，并处二千元以上五万元以下罚款；情节严重的，吊销许可证；构成违反治安管理行为的，由公安机关依法给予治安管理处罚。

违反本法规定，对举报人以解除、变更劳动合同或者其他方式打击报复的，应当依照有关法律的规定承担责任。

第一百三十四条　【食品安全经营者屡次违法的加重处罚】食品生产经营者在一年内累计三次因违反本法规定受到责令停产停业、吊销许可证以外处罚的，由食品药品监督管理部门责令停产停业，直至吊销许可证。

第一百三十五条 【严重违法犯罪者一定期限内禁止从事食品生产经营相关活动】被吊销许可证的食品生产经营者及其法定代表人、直接负责的主管人员和其他直接责任人员自处罚决定作出之日起五年内不得申请食品生产经营许可，或者从事食品生产经营管理工作、担任食品生产经营企业食品安全管理人员。

因食品安全犯罪被判处有期徒刑以上刑罚的，终身不得从事食品生产经营管理工作，也不得担任食品生产经营企业食品安全管理人员。

食品生产经营者聘用人员违反前两款规定的，由县级以上人民政府食品药品监督管理部门吊销许可证。

第一百三十六条 【食品经营者履行了本法规定的义务可以免予处罚】食品经营者履行了本法规定的进货查验等义务，有充分证据证明其不知道所采购的食品不符合食品安全标准，并能如实说明其进货来源的，可以免予处罚，但应当依法没收其不符合食品安全标准的食品；造成人身、财产或者其他损害的，依法承担赔偿责任。

第一百三十七条 【提供虚假监测、评估信息的法律责任】违反本法规定，承担食品安全风险监测、风险评估工作的技术机构、技术人员提供虚假监测、评估信息的，依法对技术机构直接负责的主管人员和技术人员给予撤职、开除处分；有执业资格的，由授予其资格的主管部门吊销执业证书。

第一百三十八条 【出具虚假检验报告以及食品检验机构聘用不得从事食品检验工作的人员等的法律责任】违反本法规定，食品检验机构、食品检验人员出具虚假检验报告的，由授予其资质的主管部门或者机构撤销该食品检验机构的检验资质，没收所收取的检验费用，并处检验费用五倍以上十倍以下罚款，检验费用不足一万元的，并处五万元以上十万元以下罚款；依法对食品检验机构直接负责的主管人员和食品检验人员给予撤职或者开除处分；导致发生重大食品安全事故的，对直接负责的主管人员和食品检验人员给予开除处分。

违反本法规定，受到开除处分的食品检验机构人员，自处分决定作出之日起十年内不得从事食品检验工作；因食品安全违法行为受到刑事处罚或者因出具虚假检验报告导致发生重大食品安全事故受到开除处分的食品检验机构人员，终身不得从事食品检验工作。食品检验机构聘用不得从事食品检验工作的人员的，由授予其资质的主管部门或者机构撤销该食品检验机构的检验资质。

食品检验机构出具虚假检验报告，使消费者的合法权益受到损害的，应当与食品生产经营者承担连带责任。

第一百三十九条 【虚假认证的法律责任】违反本法规定，认证机构出具虚假认证结论，由认证认可监督管理部门没收所收取的认证费用，并处认证费用五倍以上十倍以下罚款，认证费用不足一万元的，并处五万元以上十万元以下罚款；情节严重的，责令停业，直至撤销认证机构批准文件，并向社会公布；对直接负责的主管人员和负有直接责任的认证人员，撤销其执业资格。

认证机构出具虚假认证结论，使消费者的合法权益受到损害的，应当与食品生产经营者承担连带责任。

第一百四十条　【违法发布食品广告和违法推荐食品的法律责任】违反本法规定，在广告中对食品作虚假宣传，欺骗消费者，或者发布未取得批准文件、广告内容与批准文件不一致的保健食品广告的，依照《中华人民共和国广告法》的规定给予处罚。

广告经营者、发布者设计、制作、发布虚假食品广告，使消费者的合法权益受到损害的，应当与食品生产经营者承担连带责任。

社会团体或者其他组织、个人在虚假广告或者其他虚假宣传中向消费者推荐食品，使消费者的合法权益受到损害的，应当与食品生产经营者承担连带责任。

违反本法规定，食品药品监督管理等部门、食品检验机构、食品行业协会以广告或者其他形式向消费者推荐食品，消费者组织以收取费用或者其他牟取利益的方式向消费者推荐食品的，由有关主管部门没收违法所得，依法对直接负责的主管人员和其他直接责任人员给予记大过、降级或者撤职处分；情节严重的，给予开除处分。

对食品作虚假宣传且情节严重的，由省级以上人民政府食品药品监督管理部门决定暂停销售该食品，并向社会公布；仍然销售该食品的，由县级以上人民政府食品药品监督管理部门没收违法所得和违法销售的食品，并处二万元以上五万元以下罚款。

第一百四十一条　【编造、散布虚假食品安全信息的法律责任】违反本法规定，编造、散布虚假食品安全信息，构成违反治安管理行为的，由公安机关依法给予治安管理处罚。

媒体编造、散布虚假食品安全信息的，由有关主管部门依法给予处罚，并对直接负责的主管人员和其他直接责任人员给予处分；使公民、法人或者其他组织的合法权益受到损害的，依法承担消除影响、恢复名誉、赔偿损失、赔礼道歉等民事责任。

第一百四十二条　【地方人民政府有关食品安全事故应对不当的法律责任】违反本法规定，县级以上地方人民政府有下列行为之一的，对直接负责的主管人员和其他直接责任人员给予记大过处分；情节较重的，给予降级或者撤职处分；情节严重的，给予开除处分；造成严重后果的，其主要负责人还应当引咎辞职：

（一）对发生在本行政区域内的食品安全事故，未及时组织协调有关部门开展有效处置，造成不良影响或者损失；

（二）对本行政区域内涉及多环节的区域性食品安全问题，未及时组织整治，造成不良影响或者损失；

（三）隐瞒、谎报、缓报食品安全事故；

（四）本行政区域内发生特别重大食品安全事故，或者连续发生重大食品安全事故。

第一百四十三条 【政府未落实有关法定职责的法律责任】违反本法规定，县级以上地方人民政府有下列行为之一的，对直接负责的主管人员和其他直接责任人员给予警告、记过或者记大过处分；造成严重后果的，给予降级或者撤职处分：

（一）未确定有关部门的食品安全监督管理职责，未建立健全食品安全全程监督管理工作机制和信息共享机制，未落实食品安全监督管理责任制；

（二）未制定本行政区域的食品安全事故应急预案，或者发生食品安全事故后未按规定立即成立事故处置指挥机构、启动应急预案。

第一百四十四条 【食品安全监管部门的法律责任一】违反本法规定，县级以上人民政府食品药品监督管理、卫生行政、质量监督、农业行政等部门有下列行为之一的，对直接负责的主管人员和其他直接责任人员给予记大过处分；情节较重的，给予降级或者撤职处分；情节严重的，给予开除处分；造成严重后果的，其主要负责人还应当引咎辞职：

（一）隐瞒、谎报、缓报食品安全事故；

（二）未按规定查处食品安全事故，或者接到食品安全事故报告未及时处理，造成事故扩大或者蔓延；

（三）经食品安全风险评估得出食品、食品添加剂、食品相关产品不安全结论后，未及时采取相应措施，造成食品安全事故或者不良社会影响；

（四）对不符合条件的申请人准予许可，或者超越法定职权准予许可；

（五）不履行食品安全监督管理职责，导致发生食品安全事故。

第一百四十五条 【食品安全监管部门的法律责任二】违反本法规定，县级以上人民政府食品药品监督管理、卫生行政、质量监督、农业行政等部门有下列行为之一，造成不良后果的，对直接负责的主管人员和其他直接责任人员给予警告、记过或者记大过处分；情节较重的，给予降级或者撤职处分；情节严重的，给予开除处分：

（一）在获知有关食品安全信息后，未按规定向上级主管部门和本级人民政府报告，或者未按规定相互通报；

（二）未按规定公布食品安全信息；

（三）不履行法定职责，对查处食品安全违法行为不配合，或者滥用职权、玩忽职守、徇私舞弊。

第一百四十六条　【违法实施检查、强制等行政行为的法律责任】食品药品监督管理、质量监督等部门在履行食品安全监督管理职责过程中，违法实施检查、强制等执法措施，给生产经营者造成损失的，应当依法予以赔偿，对直接负责的主管人员和其他直接责任人员依法给予处分。

第一百四十七条　【赔偿责任及民事赔偿责任优先原则】违反本法规定，造成人身、财产或者其他损害的，依法承担赔偿责任。生产经营者财产不足以同时承担民事赔偿责任和缴纳罚款、罚金时，先承担民事赔偿责任。

第一百四十八条　【首负责任制和惩罚性赔偿】消费者因不符合食品安全标准的食品受到损害的，可以向经营者要求赔偿损失，也可以向生产者要求赔偿损失。接到消费者赔偿要求的生产经营者，应当实行首负责任制，先行赔付，不得推诿；属于生产者责任的，经营者赔偿后有权向生产者追偿；属于经营者责任的，生产者赔偿后有权向经营者追偿。

生产不符合食品安全标准的食品或者经营明知是不符合食品安全标准的食品，消费者除要求赔偿损失外，还可以向生产者或者经营者要求支付价款十倍或者损失三倍的赔偿金；增加赔偿的金额不足一千元的，为一千元。但是，食品的标签、说明书存在不影响食品安全且不会对消费者造成误导的瑕疵的除外。

第一百四十九条　【违反本法所应承担的刑事责任】违反本法规定，构成犯罪的，依法追究刑事责任。

第十章　附　则

第一百五十条　【本法中部分用语含义】本法下列用语的含义：

食品，指各种供人食用或者饮用的成品和原料以及按照传统既是食品又是中药材的物品，但是不包括以治疗为目的的物品。

食品安全，指食品无毒、无害，符合应当有的营养要求，对人体健康不造成任何急性、亚急性或者慢性危害。

预包装食品，指预先定量包装或者制作在包装材料、容器中的食品。

食品添加剂，指为改善食品品质和色、香、味以及为防腐、保鲜和加工工艺的需要而加入食品中的人工合成或者天然物质，包括营养强化剂。

用于食品的包装材料和容器，指包装、盛放食品或者食品添加剂用的纸、竹、木、金属、搪瓷、陶瓷、塑料、橡胶、天然纤维、化学纤维、玻璃等制品和直接接触食品或者食品添加剂的涂料。

用于食品生产经营的工具、设备，指在食品或者食品添加剂生产、销售、使用过程中直接接触食品或者食品添加剂的机械、管道、传送带、容器、用具、餐具等。

用于食品的洗涤剂、消毒剂，指直接用于洗涤或者消毒食品、餐具、饮具以及直接接触食品的工具、设备或者食品包装材料和容器的物质。

食品保质期，指食品在标明的贮存条件下保持品质的期限。

食源性疾病，指食品中致病因素进入人体引起的感染性、中毒性等疾病，包括食物中毒。

食品安全事故，指食源性疾病、食品污染等源于食品，对人体健康有危害或者可能有危害的事故。

第一百五十一条 【转基因食品和食盐的食品安全管理】转基因食品和食盐的食品安全管理，本法未作规定的，适用其他法律、行政法规的规定。

第一百五十二条 【对铁路、民航、国境口岸、军队等有关食品安全管理】铁路、民航运营中食品安全的管理办法由国务院食品药品监督管理部门会同国务院有关部门依照本法制定。

保健食品的具体管理办法由国务院食品药品监督管理部门依照本法制定。

食品相关产品生产活动的具体管理办法由国务院质量监督部门依照本法制定。

国境口岸食品的监督管理由出入境检验检疫机构依照本法以及有关法律、行政法规的规定实施。

军队专用食品和自供食品的食品安全管理办法由中央军事委员会依照本法制定。

第一百五十三条 【国务院可以调整食品安全监管体制】国务院根据实际需要，可以对食品安全监督管理体制作出调整。

第一百五十四条 【法律施行日期】本法自 2015 年 10 月 1 日起施行。

最高人民法院
关于审理食品药品纠纷案件适用法律若干问题的规定

法释〔2013〕28号

（2013年12月9日最高人民法院审判委员会第1599次会议通过
2013年12月23日最高人民法院公告公布　自2014年3月15日起施行）

为正确审理食品药品纠纷案件，根据《中华人民共和国侵权责任法》《中华人民共和国合同法》《中华人民共和国消费者权益保护法》《中华人民共和国食品安全法》《中华人民共和国民事诉讼法》等法律的规定，结合审判实践，制定本规定。

第一条　消费者因食品、药品纠纷提起民事诉讼，符合民事诉讼法规定受理条件的，人民法院应予受理。

第二条　因食品、药品存在质量问题造成消费者损害，消费者可以分别起诉或者同时起诉销售者和生产者。

消费者仅起诉销售者或者生产者的，必要时人民法院可以追加相关当事人参加诉讼。

第三条　因食品、药品质量问题发生纠纷，购买者向生产者、销售者主张权利，生产者、销售者以购买者明知食品、药品存在质量问题而仍然购买为由进行抗辩的，人民法院不予支持。

第四条　食品、药品生产者、销售者提供给消费者的食品或者药品的赠品发生质量安全问题，造成消费者损害，消费者主张权利，生产者、销售者以消费者未对赠品支付对价为由进行免责抗辩的，人民法院不予支持。

第五条　消费者举证证明所购买食品、药品的事实以及所购食品、药品不符合合同的约定，主张食品、药品的生产者、销售者承担违约责任的，人民法院应予支持。

消费者举证证明因食用食品或者使用药品受到损害，初步证明损害与食用食品或者使用药品存在因果关系，并请求食品、药品的生产者、销售者承担侵权责任的，人民法院应予支持，但食品、药品的生产者、销售者能证明损害不是因产品不符合质量标准造成的除外。

第六条　食品的生产者与销售者应当对于食品符合质量标准承担举证责

任。认定食品是否合格，应当以国家标准为依据；没有国家标准的，应当以地方标准为依据；没有国家标准、地方标准的，应当以企业标准为依据。食品的生产者采用的标准高于国家标准、地方标准的，应当以企业标准为依据。没有前述标准的，应当以食品安全法的相关规定为依据。

第七条 食品、药品虽在销售前取得检验合格证明，且食用或者使用时尚在保质期内，但经检验确认产品不合格，生产者或者销售者以该食品、药品具有检验合格证明为由进行抗辩的，人民法院不予支持。

第八条 集中交易市场的开办者、柜台出租者、展销会举办者未履行食品安全法规定的审查、检查、管理等义务，发生食品安全事故，致使消费者遭受人身损害，消费者请求集中交易市场的开办者、柜台出租者、展销会举办者承担连带责任的，人民法院应予支持。

第九条 消费者通过网络交易平台购买食品、药品遭受损害，网络交易平台提供者不能提供食品、药品的生产者或者销售者的真实名称、地址与有效联系方式，消费者请求网络交易平台提供者承担责任的，人民法院应予支持。

网络交易平台提供者承担赔偿责任后，向生产者或者销售者行使追偿权的，人民法院应予支持。

网络交易平台提供者知道或者应当知道食品、药品的生产者、销售者利用其平台侵害消费者合法权益，未采取必要措施，给消费者造成损害，消费者要求其与生产者、销售者承担连带责任的，人民法院应予支持。

第十条 未取得食品生产资质与销售资质的个人、企业或者其他组织，挂靠具有相应资质的生产者与销售者，生产、销售食品，造成消费者损害，消费者请求挂靠者与被挂靠者承担连带责任的，人民法院应予支持。

消费者仅起诉挂靠者或者被挂靠者的，必要时人民法院可以追加相关当事人参加诉讼。

第十一条 消费者因虚假广告推荐的食品、药品存在质量问题遭受损害，依据消费者权益保护法等法律相关规定请求广告经营者、广告发布者承担连带责任的，人民法院应予支持。

社会团体或者其他组织、个人，在虚假广告中向消费者推荐食品、药品，使消费者遭受损害，消费者依据消费者权益保护法等法律相关规定请求其与食品、药品的生产者、销售者承担连带责任的，人民法院应予支持。

第十二条 食品、药品检验机构故意出具虚假检验报告，造成消费者损害，消费者请求其承担连带责任的，人民法院应予支持。

食品、药品检验机构因过失出具不实检验报告，造成消费者损害，消费者请求其承担相应责任的，人民法院应予支持。

第十三条　食品认证机构故意出具虚假认证，造成消费者损害，消费者请求其承担连带责任的，人民法院应予支持。

食品认证机构因过失出具不实认证，造成消费者损害，消费者请求其承担相应责任的，人民法院应予支持。

第十四条　生产、销售的食品、药品存在质量问题，生产者与销售者需同时承担民事责任、行政责任和刑事责任，其财产不足以支付，当事人依照侵权责任法等有关法律规定，请求食品、药品的生产者、销售者首先承担民事责任的，人民法院应予支持。

第十五条　生产不符合安全标准的食品或者销售明知是不符合安全标准的食品，消费者除要求赔偿损失外，向生产者、销售者主张支付价款十倍赔偿金或者依照法律规定的其他赔偿标准要求赔偿的，人民法院应予支持。

第十六条　食品、药品的生产者与销售者以格式合同、通知、声明、告示等方式作出排除或者限制消费者权利，减轻或者免除经营者责任、加重消费者责任等对消费者不公平、不合理的规定，消费者依法请求认定该内容无效的，人民法院应予支持。

第十七条　消费者与化妆品、保健品等产品的生产者、销售者、广告经营者、广告发布者、推荐者、检验机构等主体之间的纠纷，参照适用本规定。

消费者协会依法提起公益诉讼的，参照适用本规定。

第十八条　本规定施行后人民法院正在审理的一审、二审案件适用本规定。

本规定施行前已经终审，本规定施行后当事人申请再审或者按照审判监督程序决定再审的案件，不适用本规定。

【链　接】

不给制售有毒有害食品和假冒伪劣药品的人以可乘之机

——最高人民法院民一庭负责人答记者问

问：《最高人民法院关于审理食品药品纠纷案件适用法律若干问题的规定》（以下简称《规定》）对实践中消费者出现的“知假买假”行为如何处理？

答：《规定》第3条明确规定：“因食品、药品质量问题发生纠纷，购买者向生产者、销售者主张权利，生产者、销售者以购买者明知食品、药品存在质量问题而仍然购买为由进行抗辩的，人民法院不予支持。”也就是说，“知假买假”行为不影响消费者维护自身权益。

通常情况下，购物者应当认定为消费者，可以主张惩罚性赔偿。《规定》确认其具有消费者主体资格，对于打击无良商家，维护消费者权益具有积极意义，有利于净化食品、药品市场环境。

例如，最高人民法院发布的孙银山诉南京欧尚超市有限公司江宁店买卖合同纠纷案中，孙银山明知该超市出售的香肠过了保质期而购买，法院依然依法判决支持孙银山退货并取得10倍价款赔偿金。

问：惩罚性赔偿是否要以消费者人身权益遭受损害为前提？

答：针对食品领域的乱象，《食品安全法》第96条规定了高达食品价款10倍的惩罚性赔偿，从而加大了经营者的违法成本和维护消费者权益的力度。

例如，最高人民法院发布的华燕诉北京天超仓储超市有限责任公司第二十六分公司、北京天超仓储超市有限责任公司人身权益纠纷案中，华燕因购买并食用不合格食品造成人身损害，请求销售者依法支付医疗费、退货价款和购物价款10倍赔偿金，人民法院予以支持。

实践中，有一种观点认为，适用《食品安全法》第96条关于惩罚性赔偿的规定应以消费者人身权益遭受损害为前提。对此，《规定》第15条明确规定：“生产不符合安全标准的食品或者销售明知是不符合安全标准的食品，消费者除要求赔偿损失外，向生产者、销售者主张支付价款十倍赔偿金或者依照法律规定的其他赔偿标准要求赔偿的，人民法院应予支持。”

也就是说，消费者主张食品价款10倍赔偿金不以人身权益遭受损害为前提。这对于统一裁判尺度，维护消费者合法权益，净化食品、药品环境，将产生积极影响。

问：请问商家是否应当对赠品的质量安全承担责任？

答：《规定》第4条规定：“食品、药品生产者、销售者提供给消费者的食品或者药品的赠品发生质量安全问题，造成消费者损害，消费者主张权利，生产者、销售者以消费者未对赠品支付对价为由进行免责抗辩的，人民法院不予支持。”

食品、药品事关消费者的人身安全，即使是赠品，也必须保证质量安全。消费者对赠品虽未支付对价，但是赠品的成本实际上已经分摊到付费商品中。赠送的食品、药品因质量问题造成消费者权益损害的，生产者与销售者亦应承担赔偿责任。

但是，考虑到消费者获赠食品、药品在实质上属于商家让利性质，故《规定》对于生产者、销售者承担责任的条件作了限定，即该赠品必须实际出现了质量安全问题，造成消费者损害，消费者才能主张权利。

问：《规定》对网络交易平台提供者规定了什么法律责任？

答：网络购物是新兴的购物方式，有关数据显示，2012 年我国网购用户达 2.47 亿个，网络交易金额突破 1.3 万亿元，通过网络交易平台购买食品、药品的消费者越来越多，由此引发的纠纷也越来越多。

据中消协统计，2012 年网络购物投诉 20454 件，占销售服务投诉量的 52.4%。2013 年上半年网络购物投诉 18471 件，2013 年上半年食品、药品投诉 20530 件。

为更好地维护消费者的合法权益，《规定》第 9 条规定："消费者通过网络交易平台购买食品、药品遭受损害，网络交易平台提供者不能提供食品、药品的生产者或销售者的真实名称、地址与有效联系方式，消费者请求网络交易平台提供者承担责任的，人民法院应予支持。网络交易平台提供者承担赔偿责任后，向生产者或者销售者行使追偿权的，人民法院应予支持。网络交易平台提供者知道或者应当知道食品、药品的生产者、销售者利用其平台侵害消费者合法权益，未采取必要措施，给消费者造成损害，消费者要求其与生产者、销售者承担连带责任的，人民法院应予支持。"

这样规定的基本考虑是，商家入驻网络交易平台通常要支付不菲的入场费，具备先行赔付的条件，在网络交易平台提供者不能提供食品、药品生产者、销售者的真实名称、地址和有效联系方式时，其应当承担责任。

如果网络交易平台的提供者明知食品、药品的生产者、销售者利用其平台侵害消费者权益而放任自流，此种情况下则构成共同侵权。

问：虚假食品药品广告代言人和推销者，是否承担法律责任？

答：近年来，利用虚假食品、药品广告坑害消费者的情况较为普遍，社会危害十分严重。不少商家为扩大其市场销售份额，利用媒体、个人代言人做虚假广告，或者利用虚假广告推销食品、药品，严重损害了消费者生命健康和财产安全。

针对这种不法行为，《规定》第 11 条第 1 款规定："消费者因虚假广告推荐的食品、药品存在质量问题遭受损害，依据消费者权益保护法等法律相关规定请求广告经营者、广告发布者承担连带责任的，人民法院应予支持。"

该条第 2 款规定："社会团体或者其他组织、个人，在虚假广告中向消费者推荐食品、药品，使消费者遭受损害，消费者依据消费者权益保护法等法律相关规定请求其与食品、药品的生产者、销售者承担连带责任的，人民法院应予支持。”

根据《消费者权益保护法》《侵权责任法》的相关规定精神，在连带责任中，消费者既可以一并起诉食品、药品的生产商、销售商、广告经营者、广告发布者、广告代言人，请求其共同承担赔偿责任，也可以起诉其中一个或者几个作为被告，由其承担全部赔偿责任，然后再向其他责任主体行使追偿权。

问：食品认证机构故意出具虚假认证，是否承担责任？

答：食品认证是食品认证机构对初级农产品或者经过加工的食品所达到的等级作出的认定。目前市场上经过认证的食品越来越多，消费者对经过认证的食品认可度和信任度较高。如果食品认证作假，消费者权益将蒙受巨大损失，我国的食品认证管理秩序将遭到严重破坏。

据2013年4月16日《人民日报》报道，我国经批准的认证企业有5468家，但是有不少普通食品，甚至不合格食品贴有无公害食品、绿色食品或者有机食品的认证标识，欺诈消费者。

为维护消费者权益，遏制食品认证机构作虚假认证，《规定》第13条规定了食品认证机构的责任：“食品认证机构故意出具虚假认证，造成消费者损害，消费者请求其承担连带责任的，人民法院应予支持。食品认证机构因过失出具不实认证，造成消费者损害，消费者请求其承担相应责任的，人民法院应予支持。”这样规定，有利于全面规范市场行为，不给制售有毒有害食品和假冒伪劣药品的人以可乘之机。

问：《规定》第14条是否体现了民事责任优先原则？

答：《规定》第14条规定：“生产、销售的食品、药品存在质量问题，生产者与销售者需同时承担民事责任、行政责任和刑事责任，其财产不足以支付，当事人依照侵权责任法等有关法律规定，请求食品、药品的生产者、销售者首先承担民事责任的，人民法院应予支持。”

之所以作出这样的规定，旨在加大保护消费者权益的力度。制售假冒伪劣食品、药品，往往会同时产生行政责任、刑事责任和民事责任。有关行政执法机关和法院可分别依照不同的法律对生产者、销售者作出缴纳罚款、罚金、支付民事赔偿金的处理。消费者是弱势群体，如果不确立民事责任优先原则，可能会出现消费者打赢官司却得不到赔偿的情况。因此，《规定》依照《食品安全法》和《侵权责任法》的有关规定，进一步明确责任主体应首先承担民事责任，以最大限度保护消费者的合法权益。

问：《规定》对实践中经常出现的“霸王条款”有何具体规定？

答：实践中，消费者与食品、药品的经营者相比，往往处于弱势地位。一些食品、药品的生产者、销售者以“霸王条款”对消费者作出不公平、不合理的规定，损害消费者合法权益。

对此，《规定》第16条规定：“食品、药品的生产者与销售者以格式合同、通知、声明、告示等方式作出排除或者限制消费者权利，减轻或者免除经营者责任、加重消费者责任等对消费者不公平、不合理的规定，消费者依法请求认定该内容无效的，人民法院应予支持。”也就是说，消费者可以依据《消费者权益保护法》的相关规定，请求人民法院认定“霸王条款”内容无效。

问：消费者协会依法提起公益诉讼，人民法院是否予以支持？

答：为更好地维护消费者的权益，修改后的《民事诉讼法》确立了公益诉讼制度。修改后的《消费者权益保护法》也规定了消费者协会有权提起公益诉讼。为此，《规定》第17条第2款规定：“消费者协会依法提起公益诉讼的，参照适用本规定。”这样规定与修改后的《民事诉讼法》和《消费者权益保护法》精神一脉相承，以更好地维护消费者权益。

网络商品和服务集中促销活动管理暂行规定

（2015年9月2日国家工商行政管理总局令
第77号公布　自2015年10月1日起施行）

第一章　总　则

第一条　为规范网络商品和服务集中促销活动，保护消费者和经营者的合法权益，维护公平有序的网络商品和服务交易秩序，根据《消费者权益保护法》《反不正当竞争法》《广告法》等法律、法规的规定，制定本规定。

第二条　本规定所称网络商品和服务集中促销活动（以下简称网络集中促销），是指在特定时间内网络集中促销组织者组织网络集中促销经营者在互联网上，通过提供优惠条件开展销售商品或者提供服务的经营活动。

第三条　本规定所称网络集中促销组织者，是指组织网络集中促销的第三方交易平台。

网络集中促销组织者应当是经工商行政管理部门登记注册并领取营业执照的企业法人。

第四条 本规定所称网络集中促销经营者，是指在网络集中促销中向消费者销售商品或者提供服务的企业、个体工商户、其他经济组织以及已在交易平台办理实名登记的自然人。

网络集中促销经营者销售的商品或者提供的服务属于法律、行政法规或者国务院决定规定应当取得行政许可的，应当依法取得有关许可并在网页显著位置予以公示。

第五条 网络集中促销组织者、经营者应当遵守相关法律、法规、规章的规定，遵循自愿、公平、诚实信用的原则，遵守商业道德和公序良俗。

第二章 网络集中促销组织者的义务

第六条 网络集中促销组织者应当对网络集中促销经营者的经营主体身份进行审查和登记。

网络集中促销组织者应当按照《网络交易管理办法》的规定，记录、保存促销活动期间在其平台上发布的商品和服务信息内容及其发布时间。

第七条 网络集中促销组织者应当对网络集中促销经营者的促销活动进行检查监控，发现有违反工商行政管理法律、法规、规章的行为的，应当向平台经营者所在地工商行政管理部门报告，并及时采取措施制止，必要时可以停止对其提供第三方交易平台服务，并予公示。

第八条 网络集中促销组织者应当在网站显著位置并以显著方式，事先公示网络集中促销的期限、方式和规则等信息。

第九条 网络集中促销组织者不得采用格式条款设置订金不退、预售商品不适用七日无理由退货、自行解释商品完好、增加限退条件等排除或者限制消费者权利、减轻或者免除经营者责任、加重消费者责任等对消费者不公平、不合理的规定。

第十条 网络集中促销组织者应当依据可以查验的统计结果公布网络集中促销的成交量、成交额，不得对成交量、成交额进行虚假宣传，不得直接或者间接为网络集中促销经营者虚构交易、成交量或者虚假用户评价。

虚构交易、成交量或者虚假用户评价是指，网络集中促销经营者通过不正当方式获得关于其销售商品的销量、经营者店铺评分、信用积分、商品好评度评分、删除不利评论等有助于其产生商业利益、妨害消费者和其他经营者合法权益的行为。

第十一条 网络集中促销组织者不得违反《反垄断法》《反不正当竞争

法》等法律、法规、规章的规定，限制、排斥平台内的网络集中促销经营者参加其他第三方交易平台组织的促销活动。

第三章 网络集中促销经营者的义务

第十二条 网络集中促销经营者除应当依照《网络交易管理办法》第十一条的规定提供商品或者服务的信息外，还应当在网店页面显著位置并以显著方式公示网络集中促销的期限、方式和规则。

第十三条 网络集中促销经营者的广告应当真实、准确，不得含有虚假内容，不得欺骗和误导消费者。

附条件的促销广告，应当将附加条件在促销广告页面上一并清晰完整表述。

第十四条 禁止采用下列不正当手段进行促销活动：

（一）标示商品的品名、用途、性能、产地、规格、等级、质量、价格或者服务的项目、价格等有关内容与实际不符；

（二）在促销中提供赠品、免费服务的，标示的赠品、免费服务的名称、数量和质量、履行期限和方式、安全注意事项和风险警示、售后服务等与消费者有重大利害关系的信息与实际不符；

（三）采用虚构交易、成交量或者虚假用户评价等不正当方式虚抬商誉，损害消费者和其他经营者合法权益。

第十五条 网络集中促销经营者在促销的商品或者服务销售完毕后，应当在促销页面、购买页面及时告知消费者。

第十六条 网络集中促销经营者在促销活动中销售、附赠的商品应当符合《产品质量法》的规定，不得销售、附赠国家明令禁止销售的商品，不得因促销降低商品质量。

网络集中促销中附赠的商品，应当依照《消费者权益保护法》和《产品质量法》的规定提供“三包”服务。

第十七条 网络集中促销经营者在促销活动中赠送消费积分或者发放优惠券的，应当标明消费积分或者优惠券的使用条件、方法和期限。

网络集中促销经营者改变消费积分或者优惠券使用条件、方法和期限的，应当征得消费者同意。增加有利于消费者权益的变更除外。

第十八条 网络集中促销经营者在促销活动中开展有奖促销的，应当符合《反不正当竞争法》的规定并公示可查验的抽奖方法，不得虚构奖品数量和质量，不得进行虚假抽奖或者操纵抽奖。

第四章 法律责任

第十九条 网络集中促销组织者违反本规定第六条规定的，依照《网络交易管理办法》第五十条的规定查处。

第二十条 网络集中促销组织者违反本规定第九条规定的，依照《合同违法行为监督处理办法》的规定查处。

第二十一条 网络集中促销组织者或者网络集中促销经营者违反本规定第十条、第十四条、第十八条规定的，依照《反不正当竞争法》的规定查处。

第二十二条 网络集中促销组织者违反本规定第十一条规定的，依照《反垄断法》《反不正当竞争法》等法律、法规、规章的规定查处。

第二十三条 网络集中促销经营者违反本规定第十三条规定的，依照《广告法》的规定查处。

第二十四条 网络集中促销经营者违反本规定第十六条规定的，依照《消费者权益保护法》《产品质量法》等法律、法规的规定查处。

第五章 附 则

第二十五条 本规定由国家工商行政管理总局负责解释。

第二十六条 本规定自2015年10月1日起施行。

（三）机动车交通事故责任

中华人民共和国道路交通安全法

（2003年10月28日第十届全国人民代表大会常务委员会第五次会议通过 根据2007年12月29日第十届全国人民代表大会常务委员会第三十一次会议《关于修改〈中华人民共和国道路交通安全法〉的决定》第一次修正 根据2011年4月22日第十一届全国人民代表大会常务委员会第二十次会议《关于修改〈中华人民共和国道路交通安全法〉的决定》第二次修正）

目 录

第一章　总　则

第一条　为了维护道路交通秩序，预防和减少交通事故，保护人身安全，保护公民、法人和其他组织的财产安全及其他合法权益，提高通行效率，制定本法。

第二条　中华人民共和国境内的车辆驾驶人、行人、乘车人以及与道路交通活动有关的单位和个人，都应当遵守本法。

第三条　道路交通安全工作，应当遵循依法管理、方便群众的原则，保障道路交通有序、安全、畅通。

第四条　各级人民政府应当保障道路交通安全管理工作与经济建设和社会发展相适应。

县级以上地方各级人民政府应当适应道路交通发展的需要，依据道路交通安全法律、法规和国家有关政策，制定道路交通安全管理规划，并组织实施。

第五条　国务院公安部门负责全国道路交通安全管理工作。县级以上地方各级人民政府公安机关交通管理部门负责本行政区域内的道路交通安全管理工作。

县级以上各级人民政府交通、建设管理部门依据各自职责，负责有关的道路交通工作。

第六条　各级人民政府应当经常进行道路交通安全教育，提高公民的道路交通安全意识。

公安机关交通管理部门及其交通警察执行职务时，应当加强道路交通安全法律、法规的宣传，并模范遵守道路交通安全法律、法规。

机关、部队、企业事业单位、社会团体以及其他组织，应当对本单位的人员进行道路交通安全教育。

教育行政部门、学校应当将道路交通安全教育纳入法制教育的内容。

新闻、出版、广播、电视等有关单位，有进行道路交通安全教育的义务。

第七条 对道路交通安全管理工作，应当加强科学研究，推广、使用先进的管理方法、技术、设备。

第二章 车辆和驾驶人

第一节 机动车、非机动车

第八条 国家对机动车实行登记制度。机动车经公安机关交通管理部门登记后，方可上道路行驶。尚未登记的机动车，需要临时上道路行驶的，应当取得临时通行牌证。

第九条 申请机动车登记，应当提交以下证明、凭证：

（一）机动车所有人的身份证明；

（二）机动车来历证明；

（三）机动车整车出厂合格证明或者进口机动车进口凭证；

（四）车辆购置税的完税证明或者免税凭证；

（五）法律、行政法规规定应当在机动车登记时提交的其他证明、凭证。

公安机关交通管理部门应当自受理申请之日起五个工作日内完成机动车登记审查工作，对符合前款规定条件的，应当发放机动车登记证书、号牌和行驶证；对不符合前款规定条件的，应当向申请人说明不予登记的理由。

公安机关交通管理部门以外的任何单位或者个人不得发放机动车号牌或者要求机动车悬挂其他号牌，本法另有规定的除外。

机动车登记证书、号牌、行驶证的式样由国务院公安部门规定并监制。

第十条 准予登记的机动车应当符合机动车国家安全技术标准。申请机动车登记时，应当接受对该机动车的安全技术检验。但是，经国家机动车产品主管部门依据机动车国家安全技术标准认定的企业生产的机动车型，该车型的新车在出厂时经检验符合机动车国家安全技术标准，获得检验合格证的，免予安全技术检验。

第十一条 驾驶机动车上道路行驶，应当悬挂机动车号牌，放置检验合格标志、保险标志，并随车携带机动车行驶证。

机动车号牌应当按照规定悬挂并保持清晰、完整，不得故意遮挡、污损。

任何单位和个人不得收缴、扣留机动车号牌。

第十二条　有下列情形之一的，应当办理相应的登记：

（一）机动车所有权发生转移的；

（二）机动车登记内容变更的；

（三）机动车用作抵押的；

（四）机动车报废的。

第十三条　对登记后上道路行驶的机动车，应当依照法律、行政法规的规定，根据车辆用途、载客载货数量、使用年限等不同情况，定期进行安全技术检验。对提供机动车行驶证和机动车第三者责任强制保险单的，机动车安全技术检验机构应当予以检验，任何单位不得附加其他条件。对符合机动车国家安全技术标准的，公安机关交通管理部门应当发给检验合格标志。

对机动车的安全技术检验实行社会化。具体办法由国务院规定。

机动车安全技术检验实行社会化的地方，任何单位不得要求机动车到指定的场所进行检验。

公安机关交通管理部门、机动车安全技术检验机构不得要求机动车到指定的场所进行维修、保养。

机动车安全技术检验机构对机动车检验收取费用，应当严格执行国务院价格主管部门核定的收费标准。

第十四条　国家实行机动车强制报废制度，根据机动车的安全技术状况和不同用途，规定不同的报废标准。

应当报废的机动车必须及时办理注销登记。

达到报废标准的机动车不得上道路行驶。报废的大型客、货车及其他营运车辆应当在公安机关交通管理部门的监督下解体。

第十五条　警车、消防车、救护车、工程救险车应当按照规定喷涂标志图案，安装警报器、标志灯具。其他机动车不得喷涂、安装、使用上述车辆专用的或者与其相类似的标志图案、警报器或者标志灯具。

警车、消防车、救护车、工程救险车应当严格按照规定的用途和条件使用。

公路监督检查的专用车辆，应当依照公路法的规定，设置统一的标志和示警灯。

第十六条　任何单位或者个人不得有下列行为：

（一）拼装机动车或者擅自改变机动车已登记的结构、构造或者特征；

（二）改变机动车型号、发动机号、车架号或者车辆识别代号；

（三）伪造、变造或者使用伪造、变造的机动车登记证书、号牌、行驶证、检验合格标志、保险标志；

（四）使用其他机动车的登记证书、号牌、行驶证、检验合格标志、保险标志。

第十七条 国家实行机动车第三者责任强制保险制度，设立道路交通事故社会救助基金。具体办法由国务院规定。

第十八条 依法应当登记的非机动车，经公安机关交通管理部门登记后，方可上道路行驶。

依法应当登记的非机动车的种类，由省、自治区、直辖市人民政府根据当地实际情况规定。

非机动车的外形尺寸、质量、制动器、车铃和夜间反光装置，应当符合非机动车安全技术标准。

第二节 机动车驾驶人

第十九条 驾驶机动车，应当依法取得机动车驾驶证。

申请机动车驾驶证，应当符合国务院公安部门规定的驾驶许可条件；经考试合格后，由公安机关交通管理部门发给相应类别的机动车驾驶证。

持有境外机动车驾驶证的人，符合国务院公安部门规定的驾驶许可条件，经公安机关交通管理部门考核合格的，可以发给中国的机动车驾驶证。

驾驶人应当按照驾驶证载明的准驾车型驾驶机动车；驾驶机动车时，应当随身携带机动车驾驶证。

公安机关交通管理部门以外的任何单位或者个人，不得收缴、扣留机动车驾驶证。

第二十条 机动车的驾驶培训实行社会化，由交通主管部门对驾驶培训学校、驾驶培训班实行资格管理，其中专门的拖拉机驾驶培训学校、驾驶培训班由农业（农业机械）主管部门实行资格管理。

驾驶培训学校、驾驶培训班应当严格按照国家有关规定，对学员进行道路交通安全法律、法规、驾驶技能的培训，确保培训质量。

任何国家机关以及驾驶培训和考试主管部门不得举办或者参与举办驾驶培训学校、驾驶培训班。

第二十一条 驾驶人驾驶机动车上道路行驶前，应当对机动车的安全技术性能进行认真检查；不得驾驶安全设施不全或者机件不符合技术标准等具有安全隐患的机动车。

第二十二条 机动车驾驶人应当遵守道路交通安全法律、法规的规定，按照操作规范安全驾驶、文明驾驶。

饮酒、服用国家管制的精神药品或者麻醉药品，或者患有妨碍安全驾驶机动车的疾病，或者过度疲劳影响安全驾驶的，不得驾驶机动车。

任何人不得强迫、指使、纵容驾驶人违反道路交通安全法律、法规和机动车安全驾驶要求驾驶机动车。

第二十三条　公安机关交通管理部门依照法律、行政法规的规定，定期对机动车驾驶证实施审验。

第二十四条　公安机关交通管理部门对机动车驾驶人违反道路交通安全法律、法规的行为，除依法给予行政处罚外，实行累积记分制度。公安机关交通管理部门对累积记分达到规定分值的机动车驾驶人，扣留机动车驾驶证，对其进行道路交通安全法律、法规教育，重新考试；考试合格的，发还其机动车驾驶证。

对遵守道路交通安全法律、法规，在一年内无累积记分的机动车驾驶人，可以延长机动车驾驶证的审验期。具体办法由国务院公安部门规定。

第三章　道路通行条件

第二十五条　全国实行统一的道路交通信号。

交通信号包括交通信号灯、交通标志、交通标线和交通警察的指挥。

交通信号灯、交通标志、交通标线的设置应当符合道路交通安全、畅通的要求和国家标准，并保持清晰、醒目、准确、完好。

根据通行需要，应当及时增设、调换、更新道路交通信号。增设、调换、更新限制性的道路交通信号，应当提前向社会公告，广泛进行宣传。

第二十六条　交通信号灯由红灯、绿灯、黄灯组成。红灯表示禁止通行，绿灯表示准许通行，黄灯表示警示。

第二十七条　铁路与道路平面交叉的道口，应当设置警示灯、警示标志或者安全防护设施。无人看守的铁路道口，应当在距道口一定距离处设置警示标志。

第二十八条　任何单位和个人不得擅自设置、移动、占用、损毁交通信号灯、交通标志、交通标线。

道路两侧及隔离带上种植的树木或者其他植物，设置的广告牌、管线等，应当与交通设施保持必要的距离，不得遮挡路灯、交通信号灯、交通标志，不得妨碍安全视距，不得影响通行。

第二十九条　道路、停车场和道路配套设施的规划、设计、建设，应当符合道路交通安全、畅通的要求，并根据交通需求及时调整。

公安机关交通管理部门发现已经投入使用的道路存在交通事故频发路段，或者停车场、道路配套设施存在交通安全严重隐患的，应当及时向当地人民政府报告，并提出防范交通事故、消除隐患的建议，当地人民政府应当及时作出处理决定。

第三十条　道路出现坍塌、坑漕、水毁、隆起等损毁或者交通信号灯、交通标志、交通标线等交通设施损毁、灭失的，道路、交通设施的养护部门或者管理部门应当设置警示标志并及时修复。

公安机关交通管理部门发现前款情形，危及交通安全，尚未设置警示标志的，应当及时采取安全措施，疏导交通，并通知道路、交通设施的养护部门或者管理部门。

第三十一条 未经许可，任何单位和个人不得占用道路从事非交通活动。

第三十二条 因工程建设需要占用、挖掘道路，或者跨越、穿越道路架设、增设管线设施，应当事先征得道路主管部门的同意；影响交通安全的，还应当征得公安机关交通管理部门的同意。

施工作业单位应当在经批准的路段和时间内施工作业，并在距离施工作业地点来车方向安全距离处设置明显的安全警示标志，采取防护措施；施工作业完毕，应当迅速清除道路上的障碍物，消除安全隐患，经道路主管部门和公安机关交通管理部门验收合格，符合通行要求后，方可恢复通行。

对未中断交通的施工作业道路，公安机关交通管理部门应当加强交通安全监督检查，维护道路交通秩序。

第三十三条 新建、改建、扩建的公共建筑、商业街区、居住区、大（中）型建筑等，应当配建、增建停车场；停车泊位不足的，应当及时改建或者扩建；投入使用的停车场不得擅自停止使用或者改作他用。

在城市道路范围内，在不影响行人、车辆通行的情况下，政府有关部门可以施划停车泊位。

第三十四条 学校、幼儿园、医院、养老院门前的道路没有行人过街设施的，应当施划人行横道线，设置提示标志。

城市主要道路的人行道，应当按照规划设置盲道。盲道的设置应当符合国家标准。

第四章 道路通行规定

第一节 一般规定

第三十五条 机动车、非机动车实行右侧通行。

第三十六条 根据道路条件和通行需要，道路划分为机动车道、非机动车道和人行道的，机动车、非机动车、行人实行分道通行。没有划分机动车道、非机动车道和人行道的，机动车在道路中间通行，非机动车和行人在道路两侧通行。

第三十七条 道路划设专用车道的，在专用车道内，只准许规定的车辆通行，其他车辆不得进入专用车道内行驶。

第三十八条　车辆、行人应当按照交通信号通行；遇有交通警察现场指挥时，应当按照交通警察的指挥通行；在没有交通信号的道路上，应当在确保安全、畅通的原则下通行。

第三十九条　公安机关交通管理部门根据道路和交通流量的具体情况，可以对机动车、非机动车、行人采取疏导、限制通行、禁止通行等措施。遇有大型群众性活动、大范围施工等情况，需要采取限制交通的措施，或者作出与公众的道路交通活动直接有关的决定，应当提前向社会公告。

第四十条　遇有自然灾害、恶劣气象条件或者重大交通事故等严重影响交通安全的情形，采取其他措施难以保证交通安全时，公安机关交通管理部门可以实行交通管制。

第四十一条　有关道路通行的其他具体规定，由国务院规定。

第二节　机动车通行规定

第四十二条　机动车上道路行驶，不得超过限速标志标明的最高时速。在没有限速标志的路段，应当保持安全车速。

夜间行驶或者在容易发生危险的路段行驶，以及遇有沙尘、冰雹、雨、雪、雾、结冰等气象条件时，应当降低行驶速度。

第四十三条　同车道行驶的机动车，后车应当与前车保持足以采取紧急制动措施的安全距离。有下列情形之一的，不得超车：

（一）前车正在左转弯、掉头、超车的；

（二）与对面来车有会车可能的；

（三）前车为执行紧急任务的警车、消防车、救护车、工程救险车的；

（四）行经铁路道口、交叉路口、窄桥、弯道、陡坡、隧道、人行横道、市区交通流量大的路段等没有超车条件的。

第四十四条　机动车通过交叉路口，应当按照交通信号灯、交通标志、交通标线或者交通警察的指挥通过；通过没有交通信号灯、交通标志、交通标线或者交通警察指挥的交叉路口时，应当减速慢行，并让行人和优先通行的车辆先行。

第四十五条　机动车遇有前方车辆停车排队等候或者缓慢行驶时，不得借道超车或者占用对面车道，不得穿插等候的车辆。

在车道减少的路段、路口，或者在没有交通信号灯、交通标志、交通标线或者交通警察指挥的交叉路口遇到停车排队等候或者缓慢行驶时，机动车应当依次交替通行。

第四十六条　机动车通过铁路道口时，应当按照交通信号或者管理人员的指挥通行；没有交通信号或者管理人员的，应当减速或者停车，在确认安全后通过。

第四十七条　机动车行经人行横道时，应当减速行驶；遇行人正在通过人行横道，应当停车让行。

机动车行经没有交通信号的道路时，遇行人横过道路，应当避让。

第四十八条　机动车载物应当符合核定的载质量，严禁超载；载物的长、宽、高不得违反装载要求，不得遗洒、飘散载运物。

机动车运载超限的不可解体的物品，影响交通安全的，应当按照公安机关交通管理部门指定的时间、路线、速度行驶，悬挂明显标志。在公路上运载超限的不可解体的物品，并应当依照公路法的规定执行。

机动车载运爆炸物品、易燃易爆化学物品以及剧毒、放射性等危险物品，应当经公安机关批准后，按指定的时间、路线、速度行驶，悬挂警示标志并采取必要的安全措施。

第四十九条　机动车载人不得超过核定的人数，客运机动车不得违反规定载货。

第五十条　禁止货运机动车载客。

货运机动车需要附载作业人员的，应当设置保护作业人员的安全措施。

第五十一条　机动车行驶时，驾驶人、乘坐人员应当按规定使用安全带，摩托车驾驶人及乘坐人员应当按规定戴安全头盔。

第五十二条　机动车在道路上发生故障，需要停车排除故障时，驾驶人应当立即开启危险报警闪光灯，将机动车移至不妨碍交通的地方停放；难以移动的，应当持续开启危险报警闪光灯，并在来车方向设置警告标志等措施扩大示警距离，必要时迅速报警。

第五十三条　警车、消防车、救护车、工程救险车执行紧急任务时，可以使用警报器、标志灯具；在确保安全的前提下，不受行驶路线、行驶方向、行驶速度和信号灯的限制，其他车辆和行人应当让行。

警车、消防车、救护车、工程救险车非执行紧急任务时，不得使用警报器、标志灯具，不享有前款规定的道路优先通行权。

第五十四条　道路养护车辆、工程作业车进行作业时，在不影响过往车辆通行的前提下，其行驶路线和方向不受交通标志、标线限制，过往车辆和人员应当注意避让。

洒水车、清扫车等机动车应当按照安全作业标准作业；在不影响其他车辆通行的情况下，可以不受车辆分道行驶的限制，但是不得逆向行驶。

第五十五条　高速公路、大中城市中心城区内的道路，禁止拖拉机通行。其他禁止拖拉机通行的道路，由省、自治区、直辖市人民政府根据当地实际情况规定。

在允许拖拉机通行的道路上，拖拉机可以从事货运，但是不得用于载人。

第五十六条　机动车应当在规定地点停放。禁止在人行道上停放机动车；但是，依照本法第三十三条规定施划的停车泊位除外。

在道路上临时停车的，不得妨碍其他车辆和行人通行。

第三节　非机动车通行规定

第五十七条　驾驶非机动车在道路上行驶应当遵守有关交通安全的规定。非机动车应当在非机动车道内行驶；在没有非机动车道的道路上，应当靠车行道的右侧行驶。

第五十八条　残疾人机动轮椅车、电动自行车在非机动车道内行驶时，最高时速不得超过十五公里。

第五十九条　非机动车应当在规定地点停放。未设停放地点的，非机动车停放不得妨碍其他车辆和行人通行。

第六十条　驾驭畜力车，应当使用驯服的牲畜；驾驭畜力车横过道路时，驾驭人应当下车牵引牲畜；驾驭人离开车辆时，应当拴系牲畜。

第四节　行人和乘车人通行规定

第六十一条　行人应当在人行道内行走，没有人行道的靠路边行走。

第六十二条　行人通过路口或者横过道路，应当走人行横道或者过街设施；通过有交通信号灯的人行横道，应当按照交通信号灯指示通行；通过没有交通信号灯、人行横道的路口，或者在没有过街设施的路段横过道路，应当在确认安全后通过。

第六十三条　行人不得跨越、倚坐道路隔离设施，不得扒车、强行拦车或者实施妨碍道路交通安全的其他行为。

第六十四条　学龄前儿童以及不能辨认或者不能控制自己行为的精神疾病患者、智力障碍者在道路上通行，应当由其监护人、监护人委托的人或者对其负有管理、保护职责的人带领。

盲人在道路上通行，应当使用盲杖或者采取其他导盲手段，车辆应当避让盲人。

第六十五条　行人通过铁路道口时，应当按照交通信号或者管理人员的指挥通行；没有交通信号和管理人员的，应当在确认无火车驶临后，迅速通过。

第六十六条　乘车人不得携带易燃易爆等危险物品，不得向车外抛洒物品，不得有影响驾驶人安全驾驶的行为。

第五节　高速公路的特别规定

第六十七条　行人、非机动车、拖拉机、轮式专用机械车、铰接式客车、全挂拖斗车以及其他设计最高时速低于七十公里的机动车，不得进入高速公路。高速公路限速标志标明的最高时速不得超过一百二十公里。

第六十八条　机动车在高速公路上发生故障时，应当依照本法第五十二条的有关规定办理；但是，警告标志应当设置在故障车来车方向一百五十米以外，车上人员应当迅速转移到右侧路肩上或者应急车道内，并且迅速报警。

机动车在高速公路上发生故障或者交通事故，无法正常行驶的，应当由救援车、清障车拖曳、牵引。

第六十九条　任何单位、个人不得在高速公路上拦截检查行驶的车辆，公安机关的人民警察依法执行紧急公务除外。

第五章　交通事故处理

第七十条　在道路上发生交通事故，车辆驾驶人应当立即停车，保护现场；造成人身伤亡的，车辆驾驶人应当立即抢救受伤人员，并迅速报告执勤的交通警察或者公安机关交通管理部门。因抢救受伤人员变动现场的，应当标明位置。乘车人、过往车辆驾驶人、过往行人应当予以协助。

在道路上发生交通事故，未造成人身伤亡，当事人对事实及成因无争议的，可以即行撤离现场，恢复交通，自行协商处理损害赔偿事宜；不即行撤离现场的，应当迅速报告执勤的交通警察或者公安机关交通管理部门。

在道路上发生交通事故，仅造成轻微财产损失，并且基本事实清楚的，当事人应当先撤离现场再进行协商处理。

第七十一条　车辆发生交通事故后逃逸的，事故现场目击人员和其他知情人员应当向公安机关交通管理部门或者交通警察举报。举报属实的，公安机关交通管理部门应当给予奖励。

第七十二条　公安机关交通管理部门接到交通事故报警后，应当立即派交通警察赶赴现场，先组织抢救受伤人员，并采取措施，尽快恢复交通。

交通警察应当对交通事故现场进行勘验、检查，收集证据；因收集证据的需要，可以扣留事故车辆，但是应当妥善保管，以备核查。

对当事人的生理、精神状况等专业性较强的检验，公安机关交通管理部门应当委托专门机构进行鉴定。鉴定结论应当由鉴定人签名。

第七十三条　公安机关交通管理部门应当根据交通事故现场勘验、检查、调查情况和有关的检验、鉴定结论，及时制作交通事故认定书，作为处理交通事故的证据。交通事故认定书应当载明交通事故的基本事实、成因和当事人的责任，并送达当事人。

第七十四条　对交通事故损害赔偿的争议，当事人可以请求公安机关交通管理部门调解，也可以直接向人民法院提起民事诉讼。

经公安机关交通管理部门调解，当事人未达成协议或者调解书生效后不履行的，当事人可以向人民法院提起民事诉讼。

第七十五条　医疗机构对交通事故中的受伤人员应当及时抢救，不得因抢救费用未及时支付而拖延救治。肇事车辆参加机动车第三者责任强制保险的，由保险公司在责任限额范围内支付抢救费用；抢救费用超过责任限额的，未参加机动车第三者责任强制保险或者肇事后逃逸的，由道路交通事故社会救助基金先行垫付部分或者全部抢救费用，道路交通事故社会救助基金管理机构有权向交通事故责任人追偿。

第七十六条　机动车发生交通事故造成人身伤亡、财产损失的，由保险公司在机动车第三者责任强制保险责任限额范围内予以赔偿；不足的部分，按照下列规定承担赔偿责任：

（一）机动车之间发生交通事故的，由有过错的一方承担赔偿责任；双方都有过错的，按照各自过错的比例分担责任。

（二）机动车与非机动车驾驶人、行人之间发生交通事故，非机动车驾驶人、行人没有过错的，由机动车一方承担赔偿责任；有证据证明非机动车驾驶人、行人有过错的，根据过错程度适当减轻机动车一方的赔偿责任；机动车一方没有过错的，承担不超过百分之十的赔偿责任。

交通事故的损失是由非机动车驾驶人、行人故意碰撞机动车造成的，机动车一方不承担赔偿责任。

第七十七条　车辆在道路以外通行时发生的事故，公安机关交通管理部门接到报案的，参照本法有关规定办理。

第六章　执法监督

第七十八条　公安机关交通管理部门应当加强对交通警察的管理，提高交通警察的素质和管理道路交通的水平。

公安机关交通管理部门应当对交通警察进行法制和交通安全管理业务培训、考核。交通警察经考核不合格的，不得上岗执行职务。

第七十九条　公安机关交通管理部门及其交通警察实施道路交通安全管理，应当依据法定的职权和程序，简化办事手续，做到公正、严格、文明、高效。

第八十条　交通警察执行职务时，应当按照规定着装，佩带人民警察标志，持有人民警察证件，保持警容严整，举止端庄，指挥规范。

第八十一条 依照本法发放牌证等收取工本费，应当严格执行国务院价格主管部门核定的收费标准，并全部上缴国库。

第八十二条 公安机关交通管理部门依法实施罚款的行政处罚，应当依照有关法律、行政法规的规定，实施罚款决定与罚款收缴分离；收缴的罚款以及依法没收的违法所得，应当全部上缴国库。

第八十三条 交通警察调查处理道路交通安全违法行为和交通事故，有下列情形之一的，应当回避：

（一）是本案的当事人或者当事人的近亲属；

（二）本人或者其近亲属与本案有利害关系；

（三）与本案当事人有其他关系，可能影响案件的公正处理。

第八十四条 公安机关交通管理部门及其交通警察的行政执法活动，应当接受行政监察机关依法实施的监督。

公安机关督察部门应当对公安机关交通管理部门及其交通警察执行法律、法规和遵守纪律的情况依法进行监督。

上级公安机关交通管理部门应当对下级公安机关交通管理部门的执法活动进行监督。

第八十五条 公安机关交通管理部门及其交通警察执行职务，应当自觉接受社会和公民的监督。

任何单位和个人都有权对公安机关交通管理部门及其交通警察不严格执法以及违法违纪行为进行检举、控告。收到检举、控告的机关，应当依据职责及时查处。

第八十六条 任何单位不得给公安机关交通管理部门下达或者变相下达罚款指标；公安机关交通管理部门不得以罚款数额作为考核交通警察的标准。

公安机关交通管理部门及其交通警察对超越法律、法规规定的指令，有权拒绝执行，并同时向上级机关报告。

第七章　法律责任

第八十七条 公安机关交通管理部门及其交通警察对道路交通安全违法行为，应当及时纠正。

公安机关交通管理部门及其交通警察应当依据事实和本法的有关规定对道路交通安全违法行为予以处罚。对于情节轻微，未影响道路通行的，指出违法行为，给予口头警告后放行。

第八十八条 对道路交通安全违法行为的处罚种类包括：警告、罚款、暂扣或者吊销机动车驾驶证、拘留。

第八十九条 行人、乘车人、非机动车驾驶人违反道路交通安全法律、法规关于道路通行规定的，处警告或者五元以上五十元以下罚款；非机动车驾驶人拒绝接受罚款处罚的，可以扣留其非机动车。

第九十条　机动车驾驶人违反道路交通安全法律、法规关于道路通行规定的，处警告或者二十元以上二百元以下罚款。本法另有规定的，依照规定处罚。

第九十一条　饮酒后驾驶机动车的，处暂扣六个月机动车驾驶证，并处一千元以上二千元以下罚款。因饮酒后驾驶机动车被处罚，再次饮酒后驾驶机动车的，处十日以下拘留，并处一千元以上二千元以下罚款，吊销机动车驾驶证。

醉酒驾驶机动车的，由公安机关交通管理部门约束至酒醒，吊销机动车驾驶证，依法追究刑事责任；五年内不得重新取得机动车驾驶证。

饮酒后驾驶营运机动车的，处十五日拘留，并处五千元罚款，吊销机动车驾驶证，五年内不得重新取得机动车驾驶证。

醉酒驾驶营运机动车的，由公安机关交通管理部门约束至酒醒，吊销机动车驾驶证，依法追究刑事责任；十年内不得重新取得机动车驾驶证，重新取得机动车驾驶证后，不得驾驶营运机动车。

饮酒后或者醉酒驾驶机动车发生重大交通事故，构成犯罪的，依法追究刑事责任，并由公安机关交通管理部门吊销机动车驾驶证，终生不得重新取得机动车驾驶证。

第九十二条　公路客运车辆载客超过额定乘员的，处二百元以上五百元以下罚款；超过额定乘员百分之二十或者违反规定载货的，处五百元以上二千元以下罚款。

货运机动车超过核定载质量的，处二百元以上五百元以下罚款；超过核定载质量百分之三十或者违反规定载客的，处五百元以上二千元以下罚款。

有前两款行为的，由公安机关交通管理部门扣留机动车至违法状态消除。

运输单位的车辆有本条第一款、第二款规定的情形，经处罚不改的，对直接负责的主管人员处二千元以上五千元以下罚款。

第九十三条　对违反道路交通安全法律、法规关于机动车停放、临时停车规定的，可以指出违法行为，并予以口头警告，令其立即驶离。

机动车驾驶人不在现场或者虽在现场但拒绝立即驶离，妨碍其他车辆、行人通行的，处二十元以上二百元以下罚款，并可以将该机动车拖移至不妨碍交通的地点或者公安机关交通管理部门指定的地点停放。公安机关交通管理部门拖车不得向当事人收取费用，并应当及时告知当事人停放地点。

因采取不正确的方法拖车造成机动车损坏的，应当依法承担补偿责任。

第九十四条　机动车安全技术检验机构实施机动车安全技术检验超过国

务院价格主管部门核定的收费标准收取费用的，退还多收取的费用，并由价格主管部门依照《中华人民共和国价格法》的有关规定给予处罚。

机动车安全技术检验机构不按照机动车国家安全技术标准进行检验，出具虚假检验结果的，由公安机关交通管理部门处所收检验费用五倍以上十倍以下罚款，并依法撤销其检验资格；构成犯罪的，依法追究刑事责任。

第九十五条 上道路行驶的机动车未悬挂机动车号牌，未放置检验合格标志、保险标志，或者未随车携带行驶证、驾驶证的，公安机关交通管理部门应当扣留机动车，通知当事人提供相应的牌证、标志或者补办相应手续，并可以依照本法第九十条的规定予以处罚。当事人提供相应的牌证、标志或者补办相应手续的，应当及时退还机动车。

故意遮挡、污损或者不按规定安装机动车号牌的，依照本法第九十条的规定予以处罚。

第九十六条 伪造、变造或者使用伪造、变造的机动车登记证书、号牌、行驶证、驾驶证的，由公安机关交通管理部门予以收缴，扣留该机动车，处十五日以下拘留，并处二千元以上五千元以下罚款；构成犯罪的，依法追究刑事责任。

伪造、变造或者使用伪造、变造的检验合格标志、保险标志的，由公安机关交通管理部门予以收缴，扣留该机动车，处十日以下拘留，并处一千元以上三千元以下罚款；构成犯罪的，依法追究刑事责任。

使用其他车辆的机动车登记证书、号牌、行驶证、检验合格标志、保险标志的，由公安机关交通管理部门予以收缴，扣留该机动车，处二千元以上五千元以下罚款。

当事人提供相应的合法证明或者补办相应手续的，应当及时退还机动车。

第九十七条 非法安装警报器、标志灯具的，由公安机关交通管理部门强制拆除，予以收缴，并处二百元以上二千元以下罚款。

第九十八条 机动车所有人、管理人未按照国家规定投保机动车第三者责任强制保险的，由公安机关交通管理部门扣留车辆至依照规定投保后，并处依照规定投保最低责任限额应缴纳的保险费的二倍罚款。

依照前款缴纳的罚款全部纳入道路交通事故社会救助基金。具体办法由国务院规定。

第九十九条 有下列行为之一的，由公安机关交通管理部门处二百元以上二千元以下罚款：

（一）未取得机动车驾驶证、机动车驾驶证被吊销或者机动车驾驶证被暂扣期间驾驶机动车的；

（二）将机动车交由未取得机动车驾驶证或者机动车驾驶证被吊销、暂扣的人驾驶的；

（三）造成交通事故后逃逸，尚不构成犯罪的；

（四）机动车行驶超过规定时速百分之五十的；

（五）强迫机动车驾驶人违反道路交通安全法律、法规和机动车安全驾驶要求驾驶机动车，造成交通事故，尚不构成犯罪的；

（六）违反交通管制的规定强行通行，不听劝阻的；

（七）故意损毁、移动、涂改交通设施，造成危害后果，尚不构成犯罪的；

（八）非法拦截、扣留机动车辆，不听劝阻，造成交通严重阻塞或者较大财产损失的。

行为人有前款第二项、第四项情形之一的，可以并处吊销机动车驾驶证；有第一项、第三项、第五项至第八项情形之一的，可以并处十五日以下拘留。

第一百条 驾驶拼装的机动车或者已达到报废标准的机动车上道路行驶的，公安机关交通管理部门应当予以收缴，强制报废。

对驾驶前款所列机动车上道路行驶的驾驶人，处二百元以上二千元以下罚款，并吊销机动车驾驶证。

出售已达到报废标准的机动车的，没收违法所得，处销售金额等额的罚款，对该机动车依照本条第一款的规定处理。

第一百零一条 违反道路交通安全法律、法规的规定，发生重大交通事故，构成犯罪的，依法追究刑事责任，并由公安机关交通管理部门吊销机动车驾驶证。

造成交通事故后逃逸的，由公安机关交通管理部门吊销机动车驾驶证，且终生不得重新取得机动车驾驶证。

第一百零二条 对六个月内发生二次以上特大交通事故负有主要责任或者全部责任的专业运输单位，由公安机关交通管理部门责令消除安全隐患，未消除安全隐患的机动车，禁止上道路行驶。

第一百零三条 国家机动车产品主管部门未按照机动车国家安全技术标准严格审查，许可不合格机动车型投入生产的，对负有责任的主管人员和其他直接责任人员给予降级或者撤职的行政处分。

机动车生产企业经国家机动车产品主管部门许可生产的机动车型，不执行机动车国家安全技术标准或者不严格进行机动车成品质量检验，致使质量不合格的机动车出厂销售的，由质量技术监督部门依照《中华人民共和国产品质量法》的有关规定给予处罚。

擅自生产、销售未经国家机动车产品主管部门许可生产的机动车型的，没收非法生产、销售的机动车成品及配件，可以并处非法产品价值三倍以上五倍以下罚款；有营业执照的，由工商行政管理部门吊销营业执照，没有营业执照的，予以查封。

生产、销售拼装的机动车或者生产、销售擅自改装的机动车的，依照本条第三款的规定处罚。

有本条第二款、第三款、第四款所列违法行为，生产或者销售不符合机动车国家安全技术标准的机动车，构成犯罪的，依法追究刑事责任。

第一百零四条 未经批准，擅自挖掘道路、占用道路施工或者从事其他影响道路交通安全活动的，由道路主管部门责令停止违法行为，并恢复原状，可以依法给予罚款；致使通行的人员、车辆及其他财产遭受损失的，依法承担赔偿责任。

有前款行为，影响道路交通安全活动的，公安机关交通管理部门可以责令停止违法行为，迅速恢复交通。

第一百零五条 道路施工作业或者道路出现损毁，未及时设置警示标志、未采取防护措施，或者应当设置交通信号灯、交通标志、交通标线而没有设置或者应当及时变更交通信号灯、交通标志、交通标线而没有及时变更，致使通行的人员、车辆及其他财产遭受损失的，负有相关职责的单位应当依法承担赔偿责任。

第一百零六条 在道路两侧及隔离带上种植树木、其他植物或者设置广告牌、管线等，遮挡路灯、交通信号灯、交通标志，妨碍安全视距的，由公安机关交通管理部门责令行为人排除妨碍；拒不执行的，处二百元以上二千元以下罚款，并强制排除妨碍，所需费用由行为人负担。

第一百零七条 对道路交通违法行为人予以警告、二百元以下罚款，交通警察可以当场作出行政处罚决定，并出具行政处罚决定书。

行政处罚决定书应当载明当事人的违法事实、行政处罚的依据、处罚内容、时间、地点以及处罚机关名称，并由执法人员签名或者盖章。

第一百零八条 当事人应当自收到罚款的行政处罚决定书之日起十五日内，到指定的银行缴纳罚款。

对行人、乘车人和非机动车驾驶人的罚款，当事人无异议的，可以当场予以收缴罚款。

罚款应当开具省、自治区、直辖市财政部门统一制发的罚款收据；不出具财政部门统一制发的罚款收据的，当事人有权拒绝缴纳罚款。

第一百零九条 当事人逾期不履行行政处罚决定的，作出行政处罚决定的行政机关可以采取下列措施：

（一）到期不缴纳罚款的，每日按罚款数额的百分之三加处罚款；

（二）申请人民法院强制执行。

第一百一十条　执行职务的交通警察认为应当对道路交通违法行为人给予暂扣或者吊销机动车驾驶证处罚的，可以先予扣留机动车驾驶证，并在二十四小时内将案件移交公安机关交通管理部门处理。

道路交通违法行为人应当在十五日内到公安机关交通管理部门接受处理。无正当理由逾期未接受处理的，吊销机动车驾驶证。

公安机关交通管理部门暂扣或者吊销机动车驾驶证的，应当出具行政处罚决定书。

第一百一十一条　对违反本法规定予以拘留的行政处罚，由县、市公安局、公安分局或者相当于县一级的公安机关裁决。

第一百一十二条　公安机关交通管理部门扣留机动车、非机动车，应当当场出具凭证，并告知当事人在规定期限内到公安机关交通管理部门接受处理。

公安机关交通管理部门对被扣留的车辆应当妥善保管，不得使用。

逾期不来接受处理，并且经公告三个月仍不来接受处理的，对扣留的车辆依法处理。

第一百一十三条　暂扣机动车驾驶证的期限从处罚决定生效之日起计算；处罚决定生效前先予扣留机动车驾驶证的，扣留一日折抵暂扣期限一日。

吊销机动车驾驶证后重新申请领取机动车驾驶证的期限，按照机动车驾驶证管理规定办理。

第一百一十四条　公安机关交通管理部门根据交通技术监控记录资料，可以对违法的机动车所有人或者管理人依法予以处罚。对能够确定驾驶人的，可以依照本法的规定依法予以处罚。

第一百一十五条　交通警察有下列行为之一的，依法给予行政处分：

（一）为不符合法定条件的机动车发放机动车登记证书、号牌、行驶证、检验合格标志的；

（二）批准不符合法定条件的机动车安装、使用警车、消防车、救护车、工程救险车的警报器、标志灯具，喷涂标志图案的；

（三）为不符合驾驶许可条件、未经考试或者考试不合格人员发放机动车驾驶证的；

（四）不执行罚款决定与罚款收缴分离制度或者不按规定将依法收取的费用、收缴的罚款及没收的违法所得全部上缴国库的；

（五）举办或者参与举办驾驶学校或者驾驶培训班、机动车修理厂或者收费停车场等经营活动的；

（六）利用职务上的便利收受他人财物或者谋取其他利益的；

（七）违法扣留车辆、机动车行驶证、驾驶证、车辆号牌的；

（八）使用依法扣留的车辆的；

（九）当场收取罚款不开具罚款收据或者不如实填写罚款额的；

（十）徇私舞弊，不公正处理交通事故的；

（十一）故意刁难，拖延办理机动车牌证的；

（十二）非执行紧急任务时使用警报器、标志灯具的；

（十三）违反规定拦截、检查正常行驶的车辆的；

（十四）非执行紧急公务时拦截搭乘机动车的；

（十五）不履行法定职责的。

公安机关交通管理部门有前款所列行为之一的，对直接负责的主管人员和其他直接责任人员给予相应的行政处分。

第一百一十六条 依照本法第一百一十五条的规定，给予交通警察行政处分的，在作出行政处分决定前，可以停止其执行职务；必要时，可以予以禁闭。

依照本法第一百一十五条的规定，交通警察受到降级或者撤职行政处分的，可以予以辞退。

交通警察受到开除处分或者被辞退的，应当取消警衔；受到撤职以下行政处分的交通警察，应当降低警衔。

第一百一十七条 交通警察利用职权非法占有公共财物，索取、收受贿赂，或者滥用职权、玩忽职守，构成犯罪的，依法追究刑事责任。

第一百一十八条 公安机关交通管理部门及其交通警察有本法第一百一十五条所列行为之一，给当事人造成损失的，应当依法承担赔偿责任。

第八章　附　则

第一百一十九条 本法中下列用语的含义：

（一）“道路”，是指公路、城市道路和虽在单位管辖范围但允许社会机动车通行的地方，包括广场、公共停车场等用于公众通行的场所。

（二）“车辆”，是指机动车和非机动车。

（三）“机动车”，是指以动力装置驱动或者牵引，上道路行驶的供人员乘用或者用于运送物品以及进行工程专项作业的轮式车辆。

（四）“非机动车”，是指以人力或者畜力驱动，上道路行驶的交通工具，以及虽有动力装置驱动但设计最高时速、空车质量、外形尺寸符合有关国家标准的残疾人机动轮椅车、电动自行车等交通工具。

（五）“交通事故”，是指车辆在道路上因过错或者意外造成的人身伤亡或者财产损失的事件。

第一百二十条 中国人民解放军和中国人民武装警察部队在编机动车牌

证、在编机动车检验以及机动车驾驶人考核工作，由中国人民解放军、中国人民武装警察部队有关部门负责。

第一百二十一条　对上道路行驶的拖拉机，由农业（农业机械）主管部门行使本法第八条、第九条、第十三条、第十九条、第二十三条规定的公安机关交通管理部门的管理职权。

农业（农业机械）主管部门依照前款规定行使职权，应当遵守本法有关规定，并接受公安机关交通管理部门的监督；对违反规定的，依照本法有关规定追究法律责任。

本法施行前由农业（农业机械）主管部门发放的机动车牌证，在本法施行后继续有效。

第一百二十二条　国家对入境的境外机动车的道路交通安全实施统一管理。

第一百二十三条　省、自治区、直辖市人民代表大会常务委员会可以根据本地区的实际情况，在本法规定的罚款幅度内，规定具体的执行标准。

第一百二十四条　本法自2004年5月1日起施行。

中华人民共和国道路交通安全法实施条例

（2004年4月30日国务院令第405号发布　根据2017年10月7日《国务院关于修改部分行政法规的决定》修正）

目　录

第一章　总　则

第一条　根据《中华人民共和国道路交通安全法》（以下简称道路交通安全法）的规定，制定本条例。

第二条　中华人民共和国境内的车辆驾驶人、行人、乘车人以及与道路交通活动有关的单位和个人，应当遵守道路交通安全法和本条例。

第三条　县级以上地方各级人民政府应当建立、健全道路交通安全工作协调机制，组织有关部门对城市建设项目进行交通影响评价，制定道路交通安全管理规划，确定管理目标，制定实施方案。

第二章　车辆和驾驶人

第一节　机动车

第四条　机动车的登记，分为注册登记、变更登记、转移登记、抵押登记和注销登记。

第五条　初次申领机动车号牌、行驶证的，应当向机动车所有人住所地的公安机关交通管理部门申请注册登记。申请机动车注册登记，应当交验机动车，并提交以下证明、凭证：

（一）机动车所有人的身份证明；

（二）购车发票等机动车来历证明；

（三）机动车整车出厂合格证明或者进口机动车进口凭证；

（四）车辆购置税完税证明或者免税凭证；

（五）机动车第三者责任强制保险凭证；

（六）法律、行政法规规定应当在机动车注册登记时提交的其他证明、凭证。

不属于国务院机动车产品主管部门规定免予安全技术检验的车型的，还应当提供机动车安全技术检验合格证明。

第六条　已注册登记的机动车有下列情形之一的，机动车所有人应当向登记该机动车的公安机关交通管理部门申请变更登记：

（一）改变机动车车身颜色的；

（二）更换发动机的；

（三）更换车身或者车架的；

（四）因质量有问题，制造厂更换整车的；

（五）营运机动车改为非营运机动车或者非营运机动车改为营运机动车的；

（六）机动车所有人的住所迁出或者迁入公安机关交通管理部门管辖区域的。

申请机动车变更登记，应当提交下列证明、凭证，属于前款第（一）项、第（二）项、第（三）项、第（四）项、第（五）项情形之一的，还应当交验机动车；属于前款第（二）项、第（三）项情形之一的，还应当同时提交机动车安全技术检验合格证明：

（一）机动车所有人的身份证明；

（二）机动车登记证书；

（三）机动车行驶证。

机动车所有人的住所在公安机关交通管理部门管辖区域内迁移、机动车所有人的姓名（单位名称）或者联系方式变更的，应当向登记该机动车的公安机关交通管理部门备案。

第七条　已注册登记的机动车所有权发生转移的，应当及时办理转移登记。

申请机动车转移登记，当事人应当向登记该机动车的公安机关交通管理部门交验机动车，并提交以下证明、凭证：

（一）当事人的身份证明；

（二）机动车所有权转移的证明、凭证；

（三）机动车登记证书；

（四）机动车行驶证。

第八条　机动车所有人将机动车作为抵押物抵押的，机动车所有人应当向登记该机动车的公安机关交通管理部门申请抵押登记。

第九条　已注册登记的机动车达到国家规定的强制报废标准的，公安机关交通管理部门应当在报废期满的 2 个月前通知机动车所有人办理注销登记。机动车所有人应当在报废期满前将机动车交售给机动车回收企业，由机动车回收企业将报废的机动车登记证书、号牌、行驶证交公安机关交通管理部门注销。机动车所有人逾期不办理注销登记的，公安机关交通管理部门应当公告该机动车登记证书、号牌、行驶证作废。

因机动车灭失申请注销登记的，机动车所有人应当向公安机关交通管理部门提交本人身份证明，交回机动车登记证书。

第十条　办理机动车登记的申请人提交的证明、凭证齐全、有效的，公安机关交通管理部门应当当场办理登记手续。

人民法院、人民检察院以及行政执法部门依法查封、扣押的机动车，公安机关交通管理部门不予办理机动车登记。

第十一条　机动车登记证书、号牌、行驶证丢失或者损毁，机动车所有人申请补发的，应当向公安机关交通管理部门提交本人身份证明和申请材料。公安机关交通管理部门经与机动车登记档案核实后，在收到申请之日起15日内补发。

第十二条 税务部门、保险机构可以在公安机关交通管理部门的办公场所集中办理与机动车有关的税费缴纳、保险合同订立等事项。

第十三条 机动车号牌应当悬挂在车前、车后指定位置，保持清晰、完整。重型、中型载货汽车及其挂车、拖拉机及其挂车的车身或者车厢后部应当喷涂放大的牌号，字样应当端正并保持清晰。

机动车检验合格标志、保险标志应当粘贴在机动车前窗右上角。

机动车喷涂、粘贴标识或者车身广告的，不得影响安全驾驶。

第十四条 用于公路营运的载客汽车、重型载货汽车、半挂牵引车应当安装、使用符合国家标准的行驶记录仪。交通警察可以对机动车行驶速度、连续驾驶时间以及其他行驶状态信息进行检查。安装行驶记录仪可以分步实施，实施步骤由国务院机动车产品主管部门会同有关部门规定。

第十五条 机动车安全技术检验由机动车安全技术检验机构实施。机动车安全技术检验机构应当按照国家机动车安全技术检验标准对机动车进行检验，对检验结果承担法律责任。

质量技术监督部门负责对机动车安全技术检验机构实行计量认证管理，对机动车安全技术检验设备进行检定，对执行国家机动车安全技术检验标准的情况进行监督。

机动车安全技术检验项目由国务院公安部门会同国务院质量技术监督部门规定。

第十六条 机动车应当从注册登记之日起，按照下列期限进行安全技术检验：

（一）营运载客汽车5年以内每年检验1次；超过5年的，每6个月检验1次；

（二）载货汽车和大型、中型非营运载客汽车10年以内每年检验1次；超过10年的，每6个月检验1次；

（三）小型、微型非营运载客汽车6年以内每2年检验1次；超过6年的，每年检验1次；超过15年的，每6个月检验1次；

（四）摩托车4年以内每2年检验1次；超过4年的，每年检验1次；

（五）拖拉机和其他机动车每年检验1次。

营运机动车在规定检验期限内经安全技术检验合格的，不再重复进行安全技术检验。

第十七条 已注册登记的机动车进行安全技术检验时，机动车行驶证记载的登记内容与该机动车的有关情况不符，或者未按照规定提供机动车第三者责任强制保险凭证的，不予通过检验。

第十八条　警车、消防车、救护车、工程救险车标志图案的喷涂以及警报器、标志灯具的安装、使用规定，由国务院公安部门制定。

第二节　机动车驾驶人

第十九条　符合国务院公安部门规定的驾驶许可条件的人，可以向公安机关交通管理部门申请机动车驾驶证。

机动车驾驶证由国务院公安部门规定式样并监制。

第二十条　学习机动车驾驶，应当先学习道路交通安全法律、法规和相关知识，考试合格后，再学习机动车驾驶技能。

在道路上学习驾驶，应当按照公安机关交通管理部门指定的路线、时间进行。在道路上学习机动车驾驶技能应当使用教练车，在教练员随车指导下进行，与教学无关的人员不得乘坐教练车。学员在学习驾驶中有道路交通安全违法行为或者造成交通事故的，由教练员承担责任。

第二十一条　公安机关交通管理部门应当对申请机动车驾驶证的人进行考试，对考试合格的，在5日内核发机动车驾驶证；对考试不合格的，书面说明理由。

第二十二条　机动车驾驶证的有效期为6年，本条例另有规定的除外。

机动车驾驶人初次申领机动车驾驶证后的12个月为实习期。在实习期内驾驶机动车的，应当在车身后部粘贴或者悬挂统一式样的实习标志。

机动车驾驶人在实习期内不得驾驶公共汽车、营运客车或者执行任务的警车、消防车、救护车、工程救险车以及载有爆炸物品、易燃易爆化学物品、剧毒或者放射性等危险物品的机动车；驾驶的机动车不得牵引挂车。

第二十三条　公安机关交通管理部门对机动车驾驶人的道路交通安全违法行为除给予行政处罚外，实行道路交通安全违法行为累积记分（以下简称记分）制度，记分周期为12个月。对在一个记分周期内记分达到12分的，由公安机关交通管理部门扣留其机动车驾驶证，该机动车驾驶人应当按照规定参加道路交通安全法律、法规的学习并接受考试。考试合格的，记分予以清除，发还机动车驾驶证；考试不合格的，继续参加学习和考试。

应当给予记分的道路交通安全违法行为及其分值，由国务院公安部门根据道路交通安全违法行为的危害程度规定。

公安机关交通管理部门应当提供记分查询方式供机动车驾驶人查询。

第二十四条　机动车驾驶人在一个记分周期内记分未达到12分，所处罚款已经缴纳的，记分予以清除；记分虽未达到12分，但尚有罚款未缴纳的，记分转入下一记分周期。

机动车驾驶人在一个记分周期内记分2次以上达到12分的，除按照第二十三条的规定扣留机动车驾驶证、参加学习、接受考试外，还应当接受驾驶技能考试。考试合格的，记分予以清除，发还机动车驾驶证；考试不合格的，继续参加学习和考试。

接受驾驶技能考试的，按照本人机动车驾驶证载明的最高准驾车型考试。

第二十五条 机动车驾驶人记分达到12分，拒不参加公安机关交通管理部门通知的学习，也不接受考试的，由公安机关交通管理部门公告其机动车驾驶证停止使用。

第二十六条 机动车驾驶人在机动车驾驶证的6年有效期内，每个记分周期均未达到12分的，换发10年有效期的机动车驾驶证；在机动车驾驶证的10年有效期内，每个记分周期均未达到12分的，换发长期有效的机动车驾驶证。

换发机动车驾驶证时，公安机关交通管理部门应当对机动车驾驶证进行审验。

第二十七条 机动车驾驶证丢失、损毁，机动车驾驶人申请补发的，应当向公安机关交通管理部门提交本人身份证明和申请材料。公安机关交通管理部门经与机动车驾驶证档案核实后，在收到申请之日起3日内补发。

第二十八条 机动车驾驶人在机动车驾驶证丢失、损毁、超过有效期或者被依法扣留、暂扣期间以及记分达到12分的，不得驾驶机动车。

第三章 道路通行条件

第二十九条 交通信号灯分为：机动车信号灯、非机动车信号灯、人行横道信号灯、车道信号灯、方向指示信号灯、闪光警告信号灯、道路与铁路平面交叉道口信号灯。

第三十条 交通标志分为：指示标志、警告标志、禁令标志、指路标志、旅游区标志、道路施工安全标志和辅助标志。

道路交通标线分为：指示标线、警告标线、禁止标线。

第三十一条 交通警察的指挥分为：手势信号和使用器具的交通指挥信号。

第三十二条 道路交叉路口和行人横过道路较为集中的路段应当设置人行横道、过街天桥或者过街地下通道。

在盲人通行较为集中的路段，人行横道信号灯应当设置声响提示装置。

第三十三条 城市人民政府有关部门可以在不影响行人、车辆通行的情况下，在城市道路上施划停车泊位，并规定停车泊位的使用时间。

第三十四条　开辟或者调整公共汽车、长途汽车的行驶路线或者车站，应当符合交通规划和安全、畅通的要求。

第三十五条　道路养护施工单位在道路上进行养护、维修时，应当按照规定设置规范的安全警示标志和安全防护设施。道路养护施工作业车辆、机械应当安装示警灯，喷涂明显的标志图案，作业时应当开启示警灯和危险报警闪光灯。对未中断交通的施工作业道路，公安机关交通管理部门应当加强交通安全监督检查。发生交通阻塞时，及时做好分流、疏导，维护交通秩序。

道路施工需要车辆绕行的，施工单位应当在绕行处设置标志；不能绕行的，应当修建临时通道，保证车辆和行人通行。需要封闭道路中断交通的，除紧急情况外，应当提前5日向社会公告。

第三十六条　道路或者交通设施养护部门、管理部门应当在急弯、陡坡、临崖、临水等危险路段，按照国家标准设置警告标志和安全防护设施。

第三十七条　道路交通标志、标线不规范，机动车驾驶人容易发生辨认错误的，交通标志、标线的主管部门应当及时予以改善。

道路照明设施应当符合道路建设技术规范，保持照明功能完好。

第四章　道路通行规定

第一节　一般规定

第三十八条　机动车信号灯和非机动车信号灯表示：

（一）绿灯亮时，准许车辆通行，但转弯的车辆不得妨碍被放行的直行车辆、行人通行；

（二）黄灯亮时，已越过停止线的车辆可以继续通行；

（三）红灯亮时，禁止车辆通行。

在未设置非机动车信号灯和人行横道信号灯的路口，非机动车和行人应当按照机动车信号灯的表示通行。

红灯亮时，右转弯的车辆在不妨碍被放行的车辆、行人通行的情况下，可以通行。

第三十九条　人行横道信号灯表示：

（一）绿灯亮时，准许行人通过人行横道；

（二）红灯亮时，禁止行人进入人行横道，但是已经进入人行横道的，可以继续通过或者在道路中心线处停留等候。

第四十条　车道信号灯表示：

（一）绿色箭头灯亮时，准许本车道车辆按指示方向通行；

（二）红色叉形灯或者箭头灯亮时，禁止本车道车辆通行。

第四十一条 方向指示信号灯的箭头方向向左、向上、向右分别表示左转、直行、右转。

第四十二条 闪光警告信号灯为持续闪烁的黄灯，提示车辆、行人通行时注意瞭望，确认安全后通过。

第四十三条 道路与铁路平面交叉道口有两个红灯交替闪烁或者一个红灯亮时，表示禁止车辆、行人通行；红灯熄灭时，表示允许车辆、行人通行。

第二节 机动车通行规定

第四十四条 在道路同方向划有 2 条以上机动车道的，左侧为快速车道，右侧为慢速车道。在快速车道行驶的机动车应当按照快速车道规定的速度行驶，未达到快速车道规定的行驶速度的，应当在慢速车道行驶。摩托车应当在最右侧车道行驶。有交通标志标明行驶速度的，按照标明的行驶速度行驶。慢速车道内的机动车超越前车时，可以借用快速车道行驶。

在道路同方向划有 2 条以上机动车道的，变更车道的机动车不得影响相关车道内行驶的机动车的正常行驶。

第四十五条 机动车在道路上行驶不得超过限速标志、标线标明的速度。在没有限速标志、标线的道路上，机动车不得超过下列最高行驶速度：

（一）没有道路中心线的道路，城市道路为每小时 30 公里，公路为每小时 40 公里；

（二）同方向只有 1 条机动车道的道路，城市道路为每小时 50 公里，公路为每小时 70 公里。

第四十六条 机动车行驶中遇有下列情形之一的，最高行驶速度不得超过每小时 30 公里，其中拖拉机、电瓶车、轮式专用机械车不得超过每小时 15 公里：

（一）进出非机动车道，通过铁路道口、急弯路、窄路、窄桥时；

（二）掉头、转弯、下陡坡时；

（三）遇雾、雨、雪、沙尘、冰雹，能见度在 50 米以内时；

（四）在冰雪、泥泞的道路上行驶时；

（五）牵引发生故障的机动车时。

第四十七条 机动车超车时，应当提前开启左转向灯、变换使用远、近光灯或者鸣喇叭。在没有道路中心线或者同方向只有 1 条机动车道的道路上，前车遇后车发出超车信号时，在条件许可的情况下，应当降低速度、靠右让路。后车应当在确认有充足的安全距离后，从前车的左侧超越，在与被超车辆拉开必要的安全距离后，开启右转向灯，驶回原车道。

第四十八条 在没有中心隔离设施或者没有中心线的道路上，机动车遇相对方向来车时应当遵守下列规定：

（一）减速靠右行驶，并与其他车辆、行人保持必要的安全距离；

（二）在有障碍的路段，无障碍的一方先行；但有障碍的一方已驶入障碍路段而无障碍的一方未驶入时，有障碍的一方先行；

（三）在狭窄的坡路，上坡的一方先行；但下坡的一方已行至中途而上坡的一方未上坡时，下坡的一方先行；

（四）在狭窄的山路，不靠山体的一方先行；

（五）夜间会车应当在距相对方向来车 150 米以外改用近光灯，在窄路、窄桥与非机动车会车时应当使用近光灯。

第四十九条　机动车在有禁止掉头或者禁止左转弯标志、标线的地点以及在铁路道口、人行横道、桥梁、急弯、陡坡、隧道或者容易发生危险的路段，不得掉头。

机动车在没有禁止掉头或者没有禁止左转弯标志、标线的地点可以掉头，但不得妨碍正常行驶的其他车辆和行人的通行。

第五十条　机动车倒车时，应当察明车后情况，确认安全后倒车。不得在铁路道口、交叉路口、单行路、桥梁、急弯、陡坡或者隧道中倒车。

第五十一条　机动车通过有交通信号灯控制的交叉路口，应当按照下列规定通行：

（一）在划有导向车道的路口，按所需行进方向驶入导向车道；

（二）准备进入环形路口的让已在路口内的机动车先行；

（三）向左转弯时，靠路口中心点左侧转弯。转弯时开启转向灯，夜间行驶开启近光灯；

（四）遇放行信号时，依次通过；

（五）遇停止信号时，依次停在停止线以外。没有停止线的，停在路口以外；

（六）向右转弯遇有同车道前车正在等候放行信号时，依次停车等候；

（七）在没有方向指示信号灯的交叉路口，转弯的机动车让直行的车辆、行人先行。相对方向行驶的右转弯机动车让左转弯车辆先行。

第五十二条　机动车通过没有交通信号灯控制也没有交通警察指挥的交叉路口，除应当遵守第五十一条第（二）项、第（三）项的规定外，还应当遵守下列规定：

（一）有交通标志、标线控制的，让优先通行的一方先行；

（二）没有交通标志、标线控制的，在进入路口前停车瞭望，让右方道路的来车先行；

（三）转弯的机动车让直行的车辆先行；

（四）相对方向行驶的右转弯的机动车让左转弯的车辆先行。

第五十三条 机动车遇有前方交叉路口交通阻塞时，应当依次停在路口以外等候，不得进入路口。

机动车在遇有前方机动车停车排队等候或者缓慢行驶时，应当依次排队，不得从前方车辆两侧穿插或者超越行驶，不得在人行横道、网状线区域内停车等候。

机动车在车道减少的路口、路段，遇有前方机动车停车排队等候或者缓慢行驶的，应当每车道一辆依次交替驶入车道减少后的路口、路段。

第五十四条 机动车载物不得超过机动车行驶证上核定的载质量，装载长度、宽度不得超出车厢，并应当遵守下列规定：

（一）重型、中型载货汽车，半挂车载物，高度从地面起不得超过 4 米，载运集装箱的车辆不得超过 4.2 米；

（二）其他载货的机动车载物，高度从地面起不得超过 2.5 米；

（三）摩托车载物，高度从地面起不得超过 1.5 米，长度不得超出车身 0.2 米。两轮摩托车载物宽度左右各不得超出车把 0.15 米；三轮摩托车载物宽度不得超过车身。

载客汽车除车身外部的行李架和内置的行李箱外，不得载货。载客汽车行李架载货，从车顶起高度不得超过 0.5 米，从地面起高度不得超过 4 米。

第五十五条 机动车载人应当遵守下列规定：

（一）公路载客汽车不得超过核定的载客人数，但按照规定免票的儿童除外，在载客人数已满的情况下，按照规定免票的儿童不得超过核定载客人数的 10%；

（二）载货汽车车厢不得载客。在城市道路上，货运机动车在留有安全位置的情况下，车厢内可以附载临时作业人员 1 人至 5 人；载物高度超过车厢栏板时，货物上不得载人；

（三）摩托车后座不得乘坐未满 12 周岁的未成年人，轻便摩托车不得载人。

第五十六条 机动车牵引挂车应当符合下列规定：

（一）载货汽车、半挂牵引车、拖拉机只允许牵引 1 辆挂车。挂车的灯光信号、制动、连接、安全防护等装置应当符合国家标准；

（二）小型载客汽车只允许牵引旅居挂车或者总质量 700 千克以下的挂车。挂车不得载人；

（三）载货汽车所牵引挂车的载质量不得超过载货汽车本身的载质量。

大型、中型载客汽车，低速载货汽车，三轮汽车以及其他机动车不得牵引挂车。

第五十七条 机动车应当按照下列规定使用转向灯：

（一）向左转弯、向左变更车道、准备超车、驶离停车地点或者掉头时，应当提前开启左转向灯；

（二）向右转弯、向右变更车道、超车完毕驶回原车道、靠路边停车时，应当提前开启右转向灯。

第五十八条 机动车在夜间没有路灯、照明不良或者遇有雾、雨、雪、沙尘、冰雹等低能见度情况下行驶时，应当开启前照灯、示廓灯和后位灯，但同方向行驶的后车与前车近距离行驶时，不得使用远光灯。机动车雾天行驶应当开启雾灯和危险报警闪光灯。

第五十九条 机动车在夜间通过急弯、坡路、拱桥、人行横道或者没有交通信号灯控制的路口时，应当交替使用远近光灯示意。

机动车驶近急弯、坡道顶端等影响安全视距的路段以及超车或者遇有紧急情况时，应当减速慢行，并鸣喇叭示意。

第六十条 机动车在道路上发生故障或者发生交通事故，妨碍交通又难以移动的，应当按照规定开启危险报警闪光灯并在车后 50 米至 100 米处设置警告标志，夜间还应当同时开启示廓灯和后位灯。

第六十一条 牵引故障机动车应当遵守下列规定：

（一）被牵引的机动车除驾驶人外不得载人，不得拖带挂车；

（二）被牵引的机动车宽度不得大于牵引机动车的宽度；

（三）使用软连接牵引装置时，牵引车与被牵引车之间的距离应当大于 4 米小于 10 米；

（四）对制动失效的被牵引车，应当使用硬连接牵引装置牵引；

（五）牵引车和被牵引车均应当开启危险报警闪光灯。

汽车吊车和轮式专用机械车不得牵引车辆。摩托车不得牵引车辆或者被其他车辆牵引。

转向或者照明、信号装置失效的故障机动车，应当使用专用清障车拖曳。

第六十二条 驾驶机动车不得有下列行为：

（一）在车门、车厢没有关好时行车；

（二）在机动车驾驶室的前后窗范围内悬挂、放置妨碍驾驶人视线的物品；

（三）拨打接听手持电话、观看电视等妨碍安全驾驶的行为；

（四）下陡坡时熄火或者空挡滑行；

（五）向道路上抛撒物品；

（六）驾驶摩托车手离车把或者在车把上悬挂物品；

（七）连续驾驶机动车超过 4 小时未停车休息或者停车休息时间少于 20

分钟；

（八）在禁止鸣喇叭的区域或者路段鸣喇叭。

第六十三条 机动车在道路上临时停车，应当遵守下列规定：

（一）在设有禁停标志、标线的路段，在机动车道与非机动车道、人行道之间设有隔离设施的路段以及人行横道、施工地段，不得停车；

（二）交叉路口、铁路道口、急弯路、宽度不足4米的窄路、桥梁、陡坡、隧道以及距离上述地点50米以内的路段，不得停车；

（三）公共汽车站、急救站、加油站、消防栓或者消防队（站）门前以及距离上述地点30米以内的路段，除使用上述设施的以外，不得停车；

（四）车辆停稳前不得开车门和上下人员，开关车门不得妨碍其他车辆和行人通行；

（五）路边停车应当紧靠道路右侧，机动车驾驶人不得离车，上下人员或者装卸物品后，立即驶离；

（六）城市公共汽车不得在站点以外的路段停车上下乘客。

第六十四条 机动车行经漫水路或者漫水桥时，应当停车察明水情，确认安全后，低速通过。

第六十五条 机动车载运超限物品行经铁路道口的，应当按照当地铁路部门指定的铁路道口、时间通过。

机动车行经渡口，应当服从渡口管理人员指挥，按照指定地点依次待渡。机动车上下渡船时，应当低速慢行。

第六十六条 警车、消防车、救护车、工程救险车在执行紧急任务遇交通受阻时，可以断续使用警报器，并遵守下列规定：

（一）不得在禁止使用警报器的区域或者路段使用警报器；

（二）夜间在市区不得使用警报器；

（三）列队行驶时，前车已经使用警报器的，后车不再使用警报器。

第六十七条 在单位院内、居民居住区内，机动车应当低速行驶，避让行人；有限速标志的，按照限速标志行驶。

第三节　非机动车通行规定

第六十八条 非机动车通过有交通信号灯控制的交叉路口，应当按照下列规定通行：

（一）转弯的非机动车让直行的车辆、行人优先通行；

（二）遇有前方路口交通阻塞时，不得进入路口；

（三）向左转弯时，靠路口中心点的右侧转弯；

（四）遇有停止信号时，应当依次停在路口停止线以外。没有停止线的，停在路口以外；

（五）向右转弯遇有同方向前车正在等候放行信号时，在本车道内能够转弯的，可以通行；不能转弯的，依次等候。

第六十九条　非机动车通过没有交通信号灯控制也没有交通警察指挥的交叉路口，除应当遵守第六十八条第（一）项、第（二）项和第（三）项的规定外，还应当遵守下列规定：

（一）有交通标志、标线控制的，让优先通行的一方先行；

（二）没有交通标志、标线控制的，在路口外慢行或者停车瞭望，让右方道路的来车先行；

（三）相对方向行驶的右转弯的非机动车让左转弯的车辆先行。

第七十条　驾驶自行车、电动自行车、三轮车在路段上横过机动车道，应当下车推行，有人行横道或者行人过街设施的，应当从人行横道或者行人过街设施通过；没有人行横道、没有行人过街设施或者不便使用行人过街设施的，在确认安全后直行通过。

因非机动车道被占用无法在本车道内行驶的非机动车，可以在受阻的路段借用相邻的机动车道行驶，并在驶过被占用路段后迅速驶回非机动车道。机动车遇此情况应当减速让行。

第七十一条　非机动车载物，应当遵守下列规定：

（一）自行车、电动自行车、残疾人机动轮椅车载物，高度从地面起不得超过 1.5 米，宽度左右各不得超出车把 0.15 米，长度前端不得超出车轮，后端不得超出车身 0.3 米；

（二）三轮车、人力车载物，高度从地面起不得超过 2 米，宽度左右各不得超出车身 0.2 米，长度不得超出车身 1 米；

（三）畜力车载物，高度从地面起不得超过 2.5 米，宽度左右各不得超出车身 0.2 米，长度前端不得超出车辕，后端不得超出车身 1 米。

自行车载人的规定，由省、自治区、直辖市人民政府根据当地实际情况制定。

第七十二条　在道路上驾驶自行车、三轮车、电动自行车、残疾人机动轮椅车应当遵守下列规定：

（一）驾驶自行车、三轮车必须年满 12 周岁；

（二）驾驶电动自行车和残疾人机动轮椅车必须年满 16 周岁；

（三）不得醉酒驾驶；

（四）转弯前应当减速慢行，伸手示意，不得突然猛拐，超越前车时不得妨碍被超越的车辆行驶；

（五）不得牵引、攀扶车辆或者被其他车辆牵引，不得双手离把或者手中持物；

（六）不得扶身并行、互相追逐或者曲折竞驶；

（七）不得在道路上骑独轮自行车或者2人以上骑行的自行车；

（八）非下肢残疾的人不得驾驶残疾人机动轮椅车；

（九）自行车、三轮车不得加装动力装置；

（十）不得在道路上学习驾驶非机动车。

第七十三条 在道路上驾驭畜力车应当年满16周岁，并遵守下列规定：

（一）不得醉酒驾驭；

（二）不得并行，驾驭人不得离开车辆；

（三）行经繁华路段、交叉路口、铁路道口、人行横道、急弯路、宽度不足4米的窄路或者窄桥、陡坡、隧道或者容易发生危险的路段，不得超车。驾驭两轮畜力车应当下车牵引牲畜；

（四）不得使用未经驯服的牲畜驾车，随车幼畜须拴系；

（五）停放车辆应当拉紧车闸，拴系牲畜。

第四节 行人和乘车人通行规定

第七十四条 行人不得有下列行为：

（一）在道路上使用滑板、旱冰鞋等滑行工具；

（二）在车行道内坐卧、停留、嬉闹；

（三）追车、抛物击车等妨碍道路交通安全的行为。

第七十五条 行人横过机动车道，应当从行人过街设施通过；没有行人过街设施的，应当从人行横道通过；没有人行横道的，应当观察来往车辆的情况，确认安全后直行通过，不得在车辆临近时突然加速横穿或者中途倒退、折返。

第七十六条 行人列队在道路上通行，每横列不得超过2人，但在已经实行交通管制的路段不受限制。

第七十七条 乘坐机动车应当遵守下列规定：

（一）不得在机动车道上拦乘机动车；

（二）在机动车道上不得从机动车左侧上下车；

（三）开关车门不得妨碍其他车辆和行人通行；

（四）机动车行驶中，不得干扰驾驶，不得将身体任何部分伸出车外，不得跳车；

（五）乘坐两轮摩托车应当正向骑坐。

第五节 高速公路的特别规定

第七十八条 高速公路应当标明车道的行驶速度，最高车速不得超过每小时 120 公里，最低车速不得低于每小时 60 公里。

高速公路上行驶的小型载客汽车最高车速不得超过每小时 120 公里，其他机动车不得超过每小时 100 公里，摩托车不得超过每小时 80 公里。

同方向有 2 条车道的，左侧车道的最低车速为每小时 100 公里；同方向有 3 条以上车道的，最左侧车道的最低车速为每小时 110 公里，中间车道的最低车速为每小时 90 公里。道路限速标志标明的车速与上述车道行驶车速的规定不一致的，按照道路限速标志标明的车速行驶。

第七十九条　机动车从匝道驶入高速公路，应当开启左转向灯，在不妨碍已在高速公路内的机动车正常行驶的情况下驶入车道。

机动车驶离高速公路时，应当开启右转向灯，驶入减速车道，降低车速后驶离。

第八十条　机动车在高速公路上行驶，车速超过每小时 100 公里时，应当与同车道前车保持 100 米以上的距离，车速低于每小时 100 公里时，与同车道前车距离可以适当缩短，但最小距离不得少于 50 米。

第八十一条　机动车在高速公路上行驶，遇有雾、雨、雪、沙尘、冰雹等低能见度气象条件时，应当遵守下列规定：

（一）能见度小于 200 米时，开启雾灯、近光灯、示廓灯和前后位灯，车速不得超过每小时 60 公里，与同车道前车保持 100 米以上的距离；

（二）能见度小于 100 米时，开启雾灯、近光灯、示廓灯、前后位灯和危险报警闪光灯，车速不得超过每小时 40 公里，与同车道前车保持 50 米以上的距离；

（三）能见度小于 50 米时，开启雾灯、近光灯、示廓灯、前后位灯和危险报警闪光灯，车速不得超过每小时 20 公里，并从最近的出口尽快驶离高速公路。

遇有前款规定情形时，高速公路管理部门应当通过显示屏等方式发布速度限制、保持车距等提示信息。

第八十二条　机动车在高速公路上行驶，不得有下列行为：

（一）倒车、逆行、穿越中央分隔带掉头或者在车道内停车；

（二）在匝道、加速车道或者减速车道上超车；

（三）骑、轧车行道分界线或者在路肩上行驶；

（四）非紧急情况时在应急车道行驶或者停车；

（五）试车或者学习驾驶机动车。

第八十三条　在高速公路上行驶的载货汽车车厢不得载人。两轮摩托车在高速公路行驶时不得载人。

第八十四条　机动车通过施工作业路段时，应当注意警示标志，减速行驶。

第八十五条 城市快速路的道路交通安全管理，参照本节的规定执行。

高速公路、城市快速路的道路交通安全管理工作，省、自治区、直辖市人民政府公安机关交通管理部门可以指定设区的市人民政府公安机关交通管理部门或者相当于同级的公安机关交通管理部门承担。

第五章 交通事故处理

第八十六条 机动车与机动车、机动车与非机动车在道路上发生未造成人身伤亡的交通事故，当事人对事实及成因无争议的，在记录交通事故的时间、地点、对方当事人的姓名和联系方式、机动车牌号、驾驶证号、保险凭证号、碰撞部位，并共同签名后，撤离现场，自行协商损害赔偿事宜。当事人对交通事故事实及成因有争议的，应当迅速报警。

第八十七条 非机动车与非机动车或者行人在道路上发生交通事故，未造成人身伤亡，且基本事实及成因清楚的，当事人应当先撤离现场，再自行协商处理损害赔偿事宜。当事人对交通事故事实及成因有争议的，应当迅速报警。

第八十八条 机动车发生交通事故，造成道路、供电、通讯等设施损毁的，驾驶人应当报警等候处理，不得驶离。机动车可以移动的，应当将机动车移至不妨碍交通的地点。公安机关交通管理部门应当将事故有关情况通知有关部门。

第八十九条 公安机关交通管理部门或者交通警察接到交通事故报警，应当及时赶赴现场，对未造成人身伤亡，事实清楚，并且机动车可以移动的，应当在记录事故情况后责令当事人撤离现场，恢复交通。对拒不撤离现场的，予以强制撤离。

对属于前款规定情况的道路交通事故，交通警察可以适用简易程序处理，并当场出具事故认定书。当事人共同请求调解的，交通警察可以当场对损害赔偿争议进行调解。

对道路交通事故造成人员伤亡和财产损失需要勘验、检查现场的，公安机关交通管理部门应当按照勘查现场工作规范进行。现场勘查完毕，应当组织清理现场，恢复交通。

第九十条 投保机动车第三者责任强制保险的机动车发生交通事故，因抢救受伤人员需要保险公司支付抢救费用的，由公安机关交通管理部门通知保险公司。

抢救受伤人员需要道路交通事故救助基金垫付费用的，由公安机关交通管理部门通知道路交通事故社会救助基金管理机构。

第九十一条　公安机关交通管理部门应当根据交通事故当事人的行为对发生交通事故所起的作用以及过错的严重程度，确定当事人的责任。

第九十二条　发生交通事故后当事人逃逸的，逃逸的当事人承担全部责任。但是，有证据证明对方当事人也有过错的，可以减轻责任。

当事人故意破坏、伪造现场、毁灭证据的，承担全部责任。

第九十三条　公安机关交通管理部门对经过勘验、检查现场的交通事故应当在勘查现场之日起10日内制作交通事故认定书。对需要进行检验、鉴定的，应当在检验、鉴定结果确定之日起5日内制作交通事故认定书。

第九十四条　当事人对交通事故损害赔偿有争议，各方当事人一致请求公安机关交通管理部门调解的，应当在收到交通事故认定书之日起10日内提出书面调解申请。

对交通事故致死的，调解从办理丧葬事宜结束之日起开始；对交通事故致伤的，调解从治疗终结或者定残之日起开始；对交通事故造成财产损失的，调解从确定损失之日起开始。

第九十五条　公安机关交通管理部门调解交通事故损害赔偿争议的期限为10日。调解达成协议的，公安机关交通管理部门应当制作调解书送交各方当事人，调解书经各方当事人共同签字后生效；调解未达成协议的，公安机关交通管理部门应当制作调解终结书送交各方当事人。

交通事故损害赔偿项目和标准依照有关法律的规定执行。

第九十六条　对交通事故损害赔偿的争议，当事人向人民法院提起民事诉讼的，公安机关交通管理部门不再受理调解申请。

公安机关交通管理部门调解期间，当事人向人民法院提起民事诉讼的，调解终止。

第九十七条　车辆在道路以外发生交通事故，公安机关交通管理部门接到报案的，参照道路交通安全法和本条例的规定处理。

车辆、行人与火车发生的交通事故以及在渡口发生的交通事故，依照国家有关规定处理。

第六章　执法监督

第九十八条　公安机关交通管理部门应当公开办事制度、办事程序，建立警风警纪监督员制度，自觉接受社会和群众的监督。

第九十九条　公安机关交通管理部门及其交通警察办理机动车登记，发放号牌，对驾驶人考试、发证，处理道路交通安全违法行为，处理道路交通事故，应当严格遵守有关规定，不得越权执法，不得延迟履行职责，不得擅自改变处罚的种类和幅度。

第一百条　公安机关交通管理部门应当公布举报电话，受理群众举报投诉，并及时调查核实，反馈查处结果。

第一百零一条　公安机关交通管理部门应当建立执法质量考核评议、执法责任制和执法过错追究制度，防止和纠正道路交通安全执法中的错误或者不当行为。

第七章　法律责任

第一百零二条　违反本条例规定的行为，依照道路交通安全法和本条例的规定处罚。

第一百零三条　以欺骗、贿赂等不正当手段取得机动车登记或者驾驶许可的，收缴机动车登记证书、号牌、行驶证或者机动车驾驶证，撤销机动车登记或者机动车驾驶许可；申请人在3年内不得申请机动车登记或者机动车驾驶许可。

第一百零四条　机动车驾驶人有下列行为之一，又无其他机动车驾驶人即时替代驾驶的，公安机关交通管理部门除依法给予处罚外，可以将其驾驶的机动车移至不妨碍交通的地点或者有关部门指定的地点停放：

（一）不能出示本人有效驾驶证的；

（二）驾驶的机动车与驾驶证载明的准驾车型不符的；

（三）饮酒、服用国家管制的精神药品或者麻醉药品、患有妨碍安全驾驶的疾病，或者过度疲劳仍继续驾驶的；

（四）学习驾驶人员没有教练人员随车指导单独驾驶的。

第一百零五条　机动车驾驶人有饮酒、醉酒、服用国家管制的精神药品或者麻醉药品嫌疑的，应当接受测试、检验。

第一百零六条　公路客运载客汽车超过核定乘员、载货汽车超过核定载质量的，公安机关交通管理部门依法扣留机动车后，驾驶人应当将超载的乘车人转运、将超载的货物卸载，费用由超载机动车的驾驶人或者所有人承担。

第一百零七条　依照道路交通安全法第九十二条、第九十五条、第九十六条、第九十八条的规定被扣留的机动车，驾驶人或者所有人、管理人30日内没有提供被扣留机动车的合法证明，没有补办相应手续，或者不前来接受处理，经公安机关交通管理部门通知并且经公告3个月仍不前来接受处理的，由公安机关交通管理部门将该机动车送交有资格的拍卖机构拍卖，所得价款上缴国库；非法拼装的机动车予以拆除；达到报废标准的机动车予以报废；机动车涉及其他违法犯罪行为的，移交有关部门处理。

第一百零八条　交通警察按照简易程序当场作出行政处罚的，应当告知当事人道路交通安全违法行为的事实、处罚的理由和依据，并将行政处罚决定书当场交付被处罚人。

第一百零九条　对道路交通安全违法行为人处以罚款或者暂扣驾驶证处罚的，由违法行为发生地的县级以上人民政府公安机关交通管理部门或者相当于同级的公安机关交通管理部门作出决定；对处以吊销机动车驾驶证处罚的，由设区的市人民政府公安机关交通管理部门或者相当于同级的公安机关交通管理部门作出决定。

公安机关交通管理部门对非本辖区机动车的道路交通安全违法行为没有当场处罚的，可以由机动车登记地的公安机关交通管理部门处罚。

第一百一十条　当事人对公安机关交通管理部门及其交通警察的处罚有权进行陈述和申辩，交通警察应当充分听取当事人的陈述和申辩，不得因当事人陈述、申辩而加重其处罚。

第八章　附　则

第一百一十一条　本条例所称上道路行驶的拖拉机，是指手扶拖拉机等最高设计行驶速度不超过每小时 20 公里的轮式拖拉机和最高设计行驶速度不超过每小时 40 公里、牵引挂车方可从事道路运输的轮式拖拉机。

第一百一十二条　农业（农业机械）主管部门应当定期向公安机关交通管理部门提供拖拉机登记、安全技术检验以及拖拉机驾驶证发放的资料、数据。公安机关交通管理部门对拖拉机驾驶人作出暂扣、吊销驾驶证处罚或者记分处理的，应当定期将处罚决定书和记分情况通报有关的农业（农业机械）主管部门。吊销驾驶证的，还应当将驾驶证送交有关的农业（农业机械）主管部门。

第一百一十三条　境外机动车入境行驶，应当向入境地的公安机关交通管理部门申请临时通行号牌、行驶证。临时通行号牌、行驶证应当根据行驶需要，载明有效日期和允许行驶的区域。

入境的境外机动车申请临时通行号牌、行驶证以及境外人员申请机动车驾驶许可的条件、考试办法由国务院公安部门规定。

第一百一十四条　机动车驾驶许可考试的收费标准，由国务院价格主管部门规定。

第一百一十五条　本条例自 2004 年 5 月 1 日起施行。1960 年 2 月 11 日国务院批准、交通部发布的《机动车管理办法》，1988 年 3 月 9 日国务院发布的《中华人民共和国道路交通管理条例》，1991 年 9 月 22 日国务院发布的《道路交通事故处理办法》，同时废止。

机动车交通事故责任强制保险条例

（2006年3月21日中华人民共和国国务院令第462号公布　根据2012年3月30日《国务院关于修改〈机动车交通事故责任强制保险条例〉的决定》第一次修订　根据2012年12月17日《国务院关于修改〈机动车交通事故责任强制保险条例〉的决定》第二次修订　根据2016年2月6日《国务院关于修改部分行政法规的决定》第三次修订）

第一章　总　则

第一条　为了保障机动车道路交通事故受害人依法得到赔偿，促进道路交通安全，根据《中华人民共和国道路交通安全法》《中华人民共和国保险法》，制定本条例。

第二条　在中华人民共和国境内道路上行驶的机动车的所有人或者管理人，应当依照《中华人民共和国道路交通安全法》的规定投保机动车交通事故责任强制保险。

机动车交通事故责任强制保险的投保、赔偿和监督管理，适用本条例。

第三条　本条例所称机动车交通事故责任强制保险，是指由保险公司对被保险机动车发生道路交通事故造成本车人员、被保险人以外的受害人的人身伤亡、财产损失，在责任限额内予以赔偿的强制性责任保险。

第四条　国务院保险监督管理机构（以下称保监会）依法对保险公司的机动车交通事故责任强制保险业务实施监督管理。

公安机关交通管理部门、农业（农业机械）主管部门（以下统称机动车管理部门）应当依法对机动车参加机动车交通事故责任强制保险的情况实施监督检查。对未参加机动车交通事故责任强制保险的机动车，机动车管理部门不得予以登记，机动车安全技术检验机构不得予以检验。

公安机关交通管理部门及其交通警察在调查处理道路交通安全违法行为和道路交通事故时，应当依法检查机动车交通事故责任强制保险的保险标志。

第二章　投　保

第五条　保险公司可以从事机动车交通事故责任强制保险业务。

为了保证机动车交通事故责任强制保险制度的实行，保监会有权要求保险公司从事机动车交通事故责任强制保险业务。

除保险公司外，任何单位或者个人不得从事机动车交通事故责任强制保险业务。

第六条　机动车交通事故责任强制保险实行统一的保险条款和基础保险费率。保监会按照机动车交通事故责任强制保险业务总体上不盈利不亏损的原则审批保险费率。

保监会在审批保险费率时，可以聘请有关专业机构进行评估，可以举行听证会听取公众意见。

第七条　保险公司的机动车交通事故责任强制保险业务，应当与其他保险业务分开管理，单独核算。

保监会应当每年对保险公司的机动车交通事故责任强制保险业务情况进行核查，并向社会公布；根据保险公司机动车交通事故责任强制保险业务的总体盈利或者亏损情况，可以要求或者允许保险公司相应调整保险费率。

调整保险费率的幅度较大的，保监会应当进行听证。

第八条　被保险机动车没有发生道路交通安全违法行为和道路交通事故的，保险公司应当在下一年度降低其保险费率。在此后的年度内，被保险机动车仍然没有发生道路交通安全违法行为和道路交通事故的，保险公司应当继续降低其保险费率，直至最低标准。被保险机动车发生道路交通安全违法行为或者道路交通事故的，保险公司应当在下一年度提高其保险费率。多次发生道路交通安全违法行为、道路交通事故，或者发生重大道路交通事故的，保险公司应当加大提高其保险费率的幅度。在道路交通事故中被保险人没有过错的，不提高其保险费率。降低或者提高保险费率的标准，由保监会会同国务院公安部门制定。

第九条　保监会、国务院公安部门、国务院农业主管部门以及其他有关部门应当逐步建立有关机动车交通事故责任强制保险、道路交通安全违法行为和道路交通事故的信息共享机制。

第十条　投保人在投保时应当选择从事机动车交通事故责任强制保险业务的保险公司，被选择的保险公司不得拒绝或者拖延承保。

保监会应当将从事机动车交通事故责任强制保险业务的保险公司向社会公示。

第十一条　投保人投保时，应当向保险公司如实告知重要事项。

重要事项包括机动车的种类、厂牌型号、识别代码、牌照号码、使用性质和机动车所有人或者管理人的姓名（名称）、性别、年龄、住所、身份证或者驾驶证号码（组织机构代码）、续保前该机动车发生事故的情况以及保监会规定的其他事项。

第十二条 签订机动车交通事故责任强制保险合同时，投保人应当一次支付全部保险费；保险公司应当向投保人签发保险单、保险标志。保险单、保险标志应当注明保险单号码、车牌号码、保险期限、保险公司的名称、地址和理赔电话号码。

被保险人应当在被保险机动车上放置保险标志。

保险标志式样全国统一。保险单、保险标志由保监会监制。任何单位或者个人不得伪造、变造或者使用伪造、变造的保险单、保险标志。

第十三条 签订机动车交通事故责任强制保险合同时，投保人不得在保险条款和保险费率之外，向保险公司提出附加其他条件的要求。

签订机动车交通事故责任强制保险合同时，保险公司不得强制投保人订立商业保险合同以及提出附加其他条件的要求。

第十四条 保险公司不得解除机动车交通事故责任强制保险合同；但是，投保人对重要事项未履行如实告知义务的除外。

投保人对重要事项未履行如实告知义务，保险公司解除合同前，应当书面通知投保人，投保人应当自收到通知之日起 5 日内履行如实告知义务；投保人在上述期限内履行如实告知义务的，保险公司不得解除合同。

第十五条 保险公司解除机动车交通事故责任强制保险合同的，应当收回保险单和保险标志，并书面通知机动车管理部门。

第十六条 投保人不得解除机动车交通事故责任强制保险合同，但有下列情形之一的除外：

（一）被保险机动车被依法注销登记的；

（二）被保险机动车办理停驶的；

（三）被保险机动车经公安机关证实丢失的。

第十七条 机动车交通事故责任强制保险合同解除前，保险公司应当按照合同承担保险责任。

合同解除时，保险公司可以收取自保险责任开始之日起至合同解除之日止的保险费，剩余部分的保险费退还投保人。

第十八条 被保险机动车所有权转移的，应当办理机动车交通事故责任强制保险合同变更手续。

第十九条 机动车交通事故责任强制保险合同期满，投保人应当及时续保，并提供上一年度的保险单。

第二十条 机动车交通事故责任强制保险的保险期间为 1 年，但有下列情形之一的，投保人可以投保短期机动车交通事故责任强制保险：

（一）境外机动车临时入境的；

（二）机动车临时上道路行驶的；

（三）机动车距规定的报废期限不足 1 年的；

（四）保监会规定的其他情形。

第三章　赔　偿

第二十一条　被保险机动车发生道路交通事故造成本车人员、被保险人以外的受害人人身伤亡、财产损失的，由保险公司依法在机动车交通事故责任强制保险责任限额范围内予以赔偿。

道路交通事故的损失是由受害人故意造成的，保险公司不予赔偿。

第二十二条　有下列情形之一的，保险公司在机动车交通事故责任强制保险责任限额范围内垫付抢救费用，并有权向致害人追偿：

（一）驾驶人未取得驾驶资格或者醉酒的；

（二）被保险机动车被盗抢期间肇事的；

（三）被保险人故意制造道路交通事故的。

有前款所列情形之一，发生道路交通事故的，造成受害人的财产损失，保险公司不承担赔偿责任。

第二十三条　机动车交通事故责任强制保险在全国范围内实行统一的责任限额。责任限额分为死亡伤残赔偿限额、医疗费用赔偿限额、财产损失赔偿限额以及被保险人在道路交通事故中无责任的赔偿限额。

机动车交通事故责任强制保险责任限额由保监会会同国务院公安部门、国务院卫生主管部门、国务院农业主管部门规定。

第二十四条　国家设立道路交通事故社会救助基金（以下简称救助基金）。有下列情形之一时，道路交通事故中受害人人身伤亡的丧葬费用、部分或者全部抢救费用，由救助基金先行垫付，救助基金管理机构有权向道路交通事故责任人追偿：

（一）抢救费用超过机动车交通事故责任强制保险责任限额的；

（二）肇事机动车未参加机动车交通事故责任强制保险的；

（三）机动车肇事后逃逸的。

第二十五条　救助基金的来源包括：

（一）按照机动车交通事故责任强制保险的保险费的一定比例提取的资金；

（二）对未按照规定投保机动车交通事故责任强制保险的机动车的所有人、管理人的罚款；

（三）救助基金管理机构依法向道路交通事故责任人追偿的资金；

（四）救助基金孳息；

（五）其他资金。

第二十六条 救助基金的具体管理办法，由国务院财政部门会同保监会、国务院公安部门、国务院卫生主管部门、国务院农业主管部门制定试行。

第二十七条 被保险机动车发生道路交通事故，被保险人或者受害人通知保险公司的，保险公司应当立即给予答复，告知被保险人或者受害人具体的赔偿程序等有关事项。

第二十八条 被保险机动车发生道路交通事故的，由被保险人向保险公司申请赔偿保险金。保险公司应当自收到赔偿申请之日起1日内，书面告知被保险人需要向保险公司提供的与赔偿有关的证明和资料。

第二十九条 保险公司应当自收到被保险人提供的证明和资料之日起5日内，对是否属于保险责任作出核定，并将结果通知被保险人；对不属于保险责任的，应当书面说明理由；对属于保险责任的，在与被保险人达成赔偿保险金的协议后10日内，赔偿保险金。

第三十条 被保险人与保险公司对赔偿有争议的，可以依法申请仲裁或者向人民法院提起诉讼。

第三十一条 保险公司可以向被保险人赔偿保险金，也可以直接向受害人赔偿保险金。但是，因抢救受伤人员需要保险公司支付或者垫付抢救费用的，保险公司在接到公安机关交通管理部门通知后，经核对应当及时向医疗机构支付或者垫付抢救费用。

因抢救受伤人员需要救助基金管理机构垫付抢救费用的，救助基金管理机构在接到公安机关交通管理部门通知后，经核对应当及时向医疗机构垫付抢救费用。

第三十二条 医疗机构应当参照国务院卫生主管部门组织制定的有关临床诊疗指南，抢救、治疗道路交通事故中的受伤人员。

第三十三条 保险公司赔偿保险金或者垫付抢救费用，救助基金管理机构垫付抢救费用，需要向有关部门、医疗机构核实有关情况的，有关部门、医疗机构应当予以配合。

第三十四条 保险公司、救助基金管理机构的工作人员对当事人的个人隐私应当保密。

第三十五条 道路交通事故损害赔偿项目和标准依照有关法律的规定执行。

第四章　罚　则

第三十六条 保险公司以外的单位或者个人，非法从事机动车交通事故责任强制保险业务的，由保监会予以取缔；构成犯罪的，依法追究刑事责任；

尚不构成犯罪的，由保监会没收违法所得，违法所得 20 万元以上的，并处违法所得 1 倍以上 5 倍以下罚款；没有违法所得或者违法所得不足 20 万元的，处 20 万元以上 100 万元以下罚款。

第三十七条　保险公司违反本条例规定，有下列行为之一的，由保监会责令改正，处 5 万元以上 30 万元以下罚款；情节严重的，可以限制业务范围、责令停止接受新业务或者吊销经营保险业务许可证：

（一）拒绝或者拖延承保机动车交通事故责任强制保险的；

（二）未按照统一的保险条款和基础保险费率从事机动车交通事故责任强制保险业务的；

（三）未将机动车交通事故责任强制保险业务和其他保险业务分开管理，单独核算的；

（四）强制投保人订立商业保险合同的；

（五）违反规定解除机动车交通事故责任强制保险合同的；

（六）拒不履行约定的赔偿保险金义务的；

（七）未按照规定及时支付或者垫付抢救费用的。

第三十八条　机动车所有人、管理人未按照规定投保机动车交通事故责任强制保险的，由公安机关交通管理部门扣留机动车，通知机动车所有人、管理人依照规定投保，处依照规定投保最低责任限额应缴纳的保险费的 2 倍罚款。

机动车所有人、管理人依照规定补办机动车交通事故责任强制保险的，应当及时退还机动车。

第三十九条　上道路行驶的机动车未放置保险标志的，公安机关交通管理部门应当扣留机动车，通知当事人提供保险标志或者补办相应手续，可以处警告或者 20 元以上 200 元以下罚款。

当事人提供保险标志或者补办相应手续的，应当及时退还机动车。

第四十条　伪造、变造或者使用伪造、变造的保险标志，或者使用其他机动车的保险标志，由公安机关交通管理部门予以收缴，扣留该机动车，处 200 元以上 2000 元以下罚款；构成犯罪的，依法追究刑事责任。

当事人提供相应的合法证明或者补办相应手续的，应当及时退还机动车。

第五章　附　则

第四十一条　本条例下列用语的含义：

（一）投保人，是指与保险公司订立机动车交通事故责任强制保险合同，并按照合同负有支付保险费义务的机动车的所有人、管理人。

（二）被保险人，是指投保人及其允许的合法驾驶人。

（三）抢救费用，是指机动车发生道路交通事故导致人员受伤时，医疗机构参照国务院卫生主管部门组织制定的有关临床诊疗指南，对生命体征不平稳和虽然生命体征平稳但如果不采取处理措施会产生生命危险，或者导致残疾、器官功能障碍，或者导致病程明显延长的受伤人员，采取必要的处理措施所发生的医疗费用。

第四十二条 挂车不投保机动车交通事故责任强制保险。发生道路交通事故造成人身伤亡、财产损失的，由牵引车投保的保险公司在机动车交通事故责任强制保险责任限额范围内予以赔偿；不足的部分，由牵引车方和挂车方依照法律规定承担赔偿责任。

第四十三条 机动车在道路以外的地方通行时发生事故，造成人身伤亡、财产损失的赔偿，比照适用本条例。

第四十四条 中国人民解放军和中国人民武装警察部队在编机动车参加机动车交通事故责任强制保险的办法，由中国人民解放军和中国人民武装警察部队另行规定。

第四十五条 机动车所有人、管理人自本条例施行之日起3个月内投保机动车交通事故责任强制保险；本条例施行前已经投保商业性机动车第三者责任保险的，保险期满，应当投保机动车交通事故责任强制保险。

第四十六条 本条例自2006年7月1日起施行。

道路交通事故处理程序规定

（2017年6月15日公安部部长办公会议通过　2017年7月22日中华人民共和国公安部令第146号发布　自2018年5月1日起施行）

目　录

第一章　总　则

第一条　为了规范道路交通事故处理程序，保障公安机关交通管理部门依法履行职责，保护道路交通事故当事人的合法权益，根据《中华人民共和国道路交通安全法》及其实施条例等有关法律、行政法规，制定本规定。

第二条　处理道路交通事故，应当遵循合法、公正、公开、便民、效率的原则，尊重和保障人权，保护公民的人格尊严。

第三条　道路交通事故分为财产损失事故、伤人事故和死亡事故。

财产损失事故是指造成财产损失，尚未造成人员伤亡的道路交通事故。

伤人事故是指造成人员受伤，尚未造成人员死亡的道路交通事故。

死亡事故是指造成人员死亡的道路交通事故。

第四条　道路交通事故的调查处理应当由公安机关交通管理部门负责。

财产损失事故可以由当事人自行协商处理，但法律法规及本规定另有规定的除外。

第五条　交通警察经过培训并考试合格，可以处理适用简易程序的道路交通事故。

处理伤人事故，应当由具有道路交通事故处理初级以上资格的交通警察主办。

处理死亡事故，应当由具有道路交通事故处理中级以上资格的交通警察主办。

第六条　公安机关交通管理部门处理道路交通事故应当使用全国统一的交通管理信息系统。

鼓励应用先进的科技装备和先进技术处理道路交通事故。

第七条 交通警察处理道路交通事故，应当按照规定使用执法记录设备。

第八条 公安机关交通管理部门应当建立与司法机关、保险机构等有关部门间的数据信息共享机制，提高道路交通事故处理工作信息化水平。

第二章 管 辖

第九条 道路交通事故由事故发生地的县级公安机关交通管理部门管辖。未设立县级公安机关交通管理部门的，由设区的市公安机关交通管理部门管辖。

第十条 道路交通事故发生在两个以上管辖区域的，由事故起始点所在地公安机关交通管理部门管辖。

对管辖权有争议的，由共同的上一级公安机关交通管理部门指定管辖。指定管辖前，最先发现或者最先接到报警的公安机关交通管理部门应当先行处理。

第十一条 上级公安机关交通管理部门在必要的时候，可以处理下级公安机关交通管理部门管辖的道路交通事故，或者指定下级公安机关交通管理部门限时将案件移送其他下级公安机关交通管理部门处理。

案件管辖权发生转移的，处理时限从案件接收之日起计算。

第十二条 中国人民解放军、中国人民武装警察部队人员、车辆发生道路交通事故的，按照本规定处理。依法应当吊销、注销中国人民解放军、中国人民武装警察部队核发的机动车驾驶证以及对现役军人实施行政拘留或者追究刑事责任的，移送中国人民解放军、中国人民武装警察部队有关部门处理。

上道路行驶的拖拉机发生道路交通事故的，按照本规定处理。公安机关交通管理部门对拖拉机驾驶人依法暂扣、吊销、注销驾驶证或者记分处理的，应当将决定书和记分情况通报有关的农业（农业机械）主管部门。吊销、注销驾驶证的，还应当将驾驶证送交有关的农业（农业机械）主管部门。

第三章 报警和受案

第十三条 发生死亡事故、伤人事故的，或者发生财产损失事故且有下列情形之一的，当事人应当保护现场并立即报警：

（一）驾驶人无有效机动车驾驶证或者驾驶的机动车与驾驶证载明的准驾车型不符的；

（二）驾驶人有饮酒、服用国家管制的精神药品或者麻醉药品嫌疑的；

（三）驾驶人有从事校车业务或者旅客运输，严重超过额定乘员载客，或者严重超过规定时速行驶嫌疑的；

（四）机动车无号牌或者使用伪造、变造的号牌的；

（五）当事人不能自行移动车辆的；

（六）一方当事人离开现场的；

（七）有证据证明事故是由一方故意造成的。

驾驶人必须在确保安全的原则下，立即组织车上人员疏散到路外安全地点，避免发生次生事故。驾驶人已因道路交通事故死亡或者受伤无法行动的，车上其他人员应当自行组织疏散。

第十四条　发生财产损失事故且有下列情形之一，车辆可以移动的，当事人应当组织车上人员疏散到路外安全地点，在确保安全的原则下，采取现场拍照或者标划事故车辆现场位置等方式固定证据，将车辆移至不妨碍交通的地点后报警：

（一）机动车无检验合格标志或者无保险标志的；

（二）碰撞建筑物、公共设施或者其他设施的。

第十五条　载运爆炸性、易燃性、毒害性、放射性、腐蚀性、传染病病原体等危险物品车辆发生事故的，当事人应当立即报警，危险物品车辆驾驶人、押运人应当按照危险物品安全管理法律、法规、规章以及有关操作规程的规定，采取相应的应急处置措施。

第十六条　公安机关及其交通管理部门接到报警的，应当受理，制作受案登记表并记录下列内容：

（一）报警方式、时间，报警人姓名、联系方式，电话报警的，还应当记录报警电话；

（二）发生或者发现道路交通事故的时间、地点；

（三）人员伤亡情况；

（四）车辆类型、车辆号牌号码，是否载有危险物品以及危险物品的种类、是否发生泄漏等；

（五）涉嫌交通肇事逃逸的，还应当询问并记录肇事车辆的车型、颜色、特征及其逃逸方向、逃逸驾驶人的体貌特征等有关情况。

报警人不报姓名的，应当记录在案。报警人不愿意公开姓名的，应当为其保密。

第十七条　接到道路交通事故报警后，需要派员到现场处置，或者接到出警指令的，公安机关交通管理部门应当立即派交通警察赶赴现场。

第十八条　发生道路交通事故后当事人未报警，在事故现场撤除后，当事人又报警请求公安机关交通管理部门处理的，公安机关交通管理部门应当按照本规定第十六条规定的记录内容予以记录，并在三日内作出是否接受案件的决定。

经核查道路交通事故事实存在的，公安机关交通管理部门应当受理，制作受案登记表；经核查无法证明道路交通事故事实存在，或者不属于公安机关交通管理部门管辖的，应当书面告知当事人，并说明理由。

第四章　自行协商

第十九条　机动车与机动车、机动车与非机动车发生财产损失事故，当事人应当在确保安全的原则下，采取现场拍照或者标划事故车辆现场位置等方式固定证据后，立即撤离现场，将车辆移至不妨碍交通的地点，再协商处理损害赔偿事宜，但有本规定第十三条第一款情形的除外。

非机动车与非机动车或者行人发生财产损失事故，当事人应当先撤离现场，再协商处理损害赔偿事宜。

对应当自行撤离现场而未撤离的，交通警察应当责令当事人撤离现场；造成交通堵塞的，对驾驶人处以200元罚款。

第二十条　发生可以自行协商处理的财产损失事故，当事人可以通过互联网在线自行协商处理；当事人对事实及成因有争议的，可以通过互联网共同申请公安机关交通管理部门在线确定当事人的责任。

当事人报警的，交通警察、警务辅助人员可以指导当事人自行协商处理。当事人要求交通警察到场处理的，应当指派交通警察到现场调查处理。

第二十一条　当事人自行协商达成协议的，制作道路交通事故自行协商协议书，并共同签名。道路交通事故自行协商协议书应当载明事故发生的时间、地点、天气、当事人姓名、驾驶证号或者身份证号、联系方式、机动车种类和号牌号码、保险公司、保险凭证号、事故形态、碰撞部位、当事人的责任等内容。

第二十二条　当事人自行协商达成协议的，可以按照下列方式履行道路交通事故损害赔偿：

（一）当事人自行赔偿；

（二）到投保的保险公司或者道路交通事故保险理赔服务场所办理损害赔偿事宜。

当事人自行协商达成协议后未履行的，可以申请人民调解委员会调解或者向人民法院提起民事诉讼。

第五章　简易程序

第二十三条　公安机关交通管理部门可以适用简易程序处理以下道路交通事故，但有交通肇事、危险驾驶犯罪嫌疑的除外：

（一）财产损失事故；

（二）受伤当事人伤势轻微，各方当事人一致同意适用简易程序处理的伤人事故。

适用简易程序的，可以由一名交通警察处理。

第二十四条　交通警察适用简易程序处理道路交通事故时，应当在固定现场证据后，责令当事人撤离现场，恢复交通。拒不撤离现场的，予以强制撤离。当事人无法及时移动车辆影响通行和交通安全的，交通警察应当将车辆移至不妨碍交通的地点。具有本规定第十三条第一款第一项、第二项情形之一的，按照《中华人民共和国道路交通安全法实施条例》第一百零四条规定处理。

撤离现场后，交通警察应当根据现场固定的证据和当事人、证人陈述等，认定并记录道路交通事故发生的时间、地点、天气、当事人姓名、驾驶证号或者身份证号、联系方式、机动车种类和号牌号码、保险公司、保险凭证号、道路交通事故形态、碰撞部位等，并根据本规定第六十条确定当事人的责任，当场制作道路交通事故认定书。不具备当场制作条件的，交通警察应当在三日内制作道路交通事故认定书。

道路交通事故认定书应当由当事人签名，并现场送达当事人。当事人拒绝签名或者接收的，交通警察应当在道路交通事故认定书上注明情况。

第二十五条　当事人共同请求调解的，交通警察应当当场进行调解，并在道路交通事故认定书上记录调解结果，由当事人签名，送达当事人。

第二十六条　有下列情形之一的，不适用调解，交通警察可以在道路交通事故认定书上载明有关情况后，将道路交通事故认定书送达当事人：

（一）当事人对道路交通事故认定有异议的；

（二）当事人拒绝在道路交通事故认定书上签名的；

（三）当事人不同意调解的。

第六章　调　查

第一节　一般规定

第二十七条　除简易程序外，公安机关交通管理部门对道路交通事故进行调查时，交通警察不得少于二人。

交通警察调查时应当向被调查人员出示《人民警察证》，告知被调查人依法享有的权利和义务，向当事人发送联系卡。联系卡载明交通警察姓名、办公地址、联系方式、监督电话等内容。

第二十八条　交通警察调查道路交通事故时，应当合法、及时、客观、全面地收集证据。

第二十九条 对发生一次死亡三人以上道路交通事故的，公安机关交通管理部门应当开展深度调查；对造成其他严重后果或者存在严重安全问题的道路交通事故，可以开展深度调查。具体程序另行规定。

第二节 现场处置和调查

第三十条 交通警察到达事故现场后，应当立即进行下列工作：

（一）按照事故现场安全防护有关标准和规范的要求划定警戒区域，在安全距离位置放置发光或者反光锥筒和警告标志，确定专人负责现场交通指挥和疏导。因道路交通事故导致交通中断或者现场处置、勘查需要采取封闭道路等交通管制措施的，还应当视情在事故现场来车方向提前组织分流，放置绕行提示标志；

（二）组织抢救受伤人员；

（三）指挥救护、勘查等车辆停放在安全和便于抢救、勘查的位置，开启警灯，夜间还应当开启危险报警闪光灯和示廓灯；

（四）查找道路交通事故当事人和证人，控制肇事嫌疑人；

（五）其他需要立即开展的工作。

第三十一条 道路交通事故造成人员死亡的，应当经急救、医疗人员或者法医确认，并由具备资质的医疗机构出具死亡证明。尸体应当存放在殡葬服务单位或者医疗机构等有停尸条件的场所。

第三十二条 交通警察应当对事故现场开展下列调查工作：

（一）勘查事故现场，查明事故车辆、当事人、道路及其空间关系和事故发生时的天气情况；

（二）固定、提取或者保全现场证据材料；

（三）询问当事人、证人并制作询问笔录；现场不具备制作询问笔录条件的，可以通过录音、录像记录询问过程；

（四）其他调查工作。

第三十三条 交通警察勘查道路交通事故现场，应当按照有关法规和标准的规定，拍摄现场照片，绘制现场图，及时提取、采集与案件有关的痕迹、物证等，制作现场勘查笔录。现场勘查过程中发现当事人涉嫌利用交通工具实施其他犯罪的，应当妥善保护犯罪现场和证据，控制犯罪嫌疑人，并立即报告公安机关主管部门。

发生一次死亡三人以上事故的，应当进行现场摄像，必要时可以聘请具有专门知识的人参加现场勘验、检查。

现场图、现场勘查笔录应当由参加勘查的交通警察、当事人和见证人签名。当事人、见证人拒绝签名或者无法签名以及无见证人的，应当记录在案。

第三十四条　痕迹、物证等证据可能因时间、地点、气象等原因导致改变、毁损、灭失的，交通警察应当及时固定、提取或者保全。

对涉嫌饮酒或者服用国家管制的精神药品、麻醉药品驾驶车辆的人员，公安机关交通管理部门应当按照《道路交通安全违法行为处理程序规定》及时抽血或者提取尿样等检材，送交有检验鉴定资质的机构进行检验。

车辆驾驶人员当场死亡的，应当及时抽血检验。不具备抽血条件的，应当由医疗机构或者鉴定机构出具证明。

第三十五条　交通警察应当核查当事人的身份证件、机动车驾驶证、机动车行驶证、检验合格标志、保险标志等。

对交通肇事嫌疑人可以依法传唤。对在现场发现的交通肇事嫌疑人，经出示《人民警察证》，可以口头传唤，并在询问笔录中注明嫌疑人到案经过、到案时间和离开时间。

第三十六条　勘查事故现场完毕后，交通警察应当清点并登记现场遗留物品，迅速组织清理现场，尽快恢复交通。

现场遗留物品能够当场发还的，应当当场发还并做记录；当场无法确定所有人的，应当登记，并妥善保管，待所有人确定后，及时发还。

第三十七条　因调查需要，公安机关交通管理部门可以向有关单位、个人调取汽车行驶记录仪、卫星定位装置、技术监控设备的记录资料以及其他与事故有关的证据材料。

第三十八条　因调查需要，公安机关交通管理部门可以组织道路交通事故当事人、证人对肇事嫌疑人、嫌疑车辆等进行辨认。

辨认应当在交通警察的主持下进行。主持辨认的交通警察不得少于二人。多名辨认人对同一辨认对象进行辨认时，应当由辨认人个别进行。

辨认时，应当将辨认对象混杂在特征相类似的其他对象中，不得给辨认人任何暗示。辨认肇事嫌疑人时，被辨认的人数不得少于七人；对肇事嫌疑人照片进行辨认的，不得少于十人的照片。辨认嫌疑车辆时，同类车辆不得少于五辆；对肇事嫌疑车辆照片进行辨认时，不得少于十辆的照片。

对尸体等特定辨认对象进行辨认，或者辨认人能够准确描述肇事嫌疑人、嫌疑车辆独有特征的，不受数量的限制。

对肇事嫌疑人的辨认，辨认人不愿意公开进行时，可以在不暴露辨认人的情况下进行，并应当为其保守秘密。

对辨认经过和结果，应当制作辨认笔录，由交通警察、辨认人、见证人签名。必要时，应当对辨认过程进行录音或者录像。

第三十九条　因收集证据的需要，公安机关交通管理部门可以扣留事故车辆，并开具行政强制措施凭证。扣留的车辆应当妥善保管。

公安机关交通管理部门不得扣留事故车辆所载货物。对所载货物在核实重量、体积及货物损失后，通知机动车驾驶人或者货物所有人自行处理。无法通知当事人或者当事人不自行处理的，按照《公安机关办理行政案件程序规定》的有关规定办理。

严禁公安机关交通管理部门指定停车场停放扣留的事故车辆。

第四十条 当事人涉嫌犯罪的，因收集证据的需要，公安机关交通管理部门可以依据《中华人民共和国刑事诉讼法》《公安机关办理刑事案件程序规定》，扣押机动车驾驶证等与事故有关的物品、证件，并按照规定出具扣押法律文书。扣押的物品应当妥善保管。

对扣押的机动车驾驶证等物品、证件，作为证据使用的，应当随案移送，并制作随案移送清单一式两份，一份留存，一份交人民检察院。对于实物不宜移送的，应当将其清单、照片或者其他证明文件随案移送。待人民法院作出生效判决后，按照人民法院的通知，依法作出处理。

第四十一条 经过调查，不属于公安机关交通管理部门管辖的，应当将案件移送有关部门并书面通知当事人，或者告知当事人处理途径。

公安机关交通管理部门在调查过程中，发现当事人涉嫌交通肇事、危险驾驶犯罪的，应当按照《中华人民共和国刑事诉讼法》《公安机关办理刑事案件程序规定》立案侦查。发现当事人有其他违法犯罪嫌疑的，应当及时移送有关部门，移送不影响事故的调查和处理。

第四十二条 投保机动车交通事故责任强制保险的车辆发生道路交通事故，因抢救受伤人员需要保险公司支付抢救费用的，公安机关交通管理部门应当书面通知保险公司。

抢救受伤人员需要道路交通事故社会救助基金垫付费用的，公安机关交通管理部门应当书面通知道路交通事故社会救助基金管理机构。

道路交通事故造成人员死亡需要救助基金垫付丧葬费用的，公安机关交通管理部门应当在送达尸体处理通知书的同时，告知受害人亲属向道路交通事故社会救助基金管理机构提出书面垫付申请。

第三节　交通肇事逃逸查缉

第四十三条 公安机关交通管理部门应当根据管辖区域和道路情况，制定交通肇事逃逸案件查缉预案，并组织专门力量办理交通肇事逃逸案件。

发生交通肇事逃逸案件后，公安机关交通管理部门应当立即启动查缉预案，布置警力堵截，并通过全国机动车缉查布控系统查缉。

第四十四条 案发地公安机关交通管理部门可以通过发协查通报、向社会公告等方式要求协查、举报交通肇事逃逸车辆或者侦破线索。发出协查通报或者向社会公告时，应当提供交通肇事逃逸案件基本事实、交通肇事逃逸车辆情况、特征及逃逸方向等有关情况。

中国人民解放军和中国人民武装警察部队车辆涉嫌交通肇事逃逸的，公安机关交通管理部门应当通报中国人民解放军、中国人民武装警察部队有关部门。

第四十五条　接到协查通报的公安机关交通管理部门，应当立即布置堵截或者排查。发现交通肇事逃逸车辆或者嫌疑车辆的，应当予以扣留，依法传唤交通肇事逃逸人或者与协查通报相符的嫌疑人，并及时将有关情况通知案发地公安机关交通管理部门。案发地公安机关交通管理部门应当立即派交通警察前往办理移交。

第四十六条　公安机关交通管理部门查获交通肇事逃逸车辆或者交通肇事逃逸嫌疑人后，应当按原范围撤销协查通报，并通过全国机动车缉查布控系统撤销布控。

第四十七条　公安机关交通管理部门侦办交通肇事逃逸案件期间，交通肇事逃逸案件的受害人及其家属向公安机关交通管理部门询问案件侦办情况的，除依法不应当公开的内容外，公安机关交通管理部门应当告知并做好记录。

第四十八条　道路交通事故社会救助基金管理机构已经为受害人垫付抢救费用或者丧葬费用的，公安机关交通管理部门应当在交通肇事逃逸案件侦破后及时书面告知道路交通事故社会救助基金管理机构交通肇事逃逸驾驶人的有关情况。

第四节　检验、鉴定

第四十九条　需要进行检验、鉴定的，公安机关交通管理部门应当按照有关规定，自事故现场调查结束之日起三日内委托具备资质的鉴定机构进行检验、鉴定。

尸体检验应当在死亡之日起三日内委托。对交通肇事逃逸车辆的检验、鉴定自查获肇事嫌疑车辆之日起三日内委托。

对现场调查结束之日起三日后需要检验、鉴定的，应当报经上一级公安机关交通管理部门批准。

对精神疾病的鉴定，由具有精神病鉴定资质的鉴定机构进行。

第五十条　检验、鉴定费用由公安机关交通管理部门承担，但法律法规另有规定或者当事人自行委托伤残评定、财产损失评估的除外。

第五十一条　公安机关交通管理部门应当与鉴定机构确定检验、鉴定完成的期限，确定的期限不得超过三十日。超过三十日的，应当报经上一级公安机关交通管理部门批准，但最长不得超过六十日。

第五十二条　尸体检验不得在公众场合进行。为了确定死因需要解剖尸体的，应当征得死者家属同意。死者家属不同意解剖尸体的，经县级以上公安机关或者上一级公安机关交通管理部门负责人批准，可以解剖尸体，并且通知死者家属到场，由其在解剖尸体通知书上签名。

死者家属无正当理由拒不到场或者拒绝签名的，交通警察应当在解剖尸体通知书上注明。对身份不明的尸体，无法通知死者家属的，应当记录在案。

第五十三条　尸体检验报告确定后，应当书面通知死者家属在十日内办理丧葬事宜。无正当理由逾期不办理的应记录在案，并经县级以上公安机关或者上一级公安机关交通管理部门负责人批准，由公安机关或者上一级公安机关交通管理部门处理尸体，逾期存放的费用由死者家属承担。

对于没有家属、家属不明或者因自然灾害等不可抗力导致无法通知或者通知后家属拒绝领回的，经县级以上公安机关或者上一级公安机关交通管理部门负责人批准，可以及时处理。

对身份不明的尸体，由法医提取人身识别检材，并对尸体拍照、采集相关信息后，由公安机关交通管理部门填写身份不明尸体信息登记表，并在设区的市级以上报纸刊登认尸启事。登报后三十日仍无人认领的，经县级以上公安机关或者上一级公安机关交通管理部门负责人批准，可以及时处理。

因宗教习俗等原因对尸体处理期限有特殊需要的，经县级以上公安机关或者上一级公安机关交通管理部门负责人批准，可以紧急处理。

第五十四条　鉴定机构应当在规定的期限内完成检验、鉴定，并出具书面检验报告、鉴定意见，由鉴定人签名，鉴定意见还应当加盖机构印章。检验报告、鉴定意见应当载明以下事项：

（一）委托人；

（二）委托日期和事项；

（三）提交的相关材料；

（四）检验、鉴定的时间；

（五）依据和结论性意见，通过分析得出结论性意见的，应当有分析证明过程。

检验报告、鉴定意见应当附有鉴定机构、鉴定人的资质证明或者其他证明文件。

第五十五条　公安机关交通管理部门应当对检验报告、鉴定意见进行审核，并在收到检验报告、鉴定意见之日起五日内，将检验报告、鉴定意见复印件送达当事人，但有下列情形之一的除外：

（一）检验、鉴定程序违法或者违反相关专业技术要求，可能影响检验报告、鉴定意见公正、客观的；

（二）鉴定机构、鉴定人不具备鉴定资质和条件的；

（三）检验报告、鉴定意见明显依据不足的；

（四）故意作虚假鉴定的；

（五）鉴定人应当回避而没有回避的；

（六）检材虚假或者检材被损坏、不具备鉴定条件的；

（七）其他可能影响检验报告、鉴定意见公正、客观的情形。

检验报告、鉴定意见有前款规定情形之一的，经县级以上公安机关交通管理部门负责人批准，应当在收到检验报告、鉴定意见之日起三日内重新委托检验、鉴定。

第五十六条　当事人对检验报告、鉴定意见有异议，申请重新检验、鉴定的，应当自公安机关交通管理部门送达之日起三日内提出书面申请，经县级以上公安机关交通管理部门负责人批准，原办案单位应当重新委托检验、鉴定。检验报告、鉴定意见不具有本规定第五十五条第一款情形的，经县级以上公安机关交通管理部门负责人批准，由原办案单位作出不准予重新检验、鉴定的决定，并在作出决定之日起三日内书面通知申请人。

同一交通事故的同一检验、鉴定事项，重新检验、鉴定以一次为限。

第五十七条　重新检验、鉴定应当另行委托鉴定机构。

第五十八条　自检验报告、鉴定意见确定之日起五日内，公安机关交通管理部门应当通知当事人领取扣留的事故车辆。

因扣留车辆发生的费用由作出决定的公安机关交通管理部门承担，但公安机关交通管理部门通知当事人领取，当事人逾期未领取产生的停车费用由当事人自行承担。

经通知当事人三十日后不领取的车辆，经公告三个月仍不领取的，对扣留的车辆依法处理。

第七章　认定与复核

第一节　道路交通事故认定

第五十九条　道路交通事故认定应当做到事实清楚、证据确实充分、适用法律正确、责任划分公正、程序合法。

第六十条　公安机关交通管理部门应当根据当事人的行为对发生道路交通事故所起的作用以及过错的严重程度，确定当事人的责任。

（一）因一方当事人的过错导致道路交通事故的，承担全部责任；

（二）因两方或者两方以上当事人的过错发生道路交通事故的，根据其行为对事故发生的作用以及过错的严重程度，分别承担主要责任、同等责任和次要责任；

（三）各方均无导致道路交通事故的过错，属于交通意外事故的，各方均无责任。

一方当事人故意造成道路交通事故的，他方无责任。

第六十一条 当事人有下列情形之一的，承担全部责任：

（一）发生道路交通事故后逃逸的；

（二）故意破坏、伪造现场、毁灭证据的。

为逃避法律责任追究，当事人弃车逃逸以及潜逃藏匿的，如有证据证明其他当事人也有过错，可以适当减轻责任，但同时有证据证明逃逸当事人有第一款第二项情形的，不予减轻。

第六十二条 公安机关交通管理部门应当自现场调查之日起十日内制作道路交通事故认定书。交通肇事逃逸案件在查获交通肇事车辆和驾驶人后十日内制作道路交通事故认定书。对需要进行检验、鉴定的，应当在检验报告、鉴定意见确定之日起五日内制作道路交通事故认定书。

有条件的地方公安机关交通管理部门可以试行在互联网公布道路交通事故认定书，但对涉及的国家秘密、商业秘密或者个人隐私，应当保密。

第六十三条 发生死亡事故以及复杂、疑难的伤人事故后，公安机关交通管理部门应当在制作道路交通事故认定书或者道路交通事故证明前，召集各方当事人到场，公开调查取得的证据。

证人要求保密或者涉及国家秘密、商业秘密以及个人隐私的，按照有关法律法规的规定执行。

当事人不到场的，公安机关交通管理部门应当予以记录。

第六十四条 道路交通事故认定书应当载明以下内容：

（一）道路交通事故当事人、车辆、道路和交通环境等基本情况；

（二）道路交通事故发生经过；

（三）道路交通事故证据及事故形成原因分析；

（四）当事人导致道路交通事故的过错及责任或者意外原因；

（五）作出道路交通事故认定的公安机关交通管理部门名称和日期。

道路交通事故认定书应当由交通警察签名或者盖章，加盖公安机关交通管理部门道路交通事故处理专用章。

第六十五条 道路交通事故认定书应当在制作后三日内分别送达当事人，并告知申请复核、调解和提起民事诉讼的权利、期限。

当事人收到道路交通事故认定书后，可以查阅、复制、摘录公安机关交通管理部门处理道路交通事故的证据材料，但证人要求保密或者涉及国家秘密、商业秘密以及个人隐私的，按照有关法律法规的规定执行。公安机关交通管理部门对当事人复制的证据材料应当加盖公安机关交通管理部门事故处理专用章。

第六十六条　交通肇事逃逸案件尚未侦破，受害一方当事人要求出具道路交通事故认定书的，公安机关交通管理部门应当在接到当事人书面申请后十日内，根据本规定第六十一条确定各方当事人责任，制作道路交通事故认定书，并送达受害方当事人。道路交通事故认定书应当载明事故发生的时间、地点、受害人情况及调查得到的事实，以及受害方当事人的责任。

交通肇事逃逸案件侦破后，已经按照前款规定制作道路交通事故认定书的，应当按照本规定第六十一条重新确定责任，制作道路交通事故认定书，分别送达当事人。重新制作的道路交通事故认定书除应当载明本规定第六十四条规定的内容外，还应当注明撤销原道路交通事故认定书。

第六十七条　道路交通事故基本事实无法查清、成因无法判定的，公安机关交通管理部门应当出具道路交通事故证明，载明道路交通事故发生的时间、地点、当事人情况及调查得到的事实，分别送达当事人，并告知申请复核、调解和提起民事诉讼的权利、期限。

第六十八条　由于事故当事人、关键证人处于抢救状态或者因其他客观原因导致无法及时取证，现有证据不足以认定案件基本事实的，经上一级公安机关交通管理部门批准，道路交通事故认定的时限可中止计算，并书面告知各方当事人或者其代理人，但中止的时间最长不得超过六十日。

当中止认定的原因消失，或者中止期满受伤人员仍然无法接受调查的，公安机关交通管理部门应当在五日内，根据已经调查取得的证据制作道路交通事故认定书或者出具道路交通事故证明。

第六十九条　伤人事故符合下列条件，各方当事人一致书面申请快速处理的，经县级以上公安机关交通管理部门负责人批准，可以根据已经取得的证据，自当事人申请之日起五日内制作道路交通事故认定书：

（一）当事人不涉嫌交通肇事、危险驾驶犯罪的；

（二）道路交通事故基本事实及成因清楚，当事人无异议的。

第七十条　对尚未查明身份的当事人，公安机关交通管理部门应当在道路交通事故认定书或者道路交通事故证明中予以注明，待身份信息查明以后，制作书面补充说明送达各方当事人。

第二节　复　核

第七十一条　当事人对道路交通事故认定或者出具道路交通事故证明有异议的，可以自道路交通事故认定书或者道路交通事故证明送达之日起三日内提出书面复核申请。当事人逾期提交复核申请的，不予受理，并书面通知申请人。

复核申请应当载明复核请求及其理由和主要证据。同一事故的复核以一次为限。

第七十二条 复核申请人通过作出道路交通事故认定的公安机关交通管理部门提出复核申请的，作出道路交通事故认定的公安机关交通管理部门应当自收到复核申请之日起二日内将复核申请连同道路交通事故有关材料移送上一级公安机关交通管理部门。

复核申请人直接向上一级公安机关交通管理部门提出复核申请的，上一级公安机关交通管理部门应当通知作出道路交通事故认定的公安机关交通管理部门自收到通知之日起五日内提交案卷材料。

第七十三条 除当事人逾期提交复核申请的情形外，上一级公安机关交通管理部门收到复核申请之日即为受理之日。

第七十四条 上一级公安机关交通管理部门自受理复核申请之日起三十日内，对下列内容进行审查，并作出复核结论：

（一）道路交通事故认定的事实是否清楚、证据是否确实充分、适用法律是否正确、责任划分是否公正；

（二）道路交通事故调查及认定程序是否合法；

（三）出具道路交通事故证明是否符合规定。

复核原则上采取书面审查的形式，但当事人提出要求或者公安机关交通管理部门认为有必要时，可以召集各方当事人到场，听取各方意见。

办理复核案件的交通警察不得少于二人。

第七十五条 复核审查期间，申请人提出撤销复核申请的，公安机关交通管理部门应当终止复核，并书面通知各方当事人。

受理复核申请后，任何一方当事人就该事故向人民法院提起诉讼并经人民法院受理的，公安机关交通管理部门应当将受理当事人复核申请的有关情况告知相关人民法院。

受理复核申请后，人民检察院对交通肇事犯罪嫌疑人作出批准逮捕决定的，公安机关交通管理部门应当将受理当事人复核申请的有关情况告知相关人民检察院。

第七十六条 上一级公安机关交通管理部门认为原道路交通事故认定事实清楚、证据确实充分、适用法律正确、责任划分公正、程序合法的，应当作出维持原道路交通事故认定的复核结论。

上一级公安机关交通管理部门认为调查及认定程序存在瑕疵，但不影响道路交通事故认定的，在责令原办案单位补正或者作出合理解释后，可以作出维持原道路交通事故认定的复核结论。

上一级公安机关交通管理部门认为原道路交通事故认定有下列情形之一的，应当作出责令原办案单位重新调查、认定的复核结论：

（一）事实不清的；

（二）主要证据不足的；

（三）适用法律错误的；

（四）责任划分不公正的；

（五）调查及认定违反法定程序可能影响道路交通事故认定的。

第七十七条　上一级公安机关交通管理部门审查原道路交通事故证明后，按下列规定处理：

（一）认为事故成因确属无法查清，应当作出维持原道路交通事故证明的复核结论；

（二）认为事故成因仍需进一步调查的，应当作出责令原办案单位重新调查、认定的复核结论。

第七十八条　上一级公安机关交通管理部门应当在作出复核结论后三日内将复核结论送达各方当事人。公安机关交通管理部门认为必要的，应当召集各方当事人，当场宣布复核结论。

第七十九条　上一级公安机关交通管理部门作出责令重新调查、认定的复核结论后，原办案单位应当在十日内依照本规定重新调查，重新作出道路交通事故认定，撤销原道路交通事故认定书或者原道路交通事故证明。

重新调查需要检验、鉴定的，原办案单位应当在检验报告、鉴定意见确定之日起五日内，重新作出道路交通事故认定。

重新作出道路交通事故认定的，原办案单位应当送达各方当事人，并报上一级公安机关交通管理部门备案。

第八十条　上一级公安机关交通管理部门可以设立道路交通事故复核委员会，由办理复核案件的交通警察会同相关行业代表、社会专家学者等人员共同组成，负责案件复核，并以上一级公安机关交通管理部门的名义作出复核结论。

第八章　处罚执行

第八十一条　公安机关交通管理部门应当按照《道路交通安全违法行为处理程序规定》，对当事人的道路交通安全违法行为依法作出处罚。

第八十二条　对发生道路交通事故构成犯罪，依法应当吊销驾驶人机动车驾驶证的，应当在人民法院作出有罪判决后，由设区的市公安机关交通管理部门依法吊销机动车驾驶证。同时具有逃逸情形的，公安机关交通管理部门应当同时依法作出终生不得重新取得机动车驾驶证的决定。

第八十三条 专业运输单位六个月内两次发生一次死亡三人以上事故，且单位或者车辆驾驶人对事故承担全部责任或者主要责任的，专业运输单位所在地的公安机关交通管理部门应当报经设区的市公安机关交通管理部门批准后，作出责令限期消除安全隐患的决定，禁止未消除安全隐患的机动车上道路行驶，并通报道路交通事故发生地及运输单位所在地的人民政府有关行政管理部门。

第九章 损害赔偿调解

第八十四条 当事人可以采取以下方式解决道路交通事故损害赔偿争议：

（一）申请人民调解委员会调解；

（二）申请公安机关交通管理部门调解；

（三）向人民法院提起民事诉讼。

第八十五条 当事人申请人民调解委员会调解，达成调解协议后，双方当事人认为有必要的，可以根据《中华人民共和国人民调解法》共同向人民法院申请司法确认。

当事人申请人民调解委员会调解，调解未达成协议的，当事人可以直接向人民法院提起民事诉讼，或者自人民调解委员会作出终止调解之日起三日内，一致书面申请公安机关交通管理部门进行调解。

第八十六条 当事人申请公安机关交通管理部门调解的，应当在收到道路交通事故认定书、道路交通事故证明或者上一级公安机关交通管理部门维持原道路交通事故认定的复核结论之日起十日内一致书面申请。

当事人申请公安机关交通管理部门调解，调解未达成协议的，当事人可以依法向人民法院提起民事诉讼，或者申请人民调解委员会进行调解。

第八十七条 公安机关交通管理部门应当按照合法、公正、自愿、及时的原则进行道路交通事故损害赔偿调解。

道路交通事故损害赔偿调解应当公开进行，但当事人申请不予公开的除外。

第八十八条 公安机关交通管理部门应当与当事人约定调解的时间、地点，并于调解时间三日前通知当事人。口头通知的，应当记入调解记录。

调解参加人因故不能按期参加调解的，应当在预定调解时间一日前通知承办的交通警察，请求变更调解时间。

第八十九条 参加损害赔偿调解的人员包括：

（一）道路交通事故当事人及其代理人；

（二）道路交通事故车辆所有人或者管理人；

（三）承保机动车保险的保险公司人员；

（四）公安机关交通管理部门认为有必要参加的其他人员。

委托代理人应当出具由委托人签名或者盖章的授权委托书。授权委托书应当载明委托事项和权限。

参加损害赔偿调解的人员每方不得超过三人。

第九十条　公安机关交通管理部门受理调解申请后，应当按照下列规定日期开始调解：

（一）造成人员死亡的，从规定的办理丧葬事宜时间结束之日起；

（二）造成人员受伤的，从治疗终结之日起；

（三）因伤致残的，从定残之日起；

（四）造成财产损失的，从确定损失之日起。

公安机关交通管理部门受理调解申请时已超过前款规定的时间，调解自受理调解申请之日起开始。

公安机关交通管理部门应当自调解开始之日起十日内制作道路交通事故损害赔偿调解书或者道路交通事故损害赔偿调解终结书。

第九十一条　交通警察调解道路交通事故损害赔偿，按照下列程序实施：

（一）告知各方当事人权利、义务；

（二）听取各方当事人的请求及理由；

（三）根据道路交通事故认定书认定的事实以及《中华人民共和国道路交通安全法》第七十六条的规定，确定当事人承担的损害赔偿责任；

（四）计算损害赔偿的数额，确定各方当事人承担的比例，人身损害赔偿的标准按照《中华人民共和国侵权责任法》《最高人民法院关于审理人身损害赔偿案件适用法律若干问题的解释》《最高人民法院关于审理道路交通事故损害赔偿案件适用法律若干问题的解释》等有关规定执行，财产损失的修复费用、折价赔偿费用按照实际价值或者评估机构的评估结论计算；

（五）确定赔偿履行方式及期限。

第九十二条　因确定损害赔偿的数额，需要进行伤残评定、财产损失评估的，由各方当事人协商确定有资质的机构进行，但财产损失数额巨大涉嫌刑事犯罪的，由公安机关交通管理部门委托。

当事人委托伤残评定、财产损失评估的费用，由当事人承担。

第九十三条　经调解达成协议的，公安机关交通管理部门应当当场制作道路交通事故损害赔偿调解书，由各方当事人签字，分别送达各方当事人。

调解书应当载明以下内容：

（一）调解依据；

（二）道路交通事故认定书认定的基本事实和损失情况；

（三）损害赔偿的项目和数额；

（四）各方的损害赔偿责任及比例；

（五）赔偿履行方式和期限；

（六）调解日期。

经调解各方当事人未达成协议的，公安机关交通管理部门应当终止调解，制作道路交通事故损害赔偿调解终结书，送达各方当事人。

第九十四条 有下列情形之一的，公安机关交通管理部门应当终止调解，并记录在案：

（一）调解期间有一方当事人向人民法院提起民事诉讼的；

（二）一方当事人无正当理由不参加调解的；

（三）一方当事人调解过程中退出调解的。

第九十五条 有条件的地方公安机关交通管理部门可以联合有关部门，设置道路交通事故保险理赔服务场所。

第十章 涉外道路交通事故处理

第九十六条 外国人在中华人民共和国境内发生道路交通事故的，除按照本规定执行外，还应当按照办理涉外案件的有关法律、法规、规章的规定执行。

公安机关交通管理部门处理外国人发生的道路交通事故，应当告知当事人我国法律、法规、规章规定的当事人在处理道路交通事故中的权利和义务。

第九十七条 外国人发生道路交通事故有下列情形之一的，不准其出境：

（一）涉嫌犯罪的；

（二）有未了结的道路交通事故损害赔偿案件，人民法院决定不准出境的；

（三）法律、行政法规规定不准出境的其他情形。

第九十八条 外国人发生道路交通事故并承担全部责任或者主要责任的，公安机关交通管理部门应当告知道路交通事故损害赔偿权利人可以向人民法院提出采取诉前保全措施的请求。

第九十九条 公安机关交通管理部门在处理道路交通事故过程中，使用中华人民共和国通用的语言文字。对不通晓我国语言文字的，应当为其提供翻译；当事人通晓我国语言文字而不需要他人翻译的，应当出具书面声明。

经公安机关交通管理部门批准，外国人可以自行聘请翻译，翻译费由当事人承担。

第一百条 享有外交特权与豁免的人员发生道路交通事故时，应当主动出示有效身份证件，交通警察认为应当给予暂扣或者吊销机动车驾驶证处罚的，可以扣留其机动车驾驶证。需要对享有外交特权与豁免的人员进行调查的，可以约谈，谈话时仅限于与道路交通事故有关的内容。需要检验、鉴定车辆的，公安机关交通管理部门应当征得其同意，并在检验、鉴定后立即发还。

公安机关交通管理部门应当根据收集的证据，制作道路交通事故认定书送达当事人，当事人拒绝接收的，送达至其所在机构；没有所在机构或者所在机构不明确的，由当事人所属国家的驻华使领馆转交送达。

享有外交特权与豁免的人员应当配合公安机关交通管理部门的调查和检验、鉴定。对于经核查确实享有外交特权与豁免但不同意接受调查或者检验、鉴定的，公安机关交通管理部门应当将有关情况记录在案，损害赔偿事宜通过外交途径解决。

第一百零一条　公安机关交通管理部门处理享有外交特权与豁免的外国人发生人员死亡事故的，应当将其身份、证件及事故经过、损害后果等基本情况记录在案，并将有关情况迅速通报省级人民政府外事部门和该外国人所属国家的驻华使馆或者领馆。

第一百零二条　外国驻华领事机构、国际组织、国际组织驻华代表机构享有特权与豁免的人员发生道路交通事故的，公安机关交通管理部门参照本规定第一百条、第一百零一条规定办理，但《中华人民共和国领事特权与豁免条例》、中国已参加的国际公约以及我国与有关国家或者国际组织缔结的协议有不同规定的除外。

第十一章　执法监督

第一百零三条　公安机关警务督察部门可以依法对公安机关交通管理部门及其交通警察处理道路交通事故工作进行现场督察，查处违纪违法行为。

上级公安机关交通管理部门对下级公安机关交通管理部门处理道路交通事故工作进行监督，发现错误应当及时纠正，造成严重后果的，依纪依法追究有关人员的责任。

第一百零四条　公安机关交通管理部门及其交通警察处理道路交通事故，应当公开办事制度、办事程序，建立警风警纪监督员制度，并自觉接受社会和群众的监督。

任何单位和个人都有权对公安机关交通管理部门及其交通警察不依法严格公正处理道路交通事故、利用职务上的便利收受他人财物或者谋取其他利益、徇私舞弊、滥用职权、玩忽职守以及其他违纪违法行为进行检举、控告。收到检举、控告的机关，应当依据职责及时查处。

第一百零五条　在调查处理道路交通事故时，交通警察或者公安机关检验、鉴定人员有下列情形之一的，应当回避：

（一）是本案的当事人或者是当事人的近亲属的；

（二）本人或者其近亲属与本案有利害关系的；

（三）与本案当事人有其他关系，可能影响案件公正处理的。

交通警察或者公安机关检验、鉴定人员需要回避的，由本级公安机关交通管理部门负责人或者检验、鉴定人员所属的公安机关决定。公安机关交通管理部门负责人需要回避的，由公安机关或者上一级公安机关交通管理部门负责人决定。

对当事人提出的回避申请，公安机关交通管理部门应当在二日内作出决定，并通知申请人。

第一百零六条 人民法院、人民检察院审理、审查道路交通事故案件，需要公安机关交通管理部门提供有关证据的，公安机关交通管理部门应当在接到调卷公函之日起三日内，或者按照其时限要求，将道路交通事故案件调查材料正本移送人民法院或者人民检察院。

第一百零七条 公安机关交通管理部门对查获交通肇事逃逸车辆及人员提供有效线索或者协助的人员、单位，应当给予表彰和奖励。

公安机关交通管理部门及其交通警察接到协查通报不配合协查并造成严重后果的，由公安机关或者上级公安机关交通管理部门追究有关人员和单位主管领导的责任。

第十二章　附　则

第一百零八条 道路交通事故处理资格等级管理规定由公安部另行制定，资格证书式样全国统一。

第一百零九条 公安机关交通管理部门应当在邻省、市（地）、县交界的国、省、县道上，以及辖区内交通流量集中的路段，设置标有管辖地公安机关交通管理部门名称及道路交通事故报警电话号码的提示牌。

第一百一十条 车辆在道路以外通行时发生的事故，公安机关交通管理部门接到报案的，参照本规定处理。涉嫌犯罪的，及时移送有关部门。

第一百一十一条 执行本规定所需要的法律文书式样，由公安部制定。公安部没有制定式样，执法工作中需要的其他法律文书，省级公安机关可以制定式样。

当事人自行协商处理损害赔偿事宜的，可以自行制作协议书，但应当符合本规定第二十一条关于协议书内容的规定。

第一百一十二条 本规定中下列用语的含义是：

（一）“交通肇事逃逸”，是指发生道路交通事故后，当事人为逃避法律责任，驾驶或者遗弃车辆逃离道路交通事故现场以及潜逃藏匿的行为。

（二）“深度调查”，是指以有效防范道路交通事故为目的，对道路交通事故发生的深层次原因以及道路交通安全相关因素开展延伸调查，分析查找安全隐患及管理漏洞，并提出从源头解决问题的意见和建议的活动。

（三）“检验报告、鉴定意见确定”，是指检验报告、鉴定意见复印件送达当事人之日起三日内，当事人未申请重新检验、鉴定的，以及公安机关交通管理部门批准重新检验、鉴定，鉴定机构出具检验报告、鉴定意见的。

（四）“外国人”，是指不具有中国国籍的人。

（五）本规定所称的“一日”、“二日”、“三日”、“五日”、“十日”，是指工作日，不包括节假日。

（六）本规定所称的“以上”、“以下”均包括本数在内。

（七）“县级以上公安机关交通管理部门”，是指县级以上人民政府公安机关交通管理部门或者相当于同级的公安机关交通管理部门。

（八）“设区的市公安机关交通管理部门”，是指设区的市人民政府公安机关交通管理部门或者相当于同级的公安机关交通管理部门。

（九）“设区的市公安机关”，是指设区的市人民政府公安机关或者相当于同级的公安机关。

第一百一十三条 本规定没有规定的道路交通事故案件办理程序，依照《公安机关办理行政案件程序规定》《公安机关办理刑事案件程序规定》的有关规定执行。

第一百一十四条 本规定自2018年5月1日起施行。2008年8月17日发布的《道路交通事故处理程序规定》（公安部令第104号）同时废止。

最高人民法院
关于审理道路交通事故损害赔偿案件适用法律若干问题的解释

法释〔2012〕19号

（2012年9月17日最高人民法院审判委员会第1556次会议通过
2012年11月27日最高人民法院公告公布 自2012年12月21日起施行）

为正确审理道路交通事故损害赔偿案件，根据《中华人民共和国侵权责任法》《中华人民共和国合同法》《中华人民共和国道路交通安全法》《中华人民共和国保险法》《中华人民共和国民事诉讼法》等法律的规定，结合审判实践，制定本解释。

一、关于主体责任的认定

第一条 机动车发生交通事故造成损害，机动车所有人或者管理人有下列情形之一，人民法院应当认定其对损害的发生有过错，并适用侵权责任法第四十九条的规定确定其相应的赔偿责任：

（一）知道或者应当知道机动车存在缺陷，且该缺陷是交通事故发生原因之一的；

（二）知道或者应当知道驾驶人无驾驶资格或者未取得相应驾驶资格的；

（三）知道或者应当知道驾驶人因饮酒、服用国家管制的精神药品或者麻醉药品，或者患有妨碍安全驾驶机动车的疾病等依法不能驾驶机动车的；

（四）其它应当认定机动车所有人或者管理人有过错的。

第二条 未经允许驾驶他人机动车发生交通事故造成损害，当事人依照侵权责任法第四十九条的规定请求由机动车驾驶人承担赔偿责任的，人民法院应予支持。机动车所有人或者管理人有过错的，承担相应的赔偿责任，但具有侵权责任法第五十二条规定情形的除外。

第三条 以挂靠形式从事道路运输经营活动的机动车发生交通事故造成损害，属于该机动车一方责任，当事人请求由挂靠人和被挂靠人承担连带责任的，人民法院应予支持。

第四条 被多次转让但未办理转移登记的机动车发生交通事故造成损害，属于该机动车一方责任，当事人请求由最后一次转让并交付的受让人承担赔偿责任的，人民法院应予支持。

第五条 套牌机动车发生交通事故造成损害，属于该机动车一方责任，当事人请求由套牌机动车的所有人或者管理人承担赔偿责任的，人民法院应予支持；被套牌机动车所有人或者管理人同意套牌的，应当与套牌机动车的所有人或者管理人承担连带责任。

第六条 拼装车、已达到报废标准的机动车或者依法禁止行驶的其他机动车被多次转让，并发生交通事故造成损害，当事人请求由所有的转让人和受让人承担连带责任的，人民法院应予支持。

第七条 接受机动车驾驶培训的人员，在培训活动中驾驶机动车发生交通事故造成损害，属于该机动车一方责任，当事人请求驾驶培训单位承担赔偿责任的，人民法院应予支持。

第八条 机动车试乘过程中发生交通事故造成试乘人损害，当事人请求提供试乘服务者承担赔偿责任的，人民法院应予支持。试乘人有过错的，应当减轻提供试乘服务者的赔偿责任。

第九条　因道路管理维护缺陷导致机动车发生交通事故造成损害，当事人请求道路管理者承担相应赔偿责任的，人民法院应予支持，但道路管理者能够证明已按照法律、法规、规章、国家标准、行业标准或者地方标准尽到安全防护、警示等管理维护义务的除外。

依法不得进入高速公路的车辆、行人，进入高速公路发生交通事故造成自身损害，当事人请求高速公路管理者承担赔偿责任的，适用侵权责任法第七十六条的规定。

第十条　因在道路上堆放、倾倒、遗撒物品等妨碍通行的行为，导致交通事故造成损害，当事人请求行为人承担赔偿责任的，人民法院应予支持。道路管理者不能证明已按照法律、法规、规章、国家标准、行业标准或者地方标准尽到清理、防护、警示等义务的，应当承担相应的赔偿责任。

第十一条　未按照法律、法规、规章或者国家标准、行业标准、地方标准的强制性规定设计、施工，致使道路存在缺陷并造成交通事故，当事人请求建设单位与施工单位承担相应赔偿责任的，人民法院应予支持。

第十二条　机动车存在产品缺陷导致交通事故造成损害，当事人请求生产者或者销售者依照侵权责任法第五章的规定承担赔偿责任的，人民法院应予支持。

第十三条　多辆机动车发生交通事故造成第三人损害，当事人请求多个侵权人承担赔偿责任的，人民法院应当区分不同情况，依照侵权责任法第十条、第十一条或者第十二条的规定，确定侵权人承担连带责任或者按份责任。

二、关于赔偿范围的认定

第十四条　道路交通安全法第七十六条规定的“人身伤亡”，是指机动车发生交通事故侵害被侵权人的生命权、健康权等人身权益所造成的损害，包括侵权责任法第十六条和第二十二条规定的各项损害。

道路交通安全法第七十六条规定的“财产损失”，是指因机动车发生交通事故侵害被侵权人的财产权益所造成的损失。

第十五条　因道路交通事故造成下列财产损失，当事人请求侵权人赔偿的，人民法院应予支持：

（一）维修被损坏车辆所支出的费用、车辆所载物品的损失、车辆施救费用；

（二）因车辆灭失或者无法修复，为购买交通事故发生时与被损坏车辆价值相当的车辆重置费用；

（三）依法从事货物运输、旅客运输等经营性活动的车辆，因无法从事相应经营活动所产生的合理停运损失；

（四）非经营性车辆因无法继续使用，所产生的通常替代性交通工具的合理费用。

三、关于责任承担的认定

第十六条 同时投保机动车第三者责任强制保险（以下简称“交强险”）和第三者责任商业保险（以下简称“商业三者险”）的机动车发生交通事故造成损害，当事人同时起诉侵权人和保险公司的，人民法院应当按照下列规则确定赔偿责任：

（一）先由承保交强险的保险公司在责任限额范围内予以赔偿；

（二）不足部分，由承保商业三者险的保险公司根据保险合同予以赔偿；

（三）仍有不足的，依照道路交通安全法和侵权责任法的相关规定由侵权人予以赔偿。

被侵权人或者其近亲属请求承保交强险的保险公司优先赔偿精神损害的，人民法院应予支持。

第十七条 投保人允许的驾驶人驾驶机动车致使投保人遭受损害，当事人请求承保交强险的保险公司在责任限额范围内予以赔偿的，人民法院应予支持，但投保人为本车上人员的除外。

第十八条 有下列情形之一导致第三人人身损害，当事人请求保险公司在交强险责任限额范围内予以赔偿，人民法院应予支持：

（一）驾驶人未取得驾驶资格或者未取得相应驾驶资格的；

（二）醉酒、服用国家管制的精神药品或者麻醉药品后驾驶机动车发生交通事故的；

（三）驾驶人故意制造交通事故的。

保险公司在赔偿范围内向侵权人主张追偿权的，人民法院应予支持。追偿权的诉讼时效期间自保险公司实际赔偿之日起计算。

第十九条 未依法投保交强险的机动车发生交通事故造成损害，当事人请求投保义务人在交强险责任限额范围内予以赔偿的，人民法院应予支持。

投保义务人和侵权人不是同一人，当事人请求投保义务人和侵权人在交强险责任限额范围内承担连带责任的，人民法院应予支持。

第二十条 具有从事交强险业务资格的保险公司违法拒绝承保、拖延承保或者违法解除交强险合同，投保义务人在向第三人承担赔偿责任后，请求该保险公司在交强险责任限额范围内承担相应赔偿责任的，人民法院应予支持。

第二十一条 多辆机动车发生交通事故造成第三人损害，损失超出各机动车交强险责任限额之和的，由各保险公司在各自责任限额范围内承担赔偿责任；损失未超出各机动车交强险责任限额之和，当事人请求由各保险公司按照其责任限额与责任限额之和的比例承担赔偿责任的，人民法院应予支持。

依法分别投保交强险的牵引车和挂车连接使用时发生交通事故造成第三人损害，当事人请求由各保险公司在各自的责任限额范围内平均赔偿的，人民法院应予支持。

多辆机动车发生交通事故造成第三人损害，其中部分机动车未投保交强险，当事人请求先由已承保交强险的保险公司在责任限额范围内予以赔偿的，人民法院应予支持。保险公司就超出其应承担的部分向未投保交强险的投保义务人或者侵权人行使追偿权的，人民法院应予支持。

第二十二条 同一交通事故的多个被侵权人同时起诉的，人民法院应当按照各被侵权人的损失比例确定交强险的赔偿数额。

第二十三条 机动车所有权在交强险合同有效期内发生变动，保险公司在交通事故发生后，以该机动车未办理交强险合同变更手续为由主张免除赔偿责任的，人民法院不予支持。

机动车在交强险合同有效期内发生改装、使用性质改变等导致危险程度增加的情形，发生交通事故后，当事人请求保险公司在责任限额范围内予以赔偿的，人民法院应予支持。

前款情形下，保险公司另行起诉请求投保义务人按照重新核定后的保险费标准补足当期保险费的，人民法院应予支持。

第二十四条 当事人主张交强险人身伤亡保险金请求权转让或者设定担保的行为无效的，人民法院应予支持。

四、关于诉讼程序的规定

第二十五条 人民法院审理道路交通事故损害赔偿案件，应当将承保交强险的保险公司列为共同被告。但该保险公司已经在交强险责任限额范围内予以赔偿且当事人无异议的除外。

人民法院审理道路交通事故损害赔偿案件，当事人请求将承保商业三者险的保险公司列为共同被告的，人民法院应予准许。

第二十六条 被侵权人因道路交通事故死亡，无近亲属或者近亲属不明，未经法律授权的机关或者有关组织向人民法院起诉主张死亡赔偿金的，人民法院不予受理。

侵权人以已向未经法律授权的机关或者有关组织支付死亡赔偿金为理由，请求保险公司在交强险责任限额范围内予以赔偿的，人民法院不予支持。

被侵权人因道路交通事故死亡，无近亲属或者近亲属不明，支付被侵权人医疗费、丧葬费等合理费用的单位或者个人，请求保险公司在交强险责任限额范围内予以赔偿的，人民法院应予支持。

第二十七条 公安机关交通管理部门制作的交通事故认定书，人民法院应依法审查并确认其相应的证明力，但有相反证据推翻的除外。

五、关于适用范围的规定

第二十八条 机动车在道路以外的地方通行时引发的损害赔偿案件，可以参照适用本解释的规定。

第二十九条 本解释施行后尚未终审的案件，适用本解释；本解释施行前已经终审，当事人申请再审或者按照审判监督程序决定再审的案件，不适用本解释。

【链 接】

最高人民法院民一庭负责人就《最高人民法院关于审理道路交通事故损害赔偿案件适用法律若干问题的解释》答记者问

为贯彻党的十八大提出的五位一体的重大战略部署，切实保障和改善民生，加快形成法治保障的社会管理体制，为全面建成小康社会提供有力的司法保障，最高人民法院根据《中华人民共和国侵权责任法》（以下简称侵权责任法）、《中华人民共和国合同法》（以下简称合同法）、《中华人民共和国道路交通安全法》（以下简称道路交通安全法）、《中华人民共和国保险法》（以下简称保险法）、《中华人民共和国民事诉讼法》（以下简称民事诉讼法）等法律的相关规定，结合审判实践，经审判委员会第1556次会议讨论，通过了《最高人民法院关于审理道路交通事故损害赔偿案件适用法律若干问题的解释》（以下简称《解释》）。值此司法解释公布之际，最高人民法院民一庭负责人就《解释》的有关问题接受了记者的采访。

问：《最高人民法院关于审理道路交通事故损害赔偿案件适用法律若干问题的解释》于12月21日施行，请您谈谈为何要出台该《解释》？

答： 近年来，我国道路交通事业高速发展，机动车的保有量飞速增长，根据公安部发布的信息，截止到2012年6月底，我国机动车总保有量达2.33亿辆，其中汽车1.14亿辆，摩托车1.03亿辆。全国机动车驾驶人达2.47亿人，其中汽车驾驶人 1.86 亿人。机动车保有量和驾驶人数量的飞速增长导致交通事故引发的案件数量也大幅增加。2010 年，全国公安部门接报道路交通事故案件 390.6 万件，2011 年达到 422.4 万件。2010 年全国法院一审受理的道路交通事故损害赔偿案件为 612596 件，2011 年为 744570 件，分别比上一年上升 31.83%和 21.54%，今年上半年，新受理的案件更是达到 403476 件，位居增幅最快的民生类案件的前列。此类案件涉及人民群众的基本人身财产权益，如何迅速妥当审理此类案件、及时化解矛盾、保护道路交通事故的各方参与人尤其是受害人的合法权益，是人民法院践行为民司法的必然要求，也是最高人民法院制定《解释》的价值基础和现实依据。

与此同时，随着 2004 年道路交通安全法、2006 年《机动车交通事故责任强制保险条例》以及 2010 年侵权责任法等法律、行政法规的实施，道路交通事故损害赔偿案件的审理涌现出较为突出的问题：一是在责任主体及其责任范围的判断上，实践中的形态多种多样。如何根据现行法律准确认定责任主体及其责任范围，需要统一裁判尺度。二是交强险制度的建立和商业三者险的逐步普及，致使此类案件在法律关系上具有复杂性。如何针对不同的法律关系适用相应的法律规范，需要明确裁判依据。三是结合我国的现实国情，在依法保障受害人权益的前提下，如何为相关行业及其他道路交通参与人提供必要的发展空间和行为自由，需要平衡各方利益。四是在依法保障各方当事人实体权利和诉讼权利的目标下，如何为当事人提供具有实效性的一次性诉讼纠纷解决机制、减少当事人的诉累，需要创新诉讼机制。

针对上述问题，最高人民法院从 2007 年起即启动了本《解释》的起草工作，后因侵权责任法的制定而暂停。侵权责任法颁布实施后，根据侵权责任法的立法精神及审判实践的要求，我们重新启动了本《解释》的起草工作。在起草过程中，我们多次认真听取了全国人大法工委、国务院法制办、公安部、交通运输部、保监会、农业部、各级人民法院以及相关专家学者的意见。由于该《解释》涉及基本的民生问题，涉及人民群众的日常生活，为集思广益，我们于 2012 年 3 月 21 日至 4 月 21 日通过《人民法院报》和中国法院网向全社会公开征求意见。征求意见过程中，共收到社会各界人士提出的意见建议 600 余件，在总结、归纳、吸收这些意见的基础上，经过最高人民法院审判委员会认真讨论、仔细研究，最终于 2012 年 9 月 17 日第 1556 次会议通过了本《解释》。

问：我们注意到，本《解释》首先对道路交通事故的责任主体做出了规定，在确定相关的责任主体时，《解释》依据了什么样的原则和精神？

答：责任主体的确定是道路交通事故损害赔偿案件的重中之重，它不仅涉及由谁承担侵权责任、受害人的损害由谁赔偿、能否得到赔偿的问题，还关系到侵权责任法有效制裁侵权行为、预防交通事故发生这一功能能否实现的问题。因此，这是《解释》要解决的核心问题之一。在侵权责任主体的确定规则上，我们主要依据以下原则和精神：一是根据侵权责任法第四十九条、第五十条的规定，原则上由机动车的运行支配和运行利益的享有者承担责任，由所有人或管理人承担过错责任。这主要针对借用、租赁、转让、非盗抢等情形下擅自驾驶他人机动车发生交通事故的场合。所有人或管理人的过错主要表现为对机动车安全、技术性能的疏于维护、对使用人驾驶资质和驾驶能力的疏于注意等情形。二是根据侵权责任法第五十一条的规定，针对一系列违法情形下的机动车的所有人或管理人，从加大对受害人的保护、减少交通事故的发生风险、制裁违法行为的角度，规定由相关范围内的违法行为人承担连带责任，例如套牌车、拼装车、报废车等情形下的责任主体的确定规则。三是以侵权责任法其他章节的规定为法律依据，对道路交通事故发生的原因作出区分，以相关主体所负担的法定注意义务为基本的判断因素，确定多因一果情形下的责任主体。例如道路管理、维护缺陷导致交通事故的责任主体的认定，道路设计、维护缺陷导致交通事故的责任主体的确定规则等。

总而言之，在道路交通事故责任主体的确定方面，《解释》紧紧围绕侵权责任法的填补损失功能、制裁功能、预防功能等立法目的，合理妥当地确定相关的责任主体。

问：当前，以挂靠形式从事道路运输经营活动的情形比较常见，在不少地方甚至比较普遍，请问《解释》对这种机动车发生交通事故的责任主体和责任形态是如何规定的？

答：以挂靠形式从事运输经营活动的情形在现实中确实比较普遍。其主要特征是，挂靠人为了满足车辆运输经营管理上的需要，将自己出资购买的机动车挂靠于某个具有运输经营权的企业，由该企业为挂靠车主代办各种法律手续，并以该企业的名义对外进行运输经营。以挂靠形式进行运输经营，在实践中产生了较多的弊端：一是违反了《道路运输条例》等行政法规的规定，使国家通过运输经营许可证的形式加强安全管理、规范市场经营秩序的管理目的落空。二是以挂靠形式从事运输经营的机动车，被挂靠企业有经营之名而无经营之实，疏于对驾驶人员的培训、疏于对机动车运行安全的管理，极大地增加了道路交通的安全隐患，对于其他道路交通参与人的人身财产权益造成了较大的风险。三是挂靠经营方式下，挂靠人的资力往往比较薄弱，从而导致交通事故发生后，受害人难以得到及时、充分的赔偿，权益难以得到保护，引发诸多社会矛盾。

基于上述理由，我们认为，有必要从侵权责任的角度明确挂靠经营的机动车发生交通事故的责任主体。《解释》明确规定，以挂靠形式从事运输经营的机动车发生交通事故后，由挂靠人与被挂靠人承担连带责任。这主要基于以下考虑：首先，以被挂靠人的经营许可证和名义从事运输经营，无论是对交易相对人还是对不特定的道路交通参与人而言，都使他们产生了一种信赖，信赖以此经营许可证和名义从事经营的人具有一定资力、具备一定的安全生产条件。其次，机动车运输经营活动属于一种高度危险活动，依据侵权责任法及其理论，开启某种危险、从某种危险活动中获取利益的主体应当承担相应的责任，而被挂靠人恰恰从挂靠经营活动中获得了利益，有时甚至是巨大的利益。再次，被挂靠人不承担责任或者承担较小的责任，会纵容挂靠这种违反运输管理秩序、违反交通管理法规的行为，规定被挂靠人承担连带责任有利于以私法的手段实现公法目的，维护法律体系的统一性。最后，从侵权责任法关于责任主体和连带责任的规定来看，侵权责任法更加关注对违法行为的制裁、更加注重对受害人权益的保护，因此，规定由挂靠人和被挂靠人承担连带责任也符合侵权责任法的立法精神。

问：从我国目前道路交通的现实来看，套牌车、拼装车、报废车等机动车违法上路行驶的情形仍屡见不鲜，也为道路交通参与人的人身财产权益造成了极大的危险，带来了极大的危害，《解释》对这些问题是如何归责的？

答：从我们掌握的情况看，随着公安交通管理部门以及其他职能部门加大管理力度和处罚力度，套牌车、拼装车、报废车等违法机动车上路行驶的情形在逐步减少。但是不可否认，由于我国的机动车保有量大、各地情形千差万别，因此，这些违法情形仍十分常见。因此，有必要从民事损害赔偿的角度，对相关的责任主体予以明确。

《解释》对套牌车、拼装车或者已达到报废标准的机动车发生交通事故造成损害的责任主体分别做出了规定。套牌车产生的主要原因是套牌行为人为了逃避相关的税费和规避公安交通管理部门的监管、处罚。在形式上，主要表现为两种形式，一种是被套牌一方是被侵权人，在他不知道的情形下被他人套牌。此时的被套牌一方也是受害人。发生交通事故后，自然应当由套牌的行为人即套牌车的所有人或管理人承担侵权责任。另外一种则是被套牌一方同意他人套牌。对于后一种情形，综合考虑套牌一方和被套牌一方行为的违法性、所造成的危险及其程度等因素，《解释》规定，发生交通事故后的损害赔偿责任由两者承担连带责任。

关于拼装车、已达到报废标准的机动车发生交通事故后的损害赔偿责任，侵权责任法第五十一条已经明确规定由转让人和受让人承担连带责任。但是，现实中，更多的情形是，发生交通事故时，肇事的拼装车、报废车已经经过多次转让，此时，责任主体应当如何确定，需要根据侵权责任法第五十一条的规定予以明确。我们认为，转让、运行拼装车、报废车违反了道路交通安全法的规定，给道路交通安全造成了极大的危害，严重威胁到道路交通参与人的人身财产安全，因此应当由所有的转让人和受让人承担连带责任。这不仅是侵权责任法填补损害功能的要求，更是贯彻道路交通安全法和侵权责任法的当然结论。

问：侵权责任法关于损害赔偿的范围虽然有所规定，但仍然是诉讼中争议较多的问题，《解释》针对交通事故损害赔偿的范围有无更为细化的规定？

答：侵权责任法第十六条、第十八条、第十九条、第二十条和第二十二条等，对侵害他人人身财产权益的赔偿范围作出了原则性的规定。但是，在道路交通事故损害赔偿案件中，仍然需要就若干问题做出进一步明确的规定。一是道路交通安全法第七十六条规定的“人身伤亡”和“财产损失”是依据何种标准划分的，而这种划分标准是确定道路交通事故损害赔偿范围的前提性问题；二是依据此种划分标准，精神损害赔偿应当归属于何种损失范围之内，以及精神损害赔偿是否应当在交强险中赔偿以及在交强险中的赔偿次序问题；三是财产损失在实践中包括哪些具体损失类型以及财产损失在交强险中的赔偿范围问题。围绕上述问题，《解释》主要考虑了两个方面的因素，一是要重视对人身损害的赔偿，这不仅是生命权、健康权等人身权益在法律体系和权利结构上的优先性所决定的，更是司法保障民生的具体体现；二是在此前提下，应当注意赔偿范围与道路交通参与人行为自由的平衡，赔偿范围如果过大，会造成道路交通的各方参与人负担过重，限制了其行为自由。

依据道路交通安全法以及侵权责任法的相关规定，《解释》对上述问题做出了解释性规定，明确道路交通安全法中，“人身伤亡”和“财产损失”的划分是以道路交通事故所侵害的客体为标准的：侵害被侵权人的生命权、健康权等人身权益所造成的损害，为“人身伤亡”；侵害被侵权人的财产权益所造成的损失，为“财产损失”。依据该解释性规定，审判实践中多有争议的“人身伤亡”是否包括医疗费、精神损害等损失的问题就迎刃而解。相应地，根据道路交通安全法第七十六条的规定，我国目前的交强险也应当赔偿精神损害，且精神损害在交强险中的赔偿次序应由被侵权人来选择。如果被侵权人选择交强险优先赔偿精神损害的，人民法院应予支持。应当说，如此规定，一方面准确贯彻了道路交通安全法和侵权责任法的立法宗旨，另一方面更加强调了交强险对人身权益的保障功能，符合交强险的功能定位。

在财产损失的范围上，就我国目前的道路交通状况、事故率乃至人们的道路交通安全意识来看，赔偿范围应当主要限于必要的、典型的损失类型，否则容易导致道路交通各方参与人的负担过重。因此，《解释》明确规定，财产损失的范围包括车辆的修理费用、物品损失、施救费用、重置费用以及经营性车辆的停运损失和非经营性车辆使用中断的损失。

问：正如您前面所谈到的，由于交强险制度的建立和商业三者险的逐步普及，道路交通事故损害赔偿案件的法律关系呈现出复杂性，在统一裁判依据的问题上，《解释》作出了怎样的规定？

答：确实如此，由于保险制度的介入，相较于其他侵权案件来说，道路交通事故损害赔偿案件的法律关系更为复杂，在裁判依据上需要统一和明确。解决这个问题，需要辨明交强险与商业险各自的功能定位。在司法解释起草过程中，关于交强险的功能及其与侵权责任的关系曾引起过激烈讨论。在听取各方不同意见的基础上，《解释》所采纳的基本原则是，依据道路交通安全法第七十六条的规定，我国的交强险制度更加强调交强险的基本保障功能，更为重视对受害人损失的填补功能，相应地，交强险在其责任限额范围内与侵权责任在一定程度上相互分离。因此，发生交通事故后，应当首先由交强险在其责任限额范围内（包括分项限额）予以赔偿。

与交强险相对应，商业三者险是机动车的所有人或管理人为了分散因机动车运行所可能导致的侵权责任而购买的保险，在功能上，该保险更加注重对机动车所有人或管理人风险的分散，与交强险不能等同视之。同时，我国的商业三者险是以交强险赔偿之后，被保险人依法应当承担的侵权责任为保险标的的，因此，商业三者险所形成的法律关系，就必须以《保险法》和商业三者险合同为基本的裁判依据。所以，《解释》明确规定了实体上的处理顺序，即在确定交强险保险公司的赔偿责任之后，再确定侵权人（被保险人）依法应当承担的侵权责任，然后根据商业三者险合同的约定和《保险法》的相关规定确定商业三者险保险公司的赔偿范围。最后，再由侵权人依照侵权责任法的相关规定承担剩余的侵权责任。

应当说，《解释》关于这一问题的规定，区分了强制险和商业险的功能，划分了侵权责任与保险责任的范围，具有统一裁判依据的重要作用。

问：近年来，一些道路交通事故损害赔偿案件之所以引起社会的广泛关注，其中一个重要的原因是，这些案件中，机动车的所有人或管理人未投保交强险，导致本可通过交强险分散的赔偿责任全部由侵权人承担。那么，对于未投保交强险的机动车发生交通事故的责任承担问题，《解释》是否做出了回应？

答：交强险自2006年实施以来，投保率逐年增加。根据中国保监会提供的统计数字，2008年，机动车投保率为40.8%，汽车投保率为67.6%；2009年，机动车投保率为45.6%，汽车投保率为73.5%；2010年，机动车投保率为49.0%，汽车投保率为78.9%；2011年，机动车投保率为50.6%，汽车投保率为81.1%。从上述数据来看，我国机动车的投保率虽然逐年上升，但仍有相当比例的机动车未投保交强险。在审判实践中，就导致一个较为突出的问题，即未投保交强险的机动车发生交通事故的责任承担问题。

就此问题，《解释》规定，未依法投保交强险的机动车发生交通事故造成损害，投保义务人应当先替代交强险保险公司的地位在交强险责任限额范围内对第三人予以赔偿，超出该范围之外的损失，再按照侵权责任法的规定承担侵权责任。该规定主要基于以下理由：第一，如前所述，依据道路交通安全法的规定，交强险在一定范围内与侵权责任分离，导致交强险的赔偿范围并非以侵权责任的成立及其范围为主要依据，即使在遵守交强险分项责任限额的前提下也是如此。这就说明，投保交强险的机动车导致第三人遭受损害，在赔偿范围上，第三人所得到的赔偿要比未投保交强险情形下直接按照侵权责任规则处理所获得的赔偿要多，有的时候甚至多很多。这就为未投保交强险的机动车发生交通事故的责任承担问题作出专门规定奠定了现实基础。第二，道路交通安全法、机动车交通事故责任强制保险条例明确规定机动车的所有人或管理人应当依法投保交强险，这些法律、行政法规的规定具有强烈的保护不特定第三人的立法目的。投保义务人未投保交强险的行为显然违反了以保护他人为目的的法律，因而具有显著的违法性。第三，投保义务人未投保交强险的行为侵害了第三人从交强险中获得赔偿的利益，该利益属于侵权责任法的保护范围。

实践中，还有一个较为突出的问题是，投保义务人和实际驾驶人不一致的情形下，交强险责任限额范围内的赔偿责任如何承担？《解释》对此也予以了明确，即由投保义务人和实际驾驶人在交强险责任限额范围内承担连带责任，超出责任限额范围之外的部分，再依照侵权责任法的规定确定赔偿责任。之所以如此规定，主要原因在于，根据道路交通安全法的规定，驾驶人驾驶机动车有注意交强险标志的义务、未放置保险标志的机动车不能上路行驶，所以，实际驾驶人和投保义务人都存在违法行为。发生交通事故后，第三人不能从交强险中获得赔偿的损失是由投保义务人与实际驾驶人共同造成的。因此，投保义务人与实际驾驶人应在交强险责任限额范围内对第三人承担连带赔偿责任。

《解释》关于未投保交强险的责任承担的规定，符合侵权责任法的规定及其理论，也是对审判实务的经验总结。在社会效果上，该规定一方面充分保护了受害人（第三人）的合法权益，另一方面，也有利于通过私法的手段促使投保义务人积极履行交强险的投保、续保义务，有利于驾驶人切实承担交通法律法规所规定的注意义务，有力地促进道路交通秩序的良性发展。

问：《解释》征求意见稿关于醉酒驾驶、无证驾驶等情形下，交强险的保险公司应当承担赔偿责任的规定，在征求意见过程中曾引起过争论，《解释》关于这个问题的规定是否发生了变化？

答：关于醉酒驾驶、无证驾驶、吸毒后驾驶以及被保险人故意制造交通事故的几种违法情形，发生交通事故后交强险保险公司的责任和侵权人的责任如何承担，在实践中存在争议。《解释》征求意见过程中，有观点认为，这几种违法情形下保险公司不应当承担交强险的赔偿责任，否则就放纵了此类违法行为，不利于制裁侵权人，不利于提高驾驶人的注意义务。

《解释》未采纳这种观点，原因在于：第一，如前所述，交强险的首要功能在于对受害人的保护，因而具有安定社会的功能，而侵权人风险分散的功能则居于次要地位。因此，这些违法情形下保险公司对第三人承担赔偿责任，符合交强险制度的目的。在此意义上，前述观点未能准确把握我国交强险的功能定位。第二，保险公司承担赔偿责任后可以向侵权人追偿，并不会造成放纵违法行为人的后果。并且，保险公司的追偿能力与受害人相比，显然处于更有利的地位。更有利于实现制裁违法行为的目的。第三，由保险公司先行赔偿、再对侵权人追偿的处理方式更有利于实现交强险保护受害人权益、填补受害人损失的功能。如果此类违法情形下，交强险保险公司不承担赔偿责任，则显然受害人权益的保护在不少场合将难以实现。第四，道路交通安全法第七十六条规定，机动车发生交通事故后，先由交强险的保险公司在交强险责任限额范围内予以赔偿，并未将这些违法情形排除在外。第四，机动车交通事故责任强制保险条例第二十二条虽然规定了醉酒驾驶、无证驾驶、机动车被盗抢期间肇事、被保险人故意制造交通事故等几种违法情形下交强险保险公司仅垫付抢救费用且不赔偿财产损失，但侵权责任法并未完全采纳该观点，该法第五十二条仅规定机动车被盗抢期间发生交通事故的，交强险保险公司可以免除赔偿责任，只承担垫付抢救费用的责任。这说明，侵权责任法对于其他几种情形的评价与对机动车被盗抢期间发生交通事故情形的评价有所不同，这也是《解释》关于这个问题规定的主要法律基础。第五，从其他国家或地区的立法及实践来看，例如德国、日本、韩国以及我国台湾地区等，都采纳了交强险保险公司在此类情形下先承担赔偿责任，再向侵权人追偿的处理思路。

基于上述理由，《解释》规定，在醉酒驾驶、无证驾驶或吸毒后驾驶以及被保险人故意制造交通事故等几种违法情形下，交强险保险公司仍应当在其责任限额范围内承担赔偿责任，保险公司赔偿后有权向侵权人追偿。但是，考虑到人身损害问题在实践中更为突出以及交强险所承担的基本保障功能等因素，《解释》将该规则的适用限制在“人身损害”的范围之内。

问：我们注意到，人民法院在审理道路交通事故损害赔偿案件时，关于交强险保险公司的地位，实践中的做法并不统一，有的将保险公司作为共同被告，有的作为第三人，《解释》在这个问题上是如何规定的？

答：关于道路交通事故的诉讼机制问题，前面已经提到，这也是《解释》起草过程中的核心问题之一。《解释》关于诉讼机制的基本目标是，在依法保障各方当事人实体权利和诉讼权利的前提下，为当事人提供具有实效性的一次性诉讼纠纷解决机制，减少当事人的诉累。

依据上述目标，《解释》规定，道路交通事故损害赔偿案件中，交强险保险公司作为应当追加的被告参加诉讼，但如果保险公司已经作出赔偿且当事人无异议的除外。作出这一规定，主要基于以下理由：第一，道路交通安全法第七十六条规定的第三人（受害人）对保险公司享有的直接请求权，决定了保险公司可以作为被告。第二，道路交通事故损害赔偿案件的实体法律关系决定了应当将交强险保险公司作为共同被告。道路交通事故损害赔偿案件中，可能并存三种法律关系，即第三人（受害人）与保险公司之间的保险金请求关系、第三人（受害人）基于侵权责任与侵权人之间的损害赔偿关系以及侵权人（被保险人）对受害人作出赔偿后被保险人与保险人的保险金请求关系。虽然从实体法律关系的角度看，第三人（受害人）对保险公司或侵权人（被保险人）的请求权可分别行使，但是在进入诉讼这一特定的场景之下，将会发生如下问题：首先，机动车是交通事故发生的参与方或原因之一，这一要件事实既是保险公司承担赔偿责任的要件事实，也是侵权人承担侵权责任的要件事实。在诉讼中，人民法院就该要件事实的认定，存在合一确定之必要。其次，由于侵权责任是在交强险赔偿之后才确定，如果不追加保险公司作为共同被告，侵权人侵权责任的范围即无法准确认定。再次，如果不追加保险公司，在侵权人（被保险人）另行起诉保险公司的后诉中，被保险机动车是否为交通事故的参与方或原因之一仍然是重要的争点之一，由于保险公司未参与前诉的诉讼程序，其诉讼权利也难以得到保障。第四，将交强险保险公司作为共同被告不会造成诉讼过分迟延。依据现在的技术条件，查明事故参与方机动车投保交强险的情况很容易实现，并且，客观上，侵权人的侵权责任被保险公司所分担，因诉讼引发的抵触情绪、因赔偿数额较大的畏难情绪会在一定程度上降低，也有利于诉讼的推进。所以，将交强险保险公司作为应当追加的共同被告有利于诉讼的迅速进行，不会造成诉讼的过分迟延。

问：近年来，道路交通事故损害赔偿案件中，人民群众反映较为普遍的问题之一是诉讼程序过于繁复，受害人要获得损害赔偿，往往需要先起诉侵权人和交强险保险公司，再由受害人或被保险人另案起诉商业三者险的保险公司，诉讼成本较高。请问《解释》在诉讼程序有无新的规定?

答：对于这个问题，《解释》起草过程中给予了重点关注，并反复研究讨论后，最终规定，同时投保商业三者险的，如当事人请求，人民法院应当将商业三者险的保险公司列为共同被告。该规定主要基于以下理由：一是一次性解决纠纷、减少当事人诉累的需要。司法实践中，就受害人的损失填补问题，往往需要受害人先起诉交强险保险公司和侵权人，该诉讼确定交强险的赔偿范围和侵权人的赔偿范围后，再由被保险人（侵权人）另行起诉商业三者险保险公司，就交强险赔偿范围之外的侵权责任部分请求商业三者险保险公司赔偿，此种处理模式显然增加了当事人的诉讼负担，将一个诉讼能够解决的受害人的损失填补问题分为两个诉讼解决，徒增诉累。二是商业险保险合同是以交强险赔偿范围之外的赔偿责任为保险标的，换言之，只有交强险的赔偿范围确定，商业三者险的赔偿范围才确定，交强险保险公司的赔付责任和商业三者险保险公司的赔付责任具有较为紧密的关联性。在实践中，多数机动车的交强险和商业三者险是在一个保险公司投保，此种情形下，两者的关联性更为密切。并且，在案件审理过程中遵循交强险先赔偿、再根据侵权责任和商业三者险合同确定保险公司的赔偿责任，最后确定侵权人自己承担的赔偿责任这一顺序，并不会出现法律关系过于复杂、案件难以处理、诉讼过分迟延的情况。三是根据保险法第六十五条的规定，商业三者险中的第三者在被保险人怠于请求保险金时有直接请求权。这里的“怠于”，在受害人已经起诉请求赔偿而被保险人尚未请求商业三者险保险公司赔偿的情况下，被保险人即处于懈怠状态。因此，将商业三者险合并审理符合保险法的规定。四是合并审理有利于避免就相同争点重复审理，提高诉讼效率。在商业三者险合同纠纷中，保险公司往往需要根据具体情况就侵权人（被保险人）是否承担责任、承担责任的范围提出异议、行使相应的抗辩权，从而导致在商业三者险合同纠纷中，审理法院大多需要就侵权责任的范围等问题作出判断，容易造成就相同争点重复审理的现象。另一方面，商业三者险的保险公司进入同一诉讼，也有利于其在该诉讼中行使合同上的抗辩权。

当然，需要注意的是，将商业三者险保险公司作为共同被告一并处理，需要注意两个方面的问题：一是实体法律关系上，应当依据《保险法》和保险合同的约定认定当事人的权利义务，这一点与交强险存在较大的差别；二是在诉讼程序上，应当特别注意保障商业三者险保险公司的诉讼权利。商业三者险保险公司一方面在侵权责任的成立与范围、在交强险保险公司的赔偿范围等问题上与侵权人存有共同的诉讼利益，另一方面，商业三者险保险公司与侵权人（被保险人）之间也存在利益冲突，即商业三者险保险公司有权依据保险合同的约定对侵权人（被保险人）行使相应的合同权利，例如抗辩权等，两者之间还存在着对立关系。因此，人民法院在合并处理商业三者险纠纷的程序中，应当高度重视商业三者险保险公司基于合同的实体权利，并给予这些实体权利在诉讼中的程序保障。

就此诉讼机制来看，我们认为，既能保障各方当事人的实体权利和程序权利，又能实现纠纷的一次性解决，减少诉讼成本，体现了便民、利民原则。

最高人民法院
关于交通事故中的财产损失是否包括被损车辆停运损失问题的批复

法释〔1999〕5号

（1999年1月29日最高人民法院审判委员会第1042次会议通过
1999年2月11日最高人民法院公告公布　自1999年2月13日起施行）

吉林省高级人民法院：

你院吉高法〔1998〕143号《关于交通事故损害赔偿中的财产损失是否包括间接损失问题的请示》收悉。经研究，答复如下：

《中华人民共和国民法通则》第一百一十七条第二款、第三款规定："损坏国家的、集体的财产或者他人财产的，应当恢复原状或者折价赔偿。""受害人因此遭受其他重大损失的，侵害人并应当赔偿损失。"因此，在交通事故损害赔偿案件中，如果受害人以被损车辆正用于货物运输或者旅客运输经营活动，要求赔偿被损车辆修复期间的停运损失的，交通事故责任者应当予以赔偿。

此复。

最高人民法院
关于被盗机动车辆肇事后由谁承担损害赔偿责任问题的批复

法释〔1999〕13号

（1999年6月18日最高人民法院审判委员会第1069次会议通过
1999年6月25日最高人民法院公告公布　自1999年7月3日起施行）

河南省高级人民法院：

你院《关于被盗机动车辆肇事后肇事人逃跑由谁承担损害赔偿责任的请示》收悉。经研究，答复如下：

使用盗窃的机动车辆肇事，造成被害人物质损失的，肇事人应当依法承担损害赔偿责任，被盗机动车辆的所有人不承担损害赔偿责任。

此复。

最高人民法院
关于购买人使用分期付款购买的车辆从事运输因交通事故造成他人财产损失保留车辆所有权的出卖方不应承担民事责任的批复

法释〔2000〕38号

（2000年11月21日最高人民法院审判委员会第1143次会议通过
2000年12月1日最高人民法院公告公布　自2000年12月8日起施行）

四川省高级人民法院：

你院川高法〔1999〕2号《关于在实行分期付款、保留所有权的车辆买卖合同履行过程中购买方使用该车辆进行货物运输给他人造成损失的，出卖方是否应当承担民事责任的请示》收悉。经研究，答复如下：

采取分期付款方式购车，出卖方在购买方付清全部车款前保留车辆所有权的，购买方以自己名义与他人订立货物运输合同并使用该车运输时，因交通事故造成他人财产损失的，出卖方不承担民事责任。

此复。

最高人民法院
关于在道路交通事故损害赔偿纠纷案件中机动车交通事故责任强制保险中的分项限额能否突破的请示的答复

（2012年5月29日 〔2012〕民一他字第17号）

辽宁省高级人民法院：

你院〔2012〕辽民一他字第1号《关于在道路交通事故损害赔偿纠纷案件中，机动车交通事故责任强制保险中的分项限额能否突破的请示》已收悉，经研究，答复如下：

根据《中华人民共和国道路交通安全法》第十七条、《机动车交通事故责任强制保险条例》第二十三条，机动车发生交通事故后，受害人请求承保机动车第三者责任强制保险的保险公司对超出机动车第三者责任强制保险分项限额范围予以赔偿的，人民法院不予支持。

最高人民法院　公安部　司法部
中国保险监督管理委员会
关于在全国部分地区开展道路交通事故损害赔偿纠纷“网上数据一体化处理”改革试点工作的通知

（2017年10月27日　法〔2017〕316号）

为全面贯彻落实党的十九大精神，贯彻落实中共中央办公厅、国务院办公厅《关于完善矛盾纠纷多元化解机制的意见》和全国司法体制改革工作推进会精神，运用大数据加强预防和化解社会矛盾机制建设，努力提高社会化、法治化、智能化、专业化的社会治理水平，实现道路交通事故损害赔偿纠纷的公正高效处理，及时维护人民群众人身权、财产权，促进平安中国、法治中国建设，最高人民法院、公安部、司法部、中国保险监督管理委员会决定在北京、河北、吉林、上海、江苏、浙江、安徽、山东、河南、湖北、广东、海南、四川、重庆等14个省市联合开展道路交通事故损害赔偿纠纷“网上数据一体化处理”（以下简称网上一体化处理）改革试点工作。现就有关事项通知如下：

各省、自治区、直辖市高级人民法院、公安厅（局）、司法厅（局），各保监局，解放军军事法院，新疆维吾尔自治区高级人民法院生产建设兵团分院、新疆生产建设兵团公安局、司法局：

一、工作原则和工作目标

1. 坚持正确政治方向。深入学习贯彻党的十九大精神，坚持以习近平新时代中国特色社会主义思想武装头脑、指导实践、推动工作，不忘切心、牢记使命，统筹推进“五位一体”总体布局和协调推进“四个全面”战略布局，践行新发展理念，在道路交通事故损善赔偿纠纷的预防和化解中充分运用互联网思维、大数据分析加强和创新社会治理。

2. 坚持以人民为中心。围绕满足人民群众日益增长的美好生活需要，通过网上一体化处理改革，积极回应人民关切，充分保障人民权益，让数据多跑腿、人民少跑路，不断增强人民的获得感、幸福感和安全感。

3. 坚持共建共治共享。深化综合治理，凝聚多元力量，运用大数据构建公安机关、司法行政机关、保险监管机构与人民法院预防和化解纠纷的协同工作格局、信息共享机制及纠纷解决合力，共同参与社会治理。

4. 创新多元化纠纷解决机制。以审判为中心，统一业务流程，加强诉讼与调解的衔接，统一证据规则和赔偿标准，探索电子送达，建立公开透明的委托鉴定机制，实施一键快速理赔，实现纠纷的全程可视化、阳光化快速处理与化解，提升纠纷解决的法律效果和社会效果。

二、试点工作主要内容

5. 网上一体化处理包括责任认定、理赔计算、在线调解、在线鉴定、在线诉讼、一键理赔等流程。

6. 试点地区人民法院应建立和完善诉调对接机制，按照共建共治共享原则，建立网上一体化处理平台，努力实现责任认定、理赔计算、调解、司法鉴定、法院诉讼、一键理赔、道路交通事故社会救助基金垫付及追偿、法律咨询等业务的在线处理与信息共享，有关部门及保险行业应予积极配合。人民法院在线作出司法裁判并送达当事人后，应及时上传有关裁判文书等诉讼信息。

7. 试点地区有关部门应加强宣传和引导，促进人民群众和有关单位对网上一体化处理的了解及认识，主动引导当事人通过网上一体化处理解决纠纷。

8. 是否适用网上一体化处理由当事人自愿选择。当事人选择的，纠纷进入诉讼程序前，应按照《公安部、司法部、中国保险监督管理委员会关于推行人民调解委员会调解道路交通事故民事损害赔偿工作的通知》以及《最高人民法院、中国保险监督管理委员会关于全面推进保险纠纷诉讼与调解对接机制建设的意见》的有关规定开展诉前调解、一键快速理赔。网上一体化处理进行调解，不收取任何费用。

9. 根据《中华人民共和国民事诉讼法》《中华人民共和国人民调解法》及《最高人民法院关于建立健全诉讼与非诉讼相衔接的矛盾纠纷解决机制的若干意见》《最高人民法院关于扩大诉讼与非诉讼相衔接的矛盾纠纷解决机制改革试点总体方案》等相关规定，经网上一体化处理达成的调解协议，具有民事合同性质，当事人应当信守。有关调解组织应实时上传调解协议等调解信息。双方当事人可以就调解协议共同申请在线司法确认。人民法院依法作出确认裁定后，一方当事人拒绝履行或来全部履行的，对方当事人可申请强制执行。

10. 以司法为引导，创新工作机制，加强相关部门的沟通协调，充分运用信息技术拓展理赔计算器在行政调解、人民调解、保险理赔中的运用，统一赔偿标准与证据规则，实现调解、裁判以及保险理赔的流程优、标准化和高效化，不断实现纠纷解决的公开公平公正。

11. 试点地区的公安机关交通管理部门处理交通事故时，当事人对事故损害赔偿有争议的，应积极引导当事人选择网上一体化处理，并及时将相关当事人、事故车辆、责任认定等信息传递至网上一体化处理平台。当事人在法定时限内一致书面请求公安机关交通管理部门调解的，应当进行调解。

12. 道路交通事故造成人身或财产损害需要申请鉴定的，受理纠纷的调解组织可征求各方当事人的意见，在调解阶段在线启动鉴定程序、选定鉴定机构并征得各方当事人同意、缴纳鉴定费用、传输鉴定检材、通知各方当事人到场鉴定、形成鉴定意见及遂案对鉴定意见进行评价，并向司法行政机关反馈评价结果。一方当事人自行委托有关部门作出的鉴定结论，另一方当事人有证据足以反驳并申请重新鉴定的，应予准许。

13. 试点地区的保险监管机构应引导各保险公司积极通过网上一体化处理进行理赔，凡在平台上调解或裁判结案的案件，当事人在线发起一键理赔请求的，保险公司应在期限力进行快速赔付。

三、试点工作要求

14. 试点地区的人民法院、公安机关、司法行政机关、保险监管机构应充分认识此项工作的重要性，加强组织领导，建立工作协调和信息共享机制，确定联系部门和联系人，建立联席会议制度，并结合本地实际制定具体实施方案。

15. 试点地区的人民法院应在最高人民法院的指导和当地党委的领导下，做好在线司法确认、在线庭审和有关业务指导工作，认真听取各参与方的意见建议，优化网上一体化处理的功能模块和业务规范，充分发挥网上一体化处理的优势，实现纠纷的公正、高效、透明处理；组建专门的网络审判小组或改革联络办公室，负责各相关部门之间协作交流、联席会议等具体事宜的落实及日常联络工作。

16. 试点地区司法行政机关应会同有关部门，进一步加强道路交通事故人民调解组织建设，积极发展专职人民调解员队伍，注重选聘退休法官、交警、司法行政部门和保险监管机构工作人员以及保险行业从业人员、律师、仲裁员等担任人民调解员，不断提高人民调解工作水平。人民法院、公安机关、保险监管机构应积极配合、支持司法行政机关做好人民调解员选聘和培训工作，协调解决人民调解组织的办公场所和办公设备，保障必要的工作经费。

17. 试点地区保险监管机构应按照《最高人民法院、中国保险监督管理委员会关于全面推进保险纠纷诉讼与调解对接机制建设的意见》有关要求，进一步加强保险纠纷调解组织建设和调解员的选聘管理工作，提高相关调解工作的规范化、制度化，指导其参与涉保险的道路交通事故报善赔偿纠纷调解工作。

18. 使用网上一体化处理平台的有关部门、机构和组织应按照《中华人民共和国网络安全法》有关要求，采取措施，确保平台中的信息安全，严禁将获得的有关信息泄露、出售或非法提供给他人以及用于商业目的。

19. 试点地区的人民法院、公安机关、司法行政机关、保险监管机构要积极争取当地党委、政府对改革的支持，将试点工作纳入当地矛盾纠纷多元化解工作经费保障范围，确保试点工作有序进行。

20. 非试点地区的人民法院、公安机关、司法行政机关、保险监管机构，可参照本通知精神，借鉴试点地区的成功经验，积极探索、自主实施网上一体化处理改革。

21. 网上一体化处理改革试点自本通知下发之日起为期两年，分步实施，本阶段暂只适用于涉保险的道路交通事故损害赔偿纠纷，未参保的有关纠纷可参照执行。各试点地区应层报具体实施方案，试点实施中遇到的问题与经验及时向上级业务或主管部门报送。最高人民法院、公安部、司法部、中国保险监督管理委员会将共同加强指导，适时组织阶段性检查总结，并待条件成熟时在全国推广。

最高人民法院指导案例19号

赵春明等诉烟台市福山区汽车运输公司、卫德平等机动车交通事故责任纠纷案

（最高人民法院审判委员会讨论通过　2013年11月8日发布）

关键词

民事　机动车交通事故责任　套牌　连带责任

裁判要点

机动车所有人或者管理人将机动车号牌出借他人套牌使用，或者明知他人套牌使用其机动车号牌不予制止，套牌机动车发生交通事故造成他人损害的，机动车所有人或者管理人应当与套牌机动车所有人或者管理人承担连带责任。

相关法条

《中华人民共和国侵权责任法》第八条

《中华人民共和国道路交通安全法》第十六条

基本案情

2008年11月25日5时30分许，被告林则东驾驶套牌的鲁F41703货车在同三高速公路某段行驶时，与同向行驶的被告周亚平驾驶的客车相撞，两车冲下路基，客车翻滚致车内乘客冯永菊当场死亡。经交警部门认定，货车司机林则东负主要责任，客车司机周亚平负次要责任，冯永菊不负事故责任。原告赵春明、赵某某、冯某某、侯某某分别系死者冯永菊的丈夫、儿子、父亲和母亲。

鲁F41703号牌在车辆管理部门登记的货车并非肇事货车，该号牌登记货车的所有人系被告烟台市福山区汽车运输公司（以下简称福山公司），实际所有人系被告卫德平，该货车在被告永安财产保险股份有限公司烟台中心支公司（以下简称永安保险公司）投保机动车第三者责任强制保险。

套牌使用鲁F41703号牌的货车（肇事货车）实际所有人为被告卫广辉，林则东系卫广辉雇佣的司机。据车辆管理部门登记信息反映，鲁F41703号牌登记货车自2004年4月26日至2008年7月2日，先后15次被以损坏或灭失为由申请补领号牌和行驶证。2007年8月23日卫广辉申请补领行驶证的申请表上有福山公司的签章。事发后，福山公司曾派人到交警部门处理相关事宜。审理中，卫广辉表示，卫德平对套牌事宜知情并收取套牌费，事发后卫广辉

还向卫德平借用鲁 F41703 号牌登记货车的保单去处理事故，保单仍在卫广辉处。

发生事故的客车的登记所有人系被告朱荣明，但该车辆几经转手，现实际所有人系周亚平，朱荣明对该客车既不支配也未从该车运营中获益。被告上海腾飞建设工程有限公司（以下简称腾飞公司）系周亚平的雇主，但事发时周亚平并非履行职务。该客车在中国人民财产保险股份有限公司上海市分公司（以下简称人保公司）投保了机动车第三者责任强制保险。

裁判结果

上海市宝山区人民法院于 2010 年 5 月 18 日作出（2009）宝民一（民）初字第 1128 号民事判决：一、被告卫广辉、林则东赔偿四原告丧葬费、精神损害抚慰金、死亡赔偿金、交通费、误工费、住宿费、被扶养人生活费和律师费共计 396863 元；二、被告周亚平赔偿四原告丧葬费、精神损害抚慰金、死亡赔偿金、交通费、误工费、住宿费、被扶养人生活费和律师费共计 170084 元；三、被告福山公司、卫德平对上述判决主文第一项的赔偿义务承担连带责任；被告卫广辉、林则东、周亚平对上述判决主文第一、二项的赔偿义务互负连带责任；四、驳回四原告的其余诉讼请求。宣判后，卫德平提起上诉。上海市第二中级人民法院于 2010 年 8 月 5 日作出（2010）沪二中民一（民）终字第 1353 号民事判决：驳回上诉，维持原判。

裁判理由

法院生效裁判认为：根据本案交通事故责任认定，肇事货车司机林则东负事故主要责任，而卫广辉是肇事货车的实际所有人，也是林则东的雇主，故卫广辉和林则东应就本案事故损失连带承担主要赔偿责任。永安保险公司承保的鲁 F41703 货车并非实际肇事货车，其也不知道鲁 F41703 机动车号牌被肇事货车套牌，故永安保险公司对本案事故不承担赔偿责任。根据交通事故责任认定，本案客车司机周亚平对事故负次要责任，周亚平也是该客车的实际所有人，故周亚平应对本案事故损失承担次要赔偿责任。朱荣明虽系该客车的登记所有人，但该客车已几经转手，朱荣明既不支配该车，也未从该车运营中获益，故其对本案事故不承担责任。周亚平虽受雇于腾飞公司，但本案事发时周亚平并非在为腾飞公司履行职务，故腾飞公司对本案亦不承担责任。至于承保该客车的人保公司，因死者冯永菊系车内人员，依法不适用机动车交通事故责任强制保险，故人保公司对本案不承担责任。另，卫广辉和林则东一方、周亚平一方虽各自应承担的责任比例有所不同，但车祸的发生系两方的共同侵权行为所致，故卫广辉、林则东对于周亚平的应负责任份额、周亚平对于卫广辉、林则东的应负责任份额，均应互负连带责任。

鲁 F41703 货车的登记所有人福山公司和实际所有人卫德平，明知卫广辉等人套用自己的机动车号牌而不予阻止，且提供方便，纵容套牌货车在公路上行驶，福山公司与卫德平的行为已属于出借机动车号牌给他人使用的情形，该行为违反了《中华人民共和国道路交通安全法》等有关机动车管理的法律规定。将机动车号牌出借他人套牌使用，将会纵容不符合安全技术标准的机动车通过套牌在道路上行驶，增加道路交通的危险性，危及公共安全。套牌机动车发生交通事故造成损害，号牌出借人同样存在过错，对于肇事的套牌车一方应负的赔偿责任，号牌出借人应当承担连带责任。故福山公司和卫德平应对卫广辉与林则东一方的赔偿责任份额承担连带责任。

最高人民法院指导案例 24 号

荣宝英诉王阳、永诚财产保险股份有限公司江阴支公司机动车交通事故责任纠纷案

（最高人民法院审判委员会讨论通过　2014 年 1 月 26 日发布）

关键词

民事　交通事故　过错责任

裁判要点

交通事故的受害人没有过错，其体质状况对损害后果的影响不属于可以减轻侵权人责任的法定情形。

相关法条

《中华人民共和国侵权责任法》第二十六条

《中华人民共和国道路交通安全法》第七十六条第一款第（二）项

基本案情

原告荣宝英诉称：被告王阳驾驶轿车与其发生刮擦，致其受伤。该事故经江苏省无锡市公安局交通巡逻警察支队滨湖大队（简称滨湖交警大队）认定：王阳负事故的全部责任，荣宝英无责。原告要求下述两被告赔偿医疗费用 30006 元、住院伙食补助费 414 元、营养费 1620 元、残疾赔偿金 27658.05 元、护理费 6000 元、交通费 800 元、精神损害抚慰金 10500 元，并承担本案诉讼费用及鉴定费用。

被告永诚财产保险股份有限公司江阴支公司（简称永诚保险公司）辩称：对于事故经过及责任认定没有异议，其愿意在交强险限额范围内予以赔偿；对于医疗费用 30006 元、住院伙食补助费 414 元没有异议；因鉴定意见结论

中载明“损伤参与度评定为75%，其个人体质的因素占25%”，故确定残疾赔偿金应当乘以损伤参与度系数0.75，认可20743.54元；对于营养费认可1350元，护理费认可3300元，交通费认可400元，鉴定费用不予承担。

被告王阳辩称：对于事故经过及责任认定没有异议，原告的损失应当由永诚保险公司在交强险限额范围内优先予以赔偿；鉴定费用请求法院依法判决，其余各项费用同意保险公司意见；其已向原告赔偿20000元。

法院经审理查明：2012年2月10日14时45分许，王阳驾驶号牌为苏MT1888的轿车，沿江苏省无锡市滨湖区蠡湖大道由北往南行驶至蠡湖大道大通路口人行横道线时，碰擦行人荣宝英致其受伤。2月11日，滨湖交警大队作出《道路交通事故认定书》，认定王阳负事故的全部责任，荣宝英无责。事故发生当天，荣宝英即被送往医院治疗，发生医疗费用30006元，王阳垫付20000元。荣宝英治疗恢复期间，以每月2200元聘请一名家政服务人员。号牌苏MT1888轿车在永诚保险公司投保了机动车交通事故责任强制保险，保险期间为2011年8月17日0时起至2012年8月16日24时止。原、被告一致确认荣宝英的医疗费用为30006元、住院伙食补助费为414元、精神损害抚慰金为10500元。

荣宝英申请并经无锡市中西医结合医院司法鉴定所鉴定，结论为：1.荣宝英左桡骨远端骨折的伤残等级评定为十级；左下肢损伤的伤残等级评定为九级。损伤参与度评定为75%，其个人体质的因素占25%。2.荣宝英的误工期评定为150日，护理期评定为60日，营养期评定为90日。一审法院据此确认残疾赔偿金27658.05元扣减25%为20743.54元。

裁判结果

江苏省无锡市滨湖区人民法院于2013年2月8日作出（2012）锡滨民初字第1138号判决：一、被告永诚保险公司于本判决生效后十日内赔偿荣宝英医疗费用、住院伙食补助费、营养费、残疾赔偿金、护理费、交通费、精神损害抚慰金共计45343.54元。二、被告王阳于本判决生效后十日内赔偿荣宝英医疗费用、住院伙食补助费、营养费、鉴定费共计4040元。三、驳回原告荣宝英的其他诉讼请求。宣判后，荣宝英向江苏省无锡市中级人民法院提出上诉。无锡市中级人民法院经审理于2013年6月21日以原审适用法律错误为由作出（2013）锡民终字第497号民事判决：一、撤销无锡市滨湖区人民法院（2012）锡滨民初字第1138号民事判决。二、被告永诚保险公司于本判决生效后十日内赔偿荣宝英52258.05元。三、被告王阳于本判决生效后十日内赔偿荣宝英4040元。四、驳回原告荣宝英的其他诉讼请求。

裁判理由

法院生效裁判认为：《中华人民共和国侵权责任法》第二十六条规定：

“被侵权人对损害的发生也有过错的，可以减轻侵权人的责任。”《中华人民共和国道路交通安全法》第七十六条第一款第（二）项规定，机动车与非机动车驾驶人、行人之间发生交通事故，非机动车驾驶人、行人没有过错的，由机动车一方承担赔偿责任；有证据证明非机动车驾驶人、行人有过错的，根据过错程度适当减轻机动车一方的赔偿责任。因此，交通事故中在计算残疾赔偿金是否应当扣减时应当根据受害人对损失的发生或扩大是否存在过错进行分析。本案中，虽然原告荣宝英的个人体质状况对损害后果的发生具有一定的影响，但这不是侵权责任法等法律规定的过错，荣宝英不应因个人体质状况对交通事故导致的伤残存在一定影响而自负相应责任，原审判决以伤残等级鉴定结论中将荣宝英个人体质状况“损伤参与度评定为75%”为由，在计算残疾赔偿金时作相应扣减属适用法律错误，应予纠正。

从交通事故受害人发生损伤及造成损害后果的因果关系看，本起交通事故的引发系肇事者王阳驾驶机动车穿越人行横道线时，未尽到安全注意义务碰擦行人荣宝英所致；本起交通事故造成的损害后果系受害人荣宝英被机动车碰撞、跌倒发生骨折所致，事故责任认定荣宝英对本起事故不负责任，其对事故的发生及损害后果的造成均无过错。虽然荣宝英年事已高，但其年老骨质疏松仅是事故造成后果的客观因素，并无法律上的因果关系。因此，受害人荣宝英对于损害的发生或者扩大没有过错，不存在减轻或者免除加害人赔偿责任的法定情形。同时，机动车应当遵守文明行车、礼让行人的一般交通规则和社会公德。本案所涉事故发生在人行横道线上，正常行走的荣宝英对将被机动车碰撞这一事件无法预见，而王阳驾驶机动车在路经人行横道线时未依法减速慢行、避让行人，导致事故发生。因此，依法应当由机动车一方承担事故引发的全部赔偿责任。

根据我国道路交通安全法的相关规定，机动车发生交通事故造成人身伤亡、财产损失的，由保险公司在机动车第三者责任强制保险责任限额范围内予以赔偿。而我国交强险立法并未规定在确定交强险责任时应依据受害人体质状况对损害后果的影响作相应扣减，保险公司的免责事由也仅限于受害人故意造成交通事故的情形，即便是投保机动车无责，保险公司也应在交强险无责限额内予以赔偿。因此，对于受害人符合法律规定的赔偿项目和标准的损失，均属交强险的赔偿范围，参照“损伤参与度”确定损害赔偿责任和交强险责任均没有法律依据。

（四）铁路、航空、水上交通事故责任

中华人民共和国铁路法

（1990年9月7日第七届全国人民代表大会常务委员会第十五次会议通过
根据2009年08月27日第十一届全国人民代表大会常务委员会第十次会议
《关于修改部分法律的决定》第一次修正　根据2015年4月24日
第十二届全国人民代表大会常务委员会第十四次会议
《关于修改〈中华人民共和国义务教育法〉
等五部法律的决定》第二次修正）

目　录

第一章　总　则

第一条　为了保障铁路运输和铁路建设的顺利进行，适应社会主义现代化建设和人民生活的需要，制定本法。

第二条　本法所称铁路，包括国家铁路、地方铁路、专用铁路和铁路专用线。

国家铁路是指由国务院铁路主管部门管理的铁路。

地方铁路是指由地方人民政府管理的铁路。

专用铁路是指由企业或者其他单位管理，专为本企业或者本单位内部提供运输服务的铁路。

铁路专用线是指由企业或者其他单位管理的与国家铁路或者其他铁路线

路接轨的岔线。

第三条 国务院铁路主管部门主管全国铁路工作，对国家铁路实行高度集中、统一指挥的运输管理体制，对地方铁路、专用铁路和铁路专用线进行指导、协调、监督和帮助。

国家铁路运输企业行使法律、行政法规授予的行政管理职能。

第四条 国家重点发展国家铁路，大力扶持地方铁路的发展。

第五条 铁路运输企业必须坚持社会主义经营方向和为人民服务的宗旨，改善经营管理，切实改进路风，提高运输服务质量。

第六条 公民有爱护铁路设施的义务。禁止任何人破坏铁路设施，扰乱铁路运输的正常秩序。

第七条 铁路沿线各级地方人民政府应当协助铁路运输企业保证铁路运输安全畅通，车站、列车秩序良好，铁路设施完好和铁路建设顺利进行。

第八条 国家铁路的技术管理规程，由国务院铁路主管部门制定，地方铁路、专用铁路的技术管理办法，参照国家铁路的技术管理规程制定。

第九条 国家鼓励铁路科学技术研究，提高铁路科学技术水平。对在铁路科学技术研究中有显著成绩的单位和个人给予奖励。

第二章　铁路运输营业

第十条 铁路运输企业应当保证旅客和货物运输的安全，做到列车正点到达。

第十一条 铁路运输合同是明确铁路运输企业与旅客、托运人之间权利义务关系的协议。

旅客车票、行李票、包裹票和货物运单是合同或者合同的组成部分。

第十二条 铁路运输企业应当保证旅客按车票载明的日期、车次乘车，并到达目的站。因铁路运输企业的责任造成旅客不能按车票载明的日期、车次乘车的，铁路运输企业应当按照旅客的要求，退还全部票款或者安排改乘到达相同目的站的其他列车。

第十三条 铁路运输企业应当采取有效措施做到旅客运输服务工作，做到文明礼貌、热情周到，保持车站和车厢内的清洁卫生，提供饮用开水，做好列车上的饮食供应工作。

铁路运输企业应当采取措施，防止对铁路沿线环境的污染。

第十四条 旅客乘车应当持有效车票。对无票乘车或者持失效车票乘车的，应当补收票款，并按照规定加收票款；拒不交付的，铁路运输企业可以责令下车。

第十五条 国家铁路和地方铁路根据发展生产、搞活流通的原则，安排货物运输计划。

对抢险救灾物资和国家规定需要优先运输的其他物资，应予优先运输。

地方铁路运输的物资需要经由国家铁路运输的，其运输计划应当纳入国家铁路的运输计划。

第十六条　铁路运输企业应当按照全国约定的期限或者国务院铁路主管部门规定的期限，将货物、包裹、行李运到目的站；逾期运到的，铁路运输企业应当支付违约金。

铁路运输企业逾期三十日仍未将货物、包裹、行李交付收货人或者旅客的，托运人、收货人或者旅客有权按货物、包裹、行李灭失向铁路运输企业要求赔偿。

第十七条　铁路运输企业应当对承运的货物、包裹、行李自接受承运时起到交付时止发生的灭失、短少、变质、污染或者损坏，承担赔偿责任：

（一）托运人或者旅客根据自愿申请办理保价运输的，按照实际损失赔偿，但最高不超过保价额。

（二）未按保价运输承运的，按照实际损失赔偿，但最高不超过国务院铁路主管部门规定的赔偿限额；如果损失是由于铁路运输企业的故意或者重大过失造成的，不适用赔偿限额的规定，按照实际损失赔偿。

托运人或者旅客根据自愿可以向保险公司办理货物运输保险，保险公司按照保险合同的约定承担赔偿责任。

托运人或者旅客根据自愿，可以办理保价运输，也可以办理货物运输保险；还可以既不办理保价运输，也不办理货物运输保险。不得以任何方式强迫办理保价运输或者货物运输保险。

第十八条　由于下列原因造成的货物、包裹、行李损失的，铁路运输企业不承担赔偿责任：

（一）不可抗力。

（二）货物或者包裹、行李中的物品本身的自然属性，或者合理损耗。

（三）托运人、收货人或者旅客的过错。

第十九条　托运人应当如实填报托运单，铁路运输企业有权对填报的货物和包裹的品名、重量、数量进行检查。经检查，申报与实际不符的，检查费用由托运人承担；申报与实际相符的，检查费用由铁路运输企业承担，因检查对货物和包裹中的物品造成的损坏由铁路运输企业赔偿。

托运人因申报不实而少交的运费和其他费用应当补交，铁路运输企业按照国务院铁路主管部门的规定加收运费和其他费用。

第二十条　托运货物需要包装的，托运人应当按照国家包装标准或者行业包装标准包装；没有国家包装标准或者行业包装标准的，应当妥善包装，使货物在运输途中不因包装原因而受损坏。

铁路运输企业对承运的容易腐烂变质的货物和活动物，应当按照国务院铁路主管部门的规定和合同的约定，采取有效的保护措施。

第二十一条 货物、包裹、行李到站后，收货人或者旅客应当按照国务院铁路主管部门规定的期限及时领取，并支付托运人未付或者少付的运费和其他费用；逾期领取的，收货人或者旅客应当按照规定交付保管费。

第二十二条 自铁路运输企业发出领取货物通知之日起满三十日仍无人领取的货物，或者收货人书面通知铁路运输企业拒绝领取的货物，铁路运输企业应当通知托运人，托运人自接到通知之日起满三十日未作答复的，由铁路运输企业变卖；所得价款在扣除保管等费用后尚有余款的，应当退还托运人，无法退还、自变卖之日起一百八十日内托运人又未领回的，上缴国库。

自铁路运输企业发出领取通知之日起满九十日仍无人领取的包裹或者到站后满九十日仍无人领取的行李，铁路运输企业应当公告，公告满九十日仍无人领取的，可以变卖；所得价款在扣除保管等费用后尚有余款的，托运人、收货人或者旅客可以自变卖之日起一百八十日内领回，逾期不领回的，上缴国库。

对危险物品和规定限制运输的物品，应当移交公安机关或者有关部门处理，不得自行变卖。

对不宜长期保存的物品，可以按照国务院铁路主管部门的规定缩短处理期限。

第二十三条 因旅客、托运人或者收货人的责任给铁路运输企业造成财产损失的，由旅客、托运人或者收货人承担赔偿责任。

第二十四条 国家鼓励专用铁路兼办公共旅客、货物运输营业；提倡铁路专用线与有关单位按照协议共用。

专用铁路兼办公共旅客、货物运输营业的，应当报经省、自治区、直辖市人民政府批准。专用铁路兼办公共旅客、货物运输营业的，适用本法关于铁路运输企业的规定。

第二十五条 铁路的旅客票价率和货物、行李的运价率实行政府指导价或者政府定价，竞争性领域实行市场调节价。政府指导价、政府定价的定价权限和具体适用范围以中央政府和地方政府的定价目录为依据。铁路旅客、货物运输杂费的收费项目和收费标准，以及铁路包裹运价率由铁路运输企业自主制定。

第二十六条 铁路的旅客票价，货物、包裹、行李的运价，旅客和货物运输杂费的收费项目和收费标准，必须公告；未公告的不得实施。

第二十七条 国家铁路、地方铁路和专用铁路印制使用的旅客、货物运输票证，禁止伪造和变造。

禁止倒卖旅客车票和其他铁路运输票证。

第二十八条　托运、承运货物、包裹、行李，必须遵守国家关于禁止或者限制运输物品的规定。

第二十九条　铁路运输企业与公路、航空或者水上运输企业相互间实行国内旅客、货物联运，依照国家有关规定办理；国家没有规定的，依照有关各方的协议办理。

第三十条　国家铁路、地方铁路参加国际联运，必须经国务院批准。

第三十一条　铁路军事运输依照国家有关规定办理。

第三十二条　发生铁路运输合同争议的，铁路运输企业和托运人、收货人或者旅客可以通过调解解决；不愿意调解解决或者调解不成的，可以依据合同中的仲裁条款或者事后达成的书面仲裁协议，向国家规定的仲裁机构申请仲裁。

当事人一方在规定的期限内不履行仲裁机构的仲裁决定的，另一方可以申请人民法院强制执行。

当事人没有在合同中订立仲裁条款，事后又没有达成书面仲裁协议的，可以向人民法院起诉。

第三章　铁路建设

第三十三条　铁路发展规划应当依据国民经济和社会发展以及国防建设的需要制定，并与其他方式的交通运输发展规划相协调。

第三十四条　地方铁路、专用铁路、铁路专用线的建设计划必须符合全国铁路发展规划，并征得国务院铁路主管部门或者国务院铁路主管部门授权的机构的同意。

第三十五条　在城市规划区范围内，铁路的线路、车站、枢纽以及其他有关设施的规划，应当纳入所在城市的总体规划。

铁路建设用地规划，应当纳入土地利用总体规划。为远期扩建、新建铁路需要的土地，由县级以上人民政府在土地利用总体规划中安排。

第三十六条　铁路建设用地，依照有关法律、行政法规的规定办理。

有关地方人民政府应当支持铁路建设，协助铁路运输企业做好铁路建设征收土地工作和拆迁安置工作。

第三十七条　已经取得使用权的铁路建设用地，应当依照批准的用途使用，不得擅自改作他用；其他单位或者个人不得侵占。

侵占铁路建设用地的，由县级以上地方人民政府土地管理部门责令停止侵占、赔偿损失。

第三十八条 铁路的标准轨距为1435毫米。新建国家铁路必须采用标准轨距。

窄轨铁路的轨距为762毫米或者1000毫米。

新建和改建铁路的其他技术要求应当符合国家标准或者行业标准。

第三十九条 铁路建成后，必须依照国家基本建设程序的规定，经验收合格，方能交付正式运行。

第四十条 铁路与道路交叉处，应当优先考虑设置立体交叉；未设立体交叉的，可以根据国家有关规定设置平交道口或者人行过道。在城市规划区内设置平交道口或者人行过道，由铁路运输企业或者建有专用铁路、铁路专用线的企业或者其他单位和城市规划主管部门共同决定。

拆除已经设置的平交道口或者人行过道，由铁路运输企业或者建有专用铁路、铁路专用线的企业或者其他单位和当地人民政府商定。

第四十一条 修建跨越河流的铁路桥梁，应当符合国家规定的防洪、通航和水流的要求。

第四章 铁路安全与保护

第四十二条 铁路运输企业必须加强对铁路的管理和保护，定期检查、维修铁路运输设施，保证铁路运输设施完好，保障旅客和货物运输安全。

第四十三条 铁路公安机关和地方公安机关分工负责共同维护铁路治安秩序。车站和列车内的治安秩序，由铁路公安机关负责维护；铁路沿线的治安秩序，由地方公安机关和铁路公安机关共同负责维护，以地方公安机关为主。

第四十四条 电力主管部门应当保证铁路牵引用电以及铁路运营用电中重要负荷的电力供应。铁路运营用电中重要负荷的供应范围国务院铁路主管部门和国务院电力主管部门商定。

第四十五条 铁路线路两侧地界以外的山坡地由当地人民政府作为水土保持的重点进行整治。铁路隧道顶上的山坡地由铁路运输企业协助当地人民政府进行整治。铁路地界以内的山坡地由铁路运输企业进行整治。

第四十六条 在铁路线路和铁路桥梁、涵洞两侧一定距离内，修建山塘、水库、堤坝，开挖河道、干渠，采石挖砂，打井取水，影响铁路路基稳定或者危害铁路桥梁、涵洞安全的，由县级以上地方人民政府责令停止建设或者采挖、打井等活动，限期恢复原状或者责令采取必要的安全防护措施。

在铁路线路上架设电力、通讯线路，埋置电缆、管道设施，穿凿通过铁路路基的地下坑道，必须经铁路运输企业同意，并采取安全防护措施。

在铁路弯道内侧、平交道口和人行过道附近，不得修建妨碍行车瞭望的建筑物和种植妨碍行车瞭望的树木。修建妨碍行车瞭望的建筑物的，由县级以上地方人民政府责令限期拆除。种植妨碍行车瞭望的树木的，由县级以上地方人民政府责令有关单位或者个人限期迁移或者修剪、砍伐。

违反前三款的规定，给铁路运输企业造成损失的单位或者个人，应当赔偿损失。

第四十七条　禁止擅自在铁路线路上铺设平交道口和人行过道。

平交道口和人行过道必须按照规定设置必要的标志和防护设施。

行人和车辆通过铁路平交道口和人行过道时，必须遵守有关通行的规定。

第四十八条　运输危险品必须按照国务院铁路主管部门的规定办理，禁止以非危险品品名托运危险品。

禁止旅客携带危险品进站上车。铁路公安人员和国务院铁路主管部门规定的铁路职工，有权对旅客携带的物品进行运输安全检查。实施运输安全检查的铁路职工应当佩戴执勤标志。

危险品的品名由国务院铁路主管部门规定并公布。

第四十九条　对损毁、移动铁路信号装置及其他行车设施或者在铁路线路上放置障碍物的，铁路职工有权制止，可以扭送公安机关处理。

第五十条　禁止偷乘货车、攀附行进中的列车或者击打列车。对偷乘货车、攀附行进中的列车或者击打列车的，铁路职工有权制止。

第五十一条　禁止在铁路线路上行走、坐卧。对在铁路线路上行走、坐卧的，铁路职工有权制止。

第五十二条　禁止在铁路线路两侧二十米以内或者铁路防护林地内放牧。对在铁路线路两侧二十米以内或者铁路防护林地内放牧的，铁路职工有权制止。

第五十三条　对聚众拦截列车或者聚众冲击铁路行车调度机构的，铁路职工有权制止；不听制止的，公安人员现场负责人有权命令解散；拒不解散的，公安人员现场负责人有权依照国家有关规定决定采取必要手段强行驱散，并对拒不服从的人员强行带离现场或者予以拘留。

第五十四条　对哄抢铁路运输物资的，铁路职工有权制止，可以扭送公安机关处理；现场公安人员可以予以拘留。

第五十五条　在列车内，寻衅滋事，扰乱公共秩序，危害旅客人身、财产安全的，铁路职工有权制止，铁路公安人员可以予以拘留。

第五十六条　在车站和旅客列车内，发生法律规定需要检疫的传染病时，由铁路卫生检疫机构进行检疫；根据铁路卫生检疫机构的请求，地方卫生检疫机构应予协助。

货物运输的检疫，依照国家规定办理。

第五十七条 发生铁路交通事故，铁路运输企业应当依照国务院和国务院有关主管部门关于事故调查处理的规定办理，并及时恢复正常行车，任何单位和个人不得阻碍铁路线路开通和列车运行。

第五十八条 因铁路行车事故及其他铁路运营事故造成人身伤亡的，铁路运输企业应当承担赔偿责任；如果人身伤亡是因不可抗力或者由于受害人自身的原因造成的，铁路运输企业不承担赔偿责任。

违章通过平交道口或者人行过道，或者在铁路线路上行走、坐卧造成的人身伤亡，属于受害人自身的原因造成的人身伤亡。

第五十九条 国家铁路的重要桥梁和隧道，由中国人民武装警察部队负责守卫。

第五章 法律责任

第六十条 违反本法规定，携带危险品进站上车或者以非危险品品名托运危险品，导致发生重大事故的，依照刑法有关规定追究刑事责任。企业事业单位、国家机关、社会团体犯本款罪的，处以罚金，对其主管人员和直接责任人员依法追究刑事责任。

携带炸药、雷管或者非法携带枪支子弹、管制刀具进站上车的，依照刑法有关规定追究刑事责任。

第六十一条 故意损毁、移动铁路行车信号装置或者在铁路线路上放置足以使列车倾覆的障碍物的，依照刑法有关规定追究刑事责任。

第六十二条 盗窃铁路线路上行车设施的零件、部件或者铁路线路上的器材，危及行车安全的，依照刑法有关规定追究刑事责任。

第六十三条 聚众拦截列车、冲击铁路行车调度机构不听制止的，对首要分子和骨干分子依照刑法有关规定追究刑事责任。

第六十四条 聚众哄抢铁路运输物资的，对首要分子和骨干分子依照刑法有关规定追究刑事责任。

铁路职工与其他人员勾结犯前款罪的，从重处罚。

第六十五条 在列车内，抢劫旅客财物，伤害旅客的，依照刑法有关规定从重处罚。

在列车内，寻衅滋事，侮辱妇女，情节恶劣的，依照刑法有关规定追究刑事责任；敲诈勒索旅客财物的，依照刑法有关规定追究刑事责任。

第六十六条 倒卖旅客车票，构成犯罪的，依照刑法有关规定追究刑事责任。铁路职工倒卖旅客车票或者与其他人员勾结倒卖旅客车票的，依照刑法有关规定追究刑事责任。

第六十七条 违反本法规定，尚不够刑事处罚，应当给予治安管理处罚的，依照治安管理处罚法的规定处罚。

第六十八条　擅自在铁路线路上铺设平交道口、人行过道的，由铁路公安机关或者地方公安机关责令限期拆除，可以并处罚款。

第六十九条　铁路运输企业违反本法规定，多收运费、票款或者旅客、货物运输杂费的，必须将多收的费用退还付款人，无法退还的上缴国库。将多收的费用据为己有或者侵吞私分的，依照刑法有关规定追究刑事责任。

第七十条　铁路职工利用职务之便走私的，或者与其他人员勾结走私的，依照刑法有关规定追究刑事责任。

第七十一条　铁路职工玩忽职守、违反规章制度造成铁路运营事故的，滥用职权、利用办理运输业务之便谋取私利的，给予行政处分；情节严重、构成犯罪的，依照刑法有关规定追究刑事责任。

第六章　附　则

第七十二条　本法所称国家铁路运输企业是指铁路局和铁路分局。

第七十三条　国务院根据本法制定实施条例。

第七十四条　本法自 1991 年 5 月 1 日起施行。

铁路交通事故应急救援和调查处理条例

（2007 年 7 月 11 日国务院令第 501 号公布　根据 2012 年 11 月 9 日《国务院关于修改和废止部分行政法规的决定》修订）

第一章　总　则

第一条　为了加强铁路交通事故的应急救援工作，规范铁路交通事故调查处理，减少人员伤亡和财产损失，保障铁路运输安全和畅通，根据《中华人民共和国铁路法》和其他有关法律的规定，制定本条例。

第二条　铁路机车车辆在运行过程中与行人、机动车、非机动车、牲畜及其他障碍物相撞，或者铁路机车车辆发生冲突、脱轨、火灾、爆炸等影响铁路正常行车的铁路交通事故（以下简称事故）的应急救援和调查处理，适用本条例。

第三条　国务院铁路主管部门应当加强铁路运输安全监督管理，建立健全事故应急救援和调查处理的各项制度，按照国家规定的权限和程序，负责组织、指挥、协调事故的应急救援和调查处理工作。

第四条 铁路管理机构应当加强日常的铁路运输安全监督检查，指导、督促铁路运输企业落实事故应急救援的各项规定，按照规定的权限和程序，组织、参与、协调本辖区内事故的应急救援和调查处理工作。

第五条 国务院其他有关部门和有关地方人民政府应当按照各自的职责和分工，组织、参与事故的应急救援和调查处理工作。

第六条 铁路运输企业和其他有关单位、个人应当遵守铁路运输安全管理的各项规定，防止和避免事故的发生。

事故发生后，铁路运输企业和其他有关单位应当及时、准确地报告事故情况，积极开展应急救援工作，减少人员伤亡和财产损失，尽快恢复铁路正常行车。

第七条 任何单位和个人不得干扰、阻碍事故应急救援、铁路线路开通、列车运行和事故调查处理。

第二章 事故等级

第八条 根据事故造成的人员伤亡、直接经济损失、列车脱轨辆数、中断铁路行车时间等情形，事故等级分为特别重大事故、重大事故、较大事故和一般事故。

第九条 有下列情形之一的，为特别重大事故：

（一）造成30人以上死亡，或者100人以上重伤（包括急性工业中毒，下同），或者1亿元以上直接经济损失的；

（二）繁忙干线客运列车脱轨18辆以上并中断铁路行车48小时以上的；

（三）繁忙干线货运列车脱轨60辆以上并中断铁路行车48小时以上的。

第十条 有下列情形之一的，为重大事故：

（一）造成10人以上30人以下死亡，或者50人以上100人以下重伤，或者5000万元以上1亿元以下直接经济损失的；

（二）客运列车脱轨18辆以上的；

（三）货运列车脱轨60辆以上的；

（四）客运列车脱轨2辆以上18辆以下，并中断繁忙干线铁路行车24小时以上或者中断其他线路铁路行车48小时以上的；

（五）货运列车脱轨6辆以上60辆以下，并中断繁忙干线铁路行车24小时以上或者中断其他线路铁路行车48小时以上的。

第十一条 有下列情形之一的，为较大事故：

（一）造成3人以上10人以下死亡，或者10人以上50人以下重伤，或者1000万元以上5000万元以下直接经济损失的；

（二）客运列车脱轨 2 辆以上 18 辆以下的；

（三）货运列车脱轨 6 辆以上 60 辆以下的；

（四）中断繁忙干线铁路行车 6 小时以上的；

（五）中断其他线路铁路行车 10 小时以上的。

第十二条　造成 3 人以下死亡，或者 10 人以下重伤，或者 1000 万元以下直接经济损失的，为一般事故。

除前款规定外，国务院铁路主管部门可以对一般事故的其他情形作出补充规定。

第十三条　本章所称的“以上”包括本数，所称的“以下”不包括本数。

第三章　事故报告

第十四条　事故发生后，事故现场的铁路运输企业工作人员或者其他人员应当立即报告邻近铁路车站、列车调度员或者公安机关。有关单位和人员接到报告后，应当立即将事故情况报告事故发生地铁路管理机构。

第十五条　铁路管理机构接到事故报告，应当尽快核实有关情况，并立即报告国务院铁路主管部门；对特别重大事故、重大事故，国务院铁路主管部门应当立即报告国务院并通报国家安全生产监督管理等有关部门。

发生特别重大事故、重大事故、较大事故或者有人员伤亡的一般事故，铁路管理机构还应当通报事故发生地县级以上地方人民政府及其安全生产监督管理部门。

第十六条　事故报告应当包括下列内容：

（一）事故发生的时间、地点、区间（线名、公里、米）、事故相关单位和人员；

（二）发生事故的列车种类、车次、部位、计长、机车型号、牵引辆数、吨数；

（三）承运旅客人数或者货物品名、装载情况；

（四）人员伤亡情况，机车车辆、线路设施、道路车辆的损坏情况，对铁路行车的影响情况；

（五）事故原因的初步判断；

（六）事故发生后采取的措施及事故控制情况；

（七）具体救援请求。

事故报告后出现新情况的，应当及时补报。

第十七条　国务院铁路主管部门、铁路管理机构和铁路运输企业应当向社会公布事故报告值班电话，受理事故报告和举报。

第四章　事故应急救援

第十八条　事故发生后，列车司机或者运转车长应当立即停车，采取紧急处置措施；对无法处置的，应当立即报告邻近铁路车站、列车调度员进行处置。

为保障铁路旅客安全或者因特殊运输需要不宜停车的，可以不停车；但是，列车司机或者运转车长应当立即将事故情况报告邻近铁路车站、列车调度员，接到报告的邻近铁路车站、列车调度员应当立即进行处置。

第十九条　事故造成中断铁路行车的，铁路运输企业应当立即组织抢修，尽快恢复铁路正常行车；必要时，铁路运输调度指挥部门应当调整运输径路，减少事故影响。

第二十条　事故发生后，国务院铁路主管部门、铁路管理机构、事故发生地县级以上地方人民政府或者铁路运输企业应当根据事故等级启动相应的应急预案；必要时，成立现场应急救援机构。

第二十一条　现场应急救援机构根据事故应急救援工作的实际需要，可以借用有关单位和个人的设施、设备和其他物资。借用单位使用完毕应当及时归还，并支付适当费用；造成损失的，应当赔偿。

有关单位和个人应当积极支持、配合救援工作。

第二十二条　事故造成重大人员伤亡或者需要紧急转移、安置铁路旅客和沿线居民的，事故发生地县级以上地方人民政府应当及时组织开展救治和转移、安置工作。

第二十三条　国务院铁路主管部门、铁路管理机构或者事故发生地县级以上地方人民政府根据事故救援的实际需要，可以请求当地驻军、武装警察部队参与事故救援。

第二十四条　有关单位和个人应当妥善保护事故现场以及相关证据，并在事故调查组成立后将相关证据移交事故调查组。因事故救援、尽快恢复铁路正常行车需要改变事故现场的，应当做出标记、绘制现场示意图、制作现场视听资料，并做出书面记录。

任何单位和个人不得破坏事故现场，不得伪造、隐匿或者毁灭相关证据。

第二十五条　事故中死亡人员的尸体经法定机构鉴定后，应当及时通知死者家属认领；无法查找死者家属的，按照国家有关规定处理。

第五章　事故调查处理

第二十六条　特别重大事故由国务院或者国务院授权的部门组织事故调查组进行调查。

重大事故由国务院铁路主管部门组织事故调查组进行调查。

较大事故和一般事故由事故发生地铁路管理机构组织事故调查组进行调查；国务院铁路主管部门认为必要时，可以组织事故调查组对较大事故和一般事故进行调查。

根据事故的具体情况，事故调查组由有关人民政府、公安机关、安全生产监督管理部门、监察机关等单位派人组成，并应当邀请人民检察院派人参加。事故调查组认为必要时，可以聘请有关专家参与事故调查。

第二十七条　事故调查组应当按照国家有关规定开展事故调查，并在下列调查期限内向组织事故调查组的机关或者铁路管理机构提交事故调查报告：

（一）特别重大事故的调查期限为 60 日；

（二）重大事故的调查期限为 30 日；

（三）较大事故的调查期限为 20 日；

（四）一般事故的调查期限为 10 日。

事故调查期限自事故发生之日起计算。

第二十八条　事故调查处理，需要委托有关机构进行技术鉴定或者对铁路设备、设施及其他财产损失状况以及中断铁路行车造成的直接经济损失进行评估的，事故调查组应当委托具有国家规定资质的机构进行技术鉴定或者评估。技术鉴定或者评估所需时间不计入事故调查期限。

第二十九条　事故调查报告形成后，报经组织事故调查组的机关或者铁路管理机构同意，事故调查组工作即告结束。组织事故调查组的机关或者铁路管理机构应当自事故调查组工作结束之日起 15 日内，根据事故调查报告，制作事故认定书。

事故认定书是事故赔偿、事故处理以及事故责任追究的依据。

第三十条　事故责任单位和有关人员应当认真吸取事故教训，落实防范和整改措施，防止事故再次发生。

国务院铁路主管部门、铁路管理机构以及其他有关行政机关应当对事故责任单位和有关人员落实防范和整改措施的情况进行监督检查。

第三十一条　事故的处理情况，除依法应当保密的外，应当由组织事故调查组的机关或者铁路管理机构向社会公布。

第六章　事故赔偿

第三十二条　事故造成人身伤亡的，铁路运输企业应当承担赔偿责任；但是人身伤亡是不可抗力或者受害人自身原因造成的，铁路运输企业不承担赔偿责任。

违章通过平交道口或者人行过道，或者在铁路线路上行走、坐卧造成的人身伤亡，属于受害人自身的原因造成的人身伤亡。

第三十三条 事故造成铁路旅客人身伤亡和自带行李损失的，铁路运输企业对每名铁路旅客人身伤亡的赔偿责任限额为人民币15万元，对每名铁路旅客自带行李损失的赔偿责任限额为人民币2000元。

铁路运输企业与铁路旅客可以书面约定高于前款规定的赔偿责任限额。（2012年11月9日删除）

第三十四条 事故造成铁路运输企业承运的货物、包裹、行李损失的，铁路运输企业应当依照《中华人民共和国铁路法》的规定承担赔偿责任。

第三十五条 除本条例第三十三条、第三十四条的规定外，事故造成其他人身伤亡或者财产损失的，依照国家有关法律、行政法规的规定赔偿。

第三十六条 事故当事人对事故损害赔偿有争议的，可以通过协商解决，或者请求组织事故调查组的机关或者铁路管理机构组织调解，也可以直接向人民法院提起民事诉讼。

第七章 法律责任

第三十七条 铁路运输企业及其职工违反法律、行政法规的规定，造成事故的，由国务院铁路主管部门或者铁路管理机构依法追究行政责任。

第三十八条 违反本条例的规定，铁路运输企业及其职工不立即组织救援，或者迟报、漏报、瞒报、谎报事故的，对单位，由国务院铁路主管部门或者铁路管理机构处10万元以上50万元以下的罚款；对个人，由国务院铁路主管部门或者铁路管理机构处4000元以上2万元以下的罚款；属于国家工作人员的，依法给予处分；构成犯罪的，依法追究刑事责任。

第三十九条 违反本条例的规定，国务院铁路主管部门、铁路管理机构以及其他行政机关未立即启动应急预案，或者迟报、漏报、瞒报、谎报事故的，对直接负责的主管人员和其他直接责任人员依法给予处分；构成犯罪的，依法追究刑事责任。

第四十条 违反本条例的规定，干扰、阻碍事故救援、铁路线路开通、列车运行和事故调查处理的，对单位，由国务院铁路主管部门或者铁路管理机构处4万元以上20万元以下的罚款；对个人，由国务院铁路主管部门或者铁路管理机构处2000元以上1万元以下的罚款；情节严重的，对单位，由国务院铁路主管部门或者铁路管理机构处20万元以上100万元以下的罚款；对个人，由国务院铁路主管部门或者铁路管理机构处1万元以上5万元以下的罚款；属于国家工作人员的，依法给予处分；构成违反治安管理行为的，由公安机关依法给予治安管理处罚；构成犯罪的，依法追究刑事责任。

第八章　附　则

第四十一条　本条例于2007年9月1日起施行。1979年7月16日国务院批准发布的《火车与其他车辆碰撞和铁路路外人员伤亡事故处理暂行规定》和1994年8月13日国务院批准发布的《铁路旅客运输损害赔偿规定》同时废止。

最高人民法院
关于审理铁路运输人身损害赔偿纠纷案件适用法律若干问题的解释

法释〔2010〕5号

（2010年1月4日最高人民法院审判委员会第1482次会议通过
2010年3月3日最高人民法院公告公布　自2010年3月16日起施行）

为正确审理铁路运输人身损害赔偿纠纷案件，依法维护各方当事人的合法权益，根据《中华人民共和国民法通则》、《中华人民共和国铁路法》、《中华人民共和国民事诉讼法》等法律的规定，结合审判实践，就有关适用法律问题作如下解释：

第一条　人民法院审理铁路行车事故及其他铁路运营事故造成的铁路运输人身损害赔偿纠纷案件，适用本解释。

与铁路运输企业建立劳动合同关系或者形成劳动关系的铁路职工在执行职务中发生的人身损害，依照有关调整劳动关系的法律规定及其他相关法律规定处理。

第二条　铁路运输人身损害的受害人、依法由受害人承担扶养义务的被扶养人以及死亡受害人的近亲属为赔偿权利人，有权请求赔偿。

第三条　赔偿权利人要求对方当事人承担侵权责任的，由事故发生地、列车最先到达地或者被告住所地铁路运输法院管辖；赔偿权利人依照合同法要求承运人承担违约责任予以人身损害赔偿的，由运输始发地、目的地或者被告住所地铁路运输法院管辖。

第四条　铁路运输造成人身损害的，铁路运输企业应当承担赔偿责任；法律另有规定的，依照其规定。

第五条　铁路运输中发生人身损害，铁路运输企业举证证明有下列情形之一的，不承担赔偿责任：

（一）不可抗力造成的；

（二）受害人故意以卧轨、碰撞等方式造成的。

第六条 因受害人翻越、穿越、损毁、移动铁路线路两侧防护围墙、栅栏或者其他防护设施穿越铁路线路，偷乘货车，攀附行进中的列车，在未设置人行通道的铁路桥梁、隧道内通行，攀爬高架铁路线路，以及其他未经许可进入铁路线路、车站、货场等铁路作业区域的过错行为，造成人身损害的，应当根据受害人的过错程度适当减轻铁路运输企业的赔偿责任，并按照以下情形分别处理：

（一）铁路运输企业未充分履行安全防护、警示等义务，受害人有上述过错行为的，铁路运输企业应当在全部损失的百分之八十至百分之二十之间承担赔偿责任；

（二）铁路运输企业已充分履行安全防护、警示等义务，受害人仍施以上述过错行为的，铁路运输企业应当在全部损失的百分之二十至百分之十之间承担赔偿责任。

第七条 受害人横向穿越未封闭的铁路线路时存在过错，造成人身损害的，按照前条规定处理。

受害人不听从值守人员劝阻或者无视禁行警示信号、标志硬行通过铁路平交道口、人行过道，或者沿铁路线路纵向行走，或者在铁路线路上坐卧，造成人身损害，铁路运输企业举证证明已充分履行安全防护、警示等义务的，不承担赔偿责任。

第八条 铁路运输造成无民事行为能力人人身损害的，铁路运输企业应当承担赔偿责任；监护人有过错的，按照过错程度减轻铁路运输企业的赔偿责任，但铁路运输企业承担的赔偿责任应当不低于全部损失的百分之五十。

铁路运输造成限制民事行为能力人人身损害的，铁路运输企业应当承担赔偿责任；监护人及受害人自身有过错的，按照过错程度减轻铁路运输企业的赔偿责任，但铁路运输企业承担的赔偿责任应当不低于全部损失的百分之四十。

第九条 铁路机车车辆与机动车发生碰撞造成机动车驾驶人员以外的人人身损害的，由铁路运输企业与机动车一方对受害人承担连带赔偿责任。铁路运输企业与机动车一方之间，按照各自的过错分担责任；双方均无过错的，按照公平原则分担责任。对受害人实际承担赔偿责任超出应当承担份额的一方，有权向另一方追偿。

铁路机车车辆与机动车发生碰撞造成机动车驾驶人员人身损害的，按照本解释第四条至第七条的规定处理。

第十条　在非铁路运输企业实行监护的铁路无人看守道口发生事故造成人身损害的，由铁路运输企业按照本解释的有关规定承担赔偿责任。道口管理单位有过错的，铁路运输企业对赔偿权利人承担赔偿责任后，有权向道口管理单位追偿。

第十一条　对于铁路桥梁、涵洞等设施负有管理、维护等职责的单位，因未尽职责使该铁路桥梁、涵洞等设施不能正常使用，导致行人、车辆穿越铁路线路造成人身损害的，铁路运输企业按照本解释有关规定承担赔偿责任后，有权向该单位追偿。

第十二条　铁路旅客运送期间发生旅客人身损害，赔偿权利人要求铁路运输企业承担违约责任的，人民法院应当依照《中华人民共和国合同法》第二百九十条、第三百零一条、第三百零二条等规定，确定铁路运输企业是否承担责任及责任的大小；赔偿权利人要求铁路运输企业承担侵权赔偿责任的，人民法院应当依照有关侵权责任的法律规定，确定铁路运输企业是否承担赔偿责任及责任的大小。

第十三条　铁路旅客运送期间因第三人侵权造成旅客人身损害的，由实施侵权行为的第三人承担赔偿责任。铁路运输企业有过错的，应当在能够防止或者制止损害的范围内承担相应的补充赔偿责任。铁路运输企业承担赔偿责任后，有权向第三人追偿。

车外第三人投掷石块等击打列车造成车内旅客人身损害，赔偿权利人要求铁路运输企业先予赔偿的，人民法院应当予以支持。铁路运输企业赔付后，有权向第三人追偿。

第十四条　有权作出事故认定的组织依照《铁路交通事故应急救援和调查处理条例》等有关规定制作的事故认定书，经庭审质证，对于事故认定书所认定的事实，当事人没有相反证据和理由足以推翻的，人民法院应当作为认定事实的根据。

第十五条　在专用铁路及铁路专用线上因运输造成人身损害，依法应当由肇事工具或者设备的所有人、使用人或者管理人承担赔偿责任的，适用本解释。

第十六条　本院以前发布的司法解释与本解释不一致的，以本解释为准。

本解释施行前已经终审，本解释施行后当事人申请再审或者按照审判监督程序决定再审的案件，不适用本解释。

【链　接】

正确审理铁路运输人身损害赔偿案件
促进社会进步　保障社会和谐

——最高人民法院审判监督庭负责人就《最高人民法院关于审理铁路运输人身损害赔偿纠纷案件适用法律若干问题的解释》答记者问

2010年1月4日，最高人民法院审判委员会第1482次会议通过了《最高人民法院关于审理铁路运输人身损害赔偿纠纷案件适用法律若干问题的解释》（以下简称《解释》），本报记者就《解释》的起草背景、指导思想和主要内容等，采访了最高人民法院审判监督庭负责人。

问：《解释》的出台背景是什么？

答：这些年来，各地法院在审理铁路运输人身损害赔偿纠纷案件中遇到了如何确定管辖法院、如何理解铁路法第五十八条等疑难问题，在实践中也一直存在不同认识，并导致了法律适用不同、裁判尺度不一的情况。各地法院多次反映，希望最高人民法院尽快出台司法解释。同时，随着我国经济社会的高速发展，铁路建设也日新月异，铁路通车里程不断增加；随着城市化的发展，城市范围不断扩大，铁路运营的环境也发生了很大的变化。这就使人民法院在审理此类案件遇到了新情况、新问题。最高人民法院审判监督庭作为全国铁路运输法院的业务指导部门，经过深入调研、广泛征求意见，起草了本《解释》，经本院审判委员会审议通过，现予公布施行。

问：制定《解释》的指导思想是什么？

答：一是严格依照法律的有关规定。我们制定《解释》，依据的是民法通则、铁路法、民事诉讼法等法律规定，《解释》的基本内容，就是结合铁路运输人身损害赔偿纠纷案件的具体特点，将这些法律中的有关规定予以具体化，以便审判实践中具体操作，统一司法标准。另外，在起草《解释》的过程中，我们同时密切关注了侵权责任法的立法进展情况。现在侵权责任法已经公布但尚未施行，《解释》的有关内容注意了与侵权责任法协调、一致，是符合该法的。二是依法维护各方当事人合法权益。铁路是我国交通运输大动脉，在整个国民经济和社会生活中都占有十分重要的地位，也是当前国家重点投资、加快发展的基础设施。从服务于党和国家工作大局出发，人民法院在司法审判实践中必须注意依法保护好铁路运输企业的合法权益。同时，以人为本、司法为民，是人民法院司法审判活动的根本要求，必须充分保护人民群众的合法权益，必须对铁路运输事故中的受害人予以及时妥当的救济。这就要求我们在保护铁路运输企业权益和事故受害人权益之间找到一个平衡点，其标准就是“依法”。要通过对各方当事人权益的依法保护，促进社会整体进步，保障社会和谐。

问：《解释》的适用范围是什么？

答：因铁路行车事故及其他铁路运营事故造成的人身损害赔偿纠纷案件，包括行人、机动车与铁路机车车辆发生碰撞等造成的人身损害和旅客人身损害案件，都适用本《解释》。但是，与铁路运输企业建立劳动合同关系或者形成劳动关系的铁路职工在执行职务中发生的人身损害，也就是所谓的工伤工亡案件，不适用本《解释》，而应当依照有关调整劳动关系的法律规定及其他相关法律规定处理。

问：此类案件，如何确定管辖法院？

答：应当根据赔偿权利人起诉的案由的不同来确定管辖法院。赔偿权利人要求对方当事人承担侵权责任的，由事故发生地、列车最先到达地或者被告住所地铁路运输法院管辖；赔偿权利人要求承运人承担违约责任的，由运输始发地、目的地或者被告住所地铁路运输法院管辖。最高人民法院 1992 年发布的《关于适用〈中华人民共和国民事诉讼法〉若干问题的意见》第三十条规定：“铁路运输合同纠纷及与铁路运输有关的侵权纠纷，由铁路运输法院管辖”。《解释》重申了此类案件由铁路运输法院专门管辖的原则。

以往在社会上有一种观点，认为铁路运输法院是铁路系统内部设立的法院，质疑其能否公正审理此类案件。其实，铁路运输法院每年都审理了相当数量的各类案件，整体上看是客观公正的，只是由于其管理体制上的原因容易受到质疑，损害了司法公信力。据了解，中央有关部门已把铁路运输法院体制改革确定为司法改革的一项重要内容。目前，这项改革正在积极稳妥地推进过程中，其方向是将铁路运输法院作为专门法院予以整体保留，纳入国家司法管理体系，同时其在人、财、物等各方面均与铁路运输企业脱钩。改革完成后，应该可以消除人们由于体制原因而对铁路运输法院所抱有的疑虑。同时我们还要看到，铁路运输法院作为人民法院中的一个重要组成部分，其司法审判活动要受到上级人民法院的监督，当事人对于铁路运输法院作出的裁判不服的，可以根据法律的规定，向各有关高级人民法院提出上诉或者提出再审申请，这也可以确保当事人获得保护和救济。另外，铁路运输活动有相当的专业性。铁路运输法院比地方法院更了解铁路运输的特殊性，这类案件由铁路运输法院专门管辖更为适当，所以《解释》规定了铁路运输法院的专门管辖。

问：人民法院审理此类案件的基本原则是什么？

答：首先必须明确的是，铁路运输造成人身损害的，铁路运输企业应当承担赔偿责任，除非法律另有规定。如何认识《民法通则》第一百二十三条和《铁路法》第五十八条之间的关系，是以往困扰审判实践的一个突出问题。这两个条文，以及《侵权责任法》第七十三条，均明确规定了铁路运输企业的赔偿责任，但在铁路运输企业不承担责任和减轻责任的条件上则有所不同。制定本《解释》的目的之一，就是对这些规定作出妥当解释，以便于统一认识，统一司法审判尺度。本《解释》结合实践中铁路运输人身伤亡事故处理的实际情况，以及以往的审判实践经验，按照依法公平保护各方当事人合法权益的要求，在第五条至第七条中具体规定了铁路运输企业适当减轻赔偿责任或不承担赔偿责任的不同情形。这些规定的基本内涵是，除了在损害是因不可抗力或者受害人故意以卧轨、碰撞等方式造成的情形，铁路运输企业不承担赔偿责任之外，即使铁路运输企业已充分履行了安全防护、警示等义务，也只有在受害人不听从值守人员劝阻或者无视禁行警示信号、标志硬行通过铁路平交道口、人行过道，或者沿铁路线路纵向行走，或者在铁路线路上坐卧而造成人身损害等有限情形，才能免除铁路运输企业的赔偿责任。而在更多的情形，只能是适当减轻铁路运输企业的赔偿责任。至于减轻到什么程度，则应当根据案件的具体事实，综合考虑铁路运输企业履行安全防护、警示等义务的情况以及受害人自身过错情况等，作出妥当的判定。尤其是在判定受害人自身的过错程度时，更应全面考虑事故发生的时间、地点、环境等各方面的因素。比如，新建的铁路穿过农田，将受害人承包的土地一分为二，而该处距离正式设置的道口很远，受害人为了耕作等生产活动方便而穿越铁路线路的，就不宜将其过错程度认定得太高。再比如，铁路线路两侧的防护网破损后长期无人修补，许多人每天都在此通行，在事实上形成了过道，在此处发生事故的，就应当更多地考虑铁路企业未尽安全防护、警示义务的因素，而不宜将受害人的过错程度认定得太高。应当注意的是，《解释》第六条中规定了百分之八十至百分之二十之间、百分之二十至百分之十之间两个比例范围，这只是为了审判实践中统一裁判标准和便于具体操作而作出的指导性规定，应当根据案件具体情况在这两个比例的限度内作出妥当的判定。总之，司法审判应当在妥当地处理具体案件的同时，起到积极的引导作用。一方面是引导铁路运输企业注意履行好安全防护、警示等义务，为群众提供合理、方便的通行设施，另一方面引导群众遵章守纪，珍视自身的生命安全。

问：在实践中，事故受害人为未成年人的情形比较多，《解释》对此有什

么考虑?

答: 从以往的司法实践看，事故受害人为不完全民事行为能力人的案件，尤其是受害人为未成年人的案件，处理难度相对要大得多。一方面是此类案件损害后果非常严重。如果受害人已经死亡，那么对于其父母而言往往是中年丧子，且很可能是失去了唯一的子女；如果受害人幸运地保住了生命，也往往留下了很重的残疾，其一辈子的生活、学习、工作等各个方面都有一个“怎么办”的问题。且不说事故的原因或者各方是否有过错，单单面对这样一个不幸的后果，就不能不让人感到深切的同情。但在另一方面，未成年人认识和避免危险、控制自身行为的能力又比较低，铁路运输企业即使设置了完备的警示标志、信号，也可能对未成年人不起任何作用，可以说是防不胜防。并且，在这类案件中通常也的确存在监护人未尽监护责任的问题。本《解释》主要从以人为本、民生为重、构建和谐社会的角度考虑，认为应当倾向于保护未成年受害人，铁路运输企业应当承担更多的社会责任。所以首先规定铁路运输企业应当承担赔偿责任，同时规定监护人及受害人有过错的，应按照其过错程度适当减轻铁路运输企业的赔偿责任。但无论何种情形，铁路运输企业承担的赔偿责任都应当不低于全部损失的百分之五十或者百分之四十。也就是说，即使铁路运输企业已充分履行了安全防护、警示等义务，也要承担不低于百分之五十或者百分之四十的赔偿责任。

问:在铁路运输中发生事故造成人身伤亡，有时并不仅仅是铁路运输企业或者受害人方面的原因，还掺杂有其他方面的因素，这种情形应如何处理?

答: 从司法实践来看，铁路机车车辆与机动车相撞造成人身伤亡的情况比较突出，也就是在损害原因方面掺杂进了机动车的因素。本《解释》从受害人的角度考虑，区分两种情形作出了不同的规定。第一种情形是铁路机车车辆与机动车发生碰撞造成机动车驾驶员以外的人人身损害的，由铁路运输企业与机动车一方对受害人承担连带赔偿责任。铁路运输企业与机动车一方之间，按照各自的过错分担责任，双方均无过错的，按照公平原则分担责任。对受害人实际承担赔偿责任超出其应当承担份额的一方，有权向另一方追偿。也就是说，铁路运输企业与机动车一方在对受害人的外部关系上，是连带赔偿关系，承担的是无过错责任。无论铁路运输企业与机动车一方有无过错，均应连带地对受害人承担赔偿责任；在铁路运输企业与机动车一方内部责任划分问题上，是按份承担责任的关系。一般而言，在铁路机车车辆与机动车发生碰撞的情形，基本上都存在着双方或单方过错，双方均无过错的情形几乎没有。所以，双方应按照各自的过错分担责任。如果是双方均无过错的特殊情形，则应当按照公平原则分担责任。这样既可以充分保护受害人的权利，也可以公平地确定铁路运输企业与机动车一方的各自的责任。第二种情形是碰撞造成机动车驾驶员人身损害的，对于该驾驶员要按照普通行人同样对待。

在导致人身伤亡的事故原因中，常见的因素中还有一个就是铁路道口的管理方面的问题。铁路与其他道路平面相交形成的道口有两大类，一类是有人看守道口，由铁路运输企业按照一定的技术规范设立信号机、栏杆等安全设施，并派铁路职工专门看守。在有人看守道口发生事故，责任通常较为清楚。另一类是无人看守道口。在无人看守道口上，原本只是设置标志和护桩等安全设施，而没有任何人进行看护。随着社会发展，一些无人看守道口的行人、车辆通行量越来越大，发生的事故也增多了。当地政府有关部门为了减少和防止事故发生，就安排人员进行看护。1995年8月31日，当时的国家经济贸易委员会、铁道部、交通部、公安部、农业部、建设部、劳动部联合下发《铁路无人看守道口监护管理规定》，其中规定："在铁路无人看守道口处，设专人对通过道口的车辆和行为实施监督和防护，以保障道口安全畅通。"但对于发生事故后如何处理，仅规定："铁路无人看守道口实行监护后，其性质仍为无人看守道口。发生道口事故，铁路部门应当按照国家有关事故调查处理的规定办理。"并未涉及责任的具体承担问题。本《解释》从实际出发，规定这时应由铁路运输企业承担赔偿责任，道口管理单位有过错的，铁路运输企业承担赔偿责任后有权向道口管理单位追偿。规定由铁路运输企业承担赔偿责任，可以充分地保护和救济受害人，明确铁路运输企业的追偿权，则可以促使道口管理单位更加切实地履行职责。

另外，有些铁路桥梁、涵洞等设施管理、维护不善，不能正常使用，是导致行人、车辆穿越铁路线路造成人身损害的一个重要原因。在这种情形，铁路运输企业承担赔偿责任后，也有权向对铁路桥梁、涵洞等设施负有管理、维护等职责的单位追偿。

问：在铁路旅客运送期间发生旅客人身损害的，如何处理？

答：根据《解释》的规定，在铁路旅客运送期间发生旅客人身损害的，赔偿权利人有选择要求铁路运输企业承担违约责任或者侵权责任的权利。赔偿权利人要求铁路运输企业承担违约责任的，是合同纠纷，人民法院应当依照合同法的有关规定处理；赔偿权利人要求铁路运输企业承担侵权责任的，是侵权赔偿纠纷，人民法院应当依照有关侵权责任的法律规定处理。铁路旅客运送期间因第三人侵权造成旅客人身损害的，由实施侵权行为的第三人承担赔偿责任。铁路运输企业有过错的，应当在能够防止或者制止损害的范围内承担相应的补充赔偿责任。铁路运输企业承担赔偿责任后，有权向第三人追偿。车外第三人投掷石块等击打列车造成车内旅客人身损害，赔偿权利人要求铁路运输企业先予赔偿的，人民法院应当予以支持。铁路运输企业赔付后，有权向第三人追偿。

最高人民法院
关于印发《关于审理铁路运输损害赔偿案件若干问题的解释》的通知

（1994年10月27日　法发〔1994〕25号）

各省、自治区、直辖市高级人民法院，各铁路运输中级法院和基层法院：

现将《最高人民法院关于审理铁路运输损害赔偿案件若干问题的解释》印发给你们，请遵照执行。

附：

最高人民法院
关于审理铁路运输损害赔偿案件若干问题的解释

为了正确、及时地审理铁路运输损害赔偿案件，现就审判工作中遇到的一些问题，根据《中华人民共和国铁路法》（以下简称铁路法）和有关的法律规定，结合审判实践，作出如下解释，供在审判工作中执行。

一、实际损失的赔偿范围

铁路法第十七条中的“实际损失”，是指因灭失、短少、变质、污染、损坏导致货物、包裹、行李实际价值的损失。

铁路运输企业按照实际损失赔偿时，对灭失、短少的货物、包裹、行李，按照其实际价值赔偿；对变质、污染、损坏降低原有价值的货物、包裹、行李，可按照其受损前后实际价值的差额或者加工、修复费用赔偿。

货物、包裹、行李的赔偿价格按照托运时的实际价值计算。实际价值中未包含已支付的铁路运杂费、包装费、保险费、短途搬运费等费用的，按照损失部分的比例加算。

二、铁路运输企业的重大过失

铁路法第十七条中的“重大过失”，是指铁路运输企业或者其受雇人、代理人对承运的货物、包裹、行李明知可能造成损失而轻率地作为或者不作为。

三、保价货物损失的赔偿

铁路法第十七条第一款（一）项中规定的“按照实际损失赔偿，但最高不超过保价额。”是指保价运输的货物、包裹、行李在运输中发生损失，无论托运人在办理保价运输时，保价额是否与货物、包裹、行李的实际价值相符，均应在保价额内按照损失部分的实际价值赔偿，实际损失超过保价额的部分不予赔偿。

如果损失是因铁路运输企业的故意或者重大过失造成的，比照铁路法第十七条第一款（二）项的规定，不受保价额的限制，按照实际损失赔偿。

四、保险货物损失的赔偿

投保货物运输险的货物在运输中发生损失，对不属于铁路运输企业免责范围的，适用铁路法第十七条第一款（二）项的规定，由铁路运输企业承担赔偿责任。

保险公司按照保险合同的约定向托运人或收货人先行赔付后，对于铁路运输企业应按货物实际损失承担赔偿责任的，保险公司按照支付的保险金额向铁路运输企业追偿，因不足额保险产生的实际损失与保险金的差额部分，由铁路运输企业赔偿；对于铁路运输企业应按限额承担赔偿责任的，在足额保险的情况下，保险公司向铁路运输企业的追偿额为铁路运输企业的赔偿限额，在不足额保险的情况下，保险公司向铁路运输企业的追偿额在铁路运输企业的赔偿限额内按照投保金额与货物实际价值的比例计算，因不足额保险产生的铁路运输企业的赔偿限额与保险公司在限额内追偿额的差额部分，由铁路运输企业赔偿。

五、保险保价货物损失的赔偿

既保险又保价的货物在运输中发生损失，对不属于铁路运输企业免责范围的，适用铁路法第十七条第一款（一）项的规定由铁路运输企业承担赔偿责任。对于保险公司先行赔付的，比照本解释第四条对保险货物损失的赔偿处理。

六、保险补偿制度的适用

《铁路货物运输实行保险与负责运输相结合的补偿制度的规定（试行）》（简称保险补偿制度），适用于1991年5月1日铁路法实施以前已投保货物运输险的案件。铁路法实施后投保货物运输险的案件，适用铁路法第十七条第一款的规定，保险补偿制度中有关保险补偿的规定不再适用。

七、逾期交付的责任

货物、包裹、行李逾期交付，如果是因铁路逾期运到造成的，由铁路运输企业支付逾期违约金；如果是因收货人或旅客逾期领取造成的，由收货人或旅客支付保管费；既因逾期运到又因收货人或旅客逾期领取造成的，由双方各自承担相应的责任。

铁路逾期运到并且发生损失时，铁路运输企业除支付逾期违约金外，还应当赔偿损失。对收货人或者旅客逾期领取，铁路运输企业在代保管期间因保管不当造成损失的，由铁路运输企业赔偿。

八、误交付的责任

货物、包裹、行李误交付（包括被第三人冒领造成的误交付），铁路运输企业查找超过运到期限的，由铁路运输企业支付逾期违约金。不能交付的，或者交付时有损失的，由铁路运输企业赔偿。铁路运输企业赔付后，再向有责任的第三者追偿。

九、赔偿后又找回原物的处理

铁路运输企业赔付后又找回丢失、被盗、冒领、逾期等按灭失处理的货物、包裹、行李的，在通知托运人、收货人或旅客退还赔款领回原物的期限届满后仍无人领取的，适用铁路法第二十二条按无主货物的规定处理。铁路运输企业未通知托运人、收货人或者旅客而自行处理找回的货物、包裹、行李的，由铁路运输企业赔偿实际损失与已付赔款差额。

十、代办运输货物损失的赔偿

代办运输的货物在铁路运输中发生损失，对代办运输企业接受托运人的委托以自己的名义与铁路运输企业签订运输合同托运或领取货物的，如委托人依据委托合同要求代办运输企业向铁路运输企业索赔的，应予支持。对代办运输企业未及时索赔而超过运输合同索赔时效的，代办运输企业应当赔偿。

十一、人身伤亡的赔偿范围

铁路法第五十八条规定的因铁路行车事故及其他铁路运营事故造成的人身伤亡，包括旅客伤亡和路外伤亡。

人身伤亡，除铁路法第五十八条第二款列举的免责情况外，如果铁路运输企业能够证明人身伤亡是由受害人自身原因造成的，不应再责令铁路运输企业承担赔偿责任。

对人身伤亡的赔偿责任范围适用民法通则第一百一十九条的规定。1994年9月1日以后发生的旅客伤亡的赔偿责任范围适用国务院批准的《铁路旅客运输损害赔偿规定》。

十二、铁路旅客运送责任期间

铁路运输企业对旅客运送的责任期间自旅客持有效车票进站时起到旅客出站或者应当出站时止。不包括旅客在候车室内的期间。

十三、旅客伤亡的保险责任与运输责任

在铁路旅客运送责任期间发生旅客伤亡，属于《铁路旅客意外伤害强制保险条例》规定的保险责任范围的，铁路运输企业支付保险金后，对旅客伤亡不属于铁路运输企业免责范围的，铁路运输企业还应当支付赔偿金。

十四、第三者责任造成旅客伤亡的赔偿

在铁路旅客运送期间因第三者责任造成旅客伤亡，旅客或者其继承人要求铁路运输企业先予赔偿的，应予支持。铁路运输企业赔付后，有权向有责任的第三者追偿。

十五、索赔时效

对承运中的货物、包裹、行李发生损失或逾期，向铁路运输企业要求赔偿的请求权，时效期间适用铁路运输规章180日的规定，自铁路运输企业交付的次日起计算；货物、包裹、行李全部灭失的，自运到期限届满后第30日的次日起计算。但对在此期间内或者运到期限内已经确认灭失的，自铁路运输企业交给货运记录的次日起计算。

对旅客伤亡，向铁路企业要求赔偿的请求权，时效期间适用民法通则第一百三十六条第（一）项1年的规定。自到达旅行目的地的次日或者旅行中止的次日起计算。

对路外伤亡，向铁路运输企业要求赔偿的请求权，时效期间适用民法通则第一百三十六条第（一）项1年的规定，自受害人受到伤害的次日起计算。

中华人民共和国民用航空法

（1995年10月30日第八届全国人民代表大会常务委员会第十六次会议通过　根据2009年8月27日第十一届全国人民代表大会常务委员会第十次会议《关于修改部分法律的决定》第一次修正　根据2015年4月24日第十二届全国人民代表大会常务委员会第十四次会议《关于修改〈中华人民共和国计量法〉等五部法律的决定》第二次修正　根据2016年11月7日第十二届全国人民代表大会常务委员会第二十四次会议《关于修改〈中华人民共和国对外贸易法〉等十二部法律的决定》第三次修正　根据2017年11月4日第十二届全国人民代表大会常务委员会第三十次会议《关于修改〈中华人民共和国会计法〉等十一部法律的决定》第四次修正）

目　录

第一章　总　则

第一条　为了维护国家的领空主权和民用航空权利，保障民用航空活动安全和有秩序地进行，保护民用航空活动当事人各方的合法权益，促进民用航空事业的发展，制定本法。

第二条　中华人民共和国的领陆和领水之上的空域为中华人民共和国领空。中华人民共和国对领空享有完全的、排他的主权。

第三条　国务院民用航空主管部门对全国民用航空活动实施统一监督管理；根据法律和国务院的决定，在本部门的权限内，发布有关民用航空活动的规定、决定。

国务院民用航空主管部门设立的地区民用航空管理机构依照国务院民用航空主管部门的授权，监督管理各该地区的民用航空活动。

第四条　国家扶持民用航空事业的发展，鼓励和支持发展民用航空的科学研究和教育事业，提高民用航空科学技术水平。

国家扶持民用航空器制造业的发展，为民用航空活动提供安全、先进、经济、适用的民用航空器。

第二章　民用航空器国籍

第五条　本法所称民用航空器，是指除用于执行军事、海关、警察飞行任务外的航空器。

第六条　经中华人民共和国国务院民用航空主管部门依法进行国籍登记

的民用航空器，具有中华人民共和国国籍，由国务院民用航空主管部门发给国籍登记证书。

国务院民用航空主管部门设立中华人民共和国民用航空器国籍登记簿，统一记载民用航空器的国籍登记事项。

第七条　下列民用航空器应当进行中华人民共和国国籍登记：

（一）中华人民共和国国家机构的民用航空器；

（二）依照中华人民共和国法律设立的企业法人的民用航空器；企业法人的注册资本中有外商出资的，其机构设置、人员组成和中方投资人的出资比例，应当符合行政法规的规定；

（三）国务院民用航空主管部门准予登记的其他民用航空器。

自境外租赁的民用航空器，承租人符合前款规定，该民用航空器的机组人员由承租人配备的，可以申请登记中华人民共和国国籍，但是必须先予注销该民用航空器原国籍登记。

第八条　依法取得中华人民共和国国籍的民用航空器，应当标明规定的国籍标志和登记标志。

第九条　民用航空器不得具有双重国籍。未注销外国国籍的民用航空器不得在中华人民共和国申请国籍登记。

第三章　民用航空器权利

第一节　一般规定

第十条　本章规定的对民用航空器的权利，包括对民用航空器构架、发动机、螺旋桨、无线电设备和其他一切为了在民用航空器上使用的，无论安装于其上或者暂时拆离的物品的权利。

第十一条　民用航空器权利人应当就下列权利分别向国务院民用航空主管部门办理权利登记：

（一）民用航空器所有权；

（二）通过购买行为取得并占有民用航空器的权利；

（三）根据租赁期限为六个月以上的租赁合同占有民用航空器的权利；

（四）民用航空器抵押权。

第十二条　国务院民用航空主管部门设立民用航空器权利登记簿。同一民用航空器的权利登记事项应当记载于同一权利登记簿中。

民用航空器权利登记事项，可以供公众查询、复制或者摘录。

第十三条　除民用航空器经依法强制拍卖外，在已经登记的民用航空器权利得到补偿或者民用航空器权利人同意之前，民用航空器的国籍登记或者权利登记不得转移至国外。

第二节　民用航空器所有权和抵押权

第十四条　民用航空器所有权的取得、转让和消灭，应当向国务院民用航空主管部门登记；未经登记的，不得对抗第三人。

民用航空器所有权的转让，应当签订书面合同。

第十五条　国家所有的民用航空器，由国家授予法人经营管理或者使用的，本法有关民用航空器所有人的规定适用于该法人。

第十六条　设定民用航空器抵押权，由抵押权人和抵押人共同向国务院民用航空主管部门办理抵押权登记；未经登记的，不得对抗第三人。

第十七条　民用航空器抵押权设定后，未经抵押权人同意，抵押人不得将被抵押民用航空器转让他人。

第三节　民用航空器优先权

第十八条　民用航空器优先权，是指债权人依照本法第十九条规定，向民用航空器所有人、承租人提出赔偿请求，对产生该赔偿请求的民用航空器具有优先受偿的权利。

第十九条　下列各项债权具有民用航空器优先权：

（一）援救该民用航空器的报酬；

（二）保管维护该民用航空器的必需费用。

前款规定的各项债权，后发生的先受偿。

第二十条　本法第十九条规定的民用航空器优先权，其债权人应当自援救或者保管维护工作终了之日起三个月内，就其债权向国务院民用航空主管部门登记。

第二十一条　为了债权人的共同利益，在执行人民法院判决以及拍卖过程中产生的费用，应当从民用航空器拍卖所得价款中先行拨付。

第二十二条　民用航空器优先权先于民用航空器抵押权受偿。

第二十三条　本法第十九条规定的债权转移的，其民用航空器优先权随之转移。

第二十四条　民用航空器优先权应当通过人民法院扣押产生优先权的民用航空器行使。

第二十五条　民用航空器优先权自援救或者保管维护工作终了之日起满三个月时终止；但是，债权人就其债权已经依照本法第二十条规定登记，并具有下列情形之一的除外：

（一）债权人、债务人已经就此项债权的金额达成协议；

（二）有关此项债权的诉讼已经开始。

民用航空器优先权不因民用航空器所有权的转让而消灭；但是，民用航空器经依法强制拍卖的除外。

第四节　民用航空器租赁

第二十六条　民用航空器租赁合同，包括融资租赁合同和其他租赁合同，应当以书面形式订立。

第二十七条　民用航空器的融资租赁，是指出租人按照承租人对供货方和民用航空器的选择，购得民用航空器，出租给承租人使用，由承租人定期交纳租金。

第二十八条　融资租赁期间，出租人依法享有民用航空器所有权，承租人依法享有民用航空器的占有、使用、收益权。

第二十九条　融资租赁期间，出租人不得干扰承租人依法占有、使用民用航空器；承租人应当适当地保管民用航空器，使之处于原交付时的状态，但是合理损耗和经出租人同意的对民用航空器的改变除外。

第三十条　融资租赁期满，承租人应当将符合本法第二十九条规定状态的民用航空器退还出租人；但是，承租人依照合同行使购买民用航空器的权利或者为继续租赁而占有民用航空器的除外。

第三十一条　民用航空器融资租赁中的供货方，不就同一损害同时对出租人和承租人承担责任。

第三十二条　融资租赁期间，经出租人同意，在不损害第三人利益的情况下，承租人可以转让其对民用航空器的占有权或者租赁合同约定的其他权利。

第三十三条　民用航空器的融资租赁和租赁期限为六个月以上的其他租赁，承租人应当就其对民用航空器的占有权向国务院民用航空主管部门办理登记；未经登记的，不得对抗第三人。

第四章　民用航空器适航管理

第三十四条　设计民用航空器及其发动机、螺旋桨和民用航空器上设备，应当向国务院民用航空主管部门申请领取型号合格证书。经审查合格的，发给型号合格证书。

第三十五条　生产、维修民用航空器及其发动机、螺旋桨和民用航空器上设备，应当向国务院民用航空主管部门申请领取生产许可证书、维修许可证书。经审查合格的，发给相应的证书。

第三十六条　外国制造人生产的任何型号的民用航空器及其发动机、螺旋桨和民用航空器上设备，首次进口中国的，该外国制造人应当向国务院民用航空主管部门申请领取型号认可证书。经审查合格的，发给型号认可证书。

已取得外国颁发的型号合格证书的民用航空器及其发动机、螺旋桨和民用航空器上设备，首次在中国境内生产的，该型号合格证书的持有人应当向国务院民用航空主管部门申请领取型号认可证书。经审查合格的，发给型号认可证书。

第三十七条 具有中华人民共和国国籍的民用航空器，应当持有国务院民用航空主管部门颁发的适航证书，方可飞行。

出口民用航空器及其发动机、螺旋桨和民用航空器上设备，制造人应当向国务院民用航空主管部门申请领取出口适航证书。经审查合格的，发给出口适航证书。

租用的外国民用航空器，应当经国务院民用航空主管部门对其原国籍登记国发给的适航证书审查认可或者另发适航证书，方可飞行。

民用航空器适航管理规定，由国务院制定。

第三十八条 民用航空器的所有人或者承租人应当按照适航证书规定的使用范围使用民用航空器，做好民用航空器的维修保养工作，保证民用航空器处于适航状态。

第五章　航空人员

第一节　一般规定

第三十九条 本法所称航空人员，是指下列从事民用航空活动的空勤人员和地面人员：

（一）空勤人员，包括驾驶员、飞行机械人员、乘务员；

（二）地面人员，包括民用航空器维修人员、空中交通管制员、飞行签派员、航空电台通信员。

第四十条 航空人员应当接受专门训练，经考核合格，取得国务院民用航空主管部门颁发的执照，方可担任其执照载明的工作。

空勤人员和空中交通管制员在取得执照前，还应当接受国务院民用航空主管部门认可的体格检查单位的检查，并取得国务院民用航空主管部门颁发的体格检查合格证书。

第四十一条 空勤人员在执行飞行任务时，应当随身携带执照和体格检查合格证书，并接受国务院民用航空主管部门的查验。

第四十二条 航空人员应当接受国务院民用航空主管部门定期或者不定期的检查和考核；经检查、考核合格的，方可继续担任其执照载明的工作。

空勤人员还应当参加定期的紧急程序训练。

空勤人员间断飞行的时间超过国务院民用航空主管部门规定时限的，应当经过检查和考核；乘务员以外的空勤人员还应当经过带飞。经检查、考核、带飞合格的，方可继续担任其执照载明的工作。

第二节　机　组

第四十三条　民用航空器机组由机长和其他空勤人员组成。机长应当由具有独立驾驶该型号民用航空器的技术和经验的驾驶员担任。

机组的组成和人员数额，应当符合国务院民用航空主管部门的规定。

第四十四条　民用航空器的操作由机长负责，机长应当严格履行职责，保护民用航空器及其所载人员和财产的安全。

机长在其职权范围内发布的命令，民用航空器所载人员都应当执行。

第四十五条　飞行前，机长应当对民用航空器实施必要的检查；未经检查，不得起飞。

机长发现民用航空器、机场、气象条件等不符合规定，不能保证飞行安全的，有权拒绝起飞。

第四十六条　飞行中，对于任何破坏民用航空器、扰乱民用航空器内秩序、危害民用航空器所载人员或者财产安全以及其他危及飞行安全的行为，在保证安全的前提下，机长有权采取必要的适当措施。

飞行中，遇到特殊情况时，为保证民用航空器及其所载人员的安全，机长有权对民用航空器作出处置。

第四十七条　机长发现机组人员不适宜执行飞行任务的，为保证飞行安全，有权提出调整。

第四十八条　民用航空器遇险时，机长有权采取一切必要措施，并指挥机组人员和航空器上其他人员采取抢救措施。在必须撤离遇险民用航空器的紧急情况下，机长必须采取措施，首先组织旅客安全离开民用航空器；未经机长允许，机组人员不得擅自离开民用航空器；机长应当最后离开民用航空器。

第四十九条　民用航空器发生事故，机长应当直接或者通过空中交通管制单位，如实将事故情况及时报告国务院民用航空主管部门。

第五十条　机长收到船舶或者其他航空器的遇险信号，或者发现遇险的船舶、航空器及其人员，应当将遇险情况及时报告就近的空中交通管制单位并给予可能的合理的援助。

第五十一条　飞行中，机长因故不能履行职务的，由仅次于机长职务的驾驶员代理机长；在下一个经停地起飞前，民用航空器所有人或者承租人应当指派新机长接任。

第五十二条 只有一名驾驶员，不需配备其他空勤人员的民用航空器，本节对机长的规定，适用于该驾驶员。

第六章 民用机场

第五十三条 本法所称民用机场，是指专供民用航空器起飞、降落、滑行、停放以及进行其他活动使用的划定区域，包括附属的建筑物、装置和设施。

本法所称民用机场不包括临时机场。

军民合用机场由国务院、中央军事委员会另行制定管理办法。

第五十四条 民用机场的建设和使用应当统筹安排、合理布局，提高机场的使用效率。

全国民用机场的布局和建设规划，由国务院民用航空主管部门会同国务院其他有关部门制定，并按照国家规定的程序，经批准后组织实施。

省、自治区、直辖市人民政府应当根据全国民用机场的布局和建设规划，制定本行政区域内的民用机场建设规划，并按照国家规定的程序报经批准后，将其纳入本级国民经济和社会发展规划。

第五十五条 民用机场建设规划应当与城市建设规划相协调。

第五十六条 新建、改建和扩建民用机场，应当符合依法制定的民用机场布局和建设规划，符合民用机场标准，并按照国家规定报经有关主管机关批准并实施。

不符合依法制定的民用机场布局和建设规划的民用机场建设项目，不得批准。

第五十七条 新建、扩建民用机场，应当由民用机场所在地县级以上地方人民政府发布公告。

前款规定的公告应当在当地主要报纸上刊登，并在拟新建、扩建机场周围地区张贴。

第五十八条 禁止在依法划定的民用机场范围内和按照国家规定划定的机场净空保护区域内从事下列活动：

（一）修建可能在空中排放大量烟雾、粉尘、火焰、废气而影响飞行安全的建筑物或者设施；

（二）修建靶场、强烈爆炸物仓库等影响飞行安全的建筑物或者设施；

（三）修建不符合机场净空要求的建筑物或者设施；

（四）设置影响机场目视助航设施使用的灯光、标志或者物体；

（五）种植影响飞行安全或者影响机场助航设施使用的植物；

（六）饲养、放飞影响飞行安全的鸟类动物和其他物体；

（七）修建影响机场电磁环境的建筑物或者设施。

禁止在依法划定的民用机场范围内放养牲畜。

第五十九条　民用机场新建、扩建的公告发布前，在依法划定的民用机场范围内和按照国家规定划定的机场净空保护区域内存在的可能影响飞行安全的建筑物、构筑物、树木、灯光和其他障碍物体，应当在规定的期限内清除；对由此造成的损失，应当给予补偿或者依法采取其他补救措施。

第六十条　民用机场新建、扩建的公告发布后，任何单位和个人违反本法和有关行政法规的规定，在依法划定的民用机场范围内和按照国家规定划定的机场净空保护区域内修建、种植或者设置影响飞行安全的建筑物、构筑物、树木、灯光和其他障碍物体的，由机场所在地县级以上地方人民政府责令清除；由此造成的损失，由修建、种植或者设置该障碍物体的人承担。

第六十一条　在民用机场及其按照国家规定划定的净空保护区域以外，对可能影响飞行安全的高大建筑物或者设施，应当按照国家有关规定设置飞行障碍灯和标志，并使其保持正常状态。

第六十二条　民用机场应当持有机场使用许可证，方可开放使用。

民用机场具备下列条件，并按照国家规定经验收合格后，方可申请机场使用许可证：

（一）具备与其运营业务相适应的飞行区、航站区、工作区以及服务设施和人员；

（二）具备能够保障飞行安全的空中交通管制、通信导航、气象等设施和人员；

（三）具备符合国家规定的安全保卫条件；

（四）具备处理特殊情况的应急计划以及相应的设施和人员；

（五）具备国务院民用航空主管部门规定的其他条件。

国际机场还应当具备国际通航条件，设立海关和其他口岸检查机关。

第六十三条　民用机场使用许可证由机场管理机构向国务院民用航空主管部门申请，经国务院民用航空主管部门审查批准后颁发。

第六十四条　设立国际机场，由国务院民用航空主管部门报请国务院审查批准。

国际机场的开放使用，由国务院民用航空主管部门对外公告；国际机场资料由国务院民用航空主管部门统一对外提供。

第六十五条　民用机场应当按照国务院民用航空主管部门的规定，采取措施，保证机场内人员和财产的安全。

第六十六条　供运输旅客或者货物的民用航空器使用的民用机场，应当按照国务院民用航空主管部门规定的标准，设置必要设施，为旅客和货物托运人、收货人提供良好服务。

第六十七条 民用机场管理机构应当依照环境保护法律、行政法规的规定，做好机场环境保护工作。

第六十八条 民用航空器使用民用机场及其助航设施的，应当缴纳使用费、服务费；使用费、服务费的收费标准，由国务院民用航空主管部门制定。

第六十九条 民用机场废弃或者改作他用，民用机场管理机构应当依照国家规定办理报批手续。

第七章 空中航行

第一节 空域管理

第七十条 国家对空域实行统一管理。

第七十一条 划分空域，应当兼顾民用航空和国防安全的需要以及公众的利益，使空域得到合理、充分、有效的利用。

第七十二条 空域管理的具体办法，由国务院、中央军事委员会制定。

第二节 飞行管理

第七十三条 在一个划定的管制空域内，由一个空中交通管制单位负责该空域内的航空器的空中交通管制。

第七十四条 民用航空器在管制空域内进行飞行活动，应当取得空中交通管制单位的许可。

第七十五条 民用航空器应当按照空中交通管制单位指定的航路和飞行高度飞行；因故确需偏离指定的航路或者改变飞行高度飞行的，应当取得空中交通管制单位的许可。

第七十六条 在中华人民共和国境内飞行的航空器，必须遵守统一的飞行规则。

进行目视飞行的民用航空器，应当遵守目视飞行规则，并与其他航空器、地面障碍物体保持安全距离。

进行仪表飞行的民用航空器，应当遵守仪表飞行规则。

飞行规则由国务院、中央军事委员会制定。

第七十七条 民用航空器机组人员的飞行时间、执勤时间不得超过国务院民用航空主管部门规定的时限。

民用航空器机组人员受到酒类饮料、麻醉剂或者其他药物的影响，损及工作能力的，不得执行飞行任务。

第七十八条　民用航空器除按照国家规定经特别批准外，不得飞入禁区；除遵守规定的限制条件外，不得飞入限制区。

前款规定的禁区和限制区，依照国家规定划定。

第七十九条　民用航空器不得飞越城市上空；但是，有下列情形之一的除外：

（一）起飞、降落或者指定的航路所必需的；

（二）飞行高度足以使该航空器在发生紧急情况时离开城市上空，而不致危及地面上的人员、财产安全的；

（三）按照国家规定的程序获得批准的。

第八十条　飞行中，民用航空器不得投掷物品；但是，有下列情形之一的除外：

（一）飞行安全所必需的；

（二）执行救助任务或者符合社会公共利益的其他飞行任务所必需的。

第八十一条　民用航空器未经批准不得飞出中华人民共和国领空。

对未经批准正在飞离中华人民共和国领空的民用航空器，有关部门有权根据具体情况采取必要措施，予以制止。

第三节　飞行保障

第八十二条　空中交通管制单位应当为飞行中的民用航空器提供空中交通服务，包括空中交通管制服务、飞行情报服务和告警服务。

提供空中交通管制服务，旨在防止民用航空器同航空器、民用航空器同障碍物体相撞，维持并加速空中交通的有秩序的活动。

提供飞行情报服务，旨在提供有助于安全和有效地实施飞行的情报和建议。

提供告警服务，旨在当民用航空器需要搜寻援救时，通知有关部门，并根据要求协助该有关部门进行搜寻援救。

第八十三条　空中交通管制单位发现民用航空器偏离指定航路、迷失航向时，应当迅速采取一切必要措施，使其回归航路。

第八十四条　航路上应当设置必要的导航、通信、气象和地面监视设备。

第八十五条　航路上影响飞行安全的自然障碍物体，应当在航图上标明；航路上影响飞行安全的人工障碍物体，应当设置飞行障碍灯和标志，并使其保持正常状态。

第八十六条　在距离航路边界三十公里以内的地带，禁止修建靶场和其他可能影响飞行安全的设施；但是，平射轻武器靶场除外。

在前款规定地带以外修建固定的或者临时性对空发射场，应当按照国家规定获得批准；对空发射场的发射方向，不得与航路交叉。

第八十七条 任何可能影响飞行安全的活动，应当依法获得批准，并采取确保飞行安全的必要措施，方可进行。

第八十八条 国务院民用航空主管部门应当依法对民用航空无线电台和分配给民用航空系统使用的专用频率实施管理。

任何单位或者个人使用的无线电台和其他仪器、装置，不得妨碍民用航空无线电专用频率的正常使用。对民用航空无线电专用频率造成有害干扰的，有关单位或者个人应当迅速排除干扰；未排除干扰前，应当停止使用该无线电台或者其他仪器、装置。

第八十九条 邮电通信企业应当对民用航空电信传递优先提供服务。

国家气象机构应当对民用航空气象机构提供必要的气象资料。

第四节 飞行必备文件

第九十条 从事飞行的民用航空器，应当携带下列文件：

（一）民用航空器国籍登记证书；

（二）民用航空器适航证书；

（三）机组人员相应的执照；

（四）民用航空器航行记录簿；

（五）装有无线电设备的民用航空器，其无线电台执照；

（六）载有旅客的民用航空器，其所载旅客姓名及其出发地点和目的地点的清单；

（七）载有货物的民用航空器，其所载货物的舱单和明细的申报单；

（八）根据飞行任务应当携带的其他文件。

民用航空器未按规定携带前款所列文件的，国务院民用航空主管部门或者其授权的地区民用航空管理机构可以禁止该民用航空器起飞。

第八章 公共航空运输企业

第九十一条 公共航空运输企业，是指以营利为目的，使用民用航空器运送旅客、行李、邮件或者货物的企业法人。

第九十二条 企业从事公共航空运输，应当向国务院民用航空主管部门申请领取经营许可证。

第九十三条 取得公共航空运输经营许可，应当具备下列条件：

（一）有符合国家规定的适应保证飞行安全要求的民用航空器；

（二）有必需的依法取得执照的航空人员；

（三）有不少于国务院规定的最低限额的注册资本；

（四）法律、行政法规规定的其他条件。

第九十四条 公共航空运输企业的组织形式、组织机构适用公司法的规定。

本法施行前设立的公共航空运输企业，其组织形式、组织机构不完全符合公司法规定的，可以继续沿用原有的规定，适用前款规定的日期由国务院规定。

第九十五条 公共航空运输企业应当以保证飞行安全和航班正常，提供良好服务为准则，采取有效措施，提高运输服务质量。

公共航空运输企业应当教育和要求本企业职工严格履行职责，以文明礼貌、热情周到的服务态度，认真做好旅客和货物运输的各项服务工作。

旅客运输航班延误的，应当在机场内及时通告有关情况。

第九十六条 公共航空运输企业申请经营定期航班运输（以下简称航班运输）的航线，暂停、终止经营航线，应当报经国务院民用航空主管部门批准。

公共航空运输企业经营航班运输，应当公布班期时刻。

第九十七条 公共航空运输企业的营业收费项目，由国务院民用航空主管部门确定。

国内航空运输的运价管理办法，由国务院民用航空主管部门会同国务院物价主管部门制定，报国务院批准后执行。

国际航空运输运价的制定按照中华人民共和国政府与外国政府签订的协定、协议的规定执行；没有协定、协议的，参照国际航空运输市场价格确定。

第九十八条 公共航空运输企业从事不定期运输，应当经国务院民用航空主管部门批准，并不得影响航班运输的正常经营。

第九十九条 公共航空运输企业应当依照国务院制定的公共航空运输安全保卫规定，制定安全保卫方案，并报国务院民用航空主管部门备案。

第一百条 公共航空运输企业不得运输法律、行政法规规定的禁运物品。

公共航空运输企业未经国务院民用航空主管部门批准，不得运输作战军火、作战物资。

禁止旅客随身携带法律、行政法规规定的禁运物品乘坐民用航空器。

第一百零一条 公共航空运输企业运输危险品，应当遵守国家有关规定。

禁止以非危险品品名托运危险品。

禁止旅客随身携带危险品乘坐民用航空器。除因执行公务并按照国家规定经过批准外，禁止旅客携带枪支、管制刀具乘坐民用航空器。禁止违反国务院民用航空主管部门的规定将危险品作为行李托运。

危险品品名由国务院民用航空主管部门规定并公布。

第一百零二条　公共航空运输企业不得运输拒绝接受安全检查的旅客，不得违反国家规定运输未经安全检查的行李。

公共航空运输企业必须按照国务院民用航空主管部门的规定，对承运的货物进行安全检查或者采取其他保证安全的措施。

第一百零三条　公共航空运输企业从事国际航空运输的民用航空器及其所载人员、行李、货物应当接受边防、海关、检疫等主管部门的检查；但是，检查时应当避免不必要的延误。

第一百零四条　公共航空运输企业应当依照有关法律、行政法规的规定优先运输邮件。

第一百零五条　公共航空运输企业应当投保地面第三人责任险。

第九章　公共航空运输

第一节　一般规定

第一百零六条　本章适用于公共航空运输企业使用民用航空器经营的旅客、行李或者货物的运输，包括公共航空运输企业使用民用航空器办理的免费运输。

本章不适用于使用民用航空器办理的邮件运输。

对多式联运方式的运输，本章规定适用于其中的航空运输部分。

第一百零七条　本法所称国内航空运输，是指根据当事人订立的航空运输合同，运输的出发地点、约定的经停地点和目的地点均在中华人民共和国境内的运输。

本法所称国际航空运输，是指根据当事人订立的航空运输合同，无论运输有无间断或者有无转运，运输的出发地点、目的地点或者约定的经停地点之一不在中华人民共和国境内的运输。

第一百零八条　航空运输合同各方认为几个连续的航空运输承运人办理的运输是一项单一业务活动的，无论其形式是以一个合同订立或者数个合同订立，应当视为一项不可分割的运输。

第二节　运输凭证

第一百零九条　承运人运送旅客，应当出具客票。旅客乘坐民用航空器，应当交验有效客票。

第一百一十条　客票应当包括的内容由国务院民用航空主管部门规定，至少应当包括以下内容：

（一）出发地点和目的地点；

（二）出发地点和目的地点均在中华人民共和国境内，而在境外有一个或者数个约定的经停地点的，至少注明一个经停地点；

（三）旅客航程的最终目的地点、出发地点或者约定的经停地点之一不在中华人民共和国境内，依照所适用的国际航空运输公约的规定，应当在客票上声明此项运输适用该公约的，客票上应当载有该项声明。

第一百一十一条　客票是航空旅客运输合同订立和运输合同条件的初步证据。

旅客未能出示客票、客票不符合规定或者客票遗失，不影响运输合同的存在或者有效。

在国内航空运输中，承运人同意旅客不经其出票而乘坐民用航空器的，承运人无权援用本法第一百二十八条有关赔偿责任限制的规定。

在国际航空运输中，承运人同意旅客不经其出票而乘坐民用航空器的，或者客票上未依照本法第一百一十条第（三）项的规定声明的，承运人无权援用本法第一百二十九条有关赔偿责任限制的规定。

第一百一十二条　承运人载运托运行李时，行李票可以包含在客票之内或者与客票相结合。除本法第一百一十条的规定外，行李票还应当包括下列内容：

（一）托运行李的件数和重量；

（二）需要声明托运行李在目的地点交付时的利益的，注明声明金额。

行李票是行李托运和运输合同条件的初步证据。

旅客未能出示行李票、行李票不符合规定或者行李票遗失，不影响运输合同的存在或者有效。

在国内航空运输中，承运人载运托运行李而不出具行李票的，承运人无权援用本法第一百二十八条有关赔偿责任限制的规定。

在国际航空运输中，承运人载运托运行李而不出具行李票的，或者行李票上未依照本法第一百一十条第（三）项的规定声明的，承运人无权援用本法第一百二十九条有关赔偿责任限制的规定。

第一百一十三条　承运人有权要求托运人填写航空货运单，托运人有权要求承运人接受该航空货运单。托运人未能出示航空货运单、航空货运单不符合规定或者航空货运单遗失，不影响运输合同的存在或者有效。

第一百一十四条　托运人应当填写航空货运单正本一式三份，连同货物交给承运人。

航空货运单第一份注明“交承运人”，由托运人签字、盖章；第二份注明“交收货人”，由托运人和承运人签字、盖章；第三份由承运人在接受货物后签字、盖章，交给托运人。

承运人根据托运人的请求填写航空货运单的，在没有相反证据的情况下，应当视为代托运人填写。

第一百一十五条 航空货运单应当包括的内容由国务院民用航空主管部门规定，至少应当包括以下内容：

（一）出发地点和目的地点；

（二）出发地点和目的地点均在中华人民共和国境内，而在境外有一个或者数个约定的经停地点的，至少注明一个经停地点；

（三）货物运输的最终目的地点、出发地点或者约定的经停地点之一不在中华人民共和国境内，依照所适用的国际航空运输公约的规定，应当在货运单上声明此项运输适用该公约的，货运单上应当载有该项声明。

第一百一十六条 在国内航空运输中，承运人同意未经填具航空货运单而载运货物的，承运人无权援用本法第一百二十八条有关赔偿责任限制的规定。

在国际航空运输中，承运人同意未经填具航空货运单而载运货物的，或者航空货运单上未依照本法第一百一十五条第（三）项的规定声明的，承运人无权援用本法第一百二十九条有关赔偿责任限制的规定。

第一百一十七条 托运人应当对航空货运单上所填关于货物的说明和声明的正确性负责。

因航空货运单上所填的说明和声明不符合规定、不正确或者不完全，给承运人或者承运人对之负责的其他人造成损失的，托运人应当承担赔偿责任。

第一百一十八条 航空货运单是航空货物运输合同订立和运输条件以及承运人接受货物的初步证据。

航空货运单上关于货物的重量、尺寸、包装和包装件数的说明具有初步证据的效力。除经过承运人和托运人当面查对并在航空货运单上注明经过查对或者书写关于货物的外表情况的说明外，航空货运单上关于货物的数量、体积和情况的说明不能构成不利于承运人的证据。

第一百一十九条 托运人在履行航空货物运输合同规定的义务的条件下，有权在出发地机场或者目的地机场将货物提回，或者在途中经停时中止运输，或者在目的地点或者途中要求将货物交给非航空货运单上指定的收货人，或者要求将货物运回出发地机场；但是，托运人不得因行使此种权利而使承运人或者其他托运人遭受损失，并应当偿付由此产生的费用。

托运人的指示不能执行的，承运人应当立即通知托运人。

承运人按照托运人的指示处理货物，没有要求托运人出示其所收执的航空货运单，给该航空货运单的合法持有人造成损失的，承运人应当承担责任，但是不妨碍承运人向托运人追偿。

收货人的权利依照本法第一百二十条规定开始时，托运人的权利即告终止；但是，收货人拒绝接受航空货运单或者货物，或者承运人无法同收货人联系的，托运人恢复其对货物的处置权。

第一百二十条　除本法第一百一十九条所列情形外，收货人于货物到达目的地点，并在缴付应付款项和履行航空货运单上所列运输条件后，有权要求承运人移交航空货运单并交付货物。

除另有约定外，承运人应当在货物到达后立即通知收货人。

承运人承认货物已经遗失，或者货物在应当到达之日起七日后仍未到达的，收货人有权向承运人行使航空货物运输合同所赋予的权利。

第一百二十一条　托运人和收货人在履行航空货物运输合同规定的义务的条件下，无论为本人或者他人的利益，可以以本人的名义分别行使本法第一百一十九条和第一百二十条所赋予的权利。

第一百二十二条　本法第一百一十九条、第一百二十条和第一百二十一条的规定，不影响托运人同收货人之间的相互关系，也不影响从托运人或者收货人获得权利的第三人之间的关系。

任何与本法第一百一十九条、第一百二十条和第一百二十一条规定不同的合同条款，应当在航空货运单上载明。

第一百二十三条　托运人应当提供必需的资料和文件，以便在货物交付收货人前完成法律、行政法规规定的有关手续；因没有此种资料、文件，或者此种资料、文件不充足或者不符合规定造成的损失，除由于承运人或者其受雇人、代理人的过错造成的外，托运人应当对承运人承担责任。

除法律、行政法规另有规定外，承运人没有对前款规定的资料或者文件进行检查的义务。

第三节　承运人的责任

第一百二十四条　因发生在民用航空器上或者在旅客上、下民用航空器过程中的事件，造成旅客人身伤亡的，承运人应当承担责任；但是，旅客的人身伤亡完全是由于旅客本人的健康状况造成的，承运人不承担责任。

第一百二十五条　因发生在民用航空器上或者在旅客上、下民用航空器过程中的事件，造成旅客随身携带物品毁灭、遗失或者损坏的，承运人应当承担责任。因发生在航空运输期间的事件，造成旅客的托运行李毁灭、遗失或者损坏的，承运人应当承担责任。

旅客随身携带物品或者托运行李的毁灭、遗失或者损坏完全是由于行李本身的自然属性、质量或者缺陷造成的，承运人不承担责任。

本章所称行李，包括托运行李和旅客随身携带的物品。

因发生在航空运输期间的事件，造成货物毁灭、遗失或者损坏的，承运人应当承担责任；但是，承运人证明货物的毁灭、遗失或者损坏完全是由于下列原因之一造成的，不承担责任：

（一）货物本身的自然属性、质量或者缺陷；

（二）承运人或者其受雇人、代理人以外的人包装货物的，货物包装不良；

（三）战争或者武装冲突；

（四）政府有关部门实施的与货物入境、出境或者过境有关的行为。

本条所称航空运输期间，是指在机场内、民用航空器上或者机场外降落的任何地点，托运行李、货物处于承运人掌管之下的全部期间。

航空运输期间，不包括机场外的任何陆路运输、海上运输、内河运输过程；但是，此种陆路运输、海上运输、内河运输是为了履行航空运输合同而装载、交付或者转运，在没有相反证据的情况下，所发生的损失视为在航空运输期间发生的损失。

第一百二十六条 旅客、行李或者货物在航空运输中因延误造成的损失，承运人应当承担责任；但是，承运人证明本人或者其受雇人、代理人为了避免损失的发生，已经采取一切必要措施或者不可能采取此种措施的，不承担责任。

第一百二十七条 在旅客、行李运输中，经承运人证明，损失是由索赔人的过错造成或者促成的，应当根据造成或者促成此种损失的过错的程度，相应免除或者减轻承运人的责任。旅客以外的其他人就旅客死亡或者受伤提出赔偿请求时，经承运人证明，死亡或者受伤是旅客本人的过错造成或者促成的，同样应当根据造成或者促成此种损失的过错的程度，相应免除或者减轻承运人的责任。

在货物运输中，经承运人证明，损失是由索赔人或者代行权利人的过错造成或者促成的，应当根据造成或者促成此种损失的过错的程度，相应免除或者减轻承运人的责任。

第一百二十八条 国内航空运输承运人的赔偿责任限额由国务院民用航空主管部门制定，报国务院批准后公布执行。

旅客或者托运人在交运托运行李或者货物时，特别声明在目的地点交付时的利益，并在必要时支付附加费的，除承运人证明旅客或者托运人声明的金额高于托运行李或者货物在目的地点交付时的实际利益外，承运人应当在声明金额范围内承担责任；本法第一百二十九条的其他规定，除赔偿责任限额外，适用于国内航空运输。

第一百二十九条 国际航空运输承运人的赔偿责任限额按照下列规定

执行：

（一）对每名旅客的赔偿责任限额为 16600 计算单位；但是，旅客可以同承运人书面约定高于本项规定的赔偿责任限额。

（二）对托运行李或者货物的赔偿责任限额，每公斤为 17 计算单位。旅客或者托运人在交运托运行李或者货物时，特别声明在目的地点交付时的利益，并在必要时支付附加费的，除承运人证明旅客或者托运人声明的金额高于托运行李或者货物在目的地点交付时的实际利益外，承运人应当在声明金额范围内承担责任。

托运行李或者货物的一部分或者托运行李、货物中的任何物件毁灭、遗失、损坏或者延误的，用以确定承运人赔偿责任限额的重量，仅为该一包件或者数包件的总重量；但是，因托运行李或者货物的一部分或者托运行李、货物中的任何物件的毁灭、遗失、损坏或者延误，影响同一份行李票或者同一份航空货运单所列其他包件的价值的，确定承运人的赔偿责任限额时，此种包件的总重量也应当考虑在内。

（三）对每名旅客随身携带的物品的赔偿责任限额为 332 计算单位。

第一百三十条　任何旨在免除本法规定的承运人责任或者降低本法规定的赔偿责任限额的条款，均属无效；但是，此种条款的无效，不影响整个航空运输合同的效力。

第一百三十一条　有关航空运输中发生的损失的诉讼，不论其根据如何，只能依照本法规定的条件和赔偿责任限额提出，但是不妨碍谁有权提起诉讼以及他们各自的权利。

第一百三十二条　经证明，航空运输中的损失是由于承运人或者其受雇人、代理人的故意或者明知可能造成损失而轻率地作为或者不作为造成的，承运人无权援用本法第一百二十八条、第一百二十九条有关赔偿责任限制的规定；证明承运人的受雇人、代理人有此种作为或者不作为的，还应当证明该受雇人、代理人是在受雇、代理范围内行事。

第一百三十三条　就航空运输中的损失向承运人的受雇人、代理人提起诉讼时，该受雇人、代理人证明他是在受雇、代理范围内行事的，有权援用本法第一百二十八条、第一百二十九条有关赔偿责任限制的规定。

在前款规定情形下，承运人及其受雇人、代理人的赔偿总额不得超过法定的赔偿责任限额。

经证明，航空运输中的损失是由于承运人的受雇人、代理人的故意或者明知可能造成损失而轻率地作为或者不作为造成的，不适用本条第一款和第二款的规定。

第一百三十四条　旅客或者收货人收受托运行李或者货物而未提出异议，

为托运行李或者货物已经完好交付并与运输凭证相符的初步证据。

托运行李或者货物发生损失的，旅客或者收货人应当在发现损失后向承运人提出异议。托运行李发生损失的，至迟应当自收到托运行李之日起七日内提出；货物发生损失的，至迟应当自收到货物之日起十四日内提出。托运行李或者货物发生延误的，至迟应当自托运行李或者货物交付旅客或者收货人处置之日起二十一日内提出。

任何异议均应当在前款规定的期间内写在运输凭证上或者另以书面提出。

除承运人有欺诈行为外，旅客或者收货人未在本条第二款规定的期间内提出异议的，不能向承运人提出索赔诉讼。

第一百三十五条 航空运输的诉讼时效期间为二年，自民用航空器到达目的地点、应当到达目的地点或者运输终止之日起计算。

第一百三十六条 由几个航空承运人办理的连续运输，接受旅客、行李或者货物的每一个承运人应当受本法规定的约束，并就其根据合同办理的运输区段作为运输合同的订约一方。

对前款规定的连续运输，除合同明文约定第一承运人应当对全程运输承担责任外，旅客或者其继承人只能对发生事故或者延误的运输区段的承运人提起诉讼。

托运行李或者货物的毁灭、遗失、损坏或者延误，旅客或者托运人有权对第一承运人提起诉讼，旅客或者收货人有权对最后承运人提起诉讼，旅客、托运人和收货人均可以对发生毁灭、遗失、损坏或者延误的运输区段的承运人提起诉讼。上述承运人应当对旅客、托运人或者收货人承担连带责任。

第四节 实际承运人履行航空运输的特别规定

第一百三十七条 本节所称缔约承运人，是指以本人名义与旅客或者托运人，或者与旅客或者托运人的代理人，订立本章调整的航空运输合同的人。

本节所称实际承运人，是指根据缔约承运人的授权，履行前款全部或者部分运输的人，不是指本章规定的连续承运人；在没有相反证明时，此种授权被认为是存在的。

第一百三十八条 除本节另有规定外，缔约承运人和实际承运人都应当受本章规定的约束。缔约承运人应当对合同约定的全部运输负责。实际承运人应当对其履行的运输负责。

第一百三十九条 实际承运人的作为和不作为，实际承运人的受雇人、代理人在受雇、代理范围内的作为和不作为，关系到实际承运人履行的运输的，应当视为缔约承运人的作为和不作为。

缔约承运人的作为和不作为，缔约承运人的受雇人、代理人在受雇、代理范围内的作为和不作为，关系到实际承运人履行的运输的，应当视为实际承运人的作为和不作为；但是，实际承运人承担的责任不因此种作为或者不作为而超过法定的赔偿责任限额。

任何有关缔约承运人承担本章未规定的义务或者放弃本章赋予的权利的特别协议，或者任何有关依照本法第一百二十八条、第一百二十九条规定所作的在目的地点交付时利益的特别声明，除经实际承运人同意外，均不得影响实际承运人。

第一百四十条 依照本章规定提出的索赔或者发出的指示，无论是向缔约承运人还是向实际承运人提出或者发出的，具有同等效力；但是，本法第一百一十九条规定的指示，只在向缔约承运人发出时，方有效。

第一百四十一条 实际承运人的受雇人、代理人或者缔约承运人的受雇人、代理人，证明他是在受雇、代理范围内行事的，就实际承运人履行的运输而言，有权援用本法第一百二十八条、第一百二十九条有关赔偿责任限制的规定，但是依照本法规定不得援用赔偿责任限制规定的除外。

第一百四十二条 对于实际承运人履行的运输，实际承运人、缔约承运人以及他们的在受雇、代理范围内行事的受雇人、代理人的赔偿总额不得超过依照本法得以从缔约承运人或者实际承运人获得赔偿的最高数额；但是，其中任何人都不承担超过对他适用的赔偿责任限额。

第一百四十三条 对实际承运人履行的运输提起的诉讼，可以分别对实际承运人或者缔约承运人提起，也可以同时对实际承运人和缔约承运人提起；被提起诉讼的承运人有权要求另一承运人参加应诉。

第一百四十四条 除本法第一百四十三条规定外，本节规定不影响实际承运人和缔约承运人之间的权利、义务。

第十章 通用航空

第一百四十五条 通用航空，是指使用民用航空器从事公共航空运输以外的民用航空活动，包括从事工业、农业、林业、渔业和建筑业的作业飞行以及医疗卫生、抢险救灾、气象探测、海洋监测、科学实验、教育训练、文化体育等方面的飞行活动。

第一百四十六条 从事通用航空活动，应当具备下列条件：

（一）有与所从事的通用航空活动相适应，符合保证飞行安全要求的民用航空器；

（二）有必需的依法取得执照的航空人员；

（三）符合法律、行政法规规定的其他条件。

从事经营性通用航空，限于企业法人。

第一百四十七条 从事非经营性通用航空的，应当向国务院民用航空主管部门办理登记。

从事经营性通用航空的，应当向国务院民用航空主管部门申请领取通用航空经营许可证。

第一百四十八条 通用航空企业从事经营性通用航空活动，应当与用户订立书面合同，但是紧急情况下的救护或者救灾飞行除外。

第一百四十九条 组织实施作业飞行时，应当采取有效措施，保证飞行安全，保护环境和生态平衡，防止对环境、居民、作物或者牲畜等造成损害。

第一百五十条 从事通用航空活动的，应当投保地面第三人责任险。

第十一章 搜寻援救和事故调查

第一百五十一条 民用航空器遇到紧急情况时，应当发送信号，并向空中交通管制单位报告，提出援救请求；空中交通管制单位应当立即通知搜寻援救协调中心。民用航空器在海上遇到紧急情况时，还应当向船舶和国家海上搜寻援救组织发送信号。

第一百五十二条 发现民用航空器遇到紧急情况或者收听到民用航空器遇到紧急情况的信号的单位或者个人，应当立即通知有关的搜寻援救协调中心、海上搜寻援救组织或者当地人民政府。

第一百五十三条 收到通知的搜寻援救协调中心、地方人民政府和海上搜寻援救组织，应当立即组织搜寻援救。

收到通知的搜寻援救协调中心，应当设法将已经采取的搜寻援救措施通知遇到紧急情况的民用航空器。

搜寻援救民用航空器的具体办法，由国务院规定。

第一百五十四条 执行搜寻援救任务的单位或者个人，应当尽力抢救民用航空器所载人员，按照规定对民用航空器采取抢救措施并保护现场，保存证据。

第一百五十五条 民用航空器事故的当事人以及有关人员在接受调查时，应当如实提供现场情况和与事故有关的情节。

第一百五十六条 民用航空器事故调查的组织和程序，由国务院规定。

第十二章 对地面第三人损害的赔偿责任

第一百五十七条 因飞行中的民用航空器或者从飞行中的民用航空器上落下的人或者物，造成地面（包括水面，下同）上的人身伤亡或者财产损害的，受害人有权获得赔偿；但是，所受损害并非造成损害的事故的直接后果，或者所受损害仅是民用航空器依照国家有关的空中交通规则在空中通过造成的，受害人无权要求赔偿。

前款所称飞行中，是指自民用航空器为实际起飞而使用动力时起至着陆冲程终了时止；就轻于空气的民用航空器而言，飞行中是指自其离开地面时起至其重新着地时止。

第一百五十八条 本法第一百五十七条规定的赔偿责任，由民用航空器的经营人承担。

前款所称经营人，是指损害发生时使用民用航空器的人。民用航空器的使用权已经直接或者间接地授予他人，本人保留对该民用航空器的航行控制权的，本人仍被视为经营人。

经营人的受雇人、代理人在受雇、代理过程中使用民用航空器，无论是否在其受雇、代理范围内行事，均视为经营人使用民用航空器。

民用航空器登记的所有人应当被视为经营人，并承担经营人的责任；除非在判定其责任的诉讼中，所有人证明经营人是他人，并在法律程序许可的范围内采取适当措施使该人成为诉讼当事人之一。

第一百五十九条 未经对民用航空器有航行控制权的人同意而使用民用航空器，对地面第三人造成损害的，有航行控制权的人除证明本人已经适当注意防止此种使用外，应当与该非法使用人承担连带责任。

第一百六十条 损害是武装冲突或者骚乱的直接后果，依照本章规定应当承担责任的人不承担责任。

依照本章规定应当承担责任的人对民用航空器的使用权业经国家机关依法剥夺的，不承担责任。

第一百六十一条 依照本章规定应当承担责任的人证明损害是完全由于受害人或者其受雇人、代理人的过错造成的，免除其赔偿责任；应当承担责任的人证明损害是部分由于受害人或者其受雇人、代理人的过错造成的，相应减轻其赔偿责任。但是，损害是由于受害人的受雇人、代理人的过错造成时，受害人证明其受雇人、代理人的行为超出其所授权的范围的，不免除或者不减轻应当承担责任的人的赔偿责任。

一人对另一人的死亡或者伤害提起诉讼，请求赔偿时，损害是该另一人或者其受雇人、代理人的过错造成的，适用前款规定。

第一百六十二条 两个以上的民用航空器在飞行中相撞或者相扰，造成本法第一百五十七条规定的应当赔偿的损害，或者两个以上的民用航空器共同造成此种损害的，各有关民用航空器均应当被认为已经造成此种损害，各有关民用航空器的经营人均应当承担责任。

第一百六十三条 本法第一百五十八条第四款和第一百五十九条规定的人，享有依照本章规定经营人所能援用的抗辩权。

第一百六十四条 除本章有明确规定外，经营人、所有人和本法第一百五十九条规定的应当承担责任的人，以及他们的受雇人、代理人，对于飞行中的民用航空器或者从飞行中的民用航空器上落下的人或者物造成的地面上的损害不承担责任，但是故意造成此种损害的人除外。

第一百六十五条 本章不妨碍依照本章规定应当对损害承担责任的人向他人追偿的权利。

第一百六十六条 民用航空器的经营人应当投保地面第三人责任险或者取得相应的责任担保。

第一百六十七条 保险人和担保人除享有与经营人相同的抗辩权，以及对伪造证件进行抗辩的权利外，对依照本章规定提出的赔偿请求只能进行下列抗辩：

（一）损害发生在保险或者担保终止有效后；然而保险或者担保在飞行中期满的，该项保险或者担保在飞行计划中所载下一次降落前继续有效，但是不得超过二十四小时；

（二）损害发生在保险或者担保所指定的地区范围外，除非飞行超出该范围是由于不可抗力、援助他人所必需，或者驾驶、航行或者领航上的差错造成的。

前款关于保险或者担保继续有效的规定，只在对受害人有利时适用。

第一百六十八条 仅在下列情形下，受害人可以直接对保险人或者担保人提起诉讼，但是不妨碍受害人根据有关保险合同或者担保合同的法律规定提起直接诉讼的权利：

（一）根据本法第一百六十七条第（一）项、第（二）项规定，保险或者担保继续有效的；

（二）经营人破产的。

除本法第一百六十七条第一款规定的抗辩权，保险人或者担保人对受害人依照本章规定提起的直接诉讼不得以保险或者担保的无效或者追溯力终止为由进行抗辩。

第一百六十九条 依照本法第一百六十六条规定提供的保险或者担保，应当被专门指定优先支付本章规定的赔偿。

第一百七十条 保险人应当支付给经营人的款项，在本章规定的第三人的赔偿请求未满足前，不受经营人的债权人的扣留和处理。

第一百七十一条 地面第三人损害赔偿的诉讼时效期间为二年，自损害发生之日起计算；但是，在任何情况下，时效期间不得超过自损害发生之日起三年。

第一百七十二条 本章规定不适用于下列损害：

（一）对飞行中的民用航空器或者对该航空器上的人或者物造成的损害；

（二）为受害人同经营人或者同发生损害时对民用航空器有使用权的人订立的合同所约束，或者为适用两方之间的劳动合同的法律有关职工赔偿的规定所约束的损害；

（三）核损害。

第十三章 对外国民用航空器的特别规定

第一百七十三条 外国人经营的外国民用航空器，在中华人民共和国境内从事民用航空活动，适用本章规定；本章没有规定的，适用本法其他有关规定。

第一百七十四条 外国民用航空器根据其国籍登记国政府与中华人民共和国政府签订的协定、协议的规定，或者经中华人民共和国国务院民用航空主管部门批准或者接受，方可飞入、飞出中华人民共和国领空和在中华人民共和国境内飞行、降落。

对不符合前款规定，擅自飞入、飞出中华人民共和国领空的外国民用航空器，中华人民共和国有关机关有权采取必要措施，令其在指定的机场降落；对虽然符合前款规定，但是有合理的根据认为需要对其进行检查的，有关机关有权令其在指定的机场降落。

第一百七十五条 外国民用航空器飞入中华人民共和国领空，其经营人应当提供有关证明书，证明其已经投保地面第三人责任险或者已经取得相应的责任担保；其经营人未提供有关证明书的，中华人民共和国国务院民用航空主管部门有权拒绝其飞入中华人民共和国领空。

第一百七十六条 外国民用航空器的经营人经其本国政府指定，并取得中华人民共和国国务院民用航空主管部门颁发的经营许可证，方可经营中华人民共和国政府与该外国政府签订的协定、协议规定的国际航班运输；外国民用航空器的经营人经其本国政府批准，并获得中华人民共和国国务院民用航空主管部门批准，方可经营中华人民共和国境内一地和境外一地之间的不定期航空运输。

前款规定的外国民用航空器经营人，应当依照中华人民共和国法律、行政法规的规定，制定相应的安全保卫方案，报中华人民共和国国务院民用航空主管部门备案。

第一百七十七条 外国民用航空器的经营人，不得经营中华人民共和国境内两点之间的航空运输。

第一百七十八条 外国民用航空器，应当按照中华人民共和国国务院民用航空主管部门批准的班期时刻或者飞行计划飞行；变更班期时刻或者飞行计划的，其经营人应当获得中华人民共和国国务院民用航空主管部门的批准；因故变更或者取消飞行的，其经营人应当及时报告中华人民共和国国务院民用航空主管部门。

第一百七十九条 外国民用航空器应当在中华人民共和国国务院民用航空主管部门指定的设关机场起飞或者降落。

第一百八十条 中华人民共和国国务院民用航空主管部门和其他主管机关，有权在外国民用航空器降落或者飞出时查验本法第九十条规定的文件。

外国民用航空器及其所载人员、行李、货物，应当接受中华人民共和国有关主管机关依法实施的入境出境、海关、检疫等检查。

实施前两款规定的查验、检查，应当避免不必要的延误。

第一百八十一条 外国民用航空器国籍登记国发给或者核准的民用航空器适航证书、机组人员合格证书和执照，中华人民共和国政府承认其有效；但是，发给或者核准此项证书或者执照的要求，应当等于或者高于国际民用航空组织制定的最低标准。

第一百八十二条 外国民用航空器在中华人民共和国搜寻援救区内遇险，其所有人或者国籍登记国参加搜寻援救工作，应当经中华人民共和国国务院民用航空主管部门批准或者按照两国政府协议进行。

第一百八十三条 外国民用航空器在中华人民共和国境内发生事故，其国籍登记国和其他有关国家可以指派观察员参加事故调查。事故调查报告和调查结果，由中华人民共和国国务院民用航空主管部门告知该外国民用航空器的国籍登记国和其他有关国家。

第十四章 涉外关系的法律适用

第一百八十四条 中华人民共和国缔结或者参加的国际条约同本法有不同规定的，适用国际条约的规定；但是，中华人民共和国声明保留的条款除外。

中华人民共和国法律和中华人民共和国缔结或者参加的国际条约没有规定的，可以适用国际惯例。

第一百八十五条 民用航空器所有权的取得、转让和消灭，适用民用航空器国籍登记国法律。

第一百八十六条 民用航空器抵押权适用民用航空器国籍登记国法律。

第一百八十七条 民用航空器优先权适用受理案件的法院所在地法律。

第一百八十八条 民用航空运输合同当事人可以选择合同适用的法律，但是法律另有规定的除外；合同当事人没有选择的，适用与合同有最密切联系的国家的法律。

第一百八十九条　民用航空器对地面第三人的损害赔偿，适用侵权行为地法律。

民用航空器在公海上空对水面第三人的损害赔偿，适用受理案件的法院所在地法律。

第一百九十条　依照本章规定适用外国法律或者国际惯例，不得违背中华人民共和国的社会公共利益。

第十五章　法律责任

第一百九十一条　以暴力、胁迫或者其他方法劫持航空器的，依照刑法有关规定追究刑事责任。

第一百九十二条　对飞行中的民用航空器上的人员使用暴力，危及飞行安全的，依照刑法有关规定追究刑事责任。

第一百九十三条　违反本法规定，隐匿携带炸药、雷管或者其他危险品乘坐民用航空器，或者以非危险品品名托运危险品的，依照刑法有关规定追究刑事责任。

企业事业单位犯前款罪的，判处罚金，并对直接负责的主管人员和其他直接责任人员依照前款规定追究刑事责任。

隐匿携带枪支子弹、管制刀具乘坐民用航空器的，依照刑法有关规定追究刑事责任。

第一百九十四条　公共航空运输企业违反本法第一百零一条的规定运输危险品的，由国务院民用航空主管部门没收违法所得，可以并处违法所得一倍以下的罚款。

公共航空运输企业有前款行为，导致发生重大事故的，没收违法所得，判处罚金；并对直接负责的主管人员和其他直接责任人员依照刑法有关规定追究刑事责任。

第一百九十五条　故意在使用中的民用航空器上放置危险品或者唆使他人放置危险品，足以毁坏该民用航空器，危及飞行安全的，依照刑法有关规定追究刑事责任。

第一百九十六条　故意传递虚假情报，扰乱正常飞行秩序，使公私财产遭受重大损失的，依照刑法有关规定追究刑事责任。

第一百九十七条　盗窃或者故意损毁、移动使用中的航行设施，危及飞行安全，足以使民用航空器发生坠落、毁坏危险的，依照刑法有关规定追究刑事责任。

第一百九十八条　聚众扰乱民用机场秩序的，依照刑法有关规定追究刑事责任。

第一百九十九条 航空人员玩忽职守，或者违反规章制度，导致发生重大飞行事故，造成严重后果的，依照刑法有关规定追究刑事责任。

第二百条 违反本法规定，尚不够刑事处罚，应当给予治安管理处罚的，依照治安管理处罚法的规定处罚。

第二百零一条 违反本法第三十七条的规定，民用航空器无适航证书而飞行，或者租用的外国民用航空器未经国务院民用航空主管部门对其原国籍登记国发给的适航证书审查认可或者另发适航证书而飞行的，由国务院民用航空主管部门责令停止飞行，没收违法所得，可以并处违法所得一倍以上五倍以下的罚款；没有违法所得的，处以十万元以上一百万元以下的罚款。

适航证书失效或者超过适航证书规定范围飞行的，依照前款规定处罚。

第二百零二条 违反本法第三十四条、第三十六条第二款的规定，将未取得型号合格证书、型号认可证书的民用航空器及其发动机、螺旋桨或者民用航空器上的设备投入生产的，由国务院民用航空主管部门责令停止生产，没收违法所得，可以并处违法所得一倍以下的罚款；没有违法所得的，处以五万元以上五十万元以下的罚款。

第二百零三条 违反本法第三十五条的规定，未取得生产许可证书、维修许可证书而从事生产、维修活动的，违反本法第九十二条、第一百四十七条第二款的规定，未取得公共航空运输经营许可证或者通用航空经营许可证而从事公共航空运输或者从事经营性通用航空的，国务院民用航空主管部门可以责令停止生产、维修或者经营活动。

第二百零四条 已取得本法第三十五条规定的生产许可证书、维修许可证书的企业，因生产、维修的质量问题造成严重事故的，国务院民用航空主管部门可以吊销其生产许可证书或者维修许可证书。

第二百零五条 违反本法第四十条的规定，未取得航空人员执照、体格检查合格证书而从事相应的民用航空活动的，由国务院民用航空主管部门责令停止民用航空活动，在国务院民用航空主管部门规定的限期内不得申领有关执照和证书，对其所在单位处以二十万元以下的罚款。

第二百零六条 有下列违法情形之一的，由国务院民用航空主管部门对民用航空器的机长给予警告或者吊扣执照一个月至六个月的处罚，情节较重的，可以给予吊销执照的处罚：

（一）机长违反本法第四十五条第一款的规定，未对民用航空器实施检查而起飞的；

（二）民用航空器违反本法第七十五条的规定，未按照空中交通管制单位指定的航路和飞行高度飞行，或者违反本法第七十九条的规定飞越城市上空的。

第二百零七条　违反本法第七十四条的规定，民用航空器未经空中交通管制单位许可进行飞行活动的，由国务院民用航空主管部门责令停止飞行，对该民用航空器所有人或者承租人处以一万元以上十万元以下的罚款；对该民用航空器的机长给予警告或者吊扣执照一个月至六个月的处罚，情节较重的，可以给予吊销执照的处罚。

第二百零八条　民用航空器的机长或者机组其他人员有下列行为之一的，由国务院民用航空主管部门给予警告或者吊扣执照一个月至六个月的处罚；有第（二）项或者第（三）项所列行为的，可以给予吊销执照的处罚：

（一）在执行飞行任务时，不按照本法第四十一条的规定携带执照和体格检查合格证书的；

（二）民用航空器遇险时，违反本法第四十八条的规定离开民用航空器的；

（三）违反本法第七十七条第二款的规定执行飞行任务的。

第二百零九条　违反本法第八十条的规定，民用航空器在飞行中投掷物品的，由国务院民用航空主管部门给予警告，可以对直接责任人员处以二千元以上二万元以下的罚款。

第二百一十条　违反本法第六十二条的规定，未取得机场使用许可证开放使用民用机场的，由国务院民用航空主管部门责令停止开放使用；没收违法所得，可以并处违法所得一倍以下的罚款。

第二百一十一条　公共航空运输企业、通用航空企业违反本法规定，情节较重的，除依照本法规定处罚外，国务院民用航空主管部门可以吊销其经营许可证。

第二百一十二条　国务院民用航空主管部门和地区民用航空管理机构的工作人员，玩忽职守、滥用职权、徇私舞弊，构成犯罪的，依法追究刑事责任；尚不构成犯罪的，依法给予行政处分。

第十六章　附　则

第二百一十三条　本法所称计算单位，是指国际货币基金组织规定的特别提款权；其人民币数额为法院判决之日、仲裁机构裁决之日或者当事人协议之日，按照国家外汇主管机关规定的国际货币基金组织的特别提款权对人民币的换算办法计算得出的人民币数额。

第二百一十四条　本法自 1996 年 3 月 1 日起施行。

国内航空运输承运人赔偿责任限额规定

（2006年1月29日经国务院批准　2006年2月28日中国民用航空总局令第164号公布　并自2006年3月28日起施行）

第一条　为了维护国内航空运输各方当事人的合法权益，根据《中华人民共和国民用航空法》（以下简称《民用航空法》）第一百二十八条，制定本规定。

第二条　本规定适用于中华人民共和国国内航空运输中发生的损害赔偿。

第三条　国内航空运输承运人（以下简称承运人）应当在下列规定的赔偿责任限额内按照实际损害承担赔偿责任，但是《民用航空法》另有规定的除外：

（一）对每名旅客的赔偿责任限额为人民币40万元；

（二）对每名旅客随身携带物品的赔偿责任限额为人民币3000元；

（三）对旅客托运的行李和对运输的货物的赔偿责任限额，为每公斤人民币100元。

第四条　本规定第三条所确定的赔偿责任限额的调整，由国务院民用航空主管部门制定，报国务院批准后公布执行。

第五条　旅客自行向保险公司投保航空旅客人身意外保险的，此项保险金额的给付，不免除或者减少承运人应当承担的赔偿责任。

第六条　本规定自2006年3月28日起施行。

中华人民共和国港口间海上旅客运输赔偿责任限额规定

（1993年11月20日经国务院批准　1993年12月17日交通部令第6号公布）

第一条　根据《中华人民共和国海商法》第一百一十七条、第二百一十一条的规定，制定本规定。

第二条　本规定适用于中华人民共和国港口之间海上旅客运输。

第三条 承运人在每次海上旅客运输中的赔偿责任限额，按照下列规定执行：

（一）旅客人身伤亡的，每名旅客不超过4万元人民币；

（二）旅客自带行李灭失或者损坏的，每名旅客不超过800元人民币；

（三）旅客车辆包括该车辆所载行李灭失或者损坏的，每一车辆不超过3200元人民币；

（四）本款第（二）项、第（三）项以外的旅客其他行李灭失或者损坏的，每千克不超过20元人民币。

承运人和旅客可以书面约定高于本条第一款规定的赔偿责任限额。

第四条 海上旅客运输的旅客人身伤亡赔偿责任限制，按照4万元人民币乘以船舶证书规定的载客定额计算赔偿限额，但是最高不超过2100万元人民币。

第五条 向外籍旅客、华侨和港、澳、台胞旅客给付的赔偿金，可以兑换成该外国或者地区的货币。其汇率按照赔偿金给付之日中华人民共和国外汇管理部门公布的外汇牌价确定。

第六条 本规定由中华人民共和国交通部负责解释。

第七条 本规定自1994年1月1日起施行。

民商事办案
法律规范适用全典

Civil and Commercial Laws and Regulations

第四卷

司伟◎编

中国法制出版社
CHINA LEGAL PUBLISHING HOUSE

总目录

（第一卷）

民事篇

(第二卷)

(第三卷)

(第四卷)

商事篇

（第五卷）

民事诉讼篇

(第六卷)

目　录*

（第四卷）

（五）医疗损害责任

* 目录中的日期为法律文件的公布时间或最后一次修正、修订公布时间。

（六）工伤事故责任

（七）环境损害责任

(八) 其他损害责任

第七章 劳动争议

商事篇

第一章　综　合

第二章　公司、企业

第三章　破产、清算

第四章　存单借款、存款合同

（五）医疗损害责任

最高人民法院
关于审理医疗损害责任纠纷案件适用法律若干问题的解释

法释〔2017〕20号

（2017年3月27日最高人民法院审判委员会第1713次会议通过
2017年12月13日最高人民法院公告公布　自2017年12月14日起施行）

为正确审理医疗损害责任纠纷案件，依法维护当事人的合法权益，推动构建和谐医患关系，促进卫生健康事业发展，根据《中华人民共和国侵权责任法》《中华人民共和国民事诉讼法》等法律规定，结合审判实践，制定本解释。

第一条　患者以在诊疗活动中受到人身或者财产损害为由请求医疗机构，医疗产品的生产者、销售者或者血液提供机构承担侵权责任的案件，适用本解释。

患者以在美容医疗机构或者开设医疗美容科室的医疗机构实施的医疗美容活动中受到人身或者财产损害为由提起的侵权纠纷案件，适用本解释。

当事人提起的医疗服务合同纠纷案件，不适用本解释。

第二条　患者因同一伤病在多个医疗机构接受诊疗受到损害，起诉部分或者全部就诊的医疗机构的，应予受理。

患者起诉部分就诊的医疗机构后，当事人依法申请追加其他就诊的医疗机构为共同被告或者第三人的，应予准许。必要时，人民法院可以依法追加相关当事人参加诉讼。

第三条　患者因缺陷医疗产品受到损害，起诉部分或者全部医疗产品的生产者、销售者和医疗机构的，应予受理。

患者仅起诉医疗产品的生产者、销售者、医疗机构中部分主体，当事人依法申请追加其他主体为共同被告或者第三人的，应予准许。必要时，人民法院可以依法追加相关当事人参加诉讼。

患者因输入不合格的血液受到损害提起侵权诉讼的，参照适用前两款规定。

第四条 患者依据侵权责任法第五十四条规定主张医疗机构承担赔偿责任的，应当提交到该医疗机构就诊、受到损害的证据。

患者无法提交医疗机构及其医务人员有过错、诊疗行为与损害之间具有因果关系的证据，依法提出医疗损害鉴定申请的，人民法院应予准许。

医疗机构主张不承担责任的，应当就侵权责任法第六十条第一款规定情形等抗辩事由承担举证证明责任。

第五条 患者依据侵权责任法第五十五条规定主张医疗机构承担赔偿责任的，应当按照前条第一款规定提交证据。

实施手术、特殊检查、特殊治疗的，医疗机构应当承担说明义务并取得患者或者患者近亲属书面同意，但属于侵权责任法第五十六条规定情形的除外。医疗机构提交患者或者患者近亲属书面同意证据的，人民法院可以认定医疗机构尽到说明义务，但患者有相反证据足以反驳的除外。

第六条 侵权责任法第五十八条规定的病历资料包括医疗机构保管的门诊病历、住院志、体温单、医嘱单、检验报告、医学影像检查资料、特殊检查（治疗）同意书、手术同意书、手术及麻醉记录、病理资料、护理记录、医疗费用、出院记录以及国务院卫生行政主管部门规定的其他病历资料。

患者依法向人民法院申请医疗机构提交由其保管的与纠纷有关的病历资料等，医疗机构未在人民法院指定期限内提交的，人民法院可以依照侵权责任法第五十八条第二项规定推定医疗机构有过错，但是因不可抗力等客观原因无法提交的除外。

第七条 患者依据侵权责任法第五十九条规定请求赔偿的，应当提交使用医疗产品或者输入血液、受到损害的证据。

患者无法提交使用医疗产品或者输入血液与损害之间具有因果关系的证据，依法申请鉴定的，人民法院应予准许。

医疗机构，医疗产品的生产者、销售者或者血液提供机构主张不承担责任的，应当对医疗产品不存在缺陷或者血液合格等抗辩事由承担举证证明责任。

第八条 当事人依法申请对医疗损害责任纠纷中的专门性问题进行鉴定的，人民法院应予准许。

当事人未申请鉴定，人民法院对前款规定的专门性问题认为需要鉴定的，应当依职权委托鉴定。

第九条 当事人申请医疗损害鉴定的，由双方当事人协商确定鉴定人。

当事人就鉴定人无法达成一致意见，人民法院提出确定鉴定人的方法，当事人同意的，按照该方法确定；当事人不同意的，由人民法院指定。

鉴定人应当从具备相应鉴定能力、符合鉴定要求的专家中确定。

第十条　委托医疗损害鉴定的，当事人应当按照要求提交真实、完整、充分的鉴定材料。提交的鉴定材料不符合要求的，人民法院应当通知当事人更换或者补充相应材料。

在委托鉴定前，人民法院应当组织当事人对鉴定材料进行质证。

第十一条　委托鉴定书，应当有明确的鉴定事项和鉴定要求。鉴定人应当按照委托鉴定的事项和要求进行鉴定。

下列专门性问题可以作为申请医疗损害鉴定的事项：

（一）实施诊疗行为有无过错；

（二）诊疗行为与损害后果之间是否存在因果关系以及原因力大小；

（三）医疗机构是否尽到了说明义务、取得患者或者患者近亲属书面同意的义务；

（四）医疗产品是否有缺陷、该缺陷与损害后果之间是否存在因果关系以及原因力的大小；

（五）患者损伤残疾程度；

（六）患者的护理期、休息期、营养期；

（七）其他专门性问题。

鉴定要求包括鉴定人的资质、鉴定人的组成、鉴定程序、鉴定意见、鉴定期限等。

第十二条　鉴定意见可以按照导致患者损害的全部原因、主要原因、同等原因、次要原因、轻微原因或者与患者损害无因果关系，表述诊疗行为或者医疗产品等造成患者损害的原因力大小。

第十三条　鉴定意见应当经当事人质证。

当事人申请鉴定人出庭作证，经人民法院审查同意，或者人民法院认为鉴定人有必要出庭的，应当通知鉴定人出庭作证。双方当事人同意鉴定人通过书面说明、视听传输技术或者视听资料等方式作证的，可以准许。

鉴定人因健康原因、自然灾害等不可抗力或者其他正当理由不能按期出庭的，可以延期开庭；经人民法院许可，也可以通过书面说明、视听传输技术或者视听资料等方式作证。

无前款规定理由，鉴定人拒绝出庭作证，当事人对鉴定意见又不认可的，对该鉴定意见不予采信。

第十四条　当事人申请通知一至二名具有医学专门知识的人出庭，对鉴定意见或者案件的其他专门性事实问题提出意见，人民法院准许的，应当通知具有医学专门知识的人出庭。

前款规定的具有医学专门知识的人提出的意见，视为当事人的陈述，经质证可以作为认定案件事实的根据。

第十五条 当事人自行委托鉴定人作出的医疗损害鉴定意见，其他当事人认可的，可予采信。

当事人共同委托鉴定人作出的医疗损害鉴定意见，一方当事人不认可的，应当提出明确的异议内容和理由。经审查，有证据足以证明异议成立的，对鉴定意见不予采信；异议不成立的，应予采信。

第十六条 对医疗机构及其医务人员的过错，应当依据法律、行政法规、规章以及其他有关诊疗规范进行认定，可以综合考虑患者病情的紧急程度、患者个体差异、当地的医疗水平、医疗机构与医务人员资质等因素。

第十七条 医务人员违反侵权责任法第五十五条第一款规定义务，但未造成患者人身损害，患者请求医疗机构承担损害赔偿责任的，不予支持。

第十八条 因抢救生命垂危的患者等紧急情况且不能取得患者意见时，下列情形可以认定为侵权责任法第五十六条规定的不能取得患者近亲属意见：

（一）近亲属不明的；

（二）不能及时联系到近亲属的；

（三）近亲属拒绝发表意见的；

（四）近亲属达不成一致意见的；

（五）法律、法规规定的其他情形。

前款情形，医务人员经医疗机构负责人或者授权的负责人批准立即实施相应医疗措施，患者因此请求医疗机构承担赔偿责任的，不予支持；医疗机构及其医务人员怠于实施相应医疗措施造成损害，患者请求医疗机构承担赔偿责任的，应予支持。

第十九条 两个以上医疗机构的诊疗行为造成患者同一损害，患者请求医疗机构承担赔偿责任的，应当区分不同情况，依照侵权责任法第八条、第十一条或者第十二条的规定，确定各医疗机构承担的赔偿责任。

第二十条 医疗机构邀请本单位以外的医务人员对患者进行诊疗，因受邀医务人员的过错造成患者损害的，由邀请医疗机构承担赔偿责任。

第二十一条 因医疗产品的缺陷或者输入不合格血液受到损害，患者请求医疗机构，缺陷医疗产品的生产者、销售者或者血液提供机构承担赔偿责任的，应予支持。

医疗机构承担赔偿责任后，向缺陷医疗产品的生产者、销售者或者血液提供机构追偿的，应予支持。

因医疗机构的过错使医疗产品存在缺陷或者血液不合格，医疗产品的生产者、销售者或者血液提供机构承担赔偿责任后，向医疗机构追偿的，应予支持。

第二十二条　缺陷医疗产品与医疗机构的过错诊疗行为共同造成患者同一损害，患者请求医疗机构与医疗产品的生产者或者销售者承担连带责任的，应予支持。

医疗机构或者医疗产品的生产者、销售者承担赔偿责任后，向其他责任主体追偿的，应当根据诊疗行为与缺陷医疗产品造成患者损害的原因力大小确定相应的数额。

输入不合格血液与医疗机构的过错诊疗行为共同造成患者同一损害的，参照适用前两款规定。

第二十三条　医疗产品的生产者、销售者明知医疗产品存在缺陷仍然生产、销售，造成患者死亡或者健康严重损害，被侵权人请求生产者、销售者赔偿损失及二倍以下惩罚性赔偿的，人民法院应予支持。

第二十四条　被侵权人同时起诉两个以上医疗机构承担赔偿责任，人民法院经审理，受诉法院所在地的医疗机构依法不承担赔偿责任，其他医疗机构承担赔偿责任的，残疾赔偿金、死亡赔偿金的计算，按下列情形分别处理：

（一）一个医疗机构承担责任的，按照该医疗机构所在地的赔偿标准执行；

（二）两个以上医疗机构均承担责任的，可以按照其中赔偿标准较高的医疗机构所在地标准执行。

第二十五条　患者死亡后，其近亲属请求医疗损害赔偿的，适用本解释；支付患者医疗费、丧葬费等合理费用的人请求赔偿该费用的，适用本解释。

本解释所称的“医疗产品”包括药品、消毒药剂、医疗器械等。

第二十六条　本院以前发布的司法解释与本解释不一致的，以本解释为准。

本解释施行后尚未终审的案件，适用本解释；本解释施行前已经终审，当事人申请再审或者按照审判监督程序决定再审的案件，不适用本解释。

【链　接】

为构建和谐医患关系
推进健康中国建设提供司法保障

——最高人民法院研究室负责人就《最高人民法院关于审理医疗损害责任纠纷案件适用法律若干问题的解释》答记者问

今日，最高人民法院发布了《最高人民法院关于审理医疗损害责任纠纷案件适用法律若干问题的解释》（以下简称《解释》）。就《解释》发布的背景和主要内容，记者采访了最高人民法院研究室负责人。

问：《解释》起草的背景是什么？

答：医疗卫生事业与广大人民群众的生活息息相关，医患关系是构建社会主义和谐社会的重要内容。党中央高度重视医疗卫生事业，十八届五中全会明确提出推进健康中国建设的总体要求，习近平总书记在全国卫生与健康大会上阐述了建设健康中国的重大意义，党的十九大报告进一步强调实施健康中国战略，指出“人民健康是民族昌盛和国家富强的重要标志。要完善国民健康政策，为人民群众提供全方位全周期健康服务。”最高人民法院认真贯彻落实中央精神和习近平总书记重要指示，要求各级人民法院充分发挥司法职能，为我国卫生与健康事业改革发展、保障人民健康、构建和谐医患关系、加快推进健康中国建设提供有力司法服务和保障。周强院长明确要求进一步健全医疗纠纷调解和司法解决机制，促进卫生与健康事业的法治化治理，为增进人民健康提供司法保障。

近年来，全国法院受理医疗损害责任纠纷案件数量总体上较为平稳。2014 年受理 19944 件，2015 年受理 23221 件，2016 年受理 21480 件，在整个民商事案件中占比不大。但各方面普遍反映，医疗损害责任纠纷审理难度大、审理周期长、案件调撤率低，其中有关举证责任、鉴定程序、责任构成、责任承担等法律适用中的争点、难点问题多，亟需统一裁判尺度。有鉴于此，最高人民法院在深入调研基础上，起草了《解释》，于 2017 年 3 月 27 日最高人民法院审判委员会第 1713 次会议审议通过，并于 2017 年 12 月 14 日发布。《解释》的制定和发布，是最高人民法院贯彻落实党中央部署和习近平总书记重要指示精神，推动实施新时代健康中国战略，推动构建和谐医患关系，促进平安医院建设，维护广大人民群众健康福祉的有力举措。

问：请简要介绍一下《解释》的起草过程。

答：《解释》的起草工作开始于2011年，历时6年多，前后修改20余稿。我们始终坚持以问题为导向，充分进行调研，收集整理并认真研究了全国各地法院制定的审理医疗损害责任纠纷案件数十万字的指导意见材料，先后多次到浙江、北京、江苏、福建等地实地调研；多次召开卫生系统座谈会，充分听取卫计委有关部门、医学会、医学专家和医院代表意见；在高校召开专家学者论证会，认真听取法学、医学专家意见；召开全国部分法院调研座谈会，听取审理医疗损害案件一线办案法官意见。经过起草小组多次讨论修改后，书面征求卫计委、司法部、国务院法制办等单位、各高级法院以及最高人民法院内相关部门意见，共收到反馈意见400余条。在对各方意见认真梳理、充分研究吸收后，报送全国人大常委会法工委征求意见，最终形成送审稿提交院审判委员会审议。

为广泛汇聚民意民智，把社会各界的意见建议充分反映到司法解释中，2017年3月27日，周强院长主持最高人民法院审判委员会召开会议审议《解释》时，专门邀请了部分全国人大代表、全国政协委员和专家学者列席会议。《解释》审议通过后，我们又围绕代表委员们所提意见建议，进行了认真细致的研究，对《解释》相关内容作了有针对性的完善，最终发布实施。

问：起草《解释》遵循的基本原则是什么？

答：《解释》的起草，主要遵循了以下原则：

一是认真贯彻中央有关政策精神，运用法治思维和法治方式推动构建和谐医患关系。《解释》的起草，认真贯彻党的十八届三中、四中、五中全会精神，反映新时代中国特色社会主义思想，按照全面依法治国、实施健康中国战略的总体部署和“一手抓严厉打击涉医违法犯罪活动、一手抓医疗纠纷预防与处理长效机制建设”的工作要求，统一医疗损害责任纠纷案件的裁判尺度，推动健全医疗损害责任纠纷案件法律适用的长效机制。

二是平衡好保护患者合法权益与保障医药卫生事业健康发展的关系。《解释》的起草，认真贯彻“把人民健康放在优先发展的战略地位”的总体要求，尊重医学自身的特点与规律，合理分配医疗风险，既要依法保护患者合法权益，又要促进卫生与健康事业的法治化发展，从而实现为增进人民健康福祉提供法治保障、满足人民日益增长的美好生活需要的司法目标。

三是坚持合法性解释原则。《解释》的起草，按照崇尚法治、尊重法律、恪守规则的精神，紧紧围绕侵权责任法、民事诉讼法等法律，对于法律规定较为原则的规则予以细化，以更有效的指导审判实践。

四是坚持问题导向与总结审判经验相结合。《解释》针对当前审判实践中亟需解决且有一定普遍性的问题，通过梳理并总结吸收各地审判实践经验，比如，北京、上海、安徽、广东、江苏等地关于诊疗过错认定、产品责任承担等的经验做法，对医疗损害责任纠纷的法律适用难点、争点问题作了细化规定。

问：《解释》对医疗美容损害责任纠纷的法律适用是如何规定的?

答：审判实践中，因为美容问题引发的纠纷如何适用法律，尤其是对此类纠纷是否属于医疗损害责任纠纷的范畴争议较大。明确医疗美容损害责任纠纷的法律适用规则，对于规范医疗美容行业健康有序发展、维护广大人民群众的健康利益具有重要意义。在充分调研论证基础上，参考《医疗机构管理条例实施细则》第八十八条、《医疗美容服务管理办法》第二条的规定，《解释》明确了医疗美容属于“诊疗活动”的范围，规定因医疗美容行为引发的纠纷应属于医疗损害责任的范围，应当适用医疗损害责任的规定。同时，《解释》还参考《医疗机构管理条例实施细则》《医疗美容服务管理办法》的有关规定，对医疗美容损害责任纠纷作了明确界定，以与生活美容类损害责任纠纷相区别。

问：《解释》对医疗损害责任纠纷举证作了怎样的规定?

答：举证证明责任问题，是每个医疗损害责任纠纷必然要遇到的问题，也是医疗损害责任纠纷案件中较受关注的问题。明确举证责任分配规则，也是确定鉴定申请程序及后续责任承担规则的基础。2002 年施行的《最高人民法院关于民事诉讼证据的若干规定》关于医疗损害责任纠纷中因果关系和过错要件适用举证责任倒置的做法，虽然缓和了患者举证责任，也在一定时期内起到其应有作用，但在执行过程中也出现了一些其他后果，无助于医学发展进步，不利于从根本上维护患者看病就医权利。

《中华人民共和国侵权责任法》第五十四条明确规定，患者在诊疗活动中受到损害，医疗机构及其医务人员有过错的，由医疗机构承担赔偿责任。《解释》在严格遵循立法本意前提下，以构建和维护和谐医患关系为出发点，在大量实证调研和借鉴域外经验做法基础上，进一步明确了司法适用规则，即患者依据《中华人民共和国侵权责任法》第五十四条规定主张医疗机构承担赔偿责任的，应当提交到该医疗机构就诊、受到损害的证据；患者无法提交医疗机构及其医务人员有过错、诊疗活动与损害之间具有因果关系的证据，依法提出医疗损害鉴定申请的，人民法院应予准许；医疗机构主张不承担责任的，应当就《中华人民共和国侵权责任法》第六十条第一款规定情形等抗辩事由承担举证证明责任。对于医疗产品责任纠纷，《解释》也遵循上述思路规定了患者无法提交使用医疗产品或者输入血液与损害之间具有因果关系证据，依法申请鉴定的，人民法院应予准许。

《解释》的上述规定，既遵循了侵权责任法确立的过错责任原则，又避免了因举证证明责任分配不当而导致双方实体权利义务显著失衡而激化医患矛盾，充分考虑到患者存在医学专业性不足、信息不对称等客观情况，对患者进行了适当的举证责任缓和。这一规定属于在医疗损害责任纠纷案件审理过程中的法律适用规则，并不涉及立案受理问题。医疗损害责任纠纷案件立案要按照立案登记制的要求，依法做到有案必立、有诉必理。

问：《解释》对规范医疗损害鉴定程序作了哪些规定？

答：由于医学本身的专业性，诊疗行为有无过错及其与患者损害后果有无因果关系、原因力的大小等往往需要通过鉴定程序来解决。没有医疗损害鉴定，多数医疗损害责任纠纷案件的处理会非常困难，因此医疗损害鉴定对于医疗损害责任纠纷案件的处理的重要性不言而喻。但实践中存在鉴定程序不规范、鉴定意见公信力不足、鉴定人出庭难等问题，很大程度上影响了案件的公正处理。正因为如此，《解释》依据民事诉讼法有关鉴定程序的规定，基于促进鉴定程序的规范化、科学化，提高鉴定意见的公信力，对医疗损害鉴定意见的采信、鉴定人出庭等问题作了规定。具体而言，主要有以下几个方面：

其一，针对实践中鉴定人的资质要求不规范以及当事人是选择鉴定机构还是鉴定专家等问题，《解释》明确了医疗损害鉴定的根本在于借助专家的专门知识、技能和经验，辅助法官对专门性事实问题作出判断，以保证案件裁判的公正。因此，《解释》依据民事诉讼法的有关规定，明确了鉴定人的确定，应当从具备相应的鉴定能力、符合鉴定要求的专家中选择的基本要求。当然这并不影响当事人通过先选择鉴定机构，再确定鉴定专家的实践做法。人民法院应当根据案件具体情况对鉴定专家作必要审查，确保鉴定专家具备相应鉴定能力。涉及临床医学方面专门性问题的鉴定，应当具备临床医学鉴定方面的资质要求；涉及法医学方面专门性问题的，应当具备法医学方面的资质要求。

其二，针对实践中鉴定材料提交混乱影响鉴定程序正常开展的问题，《解释》明确了当事人应当按照要求提交真实、完整、充分的鉴定材料的基本要求，并对补充提交鉴定材料、鉴定材料的质证作了明确规定。

其三，针对实践中鉴定人资质不符合要求、鉴定期限过长、鉴定意见书写不规范，甚至有的鉴定意见无法作为案件证据使用的问题，《解释》规定了当事人申请或者人民法院依职权委托鉴定的，应当有明确的鉴定内容和要求，对其中需要鉴定的专门性问题和鉴定要求的事项作了具体列举。

其四，医疗损害责任纠纷案件中普遍存在原发疾病、个人体质及诊疗过错等共同作用导致损害发生的多因一果问题，实践中鉴定意见对于原因力的表述不一，影响了人民法院对鉴定意见的准确采信。针对这一问题，《解释》根据侵权责任法的基本理论，从人民法院裁判案件的角度对医疗损害责任中诊疗行为与患者自身疾病等其他造成患者损害的原因之间的原因力大小区分了六种情形予以规定，从而规范鉴定意见对原因力问题的写法，以便人民法院更准确的确定当事人之间的责任。

问：《解释》对医疗损害鉴定意见的质证问题作了哪些规定?

答：对此，《解释》主要从强化鉴定人出庭作证程序和明确适用专家辅助人制度两个方面作出了规定，既弥补当事人尤其是患者一方对鉴定意见专业性方面举证能力的不足，又充分发挥庭审作用，为人民法院依法准确认定案件事实提供程序保障。

2012年修正的《中华人民共和国民事诉讼法》第七十八条明确规定了鉴定人出庭作证的具体情形及相应法律后果。鉴定人出庭作证难的问题在更加依赖鉴定意见的医疗损害责任纠纷案件中更加突出，相应的规范鉴定人出庭作证程序对于医疗损害责任纠纷的处理就显得更加重要。为此，《解释》依据《中华人民共和国民事诉讼法》的有关规定，在明确规定鉴定意见的质证要求的基础上，细化了医疗损害责任纠纷中鉴定人出庭作证的程序要求。

同时，考虑到医疗损害纠纷案件本身的专业性特点，有必要发挥专家辅助人制度对于依法妥善解决医疗纠纷的重要作用。实践中对专家辅助人提出意见的证据定性及效力问题存有争议，这一问题在医疗损害责任纠纷中较为突出。为增强当事人对鉴定意见进行质证的能力，充分发挥庭审实质作用，《解释》依据《中华人民共和国民事诉讼法》第七十九条的规定，对医疗损害责任纠纷中的专家辅助人制度作了规定，突出强调该专家辅助人须具有医学专门知识，并在参考其他相关司法解释的基础上，明确了专家辅助人所提意见经过质证，可以作为认定事实的根据。

问：《解释》对人民法院采信当事人自行委托鉴定人作出的医疗损害鉴定意见是怎样规定的?

答：审判实践中，当事人自行委托鉴定的情形不在少数，对此效力认定的问题，存有较大争议。普遍认为，当事人一方自行委托鉴定存在明显的弊端，由此作出的鉴定意见往往仅会对委托鉴定的一方当事人有利，欠缺公正性。调研中也有意见指出，自行委托鉴定对于诉前解决医疗纠纷具有一定的积极意义。因此，为保证鉴定意见的信服力，推动当事人依法启动鉴定程序，经过慎重考虑，《解释》就医疗损害鉴定中单方委托鉴定的问题，适当提高了人民法院采信自行委托鉴定意见的门槛，规定了一方当事人自行委托鉴定作出的医疗损害鉴定意见，在另一方当事人认可的情况下，人民法院可以对该鉴定意见予以采信。同时，对于双方当事人共同自行委托鉴定的情形，基于当事人处分原则，对此应予准许，这在价值导向上也有利于通过诉前调解等方式化解矛盾。如果一方当事人对双方共同委托而作出的鉴定意见不认可，则应当提出明确的异议内容并予以质证；在该异议不成立的情况下，人民法院应当采信该鉴定意见。

问：《解释》对紧急救治情形的法律适用是如何规定的？

答：《中华人民共和国侵权责任法》第五十六条规定了紧急情况下医疗机构实施紧急医疗措施的内容，但实践中对于如何认识该条中“难以取得患者或者其近亲属同意”以及紧急救助情形下的责任承担问题分歧较大，亟需进一步明确。在深入调研、反复论证的基础上，《解释》对因抢救生命垂危的患者等紧急情况且不能取得患者近亲属意见的情形作出细化规定的基础上，本着鼓励和维护医疗机构在患者处于紧急情况下积极施救的价值导向，规定对于抢救生命垂危的患者等紧急情况，不能取得患者或者其近亲属意见的，医务人员经医疗机构负责人或者授权的负责人批准立即实施相应的医疗措施，患者因此请求医疗机构承担赔偿责任的，人民法院不予支持。同时，对于医疗机构怠于立即实施相应的医疗措施，导致患者受到损害的，《解释》也明确规定了医疗机构应当承担相应的赔偿责任。这样不仅有利于指导实务操作，有利于规范医疗机构行为，也有利于保障生命垂危等紧急情况下患者得到及时救治，维护其生命、健康权益。

问：《解释》对医疗产品责任纠纷案件中适用惩罚性赔偿是如何规定的？

答：《中华人民共和国侵权责任法》在产品责任一章中确立了惩罚性赔偿制度，其目的在于通过制裁故意将缺陷产品投放市场并且已经造成了使用人严重人身损害的行为，督促生产者、经营者规范其行为，以充分保护产品使用人的合法权益。医疗产品事关广大人民群众生命健康，从某种意义上讲，缺陷医疗产品的危害较普通产品的危害更为严重。在医疗产品责任纠纷中适用惩罚性赔偿，对于规范医疗领域存在的医疗产品市场不规范、制售假冒伪劣医疗产品屡禁不止等问题具有重要意义。由于侵权责任法第四十七条并没有规定相应的惩罚性赔偿的标准，经过慎重考虑，《解释》参照《中华人民共和国消费者权益保护法》第五十五条第二款的规定，明确规定了医疗产品的生产者明知医疗产品存在缺陷仍然生产或者医疗产品的销售者明知医疗产品存在缺陷仍然销售的，造成患者死亡或者健康严重损害，患者请求生产者或者销售者赔偿损失及所受损失二倍以下的惩罚性赔偿的，人民法院应予支持。这对于威慑或者阻遏明知医疗产品存在缺陷仍然生产、销售的行为，维护广大人民群众的生命健康利益，具有重要而积极的作用。

医疗事故处理条例

（2002年2月20日国务院第五十五次常务会议通过
2002年4月4日发布　自2002年9月1日起施行）

目　　录

第一章　总　则

第一条　为了正确处理医疗事故，保护患者和医疗机构及其医务人员的合法权益，维护医疗秩序，保障医疗安全，促进医学科学的发展，制定本条例。

第二条　本条例所称医疗事故，是指医疗机构及其医务人员在医疗活动中，违反医疗卫生管理法律、行政法规、部门规章和诊疗护理规范、常规，过失造成患者人身损害的事故。

第三条　处理医疗事故，应当遵循公开、公平、公正、及时、便民的原则，坚持实事求是的科学态度，做到事实清楚、定性准确、责任明确、处理恰当。

第四条　根据对患者人身造成的损害程度，医疗事故分为四级：

一级医疗事故：造成患者死亡、重度残疾的；

二级医疗事故：造成患者中度残疾、器官组织损伤导致严重功能障碍的；

三级医疗事故：造成患者轻度残疾、器官组织损伤导致一般功能障碍的；

四级医疗事故：造成患者明显人身损害的其他后果的。

具体分级标准由国务院卫生行政部门制定。

第二章　医疗事故的预防与处置

第五条　医疗机构及其医务人员在医疗活动中，必须严格遵守医疗卫生管理法律、行政法规、部门规章和诊疗护理规范、常规，恪守医疗服务职业道德。

第六条　医疗机构应当对其医务人员进行医疗卫生管理法律、行政法规、部门规章和诊疗护理规范、常规的培训和医疗服务职业道德教育。

第七条　医疗机构应当设置医疗服务质量监控部门或者配备专（兼）职人员，具体负责监督本医疗机构的医务人员的医疗服务工作，检查医务人员执业情况，接受患者对医疗服务的投诉，向其提供咨询服务。

第八条　医疗机构应当按照国务院卫生行政部门规定的要求，书写并妥善保管病历资料。因抢救急危患者，未能及时书写病历的，有关医务人员应当在抢救结束后6小时内据实补记，并加以注明。

第九条　严禁涂改、伪造、隐匿、销毁或者抢夺病历资料。

第十条　患者有权复印或者复制其门诊病历、住院志、体温单、医嘱单、化验单（检验报告）、医学影像检查资料、特殊检查同意书、手术同意书、手术及麻醉记录单、病理资料、护理记录以及国务院卫生行政部门规定的其他病历资料。患者依照前款规定要求复印或者复制病历资料的，医疗机构应当提供复印或者复制服务并在复印或者复制的病历资料上加盖证明印记。复印或者复制病历资料时，应当有患者在场。医疗机构应患者的要求，为其复印或者复制病历资料，可以按照规定收取工本费。具体收费标准由省、自治区、直辖市人民政府价格主管部门会同同级卫生行政部门规定。

第十一条　在医疗活动中，医疗机构及其医务人员应当将患者的病情、医疗措施、医疗风险等如实告知患者，及时解答其咨询；但是，应当避免对患者产生不利后果。

第十二条　医疗机构应当制定防范、处理医疗事故的预案，预防医疗事故的发生，减轻医疗事故的损害。

第十三条　医务人员在医疗活动中发生或者发现医疗事故、可能引起医疗事故的医疗过失行为或者发生医疗事故争议的，应当立即向所在科室负责人报告，科室负责人应当及时向本医疗机构负责医疗服务质量监控的部门或者专（兼）职人员报告；负责医疗服务质量监控的部门或者专（兼）职人员接到报告后，应当立即进行调查、核实，将有关情况如实向本医疗机构的负责人报告，并向患者通报、解释。

第十四条　发生医疗事故的，医疗机构应当按照规定向所在地卫生行政部门报告。

发生下列重大医疗过失行为的，医疗机构应当在 12 小时内向所在地卫生行政部门报告：

（一）导致患者死亡或者可能为二级以上的医疗事故；

（二）导致 3 人以上人身损害后果；

（三）国务院卫生行政部门和省、自治区、直辖市人民政府卫生行政部门规定的其他情形。

第十五条 发生或者发现医疗过失行为，医疗机构及其医务人员应当立即采取有效措施，避免或者减轻对患者身体健康的损害，防止损害扩大。

第十六条 发生医疗事故争议时，死亡病例讨论记录、疑难病例讨论记录、上级医师查房记录、会诊意见、病程记录应当在医患双方在场的情况下封存和启封。封存的病历资料可以是复印件，由医疗机构保管。

第十七条 疑似输液、输血、注射、药物等引起不良后果的，医患双方应当共同对现场实物进行封存和启封，封存的现场实物由医疗机构保管；需要检验的，应当由双方共同指定的、依法具有检验资格的检验机构进行检验；双方无法共同指定时，由卫生行政部门指定。

疑似输血引起不良后果，需要对血液进行封存保留的，医疗机构应当通知提供该血液的采供血机构派员到场。

第十八条 患者死亡，医患双方当事人不能确定死因或者对死因有异议的，应当在患者死亡后 48 小时内进行尸检；具备尸体冻存条件的，可以延长至 7 日。尸检应当经死者近亲属同意并签字。

尸检应当由按照国家有关规定取得相应资格的机构和病理解剖专业技术人员进行。承担尸检任务的机构和病理解剖专业技术人员有进行尸检的义务。

医疗事故争议双方当事人可以请法医病理学人员参加尸检，也可以委派代表观察尸检过程。拒绝或者拖延尸检，超过规定时间，影响对死因判定的，由拒绝或者拖延的一方承担责任。

第十九条 患者在医疗机构内死亡的，尸体应当立即移放太平间。死者尸体存放时间一般不得超过 2 周。逾期不处理的尸体，经医疗机构所在地卫生行政部门批准，并报经同级公安部门备案后，由医疗机构按照规定进行处理。

第三章　医疗事故的技术鉴定

第二十条 卫生行政部门接到医疗机构关于重大医疗过失行为的报告或者医疗事故争议当事人要求处理医疗事故争议的申请后，对需要进行医疗事故技术鉴定的，应当交由负责医疗事故技术鉴定工作的医学会组织鉴定；医患双方协商解决医疗事故争议，需要进行医疗事故技术鉴定的，由双方当事人共同委托负责医疗事故技术鉴定工作的医学会组织鉴定。

第二十一条　设区的市级地方医学会和省、自治区、直辖市直接管辖的县（市）地方医学会负责组织首次医疗事故技术鉴定工作。省、自治区、直辖市地方医学会负责组织再次鉴定工作。

必要时，中华医学会可以组织疑难、复杂并在全国有重大影响的医疗事故争议的技术鉴定工作。

第二十二条　当事人对首次医疗事故技术鉴定结论不服的，可以自收到首次鉴定结论之日起 15 日内向医疗机构所在地卫生行政部门提出再次鉴定的申请。

第二十三条　负责组织医疗事故技术鉴定工作的医学会应当建立专家库。

专家库由具备下列条件的医疗卫生专业技术人员组成：

（一）有良好的业务素质和执业品德；

（二）受聘于医疗卫生机构或者医学教学、科研机构并担任相应专业高级技术职务 3 年以上。

符合前款第（一）项规定条件并具备高级技术任职资格的法医可以受聘进入专家库。

负责组织医疗事故技术鉴定工作的医学会依照本条例规定聘请医疗卫生专业技术人员和法医进入专家库，可以不受行政区域的限制。

第二十四条　医疗事故技术鉴定，由负责组织医疗事故技术鉴定工作的医学会组织专家鉴定组进行。

参加医疗事故技术鉴定的相关专业的专家，由医患双方在医学会主持下从专家库中随机抽取。在特殊情况下，医学会根据医疗事故技术鉴定工作的需要，可以组织医患双方在其他医学会建立的专家库中随机抽取相关专业的专家参加鉴定或者函件咨询。

符合本条例第二十三条规定条件的医疗卫生专业技术人员和法医有义务受聘进入专家库，并承担医疗事故技术鉴定工作。

第二十五条　专家鉴定组进行医疗事故技术鉴定，实行合议制。专家鉴定组人数为单数，涉及的主要学科的专家一般不得少于鉴定组成员的二分之一；涉及死因、伤残等级鉴定的，并应当从专家库中随机抽取法医参加专家鉴定组。

第二十六条　专家鉴定组成员有下列情形之一的，应当回避，当事人也可以以口头或者书面的方式申请其回避：

（一）是医疗事故争议当事人或者当事人的近亲属的；

（二）与医疗事故争议有利害关系的；

（三）与医疗事故争议当事人有其他关系，可能影响公正鉴定的。

第二十七条 专家鉴定组依照医疗卫生管理法律、行政法规、部门规章和诊疗护理规范、常规，运用医学科学原理和专业知识，独立进行医疗事故技术鉴定，对医疗事故进行鉴别和判定，为处理医疗事故争议提供医学依据。

任何单位或者个人不得干扰医疗事故技术鉴定工作，不得威胁、利诱、辱骂、殴打专家鉴定组成员。

专家鉴定组成员不得接受双方当事人的财物或者其他利益。

第二十八条 负责组织医疗事故技术鉴定工作的医学会应当自受理医疗事故技术鉴定之日起5日内通知医疗事故争议双方当事人提交进行医疗事故技术鉴定所需的材料。

当事人应当自收到医学会的通知之日起10日内提交有关医疗事故技术鉴定的材料、书面陈述及答辩。医疗机构提交的有关医疗事故技术鉴定的材料应当包括下列内容：

（一）住院患者的病程记录、死亡病例讨论记录、疑难病例讨论记录、会诊意见、上级医师查房记录等病历资料原件；

（二）住院患者的住院志、体温单、医嘱单、化验单（检验报告）、医学影像检查资料、特殊检查同意书、手术同意书、手术及麻醉记录单、病理资料、护理记录等病历资料原件；

（三）抢救急危患者，在规定时间内补记的病历资料原件；

（四）封存保留的输液、注射用物品和血液、药物等实物，或者依法具有检验资格的检验机构对这些物品、实物作出的检验报告；

（五）与医疗事故技术鉴定有关的其他材料。

在医疗机构建有病历档案的门诊、急诊患者，其病历资料由医疗机构提供；没有在医疗机构建立病历档案的，由患者提供。

医患双方应当依照本条例的规定提交相关材料。医疗机构无正当理由未依照本条例的规定如实提供相关材料，导致医疗事故技术鉴定不能进行的，应当承担责任。

第二十九条 负责组织医疗事故技术鉴定工作的医学会应当自接到当事人提交的有关医疗事故技术鉴定的材料、书面陈述及答辩之日起45日内组织鉴定并出具医疗事故技术鉴定书。

负责组织医疗事故技术鉴定工作的医学会可以向双方当事人调查取证。

第三十条 专家鉴定组应当认真审查双方当事人提交的材料，听取双方当事人的陈述及答辩并进行核实。

双方当事人应当按照本条例的规定如实提交进行医疗事故技术鉴定所需要的材料，并积极配合调查。当事人任何一方不予配合，影响医疗事故技术鉴定的，由不予配合的一方承担责任。

第三十一条　专家鉴定组应当在事实清楚、证据确凿的基础上，综合分析患者的病情和个体差异，作出鉴定结论，并制作医疗事故技术鉴定书。鉴定结论以专家鉴定组成员的过半数通过。鉴定过程应当如实记载。

医疗事故技术鉴定书应当包括下列主要内容：

（一）双方当事人的基本情况及要求；

（二）当事人提交的材料和负责组织医疗事故技术鉴定工作的医学会的调查材料；

（三）对鉴定过程的说明；

（四）医疗行为是否违反医疗卫生管理法律、行政法规、部门规章和诊疗护理规范、常规；

（五）医疗过失行为与人身损害后果之间是否存在因果关系；

（六）医疗过失行为在医疗事故损害后果中的责任程度；

（七）医疗事故等级；

（八）对医疗事故患者的医疗护理医学建议。

第三十二条　医疗事故技术鉴定办法由国务院卫生行政部门制定。

第三十三条　有下列情形之一的，不属于医疗事故：

（一）在紧急情况下为抢救垂危患者生命而采取紧急医学措施造成不良后果的；

（二）在医疗活动中由于患者病情异常或者患者体质特殊而发生医疗意外的；

（三）在现有医学科学技术条件下，发生无法预料或者不能防范的不良后果的；

（四）无过错输血感染造成不良后果的；

（五）因患方原因延误诊疗导致不良后果的；

（六）因不可抗力造成不良后果的。

第三十四条　医疗事故技术鉴定，可以收取鉴定费用。经鉴定，属于医疗事故的，鉴定费用由医疗机构支付；不属于医疗事故的，鉴定费用由提出医疗事故处理申请的一方支付。鉴定费用标准由省、自治区、直辖市人民政府价格主管部门会同同级财政部门、卫生行政部门规定。

第四章　医疗事故的行政处理与监督

第三十五条　卫生行政部门应当依照本条例和有关法律、行政法规、部门规章的规定，对发生医疗事故的医疗机构和医务人员作出行政处理。

第三十六条　卫生行政部门接到医疗机构关于重大医疗过失行为的报告后，除责令医疗机构及时采取必要的医疗救治措施，防止损害后果扩大外，应当组织调查，判定是否属于医疗事故；对不能判定是否属于医疗事故的，应当依照本条例的有关规定交由负责医疗事故技术鉴定工作的医学会组织鉴定。

第三十七条 发生医疗事故争议，当事人申请卫生行政部门处理的，应当提出书面申请。申请书应当载明申请人的基本情况、有关事实、具体请求及理由等。

事人自知道或者应当知道其身体健康受到损害之日起1年内，可以向卫生行政部门提出医疗事故争议处理申请。

第三十八条 发生医疗事故争议，当事人申请卫生行政部门处理的，由医疗机构所在地的县级人民政府卫生行政部门受理。医疗机构所在地是直辖市的，由医疗机构所在地的区、县人民政府卫生行政部门受理。

有下列情形之一的，县级人民政府卫生行政部门应当自接到医疗机构的报告或者当事人提出医疗事故争议处理申请之日起7日内移送上一级人民政府卫生行政部门处理：

（一）患者死亡；

（二）可能为二级以上的医疗事故；

（三）国务院卫生行政部门和省、自治区、直辖市人民政府卫生行政部门规定的其他情形。

第三十九条 卫生行政部门应当自收到医疗事故争议处理申请之日起10日内进行审查，作出是否受理的决定。对符合本条例规定，予以受理，需要进行医疗事故技术鉴定的，应当自作出受理决定之日起5日内将有关材料交由负责医疗事故技术鉴定工作的医学会组织鉴定并书面通知申请人；对不符合本条例规定，不予受理的，应当书面通知申请人并说明理由。当事人对首次医疗事故技术鉴定结论有异议，申请再次鉴定的，卫生行政部门应当自收到申请之日起7日内交由省、自治区、直辖市地方医学会组织再次鉴定。

第四十条 当事人既向卫生行政部门提出医疗事故争议处理申请，又向人民法院提起诉讼的，卫生行政部门不予受理；卫生行政部门已经受理的，应当终止处理。

第四十一条 卫生行政部门收到负责组织医疗事故技术鉴定工作的医学会出具的医疗事故技术鉴定书后，应当对参加鉴定的人员资格和专业类别、鉴定程序进行审核；必要时，可以组织调查，听取医疗事故争议双方当事人的意见。

第四十二条 卫生行政部门经审核，对符合本条例规定作出的医疗事故技术鉴定结论，应当作为对发生医疗事故的医疗机构和医务人员作出行政处理以及进行医疗事故赔偿调解的依据；经审核，发现医疗事故技术鉴定不符合本条例规定的，应当要求重新鉴定。

第四十三条　医疗事故争议由双方当事人自行协商解决的，医疗机构应当自协商解决之日起 7 日内向所在地卫生行政部门作出书面报告，并附具协议书。

第四十四条　医疗事故争议经人民法院调解或者判决解决的，医疗机构应当自收到生效的人民法院的调解书或者判决书之日起 7 日内向所在地卫生行政部门作出书面报告，并附具调解书或者判决书。

第四十五条　县级以上地方人民政府卫生行政部门应当按照规定逐级将当地发生的医疗事故以及依法对发生医疗事故的医疗机构和医务人员作出行政处理的情况，上报国务院卫生行政部门。

第五章　医疗事故的赔偿

第四十六条　发生医疗事故的赔偿等民事责任争议，医患双方可以协商解决；不愿意协商或者协商不成的，当事人可以向卫生行政部门提出调解申请，也可以直接向人民法院提起民事诉讼。

第四十七条　双方当事人协商解决医疗事故的赔偿等民事责任争议的，应当制作协议书。协议书应当载明双方当事人的基本情况和医疗事故的原因、双方当事人共同认定的医疗事故等级以及协商确定的赔偿数额等，并由双方当事人在协议书上签名。

第四十八条　已确定为医疗事故的，卫生行政部门应医疗事故争议双方当事人请求，可以进行医疗事故赔偿调解。调解时，应当遵循当事人双方自愿原则，并应当依据本条例的规定计算赔偿数额。

经调解，双方当事人就赔偿数额达成协议的，制作调解书，双方当事人应当履行；调解不成或者经调解达成协议后一方反悔的，卫生行政部门不再调解。

第四十九条　医疗事故赔偿，应当考虑下列因素，确定具体赔偿数额：

（一）医疗事故等级；

（二）医疗过失行为在医疗事故损害后果中的责任程度；

（三）医疗事故损害后果与患者原有疾病状况之间的关系。

不属于医疗事故的，医疗机构不承担赔偿责任。

第五十条　医疗事故赔偿，按照下列项目和标准计算：

（一）医疗费：按照医疗事故对患者造成的人身损害进行治疗所发生的医疗费用计算，凭据支付，但不包括原发病医疗费用。结案后确实需要继续治疗的，按照基本医疗费用支付。

（二）误工费：患者有固定收入的，按照本人因误工减少的固定收入计算，对收入高于医疗事故发生地上一年度职工年平均工资3倍以上的，按照3倍计算；无固定收入的，按照医疗事故发生地上一年度职工年平均工资计算。

（三）住院伙食补助费：按照医疗事故发生地国家机关一般工作人员的出差伙食补助标准计算。

（四）陪护费：患者住院期间需要专人陪护的，按照医疗事故发生地上一年度职工年平均工资计算。

（五）残疾生活补助费：根据伤残等级，按照医疗事故发生地居民年平均生活费计算，自定残之月起最长赔偿30年；但是，60周岁以上的，不超过15年；70周岁以上的，不超过5年。

（六）残疾用具费：因残疾需要配置补偿功能器具的，凭医疗机构证明，按照普及型器具的费用计算。

（七）丧葬费：按照医疗事故发生地规定的丧葬费补助标准计算。

（八）被扶养人生活费：以死者生前或者残疾者丧失劳动能力前实际扶养且没有劳动能力的人为限，按照其户籍所在地或者居所地居民最低生活保障标准计算。对不满16周岁的，扶养到16周岁。对年满16周岁但无劳动能力的，扶养20年；但是，60周岁以上的，不超过15年；70周岁以上的，不超过5年。

（九）交通费：按照患者实际必需的交通费用计算，凭据支付。

（十）住宿费：按照医疗事故发生地国家机关一般工作人员的出差住宿补助标准计算，凭据支付。

（十一）精神损害抚慰金：按照医疗事故发生地居民年平均生活费计算。造成患者死亡的，赔偿年限最长不超过6年；造成患者残疾的，赔偿年限最长不超过3年。

第五十一条 参加医疗事故处理的患者近亲属所需交通费、误工费、住宿费，参照本条例第五十条的有关规定计算，计算费用的人数不超过2人。

医疗事故造成患者死亡的，参加丧葬活动的患者的配偶和直系亲属所需交通费、误工费、住宿费，参照本条例第五十条的有关规定计算，计算费用的人数不超过2人。

第五十二条 医疗事故赔偿费用，实行一次性结算，由承担医疗事故责任的医疗机构支付。

第六章　罚　则

第五十三条 卫生行政部门的工作人员在处理医疗事故过程中违反本条例的规定，利用职务上的便利收受他人财物或者其他利益，滥用职权，玩忽职守，或者发现违法行为不予查处，造成严重后果的，依照刑法关于受贿罪、滥用职权罪、玩忽职守罪或者其他有关罪的规定，依法追究刑事责任；尚不够刑事处罚的，依法给予降级或者撤职的行政处分。

第五十四条　卫生行政部门违反本条例的规定，有下列情形之一的，由上级卫生行政部门给予警告并责令限期改正；情节严重的，对负有责任的主管人员和其他直接责任人员依法给予行政处分：

（一）接到医疗机构关于重大医疗过失行为的报告后，未及时组织调查的；

（二）接到医疗事故争议处理申请后，未在规定时间内审查或者移送上一级人民政府卫生行政部门处理的；

（三）未将应当进行医疗事故技术鉴定的重大医疗过失行为或者医疗事故争议移交医学会组织鉴定的；

（四）未按照规定逐级将当地发生的医疗事故以及依法对发生医疗事故的医疗机构和医务人员的行政处理情况上报的；

（五）未依照本条例规定审核医疗事故技术鉴定书的。

第五十五条　医疗机构发生医疗事故的，由卫生行政部门根据医疗事故等级和情节，给予警告；情节严重的，责令限期停业整顿直至由原发证部门吊销执业许可证，对负有责任的医务人员依照刑法关于医疗事故罪的规定，依法追究刑事责任；尚不够刑事处罚的，依法给予行政处分或者纪律处分。

对发生医疗事故的有关医务人员，除依照前款处罚外，卫生行政部门并可以责令暂停 6 个月以上 1 年以下执业活动；情节严重的，吊销其执业证书。

第五十六条　医疗机构违反本条例的规定，有下列情形之一的，由卫生行政部门责令改正；情节严重的，对负有责任的主管人员和其他直接责任人员依法给予行政处分或者纪律处分：

（一）未如实告知患者病情、医疗措施和医疗风险的；

（二）没有正当理由，拒绝为患者提供复印或者复制病历资料服务的；

（三）未按照国务院卫生行政部门规定的要求书写和妥善保管病历资料的；

（四）未在规定时间内补记抢救工作病历内容的；

（五）未按照本条例的规定封存、保管和启封病历资料和实物的；

（六）未设置医疗服务质量监控部门或者配备专（兼）职人员的；

（七）未制定有关医疗事故防范和处理预案的；

（八）未在规定时间内向卫生行政部门报告重大医疗过失行为的；

（九）未按照本条例的规定向卫生行政部门报告医疗事故的；

（十）未按照规定进行尸检和保存、处理尸体的。

第五十七条　参加医疗事故技术鉴定工作的人员违反本条例的规定，接受申请鉴定双方或者一方当事人的财物或者其他利益，出具虚假医疗事故技术鉴定书，造成严重后果的，依照刑法关于受贿罪的规定，依法追究刑事责任；尚不够刑事处罚的，由原发证部门吊销其执业证书或者资格证书。

第五十八条 医疗机构或者其他有关机构违反本条例的规定，有下列情形之一的，由卫生行政部门责令改正，给予警告；对负有责任的主管人员和其他直接责任人员依法给予行政处分或者纪律处分；情节严重的，由原发证部门吊销其执业证书或者资格证书：

（一）承担尸检任务的机构没有正当理由，拒绝进行尸检的；

（二）涂改、伪造、隐匿、销毁病历资料的。

第五十九条 以医疗事故为由，寻衅滋事、抢夺病历资料，扰乱医疗机构正常医疗秩序和医疗事故技术鉴定工作，依照刑法关于扰乱社会秩序罪的规定，依法追究刑事责任；尚不够刑事处罚的，依法给予治安管理处罚。

第七章 附 则

第六十条 本条例所称医疗机构，是指依照《医疗机构管理条例》的规定取得《医疗机构执业许可证》的机构。

县级以上城市从事计划生育技术服务的机构依照《计划生育技术服务管理条例》的规定开展与计划生育有关的临床医疗服务，发生的计划生育技术服务事故，依照本条例的有关规定处理；但是，其中不属于医疗机构的县级以上城市从事计划生育技术服务的机构发生的计划生育技术服务事故，由计划生育行政部门行使依照本条例有关规定由卫生行政部门承担的受理、交由负责医疗事故技术鉴定工作的医学会组织鉴定和赔偿调解的职能；对发生计划生育技术服务事故的该机构及其有关责任人员，依法进行处理。

第六十一条 非法行医，造成患者人身损害，不属于医疗事故，触犯刑律的，依法追究刑事责任；有关赔偿，由受害人直接向人民法院提起诉讼。

第六十二条 军队医疗机构的医疗事故处理办法，由中国人民解放军卫生主管部门会同国务院卫生行政部门依据本条例制定。

第六十三条 本条例自 2002 年 9 月 1 日起施行。1987 年 6 月 29 日国务院发布的《医疗事故处理办法》同时废止。本条例施行前已经处理结案的医疗事故争议，不再重新处理。

国务院法制办公室
对《卫生部关于〈医疗事故处理条例〉第六十条有关问题的函》的答复

（2004 年 3 月 22 日国务院法制办公室文件
国法函〔2004〕24 号发布　自发布之日起施行）

卫生部：

你部《关于〈医疗事故处理条例〉第六十条有关问题的函》收悉。经研究并征求国家计生委的意见，现答复如下：

《医疗事故处理条例》自 2002 年 9 月 1 日起施行，对发生在 1990 年 3 月 29 日的从宏香事件没有溯及力，繁昌县卫生局不宜受理从宏香关于计划生育技术服务事故争议处理的申请。根据国家计生委于 1990 年 9 月 12 日发布的《节育并发症管理办法（试行）》与《节育并发症鉴定办法（试行）》的有关规定，当事人如对鉴定结论所定并发症级别或者处理方式方法有不同意见，可以向省计划生育部门再次申请并发症鉴定，或者向人民法院依法提起诉讼。

附：

卫生部
关于《医疗事故处理条例》第六十条有关问题的函

（2003 年 12 月 2 日　卫法监函〔2003〕288 号）

国务院法制办：

近日，我部收到安徽省卫生厅《关于〈医疗事故处理条例〉第六十条如何理解执行的请示》（卫办秘〔2003〕563 号），反映芜湖市繁昌县新林乡政府与计生部门组织该乡卫生院在村民从宏香家中为其实施计划生育绝育手术，后发生争议。为此，繁昌县、芜湖市计划生育科技专家委员会先后三次对其进行计划生育手术并发症鉴定，结论为节育手术并发症（三等），现从宏香向繁昌县卫生局申请计划生育技术服务事故争议处理。

《医疗事故处理条例》第六十条规定："……县级以上城市从事计划生育服务的机构依照《计划生育技术服务管理条例》的规定开展与计划生育有关的临床医疗服务，发生的计划生育技术服务事故，依照本条例的有关规定处理；但是，其中不属于医疗机构的县级以上城市从事计划生育技术服务的机构发生的计划生育技术服务事故，由计划生育行政部门行使依照本条例有关规定由卫生行政部门承担的受理、交由负责医疗事故技术鉴定工作的医学会组织鉴定和赔偿调解的职能；……"。条款中没有规定县级以下有关机构发生计划生育技术服务事故争议时的受理管辖部门，特对此请示。

请予批复。

医疗纠纷预防和处理条例

（2018 年 6 月 20 日国务院第 13 次常务会议通过
2018 年 7 月 31 日中华人民共和国国务院令
第 701 号公布　自 2018 年 10 月 1 日起施行）

第一章　总　则

第一条　为了预防和妥善处理医疗纠纷，保护医患双方的合法权益，维护医疗秩序，保障医疗安全，制定本条例。

第二条　本条例所称医疗纠纷，是指医患双方因诊疗活动引发的争议。

第三条　国家建立医疗质量安全管理体系，深化医药卫生体制改革，规范诊疗活动，改善医疗服务，提高医疗质量，预防、减少医疗纠纷。

在诊疗活动中，医患双方应当互相尊重，维护自身权益应当遵守有关法律、法规的规定。

第四条　处理医疗纠纷，应当遵循公平、公正、及时的原则，实事求是，依法处理。

第五条　县级以上人民政府应当加强对医疗纠纷预防和处理工作的领导、协调，将其纳入社会治安综合治理体系，建立部门分工协作机制，督促部门依法履行职责。

第六条　卫生主管部门负责指导、监督医疗机构做好医疗纠纷的预防和处理工作，引导医患双方依法解决医疗纠纷。

司法行政部门负责指导医疗纠纷人民调解工作。

公安机关依法维护医疗机构治安秩序，查处、打击侵害患者和医务人员合法权益以及扰乱医疗秩序等违法犯罪行为。

财政、民政、保险监督管理等部门和机构按照各自职责做好医疗纠纷预防和处理的有关工作。

第七条 国家建立完善医疗风险分担机制，发挥保险机制在医疗纠纷处理中的第三方赔付和医疗风险社会化分担的作用，鼓励医疗机构参加医疗责任保险，鼓励患者参加医疗意外保险。

第八条 新闻媒体应当加强医疗卫生法律、法规和医疗卫生常识的宣传，引导公众理性对待医疗风险；报道医疗纠纷，应当遵守有关法律、法规的规定，恪守职业道德，做到真实、客观、公正。

第二章 医疗纠纷预防

第九条 医疗机构及其医务人员在诊疗活动中应当以患者为中心，加强人文关怀，严格遵守医疗卫生法律、法规、规章和诊疗相关规范、常规，恪守职业道德。

医疗机构应当对其医务人员进行医疗卫生法律、法规、规章和诊疗相关规范、常规的培训，并加强职业道德教育。

第十条 医疗机构应当制定并实施医疗质量安全管理制度，设置医疗服务质量监控部门或者配备专（兼）职人员，加强对诊断、治疗、护理、药事、检查等工作的规范化管理，优化服务流程，提高服务水平。

医疗机构应当加强医疗风险管理，完善医疗风险的识别、评估和防控措施，定期检查措施落实情况，及时消除隐患。

第十一条 医疗机构应当按照国务院卫生主管部门制定的医疗技术临床应用管理规定，开展与其技术能力相适应的医疗技术服务，保障临床应用安全，降低医疗风险；采用医疗新技术的，应当开展技术评估和伦理审查，确保安全有效、符合伦理。

第十二条 医疗机构应当依照有关法律、法规的规定，严格执行药品、医疗器械、消毒药剂、血液等的进货查验、保管等制度。禁止使用无合格证明文件、过期等不合格的药品、医疗器械、消毒药剂、血液等。

第十三条 医务人员在诊疗活动中应当向患者说明病情和医疗措施。需要实施手术，或者开展临床试验等存在一定危险性、可能产生不良后果的特殊检查、特殊治疗的，医务人员应当及时向患者说明医疗风险、替代医疗方案等情况，并取得其书面同意；在患者处于昏迷等无法自主作出决定的状态或者病情不宜向患者说明等情形下，应当向患者的近亲属说明，并取得其书面同意。

紧急情况下不能取得患者或者其近亲属意见的，经医疗机构负责人或者授权的负责人批准，可以立即实施相应的医疗措施。

第十四条 开展手术、特殊检查、特殊治疗等具有较高医疗风险的诊疗活动，医疗机构应当提前预备应对方案，主动防范突发风险。

第十五条 医疗机构及其医务人员应当按照国务院卫生主管部门的规定，填写并妥善保管病历资料。

因紧急抢救未能及时填写病历的，医务人员应当在抢救结束后 6 小时内据实补记，并加以注明。

任何单位和个人不得篡改、伪造、隐匿、毁灭或者抢夺病历资料。

第十六条 患者有权查阅、复制其门诊病历、住院志、体温单、医嘱单、化验单（检验报告）、医学影像检查资料、特殊检查同意书、手术同意书、手术及麻醉记录、病理资料、护理记录、医疗费用以及国务院卫生主管部门规定的其他属于病历的全部资料。

患者要求复制病历资料的，医疗机构应当提供复制服务，并在复制的病历资料上加盖证明印记。复制病历资料时，应当有患者或者其近亲属在场。医疗机构应患者的要求为其复制病历资料，可以收取工本费，收费标准应当公开。

患者死亡的，其近亲属可以依照本条例的规定，查阅、复制病历资料。

第十七条 医疗机构应当建立健全医患沟通机制，对患者在诊疗过程中提出的咨询、意见和建议，应当耐心解释、说明，并按照规定进行处理；对患者就诊疗行为提出的疑问，应当及时予以核实、自查，并指定有关人员与患者或者其近亲属沟通，如实说明情况。

第十八条 医疗机构应当建立健全投诉接待制度，设置统一的投诉管理部门或者配备专（兼）职人员，在医疗机构显著位置公布医疗纠纷解决途径、程序和联系方式等，方便患者投诉或者咨询。

第十九条 卫生主管部门应当督促医疗机构落实医疗质量安全管理制度，组织开展医疗质量安全评估，分析医疗质量安全信息，针对发现的风险制定防范措施。

第二十条 患者应当遵守医疗秩序和医疗机构有关就诊、治疗、检查的规定，如实提供与病情有关的信息，配合医务人员开展诊疗活动。

第二十一条 各级人民政府应当加强健康促进与教育工作，普及健康科学知识，提高公众对疾病治疗等医学科学知识的认知水平。

第三章 医疗纠纷处理

第二十二条 发生医疗纠纷，医患双方可以通过下列途径解决：

（一）双方自愿协商；

（二）申请人民调解；

（三）申请行政调解；

（四）向人民法院提起诉讼；

（五）法律、法规规定的其他途径。

第二十三条　发生医疗纠纷，医疗机构应当告知患者或者其近亲属下列事项：

（一）解决医疗纠纷的合法途径；

（二）有关病历资料、现场实物封存和启封的规定；

（三）有关病历资料查阅、复制的规定。

患者死亡的，还应当告知其近亲属有关尸检的规定。

第二十四条　发生医疗纠纷需要封存、启封病历资料的，应当在医患双方在场的情况下进行。封存的病历资料可以是原件，也可以是复制件，由医疗机构保管。病历尚未完成需要封存的，对已完成病历先行封存；病历按照规定完成后，再对后续完成部分进行封存。医疗机构应当对封存的病历开列封存清单，由医患双方签字或者盖章，各执一份。

病历资料封存后医疗纠纷已经解决，或者患者在病历资料封存满 3 年未再提出解决医疗纠纷要求的，医疗机构可以自行启封。

第二十五条　疑似输液、输血、注射、用药等引起不良后果的，医患双方应当共同对现场实物进行封存、启封，封存的现场实物由医疗机构保管。需要检验的，应当由双方共同委托依法具有检验资格的检验机构进行检验；双方无法共同委托的，由医疗机构所在地县级人民政府卫生主管部门指定。

疑似输血引起不良后果，需要对血液进行封存保留的，医疗机构应当通知提供该血液的血站派员到场。

现场实物封存后医疗纠纷已经解决，或者患者在现场实物封存满 3 年未再提出解决医疗纠纷要求的，医疗机构可以自行启封。

第二十六条　患者死亡，医患双方对死因有异议的，应当在患者死亡后 48 小时内进行尸检；具备尸体冻存条件的，可以延长至 7 日。尸检应当经死者近亲属同意并签字，拒绝签字的，视为死者近亲属不同意进行尸检。不同意或者拖延尸检，超过规定时间，影响对死因判定的，由不同意或者拖延的一方承担责任。

尸检应当由按照国家有关规定取得相应资格的机构和专业技术人员进行。

医患双方可以委派代表观察尸检过程。

第二十七条　患者在医疗机构内死亡的，尸体应当立即移放太平间或者指定的场所，死者尸体存放时间一般不得超过 14 日。逾期不处理的尸体，由医疗机构在向所在地县级人民政府卫生主管部门和公安机关报告后，按照规定处理。

第二十八条 发生重大医疗纠纷的，医疗机构应当按照规定向所在地县级以上地方人民政府卫生主管部门报告。卫生主管部门接到报告后，应当及时了解掌握情况，引导医患双方通过合法途径解决纠纷。

第二十九条 医患双方应当依法维护医疗秩序。任何单位和个人不得实施危害患者和医务人员人身安全、扰乱医疗秩序的行为。

医疗纠纷中发生涉嫌违反治安管理行为或者犯罪行为的，医疗机构应当立即向所在地公安机关报案。公安机关应当及时采取措施，依法处置，维护医疗秩序。

第三十条 医患双方选择协商解决医疗纠纷的，应当在专门场所协商，不得影响正常医疗秩序。医患双方人数较多的，应当推举代表进行协商，每方代表人数不超过 5 人。

协商解决医疗纠纷应当坚持自愿、合法、平等的原则，尊重当事人的权利，尊重客观事实。医患双方应当文明、理性表达意见和要求，不得有违法行为。

协商确定赔付金额应当以事实为依据，防止畸高或者畸低。对分歧较大或者索赔数额较高的医疗纠纷，鼓励医患双方通过人民调解的途径解决。

医患双方经协商达成一致的，应当签署书面和解协议书。

第三十一条 申请医疗纠纷人民调解的，由医患双方共同向医疗纠纷人民调解委员会提出申请；一方申请调解的，医疗纠纷人民调解委员会在征得另一方同意后进行调解。

申请人可以以书面或者口头形式申请调解。书面申请的，申请书应当载明申请人的基本情况、申请调解的争议事项和理由等；口头申请的，医疗纠纷人民调解员应当当场记录申请人的基本情况、申请调解的争议事项和理由等，并经申请人签字确认。

医疗纠纷人民调解委员会获悉医疗机构内发生重大医疗纠纷，可以主动开展工作，引导医患双方申请调解。

当事人已经向人民法院提起诉讼并且已被受理，或者已经申请卫生主管部门调解并且已被受理的，医疗纠纷人民调解委员会不予受理；已经受理的，终止调解。

第三十二条 设立医疗纠纷人民调解委员会，应当遵守《中华人民共和国人民调解法》的规定，并符合本地区实际需要。医疗纠纷人民调解委员会应当自设立之日起 30 个工作日内向所在地县级以上地方人民政府司法行政部门备案。

医疗纠纷人民调解委员会应当根据具体情况，聘任一定数量的具有医学、法学等专业知识且热心调解工作的人员担任专（兼）职医疗纠纷人民调解员。

医疗纠纷人民调解委员会调解医疗纠纷，不得收取费用。医疗纠纷人民调解工作所需经费按照国务院财政、司法行政部门的有关规定执行。

第三十三条　医疗纠纷人民调解委员会调解医疗纠纷时，可以根据需要咨询专家，并可以从本条例第三十五条规定的专家库中选取专家。

第三十四条　医疗纠纷人民调解委员会调解医疗纠纷，需要进行医疗损害鉴定以明确责任的，由医患双方共同委托医学会或者司法鉴定机构进行鉴定，也可以经医患双方同意，由医疗纠纷人民调解委员会委托鉴定。

医学会或者司法鉴定机构接受委托从事医疗损害鉴定，应当由鉴定事项所涉专业的临床医学、法医学等专业人员进行鉴定；医学会或者司法鉴定机构没有相关专业人员的，应当从本条例第三十五条规定的专家库中抽取相关专业专家进行鉴定。

医学会或者司法鉴定机构开展医疗损害鉴定，应当执行规定的标准和程序，尊重科学，恪守职业道德，对出具的医疗损害鉴定意见负责，不得出具虚假鉴定意见。医疗损害鉴定的具体管理办法由国务院卫生、司法行政部门共同制定。

鉴定费预先向医患双方收取，最终按照责任比例承担。

第三十五条　医疗损害鉴定专家库由设区的市级以上人民政府卫生、司法行政部门共同设立。专家库应当包含医学、法学、法医学等领域的专家。聘请专家进入专家库，不受行政区域的限制。

第三十六条　医学会、司法鉴定机构作出的医疗损害鉴定意见应当载明并详细论述下列内容：

（一）是否存在医疗损害以及损害程度；

（二）是否存在医疗过错；

（三）医疗过错与医疗损害是否存在因果关系；

（四）医疗过错在医疗损害中的责任程度。

第三十七条　咨询专家、鉴定人员有下列情形之一的，应当回避，当事人也可以以口头或者书面形式申请其回避：

（一）是医疗纠纷当事人或者当事人的近亲属；

（二）与医疗纠纷有利害关系；

（三）与医疗纠纷当事人有其他关系，可能影响医疗纠纷公正处理。

第三十八条　医疗纠纷人民调解委员会应当自受理之日起 30 个工作日内完成调解。需要鉴定的，鉴定时间不计入调解期限。因特殊情况需要延长调解期限的，医疗纠纷人民调解委员会和医患双方可以约定延长调解期限。超过调解期限未达成调解协议的，视为调解不成。

第三十九条 医患双方经人民调解达成一致的，医疗纠纷人民调解委员会应当制作调解协议书。调解协议书经医患双方签字或者盖章，人民调解员签字并加盖医疗纠纷人民调解委员会印章后生效。

达成调解协议的，医疗纠纷人民调解委员会应当告知医患双方可以依法向人民法院申请司法确认。

第四十条 医患双方申请医疗纠纷行政调解的，应当参照本条例第三十一条第一款、第二款的规定向医疗纠纷发生地县级人民政府卫生主管部门提出申请。

卫生主管部门应当自收到申请之日起5个工作日内作出是否受理的决定。当事人已经向人民法院提起诉讼并且已被受理，或者已经申请医疗纠纷人民调解委员会调解并且已被受理的，卫生主管部门不予受理；已经受理的，终止调解。

卫生主管部门应当自受理之日起30个工作日内完成调解。需要鉴定的，鉴定时间不计入调解期限。超过调解期限未达成调解协议的，视为调解不成。

第四十一条 卫生主管部门调解医疗纠纷需要进行专家咨询的，可以从本条例第三十五条规定的专家库中抽取专家；医患双方认为需要进行医疗损害鉴定以明确责任的，参照本条例第三十四条的规定进行鉴定。

医患双方经卫生主管部门调解达成一致的，应当签署调解协议书。

第四十二条 医疗纠纷人民调解委员会及其人民调解员、卫生主管部门及其工作人员应当对医患双方的个人隐私等事项予以保密。

未经医患双方同意，医疗纠纷人民调解委员会、卫生主管部门不得公开进行调解，也不得公开调解协议的内容。

第四十三条 发生医疗纠纷，当事人协商、调解不成的，可以依法向人民法院提起诉讼。当事人也可以直接向人民法院提起诉讼。

第四十四条 发生医疗纠纷，需要赔偿的，赔付金额依照法律的规定确定。

第四章 法律责任

第四十五条 医疗机构篡改、伪造、隐匿、毁灭病历资料的，对直接负责的主管人员和其他直接责任人员，由县级以上人民政府卫生主管部门给予或者责令给予降低岗位等级或者撤职的处分，对有关医务人员责令暂停6个月以上1年以下执业活动；造成严重后果的，对直接负责的主管人员和其他直接责任人员给予或者责令给予开除的处分，对有关医务人员由原发证部门吊销执业证书；构成犯罪的，依法追究刑事责任。

第四十六条 医疗机构将未通过技术评估和伦理审查的医疗新技术应用于临床的，由县级以上人民政府卫生主管部门没收违法所得，并处5万元以上10万元以下罚款，对直接负责的主管人员和其他直接责任人员给予或者责令给予降低岗位等级或者撤职的处分，对有关医务人员责令暂停6个月以上1年以下执业活动；情节严重的，对直接负责的主管人员和其他直接责任人员给予或者责令给予开除的处分，对有关医务人员由原发证部门吊销执业证书；构成犯罪的，依法追究刑事责任。

第四十七条 医疗机构及其医务人员有下列情形之一的，由县级以上人民政府卫生主管部门责令改正，给予警告，并处1万元以上5万元以下罚款；情节严重的，对直接负责的主管人员和其他直接责任人员给予或者责令给予降低岗位等级或者撤职的处分，对有关医务人员可以责令暂停1个月以上6个月以下执业活动；构成犯罪的，依法追究刑事责任：

（一）未按规定制定和实施医疗质量安全管理制度；

（二）未按规定告知患者病情、医疗措施、医疗风险、替代医疗方案等；

（三）开展具有较高医疗风险的诊疗活动，未提前预备应对方案防范突发风险；

（四）未按规定填写、保管病历资料，或者未按规定补记抢救病历；

（五）拒绝为患者提供查阅、复制病历资料服务；

（六）未建立投诉接待制度、设置统一投诉管理部门或者配备专（兼）职人员；

（七）未按规定封存、保管、启封病历资料和现场实物；

（八）未按规定向卫生主管部门报告重大医疗纠纷；

（九）其他未履行本条例规定义务的情形。

第四十八条 医学会、司法鉴定机构出具虚假医疗损害鉴定意见的，由县级以上人民政府卫生、司法行政部门依据职责没收违法所得，并处5万元以上10万元以下罚款，对该医学会、司法鉴定机构和有关鉴定人员责令暂停3个月以上1年以下医疗损害鉴定业务，对直接负责的主管人员和其他直接责任人员给予或者责令给予降低岗位等级或者撤职的处分；情节严重的，该医学会、司法鉴定机构和有关鉴定人员5年内不得从事医疗损害鉴定业务或者撤销登记，对直接负责的主管人员和其他直接责任人员给予或者责令给予开除的处分；构成犯罪的，依法追究刑事责任。

第四十九条 尸检机构出具虚假尸检报告的，由县级以上人民政府卫生、司法行政部门依据职责没收违法所得，并处5万元以上10万元以下罚款，对该尸检机构和有关尸检专业技术人员责令暂停3个月以上1年以下尸检业务，对直接负责的主管人员和其他直接责任人员给予或者责令给予降低岗位等级或者撤职的处分；情节严重的，撤销该尸检机构和有关尸检专业技术人员的尸检资格，对直接负责的主管人员和其他直接责任人员给予或者责令给予开除的处分；构成犯罪的，依法追究刑事责任。

第五十条 医疗纠纷人民调解员有下列行为之一的，由医疗纠纷人民调解委员会给予批评教育、责令改正；情节严重的，依法予以解聘：

（一）偏袒一方当事人；

（二）侮辱当事人；

（三）索取、收受财物或者牟取其他不正当利益；

（四）泄露医患双方个人隐私等事项。

第五十一条 新闻媒体编造、散布虚假医疗纠纷信息的，由有关主管部门依法给予处罚；给公民、法人或者其他组织的合法权益造成损害的，依法承担消除影响、恢复名誉、赔偿损失、赔礼道歉等民事责任。

第五十二条 县级以上人民政府卫生主管部门和其他有关部门及其工作人员在医疗纠纷预防和处理工作中，不履行职责或者滥用职权、玩忽职守、徇私舞弊的，由上级人民政府卫生等有关部门或者监察机关责令改正；依法对直接负责的主管人员和其他直接责任人员给予处分；构成犯罪的，依法追究刑事责任。

第五十三条 医患双方在医疗纠纷处理中，造成人身、财产或者其他损害的，依法承担民事责任；构成违反治安管理行为的，由公安机关依法给予治安管理处罚；构成犯罪的，依法追究刑事责任。

第五章　附　则

第五十四条 军队医疗机构的医疗纠纷预防和处理办法，由中央军委机关有关部门会同国务院卫生主管部门依据本条例制定。

第五十五条 对诊疗活动中医疗事故的行政调查处理，依照《医疗事故处理条例》的相关规定执行。

第五十六条 本条例自2018年10月1日起施行。

医疗器械监督管理条例

（2000年1月4日中华人民共和国国务院令第276号公布
2014年2月12日国务院第39次常务会议修订通过　根据
2017年5月4日《国务院关于修改〈医疗器械监督
管理条例〉的决定》修订）

第一章　总　则

第一条　为了保证医疗器械的安全、有效，保障人体健康和生命安全，制定本条例。

第二条　在中华人民共和国境内从事医疗器械的研制、生产、经营、使用活动及其监督管理，应当遵守本条例。

第三条　国务院食品药品监督管理部门负责全国医疗器械监督管理工作。国务院有关部门在各自的职责范围内负责与医疗器械有关的监督管理工作。

县级以上地方人民政府食品药品监督管理部门负责本行政区域的医疗器械监督管理工作。县级以上地方人民政府有关部门在各自的职责范围内负责与医疗器械有关的监督管理工作。

国务院食品药品监督管理部门应当配合国务院有关部门，贯彻实施国家医疗器械产业规划和政策。

第四条　国家对医疗器械按照风险程度实行分类管理。

第一类是风险程度低，实行常规管理可以保证其安全、有效的医疗器械。

第二类是具有中度风险，需要严格控制管理以保证其安全、有效的医疗器械。

第三类是具有较高风险，需要采取特别措施严格控制管理以保证其安全、有效的医疗器械。

评价医疗器械风险程度，应当考虑医疗器械的预期目的、结构特征、使用方法等因素。

国务院食品药品监督管理部门负责制定医疗器械的分类规则和分类目录，并根据医疗器械生产、经营、使用情况，及时对医疗器械的风险变化进行分析、评价，对分类目录进行调整。制定、调整分类目录，应当充分听取医疗器械生产经营企业以及使用单位、行业组织的意见，并参考国际医疗器械分类实践。医疗器械分类目录应当向社会公布。

第五条 医疗器械的研制应当遵循安全、有效和节约的原则。国家鼓励医疗器械的研究与创新，发挥市场机制的作用，促进医疗器械新技术的推广和应用，推动医疗器械产业的发展。

第六条 医疗器械产品应当符合医疗器械强制性国家标准；尚无强制性国家标准的，应当符合医疗器械强制性行业标准。

一次性使用的医疗器械目录由国务院食品药品监督管理部门会同国务院卫生计生主管部门制定、调整并公布。重复使用可以保证安全、有效的医疗器械，不列入一次性使用的医疗器械目录。对因设计、生产工艺、消毒灭菌技术等改进后重复使用可以保证安全、有效的医疗器械，应当调整出一次性使用的医疗器械目录。

第七条 医疗器械行业组织应当加强行业自律，推进诚信体系建设，督促企业依法开展生产经营活动，引导企业诚实守信。

第二章 医疗器械产品注册与备案

第八条 第一类医疗器械实行产品备案管理，第二类、第三类医疗器械实行产品注册管理。

第九条 第一类医疗器械产品备案和申请第二类、第三类医疗器械产品注册，应当提交下列资料：

（一）产品风险分析资料；

（二）产品技术要求；

（三）产品检验报告；

（四）临床评价资料；

（五）产品说明书及标签样稿；

（六）与产品研制、生产有关的质量管理体系文件；

（七）证明产品安全、有效所需的其他资料。

医疗器械注册申请人、备案人应当对所提交资料的真实性负责。

第十条 第一类医疗器械产品备案，由备案人向所在地设区的市级人民政府食品药品监督管理部门提交备案资料。其中，产品检验报告可以是备案人的自检报告；临床评价资料不包括临床试验报告，可以是通过文献、同类产品临床使用获得的数据证明该医疗器械安全、有效的资料。

向我国境内出口第一类医疗器械的境外生产企业，由其在我国境内设立的代表机构或者指定我国境内的企业法人作为代理人，向国务院食品药品监督管理部门提交备案资料和备案人所在国（地区）主管部门准许该医疗器械上市销售的证明文件。

备案资料载明的事项发生变化的，应当向原备案部门变更备案。

第十一条 申请第二类医疗器械产品注册，注册申请人应当向所在地省、自治区、直辖市人民政府食品药品监督管理部门提交注册申请资料。申请第三类医疗器械产品注册，注册申请人应当向国务院食品药品监督管理部门提交注册申请资料。

向我国境内出口第二类、第三类医疗器械的境外生产企业，应当由其在我国境内设立的代表机构或者指定我国境内的企业法人作为代理人，向国务院食品药品监督管理部门提交注册申请资料和注册申请人所在国（地区）主管部门准许该医疗器械上市销售的证明文件。

第二类、第三类医疗器械产品注册申请资料中的产品检验报告应当是医疗器械检验机构出具的检验报告；临床评价资料应当包括临床试验报告，但依照本条例第十七条的规定免于进行临床试验的医疗器械除外。

第十二条 受理注册申请的食品药品监督管理部门应当自受理之日起3个工作日内将注册申请资料转交技术审评机构。技术审评机构应当在完成技术审评后向食品药品监督管理部门提交审评意见。

第十三条 受理注册申请的食品药品监督管理部门应当自收到审评意见之日起20个工作日内作出决定。对符合安全、有效要求的，准予注册并发给医疗器械注册证；对不符合要求的，不予注册并书面说明理由。

国务院食品药品监督管理部门在组织对进口医疗器械的技术审评时认为有必要对质量管理体系进行核查的，应当组织质量管理体系检查技术机构开展质量管理体系核查。

第十四条 已注册的第二类、第三类医疗器械产品，其设计、原材料、生产工艺、适用范围、使用方法等发生实质性变化，有可能影响该医疗器械安全、有效的，注册人应当向原注册部门申请办理变更注册手续；发生非实质性变化，不影响该医疗器械安全、有效的，应当将变化情况向原注册部门备案。

第十五条 医疗器械注册证有效期为5年。有效期届满需要延续注册的，应当在有效期届满6个月前向原注册部门提出延续注册的申请。

除有本条第三款规定情形外，接到延续注册申请的食品药品监督管理部门应当在医疗器械注册证有效期届满前作出准予延续的决定。逾期未作决定的，视为准予延续。

有下列情形之一的，不予延续注册：

（一）注册人未在规定期限内提出延续注册申请的；

（二）医疗器械强制性标准已经修订，申请延续注册的医疗器械不能达到新要求的；

（三）对用于治疗罕见疾病以及应对突发公共卫生事件急需的医疗器械，未在规定期限内完成医疗器械注册证载明事项的。

第十六条 对新研制的尚未列入分类目录的医疗器械，申请人可以依照本条例有关第三类医疗器械产品注册的规定直接申请产品注册，也可以依据分类规则判断产品类别并向国务院食品药品监督管理部门申请类别确认后依照本条例的规定申请注册或者进行产品备案。

直接申请第三类医疗器械产品注册的，国务院食品药品监督管理部门应当按照风险程度确定类别，对准予注册的医疗器械及时纳入分类目录。申请类别确认的，国务院食品药品监督管理部门应当自受理申请之日起20个工作日内对该医疗器械的类别进行判定并告知申请人。

第十七条 第一类医疗器械产品备案，不需要进行临床试验。申请第二类、第三类医疗器械产品注册，应当进行临床试验；但是，有下列情形之一的，可以免于进行临床试验：

（一）工作机理明确、设计定型，生产工艺成熟，已上市的同品种医疗器械临床应用多年且无严重不良事件记录，不改变常规用途的；

（二）通过非临床评价能够证明该医疗器械安全、有效的；

（三）通过对同品种医疗器械临床试验或者临床使用获得的数据进行分析评价，能够证明该医疗器械安全、有效的。

免于进行临床试验的医疗器械目录由国务院食品药品监督管理部门制定、调整并公布。

第十八条 开展医疗器械临床试验，应当按照医疗器械临床试验质量管理规范的要求，在具备相应条件的临床试验机构进行，并向临床试验提出者所在地省、自治区、直辖市人民政府食品药品监督管理部门备案。接受临床试验备案的食品药品监督管理部门应当将备案情况通报临床试验机构所在地的同级食品药品监督管理部门和卫生计生主管部门。

医疗器械临床试验机构实行备案管理。医疗器械临床试验机构应当具备的条件及备案管理办法和临床试验质量管理规范，由国务院食品药品监督管理部门会同国务院卫生计生主管部门制定并公布。

第十九条 第三类医疗器械进行临床试验对人体具有较高风险的，应当经国务院食品药品监督管理部门批准。临床试验对人体具有较高风险的第三类医疗器械目录由国务院食品药品监督管理部门制定、调整并公布。

国务院食品药品监督管理部门审批临床试验，应当对拟承担医疗器械临床试验的机构的设备、专业人员等条件，该医疗器械的风险程度，临床试验实施方案，临床受益与风险对比分析报告等进行综合分析。准予开展临床试验的，应当通报临床试验提出者以及临床试验机构所在地省、自治区、直辖市人民政府食品药品监督管理部门和卫生计生主管部门。

第三章 医疗器械生产

第二十条 从事医疗器械生产活动，应当具备下列条件：

（一）有与生产的医疗器械相适应的生产场地、环境条件、生产设备以及专业技术人员；

（二）有对生产的医疗器械进行质量检验的机构或者专职检验人员以及检验设备；

（三）有保证医疗器械质量的管理制度；

（四）有与生产的医疗器械相适应的售后服务能力；

（五）产品研制、生产工艺文件规定的要求。

第二十一条 从事第一类医疗器械生产的，由生产企业向所在地设区的市级人民政府食品药品监督管理部门备案并提交其符合本条例第二十条规定条件的证明资料。

第二十二条 从事第二类、第三类医疗器械生产的，生产企业应当向所在地省、自治区、直辖市人民政府食品药品监督管理部门申请生产许可并提交其符合本条例第二十条规定条件的证明资料以及所生产医疗器械的注册证。

受理生产许可申请的食品药品监督管理部门应当自受理之日起30个工作日内对申请资料进行审核，按照国务院食品药品监督管理部门制定的医疗器械生产质量管理规范的要求进行核查。对符合规定条件的，准予许可并发给医疗器械生产许可证；对不符合规定条件的，不予许可并书面说明理由。

医疗器械生产许可证有效期为5年。有效期届满需要延续的，依照有关行政许可的法律规定办理延续手续。

第二十三条 医疗器械生产质量管理规范应当对医疗器械的设计开发、生产设备条件、原材料采购、生产过程控制、企业的机构设置和人员配备等影响医疗器械安全、有效的事项作出明确规定。

第二十四条 医疗器械生产企业应当按照医疗器械生产质量管理规范的要求，建立健全与所生产医疗器械相适应的质量管理体系并保证其有效运行；严格按照经注册或者备案的产品技术要求组织生产，保证出厂的医疗器械符合强制性标准以及经注册或者备案的产品技术要求。

医疗器械生产企业应当定期对质量管理体系的运行情况进行自查，并向所在地省、自治区、直辖市人民政府食品药品监督管理部门提交自查报告。

第二十五条 医疗器械生产企业的生产条件发生变化，不再符合医疗器械质量管理体系要求的，医疗器械生产企业应当立即采取整改措施；可能影响医疗器械安全、有效的，应当立即停止生产活动，并向所在地县级人民政府食品药品监督管理部门报告。

第二十六条 医疗器械应当使用通用名称。通用名称应当符合国务院食品药品监督管理部门制定的医疗器械命名规则。

第二十七条 医疗器械应当有说明书、标签。说明书、标签的内容应当与经注册或者备案的相关内容一致。

医疗器械的说明书、标签应当标明下列事项：

（一）通用名称、型号、规格；

（二）生产企业的名称和住所、生产地址及联系方式；

（三）产品技术要求的编号；

（四）生产日期和使用期限或者失效日期；

（五）产品性能、主要结构、适用范围；

（六）禁忌症、注意事项以及其他需要警示或者提示的内容；

（七）安装和使用说明或者图示；

（八）维护和保养方法，特殊储存条件、方法；

（九）产品技术要求规定应当标明的其他内容。

第二类、第三类医疗器械还应当标明医疗器械注册证编号和医疗器械注册人的名称、地址及联系方式。

由消费者个人自行使用的医疗器械还应当具有安全使用的特别说明。

第二十八条 委托生产医疗器械，由委托方对所委托生产的医疗器械质量负责。受托方应当是符合本条例规定、具备相应生产条件的医疗器械生产企业。委托方应当加强对受托方生产行为的管理，保证其按照法定要求进行生产。

具有高风险的植入性医疗器械不得委托生产，具体目录由国务院食品药品监督管理部门制定、调整并公布。

第四章 医疗器械经营与使用

第二十九条 从事医疗器械经营活动，应当有与经营规模和经营范围相适应的经营场所和贮存条件，以及与经营的医疗器械相适应的质量管理制度和质量管理机构或者人员。

第三十条 从事第二类医疗器械经营的，由经营企业向所在地设区的市级人民政府食品药品监督管理部门备案并提交其符合本条例第二十九条规定条件的证明资料。

第三十一条 从事第三类医疗器械经营的，经营企业应当向所在地设区的市级人民政府食品药品监督管理部门申请经营许可并提交其符合本条例第二十九条规定条件的证明资料。

受理经营许可申请的食品药品监督管理部门应当自受理之日起 30 个工作日内进行审查，必要时组织核查。对符合规定条件的，准予许可并发给医疗器械经营许可证；对不符合规定条件的，不予许可并书面说明理由。

医疗器械经营许可证有效期为 5 年。有效期届满需要延续的，依照有关行政许可的法律规定办理延续手续。

第三十二条 医疗器械经营企业、使用单位购进医疗器械，应当查验供货者的资质和医疗器械的合格证明文件，建立进货查验记录制度。从事第二类、第三类医疗器械批发业务以及第三类医疗器械零售业务的经营企业，还应当建立销售记录制度。

记录事项包括：

（一）医疗器械的名称、型号、规格、数量；

（二）医疗器械的生产批号、有效期、销售日期；

（三）生产企业的名称；

（四）供货者或者购货者的名称、地址及联系方式；

（五）相关许可证明文件编号等。

进货查验记录和销售记录应当真实，并按照国务院食品药品监督管理部门规定的期限予以保存。国家鼓励采用先进技术手段进行记录。

第三十三条 运输、贮存医疗器械，应当符合医疗器械说明书和标签标示的要求；对温度、湿度等环境条件有特殊要求的，应当采取相应措施，保证医疗器械的安全、有效。

第三十四条 医疗器械使用单位应当有与在用医疗器械品种、数量相适应的贮存场所和条件。医疗器械使用单位应当加强对工作人员的技术培训，按照产品说明书、技术操作规范等要求使用医疗器械。

医疗器械使用单位配置大型医用设备，应当符合国务院卫生计生主管部门制定的大型医用设备配置规划，与其功能定位、临床服务需求相适应，具有相应的技术条件、配套设施和具备相应资质、能力的专业技术人员，并经省级以上人民政府卫生计生主管部门批准，取得大型医用设备配置许可证。

大型医用设备配置管理办法由国务院卫生计生主管部门会同国务院有关部门制定。大型医用设备目录由国务院卫生计生主管部门商国务院有关部门提出，报国务院批准后执行。

第三十五条 医疗器械使用单位对重复使用的医疗器械，应当按照国务院卫生计生主管部门制定的消毒和管理的规定进行处理。

一次性使用的医疗器械不得重复使用，对使用过的应当按照国家有关规定销毁并记录。

第三十六条 医疗器械使用单位对需要定期检查、检验、校准、保养、维护的医疗器械，应当按照产品说明书的要求进行检查、检验、校准、保养、维护并予以记录，及时进行分析、评估，确保医疗器械处于良好状态，保障使用质量；对使用期限长的大型医疗器械，应当逐台建立使用档案，记录其使用、维护、转让、实际使用时间等事项。记录保存期限不得少于医疗器械规定使用期限终止后5年。

第三十七条 医疗器械使用单位应当妥善保存购入第三类医疗器械的原始资料，并确保信息具有可追溯性。

使用大型医疗器械以及植入和介入类医疗器械的，应当将医疗器械的名称、关键性技术参数等信息以及与使用质量安全密切相关的必要信息记载到病历等相关记录中。

第三十八条 发现使用的医疗器械存在安全隐患的，医疗器械使用单位应当立即停止使用，并通知生产企业或者其他负责产品质量的机构进行检修；经检修仍不能达到使用安全标准的医疗器械，不得继续使用。

第三十九条 食品药品监督管理部门和卫生计生主管部门依据各自职责，分别对使用环节的医疗器械质量和医疗器械使用行为进行监督管理。

第四十条 医疗器械经营企业、使用单位不得经营、使用未依法注册、无合格证明文件以及过期、失效、淘汰的医疗器械。

第四十一条 医疗器械使用单位之间转让在用医疗器械，转让方应当确保所转让的医疗器械安全、有效，不得转让过期、失效、淘汰以及检验不合格的医疗器械。

第四十二条 进口的医疗器械应当是依照本条例第二章的规定已注册或者已备案的医疗器械。

进口的医疗器械应当有中文说明书、中文标签。说明书、标签应当符合本条例规定以及相关强制性标准的要求，并在说明书中载明医疗器械的原产地以及代理人的名称、地址、联系方式。没有中文说明书、中文标签或者说明书、标签不符合本条规定的，不得进口。

第四十三条 出入境检验检疫机构依法对进口的医疗器械实施检验；检验不合格的，不得进口。

国务院食品药品监督管理部门应当及时向国家出入境检验检疫部门通报进口医疗器械的注册和备案情况。进口口岸所在地出入境检验检疫机构应当及时向所在地设区的市级人民政府食品药品监督管理部门通报进口医疗器械的通关情况。

第四十四条 出口医疗器械的企业应当保证其出口的医疗器械符合进口国（地区）的要求。

第四十五条 医疗器械广告应当真实合法，不得含有虚假、夸大、误导性的内容。

医疗器械广告应当经医疗器械生产企业或者进口医疗器械代理人所在地省、自治区、直辖市人民政府食品药品监督管理部门审查批准，并取得医疗器械广告批准文件。广告发布者发布医疗器械广告，应当事先核查广告的批准文件及其真实性；不得发布未取得批准文件、批准文件的真实性未经核实或者广告内容与批准文件不一致的医疗器械广告。省、自治区、直辖市人民政府食品药品监督管理部门应当公布并及时更新已经批准的医疗器械广告目录以及批准的广告内容。

省级以上人民政府食品药品监督管理部门责令暂停生产、销售、进口和使用的医疗器械，在暂停期间不得发布涉及该医疗器械的广告。

医疗器械广告的审查办法由国务院食品药品监督管理部门会同国务院工商行政管理部门制定。

第五章　不良事件的处理与医疗器械的召回

第四十六条　国家建立医疗器械不良事件监测制度，对医疗器械不良事件及时进行收集、分析、评价、控制。

第四十七条　医疗器械生产经营企业、使用单位应当对所生产经营或者使用的医疗器械开展不良事件监测；发现医疗器械不良事件或者可疑不良事件，应当按照国务院食品药品监督管理部门的规定，向医疗器械不良事件监测技术机构报告。

任何单位和个人发现医疗器械不良事件或者可疑不良事件，有权向食品药品监督管理部门或者医疗器械不良事件监测技术机构报告。

第四十八条　国务院食品药品监督管理部门应当加强医疗器械不良事件监测信息网络建设。

医疗器械不良事件监测技术机构应当加强医疗器械不良事件信息监测，主动收集不良事件信息；发现不良事件或者接到不良事件报告的，应当及时进行核实、调查、分析，对不良事件进行评估，并向食品药品监督管理部门和卫生计生主管部门提出处理建议。

医疗器械不良事件监测技术机构应当公布联系方式，方便医疗器械生产经营企业、使用单位等报告医疗器械不良事件。

第四十九条　食品药品监督管理部门应当根据医疗器械不良事件评估结果及时采取发布警示信息以及责令暂停生产、销售、进口和使用等控制措施。

省级以上人民政府食品药品监督管理部门应当会同同级卫生计生主管部门和相关部门组织对引起突发、群发的严重伤害或者死亡的医疗器械不良事件及时进行调查和处理，并组织对同类医疗器械加强监测。

第五十条 医疗器械生产经营企业、使用单位应当对医疗器械不良事件监测技术机构、食品药品监督管理部门开展的医疗器械不良事件调查予以配合。

第五十一条 有下列情形之一的，省级以上人民政府食品药品监督管理部门应当对已注册的医疗器械组织开展再评价：

（一）根据科学研究的发展，对医疗器械的安全、有效有认识上的改变的；

（二）医疗器械不良事件监测、评估结果表明医疗器械可能存在缺陷的；

（三）国务院食品药品监督管理部门规定的其他需要进行再评价的情形。

再评价结果表明已注册的医疗器械不能保证安全、有效的，由原发证部门注销医疗器械注册证，并向社会公布。被注销医疗器械注册证的医疗器械不得生产、进口、经营、使用。

第五十二条 医疗器械生产企业发现其生产的医疗器械不符合强制性标准、经注册或者备案的产品技术要求或者存在其他缺陷的，应当立即停止生产，通知相关生产经营企业、使用单位和消费者停止经营和使用，召回已经上市销售的医疗器械，采取补救、销毁等措施，记录相关情况，发布相关信息，并将医疗器械召回和处理情况向食品药品监督管理部门和卫生计生主管部门报告。

医疗器械经营企业发现其经营的医疗器械存在前款规定情形的，应当立即停止经营，通知相关生产经营企业、使用单位、消费者，并记录停止经营和通知情况。医疗器械生产企业认为属于依照前款规定需要召回的医疗器械，应当立即召回。

医疗器械生产经营企业未依照本条规定实施召回或者停止经营的，食品药品监督管理部门可以责令其召回或者停止经营。

第六章　监督检查

第五十三条 食品药品监督管理部门应当对医疗器械的注册、备案、生产、经营、使用活动加强监督检查，并对下列事项进行重点监督检查：

（一）医疗器械生产企业是否按照经注册或者备案的产品技术要求组织生产；

（二）医疗器械生产企业的质量管理体系是否保持有效运行；

（三）医疗器械生产经营企业的生产经营条件是否持续符合法定要求。

第五十四条 食品药品监督管理部门在监督检查中有下列职权：

（一）进入现场实施检查、抽取样品；

（二）查阅、复制、查封、扣押有关合同、票据、账簿以及其他有关资料；

（三）查封、扣押不符合法定要求的医疗器械，违法使用的零配件、原材料以及用于违法生产医疗器械的工具、设备；

（四）查封违反本条例规定从事医疗器械生产经营活动的场所。

食品药品监督管理部门进行监督检查，应当出示执法证件，保守被检查单位的商业秘密。

有关单位和个人应当对食品药品监督管理部门的监督检查予以配合，不得隐瞒有关情况。

第五十五条　对人体造成伤害或者有证据证明可能危害人体健康的医疗器械，食品药品监督管理部门可以采取暂停生产、进口、经营、使用的紧急控制措施。

第五十六条　食品药品监督管理部门应当加强对医疗器械生产经营企业和使用单位生产、经营、使用的医疗器械的抽查检验。抽查检验不得收取检验费和其他任何费用，所需费用纳入本级政府预算。省级以上人民政府食品药品监督管理部门应当根据抽查检验结论及时发布医疗器械质量公告。

卫生计生主管部门应当对大型医用设备的使用状况进行监督和评估；发现违规使用以及与大型医用设备相关的过度检查、过度治疗等情形的，应当立即纠正，依法予以处理。

第五十七条　医疗器械检验机构资质认定工作按照国家有关规定实行统一管理。经国务院认证认可监督管理部门会同国务院食品药品监督管理部门认定的检验机构，方可对医疗器械实施检验。

食品药品监督管理部门在执法工作中需要对医疗器械进行检验的，应当委托有资质的医疗器械检验机构进行，并支付相关费用。

当事人对检验结论有异议的，可以自收到检验结论之日起 7 个工作日内选择有资质的医疗器械检验机构进行复检。承担复检工作的医疗器械检验机构应当在国务院食品药品监督管理部门规定的时间内作出复检结论。复检结论为最终检验结论。

第五十八条　对可能存在有害物质或者擅自改变医疗器械设计、原材料和生产工艺并存在安全隐患的医疗器械，按照医疗器械国家标准、行业标准规定的检验项目和检验方法无法检验的，医疗器械检验机构可以补充检验项目和检验方法进行检验；使用补充检验项目、检验方法得出的检验结论，经国务院食品药品监督管理部门批准，可以作为食品药品监督管理部门认定医疗器械质量的依据。

第五十九条　设区的市级和县级人民政府食品药品监督管理部门应当加强对医疗器械广告的监督检查；发现未经批准、篡改经批准的广告内容的医疗器械广告，应当向所在地省、自治区、直辖市人民政府食品药品监督管理部门报告，由其向社会公告。

工商行政管理部门应当依照有关广告管理的法律、行政法规的规定，对医疗器械广告进行监督检查，查处违法行为。食品药品监督管理部门发现医疗器械广告违法发布行为，应当提出处理建议并按照有关程序移交所在地同级工商行政管理部门。

第六十条 国务院食品药品监督管理部门建立统一的医疗器械监督管理信息平台。食品药品监督管理部门应当通过信息平台依法及时公布医疗器械许可、备案、抽查检验、违法行为查处情况等日常监督管理信息。但是，不得泄露当事人的商业秘密。

食品药品监督管理部门对医疗器械注册人和备案人、生产经营企业、使用单位建立信用档案，对有不良信用记录的增加监督检查频次。

第六十一条 食品药品监督管理等部门应当公布本单位的联系方式，接受咨询、投诉、举报。食品药品监督管理等部门接到与医疗器械监督管理有关的咨询，应当及时答复；接到投诉、举报，应当及时核实、处理、答复。对咨询、投诉、举报情况及其答复、核实、处理情况，应当予以记录、保存。

有关医疗器械研制、生产、经营、使用行为的举报经调查属实的，食品药品监督管理等部门对举报人应当给予奖励。

第六十二条 国务院食品药品监督管理部门制定、调整、修改本条例规定的目录以及与医疗器械监督管理有关的规范，应当公开征求意见；采取听证会、论证会等形式，听取专家、医疗器械生产经营企业和使用单位、消费者以及相关组织等方面的意见。

第七章　法律责任

第六十三条 有下列情形之一的，由县级以上人民政府食品药品监督管理部门没收违法所得、违法生产经营的医疗器械和用于违法生产经营的工具、设备、原材料等物品；违法生产经营的医疗器械货值金额不足1万元的，并处5万元以上10万元以下罚款；货值金额1万元以上的，并处货值金额10倍以上20倍以下罚款；情节严重的，5年内不受理相关责任人及企业提出的医疗器械许可申请：

（一）生产、经营未取得医疗器械注册证的第二类、第三类医疗器械的；

（二）未经许可从事第二类、第三类医疗器械生产活动的；

（三）未经许可从事第三类医疗器械经营活动的。

有前款第一项情形、情节严重的，由原发证部门吊销医疗器械生产许可证或者医疗器械经营许可证。

未经许可擅自配置使用大型医用设备的，由县级以上人民政府卫生计生主管部门责令停止使用，给予警告，没收违法所得；违法所得不足 1 万元的，并处 1 万元以上 5 万元以下罚款；违法所得 1 万元以上的，并处违法所得 5 倍以上 10 倍以下罚款；情节严重的，5 年内不受理相关责任人及单位提出的大型医用设备配置许可申请。

第六十四条　提供虚假资料或者采取其他欺骗手段取得医疗器械注册证、医疗器械生产许可证、医疗器械经营许可证、大型医用设备配置许可证、广告批准文件等许可证件的，由原发证部门撤销已经取得的许可证件，并处 5 万元以上 10 万元以下罚款，5 年内不受理相关责任人及单位提出的医疗器械许可申请。

伪造、变造、买卖、出租、出借相关医疗器械许可证件的，由原发证部门予以收缴或者吊销，没收违法所得；违法所得不足 1 万元的，处 1 万元以上 3 万元以下罚款；违法所得 1 万元以上的，处违法所得 3 倍以上 5 倍以下罚款；构成违反治安管理行为的，由公安机关依法予以治安管理处罚。

第六十五条　未依照本条例规定备案的，由县级以上人民政府食品药品监督管理部门责令限期改正；逾期不改正的，向社会公告未备案单位和产品名称，可以处 1 万元以下罚款。

备案时提供虚假资料的，由县级以上人民政府食品药品监督管理部门向社会公告备案单位和产品名称；情节严重的，直接责任人员 5 年内不得从事医疗器械生产经营活动。

第六十六条　有下列情形之一的，由县级以上人民政府食品药品监督管理部门责令改正，没收违法生产、经营或者使用的医疗器械；违法生产、经营或者使用的医疗器械货值金额不足 1 万元的，并处 2 万元以上 5 万元以下罚款；货值金额 1 万元以上的，并处货值金额 5 倍以上 10 倍以下罚款；情节严重的，责令停产停业，直至由原发证部门吊销医疗器械注册证、医疗器械生产许可证、医疗器械经营许可证：

（一）生产、经营、使用不符合强制性标准或者不符合经注册或者备案的产品技术要求的医疗器械的；

（二）医疗器械生产企业未按照经注册或者备案的产品技术要求组织生产，或者未依照本条例规定建立质量管理体系并保持有效运行的；

（三）经营、使用无合格证明文件、过期、失效、淘汰的医疗器械，或者使用未依法注册的医疗器械的；

（四）食品药品监督管理部门责令其依照本条例规定实施召回或者停止经营后，仍拒不召回或者停止经营医疗器械的；

（五）委托不具备本条例规定条件的企业生产医疗器械，或者未对受托方的生产行为进行管理的。

医疗器械经营企业、使用单位履行了本条例规定的进货查验等义务，有充分证据证明其不知道所经营、使用的医疗器械为前款第一项、第三项规定情形的医疗器械，并能如实说明其进货来源的，可以免予处罚，但应当依法没收其经营、使用的不符合法定要求的医疗器械。

第六十七条 有下列情形之一的，由县级以上人民政府食品药品监督管理部门责令改正，处1万元以上3万元以下罚款；情节严重的，责令停产停业，直至由原发证部门吊销医疗器械生产许可证、医疗器械经营许可证：

（一）医疗器械生产企业的生产条件发生变化、不再符合医疗器械质量管理体系要求，未依照本条例规定整改、停止生产、报告的；

（二）生产、经营说明书、标签不符合本条例规定的医疗器械的；

（三）未按照医疗器械说明书和标签标示要求运输、贮存医疗器械的；

（四）转让过期、失效、淘汰或者检验不合格的在用医疗器械的。

第六十八条 有下列情形之一的，由县级以上人民政府食品药品监督管理部门和卫生计生主管部门依据各自职责责令改正，给予警告；拒不改正的，处5000元以上2万元以下罚款；情节严重的，责令停产停业，直至由原发证部门吊销医疗器械生产许可证、医疗器械经营许可证：

（一）医疗器械生产企业未按照要求提交质量管理体系自查报告的；

（二）医疗器械经营企业、使用单位未依照本条例规定建立并执行医疗器械进货查验记录制度的；

（三）从事第二类、第三类医疗器械批发业务以及第三类医疗器械零售业务的经营企业未依照本条例规定建立并执行销售记录制度的；

（四）对重复使用的医疗器械，医疗器械使用单位未按照消毒和管理的规定进行处理的；

（五）医疗器械使用单位重复使用一次性使用的医疗器械，或者未按照规定销毁使用过的一次性使用的医疗器械的；

（六）对需要定期检查、检验、校准、保养、维护的医疗器械，医疗器械使用单位未按照产品说明书要求检查、检验、校准、保养、维护并予以记录，及时进行分析、评估，确保医疗器械处于良好状态的；

（七）医疗器械使用单位未妥善保存购入第三类医疗器械的原始资料，或者未按照规定将大型医疗器械以及植入和介入类医疗器械的信息记载到病历等相关记录中的；

（八）医疗器械使用单位发现使用的医疗器械存在安全隐患未立即停止使用、通知检修，或者继续使用经检修仍不能达到使用安全标准的医疗器械的；

（九）医疗器械使用单位违规使用大型医用设备，不能保障医疗质量安全的；

（十）医疗器械生产经营企业、使用单位未依照本条例规定开展医疗器械不良事件监测，未按照要求报告不良事件，或者对医疗器械不良事件监测技术机构、食品药品监督管理部门开展的不良事件调查不予配合的。

第六十九条 违反本条例规定开展医疗器械临床试验的，由县级以上人民政府食品药品监督管理部门责令改正或者立即停止临床试验，可以处 5 万元以下罚款；造成严重后果的，依法对直接负责的主管人员和其他直接责任人员给予降级、撤职或者开除的处分；该机构 5 年内不得开展相关专业医疗器械临床试验。

医疗器械临床试验机构出具虚假报告的，由县级以上人民政府食品药品监督管理部门处 5 万元以上 10 万元以下罚款；有违法所得的，没收违法所得；对直接负责的主管人员和其他直接责任人员，依法给予撤职或者开除的处分；该机构 10 年内不得开展相关专业医疗器械临床试验。

第七十条 医疗器械检验机构出具虚假检验报告的，由授予其资质的主管部门撤销检验资质，10 年内不受理其资质认定申请；处 5 万元以上 10 万元以下罚款；有违法所得的，没收违法所得；对直接负责的主管人员和其他直接责任人员，依法给予撤职或者开除的处分；受到开除处分的，自处分决定作出之日起 10 年内不得从事医疗器械检验工作。

第七十一条 违反本条例规定，发布未取得批准文件的医疗器械广告，未事先核实批准文件的真实性即发布医疗器械广告，或者发布广告内容与批准文件不一致的医疗器械广告的，由工商行政管理部门依照有关广告管理的法律、行政法规的规定给予处罚。

篡改经批准的医疗器械广告内容的，由原发证部门撤销该医疗器械的广告批准文件，2 年内不受理其广告审批申请。

发布虚假医疗器械广告的，由省级以上人民政府食品药品监督管理部门决定暂停销售该医疗器械，并向社会公布；仍然销售该医疗器械的，由县级以上人民政府食品药品监督管理部门没收违法销售的医疗器械，并处 2 万元以上 5 万元以下罚款。

第七十二条 医疗器械技术审评机构、医疗器械不良事件监测技术机构未依照本条例规定履行职责，致使审评、监测工作出现重大失误的，由县级以上人民政府食品药品监督管理部门责令改正，通报批评，给予警告；造成严重后果的，对直接负责的主管人员和其他直接责任人员，依法给予降级、撤职或者开除的处分。

第七十三条 食品药品监督管理部门、卫生计生主管部门及其工作人员应当严格依照本条例规定的处罚种类和幅度，根据违法行为的性质和具体情节行使行政处罚权，具体办法由国务院食品药品监督管理部门、卫生计生主管部门依据各自职责制定。

第七十四条 违反本条例规定，县级以上人民政府食品药品监督管理部门或者其他有关部门不履行医疗器械监督管理职责或者滥用职权、玩忽职守、徇私舞弊的，由监察机关或者任免机关对直接负责的主管人员和其他直接责任人员依法给予警告、记过或者记大过的处分；造成严重后果的，给予降级、撤职或者开除的处分。

第七十五条 违反本条例规定，构成犯罪的，依法追究刑事责任；造成人身、财产或者其他损害的，依法承担赔偿责任。

第八章 附 则

第七十六条 本条例下列用语的含义：

医疗器械，是指直接或者间接用于人体的仪器、设备、器具、体外诊断试剂及校准物、材料以及其他类似或者相关的物品，包括所需要的计算机软件；其效用主要通过物理等方式获得，不是通过药理学、免疫学或者代谢的方式获得，或者虽然有这些方式参与但是只起辅助作用；其目的是：

（一）疾病的诊断、预防、监护、治疗或者缓解；

（二）损伤的诊断、监护、治疗、缓解或者功能补偿；

（三）生理结构或者生理过程的检验、替代、调节或者支持；

（四）生命的支持或者维持；

（五）妊娠控制；

（六）通过对来自人体的样本进行检查，为医疗或者诊断目的提供信息。

医疗器械使用单位，是指使用医疗器械为他人提供医疗等技术服务的机构，包括取得医疗机构执业许可证的医疗机构，取得计划生育技术服务机构执业许可证的计划生育技术服务机构，以及依法不需要取得医疗机构执业许可证的血站、单采血浆站、康复辅助器具适配机构等。

大型医用设备，是指使用技术复杂、资金投入量大、运行成本高、对医疗费用影响大且纳入目录管理的大型医疗器械。

第七十七条 医疗器械产品注册可以收取费用。具体收费项目、标准分别由国务院财政、价格主管部门按照国家有关规定制定。

第七十八条 非营利的避孕医疗器械管理办法以及医疗卫生机构为应对突发公共卫生事件而研制的医疗器械的管理办法，由国务院食品药品监督管理部门会同国务院卫生计生主管部门制定。

中医医疗器械的管理办法，由国务院食品药品监督管理部门会同国务院中医药管理部门依据本条例的规定制定；康复辅助器具类医疗器械的范围及其管理办法，由国务院食品药品监督管理部门会同国务院民政部门依据本条例的规定制定。

第七十九条　军队医疗器械使用的监督管理，由军队卫生主管部门依据本条例和军队有关规定组织实施。

第八十条　本条例自 2014 年 6 月 1 日起施行。

医疗机构管理条例

（1994 年 2 月 26 日中华人民共和国国务院令第 149 号发布
根据 2016 年 2 月 6 日《国务院关于修改部分
行政法规的决定》修订）

第一章　总　则

第一条　为了加强对医疗机构的管理，促进医疗卫生事业的发展，保障公民健康，制定本条例。

第二条　本条例适用于从事疾病诊断、治疗活动的医院、卫生院、疗养院、门诊部、诊所、卫生所（室）以及急救站等医疗机构。

第三条　医疗机构以救死扶伤，防病治病，为公民的健康服务为宗旨。

第四条　国家扶持医疗机构的发展，鼓励多种形式兴办医疗机构。

第五条　国务院卫生行政部门负责全国医疗机构的监督管理工作。

县级以上地方人民政府卫生行政部门负责本行政区域内医疗机构的监督管理工作。

中国人民解放军卫生主管部门依照本条例和国家有关规定，对军队的医疗机构实施监督管理。

第二章　规划布局和设置审批

第六条　县级以上地方人民政府卫生行政部门应当根据本行政区域内的人口、医疗资源、医疗需求和现有医疗机构的分布状况，制定本行政区域医疗机构设置规划。

机关、企业和事业单位可以根据需要设置医疗机构，并纳入当地医疗机构的设置规划。

第七条　县级以上地方人民政府应当把医疗机构设置规划纳入当地的区

域卫生发展规划和城乡建设发展总体规划。

第八条 设置医疗机构应当符合医疗机构设置规划和医疗机构基本标准。

医疗机构基本标准由国务院卫生行政部门制定。

第九条 单位或者个人设置医疗机构，必须经县级以上地方人民政府卫生行政部门审查批准，并取得设置医疗机构批准书。

第十条 申请设置医疗机构，应当提交下列文件：

（一）设置申请书；

（二）设置可行性研究报告；

（三）选址报告和建筑设计平面图。

第十一条 单位或者个人设置医疗机构，应当按照以下规定提出设置申请：

（一）不设床位或者床位不满 100 张的医疗机构，向所在地的县级人民政府卫生行政部门申请；

（二）床位在 100 张以上的医疗机构和专科医院按照省级人民政府卫生行政部门的规定申请。

第十二条 县级以上地方人民政府卫生行政部门应当自受理设置申请之日起 30 日内，作出批准或者不批准的书面答复；批准设置的，发给设置医疗机构批准书。

第十三条 国家统一规划的医疗机构的设置，由国务院卫生行政部门决定。

第十四条 机关、企业和事业单位按照国家医疗机构基本标准设置为内部职工服务的门诊部、诊所、卫生所（室），报所在地的县级人民政府卫生行政部门备案。

第三章 登 记

第十五条 医疗机构执业，必须进行登记，领取《医疗机构执业许可证》。

第十六条 申请医疗机构执业登记，应当具备下列条件：

（一）有设置医疗机构批准书；

（二）符合医疗机构的基本标准；

（三）有适合的名称、组织机构和场所；

（四）有与其开展的业务相适应的经费、设施、设备和专业卫生技术人员；

（五）有相应的规章制度；

（六）能够独立承担民事责任。

第十七条　医疗机构的执业登记，由批准其设置的人民政府卫生行政部门办理。

按照本条例第十三条规定设置的医疗机构的执业登记，由所在地的省、自治区、直辖市人民政府卫生行政部门办理。

机关、企业和事业单位设置的为内部职工服务的门诊部、诊所、卫生所（室）的执业登记，由所在地的县级人民政府卫生行政部门办理。

第十八条　医疗机构执业登记的主要事项：

（一）名称、地址、主要负责人；

（二）所有制形式；

（三）诊疗科目、床位；

（四）注册资金。

第十九条　县级以上地方人民政府卫生行政部门自受理执业登记申请之日起45日内，根据本条例和医疗机构基本标准进行审核。审核合格的，予以登记，发给《医疗机构执业许可证》；审核不合格的，将审核结果以书面形式通知申请人。

第二十条　医疗机构改变名称、场所、主要负责人、诊疗科目、床位，必须向原登记机关办理变更登记。

第二十一条　医疗机构歇业，必须向原登记机关办理注销登记。经登记机关核准后，收缴《医疗机构执业许可证》。

医疗机构非因改建、扩建、迁建原因停业超过1年的，视为歇业。

第二十二条　床位不满100张的医疗机构，其《医疗机构执业许可证》每年校验1次；床位在100张以上的医疗机构，其《医疗机构执业许可证》每3年校验1次。校验由原登记机关办理。

第二十三条　《医疗机构执业许可证》不得伪造、涂改、出卖、转让、出借。

《医疗机构执业许可证》遗失的，应当及时申明，并向原登记机关申请补发。

第四章　执　业

第二十四条　任何单位或者个人，未取得《医疗机构执业许可证》，不得开展诊疗活动。

第二十五条　医疗机构执业，必须遵守有关法律、法规和医疗技术规范。

第二十六条　医疗机构必须将《医疗机构执业许可证》、诊疗科目、诊疗时间和收费标准悬挂于明显处所。

第二十七条　医疗机构必须按照核准登记的诊疗科目开展诊疗活动。

第二十八条 医疗机构不得使用非卫生技术人员从事医疗卫生技术工作。

第二十九条 医疗机构应当加强对医务人员的医德教育。

第三十条 医疗机构工作人员上岗工作，必须佩带载有本人姓名、职务或者职称的标牌。

第三十一条 医疗机构对危重病人应当立即抢救。对限于设备或者技术条件不能诊治的病人，应当及时转诊。

第三十二条 未经医师（士）亲自诊查病人，医疗机构不得出具疾病诊断书、健康证明书或者死亡证明书等证明文件；未经医师（士）、助产人员亲自接产，医疗机构不得出具出生证明书或者死产报告书。

第三十三条 医疗机构施行手术、特殊检查或者特殊治疗时，必须征得患者同意，并应当取得其家属或者关系人同意并签字；无法取得患者意见时，应当取得家属或者关系人同意并签字；无法取得患者意见又无家属或者关系人在场，或者遇到其他特殊情况时，经治医师应当提出医疗处置方案，在取得医疗机构负责人或者被授权负责人员的批准后实施。

第三十四条 医疗机构发生医疗事故，按照国家有关规定处理。

第三十五条 医疗机构对传染病、精神病、职业病等患者的特殊诊治和处理，应当按照国家有关法律、法规的规定办理。

第三十六条 医疗机构必须按照有关药品管理的法律、法规，加强药品管理。

第三十七条 医疗机构必须按照人民政府或者物价部门的有关规定收取医疗费用，详列细项，并出具收据。

第三十八条 医疗机构必须承担相应的预防保健工作，承担县级以上人民政府卫生行政部门委托的支援农村、指导基层医疗卫生工作等任务。

第三十九条 发生重大灾害、事故、疾病流行或者其他意外情况时，医疗机构及其卫生技术人员必须服从县级以上人民政府卫生行政部门的调遣。

第五章 监督管理

第四十条 县级以上人民政府卫生行政部门行使下列监督管理职权：

（一）负责医疗机构的设置审批、执业登记和校验；

（二）对医疗机构的执业活动进行检查指导；

（三）负责组织对医疗机构的评审；

（四）对违反本条例的行为给予处罚。

第四十一条 国家实行医疗机构评审制度，由专家组成的评审委员会按照医疗机构评审办法和评审标准，对医疗机构的执业活动、医疗服务质量等进行综合评价。

医疗机构评审办法和评审标准由国务院卫生行政部门制定。

第四十二条 县级以上地方人民政府卫生行政部门负责组织本行政区域医疗机构评审委员会。

医疗机构评审委员会由医院管理、医学教育、医疗、医技、护理和财务等有关专家组成。评审委员会成员由县级以上地方人民政府卫生行政部门聘任。

第四十三条 县级以上地方人民政府卫生行政部门根据评审委员会的评审意见，对达到评审标准的医疗机构，发给评审合格证书；对未达到评审标准的医疗机构，提出处理意见。

第六章 罚 则

第四十四条 违反本条例第二十四条规定，未取得《医疗机构执业许可证》擅自执业的，由县级以上人民政府卫生行政部门责令其停止执业活动，没收非法所得和药品、器械，并可以根据情节处以 1 万元以下的罚款。

第四十五条 违反本条例第二十二条规定，逾期不校验《医疗机构执业许可证》仍从事诊疗活动的，由县级以上人民政府卫生行政部门责令其限期补办校验手续；拒不校验的，吊销其《医疗机构执业许可证》。

第四十六条 违反本条例第二十三条规定，出卖、转让、出借《医疗机构执业许可证》的，由县级以上人民政府卫生行政部门没收非法所得，并可以处以 5000 元以下的罚款；情节严重的，吊销其《医疗机构执业许可证》。

第四十七条 违反本条例第二十七条规定，诊疗活动超出登记范围的，由县级以上人民政府卫生行政部门予以警告、责令其改正，并可以根据情节处以 3000 元以下的罚款；情节严重的，吊销其《医疗机构执业许可证》。

第四十八条 违反本条例第二十八条规定，使用非卫生技术人员从事医疗卫生技术工作的，由县级以上人民政府卫生行政部门责令其限期改正，并可以处以 5000 元以下的罚款；情节严重的，吊销其《医疗机构执业许可证》。

第四十九条 违反本条例第三十二条规定，出具虚假证明文件的，由县级以上人民政府卫生行政部门予以警告；对造成危害后果的，可以处以 1000 元以下的罚款；对直接责任人员由所在单位或者上级机关给予行政处分。

第五十条 没收的财物和罚款全部上交国库。

第五十一条 当事人对行政处罚决定不服的，可以依照国家法律、法规的规定申请行政复议或者提起行政诉讼。当事人对罚款及没收药品、器械的处罚决定未在法定期限内申请复议或者提起诉讼又不履行的，县级以上人民政府卫生行政部门可以申请人民法院强制执行。

第七章　附　则

第五十二条　本条例实施前已经执业的医疗机构，应当在条例实施后的6个月内，按照本条例第三章的规定，补办登记手续，领取《医疗机构执业许可证》。

第五十三条　外国人在中华人民共和国境内开设医疗机构及香港、澳门、台湾居民在内地开设医疗机构的管理办法，由国务院卫生行政部门另行制定。

第五十四条　本条例由国务院卫生行政部门负责解释。

第五十五条　本条例自1994年9月1日起施行。1951年政务院批准发布的《医院诊所管理暂行条例》同时废止。

医疗事故技术鉴定暂行办法

（2002年7月19日卫生部部务会议讨论通过
2002年7月19日卫生部令第30号公布
自2002年9月1日起施行）

第一章　总　则

第一条　为规范医疗事故技术鉴定工作，确保医疗事故技术鉴定工作有序进行，依据《医疗事故处理条例》的有关规定制定本办法。

第二条　医疗事故技术鉴定工作应当按照程序进行，坚持实事求是的科学态度，做到事实清楚、定性准确、责任明确。

第三条　医疗事故技术鉴定分为首次鉴定和再次鉴定。

设区的市级和省、自治区、直辖市直接管辖的县（市）级地方医学会负责组织专家鉴定组进行首次医疗事故技术鉴定。

省、自治区、直辖市地方医学会负责组织医疗事故争议的再次鉴定工作。

负责组织医疗事故技术鉴定工作的医学会（以下简称医学会）可以设立医疗事故技术鉴定工作办公室，具体负责有关医疗事故技术鉴定的组织和日常工作。

第四条　医学会组织专家鉴定组，依照医疗卫生管理法律、行政法规、部门规章和诊疗护理技术操作规范、常规，运用医学科学原理和专业知识，独立进行医疗事故技术鉴定。

第二章　专家库的建立

第五条　医学会应当建立专家库。专家库应当依据学科专业组名录设置学科专业组。

医学会可以根据本地区医疗工作和医疗事故技术鉴定实际，对本专家库学科专业组设立予以适当增减和调整。

第六条　具备下列条件的医疗卫生专业技术人员可以成为专家库候选人：

（一）有良好的业务素质和执业品德；

（二）受聘于医疗卫生机构或者医学教学、科研机构并担任相应专业高级技术职务 3 年以上；

（三）健康状况能够胜任医疗事故技术鉴定工作。

符合前款（一）、（三）项规定条件并具备高级技术职务任职资格的法医可以受聘进入专家库。

负责首次医疗事故技术鉴定工作的医学会原则上聘请本行政区域内的专家建立专家库；当本行政区域内的专家不能满足建立专家库需要时，可以聘请本省、自治区、直辖市范围内的专家进入本专家库。

负责再次医疗事故技术鉴定工作的医学会原则上聘请本省、自治区、直辖市范围内的专家建立专家库；当本省、自治区、直辖市范围内的专家不能满足建立专家库需要时，可以聘请其他省、自治区、直辖市的专家进入本专家库。

第七条　医疗卫生机构或医学教学、科研机构、同级的医药卫生专业学会应当按照医学会要求，推荐专家库成员候选人；符合条件的个人经所在单位同意后也可以直接向组建专家库的医学会申请。

医学会对专家库成员候选人进行审核。审核合格的，予以聘任，并发给中华医学会统一格式的聘书。

符合条件的医疗卫生专业技术人员和法医，有义务受聘进入专家库。

第八条　专家库成员聘用期为 4 年。在聘用期间出现下列情形之一的，应当由专家库成员所在单位及时报告医学会，医学会应根据实际情况及时进行调整。

（一）因健康原因不能胜任医疗事故技术鉴定的；

（二）变更受聘单位或被解聘的；

（三）不具备完全民事行为能力的；

（四）受刑事处罚的；

（五）省级以上卫生行政部门规定的其他情形。

聘用期满需继续聘用的，由医学会重新审核、聘用。

第三章　鉴定的提起

第九条　双方当事人协商解决医疗事故争议，需进行医疗事故技术鉴定的，应共同书面委托医疗机构所在地负责首次医疗事故技术鉴定工作的医学会进行医疗事故技术鉴定。

第十条　县级以上地方卫生行政部门接到医疗机构关于重大医疗过失行为的报告或者医疗事故争议当事人要求处理医疗事故争议的申请后，对需要进行医疗事故技术鉴定的，应当书面移交负责首次医疗事故技术鉴定工作的医学会组织鉴定。

第十一条　协商解决医疗事故争议涉及多个医疗机构的，应当由涉及的所有医疗机构与患者共同委托其中任何一所医疗机构所在地负责组织首次医疗事故技术鉴定工作的医学会进行医疗事故技术鉴定。

医疗事故争议涉及多个医疗机构，当事人申请卫生行政部门处理的，只可以向其中一所医疗机构所在地卫生行政部门提出处理申请。

第四章　鉴定的受理

第十二条　医学会应当自受理医疗事故技术鉴定之日起 5 日内，通知医疗事故争议双方当事人按照《医疗事故处理条例》第 28 条规定提交医疗事故技术鉴定所需的材料。

当事人应当自收到医学会的通知之日起 10 日内提交有关医疗事故技术鉴定的材料、书面陈述及答辩。

对不符合受理条件的，医学会不予受理。不予受理的，医学会应说明理由。

第十三条　有下列情形之一的，医学会不予受理医疗事故技术鉴定：

（一）当事人一方直接向医学会提出鉴定申请的；

（二）医疗事故争议涉及多个医疗机构，其中一所医疗机构所在地的医学会已经受理的；

（三）医疗事故争议已经人民法院调解达成协议或判决的；

（四）当事人已向人民法院提起民事诉讼的（司法机关委托的除外）；

（五）非法行医造成患者身体健康损害的；

（六）卫生部规定的其他情形。

第十四条　委托医学会进行医疗事故技术鉴定，应当按规定缴纳鉴定费。

第十五条　双方当事人共同委托医疗事故技术鉴定的，由双方当事人协商预先缴纳鉴定费。

卫生行政部门移交进行医疗事故技术鉴定的，由提出医疗事故争议处理的当事人预先缴纳鉴定费。经鉴定属于医疗事故的，鉴定费由医疗机构支付；经鉴定不属于医疗事故的，鉴定费由提出医疗事故争议处理申请的当事人支付。

县级以上地方卫生行政部门接到医疗机构关于重大医疗过失行为的报告后，对需要移交医学会进行医疗事故技术鉴定的，鉴定费由医疗机构支付。

第十六条　有下列情形之一的，医学会中止组织医疗事故技术鉴定：

（一）当事人未按规定提交有关医疗事故技术鉴定材料的；

（二）提供的材料不真实的；

（三）拒绝缴纳鉴定费的；

（四）卫生部规定的其他情形。

第五章　专家鉴定组的组成

第十七条　医学会应当根据医疗事故争议所涉及的学科专业，确定专家鉴定组的构成和人数。

专家鉴定组组成人数应为 3 人以上单数。

医疗事故争议涉及多学科专业的，其中主要学科专业的专家不得少于专家鉴定组成员的二分之一。

第十八条　医学会应当提前通知双方当事人，在指定时间、指定地点，从专家库相关学科专业组中随机抽取专家鉴定组成员。

第十九条　医学会主持双方当事人抽取专家鉴定组成员前，应当将专家库相关学科专业组中专家姓名、专业、技术职务、工作单位告知双方当事人。

第二十条　当事人要求专家库成员回避的，应当说明理由。符合下列情形之一的，医学会应当将回避的专家名单撤出，并经当事人签字确认后记录在案：

（一）医疗事故争议当事人或者当事人的近亲属的；

（二）与医疗事故争议有利害关系的；

（三）与医疗事故争议当事人有其他关系，可能影响公正鉴定的。

第二十一条　医学会对当事人准备抽取的专家进行随机编号，并主持双方当事人随机抽取相同数量的专家编号，最后一个专家由医学会随机抽取。

双方当事人还应当按照上款规定的方法各自随机抽取一个专家作为候补。

涉及死因、伤残等级鉴定的，应当按照前款规定由双方当事人各自随机抽取一名法医参加鉴定组。

第二十二条　随机抽取结束后，医学会当场向双方当事人公布所抽取的专家鉴定组成员和候补成员的编号并记录在案。

第二十三条　现有专家库成员不能满足鉴定工作需要时，医学会应当向双方当事人说明，并经双方当事人同意，可以从本省、自治区、直辖市其他医学会专家库中抽取相关学科专业组的专家参加专家鉴定组；本省、自治区、直辖市医学会专家库成员不能满足鉴定工作需要时，可以从其他省、自治区、直辖市医学会专家库中抽取相关学科专业组的专家参加专家鉴定组。

第二十四条 从其他医学会建立的专家库中抽取的专家无法到场参加医疗事故技术鉴定，可以以函件的方式提出鉴定意见。

第二十五条 专家鉴定组成员确定后，在双方当事人共同在场的情况下，由医学会对封存的病历资料启封。

第二十六条 专家鉴定组应当认真审查双方当事人提交的材料，妥善保管鉴定材料，保护患者的隐私，保守有关秘密。

第六章 医疗事故技术鉴定

第二十七条 医学会应当自接到双方当事人提交的有关医疗事故技术鉴定的材料、书面陈述及答辩之日起 45 日内组织鉴定并出具医疗事故技术鉴定书。

第二十八条 医学会可以向双方当事人和其他相关组织、个人进行调查取证，进行调查取证时不得少于 2 人。调查取证结束后，调查人员和调查对象应当在有关文书上签字。如调查对象拒绝签字的，应当记录在案。

第二十九条 医学会应当在医疗事故技术鉴定 7 日前，将鉴定的时间、地点、要求等书面通知双方当事人。双方当事人应当按照通知的时间、地点、要求参加鉴定。

参加医疗事故技术鉴定的双方当事人每一方人数不超过 3 人。

任何一方当事人无故缺席、自行退席或拒绝参加鉴定的，不影响鉴定的进行。

第三十条 医学会应当在医疗事故技术鉴定 7 日前书面通知专家鉴定组成员。专家鉴定组成员接到医学会通知后认为自己应当回避的，应当于接到通知时及时提出书面回避申请，并说明理由；因其他原因无法参加医疗事故技术鉴定的，应当于接到通知时及时书面告知医学会。

第三十一条 专家鉴定组成员因回避或因其他原因无法参加医疗事故技术鉴定时，医学会应当通知相关学科专业组候补成员参加医疗事故技术鉴定。

专家鉴定组成员因不可抗力因素未能及时告知医学会不能参加鉴定或虽告知但医学会无法按规定组成专家鉴定组的，医疗事故技术鉴定可以延期进行。

第三十二条 专家鉴定组组长由专家鉴定组成员推选产生，也可以由医疗事故争议所涉及的主要学科专家中具有最高专业技术职务任职资格的专家担任。

第三十三条　鉴定由专家鉴定组组长主持，并按照以下程序进行：

（一）双方当事人在规定的时间内分别陈述意见和理由。陈述顺序先患方，后医疗机构；

（二）专家鉴定组成员根据需要可以提问，当事人应当如实回答。必要时，可以对患者进行现场医学检查；

（三）双方当事人退场；

（四）专家鉴定组对双方当事人提供的书面材料、陈述及答辩等进行讨论；

（五）经合议，根据半数以上专家鉴定组成员的一致意见形成鉴定结论。专家鉴定组成员在鉴定结论上签名。专家鉴定组成员对鉴定结论的不同意见，应当予以注明。

第三十四条　医疗事故技术鉴定书应当根据鉴定结论作出，其文稿由专家鉴定组组长签发。

医疗事故技术鉴定书盖医学会医疗事故技术鉴定专用印章。

医学会应当及时将医疗事故技术鉴定书送达移交鉴定的卫生行政部门，经卫生行政部门审核，对符合规定作出的医疗事故技术鉴定结论，应当及时送达双方当事人；由双方当事人共同委托的，直接送达双方当事人。

第三十五条　医疗事故技术鉴定书应当包括下列主要内容：

（一）双方当事人的基本情况及要求；

（二）当事人提交的材料和医学会的调查材料；

（三）对鉴定过程的说明；

（四）医疗行为是否违反医疗卫生管理法律、行政法规、部门规章和诊疗护理规范、常规；

（五）医疗过失行为与人身损害后果之间是否存在因果关系；

（六）医疗过失行为在医疗事故损害后果中的责任程度；

（七）医疗事故等级；

（八）对医疗事故患者的医疗护理医学建议。

经鉴定为医疗事故的，鉴定结论应当包括上款（四）至（八）项内容；经鉴定不属于医疗事故的，应当在鉴定结论中说明理由。

医疗事故技术鉴定书格式由中华医学会统一制定。

第三十六条　专家鉴定组应当综合分析医疗过失行为在导致医疗事故损害后果中的作用、患者原有疾病状况等因素，判定医疗过失行为的责任程度。医疗事故中医疗过失行为责任程度分为：

（一）完全责任，指医疗事故损害后果完全由医疗过失行为造成。

（二）主要责任，指医疗事故损害后果主要由医疗过失行为造成，其他因素起次要作用。

（三）次要责任，指医疗事故损害后果主要由其他因素造成，医疗过失行为起次要作用。

（四）轻微责任，指医疗事故损害后果绝大部分由其他因素造成，医疗过失行为起轻微作用。

第三十七条 医学会参加医疗事故技术鉴定会的工作人员，应如实记录鉴定会过程和专家的意见。

第三十八条 当事人拒绝配合，无法进行医疗事故技术鉴定的，应当终止本次鉴定，由医学会告知移交鉴定的卫生行政部门或共同委托鉴定的双方当事人，说明不能鉴定的原因。

第三十九条 医学会对经卫生行政部门审核认为参加鉴定的人员资格和专业类别或者鉴定程序不符合规定，需要重新鉴定的，应当重新组织鉴定。重新鉴定时不得收取鉴定费。

如参加鉴定的人员资格和专业类别不符合规定的，应当重新抽取专家组织专家鉴定组进行重新鉴定。

如鉴定的程序不符合规定而参加鉴定的人员资格和专业类别符合规定的，可以由原专家鉴定组进行重新鉴定。

第四十条 任何一方当事人对首次医疗事故技术鉴定结论不服的，可以自收到首次医疗事故技术鉴定书之日起15日内，向原受理医疗事故争议处理申请的卫生行政部门提出再次鉴定的申请，或由双方当事人共同委托省、自治区、直辖市医学会组织再次鉴定。

第四十一条 县级以上地方卫生行政部门对发生医疗事故的医疗机构和医务人员进行行政处理时，应当以最后的医疗事故技术鉴定结论作为处理依据。

第四十二条 当事人对鉴定结论无异议，负责组织医疗事故技术鉴定的医学会应当及时将收到的鉴定材料中的病历资料原件等退还当事人，并保留有关复印件。

当事人提出再次鉴定申请的，负责组织首次医疗事故技术鉴定的医学会应当及时将收到的鉴定材料移送负责组织再次医疗事故技术鉴定的医学会。

第四十三条 医学会应当将专家鉴定组成员签名的鉴定结论、由专家鉴定组组长签发的医疗事故技术鉴定书文稿和复印或者复制的有关病历资料等存档，保存期限不得少于20年。

第四十四条 在受理医患双方共同委托医疗事故技术鉴定后至专家鉴定组作出鉴定结论前，双方当事人或者一方当事人提出停止鉴定的，医疗事故技术鉴定终止。

第四十五条　医学会应当于每年3月31日前将上一年度医疗事故技术鉴定情况报同级卫生行政部门。

第七章　附　则

第四十六条　必要时，对疑难、复杂并在全国有重大影响的医疗事故争议，省级卫生行政部门可以商请中华医学会组织医疗事故技术鉴定。

第四十七条　本办法由卫生部负责解释。

第四十八条　本办法自2002年9月1日起施行。

医疗事故分级标准（试行）

（2002年7月19日卫生部部务会议讨论通过
2002年7月19日卫生部令第32号公布
自2002年9月1日起施行）

为了科学划分医疗事故等级，正确处理医疗事故争议，保护患者和医疗机构及其医务人员的合法权益，根据《医疗事故处理条例》，制定本标准。

专家鉴定组在进行医疗事故技术鉴定、卫生行政部门在判定重大医疗过失行为是否为医疗事故或医疗事故争议双方当事人在协商解决医疗事故争议时，应当按照本标准确定的基本原则和实际情况具体判定医疗事故的等级。

本标准例举的情形是医疗事故中常见的造成患者人身损害的后果。

本标准中医疗事故一级乙等至三级戊等对应伤残等级一至十级。

一、一级医疗事故

系指造成患者死亡、重度残疾。

（一）一级甲等医疗事故：死亡。

（二）一级乙等医疗事故：重要器官缺失或功能完全丧失，其他器官不能代偿，存在特殊医疗依赖，生活完全不能自理。例如造成患者下列情形之一的：

1. 植物人状态；

2. 极重度智能障碍；

3. 临床判定不能恢复的昏迷；

4. 临床判定自主呼吸功能完全丧失，不能恢复，靠呼吸机维持；

5. 四肢瘫，肌力 0 级，临床判定不能恢复。

二、二级医疗事故

系指造成患者中度残疾、器官组织损伤导致严重功能障碍。

（一）二级甲等医疗事故：器官缺失或功能完全丧失，其他器官不能代偿，可能存在特殊医疗依赖，或生活大部分不能自理。例如造成患者下列情形之一的：

1. 双眼球摘除或双眼经客观检查证实无光感；

2. 小肠缺失 90%以上，功能完全丧失；

3. 双侧有功能肾脏缺失或孤立有功能肾缺失，用透析替代治疗；

4. 四肢肌力Ⅱ级（二级）以下（含Ⅱ级），临床判定不能恢复；

5. 上肢一侧腕上缺失或一侧手功能完全丧失，不能装配假肢，伴下肢双膝以上缺失。

（二）二级乙等医疗事故：存在器官缺失、严重缺损、严重畸形情形之一，有严重功能障碍，可能存在特殊医疗依赖，或生活大部分不能自理。例如造成患者下列情形之一的：

1. 重度智能障碍；

2. 单眼球摘除或经客观检查证实无光感，另眼球结构损伤，闪光视觉诱发电位（VEP）P100 波潜时延长＞160ms（毫秒），矫正视力＜0.02，视野半径＜5°；

3. 双侧上颌骨或双侧下颌骨完全缺失；

4. 一侧上颌骨及对侧下颌骨完全缺失，并伴有颜面软组织缺损大于 $30cm^2$；

5. 一侧全肺缺失并需胸改术；

6. 肺功能持续重度损害；

7. 持续性心功能不全，心功能四级；

8. 持续性心功能不全，心功能三级伴有不能控制的严重心律失常；

9. 食管闭锁，摄食依赖造瘘；

10. 肝缺损 3/4，并有肝功能重度损害；

11. 胆道损伤致肝功能重度损害；

12. 全胰缺失；

13. 小肠缺损大于 3/4，普通膳食不能维持营养；

14. 肾功能部分损害不全失代偿；

15. 两侧睾丸、副睾丸缺损；

16. 阴茎缺损或性功能严重障碍；

17. 双侧卵巢缺失；

18. 未育妇女子宫全部缺失或大部分缺损；

19. 四肢瘫，肌力Ⅲ级（三级）或截瘫、偏瘫，肌力Ⅲ级以下，临床判定不能恢复；

20. 双上肢腕关节以上缺失、双侧前臂缺失或双手功能完全丧失，不能装配假肢；

21. 肩、肘、髋、膝关节中有四个以上（含四个）关节功能完全丧失；

22. 重型再生障碍性贫血（Ⅰ型）。

（三）二级丙等医疗事故：存在器官缺失、严重缺损、明显畸形情形之一，有严重功能障碍，可能存在特殊医疗依赖，或生活部分不能自理。例如造成患者下列情形之一的：

1. 面部重度毁容；

2. 单眼球摘除或客观检查无光感，另眼球结构损伤，闪光视觉诱发电位（VEP）＞155ms（毫秒），矫正视力＜0.05，视野半径＜10°；

3. 一侧上颌骨或下颌骨完全缺失，伴颜面部软组织缺损大于 $30cm^2$；

4. 同侧上下颌骨完全性缺失；

5. 双侧甲状腺或孤立甲状腺全缺失；

6. 双侧甲状旁腺全缺失；

7. 持续性心功能不全，心功能三级；

8. 持续性心功能不全，心功能二级伴有不能控制的严重心律失常；

9. 全胃缺失；

10. 肝缺损 2/3，并肝功能重度损害；

11. 一侧有功能肾缺失或肾功能完全丧失，对侧肾功能不全代偿；

12. 永久性输尿管腹壁造瘘；

13. 膀胱全缺失；

14. 两侧输精管缺损不能修复；

15. 双上肢肌力Ⅳ级（四级），双下肢肌力 0 级，临床判定不能恢复；

16. 单肢两个大关节（肩、肘、腕、髋、膝、踝）功能完全丧失，不能行关节置换；

17. 一侧上肢肘上缺失或肘、腕、手功能完全丧失，不能手术重建功能或装配假肢；

18. 一手缺失或功能完全丧失，另一手功能丧失 50％以上，不能手术重建功能或装配假肢；

19. 一手腕上缺失，另一手拇指缺失，不能手术重建功能或装配假肢；

20. 双手拇、食指均缺失或功能完全丧失无法矫正；

21. 双侧膝关节或者髋关节功能完全丧失，不能行关节置换；

22. 一下肢膝上缺失，无法装配假肢；

23. 重型再生障碍性贫血（II 型）。

（四）二级丁等医疗事故：存在器官缺失、大部分缺损、畸形情形之一，有严重功能障碍，可能存在一般医疗依赖，生活能自理。例如造成患者下列情形之一的：

1. 中度智能障碍；

2. 难治性癫痫；

3. 完全性失语，伴有神经系统客观检查阳性所见；

4. 双侧重度周围性面瘫；

5. 面部中度毁容或全身瘢痕面积大于 70%；

6. 双眼球结构损伤，较好眼闪光视觉诱发电位（VEP）＞155ms（毫秒），矫正视力＜0.05，视野半径＜10°；

7. 双耳经客观检查证实听力在原有基础上损失大于 91dBHL（分贝）；

8. 舌缺损大于全舌 2/3；

9. 一侧上颌骨缺损 1/2，颜面部软组织缺损大于 $20cm^2$；

10. 下颌骨缺损长 6cm 以上的区段，口腔、颜面软组织缺损大于 $20cm^2$；

11. 甲状旁腺功能重度损害；

12. 食管狭窄只能进流食；

13. 吞咽功能严重损伤，依赖鼻饲管进食；

14. 肝缺损 2/3，功能中度损害；

15. 肝缺损 1/2 伴有胆道损伤致严重肝功能损害；

16. 胰缺损，胰岛素依赖；

17. 小肠缺损 2/3，包括回盲部缺损；

18. 全结肠、直肠、肛门缺失，回肠造瘘；

19. 肾上腺功能明显减退；

20. 大、小便失禁，临床判定不能恢复；

21. 女性双侧乳腺缺失；

22. 单肢肌力Ⅱ级（二级），临床判定不能恢复；

23. 双前臂缺失；

24. 双下肢瘫；

25. 一手缺失或功能完全丧失，另一手功能正常，不能手术重建功能或装配假肢；

26. 双拇指完全缺失或无功能；

27. 双膝以下缺失或无功能，不能手术重建功能或装配假肢；

28. 一侧下肢膝上缺失，不能手术重建功能或装配假肢；

29. 一侧膝以下缺失，另一侧前足缺失，不能手术重建功能或装配假肢；

30. 双足全肌瘫，肌力Ⅱ级（二级），临床判定不能恢复。

三、三级医疗事故

系指造成患者轻度残疾、器官组织损伤导致一般功能障碍。

（一）三级甲等医疗事故：存在器官缺失、大部分缺损、畸形情形之一，有较重功能障碍，可能存在一般医疗依赖，生活能自理。例如造成患者下列情形之一的：

1. 不完全失语并伴有失用、失写、失读、失认之一者，同时有神经系统客观检查阳性所见；

2. 不能修补的脑脊液瘘；

3. 尿崩，有严重离子紊乱，需要长期依赖药物治疗；

4. 面部轻度毁容；

5. 面颊部洞穿性缺损大于 $20cm^2$；

6. 单侧眼球摘除或客观检查无光感，另眼球结构损伤，闪光视觉诱发电位（VEP）＞150ms（毫秒），矫正视力 0.05—0.1，视野半径＜15°；

7. 双耳经客观检查证实听力在原有基础上损失大于 81dbHL（分贝）；

8. 鼻缺损 1/3 以上；

9. 上唇或下唇缺损大于 1/2；

10. 一侧上颌骨缺损 1/4 或下颌骨缺损长 4cm 以上区段，伴口腔、颜面软组织缺损大于 $10cm^2$；

11. 肺功能中度持续损伤；

12. 胃缺损 3/4；

13. 肝缺损 1/2 伴较重功能障碍；

14. 慢性中毒性肝病伴较重功能障碍；

15. 脾缺失；

16. 胰缺损 2/3 造成内、外分泌腺功能障碍；

17. 小肠缺损 2/3，保留回盲部；

18. 尿道狭窄，需定期行尿道扩张术；

19. 直肠、肛门、结肠部分缺损，结肠造瘘；

20. 肛门损伤致排便障碍；

21. 一侧肾缺失或输尿管狭窄，肾功能不全代偿；

22. 不能修复的尿道瘘；

23. 膀胱大部分缺损；

24. 双侧输卵管缺失；

25. 阴道闭锁丧失性功能；

26. 不能修复的 III 度（三度）会阴裂伤；

27. 四肢瘫，肌力Ⅳ级（四级），临床判定不能恢复；

28. 单肢瘫，肌力Ⅲ级（三级），临床判定不能恢复；

29. 肩、肘、腕关节之一功能完全丧失；

30. 利手全肌瘫，肌力Ⅲ级（三级），临床判定不能恢复；

31. 一手拇指缺失，另一手拇指功能丧失 50%以上；

32. 一手拇指缺失或无功能，另一手除拇指外三指缺失或无功能，不能手术重建功能；

33. 双下肢肌力 III 级（三级）以下，临床判定不能恢复。大、小便失禁；

34. 下肢双膝以上缺失伴一侧腕上缺失或手功能部分丧失，能装配假肢；

35. 一髋或一膝关节功能完全丧失，不能手术重建功能；

36. 双足全肌瘫，肌力Ⅲ级（三级），临床判定不能恢复；

37. 双前足缺失；

38. 慢性再生障碍性贫血。

（二）三级乙等医疗事故：器官大部分缺损或畸形，有中度功能障碍，可能存在一般医疗依赖，生活能自理。例如造成患者下列情形之一的：

1. 轻度智能减退；

2. 癫痫中度；

3. 不完全性失语，伴有神经系统客观检查阳性所见；

4. 头皮、眉毛完全缺损；

5. 一侧完全性面瘫，对侧不完全性面瘫；

6. 面部重度异常色素沉着或全身瘢痕面积达 60%—69%；

7. 面部软组织缺损大于 $20cm^2$；

8. 双眼球结构损伤，较好眼闪光视觉诱发电位（VEP）＞150ms（毫秒），矫正视力 0.05—0.1，视野半径＜15°；

9. 双耳经客观检查证实听力损失大于 71dBHL（分贝）；

10. 双侧前庭功能丧失，睁眼行走困难，不能并足站立；

11. 甲状腺功能严重损害，依赖药物治疗；

12. 不能控制的严重器质性心律失常；

13. 胃缺损 2/3 伴轻度功能障碍；

14. 肝缺损 1/3 伴轻度功能障碍；

15. 胆道损伤伴轻度肝功能障碍；

16. 胰缺损 1/2；

17. 小肠缺损 1/2（包括回盲部）；

18. 腹壁缺损大于腹壁 1/4；

19. 肾上腺皮质功能轻度减退；

20. 双侧睾丸萎缩，血清睾丸酮水平低于正常范围；

21. 非利手全肌瘫，肌力Ⅳ级（四级），临床判定不能恢复，不能手术重建功能；

22. 一拇指完全缺失；

23. 双下肢肌力 IV 级（四级），临床判定不能恢复。大、小便失禁；

24. 一髋或一膝关节功能不全；

25. 一侧踝以下缺失或一侧踝关节畸形，功能完全丧失，不能手术重建功能；

26. 双足部分肌瘫，肌力Ⅳ级（四级），临床判定不能恢复，不能手术重建功能；

27. 单足全肌瘫，肌力Ⅳ级，临床判定不能恢复，不能手术重建功能。

（三）三级丙等医疗事故：器官大部分缺损或畸形，有轻度功能障碍，可能存在一般医疗依赖，生活能自理。例如造成患者下列情形之一的：

1. 不完全性失用、失写、失读、失认之一者，伴有神经系统客观检查阳性所见；

2. 全身瘢痕面积 50—59％；

3. 双侧中度周围性面瘫，临床判定不能恢复；

4. 双眼球结构损伤，较好眼闪光视觉诱发电位（VEP）＞140ms（毫秒），矫正视力 0.01—0.3，视野半径＜20°；

5. 双耳经客观检查证实听力损失大于 56dbHL（分贝）；

6. 喉保护功能丧失，饮食时呛咳并易发生误吸，临床判定不能恢复；

7. 颈颏粘连，影响部分活动；

8. 肺叶缺失伴轻度功能障碍；

9. 持续性心功能不全，心功能二级；

10. 胃缺损 1/2 伴轻度功能障碍；

11. 肝缺损 1/4 伴轻度功能障碍；

12. 慢性轻度中毒性肝病伴轻度功能障碍；

13. 胆道损伤，需行胆肠吻合术；

14. 胰缺损 1/3 伴轻度功能障碍；

15. 小肠缺损 1/2 伴轻度功能障碍；

16. 结肠大部分缺损；

17. 永久性膀胱造瘘；

18. 未育妇女单侧乳腺缺失。

19. 未育妇女单侧卵巢缺失；

20. 育龄已育妇女双侧输卵管缺失；

21. 育龄已育妇女子宫缺失或部分缺损；

22. 阴道狭窄不能通过二横指；

23. 颈部或腰部活动度丧失50%以上；

24. 腕、肘、肩、踝、膝、髋关节之一丧失功能50%以上；

25. 截瘫或偏瘫，肌力Ⅳ级（四级），临床判定不能恢复；

26. 单肢两个大关节（肩、肘、腕、髋、膝、踝）功能部分丧失，能行关节置换；

27. 一侧肘上缺失或肘、腕、手功能部分丧失，可以手术重建功能或装配假肢；

28. 一手缺失或功能部分丧失，另一手功能丧失50%以上，可以手术重建功能或装配假肢；

29. 一手腕上缺失，另一手拇指缺失，可以手术重建功能或装配假肢；

30. 利手全肌瘫，肌力Ⅳ级（四级），临床判定不能恢复；

31. 单手部分肌瘫，肌力Ⅲ级（三级），临床判定不能恢复；

32. 除拇指外3指缺失或功能完全丧失；

33. 双下肢长度相差4cm以上；

34. 双侧膝关节或者髋关节功能部分丧失，可以行关节置换；

35. 单侧下肢膝上缺失，可以装配假肢；

36. 双足部分肌瘫，肌力Ⅲ级（三级），临床判定不能恢复；

37. 单足全肌瘫，肌力Ⅲ级（三级），临床判定不能恢复。

（四）三级丁等医疗事故：器官部分缺损或畸形，有轻度功能障碍，无医疗依赖，生活能自理。例如造成患者下列情形之一的：

1. 边缘智能；

2. 发声及言语困难；

3. 双眼结构损伤，较好眼闪光视觉诱发电位（VEP）＞130ms（毫秒），矫正视力0.3—0.5，视野半径＜30°；

4. 双耳经客观检查证实听力损失大于41dbHL（分贝）或单耳大于91dbHL（分贝）；

5. 耳郭缺损2/3以上；

6. 器械或异物误入呼吸道需行肺段切除术；

7. 甲状旁腺功能轻度损害；

8. 肺段缺损，轻度持续肺功能障碍；

9. 腹壁缺损小于1/4；

10. 一侧肾上腺缺失伴轻度功能障碍；

11. 一侧睾丸、附睾缺失伴轻度功能障碍；

12. 一侧输精管缺损，不能修复；

13. 一侧卵巢缺失，一侧输卵管缺失；

14. 一手缺失或功能完全丧失，另一手功能正常，可以手术重建功能及装配假肢；

15. 双大腿肌力近V级（五级），双小腿肌力III级（三级）以下，临床判定不能恢复。大、小便轻度失禁；

16. 双膝以下缺失或无功能，可以手术重建功能或装配假肢；

17. 单侧下肢膝上缺失，可以手术重建功能或装配假肢；

18. 一侧膝以下缺失，另一侧前足缺失，可以手术重建功能或装配假肢。

（五）三级戊等医疗事故：器官部分缺损或畸形，有轻微功能障碍，无医疗依赖，生活能自理。例如造成患者下列情形之一的：

1. 脑叶缺失后轻度智力障碍；

2. 发声或言语不畅；

3. 双眼结构损伤，较好眼闪光视觉诱发电位（VEP）＞120ms（毫秒），矫正视力＜0.6，视野半径＜50°；

4. 泪器损伤，手术无法改进溢泪；

5. 双耳经客观检查证实听力在原有基础上损失大于31dbHL（分贝）或一耳听力在原有基础上损失大于71dbHL（分贝）；

6. 耳郭缺损大于1/3而小于2/3；

7. 甲状腺功能低下；

8. 支气管损伤需行手术治疗；

9. 器械或异物误入消化道，需开腹取出；

10. 一拇指指关节功能不全；

11. 双小腿肌力IV级（四级），临床判定不能恢复。大、小便轻度失禁；

12. 手术后当时引起脊柱侧弯30度以上；

13. 手术后当时引起脊柱后凸成角（胸段大于60度，胸腰段大于30度，腰段大于20度以上）；

14. 原有脊柱、躯干或肢体畸形又严重加重；

15. 损伤重要脏器，修补后功能有轻微障碍。

四、四级医疗事故

系指造成患者明显人身损害的其他后果的医疗事故。例如造成患者下列情形之一的：

1. 双侧轻度不完全性面瘫，无功能障碍；

2. 面部轻度色素沉着或脱失；

3. 一侧眼睑有明显缺损或外翻；

4. 拔除健康恒牙；

5. 器械或异物误入呼吸道或消化道，需全麻后内窥镜下取出；

6. 口周及颜面软组织轻度损伤；

7. 非解剖变异等因素，拔除上颌后牙时牙根或异物进入上颌窦需手术取出；

8. 组织、器官轻度损伤，行修补术后无功能障碍；

9. 一拇指末节 1/2 缺损；

10. 一手除拇指、食指外，有两指近侧指间关节无功能；

11. 一足拇趾末节缺失；

12. 软组织内异物滞留；

13. 体腔遗留异物已包裹，无需手术取出，无功能障碍；

14. 局部注射造成组织坏死，成人大于体表面积 2%，儿童大于体表面积 5%；

15. 剖宫产术引起胎儿损伤；

16. 产后胎盘残留引起大出血，无其他并发症。

全国人大法工委
关于对法医类鉴定与医疗事故技术鉴定关系问题的意见

（2005 年 9 月 22 日　法工委复字〔2005〕29 号）

卫生部：

你部 2005 年 4 月 18 日（卫政法函〔2005〕75 号）来函收悉。经研究，交换意见如下：

关于司法鉴定管理问题的决定第二条规定，国家对从事法医类鉴定的鉴定人和鉴定机构实行登记管理制度。医疗事故技术鉴定的组织方式与一般的法医类鉴定有很大区别，医疗事故技术鉴定的内容也不都属于法医类鉴定。但医疗事故技术鉴定中涉及的有关问题，如尸检、伤残鉴定等，属于法医类鉴定范围。对此类鉴定事项，在进行医疗事故技术鉴定时，由已列入鉴定人名册的法医参加鉴定为宜。

医疗机构管理条例实施细则

（2017年2月3日经国家卫生计生委委主任会议讨论通过
2017年2月21日中华人民共和国国家卫生和计划生育
委员会令第12号公布　自2017年4月1日起施行）

第一章　总　则

第一条　根据《医疗机构管理条例》（以下简称条例）制定本细则。

第二条　条例及本细则所称医疗机构，是指依据条例和本细则的规定，经登记取得《医疗机构执业许可证》的机构。

第三条　医疗机构的类别：

（一）综合医院、中医医院、中西医结合医院、民族医医院、专科医院、康复医院；

（二）妇幼保健院、妇幼保健计划生育服务中心；

（三）中心卫生院、乡（镇）卫生院、街道卫生院；

（四）疗养院；

（五）综合门诊部、专科门诊部、中医门诊部、中西医结合门诊部、民族医门诊部；

（六）诊所、中医诊所、民族医诊所、卫生所、医务室、卫生保健所、卫生站；

（七）村卫生室（所）；

（八）急救中心、急救站；

（九）临床检验中心；

（十）专科疾病防治院、专科疾病防治所、专科疾病防治站；

（十一）护理院、护理站；

（十二）其他诊疗机构。

（十三）医学检验实验室、病理诊断中心、医学影像诊断中心、血液透析中心、安宁疗护中心。

第四条　卫生防疫、国境卫生检疫、医学科研和教学等机构在本机构业务范围之外开展诊疗活动以及美容服务机构开展医疗美容业务的，必须依据条例及本细则，申请设置相应类别的医疗机构。

第五条 中国人民解放军和中国人民武装警察部队编制外的医疗机构，由地方卫生计生行政部门按照条例和本细则管理。

中国人民解放军后勤卫生主管部门负责向地方卫生计生行政部门提供军队编制外医疗机构的名称和地址。

第六条 医疗机构依法从事诊疗活动受法律保护。

第七条 卫生计生行政部门依法独立行使监督管理职权。不受任何单位和个人干涉。

第二章 设置审批

第八条 各省、自治区、直辖市应当按照当地《医疗机构设置规划》合理配置和合理利用医疗资源。

《医疗机构设置规划》由县级以上地方卫生计生行政部门依据《医疗机构设置规划指导原则》制定，经上一级卫生计生行政部门审核，报同级人民政府批准，在本行政区域内发布实施。

《医疗机构设置规划指导原则》另行制定。

第九条 县级以上地方卫生计生行政部门按照《医疗机构设置规划指导原则》规定的权限和程序组织实施本行政区域《医疗机构设置规划》，定期评价实施情况，并将评价结果按年度向上一级卫生计生行政部门和同级人民政府报告。

第十条 医疗机构不分类别、所有制形式、隶属关系、服务对象，其设置必须符合当地《医疗机构设置规划》。

第十一条 床位在一百张以上的综合医院、中医医院、中西医结合医院、民族医医院以及专科医院、疗养院、康复医院、妇幼保健院、急救中心、临床检验中心和专科疾病防治机构的设置审批权限的划分，由省、自治区、直辖市卫生计生行政部门规定；其他医疗机构的设置，由县级卫生计生行政部门负责审批。

医学检验实验室、病理诊断中心、医学影像诊断中心、血液透析中心、安宁疗护中心的设置审批权限另行规定。

第十二条 有下列情形之一的，不得申请设置医疗机构：

（一）不能独立承担民事责任的单位；

（二）正在服刑或者不具有完全民事行为能力的个人；

（三）发生二级以上医疗事故未满五年的医务人员；

（四）因违反有关法律、法规和规章，已被吊销执业证书的医务人员；

（五）被吊销《医疗机构执业许可证》的医疗机构法定代表人或者主要负责人；

（六）省、自治区、直辖市政府卫生计生行政部门规定的其他情形。

有前款第（二）、（三）、（四）、（五）项所列情形之一者，不得充任医疗机构的法定代表人或者主要负责人。

第十三条　在城市设置诊所的个人，必须同时具备下列条件：

（一）经医师执业技术考核合格，取得《医师执业证书》；

（二）取得《医师执业证书》或者医师职称后，从事五年以上同一专业的临床工作；

（三）省、自治区、直辖市卫生计生行政部门规定的其他条件。

医师执业技术标准另行制定。

在乡镇和村设置诊所的个人的条件，由省、自治区、直辖市卫生计生行政部门规定。

第十四条　地方各级人民政府设置医疗机构，由政府指定或者任命的拟设医疗机构的筹建负责人申请；法人或者其他组织设置医疗机构，由其代表人申请；个人设置医疗机构，由设置人申请；两人以上合伙设置医疗机构，由合伙人共同申请。

第十五条　条例第十条规定提交的设置可行性研究报告包括以下内容：

（一）申请单位名称、基本情况以及申请人姓名、年龄、专业履历、身份证号码；

（二）所在地区的人口、经济和社会发展等概况；

（三）所在地区人群健康状况和疾病流行以及有关疾病患病率；

（四）所在地区医疗资源分布情况以及医疗服务需求分析；

（五）拟设医疗机构的名称、选址、功能、任务、服务半径；

（六）拟设医疗机构的服务方式、时间、诊疗科目和床位编制；

（七）拟设医疗机构的组织结构、人员配备；

（八）拟设医疗机构的仪器、设备配备；

（九）拟设医疗机构与服务半径区域内其他医疗机构的关系和影响；

（十）拟设医疗机构的污水、污物、粪便处理方案；

（十一）拟设医疗机构的通讯、供电、上下水道、消防设施情况；

（十二）资金来源、投资方式、投资总额、注册资金（资本）；

（十三）拟设医疗机构的投资预算；

（十四）拟设医疗机构五年内的成本效益预测分析。

并附申请设计单位或者设置人的资信证明。

申请设置门诊部、诊所、卫生所、医务室、卫生保健所、卫生站、村卫生室（所）、护理站等医疗机构的，可以根据情况适当简化设置可行性研究报告内容。

第十六条 条例第十条规定提交的选址报告包括以下内容：

（一）选址的依据；

（二）选址所在地区的环境和公用设施情况；

（三）选址与周围托幼机构、中小学校、食品生产经营单位布局的关系；

（四）占地和建筑面积。

第十七条 由两个以上法人或者其他组织共同申请设置医疗机构以及两人以上合伙申请设置医疗机构的，除提交可行性研究报告和选址报告外，还必须提交由各方共同签署的协议书。

第十八条 医疗机构建筑设计必须按照法律、法规和规章要求经相关审批机关审查同意后，方可施工。

第十九条 条例第十二条规定的设置申请的受理时间，自申请人提供条例和本细则规定的全部材料之日算起。

第二十条 县级以上地方卫生计生行政部门依据当地《医疗机构设置规划》及本细则审查和批准医疗机构的设置。

申请设计医疗机构有下列情形之一的，不予批准：

（一）不符合当地《医疗机构设置规划》；

（二）设置人不符合规定的条件；

（三）不能提供满足投资总额的资信证明；

（四）投资总额不能满足各项预算开支；

（五）医疗机构选址不合理；

（六）污水、污物、粪便处理方案不合理；

（七）省、自治区、直辖市卫生计生行政部门规定的其他情形。

第二十一条 卫生计生行政部门应当在核发《设置医疗机构批准书》的同时，向上一级卫生计生行政部门备案。

上级卫生计生行政部门有权在接到备案报告之日起三十日内纠正或者撤销下级卫生计生行政部门作出的不符合当地《医疗机构设置规划》的设置审批。

第二十二条 《设置医疗机构批准书》的有效期，由省、自治区、直辖市卫生计生行政部门规定。

第二十三条 变更《设置医疗机构批准书》中核准的医疗机构的类别、规模、选址和诊疗科目，必须按照条例和本细则的规定，重新申请办理设置审批手续。

第二十四条 法人和其他组织设置的为内部职工服务的门诊部、诊所、卫生所（室），由设置单位在该医疗机构执业登记前，向当地县级卫生计生行政部门备案，并提交下列材料：

（一）设置单位或者其主管部门设置医疗机构的决定；

（二）《设置医疗机构备案书》。

卫生计生行政部门应当在接到备案后十五日内给予《设置医疗机构备案回执》。

第三章　登记与校验

第二十五条　申请医疗机构执业登记必须填写《医疗机构申请执业登记注册书》，并向登记机关提交下列材料：

（一）《设置医疗机构批准书》或者《设置医疗机构备案回执》；

（二）医疗机构用房产权证明或者使用证明；

（三）医疗机构建筑设计平面图；

（四）验资证明、资产评估报告；

（五）医疗机构规章制度；

（六）医疗机构法定代表人或者主要负责人以及各科室负责人名录和有关资格证书、执业证书复印件；

（七）省、自治区、直辖市卫生计生行政部门规定提供的其他材料。

申请门诊部、诊所、卫生所、医务室、卫生保健所和卫生站登记的，还应当提交附设药房（柜）的药品种类清单、卫生技术人员名录及其有关资格证书、执业证书复印件以及省、自治区、直辖市卫生计生行政部门规定提交的其他材料。

第二十六条　登记机关在受理医疗机构执业登记申请后，应当按照条例第十六条规定的条件和条例第十九条规定的时限进行审查和实地考察、核实，并对有关执业人员进行消毒、隔离和无菌操作等基本知识和技能的现场抽查考核。经审核合格的，发给《医疗机构执业许可证》；审核不合格的，将审核结果和不予批准的理由以书面形式通知申请人。

《医疗机构执业许可证》及其副本由国家卫生计生委统一印制。

条例第十九条规定的执业登记申请的受理时间，自申请人提供条例和本细则规定的全部材料之日算起。

第二十七条　申请医疗机构执业登记有下列情形之一的，不予登记：

（一）不符合《设置医疗机构批准书》核准的事项；

（二）不符合《医疗机构基本标准》；

（三）投资不到位；

（四）医疗机构用房不能满足诊疗服务功能；

（五）通讯、供电、上下水道等公共设施不能满足医疗机构正常运转；

（六）医疗机构规章制度不符合要求；

（七）消毒、隔离和无菌操作等基本知识和技能的现场抽查考核不合格；

（八）省、自治区、直辖市卫生计生行政部门规定的其他情形。

第二十八条 医疗机构执业登记的事项：

（一）类别、名称、地址、法定代表人或者主要负责人；

（二）所有制形式；

（三）注册资金（资本）；

（四）服务方式；

（五）诊疗科目；

（六）房屋建筑面积、床位（牙椅）；

（七）服务对象；

（八）职工人数；

（九）执业许可证登记号（医疗机构代码）；

（十）省、自治区、直辖市卫生计生行政部门规定的其他登记事项。

门诊部、诊所、卫生所、医务室、卫生保健所、卫生站除登记前款所列事项外，还应当核准登记附设药房（柜）的药品种类。

《医疗机构诊疗科目名录》另行制定。

第二十九条 因分立或者合并而保留的医疗机构应当申请变更登记；因分立或者合并而新设置的医疗机构应当申请设置许可证和执业登记；因合并而终止的医疗机构应当申请注销登记。

第三十条 医疗机构变更名称、地址、法定代表人或者主要负责人、所有制形式、服务对象、服务方式、注册资金（资本）、诊疗科目、床位（牙椅）的，必须向登记机关申请办理变更登记，并提交下列材料：

（一）医疗机构法定代表人或者主要负责人签署的《医疗机构申请变更登记注册书》；

（二）申请变更登记的原因和理由；

（三）登记机关规定提交的其他材料。

第三十一条 机关、企业和事业单位设置的为内部职工服务的医疗机构向社会开放，必须按照前条规定申请办理变更登记。

第三十二条 医疗机构在原登记机关管辖权限范围内变更登记事项的，由原登记机关办理变更登记；因变更登记超出原登记机关管辖权限的，由有管辖权的卫生计生行政部门办理变更登记。

医疗机构在原登记机关管辖区域内迁移，由原登记机关办理变更登记；向原登记机关管辖区域外迁移的，应当在取得迁移目的地的卫生计生行政部门发给的《设置医疗机构批准书》，并经原登记机关核准办理注销登记后，再向迁移目的地的卫生计生行政部门申请办理执业登记。

第三十三条 登记机关在受理变更登记申请后，依据条例和本细则的有关规定以及当地《医疗机构设置规划》进行审核，按照登记程序或者简化程序办理变更登记，并作出核准变更登记或者不予变更登记的决定。

第三十四条 医疗机构停业，必须经登记机关批准。除改建、扩建、迁建原因，医疗机构停业不得超过一年。

第三十五条 床位在一百张以上的综合医院、中医医院、中西医结合医院、民族医医院以及专科医院、疗养院、康复医院、妇幼保健院、急救中心、临床检验中心和专科疾病防治机构的校验期为三年；其他医疗机构的校验期为一年。

医疗机构应当于校验期满前三个月向登记机关申请办理校验手续。

输校验应当交验《医疗机构执业许可证》，并提交下列文件：

（一）《医疗机构校验申请书》；

（二）《医疗机构执业许可证》副本；

（三）省、自治区、直辖市卫生计生行政部门规定提交的其他材料。

第三十六条 卫生计生行政部门应当在受理校验申请后的三十日内完成校验。

第三十七条 医疗机构有下列情形之一的，登记机关可以根据情况，给予一至六个月的暂缓校验期：

（一）不符合《医疗机构基本标准》；

（二）限期改正期间；

（三）省、自治区、直辖市卫生计生行政部门规定的其他情形。

不设床位的医疗机构在暂缓校验期内不得执业。

暂缓校验期满仍不能通过校验的，由登记机关注销其《医疗机构执业许可证》。

第三十八条 各级卫生计生行政部门应当采用电子证照等信息化手段对医疗机构实行全程管理和动态监管。有关管理办法另行制定。

第三十九条 医疗机构开业、迁移、更名、改变诊疗科目以及停业、歇业和校验结果由登记机关予以公告。

第四章 名 称

第四十条 医疗机构的名称由识别名称和通用名称依次组成。

医疗机构的通用名称为：医院、中心卫生院、卫生院、疗养院、妇幼保健院、门诊部、诊所、卫生所、卫生站、卫生室、医务室、卫生保健所、急救中心、急救站、临床检验中心、防治院、防治站、护理院、护理站、中心以及国家卫生计生委规定或者认可的其他名称。

医疗机构可以下列名称作为识别名称；地名、单位名称、个人姓名、医学学科名称、医学专业和专科名称、诊疗科目名称和核准机关批准使用的名称。

第四十一条 医疗机构的命名必须符合以下原则：

（一）医疗机构的通用名称以前条第二款所列的名称为限；

（二）前条第三款所列的医疗机构的识别名称可以合并使用；

（三）名称必须名副其实；

（四）名称必须与医疗机构类别或者诊疗科目相适应；

（五）各级地方人民政府设置的医疗机构的识别名称中应当含有省、市、区、街道、乡、镇、村等行政区划名称，其他医疗机构的识别名称中不得含有行政区划名称；

（六）国家机关、企业和事业单位、社会团体或者个人设置的医疗机构的名称中应当含有设置单位名称或者个人的姓名。

第四十二条 医疗机构不得使用下列名称：

（一）有损于国家、社会或者公共利益的名称；

（二）侵犯他人利益的名称；

（三）以外文字母、汉语拼音组成的名称；

（四）以医疗仪器、药品、医用产品命名的名称。

（五）含有“疑难病”、“专治”、“专家”、“名医”或者同类含义文字的名称以及其他宣传或者暗示诊疗效果的名称；

（六）超出登记的诊疗科目范围的名称；

（七）省级以上卫生计生行政部门规定不得使用的名称。

第四十三条 以下医疗机构名称由国家卫生计生委核准；属于中医、中西医结合和民族医医疗机构的，由国家中医药管理局核准：

（一）含有外国国家（地区）名称及其简称、国际组织名称的；

（二）含有“中国”、“全国”、“中华”、“国家”等字样以及跨省地域名称的。

（三）各级地方人民政府设置的医疗机构的识别名称中不含有行政区划名称的。

第四十四条 以“中心”作为医疗机构通用名称的医疗机构名称，由省级以上卫生计生行政部门核准；在识别名称中含有“中心”字样的医疗机构名称的核准，由省、自治区、直辖市卫生计生行政部门规定。含有“中心”字样的医疗机构名称必须同时含有行政区划名称或者地名。

第四十五条 除专科疾病防治机构以外，医疗机构不得以具体疾病名称作为识别名称，确有需要的由省、自治区、直辖市卫生计生行政部门核准。

第四十六条 医疗机构名称经核准登记，于领取《医疗机构执业许可证》后方可使用，在核准机关管辖范围内享有专用权。

第四十七条 医疗机构只准使用一个名称。确有需要，经核准机关核准可以使用两个或者两个以上名称，但必须确定一个第一名称。

第四十八条 卫生计生行政部门有权纠正已经核准登记的不适宜的医疗机构名称，上级卫生计生行政部门有权纠正下级卫生计生行政部门已经核准登记的不适宜的医疗机构名称。

第四十九条 两个以上申请人向同一核准机关申请相同的医疗机构名称，核准机关依照申请在先原则核定。属于同一天申请的，应当由申请人双方协商解决；协商不成的，由核准机关作出裁决。

两个以上医疗机构因已经核准登记的医疗机构名称相同发生争议时，核准机关依照登记在先原则处理。属于同一天登记的，应当由双方协商解决；协商不成的，由核准机关报上一级卫生计生行政部门作出裁决。

第五十条 医疗机构名称不得买卖、出借。

未经核准机关许可、医疗机构名称不得转让。

第五章 执 业

第五十一条 医疗机构的印章、银行帐户、牌匾以及医疗文件中使用的名称应当与核准登记的医疗机构名称相同；使用两个以上的名称的，应当与第一名称相同。

第五十二条 医疗机构应当严格执行无菌消毒、隔离制度，采取科学有效的措施处理污水和废弃物，预防和减少医院感染。

第五十三条 医疗机构的门诊病历的保存期不得少于十五年；住院病历的保存期不得少于三十年。

第五十四条 标有医疗机构标识的票据和病历本册以及处方笺、各种检查的申请单、报告单、证明文书单、药品分装袋、制剂标签等不得买卖、出借和转让。

第五十五条 医疗机构应当按照卫生计生行政部门的有关规定、标准加强医疗质量管理，实施医疗质量保证方案，确保医疗安全和服务质量，不断提高服务水平。

第五十六条 医疗机构应当定期检查、考核各项规章制度和各级各类人员岗位责任制的执行和落实情况。

第五十七条 医疗机构应当经常对医务人员进行“基础理论、基本知识、基本技能”的训练与考核，把“严格要求、严密组组、严谨态度”落实到各项工作中。

第五十八条 医疗机构应当组织医务人员学习医德规范和有关教材，督促医务人员恪守职业道德。

第五十九条 医疗机构不得使用假劣药品，过期和失效药品以及违禁药品。

第六十条 医疗机构为死因不明者出具的《死亡医学证明书》，只作是否死亡的诊断，不作死亡原因的诊断。如有关方面要求进行死亡原因诊断的，医疗机构必须指派医生对尸体进行解剖和有关死因检查后方能作出死因诊断。

第六十一条 医疗机构在诊疗活动中，应当对患者实行保护性医疗措施，并取得患者家属和有关人员的配合。

第六十二条 医疗机构应当尊重患者对自己的病情、诊断、治疗的知情权利。在实施手术、特殊检查、特殊治疗时，应当向患者作必要的解释。因实施保护性医疗措施不宜向患者说明情况的，应当将有关情况通知患者家属。

第六十三条 门诊部、诊所、卫生所、医务室、卫生保健所和卫生站附设药房（柜）的药品种类由登记机关核定，具体办法由省、自治区、直辖市卫生计生行政部门规定。

第六十四条 为内部职工服务的医疗机构未经许可和变更登记不得向社会开放。

第六十五条 医疗机构被吊销或者注销执业许可证后，不得继续开展诊疗活动。

第六章　监督管理

第六十六条 各级卫生计生行政部门负责所辖区域内医疗机构的监督管理工作。

第六十七条 在监督管理工作中，要充分发挥医院管理学会和卫生工作者协会等学术性和行业性社会团体的作用。

第六十八条 县级以上卫生计生行政部门设立医疗机构监督管理办公室。

各级医疗机构监督管理办公室在同级卫生计生行政部门的领导下开展工作。

第六十九条 各级医疗机构监督管理办公室的职责：

（一）拟订医疗机构监督管理工作计划；

（二）办理医疗机构监督员的审查、发证、换证；

（三）负责医疗机构登记、校验和有关监督管理工作的统计，并向同级卫生计生行政部门报告；

（四）负责接待、办理群众对医疗机构的投诉；

（五）完成卫生计生行政部门交给的其他监督管理工作。

第七十条　县级以上卫生计生行政部门设医疗机构监督员，履行规定的监督管理职责。医疗机构监督员由同级卫生计生行政部门聘任。

医疗机构监督员应当严格执行国家有关法律、法规和规章，其主要职责是：

（一）对医疗机构执行有关法律、法规、规章和标准的情况进行监督、检查、指导；

（二）对医疗机构执业活动进行监督、检查、指导；

（三）对医疗机构违反条例和本细则的案件进行调查、取证；

（四）对经查证属实的案件向卫生计生行政部门提出处理或者处罚意见；

（五）实施职权范围内的处罚；

（六）完成卫生计生行政部门交付的其他监督管理工作。

第七十一条　医疗机构监督员有权对医疗机构进行现场检查，无偿索取有关资料，医疗机构不得拒绝、隐匿或者隐瞒。

医疗机构监督员在履行职责时应当佩戴证章、出示证件。

医疗机构监督员证章、证件由国家卫生计生委监制。

第七十二条　各级卫生计生行政部门对医疗机构的执业活动检查、指导主要包括：

（一）执行国家有关法律、法规、规章和标准情况；

（二）执行医疗机构内部各项规章制度和各级各类人员岗位责任制情况；

（三）医德医风情况；

（四）服务质量和服务水平情况；

（五）执行医疗收费标准情况；

（六）组织管理情况；

（七）人员任用情况；

（八）省、自治区、直辖市卫生计生行政部门规定的其他检查、指导项目。

第七十三条　国家实行医疗机构评审制度，对医疗机构的基本标准、服务质量、技术水平、管理水平等进行综合评价。县级以上卫生计生行政部门负责医疗机构评审的组织和管理；各级医疗机构评审委员会负责医疗机构评审的具体实施。

第七十四条　县级以上中医（药）行政管理部门成立医疗机构评审委员会，负责中医、中西医结合和民族医医疗机构的评审。

第七十五条　医疗机构评审包括周期性评审、不定期重点检查。

医疗机构评审委员会在对医疗机构进行评审时，发现有违反条例和本细则的情节，应当及时报告卫生计生行政部门；医疗机构评审委员会委员为医疗机构监督员的，可以直接行使监督权。

第七十六条 《医疗机构监督管理行政处罚程序》另行制定。

第七章 处 罚

第七十七条 对未取得《医疗机构执业许可证》擅自执业的，责令其停止执业活动，没收非法所得和药品、器械，并处以三千元以下的罚款；有下列情形之一的，责令其停止执业活动，没收非法所得的药品、器械，处以三千元以上一万元以下的罚款：

（一）因擅自执业曾受过卫生计生行政部门处罚；

（二）擅自执业的人员为非卫生技术专业人员；

（三）擅自执业时间在三个月以上；

（四）给患者造成伤害；

（五）使用假药、劣药蒙骗患者；

（六）以行医为名骗取患者钱物；

（七）省、自治区、直辖市卫生计生行政部门规定的其他情形。

第七十八条 对不按期办理校验《医疗机构执业许可证》又不停止诊疗活动的，责令其限期补办校验手续；在限期内仍不办理校验的，吊销其《医疗机构执业许可证》。

第七十九条 转让、出借《医疗机构执业许可证》的，没收其非法所得，并处以三千元以下的罚款；有下列情形之一的，没收其非法所得，处以三千元以上五千元以下的罚款，并吊销《医疗机构执业许可证》：

（一）出卖《医疗机构执业许可证》；

（二）转让或者出借《医疗机构执业许可证》是以营利为目的；

（三）受让方或者承借方给患者造成伤害；

（四）转让、出借《医疗机构执业许可证》给非卫生技术专业人员；

（五）省、自治区、直辖市卫生计生行政部门规定的其他情形。

第八十条 除急诊和急救外，医疗机构诊疗活动超出登记的诊疗科目范围，情节轻微的，处以警告；有下列情形之一的，责令其限期改正，并可处以三千元以下罚款；

（一）超出登记的诊疗科目范围的诊疗活动累计收入在三千元以下；

（二）给患者造成伤害。

有下列情形之一的，处以三千元罚款，并吊销《医疗机构执业许可证》：

（一）超出登记的诊疗科目范围的诊疗活动累计收入在三千元以上；

（二）给患者造成伤害；

（三）省、自治区、直辖市卫生计生行政部门规定的其他情形。

第八十一条　任用非卫生技术人员从事医疗卫生技术工作的，责令其立即改正，并可处以三千元以下罚款；有下列情形之一的，处以三千元以上五千元以下罚款，并可以吊销其《医疗机构执业许可证》：

（一）任用两名以上非卫生技术人员从事诊疗活动；

（二）任用的非卫生技术人员给患者造成伤害。

医疗机构使用卫生技术人员从事本专业以外的诊疗活动的，按使用非卫生技术人员处理。

第八十二条　出具虚假证明文件，情节轻微的，给予警告，并可处以五百元以下的罚款；有下列情形之一的，处以五百元以上一千元以下的罚款：

（一）出具虚假证明文件造成延误诊治的；

（二）出具虚假证明文件给患者精神造成伤害的；

（三）造成其他危害后果的。

对直接责任人员由所在单位或者上级机关给予行政处分。

第八十三条　医疗机构有下列情形之一的，登记机关可以责令其限期改正：

（一）发生重大医疗事故；

（二）连续发生同类医疗事故，不采取有效防范措施；

（三）连续发生原因不明的同类患者死亡事件，同时存在管理不善因素；

（四）管理混乱，有严重事故隐患，可能直接影响医疗安全；

（五）省、自治区、直辖市卫生计生行政部门规定的其他情形。

第八十四条　当事人对行政处罚决定不服的，可以在接到《行政处罚决定通知书》之日起十五日内向作出行政处罚的上一级卫生计生行政部门申请复议。上级卫生计生行政部门应当在接到申请书之日起三十日内作出书面答复。

当事人对行政处罚决定不服的，也可以在接到《行政处罚决定通知书》之日起十五日内直接向人民法院提起行政诉讼。

逾期不申请复议、不起诉又不履行处罚决定的，由作出行政处罚决定的卫生计生行政部门填写《行政处罚强制执行申请书》，向人民法院申请强制执行。

第八章　附　则

第八十五条　医疗机构申请办理设置审批、执业登记、校验、评审时，应当交纳费用，医疗机构执业应当交纳管理费，具体办法由省级以上卫生计生行政部门会同物价管理部门规定。

第八十六条 各省、自治区、直辖市根据条例和本细则并结合当地的实际情况，制定实施办法。实施办法中的有关中医、中西结合、民族医医疗机构的条款，由省、自治区、直辖市中医（药）行政部门拟订。

第八十七条 条例及本细则实施前已经批准执业的医疗机构的审核登记办法，由省、自治区、直辖市卫生计生行政部门根据当地的实际情况规定。

第八十八条 条例及本细则中下列用语的含义：

诊疗活动：是指通过各种检查，使用药物、器械及手术等方法，对疾病作出判断和消除疾病、缓解病情、减轻痛苦、改善功能、延长生命、帮助患者恢复健康的活动。

医疗美容；是指使用药物以及手术、物理和其他损伤性或者侵入性手段进行的美容。

特殊检查、特殊治疗；是指具有下列情形之一的诊断、治疗活动：

（一）有一定危险性，可能产生不良后果的检查和治疗；

（二）由于患者体质特殊或者病情危笃，可能对患者产生不良后果和危险的检查和治疗；

（三）临床试验性检查和治疗；

（四）收费可能对患者造成较大经济负担的检查和治疗。

卫生技术人员：是指按照国家有关法律、法规和规章的规定取得卫生技术人员资格或者职称的人员。

技术规范：是指由国家卫生计生委、国家中医药管理局制定或者认可的与诊疗活动有关的技术标准、操作规程等规范性文件。

军队的医疗机构：是指中国人民解放军和中国人民武装警察部队编制内的医疗机构。

第八十九条 各级中医（药）行政管理部门依据条件和本细则以及当地医疗机构管理条例实施办法，对管辖范围内各类中医、中西医结合和民族医医疗机构行使设置审批、登记和监督管理权。

第九十条 本细则的解释权在国家卫生计生委。

第九十一条 本细则自 1994 年 9 月 1 日起施行。

中医医疗机构管理办法（试行）

（1989 年 1 月 4 日）

第一章　总　则

第一条　为了加强中医医疗机构的管理，维护其合法权益，促进中医药事业的发展，保障人民健康，制定本办法。

第二条　本办法适用于国家、集体、个体开办的中医医疗机构，包括中医医院、中医院校及中医研究机构的附属医院、中医专科医院、中医康复医院、中医门诊部、中医诊所、中医诊室及一切以各种名称面向社会而主要从事中医医疗业务的单位。

第三条　中医医疗机构均依本办法办理审批登记手续，并接受管理和监督。

第四条　凡批准开业的中医医疗机构受国家法律保护，任何组织及个人不准以任何理由破坏中医医疗机构的设施，干扰其正常工作秩序。

第二章　执　业

第五条　中医医疗机构开业，均应向当地县（区）级以上中医药、卫生行政部门书面申请，取得批准后方可执业。

第六条　中医医疗机构的布局，由当地中医药、卫生行政部门统一规划。

第七条　中医医疗机构必须具备下述基本条件：

（一）中医医院（含中医院校及中医研究机构的附属医院）、中医专科医院、中医康复医院：至少设病床三十张；医师五人，其中主治中医师以上一人、中医师不少于二人；护师、士不少于五人；有相应的药剂、放射、检验等医技人员和诊断、治疗等仪器设备。

不足三十张病床及相应条件者，不得称医院。

（二）中医门诊部：至少有医师三人，其中中医师至少二人；护师、士二人；并有相应的医技人员和房屋设备。

（三）中医诊所：有二名以上中医师及相应的房屋和设备。

（四）中医诊室：有一名以上中医师及相应的房屋和设备。

第八条　中医医疗机构开业的审批：

（一）中医诊所、中医诊室，由当地县（区）级卫生行政部门审批；

（二）中医医院（含中医院校及中医研究机构的附属医院）、中医专科医院、中医康复医院、中医门诊部、其它以各种名称面向社会而主要从事中医医疗业务的单位，由地（市）级或其以上中医药、卫生行政部门审批。

（三）其它任何组织和个人都无权批准中医医疗机构开业；也不准擅自借用其它机构名称从事中医医疗活动。

第九条 中医医疗机构在申请开业时，应提交以下材料：

（一）机构名称、设置科目、床位编制；

（二）卫技人员情况；中医诊所、中医诊室须提交医务人员名单及其有关资格证件；

（三）业务用房产权证书或租赁合约；

（四）诊疗设备及药品情况；

（五）与申报规模相称的资金情况；

（六）有关规章制度；

（七）法人代表有关情况及其资格证件。

第十条 中医医疗机构改变机构名称、增减病床、变更科目、停业、迁移都必须报原批准开业的中医药、卫生行政部门审批登记。

第十一条 中医医疗机构不准聘用未取得中医师、士资格或卫生技术职务资格的人员从事医疗技术工作。

第十二条 中医医疗机构张贴、刊登、播放广告，必须经当地中医药、卫生行政部门审批，其内容只限于单位名称、诊疗时间、诊疗科别、专科特色、医师专长、药物、仪器介绍及地址和电话。不得做虚夸宣传。

第十三条 中医医疗机构的各项收费，必须按当地卫生物价部门批准的医疗收费标准执行，不得擅自提价。

第三章 职 责

第十四条 中医医疗机构是社会主义医疗卫生事业设施，要以社会效益为最高准则，建立健全各项规章制度、技术操作规程和各类人员工作职责，使各项工作制度化、规范化。

第十五条 中医医疗机构必须保持和发扬中医特色，坚持运用中医药防治疾病，积极引进现代科学技术，不断提高医疗技术水平。

第十六条 中医医疗机构要经常对职工进行职业道德教育，并要不断改善服务条件，提高服务质量。

第十七条 中医医疗机构有承担预防和初级卫生保健工作的义务，并要积极开展中医药和卫生保健科普知识的宣传工作。在发现法定传染病或疑似法定传染病时，采取有效防治措施，并按规定时间向当地卫生防疫部门报告。

第十八条　发生重大灾害、事故时，中医医疗机构必须服从中医药、卫生行政部门调遣，积极参加防病治病、抢救伤病员工作。

第四章　罚　则

第十九条　中医医疗机构违反本办法规定，中医药、卫生行政部门可根据其情节轻重分别给予警告、罚款、停业整顿、吊销开业执照等处罚。

第二十条　未获中医药、卫生行政部门批准即擅自开业的，由当地中医药、卫生行政部门或会同有关部门予以取缔，并可视情节轻重处以罚款。

第五章　附　则

第二十一条　本办法由国家中医药管理局负责解释。

第二十二条　民族医医疗机构参照本办法执行。

第二十三条　厂矿企业、部队面向社会从事中医医疗业务的单位，也应参照本办法执行。

第二十四条　中医医疗机构不包括盲人按摩机构，盲人按摩机构管理办法由民政部门另行制定。

第二十五条　各省、自治区、直辖市中医药管理局或卫生厅（局），可按本办法规定的原则，结合本地实际，制定实施细则。

第二十六条　本办法自发布之日起施行。在此之前颁发的有关规定凡与本办法不符的，以本办法为准。

医疗美容服务管理办法

（2002年1月22日卫生部令第19号公布　根据2016年1月19日国家卫生和计划生育委员会令第8号《国家卫生计生委关于修改〈外国医师来华短期行医暂行管理办法〉等8件部门规章的决定》修正）

第一章　总　则

第一条　为规范医疗美容服务，促进医疗美容事业的健康发展，维护就医者的合法权益，依据《执业医师法》、《医疗机构管理条例》和《护士管理办法》，制定本办法。

第二条 本办法所称医疗美容，是指运用手术、药物、医疗器械以及其他具有创伤性或者侵入性的医学技术方法对人的容貌和人体各部位形态进行的修复与再塑。

本办法所称美容医疗机构，是指以开展医疗美容诊疗业务为主的医疗机构。

本办法所称主诊医师是指具备本办法第十一条规定条件，负责实施医疗美容项目的执业医师。

医疗美容科为一级诊疗科目，美容外科、美容牙科、美容皮肤科和美容中医科为二级诊疗科目。

医疗美容项目由卫生部委托中华医学会制定并发布。

第三条 凡开展医疗美容服务的机构和个人必须遵守本办法。

第四条 卫生部（含国家中医药管理局）主管全国医疗美容服务管理工作。县级以上地方人民政府卫生行政部门（含中医药行政管理部门，下同）负责本行政区域内医疗美容服务监督管理工作。

第二章 机构设置、登记

第五条 申请举办美容医疗机构或医疗机构设置医疗美容科室必须同时具备下列条件：

（一）具有承担民事责任的能力；

（二）有明确的医疗美容诊疗服务范围；

（三）符合《医疗机构基本标准（试行）》；

（四）省级以上人民政府卫生行政部门规定的其他条件。

第六条 申请举办美容医疗机构的单位或者个人，应按照本办法以及《医疗机构管理条例》和《医疗机构管理条例实施细则》的有关规定办理设置审批和登记注册手续。

卫生行政部门自收到合格申办材料之日起30日内作出批准或不予批准的决定，并书面答复申办者。

第七条 卫生行政部门应在核发美容医疗机构《设置医疗机构批准书》和《医疗机构执业许可证》的同时，向上一级卫生行政部门备案。

上级卫生行政部门对下级卫生行政部门违规作出的审批决定应自发现之日起30日内予以纠正或撤销。

第八条 美容医疗机构必须经卫生行政部门登记注册并获得《医疗机构执业许可证》后方可开展执业活动。

第九条 医疗机构增设医疗美容科目的，必须具备本办法规定的条件，按照《医疗机构管理条例》及其实施细则规定的程序，向登记注册机关申请变更登记。

第十条　美容医疗机构和医疗美容科室开展医疗美容项目应当由登记机关指定的专业学会核准，并向登记机关备案。

第三章　执业人员资格

第十一条　负责实施医疗美容项目的主诊医师必须同时具备下列条件：

（一）具有执业医师资格，经执业医师注册机关注册；

（二）具有从事相关临床学科工作经历。其中，负责实施美容外科项目的应具有6年以上从事美容外科或整形外科等相关专业临床工作经历；负责实施美容牙科项目的应具有5年以上从事美容牙科或口腔科专业临床工作经历；负责实施美容中医科和美容皮肤科项目的应分别具有3年以上从事中医专业和皮肤病专业临床工作经历；

（三）经过医疗美容专业培训或进修并合格，或已从事医疗美容临床工作1年以上；

（四）省级人民政府卫生行政部门规定的其他条件。

第十二条　不具备本办法第十一条规定的主诊医师条件的执业医师，可在主诊医师的指导下从事医疗美容临床技术服务工作。

第十三条　从事医疗美容护理工作的人员，应同时具备下列条件：

（一）具有护士资格，并经护士注册机关注册；

（二）具有二年以上护理工作经历；

（三）经过医疗美容护理专业培训或进修并合格，或已从事医疗美容临床护理工作6个月以上。

第十四条　未经卫生行政部门核定并办理执业注册手续的人员不得从事医疗美容诊疗服务。

第四章　执业规则

第十五条　实施医疗美容项目必须在相应的美容医疗机构或开设医疗美容科室的医疗机构中进行。

第十六条　美容医疗机构和医疗美容科室应根据自身条件和能力在卫生行政部门核定的诊疗科目范围内开展医疗服务，未经批准不得擅自扩大诊疗范围。

美容医疗机构及开设医疗美容科室的医疗机构不得开展未向登记机关备案的医疗美容项目。

第十七条　美容医疗机构执业人员要严格执行有关法律、法规和规章，遵守医疗美容技术操作规程。

美容医疗机构使用的医用材料须经有关部门批准。

第十八条 医疗美容服务实行主诊医师负责制。医疗美容项目必须由主诊医师负责或在其指导下实施。

第十九条 执业医师对就医者实施治疗前，必须向就医者本人或亲属书面告知治疗的适应症、禁忌症、医疗风险和注意事项等，并取得就医者本人或监护人的签字同意。未经监护人同意，不得为无行为能力或者限制行为能力人实施医疗美容项目。

第二十条 美容医疗机构和医疗美容科室的从业人员要尊重就医者的隐私权，未经就医者本人或监护人同意，不得向第三方披露就医者病情及病历资料。

第二十一条 美容医疗机构和医疗美容科室发生重大医疗过失，要按规定及时报告当地人民政府卫生行政部门。

第二十二条 美容医疗机构和医疗美容科室应加强医疗质量管理，不断提高服务水平。

第五章　监督管理

第二十三条 任何单位和个人，未取得《医疗机构执业许可证》并经登记机关核准开展医疗美容诊疗科目，不得开展医疗美容服务。

第二十四条 各级地方人民政府卫生行政部门要加强对医疗美容项目备案的审核。发现美容医疗机构及开设医疗美容科的医疗机构不具备开展某医疗美容项目的条件和能力，应及时通知该机构停止开展该医疗美容项目。

第二十五条 各相关专业学会和行业协会要积极协助卫生行政部门规范医疗美容服务行为，加强行业自律工作。

第二十六条 美容医疗机构和医疗美容科室发生医疗纠纷或医疗事故，按照国家有关规定处理。

第二十七条 发布医疗美容广告必须按照国家有关广告管理的法律、法规的规定办理。

第二十八条 对违反本办法规定的，依据《执业医师法》、《医疗机构管理条例》和《护士管理办法》有关规定予以处罚。

第六章附则

第二十九条 外科、口腔科、眼科、皮肤科、中医科等相关临床学科在疾病治疗过程中涉及的相关医疗美容活动不受本办法调整。

第三十条 县级以上人民政府卫生行政部门应在本办法施行后一年内，按本办法规定对已开办的美容医疗机构和开设医疗美容科室的医疗机构进行审核并重新核发《医疗机构执业许可证》。

第三十一条 本办法自2002年5月1日起施行。

医师外出会诊管理暂行规定

（2004年12月16日卫生部部务会议讨论通过，并商国家发展和改革委员会同意，2005年4月30日卫生部令第42号公布自2005年7月1日起施行）

第一条 为规范医疗机构之间医师会诊行为，促进医学交流与发展，提高医疗水平，保证医疗质量和医疗安全，方便群众就医，保护患者、医师、医疗机构的合法权益，根据《执业医师法》、《医疗机构管理条例》的规定，制定本规定。

第二条 本规定所称医师外出会诊是指医师经所在医疗机构批准，为其他医疗机构特定的患者开展执业范围内的诊疗活动。

医师未经所在医疗机构批准，不得擅自外出会诊。

第三条 各级卫生行政部门应当加强对医师外出会诊的监督管理。

第四条 医疗机构在诊疗过程中，根据患者的病情需要或者患者要求等原因，需要邀请其他医疗机构的医师会诊时，经治科室应当向患者说明会诊、费用等情况，征得患者同意后，报本单位医务管理部门批准；当患者不具备完全民事行为能力时，应征得其近亲属或者监护人同意。

第五条 邀请会诊的医疗机构（以下称邀请医疗机构）拟邀请其他医疗机构（以下称会诊医疗机构）的医师会诊，需向会诊医疗机构发出书面会诊邀请函。内容应当包括拟会诊患者病历摘要、拟邀请医师或者邀请医师的专业及技术职务任职资格、会诊的目的、理由、时间和费用等情况，并加盖邀请医疗机构公章。

用电话或者电子邮件等方式提出会诊邀请的，应当及时补办书面手续。

第六条 有下列情形之一的，医疗机构不得提出会诊邀请：

（一）会诊邀请超出本单位诊疗科目或者本单位不具备相应资质的；

（二）本单位的技术力量、设备、设施不能为会诊提供必要的医疗安全保障的；

（三）会诊邀请超出被邀请医师执业范围的；

（四）省级卫生行政部门规定的其他情形。

第七条 会诊医疗机构接到会诊邀请后，在不影响本单位正常业务工作和医疗安全的前提下，医务管理部门应当及时安排医师外出会诊。会诊影响本单位正常业务工作但存在特殊需要的情况下，应当经会诊医疗机构负责人批准。

第八条 有下列情形之一的，医疗机构不得派出医师外出会诊：

（一）会诊邀请超出本单位诊疗科目或者本单位不具备相应资质的；

（二）会诊邀请超出被邀请医师执业范围的；

（三）邀请医疗机构不具备相应医疗救治条件的；

（四）省级卫生行政部门规定的其他情形。

第九条 会诊医疗机构不能派出会诊医师时，应当及时告知邀请医疗机构。

第十条 医师接受会诊任务后，应当详细了解患者的病情，亲自诊查患者，完成相应的会诊工作，并按照规定书写医疗文书。

第十一条 医师在会诊过程中应当严格执行有关的卫生管理法律、法规、规章和诊疗规范、常规。

第十二条 医师在会诊过程中发现难以胜任会诊工作，应当及时、如实告知邀请医疗机构，并终止会诊。

医师在会诊过程中发现邀请医疗机构的技术力量、设备、设施条件不适宜收治该患者，或者难以保障会诊质量和安全的，应当建议将该患者转往其他具备收治条件的医疗机构诊治。

第十三条 会诊结束后，邀请医疗机构应当将会诊情况通报会诊医疗机构。医师应当在返回本单位 2 个工作日内将外出会诊的有关情况报告所在科室负责人和医务管理部门。

第十四条 医师在外出会诊过程中发生的医疗事故争议，由邀请医疗机构按照《医疗事故处理条例》的规定进行处理。必要时，会诊医疗机构应当协助处理。

第十五条 会诊中涉及的会诊费用按照邀请医疗机构所在地的规定执行。差旅费按照实际发生额结算，不得重复收费。属医疗机构根据诊疗需要邀请的，差旅费由医疗机构承担；属患者主动要求邀请的，差旅费由患者承担，收费方应向患者提供正式收费票据。会诊中涉及的治疗、手术等收费标准可在当地规定的基础上酌情加收，加收幅度由省级价格主管部门会同同级卫生行政部门确定。

邀请医疗机构支付会诊费用应当统一支付给会诊医疗机构，不得支付给会诊医师本人。会诊医疗机构由于会诊产生的收入，应纳入单位财务部门统一核算。

第十六条 会诊医疗机构应当按照有关规定给付会诊医师合理报酬。医师在国家法定节假日完成会诊任务的，会诊医疗机构应当按照国家有关规定提高会诊医师的报酬标准。

第十七条　医师在外出会诊时不得违反规定接受邀请医疗机构报酬，不得收受或者索要患者及其家属的钱物，不得牟取其他不正当利益。

第十八条　医疗机构应当加强对本单位医师外出会诊的管理，建立医师外出会诊管理档案，并将医师外出会诊情况与其年度考核相结合。

第十九条　医疗机构违反本规定第六条、第八条、第十五条的，由县级以上卫生行政部门责令改正，给予警告；诊疗活动超出登记范围的，按照《医疗机构管理条例》第四十七条处理。

第二十条　医师违反第二条、第七条规定擅自外出会诊或者在会诊中违反第十七条规定的，由所在医疗机构记入医师考核档案；经教育仍不改正的，依法给予行政处分或者纪律处分。

医师外出会诊违反《执业医师法》有关规定的，按照《执业医师法》第三十七条处理。

第二十一条　医疗机构疏于对本单位医师外出会诊管理的，县级以上卫生行政部门应当对医疗机构及其主要负责人和负有责任的主管人员进行通报批评。

第二十二条　医师受卫生行政部门调遣到其他医疗机构开展诊疗活动的，不适用本规定。

第二十三条　本规定自2005年7月1日起施行。

医院感染管理办法

（2006年6月15日卫生部部务会议讨论通过
2006年7月6日卫生部令第48号公布
自2006年9月1日起施行）

第一章　总　则

第一条　为加强医院感染管理，有效预防和控制医院感染，提高医疗质量，保证医疗安全，根据《传染病防治法》、《医疗机构管理条例》和《突发公共卫生事件应急条例》等法律、行政法规的规定，制定本办法。

第二条　医院感染管理是各级卫生行政部门、医疗机构及医务人员针对诊疗活动中存在的医院感染、医源性感染及相关的危险因素进行的预防、诊断和控制活动。

第三条 各级各类医疗机构应当严格按照本办法的规定实施医院感染管理工作。

医务人员的职业卫生防护，按照《职业病防治法》及其配套规章和标准的有关规定执行。

第四条 卫生部负责全国医院感染管理的监督管理工作。

县级以上地方人民政府卫生行政部门负责本行政区域内医院感染管理的监督管理工作。

第二章 组织管理

第五条 各级各类医疗机构应当建立医院感染管理责任制，制定并落实医院感染管理的规章制度和工作规范，严格执行有关技术操作规范和工作标准，有效预防和控制医院感染，防止传染病病原体、耐药菌、条件致病菌及其他病原微生物的传播。

第六条 住院床位总数在 100 张以上的医院应当设立医院感染管理委员会和独立的医院感染管理部门。

住院床位总数在 100 张以下的医院应当指定分管医院感染管理工作的部门。

其他医疗机构应当有医院感染管理专（兼）职人员。

第七条 医院感染管理委员会由医院感染管理部门、医务部门、护理部门、临床科室、消毒供应室、手术室、临床检验部门、药事管理部门、设备管理部门、后勤管理部门及其他有关部门的主要负责人组成，主任委员由医院院长或者主管医疗工作的副院长担任。

医院感染管理委员会的职责是：

（一）认真贯彻医院感染管理方面的法律法规及技术规范、标准，制定本医院预防和控制医院感染的规章制度、医院感染诊断标准并监督实施；

（二）根据预防医院感染和卫生学要求，对本医院的建筑设计、重点科室建设的基本标准、基本设施和工作流程进行审查并提出意见；

（三）研究并确定本医院的医院感染管理工作计划，并对计划的实施进行考核和评价；

（四）研究并确定本医院的医院感染重点部门、重点环节、重点流程、危险因素以及采取的干预措施，明确各有关部门、人员在预防和控制医院感染工作中的责任；

（五）研究并制定本医院发生医院感染暴发及出现不明原因传染性疾病或

者特殊病原体感染病例等事件时的控制预案；

（六）建立会议制度，定期研究、协调和解决有关医院感染管理方面的问题；

（七）根据本医院病原体特点和耐药现状，配合药事管理委员会提出合理使用抗菌药物的指导意见；

（八）其他有关医院感染管理的重要事宜。

第八条 医院感染管理部门、分管部门及医院感染管理专（兼）职人员具体负责医院感染预防与控制方面的管理和业务工作。主要职责是：

（一）对有关预防和控制医院感染管理规章制度的落实情况进行检查和指导；

（二）对医院感染及其相关危险因素进行监测、分析和反馈，针对问题提出控制措施并指导实施；

（三）对医院感染发生状况进行调查、统计分析，并向医院感染管理委员会或者医疗机构负责人报告；

（四）对医院的清洁、消毒灭菌与隔离、无菌操作技术、医疗废物管理等工作提供指导；

（五）对传染病的医院感染控制工作提供指导；

（六）对医务人员有关预防医院感染的职业卫生安全防护工作提供指导；

（七）对医院感染暴发事件进行报告和调查分析，提出控制措施并协调、组织有关部门进行处理；

（八）对医务人员进行预防和控制医院感染的培训工作；

（九）参与抗菌药物临床应用的管理工作；

（十）对消毒药械和一次性使用医疗器械、器具的相关证明进行审核；

（十一）组织开展医院感染预防与控制方面的科研工作；

（十二）完成医院感染管理委员会或者医疗机构负责人交办的其他工作。

第九条 卫生部成立医院感染预防与控制专家组，成员由医院感染管理、疾病控制、传染病学、临床检验、流行病学、消毒学、临床药学、护理学等专业的专家组成。主要职责是：

（一）研究起草有关医院感染预防与控制、医院感染诊断的技术性标准和规范；

（二）对全国医院感染预防与控制工作进行业务指导；

（三）对全国医院感染发生状况及危险因素进行调查、分析；

（四）对全国重大医院感染事件进行调查和业务指导；

（五）完成卫生部交办的其他工作。

第十条 省级人民政府卫生行政部门成立医院感染预防与控制专家组，

负责指导本地区医院感染预防与控制的技术性工作。

第三章　预防与控制

第十一条　医疗机构应当按照有关医院感染管理的规章制度和技术规范，加强医院感染的预防与控制工作。

第十二条　医疗机构应当按照《消毒管理办法》，严格执行医疗器械、器具的消毒工作技术规范，并达到以下要求：

（一）进入人体组织、无菌器官的医疗器械、器具和物品必须达到灭菌水平；

（二）接触皮肤、粘膜的医疗器械、器具和物品必须达到消毒水平；

（三）各种用于注射、穿刺、采血等有创操作的医疗器具必须一用一灭菌。

医疗机构使用的消毒药械、一次性医疗器械和器具应当符合国家有关规定。一次性使用的医疗器械、器具不得重复使用。

第十三条　医疗机构应当制定具体措施，保证医务人员的手卫生、诊疗环境条件、无菌操作技术和职业卫生防护工作符合规定要求，对医院感染的危险因素进行控制。

第十四条　医疗机构应当严格执行隔离技术规范，根据病原体传播途径，采取相应的隔离措施。

第十五条　医疗机构应当制定医务人员职业卫生防护工作的具体措施，提供必要的防护物品，保障医务人员的职业健康。

第十六条　医疗机构应当严格按照《抗菌药物临床应用指导原则》，加强抗菌药物临床使用和耐药菌监测管理。

第十七条　医疗机构应当按照医院感染诊断标准及时诊断医院感染病例，建立有效的医院感染监测制度，分析医院感染的危险因素，并针对导致医院感染的危险因素，实施预防与控制措施。

医疗机构应当及时发现医院感染病例和医院感染的暴发，分析感染源、感染途径，采取有效的处理和控制措施，积极救治患者。

第十八条　医疗机构经调查证实发生以下情形时，应当于 12 小时内向所在地的县级地方人民政府卫生行政部门报告，并同时向所在地疾病预防控制机构报告。所在地的县级地方人民政府卫生行政部门确认后，应当于 24 小时内逐级上报至省级人民政府卫生行政部门。省级人民政府卫生行政部门审核后，应当在 24 小时内上报至卫生部：

（一）5 例以上医院感染暴发；

（二）由于医院感染暴发直接导致患者死亡；

（三）由于医院感染暴发导致 3 人以上人身损害后果。

第十九条　医疗机构发生以下情形时，应当按照《国家突发公共卫生事件相关信息报告管理工作规范（试行）》的要求进行报告：

（一）10 例以上的医院感染暴发事件；

（二）发生特殊病原体或者新发病原体的医院感染；

（三）可能造成重大公共影响或者严重后果的医院感染。

第二十条　医疗机构发生的医院感染属于法定传染病的，应当按照《中华人民共和国传染病防治法》和《国家突发公共卫生事件应急预案》的规定进行报告和处理。

第二十一条　医疗机构发生医院感染暴发时，所在地的疾病预防控制机构应当及时进行流行病学调查，查找感染源、感染途径、感染因素，采取控制措施，防止感染源的传播和感染范围的扩大。

第二十二条　卫生行政部门接到报告，应当根据情况指导医疗机构进行医院感染的调查和控制工作，并可以组织提供相应的技术支持。

第四章　人员培训

第二十三条　各级卫生行政部门和医疗机构应当重视医院感染管理的学科建设，建立专业人才培养制度，充分发挥医院感染专业技术人员在预防和控制医院感染工作中的作用。

第二十四条　省级人民政府卫生行政部门应当建立医院感染专业人员岗位规范化培训和考核制度，加强继续教育，提高医院感染专业人员的业务技术水平。

第二十五条　医疗机构应当制定对本机构工作人员的培训计划，对全体工作人员进行医院感染相关法律法规、医院感染管理相关工作规范和标准、专业技术知识的培训。

第二十六条　医院感染专业人员应当具备医院感染预防与控制工作的专业知识，并能够承担医院感染管理和业务技术工作。

第二十七条　医务人员应当掌握与本职工作相关的医院感染预防与控制方面的知识，落实医院感染管理规章制度、工作规范和要求。工勤人员应当掌握有关预防和控制医院感染的基础卫生学和消毒隔离知识，并在工作中正确运用。

第五章　监督管理

第二十八条　县级以上地方人民政府卫生行政部门应当按照有关法律法规和本办法的规定，对所辖区域的医疗机构进行监督检查。

第二十九条 对医疗机构监督检查的主要内容是：

（一）医院感染管理的规章制度及落实情况；

（二）针对医院感染危险因素的各项工作和控制措施；

（三）消毒灭菌与隔离、医疗废物管理及医务人员职业卫生防护工作状况；

（四）医院感染病例和医院感染暴发的监测工作情况；

（五）现场检查。

第三十条 卫生行政部门在检查中发现医疗机构存在医院感染隐患时，应当责令限期整改或者暂时关闭相关科室或者暂停相关诊疗科目。

第三十一条 医疗机构对卫生行政部门的检查、调查取证等工作，应当予以配合，不得拒绝和阻碍，不得提供虚假材料。

第六章 罚则

第三十二条 县级以上地方人民政府卫生行政部门未按照本办法的规定履行监督管理和对医院感染暴发事件的报告、调查处理职责，造成严重后果的，对卫生行政主管部门主要负责人、直接责任人和相关责任人予以降级或者撤职的行政处分。

第三十三条 医疗机构违反本办法，有下列行为之一的，由县级以上地方人民政府卫生行政部门责令改正，逾期不改的，给予警告并通报批评；情节严重的，对主要负责人和直接责任人给予降级或者撤职的行政处分：

（一）未建立或者未落实医院感染管理的规章制度、工作规范；

（二）未设立医院感染管理部门、分管部门以及指定专（兼）职人员负责医院感染预防与控制工作；

（三）违反对医疗器械、器具的消毒工作技术规范；

（四）违反无菌操作技术规范和隔离技术规范；

（五）未对消毒药械和一次性医疗器械、器具的相关证明进行审核；

（六）未对医务人员职业暴露提供职业卫生防护。

第三十四条 医疗机构违反本办法规定，未采取预防和控制措施或者发生医院感染未及时采取控制措施，造成医院感染暴发、传染病传播或者其他严重后果的，对负有责任的主管人员和直接责任人员给予降级、撤职、开除的行政处分；情节严重的，依照《传染病防治法》第六十九条规定，可以依法吊销有关责任人员的执业证书；构成犯罪的，依法追究刑事责任。

第三十五条 医疗机构发生医院感染暴发事件未按本办法规定报告的，由县级以上地方人民政府卫生行政部门通报批评；造成严重后果的，对负有责任的主管人员和其他直接责任人员给予降级、撤职、开除的处分。

第七章　附　则

第三十六条　本办法中下列用语的含义：

（一）医院感染：指住院病人在医院内获得的感染，包括在住院期间发生的感染和在医院内获得出院后发生的感染，但不包括入院前已开始或者入院时已处于潜伏期的感染。医院工作人员在医院内获得的感染也属医院感染。

（二）医源性感染：指在医学服务中，因病原体传播引起的感染。

（三）医院感染暴发：是指在医疗机构或其科室的患者中，短时间内发生3例以上同种同源感染病例的现象。

（四）消毒：指用化学、物理、生物的方法杀灭或者消除环境中的病原微生物。

（五）灭菌：杀灭或者消除传播媒介上的一切微生物，包括致病微生物和非致病微生物，也包括细菌芽胞和真菌孢子。

第三十七条　中国人民解放军医疗机构的医院感染管理工作，由中国人民解放军卫生部门归口管理。

第三十八条　采供血机构与疾病预防控制机构的医源性感染预防与控制管理参照本办法。

第三十九条　本办法自2006年9月1日起施行，原2000年11月30日颁布的《医院感染管理规范（试行）》同时废止。

医疗器械使用质量监督管理办法

（2015年9月29日国家食品药品监督管理总局局务会议审议通过
2015年10月21日国家食品药品监督管理总局令
第18号公布　自2016年2月1日起施行）

第一章　总　则

第一条　为加强医疗器械使用质量监督管理，保证医疗器械使用安全、有效，根据《医疗器械监督管理条例》，制定本办法。

第二条　使用环节的医疗器械质量管理及其监督管理，应当遵守本办法。

第三条　国家食品药品监督管理总局负责全国医疗器械使用质量监督管理工作。县级以上地方食品药品监督管理部门负责本行政区域的医疗器械使用质量监督管理工作。

上级食品药品监督管理部门负责指导和监督下级食品药品监督管理部门开展医疗器械使用质量监督管理工作。

第四条 医疗器械使用单位应当按照本办法，配备与其规模相适应的医疗器械质量管理机构或者质量管理人员，建立覆盖质量管理全过程的使用质量管理制度，承担本单位使用医疗器械的质量管理责任。

鼓励医疗器械使用单位采用信息化技术手段进行医疗器械质量管理。

第五条 医疗器械生产经营企业销售的医疗器械应当符合强制性标准以及经注册或者备案的产品技术要求。医疗器械生产经营企业应当按照与医疗器械使用单位的合同约定，提供医疗器械售后服务，指导和配合医疗器械使用单位开展质量管理工作。

第六条 医疗器械使用单位发现所使用的医疗器械发生不良事件或者可疑不良事件的，应当按照医疗器械不良事件监测的有关规定报告并处理。

第二章 采购、验收与贮存

第七条 医疗器械使用单位应当对医疗器械采购实行统一管理，由其指定的部门或者人员统一采购医疗器械，其他部门或者人员不得自行采购。

第八条 医疗器械使用单位应当从具有资质的医疗器械生产经营企业购进医疗器械，索取、查验供货者资质、医疗器械注册证或者备案凭证等证明文件。对购进的医疗器械应当验明产品合格证明文件，并按规定进行验收。对有特殊储运要求的医疗器械还应当核实储运条件是否符合产品说明书和标签标示的要求。

第九条 医疗器械使用单位应当真实、完整、准确地记录进货查验情况。进货查验记录应当保存至医疗器械规定使用期限届满后 2 年或者使用终止后 2 年。大型医疗器械进货查验记录应当保存至医疗器械规定使用期限届满后 5 年或者使用终止后 5 年；植入性医疗器械进货查验记录应当永久保存。

医疗器械使用单位应当妥善保存购入第三类医疗器械的原始资料，确保信息具有可追溯性。

第十条 医疗器械使用单位贮存医疗器械的场所、设施及条件应当与医疗器械品种、数量相适应，符合产品说明书、标签标示的要求及使用安全、有效的需要；对温度、湿度等环境条件有特殊要求的，还应当监测和记录贮存区域的温度、湿度等数据。

第十一条 医疗器械使用单位应当按照贮存条件、医疗器械有效期限等要求对贮存的医疗器械进行定期检查并记录。

第十二条 医疗器械使用单位不得购进和使用未依法注册或者备案、无合格证明文件以及过期、失效、淘汰的医疗器械。

第三章　使用、维护与转让

第十三条　医疗器械使用单位应当建立医疗器械使用前质量检查制度。在使用医疗器械前，应当按照产品说明书的有关要求进行检查。

使用无菌医疗器械前，应当检查直接接触医疗器械的包装及其有效期限。包装破损、标示不清、超过有效期限或者可能影响使用安全、有效的，不得使用。

第十四条　医疗器械使用单位对植入和介入类医疗器械应当建立使用记录，植入性医疗器械使用记录永久保存，相关资料应当纳入信息化管理系统，确保信息可追溯。

第十五条　医疗器械使用单位应当建立医疗器械维护维修管理制度。对需要定期检查、检验、校准、保养、维护的医疗器械，应当按照产品说明书的要求进行检查、检验、校准、保养、维护并记录，及时进行分析、评估，确保医疗器械处于良好状态。

对使用期限长的大型医疗器械，应当逐台建立使用档案，记录其使用、维护等情况。记录保存期限不得少于医疗器械规定使用期限届满后 5 年或者使用终止后 5 年。

第十六条　医疗器械使用单位应当按照产品说明书等要求使用医疗器械。一次性使用的医疗器械不得重复使用，对使用过的应当按照国家有关规定销毁并记录。

第十七条　医疗器械使用单位可以按照合同的约定要求医疗器械生产经营企业提供医疗器械维护维修服务，也可以委托有条件和能力的维修服务机构进行医疗器械维护维修，或者自行对在用医疗器械进行维护维修。

医疗器械使用单位委托维修服务机构或者自行对在用医疗器械进行维护维修的，医疗器械生产经营企业应当按照合同的约定提供维护手册、维修手册、软件备份、故障代码表、备件清单、零部件、维修密码等维护维修必需的材料和信息。

第十八条　由医疗器械生产经营企业或者维修服务机构对医疗器械进行维护维修的，应当在合同中约定明确的质量要求、维修要求等相关事项，医疗器械使用单位应当在每次维护维修后索取并保存相关记录；医疗器械使用单位自行对医疗器械进行维护维修的，应当加强对从事医疗器械维护维修的技术人员的培训考核，并建立培训档案。

第十九条　医疗器械使用单位发现使用的医疗器械存在安全隐患的，应当立即停止使用，通知检修；经检修仍不能达到使用安全标准的，不得继续使用，并按照有关规定处置。

第二十条 医疗器械使用单位之间转让在用医疗器械，转让方应当确保所转让的医疗器械安全、有效，并提供产品合法证明文件。

转让双方应当签订协议，移交产品说明书、使用和维修记录档案复印件等资料，并经有资质的检验机构检验合格后方可转让。受让方应当参照本办法第八条关于进货查验的规定进行查验，符合要求后方可使用。

不得转让未依法注册或者备案、无合格证明文件或者检验不合格，以及过期、失效、淘汰的医疗器械。

第二十一条 医疗器械使用单位接受医疗器械生产经营企业或者其他机构、个人捐赠医疗器械的，捐赠方应当提供医疗器械的相关合法证明文件，受赠方应当参照本办法第八条关于进货查验的规定进行查验，符合要求后方可使用。

不得捐赠未依法注册或者备案、无合格证明文件或者检验不合格，以及过期、失效、淘汰的医疗器械。

医疗器械使用单位之间捐赠在用医疗器械的，参照本办法第二十条关于转让在用医疗器械的规定办理。

第四章 监督管理

第二十二条 食品药品监督管理部门按照风险管理原则，对使用环节的医疗器械质量实施监督管理。

设区的市级食品药品监督管理部门应当编制并实施本行政区域的医疗器械使用单位年度监督检查计划，确定监督检查的重点、频次和覆盖率。对存在较高风险的医疗器械、有特殊储运要求的医疗器械以及有不良信用记录的医疗器械使用单位等，应当实施重点监管。

年度监督检查计划及其执行情况应当报告省、自治区、直辖市食品药品监督管理部门。

第二十三条 食品药品监督管理部门对医疗器械使用单位建立、执行医疗器械使用质量管理制度的情况进行监督检查，应当记录监督检查结果，并纳入监督管理档案。

食品药品监督管理部门对医疗器械使用单位进行监督检查时，可以对相关的医疗器械生产经营企业、维修服务机构等进行延伸检查。

医疗器械使用单位、生产经营企业和维修服务机构等应当配合食品药品监督管理部门的监督检查，如实提供有关情况和资料，不得拒绝和隐瞒。

第二十四条 医疗器械使用单位应当按照本办法和本单位建立的医疗器械使用质量管理制度，每年对医疗器械质量管理工作进行全面自查，并形成自查报告。食品药品监督管理部门在监督检查中对医疗器械使用单位的自查报告进行抽查。

第二十五条　食品药品监督管理部门应当加强对使用环节医疗器械的抽查检验。省级以上食品药品监督管理部门应当根据抽查检验结论，及时发布医疗器械质量公告。

第二十六条　个人和组织发现医疗器械使用单位有违反本办法的行为，有权向医疗器械使用单位所在地食品药品监督管理部门举报。接到举报的食品药品监督管理部门应当及时核实、处理。经查证属实的，应当按照有关规定对举报人给予奖励。

第五章　法律责任

第二十七条　医疗器械使用单位有下列情形之一的，由县级以上食品药品监督管理部门按照《医疗器械监督管理条例》第六十六条的规定予以处罚：

（一）使用不符合强制性标准或者不符合经注册或者备案的产品技术要求的医疗器械的；

（二）使用无合格证明文件、过期、失效、淘汰的医疗器械，或者使用未依法注册的医疗器械的。

第二十八条　医疗器械使用单位有下列情形之一的，由县级以上食品药品监督管理部门按照《医疗器械监督管理条例》第六十七条的规定予以处罚：

（一）未按照医疗器械产品说明书和标签标示要求贮存医疗器械的；

（二）转让或者捐赠过期、失效、淘汰、检验不合格的在用医疗器械的。

第二十九条　医疗器械使用单位有下列情形之一的，由县级以上食品药品监督管理部门按照《医疗器械监督管理条例》第六十八条的规定予以处罚：

（一）未建立并执行医疗器械进货查验制度，未查验供货者的资质，或者未真实、完整、准确地记录进货查验情况的；

（二）未按照产品说明书的要求进行定期检查、检验、校准、保养、维护并记录的；

（三）发现使用的医疗器械存在安全隐患未立即停止使用、通知检修，或者继续使用经检修仍不能达到使用安全标准的医疗器械的；

（四）未妥善保存购入第三类医疗器械的原始资料的；

（五）未按规定建立和保存植入和介入类医疗器械使用记录的。

第三十条　医疗器械使用单位有下列情形之一的，由县级以上食品药品监督管理部门责令限期改正，给予警告；拒不改正的，处1万元以下罚款：

（一）未按规定配备与其规模相适应的医疗器械质量管理机构或者质量管理人员，或者未按规定建立覆盖质量管理全过程的使用质量管理制度的；

（二）未按规定由指定的部门或者人员统一采购医疗器械的；

（三）购进、使用未备案的第一类医疗器械，或者从未备案的经营企业购进第二类医疗器械的；

（四）贮存医疗器械的场所、设施及条件与医疗器械品种、数量不相适应的，或者未按照贮存条件、医疗器械有效期限等要求对贮存的医疗器械进行定期检查并记录的；

（五）未按规定建立、执行医疗器械使用前质量检查制度的；

（六）未按规定索取、保存医疗器械维护维修相关记录的；

（七）未按规定对本单位从事医疗器械维护维修的相关技术人员进行培训考核、建立培训档案的；

（八）未按规定对其医疗器械质量管理工作进行自查、形成自查报告的。

第三十一条 医疗器械生产经营企业违反本办法第十七条规定，未按要求提供维护维修服务，或者未按要求提供维护维修所必需的材料和信息的，由县级以上食品药品监督管理部门给予警告，责令限期改正；情节严重或者拒不改正的，处5000元以上2万元以下罚款。

第三十二条 医疗器械使用单位、生产经营企业和维修服务机构等不配合食品药品监督管理部门的监督检查，或者拒绝、隐瞒、不如实提供有关情况和资料的，由县级以上食品药品监督管理部门责令改正，给予警告，可以并处2万元以下罚款。

第六章　附　则

第三十三条 用于临床试验的试验用医疗器械的质量管理，按照医疗器械临床试验等有关规定执行。

第三十四条 对使用环节的医疗器械使用行为的监督管理，按照国家卫生和计划生育委员会的有关规定执行。

第三十五条 本办法自2016年2月1日起施行。

医疗器械召回管理办法

（2017 年 1 月 5 日国家食品药品监督管理总局局务会议审议通过
2017 年 1 月 25 日国家食品药品监督管理总局令
第 29 号公布　自 2017 年 5 月 1 日起施行）

第一章　总　则

第一条　为加强医疗器械监督管理，控制存在缺陷的医疗器械产品，消除医疗器械安全隐患，保证医疗器械的安全、有效，保障人体健康和生命安全，根据《医疗器械监督管理条例》，制定本办法。

第二条　中华人民共和国境内已上市医疗器械的召回及其监督管理，适用本办法。

第三条　本办法所称医疗器械召回，是指医疗器械生产企业按照规定的程序对其已上市销售的某一类别、型号或者批次的存在缺陷的医疗器械产品，采取警示、检查、修理、重新标签、修改并完善说明书、软件更新、替换、收回、销毁等方式进行处理的行为。

前款所述医疗器械生产企业，是指境内医疗器械产品注册人或者备案人、进口医疗器械的境外制造厂商在中国境内指定的代理人。

第四条　本办法所称存在缺陷的医疗器械产品包括：

（一）正常使用情况下存在可能危及人体健康和生命安全的不合理风险的产品；

（二）不符合强制性标准、经注册或者备案的产品技术要求的产品；

（三）不符合医疗器械生产、经营质量管理有关规定导致可能存在不合理风险的产品；

（四）其他需要召回的产品。

第五条　医疗器械生产企业是控制与消除产品缺陷的责任主体，应当主动对缺陷产品实施召回。

第六条　医疗器械生产企业应当按照本办法的规定建立健全医疗器械召回管理制度，收集医疗器械安全相关信息，对可能的缺陷产品进行调查、评估，及时召回缺陷产品。

进口医疗器械的境外制造厂商在中国境内指定的代理人应当将仅在境外

实施医疗器械召回的有关信息及时报告国家食品药品监督管理总局；凡涉及在境内实施召回的，中国境内指定的代理人应当按照本办法的规定组织实施。

医疗器械经营企业、使用单位应当积极协助医疗器械生产企业对缺陷产品进行调查、评估，主动配合生产企业履行召回义务，按照召回计划及时传达、反馈医疗器械召回信息，控制和收回缺陷产品。

第七条 医疗器械经营企业、使用单位发现其经营、使用的医疗器械可能为缺陷产品的，应当立即暂停销售或者使用该医疗器械，及时通知医疗器械生产企业或者供货商，并向所在地省、自治区、直辖市食品药品监督管理部门报告；使用单位为医疗机构的，还应当同时向所在地省、自治区、直辖市卫生行政部门报告。

医疗器械经营企业、使用单位所在地省、自治区、直辖市食品药品监督管理部门收到报告后，应当及时通报医疗器械生产企业所在地省、自治区、直辖市食品药品监督管理部门。

第八条 召回医疗器械的生产企业所在地省、自治区、直辖市食品药品监督管理部门负责医疗器械召回的监督管理，其他省、自治区、直辖市食品药品监督管理部门应当配合做好本行政区域内医疗器械召回的有关工作。

国家食品药品监督管理总局监督全国医疗器械召回的管理工作。

第九条 国家食品药品监督管理总局和省、自治区、直辖市食品药品监督管理部门应当按照医疗器械召回信息通报和信息公开有关制度，采取有效途径向社会公布缺陷产品信息和召回信息，必要时向同级卫生行政部门通报相关信息。

第二章 医疗器械缺陷的调查与评估

第十条 医疗器械生产企业应当按照规定建立健全医疗器械质量管理体系和医疗器械不良事件监测系统，收集、记录医疗器械的质量投诉信息和医疗器械不良事件信息，对收集的信息进行分析，对可能存在的缺陷进行调查和评估。

医疗器械经营企业、使用单位应当配合医疗器械生产企业对有关医疗器械缺陷进行调查，并提供有关资料。

第十一条 医疗器械生产企业应当按照规定及时将收集的医疗器械不良事件信息向食品药品监督管理部门报告，食品药品监督管理部门可以对医疗器械不良事件或者可能存在的缺陷进行分析和调查，医疗器械生产企业、经营企业、使用单位应当予以配合。

第十二条 对存在缺陷的医疗器械产品进行评估的主要内容包括：

（一）产品是否符合强制性标准、经注册或者备案的产品技术要求；

（二）在使用医疗器械过程中是否发生过故障或者伤害；

（三）在现有使用环境下是否会造成伤害，是否有科学文献、研究、相关试验或者验证能够解释伤害发生的原因；

（四）伤害所涉及的地区范围和人群特点；

（五）对人体健康造成的伤害程度；

（六）伤害发生的概率；

（七）发生伤害的短期和长期后果；

（八）其他可能对人体造成伤害的因素。

第十三条　根据医疗器械缺陷的严重程度，医疗器械召回分为：

（一）一级召回：使用该医疗器械可能或者已经引起严重健康危害的；

（二）二级召回：使用该医疗器械可能或者已经引起暂时的或者可逆的健康危害的；

（三）三级召回：使用该医疗器械引起危害的可能性较小但仍需要召回的。

医疗器械生产企业应当根据具体情况确定召回级别并根据召回级别与医疗器械的销售和使用情况，科学设计召回计划并组织实施。

第三章　主动召回

第十四条　医疗器械生产企业按照本办法第十条、第十二条的要求进行调查评估后，确定医疗器械产品存在缺陷的，应当立即决定并实施召回，同时向社会发布产品召回信息。

实施一级召回的，医疗器械召回公告应当在国家食品药品监督管理总局网站和中央主要媒体上发布；实施二级、三级召回的，医疗器械召回公告应当在省、自治区、直辖市食品药品监督管理部门网站发布，省、自治区、直辖市食品药品监督管理部门网站发布的召回公告应当与国家食品药品监督管理总局网站链接。

第十五条　医疗器械生产企业作出医疗器械召回决定的，一级召回应当在1日内，二级召回应当在3日内，三级召回应当在7日内，通知到有关医疗器械经营企业、使用单位或者告知使用者。

召回通知应当包括以下内容：

（一）召回医疗器械名称、型号规格、批次等基本信息；

（二）召回的原因；

（三）召回的要求，如立即暂停销售和使用该产品、将召回通知转发到相关经营企业或者使用单位等；

（四）召回医疗器械的处理方式。

第十六条 医疗器械生产企业作出医疗器械召回决定的，应当立即向所在地省、自治区、直辖市食品药品监督管理部门和批准该产品注册或者办理备案的食品药品监督管理部门提交医疗器械召回事件报告表，并在5个工作日内将调查评估报告和召回计划提交至所在地省、自治区、直辖市食品药品监督管理部门和批准注册或者办理备案的食品药品监督管理部门备案。

医疗器械生产企业所在地省、自治区、直辖市食品药品监督管理部门应当在收到召回事件报告表1个工作日内将召回的有关情况报告国家食品药品监督管理总局。

第十七条 调查评估报告应当包括以下内容：

（一）召回医疗器械的具体情况，包括名称、型号规格、批次等基本信息；

（二）实施召回的原因；

（三）调查评估结果；

（四）召回分级。

召回计划应当包括以下内容：

（一）医疗器械生产销售情况及拟召回的数量；

（二）召回措施的具体内容，包括实施的组织、范围和时限等；

（三）召回信息的公布途径与范围；

（四）召回的预期效果；

（五）医疗器械召回后的处理措施。

第十八条 医疗器械生产企业所在地省、自治区、直辖市食品药品监督管理部门可以对生产企业提交的召回计划进行评估，认为生产企业所采取的措施不能有效消除产品缺陷或者控制产品风险的，应当书面要求其采取提高召回等级、扩大召回范围、缩短召回时间或者改变召回产品的处理方式等更为有效的措施进行处理。医疗器械生产企业应当按照食品药品监督管理部门的要求修改召回计划并组织实施。

第十九条 医疗器械生产企业对上报的召回计划进行变更的，应当及时报所在地省、自治区、直辖市食品药品监督管理部门备案。

第二十条 医疗器械生产企业在实施召回的过程中，应当根据召回计划定期向所在地省、自治区、直辖市食品药品监督管理部门提交召回计划实施情况报告。

第二十一条 医疗器械生产企业对召回医疗器械的处理应当有详细的记录，并向医疗器械生产企业所在地省、自治区、直辖市食品药品监督管理部门报告，记录应当保存至医疗器械注册证失效后5年，第一类医疗器械召回的处理记录应当保存5年。对通过警示、检查、修理、重新标签、修改并完善说明书、软件更新、替换、销毁等方式能够消除产品缺陷的，可以在产品所在地完成上述行为。需要销毁的，应当在食品药品监督管理部门监督下销毁。

第二十二条　医疗器械生产企业应当在召回完成后10个工作日内对召回效果进行评估，并向所在地省、自治区、直辖市食品药品监督管理部门提交医疗器械召回总结评估报告。

第二十三条　医疗器械生产企业所在地省、自治区、直辖市食品药品监督管理部门应当自收到总结评估报告之日起10个工作日内对报告进行审查，并对召回效果进行评估；认为召回尚未有效消除产品缺陷或者控制产品风险的，应当书面要求生产企业重新召回。医疗器械生产企业应当按照食品药品监督管理部门的要求进行重新召回。

第四章　责令召回

第二十四条　食品药品监督管理部门经过调查评估，认为医疗器械生产企业应当召回存在缺陷的医疗器械产品而未主动召回的，应当责令医疗器械生产企业召回医疗器械。

责令召回的决定可以由医疗器械生产企业所在地省、自治区、直辖市食品药品监督管理部门作出，也可以由批准该医疗器械注册或者办理备案的食品药品监督管理部门作出。作出该决定的食品药品监督管理部门，应当在其网站向社会公布责令召回信息。

医疗器械生产企业应当按照食品药品监督管理部门的要求进行召回，并按本办法第十四条第二款的规定向社会公布产品召回信息。

必要时，食品药品监督管理部门可以要求医疗器械生产企业、经营企业和使用单位立即暂停生产、销售和使用，并告知使用者立即暂停使用该缺陷产品。

第二十五条　食品药品监督管理部门作出责令召回决定，应当将责令召回通知书送达医疗器械生产企业，通知书包括以下内容：

（一）召回医疗器械的具体情况，包括名称、型号规格、批次等基本信息；

（二）实施召回的原因；

（三）调查评估结果；

（四）召回要求，包括范围和时限等。

第二十六条　医疗器械生产企业收到责令召回通知书后，应当按照本办法第十五条、第十六条的规定通知医疗器械经营企业和使用单位或者告知使用者，制定、提交召回计划，并组织实施。

第二十七条 医疗器械生产企业应当按照本办法第十九条、第二十条、第二十一条、第二十二条的规定向食品药品监督管理部门报告医疗器械召回的相关情况，进行召回医疗器械的后续处理。

食品药品监督管理部门应当按照本办法第二十三条的规定对医疗器械生产企业提交的医疗器械召回总结评估报告进行审查，并对召回效果进行评价，必要时通报同级卫生行政部门。经过审查和评价，认为召回不彻底、尚未有效消除产品缺陷或者控制产品风险的，食品药品监督管理部门应当书面要求医疗器械生产企业重新召回。医疗器械生产企业应当按照食品药品监督管理部门的要求进行重新召回。

第五章 法律责任

第二十八条 医疗器械生产企业因违反法律、法规、规章规定造成上市医疗器械存在缺陷，依法应当给予行政处罚，但该企业已经采取召回措施主动消除或者减轻危害后果的，食品药品监督管理部门依照《中华人民共和国行政处罚法》的规定给予从轻或者减轻处罚；违法行为轻微并及时纠正，没有造成危害后果的，不予处罚。

医疗器械生产企业召回医疗器械的，不免除其依法应当承担的其他法律责任。

第二十九条 医疗器械生产企业违反本办法第二十四条规定，拒绝召回医疗器械的，依据《医疗器械监督管理条例》第六十六条的规定进行处理。

第三十条 医疗器械生产企业有下列情形之一的，予以警告，责令限期改正，并处3万元以下罚款：

（一）违反本办法第十四条规定，未按照要求及时向社会发布产品召回信息的；

（二）违反本办法第十五条规定，未在规定时间内将召回医疗器械的决定通知到医疗器械经营企业、使用单位或者告知使用者的；

（三）违反本办法第十八条、第二十三条、第二十七条第二款规定，未按照食品药品监督管理部门要求采取改正措施或者重新召回医疗器械的；

（四）违反本办法第二十一条规定，未对召回医疗器械的处理作详细记录或者未向食品药品监督管理部门报告的。

第三十一条 医疗器械生产企业有下列情形之一的，予以警告，责令限期改正；逾期未改正的，处3万元以下罚款：

（一）未按照本办法规定建立医疗器械召回管理制度的；

（二）拒绝配合食品药品监督管理部门开展调查的；

（三）未按照本办法规定提交医疗器械召回事件报告表、调查评估报告和召回计划、医疗器械召回计划实施情况和总结评估报告的；

（四）变更召回计划，未报食品药品监督管理部门备案的。

第三十二条　医疗器械经营企业、使用单位违反本办法第七条第一款规定的，责令停止销售、使用存在缺陷的医疗器械，并处5000元以上3万元以下罚款；造成严重后果的，由原发证部门吊销《医疗器械经营许可证》。

第三十三条　医疗器械经营企业、使用单位拒绝配合有关医疗器械缺陷调查、拒绝协助医疗器械生产企业召回医疗器械的，予以警告，责令限期改正；逾期拒不改正的，处3万元以下罚款。

第三十四条　食品药品监督管理部门及其工作人员不履行医疗器械监督管理职责或者滥用职权、玩忽职守，有下列情形之一的，由监察机关或者任免机关根据情节轻重，对直接负责的主管人员和其他直接责任人员给予批评教育，或者依法给予警告、记过或者记大过的处分；造成严重后果的，给予降级、撤职或者开除的处分：

（一）未按规定向社会发布召回信息的；

（二）未按规定向相关部门报告或者通报有关召回信息的；

（三）应当责令召回而未采取责令召回措施的；

（四）违反本办法第二十三条和第二十七条第二款规定，未能督促医疗器械生产企业有效实施召回的。

第六章　附　则

第三十五条　召回的医疗器械已经植入人体的，医疗器械生产企业应当与医疗机构和患者共同协商，根据召回的不同原因，提出对患者的处理意见和应当采取的预案措施。

第三十六条　召回的医疗器械给患者造成损害的，患者可以向医疗器械生产企业要求赔偿，也可以向医疗器械经营企业、使用单位要求赔偿。患者向医疗器械经营企业、使用单位要求赔偿的，医疗器械经营企业、使用单位赔偿后，有权向负有责任的医疗器械生产企业追偿。

第三十七条　本办法自2017年5月1日起施行。2011年7月1日起施行的《医疗器械召回管理办法（试行）》（中华人民共和国卫生部令第82号）同时废止。

医疗器械生产监督管理办法

（2014年7月30日国家食品药品监督管理总局令第7号公布
根据2017年11月7日国家食品药品监督管理总局局务会议
《关于修改部分规章的决定》修正）

目　录

第一章　总　则

第一条　为加强医疗器械生产监督管理，规范医疗器械生产行为，保证医疗器械安全、有效，根据《医疗器械监督管理条例》，制定本办法。

第二条　在中华人民共和国境内从事医疗器械生产活动及其监督管理，应当遵守本办法。

第三条　国家食品药品监督管理总局负责全国医疗器械生产监督管理工作。县级以上食品药品监督管理部门负责本行政区域的医疗器械生产监督管理工作。

上级食品药品监督管理部门负责指导和监督下级食品药品监督管理部门开展医疗器械生产监督管理工作。

第四条　国家食品药品监督管理总局制定医疗器械生产质量管理规范并监督实施。

第五条　食品药品监督管理部门依法及时公布医疗器械生产许可和备案相关信息。申请人可以查询审批进度和审批结果；公众可以查阅审批结果。

第六条　医疗器械生产企业应当对生产的医疗器械质量负责。委托生产的，委托方对所委托生产的医疗器械质量负责。

第二章　生产许可与备案管理

第七条　从事医疗器械生产，应当具备以下条件：

（一）有与生产的医疗器械相适应的生产场地、环境条件、生产设备以及专业技术人员；

（二）有对生产的医疗器械进行质量检验的机构或者专职检验人员以及检验设备；

（三）有保证医疗器械质量的管理制度；

（四）有与生产的医疗器械相适应的售后服务能力；

（五）符合产品研制、生产工艺文件规定的要求。

第八条　开办第二类、第三类医疗器械生产企业的，应当向所在地省、自治区、直辖市食品药品监督管理部门申请生产许可，并提交以下资料：

（一）营业执照复印件；

（二）申请企业持有的所生产医疗器械的注册证及产品技术要求复印件；

（三）法定代表人、企业负责人身份证明复印件；

（四）生产、质量和技术负责人的身份、学历、职称证明复印件；

（五）生产管理、质量检验岗位从业人员学历、职称一览表；

（六）生产场地的证明文件，有特殊生产环境要求的还应当提交设施、环境的证明文件复印件；

（七）主要生产设备和检验设备目录；

（八）质量手册和程序文件；

（九）工艺流程图；

（十）经办人授权证明；

（十一）其他证明资料。

第九条　省、自治区、直辖市食品药品监督管理部门收到申请后，应当根据下列情况分别作出处理：

（一）申请事项属于其职权范围，申请资料齐全、符合法定形式的，应当受理申请；

（二）申请资料不齐全或者不符合法定形式的，应当当场或者在5个工作日内一次告知申请人需要补正的全部内容，逾期不告知的，自收到申请资料之日起即为受理；

（三）申请资料存在可以当场更正的错误的，应当允许申请人当场更正；

（四）申请事项不属于本部门职权范围的，应当即时作出不予受理的决定，并告知申请人向有关行政部门申请。

省、自治区、直辖市食品药品监督管理部门受理或者不予受理医疗器械生产许可申请的，应当出具受理或者不予受理的通知书。

第十条 省、自治区、直辖市食品药品监督管理部门应当自受理之日起30个工作日内对申请资料进行审核，并按照医疗器械生产质量管理规范的要求开展现场核查。现场核查应当根据情况，避免重复核查。需要整改的，整改时间不计入审核时限。

符合规定条件的，依法作出准予许可的书面决定，并于10个工作日内发给《医疗器械生产许可证》；不符合规定条件的，作出不予许可的书面决定，并说明理由。

第十一条 开办第一类医疗器械生产企业的，应当向所在地设区的市级食品药品监督管理部门办理第一类医疗器械生产备案，提交备案企业持有的所生产医疗器械的备案凭证复印件和本办法第八条规定的资料（第二项除外）。

食品药品监督管理部门应当当场对企业提交资料的完整性进行核对，符合规定条件的予以备案，发给第一类医疗器械生产备案凭证。

第十二条 医疗器械生产许可申请直接涉及申请人与他人之间重大利益关系的，食品药品监督管理部门应当告知申请人、利害关系人依照法律、法规以及国家食品药品监督管理总局的有关规定享有申请听证的权利；在对医疗器械生产许可进行审查时，食品药品监督管理部门认为涉及公共利益的重大许可事项，应当向社会公告，并举行听证。

第十三条 《医疗器械生产许可证》有效期为5年，载明许可证编号、企业名称、法定代表人、企业负责人、住所、生产地址、生产范围、发证部门、发证日期和有效期限等事项。

《医疗器械生产许可证》附医疗器械生产产品登记表，载明生产产品名称、注册号等信息。

第十四条 增加生产产品的，医疗器械生产企业应当向原发证部门提交本办法第八条规定中涉及变更内容的有关资料。

申请增加生产的产品不属于原生产范围的，原发证部门应当依照本办法第十条的规定进行审核并开展现场核查，符合规定条件的，变更《医疗器械生产许可证》载明的生产范围，并在医疗器械生产产品登记表中登载产品信息。

申请增加生产的产品属于原生产范围，并且与原许可生产产品的生产工艺和生产条件等要求相似的，原发证部门应当对申报资料进行审核，符合规定条件的，在医疗器械生产产品登记表中登载产品信息；与原许可生产产品的生产工艺和生产条件要求有实质性不同的，应当依照本办法第十条的规定进行审核并开展现场核查，符合规定条件的，在医疗器械生产产品登记表中登载产品信息。

第十五条　生产地址非文字性变更的，应当向原发证部门申请医疗器械生产许可变更，并提交本办法第八条规定中涉及变更内容的有关资料。原发证部门应当依照本办法第十条的规定审核并开展现场核查，于30个工作日内作出准予变更或者不予变更的决定。医疗器械生产企业跨省、自治区、直辖市设立生产场地的，应当单独申请医疗器械生产许可。

第十六条　企业名称、法定代表人、企业负责人、住所变更或者生产地址文字性变更的，医疗器械生产企业应当在变更后30个工作日内，向原发证部门办理《医疗器械生产许可证》变更登记，并提交相关部门的证明资料。原发证部门应当及时办理变更。对变更资料不齐全或者不符合形式审查规定的，应当一次告知需要补正的全部内容。

第十七条　《医疗器械生产许可证》有效期届满延续的，医疗器械生产企业应当自有效期届满6个月前，向原发证部门提出《医疗器械生产许可证》延续申请。

原发证部门应当依照本办法第十条的规定对延续申请进行审查，必要时开展现场核查，在《医疗器械生产许可证》有效期届满前作出是否准予延续的决定。符合规定条件的，准予延续。不符合规定条件的，责令限期整改；整改后仍不符合规定条件的，不予延续，并书面说明理由。逾期未作出决定的，视为准予延续。

第十八条　因分立、合并而存续的医疗器械生产企业，应当依照本办法规定申请变更许可；因企业分立、合并而解散的医疗器械生产企业，应当申请注销《医疗器械生产许可证》；因企业分立、合并而新设立的医疗器械生产企业应当申请办理《医疗器械生产许可证》。

第十九条　《医疗器械生产许可证》遗失的，医疗器械生产企业应当立即在原发证部门指定的媒体上登载遗失声明。自登载遗失声明之日起满1个月后，向原发证部门申请补发。原发证部门及时补发《医疗器械生产许可证》。

第二十条　变更、补发的《医疗器械生产许可证》编号和有效期限不变。延续的《医疗器械生产许可证》编号不变。

第二十一条　第一类医疗器械生产备案凭证内容发生变化的，应当变更备案。

备案凭证遗失的，医疗器械生产企业应当及时向原备案部门办理补发手续。

第二十二条　医疗器械生产企业因违法生产被食品药品监督管理部门立

案调查但尚未结案的，或者收到行政处罚决定但尚未履行的，食品药品监督管理部门应当中止许可，直至案件处理完毕。

第二十三条 医疗器械生产企业有法律、法规规定应当注销的情形，或者有效期未满但企业主动提出注销的，省、自治区、直辖市食品药品监督管理部门应当依法注销其《医疗器械生产许可证》，并在网站上予以公布。

第二十四条 省、自治区、直辖市食品药品监督管理部门应当建立《医疗器械生产许可证》核发、延续、变更、补发、撤销和注销等许可档案。

设区的市级食品药品监督管理部门应当建立第一类医疗器械生产备案信息档案。

第二十五条 任何单位或者个人不得伪造、变造、买卖、出租、出借《医疗器械生产许可证》和医疗器械生产备案凭证。

第三章　委托生产管理

第二十六条 医疗器械委托生产的委托方应当是委托生产医疗器械的境内注册人或者备案人。其中，委托生产不属于按照创新医疗器械特别审批程序审批的境内医疗器械的，委托方应当取得委托生产医疗器械的生产许可或者办理第一类医疗器械生产备案。

医疗器械委托生产的受托方应当是取得受托生产医疗器械相应生产范围的生产许可或者办理第一类医疗器械生产备案的境内生产企业。受托方对受托生产医疗器械的质量负相应责任。

第二十七条 委托方应当向受托方提供委托生产医疗器械的质量管理体系文件和经注册或者备案的产品技术要求，对受托方的生产条件、技术水平和质量管理能力进行评估，确认受托方具有受托生产的条件和能力，并对生产过程和质量控制进行指导和监督。

第二十八条 受托方应当按照医疗器械生产质量管理规范、强制性标准、产品技术要求和委托生产合同组织生产，并保存所有受托生产文件和记录。

第二十九条 委托方和受托方应当签署委托生产合同，明确双方的权利、义务和责任。

第三十条 委托生产第二类、第三类医疗器械的，委托方应当向所在地省、自治区、直辖市食品药品监督管理部门办理委托生产备案；委托生产第一类医疗器械的，委托方应当向所在地设区的市级食品药品监督管理部门办理委托生产备案。符合规定条件的，食品药品监督管理部门应当发给医疗器械委托生产备案凭证。

备案时应当提交以下资料：

（一）委托生产医疗器械的注册证或者备案凭证复印件；

（二）委托方和受托方企业营业执照复印件；

（三）受托方的《医疗器械生产许可证》或者第一类医疗器械生产备案凭证复印件；

（四）委托生产合同复印件；

（五）经办人授权证明。

委托生产不属于按照创新医疗器械特别审批程序审批的境内医疗器械的，还应当提交委托方的《医疗器械生产许可证》或者第一类医疗器械生产备案凭证复印件；属于按照创新医疗器械特别审批程序审批的境内医疗器械的，应当提交创新医疗器械特别审批证明资料。

第三十一条　受托生产第二类、第三类医疗器械的，受托方应当依照本办法第十四条的规定办理相关手续，在医疗器械生产产品登记表中登载受托生产产品信息。

受托生产第一类医疗器械的，受托方应当依照本办法第二十一条的规定，向原备案部门办理第一类医疗器械生产备案变更。

第三十二条　受托方办理增加受托生产产品信息或者第一类医疗器械生产备案变更时，除提交符合本办法规定的资料外，还应当提交以下资料：

（一）委托方和受托方营业执照复印件；

（二）受托方《医疗器械生产许可证》或者第一类医疗器械生产备案凭证复印件；

（三）委托方医疗器械委托生产备案凭证复印件；

（四）委托生产合同复印件；

（五）委托生产医疗器械拟采用的说明书和标签样稿；

（六）委托方对受托方质量管理体系的认可声明；

（七）委托方关于委托生产医疗器械质量、销售及售后服务责任的自我保证声明。

受托生产不属于按照创新医疗器械特别审批程序审批的境内医疗器械的，还应当提交委托方的《医疗器械生产许可证》或者第一类医疗器械生产备案凭证复印件；属于按照创新医疗器械特别审批程序审批的境内医疗器械的，应当提交创新医疗器械特别审批证明资料。

第三十三条　受托方《医疗器械生产许可证》生产产品登记表和第一类医疗器械生产备案凭证中的受托生产产品应当注明“受托生产”字样和受托生产期限。

第三十四条　委托生产医疗器械的说明书、标签除应当符合有关规定外，还应当标明受托方的企业名称、住所、生产地址、生产许可证编号或者生产备案凭证编号。

第三十五条 委托生产终止时，委托方和受托方应当向所在地省、自治区、直辖市或者设区的市级食品药品监督管理部门及时报告。

第三十六条 委托方在同一时期只能将同一医疗器械产品委托一家医疗器械生产企业（绝对控股企业除外）进行生产。

第三十七条 具有高风险的植入性医疗器械不得委托生产，具体目录由国家食品药品监督管理总局制定、调整并公布。

第四章　生产质量管理

第三十八条 医疗器械生产企业应当按照医疗器械生产质量管理规范的要求，建立质量管理体系并保持有效运行。

第三十九条 医疗器械生产企业应当开展医疗器械法律、法规、规章、标准等知识培训，并建立培训档案。

生产岗位操作人员应当具有相应的理论知识和实际操作技能。

第四十条 医疗器械生产企业应当按照经注册或者备案的产品技术要求组织生产，保证出厂的医疗器械符合强制性标准以及经注册或者备案的产品技术要求。出厂的医疗器械应当经检验合格并附有合格证明文件。

第四十一条 医疗器械生产企业应当定期按照医疗器械生产质量管理规范的要求对质量管理体系运行情况进行全面自查，并于每年年底前向所在地省、自治区、直辖市或者设区的市级食品药品监督管理部门提交年度自查报告。

第四十二条 医疗器械生产企业的生产条件发生变化，不再符合医疗器械质量管理体系要求的，医疗器械生产企业应当立即采取整改措施；可能影响医疗器械安全、有效的，应当立即停止生产活动，并向所在地县级食品药品监督管理部门报告。

第四十三条 医疗器械产品连续停产一年以上且无同类产品在产的，重新生产时，医疗器械生产企业应当提前书面报告所在地省、自治区、直辖市或者设区的市级食品药品监督管理部门，经核查符合要求后方可恢复生产。

第四十四条 医疗器械生产企业不具备原生产许可条件或者与备案信息不符，且无法取得联系的，经原发证或者备案部门公示后，依法注销其《医疗器械生产许可证》或者在第一类医疗器械生产备案信息中予以标注，并向社会公告。

第四十五条 医疗器械生产企业应当在经许可或者备案的生产场地进行生产，对生产设备、工艺装备和检验仪器等设施设备进行维护，保证其正常运行。

第四十六条 医疗器械生产企业应当加强采购管理，建立供应商审核制度，对供应商进行评价，确保采购产品符合法定要求。

第四十七条　医疗器械生产企业应当对原材料采购、生产、检验等过程进行记录。记录应当真实、准确、完整，并符合可追溯的要求。

第四十八条　国家鼓励医疗器械生产企业采用先进技术手段，建立信息化管理系统。

第四十九条　医疗器械生产企业生产的医疗器械发生重大质量事故的，应当在24小时内报告所在地省、自治区、直辖市食品药品监督管理部门，省、自治区、直辖市食品药品监督管理部门应当立即报告国家食品药品监督管理总局。

第五章　监督管理

第五十条　食品药品监督管理部门依照风险管理原则，对医疗器械生产实施分类分级管理。

第五十一条　省、自治区、直辖市食品药品监督管理部门应当编制本行政区域的医疗器械生产企业监督检查计划，确定医疗器械监管的重点、检查频次和覆盖率，并监督实施。

第五十二条　医疗器械生产监督检查应当检查医疗器械生产企业执行法律、法规、规章、规范、标准等要求的情况，重点检查《医疗器械监督管理条例》第五十三条规定的事项。

第五十三条　食品药品监督管理部门组织监督检查，应当制定检查方案，明确检查标准，如实记录现场检查情况，将检查结果书面告知被检查企业。需要整改的，应当明确整改内容及整改期限，并实施跟踪检查。

第五十四条　食品药品监督管理部门应当加强对医疗器械的抽查检验。

省级以上食品药品监督管理部门应当根据抽查检验结论及时发布医疗器械质量公告。

第五十五条　对投诉举报或者其他信息显示以及日常监督检查发现可能存在产品安全隐患的医疗器械生产企业，或者有不良行为记录的医疗器械生产企业，食品药品监督管理部门可以实施飞行检查。

第五十六条　有下列情形之一的，食品药品监督管理部门可以对医疗器械生产企业的法定代表人或者企业负责人进行责任约谈：

（一）生产存在严重安全隐患的；

（二）生产产品因质量问题被多次举报投诉或者媒体曝光的；

（三）信用等级评定为不良信用企业的；

（四）食品药品监督管理部门认为有必要开展责任约谈的其他情形。

第五十七条　地方各级食品药品监督管理部门应当建立本行政区域医疗

器械生产企业的监管档案。监管档案应当包括医疗器械生产企业产品注册和备案、生产许可和备案、委托生产、监督检查、抽查检验、不良事件监测、产品召回、不良行为记录和投诉举报等信息。

第五十八条 国家食品药品监督管理总局建立统一的医疗器械生产监督管理信息平台，地方各级食品药品监督管理部门应当加强信息化建设，保证信息衔接。

第五十九条 地方各级食品药品监督管理部门应当根据医疗器械生产企业监督管理的有关记录，对医疗器械生产企业进行信用评价，建立信用档案。对有不良信用记录的企业，应当增加检查频次。

对列入“黑名单”的企业，按照国家食品药品监督管理总局的相关规定执行。

第六十条 个人和组织发现医疗器械生产企业进行违法生产的活动，有权向食品药品监督管理部门举报，食品药品监督管理部门应当及时核实、处理。经查证属实的，应当按照有关规定给予奖励。

第六章 法律责任

第六十一条 有下列情形之一的，按照《医疗器械监督管理条例》第六十三条的规定处罚：

（一）生产未取得医疗器械注册证的第二类、第三类医疗器械的；

（二）未经许可从事第二类、第三类医疗器械生产活动的；

（三）生产超出生产范围或者与医疗器械生产产品登记表载明生产产品不一致的第二类、第三类医疗器械的；

（四）在未经许可的生产场地生产第二类、第三类医疗器械的；

（五）第二类、第三类医疗器械委托生产终止后，受托方继续生产受托产品的。

第六十二条 《医疗器械生产许可证》有效期届满后，未依法办理延续，仍继续从事医疗器械生产的，按照《医疗器械监督管理条例》第六十三条的规定予以处罚。

第六十三条 提供虚假资料或者采取其他欺骗手段取得《医疗器械生产许可证》的，按照《医疗器械监督管理条例》第六十四条第一款的规定处罚。

第六十四条 从事第一类医疗器械生产活动未按规定向食品药品监督管理部门备案的，按照《医疗器械监督管理条例》第六十五条第一款的规定处罚；备案时提供虚假资料的，按照《医疗器械监督管理条例》第六十五条第二款的规定处罚。

第六十五条 伪造、变造、买卖、出租、出借《医疗器械生产许可证》

的，按照《医疗器械监督管理条例》第六十四条第二款的规定处罚。

伪造、变造、买卖、出租、出借医疗器械生产备案凭证的，由县级以上食品药品监督管理部门责令改正，处1万元以下罚款。

第六十六条　有下列情形之一的，按照《医疗器械监督管理条例》的规定处罚：

（一）生产不符合强制性标准或者不符合经注册或者备案的产品技术要求的医疗器械的；

（二）医疗器械生产企业未按照经注册、备案的产品技术要求组织生产，或者未依照本办法规定建立质量管理体系并保持有效运行的；

（三）委托不具备本办法规定条件的企业生产医疗器械或者未对受托方的生产行为进行管理的。

第六十七条　医疗器械生产企业的生产条件发生变化、不再符合医疗器械质量管理体系要求，未依照本办法规定整改、停止生产、报告的，按照《医疗器械监督管理条例》的规定处罚。

第六十八条　医疗器械生产企业未按规定向省、自治区、直辖市或者设区的市级食品药品监督管理部门提交本企业质量管理体系运行情况自查报告的，按照《医疗器械监督管理条例》的规定处罚。

第六十九条　有下列情形之一的，由县级以上食品药品监督管理部门给予警告，责令限期改正，可以并处3万元以下罚款：

（一）出厂医疗器械未按照规定进行检验的；

（二）出厂医疗器械未按照规定附有合格证明文件的；

（三）未按照本办法第十六条规定办理《医疗器械生产许可证》变更登记的；

（四）未按照规定办理委托生产备案手续的；

（五）医疗器械产品连续停产一年以上且无同类产品在产，未经所在地省、自治区、直辖市或者设区的市级食品药品监督管理部门核查符合要求即恢复生产的；

（六）向监督检查的食品药品监督管理部门隐瞒有关情况、提供虚假资料或者拒绝提供反映其活动的真实资料的。

有前款所列情形，情节严重或者造成危害后果，属于违反《医疗器械监督管理条例》相关规定的，依照《医疗器械监督管理条例》的规定处罚。

第七章　附　则

第七十条　生产出口医疗器械的，应当保证其生产的医疗器械符合进口国（地区）的要求，并将产品相关信息向所在地设区的市级食品药品监督管理部门备案。

生产企业接受境外企业委托生产在境外上市销售的医疗器械的，应当取得医疗器械质量管理体系第三方认证或者同类产品境内生产许可或者备案。

第七十一条 《医疗器械生产许可证》和第一类医疗器械生产备案凭证的格式由国家食品药品监督管理总局统一制定。

《医疗器械生产许可证》由省、自治区、直辖市食品药品监督管理部门印制。

《医疗器械生产许可证》编号的编排方式为：×食药监械生产许××××××××号。其中：

第一位×代表许可部门所在地省、自治区、直辖市的简称；第二到五位×代表4位数许可年份；

第六到九位×代表4位数许可流水号。

第一类医疗器械生产备案凭证备案编号的编排方式为：××食药监械生产备××××××××号。其中：

第一位×代表备案部门所在地省、自治区、直辖市的简称；

第二位×代表备案部门所在地设区的市级行政区域的简称；

第三到六位×代表4位数备案年份；

第七到十位×代表4位数备案流水号。

第七十二条 食品药品监督管理部门制作的医疗器械生产许可电子证书与印制的医疗器械生产许可证书具有同等法律效力。

第七十三条 本办法自2014年10月1日起施行。2004年7月20日公布的《医疗器械生产监督管理办法》（原国家食品药品监督管理局令第12号）同时废止。

医疗器械经营监督管理办法

（2014 年 7 月 30 日国家食品药品监督管理总局令第 8 号公布
根据 2017 年 11 月 7 日国家食品药品监督管理总局局务会议
《关于修改部分规章的决定》修正）

目　录

第一章　总　则

第一条　为加强医疗器械经营监督管理，规范医疗器械经营行为，保证医疗器械安全、有效，根据《医疗器械监督管理条例》，制定本办法。

第二条　在中华人民共和国境内从事医疗器械经营活动及其监督管理，应当遵守本办法。

第三条　国家食品药品监督管理总局负责全国医疗器械经营监督管理工作。县级以上食品药品监督管理部门负责本行政区域的医疗器械经营监督管理工作。

上级食品药品监督管理部门负责指导和监督下级食品药品监督管理部门开展医疗器械经营监督管理工作。

第四条　按照医疗器械风险程度，医疗器械经营实施分类管理。

经营第一类医疗器械不需许可和备案，经营第二类医疗器械实行备案管理，经营第三类医疗器械实行许可管理。

第五条　国家食品药品监督管理总局制定医疗器械经营质量管理规范并监督实施。

第六条　食品药品监督管理部门依法及时公布医疗器械经营许可和备案

信息。申请人可以查询审批进度和审批结果，公众可以查阅审批结果。

第二章　经营许可与备案管理

第七条　从事医疗器械经营，应当具备以下条件：

（一）具有与经营范围和经营规模相适应的质量管理机构或者质量管理人员，质量管理人员应当具有国家认可的相关专业学历或者职称；

（二）具有与经营范围和经营规模相适应的经营、贮存场所；

（三）具有与经营范围和经营规模相适应的贮存条件，全部委托其他医疗器械经营企业贮存的可以不设立库房；

（四）具有与经营的医疗器械相适应的质量管理制度；

（五）具备与经营的医疗器械相适应的专业指导、技术培训和售后服务的能力，或者约定由相关机构提供技术支持。

从事第三类医疗器械经营的企业还应当具有符合医疗器械经营质量管理要求的计算机信息管理系统，保证经营的产品可追溯。鼓励从事第一类、第二类医疗器械经营的企业建立符合医疗器械经营质量管理要求的计算机信息管理系统。

第八条　从事第三类医疗器械经营的，经营企业应当向所在地设区的市级食品药品监督管理部门提出申请，并提交以下资料：

（一）营业执照复印件；

（二）法定代表人、企业负责人、质量负责人的身份证明、学历或者职称证明复印件；

（三）组织机构与部门设置说明；

（四）经营范围、经营方式说明；

（五）经营场所、库房地址的地理位置图、平面图、房屋产权证明文件或者租赁协议（附房屋产权证明文件）复印件；

（六）经营设施、设备目录；

（七）经营质量管理制度、工作程序等文件目录；

（八）计算机信息管理系统基本情况介绍和功能说明；

（九）经办人授权证明；

（十）其他证明材料。

第九条　对于申请人提出的第三类医疗器械经营许可申请，设区的市级食品药品监督管理部门应当根据下列情况分别作出处理：

（一）申请事项属于其职权范围，申请资料齐全、符合法定形式的，应当受理申请；

（二）申请资料不齐全或者不符合法定形式的，应当当场或者在5个工作日内一次告知申请人需要补正的全部内容，逾期不告知的，自收到申请资料之日起即为受理；

（三）申请资料存在可以当场更正的错误的，应当允许申请人当场更正；

（四）申请事项不属于本部门职权范围的，应当即时作出不予受理的决定，并告知申请人向有关行政部门申请。

设区的市级食品药品监督管理部门受理或者不予受理医疗器械经营许可申请的，应当出具受理或者不予受理的通知书。

第十条　设区的市级食品药品监督管理部门应当自受理之日起30个工作日内对申请资料进行审核，并按照医疗器械经营质量管理规范的要求开展现场核查。需要整改的，整改时间不计入审核时限。

符合规定条件的，依法作出准予许可的书面决定，并于10个工作日内发给《医疗器械经营许可证》；不符合规定条件的，作出不予许可的书面决定，并说明理由。

第十一条　医疗器械经营许可申请直接涉及申请人与他人之间重大利益关系的，食品药品监督管理部门应当告知申请人、利害关系人依照法律、法规以及国家食品药品监督管理总局的有关规定享有申请听证的权利；在对医疗器械经营许可进行审查时，食品药品监督管理部门认为涉及公共利益的重大许可事项，应当向社会公告，并举行听证。

第十二条　从事第二类医疗器械经营的，经营企业应当向所在地设区的市级食品药品监督管理部门备案，填写第二类医疗器械经营备案表，并提交本办法第八条规定的资料（第八项除外）。

第十三条　食品药品监督管理部门应当当场对企业提交资料的完整性进行核对，符合规定的予以备案，发给第二类医疗器械经营备案凭证。

第十四条　设区的市级食品药品监督管理部门应当在医疗器械经营企业备案之日起3个月内，按照医疗器械经营质量管理规范的要求对第二类医疗器械经营企业开展现场核查。

第十五条　《医疗器械经营许可证》有效期为5年，载明许可证编号、企业名称、法定代表人、企业负责人、住所、经营场所、经营方式、经营范围、库房地址、发证部门、发证日期和有效期限等事项。

医疗器械经营备案凭证应当载明编号、企业名称、法定代表人、企业负责人、住所、经营场所、经营方式、经营范围、库房地址、备案部门、备案日期等事项。

第十六条　《医疗器械经营许可证》事项的变更分为许可事项变更和登记事项变更。

许可事项变更包括经营场所、经营方式、经营范围、库房地址的变更。

登记事项变更是指上述事项以外其他事项的变更。

第十七条 许可事项变更的，应当向原发证部门提出《医疗器械经营许可证》变更申请，并提交本办法第八条规定中涉及变更内容的有关资料。

跨行政区域设置库房的，应当向库房所在地设区的市级食品药品监督管理部门办理备案。

原发证部门应当自收到变更申请之日起 15 个工作日内进行审核，并作出准予变更或者不予变更的决定；需要按照医疗器械经营质量管理规范的要求开展现场核查的，自收到变更申请之日起 30 个工作日内作出准予变更或者不予变更的决定。不予变更的，应当书面说明理由并告知申请人。变更后的《医疗器械经营许可证》编号和有效期限不变。

第十八条 新设立独立经营场所的，应当单独申请医疗器械经营许可或者备案。

第十九条 登记事项变更的，医疗器械经营企业应当及时向设区的市级食品药品监督管理部门办理变更手续。

第二十条 因分立、合并而存续的医疗器械经营企业，应当依照本办法规定申请变更许可；因企业分立、合并而解散的，应当申请注销《医疗器械经营许可证》；因企业分立、合并而新设立的，应当申请办理《医疗器械经营许可证》。

第二十一条 医疗器械注册人、备案人或者生产企业在其住所或者生产地址销售医疗器械，不需办理经营许可或者备案；在其他场所贮存并现货销售医疗器械的，应当按照规定办理经营许可或者备案。

第二十二条 《医疗器械经营许可证》有效期届满需要延续的，医疗器械经营企业应当在有效期届满 6 个月前，向原发证部门提出《医疗器械经营许可证》延续申请。

原发证部门应当按照本办法第十条的规定对延续申请进行审核，必要时开展现场核查，在《医疗器械经营许可证》有效期届满前作出是否准予延续的决定。符合规定条件的，准予延续，延续后的《医疗器械经营许可证》编号不变。不符合规定条件的，责令限期整改；整改后仍不符合规定条件的，不予延续，并书面说明理由。逾期未作出决定的，视为准予延续。

第二十三条 医疗器械经营备案凭证中企业名称、法定代表人、企业负责人、住所、经营场所、经营方式、经营范围、库房地址等备案事项发生变化的，应当及时变更备案。

第二十四条 《医疗器械经营许可证》遗失的，医疗器械经营企业应当立即在原发证部门指定的媒体上登载遗失声明。自登载遗失声明之日起满 1 个月后，向原发证部门申请补发。原发证部门及时补发《医疗器械经营许可证》。

补发的《医疗器械经营许可证》编号和有效期限与原证一致。

第二十五条　医疗器械经营备案凭证遗失的，医疗器械经营企业应当及时向原备案部门办理补发手续。

第二十六条　医疗器械经营企业因违法经营被食品药品监督管理部门立案调查但尚未结案的，或者收到行政处罚决定但尚未履行的，设区的市级食品药品监督管理部门应当中止许可，直至案件处理完毕。

第二十七条　医疗器械经营企业有法律、法规规定应当注销的情形，或者有效期未满但企业主动提出注销的，设区的市级食品药品监督管理部门应当依法注销其《医疗器械经营许可证》，并在网站上予以公布。

第二十八条　设区的市级食品药品监督管理部门应当建立《医疗器械经营许可证》核发、延续、变更、补发、撤销、注销等许可档案和医疗器械经营备案信息档案。

第二十九条　任何单位以及个人不得伪造、变造、买卖、出租、出借《医疗器械经营许可证》和医疗器械经营备案凭证。

第三章　经营质量管理

第三十条　医疗器械经营企业应当按照医疗器械经营质量管理规范要求，建立覆盖质量管理全过程的经营管理制度，并做好相关记录，保证经营条件和经营行为持续符合要求。

第三十一条　医疗器械经营企业对其办事机构或者销售人员以本企业名义从事的医疗器械购销行为承担法律责任。医疗器械经营企业销售人员销售医疗器械，应当提供加盖本企业公章的授权书。授权书应当载明授权销售的品种、地域、期限，注明销售人员的身份证号码。

第三十二条　医疗器械经营企业应当建立并执行进货查验记录制度。从事第二类、第三类医疗器械批发业务以及第三类医疗器械零售业务的经营企业应当建立销售记录制度。进货查验记录和销售记录信息应当真实、准确、完整。

从事医疗器械批发业务的企业，其购进、贮存、销售等记录应当符合可追溯要求。

进货查验记录和销售记录应当保存至医疗器械有效期后 2 年；无有效期的，不得少于 5 年。植入类医疗器械进货查验记录和销售记录应当永久保存。

鼓励其他医疗器械经营企业建立销售记录制度。

第三十三条　医疗器械经营企业应当从具有资质的生产企业或者经营企业购进医疗器械。

医疗器械经营企业应当与供货者约定质量责任和售后服务责任，保证医疗器械售后的安全使用。

与供货者或者相应机构约定由其负责产品安装、维修、技术培训服务的医疗器械经营企业，可以不设从事技术培训和售后服务的部门，但应当有相应的管理人员。

第三十四条 医疗器械经营企业应当采取有效措施，确保医疗器械运输、贮存过程符合医疗器械说明书或者标签标示要求，并做好相应记录，保证医疗器械质量安全。

说明书和标签标示要求低温、冷藏的，应当按照有关规定，使用低温、冷藏设施设备运输和贮存。

第三十五条 医疗器械经营企业委托其他单位运输医疗器械的，应当对承运方运输医疗器械的质量保障能力进行考核评估，明确运输过程中的质量责任，确保运输过程中的质量安全。

第三十六条 医疗器械经营企业为其他医疗器械生产经营企业提供贮存、配送服务的，应当与委托方签订书面协议，明确双方权利义务，并具有与产品贮存配送条件和规模相适应的设备设施，具备与委托方开展实时电子数据交换和实现产品经营全过程可追溯的计算机信息管理平台和技术手段。

第三十七条 从事医疗器械批发业务的经营企业应当销售给具有资质的经营企业或者使用单位。

第三十八条 医疗器械经营企业应当配备专职或者兼职人员负责售后管理，对客户投诉的质量问题应当查明原因，采取有效措施及时处理和反馈，并做好记录，必要时应当通知供货者及医疗器械生产企业。

第三十九条 医疗器械经营企业不具备原经营许可条件或者与备案信息不符且无法取得联系的，经原发证或者备案部门公示后，依法注销其《医疗器械经营许可证》或者在第二类医疗器械经营备案信息中予以标注，并向社会公告。

第四十条 第三类医疗器械经营企业应当建立质量管理自查制度，并按照医疗器械经营质量管理规范要求进行全项目自查，于每年年底前向所在地设区的市级食品药品监督管理部门提交年度自查报告。

第四十一条 第三类医疗器械经营企业自行停业一年以上，重新经营时，应当提前书面报告所在地设区的市级食品药品监督管理部门，经核查符合要求后方可恢复经营。

第四十二条 医疗器械经营企业不得经营未经注册或者备案、无合格证明文件以及过期、失效、淘汰的医疗器械。

第四十三条 医疗器械经营企业经营的医疗器械发生重大质量事故的，

应当在24小时内报告所在地省、自治区、直辖市食品药品监督管理部门，省、自治区、直辖市食品药品监督管理部门应当立即报告国家食品药品监督管理总局。

第四章　监督管理

第四十四条　食品药品监督管理部门应当定期或者不定期对医疗器械经营企业符合经营质量管理规范要求的情况进行监督检查，督促企业规范经营活动。对第三类医疗器械经营企业按照医疗器械经营质量管理规范要求进行全项目自查的年度自查报告，应当进行审查，必要时开展现场核查。

第四十五条　省、自治区、直辖市食品药品监督管理部门应当编制本行政区域的医疗器械经营企业监督检查计划，并监督实施。设区的市级食品药品监督管理部门应当制定本行政区域的医疗器械经营企业的监管重点、检查频次和覆盖率，并组织实施。

第四十六条　食品药品监督管理部门组织监督检查，应当制定检查方案，明确检查标准，如实记录现场检查情况，将检查结果书面告知被检查企业。需要整改的，应当明确整改内容以及整改期限，并实施跟踪检查。

第四十七条　食品药品监督管理部门应当加强对医疗器械的抽查检验。

省级以上食品药品监督管理部门应当根据抽查检验结论及时发布医疗器械质量公告。

第四十八条　有下列情形之一的，食品药品监督管理部门应当加强现场检查：

（一）上一年度监督检查中存在严重问题的；

（二）因违反有关法律、法规受到行政处罚的；

（三）新开办的第三类医疗器械经营企业；

（四）食品药品监督管理部门认为需要进行现场检查的其他情形。

第四十九条　食品药品监督管理部门应当建立医疗器械经营日常监督管理制度，加强对医疗器械经营企业的日常监督检查。

第五十条　对投诉举报或者其他信息显示以及日常监督检查发现可能存在产品安全隐患的医疗器械经营企业，或者有不良行为记录的医疗器械经营企业，食品药品监督管理部门可以实施飞行检查。

第五十一条　有下列情形之一的，食品药品监督管理部门可以对医疗器械经营企业的法定代表人或者企业负责人进行责任约谈：

（一）经营存在严重安全隐患的；

（二）经营产品因质量问题被多次举报投诉或者媒体曝光的；

（三）信用等级评定为不良信用企业的；

（四）食品药品监督管理部门认为有必要开展责任约谈的其他情形。

第五十二条 食品药品监督管理部门应当建立医疗器械经营企业监管档案，记录许可和备案信息、日常监督检查结果、违法行为查处等情况，并对有不良信用记录的医疗器械经营企业实施重点监管。

第五章 法律责任

第五十三条 有下列情形之一的，由县级以上食品药品监督管理部门责令限期改正，给予警告；拒不改正的，处5000元以上2万元以下罚款：

（一）医疗器械经营企业未依照本办法规定办理登记事项变更的；

（二）医疗器械经营企业派出销售人员销售医疗器械，未按照本办法要求提供授权书的；

（三）第三类医疗器械经营企业未在每年年底前向食品药品监督管理部门提交年度自查报告的。

第五十四条 有下列情形之一的，由县级以上食品药品监督管理部门责令改正，处1万元以上3万元以下罚款：

（一）医疗器械经营企业经营条件发生变化，不再符合医疗器械经营质量管理规范要求，未按照规定进行整改的；

（二）医疗器械经营企业擅自变更经营场所或者库房地址、扩大经营范围或者擅自设立库房的；

（三）从事医疗器械批发业务的经营企业销售给不具有资质的经营企业或者使用单位的；

（四）医疗器械经营企业从不具有资质的生产、经营企业购进医疗器械的。

第五十五条 未经许可从事医疗器械经营活动，或者《医疗器械经营许可证》有效期届满后未依法办理延续、仍继续从事医疗器械经营的，按照《医疗器械监督管理条例》第六十三条的规定予以处罚。

第五十六条 提供虚假资料或者采取其他欺骗手段取得《医疗器械经营许可证》的，按照《医疗器械监督管理条例》第六十四条的规定予以处罚。

第五十七条 伪造、变造、买卖、出租、出借《医疗器械经营许可证》的，按照《医疗器械监督管理条例》第六十四条的规定予以处罚。

伪造、变造、买卖、出租、出借医疗器械经营备案凭证的，由县级以上食品药品监督管理部门责令改正，并处1万元以下罚款。

第五十八条 未依照本办法规定备案或者备案时提供虚假资料的，按照《医疗器械监督管理条例》第六十五条的规定予以处罚。

第五十九条 有下列情形之一的，由县级以上食品药品监督管理部门责令限期改正，并按照《医疗器械监督管理条例》第六十六条的规定予以处罚：

（一）经营不符合强制性标准或者不符合经注册或者备案的产品技术要求的医疗器械的；

（二）经营无合格证明文件、过期、失效、淘汰的医疗器械的；

（三）食品药品监督管理部门责令停止经营后，仍拒不停止经营医疗器械的。

第六十条　有下列情形之一的，由县级以上食品药品监督管理部门责令改正，并按照《医疗器械监督管理条例》第六十七条的规定予以处罚：

（一）经营的医疗器械的说明书、标签不符合有关规定的；

（二）未按照医疗器械说明书和标签标示要求运输、贮存医疗器械的。

第六十一条　有下列情形之一的，由县级以上食品药品监督管理部门责令改正，并按照《医疗器械监督管理条例》第六十八条的规定予以处罚：

（一）经营企业未依照本办法规定建立并执行医疗器械进货查验记录制度的；

（二）从事第二类、第三类医疗器械批发业务以及第三类医疗器械零售业务的经营企业未依照本办法规定建立并执行销售记录制度的。

第六章　附　则

第六十二条　本办法下列用语的含义是：

医疗器械经营，是指以购销的方式提供医疗器械产品的行为，包括采购、验收、贮存、销售、运输、售后服务等。

医疗器械批发，是指将医疗器械销售给具有资质的经营企业或者使用单位的医疗器械经营行为。

医疗器械零售，是指将医疗器械直接销售给消费者的医疗器械经营行为。

第六十三条　互联网医疗器械经营有关管理规定由国家食品药品监督管理总局另行制定。

第六十四条　《医疗器械经营许可证》和医疗器械经营备案凭证的格式由国家食品药品监督管理总局统一制定。

《医疗器械经营许可证》和医疗器械经营备案凭证由设区的市级食品药品监督管理部门印制。

《医疗器械经营许可证》编号的编排方式为：××食药监械经营许××××××××号。其中：

第一位×代表许可部门所在地省、自治区、直辖市的简称；

第二位×代表所在地设区的市级行政区域的简称；

第三到六位×代表4位数许可年份；

第七到十位×代表4位数许可流水号。

第二类医疗器械经营备案凭证备案编号的编排方式为：××食药监械经营备××××××××号。其中：

第一位×代表备案部门所在地省、自治区、直辖市的简称；

第二位×代表所在地设区的市级行政区域的简称；

第三到六位×代表4位数备案年份；

第七到十位×代表4位数备案流水号。

第六十五条 《医疗器械经营许可证》和医疗器械经营备案凭证列明的经营范围按照医疗器械管理类别、分类编码及名称确定。医疗器械管理类别、分类编码及名称按照国家食品药品监督管理总局发布的医疗器械分类目录核定。

第六十六条 食品药品监督管理部门制作的医疗器械经营许可电子证书与印制的医疗器械经营许可证书具有同等法律效力。

第六十七条 本办法自2014年10月1日起施行。2004年8月9日公布的《医疗器械经营企业许可证管理办法》（原国家食品药品监督管理局令第15号）同时废止。

医疗机构临床用血管理办法

（2012年3月19日卫生部部务会议审议通过
2012年6月7日卫生部令第85号公布
自2012年8月1日起施行）

第一章　总　则

第一条 为加强医疗机构临床用血管理，推进临床科学合理用血，保护血液资源，保障临床用血安全和医疗质量，根据《中华人民共和国献血法》，制定本办法。

第二条 卫生部负责全国医疗机构临床用血的监督管理。县级以上地方人民政府卫生行政部门负责本行政区域医疗机构临床用血的监督管理。

第三条 医疗机构应当加强临床用血管理，将其作为医疗质量管理的重要内容，完善组织建设，建立健全岗位责任制，制定并落实相关规章制度和技术操作规程。

第四条　本办法适用于各级各类医疗机构的临床用血管理工作。

第二章　组织与职责

第五条　卫生部成立临床用血专家委员会，其主要职责是：

（一）协助制订国家临床用血相关制度、技术规范和标准；

（二）协助指导全国临床用血管理和质量评价工作，促进提高临床合理用血水平；

（三）协助临床用血重大安全事件的调查分析，提出处理意见；

（四）承担卫生部交办的有关临床用血管理的其他任务。

卫生部建立协调机制，做好临床用血管理工作，提高临床合理用血水平，保证输血治疗质量。

第六条　各省、自治区、直辖市人民政府卫生行政部门成立省级临床用血质量控制中心，负责辖区内医疗机构临床用血管理的指导、评价和培训等工作。

第七条　医疗机构应当加强组织管理，明确岗位职责，健全管理制度。

医疗机构法定代表人为临床用血管理第一责任人。

第八条　二级以上医院和妇幼保健院应当设立临床用血管理委员会，负责本机构临床合理用血管理工作。主任委员由院长或者分管医疗的副院长担任，成员由医务部门、输血科、麻醉科、开展输血治疗的主要临床科室、护理部门、手术室等部门负责人组成。医务、输血部门共同负责临床合理用血日常管理工作。

其他医疗机构应当设立临床用血管理工作组，并指定专（兼）职人员负责日常管理工作。

第九条　临床用血管理委员会或者临床用血管理工作组应当履行以下职责：

（一）认真贯彻临床用血管理相关法律、法规、规章、技术规范和标准，制订本机构临床用血管理的规章制度并监督实施；

（二）评估确定临床用血的重点科室、关键环节和流程；（三）定期监测、分析和评估临床用血情况，开展临床

用血质量评价工作，提高临床合理用血水平；

（四）分析临床用血不良事件，提出处理和改进措施；

（五）指导并推动开展自体输血等血液保护及输血新技

术；

（六）承担医疗机构交办的有关临床用血的其他任务。

第十条　医疗机构应当根据有关规定和临床用血需求设置输血科或者血

库，并根据自身功能、任务、规模，配备与输血工作相适应的专业技术人员、设施、设备。

不具备条件设置输血科或者血库的医疗机构，应当安排专（兼）职人员负责临床用血工作。

第十一条 输血科及血库的主要职责是：

（一）建立临床用血质量管理体系，推动临床合理用血；

（二）负责制订临床用血储备计划，根据血站供血的预警信息和医院的血液库存情况协调临床用血；

（三）负责血液预订、入库、储存、发放工作；

（四）负责输血相关免疫血液学检测；

（五）参与推动自体输血等血液保护及输血新技术；

（六）参与特殊输血治疗病例的会诊，为临床合理用血提供咨询；

（七）参与临床用血不良事件的调查；

（八）根据临床治疗需要，参与开展血液治疗相关技术；

（九）承担医疗机构交办的有关临床用血的其他任务。

第三章 临床用血管理

第十二条 医疗机构应当加强临床用血管理，建立并完善管理制度和工作规范，并保证落实。

第十三条 医疗机构应当使用卫生行政部门指定血站提供的血液。

医疗机构科研用血由所在地省级卫生行政部门负责核准。

医疗机构应当配合血站建立血液库存动态预警机制，保障临床用血需求和正常医疗秩序。

第十四条 医疗机构应当科学制订临床用血计划，建立临床合理用血的评价制度，提高临床合理用血水平。

第十五条 医疗机构应当对血液预订、接收、入库、储存、出库及库存预警等进行管理，保证血液储存、运送符合国家有关标准和要求。

第十六条 医疗机构接收血站发送的血液后，应当对血袋标签进行核对。符合国家有关标准和要求的血液入库，做好登记；并按不同品种、血型和采血日期（或有效期），分别有序存放于专用储藏设施内。

血袋标签核对的主要内容是：

（一）血站的名称；

（二）献血编号或者条形码、血型；

（三）血液品种；

（四）采血日期及时间或者制备日期及时间；

（五）有效期及时间；

（六）储存条件。

禁止将血袋标签不合格的血液入库。

第十七条　医疗机构应当在血液发放和输血时进行核对，并指定医务人员负责血液的收领、发放工作。

第十八条　医疗机构的储血设施应当保证运行有效，全血、红细胞的储藏温度应当控制在2—6℃，血小板的储藏温度应当控制在20—24℃。储血保管人员应当做好血液储藏温度的24小时监测记录。储血环境应当符合卫生标准和要求。

第十九条　医务人员应当认真执行临床输血技术规范，严格掌握临床输血适应证，根据患者病情和实验室检测指标，对输血指证进行综合评估，制订输血治疗方案。

第二十条　医疗机构应当建立临床用血申请管理制度。

同一患者一天申请备血量少于800毫升的，由具有中级以上专业技术职务任职资格的医师提出申请，上级医师核准签发后，方可备血。

同一患者一天申请备血量在800毫升至1600毫升的，由具有中级以上专业技术职务任职资格的医师提出申请，经上级医师审核，科室主任核准签发后，方可备血。

同一患者一天申请备血量达到或超过1600毫升的，由具有中级以上专业技术职务任职资格的医师提出申请，科室主任核准签发后，报医务部门批准，方可备血。

以上第二款、第三款和第四款规定不适用于急救用血。

第二十一条　在输血治疗前，医师应当向患者或者其近亲属说明输血目的、方式和风险，并签署临床输血治疗知情同意书。

因抢救生命垂危的患者需要紧急输血，且不能取得患者或者其近亲属意见的，经医疗机构负责人或者授权的负责人批准后，可以立即实施输血治疗。

第二十二条　医疗机构应当积极推行节约用血的新型医疗技术。

三级医院、有条件的二级医院和妇幼保健院应当开展自体输血技术，建立并完善管理制度和技术规范，提高合理用血水平，保证医疗质量和安全。

医疗机构应当动员符合条件的患者接受自体输血技术，提高输血治疗效果和安全性。

第二十三条　医疗机构应当积极推行成分输血，保证医疗质量和安全。

第二十四条　医疗机构应当加强无偿献血知识的宣传教育工作，规范开展互助献血工作。

血站负责互助献血血液的采集、检测及用血者血液调配等工作。

第二十五条 医疗机构应当根据国家有关法律法规和规范建立临床用血不良事件监测报告制度。临床发现输血不良反应后，应当积极救治患者，及时向有关部门报告，并做好观察和记录。

第二十六条 各省、自治区、直辖市人民政府卫生行政部门应当制订临床用血保障措施和应急预案，保证自然灾害、突发事件等大量伤员和特殊病例、稀缺血型等应急用血的供应和安全。

因应急用血或者避免血液浪费，在保证血液安全的前提下，经省、自治区、直辖市人民政府卫生行政部门核准，医疗机构之间可以调剂血液。具体方案由省级卫生行政部门制订。

第二十七条 省、自治区、直辖市人民政府卫生行政部门应当加强边远地区医疗机构临床用血保障工作，科学规划和建设中心血库与储血点。

医疗机构应当制订应急用血工作预案。为保证应急用血，医疗机构可以临时采集血液，但必须同时符合以下条件：

（一）危及患者生命，急需输血；

（二）所在地血站无法及时提供血液，且无法及时从其他医疗机构调剂血液，而其他医疗措施不能替代输血治疗；

（三）具备开展交叉配血及乙型肝炎病毒表面抗原、丙型肝炎病毒抗体、艾滋病病毒抗体和梅毒螺旋体抗体的检测能力；

（四）遵守采供血相关操作规程和技术标准。

医疗机构应当在临时采集血液后10日内将情况报告县级以上人民政府卫生行政部门。

第二十八条 医疗机构应当建立临床用血医学文书管理制度，确保临床用血信息客观真实、完整、可追溯。医师应当将患者输血适应证的评估、输血过程和输血后疗效评价情况记入病历；临床输血治疗知情同意书、输血记录单等随病历保存。

第二十九条 医疗机构应当建立培训制度，加强对医务人员临床用血和无偿献血知识的培训，将临床用血相关知识培训纳入继续教育内容。新上岗医务人员应当接受岗前临床用血相关知识培训及考核。

第三十条 医疗机构应当建立科室和医师临床用血评价及公示制度。将临床用血情况纳入科室和医务人员工作考核指标体系。

禁止将用血量和经济收入作为输血科或者血库工作的考核指标。

第四章 监督管理

第三十一条 县级以上地方人民政府卫生行政部门应当加强对本行政区域内医疗机构临床用血情况的督导检查。

第三十二条　县级以上地方人民政府卫生行政部门应当建立医疗机构临床用血评价制度，定期对医疗机构临床用血工作进行评价。

第三十三条　县级以上地方人民政府卫生行政部门应当建立临床合理用血情况排名、公布制度。对本行政区域内医疗机构临床用血量和不合理使用等情况进行排名，将排名情况向本行政区域内的医疗机构公布，并报上级卫生行政部门。

第三十四条　县级以上地方人民政府卫生行政部门应当将医疗机构临床用血情况纳入医疗机构考核指标体系；将临床用血情况作为医疗机构评审、评价重要指标。

第五章　法律责任

第三十五条　医疗机构有下列情形之一的，由县级以上人民政府卫生行政部门责令限期改正；逾期不改的，进行通报批评，并予以警告；情节严重或者造成严重后果的，可处3万元以下的罚款，对负有责任的主管人员和其他直接责任人员依法给予处分：

（一）未设立临床用血管理委员会或者工作组的；

（二）未拟定临床用血计划或者一年内未对计划实施情况进行评估和考核的；

（三）未建立血液发放和输血核对制度的；

（四）未建立临床用血申请管理制度的；

（五）未建立医务人员临床用血和无偿献血知识培训制度的；

（六）未建立科室和医师临床用血评价及公示制度的；

（七）将经济收入作为对输血科或者血库工作的考核指标的；

（八）违反本办法的其他行为。

第三十六条　医疗机构使用未经卫生行政部门指定的血站供应的血液的，由县级以上地方人民政府卫生行政部门给予警告，并处3万元以下罚款；情节严重或者造成严重后果的，对负有责任的主管人员和其他直接责任人员依法给予处分。

第三十七条　医疗机构违反本办法关于应急用血采血规定的，由县级以上人民政府卫生行政部门责令限期改正，给予警告；情节严重或者造成严重后果的，处3万元以下罚款，对负有责任的主管人员和其他直接责任人员依法给予处分。

第三十八条　医疗机构及其医务人员违反本法规定，将不符合国家规定标准的血液用于患者的，由县级以上地方人民政府卫生行政部门责令改正；给患者健康造成损害的，应当依据国家有关法律法规进行处理，并对负有责任的主管人员和其他直接责任人员依法给予处分。

第三十九条 县级以上地方卫生行政部门未按照本办法规定履行监管职责，造成严重后果的，对直接负责的主管人员和其他直接责任人员依法给予记大过、降级、撤职、开除等行政处分。

第四十条 医疗机构及其医务人员违反临床用血管理规定，构成犯罪的，依法追究刑事责任。

第六章 附 则

第四十一条 本办法自2012年8月1日起施行。卫生部于1999年1月5日公布的《医疗机构临床用血管理办法（试行）》同时废止。

血站管理办法

（2005年11月17日卫生部令第44号发布　根据2009年3月27日《卫生部关于对〈血站管理办法〉第三十一条进行修订的通知》第一次修正　根据2016年1月19日中华人民共和国国家卫生和计划生育委员会令第8号《国家卫生计生委关于修改〈外国医师来华短期行医暂行管理办法〉等8件部门规章的决定》第二次修正　根据2017年12月26日国家卫生和计划生育委员会令第18号《国家卫生计生委关于修改〈新食品原料安全性审查管理办法〉等7件部门规章的决定》第三次修正）

目 录

第一章　总　则

第一条　为了确保血液安全，规范血站执业行为，促进血站的建设与发展，根据《献血法》制定本办法。

第二条　本办法所称血站是指不以营利为目的，采集、提供临床用血的公益性卫生机构。

第三条　血站分为一般血站和特殊血站。

一般血站包括血液中心、中心血站和中心血库。

特殊血站包括脐带血造血干细胞库和国家卫生计生委根据医学发展需要批准、设置的其他类型血库。

第四条　血液中心、中心血站和中心血库由地方人民政府设立。

血站的建设和发展纳入当地国民经济和社会发展计划。

第五条　国家卫生计生委根据全国医疗资源配置、临床用血需求，制定全国采供血机构设置规划指导原则，并负责全国血站建设规划的指导。

省、自治区、直辖市人民政府卫生计生行政部门应当根据前款规定，结合本行政区域人口、医疗资源、临床用血需求等实际情况和当地区域卫生发展规划，制定本行政区域血站设置规划，报同级人民政府批准，并报国家卫生计生委备案。

第六条　国家卫生计生委主管全国血站的监督管理工作。

县级以上地方人民政府卫生计生行政部门负责本行政区域内血站的监督管理工作。

第七条　鼓励和支持开展血液应用研究和技术创新工作，以及与临床输血有关的科学技术的国际交流与合作。

第二章　一般血站管理

第一节　设置、职责与执业登记

第八条　血液中心应当设置在直辖市、省会市、自治区首府市。其主要职责是：

（一）按照省级人民政府卫生计生行政部门的要求，在规定范围内开展无偿献血者的招募、血液的采集与制备、临床用血供应以及医疗用血的业务指导等工作；

（二）承担所在省、自治区、直辖市血站的质量控制与评价；

（三）承担所在省、自治区、直辖市血站的业务培训与技术指导；

（四）承担所在省、自治区、直辖市血液的集中化检测任务；

（五）开展血液相关的科研工作；

（六）承担卫生计生行政部门交办的任务。

血液中心应当具有较高综合质量评价的技术能力。

第九条 中心血站应当设置在设区的市。其主要职责是：

（一）按照省级人民政府卫生计生行政部门的要求，在规定范围内开展无偿献血者的招募、血液的采集与制备、临床用血供应以及医疗用血的业务指导等工作；

（二）承担供血区域范围内血液储存的质量控制；

（三）对所在行政区域内的中心血库进行质量控制；

（四）承担卫生计生行政部门交办的任务。

直辖市、省会市、自治区首府市已经设置血液中心的，不再设置中心血站；尚未设置血液中心的，可以在已经设置的中心血站基础上加强能力建设，履行血液中心的职责。

第十条 中心血库应当设置在中心血站服务覆盖不到的县级综合医院内。其主要职责是，按照省级人民政府卫生计生行政部门的要求，在规定范围内开展无偿献血者的招募、血液的采集与制备、临床用血供应以及医疗用血业务指导等工作。

第十一条 省、自治区、直辖市人民政府卫生计生行政部门依据采供血机构设置规划批准设置血站，并报国家卫生计生委备案。

省、自治区、直辖市人民政府卫生计生行政部门负责明确辖区内各级卫生计生行政部门监管责任和血站的职责；根据实际供血距离与能力等情况，负责划定血站采供血服务区域，采供血服务区域可以不受行政区域的限制。

同一行政区域内不得重复设置血液中心、中心血站。

血站与单采血浆站不得在同一县级行政区域内设置。

第十二条 省、自治区、直辖市人民政府卫生计生行政部门应当统一规划、设置集中化检测实验室，并逐步实施。

第十三条 血站开展采供血活动，应当向所在省、自治区、直辖市人民政府卫生计生行政部门申请办理执业登记，取得《血站执业许可证》。没有取得《血站执业许可证》的，不得开展采供血活动。

《血站执业许可证》有效期为三年。

第十四条 血站申请办理执业登记必须填写《血站执业登记申请书》。

省级人民政府卫生计生行政部门在受理血站执业登记申请后，应当组织有关专家或者委托技术部门，根据《血站质量管理规范》和《血站实验室质量管理规范》，对申请单位进行技术审查，并提交技术审查报告。

省级人民政府卫生计生行政部门应当在接到专家或者技术部门的技术审

查报告后二十日内对申请事项进行审核。审核合格的，予以执业登记，发给国家卫生计生委统一样式的《血站执业许可证》及其副本。

第十五条　有下列情形之一的，不予执业登记：

（一）《血站质量管理规范》技术审查不合格的；

（二）《血站实验室质量管理规范》技术审查不合格的；

（三）血液质量检测结果不合格的。

执业登记机关对审核不合格、不予执业登记的，将结果和理由以书面形式通知申请人。

第十六条　《血站执业许可证》有效期满前三个月，血站应当办理再次执业登记，并提交《血站再次执业登记申请书》及《血站执业许可证》。

省级人民政府卫生计生行政部门应当根据血站业务开展和监督检查情况进行审核，审核合格的，予以继续执业。未通过审核的，责令其限期整改；经整改仍审核不合格的，注销其《血站执业许可证》。

未办理再次执业登记手续或者被注销《血站执业许可证》的血站，不得继续执业。

第十七条　血站因采供血需要，在规定的服务区域内设置分支机构，应当报所在省、自治区、直辖市人民政府卫生计生行政部门批准；设置固定采血点（室）或者流动采血车的，应当报省、自治区、直辖市人民政府卫生计生行政部门备案。

为保证辖区内临床用血需要，血站可以设置储血点储存血液。储血点应当具备必要的储存条件，并由省级卫生计生行政部门批准。

第十八条　根据规划予以撤销的血站，应当在撤销后十五日内向执业登记机关申请办理注销执业登记。逾期不办理的，由执业登记机关依程序予以注销，并收回《血站执业许可证》及其副本和全套印章。

第二节　执　业

第十九条　血站执业，应当遵守有关法律、行政法规、规章和技术规范。

第二十条　血站应当根据医疗机构临床用血需求，制定血液采集、制备、供应计划，保障临床用血安全、及时、有效。

第二十一条　血站应当开展无偿献血宣传。

血站开展献血者招募，应当为献血者提供安全、卫生、便利的条件和良好的服务。

第二十二条　血站应当按照国家有关规定对献血者进行健康检查和血液采集。

血站采血前应当对献血者身份进行核对并进行登记。

严禁采集冒名顶替者的血液。严禁超量、频繁采集血液。

血站不得采集血液制品生产用原料血浆。

第二十三条 献血者应当按照要求出示真实的身份证明。

任何单位和个人不得组织冒名顶替者献血。

第二十四条 血站采集血液应当遵循自愿和知情同意的原则，并对献血者履行规定的告知义务。

血站应当建立献血者信息保密制度，为献血者保密。

第二十五条 血站应当建立对有易感染经血液传播疾病危险行为的献血者献血后的报告工作程序、献血屏蔽和淘汰制度。

第二十六条 血站开展采供血业务应当实行全面质量管理，严格遵守《中国输血技术操作规程》、《血站质量管理规范》和《血站实验室质量规范》等技术规范和标准。

血站应当建立人员岗位责任制度和采供血管理相关工作制度，并定期检查、考核各项规章制度和各级各类人员岗位责任制的执行和落实情况。

第二十七条 血站应当对血站工作人员进行岗位培训与考核。血站工作人员应当符合岗位执业资格的规定，并经岗位培训与考核合格后方可上岗。

血站工作人员每人每年应当接受不少于75学时的岗位继续教育。

省级人民政府卫生计生行政部门应当制定血站工作人员培训标准或指南，并对血站开展的岗位培训、考核工作进行指导和监督。

第二十八条 血站各业务岗位工作记录应当内容真实、项目完整、格式规范、字迹清楚、记录及时，有操作者签名。

记录内容需要更改时，应当保持原记录内容清晰可辨，注明更改内容、原因和日期，并在更改处签名。

献血、检测和供血的原始记录应当至少保存十年，法律、行政法规和国家卫生计生委另有规定的，依照有关规定执行。

第二十九条 血站应当保证所采集的血液由具有血液检测实验室资格的实验室进行检测。

对检测不合格或者报废的血液，血站应当严格按照有关规定处理。

第三十条 血站应当制定实验室室内质控与室间质评制度，确保试剂、卫生器材、仪器、设备在使用过程中能达到预期效果。

血站的实验室应当配备必要的生物安全设备和设施，并对工作人员进行生物安全知识培训。

第三十一条 血液标本的保存期为全血或成分血使用后二年。

第三十二条 血站应当加强消毒、隔离工作管理，预防和控制感染性疾病的传播。

血站产生的医疗废物应当按《医疗废物管理条例》规定处理，做好记录与签字，避免交叉感染。

第三十三条　血站及其执行职务的人员发现法定传染病疫情时，应当按照《传染病防治法》和国家卫生计生委的规定向有关部门报告。

第三十四条　血液的包装、储存、运输应当符合《血站质量管理规范》的要求。血液包装袋上应当标明：

（一）血站的名称及其许可证号；

（二）献血编号或者条形码；

（三）血型；

（四）血液品种；

（五）采血日期及时间或者制备日期及时间；

（六）有效日期及时间；

（七）储存条件。

第三十五条　血站应当保证发出的血液质量符合国家有关标准，其品种、规格、数量、活性、血型无差错；未经检测或者检测不合格的血液，不得向医疗机构提供。

第三十六条　血站应当建立质量投诉、不良反应监测和血液收回制度。

第三十七条　血站应当加强对其所设储血点的质量监督，确保储存条件，保证血液储存质量；按照临床需要进行血液储存和调换。

第三十八条　血站使用的药品、体外诊断试剂、一次性卫生器材应当符合国家有关规定。

第三十九条　血站应当按照有关规定，认真填写采供血机构统计报表，及时准确上报。

第四十条　血站应当制定紧急灾害应急预案，并从血源、管理制度、技术能力和设备条件等方面保证预案的实施。在紧急灾害发生时服从县级以上人民政府卫生计生行政部门的调遣。

第四十一条　因临床、科研或者特殊需要，需要从外省、自治区、直辖市调配血液的，由省级人民政府卫生计生行政部门组织实施。

禁止临床医疗用途的人体血液、血浆进出口。

第四十二条　无偿献血的血液必须用于临床，不得买卖。

血站剩余成分血浆由省、自治区、直辖市人民政府卫生计生行政部门协调血液制品生产单位解决。

第四十三条　血站必须严格执行国家有关报废血处理和有易感染经血液传播疾病危险行为的献血者献血后保密性弃血处理的规定。

第四十四条　血站剩余成分血浆以及因科研或者特殊需要用血而进行的

调配所得的收入，全部用于无偿献血者用血返还费用，血站不得挪作他用。

第三章　特殊血站管理

第四十五条　国家卫生计生委根据全国人口分布、卫生资源、临床造血干细胞移植需要等实际情况，统一制定我国脐带血造血干细胞库等特殊血站的设置规划和原则。

国家不批准设置以营利为目的的脐带血造血干细胞库等特殊血站。

第四十六条　申请设置脐带血造血干细胞库等特殊血站的，应当按照国家卫生计生委规定的条件向所在地省级人民政府卫生计生行政部门申请。省级人民政府卫生计生行政部门组织初审后报国家卫生计生委。

国家卫生计生委对脐带血造血干细胞库等特殊血站设置审批按照申请的先后次序进行。

第四十七条　脐带血造血干细胞库等特殊血站执业，应当向所在地省级人民政府卫生计生行政部门申请办理执业登记。

省级卫生计生行政部门应当组织有关专家和技术部门，按照本办法和国家卫生计生委制定的脐带血造血干细胞库等特殊血站的基本标准、技术规范，对申请单位进行技术审查及执业验收。审查合格的，发给《血站执业许可证》，并注明开展的业务。《血站执业许可证》有效期为三年。

未取得《血站执业许可证》的，不得开展采供脐带血造血干细胞等业务。

第四十八条　脐带血造血干细胞库等特殊血站在《血站执业许可证》有效期满后继续执业的，应当在《血站执业许可证》有效期满前三个月向原执业登记的省级人民政府卫生计生行政部门申请办理再次执业登记手续。

第四十九条　脐带血造血干细胞库等特殊血站执业除应当遵守本办法第二章第二节一般血站的执业要求外，还应当遵守以下规定：

（一）按照国家卫生计生委规定的脐带血造血干细胞库等特殊血站的基本标准、技术规范等执业；

（二）脐带血等特殊血液成分的采集必须符合医学伦理的有关要求，并遵循自愿和知情同意的原则。脐带血造血干细胞库必须与捐献者签署经执业登记机关审核的知情同意书；

（三）脐带血造血干细胞库等特殊血站只能向有造血干细胞移植经验和基础，并装备有造血干细胞移植所需的无菌病房和其它必须设施的医疗机构提供脐带血造血干细胞；

（四）脐带血等特殊血液成分必须用于临床。

第四章　监督管理

第五十条　县级以上人民政府卫生计生行政部门对采供血活动履行下列

职责：

（一）制定临床用血储存、配送管理办法，并监督实施；

（二）对下级卫生计生行政部门履行本办法规定的血站管理职责进行监督检查；

（三）对辖区内血站执业活动进行日常监督检查，组织开展对采供血质量的不定期抽检；

（四）对辖区内临床供血活动进行监督检查；

（五）对违反本办法的行为依法进行查处。

第五十一条　各级人民政府卫生计生行政部门应当对无偿献血者的招募、采血、供血活动予以支持、指导。

第五十二条　省级人民政府卫生计生行政部门应当对本辖区内的血站执行有关规定情况和无偿献血比例、采供血服务质量、业务指导、人员培训、综合质量评价技术能力等情况进行评价及监督检查，按照国家卫生计生委的有关规定将结果上报，同时向社会公布。

第五十三条　国家卫生计生委定期对血液中心执行有关规定情况和无偿献血比例、采供血服务质量、业务指导、人员培训、综合质量评价技术能力等情况以及脐带血造血干细胞库等特殊血站的质量管理状况进行评价及监督检查，并将结果向社会公布。

第五十四条　卫生计生行政部门在进行监督检查时，有权索取有关资料，血站不得隐瞒、阻碍或者拒绝。

卫生计生行政部门对血站提供的资料负有保密的义务，法律、行政法规或者部门规章另有规定的除外。

第五十五条　卫生计生行政部门和工作人员在履行职责时，不得有以下行为：

（一）对不符合法定条件的，批准其设置、执业登记或者变更登记，或者超越职权批准血站设置、执业登记或者变更登记；

（二）对符合法定条件和血站设置规划的，不予批准其设置、执业登记或者变更登记；或者不在法定期限内批准其设置、执业登记或者变更登记；

（三）对血站不履行监督管理职责；

（四）其他违反本办法的行为。

第五十六条　各级人民政府卫生计生行政部门应当建立血站监督管理的举报、投诉机制。

卫生计生行政部门对举报人和投诉人负有保密的义务。

第五十七条　国家实行血液质量监测、检定制度，对血站质量管理、血站实验室质量管理实行技术评审制度，具体办法由国家卫生计生委另行制定。

第五十八条 血站有下列情形之一的，由省级人民政府卫生计生行政部门注销其《血站执业许可证》：

（一）《血站执业许可证》有效期届满未办理再次执业登记的；

（二）取得《血站执业许可证》后一年内未开展采供血工作的。

第五章 法律责任

第五十九条 有下列行为之一的，属于非法采集血液，由县级以上地方人民政府卫生计生行政部门按照《献血法》第十八条的有关规定予以处罚；构成犯罪的，依法追究刑事责任：

（一）未经批准，擅自设置血站，开展采供血活动的；

（二）已被注销的血站，仍开展采供血活动的；

（三）已取得设置批准但尚未取得《血站执业许可证》即开展采供血活动，或者《血站执业许可证》有效期满未再次登记仍开展采供血活动的；

（四）租用、借用、出租、出借、变造、伪造《血站执业许可证》开展采供血活动的。

第六十条 血站出售无偿献血血液的，由县级以上地方人民政府卫生计生行政部门按照《献血法》第十八条的有关规定，予以处罚；构成犯罪的，依法追究刑事责任。

第六十一条 血站有下列行为之一的，由县级以上地方人民政府卫生计生行政部门予以警告、责令改正；逾期不改正，或者造成经血液传播疾病发生，或者其他严重后果的，对负有责任的主管人员和其他直接负责人员，依法给予行政处分；构成犯罪的，依法追究刑事责任：

（一）超出执业登记的项目、内容、范围开展业务活动的；

（二）工作人员未取得相关岗位执业资格或者未经执业注册而从事采供血工作的；

（三）血液检测实验室未取得相应资格即进行检测的；

（四）擅自采集原料血浆、买卖血液的；

（五）采集血液前，未按照国家颁布的献血者健康检查要求对献血者进行健康检查、检测的；

（六）采集冒名顶替者、健康检查不合格者血液以及超量、频繁采集血液的；

（七）违反输血技术操作规程、有关质量规范和标准的；

（八）采血前未向献血者、特殊血液成分捐赠者履行规定的告知义务的；

（九）擅自涂改、毁损或者不按规定保存工作记录的；

（十）使用的药品、体外诊断试剂、一次性卫生器材不符合国家有关规定的；

（十一）重复使用一次性卫生器材的；

（十二）对检测不合格或者报废的血液，未按有关规定处理的；

（十三）擅自与外省、自治区、直辖市调配血液的；

（十四）未按规定保存血液标本的；

（十五）脐带血造血干细胞库等特殊血站违反有关技术规范的。

血站造成经血液传播疾病发生或者其他严重后果的，卫生计生行政部门在行政处罚的同时，可以注销其《血站执业许可证》。

第六十二条 临床用血的包装、储存、运输，不符合国家规定的卫生标准和要求的，由县级以上地方人民政府卫生计生行政部门责令改正，给予警告。

第六十三条 血站违反规定，向医疗机构提供不符合国家规定标准的血液的，由县级以上人民政府卫生计生行政部门责令改正；情节严重，造成经血液途径传播的疾病传播或者有传播严重危险的，限期整顿，对直接负责的主管人员和其他责任人员，依法给予行政处分；构成犯罪的，依法追究刑事责任。

第六十四条 卫生计生行政部门及其工作人员违反本办法有关规定，有下列情形之一的，依据《献血法》、《行政许可法》的有关规定，由上级行政机关或者监察机关责令改正；情节严重的，对直接负责的主管人员和其他直接责任人员依法给予行政处分；构成犯罪的，依法追究刑事责任：

（一）未按规定的程序审查而使不符合条件的申请者得到许可的；

（二）对不符合条件的申请者准予许可或者超越法定职权作出准予许可决定的；

（三）在许可审批过程中弄虚作假的；

（四）对符合条件的设置及执业登记申请不予受理的；

（五）对符合条件的申请不在法定期限内作出许可决定的；

（六）不依法履行监督职责，或者监督不力造成严重后果的；

（七）其他在执行本办法过程中，存在滥用职权，玩忽职守，徇私舞弊，索贿受贿等行为的。

第六章 附 则

第六十五条 本办法下列用语的含义：

血液，是指全血、血液成分和特殊血液成分。

脐带血，是指与孕妇和新生儿血容量和血循环无关的，由新生儿脐带扎断后的远端所采集的胎盘血。

脐带血造血干细胞库，是指以人体造血干细胞移植为目的，具有采集、处理、保存和提供造血干细胞的能力，并具有相当研究实力的特殊血站。

第六十六条 本办法实施前已经设立的血站应当在本办法实施后九个月内，依照本办法规定进行调整。

省级人民政府卫生计生行政部门应当按照血液中心标准对现有血液中心进行审核，未达到血液中心标准的，应当责令限期整改。整改仍不合格的，卫生计生行政部门应当取消血液中心设置。对符合中心血站执业标准的，按照中心血站标准审核设置与执业登记。

第六十七条 本办法自2006年3月1日起施行。1998年9月21日颁布的《血站管理办法》（暂行）同时废止。

国家卫生和计划生育委员会、国家中医药管理局
关于印发《医疗机构病历管理规定（2013年版）》的通知

（2013年11月20日　国卫医发〔2013〕31号）

各省、自治区、直辖市卫生厅局（卫生计生委）、中医药管理局，新疆生产建设兵团卫生局：

为进一步强化医疗机构病历管理，维护医患双方的合法权益，使病历管理满足现代化医院管理的需要，国家卫生计生委和国家中医药管理局组织专家对2002年下发的《医疗机构病历管理规定》进行了修订，形成了《医疗机构病历管理规定（2013年版）》（可以从国家卫生计生委网站下载）。现印发给你们，请遵照执行。

附：

医疗机构病历管理规定

第一章　总　则

第一条 为加强医疗机构病历管理，保障医疗质量与安全，维护医患双

方的合法权益，制定本规定。

第二条　病历是指医务人员在医疗活动过程中形成的文字、符号、图表、影像、切片等资料的总和，包括门（急）诊病历和住院病历。病历归档以后形成病案。

第三条　本规定适用于各级各类医疗机构对病历的管理。

第四条　按照病历记录形式不同，可区分为纸质病历和电子病历。电子病历与纸质病历具有同等效力。

第五条　医疗机构应当建立健全病历管理制度，设置病案管理部门或者配备专（兼）职人员，负责病历和病案管理工作。

医疗机构应当建立病历质量定期检查、评估与反馈制度。医疗机构医务部门负责病历的质量管理。

第六条　医疗机构及其医务人员应当严格保护患者隐私，禁止以非医疗、教学、研究目的泄露患者的病历资料。

第二章　病历的建立

第七条　医疗机构应当建立门（急）诊病历和住院病历编号制度，为同一患者建立唯一的标识号码。已建立电子病历的医疗机构，应当将病历标识号码与患者身份证明编号相关联，使用标识号码和身份证明编号均能对病历进行检索。

门（急）诊病历和住院病历应当标注页码或者电子页码。

第八条　医务人员应当按照《病历书写基本规范》、《中医病历书写基本规范》、《电子病历基本规范（试行）》和《中医电子病历基本规范（试行）》要求书写病历。

第九条　住院病历应当按照以下顺序排序：体温单、医嘱单、入院记录、病程记录、术前讨论记录、手术同意书、麻醉同意书、麻醉术前访视记录、手术安全核查记录、手术清点记录、麻醉记录、手术记录、麻醉术后访视记录、术后病程记录、病重（病危）患者护理记录、出院记录、死亡记录、输血治疗知情同意书、特殊检查（特殊治疗）同意书、会诊记录、病危（重）通知书、病理资料、辅助检查报告单、医学影像检查资料。

病案应当按照以下顺序装订保存：住院病案首页、入院记录、病程记录、术前讨论记录、手术同意书、麻醉同意书、麻醉术前访视记录、手术安全核查记录、手术清点记录、麻醉记录、手术记录、麻醉术后访视记录、术后病程记录、出院记录、死亡记录、死亡病例讨论记录、输血治疗知情同意书、特殊检查（特殊治疗）同意书、会诊记录、病危（重）通知书、病理资料、辅助检查报告单、医学影像检查资料、体温单、医嘱单、病重（病危）患者护理记录。

第三章　病历的保管

第十条　门（急）诊病历原则上由患者负责保管。医疗机构建有门（急）诊病历档案室或者已建立门（急）诊电子病历的，经患者或者其法定代理人同意，其门（急）诊病历可以由医疗机构负责保管。

住院病历由医疗机构负责保管。

第十一条　门（急）诊病历由患者保管的，医疗机构应当将检查检验结果及时交由患者保管。

第十二条　门（急）诊病历由医疗机构保管的，医疗机构应当在收到检查检验结果后24小时内，将检查检验结果归入或者录入门（急）诊病历，并在每次诊疗活动结束后首个工作日内将门（急）诊病历归档。

第十三条　患者住院期间，住院病历由所在病区统一保管。因医疗活动或者工作需要，须将住院病历带离病区时，应当由病区指定的专门人员负责携带和保管。

医疗机构应当在收到住院患者检查检验结果和相关资料后24小时内归入或者录入住院病历。

患者出院后，住院病历由病案管理部门或者专（兼）职人员统一保存、管理。

第十四条　医疗机构应当严格病历管理，任何人不得随意涂改病历，严禁伪造、隐匿、销毁、抢夺、窃取病历。

第四章　病历的借阅与复制

第十五条　除为患者提供诊疗服务的医务人员，以及经卫生计生行政部门、中医药管理部门或者医疗机构授权的负责病案管理、医疗管理的部门或者人员外，其他任何机构和个人不得擅自查阅患者病历。

第十六条　其他医疗机构及医务人员因科研、教学需要查阅、借阅病历的，应当向患者就诊医疗机构提出申请，经同意并办理相应手续后方可查阅、借阅。查阅后应当立即归还，借阅病历应当在3个工作日内归还。查阅的病历资料不得带离患者就诊医疗机构。

第十七条　医疗机构应当受理下列人员和机构复制或者查阅病历资料的申请，并依规定提供病历复制或者查阅服务：

（一）患者本人或者其委托代理人；

（二）死亡患者法定继承人或者其代理人。

第十八条　医疗机构应当指定部门或者专（兼）职人员负责受理复制病

历资料的申请。受理申请时，应当要求申请人提供有关证明材料，并对申请材料的形式进行审核。

（一）申请人为患者本人的，应当提供其有效身份证明；

（二）申请人为患者代理人的，应当提供患者及其代理人的有效身份证明，以及代理人与患者代理关系的法定证明材料和授权委托书；

（三）申请人为死亡患者法定继承人的，应当提供患者死亡证明、死亡患者法定继承人的有效身份证明，死亡患者与法定继承人关系的法定证明材料；

（四）申请人为死亡患者法定继承人代理人的，应当提供患者死亡证明、死亡患者法定继承人及其代理人的有效身份证明，死亡患者与法定继承人关系的法定证明材料，代理人与法定继承人代理关系的法定证明材料及授权委托书。

第十九条　医疗机构可以为申请人复制门（急）诊病历和住院病历中的体温单、医嘱单、住院志（入院记录）、手术同意书、麻醉同意书、麻醉记录、手术记录、病重（病危）患者护理记录、出院记录、输血治疗知情同意书、特殊检查（特殊治疗）同意书、病理报告、检验报告等辅助检查报告单、医学影像检查资料等病历资料。

第二十条　公安、司法、人力资源社会保障、保险以及负责医疗事故技术鉴定的部门，因办理案件、依法实施专业技术鉴定、医疗保险审核或仲裁、商业保险审核等需要，提出审核、查阅或者复制病历资料要求的，经办人员提供以下证明材料后，医疗机构可以根据需要提供患者部分或全部病历：

（一）该行政机关、司法机关、保险或者负责医疗事故技术鉴定部门出具的调取病历的法定证明；

（二）经办人本人有效身份证明；

（三）经办人本人有效工作证明（需与该行政机关、司法机关、保险或者负责医疗事故技术鉴定部门一致）。

保险机构因商业保险审核等需要，提出审核、查阅或者复制病历资料要求的，还应当提供保险合同复印件、患者本人或者其代理人同意的法定证明材料；患者死亡的，应当提供保险合同复印件、死亡患者法定继承人或者其代理人同意的法定证明材料。合同或者法律另有规定的除外。

第二十一条　按照《病历书写基本规范》和《中医病历书写基本规范》要求，病历尚未完成，申请人要求复制病历时，可以对已完成病历先行复制，在医务人员按照规定完成病历后，再对新完成部分进行复制。

第二十二条　医疗机构受理复制病历资料申请后，由指定部门或者专（兼）职人员通知病案管理部门或专（兼）职人员，在规定时间内将需要复制的病历资料送至指定地点，并在申请人在场的情况下复制；复制的病历资料经申请人和医疗机构双方确认无误后，加盖医疗机构证明印记。

第二十三条 医疗机构复制病历资料，可以按照规定收取工本费。

第五章 病历的封存与启封

第二十四条 依法需要封存病历时，应当在医疗机构或者其委托代理人、患者或者其代理人在场的情况下，对病历共同进行确认，签封病历复制件。

医疗机构申请封存病历时，医疗机构应当告知患者或者其代理人共同实施病历封存；但患者或者其代理人拒绝或者放弃实施病历封存的，医疗机构可以在公证机构公证的情况下，对病历进行确认，由公证机构签封病历复制件。

第二十五条 医疗机构负责封存病历复制件的保管。

第二十六条 封存后病历的原件可以继续记录和使用。

按照《病历书写基本规范》和《中医病历书写基本规范》要求，病历尚未完成，需要封存病历时，可以对已完成病历先行封存，当医师按照规定完成病历后，再对新完成部分进行封存。

第二十七条 开启封存病历应当在签封各方在场的情况下实施。

第六章 病历的保存

第二十八条 医疗机构可以采用符合档案管理要求的缩微技术等对纸质病历进行处理后保存。

第二十九条 门（急）诊病历由医疗机构保管的，保存时间自患者最后一次就诊之日起不少于15年；住院病历保存时间自患者最后一次住院出院之日起不少于30年。

第三十条 医疗机构变更名称时，所保管的病历应当由变更后医疗机构继续保管。

医疗机构撤销后，所保管的病历可以由省级卫生计生行政部门、中医药管理部门或者省级卫生计生行政部门、中医药管理部门指定的机构按照规定妥善保管。

第七章 附 则

第三十一条 本规定由国家卫生计生委负责解释。

第三十二条 本规定自2014年1月1日起施行。原卫生部和国家中医药管理局于2002年公布的《医疗机构病历管理规定》（卫医发〔2002〕193号）同时废止。

卫生部
关于印发《病历书写基本规范》的通知

（2010年1月22日　卫医政发〔2010〕11号）

各省、自治区、直辖市卫生厅局，新疆生产建设兵团卫生局：

为规范我国医疗机构病历书写行为，提高病历质量，保障医疗质量和医疗安全，根据《医疗事故处理条例》有关规定，2002年我部印发了《病历书写基本规范（试行）》（以下简称《规范》）。《规范》实施7年多来，在各级卫生行政部门和医疗机构的共同努力下，我国医疗机构病历质量有了很大提高。

在总结各地《规范》实施情况的基础上，结合当前医疗机构管理和医疗质量管理面临的新形势和新特点，我部对《规范》进行了修订和完善，制定了《病历书写基本规范》。现印发给你们，请遵照执行。执行中遇到的情况及问题，及时报我部医政司。

附件：病历书写基本规范

附：

病历书写基本规范

第一章　基本要求

第一条　病历是指医务人员在医疗活动过程中形成的文字、符号、图表、影像、切片等资料的总和，包括门（急）诊病历和住院病历。

第二条　病历书写是指医务人员通过问诊、查体、辅助检查、诊断、治疗、护理等医疗活动获得有关资料，并进行归纳、分析、整理形成医疗活动记录的行为。

第三条　病历书写应当客观、真实、准确、及时、完整、规范。

第四条　病历书写应当使用蓝黑墨水、碳素墨水，需复写的病历资料可以使用蓝或黑色油水的圆珠笔。计算机打印的病历应当符合病历保存的要求。

第五条 病历书写应当使用中文，通用的外文缩写和无正式中文译名的症状、体征、疾病名称等可以使用外文。

第六条 病历书写应规范使用医学术语，文字工整，字迹清晰，表述准确，语句通顺，标点正确。

第七条 病历书写过程中出现错字时，应当用双线划在错字上，保留原记录清楚、可辨，并注明修改时间，修改人签名。不得采用刮、粘、涂等方法掩盖或去除原来的字迹。

上级医务人员有审查修改下级医务人员书写的病历的责任。

第八条 病历应当按照规定的内容书写，并由相应医务人员签名。

实习医务人员、试用期医务人员书写的病历，应当经过本医疗机构注册的医务人员审阅、修改并签名。

进修医务人员由医疗机构根据其胜任本专业工作实际情况认定后书写病历。

第九条 病历书写一律使用阿拉伯数字书写日期和时间，采用24小时制记录。

第十条 对需取得患者书面同意方可进行的医疗活动，应当由患者本人签署知情同意书。患者不具备完全民事行为能力时，应当由其法定代理人签字；患者因病无法签字时，应当由其授权的人员签字；为抢救患者，在法定代理人或被授权人无法及时签字的情况下，可由医疗机构负责人或者授权的负责人签字。

因实施保护性医疗措施不宜向患者说明情况的，应当将有关情况告知患者近亲属，由患者近亲属签署知情同意书，并及时记录。患者无近亲属的或者患者近亲属无法签署同意书的，由患者的法定代理人或者关系人签署同意书。

第二章 门（急）诊病历书写内容及要求

第十一条 门（急）诊病历内容包括门（急）诊病历首页（门（急）诊手册封面）、病历记录、化验单（检验报告）、医学影像检查资料等。

第十二条 门（急）诊病历首页内容应当包括患者姓名、性别、出生年月日、民族、婚姻状况、职业、工作单位、住址、药物过敏史等项目。

门诊手册封面内容应当包括患者姓名、性别、年龄、工作单位或住址、药物过敏史等项目。

第十三条 门（急）诊病历记录分为初诊病历记录和复诊病历记录。

初诊病历记录书写内容应当包括就诊时间、科别、主诉、现病史、既往史，阳性体征、必要的阴性体征和辅助检查结果，诊断及治疗意见和医师签名等。

复诊病历记录书写内容应当包括就诊时间、科别、主诉、病史、必要的体格检查和辅助检查结果、诊断、治疗处理意见和医师签名等。

急诊病历书写就诊时间应当具体到分钟。

第十四条　门（急）诊病历记录应当由接诊医师在患者就诊时及时完成。

第十五条　急诊留观记录是急诊患者因病情需要留院观察期间的记录，重点记录观察期间病情变化和诊疗措施，记录简明扼要，并注明患者去向。抢救危重患者时，应当书写抢救记录。门（急）诊抢救记录书写内容及要求按照住院病历抢救记录书写内容及要求执行。

第三章　住院病历书写内容及要求

第十六条　住院病历内容包括住院病案首页、入院记录、病程记录、手术同意书、麻醉同意书、输血治疗知情同意书、特殊检查（特殊治疗）同意书、病危（重）通知书、医嘱单、辅助检查报告单、体温单、医学影像检查资料、病理资料等。

第十七条　入院记录是指患者入院后，由经治医师通过问诊、查体、辅助检查获得有关资料，并对这些资料归纳分析书写而成的记录。可分为入院记录、再次或多次入院记录、24 小时内入出院记录、24 小时内入院死亡记录。

入院记录、再次或多次入院记录应当于患者入院后 24 小时内完成；24 小时内入出院记录应当于患者出院后 24 小时内完成，24 小时内入院死亡记录应当于患者死亡后 24 小时内完成。

第十八条　入院记录的要求及内容。

（一）患者一般情况包括姓名、性别、年龄、民族、婚姻状况、出生地、职业、入院时间、记录时间、病史陈述者。

（二）主诉是指促使患者就诊的主要症状（或体征）及持续时间。

（三）现病史是指患者本次疾病的发生、演变、诊疗等方面的详细情况，应当按时间顺序书写。内容包括发病情况、主要症状特点及其发展变化情况、伴随症状、发病后诊疗经过及结果、睡眠和饮食等一般情况的变化，以及与鉴别诊断有关的阳性或阴性资料等。

1. 发病情况：记录发病的时间、地点、起病缓急、前驱症状、可能的原因或诱因。

2. 主要症状特点及其发展变化情况：按发生的先后顺序描述主要症状的部位、性质、持续时间、程度、缓解或加剧因素，以及演变发展情况。

3. 伴随症状：记录伴随症状，描述伴随症状与主要症状之间的相互关系。

4. 发病以来诊治经过及结果：记录患者发病后到入院前，在院内、外接受检查与治疗的详细经过及效果。对患者提供的药名、诊断和手术名称需加引号（“”）以示区别。

5. 发病以来一般情况：简要记录患者发病后的精神状态、睡眠、食欲、大小便、体重等情况。

与本次疾病虽无紧密关系、但仍需治疗的其他疾病情况，可在现病史后另起一段予以记录。

（四）既往史是指患者过去的健康和疾病情况。内容包括既往一般健康状况、疾病史、传染病史、预防接种史、手术外伤史、输血史、食物或药物过敏史等。

（五）个人史，婚育史、月经史，家族史。

1. 个人史：记录出生地及长期居留地，生活习惯及有无烟、酒、药物等嗜好，职业与工作条件及有无工业毒物、粉尘、放射性物质接触史，有无冶游史。

2. 婚育史、月经史：婚姻状况、结婚年龄、配偶健康状况、有无子女等。女性患者记录初潮年龄、行经期天数、间隔天数、末次月经时间（或闭经年龄），月经量、痛经及生育等情况。

3. 家族史：父母、兄弟、姐妹健康状况，有无与患者类似疾病，有无家族遗传倾向的疾病。

（六）体格检查应当按照系统循序进行书写。内容包括体温、脉搏、呼吸、血压，一般情况，皮肤、粘膜，全身浅表淋巴结，头部及其器官，颈部，胸部（胸廓、肺部、心脏、血管），腹部（肝、脾等），直肠肛门，外生殖器，脊柱，四肢，神经系统等。

（七）专科情况应当根据专科需要记录专科特殊情况。

（八）辅助检查指入院前所作的与本次疾病相关的主要检查及其结果。应分类按检查时间顺序记录检查结果，如系在其他医疗机构所作检查，应当写明该机构名称及检查号。

（九）初步诊断是指经治医师根据患者入院时情况，综合分析所作出的诊断。如初步诊断为多项时，应当主次分明。对待查病例应列出可能性较大的诊断。

（十）书写入院记录的医师签名。

第十九条 再次或多次入院记录，是指患者因同一种疾病再次或多次住入同一医疗机构时书写的记录。要求及内容基本同入院记录。主诉是记录患者本次入院的主要症状（或体征）及持续时间；现病史中要求首先对本次住院前历次有关住院诊疗经过进行小结，然后再书写本次入院的现病史。

第二十条 患者入院不足 24 小时出院的，可以书写 24 小时内入出院记录。内容包括患者姓名、性别、年龄、职业、入院时间、出院时间、主诉、入院情况、入院诊断、诊疗经过、出院情况、出院诊断、出院医嘱，医师签名等。

第二十一条 患者入院不足 24 小时死亡的，可以书写 24 小时内入院死亡记录。内容包括患者姓名、性别、年龄、职业、入院时间、死亡时间、主诉、入院情况、入院诊断、诊疗经过（抢救经过）、死亡原因、死亡诊断，医师签名等。

第二十二条 病程记录是指继入院记录之后，对患者病情和诊疗过程所进行的连续性记录。内容包括患者的病情变化情况、重要的辅助检查结果及临床意义、上级医师查房意见、会诊意见、医师分析讨论意见、所采取的诊疗措施及效果、医嘱更改及理由、向患者及其近亲属告知的重要事项等。

病程记录的要求及内容：

（一）首次病程记录是指患者入院后由经治医师或值班医师书写的第一次病程记录，应当在患者入院 8 小时内完成。首次病程记录的内容包括病例特点、拟诊讨论（诊断依据及鉴别诊断）、诊疗计划等。

1. 病例特点：应当在对病史、体格检查和辅助检查进行全面分析、归纳和整理后写出本病例特征，包括阳性发现和具有鉴别诊断意义的阴性症状和体征等。

2. 拟诊讨论（诊断依据及鉴别诊断）：根据病例特点，提出初步诊断和诊断依据；对诊断不明的写出鉴别诊断并进行分析；并对下一步诊治措施进行分析。

3. 诊疗计划：提出具体的检查及治疗措施安排。

（二）日常病程记录是指对患者住院期间诊疗过程的经常性、连续性记录。由经治医师书写，也可以由实习医务人员或试用期医务人员书写，但应有经治医师签名。书写日常病程记录时，首先标明记录时间，另起一行记录具体内容。对病危患者应当根据病情变化随时书写病程记录，每天至少 1 次，记录时间应当具体到分钟。对病重患者，至少 2 天记录一次病程记录。对病情稳定的患者，至少 3 天记录一次病程记录。

（三）上级医师查房记录是指上级医师查房时对患者病情、诊断、鉴别诊断、当前治疗措施疗效的分析及下一步诊疗意见等的记录。

主治医师首次查房记录应当于患者入院 48 小时内完成。内容包括查房医师的姓名、专业技术职务、补充的病史和体征、诊断依据与鉴别诊断的分析及诊疗计划等。

主治医师日常查房记录间隔时间视病情和诊疗情况确定，内容包括查房医师的姓名、专业技术职务、对病情的分析和诊疗意见等。

科主任或具有副主任医师以上专业技术职务任职资格医师查房的记录，内容包括查房医师的姓名、专业技术职务、对病情的分析和诊疗意见等。

（四）疑难病例讨论记录是指由科主任或具有副主任医师以上专业技术任职资格的医师主持、召集有关医务人员对确诊困难或疗效不确切病例讨论的记录。内容包括讨论日期、主持人、参加人员姓名及专业技术职务、具体讨论意见及主持人小结意见等。

（五）交（接）班记录是指患者经治医师发生变更之际，交班医师和接班医师分别对患者病情及诊疗情况进行简要总结的记录。交班记录应当在交班前由交班医师书写完成；接班记录应当由接班医师于接班后 24 小时内完成。交（接）班记录的内容包括入院日期、交班或接班日期、患者姓名、性别、年龄、主诉、入院情况、入院诊断、诊疗经过、目前情况、目前诊断、交班注意事项或接班诊疗计划、医师签名等。

（六）转科记录是指患者住院期间需要转科时，经转入科室医师会诊并同意接收后，由转出科室和转入科室医师分别书写的记录。包括转出记录和转入记录。转出记录由转出科室医师在患者转出科室前书写完成（紧急情况除外）；转入记录由转入科室医师于患者转入后 24 小时内完成。转科记录内容包括入院日期、转出或转入日期，转出、转入科室，患者姓名、性别、年龄、主诉、入院情况、入院诊断、诊疗经过、目前情况、目前诊断、转科目的及注意事项或转入诊疗计划、医师签名等。

（七）阶段小结是指患者住院时间较长，由经治医师每月所作病情及诊疗情况总结。阶段小结的内容包括入院日期、小结日期，患者姓名、性别、年龄、主诉、入院情况、入院诊断、诊疗经过、目前情况、目前诊断、诊疗计划、医师签名等。

交（接）班记录、转科记录可代替阶段小结。

（八）抢救记录是指患者病情危重，采取抢救措施时作的记录。因抢救急危患者，未能及时书写病历的，有关医务人员应当在抢救结束后 6 小时内据实补记，并加以注明。内容包括病情变化情况、抢救时间及措施、参加抢救的医务人员姓名及专业技术职称等。记录抢救时间应当具体到分钟。

（九）有创诊疗操作记录是指在临床诊疗活动过程中进行的各种诊断、治疗性操作（如胸腔穿刺、腹腔穿刺等）的记录。应当在操作完成后即刻书写。内容包括操作名称、操作时间、操作步骤、结果及患者一般情况，记录过程是否顺利、有无不良反应，术后注意事项及是否向患者说明，操作医师签名。

（十）会诊记录（含会诊意见）是指患者在住院期间需要其他科室或者其他医疗机构协助诊疗时，分别由申请医师和会诊医师书写的记录。会诊记录应另页书写。内容包括申请会诊记录和会诊意见记录。申请会诊记录应当简要载明患者病情及诊疗情况、申请会诊的理由和目的，申请会诊医师签名等。常规会诊意见记录应当由会诊医师在会诊申请发出后48小时内完成，急会诊时会诊医师应当在会诊申请发出后10分钟内到场，并在会诊结束后即刻完成会诊记录。会诊记录内容包括会诊意见、会诊医师所在的科别或者医疗机构名称、会诊时间及会诊医师签名等。申请会诊医师应在病程记录中记录会诊意见执行情况。

（十一）术前小结是指在患者手术前，由经治医师对患者病情所作的总结。内容包括简要病情、术前诊断、手术指征、拟施手术名称和方式、拟施麻醉方式、注意事项，并记录手术者术前查看患者相关情况等。

（十二）术前讨论记录是指因患者病情较重或手术难度较大，手术前在上级医师主持下，对拟实施手术方式和术中可能出现的问题及应对措施所作的讨论。讨论内容包括术前准备情况、手术指征、手术方案、可能出现的意外及防范措施、参加讨论者的姓名及专业技术职务、具体讨论意见及主持人小结意见、讨论日期、记录者的签名等。

（十三）麻醉术前访视记录是指在麻醉实施前，由麻醉医师对患者拟施麻醉进行风险评估的记录。麻醉术前访视可另立单页，也可在病程中记录。内容包括姓名、性别、年龄、科别、病案号，患者一般情况、简要病史、与麻醉相关的辅助检查结果、拟行手术方式、拟行麻醉方式、麻醉适应证及麻醉中需注意的问题、术前麻醉医嘱、麻醉医师签字并填写日期。

（十四）麻醉记录是指麻醉医师在麻醉实施中书写的麻醉经过及处理措施的记录。麻醉记录应当另页书写，内容包括患者一般情况、术前特殊情况、麻醉前用药、术前诊断、术中诊断、手术方式及日期、麻醉方式、麻醉诱导及各项操作开始及结束时间、麻醉期间用药名称、方式及剂量、麻醉期间特殊或突发情况及处理、手术起止时间、麻醉医师签名等。

（十五）手术记录是指手术者书写的反映手术一般情况、手术经过、术中发现及处理等情况的特殊记录，应当在术后24小时内完成。特殊情况下由第一助手书写时，应有手术者签名。手术记录应当另页书写，内容包括一般项目（患者姓名、性别、科别、病房、床位号、住院病历号或病案号）、手术日期、术前诊断、术中诊断、手术名称、手术者及助手姓名、麻醉方法、手术经过、术中出现的情况及处理等。

（十六）手术安全核查记录是指由手术医师、麻醉医师和巡回护士三方，在麻醉实施前、手术开始前和病人离室前，共同对病人身份、手术部位、手术方式、麻醉及手术风险、手术使用物品清点等内容进行核对的记录．输血的病人还应对血型、用血量进行核对。应有手术医师、麻醉医师和巡回护士三方核对、确认并签字。

（十七）手术清点记录是指巡回护士对手术患者术中所用血液、器械、敷料等的记录，应当在手术结束后即时完成。手术清点记录应当另页书写，内容包括患者姓名、住院病历号（或病案号）、手术日期、手术名称、术中所用各种器械和敷料数量的清点核对、巡回护士和手术器械护士签名等。

（十八）术后首次病程记录是指参加手术的医师在患者术后即时完成的病程记录。内容包括手术时间、术中诊断、麻醉方式、手术方式、手术简要经过、术后处理措施、术后应当特别注意观察的事项等。

（十九）麻醉术后访视记录是指麻醉实施后，由麻醉医师对术后患者麻醉恢复情况进行访视的记录。麻醉术后访视可另立单页，也可在病程中记录。内容包括姓名、性别、年龄、科别、病案号，患者一般情况、麻醉恢复情况、清醒时间、术后医嘱、是否拔除气管插管等，如有特殊情况应详细记录，麻醉医师签字并填写日期。

（二十）出院记录是指经治医师对患者此次住院期间诊疗情况的总结，应当在患者出院后24小时内完成。内容主要包括入院日期、出院日期、入院情况、入院诊断、诊疗经过、出院诊断、出院情况、出院医嘱、医师签名等。

（二十一）死亡记录是指经治医师对死亡患者住院期间诊疗和抢救经过的记录，应当在患者死亡后24小时内完成。内容包括入院日期、死亡时间、入院情况、入院诊断、诊疗经过（重点记录病情演变、抢救经过）、死亡原因、死亡诊断等。记录死亡时间应当具体到分钟。

（二十二）死亡病例讨论记录是指在患者死亡一周内，由科主任或具有副主任医师以上专业技术职务任职资格的医师主持，对死亡病例进行讨论、分析的记录。内容包括讨论日期、主持人及参加人员姓名、专业技术职务、具体讨论意见及主持人小结意见、记录者的签名等。

（二十三）病重（病危）患者护理记录是指护士根据医嘱和病情对病重（病危）患者住院期间护理过程的客观记录。病重（病危）患者护理记录应当根据相应专科的护理特点书写。内容包括患者姓名、科别、住院病历号（或病案号）、床位号、页码、记录日期和时间、出入液量、体温、脉搏、呼吸、血压等病情观察、护理措施和效果、护士签名等。记录时间应当具体到分钟。

第二十三条 手术同意书是指手术前，经治医师向患者告知拟施手术的相关情况，并由患者签署是否同意手术的医学文书。内容包括术前诊断、手术名称、术中或术后可能出现的并发症、手术风险、患者签署意见并签名、经治医师和术者签名等。

第二十四条 麻醉同意书是指麻醉前，麻醉医师向患者告知拟施麻醉的相关情况，并由患者签署是否同意麻醉意见的医学文书。内容包括患者姓名、性别、年龄、病案号、科别、术前诊断、拟行手术方式、拟行麻醉方式，患者基础疾病及可能对麻醉产生影响的特殊情况，麻醉中拟行的有创操作和监测，麻醉风险、可能发生的并发症及意外情况，患者签署意见并签名、麻醉医师签名并填写日期。

第二十五条　输血治疗知情同意书是指输血前，经治医师向患者告知输血的相关情况，并由患者签署是否同意输血的医学文书。输血治疗知情同意书内容包括患者姓名、性别、年龄、科别、病案号、诊断、输血指征、拟输血成份、输血前有关检查结果、输血风险及可能产生的不良后果、患者签署意见并签名、医师签名并填写日期。

第二十六条　特殊检查、特殊治疗同意书是指在实施特殊检查、特殊治疗前，经治医师向患者告知特殊检查、特殊治疗的相关情况，并由患者签署是否同意检查、治疗的医学文书。内容包括特殊检查、特殊治疗项目名称、目的、可能出现的并发症及风险、患者签名、医师签名等。

第二十七条　病危（重）通知书是指因患者病情危、重时，由经治医师或值班医师向患者家属告知病情，并由患方签名的医疗文书。内容包括患者姓名、性别、年龄、科别，目前诊断及病情危重情况，患方签名、医师签名并填写日期。一式两份，一份交患方保存，另一份归病历中保存。

第二十八条　医嘱是指医师在医疗活动中下达的医学指令。医嘱单分为长期医嘱单和临时医嘱单。

长期医嘱单内容包括患者姓名、科别、住院病历号（或病案号）、页码、起始日期和时间、长期医嘱内容、停止日期和时间、医师签名、执行时间、执行护士签名。临时医嘱单内容包括医嘱时间、临时医嘱内容、医师签名、执行时间、执行护士签名等。

医嘱内容及起始、停止时间应当由医师书写。医嘱内容应当准确、清楚，每项医嘱应当只包含一个内容，并注明下达时间，应当具体到分钟。医嘱不得涂改。需要取消时，应当使用红色墨水标注“取消”字样并签名。

一般情况下，医师不得下达口头医嘱。因抢救急危患者需要下达口头医嘱时，护士应当复诵一遍。抢救结束后，医师应当即刻据实补记医嘱。

第二十九条　辅助检查报告单是指患者住院期间所做各项检验、检查结果的记录。内容包括患者姓名、性别、年龄、住院病历号（或病案号）、检查项目、检查结果、报告日期、报告人员签名或者印章等。

第三十条　体温单为表格式，以护士填写为主。内容包括患者姓名、科室、床号、入院日期、住院病历号（或病案号）、日期、手术后天数、体温、脉博、呼吸、血压、大便次数、出入液量、体重、住院周数等。

第四章　打印病历内容及要求

第三十一条　打印病历是指应用字处理软件编辑生成并打印的病历（如Word文档、WPS文档等）。打印病历应当按照本规定的内容录入并及时打印，由相应医务人员手写签名。

第三十二条　医疗机构打印病历应当统一纸张、字体、字号及排版格式。打印字迹应清楚易认，符合病历保存期限和复印的要求。

第三十三条　打印病历编辑过程中应当按照权限要求进行修改，已完成录入打印并签名的病历不得修改。

第五章　其　他

第三十四条　住院病案首页按照《卫生部关于修订下发住院病案首页的通知》（卫医发〔2001〕286号）的规定书写。

第三十五条　特殊检查、特殊治疗按照《医疗机构管理条例实施细则》（1994年卫生部令第35号）有关规定执行。

第三十六条　中医病历书写基本规范由国家中医药管理局另行制定。

第三十七条　电子病历基本规范由卫生部另行制定。

第三十八条　本规范自2010年3月1日起施行。我部于2002年颁布的《病历书写基本规范（试行）》（卫医发〔2002〕190号）同时废止。

卫生部　国家中医药管理局
关于印发《中医病历书写基本规范》的通知

（2010年6月11日　国中医药医政发〔2010〕29号）

各省、自治区、直辖市卫生厅局、中医药管理局，新疆生产建设兵团卫生局，中国中医科学院：

为规范中医病历书写，提高病历质量，保障医疗质量和医疗安全，根据《医疗事故处理条例》有关规定，2002年卫生部和国家中医药管理局印发了《中医、中西医结合病历书写基本规范（试行）》（以下简称《规范》）。《规范》执行以来，在各级卫生、中医药管理部门和医疗机构的共同努力下，中医病历质量有了很大提高。

在总结各地《规范》执行情况的基础上，结合当前医疗机构管理和医疗质量管理面临的新形势和新特点，卫生部和国家中医药管理局对《规范》进行了修订，制定了《中医病历书写基本规范》。现印发给你们，请遵照执行。执行中遇到的情况及问题，请及时反馈国家中医药管理局医政司。

附件：中医病历书写基本规范

附：

中医病历书写基本规范

第一章 基本要求

第一条 病历是指医务人员在医疗活动过程中形成的文字、符号、图表、影像、切片等资料的总和，包括门（急）诊病历和住院病历。

第二条 中医病历书写是指医务人员通过望、闻、问、切及查体、辅助检查、诊断、治疗、护理等医疗活动获得有关资料，并进行归纳、分析、整理形成医疗活动记录的行为。

第三条 病历书写应当客观、真实、准确、及时、完整、规范。

第四条 病历书写应当使用蓝黑墨水、碳素墨水，需复写的病历资料可以使用蓝或黑色油水的圆珠笔。计算机打印的病历应当符合病历保存的要求。

第五条 病历书写应当使用中文，通用的外文缩写和无正式中文译名的症状、体征、疾病名称等可以使用外文。

第六条 病历书写应规范使用医学术语，中医术语的使用依照相关标准、规范执行。要求文字工整，字迹清晰，表述准确，语句通顺，标点正确。

第七条 病历书写过程中出现错字时，应当用双线划在错字上，保留原记录清楚、可辨，并注明修改时间，修改人签名。不得采用刮、粘、涂等方法掩盖或去除原来的字迹。

上级医务人员有审查修改下级医务人员书写的病历的责任。

第八条 病历应当按照规定的内容书写，并由相应医务人员签名。

实习医务人员、试用期医务人员书写的病历，应当经过本医疗机构注册的医务人员审阅、修改并签名。

进修医务人员由医疗机构根据其胜任本专业工作实际情况认定后书写病历。

第九条 病历书写一律使用阿拉伯数字书写日期和时间，采用24小时制记录。

第十条 病历书写中涉及的诊断，包括中医诊断和西医诊断，其中中医诊断包括疾病诊断与证候诊断。

中医治疗应当遵循辨证论治的原则。

第十一条 对需取得患者书面同意方可进行的医疗活动，应当由患者本人签署知情同意书。患者不具备完全民事行为能力时，应当由其法定代理人签字；患者因病无法签字时，应当由其授权的人员签字；为抢救患者，在法定代理人或被授权人无法及时签字的情况下，可由医疗机构负责人或者授权的负责人签字。

因实施保护性医疗措施不宜向患者说明情况的，应当将有关情况告知患者近亲属，由患者近亲属签署知情同意书，并及时记录。患者无近亲属的或者患者近亲属无法签署同意书的，由患者的法定代理人或者关系人签署同意书。

第二章　门（急）诊病历书写内容及要求

第十二条 门（急）诊病历内容包括门（急）诊病历首页（门（急）诊手册封面）、病历记录、化验单（检验报告）、医学影像检查资料等。

第十三条 门（急）诊病历首页内容应当包括患者姓名、性别、出生年月日、民族、婚姻状况、职业、工作单位、住址、药物过敏史等项目。

门诊手册封面内容应当包括患者姓名、性别、年龄、工作单位或住址、药物过敏史等项目。

第十四条 门（急）诊病历记录分为初诊病历记录和复诊病历记录。

初诊病历记录书写内容应当包括就诊时间、科别、主诉、现病史、既往史，中医四诊情况，阳性体征、必要的阴性体征和辅助检查结果，诊断及治疗意见和医师签名等。

复诊病历记录书写内容应当包括就诊时间、科别、中医四诊情况，必要的体格检查和辅助检查结果、诊断、治疗处理意见和医师签名等。

急诊病历书写就诊时间应当具体到分钟。

第十五条 门（急）诊病历记录应当由接诊医师在患者就诊时及时完成。

第十六条 急诊留观记录是急诊患者因病情需要留院观察期间的记录，重点记录观察期间病情变化和诊疗措施，记录简明扼要，并注明患者去向。实施中医治疗的，应记录中医四诊、辨证施治情况等。抢救危重患者时，应当书写抢救记录。门（急）诊抢救记录书写内容及要求按照住院病历抢救记录书写内容及要求执行。

第三章　住院病历书写内容及要求

第十七条　住院病历内容包括住院病案首页、入院记录、病程记录、手术同意书、麻醉同意书、输血治疗知情同意书、特殊检查（特殊治疗）同意书、病危（重）通知书、医嘱单、辅助检查报告单、体温单、医学影像检查资料、病理资料等。

第十八条　入院记录是指患者入院后，由经治医师通过望、闻、问、切及查体、辅助检查获得有关资料，并对这些资料归纳分析书写而成的记录。可分为入院记录、再次或多次入院记录、24 小时内入出院记录、24 小时内入院死亡记录。

入院记录、再次或多次入院记录应当于患者入院后 24 小时内完成；24 小时内入出院记录应当于患者出院后 24 小时内完成，24 小时内入院死亡记录应当于患者死亡后 24 小时内完成。

第十九条　入院记录的要求及内容。

（一）患者一般情况包括姓名、性别、年龄、民族、婚姻状况、出生地、职业、入院时间、记录时间、发病节气、病史陈述者。

（二）主诉是指促使患者就诊的主要症状（或体征）及持续时间。

（三）现病史是指患者本次疾病的发生、演变、诊疗等方面的详细情况，应当按时间顺序书写，并结合中医问诊，记录目前情况。内容包括发病情况、主要症状特点及其发展变化情况、伴随症状、发病后诊疗经过及结果、睡眠和饮食等一般情况的变化，以及与鉴别诊断有关的阳性或阴性资料等。

1. 发病情况：记录发病的时间、地点、起病缓急、前驱症状、可能的原因或诱因。

2. 主要症状特点及其发展变化情况：按发生的先后顺序描述主要症状的部位、性质、持续时间、程度、缓解或加剧因素，以及演变发展情况。

3. 伴随症状：记录伴随症状，描述伴随症状与主要症状之间的相互关系。

4. 发病以来诊治经过及结果：记录患者发病后到入院前，在院内、外接受检查与治疗的详细经过及效果。对患者提供的药名、诊断和手术名称需加引号（“”）以示区别。

5. 发病以来一般情况：结合十问简要记录患者发病后的寒热、饮食、睡眠、情志、二便、体重等情况。

与本次疾病虽无紧密关系、但仍需治疗的其他疾病情况，可在现病史后另起一段予以记录。

（四）既往史是指患者过去的健康和疾病情况。内容包括既往一般健康状况、疾病史、传染病史、预防接种史、手术外伤史、输血史、食物或药物过敏史等。

（五）个人史，婚育史、月经史，家族史。

1. 个人史：记录出生地及长期居留地，生活习惯及有无烟、酒、药物等嗜好，职业与工作条件及有无工业毒物、粉尘、放射性物质接触史，有无冶游史。

2. 婚育史、月经史：婚姻状况、结婚年龄、配偶健康状况、有无子女等。女性患者记录经带胎产史，初潮年龄、行经期天数、间隔天数、末次月经时间（或闭经年龄），月经量、痛经及生育等情况。

3. 家族史：父母、兄弟、姐妹健康状况，有无与患者类似疾病，有无家族遗传倾向的疾病。

（六）中医望、闻、切诊应当记录神色、形态、语声、气息、舌象、脉象等。

（七）体格检查应当按照系统循序进行书写。内容包括体温、脉搏、呼吸、血压，一般情况皮肤、粘膜，全身浅表淋巴结，头部及其器官，颈部，胸部（胸廓、肺部、心脏、血管），腹部（肝、脾等），直肠肛门，外生殖器，脊柱，四肢，神经系统等。

（八）专科情况应当根据专科需要记录专科特殊情况。

（九）辅助检查指入院前所作的与本次疾病相关的主要检查及其结果。应分类按检查时间顺序记录检查结果，如系在其他医疗机构所作检查，应当写明该机构名称及检查号。

（十）初步诊断是指经治医师根据患者入院时情况，综合分析所作出的诊断。如初步诊断为多项时，应当主次分明。对待查病例应列出可能性较大的诊断。

（十一）书写入院记录的医师签名。

第二十条　再次或多次入院记录，是指患者因同一种疾病再次或多次住入同一医疗机构时书写的记录。要求及内容基本同入院记录。主诉是记录患者本次入院的主要症状（或体征）及持续时间；现病史中要求首先对本次住院前历次有关住院诊疗经过进行小结，然后再书写本次入院的现病史。

第二十一条　患者入院不足 24 小时出院的，可以书写 24 小时内入出院记录。内容包括患者姓名、性别、年龄、职业、入院时间、出院时间、主诉、入院情况、入院诊断、诊疗经过、出院情况、出院诊断、出院医嘱，医师签名等。

第二十二条　患者入院不足 24 小时死亡的，可以书写 24 小时内入院死亡记录。内容包括患者姓名、性别、年龄、职业、入院时间、死亡时间、主诉、入院情况、入院诊断、诊疗经过（抢救经过）、死亡原因、死亡诊断，医师签名等。

第二十三条　病程记录是指继入院记录之后，对患者病情和诊疗过程所进行的连续性记录。内容包括患者的病情变化情况及证候演变情况、重要的辅助检查结果及临床意义、上级医师查房意见、会诊意见、医师分析讨论意见、所采取的诊疗措施及效果、医嘱更改及理由、向患者及其近亲属告知的重要事项等。

中医方药记录格式参照中药饮片处方相关规定执行。

病程记录的要求及内容：

（一）首次病程记录是指患者入院后由经治医师或值班医师书写的第一次病程记录，应当在患者入院 8 小时内完成。首次病程记录的内容包括病例特点、拟诊讨论（诊断依据及鉴别诊断）、诊疗计划等。

1. 病例特点：应当在对病史、四诊情况、体格检查和辅助检查进行全面分析、归纳和整理后写出本病例特征，包括阳性发现和具有鉴别诊断意义的阴性症状和体征等。

2. 拟诊讨论（诊断依据及鉴别诊断）：根据病例特点，提出初步诊断和诊断依据；对诊断不明的写出鉴别诊断并进行分析；并对下一步诊治措施进行分析。诊断依据包括中医辨病辨证依据与西医诊断依据，鉴别诊断包括中医鉴别诊断与西医鉴别诊断。

3. 诊疗计划：提出具体的检查、中西医治疗措施及中医调护等。

（二）日常病程记录是指对患者住院期间诊疗过程的经常性、连续性记录。由经治医师书写，也可以由实习医务人员或试用期医务人员书写，但应有经治医师签名。书写日常病程记录时，首先标明记录时间，另起一行记录具体内容。对病危患者应当根据病情变化随时书写病程记录，每天至少 1 次，记录时间应当具体到分钟。对病重患者，至少 2 天记录一次病程记录。对病情稳定的患者，至少 3 天记录一次病程记录。

日常病程记录应反映四诊情况及治法、方药变化及其变化依据等。

（三）上级医师查房记录是指上级医师查房时对患者病情、诊断、鉴别诊断、当前治疗措施疗效的分析及下一步诊疗意见等的记录。

主治医师首次查房记录应当于患者入院 48 小时内完成。内容包括查房医师的姓名、专业技术职务、补充的病史和体征、理法方药分析、诊断依据与鉴别诊断的分析及诊疗计划等。

主治医师日常查房记录间隔时间视病情和诊疗情况确定，内容包括查房医师的姓名、专业技术职务、对病情的分析和诊疗意见等。

科主任或具有副主任医师以上专业技术职务任职资格医师查房的记录，内容包括查房医师的姓名、专业技术职务、对病情和理法方药的分析及诊疗意见等。

（四）疑难病例讨论记录是指由科主任或具有副主任医师以上专业技术任职资格的医师主持、召集有关医务人员对确诊困难或疗效不确切病例讨论的记录。内容包括讨论日期、主持人、参加人员姓名及专业技术职务、具体讨论意见及主持人小结意见等。

（五）交（接）班记录是指患者经治医师发生变更之际，交班医师和接班医师分别对患者病情及诊疗情况进行简要总结的记录。交班记录应当在交班前由交班医师书写完成；接班记录应当由接班医师于接班后24小时内完成。交（接）班记录的内容包括入院日期、交班或接班日期、患者姓名、性别、年龄、主诉、入院情况、入院诊断、诊疗经过、目前情况、目前诊断、交班注意事项或接班诊疗计划、医师签名等。

（六）转科记录是指患者住院期间需要转科时，经转入科室医师会诊并同意接收后，由转出科室和转入科室医师分别书写的记录。包括转出记录和转入记录。转出记录由转出科室医师在患者转出科室前书写完成（紧急情况除外）；转入记录由转入科室医师于患者转入后24小时内完成。转科记录内容包括入院日期、转出或转入日期，转出、转入科室，患者姓名、性别、年龄、主诉、入院情况、入院诊断、诊疗经过、目前情况、目前诊断、转科目的及注意事项或转入诊疗计划、医师签名等。

（七）阶段小结是指患者住院时间较长，由经治医师每月所作病情及诊疗情况总结。阶段小结的内容包括入院日期、小结日期，患者姓名、性别、年龄、主诉、入院情况、入院诊断、诊疗经过、目前情况、目前诊断、诊疗计划、医师签名等。

交（接）班记录、转科记录可代替阶段小结。

（八）抢救记录是指患者病情危重，采取抢救措施时作的记录。因抢救急危患者，未能及时书写病历的，有关医务人员应当在抢救结束后6小时内据实补记，并加以注明。内容包括病情变化情况、抢救时间及措施、参加抢救的医务人员姓名及专业技术职称等。记录抢救时间应当具体到分钟。

（九）有创诊疗操作记录是指在临床诊疗活动过程中进行的各种诊断、治疗性操作（如胸腔穿刺、腹腔穿刺等）的记录。应当在操作完成后即刻书写。内容包括操作名称、操作时间、操作步骤、结果及患者一般情况，记录过程是否顺利、有无不良反应，术后注意事项及是否向患者说明，操作医师签名。

（十）会诊记录（含会诊意见）是指患者在住院期间需要其他科室或者其他医疗机构协助诊疗时，分别由申请医师和会诊医师书写的记录。会诊记录应另页书写。内容包括申请会诊记录和会诊意见记录。申请会诊记录应当简要载明患者病情及诊疗情况、申请会诊的理由和目的，申请会诊医师签名等。

常规会诊意见记录应当由会诊医师在会诊申请发出后 48 小时内完成，急会诊时会诊医师应当在会诊申请发出后 10 分钟内到场，并在会诊结束后即刻完成会诊记录。会诊记录内容包括会诊意见、会诊医师所在的科别或者医疗机构名称、会诊时间及会诊医师签名等。申请会诊医师应在病程记录中记录会诊意见执行情况。

（十一）术前小结是指在患者手术前，由经治医师对患者病情所作的总结。内容包括简要病情、术前诊断、手术指征、拟施手术名称和方式、拟施麻醉方式、注意事项，并记录手术者术前查看患者相关情况等。

（十二）术前讨论记录是指因患者病情较重或手术难度较大，手术前在上级医师主持下，对拟实施手术方式和术中可能出现的问题及应对措施所作的讨论。讨论内容包括术前准备情况、手术指征、手术方案、可能出现的意外及防范措施、参加讨论者的姓名及专业技术职务、具体讨论意见及主持人小结意见、讨论日期、记录者的签名等。

（十三）麻醉术前访视记录是指在麻醉实施前，由麻醉医师对患者拟施麻醉进行风险评估的记录。麻醉术前访视可另立单页，也可在病程中记录。内容包括姓名、性别、年龄、科别、病案号，患者一般情况、简要病史、与麻醉相关的辅助检查结果、拟行手术方式、拟行麻醉方式、麻醉适应证及麻醉中需注意的问题、术前麻醉医嘱、麻醉医师签字并填写日期。

（十四）麻醉记录是指麻醉医师在麻醉实施中书写的麻醉经过及处理措施的记录。麻醉记录应当另页书写，内容包括患者一般情况、术前特殊情况、麻醉前用药、术前诊断、术中诊断、手术方式及日期、麻醉方式、麻醉诱导及各项操作开始及结束时间、麻醉期间用药名称、方式及剂量、麻醉期间特殊或突发情况及处理、手术起止时间、麻醉医师签名等。

（十五）手术记录是指手术者书写的反映手术一般情况、手术经过、术中发现及处理等情况的特殊记录，应当在术后 24 小时内完成。特殊情况下由第一助手书写时，应有手术者签名。手术记录应当另页书写，内容包括一般项目（患者姓名、性别、科别、病房、床位号、住院病历号或病案号）、手术日期、术前诊断、术中诊断、手术名称、手术者及助手姓名、麻醉方法、手术经过、术中出现的情况及处理等。

（十六）手术安全核查记录是指由手术医师、麻醉医师和巡回护士三方，在麻醉实施前、手术开始前和病人离室前，共同对病人身份、手术部位、手术方式、麻醉及手术风险、手术使用物品清点等内容进行核对的记录，输血的病人还应对血型、用血量进行核对。应有手术医师、麻醉医师和巡回护士三方核对、确认并签字。

（十七）手术清点记录是指巡回护士对手术患者术中所用血液、器械、敷料等的记录，应当在手术结束后即时完成。手术清点记录应当另页书写，内容包括患者姓名、住院病历号（或病案号）、手术日期、手术名称、术中所用各种器械和敷料数量的清点核对、巡回护士和手术器械护士签名等。

（十八）术后首次病程记录是指参加手术的医师在患者术后即时完成的病程记录。内容包括手术时间、术中诊断、麻醉方式、手术方式、手术简要经过、术后处理措施、术后应当特别注意观察的事项等。

（十九）麻醉术后访视记录是指麻醉实施后，由麻醉医师对术后患者麻醉恢复情况进行访视的记录。麻醉术后访视可另立单页，也可在病程中记录。内容包括姓名、性别、年龄、科别、病案号，患者一般情况、麻醉恢复情况、清醒时间、术后医嘱、是否拔除气管插管等，如有特殊情况应详细记录，麻醉医师签字并填写日期。

（二十）出院记录是指经治医师对患者此次住院期间诊疗情况的总结，应当在患者出院后 24 小时内完成。内容主要包括入院日期、出院日期、入院情况、入院诊断、诊疗经过、出院诊断、出院情况、出院医嘱、中医调护、医师签名等。

（二十一）死亡记录是指经治医师对死亡患者住院期间诊疗和抢救经过的记录，应当在患者死亡后 24 小时内完成。内容包括入院日期、死亡时间、入院情况、入院诊断、诊疗经过（重点记录病情演变、抢救经过）、死亡原因、死亡诊断等。记录死亡时间应当具体到分钟。

（二十二）死亡病例讨论记录是指在患者死亡一周内，由科主任或具有副主任医师以上专业技术职务任职资格的医师主持，对死亡病例进行讨论、分析的记录。内容包括讨论日期、主持人及参加人员姓名、专业技术职务、具体讨论意见及主持人小结意见、记录者的签名等。

（二十三）病重（病危）患者护理记录是指护士根据医嘱和病情对病重（病危）患者住院期间护理过程的客观记录。病重（病危）患者护理记录应当根据相应专科的护理特点书写。内容包括患者姓名、科别、住院病历号（或病案号）、床位号、页码、记录日期和时间、出入液量、体温、脉搏、呼吸、血压等病情观察、护理措施和效果、护士签名等。记录时间应当具体到分钟。

采取中医护理措施应当体现辨证施护。

第二十四条 手术同意书是指手术前，经治医师向患者告知拟施手术的相关情况，并由患者签署是否同意手术的医学文书。内容包括术前诊断、手术名称、术中或术后可能出现的并发症、手术风险、患者签署意见并签名、经治医师和术者签名等。

第二十五条 麻醉同意书是指麻醉前，麻醉医师向患者告知拟施麻醉的相关情况，并由患者签署是否同意麻醉意见的医学文书。内容包括患者姓名、性别、年龄、病案号、科别、术前诊断、拟行手术方式、拟行麻醉方式，患者基础疾病及可能对麻醉产生影响的特殊情况，麻醉中拟行的有创操作和监测，麻醉风险、可能发生的并发症及意外情况，患者签署意见并签名、麻醉医师签名并填写日期。

第二十六条　输血治疗知情同意书是指输血前，经治医师向患者告知输血的相关情况，并由患者签署是否同意输血的医学文书。输血治疗知情同意书内容包括患者姓名、性别、年龄、科别、病案号、诊断、输血指征、拟输血成份、输血前有关检查结果、输血风险及可能产生的不良后果、患者签署意见并签名、医师签名并填写日期。

第二十七条　特殊检查、特殊治疗同意书是指在实施特殊检查、特殊治疗前，经治医师向患者告知特殊检查、特殊治疗的相关情况，并由患者签署是否同意检查、治疗的医学文书。内容包括特殊检查、特殊治疗项目名称、目的、可能出现的并发症及风险、患者签名、医师签名等。

第二十八条　病危（重）通知书是指因患者病情危、重时，由经治医师或值班医师向患者家属告知病情，并由患方签名的医疗文书。内容包括患者姓名、性别、年龄、科别，目前诊断及病情危重情况，患方签名、医师签名并填写日期。一式两份，一份交患方保存，另一份归病历中保存。

第二十九条　医嘱是指医师在医疗活动中下达的医学指令。医嘱单分为长期医嘱单和临时医嘱单。

长期医嘱单内容包括患者姓名、科别、住院病历号（或病案号）、页码、起始日期和时间、长期医嘱内容、停止日期和时间、医师签名、执行时间、执行护士签名。临时医嘱单内容包括医嘱时间、临时医嘱内容、医师签名、执行时间、执行护士签名等。

医嘱内容及起始、停止时间应当由医师书写。医嘱内容应当准确、清楚，每项医嘱应当只包含一个内容，并注明下达时间，应当具体到分钟。医嘱不得涂改。需要取消时，应当使用红色墨水标注“取消”字样并签名。

一般情况下，医师不得下达口头医嘱。因抢救急危患者需要下达口头医嘱时，护士应当复诵一遍。抢救结束后，医师应当即刻据实补记医嘱。

第三十条　辅助检查报告单是指患者住院期间所做各项检验、检查结果的记录。内容包括患者姓名、性别、年龄、住院病历号（或病案号）、检查项目、检查结果、报告日期、报告人员签名或者印章等。

第三十一条　体温单为表格式，以护士填写为主。内容包括患者姓名、科室、床号、入院日期、住院病历号（或病案号）、日期、手术后天数、体温、脉搏、呼吸、血压、大便次数、出入液量、体重、住院周数等。

第四章　打印病历内容及要求

第三十二条　打印病历是指应用字处理软件编辑生成并打印的病历（如Word文档、WPS文档等）。打印病历应当按照本规定的内容录入并及时打印，由相应医务人员手写签名。

第三十三条　医疗机构打印病历应当统一纸张、字体、字号及排版格式。打印字迹应清楚易认，符合病历保存期限和复印的要求。

第三十四条　打印病历编辑过程中应当按照权限要求进行修改，已完成录入打印并签名的病历不得修改。

第五章　其　他

第三十五条　中医住院病案首页应当按照《国家中医药管理局关于修订印发中医住院病案首页的通知》（国中医药发〔2001〕6号）的规定书写。

第三十六条　特殊检查、特殊治疗按照《医疗机构管理条例实施细则》（1994年卫生部令第35号）有关规定执行。

第三十七条　中西医结合病历书写参照本规范执行。民族医病历书写基本规范由有关省、自治区、直辖市中医药行政管理部门依据本规范另行制定。

第三十八条　中医电子病历基本规范由国家中医药管理局另行制定。

第三十九条　本规范自2010年7月1日起施行。卫生部、国家中医药管理局于2002年颁布的《中医、中西医结合病历书写基本规范（试行）》（国中医药发〔2002〕36号）同时废止。

国家卫生和计划生育委员会办公厅
国家中医药管理局办公室
关于印发《电子病历应用管理规范（试行）》的通知

（2017年2月15日　国卫办医发〔2017〕8号）

各省、自治区、直辖市卫生计生委、中医药管理局，新疆生产建设兵团卫生局：

为贯彻落实全国卫生与健康大会精神及深化医药卫生体制改革有关要求，规范电子病历临床使用与管理，促进电子病历有效共享，推进医疗机构信息化建设，国家卫生计生委、国家中医药管理局组织制定了《电子病历应用管理规范（试行）》。现印发给你们（可从国家卫生计生委官方网站“医政医管”栏目下载），请遵照执行。

附：

电子病历应用管理规范（试行）

第一章　总　则

第一条　为规范医疗机构电子病历（含中医电子病历，下同）应用管理，满足临床工作需要，保障医疗质量和医疗安全，保证医患双方合法权益，根据《中华人民共和国执业医师法》、《中华人民共和国电子签名法》、《医疗机构管理条例》等法律法规，制定本规范。

第二条　实施电子病历的医疗机构，其电子病历的建立、记录、修改、使用、保存和管理等适用本规范。

第三条　电子病历是指医务人员在医疗活动过程中，使用信息系统生成的文字、符号、图表、图形、数字、影像等数字化信息，并能实现存储、管理、传输和重现的医疗记录，是病历的一种记录形式，包括门（急）诊病历和住院病历。

第四条　电子病历系统是指医疗机构内部支持电子病历信息的采集、存储、访问和在线帮助，并围绕提高医疗质量、保障医疗安全、提高医疗效率而提供信息处理和智能化服务功能的计算机信息系统。

第五条　国家卫生计生委和国家中医药管理局负责指导全国电子病历应用管理工作。地方各级卫生计生行政部门（含中医药管理部门）负责本行政区域内的电子病历应用监督管理工作。

第二章　电子病历的基本要求

第六条　医疗机构应用电子病历应当具备以下条件：

（一）具有专门的技术支持部门和人员，负责电子病历相关信息系统建设、运行和维护等工作；具有专门的管理部门和人员，负责电子病历的业务监管等工作；

（二）建立、健全电子病历使用的相关制度和规程；

（三）具备电子病历的安全管理体系和安全保障机制；

（四）具备对电子病历创建、修改、归档等操作的追溯能力；

（五）其他有关法律、法规、规范性文件及省级卫生计生行政部门规定的条件。

第七条 《医疗机构病历管理规定（2013 年版》、《病历书写基本规范》、《中医病历书写基本规范》适用于电子病历管理。

第八条 电子病历使用的术语、编码、模板和数据应当符合相关行业标准和规范的要求，在保障信息安全的前提下，促进电子病历信息有效共享。

第九条 电子病历系统应当为操作人员提供专有的身份标识和识别手段，并设置相应权限。操作人员对本人身份标识的使用负责。

第十条 有条件的医疗机构电子病历系统可以使用电子签名进行身份认证，可靠的电子签名与手写签名或盖章具有同等的法律效力。

第十一条 电子病历系统应当采用权威可靠时间源。

第三章 电子病历的书写与存储

第十二条 医疗机构使用电子病历系统进行病历书写，应当遵循客观、真实、准确、及时、完整、规范的原则。

门（急）诊病历书写内容包括门（急）诊病历首页、病历记录、化验报告、医学影像检查资料等。

住院病历书写内容包括住院病案首页、入院记录、病程记录、手术同意书、麻醉同意书、输血治疗知情同意书、特殊检查（特殊治疗）同意书、病危（重）通知单、医嘱单、辅助检查报告单、体温单、医学影像检查报告、病理报告单等。

第十三条 医疗机构应当为患者电子病历赋予唯一患者身份标识，以确保患者基本信息及其医疗记录的真实性、一致性、连续性、完整性。

第十四条 电子病历系统应当对操作人员进行身份识别，并保存历次操作印痕，标记操作时间和操作人员信息，并保证历次操作印痕、标记操作时间和操作人员信息可查询、可追溯。

第十五条 医务人员采用身份标识登录电子病历系统完成书写、审阅、修改等操作并予以确认后，系统应当显示医务人员姓名及完成时间。

第十六条 电子病历系统应当设置医务人员书写、审阅、修改的权限和时限。实习医务人员、试用期医务人员记录的病历，应当由具有本医疗机构执业资格的上级医务人员审阅、修改并予确认。上级医务人员审阅、修改、确认电子病历内容时，电子病历系统应当进行身份识别、保存历次操作痕迹、标记准确的操作时间和操作人信息。

第十七条 电子病历应当设置归档状态，医疗机构应当按照病历管理相关规定，在患者门（急）诊就诊结束或出院后，适时将电子病历转为归档状态。电子病历归档后原则上不得修改，特殊情况下确需修改的，经医疗机构医务部门批准后进行修改并保留修改痕迹。

第十八条 医疗机构因存档等需要可以将电子病历打印后与非电子化的资料合并形成病案保存。具备条件的医疗机构可以对知情同意书、植入材料条形码等非电子化的资料进行数字化采集后纳入电子病历系统管理，原件另行妥善保存。

第十九条 门（急）诊电子病历由医疗机构保管的，保存时间自患者最后一次就诊之日起不少于 15 年；住院电子病历保存时间自患者最后一次出院之日起不少于 30 年。

第四章 电子病历的使用

第二十条 电子病历系统应当设置病历查阅权限，并保证医务人员查阅病历的需要，能够及时提供并完整呈现该患者的电子病历资料。呈现的电子病历应当显示患者个人信息、诊疗记录、记录时间及记录人员、上级审核人员的姓名等。

第二十一条 医疗机构应当为申请人提供电子病历的复制服务。医疗机构可以提供电子版或打印版病历。复制的电子病历文档应当可供独立读取，打印的电子病历纸质版应当加盖医疗机构病历管理专用章。

第二十二条 有条件的医疗机构可以为患者提供医学影像检查图像、手术录像、介入操作录像等电子资料复制服务。

第五章 电子病历的封存

第二十三条 依法需要封存电子病历时，应当在医疗机构或者其委托代理人、患者或者其代理人双方共同在场的情况下，对电子病历共同进行确认，并进行复制后封存。封存的电子病历复制件可以是电子版；也可以对打印的纸质版进行复印，并加盖病案管理章后进行封存。

第二十四条 封存的电子病历复制件应当满足以下技术条件及要求：

（一）储存于独立可靠的存储介质，并由医患双方或双方代理人共同签封；

（二）可在原系统内读取，但不可修改；

（三）操作痕迹、操作时间、操作人员信息可查询、可追溯；

（四）其他有关法律、法规、规范性文件和省级卫生计生行政部门规定的条件及要求。

第二十五条 封存后电子病历的原件可以继续使用。电子病历尚未完成，需要封存时，可以对已完成的电子病历先行封存，当医务人员按照规定完成后，再对新完成部分进行封存。

第六章　附　则

第二十六条　本规范所称的电子签名，是指《电子签名法》第二条规定的数据电文中以电子形式所含、所附用于识别签名人身份并表明签名人认可其中内容的数据。“可靠的电子签名”是指符合《电子签名法》第十三条有关条件的电子签名。

第二十七条　本规范所称电子病历操作人员包括使用电子病历系统的医务人员，维护、管理电子病历信息系统的技术人员和实施电子病历质量监管的行政管理人员。

第二十八条　本规范所称电子病历书写是指医务人员使用电子病历系统，对通过问诊、查体、辅助检查、诊断、治疗、护理等医疗活动获得的有关资料进行归纳、分析、整理形成医疗活动记录的行为。

第二十九条　省级卫生计生行政部门可根据本规范制定实施细则。

第三十条　《电子病历基本规范（试行）》（卫医政发〔2010〕24号）、《中医电子病历基本规范（试行）》（国中医药发〔2010〕18号）同时废止。

第三十一条　本规范自2017年4月1日起施行。

处方管理办法

（2006年11月27日经卫生部部务会议讨论通过
2007年2月14日卫生部令第53号公布
自2007年5月1日起施行）

第一章　总　则

第一条　为规范处方管理，提高处方质量，促进合理用药，保障医疗安全，根据《执业医师法》、《药品管理法》、《医疗机构管理条例》、《麻醉药品和精神药品管理条例》等有关法律、法规，制定本办法。

第二条　本办法所称处方，是指由注册的执业医师和执业助理医师（以下简称医师）在诊疗活动中为患者开具的、由取得药学专业技术职务任职资格的药学专业技术人员（以下简称药师）审核、调配、核对，并作为患者用药凭证的医疗文书。处方包括医疗机构病区用药医嘱单。

本办法适用于与处方开具、调剂、保管相关的医疗机构及其人员。

第三条　卫生部负责全国处方开具、调剂、保管相关工作的监督管理。

县级以上地方卫生行政部门负责本行政区域内处方开具、调剂、保管相关工作的监督管理。

第四条　医师开具处方和药师调剂处方应当遵循安全、有效、经济的原则。

处方药应当凭医师处方销售、调剂和使用。

第二章　处方管理的一般规定

第五条　处方标准（附件1）由卫生部统一规定，处方格式由省、自治区、直辖市卫生行政部门（以下简称省级卫生行政部门）统一制定，处方由医疗机构按照规定的标准和格式印制。

第六条　处方书写应当符合下列规则：

（一）患者一般情况、临床诊断填写清晰、完整，并与病历记载相一致。

（二）每张处方限于一名患者的用药。

（三）字迹清楚，不得涂改；如需修改，应当在修改处签名并注明修改日期。

（四）药品名称应当使用规范的中文名称书写，没有中文名称的可以使用规范的英文名称书写；医疗机构或者医师、药师不得自行编制药品缩写名称或者使用代号；书写药品名称、剂量、规格、用法、用量要准确规范，药品用法可用规范的中文、英文、拉丁文或者缩写体书写，但不得使用“遵医嘱”、“自用”等含糊不清字句。

（五）患者年龄应当填写实足年龄，新生儿、婴幼儿写日、月龄，必要时要注明体重。

（六）西药和中成药可以分别开具处方，也可以开具一张处方，中药饮片应当单独开具处方。

（七）开具西药、中成药处方，每一种药品应当另起一行，每张处方不得超过5种药品。

（八）中药饮片处方的书写，一般应当按照“君、臣、佐、使”的顺序排列；调剂、煎煮的特殊要求注明在药品右上方，并加括号，如布包、先煎、后下等；对饮片的产地、炮制有特殊要求的，应当在药品名称之前写明。

（九）药品用法用量应当按照药品说明书规定的常规用法用量使用，特殊情况需要超剂量使用时，应当注明原因并再次签名。

（十）除特殊情况外，应当注明临床诊断。

（十一）开具处方后的空白处划一斜线以示处方完毕。

（十二）处方医师的签名式样和专用签章应当与院内药学部门留样备查的式样相一致，不得任意改动，否则应当重新登记留样备案。

第七条 药品剂量与数量用阿拉伯数字书写。剂量应当使用法定剂量单位：重量以克（g）、毫克（mg）、微克（μg）、纳克（ng）为单位；容量以升（L）、毫升（ml）为单位；国际单位（IU）、单位（U）；中药饮片以克（g）为单位。

片剂、丸剂、胶囊剂、颗粒剂分别以片、丸、粒、袋为单位；溶液剂以支、瓶为单位；软膏及乳膏剂以支、盒为单位；注射剂以支、瓶为单位，应当注明含量；中药饮片以剂为单位。

第三章 处方权的获得

第八条 经注册的执业医师在执业地点取得相应的处方权。

经注册的执业助理医师在医疗机构开具的处方，应当经所在执业地点执业医师签名或加盖专用签章后方有效。

第九条 经注册的执业助理医师在乡、民族乡、镇、村的医疗机构独立从事一般的执业活动，可以在注册的执业地点取得相应的处方权。

第十条 医师应当在注册的医疗机构签名留样或者专用签章备案后，方可开具处方。

第十一条 医疗机构应当按照有关规定，对本机构执业医师和药师进行麻醉药品和精神药品使用知识和规范化管理的培训。执业医师经考核合格后取得麻醉药品和第一类精神药品的处方权，药师经考核合格后取得麻醉药品和第一类精神药品调剂资格。

医师取得麻醉药品和第一类精神药品处方权后，方可在本机构开具麻醉药品和第一类精神药品处方，但不得为自己开具该类药品处方。药师取得麻醉药品和第一类精神药品调剂资格后，方可在本机构调剂麻醉药品和第一类精神药品。

第十二条 试用期人员开具处方，应当经所在医疗机构有处方权的执业医师审核、并签名或加盖专用签章后方有效。

第十三条 进修医师由接收进修的医疗机构对其胜任本专业工作的实际情况进行认定后授予相应的处方权。

第四章 处方的开具

第十四条 医师应当根据医疗、预防、保健需要，按照诊疗规范、药品说明书中的药品适应证、药理作用、用法、用量、禁忌、不良反应和注意事项等开具处方。

开具医疗用毒性药品、放射性药品的处方应当严格遵守有关法律、法规和规章的规定。

第十五条　医疗机构应当根据本机构性质、功能、任务，制定药品处方集。

第十六条　医疗机构应当按照经药品监督管理部门批准并公布的药品通用名称购进药品。同一通用名称药品的品种，注射剂型和口服剂型各不得超过 2 种，处方组成类同的复方制剂 1～2 种。因特殊诊疗需要使用其他剂型和剂量规格药品的情况除外。

第十七条　医师开具处方应当使用经药品监督管理部门批准并公布的药品通用名称、新活性化合物的专利药品名称和复方制剂药品名称。

医师开具院内制剂处方时应当使用经省级卫生行政部门审核、药品监督管理部门批准的名称。

医师可以使用由卫生部公布的药品习惯名称开具处方。

第十八条　处方开具当日有效。特殊情况下需延长有效期的，由开具处方的医师注明有效期限，但有效期最长不得超过 3 天。

第十九条　处方一般不得超过 7 日用量；急诊处方一般不得超过 3 日用量；对于某些慢性病、老年病或特殊情况，处方用量可适当延长，但医师应当注明理由。

医疗用毒性药品、放射性药品的处方用量应当严格按照国家有关规定执行。

第二十条　医师应当按照卫生部制定的麻醉药品和精神药品临床应用指导原则，开具麻醉药品、第一类精神药品处方。

第二十一条　门（急）诊癌症疼痛患者和中、重度慢性疼痛患者需长期使用麻醉药品和第一类精神药品的，首诊医师应当亲自诊查患者，建立相应的病历，要求其签署《知情同意书》。

病历中应当留存下列材料复印件：

（一）二级以上医院开具的诊断证明；

（二）患者户籍簿、身份证或者其他相关有效身份证明文件；

（三）为患者代办人员身份证明文件。

第二十二条　除需长期使用麻醉药品和第一类精神药品的门（急）诊癌症疼痛患者和中、重度慢性疼痛患者外，麻醉药品注射剂仅限于医疗机构内使用。

第二十三条　为门（急）诊患者开具的麻醉药品注射剂，每张处方为一次常用量；控缓释制剂，每张处方不得超过 7 日常用量；其他剂型，每张处方不得超过 3 日常用量。

第一类精神药品注射剂，每张处方为一次常用量；控缓释制剂，每张处方不得超过 7 日常用量；其他剂型，每张处方不得超过 3 日常用量。哌醋甲酯用于治疗儿童多动症时，每张处方不得超过 15 日常用量。

第二类精神药品一般每张处方不得超过 7 日常用量；对于慢性病或某些特殊情况的患者，处方用量可以适当延长，医师应当注明理由。

第二十四条 为门（急）诊癌症疼痛患者和中、重度慢性疼痛患者开具的麻醉药品、第一类精神药品注射剂，每张处方不得超过 3 日常用量；控缓释制剂，每张处方不得超过 15 日常用量；其他剂型，每张处方不得超过 7 日常用量。

第二十五条 为住院患者开具的麻醉药品和第一类精神药品处方应当逐日开具，每张处方为 1 日常用量。

第二十六条 对于需要特别加强管制的麻醉药品，盐酸二氢埃托啡处方为一次常用量，仅限于二级以上医院内使用；盐酸哌替啶处方为一次常用量，仅限于医疗机构内使用。

第二十七条 医疗机构应当要求长期使用麻醉药品和第一类精神药品的门（急）诊癌症患者和中、重度慢性疼痛患者，每 3 个月复诊或者随诊一次。

第二十八条 医师利用计算机开具、传递普通处方时，应当同时打印出纸质处方，其格式与手写处方一致；打印的纸质处方经签名或者加盖签章后有效。药师核发药品时，应当核对打印的纸质处方，无误后发给药品，并将打印的纸质处方与计算机传递处方同时收存备查。

第五章 处方的调剂

第二十九条 取得药学专业技术职务任职资格的人员方可从事处方调剂工作。

第三十条 药师在执业的医疗机构取得处方调剂资格。药师签名或者专用签章式样应当在本机构留样备查。

第三十一条 具有药师以上专业技术职务任职资格的人员负责处方审核、评估、核对、发药以及安全用药指导；药士从事处方调配工作。

第三十二条 药师应当凭医师处方调剂处方药品，非经医师处方不得调剂。

第三十三条 药师应当按照操作规程调剂处方药品：认真审核处方，准确调配药品，正确书写药袋或粘贴标签，注明患者姓名和药品名称、用法、用量，包装；向患者交付药品时，按照药品说明书或者处方用法，进行用药交待与指导，包括每种药品的用法、用量、注意事项等。

第三十四条 药师应当认真逐项检查处方前记、正文和后记书写是否清晰、完整，并确认处方的合法性。

第三十五条　药师应当对处方用药适宜性进行审核，审核内容包括：

（一）规定必须做皮试的药品，处方医师是否注明过敏试验及结果的判定；

（二）处方用药与临床诊断的相符性；

（三）剂量、用法的正确性；

（四）选用剂型与给药途径的合理性；

（五）是否有重复给药现象；

（六）是否有潜在临床意义的药物相互作用和配伍禁忌；

（七）其它用药不适宜情况。

第三十六条　药师经处方审核后，认为存在用药不适宜时，应当告知处方医师，请其确认或者重新开具处方。

药师发现严重不合理用药或者用药错误，应当拒绝调剂，及时告知处方医师，并应当记录，按照有关规定报告。

第三十七条　药师调剂处方时必须做到“四查十对”：查处方，对科别、姓名、年龄；查药品，对药名、剂型、规格、数量；查配伍禁忌，对药品性状、用法用量；查用药合理性，对临床诊断。

第三十八条　药师在完成处方调剂后，应当在处方上签名或者加盖专用签章。

第三十九条　药师应当对麻醉药品和第一类精神药品处方，按年月日逐日编制顺序号。

第四十条　药师对于不规范处方或者不能判定其合法性的处方，不得调剂。

第四十一条　医疗机构应当将本机构基本用药供应目录内同类药品相关信息告知患者。

第四十二条　除麻醉药品、精神药品、医疗用毒性药品和儿科处方外，医疗机构不得限制门诊就诊人员持处方到药品零售企业购药。

第六章　监督管理

第四十三条　医疗机构应当加强对本机构处方开具、调剂和保管的管理。

第四十四条　医疗机构应当建立处方点评制度，填写处方评价表（附件2），对处方实施动态监测及超常预警，登记并通报不合理处方，对不合理用药及时予以干预。

第四十五条　医疗机构应当对出现超常处方3次以上且无正当理由的医师提出警告，限制其处方权；限制处方权后，仍连续2次以上出现超常处方且无正当理由的，取消其处方权。

第四十六条 医师出现下列情形之一的，处方权由其所在医疗机构予以取消：

（一）被责令暂停执业；

（二）考核不合格离岗培训期间；

（三）被注销、吊销执业证书；

（四）不按照规定开具处方，造成严重后果的；

（五）不按照规定使用药品，造成严重后果的；

（六）因开具处方牟取私利。

第四十七条 未取得处方权的人员及被取消处方权的医师不得开具处方。未取得麻醉药品和第一类精神药品处方资格的医师不得开具麻醉药品和第一类精神药品处方。

第四十八条 除治疗需要外，医师不得开具麻醉药品、精神药品、医疗用毒性药品和放射性药品处方。

第四十九条 未取得药学专业技术职务任职资格的人员不得从事处方调剂工作。

第五十条 处方由调剂处方药品的医疗机构妥善保存。普通处方、急诊处方、儿科处方保存期限为1年，医疗用毒性药品、第二类精神药品处方保存期限为2年，麻醉药品和第一类精神药品处方保存期限为3年。

处方保存期满后，经医疗机构主要负责人批准、登记备案，方可销毁。

第五十一条 医疗机构应当根据麻醉药品和精神药品处方开具情况，按照麻醉药品和精神药品品种、规格对其消耗量进行专册登记，登记内容包括发药日期、患者姓名、用药数量。专册保存期限为3年。

第五十二条 县级以上地方卫生行政部门应当定期对本行政区域内医疗机构处方管理情况进行监督检查。

县级以上卫生行政部门在对医疗机构实施监督管理过程中，发现医师出现本办法第四十六条规定情形的，应当责令医疗机构取消医师处方权。

第五十三条 卫生行政部门的工作人员依法对医疗机构处方管理情况进行监督检查时，应当出示证件；被检查的医疗机构应当予以配合，如实反映情况，提供必要的资料，不得拒绝、阻碍、隐瞒。

第七章 法律责任

第五十四条 医疗机构有下列情形之一的，由县级以上卫生行政部门按照《医疗机构管理条例》第四十八条的规定，责令限期改正，并可处以5000元以下的罚款；情节严重的，吊销其《医疗机构执业许可证》：

（一）使用未取得处方权的人员、被取消处方权的医师开具处方的；

（二）使用未取得麻醉药品和第一类精神药品处方资格的医师开具麻醉药品和第一类精神药品处方的；

（三）使用未取得药学专业技术职务任职资格的人员从事处方调剂工作的。

第五十五条　医疗机构未按照规定保管麻醉药品和精神药品处方，或者未依照规定进行专册登记的，按照《麻醉药品和精神药品管理条例》第七十二条的规定，由设区的市级卫生行政部门责令限期改正，给予警告；逾期不改正的，处 5000 元以上 1 万元以下的罚款；情节严重的，吊销其印鉴卡；对直接负责的主管人员和其他直接责任人员，依法给予降级、撤职、开除的处分。

第五十六条　医师和药师出现下列情形之一的，由县级以上卫生行政部门按照《麻醉药品和精神药品管理条例》第七十三条的规定予以处罚：

（一）未取得麻醉药品和第一类精神药品处方资格的医师擅自开具麻醉药品和第一类精神药品处方的；

（二）具有麻醉药品和第一类精神药品处方医师未按照规定开具麻醉药品和第一类精神药品处方，或者未按照卫生部制定的麻醉药品和精神药品临床应用指导原则使用麻醉药品和第一类精神药品的；

（三）药师未按照规定调剂麻醉药品、精神药品处方的。

第五十七条　医师出现下列情形之一的，按照《执业医师法》第三十七条的规定，由县级以上卫生行政部门给予警告或者责令暂停六个月以上一年以下执业活动；情节严重的，吊销其执业证书：

（一）未取得处方权或者被取消处方权后开具药品处方的；

（二）未按照本办法规定开具药品处方的；

（三）违反本办法其他规定的。

第五十八条　药师未按照规定调剂处方药品，情节严重的，由县级以上卫生行政部门责令改正、通报批评，给予警告；并由所在医疗机构或者其上级单位给予纪律处分。

第五十九条　县级以上地方卫生行政部门未按照本办法规定履行监管职责的，由上级卫生行政部门责令改正。

第八章　附　则

第六十条　乡村医生按照《乡村医生从业管理条例》的规定，在省级卫生行政部门制定的乡村医生基本用药目录范围内开具药品处方。

第六十一条　本办法所称药学专业技术人员，是指按照卫生部《卫生技术人员职务试行条例》规定，取得药学专业技术职务任职资格人员，包括主任药师、副主任药师、主管药师、药师、药士。

第六十二条 本办法所称医疗机构，是指按照《医疗机构管理条例》批准登记的从事疾病诊断、治疗活动的医院、社区卫生服务中心（站）、妇幼保健院、卫生院、疗养院、门诊部、诊所、卫生室（所）、急救中心（站）、专科疾病防治院（所、站）以及护理院（站）等医疗机构。

第六十三条 本办法自2007年5月1日起施行。《处方管理办法（试行）》（卫医发〔2004〕269号）和《麻醉药品、精神药品处方管理规定》（卫医法〔2005〕436号）同时废止。

（六）工伤事故责任

工伤保险条例

（2003年4月27日国务院令第375号公布　根据2010年12月20日《国务院关于修改〈工伤保险条例〉的决定》修订　自2011年1月1日起施行）

第一章　总　则

第一条 为了保障因工作遭受事故伤害或者患职业病的职工获得医疗救治和经济补偿，促进工伤预防和职业康复，分散用人单位的工伤风险，制定本条例。

第二条 中华人民共和国境内的企业、事业单位、社会团体、民办非企业单位、基金会、律师事务所、会计师事务所等组织和有雇工的个体工商户（以下称用人单位）应当依照本条例规定参加工伤保险，为本单位全部职工或者雇工（以下称职工）缴纳工伤保险费。

中华人民共和国境内的企业、事业单位、社会团体、民办非企业单位、基金会、律师事务所、会计师事务所等组织的职工和个体工商户的雇工，均有依照本条例的规定享受工伤保险待遇的权利。

第三条 工伤保险费的征缴按照《社会保险费征缴暂行条例》关于基本养老保险费、基本医疗保险费、失业保险费的征缴规定执行。

第四条　用人单位应当将参加工伤保险的有关情况在本单位内公示。

用人单位和职工应当遵守有关安全生产和职业病防治的法律法规，执行安全卫生规程和标准，预防工伤事故发生，避免和减少职业病危害。

职工发生工伤时，用人单位应当采取措施使工伤职工得到及时救治。

第五条　国务院社会保险行政部门负责全国的工伤保险工作。

县级以上地方各级人民政府社会保险行政部门负责本行政区域内的工伤保险工作。

社会保险行政部门按照国务院有关规定设立的社会保险经办机构（以下称经办机构）具体承办工伤保险事务。

第六条　社会保险行政部门等部门制定工伤保险的政策、标准，应当征求工会组织、用人单位代表的意见。

第二章　工伤保险基金

第七条　工伤保险基金由用人单位缴纳的工伤保险费、工伤保险基金的利息和依法纳入工伤保险基金的其他资金构成。

第八条　工伤保险费根据以支定收、收支平衡的原则，确定费率。

国家根据不同行业的工伤风险程度确定行业的差别费率，并根据工伤保险费使用、工伤发生率等情况在每个行业内确定若干费率档次。行业差别费率及行业内费率档次由国务院社会保险行政部门制定，报国务院批准后公布施行。

统筹地区经办机构根据用人单位工伤保险费使用、工伤发生率等情况，适用所属行业内相应的费率档次确定单位缴费费率。

第九条　国务院社会保险行政部门应当定期了解全国各统筹地区工伤保险基金收支情况，及时提出调整行业差别费率及行业内费率档次的方案，报国务院批准后公布施行。

第十条　用人单位应当按时缴纳工伤保险费。职工个人不缴纳工伤保险费。

用人单位缴纳工伤保险费的数额为本单位职工工资总额乘以单位缴费费率之积。

对难以按照工资总额缴纳工伤保险费的行业，其缴纳工伤保险费的具体方式，由国务院社会保险行政部门规定。

第十一条　工伤保险基金逐步实行省级统筹。

跨地区、生产流动性较大的行业，可以采取相对集中的方式异地参加统筹地区的工伤保险。具体办法由国务院社会保险行政部门会同有关行业的主管部门制定。

第十二条 工伤保险基金存入社会保障基金财政专户，用于本条例规定的工伤保险待遇，劳动能力鉴定，工伤预防的宣传、培训等费用，以及法律、法规规定的用于工伤保险的其他费用的支付。

工伤预防费用的提取比例、使用和管理的具体办法，由国务院社会保险行政部门会同国务院财政、卫生行政、安全生产监督管理等部门规定。

任何单位或者个人不得将工伤保险基金用于投资运营、兴建或者改建办公场所、发放奖金，或者挪作其他用途。

第十三条 工伤保险基金应当留有一定比例的储备金，用于统筹地区重大事故的工伤保险待遇支付；储备金不足支付的，由统筹地区的人民政府垫付。储备金占基金总额的具体比例和储备金的使用办法，由省、自治区、直辖市人民政府规定。

第三章 工伤认定

第十四条 职工有下列情形之一的，应当认定为工伤：

（一）在工作时间和工作场所内，因工作原因受到事故伤害的；

（二）工作时间前后在工作场所内，从事与工作有关的预备性或者收尾性工作受到事故伤害的；

（三）在工作时间和工作场所内，因履行工作职责受到暴力等意外伤害的；

（四）患职业病的；

（五）因工外出期间，由于工作原因受到伤害或者发生事故下落不明的；

（六）在上下班途中，受到非本人主要责任的交通事故或者城市轨道交通、客运轮渡、火车事故伤害的；

（七）法律、行政法规规定应当认定为工伤的其他情形。

第十五条 职工有下列情形之一的，视同工伤：

（一）在工作时间和工作岗位，突发疾病死亡或者在48小时之内经抢救无效死亡的；

（二）在抢险救灾等维护国家利益、公共利益活动中受到伤害的；

（三）职工原在军队服役，因战、因公负伤致残，已取得革命伤残军人证，到用人单位后旧伤复发的。

职工有前款第（一）项、第（二）项情形的，按照本条例的有关规定享受工伤保险待遇；职工有前款第（三）项情形的，按照本条例的有关规定享受除一次性伤残补助金以外的工伤保险待遇。

第十六条 职工符合本条例第十四条、第十五条的规定，但是有下列情形之一的，不得认定为工伤或者视同工伤：

（一）故意犯罪的；

（二）醉酒或者吸毒的；

（三）自残或者自杀的。

第十七条　职工发生事故伤害或者按照职业病防治法规定被诊断、鉴定为职业病，所在单位应当自事故伤害发生之日或者被诊断、鉴定为职业病之日起30日内，向统筹地区社会保险行政部门提出工伤认定申请。遇有特殊情况，经报社会保险行政部门同意，申请时限可以适当延长。

用人单位未按前款规定提出工伤认定申请的，工伤职工或者其近亲属、工会组织在事故伤害发生之日或者被诊断、鉴定为职业病之日起1年内，可以直接向用人单位所在地统筹地区社会保险行政部门提出工伤认定申请。

按照本条第一款规定应当由省级社会保险行政部门进行工伤认定的事项，根据属地原则由用人单位所在地的设区的市级社会保险行政部门办理。

用人单位未在本条第一款规定的时限内提交工伤认定申请，在此期间发生符合本条例规定的工伤待遇等有关费用由该用人单位负担。

第十八条　提出工伤认定申请应当提交下列材料：

（一）工伤认定申请表；

（二）与用人单位存在劳动关系（包括事实劳动关系）的证明材料；

（三）医疗诊断证明或者职业病诊断证明书（或者职业病诊断鉴定书）。

工伤认定申请表应当包括事故发生的时间、地点、原因以及职工伤害程度等基本情况。

工伤认定申请人提供材料不完整的，社会保险行政部门应当一次性书面告知工伤认定申请人需要补正的全部材料。申请人按照书面告知要求补正材料后，社会保险行政部门应当受理。

第十九条　社会保险行政部门受理工伤认定申请后，根据审核需要可以对事故伤害进行调查核实，用人单位、职工、工会组织、医疗机构以及有关部门应当予以协助。职业病诊断和诊断争议的鉴定，依照职业病防治法的有关规定执行。对依法取得职业病诊断证明书或者职业病诊断鉴定书的，社会保险行政部门不再进行调查核实。

职工或者其近亲属认为是工伤，用人单位不认为是工伤的，由用人单位承担举证责任。

第二十条　社会保险行政部门应当自受理工伤认定申请之日起60日内作出工伤认定的决定，并书面通知申请工伤认定的职工或者其近亲属和该职工所在单位。

社会保险行政部门对受理的事实清楚、权利义务明确的工伤认定申请，应当在15日内作出工伤认定的决定。

作出工伤认定决定需要以司法机关或者有关行政主管部门的结论为依据的，在司法机关或者有关行政主管部门尚未作出结论期间，作出工伤认定决定的时限中止。

社会保险行政部门工作人员与工伤认定申请人有利害关系的，应当回避。

第四章　劳动能力鉴定

第二十一条　职工发生工伤，经治疗伤情相对稳定后存在残疾、影响劳动能力的，应当进行劳动能力鉴定。

第二十二条　劳动能力鉴定是指劳动功能障碍程度和生活自理障碍程度的等级鉴定。

劳动功能障碍分为十个伤残等级，最重的为一级，最轻的为十级。

生活自理障碍分为三个等级：生活完全不能自理、生活大部分不能自理和生活部分不能自理。

劳动能力鉴定标准由国务院社会保险行政部门会同国务院卫生行政部门等部门制定。

第二十三条　劳动能力鉴定由用人单位、工伤职工或者其近亲属向设区的市级劳动能力鉴定委员会提出申请，并提供工伤认定决定和职工工伤医疗的有关资料。

第二十四条　省、自治区、直辖市劳动能力鉴定委员会和设区的市级劳动能力鉴定委员会分别由省、自治区、直辖市和设区的市级社会保险行政部门、卫生行政部门、工会组织、经办机构代表以及用人单位代表组成。

劳动能力鉴定委员会建立医疗卫生专家库。列入专家库的医疗卫生专业技术人员应当具备下列条件：

（一）具有医疗卫生高级专业技术职务任职资格；

（二）掌握劳动能力鉴定的相关知识；

（三）具有良好的职业品德。

第二十五条　设区的市级劳动能力鉴定委员会收到劳动能力鉴定申请后，应当从其建立的医疗卫生专家库中随机抽取 3 名或者 5 名相关专家组成专家组，由专家组提出鉴定意见。设区的市级劳动能力鉴定委员会根据专家组的鉴定意见作出工伤职工劳动能力鉴定结论；必要时，可以委托具备资格的医疗机构协助进行有关的诊断。

设区的市级劳动能力鉴定委员会应当自收到劳动能力鉴定申请之日起 60 日内作出劳动能力鉴定结论，必要时，作出劳动能力鉴定结论的期限可以延长 30 日。劳动能力鉴定结论应当及时送达申请鉴定的单位和个人。

第二十六条　申请鉴定的单位或者个人对设区的市级劳动能力鉴定委员

会作出的鉴定结论不服的，可以在收到该鉴定结论之日起 15 日内向省、自治区、直辖市劳动能力鉴定委员会提出再次鉴定申请。省、自治区、直辖市劳动能力鉴定委员会作出的劳动能力鉴定结论为最终结论。

第二十七条　劳动能力鉴定工作应当客观、公正。劳动能力鉴定委员会组成人员或者参加鉴定的专家与当事人有利害关系的，应当回避。

第二十八条　自劳动能力鉴定结论作出之日起 1 年后，工伤职工或者其近亲属、所在单位或者经办机构认为伤残情况发生变化的，可以申请劳动能力复查鉴定。

第二十九条　劳动能力鉴定委员会依照本条例第二十六条和第二十八条的规定进行再次鉴定和复查鉴定的期限，依照本条例第二十五条第二款的规定执行。

第五章　工伤保险待遇

第三十条　职工因工作遭受事故伤害或者患职业病进行治疗，享受工伤医疗待遇。

职工治疗工伤应当在签订服务协议的医疗机构就医，情况紧急时可以先到就近的医疗机构急救。

治疗工伤所需费用符合工伤保险诊疗项目目录、工伤保险药品目录、工伤保险住院服务标准的，从工伤保险基金支付。工伤保险诊疗项目目录、工伤保险药品目录、工伤保险住院服务标准，由国务院社会保险行政部门会同国务院卫生行政部门、食品药品监督管理部门等部门规定。

职工住院治疗工伤的伙食补助费，以及经医疗机构出具证明，报经办机构同意，工伤职工到统筹地区以外就医所需的交通、食宿费用从工伤保险基金支付，基金支付的具体标准由统筹地区人民政府规定。

工伤职工治疗非工伤引发的疾病，不享受工伤医疗待遇，按照基本医疗保险办法处理。

工伤职工到签订服务协议的医疗机构进行工伤康复的费用，符合规定的，从工伤保险基金支付。

第三十一条　社会保险行政部门作出认定为工伤的决定后发生行政复议、行政诉讼的，行政复议和行政诉讼期间不停止支付工伤职工治疗工伤的医疗费用。

第三十二条　工伤职工因日常生活或者就业需要，经劳动能力鉴定委员会确认，可以安装假肢、矫形器、假眼、假牙和配置轮椅等辅助器具，所需费用按照国家规定的标准从工伤保险基金支付。

第三十三条　职工因工作遭受事故伤害或者患职业病需要暂停工作接受

工伤医疗的，在停工留薪期内，原工资福利待遇不变，由所在单位按月支付。

停工留薪期一般不超过12个月。伤情严重或者情况特殊，经设区的市级劳动能力鉴定委员会确认，可以适当延长，但延长不得超过12个月。工伤职工评定伤残等级后，停发原待遇，按照本章的有关规定享受伤残待遇。工伤职工在停工留薪期满后仍需治疗的，继续享受工伤医疗待遇。

生活不能自理的工伤职工在停工留薪期需要护理的，由所在单位负责。

第三十四条 工伤职工已经评定伤残等级并经劳动能力鉴定委员会确认需要生活护理的，从工伤保险基金按月支付生活护理费。

生活护理费按照生活完全不能自理、生活大部分不能自理或者生活部分不能自理3个不同等级支付，其标准分别为统筹地区上年度职工月平均工资的50%、40%或者30%。

第三十五条 职工因工致残被鉴定为一级至四级伤残的，保留劳动关系，退出工作岗位，享受以下待遇：

（一）从工伤保险基金按伤残等级支付一次性伤残补助金，标准为：一级伤残为27个月的本人工资，二级伤残为25个月的本人工资，三级伤残为23个月的本人工资，四级伤残为21个月的本人工资；

（二）从工伤保险基金按月支付伤残津贴，标准为：一级伤残为本人工资的90%，二级伤残为本人工资的85%，三级伤残为本人工资的80%，四级伤残为本人工资的75%。伤残津贴实际金额低于当地最低工资标准的，由工伤保险基金补足差额；

（三）工伤职工达到退休年龄并办理退休手续后，停发伤残津贴，按照国家有关规定享受基本养老保险待遇。基本养老保险待遇低于伤残津贴的，由工伤保险基金补足差额。

职工因工致残被鉴定为一级至四级伤残的，由用人单位和职工个人以伤残津贴为基数，缴纳基本医疗保险费。

第三十六条 职工因工致残被鉴定为五级、六级伤残的，享受以下待遇：

（一）从工伤保险基金按伤残等级支付一次性伤残补助金，标准为：五级伤残为18个月的本人工资，六级伤残为16个月的本人工资；

（二）保留与用人单位的劳动关系，由用人单位安排适当工作。难以安排工作的，由用人单位按月发给伤残津贴，标准为：五级伤残为本人工资的70%，六级伤残为本人工资的60%，并由用人单位按照规定为其缴纳应缴纳的各项社会保险费。伤残津贴实际金额低于当地最低工资标准的，由用人单位补足差额。

经工伤职工本人提出，该职工可以与用人单位解除或者终止劳动关系，由工伤保险基金支付一次性工伤医疗补助金，由用人单位支付一次性伤残就业补助金。一次性工伤医疗补助金和一次性伤残就业补助金的具体标准由省、自治区、直辖市人民政府规定。

第三十七条　职工因工致残被鉴定为七级至十级伤残的，享受以下待遇：

（一）从工伤保险基金按伤残等级支付一次性伤残补助金，标准为：七级伤残为13个月的本人工资，八级伤残为11个月的本人工资，九级伤残为9个月的本人工资，十级伤残为7个月的本人工资；

（二）劳动、聘用合同期满终止，或者职工本人提出解除劳动、聘用合同的，由工伤保险基金支付一次性工伤医疗补助金，由用人单位支付一次性伤残就业补助金。一次性工伤医疗补助金和一次性伤残就业补助金的具体标准由省、自治区、直辖市人民政府规定。

第三十八条　工伤职工工伤复发，确认需要治疗的，享受本条例第三十条、第三十二条和第三十三条规定的工伤待遇。

第三十九条　职工因工死亡，其近亲属按照下列规定从工伤保险基金领取丧葬补助金、供养亲属抚恤金和一次性工亡补助金：

（一）丧葬补助金为6个月的统筹地区上年度职工月平均工资；

（二）供养亲属抚恤金按照职工本人工资的一定比例发给由因工死亡职工生前提供主要生活来源、无劳动能力的亲属。标准为：配偶每月40%，其他亲属每人每月30%，孤寡老人或者孤儿每人每月在上述标准的基础上增加10%。核定的各供养亲属的抚恤金之和不应高于因工死亡职工生前的工资。供养亲属的具体范围由国务院社会保险行政部门规定；

（三）一次性工亡补助金标准为上一年度全国城镇居民人均可支配收入的20倍。

伤残职工在停工留薪期内因工伤导致死亡的，其近亲属享受本条第一款规定的待遇。

一级至四级伤残职工在停工留薪期满后死亡的，其近亲属可以享受本条第一款第（一）项、第（二）项规定的待遇。

第四十条　伤残津贴、供养亲属抚恤金、生活护理费由统筹地区社会保险行政部门根据职工平均工资和生活费用变化等情况适时调整。调整办法由省、自治区、直辖市人民政府规定。

第四十一条　职工因工外出期间发生事故或者在抢险救灾中下落不明的，从事故发生当月起3个月内照发工资，从第4个月起停发工资，由工伤保险基金向其供养亲属按月支付供养亲属抚恤金。生活有困难的，可以预支一次性工亡补助金的50%。职工被人民法院宣告死亡的，按照本条例第三十九条职工因工死亡的规定处理。

第四十二条　工伤职工有下列情形之一的，停止享受工伤保险待遇：

（一）丧失享受待遇条件的；

（二）拒不接受劳动能力鉴定的；

（三）拒绝治疗的。

第四十三条 用人单位分立、合并、转让的，承继单位应当承担原用人单位的工伤保险责任；原用人单位已经参加工伤保险的，承继单位应当到当地经办机构办理工伤保险变更登记。

用人单位实行承包经营的，工伤保险责任由职工劳动关系所在单位承担。

职工被借调期间受到工伤事故伤害的，由原用人单位承担工伤保险责任，但原用人单位与借调单位可以约定补偿办法。

企业破产的，在破产清算时依法拨付应当由单位支付的工伤保险待遇费用。

第四十四条 职工被派遣出境工作，依据前往国家或者地区的法律应当参加当地工伤保险的，参加当地工伤保险，其国内工伤保险关系中止；不能参加当地工伤保险的，其国内工伤保险关系不中止。

第四十五条 职工再次发生工伤，根据规定应当享受伤残津贴的，按照新认定的伤残等级享受伤残津贴待遇。

第六章　监督管理

第四十六条 经办机构具体承办工伤保险事务，履行下列职责：

（一）根据省、自治区、直辖市人民政府规定，征收工伤保险费；

（二）核查用人单位的工资总额和职工人数，办理工伤保险登记，并负责保存用人单位缴费和职工享受工伤保险待遇情况的记录；

（三）进行工伤保险的调查、统计；

（四）按照规定管理工伤保险基金的支出；

（五）按照规定核定工伤保险待遇；

（六）为工伤职工或者其近亲属免费提供咨询服务。

第四十七条 经办机构与医疗机构、辅助器具配置机构在平等协商的基础上签订服务协议，并公布签订服务协议的医疗机构、辅助器具配置机构的名单。具体办法由国务院社会保险行政部门分别会同国务院卫生行政部门、民政部门等部门制定。

第四十八条 经办机构按照协议和国家有关目录、标准对工伤职工医疗费用、康复费用、辅助器具费用的使用情况进行核查，并按时足额结算费用。

第四十九条 经办机构应当定期公布工伤保险基金的收支情况，及时向社会保险行政部门提出调整费率的建议。

第五十条 社会保险行政部门、经办机构应当定期听取工伤职工、医疗机构、辅助器具配置机构以及社会各界对改进工伤保险工作的意见。

第五十一条　社会保险行政部门依法对工伤保险费的征缴和工伤保险基金的支付情况进行监督检查。

财政部门和审计机关依法对工伤保险基金的收支、管理情况进行监督。

第五十二条　任何组织和个人对有关工伤保险的违法行为，有权举报。社会保险行政部门对举报应当及时调查，按照规定处理，并为举报人保密。

第五十三条　工会组织依法维护工伤职工的合法权益，对用人单位的工伤保险工作实行监督。

第五十四条　职工与用人单位发生工伤待遇方面的争议，按照处理劳动争议的有关规定处理。

第五十五条　有下列情形之一的，有关单位或者个人可以依法申请行政复议，也可以依法向人民法院提起行政诉讼：

（一）申请工伤认定的职工或者其近亲属、该职工所在单位对工伤认定申请不予受理的决定不服的；

（二）申请工伤认定的职工或者其近亲属、该职工所在单位对工伤认定结论不服的；

（三）用人单位对经办机构确定的单位缴费费率不服的；

（四）签订服务协议的医疗机构、辅助器具配置机构认为经办机构未履行有关协议或者规定的；

（五）工伤职工或者其近亲属对经办机构核定的工伤保险待遇有异议的。

第七章　法律责任

第五十六条　单位或者个人违反本条例第十二条规定挪用工伤保险基金，构成犯罪的，依法追究刑事责任；尚不构成犯罪的，依法给予处分或者纪律处分。被挪用的基金由社会保险行政部门追回，并入工伤保险基金；没收的违法所得依法上缴国库。

第五十七条　社会保险行政部门工作人员有下列情形之一的，依法给予处分；情节严重，构成犯罪的，依法追究刑事责任：

（一）无正当理由不受理工伤认定申请，或者弄虚作假将不符合工伤条件的人员认定为工伤职工的；

（二）未妥善保管申请工伤认定的证据材料，致使有关证据灭失的；

（三）收受当事人财物的。

第五十八条　经办机构有下列行为之一的，由社会保险行政部门责令改正，对直接负责的主管人员和其他责任人员依法给予纪律处分；情节严重，构成犯罪的，依法追究刑事责任；造成当事人经济损失的，由经办机构依法承担赔偿责任：

（一）未按规定保存用人单位缴费和职工享受工伤保险待遇情况记录的；

（二）不按规定核定工伤保险待遇的；

（三）收受当事人财物的。

第五十九条 医疗机构、辅助器具配置机构不按服务协议提供服务的，经办机构可以解除服务协议。

经办机构不按时足额结算费用的，由社会保险行政部门责令改正；医疗机构、辅助器具配置机构可以解除服务协议。

第六十条 用人单位、工伤职工或者其近亲属骗取工伤保险待遇，医疗机构、辅助器具配置机构骗取工伤保险基金支出的，由社会保险行政部门责令退还，处骗取金额2倍以上5倍以下的罚款；情节严重，构成犯罪的，依法追究刑事责任。

第六十一条 从事劳动能力鉴定的组织或者个人有下列情形之一的，由社会保险行政部门责令改正，处2000元以上1万元以下的罚款；情节严重，构成犯罪的，依法追究刑事责任：

（一）提供虚假鉴定意见的；

（二）提供虚假诊断证明的；

（三）收受当事人财物的。

第六十二条 用人单位依照本条例规定应当参加工伤保险而未参加的，由社会保险行政部门责令限期参加，补缴应当缴纳的工伤保险费，并自欠缴之日起，按日加收万分之五的滞纳金；逾期仍不缴纳的，处欠缴数额1倍以上3倍以下的罚款。

依照本条例规定应当参加工伤保险而未参加工伤保险的用人单位职工发生工伤的，由该用人单位按照本条例规定的工伤保险待遇项目和标准支付费用。

用人单位参加工伤保险并补缴应当缴纳的工伤保险费、滞纳金后，由工伤保险基金和用人单位依照本条例的规定支付新发生的费用。

第六十三条 用人单位违反本条例第十九条的规定，拒不协助社会保险行政部门对事故进行调查核实的，由社会保险行政部门责令改正，处2000元以上2万元以下的罚款。

第八章 附 则

第六十四条 本条例所称工资总额，是指用人单位直接支付给本单位全部职工的劳动报酬总额。

本条例所称本人工资，是指工伤职工因工作遭受事故伤害或者患职业病前12个月平均月缴费工资。本人工资高于统筹地区职工平均工资300%的，按照统筹地区职工平均工资的300%计算；本人工资低于统筹地区职工平均工资60%的，按照统筹地区职工平均工资的60%计算。

第六十五条　公务员和参照公务员法管理的事业单位、社会团体的工作人员因工作遭受事故伤害或者患职业病的，由所在单位支付费用。具体办法由国务院社会保险行政部门会同国务院财政部门规定。

第六十六条　无营业执照或者未经依法登记、备案的单位以及被依法吊销营业执照或者撤销登记、备案的单位的职工受到事故伤害或者患职业病的，由该单位向伤残职工或者死亡职工的近亲属给予一次性赔偿，赔偿标准不得低于本条例规定的工伤保险待遇；用人单位不得使用童工，用人单位使用童工造成童工伤残、死亡的，由该单位向童工或者童工的近亲属给予一次性赔偿，赔偿标准不得低于本条例规定的工伤保险待遇。具体办法由国务院社会保险行政部门规定。

前款规定的伤残职工或者死亡职工的近亲属就赔偿数额与单位发生争议的，以及前款规定的童工或者童工的近亲属就赔偿数额与单位发生争议的，按照处理劳动争议的有关规定处理。

第六十七条　本条例自2004年1月1日起施行。本条例施行前已受到事故伤害或者患职业病的职工尚未完成工伤认定的，按照本条例的规定执行。

人力资源和社会保障部
关于执行《工伤保险条例》若干问题的意见

（2013年4月25日　人社部发〔2013〕34号）

各省、自治区、直辖市及新疆生产建设兵团人力资源社会保障厅（局）：

《国务院关于修改〈工伤保险条例〉的决定》（国务院令第586号）已经于2011年1月1日实施。为贯彻执行新修订的《工伤保险条例》，妥善解决实际工作中的问题，更好地保障职工和用人单位的合法权益，现提出如下意见。

一、《工伤保险条例》（以下简称《条例》）第十四条第（五）项规定的“因工外出期间”的认定，应当考虑职工外出是否属于用人单位指派的因工作外出，遭受的事故伤害是否因工作原因所致。

二、《条例》第十四条第（六）项规定的“非本人主要责任”的认定，应当以有关机关出具的法律文书或者人民法院的生效裁决为依据。

三、《条例》第十六条第（一）项“故意犯罪”的认定，应当以司法机关的生效法律文书或者结论性意见为依据。

四、《条例》第十六条第（二）项“醉酒或者吸毒”的认定，应当以有关机关出具的法律文书或者人民法院的生效裁决为依据。无法获得上述证据的，可以结合相关证据认定。

五、社会保险行政部门受理工伤认定申请后，发现劳动关系存在争议且无法确认的，应告知当事人可以向劳动人事争议仲裁委员会申请仲裁。在此期间，作出工伤认定决定的时限中止，并书面通知申请工伤认定的当事人。劳动关系依法确认后，当事人应将有关法律文书送交受理工伤认定申请的社会保险行政部门，该部门自收到生效法律文书之日起恢复工伤认定程序。

六、符合《条例》第十五条第（一）项情形的，职工所在用人单位原则上应自职工死亡之日起5个工作日内向用人单位所在统筹地区社会保险行政部门报告。

七、具备用工主体资格的承包单位违反法律、法规规定，将承包业务转包、分包给不具备用工主体资格的组织或者自然人，该组织或者自然人招用的劳动者从事承包业务时因工伤亡的，由该具备用工主体资格的承包单位承担用人单位依法应承担的工伤保险责任。

八、曾经从事接触职业病危害作业、当时没有发现罹患职业病、离开工作岗位后被诊断或鉴定为职业病的符合下列条件的人员，可以自诊断、鉴定为职业病之日起一年内申请工伤认定，社会保险行政部门应当受理：

（一）办理退休手续后，未再从事接触职业病危害作业的退休人员；

（二）劳动或聘用合同期满后或者本人提出而解除劳动或聘用合同后，未再从事接触职业病危害作业的人员。

经工伤认定和劳动能力鉴定，前款第（一）项人员符合领取一次性伤残补助金条件的，按就高原则以本人退休前12个月平均月缴费工资或者确诊职业病前12个月的月平均养老金为基数计发。前款第（二）项人员被鉴定为一级至十级伤残、按《条例》规定应以本人工资作为基数享受相关待遇的，按本人终止或者解除劳动、聘用合同前12个月平均月缴费工资计发。

九、按照本意见第八条规定被认定为工伤的职业病人员，职业病诊断证明书（或职业病诊断鉴定书）中明确的用人单位，在该职工从业期间依法为其缴纳工伤保险费的，按《条例》的规定，分别由工伤保险基金和用人单位支付工伤保险待遇；未依法为该职工缴纳工伤保险费的，由用人单位按照《条例》规定的相关项目和标准支付待遇。

十、职工在同一用人单位连续工作期间多次发生工伤的，符合《条例》

第三十六、第三十七条规定领取相关待遇时，按照其在同一用人单位发生工伤的最高伤残级别，计发一次性伤残就业补助金和一次性工伤医疗补助金。

十一、依据《条例》第四十二条的规定停止支付工伤保险待遇的，在停止支付待遇的情形消失后，自下月起恢复工伤保险待遇，停止支付的工伤保险待遇不予补发。

十二、《条例》第六十二条第三款规定的“新发生的费用”，是指用人单位职工参加工伤保险前发生工伤的，在参加工伤保险后新发生的费用。

十三、由工伤保险基金支付的各项待遇应按《条例》相关规定支付，不得采取将长期待遇改为一次性支付的办法。

十四、核定工伤职工工伤保险待遇时，若上一年度相关数据尚未公布，可暂按前一年度的全国城镇居民人均可支配收入、统筹地区职工月平均工资核定和计发，待相关数据公布后再重新核定，社会保险经办机构或者用人单位予以补发差额部分。

本意见自发文之日起执行，此前有关规定与本意见不一致的，按本意见执行。执行中有重大问题，请及时报告我部。

工伤认定办法

（2010年12月31日人力资源和社会保障部第8号令公布
2010年12月31日公布 自2011年1月1日起施行）

第一条 为规范工伤认定程序，依法进行工伤认定，维护当事人的合法权益，根据《工伤保险条例》的有关规定，制定本办法。

第二条 社会保险行政部门进行工伤认定按照本办法执行。

第三条 工伤认定应当客观公正、简捷方便，认定程序应当向社会公开。

第四条 职工发生事故伤害或者按照职业病防治法规定被诊断、鉴定为职业病，所在单位应当自事故伤害发生之日或者被诊断、鉴定为职业病之日起30日内，向统筹地区社会保险行政部门提出工伤认定申请。遇有特殊情况，经报社会保险行政部门同意，申请时限可以适当延长。

按照前款规定应当向省级社会保险行政部门提出工伤认定申请的，根据属地原则应当向用人单位所在地设区的市级社会保险行政部门提出。

第五条 用人单位未在规定的时限内提出工伤认定申请的，受伤害职工或者其近亲属、工会组织在事故伤害发生之日或者被诊断、鉴定为职业病之日起1年内，可以直接按照本办法第四条规定提出工伤认定申请。

第六条 提出工伤认定申请应当填写《工伤认定申请表》，并提交下列材料：

（一）劳动、聘用合同文本复印件或者与用人单位存在劳动关系（包括事实劳动关系）、人事关系的其他证明材料；

（二）医疗机构出具的受伤后诊断证明书或者职业病诊断证明书（或者职业病诊断鉴定书）。

第七条 工伤认定申请人提交的申请材料符合要求，属于社会保险行政部门管辖范围且在受理时限内的，社会保险行政部门应当受理。

第八条 社会保险行政部门收到工伤认定申请后，应当在15日内对申请人提交的材料进行审核，材料完整的，作出受理或者不予受理的决定；材料不完整的，应当以书面形式一次性告知申请人需要补正的全部材料。社会保险行政部门收到申请人提交的全部补正材料后，应当在15日内作出受理或者不予受理的决定。

社会保险行政部门决定受理的，应当出具《工伤认定申请受理决定书》；决定不予受理的，应当出具《工伤认定申请不予受理决定书》。

第九条 社会保险行政部门受理工伤认定申请后，可以根据需要对申请人提供的证据进行调查核实。

第十条 社会保险行政部门进行调查核实，应当由两名以上工作人员共同进行，并出示执行公务的证件。

第十一条 社会保险行政部门工作人员在工伤认定中，可以进行以下调查核实工作：

（一）根据工作需要，进入有关单位和事故现场；

（二）依法查阅与工伤认定有关的资料，询问有关人员并作出调查笔录；

（三）记录、录音、录像和复制与工伤认定有关的资料。调查核实工作的证据收集参照行政诉讼证据收集的有关规定执行。

第十二条 社会保险行政部门工作人员进行调查核实时，有关单位和个人应当予以协助。用人单位、工会组织、医疗机构以及有关部门应当负责安排相关人员配合工作，据实提供情况和证明材料。

第十三条 社会保险行政部门在进行工伤认定时，对申请人提供的符合国家有关规定的职业病诊断证明书或者职业病诊断鉴定书，不再进行调查核实。职业病诊断证明书或者职业病诊断鉴定书不符合国家规定的要求和格式的，社会保险行政部门可以要求出具证据部门重新提供。

第十四条 社会保险行政部门受理工伤认定申请后，可以根据工作需要，委托其他统筹地区的社会保险行政部门或者相关部门进行调查核实。

第十五条　社会保险行政部门工作人员进行调查核实时，应当履行下列义务：

（一）保守有关单位商业秘密以及个人隐私；

（二）为提供情况的有关人员保密。

第十六条　社会保险行政部门工作人员与工伤认定申请人有利害关系的，应当回避。

第十七条　职工或者其近亲属认为是工伤，用人单位不认为是工伤的，由该用人单位承担举证责任。用人单位拒不举证的，社会保险行政部门可以根据受伤害职工提供的证据或者调查取得的证据，依法作出工伤认定决定。

第十八条　社会保险行政部门应当自受理工伤认定申请之日起60日内作出工伤认定决定，出具《认定工伤决定书》或者《不予认定工伤决定书》。

第十九条　《认定工伤决定书》应当载明下列事项：

（一）用人单位全称；

（二）职工的姓名、性别、年龄、职业、身份证号码；

（三）受伤害部位、事故时间和诊断时间或职业病名称、受伤害经过和核实情况、医疗救治的基本情况和诊断结论；

（四）认定工伤或者视同工伤的依据；

（五）不服认定决定申请行政复议或者提起行政诉讼的部门和时限；

（六）作出认定工伤或者视同工伤决定的时间。

《不予认定工伤决定书》应当载明下列事项：

（一）用人单位全称；

（二）职工的姓名、性别、年龄、职业、身份证号码；

（三）不予认定工伤或者不视同工伤的依据；

（四）不服认定决定申请行政复议或者提起行政诉讼的部门和时限；

（五）作出不予认定工伤或者不视同工伤决定的时间。

《认定工伤决定书》和《不予认定工伤决定书》应当加盖社会保险行政部门工伤认定专用印章。

第二十条　社会保险行政部门受理工伤认定申请后，作出工伤认定决定需要以司法机关或者有关行政主管部门的结论为依据的，在司法机关或者有关行政主管部门尚未作出结论期间，作出工伤认定决定的时限中止，并书面通知申请人。

第二十一条　社会保险行政部门对于事实清楚、权利义务明确的工伤认定申请，应当自受理工伤认定申请之日起15日内作出工伤认定决定。

第二十二条　社会保险行政部门应当自工伤认定决定作出之日起20日内，将《认定工伤决定书》或者《不予认定工伤决定书》送达受伤害职工

（或者其近亲属）和用人单位，并抄送社会保险经办机构。

《认定工伤决定书》和《不予认定工伤决定书》的送达参照民事法律有关送达的规定执行。

第二十三条 职工或者其近亲属、用人单位对不予受理决定不服或者对工伤认定决定不服的，可以依法申请行政复议或者提起行政诉讼。

第二十四条 工伤认定结束后，社会保险行政部门应当将工伤认定的有关资料保存50年。

第二十五条 用人单位拒不协助社会保险行政部门对事故伤害进行调查核实的，由社会保险行政部门责令改正，处2000元以上2万元以下的罚款。

第二十六条 本办法中的《工伤认定申请表》《工伤认定申请受理决定书》《工伤认定申请不予受理决定书》《认定工伤决定书》《不予认定工伤决定书》的样式由国务院社会保险行政部门统一制定。

第二十七条 本办法自2011年1月1日起施行。劳动和社会保障部2003年9月23日颁布的《工伤认定办法》同时废止。

非法用工单位伤亡人员一次性赔偿办法

（2010年12月31日人保部令第9号公布　自2011年1月1日起施行）

第一条 根据《工伤保险条例》第六十六条第一款的授权，制定本办法。

第二条 本办法所称非法用工单位伤亡人员，是指无营业执照或者未经依法登记、备案的单位以及被依法吊销营业执照或者撤销登记、备案的单位受到事故伤害或者患职业病的职工，或者用人单位使用童工造成的伤残、死亡童工。

前款所列单位必须按照本办法的规定向伤残职工或者死亡职工的近亲属、伤残童工或者死亡童工的近亲属给予一次性赔偿。

第三条 一次性赔偿包括受到事故伤害或者患职业病的职工或童工在治疗期间的费用和一次性赔偿金。一次性赔偿金数额应当在受到事故伤害或者患职业病的职工或童工死亡或者经劳动能力鉴定后确定。

劳动能力鉴定按照属地原则由单位所在地设区的市级劳动能力鉴定委员会办理。劳动能力鉴定费用由伤亡职工或童工所在单位支付。

第四条 职工或童工受到事故伤害或者患职业病，在劳动能力鉴定之前进行治疗期间的生活费按照统筹地区上年度职工月平均工资标准确定，医疗费、护理费、住院期间的伙食补助费以及所需的交通费等费用按照《工伤保险条例》规定的标准和范围确定，并全部由伤残职工或童工所在单位支付。

第五条　一次性赔偿金按照以下标准支付：

一级伤残的为赔偿基数的16倍，二级伤残的为赔偿基数的14倍，三级伤残的为赔偿基数的12倍，四级伤残的为赔偿基数的10倍，五级伤残的为赔偿基数的8倍，六级伤残的为赔偿基数的6倍，七级伤残的为赔偿基数的4倍，八级伤残的为赔偿基数的3倍，九级伤残的为赔偿基数的2倍，十级伤残的为赔偿基数的1倍。

前款所称赔偿基数，是指单位所在工伤保险统筹地区上年度职工年平均工资。

第六条　受到事故伤害或者患职业病造成死亡的，按照上一年度全国城镇居民人均可支配收入的20倍支付一次性赔偿金，并按照上一年度全国城镇居民人均可支配收入的10倍一次性支付丧葬补助等其他赔偿金。

第七条　单位拒不支付一次性赔偿的，伤残职工或者死亡职工的近亲属、伤残童工或者死亡童工的近亲属可以向人力资源和社会保障行政部门举报。经查证属实的，人力资源和社会保障行政部门应当责令该单位限期改正。

第八条　伤残职工或者死亡职工的近亲属、伤残童工或者死亡童工的近亲属就赔偿数额与单位发生争议的，按照劳动争议处理的有关规定处理。

第九条　本办法自2011年1月1日起施行。劳动和社会保障部2003年9月23日颁布的《非法用工单位伤亡人员一次性赔偿办法》同时废止。

最高人民法院
关于审理工伤保险行政案件若干问题的规定

法释〔2014〕9号

（2014年4月21日最高人民法院审判委员会第1613次会议通过
2014年6月18日最高人民法院公告公布　自2014年9月1日起施行）

为正确审理工伤保险行政案件，根据《中华人民共和国社会保险法》《中华人民共和国劳动法》《中华人民共和国行政诉讼法》《工伤保险条例》及其他有关法律、行政法规规定，结合行政审判实际，制定本规定。

第一条　人民法院审理工伤认定行政案件，在认定是否存在《工伤保险条例》第十四条第（六）项“本人主要责任”、第十六条第（二）项“醉酒或者吸毒”和第十六条第（三）项“自残或者自杀”等情形时，应当以有权机构出具的事故责任认定书、结论性意见和人民法院生效裁判等法律文书为依据，但有相反证据足以推翻事故责任认定书和结论性意见的除外。

前述法律文书不存在或者内容不明确，社会保险行政部门就前款事实作出认定的，人民法院应当结合其提供的相关证据依法进行审查。

《工伤保险条例》第十六条第（一）项“故意犯罪”的认定，应当以刑事侦查机关、检察机关和审判机关的生效法律文书或者结论性意见为依据。

第二条 人民法院受理工伤认定行政案件后，发现原告或者第三人在提起行政诉讼前已经就是否存在劳动关系申请劳动仲裁或者提起民事诉讼的，应当中止行政案件的审理。

第三条 社会保险行政部门认定下列单位为承担工伤保险责任单位的，人民法院应予支持：

（一）职工与两个或两个以上单位建立劳动关系，工伤事故发生时，职工为之工作的单位为承担工伤保险责任的单位；

（二）劳务派遣单位派遣的职工在用工单位工作期间因工伤亡的，派遣单位为承担工伤保险责任的单位；

（三）单位指派到其他单位工作的职工因工伤亡的，指派单位为承担工伤保险责任的单位；

（四）用工单位违反法律、法规规定将承包业务转包给不具备用工主体资格的组织或者自然人，该组织或者自然人聘用的职工从事承包业务时因工伤亡的，用工单位为承担工伤保险责任的单位；

（五）个人挂靠其他单位对外经营，其聘用的人员因工伤亡的，被挂靠单位为承担工伤保险责任的单位。

前款第（四）、（五）项明确的承担工伤保险责任的单位承担赔偿责任或者社会保险经办机构从工伤保险基金支付工伤保险待遇后，有权向相关组织、单位和个人追偿。

第四条 社会保险行政部门认定下列情形为工伤的，人民法院应予支持：

（一）职工在工作时间和工作场所内受到伤害，用人单位或者社会保险行政部门没有证据证明是非工作原因导致的；

（二）职工参加用人单位组织或者受用人单位指派参加其他单位组织的活动受到伤害的；

（三）在工作时间内，职工来往于多个与其工作职责相关的工作场所之间的合理区域因工受到伤害的；

（四）其他与履行工作职责相关，在工作时间及合理区域内受到伤害的。

第五条　社会保险行政部门认定下列情形为“因工外出期间”的，人民法院应予支持：

（一）职工受用人单位指派或者因工作需要在工作场所以外从事与工作职责有关的活动期间；

（二）职工受用人单位指派外出学习或者开会期间；

（三）职工因工作需要的其他外出活动期间。

职工因工外出期间从事与工作或者受用人单位指派外出学习、开会无关的个人活动受到伤害，社会保险行政部门不认定为工伤的，人民法院应予支持。

第六条　对社会保险行政部门认定下列情形为“上下班途中”的，人民法院应予支持：

（一）在合理时间内往返于工作地与住所地、经常居住地、单位宿舍的合理路线的上下班途中；

（二）在合理时间内往返于工作地与配偶、父母、子女居住地的合理路线的上下班途中；

（三）从事属于日常工作生活所需要的活动，且在合理时间和合理路线的上下班途中；

（四）在合理时间内其他合理路线的上下班途中。

第七条　由于不属于职工或者其近亲属自身原因超过工伤认定申请期限的，被耽误的时间不计算在工伤认定申请期限内。

有下列情形之一耽误申请时间的，应当认定为不属于职工或者其近亲属自身原因：

（一）不可抗力；

（二）人身自由受到限制；

（三）属于用人单位原因；

（四）社会保险行政部门登记制度不完善；

（五）当事人对是否存在劳动关系申请仲裁、提起民事诉讼。

第八条　职工因第三人的原因受到伤害，社会保险行政部门以职工或者其近亲属已经对第三人提起民事诉讼或者获得民事赔偿为由，作出不予受理工伤认定申请或者不予认定工伤决定的，人民法院不予支持。

职工因第三人的原因受到伤害，社会保险行政部门已经作出工伤认定，职工或者其近亲属未对第三人提起民事诉讼或者尚未获得民事赔偿，起诉要求社会保险经办机构支付工伤保险待遇的，人民法院应予支持。

职工因第三人的原因导致工伤，社会保险经办机构以职工或者其近亲属已经对第三人提起民事诉讼为由，拒绝支付工伤保险待遇的，人民法院不予支持，但第三人已经支付的医疗费用除外。

第九条 因工伤认定申请人或者用人单位隐瞒有关情况或者提供虚假材料，导致工伤认定错误的，社会保险行政部门可以在诉讼中依法予以更正。

工伤认定依法更正后，原告不申请撤诉，社会保险行政部门在作出原工伤认定时有过错的，人民法院应当判决确认违法；社会保险行政部门无过错的，人民法院可以驳回原告诉讼请求。

第十条 最高人民法院以前颁布的司法解释与本规定不一致的，以本规定为准。

【链　接】

关于《最高人民法院关于审理工伤保险行政案件若干问题的规定》的新闻发布稿

最高人民法院新闻发言人　孙军工

（2014 年 8 月 20 日）

各位记者：

大家上午好！今天新闻发布会的主题是通报《最高人民法院关于审理工伤保险行政案件若干问题的规定》（以下简称《规定》）的有关情况，并公布 4 起工伤保险行政纠纷典型案例。首先，由我向大家通报《规定》的有关情况，而后请最高人民法院行政审判庭赵大光庭长就 4 起典型案例作一个介绍。

一、《规定》出台的背景

近年来，我国不断加大工伤保险法律制度建设，2004 年 1 月 1 日《工伤保险条例》的施行，为保护工伤职工的合法权益提供了有力的法律依据。2010 年 10 月 28 日，全国人大常委会审议通过了《中华人民共和国社会保险法》，对工伤保险制度作出了一些新的规定。随后，国务院对《工伤保险条例》进行了修订，并于 2011 年 1 月 1 日起实施。

随着新修订《工伤保险条例》的实施，工伤保险参保范围进一步扩大，参保人数不断增加，工伤保险行政案件数量呈进一步上升的趋势。据统计，近年来工伤保险行政案件数量位居各类行政案件前列。工伤保险行政案件涉及到职工的切身利益，直接影响社会稳定。相关行政案件审判过程中新情况新问题不断出现，解决纠纷的难度日益增大。例如，工伤认定中劳动关系交叉的处理问题；工伤认定中的“工作原因、工作时间和工作场所”“因工外出期间”以及“上下班途中”如何认定；职工或者其近亲属工伤认定申请法定期限能否扣除或者延长；因第三人的原因造成工伤的工伤保险待遇与民事侵权赔偿如何衔接处理等等。为了妥善处理工伤保险行政纠纷，统一司法尺度，最高人民法院于2007年开始就审理工伤保险行政案件的法律适用问题进行调研，并在认真总结审判实践经验的基础上，经过反复论证和广泛征求意见，按照“依法保障工伤职工权益、大力促进社会公平正义”的要求，制定出台了本《规定》。《规定》将于2014年9月1日起施行。

二、《规定》的主要内容

《规定》共10个条文，主要包括以下三个方面内容：

（一）明确了特殊情况下承担工伤保险责任的用人单位。随着社会的发展，劳动关系形态日益复杂，经常出现与职工存在用人关系的单位有两个或者两个以上的情形，具体由哪个单位承担工伤保险责任容易产生争议。为此，《规定》第三条第一款专门对双重劳动关系、派遣、指派、转包和挂靠关系等五类比较特殊的工伤保险责任主体作了规定：“社会保险行政部门认定下列单位为承担工伤保险责任单位的，人民法院应予支持：（一）职工与两个或两个以上单位建立劳动关系，工伤事故发生时，职工为之工作的单位为承担工伤保险责任的单位；（二）劳务派遣单位派遣的职工在用工单位工作期间因工伤亡的，派遣单位为承担工伤保险责任的单位；（三）单位指派到其他单位工作的职工因工伤亡的，指派单位为承担工伤保险责任的单位；（四）用工单位违反法律、法规规定将承包业务转包给不具备用工主体资格的组织或者自然人，该组织或者自然人聘用的职工从事承包业务时因工伤亡的，用工单位为承担工伤保险责任的单位；（五）个人挂靠其他单位对外经营，其聘用的人员因工伤亡的，被挂靠单位为承担工伤保险责任的单位。”该条第二款还规定，在上述非法转包和挂靠情形中，“承担工伤保险责任的单位承担赔偿责任或者社会保险经办机构从工伤保险基金支付工伤保险待遇后，有权向相关组织、单位和个人追偿”。该规定不仅突出保护劳动者的合法权益，还力求在用工单位之间以及用工单位与其他责任主体之间合理分配责任。

（二）细化了工伤认定中的“工作原因、工作时间和工作场所”“因工外出期间”以及“上下班途中”等问题。一是关于工作原因、工作时间和工作场所的认定。《规定》确定了以下三个思路：一是对“工作原因”的认定应当考虑是否履行工作职责、是否受用人单位指派、是否与工作职责有关、是否基于用人单位的正当利益等因素；二是对“工作时间”的认定应当考虑是否属于因工作所需的时间；三是对“工作场所”的认定则应当考虑是否属于因工作涉及的区域以及自然延伸的合理区域。在此基础上，《规定》第四条规定：“社会保险行政部门认定下列情形为工伤的，人民法院应予支持：（一）职工在工作时间和工作场所内受到伤害，用人单位或者社会保险行政部门没有证据证明是非工作原因导致的；（二）职工参加用人单位组织或者受用人单位指派参加其他单位组织的活动受到伤害的；（三）在工作时间内，职工来往于多个与其工作职责相关的工作场所之间的合理区域因工受到伤害的；（四）其他与履行工作职责相关，在工作时间及合理区域内受到伤害的。”该规定不仅列举了实践中常见但又容易产生争议的几种工伤认定情形，还力求在列举情形中揭示“三工”的基本要素。二是与“工作原因、工作时间和工作场所”相关的工伤认定情形。1.“因工外出期间”的工伤认定。“因工外出期间”属于“工作时间”的一种特殊情形，应当从职工外出是否因工作或者为用人单位的正当利益等方面综合考虑。《规定》第五条第一款规定：“社会保险行政部门认定下列情形为‘因工外出期间’的，人民法院应予支持：（一）职工受用人单位指派或者因工作需要在工作场所以外从事与工作职责有关的活动期间；（二）职工受用人单位指派外出学习或者开会期间；（三）职工因工作需要的其他外出活动期间。”为了更好地保护因工外出受伤职工的合法权益，《规定》第五条第二款规定，只要不属于职工从事与工作或者受用人单位指派外出学习、开会无关的个人活动受到伤害的，原则上应当认定为工伤。2. 关于“上下班途中”的认定。《规定》第六条规定：“对社会保险行政部门认定下列情形为‘上下班途中’的，人民法院应予支持：（一）在合理时间内往返于工作地与住所地、经常居住地、单位宿舍的合理路线的上下班途中；（二）在合理时间内往返于工作地与配偶、父母、子女居住地的合理路线的上下班途中；（三）从事属于日常工作生活所需要的活动，且在合理时间和合理路线的上下班途中；（四）在合理时间内其他合理路线的上下班途中。”

（三）明确了由于第三人的原因造成工伤的三种处理方式。《社会保险法》第四十二条规定：“由于第三人的原因造成工伤，第三人不支付工伤医疗费用或者无法确定第三人的，由工伤保险基金先行支付。工伤保险基金先行支付后，有权向第三人追偿”。根据该条规定，工伤职工可以分别按照《侵权责任法》和《社会保险法》要求侵权赔偿和享受工伤待遇。按照这一立法精神，《规定》第八条明确了以下三种处理方式：1. 职工因第三人的原因受到伤害，社会保险行政部门以职工或者其近亲属已经对第三人提起民事诉讼或者获得民事赔偿为由，作出不予受理工伤认定申请或者不予认定工伤决定的，人民法院不予支持。2. 职工因第三人的原因受到伤害，社会保险行政部门已经作出工伤认定，职工或者其近亲属未对第三人提起民事诉讼或者尚未获得民事赔偿，起诉要求社会保险经办机构支付工伤保险待遇的，人民法院应予支持。
3. 职工因第三人的原因导致工伤，社会保险经办机构以职工或者其近亲属已经对第三人提起民事诉讼为由，拒绝支付工伤保险待遇的，人民法院不予支持，但第三人已经支付的医疗费用除外。

此外，《规定》还对涉及劳动关系确认的行政审判程序作了规范。按照《社会保险法》第三十六条第二款“工伤认定应当简捷、方便”的要求，《规定》第二条规定：“人民法院受理工伤认定行政案件后，发现原告或者第三人在提起行政诉讼前已经就是否存在劳动关系申请劳动仲裁或者提起民事诉讼的，应当中止行政案件的审理。”依据该规定，原告或者第三人在提起行政诉讼前如未申请劳动仲裁或者提起民事诉讼的，人民法院无需中止行政案件的审理，从而加快了工伤认定法律程序，对保护受伤职工的合法权益具有积极意义。

我要通报的情况就是这些，谢谢大家。

（七）环境损害责任

中华人民共和国环境保护法

（1989 年 12 月 26 日第七届全国人民代表大会常务委员会第十一次会议通过
2014 年 4 月 24 日第十二届全国人民代表大会常务委员会第八次会议修订
2014 年 4 月 24 日中华人民共和国主席令第 9 号公布　自 2015 年 1 月 1 日起施行）

目　　录

第一章　总　则

第一条　为保护和改善环境，防治污染和其他公害，保障公众健康，推进生态文明建设，促进经济社会可持续发展，制定本法。

第二条　本法所称环境，是指影响人类生存和发展的各种天然的和经过人工改造的自然因素的总体，包括大气、水、海洋、土地、矿藏、森林、草原、湿地、野生生物、自然遗迹、人文遗迹、自然保护区、风景名胜区、城市和乡村等。

第三条　本法适用于中华人民共和国领域和中华人民共和国管辖的其他海域。

第四条　保护环境是国家的基本国策。

国家采取有利于节约和循环利用资源、保护和改善环境、促进人与自然和谐的经济、技术政策和措施，使经济社会发展与环境保护相协调。

第五条　环境保护坚持保护优先、预防为主、综合治理、公众参与、损害担责的原则。

第六条　一切单位和个人都有保护环境的义务。

地方各级人民政府应当对本行政区域的环境质量负责。

企业事业单位和其他生产经营者应当防止、减少环境污染和生态破坏，对所造成的损害依法承担责任。

公民应当增强环境保护意识，采取低碳、节俭的生活方式，自觉履行环境保护义务。

第七条　国家支持环境保护科学技术研究、开发和应用，鼓励环境保护产业发展，促进环境保护信息化建设，提高环境保护科学技术水平。

第八条　各级人民政府应当加大保护和改善环境、防治污染和其他公害的财政投入，提高财政资金的使用效益。

第九条　各级人民政府应当加强环境保护宣传和普及工作，鼓励基层群众性自治组织、社会组织、环境保护志愿者开展环境保护法律法规和环境保护知识的宣传，营造保护环境的良好风气。

教育行政部门、学校应当将环境保护知识纳入学校教育内容，培养学生的环境保护意识。

新闻媒体应当开展环境保护法律法规和环境保护知识的宣传，对环境违法行为进行舆论监督。

第十条　国务院环境保护主管部门，对全国环境保护工作实施统一监督管理；县级以上地方人民政府环境保护主管部门，对本行政区域环境保护工作实施统一监督管理。

县级以上人民政府有关部门和军队环境保护部门，依照有关法律的规定对资源保护和污染防治等环境保护工作实施监督管理。

第十一条　对保护和改善环境有显著成绩的单位和个人，由人民政府给予奖励。

第十二条　每年6月5日为环境日。

第二章　监督管理

第十三条　县级以上人民政府应当将环境保护工作纳入国民经济和社会发展规划。

国务院环境保护主管部门会同有关部门，根据国民经济和社会发展规划编制国家环境保护规划，报国务院批准并公布实施。

县级以上地方人民政府环境保护主管部门会同有关部门，根据国家环境保护规划的要求，编制本行政区域的环境保护规划，报同级人民政府批准并公布实施。

环境保护规划的内容应当包括生态保护和污染防治的目标、任务、保障措施等，并与主体功能区规划、土地利用总体规划和城乡规划等相衔接。

第十四条　国务院有关部门和省、自治区、直辖市人民政府组织制定经济、技术政策，应当充分考虑对环境的影响，听取有关方面和专家的意见。

第十五条　国务院环境保护主管部门制定国家环境质量标准。

省、自治区、直辖市人民政府对国家环境质量标准中未作规定的项目，可以制定地方环境质量标准；对国家环境质量标准中已作规定的项目，可以制定严于国家环境质量标准的地方环境质量标准。地方环境质量标准应当报国务院环境保护主管部门备案。

国家鼓励开展环境基准研究。

第十六条　国务院环境保护主管部门根据国家环境质量标准和国家经济、技术条件，制定国家污染物排放标准。

省、自治区、直辖市人民政府对国家污染物排放标准中未作规定的项目，可以制定地方污染物排放标准；对国家污染物排放标准中已作规定的项目，可以制定严于国家污染物排放标准的地方污染物排放标准。地方污染物排放标准应当报国务院环境保护主管部门备案。

第十七条　国家建立、健全环境监测制度。国务院环境保护主管部门制定监测规范，会同有关部门组织监测网络，统一规划国家环境质量监测站（点）的设置，建立监测数据共享机制，加强对环境监测的管理。

有关行业、专业等各类环境质量监测站（点）的设置应当符合法律法规规定和监测规范的要求。

监测机构应当使用符合国家标准的监测设备，遵守监测规范。监测机构及其负责人对监测数据的真实性和准确性负责。

第十八条 省级以上人民政府应当组织有关部门或者委托专业机构，对环境状况进行调查、评价，建立环境资源承载能力监测预警机制。

第十九条 编制有关开发利用规划，建设对环境有影响的项目，应当依法进行环境影响评价。

未依法进行环境影响评价的开发利用规划，不得组织实施；未依法进行环境影响评价的建设项目，不得开工建设。

第二十条 国家建立跨行政区域的重点区域、流域环境污染和生态破坏联合防治协调机制，实行统一规划、统一标准、统一监测、统一的防治措施。

前款规定以外的跨行政区域的环境污染和生态破坏的防治，由上级人民政府协调解决，或者由有关地方人民政府协商解决。

第二十一条 国家采取财政、税收、价格、政府采购等方面的政策和措施，鼓励和支持环境保护技术装备、资源综合利用和环境服务等环境保护产业的发展。

第二十二条 企业事业单位和其他生产经营者，在污染物排放符合法定要求的基础上，进一步减少污染物排放的，人民政府应当依法采取财政、税收、价格、政府采购等方面的政策和措施予以鼓励和支持。

第二十三条 企业事业单位和其他生产经营者，为改善环境，依照有关规定转产、搬迁、关闭的，人民政府应当予以支持。

第二十四条 县级以上人民政府环境保护主管部门及其委托的环境监察机构和其他负有环境保护监督管理职责的部门，有权对排放污染物的企业事业单位和其他生产经营者进行现场检查。被检查者应当如实反映情况，提供必要的资料。实施现场检查的部门、机构及其工作人员应当为被检查者保守商业秘密。

第二十五条 企业事业单位和其他生产经营者违反法律法规规定排放污染物，造成或者可能造成严重污染的，县级以上人民政府环境保护主管部门和其他负有环境保护监督管理职责的部门，可以查封、扣押造成污染物排放的设施、设备。

第二十六条 国家实行环境保护目标责任制和考核评价制度。县级以上人民政府应当将环境保护目标完成情况纳入对本级人民政府负有环境保护监督管理职责的部门及其负责人和下级人民政府及其负责人的考核内容，作为对其考核评价的重要依据。考核结果应当向社会公开。

第二十七条 县级以上人民政府应当每年向本级人民代表大会或者人民代表大会常务委员会报告环境状况和环境保护目标完成情况，对发生的重大环境事件应当及时向本级人民代表大会常务委员会报告，依法接受监督。

第三章　保护和改善环境

第二十八条　地方各级人民政府应当根据环境保护目标和治理任务，采取有效措施，改善环境质量。

未达到国家环境质量标准的重点区域、流域的有关地方人民政府，应当制定限期达标规划，并采取措施按期达标。

第二十九条　国家在重点生态功能区、生态环境敏感区和脆弱区等区域划定生态保护红线，实行严格保护。

各级人民政府对具有代表性的各种类型的自然生态系统区域，珍稀、濒危的野生动植物自然分布区域，重要的水源涵养区域，具有重大科学文化价值的地质构造、著名溶洞和化石分布区、冰川、火山、温泉等自然遗迹，以及人文遗迹、古树名木，应当采取措施予以保护，严禁破坏。

第三十条　开发利用自然资源，应当合理开发，保护生物多样性，保障生态安全，依法制定有关生态保护和恢复治理方案并予以实施。

引进外来物种以及研究、开发和利用生物技术，应当采取措施，防止对生物多样性的破坏。

第三十一条　国家建立、健全生态保护补偿制度。

国家加大对生态保护地区的财政转移支付力度。有关地方人民政府应当落实生态保护补偿资金，确保其用于生态保护补偿。

国家指导受益地区和生态保护地区人民政府通过协商或者按照市场规则进行生态保护补偿。

第三十二条　国家加强对大气、水、土壤等的保护，建立和完善相应的调查、监测、评估和修复制度。

第三十三条　各级人民政府应当加强对农业环境的保护，促进农业环境保护新技术的使用，加强对农业污染源的监测预警，统筹有关部门采取措施，防治土壤污染和土地沙化、盐渍化、贫瘠化、石漠化、地面沉降以及防治植被破坏、水土流失、水体富营养化、水源枯竭、种源灭绝等生态失调现象，推广植物病虫害的综合防治。

县级、乡级人民政府应当提高农村环境保护公共服务水平，推动农村环境综合整治。

第三十四条　国务院和沿海地方各级人民政府应当加强对海洋环境的保护。向海洋排放污染物、倾倒废弃物，进行海岸工程和海洋工程建设，应当符合法律法规规定和有关标准，防止和减少对海洋环境的污染损害。

第三十五条　城乡建设应当结合当地自然环境的特点，保护植被、水域和自然景观，加强城市园林、绿地和风景名胜区的建设与管理。

第三十六条 国家鼓励和引导公民、法人和其他组织使用有利于保护环境的产品和再生产品，减少废弃物的产生。

国家机关和使用财政资金的其他组织应当优先采购和使用节能、节水、节材等有利于保护环境的产品、设备和设施。

第三十七条 地方各级人民政府应当采取措施，组织对生活废弃物的分类处置、回收利用。

第三十八条 公民应当遵守环境保护法律法规，配合实施环境保护措施，按照规定对生活废弃物进行分类放置，减少日常生活对环境造成的损害。

第三十九条 国家建立、健全环境与健康监测、调查和风险评估制度；鼓励和组织开展环境质量对公众健康影响的研究，采取措施预防和控制与环境污染有关的疾病。

第四章 防治污染和其他公害

第四十条 国家促进清洁生产和资源循环利用。

国务院有关部门和地方各级人民政府应当采取措施，推广清洁能源的生产和使用。

企业应当优先使用清洁能源，采用资源利用率高、污染物排放量少的工艺、设备以及废弃物综合利用技术和污染物无害化处理技术，减少污染物的产生。

第四十一条 建设项目中防治污染的设施，应当与主体工程同时设计、同时施工、同时投产使用。防治污染的设施应当符合经批准的环境影响评价文件的要求，不得擅自拆除或者闲置。

第四十二条 排放污染物的企业事业单位和其他生产经营者，应当采取措施，防治在生产建设或者其他活动中产生的废气、废水、废渣、医疗废物、粉尘、恶臭气体、放射性物质以及噪声、振动、光辐射、电磁辐射等对环境的污染和危害。

排放污染物的企业事业单位，应当建立环境保护责任制度，明确单位负责人和相关人员的责任。

重点排污单位应当按照国家有关规定和监测规范安装使用监测设备，保证监测设备正常运行，保存原始监测记录。

严禁通过暗管、渗井、渗坑、灌注或者篡改、伪造监测数据，或者不正常运行防治污染设施等逃避监管的方式违法排放污染物。

第四十三条 排放污染物的企业事业单位和其他生产经营者，应当按照国家有关规定缴纳排污费。排污费应当全部专项用于环境污染防治，任何单位和个人不得截留、挤占或者挪作他用。

依照法律规定征收环境保护税的，不再征收排污费。

第四十四条　国家实行重点污染物排放总量控制制度。重点污染物排放总量控制指标由国务院下达，省、自治区、直辖市人民政府分解落实。企业事业单位在执行国家和地方污染物排放标准的同时，应当遵守分解落实到本单位的重点污染物排放总量控制指标。

对超过国家重点污染物排放总量控制指标或者未完成国家确定的环境质量目标的地区，省级以上人民政府环境保护主管部门应当暂停审批其新增重点污染物排放总量的建设项目环境影响评价文件。

第四十五条　国家依照法律规定实行排污许可管理制度。

实行排污许可管理的企业事业单位和其他生产经营者应当按照排污许可证的要求排放污染物；未取得排污许可证的，不得排放污染物。

第四十六条　国家对严重污染环境的工艺、设备和产品实行淘汰制度。任何单位和个人不得生产、销售或者转移、使用严重污染环境的工艺、设备和产品。

禁止引进不符合我国环境保护规定的技术、设备、材料和产品。

第四十七条　各级人民政府及其有关部门和企业事业单位，应当依照《中华人民共和国突发事件应对法》的规定，做好突发环境事件的风险控制、应急准备、应急处置和事后恢复等工作。

县级以上人民政府应当建立环境污染公共监测预警机制，组织制定预警方案；环境受到污染，可能影响公众健康和环境安全时，依法及时公布预警信息，启动应急措施。

企业事业单位应当按照国家有关规定制定突发环境事件应急预案，报环境保护主管部门和有关部门备案。在发生或者可能发生突发环境事件时，企业事业单位应当立即采取措施处理，及时通报可能受到危害的单位和居民，并向环境保护主管部门和有关部门报告。

突发环境事件应急处置工作结束后，有关人民政府应当立即组织评估事件造成的环境影响和损失，并及时将评估结果向社会公布。

第四十八条　生产、储存、运输、销售、使用、处置化学物品和含有放射性物质的物品，应当遵守国家有关规定，防止污染环境。

第四十九条　各级人民政府及其农业等有关部门和机构应当指导农业生产经营者科学种植和养殖，科学合理施用农药、化肥等农业投入品，科学处置农用薄膜、农作物秸秆等农业废弃物，防止农业面源污染。

禁止将不符合农用标准和环境保护标准的固体废物、废水施入农田。施用农药、化肥等农业投入品及进行灌溉，应当采取措施，防止重金属和其他有毒有害物质污染环境。

畜禽养殖场、养殖小区、定点屠宰企业等的选址、建设和管理应当符合有关法律法规规定。从事畜禽养殖和屠宰的单位和个人应当采取措施，对畜禽粪便、尸体和污水等废弃物进行科学处置，防止污染环境。

县级人民政府负责组织农村生活废弃物的处置工作。

第五十条 各级人民政府应当在财政预算中安排资金，支持农村饮用水水源地保护、生活污水和其他废弃物处理、畜禽养殖和屠宰污染防治、土壤污染防治和农村工矿污染治理等环境保护工作。

第五十一条 各级人民政府应当统筹城乡建设污水处理设施及配套管网，固体废物的收集、运输和处置等环境卫生设施，危险废物集中处置设施、场所以及其他环境保护公共设施，并保障其正常运行。

第五十二条 国家鼓励投保环境污染责任保险。

第五章 信息公开和公众参与

第五十三条 公民、法人和其他组织依法享有获取环境信息、参与和监督环境保护的权利。

各级人民政府环境保护主管部门和其他负有环境保护监督管理职责的部门，应当依法公开环境信息、完善公众参与程序，为公民、法人和其他组织参与和监督环境保护提供便利。

第五十四条 国务院环境保护主管部门统一发布国家环境质量、重点污染源监测信息及其他重大环境信息。省级以上人民政府环境保护主管部门定期发布环境状况公报。

县级以上人民政府环境保护主管部门和其他负有环境保护监督管理职责的部门，应当依法公开环境质量、环境监测、突发环境事件以及环境行政许可、行政处罚、排污费的征收和使用情况等信息。

县级以上地方人民政府环境保护主管部门和其他负有环境保护监督管理职责的部门，应当将企业事业单位和其他生产经营者的环境违法信息记入社会诚信档案，及时向社会公布违法者名单。

第五十五条 重点排污单位应当如实向社会公开其主要污染物的名称、排放方式、排放浓度和总量、超标排放情况，以及防治污染设施的建设和运行情况，接受社会监督。

第五十六条 对依法应当编制环境影响报告书的建设项目，建设单位应当在编制时向可能受影响的公众说明情况，充分征求意见。

负责审批建设项目环境影响评价文件的部门在收到建设项目环境影响报告书后，除涉及国家秘密和商业秘密的事项外，应当全文公开；发现建设项目未充分征求公众意见的，应当责成建设单位征求公众意见。

第五十七条　公民、法人和其他组织发现任何单位和个人有污染环境和破坏生态行为的，有权向环境保护主管部门或者其他负有环境保护监督管理职责的部门举报。

公民、法人和其他组织发现地方各级人民政府、县级以上人民政府环境保护主管部门和其他负有环境保护监督管理职责的部门不依法履行职责的，有权向其上级机关或者监察机关举报。

接受举报的机关应当对举报人的相关信息予以保密，保护举报人的合法权益。

第五十八条　对污染环境、破坏生态，损害社会公共利益的行为，符合下列条件的社会组织可以向人民法院提起诉讼：

（一）依法在设区的市级以上人民政府民政部门登记；

（二）专门从事环境保护公益活动连续五年以上且无违法记录。

符合前款规定的社会组织向人民法院提起诉讼，人民法院应当依法受理。

提起诉讼的社会组织不得通过诉讼牟取经济利益。

第六章　法律责任

第五十九条　企业事业单位和其他生产经营者违法排放污染物，受到罚款处罚，被责令改正，拒不改正的，依法作出处罚决定的行政机关可以自责令改正之日的次日起，按照原处罚数额按日连续处罚。

前款规定的罚款处罚，依照有关法律法规按照防治污染设施的运行成本、违法行为造成的直接损失或者违法所得等因素确定的规定执行。

地方性法规可以根据环境保护的实际需要，增加第一款规定的按日连续处罚的违法行为的种类。

第六十条　企业事业单位和其他生产经营者超过污染物排放标准或者超过重点污染物排放总量控制指标排放污染物的，县级以上人民政府环境保护主管部门可以责令其采取限制生产、停产整治等措施；情节严重的，报经有批准权的人民政府批准，责令停业、关闭。

第六十一条　建设单位未依法提交建设项目环境影响评价文件或者环境影响评价文件未经批准，擅自开工建设的，由负有环境保护监督管理职责的部门责令停止建设，处以罚款，并可以责令恢复原状。

第六十二条　违反本法规定，重点排污单位不公开或者不如实公开环境信息的，由县级以上地方人民政府环境保护主管部门责令公开，处以罚款，并予以公告。

第六十三条　企业事业单位和其他生产经营者有下列行为之一，尚不构成犯罪的，除依照有关法律法规规定予以处罚外，由县级以上人民政府环境保护主管部门或者其他有关部门将案件移送公安机关，对其直接负责的主管人员和其他直接责任人员，处十日以上十五日以下拘留；情节较轻的，处五日以上十日以下拘留：

（一）建设项目未依法进行环境影响评价，被责令停止建设，拒不执行的；

（二）违反法律规定，未取得排污许可证排放污染物，被责令停止排污，拒不执行的；

（三）通过暗管、渗井、渗坑、灌注或者篡改、伪造监测数据，或者不正常运行防治污染设施等逃避监管的方式违法排放污染物的；

（四）生产、使用国家明令禁止生产、使用的农药，被责令改正，拒不改正的。

第六十四条 因污染环境和破坏生态造成损害的，应当依照《中华人民共和国侵权责任法》的有关规定承担侵权责任。

第六十五条 环境影响评价机构、环境监测机构以及从事环境监测设备和防治污染设施维护、运营的机构，在有关环境服务活动中弄虚作假，对造成的环境污染和生态破坏负有责任的，除依照有关法律法规规定予以处罚外，还应当与造成环境污染和生态破坏的其他责任者承担连带责任。

第六十六条 提起环境损害赔偿诉讼的时效期间为三年，从当事人知道或者应当知道其受到损害时起计算。

第六十七条 上级人民政府及其环境保护主管部门应当加强对下级人民政府及其有关部门环境保护工作的监督。发现有关工作人员有违法行为，依法应当给予处分的，应当向其任免机关或者监察机关提出处分建议。

依法应当给予行政处罚，而有关环境保护主管部门不给予行政处罚的，上级人民政府环境保护主管部门可以直接作出行政处罚的决定。

第六十八条 地方各级人民政府、县级以上人民政府环境保护主管部门和其他负有环境保护监督管理职责的部门有下列行为之一的，对直接负责的主管人员和其他直接责任人员给予记过、记大过或者降级处分；造成严重后果的，给予撤职或者开除处分，其主要负责人应当引咎辞职：

（一）不符合行政许可条件准予行政许可的；

（二）对环境违法行为进行包庇的；

（三）依法应当作出责令停业、关闭的决定而未作出的；

（四）对超标排放污染物、采用逃避监管的方式排放污染物、造成环境事故以及不落实生态保护措施造成生态破坏等行为，发现或者接到举报未及时查处的；

（五）违反本法规定，查封、扣押企业事业单位和其他生产经营者的设施、设备的；

（六）篡改、伪造或者指使篡改、伪造监测数据的；

（七）应当依法公开环境信息而未公开的；

（八）将征收的排污费截留、挤占或者挪作他用的；

（九）法律法规规定的其他违法行为。

第六十九条　违反本法规定，构成犯罪的，依法追究刑事责任。

第七章　附　　则

第七十条　本法自2015年1月1日起施行。

国务院
关于核事故损害赔偿责任问题的批复

（2007年6月30日　国函〔2007〕64号）

国家原子能机构：

现对核事故损害赔偿责任问题批复如下：

一、中华人民共和国境内，依法取得法人资格，营运核电站、民用研究堆、民用工程实验反应堆的单位或者从事民用核燃料生产、运输和乏燃料贮存、运输、后处理且拥有核设施的单位，为该核电站或者核设施的营运者。

二、营运者应当对核事故造成的人身伤亡、财产损失或者环境受到的损害承担赔偿责任。营运者以外的其他人不承担赔偿责任。

三、对核事故造成的跨越中华人民共和国边境的核事故损害，依照中华人民共和国与相关国家签订的条约或者协定办理，没有签订条约或者协定的，按照对等原则处理。

四、同一营运者在同一场址所设数个核设施视为一个核设施。

五、核事故损害涉及2个以上营运者，且不能明确区分各营运者所应承担的责任的，相关营运者应当承担连带责任。

六、对直接由于武装冲突、敌对行动、战争或者暴乱所引起的核事故造成的核事故损害，营运者不承担赔偿责任。

七、核电站的营运者和乏燃料贮存、运输、后处理的营运者，对一次核事故所造成的核事故损害的最高赔偿额为3亿元人民币；其他营运者对一次核事故所造成的核事故损害的最高赔偿额为1亿元人民币。核事故损害的应赔总额超过规定的最高赔偿额的，国家提供最高限额为8亿元人民币的财政补偿。

对非常核事故造成的核事故损害赔偿，需要国家增加财政补偿金额的由国务院评估后决定。

八、营运者应当做出适当的财务保证安排，以确保发生核事故损害时能够及时、有效的履行核事故损害赔偿责任。

在核电站运行之前或者乏燃料贮存、运输、后处理之前，营运者必须购买足以履行其责任限额的保险。

九、营运者与他人签订的书面合同对追索权有约定的，营运者向受害人赔偿后，按照合同的约定对他人行使追索权。

核事故损害是由自然人的故意作为或者不作为造成的，营运者向受害人赔偿后，对该自然人行使追索权。

十、受到核事故损害的自然人、法人以及其他组织有权请求核事故损害赔偿。

在起草《中华人民共和国原子能法（草案）》时，对上述各项内容以及诉讼时效、法院管辖等应当做出明确规定。

最高人民法院
关于审理环境侵权责任纠纷案件
适用法律若干问题的解释

法释〔2015〕12号

（2015年2月9日最高人民法院审判委员会第1644次会议通过
2015年6月1日最高人民法院公告公布　自2015年6月3日起施行）

为正确审理环境侵权责任纠纷案件，根据《中华人民共和国侵权责任法》《中华人民共和国环境保护法》《中华人民共和国民事诉讼法》等法律的规定，结合审判实践，制定本解释。

第一条　因污染环境造成损害，不论污染者有无过错，污染者应当承担侵权责任。污染者以排污符合国家或者地方污染物排放标准为由主张不承担责任的，人民法院不予支持。

污染者不承担责任或者减轻责任的情形，适用海洋环境保护法、水污染防治法、大气污染防治法等环境保护单行法的规定；相关环境保护单行法没有规定的，适用侵权责任法的规定。

第二条 两个以上污染者共同实施污染行为造成损害，被侵权人根据侵权责任法第八条规定请求污染者承担连带责任的，人民法院应予支持。

第三条 两个以上污染者分别实施污染行为造成同一损害，每一个污染者的污染行为都足以造成全部损害，被侵权人根据侵权责任法第十一条规定请求污染者承担连带责任的，人民法院应予支持。

两个以上污染者分别实施污染行为造成同一损害，每一个污染者的污染行为都不足以造成全部损害，被侵权人根据侵权责任法第十二条规定请求污染者承担责任的，人民法院应予支持。

两个以上污染者分别实施污染行为造成同一损害，部分污染者的污染行为足以造成全部损害，部分污染者的污染行为只造成部分损害，被侵权人根据侵权责任法第十一条规定请求足以造成全部损害的污染者与其他污染者就共同造成的损害部分承担连带责任，并对全部损害承担责任的，人民法院应予支持。

第四条 两个以上污染者污染环境，对污染者承担责任的大小，人民法院应当根据污染物的种类、排放量、危害性以及有无排污许可证、是否超过污染物排放标准、是否超过重点污染物排放总量控制指标等因素确定。

第五条 被侵权人根据侵权责任法第六十八条规定分别或者同时起诉污染者、第三人的，人民法院应予受理。

被侵权人请求第三人承担赔偿责任的，人民法院应当根据第三人的过错程度确定其相应赔偿责任。

污染者以第三人的过错污染环境造成损害为由主张不承担责任或者减轻责任的，人民法院不予支持。

第六条 被侵权人根据侵权责任法第六十五条规定请求赔偿的，应当提供证明以下事实的证据材料：

（一）污染者排放了污染物；

（二）被侵权人的损害；

（三）污染者排放的污染物或者其次生污染物与损害之间具有关联性。

第七条 污染者举证证明下列情形之一的，人民法院应当认定其污染行为与损害之间不存在因果关系：

（一）排放的污染物没有造成该损害可能的；

（二）排放的可造成该损害的污染物未到达该损害发生地的；

（三）该损害于排放污染物之前已发生的；

（四）其他可以认定污染行为与损害之间不存在因果关系的情形。

第八条 对查明环境污染案件事实的专门性问题，可以委托具备相关资格的司法鉴定机构出具鉴定意见或者由国务院环境保护主管部门推荐的机构出具检验报告、检测报告、评估报告或者监测数据。

第九条 当事人申请通知一至两名具有专门知识的人出庭，就鉴定意见或者污染物认定、损害结果、因果关系等专业问题提出意见的，人民法院可以准许。当事人未申请，人民法院认为有必要的，可以进行释明。

具有专门知识的人在法庭上提出的意见，经当事人质证，可以作为认定案件事实的根据。

第十条 负有环境保护监督管理职责的部门或者其委托的机构出具的环境污染事件调查报告、检验报告、检测报告、评估报告或者监测数据等，经当事人质证，可以作为认定案件事实的根据。

第十一条 对于突发性或者持续时间较短的环境污染行为，在证据可能灭失或者以后难以取得的情况下，当事人或者利害关系人根据民事诉讼法第八十一条规定申请证据保全的，人民法院应当准许。

第十二条 被申请人具有环境保护法第六十三条规定情形之一，当事人或者利害关系人根据民事诉讼法第一百条或者第一百零一条规定申请保全的，人民法院可以裁定责令被申请人立即停止侵害行为或者采取污染防治措施。

第十三条 人民法院应当根据被侵权人的诉讼请求以及具体案情，合理判定污染者承担停止侵害、排除妨碍、消除危险、恢复原状、赔礼道歉、赔偿损失等民事责任。

第十四条 被侵权人请求恢复原状的，人民法院可以依法裁判污染者承担环境修复责任，并同时确定被告不履行环境修复义务时应当承担的环境修复费用。

污染者在生效裁判确定的期限内未履行环境修复义务的，人民法院可以委托其他人进行环境修复，所需费用由污染者承担。

第十五条 被侵权人起诉请求污染者赔偿因污染造成的财产损失、人身损害以及为防止污染扩大、消除污染而采取必要措施所支出的合理费用的，人民法院应予支持。

第十六条 下列情形之一，应当认定为环境保护法第六十五条规定的弄虚作假：

（一）环境影响评价机构明知委托人提供的材料虚假而出具严重失实的评价文件的；

（二）环境监测机构或者从事环境监测设备维护、运营的机构故意隐瞒委托人超过污染物排放标准或者超过重点污染物排放总量控制指标的事实的；

（三）从事防治污染设施维护、运营的机构故意不运行或者不正常运行环境监测设备或者防治污染设施的；

（四）有关机构在环境服务活动中其他弄虚作假的情形。

第十七条 被侵权人提起诉讼，请求污染者停止侵害、排除妨碍、消除危险的，不受环境保护法第六十六条规定的时效期间的限制。

第十八条 本解释适用于审理因污染环境、破坏生态造成损害的民事案件，但法律和司法解释对环境民事公益诉讼案件另有规定的除外。

相邻污染侵害纠纷、劳动者在职业活动中因受污染损害发生的纠纷，不适用本解释。

第十九条 本解释施行后，人民法院尚未审结的一审、二审案件适用本解释规定。本解释施行前已经作出生效裁判的案件，本解释施行后依法再审的，不适用本解释。

本解释施行后，最高人民法院以前颁布的司法解释与本解释不一致的，不再适用。

【链 接】

最高人民法院研究室负责人就《最高人民法院关于审理环境侵权责任纠纷案件适用法律若干问题的解释》答记者问

最高人民法院于2015年6月1日发布了《最高人民法院关于审理环境侵权责任纠纷案件适用法律若干问题的解释》（以下简称《解释》），自2015年6月3日起施行。就如何正确理解适用和贯彻落实好《解释》，最高人民法院研究室负责人就相关问题回答了记者提问。

问：请谈谈《解释》的起草背景和经过。

答：环境是人类赖以生存的各种自然因素的总体，切实保护和改善环境关系到人民群众生命健康、社会和谐安定和中华民族的永续发展。当前，我国面临环境污染严重、生态系统退化的严峻形势。对此，人民群众反映强烈，党中央高度关注。党的十八大把生态文明建设纳入中国特色社会主义事业五位一体的总体布局，并提出了“建设美丽中国”的美好愿景。十八届三中、四中全会分别通过的《决定》，均强调“用严格的法律制度保护生态环境”。

侵权责任法专章规定了“环境污染责任”。但是，有关环境污染责任的规定与民法通则、环境保护法以及各环境保护单行法衔接适用问题不明确，审判实践中常常出现对环境污染责任归责原则、责任构成以及数人侵权责任划分等法律适用不统一的问题，亟需出台司法解释进行指导。同时，新修改的民事诉讼法以及环境保护法增加了环境公益诉讼，有必要在司法解释中对公益诉讼的举证责任、责任划分等问题予以明确。为此，最高人民法院着手起草本《解释》。起草过程中，起草小组先后到山东、福建、贵州、北京、江苏等地深入调查研究，充分听取各级法院的意见，尤其是环保法官的意见；四次召开专家研讨会，认真听取侵权法、环保法、民诉法等专家意见。2014 年 8 月，征求了最高人民法院立案庭等十个部门的意见，反馈意见共计 43 条；10 月，征求了全国各高院意见，反馈意见共计 112 条；同时，征求了全国人大常委会法工委、国务院法制办、环保部、司法部、中华环保联合会等外单位意见，反馈意见共计 26 条。根据各方面反馈意见，反复研究，数易其稿，完成了起草工作。2015 年 2 月 9 日，最高人民法院审判委员会第 1644 次会议审议并通过了《解释》。

问：请谈谈《解释》与《最高人民法院关于审理环境民事公益诉讼案件适用法律若干问题的解释》的关系。

答：2015 年 1 月 6 日，最高人民法院公布了《最高人民法院关于审理环境民事公益诉讼案件适用法律若干问题的解释》（以下简称《环境公益诉讼解释》），1 月 7 日已开始施行。

新修改的民事诉讼法和环境保护法均规定了环境民事公益诉讼与私益诉讼。这两类诉讼在案件事实认定、责任承担等方面存在共性，同时公益诉讼在诉讼主体、诉讼目的、诉讼请求等方面又不同于私益诉讼。为此，最高人民法院起草了本《解释》与《环境公益诉讼解释》，其中，本《解释》既适用于环境民事公益诉讼，又适用于环境民事私益诉讼，规定两类诉讼共同适用的一般规则；《环境公益诉讼解释》仅规定适用于公益诉讼的特殊规则。

问：数个污染者实施污染环境行为造成损害的，应当如何承担责任？

答：数个污染者实施污染环境行为，包括两种情形：一是数个污染者共同实施污染环境行为；二是数个污染者分别实施污染环境行为。本《解释》第二、三条分别规定了这两种情形。

第一，数个污染者共同实施污染环境行为造成被侵权人损害的，应当依照《侵权责任法》第八条规定承担连带责任。

第二，数个污染者分别实施污染环境行为造成同一损害的，要区分三种情况：一是两个以上污染者分别实施污染环境行为造成同一损害，每一个污染者的污染行为都足以造成全部损害的，被侵权人依据《侵权责任法》第十一条规定请求污染者承担连带责任的，人民法院应予支持。二是两个以上污染者分别实施污染环境行为造成同--损害，每一个污染者的污染行为都不足以造成全部损害的，被侵权人依据《侵权责任法》第十二条规定请求污染者承担责任的，人民法院应予支持。三是两个以上污染者分别实施污染环境行为造成同一损害，部分污染者的污染行为足以造成全部损害，部分污染者的污染行为只造成部分损害的，被侵权人依据《侵权责任法》第十一条规定请求造成全部损害的污染者与其他污染者就共同造成的损害部分承担连带责任，其余损害由造成全部损害的污染者承担责任的，人民法院应予支持。

需要注意的是，本《解释》第二、三条规定的是数个污染者实施污染环境行为造成损害，对外应当如何承担责任的问题。如果要确定数个污染者之间内部应当如何分担责任，应当适用本《解释》第四条规定：两个以上污染者共同或者分别实施污染环境行为造成损害，需要确定污染者之间责任大小的，人民法院应当根据污染物的种类、排放量、危害性以及有无排污许可证、是否超过污染物排放标准、是否超过重点污染物排放总量控制指标等因素确定。

问：因第三人的过错污染环境造成损害的，应当如何承担责任？

答：实践中，有些污染环境行为是由于污染者与被侵权人之外的第三人的过错导致的。这种情况下，为了充分保护被侵权人的合法权益，《侵权责任法》第六十八条规定，被侵权人可以选择请求污染者或者第三人赔偿。但是，侵权责任法并未明确污染者与第三人的诉讼地位、污染者对污染环境行为也有过错的，第三人应当如何承担责任以及污染者能否以第三人过错为由主张减免责任的问题。为此，本《解释》第五条规定了三个方面的内容：一是被侵权人依据《侵权责任法》第六十八条规定分别或者同时起诉污染者、第三人的，人民法院应予受理。二是被侵权人请求第三人承担赔偿责任的，人民法院应当按照第三人的过错程度确定其相应赔偿责任。三是污染者以第三人过错造成损害为由主张不承担责任或者减轻责任的，人民法院不予支持。

问：环境侵权责任纠纷案件中，被侵权人请求赔偿的，应当提供哪些证明材料？

答：环境污染侵权行为具有复杂性、技术性强、信息不对称等特点，为充分保护被侵权人的合法权益，《侵权责任法》第六十六条规定了因果关系的举证责任倒置原则，即由污染者就法律规定的不承担责任或者减轻责任的情形及其行为与损害之间不存在因果关系承担举证责任。但是，因果关系的举证责任倒置并不意味着被侵权人不承担任何举证责任。对此，本《解释》第六条作出明确规定：被侵权人请求环境损害赔偿时，应当提供证明以下事实的证据材料：第一，污染者排放了污染物，即污染者实施了排污行为；第二，被侵权人的损害结果，即被侵权人有损害事实；第三，污染者排放的污染物或者其次生污染物与损害结果之间具有关联性。需要注意的是，人民法院对被侵权人就污染行为与损害结果之间存在因果关系的举证责任要求非常低，只需要证明两者之间存在关联性即可。

问：环境侵权责任纠纷案件所涉的环境污染专门性问题难以确定的，应当如何处理？

答：审理环境污染民事案件，常常涉及污染物认定、损失评估、因果关系认定等专门性问题，需要由司法鉴定机构出具鉴定意见。但是，目前具有环境污染鉴定资质的机构较少、鉴定周期长、费用昂贵，难以满足办案实践需求。鉴于此，本《解释》参照《最高人民法院最高人民检察院关于办理环境污染刑事案件适用法律若干问题的解释》明确规定：对案件所涉的环境污染专门性问题难以确定的，可以委托具备相关资格的司法鉴定机构出具鉴定意见或者由国务院环境保护部门推荐的机构出具检验、检测或者监测报告。

问：在审理环境侵权责任纠纷案件中如何充分发挥专家的作用？

答：环境侵权责任纠纷案件涉及很多技术性、专业性问题，当事人依据自身的知识往往不能适应诉讼的需要，法官以及当事人委托的诉讼代理人一般也是在法律上有专长，但对案件事实中存在的技术性问题也不一定能清楚。为充分保障当事人的诉讼权利，维护当事人的正当权益，有助于法官居中裁判和对事实的正确认定，本《解释》依据《民事诉讼法》第七十九条规定，明确规定了有专门知识的人出庭的程序、出庭的作用。第一，有专门知识的人出庭的程序。需要由专门知识的人出庭的，应当由当事人向人民法院提出申请，说明理由。当事人没有申请的，人民法院认为必要的，可以向其释明；第二，有专门知识的人出庭的作用。有专门知识的人出庭，主要是对鉴定意见或者污染物认定、损害后果、因果关系等专业问题提出意见。并且，具有专门知识的人在法庭上提出的意见，经当事人质证，可以作为认定案件事实的根据。

问：环境侵权责任纠纷案件中如何运用保全措施？

答：依据民事诉讼法的规定，保全包括证据保全、财产保全和行为保全。本《解释》针对环境侵权责任纠纷案件的特点，规定了证据保全和行为保全。第一，关于证据保全。环境污染损害中，证据经常因自身的原因发生变化而灭失。为了避免因证据灭失或者以后难以取得的情况出现，导致案件事实难以确定，本《解释》规定，当事人或者利害关系人可以依法向人民法院申请证据保全。第二，关于行为保全。一般而言，行为保全包含两层含义：要求被申请人作出某种行为或者禁止被申请人作出某种行为。实践中，多家环保法庭探索采取“环保禁令”等方式，允许申请人向人民法院申请颁发禁止令，在诉前或者诉讼中禁止污染者排污，及时制止被申请人的污染行为，取得了很好的社会效果。本《解释》吸收了这些有益经验，明确规定在以下四种情形下，人民法院可以根据当事人或者利害关系人的申请，裁定责令被申请人立即停止侵害行为或者采取污染防治措施：一是建设项目未依法进行环境影响评价，被责令停止建设，拒不执行的；二是违反法律规定，未取得排污许可证排污污染物，被责令停止排污，拒不执行的；三是通过暗管、渗井、渗坑、灌注或者篡改、伪造监测数据，或者不正常运行防治污染设施等逃避监管的方式违法排放污染物的；四是生产、使用国家明令禁止生产、使用的农药，被责令改正，拒不改正的。

问：在环境侵权责任纠纷案件中，污染者应当承担哪些民事责任？

答：根据《侵权责任法》第十五条规定，承担侵权责任的方式主要有：停止侵害；排除妨碍；消除危险；返还财产；恢复原状；赔偿损失；赔礼道歉；消除影响、恢复名誉等八种。其中，“返还财产”属于典型的物上请求权，“消除影响、恢复名誉”属于典型的人格权范畴。根据环境损害行为的特点，返还财产、消除影响、恢复名誉一般不适用于环境侵权责任纠纷案件。为此，本《解释》规定，人民法院应当根据被侵权人的诉讼请求以及具体案情，合理判定污染者承担停止侵害、排除妨碍、消除危险、恢复原状、赔礼道歉、赔偿损失等民事责任。其中，“恢复原状”主要是要求损害者承担治理污染和修复生态的责任，包括原地恢复与异地恢复。如果损害者不治理、修复或者没有能力治理、修复的，人民法院可以委托有关单位代履行，费用由污染者承担。“赔偿损失”包括被侵权人因污染行为而造成的财产损失、人身损失以及为防止污染扩大、消除污染而采取的必要合理措施所发生的费用。

问：应当如何认定环境保护法中所指的“弄虚作假”？

答：《环境保护法》第六十五条规定，环境影响评价机构、环境监测机构以及从事环境监测设备和防治污染设施维护、运营的机构，在有关环境服务活动中弄虚作假，对造成的环境污染和生态破坏负有责任的，除依照有关法律法规规定予以处罚外，还应当与造成环境污染和生态破坏的其他责任者承担连带责任。为了增强本条的实际操作性，统一法律适用标准，本《解释》第十六条规定，有下列情形之一的，应当认定为《环境保护法》第六十五条规定的弄虚作假：一是环境影响评价机构与委托人恶意串通或者明知委托人提供的材料虚假而出具严重失实的评价文件的；二是环境监测机构或者从事环境监测设备维护、运营的机构与委托人恶意串通，隐瞒委托人超过污染物排放标准或者超过重点污染物排放总量控制指标的事实的；三是从事防治污染设施维护、运营的机构与委托人恶意串通导致设施不能正常运行的；四是有关机构在环境服务活动中因其他弄虚作假造成环境污染的情形。

最高人民法院
关于审理海洋自然资源与生态环境损害赔偿纠纷案件若干问题的规定

法释〔2017〕23号

（2017年11月20日最高人民法院审判委员会第1727次会议通过
2017年12月29日最高人民法院公告公布　自2018年1月15日起施行）

为正确审理海洋自然资源与生态环境损害赔偿纠纷案件，根据《中华人民共和国海洋环境保护法》《中华人民共和国民事诉讼法》《中华人民共和国海事诉讼特别程序法》等法律的规定，结合审判实践，制定本规定。

第一条　人民法院审理为请求赔偿海洋环境保护法第八十九条第二款规定的海洋自然资源与生态环境损害而提起的诉讼，适用本规定。

第二条　在海上或者沿海陆域内从事活动，对中华人民共和国管辖海域内海洋自然资源与生态环境造成损害，由此提起的海洋自然资源与生态环境损害赔偿诉讼，由损害行为发生地、损害结果地或者采取预防措施地海事法院管辖。

第三条　海洋环境保护法第五条规定的行使海洋环境监督管理权的机关，根据其职能分工提起海洋自然资源与生态环境损害赔偿诉讼，人民法院应予受理。

第四条　人民法院受理海洋自然资源与生态环境损害赔偿诉讼，应当在立案之日起五日内公告案件受理情况。

人民法院在审理中发现可能存在下列情形之一的，可以书面告知其他依法行使海洋环境监督管理权的机关：

（一）同一损害涉及不同区域或者不同部门；

（二）不同损害应由其他依法行使海洋环境监督管理权的机关索赔。

本规定所称不同损害，包括海洋自然资源与生态环境损害中不同种类和同种类但可以明确区分属不同机关索赔范围的损害。

第五条　在人民法院依照本规定第四条的规定发布公告之日起三十日内，或者书面告知之日起七日内，对同一损害有权提起诉讼的其他机关申请参加诉讼，经审查符合法定条件的，人民法院应当将其列为共同原告；逾期申请的，人民法院不予准许。裁判生效后另行起诉的，人民法院参照《最高人民法院关于审理环境民事公益诉讼案件适用法律若干问题的解释》第二十八条的规定处理。

对于不同损害，可以由各依法行使海洋环境监督管理权的机关分别提起诉讼；索赔人共同起诉或者在规定期限内申请参加诉讼的，人民法院依照民事诉讼法第五十二条第一款的规定决定是否按共同诉讼进行审理。

第六条 依法行使海洋环境监督管理权的机关请求造成海洋自然资源与生态环境损害的责任者承担停止侵害、排除妨碍、消除危险、恢复原状、赔礼道歉、赔偿损失等民事责任的，人民法院应当根据诉讼请求以及具体案情，合理判定责任者承担民事责任。

第七条 海洋自然资源与生态环境损失赔偿范围包括：

（一）预防措施费用，即为减轻或者防止海洋环境污染、生态恶化、自然资源减少所采取合理应急处置措施而发生的费用；

（二）恢复费用，即采取或者将要采取措施恢复或者部分恢复受损害海洋自然资源与生态环境功能所需费用；

（三）恢复期间损失，即受损害的海洋自然资源与生态环境功能部分或者完全恢复前的海洋自然资源损失、生态环境服务功能损失；

（四）调查评估费用，即调查、勘查、监测污染区域和评估污染等损害风险与实际损害所发生的费用。

第八条 恢复费用，限于现实修复实际发生和未来修复必然发生的合理费用，包括制定和实施修复方案和监测、监管产生的费用。

未来修复必然发生的合理费用和恢复期间损失，可以根据有资格的鉴定评估机构依据法律法规、国家主管部门颁布的鉴定评估技术规范作出的鉴定意见予以确定，但当事人有相反证据足以反驳的除外。

预防措施费用和调查评估费用，以实际发生和未来必然发生的合理费用计算。

责任者已经采取合理预防、恢复措施，其主张相应减少损失赔偿数额的，人民法院应予支持。

第九条 依照本规定第八条的规定难以确定恢复费用和恢复期间损失的，人民法院可以根据责任者因损害行为所获得的收益或者所减少支付的污染防治费用，合理确定损失赔偿数额。

前款规定的收益或者费用无法认定的，可以参照政府部门相关统计资料或者其他证据所证明的同区域同类生产经营者同期平均收入、同期平均污染防治费用，合理酌定。

第十条 人民法院判决责任者赔偿海洋自然资源与生态环境损失的，可以一并写明依法行使海洋环境监督管理权的机关受领赔款后向国库账户交纳。

发生法律效力的裁判需要采取强制执行措施的，应当移送执行。

第十一条 海洋自然资源与生态环境损害赔偿诉讼当事人达成调解协议或者自行达成和解协议的，人民法院依照《最高人民法院关于审理环境民事公益诉讼案件适用法律若干问题的解释》第二十五条的规定处理。

第十二条 人民法院审理海洋自然资源与生态环境损害赔偿纠纷案件，本规定没有规定的，适用《最高人民法院关于审理环境侵权责任纠纷案件适用法律若干问题的解释》《最高人民法院关于审理环境民事公益诉讼案件适用法律若干问题的解释》等相关司法解释的规定。

在海上或者沿海陆域内从事活动，对中华人民共和国管辖海域内海洋自然资源与生态环境形成损害威胁，人民法院审理由此引起的赔偿纠纷案件，参照适用本规定。

人民法院审理因船舶引起的海洋自然资源与生态环境损害赔偿纠纷案件，法律、行政法规、司法解释另有特别规定的，依照其规定。

第十三条 本规定自 2018 年 1 月 15 日起施行，人民法院尚未审结的一审、二审案件适用本规定；本规定施行前已经作出生效裁判的案件，本规定施行后依法再审的，不适用本规定。

本规定施行后，最高人民法院以前颁布的司法解释与本规定不一致的，以本规定为准。

【链　接】

最高人民法院民四庭负责人就《最高人民法院关于审理海洋自然资源与生态环境损害赔偿纠纷案件若干问题的规定》答记者问

2017 年 12 月 29 日，最高人民法院公布了《最高人民法院关于审理海洋自然资源与生态环境损害赔偿纠纷案件若干问题的规定》（以下简称本司法解释），最高人民法院民四庭负责人接受了记者采访，就有关问题回答了记者提问。

记者：本司法解释定于 2018 年 1 月 15 日起正式施行，请问这项司法解释的起草背景是什么？

负责人：研究制定该项司法解释主要是基于服务保障党和国家工作大局与规范司法裁判两个层面的客观需要。

一是积极贯彻落实党和国家关于探索建立生态环境损害赔偿制度、深化生态文明体制改革任务的需要。2015 年 3 月，中共中央政治局会议通过《关于加快推进生态文明建设的意见》，将损害赔偿制度作为“生态文明重大制度”纳入生态文明制度体系，并提出要“加快形成生态损害者赔偿，受益者付费、保护者得到合理补偿的运行机制”。2015 年 9 月，中共中央审议通过《生态文明体制改革总体方案》，作为生态文明体制改革的顶层设计，再次明确提出严格实行生态环境损害赔偿制度。党的十九大报告进一步提出“加快生态文明体制改革，建设美丽中国”的部署要求。建立和完善生态环境损害赔偿制度已经成为深化生态文明体制改革的重要任务之一。我国是海洋大国，海洋是我国经济社会可持续发展的重要资源和战略空间。但在海洋经济快速发展的同时，陆源污染和海洋资源的开发活动不断影响我国海洋生态环境质量，海洋生态环境压力依然较大。国家海洋局过去十多年的监测表明，我国海洋环境状况总体维持稳定，但近岸仍有局部海域水质污染严重。制定审理海洋自然资源与生态环境损害赔偿纠纷案件的司法解释，是整个生态环境损害赔偿制度建设的重要组成部分，是人民法院发挥职能促进生态文明建设的必要制度保障。

二是规范统一裁判尺度、全面加强海洋环境司法保护的需要。海洋环境污染的源头非常复杂，除了船舶排污外，还有陆源污染以及海洋石油勘探开发、海洋工程等各类开发利用活动排污。我国在船舶油污损害赔偿方面有较为健全的制度（我国加入了《1992 年国际油污损害民事责任公约》《2001 年国际燃油污染损害民事责任公约》，并于 2011 年专门颁布了《最高人民法院关于审理船舶油污损害赔偿纠纷案件若干问题的规定》），而其他海洋环境污染方面则缺乏具体规定（《中华人民共和国海洋环境保护法》仅第八十九条第二款对海洋自然资源与生态损害赔偿作出原则性规定），海事审判在船舶油污损害赔偿以外的其他海洋自然资源与生态环境损害赔偿方面亟待加强规范。我国依法行使海洋环境监督管理权的机关提起海洋自然资源与生态环境损害赔偿诉讼已有 30 多年的历程，全国海事法院自 1985 年至今受理行政机关针对重大船舶油污事故提起海洋自然资源与生态环境损害索赔诉讼达百余件。全国海事审判系统经过长期审判实践，在海洋自然资源与生态环境损害赔偿诉讼的索赔主体、公约与国内法的适用、归责原则、举证责任、评估鉴定、损失认定、赔偿范围、油污损害赔偿基金的设立、国家资源损失的救济方式等各方面均积累了一套较为成熟的做法，需要总结提炼为正式的裁判规范。总结经验，完善制度，对于保障人民法院依法审理各类海洋自然资源与生态环境损害赔偿纠纷案件、服务保障海洋生态文明建设，十分必要。

记者：本司法解释的主要内容与重点有哪些？

负责人：本司法解释共13条，分别规定适用范围、诉讼管辖、索赔主体、公告与通知、诉讼形式、责任方式、损失赔偿范围、损失认定的一般规则与替代方法、损害赔偿金（给付）的裁判与执行、诉讼调解、其他实体与程序问题的法律适用、时间效力。

本司法解释的重点在两个方面：一是明确海洋自然资源与生态环境损害索赔诉讼的性质与索赔主体。其他内容主要是由该两个基本问题所决定的。根据《中华人民共和国物权法》的规定，海域属于国家所有。对我国管辖海域内自然资源与生态环境造成污染损害和破坏，会直接给国家造成损失，理应由国家索赔。依法行使海洋环境监督管理权的部门代表国家就《中华人民共和国海洋环境保护法》第八十九条第二款规定的海洋自然资源与生态环境损害提起索赔诉讼，具有公益性。根据现阶段相关立法意图，该类诉讼属于民事公益诉讼范畴。《中华人民共和国海洋环境保护法》是环境领域的特别法，该法第八十九条第二款规定由依法行使海洋环境监督管理权的部门提出损害赔偿要求，明确将海洋自然资源与生态环境损害索赔的权利专门赋予依法行使海洋环境监督管理权的部门。二是明确海洋自然资源与生态环境损害索赔诉讼的特别规则。本司法解释主要是围绕如何实施《中华人民共和国海洋环境保护法》第八十九条第二款的原则性规定作出的具体规范。海洋自然资源与生态环境损害赔偿诉讼，作为一种环境侵权诉讼与环境民事公益诉讼，总体上也属于《最高人民法院关于审理环境民事公益诉讼案件适用法律若干问题的解释》《最高人民法院关于审理环境侵权责任纠纷案件适用法律若干问题的解释》的适用范围。但海洋自然资源与生态环境损害赔偿诉讼也有其自身特殊实际和规律，本司法解释主要明确其特别的实体与程序规则，包括诉讼管辖、索赔主体、可以书面告知其他依法行使海洋环境监督管理权的机关的情形、诉讼形式、损失赔偿范围、损失认定的一般规则与替代方法、损害赔偿金的归口交纳、污染损害威胁的处理、船舶污染损害赔偿的法律适用等。

记者：《最高人民法院关于审理环境民事公益诉讼案件适用法律若干问题的解释》第十二条规定人民法院受理诉讼后应当在十日内告知对被告行为负有环境保护监督管理职责的部门，而本司法解释在此方面作出不同规定，这是出于何种原因？

负责人：如上所述，海洋自然资源与生态环境损害赔偿诉讼有其特殊性，该类诉讼由负有海洋环境保护监督管理职责的机关提起，故人民法院受理海洋自然资源与生态环境损害赔偿诉讼后，原则上没有必要再另行告知对被告行为负有环境保护监督管理职责的部门。但是，鉴于我国海洋环境由不同部门分区域监管，实践中存在同一损害涉及不同区域或者不同部门以及不同损害应当由不同机关索赔的情况，本司法解释第四条第二款规定人民法院在审理中发现可能存在该两类情形的，可以书面告知其他依法行使海洋环境监督管理权的机关。

记者：本司法解释规定海洋自然资源与生态环境损失赔偿范围的依据和目的是什么？

负责人：对于海洋自然资源与生态环境损失赔偿范围，本司法解释第七条具体规定为预防措施费用、恢复费用、恢复期间损失、调查评估费用共四类。该条规定的主要依据是环保理论、技术规范（标准）、司法实践三个方面的成果。其中，国家海洋局于 2013 年 8 月发布的《海洋生态损害评估技术指南（试行）》第 8.2 条规定海洋生态损害价值计算内容为："清除污染和减轻损害等预防措施费用；海洋生物资源和海洋环境容量等恢复期的损失费用；海洋生态修复费用；检测、试验、评估等其他合理费用"。这是本司法解释规定四类损失的直接技术依据。

本司法解释明确规定四类费用损失的主要意义有三点：一是总结海事司法实践经验，为规范统一裁判尺度提供依据，同时为人民法院以后进一步发展细化相关赔偿标准提供一个基本纲目；二是与环境保护部、国家海洋局等相关部门的损害评估技术标准充分匹配，共同完善国家生态损害赔偿制度并切实贯彻落实；三是为以后修改完善《中华人民共和国海商法》、其他涉海法律法规、海洋生态环境损害评估标准提供规范性参考。

记者：本司法解释对污染损失认定作出两条规定，主要精神是什么？

负责人：本司法解释第八条规定损失认定的一般规则，第九条规定认定恢复费用和恢复期间损失的替代方法。第八条规定一般规则的主要依据是《中华人民共和国民事诉讼法》及其司法解释关于证据的规定、有关船舶油污损害赔偿和民事公益诉讼司法解释、国家行政主管部门颁布的评估技术规范（标准）以及海事审判实践经验的总结。

第九条规定认定恢复费用和恢复期间损失的替代方法的动因是：由于海洋环境污染成因复杂、评估鉴定机制不健全等种种因素，有时存在原告没有根据法律及司法解释规定的一般证明原则进行举证，或者其提供的鉴定评估报告被认定存在严重瑕疵而不能采信等情况，事后因海洋环境已发生较大变化而难以补充鉴定评估，如果法院一味恪守一般法律原则和单一的认定方法，势必陷于难以追究责任者损害赔偿责任的窘境。根据《中华人民共和国侵权责任法》第二十条的规定，被侵权人损失难以确定的，按照侵权人获得的利益赔偿；侵权人利益难以确定的，由人民法院根据实际情况确定。人民法院在实践中非常有必要根据法律精神，积极探索认定损失的替代方法，适当克服环境污染举证难的问题，尽可能让责任人作出赔偿，让环境污染损害赔偿制度真正“落地”兑现。本条在总结海事审判经验的基础上，分两款规定两个认定恢复费用和恢复期间损失的替代方法：一是“责任者收支标准”，根据责任者直接受益的金额或者节省的污染防治费用合理酌定损失赔偿数额，以切实克服环境保护“守法成本高，违法成本低”的反常现象，这种方法也称为底线规则；二是“社会平均收支标准”，在无法适用“责任者收益标准”时，根据政府部门统计资料所证明的同区域同类生产经营者同期平均收入、同期平均污染防治费用合理酌定。总之，本司法解释第八条与第九条规定损失认定的一般规则和两个替代方法，共为依法保护海洋自然资源与生态环境设置三道“防线”，目的就是尽可能保障受损害的海洋自然资源与生态环境得到合理赔偿。

记者：本司法解释除上述介绍的内容外，还有哪些特别规定？

负责人：除上述介绍的内容外，本司法解释相比一般环境侵权和环境公益诉讼的司法解释，主要还有以下三项特别规定。

一是关于案件管辖的规定。本司法解释根据《中华人民共和国海事诉讼特别程序法》第七条第二项的规定，明确陆源污染物和海上污染物对海洋自然资源与生态环境造成损害所引起的索赔诉讼，由损害发生地、损害结果地或者采取预防措施地海事法院管辖。其中，管辖连接点并不包括被告住所地，即排除被告住所地法院管辖。但是，对于相同原告或者不同原告就同一损害行为向两个以上有管辖权的法院起诉的情形，《最高人民法院关于适用〈中华人民共和国民事诉讼法〉的解释》第二百八十五条第三款、《最高人民法院关于审理环境民事公益诉讼案件适用法律若干问题的解释》第六条第三款均已经作出由最先立案的人民法院管辖的一般性规定，本司法解释没有再作类似规定，但海事法院或者其上诉审高级人民法院在受理海洋自然资源与生态环境损害赔偿诉讼时仍应当遵循上述一般性规定。本司法解释第二条确定损害行为发生地、损害结果地、采取预防措施地三个管辖连接因素，目的是尽可能将所有实际影响或者潜在影响我国管辖海域行为的相关纠纷均纳入我国海事司法管辖范围。我们同时强调因同一损害行为引起的不同诉讼由最先立案的海事法院或者其上诉审高级人民法院集中受理的原则，目的是便于统一裁判尺度、公正高效审结相关案件。

二是关于损害威胁相关纠纷的处理规则。根据环境损害预防的法律规定、政策指引与实践经验，某些涉海活动虽然尚未实际造成污染等损害，但已经形成损害威胁，依法行使海洋环境监督管理权的部门确有必要及早采取预防措施，由此产生的费用和损失，有关国际条约已明确将这类预防措施的费用和损失规定为生态环境损害，人民法院也应当判决由责任者承担赔偿责任。鉴于《中华人民共和国海洋环境保护法》等国内法对损害威胁及其预防费用缺乏具体规定，本司法解释特此作出规范指引。

三是关于因船舶引起的海洋自然资源与生态环境损害赔偿纠纷案件的法律适用问题。对于船舶油污损害赔偿纠纷的处理，《中华人民共和国海商法》《中华人民共和国海事诉讼特别程序法》《防治船舶污染海洋环境管理条例》以及我国加入的《1992 年国际油污损害民事责任公约》《2001 年国际燃油污染损害民事责任公约》和《最高人民法院关于审理船舶油污损害赔偿纠纷案件若干问题的规定》均有所规定，共同形成较为完整的规范体系，其特殊性体现在损害赔偿范围、责任限制、强制保险（担保）、赔偿责任限制基金等方面。本司法解释第十二条第三款规定审理因船舶引起的海洋自然资源与生态环境损害赔偿纠纷案件，应当首先适用上述特别规定。

（八）其他损害责任

最高人民法院
关于审理名誉权案件若干问题的解答

（1993 年 6 月 15 日最高人民法院审判委员会第 579 次会议讨论通过
1993 年 8 月 7 日最高人民法院以法发〔1993〕15 号通知印发）

各地人民法院在审理名誉权案件中，提出一些如何适用法律的问题，现解答如下：

问：人民法院对当事人关于名誉权纠纷的起诉应如何进行审查？

答：人民法院收到有关名誉权纠纷的起诉时，应按照《中华人民共和国民事诉讼法》（以下简称民事诉讼法）第一百零八条的规定进行审查，符合条件的，应予受理。对不符合起诉条件的，应裁定不予受理；对缺乏侵权事实坚持起诉的，应裁定驳回起诉。

问：当事人在公共场所受到侮辱、诽谤，经公安机关依照《中华人民共和国治安管理处罚条例》（以下简称治安管理处罚条例）处理后，又向人民法院提起民事诉讼的，人民法院是否受理？

答：当事人在公共场所受到侮辱、诽谤，以名誉权受侵害为由提起民事诉讼的，无论是否经公安机关依照治安管理处罚条例处理，人民法院均应依法审查，符合受理条件的，应予受理。

问：当事人提起名誉权诉讼后，以同一事实和理由又要求追究被告人的刑事责任的，应如何处理？

答：当事人提起名誉权诉讼后，以同一事实和理由又要求追究被告刑事责任的，应中止民事诉讼，待刑事案件审结后，根据不同情况分别处理：对于犯罪情节轻微，没有给予被告人刑事处罚的，或者刑事自诉已由原告撤回或者被驳回的，应恢复民事诉讼；对于民事诉讼请求已在刑事附带民事诉讼中解决的，应终结民事案件的审理。

问：名誉权案件如何确定管辖？

答：名誉权案件，适用《民事诉讼法》第二十九条的规定，由侵权行为地或者被告住所地人民法院管辖。侵权行为地包括侵权行为实施地和侵权结果发生地。

问：死者名誉受到损害，哪些人可以作为原告提起民事诉讼？

答：死者名誉受到损害的，其近亲属有权向人民法院起诉。近亲属包括：配偶、父母、子女、兄弟姐妹、祖父母、外祖父母、孙子女、外孙子女。

问：因新闻报道或者其他作品引起的名誉权纠纷，如何确定被告？

答：因新闻报道或其他作品发生的名誉权纠纷，应根据原告的起诉确定被告。只诉作者的，列作者为被告；只诉新闻出版单位的，列新闻出版单位为被告；对作者和新闻出版单位都提起诉讼的，将作者和新闻出版单位均列为被告，但作者与新闻出版单位为隶属关系，作品系作者履行职务所形成的，只列单位为被告。

问：侵害名誉权责任应如何认定？

答：是否构成侵害名誉权的责任，应当根据受害人确有名誉被损害的事实、行为人行为违法、违法行为与损害后果之间有因果关系、行为人主观上有过错来认定。

以书面或者口头形式侮辱或者诽谤他人，损害他人名誉的，应认定为侵害他人名誉权。

对未经他人同意，擅自公布他人的隐私材料或者以书面、口头形式宣扬他人隐私，致他人名誉受到损害的，按照侵害他人名誉权处理。

因新闻报道严重失实，致他人名誉受到损害的，应按照侵害他人名誉权处理。

问：因撰写、发表批评文章引起的名誉权纠纷，应如何认定是否构成侵权？

答：因撰写、发表批评文章引起的名誉权纠纷，人民法院应根据不同情况处理：

文章反映的问题基本真实，没有侮辱他人人格的内容的，不应认定为侵害他人名誉权。

文章反映的问题虽基本属实，但有侮辱他人人格的内容，使他人名誉受到损害的，应认定为侵害他人名誉权。

文章的基本内容失实，使他人名誉受到损害的，应认定为侵害他人名誉权。

问：因文学作品引起的名誉权纠纷，应如何认定是否构成侵权？

答：撰写、发表文学作品，不是以生活中特定的人为描写对象，仅是作品的情节与生活中某人的情况相似，不应认定为侵害他人名誉权。

描写真人真事的文学作品，对特定人进行侮辱、诽谤或者披露隐私损害其名誉的；或者虽未写明真实姓名和住址，但事实是以特定人或者特定人的特定事实为描写对象，文中有侮辱、诽谤或者披露隐私的内容，致其名誉受到损害的，应认定为侵害他人名誉权。

编辑出版单位在作品已被认定为侵害他人名誉权或者被告知明显属于侵害他人名誉权后，应刊登声明消除影响或者采取其他补救措施；拒不刊登声明，不采取其他补救措施，或者继续刊登、出版侵权作品的，应认定为侵权。

问：侵害名誉权的责任承担形式如何掌握？

答：人民法院依照《中华人民共和国民法通则》第一百二十条和第一百三十四条的规定，可以责令侵权人停止侵害、恢复名誉、消除影响、赔礼道歉、赔偿损失。

恢复名誉、消除影响、赔礼道歉可以书面或者口头的方式进行，内容须事先经人民法院审查。

恢复名誉、消除影响的范围，一般应与侵权所造成不良影响的范围相当。

公民、法人因名誉权受到侵害要求赔偿的，侵权人应赔偿侵权行为造成的经济损失；公民并提出精神损害赔偿要求的，人民法院可根据侵权人的过错程度、侵权行为的具体情节、给受害人造成精神损害的后果等情况酌定。

问：侵权人不执行生效判决，不为对方恢复名誉、消除影响、赔礼道歉的，应如何处理？

答：侵权人拒不执行生效判决，不为对方恢复名誉、消除影响的，人民法院可以采取公告、登报等方式，将判决的主要内容和有关情况公布于众，费用由被执行人负担，并可依照《民事诉讼法》第一百零二条第六项的规定处理。

最高人民法院
关于审理名誉权案件若干问题的解释

法释〔1998〕26号

（1998年7月14日最高人民法院审判委员会第1002次会议通过
1998年8月31日最高人民法院公告公布　自1998年9月15日起施行）

1993年我院印发《关于审理名誉权案件若干问题的解答》以来，各地人民法院在审理名誉权案件中，又提出一些如何适用法律的问题，现解释如下：

问：名誉权案件如何确定侵权结果发生地？

答：人民法院受理这类案件时，受侵权的公民、法人和其他组织的住所地，可以认定为侵权结果发生地。

问：有关机关和组织编印的仅供领导部门内部参阅的刊物、资料等刊登来信或者文章引起的名誉权纠纷，以及机关、社会团体、学术机构、企事业单位分发本单位、本系统或者其他一定范围内的一般内部刊物和内部资料所载内容引起的名誉权纠纷，人民法院是否受理？

答：有关机关和组织编印的仅供领导部门内部参阅的刊物、资料等刊登的来信或者文章，当事人以其内容侵害名誉权向人民法院提起诉讼的，人民法院不予受理。

机关、社会团体、学术机构、企事业单位分发本单位、本系统或者其他一定范围内的内部刊物和内部资料，所载内容引起名誉权纠纷的，人民法院应当受理。

问：新闻媒介和出版机构转载作品引起的名誉权纠纷，人民法院是否受理？

答：新闻媒介和出版机构转载作品，当事人以转载者侵害其名誉权向人民法院提起诉讼的，人民法院应当受理。

问：国家机关、社会团体、企事业单位等部门依职权对其管理的人员作出的结论引起的名誉权纠纷，人民法院是否受理？

答：国家机关、社会团体、企事业单位等部门对其管理的人员作出的结论或者处理决定，当事人以其侵害名誉权向人民法院提起诉讼的，人民法院不予受理。

问：因检举、控告引起的名誉权纠纷，人民法院是否受理？

答：公民依法向有关部门检举、控告他人的违法违纪行为，他人以检举、控告侵害其名誉权向人民法院提起诉讼的，人民法院不予受理。如果借检举、控告之名侮辱、诽谤他人，造成他人名誉损害，当事人以其名誉权受到侵害向人民法院提起诉讼的，人民法院应当受理。

问：新闻单位报道国家机关的公开的文书和职权行为引起的名誉权纠纷，是否认定为构成侵权？

答：新闻单位根据国家机关依职权制作的公开的文书和实施的公开的职权行为所作的报道，其报道客观准确的，不应当认定为侵害他人名誉权；其报道失实，或者前述文书和职权行为已公开纠正而拒绝更正报道，致使他人名誉受到损害的，应当认定为侵害他人名誉权。

问：因提供新闻材料引起的名誉权纠纷，如何认定是否构成侵权？

答：因提供新闻材料引起的名誉权纠纷，认定是否构成侵权，应区分以下两种情况：

（一）主动提供新闻材料，致使他人名誉受到损害的，应当认定为侵害他人名誉权。

（二）因被动接受采访而提供新闻材料，且未经提供者同意公开，新闻单位擅自发表，致使他人名誉受到损害的，对提供者一般不应当认定为侵害名誉权；虽系被动提供新闻材料，但发表时得到提供者同意或者默许，致使他人名誉受到损害的，应当认定为侵害名誉权。

问：因医疗卫生单位公开患者患有淋病、梅毒、麻风病、艾滋病等病情引起的名誉权纠纷，如何认定是否构成侵权？

答：医疗卫生单位的工作人员擅自公开患者患有淋病、梅毒、麻风病、艾滋病等病情，致使患者名誉受到损害的，应当认定为侵害患者名誉权。

医疗卫生单位向患者或其家属通报病情，不应当认定为侵害患者名誉权。

问：对产品质量、服务质量进行批评、评论引起的名誉权纠纷，如何认定是否构成侵权？

答：消费者对生产者、经营者、销售者的产品质量或者服务质量进行批评、评论，不应当认定为侵害他人名誉权。但借机诽谤、诋毁，损害其名誉的，应当认定为侵害名誉权。

新闻单位对生产者、经营者、销售者的产品质量或者服务质量进行批评、评论，内容基本属实，没有侮辱内容的，不应当认定为侵害其名誉权；主要内容失实，损害其名誉的，应当认定为侵害名誉权。

问：因名誉权受到侵害使生产、经营、销售遭受损失予以赔偿的范围和数额如何确定？

答：因名誉权受到侵害使生产、经营、销售遭受损失予以赔偿的范围和数额，可以按照确因侵权而造成客户退货、解除合同等损失程度来适当确定。

问：名誉权纠纷与其他民事纠纷交织在一起的，人民法院应如何审理？

答：名誉权纠纷与其他民事纠纷交织在一起的，人民法院应当按当事人自己选择的请求予以审理。发生适用数种请求的，人民法院应当根据《中华人民共和国民事诉讼法》的有关规定和案件的实际情况，可以合并审理的合并审理；不能合并审理的，可以告知当事人另行起诉。

最高人民法院

关于审理涉及会计师事务所在审计业务活动中民事侵权赔偿案件的若干规定

法释〔2007〕12号

（2007年6月4日最高人民法院审判委员会第1428次会议通过
2007年6月11日最高人民法院公告公布　自2007年6月15日起施行）

为正确审理涉及会计师事务所在审计业务活动中民事侵权赔偿案件，维护社会公共利益和相关当事人的合法权益，根据《中华人民共和国民法通则》、《中华人民共和国注册会计师法》、《中华人民共和国公司法》、《中华人民共和国证券法》等法律，结合审判实践，制定本规定。

第一条　利害关系人以会计师事务所在从事注册会计师法第十四条规定的审计业务活动中出具不实报告并致其遭受损失为由，向人民法院提起民事侵权赔偿诉讼的，人民法院应当依法受理。

第二条　因合理信赖或者使用会计师事务所出具的不实报告，与被审计单位进行交易或者从事与被审计单位的股票、债券等有关的交易活动而遭受损失的自然人、法人或者其他组织，应认定为注册会计师法规定的利害关系人。

会计师事务所违反法律法规、中国注册会计师协会依法拟定并经国务院财政部门批准后施行的执业准则和规则以及诚信公允的原则，出具的具有虚假记载、误导性陈述或者重大遗漏的审计业务报告，应认定为不实报告。

第三条　利害关系人未对被审计单位提起诉讼而直接对会计师事务所提起诉讼的，人民法院应当告知其对会计师事务所和被审计单位一并提起诉讼；利害关系人拒不起诉被审计单位的，人民法院应当通知被审计单位作为共同被告参加诉讼。

利害关系人对会计师事务所的分支机构提起诉讼的，人民法院可以将该会计师事务所列为共同被告参加诉讼。

利害关系人提出被审计单位的出资人虚假出资或者出资不实、抽逃出资，且事后未补足的，人民法院可以将该出资人列为第三人参加诉讼。

第四条 会计师事务所因在审计业务活动中对外出具不实报告给利害关系人造成损失的，应当承担侵权赔偿责任，但其能够证明自己没有过错的除外。

会计师事务所在证明自己没有过错时，可以向人民法院提交与该案件相关的执业准则、规则以及审计工作底稿等。

第五条 注册会计师在审计业务活动中存在下列情形之一，出具不实报告并给利害关系人造成损失的，应当认定会计师事务所与被审计单位承担连带赔偿责任：

（一）与被审计单位恶意串通；

（二）明知被审计单位对重要事项的财务会计处理与国家有关规定相抵触，而不予指明；

（三）明知被审计单位的财务会计处理会直接损害利害关系人的利益，而予以隐瞒或者作不实报告；

（四）明知被审计单位的财务会计处理会导致利害关系人产生重大误解，而不予指明；

（五）明知被审计单位的会计报表的重要事项有不实的内容，而不予指明；

（六）被审计单位示意其作不实报告，而不予拒绝。

对被审计单位有前款第（二）至（五）项所列行为，注册会计师按照执业准则、规则应当知道的，人民法院应认定其明知。

第六条 会计师事务所在审计业务活动中因过失出具不实报告，并给利害关系人造成损失的，人民法院应当根据其过失大小确定其赔偿责任。

注册会计师在审计过程中未保持必要的职业谨慎，存在下列情形之一，并导致报告不实的，人民法院应当认定会计师事务所存在过失：

（一）违反注册会计师法第二十条第（二）、（三）项的规定；

（二）负责审计的注册会计师以低于行业一般成员应具备的专业水准执业；

（三）制定的审计计划存在明显疏漏；

（四）未依据执业准则、规则执行必要的审计程序；

（五）在发现可能存在错误和舞弊的迹象时，未能追加必要的审计程序予以证实或者排除；

（六）未能合理地运用执业准则和规则所要求的重要性原则；

（七）未根据审计的要求采用必要的调查方法获取充分的审计证据；

（八）明知对总体结论有重大影响的特定审计对象缺少判断能力，未能寻求专家意见而直接形成审计结论；

（九）错误判断和评价审计证据；

（十）其他违反执业准则、规则确定的工作程序的行为。

第七条 会计师事务所能够证明存在以下情形之一的，不承担民事赔偿责任：

（一）已经遵守执业准则、规则确定的工作程序并保持必要的职业谨慎，但仍未能发现被审计的会计资料错误；

（二）审计业务所必须依赖的金融机构等单位提供虚假或者不实的证明文件，会计师事务所在保持必要的职业谨慎下仍未能发现其虚假或者不实；

（三）已对被审计单位的舞弊迹象提出警告并在审计业务报告中予以指明；

（四）已经遵照验资程序进行审核并出具报告，但被验资单位在注册登记后抽逃资金；

（五）为登记时未出资或者未足额出资的出资人出具不实报告，但出资人在登记后已补足出资。

第八条 利害关系人明知会计师事务所出具的报告为不实报告而仍然使用的，人民法院应当酌情减轻会计师事务所的赔偿责任。

第九条 会计师事务所在报告中注明“本报告仅供年检使用”、“本报告仅供工商登记使用”等类似内容的，不能作为其免责的事由。

第十条 人民法院根据本规定第六条确定会计师事务所承担与其过失程度相应的赔偿责任时，应按照下列情形处理：

（一）应先由被审计单位赔偿利害关系人的损失。被审计单位的出资人虚假出资、不实出资或者抽逃出资，事后未补足，且依法强制执行被审计单位财产后仍不足以赔偿损失的，出资人应在虚假出资、不实出资或者抽逃出资数额范围内向利害关系人承担补充赔偿责任。

（二）对被审计单位、出资人的财产依法强制执行后仍不足以赔偿损失的，由会计师事务所在其不实审计金额范围内承担相应的赔偿责任。

（三）会计师事务所对一个或者多个利害关系人承担的赔偿责任应以不实审计金额为限。

第十一条 会计师事务所与其分支机构作为共同被告的，会计师事务所对其分支机构的责任部分承担连带赔偿责任。

第十二条 本规定所涉会计师事务所侵权赔偿纠纷未经审判，人民法院不得将会计师事务所追加为被执行人。

第十三条 本规定自公布之日起施行。本院过去发布的有关会计师事务所民事责任的相关规定，与本规定相抵触的，不再适用。

在本规定公布施行前已经终审，当事人申请再审或者按照审判监督程序决定再审的会计师事务所民事侵权赔偿案件，不适用本规定。

在本规定公布施行后尚在一审或者二审阶段的会计师事务所民事侵权赔偿案件，适用本规定。

【链 接】

正确界定会计师事务所的民事责任

——最高人民法院有关负责人就《关于审理涉及会计师事务所在审计业务活动中民事侵权赔偿案件的若干规定》答记者问

问：最高人民法院曾经发布过以法函〔1996〕56 号《关于会计师事务所为企业出具虚假验资证明如何处理的复函》为代表的五个司法解释和司法解释性文件。最高人民法院制定这个司法解释时考虑是什么？

答：随着我国社会主义市场经济的不断发展，会计师事务所的法律责任问题引起了社会各界的普遍关注。1996 年 4 月 4 日我院曾以法函〔1996〕56 号《关于会计师事务所为企业出具虚假验资证明如何处理的复函》就出具虚假验资证明的事务所应对委托人、其他利害关系人承担民事赔偿责任作出规定，从而使会计师事务所民事责任问题成为我国会计师行业发展的重要问题。2001 年我国证券市场发生“银广夏事件”，与美国“安然事件”一样，使社会公众意识到会计师行业的重要社会经济功能。2004 年，国务院将规范注册会计师的执业行为正式列入整顿和规范市场经济秩序的重点之一。截至 2003 年，最高人民法院先后发布了五个关于事务所民事责任的司法解释或司法解释性文件，为人民法院正确审理涉及事务所民事责任案件提供了重要法律适用依据。

但也应当看到，最高人民法院已发布的相关规定也因历史和认识的局限性而存在一些问题，并导致审判实践适用规则不一，事务所民事责任畸轻畸重，在审判实践中呈现责任扩大化的态势。因此，如何正确地界定会计师事务所的民事责任，对于保障市场经济健康发展，保护社会公共利益和广大投资者的合法权益，以及促进注册会计师行业的健康发展具有重要意义。为此，最高人民法院自2001年5月正式立项，由民二庭负责起草该司法解释。民二庭在原有相关司法解释的基础上，根据《民法通则》、《注册会计师法》、《公司法》、《证券法》、《民事诉讼法》，结合审判实践经验以及民商法理论最新研究成果，在广泛征求相关部门意见的基础上，起草了《关于审理涉及会计师事务所在审计业务活动中民事侵权赔偿案件的若干规定》（以下简称本规定）。

问：与以前的司法解释相比，本规定有哪些特点或新发展？

答：本规定根据法律规定的精神，在价值平衡方面立足于既要保障交易市场的健康发展和投资者合法权益，又要为会计师行业提供健康发展空间，从而使审判实践能够正确妥当地认定事务所的民事责任。为此，本规定在承继、整合和矫正既往司法解释基础上，在以下几个方面作出了较新的规定：(1) 明确侵权责任产生的根本原因；(2) 明确利害关系人的范围；(3) 承认独立审计准则的法律地位；(4) 统一适用过错推定原则和举证责任倒置分配模式；(5) 明确此类诉讼的条件和诉讼主体列置等程序规定；(6) 明确区分会计师事务所承担补充责任和连带责任的具体情形；(7) 强调过失比例责任和责任顺位；(8) 认定会计师事务所过错责任的具体指引；(9) 完善不承担责任和减轻责任的事由；(10) 强调审判程序的重要性。

其中，维护公众投资者和相对人等利害关系人利益的保障措施主要包括：(1) 侵权责任产生的原因，不仅包括验资业务，而且包括《注册会计师法》第十四条规定的会计报表、企业合并、分立以及清算中的审计业务；(2) 明确利害关系人的范围；(3) 统一过错推定原则和举证责任倒置分配模式，以减轻利害关系人的举证负担；(4) 规定事务所承担连带责任的情形，即故意情形以及事务所和分支机构关系方面。保障会计师行业发展的措施有：(1) 承认独立审计准则的法律地位，为本司法解释的相关规定奠定基础；(2) 明确此类诉讼的条件和诉讼主体列置等程序规定，防止滥诉；(3) 认定过错责任的具体操作规则即过错认定指引，以便准确认定会计师事务所的民事责任；(4) 完善不承担责任和减轻责任的事由，实现损失的公平分担。

问："利害关系人"的范围界定，是一个关涉会计师事务所与公众投资者权益保护的重要问题。本规定立足于既要保障交易市场的健康发展和投资者合法权益，又要为会计师行业提供健康发展空间，那么本规定在利害关系人问题上是如何进行利益衡量的？

答：利害关系人的界定是本规定中非常重要的一个问题。《注册会计师法》第四十二条明确规定："会计师事务所违反本法规定，给委托人、其他利害关系人造成损失的，应当依法承担赔偿责任。"该法第二十一条亦出现"利害关系人"这一概念。该法所称的"利害关系人"，在会计师事务所民事责任理论上通常被称为“第三人”。尽管最高人民法院法函〔1996〕56号《关于会计师事务所为企业出具虚假验资证明如何处理的问题的答复》和最高人民法院法释〔1998〕13号《关于会计师事务所为企业出具虚假验资证明应如何承担责任问题的批复》都使用了“利害关系人”这个概念，但均未对这个重要概念进行界定。

如何对“利害关系人”（即第三人）进行妥当的界定，关涉本规定在认定会计师事务所民事责任方面的政策考量和分析基础，并与本规定其他条款密切相关。

关于利害关系人（即第三人）的范围问题，在学界存在较大分歧，争论焦点主要集中在是否包括所有第三人，由此形成“已知第三人”和“可预见第三人”两种学说。在本司法解释制订过程中，有观点主张，应当借鉴英美等国的立法，对“其他利害关系人”即第三者加以适当的规制。客观地说，我国学界和实务界对会计师事务所的民事责任问题的研究并不充分，因此考察发达国家的相关理论和实践就显得非常重要。通过对西方发达国家会计师事务所民事责任的初步考察，我们可以发现：在过去40年间，普通法上关于事务所的责任范围是不断变化的。由最初的坚守合同相对性原则而拒不承认对第三人的民事赔偿责任，发展至需要对“已知第三人”承担责任，再发展至对任何“可以合理预见的第三人”承担责任，时至20世纪90年代，又重现回归“已知第三人”标准。究其原因，主要是因为会计师事务所的社会公共监督的“经济警察”功能及其侵权责任的特殊性所决定，并使会计师事务所民事责任问题演变成为法律逻辑与政策选择之间的考量问题。具体而言：

依照侵权行为法理论和法律逻辑，任何人应当就自己的过错给他人造成的损失承担责任，该责任并不以两者之间存在合同关系为前提。按照法律逻辑，会计师事务所对任何可能依赖或使用其审计意见的人都承担注意义务，也自然应对任何依赖其专业审计意见进行交易决策而遭受损失的第三人承担赔偿责任。但会计师事务所的不实报告又有别于一般的侵权行为，因为不实报告是一种信息，其具有传播范围的无限性，因信赖该信息并采取相关交易行动而导致损失的第三人可能不计其数，如果让其对所有第三人都承担赔偿责任，其责任显然远远超过其过错程度，责任认定明显不公平。会计师事务所民事责任的无限扩大，将导致两种结果：其一，大量的会计师事务所因民事责任过大而破产，或者会计师事务所因无法承受如此高的职业风险而拒绝提供审计服务或退出审计行业。其二，会计师事务所为最大限度地减少审计风险和规避法律风险而被迫进行“详细审计”，从而大幅提高审计成本，由此带来的高昂审计成本却最终将转移给作为委托人的股东或公众投资者。同时，审计时间的相应延长将难以适应瞬息万变的经济形势而使审计信息失去价值。

应当看到，会计师事务所不是一般的中介机构，承担着为政府、金融机构、债权人和社会公众提供财经信息的制度功能。因此，上述两种结果都不是一个经济社会中政府和社会各界所期望。因此，通过侵权行为法逻辑和框架来判断事务所与第三人之间是否存在注意义务并施加责任的问题，本身存在一个公平问题。可以说，虽然侵权行为法通过“执业过失”来衔接会计师事务所与利害关系人，但其本质却是一个政策问题，并非一个纯粹的法律问题。

我们认为，会计师事务所的侵权责任问题的实质是侵权法律逻辑与公共政策选择之间的冲突和协调问题，是一个公平与效率的取舍和权衡问题。采取“已知第三人标准”，在政策选择上意味着仅保护专业投资机构和经验丰富的商人，并可以防止因不可知的中小投资者的大量诉讼而导致司法成本激增，突显出政策选择方面对经济效率和司法效率的追求，但以在一定程度上牺牲“保护公众投资人的司法正义”为代价。若采取“可预见第三人标准”，则意味着以公众投资人的保护和会计师执业行为质量的改进为主要政策考量，但却忽视了第三人采取自我保护措施的差别以及第三人范围的扩大化导致的诉讼急剧增加的后果。因此，以公共政策观之，会计师事务所民事责任问题中始终贯穿着公平与效率之间的衡量。一方面，是会计师执业的能力以及审计活动自身的局限性；另一方面，是社会公众日益增长的需求和依赖，司法部门的立场无论是稍微倾向于任何一方，都必然损失另外一方的利益，从而使会计师侵权民事责任问题似乎陷入了困境。为打破这种僵局，我们不应局限在现有的侵权行为法的框架下来解决会计师事务所民事责任的公平问题，会计师事务所的执业过失仅仅是其分析其承担侵权责任的起点，它并未揭示出会计师事务所因执业过失而承担法律责任这一问题的全貌；必须跳出“会计师事务所—利害关系人”以及“执业过失＝法律责任”的思维定式，对会计师事务所侵权责任的运作进行全盘的考量。

对会计师事务所侵权责任进行全盘考量的思路，必须遵循民法上的公平原则。会计师事务所对利害关系人的侵权法律责任问题，归根结底是一个如何公平分配商业活动中出现的资金损失问题。因此，损失的直接动因可能是利害关系人使用或信赖了会计师事务所出具的不实报告而进行了经济交易或商业决策，但损失的真正原因却是被审计单位内部存在的欺诈或经营失败，而会计师事务所的过错仅仅在于没有及时发现或披露出这些错弊。因此，会计师事务所的侵权责任案件通常都涉及被审计单位的经营失败和会计师事务所的审计失败两个方面，从而在被审计单位、会计师事务所与遭受损失的利害关系人形成了一个三角法律关系。根据民法公平原则来分担损失，就是要在被审计单位—会计师事务所—利害关系人之间分配因被审计单位经营失败或欺诈作弊、会计师事务所审计失败而导致的利害关系人的损失。在利害关系人无过错的前提下，根据民法公平原则，应当由被审计单位和会计师事务所根据各自的过错程度分别对利害关系人的损失承担责任，而非连带责任。因为除非会计师事务所与被审计单位恶意串通、共同作弊，否则会计师事务所仅应为自己的执业过失而向利害关系人承担赔偿责任；加之审计活动并不能保证全面消除利害关系人交易或经济决策的商业风险，故不应当要求会计师事务所充当商业决策或投资决策的担保人的角色，这也正是会计师事务所的责任绝非担保责任的理论依据之一。

有鉴于此，我们认为，会计师事务所对利害关系人的侵权民事责任归根结底是：如何在侵权行为法的基本框架下，考虑社会公共政策因素，综合运用民法公平原则，通过合理的制度规则安排，来公平地分配商业活动中的损失问题。其中，需要考量三个重要因素：其一，利害关系人损失产生的真正原因。尽管在现实中，利害关系人的经济损失的直接动因是其依赖或使用了事务所的审计报告并作出相关的交易决策，但损失产生的真正原因是被审计单位内部存在的错弊或者欺诈或者经营失败。其二，事务所的执业过错问题。会计师事务所的过错在于其在进行审计活动时，没有及时发现或者披露这些错弊或欺诈或失败等问题。其三，利害关系人的过错问题。如果利害关系人明知或者在损失的造成方面存在重大过失，那么应当免除或者相应地减轻事务所的责任份额。也就是说，在界定会计师事务所责任时应当考量利害关系人是否善意无过失。这三个重要因素也是本规定界定利害关系人的范围和相关规定的理论和政策基础。

基于上述分析和考量，我们可以在确定第三人的范围以及会计师事务所的民事责任承担方面实现一种相对公平的解决途径：会计师事务所应当对所有合理依赖或使用其出具的不实审计报告而受到损失的利害关系人承担赔偿责任；与利害关系人发生交易的被审计单位应当承担第一位的责任；会计师事务所仅应当依据其过错及过错程度承担相应的赔偿责任。这样不仅可以合理地界定利害关系人，而且可以通过以过错程度为基础的比例责任以及相应的责任顺位来公平认定会计师事务所及相关当事人的责任问题。

问：如何认识审计报告的真实性问题？本规定为何将独立审计准则这类行业规范纳入法律程序范畴？

答：自我院法函〔1996〕56号发布以来，很多会计师事务所被列共同被告并承担民事责任。当时的司法实践显示，在各种有关会计师事务所作为被告的民事案件中，当会计师事务所已严格遵守了独立审计准则作出不承担责任的抗辩时，一些法官认为独立审计准则只不过是一个民间社团组织制定的执业手册而已，既不能作为会计师事务所抗辩的依据，也不能作为审判案件的依据。

为此，审计界和法律界对审计报告真实性的认识产生较大分歧。审计界认为，所谓审计报告的“真实性”意味着对执业准则的遵循，事务所对于被审验的会计报表只承担“合理的保证责任”，并不绝对地担保经过审计的财务报表没有任何错误。法律界的早期意见认为：事务所的审计行为与信息使用人的利益密切相关，投资人决策的依据几乎都来源于经过事务所审计后所披露的财务信息，因此应首先考虑信息本身是否真实，而不是传递信息的程序是否被遵循。只要不实审计报告被利害关系人使用并造成损害，事务所就应承担民事责任。

我们认为，解决上述争论的关键在于：如何正确认识《独立审计准则》的作用和地位。应当看到，我国自1980年恢复注册会计师制度以来，始终坚持将注册会计师行业纳入规范化、法制化的轨道。特别是自1994年我国开始制定独立审计准则以来，财政部分别于1996年1月1日和1997年1月1日施行了两批独立审计准则，并于1998年印发了第三批独立审计准则的征求意见稿。独立审计准则陆续出台，对于提高会计师事务所的执业质量起到了促进作用。

首先，《注册会计师法》第三十五条规定：“中国注册会计师协会依法拟订注册会计师执业准则、规则，报国务院财政部门批准后施行。”由此可见，我国独立审计准则的法律渊源应属行政规章。同时，从《注册会计师法》第二十一条第一款关于“注册会计师执行审计业务，必须按照执业准则、规则确定的工作程序出具报告”；第二款关于“注册会计师执行审计业务出具报告时，不得有下列行为……”；第三款关于“对委托人有前款所列行为，注册会计师按照执业准则、规则应当知道的，适用前款规定”，以及第四十二条的“会计师事务所违反本法规定，给委托人、其他利害关系人造成损失的，应当依法承担赔偿责任”等规定中可以清晰地看出，《注册会计师法》已对注册会计师和会计师事务所的民事法律责任作出比较明确规定，即如果注册会计师由于“明知委托人……而不予指明”，则属于民法上过错责任原则中的“故意”，应承担《注册会计师法》第四十二条规定的责任；如果注册会计师“按照执业准则、规则应当知道的，适用前款规定”，则属于民法上过错责任原则中的“过失”，亦应承担《注册会计师法》第四十二条规定的责任。通过对《注册会计师法》上述相关规定的考察，我们可以看到，该法已对注册会计师及事务所在什么情况下承担法律责任作出了明确界定，其判定会计师事务所过错的依据就是独立审计准则。

其次，之所以会产生“合理的保证责任”以及“独立审计准则”，是因为审计成本与效益的存在。根据审计成本效益理论，在委托代理关系中，由委托人支付，最终由社会公众承担的合理的审计费，是降低委托代理风险的最经济的控制机制。被审计公司的股东（即审计合同的委托人）需要平衡其支付的审计成本与取得的审计收益（即会计师事务所发现财务报表中的错弊而为股东挽回的损失）之间的关系。通常而言，审计工作越细，审计程序越严密，发现错弊的概率越大，委托人（即被审计公司股东）所要支付的审计费用即审计成本越高。但是，审计作为现代公司制度的产物，本来就是用来降低代理成本的，如果审计不但不能降低代理成本，反而提升代理成本，则审计变得得不偿失。因此，公司股东或者财务报告的其他使用人必须权衡委托会计师事务所进行审计的收益和成本。如果会计师事务所能够在既定的审计成本下发现重大错弊，对于股东而言无疑是利益最大化的选择，这就是会计师事务所只承担“合理的保证责任”的制度基础。考虑到审计成本效益的原则，委托人基于利益最大化的考虑，不要求会计师查出所有的错弊。所以，允许会计师存在一定的审计失败，审计风险有其存在的合理性。将保证会计师事务所能够以最合理的成本将所有的重要错弊都审查出来而形成的一些特定程序和规则，就成为“独立审计准则”。“独立审计准则”既是会计界和审计界的职业准则或行业规则，也是股东委托人或其他公众委托人的利益要求。因此，“独立审计准则”既是注册会计师职业的生命线，也是会计界和审计界防范职业法律风险的重要手段。

最后，由于审计风险在一定意义上无法避免，这也就决定了会计师出具的审计报告的“真实性”只能是相对的，而不是绝对的。审计报告的相对真实性取决于：其一，被审计单位的财务会计报表真实的相对性。独立审计的目的就是要对被审计单位的财务会计报表的合法性、公平性和会计处理方法的一贯性发表审计意见。因此，财务报表自身的真实性、完整性程度直接影响着审计报告的真实性、完整性程度。其二，现代审计理论和方法的固有局限性决定了审计报告的真实性只能是相对的。现代审计以会计抽样技术为基础，并在概率原理的支持下，对被审计单位的财务会计报告发表意见，它只能保证最大几率的正确性（统计抽样允许合理误差），只能揭示影响公允反映被审计单位财务状况，经营效果及资金变动情况的重大事项，而不能保证将会计报告中所有的错误都揭露出来，只要这种误差对财务会计报表整体上的可靠性不产生实质性的影响，且在报表使用者容忍的范围内，该误差就被认为是允许的，不会影响审计报告的真实性。就此意义而言，独立审计准则就是以合理的审计成本来尽量地降低审计风险及其可能的损失的最为合理的程序和规则。

基于上述对“独立审计准则”的认识，我们认为，在审计报告真实性的问题方面，其并非客观事实上的真实性而是法律事实上的真实性。就此意义而言，审计界所主张的“真实性”与法律界所主张的“真实性”在程序界面上是统一的，是一种需要程序和证据支持的相对的“真实性”而非客观的绝对“真实性”。所以，不宜将“独立审计准则”仅仅狭隘地理解为行业标准，而应尊重独立审计准则的权威性。有鉴于此，在解决审计报告真实性问题上，法律界、审计界、全国人大法工委、国务院法制办等部门经过数次研讨和论证后达成了如下共识，亦即本规定所采取的司法态度：将“独立审计准则”纳入法律程序范畴，并主要体现在本规定第二条第二款、第四条第二款、第六条和第七条等均规定或涉及会计师事务所审计执业准则和规则中。

问：为何本规定在会计师事务所民事责任认定方面统一适用过错推定原则？

答：最高人民法院法函〔1996〕56号《关于会计师事务所为企业出具虚假验资证明如何处理的问题的答复》、法释〔1997〕10号《关于验资单位对多个案件债权人损失应如何承担责任的批复》、法释〔1998〕13号《关于会计师事务所为企业出具虚假验资证明应如何承担责任问题的批复》、法〔2002〕21号《关于金融机构为企业出具不实或者虚假验资报告资金证明如何承担民事责任问题的通知》以及法释〔2003〕2号《关于审理证券市场因虚假陈述引发的民事赔偿案件的若干规定》中关于会计师事务所侵权民事责任的归责原则方面皆遵循过错责任原则，但法释〔2003〕2号司法解释采用了过错推定原则，由此引发会计审计界和司法实务界对会计师事务所的审计行为性质的不同认识，并引发法律适用公平方面的争论：既然验资业务和证券业务都是《注册会计师法》第十四条所规定的法定审计业务，为何只对会计师事务所在证券业务中的过错认定采取过错推定原则，而对其在验资业务中的过错认定却采用一般的过错责任原则？

我们认为，对于会计师事务所审计活动中的过错认定，不应区分验资业务和证券业务，而应统一采用过错推定原则。主要出于以下几个考虑：

第一，“独立审计准则”产生的基础是审计成本效益理论和社会公共政策选择，审计风险具有合理性和客观性。因此，“独立审计准则”既是会计界和审计界的职业准则和生命线，也是股东委托人或其他公众委托人的利益最大化要求，更是人民法院查明法律事实的程序之一和认定会计师事务所执业过错的根据。目前会计界、审计界与民法学界已经达成共识：“独立审计准则”应纳入法律程序范畴，只要会计师事务所严格遵循独立审计准则并尽到必要的职业谨慎，仍未能揭示被审计事项中的个别错弊，即属于审计活动的固有风险，会计师事务所不应承担民事责任。

第二，既然会计师事务所的验资业务和证券业务都是《注册会计师法》第十四条所规定的法定审计业务，而且《中国注册会计师独立审计准则序言》又明确规定独立审计基本准则、具体准则与实务公告是注册会计师执行独立审计业务、出具审计报告的法定要求，会计师事务所和注册会计师在执行《注册会计师法》第十四条所规定的审计业务时，必须遵照执行。遵守并保持必要的职业谨慎，即可免责，否则承担责任。因此，对于会计师事务所在执行法定审计业务中的过错认定问题，不应区分验资业务和证券业务，应统一采用过错推定原则。

第三，无论是验资业务还是证券业务，独立审计都是一项技术性较强的工作，而且审计工作底稿所有权属于会计师事务所。能证明事务所是否尽到应有的职业关注的证据就是审计工作底稿，而事务所又对工作底稿实行保密原则，利害关系人要主张事务所有过失，将面临两个难题：一是审计工作底稿无法取得；二是即使取得审计工作底稿，基于专业的限制，也无法证明被告主观是否有过失。如单纯适用一般过错责任原则，将会使利害关系人在提起诉讼以后遇到举证上的困难。这不仅因为利害关系人难以证明会计师事务所在出具不实审计报告中存在过错，而且由于会计师可以各种理由证明其出具审计报告已严格遵循相关执业规则，从而可以免于承担责任，这显然不利于保护利害关系人的利益。因此，如果严格拘泥于一般过错原则，则受害人实际上难以行使诉权，不利于保护中小投资人的利益，也不利于维护资本市场秩序。所以，美国、日本和我国台湾地区“证券交易法”均采用过错推定原则。

第四，采取过错推定原则有利于维护会计师行业的健康发展。注册会计师的职务侵权责任从本质上说是一种信息担保责任，是对一种可能出现的具有侵权行为性质的信息公开违法行为承担法律责任的担保。而信息公开的义务人是被审计单位而非会计师事务所，因此，会计师事务所对审计对象合法性和公允性的确信，要受制于被审计单位事前或事后的其他行为。例如，会计师事务所要根据被审计单位提供的会计凭证等制作审计报告，而且信息公开文件的内容往往是数个信息公开担保人共同判断和决定的结果。如发起人或董事，具有法定资产评估资格的评估机构、律师事务所等，而不是由其单独决定有关信息公开事宜。有鉴于此，如果法律一方面强制会计师事务所对利害关系人承担责任，另一方面在归责于会计师事务所时，又不考虑会计师事务所执行审计时主观是否有过错，这无异于让会计师事务所对利害关系人承担无过错责任。

第五，虽然西方发达国家大多在证券诉讼中采取过错推定原则，而对非证券领域仍采一般的过错责任原则，但应当看到这些国家在非证券责任诉讼中的原告即利害关系人通常都有自己的专业会计师提供专业帮助，尤其是这些国家大多在民事诉讼程序中建立了证据开示制度，从而为利害关系人获得会计师执业活动过程的记录提供了极大的便利。但在我国目前的民事诉讼程序中，虽然最高人民法院于2001年颁布了《最高人民法院关于民事诉讼证据的若干规定》，并首次以司法解释的形式确立了庭前证据交换制度，但该司法解释并未对交换证据的具体程序、方法，以及不进行交换所应承担的责任方面做出具体的规定，因此并非真正意义上的证据开示。

第六，无论是《公司法》第二百零八条还是《证券法》第一百七十三条，都规定有“能够证明自己没有过错的除外”的但书条款，尤其是《公司法》第二百零八条并未明确将会计师事务所等承担资产评估、验资或者验证的机构之执业行为界定在证券市场中，因此更没有理由不统一采取过错推定原则。

总之，本司法解释在利害关系人起诉条件、比例责任承担、责任最高限额等方面都作出了相应的规定，应当可以有效地防止因滥诉而导致会计师事务所责任的畸轻畸重。

问：本规定将会计师事务所侵权民事责任定位为什么性质的责任？

答：本规定根据民法公平原则，在被审计单位（财务信息提供者）—会计师事务所（财务信息审核人）—利害关系人（财务信息使用人）之间分配因被审计单位经营失败或欺诈作弊、会计师事务所审计失败而导致的利害关系人的损失。因此，本规定严格区分会计责任和审计责任。其中，企业的会计信息是企业管理者的经营决策、潜在投资者的投资决策、债权人的贷款审核及其他会计信息使用者决策的重要依据。但在当今我国经济生活中，会计信息失真已成为一大社会问题。少数上市公司为了圈钱、国有企业为了完成上级主管部门的经济指标、外商投资企业和私营企业为了偷逃税款、转移利润，都在不同程度地编制虚假财务会计报告，提供不实会计信息；由于市场竞争秩序不规范，个别注册会计师和会计师事务所出于自身的经济利益、或屈从于政府部门、企业的压力，未能保持应有的谨慎、遵循职业操守和恪守执业准则、规则，出具不实的审计报告。

企业的经营管理人受所有人委托承担着会计核算和管理方面的职能，包括健全企业内部控制制度，提供真实的、公允的会计信息，对受托资产经营管理的保值增值。若被审计单位经营管理人未能保证会计资料的真实、完整而提供虚假会计资料，则被审计单位承担的是会计责任，会计责任直接导致企业的经营失败。而为被审计单位提供审计服务的会计师事务所，其在审计过程中要依据审计准则和执业判断来对被审计单位的财务信息做出审计判断，该审计判断是基于会计判断之上的再判断。若会计师事务所未能通过审计过程发现和披露企业会计资料中存在的错误、舞弊和企业经营风险的，则应对其所作的评价和鉴证即其出具的审计报告负责，其所承担的是审计责任。

应当认识到，会计责任和审计责任是两种不同性质的民事责任，不能相互替代。前者是被审计单位的会计责任，后者是会计师事务所的审计责任。

在被审计单位提供虚假会计资料的情形下，会计师事务所的审计责任不能替代、减轻或免除被审计单位的会计责任。同样，会计师事务所因未能尽到应有的职业谨慎，没有依据独立审计准则执业，未实施必要的审计程序并获取充分的审计证据，或与被审计单位合谋舞弊，出具了虚假、错误的审计报告，则必须承担相应的审计责任，会计师事务所不能借口会计报表是由被审计单位提供而不承担侵权赔偿责任。

本规定对会计师事务所侵权责任的定性即是审计责任，而非会计责任。在审理会计师事务所侵权民事纠纷案件的实践中，人民法院应当注意正确区分被审计单位的会计责任和会计师事务所的审计责任，避免出现混淆两种责任的现象，应在明确各自会计责任和审计责任的基础上，公平判定各方当事人所应承担的民事责任。

最高人民法院
关于审理旅游纠纷案件适用法律若干问题的规定

法释〔2010〕13号

（2010年9月13日最高人民法院审判委员会第1496次会议通过
2010年10月26日最高人民法院公告公布　自2010年11月1日起施行）

为正确审理旅游纠纷案件，依法保护当事人合法权益，根据《中华人民共和国民法通则》、《中华人民共和国合同法》、《中华人民共和国消费者权益保护法》、《中华人民共和国侵权责任法》和《中华人民共和国民事诉讼法》等有关法律规定，结合民事审判实践，制定本规定。

第一条　本规定所称的旅游纠纷，是指旅游者与旅游经营者、旅游辅助服务者之间因旅游发生的合同纠纷或者侵权纠纷。

“旅游经营者”是指以自己的名义经营旅游业务，向公众提供旅游服务的人。

“旅游辅助服务者”是指与旅游经营者存在合同关系，协助旅游经营者履行旅游合同义务，实际提供交通、游览、住宿、餐饮、娱乐等旅游服务的人。

旅游者在自行旅游过程中与旅游景点经营者因旅游发生的纠纷，参照适用本规定。

第二条　以单位、家庭等集体形式与旅游经营者订立旅游合同，在履行过程中发生纠纷，除集体以合同一方当事人名义起诉外，旅游者个人提起旅游合同纠纷诉讼的，人民法院应予受理。

第三条 因旅游经营者方面的同一原因造成旅游者人身损害、财产损失，旅游者选择要求旅游经营者承担违约责任或者侵权责任的，人民法院应当根据当事人选择的案由进行审理。

第四条 因旅游辅助服务者的原因导致旅游经营者违约，旅游者仅起诉旅游经营者的，人民法院可以将旅游辅助服务者追加为第三人。

第五条 旅游经营者已投保责任险，旅游者因保险责任事故仅起诉旅游经营者的，人民法院可以应当事人的请求将保险公司列为第三人。

第六条 旅游经营者以格式合同、通知、声明、告示等方式作出对旅游者不公平、不合理的规定，或者减轻、免除其损害旅游者合法权益的责任，旅游者请求依据消费者权益保护法第二十四条的规定认定该内容无效的，人民法院应予支持。

第七条 旅游经营者、旅游辅助服务者未尽到安全保障义务，造成旅游者人身损害、财产损失，旅游者请求旅游经营者、旅游辅助服务者承担责任的，人民法院应予支持。

因第三人的行为造成旅游者人身损害、财产损失，由第三人承担责任；旅游经营者、旅游辅助服务者未尽安全保障义务，旅游者请求其承担相应补充责任的，人民法院应予支持。

第八条 旅游经营者、旅游辅助服务者对可能危及旅游者人身、财产安全的旅游项目未履行告知、警示义务，造成旅游者人身损害、财产损失，旅游者请求旅游经营者、旅游辅助服务者承担责任的，人民法院应予支持。

旅游者未按旅游经营者、旅游辅助服务者的要求提供与旅游活动相关的个人健康信息并履行如实告知义务，或者不听从旅游经营者、旅游辅助服务者的告知、警示，参加不适合自身条件的旅游活动，导致旅游过程中出现人身损害、财产损失，旅游者请求旅游经营者、旅游辅助服务者承担责任的，人民法院不予支持。

第九条 旅游经营者、旅游辅助服务者泄露旅游者个人信息或者未经旅游者同意公开其个人信息，旅游者请求其承担相应责任的，人民法院应予支持。

第十条 旅游经营者将旅游业务转让给其他旅游经营者，旅游者不同意转让，请求解除旅游合同、追究旅游经营者违约责任的，人民法院应予支持。

旅游经营者擅自将其旅游业务转让给其他旅游经营者，旅游者在旅游过程中遭受损害，请求与其签订旅游合同的旅游经营者和实际提供旅游服务的旅游经营者承担连带责任的，人民法院应予支持。

第十一条　除合同性质不宜转让或者合同另有约定之外，在旅游行程开始前的合理期间内，旅游者将其在旅游合同中的权利义务转让给第三人，请求确认转让合同效力的，人民法院应予支持。

因前款所述原因，旅游经营者请求旅游者、第三人给付增加的费用或者旅游者请求旅游经营者退还减少的费用的，人民法院应予支持。

第十二条　旅游行程开始前或者进行中，因旅游者单方解除合同，旅游者请求旅游经营者退还尚未实际发生的费用，或者旅游经营者请求旅游者支付合理费用的，人民法院应予支持。

第十三条　因不可抗力等不可归责于旅游经营者、旅游辅助服务者的客观原因导致旅游合同无法履行，旅游经营者、旅游者请求解除旅游合同的，人民法院应予支持。旅游经营者、旅游者请求对方承担违约责任的，人民法院不予支持。旅游者请求旅游经营者退还尚未实际发生的费用的，人民法院应予支持。

因不可抗力等不可归责于旅游经营者、旅游辅助服务者的客观原因变更旅游行程，在征得旅游者同意后，旅游经营者请求旅游者分担因此增加的旅游费用或旅游者请求旅游经营者退还因此减少的旅游费用的，人民法院应予支持。

第十四条　因旅游辅助服务者的原因造成旅游者人身损害、财产损失，旅游者选择请求旅游辅助服务者承担侵权责任的，人民法院应予支持。

旅游经营者对旅游辅助服务者未尽谨慎选择义务，旅游者请求旅游经营者承担相应补充责任的，人民法院应予支持。

第十五条　签订旅游合同的旅游经营者将其部分旅游业务委托旅游目的地的旅游经营者，因受托方未尽旅游合同义务，旅游者在旅游过程中受到损害，要求作出委托的旅游经营者承担赔偿责任的，人民法院应予支持。

旅游经营者委托除前款规定以外的人从事旅游业务，发生旅游纠纷，旅游者起诉旅游经营者的，人民法院应予受理。

第十六条　旅游经营者准许他人挂靠其名下从事旅游业务，造成旅游者人身损害、财产损失，旅游者请求旅游经营者与挂靠人承担连带责任的，人民法院应予支持。

第十七条　旅游经营者违反合同约定，有擅自改变旅游行程、遗漏旅游景点、减少旅游服务项目、降低旅游服务标准等行为，旅游者请求旅游经营者赔偿未完成约定旅游服务项目等合理费用的，人民法院应予支持。

旅游经营者提供服务时有欺诈行为，旅游者请求旅游经营者双倍赔偿其遭受的损失的，人民法院应予支持。

第十八条　因飞机、火车、班轮、城际客运班车等公共客运交通工具延误，导致合同不能按照约定履行，旅游者请求旅游经营者退还未实际发生的费用的，人民法院应予支持。合同另有约定的除外。

第十九条 旅游者在自行安排活动期间遭受人身损害、财产损失，旅游经营者未尽到必要的提示义务、救助义务，旅游者请求旅游经营者承担相应责任的，人民法院应予支持。

前款规定的自行安排活动期间，包括旅游经营者安排的在旅游行程中独立的自由活动期间、旅游者不参加旅游行程的活动期间以及旅游者经导游或者领队同意暂时离队的个人活动期间等。

第二十条 旅游者在旅游行程中未经导游或者领队许可，故意脱离团队，遭受人身损害、财产损失，请求旅游经营者赔偿损失的，人民法院不予支持。

第二十一条 旅游者提起违约之诉，主张精神损害赔偿的，人民法院应告知其变更为侵权之诉；旅游者仍坚持提起违约之诉的，对于其精神损害赔偿的主张，人民法院不予支持。

第二十二条 旅游经营者或者旅游辅助服务者为旅游者代管的行李物品损毁、灭失，旅游者请求赔偿损失的，人民法院应予支持，但下列情形除外：

（一）损失是由于旅游者未听从旅游经营者或者旅游辅助服务者的事先声明或者提示，未将现金、有价证券、贵重物品由其随身携带而造成的；

（二）损失是由于不可抗力、意外事件造成的；

（三）损失是由于旅游者的过错造成的；

（四）损失是由于物品的自然属性造成的。

第二十三条 旅游者要求旅游经营者返还下列费用的，人民法院应予支持：

（一）因拒绝旅游经营者安排的购物活动或者另行付费的项目被增收的费用；

（二）在同一旅游行程中，旅游经营者提供相同服务，因旅游者的年龄、职业等差异而增收的费用。

第二十四条 旅游经营者因过错致其代办的手续、证件存在瑕疵，或者未尽妥善保管义务而遗失、毁损，旅游者请求旅游经营者补办或者协助补办相关手续、证件并承担相应费用的，人民法院应予支持。

因上述行为影响旅游行程，旅游者请求旅游经营者退还尚未发生的费用、赔偿损失的，人民法院应予支持。

第二十五条 旅游经营者事先设计，并以确定的总价提供交通、住宿、游览等一项或者多项服务，不提供导游和领队服务，由旅游者自行安排游览行程的旅游过程中，旅游经营者提供的服务不符合合同约定，侵害旅游者合法权益，旅游者请求旅游经营者承担相应责任的，人民法院应予支持。

旅游者在自行安排的旅游活动中合法权益受到侵害，请求旅游经营者、旅游辅助服务者承担责任的，人民法院不予支持。

第二十六条　本规定施行前已经终审，本规定施行后当事人申请再审或者按照审判监督程序决定再审的案件，不适用本规定。

【链　接】

依法维权构建规范有序和谐稳定的旅游市场

——最高人民法院民事审判第一庭负责人就《关于审理旅游纠纷案件适用法律若干问题的规定》答记者问

2010 年 11 月 1 日，《最高人民法院关于审理旅游纠纷案件适用法律若干问题的规定》（以下简称本规定）开始施行。此司法解释经最高人民法院审判委员会 1496 次会议讨论通过。最高人民法院民事审判第一庭负责人就司法解释的有关问题接受了记者的采访。

制定这一司法解释的目的是为深入贯彻落实党的十七届五中全会精神，践行科学发展观，适应加快转变经济发展方式和改善民生的需要，依法维护旅游者和旅游经营者、旅游辅助服务者的合法权益，构建规范有序、和谐稳定的旅游市场。

问：我们注意到最高人民法院出台的司法解释，题目多为关于审理某某纠纷适用法律若干问题的解释，而本部司法解释为《关于审理旅游纠纷案件适用法律若干问题的规定》，这是出于什么考虑？本部司法解释制定的依据是什么？

答：按照最高人民法院关于司法解释规范性文件规定，最高人民法院的司法解释包括规定、解释、批复等形式。本司法解释之所以叫规定，是因为我国法律对旅游合同和旅游侵权没有作出专章规定。解释的依据是《合同法》的原则，以及《消费者权益保护法》、《侵权责任法》、《民事诉讼法》的有关法律规定。鉴于本解释是根据审判实践的需要作出的，且带有填补空白的性质，故本解释采用“规定”的名称。本规定主要着眼于解决在旅游过程中，旅游者权益受到损害时旅游经营者的责任认定等问题。例如，“规定”中所涉及的损害赔偿是民法的基本问题，既涉及合同法领域，也涉及侵权法领域。因此，本规定的依据包括《民法通则》、《合同法》、《侵权责任法》。同时，由于旅游者并未脱离消费者的范畴，所以《消费者权益保护法》也是本规定的重要法律依据，如本规定中“霸王条款”的效力认定、旅游者的安全保障义务以及欺诈的双倍赔偿等问题均遵循了《消费者权益保护法》的规定。由于涉及程序问题，无疑《民事诉讼法》是本规定制定的重要依据。

旅游纠纷涉及了《合同法》、《侵权责任法》、《消费者权益保护法》以及《民事诉讼法》等众多法律规定，其并非专门针对哪一部法律所作的司法解释，而是就人民法院在审理旅游纠纷案件时，如何对案件进行处理所作的具体规定。据此，本规定对所依据的法律法规采纳了列举式与概括式的写法。除所列举的实体法外，在概括的相关法律中，还包括《保险法》、《民用航空法》、《铁路法》以及《旅行社条例》等法律法规。

问：以集体形式与旅游经营者订立的旅游合同，提起合同之诉中的应是签约的集体，司法解释规定旅游者个人也可以提起旅游合同纠纷诉讼，是出于什么考虑？

答：司法解释规定了旅游者个人的诉权。在实践中，随着旅游业的不断发展，单位旅游与家庭旅游等集体旅游形式层出不穷，一个单位的某个部门，一个、几个单位或家庭出游，与旅游经营者签订旅游合同的主体表现形式不同。单位旅游中，签约人多为直接经办人或部门负责人。家庭旅游中多为几个家庭推选的代表签约，或家庭成员之一签约。也有一人签约，并附注随行人员的。在旅游过程中，如果旅游者受到损害，合同的签约人可以提起诉讼，但如合同签约人怠于提起诉讼，则旅游者的权利无法得到保障。因此本解释按照旅游合同的特殊性，明确规定了旅游者以个人名义提起合同纠纷诉讼的，人民法院应当受理。

问：旅游者遭遇“霸王条款”，如何通过本规定维权？

答：实践中旅游者与旅游经营者相比，处于弱势地位，旅游经营者以格式合同、通知、声明、告示等方式作出对旅游者不公平、不合理的规定，或者减轻、免除其损害旅游者合法权益的责任，旅游者可以向人民法院请求依据《消费者权益保护法》第二十四条的规定认定该内容无效，依据本规定人民法院应支持旅游者的请求。

问：本规定第一次明确了对于消费者信息的保护，但未将造成损害后果作为责任承担的依据，这样规定对于旅游经营者、旅游辅助服务者来说是否责任过重？

答：日常生活中消费者经常会被垃圾短信困扰，或接到莫名其妙的电话，我们认为只要旅游经营者、旅游辅助服务者泄露旅游者个人信息或者未经旅游者同意公开其个人信息的行为，本身就是对消费者个人隐私权的侵害，就应当承担相应的法律责任。只有这样才能警示旅游经营者，有效维护消费者的合法权益。当然我们在规定旅游经营者的赔偿责任时将责任确定为“相应责任”，这样做的目的，是为了给审判工作留下适用法律的空间，人民法院可以依据案件具体情况进行裁量，判定适当的民事责任承担方式。对于未造成损害后果或损害后果轻微的，可以判定赔礼道歉的责任承担方式，对于造成严重后果的，则可以要求其承担经济赔偿责任。

问：旅游经营者违约，旅游者如何获得救济？

答：在旅游纠纷中，旅游经营者违约，主要体现为擅自改变旅游行程、遗漏旅游景点、减少旅游服务项目、降低旅游服务标准等行为，对于旅游经营者承担责任的范围，司法实践中，各地法院判决并不统一。有仅支持景点门票费用的，有支持景点门票费用与交通费的，也有凡是合理费用均支持的。我们认为，从维护旅游者利益的角度，旅游者完成约定行程的合理费用均应得到支持。旅游是以精神愉悦为目的的消费活动。旅游经营者、旅游辅助服务者的欺诈行为，不仅属于严重违约，而且有违诚实信用原则，如果对于旅游者遭受的损失，仅赔偿旅游门票、交通费等损失，则很难弥补旅游者的损失，也不足以警示违约方，此种情况下，可依照《消费者权益保护法》第四十九条的规定，旅游经营者应双倍赔偿旅游者的损失。

问：实践中，旅游者不可能随身携带行李物品去旅游，通常是将行李放置在旅游车上，能否理解为旅游经营者与旅游者之间形成事实上的保管合同？

答：这种理解是错误的。

从主观方面看，旅游者与旅游经营者并没有订立保管合同的意思表示。合同的根本目的是旅游经营者为旅游者提供旅游服务，而不是保管物品。旅游者将行李物品放在旅游车上的行为，虽然有让旅游经营者代为看管的意思表示，但考察双方意思表示的主要目的是进行游览而非保管物品。从客观方面看，双方并未发生交付行为，而且，旅游经营者、旅游辅助服务者作为保管人，在实际履行过程中，未能充分享有保管人的权利，包括对保管物的知情权、接受保管物的交付等。故将旅游经营者、旅游辅助服务者代为保管旅游者行李物品的行为认定为成立事实上的保管合同关系，并不妥当。依照合同性质、交易习惯，旅游经营者对于旅游者的行李物品负有保管的附随义务。

目前，旅游行程中因行李物品损毁、灭失而发生的纠纷较为常见，有必要对相关责任予以明确。

司法解释明确了旅游经营者与旅游辅助服务者的责任赔偿范围和除外情况。旅游者的物品分为行李物品与随身物品。对于行李物品，旅游者不可能随身携带，只能由旅游经营者或者旅游辅助服务者为旅游者代管，如果在保管期间发生行李物品的毁损与灭失，适用保管合同的规定。现金、有价证券、贵重物品属于随身物品，旅游经营者与旅游辅助服务者无保管的义务，应提示旅游者随身携带，不放入行李物品中。

问：旅游过程中转团的，旅游者的权益如何得到维护？

答：司法解释明确规定了旅游经营者将旅游业务转让给其他旅游经营者的法律后果。法律、行政法规并无明文规定禁止转团。因此，规范的转团是允许的，取得旅游者同意的旅游业务转让为债权债务的概括移转，此时，受让的旅游经营者与旅游者建立了直接的合同关系，原来与旅游者建立合同关系的旅游经营者不再承担责任。

由于旅游合同有很强的人身信任性，旅游者不同意转团的，可以解除合同并要求旅游经营者承担违约责任。在旅游者不知情的情况下旅游经营者擅自转团的，如旅游者遭受损失，则与旅游者签约的旅游经营者与受让旅游业务的旅游经营者应当承担连带责任，以更好地维护旅游者的利益。

问：因客观原因变更、解除合同的如何处理，此时旅游经营者是否还需要承担违约责任？

答：由于恶劣天气、自然灾害、战争、罢工、骚乱、恐怖事件、政府行为、公共卫生事件等客观原因，造成旅游行程安排的交通服务延误、景区临时关闭、宾馆饭店临时被征用、出境管制、边境关闭、目的地入境政策临时变更、我国政府机构发布橙色及以上旅游预警信息等，均会导致旅游目的无法实现。上述事件均不可归责于旅游经营者、旅游辅助服务者。旅游者与旅游经营者出于经济上的考虑，可以协商变更行程。变更行程后费用减少的，旅游经营者应退还旅游者，变更行程后费用增加的，应由旅游经营者与旅游者共同负担。协商不成的，双方均可解除合同，损失自担，互不承担违约责任。未实际发生的费用，旅游经营者应当退还旅游者，已经实际发生的费用不予退还。

问：在旅游过程中经常会发生因公共交通延误而造成的旅游行程的缩短，对此旅游经营者是否需要承担违约责任？

答：公共交通是面向社会不特定公众的，并非单纯为旅游者服务。公共交通工具延误是指飞机、火车、班轮、城际客运班车的延误，是旅游经营者不能控制的，在此情况下，让旅游经营者承担赔偿责任，无疑对其很不公平，但如果因为公共交通工具的延误导致旅游行程的缩短，旅游经营者应当退还旅游者相应的费用。需要注意的是仅是由于旅游经营者无法控制的公共交通工具的延误其免责，如果是旅游经营者可以控制的旅游车的延误，则旅游经营者不能免除责任。

问：实践中，经常会有一些不具备旅游经营资格的人挂靠旅游经营者从事旅游业务盈利，如果旅游过程中旅游者发生人身损害与财产损失，是由挂

靠人来承担责任，还是被挂靠人来承担责任？

答：旅游经营者准许他人挂靠其名下从事旅游业务，造成旅游者人身损害、财产损失，旅游经营者与挂靠人应承担连带责任。旅游业经营的行政许可制度就是为了排除旅游业市场中不具经营资格的主体，保障具有相应资质尤其是有健全的经营管理制度的经营主体进入市场，从而达到“维护旅游市场秩序，促进旅游业健康发展”的立法目的。挂靠行为违反了法律规定，使得不具有相应经营条件的挂靠者进入旅游市场，扰乱了国家的经济管理秩序。挂靠的表现形式为“借照经营”，并通过向挂靠人收取管理费来维系，该行为规避了国家行政管理，损害了旅游者的合法权益。从规范管理实现立法目的的角度，也应要求被挂靠人承担连带责任。

问：自由行产品中，旅游经营者承担何种责任？

答：旅游经营者事先设计，并以确定的总价提供交通、住宿、游览等一项或多项服务，不提供导游和领队服务，由旅游者自行安排游览行程的旅游产品为自由行。

自由行是旅游业内俗称的“小包价”产品。其通常表现为“机票＋酒店”的形式，旅游经营者并不提供导游和领队。自由行由于旅游者的自由度较大，在旅游市场中占据很大的份额。因此，产生的纠纷也比较多。

自由行过程中的责任承担，应以旅游经营者能够控制的风险为限。对于自由行产品来讲，只要旅游经营者按约提供了服务，则其无需承担责任。对于其未提供服务的部分，即旅游者自行安排的活动，旅游经营者对在此期间的风险无从控制，旅游经营者不应承担责任。

问：旅游者在境外旅游时，其合法权益如何保障？

答：境内的旅游者出境旅游，通常与境内的旅行社签约。为保证出境旅游者实现旅游目的，境内旅行社往往要委托境外旅行社或者旅游辅助服务者提供旅游服务。旅游者在境外旅游时，如果因旅游经营者或者旅游辅助服务者方面的原因造成旅游者人身损害、财产损失，旅游者可以选择要求旅游经营者或者旅游辅助服务者承担违约责任或者侵权责任。

如果旅游者选择要求旅游经营者承担违约责任，可以向被告所在地法院起诉；如果旅游合同约定由原告所在地、合同签订地法院管辖的，也可以向约定的法院起诉；如果旅游者选择要求旅游经营者或者旅游辅助服务者承担侵权责任，则旅游者可在侵权行为地即境外提起诉讼。

问：旅游者在旅游期间经常被迫购物，其权益如何保障？

答：旅游者在旅游期间购物，必须坚持平等自愿、公平等价原则，任何强迫或变相强迫购物的行为，都是违法行为，其买卖行为应属无效。

如果旅游者有证据证明因导游、领队胁迫、诱骗购物等不法行为而遭受损失，可以向有关法院起诉，请求旅行社承担赔偿责任。旅游者如果购买到假冒伪劣商品，旅游者可以依法向有关法院起诉销售者，请求销售者承担相应赔偿责任。

最高人民法院
关于审理利用信息网络侵害人身权益民事纠纷案件适用法律若干问题的规定

法释〔2014〕11号

（2014年6月23日最高人民法院审判委员会第1621次会议通过
2014年8月21日最高人民法院公告公布　自2014年10月10日起施行）

为正确审理利用信息网络侵害人身权益民事纠纷案件，根据《中华人民共和国民法通则》《中华人民共和国侵权责任法》《全国人民代表大会常务委员会关于加强网络信息保护的决定》《中华人民共和国民事诉讼法》等法律的规定，结合审判实践，制定本规定。

第一条　本规定所称的利用信息网络侵害人身权益民事纠纷案件，是指利用信息网络侵害他人姓名权、名称权、名誉权、荣誉权、肖像权、隐私权等人身权益引起的纠纷案件。

第二条　利用信息网络侵害人身权益提起的诉讼，由侵权行为地或者被告住所地人民法院管辖。

侵权行为实施地包括实施被诉侵权行为的计算机等终端设备所在地，侵权结果发生地包括被侵权人住所地。

第三条　原告依据侵权责任法第三十六条第二款、第三款的规定起诉网络用户或者网络服务提供者的，人民法院应予受理。

原告仅起诉网络用户，网络用户请求追加涉嫌侵权的网络服务提供者为共同被告或者第三人的，人民法院应予准许。

原告仅起诉网络服务提供者，网络服务提供者请求追加可以确定的网络用户为共同被告或者第三人的，人民法院应予准许。

第四条　原告起诉网络服务提供者，网络服务提供者以涉嫌侵权的信息系网络用户发布为由抗辩的，人民法院可以根据原告的请求及案件的具体情况，责令网络服务提供者向人民法院提供能够确定涉嫌侵权的网络用户的姓名（名称）、联系方式、网络地址等信息。

网络服务提供者无正当理由拒不提供的，人民法院可以依据民事诉讼法第一百一十四条的规定对网络服务提供者采取处罚等措施。

原告根据网络服务提供者提供的信息请求追加网络用户为被告的，人民法院应予准许。

第五条　依据侵权责任法第三十六条第二款的规定，被侵权人以书面形式或者网络服务提供者公示的方式向网络服务提供者发出的通知，包含下列内容的，人民法院应当认定有效：

（一）通知人的姓名（名称）和联系方式；

（二）要求采取必要措施的网络地址或者足以准确定位侵权内容的相关信息；

（三）通知人要求删除相关信息的理由。

被侵权人发送的通知未满足上述条件，网络服务提供者主张免除责任的，人民法院应予支持。

第六条　人民法院适用侵权责任法第三十六条第二款的规定，认定网络服务提供者采取的删除、屏蔽、断开链接等必要措施是否及时，应当根据网络服务的性质、有效通知的形式和准确程度，网络信息侵害权益的类型和程度等因素综合判断。

第七条　其发布的信息被采取删除、屏蔽、断开链接等措施的网络用户，主张网络服务提供者承担违约责任或者侵权责任，网络服务提供者以收到通知为由抗辩的，人民法院应予支持。

被采取删除、屏蔽、断开链接等措施的网络用户，请求网络服务提供者提供通知内容的，人民法院应予支持。

第八条　因通知人的通知导致网络服务提供者错误采取删除、屏蔽、断开链接等措施，被采取措施的网络用户请求通知人承担侵权责任的，人民法院应予支持。

被错误采取措施的网络用户请求网络服务提供者采取相应恢复措施的，人民法院应予支持，但受技术条件限制无法恢复的除外。

第九条　人民法院依据侵权责任法第三十六条第三款认定网络服务提供者是否"知道"，应当综合考虑下列因素：

（一）网络服务提供者是否以人工或者自动方式对侵权网络信息以推荐、排名、选择、编辑、整理、修改等方式作出处理；

（二）网络服务提供者应当具备的管理信息的能力，以及所提供服务的性质、方式及其引发侵权的可能性大小；

（三）该网络信息侵害人身权益的类型及明显程度；

（四）该网络信息的社会影响程度或者一定时间内的浏览量；

（五）网络服务提供者采取预防侵权措施的技术可能性及其是否采取了相应的合理措施；

（六）网络服务提供者是否针对同一网络用户的重复侵权行为或者同一侵权信息采取了相应的合理措施；

（七）与本案相关的其他因素。

第十条 人民法院认定网络用户或者网络服务提供者转载网络信息行为的过错及其程度，应当综合以下因素：

（一）转载主体所承担的与其性质、影响范围相适应的注意义务；

（二）所转载信息侵害他人人身权益的明显程度；

（三）对所转载信息是否作出实质性修改，是否添加或者修改文章标题，导致其与内容严重不符以及误导公众的可能性。

第十一条 网络用户或者网络服务提供者采取诽谤、诋毁等手段，损害公众对经营主体的信赖，降低其产品或者服务的社会评价，经营主体请求网络用户或者网络服务提供者承担侵权责任的，人民法院应依法予以支持。

第十二条 网络用户或者网络服务提供者利用网络公开自然人基因信息、病历资料、健康检查资料、犯罪记录、家庭住址、私人活动等个人隐私和其他个人信息，造成他人损害，被侵权人请求其承担侵权责任的，人民法院应予支持。但下列情形除外：

（一）经自然人书面同意且在约定范围内公开；

（二）为促进社会公共利益且在必要范围内；

（三）学校、科研机构等基于公共利益为学术研究或者统计的目的，经自然人书面同意，且公开的方式不足以识别特定自然人；

（四）自然人自行在网络上公开的信息或者其他已合法公开的个人信息；

（五）以合法渠道获取的个人信息；

（六）法律或者行政法规另有规定。

网络用户或者网络服务提供者以违反社会公共利益、社会公德的方式公开前款第四项、第五项规定的个人信息，或者公开该信息侵害权利人值得保护的重大利益，权利人请求网络用户或者网络服务提供者承担侵权责任的，人民法院应予支持。

国家机关行使职权公开个人信息的，不适用本条规定。

第十三条 网络用户或者网络服务提供者，根据国家机关依职权制作的文书和公开实施的职权行为等信息来源所发布的信息，有下列情形之一，侵害他人人身权益，被侵权人请求侵权人承担侵权责任的，人民法院应予支持：

（一）网络用户或者网络服务提供者发布的信息与前述信息来源内容不符；

（二）网络用户或者网络服务提供者以添加侮辱性内容、诽谤性信息、不当标题或者通过增删信息、调整结构、改变顺序等方式致人误解；

（三）前述信息来源已被公开更正，但网络用户拒绝更正或者网络服务提供者不予更正；

（四）前述信息来源已被公开更正，网络用户或者网络服务提供者仍然发布更正之前的信息。

第十四条　被侵权人与构成侵权的网络用户或者网络服务提供者达成一方支付报酬，另一方提供删除、屏蔽、断开链接等服务的协议，人民法院应认定为无效。

擅自篡改、删除、屏蔽特定网络信息或者以断开链接的方式阻止他人获取网络信息，发布该信息的网络用户或者网络服务提供者请求侵权人承担侵权责任的，人民法院应予支持。接受他人委托实施该行为的，委托人与受托人承担连带责任。

第十五条　雇佣、组织、教唆或者帮助他人发布、转发网络信息侵害他人人身权益，被侵权人请求行为人承担连带责任的，人民法院应予支持。

第十六条　人民法院判决侵权人承担赔礼道歉、消除影响或者恢复名誉等责任形式的，应当与侵权的具体方式和所造成的影响范围相当。侵权人拒不履行的，人民法院可以采取在网络上发布公告或者公布裁判文书等合理的方式执行，由此产生的费用由侵权人承担。

第十七条　网络用户或者网络服务提供者侵害他人人身权益，造成财产损失或者严重精神损害，被侵权人依据侵权责任法第二十条和第二十二条的规定请求其承担赔偿责任的，人民法院应予支持。

第十八条　被侵权人为制止侵权行为所支付的合理开支，可以认定为侵权责任法第二十条规定的财产损失。合理开支包括被侵权人或者委托代理人对侵权行为进行调查、取证的合理费用。人民法院根据当事人的请求和具体案情，可以将符合国家有关部门规定的律师费用计算在赔偿范围内。

被侵权人因人身权益受侵害造成的财产损失或者侵权人因此获得的利益无法确定的，人民法院可以根据具体案情在50万元以下的范围内确定赔偿数额。

精神损害的赔偿数额，依据《最高人民法院关于确定民事侵权精神损害赔偿责任若干问题的解释》第十条的规定予以确定。

第十九条　本规定施行后人民法院正在审理的一审、二审案件适用本规定。

本规定施行前已经终审，本规定施行后当事人申请再审或者按照审判监督程序决定再审的案件，不适用本规定。

【链　接】

《关于审理利用信息网络侵害人身权益民事纠纷案件适用法律若干问题的规定》

——最高人民法院民一庭负责人答记者问

为贯彻党的十八大提出的依法加强互联网管理的精神，充分保护人民群众的合法权益，依法实现开放、自由、规范、有序的互联网秩序，最高人民法院根据《中华人民共和国民法通则》（以下简称民法通则）、《中华人民共和国侵权责任法》（以下简称侵权责任法）、《全国人民代表大会常务委员会关于加强网络信息保护的决定》（以下简称《网络信息保护决定》）和《中华人民共和国民事诉讼法》等法律的相关规定，结合审判实践，经审判委员会第1621次会议讨论，通过了《最高人民法院关于审理利用信息网络侵害人身权益民事纠纷案件适用法律若干问题的规定》（以下简称《规定》）。值此司法解释公布之际，最高人民法院民一庭负责人就《规定》的有关问题接受了记者的采访。

问：最高人民法院于2014年10月9日发布《规定》，请您谈谈为何要出台该《规定》？

答：互联网的快速发展，在丰富人民群众物质文化生活的同时，也带来了一系列的法律问题。从人民法院的审判实践看，利用网络侵害自然人、法人民事权益的案件类型不断涌现，尤其是利用网络侵害他人名誉权、隐私权、肖像权以及企业名誉及商品信誉的案件呈上升趋势，部分案件甚至引起了较大的、有时也是恶劣的社会影响，成为社会热点问题。所以，审理好这类案件，不仅是在个案中实现公平正义的要求，更是利用法治手段规范人们的网络行为、治理网络违法行为、保护民事权益的重要手段。

但是，利用网络侵害他人人身权益的案件，在法律适用上存在诸多难点：一是现行法律关于网络侵权的规定比较原则，在针对性和操作性上，需要细化。例如侵权责任法第三十六条在若干方面就需要进一步具体化。二是在若干问题上，如何根据现行法的原则发展出有效的裁判规则，需要指引。三是网络技术日新月异的发展速度对民事裁判提出了更高的要求，在技术上，需要跟进。四是既要高度重视和充分保护民事主体的人身权益，也要考虑互联网的现实需求和未来发展，在理念上，需要提升。

基于上述背景，针对利用信息网络侵害他人人身权益案件中出现的问题和审判实践的需求，我们在认真总结审判经验的基础上，经过反复调研论证和广泛征求意见，制定出台了《规定》。

问：我们注意到，《规定》适用于利用信息网络侵害人身权益的案件，请问这是基于什么考虑？

答：您的观察是准确的。《规定》适用于利用信息网络侵害他人姓名权、名称权、名誉权等人身权益引发的纠纷案件。之所以如此确定本《规定》的适用范围，有如下考虑：首先，从侵害姓名权、名誉权等人身权益的法律适用上看，无论是民法通则还是关于民法通则的司法解释，以及后来最高法院出台的关于名誉权侵权、精神损害赔偿以及人身损害赔偿的司法解释，都从不同角度对侵犯人身权益的行为及责任作出了规定。实践证明，这些司法解释回应了现实需求，为人身权益的保护提供了有效的司法手段。但是，随着互联网技术及产业的发展，利用信息网络侵害人身权益的案件日益增多。应该看到，网络侵权，与用传统手段侵权，尽管两者在侵权的性质上有一致性，但在表现方式上仍具有特殊性。为了应对实践的发展，本司法解释针对"利用信息网络"实施的侵权行为作出规定。

其次，人身权益保护的极端重要性。在各项民事权益中，人身权益是最重要的民事权益之一，它往往涉及自然人、法人的尊严、名誉等基本人格利益，严重的甚至涉及生命权。在互联网如此发达的今天，利用互联网侵害人身权益造成损害后果的深度、广度和速度，都与传统侵权手段不可同日而语。所以，审理好这些案件，有利于化解矛盾，更有利于建立良好的互联网法治秩序。所以，《规定》将焦点集中在人身权益保护方面。

当然，现实中还有其他类型的涉及互联网的民事案件，这些案件类型存在的各种问题，还需要在实践中进一步梳理和研究，待条件成熟时再作进一步规范。

问：在移动互联网普及的背景下，利用网络侵害他人民事权益的案件，在管辖上有无特殊性？《规定》在这方面主要把握了何种原则？

答：移动互联网的普及，对网络侵权案件尤其是侵害人身权益案件的最直接影响是，管辖地变得几乎无处不在。我国民事诉讼法及其司法解释，规定侵权案件由侵权行为地或者被告住所地人民法院管辖。利用互联网尤其是利用移动互联网发布侵权信息侵害他人人身权益，基于移动互联网本身的特征，会导致管辖法院变得更加广泛和不确定。例如，在理论上，侵权结果发生地可以是任何地方。但是，我们认为，在管辖法院确定问题上，仍然要坚持民事诉讼法所确定的“方便当事人诉讼、方便人民法院审理”的“两便”原则，同时要考虑互联网的技术特征。所以，司法解释规定，侵权行为实施地包括实施被诉侵权行为的终端设备所在地，侵权结果发生地包括被侵权人住所地。司法解释未将实施被诉侵权行为的网络服务器所在地作为管辖地，一个非常重要的原因，是云计算技术的发展、分布式服务器技术的采用等，导致以此作为管辖地具有某些不确定性，并不符合“两便”原则。

问：从以往的网络侵权案件中，我们注意到，涉嫌侵权的网络用户往往无法确定，那是不是意味着原告就无法起诉？能不能单独起诉网络服务提供者？

答：网络侵权案件的另外一个特征是发布侵权信息的侵权人身份往往难以确定。但是，不能因此就减轻对被侵权人的保护。目前，在实践中需要解决的问题是，原告仅起诉网络服务提供者的，应如何处理？我们认为，发布信息的侵权人身份不能确定，并不能妨碍原告根据侵权责任法第三十六条第二、三款的规定单独起诉网络服务提供者。当然，在能够确定侵权人且网络服务提供者请求追加其为共同被告或第三人时，人民法院应予准许。这既是侵权责任法关于网络用户和网络服务提供者责任承担规定在程序上的逻辑延伸，也是方便被侵权人起诉、方便当事人维权的合理选择。当然，允许追加能够确定的侵权人为共同被告或第三人，也有利于人民法院查明事实和实现实体责任的公平。

问：司法解释用专门条文就诉讼中网络服务提供者的告知义务作出了规定，请问是基于何种考虑？

答：在网络侵权案件中，网络服务提供者往往处于左右为难的境地。一方面，网络服务提供者负有对网络用户个人信息的保密义务，这是《个人信息保护决定》所明确规定的。另一方面，认为自己被侵权的主体不少情形下又只能经网络服务提供者获得发布涉嫌侵权的网络用户的个人信息，进而确定被告并对其提起诉讼。所以，如果允许原告有权直接要求网络服务提供者向其提供网络用户的个人信息，则很容易发生借维权之名获取他人个人信息的现象，网络服务提供者也会违反相应的保密义务。但是，在不少情形下，如果网络服务提供者不提供相关个人信息，则被告就无法确定，原告维权就更加困难。司法解释对此问题的处理思路是：已经对网络服务提供者提起诉讼的原告，可请求人民法院依据案件情况，责令网络服务提供者提供涉嫌侵权的网络用户的有关个人信息。所谓根据案件情况，一是要看网络服务提供者是否以涉嫌侵权信息系网络用户发布作为抗辩事由；二是要看原告的此项请求是否合理，与案件审理的相关性；三是要看原告此项请求的可实现性，在技术上的可能性等等。当然，如果人民法院责令网络服务提供者提供相关信息，网络服务者无正当理由拒不提供的，人民法院可以对其采取相关处罚措施。

这种处理方式，整体上看，是对要求网络服务提供者提供涉嫌侵权的网络用户个人信息的请求作出的一种司法上的审查，应该说，它符合人民法院依职权调查取证的规则，也防止了个别人滥用权利，同时有利于网络服务提供者履行法定保密义务。

问：人民法院有权对网络服务提供者采取处罚措施，会不会对网络服务提供者科以较重的义务？

答：这里要注意几点：一是这个规则的目的是为了使可能受到侵权的原告，能够在技术上明确谁是侵权信息的发布者，并进而通过诉讼维护自己的权益。因此，制定此条的目的并不是为网络服务提供者设定一般的披露义务。二是如前所述，并非只要原告人提出，网络服务商就必须提供相关信息，人民法院要对原告的这种请求作出审查和判断，最终由人民法院确定网络服务提供者是否需要提供。三是即使人民法院要求网络服务提供者提供相关信息，网络服务提供者仍有相应的抗辩事由，例如，相关信息已经超过法定的保存期限、在技术上不可能等等。所以，司法解释规定，人民法院对网络服务提供者采取处罚措施的前提是网络服务提供者“无正当理由拒不提供”。

问：侵权责任法第三十六条第二款规定的最重要制度就是“避风港规则”，对于该规则，《规定》是如何细化的？

答：侵权责任法第三十六条是有关网络侵权的最重要的规定，其中第二款规定的避风港规则，在审判实践中遇到的主要问题至少有如下这些：一是被侵权人应当以何种形式通知，通知的内容应当有哪些？这涉及通知的有效性问题。二是如何认定网络服务提供者采取措施是及时的？这涉及网络服务提供者是否免责以及在多大范围内免责的问题。三是是否允许被采取措施的网络用户作出反通知？如果不允许，为什么？这涉及反通知的合理性和必要性问题。四是通知人通知错误导致网络服务提供者错误删除，产生何种后果？这涉及通知人与网络服务提供者之间的责任问题。

以上四个方面的问题，是审判实践中的难点，也是理论上的争议点。《规定》关于这些问题的总体思路是，既要尊重互联网的发展现状，也要正视人身权益保护的紧迫性。所以，在通知的形式上，书面形式和网络服务提供者公示的方式都可以。在通知的内容上，强调通知人有义务明确涉嫌侵权的网络信息的具体地址，从而避免通知内容不明为网络服务提供者造成过重的负担。

关于网络服务提供者采取措施是否及时的判断标准，《规定》采用了结合多个因素综合判断的方式。之所以没有采用固定标准，最重要的原因就在于，采取划一的固定期间标准，既不能与多样态的网络服务相适应，在海量信息的背景下，也可能会为互联网企业造成不合理的负担并产生不必要的纠纷或诉讼，更重要的是，固定期间可能会阻碍合法信息的自由快速传播。

关于反通知程序，《规定》并未采纳。主要原因有：首先，反通知程序不符合人身权益保护即时性的要求。在知识产权领域，侵权行为造成的后果主要是财产权益的损失，大多可以通过赔偿损失来弥补。但是，在名誉权、隐私权等人身权益领域，网络用户反通知后网络服务提供者恢复相关信息这种程序，恰恰会造成难以弥补的损害后果。其次，不采纳反通知程序并不会置网络用户的权利于不顾，被采取措施的网络用户仍有维护自己权益的途径。具体而言，本司法解释在两个方面作出了规定，一是规定被采取措施的网络用户有权要求网络服务提供者提供通知内容。不同于网络服务提供者主动向网络用户提供通知内容的做法，主要是考虑到海量信息、网络匿名导致网络用户常常无法通知等现实因素。应该说，网络用户请求后才披露通知内容，避免了网络服务提供者的过重负担，实现了网络用户的权益保护。二是网络用户因通知人的错误通知而被错误采取措施的，则可以针对通知人提起诉讼。最后，错误采取措施的责任。根据侵权责任法第三十六条的规定，因错误通知导致网络服务提供者采取措施错误的，网络服务提供者免责，而应由通知人承担责任。从性质上看，利用网络发表意见已经成为互联网时代人们的一项重要的人格利益，因错误通知导致所发布的信息被删除的，则通知人应承担侵权责任。

问：侵权责任法第三十六条第三款规定网络服务提供者知道侵权行为的，则应当承担连带责任，关键是，在司法实践中应如何认定“知道”？

答：从目前的发展来看，互联网行业已经进入了内容、社区和商务高度结合的形态。这就意味着，很多网络服务提供者尤其是我国较大的网络服务提供者都已经或者正在发展为平台运营商。在这种背景下，如何认定侵权责任法第三十六条第三款所规定的“知道”，就要更加慎重。一方面，司法裁判中认定的标准过严，会造成网络服务提供者承担责任过重，并可能会促使网络服务提供者自我审查过严，经营负担加大，并进而影响合法信息的自由传播，不利于互联网的发展。另一方面，司法裁判中的标准过宽，则会导致网络服务提供者怠于履行必要的注意义务，放纵甚至主动实施侵权行为。所以，在兼顾两者的前提下，《规定》采取了多个抽象因素来综合认定网络服务提供者是否“知道”。

应该看到，这种多个因素综合考虑的认定标准，有利于人民法院根据具体案件情况、根据互联网技术的发展现状与时俱进地作出判断，有利于实现权益保护和信息自由传播的多重价值。

问：近几年，以微博、微信为代表的社交网络发展迅速，由此产生的自媒体也日益增多，请问，在自媒体的民事责任上，《规定》是否有所反映？

答：微博、微信等近几年迅猛发展的社交网络以及由此产生的自媒体，在传播范围、影响力等各个方面均有超出传统媒体之势。例如，在传播的及时性上，专业媒体或传统媒体所具有的优势在减弱。在信息传播的主体上，现在往往是自媒体先发出声音，产生影响后，传统媒体再跟进，这也与以往大不相同。在信息传播的形态上，以社交网络为媒介的转载等二次传播，影响巨大。

针对这些特征，本司法解释规定，应当根据转载主体的类型、影响范围来判断其注意义务，应当结合注意义务、转载信息侵权的明显程度以及转载者的客观行为判断其过错程度。这一规则，在自媒体时代，符合民事责任应当与主体的类型、影响范围和获益程度相适应的原则。

问：我们注意到，基于互联网的传播功能，利用互联网侵害法人或其他组织商业信誉的案件也在增加，本司法解释对此有无涉及？

答：是的，利用微博、微信等社交网络，发布虚假信息，作出不当评论，并借助互联网传播的特点，损害其他经营主体的商业信誉、降低公众对其产品或者服务的社会评价，进而达到降低竞争对手市场份额，提升自己市场占有率，这种行为呈现上升趋势，甚至有产业化的苗头。这些案件，小到对网店商家的恶意评价，大至对某些知名企业专门制造虚假新闻事件，等等。对此，本司法解释明确规定，此种行为构成侵权，应承担赔偿责任。

当然，要看到，此类案件在实践中有两个难点，一是侵权行为的认定难，即如何区分正常的批评与恶意的诋毁诽谤？这需要根据案件的具体情况、社会的一般标准等因素综合判断，不能一概而论。二是损害后果的认定难。如何认定被侵权人因商业信誉被侵害所发生的损失，涉及民事司法手段能否周到保护受害人、惩罚侵权人的问题，需要在实践中继续探索。我们认为，通过积极探索，逐步发展出一些依据较为明确、计算较为简便、损失补偿较为充分的损失确定规则，将是民事审判实践的重要任务。

问：2012 年全国人大常委会通过了《关于加强网络信息保护的决定》，是我国有关网络信息的首部专门立法，请问《规定》在贯彻落实该决定方面有无进一步的举措？

答：《网络信息保护决定》确实具有非常重要的意义，它确立了个人信息尤其是个人电子信息保护的基本原则，即合法、正当、必要的三原则。但是，应该看到，在互联网时代，个人信息尤其是个人电子信息的保护正面临着诸多挑战。一是在个人信息的收集上，现行法律环境和互联网的发展导致个人信息的收集几乎无处不在。二是个人信息的利用，在广度、深度上都发生了实质性的飞跃，大数据技术已经成为互联网发展的重要推动力。三是个人信息的内涵、外延都在发生着深刻的变化，它的内涵越来越丰富，范围越来越广。

基于这些背景，《规定》在个人信息保护方面，用一个条文作出了规定，主要特点是：

一是在针对的事项上，鉴于本解释重点在于规范利用信息网络侵害人身权益的行为，因此在个人信息方面，主要针对利用信息网络侵害他人信息权益的行为。

二是在调整的行为上，本解释仅调整利用信息网络公开个人信息的行为，而未涵盖收集、利用等行为类型。原因在于，通过民事司法保护个人信息，有其内在的制度要求，例如，针对非法收集、利用个人信息的行为，如果在立法上无集体诉讼制度、公益诉讼等制度辅助，则实践中通过民事诉讼方式实现权益保护就比较困难。再例如，仅违法收集个人信息造成何种损害、作出何种赔偿、是通过行政手段治理更加有效还是通过民事诉讼手段更加合理，也需要立法上予以明确，等等。但是，通过信息网络非法公开个人信息的案件，在实践中已经发生，在法律上也应当承担侵权责任，应无异议。

三是列举了一些较为敏感的个人信息，强调其保护的重要性。基因信息、病历资料、健康检查资料、犯罪记录、家庭地址等，都属于比较敏感的个人信息。这些信息一旦向社会公开，不仅会造成个人难以弥补的损害，而且很多情形下会造成整个社会的不安。

四是明确了一些例外。这些例外，要么考虑到互联网时代个人信息一定程度公开的不可避免，要么考虑到公共利益的要求，要么考虑到当事人的意思自治。总体原则仍然是，合法、正当和必要。

五是本条规定不适用于国家机关公开个人信息的行为。原因在于，国家机关公开个人信息的相关问题，涉及行政法、行政诉讼法的相关内容，不宜通过民事诉讼加以解决。

问：互联网的发展，也带来了一系列的问题，例如现实中以提供非法删帖或发帖服务为代表的灰色产业链问题，请问，本司法解释是如何规制这个问题的？

答：实践中，以非法删帖服务为代表的互联网灰色产业之所以存在，一个非常重要的原因就是互联网技术的不对等性，发布侵权信息的网络用户或者网络服务提供者往往具备技术优势。实践中，这种非法删帖服务主要表现为两种形式。

一是发布侵权信息的网络用户即侵权人与被侵权人达成删帖协议，由侵权人提供删除服务，被侵权人支付报酬。对于这种协议的效力，应如何认定？我们认为，按照现行法的规定，侵权人采取删除等必要措施是其法定义务。侵权人利用技术上的优势、利用互联网本身的特点与被侵权人达成协议，显然违背公序良俗，应认定为无效。

二是专门以删帖为业的经营主体，接受他人委托，对特定的网络信息采取篡改、删除等措施。我们知道，在互联网时代，通过互联网发布信息既是民事主体表达意见的一种重要途径，更是一项重要的人格利益。未经网络信息的发布者同意，篡改、删除他人发布的网络信息，就侵害了网络用户的一般人格利益，应当承担侵权责任。委托人、受委托人应承担连带责任。

三是所谓的网络水军问题，常见的形态是，既有组织者、教唆者，也有实施者，在侵权责任的形态上，构成共同侵权，应当承担连带责任。

本司法解释的这些规定，从民事责任角度对这些行为作出规制，而最高人民法院、最高人民检察院《关于办理利用信息网络实施诽谤等刑事案件适用法律若干问题的解释》则从刑事责任角度进行调整，两者并行不悖，相互配合。

问：关于侵权人应如何承担赔偿责任，被侵权人的损失应如何填补等问题，《规定》有哪些新的思路？

答：利用信息网络侵害人身权益的案件，有几个特点：一是维权成本比较高。维权成本高体现在确定侵权人的成本高、取证成本高、律师费用高等几个方面。二是通过诉讼维护个人权益具有一定的外部性，这些诉讼尤其是原告胜诉的案件，在倡导正确的网络观念、确立良好的网络行为规范、建立规范的网络秩序等方面，有重要作用。因此，合理分配维权成本有利于促进网络秩序的良性循环。三是在侵害隐私权、名誉权等人身权益的案件中，被侵权人往往并无具体的财产损失或者不能证明具体的财产损失，结果造成维权成本过高、违法成本过低的不平衡状态。有鉴于此，《规定》在财产损失的赔偿方面作出了如下规定：一是将维权成本，包括调查取证的合理费用和合理的律师费用作为侵害人身权益的财产损失，由侵权人予以赔偿。二是参照相关规定，在被侵权人的财产损失或侵权人获益无法确定的情况下，人民法院可在50万元以下根据具体案情作出裁量。

最高人民法院 最高人民检察院 关于办理利用信息网络实施诽谤等刑事案件适用法律若干问题的解释

法释〔2013〕21号

（2013年9月5日最高人民法院审判委员会第1589次会议、2013年9月2日最高人民检察院第十二届检察委员会第9次会议通过 2013年9月6日最高人民法院、最高人民检察院公告公布 自2013年9月10日起施行）

为保护公民、法人和其他组织的合法权益，维护社会秩序，根据《中华人民共和国刑法》《全国人民代表大会常务委员会关于维护互联网安全的决定》等规定，对办理利用信息网络实施诽谤、寻衅滋事、敲诈勒索、非法经营等刑事案件适用法律的若干问题解释如下：

第一条 具有下列情形之一的，应当认定为刑法第二百四十六条第一款规定的“捏造事实诽谤他人”：

（一）捏造损害他人名誉的事实，在信息网络上散布，或者组织、指使人员在信息网络上散布的；

（二）将信息网络上涉及他人的原始信息内容篡改为损害他人名誉的事实，在信息网络上散布，或者组织、指使人员在信息网络上散布的；

明知是捏造的损害他人名誉的事实，在信息网络上散布，情节恶劣的，以“捏造事实诽谤他人”论。

第二条 利用信息网络诽谤他人，具有下列情形之一的，应当认定为刑法第二百四十六条第一款规定的“情节严重”：

（一）同一诽谤信息实际被点击、浏览次数达到五千次以上，或者被转发次数达到五百次以上的；

（二）造成被害人或者其近亲属精神失常、自残、自杀等严重后果的；

（三）二年内曾因诽谤受过行政处罚，又诽谤他人的；

（四）其他情节严重的情形。

第三条 利用信息网络诽谤他人，具有下列情形之一的，应当认定为刑法第二百四十六条第二款规定的“严重危害社会秩序和国家利益”：

（一）引发群体性事件的；

（二）引发公共秩序混乱的；

（三）引发民族、宗教冲突的；

（四）诽谤多人，造成恶劣社会影响的；

（五）损害国家形象，严重危害国家利益的；

（六）造成恶劣国际影响的；

（七）其他严重危害社会秩序和国家利益的情形。

第四条　一年内多次实施利用信息网络诽谤他人行为未经处理，诽谤信息实际被点击、浏览、转发次数累计计算构成犯罪的，应当依法定罪处罚。

第五条　利用信息网络辱骂、恐吓他人，情节恶劣，破坏社会秩序的，依照刑法第二百九十三条第一款第（二）项的规定，以寻衅滋事罪定罪处罚。

编造虚假信息，或者明知是编造的虚假信息，在信息网络上散布，或者组织、指使人员在信息网络上散布，起哄闹事，造成公共秩序严重混乱的，依照刑法第二百九十三条第一款第（四）项的规定，以寻衅滋事罪定罪处罚。

第六条　以在信息网络上发布、删除等方式处理网络信息为由，威胁、要挟他人，索取公私财物，数额较大，或者多次实施上述行为的，依照刑法第二百七十四条的规定，以敲诈勒索罪定罪处罚。

第七条　违反国家规定，以营利为目的，通过信息网络有偿提供删除信息服务，或者明知是虚假信息，通过信息网络有偿提供发布信息等服务，扰乱市场秩序，具有下列情形之一的，属于非法经营行为“情节严重”，依照刑法第二百二十五条第（四）项的规定，以非法经营罪定罪处罚：

（一）个人非法经营数额在五万元以上，或者违法所得数额在二万元以上的；

（二）单位非法经营数额在十五万元以上，或者违法所得数额在五万元以上的。

实施前款规定的行为，数额达到前款规定的数额五倍以上的，应当认定为刑法第二百二十五条规定的“情节特别严重”。

第八条　明知他人利用信息网络实施诽谤、寻衅滋事、敲诈勒索、非法经营等犯罪，为其提供资金、场所、技术支持等帮助的，以共同犯罪论处。

第九条　利用信息网络实施诽谤、寻衅滋事、敲诈勒索、非法经营犯罪，同时又构成刑法第二百二十一条规定的损害商业信誉、商品声誉罪，第二百七十八条规定的煽动暴力抗拒法律实施罪，第二百九十一条之一规定的编造、故意传播虚假恐怖信息罪等犯罪的，依照处罚较重的规定定罪处罚。

第十条　本解释所称信息网络，包括以计算机、电视机、固定电话机、移动电话机等电子设备为终端的计算机互联网、广播电视网、固定通信网、移动通信网等信息网络，以及向公众开放的局域网络。

学生伤害事故处理办法

（2002年8月21日教育部令第12号公布　根据2010年12月13日教育部令第30号《教育部关于修改和废止部分规章的决定》修正）

目　录

第一章　总　则

第一条　为积极预防、妥善处理在校学生伤害事故，保护学生、学校的合法权益，根据《中华人民共和国教育法》、《中华人民共和国未成年人保护法》和其他相关法律、行政法规及有关规定，制定本办法。

第二条　在学校实施的教育教学活动或者学校组织的校外活动中，以及在学校负有管理责任的校舍、场地、其他教育教学设施、生活设施内发生的，造成在校学生人身损害后果的事故的处理，适用本办法。

第三条　学生伤害事故应当遵循依法、客观公正、合理适当的原则，及时、妥善地处理。

第四条　学校的举办者应当提供符合安全标准的校舍、场地、其他教育教学设施和生活设施。

教育行政部门应当加强学校安全工作，指导学校落实预防学生伤害事故的措施，指导、协助学校妥善处理学生伤害事故，维护学校正常的教育教学秩序。

第五条　学校应当对在校学生进行必要的安全教育和自护自救教育；应当按照规定，建立健全安全制度，采取相应的管理措施，预防和消除教育教学环境中存在的安全隐患；当发生伤害事故时，应当及时采取措施救助受伤害学生。

学校对学生进行安全教育、管理和保护，应当针对学生年龄、认知能力和法律行为能力的不同，采用相应的内容和预防措施。

第六条　学生应当遵守学校的规章制度和纪律；在不同的受教育阶段，应当根据自身的年龄、认知能力和法律行为能力，避免和消除相应的危险。

第七条　未成年学生的父母或者其他监护人（以下称为监护人）应当依法履行监护职责，配合学校对学生进行安全教育、管理和保护工作。

学校对未成年学生不承担监护职责，但法律有规定的或者学校依法接受委托承担相应监护职责的情形除外。

第二章　事故与责任

第八条　发生学生伤害事故，造成学生人身损害的，学校应当按照《中华人民共和国侵权责任法》及相关法律、法规的规定，承担相应的事故责任。

第九条　因下列情形之一造成的学生伤害事故，学校应当依法承担相应的责任：

（一）学校的校舍、场地、其他公共设施，以及学校提供给学生使用的学具、教育教学和生活设施、设备不符合国家规定的标准，或者有明显不安全因素的；

（二）学校的安全保卫、消防、设施设备管理等安全管理制度有明显疏漏，或者管理混乱，存在重大安全隐患，而未及时采取措施的；

（三）学校向学生提供的药品、食品、饮用水等不符合国家或者行业的有关标准、要求的；

（四）学校组织学生参加教育教学活动或者校外活动，未对学生进行相应的安全教育，并未在可预见的范围内采取必要的安全措施的；

（五）学校知道教师或者其他工作人员患有不适宜担任教育教学工作的疾病，但未采取必要措施的；

（六）学校违反有关规定，组织或者安排未成年学生从事不宜未成年人参加的劳动、体育运动或者其他活动的；

（七）学生有特异体质或者特定疾病，不宜参加某种教育教学活动，学校知道或者应当知道，但未予以必要的注意的；

（八）学生在校期间突发疾病或者受到伤害，学校发现，但未根据实际情况及时采取相应措施，导致不良后果加重的；

（九）学校教师或者其他工作人员体罚或者变相体罚学生，或者在履行职责过程中违反工作要求、操作规程、职业道德或者其他有关规定的；

（十）学校教师或者其他工作人员在负有组织、管理未成年学生的职责期间，发现学生行为具有危险性，但未进行必要的管理、告诫或者制止的；

（十一）对未成年学生擅自离校等与学生人身安全直接相关的信息，学校发现或者知道，但未及时告知未成年学生的监护人，导致未成年学生因脱离监护人的保护而发生伤害的；（十二）学校有未依法履行职责的其他情形的。

第十条 学生或者未成年学生监护人由于过错，有下列情形之一，造成学生伤害事故，应当依法承担相应的责任：

（一）学生违反法律法规的规定，违反社会公共行为准则、学校的规章制度或者纪律，实施按其年龄和认知能力应当知道具有危险或者可能危及他人的行为的；

（二）学生行为具有危险性，学校、教师已经告诫、纠正，但学生不听劝阻、拒不改正的；

（三）学生或者其监护人知道学生有特异体质，或者患有特定疾病，但未告知学校的；

（四）未成年学生的身体状况、行为、情绪等有异常情况，监护人知道或者已被学校告知，但未履行相应监护职责的；

（五）学生或者未成年学生监护人有其他过错的。

第十一条 学校安排学生参加活动，因提供场地、设备、交通工具、食品及其他消费与服务的经营者，或者学校以外的活动组织者的过错造成的学生伤害事故，有过错的当事人应当依法承担相应的责任。

第十二条 因下列情形之一造成的学生伤害事故，学校已履行了相应职责，行为并无不当的，无法律责任：

（一）地震、雷击、台风、洪水等不可抗的自然因素造成的；

（二）来自学校外部的突发性、偶发性侵害造成的；

（三）学生有特异体质、特定疾病或者异常心理状态，学校不知道或者难于知道的；

（四）学生自杀、自伤的；

（五）在对抗性或者具有风险性的体育竞赛活动中发生意外伤害的；

（六）其他意外因素造成的。

第十三条 下列情形下发生的造成学生人身损害后果的事故，学校行为并无不当的，不承担事故责任；事故责任应当按有关法律法规或者其他有关规定认定：

（一）在学生自行上学、放学、返校、离校途中发生的；

（二）在学生自行外出或者擅自离校期间发生的；

（三）在放学后、节假日或者假期等学校工作时间以外，学生自行滞留学校或者自行到校发生的；

（四）其他在学校管理职责范围外发生的。

第十四条　因学校教师或者其他工作人员与其职务无关的个人行为，或者因学生、教师及其他个人故意实施的违法犯罪行为，造成学生人身损害的，由致害人依法承担相应的责任。

第三章　事故处理程序

第十五条　发生学生伤害事故，学校应当及时救助受伤害学生，并应当及时告知未成年学生的监护人；有条件的，应当采取紧急救援等方式救助。

第十六条　发生学生伤害事故，情形严重的，学校应当及时向主管教育行政部门及有关部门报告；属于重大伤亡事故的，教育行政部门应当按照有关规定及时向同级人民政府和上一级教育行政部门报告。

第十七条　学校的主管教育行政部门应学校要求或者认为必要，可以指导、协助学校进行事故的处理工作，尽快恢复学校正常的教育教学秩序。

第十八条　发生学生伤害事故，学校与受伤害学生或者学生家长可以通过协商方式解决；双方自愿，可以书面请求主管教育行政部门进行调解。成年学生或者未成年学生的监护人也可以依法直接提起诉讼。

第十九条　教育行政部门收到调解申请，认为必要的，可以指定专门人员进行调解，并应当在受理申请之日起60日内完成调解。

第二十条　经教育行政部门调解，双方就事故处理达成一致意见的，应当在调解人员的见证下签订调解协议，结束调解；在调解期限内，双方不能达成一致意见，或者调解过程中一方提起诉讼，人民法院已经受理的，应当终止调解。调解结束或者终止，教育行政部门应当书面通知当事人。

第二十一条　对经调解达成的协议，一方当事人不履行或者反悔的，双方可以依法提起诉讼。

第二十二条　事故处理结束，学校应当将事故处理结果书面报告主管的教育行政部门；重大伤亡事故的处理结果，学校主管的教育行政部门应当向同级人民政府和上一级教育行政部门报告。

第四章　事故损害的赔偿

第二十三条　对发生学生伤害事故负有责任的组织或者个人，应当按照法律法规的有关规定，承担相应的损害赔偿责任。

第二十四条　学生伤害事故赔偿的范围与标准，按照有关行政法规、地方性法规或者最高人民法院司法解释中的有关规定确定。

教育行政部门进行调解时，认为学校有责任的，可以依照有关法律法规及国家有关规定，提出相应的调解方案。

第二十五条 对受伤害学生的伤残程度存在争议的，可以委托当地具有相应鉴定资格的医院或者有关机构，依据国家规定的人体伤残标准进行鉴定。

第二十六条 学校对学生伤害事故负有责任的，根据责任大小，适当予以经济赔偿，但不承担解决户口、住房、就业等与救助受伤害学生、赔偿相应经济损失无直接关系的其他事项。

学校无责任的，如果有条件，可以根据实际情况，本着自愿和可能的原则，对受伤害学生给予适当的帮助。

第二十七条 因学校教师或者其他工作人员在履行职务中的故意或者重大过失造成的学生伤害事故，学校予以赔偿后，可以向有关责任人员追偿。

第二十八条 未成年学生对学生伤害事故负有责任的，由其监护人依法承担相应的赔偿责任。

学生的行为侵害学校教师及其他工作人员以及其他组织、个人的合法权益，造成损失的，成年学生或者未成年学生的监护人应当依法予以赔偿。

第二十九条 根据双方达成的协议、经调解形成的协议或者人民法院的生效判决，应当由学校负担的赔偿金，学校应当负责筹措；学校无力完全筹措的，由学校的主管部门或者举办者协助筹措。

第三十条 县级以上人民政府教育行政部门或者学校举办者有条件的，可以通过设立学生伤害赔偿准备金等多种形式，依法筹措伤害赔偿金。

第三十一条 学校有条件的，应当依据保险法的有关规定，参加学校责任保险。

教育行政部门可以根据实际情况，鼓励中小学参加学校责任保险。

提倡学生自愿参加意外伤害保险。在尊重学生意愿的前提下，学校可以为学生参加意外伤害保险创造便利条件，但不得从中收取任何费用。

第五章 事故责任者的处理

第三十二条 发生学生伤害事故，学校负有责任且情节严重的，教育行政部门应当根据有关规定，对学校的直接负责的主管人员和其他直接责任人员，分别给予相应的行政处分；有关责任人的行为触犯刑律的，应当移送司法机关依法追究刑事责任。

第三十三条 学校管理混乱，存在重大安全隐患的，主管的教育行政部门或者其他有关部门应当责令其限期整顿；对情节严重或者拒不改正的，应当依据法律法规的有关规定，给予相应的行政处罚。

第三十四条 教育行政部门未履行相应职责，对学生伤害事故的发生负有责任的，由有关部门对直接负责的主管人员和其他直接责任人员分别给予相应的行政处分；有关责任人的行为触犯刑律的，应当移送司法机关依法追究刑事责任。

第三十五条　违反学校纪律，对造成学生伤害事故负有责任的学生，学校可以给予相应的处分；触犯刑律的，由司法机关依法追究刑事责任。

第三十六条　受伤害学生的监护人、亲属或者其他有关人员，在事故处理过程中无理取闹，扰乱学校正常教育教学秩序，或者侵犯学校、学校教师或者其他工作人员的合法权益的，学校应当报告公安机关依法处理；造成损失的，可以依法要求赔偿。

第六章　附　则

第三十七条　本办法所称学校，是指国家或者社会力量举办的全日制的中小学（含特殊教育学校）、各类中等职业学校、高等学校。本办法所称学生是指在上述学校中全日制就读的受教育者。

第三十八条　幼儿园发生的幼儿伤害事故，应当根据幼儿为完全无行为能力人的特点，参照本办法处理。

第三十九条　其他教育机构发生的学生伤害事故，参照本办法处理。

在学校注册的其他受教育者在学校管理范围内发生的伤害事故，参照本办法处理。

第四十条　本办法自 2002 年 9 月 1 日起实施，原国家教委、教育部颁布的与学生人身安全事故处理有关的规定，与本办法不符的，以本办法为准。

在本办法实施之前已处理完毕的学生伤害事故不再重新处理。

第七章　劳动争议

中华人民共和国劳动法

（1994年7月5日第八届全国人民代表大会常务委员会第八次会议通过
根据2009年8月27日第十一届全国人民代表大会常务委员会
第十次会议《关于修改部分法律的决定》修正）

目　录

第一章　总　则

第一条　【立法宗旨】为了保护劳动者的合法权益，调整劳动关系，建立和维护适应社会主义市场经济的劳动制度，促进经济发展和社会进步，根据宪法，制定本法。

第二条　【适用范围】在中华人民共和国境内的企业、个体经济组织（以下统称用人单位）和与之形成劳动关系的劳动者，适用本法。

国家机关、事业组织、社会团体和与之建立劳动合同关系的劳动者，依照本法执行。

第三条 【劳动者的权利和义务】劳动者享有平等就业和选择职业的权利、取得劳动报酬的权利、休息休假的权利、获得劳动安全卫生保护的权利、接受职业技能培训的权利、享受社会保险和福利的权利、提请劳动争议处理的权利以及法律规定的其他劳动权利。

劳动者应当完成劳动任务，提高职业技能，执行劳动安全卫生规程，遵守劳动纪律和职业道德。

第四条 【用人单位规章制度】用人单位应当依法建立和完善规章制度，保障劳动者享有劳动权利和履行劳动义务。

第五条 【国家发展劳动事业】国家采取各种措施，促进劳动就业，发展职业教育，制定劳动标准，调节社会收入，完善社会保险，协调劳动关系，逐步提高劳动者的生活水平。

第六条 【国家的倡导、鼓励和奖励政策】国家提倡劳动者参加社会义务劳动，开展劳动竞赛和合理化建议活动，鼓励和保护劳动者进行科学研究、技术革新和发明创造，表彰和奖励劳动模范和先进工作者。

第七条 【工会的组织和权力】劳动者有权依法参加和组织工会。

工会代表和维护劳动者的合法权益，依法独立自主地开展活动。

第八条 【劳动者参与民主管理和平等协商】劳动者依照法律规定，通过职工大会、职工代表大会或者其他形式，参与民主管理或者就保护劳动者合法权益与用人单位进行平等协商。

第九条 【劳动行政部门设置】国务院劳动行政部门主管全国劳动工作。

县级以上地方人民政府劳动行政部门主管本行政区域内的劳动工作。

第二章 促进就业

第十条 【国家促进就业政策】国家通过促进经济和社会发展，创造就业条件，扩大就业机会。

国家鼓励企业、事业组织、社会团体在法律、行政法规规定的范围内兴办产业或者拓展经营，增加就业。

国家支持劳动者自愿组织起来就业和从事个体经营实现就业。

第十一条 【地方政府促进就业措施】地方各级人民政府应当采取措施，发展多种类型的职业介绍机构，提供就业服务。

第十二条 【就业平等原则】劳动者就业，不因民族、种族、性别、宗教信仰不同而受歧视。

第十三条 【妇女享有与男子平等的就业权利】妇女享有与男子平等的

就业权利。在录用职工时，除国家规定的不适合妇女的工种或者岗位外，不得以性别为由拒绝录用妇女或者提高对妇女的录用标准。

第十四条 【特殊就业群体的就业保护】残疾人、少数民族人员、退出现役的军人的就业，法律、法规有特别规定的，从其规定。

第十五条 【使用童工的禁止】禁止用人单位招用未满16周岁的未成年人。

文艺、体育和特种工艺单位招用未满16周岁的未成年人，必须依照国家有关规定，履行审批手续，并保障其接受义务教育的权利。

第三章 劳动合同和集体合同

第十六条 【劳动合同的概念】劳动合同是劳动者与用人单位确立劳动关系、明确双方权利和义务的协议。

建立劳动关系应当订立劳动合同。

第十七条 【订立和变更劳动合同的原则】订立和变更劳动合同，应当遵循平等自愿、协商一致的原则，不得违反法律、行政法规的规定。

劳动合同依法订立即具有法律约束力，当事人必须履行劳动合同规定的义务。

第十八条 【无效劳动合同】下列劳动合同无效：

（一）违反法律、行政法规的劳动合同；

（二）采取欺诈、威胁等手段订立的劳动合同。

无效的劳动合同，从订立的时候起，就没有法律约束力。确认劳动合同部分无效的，如果不影响其余部分的效力，其余部分仍然有效。

劳动合同的无效，由劳动争议仲裁委员会或者人民法院确认。

第十九条 【劳动合同的形式和内容】劳动合同应当以书面形式订立，并具备以下条款：

（一）劳动合同期限；

（二）工作内容；

（三）劳动保护和劳动条件；

（四）劳动报酬；

（五）劳动纪律；

（六）劳动合同终止的条件；

（七）违反劳动合同的责任。

劳动合同除前款规定的必备条款外，当事人可以协商约定其他内容。

第二十条 【劳动合同的期限】劳动合同的期限分为有固定期限、无固定期限和以完成一定的工作为期限。

劳动者在同一用人单位连续工作满 10 年以上，当事人双方同意续延劳动合同的，如果劳动者提出订立无固定期限的劳动合同，应当订立无固定期限的劳动合同。

第二十一条　【试用期条款】劳动合同可以约定试用期。试用期最长不得超过 6 个月。

第二十二条　【保守商业秘密之约定】劳动合同当事人可以在劳动合同中约定保守用人单位商业秘密的有关事项。

第二十三条　【劳动合同的终止】劳动合同期满或者当事人约定的劳动合同终止条件出现，劳动合同即行终止。

第二十四条　【劳动合同的合意解除】经劳动合同当事人协商一致，劳动合同可以解除。

第二十五条　【过失性辞退】劳动者有下列情形之一的，用人单位可以解除劳动合同：

（一）在试用期间被证明不符合录用条件的；

（二）严重违反劳动纪律或者用人单位规章制度的；

（三）严重失职，营私舞弊，对用人单位利益造成重大损害的；

（四）被依法追究刑事责任的。

第二十六条　【非过失性辞退】有下列情形之一的，用人单位可以解除劳动合同，但是应当提前 30 日以书面形式通知劳动者本人：

（一）劳动者患病或者非因工负伤，医疗期满后，不能从事原工作也不能从事由用人单位另行安排的工作的；

（二）劳动者不能胜任工作，经过培训或者调整工作岗位，仍不能胜任工作的；

（三）劳动合同订立时所依据的客观情况发生重大变化，致使原劳动合同无法履行，经当事人协商不能就变更劳动合同达成协议的。

第二十七条　【用人单位经济性裁员】用人单位濒临破产进行法定整顿期间或者生产经营状况发生严重困难，确需裁减人员的，应当提前 30 日向工会或者全体职工说明情况，听取工会或者职工的意见，经向劳动行政部门报告后，可以裁减人员。

用人单位依据本条规定裁减人员，在 6 个月内录用人员的，应当优先录用被裁减的人员。

第二十八条　【用人单位解除劳动合同的经济补偿】用人单位依据本法第二十四条、第二十六条、第二十七条的规定解除劳动合同的，应当依照国家有关规定给予经济补偿。

第二十九条　【用人单位不得解除劳动合同的情形】劳动者有下列情形

之一的，用人单位不得依据本法第二十六条、第二十七条的规定解除劳动合同：

（一）患职业病或者因工负伤并被确认丧失或者部分丧失劳动能力的；

（二）患病或者负伤，在规定的医疗期内的；

（三）女职工在孕期、产期、哺乳期内的；

（四）法律、行政法规规定的其他情形。

第三十条　【工会对用人单位解除劳动合同的监督权】用人单位解除劳动合同，工会认为不适当的，有权提出意见。如果用人单位违反法律、法规或者劳动合同，工会有权要求重新处理；劳动者申请仲裁或者提起诉讼的，工会应当依法给予支持和帮助。

第三十一条　【劳动者单方解除劳动合同】劳动者解除劳动合同，应当提前30日以书面形式通知用人单位。

第三十二条　【劳动者无条件解除劳动合同的情形】有下列情形之一的，劳动者可以随时通知用人单位解除劳动合同：

（一）在试用期内的；

（二）用人单位以暴力、威胁或者非法限制人身自由的手段强迫劳动的；

（三）用人单位未按照劳动合同约定支付劳动报酬或者提供劳动条件的。

第三十三条　【集体合同的内容和签订程序】企业职工一方与企业可以就劳动报酬、工作时间、休息休假、劳动安全卫生、保险福利等事项，签订集体合同。集体合同草案应当提交职工代表大会或者全体职工讨论通过。

集体合同由工会代表职工与企业签订；没有建立工会的企业，由职工推举的代表与企业签订。

第三十四条　【集体合同的审查】集体合同签订后应当报送劳动行政部门；劳动行政部门自收到集体合同文本之日起15日内未提出异议的，集体合同即行生效。

第三十五条　【集体合同的效力】依法签订的集体合同对企业和企业全体职工具有约束力。职工个人与企业订立的劳动合同中劳动条件和劳动报酬等标准不得低于集体合同的规定。

第四章　工作时间和休息休假

第三十六条　【标准工作时间】国家实行劳动者每日工作时间不超过8小时、平均每周工作时间不超过44小时的工时制度。

第三十七条　【计件工作时间】对实行计件工作的劳动者，用人单位应当根据本法第三十六条规定的工时制度合理确定其劳动定额和计件报酬标准。

第三十八条　【劳动者的周休日】用人单位应当保证劳动者每周至少休

息 1 日。

第三十九条　【其他工时制度】企业因生产特点不能实行本法第三十六条、第三十八条规定的，经劳动行政部门批准，可以实行其他工作和休息办法。

第四十条　【法定休假节日】用人单位在下列节日期间应当依法安排劳动者休假：

（一）元旦；

（二）春节；

（三）国际劳动节；

（四）国庆节；

（五）法律、法规规定的其他休假节日。

第四十一条　【延长工作时间】用人单位由于生产经营需要，经与工会和劳动者协商后可以延长工作时间，一般每日不得超过 1 小时；因特殊原因需要延长工作时间的，在保障劳动者身体健康的条件下延长工作时间每日不得超过 3 小时，但是每月不得超过 36 小时。

第四十二条　【特殊情况下的延长工作时间】有下列情形之一的，延长工作时间不受本法第四十一条规定的限制：

（一）发生自然灾害、事故或者因其他原因，威胁劳动者生命健康和财产安全，需要紧急处理的；

（二）生产设备、交通运输线路、公共设施发生故障，影响生产和公众利益，必须及时抢修的；

（三）法律、行政法规规定的其他情形。

第四十三条　【用人单位延长工作时间的建设】用人单位不得违反本法规定延长劳动者的工作时间。

第四十四条　【延长工作时间的工资支付】有下列情形之一的，用人单位应当按照下列标准支付高于劳动者正常工作时间工资的工资报酬：

（一）安排劳动者延长工作时间的，支付不低于工资的 150％的工资报酬；

（二）休息日安排劳动者工作又不能安排补休的，支付不低于工资的 200％的工资报酬；

（三）法定休假日安排劳动者工作的，支付不低于工资的 300％的工资报酬。

第四十五条　【年休假制度】国家实行带薪年休假制度。

劳动者连续工作 1 年以上的，享受带薪年休假。具体办法由国务院规定。

第五章　工资

第四十六条　【工资分配基本原则】工资分配应当遵循按劳分配原则，

实行同工同酬。

工资水平在经济发展的基础上逐步提高。国家对工资总量实行宏观调控。

第四十七条 【用人单位自主确定工资分配】用人单位根据本单位的生产经营特点和经济效益，依法自主确定本单位的工资分配方式和工资水平。

第四十八条 【最低工资保障】国家实行最低工资保障制度。最低工资的具体标准由省、自治区、直辖市人民政府规定，报国务院备案。

用人单位支付劳动者的工资不得低于当地最低工资标准。

第四十九条 【确定和调整最低工资标准的因素】确定和调整最低工资标准应当综合参考下列因素：

（一）劳动者本人及平均赡养人口的最低生活费用；

（二）社会平均工资水平；

（三）劳动生产率；

（四）就业状况；

（五）地区之间经济发展水平的差异。

第五十条 【工资支付形式和不得克扣、拖欠工资】工资应当以货币形式按月支付给劳动者本人。不得克扣或者无故拖欠劳动者的工资。

第五十一条 【法定休假日等的工资支付】劳动者在法定休假日和婚丧假期间以及依法参加社会活动期间，用人单位应当依法支付工资。

第六章　劳动安全卫生

第五十二条 【劳动安全卫生制度的建立】用人单位必须建立、健全劳动安全卫生制度，严格执行国家劳动安全卫生规程和标准，对劳动者进行劳动安全卫生教育，防止劳动过程中的事故，减少职业危害。

第五十三条 【劳动安全卫生设施】劳动安全卫生设施必须符合国家规定的标准。

新建、改建、扩建工程的劳动安全卫生设施必须与主体工程同时设计、同时施工、同时投入生产和使用。

第五十四条 【用人单位的劳动保护义务】用人单位必须为劳动者提供符合国家规定的劳动安全卫生条件和必要的劳动防护用品，对从事有职业危害作业的劳动者应当定期进行健康检查。

第五十五条 【特殊作业的上岗要求】从事特种作业的劳动者必须经过专门培训并取得特种作业资格。

第五十六条 【劳动者在安全生产中的权利和义务】劳动者在劳动过程中必须严格遵守安全操作规程。

劳动者对用人单位管理人员违章指挥、强令冒险作业，有权拒绝执行；

对危害生命安全和身体健康的行为，有权提出批评、检举和控告。

第五十七条　【伤亡事故和职业病的统计、报告、处理】国家建立伤亡事故和职业病统计报告和处理制度。县级以上各级人民政府劳动行政部门、有关部门和用人单位应当依法对劳动者在劳动过程中发生的伤亡事故和劳动者的职业病状况，进行统计、报告和处理。

第七章　女职工和未成年工特殊保护

第五十八条　【女职工和未成年工的特殊劳动保护】国家对女职工和未成年工实行特殊劳动保护。

未成年工是指年满 16 周岁未满 18 周岁的劳动者。

第五十九条　【女职工禁忌劳动的范围】禁止安排女职工从事矿山井下、国家规定的第四级体力劳动强度的劳动和其他禁忌从事的劳动。

第六十条　【女职工经期的保护】不得安排女职工在经期从事高处、低温、冷水作业和国家规定的第三级体力劳动强度的劳动。

第六十一条　【女职工孕期的保护】不得安排女职工在怀孕期间从事国家规定的第三级体力劳动强度的劳动和孕期禁忌从事的劳动。对怀孕 7 个月以上的女职工，不得安排其延长工作时间和夜班劳动。

第六十二条　【女职工产期的保护】女职工生育享受不少于 90 天的产假。

第六十三条　【女职工哺乳期的保护】不得安排女职工在哺乳未满 1 周岁的婴儿期间从事国家规定的第三级体力劳动强度的劳动和哺乳期禁忌从事的其他劳动，不得安排其延长工作时间和夜班劳动。

第六十四条　【未成年工禁忌劳动的范围】不得安排未成年工从事矿山井下、有毒有害、国家规定的第四级体力劳动强度的劳动和其他禁忌从事的劳动。

第六十五条　【未成年工定期健康检查】用人单位应当对未成年工定期进行健康检查。

第八章　职业培训

第六十六条　【国家发展职业培训事业】国家通过各种途径，采取各种措施，发展职业培训事业，开发劳动者的职业技能，提高劳动者素质，增强劳动者的就业能力和工作能力。

第六十七条　【各级政府的职责】各级人民政府应当把发展职业培训纳入社会经济发展的规划，鼓励和支持有条件的企业、事业组织、社会团体和个人进行各种形式的职业培训。

第六十八条 【用人单位建立职业培训制度】用人单位应当建立职业培训制度，按照国家规定提取和使用职业培训经费，根据本单位实际，有计划地对劳动者进行职业培训。

从事技术工种的劳动者，上岗前必须经过培训。

第六十九条 【职业技能资格】国家确定职业分类，对规定的职业制定职业技能标准，实行职业资格证书制度，由经过政府批准的考核鉴定机构负责对劳动者实施职业技能考核鉴定。

第九章 社会保险和福利

第七十条 【社会保险制度】国家发展社会保险事业，建立社会保险制度，设立社会保险基金，使劳动者在年老、患病、工伤、失业、生育等情况下获得帮助和补偿。

第七十一条 【社会保险水平】社会保险水平应当与社会经济发展水平和社会承受能力相适应。

第七十二条 【社会保险基金】社会保险基金按照保险类型确定资金来源，逐步实行社会统筹。用人单位和劳动者必须依法参加社会保险，缴纳社会保险费。

第七十三条 【享受社会保障待遇的条件和标准】劳动者在下列情形下，依法享受社会保险待遇：

（一）退休；

（二）患病、负伤；

（三）因工伤残或者患职业病；

（四）失业；

（五）生育。

劳动者死亡后，其遗属依法享受遗属津贴。

劳动者享受社会保险待遇的条件和标准由法律、法规规定。

劳动者享受的社会保险金必须按时足额支付。

第七十四条 【社会保险基金管理】社会保险基金经办机构依照法律规定收支、管理和运营社会保险基金，并负有使社会保险基金保值增值的责任。

社会保险基金监督机构依照法律规定，对社会保险基金的收支、管理和运营实施监督。

社会保险基金经办机构和社会保险基金监督机构的设立和职能由法律规定。

任何组织和个人不得挪用社会保险基金。

第七十五条 【补充保险和个人储蓄保险】国家鼓励用人单位根据本单

位实际情况为劳动者建立补充保险。

国家提倡劳动者个人进行储蓄性保险。

第七十六条　【职工福利】国家发展社会福利事业，兴建公共福利设施，为劳动者休息、休养和疗养提供条件。

用人单位应当创造条件，改善集体福利，提高劳动者的福利待遇。

第十章　劳动争议

第七十七条　【劳动争议的解决途径】用人单位与劳动者发生劳动争议，当事人可以依法申请调解、仲裁、提起诉讼，也可以协商解决。

调解原则适用于仲裁和诉讼程序。

第七十八条　【劳动争议的处理原则】解决劳动争议，应当根据合法、公正、及时处理的原则，依法维护劳动争议当事人的合法权益。

第七十九条　【劳动争议的调解、仲裁和诉讼的相互关系】劳动争议发生后，当事人可以向本单位劳动争议调解委员会申请调解；调解不成，当事人一方要求仲裁的，可以向劳动争议仲裁委员会申请仲裁。当事人一方也可以直接向劳动争议仲裁委员会申请仲裁。对仲裁裁决不服的，可以向人民法院提起诉讼。

第八十条　【劳动争议的调解】在用人单位内，可以设立劳动争议调解委员会。劳动争议调解委员会由职工代表、用人单位代表和工会代表组成。劳动争议调解委员会主任由工会代表担任。

劳动争议经调解达成协议的，当事人应当履行。

第八十一条　【劳动争议仲裁委员会的组成】劳动争议仲裁委员会由劳动行政部门代表、同级工会代表、用人单位方面的代表组成。劳动争议仲裁委员会主任由劳动行政部门代表担任。

第八十二条　【劳动争议仲裁的程序】提出仲裁要求的一方应当自劳动争议发生之日起60日内向劳动争议仲裁委员会提出书面申请。仲裁裁决一般应在收到仲裁申请的60日内作出。对仲裁裁决无异议的，当事人必须履行。

第八十三条　【仲裁裁决的效力】劳动争议当事人对仲裁裁决不服的，可以自收到仲裁裁决书之日起15日内向人民法院提起诉讼。一方当事人在法定期限内，不起诉又不履行仲裁裁决的，另一方当事人可以申请人民法院强制执行。

第八十四条　【集体合同争议的处理】因签订集体合同发生争议，当事人协商解决不成的，当地人民政府劳动行政部门可以组织有关各方协调处理。

因履行集体合同发生争议，当事人协商解决不成的，可以向劳动争议仲裁委员会申请仲裁；对仲裁裁决不服的，可以自收到仲裁裁决书之日起15日内向人民法院提起诉讼。

第十一章　监督检查

第八十五条　【劳动行政部门的监督检查】县级以上各级人民政府劳动行政部门依法对用人单位遵守劳动法律、法规的情况进行监督检查，对违反劳动法律、法规的行为有权制止，并责令改正。

第八十六条　【劳动监察机构的监察程序】县级以上各级人民政府劳动行政部门监督检查人员执行公务，有权进入用人单位了解执行劳动法律、法规的情况，查阅必要的资料，并对劳动场所进行检查。

县级以上各级人民政府劳动行政部门监督检查人员执行公务，必须出示证件，秉公执法并遵守有关规定。

第八十七条　【政府有关部门的监察】县级以上各级人民政府有关部门在各自职责范围内，对用人单位遵守劳动法律、法规的情况进行监督。

第八十八条　【工会监督、社会监督】各级工会依法维护劳动者的合法权益，对用人单位遵守劳动法律、法规的情况进行监督。

任何组织和个人对于违反劳动法律、法规的行为有权检举和控告。

第十二章　法律责任

第八十九条　【劳动规章制度违法的法律责任】用人单位制定的劳动规章制度违反法律、法规规定的，由劳动行政部门给予警告，责令改正；对劳动者造成损害的，应当承担赔偿责任。

第九十条　【违法延长工时的法律责任】用人单位违反本法规定，延长劳动者工作时间的，由劳动行政部门给予警告，责令改正，并可以处以罚款。

第九十一条　【用人单位侵权的民事责任】用人单位有下列侵害劳动者合法权益情形之一的，由劳动行政部门责令支付劳动者的工资报酬、经济补偿，并可以责令支付赔偿金：

（一）克扣或者无故拖欠劳动者工资的；

（二）拒不支付劳动者延长工作时间工资报酬的；

（三）低于当地最低工资标准支付劳动者工资的；

（四）解除劳动合同后，未依照本法规定给予劳动者经济补偿的。

第九十二条　【用人单位违反劳动安全卫生规定的法律责任】用人单位的劳动安全设施和劳动卫生条件不符合国家规定或者未向劳动者提供必要的劳动防护用品和劳动保护设施的，由劳动行政部门或者有关部门责令改正，可以处以罚款；情节严重的，提请县级以上人民政府决定责令停产整顿；对事故隐患不采取措施，致使发生重大事故，造成劳动者生命和财产损失的，对责任人员依照刑法有关规定追究刑事责任。

第九十三条　【强令劳动者违章作业的法律责任】用人单位强令劳动者违章冒险作业，发生重大伤亡事故，造成严重后果的，对责任人员依法追究刑事责任。

第九十四条　【用人单位非法招用未成年工的法律责任】用人单位非法招用未满 16 周岁的未成年人的，由劳动行政部门责令改正，处以罚款；情节严重的，由工商行政管理部门吊销营业执照。

第九十五条　【违反女职工和未成年工保护规定的法律责任】用人单位违反本法对女职工和未成年工的保护规定，侵害其合法权益的，由劳动行政部门责令改正，处以罚款；对女职工或者未成年工造成损害的，应当承担赔偿责任。

第九十六条　【侵犯劳动者人身自由的法律责任】用人单位有下列行为之一，由公安机关对责任人员处以 15 日以下拘留、罚款或者警告；构成犯罪的，对责任人员依法追究刑事责任：

（一）以暴力、威胁或者非法限制人身自由的手段强迫劳动的；

（二）侮辱、体罚、殴打、非法搜查和拘禁劳动者的。

第九十七条　【订立无效合同的民事责任】由于用人单位的原因订立的无效合同，对劳动者造成损害的，应当承担赔偿责任。

第九十八条　【违法解除或故意拖延不订立劳动合同的法律责任】用人单位违反本法规定的条件解除劳动合同或者故意拖延不订立劳动合同的，由劳动行政部门责令改正；对劳动者造成损害的，应当承担赔偿责任。

第九十九条　【招用尚未解除劳动合同者的法律责任】用人单位招用尚未解除劳动合同的劳动者，对原用人单位造成经济损失的，该用人单位应当依法承担连带赔偿责任。

第一百条　【用人单位不缴纳社会保险费的法律责任】用人单位无故不缴纳社会保险费的，由劳动行政部门责令其限期缴纳；逾期不缴的，可以加收滞纳金。

第一百零一条　【阻挠监督检查、打击报复举报人员的法律责任】用人单位无理阻挠劳动行政部门、有关部门及其工作人员行使监督检查权，打击报复举报人员的，由劳动行政部门或者有关部门处以罚款；构成犯罪的，对责任人员依法追究刑事责任。

第一百零二条　【劳动者违法解除劳动合同或违反保密规定的民事责任】劳动者违反本法规定的条件解除劳动合同或者违反劳动合同中约定的保密事项，对用人单位造成经济损失的，应当依法承担赔偿责任。

第一百零三条　【劳动行政部门和有关部门工作人员渎职的法律责任】

劳动行政部门或者有关部门的工作人员滥用职权、玩忽职守、徇私舞弊，构成犯罪的，依法追究刑事责任；不构成犯罪的，给予行政处分。

第一百零四条 【挪用社会保险基金的法律责任】国家工作人员和社会保险基金经办机构的工作人员挪用社会保险基金，构成犯罪的，依法追究刑事责任。

第一百零五条 【其他法律、行政法规的处罚效力】违反本法规定侵害劳动者合法权益，其他法律、行政法规已规定处罚的，依照该法律、行政法规的规定处罚。

第十三章 附 则

第一百零六条 【省级人民政府实施步骤的制定和备案】省、自治区、直辖市人民政府根据本法和本地区的实际情况，规定劳动合同制度的实施步骤，报国务院备案。

第一百零七条 【施行时间】本法自1995年1月1日起施行。

劳动部

关于贯彻执行《中华人民共和国劳动法》若干问题的意见

（1995年8月4日 劳部发〔1995〕309号）

《中华人民共和国劳动法》（以下简称劳动法）已于一九九五年一月一日起施行，现就劳动法在贯彻执行中遇到的若干问题提出以下意见。

一、适用范围

1. 劳动法第二条中的“个体经济组织”是指一般雇工在七人以下的个体工商户。

2. 中国境内的企业、个体经济组织与劳动者之间，只要形成劳动关系，即劳动者事实上已成为企业、个体经济组织的成员，并为其提供有偿劳动，适用劳动法。

3. 国家机关、事业组织、社会团体实行劳动合同制度的以及按规定应实行劳动合同制度的工勤人员；实行企业化管理的事业组织的人员；其他通过劳动合同与国家机关、事业组织、社会团体建立劳动关系的劳动者，适用劳动法。

4. 公务员和比照实行公务员制度的事业组织和社会团体的工作人员，以及农村劳动者（乡镇企业职工和进城务工、经商的农民除外）、现役军人和家庭保姆等不适用劳动法。

5. 中国境内的企业、个体经济组织在劳动法中被称为用人单位。国家机关、事业组织、社会团体和与之建立劳动合同关系的劳动者依照劳动法执行。根据劳动法的这一规定，国家机关、事业组织、社会团体应当视为用人单位。

二、劳动合同和集体合同

（一）劳动合同的订立

6. 用人单位应与其富余人员、放长假的职工，签订劳动合同，但其劳动合同与在岗职工的劳动合同在内容上可以有所区别。用人单位与劳动者经协商一致可以在劳动合同中就不在岗期间的有关事项作出规定。

7. 用人单位应与其长期被外单位借用的人员、带薪上学人员、以及其他非在岗但仍保持劳动关系的人员签订劳动合同，但在外借和上学期间，劳动合同中的某些相关条款经双方协商可以变更。

8. 请长病假的职工，在病假期间与原单位保持着劳动关系，用人单位应与其签订劳动合同。

9. 原固定工中经批准的停薪留职人员，愿意回原单位继续工作的，原单位应与其签订劳动合同；不愿回原单位继续工作的，原单位可以与其解除劳动关系。

10. 根据劳动部《实施〈劳动法〉中有关劳动合同问题的解答》（劳部发〔1995〕202 号）的规定，党委书记、工会主席等党群专职人员也是职工的一员，依照劳动法的规定，与用人单位签订劳动合同。对于有特殊规定的，可以按有关规定办理。

11. 根据劳动部《实施〈劳动法〉中有关劳动合同问题的解答》（劳部发〔1995〕202 号）的规定，经理由其上级部门聘任（委任）的，应与聘任（委任）部门签订劳动合同。实行公司制的经理和有关经营管理人员，应依据《中华人民共和国公司法》的规定与董事会签订劳动合同。

12. 在校生利用业余时间勤工助学，不视为就业，未建立劳动关系，可以不签订劳动合同。

13. 用人单位发生分立或合并后，分立或合并后的用人单位可依据其实际情况与原用人单位的劳动者遵循平等自愿、协商一致的原则变更原劳动合同。

14. 派出到合资、参股单位的职工如果与原单位仍保持着劳动关系，应当与原单位签订劳动合同，原单位可就劳动合同的有关内容在与合资、参股单位订立的劳务合同时，明确职工的工资、保险、福利、休假等有关待遇。

15. 租赁经营（生产）、承包经营（生产）的企业，所有权并没有发生改变，法人名称未变，在与职工订立劳动合同时，该企业仍为用人单位一方。依据租赁合同或承包合同，租赁人、承包人如果作为该企业的法定代表人或者该法定代表人的授权委托人时，可代表该企业（用人单位）与劳动者订立劳动合同。

16. 用人单位与劳动者签订劳动合同时，劳动合同可以由用人单位拟定，也可以由双方当事人共同拟定，但劳动合同必须经双方当事人协商一致后才能签订，职工被迫签订的劳动合同或未经协商一致签订的劳动合同为无效劳动合同。

17. 用人单位与劳动者之间形成了事实劳动关系，而用人单位故意拖延不订立劳动合同，劳动行政部门应予以纠正。用人单位因此给劳动者造成损害的，应按劳动部《违反〈劳动法〉有关劳动合同规定的赔偿办法》（劳部发〔1995〕223号）的规定进行赔偿。

（二）劳动合同的内容

18. 劳动者被用人单位录用后，双方可以在劳动合同中约定试用期，试用期应包括在劳动合同期限内。

19. 试用期是用人单位和劳动者为相互了解、选择而约定的不超过六个月的考察期。一般对初次就业或再次就业的职工可以约定。在原固定工进行劳动合同制度的转制过程中，用人单位与原固定工签订劳动合同时，可以不再约定试用期。

20. 无固定期限的劳动合同是指不约定终止日期的劳动合同。按照平等自愿、协商一致的原则，用人单位和劳动者只要达成一致，无论初次就业的，还是由固定工转制的，都可以签订无固定期限的劳动合同。

无固定期限的劳动合同不得将法定解除条件约定为终止条件，以规避解除劳动合同时用人单位应承担支付给劳动者经济补偿的义务。

21. 用人单位经批准招用农民工，其劳动合同期限可以由用人单位和劳动者协商确定。

从事矿山井下以及在其他有害身体健康的工种、岗位工作的农民工，实行定期轮换制度，合同期限最长不超过八年。

22. 劳动法第二十条中的“在同一用人单位连续工作满十年以上”是指劳动者与同一用人单位签订的劳动合同的期限不间断达到十年，劳动合同期满双方同意续订劳动合同时，只要劳动者提出签订无固定期限劳动合同的，用人单位应当与其签订无固定期限的劳动合同。在固定工转制中各地如有特殊规定的，从其规定。

23. 用人单位用于劳动者职业技能培训费用的支付和劳动者违约时培训费的赔偿可以在劳动合同中约定，但约定劳动者违约时负担的培训费和赔偿金的标准不得违反劳动部《违反〈劳动法〉有关劳动合同规定的赔偿办法》（劳部发〔1995〕223号）等有关规定。

24. 用人单位在与劳动者订立劳动合同时，不得以任何形式向劳动者收取定金、保证金（物）或抵押金（物）。对违反以上规定的，应按照劳动部、公安部、全国总工会《关于加强外商投资企业和私营企业劳动管理切实保障职工合法权益的通知》（劳部发〔1994〕118号）和劳动部办公厅《对"关于国有企业和集体所有制企业能否参照执行劳部发〔1994〕118号文件中的有关规定的请示"的复函》（劳办发〔1994〕256号）的规定，由公安部门和劳动行政部门责令用人单位立即退还给劳动者本人。

（三）经济性裁员

25. 依据劳动法第二十七条和劳动部《企业经济性裁减人员规定》（劳部发〔1994〕447号）第四条的规定，用人单位确需裁减人员，应按下列程序进行：

（1）提前三十日向工会或全体职工说明情况，并提供有关生产经营状况的资料；

（2）提出裁减人员方案，内容包括：被裁减人员名单、裁减时间及实施步骤，符合法律、法规规定和集体合同约定的被裁减人员的经济补偿办法；

（3）将裁减人员方案征求工会或者全体职工的意见，并对方案进行修改和完善；

（4）向当地劳动行政部门报告裁减人员方案以及工会或者全体职工的意见，并听取劳动行政部门的意见；

（5）由用人单位正式公布裁减人员方案，与被裁减人员办理解除劳动合同手续，按照有关规定向被裁减人员本人支付经济补偿金，并出具裁减人员证明书。

（四）劳动合同的解除和无效劳动合同

26. 劳动合同的解除是指劳动合同订立后，尚未全部履行以前，由于某种原因导致劳动合同一方或双方当事人提前消灭劳动关系的法律行为。劳动合同的解除分为法定解除和约定解除两种。根据劳动法的规定，劳动合同既可以由单方依法解除，也可以双方协商解除。劳动合同的解除，只对未履行的部分发生效力，不涉及已履行的部分。

27. 无效劳动合同是指所订立的劳动合同不符合法定条件，不能发生当事人预期的法律后果的劳动合同。劳动合同的无效由人民法院或劳动争议仲裁委员会确认，不能由合同双方当事人决定。

28. 劳动者涉嫌违法犯罪被有关机关收容审查、拘留或逮捕的，用人单位在劳动者被限制人身自由期间，可与其暂时停止劳动合同的履行。

暂时停止履行劳动合同期间，用人单位不承担劳动合同规定的相应义务。劳动者经证明被错误限制人身自由的，暂时停止履行劳动合同期间劳动者的损失，可由其依据《国家赔偿法》要求有关部门赔偿。

29. 劳动者被依法追究刑事责任的，用人单位可依据劳动法第二十五条解除劳动合同。

“被依法追究刑事责任”是指：被人民检察院免予起诉的、被人民法院判处刑罚的、被人民法院依据刑法第三十二条免予刑事处分的。

劳动者被人民法院判处拘役、三年以下有期徒刑缓刑的，用人单位可以解除劳动合同。

30. 劳动法第二十五条为用人单位可以解除劳动合同的条款，即使存在第二十九条规定的情况，只要劳动者同时存在第二十五条规定的四种情形之一，用人单位也可以根据第二十五条的规定解除劳动合同。

31. 劳动者被劳动教养的，用人单位可以依据被劳教的事实解除与该劳动者的劳动合同。

32. 按照劳动法第三十一条的规定，劳动者解除劳动合同，应当提前三十日以书面形式通知用人单位。超过三十日，劳动者可以向用人单位提出办理解除劳动合同手续，用人单位予以办理。如果劳动者违法解除劳动合同给原用人单位造成经济损失，应当承担赔偿责任。

33. 劳动者违反劳动法规定或劳动合同的约定解除劳动合同（如擅自离职），给用人单位造成经济损失的，应当根据劳动法第一百零二条和劳动部《违反〈劳动法〉有关劳动合同规定的赔偿办法》（劳部发〔1995〕223号）的规定，承担赔偿责任。

34. 除劳动法第二十五条规定的情形外，劳动者在医疗期、孕期、产期和哺乳期内，劳动合同期限届满时，用人单位不得终止劳动合同。劳动合同的期限应自动延续至医疗期、孕期、产期和哺乳期期满为止。

35. 请长病假的职工在医疗期满后，能从事原工作的，可以继续履行劳动合同；医疗期满后仍不能从事原工作也不能从事由单位另行安排的工作的，由劳动鉴定委员会参照工伤与职业病致残程度鉴定标准进行劳动能力鉴定。被鉴定为一至四级的，应当退出劳动岗位，解除劳动关系，办理因病或非因工负伤退休退职手续，享受相应的退休退职待遇；被鉴定为五至十级的，用人单位可以解除劳动合同，并按规定支付经济补偿金和医疗补助费。

（五）解除劳动合同的经济补偿

36. 用人单位依据劳动法第二十四条、第二十六条、第二十七条的规定解除劳动合同，应当按照劳动法和劳动部《违反和解除劳动合同的经济补偿办法》（劳部发〔1994〕481号）支付劳动者经济补偿金。

37. 根据《民法通则》第四十四条第二款“企业法人分立、合并，它的权利和义务由变更后的法人享有和承担”的规定，用人单位发生分立或合并后，分立或合并后的用人单位可依据其实际情况与原用人单位的劳动者遵循平等自愿、协商一致的原则变更、解除或重新签订劳动合同。

在此种情况下的重新签订劳动合同视为原劳动合同的变更，用人单位变更劳动合同，劳动者不能依据劳动法第二十八条要求经济补偿。

38. 劳动合同期满或者当事人约定的劳动合同终止条件出现，劳动合同即行终止，用人单位可以不支付劳动者经济补偿金。国家另有规定的，可以从其规定。

39. 用人单位依据劳动法第二十五条解除劳动合同，可以不支付劳动者经济补偿金。

40. 劳动者依据劳动法第三十二条第（一）项解除劳动合同，用人单位可以不支付经济补偿金，但应按照劳动者的实际工作天数支付工资。

41. 在原固定工实行劳动合同制度的过程中，企业富余职工辞职，经企业同意可以不与企业签订劳动合同的，企业应根据《国有企业富余职工安置规定》（国务院令第111号，1993年公布）发给劳动者一次性生活补助费。

42. 职工在接近退休年龄（按有关规定一般为五年以内）时因劳动合同到期终止劳动合同的，如果符合退休、退职条件，可以办理退休、退职手续；不符合退休、退职条件的，在终止劳动合同后按规定领取失业救济金。享受失业救济金的期限届满后仍未就业，符合社会救济条件的，可以按规定领取社会救济金，达到退休年龄时办理退休手续，领取养老保险金。

43. 劳动合同解除后，用人单位对符合规定的劳动者应支付经济补偿金。不能因劳动者领取了失业救济金而拒付或克扣经济补偿金，失业保险机构也不得以劳动者领取了经济补偿金为由，停发或减发失业救济金。

（六）体制改革过程中实行劳动合同制度的有关政策

44. 困难企业签订劳动合同，应区分不同情况，有些亏损企业属政策性亏损，生产仍在进行，还能发出工资，应该按照劳动法的规定签订劳动合同。已经停产半停产的企业，要根据具体情况签订劳动合同，保证这些企业职工的基本生活。

45. 在国有企业固定工转制过程中，劳动者无正当理由不得单方面与用人单位解除劳动关系；用人单位也不得以实行劳动合同制度为由，借机辞退部分职工。

46. 关于在企业内录干、聘干问题，劳动法规定用人单位内的全体职工统称为劳动者，在同一用人单位内，各种不同的身分界限随之打破。应该按照劳动法的规定，通过签订劳动合同来明确劳动者的工作内容、岗位等。用人单位根据工作需要，调整劳动者的工作岗位时，可以与劳动者协商一致，变更劳动合同的相关内容。

47. 由于各用人单位千差万别，对工作内容、劳动报酬的规定也就差异很大，因此，国家不宜制定统一的劳动合同标准文本。目前，各地、各行业制定并向企业推荐的劳动合同文本，对于用人单位和劳动者双方有一定的指导意义，但这些劳动合同文本只能供用人单位和劳动者参考。

48. 按照劳动部办公厅《对全面实行劳动合同制若干问题的请示的复函》（劳办发〔1995〕19号）的规定，各地企业在与原固定工签订劳动合同时，应注意保护老弱病残职工的合法权益。对工作时间较长，年龄较大的职工，各地可以根据劳动法第一百零六条制定一次性的过渡政策，具体办法由各省、自治区、直辖市确定。

49. 在企业全面建立劳动合同制度以后，原合同制工人与本企业内的原固定工应享受同等待遇。是否发给15%的工资性补贴，可以由各省、自治区、直辖市人民政府根据劳动法第一百零六条在制定劳动合同制度的实施步骤时加以规定。

50. 在目前工伤保险和残疾人康复就业制度尚未建立和完善的情况下，对因工部分丧失劳动能力的职工，劳动合同期满也不能终止劳动合同，仍由原单位按照国家有关规定提供医疗等待遇。

（七）集体合同

51. 当前签订集体合同的重点应在非国有企业和现代企业制度试点的企业进行，积累经验，逐步扩大范围。

52. 关于国有企业在承包制条件下签订的“共保合同”，凡内容符合劳动法和有关法律、法规和规章关于集体合同规定的，应按照有关规定办理集体合同送审、备案手续；凡不符合劳动法和有关法律、法规和规章规定的，应积极创造条件逐步向规范的集体合同过渡。

三、工资

（一）最低工资

53. 劳动法中的“工资”是指用人单位依据国家有关规定或劳动合同的约定，以货币形式直接支付给本单位劳动者的劳动报酬，一般包括计时工资、计件工资、奖金、津贴和补贴、延长工作时间的工资报酬以及特殊情况下支付的工资等。“工资”是劳动者劳动收入的主要组成部分。

劳动者的以下劳动收入不属于工资范围：（1）单位支付给劳动者个人的

社会保险福利费用，如丧葬抚恤救济费、生活困难补助费、计划生育补贴等；(2) 劳动保护方面的费用，如用人单位支付给劳动者的工作服、解毒剂、清凉饮料费用等；(3) 按规定未列入工资总额的各种劳动报酬及其他劳动收入，如根据国家规定发放的创造发明奖、国家星火奖、自然科学奖、科学技术进步奖、合理化建议和技术改进奖、中华技能大奖等，以及稿费、讲课费、翻译费等。

54. 劳动法第四十八条中的“最低工资”是指劳动者在法定工作时间内履行了正常劳动义务的前提下，由其所在单位支付的最低劳动报酬。最低工资不包括延长工作时间的工资报酬，以货币形式支付的住房和用人单位支付的伙食补贴，中班、夜班、高温、低温、井下、有毒、有害等特殊工作环境和劳动条件下的津贴，国家法律、法规、规章规定的社会保险福利待遇。

55. 劳动法第四十四条中的“劳动者正常工作时间工资”是指劳动合同规定的劳动者本人所在工作岗位（职位）相对应的工资。鉴于当前劳动合同制度尚处于推进过程中，按上述规定执行确有困难的用人单位，地方或行业劳动部门可在不违反劳动部《关于工资〈支付暂行规定〉有关问题的补充规定》(劳部发〔1995〕226 号) 文件所确定的总的原则的基础上，制定过渡办法。

56. 在劳动合同中，双方当事人约定的劳动者在未完成劳动定额或承包任务的情况下，用人单位可低于最低工资标准支付劳动者工资的条款不具有法律效力。

57. 劳动者与用人单位形成或建立劳动关系后，试用、熟练、见习期间，在法定工作时间内提供了正常劳动，其所在的用人单位应当支付其不低于最低工资标准的工资。

58. 企业下岗待工人员，由企业依据当地政府的有关规定支付其生活费，生活费可以低于最低工资标准，下岗待工人员中重新就业的，企业应停发其生活费。女职工因生育、哺乳请长假而下岗的，在其享受法定产假期间，依法领取生育津贴；没有参加生育保险的企业，由企业照发原工资。

59. 职工患病或非因工负伤治疗期间，在规定的医疗期间内由企业按有关规定支付其病假工资或疾病救济费，病假工资或疾病救济费可以低于当地最低工资标准支付，但不能低于最低工资标准的 80%。

(二) 延长工作时间的工资报酬

60. 实行每天不超过 8 小时，每周不超过 44 小时或 40 小时标准工作时间制度的企业，以及经批准实行综合计算工时工作制的企业，应当按照劳动法的规定支付劳动者延长工作时间的工资报酬。全体职工已实行劳动合同制度的企业，一般管理人员（实行不定时工作制人员除外）经批准延长工作时间的，可以支付延长工作时间的工资报酬。

61. 实行计时工资制的劳动者的日工资，按其本人月工资标准除以平均每月法定工作天数（实行每周40小时工作制的为21.16天，实行每周44小时工作制的为23.33天）进行计算。

62. 实行综合计算工时工作制的企业职工，工作日正好是周休息日的，属于正常工作；工作日正好是法定节假日时，要依照劳动法第四十四条第（三）项的规定支付职工的工资报酬。

（三）有关企业工资支付的政策

63. 企业克扣或无故拖欠劳动者工资的，劳动监察部门应根据劳动法第九十一条、劳动部《违反和解除劳动合同的经济补偿办法》第三条、《违反〈中华人民共和国劳动法〉行政处罚办法》第六条予以处理。

64. 经济困难的企业执行劳动部《工资支付暂行规定》（劳部发〔1994〕489号）确有困难，应根据以下规定执行：

（1）《关于做好国有企业职工和离退休人员基本生活保障工作的通知》（国发〔1993〕76号）的规定，“企业发放工资确有困难时，应发给职工基本生活费，具体标准由各地区、各部门根据实际情况确定”；

（2）《关于国有企业流动资金贷款的紧急通知》（银传〔1994〕34号）的规定，“地方政府通过财政补贴，企业主管部门有可能也要拿出一部分资金，银行要拿出一部分贷款，共同保证职工基本生活和社会的稳定”；

（3）《国有企业富余职工安置规定》（国务院令第111号，1993年发布）的规定：“企业可以对职工实行有限期的放假。职工放假期间，由企业发给生活费”。

四、工作时间和休假

（一）综合计算工作时间

65. 经批准实行综合计算工作时间的用人单位，分别以周、月、季、年等为周期综合计算工作时间，但其平均日工作时间和平均周工作时间应与法定标准工作时间基本相同。

66. 对于那些在市场竞争中，由于外界因素的影响，生产任务不均衡的企业的部分职工，经劳动行政部门严格审批后，可以参照综合计算工时工作制的办法实施，但用人单位应采取适当方式确保职工的休息休假权利和生产、工作任务的完成。

67. 经批准实行不定时工作制的职工，不受劳动法第四十一条规定的日延长工作时间标准和月延长工作时间标准的限制，但用人单位应采用弹性工作时间等适当的工作和休息方式，确保职工的休息休假权利和生产、工作任务的完成。

68. 实行标准工时制度的企业，延长工作时间应严格按劳动法第四十一条的规定执行，不能按季、年综合计算延长工作时间。

69. 中央直属企业、企业化管理的事业单位实行不定时工作制和综合计算工时工作制等其他工作和休息办法的，须经国务院行业主管部门审核，报国务院劳动行政部门批准。地方企业实行不定时工作制和综合计算工时工作制等其他工作和休息办法的审批办法，由省、自治区、直辖市人民政府劳动行政部门制定，报国务院劳动行政部门备案。

（二）延长工作时间

70. 休息日安排劳动者工作的，应先按同等时间安排其补休，不能安排补休的应按劳动法第四十四条第（二）项的规定支付劳动者延长工作时间的工资报酬。法定节假日（元旦、春节、劳动节、国庆节）安排劳动者工作的，应按劳动法第四十四条第（三）项支付劳动者延长工作时间的工资报酬。

71. 协商是企业决定延长工作时间的程序（劳动法第四十二条和《劳动部贯彻〈国务院关于职工工作时间的规定〉的实施办法》第七条规定除外），企业确因生产经营需要，必须延长工作时间时，应与工会和劳动者协商。协商后，企业可以在劳动法限定的延长工作时数内决定延长工作时间，对企业违反法律、法规强迫劳动者延长工作时间的，劳动者有权拒绝。若由此发生劳动争议，可以提请劳动争议处理机构予以处理。

（三）休假

72. 实行新工时制度后，企业职工原有的年休假制度仍然实行。在国务院尚未作出新的规定之前，企业可以按照1991年6月5日《中共中央国务院关于职工休假问题的通知》，安排职工休假。

五、社会保险

73. 企业实施破产时，按照国家有关企业破产的规定，从其财产清产和土地转让所得中按实际需要划拨出社会保险费用和职工再就业的安置费。其划拨的养老保险费和失业保险费由当地社会保险基金经办机构和劳动部门就业服务机构接收，并负责支付离退休人员的养老保险费用和支付失业人员应享受的失业保险待遇。

74. 企业富余职工、请长假人员、请长病假人员、外借人员和带薪上学人员，其社会保险费仍按规定由原单位和个人继续缴纳，缴纳保险费期间计算为缴费年限。

75. 用人单位全部职工实行劳动合同制度后，职工在用人单位内由转制前的原工人岗位转为原干部（技术）岗位或由原干部（技术）岗位转为原工人岗位，其退休年龄和条件，按现岗位国家规定执行。

76. 依据劳动部《企业职工患病或非因工负伤医疗期的规定》（劳部发〔1994〕479 号）和劳动部《关于贯彻〈企业职工患病或非因工负伤医疗期的规定〉的通知》（劳部发〔1995〕236 号），职工患病或非因工负伤，根据本人实际参加工作的年限和本企业工作年限长短，享受 3—24 个月的医疗期。对于某些患特殊疾病（如癌症、精神病、瘫痪等）的职工，在 24 个月内尚不能痊愈的，经企业和当地劳动部门批准，可以适当延长医疗期。

77. 劳动者的工伤待遇在国家尚未颁布新的工伤保险法律、行政法规之前，各类企业仍要执行《劳动保险条例》及相关的政策规定，如果当地政府已实行工伤保险制度改革的，应执行当地的新规定；个体经济组织的劳动者的工伤保险参照企业职工的规定执行；国家机关、事业组织、社会团体的劳动者的工伤保险，如果包括在地方人民政府的工伤改革规定范围内的，按地方政府的规定执行。

78. 劳动者患职业病按照 1987 年由卫生部等部门发布的《职业病范围和职业病患者处理办法的规定》和所附的“职业病名单”（〔87〕卫防第 60 号）处理，经职业病诊断机构确诊并发给《职业病诊断证明书》，劳动行政部门据此确认工伤，并通知用人单位或者社会保险基金经办机构发给有关工伤保险待遇；劳动者因工负伤的，劳动行政部门根据企业的工伤事故报告和工伤者本人的申请，作出工伤认定，由社会保险基金经办机构或用人单位，发给有关工伤保险待遇。患职业病或工伤致残的，由当地劳动鉴定委员会按照劳动部《职工工伤和职业病致残程度鉴定标准》（劳险字〔1992〕6 号）评定伤残等级和护理依赖程度。劳动鉴定委员会的伤残等级和护理依赖程度的结论，以医学检查、诊断结果为技术依据。

79. 劳动者因工负伤或患职业病，用人单位应按国家和地方政府的规定进行工伤事故报告，或者经职业病诊断机构确诊进行职业病报告。用人单位和劳动者有权按规定向当地劳动行政部门报告。如果用人单位瞒报、漏报工作或职业病，工会、劳动者可以向劳动行政部门报告。经劳动行政部门确认后，用人单位或社会保险基金经办机构应补发工伤保险待遇。

80. 劳动者对劳动行政部门作出的工伤或职业病的确认意见不服，可依法提起行政复议或行政诉讼。

81. 劳动者被认定患职业病或因工负伤后，对劳动鉴定委员会作出的伤残等级和护理依赖程度鉴定结论不服，可依法提起行政复议或行政诉讼。对劳动能力鉴定结论所依据的医学检查、诊断结果有异议的，可以要求复查诊断，复查诊断按各省、自治区和直辖市劳动鉴定委员会规定的程序进行。

六、劳动争议

82. 用人单位与劳动者发生劳动争议不论是否订立劳动合同，只要存在事实劳动关系，并符合劳动法的适用范围和《中华人民共和国企业劳动争议处理条例》的受案范围，劳动争议仲裁委员会均应受理。

83. 劳动合同鉴证是劳动行政部门审查、证明劳动合同的真实性、合法性的一项行政监督措施，尤其在劳动合同制度全面实施的初期有其必要性。劳动行政部门鼓励并提倡用人单位和劳动者进行劳动合同鉴证。劳动争议仲裁委员会不能以劳动合同未经鉴证为由不受理相关的劳动争议案件。

84. 国家机关、事业组织、社会团体与本单位工人以及其他与之建立劳动合同关系的劳动者之间，个体工商户与帮工、学徒之间，以及军队、武警部队的事业组织和企业与其无军籍的职工之间发生的劳动争议，只要符合劳动争议的受案范围，劳动争议仲裁委员会应予受理。

85. “劳动争议发生之日”是指当事人知道或者应当知道其权利被侵害之日。

86. 根据《中华人民共和国商业银行法》的规定，商业银行为企业法人。商业银行与其职工适用《劳动法》《中华人民共和国企业劳动争议处理条例》等劳动法律、法规和规章。商业银行与其职工发生的争议属于劳动争议的受案范围的，劳动争议仲裁委员会应予受理。

87. 劳动法第二十五条第（三）项中的“重大损害”，应由企业内部规章来规定，不便于在全国对其作统一解释。若用人单位以此为由解除劳动合同，与劳动者发生劳动争议，当事人向劳动争议仲裁委员会申请仲裁的，由劳动争议仲裁委员会根据企业类型、规模和损害程度等情况，对企业规章中规定的“重大损害”进行认定。

88. 劳动监察是劳动法授予劳动行政部门的职责，劳动争议仲裁是劳动法授予各级劳动争议仲裁委员会的职能。用人单位或行业部门不能设立劳动监察机构和劳动争议仲裁委员会，也不能设立劳动行政部门劳动监察机构的派出机构和劳动争议仲裁委员会的派出机构。

89. 劳动争议当事人向企业劳动争议调解委员会申请调解，从当事人提出申请之日起，仲裁申诉时效中止，企业劳动争议调解委员会应当在三十日内结束调解，即中止期间最长不得超过三十日。结束调解之日起，当事人的申诉时效继续计算。调解超过三十日的，申诉时效从三十日之后的第一天继续计算。

90. 劳动争议仲裁委员会的办事机构对未予受理的仲裁申请，应逐件向仲裁委员会报告并说明情况，仲裁委员会认为应当受理的，应及时通知当事人。当事人从申请至受理的期间应视为时效中止。

七、法律责任

91. 劳动法第九十一条的含义是，如果用人单位实施了本条规定的前三项侵权行为之一的，劳动行政部门应责令用人单位支付劳动者的工资报酬和经济补偿，并可以责令支付赔偿金。如果用人单位实施了本条规定的第（四）项侵权行为，即解除劳动合同后未依法给予劳动者经济补偿的，因不存在支付工资报酬的问题，故劳动行政部门只责令用人单位支付劳动者经济补偿，还可以支付赔偿金。

92. 用人单位实施下列行为之一的，应认定为劳动法第一百零一条中的“无理阻挠”行为：

（1）阻止劳动监督检查人员进入用人单位内（包括进入劳动现场）进行监督检查的；

（2）隐瞒事实真象，出具伪证，或者隐匿、毁灭证据的；

（3）拒绝提供有关资料的；

（4）拒绝在规定的时间和地点就劳动行政部门所提问题作出解释和说明的；

（5）法律、法规和规章规定的其他情况。

八、适用法律

93. 劳动部、外经贸部《外商投资企业劳动管理规定》（劳部发〔1994〕246号）与劳动部《违反和解除劳动合同的经济补偿办法》（劳部发〔1994〕481号）中关于解除劳动合同的经济补偿规定是一致的，246号文中的“生活补助费”是劳动法第二十八条所指经济补偿的具体化，与481号文中的“经济补偿金”可视为同一概念。

94. 劳动部、外经贸部《外商投资企业劳动管理规定》（劳部发〔1994〕246号）与劳动部《违反〈中华人民共和国劳动法〉行政处罚办法》（劳部发〔1994〕532号）在企业低于当地最低工资标准支付职工工资应付赔偿金的标准，延长工作时间的罚款标准，阻止劳动监察人员行使监督检查权的罚款标准等方面规定不一致，按照同等效力的法律规范新法优于旧法执行的原则，应执行劳动部劳部发〔1994〕532号规章。

95. 劳动部《企业最低工资规定》（劳部发〔1993〕333号）与劳动部《违反〈中华人民共和国劳动法〉行政处罚办法》（劳部发〔1994〕532号）在拖欠或低于国家最低工资标准支付工资的赔偿金标准方面规定不一致，应按劳动部劳部发〔1994〕532号规章执行。

96. 劳动部《违反〈中华人民共和国劳动法〉行政处罚办法》（劳部发〔1994〕532号）对行政处罚行为、处罚标准未作规定，而其他劳动行政规章和地方政府规章作了规定的，按有关规定执行。

97. 对违反劳动法的用人单位，劳动行政部门有权依据劳动法律、法规和规章的规定予以处理，用人单位对劳动行政部门作出的行政处罚决定不服，在法定期限内不提起诉讼或不申请复议又不执行行政处罚决定的，劳动行政部门可以根据行政诉讼法第六十六条申请人民法院强制执行。劳动行政部门依法申请人民法院强制执行时，应当提交申请执行书，据以执行的法律文书和其他必须提交的材料。

98. 适用法律、法规、规章及其他规范性文件遵循下列原则：

（1）法律的效力高于行政法规与地方性法规；行政法规与地方性法规效力高于部门规章和地方政府规章；部门规章和地方政府规章效力高于其他规范性文件。

（2）在适用同一效力层次的文件时，新法律优于旧法律；新法规优于旧法规；新规章优于旧规章；新规范性文件优于旧规范性文件。

99. 依据《法规规章备案规定》（国务院令第48号，1990年发布）“地方人民政府规章同国务院部门规章之间或者国务院部门规章相互之间有矛盾的，由国务院法制局进行协调；经协调不能取得一致意见的，由国务院法制局提出意见，报国务院决定。”地方劳动行政部门在发现劳动部规章与国务院其他部门规章或地方政府规章相矛盾时，可将情况报劳动部，由劳动部报国务院法制局进行协调或决定。

100. 地方或行业劳动部门发现劳动部的规章之间、其他规范性文件之间或规章与其他规范性文件之间相矛盾，一般适用“新文件优于旧文件”的原则，同时可向劳动部请示。

中华人民共和国劳动合同法

（2007年6月29日第十届全国人民代表大会常务委员会第二十八次会议通过　根据2012年12月28日第十一届全国人民代表大会常务委员会第三十次会议《关于修改〈中华人民共和国劳动合同法〉的决定》修正）

目　录

第一章　总　则

第一条　【立法宗旨】为了完善劳动合同制度，明确劳动合同双方当事人的权利和义务，保护劳动者的合法权益，构建和发展和谐稳定的劳动关系，制定本法。

第二条　【适用范围】中华人民共和国境内的企业、个体经济组织、民办非企业单位等组织（以下称用人单位）与劳动者建立劳动关系，订立、履行、变更、解除或者终止劳动合同，适用本法。

国家机关、事业单位、社会团体和与其建立劳动关系的劳动者，订立、履行、变更、解除或者终止劳动合同，依照本法执行。

第三条　【基本原则】订立劳动合同，应当遵循合法、公平、平等自愿、协商一致、诚实信用的原则。

依法订立的劳动合同具有约束力，用人单位与劳动者应当履行劳动合同约定的义务。

第四条　【规章制度】用人单位应当依法建立和完善劳动规章制度，保障劳动者享有劳动权利、履行劳动义务。

用人单位在制定、修改或者决定有关劳动报酬、工作时间、休息休假、劳动安全卫生、保险福利、职工培训、劳动纪律以及劳动定额管理等直接涉及劳动者切身利益的规章制度或者重大事项时，应当经职工代表大会或者全体职工讨论，提出方案和意见，与工会或者职工代表平等协商确定。

在规章制度和重大事项决定实施过程中，工会或者职工认为不适当的，有权向用人单位提出，通过协商予以修改完善。

用人单位应当将直接涉及劳动者切身利益的规章制度和重大事项决定公示，或者告知劳动者。

第五条　【协调劳动关系三方机制】县级以上人民政府劳动行政部门会同工会和企业方面代表，建立健全协调劳动关系三方机制，共同研究解决有关劳动关系的重大问题。

第六条　【集体协商机制】工会应当帮助、指导劳动者与用人单位依法订立和履行劳动合同，并与用人单位建立集体协商机制，维护劳动者的合法权益。

第二章　劳动合同的订立

第七条　【劳动关系的建立】用人单位自用工之日起即与劳动者建立劳动关系。用人单位应当建立职工名册备查。

第八条　【用人单位的告知义务和劳动者的说明义务】用人单位招用劳动者时，应当如实告知劳动者工作内容、工作条件、工作地点、职业危害、安全生产状况、劳动报酬，以及劳动者要求了解的其他情况；用人单位有权了解劳动者与劳动合同直接相关的基本情况，劳动者应当如实说明。

第九条　【用人单位不得扣押劳动者证件和要求提供担保】用人单位招用劳动者，不得扣押劳动者的居民身份证和其他证件，不得要求劳动者提供担保或者以其他名义向劳动者收取财物。

第十条　【订立书面劳动合同】建立劳动关系，应当订立书面劳动合同。

已建立劳动关系，未同时订立书面劳动合同的，应当自用工之日起一个月内订立书面劳动合同。

用人单位与劳动者在用工前订立劳动合同的，劳动关系自用工之日起建立。

第十一条　【未订立书面劳动合同时的劳动报酬不明确的解决】用人单位未在用工的同时订立书面劳动合同，与劳动者约定的劳动报酬不明确的，新招用的劳动者的劳动报酬按照集体合同规定的标准执行；没有集体合同或者集体合同未规定的，实行同工同酬。

第十二条　【劳动合同的种类】劳动合同分为固定期限劳动合同、无固定期限劳动合同和以完成一定工作任务为期限的劳动合同。

第十三条　【固定期限劳动合同】固定期限劳动合同，是指用人单位与劳动者约定合同终止时间的劳动合同。

用人单位与劳动者协商一致，可以订立固定期限劳动合同。

第十四条　【无固定期限劳动合同】无固定期限劳动合同，是指用人单位与劳动者约定无确定终止时间的劳动合同。

用人单位与劳动者协商一致，可以订立无固定期限劳动合同。有下列情形之一，劳动者提出或者同意续订、订立劳动合同的，除劳动者提出订立固定期限劳动合同外，应当订立无固定期限劳动合同：

（一）劳动者在该用人单位连续工作满十年的；

（二）用人单位初次实行劳动合同制度或者国有企业改制重新订立劳动合

同时，劳动者在该用人单位连续工作满十年且距法定退休年龄不足十年的；

（三）连续订立二次固定期限劳动合同，且劳动者没有本法第三十九条和第四十条第一项、第二项规定的情形，续订劳动合同的。

用人单位自用工之日起满一年不与劳动者订立书面劳动合同的，视为用人单位与劳动者已订立无固定期限劳动合同。

第十五条 【以完成一定工作任务为期限的劳动合同】以完成一定工作任务为期限的劳动合同，是指用人单位与劳动者约定以某项工作的完成为合同期限的劳动合同。

用人单位与劳动者协商一致，可以订立以完成一定工作任务为期限的劳动合同。

第十六条 【劳动合同的生效】劳动合同由用人单位与劳动者协商一致，并经用人单位与劳动者在劳动合同文本上签字或者盖章生效。

劳动合同文本由用人单位和劳动者各执一份。

第十七条 【劳动合同的内容】劳动合同应当具备以下条款：

（一）用人单位的名称、住所和法定代表人或者主要负责人；

（二）劳动者的姓名、住址和居民身份证或者其他有效身份证件号码；

（三）劳动合同期限；

（四）工作内容和工作地点；

（五）工作时间和休息休假；

（六）劳动报酬；

（七）社会保险；

（八）劳动保护、劳动条件和职业危害防护；

（九）法律、法规规定应当纳入劳动合同的其他事项。

劳动合同除前款规定的必备条款外，用人单位与劳动者可以约定试用期、培训、保守秘密、补充保险和福利待遇等其他事项。

第十八条 【劳动合同对劳动报酬和劳动条件约定不明确的解决】劳动合同对劳动报酬和劳动条件等标准约定不明确，引发争议的，用人单位与劳动者可以重新协商；协商不成的，适用集体合同规定；没有集体合同或者集体合同未规定劳动报酬的，实行同工同酬；没有集体合同或者集体合同未规定劳动条件等标准的，适用国家有关规定。

第十九条 【试用期】劳动合同期限三个月以上不满一年的，试用期不得超过一个月；劳动合同期限一年以上不满三年的，试用期不得超过二个月；三年以上固定期限和无固定期限的劳动合同，试用期不得超过六个月。

同一用人单位与同一劳动者只能约定一次试用期。

以完成一定工作任务为期限的劳动合同或者劳动合同期限不满三个月的，

不得约定试用期。

试用期包含在劳动合同期限内。劳动合同仅约定试用期的，试用期不成立，该期限为劳动合同期限。

第二十条　【试用期工资】劳动者在试用期的工资不得低于本单位相同岗位最低档工资或者劳动合同约定工资的百分之八十，并不得低于用人单位所在地的最低工资标准。

第二十一条　【试用期内解除劳动合同】在试用期中，除劳动者有本法第三十九条和第四十条第一项、第二项规定的情形外，用人单位不得解除劳动合同。用人单位在试用期解除劳动合同的，应当向劳动者说明理由。

第二十二条　【服务期】用人单位为劳动者提供专项培训费用，对其进行专业技术培训的，可以与该劳动者订立协议，约定服务期。

劳动者违反服务期约定的，应当按照约定向用人单位支付违约金。违约金的数额不得超过用人单位提供的培训费用。用人单位要求劳动者支付的违约金不得超过服务期尚未履行部分所应分摊的培训费用。

用人单位与劳动者约定服务期的，不影响按照正常的工资调整机制提高劳动者在服务期期间的劳动报酬。

第二十三条　【保密义务和竞业限制】用人单位与劳动者可以在劳动合同中约定保守用人单位的商业秘密和与知识产权相关的保密事项。

对负有保密义务的劳动者，用人单位可以在劳动合同或者保密协议中与劳动者约定竞业限制条款，并约定在解除或者终止劳动合同后，在竞业限制期限内按月给予劳动者经济补偿。劳动者违反竞业限制约定的，应当按照约定向用人单位支付违约金。

第二十四条　【竞业限制的范围和期限】竞业限制的人员限于用人单位的高级管理人员、高级技术人员和其他负有保密义务的人员。竞业限制的范围、地域、期限由用人单位与劳动者约定，竞业限制的约定不得违反法律、法规的规定。

在解除或者终止劳动合同后，前款规定的人员到与本单位生产或者经营同类产品、从事同类业务的有竞争关系的其他用人单位，或者自己开业生产或者经营同类产品、从事同类业务的竞业限制期限，不得超过二年。

第二十五条　【违约金】除本法第二十二条和第二十三条规定的情形外，用人单位不得与劳动者约定由劳动者承担违约金。

第二十六条　【劳动合同的无效】下列劳动合同无效或者部分无效：

（一）以欺诈、胁迫的手段或者乘人之危，使对方在违背真实意思的情况下订立或者变更劳动合同的；

（二）用人单位免除自己的法定责任、排除劳动者权利的；

（三）违反法律、行政法规强制性规定的。

对劳动合同的无效或者部分无效有争议的，由劳动争议仲裁机构或者人民法院确认。

第二十七条 【劳动合同部分无效】劳动合同部分无效，不影响其他部分效力的，其他部分仍然有效。

第二十八条 【劳动合同无效后劳动报酬的支付】劳动合同被确认无效，劳动者已付出劳动的，用人单位应当向劳动者支付劳动报酬。劳动报酬的数额，参照本单位相同或者相近岗位劳动者的劳动报酬确定。

第三章 劳动合同的履行和变更

第二十九条 【劳动合同的履行】用人单位与劳动者应当按照劳动合同的约定，全面履行各自的义务。

第三十条 【劳动报酬】用人单位应当按照劳动合同约定和国家规定，向劳动者及时足额支付劳动报酬。

用人单位拖欠或者未足额支付劳动报酬的，劳动者可以依法向当地人民法院申请支付令，人民法院应当依法发出支付令。

第三十一条 【加班】用人单位应当严格执行劳动定额标准，不得强迫或者变相强迫劳动者加班。用人单位安排加班的，应当按照国家有关规定向劳动者支付加班费。

第三十二条 【劳动者拒绝违章指挥、强令冒险作业】劳动者拒绝用人单位管理人员违章指挥、强令冒险作业的，不视为违反劳动合同。

劳动者对危害生命安全和身体健康的劳动条件，有权对用人单位提出批评、检举和控告。

第三十三条 【用人单位名称、法定代表人等的变更】用人单位变更名称、法定代表人、主要负责人或者投资人等事项，不影响劳动合同的履行。

第三十四条 【用人单位合并或者分立】用人单位发生合并或者分立等情况，原劳动合同继续有效，劳动合同由承继其权利和义务的用人单位继续履行。

第三十五条 【劳动者的变更】用人单位与劳动者协商一致，可以变更劳动合同约定的内容。变更劳动合同，应当采用书面形式。

变更后的劳动合同文本由用人单位和劳动者各执一份。

第四章 劳动合同的解除和终止

第三十六条 【协商解除劳动】用人单位与劳动者协商一致，可以解除劳动合同。

第三十七条　【劳动者提前通知解除劳动合同】劳动者提前三十日以书面形式通知用人单位，可以解除劳动合同。劳动者在试用期内提前三日通知用人单位，可以解除劳动合同。

第三十八条　【劳动者解除劳动合同】用人单位有下列情形之一的，劳动者可以解除劳动合同：

（一）未按照劳动合同约定提供劳动保护或者劳动条件的；

（二）未及时足额支付劳动报酬的；

（三）未依法为劳动者缴纳社会保险费的；

（四）用人单位的规章制度违反法律、法规的规定，损害劳动者权益的；

（五）因本法第二十六条第一款规定的情形致使劳动合同无效的；

（六）法律、行政法规规定劳动者可以解除劳动合同的其他情形。

用人单位以暴力、威胁或者非法限制人身自由的手段强迫劳动者劳动的，或者用人单位违章指挥、强令冒险作业危及劳动者人身安全的，劳动者可以立即解除劳动合同，不需事先告知用人单位。

第三十九条　【用人单位单方解除劳动合同】劳动者有下列情形之一的，用人单位可以解除劳动合同：

（一）在试用期间被证明不符合录用条件的；

（二）严重违反用人单位的规章制度的；

（三）严重失职，营私舞弊，给用人单位造成重大损害的；

（四）劳动者同时与其他用人单位建立劳动关系，对完成本单位的工作任务造成严重影响，或者经用人单位提出，拒不改正的；

（五）因本法第二十六条第一款第一项规定的情形致使劳动合同无效的；

（六）被依法追究刑事责任的。

第四十条　【无过失性辞退】有下列情形之一的，用人单位提前三十日以书面形式通知劳动者本人或者额外支付劳动者一个月工资后，可以解除劳动合同：

（一）劳动者患病或者非因工负伤，在规定的医疗期满后不能从事原工作，也不能从事由用人单位另行安排的工作的；

（二）劳动者不能胜任工作，经过培训或者调整工作岗位，仍不能胜任工作的；

（三）劳动合同订立时所依据的客观情况发生重大变化，致使劳动合同无法履行，经用人单位与劳动者协商，未能就变更劳动合同内容达成协议的。

第四十一条　【经济性裁员】有下列情形之一，需要裁减人员二十人以上或者裁减不足二十人但占企业职工总数百分之十以上的，用人单位提前三十日向工会或者全体职工说明情况，听取工会或者职工的意见后，裁减人员方案经向劳动行政部门报告，可以裁减人员：

（一）依照企业破产法规定进行重整的；

（二）生产经营发生严重困难的；

（三）企业转产、重大技术革新或者经营方式调整，经变更劳动合同后，仍需裁减人员的；

（四）其他因劳动合同订立时所依据的客观经济情况发生重大变化，致使劳动合同无法履行的。

裁减人员时，应当优先留用下列人员：

（一）与本单位订立较长期限的固定期限劳动合同的；

（二）与本单位订立无固定期限劳动合同的；

（三）家庭无其他就业人员，有需要扶养的老人或者未成年人的。

用人单位依照本条第一款规定裁减人员，在六个月内重新招用人员的，应当通知被裁减的人员，并在同等条件下优先招用被裁减的人员。

第四十二条 【用人单位不得解除劳动合同的情形】劳动者有下列情形之一的，用人单位不得依照本法第四十条、第四十一条的规定解除劳动合同：

（一）从事接触职业病危害作业的劳动者未进行离岗前职业健康检查，或者疑似职业病病人在诊断或者医学观察期间的；

（二）在本单位患职业病或者因工负伤并被确认丧失或者部分丧失劳动能力的；

（三）患病或者非因工负伤，在规定的医疗期内的；

（四）女职工在孕期、产期、哺乳期的；

（五）在本单位连续工作满十五年，且距法定退休年龄不足五年的；

（六）法律、行政法规规定的其他情形。

第四十三条 【工会在劳动合同解除中的监督作用】用人单位单方解除劳动合同，应当事先将理由通知工会。用人单位违反法律、行政法规规定或者劳动合同约定的，工会有权要求用人单位纠正。用人单位应当研究工会的意见，并将处理结果书面通知工会。

第四十四条 【劳动合同的终止】有下列情形之一的，劳动合同终止：

（一）劳动合同期满的；

（二）劳动者开始依法享受基本养老保险待遇的；

（三）劳动者死亡，或者被人民法院宣告死亡或者宣告失踪的；

（四）用人单位被依法宣告破产的；

（五）用人单位被吊销营业执照、责令关闭、撤销或者用人单位决定提前解散的；

（六）法律、行政法规规定的其他情形。

第四十五条 【劳动合同的逾期终止】劳动合同期满，有本法第四十二条规定情形之一的，劳动合同应当续延至相应的情形消失时终止。但是，本法第四十二条第二项规定丧失或者部分丧失劳动能力劳动者的劳动合同的终止，按照国家有关工伤保险的规定执行。

第四十六条 【经济补偿】有下列情形之一的，用人单位应当向劳动者支付经济补偿：

（一）劳动者依照本法第三十八条规定解除劳动合同的；

（二）用人单位依照本法第三十六条规定向劳动者提出解除劳动合同并与劳动者协商一致解除劳动合同的；

（三）用人单位依照本法第四十条规定解除劳动合同的；

（四）用人单位依照本法第四十一条第一款规定解除劳动合同的；

（五）除用人单位维持或者提高劳动合同约定条件续订劳动合同，劳动者不同意续订的情形外，依照本法第四十四条第一项规定终止固定期限劳动合同的；

（六）依照本法第四十四条第四项、第五项规定终止劳动合同的；

（七）法律、行政法规规定的其他情形。

第四十七条 【经济补偿的计算】经济补偿按劳动者在本单位工作的年限，每满一年支付一个月工资的标准向劳动者支付。六个月以上不满一年的，按一年计算；不满六个月的，向劳动者支付半个月工资的经济补偿。

劳动者月工资高于用人单位所在直辖市、设区的市级人民政府公布的本地区上年度职工月平均工资三倍的，向其支付经济补偿的标准按职工月平均工资三倍的数额支付，向其支付经济补偿的年限最高不超过十二年。

本条所称月工资是指劳动者在劳动合同解除或者终止前十二个月的平均工资。

第四十八条 【违法解除或者终止劳动合同的法律后果】用人单位违反本法规定解除或者终止劳动合同，劳动者要求继续履行劳动合同的，用人单位应当继续履行；劳动者不要求继续履行劳动合同或者劳动合同已经不能继续履行的，用人单位应当依照本法第八十七条规定支付赔偿金。

第四十九条 【社会保险关系跨地区转移接续】国家采取措施，建立健全劳动者社会保险关系跨地区转移接续制度。

第五十条 【劳动合同解除或者终止后双方的义务】用人单位应当在解除或者终止劳动合同时出具解除或者终止劳动合同的证明，并在十五日内为劳动者办理档案和社会保险关系转移手续。

劳动者应当按照双方约定，办理工作交接。用人单位依照本法有关规定应当向劳动者支付经济补偿的，在办结工作交接时支付。

用人单位对已经解除或者终止的劳动合同的文本，至少保存二年备查。

第五章　特别规定

第一节　集体合同

第五十一条　【集体合同的订立和内容】企业职工一方与用人单位通过平等协商，可以就劳动报酬、工作时间、休息休假、劳动安全卫生、保险福利等事项订立集体合同。集体合同草案应当提交职工代表大会或者全体职工讨论通过。

集体合同由工会代表企业职工一方与用人单位订立；尚未建立工会的用人单位，由上级工会指导劳动者推举的代表与用人单位订立。

第五十二条　【专项集体合同】企业职工一方与用人单位可以订立劳动安全卫生、女职工权益保护、工资调整机制等专项集体合同。

第五十三条　【行业性集体合同、区域性集体合同】在县级以下区域内，建筑业、采矿业、餐饮服务业等行业可以由工会与企业方面代表订立行业性集体合同，或者订立区域性集体合同。

第五十四条　【集体合同的报送和生效】集体合同订立后，应当报送劳动行政部门；劳动行政部门自收到集体合同文本之日起十五日内未提出异议的，集体合同即行生效。

依法订立的集体合同对用人单位和劳动者具有约束力。行业性、区域性集体合同对当地本行业、本区域的用人单位和劳动者具有约束力。

第五十五条　【集体合同中的劳动报酬、劳动条件等标准】集体合同中劳动报酬和劳动条件等标准不得低于当地人民政府规定的最低标准；用人单位与劳动者订立的劳动合同中劳动报酬和劳动条件等标准不得低于集体合同规定的标准。

第五十六条　【集体合同纠纷和法律救济】用人单位违反集体合同，侵犯职工劳动权益的，工会可以依法要求用人单位承担责任；因履行集体合同发生争议，经协商解决不成的，工会可以依法申请仲裁、提起诉讼。

第二节　劳务派遣

第五十七条　【劳务派遣单位的设立】经营劳务派遣业务应当具备下列条件：

（一）注册资本不得少于人民币二百万元；

（二）有与开展业务相适应的固定的经营场所和设施；

（三）有符合法律、行政法规规定的劳务派遣管理制度；

（四）法律、行政法规规定的其他条件。

经营劳务派遣业务，应当向劳动行政部门依法申请行政许可；经许可的，依法办理相应的公司登记。未经许可，任何单位和个人不得经营劳务派遣业务。

第五十八条　【劳务派遣单位、用工单位及劳动者的权利义务】劳务派遣单位是本法所称用人单位，应当履行用人单位对劳动者的义务。劳务派遣单位与被派遣劳动者订立的劳动合同，除应当载明本法第十七条规定的事项外，还应当载明被派遣劳动者的用工单位以及派遣期限、工作岗位等情况。

劳务派遣单位应当与被派遣劳动者订立二年以上的固定期限劳动合同，按月支付劳动报酬；被派遣劳动者在无工作期间，劳务派遣单位应当按照所在地人民政府规定的最低工资标准，向其按月支付报酬。

第五十九条　【劳务派遣协议】劳务派遣单位派遣劳动者应当与接受以劳务派遣形式用工的单位（以下称用工单位）订立劳务派遣协议。劳务派遣协议应当约定派遣岗位和人员数量、派遣期限、劳动报酬和社会保险费的数额与支付方式以及违反协议的责任。

用工单位应当根据工作岗位的实际需要与劳务派遣单位确定派遣期限，不得将连续用工期限分割订立数个短期劳务派遣协议。

第六十条　【劳务派遣单位的告知义务】劳务派遣单位应当将劳务派遣协议的内容告知被派遣劳动者。

劳务派遣单位不得克扣用工单位按照劳务派遣协议支付给被派遣劳动者的劳动报酬。

劳务派遣单位和用工单位不得向被派遣劳动者收取费用。

第六十一条　【跨地区派遣劳动者的劳动报酬、劳动条件】劳务派遣单位跨地区派遣劳动者的，被派遣劳动者享有的劳动报酬和劳动条件，按照用工单位所在地的标准执行。

第六十二条　【用工单位的义务】用工单位应当履行下列义务：

（一）执行国家劳动标准，提供相应的劳动条件和劳动保护；

（二）告知被派遣劳动者的工作要求和劳动报酬；

（三）支付加班费、绩效奖金，提供与工作岗位相关的福利待遇；

（四）对在岗被派遣劳动者进行工作岗位所必需的培训；

（五）连续用工的，实行正常的工资调整机制。

用工单位不得将被派遣劳动者再派遣到其他用人单位。

第六十三条　【被派遣劳动者同工同酬】被派遣劳动者享有与用工单位的劳动者同工同酬的权利。用工单位应当按照同工同酬原则，对被派遣劳动者与本单位同类岗位的劳动者实行相同的劳动报酬分配办法。用工单位无同类岗位劳动者的，参照用工单位所在地相同或者相近岗位劳动者的劳动报酬确定。

劳务派遣单位与被派遣劳动者订立的劳动合同和与用工单位订立的劳务派遣协议，载明或者约定的向被派遣劳动者支付的劳动报酬应当符合前款规定。

第六十四条　【被派遣劳动者参加或者组织工会】被派遣劳动者有权在劳务派遣单位或者用工单位依法参加或者组织工会，维护自身的合法权益。

第六十五条　【劳务派遣中解除劳动合】被派遣劳动者可以依照本法第三十六条、第三十八条的规定与劳务派遣单位解除劳动合同。

被派遣劳动者有本法第三十九条和第四十条第一项、第二项规定情形的，用工单位可以将劳动者退回劳务派遣单位，劳务派遣单位依照本法有关规定，可以与劳动者解除劳动合同。

第六十六条　【劳务派遣的适用岗位】劳动合同用工是我国的企业基本用工形式。劳务派遣用工是补充形式，只能在临时性、辅助性或者替代性的工作岗位上实施。

前款规定的临时性工作岗位是指存续时间不超过六个月的岗位；辅助性工作岗位是指为主营业务岗位提供服务的非主营业务岗位；替代性工作岗位是指用工单位的劳动者因脱产学习、休假等原因无法工作的一定期间内，可以由其他劳动者替代工作的岗位。

用工单位应当严格控制劳务派遣用工数量，不得超过其用工总量的一定比例，具体比例由国务院劳动行政部门规定。

第六十七条　【用人单位不得自设劳务派遣单位】用人单位不得设立劳务派遣单位向本单位或者所属单位派遣劳动者。

第三节　非全日制用工

第六十八条　【非全日制用工的概念】非全日制用工，是指以小时计酬为主，劳动者在同一用人单位一般平均每日工作时间不超过四小时，每周工作时间累计不超过二十四小时的用工形式。

第六十九条　【非全日制用工的劳动合同】非全日制用工双方当事人可以订立口头协议。

从事非全日制用工的劳动者可以与一个或者一个以上用人单位订立劳动合同；但是，后订立的劳动合同不得影响先订立的劳动合同的履行。

第七十条　【非全日制用工不得约定试用期】非全日制用工双方当事人不得约定试用期。

第七十一条　【非全日制用工的终止用工】非全日制用工双方当事人任

何一方都可以随时通知对方终止用工。终止用工，用人单位不向劳动者支付经济补偿。

第七十二条　【非全日制用工劳动报酬】非全日制用工小时计酬标准不得低于用人单位所在地人民政府规定的最低小时工资标准。

非全日制用工劳动报酬结算支付周期最长不得超过十五日。

第六章　监督检查

第七十三条　【劳动合同制度的监督管理体制】国务院劳动行政部门负责全国劳动合同制度实施的监督管理。

县级以上地方人民政府劳动行政部门负责本行政区域内劳动合同制度实施的监督管理。

县级以上各级人民政府劳动行政部门在劳动合同制度实施的监督管理工作中，应当听取工会、企业方面代表以及有关行业主管部门的意见。

第七十四条　【劳动行政部门监督检查事项】县级以上地方人民政府劳动行政部门依法对下列实施劳动合同制度的情况进行监督检查：

（一）用人单位制定直接涉及劳动者切身利益的规章制度及其执行的情况；

（二）用人单位与劳动者订立和解除劳动合同的情况；

（三）劳务派遣单位和用工单位遵守劳务派遣有关规定的情况；

（四）用人单位遵守国家关于劳动者工作时间和休息休假规定的情况；

（五）用人单位支付劳动合同约定的劳动报酬和执行最低工资标准的情况；

（六）用人单位参加各项社会保险和缴纳社会保险费的情况；

（七）法律、法规规定的其他劳动监察事项。

第七十五条　【监督检查措施和依法行政、文明执法】县级以上地方人民政府劳动行政部门实施监督检查时，有权查阅与劳动合同、集体合同有关的材料，有权对劳动场所进行实地检查，用人单位和劳动者都应当如实提供有关情况和材料。

劳动行政部门的工作人员进行监督检查，应当出示证件，依法行使职权，文明执法。

第七十六条　【其他有关主管部门的监督管理】县级以上人民政府建设、卫生、安全生产监督管理等有关主管部门在各自职责范围内，对用人单位执行劳动合同制度的情况进行监督管理。

第七十七条　【劳动者的权力救济途径】劳动者合法权益受到侵害的，有权要求有关部门依法处理，或者依法申请仲裁、提起诉讼。

第七十八条 【工会监督检查的权力】工会依法维护劳动者的合法权益，对用人单位履行劳动合同、集体合同的情况进行监督。用人单位违反劳动法律、法规和劳动合同、集体合同的，工会有权提出意见或者要求纠正；劳动者申请仲裁、提起诉讼的，工会依法给予支持和帮助。

第七十九条 【对违法行为的举报】任何组织或者个人对违反本法的行为都有权举报，县级以上人民政府劳动行政部门应当及时核实、处理，并对举报有功人员给予奖励。

第七章 法律责任

第八十条 【规章制度违法的法律责任】用人单位直接涉及劳动者切身利益的规章制度违反法律、法规规定的，由劳动行政部门责令改正，给予警告；给劳动者造成损害的，应当承担赔偿责任。

第八十一条 【缺乏必备条款、不提供劳动合同文本的法律责任】用人单位提供的劳动合同文本未载明本法规定的劳动合同必备条款或者用人单位未将劳动合同文本交付劳动者的，由劳动行政部门责令改正；给劳动者造成损害的，应当承担赔偿责任。

第八十二条 【不订立书面劳动合同的法律责任】用人单位自用工之日起超过一个月不满一年未与劳动者订立书面劳动合同的，应当向劳动者每月支付二倍的工资。

用人单位违反本法规定不与劳动者订立无固定期限劳动合同的，自应当订立无固定期限劳动合同之日起向劳动者每月支付二倍的工资。

第八十三条 【违法约定试用期的法律责任】用人单位违反本法规定与劳动者约定试用期的，由劳动行政部门责令改正；违法约定的试用期已经履行的，由用人单位以劳动者试用期满月工资为标准，按已经履行的超过法定试用期的期间向劳动者支付赔偿金。

第八十四条 【扣押劳动者身份证等证件的法律责任】用人单位违反本法规定，扣押劳动者居民身份证等证件的，由劳动行政部门责令限期退还劳动者本人，并依照有关法律规定给予处罚。

用人单位违反本法规定，以担保或者其他名义向劳动者收取财物的，由劳动行政部门责令限期退还劳动者本人，并以每人五百元以上二千元以下的标准处以罚款；给劳动者造成损害的，应当承担赔偿责任。

劳动者依法解除或者终止劳动合同，用人单位扣押劳动者档案或者其他物品的，依照前款规定处罚。

第八十五条 【未依法支付劳动报酬、经济补偿等的法律责任】用人单位有下列情形之一的，由劳动行政部门责令限期支付劳动报酬、加班费或者经济补偿；劳动报酬低于当地最低工资标准的，应当支付其差额部分；逾期不支付的，责令用人单位按应付金额百分之五十以上百分之一百以下的标准向劳动者加付赔偿金：

（一）未按照劳动合同的约定或者国家规定及时足额支付劳动者劳动报酬的；

（二）低于当地最低工资标准支付劳动者工资的；

（三）安排加班不支付加班费的；

（四）解除或者终止劳动合同，未依照本法规定向劳动者支付经济补偿的。

第八十六条　【订立无效劳动合同的法律责任】劳动合同依照本法第二十六条规定被确认无效，给对方造成损害的，有过错的一方应当承担赔偿责任。

第八十七条　【违法解除或者终止劳动合同的法律责任】用人单位违反本法规定解除或者终止劳动合同的，应当依照本法第四十七条规定的经济补偿标准的二倍向劳动者支付赔偿金。

第八十八条　【侵害劳动者人身权益的法律责任】用人单位有下列情形之一的，依法给予行政处罚；构成犯罪的，依法追究刑事责任；给劳动者造成损害的，应当承担赔偿责任：

（一）以暴力、威胁或者非法限制人身自由的手段强迫劳动的；

（二）违章指挥或者强令冒险作业危及劳动者人身安全的；

（三）侮辱、体罚、殴打、非法搜查或者拘禁劳动者的；

（四）劳动条件恶劣、环境污染严重，给劳动者身心健康造成严重损害的。

第八十九条　【不出具解释、终止书面证明的法律责任】用人单位违反本法规定未向劳动者出具解除或者终止劳动合同的书面证明，由劳动行政部门责令改正；给劳动者造成损害的，应当承担赔偿责任。

第九十条　【劳动者的赔偿责任】劳动者违反本法规定解除劳动合同，或者违反劳动合同中约定的保密义务或者竞业限制，给用人单位造成损失的，应当承担赔偿责任。

第九十一条　【用人单位的连带赔偿责任】用人单位招用与其他用人单位尚未解除或者终止劳动合同的劳动者，给其他用人单位造成损失的，应当承担连带赔偿责任。

第九十二条　【劳务派遣单位的法律责任】违反本法规定，未经许可，擅自经营劳务派遣业务的，由劳动行政部门责令停止违法行为，没收违法所得，并处违法所得一倍以上五倍以下的罚款；没有违法所得的，可以处五万元以下的罚款。

劳务派遣单位、用工单位违反本法有关劳务派遣规定的，由劳动行政部门责令限期改正；逾期不改正的，以每人五千元以上一万元以下的标准处以罚款，对劳务派遣单位，吊销其劳务派遣业务经营许可证。用工单位给被派遣劳动者造成损害的，劳务派遣单位与用工单位承担连带赔偿责任。

第九十三条 【无营业执照经营单位的法律责任】对不具备合法经营资格的用人单位的违法犯罪行为，依法追究法律责任；劳动者已经付出劳动的，该单位或者其出资人应当依照本法有关规定向劳动者支付劳动报酬、经济补偿、赔偿金；给劳动者造成损害的，应当承担赔偿责任。

第九十四条 【个人承包经营者的连带赔偿责任】个人承包经营违反本法规定招用劳动者，给劳动者造成损害的，发包的组织与个人承包经营者承担连带赔偿责任。

第九十五条 【不履行法定职责、违法行使职权的法律责任】劳动行政部门和其他有关主管部门及其工作人员玩忽职守、不履行法定职责，或者违法行使职权，给劳动者或者用人单位造成损害的，应当承担赔偿责任；对直接负责的主管人员和其他直接责任人员，依法给予行政处分；构成犯罪的，依法追究刑事责任。

第八章 附 则

第九十六条 【事业单位聘用制劳动合同的法律适用】事业单位与实行聘用制的工作人员订立、履行、变更、解除或者终止劳动合同，法律、行政法规或者国务院另有规定的，依照其规定；未作规定的，依照本法有关规定执行。

第九十七条 【过渡性条款】本法施行前已依法订立且在本法施行之日存续的劳动合同，继续履行；本法第十四条第二款第三项规定连续订立固定期限劳动合同的次数，自本法施行后续订固定期限劳动合同时开始计算。

本法施行前已建立劳动关系，尚未订立书面劳动合同的，应当自本法施行之日起一个月内订立。

本法施行之日存续的劳动合同在本法施行后解除或者终止，依照本法第四十六条规定应当支付经济补偿的，经济补偿年限自本法施行之日起计算；本法施行前按照当时有关规定，用人单位应当向劳动者支付经济补偿的，按照当时有关规定执行。

第九十八条 【施行时间】本法自 2008 年 1 月 1 日起施行。

中华人民共和国劳动合同法实施条例

（2008 年 9 月 3 日国务院第 25 次常务会议通过
2008 年 9 月 18 日中华人民共和国国务院令
第 535 号公布　自公布之日起施行）

第一章　总　则

第一条　为了贯彻实施《中华人民共和国劳动合同法》（以下简称劳动合同法），制定本条例。

第二条　各级人民政府和县级以上人民政府劳动行政等有关部门以及工会等组织，应当采取措施，推动劳动合同法的贯彻实施，促进劳动关系的和谐。

第三条　依法成立的会计师事务所、律师事务所等合伙组织和基金会，属于劳动合同法规定的用人单位。

第二章　劳动合同的订立

第四条　劳动合同法规定的用人单位设立的分支机构，依法取得营业执照或者登记证书的，可以作为用人单位与劳动者订立劳动合同；未依法取得营业执照或者登记证书的，受用人单位委托可以与劳动者订立劳动合同。

第五条　自用工之日起一个月内，经用人单位书面通知后，劳动者不与用人单位订立书面劳动合同的，用人单位应当书面通知劳动者终止劳动关系，无需向劳动者支付经济补偿，但是应当依法向劳动者支付其实际工作时间的劳动报酬。

第六条　用人单位自用工之日起超过一个月不满一年未与劳动者订立书面劳动合同的，应当依照劳动合同法第八十二条的规定向劳动者每月支付两倍的工资，并与劳动者补订书面劳动合同；劳动者不与用人单位订立书面劳动合同的，用人单位应当书面通知劳动者终止劳动关系，并依照劳动合同法第四十七条的规定支付经济补偿。

前款规定的用人单位向劳动者每月支付两倍工资的起算时间为用工之日起满一个月的次日，截止时间为补订书面劳动合同的前一日。

第七条　用人单位自用工之日起满一年未与劳动者订立书面劳动合同的，

自用工之日起满一个月的次日至满一年的前一日应当依照劳动合同法第八十二条的规定向劳动者每月支付两倍的工资，并视为自用工之日起满一年的当日已经与劳动者订立无固定期限劳动合同，应当立即与劳动者补订书面劳动合同。

第八条 劳动合同法第七条规定的职工名册，应当包括劳动者姓名、性别、公民身份号码、户籍地址及现住址、联系方式、用工形式、用工起始时间、劳动合同期限等内容。

第九条 劳动合同法第十四条第二款规定的连续工作满10年的起始时间，应当自用人单位用工之日起计算，包括劳动合同法施行前的工作年限。

第十条 劳动者非因本人原因从原用人单位被安排到新用人单位工作的，劳动者在原用人单位的工作年限合并计算为新用人单位的工作年限。原用人单位已经向劳动者支付经济补偿的，新用人单位在依法解除、终止劳动合同计算支付经济补偿的工作年限时，不再计算劳动者在原用人单位的工作年限。

第十一条 除劳动者与用人单位协商一致的情形外，劳动者依照劳动合同法第十四条第二款的规定，提出订立无固定期限劳动合同的，用人单位应当与其订立无固定期限劳动合同。对劳动合同的内容，双方应当按照合法、公平、平等自愿、协商一致、诚实信用的原则协商确定；对协商不一致的内容，依照劳动合同法第十八条的规定执行。

第十二条 地方各级人民政府及县级以上地方人民政府有关部门为安置就业困难人员提供的给予岗位补贴和社会保险补贴的公益性岗位，其劳动合同不适用劳动合同法有关无固定期限劳动合同的规定以及支付经济补偿的规定。

第十三条 用人单位与劳动者不得在劳动合同法第四十四条规定的劳动合同终止情形之外约定其他的劳动合同终止条件。

第十四条 劳动合同履行地与用人单位注册地不一致的，有关劳动者的最低工资标准、劳动保护、劳动条件、职业危害防护和本地区上年度职工月平均工资标准等事项，按照劳动合同履行地的有关规定执行；用人单位注册地的有关标准高于劳动合同履行地的有关标准，且用人单位与劳动者约定按照用人单位注册地的有关规定执行的，从其约定。

第十五条 劳动者在试用期的工资不得低于本单位相同岗位最低档工资的80%或者不得低于劳动合同约定工资的80%，并不得低于用人单位所在地的最低工资标准。

第十六条 劳动合同法第二十二条第二款规定的培训费用，包括用人单位为了对劳动者进行专业技术培训而支付的有凭证的培训费用、培训期间的差旅费用以及因培训产生的用于该劳动者的其他直接费用。

第十七条　劳动合同期满，但是用人单位与劳动者依照劳动合同法第二十二条的规定约定的服务期尚未到期的，劳动合同应当续延至服务期满；双方另有约定的，从其约定。

第三章　劳动合同的解除和终止

第十八条　有下列情形之一的，依照劳动合同法规定的条件、程序，劳动者可以与用人单位解除固定期限劳动合同、无固定期限劳动合同或者以完成一定工作任务为期限的劳动合同：

（一）劳动者与用人单位协商一致的；

（二）劳动者提前 30 日以书面形式通知用人单位的；

（三）劳动者在试用期内提前 3 日通知用人单位的；

（四）用人单位未按照劳动合同约定提供劳动保护或者劳动条件的；

（五）用人单位未及时足额支付劳动报酬的；

（六）用人单位未依法为劳动者缴纳社会保险费的；

（七）用人单位的规章制度违反法律、法规的规定，损害劳动者权益的；

（八）用人单位以欺诈、胁迫的手段或者乘人之危，使劳动者在违背真实意思的情况下订立或者变更劳动合同的；

（九）用人单位在劳动合同中免除自己的法定责任、排除劳动者权利的；

（十）用人单位违反法律、行政法规强制性规定的；

（十一）用人单位以暴力、威胁或者非法限制人身自由的手段强迫劳动者劳动的；

（十二）用人单位违章指挥、强令冒险作业危及劳动者人身安全的；

（十三）法律、行政法规规定劳动者可以解除劳动合同的其他情形。

第十九条　有下列情形之一的，依照劳动合同法规定的条件、程序，用人单位可以与劳动者解除固定期限劳动合同、无固定期限劳动合同或者以完成一定工作任务为期限的劳动合同：

（一）用人单位与劳动者协商一致的；

（二）劳动者在试用期间被证明不符合录用条件的；

（三）劳动者严重违反用人单位的规章制度的；

（四）劳动者严重失职，营私舞弊，给用人单位造成重大损害的；

（五）劳动者同时与其他用人单位建立劳动关系，对完成本单位的工作任务造成严重影响，或者经用人单位提出，拒不改正的；

（六）劳动者以欺诈、胁迫的手段或者乘人之危，使用人单位在违背真实意思的情况下订立或者变更劳动合同的；

（七）劳动者被依法追究刑事责任的；

（八）劳动者患病或者非因工负伤，在规定的医疗期满后不能从事原工作，也不能从事由用人单位另行安排的工作的；

（九）劳动者不能胜任工作，经过培训或者调整工作岗位，仍不能胜任工作的；

（十）劳动合同订立时所依据的客观情况发生重大变化，致使劳动合同无法履行，经用人单位与劳动者协商，未能就变更劳动合同内容达成协议的；

（十一）用人单位依照企业破产法规定进行重整的；

（十二）用人单位生产经营发生严重困难的；

（十三）企业转产、重大技术革新或者经营方式调整，经变更劳动合同后，仍需裁减人员的；

（十四）其他因劳动合同订立时所依据的客观经济情况发生重大变化，致使劳动合同无法履行的。

第二十条 用人单位依照劳动合同法第四十条的规定，选择额外支付劳动者一个月工资解除劳动合同的，其额外支付的工资应当按照该劳动者上一个月的工资标准确定。

第二十一条 劳动者达到法定退休年龄的，劳动合同终止。

第二十二条 以完成一定工作任务为期限的劳动合同因任务完成而终止的，用人单位应当依照劳动合同法第四十七条的规定向劳动者支付经济补偿。

第二十三条 用人单位依法终止工伤职工的劳动合同的，除依照劳动合同法第四十七条的规定支付经济补偿外，还应当依照国家有关工伤保险的规定支付一次性工伤医疗补助金和伤残就业补助金。

第二十四条 用人单位出具的解除、终止劳动合同的证明，应当写明劳动合同期限、解除或者终止劳动合同的日期、工作岗位、在本单位的工作年限。

第二十五条 用人单位违反劳动合同法的规定解除或者终止劳动合同，依照劳动合同法第八十七条的规定支付了赔偿金的，不再支付经济补偿。赔偿金的计算年限自用工之日起计算。

第二十六条 用人单位与劳动者约定了服务期，劳动者依照劳动合同法第三十八条的规定解除劳动合同的，不属于违反服务期的约定，用人单位不得要求劳动者支付违约金。

有下列情形之一，用人单位与劳动者解除约定服务期的劳动合同的，劳动者应当按照劳动合同的约定向用人单位支付违约金：

（一）劳动者严重违反用人单位的规章制度的；

（二）劳动者严重失职，营私舞弊，给用人单位造成重大损害的；

（三）劳动者同时与其他用人单位建立劳动关系，对完成本单位的工作任务造成严重影响，或者经用人单位提出，拒不改正的；

（四）劳动者以欺诈、胁迫的手段或者乘人之危，使用人单位在违背真实意思的情况下订立或者变更劳动合同的；

（五）劳动者被依法追究刑事责任的。

第二十七条　劳动合同法第四十七条规定的经济补偿的月工资按照劳动者应得工资计算，包括计时工资或者计件工资以及奖金、津贴和补贴等货币性收入。劳动者在劳动合同解除或者终止前 12 个月的平均工资低于当地最低工资标准的，按照当地最低工资标准计算。劳动者工作不满 12 个月的，按照实际工作的月数计算平均工资。

第四章　劳务派遣特别规定

第二十八条　用人单位或者其所属单位出资或者合伙设立的劳务派遣单位，向本单位或者所属单位派遣劳动者的，属于劳动合同法第六十七条规定的不得设立的劳务派遣单位。

第二十九条　用工单位应当履行劳动合同法第六十二条规定的义务，维护被派遣劳动者的合法权益。

第三十条　劳务派遣单位不得以非全日制用工形式招用被派遣劳动者。

第三十一条　劳务派遣单位或者被派遣劳动者依法解除、终止劳动合同的经济补偿，依照劳动合同法第四十六条、第四十七条的规定执行。

第三十二条　劳务派遣单位违法解除或者终止被派遣劳动者的劳动合同的，依照劳动合同法第四十八条的规定执行。

第五章　法律责任

第三十三条　用人单位违反劳动合同法有关建立职工名册规定的，由劳动行政部门责令限期改正；逾期不改正的，由劳动行政部门处 2000 元以上 2 万元以下的罚款。

第三十四条　用人单位依照劳动合同法的规定应当向劳动者每月支付两倍的工资或者应当向劳动者支付赔偿金而未支付的，劳动行政部门应当责令用人单位支付。

第三十五条　用工单位违反劳动合同法和本条例有关劳务派遣规定的，由劳动行政部门和其他有关主管部门责令改正；情节严重的，以每位被派遣劳动者 1000 元以上 5000 元以下的标准处以罚款；给被派遣劳动者造成损害的，劳务派遣单位和用工单位承担连带赔偿责任。

第六章　附　则

第三十六条　对违反劳动合同法和本条例的行为的投诉、举报，县级以上地方人民政府劳动行政部门依照《劳动保障监察条例》的规定处理。

第三十七条 劳动者与用人单位因订立、履行、变更、解除或者终止劳动合同发生争议的，依照《中华人民共和国劳动争议调解仲裁法》的规定处理。

第三十八条 本条例自公布之日起施行。

集体合同规定

（2003年12月30日劳动和社会保障部第7次部务会议通过
2004年1月20日劳动和社会保障部第22号公布
自2004年5月1日起施行）

第一章 总 则

第一条 为规范集体协商和签订集体合同行为，依法维护劳动者和用人单位的合法权益，根据《中华人民共和国劳动法》和《中华人民共和国工会法》，制定本规定。

第二条 中华人民共和国境内的企业和实行企业化管理的事业单位（以下统称用人单位）与本单位职工之间进行集体协商，签订集体合同，适用本规定。

第三条 本规定所称集体合同，是指用人单位与本单位职工根据法律、法规、规章的规定，就劳动报酬、工作时间、休息休假、劳动安全卫生、职业培训、保险福利等事项，通过集体协商签订的书面协议；所称专项集体合同，是指用人单位与本单位职工根据法律、法规、规章的规定，就集体协商的某项内容签订的专项书面协议。

第四条 用人单位与本单位职工签订集体合同或专项集体合同，以及确定相关事宜，应当采取集体协商的方式。集体协商主要采取协商会议的形式。

第五条 进行集体协商，签订集体合同或专项集体合同，应当遵循下列原则：

（一）遵守法律、法规、规章及国家有关规定；

（二）相互尊重，平等协商；

（三）诚实守信，公平合作；

（四）兼顾双方合法权益；

（五）不得采取过激行为。

第六条　符合本规定的集体合同或专项集体合同，对用人单位和本单位的全体职工具有法律约束力。

用人单位与职工个人签订的劳动合同约定的劳动条件和劳动报酬等标准，不得低于集体合同或专项集体合同的规定。

第七条　县级以上劳动保障行政部门对本行政区域内用人单位与本单位职工开展集体协商、签订、履行集体合同的情况进行监督，并负责审查集体合同或专项集体合同。

第二章　集体协商内容

第八条　集体协商双方可以就下列多项或某项内容进行集体协商，签订集体合同或专项集体合同：

（一）劳动报酬；

（二）工作时间；

（三）休息休假；

（四）劳动安全与卫生；

（五）补充保险和福利；

（六）女职工和未成年工特殊保护；

（七）职业技能培训；

（八）劳动合同管理；

（九）奖惩；

（十）裁员；

（十一）集体合同期限；

（十二）变更、解除集体合同的程序；

（十三）履行集体合同发生争议时的协商处理办法；

（十四）违反集体合同的责任；

（十五）双方认为应当协商的其他内容。

第九条　劳动报酬主要包括：

（一）用人单位工资水平、工资分配制度、工资标准和工资分配形式；

（二）工资支付办法；

（三）加班、加点工资及津贴、补贴标准和奖金分配办法；

（四）工资调整办法；

（五）试用期及病、事假等期间的工资待遇；

（六）特殊情况下职工工资（生活费）支付办法；

（七）其他劳动报酬分配办法。

第十条 工作时间主要包括：

（一）工时制度；

（二）加班加点办法；

（三）特殊工种的工作时间；

（四）劳动定额标准。

第十一条 休息休假主要包括：

（一）日休息时间、周休息日安排、年休假办法；

（二）不能实行标准工时职工的休息休假；

（三）其他假期。

第十二条 劳动安全卫生主要包括：

（一）劳动安全卫生责任制；

（二）劳动条件和安全技术措施；

（三）安全操作规程；

（四）劳保用品发放标准；

（五）定期健康检查和职业健康体检。

第十三条 补充保险和福利主要包括：

（一）补充保险的种类、范围；

（二）基本福利制度和福利设施；

（三）医疗期延长及其待遇；

（四）职工亲属福利制度。

第十四条 女职工和未成年工的特殊保护主要包括：

（一）女职工和未成年工禁忌从事的劳动；

（二）女职工的经期、孕期、产期和哺乳期的劳动保护；

（三）女职工、未成年工定期健康检查；

（四）未成年工的使用和登记制度。

第十五条 职业技能培训主要包括：

（一）职业技能培训项目规划及年度计划；

（二）职业技能培训费用的提取和使用；

（三）保障和改善职业技能培训的措施。

第十六条 劳动合同管理主要包括：

（一）劳动合同签订时间；

（二）确定劳动合同期限的条件；

（三）劳动合同变更、解除、续订的一般原则及无固定期限劳动合同的终止条件；

（四）试用期的条件和期限。

第十七条　奖惩主要包括：

（一）劳动纪律；

（二）考核奖惩制度；

（三）奖惩程序。

第十八条　裁员主要包括：

（一）裁员的方案；

（二）裁员的程序；

（三）裁员的实施办法和补偿标准。

第三章　集体协商代表

第十九条　本规定所称集体协商代表（以下统称协商代表），是指按照法定程序产生并有权代表本方利益进行集体协商的人员。

集体协商双方的代表人数应当对等，每方至少 3 人，并各确定 1 名首席代表。

第二十条　职工一方的协商代表由本单位工会选派。未建立工会的，由本单位职工民主推荐，并经本单位半数以上职工同意。

职工一方的首席代表由本单位工会主席担任。工会主席可以书面委托其他协商代表代理首席代表。工会主席空缺的，首席代表由工会主要负责人担任。未建立工会的，职工一方的首席代表从协商代表中民主推举产生。

第二十一条　用人单位一方的协商代表，由用人单位法定代表人指派，首席代表由单位法定代表人担任或由其书面委托的其他管理人员担任。

第二十二条　协商代表履行职责的期限由被代表方确定。

第二十三条　集体协商双方首席代表可以书面委托本单位以外的专业人员作为本方协商代表。委托人数不得超过本方代表的三分之一。

首席代表不得由非本单位人员代理。

第二十四条　用人单位协商代表与职工协商代表不得相互兼任。

第二十五条　协商代表应履行下列职责：

（一）参加集体协商；

（二）接受本方人员质询，及时向本方人员公布协商情况并征求意见；

（三）提供与集体协商有关的情况和资料；

（四）代表本方参加集体协商争议的处理；

（五）监督集体合同或专项集体合同的履行；

（六）法律、法规和规章规定的其他职责。

第二十六条　协商代表应当维护本单位正常的生产、工作秩序，不得采取威胁、收买、欺骗等行为。

协商代表应当保守在集体协商过程中知悉的用人单位的商业秘密。

第二十七条 企业内部的协商代表参加集体协商视为提供了正常劳动。

第二十八条 职工一方协商代表在其履行协商代表职责期间劳动合同期满的，劳动合同期限自动延长至完成履行协商代表职责之时，除出现下列情形之一的，用人单位不得与其解除劳动合同：

（一）严重违反劳动纪律或用人单位依法制定的规章制度的；

（二）严重失职、营私舞弊，对用人单位利益造成重大损害的；

（三）被依法追究刑事责任的。

职工一方协商代表履行协商代表职责期间，用人单位无正当理由不得调整其工作岗位。

第二十九条 职工一方协商代表就本规定第二十七条、第二十八条的规定与用人单位发生争议的，可以向当地劳动争议仲裁委员会申请仲裁。

第三十条 工会可以更换职工一方协商代表；未建立工会的，经本单位半数以上职工同意可以更换职工一方协商代表。

用人单位法定代表人可以更换用人单位一方协商代表。

第三十一条 协商代表因更换、辞任或遇有不可抗力等情形造成空缺的，应在空缺之日起15日内按照本规定产生新的代表。

第四章 集体协商程序

第三十二条 集体协商任何一方均可就签订集体合同或专项集体合同以及相关事宜，以书面形式向对方提出进行集体协商的要求。

一方提出进行集体协商要求的，另一方应当在收到集体协商要求之日起20日内以书面形式给以回应，无正当理由不得拒绝进行集体协商。

第三十三条 协商代表在协商前应进行下列准备工作：

（一）熟悉与集体协商内容有关的法律、法规、规章和制度；

（二）了解与集体协商内容有关的情况和资料，收集用人单位和职工对协商意向所持的意见；

（三）拟定集体协商议题，集体协商议题可由提出协商一方起草，也可由双方指派代表共同起草；

（四）确定集体协商的时间、地点等事项；

（五）共同确定一名非协商代表担任集体协商记录员。记录员应保持中立、公正，并为集体协商双方保密。

第三十四条 集体协商会议由双方首席代表轮流主持，并按下列程序进行：

（一）宣布议程和会议纪律；

（二）一方首席代表提出协商的具体内容和要求，另一方首席代表就对方的要求作出回应；

（三）协商双方就商谈事项发表各自意见，开展充分讨论；

（四）双方首席代表归纳意见。达成一致的，应当形成集体合同草案或专项集体合同草案，由双方首席代表签字。

第三十五条　集体协商未达成一致意见或出现事先未预料的问题时，经双方协商，可以中止协商。中止期限及下次协商时间、地点、内容由双方商定。

第五章　集体合同的订立、变更、解除和终止

第三十六条　经双方协商代表协商一致的集体合同草案或专项集体合同草案应当提交职工代表大会或者全体职工讨论。

职工代表大会或者全体职工讨论集体合同草案或专项集体合同草案，应当有三分之二以上职工代表或者职工出席，且须经全体职工代表半数以上或者全体职工半数以上同意，集体合同草案或专项集体合同草案方获通过。

第三十七条　集体合同草案或专项集体合同草案经职工代表大会或者职工大会通过后，由集体协商双方首席代表签字。

第三十八条　集体合同或专项集体合同期限一般为 1 至 3 年，期满或双方约定的终止条件出现，即行终止。

集体合同或专项集体合同期满前 3 个月内，任何一方均可向对方提出重新签订或续订的要求。

第三十九条　双方协商代表协商一致，可以变更或解除集体合同或专项集体合同。

第四十条　有下列情形之一的，可以变更或解除集体合同或专项集体合同：

（一）用人单位因被兼并、解散、破产等原因，致使集体合同或专项集体合同无法履行的；

（二）因不可抗力等原因致使集体合同或专项集体合同无法履行或部分无法履行的；

（三）集体合同或专项集体合同约定的变更或解除条件出现的；

（四）法律、法规、规章规定的其他情形。

第四十一条　变更或解除集体合同或专项集体合同适用本规定的集体协商程序。

第六章　集体合同审查

第四十二条　集体合同或专项集体合同签订或变更后，应当自双方首席

代表签字之日起10日内，由用人单位一方将文本一式三份报送劳动保障行政部门审查。

劳动保障行政部门对报送的集体合同或专项集体合同应当办理登记手续。

第四十三条 集体合同或专项集体合同审查实行属地管辖，具体管辖范围由省级劳动保障行政部门规定。

中央管辖的企业以及跨省、自治区、直辖市的用人单位的集体合同应当报送劳动保障部或劳动保障部指定的省级劳动保障行政部门。

第四十四条 劳动保障行政部门应当对报送的集体合同或专项集体合同的下列事项进行合法性审查：

（一）集体协商双方的主体资格是否符合法律、法规和规章规定；

（二）集体协商程序是否违反法律、法规、规章规定；

（三）集体合同或专项集体合同内容是否与国家规定相抵触。

第四十五条 劳动保障行政部门对集体合同或专项集体合同有异议的，应当自收到文本之日起15日内将《审查意见书》送达双方协商代表。《审查意见书》应当载明以下内容：

（一）集体合同或专项集体合同当事人双方的名称、地址；

（二）劳动保障行政部门收到集体合同或专项集体合同的时间；

（三）审查意见；

（四）作出审查意见的时间。

《审查意见书》应当加盖劳动保障行政部门印章。

第四十六条 用人单位与本单位职工就劳动保障行政部门提出异议的事项经集体协商重新签订集体合同或专项集体合同的，用人单位一方应当根据本规定第四十二条的规定将文本报送劳动保障行政部门审查。

第四十七条 劳动保障行政部门自收到到文本之日起15日内未提出异议的，集体合同或专项集体合同即行生效。

第四十八条 生效的集体合同或专项集体合同，应当自其生效之日起由协商代表及时以适当的形式向本方全体人员公布。

第七章 集体协商争议的协调处理

第四十九条 集体协商过程中发生争议，双方当事人不能协商解决的，当事人一方或双方可以书面向劳动保障行政部门提出协调处理申请；未提出申请的，劳动保障行政部门认为必要时也可以进行协调处理。

第五十条 劳动保障行政部门应当组织同级工会和企业组织等三方面的人员，共同协调处理集体协商争议。

第五十一条 集体协商争议处理实行属地管辖，具体管辖范围由省级劳动保障行政部门规定。

中央管辖的企业以及跨省、自治区、直辖市用人单位因集体协商发生的争议，由劳动保障部指定的省级劳动保障行政部门组织同级工会和企业组织等三方面的人员协调处理，必要时，劳动保障部也可以组织有关方面协调处理。

第五十二条　协调处理集体协商争议，应当自受理协调处理申请之日起30日内结束协调处理工作。期满未结束的，可以适当延长协调期限，但延长期限不得超过15日。

第五十三条　协调处理集体协商争议应当按照以下程序进行：

（一）受理协调处理申请；

（二）调查了解争议的情况；

（三）研究制定协调处理争议的方案；

（四）对争议进行协调处理；

（五）制作《协调处理协议书》。

第五十四条　《协调处理协议书》应当载明协调处理申请、争议的事实和协调结果，双方当事人就某些协商事项不能达成一致的，应将继续协商的有关事项予以载明。《协调处理协议书》由集体协商争议协调处理人员和争议双方首席代表签字盖章后生效。争议双方均应遵守生效后的《协调处理协议书》。

第八章　附　则

第五十五条　因履行集体合同发生的争议，当事人协商解决不成的，可以依法向劳动争议仲裁委员会申请仲裁。

第五十六条　用人单位无正当理由拒绝工会或职工代表提出的集体协商要求的，按照《工会法》及有关法律、法规的规定处理。

第五十七条　本规定于2004年5月1日起实施。原劳动部1994年12月5日颁布的《集体合同规定》同时废止。

最高人民法院
关于审理劳动争议案件适用法律若干问题的解释

法释〔2001〕14号

（2001年3月22日最高人民法院审判委员会第1165次会议通过
2001年4月16日最高人民法院公告公布　自2001年4月30日起施行）

为正确审理劳动争议案件，根据《中华人民共和国劳动法》（以下简称《劳动法》）和《中华人民共和国民事诉讼法》（以下简称《民事诉讼法》）等相关法律之规定，就适用法律的若干问题，作如下解释。

第一条　劳动者与用人单位之间发生的下列纠纷，属于《劳动法》第二条规定的劳动争议，当事人不服劳动争议仲裁委员会作出的裁决，依法向人民法院起诉的，人民法院应当受理：

（一）劳动者与用人单位在履行劳动合同过程中发生的纠纷；

（二）劳动者与用人单位之间没有订立书面劳动合同，但已形成劳动关系后发生的纠纷；

（三）劳动者退休后，与尚未参加社会保险统筹的原用人单位因追索养老金、医疗费、工伤保险待遇和其他社会保险费而发生的纠纷。

第二条　劳动争议仲裁委员会以当事人申请仲裁的事项不属于劳动争议为由，作出不予受理的书面裁决、决定或者通知，当事人不服，依法向人民法院起诉的，人民法院应当分别情况予以处理：

（一）属于劳动争议案件的，应当受理；

（二）虽不属于劳动争议案件，但属于人民法院主管的其他案件，应当依法受理。

第三条　劳动争议仲裁委员会根据《劳动法》第八十二条之规定，以当事人的仲裁申请超过60日期限为由，作出不予受理的书面裁决、决定或者通知，当事人不服，依法向人民法院起诉的，人民法院应当受理；对确已超过仲裁申请期限，又无不可抗力或者其他正当理由的，依法驳回其诉讼请求。

第四条　劳动争议仲裁委员会以申请仲裁的主体不适格为由，作出不予受理的书面裁决、决定或者通知，当事人不服，依法向人民法院起诉的，经审查，确属主体不适格的，裁定不予受理或者驳回起诉。

第五条　劳动争议仲裁委员会为纠正原仲裁裁决错误重新作出裁决，当事人不服，依法向人民法院起诉的，人民法院应当受理。

第六条　人民法院受理劳动争议案件后，当事人增加诉讼请求的，如该诉讼请求与讼争的劳动争议具有不可分性，应当合并审理；如属独立的劳动争议，应当告知当事人向劳动争议仲裁委员会申请仲裁。

第七条　劳动争议仲裁委员会仲裁的事项不属于人民法院受理的案件范围，当事人不服，依法向人民法院起诉的，裁定不予受理或者驳回起诉。

第八条　劳动争议案件由用人单位所在地或者劳动合同履行地的基层人民法院管辖。

劳动合同履行地不明确的，由用人单位所在地的基层人民法院管辖。

第九条　当事人双方不服劳动争议仲裁委员会作出的同一仲裁裁决，均向同一人民法院起诉的，先起诉的一方当事人为原告，但对双方的诉讼请求，人民法院应当一并作出裁决。

当事人双方就同一仲裁裁决分别向有管辖权的人民法院起诉的，后受理的人民法院应当将案件移送给先受理的人民法院。

第十条　用人单位与其他单位合并的，合并前发生的劳动争议，由合并后的单位为当事人；用人单位分立为若干单位的，其分立前发生的劳动争议，由分立后的实际用人单位为当事人。

用人单位分立为若干单位后，对承受劳动权利义务的单位不明确的，分立后的单位均为当事人。

第十一条　用人单位招用尚未解除劳动合同的劳动者，原用人单位与劳动者发生的劳动争议，可以列新的用人单位为第三人。

原用人单位以新的用人单位侵权为由向人民法院起诉的，可以列劳动者为第三人。

原用人单位以新的用人单位和劳动者共同侵权为由向人民法院起诉的，新的用人单位和劳动者列为共同被告。

第十二条　劳动者在用人单位与其他平等主体之间的承包经营期间，与发包方和承包方双方或者一方发生劳动争议，依法向人民法院起诉的，应当将承包方和发包方作为当事人。

第十三条　因用人单位作出的开除、除名、辞退、解除劳动合同、减少劳动报酬、计算劳动者工作年限等决定而发生的劳动争议，用人单位负举证责任。

第十四条　劳动合同被确认为无效后，用人单位对劳动者付出的劳动，一般可参照本单位同期、同工种、同岗位的工资标准支付劳动报酬。

根据《劳动法》第九十七条之规定，由于用人单位的原因订立的无效合同，给劳动者造成损害的，应当比照违反和解除劳动合同经济补偿金的支付标准，赔偿劳动者因合同无效所造成的经济损失。

第十五条 用人单位有下列情形之一，迫使劳动者提出解除劳动合同的，用人单位应当支付劳动者的劳动报酬和经济补偿，并可支付赔偿金：

（一）以暴力、威胁或者非法限制人身自由的手段强迫劳动的；

（二）未按照劳动合同约定支付劳动报酬或者提供劳动条件的；

（三）克扣或者无故拖欠劳动者工资的；

（四）拒不支付劳动者延长工作时间工资报酬的；

（五）低于当地最低工资标准支付劳动者工资的。

第十六条 劳动合同期满后，劳动者仍在原用人单位工作，原用人单位未表示异议的，视为双方同意以原条件继续履行劳动合同。一方提出终止劳动关系的，人民法院应当支持。

根据《劳动法》第二十条之规定，用人单位应当与劳动者签订无固定期限劳动合同而未签订的，人民法院可以视为双方之间存在无固定期限劳动合同关系，并以原劳动合同确定双方的权利义务关系。

第十七条 劳动争议仲裁委员会作出仲裁裁决后，当事人对裁决中的部分事项不服，依法向人民法院起诉的，劳动争议仲裁裁决不发生法律效力。

第十八条 劳动争议仲裁委员会对多个劳动者的劳动争议作出仲裁裁决后，部分劳动者对仲裁裁决不服，依法向人民法院起诉的，仲裁裁决对提出起诉的劳动者不发生法律效力；对未提出起诉的部分劳动者，发生法律效力，如其申请执行的，人民法院应当受理。

第十九条 用人单位根据《劳动法》第四条之规定，通过民主程序制定的规章制度，不违反国家法律、行政法规及政策规定，并已向劳动者公示的，可以作为人民法院审理劳动争议案件的依据。

第二十条 用人单位对劳动者作出的开除、除名、辞退等处理，或者因其他原因解除劳动合同确有错误的，人民法院可以依法判决予以撤销。

对于追索劳动报酬、养老金、医疗费以及工伤保险待遇、经济补偿金、培训费及其他相关费用等案件，给付数额不当的，人民法院可以予以变更。

第二十一条 当事人申请人民法院执行劳动争议仲裁机构作出的发生法律效力的裁决书、调解书，被申请人提出证据证明劳动争议仲裁裁决书、调解书有下列情形之一，并经审查核实的，人民法院可以根据《民事诉讼法》第二百一十七条之规定，裁定不予执行：

（一）裁决的事项不属于劳动争议仲裁范围，或者劳动争议仲裁机构无权仲裁的；

（二）适用法律确有错误的；

（三）仲裁员仲裁该案时，有徇私舞弊、枉法裁决行为的；

（四）人民法院认定执行该劳动争议仲裁裁决违背社会公共利益的。

人民法院在不予执行的裁定书中，应当告知当事人在收到裁定书之次日起30日内，可以就该劳动争议事项向人民法院起诉。①

最高人民法院
关于审理劳动争议案件适用法律若干问题的解释（二）

法释〔2006〕6号

（2006年7月10日最高人民法院审判委员会第1393次会议通过
2006年8月14日最高人民法院公告公布　自2006年10月1日起施行）

为正确审理劳动争议案件，根据《中华人民共和国劳动法》、《中华人民共和国民事诉讼法》等相关法律规定，结合民事审判实践，对人民法院审理劳动争议案件适用法律的若干问题补充解释如下：

第一条　人民法院审理劳动争议案件，对下列情形，视为劳动法第八十二条规定的“劳动争议发生之日”：

（一）在劳动关系存续期间产生的支付工资争议，用人单位能够证明已经书面通知劳动者拒付工资的，书面通知送达之日为劳动争议发生之日。用人单位不能证明的，劳动者主张权利之日为劳动争议发生之日。

（二）因解除或者终止劳动关系产生的争议，用人单位不能证明劳动者收到解除或者终止劳动关系书面通知时间的，劳动者主张权利之日为劳动争议发生之日。

（三）劳动关系解除或者终止后产生的支付工资、经济补偿金、福利待遇等争议，劳动者能够证明用人单位承诺支付的时间为解除或者终止劳动关系

① 根据《最高人民法院关于调整司法解释等文件中引用〈中华人民共和国民事诉讼法〉条文序号的决定》（法释〔2008〕18号），本解释第二十一条第一款调整为：“当事人申请人民法院执行劳动争议仲裁机构作出的发生法律效力的裁决书、调解书，被申请人提出证据证明劳动争议仲裁裁决书、调解书有下列情形之一，并经审查核实的，人民法院可以根据民事诉讼法第二百一十三条之规定，裁定不予执行：

（一）裁决的事项不属于劳动争议仲裁范围，或者劳动争议仲裁机构无权仲裁的；

（二）适用法律确有错误的；

（三）仲裁员仲裁该案时，有徇私舞弊、枉法裁决行为的；

（四）人民法院认定执行该劳动争议仲裁裁决违背社会公共利益的。”——编者注

后的具体日期的，用人单位承诺支付之日为劳动争议发生之日。劳动者不能证明的，解除或者终止劳动关系之日为劳动争议发生之日。

第二条 拖欠工资争议，劳动者申请仲裁时劳动关系仍然存续，用人单位以劳动者申请仲裁超过六十日为由主张不再支付的，人民法院不予支持。但用人单位能够证明劳动者已经收到拒付工资的书面通知的除外。

第三条 劳动者以用人单位的工资欠条为证据直接向人民法院起诉，诉讼请求不涉及劳动关系其他争议的，视为拖欠劳动报酬争议，按照普通民事纠纷受理。

第四条 用人单位和劳动者因劳动关系是否已经解除或者终止，以及应否支付解除或终止劳动关系经济补偿金产生的争议，经劳动争议仲裁委员会仲裁后，当事人依法起诉的，人民法院应予受理。

第五条 劳动者与用人单位解除或者终止劳动关系后，请求用人单位返还其收取的劳动合同定金、保证金、抵押金、抵押物产生的争议，或者办理劳动者的人事档案、社会保险关系等移转手续产生的争议，经劳动争议仲裁委员会仲裁后，当事人依法起诉的，人民法院应予受理。

第六条 劳动者因为工伤、职业病，请求用人单位依法承担给予工伤保险待遇的争议，经劳动争议仲裁委员会仲裁后，当事人依法起诉的，人民法院应予受理。

第七条 下列纠纷不属于劳动争议：

（一）劳动者请求社会保险经办机构发放社会保险金的纠纷；

（二）劳动者与用人单位因住房制度改革产生的公有住房转让纠纷；

（三）劳动者对劳动能力鉴定委员会的伤残等级鉴定结论或者对职业病诊断鉴定委员会的职业病诊断鉴定结论的异议纠纷；

（四）家庭或者个人与家政服务人员之间的纠纷；

（五）个体工匠与帮工、学徒之间的纠纷；

（六）农村承包经营户与受雇人之间的纠纷。

第八条 当事人不服劳动争议仲裁委员会作出的预先支付劳动者部分工资或者医疗费用的裁决，向人民法院起诉的，人民法院不予受理。

用人单位不履行上述裁决中的给付义务，劳动者依法向人民法院申请强制执行的，人民法院应予受理。

第九条 劳动者与起有字号的个体工商户产生的劳动争议诉讼，人民法院应当以营业执照上登记的字号为当事人，但应同时注明该字号业主的自然情况。

第十条 劳动者因履行劳动力派遣合同产生劳动争议而起诉，以派遣单位为被告；争议内容涉及接受单位的，以派遣单位和接受单位为共同被告。

第十一条　劳动者和用人单位均不服劳动争议仲裁委员会的同一裁决，向同一人民法院起诉的，人民法院应当并案审理，双方当事人互为原告和被告。在诉讼过程中，一方当事人撤诉的，人民法院应当根据另一方当事人的诉讼请求继续审理。

第十二条　当事人能够证明在申请仲裁期间内因不可抗力或者其他客观原因无法申请仲裁的，人民法院应当认定申请仲裁期间中止，从中止的原因消灭之次日起，申请仲裁期间连续计算。

第十三条　当事人能够证明在申请仲裁期间内具有下列情形之一的，人民法院应当认定申请仲裁期间中断：

（一）向对方当事人主张权利；

（二）向有关部门请求权利救济；

（三）对方当事人同意履行义务。

申请仲裁期间中断的，从对方当事人明确拒绝履行义务，或者有关部门作出处理决定或明确表示不予处理时起，申请仲裁期间重新计算。

第十四条　在诉讼过程中，劳动者向人民法院申请采取财产保全措施，人民法院经审查认为申请人经济确有困难，或有证据证明用人单位存在欠薪逃匿可能的，应当减轻或者免除劳动者提供担保的义务，及时采取保全措施。

第十五条　人民法院作出的财产保全裁定中，应当告知当事人在劳动仲裁机构的裁决书或者在人民法院的裁判文书生效后三个月内申请强制执行。逾期不申请的，人民法院应当裁定解除保全措施。

第十六条　用人单位制定的内部规章制度与集体合同或者劳动合同约定的内容不一致，劳动者请求优先适用合同约定的，人民法院应予支持。

第十七条　当事人在劳动争议调解委员会主持下达成的具有劳动权利义务内容的调解协议，具有劳动合同的约束力，可以作为人民法院裁判的根据。

当事人在劳动争议调解委员会主持下仅就劳动报酬争议达成调解协议，用人单位不履行调解协议确定的给付义务，劳动者直接向人民法院起诉的，人民法院可以按照普通民事纠纷受理。

第十八条　本解释自 2006 年 10 月 1 日起施行。本解释施行前本院颁布的有关司法解释与本解释规定不一致的，以本解释的规定为准。

本解释施行后，人民法院尚未审结的一审、二审案件适用本解释。本解释施行前已经审结的案件，不得适用本解释的规定进行再审。

【链　接】

保护劳动者合法权益　促进劳动关系和谐稳定

——最高人民法院有关负责人就《关于审理劳动争议案件适用法律若干问题的解释（二）》答记者问

一、解释以维护和谐劳动关系为价值取向

问：请您介绍一下最高人民法院制定这一司法解释的背景和意义？

答：《劳动法》颁布实施以后，随着我国劳动用工制度和社会保障制度的改革，劳动关系不断发生新的变化，全国法院审理的劳动争议案件每年约以20%的速度递增，成为民事审判中的热点和难点。

为了适应劳动争议审判工作的需要，最高人民法院曾于2001年4月16日颁布了《关于审理劳动争议案件适用法律若干问题的解释》（法释〔2001〕14号），就劳动争议案件的受理、管辖、诉讼主体、举证责任、合同解除、判案依据、仲裁裁决的审查执行等一些亟须明确的问题，作出了相应的解释。对劳动合同的违约金、竞业限制、续订无固定期限劳动合同等问题，以及集体合同争议、人事争议、社会保险费争议、工伤赔偿争议、欠薪逃匿纠纷等问题，确定根据劳动用工制度、社会保障制度的调整状况，按照“成熟一个、制定一个”的方针，适时出台解释。

从2003年年底，最高人民法院民一庭开始起草《关于审理劳动争议案件适用法律若干问题的解释（二）》（以下简称《解释二》），并广泛征求社会各界的意见。2004年底，因为《劳动合同法》的起草工作被正式提上议事日程，我们又根据立法部门的建议，将解释草稿中可能与《劳动合同法》重复的内容予以删除，进一步征求意见。2005年4月，中央政法委下发了《关于依法及时处理企业劳动纠纷，切实维护社会稳定的通知》，要求抓紧对有关法律作出司法解释，进一步完善处理劳动纠纷的法律制度。最高人民法院据此再次调整了《解释二》的内容，立足于解决实践的亟须，确定对有些现在还不成熟的意见留待今后逐步解决，解释稿进一步修改后认真听取了全国人大常委会法工委、国务院法制办、劳动和社会保障部、全国总工会、中国企联以及相关专家学者的意见，经最高人民法院审判委员会讨论，通过了这部司法解释。

出台这个司法解释具有以下意义：

一是便于广大劳动者准确理解掌握《劳动法》的规定，促进依法维权。《劳动法》是一个新的法律门类，颁布实施专门的《劳动法》调整劳动关系在我国也只有十多年的历史。我国过去长期实行的是劳动用工由国家统包统管，国家是劳动用工的唯一主体，国家运用行政管理的手段管理调整劳动关系，劳动者不太关心劳动关系中权利义务内容，即使产生纠纷一般通过行政渠道予以解决。

《劳动法》为劳动者和用人单位解决劳动争议设置了“协商—调解—仲裁—诉讼”的渠道，但广大劳动者对依法维权既不是很熟悉，也不是很习惯，产生纠纷往往找错了解决的部门，错过了仲裁的时机；还有一些劳动者不懂得依法维权，而是采取一些过激手段，诸如集体停产停工、毁坏生产设备，集体上访堵塞交通要道、围攻政府机关，或者制造个人跳楼自杀、暴力追索工资等错误和违法的做法。

我们这个司法解释主要是从程序上明确了当事人如何依法维权，如何在现行法律框架下给劳动者设置一个便捷、有效的司法保护程序。

二是便于各级人民法院的法官准确掌握司法尺度，促进司法公正。劳动争议案件作为新类型的民事案件，劳动关系与一般的民事关系、劳动合同与普通的民事合同相比，在当事人主体地位的平等性、当事人意思表达的自由性、国家关于劳动基准的强制性等方面都有很大的差别，与广大法官审理的其他民事案件在适用法律上有很大的差异，集中体现在《劳动法》的规定比较原则，配套的法律法规还在不断制定和完善过程中，我们制定这个司法解释，回答了广大法官适用法律上所疑惑的一些问题，对帮助他们准确掌握司法尺度，促进办案的公正无疑具有重要意义。

三是有利于规范企业劳动用工制度和管理制度改革，促进其建立符合社会主义市场经济要求的劳动用工制度。我们在这个司法解释中提出了用人单位拒付工资、解除劳动合同必须使用书面的形式，长期拖欠工资不能以超过六十日申请仲裁期限抗辩拒付，违法收取就业保证金、不依法办理劳动者人事档案、社保档案移转手续要依法处理，在劳动力派遣关系中用人单位要承担连带责任，集体合同具有高于企业内部规章的效力等等处理劳动争议案件的方法，必将给各类用人单位规范劳动用工制度和企业管理制度带来积极的促进作用。

四是有利于建立稳定和谐的劳动关系，促进社会主义和谐社会的建设。我们在这个司法解释中突出了解决劳动者讨要工资难的一些诉讼措施，突出了保护劳动者诉权的司法程序，肯定了建立多元化的劳动争议处理机制，肯定了劳动争议调解委员会主持达成的调解协议的应有效力，提倡劳动者应当首先向用人单位主张权利，确定直接主张权利也是申请仲裁期限中断的一种形式，强化了集体合同的效力层次，等等，核心就是促进劳动争议得到及时、有效、公正的解决，消除劳资矛盾，减少劳资对抗，促进劳资关系的和谐发展，促进社会主义和谐社会的建设。

二、解释充分征集了民意，汇聚了民智

问：这个解释涉及亿万劳动者和广大用人单位的利益，是否充分听取了他们的意见？

答：最高人民法院本着司法为民的指导思想，为了使司法解释能够更好地反映民意、集中民智，从2002年起我们就决定将一些重要的司法解释在起草过程中公开征求社会各界人士的意见。

本解释在起草过程中，最高人民法院民一庭多次召开座谈会，在法院系统内部向全国31个高级人民法院，40多个中级人民法院和基层人民法院，以及本院相关审判业务部门征求意见，对外多次向立法机关、行政主管部门，特别是向中华全国总工会、中国企业联合会、全国工商联，以及最高人民法院特邀咨询员、劳动法学者和律师征求意见。

2004年9月30日，该解释征求意见稿由《人民法院报》、《中国劳动保障报》、“中国法院网”公布，向社会各界征求意见。各界读者给予了高度关心和积极参与，我们共收到网民在网上提出的修改意见1294条，群众来信203封。法院系统、相关部门、专家学者以及广大群众的修改意见，我们均作了认真的归纳、整理和吸收，现在有的条文就是根据大家提出的意见修改或者制定的。最高人民法院审判委员会讨论该司法解释时，委员们严格把关，对许多重大疑难问题作了抉择。

三、从有利于劳动者维权界定“劳动争议发生之日”

问：解释第一条首先解释“劳动争议发生之日”，用意何在？

答：《劳动法》第八十二条规定，当事人申请劳动仲裁的期限是六十日，自劳动争议发生之日起算。如何理解“劳动争议发生之日”，也就是如何掌握劳动者知道或者应当知道其权利受到侵害，涉及六十日期限的准确计算，涉及劳动者的诉权能否得到有效保护，广大劳动者非常关心，地方法院也经常询问。

《劳动法》从立法上规定劳动争议申请仲裁的期限是六十日，本意是为了促使劳动争议尽快得到解决，使企业的正常生产秩序及时得到恢复，劳动者的合法权益尽快得到保护，生活秩序尽快得到安定，本意是积极的。但在实践中这一规定又变成了一把双刃剑，一方面要约束当事人双方尽快解决纠纷，使劳动关系尽快得到和谐稳定，另一方面也使一些劳动者因为对法律程序了解不够、申请仲裁不及时，从而丧失了仲裁的机会。实践中，更有一些用人单位利用劳动者法律知识淡薄或者劳动者所处的弱势地位，主张欠发工资、欠交社会保险费超过六十日申请仲裁期限的就不再支付，导致劳动者投诉无门，社会矛盾激化。为了解决这个问题，考虑到实践中对上述问题的理解争议，主要发生在欠薪纠纷、解除合同的经济补偿金纠纷方面，这个司法解释有针对性地解释：拖欠工资的争议，以用人单位“书面拒绝”作为界定争议发生的标准，否则以“劳动者主张权利之日”作为标准。解除劳动合同发生的欠薪和补偿纠纷，推定“解除合同之日”为劳动者应当知道权利受侵害的日期，但用人单位承诺了支付日期的，以期日届满之日为标准。

四、持续拖欠工资不得以超过60日申请仲裁期限抗辩拒付

问：欠薪纠纷是当前劳动关系领域比较突出的矛盾，司法解释规定了什么新的措施？

答：当前社会各界就劳动关系领域关注和反映比较强烈的问题是长期拖欠工资和欠薪逃匿两种情况。中央政法委〔2005〕18号文件也提出，最高人民法院要抓紧对欠薪逃匿等问题进行研究，尽快出台相关司法解释。长期拖欠工资和恶意欠薪，一方面是一部分企业妄图借60日仲裁申请期限消灭债权，导致劳资矛盾激化；另一方面也导致一些案件证据难以厘清，纠纷难以裁断，因此，必须提出司法对策解决这个突出问题。

从我国现阶段的国情来看，劳动还是劳动者谋生和维持家庭生活来源的基本手段，工资既是一个社会分配问题，关系到国民收入的分配和消费，关系到社会和谐，也反映出经济发展和职工群众的生活保障问题，关系到人民群众的切身利益。因此，本解释第二条规定，在劳动关系存续期间，用人单位连续拖欠工资但以六十日仲裁时效进行抗辩拒付的，人民法院不予支持。作出这一解释的依据是，虽然《劳动法》有工资应当按月发放的规定，但要求劳动者在劳动关系存续期间，每月都要通过仲裁或者诉讼的手段讨要工资，不符合立法本意，也不符合人情伦理。因为从劳动关系的社会伦理上讲，劳动者对用人单位由于经营困难等原因造成的一时不能及时发放工资要有一个合理的容忍度，不应当每个月都要运用仲裁等强硬手段讨要工资，而且现阶段社会就业形势严峻，要求劳动者既要运用法律救济手段解决工资问题，又要保住“饭碗”，显然不合情理，因此，对拖欠工资的时效保护要从宽。

其次，对欠薪逃匿的问题，我们在解释的第十四条规定，劳动者有证据证明用人单位存在欠薪逃匿可能的，人民法院接受其财产保全申请时，应当

减轻或者免除劳动者提供担保的义务，及时采取保全措施。这就给广大的劳动者提供了一个简便高效的保护手段。

五、凭工资欠条可以直接向法院起诉

问：对广大进城务工人员（俗称“农民工”）的工资拖欠纠纷，司法解释有无规定相应的保护措施？

答：为广大进城务工人员（俗称“农民工”）提供有效的劳动法保护，特别是积极解决建筑领域拖欠农民工工资的问题，既是党中央、国务院高度关心的问题，也是最高人民法院一直着力解决的问题。在过去的有关司法解释和司法文件中，我院规定了相关的保护措施。这个解释主要的新意就是明确劳动者以单位的工资欠条作为证据可以直接向人民法院起诉。这项措施也是方便广大农民工依法追索工资的举措。

作出此解释是因为审判实践中，有的法院将农民工凭工资欠条追讨工资当作劳务报酬纠纷，依据《民法通则》的规定按照普通民事案件直接处理；有的法院则按照劳动争议案件对待，要求仲裁前置，走“一裁两审”的法律程序。从审判的社会效果来看，后一种处理方式程序相对繁琐，时间消耗较长，农民工往往难以等待，特别是农民工的工资到了岁末年尾就会出现讨要高峰，外出务工者急于拿到工钱后返乡过年，长时间的等待容易引发恶性事件。如果依据《民法通则》的规定，对持工资欠条直接起诉到法院的，视为追讨劳务报酬，就可以不经仲裁程序，及时保护劳动者应得的工资收入，对劳动者来说就是一个满意的结果，这也是广大农民工满意的选择。至于在普通的民事审判中如何贯彻最低工资的强制性标准并审查工资欠条的合法性？我们认为，无论从《劳动法》保护劳动者工资的角度，还是从民法上保护劳动报酬的角度，用人单位支付的工资标准都不能低于当地政府公布的最低工资标准；从工资具有社会分配的属性考虑，还应当参照用人单位相同工种、相同岗位的人员工资标准支付劳动者应得的工资；无故拖欠工资的，应当依法支付25%的赔偿金。这与我们民事审判实践中将大量的劳务报酬纠纷作为普通民事案件处理的方针是一致的。

当然，司法解释第三条是为了顺应当前社会的现实需求，突出人民法院“司法为民”的指导思想，及时有效保护劳动者的权益，尊重当事人的选择，直接作为普通民事案件处理。如果劳动者愿意将此类纠纷申请劳动仲裁，通过仲裁处理纠纷也是可以的。

六、不得非法扣押劳动者证件、档案、押金

问：现在有些用人单位强迫劳动者交保证金，解除合同时不退还，或者解除劳动合同后不给劳动者办理人事档案、社会保险关系等手续移转的，法院是否处理？

答：禁止用人单位向劳动者收取保证劳动合同订立和履行的定金、保证金、抵押金、抵押物，禁止扣押劳动者的身份证件、工资档案、人事档案、社会保险档案，是国家劳动和社会保障行政主管部门有明确规定的。但在实践中，还是有一些用人单位不依法办事，违法收取保证金等，劳动者为了就业，不敢在劳动关系存在期间向劳动监察部门投诉，直到解除劳动关系时寄希望通过仲裁或者诉讼手段给予救济，也有的用人单位出于义愤，对劳动者提出解除劳动合同的，以扣押丢弃人事档案、社保档案等手段予以制裁，导致劳动者再就业困难，利益受损。这个司法解释在向社会公开征求意见时，很多网民和读者向我院反映，希望对上述两个问题从司法解释上也加以规制。我们经过研究认为，这些要求是符合立法本意的。《劳动法》规定因履行劳动合同产生的争议可以诉讼到法院，劳动合同解除和解除合同后产生的附随义务纠纷也应属于劳动合同履行争议的延伸，应当扩大在上述情况下对劳动者的救济渠道。所以，解释第五条规定：劳动者与用人单位解除或者终止劳动关系后，请求用人单位返还其收取的劳动合同定金、保证金、抵押金、抵押物产生的争议，或者办理劳动者的人事档案、社会保险关系等移转手续产生的争议，经劳动争议仲裁委员会仲裁后，当事人依法起诉的，人民法院应予受理。

七、工伤赔偿案件应当及时受理

问：现阶段我国的安全生产事故、职业病事故以及交通事故比较多，由此造成的工伤事故也就比较多，司法解释是否规定了相应的救济措施？

答：高度工业化的社会大生产和高速发展的交通运输工具，在给人类带来生产力提高和交通便捷的同时，也产生了大量的工伤事故。我国政府正在积极采取有力措施加大安全生产监督管理和职业病防治的力度，但工伤事故现阶段还是难以完全避免的，因此，国家也同时在大力推行工伤保险制度，以使伤病职工得到及时的救治、康复和必要的赔偿。相关法律法规给因工伤残的职工设置的救济渠道有两个：一是已经建立工伤保险关系的，由用人单位和社保经办机构分别承担给付相应的工伤保险待遇；二是还没有给职工建立工伤保险关系的，由用人单位依照工伤保险的法定标准给予一次性赔偿。在司法实践中有一个问题长期以来有争议，就是用人单位以外的第三人侵权

行为造成劳动者工伤的如何处理，是否可以在得到民事侵权赔偿后享受工伤待遇？这个司法解释第六条明确，劳动者因为工伤、职业病，请求用人单位依法承担给予工伤保险待遇的争议，经劳动争议仲裁委员会仲裁后，当事人依法起诉的，人民法院应予受理。也就是说，不论是什么原因造成的工伤，受伤职工（包括工亡职工的近亲属）都可以依法享受工伤待遇。当然，依照法律规定，工伤赔偿案件中，只有请求用人单位给付工伤待遇的争议属于民事案件，请求工伤保险经办机构给予工伤保险待遇的争议则属于行政案件，要通过行政诉讼的途径予以解决。

八、劳动者打官司将更明确、更方便、更有效

问：这个司法解释在方便劳动者维权方面规定了哪些便民措施？

答：这个司法解释的主要内容是对劳动争议案件的诉讼程序进一步加以明确和细化。除了我前面所讲的追索工资的问题已经从程序上作出了便民的规定外，为了保障劳动者的合法权益能得到及时有效的保护，体现对困难职工、弱势群体的及时救助，这个司法解释还确定了以下一些便民措施：

第一，明确了六类纠纷不属于劳动争议，给当事人提供诉讼指引。

第二，规定在劳动争议案件仲裁或者诉讼的过程中，对仲裁机构作出的预先支付劳动者部分工资和医疗费的裁决，人民法院可以根据劳动者的申请，及时采取执行措施。

第三，确定了申请仲裁期限中断和中止的制度，即当事人能够证明在申请仲裁期间内因为不可抗力或者其他客观原因无法申请仲裁的，人民法院应当认定申请仲裁期间中止，从中止的原因消灭之次日起，申请仲裁期间连续计算。当事人能够证明在申请仲裁期间内具有下列情形之一的，人民法院应当认定申请仲裁期间中断：(1) 向对方当事人主张权利的；(2) 向有关部门请求权利救济的；(3) 对方当事人同意履行义务的。

第四，规定双方当事人均不服仲裁裁决向人民法院起诉的，人民法院应当合并审理，当事人的诉讼地位体现为互为原告和被告，以解决立审分离，立了两个案子后又动员后起诉的当事人撤诉或变更诉讼地位等问题，切实体现双方当事人诉讼地位平等的问题。

第五，明确经济确有困难的劳动者向法院申请财产保全，可以不提供担保。

第六，规定人民法院作出的财产保全裁定中应当告知当事人在劳动仲裁机构的裁决书或者在人民法院的裁判文书生效后三个月内申请强制执行。

第七，确认了当事人在劳动争议调解委员会主持下达成的具有劳动权利义务内容的调解协议，具有劳动合同的约束力，可以作为人民法院裁判的根

据。当事人在劳动争议调解委员会主持下仅就劳动报酬争议达成调解协议，用人单位不履行调解协议确定的给付义务，劳动者直接向人民法院起诉的，人民法院可以按照普通民事纠纷受理。

九、倡导多元手段化解劳资矛盾

问：这个解释如何体现运用多元的手段解决劳动争议？

答：《劳动法》规定解决劳动争议的渠道是“协商—调解—仲裁—诉讼”，因此，诉讼是处理劳动争议的一种手段，而不是唯一的手段。我们在解释第十三条规定劳动争议的仲裁申请期间因向对方当事人主张权利、向有关部门申请权利救济或者对方当事人同意履行义务而中断，就是意味着当事人之间的协商解决纠纷、有关部门的调解、仲裁、行政处理都是解决劳动争议的有效手段，都是有利于劳动争议最终得到圆满解决，而不会妨碍或者制约当事人诉权的行使和保护。征求意见过程中，部分法院和工会系统还提出，随着劳动争议纠纷的逐年增加，加强调解工作，提高调解效率，对于及时化解劳动关系领域的矛盾，减轻人民法院的诉讼压力，越来越重要。故建议，劳动争议经劳动争议调解委员会或者区域性、行业性劳动争议调解组织主持调解，由双方当事人达成的调解协议，应具有劳动合同的效力，应当作为人民法院裁判的根据。这个建议得到多数部门的支持。还有的同志主张，一方当事人不履行解决工资争议达成的调解协议，对方当事人可以直接向人民法院起诉。上述主张的理由是：《劳动法》第八十条第二款规定：“劳动争议经调解达成协议的，当事人应当履行”，这就说明劳动争议调解协议已经不是没有法律拘束力的协议，为了快速解决纠纷，可以设置快速解决纠纷的渠道。综合各方意见，解释稿第十七条规定，对于经过劳动争议调解委员会调解达成的协议，应当视为具有劳动合同的约束力，可以作为人民法院裁判的依据；只涉及劳动报酬的调解协议，一方当事人反悔的，另一方当事人可以直接向人民法院起诉。这是对运用调解手段化解劳动争议的一个肯定性规定，对进一步发挥各级劳动争议调解委员会的调解职能，及时化解劳动争议无疑会起到积极的促进作用。

十、依法赋予劳动合同和集体合同的优先效力

问：解释第十六条规定劳动合同和集体合同比单位的规章制度具有优先适用的效力，如何理解？

答：人民法院审理劳动争议案件的基本目的之一，就是为了既保护广大劳动者的合法权益不受侵犯，又维护和支持用人单位依法行使劳动用工自主权，促进企业加强规范管理和民主管理，健全劳动用工的规章制度。为了预

防和减少劳动争议，倡导运用协商对话、集体谈判的机制建立和谐劳动关系，维护和推行集体劳动合同制，解释第十六条规定了用人单位所制定的内部规章制度与集体合同或者劳动合同约定的内容不一致，劳动者请求优先适用合同约定的，人民法院应予支持。这就确定了集体合同的优先适用效力，主要目的是为了防止用人单位、特别是企业的经营管理者不正当行使劳动用工管理权，借少数人的民主侵害多数职工依法享有的民主权利，从而促进劳动力市场管理秩序的规范。

十一、劳动合同和人事争议处理的相关问题将再作出解释

问：这个司法解释与征求意见稿相比，删减了有关劳动合同的内容，是否将来还要作出解释?

答：本解释在起草初始，曾经根据各地法院的建议，规定了劳动关系认定、劳动合同续签、劳动合同中止履行、劳动合同违约金、竞业限制等问题的处理意见，征求意见的过程中，有关立法部门开始了《劳动合同法》的起草工作，劳动合同法草案现在已经由立法机关公布征求全民意见，因此我们根据有关部门的建议，未再就上述相关问题作出解释。待《劳动合同法》公布实施以后，遇有新的疑难问题，我们再视情况作出解释。在本解释的起草过程中，一些法院和其他部门还提出，希望对人事争议的法律适用问题一并作出解释和规定。经过研究，考虑到人事争议处理的法律体制目前还在改革之中，虽然一些法院根据我院相关司法解释的规定已经开始受理人事争议案件，遇到了一些问题，但是人事争议的处理与劳动争议的处理在我国现阶段还是采取两种不同的模式，因此人事争议的法律适用问题留待今后专题研究比较合适，故本解释未作出规定。这个司法解释现在取名为《解释二》，只要司法实践需要，最高人民法院将会及时出台“解释三”，核心的目的，就是为了及时满足广大劳动者的需求和审判实践的需求。

最高人民法院
关于审理劳动争议案件适用法律若干问题的解释（三）

法释〔2010〕12号

（2010年7月12日最高人民法院审判委员会第1489次会议通过
2010年9月13日最高人民法院公告公布　自2010年9月14日起施行）

为正确审理劳动争议案件，根据《中华人民共和国劳动法》、《中华人民共和国劳动合同法》、《中华人民共和国劳动争议调解仲裁法》、《中华人民共和国民事诉讼法》等相关法律规定，结合民事审判实践，特作如下解释。

第一条　劳动者以用人单位未为其办理社会保险手续，且社会保险经办机构不能补办导致其无法享受社会保险待遇为由，要求用人单位赔偿损失而发生争议的，人民法院应予受理。

第二条　因企业自主进行改制引发的争议，人民法院应予受理。

第三条　劳动者依据劳动合同法第八十五条规定，向人民法院提起诉讼，要求用人单位支付加付赔偿金的，人民法院应予受理。

第四条　劳动者与未办理营业执照、营业执照被吊销或者营业期限届满仍继续经营的用人单位发生争议的，应当将用人单位或者其出资人列为当事人。

第五条　未办理营业执照、营业执照被吊销或者营业期限届满仍继续经营的用人单位，以挂靠等方式借用他人营业执照经营的，应当将用人单位和营业执照出借方列为当事人。

第六条　当事人不服劳动人事争议仲裁委员会作出的仲裁裁决，依法向人民法院提起诉讼，人民法院审查认为仲裁裁决遗漏了必须共同参加仲裁的当事人的，应当依法追加遗漏的人为诉讼当事人。

被追加的当事人应当承担责任的，人民法院应当一并处理。

第七条　用人单位与其招用的已经依法享受养老保险待遇或领取退休金的人员发生用工争议，向人民法院提起诉讼的，人民法院应当按劳务关系处理。

第八条　企业停薪留职人员、未达到法定退休年龄的内退人员、下岗待岗人员以及企业经营性停产放长假人员，因与新的用人单位发生用工争议，依法向人民法院提起诉讼的，人民法院应当按劳动关系处理。

第九条 劳动者主张加班费的，应当就加班事实的存在承担举证责任。但劳动者有证据证明用人单位掌握加班事实存在的证据，用人单位不提供的，由用人单位承担不利后果。

第十条 劳动者与用人单位就解除或者终止劳动合同办理相关手续、支付工资报酬、加班费、经济补偿或者赔偿金等达成的协议，不违反法律、行政法规的强制性规定，且不存在欺诈、胁迫或者乘人之危情形的，应当认定有效。

前款协议存在重大误解或者显失公平情形，当事人请求撤销的，人民法院应予支持。

第十一条 劳动人事争议仲裁委员会作出的调解书已经发生法律效力，一方当事人反悔提起诉讼的，人民法院不予受理；已经受理的，裁定驳回起诉。

第十二条 劳动人事争议仲裁委员会逾期未作出受理决定或仲裁裁决，当事人直接提起诉讼的，人民法院应予受理，但申请仲裁的案件存在下列事由的除外：

（一）移送管辖的；

（二）正在送达或送达延误的；

（三）等待另案诉讼结果、评残结论的；

（四）正在等待劳动人事争议仲裁委员会开庭的；

（五）启动鉴定程序或者委托其他部门调查取证的；

（六）其他正当事由。

当事人以劳动人事争议仲裁委员会逾期未作出仲裁裁决为由提起诉讼的，应当提交劳动人事争议仲裁委员会出具的受理通知书或者其他已接受仲裁申请的凭证或证明。

第十三条 劳动者依据调解仲裁法第四十七条第（一）项规定，追索劳动报酬、工伤医疗费、经济补偿或者赔偿金，如果仲裁裁决涉及数项，每项确定的数额均不超过当地月最低工资标准十二个月金额的，应当按照终局裁决处理。

第十四条 劳动人事争议仲裁委员会作出的同一仲裁裁决同时包含终局裁决事项和非终局裁决事项，当事人不服该仲裁裁决向人民法院提起诉讼的，应当按照非终局裁决处理。

第十五条 劳动者依据调解仲裁法第四十八条规定向基层人民法院提起诉讼，用人单位依据调解仲裁法第四十九条规定向劳动人事争议仲裁委员会所在地的中级人民法院申请撤销仲裁裁决的，中级人民法院应不予受理；已经受理的，应当裁定驳回申请。

被人民法院驳回起诉或者劳动者撤诉的，用人单位可以自收到裁定书之日起三十日内，向劳动人事争议仲裁委员会所在地的中级人民法院申请撤销仲裁裁决。

第十六条　用人单位依照调解仲裁法第四十九条规定向中级人民法院申请撤销仲裁裁决，中级人民法院作出的驳回申请或者撤销仲裁裁决的裁定为终审裁定。

第十七条　劳动者依据劳动合同法第三十条第二款和调解仲裁法第十六条规定向人民法院申请支付令，符合民事诉讼法第十七章督促程序规定的，人民法院应予受理。

依据劳动合同法第三十条第二款规定申请支付令被人民法院裁定终结督促程序后，劳动者就劳动争议事项直接向人民法院起诉的，人民法院应当告知其先向劳动人事争议仲裁委员会申请仲裁。

依据调解仲裁法第十六条规定申请支付令被人民法院裁定终结督促程序后，劳动者依据调解协议直接向人民法院提起诉讼的，人民法院应予受理。

第十八条　劳动人事争议仲裁委员会作出终局裁决，劳动者向人民法院申请执行，用人单位向劳动人事争议仲裁委员会所在地的中级人民法院申请撤销的，人民法院应当裁定中止执行。

用人单位撤回撤销终局裁决申请或者其申请被驳回的，人民法院应当裁定恢复执行。仲裁裁决被撤销的，人民法院应当裁定终结执行。

用人单位向人民法院申请撤销仲裁裁决被驳回后，又在执行程序中以相同理由提出不予执行抗辩的，人民法院不予支持。

【链　接】

依法维护劳动者权益　构建和发展和谐稳定的劳动关系

——最高人民法院民事审判第一庭负责人就《关于审理劳动争议案件适用法律若干问题的解释（三）》答记者问

2010年9月14日，《最高人民法院关于审理劳动争议案件适用法律若干问题的解释（三）》（以下简称《解释三》）开始施行，值此司法解释公布之际，最高人民法院民事审判第一庭负责人就《解释三》的有关问题接受了记者的采访。

一、以构建和发展和谐稳定的劳动关系为价值取向

问：请您介绍一下最高人民法院制定这一司法解释的背景和意义？

答：随着我国劳动用工制度的深刻变革，劳动法律制度的不断完善，全国法院审理的劳动争议案件数量突飞猛进地增长，呈现出数量膨胀化、内容复杂化、区间多样化、诉讼群体化和难度增大化的特点。最高人民法院曾先后于2001年4月和2006年8月分别公布了《关于审理劳动争议案件适用法律若干问题的解释》（法释〔2001〕14号）和《关于审理劳动争议案件适用法律若干问题的解释（二）》（法释〔2006〕6号）两个司法解释。2008年，《劳动合同法》和《劳动争议调解仲裁法》相继实施，这两部法律分别对于劳动合同的订立、履行、变更、解除和终止以及劳动争议纠纷的处理作出了全面、翔实的规定，因此，有必要根据立法的变化，及时制定新的司法解释。出台这部司法解释具有以下重要的意义：一是便于广大劳动者准确理解法律规定，促进依法维权；二是便于各级人民法院准确掌握司法尺度，促进司法公正；三是便于规范劳动争议纠纷案件处理程序，促进裁审衔接；四是便于构建和发展和谐稳定的劳动关系，促进社会和谐。

二、从合法、务实的角度界定社会保险争议的范围

问：社会保险尤其是养老保险争议，一直是劳动者普遍关注的话题，这部司法解释对此规定了哪些新的举措？

答：《劳动争议调解仲裁法》确定了社会保险争议属于劳动争议，但是否应把所有的社会保险争议不加区别地纳入人民法院受案范围，确是一个在实践中争议广泛的问题，需要司法解释进一步明确。我们研究认为，用人单位、劳动者和社保机构就欠费等发生争议，是征收与缴纳之间的纠纷，属于行政管理的范畴，带有社会管理的性质，不是单一的劳动者与用人单位之间的社保争议。因此，对于那些已经由用人单位办理了社保手续，但因用人单位欠缴、拒缴社会保险费或者因缴费年限、缴费基数等发生的争议，应由社保管理部门解决处理，不应纳入人民法院受案范围。对于因用人单位没有为劳动者办理社会保险手续，且社会保险经办机构不能补办导致劳动者不能享受社会保险待遇，要求用人单位赔偿损失的，则属于典型的社保争议纠纷，人民法院应依法受理。

三、企业自主改制引发的争议人民法院予以受理

问：当前，因企业改制引发的诸如下岗、买断工龄、提前退休等问题，由于没有明确法律规定，人民法院往往不予受理此类案件，《解释三》是否有新的突破？

答：针对企业改制过程中出现的特殊情况，特别是政府行为主导的企业改制，我们一直认为，企业职工下岗、整体拖欠职工工资是企业制度改革和劳动用工制度改革中出现的特殊现象，不是履行劳动合同中的问题，由此引发的纠纷，应当由政府有关部门按照企业改制的政策规定统筹解决，不属于劳动争议案件，不应以民事案件立案审理。随着我国经济体制改革的逐步深入，不论是国有企业还是民营企业，其改制已越来越呈现出多元化特征，而不局限于政府或相关部门主导。对于企业自主改制引发的争议处理，完全是在法律规定的层面上进行，因此，对于这部分劳动争议案件，人民法院责无旁贷，应依法予以受理。

四、不具备合法经营资格的用人单位及其出资人要承担责任

问：实践中，劳动者付出劳动后，用人单位往往以自己不具备合法经营资格为借口逃避责任，司法解释有无规定相应的保护措施？

答：不具备合法经营资格主要包括未办理营业执照、营业执照被吊销或者营业期限届满仍继续经营这三种情况。非法用工主体由于违反工商登记的规定，理应受到行政处罚，但行政违法行为不应影响到其民事行为的效力。只要非法用人单位与劳动者之间签订的不是违反法律强行性规定、违背社会善良风俗和社会公共道德的劳动合同，即便存在非法用工，也应当承认其劳动关系的存在。这样，当纠纷发生时，就可按照法律倾斜于劳动者的原则，由用人单位承担相应的责任，并且，当用人单位不存在或者无力承担责任时，出资人应当依法予以承担责任。

五、以挂靠等形式借用资质的，出借方要承担责任

问：实践中，经常会有不具备合法经营资格的用人单位以挂靠等形式借用他人营业执照经营这一现象，当与劳动者发生劳动争议后，应当如何确定诉讼主体？

答：就出借营业执照一方而言，由于其出借行为导致了劳动者有理由相信招用他的用人单位具备合法经营资格，甚至认为出借营业执照一方即是用人单位。正是基于这些足以使其产生合理认识的表象，劳动者才付出了劳动。因此，当劳动者因追索劳动报酬、经济补偿或者赔偿金与用人单位发生争议

时，亦应当把出借营业执照一方列为当事人，并且要承担相应的责任。实践中还需要注意的是，不论以挂靠等形式出借营业执照是否为有偿，均不影响其作为当事人的地位。

六、仲裁遗漏当事人的不必重新仲裁

问：劳动争议仲裁机构作出的仲裁裁决遗漏了必须共同参加诉讼的当事人的，是否需要再次仲裁？

答： 对于已经作出的仲裁裁决遗漏了必须共同参加诉讼的当事人的，仲裁机构不能自行追加或经当事人申请追加后再次重新仲裁。当事人可依照《劳动争议调解仲裁法》的规定，直接向人民法院提起诉讼后，经当事人申请或者依职权追加后一并参加诉讼。对于被追加的当事人应当承担责任的，人民法院就应当直接作出调解或依法判决其承担责任。

七、企业停薪留职人员、内退人员等可与新的用人单位建立劳动关系

问：企业停薪留职人员、内退人员、下岗待岗人员、企业经营性停产放长假人员重新就业的，可否与新的用人单位建立劳动关系，本司法解释如何保护这类人员的权益？

答： 我们在制定司法解释时，结合法律法规，规定了停薪留职人员、内退人员、下岗待岗人员、企业经营性停产放长假人员与新用人单位之间的用工关系应认定为劳动关系。相应地，劳动者与新的用人单位之间因劳动关系产生的争议也应当适用劳动法律、法规。具体来说，第一，新的用人单位有缴纳社会保险的义务。在停薪留职、提前退休、下岗待岗、企业经营性停产放长假等情形下，劳动者与新用人单位建立用工关系的，应当由新用人单位与劳动者按照相关规定缴纳社会保险费用。第二，发生工伤事故时新的用人单位有赔偿的义务。根据相关政策、法规依据可知，在劳动者于新用人单位工作期间发生工伤事故的，应当由新用人单位承担工伤待遇的各项义务。第三，在劳动合同解除或终止后新的用人单位有补偿的义务。在劳动者与新用人单位解除或终止劳动合同的，有关解除权的产生、行使以及解除或终止后的法律后果包括经济补偿金、赔偿金等事项，都应当适用《劳动法》和《劳动合同法》的相关规定。

八、加班费举证责任的分配更加科学、合理

问：《劳动合同法》和《劳动争议调解仲裁法》颁布实施后，涉及加班费的劳动争议案件占了很大一部分，新的司法解释如何分配加班费的举证责任？

答： 由于劳动者所能提供的加班证据极其有限，这类证据大都由用人单

位持有，劳动者很难取得。在这种情况下，由劳动者举证证明其加班天数及加班费数额的多少，将置劳动者于不利之地。反之，若将加班费列入举证责任倒置的范围，由用人单位举证，当用人单位不提供加班证据或提供不出否认加班事实的证据，则推定劳动者所称的加班事实成立，这样既缺乏法律依据，也会诱使劳动者不顾客观实际随意主张加班费。

因《劳动争议调解仲裁法》第六条规定了劳动争议适用“谁主张、谁举证”的原则，追索加班费案件也不应例外。劳动者主张加班费应当就加班事实举证，考虑到劳动者举证的实际困难，对劳动者的举证不能过于苛求，可适当减轻劳动者的举证责任，只要劳动者一方提出的基本证据或者说初步证据可以证明有加班的事实，即可视为其举证责任已经完成。劳动者提供的加班证据既可以是考勤表、交接班记录、加班通知；也可以是工资条、证人证言等，凡是能够证明其加班的证据都可以提供。同样，对于劳动者主张加班事实的证据由用人单位掌握管理的，劳动者仍然要对这一主张负有举证责任，当劳动者举证证明了加班事实的证据属于用人单位掌握管理后，用人单位即应当提供；用人单位不提供的，就应当承担不利后果。只有这样，才能避免劳动者滥用举证责任分配从而导致对用人单位极其不公正的后果。

九、加付赔偿金可由人民法院一并审理

问：《劳动合同法》第八十五条规定了加付赔偿金，这一规定是否意味着只能由劳动行政部门作出处理？新的司法解释对此是否有所创新？

答：加付赔偿金问题规定在《劳动合同法》第八十五条，但对于加付赔偿金纠纷，司法实践中处于主流地位的观点却是应当去司法化，即不属于人民法院受案范围。对于《劳动合同法》第八十五条正确的理解应当是：对于用人单位拖欠劳动者劳动报酬、加班费或者经济补偿的，劳动者可以向法院起诉，要求用人单位支付劳动报酬、加班费或者经济补偿，同时也可以主张加付的赔偿金。但其加付的赔偿金如果想要获得法院的支持，必须有一个前提，即劳动者必须就用人单位拖欠其劳动报酬、加班费或者经济补偿的违法行为先向劳动行政部门投诉，劳动行政部门在责令用人单位限期支付后，用人单位仍未支付，此种情况下才存在加付赔偿金，如果未经过这一前提程序，劳动者直接主张加付赔偿金，人民法院是不予支持的。

十、仲裁机构有正当理由逾期作出受理决定或仲裁裁决，当事人不能直接向法院起诉

问：《劳动争议调解仲裁法》规定，劳动争议仲裁机构应当在45日内作出仲裁裁决，最迟可再延长15天。这是否意味着超过60日未作出裁决的，当事人可以直接向人民法院起诉？

答：我国目前的劳动争议处理实行的是“一调一裁两审”制度。仲裁是诉讼前置程序，不经仲裁，当事人不能直接向人民法院提起诉讼。案件通过调解和仲裁，有利于劳动争议能够尽可能在比较平和的气氛中得到解决，尽量减少打官司。所以，如果仲裁机构因为有正当事由而不能在法定期限内作出处理决定的，应当尽可能从时间上给予一定宽限，使劳动争议能够在最初阶段予以化解，而不必继续漫长的诉讼程序。这种做法有利于维护“一调一裁两审”制度的稳定，避免了该制度流于形式，从而防止大量劳动争议案件未经仲裁便径行进入审判程序。总结审判经验，本司法解释规定仲裁程序存在下列事由即为正当事由，即使逾期当事人也不能直接向法院起诉：（1）移送管辖的；（2）正在送达或送达延误的；（3）等待诉讼、评残结论的；（4）启动鉴定程序，或委托其他部门调查取证的；（5）因正当理由，案件正在劳动人事争议仲裁委员会等待仲裁的；（6）其他正当事由。

十一、一裁终局的认定标准更加明确

问：司法实践中各地对一裁终局的认定比较混乱，标准非常不统一。这部司法解释是否对此进行了相应规范？

答：一裁终局制度是《劳动争议调解仲裁法》的最大亮点。遗憾的是，该条第（一）项是以“不超过当地月最低工资标准十二个月金额”作为认定一裁终局标准的限制条件，但是，这一金额是以劳动者仲裁请求数额还是以仲裁机构最终裁决数额为依据？此外，如果仲裁裁决涉及数项，是以数项之和为依据进行判断还是以分项计算数额为依据进行判断？在立法没有规定的情况下，需要司法解释作出明确规定，以统一裁判尺度，更好地发挥一裁终局制度的作用。

首先，当劳动者申请的数额与仲裁机构裁决的数额不一致时，应以劳动人事争议仲裁委员会作出最终裁决的数额作为标准，判断是否超过当地月最低工资标准十二个月金额。如果以劳动者申请的数额作为判断标准，由于劳动仲裁案件不收费用，很容易出现劳动者漫天要价，超过当地月最低工资标准十二个月金额现象，这将使一裁终局制度形同虚设。

其次，如果仲裁裁决涉及数项，每一项均不超过当地月最低工资标准十二个月金额，不论数项之和是否超过，该仲裁裁决为终局裁决。

十二、既有终局裁决事项又有非终局裁决事项的仲裁裁决为非终局裁决

问：在同一仲裁裁决中，如果仲裁裁决涉及数项，有的裁项为终局裁决，有的裁项为非终局裁决，该仲裁裁决应当如何认定？

答：为统一全国法院裁决尺度和认定标准，本着简便实用、易于操作和保护劳动者合法权益的处理原则，本司法解释规定，对于在同一仲裁中劳动者请求既有终局事项又有非终局事项的，应统一按照非一裁终局的原则处理，不能按终局事项和非终局事项分别处理。当事人（不论是劳动者还是用人单位）如不服本裁决，均可自收到裁决书之日起15日内向人民法院起诉。

十三、起诉与撤裁发生矛盾时优先适用起诉程序

问：按照《劳动争议调解仲裁法》的规定，对于一裁终局的仲裁裁决，劳动者向基层法院起诉的同时，用人单位向中级法院申请撤销仲裁裁决，应当如何处理？

答：劳动者向人民法院提起诉讼的同时，用人单位也向中级人民法院申请撤销，即上述两类异议程序同时启动时，是否应同时进行，还是由某一程序吞并另一程序，或者是在处理顺序上存在一定的先后关系，《劳动争议调解仲裁法》没有明确规定。另外，根据人民法院管辖第一审民事案件的有关规定，劳动者不服仲裁裁决应向基层人民法院提起诉讼，而根据《劳动争议调解仲裁法》的规定，用人单位申请撤销仲裁裁决应向劳动争议仲裁委员会所在地的中级人民法院提出，两类程序的管辖分属不同法院也增加了协调两类程序的难度。

第一，因用人单位申请撤销仲裁裁决的目的就是使纠纷进入诉讼，所以在两类程序关系的处理上，以采取诉讼程序吞并仲裁裁决撤销程序为宜。即劳动者就终局裁决向基层人民法院起诉，而用人单位向中级人民法院申请撤销仲裁裁决的，中级人民法院应不予受理。已经受理的，应裁定终结诉讼。基层人民法院审理案件时，对用人单位的抗辩应一并处理。

第二，劳动者起诉后又撤诉的，经征询用人单位一方意见，用人单位要求继续审理的，人民法院可不予准许撤诉并仍对整个案件进行审理；用人单位也认为不需要继续审理的，可以准许劳动者撤诉。

第三，劳动者因超过起诉期间被驳回起诉的，用人单位自收到裁定书之日起三十日内可以向仲裁委员会所在地的中级人民法院申请撤销仲裁裁决。

十四、有关《劳动合同法》的其他相关问题将再作出解释

问：我们注意到《解释三》以程序性规定为主，这是否意味着将来还要作新的司法解释？

答：劳动法领域涉及范围广，社会关注大，全国各地做法大相径庭，政策实施千差万别，因此，劳动争议司法解释的制定，既不能过于超前，又不能迟延滞后。我们确定了劳动争议司法解释的制定必须根据我国经济社会发展形势，结合劳动争议案件审判实践，按照先易后难、先程序后实体、分层次、有步骤的原则进行。《解释三》主要关涉劳动争议处理的程序性问题，该解释通过之后，我们将立即着手对《劳动合同法》中的实体问题进行调研，尽早出台《解释四》。实际上我们在起草《解释三》时也一并为《解释四》作出了一些前期准备工作。

最高人民法院
关于审理劳动争议案件适用法律若干问题的解释（四）

法释〔2013〕4号

（2012年12月31日最高人民法院审判委员会第1566次会议通过
2013年1月18日最高人民法院公告公布　自2013年2月1日起施行）

为正确审理劳动争议案件，根据《中华人民共和国劳动法》《中华人民共和国劳动合同法》《中华人民共和国劳动争议调解仲裁法》《中华人民共和国民事诉讼法》等相关法律规定，结合民事审判实践，就适用法律的若干问题，作如下解释：

第一条　劳动人事争议仲裁委员会以无管辖权为由对劳动争议案件不予受理，当事人提起诉讼的，人民法院按照以下情形分别处理：

（一）经审查认为该劳动人事争议仲裁委员会对案件确无管辖权的，应当告知当事人向有管辖权的劳动人事争议仲裁委员会申请仲裁；

（二）经审查认为该劳动人事争议仲裁委员会有管辖权的，应当告知当事人申请仲裁，并将审查意见书面通知该劳动人事争议仲裁委员会，劳动人事争议仲裁委员会仍不受理，当事人就该劳动争议事项提起诉讼的，应予受理。

第二条　仲裁裁决的类型以仲裁裁决书确定为准。

仲裁裁决书未载明该裁决为终局裁决或非终局裁决，用人单位不服该仲裁裁决向基层人民法院提起诉讼的，应当按照以下情形分别处理：

（一）经审查认为该仲裁裁决为非终局裁决的，基层人民法院应予受理；

（二）经审查认为该仲裁裁决为终局裁决的，基层人民法院不予受理，但应告知用人单位可以自收到不予受理裁定书之日起三十日内向劳动人事争议仲裁委员会所在地的中级人民法院申请撤销该仲裁裁决；已经受理的，裁定驳回起诉。

第三条 中级人民法院审理用人单位申请撤销终局裁决的案件，应当组成合议庭开庭审理。经过阅卷、调查和询问当事人，对没有新的事实、证据或者理由，合议庭认为不需要开庭审理的，可以不开庭审理。

中级人民法院可以组织双方当事人调解。达成调解协议的，可以制作调解书。一方当事人逾期不履行调解协议的，另一方可以申请人民法院强制执行。

第四条 当事人在人民调解委员会主持下仅就给付义务达成的调解协议，双方认为有必要的，可以共同向人民调解委员会所在地的基层人民法院申请司法确认。

第五条 劳动者非因本人原因从原用人单位被安排到新用人单位工作，原用人单位未支付经济补偿，劳动者依照劳动合同法第三十八条规定与新用人单位解除劳动合同，或者新用人单位向劳动者提出解除、终止劳动合同，在计算支付经济补偿或赔偿金的工作年限时，劳动者请求把在原用人单位的工作年限合并计算为新用人单位工作年限的，人民法院应予支持。

用人单位符合下列情形之一的，应当认定属于“劳动者非因本人原因从原用人单位被安排到新用人单位工作”：

（一）劳动者仍在原工作场所、工作岗位工作，劳动合同主体由原用人单位变更为新用人单位；

（二）用人单位以组织委派或任命形式对劳动者进行工作调动；

（三）因用人单位合并、分立等原因导致劳动者工作调动；

（四）用人单位及其关联企业与劳动者轮流订立劳动合同；

（五）其他合理情形。

第六条 当事人在劳动合同或者保密协议中约定了竞业限制，但未约定解除或者终止劳动合同后给予劳动者经济补偿，劳动者履行了竞业限制义务，要求用人单位按照劳动者在劳动合同解除或者终止前十二个月平均工资的30％按月支付经济补偿的，人民法院应予支持。

前款规定的月平均工资的30％低于劳动合同履行地最低工资标准的，按照劳动合同履行地最低工资标准支付。

第七条 当事人在劳动合同或者保密协议中约定了竞业限制和经济补偿，当事人解除劳动合同时，除另有约定外，用人单位要求劳动者履行竞业限制义务，或者劳动者履行了竞业限制义务后要求用人单位支付经济补偿的，人民法院应予支持。

第八条 当事人在劳动合同或者保密协议中约定了竞业限制和经济补偿，劳动合同解除或者终止后，因用人单位的原因导致三个月未支付经济补偿，劳动者请求解除竞业限制约定的，人民法院应予支持。

第九条 在竞业限制期限内，用人单位请求解除竞业限制协议时，人民法院应予支持。

在解除竞业限制协议时，劳动者请求用人单位额外支付劳动者三个月的竞业限制经济补偿的，人民法院应予支持。

第十条 劳动者违反竞业限制约定，向用人单位支付违约金后，用人单位要求劳动者按照约定继续履行竞业限制义务的，人民法院应予支持。

第十一条 变更劳动合同未采用书面形式，但已经实际履行了口头变更的劳动合同超过一个月，且变更后的劳动合同内容不违反法律、行政法规、国家政策以及公序良俗，当事人以未采用书面形式为由主张劳动合同变更无效的，人民法院不予支持。

第十二条 建立了工会组织的用人单位解除劳动合同符合劳动合同法第三十九条、第四十条规定，但未按照劳动合同法第四十三条规定事先通知工会，劳动者以用人单位违法解除劳动合同为由请求用人单位支付赔偿金的，人民法院应予支持，但起诉前用人单位已经补正有关程序的除外。

第十三条 劳动合同法施行后，因用人单位经营期限届满不再继续经营导致劳动合同不能继续履行，劳动者请求用人单位支付经济补偿的，人民法院应予支持。

第十四条 外国人、无国籍人未依法取得就业证件即与中国境内的用人单位签订劳动合同，以及香港特别行政区、澳门特别行政区和台湾地区居民未依法取得就业证件即与内地用人单位签订劳动合同，当事人请求确认与用人单位存在劳动关系的，人民法院不予支持。

持有《外国专家证》并取得《外国专家来华工作许可证》的外国人，与中国境内的用人单位建立用工关系的，可以认定为劳动关系。

第十五条 本解释施行前本院颁布的有关司法解释与本解释抵触的，自本解释施行之日起不再适用。

本解释施行后尚未终审的劳动争议纠纷案件，适用本解释；本解释施行前已经终审，当事人申请再审或者按照审判监督程序决定再审的，不适用本解释。

【链　接】

正确审理劳动争议案件　依法构建和谐劳动关系

——最高人民法院民事审判第一庭负责人就《最高人民法院关于审理劳动争议案件适用法律若干问题的解释（四）》答记者问

2013年1月31日，最高人民法院发布了《关于审理劳动争议案件适用法律若干问题的解释（四）》（以下简称《解释四》）。最高人民法院民事审判第一庭负责人近日在接受记者采访时表示，劳动关系是最重要的社会关系之一，依法妥善维护劳动关系稳定是人民法院民事审判的重要职责。《解释四》的公布实施，对于维护劳动者合法权益，规范劳动争议案件正确处理，促进司法公正，构建和谐劳动关系等方面，均具有重要意义。

一、问：最高人民法院曾于2010年9月公布实施了《关于审理劳动争议案件适用法律法律若干问题的解释（三）》（以下简称《解释三》），两年多之后又出台《解释四》，这样密集出台有关劳动争议的司法解释背景是什么？

答：我们知道，劳动关系是最重要的社会关系之一，劳动关系和谐是社会的最大和谐。社会主义市场经济体制的建立与完善，对劳动关系的调整提出了与其相适应的客观要求，党的十八大也明确提出了构建和谐劳动关系的总体要求。劳动关系牵涉千家万户，关乎社会稳定，劳动关系不和谐，必然会给整个社会的稳定带来隐患。2008年《劳动合同法》和《劳动争议调解仲裁法》相继颁布实施以来，人民法院审理劳动争议案件成为民事审判工作的重点、热点和难点。从全国法院审理的劳动争议案件情况看，2008年新收一审劳动争议案件29.55万件，2009年新收31.86万件，此后，2010至2012年新收均在30万件左右。劳动争议案件数量的居高，折射出社会形势的深刻变化：

第一，从国际环境看，全球经济一体化、国际化程度日益提高，美国次贷危机引发的国际金融危机一波三折，世界经济增速下降，市场信心普遍动摇。处于不同发展阶段的国家和经济体尤其是经济大国，无一脱身于危机之外，世界经济发展的不稳定性、不确定性仍在扩大，形势十分复杂严峻。

第二，从国内环境看，我国经济转型升级的紧迫性、艰巨性与世界经济结构深度调整的剧变力、震荡力广度交融。特别是对外贸易受到严重冲击，许多行业和企业经营困难，用人单位谋生存、求发展的压力进一步增大。与此同时，劳动者要求增加劳动报酬、改善工作环境、提高福利待遇的期望值也逐步上升，这给用人单位带来极大的压力。用人单位难以满足劳动者诉求时，劳动关系中的各种矛盾日益显现。

第三，从立法层面看，《劳动合同法》和《劳动争议调解仲裁法》实施之后，这两部法律分别从实体法和程序法方面，为劳动者维护自身权益提供了更为周全的保护，也为规范劳动争议纠纷提供了多维途径。此后，国务院颁布了《劳动合同法实施条例》，全国人大常委会颁布实施了《社会保险法》，并于2012年年末修改了《劳动合同法》。这些法律法规的颁布和修订，使得劳动者在仲裁或诉讼中相对弱势的地位已经有所改变，劳动者运用法律维护自身权益的意识越来越强，维权能力越来越高，人民法院受理的劳动争议案件也越来越多。

第四，从用工情况看，尽管《劳动合同法》已经实施五年了，但一些用人单位出于追求自身利益最大化，用工成本最低化的目的，仍然漠视劳动者合法利益，恶意规避法律法规，违法用工、侵害劳动者权益的情形依然普遍存在。一些用人单位观念陈旧，依然维持原有的用人观念和人事制度，与《劳动合同法》倡导的现代劳资关系理念存在较大差距。劳资双方矛盾相对积累，碰撞日益激烈，导致大量案件涌入仲裁或者诉讼领域。

第五，从司法实践看，在劳动争议案件数量居高的同时，人民法院面临着统一适用法律难度加大的困境没有得到根本改变，许多法律适用问题未在立法层面得到进一步明确，一定程度上滞后于社会经济形势的发展和审判实践的需要。此外，劳动用工关系进一步朝多元化方向发展，劳动者诉讼请求日益复杂，社会敏感度高、法律依据不明确的新类型案件日渐增多，案件处理难度日趋加大，亟待继续制定司法解释加以规范和指引。

在《解释四》起草过程中，最高人民法院先后召开多次座谈会，征求立法机关、行政主管部门、有关部委、专家学者、相关行业以及各级人民法院的意见，并通过《人民法院报》、中国法院网向全社会公开征求意见。社会反响强烈，各界热切关注，广大劳动者特别期待。我们先后收到来信800多封，邮件1500多个。在广泛听取和充分吸收社会各界意见的基础上，经最高人民法院审判委员会第1566次会议讨论研究，最终通过了《解释四》。应当说，这一司法解释征集了民意，汇聚了民智。这也是自2001年以来，最高人民法院针对调整和规范同一社会关系的案件，出台件数最多的司法解释。

二、问：《解释四》主要涉及了劳动关系中的实体问题，司法解释是更加倾向保护劳动者还是更侧重于劳动关系的平衡？

答：早在《劳动合同法》的制定时，社会上就有“单保护”和“双保护”的争论。我们认为，在劳动关系中，大多数劳动者是弱势一方，因此，适当向劳动者倾斜是对的。应当看到，法律是社会关系和社会利益的调整器，任何立法都是对权利义务的分配和社会利益的配置，必须在多元利益主体之间寻找结合点，努力达到各种利益主体特别是同一矛盾体中相对方之间的利益平衡。但是，如果过分扩大劳动者权益保护，加大企业责任，就会使企业用人自主权受到束缚，难以实行优胜劣汰的灵活管理，影响人力资源的优化配置，最终影响企业的市场竞争力。如果劳动者权益保护不到位，对企业责任要求过少，就会影响劳动力供给，不利于高素质的健康的职工队伍的形成，最终企业利益也会受到损害。因此，我们在制定《解释四》时既向劳动者倾斜保护，又充分注重二者之间的利益平衡，确保劳动关系和谐。譬如，劳动者和用人单位约定了竞业限制的，用人单位在竞业限制的期限内可以解除竞业限制，但是，劳动者请求用人单位额外支付三个月的竞业限制经济补偿的，人民法院应予支持。从这一规定看，要求用人单位额外支付三个月的补偿更有利于保护劳动者的生存权，同时又维护了用人单位经营管理自主权，从而在二者之间实现了较好的利益平衡。

三、问：人民法院在劳动争议纠纷案件的审判工作中，如何正确处理诉讼程序和仲裁程序的对接？

答：目前，我国劳动争议纠纷案件的处理实行“一调一裁两审”的争议解决机制。实现劳动争议诉讼程序和仲裁程序的有效衔接，有利于最大限度地发挥司法资源的整体效益，最大可能地降低当事人的诉累，最低成本地实现司法的公平与公正。要建立与劳动争议仲裁委员会的沟通协调机制，积极探索和创建诉讼程序与仲裁程序有效衔接的新规则、新制度。要准确把握劳动争议调解仲裁法的意旨和精神，严格执行案件管辖的规定。对于劳动人事争议仲裁委员会以无管辖权为由不予受理的劳动争议案件，当事人起诉到法院的，经审查认为该劳动争议仲裁委员会确无管辖权的，应当告知当事人向有管辖权仲裁委员会申请仲裁；如果该仲裁委员会有管辖权，则应告知当事人先向仲裁委员会申请仲裁，只有该仲裁委员会坚持不予受理的，当事人才可以向人民法院提起诉讼。

四、问：对于小额劳动案件，法律规定了一裁终局，但实践中这一制度的实施却出现了一些新的问题，譬如裁决书中未列明裁决的类型究竟是否属于一裁终局。人民法院对此情况应当如何处理？

答：根据《调解仲裁法》规定，劳动人事争议仲裁委员会作出的仲裁裁决包括终局裁决和非终局裁决两种类型，且仲裁机构应当在裁决书中注明裁决书的类型并告知当事人的诉讼权利。但审判实践中，经常遇到以下两种情形：一是仲裁机构错误地将终局裁决认定为非终局裁决，或将非终局裁决认定为终局裁决；二是仲裁机构作出的裁决书中既未注明裁决书类型，也不告知当事人诉讼权利。这两种情形的存在使得人民法院很难判断仲裁裁决究竟是终局还是非终局裁决，并进而对当事人行使诉讼权利产生很大障碍，通过司法解释规范这一问题显得尤为重要。

对于已经注明裁决类型的，人民法院无需对裁决类型作出实体性评价，仅凭裁决书注明的类型即可进行程序性处理，即使仲裁机构认定裁决类型确有错误。这样规定的目的在于尊重仲裁机构对裁决类型的判断，防止基层人民法院和中级人民法院就仲裁裁决类型认识不一，导致在立案上互相扯皮推诿，不利于当事人诉权的正当行使。对于未注明裁决类型的，用人单位不服该裁决向基层法院起诉的，由基层法院通过程序性审查确定裁决类型，进而确定相应的管辖权法院。

需要说明的是，对于用人单位向中级法院申请撤销仲裁裁决的，中级法院同样可以参照此条款的规定适用。

五、问：劳动合同法规定，用人单位解除劳动合同时，需要依法向劳动者支付经济补偿，但实践中有的用人单位采取分立、合并、工作调动甚至通过关联企业轮流与劳动者订立劳动合同的方式规避支付经济补偿的年限。《解释四》对此有什么新的举措加以规范？

答：经济补偿是国家调节劳动关系的一种经济手段，是对劳动者以往做出贡献的补偿，是企业承担社会责任的主要方式之一。实践中，一些集团公司因经营需要，在不同的用人单位之间进行业务划拨，将劳动者从一个用人单位指派、转移到另一个用人单位。此时，劳动者与原用人单位的劳动合同终止，劳动者需要与新的用人单位重新订立劳动合同，劳动者在原来用人单位的工作年限将被合并计算为新用人单位的工作年限。在解除劳动合同时，只要新的用人单位依法应当支付劳动者经济补偿或赔偿金，在计算支付经济补偿或赔偿金的工作年限时，都应当把劳动者在原用人单位的工作年限合并计算为新用人单位工作年限，以确定经济补偿或赔偿金的具体数额。

《解释四》规定，用人单位符合下列情形之一的，应当认定属于“劳动者非因本人原因从原用人单位被安排到新用人单位工作”：（1）劳动者仍在原工作场所、工作岗位工作，劳动合同主体由原用人单位变更为新用人单位；（2）用人单位以组织委派或任命形式对劳动者进行工作调动；（3）因用人单位合并、分立等原因导致劳动者工作调动；（4）用人单位及其关联企业与劳动者轮流订立劳动合同；（5）其他合理情形。

六、问：用人单位为了保护自己的商业秘密，往往与劳动者订立竞业限制协议，有的协议约定了经济补偿，有的则未约定。对于没有约定经济补偿的，如何能够更好地保护劳动者权益？

答：劳动关系具有特定的人身属性，由劳动者对用人单位忠诚义务演化出的保密义务，并进而扩展为竞业限制制度，蕴含了用人单位财产权益和劳动者劳动权利两者之间的矛盾，成为一个必须予以调整的法律问题。竞业限制的重要内容主要有两个：一是劳动者应当履行竞业限制义务；二是用人单位应当支付经济补偿。竞业限制经济补偿金不能包含在工资中，只能在劳动关系结束后，在竞业限制期限内按月给予劳动者。

实践中，有的用人单位和劳动者虽约定了竞业限制但未约定经济补偿，而劳动者又履行了竞业限制义务的，此时，如果认定竞业限制无效，则对劳动者不公平。因此，在承认双方的约定有效的前提下，责令用人单位承担支付经济补偿的责任，更有利于保护劳动者的合法权益。但由于双方未事先约定经济补偿的计算标准，因此，司法实践中可以借鉴市场实践中的一些既有作法，以劳动者解除劳动合同前一年的月平均工资的30%且不低于当地最低工资标准，作为参照计算的依据。

七、问：用人单位与劳动者约定了竞业限制和经济补偿，劳动者或者用人单位违法解除劳动合同的，对竞业限制是否有影响，劳动者还要继续履行竞业限制吗？

答：用人单位和劳动者事先约定了竞业限制和经济补偿，但由于用人单位或者劳动者违法解除劳动合同，竞业限制对双方是否仍然具有约束力，这是一个司法实践中争议强烈又必须解决的问题。我们认为，不论是用人单位还是劳动者违法解除合同，都不必然导致竞业限制的约定失效。劳动合同解除实行的是法定制度，而竞业限制实行的是约定制度，竞业限制具有相对独立性，其与解除劳动合同属于并列关系，而非逻辑递进关系。当用人单位违反不同的义务时，劳动者可以依据不同的法律规定获得相应的救济。所以，用人单位违法解除劳动合同不影响竞业限制约定的有效性。对于用人单位违法解除劳动合同，《劳动合同法》已经为劳动者提供了相应的民事补偿或救济措施，以制裁用人单位的违法解除行为。用人单位承担了相应法律责任后，劳动者和用人单位双方理应受竞业限制协议的约束。《解释四》正是基于上述法律原理作出了规定。这样的规定同样有利于对用人的单位的商业秘密加以保护，否则劳动者从事与用人单位有竞争关系的业务，会导致市场公平竞争秩序的紊乱。因此，《解释四》将竞业限制条款的有效性与违法解除劳动合同相分离，有助于正确区分二者的关系。

八、问：用人单位和劳动者约定了竞业限制和经济补偿，但用人单位不支付劳动者经济补偿，劳动者还需要继续履行竞业限制义务吗？

答：用人单位与劳动者签订的有效竞业限制协议是一个双务合同：用人单位负有按月支付经济补偿的义务；劳动者负有竞业限制的义务。劳动者获得的经济补偿，是劳动者履行竞业限制期间的主要生活来源。如果因用人单位方面的原因导致其未按协议约定向劳动者支付经济补偿的，用人单位的行为构成根本违约，按照合同法原理，一方根本违约，另一方享有法定解除权。据此，《解释四》规定：当事人在劳动合同或者保密协议中约定了竞业限制和经济补偿，劳动合同解除或者终止后，因用人单位的原因导致三个月未支付经济补偿，劳动者请求解除竞业限制约定的，人民法院应予支持。

实践中，有的劳动者为了规避竞业限制，故意注销自己的银行账户或者卡号，导致用人单位无法往账户或者卡号里存钱。此时用人单位并无过错，劳动者仍然应当履行竞业限制。

由于竞业限制涉及保护用人单位的商业秘密，不同于其他一般合同。如果用人单位仅一个月未支付经济补偿，劳动者即可解除竞业限制，这对于用人单位而言过于苛刻，也不利于对商业秘密或者与知识产权有关事项的保密；同样如果用人单位很长时间未支付经济补偿，劳动者却还要履行竞业限制，则不利于对劳动者生存权的保护。因此，《解释四》借鉴其他司法解释规定，确定了三个月的合理期限。

九、问：用人单位单方解除劳动合同，按照法律规定应当事先将理由通知工会。如果用人单位没有通知工会即解除劳动合同，是否属于违法？

答：工会作为劳动者的群众性组织，依法维护劳动者合法权益也是其最基本的使命之一。为了充分发挥工会的作用，缓解矛盾，减少劳动争议的发生，法律规定，用人单位凡是要单方解除劳动合同的，都必须将解除理由通知工会，工会对用人单位解除劳动合同享有知情权。既然法律明确规定用人单位解除劳动合同应当事先将理由通知工会，只要用人单位未事先通知工会，就属于程序性违法。没有程序正义就没有实体正义，程序违法亦属于违法，理所当然应当承担违法解除劳动合同的法律后果（依照《劳动合同法》第八十七条规定向劳动者支付赔偿金）。如果权力的行使未遵守法律规定的程序，那么主张权力的行使也不应得到法律的支持。因此，用人单位解除劳动合同未事先通知工会，就应当向劳动者支付赔偿金，从而在程序上加大对劳动者权益的保护，以彰显法律的严肃性。

法律的目的不在于惩罚，而在于督促用人单位正确履行法定程序，依法行使解除权。只要用人单位通过合理方式补正了相关程序，及时通知工会并听取工会意见的，可不再承担赔偿金的责任。因此，《解释四》规定，在起诉前用人单位已经补正有关程序的，可不支付赔偿金。

十、问：外国人、无国籍人以及台港澳居民在华工作的人数逐年增多，他们有的与用人单位签订了劳动合同，有的没有签订。如何看待这些人与国内企业的用工关系？

答：随着我国对外发放的日渐加深，来华工作的外国人、无国籍人越来越多，与此同时涉外劳动争议案件数量也随之增长。为正确规范涉外劳动关系，依法维护外国人合法权益，《解释四》进一步明确了涉外劳动关系的司法认定标准。按照有关规定，外国人、无国籍人以及台港澳居民没有办理合法就业手续，未取得《外国人就业证》、《台港澳人员就业证》等证件的，他们不是适格的劳动者，因而不能与用人单位之间建立劳动关系。对于持有《外国专家证》并取得《外国专家来华工作许可证》的外国人，与中国境内的用人单位建立用工关系的，可以认定为劳动关系。

十一、问：涉及劳动争议案件的审理已经出台四个司法解释了，以后打算采取什么措施继续做好劳动案件审判工作？以后还会继续制定新的司法解释吗？

答：劳动争议案件在一定时期内仍将是民事纠纷案件中的热点和难点，最高人民法院和地方各级人民法院将着重做好以下几个方面的工作，为构建和谐劳动关系作出积极贡献：

一是坚持平等保护，切实维护劳动者和用人单位的合法权益。我国劳动关系中的矛盾本质上是非对抗性的人民内部矛盾，矛盾双方具有根本利益的高度一致性和具体利益的相对差异性。在审理劳动争议纠纷案件时，既要依法维护劳动者合法权益，也要促进用人单位的生存发展，鼓励平等协商，提倡互利共赢，防止“杀鸡取卵”，避免“竭泽而渔”。

二是坚持裁审衔接，切实健全劳动争议纠纷解决机制。要以司法解释理顺裁审衔接为契机，主动与仲裁机构进行沟通协调，加强劳动争议仲裁与诉讼的衔接机制，采取点面结合的方式，拓宽和改进衔接中不顺畅的地方，真正把一调一裁两审制的劳动争议处理机制落到实处。

三是坚持监督指导，切实加强劳动争议案件审判指导力度。最高人民法院和各高级人民法院将着力加大对劳动争议案件审判工作的指导和监督，切实履行监督职能，指导各地法院继续推广建立专业的劳动争议审判组织，努力使劳动争议案件在审判结构、审判方法、审判能力和审判质量等方面实现创新和发展。同时，帮助民事法院认真总结劳动案件审判经验，不断提高司法效能。

四是坚持调解优先，切实发挥诉讼调解和人民调解的作用。处理劳动争议，要高度重视调解的功能作用，进一步发挥人民调解在劳动关系纠纷解决体系中的基础地位和作用，不断改进和完善调解制度，拓宽司法为民、惠及社会的渠道。

今后，我们还将及时梳理劳动争议审判中存在的问题，总结审判经验，对于疑难复杂的问题，我们将通过出台指导性意见或规范性文件的形式予以统一规范，必要时依照程序向全国人大常委会提出修改相关法律法规的建议。

最高人民法院
关于解除劳动合同的劳动争议仲裁申请期限应当如何起算问题的批复

法释〔2004〕8号

（2004年7月20日最高人民法院审判委员会第1320次会议通过
2004年7月26日最高人民法院公告公布　自2004年7月29日起施行）

云南省高级人民法院：

你院云高法〔2004〕256号《关于审理劳动争议案件的当事人申请劳动争议仲裁期限应如何起算的请示》收悉。经研究，答复如下：

用人单位依据《中华人民共和国劳动法》第二十五条第（四）项的规定解除劳动合同，与劳动者发生争议的，劳动者向劳动争议仲裁委员会申请仲裁的期限应当自收到解除劳动合同书面通知之日起计算。

此复。

最高人民法院
关于人民法院审理事业单位人事争议案件若干问题的规定

法释〔2003〕13号

（2003年6月17日最高人民法院审判委员会第1278次会议通过
2003年8月27日最高人民法院公告公布　自2003年9月5日起施行）

为了正确审理事业单位与其工作人员之间的人事争议案件，根据《中华人民共和国劳动法》的规定，现对有关问题规定如下：

第一条　事业单位与其工作人员之间因辞职、辞退及履行聘用合同所发生的争议，适用《中华人民共和国劳动法》的规定处理。

第二条　当事人对依照国家有关规定设立的人事争议仲裁机构所作的人事争议仲裁裁决不服，自收到仲裁裁决之日起十五日内向人民法院提起诉讼的，人民法院应当依法受理。一方当事人在法定期间内不起诉又不履行仲裁裁决，另一方当事人向人民法院申请执行的，人民法院应当依法执行。

第三条　本规定所称人事争议是指事业单位与其工作人员之间因辞职、辞退及履行聘用合同所发生的争议。

最高人民法院
关于事业单位人事争议案件适用法律等问题的答复

（2004 年 4 月 30 日　法函〔2004〕30 号）

北京市高级人民法院：

你院《关于审理事业单位人事争议案件如何适用法律及管辖的请示》（京高法〔2003〕353 号）收悉。经研究，答复如下：

一、最高人民法院《关于人民法院审理事业单位人事争议案件若干问题的规定》（法释〔2003〕13 号）第一条规定，“事业单位与其工作人员之间因辞职、辞退及履行聘用合同所发生的争议，适用《中华人民共和国劳动法》的规定处理。”这里“适用《中华人民共和国劳动法》的规定处理”是指人民法院审理事业单位人事争议案件的程序运用《中华人民共和国劳动法》的相关规定。人民法院对事业单位人事争议案件的实体处理应当适用人事方面的法律规定，但涉及事业单位工作人员劳动权利的内容在人事法律中没有规定的，适用《中华人民共和国劳动法》的有关规定。

二、事业单位人事争议案件由用人单位或者聘用合同履行地的基层人民法院管辖。

三、人民法院审理事业单位人事争议案件的案由为“人事争议”。

最高人民法院
关于人事争议申请仲裁的时效期间如何计算的批复

法释〔2013〕23号

（2013年9月9日最高人民法院审判委员会第1590次会议通过
2013年9月12日最高人民法院公告公布　自2013年9月22日起施行）

四川省高级人民法院：

你院《关于事业单位人事争议仲裁时效如何计算的请示》（川高法〔2012〕430号）收悉。经研究，批复如下：

依据《中华人民共和国劳动争议调解仲裁法》第二十七条第一款、第五十二条的规定，当事人自知道或者应当知道其权利被侵害之日起一年内申请仲裁，仲裁机构予以受理的，人民法院应予认可。

最高人民法院
关于在民事审判工作中适用《中华人民共和国工会法》若干问题的解释

法释〔2003〕11号

（2003年1月9日最高人民法院审判委员会第1263次会议通过
2003年6月25日最高人民法院公告公布　自2003年7月9日起施行）

为正确审理涉及工会经费和财产、工会工作人员权利的民事案件，维护工会和职工的合法权益，根据《中华人民共和国工会法》、《中华人民共和国民法通则》和《中华人民共和国民事诉讼法》等法律的规定，现就有关法律的适用问题解释如下：

第一条　人民法院审理涉及工会组织的有关案件时，应当认定依照工会法建立的工会组织的社团法人资格。具有法人资格的工会组织依法独立享有民事权利，承担民事义务。建立工会的企业、事业单位、机关与所建工会以及工会投资兴办的企业，根据法律和司法解释的规定，应当分别承担各自的民事责任。

第二条　根据工会法第十八条规定，人民法院审理劳动争议案件，涉及确定基层工会专职主席、副主席或者委员延长的劳动合同期限的，应当自上述人员工会职务任职期限届满之日起计算，延长的期限等于其工会职务任职的期间。

工会法第十八条规定的“个人严重过失”，是指具有《中华人民共和国劳动法》第二十五条第（二）项、第（三）项或者第（四）项规定的情形。

第三条　基层工会或者上级工会依照工会法第四十三条规定向人民法院申请支付令的，由被申请人所在地的基层人民法院管辖。

第四条　人民法院根据工会法第四十三条的规定受理工会提出的拨缴工会经费的支付令申请后，应当先行征询被申请人的意见。被申请人仅对应拨缴经费数额有异议的，人民法院应当就无异议部分的工会经费数额发出支付令。

人民法院在审理涉及工会经费的案件中，需要按照工会法第四十二条第一款第（二）项规定的“全部职工”、“工资总额”确定拨缴数额的，“全部职工”、“工资总额”的计算，应当按照国家有关部门规定的标准执行。

第五条　根据工会法第四十三条和民事诉讼法的有关规定，上级工会向人民法院申请支付令或者提起诉讼，要求企业、事业单位拨缴工会经费的，人民法院应当受理。基层工会要求参加诉讼的，人民法院可以准许其作为共同申请人或者共同原告参加诉讼。

第六条　根据工会法第五十二条规定，人民法院审理涉及职工和工会工作人员因参加工会活动或者履行工会法规定的职责而被解除劳动合同的劳动争议案件，可以根据当事人的请求裁判用人单位恢复其工作，并补发被解除劳动合同期间应得的报酬；或者根据当事人的请求裁判用人单位给予本人年收入2倍的赔偿，并参照《违反和解除劳动合同的经济补偿办法》第八条规定给予解除劳动合同时的经济补偿金。

第七条　对于企业、事业单位无正当理由拖延或者拒不拨缴工会经费的，工会组织向人民法院请求保护其权利的诉讼时效期间，适用民法通则第一百三十五条的规定。

第八条　工会组织就工会经费的拨缴向人民法院申请支付令的，应当按照《最高人民法院关于适用〈中华人民共和国民事诉讼法〉若干问题的意见》第一百三十二条的规定交纳申请费；督促程序终结后，工会组织另行起诉的，按照《人民法院诉讼收费办法》规定的财产案件收费标准交纳诉讼费用。

最高人民法院
印发《关于当前形势下做好劳动争议纠纷案件审判工作的指导意见》的通知

（2009 年 7 月 6 日　法发〔2009〕41 号）

各省、自治区、直辖市高级人民法院，解放军军事法院，新疆维吾尔自治区高级人民法院生产建设兵团分院：

现将最高人民法院《关于当前形势下做好劳动争议纠纷案件审判工作的指导意见》印发给你们，请结合当地实际，认真贯彻落实。

附：

关于当前形势下做好劳动争议纠纷案件审判工作的指导意见

受国际金融市场动荡和世界经济衰退的影响，当前，因企业经营困难、亏损、欠薪和关闭等原因引发的各种劳动争议纠纷案件大幅攀升，给民事审判工作带来新的挑战。为充分发挥人民法院服务经济社会发展与社会和谐稳定的职能作用，积极应对宏观经济形势变化，为“保增长、保民生、保稳定”的工作大局提供更加有力的司法保障，现就人民法院在当前形势下做好劳动争议纠纷案件审判工作，提出以下意见。

1. 努力做到保障劳动者合法权益与维护用人单位的生存发展并重。我国社会主义条件下的劳动关系矛盾本质上是非对抗性的，矛盾双方是对立统一体和利益共同体，具有根本利益的高度一致性和具体利益的相对差异性。在审理劳动争议纠纷案件时，既要依法维护劳动者合法权益，又要促进企业的生存发展，努力做到双方互利共赢，对于在当前形势下妥善处理好劳动争议纠纷案件具有十分重要的意义。

2. 积极促进劳动关系的和谐稳定。在审理劳动争议纠纷案件时，要尽量维护劳动合同的效力，慎重简单使用解除劳动合同的方法来解决劳动争议纠纷案件。既要鼓励、规范企业自觉履行义务、承担社会责任，又要倡导职工理解企业确因经济困难所采取的合理应对行为。要积极引导职工与企业协商通过缩短工时、轮岗培训、暂时放假、协商薪酬等多种措施，有效稳定劳动关系。

3. 准确把握法律法规与国家相关政策。在审理劳动争议纠纷案件时，不仅要严格执行法律、法规，还要充分考虑国家为应对国际金融危机出台的一系列方针政策。要全面、正确理解劳动合同法、劳动争议调解仲裁法的立法原意和宗旨，充分发挥人民法院审判工作服务大局、应对危机的职能作用。对于历史遗留的劳动问题，要按照当时的法律法规及国家的方针政策处理。

4. 充分发挥诉讼调解的功能作用。在审理劳动争议纠纷案件的全过程中，要尽可能采取调解、和解方法，寻找各方利益平衡点，做到案结事了。同时还要注意调解程序的正当性、灵活性和可操作性，努力化解劳动关系的矛盾和隐患，使诉讼调解的职能作用得到更加有效的发挥，力争案件处理达到法律效果与社会效果的统一。

5. 积极发挥人民调解的职能作用。在审理劳动争议纠纷案件时，要加强与政府部门的沟通和协调，积极主动地邀请企业工会、居民委员会、村民委员会、人民调解员、人民陪审员等社会各方力量参与调解，促成劳动关系双方当事人互谅互让。要充分尊重人民调解在社会矛盾纠纷调解工作体系的基础作用，加强对人民调解的业务指导，依法确认人民调解协议的效力，促进人民调解制度更加有效地发挥预防和及时化解矛盾纠纷、维护社会和谐稳定的功能。

6. 建立健全多渠道解决劳动争议纠纷机制。要通过正面宣传教育，增强劳动者和用人单位守法的自觉性；积极采取措施，创新对策，引导劳动者合法、合理地表达利益诉求。要立足预防，重在化解，创建和完善劳动争议多方联动解决机制和应急处理机制，全力预防和化解劳动争议，促进劳动关系的有序运行和经济社会的健康发展。

7. 妥善处理因解除劳动合同和追索经济补偿引发的纠纷。在审理解除劳动合同纠纷案件时，既要保障劳动者的就业权和辞职权，又要尊重用人单位的用工自主权。要引导劳动关系双方依照法律规定解除劳动合同，既要防止劳动者不诚信的辞职行为影响用人单位的正常生产经营秩序，又要避免用人单位违法解除劳动合同侵犯劳动者的合法权益。在审理劳动争议经济补偿纠纷案件时，要严格依照劳动合同法第四十六条和第四十七条的规定，准确把握支付经济补偿的法定条件，合理确定经济补偿的计算基数和方式。

8. 妥善处理因拖欠基本工资和追索加班费引发的纠纷。要从充分保护劳动者生存权利的角度出发，依法及时处理因拖欠基本工资引发的劳动争议，按照“快立、快调、快审、快执”的原则，尽快受理，适时调解，及时判决，优先执行。在审理涉及加班费的案件中，就加班事实应注意合理分配举证责任；加班费的确定，应当结合劳动合同约定、劳动者的岗位性质以及工作要求等因素综合考量、合理裁判。

9. 妥善处理因企业裁员引发的纠纷。要严格审查用人单位的裁员行为是否符合劳动合同法规定的程序和条件，积极鼓励和引导用人单位与劳动者进行协商，尽量不裁员或少裁员。对于困难企业经过多方努力仍不得不实行经济性裁员，且一次性支付经济补偿确有困难的，要尽可能促使用人单位与工会或职工就分期支付或以其他方式支付经济补偿问题达成调解协议或和解协议。

10. 妥善处理因竞业限制引发的纠纷。在审理竞业限制纠纷案件时，要充分考虑到我国经济和科技发展的实际水平，坚持以社会公共利益为基点，既要维护社会主义市场经济的公平竞争秩序，又要注意平衡市场主体的利益关系；既要防止因不适当扩大竞业限制的范围而妨碍劳动者的择业自由，又要保护用人单位的商业秘密等合法权益，最大限度地实现设立竞业限制制度的立法本意和目的。

11. 合理采取财产保全措施。对受到金融危机影响较为严重的企业，在处理财产保全申请时，要充分考虑企业的生存发展、劳动者的生计保障和社会的和谐稳定，灵活采取财产保全措施，既要注意确保劳动者的合法权益将来能够实现，又要防止因采取财产保全措施不当，给用人单位造成生产经营困难。对有转移财产、逃避债务迹象的企业，要加大财产保全力度，及时采取查封、扣押、冻结等措施，防止因企业资产流失导致劳动者权益受损；对暂时资金周转困难、尚有经营发展前景的负债企业，采用“活扣”、“活封”等诉讼保全方式，慎用冻结、划拨流动资金，不拍卖、变卖厂房设备，避免因保全措施不当影响企业的生产经营或导致企业倒闭停业。

12. 要积极探讨劳动争议诉讼程序和仲裁程序的有效衔接。要建立与劳动争议仲裁委员会的沟通协调机制，及时交流劳动争议处理的新情况、新问题，积极探索和创建诉讼程序与仲裁程序有效衔接的新规则、新制度。要准确把握劳动合同法和劳动争议调解仲裁法的新规定和新精神，严格审查仲裁时效，合理把握仲裁审理时限超期的认定标准，对于仲裁委员会确有正当理由未能在规定时限内作出受理决定或仲裁裁决，劳动者以此为由向人民法院起诉的，人民法院应告知劳动者等待仲裁委员会的决定或裁决。要妥善解决劳动者不服仲裁裁决提起诉讼的同时，用人单位又申请撤销仲裁裁决出现的有关问题，切实规范仲裁委员会逾期未作出受理决定和仲裁裁决的相关程序。

13. 各级人民法院要积极争取党委的领导和政府的支持，加强与相关职能部门的沟通和协作，紧紧围绕经济发展和社会稳定的大局，密切关注国际金融危机的不断变化，依法审理劳动争议，调节社会关系，化解矛盾纠纷，为促进我国经济平稳较快发展提供公正高效权威的司法保障。

最高人民法院指导案例 18 号

中兴通讯（杭州）有限责任公司诉王鹏劳动合同纠纷案

（最高人民法院审判委员会讨论通过　2013 年 11 月 8 日发布）

关键词

民事　劳动合同　单方解除

裁判要点

劳动者在用人单位等级考核中居于末位等次，不等同于“不能胜任工作”，不符合单方解除劳动合同的法定条件，用人单位不能据此单方解除劳动合同。

相关法条

《中华人民共和国劳动合同法》第三十九条、第四十条

基本案情

2005 年 7 月，被告王鹏进入原告中兴通讯（杭州）有限责任公司（以下简称中兴通讯）工作，劳动合同约定王鹏从事销售工作，基本工资每月 3840 元。该公司的《员工绩效管理办法》规定：员工半年、年度绩效考核分别为 S、A、C1、C2 四个等级，分别代表优秀、良好、价值观不符、业绩待改进；S、A、C（C1、C2）等级的比例分别为 20%、70%、10%；不胜任工作原则上考核为 C2。王鹏原在该公司分销科从事销售工作，2009 年 1 月后因分销科解散等原因，转岗至华东区从事销售工作。2008 年下半年、2009 年上半年及 2010 年下半年，王鹏的考核结果均为 C2。中兴通讯认为，王鹏不能胜任工作，经转岗后，仍不能胜任工作，故在支付了部分经济补偿金的情况下解除了劳动合同。

2011 年 7 月 27 日，王鹏提起劳动仲裁。同年 10 月 8 日，仲裁委作出裁决：中兴通讯支付王鹏违法解除劳动合同的赔偿金余额 36596.28 元。中兴通讯认为其不存在违法解除劳动合同的行为，故于同年 11 月 1 日诉至法院，请求判令不予支付解除劳动合同赔偿金余额。

裁判结果

浙江省杭州市滨江区人民法院于 2011 年 12 月 6 日作出（2011）杭滨民

初字第885号民事判决：原告中兴通讯（杭州）有限责任公司于本判决生效之日起十五日内一次性支付被告王鹏违法解除劳动合同的赔偿金余额36596.28元。宣判后，双方均未上诉，判决已发生法律效力。

裁判理由

法院生效裁判认为：为了保护劳动者的合法权益，构建和发展和谐稳定的劳动关系，《中华人民共和国劳动法》《中华人民共和国劳动合同法》对用人单位单方解除劳动合同的条件进行了明确限定。原告中兴通讯以被告王鹏不胜任工作，经转岗后仍不胜任工作为由，解除劳动合同，对此应负举证责任。根据《员工绩效管理办法》的规定，“C（C1、C2）考核等级的比例为10%”，虽然王鹏曾经考核结果为C2，但是C2等级并不完全等同于“不能胜任工作”，中兴通讯仅凭该限定考核等级比例的考核结果，不能证明劳动者不能胜任工作，不符合据此单方解除劳动合同的法定条件。虽然2009年1月王鹏从分销科转岗，但是转岗前后均从事销售工作，并存在分销科解散导致王鹏转岗这一根本原因，故不能证明王鹏系因不能胜任工作而转岗。因此，中兴通讯主张王鹏不胜任工作，经转岗后仍然不胜任工作的依据不足，存在违法解除劳动合同的情形，应当依法向王鹏支付经济补偿标准二倍的赔偿金。

商事篇

第一章　综　合

最高人民法院
印发《关于充分发挥审判职能作用为经济发展提供司法保障和法律服务的意见》的通知

（2000 年 3 月 1 日　法发〔2000〕6 号）

全国地方各级人民法院、各级军事法院、各铁路运输中级法院和基层法院、各海事法院，新疆生产建设兵团各级法院：

现将《最高人民法院关于充分发挥审判职能作用为经济发展提供司法保障和法律服务的意见》印发给你们，请认真组织学习，贯彻执行。

附：

最高人民法院
关于充分发挥审判职能作用为经济发展提供司法保障和法律服务的意见

（2000 年 3 月 1 日）

在世纪之交重要时刻召开的党的十五届四中全会和中央经济工作会议，就 2000 年和今后一个时期改革发展中事关国家前途命运的若干重大问题，作出了战略部署。全国各级人民法院必须遵照江泽民总书记“严肃执法，热情服务”的指示，认清形势，明确任务；抓住机遇，开拓进取；坚定信心，团结奋斗，为改革开放和社会主义现代化建设，提供公正、高效、优质的司法保障和法律服务。

一、人民法院面临的形势和任务

党的十五届四中全会和中央经济工作会议提出了继续实行积极的财政政策，发挥货币政策的作用，扩大内需，加快国有企业改革，加大农业结构调整力度，实施西部地区大开发战略，积极扩大出口和利用外资，加快实施科教兴国等经济发展战略。随着这些重大决策的实施，人民法院受理案件的数量在今后较长时期内将保持较大幅度的增长，新类型案件将不断出现，执法环境中会发生一些难以预料的新情况、新问题。对此，各级人民法院必须有清醒的认识。为适应经济和社会发展的深刻变化，人民法院必须加快审判方式、审判组织、审判管理、内设机构和人事制度等方面的改革，向改革要效率，以改革促公正，优质高效地完成各项审判和执行工作任务。

我国加入世贸组织的前景已经明朗。加入世贸组织标志着我国对外开放进一步扩大，更加深入、更加全面地参与国际竞争。我国在行使发展中国家权利的同时，将履行世贸组织成员的义务，接受国际经济贸易规则和国际惯例的约束。人民法院面对这一重大变化和新的挑战，要特别注重了解和掌握世贸组织的各种运作规则，分析和研究今后涉外经济纠纷案件的热点和难点，并相应制定司法对策，加强专家型法官的培训，等等。这些重要任务已经紧迫而现实地摆到了各级人民法院的面前，我们必须在思想上、工作上、组织上做好足够的准备。

在化解人民内部矛盾和维护社会稳定方面，人民法院审判和执行工作面临许多新的复杂因素。在深化国有企业改革和农村改革，进行产业结构性调整过程中，仍将存在下岗职工生活困难，农民负担过重、收入减少等社会问题，加之社会保障机制尚未完善地建立起来，管理工作中官僚主义和贪污、受贿等腐败现象的破坏性影响，可能会引发新的人民内部矛盾，其中有些将会对社会稳定造成严重干扰。发挥司法手段的特殊作用，积极稳妥地审理和执行好涉及人民内部矛盾特别是事关社会安定的群体性案件，保护人民群众的合法权益，有效地消除社会不稳定因素，是人民法院义不容辞的重大政治任务，是人民法院为经济和社会发展提供的最经常、最大量、最基础的司法保障和法律服务。

国际人权斗争的新动向成为人民法院工作必须关注的新课题。以美国为首的西方国家，惯于把他们的人权标准作为经济交往的先决条件强加于人，干涉别国内政。我国加入世贸组织以后与西方国家经济交往将进一步扩大和增加，涉外民商事案件和刑事犯罪案件会出现许多新的变化，其中有些可能成为西方人权干涉的新借口。人民法院审理这些案件要始终注意妥善处理发展国际经济合作与维护国家政治安全、经济安全的关系，做到程序规范、实体公正、审限严格、执行有力，这对于我国进一步树立良好的国际形象和改善投资环境，进一步提高人权司法保障水平，都将产生重大作用和影响，其政治意义和经济意义都不容忽视。

在世纪之交，人民法院要及时抓住难得的历史机遇，勇于接受来自各方面的严峻挑战，通过大力推进法院改革，着力解决法官素质、司法水平与形势任务需要不相适应的问题，积极克服各种困难，把有中国特色社会主义的人民司法事业胜利向前推进。

二、人民法院为经济发展服务必须坚持的基本原则

改革开放以来，全国各级人民法院在为改革、发展、稳定大局服务过程中，积累了丰富的经验，形成了必须坚持的几项基本原则。

第一，必须坚持司法公正。司法公正是审判工作本质性规定，是依法治国基本方略的重要内容，是社会主义市场经济对司法工作最根本的要求，是人民法院工作的核心和永恒的主题。坚持司法公正的原则，就是要求在党的领导和人大监督下，依法独立公正地行使审判权和执行权，无论在程序还是在实体方面，都要做到公开、公正、公平。随着社会主义市场经济的发展和加入世贸组织，经济主体多元化、经济行为多样化和经济利益独立化将进一步发展，这就要求人民法院在审判和执行工作中，必须始终坚持司法公正原则，维护国家法律的统一和尊严。无论对原告还是被告，无论对国有企业还是其他企业，无论对本地当事人还是外地当事人，无论对中方当事人还是外方当事人，都要坚持在适用法律上人人平等，依法严格公正地审判和执行案件。

第二，必须坚持提高诉讼效率，降低诉讼成本。适应市场经济规律的要求，在保证办案质量的前提下，切实贯彻诉讼经济的原则，不仅能减少办案本身的投入，而且能使因纠纷而影响流转使用的资金、物资尽快正常周转利用，受牵扯的人力尽快得以解脱，更有效地发挥审判工作为经济发展服务的职能。为此，要进一步落实便利群众、便利诉讼原则，依法做好委托调查、委托执行、委托宣判等工作，依法适用督促程序，积极扩展适用简易程序的范围，尽力减轻当事人的诉累，减轻法院的办案压力；全面贯彻调解原则，充分尊重当事人的处分权，缩短诉讼周期，尽量减少对当事人商业信誉和经济权益的负面影响；切实加强审判管理，提高办案质量和效率，最大限度降低诉讼和执行成本；在进行审判方式改革中，既要贯彻公开原则，使诉讼参与人依法行使诉讼权利，保证办案质量，又要体现效率原则，防止形式主义和繁琐哲学，积极探索和建立符合我国国情的诉讼机制。

第三，必须坚持立足审判、严肃执法，自觉履行人民法院的职能。人民

法院作为国家审判机关，履行保障和服务经济发展的职能，主要是通过依法独立公正地行使审判权和执行权来实现的。人民法院还要完成法律赋予的通过全部诉讼活动教育公民遵守社会主义法律的任务。因此，各级人民法院必须严肃执法并注重办案的社会效果，同时还必须以对国家、对人民高度负责的精神，通过依法受理案件、加大执行力度、积极开展司法建议活动、利用多种形式开展以案讲法、积极参与社会治安综合治理、加强对基层调解组织的业务指导等形式，并大胆探索其他有效办法，积极主动地为改革、发展、稳定提供多层面、多方位的优质高效的法律服务。

第四，必须坚持紧紧围绕大局全面开展各项审判工作。为改革开放和经济建设的大局服务，是人民法院必须始终坚持的指导思想和政治方向。各级人民法院都必须正确认识和处理审判工作与党和国家工作大局的关系，善于从政治上、全局上观察形势，根据中央的部署，确定好每个时期审判工作的重点，提出正确的对策和措施并切实贯彻实施；必须正确认识和处理学习理论和执行法律的关系，坚持用邓小平民主与法制建设的理论指导审判实践；必须正确认识和处理执行法律与执行政策的关系，善于在党的路线、方针、政策和“三个有利于”的总标准指导下，正确适用法律审判案件。

第五，必须坚持依靠党的领导、接受人大监督。按照宪法和法律的规定，人民法院居于社会矛盾和纠纷案件终局裁判的位置。由于人民法院受理的案件不少是涉及经济转轨和改革发展进程中出现的问题，许多案件还是体制性深层次矛盾的反映，这些案件的处理结果，对于推进改革开放、保障经济发展、维护社会稳定，关系极大，必须依靠党委的领导、协调和人大的监督、支持，以及政府有关部门的配合才能依法妥善解决。执法环境和执法条件，也必须依靠党的领导、人大监督和政府支持才能得到进一步改善。只有自觉接受党的领导和人大的监督，人民法院的审判和执行工作才能沿着正确的方向顺利发展。

三、审判工作为经济发展服务的重点与措施

党的十五届四中全会和中央经济工作会议确定的主要任务，与人民法院的审判工作有密切的关系。人民法院紧紧围绕这些主要任务开展审判工作，就是为党和国家工作的大局服务。今后一个时期，各级人民法院要着重从以下几个方面强化审判工作。

（一）充分发挥审判职能，保障国有企业改革顺利进行，促进公有制为主体的多种所有制经济共同发展

1. 依法打击各类破坏经济秩序的犯罪。要坚决依法惩处走私放私、制售假冒伪劣产品、侵犯企业知识产权及商业秘密等犯罪，制裁各种不正当竞争

行为，维护国有企业改革和发展所必需的正常经济秩序。要严厉打击哄抢、盗窃、破坏或者故意毁坏国有企业生产资料、设备的犯罪，特别是要打击针对国有企业的集团盗窃犯罪，保护国有企业资产。要结合反腐败斗争依法严惩贪污、挪用、诈骗、侵占国有企业资金的犯罪，保护国有资产不受侵犯。要严厉打击采取报复手段，杀伤国有企业领导者、职工或其他侵害国有企业领导、职工人身权的犯罪，为国有企业生产经营创造良好的治安环境。在审理这些犯罪案件时，既要抓好大案要案的审理，又要严格区分罪与非罪的界限；既要依法严惩犯罪分子，又要保护勇于改革的企业工作人员，支持他们依法经营；既要坚持刑事制裁，又要做好赃款赃物的追缴返还工作，减少国有企业的财产损失。

2. 依法调节各类经济、民事、行政关系。要依法审理好企业改组、联合、兼并、租赁、承包、参股控股、放开搞活国有中小企业中发生的纠纷案件，保障国有企业顺利完成战略性改组。对涉及国有大中型企业兼并破产和关闭的案件，要严格按照有关法律、政策和司法解释，妥善处理；对涉及产权变动的企业并购等资产重组案件，要严格依法规范资产评估，既要防止国有资产流失，防止逃废悬空银行债务及国家税款，又要促进企业增资减债和实现资产重组。要依法审理好国有企业在建立和完善现代企业制度中出现的纠纷案件，依法维护企业的经营自主权，维护国家对国有资产的管理。要依法审理好涉及国有企业股权、债权、债务等方面的案件，保障和促进企业增强直接投资、融资力度，维护国有经济的控制力和银行及其他债权人的合法权益。要注重对劳动和社会保障方面案件的审理，依法保护劳动者的合法权益，促进劳动制度的改革，同时支持企业加强和改善管理。要依法审理好涉及国有企业的行政案件，坚决制止各种对企业乱收费、乱罚款、乱摊派以及其他有损企业合法权益的行为，同时支持国家行政机关依法行政。对涉及国有大中型企业重点项目和重点工程建设争议数额大、对生产发展影响大的案件，要快立快审，及时审结。在审理案件中发现企业有不规范、不合法的经营活动，要积极提出司法建议。

3. 依法平等保护各类诉讼主体的合法权益，促进市场经济的健康发展。公有制为主体，多种所有制经济共同发展，是我国社会主义初级阶段的基本经济制度。实行公有制实现形式多样化和多种经济成分共同发展，是社会主义市场经济发展的需要，是进一步解放和发展生产力的需要，也是经济体制改革的重大任务。为此，要依法提供法律保障和法律服务。人民法院在依法保障国有企业改革和发展的同时，必须注意在审判和执行工作中严格坚持公正原则，无论是对公有制经济还是非公有制经济的市场主体，在适用法律上一律平等。只有这样，才能依法维护好市场经济秩序，促进社会主义市场经济的健康发展。

（二）为农业结构调整和农村经济发展提供司法保障

1. 审理好农业承包合同纠纷案件。以市场为导向的农业结构调整，涉及种植方式、面积、品种和加工深度的变化，这就势必会因变更部分农村承包合同的内容而引起一些纠纷。人民法院在处理这些案件时，首先，要坚决贯彻党的十五届三中全会通过的《中共中央关于农业和农村工作若干重大问题的决定》精神，落实“赋予农民长期而有保护的土地使用权”的政策，切实保护农户的土地承包权、生产自主权和经营收益权。其次，要按照最高人民法院颁发的《关于审理农业承包合同纠纷案件若干问题的规定（试行）》，积极受理并处理好这类案件。第三，要按照中央经济工作会议确定的调整农业结构的要求，在审理有关案件中，依法引导农民自觉履行调整任务。要严格依法审理因随意提高土地承包费、撕毁合同、一地多包、收回土地高价发包、缩短承包期等行为引起的纠纷案件，坚决纠正各种违法行为。

2. 审理好农副产品购销合同纠纷案件。要维护合同的法律效力，依法制裁违约和其他侵犯农民合法权益的行为。尤其是在审理涉及粮食流通案件时，要坚决依法保障中央制定的按保护价敞开收购农民余粮、粮食收储企业实行顺价销售和粮食收购资金封闭运行三项政策的贯彻落实，坚决依法制裁各种干扰破坏这三项政策的违法行为，确保粮食流通体制改革的顺利进行。

3. 依法打击和制裁各种破坏农业设施的犯罪和侵害农民利益的行为。要依法严厉打击破坏农用设备和农业基础设施的犯罪活动；及时审理生产销售假冒伪劣种子、化肥、农药等坑农害农案件，依法严厉制裁涉案的生产者和销售者，构成犯罪的要依法追究刑事责任；通过审判活动坚决制止各种名目的乱收费、乱摊派、乱罚款等违法行为，依法减轻农民负担，为实行农村“税费改革”提供良好的司法环境。同时，通过审理涉农案件，依法保障谁投资、谁所有、谁管理、谁受益原则的落实，保护集体和农户以多种形式兴修和经营农业基础设施的积极性。

（三）依法规范金融秩序，防范和化解金融风险，确保国民经济的平稳运行

要依法严厉打击非法集资和金融诈骗，以及利用计算机网络等智能手段针对银行和其他金融单位进行的犯罪活动。要按照中央治理整顿金融秩序的部署，认真审理好贷款纠纷案件。要切实执行修订后的刑法，依法适用新增设的罪名，坚决打击各种扰乱、破坏金融市场秩序和财会管理秩序的犯罪。在审理金融纠纷案件中，严格审查确定借贷双方的责任，坚决依法制止那些企图通过诉讼逃债、消债等规避法律的行为，维护信贷秩序。企业实行债权转股权，这既是促进企业扭亏脱困和调整结构的重要手段，也是减少银行不

良债权的重要措施。人民法院在审理这方面案件时务必坚持标准，认真把关，对弄虚作假、乘机逃废债务的，要追究当事人和责任人的法律责任。要根据中央和国务院的有关政策规定，审慎处理好涉及农村合作基金会的案件，对于以农村合作基金会为债务人的纠纷及农村合作基金会与农户间的纠纷，一般应当首先由清理部门按照国家有关政策处理。

（四）依法保护知识产权，为科技创新，全面落实“科教兴国”战略，提供有效的司法保障

1. 依法促进科学技术进步，加速科学技术成果推广、应用。无论是企业法人、机关法人、事业法人、社会团体法人或其他组织，只要具有科研能力或拥有科技成果，都可以订立技术合同。同样，公民不受其职业、职务、年龄等限制，只要具备履行技术合同的能力，都可以订立技术合同。在审理技术合同纠纷案件时，只要合同当事人具备履约能力，就不能以合同主体不适格而认定合同无效。对于那些妨碍技术进步的合同，要依法认定无效。同时，要依法制止非法垄断技术。通过审理案件，依法保护公民、法人和其他组织进行科学研究和发明创造的积极性。

2. 依法保护当事人合法技术权益。人民法院在处理技术合同纠纷当事人权益问题上，既要依法保护其财产权利，又要依法保护其人身权利。对于完成职务技术成果的个人，依法保障其在有关技术成果文件上署名的权利和取得荣誉证书、获得奖励的权利；对于当事人按照平等互利原则约定转让专利和非专利技术权利的，要依法保护。

3. 依法制裁各类侵犯知识产权行为。对那些侵犯专利权、商标权、著作权、发明权、商业秘密等严重扰乱技术市场，给知识产权人造成损失的，要依法严肃制裁；对构成犯罪的，要依法追究刑事责任。为强化对知识产权的司法保护力度，人民法院要对知识产权案件的审判组织、案件管辖、举证方式、案件执行等各个方面进行大胆探索，开拓创新，提高知识产权审判工作的水平。

（五）做好各项准备工作，用司法手段保障西部大开发战略的贯彻实施

1. 西部地区法院要从组织上、物质上加强自身建设。实施西部大开发战略，国家将在资金、项目、人才等方面出台新政策。随着人、财、物流动和经济活动的增加，诉至法院的各类案件会有上升。西部地区和相关地区的人民法院要做好相应的准备。一是要采取各种形式加强对西部地区法院审判人员的培训，进一步提高他们的政治、业务素质；二是结合落实干部交流制度，最高人民法院要会同国家有关部门，尽快制定出东部与西部地区法院干部对口交流办法。东部地区各省、市，每年都要有计划地选派一定数量审判骨干到西部地区法院工作和锻炼；西部地区法院也要选派一些青年法官到东部地

区法院学习提高，然后再回到原来的审判岗位；三是采取多种形式，加强西部地区法院物质装备建设。最高人民法院将与有关部门会商，对西部贫困地区法院的装备建设予以支持。

2. 大力加强西部地区法院审判力量，确保审理好涉及大开发的各类案件。西部大开发启动之后，一方面，原来在东部地区较多发生的新类型案件在西部地区将逐渐出现；另一方面，随着西部地区将成为中外投资热点，东西部互涉案件和涉外案件将会增加。处理好这些案件，促进西部大开发，将成为今后东西部法院共同面临的重要任务。东西部地区法院对互涉的案件，要加强有关的信息通报，以依法及时、公正地审理。东部地区法院在这方面要作出表率。要增强审理涉外案件的能力。东部地区法院在对口支援西部地区法院过程中，要派人有重点地帮助西部地区法院建立起实力较强的审理涉外案件的合议庭，并传授审判经验、提供相关案例。在审判工作中要坚持执行法律与执行政策的统一。对涉及西部开发的民事、经济纠纷案件，法律有明确规定的要严格依法审理；法律和政策都没有规定的，要根据“三个有利于”原则精神妥善处理。要识大体、顾大局，对西部开发有重大影响的案件、集团诉讼案件等，必须尽快妥善处理，绝不能因为案件处理不当，影响西部大开发的进程和社会稳定。

四、加强涉外案件的审理工作

我国对外开放格局从沿海地区向广大中西部地区的逐步推进，以及我国加入世贸组织后发生的变化和影响，对人民法院的涉外审判工作将提出更高、更新的要求。对此，要做好充分准备，采取切实可行的对策。

（一）拓宽眼界，树立涉外审判的全局意识

在涉外审判工作中要树立全局意识，具有宽广的世界眼光。树立全局意识是要求我们在审判活动中既要做到严肃执法，又要力求执法的良好效果。涉外审判既有国内影响，也有国际影响；既有法律效果，又有社会效果。具有宽广的世界眼光是要求我们用马克思主义的立场、观点和方法分析问题，正确认识人民法院做好涉外审判工作对于我国进一步扩大开放的重大意义和作用，正确认识在涉外审判中坚持主体平等的司法观念的必要性和紧迫性。我国加入世贸组织后，既要享受权利，也要承担和履行相应义务。依照国际经济交往中普遍适用的平等互利原则，对在我国从事经贸活动的外国企业，在经济交往或参与诉讼中，都要与国内企业和组织依法平等对待。

（二）加强学习，准确适用国际贸易法律规范

我国政府参加或承认的国际性法律规范，除声明保留的内容之外，无论是多边的还是双边的条约或协议，都是人民法院审理相关涉外案件的法律依

据。世界贸易组织是当今世界制定国际贸易规则、解决多边贸易争端的最重要场所，其多年来制定的包括互惠互利、互相约束机制的一系列决议、规章、程序、办法，已成为国际社会通行的贸易规则。对于这些国际贸易法律规范，我们要加紧研究，尽快熟悉，并且能够熟练地运用于审判实践。

涉外审判主要集中于民商事领域。民商事纠纷主要是当事人的利益冲突。人民法院审理这些案件，要从解决当事人之间利益失衡入手，妥善解决争端，采取惩罚性措施应十分慎重。从事涉外审判的法官既要有法律家的素养，也要有政治家的眼光；既要有正确适用法律的能力，也要有依法治国和放眼世界的胸襟。

（三）深入研究，增强在涉外审判上的前瞻性

针对我国加入世界贸易组织后面临的新形势，人民法院要注意把握动向，深入研究各种新情况和新变化，增强涉外审判的预见性。例如，世界贸易组织和其前身关贸总协定制定的与贸易有关的知识产权保护的协定，对我国今后审理涉外知识产权纠纷案件会有多大影响和作用，我们应尽早进行研究。外国企业和跨国公司将更多地进入我国市场，在依法保护其合法权益的同时，也可能出现技术和市场垄断以及不正当竞争，我们应做好相应的司法准备。涉外破产案件在我国已有发生，在审理涉外破产案件中，虽然在总体上已经做到对中外债权人的平等保护，但还有许多问题，包括清算组的组成、债权人会议程序、资产的评估等，还缺乏更多的经验，必须加紧实践和研究。人民法院决不能由于准备工作滞后而使国家利益遭到重大损失，影响我国司法公正的国际形象。

五、执行工作为经济发展服务的重点与措施

做好执行工作是人民法院为经济发展提供法律保障和服务的重要内容。在落实中央十五届四中全会和中央经济工作会议确定的各项重大任务中，我们必须进一步全面贯彻中发〔1999〕11号文件，深化改革，完善措施，知难而进，努力使法院执行工作在保障和服务经济建设中发挥更大的作用。

（一）做好涉及国有企业案件执行工作，是为经济发展服务的重点

对涉及国有企业的执行案件，既要坚持严格执法，又要讲究执行方法和执行效果。执行工作思路要由单一的强制执行向各种执行方式相结合转变。对涉及国有企业债权的执行，要加大力度，依法保障国有企业债权的实现。对涉及国有企业债务的执行，要根据法律和政策加强与有关部门的协调配合，尤其要抓住国有商业银行设立金融资产管理公司，剥离不良贷款，由该公司经营管理其不良资产的机会，依法解决沉积在法院执行程序中的涉及国有企业的金融债权。被执行人的产品科技含量高、附加值高、有市场，能回笼资

金，但因债务缠身融资无望，无法扩大生产的，在做好申请执行人工作后，可以采用转让无形资产、劳务抵债等方式，以使被执行企业重获生机。被执行人的产品有一定市场，符合产业政策，有发展潜力的，可以采取“放水养鱼”的方式，以一定的资产作抵押，中止执行，待其经营好转后，再行收回债权。被执行人破产、关闭的，应加大对其债权的执行力度，减少破产费用，尽力提高清偿率，减少债权人损失。

在做好涉及国有企业案件执行工作同时，要做好其他各种民事主体合法权益的保护，以增强整个国民经济效益。

（二）坚决抵制和克服地方和部门保护主义，是做好执行工作，为经济建设服务的重要条件

地方和部门保护主义是造成“执行难”的重要原因，是严格执法的重大障碍，必须坚决抵制和克服。人民法院作为国家审判机关绝不能搞地方和部门保护主义。要坚决反对司法权地方化倾向。对与法律相悖，给人民法院执行设置障碍的规定或文件，要及时向党委、人大、政府提出建议，予以撤销或废止。对顶着不办的，要及时报告上级党委和上级人民法院，直至报告中央政法委和最高人民法院。要及时向纪检监察机关提供搞地方和部门保护主义的典型事例，以便调查处理。

（三）实行执行工作统一管理和协调，是做好执行工作，为经济建设服务的机制保障

各级人民法院要顾全大局，坚决排除干扰，抓紧建立和完善由高级人民法院统一管理和协调的执行工作机制。要严格按照有关文件精神配备合格的执行人员，特别要选好配强执行机构、尤其是高级人民法院执行机构负责人。要积极争取专项资金和办案经费，同时要克服困难，拿出一部分现有经费，给执行庭配备必要的交通、通讯工具及警械等装备，以保证执行工作的实际需要。

（四）坚持依法、公正、文明执行，是做好执行工作，为经济建设服务的根本要求

司法公正不仅要求审判过程中的程序公正和实体公正，还要求执行过程中的程序公正和实体公正。要像抓裁判公正一样抓执行公正，并抓好执行公开。既要严格依照诉讼法规定的程序文明执行，又要严格依照实体法的规定对当事人的财产权益作出正确的处置。通过对案件的有效执行，落实裁判文书所确定的权利义务，及时消解社会经济关系中的梗阻状态，依法保护当事人的合法权益，坚决维护国家的司法权威。

各级人民法院的执行工作人员，要严格遵守各项执行纪律，以法服人，以理服人，使执行工作得到广大群众包括被执行人的理解和支持。

六、加强监督指导和司法解释工作

为充分发挥人民法院审判职能作用，积极有效地保障中央关于经济发展各项重大部署和重大决策的落实，必须大力加强对审判工作和执行工作的监督、指导，切实做好司法解释工作。

（一）转变作风，严格制度，提高监督指导水平

最高人民法院对地方各级人民法院、专门人民法院，上级人民法院对下级人民法院，都要依照宪法和法律的规定，加大监督指导的力度。对刑事案件监督的重点要放在区分罪与非罪上；对民事、经济案件监督的重点要放在确定民事责任的承担上。对程序不公、实体不公和执行不公的，上级人民法院要坚决依法纠正。上级人民法院要把解决下级人民法院在审判工作和执行工作中遇到的新情况、新问题和新类型案件的适用法律问题，列为监督指导的重要内容。

必须坚定不移、坚持不懈地贯彻加强基层工作的方针。中级以上人民法院要切实转变作风，经常深入基层人民法院调查研究，千方百计地打牢法院工作的基础。我国幅员辽阔，人口众多，发展不平衡，各地情况差别很大，在对法院工作的监督、指导上，必须充分发挥各高级人民法院的积极性和职能作用。今后，最高人民法院在制定重要司法解释和规范性文件时，要根据需要组织相关高级人民法院开展联合调研和起草工作。高级人民法院要继续采用多种行之有效的形式，大力加强对辖区法院的审判监督和综合性业务指导。

（二）加强司法解释工作，保证法律的正确实施

党的十五届四中全会和中央经济工作会议精神的全面贯彻落实，必将使我国改革开放和现代化建设事业呈现崭新的局面。针对社会法律关系的不断变化，往往不能被现行法律内容所包含的实际情况，最高人民法院要充分运用法律赋予的司法解释权，在加强调查研究基础上，提高司法解释的时效性和适用性，以使人民法院能充分利用现有法律资源，为经济发展提供及时有效的服务。

要抓紧研究加入世界贸易组织亟待解决的法律适用问题，例如反倾销、反垄断争端，投资、金融、保险、证券、知识产权、消费者权益保护等法律法规的适用，均应从司法解释方面加紧做好工作。要针对刑法、合同法等法律实施中遇到新情况、新问题，加强刑事和民事、经济司法解释工作。要适应刑事、民事、经济和行政审判方式改革，以及执行工作改革不断深化的需要，加强程序法的司法解释。

七、加强人民法院队伍建设

为经济发展提供优质高效的司法保障和法律服务，关键在人，关键在队伍。今年和今后一个时期，要认真贯彻《人民法院五年改革纲要》，紧紧围绕经济发展对法院工作的需要，在法院队伍建设方面重点抓好以下几项工作：

第一，着眼于培育高素质法官队伍，进行用人制度的改革。要严把“进口”，疏通“出口”，引进竞争激励机制。招录人员，必须经过严格的笔试、面试和审查，择优录用；对初任法官或者晋升到高一级别法官的，也必须经过严格的考核，择优晋升。大力推行选任审判长和独任法官的改革，并且对选任的优秀人才落实相应待遇。对不适应审判工作要求的人员进行培训或分流做辅助性的工作。对素质低下、操守不良的人员，按有关规定予以清理；在有利于发挥审判专业特长的前提下实行轮岗交流制度；逐步进行上级人民法院法官从下级人民法院法官中选拔和面向社会招录高素质法官的制度。

第二，强化法官自律机制，加强思想政治工作和管理监督。法官是一个必须靠高度自律约束的特殊群体，在品行操守和学识能力方面应有更高的标准。造就一大批有高尚品格的高素质法官，是树立司法权威、确保司法公正的基本保证。法院的思想政治工作和管理监督必须从这个高起点上展开。为此，要继续贯彻从严治院的方针，严格执行《人民法院审判人员违法审判责任追究办法（试行）》和《人民法院审判纪律处分办法（试行）》，切实落实党风廉政建设责任制，对发生的各种枉法裁判和违反审判纪律的问题要一查到底、严肃处理；要进一步完善法院接受人大监督、政协民主监督、检察机关法律监督和新闻舆论等社会监督的各项制度和措施，拓宽主动接受监督的渠道。完善外部监督与内部监督的衔接，用外部监督启动内部监督、促进内部监督。要在继承和发扬优良传统的基础上，认真研究新形势下人民法院思想政治工作的特点和规律，积极开辟新途径，探索新办法，把对法官的严格管理、严格监督与发挥政治优势、加强思想政治工作紧密结合起来，通过加强对党的基本理论、基本路线和基本方针的学习，开展向英模人物学习和多种形式的争先创优活动，在广大法官中形成自我教育、自我约束、自觉向上的价值追求，解决好为谁执法、为谁服务、为谁掌权的根本问题，以造就一支具有高尚职业道德、严格自律能力和很高司法水平的法官队伍。

第三，抓好法官教育培训工作，做好为经济发展服务的知识准备。深化国企改革和农村改革，实施西部大开发战略，加入世贸组织，向法院的教育培训工作提出了紧迫和繁重的任务。各级人民法院态度要坚决，行动要迅速，尽早着手工作。高级和中级人民法院要把培养懂得市场经济知识、熟悉涉外法律的法官作为一件大事，抓紧进行涉外民商事法律和外语技能方面的培训。

要全面推行人民法院教育培训工作改革，抓紧培养一批高素质的审判业务带头人和专家型法官。

第四，抓住关键，搞好各级人民法院领导班子建设。加强队伍建设，关键是搞好各级人民法院的领导班子建设。要以“三讲”教育及“回头看”为契机，切实解决法院领导干部和领导班子在党性、党风方面存在的突出问题，落实整改措施，把各级人民法院的领导班子建设好。各级人民法院的领导干部要以身作则，严于律己，发挥带头作用，用过硬的班子带出一支政治坚定、业务精通、公正清廉、作风优良、纪律严明的人民法院队伍，以全新的精神风貌迎接全新的挑战，为实现党的十五届四中全会和中央经济工作会议部署的各项重大任务，做出应有的贡献。

最高人民法院
关于在民事审判和执行工作中依法保护金融债权防止国有资产流失问题的通知

（2005 年 3 月 16 日　法〔2005〕32 号）

各省、自治区、直辖市高级人民法院，解放军军事法院，新疆维吾尔自治区高级人民法院生产建设兵团分院：

依法保护金融债权，防止国有资产流失，关系到国家经济安全，已经成为当前我国经济结构调整和金融体制改革过程中的重要问题。随着金融不良债权处置工作进入攻坚阶段和处置难度的加大、处置方式的多元化，人民群众和社会各界对人民法院在审理和执行涉及不良金融债权案件中如何依法保护金融债权，防止国有资产流失提出了更高的要求。为正确审理上述相关纠纷案件，保障金融不良债权处置工作的顺利进行，防止国有资产流失，现通知如下：

一、充分发挥民事审判和执行工作在依法调整社会各种经济关系，维护社会主义市场经济秩序方面的职能作用。在审理和执行涉及金融不良债权案件中要严格执行民事诉讼法、合同法、担保法及本院颁布的《关于审理企业破产案件若干问题的规定》、《关于审理与企业改制相关的民事纠纷案件若干问题的规定》等一系列司法解释，准确理解和把握立法和司法解释的本意，统一司法尺度。

二、各级人民法院和广大法官要增强司法能力，提高司法水平，维护国家法制的统一，摒弃和坚决抵制地方保护主义。审理涉及金融不良债权案件，要坚持办案的法律效果与社会效果的统一，妥善处理国家利益和地方利益的关系，依法保护金融债权和企业职工的合法权益。

三、加强涉及金融不良债权案件的调研工作。随着我国金融体制改革的逐步深入，人民法院在审理和执行涉及金融不良债权案件中会不断遇到新情况和新问题。这些问题政策性强、社会影响大，而有关法律法规又相对滞后。人民法院要在总结经验的基础上加强调查研究，不断提高办案质量和效率。上级人民法院要加强对下级人民法院的监督指导，并开展有针对性的执法检查，发现问题及时纠正。

四、在审理和执行上述案件时，需要对金融不良债权和相关财产进行评估、审计的，要严格依照法律规定委托有相应资质并信誉良好的中介机构进行，要对评估、审计程序和结果进行严格审查。对被执行人的财产进行变价时，要尽可能采取由拍卖机构公开拍卖的方式，最大限度回收金融债权。

五、人民法院在民事审判和执行工作中，如发现金融机构工作人员在处置金融不良债权过程中与受让人、中介机构等恶意串通，故意违规处置金融不良债权，有经济犯罪嫌疑线索的，要及时将犯罪嫌疑线索移送检察机关查处。

六、要加强与金融监管部门、国有资产管理部门的沟通和协调，对辖区内有重大影响和易引起社会关注的案件，处理前应征求上述有关部门的意见，共同做好工作。

七、在执行涉及金融不良债权案件时，要做好处理突发事件的预案，防范少数不法人员煽动、组织不明真相的职工和群众冲击法院和执行现场，围攻法院工作人员和集体到党政机关上访。发生重大突发性事件，要及时向地方党委、人大和上级人民法院报告。

特此通知。

最高人民法院
印发《关于为维护国家金融安全和经济全面协调可持续发展提供司法保障和法律服务的若干意见》的通知

（2008年12月3日　法发〔2008〕38号）

各省、自治区、直辖市高级人民法院，解放军军事法院，新疆维吾尔自治区高级人民法院生产建设兵团分院：

现将最高人民法院《关于为维护国家金融安全和经济全面协调可持续发展提供司法保障和法律服务的若干意见》印发给你们，请认真贯彻执行。

附：

最高人民法院
关于为维护国家金融安全和经济全面协调可持续发展提供司法保障和法律服务的若干意见

金融是现代经济的核心，在国家实行宏观经济调控，促进国民经济发展和维护社会稳定方面具有重要的作用。2007年8月美国“次贷危机”所引发的国际金融市场动荡和世界经济衰退，正日益对我国金融市场和经济增长产生较大的影响。为此，国务院强力推出了一系列扩大内需的措施，将积极的财政政策与适度宽松的货币政策相结合，通过扩大内需来抵消出口的减弱，通过大规模的公共投资来振兴日趋放缓的经济。这一系列举措不仅是我国维护金融稳定和经济全面协调可持续发展的迫切需要，也是我国为遏制世界经济衰退所采取的重要战略措施。同时，我国改革开放三十年来的经济运行也出现了很多需要高度重视的新情况、新问题。国际、国内宏观经济环境变化所引发的矛盾和纠纷在司法领域已经出现明显反映。人民法院的各项审判工作与国民经济发展、社会稳定大局密切相关，在当前国际、国内宏观经济环境变化、社会矛盾增多的情况下，为维护国家金融安全和经济平稳较快发展提供司法保障和法律服务，是当前和今后一个时期人民法院贯彻党的十七届三中全会精神，学习实践科学发展观，坚持“三个至上”指导思想的重要任务。各级人民法院必须进一步增强政治责任感，增强对宏观经济形势变化在司法领域引发的各种新情况和新问题的敏感性，服从和服务于国家对防范金融风险、维护金融安全和保持国民经济稳定的大局，认真履行宪法和法律赋予的职责，充分发挥人民法院审判职能作用，牢牢把握应对宏观经济环境带来的新情况、新问题的主动权，为维护国家金融安全和促进经济全面协调可持续发展提供有力的司法保障和优质的法律服务。

一、依法保障金融债权，努力维护国家金融安全

金融是国家经济的命脉，国有银行是金融的重心。各级人民法院必须充分认识当前国际金融局势的复杂性以及国内经济发展面临的困难，自觉服从于国家经济发展的大局，担负起保护金融债权、维护国家金融安全的职责，支持金融监管机构有效行使管理职能，保障国家经济宏观调控目标的顺利实施。

要最大限度保障国有金融债权。为了减少和处置国有商业银行不良资产，确保国有商业银行的竞争实力和兑付能力，中央和国务院实施金融不良债权剥离和处置战略。自 1999 年下半年迄今，中、农、工、建四家国有银行共剥离金融不良资产总额超过两万亿元，最近中国农业银行为加快改制，又剥离 8000 多亿金融不良资产。全国各级人民法院要继续按照《关于审理涉及金融资产管理公司收购、管理、处置国有银行不良贷款形成的案件适用法律若干问题的规定》等司法解释和司法政策的规定和精神审理相关案件，为国家金融债权清收提供司法保障。同时，各级人民法院要在法律和司法解释范围内，在合同效力、诉讼时效等重要方面，最大限度地保护国有金融债权。

要努力防止国有资产流失。在处理金融不良债权转让纠纷案件时，要注意防止国有资产流失。数以万亿的国有金融债权的剥离与处置，绝不仅是银行、金融资产管理公司与受让人之间简单的债权转让关系，而是巨额国有资产的流动与利益再分配问题。这种流动能否在公开公平公正的程序下进行，事关全体国民和国家的利益，事关我国金融体制改革乃至国有资产管理体制改革目标能否顺利实现。各级人民法院在相关案件审理过程中，要合理分配举证责任并对相关证据进行审查。审查的重点应当围绕诸如转让标的、转让程序、受让人资格等国家相关主管部门对金融不良债权转让所制定的各种限制性和禁止性规定，防止追偿诉讼成为少数违法者牟取暴利的工具，保障国有资产安全。

要依法制裁逃废银行债务行为。在审理金融纠纷案件中，要严格审查确定借贷双方的责任，坚决依法制止那些企图通过诉讼逃债、消债等规避法律的行为。对弄虚作假、乘机逃废债务的，要追究当事人和责任人相应的法律责任，维护信贷秩序。对于一些企业破产案件中所存在“假破产、真逃债”现象，各级人民法院要采取积极有效的措施，坚决抵制地方保护主义干扰，依法加大对“逃废债”行为的制裁，努力杜绝假借破产名义逃废、悬空债务的现象。

二、制裁金融违法违规行为，大力整顿规范金融秩序

维护良好金融运行秩序和环境，促进金融协调发展，是振兴经济和维护金融安全的重要方面。各级人民法院要配合金融监管部门，严厉打击和制裁各种扰乱金融秩序的违法、违规行为，为规范金融秩序，防范金融风险，维护社会稳定提供强有力的法律保障。

要严厉打击金融犯罪活动。各级人民法院要充分发挥刑事审判职能，严厉打击金融领域的犯罪行为。要依法及时审结破坏金融市场经济秩序的犯罪案件，努力挽回国家经济损失。要根据国务院《关于行政执法机关移送涉嫌犯罪案件的规定》精神，调整和充实审判力量，与有关部门密切配合，贯彻依法从严惩处的方针，促进整顿和规范市场经济秩序工作的深入进行。

要依法制裁金融违规行为。要防止一些民间机构和企业，通过高利率变相吸收公众存款、非法集资等扰乱国家正常金融秩序行为。对以不特定多数人为集资对象、以高利为诱饵，非法吸收公众存款的刑事犯罪行为，要依法予以打击。在审理和执行借款、民间借贷案件过程中，发现存在非法集资嫌疑和犯罪线索的，要积极与相关职能部门沟通，及时移送案件或者犯罪线索；要运用多种手段加强集资款的清收追讨，依法及时保护债权人合法权益。要做好处理突发事件的预案，防范少数不法人员煽动、组织群体性事件而引发新的社会矛盾。

要保障证券市场的稳定运行。证券市场的稳定运行和健康发展，直接关系到金融秩序和社会的稳定。当前，一些证券机构、上市公司、投资机构操纵股价、内幕交易、虚假陈述等违法行为时有发生，各级人民法院要从保护证券市场投资人合法权益，维护证券市场的公开公平公正的交易秩序出发，积极探索，妥善地处理好此类案件。要妥善审理公司股票债券交易纠纷、国债交易纠纷、企业债券发行纠纷、证券代销和包销协议纠纷、证券回购合同纠纷、上市公司收购纠纷等，保障证券交易的安全进行。

要加强与金融监管部门的协调配合，注意防范系统性风险。各级人民法院在公司案件审理过程中，发现上市公司、中介机构存在不实披露或不合理估价等情形的，应当及时向金融监管部门通报相关情况，提高上市公司和会

计等中介机构信息披露的透明度，增加会计机构对复杂金融产品信息的披露，强化中介机构对有价证券的合理估价。在审理民间借贷、涉及资金链断裂企业债务纠纷案件时，对涉嫌非法吸收存款等违法行为，或者发现有引发系统性风险可能的，要及时向公安、检察、金融监管、工商等部门通报情况，统筹协调相关案件的处理和风险防范。

三、依法保障企业发展，全力维护社会和谐稳定

各级人民法院要进一步深刻认识保障企业发展，促进国企改革、维护企业稳定的重要意义。只有企业搞活，市场才能搞活；只有企业发展，经济才能发展；只有企业稳定，社会才能进一步稳定。要及时依法公正审理关系企业改革、发展和稳定的各类案件。积极探索为企业改革和发展服务的新途径，引导企业依法管理，增强企业的法律意识和自我保护意识，为企业改革和发展创造良好的法治环境。

要依法审理好企业债务纠纷案件。当前，在审理企业债务纠纷案件中，要特别注意企业因资金链断裂而引发的纠纷，在工作方法上要体现原则性和灵活性的统一。对因资金短缺但仍处于正常经营状态、有发展前景的负债企业，要慎用财产保全措施，对债权人要多做耐心细致的调解工作，通过设置担保等灵活多样的方法促成债权人给予债务企业合理的宽限期，帮助债务人渡过暂时的财务危机。对多个债权人在不同法院同时申请执行同一债务企业的案件，上级人民法院要加强协调，统一执行工作措施，并同时注意做好执行和解工作，尽可能维持有发展前景的困难企业、劳动密集型中小企业的生存，避免因执行工作简单化而激化社会矛盾，防止因对被执行企业可供执行财产的分配问题产生新的矛盾和冲突。

要依法审理好公司清算案件。要按照公司法及其司法解释的规定，积极稳妥受理公司清算案件，平等维护债权人和股东合法权益，强化投资者的清算义务，依法追究怠于履行清算义务侵害债权人利益的投资者的民事责任，保障市场主体退出过程规范有序，促进市场法治环境的不断优化。

要依法受理、审理好企业破产案件。要充分发挥企业破产法公平保护各方利益主体，实现资源优化配置的作用。对于已经符合企业破产法规定的破产原因的企业，要根据当事人的申请依法及时启动强制清算程序和企业破产程序。对于有挽救希望的企业，鼓励运用破产重整、和解制度，尽可能维持有发展前景企业的生存，避免因企业倒闭破产带来大量职工下岗、银行债权落空、影响社会稳定等社会连锁反应。对于因产业结构转变且经营前景暗淡而必须破产的企业，要在保障公开、公正、合法的基础上，提高审判效率，降低破产成本。对拖欠职工工资、社会保险等问题较多、历史包袱沉重、挽

救无望的企业，要根据新破产法的规定，优先保护职工债权。要支持管理人对破产企业债权的清收，追回破产企业转移、隐匿的资产，努力提高债权清偿率。

四、依法规范经济秩序，促进经济全面协调可持续发展

依法规范经济秩序的根本目的在于完善社会主义市场经济体制，促进国民经济全面协调可持续发展。各级人民法院要通过切实有效地开展好各类案件的审判工作，保障经济体制改革，维护和健全市场经济秩序。

要强化各种诉讼救济措施。要积极回应对司法工作的新要求新期待，及时受理宏观经济环境变化引发的各类纠纷，最大限度发挥诉讼程序机制对各类社会矛盾的化解能力，全力维护社会稳定。对于有转移财产、逃避债务意图的企业，要加大诉讼保全力度。对债权人提出的诉前或诉中保全措施的申请，要在最短时间内完成审查程序，尽快实施冻结、查封、扣押措施，有效控制被诉企业财产，防止债务企业涉诉后转移有效资产等严重侵害债权人和职工利益的行为。对于可能逃匿的债务企业的股东和高管人员，要根据当事人的申请，依法及时采取边控等措施进行有效控制，防止因债务人逃匿而影响案件的审理和对债务企业财产的有效控制。

要保护国有资产不受侵犯。要严厉打击哄抢、盗窃、破坏或者故意毁坏国有企业生产资料、设备的犯罪，特别要打击针对国有企业的盗窃犯罪，保护国有企业资产。要依法严惩贪污、贿赂等职务犯罪，侵占、挪用、诈骗国有企业资金财物的犯罪，充分运用财产刑等刑罚手段，最大限度地为国家挽回经济损失，保护国有资产不受侵犯，维护正常的公私财物所有权关系。

要依法保护非公有制经济发展。个体、私营等非公有制经济是促进社会生产力发展的重要力量。我国物权法明确规定国家坚持和完善公有制为主体、多种所有制经济共同发展的基本经济制度，保障公有制经济的巩固和发展，鼓励、支持和引导非公有制经济的发展，保护国家的、集体的、私人的合法权益。各级人民法院要根据物权法等法律规定和精神，通过司法手段积极促进非公有制经济同国有经济的合资合作，推动非公有制经济进入法律法规未禁入的基础设施、公用事业及其他行业和领域，保护非公有制企业在投融资、税收、土地使用和对外贸易等方面，与其他企业享受同等待遇，确保非公有制经济健康发展，促进社会进步。

要依法维护国外投资者合法权益。在我国改革开放程度不断加大的前提下，人民法院面临的各类涉外案件审判任务也将随之增多。各级人民法院要认真研究涉外案件中的专业问题、商业惯例、海运规则以及外国法律和国际公约的适用等问题。要平等保护中外当事人的合法权益，维护我国政府和企业的国际信誉和对外开放形象，促进对外开放的深入进行。同时，也要建立应对内资企业和外商投资企业非法撤资逃债应急审理机制，做好人员控制、财产和证据保全、稳定职工和债权人等工作预案，依法追究投资者出资瑕疵责任和清算责任，维护债权人合法权益。

要依法保障房地产市场健康发展。房地产市场的发展不仅关系到我国城市化、工业化的进程，而且关系到金融安全和群众安居乐业等国计民生问题。各级人民法院要注意审查按揭贷款合同的真实性，依法制裁开发商以虚假按揭贷款合同套取银行资金等违法行为；依法优先保护建筑市场劳动者权益，制裁恶意拖欠劳务工资现象；制裁开发商恶意拖欠工程款等违约行为，保障房地产市场的健康发展。

五、促进政府依法行政，确保法律政策统一实施

维护金融安全和促进经济全面协调可持续发展，要求政府进一步转变经济管理职能，各级人民法院要通过开展卓有成效的行政审判工作，加强对行政执法活动的监督，推进依法行政。

要依法遏制地方保护、地区封锁和部门行业垄断。地方保护、地区封锁和部门行业垄断，严重阻碍全国统一公平竞争的社会主义大市场的形成，是造成市场经济秩序混乱的一个重要原因。各级人民法院应当充分发挥行政、民事审判作用，坚决遏制地方保护、地区封锁和部门行业垄断，对于涉及整治地方保护、地区封锁和部门行业垄断中发生的行政案件，要依法支持行政机关的整治行为；对于公平竞争权受到地方保护、地区封锁和部门行业垄断侵害的公民、法人和其他组织提起的行政、民事诉讼，应当依法保护其公平竞争权。

要加大征地、拆迁等行政案件的审理力度。在国家推行四万亿拉动内需的激励经济振兴措施、加强基础设施建设的过程中，不可避免地要进行农村土地征收和城市房屋拆迁。各级人民法院要认真做好征地、拆迁行政诉讼案件的审理工作，既要支持政府合理的征地、拆迁行政行为，保障社会公共设施的改造与完善，又要防止借征地、拆迁之机，损害群众及企业合法权益的情形发生，防止因案件审理不当而形成大规模的群体性事件，影响社会稳定。

要依法促使行政机关履行法定职责。行政机关不履行法定职责，该审批的不予审批，该制止的不予制止，该处罚的不予处罚，是有法不依、执法不严和违法不究的重要表现。各级人民法院应当积极受理和依法审判各类行政不作为案件，依法促使被诉行政机关履行法定职责。对公民、法人或者其他组织诉行政机关不履行保护公平竞争法律职责，以及要求主管行政机关对制假售假者依法追究法律责任，因主管行政机关不作为而提起的行政诉讼，应依法及时审理，公正审判；给公民、法人或者其他组织造成损失的，应当依法判决行政机关予以赔偿。

六、加强知识产权保护，落实国家知识产权战略

提高自主创新能力、建设创新型国家是促进国民经济又好又快发展的首要任务，人民法院在实施国家知识产权战略进程中责任重大。各级人民法院要按照《国家知识产权战略纲要》提出的“发挥司法保护知识产权的主导作用”的要求，切实依法加大对知识产权侵权行为的惩处力度，有效遏制侵权行为，维护公平竞争的市场秩序和公众合法权益。

要充分认识科教兴国的重大战略意义。依靠科技进步和创新，形成一批具有自主知识产权的关键技术和名牌产品，是保障国民经济全面协调可持续发展的重要保证。人民法院要进一步充分认识科教兴国的重大战略意义，尊重知识、尊重人才，加大对知识产权的司法保护力度。随着我国全面推进工业结构优化升级，各类新技术的引进与运用必将大大加快，各类企业尤其是大中型国有企业将更多地承担技术方案的产业化和实施者的角色，这有利于解决大量劳动力的就业问题，能够促进区域经济的发展，创造巨额的社会财富。因此，人民法院要进一步加强对技术方案形成阶段及技术方案产业化阶段的司法保护，切实依法保护企业的知识产权，促进社会财富的增长。

要依法保护科技创新活动。随着信息技术、生物技术等高新技术的发展，与高新技术发展和应用相关的案件以及新类型案件不断出现，我国知识产权审判涉及的范围已包括技术合同、商业秘密、商标、专利、著作权、计算机软件、计算机网络、数据库、域名、不正当竞争、垄断、植物新品种和其他科技成果权等各个领域。各级人民法院要严格认真按照《国家知识产权战略纲要》要求，充分发挥司法保护知识产权的主导作用，依照法律、法规和司法解释的规定，在案件管辖、诉前申请采取临时措施的审查、中止诉讼的程序、知识产权权利范围的确定和侵权认定方面，建立和完善知识产权审判制度和司法原则。要依法保护科技人员和作者等享有的智力成果权，采取责令停止侵权、排除妨害、消除危险和赔偿损失等各种司法救济手段以及民事制裁措施，制止、制裁侵权、假冒、盗版行为。通过对这些纠纷的处理，切实保护知识产权人的合法权益，促进知识与文化的传播，维护社会公众利益，保护科技创新活动，防止滥用知识产权的行为发生。

七、加大案件执行力度，为政府和企业排忧解难

各级人民法院必须进一步全面贯彻中发〔1999〕11号文件，按照党的十六大提出的“切实解决执行难”的要求，深化改革，完善措施，知难而进，

努力使法院执行工作在保障金融安全和服务经济全面协调可持续发展中发挥更大的作用。

要继续开展未结金融案件的专项集中执行活动。各级人民法院要在最高人民法院的指导和部署下，通过集中时间、集中力量、统一调度、强化力度以及成立专门的执行组织等多种方式，结合集中清理执行积案活动，有计划地对金融案件进行专项执行，为国家和企业解难，并增强全社会的金融法制观念和风险意识。

要探索新的执行方法并加大金融案件执行力度。各级人民法院要努力探索并运用新的执行措施和方法，不断加大金融案件的执行力度，确保金融案件的顺利执行。要继续运用被实践证明行之有效的诸如以资产使用权抵债、资产抵债返租、企业整体承包经营、债权转股权以及托管等方式，大力解决难以执行的金融纠纷案件。同时，要对欠债不还的被执行人予以适度披露，积极配合建立社会信用体系。

建立系列案件审判执行统一协调机制。对于众多债权人向同一债务企业集中发动的系列诉讼案件，受理案件的不同地区、不同审级法院之间以及同一法院的不同审判部门之间要加强信息沟通，在上级法院的统一指导下集中协调、集中判决，协调执行，避免各地法院针对同一债务企业的同类案件出现裁判标准不统一，以及针对同一债务企业的多个案件在执行中出现矛盾和冲突的现象，依法平等保护各地债权人的合法权益。

要坚决抵制、克服地方和部门保护主义。地方和部门保护主义是造成“执行难”的重要原因，必须坚决抵制和克服。人民法院作为国家审判机关绝不能搞地方和部门保护主义。对与法律相悖，给人民法院执行设置障碍的规定或文件，要及时向党委、人大、政府提出建议，予以撤销或废止。要及时向纪检监察机关提供地方和部门保护主义的典型事例，以便调查处理。

八、认真开展调查研究，及时总结审判经验

各级人民法院在为维护国家金融安全和经济全面协调可持续发展提供司法保障和法律服务的过程中，要及时掌握宏观经济环境变化引发的新情况和新问题。

要加强审判调研工作，及时总结审判经验。要提高对各类敏感问题发展趋势的预测能力和有效解决疑难复杂问题的能力，密切关注因宏观经济环境变化而在司法领域出现的各种新情况和新问题，深入开展前瞻性调查研究，及时向有关部门提出应对措施和建议。要加强对审判工作中法律适用疑难问题的调查研究，根据客观形势的新变化，从促进经济发展和社会全面进步出发，及时总结审判经验，提出相应的对策。在时机成熟时，制定相应的司法

政策和司法解释。

要加强司法宣传工作，发挥审判工作的社会导向作用。对近期内审结的涉及扰乱国民经济和社会稳定的有影响的案件，要及时通过召开新闻发布会、发布典型案例、组织专题或系列报道等多种形式进行广泛宣传，教育和引导各类市场主体增强依法经营和风险防范意识，努力营造公平有序的社会主义市场经济秩序。

建立涉及社会稳定案件和大要案报告制度。对于众多债权人向同一债务企业集中发动的系列诉讼案件、企业破产清算案件、集团诉讼案件、群体性案件等可能存在影响社会和谐稳定因素的案件，各级人民法院立案、审判、执行及相关业务部门要及时向本院院长、审判委员会报告；特别重大的案件要及时向上级人民法院报告。

在国际金融和世界经济形势日趋严峻的情形下，我国的经济体制改革将进入向更加广阔的领域纵深发展的新阶段。人民法院为维护国家金融安全和经济全面协调可持续发展提供司法保障和法律服务的范围之广阔，任务之艰巨，将大大超过以往任何时期。各级人民法院要进一步深入学习党的十七大和十七届三中全会精神，坚持深入学习实践科学发展观，积极践行“三个至上”指导思想，进一步增强政治意识、大局意识、法律意识，充分发挥审判职能作用，公正高效司法，共同为维护我国金融安全，保障我国经济社会全面协调可持续发展，为构建社会主义和谐社会不断做出新的更大的贡献。

最高人民法院
印发《关于为加快经济发展方式转变提供司法保障和服务的若干意见》的通知

（2010 年 6 月 29 日　法发〔2010〕18 号）

各省、自治区、直辖市高级人民法院，解放军军事法院，新疆维吾尔自治区高级人民法院生产建设兵团分院：

现将《关于为加快经济发展方式转变提供司法保障和服务的若干意见》印发给你们，请各地结合工作实际，认真贯彻执行。

附：

最高人民法院
关于为加快经济发展方式转变提供
司法保障和服务的若干意见

党的十七大提出了加快经济发展方式转变的重大战略任务。加快经济发展方式转变，是当前党和国家经济工作的重点，是深入贯彻科学发展观的重要目标和战略举措。为充分发挥人民法院的审判职能作用，确保党中央关于加快经济发展方式转变、保持经济平稳较快发展的战略部署和政策措施的贯彻落实，特制定本意见。

一、加快经济发展方式转变是我国经济领域的一场深刻变革，是关系改革开放、社会主义现代化建设全局和我国经济发展方向的重大战略部署，是适应实现全面建设小康社会奋斗目标、满足人民群众过上更好生活新期待的必然要求。各级人民法院要正确认识我国加快经济发展方式转变的重大意义，把思想和行动统一到党中央对形势的分析判断和决策部署上来，进一步增强为加快经济发展方式转变提供司法保障和服务的责任感和使命感，采取切实可行的应对措施，充分发挥审判职能作用，积极有效地为加快经济发展方式转变提供司法保障和服务。

二、人民法院要认真研究加快经济发展方式转变对审判工作提出的新问题、新任务、新要求，为切实加快经济发展方式转变提供有效的司法保障和服务。从长远看，加快经济发展方式转变，必然极大地促进我国经济平稳较快发展，更好地满足人民群众日益增长的物质文化需求，有助于减少社会矛盾纠纷，有助于减轻人民法院审判工作的压力。但从近期看，加快经济发展方式转变有可能引发一些新的矛盾纠纷，如淘汰落后企业和产能，公司清算、企业破产、兼并和重组等情形将增多；加快城乡结构调整，土地征收、房屋拆迁等情形将增多，由上述活动引发的矛盾纠纷相当部分会进入诉讼程序，这就使得人民法院的审判工作面临着新的挑战。因此，各级人民法院必须坚持能动司法，见事早、行动快、积极应对，妥善施策。要准确把握司法政策导向，依法保障、引导、支持有利于加快经济发展方式转变的经济活动和经济行为，保证加快经济发展方式转变工作早见成效。依法积极引导落后企业、高耗能高污染企业退出市场，对不利于加快经济发展方式转变的经济活动和经济行为依法不予支持。

三、妥善审理与经济结构调整相关案件，保障和服务经济结构优化和调整。依法审理各类投资纠纷案件，促进社会投资主体多元化，加强对中小投资者合法权益的平等保护，鼓励和引导资本向新能源、新材料、节能环保、生物医药、信息网络和高端制造产业转移；依法平等保护民营企业和国有企业合法权益，妥善审理相关案件，慎重采用财产保全和强制执行措施，促进民营企业和国有企业共同发展；依法支持合法的新型担保方式，正确认定此类合同的效力，促进解决中小企业融资难的问题；依法妥善审理涉及中小企业的案件，促进中小企业健康发展。准确把握民事纠纷与经济犯罪的界限，依法稳妥处理相关刑事案件。

四、妥善审理消费者权益纠纷案件，保障和服务形成消费、投资、出口协调拉动的经济增长格局。要准确把握审理消费者权益纠纷案件的司法原则，既要依法维护经营者正当利益，也要注重保护消费者的合法权益，推动建立公正、有序、诚信的消费环境；正确认定消费合同效力，依法认定损害消费者权益的“霸王条款”无效，维护消费者的合法权益；妥善审理房地产开发和房屋买卖、租赁纠纷案件，规范房地产交易秩序；妥善审理个人住房、汽车、教育等消费信贷纠纷案件，引导建立健康、协调、有序的消费信贷秩序。依法惩处生产销售有毒有害食品、假药劣药、假冒农资等严重破坏市场经济秩序的犯罪行为。

五、妥善审理城乡结构调整中引发的各类案件，保障和服务城镇化建设。正确审理土地征收、房屋拆迁等民事、行政案件，加大对失地农民和被拆迁人合法利益的保护力度，依法支持符合规划的城镇化建设；依法处理农民以土地补偿金入股引发的矛盾纠纷，依法保护农民的投资权益；依法严厉打击侵吞、挪用土地征收补偿金、房屋拆迁补偿金等违法犯罪行为，规范和维护土地征收和房屋拆迁秩序。

六、妥善审理服务领域的各类纠纷案件，保障和服务现代服务业的发展。依法审理教育、旅游、电信、物流、信息、研发、工业设计、商务、节能环保服务等服务合同纠纷案件，既要支持和保障面向生产、服务民生的现代服务业的自身发展，又要及时纠正服务提供者的不当行为，规范和引导服务提供者不断完善经营管理、提高服务水平。加强与服务业主管部门、行业协会的信息交流，及时通报案件审理中发现的服务行业发展存在的问题，提出司法建议。

七、妥善审理金融纠纷案件，保障和服务现代金融业的发展。依法审理借贷纠纷案件，切实保护银行等金融机构的合法债权，防范逃废银行债务行为，维护金融秩序和金融安全；依法审理存款纠纷案件，切实维护存款人储蓄的安全和利益；做好金融票据纠纷案件审判工作，依法维护金融信用秩序和交易安全；依法审理保险纠纷案件，依法支持被保险人、保险受益人得到及时的保险赔付，维护保险行业的健康发展；依法审理证券纠纷案件，充分保护股东权益，促进证券市场的有序发展；妥善审理非金融借贷纠纷案件，正确认定非金融借贷合同效力，依法打击各种以合法形式掩盖的非法集资等违法犯罪活动，维护金融安全和社会稳定；依法保护合法的民间借贷和企业融资行为，维护债权人合法权益，拓宽企业融资渠道。在经济发达地区可以设立金融法庭，专门审理相关金融案件。

八、妥善处理相关破产、强制清算案件，保障实现淘汰落后、过剩产能，推动实现产业转型升级的经济发展目标。依法受理企业破产案件和强制清算案件，积极引导市场主体依法有序退出市场；依法受理符合条件的企业重整、和解申请，运用企业重整、和解制度，帮助和支持那些资金周转遇到暂时困难但符合国家经济和产业结构调整要求、有发展前景的企业恢复生机重返市场。

九、妥善处理劳动争议和社会保险案件，切实保障民生。依法审理劳动者与用人单位在订立、履行、变更、解除或者终止劳动合同过程中产生的各类纠纷，切实保障劳动者的劳动报酬权益；依法审理劳动保障、工伤认定、社会保险等劳动行政案件，支持和监督劳动保障行政部门依法行使行政职权，切实保障劳动者的合法权益；积极引导企业切实承担社会责任，加大对劳动者权益的保护力度，引导劳动者树立诚信工作、共同发展的理念，促进企业与劳动者的互利共存，共赢发展。

十、妥善审理农业发展中出现的各类纠纷案件，鼓励和支持农村新兴产业发展，保障和服务农村经济发展方式转变。及时审理农村第二、三产业和农民外出务工、返乡创业中出现的各类纠纷案件，切实保障农民合法权益；依法审理土地承包经营权转让、转包、租赁等合同纠纷案件，保护土地承包经营权流转秩序；支持和促进农村金融服务体系建设，拓宽农村融资渠道。

十一、妥善审理各类知识产权案件，保障和服务推动自主创新。加强对重点领域知识产权的司法保护，促进战略性产业发展；加强对驰名商标、农产品地理标志以及战略性新兴产业和现代服务业商标权的保护，促进自主品牌的形成和品牌经济的发展；加大对关键核心技术自主知识产权的保护力度，促进新能源、新医药、新材料、环保等高新技术产业发展，维护企业的核心竞争力；妥善审理反垄断和不正当竞争案件，制止科技开发和技术转让中的垄断行为，防止滥用知识产权限制创新，维护公平竞争的市场秩序；加强对新闻出版、广播影视、文学艺术、文化娱乐、广告设计、工艺美术、计算机软件、信息网络等领域的著作权保护，依法惩处假冒商标、专利和侵犯著作权等侵犯知识产权的犯罪行为，促进文化创新，繁荣文化市场。

十二、妥善审理各类涉外商事、海事、海商纠纷案件，保障和服务对外经济发展方式转变。依法审理外商投资纠纷案件，维护稳定、公平的外商投资环境，积极引导外资投资方向，不断提高利用外资质量，促进利用外资在推动科技创新、产业升级和区域协调发展等方面发挥积极作用；及时审理外国仲裁裁决、判决的承认与执行案件，维护仲裁的一裁终局性，准确理解国际公约、双边或多边条约规定，慎重适用公共秩序条款，促进对外司法合作与协助；依法准确适用外国法、国际条约和国际惯例，妥善审理涉外贸易、运输纠纷案件，平等保护中外当事人的诉讼权利和实体权益，促进进出口贸易稳步增长，维护我国经济安全。高度重视涉台和涉港澳案件审判工作，切实提高审判质量和效率。

十三、妥善审理各类环境保护纠纷案件，保障和服务推进节能减排和环境保护。依法受理各类因环境污染引起的损害赔偿纠纷案件，正确适用环境侵权案件举证责任分配规则，准确认定环境污染与损害后果之间的因果关系，确保环境侵权受害人得到及时全面的赔偿；及时审理环保行政诉讼案件，加大对环保非诉行政案件的审查执行工作力度，支持和监督环保行政执法机关依法履行环保职能；依法受理环境保护行政部门代表国家提起的环境污染损害赔偿纠纷案件，严厉打击一切破坏环境的行为；妥善处理土地、矿产等自然资源开发利用中出现的矛盾纠纷，依法保障权利人的合法权益，支持对废弃矿地的合理开发利用，促进资源型企业的转型升级。严格执行环境资源保护法律法规，依法保障和促进循环经济和节能环保产业的发展，坚决制裁污染环境、破坏林业资源、草原资源、生物资源等违法犯罪行为，促进社会经济可持续发展。在环境保护纠纷案件数量较多的法院可以设立环保法庭，实行环境保护案件专业化审判，提高环境保护司法水平。

十四、全面贯彻宽严相济刑事政策，依法打击严重危害社会治安和人民群众利益的犯罪，维护社会安定。依法惩处经济领域内犯罪，维护社会主义经济秩序。妥善处理群体性事件引发的犯罪案件。积极参与特殊人群的帮教管理和社会治安综合治理，构建长效工作机制，落实社会治安综合治理各项措施，支持和配合有关部门开展社会治安防控体系建设和基层平安创建活动，预防和减少犯罪，维护社会秩序。

十五、高度重视运用调解方式有效化解经济发展方式转变过程中引发的各类矛盾纠纷。认真贯彻“调解优先、调判结合”司法工作原则，积极推动构建司法调解、人民调解与行政调解“三位一体”的大调解格局，加大调解力度，充分发挥社会各界在矛盾纠纷化解中的积极作用，形成全社会解决矛盾纠纷的最大合力，尽力将矛盾化解在基层、化解在萌芽状态，避免因处置不当引发群体性事件。

十六、高度重视和妥善处理因加快经济发展方式转变引发的各类相关涉诉信访案件，及时发现和解决执法办案中的薄弱环节，不断提高执法办案水平。加强立案信访窗口建设，完善诉讼服务等司法便民服务体系，健全民意沟通表达机制，推进诉讼与非诉讼相衔接的矛盾纠纷解决机制，全面完成涉诉信访积案清理工作任务，努力为加快经济发展方式转变营造公正高效的司法环境和稳定和谐的社会环境。

十七、各级人民法院要及时向当地党委、人大汇报有关情况，做好与政府的沟通工作。要与有关部门适时交流有关信息，实现信息资源共享，并建立相应的协调机制，确保各项为加快经济发展方式转变提供司法保障和服务的应对措施有效落实。近年来，全国人大代表和政协委员对人民法院在经济形势变化情形下如何履行审判职能提出了很多很好的建议和提案，各级人民法院要高度重视，及时反馈办理情况，提高办理工作的满意率。要加强与人大代表、政协委员，各民主党派、工商联、无党派人士，专家学者、律师、人民群众等各方面的联系，真心实意地听取他们对人民法院工作的意见建议。充分发挥特邀咨询员和特约监督员的作用，为人民法院工作提供决策咨询和监督意见，提高科学、民主决策水平。认真落实接受新闻媒体舆论监督的规定，虚心听取媒体和网民意见，不断改进工作。

十八、切实加强相关司法调研工作，牢牢把握为加快经济发展方式转变提供司法保障和服务的前瞻性和主动权。各级人民法院领导干部和相关干警要深入基层、深入实际、深入农村、深入企业，加强与企业的联系和沟通，及时了解人民群众对司法工作的新要求和新期待；充分利用司法统计数据，及时发现因加快经济发展方式转变引发的新情况和新问题；加强对经济发展方式转变中可能涉及的法律问题的分析和研判，在各级党委的领导和有关部门的配合下，及时提出为加快经济发展方式转变提供司法保障和服务的各项司法应对措施和司法建议；及时总结和推广各地的好经验和好做法，不断提高为加快经济发展方式转变提供司法保障和服务的工作实效。

新时期人民法院审判工作任务艰巨，责任重大。各级人民法院要在党的坚强领导下，以科学发展观统领审判工作，坚持“三个至上”工作指导思想，坚持“为大局服务，为人民司法”工作主题，强化能动司法理念，践行司法为民宗旨，深入推进社会矛盾化解、社会管理创新、公正廉洁执法三项重点工作，为促进经济发展方式加快转变，实现我国经济平稳较快发展提供更加有力的司法保障和服务。

最高人民法院
印发《关于人民法院为防范化解金融风险和推进金融改革发展提供司法保障的指导意见》的通知

（2012年2月10日　法发〔2012〕3号）

各省、自治区、直辖市高级人民法院，解放军军事法院，新疆维吾尔自治区高级人民法院生产建设兵团分院：

现将最高人民法院《关于人民法院为防范化解金融风险和推进金融改革发展提供司法保障的指导意见》印发给你们，请认真贯彻执行。

附：

关于人民法院为防范化解金融风险和推进金融改革发展提供司法保障的指导意见

随着经济发展方式转变和结构调整，我国经济社会发展对金融改革和发展提出了更高的要求。国际金融危机使世界经济金融格局发生深刻变化，我国经济和金融开放程度不断提高，金融风险隐患也在积聚。中央经济工作会议和第四次全国金融工作会议提出了今后一个时期我国金融工作的总体要求，突出强调要显著增强我国金融业综合实力、国际竞争力和抗风险能力，全面推动金融改革、开放和发展。规范金融秩序，防范金融风险，推动金融改革，支持金融创新，维护金融安全，不仅是今后一个时期金融改革发展的主要任务，也是人民法院为国家全面推进金融改革发展提供司法保障的重要方面。各级人民法院要充分认识为防范化解金融风险和推进金融改革发展提供司法保障的重要性和紧迫性，充分发挥审判职能作用，深化能动司法，把握好“稳中求进”的工作总基调，为全面推进金融改革发展，保障实体经济平稳健康发展提供有力的司法保障。

一、制裁金融违法犯罪，积极防范化解金融风险

金融风险突发性强、波及面广、危害性大，积极防范化解金融风险是金

融工作的生命线。各级人民法院必须充分认识当前国际金融局势的复杂性以及国内金融领域的突出问题和潜在风险，通过审判工作严厉打击金融犯罪活动，制裁金融违法行为，防范化解金融风险，保障国家金融改革发展任务的顺利进行。

1. 依法惩治金融犯罪活动。各级人民法院要充分发挥刑事审判职能，依法惩治金融领域的犯罪行为。要依法审理贷款、票据、信用证、信用卡、有价证券、保险合同方面的金融诈骗案件，加大对操纵市场、欺诈上市、内幕交易、虚假披露等行为的刑事打击力度，切实维护金融秩序。要通过对非法集资案件的审判，依法惩治集资诈骗、非法吸收或变相吸收公众存款、传销等经济犯罪行为，以及插手民间借贷金融活动的黑社会性质组织犯罪及其他暴力性犯罪，维护金融秩序和人民群众的财产安全。要依法审判洗钱、伪造货币、贩运伪造的货币，逃汇套汇、伪造变造金融凭证等刑事案件，努力挽回经济损失。

2. 依法制裁金融违法行为。各级人民法院在审理金融民商事纠纷案件中，要注意其中的高利贷、非法集资、非法借贷拆借、非法外汇买卖、非法典当、非法发行证券等金融违法行为；发现犯罪线索的，依法及时移送有关侦查机关。对于可能影响社会稳定的金融纠纷案件，要及时与政府和有关部门沟通协调，积极配合做好处理突发事件的预案，防范少数不法人员煽动、组织群体性和突发性事件而引发新的社会矛盾。

3. 支持清理整顿交易场所。各级人民法院要根据国务院《关于清理整顿各类交易场所切实防范金融风险的决定》（国发〔2011〕38 号）精神，高度重视各类交易场所违法交易活动中蕴藏的金融风险，对于“清理整顿各类交易场所部际联席会议”所提出的工作部署和政策界限，要予以充分尊重，积极支持政府部门推进清理整顿交易场所和规范金融市场秩序的工作。要审慎受理和审理相关纠纷案件，防范系统性和区域性金融风险，维护社会稳定。

4. 切实防范系统金融风险。各级人民法院要妥善审理因民间借贷、企业资金链断裂、中小企业倒闭、证券市场操纵和虚假披露等引发的纠纷案件，发现有引发全局性、系统性风险可能的，及时向公安、检察、金融监管、工商等部门通报情况。要正确适用司法强制措施，与政府相关部门一道统筹协调相关案件的处理，防止金融风险扩散蔓延。要加强对融资性担保公司、典当行、小额贷款公司、理财咨询公司等市场主体融资交易的调研和妥善审理相关纠纷案件，规范融资担保和典当等融资行为，切实防范融资担保风险向金融风险的转化。要依法审理地方政府举债融资活动中出现的违规担保纠纷，依法规范借贷和担保各方行为，避免财政金融风险传递波及。要加强与银行、证券、保险等金融监管部门的协调配合，确有必要时，可建立相应的金融风险防范协同联动机制。

二、依法规范金融秩序，推动金融市场协调发展

金融市场的稳定运行和健康发展，直接关涉金融秩序和社会政治的稳定。各级人民法院要通过切实有效地开展好各类金融案件的审判工作，促进多层次金融市场体系建设，维护金融市场秩序，推动金融市场全面协调发展。

5. 保障信贷市场规范健康发展。各级人民法院要根据《最高人民法院关于依法妥善审理民间借贷纠纷案件，促进经济发展维护社会稳定的通知》的精神，妥善审理民间借贷等金融案件，保障民间借贷对正规金融的积极补充作用。要依法认定民间借贷合同的效力，保护合法的民间借贷法律关系，提高资金使用效率，推动中小微企业“融资难、融资贵”问题的解决。要依法保护合法的借贷利息，遏制民间融资中的高利贷化和投机化倾向，规范和引导民间融资健康发展。要高度重视和妥善审理涉及地下钱庄纠纷案件，严厉制裁地下钱庄违法行为，遏制资金游离于金融监管之外，维护安全稳定的信贷市场秩序。

6. 保障证券期货市场稳定发展。各级人民法院要从保护证券期货市场投资人合法权益、维护市场公开公平公正的交易秩序出发，积极研究和妥善审理因证券机构、上市公司、投资机构内幕交易、操纵市场、欺诈上市、虚假披露等违法违规行为引发的民商事纠纷案件，消除危害我国证券期货市场秩序和社会稳定的严重隐患。要妥善审理公司股票债券交易纠纷、国债交易纠纷、企业债券发行纠纷、证券代销和包销协议纠纷、证券回购合同纠纷、期货纠纷、上市公司收购纠纷等，保障证券期货等交易的安全进行。

7. 依法保障保险市场健康发展。各级人民法院要妥善审理因销售误导和理赔等引发的保险纠纷案件，规范保险市场秩序，推动保险服务水平的提高。要在保险合同纠纷案件审理中，注意协调依法保护投保人利益和平等保护市场各类主体、尊重保险的精算基础和保护特定被保险人利益、维护安全交易秩序和尊重便捷保险交易规则、防范道德风险和鼓励保险产品创新等多种关系，要积极支持保险行业协会等调处各类保险纠纷，维护保险业对经济社会发展的“助推器”和“稳定器”功能，促进保险业的健康持续发展。

8. 促进金融中介机构规范发展。各级人民法院在金融纠纷案件审理过程中，发现中介机构存在不实披露或不合理估价等违法违规情形的，应当及时向金融监管部门通报相关情况，提高中介机构信息披露的透明度，加大会计机构对复杂金融产品信息的披露，强化中介机构对金融产品的合理估价。要妥善审理违法违规提供金融中介服务的纠纷案件，正确认定投资咨询机构、保荐机构、信用评级机构、保险公估机构、财务顾问、会计师事务所、律师

事务所等中介机构的民事责任，努力推动各类投资中介机构规范健康发展。

9. 完善金融企业市场退出机制。各级人民法院要妥善审理金融企业的重整和破产案件，规范金融企业和投资者的行为，建立合理的金融企业市场退出机制，维护金融市场稳健运行，夯实金融市场规范发展的基础，为金融企业破产立法奠定扎实的实证基础。要以优化证券市场优胜劣汰机制为导向，根据国家关于稳步推进上市公司退市制度改革的部署，加强对上市公司破产案件的受理和审理的调研工作，不断提高审判能力，最大限度地保障投资者合法权益，保障上市公司破产重整过程规范有序，促进证券市场法制环境的不断优化。

三、依法保障金融债权，努力维护国家金融安全

金融安全关乎国家安全和社会和谐稳定。保障金融债权的实现程度，是衡量金融安全水平的重要因素。各级人民法院要自觉服从和服务于国家经济发展的大局，依法支持金融监管机构有效行使管理职能，担负起保护金融债权、维护国家金融安全的职责。

10. 妥善审理金融不良债权案件。金融不良债权的处置事关国家利益和金融改革，各级人民法院要继续按照《关于审理涉及金融资产管理公司收购、管理、处置国有银行不良贷款形成的案件适用法律若干问题的规定》和《关于审理涉及金融不良债权转让案件工作座谈会纪要》等司法解释和司法政策的规定和精神审理相关案件，保障国家金融债权顺利清收，防止追偿诉讼成为少数违法者牟取暴利的工具，依法维护国有资产安全。

11. 依法制裁逃废金融债务行为。在审理金融纠纷案件中，要坚持标准，认真把关，坚决依法制止那些企图通过诉讼逃债、消债等规避法律的行为。对弄虚作假、乘机逃废债务的，要严格追究当事人和相关责任人的法律责任，维护信贷秩序和金融安全。针对一些企业改制、破产活动中所存在的“假改制，真逃债”、“假破产、真逃债”的现象，各级人民法院要在党委的领导下，密切配合各级政府部门，采取一系列积极有效的措施，依法加大对“逃废金融债务”行为的制裁，协同构筑“金融安全区”，最大限度地保障国有金融债权。

12. 继续加大金融案件执行力度。各级人民法院要在最高人民法院的指导和部署下，继续通过集中时间、集中力量、统一调度、强化力度等多种方式，有计划地开展金融案件专项执行活动。在必要时，要在各级党委领导下，各级政府支持下，通过执行联动机制，加大金融案件的执行力度，确保金融案件的顺利执行。要妥善运用诸如以资产使用权抵债、资产抵债返租、企业整体承包经营、债权转股权以及托管等执行方式，努力解决难以执行的金融纠

纷案件。

四、依法保障金融改革，积极推进金融自主创新

随着金融改革的日益深入和金融创新的不断发展，金融改革和创新业务引发的纠纷案件显著增多，呈现出案件类型多样化、法律关系复杂化、利益主体多元化等特点。人民法院要妥善处理鼓励金融改革创新和防范化解金融风险之间的关系，依法保护各类金融主体的合法权益。

13. 妥善审理金融创新涉诉案件，推动金融产品创新。各级人民法院要关注和有效应对金融创新业务涉诉问题，加强对因股权出质、浮动抵押、保理、“银证通”清算、抵押贷款资产证券化信托、黄金期货交易委托理财、代客境外理财产品（QDII）、外汇贷款利率、货币掉期合约、外汇汇率锁定合约、信用证议付、独立保函等引发的新型案件的调研，上级人民法院要及时总结审判经验，加强对下级人民法院的审判指导。人民法院在审查金融创新产品合法性时，对于法律、行政法规没有规定或者规定不明确的，应当遵循商事交易的特点、理念和惯例，坚持维护社会公共利益原则，充分听取金融监管机构的意见，不宜以法律法规没有明确规定为由，简单否定金融创新成果的合法性，为金融创新活动提供必要的成长空间。

14. 妥善审理金融知识产权案件，保障金融自主创新。随着金融机构在金融创新领域中投入的不断加大，知识产权已经成为有效提升银行竞争力的重要手段。各级人民法院要加强对金融业务电子化和网络化进程中基础性金融技术知识产权的司法保护，加大对商业银行、保险公司、证券公司自主开放的软件和数据库的保护力度。要加强对知识产权担保、信托、保险、证券化等新情况、新问题的调研。在案件审理中注意金融法律和知识产权法律适用的衔接与协调，要通过对金融知识产权案件审理，切实保护金融知识产权人的合法权益，激励和保护金融创新，维护金融业公平竞争秩序。

15. 依法妥善运用各种司法措施，保护金融信息安全。各级人民法院要从防范系统性金融风险和保障国家金融安全的高度，认识依法保护金融信息安全的重要性和紧迫性，妥善运用各种司法措施，保障国家金融网络安全和金融信息安全。要依法打击攻击金融网络、盗取金融信息、危害金融安全的违法犯罪行为，依法审理金融电子化产品运用中引发的侵害金融债权纠纷案件，保护金融债权人合法的财产和信息安全，维护国家金融网络安全和信息安全。

五、深化能动司法理念，全面提升金融审判水平

化解金融纠纷的创新性和前沿性，要求人民法院必须大力开展调查研究，发挥司法建议功能，延伸能动司法效果，构建专业审判机制，拓展金融解纷

资源，不断提高金融审判水平。

16. 发挥司法建议功能，延伸能动司法效果。各级人民法院要关注金融纠纷的市场和法律风险，加强各种信息的搜集、分析、研判，充分发挥司法建议的预警作用。要通过对审理案件过程中发现的问题，有针对性地提出对策建议，有效帮助金融机构完善产品设计。要通过行政审判，探索符合金融领域规律的审查标准和方式，促进政府依法行政和有效防范化解金融风险。要充分发挥金融商事审判的延伸服务功能，对金融机构自身管理方面存在的缺陷，要及时发现，及时反馈，为金融监管部门和金融机构查堵漏洞、防范风险提出司法建议。

17. 加强监督指导工作，回应金融案件审判需求。各级人民法院要在审判工作中密切关注因金融改革和创新而出现的各种新情况和新问题，深入开展前瞻性调查研究，及时总结审判经验。要发挥指导性案例以及其他典型案件的规范指引作用，通过多种信息披露形式展示指导性案例和其他典型案例的处理模式和思路，引导金融市场主体预防避免类似金融纠纷。最高人民法院将加紧制定物权法担保物权、保险法、融资租赁、证券市场虚假陈述、质押式国债回购、票据贴现回购、国家资本金、银行卡以及利息裁判标准等方面的司法解释和指导意见，以有效回应金融审判实践的需求。

18. 构建专业审判机制，拓展金融解纷资源。各级人民法院要积极培育和利用专业资源，探索构建高效的专业审判模式。要大力培养专家型法官，加强与专业研究机构、高校的合作与资源共享，努力打造金融专家法官队伍。要针对金融案件专业性强的特点，积极借助外部智力资源，建立专家咨询、专家研讨机制，努力提高金融案件审判的专业化水平。要尝试专家陪审机制，通过聘请金融法律专家作为专家陪审员，充分发挥金融专业人士在专业性强、案件类型新、社会影响大的金融案件审判中的作用。

19. 探索集中审理制度，完善统一协调机制。对于众多债权人向同一金融机构集中提起的系列诉讼案件、金融机构破产案件、集团诉讼案件、群体性案件等，可能引发区域性或系统性金融风险和存在影响社会和谐稳定因素的特殊类型民商事金融案件，相关的不同地区、不同审级法院之间应加强信息沟通，在上级法院的统一指导下探索集中受理、诉讼保全、集中协调、集中审理、集中判决、协调执行，以防范金融风险扩散，避免各地法院针对同一金融机构的同类案件出现裁判标准不统一，以及针对同一金融机构的多个案件在执行中出现矛盾和冲突的现象，依法平等保护各地债权人的合法权益。

20. 加强司法宣传工作，发挥审判导向作用。各级人民法院要加强金融法制宣传工作，及时通过召开新闻发布会、组织专题或系列报道等多种形式，教育和引导各类金融主体增强依法经营和风险防范意识，倡导守法诚信的金融市场风尚，努力营造公平规范有序的金融市场交易秩序。

我国金融发展已经处于一个新的历史起点，人民法院为防范化解金融风险和推进金融改革发展提供司法保障的范围之广阔，任务之艰巨，将大大超过以往任何时期。各级人民法院要把中央经济工作会议和第四次全国金融工作会议的精神，切实贯彻到金融案件的审判和执行实践中，进一步增强大局意识和风险意识，坚持"为大局服务，为人民司法"工作主题，践行社会主义法治理念，充分发挥审判职能作用，共同为防范化解金融风险，维护金融秩序稳定，推动金融市场协调发展，保障金融改革创新，保障国家金融安全做出新的更大的贡献。

最高人民法院
关于依法平等保护非公有制经济促进非公有制经济健康发展的意见

（2014年12月17日　法发〔2014〕27号）

非公有制经济作为社会主义市场经济的重要组成部分，与公有制经济共同构成我国经济社会发展的重要基础。改革开放以来，非公有制经济不断发展壮大，在支撑增长、促进创新、扩大就业、增加税收等方面都发挥了重要作用，成为促进经济社会发展的重要力量。支持非公有制经济健康发展是坚持和完善我国基本经济制度的必然要求，也是人民法院为经济社会发展提供司法保障的重要方面。各级人民法院要充分发挥司法审判的职能作用，为非公有制经济健康发展提供有力的司法保障。

一、提高认识，切实增强依法保障非公有制经济健康发展的主动性和责任感

1. 贯彻党的十八届三中全会精神，正确认识非公有制经济的重要地位。公有制为主体、多种所有制经济共同发展的基本经济制度，是中国特色社会主义制度的重要支柱，也是社会主义市场经济体制的根基。党的十八届三中全会进一步明确了非公有制经济在社会主义市场经济中的重要地位，提出必须毫不动摇鼓励、支持、引导非公有制经济发展，激发非公有制经济活力和创造力。各级人民法院要深入学习贯彻十八届三中全会精神，依法支持、保障、促进非公有制经济的健康发展。

2. 贯彻党的十八届四中全会精神，依法平等保护各种所有制经济共同发展。法律面前人人平等是我国宪法确立的基本原则。非公有制经济与公有制经济一样，是社会主义市场经济的重要组成部分，都是我国经济社会发展的重要基础。党的十八届四中全会决定指出，平等是社会主义法律的基本属性。人民法院在依法保障公有制经济发展，不断增强国有经济活力、控制力和影响力的同时，要依法平等保护非公有制经济的合法权益，坚持各类市场主体的诉讼地位平等、法律适用平等、法律责任平等，为各种所有制经济提供平等司法保障。

3. 及时审理执行相关案件，有效化解非公有制经济发展中的各类纠纷。当前，非公有制经济发展迅速，投资经营过程不可避免会产生一些纠纷，这些纠纷将有相当部分通过诉讼程序进入人民法院。各级人民法院要充分考虑非公有制经济的特点，依法公正高效审理执行相关案件，及时化解非公有制经济投资经营中的各类纠纷。

二、加强民商事审判工作，依法维护公开平等的市场交易秩序

4. 正确认定民商事合同效力，保障非公有制经济的合法交易。要处理好意思自治与行政审批的关系，对法律、行政法规规定应当办理批准、登记等手续生效的合同，应当允许当事人在判决前补办批准、登记手续，尽量促使合同合法有效。要正确理解和适用合同法第五十二条关于无效合同的规定，严格限制认定合同无效的范围。对故意不履行报批手续、恶意违约的当事人，依法严格追究其法律责任，保护守信方的合法权益。要依法审理涉及非公有制经济主体的金融借款、融资租赁、民间借贷等案件，依法支持非公有制经济主体多渠道融资。要根据物权法定原则的最新发展，正确认定新型担保合同的法律效力，助力提升非公有制经济主体的融资担保能力。

5. 妥善审理权属及劳动争议纠纷案件，保护非公有制经济的合法权利。充分发挥民商事审判职能，理顺产权关系，既要依法保护公有制经济，有效防止国有资产流失，也要防止超越法律规定和合同约定，不当损害非公有制经济主体的正当权利。对产权有争议的挂靠企业，要在认真查明投资事实的基础上明确所有权，防止非法侵占非公有制经济主体财产。要严格按照有关法律、法规和政策，审理企业改制纠纷案件，准确界定产权关系，保护非公有制经济主体的合法权益。妥善审理涉及境外投资案件，保障非公有制企业实施“走出去”战略，扩大对外投资。妥善审理涉及非公有制企业的劳动争议案件，依法维护劳动者的合法权益，支持非公有制企业依法管理。

6. 妥善审理破产、清算案件，促进生产要素的优化组合和非公有制经济的转型升级。依法受理企业破产案件和强制清算案件，积极引导非公有制经

济主体依法有序退出市场，实现优胜劣汰。充分发挥破产重整程序的特殊功能，帮助非公有制企业压缩和合并过剩产能，推动企业业务流程再造和技术升级改造，优化资金、技术、人才等生产要素配置，帮助和支持符合国家产业政策要求的企业恢复生机，重返市场。要依法保障非公有制经济参与各类企业的破产重组，通过生产要素的优化组合，实现经济效率的整体提升。

7. 妥善审理各类知识产权案件，保障和推动非公有制经济的自主创新。充分运用知识产权司法保护手段，加大对各种侵犯知识产权行为的惩治力度。妥善审理技术改造升级过程中引发的技术开发、技术转让、技术咨询和技术服务合同纠纷案件，鼓励非公有制经济主体通过技术进步和科技创新实现产业升级，提升核心竞争力。及时受理反不正当竞争纠纷案件，依法制裁各种形式的不正当竞争行为，保障非公有制经济主体平等地参与市场竞争。加强反垄断案件的审理，依法制止占有市场支配地位的垄断者滥用垄断地位，严格追究违法垄断行为的法律责任，为各种所有制经济主体提供竞争高效公平的市场环境。

三、严格执行刑事法律和相关司法解释，确保非公有制经济主体受到平等刑事保护

8. 平等适用刑法，依法维护非公有制经济主体合法权益。对非法侵害非公有制经济主体合法权益，构成犯罪的，要依法追究刑事责任；对犯罪分子非法占有、处置非公有制经济主体的财产，要依法予以追缴或者责令退赔；犯罪分子非法毁坏非公有制经济主体财产，非公有制经济主体提起附带民事诉讼的，依法予以支持。非公有制经济主体或者其工作人员实施诈骗、非法集资、行贿等行为，构成犯罪的，要依法追究刑事责任。

9. 坚持罪刑法定，确保无罪的非公有制经济主体不受刑事追究。准确把握立法精神，正确适用法律和司法解释，严格区分罪与非罪、犯罪与行政违法、犯罪与民商事纠纷。对非公有制经济主体在生产、经营、融资活动中的创新性行为，要依法审慎对待，只要不违反法律和司法解释的规定，不得以违法论处。违反有关规定，但尚不符合犯罪构成条件的，不得以犯罪论处。在合同签订、履行过程中产生的争议，如无确实、充分的证据证明行为人有非法占有的目的，不得以合同诈骗罪论处。

10. 严格办案程序，切实保障非公有制经济主体的诉讼权利。对于确已涉嫌犯罪的，要根据所涉犯罪的性质、危害程度等具体案件情况，依法慎重决定是否适用强制措施以及适用强制措施的种类，是否采取查封、扣押、冻结、处理涉案财物措施以及查封、扣押、冻结、处理涉案财物的范围，最大限度减少对涉案非公有制经济主体正常生产经营活动的影响。要坚持证据裁判原则，对非公有制经济主体或者其工作人员涉嫌犯罪的案件，经审理认为事实、证据存在疑问，不能排除合理怀疑的，应当依法宣告无罪。

四、切实发挥行政审判职能，依法维护非公有制经济主体行政相对人合法权益

11. 监督和促进行政机关依法行使职权，依法纠正违法行政行为。非公有制经济主体起诉认为行政机关作出的行政行为逾越法定权限、违背法定程序，侵犯其合法权益，其主张事实依据充分的，人民法院应依法纠正相关行政行为。要正确审理涉及税收、工商管理、质量监督、物价、海关监管、经营自主权等行政案件，依法纠正对非公有制经济主体乱收费、乱罚款、乱摊派等违法干预非公有制企业自主经营的行为。对非公有制经济主体实施的行政强制措施和行政处罚，要与违法行为的性质、情节及危害后果相适应，显失公正的，人民法院要依法撤销或者变更。行政机关违法侵权并给非公有制经济主体造成损失的，要依法承担赔偿责任。

12. 坚持审判中立，确保非公有制经济与行政机关同受法律保护和约束。促进行政机关转变职能，维护行政机关与非公有制经济主体在行政管理过程中依法达成的行政合同的有效性和稳定性。审理好政府招商引资合同案件，监督政府机关诚实守信地履行政府文件和合同所约定的义务。妥善审理政府采购过程中发生的政府采购合同案件和其他行政诉讼案件，落实非公有制经济主体的平等待遇，促进公平竞争。依法保护非公有制经济主体由于对行政机关的信赖而形成的利益，维护行政行为的稳定性。行政机关为公共利益的需要，依法变更或者撤回已经生效的行政许可、行政审批，或者提前解除国有土地出让等自然资源有偿使用合同的，人民法院应依法支持非公有制经济主体关于补偿财产损失的合理诉求。

13. 维护非公有制经济主体的合法权益和经营自主权，推动建立公平公正的市场竞争秩序。人民法院审理行政案件，要正确处理好权利与权力的关系，对非公有制经济主体要坚持“法无禁止即可为”的原则，对行政权力要坚持“法无授权不可为”的原则。正确处理政府与市场的关系，完善产权保护制度，尊重非公有制经济主体经营自主权。要通过裁判推动社会主义市场经济体制进一步完善，依法支持行政机关规范和整顿市场经济秩序，依法打击制售假冒伪劣商品，支持行政机关对违法侵权行为进行治理整顿，切实维护非公有制经济主体的商标、专利等知识产权。加大对行政机关不作为、不依法履行法定职责行政案件的审理力度，帮助防范少数行政机关懒政、惰政。

14. 依法受理和审理政府信息公开案件，推动建立公开透明的市场环境。依法受理和审理非公有制经济主体提起的政府信息公开行政案件，推动政府信息的主动公开和依申请公开。非公有制经济主体因为自身生产和科研等特殊需要，申请获取不涉及国家秘密、商业秘密、个人隐私的政府信息，人民法院应予支持。非公有制经济主体请求撤销行政机关以未经事先公布的规范性文件为依据作出的行政行为，事实依据充分的，人民法院应予支持。非公有制经济主体要求行政机关提供在履行职责过程中制作或者获取的本地区、本行业企业生产经营信息，人民法院亦应依法予以支持。

五、加强执行工作，依法保障非公有制经济主体合法权益

15. 坚持平等原则，确保非公有制经济合法权益及时实现。对非公有制经济主体与国有经济、集体经济主体同等对待，不得因申请执行人和被执行人的所有制性质不同而在执行力度、执行标准上有所不同，树立市场诚信，公正高效地保护守信方当事人的合法权益。要紧紧围绕依法突出执行工作强制性、全力推进执行工作信息化、大力加强执行工作规范化的总体思路，充分发挥执行联动机制、公布失信被执行人名单等制度的作用，确保生效法律文书确定的非公有制经济主体的债权及时得以实现。

16. 采取有效措施，积极破解执行难问题。以执行工作信息化建设为依托，逐步实现执行信息查询和共享，力求破解被执行人难找、被执行财产难查问题；将失信被执行人名单信息向社会公布，同时向相关单位定向通报，及时予以相应的信用惩戒，挤压被执行人的生存空间，迫使其自动履行；对规避执行和拒不执行生效裁判文书的坚决予以打击；对不积极协助法院执行甚至阻碍执行的要及时向有关单位及其上级主管部门进行反映并依法追究其法律责任；因地方保护主义和部门保护主义的干扰无法及时执结的，要采取协调、督促、提级执行等方式，努力使非公有制经济主体申请执行人的债权及时得到实现。

17. 保护申请执行人的合法权益，切实维护非公有制经济的正常生产经营。在采取诉讼保全和查封、冻结、扣押、拘留等强制执行措施时，要注意考量非公有制经济主体规模相对较小、抗风险能力相对较低的客观实际，对因宏观经济形势变化、产业政策调整所引起的涉诉纠纷或者因生产经营出现暂时性困难无法及时履行债务的被执行人，严格把握财产保全、证据保全的适用条件，依法慎用拘留、查封、冻结等强制措施，尽量减少对企业正常生产经营活动可能造成的不当影响，维持非公有制经济主体的经营稳定。

六、完善审判工作机制，不断提高司法保障水平

18. 改进司法工作作风，切实保障非公有制经济主体的诉讼权利。要依法保障非公有制经济主体的诉权，对符合法律规定应当受理的案件要及时立案，并尽快做出裁判。依法适用督促程序，进一步落实便利诉讼原则，不断扩展适用简易程序的范围，减轻当事人诉累。完善诉讼代理人出庭制度，为非公有制企业参加诉讼提供便利。规范庭审程序，平等地听取包括非公有制经济主体在内的各方当事人的意见，依法全面审查各方当事人提供的证据。依法纠正确有错误的裁判，维护当事人的合法权益。支持和推动非公有企业人士担任人民陪审员，妥善审理涉非公有企业的各类案件。充分发挥商会、行业协会等组织的作用，建立适合于非公有制经济特点的多元纠纷解决机制，构建诉调对接工作平台，促进非公有制经济主体纠纷的及时有效化解。

19. 加大司法公开力度，不断提升信息化服务水平。要加快推进人民法院信息化建设，全面提升司法公开水平。要充分发挥“中国审判流程信息公开网”等载体作用，向包括非公有制经济主体在内的社会公众依法全面公开审判执行活动。借助失信被执行人数据库平台，会同有关部门和社会组织共同开展诚信建设。大力推进裁判文书上网，加强裁判文书对案件事实认定和法律适用理由的论证，增强各类所有制主体对其经营行为及其法律后果的可预测性。要通过公开审判、以案说法、发布重要新闻和典型案例等形式，宣传涉及非公有制经济的法律法规，提高非公有制企业的法律意识。

20. 加强司法建议工作，积极为非公有制企业提供司法服务。要加强调查研究，及时总结经验，结合审判工作实际，对非公有制经济主体在经济发展新常态中加快转型升级和“走出去”过程中遇到的法律风险和法律问题进行深入研究，及时向工商联、相关行业商协会、有关政府部门发出司法建议。要牢固树立服务意识，充分发挥司法裁判的规范、指引作用，促进非公有制企业切实增强法治观念和依法经营意识，不断完善生产经营管理制度，提升行业管理水平，增强国际竞争力和影响力，保障非公有制经济健康顺利发展。

最高人民法院
关于人民法院为“一带一路”建设提供司法服务和保障的若干意见

（2015 年 6 月 16 日　法发〔2015〕9 号）

“一带一路”（丝绸之路经济带和 21 世纪海上丝绸之路），是以习近平同志为总书记的党中央，主动应对全球形势深刻变化、统筹国内国际两个大局作出的重大战略决策。为充分发挥人民法院审判职能作用，有效服务和保障

"一带一路"建设的顺利实施，提出以下指导意见。

一、统一思想，提高认识，切实增强为"一带一路"建设提供司法服务和保障的责任感与使命感

1. 深刻认识"一带一路"建设的重大意义和人民法院肩负的重要使命。"一带一路"传承和发扬古代丝绸之路"和平合作、开放包容、互学互鉴、互利共赢"精神，高举和平、发展、合作、共赢旗帜，秉持亲诚惠容的外交理念，遵循共商、共建、共享原则，旨在凝聚各国共识和力量，实现政策沟通、道路联通、贸易畅通、货币流通、民心相通的"五通"蓝图，打造政治互信、经济融合、文化包容的利益共同体、命运共同体和责任共同体。"一带一路"建设的实施，将对开创我国全方位对外开放新格局、推动经济增长、促进和平发展产生现实而深远的影响。在"一带一路"建设中，法治是重要保障，司法的作用不可或缺。各级人民法院要深入学习贯彻党和国家关于"一带一路"建设的重大决策以及习近平总书记的系列重要论述，充分认识肩负的神圣职责，自觉担当时代使命，主动服务和融入"一带一路"建设进程。

2. 准确把握"一带一路"建设司法服务和保障的内涵与基本要求。要积极回应"一带一路"建设中外市场主体的司法关切和需求，大力加强涉外刑事、涉外民商事、海事海商、国际商事海事仲裁司法审查和涉自贸区相关案件的审判工作，为"一带一路"建设营造良好法治环境。要全面贯彻法律平等原则，坚持平等保护中外当事人的合法权益，有效维护公平竞争、诚实守信、和谐共赢的区域大合作环境。要全面统筹协调，找准人民法院工作与"一带一路"建设的结合点和着力点，研究规律性，突出前瞻性，富于创新性，全面提升人民法院涉外审判工作水平。要立足我国实际，坚定不移走中国特色社会主义法治道路，积极开展与沿线各国的司法国际合作交流，夯实"一带一路"建设的法治基础。

二、充分发挥审判职能作用，提升"一带一路"建设司法服务和保障的国际公信力

3. 充分发挥刑事审判职能作用，为"一带一路"建设营造和谐稳定的社会环境。要加强刑事审判工作，深化与"一带一路"沿线国家刑事司法合作，严厉打击暴力恐怖势力、民族分裂势力、宗教极端势力，严厉惩处海盗、贩毒、走私、洗钱、电信诈骗、网络犯罪、拐卖人口等跨国犯罪。要妥善审理国际投资、国际贸易、跨国金融、港口、航运、仓储、物流等领域刑事案件，坚持罪刑法定，严格办案程序，把握好刑事政策尺度和罪与非罪界限，确保每一起案件都经得起法律和历史的检验。

4. 公正高效审理涉“一带一路”建设相关案件，营造公平公正的营商投资环境。要密切关注新亚欧大陆桥经济走廊建设等国际经济合作，依法及时审理相关的基础设施建设、经贸往来、产业投资、能源资源合作、金融服务、生态环境、知识产权、货物运输、劳务合作等涉外民商事案件，依法积极保障“走出去”“引进来”战略实施。要密切关注重点港口、航运枢纽等海上战略通道建设，依法及时妥善审理相关的港口建设、航运金融、海上货物运输、海洋生态保护等海事海商案件，依法促进海洋强国战略。要正确理解和把握自贸区建设有关“准入前国民待遇”和“负面清单”的相关规定和政策，处理好当事人意思自治与行政审批的关系，及时修订和调整相关司法政策，严格限制认定合同无效的范围，促进对外开放。要严格贯彻对中外当事人平等保护原则，坚持各类市场主体的诉讼地位平等、法律适用平等、法律责任平等。

5. 依法行使司法管辖权，为中外市场主体提供及时、有效的司法救济。要充分尊重“一带一路”建设中外市场主体协议选择司法管辖的权利，通过与沿线各国友好协商及深入开展司法合作，减少涉外司法管辖的国际冲突，妥善解决国际间平行诉讼问题。要遵循国际条约和国际惯例，科学合理地确定涉沿线国家案件的连结因素，依法行使司法管辖权，既要维护我国司法管辖权，同时也要尊重沿线各国的司法管辖权，充分保障“一带一路”建设中外市场主体的诉讼权利。要严格落实《最高人民法院关于人民法院登记立案若干问题的规定》，对依法应当受理的涉“一带一路”建设相关案件，一律接收诉状，当场登记立案，依法尽快做出裁判，及时解决纠纷。要进一步完善境外当事人身份查明、境外证据审查、境外证人作证等制度，最大限度方便中外当事人诉讼。

6. 加强与“一带一路”沿线各国的国际司法协助，切实保障中外当事人合法权益。要积极探讨加强区域司法协助，配合有关部门适时推出新型司法协助协定范本，推动缔结双边或者多边司法协助协定，促进沿线各国司法判决的相互承认与执行。要在沿线一些国家尚未与我国缔结司法协助协定的情况下，根据国际司法合作交流意向、对方国家承诺将给予我国司法互惠等情况，可以考虑由我国法院先行给予对方国家当事人司法协助，积极促成形成互惠关系，积极倡导并逐步扩大国际司法协助范围。要严格依照我国与沿线国家缔结或者共同参加的国际条约，积极办理司法文书送达、调查取证、承认与执行外国法院判决等司法协助请求，为中外当事人合法权益提供高效、快捷的司法救济。

7. 依法准确适用国际条约和惯例，准确查明和适用外国法律，增强裁判的国际公信力。要不断提高适用国际条约和惯例的司法能力，在依法应当适用国际条约和惯例的案件中，准确适用国际条约和惯例。要深入研究沿线各国与我国缔结或共同参加的贸易、投资、金融、海运等国际条约，严格依照《维也纳条约法公约》的规定，根据条约用语通常所具有的含义按其上下文并参照条约的目的及宗旨进行善意解释，增强案件审判中国际条约和惯例适用的统一性、稳定性和可预见性。要依照《涉外民事关系法律适用法》等冲突规范的规定，全面综合考虑法律关系的主体、客体、内容、法律事实等涉外因素，充分尊重当事人选择准据法的权利，积极查明和准确适用外国法，消除沿线各国中外当事人国际商事往来中的法律疑虑。要注意沿线不同国家当事人文化、法律背景的差异，适用公正、自由、平等、诚信、理性、秩序以及合同严守、禁止反言等国际公认的法律价值理念和法律原则，通俗、简洁、全面、严谨地论证说理，增强裁判的说服力。

8. 依法加强涉沿线国家当事人的仲裁裁决司法审查工作，促进国际商事海事仲裁在“一带一路”建设中发挥重要作用。要正确理解和适用《承认及执行外国仲裁裁决公约》（以下简称《纽约公约》），依法及时承认和执行与“一带一路”建设相关的外国商事海事仲裁裁决，推动与尚未参加《纽约公约》的沿线国家之间相互承认和执行仲裁裁决。要探索完善撤销、不予执行我国涉外、涉港澳台仲裁裁决以及拒绝承认和执行外国仲裁裁决的司法审查程序制度，统一司法尺度，支持仲裁发展。实行商事海事仲裁司法审查案件统一归口的工作机制，确保商事海事仲裁司法审查标准统一。要探索司法支持贸易、投资等国际争端解决机制充分发挥作用的方法与途径，保障沿线各国双边投资保护协定、自由贸易区协定等协定义务的履行，支持“一带一路”建设相关纠纷的仲裁解决。

三、建立完善工作机制，为“一带一路”建设营造良好的法治环境

9. 深化改革、强化公开，不断提升涉外案件的国际影响力和公信力。要积极探索主审法官、合议庭办案责任制，探索将相关新类型案件集中到涉外审判部门审理，进一步发挥专业化审判的优势。要根据第四次全国涉外商事海事审判工作会议精神，及时总结海事审判管辖制度改革试点经验，推广将与海事密切关联的部分海事行政案件纳入海事法院专门管辖等，从体制机制方面有效保护海洋经济和海洋生态文明，不断巩固我国亚太地区海事司法中心地位。要强化司法公开，充分发挥涉外司法的国际窗口作用，不断满足中外当事人的知情权。要研究制定人民法院接受外国公民申请旁听案件庭审的具体办法，为外国公民旁听案件提供便利条件，积极邀请沿线各国驻华使节、国际合作交流人员旁听典型案件庭审，回应国际社会关切。

10. 建立常态化调研指导机制，增强工作的系统性与针对性。要将“一带

一路”建设司法保障作为一项常规性工作抓紧抓实，坚持近期问题与长期应对相结合，坚持司法专门保障与国家整体推进相结合，坚持司法职能与中央战略规划、地方实际相结合，及时研究“一带一路”建设中的司法需求和司法政策。要深入分析研判“一带一路”建设各类相关案件的特点和规律，加强司法解释和案例指导，规范自由裁量，统一法律适用，及时为市场活动提供指引。要建立健全涉“一带一路”相关案件的专项统计分析制度，发布典型案例，及时向有关部门和社会发出司法建议和司法信息，有效预防法律风险。要与国家和地方相关部门建立沟通联系机制，深入研究国际法规则和沿线国家法律法规，提出前瞻性应对策略，增强推进“一带一路”建设的整体合力。

11. 支持发展多元化纠纷解决机制，依法及时化解涉“一带一路”建设的相关争议争端。要充分尊重当事人根据“一带一路”沿线各国政治、法律、文化、宗教等因素作出的自愿选择，支持中外当事人通过调解、仲裁等非诉讼方式解决纠纷。要进一步推动完善商事调解、仲裁调解、人民调解、行政调解、行业调解、司法调解联动工作体系，发挥各种纠纷解决方式在解决涉“一带一路”建设争议争端中的优势，不断满足中外当事人纠纷解决的多元需求。

12. 拓展国际司法交流宣传机制，增进沿线各国的法治认同。要充分发挥上海合作组织最高法院院长会议、中国—东盟大法官论坛、亚太首席大法官会议、金砖国家大法官会议等现有多边合作机制，办好区域国际司法论坛，共同研讨解决“一带一路”建设中的相关问题，与沿线各国携手打造稳定透明、公平公正的“一带一路”国际法治环境。要推动建立新机制，进一步加强我国与沿线国家司法机构之间的交流与合作，建立外国法查明工作平台，支持国内相关单位与“一带一路”沿线国家高等院校、科研机构之间积极开展法学交流活动，增进国际社会对中国司法的了解，促进各国法治互信。

13. 积极参与相关国际规则制定，不断提升我国司法的国际话语权。要进一步拓宽国际司法交流渠道，密切关注亚洲投资银行、丝路基金建设的进展，及时研究相关的国际金融法、国际贸易法、国际投资法、国际海事规则等国际法的发展趋势，积极参与和推动相关领域国际规则制定。

四、加强工作指导、组织保障和信息化建设，不断提高司法服务和保障“一带一路”建设的能力与水平

14. 加强经验总结和工作指导，确保“一带一路”建设的司法服务和保障工作扎实有序推进。要充分发挥地方各级人民法院积极性，鼓励地方法院立足本地实际，发挥各自优势，积极探索，创造有益经验，促进服务和保障工作深入开展。要根据“一带一路”建设的推进重点，加强重点示范，发挥其示范引领作用。要注意总结司法保障工作的经验做法，推广可复制、可借鉴的先进经验和典型案（事）例。要加强宏观指导，强化分工落实，抓好督促检查和案件评估，不断增强“一带一路”建设司法保障能力。

15. 加强专业人才培养，不断提升与“一带一路”建设相适应的司法能力。要制定培养规划，加强专题专项培训，加快建立专门的审判队伍。要加强业务能力培训，强化“一带一路”建设相关知识的学习，增强司法综合素质。要拓展法官国际视野，鼓励法官参加国际交流，提高法官应对处理国际事务的能力，努力造就一批能够站在国际法律理论前沿、在国际民商事海事审判领域具有国际影响的法官。

16. 加强信息化建设，全面提高“一带一路”建设司法服务和保障工作的实效和水平。要围绕公开、透明、便捷、高效、共享、互通的原则，加强“一带一路”建设司法保障信息化建设的顶层设计，坚持创新驱动，推进信息技术与审判业务深度融合，信息技术与司法公开深度融合，信息技术与司法便民深度融合，构建符合信息时代特征的网络法院、阳光法院和智慧法院。要高度重视相关工作的舆论引导和宣传工作，建设最高人民法院和涉外商事海事审判英文网站，充分运用新媒体技术，对“一带一路”建设司法服务和保障进行宣传，打造对外交流宣传平台，通过多种方式向国际社会提供及时、全面、翔实的涉“一带一路”建设的法治信息，全面展示我国司法建设和法治建设的成就。

最高人民法院
关于为京津冀协同发展提供司法服务和保障的意见

（2016年2月3日　法发〔2016〕5号）

为全面贯彻落实《中共中央关于制定国民经济和社会发展第十三个五年规划的建议》和《京津冀协同发展规划纲要》的战略部署，充分发挥人民法院审判职能，为京津冀协同发展提供优质高效的司法服务和保障，制定如下指导意见。

一、充分认识京津冀协同发展战略的重大意义，准确把握司法服务和保障的基本要求

1. 充分认识京津冀协同发展国家战略的重大意义，增强人民法院司法服务和保障的责任感与使命感。京津冀协同发展，是一项重大国家战略，对于协调推进“四个全面”战略布局，实现“两个一百年”奋斗目标和中华民族伟大复兴的中国梦，具有重大现实意义和深远历史意义。为京津冀协同发展提供优质高效的司法服务和保障，是人民法院肩负的重大政治责任和光荣历史使命。京津冀三地法院要统一思想，提高认识，切实增强司法服务和保障的自觉性、主动性。

2. 准确把握服务和保障京津冀协同发展的基本要求，找准切入点、结合点、着力点。要按照《京津冀协同发展规划纲要》确定的目标、方向、思路和重点，特别是围绕有序疏解北京非首都功能，优化提升首都核心功能，推动交通一体化、生态环境保护、产业升级转移三大重点领域率先取得突破，大力促进创新驱动发展，统筹推进协同发展相关任务，持续深化体制机制改革等具体目标，充分发挥人民法院审判职能作用，依法妥善审理、执行各类案件，为京津冀协同发展提供有力司法保障。

3. 积极适应京津冀协同发展的司法需求，切实增强司法服务和保障的能力、水平和实效。坚持党的领导，紧紧依靠京津冀党委、政府，积极运用社会纠纷多元化解机制，共同化解矛盾，维护稳定，促进发展。坚持能动司法、协同司法，创新司法理念，不断改革和完善适应京津冀协同发展的司法体制机制。增强大局意识，在协同发展中谋划人民法院工作，对京津冀协同发展中涉及到的司法问题，提前预判，早做研究，及时应对，妥善处理，努力实现法律效果与社会效果的有机统一。

二、依法履行人民法院审判职能，促进京津冀地区创新、协调、绿色、开放、共享发展

4. 依法惩罚京津冀地区破坏社会稳定、经济发展、金融安全、生态保护的各种犯罪。依法惩罚阻挠破坏承接非首都功能重大项目建设的犯罪，确保重点建设项目的顺利开展；依法惩罚破坏市场秩序、侵犯知识产权和侵吞、挪用企业资金等经济犯罪，保障产业转移升级；依法惩罚非法吸收公众存款、集资诈骗、电信诈骗、操纵证券期货市场等金融领域犯罪，维护投资环境和金融秩序；依法惩罚破坏资源、污染环境犯罪和环境资源监管失职渎职犯罪，促进京津冀地区绿色发展。

5. 依法审理涉及疏解北京非首都功能的民商事案件。围绕疏解北京非首

都功能，及时审理因部分企业搬迁和区域性物流基地、区域性专业市场外迁引发的租赁合同、补偿安置、劳动争议纠纷等案件，依法审理因产业结构调整升级、淘汰落后产能引发的企业重组、破产、强制清算、股东权益纠纷等案件，促进京津冀产业优化升级和产业园区建设。

6. 依法审理涉及公共服务、扶贫脱贫的民生案件。围绕疏解公共服务功能，妥善审理京津冀公共服务领域的教育、医疗卫生、文化、社会保障等涉民生案件，保障人民群众生命健康权益，促进就业创业、教育公平和社会保障体系建设。重视对京津冀地区实施精准扶贫、精准脱贫所涉案件的审理，促使贫困地区生产生活条件明显改善，推进实现共享发展。

7. 依法保障京津冀地区金融创新、金融安全。密切关注金融政策、新型融资方式对京津冀社会经济发展的影响，依法审理民间借贷、互联网金融等区域性金融案件，保护金融债权和金融消费者权益，促进缓解中小微企业融资难、融资贵难题，维护金融创新与金融安全，推进金融创新运营示范区的健康发展。注意从司法角度发现和防范区域性、系统性金融风险，及时向有关部门提出司法建议。

8. 进一步加大京津冀知识产权司法保护的力度。加强对京津冀高科技、新能源、新领域、知名品牌以及文化创新产业的司法保护，发挥知识产权司法对激发社会创新动力、创造潜力和创业活力的独特保护、促进作用，营造有利于新兴产业孵化发展、知名品牌的培育和保护以及文化艺术保护、传承、创新的良好法治环境。依法审理好涉及专利、商标和著作权等知识产权案件，保护创新成果，推动科技创新，促进经济转型升级。

9. 依法审理矿产资源、污染环境等环境资源类民商事案件和行政案件。大力推进环境公益诉讼，妥善处理好环境公共利益与私人利益、发展经济与保护环境、开发资源与节约资源之间的关系。坚持预防性和恢复性司法理念，依法引入第三方治理环境污染的损害赔偿责任承担方式，确保环境恢复效果，推动京津冀生态文明建设、低碳循环经济和资源节约高效利用，促进人与自然和谐共生。

10. 依法审理海事案件和海洋环境污染等案件。充分发挥天津海事法院专业性及跨区域管辖的独特优势，通过依法履行审判职责，促进京津冀地区对外开放、自贸区建设，推动海运、物流、仓储等行业发展，保护海洋生态环境，保障互利共赢开放战略和海洋强国战略实施，切实维护国家主权、安全和发展利益。

11. 依法审理京津冀协同发展中的行政案件。通过审理因京津冀交通一体化建设、城市功能区建设、市政公用设施、交通路网等基础设施建设以及住房改造、新居住区建设等引发的工商、税务、土地、城建、交通、环保、劳动保障等方面的行政案件，依法维护行政相对人合法权益，监督和支持行政机关依法行政。

12. 依法执行涉及京津冀协同发展中的重点项目和重点工程案件。充分运用法律规定的各种执行措施，上下联动，多方协同，保障各项工作具体落实。积极开展涉金融执行积案清理，推进金融创新运营示范区的良性发展。加大对涉民生案件执行力度，提高司法救助数额和比例，增强执行案件办理的法律效果与社会效果。

三、建立健全京津冀法院工作联络机制，提升司法服务保障的能力和水平

13. 建立京津冀三地法院联席会议机制。由最高人民法院召集，京津冀三地法院参加。联席会议下设日常工作机构，负责三地法院日常沟通、协调、会商、联动等工作。联席会议重点研究和解决京津冀协同发展中的重大司法事项、司法需求、司法政策和重大疑难法律适用问题，促进司法裁判尺度的统一。

14. 加强京津冀三地法院在信息化软件开发、平台建设和大数据应用等方面的合作。实现三地平台共建、信息互通、资源共享、业务协同。推进京津冀三地诉讼服务和诉讼标准一体化，立案信息共享，建立统一协调的诉讼服务机制。实现京津冀三地法院视频衔接，为远程开庭、执行联动、远程接访等业务提供技术保障。

15. 进一步推动并不断完善京津冀法院执行联动协作。推动三地各级法院执行系统的纵向贯通，执行联动单位的横向联网，实现三地执行指挥中心和财产网络查控系统有效对接和三地法院执行办案的“同城效应”。在执行委托、执行协调、执行协助等方面加强配合，以有效遏制跨区域转移财产、规避执行行为，最大限度地实现资源共享，优势互补，互惠共赢。

16. 积极探索特定类型案件集中管辖或专门管辖。结合京津冀三地法院自身审判特点，对专业性较强的案件实行由特定法院集中管辖，充分发挥三地审判优势资源，推动专业化审判，提高审判质量，统一裁判标准。积极探索知识产权案件、海事海商案件、生态环境保护案件集中管辖或专门管辖制度。进一步推进京津冀设立跨行政区划法院集中审理跨区划重大民事案件、行政案件试点工作。充分运用指定管辖、异地管辖、提级管辖制度，积极破解司法难题。

17. 建立健全京津冀三地法院人员培训和法官任职交流机制。积极推进三地法官统一培训、学习和交流，实现人员资源互通互融。探索实行三地法官异地挂职、任职交流，努力实现三地法官司法能力共同提升。

18. 建立京津冀三地法院常态化调研协调机制。共同调研京津冀协同发展中的法律、司法问题，增强司法工作的系统性、针对性和及时性。通过调研工作，加强与京津冀地区政府法制部门、行政执法机关、信访部门的联系，及时通报涉诉信访情况和存在的问题，充分调动各方面的积极性，有效化解社会矛盾纠纷。

最高人民法院
关于为长江经济带发展提供司法服务和保障的意见

（2016 年 2 月 24 日 法发〔2016〕8 号）

为深入贯彻落实党的十八届三中、四中、五中全会精神，协调推进“四个全面”战略布局，主动适应经济社会发展新形势新常态，充分发挥人民法院审判职能作用，公正高效服务和保障长江经济带发展国家战略，依据中共中央《关于制定国民经济和社会发展第十三个五年规划的建议》和国务院《关于依托黄金水道推动长江经济带发展的指导意见》，制定如下意见。

一、切实提高思想认识，增强为长江经济带发展国家战略提供司法服务和保障的责任感与使命感

1. 深刻认识长江经济带发展国家战略的重大意义和人民法院的历史使命。长江经济带发展是党中央、国务院在新的历史时期审时度势，谋划中国经济发展新格局作出的既有利于当前又惠及长远的一项重大国家区域发展战略，对于今后一个时期拓展区域发展空间、引领沿江沿线经济社会的发展，推进“十三五”规划战略布局，实现全面建成小康社会“第一个百年目标”具有重大的现实意义和深远的历史影响。各级人民法院要充分认识肩负的神圣职责和重要使命，切实增强为长江经济带发展提供司法服务和保障的自觉性、主动性。

2. 准确把握长江经济带发展的战略定位和基本内涵。牢固树立和贯彻落实五大发展理念，坚持生态优先、绿色发展，围绕中共中央《关于制定国民经济和社会发展第十三个五年规划的建议》提出的改善长江流域生态环境、高起点建设综合立体交通走廊、引导产业优化布局和分工协作的总体要求，充分发挥审判职能，公正高效审理相关案件，为把长江经济带发展成为生态文明建设的先行示范带、创新驱动带、协调发展带提供有力的司法保障。

3. 充分满足长江经济带发展的司法需求，结合审判实践和地方实际，找准为长江经济带发展提供司法服务和保障的切入点和契合面。从需求导向出发，在绿色发展、创新发展、协调发展大局中谋划法院工作。按照中共中央《关于制定国民经济和社会发展第十三个五年规划的建议》和国务院《关于依托黄金水道推动长江经济带发展的指导意见》确定的思路、方向和重点，坚持能动司法，创新司法理念，积极探索区域内司法体制机制创新，优化区域内司法资源配置，对新情况、新问题加强预判，及早研究，统筹应对，全方位提升服务和保障长江经济带发展的能力和水平。

二、充分发挥审判职能作用，为长江经济带发展提供公正高效的司法服务和保障

4. 依法惩处相关刑事犯罪，为长江经济带发展提供稳定的社会环境。大力加强涉及环境资源保护刑事案件的审判。依法惩治污染环境、河道非法采砂、滥伐盗伐林木、非法采矿及破坏性采矿、非法捕捞水产品、滥捕野生动物等违法犯罪行为。严厉惩治环境监管失职犯罪、造成环境污染严重后果的重大安全责任事故犯罪，为长江经济带绿色生态廊道筑牢司法保护屏障。依法惩治各类侵犯知识产权犯罪，保护创新发展。严惩各类干扰产业项目转移建设施工、毁坏财产等暴力犯罪案件，有效服务区域内产业优化布局和产业分工协作，促进区域经济的协调发展。

5. 保障长江经济带的生态安全和绿色发展，依法审理环境资源保护民事案件。充分利用海事法院跨行政区划管辖的优势，妥善审理长江流域环境污染、生态破坏案件。加强对陆源及船舶排放、泄漏、倾倒油类、污水或者其他有害物质造成水域污染的损害责任纠纷案件的审理。大力推进水资源环境公益诉讼，探索建立长江流域水资源环境公益诉讼集中管辖制度。依法保障法定机关和有关组织的水资源环境公益诉权。

6. 推进平安黄金水道建设，依法审理各类海事侵权案件。妥善审理发生在长江水域的船舶碰撞、触碰案件，船舶运输特别是危险品运输作业中侵害他人人身权益和财产权益案件，船舶产品质量责任纠纷案件，港口作业事故责任纠纷案件等，规范裁判标准，引导各类市场主体展开有序良性竞争，指引港口、航运、造船企业切实增强安全意识、质量意识，为平安黄金水道建设提供有力司法支撑。

7. 打造涉外商事海事审判精品，提升涉外商事海事审判国际公信力和制度性话语权，增强为区域内企业全面参与全球经济合作和竞争保驾护航的能力和水平。妥善审理涉外商事海事纠纷，特别是国际经济合作和长江经济带投资领域发生的各种纠纷案件。准确适用国际条约，尊重国际惯例，加强外国法的查明和适用，严格适用国际公约承认与执行国际商事海事仲裁裁决，平等保护中外当事人的合法权益，营造长江经济带法治化、国际化、便利化的营商环境，为促进区域内更高层次的全面开放新格局提供有力的司法支持。

8. 依法审理相关水路货物运输、港口码头建设、船舶建造、仓储物流、货运代理、船员劳务等海商案件，维护区域内诚实守信、开放统一的市场。加强涉长江口造船基地建设相关案件的审理，促进现代化船舶产业链的健康有序发展。对于铁水、公水、空铁、水陆空等多式联运合同纠纷案件，通过准确查明案件事实，正确适用相关法律，促进安全便捷、绿色低碳、高起点综合立体交通走廊建设。推动长江经济带和“一带一路”建设的有机衔接。

9. 切实维护区域内金融安全与稳定，加强对船舶融资、港航金融保险等类型案件的审理。密切关注国内经济下行压力持续加大、产能过剩行业关停并转、“僵尸企业”清理整顿过程中对造船、港口、航运等行业的影响，注意及早发现区域性、系统性金融风险。适时提出相关司法建议。稳妥处理包括外商投资企业在内的相关企业的解散和清算案件。依法支持银行保险等金融机构为长江经济带发展推出的创新性金融产品，助推区域内航运金融中心的建设和发展，有效缓解区域内港航企业融资难问题。

10. 加强知识产权司法保护力度，激发创新动力、创造潜力、创业活力。加大对有利于节约能源资源、有利于保护生态环境和有利于长江经济带协调发展的高新技术、新产业和新商业模式相关知识产权的保护力度，激励创新、鼓励创业、保护创造。促进品牌培育创新并形成品牌竞争新优势，营造公平诚信的市场竞争环境，为把长江经济带建设成为我国创新驱动带提供有力司法保障。

11. 加强行政案件审判，监督支持行政机关依法行政。特别要加强对行政机关不履行环境违法违规行为查处职责案件的审理，督促行政机关尽责履职。依法审理区域内与重大生态工程修复、产业优化布局、分工协作有关的不动产征收、拆迁、改建、港口岸线行政确权等行政案件，为相关工程建设创建良好的法治环境。充分发挥海事法院跨行政区划管辖海事行政案件的职能，依法审查长江沿线海事行政机关作出的许可、确权、处罚、征收、检查等海事行政行为以及海事行政机关的不作为，对主要证据不足，适用法律、法规错误，违反法定程序，超越、滥用职权或明显不当的海事行政行为要依法予以撤销或者确认违法，维护行政相对人合法权益。

三、创新司法体制机制，最大限度实现长江经济带区域内司法资源的优化配置

12. 创新审判体制机制，以更科学的审判体制机制服务和保障长江经济带

发展。认真总结海事审判跨行政区划管辖的实践经验，坚持改革创新，探索建立契合长江经济带区域发展大局的审判体制机制。加强区域内各地方法院之间、海事法院之间、地方法院和海事法院之间的工作协调机制，对于区域内重大共性司法政策和司法事项，以及重大疑难复杂法律适用问题，由最高人民法院召集，相关法院参加，共同协商研究解决。

13. 多渠道深层次推进司法公开，构建开放、动态、透明、便民的阳光司法机制，提升人民群众对司法的获得感。深入推进审判流程公开，充分发挥诉讼电子档案促进审判管理公开、便利当事人诉讼查询的功能。加强裁判文书说理。确保裁判文书上网常态化，方便全民检阅，实现看得见的公正司法。继续坚持海事审判白皮书年度发布制度，方便社会公众全面系统了解海事审判工作。

14. 大力推进区域内信息化建设。加强上下游、左右岸、干支流各法院之间的互联互通，推动区域内法院在云计算和大数据应用方面的合作，实现区域内法院信息资源共享。探索打造区域内法院“一站式”网上诉讼服务平台，便利沿江沿线当事人诉讼。注重审判管理方式的信息化创新，通过便利的信息管理系统、人性化的管理手段，最大限度提高审判质效，为公正高效服务长江经济带发展提供科技支撑。

15. 推动建立区域内法院执行协作机制。构建长江经济带执行指挥系统协作机制，逐步实现一体化执行指挥体系。执行法院可以委托异地法院协助查询、冻结、查封、调查或者送达法律文书等有关事项。船舶扣押、拍卖统一由海事法院办理。推动海事法院与长江经济带区域内有关海事行政机关、金融监管机构、有关财产登记机关之间的协作配合。

16. 多元化解，繁简分流，破解难题，高效服务和保障长江经济带发展。加强和各类调解组织、社团行业组织、行政执法机关、信访部门的工作联系，做好诉讼与非诉讼机制之间的有机衔接。对于因生态环境治理与经济社会发展之间的暂时矛盾引发的群体性纠纷，要积极依靠当地党委、政府，统筹社会各方力量，通过多方合力实现矛盾化解。探索推动群体性船员劳务纠纷案件、群体性水上人身伤亡案件的诉调对接，防范社会矛盾激化。依法支持仲裁机构在解决纠纷方面发挥更大作用。大力推进海事海商小额诉讼案件的审理，依法实行一审终审，快捷有效维护当事人合法权益。

最高人民法院
印发《关于进一步加强金融审判工作的若干意见》的通知

（2017 年 8 月 4 日　法发〔2017〕22 号）

各省、自治区、直辖市高级人民法院，解放军军事法院，新疆维吾尔自治区高级人民法院生产建设兵团分院：

现将《最高人民法院关于进一步加强金融审判工作的若干意见》印发给你们，请认真贯彻执行。

附：

关于进一步加强金融审判工作的若干意见

金融是国家重要的核心竞争力，金融安全是国家安全的重要组成部分，金融制度是经济社会发展中重要的基础性制度。为充分发挥人民法院金融审判职能作用，促进经济和金融良性循环、健康发展，现提出以下指导意见。

一、统一思想，提高认识，深入学习贯彻习近平总书记在全国金融工作会议上的重要讲话精神

习近平总书记在第五次全国金融工作会议上发表的重要讲话，科学回答了我国金融改革发展稳定中的重大理论和实践问题，具有很强的思想性、指导性、实践性，为做好新形势下金融工作提供了根本遵循，为人民法院金融审判工作指明了方向。全国各级人民法院要深入学习贯彻会议精神，切实把思想和行动统一到以习近平同志为核心的党中央对金融工作的形势分析判断和决策部署上来，牢牢坚持党对金融工作的统一领导，紧紧围绕服务实体经济、防控金融风险、深化金融改革三项任务，积极稳妥开展金融审判工作，切实维护国家金融安全，促进经济和金融良性循环、健康发展。

二、以服务实体经济作为出发点和落脚点，引导和规范金融交易

1. 遵循金融规律，依法审理金融案件。以金融服务实体经济为价值本源，依法审理各类金融案件。对于能够实际降低交易成本，实现普惠金融，合法合规的金融交易模式依法予以保护。对以金融创新为名掩盖金融风险、规避金融监管、进行制度套利的金融违规行为，要以其实际构成的法律关系确定其效力和各方的权利义务。对于以金融创新名义非法吸收公众存款或者集资诈骗，构成犯罪的，依法追究刑事责任。

2. 严格依法规制高利贷，有效降低实体经济的融资成本。金融借款合同的借款人以贷款人同时主张的利息、复利、罚息、违约金和其他费用过高，显著背离实际损失为由，请求对总计超过年利率 24%的部分予以调减的，应予支持，以有效降低实体经济的融资成本。规范和引导民间融资秩序，依法否定民间借贷纠纷案件中预扣本金或者利息、变相高息等规避民间借贷利率司法保护上限的合同条款效力。

3. 依法认定新类型担保的法律效力，拓宽中小微企业的融资担保方式。丰富和拓展中小微企业的融资担保方式，除符合合同法第五十二条规定的合同无效情形外，应当依法认定新类型担保合同有效；符合物权法有关担保物权的规定的，还应当依法认定其物权效力，以增强中小微企业融资能力，有效缓解中小微企业融资难、融资贵问题。

4. 规范和促进直接服务实体经济的融资方式，拓宽金融对接实体经济的渠道。依法保护融资租赁、保理等金融资本与实体经济相结合的融资模式，支持和保障金融资本服务实体经济。对名为融资租赁合同、保理合同，实为借款合同的，应当按照实际构成的借款合同关系确定各方的权利义务，防范当事人以预扣租金、保证金等方式变相抬高实体经济融资成本。

5. 优化多层次资本市场体系的法治环境，满足多样化金融需求。依法审理证券、期货民商事纠纷案件，规范资本市场投融资秩序，引导把更多金融资源配置到经济社会发展的重点领域和薄弱环节，更好满足实体经济多样化的金融需求。

6. 准确适用保险法，促进保险业发挥长期稳健风险管理和保障的功能。妥善审理保险合同纠纷案件，依法保障各方当事人利益。充分发挥保险制度的核心功能，管理和分散实体经济运行中的自然灾害、意外事故、法律责任以及信用等风险。依法规范保险合同纠纷当事人、保险中介等各类市场主体行为，防范不同主体的道德风险，构建保险诚信法治体系。

7. 依法审理互联网金融纠纷案件，规范发展互联网金融。依法认定互联网金融所涉具体法律关系，据此确定各方当事人的权利义务。准确界定网络借贷信息中介机构与网络借贷合同当事人之间的居间合同关系。网络借贷信息中介机构与出借人以居间费用形式规避民间借贷利率司法保护上限规定的，应当认定无效。依法严厉打击涉互联网金融或者以互联网金融名义进行的违法犯罪行为，规范和保障互联网金融健康发展。

8. 加强新类型金融案件的研究和应对，统一裁判尺度。高度关注涉及私募股权投资、委托理财、资产管理等新类型金融交易的案件，严格按照合同法、公司法、合伙企业法、信托法等法律规范，确定各方当事人的权利义务。发布指导性案例，通过类案指导，统一裁判尺度。

9. 依法规制国有企业的贷款通道业务，防范无金融资质的国有企业变相从事金融业务。无金融资质的国有企业变相从事金融业务，套取金融机构信贷资金又高利转贷的，应当根据《最高人民法院关于审理民间借贷案件适用法律若干问题的规定》第十四条的规定，依法否定其放贷行为的法律效力，并通过向相应的主管部门提出司法建议等方式，遏制国有企业的贷款通道业务，引导其回归实体经济。

10. 依法打击资金掮客和资金融通中的违法犯罪行为，有效规范金融秩序。对于民间借贷中涉及商业银行工作人员内外勾结进行高利转贷、利益输送，或者金融机构工作人员违法发放贷款，以及公司、企业在申请贷款过程中虚构事实、隐瞒真相骗取贷款、实施贷款诈骗构成犯罪的，依法追究刑事责任

三、有效防范化解金融风险．切实维护金融安全

11. 依法处置"僵尸企业"推动经济去杠杆。加强破产审判工作和体制机制建设，充分发挥破产程序在依法处置"僵尸企业"中的制度功能。对于已不具备市场竞争力和营运价值的"僵尸企业"，及时进行破产清算，有序退出市场，切实减少无效供给、化解过剩产能、释放生产要素、降低企业杠杆率，为深化供给侧结构性改革提供有力的司法服务和保障。

12. 充分发挥破产重整制度的拯救功能，促进有价值的危困企业再生。健全完善破产企业识别机制，对于虽然丧失清偿能力，但仍能适应市场需要、具有营运价值的企业，要综合运用破产重整、和解制度手段进行拯救，优化资源配置，实现企业再生。破产重整程序要坚持市场化导向，更加重视重整中的营业整合和资产重组，严格依法审慎适用重整计划强制批准权。

13. 积极预防破产案件引发金融风险，维护社会稳定。依法审慎处理可能引发金融风险、影响社会稳定的破产案件，特别是涉及相互、连环担保以及民间融资、非法集资的企业破产案件，避免引发区域性风险和群体性事件。进一步完善上市公司、金融机构等特定主体的破产制度设计，预防个案引发系统性金融风险。严格审查破产程序中的恶意逃废债务行为。依法适用关联企业合并破产、行使破产撤销权和取回权等手段，查找和追回债务人财产。对于隐匿、故意销毁会计账册、会计凭证，拒不执行法院判决、裁定等犯罪

行为，依法追究刑事责任。

14. 依法保护金融债权，提升金融债权实现效率。依法打击逃废金融债权的行为，明确责任主体和责任范围，切实保护金融债权。根据具体金融借款合同纠纷案件的特点，分别适用普通程序、简易程序、特别程序、督促程序等不同程序，提高审判效率。有效发挥具有强制执行效力的公证书的作用，降低金融债权实现成本。

15. 依法审理票据纠纷案件，妥善化解票据风险。认真研究应对因违法票据融资行为可能引发的金融风险，准确适用票据法审理票据纠纷案件，有效防范和遏制票据风险，促进票据市场安全稳定发展。

16. 依法审理金融不良债权案件，保障金融不良债权依法处置。加强研究新形势下金融不良债权处置过程中出现的新情况新问题，统一裁判标准，促进金融不良债权处置的市场化、法治化进程。

17. 持续保持对非法集资犯罪打击的高压态势，有效维护社会稳定。依法公正高效审理非法集资案件，严厉打击非法集资犯罪行为。针对非法集资犯罪案件参与人数多、涉案金额大、波及面广、行业和区域相对集中的特点，加强与职能机关、地方政府的信息沟通和协调配合，提升处置效果，切实保障被害人的合法权益，有效维护社会稳定。

18. 依法保障房地产市场平稳健康发展，防范房地产市场的金融风险传导。高度重视房地产市场波动对金融债权的影响，依法妥善审理相关案件，有效防范房地产市场潜在风险对金融稳定和金融安全的传导与冲击。统一借名买房等规避国家房产限购政策的合同效力的裁判标准，引导房产交易回归居住属性。

19. 依法严厉惩治证券犯罪行为，维护资本市场秩序。依法审理欺诈发行股票、债券案件，违规披露、不披露重要信息案件，内幕交易案件，利用未公开信息交易案件和操纵证券、期货市场案件，防范和化解资本市场的系统性风险，促进资本市场的持续健康发展。

20. 加强投资者民事权益的司法保护，维护投资者的财产安全。依法审理证券市场虚假陈述、内幕交易、操纵市场的民事案件，保障证券投资者的合法权益。支持证券投资者保护机构以诉讼代表人的身份接受投资者委托提起诉讼或者提供专门法律服务，拓展投资者维权方式。探索建立证券侵权民事诉讼领域的律师调查令制度，提高投资者的举证能力。依法充分运用专家证人、专家陪审员制度，扩充证券案件审理的知识容量和审理深度，提高证券案件审判的专业性和公信力。引导金融产品提供者及服务提供者切实履行投资者适当性审查义务、信息披露义务和最大损失揭示义务，依法维护投资者的正当权益。

21. 规范整治地方交易场所的违法交易行为，防范和化解区域性金融风险。对地方交易场所未经许可或者超越经营许可范围开展的违法违规交易行为，要严格依照相关法律和行政法规的禁止性规定，否定其法律效力，明确交易场所的民事责任。切实加强涉地方交易场所案件的行政处置工作与司法审判工作的衔接，有效防范区域性金融风险。

22. 依法审理涉地方政府债务纠纷案件，防范地方政府债务风险。依法认定政府违法提供担保的法律责任，规范政府行为。依法认定地方政府利用平台公司融资、政府和社会资本合作（PPP）、投资基金、购买服务等方式变相举债作出的行政行为或者签订的行政协议的性质、效力和责任，明确裁判规则，划出责任边界，有效防范地方政府债务风险的集聚。

23. 依法审理涉外投资案件，加强外部金融风险的防范应对。加强对"一带一路"战略下跨境投资的金融安全与金融风险问题的研究应对，准确认定规避国家外汇管制政策的跨境投资行为的法律效力。

四、依法服务和保障金融改革，建立和完善适应金融审判工作需要的新机制

24. 支持金融监管机构依法履职，监督和促进金融监管机构依法行政。紧密配合金融改革和金融监管机构调整的要求，维护金融监管机构依法履行监管职责。依法审理涉及金融监管机构履行行政许可和审批、作出行政处罚和处理、公开政府信息及不履行法定职责等方面的各类行政案件，积极推动、监督和支持金融监管机构依法行政。

25. 加强与金融监管机构的协调配合，推动完善金融法治体系。探索建立人民法院与金融监管机构之间的沟通机制，定期通报涉及金融风险防范与金融安全的重要案件情况，强化金融监管和金融审判的衔接配合，推动形成统一完善的金融法治体系。

26. 有效引入外部资源，探索完善金融案件的多元化纠纷解决机制。推广证券期货行业、保险行业的诉讼与调解对接机制的成功经验，联合相关金融监管机构、行业协会和投资者保护机构，发挥专业资源优势，防范和化解金融纠纷。进一步畅通当事人的诉求表达和权利救济渠道，通过立案前委派调解、立案后委托调解等方式，促进金融纠纷依法、公正、高效解决，有效维护各方当事人的合法权益。

27. 建立金融审判信息平台，不断提升金融审判的信息化水平。结合"智慧法院"建设，探索建立金融审判信息平台，研究建立以金融机构为当事人的民商事案件信息管理系统，实时反映金融机构涉诉信息。建立重大金融案件的信息专报制度，及时研究应对措施，有效防范金融风险的传导和扩大。

充分挖掘运用司法大数据，加强对金融案件的审判管理和分析研判，定期形成金融审判大数据分析报告，研究解决具有普遍性、趋势性的法律问题，为区域性、行业性、系统性金融风险的防范预警和重大决策提供信息支持。

五、加强司法能力建设，不断提升金融审判的专业化水平

28. 根据金融案件特点，探索建立专业化的金融审判机构。根据金融机构分布和金融案件数量情况，在金融案件相对集中的地区选择部分法院设立金融审判庭，探索实行金融案件的集中管辖。在其他金融案件较多的中级人民法院，可以根据案件情况设立专业化的金融审判庭或者金融审判合议庭。

29. 加强金融审判队伍的专业化建设，为金融审判提供人才保障。充实各级人民法院的金融审判队伍，完善与金融监管机构交流挂职、联合开展业务交流等金融审判专业人才的培养机制，有针对性地开展金融审判专题培训，努力造就一支既懂法律、又懂金融的高素质金融审判队伍，不断提升金融审判的专业化水平。

30. 加强金融司法研究，推动金融法治理论与金融审判实践的深度融合。加强与学术机构、高等院校的合作，围绕金融审判实务问题，深入开展金融审判的理论研究，为金融审判提供智力支持。

最高人民法院
印发《关于为改善营商环境提供司法保障的若干意见》的通知

（2017年8月7日　法发〔2017〕23号）

各省、自治区、直辖市高级人民法院，解放军军事法院，新疆维吾尔自治区高级人民法院生产建设兵团分院：

现将《最高人民法院关于为改善营商环境提供司法保障的若干意见》印发给你们，请认真贯彻执行。

最高人民法院
关于为改善营商环境提供司法保障的若干意见

为改善投资和市场环境，营造稳定公平透明、可预期的营商环境，加快建设开放型经济新体制提供更加有力的司法服务和保障，结合人民法院审判执行工作实际，制定本意见。

一、依法平等保护各类市场主体，推动完善社会主义市场经济主体法律制度

1. 坚持平等保护原则，充分保障各类市场主体的合法权益。全面贯彻平等保护不同所有制主体、不同地区市场主体、不同行业利益主体的工作要求，坚持各类市场主体法律地位平等、权利保护平等和发展机会平等的原则，依法化解各类矛盾纠纷，推动形成平等有序、充满活力的法治化营商环境。严格落实《最高人民法院关于依法平等保护非公有制经济促进非公有制经济健康发展的意见》，为非公有制经济健康发展提供良好的司法环境。

2. 根据《中华人民共和国民法总则》法人制度的规定，进一步完善法人规则体系。针对《中华人民共和国民法总则》法人制度部分的变化，及时总结具体适用过程中存在的问题，区分情况加以研究解决，推动社会主义市场经济法人制度的进一步完善。

3. 加强中小股东保护，推动完善公司治理结构。适时出台公司法相关司法解释，正确处理公司决议效力、股东知情权、利润分配权、优先购买权和股东代表诉讼等纠纷案件，依法加强股东权利保护，促进公司治理规范化，提升我国保护中小股东权益的国际形象，增强社会投资的积极性。

二、准确把握市场准入标准，服务开放型经济新体制建设

4. 做好与商事制度改革的相互衔接，推动形成更加有利于大众创业、万众创新的营商氛围。妥善应对商事登记制度改革对司法审判工作的影响，切实推动解决注册资本认缴登记制改革后的法律适用问题。利用大数据和现代信息技术，积极推动建立全国统一的各类财产权属登记平台和金融交易登记平台，让市场交易更加便利、透明。

5. 准确把握外商投资负面清单制度，促进外资的有效利用。在处理外商投资企业纠纷的案件中，依法落实外商投资管理体制改革的各项举措，准确

把握外商投资负面清单制度的内容以及清单变化情况，妥善处理在逐步放开外商投资领域时产生的涉及外资准入限制和股比限制的法律适用问题，形成更加开放、公平、便利的投资环境。

6. 依法审理各类涉外商事海事案件，服务和保障“一带一路”等国家重大战略的实施。充分发挥审判职能作用，依法行使司法管辖权，公正高效审理各类涉外商事海事案件，平等保护中外当事人程序权利和实体权益。按照《最高人民法院关于人民法院为“一带一路”建设提供司法服务和保障的若干意见》，加强与“一带一路”沿线国家的国际司法协助，完善相关工作机制，及时化解争议纠纷，为“一带一路”建设营造良好法治环境。

7. 加强涉自贸试验区民商事审判工作，为开放型经济新体制建设提供司法保障。落实《最高人民法院关于为自由贸易试验区建设提供司法保障的意见》，积极配合自贸试验区政府职能转变、投资领域开放、贸易发展方式转变、金融领域开放创新等各项改革措施，公正高效审理各类涉自贸试验区案件，依法保障自贸试验区建设的制度创新。对案件审理过程中发现与自贸试验区市场规则有关的制度缺陷问题，及时提出司法建议，持续推进自贸试验区法治建设。

8. 适时提出立法、修法建议和制定、修订司法解释，为外商投资提供良好的法制保障。清理涉及外商投资的司法解释及政策文件，对于已与国家对外开放基本政策、原则不符的司法解释及政策文件，及时修订或废止。对于需要通过制定相关法律法规予以解决的问题，及时提出立法、修法建议；对于需要出台司法解释解决的问题，及时出台司法解释。

三、保障市场交易公平公正，切实维护市场交易主体合法权益

9. 加大产权保护力度，夯实良好营商环境的制度基础。严格落实《中共中央、国务院关于完善产权保护制度依法保护产权的意见》及《最高人民法院关于充分发挥审判职能作用切实加强产权司法保护的意见》，完善各类市场交易规则，妥善处理涉产权保护案件，推动建立健全产权保护法律制度体系。深入研究和合理保护新型权利类型，科学界定产权保护边界，妥善调处权利冲突，切实实现产权保护法治化。

10. 依法审理各类合同案件，尊重契约自由，维护契约正义。尊重和保护市场主体的意思自治，合理判断各类交易模式和交易结构创新的合同效力，促进市场在资源配置中起决定性作用，提升市场经济活力。严格按照法律和司法解释规定，认定合同性质、效力、可撤销、可解除等情形，维护契约正义。通过裁判案件以及适时发布指导性案例等形式，向各类市场主体宣示正当的权利行使规则和违反义务的法律后果，强化市场主体的契约意识、规则

意识和责任意识。妥善处理民行、民刑交叉问题，厘清法律适用边界，建立相应机制，准确把握裁判尺度。

11. 妥善审理各类金融案件，为优化营商环境提供金融司法支持。依法审理金融借款、担保、票据、证券、期货、保险、信托、民间借贷等案件，保护合法交易，平衡各方利益。以服务实体经济为宗旨，引导和规范各类金融行为。慎重审查各类金融创新的交易模式、合同效力，加快研究出台相应的司法解释和司法政策。严厉打击各类金融违法犯罪行为，维护金融秩序。加强对金融消费者的保护，切实维护其合法权益。加强金融审判机构和队伍的专业化建设，持续提升金融审判专业化水平。

12. 严格依法审理各类知识产权案件，加大知识产权保护力度，提升知识产权保护水平。严格落实《中国知识产权司法保护纲要（2016—2020）》，持续推进知识产权审判工作。加强对新兴领域和业态知识产权保护的法律问题研究，适时出台司法解释和司法政策，推动知识产权保护法律法规和制度体系的健全完善。加强知识产权法院体系建设，充分发挥审判机构专门化、审判人员专职化和审判工作专业化的制度优势。进一步发挥知识产权司法监督职能，加大对知识产权授权确权行政行为司法审查的深度和广度，推动完善知识产权诉讼中的权利效力审查机制，合理强化特定情形下民事诉讼对民行交叉纠纷解决的引导作用，促进知识产权行政纠纷的实质性解决。综合运用民事、行政和刑事手段从严惩处各类知识产权侵权违法犯罪行为，依法让侵权者付出相应代价。

13. 推动建立统一开放的社会主义市场体系，促进市场有序竞争。严格依据相关竞争法律法规，规制各类垄断行为和不正当竞争行为，妥善处理破坏市场竞争规则的案件，充分发挥司法裁判对公平竞争市场环境的维护和指引作用。进一步规范行政机关的行政许可和审批行为，并通过建立完善与行政区划适当分离的司法管辖制度等方式，打破部门垄断和地方保护，推动形成权责明确、公平公正、透明高效、法治保障的市场监管格局，为维护公平有序的市场竞争环境提供司法保障。

14. 加强执行工作，充分保障胜诉当事人合法权益的实现。全面构建综合治理执行难工作格局，按照《关于落实“用两到三年时间基本解决执行难问题”的工作纲要》要求，完善执行法律规范体系，加强执行信息化建设，加大执行力度，规范执行行为，切实增强执行威慑，优化执行效果。严格依据刑法及司法解释的规定，依法追究拒不执行人民法院判决、裁定的被执行人、协助执行义务人、担保人的刑事责任。

四、加强破产制度机制建设，完善社会主义市场主体救治和退出机制

15. 完善破产程序启动机制和破产企业识别机制，切实解决破产案件立案难问题。按照法律及司法解释的相关规定，及时受理符合立案条件的破产案件，不得在法定条件之外设置附加条件。全力推进执行案件移送破产审查工作，实现“能够执行的依法执行，整体执行不能符合破产法定条件的依法破产”的良性工作格局。积极探索根据破产案件的难易程度进行繁简分流，推动建立简捷高效的快速审理机制，尝试将部分事实清楚、债权债务关系清晰或者“无产可破”的案件，纳入快速审理范围。

16. 推动完善破产重整、和解制度，促进有价值的危困企业再生。引导破产程序各方充分认识破产重整、和解制度在挽救危困企业方面的重要作用。坚持市场化导向开展破产重整工作，更加重视营业整合和资产重组，严格依法适用强制批准权，以实现重整制度的核心价值和制度目标。积极推动构建庭外兼并重组与庭内破产程序的相互衔接机制，加强对预重整制度的探索研究。研究制定关于破产重整制度的司法解释。

17. 严厉打击各类“逃废债”行为，切实维护市场主体合法权益。严厉打击恶意逃废债务行为，依法适用破产程序中的关联企业合并破产、行使破产撤销权和取回权等手段，查找和追回债务人财产。加大对隐匿、故意销毁会计凭证、会计账簿、财务会计报告等犯罪行为的刑事处罚力度。

18. 协调完善破产配套制度，提升破产法治水平。推动设立破产费用专项基金，为“无产可破”案件提供费用支持。将破产审判工作纳入社会信用体系整体建设，对失信主体加大惩戒力度。推动制定针对破产企业豁免债务、财产处置等环节的税收优惠法律法规，切实减轻破产企业税费负担。协调解决重整或和解成功企业的信用修复问题，促进企业重返市场。推进府院联动破产工作统一协调机制，统筹推进破产程序中的业务协调、信息提供、维护稳定等工作。积极协调政府运用财政奖补资金或设立专项基金，妥善处理职工安置和利益保障问题。

19. 加强破产审判组织和破产管理人队伍的专业化建设，促进破产审判整体工作水平的持续提升。持续推进破产审判庭室的设立与建设工作，提升破产审判组织和人员的专业化水平。研究制定关于破产管理人的相关司法解释，加快破产管理人职业化建设。切实完善破产审判绩效考核等相关配套机制，提高破产审判工作效能。

五、推动社会信用体系建设，为持续优化营商环境提供信用保障

20. 充分运用信息化手段，促进社会信用体系建设的持续完善。探索社会信用体系建设与人民法院审判执行工作的深度融合路径，推动建立健全与市场主体信用信息相关的司法大数据的归集共享和使用机制，加大守信联合激励和失信联合惩戒工作力度。

21. 严厉惩处虚假诉讼行为，推进诉讼诚信建设。严格依照法律规定，追究虚假诉讼、妨害作证等行为人的刑事法律责任。适时出台相关司法解释，明确虚假诉讼罪的定罪量刑标准。完善对提供虚假证据、故意逾期举证等不诚信诉讼行为的规制机制，严厉制裁诉讼失信行为。

22. 强化对失信被执行人的信用惩戒力度，推动完善失信惩戒机制。按照中共中央办公厅、国务院办公厅印发的《关于加快推进失信被执行人信用监督、警示和惩戒机制建设的意见》要求，持续完善公布失信被执行人名单信息、限制被执行人高消费等制度规范，严厉惩戒被执行人失信行为。推动完善让失信主体“一处失信、处处受限”的信用惩戒大格局，促进社会诚信建设，实现长效治理。

最高人民法院
关于全面加强长江流域生态文明建设与绿色发展司法保障的意见

（2017 年 12 月 1 日　法发〔2017〕30 号）

为深入贯彻落实党的十九大精神，在习近平新时代中国特色社会主义思想引领下，促进“十三五”规划和《长江经济带发展规划纲要》的全面实施，充分发挥环境资源审判职能作用，为长江流域生态文明建设与绿色发展提供有力司法服务和保障，现就全面加强长江流域环境资源审判工作，提出如下意见。

一、充分认识全面加强长江流域生态文明建设与绿色发展司法保障的重要意义

1. 全面加强长江流域环境资源审判工作是落实《长江经济带发展规划纲要》、实现长江经济带发展国家战略的重要司法保障。长江经济带发展战略是党中央主动适应把握引领经济发展新常态、科学谋划中国经济新棋局，作出的既利当代又惠长远的重要决策部署，对统筹推进“五位一体”总体布局、协调推进“四个全面”战略布局和实现中华民族伟大复兴的中国梦，具有重大的现实意义和深远的历史意义。各级人民法院要充分认识为长江流域生态文明建设与绿色发展提供司法保障的重要意义，按照“生态优先、流域互动、集约发展”的思路，大力发挥环境资源审判职能作用，推动构建环境更优美、

交通更顺畅、经济更协调、市场更统一、机制更科学的黄金经济带。

2. 全面加强长江流域环境资源审判工作是贯彻习近平总书记关于推动长江经济带发展重要讲话精神的内在要求。长江是中华民族的生命河，也是中华民族发展的重要支撑。习近平总书记指出，长江流域经济是我国经济重心、活力所在，推动长江经济带发展必须坚持生态优先、绿色发展，把修复长江生态环境摆在压倒性位置，共抓大保护、不搞大开发。各级人民法院要深入学习领会习近平总书记重要讲话精神，准确把握长江经济带发展的战略定位和基本内涵，将加强环境资源审判工作作为服务和保障长江经济带发展的重要抓手，推动长江流域生态环境质量不断改善，助力长江经济带绿色发展。

3. 全面加强长江流域环境资源审判工作是积极回应长江经济带发展需求、保障流域生态环境安全的客观需要。长江流域以水为纽带形成的环境要素丰富，是我国重要的生态安全屏障，也是长江经济带发展的重要依托和支撑，长江经济带发展离不开可持续的生态环境和可承载的自然资源作为保障。各级人民法院要始终坚持人与自然和谐共生的基本理念，坚持节约资源和保护环境的基本国策，充分认识长江流域生态环境安全对长江经济带发展的重要意义，依法维护长江流域的生态环境安全，为建设天蓝地绿水清的长江经济带生态走廊提供有力司法保障。

二、准确把握全面加强长江流域生态文明建设与绿色发展司法保障的基本理念

4. 遵循自然规律。人与自然是生命共同体，人类必须尊重自然、顺应自然、保护自然。要正确认识和把握长江流域以水为核心的生态特征，遵循自然生态规律和河流演变规律。要遵循流域的自然统一性，协调好江河湖泊、上中下游、干支流、左右岸、水中岸上的关系，保护和改善流域生态服务功能。要遵循流域的要素复合性，根据环境资源承载能力、现有开发密度和发展潜力，在流域整体范围内统筹协调多元环境要素。要遵循流域的功能整体性，维护好流域的生活、生产和生态功能，尤其是要维护流域生态系统的相对稳定和完整。

5. 坚持保护优先。长江拥有独特的生态系统，是国家重要的生态宝库。要从经济社会发展全局出发，准确理解生态环境保护与经济社会发展的辩证关系，牢固树立和践行绿水青山就是金山银山的发展理念，坚持节约优先、保护优先、自然恢复为主的方针，把保护和修复长江生态环境摆在首要位置。充分发挥环境资源审判职能作用，保护和改善水环境，保护和修复水生态，保护和合理使用水资源，有序利用长江岸线资源。

6. 促进绿色发展。要准确把握长江经济带发展的战略定位和基本内涵，

牢固树立和贯彻落实生态优先、绿色发展的理念。要充分发挥审判职能作用，落实将重大生态修复工程作为推动长江经济带发展项目优先选项的要求，保障重大生态修复工程的顺利实施。要围绕改善流域生态环境、建设立体交通走廊、优化产业布局和构建对外开放新格局的总体要求，为把长江经济带建设成为生态文明建设的先行示范带、创新驱动带和协调发展带提供司法服务和保障。

7. 注重区域协同。长江流域江河湖泊、干支流、上中下游、左右岸区域之间联动性及互补性强，流域的自然生态系统特征明显。要把长江流域生态环境保护作为一项系统工程，树立生态环境协同保护的理念，统筹推进山水林田湖草系统治理。要打破行政区划的界限和壁垒，推动全流域联动，构建区域互动合作的司法保障新机制，统筹考虑污染产生地、污染防治地、生态受益地、生态保护地的利益平衡。

三、立足流域水生态核心，依法审理水环境与水资源案件

8. 依法审理水污染防治案件，推动水污染防控和治理。依法审理工业污染、船舶污染等点源污染案件，农业污染、城市径流污染等面源污染案件以及流域跨界水污染案件，坚持最严格的水污染损害赔偿和生态补偿、修复标准，将生态环境损害及修复情况作为刑事处罚的重要量刑情节，支持和监督行政机关依法履行水污染防治的监管职责。加强对航电枢纽、船闸、港口、码头、出海口建设和使用过程中引发的水污染案件的审理，保障长江干支流水体生态环境安全。加强对扬州江都水利枢纽和丹江口水库等饮用水水源地的司法保护，及时受理和审理水源地的水污染案件，坚决支持行政机关依法取缔饮用水水源保护区的排污口，保障饮用水水源地的水质安全。

9. 依法审理水资源开发利用案件，促进长江水资源可持续利用。依法审理调水纠纷案件，妥善处理好水源区、调水工程途经地以及受水区之间的利益平衡，促进水资源调度和配置的安全顺畅。依法审理水电基地和输送通道建设中的环境污染和损害赔偿案件，统筹保护上游地区水电开发利用和下游地区的供水、通航、灌溉、养殖等权益。依法审理能源纠纷案件，支持水能等清洁能源的开发利用。加强对长江流域节能服务产业的司法保障，支持培育全流域合同能源管理市场。

10. 依法审理水权交易纠纷案件，促进水资源高效利用与节约保护。积极稳妥审理区域水权交易、取水权交易和灌溉用水户水权交易纠纷案件，合理界定水资源使用权，引导通过水权交易平台进行水权交易，充分尊重交易各方的协商定价或者竞价结果，保护水资源使用权有序流转。

11. 依法审理涉航道、河道案件，保障长江水域水运安全。依法打击侵占

河道、乱占滥用河道等非法行为，恢复河道水域岸线生态功能和河道通航功能。依法打击河道非法采砂，充分考虑生态环境的破坏程度，以非法采矿罪进行处罚。依法审理违反长江航运秩序、破坏航道及航道设施案件，全面保护长江航道安全。依法审理因航道河道监管引发的行政案件，支持和监督监管机关依法维护航道、河道秩序。

12. 依法审理涉河湖水域岸线保护案件，强化河湖水域岸线生态功能。依法打击非法围湖造地和围垦河道等侵占水域空间的行为，保护河湖水域和岸线资源等水生态系统。妥善审理涉及岸线取水、排污、工程建设等案件，促进岸线资源有偿使用，强化岸线保护和节约集约利用。加强沿江风景名胜和自然人文景观资源司法保护，促进岸线资源合理开发，维护岸线原始风貌。

13. 依法审理涉蓄洪区、洲滩开发利用案件，维护蓄洪区及洲滩的安全。妥善审理流域蓄洪区的开发利用与建设保护案件，保障蓄洪区的堤防安全和蓄洪区内的人民群众生命财产安全。妥善审理流域洲滩开发、利用与保护案件，促进洲滩开发利用，维护洲滩生态环境及人民群众生命财产安全。

14. 依法审理涉江河湖泊治理案件，推进全流域水资源保护和水污染治理。依法审理涉江河湖泊治理刑事案件，依法打击侵害自然河湖、湿地等水源涵养空间的行为；依法审理涉江河湖泊治理民事案件，促进水环境保护和水生态修复，保障人民群众涉水产权益；依法审理涉江河湖泊治理的行政及非诉行政执行案件，推动、规范和保障河长制的执行，促进水环境治理。

15. 依法审理涉长江防护林和天然林草资源案件，促进长江岸线水土保持和水源涵养。依法打击盗伐、滥伐长江防护林的犯罪行为，维护长江岸线的生态安全。妥善审理林业资源确权、承包和流转案件，依法维护林农的合法权益，保障长江防护林、生态林和公益林的生态功能。妥善审理因长江防护林体系建设引发的行政案件，保障长江防护林体系建设的顺利实施。

16. 依法审理涉湿地生态系统保护案件，促进湿地生态保护与修复。依法打击侵占、破坏湿地的行为，强化高原湿地生态系统的司法保护，提高自然湿地面积和保护率。充分发挥保全和先予执行措施，加大破坏湿地环境及自然资源的生态修复责任。充分利用长江湿地保护基金，及时督促、跟踪、评估恢复原状责任的执行。妥善审理湿地资源确权、开发许可过程中引发的行政案件，推进鄱阳湖、洞庭湖、太湖、巢湖等全流域湿地生态保护与修复。

17. 依法审理其他涉水刑事、行政案件，维护水环境和水生态安全。依法审理其他危害水环境和水资源的刑事案件以及各类涉水资源和水环境的行政许可、规划和项目审批、政府信息公开等行政案件，支持和监督行政机关依法履职，促进水资源的合理开发、利用和保护，维护流域水环境和水生态安全。

四、立足上中下游生态环境特点，依法审理各区段重点案件

18. 长江上游各级人民法院要重点把握上游地区水源涵养和水土保持的功能定位。依法审理重点生态功能区、生态环境脆弱区及自然保护区等重点区域的环境污染、生态破坏及自然资源开发利用案件，将构建生态功能保障基线、环境质量安全底线、自然资源利用上线三大红线作为重要因素加以考量。

依法审理三江源国家公园的环境污染和自然资源破坏案件，坚决打击在三江源国家公园内的采矿、砍伐、狩猎、捕捞、取土、取水以及擅自采集国家和省级重点保护野生动植物等违法行为，促进三江源地区自然资源的持久保育和永续利用。妥善处理江河源头和生态核心区内工矿企业和居民搬迁引发的纠纷，引导工矿企业和居民有序迁出。妥善审理因建设国家公园、自然保护区，推行统一环境准入和退出机制引发的行政案件，保障重点区域实现扩大环境容量和生态空间的重要目标。

加大对三峡库区环境资源案件的审理力度，积极探索三峡库区环境资源案件的跨行政区划集中管辖，保障三峡生态经济合作区的建设。依法审理金沙江、乌江、嘉陵江、三峡库区等重点区域水土流失治理和地质灾害防治案件，维护人民群众生命财产安全。

19. 长江中下游各级人民法院要依法审理工业污染、城镇和农村污染案件，保障江河湖泊生态环境安全。依法审理长江中下游城市群重化工、重金属、工业固体废弃物等工业污染案件，做到及时立案、审理和执行，充分利用保全措施，避免无法修复的损害发生。妥善审理因造纸、印染、化工、有色金属等严重污染水体企业的关闭或者搬迁改造，以及因污水处理费、水资源费等税费征收引发的行政案件，推动污染企业的达标治理或者依法退出。

依法审理涉城镇污水、垃圾处理案件，推动长江干支流沿线城镇污水、垃圾全收集全处理。依法审理农村农业禽畜、水产养殖污染物排放和农村生活垃圾排放案件，防治农业面源污染，推进农村人居环境综合整治，防止农村水源污染。依法审理工业和农业生产引发的土壤污染案件，防止有毒有害污染物、危险化学品、危险废物等通过地下水循环系统进入长江水体。

加强对洞庭湖、鄱阳湖、太湖、巢湖等淡水湖水污染防控的司法保护，依法打击破坏淡水湖生态环境的行为；加强对鄱阳湖、洞庭湖生态经济区的司法保护，保障鄱阳湖、洞庭湖生态经济区的建设。加强对流域渔业资源的保护，依法打击在禁渔区、禁渔期或者使用禁用的工具、方法捕捞水产品的行为，妥善审理涉及渔业承包、养殖、销售案件，促进渔业资源的可持续利用。

20. 沿江海事法院要充分利用跨行政区划管辖的优势，妥善审理长江流域环境污染、生态破坏案件。依法审理长江水域的船舶碰撞、触碰案件，加强对船舶排放、泄漏、倾倒油类、污水或者其他有害物质造成水域污染案件的审理，保护长江水域生态环境安全。

五、立足绿色发展要求，依法审理其他环境资源案件

21. 依法审理大气污染防治案件。以二氧化硫、氮氧化物、pm2.5 等主要大气污染物综合防治为重点，依法惩处污染环境的犯罪行为，妥善审理相关行政案件，支持和监督行政机关履行源头治理和全程治理职责，推动四川盆地、中下游地区的区域性雾霾、酸雨态势扭转，促进沿江城市和重点区域空气质量改善，打赢蓝天保卫战。

22. 依法审理生物多样性保护案件。依法打击非法猎捕、杀害珍贵、濒危野生动物，非法狩猎及野生动植物制品非法交易行为，加大对大熊猫、红豆杉、扬子鳄等长江流域特有濒危野生动植物的保护力度。妥善审理涉及植物新品种、生物遗传资源和基因案件，有效保护长江流域生物基因资源库。加强长江物种及其栖息繁衍场所保护，妥善审理工业污染对水生和河岸生物多样性及物种栖息地破坏案件。依法打击走私国家禁止进口的动植物的行为，严防外来物种入侵。

23. 依法审理环境公益诉讼和省级政府提起的生态环境损害赔偿诉讼案件。依法受理和审理社会组织提起的环境民事公益诉讼案件以及检察机关提起的环境行政、民事公益诉讼案件，强化公众参与长江流域生态环境保护，充分落实修复理念和补偿机制，形成公益诉讼对于长江流域生态环境保护的评价指引和政策形成功能，切实维护长江流域生态环境安全。推动建立长江流域环境公益诉讼专项资金管理使用制度，保障长江流域环境公益诉讼健康发展。总结长江流域试点地区审判经验，依法审理省级政府提起的生态环境损害赔偿诉讼案件，依法追究责任主体的生态环境损害赔偿责任。

24. 积极稳妥审理生态补偿案件。科学界定生态保护者与受益者权利义务，推动形成生态损害赔偿、受益者付费、保护者得到合理补偿的工作机制。妥善处理流域内因补偿主体、补偿数额、资金监管等产生的纠纷，激发全流域各区段生态环境保护的内在动力。推动建立独立公正的生态环境损害评估制度。

25. 积极稳妥审理绿色金融等新类型案件。深入研究绿色金融发展中的特殊法律问题，妥善审理涉绿色信贷、绿色债券、绿色发展基金、绿色保险、碳金融等新类型案件，支持绿色产业发展，保障绿色金融体系构建。依法保护有偿取得的排污权及其使用、转让和抵押等权利。充分运用碳排放权交易注册登记系统，准确判断排放配额的权利主体，合理确定交易各方的权利义务。依法保护用能权交易主体在合法交易场所买卖用能权指标的行为，参照试点地区制定的交易管理办法、交易规则及争议解决机制，妥善审理用能权纠纷案件。

26. 依法办理环境行政非诉执行案件。积极探索符合长江流域生态文明建设与绿色发展需要的行政非诉案件执行的新方法新思路，依法审查环境行政非诉执行案件，按照“裁执分离”的模式，加大对环境行政非诉案件的执行力度，支持行政机关依法处罚环境违法行为。

六、健全体制机制，适应长江流域生态文明建设与绿色发展司法保障的新要求

27. 优化审判机制。推进流域内环境公益诉讼、跨行政区划环境污染、生态破坏案件的集中管辖机制。推进流域内环境资源刑事、民事、行政案件的“三合一”或者“二合一”归口审理模式。推进构建重大环境资源行政案件在跨行政区划法院审理的专门管辖机制。

28. 构建协同机制。构建刑事、民事、行政审判和立案、执行等部门的协同审判机制。构建长江流域环境资源审判协作平台，形成全流域法院之间委托送达、委托取证、委托执行和信息共享机制。构建区域内上下级法院之间的信息报送机制。

29. 完善联动机制。加强与流域内政府法制部门、行政执法机关、流域管理机构之间的协调联动，积极搭建长江流域环境资源信息共享平台。通过建立和完善信息共享、联席会议以及突发环境事件的应急响应等联动机制，形成合力，共同维护长江经济带的生态安全。

最高人民法院
关于充分发挥审判职能作用为企业家创新创业营造良好法治环境的通知

（2017年12月29日　法〔2018〕1号）

各省、自治区、直辖市高级人民法院，解放军军事法院，新疆维吾尔自治区高级人民法院生产建设兵团分院：

2017年9月8日，中共中央、国务院印发《关于营造企业家健康成长环境弘扬优秀企业家精神更好发挥企业家作用的意见》（以下简称《意见》），这是推进供给侧结构性改革、实施创新发展战略、促进经济持续平稳健康发展的重要举措。为深入贯彻党的十九大精神和《意见》的要求，充分发挥审判职能作用，依法平等保护企业家合法权益，为企业家创新创业营造良好法治环境，现通知如下。

一、深刻认识依法平等保护企业家合法权益的重大意义。企业家是经济活动的重要主体。改革开放以来，一大批优秀企业家在市场竞争中迅速成长，为积累社会财富、创造就业岗位、促进经济社会发展、增强综合国力做出了重要贡献。人民法院充分发挥审判职能作用，依法平等保护企业家合法权益，为企业家创新创业营造良好法治环境，对于增强企业家人身及财产财富安全感，稳定社会预期，使企业家安心经营、放心投资、专心创业，充分发挥企业家在建设现代化经济体系、促进经济持续平稳健康发展中的作用具有重大意义。

二、依法保护企业家的人身自由和财产权利。严格执行刑事法律和司法解释，坚决防止利用刑事手段干预经济纠纷。坚持罪刑法定原则，对企业家在生产、经营、融资活动中的创新创业行为，只要不违反刑事法律的规定，不得以犯罪论处。严格非法经营罪、合同诈骗罪的构成要件，防止随意扩大适用。对于在合同签订、履行过程中产生的民事争议，如无确实充分的证据证明符合犯罪构成的，不得作为刑事案件处理。严格区分企业家违法所得和合法财产，没有充分证据证明为违法所得的，不得判决追缴或者责令退赔。严格区分企业家个人财产和企业法人财产，在处理企业犯罪时不得牵连企业家个人合法财产和家庭成员财产。

三、依法保护诚实守信企业家的合法权益。妥善认定政府与企业签订的合同效力，对有关政府违反承诺，特别是仅因政府换届、领导人员更替等原因违约、毁约的，依法支持企业的合理诉求。妥善审理因政府规划调整、政策变化引发的民商事、行政纠纷案件，对于确因政府规划调整、政策变化导致当事人签订的民商事合同不能履行的，依法支持当事人解除合同的请求。对于当事人请求返还已经支付的国有土体使用权出让金、投资款、租金或者承担损害赔偿责任的，依法予以支持。对企业家财产被征收征用的，要综合运用多种方式进行公平合理的补偿。

四、依法保护企业家的知识产权。完善符合知识产权案件特点的诉讼证据规则，着力破解知识产权权利人“举证难”问题。推进知识产权民事、刑事、行政案件审判三合一，增强知识产权司法保护的整体效能。建立以知识产权市场价值为指引，补偿为主、惩罚为辅的侵权损害司法认定机制，提高知识产权侵权赔偿标准。探索建立知识产权惩罚性赔偿制度，着力解决实践中存在的侵权成本低、企业家维权成本高的问题。坚持依法维护劳动者合法权益与促进企业生存发展并重的原则，依法保护用人单位的商业秘密等合法权益。

五、依法保护企业家的自主经营权。加强金融审判工作，促进金融服务实体经济。对商业银行、典当公司、小额贷款公司等金融机构以不合理收费变相收取高息的，参照民间借贷利率标准处理，降低企业融资成本。加强破产案件审理，对于暂时经营困难但是适应市场需要具有发展潜力和经营价值的企业，综合运用重整、和解等手段，促进生产要素的优化组合和企业转型升级。对违法违规向企业收费或者以各种监督检查的名义非法干预企业自主经营权的，依法予以纠正。严格依法采取财产保全、行为保全等强制措施，防止当事人恶意利用保全手段，侵害企业正常生产经营。对资金暂时周转困难、尚有经营发展前景的负债企业，慎用冻结、划拨流动资金等手段。加强对虚假诉讼和恶意诉讼的审查力度，对于恶意利用诉讼打击竞争企业，破坏企业家信誉的，要区分情况依法处理。

六、努力实现企业家的胜诉权益。综合运用各种强制执行措施，加快企业债权实现。强化对失信被执行人的信用惩戒力度，推动完善让失信主体“一处失信、处处受限”的信用惩戒大格局。同时，营造鼓励创新、宽容失败的社会氛围。对已经履行生效裁判文书义务或者申请人滥用失信被执行人名单的，要及时恢复企业家信用。对经营失败无偿债能力但无故意规避执行情形的企业家，要及时从失信被执行人名单中删除。

七、切实纠正涉企业家产权冤错案件。进一步加大涉企业家产权冤错案件的甄别纠正工作力度，对于涉企业家产权错案冤案，要依法及时再审，尽快纠正。准确适用国家赔偿法，及时启动国家赔偿程序，公正高效审理涉及企业家的国家赔偿案件，加大赔偿决定执行力度，依法保障企业家的合法权益。

八、不断完善保障企业家合法权益的司法政策。进一步加快“智慧法院”建设，充分利用信息技术，深入调研涉企业家案件的审判执行疑难问题，及时总结审判经验，健全裁判规则。加大制定司法解释、发布指导性案例工作力度，统一司法尺度和裁判标准。在制定有关司法政策、司法解释过程中要充分听取企业家的意见、建议。

九、推动形成依法保障企业家合法权益的良好社会氛围。进一步通过公开开庭等生动直观的形式，大力宣传党和国家依法平等保护企业家合法权益弘扬优秀企业家精神的方针政策。持续强化以案释法工作，及时公布一批依法保护企业家合法权益的典型案例和好做法、好经验，推动形成企业家健康成长良好法治环境和社会氛围。

十、增强企业家依法维护权益、依法经营的意识。加大对企业家的法治宣传和培训力度，提高企业家依法维护自身合法权益的意识和能力。依法打击破坏市场秩序、不正当竞争等违法行为，积极引导企业家在经营活动中遵纪守法、诚实守信、公平竞争、恪尽责任，弘扬优秀企业家精神。

各级人民法院要加强组织领导，制定工作方案，切实将依法保障企业家合法权益的工作落到实处。在审判执行工作中遇到新情况新问题的，请及时层报最高人民法院。

第二章　公司、企业

中华人民共和国公司法

（1993 年 12 月 29 日第八届全国人民代表大会常务委员会第五次会议通过　根据 1999 年 12 月 25 日第九届全国人民代表大会常务委员会第十三次会议《关于修改〈中华人民共和国公司法〉的决定》第一次修正　根据 2004 年 8 月 28 日第十届全国人民代表大会常务委员会第十一次会议《关于修改〈中华人民共和国公司法〉的决定》第二次修正　2005 年 10 月 27 日第十届全国人民代表大会常务委员会第十八次会议修订　根据 2013 年 12 月 28 日第十二届全国人民代表大会常务委员会第六次会议《关于修改〈中华人民共和国海洋环境保护法〉等七部法律的决定》第三次修正　根据 2018 年 10 月 26 日第十三届全国人民代表大会常务委员会第六次会议《关于修改〈中华人民共和国公司法〉的决定》第四次修正）

目　　录

第一章　总　则

第一条　为了规范公司的组织和行为，保护公司、股东和债权人的合法权益，维护社会经济秩序，促进社会主义市场经济的发展，制定本法。

第二条　本法所称公司是指依照本法在中国境内设立的有限责任公司和股份有限公司。

第三条　公司是企业法人，有独立的法人财产，享有法人财产权。公司以其全部财产对公司的债务承担责任。

有限责任公司的股东以其认缴的出资额为限对公司承担责任；股份有限公司的股东以其认购的股份为限对公司承担责任。

第四条　公司股东依法享有资产收益、参与重大决策和选择管理者等权利。

第五条　公司从事经营活动，必须遵守法律、行政法规，遵守社会公德、商业道德，诚实守信，接受政府和社会公众的监督，承担社会责任。

公司的合法权益受法律保护，不受侵犯。

第六条　设立公司，应当依法向公司登记机关申请设立登记。符合本法规定的设立条件的，由公司登记机关分别登记为有限责任公司或者股份有限公司；不符合本法规定的设立条件的，不得登记为有限责任公司或者股份有限公司。

法律、行政法规规定设立公司必须报经批准的，应当在公司登记前依法办理批准手续。

公众可以向公司登记机关申请查询公司登记事项，公司登记机关应当提供查询服务。

第七条　依法设立的公司，由公司登记机关发给公司营业执照。公司营业执照签发日期为公司成立日期。

公司营业执照应当载明公司的名称、住所、注册资本、经营范围、法定代表人姓名等事项。

公司营业执照记载的事项发生变更的，公司应当依法办理变更登记，由公司登记机关换发营业执照。

第八条　依照本法设立的有限责任公司，必须在公司名称中标明有限责任公司或者有限公司字样。

依照本法设立的股份有限公司，必须在公司名称中标明股份有限公司或者股份公司字样。

第九条　有限责任公司变更为股份有限公司，应当符合本法规定的股份有限公司的条件。股份有限公司变更为有限责任公司，应当符合本法规定的有限责任公司的条件。

有限责任公司变更为股份有限公司的，或者股份有限公司变更为有限责任公司的，公司变更前的债权、债务由变更后的公司承继。

第十条　公司以其主要办事机构所在地为住所。

第十一条　设立公司必须依法制定公司章程。公司章程对公司、股东、董事、监事、高级管理人员具有约束力。

第十二条　公司的经营范围由公司章程规定，并依法登记。公司可以修改公司章程，改变经营范围，但是应当办理变更登记。

公司的经营范围中属于法律、行政法规规定须经批准的项目，应当依法经过批准。

第十三条　公司法定代表人依照公司章程的规定，由董事长、执行董事或者经理担任，并依法登记。公司法定代表人变更，应当办理变更登记。

第十四条　公司可以设立分公司。设立分公司，应当向公司登记机关申请登记，领取营业执照。分公司不具有法人资格，其民事责任由公司承担。

公司可以设立子公司，子公司具有法人资格，依法独立承担民事责任。

第十五条　公司可以向其他企业投资；但是，除法律另有规定外，不得成为对所投资企业的债务承担连带责任的出资人。

第十六条　公司向其他企业投资或者为他人提供担保，依照公司章程的规定，由董事会或者股东会、股东大会决议；公司章程对投资或者担保的总额及单项投资或者担保的数额有限额规定的，不得超过规定的限额。

公司为公司股东或者实际控制人提供担保的，必须经股东会或者股东大会决议。

前款规定的股东或者受前款规定的实际控制人支配的股东，不得参加前款规定事项的表决。该项表决由出席会议的其他股东所持表决权的过半数通过。

第十七条 公司必须保护职工的合法权益，依法与职工签订劳动合同，参加社会保险，加强劳动保护，实现安全生产。

公司应当采用多种形式，加强公司职工的职业教育和岗位培训，提高职工素质。

第十八条 公司职工依照《中华人民共和国工会法》组织工会，开展工会活动，维护职工合法权益。公司应当为本公司工会提供必要的活动条件。公司工会代表职工就职工的劳动报酬、工作时间、福利、保险和劳动安全卫生等事项依法与公司签订集体合同。

公司依照宪法和有关法律的规定，通过职工代表大会或者其他形式，实行民主管理。

公司研究决定改制以及经营方面的重大问题、制定重要的规章制度时，应当听取公司工会的意见，并通过职工代表大会或者其他形式听取职工的意见和建议。

第十九条 在公司中，根据中国共产党章程的规定，设立中国共产党的组织，开展党的活动。公司应当为党组织的活动提供必要条件。

第二十条 公司股东应当遵守法律、行政法规和公司章程，依法行使股东权利，不得滥用股东权利损害公司或者其他股东的利益；不得滥用公司法人独立地位和股东有限责任损害公司债权人的利益。

公司股东滥用股东权利给公司或者其他股东造成损失的，应当依法承担赔偿责任。

公司股东滥用公司法人独立地位和股东有限责任，逃避债务，严重损害公司债权人利益的，应当对公司债务承担连带责任。

第二十一条 公司的控股股东、实际控制人、董事、监事、高级管理人员不得利用其关联关系损害公司利益。

违反前款规定，给公司造成损失的，应当承担赔偿责任。

第二十二条 公司股东会或者股东大会、董事会的决议内容违反法律、行政法规的无效。

股东会或者股东大会、董事会的会议召集程序、表决方式违反法律、行政法规或者公司章程，或者决议内容违反公司章程的，股东可以自决议作出之日起六十日内，请求人民法院撤销。

股东依照前款规定提起诉讼的，人民法院可以应公司的请求，要求股东提供相应担保。

公司根据股东会或者股东大会、董事会决议已办理变更登记的，人民法院宣告该决议无效或者撤销该决议后，公司应当向公司登记机关申请撤销变更登记。

第二章　有限责任公司的设立和组织机构

第一节　设　立

第二十三条　设立有限责任公司，应当具备下列条件：

（一）股东符合法定人数；

（二）有符合公司章程规定的全体股东认缴的出资额；

（三）股东共同制定公司章程；

（四）有公司名称，建立符合有限责任公司要求的组织机构；

（五）有公司住所。

第二十四条　有限责任公司由五十个以下股东出资设立。

第二十五条　有限责任公司章程应当载明下列事项：

（一）公司名称和住所；

（二）公司经营范围；

（三）公司注册资本；

（四）股东的姓名或者名称；

（五）股东的出资方式、出资额和出资时间；

（六）公司的机构及其产生办法、职权、议事规则；

（七）公司法定代表人；

（八）股东会会议认为需要规定的其他事项。

股东应当在公司章程上签名、盖章。

第二十六条　有限责任公司的注册资本为在公司登记机关登记的全体股东认缴的出资额。

法律、行政法规以及国务院决定对有限责任公司注册资本实缴、注册资本最低限额另有规定的，从其规定。

第二十七条　股东可以用货币出资，也可以用实物、知识产权、土地使用权等可以用货币估价并可以依法转让的非货币财产作价出资；但是，法律、行政法规规定不得作为出资的财产除外。

对作为出资的非货币财产应当评估作价，核实财产，不得高估或者低估作价。法律、行政法规对评估作价有规定的，从其规定。

第二十八条　股东应当按期足额缴纳公司章程中规定的各自所认缴的出资额。股东以货币出资的，应当将货币出资足额存入有限责任公司在银行开设的账户；以非货币财产出资的，应当依法办理其财产权的转移手续。

股东不按照前款规定缴纳出资的，除应当向公司足额缴纳外，还应当向已按期足额缴纳出资的股东承担违约责任。

第二十九条 股东认足公司章程规定的出资后，由全体股东指定的代表或者共同委托的代理人向公司登记机关报送公司登记申请书、公司章程等文件，申请设立登记。

第三十条 有限责任公司成立后，发现作为设立公司出资的非货币财产的实际价额显著低于公司章程所定价额的，应当由交付该出资的股东补足其差额；公司设立时的其他股东承担连带责任。

第三十一条 有限责任公司成立后，应当向股东签发出资证明书。

出资证明书应当载明下列事项：

（一）公司名称；

（二）公司成立日期；

（三）公司注册资本；

（四）股东的姓名或者名称、缴纳的出资额和出资日期；

（五）出资证明书的编号和核发日期。

出资证明书由公司盖章。

第三十二条 有限责任公司应当置备股东名册，记载下列事项：

（一）股东的姓名或者名称及住所；

（二）股东的出资额；

（三）出资证明书编号。

记载于股东名册的股东，可以依股东名册主张行使股东权利。

公司应当将股东的姓名或者名称向公司登记机关登记；登记事项发生变更的，应当办理变更登记。未经登记或者变更登记的，不得对抗第三人。

第三十三条 股东有权查阅、复制公司章程、股东会会议记录、董事会会议决议、监事会会议决议和财务会计报告。

股东可以要求查阅公司会计账簿。股东要求查阅公司会计账簿的，应当向公司提出书面请求，说明目的。公司有合理根据认为股东查阅会计账簿有不正当目的，可能损害公司合法利益的，可以拒绝提供查阅，并应当自股东提出书面请求之日起十五日内书面答复股东并说明理由。公司拒绝提供查阅的，股东可以请求人民法院要求公司提供查阅。

第三十四条 股东按照实缴的出资比例分取红利；公司新增资本时，股东有权优先按照实缴的出资比例认缴出资。但是，全体股东约定不按照出资比例分取红利或者不按照出资比例优先认缴出资的除外。

第三十五条 公司成立后，股东不得抽逃出资。

第二节 组织机构

第三十六条 有限责任公司股东会由全体股东组成。股东会是公司的权力机构，依照本法行使职权。

第三十七条　股东会行使下列职权：

（一）决定公司的经营方针和投资计划；

（二）选举和更换非由职工代表担任的董事、监事，决定有关董事、监事的报酬事项；

（三）审议批准董事会的报告；

（四）审议批准监事会或者监事的报告；

（五）审议批准公司的年度财务预算方案、决算方案；

（六）审议批准公司的利润分配方案和弥补亏损方案；

（七）对公司增加或者减少注册资本作出决议；

（八）对发行公司债券作出决议；

（九）对公司合并、分立、解散、清算或者变更公司形式作出决议；

（十）修改公司章程；

（十一）公司章程规定的其他职权。

对前款所列事项股东以书面形式一致表示同意的，可以不召开股东会会议，直接作出决定，并由全体股东在决定文件上签名、盖章。

第三十八条　首次股东会会议由出资最多的股东召集和主持，依照本法规定行使职权。

第三十九条　股东会会议分为定期会议和临时会议。

定期会议应当依照公司章程的规定按时召开。代表十分之一以上表决权的股东，三分之一以上的董事，监事会或者不设监事会的公司的监事提议召开临时会议的，应当召开临时会议。

第四十条　有限责任公司设立董事会的，股东会会议由董事会召集，董事长主持；董事长不能履行职务或者不履行职务的，由副董事长主持；副董事长不能履行职务或者不履行职务的，由半数以上董事共同推举一名董事主持。

有限责任公司不设董事会的，股东会会议由执行董事召集和主持。

董事会或者执行董事不能履行或者不履行召集股东会会议职责的，由监事会或者不设监事会的公司的监事召集和主持；监事会或者监事不召集和主持的，代表十分之一以上表决权的股东可以自行召集和主持。

第四十一条　召开股东会会议，应当于会议召开十五日前通知全体股东；但是，公司章程另有规定或者全体股东另有约定的除外。

股东会应当对所议事项的决定作成会议记录，出席会议的股东应当在会议记录上签名。

第四十二条　股东会会议由股东按照出资比例行使表决权；但是，公司章程另有规定的除外。

第四十三条 股东会的议事方式和表决程序，除本法有规定的外，由公司章程规定。

股东会会议作出修改公司章程、增加或者减少注册资本的决议，以及公司合并、分立、解散或者变更公司形式的决议，必须经代表三分之二以上表决权的股东通过。

第四十四条 有限责任公司设董事会，其成员为三人至十三人；但是，本法第五十条另有规定的除外。

两个以上的国有企业或者两个以上的其他国有投资主体投资设立的有限责任公司，其董事会成员中应当有公司职工代表；其他有限责任公司董事会成员中可以有公司职工代表。董事会中的职工代表由公司职工通过职工代表大会、职工大会或者其他形式民主选举产生。

董事会设董事长一人，可以设副董事长。董事长、副董事长的产生办法由公司章程规定。

第四十五条 董事任期由公司章程规定，但每届任期不得超过三年。董事任期届满，连选可以连任。

董事任期届满未及时改选，或者董事在任期内辞职导致董事会成员低于法定人数的，在改选出的董事就任前，原董事仍应当依照法律、行政法规和公司章程的规定，履行董事职务。

第四十六条 董事会对股东会负责，行使下列职权：

（一）召集股东会会议，并向股东会报告工作；

（二）执行股东会的决议；

（三）决定公司的经营计划和投资方案；

（四）制订公司的年度财务预算方案、决算方案；

（五）制订公司的利润分配方案和弥补亏损方案；

（六）制订公司增加或者减少注册资本以及发行公司债券的方案；

（七）制订公司合并、分立、解散或者变更公司形式的方案；

（八）决定公司内部管理机构的设置；

（九）决定聘任或者解聘公司经理及其报酬事项，并根据经理的提名决定聘任或者解聘公司副经理、财务负责人及其报酬事项；

（十）制定公司的基本管理制度；

（十一）公司章程规定的其他职权。

第四十七条 董事会会议由董事长召集和主持；董事长不能履行职务或者不履行职务的，由副董事长召集和主持；副董事长不能履行职务或者不履行职务的，由半数以上董事共同推举一名董事召集和主持。

第四十八条　董事会的议事方式和表决程序，除本法有规定的外，由公司章程规定。

董事会应当对所议事项的决定作成会议记录，出席会议的董事应当在会议记录上签名。

董事会决议的表决，实行一人一票。

第四十九条　有限责任公司可以设经理，由董事会决定聘任或者解聘。经理对董事会负责，行使下列职权：

（一）主持公司的生产经营管理工作，组织实施董事会决议；

（二）组织实施公司年度经营计划和投资方案；

（三）拟订公司内部管理机构设置方案；

（四）拟订公司的基本管理制度；

（五）制定公司的具体规章；

（六）提请聘任或者解聘公司副经理、财务负责人；

（七）决定聘任或者解聘除应由董事会决定聘任或者解聘以外的负责管理人员；

（八）董事会授予的其他职权。

公司章程对经理职权另有规定的，从其规定。

经理列席董事会会议。

第五十条　股东人数较少或者规模较小的有限责任公司，可以设一名执行董事，不设董事会。执行董事可以兼任公司经理。

执行董事的职权由公司章程规定。

第五十一条　有限责任公司设监事会，其成员不得少于三人。股东人数较少或者规模较小的有限责任公司，可以设一至二名监事，不设监事会。

监事会应当包括股东代表和适当比例的公司职工代表，其中职工代表的比例不得低于三分之一，具体比例由公司章程规定。监事会中的职工代表由公司职工通过职工代表大会、职工大会或者其他形式民主选举产生。

监事会设主席一人，由全体监事过半数选举产生。监事会主席召集和主持监事会会议；监事会主席不能履行职务或者不履行职务的，由半数以上监事共同推举一名监事召集和主持监事会会议。

董事、高级管理人员不得兼任监事。

第五十二条　监事的任期每届为三年。监事任期届满，连选可以连任。

监事任期届满未及时改选，或者监事在任期内辞职导致监事会成员低于法定人数的，在改选出的监事就任前，原监事仍应当依照法律、行政法规和公司章程的规定，履行监事职务。

第五十三条　监事会、不设监事会的公司的监事行使下列职权：

（一）检查公司财务；

（二）对董事、高级管理人员执行公司职务的行为进行监督，对违反法律、行政法规、公司章程或者股东会决议的董事、高级管理人员提出罢免的建议；

（三）当董事、高级管理人员的行为损害公司的利益时，要求董事、高级管理人员予以纠正；

（四）提议召开临时股东会会议，在董事会不履行本法规定的召集和主持股东会会议职责时召集和主持股东会会议；

（五）向股东会会议提出提案；

（六）依照本法第一百五十一条的规定，对董事、高级管理人员提起诉讼；

（七）公司章程规定的其他职权。

第五十四条 监事可以列席董事会会议，并对董事会决议事项提出质询或者建议。

监事会、不设监事会的公司的监事发现公司经营情况异常，可以进行调查；必要时，可以聘请会计师事务所等协助其工作，费用由公司承担。

第五十五条 监事会每年度至少召开一次会议，监事可以提议召开临时监事会会议。

监事会的议事方式和表决程序，除本法有规定的外，由公司章程规定。

监事会决议应当经半数以上监事通过。

监事会应当对所议事项的决定作成会议记录，出席会议的监事应当在会议记录上签名。

第五十六条 监事会、不设监事会的公司的监事行使职权所必需的费用，由公司承担。

第三节 一人有限责任公司的特别规定

第五十七条 一人有限责任公司的设立和组织机构，适用本节规定；本节没有规定的，适用本章第一节、第二节的规定。

本法所称一人有限责任公司，是指只有一个自然人股东或者一个法人股东的有限责任公司。

第五十八条 一个自然人只能投资设立一个一人有限责任公司。该一人有限责任公司不能投资设立新的一人有限责任公司。

第五十九条 一人有限责任公司应当在公司登记中注明自然人独资或者法人独资，并在公司营业执照中载明。

第六十条 一人有限责任公司章程由股东制定。

第六十一条　一人有限责任公司不设股东会。股东作出本法第三十七条第一款所列决定时，应当采用书面形式，并由股东签名后置备于公司。

第六十二条　一人有限责任公司应当在每一会计年度终了时编制财务会计报告，并经会计师事务所审计。

第六十三条　一人有限责任公司的股东不能证明公司财产独立于股东自己的财产的，应当对公司债务承担连带责任。

第四节　国有独资公司的特别规定

第六十四条　国有独资公司的设立和组织机构，适用本节规定；本节没有规定的，适用本章第一节、第二节的规定。

本法所称国有独资公司，是指国家单独出资、由国务院或者地方人民政府授权本级人民政府国有资产监督管理机构履行出资人职责的有限责任公司。

第六十五条　国有独资公司章程由国有资产监督管理机构制定，或者由董事会制订报国有资产监督管理机构批准。

第六十六条　国有独资公司不设股东会，由国有资产监督管理机构行使股东会职权。国有资产监督管理机构可以授权公司董事会行使股东会的部分职权，决定公司的重大事项，但公司的合并、分立、解散、增加或者减少注册资本和发行公司债券，必须由国有资产监督管理机构决定；其中，重要的国有独资公司合并、分立、解散、申请破产的，应当由国有资产监督管理机构审核后，报本级人民政府批准。

前款所称重要的国有独资公司，按照国务院的规定确定。

第六十七条　国有独资公司设董事会，依照本法第四十六条、第六十六条的规定行使职权。董事每届任期不得超过三年。董事会成员中应当有公司职工代表。

董事会成员由国有资产监督管理机构委派；但是，董事会成员中的职工代表由公司职工代表大会选举产生。

董事会设董事长一人，可以设副董事长。董事长、副董事长由国有资产监督管理机构从董事会成员中指定。

第六十八条　国有独资公司设经理，由董事会聘任或者解聘。经理依照本法第四十九条规定行使职权。

经国有资产监督管理机构同意，董事会成员可以兼任经理。

第六十九条　国有独资公司的董事长、副董事长、董事、高级管理人员，未经国有资产监督管理机构同意，不得在其他有限责任公司、股份有限公司或者其他经济组织兼职。

第七十条　国有独资公司监事会成员不得少于五人，其中职工代表的比例不得低于三分之一，具体比例由公司章程规定。

监事会成员由国有资产监督管理机构委派；但是，监事会成员中的职工代表由公司职工代表大会选举产生。监事会主席由国有资产监督管理机构从监事会成员中指定。

监事会行使本法第五十三条第（一）项至第（三）项规定的职权和国务院规定的其他职权。

第三章　有限责任公司的股权转让

第七十一条　有限责任公司的股东之间可以相互转让其全部或者部分股权。

股东向股东以外的人转让股权，应当经其他股东过半数同意。股东应就其股权转让事项书面通知其他股东征求同意，其他股东自接到书面通知之日起满三十日未答复的，视为同意转让。其他股东半数以上不同意转让的，不同意的股东应当购买该转让的股权；不购买的，视为同意转让。

经股东同意转让的股权，在同等条件下，其他股东有优先购买权。两个以上股东主张行使优先购买权的，协商确定各自的购买比例；协商不成的，按照转让时各自的出资比例行使优先购买权。

公司章程对股权转让另有规定的，从其规定。

第七十二条　人民法院依照法律规定的强制执行程序转让股东的股权时，应当通知公司及全体股东，其他股东在同等条件下有优先购买权。其他股东自人民法院通知之日起满二十日不行使优先购买权的，视为放弃优先购买权。

第七十三条　依照本法第七十一条、第七十二条转让股权后，公司应当注销原股东的出资证明书，向新股东签发出资证明书，并相应修改公司章程和股东名册中有关股东及其出资额的记载。对公司章程的该项修改不需再由股东会表决。

第七十四条　有下列情形之一的，对股东会该项决议投反对票的股东可以请求公司按照合理的价格收购其股权：

（一）公司连续五年不向股东分配利润，而公司该五年连续盈利，并且符合本法规定的分配利润条件的；

（二）公司合并、分立、转让主要财产的；

（三）公司章程规定的营业期限届满或者章程规定的其他解散事由出现，股东会会议通过决议修改章程使公司存续的。

自股东会会议决议通过之日起六十日内，股东与公司不能达成股权收购协议的，股东可以自股东会会议决议通过之日起九十日内向人民法院提起诉讼。

第七十五条　自然人股东死亡后，其合法继承人可以继承股东资格；但是，公司章程另有规定的除外。

第四章　股份有限公司的设立和组织机构

第一节　设　立

第七十六条　设立股份有限公司，应当具备下列条件：

（一）发起人符合法定人数；

（二）有符合公司章程规定的全体发起人认购的股本总额或者募集的实收股本总额；

（三）股份发行、筹办事项符合法律规定；

（四）发起人制订公司章程，采用募集方式设立的经创立大会通过；

（五）有公司名称，建立符合股份有限公司要求的组织机构；

（六）有公司住所。

第七十七条　股份有限公司的设立，可以采取发起设立或者募集设立的方式。

发起设立，是指由发起人认购公司应发行的全部股份而设立公司。

募集设立，是指由发起人认购公司应发行股份的一部分，其余股份向社会公开募集或者向特定对象募集而设立公司。

第七十八条　设立股份有限公司，应当有二人以上二百人以下为发起人，其中须有半数以上的发起人在中国境内有住所。

第七十九条　股份有限公司发起人承担公司筹办事务。

发起人应当签订发起人协议，明确各自在公司设立过程中的权利和义务。

第八十条　股份有限公司采取发起设立方式设立的，注册资本为在公司登记机关登记的全体发起人认购的股本总额。在发起人认购的股份缴足前，不得向他人募集股份。

股份有限公司采取募集方式设立的，注册资本为在公司登记机关登记的实收股本总额。

法律、行政法规以及国务院决定对股份有限公司注册资本实缴、注册资本最低限额另有规定的，从其规定。

第八十一条　股份有限公司章程应当载明下列事项：

（一）公司名称和住所；

（二）公司经营范围；

（三）公司设立方式；

（四）公司股份总数、每股金额和注册资本；

（五）发起人的姓名或者名称、认购的股份数、出资方式和出资时间；

（六）董事会的组成、职权和议事规则；

（七）公司法定代表人；

（八）监事会的组成、职权和议事规则；

（九）公司利润分配办法；

（十）公司的解散事由与清算办法；

（十一）公司的通知和公告办法；

（十二）股东大会会议认为需要规定的其他事项。

第八十二条 发起人的出资方式，适用本法第二十七条的规定。

第八十三条 以发起设立方式设立股份有限公司的，发起人应当书面认足公司章程规定其认购的股份，并按照公司章程规定缴纳出资。以非货币财产出资的，应当依法办理其财产权的转移手续。

发起人不依照前款规定缴纳出资的，应当按照发起人协议承担违约责任。

发起人认足公司章程规定的出资后，应当选举董事会和监事会，由董事会向公司登记机关报送公司章程以及法律、行政法规规定的其他文件，申请设立登记。

第八十四条 以募集设立方式设立股份有限公司的，发起人认购的股份不得少于公司股份总数的百分之三十五；但是，法律、行政法规另有规定的，从其规定。

第八十五条 发起人向社会公开募集股份，必须公告招股说明书，并制作认股书。认股书应当载明本法第八十六条所列事项，由认股人填写认购股数、金额、住所，并签名、盖章。认股人按照所认购股数缴纳股款。

第八十六条 招股说明书应当附有发起人制订的公司章程，并载明下列事项：

（一）发起人认购的股份数；

（二）每股的票面金额和发行价格；

（三）无记名股票的发行总数；

（四）募集资金的用途；

（五）认股人的权利、义务；

（六）本次募股的起止期限及逾期未募足时认股人可以撤回所认股份的说明。

第八十七条 发起人向社会公开募集股份，应当由依法设立的证券公司承销，签订承销协议。

第八十八条 发起人向社会公开募集股份，应当同银行签订代收股款协议。

代收股款的银行应当按照协议代收和保存股款，向缴纳股款的认股人出具收款单据，并负有向有关部门出具收款证明的义务。

第八十九条　发行股份的股款缴足后，必须经依法设立的验资机构验资并出具证明。发起人应当自股款缴足之日起三十日内主持召开公司创立大会。创立大会由发起人、认股人组成。

发行的股份超过招股说明书规定的截止期限尚未募足的，或者发行股份的股款缴足后，发起人在三十日内未召开创立大会的，认股人可以按照所缴股款并加算银行同期存款利息，要求发起人返还。

第九十条　发起人应当在创立大会召开十五日前将会议日期通知各认股人或者予以公告。创立大会应有代表股份总数过半数的发起人、认股人出席，方可举行。

创立大会行使下列职权：

（一）审议发起人关于公司筹办情况的报告；

（二）通过公司章程；

（三）选举董事会成员；

（四）选举监事会成员；

（五）对公司的设立费用进行审核；

（六）对发起人用于抵作股款的财产的作价进行审核；

（七）发生不可抗力或者经营条件发生重大变化直接影响公司设立的，可以作出不设立公司的决议。

创立大会对前款所列事项作出决议，必须经出席会议的认股人所持表决权过半数通过。

第九十一条　发起人、认股人缴纳股款或者交付抵作股款的出资后，除未按期募足股份、发起人未按期召开创立大会或者创立大会决议不设立公司的情形外，不得抽回其股本。

第九十二条　董事会应于创立大会结束后三十日内，向公司登记机关报送下列文件，申请设立登记：

（一）公司登记申请书；

（二）创立大会的会议记录；

（三）公司章程；

（四）验资证明；

（五）法定代表人、董事、监事的任职文件及其身份证明；

（六）发起人的法人资格证明或者自然人身份证明；

（七）公司住所证明。

以募集方式设立股份有限公司公开发行股票的，还应当向公司登记机关报送国务院证券监督管理机构的核准文件。

第九十三条 股份有限公司成立后，发起人未按照公司章程的规定缴足出资的，应当补缴；其他发起人承担连带责任。

股份有限公司成立后，发现作为设立公司出资的非货币财产的实际价额显著低于公司章程所定价额的，应当由交付该出资的发起人补足其差额；其他发起人承担连带责任。

第九十四条 股份有限公司的发起人应当承担下列责任：

（一）公司不能成立时，对设立行为所产生的债务和费用负连带责任；

（二）公司不能成立时，对认股人已缴纳的股款，负返还股款并加算银行同期存款利息的连带责任；

（三）在公司设立过程中，由于发起人的过失致使公司利益受到损害的，应当对公司承担赔偿责任。

第九十五条 有限责任公司变更为股份有限公司时，折合的实收股本总额不得高于公司净资产额。有限责任公司变更为股份有限公司，为增加资本公开发行股份时，应当依法办理。

第九十六条 股份有限公司应当将公司章程、股东名册、公司债券存根、股东大会会议记录、董事会会议记录、监事会会议记录、财务会计报告置备于本公司。

第九十七条 股东有权查阅公司章程、股东名册、公司债券存根、股东大会会议记录、董事会会议决议、监事会会议决议、财务会计报告，对公司的经营提出建议或者质询。

第二节　股东大会

第九十八条 股份有限公司股东大会由全体股东组成。股东大会是公司的权力机构，依照本法行使职权。

第九十九条 本法第三十七条第一款关于有限责任公司股东会职权的规定，适用于股份有限公司股东大会。

第一百条 股东大会应当每年召开一次年会。有下列情形之一的，应当在两个月内召开临时股东大会：

（一）董事人数不足本法规定人数或者公司章程所定人数的三分之二时；

（二）公司未弥补的亏损达实收股本总额三分之一时；

（三）单独或者合计持有公司百分之十以上股份的股东请求时；

（四）董事会认为必要时；

（五）监事会提议召开时；

（六）公司章程规定的其他情形。

第一百零一条　股东大会会议由董事会召集，董事长主持；董事长不能履行职务或者不履行职务的，由副董事长主持；副董事长不能履行职务或者不履行职务的，由半数以上董事共同推举一名董事主持。

董事会不能履行或者不履行召集股东大会会议职责的，监事会应当及时召集和主持；监事会不召集和主持的，连续九十日以上单独或者合计持有公司百分之十以上股份的股东可以自行召集和主持。

第一百零二条　召开股东大会会议，应当将会议召开的时间、地点和审议的事项于会议召开二十日前通知各股东；临时股东大会应当于会议召开十五日前通知各股东；发行无记名股票的，应当于会议召开三十日前公告会议召开的时间、地点和审议事项。

单独或者合计持有公司百分之三以上股份的股东，可以在股东大会召开十日前提出临时提案并书面提交董事会；董事会应当在收到提案后二日内通知其他股东，并将该临时提案提交股东大会审议。临时提案的内容应当属于股东大会职权范围，并有明确议题和具体决议事项。

股东大会不得对前两款通知中未列明的事项作出决议。

无记名股票持有人出席股东大会会议的，应当于会议召开五日前至股东大会闭会时将股票交存于公司。

第一百零三条　股东出席股东大会会议，所持每一股份有一表决权。但是，公司持有的本公司股份没有表决权。

股东大会作出决议，必须经出席会议的股东所持表决权过半数通过。但是，股东大会作出修改公司章程、增加或者减少注册资本的决议，以及公司合并、分立、解散或者变更公司形式的决议，必须经出席会议的股东所持表决权的三分之二以上通过。

第一百零四条　本法和公司章程规定公司转让、受让重大资产或者对外提供担保等事项必须经股东大会作出决议的，董事会应当及时召集股东大会会议，由股东大会就上述事项进行表决。

第一百零五条　股东大会选举董事、监事，可以依照公司章程的规定或者股东大会的决议，实行累积投票制。

本法所称累积投票制，是指股东大会选举董事或者监事时，每一股份拥有与应选董事或者监事人数相同的表决权，股东拥有的表决权可以集中使用。

第一百零六条　股东可以委托代理人出席股东大会会议，代理人应当向公司提交股东授权委托书，并在授权范围内行使表决权。

第一百零七条　股东大会应当对所议事项的决定作成会议记录，主持人、出席会议的董事应当在会议记录上签名。会议记录应当与出席股东的签名册及代理出席的委托书一并保存。

第三节　董事会、经理

第一百零八条　股份有限公司设董事会，其成员为五人至十九人。

董事会成员中可以有公司职工代表。董事会中的职工代表由公司职工通过职工代表大会、职工大会或者其他形式民主选举产生。

本法第四十五条关于有限责任公司董事任期的规定，适用于股份有限公司董事。

本法第四十六条关于有限责任公司董事会职权的规定，适用于股份有限公司董事会。

第一百零九条　董事会设董事长一人，可以设副董事长。董事长和副董事长由董事会以全体董事的过半数选举产生。

董事长召集和主持董事会会议，检查董事会决议的实施情况。副董事长协助董事长工作，董事长不能履行职务或者不履行职务的，由副董事长履行职务；副董事长不能履行职务或者不履行职务的，由半数以上董事共同推举一名董事履行职务。

第一百一十条　董事会每年度至少召开两次会议，每次会议应当于会议召开十日前通知全体董事和监事。

代表十分之一以上表决权的股东、三分之一以上董事或者监事会，可以提议召开董事会临时会议。董事长应当自接到提议后十日内，召集和主持董事会会议。

董事会召开临时会议，可以另定召集董事会的通知方式和通知时限。

第一百一十一条　董事会会议应有过半数的董事出席方可举行。董事会作出决议，必须经全体董事的过半数通过。

董事会决议的表决，实行一人一票。

第一百一十二条　董事会会议，应由董事本人出席；董事因故不能出席，可以书面委托其他董事代为出席，委托书中应载明授权范围。

董事会应当对会议所议事项的决定作成会议记录，出席会议的董事应当在会议记录上签名。

董事应当对董事会的决议承担责任。董事会的决议违反法律、行政法规或者公司章程、股东大会决议，致使公司遭受严重损失的，参与决议的董事对公司负赔偿责任。但经证明在表决时曾表明异议并记载于会议记录的，该董事可以免除责任。

第一百一十三条　股份有限公司设经理，由董事会决定聘任或者解聘。

本法第四十九条关于有限责任公司经理职权的规定，适用于股份有限公司经理。

第一百一十四条　公司董事会可以决定由董事会成员兼任经理。

第一百一十五条　公司不得直接或者通过子公司向董事、监事、高级管理人员提供借款。

第一百一十六条　公司应当定期向股东披露董事、监事、高级管理人员从公司获得报酬的情况。

第四节　监事会

第一百一十七条　股份有限公司设监事会，其成员不得少于三人。

监事会应当包括股东代表和适当比例的公司职工代表，其中职工代表的比例不得低于三分之一，具体比例由公司章程规定。监事会中的职工代表由公司职工通过职工代表大会、职工大会或者其他形式民主选举产生。

监事会设主席一人，可以设副主席。监事会主席和副主席由全体监事过半数选举产生。监事会主席召集和主持监事会会议；监事会主席不能履行职务或者不履行职务的，由监事会副主席召集和主持监事会会议；监事会副主席不能履行职务或者不履行职务的，由半数以上监事共同推举一名监事召集和主持监事会会议。

董事、高级管理人员不得兼任监事。

本法第五十二条关于有限责任公司监事任期的规定，适用于股份有限公司监事。

第一百一十八条　本法第五十三条、第五十四条关于有限责任公司监事会职权的规定，适用于股份有限公司监事会。

监事会行使职权所必需的费用，由公司承担。

第一百一十九条　监事会每六个月至少召开一次会议。监事可以提议召开临时监事会会议。

监事会的议事方式和表决程序，除本法有规定的外，由公司章程规定。

监事会决议应当经半数以上监事通过。

监事会应当对所议事项的决定作成会议记录，出席会议的监事应当在会议记录上签名。

第五节　上市公司组织机构的特别规定

第一百二十条　本法所称上市公司，是指其股票在证券交易所上市交易的股份有限公司。

第一百二十一条　上市公司在一年内购买、出售重大资产或者担保金额超过公司资产总额百分之三十的，应当由股东大会作出决议，并经出席会议的股东所持表决权的三分之二以上通过。

第一百二十二条 上市公司设独立董事，具体办法由国务院规定。

第一百二十三条 上市公司设董事会秘书，负责公司股东大会和董事会会议的筹备、文件保管以及公司股东资料的管理，办理信息披露事务等事宜。

第一百二十四条 上市公司董事与董事会会议决议事项所涉及的企业有关联关系的，不得对该项决议行使表决权，也不得代理其他董事行使表决权。该董事会会议由过半数的无关联关系董事出席即可举行，董事会会议所作决议须经无关联关系董事过半数通过。出席董事会的无关联关系董事人数不足三人的，应将该事项提交上市公司股东大会审议。

第五章 股份有限公司的股份发行和转让

第一节 股份发行

第一百二十五条 股份有限公司的资本划分为股份，每一股的金额相等。

公司的股份采取股票的形式。股票是公司签发的证明股东所持股份的凭证。

第一百二十六条 股份的发行，实行公平、公正的原则，同种类的每一股份应当具有同等权利。

同次发行的同种类股票，每股的发行条件和价格应当相同；任何单位或者个人所认购的股份，每股应当支付相同价额。

第一百二十七条 股票发行价格可以按票面金额，也可以超过票面金额，但不得低于票面金额。

第一百二十八条 股票采用纸面形式或者国务院证券监督管理机构规定的其他形式。

股票应当载明下列主要事项：

（一）公司名称；

（二）公司成立日期；

（三）股票种类、票面金额及代表的股份数；

（四）股票的编号。

股票由法定代表人签名，公司盖章。

发起人的股票，应当标明发起人股票字样。

第一百二十九条 公司发行的股票，可以为记名股票，也可以为无记名股票。

公司向发起人、法人发行的股票，应当为记名股票，并应当记载该发起人、法人的名称或者姓名，不得另立户名或者以代表人姓名记名。

第一百三十条 公司发行记名股票的，应当置备股东名册，记载下列事项：

（一）股东的姓名或者名称及住所；

（二）各股东所持股份数；

（三）各股东所持股票的编号；

（四）各股东取得股份的日期。

发行无记名股票的，公司应当记载其股票数量、编号及发行日期。

第一百三十一条　国务院可以对公司发行本法规定以外的其他种类的股份，另行作出规定。

第一百三十二条　股份有限公司成立后，即向股东正式交付股票。公司成立前不得向股东交付股票。

第一百三十三条　公司发行新股，股东大会应当对下列事项作出决议：

（一）新股种类及数额；

（二）新股发行价格；

（三）新股发行的起止日期；

（四）向原有股东发行新股的种类及数额。

第一百三十四条　公司经国务院证券监督管理机构核准公开发行新股时，必须公告新股招股说明书和财务会计报告，并制作认股书。

本法第八十七条、第八十八条的规定适用于公司公开发行新股。

第一百三十五条　公司发行新股，可以根据公司经营情况和财务状况，确定其作价方案。

第一百三十六条　公司发行新股募足股款后，必须向公司登记机关办理变更登记，并公告。

第二节　股份转让

第一百三十七条　股东持有的股份可以依法转让。

第一百三十八条　股东转让其股份，应当在依法设立的证券交易场所进行或者按照国务院规定的其他方式进行。

第一百三十九条　记名股票，由股东以背书方式或者法律、行政法规规定的其他方式转让；转让后由公司将受让人的姓名或者名称及住所记载于股东名册。

股东大会召开前二十日内或者公司决定分配股利的基准日前五日内，不得进行前款规定的股东名册的变更登记。但是，法律对上市公司股东名册变更登记另有规定的，从其规定。

第一百四十条　无记名股票的转让，由股东将该股票交付给受让人后即发生转让的效力。

第一百四十一条 发起人持有的本公司股份，自公司成立之日起一年内不得转让。公司公开发行股份前已发行的股份，自公司股票在证券交易所上市交易之日起一年内不得转让。

公司董事、监事、高级管理人员应当向公司申报所持有的本公司的股份及其变动情况，在任职期间每年转让的股份不得超过其所持有本公司股份总数的百分之二十五；所持本公司股份自公司股票上市交易之日起一年内不得转让。上述人员离职后半年内，不得转让其所持有的本公司股份。公司章程可以对公司董事、监事、高级管理人员转让其所持有的本公司股份作出其他限制性规定。

第一百四十二条 公司不得收购本公司股份。但是，有下列情形之一的除外：

（一）减少公司注册资本；

（二）与持有本公司股份的其他公司合并；

（三）将股份用于员工持股计划或者股权激励；

（四）股东因对股东大会作出的公司合并、分立决议持异议，要求公司收购其股份；

（五）将股份用于转换上市公司发行的可转换为股票的公司债券；

（六）上市公司为维护公司价值及股东权益所必需。

公司因前款第（一）项、第（二）项规定的情形收购本公司股份的，应当经股东大会决议；公司因前款第（三）项、第（五）项、第（六）项规定的情形收购本公司股份的，可以依照公司章程的规定或者股东大会的授权，经三分之二以上董事出席的董事会会议决议。

公司依照本条第一款规定收购本公司股份后，属于第（一）项情形的，应当自收购之日起十日内注销；属于第（二）项、第（四）项情形的，应当在六个月内转让或者注销；属于第（三）项、第（五）项、第（六）项情形的，公司合计持有的本公司股份数不得超过本公司已发行股份总额的百分之十，并应当在三年内转让或者注销。

上市公司收购本公司股份的，应当依照《中华人民共和国证券法》的规定履行信息披露义务。上市公司因本条第一款第（三）项、第（五）项、第（六）项规定的情形收购本公司股份的，应当通过公开的集中交易方式进行。

公司不得接受本公司的股票作为质押权的标的。

第一百四十三条 记名股票被盗、遗失或者灭失，股东可以依照《中华人民共和国民事诉讼法》规定的公示催告程序，请求人民法院宣告该股票失效。人民法院宣告该股票失效后，股东可以向公司申请补发股票。

第一百四十四条 上市公司的股票，依照有关法律、行政法规及证券交易所交易规则上市交易。

第一百四十五条　上市公司必须依照法律、行政法规的规定，公开其财务状况、经营情况及重大诉讼，在每会计年度内半年公布一次财务会计报告。

第六章　公司董事、监事、高级管理人员的资格和义务

第一百四十六条　有下列情形之一的，不得担任公司的董事、监事、高级管理人员：

（一）无民事行为能力或者限制民事行为能力；

（二）因贪污、贿赂、侵占财产、挪用财产或者破坏社会主义市场经济秩序，被判处刑罚，执行期满未逾五年，或者因犯罪被剥夺政治权利，执行期满未逾五年；

（三）担任破产清算的公司、企业的董事或者厂长、经理，对该公司、企业的破产负有个人责任的，自该公司、企业破产清算完结之日起未逾三年；

（四）担任因违法被吊销营业执照、责令关闭的公司、企业的法定代表人，并负有个人责任的，自该公司、企业被吊销营业执照之日起未逾三年；

（五）个人所负数额较大的债务到期未清偿。

公司违反前款规定选举、委派董事、监事或者聘任高级管理人员的，该选举、委派或者聘任无效。

董事、监事、高级管理人员在任职期间出现本条第一款所列情形的，公司应当解除其职务。

第一百四十七条　董事、监事、高级管理人员应当遵守法律、行政法规和公司章程，对公司负有忠实义务和勤勉义务。

董事、监事、高级管理人员不得利用职权收受贿赂或者其他非法收入，不得侵占公司的财产。

第一百四十八条　董事、高级管理人员不得有下列行为：

（一）挪用公司资金；

（二）将公司资金以其个人名义或者以其他个人名义开立账户存储；

（三）违反公司章程的规定，未经股东会、股东大会或者董事会同意，将公司资金借贷给他人或者以公司财产为他人提供担保；

（四）违反公司章程的规定或者未经股东会、股东大会同意，与本公司订立合同或者进行交易；

（五）未经股东会或者股东大会同意，利用职务便利为自己或者他人谋取属于公司的商业机会，自营或者为他人经营与所任职公司同类的业务；

（六）接受他人与公司交易的佣金归为己有；

（七）擅自披露公司秘密；

（八）违反对公司忠实义务的其他行为。

董事、高级管理人员违反前款规定所得的收入应当归公司所有。

第一百四十九条 董事、监事、高级管理人员执行公司职务时违反法律、行政法规或者公司章程的规定，给公司造成损失的，应当承担赔偿责任。

第一百五十条 股东会或者股东大会要求董事、监事、高级管理人员列席会议的，董事、监事、高级管理人员应当列席并接受股东的质询。

董事、高级管理人员应当如实向监事会或者不设监事会的有限责任公司的监事提供有关情况和资料，不得妨碍监事会或者监事行使职权。

第一百五十一条 董事、高级管理人员有本法第一百四十九条规定的情形的，有限责任公司的股东、股份有限公司连续一百八十日以上单独或者合计持有公司百分之一以上股份的股东，可以书面请求监事会或者不设监事会的有限责任公司的监事向人民法院提起诉讼；监事有本法第一百四十九条规定的情形的，前述股东可以书面请求董事会或者不设董事会的有限责任公司的执行董事向人民法院提起诉讼。

监事会、不设监事会的有限责任公司的监事，或者董事会、执行董事收到前款规定的股东书面请求后拒绝提起诉讼，或者自收到请求之日起三十日内未提起诉讼，或者情况紧急、不立即提起诉讼将会使公司利益受到难以弥补的损害的，前款规定的股东有权为了公司的利益以自己的名义直接向人民法院提起诉讼。

他人侵犯公司合法权益，给公司造成损失的，本条第一款规定的股东可以依照前两款的规定向人民法院提起诉讼。

第一百五十二条 董事、高级管理人员违反法律、行政法规或者公司章程的规定，损害股东利益的，股东可以向人民法院提起诉讼。

第七章 公司债券

第一百五十三条 本法所称公司债券，是指公司依照法定程序发行、约定在一定期限还本付息的有价证券。

公司发行公司债券应当符合《中华人民共和国证券法》规定的发行条件。

第一百五十四条 发行公司债券的申请经国务院授权的部门核准后，应当公告公司债券募集办法。

公司债券募集办法中应当载明下列主要事项：

（一）公司名称；

（二）债券募集资金的用途；

（三）债券总额和债券的票面金额；

（四）债券利率的确定方式；

（五）还本付息的期限和方式；

（六）债券担保情况；

（七）债券的发行价格、发行的起止日期；

（八）公司净资产额；

（九）已发行的尚未到期的公司债券总额；

（十）公司债券的承销机构。

第一百五十五条　公司以实物券方式发行公司债券的，必须在债券上载明公司名称、债券票面金额、利率、偿还期限等事项，并由法定代表人签名，公司盖章。

第一百五十六条　公司债券，可以为记名债券，也可以为无记名债券。

第一百五十七条　公司发行公司债券应当置备公司债券存根簿。

发行记名公司债券的，应当在公司债券存根簿上载明下列事项：

（一）债券持有人的姓名或者名称及住所；

（二）债券持有人取得债券的日期及债券的编号；

（三）债券总额，债券的票面金额、利率、还本付息的期限和方式；

（四）债券的发行日期。

发行无记名公司债券的，应当在公司债券存根簿上载明债券总额、利率、偿还期限和方式、发行日期及债券的编号。

第一百五十八条　记名公司债券的登记结算机构应当建立债券登记、存管、付息、兑付等相关制度。

第一百五十九条　公司债券可以转让，转让价格由转让人与受让人约定。

公司债券在证券交易所上市交易的，按照证券交易所的交易规则转让。

第一百六十条　记名公司债券，由债券持有人以背书方式或者法律、行政法规规定的其他方式转让；转让后由公司将受让人的姓名或者名称及住所记载于公司债券存根簿。

无记名公司债券的转让，由债券持有人将该债券交付给受让人后即发生转让的效力。

第一百六十一条　上市公司经股东大会决议可以发行可转换为股票的公司债券，并在公司债券募集办法中规定具体的转换办法。上市公司发行可转换为股票的公司债券，应当报国务院证券监督管理机构核准。

发行可转换为股票的公司债券，应当在债券上标明可转换公司债券字样，并在公司债券存根簿上载明可转换公司债券的数额。

第一百六十二条　发行可转换为股票的公司债券的，公司应当按照其转换办法向债券持有人换发股票，但债券持有人对转换股票或者不转换股票有选择权。

第八章　公司财务、会计

第一百六十三条　公司应当依照法律、行政法规和国务院财政部门的规定建立本公司的财务、会计制度。

第一百六十四条　公司应当在每一会计年度终了时编制财务会计报告，并依法经会计师事务所审计。

财务会计报告应当依照法律、行政法规和国务院财政部门的规定制作。

第一百六十五条　有限责任公司应当依照公司章程规定的期限将财务会计报告送交各股东。

股份有限公司的财务会计报告应当在召开股东大会年会的二十日前置备于本公司，供股东查阅；公开发行股票的股份有限公司必须公告其财务会计报告。

第一百六十六条　公司分配当年税后利润时，应当提取利润的百分之十列入公司法定公积金。公司法定公积金累计额为公司注册资本的百分之五十以上的，可以不再提取。

公司的法定公积金不足以弥补以前年度亏损的，在依照前款规定提取法定公积金之前，应当先用当年利润弥补亏损。

公司从税后利润中提取法定公积金后，经股东会或者股东大会决议，还可以从税后利润中提取任意公积金。

公司弥补亏损和提取公积金后所余税后利润，有限责任公司依照本法第三十四条的规定分配；股份有限公司按照股东持有的股份比例分配，但股份有限公司章程规定不按持股比例分配的除外。

股东会、股东大会或者董事会违反前款规定，在公司弥补亏损和提取法定公积金之前向股东分配利润的，股东必须将违反规定分配的利润退还公司。

公司持有的本公司股份不得分配利润。

第一百六十七条　股份有限公司以超过股票票面金额的发行价格发行股份所得的溢价款以及国务院财政部门规定列入资本公积金的其他收入，应当列为公司资本公积金。

第一百六十八条　公司的公积金用于弥补公司的亏损、扩大公司生产经营或者转为增加公司资本。但是，资本公积金不得用于弥补公司的亏损。

法定公积金转为资本时，所留存的该项公积金不得少于转增前公司注册资本的百分之二十五。

第一百六十九条　公司聘用、解聘承办公司审计业务的会计师事务所，依照公司章程的规定，由股东会、股东大会或者董事会决定。

公司股东会、股东大会或者董事会就解聘会计师事务所进行表决时，应当允许会计师事务所陈述意见。

第一百七十条　公司应当向聘用的会计师事务所提供真实、完整的会计凭证、会计账簿、财务会计报告及其他会计资料，不得拒绝、隐匿、谎报。

第一百七十一条　公司除法定的会计账簿外，不得另立会计账簿。

对公司资产，不得以任何个人名义开立账户存储。

第九章　公司合并、分立、增资、减资

第一百七十二条　公司合并可以采取吸收合并或者新设合并。

一个公司吸收其他公司为吸收合并，被吸收的公司解散。两个以上公司合并设立一个新的公司为新设合并，合并各方解散。

第一百七十三条　公司合并，应当由合并各方签订合并协议，并编制资产负债表及财产清单。公司应当自作出合并决议之日起十日内通知债权人，并于三十日内在报纸上公告。债权人自接到通知书之日起三十日内，未接到通知书的自公告之日起四十五日内，可以要求公司清偿债务或者提供相应的担保。

第一百七十四条　公司合并时，合并各方的债权、债务，应当由合并后存续的公司或者新设的公司承继。

第一百七十五条　公司分立，其财产作相应的分割。

公司分立，应当编制资产负债表及财产清单。公司应当自作出分立决议之日起十日内通知债权人，并于三十日内在报纸上公告。

第一百七十六条　公司分立前的债务由分立后的公司承担连带责任。但是，公司在分立前与债权人就债务清偿达成的书面协议另有约定的除外。

第一百七十七条　公司需要减少注册资本时，必须编制资产负债表及财产清单。

公司应当自作出减少注册资本决议之日起十日内通知债权人，并于三十日内在报纸上公告。债权人自接到通知书之日起三十日内，未接到通知书的自公告之日起四十五日内，有权要求公司清偿债务或者提供相应的担保。

第一百七十八条　有限责任公司增加注册资本时，股东认缴新增资本的出资，依照本法设立有限责任公司缴纳出资的有关规定执行。

股份有限公司为增加注册资本发行新股时，股东认购新股，依照本法设立股份有限公司缴纳股款的有关规定执行。

第一百七十九条　公司合并或者分立，登记事项发生变更的，应当依法向公司登记机关办理变更登记；公司解散的，应当依法办理公司注销登记；设立新公司的，应当依法办理公司设立登记。

公司增加或者减少注册资本，应当依法向公司登记机关办理变更登记。

第十章　公司解散和清算

第一百八十条　公司因下列原因解散：

（一）公司章程规定的营业期限届满或者公司章程规定的其他解散事由出现；

（二）股东会或者股东大会决议解散；

（三）因公司合并或者分立需要解散；

（四）依法被吊销营业执照、责令关闭或者被撤销；

（五）人民法院依照本法第一百八十二条的规定予以解散。

第一百八十一条　公司有本法第一百八十条第（一）项情形的，可以通过修改公司章程而存续。

依照前款规定修改公司章程，有限责任公司须经持有三分之二以上表决权的股东通过，股份有限公司须经出席股东大会会议的股东所持表决权的三分之二以上通过。

第一百八十二条　公司经营管理发生严重困难，继续存续会使股东利益受到重大损失，通过其他途径不能解决的，持有公司全部股东表决权百分之十以上的股东，可以请求人民法院解散公司。

第一百八十三条　公司因本法第一百八十条第（一）项、第（二）项、第（四）项、第（五）项规定而解散的，应当在解散事由出现之日起十五日内成立清算组，开始清算。有限责任公司的清算组由股东组成，股份有限公司的清算组由董事或者股东大会确定的人员组成。逾期不成立清算组进行清算的，债权人可以申请人民法院指定有关人员组成清算组进行清算。人民法院应当受理该申请，并及时组织清算组进行清算。

第一百八十四条　清算组在清算期间行使下列职权：

（一）清理公司财产，分别编制资产负债表和财产清单；

（二）通知、公告债权人；

（三）处理与清算有关的公司未了结的业务；

（四）清缴所欠税款以及清算过程中产生的税款；

（五）清理债权、债务；

（六）处理公司清偿债务后的剩余财产；

（七）代表公司参与民事诉讼活动。

第一百八十五条　清算组应当自成立之日起十日内通知债权人，并于六十日内在报纸上公告。债权人应当自接到通知书之日起三十日内，未接到通知书的自公告之日起四十五日内，向清算组申报其债权。

债权人申报债权，应当说明债权的有关事项，并提供证明材料。清算组应当对债权进行登记。

在申报债权期间，清算组不得对债权人进行清偿。

第一百八十六条　清算组在清理公司财产、编制资产负债表和财产清单后，应当制定清算方案，并报股东会、股东大会或者人民法院确认。

公司财产在分别支付清算费用、职工的工资、社会保险费用和法定补偿金，缴纳所欠税款，清偿公司债务后的剩余财产，有限责任公司按照股东的出资比例分配，股份有限公司按照股东持有的股份比例分配。

清算期间，公司存续，但不得开展与清算无关的经营活动。公司财产在未依照前款规定清偿前，不得分配给股东。

第一百八十七条　清算组在清理公司财产、编制资产负债表和财产清单后，发现公司财产不足清偿债务的，应当依法向人民法院申请宣告破产。

公司经人民法院裁定宣告破产后，清算组应当将清算事务移交给人民法院。

第一百八十八条　公司清算结束后，清算组应当制作清算报告，报股东会、股东大会或者人民法院确认，并报送公司登记机关，申请注销公司登记，公告公司终止。

第一百八十九条　清算组成员应当忠于职守，依法履行清算义务。

清算组成员不得利用职权收受贿赂或者其他非法收入，不得侵占公司财产。

清算组成员因故意或者重大过失给公司或者债权人造成损失的，应当承担赔偿责任。

第一百九十条　公司被依法宣告破产的，依照有关企业破产的法律实施破产清算。

第十一章　外国公司的分支机构

第一百九十一条　本法所称外国公司是指依照外国法律在中国境外设立的公司。

第一百九十二条　外国公司在中国境内设立分支机构，必须向中国主管机关提出申请，并提交其公司章程、所属国的公司登记证书等有关文件，经批准后，向公司登记机关依法办理登记，领取营业执照。

外国公司分支机构的审批办法由国务院另行规定。

第一百九十三条　外国公司在中国境内设立分支机构，必须在中国境内指定负责该分支机构的代表人或者代理人，并向该分支机构拨付与其所从事的经营活动相适应的资金。

对外国公司分支机构的经营资金需要规定最低限额的，由国务院另行规定。

第一百九十四条 外国公司的分支机构应当在其名称中标明该外国公司的国籍及责任形式。

外国公司的分支机构应当在本机构中置备该外国公司章程。

第一百九十五条 外国公司在中国境内设立的分支机构不具有中国法人资格。

外国公司对其分支机构在中国境内进行经营活动承担民事责任。

第一百九十六条 经批准设立的外国公司分支机构，在中国境内从事业务活动，必须遵守中国的法律，不得损害中国的社会公共利益，其合法权益受中国法律保护。

第一百九十七条 外国公司撤销其在中国境内的分支机构时，必须依法清偿债务，依照本法有关公司清算程序的规定进行清算。未清偿债务之前，不得将其分支机构的财产移至中国境外。

第十二章 法律责任

第一百九十八条 违反本法规定，虚报注册资本、提交虚假材料或者采取其他欺诈手段隐瞒重要事实取得公司登记的，由公司登记机关责令改正，对虚报注册资本的公司，处以虚报注册资本金额百分之五以上百分之十五以下的罚款；对提交虚假材料或者采取其他欺诈手段隐瞒重要事实的公司，处以五万元以上五十万元以下的罚款；情节严重的，撤销公司登记或者吊销营业执照。

第一百九十九条 公司的发起人、股东虚假出资，未交付或者未按期交付作为出资的货币或者非货币财产的，由公司登记机关责令改正，处以虚假出资金额百分之五以上百分之十五以下的罚款。

第二百条 公司的发起人、股东在公司成立后，抽逃其出资的，由公司登记机关责令改正，处以所抽逃出资金额百分之五以上百分之十五以下的罚款。

第二百零一条 公司违反本法规定，在法定的会计账簿以外另立会计账簿的，由县级以上人民政府财政部门责令改正，处以五万元以上五十万元以下的罚款。

第二百零二条 公司在依法向有关主管部门提供的财务会计报告等材料上作虚假记载或者隐瞒重要事实的，由有关主管部门对直接负责的主管人员和其他直接责任人员处以三万元以上三十万元以下的罚款。

第二百零三条 公司不依照本法规定提取法定公积金的，由县级以上人民政府财政部门责令如数补足应当提取的金额，可以对公司处以二十万元以下的罚款。

第二百零四条　公司在合并、分立、减少注册资本或者进行清算时，不依照本法规定通知或者公告债权人的，由公司登记机关责令改正，对公司处以一万元以上十万元以下的罚款。

公司在进行清算时，隐匿财产，对资产负债表或者财产清单作虚假记载或者在未清偿债务前分配公司财产的，由公司登记机关责令改正，对公司处以隐匿财产或者未清偿债务前分配公司财产金额百分之五以上百分之十以下的罚款；对直接负责的主管人员和其他直接责任人员处以一万元以上十万元以下的罚款。

第二百零五条　公司在清算期间开展与清算无关的经营活动的，由公司登记机关予以警告，没收违法所得。

第二百零六条　清算组不依照本法规定向公司登记机关报送清算报告，或者报送清算报告隐瞒重要事实或者有重大遗漏的，由公司登记机关责令改正。

清算组成员利用职权徇私舞弊、谋取非法收入或者侵占公司财产的，由公司登记机关责令退还公司财产，没收违法所得，并可以处以违法所得一倍以上五倍以下的罚款。

第二百零七条　承担资产评估、验资或者验证的机构提供虚假材料的，由公司登记机关没收违法所得，处以违法所得一倍以上五倍以下的罚款，并可以由有关主管部门依法责令该机构停业、吊销直接责任人员的资格证书，吊销营业执照。

承担资产评估、验资或者验证的机构因过失提供有重大遗漏的报告的，由公司登记机关责令改正，情节较重的，处以所得收入一倍以上五倍以下的罚款，并可以由有关主管部门依法责令该机构停业、吊销直接责任人员的资格证书，吊销营业执照。

承担资产评估、验资或者验证的机构因其出具的评估结果、验资或者验证证明不实，给公司债权人造成损失的，除能够证明自己没有过错的外，在其评估或者证明不实的金额范围内承担赔偿责任。

第二百零八条　公司登记机关对不符合本法规定条件的登记申请予以登记，或者对符合本法规定条件的登记申请不予登记的，对直接负责的主管人员和其他直接责任人员，依法给予行政处分。

第二百零九条　公司登记机关的上级部门强令公司登记机关对不符合本法规定条件的登记申请予以登记，或者对符合本法规定条件的登记申请不予登记的，或者对违法登记进行包庇的，对直接负责的主管人员和其他直接责任人员依法给予行政处分。

第二百一十条 未依法登记为有限责任公司或者股份有限公司，而冒用有限责任公司或者股份有限公司名义的，或者未依法登记为有限责任公司或者股份有限公司的分公司，而冒用有限责任公司或者股份有限公司的分公司名义的，由公司登记机关责令改正或者予以取缔，可以并处十万元以下的罚款。

第二百一十一条 公司成立后无正当理由超过六个月未开业的，或者开业后自行停业连续六个月以上的，可以由公司登记机关吊销营业执照。

公司登记事项发生变更时，未依照本法规定办理有关变更登记的，由公司登记机关责令限期登记；逾期不登记的，处以一万元以上十万元以下的罚款。

第二百一十二条 外国公司违反本法规定，擅自在中国境内设立分支机构的，由公司登记机关责令改正或者关闭，可以并处五万元以上二十万元以下的罚款。

第二百一十三条 利用公司名义从事危害国家安全、社会公共利益的严重违法行为的，吊销营业执照。

第二百一十四条 公司违反本法规定，应当承担民事赔偿责任和缴纳罚款、罚金的，其财产不足以支付时，先承担民事赔偿责任。

第二百一十五条 违反本法规定，构成犯罪的，依法追究刑事责任。

第十三章　附　则

第二百一十六条 本法下列用语的含义：

（一）高级管理人员，是指公司的经理、副经理、财务负责人，上市公司董事会秘书和公司章程规定的其他人员。

（二）控股股东，是指其出资额占有限责任公司资本总额百分之五十以上或者其持有的股份占股份有限公司股本总额百分之五十以上的股东；出资额或者持有股份的比例虽然不足百分之五十，但依其出资额或者持有的股份所享有的表决权已足以对股东会、股东大会的决议产生重大影响的股东。

（三）实际控制人，是指虽不是公司的股东，但通过投资关系、协议或者其他安排，能够实际支配公司行为的人。

（四）关联关系，是指公司控股股东、实际控制人、董事、监事、高级管理人员与其直接或者间接控制的企业之间的关系，以及可能导致公司利益转移的其他关系。但是，国家控股的企业之间不仅因为同受国家控股而具有关联关系。

第二百一十七条 外商投资的有限责任公司和股份有限公司适用本法；有关外商投资的法律另有规定的，适用其规定。

第二百一十八条 本法自 2006 年 1 月 1 日起施行。

中华人民共和国公司登记管理条例

（1994 年 6 月 24 日中华人民共和国国务院令第 156 号公布　根据 2005 年 12 月 18 日《国务院关于修改〈中华人民共和国公司登记管理条例〉的决定》第一次修订　根据 2014 年 2 月 19 日《国务院关于废止和修改部分行政法规的决定》第二次修订　根据 2016 年 2 月 6 日《国务院关于修改部分行政法规的决定》第三次修订）

第一章　总　则

第一条　为了确认公司的企业法人资格，规范公司登记行为，依据《中华人民共和国公司法》（以下简称《公司法》），制定本条例。

第二条　有限责任公司和股份有限公司（以下统称公司）设立、变更、终止，应当依照本条例办理公司登记。

申请办理公司登记，申请人应当对申请文件、材料的真实性负责。

第三条　公司经公司登记机关依法登记，领取《企业法人营业执照》，方取得企业法人资格。

自本条例施行之日起设立公司，未经公司登记机关登记的，不得以公司名义从事经营活动。

第四条　工商行政管理机关是公司登记机关。

下级公司登记机关在上级公司登记机关的领导下开展公司登记工作。

公司登记机关依法履行职责，不受非法干预。

第五条　国家工商行政管理总局主管全国的公司登记工作。

第二章　登记管辖

第六条　国家工商行政管理总局负责下列公司的登记：

（一）国务院国有资产监督管理机构履行出资人职责的公司以及该公司投资设立并持有 50%以上股份的公司；

（二）外商投资的公司；

（三）依照法律、行政法规或者国务院决定的规定，应当由国家工商行政管理总局登记的公司；

（四）国家工商行政管理总局规定应当由其登记的其他公司。

第七条 省、自治区、直辖市工商行政管理局负责本辖区内下列公司的登记：

（一）省、自治区、直辖市人民政府国有资产监督管理机构履行出资人职责的公司以及该公司投资设立并持有50%以上股份的公司；

（二）省、自治区、直辖市工商行政管理局规定由其登记的自然人投资设立的公司；

（三）依照法律、行政法规或者国务院决定的规定，应当由省、自治区、直辖市工商行政管理局登记的公司；

（四）国家工商行政管理总局授权登记的其他公司。

第八条 设区的市（地区）工商行政管理局、县工商行政管理局，以及直辖市的工商行政管理分局、设区的市工商行政管理局的区分局，负责本辖区内下列公司的登记：

（一）本条例第六条和第七条所列公司以外的其他公司；

（二）国家工商行政管理总局和省、自治区、直辖市工商行政管理局授权登记的公司。

前款规定的具体登记管辖由省、自治区、直辖市工商行政管理局规定。但是，其中的股份有限公司由设区的市（地区）工商行政管理局负责登记。

第三章　登记事项

第九条 公司的登记事项包括：

（一）名称；

（二）住所；

（三）法定代表人姓名；

（四）注册资本；

（五）公司类型；

（六）经营范围；

（七）营业期限；

（八）有限责任公司股东或者股份有限公司发起人的姓名或者名称。

第十条 公司的登记事项应当符合法律、行政法规的规定。不符合法律、行政法规规定的，公司登记机关不予登记。

第十一条 公司名称应当符合国家有关规定。公司只能使用一个名称。经公司登记机关核准登记的公司名称受法律保护。

第十二条 公司的住所是公司主要办事机构所在地。经公司登记机关登记的公司的住所只能有一个。公司的住所应当在其公司登记机关辖区内。

第十三条　公司的注册资本应当以人民币表示，法律、行政法规另有规定的除外。

第十四条　股东的出资方式应当符合《公司法》第二十七条的规定，但股东不得以劳务、信用、自然人姓名、商誉、特许经营权或者设定担保的财产等作价出资。

第十五条　公司的经营范围由公司章程规定，并依法登记。

公司的经营范围用语应当参照国民经济行业分类标准。

第十六条　公司类型包括有限责任公司和股份有限公司。

一人有限责任公司应当在公司登记中注明自然人独资或者法人独资，并在公司营业执照中载明。

第四章　设立登记

第十七条　设立公司应当申请名称预先核准。

法律、行政法规或者国务院决定规定设立公司必须报经批准，或者公司经营范围中属于法律、行政法规或者国务院决定规定在登记前须经批准的项目的，应当在报送批准前办理公司名称预先核准，并以公司登记机关核准的公司名称报送批准。

第十八条　设立有限责任公司，应当由全体股东指定的代表或者共同委托的代理人向公司登记机关申请名称预先核准；设立股份有限公司，应当由全体发起人指定的代表或者共同委托的代理人向公司登记机关申请名称预先核准。

申请名称预先核准，应当提交下列文件：

（一）有限责任公司的全体股东或者股份有限公司的全体发起人签署的公司名称预先核准申请书；

（二）全体股东或者发起人指定代表或者共同委托代理人的证明；

（三）国家工商行政管理总局规定要求提交的其他文件。

第十九条　预先核准的公司名称保留期为6个月。预先核准的公司名称在保留期内，不得用于从事经营活动，不得转让。

第二十条　设立有限责任公司，应当由全体股东指定的代表或者共同委托的代理人向公司登记机关申请设立登记。设立国有独资公司，应当由国务院或者地方人民政府授权的本级人民政府国有资产监督管理机构作为申请人，申请设立登记。法律、行政法规或者国务院决定规定设立有限责任公司必须报经批准的，应当自批准之日起90日内向公司登记机关申请设立登记；逾期申请设立登记的，申请人应当报批准机关确认原批准文件的效力或者另行报批。

申请设立有限责任公司，应当向公司登记机关提交下列文件：

（一）公司法定代表人签署的设立登记申请书；

（二）全体股东指定代表或者共同委托代理人的证明；

（三）公司章程；

（四）股东的主体资格证明或者自然人身份证明；

（五）载明公司董事、监事、经理的姓名、住所的文件以及有关委派、选举或者聘用的证明；

（六）公司法定代表人任职文件和身份证明；

（七）企业名称预先核准通知书；

（八）公司住所证明；

（九）国家工商行政管理总局规定要求提交的其他文件。

法律、行政法规或者国务院决定规定设立有限责任公司必须报经批准的，还应当提交有关批准文件。

第二十一条 设立股份有限公司，应当由董事会向公司登记机关申请设立登记。以募集方式设立股份有限公司的，应当于创立大会结束后30日内向公司登记机关申请设立登记。

申请设立股份有限公司，应当向公司登记机关提交下列文件：

（一）公司法定代表人签署的设立登记申请书；

（二）董事会指定代表或者共同委托代理人的证明；

（三）公司章程；

（四）发起人的主体资格证明或者自然人身份证明；

（五）载明公司董事、监事、经理姓名、住所的文件以及有关委派、选举或者聘用的证明；

（六）公司法定代表人任职文件和身份证明；

（七）企业名称预先核准通知书；

（八）公司住所证明；

（九）国家工商行政管理总局规定要求提交的其他文件。

以募集方式设立股份有限公司的，还应当提交创立大会的会议记录以及依法设立的验资机构出具的验资证明；以募集方式设立股份有限公司公开发行股票的，还应当提交国务院证券监督管理机构的核准文件。

法律、行政法规或者国务院决定规定设立股份有限公司必须报经批准的，还应当提交有关批准文件。

第二十二条 公司申请登记的经营范围中属于法律、行政法规或者国务院决定规定在登记前须经批准的项目的，应当在申请登记前报经国家有关部门批准，并向公司登记机关提交有关批准文件。

第二十三条　公司章程有违反法律、行政法规的内容的，公司登记机关有权要求公司作相应修改。

第二十四条　公司住所证明是指能够证明公司对其住所享有使用权的文件。

第二十五条　依法设立的公司，由公司登记机关发给《企业法人营业执照》。公司营业执照签发日期为公司成立日期。公司凭公司登记机关核发的《企业法人营业执照》刻制印章，开立银行账户，申请纳税登记。

第五章　变更登记

第二十六条　公司变更登记事项，应当向原公司登记机关申请变更登记。

未经变更登记，公司不得擅自改变登记事项。

第二十七条　公司申请变更登记，应当向公司登记机关提交下列文件：

（一）公司法定代表人签署的变更登记申请书；

（二）依照《公司法》作出的变更决议或者决定；

（三）国家工商行政管理总局规定要求提交的其他文件。

公司变更登记事项涉及修改公司章程的，应当提交由公司法定代表人签署的修改后的公司章程或者公司章程修正案。

变更登记事项依照法律、行政法规或者国务院决定规定在登记前须经批准的，还应当向公司登记机关提交有关批准文件。

第二十八条　公司变更名称的，应当自变更决议或者决定作出之日起30日内申请变更登记。

第二十九条　公司变更住所的，应当在迁入新住所前申请变更登记，并提交新住所使用证明。

公司变更住所跨公司登记机关辖区的，应当在迁入新住所前向迁入地公司登记机关申请变更登记；迁入地公司登记机关受理的，由原公司登记机关将公司登记档案移送迁入地公司登记机关。

第三十条　公司变更法定代表人的，应当自变更决议或者决定作出之日起30日内申请变更登记。

第三十一条　公司增加注册资本的，应当自变更决议或者决定作出之日起30日内申请变更登记。

公司减少注册资本的，应当自公告之日起45日后申请变更登记，并应当提交公司在报纸上登载公司减少注册资本公告的有关证明和公司债务清偿或者债务担保情况的说明。

第三十二条　公司变更经营范围的，应当自变更决议或者决定作出之日起30日内申请变更登记；变更经营范围涉及法律、行政法规或者国务院决定规定在登记前须经批准的项目的，应当自国家有关部门批准之日起30日内申请变更登记。

公司的经营范围中属于法律、行政法规或者国务院决定规定须经批准的项目被吊销、撤销许可证或者其他批准文件，或者许可证、其他批准文件有效期届满的，应当自吊销、撤销许可证、其他批准文件或者许可证、其他批准文件有效期届满之日起30日内申请变更登记或者依照本条例第六章的规定办理注销登记。

第三十三条 公司变更类型的，应当按照拟变更的公司类型的设立条件，在规定的期限内向公司登记机关申请变更登记，并提交有关文件。

第三十四条 有限责任公司变更股东的，应当自变更之日起30日内申请变更登记，并应当提交新股东的主体资格证明或者自然人身份证明。

有限责任公司的自然人股东死亡后，其合法继承人继承股东资格的，公司应当依照前款规定申请变更登记。

有限责任公司的股东或者股份有限公司的发起人改变姓名或者名称的，应当自改变姓名或者名称之日起30日内申请变更登记。

第三十五条 公司登记事项变更涉及分公司登记事项变更的，应当自公司变更登记之日起30日内申请分公司变更登记。

第三十六条 公司章程修改未涉及登记事项的，公司应当将修改后的公司章程或者公司章程修正案送原公司登记机关备案。

第三十七条 公司董事、监事、经理发生变动的，应当向原公司登记机关备案。

第三十八条 因合并、分立而存续的公司，其登记事项发生变化的，应当申请变更登记；因合并、分立而解散的公司，应当申请注销登记；因合并、分立而新设立的公司，应当申请设立登记。

公司合并、分立的，应当自公告之日起45日后申请登记，提交合并协议和合并、分立决议或者决定以及公司在报纸上登载公司合并、分立公告的有关证明和债务清偿或者债务担保情况的说明。法律、行政法规或者国务院决定规定公司合并、分立必须报经批准的，还应当提交有关批准文件。

第三十九条 变更登记事项涉及《企业法人营业执照》载明事项的，公司登记机关应当换发营业执照。

第四十条 公司依照《公司法》第二十二条规定向公司登记机关申请撤销变更登记的，应当提交下列文件：

（一）公司法定代表人签署的申请书；

（二）人民法院的裁判文书。

第六章　注销登记

第四十一条　公司解散，依法应当清算的，清算组应当自成立之日起 10 日内将清算组成员、清算组负责人名单向公司登记机关备案。

第四十二条　有下列情形之一的，公司清算组应当自公司清算结束之日起 30 日内向原公司登记机关申请注销登记：

（一）公司被依法宣告破产；

（二）公司章程规定的营业期限届满或者公司章程规定的其他解散事由出现，但公司通过修改公司章程而存续的除外；

（三）股东会、股东大会决议解散或者一人有限责任公司的股东、外商投资的公司董事会决议解散；

（四）依法被吊销营业执照、责令关闭或者被撤销；

（五）人民法院依法予以解散；

（六）法律、行政法规规定的其他解散情形。

第四十三条　公司申请注销登记，应当提交下列文件：

（一）公司清算组负责人签署的注销登记申请书；

（二）人民法院的破产裁定、解散裁判文书，公司依照《公司法》作出的决议或者决定，行政机关责令关闭或者公司被撤销的文件；

（三）股东会、股东大会、一人有限责任公司的股东、外商投资的公司董事会或者人民法院、公司批准机关备案、确认的清算报告；

（四）《企业法人营业执照》；

（五）法律、行政法规规定应当提交的其他文件。

国有独资公司申请注销登记，还应当提交国有资产监督管理机构的决定，其中，国务院确定的重要的国有独资公司，还应当提交本级人民政府的批准文件。

有分公司的公司申请注销登记，还应当提交分公司的注销登记证明。

第四十四条　经公司登记机关注销登记，公司终止。

第七章　分公司的登记

第四十五条　分公司是指公司在其住所以外设立的从事经营活动的机构。分公司不具有企业法人资格。

第四十六条　分公司的登记事项包括：名称、营业场所、负责人、经营范围。

分公司的名称应当符合国家有关规定。

分公司的经营范围不得超出公司的经营范围。

第四十七条 公司设立分公司的，应当自决定作出之日起30日内向分公司所在地的公司登记机关申请登记；法律、行政法规或者国务院决定规定必须报经有关部门批准的，应当自批准之日起30日内向公司登记机关申请登记。

设立分公司，应当向公司登记机关提交下列文件：

（一）公司法定代表人签署的设立分公司的登记申请书；

（二）公司章程以及加盖公司印章的《企业法人营业执照》复印件；

（三）营业场所使用证明；

（四）分公司负责人任职文件和身份证明；

（五）国家工商行政管理总局规定要求提交的其他文件。

法律、行政法规或者国务院决定规定设立分公司必须报经批准，或者分公司经营范围中属于法律、行政法规或者国务院决定规定在登记前须经批准的项目的，还应当提交有关批准文件。

分公司的公司登记机关准予登记的，发给《营业执照》。公司应当自分公司登记之日起30日内，持分公司的《营业执照》到公司登记机关办理备案。

第四十八条 分公司变更登记事项的，应当向公司登记机关申请变更登记。

申请变更登记，应当提交公司法定代表人签署的变更登记申请书。变更名称、经营范围的，应当提交加盖公司印章的《企业法人营业执照》复印件，分公司经营范围中属于法律、行政法规或者国务院决定规定在登记前须经批准的项目的，还应当提交有关批准文件。变更营业场所的，应当提交新的营业场所使用证明。变更负责人的，应当提交公司的任免文件以及其身份证明。

公司登记机关准予变更登记的，换发《营业执照》。

第四十九条 分公司被公司撤销、依法责令关闭、吊销营业执照的，公司应当自决定作出之日起30日内向该分公司的公司登记机关申请注销登记。申请注销登记应当提交公司法定代表人签署的注销登记申请书和分公司的《营业执照》。公司登记机关准予注销登记后，应当收缴分公司的《营业执照》。

第八章　登记程序

第五十条 申请公司、分公司登记，申请人可以到公司登记机关提交申请，也可以通过信函、电报、电传、传真、电子数据交换和电子邮件等方式提出申请。

通过电报、电传、传真、电子数据交换和电子邮件等方式提出申请的，应当提供申请人的联系方式以及通讯地址。

第五十一条　公司登记机关应当根据下列情况分别作出是否受理的决定：

（一）申请文件、材料齐全，符合法定形式的，或者申请人按照公司登记机关的要求提交全部补正申请文件、材料的，应当决定予以受理。

（二）申请文件、材料齐全，符合法定形式，但公司登记机关认为申请文件、材料需要核实的，应当决定予以受理，同时书面告知申请人需要核实的事项、理由以及时间。

（三）申请文件、材料存在可以当场更正的错误的，应当允许申请人当场予以更正，由申请人在更正处签名或者盖章，注明更正日期；经确认申请文件、材料齐全，符合法定形式的，应当决定予以受理。

（四）申请文件、材料不齐全或者不符合法定形式的，应当当场或者在 5 日内一次告知申请人需要补正的全部内容；当场告知时，应当将申请文件、材料退回申请人；属于 5 日内告知的，应当收取申请文件、材料并出具收到申请文件、材料的凭据，逾期不告知的，自收到申请文件、材料之日起即为受理。

（五）不属于公司登记范畴或者不属于本机关登记管辖范围的事项，应当即时决定不予受理，并告知申请人向有关行政机关申请。

公司登记机关对通过信函、电报、电传、传真、电子数据交换和电子邮件等方式提出申请的，应当自收到申请文件、材料之日起 5 日内作出是否受理的决定。

第五十二条　除依照本条例第五十三条第一款第（一）项作出准予登记决定的外，公司登记机关决定予以受理的，应当出具《受理通知书》；决定不予受理的，应当出具《不予受理通知书》，说明不予受理的理由，并告知申请人享有依法申请行政复议或者提起行政诉讼的权利。

第五十三条　公司登记机关对决定予以受理的登记申请，应当分别情况在规定的期限内作出是否准予登记的决定：

（一）对申请人到公司登记机关提出的申请予以受理的，应当当场作出准予登记的决定。

（二）对申请人通过信函方式提交的申请予以受理的，应当自受理之日起 15 日内作出准予登记的决定。

（三）通过电报、电传、传真、电子数据交换和电子邮件等方式提交申请的，申请人应当自收到《受理通知书》之日起 15 日内，提交与电报、电传、传真、电子数据交换和电子邮件等内容一致并符合法定形式的申请文件、材料原件；申请人到公司登记机关提交申请文件、材料原件的，应当当场作出准予登记的决定；申请人通过信函方式提交申请文件、材料原件的，应当自受理之日起 15 日内作出准予登记的决定。

（四）公司登记机关自发出《受理通知书》之日起60日内，未收到申请文件、材料原件，或者申请文件、材料原件与公司登记机关所受理的申请文件、材料不一致的，应当作出不予登记的决定。

公司登记机关需要对申请文件、材料核实的，应当自受理之日起15日内作出是否准予登记的决定。

第五十四条 公司登记机关作出准予公司名称预先核准决定的，应当出具《企业名称预先核准通知书》；作出准予公司设立登记决定的，应当出具《准予设立登记通知书》，告知申请人自决定之日起10日内，领取营业执照；作出准予公司变更登记决定的，应当出具《准予变更登记通知书》，告知申请人自决定之日起10日内，换发营业执照；作出准予公司注销登记决定的，应当出具《准予注销登记通知书》，收缴营业执照。

公司登记机关作出不予名称预先核准、不予登记决定的，应当出具《企业名称驳回通知书》、《登记驳回通知书》，说明不予核准、登记的理由，并告知申请人享有依法申请行政复议或者提起行政诉讼的权利。

第五十五条 公司登记机关应当将公司登记、备案信息通过企业信用信息公示系统向社会公示。

第五十六条 吊销《企业法人营业执照》和《营业执照》的公告由公司登记机关发布。

第九章　年度报告公示、证照和档案管理

第五十七条 公司应当于每年1月1日至6月30日，通过企业信用信息公示系统向公司登记机关报送上一年度年度报告，并向社会公示。

年度报告公示的内容以及监督检查办法由国务院制定。

第五十八条 《企业法人营业执照》、《营业执照》分为正本和副本，正本和副本具有同等法律效力。

国家推行电子营业执照。电子营业执照与纸质营业执照具有同等法律效力。

《企业法人营业执照》正本或者《营业执照》正本应当置于公司住所或者分公司营业场所的醒目位置。

公司可以根据业务需要向公司登记机关申请核发营业执照若干副本。

第五十九条 任何单位和个人不得伪造、涂改、出租、出借、转让营业执照。

营业执照遗失或者毁坏的，公司应当在公司登记机关指定的报刊上声明作废，申请补领。

公司登记机关依法作出变更登记、注销登记、撤销变更登记决定，公司

拒不缴回或者无法缴回营业执照的，由公司登记机关公告营业执照作废。

第六十条　公司登记机关对需要认定的营业执照，可以临时扣留，扣留期限不得超过 10 天。

第六十一条　借阅、抄录、携带、复制公司登记档案资料的，应当按照规定的权限和程序办理。

任何单位和个人不得修改、涂抹、标注、损毁公司登记档案资料。

第六十二条　营业执照正本、副本样式，电子营业执照标准以及公司登记的有关重要文书格式或者表式，由国家工商行政管理总局统一制定。

第十章　法律责任

第六十三条　虚报注册资本，取得公司登记的，由公司登记机关责令改正，处以虚报注册资本金额 5%以上 15%以下的罚款；情节严重的，撤销公司登记或者吊销营业执照。

第六十四条　提交虚假材料或者采取其他欺诈手段隐瞒重要事实，取得公司登记的，由公司登记机关责令改正，处以 5 万元以上 50 万元以下的罚款；情节严重的，撤销公司登记或者吊销营业执照。

第六十五条　公司的发起人、股东虚假出资，未交付或者未按期交付作为出资的货币或者非货币财产的，由公司登记机关责令改正，处以虚假出资金额 5%以上 15%以下的罚款。

第六十六条　公司的发起人、股东在公司成立后，抽逃出资的，由公司登记机关责令改正，处以所抽逃出资金额 5%以上 15%以下的罚款。

第六十七条　公司成立后无正当理由超过 6 个月未开业的，或者开业后自行停业连续 6 个月以上的，可以由公司登记机关吊销营业执照。

第六十八条　公司登记事项发生变更时，未依照本条例规定办理有关变更登记的，由公司登记机关责令限期登记；逾期不登记的，处以 1 万元以上 10 万元以下的罚款。其中，变更经营范围涉及法律、行政法规或者国务院决定规定须经批准的项目而未取得批准，擅自从事相关经营活动，情节严重的，吊销营业执照。

公司未依照本条例规定办理有关备案的，由公司登记机关责令限期办理；逾期未办理的，处以 3 万元以下的罚款。

第六十九条　公司在合并、分立、减少注册资本或者进行清算时，不按照规定通知或者公告债权人的，由公司登记机关责令改正，处以 1 万元以上 10 万元以下的罚款。

公司在进行清算时，隐匿财产，对资产负债表或者财产清单作虚假记载或者在未清偿债务前分配公司财产的，由公司登记机关责令改正，对公司处以隐匿财产或者未清偿债务前分配公司财产金额5%以上10%以下的罚款；对直接负责的主管人员和其他直接责任人员处以1万元以上10万元以下的罚款。

公司在清算期间开展与清算无关的经营活动的，由公司登记机关予以警告，没收违法所得。

第七十条 清算组不按照规定向公司登记机关报送清算报告，或者报送清算报告隐瞒重要事实或者有重大遗漏的，由公司登记机关责令改正。

清算组成员利用职权徇私舞弊、谋取非法收入或者侵占公司财产的，由公司登记机关责令退还公司财产，没收违法所得，并可以处以违法所得1倍以上5倍以下的罚款。

第七十一条 伪造、涂改、出租、出借、转让营业执照的，由公司登记机关处以1万元以上10万元以下的罚款；情节严重的，吊销营业执照。

第七十二条 未将营业执照置于住所或者营业场所醒目位置的，由公司登记机关责令改正；拒不改正的，处以1000元以上5000元以下的罚款。

第七十三条 承担资产评估、验资或者验证的机构提供虚假材料的，由公司登记机关没收违法所得，处以违法所得1倍以上5倍以下的罚款，并可以由有关主管部门依法责令该机构停业、吊销直接责任人员的资格证书，吊销营业执照。

承担资产评估、验资或者验证的机构因过失提供有重大遗漏的报告的，由公司登记机关责令改正，情节较重的，处以所得收入1倍以上5倍以下的罚款，并可以由有关主管部门依法责令该机构停业、吊销直接责任人员的资格证书，吊销营业执照。

第七十四条 未依法登记为有限责任公司或者股份有限公司，而冒用有限责任公司或者股份有限公司名义的，或者未依法登记为有限责任公司或者股份有限公司的分公司，而冒用有限责任公司或者股份有限公司的分公司名义的，由公司登记机关责令改正或者予以取缔，可以并处10万元以下的罚款。

第七十五条 公司登记机关对不符合规定条件的公司登记申请予以登记，或者对符合规定条件的登记申请不予登记的，对直接负责的主管人员和其他直接责任人员，依法给予行政处分。

第七十六条 公司登记机关的上级部门强令公司登记机关对不符合规定条件的登记申请予以登记，或者对符合规定条件的登记申请不予登记的，或者对违法登记进行包庇的，对直接负责的主管人员和其他直接责任人员依法给予行政处分。

第七十七条 外国公司违反《公司法》规定，擅自在中国境内设立分支机构的，由公司登记机关责令改正或者关闭，可以并处5万元以上20万元以下的罚款。

第七十八条　利用公司名义从事危害国家安全、社会公共利益的严重违法行为的，吊销营业执照。

第七十九条　分公司有本章规定的违法行为的，适用本章规定。

第八十条　违反本条例规定，构成犯罪的，依法追究刑事责任。

第十一章　附　则

第八十一条　外商投资的公司的登记适用本条例。有关外商投资企业的法律对其登记另有规定的，适用其规定。

第八十二条　法律、行政法规或者国务院决定规定设立公司必须报经批准，或者公司经营范围中属于法律、行政法规或者国务院决定规定在登记前须经批准的项目的，由国家工商行政管理总局依照法律、行政法规或者国务院决定规定编制企业登记前置行政许可目录并公布。

第八十三条　本条例自1994年7月1日起施行。

中华人民共和国企业法人登记管理条例

（1988年6月3日中华人民共和国国务院令第1号发布　根据2011年1月8日《国务院关于废止和修改部分行政法规的决定》第一次修订　根据2014年2月19日《国务院关于废止和修改部分行政法规的决定》第二次修订　根据2016年2月6日《国务院关于修改部分行政法规的决定》第三次修订）

第一章　总　则

第一条　为建立企业法人登记管理制度，确认企业法人资格，保障企业合法权益，取缔非法经营，维护社会经济秩序，根据《中华人民共和国民法通则》的有关规定，制定本条例。

第二条　具备法人条件的下列企业，应当依照本条例的规定办理企业法人登记：

（一）全民所有制企业；

（二）集体所有制企业；

（三）联营企业；

（四）在中华人民共和国境内设立的中外合资经营企业、中外合作经营企业和外资企业；

（五）私营企业；

（六）依法需要办理企业法人登记的其他企业。

第三条 申请企业法人登记，经企业法人登记主管机关审核，准予登记注册的，领取《企业法人营业执照》，取得法人资格，其合法权益受国家法律保护。

依法需要办理企业法人登记的，未经企业法人登记主管机关核准登记注册，不得从事经营活动。

第二章 登记主管机关

第四条 企业法人登记主管机关（以下简称登记主管机关）是国家工商行政管理局和地方各级工商行政管理局。各级登记主管机关在上级登记主管机关的领导下，依法履行职责，不受非法干预。

第五条 经国务院或者国务院授权部门批准的全国性公司、企业集团、经营进出口业务的公司，由国家工商行政管理局核准登记注册。中外合资经营企业、中外合作经营企业、外资企业由国家工商行政管理局或者国家工商行政管理局授权的地方工商行政管理局核准登记注册。

全国性公司的子（分）公司，经省、自治区、直辖市人民政府或其授权部门批准设立的企业、企业集团、经营进出口业务的公司，由省、自治区、直辖市工商行政管理局核准登记注册。

其他企业，由所在市、县（区）工商行政管理局核准登记注册。

第六条 各级登记主管机关，应当建立企业法人登记档案和登记统计制度，掌握企业法人登记有关的基础信息，为发展有计划的商品经济服务。

登记主管机关应当根据社会需要，有计划地开展向公众提供企业法人登记资料的服务。

第三章 登记条件和申请登记单位

第七条 申请企业法人登记的单位应当具备下列条件：

（一）名称、组织机构和章程；

（二）固定的经营场所和必要的设施；

（三）符合国家规定并与其生产经营和服务规模相适应的资金数额和从业人员；

（四）能够独立承担民事责任；

（五）符合国家法律、法规和政策规定的经营范围。

第八条　企业办理企业法人登记，由该企业的组建负责人申请。

独立承担民事责任的联营企业办理企业法人登记，由联营企业的组建负责人申请。

第四章　登记注册事项

第九条　企业法人登记注册的主要事项：企业法人名称、住所、经营场所、法定代表人、经济性质、经营范围、经营方式、注册资金、从业人数、经营期限、分支机构。

第十条　企业法人只准使用一个名称。企业法人申请登记注册的名称由登记主管机关核定，经核准登记注册后在规定的范围内享有专用权。

申请设立中外合资经营企业、中外合作经营企业和外资企业应当在合同、章程审批之前，向登记主管机关申请企业名称登记。

第十一条　登记主管机关核准登记注册的企业法人的法定代表人是代表企业行使职权的签字人。法定代表人的签字应当向登记主管机关备案。

第十二条　注册资金是国家授予企业法人经营管理的财产或者企业法人自有财产的数额体现。

企业法人办理开业登记，申请注册的资金数额与实有资金不一致的，按照国家专项规定办理。

第十三条　企业法人的经营范围应当与其资金、场地、设备、从业人员以及技术力量相适应；按照国家有关规定，可以一业为主，兼营他业。企业法人应当在核准登记注册的经营范围内从事经营活动。

第五章　开业登记

第十四条　企业法人办理开业登记，应当在主管部门或者审批机关批准后30日内，向登记主管机关提出申请；没有主管部门、审批机关的企业申请开业登记，由登记主管机关进行审查。登记主管机关应当在受理申请后30日内，做出核准登记或者不予核准登记的决定。

第十五条　申请企业法人开业登记，应当提交下列文件、证件：

（一）组建负责人签署的登记申请书；

（二）主管部门或者审批机关的批准文件；

（三）组织章程；

（四）资金信用证明、验资证明或者资金担保；

（五）企业主要负责人的身份证明；

（六）住所和经营场所使用证明；

（七）其他有关文件、证件。

第十六条 申请企业法人开业登记的单位，经登记主管机关核准登记注册，领取《企业法人营业执照》后，企业即告成立。企业法人凭据《企业法人营业执照》可以刻制公章、开立银行账户、签订合同，进行经营活动。

登记主管机关可以根据企业法人开展业务的需要，核发《企业法人营业执照》副本。

第六章 变更登记

第十七条 企业法人改变名称、住所、经营场所、法定代表人、经济性质、经营范围、经营方式、注册资金、经营期限，以及增设或者撤销分支机构，应当申请办理变更登记。

第十八条 企业法人申请变更登记，应当在主管部门或者审批机关批准后30日内，向登记主管机关申请办理变更登记。

第十九条 企业法人分立、合并、迁移，应当在主管部门或者审批机关批准后30日内，向登记主管机关申请办理变更登记、开业登记或者注销登记。

第七章 注销登记

第二十条 企业法人歇业、被撤销、宣告破产或者因其他原因终止营业，应当向登记主管机关办理注销登记。

第二十一条 企业法人办理注销登记，应当提交法定代表人签署的申请注销登记报告、主管部门或者审批机关的批准文件、清理债务完结的证明或者清算组织负责清理债权债务的文件。经登记主管机关核准后，收缴《企业法人营业执照》、《企业法人营业执照》副本，收缴公章，并将注销登记情况告知其开户银行。

第二十二条 企业法人领取《企业法人营业执照》后，满6个月尚未开展经营活动或者停止经营活动满1年的，视同歇业，登记主管机关应当收缴《企业法人营业执照》、《企业法人营业执照》副本，收缴公章，并将注销登记情况告知其开户银行。

第八章 公示和证照管理

第二十三条 登记主管机关应当将企业法人登记、备案信息通过企业信用信息公示系统向社会公示。

第二十四条 企业法人应当于每年1月1日至6月30日，通过企业信用信息公示系统向登记主管机关报送上一年度年度报告，并向社会公示。

年度报告公示的内容以及监督检查办法由国务院制定。

第二十五条　登记主管机关核发的《企业法人营业执照》是企业法人凭证，除登记主管机关依照法定程序可以扣缴或者吊销外，其他任何单位和个人不得收缴、扣押、毁坏。

企业法人遗失《企业法人营业执照》、《企业法人营业执照》副本，必须登报声明后，方可申请补领。

《企业法人营业执照》、《企业法人营业执照》副本，不得伪造、涂改、出租、出借、转让或者出卖。

国家推行电子营业执照。电子营业执照与纸质营业执照具有同等法律效力。

第九章　事业单位、科技性的社会团体从事经营活动的登记管理

第二十六条　事业单位、科技性的社会团体根据国家有关规定，设立具备法人条件的企业，由该企业申请登记，经登记主管机关核准，领取《企业法人营业执照》，方可从事经营活动。

第二十七条　根据国家有关规定，实行企业化经营，国家不再核拨经费的事业单位和从事经营活动的科技性的社会团体，具备企业法人登记条件的，由该单位申请登记，经登记主管机关核准，领取《企业法人营业执照》，方可从事经营活动。

第十章　监督管理

第二十八条　登记主管机关对企业法人依法履行下列监督管理职责：

（一）监督企业法人按照规定办理开业、变更、注销登记；

（二）监督企业法人按照登记注册事项和章程、合同从事经营活动；

（三）监督企业法人和法定代表人遵守国家法律、法规和政策；

（四）制止和查处企业法人的违法经营活动，保护企业法人的合法权益。

第二十九条　企业法人有下列情形之一的，登记主管机关可以根据情况分别给予警告、罚款、没收非法所得、停业整顿、扣缴、吊销《企业法人营业执照》的处罚：

（一）登记中隐瞒真实情况、弄虚作假或者未经核准登记注册擅自开业的；

（二）擅自改变主要登记事项或者超出核准登记的经营范围从事经营活动的；

（三）不按照规定办理注销登记的；

（四）伪造、涂改、出租、出借、转让或者出卖《企业法人营业执照》、《企业法人营业执照》副本的；

（五）抽逃、转移资金，隐匿财产逃避债务的；

（六）从事非法经营活动的。

对企业法人按照上述规定进行处罚时，应当根据违法行为的情节，追究法定代表人的行政责任、经济责任；触犯刑律的，由司法机关依法追究刑事责任。

第三十条 登记主管机关处理企业法人违法活动，必须查明事实，依法处理，并将处理决定书面通知当事人。

第三十一条 企业法人对登记主管机关的处罚不服时，可以在收到处罚通知后15日内向上一级登记主管机关申请复议。上级登记主管机关应当在收到复议申请之日起30日内作出复议决定。申请人对复议决定不服的，可以在收到复议通知之日起30日内向人民法院起诉。逾期不提出申诉又不缴纳罚没款的，登记主管机关可以按照规定程序申请人民法院强制执行。

第三十二条 企业法人被吊销《企业法人营业执照》，登记主管机关应当收缴其公章，并将注销登记情况告知其开户银行，其债权债务由主管部门或者清算组织负责清理。

第三十三条 主管部门、审批机关、登记主管机关的工作人员违反本条例规定，严重失职、滥用职权、营私舞弊、索贿受贿或者侵害企业法人合法权益的，应当根据情节给予行政处分和经济处罚；触犯刑律的，由司法机关依法追究刑事责任。

第十一章 附 则

第三十四条 企业法人设立不能独立承担民事责任的分支机构，由该企业法人申请登记，经登记主管机关核准，领取《营业执照》，在核准登记的经营范围内从事经营活动。

根据国家有关规定，由国家核拨经费的事业单位、科技性的社会团体从事经营活动或者设立不具备法人条件的企业，由该单位申请登记，经登记主管机关核准，领取《营业执照》，在核准登记的经营范围内从事经营活动。

具体登记管理参照本条例的规定执行。

第三十五条 经国务院有关部门或者各级计划部门批准的新建企业，其筹建期满1年的，应当按照专项规定办理筹建登记。

第三十六条 本条例施行前，具备法人条件的企业，已经登记主管机关核准登记注册的，不再另行办理企业法人登记。

第三十七条 本条例由国家工商行政管理局负责解释；施行细则由国家

工商行政管理局制定。

第三十八条　本条例自1988年7月1日起施行。1980年7月26日国务院发布的《中外合资经营企业登记管理办法》，1982年8月9日国务院发布的《工商企业登记管理条例》，1985年8月14日国务院批准、1985年8月25日国家工商行政管理局发布的《公司登记管理暂行规定》同时废止。

中华人民共和国个人独资企业法

（1999年8月30日第九届全国人民代表大会常务委员会第十一次会议通过　1999年8月30日中华人民共和国主席令第20号公布　自2000年1月1日起施行）

目　　录

第一章　总　则

第一条　为了规范个人独资企业的行为，保护个人独资企业投资人和债权人的合法权益，维护社会经济秩序，促进社会主义市场经济的发展，根据宪法，制定本法。

第二条　本法所称个人独资企业，是指依照本法在中国境内设立，由一个自然人投资，财产为投资人个人所有，投资人以其个人财产对企业债务承担无限责任的经营实体。

第三条　个人独资企业以其主要办事机构所在地为住所。

第四条　个人独资企业从事经营活动必须遵守法律、行政法规，遵守诚实信用原则，不得损害社会公共利益。

个人独资企业应当依法履行纳税义务。

第五条　国家依法保护个人独资企业的财产和其他合法权益。

第六条 个人独资企业应当依法招用职工。职工的合法权益受法律保护。

个人独资企业职工依法建立工会，工会依法开展活动。

第七条 在个人独资企业中的中国共产党党员依照中国共产党章程进行活动。

第二章 个人独资企业的设立

第八条 设立个人独资企业应当具备下列条件：

（一）投资人为一个自然人；

（二）有合法的企业名称；

（三）有投资人申报的出资；

（四）有固定的生产经营场所和必要的生产经营条件；

（五）有必要的从业人员。

第九条 申请设立个人独资企业，应当由投资人或者其委托的代理人向个人独资企业所在地的登记机关提交设立申请书、投资人身份证明、生产经营场所使用证明等文件。委托代理人申请设立登记时，应当出具投资人的委托书和代理人的合法证明。

个人独资企业不得从事法律、行政法规禁止经营的业务；从事法律、行政法规规定须报经有关部门审批的业务，应当在申请设立登记时提交有关部门的批准文件。

第十条 个人独资企业设立申请书应当载明下列事项：

（一）企业的名称和住所；

（二）投资人的姓名和居所；

（三）投资人的出资额和出资方式；

（四）经营范围。

第十一条 个人独资企业的名称应当与其责任形式及从事的营业相符合。

第十二条 登记机关应当在收到设立申请文件之日起十五日内，对符合本法规定条件的，予以登记，发给营业执照；对不符合本法规定条件的，不予登记，并应当给予书面答复，说明理由。

第十三条 个人独资企业的营业执照的签发日期，为个人独资企业成立日期。

在领取个人独资企业营业执照前，投资人不得以个人独资企业名义从事经营活动。

第十四条 个人独资企业设立分支机构，应当由投资人或者其委托的代理人向分支机构所在地的登记机关申请登记，领取营业执照。

分支机构经核准登记后，应将登记情况报该分支机构隶属的个人独资企业的登记机关备案。

分支机构的民事责任由设立该分支机构的个人独资企业承担。

第十五条　个人独资企业存续期间登记事项发生变更的，应当在作出变更决定之日起的十五日内依法向登记机关申请办理变更登记。

第三章　个人独资企业的投资人及事务管理

第十六条　法律、行政法规禁止从事营利性活动的人，不得作为投资人申请设立个人独资企业。

第十七条　个人独资企业投资人对本企业的财产依法享有所有权，其有关权利可以依法进行转让或继承。

第十八条　个人独资企业投资人在申请企业设立登记时明确以其家庭共有财产作为个人出资的，应当依法以家庭共有财产对企业债务承担无限责任。

第十九条　个人独资企业投资人可以自行管理企业事务，也可以委托或者聘用其他具有民事行为能力的人负责企业的事务管理。

投资人委托或者聘用他人管理个人独资企业事务，应当与受托人或者被聘用的人签订书面合同，明确委托的具体内容和授予的权利范围。

受托人或者被聘用的人员应当履行诚信、勤勉义务，按照与投资人签订的合同负责个人独资企业的事务管理。

投资人对受托人或者被聘用的人员职权的限制，不得对抗善意第三人。

第二十条　投资人委托或者聘用的管理个人独资企业事务的人员不得有下列行为：

（一）利用职务上的便利，索取或者收受贿赂；

（二）利用职务或者工作上的便利侵占企业财产；

（三）挪用企业的资金归个人使用或者借贷给他人；

（四）擅自将企业资金以个人名义或者以他人名义开立账户储存；

（五）擅自以企业财产提供担保；

（六）未经投资人同意，从事与本企业相竞争的业务；

（七）未经投资人同意，同本企业订立合同或者进行交易；

（八）未经投资人同意，擅自将企业商标或者其他知识产权转让给他人使用；

（九）泄露本企业的商业秘密；

（十）法律、行政法规禁止的其他行为。

第二十一条　个人独资企业应当依法设置会计账簿，进行会计核算。

第二十二条　个人独资企业招用职工的，应当依法与职工签订劳动合同，保障职工的劳动安全，按时、足额发放职工工资。

第二十三条 个人独资企业应当按照国家规定参加社会保险，为职工缴纳社会保险费。

第二十四条 个人独资企业可以依法申请贷款、取得土地使用权，并享有法律、行政法规规定的其他权利。

第二十五条 任何单位和个人不得违反法律、行政法规的规定，以任何方式强制个人独资企业提供财力、物力、人力；对于违法强制提供财力、物力、人力的行为，个人独资企业有权拒绝。

第四章 个人独资企业的解散和清算

第二十六条 个人独资企业有下列情形之一时，应当解散：

（一）投资人决定解散；

（二）投资人死亡或者被宣告死亡，无继承人或者继承人决定放弃继承；

（三）被依法吊销营业执照；

（四）法律、行政法规规定的其他情形。

第二十七条 个人独资企业解散，由投资人自行清算或者由债权人申请人民法院指定清算人进行清算。

投资人自行清算的，应当在清算前十五日内书面通知债权人，无法通知的，应当予以公告。债权人应当在接到通知之日起三十日内，未接到通知的应当在公告之日起六十日内，向投资人申报其债权。

第二十八条 个人独资企业解散后，原投资人对个人独资企业存续期间的债务仍应承担偿还责任，但债权人在五年内未向债务人提出偿债请求的，该责任消灭。

第二十九条 个人独资企业解散的，财产应当按照下列顺序清偿：

（一）所欠职工工资和社会保险费用；

（二）所欠税款；

（三）其他债务。

第三十条 清算期间，个人独资企业不得开展与清算目的无关的经营活动。在按前条规定清偿债务前，投资人不得转移、隐匿财产。

第三十一条 个人独资企业财产不足以清偿债务的，投资人应当以其个人的其他财产予以清偿。

第三十二条 个人独资企业清算结束后，投资人或者人民法院指定的清算人应当编制清算报告，并于十五日内到登记机关办理注销登记。

第五章 法律责任

第三十三条 违反本法规定，提交虚假文件或采取其他欺骗手段，取得企业登记的，责令改正，处以五千元以下的罚款；情节严重的，并处吊销营业执照。

第三十四条 违反本法规定，个人独资企业使用的名称与其在登记机关登记的名称不相符合的，责令限期改正，处以二千元以下的罚款。

第三十五条 涂改、出租、转让营业执照的，责令改正，没收违法所得，处以三千元以下的罚款；情节严重的，吊销营业执照。

伪造营业执照的，责令停业，没收违法所得，处以五千元以下的罚款。构成犯罪的，依法追究刑事责任。

第三十六条 个人独资企业成立后无正当理由超过六个月未开业的，或者开业后自行停业连续六个月以上的，吊销营业执照。

第三十七条 违反本法规定，未领取营业执照，以个人独资企业名义从事经营活动的，责令停止经营活动，处以三千元以下的罚款。

个人独资企业登记事项发生变更时，未按本法规定办理有关变更登记的，责令限期办理变更登记；逾期不办理的，处以二千元以下的罚款。

第三十八条 投资人委托或者聘用的人员管理个人独资企业事务时违反双方订立的合同，给投资人造成损害的，承担民事赔偿责任。

第三十九条 个人独资企业违反本法规定，侵犯职工合法权益，未保障职工劳动安全，不缴纳社会保险费用的，按照有关法律、行政法规予以处罚，并追究有关责任人员的责任。

第四十条 投资人委托或者聘用的人员违反本法第二十条规定，侵犯个人独资企业财产权益的，责令退还侵占的财产；给企业造成损失的，依法承担赔偿责任；有违法所得的，没收违法所得；构成犯罪的，依法追究刑事责任。

第四十一条 违反法律、行政法规的规定强制个人独资企业提供财力、物力、人力的，按照有关法律、行政法规予以处罚，并追究有关责任人员的责任。

第四十二条 个人独资企业及其投资人在清算前或清算期间隐匿或转移财产，逃避债务的，依法追回其财产，并按照有关规定予以处罚；构成犯罪的，依法追究刑事责任。

第四十三条 投资人违反本法规定，应当承担民事赔偿责任和缴纳罚款、罚金，其财产不足以支付的，或者被判处没收财产的，应当先承担民事赔偿责任。

第四十四条 登记机关对不符合本法规定条件的个人独资企业予以登记，或者对符合本法规定条件的企业不予登记的，对直接责任人员依法给予行政处分；构成犯罪的，依法追究刑事责任。

第四十五条 登记机关的上级部门的有关主管人员强令登记机关对不符合本法规定条件的企业予以登记，或者对符合本法规定条件的企业不予登记的，或者对登记机关的违法登记行为进行包庇的，对直接责任人员依法给予行政处分；构成犯罪的，依法追究刑事责任。

第四十六条 登记机关对符合法定条件的申请不予登记或者超过法定时限不予答复的，当事人可依法申请行政复议或提起行政诉讼。

第六章 附 则

第四十七条 外商独资企业不适用本法。

第四十八条 本法自2000年1月1日起施行。

中华人民共和国合伙企业法

（1997年2月23日第八届全国人民代表大会常务委员会第二十四次会议通过
2006年8月27日第十届全国人民代表大会常务委员会第二十三次会议修订
2006年8月27日中华人民共和国主席令第55号公布
自2007年6月1日起施行）

目 录

第一章　总　则

第一条　为了规范合伙企业的行为，保护合伙企业及其合伙人、债权人的合法权益，维护社会经济秩序，促进社会主义市场经济的发展，制定本法。

第二条　本法所称合伙企业，是指自然人、法人和其他组织依照本法在中国境内设立的普通合伙企业和有限合伙企业。

普通合伙企业由普通合伙人组成，合伙人对合伙企业债务承担无限连带责任。本法对普通合伙人承担责任的形式有特别规定的，从其规定。

有限合伙企业由普通合伙人和有限合伙人组成，普通合伙人对合伙企业债务承担无限连带责任，有限合伙人以其认缴的出资额为限对合伙企业债务承担责任。

第三条　国有独资公司、国有企业、上市公司以及公益性的事业单位、社会团体不得成为普通合伙人。

第四条　合伙协议依法由全体合伙人协商一致、以书面形式订立。

第五条　订立合伙协议、设立合伙企业，应当遵循自愿、平等、公平、诚实信用原则。

第六条　合伙企业的生产经营所得和其他所得，按照国家有关税收规定，由合伙人分别缴纳所得税。

第七条　合伙企业及其合伙人必须遵守法律、行政法规，遵守社会公德、商业道德，承担社会责任。

第八条　合伙企业及其合伙人的合法财产及其权益受法律保护。

第九条　申请设立合伙企业，应当向企业登记机关提交登记申请书、合伙协议书、合伙人身份证明等文件。

合伙企业的经营范围中有属于法律、行政法规规定在登记前须经批准的项目的，该项经营业务应当依法经过批准，并在登记时提交批准文件。

第十条　申请人提交的登记申请材料齐全、符合法定形式，企业登记机关能够当场登记的，应予当场登记，发给营业执照。

除前款规定情形外，企业登记机关应当自受理申请之日起二十日内，作出是否登记的决定。予以登记的，发给营业执照；不予登记的，应当给予书面答复，并说明理由。

第十一条　合伙企业的营业执照签发日期，为合伙企业成立日期。

合伙企业领取营业执照前，合伙人不得以合伙企业名义从事合伙业务。

第十二条　合伙企业设立分支机构，应当向分支机构所在地的企业登记机关申请登记，领取营业执照。

第十三条　合伙企业登记事项发生变更的，执行合伙事务的合伙人应当自作出变更决定或者发生变更事由之日起十五日内，向企业登记机关申请办理变更登记。

第二章　普通合伙企业

第一节　合伙企业设立

第十四条　设立合伙企业，应当具备下列条件：

（一）有二个以上合伙人。合伙人为自然人的，应当具有完全民事行为能力；

（二）有书面合伙协议；

（三）有合伙人认缴或者实际缴付的出资；

（四）有合伙企业的名称和生产经营场所；

（五）法律、行政法规规定的其他条件。

第十五条　合伙企业名称中应当标明“普通合伙”字样。

第十六条　合伙人可以用货币、实物、知识产权、土地使用权或者其他财产权利出资，也可以用劳务出资。

合伙人以实物、知识产权、土地使用权或者其他财产权利出资，需要评估作价的，可以由全体合伙人协商确定，也可以由全体合伙人委托法定评估机构评估。

合伙人以劳务出资的，其评估办法由全体合伙人协商确定，并在合伙协议中载明。

第十七条　合伙人应当按照合伙协议约定的出资方式、数额和缴付期限，履行出资义务。

以非货币财产出资的，依照法律、行政法规的规定，需要办理财产权转移手续的，应当依法办理。

第十八条　合伙协议应当载明下列事项：

（一）合伙企业的名称和主要经营场所的地点；

（二）合伙目的和合伙经营范围；

（三）合伙人的姓名或者名称、住所；

（四）合伙人的出资方式、数额和缴付期限；

（五）利润分配、亏损分担方式；

（六）合伙事务的执行；

（七）入伙与退伙；

（八）争议解决办法；

（九）合伙企业的解散与清算；

（十）违约责任。

第十九条　合伙协议经全体合伙人签名、盖章后生效。合伙人按照合伙协议享有权利，履行义务。

修改或者补充合伙协议，应当经全体合伙人一致同意；但是，合伙协议另有约定的除外。

合伙协议未约定或者约定不明确的事项，由合伙人协商决定；协商不成的，依照本法和其他有关法律、行政法规的规定处理。

第二节　合伙企业财产

第二十条　合伙人的出资、以合伙企业名义取得的收益和依法取得的其他财产，均为合伙企业的财产。

第二十一条　合伙人在合伙企业清算前，不得请求分割合伙企业的财产；但是，本法另有规定的除外。

合伙人在合伙企业清算前私自转移或者处分合伙企业财产的，合伙企业不得以此对抗善意第三人。

第二十二条　除合伙协议另有约定外，合伙人向合伙人以外的人转让其在合伙企业中的全部或者部分财产份额时，须经其他合伙人一致同意。

合伙人之间转让在合伙企业中的全部或者部分财产份额时，应当通知其他合伙人。

第二十三条　合伙人向合伙人以外的人转让其在合伙企业中的财产份额的，在同等条件下，其他合伙人有优先购买权；但是，合伙协议另有约定的除外。

第二十四条　合伙人以外的人依法受让合伙人在合伙企业中的财产份额的，经修改合伙协议即成为合伙企业的合伙人，依照本法和修改后的合伙协议享有权利，履行义务。

第二十五条　合伙人以其在合伙企业中的财产份额出质的，须经其他合伙人一致同意；未经其他合伙人一致同意，其行为无效，由此给善意第三人造成损失的，由行为人依法承担赔偿责任。

第三节　合伙事务执行

第二十六条　合伙人对执行合伙事务享有同等的权利。

按照合伙协议的约定或者经全体合伙人决定，可以委托一个或者数个合伙人对外代表合伙企业，执行合伙事务。

作为合伙人的法人、其他组织执行合伙事务的，由其委派的代表执行。

第二十七条　依照本法第二十六条第二款规定委托一个或者数个合伙人

执行合伙事务的，其他合伙人不再执行合伙事务。

不执行合伙事务的合伙人有权监督执行事务合伙人执行合伙事务的情况。

第二十八条 由一个或者数个合伙人执行合伙事务的，执行事务合伙人应当定期向其他合伙人报告事务执行情况以及合伙企业的经营和财务状况，其执行合伙事务所产生的收益归合伙企业，所产生的费用和亏损由合伙企业承担。

合伙人为了解合伙企业的经营状况和财务状况，有权查阅合伙企业会计账簿等财务资料。

第二十九条 合伙人分别执行合伙事务的，执行事务合伙人可以对其他合伙人执行的事务提出异议。提出异议时，应当暂停该项事务的执行。如果发生争议，依照本法第三十条规定作出决定。

受委托执行合伙事务的合伙人不按照合伙协议或者全体合伙人的决定执行事务的，其他合伙人可以决定撤销该委托。

第三十条 合伙人对合伙企业有关事项作出决议，按照合伙协议约定的表决办法办理。合伙协议未约定或者约定不明确的，实行合伙人一人一票并经全体合伙人过半数通过的表决办法。

本法对合伙企业的表决办法另有规定的，从其规定。

第三十一条 除合伙协议另有约定外，合伙企业的下列事项应当经全体合伙人一致同意：

（一）改变合伙企业的名称；

（二）改变合伙企业的经营范围、主要经营场所的地点；

（三）处分合伙企业的不动产；

（四）转让或者处分合伙企业的知识产权和其他财产权利；

（五）以合伙企业名义为他人提供担保；

（六）聘任合伙人以外的人担任合伙企业的经营管理人员。

第三十二条 合伙人不得自营或者同他人合作经营与本合伙企业相竞争的业务。

除合伙协议另有约定或者经全体合伙人一致同意外，合伙人不得同本合伙企业进行交易。

合伙人不得从事损害本合伙企业利益的活动。

第三十三条 合伙企业的利润分配、亏损分担，按照合伙协议的约定办理；合伙协议未约定或者约定不明确的，由合伙人协商决定；协商不成的，由合伙人按照实缴出资比例分配、分担；无法确定出资比例的，由合伙人平均分配、分担。

合伙协议不得约定将全部利润分配给部分合伙人或者由部分合伙人承担

全部亏损。

第三十四条　合伙人按照合伙协议的约定或者经全体合伙人决定，可以增加或者减少对合伙企业的出资。

第三十五条　被聘任的合伙企业的经营管理人员应当在合伙企业授权范围内履行职务。

被聘任的合伙企业的经营管理人员，超越合伙企业授权范围履行职务，或者在履行职务过程中因故意或者重大过失给合伙企业造成损失的，依法承担赔偿责任。

第三十六条　合伙企业应当依照法律、行政法规的规定建立企业财务、会计制度。

第四节　合伙企业与第三人关系

第三十七条　合伙企业对合伙人执行合伙事务以及对外代表合伙企业权利的限制，不得对抗善意第三人。

第三十八条　合伙企业对其债务，应先以其全部财产进行清偿。

第三十九条　合伙企业不能清偿到期债务的，合伙人承担无限连带责任。

第四十条　合伙人由于承担无限连带责任，清偿数额超过本法第三十三条第一款规定的其亏损分担比例的，有权向其他合伙人追偿。

第四十一条　合伙人发生与合伙企业无关的债务，相关债权人不得以其债权抵销其对合伙企业的债务；也不得代位行使合伙人在合伙企业中的权利。

第四十二条　合伙人的自有财产不足清偿其与合伙企业无关的债务的，该合伙人可以以其从合伙企业中分取的收益用于清偿；债权人也可以依法请求人民法院强制执行该合伙人在合伙企业中的财产份额用于清偿。

人民法院强制执行合伙人的财产份额时，应当通知全体合伙人，其他合伙人有优先购买权；其他合伙人未购买，又不同意将该财产份额转让给他人的，依照本法第五十一条的规定为该合伙人办理退伙结算，或者办理削减该合伙人相应财产份额的结算。

第五节　入伙、退伙

第四十三条　新合伙人入伙，除合伙协议另有约定外，应当经全体合伙人一致同意，并依法订立书面入伙协议。

订立入伙协议时，原合伙人应当向新合伙人如实告知原合伙企业的经营状况和财务状况。

第四十四条　入伙的新合伙人与原合伙人享有同等权利，承担同等责任。入伙协议另有约定的，从其约定。

新合伙人对入伙前合伙企业的债务承担无限连带责任。

第四十五条 合伙协议约定合伙期限的，在合伙企业存续期间，有下列情形之一的，合伙人可以退伙：

（一）合伙协议约定的退伙事由出现；

（二）经全体合伙人一致同意；

（三）发生合伙人难以继续参加合伙的事由；

（四）其他合伙人严重违反合伙协议约定的义务。

第四十六条 合伙协议未约定合伙期限的，合伙人在不给合伙企业事务执行造成不利影响的情况下，可以退伙，但应当提前三十日通知其他合伙人。

第四十七条 合伙人违反本法第四十五条、第四十六条的规定退伙的，应当赔偿由此给合伙企业造成的损失。

第四十八条 合伙人有下列情形之一的，当然退伙：

（一）作为合伙人的自然人死亡或者被依法宣告死亡；

（二）个人丧失偿债能力；

（三）作为合伙人的法人或者其他组织依法被吊销营业执照、责令关闭、撤销，或者被宣告破产；

（四）法律规定或者合伙协议约定合伙人必须具有相关资格而丧失该资格；

（五）合伙人在合伙企业中的全部财产份额被人民法院强制执行。

合伙人被依法认定为无民事行为能力人或者限制民事行为能力人的，经其他合伙人一致同意，可以依法转为有限合伙人，普通合伙企业依法转为有限合伙企业。其他合伙人未能一致同意的，该无民事行为能力或者限制民事行为能力的合伙人退伙。

退伙事由实际发生之日为退伙生效日。

第四十九条 合伙人有下列情形之一的，经其他合伙人一致同意，可以决议将其除名：

（一）未履行出资义务；

（二）因故意或者重大过失给合伙企业造成损失；

（三）执行合伙事务时有不正当行为；

（四）发生合伙协议约定的事由。

对合伙人的除名决议应当书面通知被除名人。被除名人接到除名通知之日，除名生效，被除名人退伙。

被除名人对除名决议有异议的，可以自接到除名通知之日起三十日内，向人民法院起诉。

第五十条 合伙人死亡或者被依法宣告死亡的，对该合伙人在合伙企业中的财产份额享有合法继承权的继承人，按照合伙协议的约定或者经全体合伙人一致同意，从继承开始之日起，取得该合伙企业的合伙人资格。

有下列情形之一的，合伙企业应当向合伙人的继承人退还被继承合伙人的财产份额：

（一）继承人不愿意成为合伙人；

（二）法律规定或者合伙协议约定合伙人必须具有相关资格，而该继承人未取得该资格；

（三）合伙协议约定不能成为合伙人的其他情形。

合伙人的继承人为无民事行为能力人或者限制民事行为能力人的，经全体合伙人一致同意，可以依法成为有限合伙人，普通合伙企业依法转为有限合伙企业。全体合伙人未能一致同意的，合伙企业应当将被继承合伙人的财产份额退还该继承人。

第五十一条　合伙人退伙，其他合伙人应当与该退伙人按照退伙时的合伙企业财产状况进行结算，退还退伙人的财产份额。退伙人对给合伙企业造成的损失负有赔偿责任的，相应扣减其应当赔偿的数额。

退伙时有未了结的合伙企业事务的，待该事务了结后进行结算。

第五十二条　退伙人在合伙企业中财产份额的退还办法，由合伙协议约定或者由全体合伙人决定，可以退还货币，也可以退还实物。

第五十三条　退伙人对基于其退伙前的原因发生的合伙企业债务，承担无限连带责任。

第五十四条　合伙人退伙时，合伙企业财产少于合伙企业债务的，退伙人应当依照本法第三十三条第一款的规定分担亏损。

第六节　特殊的普通合伙企业

第五十五条　以专业知识和专门技能为客户提供有偿服务的专业服务机构，可以设立为特殊的普通合伙企业。

特殊的普通合伙企业是指合伙人依照本法第五十七条的规定承担责任的普通合伙企业。

特殊的普通合伙企业适用本节规定；本节未作规定的，适用本章第一节至第五节的规定。

第五十六条　特殊的普通合伙企业名称中应当标明“特殊普通合伙”字样。

第五十七条　一个合伙人或者数个合伙人在执业活动中因故意或者重大过失造成合伙企业债务的，应当承担无限责任或者无限连带责任，其他合伙人以其在合伙企业中的财产份额为限承担责任。

合伙人在执业活动中非因故意或者重大过失造成的合伙企业债务以及合伙企业的其他债务，由全体合伙人承担无限连带责任。

第五十八条 合伙人执业活动中因故意或者重大过失造成的合伙企业债务，以合伙企业财产对外承担责任后，该合伙人应当按照合伙协议的约定对给合伙企业造成的损失承担赔偿责任。

第五十九条 特殊的普通合伙企业应当建立执业风险基金、办理职业保险。

执业风险基金用于偿付合伙人执业活动造成的债务。执业风险基金应当单独立户管理。具体管理办法由国务院规定。

第三章 有限合伙企业

第六十条 有限合伙企业及其合伙人适用本章规定；本章未作规定的，适用本法第二章第一节至第五节关于普通合伙企业及其合伙人的规定。

第六十一条 有限合伙企业由二个以上五十个以下合伙人设立；但是，法律另有规定的除外。

有限合伙企业至少应当有一个普通合伙人。

第六十二条 有限合伙企业名称中应当标明“有限合伙”字样。

第六十三条 合伙协议除符合本法第十八条的规定外，还应当载明下列事项：

（一）普通合伙人和有限合伙人的姓名或者名称、住所；

（二）执行事务合伙人应具备的条件和选择程序；

（三）执行事务合伙人权限与违约处理办法；

（四）执行事务合伙人的除名条件和更换程序；

（五）有限合伙人入伙、退伙的条件、程序以及相关责任；

（六）有限合伙人和普通合伙人相互转变程序。

第六十四条 有限合伙人可以用货币、实物、知识产权、土地使用权或者其他财产权利作价出资。

有限合伙人不得以劳务出资。

第六十五条 有限合伙人应当按照合伙协议的约定按期足额缴纳出资；未按期足额缴纳的，应当承担补缴义务，并对其他合伙人承担违约责任。

第六十六条 有限合伙企业登记事项中应当载明有限合伙人的姓名或者名称及认缴的出资数额。

第六十七条 有限合伙企业由普通合伙人执行合伙事务。执行事务合伙人可以要求在合伙协议中确定执行事务的报酬及报酬提取方式。

第六十八条 有限合伙人不执行合伙事务，不得对外代表有限合伙企业。

有限合伙人的下列行为，不视为执行合伙事务：

（一）参与决定普通合伙人入伙、退伙；

（二）对企业的经营管理提出建议；

（三）参与选择承办有限合伙企业审计业务的会计师事务所；

（四）获取经审计的有限合伙企业财务会计报告；

（五）对涉及自身利益的情况，查阅有限合伙企业财务会计账簿等财务资料；

（六）在有限合伙企业中的利益受到侵害时，向有责任的合伙人主张权利或者提起诉讼；

（七）执行事务合伙人怠于行使权利时，督促其行使权利或者为了本企业的利益以自己的名义提起诉讼；

（八）依法为本企业提供担保。

第六十九条　有限合伙企业不得将全部利润分配给部分合伙人；但是，合伙协议另有约定的除外。

第七十条　有限合伙人可以同本有限合伙企业进行交易；但是，合伙协议另有约定的除外。

第七十一条　有限合伙人可以自营或者同他人合作经营与本有限合伙企业相竞争的业务；但是，合伙协议另有约定的除外。

第七十二条　有限合伙人可以将其在有限合伙企业中的财产份额出质；但是，合伙协议另有约定的除外。

第七十三条　有限合伙人可以按照合伙协议的约定向合伙人以外的人转让其在有限合伙企业中的财产份额，但应当提前三十日通知其他合伙人。

第七十四条　有限合伙人的自有财产不足清偿其与合伙企业无关的债务的，该合伙人可以以其从有限合伙企业中分取的收益用于清偿；债权人也可以依法请求人民法院强制执行该合伙人在有限合伙企业中的财产份额用于清偿。

人民法院强制执行有限合伙人的财产份额时，应当通知全体合伙人。在同等条件下，其他合伙人有优先购买权。

第七十五条　有限合伙企业仅剩有限合伙人的，应当解散；有限合伙企业仅剩普通合伙人的，转为普通合伙企业。

第七十六条　第三人有理由相信有限合伙人为普通合伙人并与其交易的，该有限合伙人对该笔交易承担与普通合伙人同样的责任。

有限合伙人未经授权以有限合伙企业名义与他人进行交易，给有限合伙企业或者其他合伙人造成损失的，该有限合伙人应当承担赔偿责任。

第七十七条　新入伙的有限合伙人对入伙前有限合伙企业的债务，以其认缴的出资额为限承担责任。

第七十八条 有限合伙人有本法第四十八条第一款第一项、第三项至第五项所列情形之一的，当然退伙。

第七十九条 作为有限合伙人的自然人在有限合伙企业存续期间丧失民事行为能力的，其他合伙人不得因此要求其退伙。

第八十条 作为有限合伙人的自然人死亡、被依法宣告死亡或者作为有限合伙人的法人及其他组织终止时，其继承人或者权利承受人可以依法取得该有限合伙人在有限合伙企业中的资格。

第八十一条 有限合伙人退伙后，对基于其退伙前的原因发生的有限合伙企业债务，以其退伙时从有限合伙企业中取回的财产承担责任。

第八十二条 除合伙协议另有约定外，普通合伙人转变为有限合伙人，或者有限合伙人转变为普通合伙人，应当经全体合伙人一致同意。

第八十三条 有限合伙人转变为普通合伙人的，对其作为有限合伙人期间有限合伙企业发生的债务承担无限连带责任。

第八十四条 普通合伙人转变为有限合伙人的，对其作为普通合伙人期间合伙企业发生的债务承担无限连带责任。

第四章　合伙企业解散、清算

第八十五条 合伙企业有下列情形之一的，应当解散：

（一）合伙期限届满，合伙人决定不再经营；

（二）合伙协议约定的解散事由出现；

（三）全体合伙人决定解散；

（四）合伙人已不具备法定人数满三十天；

（五）合伙协议约定的合伙目的已经实现或者无法实现；

（六）依法被吊销营业执照、责令关闭或者被撤销；

（七）法律、行政法规规定的其他原因。

第八十六条 合伙企业解散，应当由清算人进行清算。

清算人由全体合伙人担任；经全体合伙人过半数同意，可以自合伙企业解散事由出现后十五日内指定一个或者数个合伙人，或者委托第三人，担任清算人。

自合伙企业解散事由出现之日起十五日内未确定清算人的，合伙人或者其他利害关系人可以申请人民法院指定清算人。

第八十七条 清算人在清算期间执行下列事务：

（一）清理合伙企业财产，分别编制资产负债表和财产清单；

（二）处理与清算有关的合伙企业未了结事务；

（三）清缴所欠税款；

（四）清理债权、债务；

（五）处理合伙企业清偿债务后的剩余财产；

（六）代表合伙企业参加诉讼或者仲裁活动。

第八十八条　清算人自被确定之日起十日内将合伙企业解散事项通知债权人，并于六十日内在报纸上公告。债权人应当自接到通知书之日起三十日内，未接到通知书的自公告之日起四十五日内，向清算人申报债权。

债权人申报债权，应当说明债权的有关事项，并提供证明材料。清算人应当对债权进行登记。

清算期间，合伙企业存续，但不得开展与清算无关的经营活动。

第八十九条　合伙企业财产在支付清算费用和职工工资、社会保险费用、法定补偿金以及缴纳所欠税款、清偿债务后的剩余财产，依照本法第三十三条第一款的规定进行分配。

第九十条　清算结束，清算人应当编制清算报告，经全体合伙人签名、盖章后，在十五日内向企业登记机关报送清算报告，申请办理合伙企业注销登记。

第九十一条　合伙企业注销后，原普通合伙人对合伙企业存续期间的债务仍应承担无限连带责任。

第九十二条　合伙企业不能清偿到期债务的，债权人可以依法向人民法院提出破产清算申请，也可以要求普通合伙人清偿。

合伙企业依法被宣告破产的，普通合伙人对合伙企业债务仍应承担无限连带责任。

第五章　法律责任

第九十三条　违反本法规定，提交虚假文件或者采取其他欺骗手段，取得合伙企业登记的，由企业登记机关责令改正，处以五千元以上五万元以下的罚款；情节严重的，撤销企业登记，并处以五万元以上二十万元以下的罚款。

第九十四条　违反本法规定，合伙企业未在其名称中标明“普通合伙”、“特殊普通合伙”或者“有限合伙”字样的，由企业登记机关责令限期改正，处以二千元以上一万元以下的罚款。

第九十五条　违反本法规定，未领取营业执照，而以合伙企业或者合伙企业分支机构名义从事合伙业务的，由企业登记机关责令停止，处以五千元以上五万元以下的罚款。

合伙企业登记事项发生变更时，未依照本法规定办理变更登记的，由企业登记机关责令限期登记；逾期不登记的，处以二千元以上二万元以下的罚款。

合伙企业登记事项发生变更，执行合伙事务的合伙人未按期申请办理变更登记的，应当赔偿由此给合伙企业、其他合伙人或者善意第三人造成的损失。

第九十六条 合伙人执行合伙事务，或者合伙企业从业人员利用职务上的便利，将应当归合伙企业的利益据为己有的，或者采取其他手段侵占合伙企业财产的，应当将该利益和财产退还合伙企业；给合伙企业或者其他合伙人造成损失的，依法承担赔偿责任。

第九十七条 合伙人对本法规定或者合伙协议约定必须经全体合伙人一致同意始得执行的事务擅自处理，给合伙企业或者其他合伙人造成损失的，依法承担赔偿责任。

第九十八条 不具有事务执行权的合伙人擅自执行合伙事务，给合伙企业或者其他合伙人造成损失的，依法承担赔偿责任。

第九十九条 合伙人违反本法规定或者合伙协议的约定，从事与本合伙企业相竞争的业务或者与本合伙企业进行交易的，该收益归合伙企业所有；给合伙企业或者其他合伙人造成损失的，依法承担赔偿责任。

第一百条 清算人未依照本法规定向企业登记机关报送清算报告，或者报送清算报告隐瞒重要事实，或者有重大遗漏的，由企业登记机关责令改正。由此产生的费用和损失，由清算人承担和赔偿。

第一百零一条 清算人执行清算事务，牟取非法收入或者侵占合伙企业财产的，应当将该收入和侵占的财产退还合伙企业；给合伙企业或者其他合伙人造成损失的，依法承担赔偿责任。

第一百零二条 清算人违反本法规定，隐匿、转移合伙企业财产，对资产负债表或者财产清单作虚假记载，或者在未清偿债务前分配财产，损害债权人利益的，依法承担赔偿责任。

第一百零三条 合伙人违反合伙协议的，应当依法承担违约责任。

合伙人履行合伙协议发生争议的，合伙人可以通过协商或者调解解决。不愿通过协商、调解解决或者协商、调解不成的，可以按照合伙协议约定的仲裁条款或者事后达成的书面仲裁协议，向仲裁机构申请仲裁。合伙协议中未订立仲裁条款，事后又没有达成书面仲裁协议的，可以向人民法院起诉。

第一百零四条 有关行政管理机关的工作人员违反本法规定，滥用职权、徇私舞弊、收受贿赂、侵害合伙企业合法权益的，依法给予行政处分。

第一百零五条 违反本法规定，构成犯罪的，依法追究刑事责任。

第一百零六条 违反本法规定，应当承担民事赔偿责任和缴纳罚款、罚金，其财产不足以同时支付的，先承担民事赔偿责任。

第六章　附　则

第一百零七条　非企业专业服务机构依据有关法律采取合伙制的，其合伙人承担责任的形式可以适用本法关于特殊的普通合伙企业合伙人承担责任的规定。

第一百零八条　外国企业或者个人在中国境内设立合伙企业的管理办法由国务院规定。

第一百零九条　本法自 2007 年 6 月 1 日起施行。

中华人民共和国中外合作经营企业法

（1988 年 4 月 13 日第七届全国人民代表大会第一次会议通过　根据 2000 年 10 月 31 日第九届全国人民代表大会常务委员会第十八次会议《关于修改〈中华人民共和国中外合作经营企业法〉的决定》第一次修正　根据 2016 年 9 月 3 日第十二届全国人民代表大会常务委员会第二十二次会议《关于修改〈中华人民共和国外资企业法〉等四部法律的决定》第二次修正　根据 2016 年 11 月 7 日第十二届全国人民代表大会常务委员会第二十四次会议《关于修改〈中华人民共和国对外贸易法〉等十二部法律的决定》第三次修正　根据 2017 年 11 月 4 日第十二届全国人民代表大会常务委员会第三十次会议《关于修改〈中华人民共和国会计法〉等十一部法律的决定》第四次修正）

第一条　为了扩大对外经济合作和技术交流，促进外国的企业和其他经济组织或者个人（以下简称外国合作者）按照平等互利的原则，同中华人民共和国的企业或者其他经济组织（以下简称中国合作者）在中国境内共同举办中外合作经营企业（以下简称合作企业），特制定本法。

第二条　中外合作者举办合作企业，应当依照本法的规定，在合作企业合同中约定投资或者合作条件、收益或者产品的分配、风险和亏损的分担、经营管理的方式和合作企业终止时财产的归属等事项。

合作企业符合中国法律关于法人条件的规定的，依法取得中国法人资格。

第三条 国家依法保护合作企业和中外合作者的合法权益。

合作企业必须遵守中国的法律、法规，不得损害中国的社会公共利益。

国家有关机关依法对合作企业实行监督。

第四条 国家鼓励举办产品出口的或者技术先进的生产型合作企业。

第五条 申请设立合作企业，应当将中外合作者签订的协议、合同、章程等文件报国务院对外经济贸易主管部门或者国务院授权的部门和地方政府（以下简称审查批准机关）审查批准。审查批准机关应当自接到申请之日起四十五天内决定批准或者不批准。

第六条 设立合作企业的请申经批准后，应当自接到批准证书之日起三十天内向

工商行政管理机关申请登记，领取营业执照。合作企业的营业执照签发日期，为该企业的成立日期。

合作企业应当自成立之日起三十天内向税务机关办理税务登记。

第七条 中外合作者在合作期限内协商同意对合作企业合同作重大变更的，应当报审查批准机关批准；变更内容涉及法定工商登记项目、税务登记项目的，应当向工商行政管理机关、税务机关办理变更登记手续。

第八条 中外合作者的投资或者提供的合作条件可以是现金、实物、土地使用权、工业产权、非专利技术和其他财产权利。

第九条 中外合作者应当依照法律、法规的规定和合作企业合同的约定，如期履行缴足投资、提供合作条件的义务。逾期不履行的，由工商行政管理机关限期履行；限期届满仍未履行的，由审查批准机关和工商行政管理机关依照国家有关规定处理。

中外合作者的投资或者提供的合作条件，由中国注册会计师或者有关机构验证并出具证明。

第十条 中外合作者的一方转让其在合作企业合同中的全部或者部分权利、义务的，必须经他方同意，并报审查批准机关批准。

第十一条 合作企业依照经批准的合作企业合同、章程进行经营管理活动。合作企业的经营管理自主权不受干涉。

第十二条 合作企业应当设立董事会或者联合管理机构，依照合作企业合同或者章程的规定，决定合作企业的重大问题。中外合作者的一方担任董事会的董事长、联合管理机构的主任的，由他方担任副董事长、副主任。董事会或者联合管理机构可以决定任命或者聘请总经理负责合作企业的日常经营管理工作。总经理对董事会或者联合管理机构负责。

合作企业成立后改为委托中外合作者以外的他人经营管理的，必须经董事会或者联合管理机构一致同意，并向工商行政管理机关办理变更登记手续。

第十三条　合作企业职工的录用、辞退、报酬、福利、劳动保护、劳动保险等事项，应当依法通过订立合同加以规定。

第十四条　合作企业的职工依法建立工会组织，开展工会活动，维护职工的合法权益。

合作企业应当为本企业工会提供必要的活动条件。

第十五条　合作企业必须在中国境内设置会计帐簿，依照规定报送会计报表，并接受财政税务机关的监督。

合作企业违反前款规定，不在中国境内设置会计帐簿的，财政税务机关可以处以罚款，工商行政管理机关可以责令停止营业或者吊销其营业执照。

第十六条　合作企业应当凭营业执照在国家外汇管理机关允许经营外汇业务的银行或者其他金融机构开立外汇帐户。

合作企业的外汇事宜，依照国家有关外汇管理的规定办理。

第十七条　合作企业可以向中国境内的金融机构借款，也可以在中国境外借款。

中外合作者用作投资或者合作条件的借款及其担保，由各方自行解决。

第十八条　合作企业的各项保险应当向中国境内的保险机构投保。

第十九条　合作企业可以在经批准的经营范围内，进口本企业需要的物资，出口本企业生产的产品。合作企业在经批准的经营范围内所需的原材料、燃料等物资，按照公平、合理的原则，可以在国内市场或者在国际市场购买。

第二十条　合作企业依照国家有关税收的规定缴纳税款并可以享受减税、免税的优惠待遇。

第二十一条　中外合作者依照合作企业合同的约定，分配收益或者产品，承担风险和亏损。

中外合作者在合作企业合同中约定合作期满时合作企业的全部固定资产归中国合作者所有的，可以在合作企业合同中约定外国合作者在合作期限内先行回收投资的办法。

依照前款规定外国合作者在合作期限内先行回收投资的，中外合作者应当依照有关法律的规定和合作企业合同的约定对合作企业的债务承担责任。

第二十二条　外国合作者在履行法律规定和合作企业合同约定的义务后分得的利润、其他合法收入和合作企业终止时分得的资金，可以依法汇往国外。

合作企业的外籍职工的工资收入和其他合法收入，依法缴纳个人所得税后，可以汇往国外。

第二十三条　合作企业期满或者提前终止时，应当依照法定程序对资产和债权、债务进行清算。中外合作者应当依照合作企业合同的约定确定合作企业财产的归属。

合作企业期满或者提前终止，应当向工商行政管理机关和税务机关办理注销登记手续。

第二十四条 合作企业的合作期限由中外合作者协商并在合作企业合同中订明。中外合作者同意延长合作期限的，应当在距合作期满一百八十天前向审查批准机关提出申请。审查批准机关应当自接到申请之日起三十天内决定批准或者不批准。

第二十五条 举办合作企业不涉及国家规定实施准入特别管理措施的，对本法第五条、第七条、第十条、第二十四条规定的审批事项，适用备案管理。国家规定的准入特别管理措施由国务院发布或者批准发布。

第二十六条 中外合作者履行合作企业合同、章程发生争议时，应当通过协商或者调解解决。中外合作者不愿通过协商、调解解决的，或者协商、调解不成的，可以依照合作企业合同中的仲裁条款或者事后达成的书面仲裁协议，提交中国仲裁机构或者其他仲裁机构仲裁。

中外合作者没有在合作企业合同中订立仲裁条款，事后又没有达成书面仲裁协议的，可以向中国法院起诉。

第二十七条 国务院对外经济贸易主管部门根据本法制定实施细则，报国务院批准后施行。

第二十八条 本法自公布之日起施行。

中华人民共和国中外合作经营企业法实施细则

（1995年8月7日国务院批准　1995年9月4日对外贸易经济合作部令第6号发布　根据2014年2月19日《国务院关于废止和修改部分行政法规的决定》第一次修订　根据2017年3月1日《国务院关于修改和废止部分行政法规的决定》第二次修订　根据2017年11月17日《国务院关于修改部分行政法规的决定》第三次修订）

目　录

第一章　总　则

第一条　根据《中华人民共和国中外合作经营企业法》，制定本实施细则。

第二条　在中国境内举办中外合作经营企业（以下简称合作企业），应当符合国家的发展政策和产业政策，遵守国家关于指导外商投资方向的规定。

第三条　合作企业在批准的合作企业协议、合同、章程范围内，依法自主地开展业务、进行经营管理活动，不受任何组织或者个人的干涉。

第四条　合作企业包括依法取得中国法人资格的合作企业和不具有法人资格的合作企业。

不具有法人资格的合作企业，本实施细则第九章有特别规定的，从其规定。

第五条 合作企业的主管部门为中国合作者的主管部门。合作企业有二个以上中国合作者的，由审查批准机关会同有关部门协商确定一个主管部门。但是，法律、行政法规另有规定的除外。

合作企业的主管部门对合作企业的有关事宜依法进行协调、提供协助。

第二章 合作企业的设立

第六条 设立合作企业由对外贸易经济合作部或者国务院授权的部门和地方人民政府审查批准。

设立合作企业属于下列情形的，由国务院授权的部门或者地方人民政府审查批准：

（一）投资总额在国务院规定由国务院授权的部门或者地方人民政府审批的投资限额以内的；

（二）自筹资金，并且不需要国家平衡建设、生产条件的；

（三）产品出口不需要领取国家有关主管部门发放的出口配额、许可证，或者虽需要领取，但在报送项目建议书前已征得国家有关主管部门同意的；

（四）有法律、行政法规规定由国务院授权的部门或者地方人民政府审查批准的其他情形的。

第七条 设立合作企业，应当由中国合作者向审查批准机关报送下列文件：

（一）设立合作企业的项目建议书，并附送主管部门审查同意的文件；

（二）合作各方共同编制的可行性研究报告，并附送主管部门审查同意的文件；

（三）由合作各方的法定代表人或其授权的代表签署的合作企业协议、合同、章程；

（四）合作各方的营业执照或者注册登记证明、资信证明及法定代表人的有效证明文件，外国合作者是自然人的，应当提供有关其身份、履历和资信情况的有效证明文件；

（五）合作各方协商确定的合作企业董事长、副董事长、董事或者联合管理委员会主任、副主任、委员的人选名单；

（六）审查批准机关要求报送的其他文件。

前款所列文件，除第四项中所列外国合作者提供的文件外，必须报送中文本，第二项、第三项和第五项所列文件可以同时报送合作各方商定的一种外文本。

审查批准机关应当自收到规定的全部文件之日起45天内决定批准或者不

批准；审查批准机关认为报送的文件不全或者有不当之处的，有权要求合作各方在指定期间内补全或者修正。

第八条　对外贸易经济合作部和国务院授权的部门批准设立的合作企业，由对外贸易经济合作部颁发批准证书。

国务院授权的地方人民政府批准设立的合作企业，由有关地方人民政府颁发批准证书，并自批准之日起 30 天内将有关批准文件报送对外贸易经济合作部备案。

批准设立的合作企业应当依法向工商行政管理机关申请登记，领取营业执照。

第九条　申请设立合作企业，有下列情形之一时，不予批准：

（一）损害国家主权或者社会公共利益的；

（二）危害国家安全的；

（三）对环境造成污染损害的；

（四）有违反法律、行政法规或者国家产业政策的其他情形的。

第十条　本实施细则所称合作企业协议，是指合作各方对设立合作企业的原则和主要事项达成一致意见后形成的书面文件。

本实施细则所称合作企业合同，是指合作各方为设立合作企业就相互之间的权利、义务关系达成一致意见后形成的书面文件。

本实施细则所称合作企业章程，是指按照合作企业合同的约定，经合作各方一致同意，约定合作企业的组织原则、经营管理方法等事项的书面文件。

合作企业协议、章程的内容与合作企业合同不一致的，以合作企业合同为准。

合作各方可以不订立合作企业协议。

第十一条　合作企业协议、合同、章程自审查批准机关颁发批准证书之日起生效。在合作期限内，合作企业协议、合同、章程有重大变更的，须经审查批准机关批准。

第十二条　合作企业合同应当载明下列事项：

（一）合作各方的名称、注册地、住所及法定代表人的姓名、职务、国籍（外国合作者是自然人的，其姓名、国籍和住所）；

（二）合作企业的名称、住所、经营范围；

（三）合作企业的投资总额，注册资本，合作各方投资或者提供合作条件的方式、期限；

（四）合作各方投资或者提供的合作条件的转让；

（五）合作各方收益或者产品的分配，风险或者亏损的分担；

（六）合作企业董事会或者联合管理委员会的组成以及董事或者联合管理

委员会委员名额的分配，总经理及其他高级管理人员的职责和聘任、解聘办法；

（七）采用的主要生产设备、生产技术及其来源；

（八）产品在中国境内销售和境外销售的安排；

（九）合作企业外汇收支的安排；

（十）合作企业的期限、解散和清算；

（十一）合作各方其他义务以及违反合同的责任；

（十二）财务、会计、审计的处理原则；

（十三）合作各方之间争议的处理；

（十四）合作企业合同的修改程序。

第十三条 合作企业章程应当载明下列事项：

（一）合作企业名称及住所；

（二）合作企业的经营范围和合作期限；

（三）合作各方的名称、注册地、住所及法定代表人的姓名、职务和国籍（外国合作者是自然人的，其姓名、国籍和住所）；

（四）合作企业的投资总额，注册资本，合作各方认缴出资额、投资或者提供合作条件的方式、期限；

（五）合作各方收益或者产品的分配，风险或者亏损的分担；

（六）合作企业董事会或者联合管理委员会的组成、职权和议事规则，董事会董事或者联合管理委员会的任期，董事长、副董事长或者联合管理委员会主任、副主任的职责；

（七）经营管理机构的设置、职权、办事规则，总经理及其他高级管理人员的职责和聘任、解聘办法；

（八）有关职工招聘、培训、劳动合同、工资、社会保险、福利、职业安全卫生等劳动管理事项的规定；

（九）合作企业财务、会计和审计制度；

（十）合作企业解散和清算办法；

（十一）合作企业章程的修改程序。

第三章 组织形式与注册资本

第十四条 合作企业依法取得中国法人资格的，为有限责任公司。除合作企业合同另有约定外，合作各方以其投资或者提供的合作条件为限对合作企业承担责任。

合作企业以其全部资产对合作企业的债务承担责任。

第十五条 合作企业的投资总额，是指按照合作企业合同、章程规定的生产经营规模，需要投入的资金总和。

第十六条　合作企业的注册资本，是指为设立合作企业，在工商行政管理机关登记的合作各方认缴的出资额之和。注册资本以人民币表示，也可以用合作各方约定的一种可自由兑换的外币表示。

合作企业注册资本在合作期限内不得减少。但是，因投资总额和生产经营规模等变化，确需减少的，须经审查批准机关批准。

第四章　投资、合作条件

第十七条　合作各方应当依照有关法律、行政法规的规定和合作企业合同的约定，向合作企业投资或者提供合作条件。

第十八条　合作各方向合作企业的投资或者提供的合作条件可以是货币，也可以是实物或者工业产权、专有技术、土地使用权等财产权利。

中国合作者的投资或者提供的合作条件，属于国有资产的，应当依照有关法律、行政法规的规定进行资产评估。

在依法取得中国法人资格的合作企业中，外国合作者的投资一般不低于合作企业注册资本的25%。在不具有法人资格的合作企业中，对合作各方向合作企业投资或者提供合作条件的具体要求，由对外贸易经济合作部规定。

第十九条　合作各方应当以其自有的财产或者财产权利作为投资或者合作条件，对该投资或者合作条件不得设置抵押权或者其他形式的担保。

第二十条　合作各方应当根据合作企业的生产经营需要，依照有关法律、行政法规的规定，在合作企业合同中约定合作各方向合作企业投资或者提供合作条件的期限。

合作各方没有按照合作企业合同约定缴纳投资或者提供合作条件的，工商行政管理机关应当限期履行；限期届满仍未履行的，审查批准机关应当撤销合作企业的批准证书，工商行政管理机关应当吊销合作企业的营业执照，并予以公告。

第二十一条　未按照合作企业合同约定缴纳投资或者提供合作条件的一方，应当向已按照合作企业合同约定缴纳投资或者提供合作条件的他方承担违约责任。

第二十二条　合作各方缴纳投资或者提供合作条件后，应当由中国注册会计师验证并出具验资报告，由合作企业据以发给合作各方出资证明书。出资证明书应当载明下列事项：

（一）合作企业名称；

（二）合作企业成立日期；

（三）合作各方名称或者姓名；

（四）合作各方投资或者提供合作条件的内容；

（五）合作各方投资或者提供合作条件的日期；

（六）出资证明书的编号和核发日期。

出资证明书应当抄送审查批准机关及工商行政管理机关。

第二十三条 合作各方之间相互转让或者合作一方向合作他方以外的他人转让属于其在合作企业合同中全部或者部分权利的，须经合作他方书面同意，并报审查批准机关批准。

审查批准机关应当自收到有关转让文件之日起 30 天内决定批准或者不批准。

第五章 组织机构

第二十四条 合作企业设董事会或者联合管理委员会。董事会或者联合管理委员会是合作企业的权力机构，按照合作企业章程的规定，决定合作企业的重大问题。

第二十五条 董事会或者联合管理委员会成员不得少于 3 人，其名额的分配由中外合作者参照其投资或者提供的合作条件协商确定。

第二十六条 董事会董事或者联合管理委员会委员由合作各方自行委派或者撤换。董事会董事长、副董事长或者联合管理委员会主任、副主任的产生办法由合作企业章程规定；中外合作者的一方担任董事长、主任的，副董事长、副主任由他方担任。

第二十七条 董事或者委员的任期由合作企业章程规定；但是，每届任期不得超过 3 年。董事或者委员任期届满，委派方继续委派的，可以连任。

第二十八条 董事会会议或者联合管理委员会会议每年至少召开 1 次，由董事长或者主任召集并主持。董事长或者主任因特殊原因不能履行职务时，由董事长或者主任指定副董事长、副主任或者其他董事、委员召集并主持。1/3 以上董事或者委员可以提议召开董事会会议或者联合管理委员会会议。

董事会会议或者联合管理委员会会议应当有 2/3 以上董事或者委员出席方能举行，不能出席董事会会议或者联合管理委员会会议的董事或者委员应当书面委托他人代表其出席和表决。董事会会议或者联合管理委员会会议作出决议，须经全体董事或者委员的过半数通过。董事或者委员无正当理由不参加又不委托他人代表其参加董事会会议或者联合管理委员会会议的，视为出席董事会会议或者联合管理委员会会议并在表决中弃权。

召开董事会会议或者联合管理委员会会议，应当在会议召开的 10 天前通知全体董事或者委员。董事会或者联合管理委员会也可以用通讯的方式作出决议。

第二十九条　下列事项由出席董事会会议或者联合管理委员会会议的董事或者委员一致通过，方可作出决议：

（一）合作企业章程的修改；

（二）合作企业注册资本的增加或者减少；

（三）合作企业的解散；

（四）合作企业的资产抵押；

（五）合作企业合并、分立和变更组织形式；

（六）合作各方约定由董事会会议或者联合管理委员会会议一致通过方可作出决议的其他事项。

第三十条　董事会或者联合管理委员会的议事方式和表决程序，除本实施细则规定的外，由合作企业章程规定。

第三十一条　董事长或者主任是合作企业的法定代表人。董事长或者主任因特殊原因不能履行职务时，应当授权副董事长、副主任或者其他董事、委员对外代表合作企业。

第三十二条　合作企业设总经理 1 人，负责合作企业的日常经营管理工作，对董事会或者联合管理委员会负责。

合作企业的总经理由董事会或者联合管理委员会聘任、解聘。

第三十三条　总经理及其他高级管理人员可以由中国公民担任，也可以由外国公民担任。

经董事会或者联合管理委员会聘任，董事或者委员可以兼任合作企业的总经理或者其他高级管理职务。

第三十四条　总经理及其他高级管理人员不胜任工作任务的，或者有营私舞弊或者严重失职行为的，经董事会或者联合管理委员会决议，可以解聘；给合作企业造成损失的，应当依法承担责任。

第三十五条　合作企业成立后委托合作各方以外的他人经营管理的，必须经董事会或者联合管理委员会一致同意，并应当与被委托人签订委托经营管理合同。

第六章　购买物资和销售产品

第三十六条　合作企业按照经批准的经营范围和生产经营规模，自行制定生产经营计划。

政府部门不得强令合作企业执行政府部门确定的生产经营计划。

第三十七条　合作企业可以自行决定在中国境内或者境外购买本企业自用的机器设备、原材料、燃料、零部件、配套件、元器件、运输工具和办公用品等（以下简称“物资”）。

第三十八条 国家鼓励合作企业向国际市场销售其产品。合作企业可以自行向国际市场销售其产品，也可以委托国外的销售机构或者中国的外贸公司代销或者经销其产品。

合作企业销售产品的价格，由合作企业依法自行确定。

第三十九条 外国合作者作为投资进口的机器设备、零部件和其他物料以及合作企业用投资总额内的资金进口生产、经营所需的机器设备、零部件和其他物料，免征进口关税和进口环节的流转税。上述免税进口物资经批准在中国境内转卖或者转用于国内销售的，应当依法纳税或者补税。

第四十条 合作企业不得以明显低于合理的国际市场同类产品的价格出口产品，不得以高于国际市场同类产品的价格进口物资。

第四十一条 合作企业销售产品，应当按照经批准的合作企业合同的约定销售。

第四十二条 合作企业进口或者出口属于进出口许可证、配额管理的商品，应当按照国家有关规定办理申领手续。

第七章 分配收益与回收投资

第四十三条 中外合作者可以采用分配利润、分配产品或者合作各方共同商定的其他方式分配收益。

采用分配产品或者其他方式分配收益的，应当按照税法的有关规定，计算应纳税额。

第四十四条 中外合作者在合作企业合同中约定合作期限届满时，合作企业的全部固定资产无偿归中国合作者所有的，外国合作者在合作期限内，可以在按照投资或者提供合作条件进行分配的基础上，在合作企业合同中约定扩大外国合作者的收益分配比例，先行回收其投资。

外国合作者依照前款规定在合作期限内先行回收投资的，中外合作者应当依照有关法律的规定和合作企业合同的约定，对合作企业的债务承担责任。

第四十五条 合作企业的亏损未弥补前，外国合作者不得先行回收投资。

第四十六条 合作企业应当按照国家有关规定聘请中国注册会计师进行查帐验证。合作各方可以共同或者单方自行委托中国注册会计师查帐，所需费用由委托查帐方负担。

第八章 期限和解散

第四十七条 合作企业的期限由中外合作者协商确定，并在合作企业合同中订明。

合作企业期限届满，合作各方协商同意要求延长合作期限的，应当在期限届满的 180 天前向审查批准机关提出申请，说明原合作企业合同执行情况，延长合作期限的原因，同时报送合作各方就延长的期限内各方的权利、义务等事项所达成的协议。审查批准机关应当自接到申请之日起 30 天内，决定批准或者不批准。

经批准延长合作期限的，合作企业凭批准文件向工商行政管理机关办理变更登记手续，延长的期限从期限届满后的第一天起计算。

合作企业合同约定外国合作者先行回收投资，并且投资已经回收完毕的，合作企业期限届满不再延长；但是，外国合作者增加投资的，经合作各方协商同意，可以依照本条第二款的规定向审查批准机关申请延长合作期限。

第四十八条　合作企业因下列情形之一出现时解散：

（一）合作期限届满；

（二）合作企业发生严重亏损，或者因不可抗力遭受严重损失，无力继续经营；

（三）中外合作者一方或者数方不履行合作企业合同、章程规定的义务，致使合作企业无法继续经营；

（四）合作企业合同、章程中规定的其他解散原因已经出现；

（五）合作企业违反法律、行政法规，被依法责令关闭。

前款第二项、第四项所列情形发生，应当由合作企业的董事会或者联合管理委员会做出决定，报审查批准机关批准。在前款第三项所列情形下，不履行合作企业合同、章程规定的义务的中外合作者一方或者数方，应当对履行合同的他方因此遭受的损失承担赔偿责任；履行合同的一方或者数方有权向审查批准机关提出申请，解散合作企业。

第四十九条　合作企业的清算事宜依照国家有关法律、行政法规及合作企业合同、章程的规定办理。

第九章　关于不具有法人资格的合作企业的特别规定

第五十条　不具有法人资格的合作企业及其合作各方，依照中国民事法律的有关规定，承担民事责任。

第五十一条　不具有法人资格的合作企业应当向工商行政管理机关登记合作各方的投资或者提供的合作条件。

第五十二条　不具有法人资格的合作企业的合作各方的投资或者提供的合作条件，为合作各方分别所有。经合作各方约定，也可以共有，或者部分分别所有、部分共有。合作企业经营积累的财产，归合作各方共有。

不具有法人资格的合作企业合作各方的投资或者提供的合作条件由合作企业统一管理和使用。未经合作他方同意，任何一方不得擅自处理。

第五十三条 不具有法人资格的合作企业设立联合管理机构。联合管理机构由合作各方委派的代表组成，代表合作各方共同管理合作企业。

联合管理机构决定合作企业的一切重大问题。

第五十四条 不具有法人资格的合作企业应当在合作企业所在地设置统一的会计帐簿；合作各方还应当设置各自的会计帐簿。

第十章 附 则

第五十五条 合作企业合同的订立、效力、解释、履行及其争议的解决，适用中国法律。

第五十六条 本实施细则未规定的事项，包括合作企业的财务、会计、审计、外汇、税务、劳动管理、工会等，适用有关法律、行政法规的规定。

第五十七条 香港、澳门、台湾地区的公司、企业和其他经济组织或者个人以及在国外居住的中国公民举办合作企业，参照本实施细则办理。

第五十八条 本实施细则自发布之日起施行。

中华人民共和国外资企业法

（1986年4月12日第六届全国人民代表大会第四次会议通过 根据2000年10月31日第九届全国人民代表大会常务委员会第十八次会议《关于修改〈中华人民共和国外资企业法〉的决定》第一次修正 根据2016年9月3日第十二届全国人民代表大会常务委员会第二十二次会议《关于修改〈中华人民共和国外资企业法〉等四部法律的决定》第二次修正）

第一条 为了扩大对外经济合作和技术交流，促进中国国民经济的发展，中华人民共和国允许外国的企业和其他经济组织或者个人（以下简称外国投资者）在中国境内举办外资企业，保护外资企业的合法权益。

第二条 本法所称的外资企业是指依照中国有关法律在中国境内设立的全部资本由外国投资者投资的企业，不包括外国的企业和其他经济组织在中国境内的分支机构。

第三条 设立外资企业，必须有利于中国国民经济的发展。国家鼓励举办产品出口或者技术先进的外资企业。

国家禁止或者限制设立外资企业的行业由国务院规定。

第四条 外国投资者在中国境内的投资、获得的利润和其他合法权益，受中国法律保护。

外资企业必须遵守中国的法律、法规，不得损害中国的社会公共利益。

第五条　国家对外资企业不实行国有化和征收；在特殊情况下，根据社会公共利益的需要，对外资企业可以依照法律程序实行征收，并给予相应的补偿。

第六条　设立外资企业的申请，由国务院对外经济贸易主管部门或者国务院授权的机关审查批准。审查批准机关应当在接到申请之日起九十天内决定批准或者不批准。

第七条　设立外资企业的申请经批准后，外国投资者应当在接到批准证书之日起三十天内向工商行政管理机关申请登记，领取营业执照。外资企业的营业执照签发日期，为该企业成立日期。

第八条　外资企业符合中国法律关于法人条件的规定的，依法取得中国法人资格。

第九条　外资企业应当在审查批准机关核准的期限内在中国境内投资；逾期不投资的，工商行政管理机关有权吊销营业执照。

工商行政管理机关对外资企业的投资情况进行检查和监督。

第十条　外资企业分立、合并或者其他重要事项变更，应当报审查批准机关批准，并向工商行政管理机关办理变更登记手续。

第十一条　外资企业依照经批准的章程进行经营管理活动，不受干涉。

第十二条　外资企业雇用中国职工应当依法签定合同，并在合同中订明雇用、解雇、报酬、福利、劳动保护、劳动保险等事项。

第十三条　外资企业的职工依法建立工会组织，开展工会活动，维护职工的合法权益。

外资企业应当为本企业工会提供必要的活动条件。

第十四条　外资企业必须在中国境内设置会计帐簿，进行独立核算，按照规定报送会计报表，并接受财政税务机关的监督。

外资企业拒绝在中国境内设置会计帐簿的，财政税务机关可以处以罚款，工商行政管理机关可以责令停止营业或者吊销营业执照。

第十五条　外资企业在批准的经营范围内所需的原材料、燃料等物资，按照公平、合理的原则，可以在国内市场或者在国际市场购买。

第十六条　外资企业的各项保险应当向中国境内的保险公司投保。

第十七条　外资企业依照国家有关税收的规定纳税并可以享受减税、免税的优惠待遇。

外资企业将缴纳所得税后的利润在中国境内再投资的，可以依照国家规定申请退还再投资部分已缴纳的部分所得税税款。

第十八条　外资企业的外汇事宜，依照国家外汇管理规定办理。

外资企业应当在中国银行或者国家外汇管理机关指定的银行开户。

第十九条　外国投资者从外资企业获得的合法利润、其他合法收入和清算后的资金，可以汇往国外。

外资企业的外籍职工的工资收入和其他正当收入，依法缴纳个人所得税后，可以汇往国外。

第二十条　外资企业的经营期限由外国投资者申报，由审查批准机关批准。期满需要延长的，应当在期满一百八十天以前向审查批准机关提出申请。审查批准机关应当在接到申请之日起三十天内决定批准或者不批准。

第二十一条　外资企业终止，应当及时公告，按照法定程序进行清算。

在清算完结前，除为了执行清算外，外国投资者对企业财产不得处理。

第二十二条　外资企业终止，应当向工商行政管理机关办理注销登记手续，缴销营业执照。

第二十三条　举办外资企业不涉及国家规定实施准入特别管理措施的，对本法第六条、第十条、第二十条规定的审批事项，适用备案管理。国家规定的准入特别管理措施由国务院发布或者批准发布。

第二十四条　国务院对外经济贸易主管部门根据本法制定实施细则，报国务院批准后施行。

第二十五条　本法自公布之日起施行。

中华人民共和国外资企业法实施细则

（1990年10月28日国务院批准　1990年12月12日对外经济贸易部发布
根据2001年4月12日《国务院关于修改〈中华人民共和国外资企业法实施细则〉的决定》第一次修订　根据2014年2月19日《国务院关于废止和修改部分行政法规的决定》第二次修订）

第一章　总　则

第一条　根据《中华人民共和国外资企业法》的规定，制定本实施细则。

第二条　外资企业受中国法律的管辖和保护。

外资企业在中国境内从事经营活动，必须遵守中国的法律、法规，不得损害中国的社会公共利益。

第三条　设立外资企业，必须有利于中国国民经济的发展，能够取得显著的经济效益。国家鼓励外资企业采用先进技术和设备，从事新产品开发，实现产品升级换代，节约能源和原材料，并鼓励举办产品出口的外资企业。

第四条　禁止或者限制设立外资企业的行业，按照国家指导外商投资方向的规定及外商投资产业指导目录执行。

第五条　申请设立外资企业，有下列情况之一的，不予批准：

（一）有损中国主权或者社会公共利益的；

（二）危及中国国家安全的；

（三）违反中国法律、法规的；

（四）不符合中国国民经济发展要求的；

（五）可能造成环境污染的。

第六条　外资企业在批准的经营范围内，自主经营管理，不受干涉。

第二章　设立程序

第七条　设立外资企业的申请，由中华人民共和国对外贸易经济合作部（以下简称对外贸易经济合作部）审查批准后，发给批准证书。

设立外资企业的申请属于下列情形的，国务院授权省、自治区、直辖市和计划单列市、经济特区人民政府审查批准后，发给批准证书：

（一）投资总额在国务院规定的投资审批权限以内的；

（二）不需要国家调拨原材料，不影响能源、交通运输、外贸出口配额等全国综合平衡的。

省、自治区、直辖市和计划单列市、经济特区人民政府在国务院授权范围内批准设立外资企业，应当在批准后15天内报对外贸易经济合作部备案（对外贸易经济合作部和省、自治区、直辖市和计划单列市、经济特区人民政府，以下统称审批机关）。

第八条　申请设立的外资企业，其产品涉及出口许可证、出口配额、进口许可证或者属于国家限制进口的，应当依照有关管理权限事先征得对外经济贸易主管部门的同意。

第九条　外国投资者在提出设立外资企业的申请前，应当就下列事项向拟设立外资企业所在地的县级或者县级以上地方人民政府提交报告。报告内容包括：设立外资企业的宗旨；经营范围、规模；生产产品；使用的技术设备；用地面积及要求；需要用水、电、煤、煤气或者其他能源的条件及数量；对公共设施的要求等。

县级或者县级以上地方人民政府应当在收到外国投资者提交的报告之日起30天内以书面形式答复外国投资者。

第十条　外国投资者设立外资企业，应当通过拟设立外资企业所在地的县级或者县级以上地方人民政府向审批机关提出申请，并报送下列文件：

（一）设立外资企业申请书；

（二）可行性研究报告；

（三）外资企业章程；

（四）外资企业法定代表人（或者董事会人选）名单；

（五）外国投资者的法律证明文件和资信证明文件；

（六）拟设立外资企业所在地的县级或者县级以上地方人民政府的书面答复；

（七）需要进口的物资清单；

（八）其他需要报送的文件。

前款（一）（三）项文件必须用中文书写；（二）（四）（五）项文件可以用外文书写，但应当附中文译文。

两个或者两个以上外国投资者共同申请设立外资企业，应当将其签订的合同副本报送审批机关备案。

第十一条 审批机关应当在收到申请设立外资企业的全部文件之日起 90 天内决定批准或者不批准。审批机关如果发现上述文件不齐备或者有不当之处，可以要求限期补报或者修改。

第十二条 设立外资企业的申请经审批机关批准后，外国投资者应当在收到批准证书之日起 30 天内向工商行政管理机关申请登记，领取营业执照。外资企业的营业执照签发日期，为该企业成立日期。

外国投资者在收到批准证书之日起满 30 天未向工商行政管理机关申请登记的，外资企业批准证书自动失效。

外资企业应当在企业成立之日起 30 天内向税务机关办理税务登记。

第十三条 外国投资者可以委托中国的外商投资企业服务机构或者其他经济组织代为办理本实施细则第八条、第九条第一款和第十条规定事宜，但须签订委托合同。

第十四条 设立外资企业的申请书应当包括下列内容：

（一）外国投资者的姓名或者名称、住所、注册地和法定代表人的姓名、国籍、职务；

（二）拟设立外资企业的名称、住所；

（三）经营范围、产品品种和生产规模；

（四）拟设立外资企业的投资总额、注册资本、资金来源、出资方式和期限；

（五）拟设立外资企业的组织形式和机构、法定代表人；

（六）采用的主要生产设备及其新旧程度、生产技术、工艺水平及其来源；

（七）产品的销售方向、地区和销售渠道、方式；

（八）外汇资金的收支安排；

（九）有关机构设置和人员编制，职工的招用、培训、工资、福利、保险、劳动保护等事项的安排；

（十）可能造成环境污染的程度和解决措施；

（十一）场地选择和用地面积；

（十二）基本建设和生产经营所需资金、能源、原材料及其解决办法；

（十三）项目实施的进度计划；

（十四）拟设立外资企业的经营期限。

第十五条　外资企业的章程应当包括下列内容：

（一）名称及住所；

（二）宗旨、经营范围；

（三）投资总额、注册资本、认缴出资额、出资方式、出资期限；

（四）组织形式；

（五）内部组织机构及其职权和议事规则，法定代表人以及总经理、总工程师、总会计师等人员的职责、权限；

（六）财务、会计及审计的原则和制度；

（七）劳动管理；

（八）经营期限、终止及清算；

（九）章程的修改程序。

第十六条　外资企业的章程经审批机关批准后生效，修改时同。

第十七条　外资企业的分立、合并或者由于其他原因导致资本发生重大变动，须经审批机关批准，并应当聘请中国的注册会计师验证和出具验资报告；经审批机关批准后，向工商行政管理机关办理变更登记手续。

第三章　组织形式与注册资本

第十八条　外资企业的组织形式为有限责任公司。经批准也可以为其他责任形式。

外资企业为有限责任公司的，外国投资者对企业的责任以其认缴的出资额为限。

外资企业为其他责任形式的，外国投资者对企业的责任适用中国法律、法规的规定。

第十九条　外资企业的投资总额，是指开办外资企业所需资金总额，即按其生产规模需要投入的基本建设资金和生产流动资金的总和。

第二十条 外资企业的注册资本，是指为设立外资企业在工商行政管理机关登记的资本总额，即外国投资者认缴的全部出资额。

外资企业的注册资本与投资总额的比例应当符合中国有关规定。

第二十一条 外资企业在经营期内不得减少其注册资本。但是，因投资总额和生产经营规模等发生变化，确需减少的，须经审批机关批准。

第二十二条 外资企业注册资本的增加、转让，须经审批机关批准，并向工商行政管理机关办理变更登记手续。

第二十三条 外资企业将其财产或者权益对外抵押、转让，须经审批机关批准并向工商行政管理机关备案。

第二十四条 外资企业的法定代表人是依照其章程规定，代表外资企业行使职权的负责人。

法定代表人无法履行其职权时，应当以书面形式委托代理人，代其行使职权。

第四章 出资方式与期限

第二十五条 外国投资者可以用可自由兑换的外币出资，也可以用机器设备、工业产权、专有技术等作价出资。

经审批机关批准，外国投资者也可以用其从中国境内举办的其他外商投资企业获得的人民币利润出资。

第二十六条 外国投资者以机器设备作价出资的，该机器设备应当是外资企业生产所必需的设备。

该机器设备的作价不得高于同类机器设备当时的国际市场正常价格。

对作价出资的机器设备，应当列出详细的作价出资清单，包括名称、种类、数量、作价等，作为设立外资企业申请书的附件一并报送审批机关。

第二十七条 外国投资者以工业产权、专有技术作价出资的，该工业产权、专有技术应当为外国投资者所有。

对作价出资的工业产权、专有技术，应当备有详细资料，包括所有权证书的复制件，有效状况及其技术性能、实用价值，作价的计算根据和标准等，作为设立外资企业申请书的附件一并报送审批机关。

第二十八条 作价出资的机器设备运抵中国口岸时，外资企业应当报请中国的商检机构进行检验，由该商检机构出具检验报告。

作价出资的机器设备的品种、质量和数量与外国投资者报送审批机关的作价出资清单列出的机器设备的品种、质量和数量不符的，审批机关有权要求外国投资者限期改正。

第二十九条 作价出资的工业产权、专有技术实施后，审批机关有权进行检查。该工业产权、专有技术与外国投资者原提供的资料不符的，审批机关有权要求外国投资者限期改正。

第三十条 外国投资者缴付出资的期限应当在设立外资企业申请书和外资企业章程中载明。

第五章 用地及其费用

第三十一条 外资企业的用地，由外资企业所在地的县级或者县级以上地方人民政府根据本地区的情况审核后，予以安排。

第三十二条 外资企业应当在营业执照签发之日起30天内，持批准证书和营业执照到外资企业所在地县级或者县级以上地方人民政府的土地管理部门办理土地使用手续，领取土地证书。

第三十三条 土地证书为外资企业使用土地的法律凭证。外资企业在经营期限内未经批准，其土地使用权不得转让。

第三十四条 外资企业在领取土地证书时，应当向其所在地土地管理部门缴纳土地使用费。

第三十五条 外资企业使用经过开发的土地，应当缴付土地开发费。

前款所指土地开发费包括征地拆迁安置费用和为外资企业配套的基础设施建设费用。土地开发费可由土地开发单位一次性计收或者分年计收。

第三十六条 外资企业使用未经开发的土地，可以自行开发或者委托中国有关单位开发。基础设施的建设，应当由外资企业所在地县级或者县级以上地方人民政府统一安排。

第三十七条 外资企业的土地使用费和土地开发费的计收标准，依照中国有关规定办理。

第三十八条 外资企业的土地使用年限，与经批准的该外资企业的经营期限相同。

第三十九条 外资企业除依照本章规定取得土地使用权外，还可以依照中国其他法规的规定取得土地使用权。

第六章 购买与销售

第四十条 外资企业有权自行决定购买本企业自用的机器设备、原材料、燃料、零部件、配套件、元器件、运输工具和办公用品等（以下统称“物资”）。

外资企业在中国购买物资，在同等条件下，享受与中国企业同等的待遇。

第四十一条 外资企业可以在中国市场销售其产品。国家鼓励外资企业出口其生产的产品。

第四十二条 外资企业有权自行出口本企业生产的产品，也可以委托中国的外贸公司代销或者委托中国境外的公司代销。

外资企业可以自行在中国销售本企业生产的产品，也可以委托商业机构代销其产品。

第四十三条 外国投资者作为出资的机器设备，依照中国规定需要领取进口许可证的，外资企业凭批准的该企业进口设备和物资清单直接或者委托代理机构向发证机关申领进口许可证。

外资企业在批准的经营范围内，进口本企业自用并为生产所需的物资，依照中国规定需要领取进口许可证的，应当编制年度进口计划，每半年向发证机关申领一次。

外资企业出口产品，依照中国规定需要领取出口许可证的，应当编制年度出口计划，每半年向发证机关申领一次。

第四十四条 外资企业进口的物资以及技术劳务的价格不得高于当时的国际市场同类物资以及技术劳务的正常价格。外资企业的出口产品价格，由外资企业参照当时的国际市场价格自行确定，但不得低于合理的出口价格。用高价进口、低价出口等方式逃避税收的，税务机关有权根据税法规定，追究其法律责任。

第四十五条 外资企业应当依照《中华人民共和国统计法》及中国利用外资统计制度的规定，提供统计资料，报送统计报表。

第七章 税务

第四十六条 外资企业应当依照中国法律、法规的规定，缴纳税款。

第四十七条 外资企业的职工应当依照中国法律、法规的规定，缴纳个人所得税。

第四十八条 外资企业进口下列物资，依照中国税法的有关规定减税、免税：

（一）外国投资者作为出资的机器设备、零部件、建设用建筑材料以及安装、加固机器所需材料；

（二）外资企业以投资总额内的资金进口本企业生产所需的自用机器设备、零部件、生产用交通运输工具以及生产管理设备；

（三）外资企业为生产出口产品而进口的原材料、辅料、元器件、零部件和包装物料。

前款所述的进口物资，经批准在中国境内转卖或者转用于生产在中国境内销售的产品，应当依照中国税法纳税或者补税。

第四十九条 外资企业生产的出口产品，除中国限制出口的以外，依照中国税法的有关规定减税、免税或者退税。

第八章　外汇管理

第五十条　外资企业的外汇事宜，应当依照中国有关外汇管理的法规办理。

第五十一条　外资企业凭工商行政管理机关发给的营业执照，在中国境内可以经营外汇业务的银行开立账户，由开户银行监督收付。

外资企业的外汇收入，应当存入其开户银行的外汇账户；外汇支出，应当从其外汇账户中支付。

第五十二条　外资企业因生产和经营需要在中国境外的银行开立外汇账户，须经中国外汇管理机关批准，并依照中国外汇管理机关的规定定期报告外汇收付情况和提供银行对账单。

第五十三条　外资企业中的外籍职工和港澳台职工的工资和其他正当的外汇收益，依照中国税法纳税后，可以自由汇出。

第九章　财务会计

第五十四条　外资企业应当依照中国法律、法规和财政机关的规定，建立财务会计制度并报其所在地财政、税务机关备案。

第五十五条　外资企业的会计年度自公历年的 1 月 1 日起至 12 月 31 日止。

第五十六条　外资企业依照中国税法规定缴纳所得税后的利润，应当提取储备基金和职工奖励及福利基金。储备基金的提取比例不得低于税后利润的 10%，当累计提取金额达到注册资本的 50%时，可以不再提取。职工奖励及福利基金的提取比例由外资企业自行确定。

外资企业以往会计年度的亏损未弥补前，不得分配利润；以往会计年度未分配的利润，可与本会计年度可供分配的利润一并分配。

第五十七条　外资企业的自制会计凭证、会计账簿和会计报表，应当用中文书写；用外文书写的，应当加注中文。

第五十八条　外资企业应当独立核算。

外资企业的年度会计报表和清算会计报表，应当依照中国财政、税务机关的规定编制。以外币编报会计报表的，应当同时编报外币折合为人民币的会计报表。

外资企业的年度会计报表和清算会计报表，应当聘请中国的注册会计师进行验证并出具报告。

第二款和第三款规定的外资企业的年度会计报表和清算会计报表，连同中国的注册会计师出具的报告，应当在规定的时间内报送财政、税务机关，并报审批机关和工商行政管理机关备案。

第五十九条 外国投资者可以聘请中国或者外国的会计人员查阅外资企业账簿，费用由外国投资者承担。

第六十条 外资企业应当向财政、税务机关报送年度资产负债表和损益表，并报审批机关和工商行政管理机关备案。

第六十一条 外资企业应当在企业所在地设置会计账簿，并接受财政、税务机关的监督。

违反前款规定的，财政、税务机关可以处以罚款，工商行政管理机关可以责令停止营业或者吊销营业执照。

第十章 职 工

第六十二条 外资企业在中国境内雇用职工，企业和职工双方应当依照中国的法律、法规签订劳动合同。合同中应当订明雇用、辞退、报酬、福利、劳动保护、劳动保险等事项。

外资企业不得雇用童工。

第六十三条 外资企业应当负责职工的业务、技术培训，建立考核制度，使职工在生产、管理技能方面能够适应企业的生产与发展需要。

第十一章 工 会

第六十四条 外资企业的职工有权依照《中华人民共和国工会法》的规定，建立基层工会组织，开展工会活动。

第六十五条 外资企业工会是职工利益的代表，有权代表职工同本企业签订劳动合同，并监督劳动合同的执行。

第六十六条 外资企业工会的基本任务是：依照中国法律、法规的规定维护职工的合法权益，协助企业合理安排和使用职工福利、奖励基金；组织职工学习政治、科学技术和业务知识，开展文艺、体育活动；教育职工遵守劳动纪律，努力完成企业的各项经济任务。

外资企业研究决定有关职工奖惩、工资制度、生活福利、劳动保护和保险问题时，工会代表有权列席会议。外资企业应当听取工会的意见，取得工会的合作。

第六十七条 外资企业应当积极支持本企业工会的工作，依照《中华人民共和国工会法》的规定，为工会组织提供必要的房屋和设备，用于办公、会议、举办职工集体福利、文化、体育事业。外资企业每月按照企业职工实发工资总额的2%拨交工会经费，由本企业工会依照中华全国总工会制定的有关工会经费管理办法使用。

第十二章　期限、终止与清算

第六十八条　外资企业的经营期限，根据不同行业和企业的具体情况，由外国投资者在设立外资企业的申请书中拟订，经审批机关批准。

第六十九条　外资企业的经营期限，从其营业执照签发之日起计算。

外资企业经营期满需要延长经营期限的，应当在距经营期满180天前向审批机关报送延长经营期限的申请书。审批机关应当在收到申请书之日起30天内决定批准或者不批准。

外资企业经批准延长经营期限的，应当自收到批准延长期限文件之日起30天内，向工商行政管理机关办理变更登记手续。

第七十条　外资企业有下列情形之一的，应予终止：

（一）经营期限届满；

（二）经营不善，严重亏损，外国投资者决定解散；

（三）因自然灾害、战争等不可抗力而遭受严重损失，无法继续经营；

（四）破产；

（五）违反中国法律、法规，危害社会公共利益被依法撤销；

（六）外资企业章程规定的其他解散事由已经出现。

外资企业如存在前款第（二）（三）（四）项所列情形，应当自行提交终止申请书，报审批机关核准。审批机关作出核准的日期为企业的终止日期。

第七十一条　外资企业依照本实施细则第七十条第（一）（二）（三）（六）项的规定终止的，应当在终止之日起15天内对外公告并通知债权人，并在终止公告发出之日起15天内，提出清算程序、原则和清算委员会人选，报审批机关审核后进行清算。

第七十二条　清算委员会应当由外资企业的法定代表人、债权人代表以及有关主管机关的代表组成，并聘请中国的注册会计师、律师等参加。

清算费用从外资企业现存财产中优先支付。

第七十三条　清算委员会行使下列职权：

（一）召集债权人会议；

（二）接管并清理企业财产，编制资产负债表和财产目录；

（三）提出财产作价和计算依据；

（四）制定清算方案；

（五）收回债权和清偿债务；

（六）追回股东应缴而未缴的款项；

（七）分配剩余财产；

（八）代表外资企业起诉和应诉。

第七十四条 外资企业在清算结束之前，外国投资者不得将该企业的资金汇出或者携出中国境外，不得自行处理企业的财产。

外资企业清算结束，其资产净额和剩余财产超过注册资本的部分视同利润，应当依照中国税法缴纳所得税。

第七十五条 外资企业清算结束，应当向工商行政管理机关办理注销登记手续，缴销营业执照。

第七十六条 外资企业清算处理财产时，在同等条件下，中国的企业或者其他经济组织有优先购买权。

第七十七条 外资企业依照本实施细则第七十条第（四）项的规定终止的，参照中国有关法律、法规进行清算。

外资企业依照本实施细则第七十条第（五）项的规定终止的，依照中国有关规定进行清算。

第十三章　附　则

第七十八条 外资企业的各项保险，应当向中国境内的保险公司投保。

第七十九条 外资企业与其他公司、企业或者经济组织以及个人签订合同，适用《中华人民共和国合同法》。

第八十条 香港、澳门、台湾地区的公司、企业和其他经济组织或者个人以及在国外居住的中国公民在大陆设立全部资本为其所有的企业，参照本实施细则办理。

第八十一条 外资企业中的外籍职工和港澳台职工可带进合理自用的交通工具和生活物品，并依照中国规定办理进口手续。

第八十二条 本实施细则自公布之日起施行。

中华人民共和国中外合资经营企业法

（1979 年 7 月 1 日第五届全国人民代表大会第二次会议通过　根据1990 年 4 月 4 日第七届全国人民代表大会第三次会议《关于修改〈中华人民共和国中外合资经营企业法〉的决定》第一次修正　根据 2001 年 3 月 15 日第九届全国人民代表大会第四次会议《关于修改〈中华人民共和国中外合资经营企业法〉的决定》第二次修正　根据 2016 年 9 月 3 日第十二届全国人民代表大会常务委员会第二十二次会议《关于修改〈中华人民共和国外资企业法〉等四部法律的决定》第三次修正）

第一条　中华人民共和国为了扩大国际经济合作和技术交流，允许外国公司、企业和其它经济组织或个人（以下简称外国合营者），按照平等互利的原则，经中国政府批准，在中华人民共和国境内，同中国的公司、企业或其它经济组织（以下简称中国合营者）共同举办合营企业。

第二条　中国政府依法保护外国合营者按照经中国政府批准的协议、合同、章程在合营企业的投资、应分得的利润和其它合法权益。

合营企业的一切活动应遵守中华人民共和国法律、法规的规定。

国家对合营企业不实行国有化和征收；在特殊情况下，根据社会公共利益的需要，对合营企业可以依照法律程序实行征收，并给予相应的补偿。

第三条　合营各方签订的合营协议、合同、章程，应报国家对外经济贸易主管部门（以下称审查批准机关）审查批准。审查批准机关应在三个月内决定批准或不批准。合营企业经批准后，向国家工商行政管理主管部门登记，领取营业执照，开始营业。

第四条　合营企业的形式为有限责任公司。

在合营企业的注册资本中，外国合营者的投资比例一般不低于百分之二十五。

合营各方按注册资本比例分享利润和分担风险及亏损。

合营者的注册资本如果转让必须经合营各方同意。

第五条　合营企业各方可以现金、实物、工业产权等进行投资。

外国合营者作为投资的技术和设备，必须确实是适合我国需要的先进技术和设备。如果有意以落后的技术和设备进行欺骗，造成损失的，应赔偿损失。

中国合营者的投资可包括为合营企业经营期间提供的场地使用权。如果场地使用权未作为中国合营者投资的一部分，合营企业应向中国政府缴纳使用费。

上述各项投资应在合营企业的合同和章程中加以规定，其价格（场地除外）由合营各方评议商定。

第六条 合营企业设董事会，其人数组成由合营各方协商，在合同、章程中确定，并由合营各方委派和撤换。董事长和副董事长由合营各方协商确定或由董事会选举产生。中外合营者的一方担任董事长的，由他方担任副董事长。董事会根据平等互利的原则，决定合营企业的重大问题。

董事会的职权是按合营企业章程规定，讨论决定合营企业的一切重大问题：企业发展规划、生产经营活动方案、收支预算、利润分配、劳动工资计划、停业，以及总经理、副总经理、总工程师、总会计师、审计师的任命或聘请及其职权和待遇等。

正副总经理（或正副厂长）由合营各方分别担任。

合营企业职工的录用、辞退、报酬、福利、劳动保护、劳动保险等事项，应当依法通过订立合同加以规定。

第七条 合营企业的职工依法建立工会组织，开展工会活动，维护职工的合法权益。

合营企业应当为本企业工会提供必要的活动条件。

第八条 合营企业获得的毛利润，按中华人民共和国税法规定缴纳合营企业所得税后，扣除合营企业章程规定的储备基金、职工奖励及福利基金、企业发展基金，净利润根据合营各方注册资本的比例进行分配。

合营企业依照国家有关税收的法律和行政法规的规定，可以享受减税、免税的优惠待遇。

外国合营者将分得的净利润用于在中国境内再投资时，可申请退还已缴纳的部分所得税。

第九条 合营企业应凭营业执照在国家外汇管理机关允许经营外汇业务的银行或其它金融机构开立外汇帐户。

合营企业的有关外汇事宜，应遵照中华人民共和国外汇管理条例办理。

合营企业在其经营活动中，可直接向外国银行筹措资金。

合营企业的各项保险应向中国境内的保险公司投保。

第十条 合营企业在批准的经营范围内所需的原材料、燃料等物资，按照公平、合理的原则，可以在国内市场或者在国际市场购买。

鼓励合营企业向中国境外销售产品。出口产品可由合营企业直接或与其有关的委托机构向国外市场出售，也可通过中国的外贸机构出售。合营企业产品也可在中国市场销售。

合营企业需要时可在中国境外设立分支机构。

第十一条　外国合营者在履行法律和协议、合同规定的义务后分得的净利润，在合营企业期满或者中止时所分得的资金以及其它资金，可按合营企业合同规定的货币，按外汇管理条例汇往国外。

鼓励外国合营者将可汇出的外汇存入中国银行。

第十二条　合营企业的外籍职工的工资收入和其它正当收入，按中华人民共和国税法缴纳个人所得税后，可按外汇管理条例汇往国外。

第十三条　合营企业的合营期限，按不同行业、不同情况，作不同的约定。有的行业的合营企业，应当约定合营期限；有的行业的合营企业，可以约定合营期限，也可以不约定合营期限。约定合营期限的合营企业，合营各方同意延长合营期限的，应在距合营期满六个月前向审查批准机关提出申请。审查批准机关应自接到申请之日起一个月内决定批准或不批准。

第十四条　合营企业如发生严重亏损、一方不履行合同和章程规定的义务、不可抗力等，经合营各方协商同意，报请审查批准机关批准，并向国家工商行政管理主管部门登记，可终止合同。如果因违反合同而造成损失的，应由违反合同的一方承担经济责任。

第十五条　举办合营企业不涉及国家规定实施准入特别管理措施的，对本法第三条、第十三条、第十四条规定的审批事项，适用备案管理。国家规定的准入特别管理措施由国务院发布或者批准发布。

第十六条　合营各方发生纠纷，董事会不能协商解决时，由中国仲裁机构进行调解或仲裁，也可由合营各方协议在其它仲裁机构仲裁。

合营各方没有在合同中订有仲裁条款的或者事后没有达成书面仲裁协议的，可以向人民法院起诉。

第十七条　本法自公布之日起生效。

中华人民共和国中外合资经营企业法实施条例

（1983年9月20日国务院发布　根据1986年1月15日国务院《关于〈中华人民共和国中外合资经营企业法实施条例〉第一百条的修订》第一次修订　根据1987年12月21日《国务院关于修订〈中华人民共和国中外合资经营企业法实施条例〉第八十条第三款的通知》第二次修订　根据2001年7月22日《国务院关于修改〈中华人民共和国中外合资经营企业法实施条例〉的决定》第三次修订　根据2011年1月8日《国务院关于废止和修改部分行政法规的决定》第四次修订　根据2014年2月19日《国务院关于废止和修改部分行政法规的决定》第五次修订）

第一章　总　则

第一条　为了便于《中华人民共和国中外合资经营企业法》（以下简称《中外合资经营企业法》）的顺利实施，制定本条例。

第二条　依照《中外合资经营企业法》批准在中国境内设立的中外合资经营企业（以下简称合营企业）是中国的法人，受中国法律的管辖和保护。

第三条　在中国境内设立的合营企业，应当能够促进中国经济的发展和科学技术水平的提高，有利于社会主义现代化建设。

国家鼓励、允许、限制或者禁止设立合营企业的行业，按照国家指导外商投资方向的规定及外商投资产业指导目录执行。

第四条　申请设立合营企业有下列情况之一的，不予批准：

（一）有损中国主权的；

（二）违反中国法律的；

（三）不符合中国国民经济发展要求的；

（四）造成环境污染的；

（五）签订的协议、合同、章程显属不公平，损害合营一方权益的。

第五条　在中国法律、法规和合营企业协议、合同、章程规定的范围内，合营企业有权自主地进行经营管理。各有关部门应当给予支持和帮助。

第二章　设立与登记

第六条　在中国境内设立合营企业，必须经中华人民共和国对外贸易经济合作部（以下简称对外贸易经济合作部）审查批准。批准后，由对外贸易经济合作部发给批准证书。

凡具备下列条件的，国务院授权省、自治区、直辖市人民政府或者国务院有关部门审批：

（一）投资总额在国务院规定的投资审批权限以内，中国合营者的资金来源已经落实的；

（二）不需要国家增拨原材料，不影响燃料、动力、交通运输、外贸出口配额等方面的全国平衡的。

依照前款批准设立的合营企业，应当报对外贸易经济合作部备案。

对外贸易经济合作部和国务院授权的省、自治区、直辖市人民政府或者国务院有关部门，以下统称审批机构。

第七条　申请设立合营企业，由中外合营者共同向审批机构报送下列文件：

（一）设立合营企业的申请书；

（二）合营各方共同编制的可行性研究报告；

（三）由合营各方授权代表签署的合营企业协议、合同和章程；

（四）由合营各方委派的合营企业董事长、副董事长、董事人选名单；

（五）审批机构规定的其他文件。

前款所列文件必须用中文书写，其中第（二）（三）（四）项文件可以同时用合营各方商定的一种外文书写。两种文字书写的文件具有同等效力。

审批机构发现报送的文件有不当之处的，应当要求限期修改。

第八条　审批机构自接到本条例第七条规定的全部文件之日起，3 个月内决定批准或者不批准。

第九条　申请者应当自收到批准证书之日起 1 个月内，按照国家有关规定，向工商行政管理机关（以下简称登记管理机构）办理登记手续。合营企业的营业执照签发日期，即为该合营企业的成立日期。

第十条　本条例所称合营企业协议，是指合营各方对设立合营企业的某些要点和原则达成一致意见而订立的文件；所称合营企业合同，是指合营各方为设立合营企业就相互权利、义务关系达成一致意见而订立的文件；所称合营企业章程，是指按照合营企业合同规定的原则，经合营各方一致同意，规定合营企业的宗旨、组织原则和经营管理方法等事项的文件。

合营企业协议与合营企业合同有抵触时，以合营企业合同为准。

经合营各方同意，也可以不订立合营企业协议而只订立合营企业合同、章程。

第十一条　合营企业合同应当包括下列主要内容：

（一）合营各方的名称、注册国家、法定地址和法定代表人的姓名、职务、国籍；

（二）合营企业名称、法定地址、宗旨、经营范围和规模；

（三）合营企业的投资总额，注册资本，合营各方的出资额、出资比例、出资方式、出资的缴付期限以及出资额欠缴、股权转让的规定；

（四）合营各方利润分配和亏损分担的比例；

（五）合营企业董事会的组成、董事名额的分配以及总经理、副总经理及其他高级管理人员的职责、权限和聘用办法；

（六）采用的主要生产设备、生产技术及其来源；

（七）原材料购买和产品销售方式；

（八）财务、会计、审计的处理原则；

（九）有关劳动管理、工资、福利、劳动保险等事项的规定；

（十）合营企业期限、解散及清算程序；

（十一）违反合同的责任；

（十二）解决合营各方之间争议的方式和程序；

（十三）合同文本采用的文字和合同生效的条件。

合营企业合同的附件，与合营企业合同具有同等效力。

第十二条　合营企业合同的订立、效力、解释、执行及其争议的解决，均应当适用中国的法律。

第十三条　合营企业章程应当包括下列主要内容：

（一）合营企业名称及法定地址；

（二）合营企业的宗旨、经营范围和合营期限；

（三）合营各方的名称、注册国家、法定地址、法定代表人的姓名、职务、国籍；

（四）合营企业的投资总额，注册资本，合营各方的出资额、出资比例、出资方式、出资缴付期限、股权转让的规定，利润分配和亏损分担的比例；

（五）董事会的组成、职权和议事规则，董事的任期，董事长、副董事长的职责；

（六）管理机构的设置，办事规则，总经理、副总经理及其他高级管理人员的职责和任免方法；

（七）财务、会计、审计制度的原则；

（八）解散和清算；

（九）章程修改的程序。

第十四条　合营企业协议、合同和章程经审批机构批准后生效，其修改时同。

第十五条　审批机构和登记管理机构对合营企业合同、章程的执行负有监督检查的责任。

第三章　组织形式与注册资本

第十六条　合营企业为有限责任公司。

合营各方对合营企业的责任以各自认缴的出资额为限。

第十七条　合营企业的投资总额（含企业借款），是指按照合营企业合同、章程规定的生产规模需要投入的基本建设资金和生产流动资金的总和。

第十八条　合营企业的注册资本，是指为设立合营企业在登记管理机构登记的资本总额，应为合营各方认缴的出资额之和。

合营企业的注册资本一般应当以人民币表示，也可以用合营各方约定的外币表示。

第十九条　合营企业在合营期内不得减少其注册资本。因投资总额和生产经营规模等发生变化，确需减少的，须经审批机构批准。

第二十条　合营一方向第三者转让其全部或者部分股权的，须经合营他方同意，并报审批机构批准，向登记管理机构办理变更登记手续。

合营一方转让其全部或者部分股权时，合营他方有优先购买权。

合营一方向第三者转让股权的条件，不得比向合营他方转让的条件优惠。

违反上述规定的，其转让无效。

第二十一条　合营企业注册资本的增加、减少，应当由董事会会议通过，并报审批机构批准，向登记管理机构办理变更登记手续。

第四章　出资方式

第二十二条　合营者可以用货币出资，也可以用建筑物、厂房、机器设备或者其他物料、工业产权、专有技术、场地使用权等作价出资。以建筑物、厂房、机器设备或者其他物料、工业产权、专有技术作为出资的，其作价由合营各方按照公平合理的原则协商确定，或者聘请合营各方同意的第三者评定。

第二十三条　外国合营者出资的外币，按缴款当日中国人民银行公布的基准汇率折算成人民币或者套算成约定的外币。

中国合营者出资的人民币现金，需要折算成外币的，按缴款当日中国人民银行公布的基准汇率折算。

第二十四条　作为外国合营者出资的机器设备或者其他物料，应当是合营企业生产所必需的。

前款所指机器设备或者其他物料的作价，不得高于同类机器设备或者其他物料当时的国际市场价格。

第二十五条 作为外国合营者出资的工业产权或者专有技术，必须符合下列条件之一：

（一）能显著改进现有产品的性能、质量，提高生产效率的；

（二）能显著节约原材料、燃料、动力的。

第二十六条 外国合营者以工业产权或者专有技术作为出资，应当提交该工业产权或者专有技术的有关资料，包括专利证书或者商标注册证书的复制件、有效状况及其技术特性、实用价值、作价的计算根据、与中国合营者签订的作价协议等有关文件，作为合营合同的附件。

第二十七条 外国合营者作为出资的机器设备或者其他物料、工业产权或者专有技术，应当报审批机构批准。

第二十八条 合营各方应当按照合同规定的期限缴清各自的出资额。逾期未缴或者未缴清的，应当按合同规定支付迟延利息或者赔偿损失。

第二十九条 合营各方缴付出资额后，应当由中国的注册会计师验证，出具验资报告后，由合营企业据以发给出资证明书。出资证明书载明下列事项：合营企业名称；合营企业成立的年、月、日；合营者名称（或者姓名）及其出资额、出资的年、月、日；发给出资证明书的年、月、日。

第五章　董事会与经营管理机构

第三十条 董事会是合营企业的最高权力机构，决定合营企业的一切重大问题。

第三十一条 董事会成员不得少于 3 人。董事名额的分配由合营各方参照出资比例协商确定。

董事的任期为 4 年，经合营各方继续委派可以连任。

第三十二条 董事会会议每年至少召开 1 次，由董事长负责召集并主持。董事长不能召集时，由董事长委托副董事长或者其他董事负责召集并主持董事会会议。经 1/3 以上董事提议，可以由董事长召开董事会临时会议。

董事会会议应当有 2/3 以上董事出席方能举行。董事不能出席的，可以出具委托书委托他人代表其出席和表决。

董事会会议一般应当在合营企业法定地址所在地举行。

第三十三条 下列事项由出席董事会会议的董事一致通过方可作出决议：

（一）合营企业章程的修改；

（二）合营企业的中止、解散；

（三）合营企业注册资本的增加、减少；

（四）合营企业的合并、分立。

其他事项，可以根据合营企业章程载明的议事规则作出决议。

第三十四条　董事长是合营企业的法定代表人。董事长不能履行职责时，应当授权副董事长或者其他董事代表合营企业。

第三十五条　合营企业设经营管理机构，负责企业的日常经营管理工作。经营管理机构设总经理 1 人，副总经理若干人。副总经理协助总经理工作。

第三十六条　总经理执行董事会会议的各项决议，组织领导合营企业的日常经营管理工作。在董事会授权范围内，总经理对外代表合营企业，对内任免下属人员，行使董事会授予的其他职权。

第三十七条　总经理、副总经理由合营企业董事会聘请，可以由中国公民担任，也可以由外国公民担任。

经董事会聘请，董事长、副董事长、董事可以兼任合营企业的总经理、副总经理或者其他高级管理职务。

总经理处理重要问题时，应当同副总经理协商。

总经理或者副总经理不得兼任其他经济组织的总经理或者副总经理，不得参与其他经济组织对本企业的商业竞争。

第三十八条　总经理、副总经理及其他高级管理人员有营私舞弊或者严重失职行为的，经董事会决议可以随时解聘。

第三十九条　合营企业需要在国外和港澳地区设立分支机构（含销售机构）时，应当报对外贸易经济合作部批准。

第六章　引进技术

第四十条　本条例所称引进技术，是指合营企业通过技术转让的方式，从第三者或者合营者获得所需要的技术。

第四十一条　合营企业引进的技术应当是适用的、先进的，使其产品在国内具有显著的社会经济效益或者在国际市场上具有竞争能力。

第四十二条　在订立技术转让协议时，必须维护合营企业独立进行经营管理的权利，并参照本条例第二十六条的规定，要求技术输出方提供有关的资料。

第四十三条　合营企业订立的技术转让协议，应当报审批机构批准。

技术转让协议必须符合下列规定：

（一）技术使用费应当公平合理；

（二）除双方另有协议外，技术输出方不得限制技术输入方出口其产品的地区、数量和价格；

（三）技术转让协议的期限一般不超过 10 年；

（四）技术转让协议期满后，技术输入方有权继续使用该项技术；

（五）订立技术转让协议双方，相互交换改进技术的条件应当对等；

（六）技术输入方有权按自己认为合适的来源购买需要的机器设备、零部件和原材料；

（七）不得含有为中国的法律、法规所禁止的不合理的限制性条款。

第七章　场地使用权及其费用

第四十四条　合营企业使用场地，必须贯彻执行节约用地的原则。所需场地，应当由合营企业向所在地的市（县）级土地主管部门提出申请，经审查批准后，通过签订合同取得场地使用权。合同应当订明场地面积、地点、用途、合同期限、场地使用权的费用（以下简称场地使用费）、双方的权利与义务、违反合同的罚则等。

第四十五条　合营企业所需场地的使用权，已为中国合营者所拥有的，中国合营者可以将其作为对合营企业的出资，其作价金额应当与取得同类场地使用权所应缴纳的使用费相同。

第四十六条　场地使用费标准应当根据该场地的用途、地理环境条件、征地拆迁安置费用和合营企业对基础设施的要求等因素，由所在地的省、自治区、直辖市人民政府规定，并向对外贸易经济合作部和国家土地主管部门备案。

第四十七条　从事农业、畜牧业的合营企业，经所在地的省、自治区、直辖市人民政府同意，可以按合营企业营业收入的百分比向所在地的土地主管部门缴纳场地使用费。

在经济不发达地区从事开发性的项目，场地使用费经所在地人民政府同意，可以给予特别优惠。

第四十八条　场地使用费在开始用地的5年内不调整。以后随着经济的发展、供需情况的变化和地理环境条件的变化需要调整时，调整的间隔期应当不少于3年。

场地使用费作为中国合营者投资的，在该合同期限内不得调整。

第四十九条　合营企业按本条例第四十四条取得的场地使用权，其场地使用费应当按合同规定的用地时间从开始时起按年缴纳，第一日历年用地时间超过半年的按半年计算；不足半年的免缴。在合同期内，场地使用费如有调整，应当自调整的年度起按新的费用标准缴纳。

第五十条　合营企业除依照本章规定取得场地使用权外，还可以按照国家有关规定取得场地使用权。

第八章　购买与销售

第五十一条　合营企业所需的机器设备、原材料、燃料、配套件、运输工具和办公用品等（以下简称物资），有权自行决定在中国购买或者向国外购买。

第五十二条　合营企业需要在中国购置的办公、生活用品，按需要量购买，不受限制。

第五十三条　中国政府鼓励合营企业向国际市场销售其产品。

第五十四条　合营企业有权自行出口其产品，也可以委托外国合营者的销售机构或者中国的外贸公司代销或者经销。

第五十五条　合营企业在合营合同规定的经营范围内，进口本企业生产所需的机器设备、零配件、原材料、燃料，凡属国家规定需要领取进口许可证的，每年编制一次计划，每半年申领一次。外国合营者作为出资的机器设备或者其他物料，可以凭审批机构的批准文件直接办理进口许可证进口。超出合营合同规定范围进口的物资，凡国家规定需要领取进口许可证的，应当另行申领。

合营企业生产的产品，可以自主经营出口，凡属国家规定需要领取出口许可证的，合营企业按照本企业的年度出口计划，每半年申领一次。

第五十六条　合营企业在国内购买物资的价格以及支付水、电、气、热、货物运输、劳务、工程设计、咨询、广告等服务的费用，享受与国内其他企业同等的待遇。

第五十七条　合营企业与中国其他经济组织之间的经济往来，按照有关的法律规定和双方订立的合同承担经济责任，解决合同争议。

第五十八条　合营企业应当依照《中华人民共和国统计法》及中国利用外资统计制度的规定，提供统计资料，报送统计报表。

第九章　税　务

第五十九条　合营企业应当按照中华人民共和国有关法律的规定，缴纳各种税款。

第六十条　合营企业的职工应当按照《中华人民共和国个人所得税法》缴纳个人所得税。

第六十一条　合营企业进口下列物资，依照中国税法的有关规定减税、免税：

（一）按照合同规定作为外国合营者出资的机器设备、零部件和其他物料（其他物料系指合营企业建厂（场）以及安装、加固机器所需材料，下同）；

（二）合营企业以投资总额以内的资金进口的机器设备、零部件和其他物料；

（三）经审批机构批准，合营企业以增加资本所进口的国内不能保证生产供应的机器设备、零部件和其他物料；

（四）合营企业为生产出口产品，从国外进口的原材料、辅料、元器件、零部件和包装物料。

上述减税、免税进口物资，经批准在中国国内转卖或者转用于在中国国内销售的产品，应当照章纳税或者补税。

第六十二条　合营企业生产的出口产品，除中国限制出口的以外，依照中国税法的有关规定减税、免税或者退税。

第十章　外汇管理

第六十三条　合营企业的一切外汇事宜，按照《中华人民共和国外汇管理条例》和有关管理办法的规定办理。

第六十四条　合营企业凭营业执照，在境内银行开立外汇账户和人民币账户，由开户银行监督收付。

第六十五条　合营企业在国外或者港澳地区的银行开立外汇账户，应当经国家外汇管理局或者其分局批准，并向国家外汇管理局或者其分局报告收付情况和提供银行对账单。

第六十六条　合营企业在国外或者港澳地区设立的分支机构，其年度资产负债表和年度利润表，应当通过合营企业报送国家外汇管理局或者其分局。

第六十七条　合营企业根据经营业务的需要，可以向境内的金融机构申请外汇贷款和人民币贷款，也可以按照国家有关规定从国外或者港澳地区的银行借入外汇资金，并向国家外汇管理局或者其分局办理登记或者备案手续。

第六十八条　合营企业的外籍职工和港澳职工的工资和其他正当收益，依法纳税后，减去在中国境内的花费，其剩余部分可以按照国家有关规定购汇汇出。

第十一章　财务与会计

第六十九条　合营企业的财务与会计制度，应当按照中国有关法律和财务会计制度的规定，结合合营企业的情况加以制定，并报当地财政部门、税务机关备案。

第七十条　合营企业设总会计师，协助总经理负责企业的财务会计工作。必要时，可以设副总会计师。

第七十一条　合营企业设审计师（小的企业可以不设），负责审查、稽核合营企业的财务收支和会计账目，向董事会、总经理提出报告。

第七十二条　合营企业会计年度采用日历年制，自公历每年1月1日起至12月31日止为一个会计年度。

第七十三条　合营企业会计采用国际通用的权责发生制和借贷记账法记账。一切自制凭证、账簿、报表必须用中文书写，也可以同时用合营各方商定的一种外文书写。

第七十四条　合营企业原则上采用人民币作为记账本位币，经合营各方商定，也可以采用某一种外国货币作为记账本位币。

第七十五条　合营企业的账目，除按记账本位币记录外，对于现金、银行存款、其他货币款项以及债权债务、收益和费用等，与记账本位币不一致时，还应当按实际收付的货币记账。

以外国货币作为记账本位币的合营企业，其编报的财务会计报告应当折算为人民币。

因汇率的差异而发生的折合记账本位币差额，作为汇兑损益列账。记账汇率变动，有关外币各账户的账面余额，于年终结账时，应当按照中国有关法律和财务会计制度的规定进行会计处理。

第七十六条　合营企业按照《中华人民共和国企业所得税法》缴纳所得税后的利润分配原则如下：

（一）提取储备基金、职工奖励及福利基金、企业发展基金，提取比例由董事会确定；

（二）储备基金除用于垫补合营企业亏损外，经审批机构批准也可以用于本企业增加资本，扩大生产；

（三）按照本条第（一）项规定提取三项基金后的可分配利润，董事会确定分配的，应当按合营各方的出资比例进行分配。

第七十七条　以前年度的亏损未弥补前不得分配利润。以前年度未分配的利润，可以并入本年度利润分配。

第七十八条　合营企业应当向合营各方、当地税务机关和财政部门报送季度和年度会计报表。

第七十九条　合营企业的下列文件、证件、报表，应当经中国的注册会计师验证和出具证明，方为有效：

（一）合营各方的出资证明书（以物料、场地使用权、工业产权、专有技术作为出资的，应当包括合营各方签字同意的财产估价清单及其协议文件）；

（二）合营企业的年度会计报表；

（三）合营企业清算的会计报表。

第十二章　职　工

第八十条　合营企业职工的招收、招聘、辞退、辞职、工资、福利、劳动保险、劳动保护、劳动纪律等事宜，按照国家有关劳动和社会保障的规定办理。

第八十一条 合营企业应当加强对职工的业务、技术培训，建立严格的考核制度，使他们在生产、管理技能方面能够适应现代化企业的要求。

第八十二条 合营企业的工资、奖励制度必须符合按劳分配、多劳多得的原则。

第八十三条 正副总经理、正副总工程师、正副总会计师、审计师等高级管理人员的工资待遇，由董事会决定。

第十三章 工 会

第八十四条 合营企业职工有权按照《中华人民共和国工会法》和《中国工会章程》的规定，建立基层工会组织，开展工会活动。

第八十五条 合营企业工会是职工利益的代表，有权代表职工同合营企业签订劳动合同，并监督合同的执行。

第八十六条 合营企业工会的基本任务是：依法维护职工的民主权利和物质利益；协助合营企业安排和合理使用福利、奖励基金；组织职工学习政治、科学、技术和业务知识，开展文艺、体育活动；教育职工遵守劳动纪律，努力完成企业的各项经济任务。

第八十七条 合营企业董事会会议讨论合营企业的发展规划、生产经营活动等重大事项时，工会的代表有权列席会议，反映职工的意见和要求。

董事会会议研究决定有关职工奖惩、工资制度、生活福利、劳动保护和保险等问题时，工会的代表有权列席会议，董事会应当听取工会的意见，取得工会的合作。

第八十八条 合营企业应当积极支持本企业工会的工作。合营企业应当按照《中华人民共和国工会法》的规定为工会组织提供必要的房屋和设备，用于办公、会议、举办职工集体福利、文化、体育事业。合营企业每月按企业职工实际工资总额的2%拨交工会经费，由本企业工会按照中华全国总工会制定的有关工会经费管理办法使用。

第十四章 期限、解散与清算

第八十九条 合营企业的合营期限，按照《中外合资经营企业合营期限暂行规定》执行。

第九十条 合营企业在下列情况下解散：

（一）合营期限届满；

（二）企业发生严重亏损，无力继续经营；

（三）合营一方不履行合营企业协议、合同、章程规定的义务，致使企业无法继续经营；

（四）因自然灾害、战争等不可抗力遭受严重损失，无法继续经营；

（五）合营企业未达到其经营目的，同时又无发展前途；

（六）合营企业合同、章程所规定的其他解散原因已经出现。

前款第（二）（四）（五）（六）项情况发生的，由董事会提出解散申请书，报审批机构批准；第（三）项情况发生的，由履行合同的一方提出申请，报审批机构批准。

在本条第一款第（三）项情况下，不履行合营企业协议、合同、章程规定的义务一方，应当对合营企业由此造成的损失负赔偿责任。

第九十一条　合营企业宣告解散时，应当进行清算。合营企业应当依法成立清算委员会，由清算委员会负责清算事宜。

第九十二条　清算委员会的成员一般应当在合营企业的董事中选任。董事不能担任或者不适合担任清算委员会成员时，合营企业可以聘请中国的注册会计师、律师担任。审批机构认为必要时，可以派人进行监督。

清算费用和清算委员会成员的酬劳应当从合营企业现存财产中优先支付。

第九十三条　清算委员会的任务是对合营企业的财产、债权、债务进行全面清查，编制资产负债表和财产目录，提出财产作价和计算依据，制定清算方案，提请董事会会议通过后执行。

清算期间，清算委员会代表该合营企业起诉和应诉。

第九十四条　合营企业以其全部资产对其债务承担责任。合营企业清偿债务后的剩余财产按照合营各方的出资比例进行分配，但合营企业协议、合同、章程另有规定的除外。

合营企业解散时，其资产净额或者剩余财产减除企业未分配利润、各项基金和清算费用后的余额，超过实缴资本的部分为清算所得，应当依法缴纳所得税。

第九十五条　合营企业的清算工作结束后，由清算委员会提出清算结束报告，提请董事会会议通过后，报告审批机构，并向登记管理机构办理注销登记手续，缴销营业执照。

第九十六条　合营企业解散后，各项账册及文件应当由原中国合营者保存。

第十五章　争议的解决

第九十七条　合营各方在解释或者履行合营企业协议、合同、章程时发生争议的，应当尽量通过友好协商或者调解解决。经过协商或者调解无效的，提请仲裁或者司法解决。

第九十八条 合营各方根据有关仲裁的书面协议，可以在中国的仲裁机构进行仲裁，也可以在其他仲裁机构仲裁。

第九十九条 合营各方之间没有有关仲裁的书面协议的，发生争议的任何一方都可以依法向人民法院起诉。

第一百条 在解决争议期间，除争议事项外，合营各方应当继续履行合营企业协议、合同、章程所规定的其他各项条款。

第十六章 附 则

第一百零一条 合营企业的外籍职工和港澳职工（包括其家属），需要经常入、出中国国境的，中国主管签证机关可以简化手续，予以方便。

第一百零二条 合营企业的中国职工，因工作需要出国（境）考察、洽谈业务、学习或者接受培训，按照国家有关规定办理出国（境）手续。

第一百零三条 合营企业的外籍职工和港澳职工，可以带进必需的交通工具和办公用品，按照中国税法的有关规定纳税。

第一百零四条 在经济特区设立的合营企业，法律、行政法规另有规定的，从其规定。

第一百零五条 本条例自公布之日起施行。

中华人民共和国农民专业合作社法

（2006年10月31日第十届全国人民代表大会常务委员会第二十四次会议通过 2017年12月27日中华人民共和国第十二届全国人民代表大会常务委员会第三十一次会议修订 2017年12月27日中华人民共和国主席令第83号公布 自2018年7月1日起施行）

目 录

第一章　总　则

第一条　为了规范农民专业合作社的组织和行为，鼓励、支持、引导农民专业合作社的发展，保护农民专业合作社及其成员的合法权益，推进农业农村现代化，制定本法。

第二条　本法所称农民专业合作社，是指在农村家庭承包经营基础上，农产品的生产经营者或者农业生产经营服务的提供者、利用者，自愿联合、民主管理的互助性经济组织。

第三条　农民专业合作社以其成员为主要服务对象，开展以下一种或者多种业务：

（一）农业生产资料的购买、使用；

（二）农产品的生产、销售、加工、运输、贮藏及其他相关服务；

（三）农村民间工艺及制品、休闲农业和乡村旅游资源的开发经营等；

（四）与农业生产经营有关的技术、信息、设施建设运营等服务。

第四条　农民专业合作社应当遵循下列原则：

（一）成员以农民为主体；

（二）以服务成员为宗旨，谋求全体成员的共同利益；

（三）入社自愿、退社自由；

（四）成员地位平等，实行民主管理；

（五）盈余主要按照成员与农民专业合作社的交易量（额）比例返还。

第五条　农民专业合作社依照本法登记，取得法人资格。

农民专业合作社对由成员出资、公积金、国家财政直接补助、他人捐赠以及合法取得的其他资产所形成的财产，享有占有、使用和处分的权利，并以上述财产对债务承担责任。

第六条　农民专业合作社成员以其账户内记载的出资额和公积金份额为限对农民专业合作社承担责任。

第七条　国家保障农民专业合作社享有与其他市场主体平等的法律地位。

国家保护农民专业合作社及其成员的合法权益，任何单位和个人不得侵犯。

第八条　农民专业合作社从事生产经营活动，应当遵守法律，遵守社会公德、商业道德，诚实守信，不得从事与章程规定无关的活动。

第九条 农民专业合作社为扩大生产经营和服务的规模，发展产业化经营，提高市场竞争力，可以依法自愿设立或者加入农民专业合作社联合社。

第十条 国家通过财政支持、税收优惠和金融、科技、人才的扶持以及产业政策引导等措施，促进农民专业合作社的发展。

国家鼓励和支持公民、法人和其他组织为农民专业合作社提供帮助和服务。

对发展农民专业合作社事业做出突出贡献的单位和个人，按照国家有关规定予以表彰和奖励。

第十一条 县级以上人民政府应当建立农民专业合作社工作的综合协调机制，统筹指导、协调、推动农民专业合作社的建设和发展。

县级以上人民政府农业主管部门、其他有关部门和组织应当依据各自职责，对农民专业合作社的建设和发展给予指导、扶持和服务。

第二章 设立和登记

第十二条 设立农民专业合作社，应当具备下列条件：

（一）有五名以上符合本法第十九条、第二十条规定的成员；

（二）有符合本法规定的章程；

（三）有符合本法规定的组织机构；

（四）有符合法律、行政法规规定的名称和章程确定的住所；

（五）有符合章程规定的成员出资。

第十三条 农民专业合作社成员可以用货币出资，也可以用实物、知识产权、土地经营权、林权等可以用货币估价并可以依法转让的非货币财产，以及章程规定的其他方式作价出资；但是，法律、行政法规规定不得作为出资的财产除外。

农民专业合作社成员不得以对该社或者其他成员的债权，充抵出资；不得以缴纳的出资，抵销对该社或者其他成员的债务。

第十四条 设立农民专业合作社，应当召开由全体设立人参加的设立大会。设立时自愿成为该社成员的人为设立人。

设立大会行使下列职权：

（一）通过本社章程，章程应当由全体设立人一致通过；

（二）选举产生理事长、理事、执行监事或者监事会成员；

（三）审议其他重大事项。

第十五条 农民专业合作社章程应当载明下列事项：

（一）名称和住所；

（二）业务范围；
（三）成员资格及入社、退社和除名；
（四）成员的权利和义务；
（五）组织机构及其产生办法、职权、任期、议事规则；
（六）成员的出资方式、出资额，成员出资的转让、继承、担保；
（七）财务管理和盈余分配、亏损处理；
（八）章程修改程序；
（九）解散事由和清算办法；
（十）公告事项及发布方式；
（十一）附加表决权的设立、行使方式和行使范围；
（十二）需要载明的其他事项。

第十六条　设立农民专业合作社，应当向工商行政管理部门提交下列文件，申请设立登记：
（一）登记申请书；
（二）全体设立人签名、盖章的设立大会纪要；
（三）全体设立人签名、盖章的章程；
（四）法定代表人、理事的任职文件及身份证明；
（五）出资成员签名、盖章的出资清单；
（六）住所使用证明；
（七）法律、行政法规规定的其他文件。

登记机关应当自受理登记申请之日起二十日内办理完毕，向符合登记条件的申请者颁发营业执照，登记类型为农民专业合作社。

农民专业合作社法定登记事项变更的，应当申请变更登记。

登记机关应当将农民专业合作社的登记信息通报同级农业等有关部门。

农民专业合作社登记办法由国务院规定。办理登记不得收取费用。

第十七条　农民专业合作社应当按照国家有关规定，向登记机关报送年度报告，并向社会公示。

第十八条　农民专业合作社可以依法向公司等企业投资，以其出资额为限对所投资企业承担责任。

第三章　成　员

第十九条　具有民事行为能力的公民，以及从事与农民专业合作社业务直接有关的生产经营活动的企业、事业单位或者社会组织，能够利用农民专业合作社提供的服务，承认并遵守农民专业合作社章程，履行章程规定的入社手续的，可以成为农民专业合作社的成员。但是，具有管理公共事务职能的单位不得加入农民专业合作社。

农民专业合作社应当置备成员名册，并报登记机关。

第二十条 农民专业合作社的成员中，农民至少应当占成员总数的百分之八十。

成员总数二十人以下的，可以有一个企业、事业单位或者社会组织成员；成员总数超过二十人的，企业、事业单位和社会组织成员不得超过成员总数的百分之五。

第二十一条 农民专业合作社成员享有下列权利：

（一）参加成员大会，并享有表决权、选举权和被选举权，按照章程规定对本社实行民主管理；

（二）利用本社提供的服务和生产经营设施；

（三）按照章程规定或者成员大会决议分享盈余；

（四）查阅本社的章程、成员名册、成员大会或者成员代表大会记录、理事会会议决议、监事会会议决议、财务会计报告、会计账簿和财务审计报告；

（五）章程规定的其他权利。

第二十二条 农民专业合作社成员大会选举和表决，实行一人一票制，成员各享有一票的基本表决权。

出资额或者与本社交易量（额）较大的成员按照章程规定，可以享有附加表决权。本社的附加表决权总票数，不得超过本社成员基本表决权总票数的百分之二十。享有附加表决权的成员及其享有的附加表决权数，应当在每次成员大会召开时告知出席会议的全体成员。

第二十三条 农民专业合作社成员承担下列义务：

（一）执行成员大会、成员代表大会和理事会的决议；

（二）按照章程规定向本社出资；

（三）按照章程规定与本社进行交易；

（四）按照章程规定承担亏损；

（五）章程规定的其他义务。

第二十四条 符合本法第十九条、第二十条规定的公民、企业、事业单位或者社会组织，要求加入已成立的农民专业合作社，应当向理事长或者理事会提出书面申请，经成员大会或者成员代表大会表决通过后，成为本社成员。

第二十五条 农民专业合作社成员要求退社的，应当在会计年度终了的三个月前向理事长或者理事会提出书面申请；其中，企业、事业单位或者社会组织成员退社，应当在会计年度终了的六个月前提出；章程另有规定的，从其规定。退社成员的成员资格自会计年度终了时终止。

第二十六条　农民专业合作社成员不遵守农民专业合作社的章程、成员大会或者成员代表大会的决议，或者严重危害其他成员及农民专业合作社利益的，可以予以除名。

成员的除名，应当经成员大会或者成员代表大会表决通过。

在实施前款规定时，应当为该成员提供陈述意见的机会。

被除名成员的成员资格自会计年度终了时终止。

第二十七条　成员在其资格终止前与农民专业合作社已订立的合同，应当继续履行；章程另有规定或者与本社另有约定的除外。

第二十八条　成员资格终止的，农民专业合作社应当按照章程规定的方式和期限，退还记载在该成员账户内的出资额和公积金份额；对成员资格终止前的可分配盈余，依照本法第四十四条的规定向其返还。

资格终止的成员应当按照章程规定分摊资格终止前本社的亏损及债务。

第四章　组织机构

第二十九条　农民专业合作社成员大会由全体成员组成，是本社的权力机构，行使下列职权：

（一）修改章程；

（二）选举和罢免理事长、理事、执行监事或者监事会成员；

（三）决定重大财产处置、对外投资、对外担保和生产经营活动中的其他重大事项；

（四）批准年度业务报告、盈余分配方案、亏损处理方案；

（五）对合并、分立、解散、清算，以及设立、加入联合社等作出决议；

（六）决定聘用经营管理人员和专业技术人员的数量、资格和任期；

（七）听取理事长或者理事会关于成员变动情况的报告，对成员的入社、除名等作出决议；

（八）公积金的提取及使用；

（九）章程规定的其他职权。

第三十条　农民专业合作社召开成员大会，出席人数应当达到成员总数三分之二以上。

成员大会选举或者作出决议，应当由本社成员表决权总数过半数通过；作出修改章程或者合并、分立、解散，以及设立、加入联合社的决议应当由本社成员表决权总数的三分之二以上通过。章程对表决权数有较高规定的，从其规定。

第三十一条　农民专业合作社成员大会每年至少召开一次，会议的召集由章程规定。有下列情形之一的，应当在二十日内召开临时成员大会：

（一）百分之三十以上的成员提议；

（二）执行监事或者监事会提议；

（三）章程规定的其他情形。

第三十二条 农民专业合作社成员超过一百五十人的，可以按照章程规定设立成员代表大会。成员代表大会按照章程规定可以行使成员大会的部分或者全部职权。

依法设立成员代表大会的，成员代表人数一般为成员总人数的百分之十，最低人数为五十一人。

第三十三条 农民专业合作社设理事长一名，可以设理事会。理事长为本社的法定代表人。

农民专业合作社可以设执行监事或者监事会。理事长、理事、经理和财务会计人员不得兼任监事。

理事长、理事、执行监事或者监事会成员，由成员大会从本社成员中选举产生，依照本法和章程的规定行使职权，对成员大会负责。

理事会会议、监事会会议的表决，实行一人一票。

第三十四条 农民专业合作社的成员大会、成员代表大会、理事会、监事会，应当将所议事项的决定作成会议记录，出席会议的成员、成员代表、理事、监事应当在会议记录上签名。

第三十五条 农民专业合作社的理事长或者理事会可以按照成员大会的决定聘任经理和财务会计人员，理事长或者理事可以兼任经理。经理按照章程规定或者理事会的决定，可以聘任其他人员。

经理按照章程规定和理事长或者理事会授权，负责具体生产经营活动。

第三十六条 农民专业合作社的理事长、理事和管理人员不得有下列行为：

（一）侵占、挪用或者私分本社资产；

（二）违反章程规定或者未经成员大会同意，将本社资金借贷给他人或者以本社资产为他人提供担保；

（三）接受他人与本社交易的佣金归为己有；

（四）从事损害本社经济利益的其他活动。

理事长、理事和管理人员违反前款规定所得的收入，应当归本社所有；给本社造成损失的，应当承担赔偿责任。

第三十七条 农民专业合作社的理事长、理事、经理不得兼任业务性质相同的其他农民专业合作社的理事长、理事、监事、经理。

第三十八条 执行与农民专业合作社业务有关公务的人员，不得担任农民专业合作社的理事长、理事、监事、经理或者财务会计人员。

第五章　财务管理

第三十九条　农民专业合作社应当按照国务院财政部门制定的财务会计制度进行财务管理和会计核算。

第四十条　农民专业合作社的理事长或者理事会应当按照章程规定，组织编制年度业务报告、盈余分配方案、亏损处理方案以及财务会计报告，于成员大会召开的十五日前，置备于办公地点，供成员查阅。

第四十一条　农民专业合作社与其成员的交易、与利用其提供的服务的非成员的交易，应当分别核算。

第四十二条　农民专业合作社可以按照章程规定或者成员大会决议从当年盈余中提取公积金。公积金用于弥补亏损、扩大生产经营或者转为成员出资。

每年提取的公积金按照章程规定量化为每个成员的份额。

第四十三条　农民专业合作社应当为每个成员设立成员账户，主要记载下列内容：

（一）该成员的出资额；

（二）量化为该成员的公积金份额；

（三）该成员与本社的交易量（额）。

第四十四条　在弥补亏损、提取公积金后的当年盈余，为农民专业合作社的可分配盈余。可分配盈余主要按照成员与本社的交易量（额）比例返还。

可分配盈余按成员与本社的交易量（额）比例返还的返还总额不得低于可分配盈余的百分之六十；返还后的剩余部分，以成员账户中记载的出资额和公积金份额，以及本社接受国家财政直接补助和他人捐赠形成的财产平均量化到成员的份额，按比例分配给本社成员。

经成员大会或者成员代表大会表决同意，可以将全部或者部分可分配盈余转为对农民专业合作社的出资，并记载在成员账户中。

具体分配办法按照章程规定或者经成员大会决议确定。

第四十五条　设立执行监事或者监事会的农民专业合作社，由执行监事或者监事会负责对本社的财务进行内部审计，审计结果应当向成员大会报告。

成员大会也可以委托社会中介机构对本社的财务进行审计。

第六章　合并、分立、解散和清算

第四十六条　农民专业合作社合并，应当自合并决议作出之日起十日内通知债权人。合并各方的债权、债务应当由合并后存续或者新设的组织承继。

第四十七条　农民专业合作社分立，其财产作相应的分割，并应当自分立决议作出之日起十日内通知债权人。分立前的债务由分立后的组织承担连带责任。但是，在分立前与债权人就债务清偿达成的书面协议另有约定的除外。

第四十八条 农民专业合作社因下列原因解散：

（一）章程规定的解散事由出现；

（二）成员大会决议解散；

（三）因合并或者分立需要解散；

（四）依法被吊销营业执照或者被撤销。

因前款第一项、第二项、第四项原因解散的，应当在解散事由出现之日起十五日内由成员大会推举成员组成清算组，开始解散清算。逾期不能组成清算组的，成员、债权人可以向人民法院申请指定成员组成清算组进行清算，人民法院应当受理该申请，并及时指定成员组成清算组进行清算。

第四十九条 清算组自成立之日起接管农民专业合作社，负责处理与清算有关未了结业务，清理财产和债权、债务，分配清偿债务后的剩余财产，代表农民专业合作社参与诉讼、仲裁或者其他法律程序，并在清算结束时办理注销登记。

第五十条 清算组应当自成立之日起十日内通知农民专业合作社成员和债权人，并于六十日内在报纸上公告。债权人应当自接到通知之日起三十日内，未接到通知的自公告之日起四十五日内，向清算组申报债权。如果在规定期间内全部成员、债权人均已收到通知，免除清算组的公告义务。

债权人申报债权，应当说明债权的有关事项，并提供证明材料。清算组应当对债权进行审查、登记。

在申报债权期间，清算组不得对债权人进行清偿。

第五十一条 农民专业合作社因本法第四十八条第一款的原因解散，或者人民法院受理破产申请时，不能办理成员退社手续。

第五十二条 清算组负责制定包括清偿农民专业合作社员工的工资及社会保险费用，清偿所欠税款和其他各项债务，以及分配剩余财产在内的清算方案，经成员大会通过或者申请人民法院确认后实施。

清算组发现农民专业合作社的财产不足以清偿债务的，应当依法向人民法院申请破产。

第五十三条 农民专业合作社接受国家财政直接补助形成的财产，在解散、破产清算时，不得作为可分配剩余资产分配给成员，具体按照国务院财政部门有关规定执行。

第五十四条 清算组成员应当忠于职守，依法履行清算义务，因故意或者重大过失给农民专业合作社成员及债权人造成损失的，应当承担赔偿责任。

第五十五条　农民专业合作社破产适用企业破产法的有关规定。但是，破产财产在清偿破产费用和共益债务后，应当优先清偿破产前与农民成员已发生交易但尚未结清的款项。

第七章　农民专业合作社联合社

第五十六条　三个以上的农民专业合作社在自愿的基础上，可以出资设立农民专业合作社联合社。

农民专业合作社联合社应当有自己的名称、组织机构和住所，由联合社全体成员制定并承认的章程，以及符合章程规定的成员出资。

第五十七条　农民专业合作社联合社依照本法登记，取得法人资格，领取营业执照，登记类型为农民专业合作社联合社。

第五十八条　农民专业合作社联合社以其全部财产对该社的债务承担责任；农民专业合作社联合社的成员以其出资额为限对农民专业合作社联合社承担责任。

第五十九条　农民专业合作社联合社应当设立由全体成员参加的成员大会，其职权包括修改农民专业合作社联合社章程，选举和罢免农民专业合作社联合社理事长、理事和监事，决定农民专业合作社联合社的经营方案及盈余分配，决定对外投资和担保方案等重大事项。

农民专业合作社联合社不设成员代表大会，可以根据需要设立理事会、监事会或者执行监事。理事长、理事应当由成员社选派的人员担任。

第六十条　农民专业合作社联合社的成员大会选举和表决，实行一社一票。

第六十一条　农民专业合作社联合社可分配盈余的分配办法，按照本法规定的原则由农民专业合作社联合社章程规定。

第六十二条　农民专业合作社联合社成员退社，应当在会计年度终了的六个月前以书面形式向理事会提出。退社成员的成员资格自会计年度终了时终止。

第六十三条　本章对农民专业合作社联合社没有规定的，适用本法关于农民专业合作社的规定。

第八章　扶持措施

第六十四条　国家支持发展农业和农村经济的建设项目，可以委托和安排有条件的农民专业合作社实施。

第六十五条　中央和地方财政应当分别安排资金，支持农民专业合作社开展信息、培训、农产品标准与认证、农业生产基础设施建设、市场营销和技术推广等服务。国家对革命老区、民族地区、边疆地区和贫困地区的农民专业合作社给予优先扶助。

县级以上人民政府有关部门应当依法加强对财政补助资金使用情况的监督。

第六十六条 国家政策性金融机构应当采取多种形式，为农民专业合作社提供多渠道的资金支持。具体支持政策由国务院规定。

国家鼓励商业性金融机构采取多种形式，为农民专业合作社及其成员提供金融服务。

国家鼓励保险机构为农民专业合作社提供多种形式的农业保险服务。鼓励农民专业合作社依法开展互助保险。

第六十七条 农民专业合作社享受国家规定的对农业生产、加工、流通、服务和其他涉农经济活动相应的税收优惠。

第六十八条 农民专业合作社从事农产品初加工用电执行农业生产用电价格，农民专业合作社生产性配套辅助设施用地按农用地管理，具体办法由国务院有关部门规定。

第九章 法律责任

第六十九条 侵占、挪用、截留、私分或者以其他方式侵犯农民专业合作社及其成员的合法财产，非法干预农民专业合作社及其成员的生产经营活动，向农民专业合作社及其成员摊派，强迫农民专业合作社及其成员接受有偿服务，造成农民专业合作社经济损失的，依法追究法律责任。

第七十条 农民专业合作社向登记机关提供虚假登记材料或者采取其他欺诈手段取得登记的，由登记机关责令改正，可以处五千元以下罚款；情节严重的，撤销登记或者吊销营业执照。

第七十一条 农民专业合作社连续两年未从事经营活动的，吊销其营业执照。

第七十二条 农民专业合作社在依法向有关主管部门提供的财务报告等材料中，作虚假记载或者隐瞒重要事实的，依法追究法律责任。

第十章 附 则

第七十三条 国有农场、林场、牧场、渔场等企业中实行承包租赁经营、从事农业生产经营或者服务的职工，兴办农民专业合作社适用本法。

第七十四条 本法自 2018 年 7 月 1 日起施行。

最高人民法院
关于修改《关于适用〈中华人民共和国公司法〉若干问题的规定》的决定

法释〔2014〕2号

（2014年2月17日最高人民法院审判委员会第1607次会议通过　2014年2月20日最高人民法院公告公布　自2014年3月1日起施行）

根据2013年12月28日第十二届全国人民代表大会常务委员会第六次会议的决定和修改后重新公布的《中华人民共和国公司法》，最高人民法院审判委员会第1607次会议决定：

一、《最高人民法院关于适用〈中华人民共和国公司法〉若干问题的规定（一）》［法释〔2006〕3号，以下简称《规定（一）》］第三条中的“第七十五条”修改为“第七十四条”。

二、《规定（一）》第四条中的“第一百五十二条”修改为“第一百五十一条”。

三、《最高人民法院关于适用〈中华人民共和国公司法〉若干问题的规定（二）》［法释〔2008〕6号，以下简称《规定（二）》］第一条第一款中的“第一百八十三条”修改为“第一百八十二条”。

四、《规定（二）》第二条、第七条第一款中的“第一百八十四条”修改为“第一百八十三条”。

五、《规定（二）》第十一条中的“第一百八十六条”修改为“第一百八十五条”。

六、《规定（二）》第二十二条第一款中的“第八十一条”修改为“第八十条”。

七、《规定（二）》第二十三条第二款、第三款中的“第一百五十二条”修改为“第一百五十一条”。

八、删去《最高人民法院关于适用〈中华人民共和国公司法〉若干问题的规定（三）》［法释〔2011〕3号，以下简称《规定（三）》］第十二条第一项，并将该条修改为“公司成立后，公司、股东或者公司债权人以相关股东的行为符合下列情形之一且损害公司权益为由，请求认定该股东抽逃出资的，人民法院应予支持：（一）制作虚假财务会计报表虚增利润进行分配；（二）通过虚构债权债务关系将其出资转出；（三）利用关联交易将出资转出；（四）其他未经法定程序将出资抽回的行为。”

九、《规定（三）》第十三条第四款中的“第一百四十八条”修改为“第一百四十七条”。

十、删去《规定（三）》第十五条。

十一、《规定（三）》第二十四条改为第二十三条。该条中的“第三十二条、第三十三条”修改为“第三十一条、第三十二条”。

十二、对《规定（三）》条文顺序作相应调整。

十三、本决定施行后尚未终审的股东出资相关纠纷案件，适用本决定；本决定施行前已经终审的，当事人申请再审或者按照审判监督程序决定再审的，不适用本决定。

《规定（一）》《规定（二）》《规定（三）》根据本决定作相应修改，重新公布。

最高人民法院
关于适用《中华人民共和国公司法》若干问题的规定（一）

（2006年3月27日最高人民法院审判委员会第1382次会议通过
根据2014年2月17日最高人民法院审判委员会第1607次会议
《关于修改关于适用〈中华人民共和国
公司法〉若干问题的规定的决定》修正）

为正确适用2005年10月27日十届全国人大常委会第十八次会议修订的《中华人民共和国公司法》，对人民法院在审理相关的民事纠纷案件中，具体适用公司法的有关问题规定如下：

第一条 公司法实施后，人民法院尚未审结的和新受理的民事案件，其民事行为或事件发生在公司法实施以前的，适用当时的法律法规和司法解释。

第二条 因公司法实施前有关民事行为或者事件发生纠纷起诉到人民法院的，如当时的法律法规和司法解释没有明确规定时，可参照适用公司法的有关规定。

第三条 原告以公司法第二十二条第二款、第七十四条第二款规定事由，向人民法院提起诉讼时，超过公司法规定期限的，人民法院不予受理。

第四条 公司法第一百五十一条规定的180日以上连续持股期间，应为股东向人民法院提起诉讼时，已期满的持股时间；规定的合计持有公司百分之一以上股份，是指两个以上股东持股份额的合计。

第五条 人民法院对公司法实施前已经终审的案件依法进行再审时，不适用公司法的规定。

第六条 本规定自公布之日起实施。

【链 接】

最高人民法院民二庭负责人就《关于适用〈中华人民共和国公司法〉若干问题的规定（一）》答记者问

《中华人民共和国公司法》已由十届全国人大常委会第十八次会议修订，并自2006年1月1日起实施，4月28日，最高人民法院又颁布了《关于适用〈中华人民共和国公司法〉若干问题的规定（一）》（以下简称《规定（一）》）。日前，最高人民法院民二庭负责人接受了记者的采访，并回答了记者提出的问题。

问：制定该《规定（一）》的目的和意义是什么？

答：修订后的《公司法》对原《公司法》作出了较大修改，在总体结构上由原来的十一章增加为十三章，由原来的230条减少为219条，其中，新增加44条，修改91条，删除13条。《公司法》对涉及公司法律关系的一些民事权益制度做出了重新安排，更加尊重民事主体的意思自治，取消了不合时宜的国家强制性管理规定，增加了公司治理结构的程序规范，规定了公司控股股东、董事、监事、高管人员的民事责任，注重保护中小股东民事权益。

修订后的《公司法》增强了保护民事权益的可诉性，如关于公司设立、股东出资、股权确认、股权转让、股东权益直接诉讼、股东代表诉讼以及关联交易和公司人格否认等，在发生争议或者相关人员认为权益被侵害时均可以行使诉权。当然，新颁布的《公司法》也只是定位在修订层面上，对有些问题的规定仍然过于原则，特别是《公司法》是集行为法、组织法和程序法于一身，而《民事诉讼法》又在修订过程中，这就提出了在现行法律框架下，如何在司法程序中准确理解《公司法》立法原意，进一步统一裁判尺度的问题。《公司法》实施后，人民法院受理的公司诉讼案件类型将会大量增多，很多问题都需要根据立法原则作出司法解释。当前急需解决的是新旧法衔接和法院受理方面的问题。为此，我们对目前急需解决的几个问题进行解释，对其他有关方面的问题，我们将加大调研力度，及时总结审判实践经验，并在后续的工作中择机陆续出台。

2005年10月27日《公司法》修订并审议通过后，最高人民法院即向全国法院发出通知，要求广大法官认真学习和贯彻执行《公司法》，加强培训工作，与此同时，完成了《规定（一）》的起草工作，并严格按照制定司法解释的程序，先后召开法院系统、学术界和律师界的论证会。在广泛征求意见和论证的基础上，我们又征求了院内相关部门和国务院法制办、全国人大法工委的意见，最后，报经本院审判委员会讨论通过。

问：该《规定（一）》对修订后的《公司法》和原《公司法》在适用问题上是如何做好衔接的？

答：新法颁布后，往往存在新旧法在适用上的衔接问题。根据《中华人民共和国立法法》第八十四条的规定，通常情况下法律、行政法规、地方性法规、自治条例和单行条例、规章没有溯及既往的效力。当时《合同法》、《担保法》、《票据法》等法律颁布后，最高人民法院为解决新旧法律适用上的衔接问题，曾经以司法解释或者通知的方式，对此问题作出了规定，《公司法》修订后，我院根据以往工作惯例，对修订后的《公司法》和原《公司法》在适用衔接上作出了三个方面的规定：一是明确《公司法》不具有溯及既往的效力。《公司法》实施后，人民法院尚未审结的和新受理的民事案件，其民事行为或事件发生在《公司法》实施以前的，适用当时的法律法规和司法解释；二是因《公司法》实施前有关民事行为或者事件发生纠纷起诉到人民法院的，如当时的法律法规和司法解释没有明确规定时，可参照适用《公司法》的有关规定；三是对《公司法》实施前人民法院已经终审的案件依法进行再审时，适用当时的法律法规和司法解释，不适用修订后的《公司法》的规定。

问：《规定（一）》对以《公司法》第二十二条第二款和第七十五条第二款规定的事由起诉时超过期限的，人民法院不予受理，是如何考虑的？

答：《公司法》第二十二条第二款规定：“股东会或者股东大会、董事会的会议召集程序、表决方式违反法律、行政法规或者公司章程，或者决议内容违反公司章程的，股东可以自决议作出之日起六十日内，请求人民法院撤销。”第七十五条第二款规定：“自股东会议决议通过之日起六十日内，股东与公司不能达成股权收购协议的，股东可以自股东会议决议通过之日起九十日内向人民法院提起诉讼。”从上述规定看，《公司法》分别对股东因规定事由提起诉讼的期限作出了限制性规定，但对超过该期间后提起诉讼的，人民法院如何处理的问题，《公司法》没有规定，需要通过司法解释的方式予以明确。在《规定（一）》起草过程中，我们对这两条涉及的期间性质进行了充分的论证，学术界和实务界多数意见认为，这两个期间既不是诉讼时效也不是除斥期间，并且我国行政法规中也大都有向法院提起诉讼的时间限制，对这个期限亦没有定性。因此，无论对该期间性质如何认定，目前均缺乏法理依据，且目前法院的立案制度采取的是审查制，从有利于维护交易安全，保护当事人合法权益，节约司法成本的角度综合考量，对起诉超过上述规定期限的，人民法院应当不予受理。故《规定（一）》采纳了这种意见。

问：《公司法》第一百五十二条规定的连续持股 180 日的计算方法是如何确定的？

答：《公司法》第一百五十二条规定了股份有限公司股东提起诉讼的持股比例和持股时间，但没有规定持股时间起算点和当时持股与连续持股的问题，这些问题直接涉及原告资格。

对持股时间的起算点，多数意见认为应当采取简单方便并且是放宽计算的方法，即自股东起诉之日向前推算满 180 日即符合持股时间。

对于起诉人在侵权行为发生当时是否必须持股的问题，征求意见过程中，多数意见认为此问题应不作出规定，主要理由是侵权行为情况比较复杂，侵权行为发生的时间有时也难以界定，有的甚至是持续性的。如果规定当时持股，其程序性审查需要占用更多的司法资源，加大司法成本，更重要的是股东代表诉讼是为了维护公司的整体利益。另外，借鉴国外立法经验，对股东代表诉讼限制性规定应当与公司制度发展状况和诉讼案件发生情况相适应，我国现阶段股东代表诉讼案件还不是很多，对股东代表诉讼尚不需要作出更加严格的限制，这样规定有利于促使公司依法经营管理，亦有利于提高股东的维权意识，因此，以不规定侵权行为发生时持股原则为宜。至于在诉讼过程中丧失股东资格的，可以依照《公司法》和《民事诉讼法》的有关规定驳回起诉。

《公司法》第一百五十二条规定的单独或者合计持有公司 1%以上股份的股东，是指多个股东股份数额的合计，该问题同样涉及原告股东资格问题，本《规定（一）》明确合计持有公司百分之一以上股份，是指两个以上股东持股份额的合计。对该类案件的受理，可能会出现共同原告提起诉讼的问题。

最高人民法院
关于适用《中华人民共和国公司法》
若干问题的规定（二）

（2008年5月5日最高人民法院审判委员会第1447次会议通过
根据2014年2月17日最高人民法院审判委员会第1607次会议
《关于修改关于适用〈中华人民共和国
公司法〉若干问题的规定的决定》修正）

为正确适用《中华人民共和国公司法》，结合审判实践，就人民法院审理公司解散和清算案件适用法律问题作出如下规定。

第一条 单独或者合计持有公司全部股东表决权百分之十以上的股东，以下列事由之一提起解散公司诉讼，并符合公司法第一百八十二条规定的，人民法院应予受理：

（一）公司持续两年以上无法召开股东会或者股东大会，公司经营管理发生严重困难的；

（二）股东表决时无法达到法定或者公司章程规定的比例，持续两年以上不能做出有效的股东会或者股东大会决议，公司经营管理发生严重困难的；

（三）公司董事长期冲突，且无法通过股东会或者股东大会解决，公司经营管理发生严重困难的；

（四）经营管理发生其他严重困难，公司继续存续会使股东利益受到重大损失的情形。

股东以知情权、利润分配请求权等权益受到损害，或者公司亏损、财产不足以偿还全部债务，以及公司被吊销企业法人营业执照未进行清算等为由，提起解散公司诉讼的，人民法院不予受理。

第二条 股东提起解散公司诉讼，同时又申请人民法院对公司进行清算的，人民法院对其提出的清算申请不予受理。人民法院可以告知原告，在人民法院判决解散公司后，依据公司法第一百八十三条和本规定第七条的规定，自行组织清算或者另行申请人民法院对公司进行清算。

第三条 股东提起解散公司诉讼时，向人民法院申请财产保全或者证据保全的，在股东提供担保且不影响公司正常经营的情形下，人民法院可予以保全。

第四条　股东提起解散公司诉讼应当以公司为被告。

原告以其他股东为被告一并提起诉讼的，人民法院应当告知原告将其他股东变更为第三人；原告坚持不予变更的，人民法院应当驳回原告对其他股东的起诉。

原告提起解散公司诉讼应当告知其他股东，或者由人民法院通知其参加诉讼。其他股东或者有关利害关系人申请以共同原告或者第三人身份参加诉讼的，人民法院应予准许。

第五条　人民法院审理解散公司诉讼案件，应当注重调解。当事人协商同意由公司或者股东收购股份，或者以减资等方式使公司存续，且不违反法律、行政法规强制性规定的，人民法院应予支持。当事人不能协商一致使公司存续的，人民法院应当及时判决。

经人民法院调解公司收购原告股份的，公司应当自调解书生效之日起六个月内将股份转让或者注销。股份转让或者注销之前，原告不得以公司收购其股份为由对抗公司债权人。

第六条　人民法院关于解散公司诉讼作出的判决，对公司全体股东具有法律约束力。

人民法院判决驳回解散公司诉讼请求后，提起该诉讼的股东或者其他股东又以同一事实和理由提起解散公司诉讼的，人民法院不予受理。

第七条　公司应当依照公司法第一百八十三条的规定，在解散事由出现之日起十五日内成立清算组，开始自行清算。

有下列情形之一，债权人申请人民法院指定清算组进行清算的，人民法院应予受理：

（一）公司解散逾期不成立清算组进行清算的；

（二）虽然成立清算组但故意拖延清算的；

（三）违法清算可能严重损害债权人或者股东利益的。

具有本条第二款所列情形，而债权人未提起清算申请，公司股东申请人民法院指定清算组对公司进行清算的，人民法院应予受理。

第八条　人民法院受理公司清算案件，应当及时指定有关人员组成清算组。

清算组成员可以从下列人员或者机构中产生：

（一）公司股东、董事、监事、高级管理人员；

（二）依法设立的律师事务所、会计师事务所、破产清算事务所等社会中介机构；

（三）依法设立的律师事务所、会计师事务所、破产清算事务所等社会中介机构中具备相关专业知识并取得执业资格的人员。

第九条 人民法院指定的清算组成员有下列情形之一的，人民法院可以根据债权人、股东的申请，或者依职权更换清算组成员：

（一）有违反法律或者行政法规的行为；

（二）丧失执业能力或者民事行为能力；

（三）有严重损害公司或者债权人利益的行为。

第十条 公司依法清算结束并办理注销登记前，有关公司的民事诉讼，应当以公司的名义进行。

公司成立清算组的，由清算组负责人代表公司参加诉讼；尚未成立清算组的，由原法定代表人代表公司参加诉讼。

第十一条 公司清算时，清算组应当按照公司法第一百八十五条的规定，将公司解散清算事宜书面通知全体已知债权人，并根据公司规模和营业地域范围在全国或者公司注册登记地省级有影响的报纸上进行公告。

清算组未按照前款规定履行通知和公告义务，导致债权人未及时申报债权而未获清偿，债权人主张清算组成员对因此造成的损失承担赔偿责任的，人民法院应依法予以支持。

第十二条 公司清算时，债权人对清算组核定的债权有异议的，可以要求清算组重新核定。清算组不予重新核定，或者债权人对重新核定的债权仍有异议，债权人以公司为被告向人民法院提起诉讼请求确认的，人民法院应予受理。

第十三条 债权人在规定的期限内未申报债权，在公司清算程序终结前补充申报的，清算组应予登记。

公司清算程序终结，是指清算报告经股东会、股东大会或者人民法院确认完毕。

第十四条 债权人补充申报的债权，可以在公司尚未分配财产中依法清偿。公司尚未分配财产不能全额清偿，债权人主张股东以其在剩余财产分配中已经取得的财产予以清偿的，人民法院应予支持；但债权人因重大过错未在规定期限内申报债权的除外。

债权人或者清算组，以公司尚未分配财产和股东在剩余财产分配中已经取得的财产，不能全额清偿补充申报的债权为由，向人民法院提出破产清算申请的，人民法院不予受理。

第十五条 公司自行清算的，清算方案应当报股东会或者股东大会决议确认；人民法院组织清算的，清算方案应当报人民法院确认。未经确认的清算方案，清算组不得执行。

执行未经确认的清算方案给公司或者债权人造成损失，公司、股东或者债权人主张清算组成员承担赔偿责任的，人民法院应依法予以支持。

第十六条　人民法院组织清算的，清算组应当自成立之日起六个月内清算完毕。

因特殊情况无法在六个月内完成清算的，清算组应当向人民法院申请延长。

第十七条　人民法院指定的清算组在清理公司财产、编制资产负债表和财产清单时，发现公司财产不足清偿债务的，可以与债权人协商制作有关债务清偿方案。

债务清偿方案经全体债权人确认且不损害其他利害关系人利益的，人民法院可依清算组的申请裁定予以认可。清算组依据该清偿方案清偿债务后，应当向人民法院申请裁定终结清算程序。

债权人对债务清偿方案不予确认或者人民法院不予认可的，清算组应当依法向人民法院申请宣告破产。

第十八条　有限责任公司的股东、股份有限公司的董事和控股股东未在法定期限内成立清算组开始清算，导致公司财产贬值、流失、毁损或者灭失，债权人主张其在造成损失范围内对公司债务承担赔偿责任的，人民法院应依法予以支持。

有限责任公司的股东、股份有限公司的董事和控股股东因怠于履行义务，导致公司主要财产、账册、重要文件等灭失，无法进行清算，债权人主张其对公司债务承担连带清偿责任的，人民法院应依法予以支持。

上述情形系实际控制人原因造成，债权人主张实际控制人对公司债务承担相应民事责任的，人民法院应依法予以支持。

第十九条　有限责任公司的股东、股份有限公司的董事和控股股东，以及公司的实际控制人在公司解散后，恶意处置公司财产给债权人造成损失，或者未经依法清算，以虚假的清算报告骗取公司登记机关办理法人注销登记，债权人主张其对公司债务承担相应赔偿责任的，人民法院应依法予以支持。

第二十条　公司解散应当在依法清算完毕后，申请办理注销登记。公司未经清算即办理注销登记，导致公司无法进行清算，债权人主张有限责任公司的股东、股份有限公司的董事和控股股东，以及公司的实际控制人对公司债务承担清偿责任的，人民法院应依法予以支持。

公司未经依法清算即办理注销登记，股东或者第三人在公司登记机关办理注销登记时承诺对公司债务承担责任，债权人主张其对公司债务承担相应民事责任的，人民法院应依法予以支持。

第二十一条　有限责任公司的股东、股份有限公司的董事和控股股东，以及公司的实际控制人为二人以上的，其中一人或者数人按照本规定第十八条和第二十条第一款的规定承担民事责任后，主张其他人员按照过错大小分担责任的，人民法院应依法予以支持。

第二十二条 公司解散时，股东尚未缴纳的出资均应作为清算财产。股东尚未缴纳的出资，包括到期应缴未缴的出资，以及依照公司法第二十六条和第八十条的规定分期缴纳尚未届满缴纳期限的出资。

公司财产不足以清偿债务时，债权人主张未缴出资股东，以及公司设立时的其他股东或者发起人在未缴出资范围内对公司债务承担连带清偿责任的，人民法院应依法予以支持。

第二十三条 清算组成员从事清算事务时，违反法律、行政法规或者公司章程给公司或者债权人造成损失，公司或者债权人主张其承担赔偿责任的，人民法院应依法予以支持。

有限责任公司的股东、股份有限公司连续一百八十日以上单独或者合计持有公司百分之一以上股份的股东，依据公司法第一百五十一条第三款的规定，以清算组成员有前款所述行为为由向人民法院提起诉讼的，人民法院应予受理。

公司已经清算完毕注销，上述股东参照公司法第一百五十一条第三款的规定，直接以清算组成员为被告、其他股东为第三人向人民法院提起诉讼的，人民法院应予受理。

第二十四条 解散公司诉讼案件和公司清算案件由公司住所地人民法院管辖。公司住所地是指公司主要办事机构所在地。公司办事机构所在地不明确的，由其注册地人民法院管辖。

基层人民法院管辖县、县级市或者区的公司登记机关核准登记公司的解散诉讼案件和公司清算案件；中级人民法院管辖地区、地级市以上的公司登记机关核准登记公司的解散诉讼案件和公司清算案件。

【链　接】

规范审理公司解散和清算案件
——最高人民法院民二庭负责人就《关于适用〈中华人民共和国公司法〉若干问题的规定（二）》答记者问

就最高人民法院发布《关于适用〈中华人民共和国公司法〉若干问题的规定（二）》[以下简称《规定（二）》]，记者采访了最高人民法院民事审判第二庭负责人。

问：制定《规定（二）》的背景和目的是什么?

答：《规定（二）》源于我庭2001年年初开始起草的《关于审理涉及企业法人解散案件若干问题的规定》（以下简称《企业法人解散司法解释》）。启动该司法解释的主要考虑是，市场经济是法治经济，企业法人作为市场经济的主体，在参与市场竞争时不仅要遵循准入规则，退出市场也要有完备的规制。但是，多年来，理论界、实务界和司法界对法人解散和终止关系认识不一致，导致很多企业法人出现解散事由后，不及时清算，甚至故意借解散之机逃废债务，严重损害债权人利益。这种现象的泛滥，不仅严重扰乱了经济秩序，而且极大地破坏了法人制度。基于建立一个健康、有序的法人退出机制，保护公司债权人合法权益、统一执法尺度等目的，我们启动了该司法解释的调研和起草工作。

2004年2月，《企业法人解散司法解释》（送审稿）完成并已提交审判委员会拟讨论时，恰逢公司法进行大规模修订，修订后的《公司法》在原《公司法》基础上对公司解散和清算部分进行了调整。考虑到随着我国企业改制的不断深化，公司制企业法人已成为我国经济社会中最主要的企业类型，同时，为了与修订后的《公司法》衔接，我们在原《企业法人解散司法解释》（送审稿）基础上，针对人民法院审理公司制企业法人解散和清算案件适用法律问题制定专门的司法解释，以统一执法尺度，指导全国审判工作。

问：股东请求解散公司诉讼是修订后《公司法》的一项制度创新，这类诉讼在受理方面是否有特别的考虑?

答：作为公司诉讼中特殊类型的案件，人民法院受理股东请求解散公司诉讼案件，除要审查是否符合《民事诉讼法》第一百零八条的规定，还需从股东据以提起解散公司诉讼的事由、股东的资格以及是否满足前置性程序三个方面进行考虑。

首先，股东据以起诉的理由必须是公司法规定的“公司经营管理出现严重困难，继续存续会使股东利益受到重大损失”事由。《规定（二）》明确列举了四种情形。这四种情形主要体现的是股东僵局和董事僵局所造成的公司经营管理上的严重困难，即公司处于事实上的瘫痪状态，体现公司自治的公司治理结构完全失灵，不能正常进行经营活动，如果任其继续存续下去，将会造成公司实质利益者即股东利益的损失，在这种情形下，应当赋予股东提起解散公司诉讼、保护自身合法权益的救济渠道。如果股东在提起解散公司诉讼时，其起诉理由表述为公司经营严重亏损或者其股东权益受到侵害，或者公司被吊销营业执照后未进行清算等，因不属于公司法所规定的解散公司诉讼案件提起的事由，因此在受理环节即应将之拒之门外。应当明确，本条列举的四项事由，一方面是解散公司诉讼案件受理时形式审查的依据，另一方面也是判决是否解散公司时实体审查的标准。

其次，《公司法》明确规定，持有公司全部股东表决权百分之十以上的股东有权提起解散公司诉讼，如果提起解散公司诉讼的股东不具备上述持股条件的，法院对其诉请不予受理。鉴于《公司法》作出此规定系出于防止个别股东恶意诉讼的目的，以期通过对股东所持股份比例的限制，在起诉股东和其他股东之间寻求一种利益上的平衡，因此，《规定（二）》规定单独持有或合计持有公司全部股东表决权百分之十以上的（多个）股东，均可提起解散公司诉讼。

最后，对于《公司法》所规定的“通过其他途径不能解决”这个前置性条件，司法解释中没有再作解释，但我们认为，《公司法》之所以作此规定，是基于对公司永久存续性特征考虑的，即当公司经营管理发生严重困难，继续存续会使股东利益受到重大损失时，还是寄希望于公司能够通过公司自治等方式解决股东、董事之间的僵局，从而改变公司瘫痪状态，而不轻易赋予股东通过司法程序强制解散公司的权利。因此，人民法院在受理解散公司诉讼案件时，还是有必要审查这个条件是否成就。当然，对于何为“通过其他途径不能解决”，人民法院可能更多的是形式审查，对于起诉股东而言，其声明应归结为其已经采取了能够采取的其他方法而不能得到解决，“不得不”寻求司法救济的表述，该前置性程序的意义更多在于其导向性。

问：实践中，股东在公司出现僵局、起诉请求解散公司时，往往同时申请法院对公司进行清算，法院为什么不能从减少当事人诉累出发合并审理这两个诉请？

答：股东请求解散公司和申请法院对公司进行清算，这是两个独立的诉请。司法解释之所以规定法院在受理股东提起的解散公司诉讼时暂不受理其提出的清算申请，原因在于：第一，两个诉的种类截然不同，股东请求解散公司诉讼是变更之诉，公司清算案件则是非讼案件，两者审判程序不同，无法合并审理；第二，股东在提起解散公司诉讼时，公司解散的事实并未发生，公司是否解散尚需人民法院的生效判决予以确定。而且，即使法院判决解散后，按照《公司法》第一百八十四条的规定，原则上仍应由公司在解散事由出现之日起十五日内成立清算组自行清算，只有在公司逾期不成立清算组进行清算时，方可向人民法院申请强制清算。

问：司法解释为什么要对股东提起解散公司诉讼时申请财产保全和证据保全作特别规定？

答：解散公司诉讼是变更之诉，其判决生效后仅仅是变更了原有的法律关系，而无财产给付的内容，不存在强制执行问题。因此，从理论上讲，审理解散公司诉讼案件应无财产保全事项。但我们考虑，股东提起解散公司诉讼是基于股东之间或董事之间的僵局，虽然判决解散后，公司可以自行清算，但因股东之间矛盾尖锐，最终大多会启动强制清算程序。因此，为了将来公司强制清算的顺利进行和股东利益的保护，我们对变更之诉下的财产保全作出了例外规定。另外，从兼顾公司和公司其他股东利益、防止个别股东滥诉给公司和其他股东造成不必要损失的角度考虑，《规定（二）》规定，人民法院在此情形下进行财产保全应当要求股东提供相应的担保，且以不影响公司正常经营为前提。对于解散公司诉讼下证据保全的规定，更多也在于将来公司清算的需要，与一般案件证据保全的目的有所差别。

问：股东请求解散公司案件被告应该是公司还是其他股东？

答：鉴于解散公司诉讼案件性质上属于变更之诉，系变更股东和公司之间的出资与被出资的法律关系，属有关公司组织方面的诉讼，因此，股东请求解散公司诉讼的被告应当是公司。股东之间关于出资设立公司的协议随着公司的成立已经履行完毕，不存在解除设立协议的问题，因此其他股东不应作为解散公司诉讼案件的被告。考虑到解散公司诉讼案件，一是可能影响到其他公司股东的利益，二是基于有关调解工作尚需其他股东参与诉讼。因此，原告提起解散公司诉讼时应当告知其他股东，或者由人民法院通知其参加诉讼，其他股东可以以共同原告或者第三人的身份参加诉讼。

问：我们注意到，对于人民法院审理股东请求解散公司诉讼案件，司法解释特别提到应当注重调解。这是基于什么考虑？

答：基于公司永久存续性特征，一般情况下，只要公司没有违反法律强制性规定，在其非自愿解散时，公权力机关应尽可能不去强制其解散。因此，在公司股东或董事出现僵局时，只要尚有其他途径能够解决矛盾，应尽可能采取其他方式解决，从而使公司免于遭受解散。这也是《公司法》之所以规定“通过其他途径不能解决”时，股东才能诉请解散公司的原因。我们认为，即便股东依法诉诸人民法院，法院仍有必要通过公权力的介入，尽可能通过股东离散而非公司解散的方式来解决股东之间的矛盾。基于此，司法解释强调，人民法院在审理解散公司诉讼时应当特别注重调解。

问：司法解释规定，人民法院就是否解散公司作出的生效判决对公司全体股东具有法律约束力。为什么不是仅对参加诉讼的当事人具有法律约束力？

答：人民法院就是否解散公司作出的生效判决对参加诉讼的当事人和未参加诉讼的公司其他股东具有当然的既判力，其基础还是源于解散公司之诉系有关公司组织的诉讼本质。判决解散公司的，因公司解散事由的出现，公司必将进入清算阶段，最终因清算完毕而终结，该判决当然对公司和公司其他股东，甚至包括公司的董事、监事、高管人员和职工等均有效力；判决驳回原告股东的诉讼请求的，因人民法院对原告据以提起解散公司的具体事实和理由已经作出了生效判决，在其据以主张解散公司的事实和理由不能得到法院支持的情况下，根据一事不再理的原则，提起该诉讼的股东和公司的其他股东不能再以相同的事实和理由向人民法院提起诉讼请求解散公司。

这里应当注意两个问题：第一，“同一事实和理由”系指“同一个”事实和理由，而非“同类”事实和理由。第二，之所以将“提起该诉讼的股东”和“公司其他股东”分别列举表述，意在强调对其他股东的法律约束力，即人民法院判决驳回原告股东的诉讼请求后，不仅该原告股东不得再以同一事实和理由提起解散公司诉讼，其他公司股东亦不得再以同一事实和理由提起解散公司诉讼。

问：公司解散和公司终止是什么关系？公司出现解散事由、依法清算完毕前，有关公司的民事诉讼，其诉讼主体是公司还是清算组？公司解散依法成立的清算组的法律属性和诉讼地位是什么？

答：公司解散是指引起公司人格消灭的法律事实。除公司因合并、分立需要解散的外，公司因本身不能存续的事由导致的解散是公司终止的原因和前奏，或者说是公司终止程序的一个环节。公司解散并不立即导致公司人格的消灭，而是应当停止积极活动，进入清算程序了结公司既有的法律关系，进入最终目标为公司消灭的事实状态和法律状态。公司在清算目的范围内视为依然存续，清算中的公司与解散事由出现前的公司在法律人格上是同一民事主体。对此，《公司法》已经作出明确规定。在此基础上，司法解释明确，公司出现解散事由、依法清算完毕前，有关公司的民事诉讼，仍应以公司自己的名义进行。

公司解散后依法成立的清算组取代原公司执行机关，行使清算中公司的代表及执行机关的职能，对内执行清算事务，对外代表公司了结债权债务，在清算目的范围内，与解散事由出现前公司的机关具有同等的法律地位。因此，公司出现解散事由、依法清算完毕前，有关公司的民事诉讼，成立清算组的，应当由清算组负责人代表公司参加诉讼活动；没有成立清算组的，则仍由原法定代表人代表公司参加诉讼活动。

问：公司法规定债权人可以申请人民法院指定有关人员组成清算组进行清算。这类案件属于什么性质的案件？法院受理后应当从哪些方面进行审理？

答：公司解散后原则上应当自行组织清算，公司未自行清算的，基于对有关权利人利益保护以及社会经济秩序维护的考虑，公司法赋予了债权人向人民法院申请强制清算的权利。公司清算案件，性质上属于非讼案件，类似于我们熟悉的破产案件，只不过由于启动的原因和进行的清算程序不同，人民法院介入的程度不同而已。因强制清算受理的理论前提还是公司资产足以偿还全部债务，因此，在这种清算程序中人民法院介入的程度相对于破产清算而言非常有限。人民法院在强制清算中主要职责包括指定和更换清算组成员、确认清算方案和清算报告、决定是否延长清算期限、裁定终结强制清算程序。

应当注意的是，公司清算案件不是法院指定完清算组成员就审结了，而是需要监督整个清算程序完毕、裁定终结清算程序后，案件才算审结。《规定（二）》一是将清算组故意拖延清算，以及有其他违法清算、可能严重损害公司股东或者债权人利益的行为这两种情形均作为申请强制清算的事由（事实上系自行清算向强制清算的转化）；二是将强制清算的申请主体扩大到股东。

问：司法解释中对于人民法院指定的清算组在清理公司财产、编制资产负债表和财产清单时，发现公司财产不足清偿债务的情况下，设定了一个协商机制以解决债务清偿问题。这是基于什么考虑？是仅局限于强制清算吗？

答：根据《公司法》第一百八十八条的规定，原则上清算组在清理公司财产、编制资产负债表和财产清单后，发现公司财产不足以清偿债务的，应当依法向人民法院申请宣告破产。但我们考虑，追求效率是公司清算的一个重要价值目标，严格而不失快捷地使已经出现解散事由的公司退出市场，一方面，可以将其给各方利益和社会利益造成的损失降低到最小；另一方面，在现代市场经济条件下，对于竞争中不再具有活力的公司，从经济学的角度看，也需要通过合法的途径尽快消灭既成法律关系，打破旧的公司形式，将原公司名下集合的各种生产要素和其他有效的社会资源解放出来，通过资本市场的优化组合，重归生产要素市场，使有限的社会资源得以充分利用，从而提高整个社会的经济效率。因此，如果公司清算中出现破产原因时，债权人能够基于意思自治自行协商通过债务清偿方案，则无必要当然进入破产清算程序。如果当然进入破产程序，对于公司的债权人而言，由于破产程序的费时、费力、费钱，其所获得的利益不一定高于公司清算中及时协商所获得的利益。因此，在公司强制清算中设置协商机制解决债务清偿问题是非常必要的。这个制度设置的根本目的在于清算效率的追求，即以较小的投入获得较大的产出，通过协商方式确定债务的清偿以尽快了结清算程序，节约经济成本，同时实现破产程序下解决的公平受偿问题。日本、韩国以及我国台湾地区“公司法”中均有类似的制度。

司法解释仅就进入司法程序的强制清算中的协商作出了规定，自行清算因自始并未进入司法程序，因此未作出规定。公司自行清算的，只要不损害有关利害关系人的合法权利，又经全体债权人一致同意的，适用上述协商机制应该不为法律所禁止。

问：实践中，公司解散不依法进行清算的现象非常突出，严重损害了债权人的合法权益。司法解释中对于依法负有清算义务的主体规定了其不适当履行清算义务的民事责任，是否就是针对的这一现象？

答：这个问题问得非常好，这是我们这个司法解释中的一个重要问题。在司法实践中我们发现，有相当数量的公司解散后应当清算而不清算，甚至故意借解散之机逃废债务，严重损害债权人利益并危害社会经济秩序。我们对清算义务人及其怠于履行清算义务民事责任的界定，旨在强化清算义务人依法清算的法律责任，建立一个健康、有序的法人退出机制。

根据《公司法》的规定，公司解散后，有限责任公司的股东、股份有限公司的董事和控股股东有义务及时启动清算程序对公司进行清算，即有限责任公司的股东和股份有限公司的董事、控股股东应为公司解散后的清算义务人。清算义务人应当清算而没有清算时，应当承担相应的民事责任。对此，《规定（二）》作出了明确规定。规定清算义务人的民事责任，目的在于督促清算义务人依法组织清算，规范法人退出机制，保护债权人的应有利益，以解决我国目前实践中该清算不清算的突出问题。如此规定除了有事后救济的法律价值外，更多的价值在于警示、引导作用。

这条在制定过程中一直是争议的焦点问题，赞成方认为必须加大对清算义务人应当清算而不清算的责任，以规范目前不诚信的市场环境；反对方强调法人制度，担心这样规定将损害清算义务人的权益。我们认为，一是从

“乱世用重典”的角度考虑，为了遏制目前这种借解散逃废债务的恶劣行为，加大清算义务人的责任对规范市场、保护债权人合法权益有其积极意义；二是在规定清算义务人该清算不清算要承担相应民事责任后，清算义务人会在借解散逃废债务（承担上述清算义务人民事责任）和依法清算了结公司债务（享有有限责任庇护）中进行利益权衡的，如果其仍然选择该清算不清算的，则说明其愿意承担这样的后果，因此，根本不用担心这样规定会损害清算义务人的权益。

问：清算组作为公司解散清算中的一个重要机关，其履行清算义务时违反法律、行政法规或者公司章程，给公司或者债权人造成损失的，是否应当承担相应的民事责任？权利人如何借助司法力量保护自身合法权益？

答：清算组负责整个清算工作，因此，其在从事清算事务时能否依法进行直接决定着公司能否依法清算，意义非常重大。因我国《公司法》下尚无清算人的概念，因此，当清算组从事清算事务时，违反法律、行政法规或者公司章程给公司或者债权人造成损失时，其民事责任落实到清算组成员身上。在对外关系上，清算组成员的责任应该是连带责任。

因公司清算过程中，公司实质上为清算组所控制，因此完全可能出现类似公司正常存续下，董事、监事、高级管理人员控制公司时，因其自身违法行为给公司造成损失的，其不可能主动以公司名义向自己主张权利的情形。因此，当清算组成员在清算中因故意或者重大过失给公司造成损失时，如果公司怠于向清算组成员主张权利的，股东有权参照《公司法》第一百五十二条的规定，以自己的名义直接向人民法院提起诉讼。此为股东代表诉讼制度在公司清算期间的特殊体现。当公司已经因清算完毕而注销终止后，股东发现清算组成员从事清算事务不当造成其损失的（无剩余财产分配或者数额不足），亦可参照《公司法》第一百五十二条的规定直接向清算组成员主张权利。

最高人民法院
关于适用《中华人民共和国公司法》若干问题的规定（三）

（2010年12月6日最高人民法院审判委员会第1504次会议通过
根据2014年2月17日最高人民法院审判委员会第1607次会议
《关于修改关于适用〈中华人民共和国
公司法〉若干问题的规定的决定》修正）

为正确适用《中华人民共和国公司法》，结合审判实践，就人民法院审理公司设立、出资、股权确认等纠纷案件适用法律问题作出如下规定。

第一条 为设立公司而签署公司章程、向公司认购出资或者股份并履行公司设立职责的人，应当认定为公司的发起人，包括有限责任公司设立时的股东。

第二条 发起人为设立公司以自己名义对外签订合同，合同相对人请求该发起人承担合同责任的，人民法院应予支持。

公司成立后对前款规定的合同予以确认，或者已经实际享有合同权利或者履行合同义务，合同相对人请求公司承担合同责任的，人民法院应予支持。

第三条 发起人以设立中公司名义对外签订合同，公司成立后合同相对人请求公司承担合同责任的，人民法院应予支持。

公司成立后有证据证明发起人利用设立中公司的名义为自己的利益与相对人签订合同，公司以此为由主张不承担合同责任的，人民法院应予支持，但相对人为善意的除外。

第四条 公司因故未成立，债权人请求全体或者部分发起人对设立公司行为所产生的费用和债务承担连带清偿责任的，人民法院应予支持。

部分发起人依照前款规定承担责任后，请求其他发起人分担的，人民法院应当判令其他发起人按照约定的责任承担比例分担责任；没有约定责任承担比例的，按照约定的出资比例分担责任；没有约定出资比例的，按照均等份额分担责任。

因部分发起人的过错导致公司未成立，其他发起人主张其承担设立行为所产生的费用和债务的，人民法院应当根据过错情况，确定过错一方的责任范围。

第五条　发起人因履行公司设立职责造成他人损害，公司成立后受害人请求公司承担侵权赔偿责任的，人民法院应予支持；公司未成立，受害人请求全体发起人承担连带赔偿责任的，人民法院应予支持。

公司或者无过错的发起人承担赔偿责任后，可以向有过错的发起人追偿。

第六条　股份有限公司的认股人未按期缴纳所认股份的股款，经公司发起人催缴后在合理期间内仍未缴纳，公司发起人对该股份另行募集的，人民法院应当认定该募集行为有效。认股人延期缴纳股款给公司造成损失，公司请求该认股人承担赔偿责任的，人民法院应予支持。

第七条　出资人以不享有处分权的财产出资，当事人之间对于出资行为效力产生争议的，人民法院可以参照物权法第一百零六条的规定予以认定。

以贪污、受贿、侵占、挪用等违法犯罪所得的货币出资后取得股权的，对违法犯罪行为予以追究、处罚时，应当采取拍卖或者变卖的方式处置其股权。

第八条　出资人以划拨土地使用权出资，或者以设定权利负担的土地使用权出资，公司、其他股东或者公司债权人主张认定出资人未履行出资义务的，人民法院应当责令当事人在指定的合理期间内办理土地变更手续或者解除权利负担；逾期未办理或者未解除的，人民法院应当认定出资人未依法全面履行出资义务。

第九条　出资人以非货币财产出资，未依法评估作价，公司、其他股东或者公司债权人请求认定出资人未履行出资义务的，人民法院应当委托具有合法资格的评估机构对该财产评估作价。评估确定的价额显著低于公司章程所定价额的，人民法院应当认定出资人未依法全面履行出资义务。

第十条　出资人以房屋、土地使用权或者需要办理权属登记的知识产权等财产出资，已经交付公司使用但未办理权属变更手续，公司、其他股东或者公司债权人主张认定出资人未履行出资义务的，人民法院应当责令当事人在指定的合理期间内办理权属变更手续；在前述期间内办理了权属变更手续的，人民法院应当认定其已经履行了出资义务；出资人主张自其实际交付财产给公司使用时享有相应股东权利的，人民法院应予支持。

出资人以前款规定的财产出资，已经办理权属变更手续但未交付给公司使用，公司或者其他股东主张其向公司交付、并在实际交付之前不享有相应股东权利的，人民法院应予支持。

第十一条　出资人以其他公司股权出资，符合下列条件的，人民法院应当认定出资人已履行出资义务：

（一）出资的股权由出资人合法持有并依法可以转让；

（二）出资的股权无权利瑕疵或者权利负担；

（三）出资人已履行关于股权转让的法定手续；

（四）出资的股权已依法进行了价值评估。

股权出资不符合前款第（一）、（二）、（三）项的规定，公司、其他股东或者公司债权人请求认定出资人未履行出资义务的，人民法院应当责令该出资人在指定的合理期间内采取补正措施，以符合上述条件；逾期未补正的，人民法院应当认定其未依法全面履行出资义务。

股权出资不符合本条第一款第（四）项的规定，公司、其他股东或者公司债权人请求认定出资人未履行出资义务的，人民法院应当按照本规定第九条的规定处理。

第十二条 公司成立后，公司、股东或者公司债权人以相关股东的行为符合下列情形之一且损害公司权益为由，请求认定该股东抽逃出资的，人民法院应予支持：

（一）制作虚假财务会计报表虚增利润进行分配；

（二）通过虚构债权债务关系将其出资转出；

（三）利用关联交易将出资转出；

（四）其他未经法定程序将出资抽回的行为。

第十三条 股东未履行或者未全面履行出资义务，公司或者其他股东请求其向公司依法全面履行出资义务的，人民法院应予支持。

公司债权人请求未履行或者未全面履行出资义务的股东在未出资本息范围内对公司债务不能清偿的部分承担补充赔偿责任的，人民法院应予支持；未履行或者未全面履行出资义务的股东已经承担上述责任，其他债权人提出相同请求的，人民法院不予支持。

股东在公司设立时未履行或者未全面履行出资义务，依照本条第一款或者第二款提起诉讼的原告，请求公司的发起人与被告股东承担连带责任的，人民法院应予支持；公司的发起人承担责任后，可以向被告股东追偿。

股东在公司增资时未履行或者未全面履行出资义务，依照本条第一款或者第二款提起诉讼的原告，请求未尽公司法第一百四十七条第一款规定的义务而使出资未缴足的董事、高级管理人员承担相应责任的，人民法院应予支持；董事、高级管理人员承担责任后，可以向被告股东追偿。

第十四条 股东抽逃出资，公司或者其他股东请求其向公司返还出资本息、协助抽逃出资的其他股东、董事、高级管理人员或者实际控制人对此承担连带责任的，人民法院应予支持。

公司债权人请求抽逃出资的股东在抽逃出资本息范围内对公司债务不能清偿的部分承担补充赔偿责任、协助抽逃出资的其他股东、董事、高级管理人员或者实际控制人对此承担连带责任的，人民法院应予支持；抽逃出资的股东已经承担上述责任，其他债权人提出相同请求的，人民法院不予支持。

第十五条　出资人以符合法定条件的非货币财产出资后，因市场变化或者其他客观因素导致出资财产贬值，公司、其他股东或者公司债权人请求该出资人承担补足出资责任的，人民法院不予支持。但是，当事人另有约定的除外。

第十六条　股东未履行或者未全面履行出资义务或者抽逃出资，公司根据公司章程或者股东会决议对其利润分配请求权、新股优先认购权、剩余财产分配请求权等股东权利作出相应的合理限制，该股东请求认定该限制无效的，人民法院不予支持。

第十七条　有限责任公司的股东未履行出资义务或者抽逃全部出资，经公司催告缴纳或者返还，其在合理期间内仍未缴纳或者返还出资，公司以股东会决议解除该股东的股东资格，该股东请求确认该解除行为无效的，人民法院不予支持。

在前款规定的情形下，人民法院在判决时应当释明，公司应当及时办理法定减资程序或者由其他股东或者第三人缴纳相应的出资。在办理法定减资程序或者其他股东或者第三人缴纳相应的出资之前，公司债权人依照本规定第十三条或者第十四条请求相关当事人承担相应责任的，人民法院应予支持。

第十八条　有限责任公司的股东未履行或者未全面履行出资义务即转让股权，受让人对此知道或者应当知道，公司请求该股东履行出资义务、受让人对此承担连带责任的，人民法院应予支持；公司债权人依照本规定第十三条第二款向该股东提起诉讼，同时请求前述受让人对此承担连带责任的，人民法院应予支持。

受让人根据前款规定承担责任后，向该未履行或者未全面履行出资义务的股东追偿的，人民法院应予支持。但是，当事人另有约定的除外。

第十九条　公司股东未履行或者未全面履行出资义务或者抽逃出资，公司或者其他股东请求其向公司全面履行出资义务或者返还出资，被告股东以诉讼时效为由进行抗辩的，人民法院不予支持。

公司债权人的债权未过诉讼时效期间，其依照本规定第十三条第二款、第十四条第二款的规定请求未履行或者未全面履行出资义务或者抽逃出资的股东承担赔偿责任，被告股东以出资义务或者返还出资义务超过诉讼时效期间为由进行抗辩的，人民法院不予支持。

第二十条　当事人之间对是否已履行出资义务发生争议，原告提供对股东履行出资义务产生合理怀疑证据的，被告股东应当就其已履行出资义务承担举证责任。

第二十一条 当事人向人民法院起诉请求确认其股东资格的，应当以公司为被告，与案件争议股权有利害关系的人作为第三人参加诉讼。

第二十二条 当事人之间对股权归属发生争议，一方请求人民法院确认其享有股权的，应当证明以下事实之一：

（一）已经依法向公司出资或者认缴出资，且不违反法律法规强制性规定；

（二）已经受让或者以其他形式继受公司股权，且不违反法律法规强制性规定。

第二十三条 当事人依法履行出资义务或者依法继受取得股权后，公司未根据公司法第三十一条、第三十二条的规定签发出资证明书、记载于股东名册并办理公司登记机关登记，当事人请求公司履行上述义务的，人民法院应予支持。

第二十四条 有限责任公司的实际出资人与名义出资人订立合同，约定由实际出资人出资并享有投资权益，以名义出资人为名义股东，实际出资人与名义股东对该合同效力发生争议的，如无合同法第五十二条规定的情形，人民法院应当认定该合同有效。

前款规定的实际出资人与名义股东因投资权益的归属发生争议，实际出资人以其实际履行了出资义务为由向名义股东主张权利的，人民法院应予支持。名义股东以公司股东名册记载、公司登记机关登记为由否认实际出资人权利的，人民法院不予支持。

实际出资人未经公司其他股东半数以上同意，请求公司变更股东、签发出资证明书、记载于股东名册、记载于公司章程并办理公司登记机关登记的，人民法院不予支持。

第二十五条 名义股东将登记于其名下的股权转让、质押或者以其他方式处分，实际出资人以其对于股权享有实际权利为由，请求认定处分股权行为无效的，人民法院可以参照物权法第一百零六条的规定处理。

名义股东处分股权造成实际出资人损失，实际出资人请求名义股东承担赔偿责任的，人民法院应予支持。

第二十六条 公司债权人以登记于公司登记机关的股东未履行出资义务为由，请求其对公司债务不能清偿的部分在未出资本息范围内承担补充赔偿责任，股东以其仅为名义股东而非实际出资人为由进行抗辩的，人民法院不予支持。

名义股东根据前款规定承担赔偿责任后，向实际出资人追偿的，人民法院应予支持。

第二十七条 股权转让后尚未向公司登记机关办理变更登记，原股东将仍登记于其名下的股权转让、质押或者以其他方式处分，受让股东以其对于股权享有实际权利为由，请求认定处分股权行为无效的，人民法院可以参照物权法第一百零六条的规定处理。

原股东处分股权造成受让股东损失，受让股东请求原股东承担赔偿责任、对于未及时办理变更登记有过错的董事、高级管理人员或者实际控制人承担相应责任的，人民法院应予支持；受让股东对于未及时办理变更登记也有过错的，可以适当减轻上述董事、高级管理人员或者实际控制人的责任。

第二十八条　冒用他人名义出资并将该他人作为股东在公司登记机关登记的，冒名登记行为人应当承担相应责任；公司、其他股东或者公司债权人以未履行出资义务为由，请求被冒名登记为股东的承担补足出资责任或者对公司债务不能清偿部分的赔偿责任的，人民法院不予支持。

【链　接】

规范审理公司设立、出资、股权确认等案件

——最高人民法院民二庭负责人就公司法司法解释（三）答记者问

就最高人民法院颁布的《最高人民法院关于适用〈中华人民共和国公司法〉若干问题的规定（三）》（以下简称公司法司法解释（三）），最高人民法院民二庭负责人接受了记者采访。

问：请谈谈制定公司法司法解释（三）的背景和目的？

答：2005 年修订后的《公司法》可诉性大大增强，公司参与者间的很多纠纷都可以由法院进行裁判。但是，《公司法》对一些制度仅进行了概括性、原则性的规定，而缺乏更具体、更明确的操作规范，法院在审理公司诉讼案件时常常无据可依。近年来，我们尤其发现有关公司资本的形成与维持、股权投资者之间利益的平衡、公司债权人利益的保护、公司设立过程中债务的承担等方面涉及的问题较多，对各方主体利益影响也较大。但《公司法》对上述问题的规定却相对简略，导致法律适用上的分歧较多，处理上的难度较大。一些地方法院为克服《公司法》存在的上述问题，以指导意见、会议纪要等形式制定了一些规范性文件，用以指导当地公司诉讼案件的裁判，这些规范中，有的意见和措施合法合理，我们可以总结吸收后在更大范围内指导

司法实践。有的作法则值得商榷，需要更权威的规范进行明确。

为在司法实践中正确理解和贯彻《公司法》的精神和原则，明确并统一法律的适用，我们着眼审判实践的需要、根据既有的立法规定、结合成熟的学说观点，制定了公司法司法解释（三），以对上述问题进行规范。解释（三）具体从如下六个方面进行设计：一是落实公司成立前债务的责任主体；二是确立典型非货币出资到位与否的判断标准及救济方式；三是界定非自有财产出资行为的效力；四是明确未尽出资义务（包括未履行出资义务或未全面履行出资义务）和抽逃出资的认定、诉讼救济的方式以及民事责任；五是规范限制股东权利的条件和方式；六是妥善平衡名义股东、股权权属的实际享有者以及公司债权人间的利益。这些问题在实践中普遍存在，而在理论上较为疑难，所以我们在制定过程中进行了深入的调研，并召集了公司法专家和经验丰富的法官进行了充分的论证，在此基础上我们还征求了全国人大法工委、国务院法制办等国家机关的意见，通过吸收各方意见，形成了目前解释（三）的规定。通过这些规定，我们认为可以实现以下效果：一是具体落实公司不同参与者的义务和责任，制约公司参与者的不诚信行为，促进公司依法规范设立及运营；二是促使公司资本的稳定与维持，为与公司交易的第三人的利益提供保障；三是按照商法规律正确解决一些在实践中长期存在分歧的问题，依法引导各级法院树立商法意识，强化商法理念，妥善审理公司诉讼案件。

问：公司法司法解释（三）对公司设立阶段发起人订立的合同的责任承担是怎样规定的？

答：发起人是设立中公司的机关，承担公司筹办事务。在公司设立阶段发起人对外订立的合同有的是为了设立公司即为了公司利益，有的则可能是为了实现自身利益。一般来讲，前一类合同中的责任应当由公司承担，后一类合同中的责任应当由发起人自己承担。但是实践中，上述合同的相对人往往并不能确切地知道该合同是为了实现谁的利益，也不知道合同最终的利益归属，所以如果按照利益归属标准来确定合同责任主体，将使合同相对人的利益面临较大风险。为了适当降低合同相对人的查证义务、加强对相对人利益的保护，公司法司法解释（三）总体上按照外观主义标准来确定上述合同责任的承担。

具体来讲：其一，发起人为设立公司以自己名义订立的合同，由于对相对人而言合同中载明的主体是发起人，所以原则上应当由发起人承担合同责任。另一方面，如果公司成立后确认了该合同、或者公司已实际成为合同主体（即享有合同权利或者履行合同义务），而且合同相对人也要求公司承担责任，这表明公司愿意成为合同主体且合同相对人也愿意接受公司作为合同主体，此时由公司承担合同责任符合合同法的一般原理，故我们规定可以由公司承担合同责任；其二，发起人在公司设立阶段以设立中公司名义订立合同，由于合同中载明的主体是设立中的公司，所以原则上应当由成立后的公司承担合同责任。但是，如果公司有证据证明发起人是为自己利益而签订该合同，且合同相对人对此明知的，这表明发起人实质上不是以公司作为合同主体、合同相对人也明知公司不是合同主体，故此时不应由成立后的公司承担合同责任。所以我们规定公司有证据证明发起人存在上述情形且相对人非善意时，公司不承担合同责任，此时合同责任仍由发起人承担。

问：非货币财产出资在实践中存在哪些问题？公司法司法解释（三）对其是如何规范的？

答：《公司法》许可股东用一定的非货币财产出资，但没有明确规定非货币财产出资的相关标准及程序。实践中围绕非货币财产出资产生的纠纷较多，主要包括：1、用于出资的非货币财产未进行价值评估，公司或其他股东等请求认定出资人未履行出资义务；2、股东对用于出资的非货币财产不享有处分权，较为常见的是股东将他人所有的财产用于出资，该财产的真实权利人请求认定出资行为无效；3、非货币财产出资没有实际、完全地到位等。由于非货币财产是公司资本的组成部分，所以其存在的上述问题将影响公司资本的充实，对公司利益和公司债权人的利益都存在不利。为保障公司资本的充实和维护公司债权人的利益，公司法司法解释（三）对非货币财产出资进行了专门规范。

首先，未评估作价的非货币财产由于其实际价值是否与章程所定价额相符并不明确，在当事人请求认定出资人未履行出资义务时，我们认为此时法院应委托合法的评估机构进行评估，然后将评估所得的价额与章程所定价额相比较，以确定出资人是否完全履行了出资义务。这种由法院委托评估的方式既可以便捷地解决纠纷，也可以尽快落实公司资本是否充实。

其次，设定了非货币财产出资到位与否的司法判断标准，尤其是对于权属变更需经登记的非货币财产，我们坚持权属变更与财产实际交付并重的标准。即：该财产已实际交付公司使用但未办理权属变更登记的，在诉讼中法院应责令当事人在指定的合理期间内办理权属变更手续。在该期间办理完前述手续后，法院才认定其已履行出资义务。另一方面，出资人对非货币财产已办理权属变更手续，但未实际交付公司使用的，解释（三）规定法院可以判令其向公司实际交付该财产、在交付前不享有股东权利。这些规定旨在敦促出资人尽快完全履行出资义务，保证公司资本的确定。同时，对用土地使用权、股权这些较为常见的非货币财产出资的，解释（三）也规定了出资义务履行的认定标准。

最后我们认为出资人用自己并不享有处分权的财产进行出资时，该出资行为的效力不宜一概予以否认。因为无权处分人处分自己不享有所有权（处分权）的财产时，只要第三人符合《物权法》第一百零六条规定的条件，其可以构成善意取得，该财产可以终局地为该第三人所有。而出资行为在性质上属于处分行为，出资人用非自有财产出资，也属于无权处分，那么在公司等第三人构成善意的情形下，其也应当适用善意取得制度。这有利于维持公司资本，从而保障交易相对人的利益。所以解释（三）规定以不享有处分权的财产出资的，出资行为的效力参照《物权法》第一百零六条的规定处理。而对实践中出资人用贪污、挪用等犯罪所获的货币用于出资的，尤其应防止将出资的财产直接从公司抽出的做法，此时应当采取将出资财产所形成的股权折价补偿受害人损失的方式，以保障公司资本之维持、维护公司债权人利益，所以解释（三）明确规定此时法院应当采取拍卖或变卖的方式处置该股权。

问：督促股东全面履行出资义务、保障公司资本的充实是公司法司法解释（三）的一个重要目的，解释（三）具体是通过何种方式来达到这一目的的?

答：出资义务是股东对公司最基本的义务，股东未尽出资义务既损害公司利益，也损害公司债权人的利益，督促股东全面履行出资义务是本解释（三）的一个重要任务。前面谈到的我们设定非货币财产出资到位的判断标准，一定程度上也是为了促使出资人依法履行出资义务。总的说来，在促使股东履行出资义务的方式上，解释（三）表现出了以下几方面的特征：

其一，拓宽了出资民事责任的主体范围。第一，将《公司法》第九十四条第一款对股份公司场合中其他发起人的连带出资义务也适用到有限责任公司场合，即有限责任公司股东如果未按章程规定缴纳出资的，发起人股东与该股东承担连带责任；第二，规定增资过程中股东未尽出资义务的，违反勤勉义务的董事、高管人员应当承担相应的责任；第三，由于协助股东抽逃出资行为的非法性更甚于未尽勤勉义务催收资本的行为，所以我们规定抽逃出资时协助股东抽逃的其他股东、董事、高管人员或者实际控制人应承担连带责任；第四，规定在第三人代垫资金协助出资人设立公司、双方约定验资成立后出资人抽回资金偿还该第三人的情形下，在出资人不能补足出资时，该第三人应与出资人承担连带责任；第五，未尽出资义务的股东转让股权时，知道该未尽出资义务事由仍受让股权的受让人应当与该股东承担连带责任。

其二，明确并拓宽了请求股东履行出资义务的主体范围。股东未尽出资义务时，《公司法》没有明确谁可以请求股东履行义务，一般认为公司当然可以请求。本解释（三）则明确并拓宽了原告的范围。第一，明确了公司可以提出请求；第二，规定了其他股东可以行使诉权，可以要求该股东或其他发起人全面履行出资义务，或者要求抽逃出资的股东或协助人员返还出资；第三，很多情形下也规定了债权人可以提出请求，要求未尽出资义务的股东在未出资本息范围内对公司债务不能清偿的部分承担责任，也可以要求公司发起人与该股东一起承担连带责任。债权人还可以要求抽逃出资的股东承担同样的责任。

其三，明确了股东未尽出资义务时的责任包括利息责任。即股东未尽出资义务或抽逃出资时，该笔出资所产生的利息损失也属于股东等责任人的赔偿范围。另一方面，解释（三）也明确规定了股东等责任人对公司、对公司债权人的此种责任是一次性的责任，而不是重复责任，股东等责任人向公司或债权人已经承担前述责任后，公司或公司其他债权人不得再次请求其承担同样的责任。这一规定可以解决实践中对此存在的分歧。

其四，限制了股东在出资民事责任中的抗辩。首先是诉讼时效抗辩的限制，明确规定股东的出资义务不受诉讼时效期间的限制。未尽出资义务或抽逃出资的股东，不得以该义务已经过诉讼时效为由进行抗辩；其次是身份抗辩的限制，即股东不得以自己仅为名义股东来抗辩出资义务的履行，即使其为名义股东，我们认为其也应履行出资义务。

问：除了上面谈到的以诉讼的方式促使股东履行出资义务外，解释（三）是否还规定了其他的方式？

答：股东未尽出资义务，利害关系人可以以诉讼的方式维护相应的利益。但诉讼毕竟不是一种经济便捷的方式，本解释（三）在制定过程中也充分考虑了这一问题，并在实质上确认了公司的一些更直接的救济方式。主要体现在：

其一，为保障股份公司资本尽快充实，实质上授予了发起人的另行募集权。本解释（三）第六条规定股份公司认股人到期未缴纳出资，经发起人催缴后逾期仍不缴纳，发起人向他人另行募集该股份的，人民法院应当认定该募集行为有效。

其二，从司法上认可了公司对未尽出资义务或抽逃出资的股东所设定的权利限制。股东未尽出资义务或抽逃出资，如果仅允许公司采用诉讼的方式来充实资本，实际上并不利于公司合法权益的尽快实现，也容易放纵该股东违反法定出资义务的行为。我们认为此时有必要赋予公司更积极的权利及救济方式，以促使股东的出资尽快到位。对此，我们借鉴了境外一些公司法所规定的股东权利限制制度，明确规定公司通过公司章程或股东会决议，对前述股东的利润分配请求权、新股优先认购权、剩余财产分配请求权等进行相应合理限制的，人民法院不得否认该限制的效力。

其三，总体上确认了股东资格解除规则、并设定了相应的程序规范。实践中有的公司虽采取前述手段但股东仍不履行出资义务，为了保障公司及其债权人的利益，我们在股份公司的场合规定了发起人的另行募集权，相应地，在有限责任公司的场合，本解释（三）规定公司通过股东会决议解除未履行出资义务或者抽逃出资的股东资格的，人民法院不得否定该解除行为的效力。这实际上认可了公司对该股东资格的解除。由于这种解除股东资格的方式相较于其他救济方式更为严厉，也更具有终局性，所以我们将其限定在股东未履行出资义务或者抽逃全部出资的场合。未全面履行出资义务或者抽逃部分出资的股东不适用该种规则。股东资格解除后，由于该股东所认缴的出资依旧处于空洞状态，为向公司债权人传达更真实的资本信息、保证债权人利益，此时法院应当向公司释明：要么将资本中该股东未出资部分的“空洞”数额减下来、即减资，要么将该“空洞”补起来、即由其他股东或者第三人缴纳，这些是公司后续的义务。

以上规定有利于公司通过非诉讼的方式积极地行使权利，以保障公司资本尽快充实。

问：公司法司法解释（三）为什么要专门规制抽逃出资？

答：抽逃出资是严重侵蚀公司资本的行为，《公司法》明文禁止股东抽逃出资。实践中，有的股东采取各种方式从公司取回财产，这些行为往往具有复杂性、模糊性和隐蔽性等特点，但由于《公司法》没有明确界定抽逃出资的形态，也没有明确规定抽逃出资的民事责任，这使得这些行为中哪些构成抽逃出资常常难以判断，当然也就更难认定行为人的民事责任。从目前的情况看，各地法院对股东抽逃出资的认识分歧较大，没有形成统一的认定标准。

通过调研我们发现，当前股东抽逃出资主要采取直接将出资抽回、虚构合同等债权债务关系将出资抽回、利用关联交易将出资转出等方式，这些行为常常是故意、直接针对公司资本进行的侵害，但又囿于举证的困难使得其在个案中很难被认定。为了保障公司资本的稳定与维持、同时便于法院具体操作，有必要作出统一的规定对这些行为予以否定，并由行为人承担相应责任。我们在本解释（三）中对抽逃出资进行了明确界定，将实践中较为常见的一些资本侵蚀行为明确界定为抽逃出资，在此基础上我们又规定了抽逃出资情形下的民事责任。由于抽逃出资导致的法律后果与未尽出资义务导致的法律后果基本相同，所以我们对抽逃出资的民事责任作了与未尽出资义务的民事责任基本相同的规定。

需要说明的是，也有观点认为法院不应推定出资人上述从公司获得财产的行为必然都是故意、直接地针对“资本”进行侵害，有的可能是侵害公司“资产”，而侵害公司资产的行为应当通过侵权行为制度或关联交易制度来解决，与抽逃出资关系不大。这些行为有些不会对公司资本造成损害，不属于抽逃出资。经反复研究，考虑到实践中有的出资人在出资后采取各种方式获得公司资产，而目前《公司法》中并未建立完善的关联交易制度，且这些行为通常都有损资本的维持，所以我们目前仍然保留了对抽逃出资的界定和列举。

问：公司法司法解释（三）除了督促股东依法履行出资义务之外，在股东权利的保障上是否有相应的规定？

答：一般认为，股东向公司依法缴纳出资后，就履行了其对公司的义务。股东也当然应当从公司获得相应的权利，公司应当向股东签发出资证明书、将股东的名称在相关文件上登记记载等。这些内容实际上也是公司对股东的义务。实践中，很多公司并未依法履行这些义务，这既侵害了股东的权益，也会给股权的稳定性产生影响。故我们在解释（三）中规定，公司未尽上述义务时，股东有权提起诉讼要求公司履行该义务。我们认为这些规定一方面有利于保障股东权益，另一方面还有利于督促公司规范管理和经营，依法置备法律所要求的各类文件资料，切实避免相关纠纷。

问：公司法司法解释（三）为什么要对实际出资人和名义股东进行规定？对该双方间的利益平衡有怎样的考虑？

答：商事实践中，由于各种原因公司相关文件中记名的人（名义股东）与真正投资人（实际出资人）相分离的情形并不鲜见，双方有时就股权投资收益的归属发生争议。我们认为，如果名义股东与实际出资人约定由名义股东出面行使股权，但由实际出资人享受投资权益时，这属于双方间的自由约定，根据缔约自由的精神，如无其它违法情形，该约定应有效，实际出资人可依照合同约定向名义股东主张相关权益。故我们在解释（三）作了此种规定。另一方面，我们认为《公司法》第三十三条第二款规定股东名册中的记名，是名义股东（即记名人）用来向公司主张权利或向公司提出抗辩的身份依据，而不是名义股东对抗实际出资人的依据，所以名义股东不能据其抗辩实际出资人。同样，《公司法》第三十三条第三款虽然规定未在公司登记机关登记的不得对抗第三人，但我们认为在名义股东与实际出资人就股东资格发生争议时，名义股东并不属于此处的“第三人”，所以名义股东不得以该登记否认实际出资人的合同权利。

在实际出资人与名义股东间，实际出资人的投资权益应当依双方合同确定并依法保护。但如果实际出资人请求公司变更股东、签发出资证明书、记载于股东名册、记载于公司章程并办理公司登记机关登记等，此时实际出资人的要求就已经突破了前述双方合同的范围，实际出资人将从公司外部进入公司内部、成为公司的成员。此种情况下，参照《公司法》第七十二条第二款规定的股东向股东以外的人转让股权，应当经其他股东过半数同意，我们规定此时应当经其他股东半数以上同意。

问：在存在实际出资人和名义股东的情形下，如何保障相关第三人的利益？

答：《公司法》第三十三条第三款规定股东姓名或名称未在公司登记机关登记的，不得对抗第三人。所以第三人凭借对登记内容的信赖，一般可以合理地相信登记的股东（即名义股东）就是真实的股权人，可以接受该名义股东对股权的处分，实际出资人不能主张处分行为无效。但是实践中，有的情况下名义股东虽然是登记记载的股东，但第三人明知该股东不是真实的股权人，股权应归属于他人（即实际出资人），在名义股东向第三人处分股权后如果仍认定该处分行为有效，实际上就助长了第三人及名义股东的不诚信行为，这是应当避免的。所以我们规定实际出资人主张处分股权行为无效的，应按照《物权法》第一百零六条规定的善意取得制度处理，即登记的内容构成第三人的一般信赖，第三人可以以登记的内容来主张其不知道股权归属于实际出资人、并进而终局地取得该股权；但实际出资人可以举证证明第三人知道或应当知道该股权归属于实际出资人。一旦证明，该第三人就不构成善意取得，处分股权行为的效力就应当被否定，其也就不能终局地取得该股权。

当然，在第三人取得该股权后，实际出资人基于股权形成的利益就不复存在，其可以要求作出处分行为的名义股东承担赔偿责任。

问：股权转让后，未及时办理股权变更登记而形成的名实分离的情形下，公司法司法解释（三）是如何保障第三人利益和受让人利益的？

答：上面谈了因实际出资人与名义股东明确约定而形成的名实分离情形下、如何平衡各方利益的问题。实践中，也存在这样的情况，即原股东转让股权后，由于种种原因股权所对应的股东名称未及时在公司登记机关进行变更，此时原股东又将该股权再次转让。这种情况下，按照我前面所谈到的，第三人凭借对既有登记内容的信赖，一般可以合理地相信登记的股东（即原股东）就是真实的股权人，可以接受该股东对股权的处分，未登记记名的受让股东不能主张处分行为无效。但是，当确有证据证明第三人在受让股权时明知原股东已不是真实的股权人，股权权属已归于受让股东，在原股东向该第三人处分股权后如果仍认定该处分行为有效，同样也会助长第三人及原股东的不诚信行为，这也是应当避免的。所以我们规定受让股东主张处分股权行为无效的，应按照《物权法》第一百零六条的规定处理。

如果没有证据证明第三人知道上述情形，那么第三人可以取得该股权，受让股东的股权利益也不存在了，其可以要求原股东承担赔偿责任。而且，受让股东受让股权后之所以未及时在公司登记机关办理变更登记，常常是由于公司的管理层（如董事、高管人员）或实际控制人等未及时代表公司向登记机关申请且提供相应材料而造成，此时，我们认为该类人员对受让股东的损失也有过错，应当对受让股东承担相应的赔偿责任。受让股东有过失的，可以减轻上述人员的责任。

最高人民法院
关于适用《中华人民共和国公司法》若干问题的规定（四）

法释〔2017〕16号

（2016年12月5日最高人民法院审判委员会第1702次会议通过
2017年8月25日最高人民法院公告公布　自2017年9月1日起施行）

为正确适用《中华人民共和国公司法》，结合人民法院审判实践，现就公司决议效力、股东知情权、利润分配权、优先购买权和股东代表诉讼等案件适用法律问题作出如下规定。

第一条　公司股东、董事、监事等请求确认股东会或者股东大会、董事会决议无效或者不成立的，人民法院应当依法予以受理。

第二条　依据公司法第二十二条第二款请求撤销股东会或者股东大会、董事会决议的原告，应当在起诉时具有公司股东资格。

第三条　原告请求确认股东会或者股东大会、董事会决议不成立、无效或者撤销决议的案件，应当列公司为被告。对决议涉及的其他利害关系人，可以依法列为第三人。

一审法庭辩论终结前，其他有原告资格的人以相同的诉讼请求申请参加前款规定诉讼的，可以列为共同原告。

第四条　股东请求撤销股东会或者股东大会、董事会决议，符合公司法第二十二条第二款规定的，人民法院应当予以支持，但会议召集程序或者表决方式仅有轻微瑕疵，且对决议未产生实质影响的，人民法院不予支持。

第五条　股东会或者股东大会、董事会决议存在下列情形之一，当事人主张决议不成立的，人民法院应当予以支持：

（一）公司未召开会议的，但依据公司法第三十七条第二款或者公司章程规定可以不召开股东会或者股东大会而直接作出决定，并由全体股东在决定文件上签名、盖章的除外；

（二）会议未对决议事项进行表决的；

（三）出席会议的人数或者股东所持表决权不符合公司法或者公司章程规定的；

（四）会议的表决结果未达到公司法或者公司章程规定的通过比例的；

（五）导致决议不成立的其他情形。

第六条 股东会或者股东大会、董事会决议被人民法院判决确认无效或者撤销的，公司依据该决议与善意相对人形成的民事法律关系不受影响。

第七条 股东依据公司法第三十三条、第九十七条或者公司章程的规定，起诉请求查阅或者复制公司特定文件材料的，人民法院应当依法予以受理。

公司有证据证明前款规定的原告在起诉时不具有公司股东资格的，人民法院应当驳回起诉，但原告有初步证据证明在持股期间其合法权益受到损害，请求依法查阅或者复制其持股期间的公司特定文件材料的除外。

第八条 有限责任公司有证据证明股东存在下列情形之一的，人民法院应当认定股东有公司法第三十三条第二款规定的“不正当目的”：

（一）股东自营或者为他人经营与公司主营业务有实质性竞争关系业务的，但公司章程另有规定或者全体股东另有约定的除外；

（二）股东为了向他人通报有关信息查阅公司会计账簿，可能损害公司合法利益的；

（三）股东在向公司提出查阅请求之日前的三年内，曾通过查阅公司会计账簿，向他人通报有关信息损害公司合法利益的；

（四）股东有不正当目的的其他情形。

第九条 公司章程、股东之间的协议等实质性剥夺股东依据公司法第三十三条、第九十七条规定查阅或者复制公司文件材料的权利，公司以此为由拒绝股东查阅或者复制的，人民法院不予支持。

第十条 人民法院审理股东请求查阅或者复制公司特定文件材料的案件，对原告诉讼请求予以支持的，应当在判决中明确查阅或者复制公司特定文件材料的时间、地点和特定文件材料的名录。

股东依据人民法院生效判决查阅公司文件材料的，在该股东在场的情况下，可以由会计师、律师等依法或者依据执业行为规范负有保密义务的中介机构执业人员辅助进行。

第十一条 股东行使知情权后泄露公司商业秘密导致公司合法利益受到损害，公司请求该股东赔偿相关损失的，人民法院应当予以支持。

根据本规定第十条辅助股东查阅公司文件材料的会计师、律师等泄露公司商业秘密导致公司合法利益受到损害，公司请求其赔偿相关损失的，人民法院应当予以支持。

第十二条　公司董事、高级管理人员等未依法履行职责，导致公司未依法制作或者保存公司法第三十三条、第九十七条规定的公司文件材料，给股东造成损失，股东依法请求负有相应责任的公司董事、高级管理人员承担民事赔偿责任的，人民法院应当予以支持。

第十三条　股东请求公司分配利润案件，应当列公司为被告。

一审法庭辩论终结前，其他股东基于同一分配方案请求分配利润并申请参加诉讼的，应当列为共同原告。

第十四条　股东提交载明具体分配方案的股东会或者股东大会的有效决议，请求公司分配利润，公司拒绝分配利润且其关于无法执行决议的抗辩理由不成立的，人民法院应当判决公司按照决议载明的具体分配方案向股东分配利润。

第十五条　股东未提交载明具体分配方案的股东会或者股东大会决议，请求公司分配利润的，人民法院应当驳回其诉讼请求，但违反法律规定滥用股东权利导致公司不分配利润，给其他股东造成损失的除外。

第十六条　有限责任公司的自然人股东因继承发生变化时，其他股东主张依据公司法第七十一条第三款规定行使优先购买权的，人民法院不予支持，但公司章程另有规定或者全体股东另有约定的除外。

第十七条　有限责任公司的股东向股东以外的人转让股权，应就其股权转让事项以书面或者其他能够确认收悉的合理方式通知其他股东征求同意。其他股东半数以上不同意转让，不同意的股东不购买的，人民法院应当认定视为同意转让。

经股东同意转让的股权，其他股东主张转让股东应当向其以书面或者其他能够确认收悉的合理方式通知转让股权的同等条件的，人民法院应当予以支持。

经股东同意转让的股权，在同等条件下，转让股东以外的其他股东主张优先购买的，人民法院应当予以支持，但转让股东依据本规定第二十条放弃转让的除外。

第十八条　人民法院在判断是否符合公司法第七十一条第三款及本规定所称的“同等条件”时，应当考虑转让股权的数量、价格、支付方式及期限等因素。

第十九条　有限责任公司的股东主张优先购买转让股权的，应当在收到通知后，在公司章程规定的行使期间内提出购买请求。公司章程没有规定行使期间或者规定不明确的，以通知确定的期间为准，通知确定的期间短于三十日或者未明确行使期间的，行使期间为三十日。

第二十条　有限责任公司的转让股东，在其他股东主张优先购买后又不同意转让股权的，对其他股东优先购买的主张，人民法院不予支持，但公司章程另有规定或者全体股东另有约定的除外。其他股东主张转让股东赔偿其损失合理的，人民法院应当予以支持。

第二十一条 有限责任公司的股东向股东以外的人转让股权，未就其股权转让事项征求其他股东意见，或者以欺诈、恶意串通等手段，损害其他股东优先购买权，其他股东主张按照同等条件购买该转让股权的，人民法院应当予以支持，但其他股东自知道或者应当知道行使优先购买权的同等条件之日起三十日内没有主张，或者自股权变更登记之日起超过一年的除外。

前款规定的其他股东仅提出确认股权转让合同及股权变动效力等请求，未同时主张按照同等条件购买转让股权的，人民法院不予支持，但其他股东非因自身原因导致无法行使优先购买权，请求损害赔偿的除外。

股东以外的股权受让人，因股东行使优先购买权而不能实现合同目的的，可以依法请求转让股东承担相应民事责任。

第二十二条 通过拍卖向股东以外的人转让有限责任公司股权的，适用公司法第七十一条第二款、第三款或者第七十二条规定的“书面通知”“通知”“同等条件”时，根据相关法律、司法解释确定。

在依法设立的产权交易场所转让有限责任公司国有股权的，适用公司法第七十一条第二款、第三款或者第七十二条规定的“书面通知”“通知”“同等条件”时，可以参照产权交易场所的交易规则。

第二十三条 监事会或者不设监事会的有限责任公司的监事依据公司法第一百五十一条第一款规定对董事、高级管理人员提起诉讼的，应当列公司为原告，依法由监事会主席或者不设监事会的有限责任公司的监事代表公司进行诉讼。

董事会或者不设董事会的有限责任公司的执行董事依据公司法第一百五十一条第一款规定对监事提起诉讼的，或者依据公司法第一百五十一条第三款规定对他人提起诉讼的，应当列公司为原告，依法由董事长或者执行董事代表公司进行诉讼。

第二十四条 符合公司法第一百五十一条第一款规定条件的股东，依据公司法第一百五十一条第二款、第三款规定，直接对董事、监事、高级管理人员或者他人提起诉讼的，应当列公司为第三人参加诉讼。

一审法庭辩论终结前，符合公司法第一百五十一条第一款规定条件的其他股东，以相同的诉讼请求申请参加诉讼的，应当列为共同原告。

第二十五条 股东依据公司法第一百五十一条第二款、第三款规定直接提起诉讼的案件，胜诉利益归属于公司。股东请求被告直接向其承担民事责任的，人民法院不予支持。

第二十六条　股东依据公司法第一百五十一条第二款、第三款规定直接提起诉讼的案件，其诉讼请求部分或者全部得到人民法院支持的，公司应当承担股东因参加诉讼支付的合理费用。

第二十七条　本规定自2017年9月1日起施行。

本规定施行后尚未终审的案件，适用本规定；本规定施行前已经终审的案件，或者适用审判监督程序再审的案件，不适用本规定。

【链　接】

依法保护股东权利　促进规范公司治理

——最高人民法院民事审判第二庭负责人答记者问

问：日前，最高人民法院出台了《关于为改善营商环境提供司法保障的若干意见》，提出要适时出台司法解释，加强中小股东权利保护，增强社会投资的积极性。《解释》在落实该意见要求，加强中小股东权利保护方面作出了怎样的规定？

答：对少数投资者的权利保护是评价营商环境的重要指标。为贯彻中央重大部署，最高人民法院于前不久发布了《关于为改善营商环境提供司法保障的若干意见》，特别强调了对中小股东权利的司法保护。发布实施《解释》，正是深化落实该意见的重要举措。

由于中小股东在公司中处于弱势地位，因此，公司法对股东权利的保护，在很大程度上是对中小股东权利的保护。《解释》聚焦表决权、知情权、利润分配权、优先购买权、监督权等五个方面的股东权利，努力加强对股东权利的司法救济。一是全面系统覆盖救济领域。股东权利具有丰富的多层次的内涵，具有很强的体系性。加强对股东权利的司法救济，必须全面系统地解决相关法律问题。为此，《解释》既加强了对表决权等共益权的司法救济，也加强了对利润分配权等自益权的司法救济；既涵盖了实体权利的救济，合理平衡当事人的权利、义务、责任和利益，也充分考虑了公司诉讼程序的独特性，就当事人诉讼地位等程序问题作出了较为详尽的规定；既包括对知情权等手段性权利的保护，也完善了对利润分配请求权等目的性权利的司法救济。二是突出重点解决救济难题。《解释》始终坚持问题导向，重点解决在股东权利纠纷中存在的法律适用难题。比如第四条规定了决议不成立之诉，解决了现有决议效力瑕疵诉讼案由不完善，对股东表决权救济不足的难题；第九条肯定了股东法定知情权的固有权属性，解决了该权利被实质性剥夺或者让渡时，股东难以对利润分配权、表决权有效救济的难题，等等。三是积极探索完善救济途径。对一些公司法没有明确规定，但司法实践中经常遇到的问题，《解释》力图在现有法律框架下，探索强化对股东权利的救济。比如，董事、高级管理人员未依法履行制作保存公司文件资料的职责，从根本上损害股东法定知情权时，公司法没有明确规定相应的救济途径。《解释》依据公司法第一百五十二条关于董事、高级管理人员赔偿责任的规定，在第十二条规定了相应的赔偿责任。再如，由于司法介入公司利润分配缺乏公司法上的直接依据，《解释》立足公司法原理，依据公司法第四条、第二十条等规定，在第十五条规定了司法介入公司利润分配的特定情形。总之，《解释》的发布施行，将指导人民法院更加准确适用公司法，充分发挥公司法功能，依法保护股权，为广大公司和资本市场的发展壮大提供有力司法保障。

问：公司已经成为我国企业的主要类型。广大公司非常关注审理公司治理纠纷的相关司法政策。《解释》以规范公司治理为核心内容，发布施行后将对公司治理的法治化有何重大影响？

答：股东是公司的所有者，股东权利的行使是公司治理的基础和主要内容。《解释》以股东权利为主线，亦即以规范公司治理为核心内容，涵盖决策、执行、监督等公司治理的各个方面。主要包括三个方面的内容：第一，完善股东会或者股东大会、董事会会议决议效力瑕疵诉讼机制，促进公司决策的规范化。第二，加强股东知情权保护，完善股东代表诉讼机制，为股东监督公司经营提供司法保障。第三，完善股东之间的利润分配等利益冲突解决机制，避免和化解公司僵局。

《解释》发布施行后，对公司治理的法治化将起到积极促进作用。一是促使公司更加依法尊重中小股东权利。《解释》加强对中小股东权利的司法救济，将对大股东滥用股东权利，损害甚至剥夺中小股东的表决权、知情权、利润分配权等行为依法予以必要遏制，引导公司更加公平地对待中小股东。二是促使公司更加注重公司程式。公司内部活动的程序和形式，在公司治理中既有其独立的价值，也对保障公司治理的公平性具有重要意义。《解释》十分重视对违反公司程式的瑕疵救济。比如，完善了决议可撤销、决议不成立等法律适用规则，将促使公司严格遵守法律和公司章程对股东会或者股东大会、董事会会议召集程序和表决方式的规定，以避免决议效力受到影响。三是促使公司更加重视公司章程和公司自治。《解释》始终坚持对公司章程和公司自治的尊重，尽可能减少司法介入，在多处规定“公司章程另有规定或者全体股东另有约定的除外”，还在优先购买权的行使期限等问题上肯定了章程规定的优先效力。这些规定将促使公司更加重视公司章程的“意思自治”，逐步改变公司章程千篇一律的现状，使公司治理实现规范化与个性化的统一，有效提高公司治理的内在活力。

问：公司治理纠纷发生后，往往会对公司经营产生一定消极影响。《解释》如何在保护股东权利与维护公司稳定经营之间实现利益平衡？

答：公司法的适用涉及公司、股东、董事、债权人、职工等诸多主体利益的冲突，同时也关系到公法与私法、公司利益与社会责任、股东权益与公司发展等相互关系的协调。因此，如何实现不同主体和各类关系的利益平衡是公司法适用的永恒主题。以股东和公司的关系为例，股东权利与公司稳定经营和长远发展在根本上是一致的，但也可能由于股东之间、股东与公司经营管理层之间的分歧而发生冲突。股东依法行使权利是健全公司治理的基础，而股东权利的滥用又会影响公司正常的经营秩序。贯彻好利益平衡原则，做到既依法保护股东权利，又不给公司经营增加不必要的干扰，是我们制定《解释》过程中始终努力追求的目标。一是立足于保护股东的实际诉讼利益，同时尽可能防止滥诉。比如，《解释》既规定了决议可撤销制度，同时又规定了裁量驳回制度，防止股东滥用可撤销之诉，干扰公司正常经营。再如，《解释》既依法保障股东的诉讼权利，又明确、合理地界定了相关诉讼的原告范围，正确掌握诉的利益原则在公司诉讼领域中的识别方法和判断标准，尽可能减少对公司治理的干预。二是尽可能采取列举式的规定，增强公司诉讼的可预期性，引导规范公司治理，减少公司纠纷案件。比如，关于决议不成立、股东查阅公司会计账簿的不正当目的等等，均列举了若干具体情形，增强了《解释》的可操作性。三是尽可能尊重公司自治，穷尽公司内部救济，仅规定有限的司法介入。由于在资本民主的前提下，股东之间力量和地位的不平衡，经常会导致公司自治失灵，因此，司法审判适度介入公司自治，维护公司内部的实质公平正义是不可避免的。但同时必须防止司法过度介入公司自治。比如，就公司利润分配纠纷，《解释》坚持以公司决议分配为原则，仅规定了有限的例外情形，即有限责任公司和未上市的股份有限公司股东滥用权利导致公司不分配利润，给其他股东造成损失的情形下，人民法院方可判决公司作出分配决议，甚至强制分配。四是尽可能适用共同诉讼和第三人制度，既保护股东诉权，又减少公司诉累。如通过将诉讼请求相同的诉讼合并为一个共同诉讼，或者将与诉讼标的在法律上有利害关系的公司或者股东安排为第三人，从而在不影响股东诉权行使的情况下，尽可能提高诉讼效率，以最小的诉讼成本解决纠纷，实现公司诉讼中公正与效率的统一。

问：获取投资收益是公司股东出资的最终目的，因此，广大投资者对《解释》关于公司利润分配的规定非常关注。能否介绍一下相关规定及其基本原理？

答：由于股东投资的最终目的就是获得投资收益，因此，利润分配权是股东权利的核心。在公司法理论上，股东的利润分配权分为抽象的利润分配权和具体的利润分配权。所谓抽象的利润分配权，是指公司在每个会计年度进行决算后，股东依据公司的决定获取相应红利的权利。由于公司是否有利润可分配和是否分配利润具有不确定性，因此，抽象的利润分配权属于期待权，但同时又是股东所享有的一种固有权，公司章程或公司机关不得剥夺或限制。所谓具体的利润分配权，是指公司股东会或股东大会对有关利润分配事项作出决议后，股东所享有的分配请求权。因此，请求公司分配利润是股东的固有权利，但是否以及如何进行利润分配，既属于公司发展谋略和商业判断的范畴，更取决于公司是否具备可分配利润等现实情况，具有不确定性。因此，通常情况下，司法审判不宜亦难以介入公司利润分配。股东不能提供载有具体分配方案的公司股东会或者股东大会有效决议的，对其关于分配公司利润的请求，人民法院原则上不予支持。同时，《解释》第十五条亦规定了有限的除外情形，即在公司依法具备可分配利润，且股东滥用股东权利导致公司不分配利润，给其他股东造成损失的情况下，人民法院可以根据原告股东的诉讼请求和具体案情，就公司利润分配予以适当救济。

最高人民法院
关于审理中外合资经营合同纠纷案件如何清算合资企业问题的批复

法释〔1998〕1号

（1997年12月5日最高人民法院审判委员会第950次会议通过
1998年1月15日最高人民法院公告公布　自1998年1月15日起施行）

山东省高级人民法院：

你院《关于审理中外合资经营合同纠纷案件如何清算合资企业问题的请示报告》收悉。经研究，答复如下：

同意你院请示报告中的第一种意见，即中外合资经营企业一方当事人向人民法院提起诉讼，要求解散合营企业并追究对方违约责任的，人民法院仅应对合营合同效力、是否终止合营合同、违约责任等作出判决。合营企业清算问题则应根据《中华人民共和国中外合资经营企业法实施条例》、《外商投资企业清算办法》的有关规定办理，人民法院组织清算没有法律依据。

国内有限责任公司有类似情形的，应依据《中华人民共和国公司法》的有关规定办理。

此复。

最高人民法院
关于审理军队、武警部队、政法机关移交、撤销企业和与党政机关脱钩企业相关纠纷案件若干问题的规定

法释〔2001〕8号

（2001年2月6日最高人民法院审判委员会第1158次会议通过
2001年3月20日最高人民法院公告公布　自2001年3月23日起施行）

为依法准确审理军队、武警部队、政法机关移交、撤销企业和与党政机关脱钩的企业所发生的债务纠纷案件和破产案件，根据《中华人民共和国民法通则》、《中华人民共和国公司法》、《中华人民共和国民事诉讼法》、《中华人民共和国企业破产法（试行）》的有关规定，作如下规定：

一、移交、撤销、脱钩企业债务纠纷的处理

第一条　军队、武警部队、政法机关和党政机关开办的企业（以下简称被开办企业）具备法人条件并领取了企业法人营业执照的，根据《中华人民共和国民法通则》第四十八条的规定，应当以其经营管理或者所有的财产独立承担民事责任。

第二条　被开办企业领取了企业法人营业执照，虽然实际投入的资金与注册资金不符，但已达到了《中华人民共和国企业法人登记管理条例实施细则》第十五条第（七）项规定数额的，应当认定其具备法人资格，开办单位应当在该企业实际投入资金与注册资金的差额范围内承担民事责任。

第三条　被开办企业虽然领取了企业法人营业执照，但投入的资金未达到《中华人民共和国企业法人登记管理条例实施细则》第十五条第（七）项规定数额的，或者不具备企业法人其他条件的，应当认定其不具备法人资格，

其民事责任由开办单位承担。

第四条 开办单位向被开办企业收取资金或实物的，应当在所收取的资金和实物的范围内对其开办企业的债务承担民事责任。

第五条 开办单位抽逃、转移资金或者隐匿财产以逃避被开办企业债务的，应当将所抽逃、转移的资金或者隐匿的财产退回，用以清偿被开办企业的债务。

第六条 开办单位为被开办企业的注册资金提供担保的，应当在其承诺担保的范围内承担民事责任。

第七条 开办单位或其主管部门在被开办企业撤销时，向工商行政管理机关出具证明文件，自愿对被开办企业的债务承担责任的，应当按照承诺在其接受财产范围内对被开办企业的债务承担民事责任。

第八条 军队开办的企业无偿移交地方的，应当由接受单位承担开办单位的民事责任。

第九条 两个以上单位共同开办企业的，作为共同诉讼人，并按照各自出资比例或者盈余分配的比例承担相应的民事责任。

第十条 开办单位已经在被开办企业注册资金不实的范围内承担了民事责任的，应视为开办单位的注册资金已经足额到位，不再继续承担注册资金不实的责任。

二、移交、撤销、脱钩企业破产案件的处理

第十一条 被开办企业或者债权人向人民法院申请破产的，不论开办单位的注册资金是否足额到位，人民法院均应当受理。

第十二条 被开办企业被宣告破产的，开办单位对其没有投足的注册资金、收取的资金和实物、转移的资金或者隐匿的财产，都应当由清算组负责收回。

第十三条 被开办企业向社会或者向企业内部职工集资未清偿的，在破产财产分配时，应当按照《中华人民共和国企业破产法（试行）》第三十七条第二款第一项的规定予以清偿。

第十四条 移交、撤销、脱钩的企业的开办单位和移交后的接受单位，都应当作为破产清算组成员，参加破产清算工作。

三、财产保全和执行

第十五条 人民法院在审理有关移交、撤销、脱钩的企业的案件时，认定开办单位应当承担民事责任的，不得对开办单位的国库款、军费、财政经费账户、办公用房、车辆等其他办公必需品采取查封、扣押、冻结、拍卖等保全和执行措施。

第十六条　人民法院在执行涉及开办单位承担民事责任的生效判决时，只能用开办单位财政资金以外的自有资金清偿债务。如果开办单位没有财政资金以外自有资金的，应当依法裁定终结执行。

四、适用范围

第十七条　本规定仅适用于审理此次军队、武警部队、政法机关移交、撤销企业和与党政机关脱钩的企业所发生的债务纠纷案件和破产案件。

最高人民法院
关于审理与企业改制相关的民事纠纷案件若干问题的规定

法释〔2003〕1号

（2002年12月3日最高人民法院审判委员会第1259次会议通过
2003年1月3日最高人民法院公告公布　自2003年2月1日起施行）

为了正确审理与企业改制相关的民事纠纷案件，根据《中华人民共和国民法通则》、《中华人民共和国公司法》、《中华人民共和国全民所有制工业企业法》、《中华人民共和国合同法》、《中华人民共和国民事诉讼法》等法律、法规的规定，结合审判实践，制定本规定。

一、案件受理

第一条　人民法院受理以下平等民事主体间在企业产权制度改造中发生的民事纠纷案件：

（一）企业公司制改造中发生的民事纠纷；
（二）企业股份合作制改造中发生的民事纠纷；
（三）企业分立中发生的民事纠纷；
（四）企业债权转股权纠纷；
（五）企业出售合同纠纷；
（六）企业兼并合同纠纷；
（七）与企业改制相关的其他民事纠纷。

第二条　当事人起诉符合本规定第一条所列情形，并符合民事诉讼法第一百零八条规定的起诉条件的，人民法院应当予以受理。

第三条 政府主管部门在对企业国有资产进行行政性调整、划转过程中发生的纠纷，当事人向人民法院提起民事诉讼的，人民法院不予受理。

二、企业公司制改造

第四条 国有企业依公司法整体改造为国有独资有限责任公司的，原企业的债务，由改造后的有限责任公司承担。

第五条 企业通过增资扩股或者转让部分产权，实现他人对企业的参股，将企业整体改造为有限责任公司或者股份有限公司的，原企业债务由改造后的新设公司承担。

第六条 企业以其部分财产和相应债务与他人组建新公司，对所转移的债务债权人认可的，由新组建的公司承担民事责任；对所转移的债务未通知债权人或者虽通知债权人，而债权人不予认可的，由原企业承担民事责任。原企业无力偿还债务，债权人就此向新设公司主张债权的，新设公司在所接收的财产范围内与原企业承担连带民事责任。

第七条 企业以其优质财产与他人组建新公司，而将债务留在原企业，债权人以新设公司和原企业作为共同被告提起诉讼主张债权的，新设公司应当在所接收的财产范围内与原企业共同承担连带责任。

三、企业股份合作制改造

第八条 由企业职工买断企业产权，将原企业改造为股份合作制的，原企业的债务，由改造后的股份合作制企业承担。

第九条 企业向其职工转让部分产权，由企业与职工共同组建股份合作制企业的，原企业的债务由改造后的股份合作制企业承担。

第十条 企业通过其职工投资增资扩股，将原企业改造为股份合作制企业的，原企业的债务由改造后的股份合作制企业承担。

第十一条 企业在进行股份合作制改造时，参照公司法的有关规定，公告通知了债权人。企业股份合作制改造后，债权人就原企业资产管理人（出资人）隐瞒或者遗漏的债务起诉股份合作制企业的，如债权人在公告期内申报过该债权，股份合作制企业在承担民事责任后，可再向原企业资产管理人（出资人）追偿。如债权人在公告期内未申报过该债权，则股份合作制企业不承担民事责任，人民法院可告知债权人另行起诉原企业资产管理人（出资人）。

四、企业分立

第十二条 债权人向分立后的企业主张债权，企业分立时对原企业的债务承担有约定，并经债权人认可的，按照当事人的约定处理；企业分立时对原企业债务承担没有约定或者约定不明，或者虽然有约定但债权人不予认可的，分立后的企业应当承担连带责任。

第十三条　分立的企业在承担连带责任后，各分立的企业间对原企业债务承担有约定的，按照约定处理；没有约定或者约定不明的，根据企业分立时的资产比例分担。

五、企业债权转股权

第十四条　债权人与债务人自愿达成债权转股权协议，且不违反法律和行政法规强制性规定的，人民法院在审理相关的民事纠纷案件中，应当确认债权转股权协议有效。

政策性债权转股权，按照国务院有关部门的规定处理。

第十五条　债务人以隐瞒企业资产或者虚列企业资产为手段，骗取债权人与其签订债权转股权协议，债权人在法定期间内行使撤销权的，人民法院应当予以支持。

债权转股权协议被撤销后，债权人有权要求债务人清偿债务。

第十六条　部分债权人进行债权转股权的行为，不影响其他债权人向债务人主张债权。

六、国有小型企业出售

第十七条　以协议转让形式出售企业，企业出售合同未经有审批权的地方人民政府或其授权的职能部门审批的，人民法院在审理相关的民事纠纷案件时，应当确认该企业出售合同不生效。

第十八条　企业出售中，当事人双方恶意串通，损害国家利益的，人民法院在审理相关的民事纠纷案件时，应当确认该企业出售行为无效。

第十九条　企业出售中，出卖人实施的行为具有合同法第五十四条规定的情形，买受人在法定期限内行使撤销权的，人民法院应当予以支持。

第二十条　企业出售合同约定的履行期限届满，一方当事人拒不履行合同，或者未完全履行合同义务，致使合同目的不能实现，对方当事人要求解除合同并要求赔偿损失的，人民法院应当予以支持。

第二十一条　企业出售合同约定的履行期限届满，一方当事人未完全履行合同义务，对方当事人要求继续履行合同并要求赔偿损失的，人民法院应当予以支持。双方当事人均未完全履行合同义务的，应当根据当事人的过错，确定各自应当承担的民事责任。

第二十二条　企业出售时，出卖人对所售企业的资产负债状况、损益状况等重大事项未履行如实告知义务，影响企业出售价格，买受人就此向人民法院起诉主张补偿的，人民法院应当予以支持。

第二十三条 企业出售合同被确认无效或者被撤销的，企业售出后买受人经营企业期间发生的经营盈亏，由买受人享有或者承担。

第二十四条 企业售出后，买受人将所购企业资产纳入本企业或者将所购企业变更为所属分支机构的，所购企业的债务，由买受人承担。但买卖双方另有约定，并经债权人认可的除外。

第二十五条 企业售出后，买受人将所购企业资产作价入股与他人重新组建新公司，所购企业法人予以注销的，对所购企业出售前的债务，买受人应当以其所有财产，包括在新组建公司中的股权承担民事责任。

第二十六条 企业售出后，买受人将所购企业重新注册为新的企业法人，所购企业法人被注销的，所购企业出售前的债务，应当由新注册的企业法人承担。但买卖双方另有约定，并经债权人认可的除外。

第二十七条 企业售出后，应当办理而未办理企业法人注销登记，债权人起诉该企业的，人民法院应当根据企业资产转让后的具体情况，告知债权人追加责任主体，并判令责任主体承担民事责任。

第二十八条 出售企业时，参照公司法的有关规定，出卖人公告通知了债权人。企业售出后，债权人就出卖人隐瞒或者遗漏的原企业债务起诉买受人的，如债权人在公告期内申报过该债权，买受人在承担民事责任后，可再行向出卖人追偿。如债权人在公告期内未申报过该债权，则买受人不承担民事责任。人民法院可告知债权人另行起诉出卖人。

第二十九条 出售企业的行为具有合同法第七十四条规定的情形，债权人在法定期限内行使撤销权的，人民法院应当予以支持。

七、企业兼并

第三十条 企业兼并协议自当事人签字盖章之日起生效。需经政府主管部门批准的，兼并协议自批准之日起生效；未经批准的，企业兼并协议不生效。但当事人在一审法庭辩论终结前补办报批手续的，人民法院应当确认该兼并协议有效。

第三十一条 企业吸收合并后，被兼并企业的债务应当由兼并方承担。

第三十二条 企业进行吸收合并时，参照公司法的有关规定，公告通知了债权人。企业吸收合并后，债权人就被兼并企业原资产管理人（出资人）隐瞒或者遗漏的企业债务起诉兼并方的，如债权人在公告期内申报过该笔债权，兼并方在承担民事责任后，可再行向被兼并企业原资产管理人（出资人）追偿。如债权人在公告期内未申报过该笔债权，则兼并方不承担民事责任。

人民法院可告知债权人另行起诉被兼并企业原资产管理人（出资人）。

第三十三条　企业新设合并后，被兼并企业的债务由新设合并后的企业法人承担。

第三十四条　企业吸收合并或新设合并后，被兼并企业应当办理而未办理工商注销登记，债权人起诉被兼并企业的，人民法院应当根据企业兼并后的具体情况，告知债权人追加责任主体，并判令责任主体承担民事责任。

第三十五条　以收购方式实现对企业控股的，被控股企业的债务，仍由其自行承担。但因控股企业抽逃资金、逃避债务，致被控股企业无力偿还债务的，被控股企业的债务则由控股企业承担。

八、附则

第三十六条　本规定自2003年2月1日起施行。在本规定施行前，本院制定的有关企业改制方面的司法解释与本规定相抵触的，不再适用。

【链　接】

最高人民法院副院长李国光就《关于审理与企业改制相关的民事纠纷案件若干问题的规定》答记者问

问：据了解，最高人民法院于1999年年底开始调查研究，并着手起草《关于审理与企业改制相关的民事纠纷案件若干问题的规定》。请问，本规定的制定经历了一个什么样的背景和过程？

答：众所周知，国有企业是我国国民经济的支柱，国有企业改革是国家经济体制改革的中心环节。党的十四届三中全会决议提出要进一步深化国有企业改革。党的十五届一中全会提出，要从战略上调整国有经济布局和改组国有企业，建立现代企业制度的目标。党的十五届四中全会又专门作出《中共中央关于国有企业改革和发展若干重大问题的决议》，要求从战略上调整国有经济布局，推进国有企业战略性改组，建立和完善现代企业制度。刚刚胜利闭幕不久的党的十六大再次明确提出，在今后一个时期要继续按照现代企业制度的要求，对国有大中型企业实行规范的公司制改造，完善法人治理机构；推进垄断行业改革，积极引入竞争机制；进一步放开搞活国有中小型企业。这又为深化国有企业改革提出了新的目标。

随着国有企业改革的深入，其中存在的问题也逐步显露，如有些企业改制不规范，没有严格按照法律和政策规定的程序进行，损害职工的合法利益；有些企业借改制之机逃废债务，侵害债权人利益；还有的企业在改制过程中故意隐瞒或者遗漏债务，损害兼并方或者购买者的利益等等。与此同时，人民法院受理的相关民事纠纷案件也呈逐年上升趋势。由于调整这些民事纠纷的法律、法规及有关企业改制政策相对滞后，这就给人民法院审理案件带来了适用法律上的困难。

为解决这一问题，最高人民法院于1999年底开始调查研究，并着手起草本规定。在调查研究起草文稿过程中，召开了有全国人大法工委和中央各部委参加的座谈会以及专家论证会。并征求了各高级人民法院及部分中级人民法院和基层人民法院的意见。通过充分调研，认真总结审判工作的经验，广泛论证，统一认识，几经修改，经最高人民法院审判委员会讨论通过，形成了现在的《关于审理与企业改制相关的民事纠纷案件若干问题的规定》（以下简称本规定）。

问：本规定的主要特点有哪些？

答：第一，本规定是人民法院丰富的民商事审判经验的总结。如上所述，由于调整与企业改制相关的民事纠纷案件的法律、法规及有关企业改制政策相对滞后，使得人民法院在面对此类案件逐年增多的形势下，法律适用问题日益突出。在起草本规定中，我们收集和研究了一些高级人民法院的规范性意见，认真总结了各地的审判经验，并广泛征求了中央有关部委、有关地方政府部门及专家学者的意见，并多次深入各地法院，直接听取在审判第一线工作的民商事法官的意见。因此，这部司法解释不仅吸收了中央有关部门和专家学者的意见，更是人民法院丰富的民商事审判经验的总结。

第二，本规定的内容丰富，重点突出。本规定的总体框架涉及面很宽，内容十分丰富。它将不同形式的企业改制，如企业公司制改造、企业股份合作制改造、企业出售、企业兼并等改制形式中需要解决的民事纠纷问题均进行了归纳。同时，突出了重点问题。所有规定的内容都简明扼要，使人一目了然，便于操作。

第三，本规定将法律实体与程序有机结合，侧重解决实体问题。针对审判工作的需要，本规定既对程序内容，如案件受理、诉讼主体的追加等进行了必要的规范，又对大量的实体内容，如企业改制合同效力的确认、企业改制合同的履行、企业改制后债务的承担等等，进行了规定。这样规定，针对性和实践性强，体现了实体和程序的有机结合，侧重解决实体问题的特点，为人民法院审理与企业改制相关的民事纠纷案件提供了较为系统和完整的司法解释。

问：本规定的精髓体现在哪？

答：国有企业改革，不仅是企业自身体制的变革，而且涉及对企业职工利益的保护。不容忽视的是，企业改制中侵害职工利益的行为时有发生。如企业改制中，没有充分考虑职工的利益，不听取职工的意见，甚至在未安置好企业职工的情况下，一改了之，一卖了之，引起矛盾激化，严重影响企业和社会稳定。应当指出，企业作为市场经济的主体，只有企业职工稳定了，企业才能稳定；只有企业稳定了，社会才能稳定；只有社会稳定了，才能有条件深化企业产权制度的改革，搞活企业，增强企业的市场竞争力，最终完成经济体制的改革，建立完善的社会主义经济体制。

因此，人民法院在审理与企业改制相关的民事纠纷案件中，应当特别注意对企业职工合法权益的保护，维护企业和社会的稳定。对违规违法进行企业改制的，要坚决制止；对有损企业职工利益的行为，绝不迁就姑息。严防“群体事件”的发生，维护企业和社会的稳定。这也是本规定的精髓。

问：制定颁布本规定的意义体现在哪些方面？

答：第一，本规定将对维护企业改革成果产生积极的影响。维护企业改革成果是人民法院的一项重要任务，本规定将此作为基本原则，并在具体条文中贯彻了这一原则。本规定作为人民法院审理与企业改制相关的民事纠纷案件比较全面和系统的司法解释，必将对维护企业改革成果，产生积极的影响。

第二，本规定将对企业改制行为起到正确的法律导向作用。我们所要维护的企业改革成果，是那些符合法律、法规所确定的基本原则的成果。对于那些假借企业改制，进行逃废债务的行为，不仅不能支持和维护，而且必须坚决制止和杜绝。对于起诉到人民法院有关企业改制的民事纠纷案件，依据本规定进行审理，不仅对相关的案件能实现依法调整的目的，而且对今后的企业改制行为也将起到法律的示范和导向作用。

第三，本规定将进一步规范人民法院对相关民事纠纷案件的审理。在现行法律、法规对多数国有企业改制的法律形式及实施程序没有作出详细的规定，企业改制中反映出的诸多问题难以解决，各地法院裁判标准不尽统一的情况下，本规定的及时出台，对进一步规范人民法院审理与企业改制相关的民事纠纷案件，统一司法标准，完善相关法律，为国有企业改革提供司法保障和服务，具有重大意义。

第四，本规定将进一步维护企业和社会稳定的大局。本规定从规范人民法院审判工作出发，从审理案件的角度，纠正和制止企业改制中的违法、违规行为，遏制债务人的恶意逃债，保护债权人和企业职工的合法权益，维护企业改革的成果，这对进一步维护企业和社会稳定这个大局，具有重要意义。

最高人民法院
关于审理外商投资企业纠纷案件若干问题的规定（一）

法释〔2010〕9号

（2010年5月17日最高人民法院审判委员会第1487次会议通过
2010年8月5日最高人民法院公告公布　自2010年8月16日起施行）

为正确审理外商投资企业在设立、变更等过程中产生的纠纷案件，保护当事人的合法权益，根据《中华人民共和国民法通则》、《中华人民共和国合同法》、《中华人民共和国物权法》、《中华人民共和国公司法》、《中华人民共和国中外合资经营企业法》、《中华人民共和国中外合作经营企业法》、《中华人民共和国外资企业法》等法律法规的规定，结合审判实践，制定本规定。

第一条　当事人在外商投资企业设立、变更等过程中订立的合同，依法律、行政法规的规定应当经外商投资企业审批机关批准后才生效的，自批准之日起生效；未经批准的，人民法院应当认定该合同未生效。当事人请求确认该合同无效的，人民法院不予支持。

前款所述合同因未经批准而被认定未生效的，不影响合同中当事人履行报批义务条款及因该报批义务而设定的相关条款的效力。

第二条　当事人就外商投资企业相关事项达成的补充协议对已获批准的合同不构成重大或实质性变更的，人民法院不应以未经外商投资企业审批机关批准为由认定该补充协议未生效。

前款规定的重大或实质性变更包括注册资本、公司类型、经营范围、营业期限、股东认缴的出资额、出资方式的变更以及公司合并、公司分立、股权转让等。

第三条　人民法院在审理案件中，发现经外商投资企业审批机关批准的外商投资企业合同具有法律、行政法规规定的无效情形的，应当认定合同无效；该合同具有法律、行政法规规定的可撤销情形，当事人请求撤销的，人民法院应予支持。

第四条　外商投资企业合同约定一方当事人以需要办理权属变更登记的标的物出资或者提供合作条件，标的物已交付外商投资企业实际使用，且负有办理权属变更登记义务的一方当事人在人民法院指定的合理期限内完成了登记的，人民法院应当认定该方当事人履行了出资或者提供合作条件的义务。外商投资企业或其股东以该方当事人未履行出资义务为由主张该方当事人不享有股东权益的，人民法院不予支持。

外商投资企业或其股东举证证明该方当事人因迟延办理权属变更登记给外商投资企业造成损失并请求赔偿的，人民法院应予支持。

第五条　外商投资企业股权转让合同成立后，转让方和外商投资企业不履行报批义务，经受让方催告后在合理的期限内仍未履行，受让方请求解除合同并由转让方返还其已支付的转让款、赔偿因未履行报批义务而造成的实际损失的，人民法院应予支持。

第六条　外商投资企业股权转让合同成立后，转让方和外商投资企业不履行报批义务，受让方以转让方为被告、以外商投资企业为第三人提起诉讼，请求转让方与外商投资企业在一定期限内共同履行报批义务的，人民法院应予支持。受让方同时请求在转让方和外商投资企业于生效判决确定的期限内不履行报批义务时自行报批的，人民法院应予支持。

转让方和外商投资企业拒不根据人民法院生效判决确定的期限履行报批义务，受让方另行起诉，请求解除合同并赔偿损失的，人民法院应予支持。赔偿损失的范围可以包括股权的差价损失、股权收益及其他合理损失。

第七条　转让方、外商投资企业或者受让方根据本规定第六条第一款的规定就外商投资企业股权转让合同报批，未获外商投资企业审批机关批准，受让方另行起诉，请求转让方返还其已支付的转让款的，人民法院应予支持。受让方请求转让方赔偿因此造成的损失的，人民法院应根据转让方是否存在过错以及过错大小认定其是否承担赔偿责任及具体赔偿数额。

第八条　外商投资企业股权转让合同约定受让方支付转让款后转让方才办理报批手续，受让方未支付股权转让款，经转让方催告后在合理的期限内仍未履行，转让方请求解除合同并赔偿因迟延履行而造成的实际损失的，人民法院应予支持。

第九条　外商投资企业股权转让合同成立后，受让方未支付股权转让款，转让方和外商投资企业亦未履行报批义务，转让方请求受让方支付股权转让款的，人民法院应当中止审理，指令转让方在一定期限内办理报批手续。该股权转让合同获得外商投资企业审批机关批准的，对转让方关于支付转让款的诉讼请求，人民法院应予支持。

第十条　外商投资企业股权转让合同成立后，受让方已实际参与外商投资企业的经营管理并获取收益，但合同未获外商投资企业审批机关批准，转让方请求受让方退出外商投资企业的经营管理并将受让方因实际参与经营管理而获得的收益在扣除相关成本费用后支付给转让方的，人民法院应予支持。

第十一条　外商投资企业一方股东将股权全部或部分转让给股东之外的第三人，应当经其他股东一致同意，其他股东以未征得其同意为由请求撤销股权转让合同的，人民法院应予支持。具有以下情形之一的除外：

（一）有证据证明其他股东已经同意；

（二）转让方已就股权转让事项书面通知，其他股东自接到书面通知之日满三十日未予答复；

（三）其他股东不同意转让，又不购买该转让的股权。

第十二条　外商投资企业一方股东将股权全部或部分转让给股东之外的第三人，其他股东以该股权转让侵害了其优先购买权为由请求撤销股权转让合同的，人民法院应予支持。其他股东在知道或者应当知道股权转让合同签订之日起一年内未主张优先购买权的除外。

前款规定的转让方、受让方以侵害其他股东优先购买权为由请求认定股权转让合同无效的，人民法院不予支持。

第十三条　外商投资企业股东与债权人订立的股权质押合同，除法律、行政法规另有规定或者合同另有约定外，自成立时生效。未办理质权登记的，不影响股权质押合同的效力。

当事人仅以股权质押合同未经外商投资企业审批机关批准为由主张合同无效或未生效的，人民法院不予支持。

股权质押合同依照物权法的相关规定办理了出质登记的，股权质权自登记时设立。

第十四条　当事人之间约定一方实际投资、另一方作为外商投资企业名义股东，实际投资者请求确认其在外商投资企业中的股东身份或者请求变更外商投资企业股东的，人民法院不予支持。同时具备以下条件的除外：

（一）实际投资者已经实际投资；

（二）名义股东以外的其他股东认可实际投资者的股东身份；

（三）人民法院或当事人在诉讼期间就将实际投资者变更为股东征得了外商投资企业审批机关的同意。

第十五条　合同约定一方实际投资、另一方作为外商投资企业名义股东，不具有法律、行政法规规定的无效情形的，人民法院应认定该合同有效。一方当事人仅以未经外商投资企业审批机关批准为由主张该合同无效或者未生效的，人民法院不予支持。

实际投资者请求外商投资企业名义股东依据双方约定履行相应义务的，人民法院应予支持。

双方未约定利益分配，实际投资者请求外商投资企业名义股东向其交付从外商投资企业获得的收益的，人民法院应予支持。外商投资企业名义股东向实际投资者请求支付必要报酬的，人民法院应酌情予以支持。

第十六条　外商投资企业名义股东不履行与实际投资者之间的合同，致使实际投资者不能实现合同目的，实际投资者请求解除合同并由外商投资企业名义股东承担违约责任的，人民法院应予支持。

第十七条　实际投资者根据其与外商投资企业名义股东的约定，直接向外商投资企业请求分配利润或者行使其他股东权利的，人民法院不予支持。

第十八条　实际投资者与外商投资企业名义股东之间的合同被认定无效，名义股东持有的股权价值高于实际投资额，实际投资者请求名义股东向其返还投资款并根据其实际投资情况以及名义股东参与外商投资企业经营管理的情况对股权收益在双方之间进行合理分配的，人民法院应予支持。

外商投资企业名义股东明确表示放弃股权或者拒绝继续持有股权的，人民法院可以判令以拍卖、变卖名义股东持有的外商投资企业股权所得向实际投资者返还投资款，其余款项根据实际投资者的实际投资情况、名义股东参与外商投资企业经营管理的情况在双方之间进行合理分配。

第十九条　实际投资者与外商投资企业名义股东之间的合同被认定无效，名义股东持有的股权价值低于实际投资额，实际投资者请求名义股东向其返还现有股权的等值价款的，人民法院应予支持；外商投资企业名义股东明确表示放弃股权或者拒绝继续持有股权的，人民法院可以判令以拍卖、变卖名义股东持有的外商投资企业股权所得向实际投资者返还投资款。

实际投资者请求名义股东赔偿损失的，人民法院应当根据名义股东对合同无效是否存在过错及过错大小认定其是否承担赔偿责任及具体赔偿数额。

第二十条　实际投资者与外商投资企业名义股东之间的合同因恶意串通，损害国家、集体或者第三人利益，被认定无效的，人民法院应当将因此取得的财产收归国家所有或者返还集体、第三人。

第二十一条　外商投资企业一方股东或者外商投资企业以提供虚假材料等欺诈或者其他不正当手段向外商投资企业审批机关申请变更外商投资企业批准证书所载股东，导致外商投资企业他方股东丧失股东身份或原有股权份额，他方股东请求确认股东身份或原有股权份额的，人民法院应予支持。第三人已经善意取得该股权的除外。

他方股东请求侵权股东或者外商投资企业赔偿损失的，人民法院应予支持。

第二十二条　人民法院审理香港特别行政区、澳门特别行政区、台湾地区的投资者、定居在国外的中国公民在内地投资设立企业产生的相关纠纷案件，参照适用本规定。

第二十三条　本规定施行后，案件尚在一审或者二审阶段的，适用本规定；本规定施行前已经终审的案件，人民法院进行再审时，不适用本规定。

第二十四条 本规定施行前本院作出的有关司法解释与本规定相抵触的，以本规定为准。

【链 接】

统一外商投资企业纠纷裁判尺度

——最高人民法院相关部门负责人就《关于审理外商投资企业纠纷案件若干问题的规定（一）》答记者问

最高人民法院于2010年8月5日发布了《关于审理外商投资企业纠纷案件若干问题的规定（一）》（以下简称本规定），记者就本规定的有关情况，访问了最高人民法院相关部门负责人。

问：请您介绍一下本规定制定的背景。

答：近年来，外商投资企业领域发生的纠纷越来越多，近两年来，案件数量占涉外民商事案件数量的20%左右。本规定的出台，主要是解决有限责任公司这一组织形式的外商投资企业在设立、变更过程中产生的纠纷的法律适用问题，主要包括未经审批的合同效力及法律后果、股权确认、股权转让、股权质押等。

问：根据本规定，审判中我们应如何认定未经行政审批的合同效力呢？

答：本规定明确了未经行政审批的合同效力的认定规则，规定需经行政审批的合同，具有报批义务的当事人不履行报批义务，相对人请求其履行报批义务或自行报批的，人民法院应予支持。

外商投资企业股权转让合同签订后，转让方因股权价值升高不履行报批义务，致使合同不生效的情况经常发生。为此，本规定规定了股权转让合同未经审批情形下的处理规则，明确了多种救济途径：一是如果受让方起诉时径行选择解除合同、赔偿损失的，人民法院予以支持；二是对受让方关于由转让方及外商投资企业实际履行报批义务的请求，人民法院予以支持；三是转让方拒不履行人民法院关于由其履行报批义务的判决，受让方请求解除合同、赔偿损失的，人民法院予以支持。

问：本规定中对外商投资企业领域存在的大量隐名投资的现象又作出了

怎样的规制呢？

答：外商投资企业领域存在大量隐名投资的现象，因此，本规定明确规定了隐名投资纠纷的处理规则：一是有条件地支持隐名投资者关于确认其股东身份的请求，如果具备一定条件，人民法院可以在判决中直接确定外商投资企业批准证书记载的股东以外的人在该外商投资企业中的股东身份和股权份额；二是对隐名投资者关于由名义股东履行委托投资协议的请求，人民法院予以支持；三是在委托投资协议无效情形下，合理平衡双方当事人利益。对名义股东与隐名投资人恶意串通损害国家、集体或第三人利益的情形，本规定明确了相应的民事制裁措施。

问：本规定如何规定外商投资投资企业股东出资责任认定的？

答：本规定明确规定了认定外商投资企业股东出资责任的规则，规定对于出资股东已将标的物实际交付使用，而未办理登记手续的，出资股东如果在人民法院指定的期限内办理了登记手续，应认定履行了出资义务。

最高人民法院经济审判庭
关于企业开办的公司被撤销后企业是否应对公司的债务承担连带责任问题的电话答复

（1988 年 4 月 12 日）

浙江省高级人民法院：

你院 1987 年 12 月 16 日〔1987〕浙江经初字 85—3 号请示报告收悉。经研究答复如下：

一、我院法（研）复〔1987〕33 号批复第二条规定："如果企业开办的分支机构是公司，不论是否具备独立法人资格，可以根据国发〔1985〕102 号通知处理。"辽宁省丹东永康开发公司（以下简称"开发公司"）系丹东市人民日用化学厂（以下简称"日化厂"，现名"华芳化妆品公司"）1982 年 1 月 1 日和丹东永昌制药厂（后改名为"永昌化工厂"，以下简称"化工厂"）合并后，于 1984 年 10 月以日化厂的名义申请开办的。该公司开办仅一年，就被当地工商行政管理局以其不具备公司条件，违法经营为由予以撤销。根据国务院国发〔1985〕102 号文件第三条第一款的规定，呈报单位要对公司认真进行核实，因审核不当而造成严重后果的，要承担经济、法律责任。开发公司现已资不抵债，日化厂和化工厂对其债务应当共同承担连带责任。对于永康开发公司的债权人来讲，日化厂不能以1985年1月29日已与永昌化工厂分离，并将永康开发公司划归永昌化工厂管理为由，拒绝承担开发公司的债务清偿责任。鉴于开发公司与浙江省萧山县供销贸易中心购销钢材合同纠纷案，在执行中，开发公司被撤销，因此，你院应根据民事诉讼法（试行）第一百二十二条第一款第（六）项规定，裁定确认日化厂和化工厂共同承担民事责任，执行原调解协议。

二、浙江省萧山县供销贸易中心诉开发公司购销钢材合同纠纷案，并非双方当事人均有钢材经营权，故你院在调解书中确认双方所签订的合同有效，显属不妥。根据民事诉讼法（试行）第一百二十二条第一款第（五）项规定，你院应裁定予以纠正。

此复。

附：

浙江省高级人民法院报告

（1987年12月4日 〔1987〕浙法经初字85—3号）

最高人民法院经济审判庭：

现将我院对浙江省萧山县供销贸易中心诉辽宁省丹东永康开发公司购销合同纠纷案的执行情况报告如下：

浙江省萧山县供销贸易中心诉辽宁省丹东永康开发公司购销钢材合同纠纷一案，我院于1985年5月25日召集双方当事人进行调解，达成了协议。同年6月7日签发调解书，并经送达生效。在执行中，因辽宁省丹东市公安局将该案作经济犯罪立案侦查，为便于全案审理，我院于1985年11月14日裁定中止执行。1987年10月26日丹东市公安局函告本院："我局于10月26日向市检察院提出撤回吴铭城的案件，同意恢复执行贵院1985年6月7日调解。"（注：吴铭城系丹东永康开发公司总经理）。据此，我院1987年11月13日裁定恢复执行。

恢复执行后，我院即派员去丹东调查，查清了以下事实：

一、丹东永康开发公司已于1985年12月5日被丹东市振兴区工商行政管理局吊销了营业执照。

二、丹东永康开发公司系丹东市人民日用化学厂申请开办，该厂已于1987年8月11日更名为丹东市华芳化妆品公司。

三、浙江省萧山县供销贸易中心与丹东永康开发公司于1984年12月8

日签订购销钢材合同后，12 月 10 日萧山方预付货款 200 万元和业务费 5000 元，1984 年 12 月 26 日，丹东永康开发公司因组织货源有困难与萧山供销贸易中心协商解除了合同，并退还预付款 70 万元，尚欠预付款 130 万元和业务费 5000 元。1985 年 1 月 29 日，丹东人民日用化学厂将丹东永康开发公司移交丹东市永昌化工厂管理。1985 年 1 月 30 日丹东市振兴区计经委批准同意丹东市振兴区工商行政管理局于 1985 年 2 月 4 日办理变更手续。但是双方对丹东永康开发公司所欠债务由谁清偿没有明确。丹东永康开发公司和丹东市人民日用化学厂签订的承包合同（开发公司 30%的利润上交日化厂）没有解除。

四、丹东市永昌化工厂系 1984 年 5 月由丹东市振兴区经委申请开办。资金向区经委借了 3 万元，向区财政借了 2.5 万元。1985 年 1 月日用化学厂副厂长徐永清调入该厂任厂长，1985 年 9 月永昌化工厂并入了丹东市塑料七厂，厂长徐永清被免职自找门路，大部分工人离厂自找工作，小部分留厂做工。1985 年 9 月任命的永昌化工厂厂长乔培基也为塑料七厂办事；永昌化工厂的厂房被塑料七厂拆除。因此，永昌化工厂目前已无厂房、无设备、无工人，实际已歇业，但工商行政管理部门尚没有办理变更手续。

根据上述情况，依据国务院国发〔1985〕102 号文件和你院法（研）复〔1987〕33 号批复的规定，我院认为，丹东市人民日用化学厂是丹东永康开发公司的呈报单位和业务主管部门，人民日用化学厂因审核不当而造成的严重后果，应承担经济、法律责任、该厂虽将丹东永康开发公司移交丹东市永昌化工厂管理，但永昌化工厂资不抵债，这种移交是规避法律的行为；况且移交时对永康公司的债权债务没有明确，人民日用化学厂与永康公司之间的承包合同也没有解除。人民日用化学厂现已更名为华芳化妆品公司。所以华芳化妆品公司应承担丹东永康开发公司债务的清偿责任。因此，我院已裁定确认丹东市华芳化妆品公司作为被告，承担丹东永康开发公司债务的清偿责任，执行本院〔1985〕浙法经初字 3 号民事调解书，并冻结了华芳公司的银行存款 650386.65 元。

以上认定的法律关系和债务承担是否妥当，请指示。

最高人民法院经济审判庭
关于温州市城区五马劳动服务公司是否承担连带清偿责任问题的电话答复

（1988年11月28日）

浙江省高级人民法院：

你院〔1988〕浙法经上字38号请示报告收悉。据你院呈报的材料，经研究认为，如果温州市鹿城运输社（以下称运输社）是一个独立的企业，并非温州市城区五马劳动服务公司（以下称服务公司）的分支机构，追究服务公司的连带清偿责任，似欠妥当。当然，如有证据证明运输社确是服务公司的分支机构，在运输社资不抵债的情况下，人民法院应将服务公司列为本案共同被告，由其对运输社的债务承担连带责任。

供参考。

附：

浙江省高级人民法院经济审判庭请示

（1988年9月12日　〔1988〕浙法经上字38号）

最高人民法院经济庭：

本庭在审理浙江省物资局汽车队与温州市鹿城运输社、温州市城区五马劳动服务公司租赁合同纠纷上诉案时，查明：

1986年11月15日，浙江省物资局汽车队（原审原告）与温州市鹿城运输社（原审被告）签订了一份汽车租赁合同，合同规定，原告租给被告45座飞翼牌大客车两辆，由被告验收后使用，每月向原告支付租金5000元、养路费1050元，租期为一年半。合同还规定了违约金等条款。合同签订后，被告于同年12月开走汽车，当月31日，被告汇给原告租金5000元。后来由于交通事故，两辆客车严重毁损，被告一直未给原告付款，双方发生纠纷。原告向法院起诉，要求被告付清租金及赔偿损失等。法院同时还查明，被告是由温州市城区五马劳动服务公司（原审第三人）申请开办并于1984年10月8

日经工商机关核准开业的，当时核定运输社的注册资金为 9000 元，在 1987 年重新登记时核定的注册资金为 3 万元，核算形式：独立核算、自负盈亏，核定的经营方式是“服务”，经营范围是“运输”。该运输社每年向第三人上交管理费，目前仍在经营。原审法院以温州市城区五马劳动服务公司是被告成立时审批、呈报单位，因被告资不抵债，将五马劳动服务公司追加为第三人参加诉讼，并从其银行账号上先行划拨了 39000 元款。同时，根据国务院国发〔1985〕102 号《关于进一步清理和整顿公司的通知》第三条第一款之规定，判决第三人对被告的债务负连带责任。

本庭对能否将温州市城区五马劳动服务公司列为被告，并承担连带责任问题有两种不同意见：

一种意见认为：原审被告是温州市城区五马劳动服务公司的分支机构，且实际上不具备法人资格（不能独立承担民事责任），根据最高人民法院法（研）复〔1987〕33 号“关于行政单位或企业单位开办的企业倒闭后债务由谁承担的批复”第二项规定，原审由温州市城区五马劳动服务公司承担连带责任是正确的，但原审将其列为第三人不当，应列为共同被告。

另一种意见认为：被告是具有法人资格的集体企业，且不属于“公司”、“中心”之类的单位，也不是五马劳动服务公司的分支机构，不能适用国务院国发〔1985〕102 号文件，也不能适用最高人民法院法（研）复〔1987〕33 号文件批复的精神。原审将五马劳动服务公司列为第三人，并承担被告的连带责任没有法律依据，应裁定发回重审。

目前，这类问题在我省比较普遍，如何处理较妥？特此请示，请钧庭复示。

最高人民法院经济审判庭
关于华丰供销公司的债务应由谁偿还问题的电话答复

（1989 年 10 月 17 日）

宁夏回族自治区高级人民法院：

你院“关于华丰供销公司的债务应由谁偿还的请示”收悉。经研究答复如下：

一、据所报材料，华丰供销公司系吴建国个人申请开办，并非石咀山市政府申报成立的。石咀山市政府不是该公司的上级主管部门，因此，本案不应列市政府为被告，承担连带责任。

二、对华丰供销公司的性质，应根据国家工商行政管理局《关于处理个体合伙经营及私营企业领有集体企业〈营业执照〉问题的通知》精神，提请当地工商局加以重新确认。如当地工商局不予重新确认，受诉法院应实事求是地按其本来性质认定处理。

三、华丰供销公司经重新确认，如属个体性质，应列该公司的财产所有者为被告，承担无限责任；如属集体性质，即应以公司的财产承担有限责任，若公司已无财产可供执行，受诉法院应终结诉讼。

此复。

附：

宁夏回族自治区高级人民法院
关于华丰供销公司的债务应由谁偿还的请示报告

（1989年8月12日　宁法传〔1989〕第11号）

最高人民法院：

我区石咀山区华丰供销公司1984年12月11日成立。公司成立后，先后三次与工商银行石咀山办事处签订借款合同，借款总金额183万元，由于违法经营，资不抵债，于1986年7月10日自动歇业，债务无人清理。1987年3月16日，工商银行石咀山办事处向石咀山区人民法院起诉，要求石咀山华丰供销公司偿还所欠贷款。石咀山区人民法院受理此案后，经审查，原华丰供销公司是1984年11月5日由原公司负责人吴建国向石咀山市人民政府提出书面申请自办，独立经营、自负盈亏的供销公司。同年11月30日，市委书记在申请书上批示；“请石咀山区工商局按有关规定给予办理华丰供销公司营业执照”。同年12月1日，石咀山区工商局给华丰供销公司办理了营业执照，经济性质集体。同年12月13日，石咀山市人民政府以石政办发〔1984〕131号文件发了《关于成立华丰供销公司的通知》。《通知》全文：为了搞活经济，疏通商品流通渠道，扩大城市物资交流，广开就业门路，经请示市政府领导同意，成立宁夏回族自治区石咀山华丰供销公司，为集体性质，独立核算、自负盈亏。同时启用“宁夏回族自治区石咀山华丰供销公司”印章一枚。

鉴于上述情况，应由谁偿还债务，石咀山市中级人民法院请示我院，我院经研究有以下三种意见：

第一种意见，应依照最高人民法院法（研）复〔1987〕33号批复的规定由石咀山市人民政府承担连带责任。因为华丰供销公司是石咀山市人民政府批准成立的，并直接向市属厂矿企业和有关部门下发成立华丰供销公司的通知。该公司再无其他上级和主管部门，现已亏损倒闭、资不抵债。因此，应将石咀山市人民政府列为本案的被告共同承担经济责任。

第二种意见，华丰供销公司的情况不适用于最高人民法院法（研）复〔1987〕33号的批复规定。理由一，根据国务院〔85〕102号文件规定："成立地区性的公司由各级人民政府审批，因审核不当而造成严重后果的，要承担经济、法律责任。""成立集体所有制性质的公司可经工商行政管理部门审核后直接登记注册。"本案华丰供销公司虽然是市政府批准并发了通知的，但它是名为集体性质，实属个体经营，不需要政府批准就可以成立的公司。何况，发营业执照在先，政府通知在后。政府以当时支持改革搞活的愿望出发，发了文件，只能总结教训。二，该公司虽然办理了集体性质的营业执照，实际上仍然是个人经营的个体公司，应由个人偿还债务。三，政府虽然发文同意成立华丰供销公司，但实际上与该公司无任何经济关系，政府也不是其上级主管部门。何况该地区还有类似情况。如果让政府承担经济责任，将增加政府的财政压力，社会效果也不好。据此，应由原华丰供销公司经办人吴建国偿还该公司债务。

第三种意见，该公司的成立是由工商行政管理部门审核登记注册的，根据国务院〔85〕102号文件"……各有关部门要对成立公司认真进行审查，因审核不当而造成严重后果的，要承担经济法律责任"的规定，应由工商行政管理部门承担相应责任。

以上三种意见，对前两种意见争论较多，微弱多数同意第二种意见。妥否，请批复。

最高人民法院经济审判庭
关于如何认定企业是否超越经营范围问题的复函

（1990年9月10日　法经〔1990〕第101号）

国家工商行政管理局企业登记司：

你司企字〔1990〕112号文收悉。对文中所提问题，答复如下：

企业的经营范围，必须是以工商行政管理机关核准登记的经营范围为准。企业超越经营范围所从事的经营活动，其行为应当认定无效。

按国家有关规定无须经工商行政管理机关核准登记的部门、行业或经济组织，则应经其主管机关批准，并在批准的范围内从事生产经营活动。本院《关于在审理经济合同纠纷案件中具体适用经济合同法的若干问题的解答》中“应当在……主管机关批准的经营范围内从事正当的经营活动”，指的就是这种情况。并不是指按规定必须经工商行政管理机关核准登记的工商企业可以其主管机关批准的经营范围确定其是否超越经营范围。

此复。

附：

国家工商行政管理局企业登记司
关于对最高人民法院《关于在审理经济纠纷案件中具体适用经济合同法的若干问题的解答》的意见

（1990年8月2日　企字〔1990〕112号）

最高人民法院经济庭：

全国清理整顿公司领导小组派驻中基公司检查组在检查中国基建物资配套承包供应公司的工作中，需要认定该公司的经营活动是否超越经营范围。该公司提出：1987年7月21日《最高人民法院关于在审理经济合同纠纷案件中具体适用经济合同法的若干问题的解答》指出：“工商企业、个体工商户及其他经济组织应当在工商行政管理部门核准登记或者主管机关批准的经营范围内从事正当的经营活动。”该公司的经营业务是经物资部同意的，所以不属超越经营范围的行为。

对于上述问题，我们提出以下意见：

一、最高人民法院1987年7月21日法（经）发〔1987〕20号文第四条中的“或者主管机关批准的”一语，应是根据民法通则第四十一条的规定作出的解答。该条所述“经主管机关核准登记”中的主管机关系指国家工商行政管理局和地方各级工商行政管理局。民法通则第四十二条所述“企业法人应当在核准登记的经营范围内从事经营”，该核准登记的机关也应是各级工商行政管理局。

二、民法通则施行前，1982年8月9日《国务院关于发布〈工商企业登记管理条例〉的通知》（国发〔1982〕108号）发布的《工商企业登记管理条例》第三条明确规定“工商企业登记主管机关，在中央是国家工商行政管理局，在地方是省、自治区、直辖市和市、县工商行政管理局。”

民法通则施行后，1988年6月3日国务院第一号令发布的《中华人民共和国企业法人登记管理条例》第四条也明确规定“企业法人登记主管机关（以下简称登记主管机关）是国家工商行政管理局和地方各级工商行政管理局。”

综上所述，企业的经营范围，只能以工商行政管理机关核发的营业执照和批准的经营范围为准，具有法律效力。而其他部门，如主管部门、行业主管部门、行业归口管理部门及其他单位批准的经营范围不能作为认定一个企业的经营范围是否合法的依据。

以上意见，请予答复。

最高人民法院
关于行政性公司开办的企业倒闭后是否承担连带清偿责任问题的复函

（1990年10月8日　法（经）函〔1990〕71号）

江苏省高级人民法院：

你院1990年6月19日苏法（经）请字第2号《关于鹿城区工业公司是否对原轻工业公司供销经理部的债务承担责任的请示》收悉。经研究，答复如下：

据你院报告所述，原温州市鹿城区轻工业公司属企业型公司，其下属企业供销经理部不属于党政机关办企业，因此，不适用中共中央、国务院中发〔1986〕6号文的规定。如果供销经理部实际上具备法人资格，其成立时原轻工业公司又没有审核不当的行为，只能以其停业时的财产清偿债务；如果供销经理部实际上不具备法人资格，或其成立时轻工业公司确有审核不当的行为，轻工业公司依据国务院国发〔1985〕102号文件所应当承担的审核不当的过错责任应由其并入的工业公司承担。

附：

江苏省高级人民法院
关于行政性公司开办的企业倒闭后
是否承担连带清偿责任的请示

（1990年6月19日　苏法（经）请字第2号）

最高人民法院：

江苏省如东县麻纺厂诉浙江省温州市鹿城区工业公司无效购销合同纠纷一案，经江苏省南通市中级人民法院初审，江苏省高级人民法院二审终结。

一、基本案情

1986年5月9日，江苏省如东县麻纺厂与浙江省鹿城区轻工业公司供销经理部（以下称供销经理部）签订了一份沙包袋购销合同，如东县麻纺厂发给对方沙包袋332500条，计货款262012.5元，另供给麻纱30.74吨，计货款67816.87元，供销经理部除已付85000元外，还欠如东麻纺厂货款及其利息计388514.54元。麻纺厂还有452230条沙包袋积压在库，难找买主，造成经济损失173785.45元，供销经理部应承担121649.82元。以上供销经理部合计应付给如东麻纺厂425164.36元。

供销经理部1984年7月18日经工商部门核准登记，系独立核算单位。鹿城区轻工业公司是供销经理部的主管部门。鹿城区轻工业公司于1984年4月2日经工商部门核准登记，领取营业执照，系独立核算单位，1986年4月清理整顿时，该公司由原来的企业型公司变更为行政管理型公司，下属有63个企业。1986年8月23日，经温州市鹿城区编委同意，撤销鹿城区轻工业公司，由原来的轻工业公司、机械五金公司、电器仪表公司合并组成一个新的单位，该单位对内称：鹿城区工业局工业管理办公室，对外称：鹿城区工业公司。该公司未领取营业执照，系行政管理型公司。

供销经理部 1984 年 7 月开业时领取的是临时营业执照，到 1986 年 5 月 9 日临时营业执照期满，后工商局没有核发新的营业执照，也未办理注销手续。供销经理部的债权债务由鹿城区工业公司负责清理。

二、一、二审法院处理情况

一审法院审理时认为：供销经理部临时营业执照已于 1986 年 5 月 9 日废止，不具有法人资格，责任应由鹿城区工业公司承担。二审法院审理时认为：供销经理部的临时营业执照到期后，工商局未发新照，且停业一年以上，应视为歇业，法人资格实际已经消亡，鹿城区工业公司作为被告参加诉讼是正确的。但供销经理部系独立法人，应独立承担民事责任，鹿城区工业公司不负连带责任。二审法院判决下达后，江苏省南通市中级人民法院在案件执行时又对我院判决提出异议，向我院报告认为，供销经理部的主管部门原鹿城区轻工业公司及合并后的鹿城区工业公司都是行政管理型公司，根据最高人民法院法（研）复〔87〕33 号批复，鹿城区工业公司应负连带清偿责任，要求变更被执行主体，即供销经理部不能清偿的债务应由鹿城区工业公司负责清偿。

鹿城区工业公司是否对原轻工业公司供销经理部的债务承担连带清偿责任，我院审判委员会有两种意见：一、温州鹿城区工业公司是全民事业编制，主管全区直属工业企业，且代替区政府向企业收管理费，属行政管理部门，这样的单位开办的企业关闭后，根据最高人民法院法（研）复〔87〕33 号批复，主管部门应承担连带清偿责任；二、温州市鹿城区工业公司是行政性公司，但不属于党政机关及其所属序列的事业单位，法（研）复〔87〕33 号批复不适用本案，主管部门不承担连带清偿责任。审判委员会倾向于第一种意见，哪种意见正确及如何处理，我院意见不一致，特请示你院。请批复。

最高人民法院经济审判庭
关于行政单位开办的公司已无资产偿付应由谁承担民事责任问题的电话答复

（1991年1月4日）

山西省高级人民法院：

你院晋法经函字〔1990〕第3号《关于行政单位开办的公司已无资产偿付应由谁承担民事责任的请示报告》收悉。经研究，答复如下：

吉林省白城地区石油开发总公司是1988年4月4日由白城地区工商行政管理局登记注册的全民预算外企业。企业的主管部门和批准机关均为白城地区行政公署。企业登记的资金总额为380万元。根据民法通则和国发〔1990〕68号《国务院关于在清理整顿公司中被撤并公司债权债务清理问题的通知》规定，如果白城地区石油开发总公司无力偿还债务，而其注册资金的来源是贷款，或者根本没有资金以及实有资金与注册资金不符的，应由其主管机关和开办单位白城地区行政公署在其注册资金范围内承担清偿责任。

此复。

附：

山西省高级人民法院
关于行政单位开办的公司已无资产偿付应由谁承担民事责任的请示报告

（1990年9月12日　晋法经函字〔1990〕第3号）

最高人民法院：

我省阳泉市中级人民法院审结的原告山西省石油公司平定县公司（以下简称原告）诉被告吉林省白城地区石油开发总公司（以下简称被告）购销柴油合同货款纠纷一案。在执行中，遇到一些问题难以解决，现请示报告如下：

1989年6月27日原告经吉林省白城地区驻京办事处（经济技术物资协作

总公司京联公司）介绍，与被告签订了购销柴油合同一份。合同规定，由被告供给原告 0# 柴油 2000 吨，每吨 1380 元，总价款 276 万元。原告于 7 月 3 日前将货款汇到被告账户，被告于 7 月份负责将货运至山西省阳泉市白羊墅车站。如逾期，按国家规定由被告负责一切经济损失。合同签订后，原告即于 6 月 27 日将货款 303.6 万元（包括三方协商交付京联公司的信息费）电汇交付被告。但被告在 7 月底前未能供油。同年 9 月 10 日，原告因被告未能按期供油。与京联公司达成协议。将供油期限延至 9 月底。并商定，合同成交后，原告按每吨 50 元向京联公司支付信息服务费。如合同不能兑现，京联公司向原告赔偿经济损失 10 万元，并负责退回全部货款。至 10 月 16 日，被告仍未能供油。为此，原、被告及京联公司三方再次达成协议，约定将供油期限延期至 11 月底，0# 柴油价格为 1450 元/吨，－10# 柴油价格 1470 元/吨，原告向京联公司支付担保信息费 60 元/吨。因前合同未能履行，京联公司向原告付担保费 10 万元。原 9 月 10 日协议作废，此次协议并经白城地区公证处公证生效。但合同仍未兑现。12 月 18 日，三方再次商定，被告于 12 月 25 日将货款 303.6 万元退还原告，并承担一切经济损失，如到期不能兑现。由被告、白城地区驻京办事处及行署领导到阳泉说明情况。但到期后仍未能实际履行，原告遂于 1990 年 1 月 6 日向我省阳泉市中级人民法院提起诉讼。

阳泉市中级人民法院受理此案后，即派出合议庭审判人员到白城就地审理。经调解，于 1 月 19 日以〔1990〕阳法经初调字第 25 号调解结案。调解书规定，被告于 4 月底前退还原告货款 303.6 万元，承担利息损失 18 万元。但被告却未能按期履行。

今年 4 月开始，阳泉市中级人民法院先后多次派员到白城地区执行，被告均以“暂无力履行”答复，并告知已向行署汇报，为此，执行人员又专门找到行署有关领导，其答复意见是：“行署对与阳泉的纠纷很抱歉，已牵头组成了由公、检、法、审计等部门参加的工作组，负责清理被告资金，清欠资金全部归还，短缺部分由行署研究解决。”阳泉市中院考虑到被告的实际情况、生产需要及行署的意见，同时，鉴于被告 1000 多万元的资产。大部分为不动产，未立即采取强制措施。

至 7 月 30 日，白城地区经济开发公司（1986 年 8 月由地区行署行文成立。与地区财政处政企合一，两个牌子，一套班子，1989 年 4 月 25 日正式注册。领取营业执照）以被告开办时借其 1020 万元为由，向白城地区中级人民法院起诉，要求偿还借款。白城地区中级人民法院于 8 月 6 日、7 日分别以〔90〕经字第 47、67 号调解书，将被告及其分支机构关山采油厂的全部资产及日产三菱牌小汽车一辆偿付于经济开发公司。使被告虽未明文撤销或停办，但已无任何资产。

经查，被告是由白城地区行署决定成立的全民所有制预算外企业。其分支机构关山采油厂，于1988年3月4日正式注册，其批准机关、主管机关均为地区行署（由地区计经委代管）。注册资金380万元。由白城地区经济开发公司（未经工商部门注册登记。实际是地区财政处）出具资信证明。开办时，由白城地区财政处从吉林省财政厅投资处借款1000万元，分别以技改资金、开发油田投资两次拨付1000万元。另由行署财政处借付预算外资金20万元，以上款项被告主要用于油田建设。同时购买了汽车等设备。

根据以上情况。阳泉市中级人民法院认为，被告是由白城地区行署开办的单位。其批准机关、主管机关均为行署，注册时由地区经济开发公司（实际是地区财政处）出具了资信证明380万元，因地区财政处本身不具备法人资格，根据中共中央、国务院中发〔1986〕6号文件应由行署承担责任。被告的1000万元资金。是地区财政处从吉林省财政厅投资处借款拨付的投资款，借款合同明确被告是项目单位。因此，被告无论与地区财政处还是经济开发公司均无借贷关系。现在白城地区通过诉讼程序将被告全部财产划交地区经济开发公司，仅是在行署范围内将代管部门由计经委改变为财政处。根据中共中央、国务院中发〔1986〕6号文件，国务院国发〔1985〕102文件及最高人民法院（研）复〔1987〕33号批复精神，白城地区行署作为被告的主管机关、批准机关、资信证明机关，对债务应承担全部责任。于1990年8月18日作出变更执行人的裁定（未发）。对被告的债务，由白城地区行署承担连带责任。考虑到被执行对象是地区行署，我省阳泉市中级人民法院主动到吉林省高级人民法院汇报征求意见。吉林省高级人民法院魏、田两位副院长认为，因执行对象是地区行署，没有最高人民法院批复难以执行，建议请示最高人民法院。

经我院讨论，同意我省阳泉市中级人民法院意见，即被告的债务白城地区行署应负连带责任。鉴于我省平定县地处太行山区，经济困难。此笔巨额贷款长期不能返还压力很大，严重影响该县经济建设。为此，特将情况报告如上，妥否。

请予以批复。

最高人民法院经济审判庭
关于青海人民剧院开办的分支企业停办后是否对分支企业的债务承担责任问题的复函

（1991 年 1 月 23 日　法经〔1991〕9 号）

青海省高级人民法院：

你院〔91〕青法经字第 1 号《关于青海人民剧院开办的分支企业“艺青商行”停办后，青海人民剧院是否作为诉讼主体对外承担责任的请示》收悉。经研究，答复如下：

西宁艺青商行是由青海人民剧院向工商行政管理部门申请开办的。经青海省审计局审计认为：艺青商行以欺骗手段取得工商银行验资和工商局核准的营业执照的合法手续，实际上是一个既无资金和固定工作人员，又无经营场地的企业。现在艺青商行已经倒闭，因此应将青海人民剧院列为被告，由艺青商行的财产清偿债务，不足清偿的，由青海人民剧院在注册资金不实的范围内，对艺青商行的债务承担责任。

附一：

青海省高级人民法院
关于青海人民剧院开办的分支企业“艺青商行”停办后，青海人民剧院是否作为诉讼主体对外承担责任的请示

（1991 年 1 月 4 日　〔91〕青法经字第 1 号）

最高人民法院：

我省西宁市中级人民法院受理的西安市妇女儿童用品商店诉青海人民剧院购销合同拖欠货款纠纷上诉一案，经其审判委员会讨论，对确定由青海人民剧院作为被告承担对外债务，还是追加艺青商行为共同被告承担连带责任问题认识不一致，请示我院。我院经审判委员会讨论认为应将青海人民剧院

列为被告，由艺青商行的财产清偿，不足清偿的，由青海人民剧院负清偿责任。

附：案情报告

附二：

青海省高级人民法院案情报告

1988年3月17日，青海人民剧院向青海省文化厅呈报了申请开办经营《艺青商行》的报告，称“依据文化部和厅里关于开展以文养文，以商养文等多种文化经营活动的意见，根据具体情况经院研究决定在剧院扩大经营项目，开办《艺青商行》，该行的性质为集体所有制，自筹资金，自主经营，自负盈亏”。同年3月20日，青海省文化厅批复：根据文化部、财政部、国家工商局计字〔87〕第94号关于《颁发文化事业单位有偿服务和经营活动的暂行办法》的通知精神，同意开办艺青商行（属集体所有制性质）开展以商补文业务。4月19日，青海人民剧院艺青商行向西宁市工商行政管理局申请企业开业，登记表经核准载明：申请企业名称：西宁艺青商行；地址：西宁市西大街19号；单独核算，经济性质为全民；批准机关，青海省文化厅；经营范围：百货、烟酒、日杂、家用电子产品；生产经营方式：批零兼营。生产经营场地250m^2，营业100m^2，仓储150m^2，从业人员15人，管理人员1人，银行验资青海人民剧院拨款5万元，房屋合计5万元。5月20日，工商局发给艺青商行营业执照。

1988年6月，青海人民剧院经理兼艺青商行经理李玉珠将艺青商行承包给西宁家俱工业公司停薪留职人员高志林，合同规定：承包期为2年，高志林向剧院第一年上缴承包费2.5万元，第二年上缴3万元。如经营亏损由承包人负责。同年11月20日艺青商行为供方与西安妇女儿童用品商店为需方签订了一份1000条毛毯的购销合同，单价184元，总金额184000元。合同签订后，西安市妇女儿童用品商店汇款186000元，艺青商行供给西安市妇女儿童用品商店毛毯680条，按合同约定价值114080元，尚欠60880元，既未供货，也未退款。1989年3月初，艺青商行被青海省审计局进行审计，艺青商行停止经营活动。审计局认为：艺青商行以欺骗手段取得工商银行验资和工商局核准的营业执照的合法手续，实际上是一个既无自有资金和固定工作人员、又无经营场地的企业，而是不择手段对部分紧俏商品进行倒卖活动。审计局将艺青商行承包人高志林的违法经营情况移送城中区人民检察院专案审查，同年 3 月 13 日高志林被刑事拘留，艺青商行财产也被追缴后发还有关单位。高志林因行贿罪判处有期徒刑。工商局认为，艺青商行不具备法人资格，是人民剧院的一个分支机构。该商行现已无管理人员、无财产、无经营场地，工商局虽未注销，但名存实亡。

1989 年 10 月，西安市妇女儿童用品商店向西宁市城中区人民法院起诉，要求青海人民剧院偿还贷款。原审法院经审理，判决人民剧院承担全部清偿责任。宣判后，青海人民剧院不服向西宁市中级人民法院上诉。上诉称：艺青商行虽以人民剧院名义向省文化厅写申请经批准后开办的，人民剧院没有为艺青商行筹措过一分钱，所以与人民剧院无关。人民剧院原经理李玉珠利用他当时占据的法定代表人的合法身份，未经院务会讨论，私自向省文化厅写报告要求成立“艺青商行”，批准后亦未向院内任何一人传达，院内亦无一人参与其经营活动。这只能说明商行是李玉珠个人办的，责任应由其个人承担。

二审法院在审理本案中，关于由谁作为诉讼主体承担责任问题两种意见：(1) 青海人民剧院和艺青商行应列为本案共同被告；艺青商行负清偿责任，青海人民剧院承担连带责任；(2) 青海人民剧院对债务承担全部清偿责任。

我院经审查认为，原人民剧院经理李玉珠的行为是代表人民剧院的行为，而不是他个人的行为，人民剧院称开办的“艺青商行”是李玉珠的个人商店理由不足。根据国发〔1986〕6 号文件“行政单位（包括党政机关及其所属序列的事业单位）开办的企业、公司停办后，应由直接批准的业务主管部门负责清理，企业、公司所负债务先由企业、公司的财产清偿，不足部分由直接批准开办企业的业务主管部门或由公司的呈报单位负责清偿”的规定，“艺青商行”营业执照虽未注销，但已停办，应将人民剧院列为本案被告清理债务，先由“艺青商行”的财产清偿债务，不足清偿的，由人民剧院负责清偿。

最高人民法院
关于南京摩托车总公司是否具备法人条件问题的复函

（1991年3月18日　法（经）函〔1991〕28号）

江苏省高级人民法院：

你院〔1991〕经请字第1号请示收悉。经研究，同意你院第二种意见，即南京摩托车总公司具备法人条件。因为它符合《中华人民共和国民法通则》第三十六、三十七条之规定，并经工商行政管理机关核准依法领取有企业法人的营业执照。

此复。

最高人民法院
关于金光股份有限公司的主管部门是否应承担清偿责任问题的复函

（1991年12月9日　法（经）函〔1991〕146号）

宁夏回族自治区高级人民法院：

你院〔1991〕宁经请字第2号《关于金光股份有限公司的主管部门是否应承担清偿责任的请示报告》及《关于强制执行金光公司南洋大厦B座3层574平方米房产的请示报告》收悉。经研究，答复如下：

一、金光股份有限公司是由深圳市装饰工程工业总公司申请，经深圳市人民政府批准成立的。市政府批文规定：公司为股份有限公司，注册资金为60万元人民币，发行股票6千股，其中国家股占40%，由装饰工程工业总公司出资；集体、国外和港澳股份占30%；私人股份30%，由装饰工程工业总公司职工购买。1987年2月24日经深圳市工商局批准，核发了营业执照。经你院调查核实，金光股份有限公司实有资产58.56万元，其中深圳市装饰工程工业总公司以固定资产办公楼房139.87平方米折抵股金25.1786万元人民币投入，超过了市政府规定的认购比例。综上所述，金光股份有限公司具有企业法人资格，深圳市装饰工程工业总公司已按规定认购了相应的股份，不应再对金光股份公司的债务承担清偿责任。

二、你院在审理经济纠纷案件中，如果发现金光股份有限公司的有关人员有犯罪行为，应按两院一部法（研）发〔1985〕27号和法（研）发〔1987〕7号通知的规定，将有关犯罪线索移送公安或检察机关处理。

三、对金光股份有限公司南洋大厦B座3层574平方米房产的强制执行，应严格按照民事诉讼法的规定进行。根据本案情况，即使具有民事诉讼法第一百零二条第一款（六）项之行为，也不需要对有关人员采取拘留措施。执行前还应与深圳市中级人民法院进行联系，取得他们的支持和协助。

四、审理中如查明金光公司将合作资金挪用，其他单位或个人非法占用该项资金，可责令非法占用者退还非法占用的资金以偿还债权人。

此复。

附：

宁夏回族自治区高级人民法院
关于金光股份有限公司的主管部门
是否应承担清偿责任的请示报告

（1991年11月14日　〔1991〕宁经请字第2号）

最高人民法院：

我院受理的辽宁省国际信托投资公司（简称投资公司）、辽宁省对外经济发展公司（简称发展公司）诉深圳市金光企业股份有限公司（简称金光公司）合作经营羊绒纠纷一案，于1990年12月18日审结。判决被告金光公司返还两原告合作资金12321764.8元，除已执行4306342元，尚欠8015422.8元，金光公司已无可供执行的财产。

金光公司是1986年8月由深圳市装饰工程工业总公司申报，深圳市政府于1986年12月1日批准成立的。市政府批文规定：公司为股份有限公司，注册资金60万元人民币，发行股票6000股，其中国家股占40%（2400股），由装饰工程公司出资，集体、国外和港澳股份占30%（1800股），私人股份30%（1800股），由装饰工程工业总公司职工购买。按股份分配盈利和承担亏损。批文下达后金光公司于1987年2月24日向深圳市工商局申请登记成立。

公司董事长、总经理由装饰工程工业总公司总经理林光舜兼任，经济性质为集体股份企业，公司会计师、工程师、会计员、出纳员、秘书均由装饰工程工业总公司派自己的在职人员兼任。在装饰工程工业总公司领取工资，资金由装饰工程工业总公司以固定资产办公楼房 139.87m^2（计价 1800 元/m^2）折抵股金 251766 元，集体投资 5 万元，外商投资 3.52 万元，装饰工程工业总公司职工个人投资 24.86 万元，合计资产 58.56 万元。公司下设业务部、贸易部、电子经销部等，在经营中，金光公司又聘用了许多闲散人员担任公司的副总经理，业务部经理及业务员等职。成立时在册人员有 60 名，截至 1990 年 12 月份金光公司只剩 12 人，其中国家职工 8 人，均系装饰公司正式在册人员，其他系临时聘用人员，金光公司本身没有人事编制。1987 年 7 月，金光公司与辽宁省投资公司、发展公司签订了合作经营羊绒项目合同后，金光公司即派聘用的业务部副经理胡松到宁夏实施合作项目，两原告根据被告项目负责人胡松指定的账户，先后将 1150 万元人民币汇入宁夏银川，由胡松具体支配使用。由于在加工羊绒的过程中掺杂使假，造成羊绒质量低劣，无法售出，直接损失达 453 万余元人民币，另外还将大量合作资金挪用偿还了金光公司的外债，外借、开支，直接金额达 487 万余元人民币。该纠纷发生后，被告金光公司已负债累累，处于瘫痪状态，便采取推脱拖延的办法撒手不管，原聘用的人员也逃之夭夭。在我院审理过程中，公司董事会决定停业整顿，只留一个总经理（已任命装饰公司下属的装饰材料供应公司经理），其余人员回装饰总公司上班。鉴于被告金光公司的现状，执行工作已无法进行，现根据有关法律、政策的规定，经我院审判委员会研究如下：

一、大多数同志认为，应先由金光公司负责清理，不足部分，裁定由金光公司的主管开办单位装饰工程工业总公司承担债务清偿责任。理由是：1. 金光公司是由装饰工业工程总公司申请开办成立的；2. 金光公司董事长、总经理自始至终均由装饰工程工业总公司总经理兼任，公司主要工作人员由装饰工程工业总公司委派自己的在册工作人员兼任。金光公司本身没有人事编制及人事权，实际上金光公司与装饰工程工业总公司是一套人马两块牌子。当问题出现后，国家正式职工回装饰公司上班，聘用人员自行流散，只留下一个总经理，还任命为装饰工程工业总公司下属的装饰材料供应公司经理，兼管应付金光公司的门面；3. 市政府批准成立公司的批文及公司章程均规定："公司实行股份制，盈利按股份分配，亏损按股份承担。"依照《民法通则》第三十五条或第五十二条规定，各股东对债务承担连带责任，金光公司的股份中，装饰工程工业总公司是最大的股东，投入股占 40%，装饰工程工业总公司的职工私人股占 30%，因此，装饰工程工业总公司既是开办单位、主管单位，又是主要股东，应承担连带清偿责任。4. 金光公司在清理整顿公司中没有撤并，不适用按国发〔1990〕68 号文件规定处理。

综上所述，我们认为，金光公司实际是装饰工程工业总公司的分支机构，依据国发〔1985〕102 号文件第二条关于“呈报单位和各级人民政府，各有关部门，要对成立公司认真进行审核，因审核不当，造成严重后果的，要承担经济法律责任”的规定和最高人民法院法（研）〔1987〕42 号批复第二条：“企业单位开办的分支机构，企业倒闭后，如果企业开办的分支机构是公司，无论是否具备独立法人资格，可以根据国发〔1985〕102 号通知办理”。可以裁定由主管开办单位装饰工程工业总公司承担清偿责任。

二、有的同志认为，国发〔1990〕68 号文件第一条规定：“……凡在实际上具备了民法通则第三十七条、第四十一条规定的法人条件，并且与开办公司的党政机关脱钩的，一律以公司经营管理或所有的财产承担债务清偿责任。”最高人民法院法（经）发〔1991〕10 号文件第六条规定：“受理企业开办的企业被撤并后的经济纠纷案件，适用该通知第一条的规定。”装饰工程工业总公司不存在国发〔1990〕68 号文件第三条“应在收取资金和实物的限度内”、第四条“在注册资金范围内”、承担清偿责任的情形和第五条“资金一律不得抽回”的问题，应裁定终止执行，待营业执照注销后裁定终结执行。但不太把握的是：1. 金光公司至今营业执照依然存在，只是停业整顿，并未在清理整顿公司中被撤并，是否适用国发〔1990〕68 号文件规定。2. 金光公司仅有 60 万元的注册资产，只是本案涉及的两份合同，就收取原告资金 1150 万元，违法经营（无经营羊绒的营业范围。加工羊绒过程中掺杂使假）胡乱开支，导致严重亏损，巨额欠款。申请开办的主管部门不承担责任，有关人员得不到应有的处理，终结执行既损害了原告的合法利益，又不符合民法通则第一百零八条债务应当清偿的规定。

三、金光公司与两原告的合作项目，具体由金光公司业务部实施，公司的正副经理都参与了该项活动，但经济账目只有业务部副经理胡松经办，两原告汇入的 1150 万元人民币，完全由胡松支配使用，公司里没有账，也不提供情况。我院在审理中，通过银行查明了款的去向，胡松用合作资金还金光公司债务 100 多万元，及其他买房、建厂等开支，共计挪用款 487 万元。这一大笔款正常情况下，应由公司及上级主管单位来查。为此，我院审结此案时，曾发出司法建议，建议有关部门查处。但从目前了解的情况看，我院的建议没有引起有关部门的重视。金光公司只剩下经理一人还另被任用，主管开办单位装饰工程工业总公司认为与己无关，推脱不管，鉴于这种情况，我们拟将逃跑的经办人员胡松收审，根据款的去向追索，又没有这方面的法律依据。继续向金光公司追款，肯定无结果，国家的损失无法追回。可否在查清确系胡松或其他单位、个人非法占用该项资金后，直接裁定由非法占有者用自己的财产偿还。

以上报告妥否，特报请你院批示。

最高人民法院
关于聊城市柳园供销公司法人资格认定问题的复函

（1992年3月17日　法函〔1992〕36号）

山东省高级人民法院：

你院鲁高法函〔1992〕4号《关于如何认定企业法人资格的请示》收悉。经研究，答复如下：

依照《中华人民共和国民法通则》第四十一条之规定，集体所有制企业具备法人条件，经主管机关核准登记，取得法人资格。根据《中华人民共和国企业法人登记管理条例》第四条之规定，企业法人登记主管机关是国家工商行政管理局和地方各级工商行政管理局。你院请示中的集体企业聊城市柳园供销公司符合法定条件并经工商行政管理机关核准依法领取有企业法人营业执照，其法人资格应予承认。至于申报单位出资不足问题，可责令其补足注册资金的差额部分，不宜仅据此而否定聊城市柳园供销公司的法人资格。

此复。

最高人民法院经济审判庭
关于国务院〔1990〕68号、最高人民法院〔1991〕10号文件是否适用军队开办企业问题的复函

（1992年3月19日　法经〔1992〕39号）

黑龙江省高级人民法院：

你院黑法经上字〔1991〕第38号文收悉。经研究，答复如下：

在清理整顿中被撤并的军队开办企业的债务清偿问题，可以参照国务院

〔1990〕68 号和最高人民法院〔1991〕10 号文件的规定处理。

此复。

最高人民法院经济审判庭
关于中国地质宝石矿物公司新疆经营部注册资金不实责任承担问题的复函

（1992 年 11 月 12 日　法经〔1992〕176 号）

新疆维吾尔自治区高级人民法院：

你院新高法明传〔1992〕96 号关于应如何确认地矿部宝石公司连带清偿责任的请示报告收悉。现中国地质宝石矿物公司（以下称“宝石公司”）提出其在为申请开办宝石公司新疆经营部（以下称“新疆经营部”）而给新疆维吾尔自治区工商局的〔1988〕028 号函和给新疆维吾尔自治区政府的〔1988〕029 号函中均申明新疆经营部注册资金为 20 万元，而新疆经营部最终取得注册资金为 120 万元的营业执照，是由于新疆经营部筹建负责人崔志远个人私自将宝石公司 1988 年 5 月 10 日出具的资金信用证明和经宝石公司盖章的商业企业开业申请登记表中所填的资金数额由 20 万元篡改为 120 万元的结果。1988 年 6 月 9 日，远大金融服务社虽证明新疆经营部账面金额为 80 万元，但这 80 万元不是新疆经营部的自有资金，而且新疆经营部在筹建期间的开户银行不是远大金融服务社，而是工商银行天山区办事处，宝石公司 1988 年 6 月 6 日向新疆经营部投入的 20 万元资金即是汇入该办事处的。自治区工商局对此未能查实，即予办理了注册登记。1990 年 9 月 19 日公司清理整顿审批表上所称的新疆经营部注册资金为 120 万元、现有实际资金是 160 万元，是新疆经营部自行填报的，并未经宝石公司核实盖章。你院的报告中对上述问题并未做出结论。

我们认为，如果宝石公司反映的上述情况属实，则说明该公司在开办新疆经营部时只承诺负担投入 20 万元注册资金的责任，新疆经营部负责人崔志远将注册资金擅自篡改为 120 万元的增加部分，宝石公司不应承担。因宝石公司实际已向新疆经营部汇入 20 万元注册资金，因此即不存在承担经营部注册资金不实的责任问题了。

现将当事人的申诉材料转去，请你院对该案进行复查，如当事人反映的情况属实，即应对原判决予以纠正。建议复查期间中止执行。

最高人民法院
关于开办单位欠付企业的注册资金应用以承担企业债务的函

（1993年11月13日　经他〔1993〕22号）

浙江省高级人民法院：

你院浙高法执字〔1993〕16号关于乐清县二轻供销公司诉煤炭部华盛水文地质勘察工程公司（以下简称“华盛公司”）购销合同纠纷一案的执行问题的报告收悉。现答复如下：

《中华人民共和国民法通则》第四十八条规定的国家授予企业法人经营管理并用以承担责任的财产，既包括国家已授予企业且已由企业经营管理的财产，也包括国家在开办企业时应当投入而一直欠付企业的资金。在企业现有财产不足清偿债务的情况下，开办单位欠付的注册资金应用以偿还企业债务。因此，你院在执行中查明华盛公司的注册资金如确实未投足，在华盛公司不能清偿债务的情况下，可以裁定其开办单位中国煤田地质总局水文局对注册资金不实部分承担责任。河北省邯郸市两级人民法院必须依法协助浙江省有关人民法院执行。

最高人民法院
关于开办单位对企业注册资金不实承担责任范围问题的复函

（1997年12月1日　经他〔1997〕30号）

北京市高级人民法院、江苏省高级人民法院：

关于北京市第二中级人民法院和江苏省张家港市人民法院重复执行国家计委产业经济与技术经济研究所（下称计委所）对下属企业债务承担注册资金30万元的责任一事，我院于1997年2月24日以法经〔1997〕14号函，要求你们两院对有关案件进行复查并暂缓执行。最近，计委所又向我院反映：

北京市宣武区法院在执行北京建化金属材料公司诉北京万兴技术经济开发咨询公司（以下简称万兴公司）购销合同纠纷一案的生效判决中，也裁定由计委所承担注册资金 30 万元不实的责任。

根据投资者对其开办的法人企业债务承担有限责任的原则，计委所对万兴公司的全部债务承担责任应以其未投入的注册资金 30 万元为限，各有关债权人应在此范围内按其债权数额所占比例受偿。现请你们两院互相通报前次案件复查核实情况，由北京市高级人民法院主持，处理万兴公司的各债权人受偿分配及执行事宜。

最高人民法院
关于企业的开办单位所划拨的债权能否作为该企业注册资金的答复

（1998 年 12 月 29 日　法经〔1998〕505 号）

湖北省高级人民法院：

你院请示收悉，经研究，答复如下：

仙桃市财政局于 1992 年 10 月将其享有的 1072 万元债权划拨给原属事业单位仙桃国债办作资本金使用，双方已经办理合法有效的债权转移手续，仙桃国债办已经享有该项债权。后经仙桃市财政局申报，仙桃市国有资产管理局对仙桃国债办所占有的包括上述 1072 万元债权形成的资本金在内的 1080 万元国有资产进行审定，于 1994 年 12 月 28 日予以登记，发给国有资产产权登记表。1994 年 12 月 30 日，仙桃国债办申请注册成立企业法人，申报注册资金 1080 万元（其中固定资产 50 万元，流动资金 1030 万元），企业名称仍为“仙桃市国债办事处”，经湖北仙桃会计师事务所验资和仙桃市工商行政管理局实地调查、审核属实，获准企业法人开业登记，并领取企业法人营业执照。截至 1998 年 10 月 16 日，仙桃国债办已经全部实现上述 1072 万元债权。因此，在本案中，仙桃市财政局先前划拨给原仙桃国债办的 1072 万元债权，已经形成为该办事处的资本金，可以作为该办事处后来注册成立企业法人时的一部分注册资金予以认定。

此复。

最高人民法院
关于饶天禄与西安市莲湖区环城西路生产、生活服务公司侵权赔偿再审一案的复函

（2001年4月18日 〔2001〕民监他字第3号）

陕西省高级人民法院：

你院〔2000〕陕经再字第28号《关于饶天禄与西安市莲湖区环城西路生产、生活服务公司侵权赔偿再审一案的请示报告》收悉。

经研究认为，西安标准件经销站（以下简称经销站）的营业执照虽然登记为西安市莲湖区环城西路生产、生活服务公司（以下简称服务公司）开办的集体企业，但服务公司在开办经销站之初和营业中均未直接投资，该经销站是饶天禄以服务公司名义申请开办、利用赊销的15万元标准件经销运营并逐步发展起来的；经销站自负盈亏，自担经营风险，人员录用、辞退、工资及奖金发放均由饶天禄一人决定，服务公司并不干涉，也未派员参与经营管理；经销站每年仅向服务公司交纳一定数额的管理费。西安市工商行政管理局正式给西安市中级人民法院复函，认定经销站“属于饶天禄等人筹资开办起来，并挂靠在环城企业总公司名下的私营（合伙）企业”。故同意你院审判委员会第一种意见，即西安市标准件经销站的性质为私营企业。

此复。

最高人民法院
关于对帮助他人设立注册资金虚假的公司应当如何承担民事责任的请示的答复

（2001年9月13日 〔2001〕民二他字第4号）

上海市高级人民法院：

你院〔2000〕沪高经他字第23号《关于帮助他人设立注册资金虚假的公司应当如何承担民事责任的请示》收悉，经研究答复如下：

一、上海鞍福物资贸易有限公司（以下简称鞍福公司）成立时，借用上海砖桥贸易城有限公司（以下简称砖桥贸易城）的资金登记注册，虽然该资金在鞍福公司成立后即被抽回，但鞍福公司并未被撤销，其民事主体资格仍然存在，可以作为诉讼当事人。如果确认鞍福公司应当承担责任，可以判决并未实际出资的设立人承担连带清偿责任。

二、砖桥贸易城的不当行为，虽然没有直接给当事人造成损害后果，但由于其行为，使得鞍福公司得以成立，并从事与之实际履行能力不相适应的交易活动，给他人造成不应有的损害后果。因此，砖桥贸易城是有过错的。砖桥贸易城应在鞍福公司注册资金不实的范围内承担补充赔偿责任。

此复。

最高人民法院执行工作办公室
关于中国少年先锋队江苏省工作委员会是否具备独立法人资格问题的复函

（2002年3月22日　〔2002〕执他字第5号）

江苏省高级人民法院：

你院苏高法〔1999〕38号《关于中国少年先锋队江苏省工作委员会是否具备独立法人资格的请示》收悉。经研究，答复如下：

原则上同意你院的倾向性意见。中国少年先锋队江苏省工作委员会没有独立的财产和经费来源，编制也在共青团江苏委员会，其自身并不具有独立承担民事责任的能力，不具备法人资格。

最高人民法院
对江苏省高级人民法院关于中国电子进出口公司江苏公司与江苏省信息产业厅等股权纠纷一案请示的答复

（2002年11月15日 〔2001〕民二他字第19号）

江苏省高级人民法院：

你院〔2002〕苏民终字第038号文《关于中国电子进出口公司江苏公司与江苏省信息产业厅等股权纠纷一案的请示》收悉。本庭经研究，提出以下意见。

从本案卷宗材料反映的基本案情看，苏发公司的合资协议、工商登记、公司章程等文件均记载江苏省电子局（江苏省信息产业厅的前身）为苏发公司的股东。江苏省电子局实际参与了苏发公司的设立，并以自己的名义委派工作人员担任苏发公司的高级管理人员参与公司运营。如果江苏省电子局与中国电子进出口公司江苏公司之间没有明确约定一方形式投资、另一方实际投资，似可认定江苏省电子局为苏发公司30％股份的权利人。

股权关系不仅涉及纠纷当事人，而且还对公司以及其他股东甚至公司债权人等诸多主体产生影响，因股权归属产生的纠纷应及早解决。因此，在法律没有特别规定的情况下，当股权受到他人侵害时，请求法律保护的诉讼时效应适用《民法通则》第一百三十五条的规定。

以上意见，仅供参考。

最高人民法院
关于胡克诉王卫平、李立、李欣股东权纠纷一案的答复

（2003年5月15日　〔2003〕民二他字第4号）

河南省高级人民法院：

你院《关于股东未出资，亦未向股权转让人支付对价的股东地位如何认定问题的请示》收悉。经研究，答复如下：

原则同意你院第二种意见。从案卷反映的事实看，1993年12月30日，思达设备公司变更公司章程，以书面形式确认新老股东之间就股份转让以及转让的具体份额达成的一致意见，即在公司注册资金100万元不变的情况下，原始股东思达科技公司和胡克将部分股份转让给李欣、魏若其、李立、杨为民、王卫平等五位新股东。1994年4月18日思达设备公司股东会决议，同意吸收李立、李欣、王卫平、魏若其、杨为民为新的股东，原始股东各方的出资部分转让给该五位股东。此后，河南省工商行政管理局对思达设备公司进行年检时在年检报告“投资者投资情况”一栏将公司新老股东及其所占股份予以记载，该项记载具备将公司股东向社会公示的意义。从思达公司新老股东就股份转让达成合意、到公司股东会认可新股东的身份，直至工商行政管理部门通过年检报告将公司股东予以公示，思达设备公司股东完成了李立等人获得股东身份的必要程序。且李立等人自1993年12月30日受让股份，以股东身份行使权利（参与股东大会、参与公司运营决策等）已近10年，此时再否认其股东资格缺乏事实依据。股份转让时各当事人未就股份转让的对价问题做出明示约定，原始股东若就支付对价提出请求，可另案提起诉讼。

此复。

附：

河南省高级人民法院
关于胡克诉王卫平、李立、李欣股东权纠纷一案的请示

（2003年5月15日 〔2003〕民二他字第4号）

一、案件主要事实

1992年12月10日，思达科技公司出资30万元、胡克出资70万元共同兴建思达设备公司。1992年11月10日，思达设备公司章程规定，公司董事会由4人组成，董事由股东委派，其中思达科技公司委派一名，胡克方委托三名代表参加。该章程由思达科技公司法定代表人和胡克签字。1993年2月1日，河南省工商行政管理机关出具《私营企业开业登记书》，核准成立思达设备公司，企业负责人为胡克。该公司1993年实现利润173万元。李欣从1993年4月开始以公司副经理的身份签署产品出库单、出差报销单，行使管理权。胡克、王卫平、李立、李欣等人除领取相同数额的工资外，思达设备公司没有进行过利润分配。1993年12月30日，思达设备公司变更公司章程，在公司注册资金100万元不变的情况下，增加李欣、魏若其、李立、杨为民、王卫平为股东。同时，调整了股东出资结构，具体内容是：思达科技公司出资25万元，占公司总股份的25%；胡克及新增加的5个股东均出资12.5万元，共75万元，占公司总股份的75%。1994年4月18日，思达设备公司召开股东会做出决议，同意吸收李立、李欣、王卫平、魏若其、杨为民为新的股东，原股东各方的出资部分转让给该五位股东。河南省工商行政管理局对思达设备公司进行了年检，年检报告中“投资者投资情况”一栏记载：思达科技公司、胡克、魏若其、杨为民、李立、李欣、王卫平为股东，思达科技公司出资25万元，胡克等6人各出资12.5万元。李欣、李立、王卫平等受让股份后没有向思达科技公司和胡克支付对价。

1996年4月15日，思达设备公司股东会做出决议，同意思达科技公司退出其在思达设备公司的全部股份，由胡克等6股东等额受让；新股东会由胡克等6人组成。1996年4月20日，思达设备公司股东会又就思达科技公司退出其在思达设备公司所占的股份，进一步做出了股份变更决议。思达科技公

司据此转让了其在思达设备公司的股份，思达设备公司支付思达科技公司220万元，思达科技公司退出了思达设备公司。

1996年8月×日至11月23日，思达设备公司做出四项分立决议：以公司1996年7月底资产总额2820万元为依据，将魏若其、李欣、杨为民的个人资产划出，其中支付给魏若其620万元，李欣、杨为民各470万元。1996年11月23日，由胡克、李立、王卫平组成的新股东会决议，同意吸纳李欣出资，并按其出资额承担公司权利义务，同意李欣为股东会成员，故李欣的个人资产470万元并未实际划出。

1996年11月23日，思达设备公司向河南省工商行政管理局提交了《公司设立登记表》和《关于申请有限责任公司规范的报告》，载明公司注册资本为300万元，由思达设备公司未分配利润中调增，由新的股东胡克、李欣、王卫平、李立四人平均持有。1996年12月20日，河南省工商行政管理局依照有关规定核准了思达设备公司提交的《公司设立登记申请表》，并给其颁发了《企业法人营业执照》。

1998年4月29日，李欣、胡克、王卫平、李立作为发起人，在河南省工商行政管理局注册成立了河南思维自动化设备有限公司（以下简称思维设备公司），公司组织形式为有限责任，注册资本为300万元。李欣、胡克、王卫平、李立的出资额均为75万元，胡克为董事长。思维设备公司成立时利用了思达设备公司的部分资产和设备。目前，思达设备公司处于歇业状态，但未办理注销手续。2001年3月29日，胡克诉至法院，请求确认王卫平、李立、李欣三自然人自始不具备思达设备公司和思维设备公司的股东资格，并判令思达设备公司恢复该公司的股东原状，即恢复到设立时两个股东的状态。

本案二审中，胡克提出调解意见，同意李欣、李立、王卫平等三人各拥有13%的股份。李欣等三人均不同意就股份比例做任何调整。

二、河南省高级人民法院意见

河南省高级人民法院审委会研究本案，形成三种意见。

第一种意见认为，李欣等三人没有实际出资，双方之间没有转让股份的合同，亦没有支付对价，没有履行转让手续，李欣等三人不具备法律意义上的股东资格，应判决予以否定。

第二种意见认为，根据我国现行立法的规定，股东出资瑕疵并不必然否定其股东资格，只会导致相应的法律责任。简单地以股东未出资或未支付对价而否定股东资格与法理不符。公司章程是公司内部的自治性规定，合法成立的公司章程对公司、股东、董事、经理均具有约束力。股东会议是股东之间的私人约定，只要意见一致并做出决议，对股东都是合法有效的。从公司成立到胡克起诉，历次决议都是胡克与王卫平等人共同做出的，胡克以及其他股东从未提出过任何异议。公司章程的约定和工商登记机关的核准，是确立公司股东身份的必要形式和必经程序，工商注册登记的功能就是证明股东资格的存在并对抗第三人。因出资不实或出资瑕疵而直接否定股东资格，对社会经济的稳定和交易的安全不利。故应驳回胡克的诉讼请求。另认为，股东之间所占股份比例应由其平等协商形成股东会议确定，判决予以调整没有法律依据。至于是否支付对价，与本案非同一法律关系，可另诉解决。

第三种意见认为，不应否定李立、王卫平、李欣三人的股东资格。但由于胡克与思达科技公司共同投资开办及注册成立思达设备公司，公司经营期间已实现利润 13.86 万余元，思达设备公司注册成立至该公司变更章程增加王卫平等三人为股东，即 1993 年底，该公司实现利润 173 万元，而王卫平等三人没有实际出资，在思达设备公司增加注册资本 300 万元及设立思维设备公司时，王卫平等三人也没有实际出资，不是原始股东，不应享有实际投资人的资本收益，又未向股权转让人支付对价，现平均享有股东权益，当事人双方权利、义务失衡，造成实质上的不公平。依民法公平原则，考虑本案实际情况，在调解不成的情况下，可判决调整双方之间所占股份比例。胡克多占一些，王卫平等三人少占一些。多数审委会委员倾向于该意见。

最高人民法院
对《商务部关于请确认〈关于审理与企业改制相关的民事纠纷案件若干问题的规定〉是否适用于外商投资的函》的复函

（2003 年 10 月 20 日 〔2003〕民二外复第 13 号）

中华人民共和国商务部：

你部于 2003 年 9 月 12 日发给本院的商法函〔2003〕33 号《关于请确认〈关于审理与企业改制相关的民事纠纷案件若干问题的规定〉是否适用于外商投资的函》收悉。经研究，答复如下：

中国企业与外国企业合资、合作的行为，以及外资企业在中国的投资行为，虽然涉及到企业主体、企业资产及股东的变化，但他们不属于国有企业改制范畴，且有专门的法律、法规调整，因此，外商投资行为不受上述司法解释的调整。

此复。

附：

商务部 关于请确认《关于审理与企业改制相关的民事纠纷案件若干问题的规定》是否适用于外商投资的函

（2003 年 9 月 12 日　商法函〔2003〕33 号）

最高人民法院：

2002 年 12 月 3 日最高人民法院审判委员会第 1259 次会议通过、自 2003 年 2 月 1 日起施行的《关于审理与企业改制相关的民事纠纷案件若干问题的规定》颁布后，外国投资者对于该司法解释关于企业公司制改制后债务承担问题所确定的有关规则表示关注，担心该司法解释如果适用于外商投资，将会影响外资参与国内企业改组的顺利进行。为了创造更好的投资环境，进一步吸引外国投资，请贵院就该司法解释是否适用于外商投资的问题予以说明并函复。

特此函达。

最高人民法院 关于德宝（远东）有限公司与天锋国际有限公司出资纠纷上诉一案合作协议效力问题的请示的复函

（2004 年 7 月 27 日　〔2004〕民四他字第 26 号）

湖北省高级人民法院：

你院〔2003〕鄂民四终字第 46 号《关于中国香港特别行政区德宝（远东）有限公司与中国香港特别行政区天锋国际有限公司出资纠纷上诉一案合作协议效力问题的请示》收悉。经研究，答复如下：

关于管辖权和法律适用问题，同意你院意见。香港德宝（远东）有限公司与香港天锋国际有限公司于 1995 年 8 月 5 日在香港订立《合作经营湖北德宝实业有限公司协议书》，将前者在合作企业湖北德宝实业有限公司中 54%的股份划分为100股，转让其中49%的股份给后者。该协议处理的是香港德宝（远东）有限公司在中国内地设立的合作企业的股权，涉及该协议的履行行为主要发生在湖北，因此，可以认定协议履行地在中国内地。根据《中华人民共和国民事诉讼法》第二百四十三条之规定，武汉市中级人民法院作为合同履行地法院对本案享有管辖权。此外，武汉市中级人民法院已在2000年5月19日的《人民法院报》上公告送达了驳回管辖异议的裁定书，香港德宝（远东）有限公司未就该裁定提起上诉，反而进行了应诉答辩，应视为其已接受了中国内地法院的管辖，无权再提出管辖权异议。本案双方当事人没有在合同中约定解决其争议应适用的法律，依照《中华人民共和国民法通则》第一百四十五条的规定，应适用最密切联系原则确定准据法。本案双方当事人虽均为香港公司，协议书也在香港订立，甚至在境外作了部分履行，但协议的目的是为了转让设在内地的合作企业的股权，实现香港天锋国际有限公司在合作企业的经营及利益分配，因此，可以认定内地与该协议书具有更密切的联系，应适用中国内地的法律进行认定和处理。

关于合作协议书所反映法律关系的性质，同意你院审判委员会的第二种意见。湖北德宝实业有限公司的原始资本构成中不含香港天锋国际有限公司的投资，两当事人的签约行为发生在合作企业合同订立之后且约定转让香港德宝（远东）有限公司的股权，故依法应认定合作协议书属股权转让法律关系，认定隐名投资法律关系没有事实和法律依据。该合作协议书未履行法定的报批手续，依法应认定无效。

此复。

最高人民法院
关于合资企业诉政府侵权案件中政府对合资企业进行特别清算应如何适用法律问题的请示的复函

（2005年4月7日 〔2004〕民四他字第51号）

河南省高级人民法院：

你院《最高人民法院关于合资企业诉政府侵权案件中政府对合资企业进行特别清算应如何适用法律问题的请示的复函》收悉。经研究，答复如下：

本案在诉讼过程中，审批机关漯河市外经贸局做出了对合资公司图瑞公司进行特别清算的决定，并已经组成特别清算委员会。《外商投资企业清算办法》第三十七条规定："特别清算期间，清算委员会主任行使企业法定代表人的职权，清算委员会行使企业权力机构的职权"；第十一条和第四十三条又规定，清算委员会在清算期间代表企业参与民事诉讼活动。因此，人民法院应当将本案原告由图瑞公司变更为图瑞公司特别清算委员会，由该清算委员会代表图瑞公司继续进行诉讼活动。但变更原告并不是中止案件审理的理由，因此，本案无需中止审理。

如果图瑞公司认为审批机关做出的对其进行特别清算的决定不当或者认为特别清算委员会的组成不当，其可以以该审批机关为被告，向有管辖权的人民法院提起行政诉讼。如果图瑞公司提起了该行政诉讼，本案民事诉讼即应当中止审理，等待行政诉讼终结后，再继续审理。

此复。

最高人民法院
关于上诉人练志伟与被上诉人陈如明及原审被告林惠贞、郑秀英及原审第三人福州市常青实业有限公司股权转让一案的请示的复函

（2006年11月13日　〔2006〕民四他字第22号）

福建省高级人民法院：

你院〔2006〕闽民终字第498号"关于上诉人练志伟与被上诉人陈如明及原审被告林惠贞、郑秀英及原审第三人福州市常青实业有限公司股权转让一案"的请示报告收悉。经研究，答复如下：

同意你院合议庭及审判委员会多数人意见，本案合同应定性为股权转让合同。

你院合议庭及审判委员会多数人认为对于合同的性质应从合同的名称、内容去审查认定，同时还应考察签约双方的真实意思表示进行分析认定是正确的。首先，本案合同的名称明确表明是"企业股份转让"。第二，本案合同签约主体甲方是"福州市常青实业有限公司（以下简称常青公司）股东代表：练长清"，乙方为"陈如明"。练长清以常青公司股东代表的身份签订该合同，符合股权转让合同的主体特征，而如果是企业财产转让合同，则不应由股东而应由企业作为转让的主体。第三，从合同的内容看，合同前言部分表明甲乙就"……股份（权）转让给乙方的有关事宜经友好协商达成如下条款"；合

同第一条在表述企业的位置、面积时亦明确表明是“甲方转让股权企业”的位置、面积；合同第二条表明“甲方转让以上工厂股份（权）……”；合同第三条第三项明确表述乙方应支付甲方“股权（份）转让金”，第三条第四项约定甲方负责合同签订后三个月内中止属本合同范围内的租约，迁出所有人员，至此该工厂“股权全部属乙方所有”；合同第三条第五项约定“甲方负责承担企业股权转让前的所有债权债务”。根据以上合同内容，可以充分认定该合同系股权转让合同，当事人的真实意思表示是转让股权而非转让企业财产。另，合同第三条第三项约定乙方支付款项后，甲、乙双方即办理企业法定地址及法人代表变更，办妥手续后，甲方把营业执照、公司公章及相关证件移交给乙方；合同第三条第五项约定“甲方负责承担企业股权转让前的所有债权债务”。当事人的上述约定进一步表明该合同系股权转让合同而非财产转让合同，因为如果是企业财产转让合同，则无需变更企业法定代表人，常青公司原股东也无必要把营业执照、公司公章及相关证件移交给受让人陈如明，更无须就转让前企业的债权债务承担问题作出约定。第四、常青公司 2000 年 10 月 12 日出具一份承诺书，该承诺书载明：“鉴于福州市常青实业有限公司股东代表练长清与陈如明于 2000 年 7 月 6 日签订《企业股份转让合同》并已开始履行。在该股份未办妥工商变更登记之前，我公司承诺陈如明先生有权对该股份转让合同所约定的范围进行投资建设并使用。”该承诺书的内容进一步证明本案所涉合同性质为股权转让合同。且根据你院请示报告所述，本案的原审被告林惠贞即常青公司的另一股东亦始终认为是股权转让。

综上，根据本案合同的名称、签约主体、合同的内容以及其他证据材料，可以充分认定本案合同为股权转让合同，你院合议庭及审判委员会多数人意见是正确的。

另，根据你院请示报告所述事实，常青公司原为全民所有制企业，诉争地块土地使用权的性质系划拨地，合法使用人是常青公司。本案常青公司股东通过签订股权转让合同，是否实质将该土地使用权转让他人从而改变了国有划拨土地使用权的性质，你院在审理案件时应予以注意，认真审查。

此复。

附：

福建省高级人民法院
关于上诉人练志伟与被上诉人陈如明及原审被告林惠贞、郑秀英及原审第三人福州市常青实业有限公司股权转让一案的请示报告

（2006 年 5 月 30 日　〔2006〕闽民终字第 498 号）

最高人民法院：

本院审理的上诉人（原审被告）练志伟与被上诉人（原审原告）陈如明及原审被告林惠贞、郑秀英及原审第三人福州市常青实业有限公司股权转让一案。案经院审判委员会讨论，委员们对本案合同的法律性质有不同意见：多数委员认为，应定性为公司股权转让合同；少数委员认为，应定性为公司财产转让合同。为此，决定就本案合同性质问题报请你院，请予批示。

一、案件基本事实

2000 年 7 月 6 日福州市常青实业有限公司（下称常青公司）原股东练长清、林惠贞以甲方常青公司股东代表练长清的名义与陈如明（乙方）签订了一份《企业股份转让合同》。该合同约定：甲方将位于福州市福马路北侧后屿古一村 206 号权属常青公司的工厂包括厂区内的建筑物、水、电设施等及凡属常青公司的财产 100％转让给陈如明；合同第三条约定："甲方办妥市计委立项手续十天内，乙方应无条件支付甲方股份转让金人民币 265 万元整扣除已支付定金 30 万元，实付 235 万元。甲乙双方即办理企业法定地址及法人代表变更。办妥手续后，甲方将营业执照、公司公章及相关证件移交给乙方。乙方七天内付清余下转让股金人民币伍拾万元整。"合同第四条约定：甲方负责合同签订后三个月内中止属本合同范围内的租约，迁出所有人员，至此该工厂股权全部属乙方所有，甲方无权干涉。合同第五条规定：甲方负责承担企业股权转让前的所有债权债务及负责甲方原来职工的安置工作等等。除此之外，合同还对甲方转让股权的转让费及支付方式等进行了约定。

合同签订后，陈如明于 2000 年 7 月 7 日将 30 万定金汇入练长清名下的账户（458065484），该笔款由林惠贞经手出具收据并由练长清签署"以上属实"字样。自 2001 年 1 月 9 日至 2004 年 1 月 20 日陈如明分 7 次向常青公司股东

练长清、林惠贞共支付人民币 124 万元股权转让费（定金 30 万元除外）。

陈如明支付 30 万元定金后，常青公司股东练长清等将下属工厂、停车场的部分车间、场地及建加油站前期批准的手续移交被上诉人陈如明。2000 年 10 月 12 日，常青公司还特别出具承诺书确认《企业股份转让合同》已开始履行。在该股权未办妥工商变更登记之前，常青公司承诺陈如明有权对股份转让合同所约定的范围进行投资建设并可以对外合作、联营出租等，常青公司不得对此干涉否则所造成的损失由常青公司负责。陈如明随即投资兴建加油站，并以福州市明利贸易有限公司的名义将此加油站所有资产及设备租赁给中国石油化工股份有限公司福建福州石油分公司（以下简称为中石化福州分公司）。该加油站后命名为中石化福建福州常青加油站。

此外，陈如明还支付了常青公司 2001 年上半年应缴的土地使用税及电变压器移位工程款、监理费等共计 30195 元。

另，常青公司原股东练长清于 2002 年 11 月 30 日死亡，根据〔2003〕闽证内字第 0554 号《继承权公证书》练长清在常青公司的遗产权由练志伟、郑秀英（分别为练长清的儿子，妻子）共同继承。2000 年 4 月 10 日常青公司的公司章程显示公司股东分别为练长清、练志伟、林惠贞，各占 42.86%、28.57%、28.57%的股权。练长清死亡后，工商部门登记的股东已变更为：练志伟、林惠贞、郑秀英，各占 39.285%、28.57%和 32.145%的股权。

根据案卷中的土地档案资料及国有土地使用权证显示，常青公司原为全民所有制企业，讼争地块土地使用权的性质系划拨地，合法使用人是常青公司。营业执照显示 1996 年 11 月 20 日常青公司登记成立为有限责任公司。

1988 年常青公司向福州市财政局借款 53 万元截至 2003 年 9 月 26 日共欠本息 113.48 万元。

福州明利贸易有限公司的法定代表人系本案上诉人陈如明，股东系黄珠英及前屿加油站。黄珠英与陈如明系夫妻关系。

二、对讼争合同性质的两种意见

合议庭多数人认为，讼争合同的性质，应从合同的名称、内容去审查认定，同时还应考察签约双方的真实意思表示。

从合同的名称来看，2000 年 7 月 6 日，被上诉人陈如明与练长清、林惠贞签订的《企业股份转让合同》，合同的名称明白地表明系“企业股份转让”；合同的“甲方”署名“福州市常青实业有限公司股东代表：练长清”；“乙方”署名陈如明。即练长清是作为常青公司股东代表与被上诉人陈如明签订股份转让合同的，签约主体合格，符合股权转让合同的主体特征。若是公司的财产转让，转让主体只能是常青公司而不应是常青公司股东代表。

从合同的内容来看，该合同第三条第三款明确约定乙方（陈如明）支付价款55.235万元时，甲、乙双方即办理企业法定地址及法人代表变更，办妥手续后，甲方（常青公司原股东）把营业执照、公司公章及相关证件移交给乙方（陈如明）。合同第三条第五款还约定，甲方（常青公司原股东）负责承担企业股权转让前的所有债权债务及负责常青公司原来职工的安置工作。合同第三条第六款约定，甲方（常青公司原股东）尚有其他产权资金往来及办理有关手续，在甲方未成立新的公司前，乙方（陈如明）对甲方合法使用公章或出具证明应及时、无条件支持。以上条款对双方权利义务的约定符合股权转让的法律特征，若是公司的财产转让合同，就毋需办理企业法定地址及法人代表的变更，常青公司原股东也没有必要把营业执照、公司公章及相关证件移交给被上诉人陈如明，也无须就转让前公司的债权债务承担以及职工的安置做特别的约定。而只有股权转让合同才必须约定以上相关内容。

尽管，该《企业股份转让合同》，在前言部分约定："甲方愿意把位于福州市福马路北侧后屿古一村206号权属甲方的工厂（原为汽车修理厂及停车场），包括厂区内的甲方建筑物、水、电设施股份（权）转让给乙方"以及合同第一条约定了"甲方转让股权企业的位置、面积"；第二条约定："甲方转让以上工厂股份（权）凡属甲方的财产100%转让给乙方（包括原企业名称、该工厂的土地使用权等）。总计转让费为：实收转让股金人民币315万元。"但根据公司法规定，"公司股东依法享有资产收益、参与重大决策和选择管理者等权利"。在诸多权利中，集中体现为对资产的收益权，因为行使股东的他项权利的终极目标就是为了获取最大的资产收益。所以，公司资产的多、寡、优、劣，在很大程度上决定着一个公司的股权价值。被上诉人出资300多万元转让常青公司的股权，不言而喻是看中常青公司拥有土地使用权的地块可以利用、开发的优势，假如常青公司只是一个空壳，被上诉人一定不会用300多万元购买。特别是常青公司属于近乎家族式的私人有限责任公司，股东在出让股权时，明确一同转让的相关财产，就更不足为怪（私营公司往往财务制度不严，公司账册不全，若不在股权转让合同中明确约定必须移交的公司财产，难免在日后履行符合同中发生纠纷）。根据原审庭审笔录，上诉人练志伟称常青公司的资产除了上述地块及地上物外，还有广达路的几间店面。被上诉人陈如明亦称与股东代表练长清签订股权转让合同时，练长清表示尚有的几间店面，待其成立新公司后，移到新公司的名下。结合讼争合同的第三条第六款约定：甲方（常青公司原股东）尚有其他产权资金往来及办理有关手续，如为职工缴纳保险费、缴纳各种税费等等，在甲方未成立新的公司前，乙方（陈如明）对甲方合法使用公章或出具证明应及时、无条件支持。可以认定，被上诉人陈如明受让常青公司时，双方约定移交的不是常青公司的全部资产，而只是上述地块及地上物。其余的几间店面将剥离出常青公司，移到新公司的名下。这就是双方为何在股权转让合同中明确约定伴随股权转让而转移的公司相关具体财产的根本原因。交付公司公章、营业执照及相关证件，办理企业法定地址及法人代表变更，移交公司具体财产。即将公司项下的有形资产（地块使用权及地上物）与无形资产（公司名称、执照等）作为公司的100%股权作价转让。其不失为股权转让合同。所以，不能简单地以讼争合同中有约定公司的财产，就将它认定为财产转让合同。本案中，被上诉人陈如明正是通过受让股权，成为常青公司的股东，从而实现对常青公司资产享有的收益权。转让后的上述地块的使用权人仍是常青公司。即案涉“土地使用权”的使用人不因股权转让发生改变。若是“土地使用权及地上物”的财产转让合同，就必然发生土地使用权人的变更。

另外，从签约双方当时的真实意思表示来看，在本案讼争合同签订后的2000年10月12日，常青公司出具的“承诺书”也证明了当时的签约主体股东代表练长清意欲转让公司的全部股权。“承诺书”再次表明常青公司应将股权办妥，工商变更登记到被上诉人陈如明的名下。常青公司的意思表示，通过法定代表人练长清行为来表示，“承诺书”是常青公司的意思表示，亦表达了股东代表练长清的真实意思表示。显然，练长清认可双方之间的转让系公司的股权转让。同时，本案的原审被告林惠贞即常青公司的另一股东亦始终认为是股权转让。

综上，从讼争合同的名称、合同订立的主体、合同的内容、订立合同时双方当事人的真实意思表示分析认定，本案讼争的《企业股份转让合同》正像其所表述的应确认为股权转让合同。

合议庭少数人认为，讼争合同形式上是股权转让合同，但合同约定所转让标的明确，仅为常青公司拥有的工厂厂房，设施及土地使用权，既未包括公司拥有的其他财产，如公司拥有的店面房等，也未接管职工，实质上转让的是划拨土地使用权和地上物。公司股东对公司股份的转让是不能涉及公司所拥有的具体财产，因为公司的财产为公司所拥有，公司股东所拥有的不是公司的财产所有权而是公司的股权，故公司股东无权处置公司的财产。鉴于讼争合同约定转让的标的明确是公司的具体财产，此外，若公司100%股权转让其法律后果是公司全部股权归新股东所有，而并非公司某些具体形态的财产归新股东所有，故应认定为财产转让合同。

本案提交院审判委员会讨论时，多数委员同意合议庭多数人的分析意见，讼争合同应定性为股权转让合同。

少数委员同意合议庭少数人意见，认为讼争合同为财产转让合同。即所谓公司的股权并非对公司的各种具体形态的财产享有所有权，而是基于股东资格所享有的对公司的各种权利，对此公司法对股权已有明确的规定。股东对公司的财产并不拥有所有权。公司的财产所有权是由公司享有。本案中合同所处分的是公司的财产，标的很明确，而且是公司的部分财产，基于此，合同性质应确定为公司财产转让合同。

最高人民法院民事审判第二庭
关于对云南高院《关于股份转让合同的履行期限跨越新旧公司法如何适用法律的请示》的答复

（2007 年 5 月 16 日　〔2007〕民二他字第 3 号）

云南省高级人民法院：

你院云高法报〔2006〕114 号《关于股份转让合同的履行期限跨越新旧公司法如何适用法律的请示》收悉。经研究，答复如下：

修订前的《中华人民共和国公司法》（以下简称《公司法》）第 12 条规定了公司对外投资“所累计投资额不得超过本公司净资产的 50%”，但对公司超过该限额的对外投资行为是否有效的问题，该法并没有作出明确规定。2006 年 1 月 1 日实施的修订后的《公司法》从维护公司权益及其独立人格的角度出发，取消了上述限制。因此，依据本院《关于适用〈中华人民共和国公司法〉若干问题的规定（一）》第 2 条的规定，本案不应以修订前的《公司法》第 12 条规定否定《股权转让协议》的效力。故同意你院审判委员会的倾向性意见。

此复。

最高人民法院
关于对西北证券有限责任公司处置日前佣金收入及富余外币结算备付盘归属问题的请示的答复

（2011年6月23日 〔2011〕民二他字第9号）

宁夏回族自治区高级人民法院：

你院宁高法〔2011〕45号《关于西北证券有限责任公司处置日前佣金收入及富余外币结算备付金归属问题的请示》收悉。经研究，答复如下：

同意你院关于将西北证券有限责任公司处置日前的佣金收入及富余外币结算备付金共计人民币10347245.14元退回保护基金公司的意见，按照证券公司风险处置的有关政策及《中华人民共和国证券法》的相关规定，该笔资金不属于西北证券有限责任公司的破产财产。

此外，鉴于西北证券有限费任公司破产清算工作已召开了多次债权人会议并进行了第一次债权分配，请你院指导银川市中级人民法院就有关证券公司风险处置的相关政策做好债权人的解释工作。

此复。

最高人民法院
关于审理中央级财政资金转为部分中央企业国家资本金有关纠纷案件的通知

（2012年12月11日 法〔2012〕295号）

各省、自治区、直辖市高级人民法院，解放军军事法院，新疆维吾尔自治区高级人民法院生产建设兵团分院：

7月18日，国务院国有资产监督管理委员会、国家发展和改革委员会、财政部联合下发了《关于进一步做好中央级财政资金转为部分中央企业国家资本金有关工作的通知》（国资发法规〔2012〕103号，以下简称《通知》）。为妥善审理涉及中央级财政资金转为部分中央企业国家资本金的有关纠纷案件，现将该《通知》转发给你们。同时，经商国务院相关部委，就有关问题通知如下：

一、有关中央企业就《通知》所涉中央级财政资金转为国家资本金引发的确认公司或企业出资人权益、返还资金等纠纷提起民事诉讼的，人民法院应予受理。《通知》发布前人民法院已经受理的相关案件，人民法院可以继续审理。

有关中央企业请求返还资金案件的案由为资金返还纠纷。

二、《通知》发布前，当事人之间就确认公司或企业出资人权益、资金返还等达成的协议，不违反国家关政策规定的，其效力应予认可。

三、除人民法院已经受理的案件外，有关中央企业返还资金请求权的诉讼时效期间自《通知》第五条规定的期限届满之日起算。

当事人主张确认公司或企业出资人权益请求权不适用诉讼时效的规定。

四、有关中央企业请求用资企业返还资金，并请求按照银行同时期同档次贷款基准利率自《通知》第五条规定的期限届满之日起计付利息的，人民法院应予支持。

五、本通知发布前尚未审结的一、二审案件适用本通知；本通知发布前已经审结的案件，当事人申请再审或按审判监督程序提起再审的案件，不适用本通知。但依照最高人民法院《关于因政府调整划转企业国有资产引起的纠纷是否受理问题的批复》（法复〔1996〕4号）的规定或者以相关政策不明确为由，作出不予受理或者驳回起诉裁定的案件除外。

各级人民法院在审理涉及中央级财政资金转为部分中央企业国家资本金纠纷案件过程中遇到的问题，可逐级报告最高人民法院。

最高人民法院
关于武汉九龙宫陵园有限公司与武汉市新洲区公墓管理处、武汉市新洲区阳逻街道办事处老屋村村民委员会、广州市万境科技发展有限公司公司解散纠纷一案适用法律问题请示的复函

（2013年12月13日　〔2013〕民二他字第18号）

湖北省高级人民法院：

你院鄂高院（2013）293号《关于武汉九龙宫陵园有限公司与武汉市新洲区公墓管理处、武汉市新洲区阳逻街道办事处老屋村村民委员会、广州市万

境科技发展有限公司公司解散纠纷一案适用法律问题的请示》收悉。根据你院请示报告中所述事实，经研究，答复如下：

一、关于在二审法院判决有限责任公司解散、公司已经进入强制清算程序但尚未开始清算的情况下，当事人能否依照《民事诉讼法》第一百九十九条的规定申请再审及法院能否依据《民事诉讼法》第二百条的规定再审的问题。因法院判决解散公司，公司尚未清算，其法人主体资格尚存，《民事诉讼法》亦未针对公司解散案件作出不得申请再审的特殊安排，故限制当事人依据《民事诉讼法》第一百九十九条的规定申请再审没有法律依据，法院可以依据《民事诉讼法》第二百条的规定进行再审审查。但同时应考虑公司解案件的特殊性，依法审慎把握。

二、关于最高人民法院《关于适用（中华人民共和国公司法）若干问题的规定（二）》第一条第四款具体包括哪些情形，本案是否属于该项规定情形的问题，应由你院在审理案件中通过事实认定，考虑公司运行情况以及当事人有无继续合作的可能等因素综合判断，同时要积极争取地方党委和政府的支持，实现法律效果和社会效果的有机统一。

以上答复，仅供参考。

最高人民法院
关于人民法院为企业兼并重组提供司法保障的指导意见

（2014年6月3日　法发〔2014〕7号）

各省、自治区、直辖市高级人民法院，解放军军事法院，新疆维吾尔自治区高级人民法院生产建设兵团分院：

企业兼并重组是调整优化产业结构，淘汰落后产能，化解过剩产能，提高经济发展质量和效益的重要手段，也是转变经济发展方式，提升我国综合经济实力的有效途径。当前，我国经济处于增长速度换挡期、结构调整阵痛期，同时也是推进企业兼并重组的重要机遇期。党的十八大和十八届三中全会部署了全面深化改革的各项任务，国务院《关于进一步优化企业兼并重组市场环境的意见》（国发〔2014〕14号，以下简称《意见》）明确了推动企业兼并重组的主要目标、基本原则和相关措施。企业兼并重组是今后一个时期推进企业改革的重要任务。各级人民法院要充分认识司法审判工作在企业兼并重组中的重要职能作用，依法有序推进企业兼并重组工作的顺利进行。

一、坚持围绕中心服务大局，以法治方式保障企业兼并重组工作依法有序推进

1. 要自觉将司法审判工作置于党和国家全局工作中，积极回应企业兼并重组工作的司法需求。企业兼并重组工作是党中央、国务院在新时期深化经济体制改革、转变经济发展方式、调整优化产业结构的重要举措。随着中央和地方各级政府部门关于企业兼并重组任务的逐步落实，一些纠纷将不可避免地通过诉讼程序进入人民法院。各级人民法院要充分认识到企业兼并重组涉及的矛盾复杂、主体广泛和利益重大，要强化大局意识和责任意识，紧密结合党的十八大、十八届三中全会精神和《意见》要求，依法充分发挥人民法院的职能作用，切实保障企业兼并重组工作的稳步推进。

2. 要正确处理贯彻党的方针政策与严格执法的关系，实现企业兼并重组法律效果和社会效果的有机统一。党的十八大和十八届三中全会作出的重大战略部署是我国在新的历史起点上全面深化改革的科学指南和行动纲领。党的方针政策和国家法律都是人民根本意志的反映，二者在本质上是一致的。不断完善和发展中国特色社会主义制度，推进国家治理体系和治理能力现代化，对人民法院正确贯彻党的方针政策与严格执法提出了更高的要求。人民法院要从强化国家战略的高度深刻认识为转变经济发展方式、调整优化产业结构提供司法保障的重大意义，通过严格执行法律，公正高效地审理案件，实现兼并重组案件审理法律效果和社会效果的有机统一。

3. 要高度重视企业兼并重组工作，依法保障企业兼并重组政策的顺利实施。企业兼并重组不仅关涉企业自身，还广泛涉及依法平等保护非公经济、防止国有资产流失、维护金融安全、职工再就业和生活保障以及社会稳定等一系列问题。人民法院要提前研判、分类评估、适时介入，依法保障企业兼并重组工作有序进行。要加强与政府部门沟通，根据需要推动建立企业兼并重组工作协调机制，实现信息共享、程序通畅。在案件审理执行中发现的重大性、苗头性问题，要及时向有关职能部门反馈或者提出司法建议。

4. 要依法及时受理审理兼并重组相关案件，通过司法审判化解企业兼并重组中的各类纠纷。人民法院要依法及时受理审理企业兼并重组过程中出现的合同效力认定、股权转让、投资权益确认、民间融资、金融债权保障、职工权益维护、企业清算、企业重整、经济犯罪等案件，无法定理由不得拒绝受理，不得拖延审理。

5. 要按照利益衡平原则，依法妥善处理各种利益冲突。企业兼并重组广泛涉及参与兼并重组的各方企业、出资人、债权人、企业职工等不同主体的切身利益，在此期间的利益博弈与权利冲突无法回避。人民法院要注意透过个案的法律关系，分析利益冲突实质，识别其背后的利益主体和利益诉求，依法确定利益保护的优先位序。法律法规没有明文规定的情形下，在个体利益冲突中应当优先寻找共同利益，尽可能实现各方的最大利益；在个体利益与集体利益、社会公共利益，地方利益与全局利益等不同主体利益的并存与冲突中，要在保护集体利益、社会公共利益和全局利益的同时兼顾个体利益、地方利益。坚决克服地方保护主义、行业及部门保护主义对司法审判工作的不当干扰。

二、强化商事审判理念，充分发挥市场在资源配置中的决定性作用

6. 依法认定兼并重组行为的效力，促进资本合法有序流转。要严格依照合同法第五十二条关于合同效力的规定，正确认定各类兼并重组合同的效力。结合当事人间交易方式和市场交易习惯，准确认定兼并重组中预约、意向协议、框架协议等的效力及强制执行力。要坚持促进交易进行，维护交易安全的商事审判理念，审慎认定企业估值调整协议、股份转换协议等新类型合同的效力，避免简单以法律没有规定为由认定合同无效。要尊重市场主体的意思自治，维护契约精神，恰当认定兼并重组交易行为与政府行政审批的关系。要处理好公司外部行为与公司内部意思自治之间的关系。要严格依照公司法第二十二条的规定，从会议召集程序、表决方式、决议内容等是否违反法律、行政法规或公司章程方面，对兼并重组中涉及的企业合并、分立、新股发行、重大资产变化等决议的法律效力进行审查。对交叉持股表决方式、公司简易合并等目前尚无明确法律规定的问题，应结合个案事实和行为结果，审慎确定行为效力。

7. 树立平等保护意识，鼓励、支持和引导非公经济积极参与企业兼并重组。非公经济是社会主义市场经济的重要组成部分，要依法保障非公经济平等使用生产要素，公开公平参与市场竞争。要统一适用法律规则，优化非公经济投资的司法环境，促进公平、竞争、自由的市场环境形成。要积极配合市场准入负面清单管理方式的实施，推动非公经济进入法律法规未禁入的行业和领域。保护各种所有制企业在投融资、税收、土地使用和对外贸易等方面享受同等待遇，提升非公经济参与国有企业混合所有制兼并重组的动力。要充分尊重企业的经营自主权，反对各种形式的强制交易，最大限度地激发非公经济的活力和创造力。

8. 正确适用公司资本法律规则，消除对出资行为的不当限制。要准确把握修改后的公司法中公司资本制度的立法精神，正确认识公司资本的作用与功能，支持企业正常合理的资金运用行为。要按照新修改的公司法有关放宽

资本结构的精神审慎处理股东出资问题。职工持股会、企业工会等组织代为持有投资权益是目前部分企业资本结构中的特殊形态，企业兼并重组中涉及投资权益变动的，人民法院要依法协调好名义股东与实际出资人间的利益关系。除法律法规有明确规定外，要注重方便企业设立和发展，在企业资本数额设定、投资义务履行期限等方面要充分尊重投资者的约定和选择，保障投资者顺利搭建重组平台。

9. 促进融资方式的多元化，有效解决企业兼并重组的资金瓶颈。对于符合条件的企业发行优先股、定向发行可转换债券作为兼并重组支付方式，要依法确认其效力。审慎处理发行定向权证等衍生品作为支付方式问题。积极支持上市公司兼并重组中股份定价机制改革，依法保障非上市公司兼并重组中的股份协商定价。要依法督促企业尤其是上市公司规范履行信息披露义务，增强市场主体投资信心，切实保障中小投资者合法权益。同时，要积极配合金融监管部门依法履职。

三、加强国有资产保护，依法保障企业资产的稳定与安全

10. 依法正确审理国有企业兼并重组案件，实现国有资产的保值增值。要正确认识国有企业深化改革与企业兼并重组之间的关系，切实保障有条件的国有企业改组为国有资本投资公司，不断增强国有经济的控制力和影响力。在现行法律框架范围内支持有利于企业壮大规模、增强实力的企业发展模式。要注意防范企业借管理者收购、合并报表等形式侵占、私分国有资产。严格遵循评估、拍卖法律规范，通过明晰和落实法律责任促进中介服务机构专业化、规范化发展，提升关键领域、薄弱环节的服务能力，防范和避免企业兼并重组过程中的国有资产流失。

11. 依法规制关联交易，严厉禁止不当利益输送。严格防范以关联交易的方式侵吞国有资产。要依照公司法等法律法规的规定依法妥当处理企业兼并重组中的关联交易行为。公司股东、董事、高级管理人员与公司之间从事的交易，符合法律法规规定的关联交易程序规则且不损害公司利益的，应当认定行为有效。对公司大股东、实际控制人或者公司董事等公司内部人员在兼并重组中利用特殊地位将不良资产注入公司，或者与公司进行不公平交易从而损害公司利益的行为，应当严格追究其法律责任。

12. 严厉打击企业兼并重组中的违法犯罪行为。各级人民法院要充分发挥刑事审判职能，坚持依法从严惩处的方针，严厉打击国有企业兼并重组中的贪污贿赂、挪用公款、滥用职权、非法经营等犯罪行为，依法严厉惩处非国有企业兼并重组中的职务侵占、挪用企业资金等犯罪行为，维护企业资产安全，同时，要努力挽回相关主体的经济损失。

四、维护金融安全，有效防控各类纠纷可能引发的区域性、系统性金融风险

13. 依法保障金融债权，有效防范通过不当兼并重组手段逃废债务。对涉及兼并重组的企业合并、分立案件，要明确合并分立前后不同企业的责任关系、责任承担方式及诉讼时效，避免因兼并重组导致金融债权落空。要依法快审快执涉兼并重组企业的金融借款案件，降低商业银行等金融机构的并购贷款风险，实现兼并重组中并购贷款融资方式可持续进行。要引导当事人充分运用民事诉讼法中的担保物权实现程序，减轻债权人的诉讼维权成本，促进担保物权快捷和便利地实现。

14. 加强民间金融案件审理，有效化解金融风险。要妥善审理兼并重组引发的民间融资纠纷，依法保护合法的借贷利息，坚决遏制以兼并重组为名的民间高利贷和投机化倾向，有效降低企业融资成本。依法支持和规范金融机构在企业兼并重组领域的金融创新行为，依法审慎认定金融创新产品的法律效力。在审判执行工作中要注意发现和防范因诉讼纠纷引发的区域性、系统性风险，切实避免金融风险在金融领域和实体经济领域的相互传导。严厉打击和制裁非法吸收或变相吸收公众存款、集资诈骗等金融违法犯罪行为，为企业兼并重组创造良好的融资环境。

五、完善市场退出机制，促进企业资源的优化整合

15. 依法审理企业清算、破产案件，畅通企业退出渠道。要充分发挥企业清算程序和破产程序在淘汰落后企业或产能方面的法律功能，依法受理企业清算、破产案件，督促市场主体有序退出。人民法院判决解散企业后应当告知有关人员依法及时组织企业清算。企业解散后债权人或股东向人民法院提出强制清算申请的，人民法院应当审查并依法受理。公司清算中发现符合破产清算条件的，应当及时转入破产清算。当事人依法主张有关人员承担相应清算责任的，人民法院应予支持。

16. 有效发挥破产重整程序的特殊功能，促进企业资源的流转利用。要积极支持符合产业政策调整目标、具有重整希望和可能的企业进行破产重整。通过合法高效的破产重整程序，帮助企业压缩和合并过剩产能，优化资金、技术、人才等生产要素配置。要注重结合企业自身特点，及时指定重整案件管理人，保障企业业务流程再造和技术升级改造。在企业重整计划的制定和批准上，要着眼建立健全防范和化解过剩产能长效机制，防止借破产重整逃避债务、不当耗费社会资源，避免重整程序空转。

17. 遵循企业清算破产案件审判规律，完善审判工作机制。审理企业清算

和破产案件，既是认定事实和适用法律的过程，也是多方积极协调、整体推进的系统工程。有条件的人民法院可以成立企业清算破产案件审判庭或者合议庭，专门审理兼并重组中的企业清算破产案件。要高度重视企业清算破产案件法官的培养和使用，结合实际努力探索科学合理的企业清算破产案件绩效考评机制，充分调动审判人员依法审理企业清算破产案件的积极性。

18. 认真总结破产案件审判经验，逐步完善企业破产配套制度。上市公司破产重整中涉及行政许可的，应当按照行政许可法和最高人民法院《关于审理上市公司破产重整案件工作座谈会纪要》的精神，做好司法程序与行政许可程序的衔接。要协调好企业破产法律程序与普通执行程序就债务人企业财产采取的保全执行措施间的关系，维护债务人企业财产的稳定和完整。要积极协调解决破产程序中企业税款债权问题，要在与税务机关积极沟通的基础上结合实际依法减免相应税款。要适应经济全球化趋势，加快完善企业跨境清算、重整司法制度。

六、充分保障职工合法权益，全力维护社会和谐稳定

19. 依法保护劳动者合法权益，切实保障民生。实现改革发展成果更多更公平惠及全体人民是我们各项事业的出发点和落脚点。企业职工虽然不是企业兼并重组协议的缔约方，但其是利益攸关方。人民法院在审判执行中要及时发现和注意倾听兼并重组企业职工的利益诉求，依法保障企业职工的合法权益，引导相关企业积极承担社会责任，有效防范兼并重组行为侵害企业职工的合法权益。

20. 建立大要案通报制度，制定必要的风险处置预案。对于众多债权人向同一债务企业集中提起的系列诉讼案件、企业破产清算案件、群体性案件等可能存在影响社会和谐稳定因素的案件，人民法院要及时启动大要案工作机制，特别重大的案件要及时向地方党委和上级人民法院报告。上级人民法院要及时指导下级人民法院开展工作，对各方矛盾突出、社会关注度高的案件要作出必要的预判和预案，增强司法处置的前瞻性和针对性。

21. 加强司法新闻宣传，创造良好的社会舆论环境。要高度重视舆论引导和网络宣传工作，针对企业兼并重组审判工作中涉及的敏感热点问题逐一排查，周密部署。要进一步推进司法公开，有力推动司法审判工作与外界舆论环境的良性互动，着力打造有利于企业兼并重组司法工作顺利开展的社会舆论环境。

当前，我国经济体制改革正向纵深发展。各级人民法院要进一步深入学习习近平总书记一系列重要讲话精神，牢牢坚持司法为民公正司法，坚持迎难而上，勇于担当，为优化企业兼并重组司法环境，保障经济社会持续健康

发展，推进法治中国、美丽中国建设作出新的更大贡献。

最高人民法院指导案例8号

林方清诉常熟市凯莱实业有限公司、戴小明公司解散纠纷案

（最高人民法院审判委员会讨论通过　2012年4月9日发布）

关键词

民事　公司解散　经营管理严重困难　公司僵局

裁判要点

公司法第一百八十三条将“公司经营管理发生严重困难”作为股东提起解散公司之诉的条件之一。判断“公司经营管理是否发生严重困难”，应从公司组织机构的运行状态进行综合分析。公司虽处于盈利状态，但其股东会机制长期失灵，内部管理有严重障碍，已陷入僵局状态，可以认定为公司经营管理发生严重困难。对于符合公司法及相关司法解释规定的其他条件的，人民法院可以依法判决公司解散。

相关法条

《中华人民共和国公司法》第一百八十三条

基本案情

原告林方清诉称：常熟市凯莱实业有限公司（简称凯莱公司）经营管理发生严重困难，陷入公司僵局且无法通过其他方法解决，其权益遭受重大损害，请求解散凯莱公司。

被告凯莱公司及戴小明辩称：凯莱公司及其下属分公司运营状态良好，不符合公司解散的条件，戴小明与林方清的矛盾有其他解决途径，不应通过司法程序强制解散公司。

法院经审理查明：凯莱公司成立于2002年1月，林方清与戴小明系该公司股东，各占50%的股份，戴小明任公司法定代表人及执行董事，林方清任公司总经理兼公司监事。凯莱公司章程明确规定：股东会的决议须经代表二分之一以上表决权的股东通过，但对公司增加或减少注册资本、合并、解散、变更公司形式、修改公司章程作出决议时，必须经代表三分之二以上表决权的股东通过。股东会会议由股东按照出资比例行使表决权。2006年起，林方清与戴小明两人之间的矛盾逐渐显现。同年5月9日，林方清提议并通知召

开股东会，由于戴小明认为林方清没有召集会议的权利，会议未能召开。同年 6 月 6 日、8 月 8 日、9 月 16 日、10 月 10 日、10 月 17 日，林方清委托律师向凯莱公司和戴小明发函称，因股东权益受到严重侵害，林方清作为享有公司股东会二分之一表决权的股东，已按公司章程规定的程序表决并通过了解散凯莱公司的决议，要求戴小明提供凯莱公司的财务账册等资料，并对凯莱公司进行清算。同年 6 月 17 日、9 月 7 日、10 月 13 日，戴小明回函称，林方清作出的股东会决议没有合法依据，戴小明不同意解散公司，并要求林方清交出公司财务资料。同年 11 月 15 日、25 日，林方清再次向凯莱公司和戴小明发函，要求凯莱公司和戴小明提供公司财务账册等供其查阅、分配公司收入、解散公司。

江苏常熟服装城管理委员会（简称服装城管委会）证明凯莱公司目前经营尚正常，且愿意组织林方清和戴小明进行调解。

另查明，凯莱公司章程载明监事行使下列权利：(1) 检查公司财务；(2) 对执行董事、经理执行公司职务时违反法律、法规或者公司章程的行为进行监督；(3) 当董事和经理的行为损害公司的利益时，要求董事和经理予以纠正；(4) 提议召开临时股东会。从 2006 年 6 月 1 日至今，凯莱公司未召开过股东会。服装城管委会调解委员会于 2009 年 12 月 15 日、16 日两次组织双方进行调解，但均未成功。

裁判结果

江苏省苏州市中级人民法院于 2009 年 12 月 8 日以（2006）苏中民二初字第 0277 号民事判决，驳回林方清的诉讼请求。宣判后，林方清提起上诉。江苏省高级人民法院于 2010 年 10 月 19 日以（2010）苏商终字第 0043 号民事判决，撤销一审判决，依法改判解散凯莱公司。

裁判理由

法院生效裁判认为：首先，凯莱公司的经营管理已发生严重困难。根据公司法第一百八十三条和《最高人民法院关于适用〈中华人民共和国公司法〉若干问题的规定（二）》（简称《公司法解释（二）》）第一条的规定，判断公司的经营管理是否出现严重困难，应当从公司的股东会、董事会或执行董事及监事会或监事的运行现状进行综合分析。“公司经营管理发生严重困难”的侧重点在于公司管理方面存有严重内部障碍，如股东会机制失灵、无法就公司的经营管理进行决策等，不应片面理解为公司资金缺乏、严重亏损等经营性困难。本案中，凯莱公司仅有戴小明与林方清两名股东，两人各占 50% 的股份，凯莱公司章程规定“股东会的决议须经代表二分之一以上表决权的股东通过”，且各方当事人一致认可该“二分之一以上”不包括本数。因此，只要两名股东的意见存有分歧、互不配合，就无法形成有效表决，显然影响公司的运营。凯莱公司已持续4年未召开股东会，无法形成有效股东会决议，也就无法通过股东会决议的方式管理公司，股东会机制已经失灵。执行董事戴小明作为互有矛盾的两名股东之一，其管理公司的行为，已无法贯彻股东会的决议。林方清作为公司监事不能正常行使监事职权，无法发挥监督作用。由于凯莱公司的内部机制已无法正常运行、无法对公司的经营作出决策，即使尚未处于亏损状况，也不能改变该公司的经营管理已发生严重困难的事实。

其次，由于凯莱公司的内部运营机制早已失灵，林方清的股东权、监事权长期处于无法行使的状态，其投资凯莱公司的目的无法实现，利益受到重大损失，且凯莱公司的僵局通过其他途径长期无法解决。《公司法解释（二）》第五条明确规定了“当事人不能协商一致使公司存续的，人民法院应当及时判决”。本案中，林方清在提起公司解散诉讼之前，已通过其他途径试图化解与戴小明之间的矛盾，服装城管委会也曾组织双方当事人调解，但双方仍不能达成一致意见。两审法院也基于慎用司法手段强制解散公司的考虑，积极进行调解，但均未成功。

此外，林方清持有凯莱公司50%的股份，也符合公司法关于提起公司解散诉讼的股东须持有公司10%以上股份的条件。

综上所述，凯莱公司已符合公司法及《公司法解释（二）》所规定的股东提起解散公司之诉的条件。二审法院从充分保护股东合法权益，合理规范公司治理结构，促进市场经济健康有序发展的角度出发，依法作出了上述判决。

最高人民法院指导案例9号

上海存亮贸易有限公司诉蒋志东、王卫明等买卖合同纠纷案

（最高人民法院审判委员会讨论通过　2012年9月18日发布）

关键词

民事　公司清算义务　连带清偿责任

裁判要点

有限责任公司的股东、股份有限公司的董事和控股股东，应当依法在公司被吊销营业执照后履行清算义务，不能以其不是实际控制人或者未实际参加公司经营管理为由，免除清算义务。

相关法条

《中华人民共和国公司法》第二十条、第一百八十四条

基本案情

原告上海存亮贸易有限公司（简称存亮公司）诉称：其向被告常州拓恒机械设备有限公司（简称拓恒公司）供应钢材，拓恒公司尚欠货款1395228.6元。被告房恒福、蒋志东和王卫明为拓恒公司的股东，拓恒公司未年检，被工商部门吊销营业执照，至今未组织清算。因其怠于履行清算义务，导致公司财产流失、灭失，存亮公司的债权得不到清偿。根据公司法及相关司法解释规定，房恒福、蒋志东和王卫明应对拓恒公司的债务承担连带责任。故请求判令拓恒公司偿还存亮公司货款1395228.6元及违约金，房恒福、蒋志东和王卫明对拓恒公司的债务承担连带清偿责任。

被告蒋志东、王卫明辩称：1.两人从未参与过拓恒公司的经营管理；2.拓恒公司实际由大股东房恒福控制，两人无法对其进行清算；3.拓恒公司由于经营不善，在被吊销营业执照前已背负了大量债务，资不抵债，并非由于蒋志东、王卫明怠于履行清算义务而导致拓恒公司财产灭失；4.蒋志东、王卫明也曾委托律师对拓恒公司进行清算，但由于拓恒公司财物多次被债权人哄抢，导致无法清算，因此蒋志东、王卫明不存在怠于履行清算义务的情况。故请求驳回存亮公司对蒋志东、王卫明的诉讼请求。

被告拓恒公司、房恒福未到庭参加诉讼，亦未作答辩。

法院经审理查明：2007年6月28日，存亮公司与拓恒公司建立钢材买卖合同关系。存亮公司履行了7095006.6元的供货义务，拓恒公司已付货款5699778元，尚欠货款1395228.6元。另，房恒福、蒋志东和王卫明为拓恒公司的股东，所占股份分别为40%、30%、30%。拓恒公司因未进行年检，2008年12月25日被工商部门吊销营业执照，至今股东未组织清算。现拓恒公司无办公经营地，账册及财产均下落不明。拓恒公司在其他案件中因无财产可供执行被中止执行。

裁判结果

上海市松江区人民法院于2009年12月8日作出（2009）松民二（商）初字第1052号民事判决：一、拓恒公司偿付存亮公司货款1395228.6元及相应的违约金；二、房恒福、蒋志东和王卫明对拓恒公司的上述债务承担连带清偿责任。宣判后，蒋志东、王卫明提出上诉。上海市第一中级人民法院于2010年9月1日作出（2010）沪一中民四（商）终字第1302号民事判决：驳回上诉，维持原判。

裁判理由

法院生效裁判认为：存亮公司按约供货后，拓恒公司未能按约付清货款，

应当承担相应的付款责任及违约责任。房恒福、蒋志东和王卫明作为拓恒公司的股东，应在拓恒公司被吊销营业执照后及时组织清算。因房恒福、蒋志东和王卫明怠于履行清算义务，导致拓恒公司的主要财产、账册等均已灭失，无法进行清算，房恒福、蒋志东和王卫明怠于履行清算义务的行为，违反了公司法及其司法解释的相关规定，应当对拓恒公司的债务承担连带清偿责任。拓恒公司作为有限责任公司，其全体股东在法律上应一体成为公司的清算义务人。公司法及其相关司法解释并未规定蒋志东、王卫明所辩称的例外条款，因此无论蒋志东、王卫明在拓恒公司中所占的股份为多少，是否实际参与了公司的经营管理，两人在拓恒公司被吊销营业执照后，都有义务在法定期限内依法对拓恒公司进行清算。

关于蒋志东、王卫明辩称拓恒公司在被吊销营业执照前已背负大量债务，即使其怠于履行清算义务，也与拓恒公司财产灭失之间没有关联性。根据查明的事实，拓恒公司在其他案件中因无财产可供执行被中止执行的情况，只能证明人民法院在执行中未查找到拓恒公司的财产，不能证明拓恒公司的财产在被吊销营业执照前已全部灭失。拓恒公司的三名股东怠于履行清算义务与拓恒公司的财产、账册灭失之间具有因果联系，蒋志东、王卫明的该项抗辩理由不成立。蒋志东、王卫明委托律师进行清算的委托代理合同及律师的证明，仅能证明蒋志东、王卫明欲对拓恒公司进行清算，但事实上对拓恒公司的清算并未进行。据此，不能认定蒋志东、王卫明依法履行了清算义务，故对蒋志东、王卫明的该项抗辩理由不予采纳。

最高人民法院指导案例 10 号

李建军诉上海佳动力环保科技有限公司
公司决议撤销纠纷案

（最高人民法院审判委员会讨论通过　2012 年 9 月 18 日发布）

关键词

民事　公司决议撤销　司法审查范围

裁判要点

人民法院在审理公司决议撤销纠纷案件中应当审查：会议召集程序、表决方式是否违反法律、行政法规或者公司章程以及决议内容是否违反公司章程。在未违反上述规定的前提下，解聘总经理职务的决议所依据的事实是否属实，理由是否成立，不属于司法审查范围。

相关法条

《中华人民共和国公司法》第二十二条第二款

基本案情

原告李建军诉称：被告上海佳动力环保科技有限公司（简称佳动力公司）免除其总经理职务的决议所依据的事实和理由不成立，且董事会的召集程序、表决方式及决议内容均违反了公司法的规定，请求法院依法撤销该董事会决议。

被告佳动力公司辩称：董事会的召集程序、表决方式及决议内容均符合法律和章程的规定，故董事会决议有效。

法院经审理查明：原告李建军系被告佳动力公司的股东，并担任总经理。佳动力公司股权结构为：葛永乐持股40%，李建军持股46%，王泰胜持股14%。三位股东共同组成董事会，由葛永乐担任董事长，另两人为董事。公司章程规定：董事会行使包括聘任或者解聘公司经理等职权；董事会须由三分之二以上的董事出席方才有效；董事会对所议事项作出的决定应由占全体股东三分之二以上的董事表决通过方才有效。2009年7月18日，佳动力公司董事长葛永乐召集并主持董事会，三位董事均出席，会议形成了"鉴于总经理李建军不经董事会同意私自动用公司资金在二级市场炒股，造成巨大损失，现免去其总经理职务，即日生效"等内容的决议。该决议由葛永乐、王泰胜及监事签名，李建军未在该决议上签名。

裁判结果

上海市黄浦区人民法院于2010年2月5日作出（2009）黄民二（商）初字第4569号民事判决：撤销被告佳动力公司于2009年7月18日形成的董事会决议。宣判后，佳动力公司提出上诉。上海市第二中级人民法院于2010年6月4日作出（2010）沪二中民四（商）终字第436号民事判决：一、撤销上海市黄浦区人民法院（2009）黄民二（商）初字第4569号民事判决；二、驳回李建军的诉讼请求。

裁判理由

法院生效裁判认为：根据《中华人民共和国公司法》第二十二条第二款的规定，董事会决议可撤销的事由包括：一、召集程序违反法律、行政法规或公司章程；二、表决方式违反法律、行政法规或公司章程；三、决议内容违反公司章程。从召集程序看，佳动力公司于2009年7月18日召开的董事会由董事长葛永乐召集，三位董事均出席董事会，该次董事会的召集程序未违反法律、行政法规或公司章程的规定。从表决方式看，根据佳动力公司章程规定，对所议事项作出的决定应由占全体股东三分之二以上的董事表决通过方才有效，上述董事会决议由三位股东（兼董事）中的两名表决通过，故在表决方式上未违反法律、行政法规或公司章程的规定。从决议内容看，佳动力公司章程规定董事会有权解聘公司经理，董事会决议内容中“总经理李建军不经董事会同意私自动用公司资金在二级市场炒股，造成巨大损失”的陈述，仅是董事会解聘李建军总经理职务的原因，而解聘李建军总经理职务的决议内容本身并不违反公司章程。

董事会决议解聘李建军总经理职务的原因如果不存在，并不导致董事会决议撤销。首先，公司法尊重公司自治，公司内部法律关系原则上由公司自治机制调整，司法机关原则上不介入公司内部事务；其次，佳动力公司的章程中未对董事会解聘公司经理的职权作出限制，并未规定董事会解聘公司经理必须要有一定原因，该章程内容未违反公司法的强制性规定，应认定有效，因此佳动力公司董事会可以行使公司章程赋予的权力作出解聘公司经理的决定。故法院应当尊重公司自治，无需审查佳动力公司董事会解聘公司经理的原因是否存在，即无需审查决议所依据的事实是否属实，理由是否成立。综上，原告李建军请求撤销董事会决议的诉讼请求不成立，依法予以驳回。

最高人民法院指导案例15号

徐工集团工程机械股份有限公司诉成都川交工贸有限责任公司等买卖合同纠纷案

（最高人民法院审判委员会讨论通过　2013年1月31日发布）

关键词

民事　关联公司　人格混同　连带责任

裁判要点

1. 关联公司的人员、业务、财务等方面交叉或混同，导致各自财产无法区分，丧失独立人格的，构成人格混同。

2. 关联公司人格混同，严重损害债权人利益的，关联公司相互之间对外部债务承担连带责任。

相关法条

《中华人民共和国民法通则》第四条

《中华人民共和国公司法》第三条第一款、第二十条第三款

基本案情

原告徐工集团工程机械股份有限公司（以下简称徐工机械公司）诉称：成都川交工贸有限责任公司（以下简称川交工贸公司）拖欠其货款未付，而成都川交工程机械有限责任公司（以下简称川交机械公司）、四川瑞路建设工程有限公司（以下简称瑞路公司）与川交工贸公司人格混同，三个公司实际控制人王永礼以及川交工贸公司股东等人的个人资产与公司资产混同，均应承担连带清偿责任。请求判令：川交工贸公司支付所欠货款10916405.71元及利息；川交机械公司、瑞路公司及王永礼等个人对上述债务承担连带清偿责任。

被告川交工贸公司、川交机械公司、瑞路公司辩称：三个公司虽有关联，但并不混同，川交机械公司、瑞路公司不应对川交工贸公司的债务承担清偿责任。

王永礼等人辩称：王永礼等人的个人财产与川交工贸公司的财产并不混同，不应为川交工贸公司的债务承担清偿责任。

法院经审理查明：川交机械公司成立于1999年，股东为四川省公路桥梁工程总公司二公司、王永礼、倪刚、杨洪刚等。2001年，股东变更为王永礼、李智、倪刚。2008年，股东再次变更为王永礼、倪刚。瑞路公司成立于2004年，股东为王永礼、李智、倪刚。2007年，股东变更为王永礼、倪刚。川交工贸公司成立于2005年，股东为吴帆、张家蓉、凌欣、过胜利、汤维明、武竞、郭印，何万庆2007年入股。2008年，股东变更为张家蓉（占90%股份）、吴帆（占10%股份），其中张家蓉系王永礼之妻。在公司人员方面，三个公司经理均为王永礼，财务负责人均为凌欣，出纳会计均为卢鑫，工商手续经办人均为张梦；三个公司的管理人员存在交叉任职的情形，如过胜利兼任川交工贸公司副总经理和川交机械公司销售部经理的职务，且免去过胜利川交工贸公司副总经理职务的决定系由川交机械公司作出；吴帆既是川交工贸公司的法定代表人，又是川交机械公司的综合部行政经理。在公司业务方面，三个公司在工商行政管理部门登记的经营范围均涉及工程机械且部分重合，其中川交工贸公司的经营范围被川交机械公司的经营范围完全覆盖；川交机械公司系徐工机械公司在四川地区（攀枝花除外）的唯一经销商，但三个公司均从事相关业务，且相互之间存在共用统一格式的《销售部业务手册》、《二级经销协议》、结算账户的情形；三个公司在对外宣传中区分不明，2008年12月4日重庆市公证处出具的《公证书》记载：通过因特网查询，川交工贸公司、瑞路公司在相关网站上共同招聘员工，所留电话号码、传真号码等联系方式相同；川交工贸公司、瑞路公司的招聘信息，包括大量关于川交机械公司的发展历程、主营业务、企业精神的宣传内容；部分川交工贸公司的招聘信息中，公司简介全部为对瑞路公司的介绍。在公司财务方面，三个公司共用结算账户，凌欣、卢鑫、汤维明、过胜利的银行卡中曾发生高达亿元的往来，资金的来源包括三个公司的款项，对外支付的依据仅为王永礼的签字；在川交工贸公司向其客户开具的收据中，有的加盖其财务专用章，有的则加盖瑞路公司财务专用章；在与徐工机械公司均签订合同、均有业务往来的情况下，三个公司于2005年8月共同向徐工机械公司出具《说明》，称因川交机械公司业务扩张而注册了另两个公司，要求所有债权债务、销售量均计算在川交工贸公司名下，并表示今后尽量以川交工贸公司名义进行业务往来；2006年12月，川交工贸公司、瑞路公司共同向徐工机械公司出具《申请》，以统一核算为由要求将2006年度的业绩、账务均计算至川交工贸公司名下。

另查明，2009年5月26日，卢鑫在徐州市公安局经侦支队对其进行询问时陈述：川交工贸公司目前已经垮了，但未注销。又查明：徐工机械公司未得到清偿的货款实为10511710.71元。

裁判结果

江苏省徐州市中级人民法院于2011年4月10日作出（2009）徐民二初字第0065号民事判决：一、川交工贸公司于判决生效后10日内向徐工机械公司支付货款10511710.71元及逾期付款利息；二、川交机械公司、瑞路公司对川交工贸公司的上述债务承担连带清偿责任；三、驳回徐工机械公司对王永礼、吴帆、张家蓉、凌欣、过胜利、汤维明、郭印、何万庆、卢鑫的诉讼请求。宣判后，川交机械公司、瑞路公司提起上诉，认为一审判决认定三个公司人格混同，属认定事实不清；认定川交机械公司、瑞路公司对川交工贸公司的债务承担连带责任，缺乏法律依据。徐工机械公司答辩请求维持一审判决。江苏省高级人民法院于2011年10月19日作出（2011）苏商终字第0107号民事判决：驳回上诉，维持原判。

裁判理由

法院生效裁判认为：针对上诉范围，二审争议焦点为川交机械公司、瑞路公司与川交工贸公司是否人格混同，应否对川交工贸公司的债务承担连带清偿责任。

川交工贸公司与川交机械公司、瑞路公司人格混同。一是三个公司人员混同。三个公司的经理、财务负责人、出纳会计、工商手续经办人均相同，其他管理人员亦存在交叉任职的情形，川交工贸公司的人事任免存在由川交机械公司决定的情形。二是三个公司业务混同。三个公司实际经营中均涉及工程机械相关业务，经销过程中存在共用销售手册、经销协议的情形；对外进行宣传时信息混同。三是三个公司财务混同。三个公司使用共同账户，以王永礼的签字作为具体用款依据，对其中的资金及支配无法证明已作区分；三个公司与徐工机械公司之间的债权债务、业绩、账务及返利均计算在川交工贸公司名下。因此，三个公司之间表征人格的因素（人员、业务、财务等）高度混同，导致各自财产无法区分，已丧失独立人格，构成人格混同。

川交机械公司、瑞路公司应当对川交工贸公司的债务承担连带清偿责任。公司人格独立是其作为法人独立承担责任的前提。《中华人民共和国公司法》（以下简称《公司法》）第三条第一款规定："公司是企业法人，有独立的法人财产，享有法人财产权。公司以其全部财产对公司的债务承担责任。"公司的独立财产是公司独立承担责任的物质保证，公司的独立人格也突出地表现在财产的独立上。当关联公司的财产无法区分，丧失独立人格时，就丧失了独立承担责任的基础。《公司法》第二十条第三款规定："公司股东滥用公司法人独立地位和股东有限责任，逃避债务，严重损害公司债权人利益的，应当对公司债务承担连带责任。"本案中，三个公司虽在工商登记部门登记为彼此独立的企业法人，但实际上相互之间界线模糊、人格混同，其中川交工贸公司承担所有关联公司的债务却无力清偿，又使其他关联公司逃避巨额债务，严重损害了债权人的利益。上述行为违背了法人制度设立的宗旨，违背了诚实信用原则，其行为本质和危害结果与《公司法》第二十条第三款规定的情形相当，故参照《公司法》第二十条第三款的规定，川交机械公司、瑞路公司对川交工贸公司的债务应当承担连带清偿责任。

最高人民法院指导案例 67 号

汤长龙诉周士海股权转让纠纷案

（最高人民法院审判委员会讨论通过　2016 年 9 月 19 日发布）

关键词

民事　股权转让　分期付款　合同解除

裁判要点

有限责任公司的股权分期支付转让款中发生股权受让人延迟或者拒付等违约情形，股权转让人要求解除双方签订的股权转让合同的，不适用《中华人民共和国合同法》第一百六十七条关于分期付款买卖中出卖人在买受人未支付到期价款的金额达到合同全部价款的五分之一时即可解除合同的规定。

相关法条

《中华人民共和国合同法》第94条、第167条

基本案情

原告汤长龙与被告周士海于2013年4月3日签订《股权转让协议》及《股权转让资金分期付款协议》。双方约定：周士海将其持有的青岛变压器集团成都双星电器有限公司6.35％股权转让给汤长龙。股权合计710万元，分四期付清，即2013年4月3日付150万元；2013年8月2日付150万元；2013年12月2日付200万元；2014年4月2日付210万元。此协议双方签字生效，永不反悔。协议签订后，汤长龙于2013年4月3日依约向周士海支付第一期股权转让款150万元。因汤长龙逾期未支付约定的第二期股权转让款，周士海于同年10月11日，以公证方式向汤长龙送达了《关于解除协议的通知》，以汤长龙根本违约为由，提出解除双方签订的《股权转让资金分期付款协议》。次日，汤长龙即向周士海转账支付了第二期150万元股权转让款，并按照约定的时间和数额履行了后续第三、四期股权转让款的支付义务。周士海以其已经解除合同为由，如数退回汤长龙支付的4笔股权转让款。汤长龙遂向人民法院提起诉讼，要求确认周士海发出的解除协议通知无效，并责令其继续履行合同。

另查明，2013年11月7日，青岛变压器集团成都双星电器有限公司的变更（备案）登记中，周士海所持有的6.35％股权已经变更登记至汤长龙名下。

裁判结果

四川省成都市中级人民法院于2014年4月15日作出（2013）成民初字第1815号民事判决：驳回原告汤长龙的诉讼请求。汤长龙不服，提起上诉。四川省高级人民法院于2014年12月19日作出（2014）川民终字第432号民事判决：一、撤销原审判决；二、确认周士海要求解除双方签订的《股权转让资金分期付款协议》行为无效；三、汤长龙于本判决生效后十日内向周士海支付股权转让款710万元。周士海不服四川省高级人民法院的判决，以二审法院适用法律错误为由，向最高人民法院申请再审。最高人民法院于2015年10月26日作出（2015）民申字第2532号民事裁定，驳回周士海的再审申请。

裁判理由

法院生效判决认为：本案争议的焦点问题是周士海是否享有《中华人民共和国合同法》（以下简称《合同法》）第一百六十七条规定的合同解除权。

一、《合同法》第一百六十七条第一款规定，“分期付款的买受人未支付到期价款的金额达到全部价款的五分之一的，出卖人可以要求买受人支付全部价款或解除合同”。第二款规定，“出卖人解除合同的，可以向买受人要求

支付该标的物的使用费。”最高人民法院《关于审理买卖合同纠纷案件适用法律问题的解释》第三十八条规定，“合同法第一百六十七条第一款规定的‘分期付款’，系指买受人将应付的总价款在一定期间内至少分三次向出卖人支付。分期付款买卖合同的约定违反合同法第一百六十七条第一款的规定，损害买受人利益，买受人主张该约定无效的，人民法院应予支持”。依据上述法律和司法解释的规定，分期付款买卖的主要特征为：一是买受人向出卖人支付总价款分三次以上，出卖人交付标的物之后买受人分两次以上向出卖人支付价款；二是多发、常见在经营者和消费者之间，一般是买受人作为消费者为满足生活消费而发生的交易；三是出卖人向买受人授予了一定信用，而作为授信人的出卖人在价款回收上存在一定风险，为保障出卖人剩余价款的回收，出卖人在一定条件下可以行使解除合同的权利。

本案系有限责任公司股东将股权转让给公司股东之外的其他人。尽管案涉股权的转让形式也是分期付款，但由于本案买卖的标的物是股权，因此具有与以消费为目的的一般买卖不同的特点：一是汤长龙受让股权是为参与公司经营管理并获取经济利益，并非满足生活消费；二是周士海作为有限责任公司的股权出让人，基于其所持股权一直存在于目标公司中的特点，其因分期回收股权转让款而承担的风险，与一般以消费为目的分期付款买卖中出卖人收回价款的风险并不同等；三是双方解除股权转让合同，也不存在向受让人要求支付标的物使用费的情况。综上特点，股权转让分期付款合同，与一般以消费为目的分期付款买卖合同有较大区别。对案涉《股权转让资金分期付款协议》不宜简单适用《合同法》第一百六十七条规定的合同解除权。

二、本案中，双方订立《股权转让资金分期付款协议》的合同目的能够实现。汤长龙和周士海订立《股权转让资金分期付款协议》的目的是转让周士海所持青岛变压器集团成都双星电器有限公司 6.35％股权给汤长龙。根据汤长龙履行股权转让款的情况，除第 2 笔股权转让款 150 万元逾期支付两个月，其余 3 笔股权转让款均按约支付，周士海认为汤长龙逾期付款构成违约要求解除合同，退回了汤长龙所付 710 万元，不影响汤长龙按约支付剩余 3 笔股权转让款的事实的成立，且本案一、二审审理过程中，汤长龙明确表示愿意履行付款义务。因此，周士海签订案涉《股权转让资金分期付款协议》的合同目的能够得以实现。另查明，2013 年 11 月 7 日，青岛变压器集团成都双星电器有限公司的变更（备案）登记中，周士海所持有的 6.35％股权已经变更登记至汤长龙名下。

三、从诚实信用的角度，《合同法》第六十条规定，“当事人应当按照约定全面履行自己的义务。当事人应当遵循诚实信用原则，根据合同的性质、目的和交易习惯履行通知、协助、保密等义务”。鉴于双方在股权转让合同上明确约定“此协议一式两份，双方签字生效，永不反悔”，因此周士海即使依据《合同法》第一百六十七条的规定，也应当首先选择要求汤长龙支付全部价款，而不是解除合同。

四、从维护交易安全的角度，一项有限责任公司的股权交易，关涉诸多方面，如其他股东对受让人汤长龙的接受和信任（过半数同意股权转让），记载到股东名册和在工商部门登记股权，社会成本和影响已经倾注其中。本案中，汤长龙受让股权后已实际参与公司经营管理、股权也已过户登记到其名下，如果不是汤长龙有根本违约行为，动辄撤销合同可能对公司经营管理的稳定产生不利影响。

综上所述，本案中，汤长龙主张的周士海依据《合同法》第一百六十七条之规定要求解除合同依据不足的理由，于法有据，应当予以支持。

（生效裁判审判人员：梁红亚、王玥、李莉）

第三章　破产、清算

中华人民共和国企业破产法

（2006 年 8 月 27 日第十届全国人民代表大会常务委员会第二十三次会议通过
2006 年 8 月 27 日中华人民共和国主席令第 54 号公布　自 2007 年 6 月 1 日起施行）

目　录

第一章　总　则

第一条　为规范企业破产程序，公平清理债权债务，保护债权人和债务人的合法权益，维护社会主义市场经济秩序，制定本法。

第二条　企业法人不能清偿到期债务，并且资产不足以清偿全部债务或者明显缺乏清偿能力的，依照本法规定清理债务。

企业法人有前款规定情形，或者有明显丧失清偿能力可能的，可以依照本法规定进行重整。

第三条　破产案件由债务人住所地人民法院管辖。

第四条　破产案件审理程序，本法没有规定的，适用民事诉讼法的有关规定。

第五条　依照本法开始的破产程序，对债务人在中华人民共和国领域外的财产发生效力。

对外国法院作出的发生法律效力的破产案件的判决、裁定，涉及债务人在中华人民共和国领域内的财产，申请或者请求人民法院承认和执行的，人民法院依照中华人民共和国缔结或者参加的国际条约，或者按照互惠原则进行审查，认为不违反中华人民共和国法律的基本原则，不损害国家主权、安全和社会公共利益，不损害中华人民共和国领域内债权人的合法权益的，裁定承认和执行。

第六条　人民法院审理破产案件，应当依法保障企业职工的合法权益，依法追究破产企业经营管理人员的法律责任。

第二章　申请和受理

第一节　申　　请

第七条　债务人有本法第二条规定的情形，可以向人民法院提出重整、和解或者破产清算申请。

债务人不能清偿到期债务，债权人可以向人民法院提出对债务人进行重整或者破产清算的申请。

企业法人已解散但未清算或者未清算完毕，资产不足以清偿债务的，依法负有清算责任的人应当向人民法院申请破产清算。

第八条　向人民法院提出破产申请，应当提交破产申请书和有关证据。

破产申请书应当载明下列事项：

（一）申请人、被申请人的基本情况；

（二）申请目的；

（三）申请的事实和理由；

（四）人民法院认为应当载明的其他事项。

债务人提出申请的，还应当向人民法院提交财产状况说明、债务清册、债权清册、有关财务会计报告、职工安置预案以及职工工资的支付和社会保险费用的缴纳情况。

第九条　人民法院受理破产申请前，申请人可以请求撤回申请。

第二节　受　理

第十条　债权人提出破产申请的，人民法院应当自收到申请之日起五日内通知债务人。债务人对申请有异议的，应当自收到人民法院的通知之日起七日内向人民法院提出。人民法院应当自异议期满之日起十日内裁定是否受理。

除前款规定的情形外，人民法院应当自收到破产申请之日起十五日内裁定是否受理。

有特殊情况需要延长前两款规定的裁定受理期限的，经上一级人民法院批准，可以延长十五日。

第十一条　人民法院受理破产申请的，应当自裁定作出之日起五日内送达申请人。

债权人提出申请的，人民法院应当自裁定作出之日起五日内送达债务人。债务人应当自裁定送达之日起十五日内，向人民法院提交财产状况说明、债务清册、债权清册、有关财务会计报告以及职工工资的支付和社会保险费用的缴纳情况。

第十二条　人民法院裁定不受理破产申请的，应当自裁定作出之日起五日内送达申请人并说明理由。申请人对裁定不服的，可以自裁定送达之日起十日内向上一级人民法院提起上诉。

人民法院受理破产申请后至破产宣告前，经审查发现债务人不符合本法第二条规定情形的，可以裁定驳回申请。申请人对裁定不服的，可以自裁定送达之日起十日内向上一级人民法院提起上诉。

第十三条　人民法院裁定受理破产申请的，应当同时指定管理人。

第十四条　人民法院应当自裁定受理破产申请之日起二十五日内通知已知债权人，并予以公告。

通知和公告应当载明下列事项：

（一）申请人、被申请人的名称或者姓名；

（二）人民法院受理破产申请的时间；

（三）申报债权的期限、地点和注意事项；

（四）管理人的名称或者姓名及其处理事务的地址；

（五）债务人的债务人或者财产持有人应当向管理人清偿债务或者交付财产的要求；

（六）第一次债权人会议召开的时间和地点；

（七）人民法院认为应当通知和公告的其他事项。

第十五条 自人民法院受理破产申请的裁定送达债务人之日起至破产程序终结之日，债务人的有关人员承担下列义务：

（一）妥善保管其占有和管理的财产、印章和账簿、文书等资料；

（二）根据人民法院、管理人的要求进行工作，并如实回答询问；

（三）列席债权人会议并如实回答债权人的询问；

（四）未经人民法院许可，不得离开住所地；

（五）不得新任其他企业的董事、监事、高级管理人员。

前款所称有关人员，是指企业的法定代表人；经人民法院决定，可以包括企业的财务管理人员和其他经营管理人员。

第十六条 人民法院受理破产申请后，债务人对个别债权人的债务清偿无效。

第十七条 人民法院受理破产申请后，债务人的债务人或者财产持有人应当向管理人清偿债务或者交付财产。

债务人的债务人或者财产持有人故意违反前款规定向债务人清偿债务或者交付财产，使债权人受到损失的，不免除其清偿债务或者交付财产的义务。

第十八条 人民法院受理破产申请后，管理人对破产申请受理前成立而债务人和对方当事人均未履行完毕的合同有权决定解除或者继续履行，并通知对方当事人。管理人自破产申请受理之日起二个月内未通知对方当事人，或者自收到对方当事人催告之日起三十日内未答复的，视为解除合同。

管理人决定继续履行合同的，对方当事人应当履行；但是，对方当事人有权要求管理人提供担保。管理人不提供担保的，视为解除合同。

第十九条 人民法院受理破产申请后，有关债务人财产的保全措施应当解除，执行程序应当中止。

第二十条 人民法院受理破产申请后，已经开始而尚未终结的有关债务人的民事诉讼或者仲裁应当中止；在管理人接管债务人的财产后，该诉讼或者仲裁继续进行。

第二十一条 人民法院受理破产申请后，有关债务人的民事诉讼，只能向受理破产申请的人民法院提起。

第三章 管理人

第二十二条 管理人由人民法院指定。

债权人会议认为管理人不能依法、公正执行职务或者有其他不能胜任职务情形的，可以申请人民法院予以更换。

指定管理人和确定管理人报酬的办法，由最高人民法院规定。

第二十三条 管理人依照本法规定执行职务，向人民法院报告工作，并接受债权人会议和债权人委员会的监督。

管理人应当列席债权人会议，向债权人会议报告职务执行情况，并回答询问。

第二十四条 管理人可以由有关部门、机构的人员组成的清算组或者依法设立的律师事务所、会计师事务所、破产清算事务所等社会中介机构担任。

人民法院根据债务人的实际情况，可以在征询有关社会中介机构的意见后，指定该机构具备相关专业知识并取得执业资格的人员担任管理人。

有下列情形之一的，不得担任管理人：

（一）因故意犯罪受过刑事处罚；

（二）曾被吊销相关专业执业证书；

（三）与本案有利害关系；

（四）人民法院认为不宜担任管理人的其他情形。

个人担任管理人的，应当参加执业责任保险。

第二十五条 管理人履行下列职责：

（一）接管债务人的财产、印章和账簿、文书等资料；

（二）调查债务人财产状况，制作财产状况报告；

（三）决定债务人的内部管理事务；

（四）决定债务人的日常开支和其他必要开支；

（五）在第一次债权人会议召开之前，决定继续或者停止债务人的营业；

（六）管理和处分债务人的财产；

（七）代表债务人参加诉讼、仲裁或者其他法律程序；

（八）提议召开债权人会议；

（九）人民法院认为管理人应当履行的其他职责。

本法对管理人的职责另有规定的，适用其规定。

第二十六条 在第一次债权人会议召开之前，管理人决定继续或者停止债务人的营业或者有本法第六十九条规定行为之一的，应当经人民法院许可。

第二十七条 管理人应当勤勉尽责，忠实执行职务。

第二十八条 管理人经人民法院许可，可以聘用必要的工作人员。

管理人的报酬由人民法院确定。债权人会议对管理人的报酬有异议的，有权向人民法院提出。

第二十九条 管理人没有正当理由不得辞去职务。管理人辞去职务应当经人民法院许可。

第四章 债务人财产

第三十条 破产申请受理时属于债务人的全部财产，以及破产申请受理后至破产程序终结前债务人取得的财产，为债务人财产。

第三十一条 人民法院受理破产申请前一年内，涉及债务人财产的下列行为，管理人有权请求人民法院予以撤销：

（一）无偿转让财产的；

（二）以明显不合理的价格进行交易的；

（三）对没有财产担保的债务提供财产担保的；

（四）对未到期的债务提前清偿的；

（五）放弃债权的。

第三十二条 人民法院受理破产申请前六个月内，债务人有本法第二条第一款规定的情形，仍对个别债权人进行清偿的，管理人有权请求人民法院予以撤销。但是，个别清偿使债务人财产受益的除外。

第三十三条 涉及债务人财产的下列行为无效：

（一）为逃避债务而隐匿、转移财产的；

（二）虚构债务或者承认不真实的债务的。

第三十四条 因本法第三十一条、第三十二条或者第三十三条规定的行为而取得的债务人的财产，管理人有权追回。

第三十五条 人民法院受理破产申请后，债务人的出资人尚未完全履行出资义务的，管理人应当要求该出资人缴纳所认缴的出资，而不受出资期限的限制。

第三十六条 债务人的董事、监事和高级管理人员利用职权从企业获取的非正常收入和侵占的企业财产，管理人应当追回。

第三十七条 人民法院受理破产申请后，管理人可以通过清偿债务或者提供为债权人接受的担保，取回质物、留置物。

前款规定的债务清偿或者替代担保，在质物或者留置物的价值低于被担保的债权额时，以该质物或者留置物当时的市场价值为限。

第三十八条 人民法院受理破产申请后，债务人占有的不属于债务人的财产，该财产的权利人可以通过管理人取回。但是，本法另有规定的除外。

第三十九条 人民法院受理破产申请时，出卖人已将买卖标的物向作为买受人的债务人发运，债务人尚未收到且未付清全部价款的，出卖人可以取回在运途中的标的物。但是，管理人可以支付全部价款，请求出卖人交付标的物。

第四十条 债权人在破产申请受理前对债务人负有债务的，可以向管理人主张抵销。但是，有下列情形之一的，不得抵销：

（一）债务人的债务人在破产申请受理后取得他人对债务人的债权的；

（二）债权人已知债务人有不能清偿到期债务或者破产申请的事实，对债务人负担债务的；但是，债权人因为法律规定或者有破产申请一年前所发生的原因而负担债务的除外；

（三）债务人的债务人已知债务人有不能清偿到期债务或者破产申请的事实，对债务人取得债权的；但是，债务人的债务人因为法律规定或者有破产申请一年前所发生的原因而取得债权的除外。

第五章 破产费用和共益债务

第四十一条 人民法院受理破产申请后发生的下列费用，为破产费用：

（一）破产案件的诉讼费用；

（二）管理、变价和分配债务人财产的费用；

（三）管理人执行职务的费用、报酬和聘用工作人员的费用。

第四十二条 人民法院受理破产申请后发生的下列债务，为共益债务：

（一）因管理人或者债务人请求对方当事人履行双方均未履行完毕的合同所产生的债务；

（二）债务人财产受无因管理所产生的债务；

（三）因债务人不当得利所产生的债务；

（四）为债务人继续营业而应支付的劳动报酬和社会保险费用以及由此产生的其他债务；

（五）管理人或者相关人员执行职务致人损害所产生的债务；

（六）债务人财产致人损害所产生的债务。

第四十三条 破产费用和共益债务由债务人财产随时清偿。

债务人财产不足以清偿所有破产费用和共益债务的，先行清偿破产费用。

债务人财产不足以清偿所有破产费用或者共益债务的，按照比例清偿。

债务人财产不足以清偿破产费用的，管理人应当提请人民法院终结破产程序。人民法院应当自收到请求之日起十五日内裁定终结破产程序，并予以公告。

第六章 债权申报

第四十四条 人民法院受理破产申请时对债务人享有债权的债权人，依照本法规定的程序行使权利。

第四十五条 人民法院受理破产申请后，应当确定债权人申报债权的期限。债权申报期限自人民法院发布受理破产申请公告之日起计算，最短不得少于三十日，最长不得超过三个月。

第四十六条 未到期的债权，在破产申请受理时视为到期。

附利息的债权自破产申请受理时起停止计息。

第四十七条 附条件、附期限的债权和诉讼、仲裁未决的债权，债权人可以申报。

第四十八条 债权人应当在人民法院确定的债权申报期限内向管理人申报债权。

债务人所欠职工的工资和医疗、伤残补助、抚恤费用，所欠的应当划入职工个人账户的基本养老保险、基本医疗保险费用，以及法律、行政法规规定应当支付给职工的补偿金，不必申报，由管理人调查后列出清单并予以公示。职工对清单记载有异议的，可以要求管理人更正；管理人不予更正的，职工可以向人民法院提起诉讼。

第四十九条 债权人申报债权时，应当书面说明债权的数额和有无财产担保，并提交有关证据。申报的债权是连带债权的，应当说明。

第五十条 连带债权人可以由其中一人代表全体连带债权人申报债权，也可以共同申报债权。

第五十一条 债务人的保证人或者其他连带债务人已经代替债务人清偿债务的，以其对债务人的求偿权申报债权。

债务人的保证人或者其他连带债务人尚未代替债务人清偿债务的，以其对债务人的将来求偿权申报债权。但是，债权人已经向管理人申报全部债权的除外。

第五十二条 连带债务人数人被裁定适用本法规定的程序的，其债权人有权就全部债权分别在各破产案件中申报债权。

第五十三条 管理人或者债务人依照本法规定解除合同的，对方当事人以因合同解除所产生的损害赔偿请求权申报债权。

第五十四条 债务人是委托合同的委托人，被裁定适用本法规定的程序，受托人不知该事实，继续处理委托事务的，受托人以由此产生的请求权申报债权。

第五十五条 债务人是票据的出票人，被裁定适用本法规定的程序，该票据的付款人继续付款或者承兑的，付款人以由此产生的请求权申报债权。

第五十六条 在人民法院确定的债权申报期限内，债权人未申报债权的，可以在破产财产最后分配前补充申报；但是，此前已进行的分配，不再对其补充分配。为审查和确认补充申报债权的费用，由补充申报人承担。

债权人未依照本法规定申报债权的，不得依照本法规定的程序行使权利。

第五十七条　管理人收到债权申报材料后，应当登记造册，对申报的债权进行审查，并编制债权表。

债权表和债权申报材料由管理人保存，供利害关系人查阅。

第五十八条　依照本法第五十七条规定编制的债权表，应当提交第一次债权人会议核查。

债务人、债权人对债权表记载的债权无异议的，由人民法院裁定确认。

债务人、债权人对债权表记载的债权有异议的，可以向受理破产申请的人民法院提起诉讼。

第七章　债权人会议

第一节　一般规定

第五十九条　依法申报债权的债权人为债权人会议的成员，有权参加债权人会议，享有表决权。

债权尚未确定的债权人，除人民法院能够为其行使表决权而临时确定债权额的外，不得行使表决权。

对债务人的特定财产享有担保权的债权人，未放弃优先受偿权利的，对于本法第六十一条第一款第七项、第十项规定的事项不享有表决权。

债权人可以委托代理人出席债权人会议，行使表决权。代理人出席债权人会议，应当向人民法院或者债权人会议主席提交债权人的授权委托书。

债权人会议应当有债务人的职工和工会的代表参加，对有关事项发表意见。

第六十条　债权人会议设主席一人，由人民法院从有表决权的债权人中指定。

债权人会议主席主持债权人会议。

第六十一条　债权人会议行使下列职权：

（一）核查债权；

（二）申请人民法院更换管理人，审查管理人的费用和报酬；

（三）监督管理人；

（四）选任和更换债权人委员会成员；

（五）决定继续或者停止债务人的营业；

（六）通过重整计划；

（七）通过和解协议；

（八）通过债务人财产的管理方案；

（九）通过破产财产的变价方案；

（十）通过破产财产的分配方案；

（十一）人民法院认为应当由债权人会议行使的其他职权。

债权人会议应当对所议事项的决议作成会议记录。

第六十二条 第一次债权人会议由人民法院召集，自债权申报期限届满之日起十五日内召开。

以后的债权人会议，在人民法院认为必要时，或者管理人、债权人委员会、占债权总额四分之一以上的债权人向债权人会议主席提议时召开。

第六十三条 召开债权人会议，管理人应当提前十五日通知已知的债权人。

第六十四条 债权人会议的决议，由出席会议的有表决权的债权人过半数通过，并且其所代表的债权额占无财产担保债权总额的二分之一以上。但是，本法另有规定的除外。

债权人认为债权人会议的决议违反法律规定，损害其利益的，可以自债权人会议作出决议之日起十五日内，请求人民法院裁定撤销该决议，责令债权人会议依法重新作出决议。

债权人会议的决议，对于全体债权人均有约束力。

第六十五条 本法第六十一条第一款第八项、第九项所列事项，经债权人会议表决未通过的，由人民法院裁定。

本法第六十一条第一款第十项所列事项，经债权人会议二次表决仍未通过的，由人民法院裁定。

对前两款规定的裁定，人民法院可以在债权人会议上宣布或者另行通知债权人。

第六十六条 债权人对人民法院依照本法第六十五条第一款作出的裁定不服的，债权额占无财产担保债权总额二分之一以上的债权人对人民法院依照本法第六十五条第二款作出的裁定不服的，可以自裁定宣布之日或者收到通知之日起十五日内向该人民法院申请复议。复议期间不停止裁定的执行。

第二节 债权人委员会

第六十七条 债权人会议可以决定设立债权人委员会。债权人委员会由债权人会议选任的债权人代表和一名债务人的职工代表或者工会代表组成。债权人委员会成员不得超过九人。

债权人委员会成员应当经人民法院书面决定认可。

第六十八条 债权人委员会行使下列职权：

（一）监督债务人财产的管理和处分；
（二）监督破产财产分配；
（三）提议召开债权人会议；
（四）债权人会议委托的其他职权。

债权人委员会执行职务时，有权要求管理人、债务人的有关人员对其职权范围内的事务作出说明或者提供有关文件。

管理人、债务人的有关人员违反本法规定拒绝接受监督的，债权人委员会有权就监督事项请求人民法院作出决定；人民法院应当在五日内作出决定。

第六十九条　管理人实施下列行为，应当及时报告债权人委员会：
（一）涉及土地、房屋等不动产权益的转让；
（二）探矿权、采矿权、知识产权等财产权的转让；
（三）全部库存或者营业的转让；
（四）借款；
（五）设定财产担保；
（六）债权和有价证券的转让；
（七）履行债务人和对方当事人均未履行完毕的合同；
（八）放弃权利；
（九）担保物的取回；
（十）对债权人利益有重大影响的其他财产处分行为。

未设立债权人委员会的，管理人实施前款规定的行为应当及时报告人民法院。

第八章　重　　整

第一节　重整申请和重整期间

第七十条　债务人或者债权人可以依照本法规定，直接向人民法院申请对债务人进行重整。

债权人申请对债务人进行破产清算的，在人民法院受理破产申请后、宣告债务人破产前，债务人或者出资额占债务人注册资本十分之一以上的出资人，可以向人民法院申请重整。

第七十一条　人民法院经审查认为重整申请符合本法规定的，应当裁定债务人重整，并予以公告。

第七十二条　自人民法院裁定债务人重整之日起至重整程序终止，为重整期间。

第七十三条　在重整期间，经债务人申请，人民法院批准，债务人可以在管理人的监督下自行管理财产和营业事务。

有前款规定情形的，依照本法规定已接管债务人财产和营业事务的管理人应当向债务人移交财产和营业事务，本法规定的管理人的职权由债务人行使。

第七十四条 管理人负责管理财产和营业事务的，可以聘任债务人的经营管理人员负责营业事务。

第七十五条 在重整期间，对债务人的特定财产享有的担保权暂停行使。但是，担保物有损坏或者价值明显减少的可能，足以危害担保权人权利的，担保权人可以向人民法院请求恢复行使担保权。

在重整期间，债务人或者管理人为继续营业而借款的，可以为该借款设定担保。

第七十六条 债务人合法占有的他人财产，该财产的权利人在重整期间要求取回的，应当符合事先约定的条件。

第七十七条 在重整期间，债务人的出资人不得请求投资收益分配。

在重整期间，债务人的董事、监事、高级管理人员不得向第三人转让其持有的债务人的股权。但是，经人民法院同意的除外。

第七十八条 在重整期间，有下列情形之一的，经管理人或者利害关系人请求，人民法院应当裁定终止重整程序，并宣告债务人破产：

（一）债务人的经营状况和财产状况继续恶化，缺乏挽救的可能性；

（二）债务人有欺诈、恶意减少债务人财产或者其他显著不利于债权人的行为；

（三）由于债务人的行为致使管理人无法执行职务。

第二节 重整计划的制定和批准

第七十九条 债务人或者管理人应当自人民法院裁定债务人重整之日起六个月内，同时向人民法院和债权人会议提交重整计划草案。

前款规定的期限届满，经债务人或者管理人请求，有正当理由的，人民法院可以裁定延期三个月。

债务人或者管理人未按期提出重整计划草案的，人民法院应当裁定终止重整程序，并宣告债务人破产。

第八十条 债务人自行管理财产和营业事务的，由债务人制作重整计划草案。

管理人负责管理财产和营业事务的，由管理人制作重整计划草案。

第八十一条 重整计划草案应当包括下列内容：

（一）债务人的经营方案；

（二）债权分类；

（三）债权调整方案；

（四）债权受偿方案；

（五）重整计划的执行期限；

（六）重整计划执行的监督期限；

（七）有利于债务人重整的其他方案。

第八十二条　下列各类债权的债权人参加讨论重整计划草案的债权人会议，依照下列债权分类，分组对重整计划草案进行表决：

（一）对债务人的特定财产享有担保权的债权；

（二）债务人所欠职工的工资和医疗、伤残补助、抚恤费用，所欠的应当划入职工个人账户的基本养老保险、基本医疗保险费用，以及法律、行政法规规定应当支付给职工的补偿金；

（三）债务人所欠税款；

（四）普通债权。

人民法院在必要时可以决定在普通债权组中设小额债权组对重整计划草案进行表决。

第八十三条　重整计划不得规定减免债务人欠缴的本法第八十二条第一款第二项规定以外的社会保险费用；该项费用的债权人不参加重整计划草案的表决。

第八十四条　人民法院应当自收到重整计划草案之日起三十日内召开债权人会议，对重整计划草案进行表决。

出席会议的同一表决组的债权人过半数同意重整计划草案，并且其所代表的债权额占该组债权总额的三分之二以上的，即为该组通过重整计划草案。

债务人或者管理人应当向债权人会议就重整计划草案作出说明，并回答询问。

第八十五条　债务人的出资人代表可以列席讨论重整计划草案的债权人会议。

重整计划草案涉及出资人权益调整事项的，应当设出资人组，对该事项进行表决。

第八十六条　各表决组均通过重整计划草案时，重整计划即为通过。

自重整计划通过之日起十日内，债务人或者管理人应当向人民法院提出批准重整计划的申请。人民法院经审查认为符合本法规定的，应当自收到申请之日起三十日内裁定批准，终止重整程序，并予以公告。

第八十七条　部分表决组未通过重整计划草案的，债务人或者管理人可以同未通过重整计划草案的表决组协商。该表决组可以在协商后再表决一次。

双方协商的结果不得损害其他表决组的利益。

未通过重整计划草案的表决组拒绝再次表决或者再次表决仍未通过重整计划草案，但重整计划草案符合下列条件的，债务人或者管理人可以申请人民法院批准重整计划草案：

（一）按照重整计划草案，本法第八十二条第一款第一项所列债权就该特定财产将获得全额清偿，其因延期清偿所受的损失将得到公平补偿，并且其担保权未受到实质性损害，或者该表决组已经通过重整计划草案；

（二）按照重整计划草案，本法第八十二条第一款第二项、第三项所列债权将获得全额清偿，或者相应表决组已经通过重整计划草案；

（三）按照重整计划草案，普通债权所获得的清偿比例，不低于其在重整计划草案被提请批准时依照破产清算程序所能获得的清偿比例，或者该表决组已经通过重整计划草案；

（四）重整计划草案对出资人权益的调整公平、公正，或者出资人组已经通过重整计划草案；

（五）重整计划草案公平对待同一表决组的成员，并且所规定的债权清偿顺序不违反本法第一百一十三条的规定；

（六）债务人的经营方案具有可行性。

人民法院经审查认为重整计划草案符合前款规定的，应当自收到申请之日起三十日内裁定批准，终止重整程序，并予以公告。

第八十八条　重整计划草案未获得通过且未依照本法第八十七条的规定获得批准，或者已通过的重整计划未获得批准的，人民法院应当裁定终止重整程序，并宣告债务人破产。

第三节　重整计划的执行

第八十九条　重整计划由债务人负责执行。

人民法院裁定批准重整计划后，已接管财产和营业事务的管理人应当向债务人移交财产和营业事务。

第九十条　自人民法院裁定批准重整计划之日起，在重整计划规定的监督期内，由管理人监督重整计划的执行。

在监督期内，债务人应当向管理人报告重整计划执行情况和债务人财务状况。

第九十一条　监督期届满时，管理人应当向人民法院提交监督报告。自监督报告提交之日起，管理人的监督职责终止。

管理人向人民法院提交的监督报告，重整计划的利害关系人有权查阅。

经管理人申请，人民法院可以裁定延长重整计划执行的监督期限。

第九十二条　经人民法院裁定批准的重整计划，对债务人和全体债权人均有约束力。

债权人未依照本法规定申报债权的，在重整计划执行期间不得行使权利；在重整计划执行完毕后，可以按照重整计划规定的同类债权的清偿条件行使权利。

债权人对债务人的保证人和其他连带债务人所享有的权利，不受重整计划的影响。

第九十三条　债务人不能执行或者不执行重整计划的，人民法院经管理人或者利害关系人请求，应当裁定终止重整计划的执行，并宣告债务人破产。

人民法院裁定终止重整计划执行的，债权人在重整计划中作出的债权调整的承诺失去效力。债权人因执行重整计划所受的清偿仍然有效，债权未受清偿的部分作为破产债权。

前款规定的债权人，只有在其他同顺位债权人同自己所受的清偿达到同一比例时，才能继续接受分配。

有本条第一款规定情形的，为重整计划的执行提供的担保继续有效。

第九十四条　按照重整计划减免的债务，自重整计划执行完毕时起，债务人不再承担清偿责任。

第九章　和　解

第九十五条　债务人可以依照本法规定，直接向人民法院申请和解；也可以在人民法院受理破产申请后、宣告债务人破产前，向人民法院申请和解。

债务人申请和解，应当提出和解协议草案。

第九十六条　人民法院经审查认为和解申请符合本法规定的，应当裁定和解，予以公告，并召集债权人会议讨论和解协议草案。

对债务人的特定财产享有担保权的权利人，自人民法院裁定和解之日起可以行使权利。

第九十七条　债权人会议通过和解协议的决议，由出席会议的有表决权的债权人过半数同意，并且其所代表的债权额占无财产担保债权总额的三分之二以上。

第九十八条　债权人会议通过和解协议的，由人民法院裁定认可，终止和解程序，并予以公告。管理人应当向债务人移交财产和营业事务，并向人民法院提交执行职务的报告。

第九十九条　和解协议草案经债权人会议表决未获得通过，或者已经债权人会议通过的和解协议未获得人民法院认可的，人民法院应当裁定终止和解程序，并宣告债务人破产。

第一百条 经人民法院裁定认可的和解协议，对债务人和全体和解债权人均有约束力。

和解债权人是指人民法院受理破产申请时对债务人享有无财产担保债权的人。

和解债权人未依照本法规定申报债权的，在和解协议执行期间不得行使权利；在和解协议执行完毕后，可以按照和解协议规定的清偿条件行使权利。

第一百零一条 和解债权人对债务人的保证人和其他连带债务人所享有的权利，不受和解协议的影响。

第一百零二条 债务人应当按照和解协议规定的条件清偿债务。

第一百零三条 因债务人的欺诈或者其他违法行为而成立的和解协议，人民法院应当裁定无效，并宣告债务人破产。

有前款规定情形的，和解债权人因执行和解协议所受的清偿，在其他债权人所受清偿同等比例的范围内，不予返还。

第一百零四条 债务人不能执行或者不执行和解协议的，人民法院经和解债权人请求，应当裁定终止和解协议的执行，并宣告债务人破产。

人民法院裁定终止和解协议执行的，和解债权人在和解协议中作出的债权调整的承诺失去效力。和解债权人因执行和解协议所受的清偿仍然有效，和解债权未受清偿的部分作为破产债权。

前款规定的债权人，只有在其他债权人同自己所受的清偿达到同一比例时，才能继续接受分配。

有本条第一款规定情形的，为和解协议的执行提供的担保继续有效。

第一百零五条 人民法院受理破产申请后，债务人与全体债权人就债权债务的处理自行达成协议的，可以请求人民法院裁定认可，并终结破产程序。

第一百零六条 按照和解协议减免的债务，自和解协议执行完毕时起，债务人不再承担清偿责任。

第十章 破产清算

第一节 破产宣告

第一百零七条 人民法院依照本法规定宣告债务人破产的，应当自裁定作出之日起五日内送达债务人和管理人，自裁定作出之日起十日内通知已知债权人，并予以公告。

债务人被宣告破产后，债务人称为破产人，债务人财产称为破产财产，人民法院受理破产申请时对债务人享有的债权称为破产债权。

第一百零八条 破产宣告前，有下列情形之一的，人民法院应当裁定终结破产程序，并予以公告：

（一）第三人为债务人提供足额担保或者为债务人清偿全部到期债务的；

（二）债务人已清偿全部到期债务的。

第一百零九条　对破产人的特定财产享有担保权的权利人，对该特定财产享有优先受偿的权利。

第一百一十条　享有本法第一百零九条规定权利的债权人行使优先受偿权利未能完全受偿的，其未受偿的债权作为普通债权；放弃优先受偿权利的，其债权作为普通债权。

第二节　变价和分配

第一百一十一条　管理人应当及时拟订破产财产变价方案，提交债权人会议讨论。

管理人应当按照债权人会议通过的或者人民法院依照本法第六十五条第一款规定裁定的破产财产变价方案，适时变价出售破产财产。

第一百一十二条　变价出售破产财产应当通过拍卖进行。但是，债权人会议另有决议的除外。

破产企业可以全部或者部分变价出售。企业变价出售时，可以将其中的无形资产和其他财产单独变价出售。

按照国家规定不能拍卖或者限制转让的财产，应当按照国家规定的方式处理。

第一百一十三条　破产财产在优先清偿破产费用和共益债务后，依照下列顺序清偿：

（一）破产人所欠职工的工资和医疗、伤残补助、抚恤费用，所欠的应当划入职工个人账户的基本养老保险、基本医疗保险费用，以及法律、行政法规规定应当支付给职工的补偿金；

（二）破产人欠缴的除前项规定以外的社会保险费用和破产人所欠税款；

（三）普通破产债权。

破产财产不足以清偿同一顺序的清偿要求的，按照比例分配。

破产企业的董事、监事和高级管理人员的工资按照该企业职工的平均工资计算。

第一百一十四条　破产财产的分配应当以货币分配方式进行。但是，债权人会议另有决议的除外。

第一百一十五条　管理人应当及时拟订破产财产分配方案，提交债权人会议讨论。

破产财产分配方案应当载明下列事项：

（一）参加破产财产分配的债权人名称或者姓名、住所；

（二）参加破产财产分配的债权额；

（三）可供分配的破产财产数额；

（四）破产财产分配的顺序、比例及数额；

（五）实施破产财产分配的方法。

债权人会议通过破产财产分配方案后，由管理人将该方案提请人民法院裁定认可。

第一百一十六条 破产财产分配方案经人民法院裁定认可后，由管理人执行。

管理人按照破产财产分配方案实施多次分配的，应当公告本次分配的财产额和债权额。管理人实施最后分配的，应当在公告中指明，并载明本法第一百一十七条第二款规定的事项。

第一百一十七条 对于附生效条件或者解除条件的债权，管理人应当将其分配额提存。

管理人依照前款规定提存的分配额，在最后分配公告日，生效条件未成就或者解除条件成就的，应当分配给其他债权人；在最后分配公告日，生效条件成就或者解除条件未成就的，应当交付给债权人。

第一百一十八条 债权人未受领的破产财产分配额，管理人应当提存。债权人自最后分配公告之日起满二个月仍不领取的，视为放弃受领分配的权利，管理人或者人民法院应当将提存的分配额分配给其他债权人。

第一百一十九条 破产财产分配时，对于诉讼或者仲裁未决的债权，管理人应当将其分配额提存。自破产程序终结之日起满二年仍不能受领分配的，人民法院应当将提存的分配额分配给其他债权人。

第三节 破产程序的终结

第一百二十条 破产人无财产可供分配的，管理人应当请求人民法院裁定终结破产程序。

管理人在最后分配完结后，应当及时向人民法院提交破产财产分配报告，并提请人民法院裁定终结破产程序。

人民法院应当自收到管理人终结破产程序的请求之日起十五日内作出是否终结破产程序的裁定。裁定终结的，应当予以公告。

第一百二十一条 管理人应当自破产程序终结之日起十日内，持人民法院终结破产程序的裁定，向破产人的原登记机关办理注销登记。

第一百二十二条 管理人于办理注销登记完毕的次日终止执行职务。但是，存在诉讼或者仲裁未决情况的除外。

第一百二十三条　自破产程序依照本法第四十三条第四款或者第一百二十条的规定终结之日起二年内，有下列情形之一的，债权人可以请求人民法院按照破产财产分配方案进行追加分配：

（一）发现有依照本法第三十一条、第三十二条、第三十三条、第三十六条规定应当追回的财产的；

（二）发现破产人有应当供分配的其他财产的。

有前款规定情形，但财产数量不足以支付分配费用的，不再进行追加分配，由人民法院将其上交国库。

第一百二十四条　破产人的保证人和其他连带债务人，在破产程序终结后，对债权人依照破产清算程序未受清偿的债权，依法继续承担清偿责任。

第十一章　法律责任

第一百二十五条　企业董事、监事或者高级管理人员违反忠实义务、勤勉义务，致使所在企业破产的，依法承担民事责任。

有前款规定情形的人员，自破产程序终结之日起三年内不得担任任何企业的董事、监事、高级管理人员。

第一百二十六条　有义务列席债权人会议的债务人的有关人员，经人民法院传唤，无正当理由拒不列席债权人会议的，人民法院可以拘传，并依法处以罚款。债务人的有关人员违反本法规定，拒不陈述、回答，或者作虚假陈述、回答的，人民法院可以依法处以罚款。

第一百二十七条　债务人违反本法规定，拒不向人民法院提交或者提交不真实的财产状况说明、债务清册、债权清册、有关财务会计报告以及职工工资的支付情况和社会保险费用的缴纳情况的，人民法院可以对直接责任人员依法处以罚款。

债务人违反本法规定，拒不向管理人移交财产、印章和账簿、文书等资料的，或者伪造、销毁有关财产证据材料而使财产状况不明的，人民法院可以对直接责任人员依法处以罚款。

第一百二十八条　债务人有本法第三十一条、第三十二条、第三十三条规定的行为，损害债权人利益的，债务人的法定代表人和其他直接责任人员依法承担赔偿责任。

第一百二十九条　债务人的有关人员违反本法规定，擅自离开住所地的，人民法院可以予以训诫、拘留，可以依法并处罚款。

第一百三十条　管理人未依照本法规定勤勉尽责，忠实执行职务的，人民法院可以依法处以罚款；给债权人、债务人或者第三人造成损失的，依法承担赔偿责任。

第一百三十一条 违反本法规定，构成犯罪的，依法追究刑事责任。

第十二章 附 则

第一百三十二条 本法施行后，破产人在本法公布之日前所欠职工的工资和医疗、伤残补助、抚恤费用，所欠的应当划入职工个人账户的基本养老保险、基本医疗保险费用，以及法律、行政法规规定应当支付给职工的补偿金，依照本法第一百一十三条的规定清偿后不足以清偿的部分，以本法第一百零九条规定的特定财产优先于对该特定财产享有担保权的权利人受偿。

第一百三十三条 在本法施行前国务院规定的期限和范围内的国有企业实施破产的特殊事宜，按照国务院有关规定办理。

第一百三十四条 商业银行、证券公司、保险公司等金融机构有本法第二条规定情形的，国务院金融监督管理机构可以向人民法院提出对该金融机构进行重整或者破产清算的申请。国务院金融监督管理机构依法对出现重大经营风险的金融机构采取接管、托管等措施的，可以向人民法院申请中止以该金融机构为被告或者被执行人的民事诉讼程序或者执行程序。

金融机构实施破产的，国务院可以依据本法和其他有关法律的规定制定实施办法。

第一百三十五条 其他法律规定企业法人以外的组织的清算，属于破产清算的，参照适用本法规定的程序。

第一百三十六条 本法自2007年6月1日起施行，《中华人民共和国企业破产法（试行）》同时废止。

最高人民法院
关于适用《中华人民共和国企业破产法》若干问题的规定（一）

法释〔2011〕22号

（2011年8月29日最高人民法院审判委员会第1527次会议通过 2011年9月9日最高人民法院公告公布 自2011年9月26日起施行）

为正确适用《中华人民共和国企业破产法》，结合审判实践，就人民法院依法受理企业破产案件适用法律问题作出如下规定。

第一条　债务人不能清偿到期债务并且具有下列情形之一的，人民法院应当认定其具备破产原因：

（一）资产不足以清偿全部债务；

（二）明显缺乏清偿能力。

相关当事人以对债务人的债务负有连带责任的人未丧失清偿能力为由，主张债务人不具备破产原因的，人民法院应不予支持。

第二条　下列情形同时存在的，人民法院应当认定债务人不能清偿到期债务：

（一）债权债务关系依法成立；

（二）债务履行期限已经届满；

（三）债务人未完全清偿债务。

第三条　债务人的资产负债表，或者审计报告、资产评估报告等显示其全部资产不足以偿付全部负债的，人民法院应当认定债务人资产不足以清偿全部债务，但有相反证据足以证明债务人资产能够偿付全部负债的除外。

第四条　债务人账面资产虽大于负债，但存在下列情形之一的，人民法院应当认定其明显缺乏清偿能力：

（一）因资金严重不足或者财产不能变现等原因，无法清偿债务；

（二）法定代表人下落不明且无其他人员负责管理财产，无法清偿债务；

（三）经人民法院强制执行，无法清偿债务；

（四）长期亏损且经营扭亏困难，无法清偿债务；

（五）导致债务人丧失清偿能力的其他情形。

第五条　企业法人已解散但未清算或者未在合理期限内清算完毕，债权人申请债务人破产清算的，除债务人在法定异议期限内举证证明其未出现破产原因外，人民法院应当受理。

第六条　债权人申请债务人破产的，应当提交债务人不能清偿到期债务的有关证据。债务人对债权人的申请未在法定期限内向人民法院提出异议，或者异议不成立的，人民法院应当依法裁定受理破产申请。

受理破产申请后，人民法院应当责令债务人依法提交其财产状况说明、债务清册、债权清册、财务会计报告等有关材料，债务人拒不提交的，人民法院可以对债务人的直接责任人员采取罚款等强制措施。

第七条　人民法院收到破产申请时，应当向申请人出具收到申请及所附证据的书面凭证。

人民法院收到破产申请后应当及时对申请人的主体资格、债务人的主体资格和破产原因，以及有关材料和证据等进行审查，并依据企业破产法第十条的规定作出是否受理的裁定。

人民法院认为申请人应当补充、补正相关材料的，应当自收到破产申请之日起五日内告知申请人。当事人补充、补正相关材料的期间不计入企业破产法第十条规定的期限。

第八条 破产案件的诉讼费用，应根据企业破产法第四十三条的规定，从债务人财产中拨付。相关当事人以申请人未预先交纳诉讼费用为由，对破产申请提出异议的，人民法院不予支持。

第九条 申请人向人民法院提出破产申请，人民法院未接收其申请，或者未按本规定第七条执行的，申请人可以向上一级人民法院提出破产申请。

上一级人民法院接到破产申请后，应当责令下级法院依法审查并及时作出是否受理的裁定；下级法院仍不作出是否受理裁定的，上一级人民法院可以径行作出裁定。

上一级人民法院裁定受理破产申请的，可以同时指令下级人民法院审理该案件。

【链　接】

最高人民法院民二庭负责人就《破产法司法解释（一）》答记者问

《最高人民法院关于适用〈中华人民共和国企业破产法〉若干问题的规定（一）》（以下简称《破产法司法解释（一）》）已于2011年8月29日由最高人民法院审判委员会第1527次会议通过，自2011年9月26日起施行。日前，人民法院报记者就该司法解释的出台背景和目的、人民法院审查企业破产原因时应注意的事项、破产清算权利、举证责任分配、审查破产申请时应注意的事项、诉讼费用收取、申请人对不予受理裁定的上诉权等问题，采访了最高人民法院民二庭负责人。

问：最高人民法院出台《破产法司法解释（一）》，主要就人民法院依法受理企业破产案件适用法律的有关问题作出了相关规定，请问出台该司法解释的背景和目的是什么？

答：《中华人民共和国企业破产法》自2007年6月1日施行以来，在完善优胜劣汰竞争机制、优化社会资源配置、调整社会产业结构、拯救危困企业、保障债权公平有序受偿等方面发挥了积极的作用。但在实践中，有的法院尚未充分认识到企业破产法在调整市场经济中的重要作用，加之现行体制、机制上的各方面原因，对于申请人提出的符合法律规定的受理破产案件条件的申请，以种种理由不予立案，影响了企业破产法的贯彻实施。作为衡量一个国家是否是市场经济重要标准之一的企业破产法，其作用的发挥必须通过人民法院受理和审理破产案件来实现。从我国目前情况看，全国法院每年受理破产案件数量，相比于每年工商管理部门吊销、注销的企业数量，相差甚远。一些企业未经法定程序依法退市，严重扰乱了市场经济秩序。为了尽快扭转这种不正常局面，充分发挥企业破产法的应有作用，我们首先从法院系统内部着力，推动破产案件的受理，制定了《破产法司法解释（一）》。

问：《破产法司法解释（一）》对企业破产法关于企业破产原因的规定作出了进一步解释，请问人民法院在审查时应当注意哪些问题？

答：我国企业破产法采取概括主义立法模式对破产原因作出了规定，但由于法律条文的表述以及我国立法所采标准的特殊性，实践中对破产原因的认定标准，存在不同理解和认识，因此有必要予以明确。根据企业破产法第二条第一款的规定，判断债务人是否存在破产原因有两个并列的标准，一是债务人不能清偿到期债务并且资产不足以清偿全部债务，二是债务人不能清偿到期债务并且明显缺乏清偿能力。我们在《破产法司法解释（一）》中通过几个条文分别对破产原因中“不能清偿到期债务”、“资产不足以清偿全部债务”和“明显缺乏清偿能力”几个关键概念作出了解释。要特别强调的是，由于民事主体具有独立的资格和地位，对每一个单独民事主体的清偿能力须分别审察，不同民事主体之间不存在清偿能力或破产原因认定上的连带关系，其他主体对债务人所负债务负有的连带责任是对债权人的责任，而不能视为债务人本人清偿能力的延伸或再生，因此，相关当事人以对债务人的债务负有连带责任的人未丧失清偿能力为由，主张债务人不具备破产原因的，人民法院应不予支持。

问：企业破产法第二条和第七条分别就债务人的破产原因和申请人提出债务人破产申请的条件作出了规定，请问具体应如何理解和适用？

答：两者存在一定的差别，破产原因是人民法院在判断破产申请是否应予受理时审查的内容，而提出债务人破产申请的条件是申请人向人民法院提出债务人破产申请时应当具备的要件。对于债务人自行提出破产申请的，债务人的破产原因和其提出破产申请的条件是一致的，但对债权人而言，则差别很大。根据企业破产法第七条第二款的规定，债务人不能清偿到期债务是债权人提出债务人破产申请的条件，债权人向人民法院提出申请时，只要证明债务人不能清偿其到期债务即可。至于债务人系基于什么原因不能清偿其到期债务，以及债务人是否出现了“不能清偿到期债务并且资产不足以清偿全部债务”，或者“不能清偿到期债务并且明显缺乏清偿能力”的破产原因，无需债权人提出债务人破产申请时举证证明，因此，只要债权人提出申请时证明债务人不能清偿其到期债务，且债务人未能依据企业破产法第十条第一款的规定，及时举证证明其既非资产不足以清偿全部债务，也没有明显缺乏清偿能力的，人民法院即可当然推定债务人出现了上述两个破产原因之一。因此，在债权人申请债务人破产清算的情形下，不能清偿到期债务既是债权人提出破产申请的条件，也是债务人存在破产原因的推定依据。

问：根据企业破产法第二条第一款和第七条第二款的规定，不能清偿到期债务是两个破产原因的共同前提，您能否进一步解释破产原因中不能清偿到期债务这一要件的认定？

答：不能清偿到期债务是指债务人以明示或默示的形式表示其不能支付到期债务，其强调的是债务人不能清偿债务的外部客观行为，而不是债务人的财产客观状况。认定不能清偿到期债务应当同时具备三个方面的要件：第一，债权债务关系依法成立。如债务人不否认或者无正当理由否认债权债务关系，或者债务已经生效法律文书确定。这样规定的主要目的是为了防止债务人拖延破产程序启动。第二，债务人不能清偿的是已到偿还期限的债务。破产程序本质上属于概括执行程序，债务尚未到期的，债务人不负有立即履行的义务，故不应受执行程序的约束。第三，债务人未清偿债务的状态客观存在。不论债务人的客观经济状况如何，只要其没有完全清偿到期债务的，均构成不能清偿到期债务。将不能清偿到期债务作为破产原因中的主要依据，尤其是作为债权人申请债务人破产清算时破产原因的推定依据，易于为债权人发现和举证证明，能够使债权人尽早启动破产程序，从而保护债权人的合法权益。

问：资产不足以清偿全部债务是认定债务人是否具备破产原因的一个最常用的判断标准，请问人民法院应当如何把握这个标准？

答：资产不足以清偿全部债务是指债务人的实有资产不足以清偿全部债务，即通常所说的"资不抵债"或"债务超过"。资不抵债的着眼点是资债比例关系，考察债务人的偿还能力仅以实有财产为限，不考虑信用、能力等可能影响债务人清偿能力的因素，计算债务数额时，不考虑是否到期，均纳入债务总额之内。通常用来判断债务人是否资不抵债的标准为资产负债表，其反映了企业资产、负债、所有者权益的总体规模和结构，以此判断债务人的资产状况具有明确性和客观性。但是考虑到资产负债表反映的企业资产价值具有期限性和不确定性，在其由企业自行制定的情况下甚至可能存在严重的虚假情况，因此，本条同时规定审计报告或者资产评估报告等也可作为判断债务人资产总额是否资不抵债的依据。资产不足以清偿全部债务是对债务人客观偿债能力的判断，因此应当以债务人的真实财产数额为基础，如果当事人认为债务人的资产负债表，或者审计报告、资产评估报告等记载的资产状况与实际状况不符，应当允许当事人提交相应证据予以证明，推翻资产负债表、审计报告或者资产评估报告的结论。

问：企业破产法以债务人明显缺乏清偿能力不能清偿到期债务作为破产原因之一，立法目的在于适当扩大债务人破产原因的认定，但在具体司法实践中存在一定困难，《破产法司法解释（一）》特别对此作了规定，请您谈谈对这个问题的看法。

答：债务人不能清偿到期债务时通常都已资不抵债，但有的情况下，在债务人账面资产尚超过负债时，也可能因资产结构不合理，发生对到期债务缺乏现实支付能力，如现金严重不足、资产长期无法变现等而无法支付的情况。明显缺乏清偿能力的着眼点在于债务关系能否正常了结，与资不抵债的着眼点在于资债比例关系不同。企业破产法将“债务人不能清偿到期债务并且明显缺乏清偿能力”作为破产原因之一，目的在于涵盖“债务人不能清偿到期债务并且资产不足以清偿全部债务”之外的其他情形，以适度缓和破产程序适用标准，弱化破产原因中关于资不抵债的要求。由于企业破产法的规定过于抽象，导致实践中的认定困难，影响了该项标准的适用效果，故《破产法司法解释（一）》列举了明显缺乏清偿能力的几种主要情形，包括债务人因资金严重不足或财产不能变现等原因无法清偿债务、法定代表人下落不明且无其他人员负责管理财产无法清偿债务、经人民法院强制执行无法清偿债务，以及长期亏损且经营扭亏困难无法清偿债务等情形，从而减轻破产原因认定上的困难，推进破产程序的有效运行。

问：企业法人已解散但未清算或者未清算完毕，资产不足以清偿债务的，依法负有清算责任的人应当向人民法院申请破产清算。请问，在这种情形下，其他申请主体，尤其是债权人是否还有申请债务人破产清算的权利呢？

答：我国企业破产法采取破产申请主义，根据企业破产法第七条第三款规定，企业法人已解散但未清算或者未清算完毕，资产不足以清偿全部债务的，依法负有清算责任的人应当向人民法院申请破产清算。这里依法负有清算责任的人包括未清算完毕情形下已经成立的清算组，以及应清算未清算情形下依法负有启动清算程序的清算义务人。企业破产法此款规定的目的在于，规定依法负有清算责任的人有申请债务人破产清算的法定义务，以保障破产清算程序的及时启动。但规定此种情况下负有清算责任的人的法定义务并不意味着排除其他申请权人，尤其是债权人向人民法院申请债务人破产的权利。只要债权人申请破产条件成就，债权人就可以依据企业破产法第七条第二款的规定，提出对债务人的破产清算申请。因此，在债务人已解散但未清算或者未在合理期限内清算完毕，且未清偿债务的情形下，由于债务人对所有债权均负有清偿义务，故债权人以债务人未能清偿债务为由向人民法院提出破产清算申请的，人民法院就应予受理。对于债权人的申请，债务人可以依据企业破产法第十条的规定提出异议，如果债务人能举证证明其未出现破产原因，人民法院应当对债权人的破产清算申请不予受理，并告知债权人通过启动强制清算程序获得清偿。

问：在申请债务人破产时，举证责任是如何分配的？是否可要求债权人在申请债务人破产清算时提交债务人的财产状况说明等有关材料，人民法院能否以债权人未提交上述材料为由，裁定不予受理？

答：债权人申请债务人破产的原因是债务人不能清偿到期债务。对债权人而言，其在提出破产申请时，除需提交自身债权依法存在的证据以及破产申请外，还应当举证证明债务人存在未清偿到期债务的有关事实。由于企业破产法未以债务人资产不足以清偿全部债务或者明显缺乏清偿能力，作为债权人提出申请的原因或条件，因此未要求债权人申请时提交债务人的有关财务凭证等材料，事实上债权人也没有能力提交此类证据材料。人民法院应当严格按照企业破产法规定的上述条件，审查债权人提出的破产申请，而不应对债权人的证明责任提出不切实际的要求，变相提高债权人提出破产申请的门槛。根据企业破产法第十一条第二款的规定，人民法院裁定受理债权人提出的破产申请后，债务人应当在法定期限内向人民法院提交相关财务凭证等材料。这表明：其一，债权人提出破产申请的，提交有关财务凭证材料的义务人为债务人，人民法院不应将此举证义务分配给债权人；其二，即便债务人不提交上述材料，只要债权人对债务人提出的破产申请符合企业破产法规定的上述条件，人民法院也应予以受理，不应以此为由裁定不予受理或者驳回破产申请；其三，人民法院裁定受理破产申请后，债务人不提交有关财务凭证等材料的，人民法院可以对债务人的直接责任人员依法采取罚款等强制措施。

问：我们注意到，《破产法司法解释（一）》特别规定，人民法院收到破产申请时应当向申请人出具收到申请及所附证据的书面凭证，并依法及时作出是否受理的裁定，请问作出该规定的目的是什么？

答：企业破产法规定的法定审查期限自人民法院收到申请之日起算，考虑到实践中有的法院消极对待当事人的破产申请，不接收申请人的申请材料，或在接收申请人的申请材料后不出具收到申请及所附证据的书面凭证，导致审查期间迟迟无法开始计算，损害了当事人的合法权益。为确保人民法院依法对破产申请进行审查，方便申请人督促人民法院依法接收申请人的申请材料并在法定期限内作出是否受理破产申请的裁定，《破产法司法解释（一）》规定，人民法院收到申请人的申请后，负有及时向申请人出具收到申请及所附证据的书面凭证的义务，以此作为判断人民法院受理行为合法性的依据，并以此日期开始计算相关受理破产申请的法定期限。

问：人民法院收到申请人提出的破产申请后，应当从哪些方面进行审查并注意哪些问题？

答：实践中，法院在审查当事人提出的破产申请是否符合法律规定时，掌握的执法尺度不尽相同，为规范和统一人民法院对破产申请的审查行为，《破产法司法解释（一）》对人民法院收到破产申请后的审查内容予以明确规定。根据企业破产法第二条、第七条和第八条的规定，人民法院对于破产申请应从实质要件和形式要件两个方面进行审查。实质要件的审查是对申请是否符合破产程序开始条件的判断，主要包括申请人主体资格、债务人主体资格以及债务人是否具有破产原因三项内容。形式要件的审查是对申请人依法所应提交的书面材料进行的审查。考虑到人民法院在审查中可能会要求申请人对申请材料进行必要的补充、补正，《破产法司法解释（一）》规定，此种情况下，人民法院应当及时告知申请人所需补充或补正的事项，以避免以此为由拖延实际审查时间，损害当事人合法权益。由于人民法院对破产申请的审查须以当事人提供的材料为基础和依据，因此当事人补充、补正材料的时间不计入法定的审查期间。

问：企业破产法和《诉讼费用交纳办法》已经对破产案件诉讼费用的收取问题作出了相关规定，为什么在《破产法司法解释（一）》中作进一步规定呢？

答：正如你所说，关于企业破产案件诉讼费用的交纳问题，企业破产法第四十一条、第四十三条和第一百一十三条，以及《诉讼费用交纳办法》第十条、第十四条、第二十条和第四十二条等明确规定，破产案件诉讼费用作为破产费用，应在案件受理后根据破产财产情况确定数额，并从债务人财产中随时拨付，申请人不负有预交破产案件诉讼费用的义务。但在目前司法实践中，有的法院要求申请人预交破产案件诉讼费用，并在申请人未预先交纳案件诉讼费用时，以此为由裁定不予受理破产申请或者驳回破产申请，这种做法明显不符合法律规定，因此，我们在《破产法司法解释（一）》中进一步重申，申请人依法向人民法院申请破产的诉讼费用，从债务人财产中拨付，相关当事人以申请人未预先交纳诉讼费用为由，对破产申请提出异议的，人民法院应不予支持。

问：《破产法司法解释（一）》特别规定了人民法院收到破产申请后未依法裁定是否受理时其上级人民法院的审判监督职责，请问是出于什么考虑？

答：目的是加强上级法院对下级法院的监督，督促下级法院对于当事人提出的破产申请依法作出是否受理的裁定。根据企业破产法的规定，申请人提出破产申请后，人民法院应当及时审查并依法作出裁定。对于人民法院作出的不予受理裁定，申请人可依据企业破产法第十二条的规定，向上一级法院提起上诉，以充分保证当事人的诉讼权利。但在司法实践中，有的法院对当事人的申请不予审查，或者审查后既不及时作出受理裁定亦不作出不予受理裁定，使企业破产法规定的申请人对于不予受理裁定的上诉权形同虚设，损害了申请人的权利。因此，为加强审判监督，《破产法司法解释（一）》特别规定在人民法院未接收申请人提出的破产申请、未向申请人出具收到申请及所附证据的书面凭证，或者未在法定期限内作出是否受理的裁定等情形下，申请人可直接向上一级人民法院提出破产申请。上一级人民法院收到破产申请后，应当责令下级法院依法审查并及时作出是否受理的裁定；下级法院仍不作出裁定的，上一级人民法院可以径行作出裁定。上一级人民法院裁定受理的，可同时指令下级人民法院审理该案件。

最高人民法院
关于正确适用《中华人民共和国企业破产法》若干问题的规定（一）　充分发挥人民法院审理企业破产案件司法职能作用的通知

（2011年9月21日　法〔2011〕281号）

各省、自治区、直辖市高级人民法院，解放军军事法院，新疆维吾尔自治区高级人民法院生产建设兵团分院：

《最高人民法院关于适用〈中华人民共和国企业破产法〉若干问题的规定（一）》（法释〔2011〕22号）经最高人民法院审判委员会第1527次会议讨论通过，现已公布。为使各级人民法院更好地适用该司法解释，提高审理企业破产案件的质量和效率，调动审判部门和广大法官办理企业破产案件的积极性，充分发挥人民法院在促进加快转变经济发展方式，构建社会主义市场经济秩序方面的积极作用，特通知如下：

一、人民法院应认真履行职责，依法受理企业破产案件

各级人民法院要认真学习和正确理解该司法解释的精神，充分认识企业破产法在保障债权公平有序受偿，优化社会资源配置，完善优胜劣汰的竞争机制和拯救危困企业等方面的积极作用。要转变观念、克服困难，对当事人

提出的符合受理条件的破产申请，应当依法予以受理。要综合运用破产重整、破产和解和破产清算程序，建立和完善市场主体依法退出机制，充分发挥企业破产法对市场经济的调整作用，推动经济社会又好又快发展。

二、人民法院应加强审理破产案件法官专业化队伍建设

随着我国市场经济体制的逐步完善，企业破产案件将呈逐年增长趋势，新类型疑难案件也会不断出现，这对人民法院审判工作提出了更高的要求。一方面，企业破产案件审理周期长、难度大、事务性工作繁重，人民法院长期以来案多人少的矛盾尤为突出。另一方面，由于破产案件审理的复杂性和特殊性，客观上需要一支不仅具备较为扎实的法学理论功底，而且还要有化解社会矛盾、处置突发事件、协调各方利益诉求等多方面工作能力的专业化法官队伍。为此，人民法院要加强法官专业化队伍建设，在人员和物资保障方面给予支持。有条件的法院可以根据受理企业破产案件的数量，成立专门的破产案件审判庭，或指定专门的合议庭负责审理破产案件。

三、人民法院应建立合理的企业破产案件专门绩效考评机制

企业破产法是社会主义市场经济法律体系的重要组成部分，其作用的发挥必须通过人民法院受理和审理企业破产案件来实现。鉴于审理企业破产案件的特殊性，建立合理的专门绩效考评机制以充分调动受理法院、承办法官的积极性是十分必要的。各高级人民法院应根据本辖区的工作实际，积极探索能够全面客观反映审理破产案件工作量的科学考评标准，充分体现破产审判部门和法官的工作绩效。

各级人民法院对执行中发现的新情况、新问题应逐级报告最高人民法院。

特此通知。

最高人民法院
关于适用《中华人民共和国企业破产法》若干问题的规定（二）

法释〔2013〕22号

（2013年7月29日最高人民法院审判委员会第1586次会议通过
2013年9月5日最高人民法院公告公布　自2013年9月16日起施行）

根据《中华人民共和国企业破产法》《中华人民共和国物权法》《中华人民共和国合同法》等相关法律，结合审判实践，就人民法院审理企业破产案件中认定债务人财产相关的法律适用问题，制定本规定。

第一条　除债务人所有的货币、实物外，债务人依法享有的可以用货币估价并可以依法转让的债权、股权、知识产权、用益物权等财产和财产权益，人民法院均应认定为债务人财产。

第二条　下列财产不应认定为债务人财产：

（一）债务人基于仓储、保管、承揽、代销、借用、寄存、租赁等合同或者其他法律关系占有、使用的他人财产；

（二）债务人在所有权保留买卖中尚未取得所有权的财产；

（三）所有权专属于国家且不得转让的财产；

（四）其他依照法律、行政法规不属于债务人的财产。

第三条　债务人已依法设定担保物权的特定财产，人民法院应当认定为债务人财产。

对债务人的特定财产在担保物权消灭或者实现担保物权后的剩余部分，在破产程序中可用以清偿破产费用、共益债务和其他破产债权。

第四条　债务人对按份享有所有权的共有财产的相关份额，或者共同享有所有权的共有财产的相应财产权利，以及依法分割共有财产所得部分，人民法院均应认定为债务人财产。

人民法院宣告债务人破产清算，属于共有财产分割的法定事由。人民法院裁定债务人重整或者和解的，共有财产的分割应当依据物权法第九十九条的规定进行；基于重整或者和解的需要必须分割共有财产，管理人请求分割的，人民法院应予准许。

因分割共有财产导致其他共有人损害产生的债务，其他共有人请求作为共益债务清偿的，人民法院应予支持。

第五条　破产申请受理后，有关债务人财产的执行程序未依照企业破产法第十九条的规定中止的，采取执行措施的相关单位应当依法予以纠正。依法执行回转的财产，人民法院应当认定为债务人财产。

第六条　破产申请受理后，对于可能因有关利益相关人的行为或者其他原因，影响破产程序依法进行的，受理破产申请的人民法院可以根据管理人的申请或者依职权，对债务人的全部或者部分财产采取保全措施。

第七条　对债务人财产已采取保全措施的相关单位，在知悉人民法院已裁定受理有关债务人的破产申请后，应当依照企业破产法第十九条的规定及时解除对债务人财产的保全措施。

第八条　人民法院受理破产申请后至破产宣告前裁定驳回破产申请，或者依据企业破产法第一百零八条的规定裁定终结破产程序的，应当及时通知原已采取保全措施并已依法解除保全措施的单位按照原保全顺位恢复相关保全措施。

在已依法解除保全的单位恢复保全措施或者表示不再恢复之前，受理破产申请的人民法院不得解除对债务人财产的保全措施。

第九条　管理人依据企业破产法第三十一条和第三十二条的规定提起诉讼，请求撤销涉及债务人财产的相关行为并由相对人返还债务人财产的，人民法院应予支持。

管理人因过错未依法行使撤销权导致债务人财产不当减损，债权人提起诉讼主张管理人对其损失承担相应赔偿责任的，人民法院应予支持。

第十条　债务人经过行政清理程序转入破产程序的，企业破产法第三十一条和第三十二条规定的可撤销行为的起算点，为行政监管机构作出撤销决定之日。

债务人经过强制清算程序转入破产程序的，企业破产法第三十一条和第三十二条规定的可撤销行为的起算点，为人民法院裁定受理强制清算申请之日。

第十一条　人民法院根据管理人的请求撤销涉及债务人财产的以明显不合理价格进行的交易的，买卖双方应当依法返还从对方获取的财产或者价款。

因撤销该交易，对于债务人应返还受让人已支付价款所产生的债务，受让人请求作为共益债务清偿的，人民法院应予支持。

第十二条　破产申请受理前一年内债务人提前清偿的未到期债务，在破产申请受理前已经到期，管理人请求撤销该清偿行为的，人民法院不予支持。但是，该清偿行为发生在破产申请受理前六个月内且债务人有企业破产法第二条第一款规定情形的除外。

第十三条 破产申请受理后，管理人未依据企业破产法第三十一条的规定请求撤销债务人无偿转让财产、以明显不合理价格交易、放弃债权行为的，债权人依据合同法第七十四条等规定提起诉讼，请求撤销债务人上述行为并将因此追回的财产归入债务人财产的，人民法院应予受理。

相对人以债权人行使撤销权的范围超出债权人的债权抗辩的，人民法院不予支持。

第十四条 债务人对以自有财产设定担保物权的债权进行的个别清偿，管理人依据企业破产法第三十二条的规定请求撤销的，人民法院不予支持。但是，债务清偿时担保财产的价值低于债权额的除外。

第十五条 债务人经诉讼、仲裁、执行程序对债权人进行的个别清偿，管理人依据企业破产法第三十二条的规定请求撤销的，人民法院不予支持。但是，债务人与债权人恶意串通损害其他债权人利益的除外。

第十六条 债务人对债权人进行的以下个别清偿，管理人依据企业破产法第三十二条的规定请求撤销的，人民法院不予支持：

（一）债务人为维系基本生产需要而支付水费、电费等的；

（二）债务人支付劳动报酬、人身损害赔偿金的；

（三）使债务人财产受益的其他个别清偿。

第十七条 管理人依据企业破产法第三十三条的规定提起诉讼，主张被隐匿、转移财产的实际占有人返还债务人财产，或者主张债务人虚构债务或者承认不真实债务的行为无效并返还债务人财产的，人民法院应予支持。

第十八条 管理人代表债务人依据企业破产法第一百二十八条的规定，以债务人的法定代表人和其他直接责任人员对所涉债务人财产的相关行为存在故意或者重大过失，造成债务人财产损失为由提起诉讼，主张上述责任人员承担相应赔偿责任的，人民法院应予支持。

第十九条 债务人对外享有债权的诉讼时效，自人民法院受理破产申请之日起中断。

债务人无正当理由未对其到期债权及时行使权利，导致其对外债权在破产申请受理前一年内超过诉讼时效期间的，人民法院受理破产申请之日起重新计算上述债权的诉讼时效期间。

第二十条 管理人代表债务人提起诉讼，主张出资人向债务人依法缴付未履行的出资或者返还抽逃的出资本息，出资人以认缴出资尚未届至公司章程规定的缴纳期限或者违反出资义务已经超过诉讼时效为由抗辩的，人民法院不予支持。

管理人依据公司法的相关规定代表债务人提起诉讼，主张公司的发起人和负有监督股东履行出资义务的董事、高级管理人员，或者协助抽逃出资的其他股东、董事、高级管理人员、实际控制人等，对股东违反出资义务或者抽逃出资承担相应责任，并将财产归入债务人财产的，人民法院应予支持。

第二十一条　破产申请受理前，债权人就债务人财产提起下列诉讼，破产申请受理时案件尚未审结的，人民法院应当中止审理：

（一）主张次债务人代替债务人直接向其偿还债务的；

（二）主张债务人的出资人、发起人和负有监督股东履行出资义务的董事、高级管理人员，或者协助抽逃出资的其他股东、董事、高级管理人员、实际控制人等直接向其承担出资不实或者抽逃出资责任的；

（三）以债务人的股东与债务人法人人格严重混同为由，主张债务人的股东直接向其偿还债务人对其所负债务的；

（四）其他就债务人财产提起的个别清偿诉讼。

债务人破产宣告后，人民法院应当依照企业破产法第四十四条的规定判决驳回债权人的诉讼请求。但是，债权人一审中变更其诉讼请求为追收的相关财产归入债务人财产的除外。

债务人破产宣告前，人民法院依据企业破产法第十二条或者第一百零八条的规定裁定驳回破产申请或者终结破产程序的，上述中止审理的案件应当依法恢复审理。

第二十二条　破产申请受理前，债权人就债务人财产向人民法院提起本规定第二十一条第一款所列诉讼，人民法院已经作出生效民事判决书或者调解书但尚未执行完毕的，破产申请受理后，相关执行行为应当依据企业破产法第十九条的规定中止，债权人应当依法向管理人申报相关债权。

第二十三条　破产申请受理后，债权人就债务人财产向人民法院提起本规定第二十一条第一款所列诉讼的，人民法院不予受理。

债权人通过债权人会议或者债权人委员会，要求管理人依法向次债务人、债务人的出资人等追收债务人财产，管理人无正当理由拒绝追收，债权人会议依据企业破产法第二十二条的规定，申请人民法院更换管理人的，人民法院应予支持。

管理人不予追收，个别债权人代表全体债权人提起相关诉讼，主张次债务人或者债务人的出资人等向债务人清偿或者返还债务人财产，或者依法申请合并破产的，人民法院应予受理。

第二十四条　债务人有企业破产法第二条第一款规定的情形时，债务人的董事、监事和高级管理人员利用职权获取的以下收入，人民法院应当认定为企业破产法第三十六条规定的非正常收入：

（一）绩效奖金；

（二）普遍拖欠职工工资情况下获取的工资性收入；

（三）其他非正常收入。

债务人的董事、监事和高级管理人员拒不向管理人返还上述债务人财产，管理人主张上述人员予以返还的，人民法院应予支持。

债务人的董事、监事和高级管理人员因返还第一款第（一）项、第（三）项非正常收入形成的债权，可以作为普通破产债权清偿。因返还第一款第（二）项非正常收入形成的债权，依据企业破产法第一百一十三条第三款的规定，按照该企业职工平均工资计算的部分作为拖欠职工工资清偿；高出该企业职工平均工资计算的部分，可以作为普通破产债权清偿。

第二十五条 管理人拟通过清偿债务或者提供担保取回质物、留置物，或者与质权人、留置权人协议以质物、留置物折价清偿债务等方式，进行对债权人利益有重大影响的财产处分行为的，应当及时报告债权人委员会。未设立债权人委员会的，管理人应当及时报告人民法院。

第二十六条 权利人依据企业破产法第三十八条的规定行使取回权，应当在破产财产变价方案或者和解协议、重整计划草案提交债权人会议表决前向管理人提出。权利人在上述期限后主张取回相关财产的，应当承担延迟行使取回权增加的相关费用。

第二十七条 权利人依据企业破产法第三十八条的规定向管理人主张取回相关财产，管理人不予认可，权利人以债务人为被告向人民法院提起诉讼请求行使取回权的，人民法院应予受理。

权利人依据人民法院或者仲裁机关的相关生效法律文书向管理人主张取回所涉争议财产，管理人以生效法律文书错误为由拒绝其行使取回权的，人民法院不予支持。

第二十八条 权利人行使取回权时未依法向管理人支付相关的加工费、保管费、托运费、委托费、代销费等费用，管理人拒绝其取回相关财产的，人民法院应予支持。

第二十九条 对债务人占有的权属不清的鲜活易腐等不易保管的财产或者不及时变现价值将严重贬损的财产，管理人及时变价并提存变价款后，有关权利人就该变价款行使取回权的，人民法院应予支持。

第三十条 债务人占有的他人财产被违法转让给第三人，依据物权法第一百零六条的规定第三人已善意取得财产所有权，原权利人无法取回该财产的，人民法院应当按照以下规定处理：

（一）转让行为发生在破产申请受理前的，原权利人因财产损失形成的债权，作为普通破产债权清偿；

（二）转让行为发生在破产申请受理后的，因管理人或者相关人员执行职务导致原权利人损害产生的债务，作为共益债务清偿。

第三十一条　债务人占有的他人财产被违法转让给第三人，第三人已向债务人支付了转让价款，但依据物权法第一百零六条的规定未取得财产所有权，原权利人依法追回转让财产的，对因第三人已支付对价而产生的债务，人民法院应当按照以下规定处理：

（一）转让行为发生在破产申请受理前的，作为普通破产债权清偿；

（二）转让行为发生在破产申请受理后的，作为共益债务清偿。

第三十二条　债务人占有的他人财产毁损、灭失，因此获得的保险金、赔偿金、代偿物尚未交付给债务人，或者代偿物虽已交付给债务人但能与债务人财产予以区分的，权利人主张取回就此获得的保险金、赔偿金、代偿物的，人民法院应予支持。

保险金、赔偿金已经交付给债务人，或者代偿物已经交付给债务人且不能与债务人财产予以区分的，人民法院应当按照以下规定处理：

（一）财产毁损、灭失发生在破产申请受理前的，权利人因财产损失形成的债权，作为普通破产债权清偿；

（二）财产毁损、灭失发生在破产申请受理后的，因管理人或者相关人员执行职务导致权利人损害产生的债务，作为共益债务清偿。

债务人占有的他人财产毁损、灭失，没有获得相应的保险金、赔偿金、代偿物，或者保险金、赔偿物、代偿物不足以弥补其损失的部分，人民法院应当按照本条第二款的规定处理。

第三十三条　管理人或者相关人员在执行职务过程中，因故意或者重大过失不当转让他人财产或者造成他人财产毁损、灭失，导致他人损害产生的债务作为共益债务，由债务人财产随时清偿不足弥补损失，权利人向管理人或者相关人员主张承担补充赔偿责任的，人民法院应予支持。

上述债务作为共益债务由债务人财产随时清偿后，债权人以管理人或者相关人员执行职务不当导致债务人财产减少给其造成损失为由提起诉讼，主张管理人或者相关人员承担相应赔偿责任的，人民法院应予支持。

第三十四条　买卖合同双方当事人在合同中约定标的物所有权保留，在标的物所有权未依法转移给买受人前，一方当事人破产的，该买卖合同属于双方均未履行完毕的合同，管理人有权依据企业破产法第十八条的规定决定解除或者继续履行合同。

第三十五条　出卖人破产，其管理人决定继续履行所有权保留买卖合同的，买受人应当按照原买卖合同的约定支付价款或者履行其他义务。

买受人未依约支付价款或者履行完毕其他义务，或者将标的物出卖、出质或者作出其他不当处分，给出卖人造成损害，出卖人管理人依法主张取回标的物的，人民法院应予支持。但是，买受人已经支付标的物总价款百分之七十五以上或者第三人善意取得标的物所有权或者其他物权的除外。

因本条第二款规定未能取回标的物，出卖人管理人依法主张买受人继续支付价款、履行完毕其他义务，以及承担相应赔偿责任的，人民法院应予支持。

第三十六条 出卖人破产，其管理人决定解除所有权保留买卖合同，并依据企业破产法第十七条的规定要求买受人向其交付买卖标的物的，人民法院应予支持。

买受人以其不存在未依约支付价款或者履行完毕其他义务，或者将标的物出卖、出质或者作出其他不当处分情形抗辩的，人民法院不予支持。

买受人依法履行合同义务并依据本条第一款将买卖标的物交付出卖人管理人后，买受人已支付价款损失形成的债权作为共益债务清偿。但是，买受人违反合同约定，出卖人管理人主张上述债权作为普通破产债权清偿的，人民法院应予支持。

第三十七条 买受人破产，其管理人决定继续履行所有权保留买卖合同的，原买卖合同中约定的买受人支付价款或者履行其他义务的期限在破产申请受理时视为到期，买受人管理人应当及时向出卖人支付价款或者履行其他义务。

买受人管理人无正当理由未及时支付价款或者履行完毕其他义务，或者将标的物出卖、出质或者作出其他不当处分，给出卖人造成损害，出卖人依据合同法第一百三十四条等规定主张取回标的物的，人民法院应予支持。但是，买受人已支付标的物总价款百分之七十五以上或者第三人善意取得标的物所有权或者其他物权的除外。

因本条第二款规定未能取回标的物，出卖人依法主张买受人继续支付价款、履行完毕其他义务，以及承担相应赔偿责任的，人民法院应予支持。对因买受人未支付价款或者未履行完毕其他义务，以及买受人管理人将标的物出卖、出质或者作出其他不当处分导致出卖人损害产生的债务，出卖人主张作为共益债务清偿的，人民法院应予支持。

第三十八条 买受人破产，其管理人决定解除所有权保留买卖合同，出卖人依据企业破产法第三十八条的规定主张取回买卖标的物的，人民法院应予支持。

出卖人取回买卖标的物，买受人管理人主张出卖人返还已支付价款的，人民法院应予支持。取回的标的物价值明显减少给出卖人造成损失的，出卖人可从买受人已支付价款中优先予以抵扣后，将剩余部分返还给买受人；对买受人已支付价款不足以弥补出卖人标的物价值减损损失形成的债权，出卖人主张作为共益债务清偿的，人民法院应予支持。

第三十九条　出卖人依据企业破产法第三十九条的规定，通过通知承运人或者实际占有人中止运输、返还货物、变更到达地，或者将货物交给其他收货人等方式，对在运途中标的物主张了取回权但未能实现，或者在货物未达管理人前已向管理人主张取回在运途中标的物，在买卖标的物到达管理人后，出卖人向管理人主张取回的，管理人应予准许。

出卖人对在运途中标的物未及时行使取回权，在买卖标的物到达管理人后向管理人行使在运途中标的物取回权的，管理人不应准许。

第四十条　债务人重整期间，权利人要求取回债务人合法占有的权利人的财产，不符合双方事先约定条件的，人民法院不予支持。但是，因管理人或者自行管理的债务人违反约定，可能导致取回物被转让、毁损、灭失或者价值明显减少的除外。

第四十一条　债权人依据企业破产法第四十条的规定行使抵销权，应当向管理人提出抵销主张。

管理人不得主动抵销债务人与债权人的互负债务，但抵销使债务人财产受益的除外。

第四十二条　管理人收到债权人提出的主张债务抵销的通知后，经审查无异议的，抵销自管理人收到通知之日起生效。

管理人对抵销主张有异议的，应当在约定的异议期限内或者自收到主张债务抵销的通知之日起三个月内向人民法院提起诉讼。无正当理由逾期提起的，人民法院不予支持。

人民法院判决驳回管理人提起的抵销无效诉讼请求的，该抵销自管理人收到主张债务抵销的通知之日起生效。

第四十三条　债权人主张抵销，管理人以下列理由提出异议的，人民法院不予支持：

（一）破产申请受理时，债务人对债权人负有的债务尚未到期；

（二）破产申请受理时，债权人对债务人负有的债务尚未到期；

（三）双方互负债务标的物种类、品质不同。

第四十四条　破产申请受理前六个月内，债务人有企业破产法第二条第一款规定的情形，债务人与个别债权人以抵销方式对个别债权人清偿，其抵销的债权债务属于企业破产法第四十条第（二）、（三）项规定的情形之一，管理人在破产申请受理之日起三个月内向人民法院提起诉讼，主张该抵销无效的，人民法院应予支持。

第四十五条　企业破产法第四十条所列不得抵销情形的债权人，主张以其对债务人特定财产享有优先受偿权的债权，与债务人对其不享有优先受偿权的债权抵销，债务人管理人以抵销存在企业破产法第四十条规定的情形提出异议的，人民法院不予支持。但是，用以抵销的债权大于债权人享有优先受偿权财产价值的除外。

第四十六条 债务人的股东主张以下列债务与债务人对其负有的债务抵销，债务人管理人提出异议的，人民法院应予支持：

（一）债务人股东因欠缴债务人的出资或者抽逃出资对债务人所负的债务；

（二）债务人股东滥用股东权利或者关联关系损害公司利益对债务人所负的债务。

第四十七条 人民法院受理破产申请后，当事人提起的有关债务人的民事诉讼案件，应当依据企业破产法第二十一条的规定，由受理破产申请的人民法院管辖。

受理破产申请的人民法院管辖的有关债务人的第一审民事案件，可以依据民事诉讼法第三十八条的规定，由上级人民法院提审，或者报请上级人民法院批准后交下级人民法院审理。

受理破产申请的人民法院，如对有关债务人的海事纠纷、专利纠纷、证券市场因虚假陈述引发的民事赔偿纠纷等案件不能行使管辖权的，可以依据民事诉讼法第三十七条的规定，由上级人民法院指定管辖。

第四十八条 本规定施行前本院发布的有关企业破产的司法解释，与本规定相抵触的，自本规定施行之日起不再适用。

【链　接】

积极追收债务人财产　充分保障债权人利益

——最高人民法院民二庭负责人答记者问

问：为正确适用《企业破产法》，统一执法尺度，最高人民法院制定了《关于适用〈中华人民共和国企业破产法〉若干问题的规定（二）》（以下简称《规定》），请问《规定》的制定背景和目的是什么？

答：《企业破产法》施行以来，在保障债权公平有序受偿、完善优胜劣汰竞争机制、优化社会资源配置、调整社会产业结构、拯救危困企业等方面发挥了积极作用。破产程序作为法人退出机制中的一项重要制度，关涉一个企业的生死和众多利害关系人的利益，甚至会影响到一个地区的社会稳定和经济的持续健康发展。因此，依法审理企业破产案件，依法公正合理地保护破产企业相关利害关系人的利益，保障企业稳妥退出市场或得到有效挽救，意义重大。但是，由于企业破产法律程序繁琐，涉及大量程序性、实体性权利行使，尤其是债务人财产这部分，因涉及与《合同法》《物权法》《公司法》《侵权责任法》《证券法》《民事诉讼法》等多部法律的衔接，更为复杂，而我国目前的相关法律制度尚不完善，各地法院在审理破产案件时对债务人财产的认定掌握的执法尺度不一，影响了债权人权利的依法保护，为此，我们围绕债务人财产认定中所涉的法律适用问题制定了《规定》。

问：我国《企业破产法》出现了债务人财产和破产财产两个概念，请您谈谈这两个概念和债务人财产在破产程序中的重要性。

答：企业破产法理论中债务人财产又称为破产财团或者财团财产。我国《企业破产法》对债务人财产这个概念在破产宣告前后的不同阶段，分别用了债务人财产和破产财产两个不同称谓，但其本质均为法人财产，二者范围是一致的。债务人财产，是债务人对其债权人承担债务的责任财产，在破产程序中是债权人得以公平、有序受偿的重要物质保障。债务人财产在破产程序中具有非常重要的意义。在债务人财产的构成范围上有固定主义与膨胀主义两种立法模式。固定主义模式下，债务人财产在破产申请受理或者破产宣告时即已确定，是指破产申请受理时或破产宣告时债务人所有的财产。膨胀主义模式下，债务人财产在破产宣告后仍有所扩大膨胀，即不仅包括破产申请或者被宣告破产时债务人所有的财产，而且包括其在破产程序终结前所新取得的财产。我国《企业破产法》在破产财产范围上采用的是膨胀主义立法模式。根据我国《企业破产法》的规定，债务人财产包括破产申请受理时属于债务人的全部财产，也包括破产申请受理后至破产程序终结前债务人取得的财产，甚至包括破产程序终结后又发现的应当供分配的其他债务人财产。即，债务人财产既包括债务人破产时占有的静态财产和债务人破产时没有占有但基于相关权利依法应当追回的属于债务人的动态财产，也包括债务人继续营业时新取得的财产。破产程序中的各项实体性权利，包括撤销权、取回权、抵销权、债务人财产保全的自动解除和执行中止，以及有关债务人财产的衍生诉讼等都是紧紧围绕着债务人财产的确定、增加、减少而展开的。债务人财产的准确把握和有效追收，直接决定着破产程序能否顺利进行，以及债权人能否得到最大化的权利保护和公平受偿。《规定》分别从债务人财产的界定，撤销权、取回权、抵销权、债务人财产的保全和执行，以及有关债务人财产的衍生诉讼审理等多个角度对债务人财产作出了规定。

问：破产撤销权是破产法理论和实务中非常重要的一项法律制度，其目的在于维护全体债权人的整体利益，请问《规定》对此是如何考虑的？

答：破产撤销权，是破产法为防止债务人在丧失清偿能力的情况下，通过无偿转让、非正常交易或者偏袒性清偿债务等方法损害全体或者多数债权人利益，破坏公平清偿原则而设立的特殊制度。通常情况下，只有债务人在破产程序启动时所拥有的财产才受破产法的约束，即属于债务人财产。而破产程序启动前债务人已经转让的财产原则上不属于债务人财产。但是，由于一些债务人出于种种利益动机，往往会在破产程序启动前竭力转移财产、逃避债务，或对个别债权人进行偏袒性清偿，一些债权人也利用各种不正当手段争夺财产，从而造成经济秩序的混乱，以致破产法公平清偿的立法目的无法实现。撤销权制度的设置是以维护债权人整体利益、保护公平清偿为基础的，其在一定程度上舍弃了对债务人与行为相对人交易自由的保护。通过对债务人相关行为的撤销，保全了债务人责任财产，维护了债权人相互之间的实质平等，实现了破产财产在全体债权人之间的公平分配。撤销权行使的法律后果，是使债务人在破产申请受理前法定期间内实施的损害债权人利益的行为因被撤销而丧失效力。我国《企业破产法》对撤销权作出了规定。鉴于司法实践中破产撤销权行使的复杂性特点，《规定》对一些特殊问题，如经行政清理程序或公司强制清算程序转入破产清算程序中所涉可撤销行为的起算点问题、危机期内债务人对未到期债务提前清偿和债务人个别清偿行为撤销的例外情形等作出了明确规定。

问：我国《合同法》和《企业破产法》分别规定了债权人撤销权和管理人撤销权，请问这两个撤销权在债务人破产后是如何衔接适用的？

答：《合同法》下债权人撤销权和《企业破产法》下管理人撤销权，均将债务人无偿转让财产、放弃债权、以明显不合理的价格转让财产这三类行为，规定为可撤销的行为。一般情况下，债务人进入破产程序后，对上述行为的撤销应由管理人依据《企业破产法》的规定进行。但是我们考虑到，一方面，由于合同法撤销权和破产法撤销权行使权利的方式和期限有所不同，有的情况下管理人依据《企业破产法》不能撤销的行为，债权人依据《合同法》却可以撤销。另一方面，上述两个撤销权事由竞合的场合，如管理人不作为导致破产撤销权落空时，债权人也可通过行使合同法撤销权追回相关债务人财产。因此，从实现债务人财产最大化角度，《规定》规定，在管理人未依据《企业破产法》撤销债务人上述行为的，债权人可以依据《合同法》的规定提起撤销权诉讼，但这里要特别强调的是，债权人提起的该类诉讼性质上当属代表诉讼，由此追回的财产应当归入债务人财产，而不得用以清偿个别债权人，如果债权人起诉主张追回的财产应当清偿其个别债权的，人民法院对此诉讼应不予受理。

问：诉讼时效制度是民法制度下的一项重要制度，《规定》对债务人对外享有债权的诉讼时效作了进一步的规定，具体的考虑是什么？

答：根据《企业破产法》的规定，法院受理破产申请后，由管理人接管债务人的财产、印章、账簿和文书等资料，调查债务人财产状况，代表债务人参加诉讼、仲裁或者其他法律程序，替代债务人原管理层进行有关债务人财产的管理、处置、变价、分配等工作。但是，由于管理人并未参与企业原经营管理活动，其在接管后客观上需要一定的时间清理财产、查看账簿文书等，以便追收债务人财产。而且，根据《企业破产法》第17条的规定，破产申请受理后债务人的债务人应当向管理人清偿债务，因此，提出清偿要求是破产程序依法启动的题中应有之义。因此，为避免管理人在接管过程中因诉讼时效超过导致债务人财产不当减损，《规定》规定，债务人对外享有的债权，其诉讼时效自破产申请受理之日起中断。另外，对于债务人无正当理由未对其到期债权及时行使权利，导致其对外债权超过诉讼时效期间的不作为行为，我们认为其实质是债务人恶意放弃其到期债权的行为。债务人放弃债权的行为包括积极的放弃行为和消极的放弃行为。对于债务人积极的放弃债权行为，管理人可通过行使破产撤销权实现有效债权的复归。但对于债务人不及时主张对外债权的消极的放弃债权行为，客观上并无可以撤销的行为，因而无法撤销。因此，为实现对债务人恶意减少其财产的消极放弃债权行为产生类似于撤销其积极放弃债权行为的法律效果，《规定》从重新计算诉讼时效的角度作出了制度安排。

问：债务人财产是债权人在破产程序中得以公平有序受偿的重要物质保障。破产程序启动后，对于债权人基于债务人财产提起的有关诉讼，《规定》是如何规定的？

答：债务人对外享有的债权、出资人应缴而未缴的出资，以及债务人股东与债务人财产严重混同时的股东财产等，在法律属性上都属于债务人财产。破产程序启动前，债权人就债务人财产获得清偿，贯彻的是先来先得原则，在债权人提起代位权诉讼或者起诉主张瑕疵出资股东或抽逃出资股东或严重混同股东承担相应民事责任的，人民法院应予以支持。但是破产程序启动后，所有债务人财产均应纳入到破产程序中一并清偿全体债权人，管理人应依法向债务人的债务人追收债务，以及向债务人的出资人追收欠缴出资、抽逃出资、混同财产等，以实现债务人财产的完整性，保障全体债权人利益最大化。因此，破产申请受理后，所有基于债务人财产的清偿均应通过破产程序解决，而不得通过个案诉讼、仲裁或者执行等方式获得个别清偿。对此，《规定》作出了明确规定，即，破产申请受理前，债权人基于债务人财产提起的代位权等诉讼，在破产申请受理时案件尚未审结的，法院应当中止审理，并在破产宣告后驳回债权人的诉讼请求；破产申请受理前已经就相关案件作出了生效法律文书但尚未执行完毕的，破产申请受理后，应当中止执行，债权人应当依法向管理人申报债权；破产申请受理后，债权人就债务人财产新提起的直接清偿所欠其债务的诉讼，人民法院应不予受理，债权人应当依据《企业破产法》规定的程序行使权利。

问：取回权制度是破产法下的一项重要制度，请您谈谈取回权的行使问题。

答：破产程序中涉及的取回权包括非债务人财产取回权、代偿性取回权、出卖人在途标的物取回权、出卖人取回权，这里面有破产法下的取回权，也有其他法律中规定的取回权在破产程序中的具体适用。非债务人财产取回权，是指在破产程序中对于不属于债务人的财产，其所有权人或者其他权利人通过管理人将该财产予以取回的权利，其权利行使的基础为民法上的所有权和其他财产权利。代偿性取回权，是指当非债务人财产取回权行使的标的财产毁损、灭失时，该财产的权利人依法对取回权标的物的代偿财产行使取回的权利，是对非债务人财产取回权制度的必要补充。出卖人在途标的物取回权，是《企业破产法》中规定的一项特殊的取回权，是指尚未收到全部价款的动产出卖人，将买卖标的物发送后，如果买受人在尚未收到标的物前破产的，出卖人可以请求取回标的物的权利，其目的在于担保已经脱离了对标的物控制权的出卖人获得买卖价款的权利。出卖人取回权，是《合同法》上的权利在破产程序中的行使，是指当事人在买卖合同中约定所有权保留，在标的物所有权转移前，买受人未按约定支付价款或完成特定条件，或将标的物出卖、出质或者作出其他不当处分，对出卖人造成损害的，出卖人有权主张取回买卖标的物，该权利行使时涉及与《企业破产法》下管理人挑拣履行权的衔接。《规定》对上述取回权的行使分别作出了规范。

问：请问对于债务人占有的他人财产被违法转让给第三人的，相关当事人之间的权利应当如何行使？

答：一般情况下，破产程序启动后，对于债务人占有的他人财产，财产权利人有权通过行使取回权取回其财产。但是，如果其财产被违法转让给第三人的，因涉及第三人的善意取得问题，原财产权利人的权利行使受到一定的影响。根据《物权法》第 106 条的规定，第三人受让被违法转让的财产符合善意取得条件的，该财产的所有权归第三人所有，原财产权利人不能对该财产行使取回权。原财产权利人有权向无处分权的债务人请求赔偿。对于该赔偿，应当根据无权处分行为发生的时间和行使的主体予以区分。如果无权处分行为发生在破产申请受理前的，因系债务人自身无权处分行为，该赔偿属于一般侵权之债的赔偿，在破产程序中应当作为普通破产债权予以清偿；

如果无权处分行为发生在破产申请受理后的，因系管理人所为，根据《企业破产法》的规定，管理人或者相关人员执行职务致人损害产生的债务，应当作为共益债务予以清偿。第三人受让财产不符合善意取得条件的，第三人未取得被转让财产的所有权，原财产权利人均有权依据交付情况分别向债务人或者第三人主张取回该财产。如果第三人已经向债务人支付了转让价款，而所涉财产又被原财产权利人追回后，第三人就已支付价款损失有权向债务人主张返还。对于该损失赔偿债权，也应根据转让行为发生的时间和行使主体区分，按照普通破产债权或共益债务进行清偿。

问：请问《规定》对代偿性取回权是如何考虑的？

答：关于债务人占有的他人财产毁损、灭失，有相应的保险金、赔偿金、代偿物的，原财产权利人是否可以就其行使代偿性取回权问题，争议还是比较大的，主要涉及原财产权利人与全体债权人的利益平衡问题。我们在制定该《规定》时，一方面通过确立代偿性取回权制度加大对原财产权利人权利的保护力度，另一方面又通过对代偿性取回权行使范围进行必要限制的方式适度保护了其他债权人利益。即以能否将财产毁损、灭失获得的保险金、赔偿金或者代偿物与债务人财产予以区分，作为权利人能否行使代偿性取回权的前提。如果能够予以区分的，权利人可以取回就此获得的保险金、赔偿金或者代偿物；如果不能与债务人财产予以区分的，权利人则不能行使代偿性取回权，而只能根据财产毁损、灭失发生的时间分别按照普通破产债权或者共益债务在破产程序中获得清偿。

问：买卖合同约定所有权保留，在标的物所有权尚未转移给买受人前，一方当事人破产的，对于这类合同的处理与一般买卖合同的处理是否不同？与破产法是如何衔接的？

答：这里面问题比较复杂，涉及了买卖合同出卖人取回权行使和破产法下管理人挑拣履行权的行使。买卖合同一方当事人进入破产程序的，一方面是买受人未按照约定支付完毕价款或者履行其他约定条件，另一方面，基于双方合同约定，买卖标的物所有权尚未转移给买受人所有，因此该买卖合同应属双方均未履行完毕的合同。根据《企业破产法》的规定，管理人有权基于债务人利益最大化的目的，自行决定继续履行或者解除该合同。因此，该合同是否继续履行，其选择权在于破产管理人。在出卖人破产还是买受人破产的不同情形下，破产管理人是选择继续履行合同还是解除合同，对相关权利人能否行使合同法出卖人取回权有很大差别。出卖人破产，管理人决定继续履行合同的，不存在债权加速到期的事由，双方应当按照原买卖合同的约定继续履行合同，如果买受人未按照双方合同约定期限支付价款或者完成特定条件，或者将标的物出卖、出质或者作出其他不当处分，对出卖人造成损害的，出卖人有权行使买卖合同出卖人的取回权；出卖人破产，管理人决定解除合同的，原买卖合同不再履行，出卖人基于标的物所有权尚未转移至买受人所有的事实，有权依据《企业破产法》的规定，将属于出卖人的财产追回后作为债务人财产，此时出卖人行使的并非《合同法》下出卖人的取回权，因此不以买受人违约为权利行使的前提条件；买受人破产，管理人决定继续履行合同的，根据《企业破产法》第46条的规定，买受人支付有关款项或者履行其他义务的期限自破产申请受理之日加速到期，管理人应当及时向出卖人支付尚未支付的全部价款或者履行完毕其他义务，如果管理人无正当理由未及时履行义务的，构成对买受人的违约，出卖人可以行使买卖合同出卖人取回权；买受人破产，管理人决定解除合同的，根据合同约定，出卖人对买卖标的物享有所有权，出卖人有权依据《企业破产法》第38条的规定取回该标的物。

问：出卖人对在运途中标的物的取回权是《企业破产法》所规定的一项特殊的权利，请您谈谈该项权利应当如何行使？

答：出卖人在途标的物取回权源于英美货物买卖法的中途停运权。我国《合同法》第308条对此也有相应规定。出卖人在途标的物取回权行使的条件，一是法院受理破产申请时买卖标的物处于在运途中；二是出卖人尚未收到全部买卖价款。出卖人在途标的物取回权行使不以出卖人对买卖标的物享有所有权为前提。出卖人行使该取回权时，可以通过承运人或者实际占有人行使权利。原则上，承运人或者实际占有人应当按照出卖人的要求保障其取回权的实现。如果承运人或者实际占有人没有按照要求保障出卖人的取回权实现，导致买卖标的物最终交付到管理人的，因出卖人主张行使取回权时符合《企业破产法》第39条规定的条件，即使买卖标的物事后到达管理人的，出卖人仍然有权向管理人主张取回。管理人不得以标的物已经不符合在运途中的要件为由，拒绝其取回权行使。另外，如果出卖人在标的物在运途中，由于特殊原因无法通过承运人等行使取回权的，也可以直接向管理人主张取回。待货物到达管理人后，管理人应当将标的物返回出卖人。出卖人对在途标的物取回权行使的一个重要前提是买卖标的物处于在运途中。如果出卖人未在买卖标的物到达管理人前及时主张行使在途标的物取回权的，其即丧失了行使该项取回权的权利。在买卖标的物到达管理人后，出卖人无权依据《企业破产法》第39条的规定向管理人主张取回买卖标的物。

问：破产抵销权源于民法抵销权，但又与民法抵销权有所不同，请问具体体现在哪些方面？

答：破产抵销权是民法抵销权制度在破产程序中的特别运用，两者在维护当事人权益等方面有很大差别。民法抵销权适用的主要目的，是为了节省当事人双方的结算时间和费用，避免交叉诉讼。而破产抵销权，是为了使债权人的破产债权在抵销范围内得以从破产财产中得到全额、优先的清偿，避免和其他债权人一样接受破产财产的按比例清偿，使其在破产程序中拥有不同于其他债权人的优先地位。破产抵销权和民法抵销权在具体行使时还是有很大差别的。第一，民法抵销权作为债的消灭方式，互负债权债务的交叉债权人基于消灭双方互负债务的目的均可主动提出抵销主张。但破产法抵销权，因其立法目的在于担保债权人的债权优先实现，因此，该权利只能由破产债权的债权人行使，而管理人不得在破产债权人未提出抵销主张的情况下主动提出抵销。第二，抵销双方债的标的种类相同和抵销双方的债务均已届至清偿期这两个条件是民法抵销权行使的必备条件。但在破产抵销权行使时，并不受民法抵销权上述两个条件的限制，即使是种类不同的债务或者尚未到期的债务也可行使破产抵销权。理由：一是破产程序是一种概括执行程序，破产财产分配以货币分配为主，在破产程序中所有的债权债务关系都通过债权申报转化为可以用金钱代表的债权债务，因此，破产抵销权的行使，并不要求双方互负债务的标的种类相同，不同种类的债务也可以进行抵销；二是根据《企业破产法》的规定，债权人对债务人享有的未到期债权，在破产申请受理时视为到期，即债务人对债权人负有的债务虽然尚未届至合同约定的履行期限，但由于债务人进入破产程序，其对债权人的清偿义务加速到期；三是债权人对债务人负有的债务虽然没有届至履行期限，如果债权人不主张抵销的，则债权人仍可按照原约定期限履行债务，但如果作为主动债权的债权人自行选择以其尚未届至履行期限的债务向对方已经届至履行期限的债务抵销的，则可视为其放弃其期限利益，因此该抵销应为有效。

问：有关债务人的民事诉讼，在管辖上与《民事诉讼法》所规定的管辖有什么关系？具体到个案中如何确定案件的管辖法院？

答：有关债务人的破产衍生诉讼从案件受理时间上区分包括两类案件。一类案件是破产申请受理前法院已经受理但在破产申请受理时尚未审结的有关债务人的民事诉讼，另一类案件是破产申请受理后当事人新提起的有关债务人的民事诉讼。对于第一类案件的管辖，适用民事诉讼案件管辖的一般规定确定管辖法院，并且在法院受理破产申请后，不再移送管辖，仍由原受理法院继续审理。对于第二类案件，根据《企业破产法》第21条的规定，在法院受理破产申请后，所有新提起的有关债务人的民事诉讼，均由受理破产申请的法院管辖。《企业破产法》关于破产衍生诉讼的集中管辖规定，目的在于保障破产事务的协调处理。相对于《民事诉讼法》，《企业破产法》属于特别法，在法律适用上，应当优先适用《企业破产法》的规定。即对于所有新提起的有关债务人的民事诉讼，受理破产申请的法院当然享有管辖权，当事人不得以《民事诉讼法》的有关规定否定受理破产案件法院的管辖权。如果确有特殊原因，依法享有管辖权的受理破产案件的法院不便审理的，可以依据《民事诉讼法》的规定，报请其上级法院指定管辖，或者在上下级法院间转移管辖权。

最高人民法院
印发《全国法院破产审判工作会议纪要》的通知

（2018年3月4日　法〔2018〕53号）

各省、自治区、直辖市高级人民法院，解放军军事法院，新疆维吾尔自治区高级人民法院生产建设兵团分院：

现将《全国法院破产审判工作会议纪要》印发给你们，请认真遵照执行。

附：

全国法院破产审判工作会议纪要

为落实党的十九大报告提出的贯彻新发展理念、建设现代化经济体系的要求，紧紧围绕高质量发展这条主线，服务和保障供给侧结构性改革，充分发挥人民法院破产审判工作在完善社会主义市场经济主体拯救和退出机制中的积极作用，为决胜全面建成小康社会提供更加有力的司法保障，2017年12月25日，最高人民法院在广东省深圳市召开了全国法院破产审判工作会议。各省、自治区、直辖市高级人民法院、设立破产审判庭的市中级人民法院的代表参加了会议。与会代表经认真讨论，对人民法院破产审判涉及的主要问题达成共识。现纪要如下：

一、破产审判的总体要求

会议认为，人民法院要坚持以习近平新时代中国特色社会主义经济思想为指导，深刻认识破产法治对决胜全面建成小康社会的重要意义，以更加有力的举措开展破产审判工作，为经济社会持续健康发展提供更加有力的司法保障。当前和今后一个时期，破产审判工作总的要求是：

一要发挥破产审判功能，助推建设现代化经济体系。人民法院要通过破产工作实现资源重新配置，用好企业破产中权益、经营管理、资产、技术等重大调整的有利契机，对不同企业分类处置，把科技、资本、劳动力和人力资源等生产要素调动好、配置好、协同好，促进实体经济和产业体系优质高效。

二要着力服务构建新的经济体制，完善市场主体救治和退出机制。要充分运用重整、和解法律手段实现市场主体的有效救治，帮助企业提质增效；运用清算手段促使丧失经营价值的企业和产能及时退出市场，实现优胜劣汰，从而完善社会主义市场主体的救治和退出机制。

三要健全破产审判工作机制，最大限度释放破产审判的价值。要进一步完善破产重整企业识别、政府与法院协调、案件信息沟通、合法有序的利益衡平四项破产审判工作机制，推动破产审判工作良性运行，彰显破产审判工作的制度价值和社会责任。

四要完善执行与破产工作的有序衔接，推动解决“执行难”。要将破产审判作为与立案、审判、执行既相互衔接、又相对独立的一个重要环节，充分发挥破产审判对化解执行积案的促进功能，消除执行转破产的障碍，从司法工作机制上探索解决“执行难”的有效途径。

二、破产审判的专业化建设

审判专业化是破产审判工作取得实质性进展的关键环节。各级法院要大力加强破产审判专业化建设，努力实现审判机构专业化、审判队伍专业化、审判程序规范化、裁判规则标准化、绩效考评科学化。

1. 推进破产审判机构专业化建设。省会城市、副省级城市所在地中级人民法院要根据最高人民法院《关于在中级人民法院设立清算与破产审判庭的工作方案》（法〔2016〕209 号），抓紧设立清算与破产审判庭。其他各级法院可根据本地工作实际需求决定设立清算与破产审判庭或专门的合议庭，培养熟悉清算与破产审判的专业法官，以适应破产审判工作的需求。

2. 合理配置审判任务。要根据破产案件数量、案件难易程度、审判力量等情况，合理分配各级法院的审判任务。对于债权债务关系复杂、审理难度大的破产案件，高级人民法院可以探索实行中级人民法院集中管辖为原则、基层人民法院管辖为例外的管辖制度；对于债权债务关系简单、审理难度不大的破产案件，可以主要由基层人民法院管辖，通过快速审理程序高效审结。

3. 建立科学的绩效考评体系。要尽快完善清算与破产审判工作绩效考评体系，在充分尊重司法规律的基础上确定绩效考评标准，避免将办理清算破产案件与普通案件简单对比、等量齐观、同等考核。

三、管理人制度的完善

管理人是破产程序的主要推动者和破产事务的具体执行者。管理人的能力和素质不仅影响破产审判工作的质量，还关系到破产企业的命运与未来发展。要加快完善管理人制度，大力提升管理人职业素养和执业能力，强化对管理人的履职保障和有效监督，为改善企业经营、优化产业结构提供有力制度保障。

4. 完善管理人队伍结构。人民法院要指导编入管理人名册的中介机构采取适当方式吸收具有专业技术知识、企业经营能力的人员充实到管理人队伍中来，促进管理人队伍内在结构更加合理，充分发挥和提升管理人在企业病因诊断、资源整合等方面的重要作用。

5. 探索管理人跨区域执业。除从本地名册选择管理人外，各地法院还可以探索从外省、市管理人名册中选任管理人，确保重大破产案件能够遴选出最佳管理人。两家以上具备资质的中介机构请求联合担任同一破产案件管理人的，人民法院经审查符合自愿协商、优势互补、权责一致要求且确有必要的，可以准许。

6. 实行管理人分级管理。高级人民法院或者自行编制管理人名册的中级人民法院可以综合考虑管理人的专业水准、工作经验、执业操守、工作绩效、勤勉程度等因素，合理确定管理人等级，对管理人实行分级管理、定期考评。对债务人财产数量不多、债权债务关系简单的破产案件，可以在相应等级的管理人中采取轮候、抽签、摇号等随机方式指定管理人。

7. 建立竞争选定管理人工作机制。破产案件中可以引入竞争机制选任管理人，提升破产管理质量。上市公司破产案件、在本地有重大影响的破产案件或者债权债务关系复杂，涉及债权人、职工以及利害关系人人数较多的破产案件，在指定管理人时，一般应当通过竞争方式依法选定。

8. 合理划分法院和管理人的职能范围。人民法院应当支持和保障管理人依法履行职责，不得代替管理人作出本应由管理人自己作出的决定。管理人应当依法管理和处分债务人财产，审慎决定债务人内部管理事务，不得将自己的职责全部或者部分转让给他人。

9. 进一步落实管理人职责。在债务人自行管理的重整程序中，人民法院要督促管理人制订监督债务人的具体制度。在重整计划规定的监督期内，管理人应当代表债务人参加监督期开始前已经启动而尚未终结的诉讼、仲裁活动。重整程序、和解程序转入破产清算程序后，管理人应当按照破产清算程序继续履行管理人职责。

10. 发挥管理人报酬的激励和约束作用。人民法院可以根据破产案件的不同情况确定管理人报酬的支付方式，发挥管理人报酬在激励、约束管理人勤勉履职方面的积极作用。管理人报酬原则上应当根据破产案件审理进度和管理人履职情况分期支付。案情简单、耗时较短的破产案件，可以在破产程序终结后一次性向管理人支付报酬。

11. 管理人聘用其他人员费用负担的规制。管理人经人民法院许可聘用企业经营管理人员，或者管理人确有必要聘请其他社会中介机构或人员处理重大诉讼、仲裁、执行或审计等专业性较强工作，如所需费用需要列入破产费用的，应当经债权人会议同意。

12. 推动建立破产费用的综合保障制度。各地法院要积极争取财政部门支持，或采取从其他破产案件管理人报酬中提取一定比例等方式，推动设立破产费用保障资金，建立破产费用保障长效机制，解决因债务人财产不足以支付破产费用而影响破产程序启动的问题。

13. 支持和引导成立管理人协会。人民法院应当支持、引导、推动本辖区范围内管理人名册中的社会中介机构、个人成立管理人协会，加强对管理人的管理和约束，维护管理人的合法权益，逐步形成规范、稳定和自律的行业组织，确保管理人队伍既充满活力又规范有序发展。

四、破产重整

会议认为，重整制度集中体现了破产法的拯救功能，代表了现代破产法的发展趋势，全国各级法院要高度重视重整工作，妥善审理企业重整案件，通过市场化、法治化途径挽救困境企业，不断完善社会主义市场主体救治机制。

14. 重整企业的识别审查。破产重整的对象应当是具有挽救价值和可能的困境企业；对于僵尸企业，应通过破产清算，果断实现市场出清。人民法院在审查重整申请时，根据债务人的资产状况、技术工艺、生产销售、行业前景等因素，能够认定债务人明显不具备重整价值以及拯救可能性的，应裁定不予受理。

15. 重整案件的听证程序。对于债权债务关系复杂、债务规模较大，或者涉及上市公司重整的案件，人民法院在审查重整申请时，可以组织申请人、被申请人听证。债权人、出资人、重整投资人等利害关系人经人民法院准许，也可以参加听证。听证期间不计入重整申请审查期限。

16. 重整计划的制定及沟通协调。人民法院要加强与管理人或债务人的沟通，引导其分析债务人陷于困境的原因，有针对性地制定重整计划草案，促使企业重新获得盈利能力，提高重整成功率。人民法院要与政府建立沟通协调机制，帮助管理人或债务人解决重整计划草案制定中的困难和问题。

17. 重整计划的审查与批准。重整不限于债务减免和财务调整，重整的重点是维持企业的营运价值。人民法院在审查重整计划时，除合法性审查外，还应审查其中的经营方案是否具有可行性。重整计划中关于企业重新获得盈利能力的经营方案具有可行性、表决程序合法、内容不损害各表决组中反对者的清偿利益的，人民法院应当自收到申请之日起三十日内裁定批准重整计划。

18. 重整计划草案强制批准的条件。人民法院应当审慎适用企业破产法第八十七条第二款，不得滥用强制批准权。确需强制批准重整计划草案的，重整计划草案除应当符合企业破产法第八十七条第二款规定外，如债权人分多组的，还应当至少有一组已经通过重整计划草案，且各表决组中反对者能够获得的清偿利益不低于依照破产清算程序所能获得的利益。

19. 重整计划执行中的变更条件和程序。债务人应严格执行重整计划，但因出现国家政策调整、法律修改变化等特殊情况，导致原重整计划无法执行的，债务人或管理人可以申请变更重整计划一次。债权人会议决议同意变更重整计划的，应自决议通过之日起十日内提请人民法院批准。债权人会议决议不同意或者人民法院不批准变更申请的，人民法院经管理人或者利害关系人请求，应当裁定终止重整计划的执行，并宣告债务人破产。

20. 重整计划变更后的重新表决与裁定批准。人民法院裁定同意变更重整计划的，债务人或者管理人应当在六个月内提出新的重整计划。变更后的重整计划应提交给因重整计划变更而遭受不利影响的债权人组和出资人组进行表决。表决、申请人民法院批准以及人民法院裁定是否批准的程序与原重整计划的相同。

21. 重整后企业正常生产经营的保障。企业重整后，投资主体、股权结构、公司治理模式、经营方式等与原企业相比，往往发生了根本变化，人民法院要通过加强与政府的沟通协调，帮助重整企业修复信用记录，依法获取税收优惠，以利于重整企业恢复正常生产经营。

22. 探索推行庭外重组与庭内重整制度的衔接。在企业进入重整程序之前，可以先由债权人与债务人、出资人等利害关系人通过庭外商业谈判，拟定重组方案。重整程序启动后，可以重组方案为依据拟定重整计划草案提交人民法院依法审查批准。

五、破产清算

会议认为，破产清算作为破产制度的重要组成部分，具有淘汰落后产能、优化市场资源配置的直接作用。对于缺乏拯救价值和可能性的债务人，要及时通过破产清算程序对债权债务关系进行全面清理，重新配置社会资源，提升社会有效供给的质量和水平，增强企业破产法对市场经济发展的引领作用。

23. 破产宣告的条件。人民法院受理破产清算申请后，第一次债权人会议上无人提出重整或和解申请的，管理人应当在债权审核确认和必要的审计、资产评估后，及时向人民法院提出宣告破产的申请。人民法院受理破产和解或重整申请后，债务人出现应当宣告破产的法定原因时，人民法院应当依法宣告债务人破产。

24. 破产宣告的程序及转换限制。相关主体向人民法院提出宣告破产申请的，人民法院应当自收到申请之日起七日内作出破产宣告裁定并进行公告。债务人被宣告破产后，不得再转入重整程序或和解程序。

25. 担保权人权利的行使与限制。在破产清算和破产和解程序中，对债务人特定财产享有担保权的债权人可以随时向管理人主张就该特定财产变价处置行使优先受偿权，管理人应及时变价处置，不得以须经债权人会议决议等为由拒绝。但因单独处置担保财产会降低其他破产财产的价值而应整体处置的除外。

26. 破产财产的处置。破产财产处置应当以价值最大化为原则，兼顾处置效率。人民法院要积极探索更为有效的破产财产处置方式和渠道，最大限度提升破产财产变价率。采用拍卖方式进行处置的，拍卖所得预计不足以支付评估拍卖费用，或者拍卖不成的，经债权人会议决议，可以采取作价变卖或实物分配方式。变卖或实物分配的方案经债权人会议两次表决仍未通过的，由人民法院裁定处理。

27. 企业破产与职工权益保护。破产程序中要依法妥善处理劳动关系，推动完善职工欠薪保障机制，依法保护职工生存权。由第三方垫付的职工债权，原则上按照垫付的职工债权性质进行清偿；由欠薪保障基金垫付的，应按照企业破产法第一百一十三条第一款第二项的顺序清偿。债务人欠缴的住房公积金，按照债务人拖欠的职工工资性质清偿。

28. 破产债权的清偿原则和顺序。对于法律没有明确规定清偿顺序的债权，人民法院可以按照人身损害赔偿债权优先于财产性债权、私法债权优先于公法债权、补偿性债权优先于惩罚性债权的原则合理确定清偿顺序。因债务人侵权行为造成的人身损害赔偿，可以参照企业破产法第一百一十三条第一款第一项规定的顺序清偿，但其中涉及的惩罚性赔偿除外。破产财产依照企业破产法第一百一十三条规定的顺序清偿后仍有剩余的，可依次用于清偿破产受理前产生的民事惩罚性赔偿金、行政罚款、刑事罚金等惩罚性债权。

29. 建立破产案件审理的繁简分流机制。人民法院审理破产案件应当提升审判效率，在确保利害关系人程序和实体权利不受损害的前提下，建立破产案件审理的繁简分流机制。对于债权债务关系明确、债务人财产状况清楚的破产案件，可以通过缩短程序时间、简化流程等方式加快案件审理进程，但不得突破法律规定的最低期限。

30. 破产清算程序的终结。人民法院终结破产清算程序应当以查明债务人财产状况、明确债务人财产的分配方案、确保破产债权获得依法清偿为基础。破产申请受理后，经管理人调查，债务人财产不足以清偿破产费用且无人代为清偿或垫付的，人民法院应当依管理人申请宣告破产并裁定终结破产清算程序。

31. 保证人的清偿责任和求偿权的限制。破产程序终结前，已向债权人承担了保证责任的保证人，可以要求债务人向其转付已申报债权的债权人在破产程序中应得清偿部分。破产程序终结后，债权人就破产程序中未受清偿部分要求保证人承担保证责任的，应在破产程序终结后六个月内提出。保证人承担保证责任后，不得再向和解或重整后的债务人行使求偿权。

六、关联企业破产

会议认为，人民法院审理关联企业破产案件时，要立足于破产关联企业之间的具体关系模式，采取不同方式予以处理。既要通过实质合并审理方式处理法人人格高度混同的关联关系，确保全体债权人公平清偿，也要避免不当采用实质合并审理方式损害相关利益主体的合法权益。

32. 关联企业实质合并破产的审慎适用。人民法院在审理企业破产案件时，应当尊重企业法人人格的独立性，以对关联企业成员的破产原因进行单独判断并适用单个破产程序为基本原则。当关联企业成员之间存在法人人格高度混同、区分各关联企业成员财产的成本过高、严重损害债权人公平清偿利益时，可例外适用关联企业实质合并破产方式进行审理。

33. 实质合并申请的审查。人民法院收到实质合并申请后，应当及时通知相关利害关系人并组织听证，听证时间不计入审查时间。人民法院在审查实质合并申请过程中，可以综合考虑关联企业之间资产的混同程序及其持续时间、各企业之间的利益关系、债权人整体清偿利益、增加企业重整的可能性等因素，在收到申请之日起三十日内作出是否实质合并审理的裁定。

34. 裁定实质合并时利害关系人的权利救济。相关利害关系人对受理法院作出的实质合并审理裁定不服的，可以自裁定书送达之日起十五日内向受理法院的上一级人民法院申请复议。

35. 实质合并审理的管辖原则与冲突解决。采用实质合并方式审理关联企业破产案件的，应由关联企业中的核心控制企业住所地人民法院管辖。核心控制企业不明确的，由关联企业主要财产所在地人民法院管辖。多个法院之间对管辖权发生争议的，应当报请共同的上级人民法院指定管辖。

36. 实质合并审理的法律后果。人民法院裁定采用实质合并方式审理破产案件的，各关联企业成员之间的债权债务归于消灭，各成员的财产作为合并后统一的破产财产，由各成员的债权人在同一程序中按照法定顺序公平受偿。采用实质合并方式进行重整的，重整计划草案中应当制定统一的债权分类、债权调整和债权受偿方案。

37. 实质合并审理后的企业成员存续。适用实质合并规则进行破产清算的，破产程序终结后各关联企业成员均应予以注销。适用实质合并规则进行和解或重整的，各关联企业原则上应当合并为一个企业。根据和解协议或重整计划，确有需要保持个别企业独立的，应当依照企业分立的有关规则单独处理。

38. 关联企业破产案件的协调审理与管辖原则。多个关联企业成员均存在破产原因但不符合实质合并条件的，人民法院可根据相关主体的申请对多个破产程序进行协调审理，并可根据程序协调的需要，综合考虑破产案件审理的效率、破产申请的先后顺序、成员负债规模大小、核心控制企业住所地等因素，由共同的上级法院确定一家法院集中管辖。

39. 协调审理的法律后果。协调审理不消灭关联企业成员之间的债权债务关系，不对关联企业成员的财产进行合并，各关联企业成员的债权人仍以该企业成员财产为限依法获得清偿。但关联企业成员之间不当利用关联关系形成的债权，应当劣后于其他普通债权顺序清偿，且该劣后债权人不得就其他关联企业成员提供的特定财产优先受偿。

七、执行程序与破产程序的衔接

执行程序与破产程序的有效衔接是全面推进破产审判工作的有力抓手，也是破解“执行难”的重要举措。全国各级法院要深刻认识执行转破产工作的重要意义，大力推动符合破产条件的执行案件，包括执行不能案件进入破产程序，充分发挥破产程序的制度价值。

40. 执行法院的审查告知、释明义务和移送职责。执行部门要高度重视执行与破产的衔接工作，推动符合条件的执行案件向破产程序移转。执行法院发现作为被执行人的企业法人符合企业破产法第二条规定的，应当及时询问当事人是否同意将案件移送破产审查并释明法律后果。执行法院作出移送决定后，应当书面通知所有已知执行法院，执行法院均应中止对被执行人的执行程序。

41. 执行转破产案件的移送和接收。执行法院与受移送法院应加强移送环节的协调配合，提升工作实效。执行法院移送案件时，应当确保材料完备，内容、形式符合规定。受移送法院应当认真审核并及时反馈意见，不得无故不予接收或暂缓立案。

42. 破产案件受理后查封措施的解除或查封财产的移送。执行法院收到破产受理裁定后，应当解除对债务人财产的查封、扣押、冻结措施；或者根据破产受理法院的要求，出具函件将查封、扣押、冻结财产的处置权交破产受理法院。破产受理法院可以持执行法院的移送处置函件进行续行查封、扣押、冻结，解除查封、扣押、冻结，或者予以处置。

执行法院收到破产受理裁定拒不解除查封、扣押、冻结措施的，破产受理法院可以请求执行法院的上级法院依法予以纠正。

43. 破产审判部门与执行部门的信息共享。破产受理法院可以利用执行查控系统查控债务人财产，提高破产审判工作效率，执行部门应予以配合。

各地法院要树立线上线下法律程序同步化的观念，逐步实现符合移送条件的执行案件网上移送，提升移送工作的透明度，提高案件移送、通知、送达、沟通协调等相关工作的效率。

44. 强化执行转破产工作的考核与管理。各级法院要结合工作实际建立执行转破产工作考核机制，科学设置考核指标，推动执行转破产工作开展。对应当征询当事人意见不征询、应当提交移送审查不提交、受移送法院违反相关规定拒不接收执行转破产材料或者拒绝立案的，除应当纳入绩效考核和业绩考评体系外，还应当公开通报和严肃追究相关人员的责任。

八、破产信息化建设

会议认为，全国法院要进一步加强破产审判的信息化建设，提升破产案件审理的透明度和公信力，增进破产案件审理质效，促进企业重整再生。

45. 充分发挥破产重整案件信息平台对破产审判工作的推动作用。各级法院要按照最高人民法院相关规定，通过破产重整案件信息平台规范破产案件审理，全程公开、步步留痕。要进一步强化信息网的数据统计、数据检索等功能，分析研判企业破产案件情况，及时发现新情况，解决新问题，提升破产案件审判水平。

46. 不断加大破产重整案件的信息公开力度。要增加对债务人企业信息的公开内容，吸引潜在投资者，促进资本、技术、管理能力等要素自由流动和有效配置，帮助企业重整再生。要确保债权人等利害关系人及时、充分了解案件进程和债务人相关财务、重整计划草案、重整计划执行等情况，维护债权人等利害关系人的知情权、程序参与权。

47. 运用信息化手段提高破产案件处理的质量与效率。要适应信息化发展趋势，积极引导以网络拍卖方式处置破产财产，提升破产财产处置效益。鼓励和规范通过网络方式召开债权人会议，提高效率，降低破产费用，确保债权人等主体参与破产程序的权利。

48. 进一步发挥人民法院破产重整案件信息网的枢纽作用。要不断完善和推广使用破产重整案件信息网，在确保增量数据及时录入信息网的同时，加快填充有关存量数据，确立信息网在企业破产大数据方面的枢纽地位，发挥信息网的宣传、交流功能，扩大各方运用信息网的积极性。

九、跨境破产

49. 对跨境破产与互惠原则。人民法院在处理跨境破产案件时，要妥善解决跨境破产中的法律冲突与矛盾，合理确定跨境破产案件中的管辖权。在坚持同类债权平等保护的原则下，协调好外国债权人利益与我国债权人利益的平衡，合理保护我国境内职工债权、税收债权等优先权的清偿利益。积极参与、推动跨境破产国际条约的协商与签订，探索互惠原则适用的新方式，加强我国法院和管理人在跨境破产领域的合作，推进国际投资健康有序发展。

50. 跨境破产案件中的权利保护与利益平衡。依照企业破产法第五条的规定，开展跨境破产协作。人民法院认可外国法院作出的破产案件的判决、裁定后，债务人在中华人民共和国境内的财产在全额清偿境内的担保权人、职工债权和社会保险费用、所欠税款等优先权后，剩余财产可以按照该外国法院的规定进行分配。

最高人民法院
关于审理企业破产案件确定管理人报酬的规定

法释〔2007〕9号

（2007年4月4日最高人民法院审判委员会第1422次会议通过
2007年4月12日最高人民法院公告公布　自2007年6月1日起施行）

为公正、高效审理企业破产案件，规范人民法院确定管理人报酬工作，根据《中华人民共和国企业破产法》的规定，制定本规定。

第一条　管理人履行企业破产法第二十五条规定的职责，有权获得相应报酬。

管理人报酬由审理企业破产案件的人民法院依据本规定确定。

第二条　人民法院应根据债务人最终清偿的财产价值总额，在以下比例限制范围内分段确定管理人报酬：

（一）不超过一百万元（含本数，下同）的，在12%以下确定；

（二）超过一百万元至五百万元的部分，在10%以下确定；

（三）超过五百万元至一千万元的部分，在8%以下确定；

（四）超过一千万元至五千万元的部分，在6%以下确定：

（五）超过五千万元至一亿元的部分，在3%以下确定；

（六）超过一亿元至五亿元的部分，在1%以下确定；

（七）超过五亿元的部分，在0.5%以下确定。

担保权人优先受偿的担保物价值，不计入前款规定的财产价值总额。

高级人民法院认为有必要的，可以参照上述比例在30%的浮动范围内制定符合当地实际情况的管理人报酬比例限制范围，并通过当地有影响的媒体公告，同时报最高人民法院备案。

第三条 人民法院可以根据破产案件的实际情况，确定管理人分期或者最后一次性收取报酬。

第四条 人民法院受理企业破产申请后，应当对债务人可供清偿的财产价值和管理人的工作量作出预测，初步确定管理人报酬方案。管理人报酬方案应当包括管理人报酬比例和收取时间。

第五条 人民法院采取公开竞争方式指定管理人的，可以根据社会中介机构提出的报价确定管理人报酬方案，但报酬比例不得超出本规定第二条规定的限制范围。

上述报酬方案一般不予调整，但债权人会议异议成立的除外。

第六条 人民法院应当自确定管理人报酬方案之日起三日内，书面通知管理人。

管理人应当在第一次债权人会议上报告管理人报酬方案内容。

第七条 管理人、债权人会议对管理人报酬方案有意见的，可以进行协商。双方就调整管理人报酬方案内容协商一致的，管理人应向人民法院书面提出具体的请求和理由，并附相应的债权人会议决议。

人民法院经审查认为上述请求和理由不违反法律和行政法规强制性规定，且不损害他人合法权益的，应当按照双方协商的结果调整管理人报酬方案。

第八条 人民法院确定管理人报酬方案后，可以根据破产案件和管理人履行职责的实际情况进行调整。

人民法院应当自调整管理人报酬方案之日起三日内，书面通知管理人。管理人应当自收到上述通知之日起三日内，向债权人委员会或者债权人会议主席报告管理人报酬方案调整内容。

第九条 人民法院确定或者调整管理人报酬方案时，应当考虑以下因素：

（一）破产案件的复杂性；

（二）管理人的勤勉程度；

（三）管理人为重整、和解工作做出的实际贡献；

（四）管理人承担的风险和责任；

（五）债务人住所地居民可支配收入及物价水平；

（六）其他影响管理人报酬的情况。

第十条　最终确定的管理人报酬及收取情况，应列入破产财产分配方案。在和解、重整程序中，管理人报酬方案内容应列入和解协议草案或重整计划草案。

第十一条　管理人收取报酬，应当向人民法院提出书面申请。申请书应当包括以下内容：

（一）可供支付报酬的债务人财产情况；

（二）申请收取报酬的时间和数额；

（三）管理人履行职责的情况。

人民法院应当自收到上述申请书之日起十日内，确定支付管理人的报酬数额。

第十二条　管理人报酬从债务人财产中优先支付。

债务人财产不足以支付管理人报酬和管理人执行职务费用的，管理人应当提请人民法院终结破产程序。但债权人、管理人、债务人的出资人或者其他利害关系人愿意垫付上述报酬和费用的，破产程序可以继续进行。

上述垫付款项作为破产费用从债务人财产中向垫付人随时清偿。

第十三条　管理人对担保物的维护、变现、交付等管理工作付出合理劳动的，有权向担保权人收取适当的报酬。管理人与担保权人就上述报酬数额不能协商一致的，人民法院应当参照本规定第二条规定的方法确定，但报酬比例不得超出该条规定限制范围的10%。

第十四条　律师事务所、会计师事务所通过聘请本专业的其他社会中介机构或者人员协助履行管理人职责的，所需费用从其报酬中支付。

破产清算事务所通过聘请其他社会中介机构或者人员协助履行管理人职责的，所需费用从其报酬中支付。

第十五条　清算组中有关政府部门派出的工作人员参与工作的不收取报酬。其他机构或人员的报酬根据其履行职责的情况确定。

第十六条　管理人发生更换的，人民法院应当分别确定更换前后的管理人报酬。其报酬比例总和不得超出本规定第二条规定的限制范围。

第十七条　债权人会议对管理人报酬有异议的，应当向人民法院书面提出具体的请求和理由。异议书应当附有相应的债权人会议决议。

第十八条　人民法院应当自收到债权人会议异议书之日起三日内通知管

理人。管理人应当自收到通知之日起三日内作出书面说明。

人民法院认为有必要的，可以举行听证会，听取当事人意见。

人民法院应当自收到债权人会议异议书之日起十日内，就是否调整管理人报酬问题书面通知管理人、债权人委员会或者债权人会议主席。

最高人民法院
关于审理企业破产案件指定管理人的规定

法释〔2007〕8号

（2007年4月4日最高人民法院审判委员会第1422次会议通过
2007年4月12日最高人民法院公告公布　自2007年6月1日起施行）

为公平、公正审理企业破产案件，保证破产审判工作依法顺利进行，促进管理人制度的完善和发展，根据《中华人民共和国企业破产法》的规定，制定本规定。

一、管理人名册的编制

第一条　人民法院审理企业破产案件应当指定管理人。除企业破产法和本规定另有规定外，管理人应当从管理人名册中指定。

第二条　高级人民法院应当根据本辖区律师事务所、会计师事务所、破产清算事务所等社会中介机构及专职从业人员数量和企业破产案件数量，确定由本院或者所辖中级人民法院编制管理人名册。

人民法院应当分别编制社会中介机构管理人名册和个人管理人名册。由直辖市以外的高级人民法院编制的管理人名册中，应当注明社会中介机构和个人所属中级人民法院辖区。

第三条　符合企业破产法规定条件的社会中介机构及其具备相关专业知识并取得执业资格的人员，均可申请编入管理人名册。已被编入机构管理人名册的社会中介机构中，具备相关专业知识并取得执业资格的人员，可以申请编入个人管理人名册。

第四条　社会中介机构及个人申请编入管理人名册的，应当向所在地区编制管理人名册的人民法院提出，由该人民法院予以审定。

人民法院不受理异地申请，但异地社会中介机构在本辖区内设立的分支机构提出申请的除外。

第五条　人民法院应当通过本辖区有影响的媒体就编制管理人名册的有关事项进行公告。公告应当包括以下内容：

（一）管理人申报条件；

（二）应当提交的材料；

（三）评定标准、程序；

（四）管理人的职责以及相应的法律责任；

（五）提交申报材料的截止时间；

（六）人民法院认为应当公告的其他事项。

第六条　律师事务所、会计师事务所申请编入管理人名册的，应当提供下列材料：

（一）执业证书、依法批准设立文件或者营业执照；

（二）章程；

（三）本单位专职从业人员名单及其执业资格证书复印件；

（四）业务和业绩材料；

（五）行业自律组织对所提供材料真实性以及有无被行政处罚或者纪律处分情况的证明；

（六）人民法院要求的其他材料。

第七条　破产清算事务所申请编入管理人名册的，应当提供以下材料：

（一）营业执照或者依法批准设立的文件；

（二）本单位专职从业人员的法律或者注册会计师资格证书，或者经营管理经历的证明材料；

（三）业务和业绩材料；

（四）能够独立承担民事责任的证明材料；

（五）行业自律组织对所提供材料真实性以及有无被行政处罚或者纪律处分情况的证明，或者申请人就上述情况所作的真实性声明；

（六）人民法院要求的其他材料。

第八条　个人申请编入管理人名册的，应当提供下列材料：

（一）律师或者注册会计师执业证书复印件以及执业年限证明；

（二）所在社会中介机构同意其担任管理人的函件；

（三）业务专长及相关业绩材料；

（四）执业责任保险证明；

（五）行业自律组织对所提供材料真实性以及有无被行政处罚或者纪律处分情况的证明；

（六）人民法院要求的其他材料。

第九条　社会中介机构及个人具有下列情形之一的，人民法院可以适用企业破产法第二十四条第三款第四项的规定：

（一）因执业、经营中故意或者重大过失行为，受到行政机关、监管机构或者行业自律组织行政处罚或者纪律处分之日起未逾三年；

（二）因涉嫌违法行为正被相关部门调查；

（三）因不适当履行职务或者拒绝接受人民法院指定等原因，被人民法院从管理人名册除名之日起未逾三年；

（四）缺乏担任管理人所应具备的专业能力；

（五）缺乏承担民事责任的能力；

（六）人民法院认为可能影响履行管理人职责的其他情形。

第十条 编制管理人名册的人民法院应当组成专门的评审委员会，决定编入管理人名册的社会中介机构和个人名单。评审委员会成员应不少于七人。

人民法院应当根据本辖区社会中介机构以及社会中介机构中个人的实际情况，结合其执业业绩、能力、专业水准、社会中介机构的规模、办理企业破产案件的经验等因素制定管理人评定标准，由评审委员会根据申报人的具体情况评定其综合分数。

人民法院根据评审委员会评审结果，确定管理人初审名册。

第十一条 人民法院应当将管理人初审名册通过本辖区有影响的媒体进行公示，公示期为十日。

对于针对编入初审名册的社会中介机构和个人提出的异议，人民法院应当进行审查。异议成立、申请人确不宜担任管理人的，人民法院应将该社会中介机构或者个人从管理人初审名册中删除。

第十二条 公示期满后，人民法院应审定管理人名册，并通过全国有影响的媒体公布，同时逐级报最高人民法院备案。

第十三条 人民法院可以根据本辖区的实际情况，分批确定编入管理人名册的社会中介机构及个人。

编制管理人名册的全部资料应当建立档案备查。

第十四条 人民法院可以根据企业破产案件受理情况、管理人履行职务以及管理人资格变化等因素，对管理人名册适时进行调整。新编入管理人名册的社会中介机构和个人应当按照本规定的程序办理。

人民法院发现社会中介机构或者个人有企业破产法第二十四条第三款规定情形的，应当将其从管理人名册中除名。

二、管理人的指定

第十五条 受理企业破产案件的人民法院指定管理人，一般应从本地管理人名册中指定。

对于商业银行、证券公司、保险公司等金融机构以及在全国范围内有重大影响、法律关系复杂、债务人财产分散的企业破产案件，人民法院可以从所在地区高级人民法院编制的管理人名册列明的其他地区管理人或者异地人民法院编制的管理人名册中指定管理人。

第十六条　受理企业破产案件的人民法院，一般应指定管理人名册中的社会中介机构担任管理人。

第十七条　对于事实清楚、债权债务关系简单、债务人财产相对集中的企业破产案件，人民法院可以指定管理人名册中的个人为管理人。

第十八条　企业破产案件有下列情形之一的，人民法院可以指定清算组为管理人：

（一）破产申请受理前，根据有关规定已经成立清算组，人民法院认为符合本规定第十九条的规定；

（二）审理企业破产法第一百三十三条规定的案件；

（三）有关法律规定企业破产时成立清算组；

（四）人民法院认为可以指定清算组为管理人的其他情形。

第十九条　清算组为管理人的，人民法院可以从政府有关部门、编入管理人名册的社会中介机构、金融资产管理公司中指定清算组成员，人民银行及金融监督管理机构可以按照有关法律和行政法规的规定派人参加清算组。

第二十条　人民法院一般应当按照管理人名册所列名单采取轮候、抽签、摇号等随机方式公开指定管理人。

第二十一条　对于商业银行、证券公司、保险公司等金融机构或者在全国范围有重大影响、法律关系复杂、债务人财产分散的企业破产案件，人民法院可以采取公告的方式，邀请编入各地人民法院管理人名册中的社会中介机构参与竞争，从参与竞争的社会中介机构中指定管理人。参与竞争的社会中介机构不得少于三家。

采取竞争方式指定管理人的，人民法院应当组成专门的评审委员会。

评审委员会应当结合案件的特点，综合考量社会中介机构的专业水准、经验、机构规模、初步报价等因素，从参与竞争的社会中介机构中择优指定管理人。被指定为管理人的社会中介机构应经评审委员会成员二分之一以上通过。

采取竞争方式指定管理人的，人民法院应当确定一至两名备选社会中介机构，作为需要更换管理人时的接替人选。

第二十二条　对于经过行政清理、清算的商业银行、证券公司、保险公司等金融机构的破产案件，人民法院除可以按照本规定第十八条第一项的规定指定管理人外，也可以在金融监督管理机构推荐的已编入管理人名册的社会中介机构中指定管理人。

第二十三条 社会中介机构、清算组成员有下列情形之一，可能影响其忠实履行管理人职责的，人民法院可以认定为企业破产法第二十四条第三款第三项规定的利害关系：

（一）与债务人、债权人有未了结的债权债务关系；

（二）在人民法院受理破产申请前三年内，曾为债务人提供相对固定的中介服务；

（三）现在是或者在人民法院受理破产申请前三年内曾经是债务人、债权人的控股股东或者实际控制人；

（四）现在担任或者在人民法院受理破产申请前三年内曾经担任债务人、债权人的财务顾问、法律顾问；

（五）人民法院认为可能影响其忠实履行管理人职责的其他情形。

第二十四条 清算组成员的派出人员、社会中介机构的派出人员、个人管理人有下列情形之一，可能影响其忠实履行管理人职责的，可以认定为企业破产法第二十四条第三款第三项规定的利害关系：

（一）具有本规定第二十三条规定情形；

（二）现在担任或者在人民法院受理破产申请前三年内曾经担任债务人、债权人的董事、监事、高级管理人员；

（三）与债权人或者债务人的控股股东、董事、监事、高级管理人员存在夫妻、直系血亲、三代以内旁系血亲或者近姻亲关系；

（四）人民法院认为可能影响其公正履行管理人职责的其他情形。

第二十五条 在进入指定管理人程序后，社会中介机构或者个人发现与本案有利害关系的，应主动申请回避并向人民法院书面说明情况。人民法院认为社会中介机构或者个人与本案有利害关系的，不应指定该社会中介机构或者个人为本案管理人。

第二十六条 社会中介机构或者个人有重大债务纠纷或者因涉嫌违法行为正被相关部门调查的，人民法院不应指定该社会中介机构或者个人为本案管理人。

第二十七条 人民法院指定管理人应当制作决定书，并向被指定为管理人的社会中介机构或者个人、破产申请人、债务人、债务人的企业登记机关送达。决定书应与受理破产申请的民事裁定书一并公告。

第二十八条 管理人无正当理由，不得拒绝人民法院的指定。

管理人一经指定，不得以任何形式将管理人应当履行的职责全部或者部分转给其他社会中介机构或者个人。

第二十九条 管理人凭指定管理人决定书按照国家有关规定刻制管理人

印章，并交人民法院封样备案后启用。

管理人印章只能用于所涉破产事务。管理人根据企业破产法第一百二十二条规定终止执行职务后，应当将管理人印章交公安机关销毁，并将销毁的证明送交人民法院。

第三十条　受理企业破产案件的人民法院应当将指定管理人过程中形成的材料存入企业破产案件卷宗，债权人会议或者债权人委员会有权查阅。

三、管理人的更换

第三十一条　债权人会议根据企业破产法第二十二条第二款的规定申请更换管理人的，应由债权人会议作出决议并向人民法院提出书面申请。

人民法院在收到债权人会议的申请后，应当通知管理人在两日内作出书面说明。

第三十二条　人民法院认为申请理由不成立的，应当自收到管理人书面说明之日起十日内作出驳回申请的决定。

人民法院认为申请更换管理人的理由成立的，应当自收到管理人书面说明之日起十日内作出更换管理人的决定。

第三十三条　社会中介机构管理人有下列情形之一的，人民法院可以根据债权人会议的申请或者依职权径行决定更换管理人：

（一）执业许可证或者营业执照被吊销或者注销；

（二）出现解散、破产事由或者丧失承担执业责任风险的能力；

（三）与本案有利害关系；

（四）履行职务时，因故意或者重大过失导致债权人利益受到损害；

（五）有本规定第二十六条规定的情形。

清算组成员参照适用前款规定。

第三十四条　个人管理人有下列情形之一的，人民法院可以根据债权人会议的申请或者依职权径行决定更换管理人：

（一）执业资格被取消、吊销；

（二）与本案有利害关系；

（三）履行职务时，因故意或者重大过失导致债权人利益受到损害；

（四）失踪、死亡或者丧失民事行为能力；

（五）因健康原因无法履行职务；

（六）执业责任保险失效；

（七）有本规定第二十六条规定的情形。

清算组成员的派出人员、社会中介机构的派出人员参照适用前款规定。

第三十五条　管理人无正当理由申请辞去职务的，人民法院不予许可。

正当理由的认定，可参照适用本规定第三十三条、第三十四条规定的情形。

第三十六条 人民法院对管理人申请辞去职务未予许可，管理人仍坚持辞去职务并不再履行管理人职责的，人民法院应当决定更换管理人。

第三十七条 人民法院决定更换管理人的，原管理人应当自收到决定书之次日起，在人民法院监督下向新任管理人移交全部资料、财产、营业事务及管理人印章，并及时向新任管理人书面说明工作进展情况。原管理人不能履行上述职责的，新任管理人可以直接接管相关事务。

在破产程序终结前，原管理人应当随时接受新任管理人、债权人会议、人民法院关于其履行管理人职责情况的询问。

第三十八条 人民法院决定更换管理人的，应将决定书送达原管理人、新任管理人、破产申请人、债务人以及债务人的企业登记机关，并予公告。

第三十九条 管理人申请辞去职务未获人民法院许可，但仍坚持辞职并不再履行管理人职责，或者人民法院决定更换管理人后，原管理人拒不向新任管理人移交相关事务，人民法院可以根据企业破产法第一百三十条的规定和具体情况，决定对管理人罚款。对社会中介机构为管理人的罚款 5 万元至 20 万元人民币，对个人为管理人的罚款 1 万元至 5 万元人民币。

管理人有前款规定行为或者无正当理由拒绝人民法院指定的，编制管理人名册的人民法院可以决定停止其担任管理人一年至三年，或者将其从管理人名册中除名。

第四十条 管理人不服罚款决定的，可以向上一级人民法院申请复议，上级人民法院应在收到复议申请后五日内作出决定，并将复议结果通知下级人民法院和当事人。

最高人民法院
关于执行《最高人民法院审理企业破产案件指定管理人的规定》、《最高人民法院审理企业破产案件确定管理人报酬的规定》几个问题的通知

（2007 年 4 月 12 日　法明传〔2007〕129 号）

各省、自治区、直辖市高级人民法院，新疆维吾尔自治区高级人民法院生产建设兵团分院：

《中华人民共和国企业破产法》已由第十届全国人民代表大会常务委员会第二十三次会议审议通过，并于 2007 年 6 月 1 日施行。为保证企业破产法的顺利施行，根据企业破产法的授权，最高人民法院制定了《最高人民法院审理企业破产案件指定管理人的规定》、《最高人民法院审理企业破产案件确定管理人报酬的规定》。为保证上述两个规定的正确执行，现就有关问题通知如下：

一、虽然两个规定正式施行日与企业破产法相同，即为 2007 年 6 月 1 日，为保证企业破产法的顺利实施，各高级人民法院从规定公布之日起即应参照上述规定开展相关工作。

二、高级人民法院要充分考虑本辖区律师事务所、会计师事务所、破产清算事务所等社会中介机构及专职从业人员数量，以及企业破产案件数量等因素，根据工作量情况确定由本院或者中级人民法院编制管理人名册，力争将此项工作在 2007 年 6 月 1 日前完成。

三、编制管理人名册的法院应当制定申请编入管理人名册的社会中介机构和个人的评定标准和程序，并予以公布。标准应当参照指定管理人的规定第十条第二款规定的内容确定。

四、编制管理人名册的评审委员会，应当由审理企业破产案件审判庭的人员、人民法院司法技术辅助工作部门人员、相关审判委员会委员、监察部门人员组成。司法技术辅助工作部门负责具体工作。

五、采取随机方式指定管理人的工作，由司法技术辅助工作部门完成，基层人民法院未设置司法技术辅助工作部门的，应当在司法行政部门中设专

人承担此项工作。

六、采取竞争方式指定管理人的评审委员会，应参照编制管理人名册评审委员会的组成方式。

七、高级人民法院认为确定管理人报酬的规定中，关于管理人报酬的限制范围与本地经济水平差距较大的，可以在规定标准30%的浮动范围内制定符合本地区情况的标准。

八、受理企业破产案件的人民法院在初步确定管理人报酬方案时，应注意留有余地，不宜直接适用上限规定。

请各级人民法院将执行两个规定的过程中遇到的问题和情况及时逐级报告我院。

最高人民法院
关于债权人对人员下落不明或者财产状况不清的债务人申请破产清算案件如何处理的批复

法释〔2008〕10号

（2008年8月4日最高人民法院审判委员会第1450次会议通过
2008年8月7日最高人民法院公告公布　自2008年8月18日起施行）

贵州省高级人民法院：

你院《关于企业法人被吊销营业执照后，依法负有清算责任的人未向法院申请破产，债权人是否可以申请被吊销营业执照的企业破产的请示》（〔2007〕黔高民二破请终字1号）收悉。经研究，批复如下：

债权人对人员下落不明或者财产状况不清的债务人申请破产清算，符合企业破产法规定的，人民法院应依法予以受理。债务人能否依据企业破产法第十一条第二款的规定向人民法院提交财产状况说明、债权债务清册等相关材料，并不影响对债权人申请的受理。

人民法院受理上述破产案件后，应当依据企业破产法的有关规定指定管理人追收债务人财产；经依法清算，债务人确无财产可供分配的，应当宣告债务人破产并终结破产程序；破产程序终结后二年内发现有依法应当追回的财产或者有应当供分配的其他财产的，债权人可以请求人民法院追加分配。

债务人的有关人员不履行法定义务，人民法院可依据有关法律规定追究其相应法律责任；其行为导致无法清算或者造成损失，有关权利人起诉请求其承担相应民事责任的，人民法院应依法予以支持。

此复。

最高人民法院
印发《关于审理公司强制清算案件工作座谈会纪要》的通知

（2009 年 11 月 4 日　法发〔2009〕52 号）

各省、自治区、直辖市高级人民法院，解放军军事法院，新疆维吾尔自治区高级人民法院生产建设兵团分院：

现将最高人民法院《关于审理公司强制清算案件工作座谈会纪要》印发给你们，请结合审判工作实际，遵照执行。

附：

关于审理公司强制清算案件工作座谈会纪要

当前，因受国际金融危机和世界经济衰退影响，公司经营困难引发的公司强制清算案件大幅度增加。《中华人民共和国公司法》和《最高人民法院关于适用〈中华人民共和国公司法〉若干问题的规定（二）》（以下简称公司法司法解释二）对于公司强制清算案件审理中的有关问题已作出规定，但鉴于该类案件非讼程序的特点和目前清算程序规范的不完善，有必要进一步明确该类案件审理原则，细化有关程序和实体规定，更好地规范公司退出市场行为，维护市场运行秩序，依法妥善审理公司强制清算案件，维护和促进经济社会和谐稳定。为此，最高人民法院在广泛调研的基础上，于 2009 年 9 月 15 日至 16 日在浙江省绍兴市召开了全国部分法院审理公司强制清算案件工作座谈会。与会同志通过认真讨论，就有关审理公司强制清算案件中涉及的主要问题达成了共识。现纪要如下：

一、关于审理公司强制清算案件应当遵循的原则

1. 会议认为，公司作为现代企业的主要类型，在参与市场竞争时，不仅要严格遵循市场准入规则，也要严格遵循市场退出规则。公司强制清算作为公司退出市场机制的重要途径之一，是公司法律制度的重要组成部分。人民法院在审理此类案件时，应坚持以下原则：

第一，坚持清算程序公正原则。公司强制清算的目的在于有序结束公司存续期间的各种商事关系，合理调整众多法律主体的利益，维护正常的经济秩序。人民法院审理公司强制清算案件，应当严格依照法定程序进行，坚持在程序正义的基础上实现清算结果的公正。

第二，坚持清算效率原则。提高社会经济的整体效率，是公司强制清算制度追求的目标之一，要严格而不失快捷地使已经出现解散事由的公司退出市场，将其可能给各方利益主体造成的损失降至最低。人民法院审理强制清算案件，要严格按照法律规定及时有效地完成清算，保障债权人、股东等利害关系人的利益及时得到实现，避免因长期拖延清算给相关利害关系人造成不必要的损失，保障社会资源的有效利用。

第三，坚持利益均衡保护原则。公司强制清算中应当以维护公司各方主体利益平衡为原则，实现公司退出环节中的公平公正。人民法院在审理公司强制清算案件时，既要充分保护债权人利益，又要兼顾职工利益、股东利益和社会利益，妥善处理各方利益冲突，实现法律效果和社会效果的有机统一。

二、关于强制清算案件的管辖

2. 对于公司强制清算案件的管辖应当分别从地域管辖和级别管辖两个角度确定。地域管辖法院应为公司住所地的人民法院，即公司主要办事机构所在地法院；公司主要办事机构所在地不明确、存在争议的，由公司注册登记地人民法院管辖。级别管辖应当按照公司登记机关的级别予以确定，即基层人民法院管辖县、县级市或者区的公司登记机关核准登记公司的公司强制清算案件；中级人民法院管辖地区、地级市以上的公司登记机关核准登记公司的公司强制清算案件。存在特殊原因的，也可参照适用《中华人民共和国企业破产法》第四条、《中华人民共和国民事诉讼法》第三十七条和第三十九条的规定，确定公司强制清算案件的审理法院。

三、关于强制清算案件的案号管理

3. 人民法院立案庭收到申请人提交的对公司进行强制清算的申请后，应当及时以“（××××）××法×清（预）字第×号”立案。立案庭立案后，

应当将申请人提交的申请等有关材料移交审理强制清算案件的审判庭审查，并由审判庭依法作出是否受理强制清算申请的裁定。

4. 审判庭裁定不予受理强制清算申请的，裁定生效后，公司强制清算案件应当以“（××××）××法×清（预）字第×号”结案。审判庭裁定受理强制清算申请的，立案庭应当以“（××××）××法×清（算）字第×号”立案。

5. 审判庭裁定受理强制清算申请后，在审理强制清算案件中制作的民事裁定书、决定书等，应当在“（××××）××法×清（算）字第×号”后依次编号，如“（××××）××法×清（算）字第×—1 号民事裁定书”、“（××××）××法×清（算）字第×—2 号民事裁定书”等，或者“（××××）××法×清（算）字第×—1 号决定书”、“（××××）××法×清（算）字第×—2 号决定书”等。

四、关于强制清算案件的审判组织

6. 因公司强制清算案件在案件性质上类似于企业破产案件，因此强制清算案件应当由负责审理企业破产案件的审判庭审理。有条件的人民法院，可由专门的审判庭或者指定专门的合议庭审理公司强制清算案件和企业破产案件。公司强制清算案件应当组成合议庭进行审理。

五、关于强制清算的申请

7. 公司债权人或者股东向人民法院申请强制清算应当提交清算申请书。申请书应当载明申请人、被申请人的基本情况和申请的事实和理由。同时，申请人应当向人民法院提交被申请人已经发生解散事由以及申请人对被申请人享有债权或者股权的有关证据。公司解散后已经自行成立清算组进行清算，但债权人或者股东以其故意拖延清算，或者存在其他违法清算可能严重损害债权人或者股东利益为由，申请人民法院强制清算的，申请人还应当向人民法院提交公司故意拖延清算，或者存在其他违法清算行为可能严重损害其利益的相应证据材料。

8. 申请人提交的材料需要更正、补充的，人民法院应当责令申请人于七日内予以更正、补充。申请人由于客观原因无法按时更正、补充的，应当向人民法院予以书面说明并提出延期申请，由人民法院决定是否延长期限。

六、关于对强制清算申请的审查

9. 审理强制清算案件的审判庭审查决定是否受理强制清算申请时，一般应当召开听证会。对于事实清楚、法律关系明确、证据确实充分的案件，经书面通知被申请人，其对书面审查方式无异议的，也可决定不召开听证会，而采用书面方式进行审查。

10. 人民法院决定召开听证会的，应当于听证会召开五日前通知申请人、被申请人，并送达相关申请材料。公司股东、实际控制人等利害关系人申请参加听证的，人民法院应予准许。听证会中，人民法院应当组织有关利害关系人对申请人是否具备申请资格、被申请人是否已经发生解散事由、强制清算申请是否符合法律规定等内容进行听证。因补充证据等原因需要再次召开听证会的，应在补充期限届满后十日内进行。

11. 人民法院决定不召开听证会的，应当及时通知申请人和被申请人，并向被申请人送达有关申请材料，同时告知被申请人若对申请人的申请有异议，应当自收到人民法院通知之日起七日内向人民法院书面提出。

七、关于对强制清算申请的受理

12. 人民法院应当在听证会召开之日或者自异议期满之日起十日内，依法作出是否受理强制清算申请的裁定。

13. 被申请人就申请人对其是否享有债权或者股权，或者对被申请人是否发生解散事由提出异议的，人民法院对申请人提出的强制清算申请应不予受理。申请人可就有关争议单独提起诉讼或者仲裁予以确认后，另行向人民法院提起强制清算申请。但对上述异议事项已有生效法律文书予以确认，以及发生被吊销企业法人营业执照、责令关闭或者被撤销等解散事由有明确、充分证据的除外。

14. 申请人提供被申请人自行清算中故意拖延清算，或者存在其他违法清算可能严重损害债权人或者股东利益的相应证据材料后，被申请人未能举出相反证据的，人民法院对申请人提出的强制清算申请应予受理。债权人申请强制清算，被申请人的主要财产、账册、重要文件等灭失，或者被申请人人员下落不明，导致无法清算的，人民法院不得以此为由不予受理。

15. 人民法院受理强制清算申请后，经审查发现强制清算申请不符合法律规定的，可以裁定驳回强制清算申请。

16. 人民法院裁定不予受理或者驳回受理申请，申请人不服的，可以向上一级人民法院提起上诉。

八、关于强制清算申请的撤回

17. 人民法院裁定受理公司强制清算申请前，申请人请求撤回其申请的，人民法院应予准许。

18. 公司因公司章程规定的营业期限届满或者公司章程规定的其他解散事

由出现，或者股东会、股东大会决议自愿解散的，人民法院受理强制清算申请后，清算组对股东进行剩余财产分配前，申请人以公司修改章程，或者股东会、股东大会决议公司继续存续为由，请求撤回强制清算申请的，人民法院应予准许。

19. 公司因依法被吊销营业执照、责令关闭或者被撤销，或者被人民法院判决强制解散的，人民法院受理强制清算申请后，清算组对股东进行剩余财产分配前，申请人向人民法院申请撤回强制清算申请的，人民法院应不予准许。但申请人有证据证明相关行政决定被撤销，或者人民法院作出解散公司判决后当事人又达成公司存续和解协议的除外。

九、关于强制清算案件的申请费

20. 参照《诉讼费用交纳办法》第十条、第十四条、第二十条和第四十二条关于企业破产案件申请费的有关规定，公司强制清算案件的申请费以强制清算财产总额为基数，按照财产案件受理费标准减半计算，人民法院受理强制清算申请后从被申请人财产中优先拨付。因财产不足以清偿全部债务，强制清算程序依法转入破产清算程序的，不再另行计收破产案件申请费；按照上述标准计收的强制清算案件申请费超过 30 万元的，超过部分不再收取，已经收取的，应予退还。

21. 人民法院裁定受理强制清算申请前，申请人请求撤回申请，人民法院准许的，强制清算案件的申请费不再从被申请人财产中予以拨付；人民法院受理强制清算申请后，申请人请求撤回申请，人民法院准许的，已经从被申请人财产中优先拨付的强制清算案件申请费不予退回。

十、关于强制清算清算组的指定

22. 人民法院受理强制清算案件后，应当及时指定清算组成员。公司股东、董事、监事、高级管理人员能够而且愿意参加清算的，人民法院可优先考虑指定上述人员组成清算组；上述人员不能、不愿进行清算，或者由其负责清算不利于清算依法进行的，人民法院可以指定《人民法院中介机构管理人名册》和《人民法院个人管理人名册》中的中介机构或者个人组成清算组；人民法院也可根据实际需要，指定公司股东、董事、监事、高级管理人员，与管理人名册中的中介机构或者个人共同组成清算组。人民法院指定管理人名册中的中介机构或者个人组成清算组，或者担任清算组成员的，应当参照适用最高人民法院《关于审理企业破产案件指定管理人的规定》。

23. 强制清算清算组成员的人数应当为单数。人民法院指定清算组成员的同时，应当根据清算组成员的推选，或者依职权，指定清算组负责人。清算组负责人代行清算中公司诉讼代表人职权。清算组成员未依法履行职责的，人民法院应当依据利害关系人的申请，或者依职权及时予以更换。

十一、关于强制清算清算组成员的报酬

24. 公司股东、实际控制人或者股份有限公司的董事担任清算组成员的，不计付报酬。上述人员以外的有限责任公司的董事、监事、高级管理人员，股份有限公司的监事、高级管理人员担任清算组成员的，可以按照其上一年度的平均工资标准计付报酬。

25. 中介机构或者个人担任清算组成员的，其报酬由中介机构或者个人与公司协商确定；协商不成的，由人民法院参照最高人民法院《关于审理企业破产案件确定管理人报酬的规定》确定。

十二、关于强制清算清算组的议事机制

26. 公司强制清算中的清算组因清算事务发生争议的，应当参照公司法第一百一十二条的规定，经全体清算组成员过半数决议通过。与争议事项有直接利害关系的清算组成员可以发表意见，但不得参与投票；因利害关系人回避表决无法形成多数意见的，清算组可以请求人民法院作出决定。与争议事项有直接利害关系的清算组成员未回避表决形成决定的，债权人或者清算组其他成员可以参照公司法第二十二条的规定，自决定作出之日起六十日内，请求人民法院予以撤销。

十三、关于强制清算中的财产保全

27. 人民法院受理强制清算申请后，公司财产存在被隐匿、转移、毁损等可能影响依法清算情形的，人民法院可依清算组或者申请人的申请，对公司财产采取相应的保全措施。

十四、关于无法清算案件的审理

28. 对于被申请人主要财产、账册、重要文件等灭失，或者被申请人人员下落不明的强制清算案件，经向被申请人的股东、董事等直接责任人员释明或采取罚款等民事制裁措施后，仍然无法清算或者无法全面清算，对于尚有部分财产，且依据现有账册、重要文件等，可以进行部分清偿的，应当参照企业破产法的规定，对现有财产进行公平清偿后，以无法全面清算为由终结强制清算程序；对于没有任何财产、账册、重要文件，被申请人人员下落不明的，应当以无法清算为由终结强制清算程序。

29. 债权人申请强制清算，人民法院以无法清算或者无法全面清算为由裁

定终结强制清算程序的，应当在终结裁定中载明，债权人可以另行依据公司法司法解释二第十八条的规定，要求被申请人的股东、董事、实际控制人等清算义务人对其债务承担偿还责任。股东申请强制清算，人民法院以无法清算或者无法全面清算为由作出终结强制清算程序的，应当在终结裁定中载明，股东可以向控股股东等实际控制公司的主体主张有关权利。

十五、关于强制清算案件衍生诉讼的审理

30. 人民法院受理强制清算申请前已经开始，人民法院受理强制清算申请时尚未审结的有关被强制清算公司的民事诉讼，由原受理法院继续审理，但应依法将原法定代表人变更为清算组负责人。

31. 人民法院受理强制清算申请后，就强制清算公司的权利义务产生争议的，应当向受理强制清算申请的人民法院提起诉讼，并由清算组负责人代表清算中公司参加诉讼活动。受理强制清算申请的人民法院对此类案件，可以适用民事诉讼法第三十七条和第三十九条的规定确定审理法院。

上述案件在受理法院内部各审判庭之间按照业务分工进行审理。人民法院受理强制清算申请后，就强制清算公司的权利义务产生争议，当事人双方就产生争议约定有明确有效的仲裁条款的，应当按照约定通过仲裁方式解决。

十六、关于强制清算和破产清算的衔接

32. 公司强制清算中，清算组在清理公司财产、编制资产负债表和财产清单时，发现公司财产不足清偿债务的，除依据公司法司法解释二第十七条的规定，通过与债权人协商制作有关债务清偿方案并清偿债务的外，应依据公司法第一百八十八条和企业破产法第七条第三款的规定向人民法院申请宣告破产。

33. 公司强制清算中，有关权利人依据企业破产法第二条和第七条的规定向人民法院另行提起破产申请的，人民法院应当依法进行审查。权利人的破产申请符合企业破产法规定的，人民法院应当依法裁定予以受理。人民法院裁定受理破产申请后，应当裁定终结强制清算程序。

34. 公司强制清算转入破产清算后，原强制清算中的清算组由《人民法院中介机构管理人名册》和《人民法院个人管理人名册》中的中介机构或者个人组成或者参加的，除该中介机构或者个人存在与本案有利害关系等不宜担任管理人或者管理人成员的情形外，人民法院可根据企业破产法及其司法解释的规定，指定该中介机构或者个人作为破产案件的管理人，或者吸收该中介机构作为新成立的清算组管理人的成员。上述中介机构或者个人在公司强制清算和破产清算中取得的报酬总额，不应超过按照企业破产计付的管理人

或者管理人成员的报酬。

35. 上述中介机构或者个人不宜担任破产清算中的管理人或者管理人的成员的，人民法院应当根据企业破产法和有关司法解释的规定，及时指定管理人。原强制清算中的清算组应当及时将清算事务及有关材料等移交给管理人。公司强制清算中已经完成的清算事项，如无违反企业破产法或者有关司法解释的情形的，在破产清算程序中应承认其效力。

十七、关于强制清算程序的终结

36. 公司依法清算结束，清算组制作清算报告并报人民法院确认后，人民法院应当裁定终结清算程序。公司登记机关依清算组的申请注销公司登记后，公司终止。

37. 公司因公司章程规定的营业期限届满或者公司章程规定的其他解散事由出现，或者股东会、股东大会决议自愿解散的，人民法院受理债权人提出的强制清算申请后，对股东进行剩余财产分配前，公司修改章程、或者股东会、股东大会决议公司继续存续，申请人在其个人债权及他人债权均得到全额清偿后，未撤回申请的，人民法院可以根据被申请人的请求裁定终结强制清算程序，强制清算程序终结后，公司可以继续存续。

十八、关于强制清算案件中的法律文书

38. 审理强制清算的审判庭审理该类案件时，对于受理、不受理强制清算申请、驳回申请人的申请、允许或者驳回申请人撤回申请、采取保全措施、确认清算方案、确认清算终结报告、终结强制清算程序的，应当制作民事裁定书。对于指定或者变更清算组成员、确定清算组成员报酬、延长清算期限、制裁妨碍清算行为的，应当制作决定书。

对于其他所涉有关法律文书的制作，可参照企业破产清算中人民法院的法律文书样式。

十九、关于强制清算程序中对破产清算程序的准用

39. 鉴于公司强制清算与破产清算在具体程序操作上的相似性，就公司法、公司法司法解释二，以及本会议纪要未予涉及的情形，如清算中公司的有关人员未依法妥善保管其占有和管理的财产、印章和账簿、文书资料，清算组未及时接管清算中公司的财产、印章和账簿、文书，清算中公司拒不向人民法院提交或者提交不真实的财产状况说明、债务清册、债权清册、有关财务会计报告以及职工工资的支付情况和社会保险费用的缴纳情况，清算中公司拒不向清算组移交财产、印章和账簿、文书等资料，或者伪造、销毁有

关财产证据材料而使财产状况不明，股东未缴足出资、抽逃出资，以及公司董事、监事、高级管理人员非法侵占公司财产等，可参照企业破产法及其司法解释的有关规定处理。

二十、关于审理公司强制清算案件中应当注意的问题

40. 鉴于此类案件属于新类型案件，且涉及的法律关系复杂、利益主体众多，人民法院在审理难度大、涉及面广、牵涉社会稳定的重大疑难清算案件时，要在严格依法的前提下，紧紧依靠党委领导和政府支持，充分发挥地方政府建立的各项机制，有效做好维护社会稳定的工作。同时，对于审判实践中发现的新情况、新问题，要及时逐级上报。上级人民法院要加强对此类案件的监督指导，注重深入调查研究，及时总结审判经验，确保依法妥善审理好此类案件。

【链　接】

最高人民法院民二庭负责人就审理公司强制清算案件工作座谈会纪要答记者问

问：请问最高人民法院就审理公司强制清算案件召开工作座谈会并在此基础上出台该《纪要》的背景是什么？

答：《中华人民共和国公司法》第十章对人民法院受理强制清算，以及清算组的职权、通知债权人、申报债权、确认清算方案、清偿顺序、剩余财产分配、清算程序与破产程序的衔接、清算报告的确认，以及清算组的责任和义务等作出了基本规定。同时，我院《民事案件案由规定》第二十二条《与公司有关的纠纷》第 261 款也明确规定了公司清算纠纷这一案由。各地人民法院在根据上述规定审理公司强制清算案件的过程中，陆续向我院反映，鉴于上述规定比较笼统，以及强制清算案件非讼性特点等原因，法院在审理该类案件时缺乏具体、详实、可操作性的法律规范，导致各地法院案件审理进展困难，且存在执法尺度不一的状况。虽然我院《关于适用〈中华人民共和国公司法〉若干问题的规定（二）》（以下简称公司法司法解释二）在公司法的基础上已对程序性规范作出了一定规定，但仍然无法满足审判实践的需要。一些高级法院自行出台了有关公司强制清算方面的规范意见，以解决本辖区内审理相关案件规范依据不足的问题。在当前因受国际国内宏观经济形势影响，许多公司资金链断裂，经营严重困难，公司大量解散的背景下，债权人、股东和公司的利益纷争和矛盾不断激化，人民法院受理的公司强制清算案件呈激增状态，商事审判工作面临新的挑战。为充分发挥人民法院商事审判的职能作用，指导各级人民法院正确审理公司强制清算案件，规范市场主体退出机制，维护市场运行秩序，保障经济平稳较快发展，我庭在充分调研，并就相关问题征求专家学者和我院有关部门意见的基础上，于2009年9月15—16日在浙江省绍兴市召开了全国部分法院审理公司强制清算案件工作座谈会。与会同志结合各地法院审判经验，通过认真讨论，就有关审理公司强制清算案件中涉及的主要问题达成了共识，形成该《纪要》。

问：《纪要》将坚持清算程序公正作为人民法院审理公司强制清算案件中应当遵循的首要原则予以明确，请您谈谈为什么将该原则作为第一原则？

答：程序法一直被视为是实体法的辅助法，随着程序独立价值的日益彰显，程序保障或者程序正义的呼声越来越高，人们逐渐认识到没有程序保障的实体正义不是真正的正义。公司强制清算主要是一种程序制度，其所规范的是公司清算过程中各相关利害关系人之间的合理秩序，其目的在于在公平、公正的秩序中寻求各方利益的平衡，通过清算程序有序地结束公司存续期间成立的各种法律关系，合理调整众多法律主体的利益，维护正常的经济秩序。因此，公司强制清算更需要程序的保障。坚持清算程序公正原则要求整个清算程序都必须依照法定程序进行，做到程序严密、程序合法、程序正当。这就要求人民法院将清算程序的全部过程置于法定程序之下，不能出现没有程序保障的真空状态，即使在法律难以进行细密规范的操作进程中，也要恪守正当的程序理念。这里，我想再明确一下，缺乏细致的清算法是我们出台该《纪要》的一个非常重要的原因。强制清算的审理和其他民商事纠纷案件的审理不同，法官自由裁量的余地很窄，很多问题需要有明确的规范依据。基于上述原因，我们将坚持清算程序公正原则作为首要原则予以明确，要求各级法院在审理公司强制清算案件时，严格依照法定程序进行，坚持在程序正义的基础上实现清算结果的公正。

问：我注意到，《纪要》专门对公司强制清算案件的案号管理进行了规范，请问这个问题在实践中存在哪些问题？

答：案号问题表面上看似简单，但实践确有一些问题亟待规范。有的法院原先是按照一般的民商事案件确立案号，如此，一是无法体现公司强制清算案件非讼的特点，导致法院在适用诉讼程序中错误适用一般民事案件的诉讼程序，如当事人以起诉书方式提起公司强制清算申请，法院以判决书方式判决公司清算，当事人又依据法院判决向执行机关申请强制执行等等；二是在法院内部绩效考核时无法准确确定审理法官的工作量和审结率、未审结率等，由于公司强制清算案件是对公司存续阶段形成的所有法律关系的概括性了结，人民法院审理公司强制清算案件需要付出更多的劳动，按照普通案件确立案号统计工作量不利于这类案件的审理。因此，我们参照企业破产案件案号的管理，将公司强制清算案件的案号确定为“清”字号。而且，考虑到申请人向法院提交强制清算申请后至法院裁定受理强制清算申请前，法院要进行大量的质证审查工作，因此，又将“清”字号案件区分阶段确立为“清(预)”字和“清(算)”字两种，这样，一是在案件进展阶段上即受理还是没有受理作了区分，二是在程序逻辑上进行了明确，以此保障法院受理前听证程序的顺利进行，三是在统计工作量上也能客观准确。

问：《纪要》对于强制清算的申请、审查和受理做了细致的阐述，请问人民法院在对强制清算申请的审查和受理环节，应当注意哪些问题？

答：前面在案号管理部分已经有所涉及，公司强制清算案件与一般民商事案件不同，在是否受理的审查中涉及很多内容，在这点上类似于企业破产案件的受理。因此，《纪要》一方面明确了申请人向法院申请强制清算时应当提交的有关材料，包括清算申请书、申请人对被申请人享有债权或者股权，被申请人已经发生解散事由的有关证据，以及公司故意拖延清算，或者存在其他违法清算行为可能严重损害其利益的相关证据材料，另一方面，又对法院应当仅仅围绕申请人提交的上述证据材料进行听证审查予以明确，目的在于依法裁定是否受理公司强制清算申请。对于申请人具备了公司法及公司法司法解释二所规定的债权人或者股东资格，公司确实已经发生了解散事由，以及公司应当自行清算而没有自行清算或者违法清算的，人民法院应当及时作出受理强制清算申请的裁定。反之则应裁定不予受理。这里要特别强调两点，一是被申请人就申请人对其是否享有债权或者股权，或者对被申请人是否发生解散事由存在异议的，原则上应当另案予以解决，解决后再行决定是否受理强制清算申请，对于已有生效法律文书或者明确解散事由的除外。二是申请人以其为公司实际出资人为由申请强制清算，但不能提供公司股东名册记载其为股东等证据材料的，其不符合申请强制清算主体资格，人民法院应当告知其另行诉讼或者通过其他途径确认其股东身份后再行申请强制清算，其坚持申请的，人民法院应当裁定不予受理。

问：对于实践中普遍存在的被申请人解散后不依法清算，故意逃废债务，导致法院因被申请人主要财产、帐册、重要文件等灭失或者人员下落不明而无法清算，对此，人民法院应该如何应对？

答：这种非诚信现象在现实社会中还是比较普遍存在的，对此，我院公司法司法解释二第十八条和第二十条，以及法释〔2008〕10号《关于债权人对人员下落不明或者财产状况不清的债务人申请破产清算案件如何处理的批复》已经作出了相应规定，我们在这次《纪要》中对此问题又作了进一步的明确和补充。在审理这类案件时，应当注意以下几个方面：第一，对于债权人申请债务人破产清算或者强制清算的案件，人民法院不能因为被申请人的主要财产、帐册、重要文件等灭失或者被申请人人员下落不明无法进行清算为由不予受理。申请破产清算的，人民法院也不能以债权人无法举证证明债务人出现了不能清偿到期债务并且资产不足以清偿全部债务，或者不能清偿到期债务并且明显缺乏清偿能力的破产原因为由，不受理债权人的申请。第二，人民法院依法受理破产清算申请或者强制清算申请后，应当依据企业破产法和公司法的有关规定，要求被申请人的法定代表人、企业的财务管理人员和其他经营管理人员，以及有限责任公司的股东、股份有限公司的董事、控股股东，以及公司的实际控制人等有关人员提交企业真实的财产状况说明、债务清册、债权清册、财务会计报告以及职工工资的支付情况和社会保险费用的缴纳情况。经过人民法院的释明以及采取拘留、罚款等强制措施后，被申请人的有关人员仍然不提交上述有关材料或者提交的材料明显不真实、不全面，导致根本无法清算或者无法全面清算的，对于尚有部分财产、帐册、重要文件等可以进行部分清偿的，人民法院应当就现有财产进行公平清偿，然后以无法全面依法清算为由终结清算程序；对于没有任何财产、帐册、重要文件，被申请人人员下落不明的，人民法院应当以无法清算为由终结清算程序。最后，因无法清算或者无法依法全面清算而终结清算程序，与依照企业破产法的规定依法清算，债务人确无财产可供分配而终结破产清算程序，其法律后果是截然不同的。因依法清算，债务人确无财产可供分配时终结破产清算程序的结果，是剩余债务不再清偿；债务人仅以其破产财产为限承担责任，债务人破产清算程序终结后，除破产程序终结之日起二年内发现有依法应当追回的财产或者债务人有应当供分配的其他财产的，可以追加分配外，对于债务人未能依破产程序清偿的债务，原则上不再予以清偿。而因债务人的清算义务人怠于履行义务，导致债务人主要财产、帐册、重要文件等灭失无法清算而终结的，虽然债务人的法人资格因清算程序终结而终止，但其既有的民事责任并不当然消灭，而是应当由其清算义务人承担偿还责任。鉴于上述，《纪要》明确，人民法院以无法清算或者无法全面清算为由裁定终结强制清算程序的，应当根据申请人的不同在终结裁定中分别载明，债权人可以另行依据公司法司法解释二第十八条的规定，要求被申请人的股东、董事、实际控制人等清算义务人对其债务承担偿还责任；股东可以向控股股东等实际控制公司的主体主张有关权利。这里，债权人因债务人的清算义务人怠于履行义务导致无法清算或者无法全面清算时向债务人的清算义务人主张权利的范畴是明确的，因此，债务人的清算义务人的责任范畴也是确定的。但是，因控股股东等实际控制公司的主体的原因导致无法清算或者无法全面清算，股东因无法获得应有的剩余财产分配而向控股股东等实际控制公司的主体主张有关权利时，其权利范畴的界定是个问题，对此，我们考虑可以通过举证责任倒置来解决中小股东利益的保护问题，即在控股股东控制公司的前提下该清算不清算，或者不依法提交有关财产状况说明、债务清册、债权清册、财务会计报告以及职工工资的支付情况和社会保险费用的缴纳情况，导致无法清算或者无法全面清算，其他股东起诉请求控股股东等实际控制公司的主体返还出资并承担损失的，除非控股股东等实际控制公司的主体能够充分证明公司已经资不抵债没有剩余财产进行分配或者不能返还出资，或者虽然公司有剩余财产可供分配但数额低于权利人主张的数额，人民法院应当依法支持其诉请。

问：强制清算和破产清算同为法人退出机制中的清算程序，且都是在法院主导下进行的司法程序，请问这两个清算程序有什么区别和关联，人民法院在适用时应当注意哪些问题？

答：在分类上，公司清算分为解散清算和破产清算，强制清算属于解散清算的一种，是在自行清算不能的情况下启动的一个司法清算程序。公司出现解散事由时，如果公司财产足以偿还全部债务，公司应当通过解散清算（包括自行清算和强制清算）清理所有债权债务关系，全额清偿完毕所有债务并且分配完毕剩余财产后终止法人资格。如果公司不能清偿到期债务并且财产不足以偿还全部债务，或者明显缺乏清偿能力的，公司应当通过破产清算程序，公平清偿债务后终止法人资格。强制清算程序是以全额清偿债务为前提的，而破产清算因不能全额清偿债务按照一定的先后顺序清偿债务，对同一顺序的债务在破产财产不够清偿时是按照比例进行清偿的，也就是我们平时所说的公平受偿。由于强制清算程序启动的前提是公司财产尚足以偿还全部债务，因此，强制清算程序的启动不具有冻结清算中公司财产的效力，对于强制清算中公司的给付之诉和强制执行等原则上不具有停止功能。而破产清算因其启动的前提是公司财产不足以偿还全部债务，因此，破产清算程序一旦启动，一是所有针对破产企业的给付之诉不得再行提起，对于申报债权过程中所产生的争议只能提起破产债权的确认诉讼，二是所有针对破产企业的保全措施应当解除，执行程序应当中止，所有债权债务关系一并归入破产清算程序中一揽子解决，以此保障全体债权人的公平受偿。实践中，由于启动强制清算时公司财产是否足以偿还全部债务更多是从帐面体现出来的，而在清算变现企业财产、追收债权、转让股权等过程中，帐面财产和实际变现财产可能会出现差额，甚至差距甚大，这种情况下就可能会出现进入强制清算程序后，公司财产变现后事实上无法全额偿还全部债务的情形，这时就面临着强制清算向破产清算的转化。在强制清算程序与破产清算程序的衔接中应当注意以下几个问题：第一、公司强制清算中，清算组在清理公司财产、编制资产负债表和财产清单时，发现公司财产不足清偿债务的，应当首先依据公司法司法解释二第十七条的规定，与债权人协商制作有关债务清偿方案并清偿债务，以此避免进入费时、费力、费钱的破产清算程序，提高公司清算效率，充分保护债权人利益。第二、如果债权人不能协商一致形成债务清偿方案，清算组应当依据公司法第一百八十八条和企业破产法第七条第三款的规定及时向人民法院申请宣告破产。第三、前已述及，由于公司强制清算的前提是财产足以偿还全部债务，因此，强制清算程序的启动并无冻结公司财产的效力，强制执行行为和个别清偿行为在申报债权后是可以进行的。如果有关债权人认为公司事实上已经出现破产原因或者存在不能清偿全部债务的重大嫌疑时，为阻却个别清偿和个别执行，防止最终公司财产无法清偿所有债权人的债权而有损其利益的，可以依据企业破产法第二条和第七条的规定向人民法院另行提起破产申请，人民法院对此申请应当依法进行审查。权利人的破产申请符合企业破产法规定的，人民法院应当依法裁定予以受理。人民法院裁定受理破产申请后，应当裁定终结强制清算程序。第四、强制清算转入破产清算后，要注意做好两个程序的清算机构、清算费用、清算事务等的衔接。对于强制清算清算组中的中介机构或者个人成员，除存在与本案有利害关系等不宜担任管理人或者管理人成员的情形外，人民法院可根据企业破产法及其司法解释的规定，指定该中介机构或者个人作为破产案件的管理人，或者吸收该中介机构作为新成立的清算组管理人的成员，以便通过清算成员的衔接实现清算事务的衔接。上述中介机构或者个人不宜担任破产清算中的管理人或者管理人的成员的，原强制清算中的清算组应当及时将清算事务及有关材料等移交给管理人。公司强制清算中已经完成的清算事项，如无违反企业破产法或者有关司法解释的情形的，在破产清算程序中应承认其效力。同时作为强制清算清算组成员和破产清算管理人或者管理人成员的中介机构和个人，在公司强制清算和破产清算中取得的报酬总额，不应超过按照企业破产计付的管理人或者管理人成员的报酬。人民法院收取强制清算申请费后，转入破产清算程序后不再另行计收破产案件申请费；收取的强制清算案件申请费超过30万元的，超过部分不再收取，已经收取的，应予退还。

最高人民法院
关于对因资不抵债无法继续办学被终止的民办学校如何组织清算问题的批复

法释〔2010〕20号

（2010年12月16日最高人民法院审判委员会第1506次会议通过
2010年12月29日最高人民法院公告公布　自2010年12月31日起施行）

贵州省高级人民法院：

你院《关于遵义县中山中学被终止后人民法院如何受理“组织清算”的请示》（〔2010〕黔高研请字第1号）收悉。经研究，答复如下：

依照《中华人民共和国民办教育促进法》第九条批准设立的民办学校因资不抵债无法继续办学被终止，当事人依照《中华人民共和国民办教育促进法》第五十八条第二款规定向人民法院申请清算的，人民法院应当依法受理。人民法院组织民办学校破产清算，参照适用《中华人民共和国企业破产法》规定的程序，并依照《中华人民共和国民办教育促进法》第五十九条规定的顺序清偿。

最高人民法院
关于个人独资企业清算是否可以参照适用企业破产法规定的破产清算程序的批复

法释〔2012〕16号

（2012年12月10日最高人民法院审判委员会第1563次会议通过
2012年12月11日最高人民法院公告公布　自2012年12月18日起施行）

贵州省高级人民法院：

你院《关于个人独资企业清算是否可以参照适用破产清算程序的请示》（〔2012〕黔高研请字第2号）收悉。经研究，批复如下：

根据《中华人民共和国企业破产法》第一百三十五条的规定，在个人独资企业不能清偿到期债务，并且资产不足以清偿全部债务或者明显缺乏清偿能力的情况下，可以参照适用企业破产法规定的破产清算程序进行清算。

根据《中华人民共和国个人独资企业法》第三十一条的规定，人民法院参照适用破产清算程序裁定终结个人独资企业的清算程序后，个人独资企业的债权人仍然可以就其未获清偿的部分向投资人主张权利。

最高人民法院
关于审计（师）事务所执业审计师可以接受清算组的聘任参与企业破产清算的通知

（1993年8月28日　法〔1993〕72号）

各省、自治区、直辖市高级人民法院：

审计（师）事务所是依法成立的社会审计组织，根据《中华人民共和国审计条例》第三十二条第一款第（二）项之规定，社会审计组织可以接受国家机关、企事业单位、个人委托，承办经济案件的鉴定事项。因此，在审理破产案件中，清算组织可以聘任审计（师）事务所一定数量的执业审计师参与企业破产清算。

最高人民法院
关于实行社会保险的企业破产后各种社会保险统筹费用应缴纳至何时问题的批复

（1996年11月22日　法复〔1996〕17号）

四川省高级人民法院：

你院川高法〔1995〕167号《关于实行社会保险的企业破产后，各种社会保险统筹费用应缴纳至何时的请示》已收悉。经研究，现答复如下：

参加社会保险的企业破产的，欠缴的社会保险统筹费用应当缴纳至人民法院裁定宣告破产之日。

此复。

最高人民法院
关于对企业法人破产还债程序终结的裁定的抗诉应否受理问题的批复

法释〔1997〕2号

（1997年7月25日最高人民法院审判委员会第924次会议通过
1997年7月31日最高人民法院公告公布　自1997年8月2日起施行）

江苏省高级人民法院：

你院〔1996〕苏申经复字第16号《关于对宣告企业法人破产还债程序终结裁定的抗诉应否受理问题的请示》收悉。经研究，答复如下：

检察机关对人民法院作出的企业法人破产还债程序终结的裁定提出抗诉没有法律依据。检察机关对前述裁定提出抗诉的，人民法院应当通知其不予受理。

此复。

最高人民法院
关于审理企业破产案件若干问题的规定

法释〔2002〕23号

（2002年7月18日最高人民法院审判委员会第1232次会议通过
2002年7月30日最高人民法院公告公布　自2002年9月1日起施行）

为正确适用《中华人民共和国企业破产法（试行）》（以下简称企业破产法）、《中华人民共和国民事诉讼法》（以下简称民事诉讼法），规范对企业破产案件的审理，结合人民法院审理企业破产案件的实际情况，特制定以下规定。

一、关于企业破产案件管辖

第一条　企业破产案件由债务人住所地人民法院管辖。债务人住所地指债务人的主要办事机构所在地。债务人无办事机构的，由其注册地人民法院管辖。

第二条 基层人民法院一般管辖县、县级市或者区的工商行政管理机关核准登记企业的破产案件；

中级人民法院一般管辖地区、地级市（含本级）以上的工商行政管理机关核准登记企业的破产案件；

纳入国家计划调整的企业破产案件，由中级人民法院管辖。

第三条 上级人民法院审理下级人民法院管辖的企业破产案件，或者将本院管辖的企业破产案件移交下级人民法院审理，以及下级人民法院需要将自己管辖的企业破产案件交由上级人民法院审理的，依照民事诉讼法第三十九条的规定办理；省、自治区、直辖市范围内因特殊情况需对个别企业破产案件的地域管辖作调整的，须经共同上级人民法院批准。

二、关于破产申请与受理

第四条 申请（被申请）破产的债务人应当具备法人资格，不具备法人资格的企业、个体工商户、合伙组织、农村承包经营户不具备破产主体资格。

第五条 国有企业向人民法院申请破产时，应当提交其上级主管部门同意其破产的文件；其他企业应当提供其开办人或者股东会议决定企业破产的文件。

第六条 债务人申请破产，应当向人民法院提交下列材料：

（一）书面破产申请；

（二）企业主体资格证明；

（三）企业法定代表人与主要负责人名单；

（四）企业职工情况和安置预案；

（五）企业亏损情况的书面说明，并附审计报告；

（六）企业至破产申请日的资产状况明细表，包括有形资产、无形资产和企业投资情况等；

（七）企业在金融机构开设账户的详细情况，包括开户审批材料、账号、资金等；

（八）企业债权情况表，列明企业的债务人名称、住所、债务数额、发生时间和催讨偿还情况；

（九）企业债务情况表，列明企业的债权人名称、住所、债权数额、发生时间；

（十）企业涉及的担保情况；

（十一）企业已发生的诉讼情况；

（十二）人民法院认为应当提交的其他材料。

第七条　债权人申请债务人破产，应当向人民法院提交下列材料：

（一）债权发生的事实与证据；

（二）债权性质、数额、有无担保，并附证据；

（三）债务人不能清偿到期债务的证据。

第八条　债权人申请债务人破产，人民法院可以通知债务人核对以下情况：

（一）债权的真实性；

（二）债权在债务人不能偿还的到期债务中所占的比例；

（三）债务人是否存在不能清偿到期债务的情况。

第九条　债权人申请债务人破产，债务人对债权人的债权提出异议，人民法院认为异议成立的，应当告知债权人先行提起民事诉讼。破产申请不予受理。

第十条　人民法院收到破产申请后，应当在7日内决定是否立案；破产申请人提交的材料需要更正、补充的，人民法院可以责令申请人限期更正、补充。按期更正、补充材料的，人民法院自收到更正补充材料之日起7日内决定是否立案；未按期更正、补充的，视为撤回申请。

人民法院决定受理企业破产案件的，应当制作案件受理通知书，并送达申请人和债务人。通知书作出时间为破产案件受理时间。

第十一条　在人民法院决定受理企业破产案件前，破产申请人可以请求撤回破产申请。

人民法院准许申请人撤回破产申请的，在撤回破产申请之前已经支出的费用由破产申请人承担。

第十二条　人民法院经审查发现有下列情况的，破产申请不予受理：

（一）债务人有隐匿、转移财产等行为，为了逃避债务而申请破产的；

（二）债权人借破产申请毁损债务人商业信誉，意图损害公平竞争的。

第十三条　人民法院对破产申请不予受理的，应当作出裁定。

破产申请人对不予受理破产申请的裁定不服的，可以在裁定送达之日起10日内向上一级人民法院提起上诉。

第十四条　人民法院受理企业破产案件后，发现不符合法律规定的受理条件或者有本规定第十二条所列情形的，应当裁定驳回破产申请。

人民法院受理债务人的破产申请后，发现债务人巨额财产下落不明且不能合理解释财产去向的，应当裁定驳回破产申请。

破产申请人对驳回破产申请的裁定不服的，可以在裁定送达之日起10日内向上一级人民法院提起上诉。

第十五条 人民法院决定受理企业破产案件后，应当组成合议庭，并在10日内完成下列工作：

（一）将合议庭组成人员情况书面通知破产申请人和被申请人，并在法院公告栏张贴企业破产受理公告。公告内容应当写明：破产申请受理时间、债务人名称，申报债权的期限、地点和逾期未申报债权的法律后果、第一次债权人会议召开的日期、地点；

（二）在债务人企业发布公告，要求保护好企业财产，不得擅自处理企业的账册、文书、资料、印章，不得隐匿、私分、转让、出售企业财产；

（三）通知债务人立即停止清偿债务，非经人民法院许可不得支付任何费用；

（四）通知债务人的开户银行停止债务人的结算活动，并不得扣划债务人款项抵扣债务。但经人民法院依法许可的除外。

第十六条 人民法院受理债权人提出的企业破产案件后，应当通知债务人在15日内向人民法院提交有关会计报表、债权债务清册、企业资产清册以及人民法院认为应当提交的资料。

第十七条 人民法院受理企业破产案件后，除应当按照企业破产法第九条的规定通知已知的债权人外，还应当于30日内在国家、地方有影响的报纸上刊登公告，公告内容同第十五条第（一）项的规定。

第十八条 人民法院受理企业破产案件后，除可以随即进行破产宣告成立清算组的外，在企业原管理组织不能正常履行管理职责的情况下，可以成立企业监管组。企业监管组成员从企业上级主管部门或者股东会议代表、企业原管理人员、主要债权人中产生，也可以聘请会计师、律师等中介机构参加。企业监管组主要负责处理以下事务：

（一）清点、保管企业财产；

（二）核查企业债权；

（三）为企业利益而进行的必要的经营活动；

（四）支付人民法院许可的必要支出；

（五）人民法院许可的其他工作。

企业监管组向人民法院负责，接受人民法院的指导、监督。

第十九条 人民法院受理企业破产案件后，以债务人为原告的其他民事纠纷案件尚在一审程序的，受诉人民法院应当将案件移送受理破产案件的人民法院；案件已进行到二审程序的，受诉人民法院应当继续审理。

第二十条 人民法院受理企业破产案件后，对债务人财产的其他民事执行程序应当中止。

以债务人为被告的其他债务纠纷案件，根据下列不同情况分别处理：

（一）已经审结但未执行完毕的，应当中止执行，由债权人凭生效的法律文书向受理破产案件的人民法院申报债权。

（二）尚未审结且无其他被告和无独立请求权的第三人的，应当中止诉讼，由债权人向受理破产案件的人民法院申报债权。在企业被宣告破产后，终结诉讼。

（三）尚未审结并有其他被告或者无独立请求权的第三人的，应当中止诉讼，由债权人向受理破产案件的人民法院申报债权。待破产程序终结后，恢复审理。

（四）债务人系从债务人的债务纠纷案件继续审理。

三、关于债权申报

第二十一条 债权人申报债权应当提交债权证明和合法有效的身份证明；代理申报人应当提交委托人的有效身份证明、授权委托书和债权证明。

申报的债权有财产担保的，应当提交证明财产担保的证据。

第二十二条 人民法院在登记申报的债权时，应当记明债权人名称、住所、开户银行、申报债权数额、申报债权的证据、财产担保情况、申报时间、联系方式以及其他必要的情况。

已经成立清算组的，由清算组进行上述债权登记工作。

第二十三条 连带债务人之一或者数人破产的，债权人可就全部债权向该债务人或者各债务人行使权利，申报债权。债权人未申报债权的，其他连带债务人可就将来可能承担的债务申报债权。

第二十四条 债权人虽未在法定期间申报债权，但有民事诉讼法第七十六条规定情形的，在破产财产分配前可向清算组申报债权。清算组负责审查其申报的债权，并由人民法院审查确定。债权人会议对人民法院同意该债权人参加破产财产分配有异议的，可以向人民法院申请复议。

四、关于破产和解与破产企业整顿

第二十五条 人民法院受理企业破产案件后，在破产程序终结前，债务人可以向人民法院申请和解。人民法院在破产案件审理过程中，可以根据债权人、债务人具体情况向双方提出和解建议。

人民法院作出破产宣告裁定前，债权人会议与债务人达成和解协议并经人民法院裁定认可的，由人民法院发布公告，中止破产程序。

人民法院作出破产宣告裁定后，债权人会议与债务人达成和解协议并经人民法院裁定认可，由人民法院裁定中止执行破产宣告裁定，并公告中止破产程序。

第二十六条 债务人不按和解协议规定的内容清偿全部债务的，相关债权人可以申请人民法院强制执行。

第二十七条 债务人不履行或者不能履行和解协议的，经债权人申请，人民法院应当裁定恢复破产程序。和解协议系在破产宣告前达成的，人民法院应当在裁定恢复破产程序的同时裁定宣告债务人破产。

第二十八条 企业由债权人申请破产的，如被申请破产的企业系国有企业，依照企业破产法第四章的规定，其上级主管部门可以申请对该企业进行整顿。整顿申请应当在债务人被宣告破产前提出。

企业无上级主管部门的，企业股东会议可以通过决议并以股东会议名义申请对企业进行整顿。整顿工作由股东会议指定人员负责。

第二十九条 企业整顿期间，企业的上级主管部门或者负责实施整顿方案的人员应当定期向债权人会议和人民法院报告整顿情况、和解协议执行情况。

第三十条 企业整顿期间，对于债务人财产的执行仍适用企业破产法第十一条的规定。

五、关于破产宣告

第三十一条 企业破产法第三条第一款规定的“不能清偿到期债务”是指：

（一）债务的履行期限已届满；

（二）债务人明显缺乏清偿债务的能力。

债务人停止清偿到期债务并呈连续状态，如无相反证据，可推定为“不能清偿到期债务”。

第三十二条 人民法院受理债务人破产案件后，有下列情形之一的，应当裁定宣告债务人破产：

（一）债务人不能清偿债务且与债权人不能达成和解协议的；

（二）债务人不履行或者不能履行和解协议的；

（三）债务人在整顿期间有企业破产法第二十一条规定情形的；

（四）债务人在整顿期满后有企业破产法第二十二条第二款规定情形的。

宣告债务人破产应当公开进行。由债权人提出破产申请的，破产宣告时应当通知债务人到庭。

第三十三条 债务人自破产宣告之日起停止生产经营活动。为债权人利益确有必要继续生产经营的，须经人民法院许可。

第三十四条 人民法院宣告债务人破产后，应当通知债务人的开户银行，限定其银行账户只能由清算组使用。人民法院通知开户银行时应当附破产宣告裁定书。

第三十五条　人民法院裁定宣告债务人破产后应当发布公告，公告内容包括债务人亏损情况、资产负债状况、破产宣告时间、破产宣告理由和法律依据以及对债务人的财产、账册、文书、资料和印章的保护等内容。

第三十六条　破产宣告后，破产企业的财产在其他民事诉讼程序中被查封、扣押、冻结的，受理破产案件的人民法院应当立即通知采取查封、扣押、冻结措施的人民法院予以解除，并向受理破产案件的人民法院办理移交手续。

第三十七条　企业被宣告破产后，人民法院应当指定必要的留守人员。破产企业的法定代表人、财会、财产保管人员必须留守。

第三十八条　破产宣告后，债权人或者债务人对破产宣告有异议的，可以在人民法院宣告企业破产之日起 10 日内，向上一级人民法院申诉。上一级人民法院应当组成合议庭进行审理，并在 30 日内作出裁定。

六、关于债权人会议

第三十九条　债权人会议由申报债权的债权人组成。

债权人会议主席由人民法院在有表决权的债权人中指定。必要时，人民法院可以指定多名债权人会议主席，成立债权人会议主席委员会。

少数债权人拒绝参加债权人会议，不影响会议的召开。但债权人会议不得作出剥夺其对破产财产受偿的机会或者不利于其受偿的决议。

第四十条　第一次债权人会议应当在人民法院受理破产案件公告 3 个月期满后召开。除债务人的财产不足以支付破产费用，破产程序提前终结外，不得以一般债权的清偿率为零为理由取消债权人会议。

第四十一条　第一次债权人会议由人民法院召集并主持。人民法院除完成本规定第十七条确定的工作外，还应当做好以下准备工作：

（一）拟订第一次债权人会议议程；

（二）向债务人的法定代表人或者负责人发出通知，要求其必须到会；

（三）向债务人的上级主管部门、开办人或者股东会议代表发出通知，要求其派员列席会议；

（四）通知破产清算组成员列席会议；

（五）通知审计、评估人员参加会议；

（六）需要提前准备的其他工作。

第四十二条　债权人会议一般包括以下内容：

（一）宣布债权人会议职权和其他有关事项；

（二）宣布债权人资格审查结果；

（三）指定并宣布债权人会议主席；

（四）安排债务人法定代表人或者负责人接受债权人询问；

（五）由清算组通报债务人的生产经营、财产、债务情况并作清算工作报告和提出财产处理方案及分配方案；

（六）讨论并审查债权的证明材料、债权的财产担保情况及数额、讨论通过和解协议、审阅清算组的清算报告、讨论通过破产财产的处理方案与分配方案等。讨论内容应当记明笔录。债权人对人民法院或者清算组登记的债权提出异议的，人民法院应当及时审查并作出裁定；

（七）根据讨论情况，依照企业破产法第十六条的规定进行表决。

以上第（五）至（七）项议程内的工作在本次债权人会议上无法完成的，交由下次债权人会议继续进行。

第四十三条 债权人认为债权人会议决议违反法律规定或者侵害其合法权益的，可以在债权人会议作出决议后7日内向人民法院提出，由人民法院依法裁定。

第四十四条 清算组财产分配方案经债权人会议两次讨论未获通过的，由人民法院依法裁定。

对前款裁定，占无财产担保债权总额半数以上债权的债权人有异议的，可以在人民法院作出裁定之日起10日内向上一级人民法院申诉。上一级人民法院应当组成合议庭进行审理，并在30日内作出裁定。

第四十五条 债权人可以委托代理人出席债权人会议，并可以授权代理人行使表决权。代理人应当向人民法院或者债权人会议主席提交授权委托书。

第四十六条 第一次债权人会议后又召开债权人会议的，债权人会议主席应当在发出会议通知前3日报告人民法院，并由会议召集人在开会前15日将会议时间、地点、内容、目的等事项通知债权人。

七、关于清算组

第四十七条 人民法院应当自裁定宣告企业破产之日起15日内成立清算组。

第四十八条 清算组成员可以从破产企业上级主管部门、清算中介机构以及会计、律师中产生，也可以从政府财政、工商管理、计委、经委、审计、税务、物价、劳动、社会保险、土地管理、国有资产管理、人事等部门中指定。人民银行分（支）行可以按照有关规定派人参加清算组。

第四十九条 清算组经人民法院同意可以聘请破产清算机构、律师事务所、会计事务所等中介机构承担一定的破产清算工作。中介机构就清算工作向清算组负责。

第五十条 清算组的主要职责是：

（一）接管破产企业。向破产企业原法定代表人及留守人员接收原登记造册的资产明细表、有形资产清册，接管所有财产、账册、文书档案、印章、证照和有关资料。破产宣告前成立企业监管组的，由企业监管组和企业原法定代表人向清算组进行移交；

（二）清理破产企业财产，编制财产明细表和资产负债表，编制债权债务清册，组织破产财产的评估、拍卖、变现；

（三）回收破产企业的财产，向破产企业的债务人、财产持有人依法行使财产权利；

（四）管理、处分破产财产，决定是否履行合同和在清算范围内进行经营活动。确认别除权、抵销权、取回权；

（五）进行破产财产的委托评估、拍卖及其他变现工作；

（六）依法提出并执行破产财产处理和分配方案；

（七）提交清算报告；

（八）代表破产企业参加诉讼和仲裁活动；

（九）办理企业注销登记等破产终结事宜；

（十）完成人民法院依法指定的其他事项。

第五十一条　清算组对人民法院负责并且报告工作，接受人民法院的监督。人民法院应当及时指导清算组的工作，明确清算组的职权与责任，帮助清算组拟订工作计划，听取清算组汇报工作。

清算组有损害债权人利益的行为或者其他违法行为的，人民法院可以根据债权人的申请或者依职权予以纠正。

人民法院可以根据债权人的申请或者依职权更换不称职的清算组成员。

第五十二条　清算组应当列席债权人会议，接受债权人会议的询问。债权人有权查阅有关资料、询问有关事项；清算组的决定违背债权人利益的，债权人可以申请人民法院裁定撤销该决定。

第五十三条　清算组对破产财产应当及时登记、清理、审计、评估、变价。必要时，可以请求人民法院对破产企业财产进行保全。

第五十四条　清算组应当采取有效措施保护破产企业的财产。债务人的财产权利如不依法登记或者及时行使将丧失权利的，应当及时予以登记或者行使；对易损、易腐、跌价或者保管费用较高的财产应当及时变卖。

八、关于破产债权

第五十五条　下列债权属于破产债权：

（一）破产宣告前发生的无财产担保的债权；

（二）破产宣告前发生的虽有财产担保但是债权人放弃优先受偿的债权；

（三）破产宣告前发生的虽有财产担保但是债权数额超过担保物价值部分的债权；

（四）票据出票人被宣告破产，付款人或者承兑人不知其事实而向持票人付款或者承兑所产生的债权；

（五）清算组解除合同，对方当事人依法或者依照合同约定产生的对债务人可以用货币计算的债权；

（六）债务人的受托人在债务人破产后，为债务人的利益处理委托事务所发生的债权；

（七）债务人发行债券形成的债权；

（八）债务人的保证人代替债务人清偿债务后依法可以向债务人追偿的债权；

（九）债务人的保证人按照《中华人民共和国担保法》第三十二条的规定预先行使追偿权而申报的债权；

（十）债务人为保证人的，在破产宣告前已经被生效的法律文书确定承担的保证责任；

（十一）债务人在破产宣告前因侵权、违约给他人造成财产损失而产生的赔偿责任；

（十二）人民法院认可的其他债权。

以上第（五）项债权以实际损失为计算原则。违约金不作为破产债权，定金不再适用定金罚则。

第五十六条 因企业破产解除劳动合同，劳动者依法或者依据劳动合同对企业享有的补偿金请求权，参照企业破产法第三十七条第二款第（一）项规定的顺序清偿。

第五十七条 债务人所欠非正式职工（含短期劳动工）的劳动报酬，参照企业破产法第三十七条第二款第（一）项规定的顺序清偿。

第五十八条 债务人所欠企业职工集资款，参照企业破产法第三十七条第二款第（一）项规定的顺序清偿。但对违反法律规定的高额利息部分不予保护。

职工向企业的投资，不属于破产债权。

第五十九条 债务人退出联营应当对该联营企业的债务承担责任的，联营企业的债权人对该债务人享有的债权属于破产债权。

第六十条 与债务人互负债权债务的债权人可以向清算组请求行使抵销权，抵销权的行使应当具备以下条件：

（一）债权人的债权已经得到确认；

（二）主张抵销的债权债务均发生在破产宣告之前。

经确认的破产债权可以转让。受让人以受让的债权抵销其所欠债务人债务的，人民法院不予支持。

第六十一条　下列债权不属于破产债权：

（一）行政、司法机关对破产企业的罚款、罚金以及其他有关费用；

（二）人民法院受理破产案件后债务人未支付应付款项的滞纳金，包括债务人未执行生效法律文书应当加倍支付的迟延利息和劳动保险金的滞纳金；

（三）破产宣告后的债务利息；

（四）债权人参加破产程序所支出的费用；

（五）破产企业的股权、股票持有人在股权、股票上的权利；

（六）破产财产分配开始后向清算组申报的债权；

（七）超过诉讼时效的债权；

（八）债务人开办单位对债务人未收取的管理费、承包费。

上述不属于破产债权的权利，人民法院或者清算组也应当对当事人的申报进行登记。

第六十二条　政府无偿拨付给债务人的资金不属于破产债权。但财政、扶贫、科技管理等行政部门通过签订合同，按有偿使用、定期归还原则发放的款项，可以作为破产债权。

第六十三条　债权人对清算组确认或者否认的债权有异议的，可以向清算组提出。债权人对清算组的处理仍有异议的，可以向人民法院提出。人民法院应当在查明事实的基础上依法作出裁决。

九、关于破产财产

第六十四条　破产财产由下列财产构成：

（一）债务人在破产宣告时所有的或者经营管理的全部财产；

（二）债务人在破产宣告后至破产程序终结前取得的财产；

（三）应当由债务人行使的其他财产权利。

第六十五条　债务人与他人共有的物、债权、知识产权等财产或者财产权，应当在破产清算中予以分割，债务人分割所得属于破产财产；不能分割的，应当就其应得部分转让，转让所得属于破产财产。

第六十六条　债务人的开办人注册资金投入不足的，应当由该开办人予以补足，补足部分属于破产财产。

第六十七条　企业破产前受让他人财产并依法取得所有权或者土地使用权的，即便未支付或者未完全支付对价，该财产仍属于破产财产。

第六十八条　债务人的财产被采取民事诉讼执行措施的，在受理破产案件后尚未执行的或者未执行完毕的剩余部分，在该企业被宣告破产后列入破产财产。因错误执行应当执行回转的财产，在执行回转后列入破产财产。

第六十九条 债务人依照法律规定取得代位求偿权的，依该代位求偿权享有的债权属于破产财产。

第七十条 债务人在被宣告破产时未到期的债权视为已到期，属于破产财产，但应当减去未到期的利息。

第七十一条 下列财产不属于破产财产：

（一）债务人基于仓储、保管、加工承揽、委托交易、代销、借用、寄存、租赁等法律关系占有、使用的他人财产；

（二）抵押物、留置物、出质物，但权利人放弃优先受偿权的或者优先偿付被担保债权剩余的部分除外；

（三）担保物灭失后产生的保险金、补偿金、赔偿金等代位物；

（四）依照法律规定存在优先权的财产，但权利人放弃优先受偿权或者优先偿付特定债权剩余的部分除外；

（五）特定物买卖中，尚未转移占有但相对人已完全支付对价的特定物；

（六）尚未办理产权证或者产权过户手续但已向买方交付的财产；

（七）债务人在所有权保留买卖中尚未取得所有权的财产；

（八）所有权专属于国家且不得转让的财产；

（九）破产企业工会所有的财产。

第七十二条 本规定第七十一条第（一）项所列的财产，财产权利人有权取回。

前款财产在破产宣告前已经毁损灭失的，财产权利人仅能以直接损失额为限申报债权；在破产宣告后因清算组的责任毁损灭失的，财产权利人有权获得等值赔偿。

债务人转让上述财产获利的，财产权利人有权要求债务人等值赔偿。

十、关于破产财产的收回、处理和变现

第七十三条 清算组应当向破产企业的债务人和财产持有人发出书面通知，要求债务人和财产持有人于限定的时间向清算组清偿债务或者交付财产。

破产企业的债务人和财产持有人有异议的，应当在收到通知后的 7 日内提出，由人民法院作出裁定。

破产企业的债务人和财产持有人在收到通知后既不向清算组清偿债务或者交付财产，又没有正当理由不在规定的异议期内提出异议的，由清算组向人民法院提出申请，经人民法院裁定后强制执行；

破产企业在境外的财产，由清算组予以收回。

第七十四条 债务人享有的债权，其诉讼时效自人民法院受理债务人的

破产申请之日起，适用《中华人民共和国民法通则》第一百四十条关于诉讼时效中断的规定。债务人与债权人达成和解协议，中止破产程序的，诉讼时效自人民法院中止破产程序裁定之日起重新计算。

第七十五条　经人民法院同意，清算组可以聘用律师或者其他中介机构的人员追收债权。

第七十六条　债务人设立的分支机构和没有法人资格的全资机构的财产，应当一并纳入破产程序进行清理。

第七十七条　债务人在其开办的全资企业中的投资权益应当予以追收。

全资企业资不抵债的，清算组停止追收。

第七十八条　债务人对外投资形成的股权及其收益应当予以追收。对该股权可以出售或者转让，出售、转让所得列入破产财产进行分配。

股权价值为负值的，清算组停止追收。

第七十九条　债务人开办的全资企业，以及由其参股、控股的企业不能清偿到期债务，需要进行破产还债的，应当另行提出破产申请。

第八十条　清算组处理集体所有土地使用权时，应当遵守相关法律规定。未办理土地征用手续的集体所有土地使用权，应当在该集体范围内转让。

第八十一条　破产企业的职工住房，已经签订合同、交付房款，进行房改给个人的，不属于破产财产。未进行房改的，可由清算组向有关部门申请办理房改事项，向职工出售。按照国家规定不具备房改条件，或者职工在房改中不购买住房的，由清算组根据实际情况处理。

第八十二条　债务人的幼儿园、学校、医院等公益福利性设施，按国家有关规定处理，不作为破产财产分配。

第八十三条　处理破产财产前，可以确定有相应评估资质的评估机构对破产财产进行评估，债权人会议、清算组对破产财产的评估结论、评估费用有异议的，参照最高人民法院《关于民事诉讼证据的若干规定》第二十七条的规定处理。

第八十四条　债权人会议对破产财产的市场价格无异议的，经人民法院同意后，可以不进行评估。但是国有资产除外。

第八十五条　破产财产的变现应当以拍卖方式进行。由清算组负责委托有拍卖资格的拍卖机构进行拍卖。

依法不得拍卖或者拍卖所得不足以支付拍卖所需费用的，不进行拍卖。

前款不进行拍卖或者拍卖不成的破产财产，可以在破产分配时进行实物分配或者作价变卖。债权人对清算组在实物分配或者作价变卖中对破产财产的估价有异议的，可以请求人民法院进行审查。

第八十六条　破产财产中的成套设备，一般应当整体出售。

第八十七条 依法属于限制流通的破产财产，应当由国家指定的部门收购或者按照有关法律规定处理。

十一、关于破产费用

第八十八条 破产费用包括：

（一）破产财产的管理、变卖、分配所需要的费用；

（二）破产案件的受理费；

（三）债权人会议费用；

（四）催收债务所需费用；

（五）为债权人的共同利益而在破产程序中支付的其他费用。

第八十九条 人民法院受理企业破产案件可以按照《人民法院诉讼收费办法补充规定》预收案件受理费。

破产宣告前发生的经人民法院认可的必要支出，从债务人财产中拨付。债务人财产不足以支付的，如系债权人申请破产的，由债权人支付。

第九十条 清算期间职工生活费、医疗费可以从破产财产中优先拨付。

第九十一条 破产费用可随时支付，破产财产不足以支付破产费用的，人民法院根据清算组的申请裁定终结破产程序。

十二、关于破产财产的分配

第九十二条 破产财产分配方案经债权人会议通过后，由清算组负责执行。财产分配可以一次分配，也可以多次分配。

第九十三条 破产财产分配方案应当包括以下内容：

（一）可供破产分配的财产种类、总值，已经变现的财产和未变现的财产；

（二）债权清偿顺序、各顺序的种类与数额，包括破产企业所欠职工工资、劳动保险费用和破产企业所欠税款的数额和计算依据，纳入国家计划调整的企业破产，还应当说明职工安置费的数额和计算依据；

（三）破产债权总额和清偿比例；

（四）破产分配的方式、时间；

（五）对将来能够追回的财产拟进行追加分配的说明。

第九十四条 列入破产财产的债权，可以进行债权分配。债权分配以便于债权人实现债权为原则。

将人民法院已经确认的债权分配给债权人的，由清算组向债权人出具债权分配书，债权人可以凭债权分配书向债务人要求履行。债务人拒不履行的，债权人可以申请人民法院强制执行。

第九十五条　债权人未在指定期限内领取分配的财产的，对该财产可以进行提存或者变卖后提存价款，并由清算组向债权人发出催领通知书。债权人在收到催领通知书一个月后或者在清算组发出催领通知书两个月后，债权人仍未领取的，清算组应当对该部分财产进行追加分配。

十三、关于破产终结

第九十六条　破产财产分配完毕，由清算组向人民法院报告分配情况，并申请人民法院终结破产程序。

人民法院在收到清算组的报告和终结破产程序申请后，认为符合破产程序终结规定的，应当在 7 日内裁定终结破产程序。

第九十七条　破产程序终结后，由清算组向破产企业原登记机关办理企业注销登记。

破产程序终结后仍有可以追收的破产财产、追加分配等善后事宜需要处理的，经人民法院同意，可以保留清算组或者保留部分清算组成员。

第九十八条　破产程序终结后出现可供分配的财产的，应当追加分配。追加分配的财产，除企业破产法第四十条规定的由人民法院追回的财产外，还包括破产程序中因纠正错误支出收回的款项，因权利被承认追回的财产，债权人放弃的财产和破产程序终结后实现的财产权利等。

第九十九条　破产程序终结后，破产企业的账册、文书等卷宗材料由清算组移交破产企业上级主管机关保存；无上级主管机关的，由破产企业的开办人或者股东保存。

十四、其他

第一百条　人民法院在审理企业破产案件中，发现破产企业的原法定代表人或者直接责任人员有企业破产法第三十五条所列行为的，应当向有关部门建议，对该法定代表人或者直接责任人员给予行政处分；涉嫌犯罪的，应当将有关材料移送相关国家机关处理。

第一百零一条　破产企业有企业破产法第三十五条所列行为，致使企业财产无法收回，造成实际损失的，清算组可以对破产企业的原法定代表人、直接责任人员提起民事诉讼，要求其承担民事赔偿责任。

第一百零二条　人民法院受理企业破产案件后，发现企业有巨额财产下落不明的，应当将有关涉嫌犯罪的情况和材料，移送相关国家机关处理。

第一百零三条　人民法院可以建议有关部门对破产企业的主要责任人员限制其再行开办企业，在法定期限内禁止其担任公司的董事、监事、经理。

第一百零四条　最高人民法院发现各级人民法院，或者上级人民法院发现下级人民法院在破产程序中作出的裁定确有错误的，应当通知其纠正；不予纠正的，可以裁定指令下级人民法院重新作出裁定。

第一百零五条 纳入国家计划调整的企业破产案件，除适用本规定外，还应当适用国家有关企业破产的相关规定。

第一百零六条 本规定自2002年9月1日起施行。在本规定发布前制定的有关审理企业破产案件的司法解释，与本规定相抵触的，不再适用。

最高人民法院
关于破产清算组在履行职责过程中违约或侵权等民事纠纷案件诉讼管辖问题的批复

法释〔2004〕5号

（2004年6月17日最高人民法院审判委员会第1317次会议通过
2004年6月21日最高人民法院公告公布 自2004年6月28日起施行）

湖北省高级人民法院：

你院鄂高法〔2003〕383号《关于破产清算组在履行职责过程中违约或侵权等民事纠纷案件诉讼管辖问题的请示》收悉。经研究，答复如下：

企业被宣告破产后，清算组因履行清算职责对他人违约或者侵权引起的民事诉讼，发生在破产程序终结之前的，由受理破产案件的人民法院管辖，在破产程序中一并处理。

此复。

最高人民法院
关于人民法院在审理企业破产案件中适用最高人民法院《关于审理企业破产案件若干问题的规定》的通知

（2002 年 12 月 26 日　法〔2002〕273 号）

各省、自治区、直辖市高级人民法院，解放军军事法院，新疆维吾尔自治区高级人民法院生产建设兵团分院：

最高人民法院《关于审理企业破产案件若干问题的规定》（以下简称《规定》）已由最高人民法院审判委员会第 1232 次会议通过，并于 2002 年 9 月 1 日起施行。为在审理企业破产案件工作中正确适用《规定》，现就有关问题通知如下：

一、各级人民法院应当认真组织审判人员学习《规定》，深刻理解其含义，准确把握司法解释的精神，充分认识《规定》在规范企业破产行为，保障债权人和债务人的合法权益，防止假破产、真逃债，建立社会信用，维护社会经济秩序，促进社会主义市场经济发展方面的重要作用。

二、当事人向人民法院提出企业破产申请后，由立案庭接收有关申请材料，确定案号，并将有关申请材料移交审理企业破产案件的审判庭，由该审判庭依照《规定》的有关规定，决定是否受理当事人的申请。

三、企业破产申请人根据《规定》第十三条第二款、第十四条第三款的规定，向上一级人民法院提起上诉的，由上级人民法院审理企业破产案件的审判庭审理。

四、企业破产案件当事人根据《规定》第三十八条、第四十四条第二款的规定，向上一级人民法院申诉的，由上一级人民法院审理企业破产案件的审判庭审理。

五、根据《规定》第一百零四条的规定，最高人民法院发现地方各级人民法院，或者上级人民法院发现下级人民法院在企业破产程序中作出的裁定确有错误的，由最高人民法院或者上级人民法院审理企业破产案件的审判庭审理。

六、各级人民法院在执行《规定》的过程中，应当注意加强调查研究，总结审判实践经验，切实保证《规定》的有效实施。

最高人民法院
关于对《最高人民法院关于审理企业破产案件若干问题的规定》第五十六条理解的答复

（2003年9月9日　法函〔2003〕46号）

劳动和社会保障部：

你部2002年12月15日对我院《关于审理企业破产案件若干问题的规定》（以下简称《规定》）第五十六条执行中的有关问题征求意见的函收悉，经研究，答复如下：

一、《规定》第五十六条不适用于纳入国家计划调整的企业破产案件，该类企业破产案件适用国务院国发〔1994〕59号《关于在若干城市试行国有企业破产有关问题的通知》和国发〔1997〕10号《关于在若干城市试行国有企业兼并破产和职工再就业有关问题的补充通知》的有关规定。在根据相关规定向破产企业职工发放安置费、经济补偿金后，不再就解除劳动合同补偿金予以补偿。

二、《规定》第五十六条中“依法或者依据劳动合同”的含义是：第一，补偿金的数额应当依据劳动合同的约定，劳动合同中没有约定的，则应依照法律、法规，参照部门规章的相关规定予以补偿。第二，如果劳动合同约定的补偿金或者根据有关规定确定的补偿金额过低或者过高，清算组可以根据有关规定进行调整。调整的标准，应当以破产企业正常生产经营状况下职工十二个月的月平均工资为基数计算补偿金额。第三，清算组调整后，企业的工会、职工个人认为补偿金仍然过低的，可以向受理破产案件的人民法院提出变更申请；债权人会议对清算组确定的职工补偿金有异议的，按《规定》第四十四条规定的程序进行。

此复。

最高人民法院
对《关于审理企业破产案件若干问题的规定》第三十八条、第四十四条第二款的理解与适用的请示的答复

（2004年2月3日　〔2003〕民二他字第64号）

湖北省高级人民法院：

你院鄂高法〔2003〕389号请示收悉。我庭研究认为，《关于审理企业破产案件若干问题的规定》（以下简称《规定》）第三十八条和第四十四条第二款规定的申诉程序，是最高人民法院在法律没有具体规定时，根据法律的精神和现实的需要，探索如何完善上级法院对下级法院审理企业破产案件进行审判监督的具体体现。鉴于此种申诉程序尚在探索阶段，我庭谨提供如下意见供参考：

一、人民法院作出破产宣告裁定依法应当进行公告，鉴于破产宣告裁定对破产程序当事人影响较大，也仅要求在人民法院公告栏进行公告，因此人民法院在破产宣告裁定作出当日即应当进行公告，公告之日即裁定之日。《规定》第三十八条规定债权人或债务人向上级法院进行申诉的申诉期自裁定之日起算，也即从公告之日起算。如人民法院在裁定之日未作公告，而在裁定日后公告的，可酌情考虑自公告之日起算当事人的申诉期。

二、破产案件分配方案经债权人会议两次讨论未通过的，人民法院可以依法作出裁定。由于债权人会议系债权人自治组织，根据破产法的规定享有审查、通过破产财产分配方案的权力，因此，人民法院在债权人会议未通过破产财产分配方案时如以裁定形式通过方案，性质上属于司法对债权人意思自治的干预，因此，人民法院不仅在裁定中要说明裁定的理由，而且应当在债权人会议期间作出裁定并向参加会议的全体债权人宣读，使债权人及时知悉自身权利状态。《规定》第四十四条第二款规定债权人就该裁定向上级法院申诉的期间起算自裁定之日，也即起算自人民法院向参加会议的全体债权人宣读裁定之日。由于人民法院通过破产财产分配方案的裁定无需公告，也无需送达债权人（债权人人数众多时也无法送达），因此，在债权人会议期间宣读裁定应当是必要的。

司法实践中，有的法院不在债权人会议期间进行裁定，而是在债权人会

议后通过书面审理进行，并且裁定后也不送达，确实存在不利于债权人维护自身权利的情况。对于此种情况如何进行救济尚有待探索，但从程序上要求人民法院在债权人会议期间作出裁定并向参加会议的全体债权人宣读裁定，是避免出现上述情况的重要保证，各级人民法院应当予以充分重视。

此复。

最高人民法院
关于青海省非金属矿工业公司债权债务清偿法律适用问题的复函

［1991年12月20日　法（经）函〔1991〕149号］

青海省高级人民法院：

你院〔91〕青法经字第15号、〔1991〕青法经发字第20号报告收悉。经研究，答复如下：

鉴于青海省非金属矿工业公司是经过青海省工商行政管理局核准的全民所有制企业，因经营管理不善造成严重亏损，不能清偿到期债务，故应当适用《中华人民共和国企业破产法（试行）》的规定宣告破产。清偿债务应当依照法律规定的顺序清偿。

此复。

最高人民法院
关于破产债权能否与未到位的注册资金抵销问题的复函

（1995年4月10日　法函〔1995〕32号）

湖北省高级人民法院：

你院〔1994〕鄂经初字第10号请示报告收悉。经研究，答复如下：

据你院报告称：中国外运武汉公司（下称武汉公司）与香港德仓运输股份有限公司（下称香港公司）合资成立的武汉货柜有限公司（下称货柜公

司)，于 1989 年 3 月 7 日至 8 日曾召开董事会议，决定将注册资金由原来的 110 万美元增加到 180 万美元。1993 年 1 月 4 日又以董事会决议对合资双方同意将注册资金增加到 240 万美元的《合议书》予以认可。事后，货柜公司均依规定向有关审批机构和国家工商行政管理局办理了批准、变更手续。因此，应当确认货柜公司的注册资金已变更为 240 万美元，尚未到位的资金应由出资人予以补足。货柜公司被申请破产后，武汉公司作为货柜公司的债权人同货柜公司的其他债权人享有平等的权利。为保护其他债权人的合法权益，武汉公司对货柜公司享有的破产债权不能与该公司对货柜公司未出足的注册资金相抵销。

最高人民法院
关于如何认定中国农业银行湖北省分行国际业务部申请宣告武汉货柜有限公司破产一案中两份抵押合同效力问题的复函

(1995 年 4 月 10 日　法函〔1995〕33 号)

湖北省高级人民法院：

你院〔1994〕鄂经初字第 10 号请示报告收悉。经研究，答复如下：

据你院报告称：中国外运武汉公司（下称武汉公司）与香港德仓运输股份有限公司合资成立了武汉货柜有限公司（下称货柜公司)。货柜公司将价值 503 万美元的财产抵押给武汉公司后，又将价值 600 万美元的财产抵押给该国际业务部，该抵押财产中的一部分与前述抵押财产重复。武汉公司与货柜公司的法定代表人虽为同一人，但武汉公司与货柜公司都是企业法人，应以各自所有或经营管理的财产独立承担民事责任。货柜公司、武汉公司的法定代表人分别代表两个公司实施的民事行为，如果不损害其所代表的各个法人的利益，根据本院《关于贯彻执行〈中华人民共和国民法通则〉若干问题的意见（试行)》第一百一十五条第一款的规定，我院同意你院请示中的第二种意见，即武汉公司与货柜公司签订的抵押合同有效，中国农业银行湖北省分行国际业务部与货柜公司签订的抵押合同与前述抵押合同相重复部分无效。

最高人民法院
关于哈尔滨百货采购供应站申请破产一案的复函

（1995年5月4日　法函〔1995〕48号）

黑龙江省高级人民法院：

你院《关于哈尔滨百货采购供应站申请破产一案的汇报》收悉。经研究，答复如下：

哈尔滨百货采购供应站（下称百货供应站）在负债累累的情况下，抽出其绝大部分注册资金开办哈尔滨康安批发市场，尔后，申请破产。其做法严重侵害了债权人的利益。虽然该行为未发生在法院受理破产案件前六个月内，但其目的是为了逃避债务，故原则上应根据《中华人民共和国民法通则》第五十八条第一款第（七）项的规定，追回百货供应站开办康安批发市场投入的2217.3万元及该场所得的盈利，作为破产财产统一分配。但在具体处理方式上，可采取整体转让康安批发市场或以债权人的债权作为股份，依照我国公司法的规定，组成规范化的公司，以避免康安批发市场与百货供应站同时倒闭。如上述两种具体处理方式均不可行，则可将康安批发市场的现有全部财产及其债务纳入百货供应站破产清偿范围之内。以上意见供你院处理本案时参考，并请注意总结这方面的经验。

最高人民法院
关于蓬莱京鲁通讯视像设备厂破产还债案有关法律适用问题的复函

（2003年2月25日　〔2001〕民立他字第49号）

山东省高级人民法院：

你院〔2001〕鲁法经字8－1号《关于蓬莱京鲁通讯视像设备厂破产还债一案有关问题的请示》收悉。经研究，答复如下：

对于你院所请示问题，最高人民法院1997年3月6日法发〔1997〕2号

《关于当前人民法院审理企业破产案件应当注意的几个问题的通知》第十一条和2002年7月8日《关于审理企业破产案件若干问题的规定》第一百零四条均已作出明确规定，上级人民法院发现下级人民法院的裁定确有错误，应当通知其依法纠正；必要时可以裁定指令下级人民法院重新作出裁定。因此，对于已经审理终结的破产案件进行监督、纠正是有法可依的，但在适用时应当严格、谨慎，并应充分考虑该破产案件提起再审的可行性，依法妥善处理。

最高人民法院
关于河南省高级人民法院就郑州亚细亚五彩购物广场有限公司破产一案中董桂琴等50家商户能否行使取回权问题请示的答复

（2003年6月9日　〔2003〕民二他字第14号）

河南省高级人民法院：

你院〔2003〕豫法民二函字第02号请示收悉。经研究，答复如下：

原则同意你院不支持董桂琴等50家商户行使取回权的第二种意见。董桂琴等50家商户与亚细亚五彩购物广场有限公司（以下简称五彩购物广场）形成了委托收取销售货款的关系，现有证据不能证明五彩购物广场对所收取的货款开立专门账户加以管理，即五彩购物广场代收的货款没有特定化。由于货币作为动产的特殊属性，董桂琴等50家商户对没有特定化的货款不具有所有权关系，在企业破产还债程序中不能行使取回权，可以以普通债权人的身份参与破产财产的分配。望你院并郑州中院做好当事人的工作。

此复。

最高人民法院
关于〔2003〕鲁法民二字第17号请示的答复

（2003年9月8日 〔2003〕民二他字第38号）

山东省高级人民法院：

你院〔2003〕鲁法民二字第17号请示收悉。关于企业改制行为发生在最高人民法院《关于审理与企业改制相关的民事纠纷案件若干问题的规定》（以下简称《规定》）实施前，《规定》实施后人民法院尚未审结的与企业改制相关的民事纠纷案件，是否适用《规定》处理的问题，经研究，答复如下：

《规定》自2003年2月1日起施行。因本《规定》原则上不具有溯及既往的效力，因此，对因2003年2月1日前当事人实施的企业改制行为而引发的民事纠纷，不论在《规定》实施前或者实施后诉至人民法院的，人民法院应当适用企业改制行为发生时的法律、法规、政策以及最高人民法院制定的有关企业改制方面的司法解释。

但对《规定》实施后人民法院正在审理的与企业改制相关的民事纠纷案件，如果适用《规定》实施前最高人民法院制定的有关企业改制方面的司法解释与本《规定》精神相抵触的，可以参照本《规定》的精神处理。

此复。

最高人民法院
关于外商投资企业特别清算程序中法院应否受理当事人以侵权为由要求返还财产或物品诉讼请求问题的请示的复函

（2003年9月30日 〔2003〕民四他字第13号）

河南省高级人民法院：

你院“关于外商投资企业特别清算程序中法院应否受理当事人以侵权为由要求返还财产或物品诉讼请求问题的请示报告”收悉。经研究，答复如下：

《中华人民共和国中外合资经营企业法实施条例》、《外商投资企业清算办法》，均未限制外商投资企业在清算过程中，清算组织可以以自己的名义提起侵权诉讼。本院法释〔1998〕1 号批复虽然明确人民法院组织清算没有法律依据，但本案人民法院受理清算委员会以游溪霖为被告提起的侵权诉讼，并非属于人民法院介入外商投资企业的清算活动，更非由人民法院组织清算。本案中清算委员会的起诉，从性质上讲是请求人民法院保护其在清算过程中所应享有的民事权利，并非请求人民法院介入清算。人民法院受理的该案件，性质上为侵权纠纷，其具体所要解决的仅仅是原、被告之间的返还财产等纠纷，而并非决定清算如何进行。因此，只要清算委员会的起诉符合《中华人民共和国民事诉讼法》规定的起诉条件，人民法院即应受理。同意你院请示报告中的第二种意见即你院倾向性意见。

此复。

附：

河南省高级人民法院
关于外商投资企业特别清算程序中法院应否受理当事人以侵权为由要求返还财产或物品诉讼请求问题的请示

最高人民法院：

我院在受理新乡老松机械有限公司特别清算委员会与游溪霖（台商）等侵权纠纷上诉一案中，就外商投资企业特别清算程序中当事人要求另一方股东返还财产或者物品的诉请是否应由人民法院受理问题存在分歧意见，现将有关问题请示如下：

一、基本案情

台湾地区某公司、新加坡某公司与新乡市某设备厂于 1993 年共同出资设立新乡老松机械有限公司。在履行合资合同的过程中，当事人发生争议，协商未果，便向仲裁机构申请仲裁。中国国际经济贸易仲裁委员会深圳分会于 2000 年 5 月 8 日作出了终局裁决，主要内容是：终止合资公司合同及章程，当事人依法对合资公司清算，对合资公司剩余财产按投资比例划分。一方不配合清算，不影响清算的正常进行。此后，当事人就合资公司清算问题在协商未果的情况下，向企业审批机关申请特别清算，新乡市外资服务局根据当事人的申请及有关法律规定，于2000年7月6日批准成立了新乡老松机械有限公司特别清算委员会（以下简称特清委），进行特别清算。清算过程中，该特清委主任以特清委的名义起诉台方股东游溪霖（亦是合资公司董事长）返还部分财产和账册、印章。新乡中院一审参照《中华人民共和国中外合资经营企业法实施条例》、《外商投资企业清算办法》（以下简称《清算办法》）和《最高人民法院关于审理中外合资经营纠纷案件如何清算合资企业问题的批复》的有关规定，认为该纠纷不属人民法院民事案件的受理范围，故驳回新乡某公司特清委的起诉。特清委不服原审判决，向本院提起上诉。

二、请示的问题

人民法院如何介入中外合资企业特别清算程序？这类案件是否属人民法院的受案范围？对这些问题我院存在两种意见：

一种意见认为：公司清算是指处理符合清算条件公司的各项事务，清理和分配公司剩余财产，最终结束公司所有法律关系，消灭其法人资格的法律行为。《清算办法》与我国《公司法》中就公司特别清算方面的规定是有差异的。《公司法》规定在公司自愿解散后逾期不成立清算组时，则可以申请人民法院指定人员组织清算组织；而《清算办法》规定的外资企业清算中无论是一般清算还是特别清算都没有法院介入的规定，而是由企业的审批机关组织实施。另外，最高人民法院法释〔1998〕1号《关于审理中外合资经营合同纠纷案件如何清算合资企业问题的批复》中规定，“中外合资经营企业一方当事人向人民法院提起诉讼的……，人民法院仅应对合营合同效力、是否终止合营合同、违约责任等作出判决。合营企业清算问题则应根据《中华人民共和国中外合资经营企业法实施条例》、《外商投资企业清算办法》的有关规定办理，人民法院组织清算没有法律依据。”在外商投资企业特别清算程序中当事人要求返还财产和物品的诉请，实际上是清算过程中对外商投资企业财产清理工作的组成部分，当然也属于清算工作的一部分。另外，按《清算办法》第六条的规定，外商投资企业的清算期限为180天，特殊情况下可延长的期限不得超过90天，法院审理类似本案的侵权案件将无法保证清算程序按期完成。因此，按最高人民法院的司法解释和我国的相关规定，本案不应属法院受理的范围。

另一种观点认为：按最高人民法院法释〔1998〕1号批复，人民法院不应介入外商投资企业具体的清算活动，但并未禁止人民法院受理已进入清算程序的企业提出的民事诉讼。依照《清算办法》，清算委员会行使企业权力机构的职权，清算委员会以其自己的名义提起民事诉讼，只要符合民诉法规定的起诉条件的，即应予以受理。本案中，清算委员会以一方股东侵犯合资企业财产提起民事诉讼，法院应该受理。

我院倾向于第二种意见。

以上请示当否，请批复。

最高人民法院
关于执行《最高人民法院关于〈中华人民共和国企业破产法〉施行时尚未审结的企业破产案件适用法律若干问题的规定》的通知

（2007年5月26日　法〔2007〕81号）

各省、自治区、直辖市高级人民法院，新疆维吾尔自治区高级人民法院生产建设兵团分院：

为保证《中华人民共和国企业破产法》（以下简称企业破产法）的顺利施行和最高人民法院《关于〈中华人民共和国企业破产法〉施行时尚未审结的企业破产案件适用法律若干问题的规定》（以下简称《规定》）的正确执行，现就有关问题通知如下：

一、企业破产法施行后，尚未审结的企业破产案件中，已经开始而尚未终结的有关债务人的民事诉讼案件，分别按照以下方式处理：

（一）以债务人为原告的一审案件，已经移交给受理破产案件的人民法院的，由受理破产案件的人民法院继续审理；尚未移交的，适用企业破产法第二十条的规定。

以债务人为原告的二审案件，由二审人民法院继续审理。

（二）以债务人为被告的案件，已经中止诉讼，且受理破产案件的人民法院对相关争议已经作出裁定的，不适用企业破产法的规定；尚未作出裁定的，依照企业破产法第二十条的规定继续审理。

二、根据企业破产法的规定，破产申请受理后，所有有关债务人的民事诉讼只能向受理破产申请的人民法院提起。尚未审结的企业破产案件中，债权人或者债务人的职工依据企业破产法和《规定》第九条或者第十条的规定，向人民法院提起诉讼的，受理破产案件的人民法院应当根据案件性质和人民法院内部职能分工，并依据民事诉讼法的有关规定，由相关审判庭以独任审判或者组成合议庭的方式进行审理。

三、对于有关债务人的其他民事诉讼，如债务人合同履行诉讼、追收债务人对外债权诉讼、撤销债务人处分财产行为诉讼、确认债务人处分财产行为无效诉讼、取回权诉讼、别除权诉讼和抵销权诉讼等，受理破产案件的人民法院应比照本通知第二条规定处理。

四、为保证破产程序的顺利进行，依据本通知第一条、第二条和第三条的规定审理有关债务人的民事诉讼案件的人民法院，应当在审限内尽可能加快审理有关债务人的民事诉讼案件，避免因拖延审理对相关权利人的权利造成不必要的损害。

五、尚未审结的企业破产案件中有关债务人财产行为的无效认定，适用《中华人民共和国企业破产法（试行）》的有关规定。

六、人民法院审理企业破产案件适用企业破产法第一百三十二条和《规定》第十四条时，应当注意以下几个问题：

（一）企业破产法第一百三十二条仅适用于企业破产法公布之日前所欠的职工权益，形成于企业破产法公布之日后所欠的职工权益不属本条适用的范畴，该部分职工权益只能从破产企业已经设定担保物权之外的其他财产，或者担保物权人明确放弃行使优先受偿权后的已设定担保物权的财产中受偿；

（二）企业破产法公布之日前形成的职工权益，在按照正常清偿顺序无法得到清偿时，才可从已经设定物权担保的财产中受偿。在债务人尚有其他财产可以清偿时，不得先行从已经设定物权担保的财产中清偿；

（三）在企业破产法公布之日前所欠的职工权益，依法以设定物权担保的财产进行清偿的情况下，对于企业破产案件中因按照正常清偿顺序无法实现的破产费用、共益债务以及职工的其他权益不得优先于担保物权人受偿。

七、人民法院审理尚未审结的企业破产案件，对于尚未进行的程序，《规定》未作出规定的，原则上均应适用企业破产法的有关规定。

请各级人民法院将执行企业破产法和《规定》中遇到的问题和情况及时逐级报告我院。

最高人民法院
关于正确审理企业破产案件为维护市场经济秩序提供司法保障若干问题的意见

（2009 年 6 月 12 日　法发〔2009〕36 号）

各省、自治区、直辖市高级人民法院，解放军军事法院，新疆维吾尔自治区高级人民法院生产建设兵团分院：

当前，由于国际金融危机的不断发展和蔓延，我国经济发展仍然面临着严峻的考验。阻碍经济良性运行的负面因素和潜在风险明显增多，许多企业因资金链断裂引发的系统风险不断显现，严重影响了我国经济发展秩序良性运转和社会稳定。在当前经济形势下，充分发挥人民法院商事审判的职能作用，正确审理企业破产案件，防范和化解企业债务风险，挽救危困企业，规范市场主体退出机制，维护市场运行秩序，对于有效应对国际金融危机冲击，保障经济平稳较快发展，具有重要意义。现就人民法院做好企业破产案件审判工作，提出以下意见：

一、依法受理企业破产案件，为建立我国社会主义市场经济良性运行机制提供司法保障

1. 人民法院要正确认识企业破产法保障债权公平有序受偿、完善优胜劣汰的竞争机制、优化社会资源配置、调整社会产业结构、拯救危困企业的作用，依法受理审理企业破产清算、重整、和解案件，综合利用企业破产法的多种程序，充分发挥其对市场经济的调整作用，建立企业法人规范退出市场的良性运行机制，努力推动经济社会又好又快发展。

2. 为保障国家产业结构调整政策的落实，对于已经出现破产原因的企业，人民法院要依法受理符合条件的破产清算申请，通过破产清算程序使其从市场中有序退出。对于虽有借破产逃废债务可能但符合破产清算申请受理条件的非诚信企业，也要将其纳入到法定的破产清算程序中，通过撤销和否定其不当处置财产行为，以及追究出资人等相关主体责任的方式，使其借破产逃废债务的目的落空，剥夺其市场主体资格。对债权人申请债务人破产清算的，人民法院审查的重点是债务人是否不能清偿到期债务，而不能以债权人无法提交债务人财产状况说明等为由，不受理债权人的申请。

3. 对于虽然已经出现破产原因或者有明显丧失清偿能力可能，但符合国家产业结构调整政策、仍具发展前景的企业，人民法院要充分发挥破产重整和破产和解程序的作用，对其进行积极有效的挽救。破产重整和和解制度，为尚有挽救希望的危困企业提供了避免破产清算死亡、获得再生的机会，有利于债务人及其债权人、出资人、职工、关联企业等各方主体实现共赢，有利于社会资源的充分利用。努力推动企业重整和和解成功，促进就业、优化资源配置、减少企业破产给社会带来的不利影响，是人民法院审理企业破产案件的重要目标之一，也是人民法院商事审判工作服务于保增长、保民生、保稳定大局的必然要求。

二、坚持在当地党委的领导下，努力配合政府做好企业破产案件中的维稳工作，为构建和谐社会提供司法保障

4. 债务人进入破产程序后，因涉及债权人、债务人、出资人、企业职工等众多当事人的利益，各方矛盾极为集中和突出，处理不当，极易引发群体性、突发性事件，影响社会稳定。人民法院审理企业破产案件，一定要坚持在当地党委的领导下，充分发挥地方政府建立的风险预警机制、联动机制、资金保障机制等协调机制的作用，努力配合政府做好企业破产案件中的维稳工作。

5. 对于职工欠薪和就业问题突出、债权人矛盾激化、债务人弃企逃债等敏感类破产案件，要及时向当地党委汇报，争取政府的支持。在政府协调下，加强与相关部门的沟通、配合，及时采取有力措施，积极疏导并化解各种矛盾纠纷，避免哄抢企业财产、职工集体上访的情况发生，将不稳定因素消除在萌芽状态。有条件的地方，可通过政府设立的维稳基金或鼓励第三方垫款等方式，优先解决破产企业职工的安置问题，政府或第三方就劳动债权的垫款，可以在破产程序中按照职工债权的受偿顺序优先获得清偿。

三、充分发挥破产重整和和解程序挽救危困企业、实现企业持续经营的作用，保障社会资源有效利用

6. 人民法院要充分发挥司法能动作用，注重做好当事人的释明和协调工作，合理适用破产重整和和解程序。对于当事人同时申请债务人清算、重整、和解的，人民法院要根据债务人的实际情况和各方当事人的意愿，在组织各方当事人充分论证的基础上，对于有重整或者和解可能的，应当依法受理重整或者和解申请。当事人申请重整，但因企业经营规模较小、虽有挽救必要但重整成本明显高于重整收益的困难企业，有关权利人不同意重整的，人民法院可引导当事人通过和解方式挽救企业。人民法院要加强破产程序中的调解工作，在法律允许的框架下，积极支持债务人、管理人和新出资人等为挽救企业所做的各项工作，为挽救困难企业创造良好的法律环境。

7. 人民法院适用强制批准裁量权挽救危困企业时，要保证反对重整计划草案的债权人或者出资人在重整中至少可以获得在破产清算中本可获得的清偿。对于重整计划草案被提请批准时依照破产清算程序所能获得的清偿比例的确定，应充分考虑其计算方法是否科学、客观、准确，是否充分保护了利害关系人的应有利益。人民法院要严格审查重整计划草案，综合考虑社会公共利益，积极审慎适用裁量权。对不符合强制批准条件的，不能借挽救企业之名违法审批。上级人民法院要肩负起监督职责，对利害关系人就重整程序中反映的问题要进行认真审查，问题属实的，要及时予以纠正。

四、在破产程序中要注重保障民生，切实维护职工合法权益

8. 依法优先保护劳动者权益，是破产法律制度的重要价值取向。人民法院在审理企业破产案件中，要切实维护职工的合法权益，严格依法保护职工利益。召开债权人会议要有债务人的职工和工会代表参加，保障职工对破产程序的参与权。职工对管理人确认的工资等债权有异议的，管理人要认真审查核对，发现错误要及时纠正；因管理人未予纠正，职工据此提起诉讼的，人民法院要严格依法审理，及时作出判决。

9. 表决重整计划草案时，要充分尊重职工的意愿，并就债务人所欠职工工资等债权设定专门表决组进行表决；职工债权人表决组未通过重整计划草案的，人民法院强制批准必须以应当优先清偿的职工债权全额清偿为前提。企业继续保持原经营范围的，人民法院要引导债务人或管理人在制作企业重整计划草案时，尽可能保证企业原有职工的工作岗位。

10. 保障职工合法权益需要社会各方面的共同努力。人民法院要加强与国家社会保障部门、劳动部门、工商行政管理部门、组织人事等部门的沟通和协调，积极提出司法建议，推动适合中国特色的社会保障体制的建立和完善。

五、妥善指定适格管理人，充分发挥管理人在企业破产程序中的积极作用

11. 人民法院要根据企业破产法和有关司法解释的规定，采用适当方式指定管理人，对于重大疑难案件，可以通过竞争的方式择优确定管理人。要注意处理好审理破产案件的审判庭和司法技术辅助工作部门的关系，在指定管理人时，应由审理破产案件的审判庭根据案件实际情况决定采用哪类管理人以及采用哪种产生方式，在决定通过随机方式或者竞争方式产生管理人或其成员时，再由司法技术辅助工作部门根据规定产生管理人或其成员。

12. 企业重整中，因涉及重大资产重组、经营模式选择、引入新出资人等商业运作内容，重整中管理人的职责不仅是管理和处分债务人财产，更要管理债务人的经营业务，特别是制定和执行重整计划。因此，在我国目前管理人队伍尚未成熟的情况下，人民法院指定管理人时，应当注意吸收相关部门和人才，根据实际情况选择指定的形式和方式，以便产生适格管理人。

13. 管理人的工作能力和敬业精神直接决定着企业破产案件能否依法有效进行，以及破产法律制度能否充分发挥其应有的作用。人民法院要特别注意加强对管理人业务知识和各种能力的培养，建立管理人考核机制，通过业绩考核，形成激励和淘汰机制，逐步实现管理人队伍的专业化。

六、正确适用企业破产法的各项制度，充分保护债权人合法权益

14. 人民法院在审理企业破产案件中，要充分调动管理人的积极性，促使其利用法律手段，努力查找和追收债务人财产，最大限度保护债权人利益。对出资不实、抽逃出资的，要依法追回；对于不当处置公司财产的行为，要依法撤销或者认定无效，并追回有关财产；对于违反法律、行政法规等规定，给公司或债权人造成损失的，要依法追究行为人的民事责任；对于发现妨碍清算行为的犯罪线索，要及时向侦查机关通报情况。

15. 要充分发挥债权人会议和债权人委员会的职能作用，切实保障债权人对破产程序的参与权，坚决防止地方保护主义，即使在以挽救债务人为主要目的的破产重整和和解程序中，仍然要以充分保障债权人利益为前提，重整计划和和解协议的通过与否，要严格按照法定的程序确定表决权并依法表决。

16. 人民法院在审理债务人人员下落不明或财产状况不清的破产案件时，要从充分保障债权人合法利益的角度出发，在对债务人的法定代表人、财务管理人员、其他经营管理人员，以及出资人等进行释明，或者采取相应罚款、训诫、拘留等强制措施后，债务人仍不向人民法院提交有关材料或者不提交全部材料，影响清算顺利进行的，人民法院就现有财产对已知债权进行公平清偿并裁定终结清算程序后，应当告知债权人可以另行提起诉讼要求有责任的有限责任公司股东、股份有限公司董事、控股股东，以及实际控制人等清算义务人对债务人的债务承担清偿责任。

七、正确认识破产程序与执行程序的功能定位，做好两个程序的有效衔接

17. 人民法院要充分认识破产程序和执行程序的不同功能定位，充分发挥企业破产法公平保护全体债权人的作用。破产程序是对债务人全部财产进行的概括执行，注重对所有债权的公平受偿，具有对一般债务清偿程序的排他

性。因此，人民法院受理破产申请后，对债务人财产所采取的所有保全措施和执行程序都应解除和中止，相关债务在破产清算程序中一并公平清偿。

18. 人民法院要注重做好破产程序和执行程序的衔接工作，确保破产财产妥善处置。涉及到人民法院内部破产程序和执行程序的操作的，应注意不同法院、不同审判部门、不同程序的协调与配合。涉及到债务人财产被其他国家行政机关采取保全措施或执行程序的，人民法院应积极与上述机关进行协调和沟通，取得有关机关的配合，依法解除有关保全措施，中止有关执行程序。

19. 人民法院受理破产申请后，在宣告债务人破产前裁定驳回申请人的破产申请，并终结破产程序的，应当在作出终结破产程序的裁定前，告知管理人通知原对债务人财产采取保全措施或执行程序的法院恢复原有的保全措施或执行程序，有轮候保全的，以原采取保全措施的时间确定轮候顺位。对恢复受理债务人为被执行人的执行案件，应当适用申请执行时效中断的有关规定。

八、加强审理破产案件法官专业化队伍建设，充分发挥商事审判职能作用

20. 随着我国经济市场化、国际化程度越来越高，企业破产案件将呈逐步增长趋势，这对人民法院审判工作提出了更高的要求。一方面，企业破产案件审理周期长、难度大、事务性工作繁重，人民法院长期以来案多人少的矛盾更加突出。另一方面，由于破产案件审理的复杂性和特殊性，客观上需要一支不仅具备较为扎实的法学理论功底，而且还要有解决社会矛盾、处理应急事务、协调各方利益等多方面工作能力的专业化法官队伍。因此，人民法院要加强法官专业化队伍建设，在人财物方面给予支持和保障。有条件的法院可以根据企业破产案件的数量，成立专门的破产案件审判庭，或指定专门的合议庭负责审理破产案件。

21. 人民法院要积极调动法官审理企业破产案件的积极性，在考核法官工作业绩时，要充分考虑企业破产案件审理的特殊性，以及法官办理企业破产案件所付出的辛勤劳动和承担的各种压力，积极探索能够客观反映审理破产案件工作量的科学考评标准，不断提高破产案件的审理质量。

22. 审理企业破产案件的法官，要大力加强对党的路线方针政策的学习，增强大局意识和责任意识。在当前经济形势下，更要正确处理好保护金融债权与挽救危困企业之间的关系，实现债权人与债务人的共赢，共渡难关。正确处理好保护投资者利益与维护职工合法权益之间的关系，保障社会和谐稳定。正确处理好企业破产清算与企业再生之间的关系，实现社会资源的充分

利用以及法律效果和社会效果的有机统一。广大法官要大力加强廉政建设，严格执行最高人民法院“五个严禁”等审判纪律和规章制度，无论是在指定管理人还是在委托拍卖财产等敏感环节，都要坚持以制度管人，坚决杜绝人情案、关系案、金钱案，确保以公正高效的审判业绩，为我国国民经济平稳较快发展创造条件。

最高人民法院
关于受理借用国际金融组织和外国政府贷款偿还任务尚未落实的企业破产申请问题的通知

（2009 年 12 月 3 日　法〔2009〕389 号）

各省、自治区、直辖市高级人民法院，解放军军事法院，新疆维吾尔自治区高级人民法院生产建设兵团分院：

近来，部分地方人民法院向我院请示是否受理借用国际金融组织和外国政府贷款偿还任务尚未落实的企业破产申请的问题，经研究，现就有关问题通知如下，请遵照执行。

自 2007 年 6 月 1 日起，借用国际金融组织和外国政府贷款或转贷款的有关企业申请或者被申请破产的，人民法院应依照《中华人民共和国企业破产法》的有关规定依法受理。

上述企业在 2007 年 6 月 1 日之前已签署转贷协议但偿还任务尚未落实的，应继续适用最高人民法院《关于当前人民法院审理企业破产案件应当注意的几个问题的通知》（法发〔1997〕2 号）第三条的规定和最高人民法院《关于贯彻执行法发〔1997〕2 号文件第三条应注意的问题的通知》（法函〔1998〕74 号）的有关规定。

最高人民法院
关于北京市中伦律师事务所与中国证券投资者保护基金有限公司签订法律服务合同的行为是否构成《企业破产法》第二十四条规定的“与本案利害关系”问题请示的答复

(2010 年 6 月 22 日　〔2010〕民二他字第 2 号)

广东省高级人民法院：

你院粤高法〔2010〕6 号《关于北京市中伦律师事务所与中国证券投资者保护基金有限公司签订法律服务合同的行为是否构成〈企业破产法〉》第二十四条规定的“与本案利害关系”问题的请示》收悉。经研究，答复如下：

北京市中伦律师事务所（以下简称中伦总所）分支机构北京市中伦律师事务所深圳分所（以下简称中伦深圳分所）担任汉唐证券管理人的组成单位成员后，中伦总所与汉唐证券的最大债权人中国证券投资者保护基金有限公司（以下简称基金公司）签订法律服务合同担任基金公司的法律顾问的行为，构成企业破产法及相关司法解释中的“与本案有利害关系”。同时，基金公司的债券是依照国家政策收购汉唐证券交易结算资金及个人债权形成的，其数额是经过汉唐证券清算组甄别确认的，而且根据《证券投资者保护基金管理办法》，基金公司具有组织、参与被撤销、关闭或破产证券公司的清算工作的职能。因此基金公司参与汉唐证券的破产清算程序既有债权人的身份，也是其履行参与证券公司风险处置工作的法定职责。综合以上情况，鉴于基金公司作为汉唐证券债权人的特殊性，中伦深圳分所可以继续担任汉唐证券管理人的组成单位成员。但是，基金公司参与汉唐证券破产清算案件的专项法律顾问工作不应由中伦总所的律师担任，如有相关情形，其代理关系应当解除，否则中伦深圳分所不能继续承担汉唐证券破产清算案件的管理人的组成单位成员。

此复。

最高人民法院
关于代为清偿的连带债务人是否有权向破产和解的债务人继续追偿的问题请示答复

（2010年11月10日　〔2010〕民二他字第15号）

山东省高级人民法院：

你院鲁高法〔2010〕144号《关于代为清偿的连带债务人是否有权向破产和解的债务人继续追偿的问题的请示》收悉。经研究，答复如下：

债权人如果已在主债务人的和解或重整程序中全额申报了债权，其未得到清偿的部分可以向保证人或连带债务人主张清偿。任何源于同一债务的普通债权，只能在破产程序中得到与其他普通债权相同比率的清偿。因此，保证人或连带债务人承担清偿责任后，不能向破产和解、破产重整的债务人追偿。

最高人民法院民事审判第二庭
关于西北电网起诉华夏证券取回权一案有关情况的复函

（2010年12月21日　〔2010〕民二他字第44号）

上海市高级人民法院：

中国证券监督管理委员会办公厅证监办函（2010）322号《关于西北电网起诉华夏证券取回权一案有关情况的函》向我院反映，你院受理的西北电网有限公司与华夏证券股份有限公司西安南大街证券营业部、华夏证券股份有限公司及中国证券登记结算有限公司上海分公司取回权纠纷一案，审理结果可能侵害华夏证券其他债权人的合法权益，严重影响华夏证券破产清算工作的顺利进行，请求我院关注此案，明确审理此类案件的法律适用原则，确保华夏证券破产清算工作的有序进行。现将上述函件转你院，请你院在审理所涉案件时注意以下问题：

第一，取回权作为破产法上的一项特殊权利，其基础是民法上的物的返还请求权。权利人向破产企业主张行使取回权的前提必须是其要求取回的标的物客观存在，只有在此基础上才可能通过取回权的行使获得标的物的返还。反之，权利人只能依据有关事实向破产企业主张赔偿损失。

第二，证券公司综合治理工作是在国务院的统一部署下进行的一项重要工作，对于防范和化解证券市场风险发挥了巨大作用。人民法院在审理有关风险处置证券公司案件时，要注意维护证券公司风险处置措施的效力，巩固综合治理成果，保障证券公司破产程序的顺利进行，依法公平保护相关债权人的合法权益。

最高人民法院
关于破产财产拍卖相关问题请示的答复

（2010年12月21日　〔2010〕民二他字第45号）

广西壮族自治区高级人民法院：

你院（2010）桂破请字第7号《关于破产财产拍卖相关问题的请示》收悉。经研究，答复如下：

第一，关于第三次债权人会议决议与拍卖成交合同的关系问题。第三次债权人会议对破产财产分配方案作出的决议，即使该次会议决议依法被撤销也并不当然导致拍卖成交合同的解除。债权人会议决议与拍卖成交合同系两个不同的法律关系，债权人会议无权自行决定拍卖成交合同的解除。

第二，关于广西信托大厦是否应该重新拍卖问题。重新拍卖广西信托大厦的前提必须是拍卖成交合同已被解除，或者被确认无效或未生效。人民法院在审理广西信托投资公司破产案件中无权对上述问题作出裁决。债权人如果认为拍卖成交合同存在解除事由，或者存在合同无效或未生效事由的，均可要求管理人依据相关法律规定向人民法院另行提起诉讼，请求判决解除合同或者确认合同无效或未生效。人民法院判决支持其诉讼请求后，管理人可以另行委托拍卖。

第三，关于拍卖成交合同买受人逾期付款的法律责任问题。买受人未按照拍卖成交合同约定的履行期限支付拍卖价款，且经催告后在合理期限内仍未履行的，卖方有权主张解除合同。拍卖价款支付完毕后，虽然已不存在解除合同问题，但卖方仍然有权追究买受人逾期付款的违约责任，向买受人主张相应赔偿。

综上，同意你院审判委员会的意见，并请对上述问题向有关权利人和管理人予以释明，并告知其可依法主张相关权利。

此复。

最高人民法院
关于印发《人民法院破产程序法律文书样式（试行）》的通知

（2011 年 10 月 13 日）

各省、自治区、直辖市高级人民法院，解放军军事法院，新疆维吾尔自治区高级人民法院生产建设兵团分院：

为了更好地指导各级人民法院正确适用《中华人民共和国企业破产法》及相关司法解释，规范人民法院破产程序法律文书，提高人民法院审理企业破产案件质量，最高人民法院制作了《人民法院破产程序法律文书样式（试行）》，现予以印发，并就适用该文书样式的有关问题通知如下：

一、关于本文书样式的体例

针对破产程序各阶段和相关程序的工作内容，按照简洁、实用、便利的原则，文书样式分为“通用类文书”、“破产清算程序用文书”、“重整程序用文书”、“和解程序用文书”以及适用于破产衍生诉讼一审程序的“破产衍生诉讼用文书”五类共 105 个文书样式。各文书样式均包括文书主文和制作说明两部分。文书主文是文书的核心部分，包括文书名称、文号、名头、主文、落款、附件等部分。制作说明是文书样式的辅助部分，主要列明制作文书样式的法律依据以及文书制作中需要注意的问题，以有利于人民法院正确制作、使用文书。

二、关于相关案件的案号和各文书样式的文号

1. 破产案件的案号

破产案件的案号为“（××××）×破字第×号”。人民法院审理一个债务人的破产案件，包括破产申请受理前后，以及破产清算与重整、和解之间相互转化程序前后，均应使用同一案号。

“(××××) ×破字第×号”中的“(××××)”，应列明人民法院受理破产案件的年份；“(××××) ×破字第×号”中的“×”，应列明审理破产案件法院的简称；“(××××) ×破字第×号”中的“×”，应列明该破产案件的案号。

2. 破产案件中出具的各类文书的文号

鉴于破产案件进展中程序不同和出具的各文书性质不同，人民法院在审理一个破产案件中将出具众多的民事裁定书、决定书、通知、公告和复函等各类文书，为体现相关文书出具的不同阶段以及各类文书的排序，人民法院在审理破产案件时，应当在上述案号的基础上，在所出具有关文书的文号上分别以“预”、“初”、“一×”等予以标识。具体如下：

“(××××) ×破（预）字第×号”中的“(预)”，体现该文书出具在破产申请受理前，即人民法院裁定受理破产清算、重整、和解申请前制作的各类法律文书，以及作出的不予受理和受理上述申请的民事裁定书，均以“(××××) ×破（预）字第×号”确定文号。人民法院裁定受理破产申请后，则应以“(××××) ×破字第×号”确定文号。

“(××××) ×破初字第×号”中的“初”，体现该文书系审理破产案件的人民法院作出的一审裁定。根据企业破产法的规定，申请人不服该裁定的可向上一级人民法院提起上诉。此类文号涉及人民法院作出的不予受理破产申请和驳回破产申请两类民事裁定书。

“(××××) ×破字第×一×号”中的“一×”，体现不同文书的编排序号。如人民法院在审理一个破产案件中作出的所有民事裁定书，应当分别以“(××××) ×破字第×一1号”民事裁定书、“(××××) ×破字第×一2号”民事裁定书、“(××××) ×破字第×一3号”民事裁定书……依次编号；作出的所有决定书，应当分别以“(××××) ×破字第×一1号”决定书、“(××××) ×破字第×一2号”决定书、“(××××) ×破字第×一3号”决定书……依次编号，等等。编排序号不受破产申请受理前后的影响，如破产申请受理前最后编号为“(××××) ×破（预）字第×一5号”民事裁定书的，破产申请受理后应直接以“(××××) ×破字第×一6号”民事裁定书依次编号。

3. 上一级人民法院审理相关案件的案号

受理破产案件的人民法院作出的不予受理或者驳回破产申请的民事裁定书，以及拘留、罚款决定书，根据法律规定可以分别向上一级人民法院提起上诉或申请复议。上一级人民法院对于这类案件应当分别以“(××××) ×破（预）终字第×号”、“(××××) ×破终字第×号”，以及“(××××) ×破复字第×号”确定案号。其中，“(××××) ×破（预）终字第×号”

中的“(××××)”，应列明二审法院受理破产案件的年份；“(××××) ×破（预）终字第×号”中的“×”，应列明二审法院的简称；“(××××) ×破（预）终字第×号”中的“×”，应列明该二审案件的案号。其他两类文书同理。

4. 破产衍生诉讼案件的案号

根据企业破产法的规定，破产申请受理后有关债务人的实体权利义务等发生争议的，均应另行向受理破产申请的人民法院提起诉讼，即为破产衍生诉讼。因破产衍生诉讼独立于破产案件，系普通民商事案件，因此，其一审均应以“(××××) ×民初字第×号”确定案号，二审均应以“(××××) ×民终字第×号”确定案号。

三、关于本文书样式的适用

人民法院适用企业破产法审理相关案件涉及的文书样式十分复杂，且在实践中会不断遇到新情况新问题，此次下发的仅是其中常用的、具有代表性的文书样式，且有的文书样式尚待相关司法解释颁布后再作补充与完善。因此，实践中如遇未列出的文书，可参考这些常用样式，根据案件具体情况变通适用。

请各高级人民法院注意收集辖区内人民法院在适用本文书样式中发现的问题并提出改进建议，及时报告最高人民法院民事审判第二庭。

特此通知。

附：《人民法院破产程序法律文书样式（试行）》（略）

最高人民法院
关于印发《管理人破产程序工作文书样式（试行）》的通知

（2011年10月13日）

各省、自治区、直辖市高级人民法院，解放军军事法院，新疆维吾尔自治区高级人民法院生产建设兵团分院：

为了进一步明确破产程序中管理人的工作职责，统一管理人工作的文书格式，促进管理人正确履行职务，提高管理人的工作效率和质量，最高人民法院制订了《管理人破产程序工作文书样式（试行）》，现予以印发，并就该文书样式的有关问题通知如下：

一、关于文书样式的体例

针对破产程序各阶段管理人的工作内容，按照简洁、实用、便利的原则，文书样式分为“通用类文书”、“破产清算程序用文书”、“重整程序用文书”、“和解程序用文书”四大类共计59个文书样式。各文书样式均包括文书主文和制作说明两部分。文书主文是文书的核心部分，包括文书名称、文号、名头、主文、落款、附件等部分。制作说明是文书样式的辅助部分，主要列明制作文书样式的法律依据以及文书制作中需要注意的问题，以有利于管理人正确制作、使用文书样式。

二、关于本文书样式的文号

管理人破产程序工作文书文号统一为（××××）××破管字第×号。“（××××）××破管字第×号”中的“（××××）”，应列明人民法院指定管理人的年份；“（××××）××破管字第×号”中的“××”，应列明破产企业的简称，简称一般为2～4个字；“（××××）××破管字第×号”中的序号“×”，应列明按文书制作时间先后编排的序号。

三、关于文书样式的适用

管理人在执行职务过程中需要制作大量的工作文书，涉及的文书样式十分复杂，且在实践中会不断遇到新情况新问题，此次下发的仅是其中常用的、具有代表性的样式，且有的文书样式尚待相关司法解释颁布后再作补充完善。因此，实践中如遇未列出的文书，可参考这些常用样式，根据案件具体情况变通适用。

请各高级人民法院注意收集辖区内管理人在适用本文书样式中发现的问题并提出改进建议，及时报告最高人民法院民事审判第二庭。

特此通知。

附：《管理人破产程序工作文书样式（试行）》（略）

最高人民法院
关于税务机关就破产企业欠缴税款产生的滞纳金提起的债权确认之诉应否受理问题的批复

法释〔2012〕9号

（2012年6月4日最高人民法院审判委员会第1548次会议通过
2012年6月26日最高人民法院公告公布　自2012年7月12日起施行）

青海省高级人民法院：

你院《关于税务机关就税款滞纳金提起债权确认之诉应否受理问题的请示》（青民他字〔2011〕1号）收悉。经研究，答复如下：

税务机关就破产企业欠缴税款产生的滞纳金提起的债权确认之诉，人民法院应依法受理。依照企业破产法、税收征收管理法的有关规定，破产企业在破产案件受理前因欠缴税款产生的滞纳金属于普通破产债权。对于破产案件受理后因欠缴税款产生的滞纳金，人民法院应当依照《最高人民法院关于审理企业破产案件若干问题的规定》第六十一条规定处理。

此复。

最高人民法院
印发《关于审理上市公司破产重整案件工作座谈会纪要》的通知

（2012年10月29日　法〔2012〕261号）

各省、自治区、直辖市高级人民法院，解放军军事法院，新疆维吾尔自治区高级人民法院生产建设兵团分院：

现将最高人民法院《关于审理上市公司破产重整案件工作座谈会纪要》印发给你们，请结合审判工作实际，遵照执行。

附：

关于审理上市公司破产重整案件工作座谈会纪要

《企业破产法》施行以来，人民法院依法审理了部分上市公司破产重整案件，最大限度地减少了因上市公司破产清算给社会造成的不良影响，实现了法律效果和社会效果的统一。上市公司破产重整案件的审理不仅涉及到《企业破产法》、《证券法》、《公司法》等法律的适用，还涉及司法程序与行政程序的衔接问题，有必要进一步明确该类案件的审理原则，细化有关程序和实体规定，更好地规范相关主体的权利义务，以充分保护债权人、广大投资者和上市公司的合法权益，优化配置社会资源，促进资本市场健康发展。为此，最高人民法院会同中国证券监督管理委员会，于 2012 年 3 月 22 日在海南省万宁市召开了审理上市公司破产重整案件工作座谈会。与会同志通过认真讨论，就审理上市公司破产重整案件的若干重要问题取得了共识。现纪要如下：

一、关于上市公司破产重整案件的审理原则

会议认为，上市公司破产重整案件事关资本市场的健康发展，事关广大投资者的利益保护，事关职工权益保障和社会稳定。因此，人民法院应当高度重视此类案件，并在审理中注意坚持以下原则：

（一）依法公正审理原则。上市公司破产重整案件参与主体众多，涉及利益关系复杂，人民法院审理上市公司破产重整案件，既要有利于化解上市公司的债务和经营危机，提高上市公司质量，保护债权人和投资者的合法权益，维护证券市场和社会的稳定，又要防止没有再生希望的上市公司利用破产重整程序逃废债务，滥用司法资源和社会资源；既要保护债权人利益，又要兼顾职工利益、出资人利益和社会利益，妥善处理好各方利益的冲突。上市公司重整计划草案未获批准或重整计划执行不能的，人民法院应当及时宣告债务人破产清算。

（二）挽救危困企业原则。充分发挥上市公司破产重整制度的作用，为尚有挽救希望的危困企业提供获得新生的机会，有利于上市公司、债权人、出资人、关联企业等各方主体实现共赢，有利于社会资源的有效利用。对于具有重整可能的企业，努力推动重整成功，可以促进就业，优化资源配置，促进产业结构的调整和升级换代，减少上市公司破产清算对社会带来的不利影响。

（三）维护社会稳定原则。上市公司进入破产重整程序后，因涉及债权人、上市公司、出资人、企业职工等相关当事人的利益，各方矛盾比较集中和突出，如果处理不当，极易引发群体性、突发性事件，影响社会稳定。人民法院审理上市公司破产重整案件，要充分发挥地方政府的风险预警、部门联动、资金保障等协调机制的作用，积极配合政府做好上市公司重整中的维稳工作，并根据上市公司的特点，加强与证券监管机构的沟通协调。

二、关于上市公司破产重整案件的管辖

会议认为，上市公司破产重整案件应当由上市公司住所地的人民法院，即上市公司主要办事机构所在地法院管辖；上市公司主要办事机构所在地不明确、存在争议的，由上市公司注册登记地人民法院管辖。由于上市公司破产重整案件涉及法律关系复杂，影响面广，对专业知识和综合能力要求较高，人力物力投入较多，上市公司破产重整案件一般应由中级人民法院管辖。

三、关于上市公司破产重整的申请

会议认为，上市公司不能清偿到期债务，并且资产不足以清偿全部债务或者明显缺乏清偿能力，或者有明显丧失清偿能力可能的，上市公司或者上市公司的债权人、出资额占上市公司注册资本十分之一以上的出资人可以向人民法院申请对上市公司进行破产重整。

申请人申请上市公司破产重整的，除提交《企业破产法》第八条规定的材料外，还应当提交关于上市公司具有重整可行性的报告、上市公司住所地省级人民政府向证券监督管理部门的通报情况材料以及证券监督管理部门的意见、上市公司住所地人民政府出具的维稳预案等。上市公司自行申请破产重整的，还应当提交切实可行的职工安置方案。

四、关于对上市公司破产重整申请的审查

会议认为，债权人提出重整申请，上市公司在法律规定的时间内提出异议，或者债权人、上市公司、出资人分别向人民法院提出破产清算申请和重整申请的，人民法院应当组织召开听证会。

人民法院召开听证会的，应当于听证会召开前通知申请人、被申请人，并送达相关申请材料。公司债权人、出资人、实际控制人等利害关系人申请参加听证的，人民法院应当予以准许。人民法院应当就申请人是否具备申请资格、上市公司是否已经发生重整事由、上市公司是否具有重整可行性等内容进行听证。

鉴于上市公司破产重整案件较为敏感，不仅涉及企业职工和二级市场众多投资者的利益安排，还涉及与地方政府和证券监管机构的沟通协调。因此，目前人民法院在裁定受理上市公司破产重整申请前，应当将相关材料逐级报送最高人民法院审查。

五、关于对破产重整上市公司的信息保密和披露

会议认为，对于股票仍在正常交易的上市公司，在上市公司破产重整申请相关信息披露前，上市公司及其债权人、出资人等利害关系人应当按照法律、行政法规、证券监管机构的部门规章及证券交易所上市规则做好信息保密工作。

上市公司的债权人提出破产重整申请的，人民法院应当要求债权人提供其已就此告知上市公司的有关证据。上市公司应当按照相关规则及时履行信息披露义务。

上市公司进入破产重整程序后，由管理人履行相关法律、行政法规、部门规章和公司章程规定的原上市公司董事会、董事和高级管理人员承担的职责和义务，上市公司自行管理财产和营业事务的除外。管理人在上市公司破产重整程序中存在信息披露违法违规行为的，应当依法承担相应的责任。

六、关于上市公司破产重整计划草案的制定

会议认为，上市公司或者管理人制定的上市公司重整计划草案应当包括详细的经营方案。有关经营方案涉及并购重组等行政许可审批事项的，上市公司或管理人应当聘请经证券监管机构核准的财务顾问机构、律师事务所以及具有证券期货业务资格的会计师事务所、资产评估机构等证券服务机构按照证券监管机构的有关要求及格式编制相关材料，并作为重整计划草案及其经营方案的必备文件。

控股股东、实际控制人及其关联方在上市公司破产重整程序前因违规占用、担保等行为对上市公司造成损害的，制定重整计划草案时应当根据其过错对控股股东及实际控制人支配的股东的股权作相应调整。

七、关于上市公司破产重整中出资人组的表决

会议认为，出资人组对重整计划草案中涉及出资人权益调整事项的表决，经参与表决的出资人所持表决权三分之二以上通过的，即为该组通过重整计划草案。

考虑到出席表决会议需要耗费一定的人力物力，一些中小投资者可能放弃参加表决会议的权利。为最大限度地保护中小投资者的合法权益，上市公司或者管理人应当提供网络表决的方式，为出资人行使表决权提供便利。关于网络表决权行使的具体方式，可以参照适用中国证券监督管理委员会发布的有关规定。

八、关于上市公司重整计划草案的会商机制

会议认为，重整计划草案涉及证券监管机构行政许可事项的，受理案件的人民法院应当通过最高人民法院，启动与中国证券监督管理委员会的会商机制。即由最高人民法院将有关材料函送中国证券监督管理委员会，中国证券监督管理委员会安排并购重组专家咨询委员会对会商案件进行研究。并购重组专家咨询委员会应当按照与并购重组审核委员会相同的审核标准，对提起会商的行政许可事项进行研究并出具专家咨询意见。人民法院应当参考专家咨询意见，作出是否批准重整计划草案的裁定。

九、关于上市公司重整计划涉及行政许可部分的执行

会议认为，人民法院裁定批准重整计划后，重整计划内容涉及证券监管机构并购重组行政许可事项的，上市公司应当按照相关规定履行行政许可核准程序。重整计划草案提交出资人组表决且经人民法院裁定批准后，上市公司无须再行召开股东大会，可以直接向证券监管机构提交出资人组表决结果及人民法院裁定书，以申请并购重组许可申请。并购重组审核委员会审核工作应当充分考虑并购重组专家咨询委员会提交的专家咨询意见。并购重组申请事项获得证券监管机构行政许可后，应当在重整计划的执行期限内实施完成。

会议还认为，鉴于上市公司破产重整案件涉及的法律关系复杂，利益主体众多，社会影响较大，人民法院对于审判实践中发现的新情况、新问题，要及时上报。上级人民法院要加强对此类案件的监督指导，加强调查研究，及时总结审判经验，确保依法妥善审理好此类案件。

最高人民法院
关于人民法院受理破产案件前债务人未付应付款项的滞纳金是否应当确认为破产债权请示的答复

（2013 年 6 月 27 日　〔2013〕民二他字第 9 号）

广东省高级人民法院：

你院粤高法〔2013〕107 号《关于人民法院受理破产案件前债务人未付应付款项的滞纳金是否应当确认为破产债权的请示》收悉。经研究，答复如下：

同意你院意见，即人民法院受理破产案件前债务人未付款项的滞纳金应确认为破产债权。

此复。

最高人民法院
关于在部分人民法院开展破产案件审理方式改革试点工作的通知

（2014 年 11 月 26 日　法〔2014〕292 号）

各省、自治区、直辖市高级人民法院，解放军军事法院，新疆维吾尔自治区高级人民法院生产建设兵团分院：

为认真贯彻中央关于健全优胜劣汰市场化退出机制、完善企业破产制度重要精神，充分发挥破产法治对市场经济秩序的规范作用，进一步探索改革企业破产案件审理方式和工作机制，最高人民法院决定在部分人民法院开展企业破产案件审理方式改革试点工作（试点人民法院名单详见附件）。现就有关事项通知如下：

一、试点工作目标

企业破产案件审理方式改革试点工作的目标是深入推进《中华人民共和国企业破产法》等破产法律规范实施，进一步发掘并探索解决制约企业破产案件正确受理审理的制度性、机制性问题，积极推动建立有力的企业破产法治保障体系，通过高效的企业破产案件审理工作提高人民法院服务社会主义市场经济发展的能力与水平。对于试点成果，在条件成熟时，及时制定司法解释或者指导意见。

二、试点工作任务

最高人民法院确定以下六个方面为目前企业破产案件审理方式改革试点的主要任务：

（一）企业破产程序的启动问题（含民事执行程序转入企业破产程序问题，企业破产程序依法快速启动的相关保障机制问题，地方政府及其相关部门的协调机制问题等）。

（二）企业破产案件及破产衍生诉讼案件的管辖和审判组织问题（含破产案件集中管辖、指定管辖相关问题，破产审判专门审判庭或合议庭建设问题等）。

（三）企业破产法律程序与其它相关法律程序的衔接问题（含强制清算程序转入破产程序所涉及的问题，涉众型经济犯罪企业转入破产程序的问题，破产法律程序所要求的解除原有保全与公安、工商、海关等机关采取的保全措施间的协调问题，破产企业的税收特殊处理相关问题等）。

（四）企业破产重要法律制度实施及完善问题（含债权人会议表决机制实践，破产财产有效处置的问题，债务人自主重整模式的实践，破产案件财务顾问制度等）。

（五）企业破产管理人制度完善问题（含破产管理人分级管理、业务考核、晋升淘汰等）。

（六）企业破产案件审判管理问题（含人民法院内部工作部门的协作配合机制问题，破产案件绩效管理问题等）。

根据各试点人民法院近年审理企业破产案件工作情况，最高人民法院指定了每一个试点人民法院的试点工作（各试点人民法院试点工作详见附件），各试点人民法院应在相应的试点任务方面扎实开展工作。在完成试点工作的前提下，试点人民法院还可结合实际情况就破产案件审理中的其他问题积极探索和研究。

三、试点工作要求

（一）各试点人民法院应充分认识试点工作的重要性，要加强组织领导，建立健全制度，保障相关试点工作迅速有序开展，确保取得实效。

（二）试点工作应依法开展，试点中涉及到的各项举措不得违反法律法规规定；试点人民法院应注重完善企业破产案件审理配套机制，尤其应当协调有关单位加快解决制约企业破产法律程序顺利进行的体制机制性障碍，确保辖区内企业破产案件及相关矛盾纠纷能够依法、稳妥、高效地处理。

（三）最高人民法院民二庭负责检查指导试点工作。试点人民法院所在省（区、市）的高级人民法院应围绕试点工作目标采取恰当方式督促、指导试点工作。试点工作原则上由试点人民法院的破产案件审判庭具体承担；试点工作需要人民法院内部多部门共同完成的，破产案件审判庭应当作为该项工作的牵头部门。试点人民法院应确定试点工作联系人并报送最高人民法院民二庭。

（四）自本通知发布之日起，试点人民法院应在每年 12 月 15 日之前将试点工作经验及时书面报告最高人民法院。试点人民法院在试点工作中遇到的重大复杂问题，应及时层报最高人民法院。

（五）未列入本通知试点的人民法院应当积极借鉴试点人民法院的成功经验，在依法受理审理企业破产案件的同时也应当探索破产案件审理方式的健全和完善，积极提升企业破产案件审理能力。

附：

企业破产案件审理方式改革试点人民法院暨试点工作表

<table>
<tr><th>省（区、市）</th><th>试点人民法院</th><th>试点工作</th></tr>
<tr><td rowspan="3">吉林省</td><td rowspan="3">高级人民法院</td><td>企业破产管理人制度完善问题；企业破产重要法律制度实施及完善问题（破产重整制度）</td></tr>
<tr><td>企业破产案件审判管理问题（破产案件审判流程管理）</td></tr>
<tr><td>企业破产程序的启动问题（民事执行程序转入企业破产程序）</td></tr>
<tr><td rowspan="3">上海市</td><td>高级人民法院</td><td>企业破产程序的启动问题（民事执行程序转入企业破产程序）</td></tr>
<tr><td>第二中级人民法院</td><td rowspan="2">企业破产案件及破产产衍生诉讼案件的管辖和审判组织问题（破产案件集中管辖；专门破产案件审判庭的设立）</td></tr>
<tr><td>徐汇区人民法院</td></tr>
</table>

续表

省（区、市）	试点人民法院	试点工作
江苏省	南京市中级人民法院	企业破产法律程序与其它相关法律程序的衔接问题（涉众型经济犯罪企业转入破产程序的问题）
		企业破产重要法律制度实施及完善问题（债权人会议机制的运行）
	常熟市人民法院	企业破产重要法律制度实施及完善问题（债务人自主重整模式探索与完善）
	启东市人民法院	企业破产程序的启动问题（诉讼程序转破产程序的实践）
浙江省	温州市中级人民法院	企业破产程序的启动问题（民事执行程序转入企业破产程序；企业破产风险处置工作领导小组平台机制；虚假破产行为的规制）
	杭州市余杭区人民法院	企业破产法律程序与其它相关法律程序的衔接问题（破产案件受理法院与工商、公安、税务、房地产主管部门的协调和联动）
	江山市人民法院	企业破产重要法律制度实施及完善问题（破产资产有效处置的探索）
福建省	厦门市中级人民法院	企业破产重要法律制度实施及完善问题（台商投资企业破产特殊问题；企业破产程序中知识产权的特殊处理）

最高人民法院
关于依法开展破产案件审理积极稳妥推进破产企业救治和清算工作的通知

（2016 年 5 月 6 日　法〔2016〕169 号）

各省、自治区、直辖市高级人民法院，解放军军事法院，新疆维吾尔自治区高级人民法院生产建设兵团分院：

为认真贯彻党的十八届五中全会“更加注重运用市场机制、经济手段、法治办法化解产能过剩，加大政策引导力度，完善企业退出机制”精神，落实中央经济工作会议推进供给侧结构性改革要求，现就人民法院依法开展破产案件审理、积极稳妥推进破产企业救治和清算工作通知如下：

一、深刻认识依法开展破产案件审理、积极稳妥推进破产企业救治和清算工作的重要意义。社会主义市场主体救治和退出机制是否建立，是衡量社会主义市场经济体制完善的标志之一。依法开展破产案件审理、积极稳妥推进破产企业救治和清算工作，既是供给侧结构性改革的客观需要，又是提升市场主体竞争力的客观需要，也是建立完善社会主义市场主体救治和退出机制的客观需要。各级人民法院要深刻认识破产案件审理对优化资源配置、规范市场秩序的重要意义，推动破产案件审理工作常态化、规范化、法治化。对符合破产受理条件但仍可能适应市场需要的企业，要运用破产和解和破产重整的方式进行救治，使其能够通过救治重返市场；对救治无效或者根本不能适应市场需要的企业，要进行破产清算，促进及时退出市场。依法开展破产案件审理，是解决执行难的重要途径。对执行中符合《企业破产法》规定的破产条件的企业，要依法启动破产程序，通过破产和解化解一批、破产重整处置一批、破产清算消除一批，使企业破产制度成为解决执行难的配套制度。

二、加快建立专门清算与破产审判庭。各高级人民法院要按照最高人民法院的要求首先在省会城市、副省级城市所在地中级人民法院建立清算与破产审判庭。破产案件数量多的中级人民法院，要积极协商地方编办建立专门审判庭。其他中级人民法院要根据本地实际情况适时开展专门审判庭的建立工作。2016 年 12 月 31 日前，各高级人民法院要将辖区内专门审判庭建立情况报告最高人民法院。同时，人民法院要推进破产审判法官和司法辅助人员专业化建设，为破产审判岗位配备优秀人才，并通过培训等多种方式，切实提升破产审判队伍整体素质。

清算与破产审判庭承担以下职责：1. 企业破产和强制清算案件的立案、审理；2. 依法处理企业强制清算和破产案件的善后事宜；3. 调研企业破产和强制清算案件审理工作情况；4. 对下级法院企业破产和强制清算案件审理进行业务指导；5. 与有关法院协调解决企业破产案件审理中的问题；6. 与地方党委、政府及有关部门协调解决企业破产案件审理中的问题；7. 管理和培训破产管理人。

三、切实建立健全破产案件审理工作机制。一要健全破产重整企业识别机制。各地法院要围绕让人民法院成为“生病企业”医院目标，对虽符合破产受理条件但具有运营价值的企业，要以市场化为导向，积极开展破产和解和重整，有效利用各种资源，使企业恢复生机。对救治无效或者其他不能适应市场需要的企业，要加快破产清算、及时释放生产要素，实现市场出清。二要在地方党委领导下，积极与政府建立“府院企业破产工作统一协调机制”。协调机制要统筹企业破产重整和清算相关工作，妥善解决企业破产过程中出现的各种问题。三要建立全国企业破产重整案件信息平台机制。各地法院要按照最高人民法院全国企业破产重整案件信息平台建设工作要求，做好破产案件前期信息整理工作，确保信息平台上线后顺畅运行。实现重整企业信息公开、破产程序公开、化解破产受理难问题的目标。四要建立合法有序的利益衡平机制。各地法院要依法处理职工工资、国家税收、担保债权、普通债权的实现顺序和实现方式，审慎协调各方利益。

四、积极完善管理人制度。各地法院要根据《企业破产法》的规定积极完善管理人制度，在现有管理人结构的基础上吸收适应企业重整需要的管理人才参加，积极发挥企业家、经营者、管理者乃至科技人员的作用。要加强对管理人的监督、指导和管理，要着手建立管理人分级管理、升级降级、增补淘汰等制度。要强化管理人的责任，督促管理人依法履职。

五、认真做好执行程序与破产程序的衔接。各地法院要按照《企业破产法》和《最高人民法院关于适用〈中华人民共和国民事诉讼法〉的解释》有关规定，做好执行程序转入破产程序的衔接工作。执行法院要充分利用执行信息平台和相关信息资源，及时汇集针对同一企业的执行案件信息，依法推进符合破产条件的企业转入破产程序，坚决反对在案件处理上相互推诿。破产案件审理中，其他法院要依法中止对破产企业的执行，依法解除相关保全措施。对于不依法解除保全措施和违法执行的相关人员，各地法院要依法依规严厉追究责任。

依法开展破产案件审理、积极稳妥推进破产企业救治和清算工作，是人民法院围绕中心、服务大局的重要任务。各地法院要强化责任意识，迅速行动，充分发挥破产审理职能，积极探索总结破产审理经验，为经济持续健康发展提供有力司法保障。对于在工作中发现的新情况、新问题，各地法院要及时层报最高人民法院。

最高人民法院
关于设立国际商事法庭若干问题的规定

法释〔2018〕11号

（2018年6月25日最高人民法院审判委员会第1743次会议通过
2018年6月27日公告公布　自2018年7月1日起施行）

为依法公正及时审理国际商事案件，平等保护中外当事人合法权益，营造稳定、公平、透明、便捷的法治化国际营商环境，服务和保障“一带一路”建设，依据《中华人民共和国人民法院组织法》《中华人民共和国民事诉讼法》等法律，结合审判工作实际，就设立最高人民法院国际商事法庭相关问题规定如下。

第一条 最高人民法院设立国际商事法庭。国际商事法庭是最高人民法院的常设审判机构。

第二条 国际商事法庭受理下列案件：

（一）当事人依照民事诉讼法第三十四条的规定协议选择最高人民法院管辖且标的额为人民币3亿元以上的第一审国际商事案件；

（二）高级人民法院对其所管辖的第一审国际商事案件，认为需要由最高人民法院审理并获准许的；

（三）在全国有重大影响的第一审国际商事案件；

（四）依照本规定第十四条申请仲裁保全、申请撤销或者执行国际商事仲裁裁决的；

（五）最高人民法院认为应当由国际商事法庭审理的其他国际商事案件。

第三条 具有下列情形之一的商事案件，可以认定为本规定所称的国际商事案件：

（一）当事人一方或者双方是外国人、无国籍人、外国企业或者组织的；

（二）当事人一方或者双方的经常居所地在中华人民共和国领域外的；

（三）标的物在中华人民共和国领域外的；

（四）产生、变更或者消灭商事关系的法律事实发生在中华人民共和国领域外的。

第四条 国际商事法庭法官由最高人民法院在具有丰富审判工作经验，熟悉国际条约、国际惯例以及国际贸易投资实务，能够同时熟练运用中文和英文作为工作语言的资深法官中选任。

第五条 国际商事法庭审理案件，由三名或者三名以上法官组成合议庭。

合议庭评议案件，实行少数服从多数的原则。少数意见可以在裁判文书中载明。

第六条 国际商事法庭作出的保全裁定，可以指定下级人民法院执行。

第七条 国际商事法庭审理案件，依照《中华人民共和国涉外民事关系法律适用法》的规定确定争议适用的实体法律。

当事人依照法律规定选择适用法律的，应当适用当事人选择的法律。

第八条 国际商事法庭审理案件应当适用域外法律时，可以通过下列途径查明：

（一）由当事人提供；

（二）由中外法律专家提供；

（三）由法律查明服务机构提供；

（四）由国际商事专家委员提供；

（五）由与我国订立司法协助协定的缔约对方的中央机关提供；

（六）由我国驻该国使领馆提供；

（七）由该国驻我国使馆提供；

（八）其他合理途径。

通过上述途径提供的域外法律资料以及专家意见，应当依照法律规定在法庭上出示，并充分听取各方当事人的意见。

第九条 当事人向国际商事法庭提交的证据材料系在中华人民共和国领域外形成的，不论是否已办理公证、认证或者其他证明手续，均应当在法庭上质证。

当事人提交的证据材料系英文且经对方当事人同意的，可以不提交中文翻译件。

第十条 国际商事法庭调查收集证据以及组织质证，可以采用视听传输技术及其他信息网络方式。

第十一条 最高人民法院组建国际商事专家委员会，并选定符合条件的国际商事调解机构、国际商事仲裁机构与国际商事法庭共同构建调解、仲裁、诉讼有机衔接的纠纷解决平台，形成"一站式"国际商事纠纷解决机制。

国际商事法庭支持当事人通过调解、仲裁、诉讼有机衔接的纠纷解决平台，选择其认为适宜的方式解决国际商事纠纷。

第十二条 国际商事法庭在受理案件后七日内，经当事人同意，可以委托国际商事专家委员会成员或者国际商事调解机构调解。

第十三条 经国际商事专家委员会成员或者国际商事调解机构主持调解，当事人达成调解协议的，国际商事法庭可以依照法律规定制发调解书；当事人要求发给判决书的，可以依协议的内容制作判决书送达当事人。

第十四条 当事人协议选择本规定第十一条第一款规定的国际商事仲裁机构仲裁的，可以在申请仲裁前或者仲裁程序开始后，向国际商事法庭申请证据、财产或者行为保全。

当事人向国际商事法庭申请撤销或者执行本规定第十一条第一款规定的国际商事仲裁机构作出的仲裁裁决的，国际商事法庭依照民事诉讼法等相关法律规定进行审查。

第十五条 国际商事法庭作出的判决、裁定，是发生法律效力的判决、裁定。

国际商事法庭作出的调解书，经双方当事人签收后，即具有与判决同等的法律效力。

第十六条 当事人对国际商事法庭作出的已经发生法律效力的判决、裁定和调解书，可以依照民事诉讼法的规定向最高人民法院本部申请再审。

最高人民法院本部受理前款规定的申请再审案件以及再审案件，均应当另行组成合议庭。

第十七条　国际商事法庭作出的发生法律效力的判决、裁定和调解书，当事人可以向国际商事法庭申请执行。

第十八条　国际商事法庭通过电子诉讼服务平台、审判流程信息公开平台以及其他诉讼服务平台为诉讼参与人提供诉讼便利，并支持通过网络方式立案、缴费、阅卷、证据交换、送达、开庭等。

第十九条　本规定自2018年7月1日起施行。

最高人民法院
印发《关于在中级人民法院设立清算与破产审判庭的工作方案》的通知

（2016年6月21日　法〔2016〕209号）

各省、自治区、直辖市高级人民法院，新疆维吾尔自治区高级人民法院生产建设兵团分院：

为贯彻落实中央关于推进供给侧结构性改革，依法处置僵尸企业的工作部署，经商中央编办同意，最高人民法院制定了《关于在中级人民法院设立清算与破产审判庭的工作方案》。

现将工作方案印发给你们，请结合实际认真贯彻落实。有关情况和问题请及时报告最高人民法院。

附：

最高人民法院
关于在中级人民法院设立清算与破产审判庭的工作方案

为贯彻落实中央关于推进供给侧结构性改革的决策部署和习近平总书记关于供给侧结构性改革的一系列重要指示精神，充分发挥人民法院审判职能作用，为实施市场化破产程序创造条件，加快公司强制清算与企业破产案件审理工作，现就在中级人民法院设立清算与破产审判庭工作提出以下方案。

一、总体思路

一是落实党中央关于推进供给侧结构性改革的决策部署，健全公司强制清算与企业破产案件审判组织，配齐配强专业审判力量，加快公司强制清算与企业破产案件审理。二是提高公司强制清算与企业破产案件审理的专业化水平，统一裁判标准，提高案件审判质效。三是与司法责任制、人员分类管理、职业保障制度和内设机构改革有效衔接、同步推进。四是立足各地经济社会发展情况和法院实际，因地制宜，分类指导，稳步推进。

二、设立范围

直辖市应当至少明确一个中级人民法院设立清算与破产审判庭，省会城市、副省级城市所在地中级人民法院应当设立清算与破产审判庭。其他中级人民法院是否设立清算与破产审判庭，由各省（区、市）高级人民法院会同省级机构编制部门，综合考虑经济社会发展水平、清算与破产案件数量、审判专业力量、破产管理人数量等因素，统筹安排。

根据各地经济发展水平、僵尸企业处置工作的实际需求、破产案件审判工作情况，首先在北京、上海、天津、重庆四个直辖市的一个中级人民法院以及河北、吉林、江苏、浙江、安徽、山东、河南、湖北、湖南、广东、四川等 11 个省的省会城市和副省级市中级人民法院设立清算与破产审判庭，于 2016 年 7 月底前完成。其余省（区）省会城市和副省级市中级人民法院于 2016 年 12 月底前完成清算与破产审判庭设立工作。设立清算与破产审判庭，不能突破中级人民法院原有内设机构总数。原有机构总数限额内调剂不了的，可以先行设立清算与破产审判庭，在下一步法院内设机构改革过程中调整到位。

三、职能范围

中级人民法院设立的清算与破产审判庭，职能范围主要包括：1. 审理公司强制清算与企业破产案件；2. 负责公司强制清算与企业破产案件审判工作的调研工作；3. 对下级法院公司强制清算与企业破产案件审判工作进行业务指导；4. 负责相关法院之间公司强制清算与企业破产案件的协调工作；5. 负责破产管理人的管理、培训等相关工作。

四、案件管辖

中级人民法院设立的清算与破产审判庭一般管辖地（市）级以上（含本级）工商行政管理机关核准登记公司（企业）的强制清算与破产案件。省、自治区、直辖市范围内中级人民法院因特殊情况需对公司强制清算与企业破产案件的地域管辖作出调整的，须经当地高级人民法院批准。

五、人员配备

按照扁平化管理和司法责任制改革要求，根据案件数量和岗位需要合理核定人员编制和法官员额，并可根据案件数量适当调整。法官原则上从本院或者下级法院具有公司强制清算与企业破产案件及相关案件审判经验的优秀法官中选任产生。一般按照 1∶1∶1 的比例为法官配备法官助理和书记员。设立清算与破产审判庭所需人员编制在现有编制内调剂解决。

六、配套措施

要进一步完善公司强制清算与企业破产案件审判管理和考核办法，探索完善公司强制清算与企业破产案件快速审理机制，推动公司强制清算与企业破产案件审判方式改革。推进审判权运行机制改革，落实司法责任制，加强审判管理和监督，确保公正廉洁司法。

各省（区、市）高级人民法院要主动就设立清算与破产审判庭工作向当地党委、政府汇报，积极争取党委、政府和有关部门的支持。改革中出现的重大问题要及时向最高人民法院报告。

最高人民法院
关于调整强制清算与破产案件类型划分的通知

（2016 年 7 月 6 日　法〔2016〕237 号）

各省、自治区、直辖市高级人民法院，解放军军事法院，新疆维吾尔自治区高级人民法院生产建设兵团分院：

为满足强制清算、破产案件的审判工作需要，根据《最高人民法院关于人民法院案件案号的若干规定》第七条、第十四条规定，决定对强制清算、破产案件类型单独分类（详见附件《强制清算与破产案件类型及代字标准》）。现将调整内容及有关事项通知如下：

一、强制清算、破产案件从民事案件中分出，单独作为一大类案件，一级类型名称整合为强制清算与破产案件。

二、将强制清算、破产申请审查与受理后的强制清算、破产程序分列案件类型，即对强制清算或破产申请审查单独作为一类案件。

三、对不予受理、驳回强制清算申请或破产申请等裁定的上诉审理，作为强制清算与破产上诉案件，下设两个小类：强制清算上诉案件、破产上诉案件。

四、对强制清算或破产申请的不予受理、驳回申请裁定以及强制清算与破产上诉案件的监督，作为强制清算与破产监督案件，下设两小类：强制清算监督案件、破产监督案件。

五、强制清算、破产案件类型划分及代字新标准于2016年8月1日起施行。2016年8月1日前已编立的案件案号不变。

特此通知。

附：

强制清算与破产案件类型及代字标准

类型新名称	类型代字
十一、强制清算与破产案件	
（一）强制清算与破产申请审查案件	
01. 强制清算申请审查案件	清申
02. 破产申请审查案件	破申
（二）强制清算与破产上诉案件	
01. 强制清算上诉案件	清终
02. 破产上诉案件	破终
（三）强制清算与破产监督案件	
01. 强制清算监督案件	清监
02. 破产监督案件	破监
（四）强制清算案件	强清
（五）破产案件	
01. 破产清算案件 02. 破产重整案件 03. 破产和解案件	破

最高人民法院
印发《关于企业破产案件信息公开的规定（试行）》的通知

（2016 年 7 月 26 日　法发〔2016〕19 号）

各省、自治区、直辖市高级人民法院，解放军军事法院，新疆维吾尔自治区高级人民法院生产建设兵团分院：

现将《最高人民法院关于企业破产案件信息公开的规定（试行）》予以印发，请各地结合实际，认真贯彻执行。

附：

最高人民法院
关于企业破产案件信息公开的规定（试行）

为提升破产案件审理的透明度和公信力，根据《中华人民共和国企业破产法》《中华人民共和国民事诉讼法》，结合人民法院工作实际，就破产案件信息公开问题，制定本规定。

第一条　最高人民法院设立全国企业破产重整案件信息网（以下简称破产重整案件信息网），破产案件（包括破产重整、破产清算、破产和解案件）审判流程信息以及公告、法律文书、债务人信息等与破产程序有关的信息统一在破产重整案件信息网公布。

人民法院以及人民法院指定的破产管理人应当使用破产重整案件信息网及时披露破产程序有关信息。

第二条　破产案件信息公开以公开为原则，以不公开为例外。凡是不涉及国家秘密、个人隐私的信息均应依法公开。涉及商业秘密的债务人信息，在不损害债权人和债务人合法权益的情况下，破产管理人可以通过与重整投资人的协议向重整投资人公开。

第三条　人民法院依法公开破产案件的以下信息：

（一）审判流程节点信息；

（二）破产程序中人民法院发布的各类公告；

（三）人民法院制作的破产程序法律文书；

（四）人民法院认为应当公开的其他信息。

第四条 破产管理人依法公开破产案件的以下信息：

（一）债务人信息；

（二）征集、招募重整投资人的公告；

（三）破产管理人工作节点信息；

（四）破产程序中破产管理人发布的其他公告；

（五）破产管理人制作的破产程序法律文书；

（六）人民法院裁定批准的重整计划、认可的破产财产分配方案、和解协议。

破产管理人认为应当公开的其他信息，经人民法院批准可以公开。

第五条 破产管理人应当通过破产重整案件信息网及时公开下列债务人信息：

（一）工商登记信息；

（二）最近一年的年度报告；

（三）最近一年的资产负债表；

（四）涉及的诉讼、仲裁案件的基本信息。

第六条 重整投资人可以通过破产重整案件信息网与破产管理人互动交流。破产管理人可以根据与重整投资人的协议向重整投资人公开下列债务人信息：

（一）资产、经营状况信息；

（二）涉及的诉讼、仲裁案件的详细信息；

（三）重整投资人需要的其他信息。

第七条 人民法院、破产管理人可以在破产重整案件信息网发布破产程序有关公告。

人民法院、破产管理人在其他媒体发布公告的，同时要在破产重整案件信息网发布公告。人民法院、破产管理人在破产重整案件信息网发布的公告具有法律效力。

第八条 经受送达人同意，人民法院可以通过破产重整案件信息网以电子邮件、移动通信等能够确认其收悉的方式送达破产程序有关法律文书，但裁定书除外。

采用前款方式送达的，以电子邮件、移动通信等到达受送达人特定系统的日期为送达日期。

第九条 申请人可以在破产重整案件信息网实名注册后申请预约立案并提交有关材料的电子文档。人民法院审查通过后，应当通知申请人到人民法院立案窗口办理立案登记。

第十条　债权人可以在破产重整案件信息网实名注册后申报债权并提交有关证据的电子文档，网上申报债权与其他方式申报债权具有同等法律效力。

债权人向破产管理人书面申报债权的，破产管理人应当将债权申报书及有关证据的电子文档上传破产重整案件信息网。

第十一条　人民法院、破产管理人可以在破产重整案件信息网召集债权人会议并表决有关事项。网上投票形成的表决结果与现场投票形成的表决结果具有同等法律效力。

债权人可以选择现场投票或者网上投票，但选择后不能再采用其他方式进行投票，采用其他方式进行投票的，此次投票无效。

第十二条　人民法院审理的公司强制清算案件应当参照适用本规定。

第十三条　本规定自 2016 年 8 月 1 日起施行。本规定施行后受理的破产案件以及施行前尚未审结的破产案件应当适用本规定。

最高人民法院
关于印发《企业破产案件法官工作平台使用办法（试行）》的通知

（2016 年 7 月 26 日　法〔2016〕252 号）

各省、自治区、直辖市高级人民法院，解放军军事法院，新疆维吾尔自治区高级人民法院生产建设兵团分院：

现将《企业破产案件法官工作平台使用办法（试行）》予以印发，请各地结合实际，认真贯彻执行。

附：

企业破产案件法官工作平台使用办法（试行）

第一条　为进一步深化司法公开，完善破产案件的管理和监督机制，根据《最高人民法院关于企业破产案件信息公开的规定》，结合人民法院工作实际，制定本办法。

第二条 企业破产案件法官工作平台（以下简称法官工作平台）是全国企业破产重整案件信息网（以下简称破产重整案件信息网）的组成部分。审理破产案件的人民法院应当使用法官工作平台完成破产案件审判流程，并通过与破产管理人工作平台的数据对接实现法官和破产管理人的工作协作。

第三条 法官工作平台的信息录入坚持全面、准确原则。录入信息应当与案卷材料相一致，反映破产案件的全过程。

第四条 破产案件审判管理实行线上和线下相结合的原则，实现线上线下审判流程同步完成。

第五条 信息技术部门负责法官工作平台的开发建设、数据导入、性能调优、系统维护等技术支持和保障。立案部门、破产审判业务部门及其他相关部门根据破产案件的审判流程进度负责相应的信息录入和管理。

第六条 申请人在破产重整案件信息网申请网上预约立案的，应当进行网上实名注册，上传有效身份信息，并按企业破产法第八条的规定提交相关材料。

第七条 立案部门收到网上预约立案申请后，应当对申请人上传的材料是否符合法律规定进行形式审查，并在收到网上预约立案申请之日起七个工作日内将审查结论以电子邮件、移动通信等申请人预留的联系方式通知申请人。

第八条 立案部门认为申请人的网上预约立案申请符合法律规定的形式要件的，应当通知申请人在指定期限内向人民法院立案窗口提交破产申请书及其他上传的材料。

立案部门认为申请人应当补充材料的，应当自收到网上预约立案申请之日起七个工作日内通知申请人在指定期限内补充材料。申请人未按指定期限补充材料的，按自动撤回网上预约立案申请处理。

第九条 上级人民法院负责对网上预约立案情况进行监督。立案部门逾期不通知申请人的，上级人民法院应当定期予以通报。

第十条 人民法院指定破产管理人后，应当通过法官工作平台对破产管理人的工作进行监督和指导，对破产管理人的报告进行网上批复。

第十一条 人民法院制作的破产程序法律文书应当通过法官工作平台进行网上审批。生效法律文书应当按照《最高人民法院关于人民法院在互联网公布裁判文书的规定》及本办法进行公开。

第十二条 向社会公众公开的破产案件生效法律文书应当按照《最高人民法院关于人民法院在互联网公布裁判文书的规定》进行技术处理。

第十三条 破产案件办理结案手续之前，承办法官应当完成破产案件审判流程信息的公开工作。

第十四条　人民法院可以通过法官工作平台对法官工作绩效进行考核。

第十五条　本规定自 2016 年 8 月 1 日起施行。本规定施行后受理的破产案件以及施行前尚未审结的破产案件应当适用本办法。

最高人民法院
关于破产案件立案受理有关问题的通知

（2016 年 7 月 28 日）

各省、自治区、直辖市高级人民法院，新疆维吾尔自治区高级人民法院生产建设兵团分院：

中央经济工作会议提出推进供给侧结构性改革，这是适应我国经济发展新常态作出的重大战略部署。为供给侧结构性改革提供有力的司法保障，是当前和今后一段时期人民法院的重要任务。破产审判工作具有依法促进市场主体再生或有序退出，优化社会资源配置、完善优胜劣汰机制的独特功能，是人民法院保障供给侧结构性改革、推动过剩产能化解的重要途径。因此，各级法院要高度重视、大力加强破产审判工作，认真研究解决影响破产审判职能发挥的体制性、机制性障碍。当前，尤其要做好破产案件的立案受理工作，这是加强破产审判工作的首要环节。为此，特就人民法院破产案件立案受理的有关问题通知如下：

一、破产案件的立案受理事关当事人破产申请权保障，决定破产程序能否顺利启动，是审理破产案件的基础性工作，各级法院要充分认识其重要意义，依照本通知要求，切实做好相关工作，不得在法定条件之外设置附加条件，限制剥夺当事人的破产申请权，阻止破产案件立案受理，影响破产程序正常启动。

二、自 2016 年 8 月 1 日起，对于债权人、债务人等法定主体提出的破产申请材料，人民法院立案部门应一律接收并出具书面凭证，然后根据《中华人民共和国企业破产法》第八条的规定进行形式审查。立案部门经审查认为申请人提交的材料符合法律规定的，应按 2016 年 8 月 1 日起实施的《强制清算与破产案件类型及代字标准》，以“破申”作为案件类型代字编制案号，当场登记立案。不符合法律规定的，应予释明，并以书面形式一次性告知应当补充、补正的材料，补充、补正期间不计入审查期限。申请人按要求补充、补正的，应当登记立案。

立案部门登记立案后，应及时将案件移送负责审理破产案件的审判业务部门。

三、审判业务部门应当在五日内将立案及合议庭组成情况通知债务人及提出申请的债权人。对于债权人提出破产申请的，应在通知中向债务人释明，如对破产申请有异议，应当自收到通知之日起七日内向人民法院提出。

四、债权人提出破产申请的，审判业务部门应当自债务人异议期满之日起十日内裁定是否受理。其他情形的，审判业务部门应当自人民法院收到破产申请之日起十五日内裁定是否受理。

有特殊情况需要延长上述审限的，经上一级人民法院批准，可以延长十五日。

五、破产案件涉及的矛盾错综复杂，协调任务繁重，审理周期长，对承办法官的绩效考评应充分考虑这种特殊性。各高级法院要根据本地实际，积极探索建立能够全面客观反映审理破产案件工作量的考评指标体系和科学合理的绩效考评机制，充分调动法官承办破产案件的积极性。

六、各级法院要在地方党委的领导下，同地方政府建立破产工作统一协调机制，积极争取机构、编制、财政、税收等方面的支持，根据审判任务变化情况合理设置机构、配置人员，建立破产援助基金，协调政府解决职工安置问题，妥善化解影响社会稳定的各类风险。

七、请各高级法院、解放军军事法院，新疆维吾尔自治区高级人民法院生产建设兵团分院对本辖区、本系统各级法院今年上半年立案的破产案件数量和破产审判庭设置情况进行统计汇总，于2016年8月20日之前报最高人民法院民二庭。

各级人民法院对本通知执行中发现的新情况、新问题，应逐级报最高人民法院。

特此通知。

最高人民法院指导案例73号

通州建总集团有限公司诉安徽天宇化工有限公司别除权纠纷案

（最高人民法院审判委员会讨论通过　2016年12月28日发布）

关键词

民事　别除权　优先受偿权　行使期限　起算点

裁判要点

符合《中华人民共和国破产法》第十八条规定的情形，建设工程施工合同视为解除的，承包人行使优先受偿权的期限应自合同解除之日起计算。

相关法条

《中华人民共和国合同法》第二百八十六条

《中华人民共和国破产法》第十八条

基本案情

2006年3月，安徽天宇化工有限公司（以下简称安徽天宇公司）与通州建总集团有限公司（以下简称通州建总公司）签订了一份《建设工程施工合同》，安徽天宇公司将其厂区一期工程生产厂区的土建、安装工程发包给通州建总公司承建，合同约定，开工日期：暂定2006年4月28日（以实际开工报告为准），竣工日期：2007年3月1日，合同工期总日历天数300天。发包方不按合同约定支付工程款，双方未达成延期付款协议，承包人可停止施工，由发包人承担违约责任。后双方又签订一份《合同补充协议》，对支付工程款又做了新的约定，并约定厂区工期为113天，生活区工期为266天。2006年5月23日，监理公司下达开工令，通州建总公司遂组织施工，2007年安徽天宇公司厂区的厂房等主体工程完工。后因安徽天宇公司未按合同约定支付工程款，致使工程停工，该工程至今未竣工。2011年7月30日，双方在仲裁期间达成和解协议，约定如处置安徽天宇公司土地及建筑物偿债时，通州建总公司的工程款可优先受偿。后安徽天宇公司因不能清偿到期债务，江苏宏远建设集团有限公司向安徽省滁州市中级人民法院申请安徽天宇公司破产还债。安徽省滁州市中级人民法院于2011年8月26日作出（2011）滁民二破字第00001号民事裁定，裁定受理破产申请。2011年10月10日，通州建总公司向安徽天宇公司破产管理人申报债权并主张对该工程享有优先受偿权。2013年7月19日，安徽省滁州市中级人民法院作出（2011）滁民二破字第00001－2号民事裁定，宣告安徽天宇公司破产。通州建总公司于2013年8月27日提起诉讼，请求确认其债权享有优先受偿权。

裁判结果

安徽省滁州市中级人民法院于2014年2月28日作出（2013）滁民一初字第00122号民事判决：确认原告通州建总集团有限公司对申报的债权就其施工的被告安徽天宇化工有限公司生产厂区土建、安装工程享有优先受偿权。宣判后，安徽天宇化工有限公司提出上诉。安徽省高级人民法院于2014年7月14日作出（2014）皖民一终字第00054号民事判决，驳回上诉，维持原判。

裁判理由

法院生效裁判认为：本案双方当事人签订的建设工程施工合同虽约定了工程竣工时间，但涉案工程因安徽天宇公司未能按合同约定支付工程款导致停工。现没有证据证明在工程停工后至法院受理破产申请前，双方签订的建设施工合同已经解除或终止履行，也没有证据证明在法院受理破产申请后，破产管理人决定继续履行合同。根据《中华人民共和国破产法》第十八条“人民法院受理破产申请后，管理人对破产申请受理前成立而债务人和对方当事人均未履行完毕的合同有权决定解除或继续履行，并通知对方当事人。管理人自破产申请受理之日起二个月未通知对方当事人，或者自收到对方当事人催告之日起三十日内未答复的，视为解除合同”之规定，涉案建设工程施工合同在法院受理破产申请后已实际解除，本案建设工程无法正常竣工。按照最高人民法院全国民事审判工作会议纪要精神，因发包人的原因，合同解除或终止履行时已经超出合同约定的竣工日期的，承包人行使优先受偿权的期限自合同解除之日起计算，安徽天宇公司要求按合同约定的竣工日期起算优先受偿权行使时间的主张，缺乏依据，不予采信。2011 年 8 月 26 日，法院裁定受理对安徽天宇公司的破产申请，2011 年 10 月 10 日通州建总公司向安徽天宇公司的破产管理人申报债权并主张工程款优先受偿权，因此，通州建总公司主张优先受偿权的时间是 2011 年 10 月 10 日。安徽天宇公司认为通州建总公司行使优先受偿权的时间超过了破产管理之日六个月，与事实不符，不予支持。

（生效裁判审判人员：洪平、胡小恒、台旺）

第四章　存单借款、存款合同

中华人民共和国商业银行法

（1995 年 5 月 10 日第八届全国人民代表大会常务委员会第十三次会议通过
根据 2003 年 12 月 27 日第十届全国人民代表大会常务委员会第六次会议
《关于修改〈中华人民共和国商业银行法〉的决定》第一次修正
根据 2015 年 8 月 29 日第十二届全国人民代表大会常务委员会
第十六次会议《关于修改〈中华人民共和国商业银行法〉
的决定》第二次修正）

第一章　总　则

第一条　为了保护商业银行、存款人和其他客户的合法权益，规范商业银行的行为，提高信贷资产质量，加强监督管理，保障商业银行的稳健运行，维护金融秩序，促进社会主义市场经济的发展，制定本法。

第二条　本法所称的商业银行是指依照本法和《中华人民共和国公司法》设立的吸收公众存款、发放贷款、办理结算等业务的企业法人。

第三条　商业银行可以经营下列部分或者全部业务：

（一）吸收公众存款；

（二）发放短期、中期和长期贷款；

（三）办理国内外结算；

（四）办理票据承兑与贴现；

（五）发行金融债券；

（六）代理发行、代理兑付、承销政府债券；

（七）买卖政府债券、金融债券；

（八）从事同业拆借；

（九）买卖、代理买卖外汇；

（十）从事银行卡业务；

（十一）提供信用证服务及担保；

（十二）代理收付款项及代理保险业务；

（十三）提供保管箱服务；

（十四）经国务院银行业监督管理机构批准的其他业务。

经营范围由商业银行章程规定，报国务院银行业监督管理机构批准。

商业银行经中国人民银行批准，可以经营结汇、售汇业务。

第四条 商业银行以安全性、流动性、效益性为经营原则，实行自主经营，自担风险，自负盈亏，自我约束。

商业银行依法开展业务，不受任何单位和个人的干涉。

商业银行以其全部法人财产独立承担民事责任。

第五条 商业银行与客户的业务往来，应当遵循平等、自愿、公平和诚实信用的原则。

第六条 商业银行应当保障存款人的合法权益不受任何单位和个人的侵犯。

第七条 商业银行开展信贷业务，应当严格审查借款人的资信，实行担保，保障按期收回贷款。

商业银行依法向借款人收回到期贷款的本金和利息，受法律保护。

第八条 商业银行开展业务，应当遵守法律、行政法规的有关规定，不得损害国家利益、社会公共利益。

第九条 商业银行开展业务，应当遵守公平竞争的原则，不得从事不正当竞争。

第十条 商业银行依法接受国务院银行业监督管理机构的监督管理，但法律规定其有关业务接受其他监督管理部门或者机构监督管理的，依照其规定。

第二章 商业银行的设立和组织机构

第十一条 设立商业银行，应当经国务院银行业监督管理机构审查批准。

未经国务院银行业监督管理机构批准，任何单位和个人不得从事吸收公众存款等商业银行业务，任何单位不得在名称中使用“银行”字样。

第十二条 设立商业银行，应当具备下列条件：

（一）有符合本法和《中华人民共和国公司法》规定的章程；

（二）有符合本法规定的注册资本最低限额；

（三）有具备任职专业知识和业务工作经验的董事、高级管理人员；

（四）有健全的组织机构和管理制度；

（五）有符合要求的营业场所、安全防范措施和与业务有关的其他设施。

设立商业银行，还应当符合其他审慎性条件。

第十三条 设立全国性商业银行的注册资本最低限额为十亿元人民币。设立城市商业银行的注册资本最低限额为一亿元人民币，设立农村商业银行的注册资本最低限额为五千万元人民币。注册资本应当是实缴资本。

国务院银行业监督管理机构根据审慎监管的要求可以调整注册资本最低限额，但不得少于前款规定的限额。

第十四条　设立商业银行，申请人应当向国务院银行业监督管理机构提交下列文件、资料：

（一）申请书，申请书应当载明拟设立的商业银行的名称、所在地、注册资本、业务范围等；

（二）可行性研究报告；

（三）国务院银行业监督管理机构规定提交的其他文件、资料。

第十五条　设立商业银行的申请经审查符合本法第十四条规定的，申请人应当填写正式申请表，并提交下列文件、资料：

（一）章程草案；

（二）拟任职的董事、高级管理人员的资格证明；

（三）法定验资机构出具的验资证明；

（四）股东名册及其出资额、股份；

（五）持有注册资本百分之五以上的股东的资信证明和有关资料；

（六）经营方针和计划；

（七）营业场所、安全防范措施和与业务有关的其他设施的资料；

（八）国务院银行业监督管理机构规定的其他文件、资料。

第十六条　经批准设立的商业银行，由国务院银行业监督管理机构颁发经营许可证，并凭该许可证向工商行政管理部门办理登记，领取营业执照。

第十七条　商业银行的组织形式、组织机构适用《中华人民共和国公司法》的规定。

本法施行前设立的商业银行，其组织形式、组织机构不完全符合《中华人民共和国公司法》规定的，可以继续沿用原有的规定，适用前款规定的日期由国务院规定。

第十八条　国有独资商业银行设立监事会。监事会的产生办法由国务院规定。

监事会对国有独资商业银行的信贷资产质量、资产负债比例、国有资产保值增值等情况以及高级管理人员违反法律、行政法规或者章程的行为和损害银行利益的行为进行监督。

第十九条　商业银行根据业务需要可以在中华人民共和国境内外设立分支机构。设立分支机构必须经国务院银行业监督管理机构审查批准。在中华人民共和国境内的分支机构，不按行政区划设立。

商业银行在中华人民共和国境内设立分支机构，应当按照规定拨付与其经营规模相适应的营运资金额。拨付各分支机构营运资金额的总和，不得超过总行资本金总额的百分之六十。

第二十条 设立商业银行分支机构，申请人应当向国务院银行业监督管理机构提交下列文件、资料：

（一）申请书，申请书应当载明拟设立的分支机构的名称、营运资金额、业务范围、总行及分支机构所在地等；

（二）申请人最近二年的财务会计报告；

（三）拟任职的高级管理人员的资格证明；

（四）经营方针和计划；

（五）营业场所、安全防范措施和与业务有关的其他设施的资料；

（六）国务院银行业监督管理机构规定的其他文件、资料。

第二十一条 经批准设立的商业银行分支机构，由国务院银行业监督管理机构颁发经营许可证，并凭该许可证向工商行政管理部门办理登记，领取营业执照。

第二十二条 商业银行对其分支机构实行全行统一核算，统一调度资金，分级管理的财务制度。

商业银行分支机构不具有法人资格，在总行授权范围内依法开展业务，其民事责任由总行承担。

第二十三条 经批准设立的商业银行及其分支机构，由国务院银行业监督管理机构予以公告。

商业银行及其分支机构自取得营业执照之日起无正当理由超过六个月未开业的，或者开业后自行停业连续六个月以上的，由国务院银行业监督管理机构吊销其经营许可证，并予以公告。

第二十四条 商业银行有下列变更事项之一的，应当经国务院银行业监督管理机构批准：

（一）变更名称；

（二）变更注册资本；

（三）变更总行或者分支行所在地；

（四）调整业务范围；

（五）变更持有资本总额或者股份总额百分之五以上的股东；

（六）修改章程；

（七）国务院银行业监督管理机构规定的其他变更事项。

更换董事、高级管理人员时，应当报经国务院银行业监督管理机构审查其任职资格。

第二十五条 商业银行的分立、合并，适用《中华人民共和国公司法》

的规定。

商业银行的分立、合并，应当经国务院银行业监督管理机构审查批准。

第二十六条　商业银行应当依照法律、行政法规的规定使用经营许可证。禁止伪造、变造、转让、出租、出借经营许可证。

第二十七条　有下列情形之一的，不得担任商业银行的董事、高级管理人员：

（一）因犯有贪污、贿赂、侵占财产、挪用财产罪或者破坏社会经济秩序罪，被判处刑罚，或者因犯罪被剥夺政治权利的；

（二）担任因经营不善破产清算的公司、企业的董事或者厂长、经理，并对该公司、企业的破产负有个人责任的；

（三）担任因违法被吊销营业执照的公司、企业的法定代表人，并负有个人责任的；

（四）个人所负数额较大的债务到期未清偿的。

第二十八条　任何单位和个人购买商业银行股份总额百分之五以上的，应当事先经国务院银行业监督管理机构批准。

第三章　对存款人的保护

第二十九条　商业银行办理个人储蓄存款业务，应当遵循存款自愿、取款自由、存款有息、为存款人保密的原则。

对个人储蓄存款，商业银行有权拒绝任何单位或者个人查询、冻结、扣划，但法律另有规定的除外。

第三十条　对单位存款，商业银行有权拒绝任何单位或者个人查询，但法律、行政法规另有规定的除外；有权拒绝任何单位或者个人冻结、扣划，但法律另有规定的除外。

第三十一条　商业银行应当按照中国人民银行规定的存款利率的上下限，确定存款利率，并予以公告。

第三十二条　商业银行应当按照中国人民银行的规定，向中国人民银行交存存款准备金，留足备付金。

第三十三条　商业银行应当保证存款本金和利息的支付，不得拖延、拒绝支付存款本金和利息。

第四章　贷款和其他业务的基本规则

第三十四条　商业银行根据国民经济和社会发展的需要，在国家产业政策指导下开展贷款业务。

第三十五条　商业银行贷款，应当对借款人的借款用途、偿还能力、还款方式等情况进行严格审查。

商业银行贷款，应当实行审贷分离、分级审批的制度。

第三十六条 商业银行贷款，借款人应当提供担保。商业银行应当对保证人的偿还能力，抵押物、质物的权属和价值以及实现抵押权、质权的可行性进行严格审查。

经商业银行审查、评估，确认借款人资信良好，确能偿还贷款的，可以不提供担保。

第三十七条 商业银行贷款，应当与借款人订立书面合同。合同应当约定贷款种类、借款用途、金额、利率、还款期限、还款方式、违约责任和双方认为需要约定的其他事项。

第三十八条 商业银行应当按照中国人民银行规定的贷款利率的上下限，确定贷款利率。

第三十九条 商业银行贷款，应当遵守下列资产负债比例管理的规定：

（一）资本充足率不得低于百分之八；

（二）流动性资产余额与流动性负债余额的比例不得低于百分之二十五；

（三）对同一借款人的贷款余额与商业银行资本余额的比例不得超过百分之十；

（四）国务院银行业监督管理机构对资产负债比例管理的其他规定。

本法施行前设立的商业银行，在本法施行后，其资产负债比例不符合前款规定的，应当在一定的期限内符合前款规定。具体办法由国务院规定。

第四十条 商业银行不得向关系人发放信用贷款；向关系人发放担保贷款的条件不得优于其他借款人同类贷款的条件。

前款所称关系人是指：

（一）商业银行的董事、监事、管理人员、信贷业务人员及其近亲属；

（二）前项所列人员投资或者担任高级管理职务的公司、企业和其他经济组织。

第四十一条 任何单位和个人不得强令商业银行发放贷款或者提供担保。商业银行有权拒绝任何单位和个人强令要求其发放贷款或者提供担保。

第四十二条 借款人应当按期归还贷款的本金和利息。

借款人到期不归还担保贷款的，商业银行依法享有要求保证人归还贷款本金和利息或者就该担保物优先受偿的权利。商业银行因行使抵押权、质权而取得的不动产或者股权，应当自取得之日起二年内予以处分。

借款人到期不归还信用贷款的，应当按照合同约定承担责任。

第四十三条 商业银行在中华人民共和国境内不得从事信托投资和证券经营业务，不得向非自用不动产投资或者向非银行金融机构和企业投资，但国家另有规定的除外。

第四十四条　商业银行办理票据承兑、汇兑、委托收款等结算业务，应当按照规定的期限兑现，收付入账，不得压单、压票或者违反规定退票。有关兑现、收付入账期限的规定应当公布。

第四十五条　商业银行发行金融债券或者到境外借款，应当依照法律、行政法规的规定报经批准。

第四十六条　同业拆借，应当遵守中国人民银行的规定。禁止利用拆入资金发放固定资产贷款或者用于投资。

拆出资金限于交足存款准备金、留足备付金和归还中国人民银行到期贷款之后的闲置资金。拆入资金用于弥补票据结算、联行汇差头寸的不足和解决临时性周转资金的需要。

第四十七条　商业银行不得违反规定提高或者降低利率以及采用其他不正当手段，吸收存款，发放贷款。

第四十八条　企业事业单位可以自主选择一家商业银行的营业场所开立一个办理日常转账结算和现金收付的基本账户，不得开立两个以上基本账户。

任何单位和个人不得将单位的资金以个人名义开立账户存储。

第四十九条　商业银行的营业时间应当方便客户，并予以公告。商业银行应当在公告的营业时间内营业，不得擅自停止营业或者缩短营业时间。

第五十条　商业银行办理业务，提供服务，按照规定收取手续费。收费项目和标准由国务院银行业监督管理机构、中国人民银行根据职责分工，分别会同国务院价格主管部门制定。

第五十一条　商业银行应当按照国家有关规定保存财务会计报表、业务合同以及其他资料。

第五十二条　商业银行的工作人员应当遵守法律、行政法规和其他各项业务管理的规定，不得有下列行为：

（一）利用职务上的便利，索取、收受贿赂或者违反国家规定收受各种名义的回扣、手续费；

（二）利用职务上的便利，贪污、挪用、侵占本行或者客户的资金；

（三）违反规定徇私向亲属、朋友发放贷款或者提供担保；

（四）在其他经济组织兼职；

（五）违反法律、行政法规和业务管理规定的其他行为。

第五十三条　商业银行的工作人员不得泄露其在任职期间知悉的国家秘密、商业秘密。

第五章　财务会计

第五十四条　商业银行应当依照法律和国家统一的会计制度以及国务院

银行业监督管理机构的有关规定，建立、健全本行的财务、会计制度。

第五十五条 商业银行应当按照国家有关规定，真实记录并全面反映其业务活动和财务状况，编制年度财务会计报告，及时向国务院银行业监督管理机构、中国人民银行和国务院财政部门报送。商业银行不得在法定的会计账册外另立会计账册。

第五十六条 商业银行应当于每一会计年度终了三个月内，按照国务院银行业监督管理机构的规定，公布其上一年度的经营业绩和审计报告。

第五十七条 商业银行应当按照国家有关规定，提取呆账准备金，冲销呆账。

第五十八条 商业银行的会计年度自公历1月1日起至12月31日止。

第六章 监督管理

第五十九条 商业银行应当按照有关规定，制定本行的业务规则，建立、健全本行的风险管理和内部控制制度。

第六十条 商业银行应当建立、健全本行对存款、贷款、结算、呆账等各项情况的稽核、检查制度。

商业银行对分支机构应当进行经常性的稽核和检查监督。

第六十一条 商业银行应当按照规定向国务院银行业监督管理机构、中国人民银行报送资产负债表、利润表以及其他财务会计、统计报表和资料。

第六十二条 国务院银行业监督管理机构有权依照本法第三章、第四章、第五章的规定，随时对商业银行的存款、贷款、结算、呆账等情况进行检查监督。检查监督时，检查监督人员应当出示合法的证件。商业银行应当按照国务院银行业监督管理机构的要求，提供财务会计资料、业务合同和有关经营管理方面的其他信息。

中国人民银行有权依照《中华人民共和国中国人民银行法》第三十二条、第三十四条的规定对商业银行进行检查监督。

第六十三条 商业银行应当依法接受审计机关的审计监督。

第七章 接管和终止

第六十四条 商业银行已经或者可能发生信用危机，严重影响存款人的利益时，国务院银行业监督管理机构可以对该银行实行接管。

接管的目的是对被接管的商业银行采取必要措施，以保护存款人的利益，恢复商业银行的正常经营能力。被接管的商业银行的债权债务关系不因接管而变化。

第六十五条 接管由国务院银行业监督管理机构决定，并组织实施。国务院银行业监督管理机构的接管决定应当载明下列内容：

（一）被接管的商业银行名称；

（二）接管理由；

（三）接管组织；

（四）接管期限。

接管决定由国务院银行业监督管理机构予以公告。

第六十六条　接管自接管决定实施之日起开始。

自接管开始之日起，由接管组织行使商业银行的经营管理权力。

第六十七条　接管期限届满，国务院银行业监督管理机构可以决定延期，但接管期限最长不得超过二年。

第六十八条　有下列情形之一的，接管终止：

（一）接管决定规定的期限届满或者国务院银行业监督管理机构决定的接管延期届满；

（二）接管期限届满前，该商业银行已恢复正常经营能力；

（三）接管期限届满前，该商业银行被合并或者被依法宣告破产。

第六十九条　商业银行因分立、合并或者出现公司章程规定的解散事由需要解散的，应当向国务院银行业监督管理机构提出申请，并附解散的理由和支付存款的本金和利息等债务清偿计划。经国务院银行业监督管理机构批准后解散。

商业银行解散的，应当依法成立清算组，进行清算，按照清偿计划及时偿还存款本金和利息等债务。国务院银行业监督管理机构监督清算过程。

第七十条　商业银行因吊销经营许可证被撤销的，国务院银行业监督管理机构应当依法及时组织成立清算组，进行清算，按照清偿计划及时偿还存款本金和利息等债务。

第七十一条　商业银行不能支付到期债务，经国务院银行业监督管理机构同意，由人民法院依法宣告其破产。商业银行被宣告破产的，由人民法院组织国务院银行业监督管理机构等有关部门和有关人员成立清算组，进行清算。

商业银行破产清算时，在支付清算费用、所欠职工工资和劳动保险费用后，应当优先支付个人储蓄存款的本金和利息。

第七十二条　商业银行因解散、被撤销和被宣告破产而终止。

第八章　法律责任

第七十三条　商业银行有下列情形之一，对存款人或者其他客户造成财产损害的，应当承担支付迟延履行的利息以及其他民事责任：

（一）无故拖延、拒绝支付存款本金和利息的；

（二）违反票据承兑等结算业务规定，不予兑现，不予收付入账，压单、压票或者违反规定退票的；

（三）非法查询、冻结、扣划个人储蓄存款或者单位存款的；

（四）违反本法规定对存款人或者其他客户造成损害的其他行为。

有前款规定情形的，由国务院银行业监督管理机构责令改正，有违法所得的，没收违法所得，违法所得五万元以上的，并处违法所得一倍以上五倍以下罚款；没有违法所得或者违法所得不足五万元的，处五万元以上五十万元以下罚款。

第七十四条 商业银行有下列情形之一，由国务院银行业监督管理机构责令改正，有违法所得的，没收违法所得，违法所得五十万元以上的，并处违法所得一倍以上五倍以下罚款；没有违法所得或者违法所得不足五十万元的，处五十万元以上二百万元以下罚款；情节特别严重或者逾期不改正的，可以责令停业整顿或者吊销其经营许可证；构成犯罪的，依法追究刑事责任：

（一）未经批准设立分支机构的；

（二）未经批准分立、合并或者违反规定对变更事项不报批的；

（三）违反规定提高或者降低利率以及采用其他不正当手段，吸收存款，发放贷款的；

（四）出租、出借经营许可证的；

（五）未经批准买卖、代理买卖外汇的；

（六）未经批准买卖政府债券或者发行、买卖金融债券的；

（七）违反国家规定从事信托投资和证券经营业务、向非自用不动产投资或者向非银行金融机构和企业投资的；

（八）向关系人发放信用贷款或者发放担保贷款的条件优于其他借款人同类贷款的条件的。

第七十五条 商业银行有下列情形之一，由国务院银行业监督管理机构责令改正，并处二十万元以上五十万元以下罚款；情节特别严重或者逾期不改正的，可以责令停业整顿或者吊销其经营许可证；构成犯罪的，依法追究刑事责任：

（一）拒绝或者阻碍国务院银行业监督管理机构检查监督的；

（二）提供虚假的或者隐瞒重要事实的财务会计报告、报表和统计报表的；

（三）未遵守资本充足率、资产流动性比例、同一借款人贷款比例和国务院银行业监督管理机构有关资产负债比例管理的其他规定的。

第七十六条 商业银行有下列情形之一，由中国人民银行责令改正，有违法所得的，没收违法所得，违法所得五十万元以上的，并处违法所得一倍以上五倍以下罚款；没有违法所得或者违法所得不足五十万元的，处五十万元以上二百万元以下罚款；情节特别严重或者逾期不改正的，中国人民银行可以建议国务院银行业监督管理机构责令停业整顿或者吊销其经营许可证；构成犯罪的，依法追究刑事责任：

（一）未经批准办理结汇、售汇的；

（二）未经批准在银行间债券市场发行、买卖金融债券或者到境外借款的；

（三）违反规定同业拆借的。

第七十七条　商业银行有下列情形之一，由中国人民银行责令改正，并处二十万元以上五十万元以下罚款；情节特别严重或者逾期不改正的，中国人民银行可以建议国务院银行业监督管理机构责令停业整顿或者吊销其经营许可证；构成犯罪的，依法追究刑事责任：

（一）拒绝或者阻碍中国人民银行检查监督的；

（二）提供虚假的或者隐瞒重要事实的财务会计报告、报表和统计报表的；

（三）未按照中国人民银行规定的比例交存存款准备金的。

第七十八条　商业银行有本法第七十三条至第七十七条规定情形的，对直接负责的董事、高级管理人员和其他直接责任人员，应当给予纪律处分；构成犯罪的，依法追究刑事责任。

第七十九条　有下列情形之一，由国务院银行业监督管理机构责令改正，有违法所得的，没收违法所得，违法所得五万元以上的，并处违法所得一倍以上五倍以下罚款；没有违法所得或者违法所得不足五万元的，处五万元以上五十万元以下罚款：

（一）未经批准在名称中使用“银行”字样的；

（二）未经批准购买商业银行股份总额百分之五以上的；

（三）将单位的资金以个人名义开立账户存储的。

第八十条　商业银行不按照规定向国务院银行业监督管理机构报送有关文件、资料的，由国务院银行业监督管理机构责令改正，逾期不改正的，处十万元以上三十万元以下罚款。

商业银行不按照规定向中国人民银行报送有关文件、资料的，由中国人民银行责令改正，逾期不改正的，处十万元以上三十万元以下罚款。

第八十一条　未经国务院银行业监督管理机构批准，擅自设立商业银行，或者非法吸收公众存款、变相吸收公众存款，构成犯罪的，依法追究刑事责任；并由国务院银行业监督管理机构予以取缔。

伪造、变造、转让商业银行经营许可证，构成犯罪的，依法追究刑事责任。

第八十二条　借款人采取欺诈手段骗取贷款，构成犯罪的，依法追究刑事责任。

第八十三条　有本法第八十一条、第八十二条规定的行为，尚不构成犯罪的，由国务院银行业监督管理机构没收违法所得，违法所得五十万元以上的，并处违法所得一倍以上五倍以下罚款；没有违法所得或者违法所得不足五十万元的，处五十万元以上二百万元以下罚款。

第八十四条　商业银行工作人员利用职务上的便利，索取、收受贿赂或者违反国家规定收受各种名义的回扣、手续费，构成犯罪的，依法追究刑事责任；尚不构成犯罪的，应当给予纪律处分。

有前款行为，发放贷款或者提供担保造成损失的，应当承担全部或者部分赔偿责任。

第八十五条　商业银行工作人员利用职务上的便利，贪污、挪用、侵占本行或者客户资金，构成犯罪的，依法追究刑事责任；尚不构成犯罪的，应当给予纪律处分。

第八十六条　商业银行工作人员违反本法规定玩忽职守造成损失的，应当给予纪律处分；构成犯罪的，依法追究刑事责任。

违反规定徇私向亲属、朋友发放贷款或者提供担保造成损失的，应当承担全部或者部分赔偿责任。

第八十七条　商业银行工作人员泄露在任职期间知悉的国家秘密、商业秘密的，应当给予纪律处分；构成犯罪的，依法追究刑事责任。

第八十八条　单位或者个人强令商业银行发放贷款或者提供担保的，应当对直接负责的主管人员和其他直接责任人员或者个人给予纪律处分；造成损失的，应当承担全部或者部分赔偿责任。

商业银行的工作人员对单位或者个人强令其发放贷款或者提供担保未予拒绝的，应当给予纪律处分；造成损失的，应当承担相应的赔偿责任。

第八十九条　商业银行违反本法规定的，国务院银行业监督管理机构可以区别不同情形，取消其直接负责的董事、高级管理人员一定期限直至终身的任职资格，禁止直接负责的董事、高级管理人员和其他直接责任人员一定期限直至终身从事银行业工作。

商业银行的行为尚不构成犯罪的，对直接负责的董事、高级管理人员和其他直接责任人员，给予警告，处五万元以上五十万元以下罚款。

第九十条　商业银行及其工作人员对国务院银行业监督管理机构、中国人民银行的处罚决定不服的，可以依照《中华人民共和国行政诉讼法》的规定向人民法院提起诉讼。

第九章　附　则

第九十一条　本法施行前，按照国务院的规定经批准设立的商业银行不再办理审批手续。

第九十二条　外资商业银行、中外合资商业银行、外国商业银行分行适用本法规定，法律、行政法规另有规定的，依照其规定。

第九十三条　城市信用合作社、农村信用合作社办理存款、贷款和结算等业务，适用本法有关规定。

第九十四条　邮政企业办理商业银行的有关业务，适用本法有关规定。

第九十五条　本法自1995年7月1日起施行。

最高人民法院
关于审理存单纠纷案件的若干规定

法释〔1997〕8号

（1997年11月25日最高人民法院审判委员会第946次会议通过
1997年12月11日最高人民法院公告公布　自1997年12月13日起施行）

为正确审理存单纠纷案件，根据《中华人民共和国民法通则》、《中华人民共和国经济合同法》、《中华人民共和国担保法》的有关规定和在总结审判经验的基础上，制定本规定。

第一条　存单纠纷案件的范围

（一）存单持有人以存单为重要证据向人民法院提起诉讼的纠纷案件；

（二）当事人以进账单、对账单、存款合同等凭证为主要证据向人民法院提起诉讼的纠纷案件；

（三）金融机构向人民法院起诉要求确认存单、进账单、对账单、存款合同等凭证无效的纠纷案件；

（四）以存单为表现形式的借贷纠纷案件。

第二条　存单纠纷案件的案由

人民法院可将本规定第一条所列案件，一律以存单纠纷为案由。实体审理时应以存单纠纷案件中真实法律关系为基础依法处理。

第三条　存单纠纷案件的受理与中止

存单纠纷案件当事人向人民法院提起诉讼，人民法院应当依照《中华人民共和国民事诉讼法》第一百零八条的规定予以审查，符合规定的，均应受理。

人民法院在受理存单纠纷案件后，如发现犯罪线索，应将犯罪线索及时书面告知公安或检察机关。如案件当事人因伪造、变造、虚开存单或涉嫌诈骗，有关国家机关已立案侦查，存单纠纷案件确须待刑事案件结案后才能审理的，人民法院应当中止审理。对于追究有关当事人的刑事责任不影响对存单纠纷案件审理的，人民法院应对存单纠纷案件有关当事人是否承担民事责任以及承担民事责任的大小依法及时进行认定和处理。

第四条　存单纠纷案件的管辖

依照《中华人民共和国民事诉讼法》第二十四条的规定，存单纠纷案件由被告住所地人民法院或出具存单、进账单、对账单或与当事人签订存款合同的金融机构住所地人民法院管辖。住所地与经常居住地不一致的，由经常居住地人民法院管辖。

第五条　对一般存单纠纷案件的认定和处理

（一）认定

当事人以存单或进账单、对账单、存款合同等凭证为主要证据向人民法院提起诉讼的存单纠纷案件和金融机构向人民法院提起的确认存单或进账单、对账单、存款合同等凭证无效的存单纠纷案件，为一般存单纠纷案件。

（二）处理

人民法院在审理一般存单纠纷案件中，除应审查存单、进账单、对账单、存款合同等凭证的真实性外，还应审查持有人与金融机构间存款关系的真实性，并以存单、进账单、对账单、存款合同等凭证的真实性以及存款关系的真实性为依据，作出正确处理。

1. 持有人以上述真实凭证为证据提起诉讼的，金融机构应当对持有人与金融机构间是否存在存款关系负举证责任。如金融机构有充分证据证明持有人未向金融机构交付上述凭证所记载的款项的，人民法院应当认定持有人与金融机构间不存在存款关系，并判决驳回原告的诉讼请求。

2. 持有人以上述真实凭证为证据提起诉讼的，如金融机构不能提供证明存款关系不真实的证据，或仅以金融机构底单的记载内容与上述凭证记载内容不符为由进行抗辩的，人民法院应认定持有人与金融机构间存款关系成立，金融机构应当承担兑付款项的义务。

3. 持有人以在样式、印鉴、记载事项上有别于真实凭证，但无充分证据证明系伪造或变造的瑕疵凭证提起诉讼的，持有人应对瑕疵凭证的取得提供合理的陈述。如持有人对瑕疵凭证的取得提供了合理陈述，而金融机构否认存款关系存在的，金融机构应当对持有人与金融机构间是否存在存款关系负举证责任。如金融机构有充分证据证明持有人未向金融机构交付上述凭证所记载的款项的，人民法院应当认定持有人与金融机构间不存在存款关系，判决驳回原告的诉讼请求；如金融机构不能提供证明存款关系不真实的证据，或仅以金融机构底单的记载内容与上述凭证记载内容不符为由进行抗辩的，人民法院应认定持有人与金融机构间存款关系成立，金融机构应当承担兑付款项的义务。

4. 存单纠纷案件的审理中，如有充足证据证明存单、进账单、对账单、存款合同等凭证系伪造、变造，人民法院应在查明案件事实的基础上，依法确认上述凭证无效，并可驳回持上述凭证起诉的原告的诉讼请求或根据实际存款数额进行判决。如有本规定第三条中止审理情形的，人民法院应当中止审理。

第六条　对以存单为表现形式的借贷纠纷案件的认定和处理

（一）认定

在出资人直接将款项交与用资人使用，或通过金融机构将款项交与用资人使用，金融机构向出资人出具存单或进账单、对账单或与出资人签订存款合同，出资人从用资人或从金融机构取得或约定取得高额利差的行为中发生的存单纠纷案件，为以存单为表现形式的借贷纠纷案件。但符合本规定第七条所列委托贷款和信托贷款的除外。

（二）处理

以存单为表现形式的借贷，属于违法借贷，出资人收取的高额利差应充抵本金，出资人、金融机构与用资人因参与违法借贷均应当承担相应的民事责任。可分以下几种情况处理：

1. 出资人将款项或票据（以下统称资金）交付给金融机构，金融机构给出资人出具存单或进账单、对账单或与出资人签订存款合同，并将资金自行转给用资人的，金融机构与用资人对偿还出资人本金及利息承担连带责任；利息按人民银行同期存款利率计算至给付之日。

2. 出资人未将资金交付给金融机构，而是依照金融机构的指定将资金直接转给用资人，金融机构给出资人出具存单或进账单、对账单或与出资人签订存款合同的，首先由用资人偿还出资人本金及利息，金融机构对用资人不能偿还出资人本金及利息部分承担补充赔偿责任；利息按人民银行同期存款利率计算至给付之日。

3. 出资人将资金交付给金融机构，金融机构给出资人出具存单或进账单、对账单或与出资人签订存款合同，出资人再指定金融机构将资金转给用资人的，首先由用资人返还出资人本金和利息。利息按人民银行同期存款利率计算至给付之日。金融机构因其帮助违法借贷的过错，应当对用资人不能偿还出资人本金部分承担赔偿责任，但不超过不能偿还本金部分的40%。

4. 出资人未将资金交付给金融机构，而是自行将资金直接转给用资人，金融机构给出资人出具存单或进账单、对账单或与出资人签订存款合同的，首先由用资人返还出资人本金和利息。利息按人民银行同期存款利率计算至给付之日。金融机构因其帮助违法借贷的过错，应当对用资人不能偿还出资人本金部分承担赔偿责任，但不超过不能偿还本金部分的20%。

本条中所称交付，指出资人向金融机构转移现金的占有或出资人向金融机构交付注明出资人或金融机构（包括金融机构的下属部门）为收款人的票据。出资人向金融机构交付有资金数额但未注明收款人的票据的，亦属于本条中所称交付。

如以存单为表现形式的借贷行为确已发生，即使金融机构向出资人出具的存单、进账单、对账单或与出资人签订的存款合同存在虚假、瑕疵，或金融机构工作人员超越权限出具上述凭证等情形，亦不影响人民法院按以上规定对案件进行处理。

（三）当事人的确定

出资人起诉金融机构的，人民法院应通知用资人作为第三人参加诉讼；出资人起诉用资人的，人民法院应通知金融机构作为第三人参加诉讼；公款私存的，人民法院在查明款项的真实所有人基础上，应通知款项的真实所有人为权利人参加诉讼，与存单记载的个人为共同诉讼人。该个人申请退出诉讼的，人民法院可予准许。

第七条　对存单纠纷案件中存在的委托贷款关系和信托贷款关系的认定和纠纷的处理

（一）认定

存单纠纷案件中，出资人与金融机构、用资人之间按有关委托贷款的要求签订有委托贷款协议的，人民法院应认定出资人与金融机构间成立委托贷款关系。金融机构向出资人出具的存单或进账单、对账单或与出资人签订的存款合同，均不影响金融机构与出资人间委托贷款关系的成立。出资人与金融机构间签订委托贷款协议后，由金融机构自行确定用资人的，人民法院应认定出资人与金融机构间成立信托贷款关系。

委托贷款协议和信托贷款协议应当用书面形式。口头委托贷款或信托贷款，当事人无异议的，人民法院可予以认定；有其他证据能够证明金融机构与出资人之间确系委托贷款或信托贷款关系的，人民法院亦予以认定。

（二）处理

构成委托贷款的，金融机构出具的存单或进账单、对账单或与出资人签订的存款合同不作为存款关系的证明，借款方不能偿还贷款的风险应当由委托人承担。如有证据证明金融机构出具上述凭证是对委托贷款进行担保的，金融机构对偿还贷款承担连带担保责任。委托贷款中约定的利率超过人民银行规定的部分无效。构成信托贷款的，按人民银行有关信托贷款的规定处理。

第八条　对存单质押的认定和处理

存单可以质押。存单持有人以伪造、变造的虚假存单质押的，质押合同无效。接受虚假存单质押的当事人如以该存单质押为由起诉金融机构，要求兑付存款优先受偿的，人民法院应当判决驳回其诉讼请求，并告知其可另案起诉出质人。

存单持有人以金融机构开具的、未有实际存款或与实际存款不符的存单进行质押，以骗取或占用他人财产的，该质押关系无效。接受存单质押的人起诉的，该存单持有人与开具存单的金融机构为共同被告。利用存单骗取或占用他人财产的存单持有人对侵犯他人财产权承担赔偿责任，开具存单的金融机构因其过错致他人财产权受损，对所造成的损失承担连带赔偿责任。接受存单质押的人在审查存单的真实性上有重大过失的，开具存单的金融机构仅对所造成的损失承担补充赔偿责任。明知存单虚假而接受存单质押的，开具存单的金融机构不承担民事赔偿责任。

以金融机构核押的存单出质的，即便存单系伪造、变造、虚开，质押合同均为有效，金融机构应当依法向质权人兑付存单所记载的款项。

第九条　其他

在存单纠纷案件的审理中，有关当事人如有违法行为，依法应给予民事制裁的，人民法院可依法对有关当事人实施民事制裁。案件审理中发现的犯罪线索，人民法院应及时书面告知公安或检察机关，并将有关材料及时移送公安或检察机关。

最高人民法院经济审判庭
关于四川省合江县支行诉四川省合江县榕山镇个体运输户张文仲借款合同纠纷一案的电话答复

（1988年4月16日）

四川省高级人民法院：

你院川法经〔1988〕25号请示报告收悉。经研究答复如下：

一、四川省合江县食品公司榕山经营站（简称“经营站”）是合江县食品公司（简称“食品公司”）下属的非独立核算单位，不能独立承担民事责任，不具有担保人资格，它以自己的名义对外签订的担保合同，应为无效。

二、食品公司与经营站的关系，并非上级主管机关与下属企业之间的行政隶属关系，经营站是食品公司的组成部分，是其派出机构。经营站实施民事活动所产生的法律后果，应由食品公司承担。根据经济合同法第十六条第一款规定，双方都有过错的，应各自承担相应的责任。因此，同意你院第二种意见，即由合江县食品公司对担保合同无效的后果承担主要责任；中国农业银行四川省合江县支行在签订借款合同中，未认真审查担保人的主体资格，盲目贷款，故也应承担一定责任。

此复。

附：

四川省高级人民法院
关于四川省合江县支行诉四川省合江县榕山镇个体运输户张文仲借款合同纠纷一案的请示报告

（1988年3月4日　川法经〔1988〕25号）

最高人民法院：

我们在讨论中国农业银行四川省合江县支行诉四川省合江县榕山镇个体运输户张文仲借款合同纠纷一案时，对四川省合江县食品公司榕山经营站因不具有担保资格（该经营站系食品公司下属的非独立核算单位）致使担保无效的结果，是否应由其直接上级食品公司负连带责任的问题，有两种不同意见。为正确处理该案，并为目前较普遍存在的类似案件提供处理依据，特向你院请示。

一、案情

合江县农民张文仲于1984年11月向中国农业银行合江县支行申请贷款购买汽车，从事个体运输业务。张文仲在正式申请贷款时，找到合江县食品公司榕山经营站要求为其担保，榕山经营站鉴于生猪运输紧张，以张文仲买车后优先为经营站运猪作条件，同意担保，并在张文仲的贷款申请书上加盖了该站公章。同年11月25日，张文仲与中国农业银行合江县支行签订了借款合同，合同约定：张文仲向农行合江县支行借款4万元，于1987年3月20日前分三次还清；如到期不能归还，由担保单位负责偿还；逾期未还的借款，加收20％罚息。

张文仲借款后，购得柴油载重汽车一辆，开始了个体运输业务，并按照与榕山经营站的约定，优先为其运送生猪。1985年6月，张文仲在为经营站运送生猪时不慎翻车，摔死了经营站的生猪押运员。合江县食品公司在处理该次事故时，得知榕山经营站擅自为张文仲担保，即批评了该站领导。但认为经营站担保无效，从担保成立时起即无法律约束力，便未向农业银行合江县支行及张文仲等作经营站无资格担保和该担保应为无效的意思表示。

1987年3月20日，张文仲未能依借款合同的约定还清贷款。中国农业银行合江县支行即向合江县人民法院提起诉讼，请求判令被告人张文仲归还所欠贷款本息共3.8万多元，并由合江县食品公司承担连带清偿责任。

二、处理意见

合江县人民法院受理后，对合江县食品公司应否对其不是独立核算的分支机构（即榕山经营站）的担保行为负责，存在不同意见，即通过泸州市中级人民法院向我院请示。我们在研究此案时，对榕山经营站没有为他人债务担保的主体资格，其担保行为应属无效的认识基本一致。但在该无效行为的后果应由谁承担的问题上有以下两种意见：

第一种意见认为：担保合同无效，担保人及其主管部门不承担经济责任。其理由为：

（一）榕山经营站不是独立核算的法人单位，不具有担保的主体资格，故不能对其担保行为的后果承担责任。榕山经营站为张文仲借款担保的行为，是在未经其主管单位（即食品公司）授权的情况下擅自所为；事前既未向食品公司请示，征得同意；事后也未向食品公司汇报，得到追认。食品公司并不知道榕山经营站擅自为他人借款担保的行为，根据无过错即无责任的原则，食品公司不应对榕山经营站的无效行为承担责任。

（二）该行为发生在1984年，此时民法通则、《借款合同条例》等法律、法规尚未实施，担保人的主体资格，权利义务、法律责任等均不甚明确。榕山经营站在此种情况下盲目担保，虽有责任，但因其本身无主体资格，对其无效行为造成的损失也无偿付能力。故不承担偿还贷款的经济责任。

（三）农业银行合江县支行是借款合同的贷款方，未严格审查担保人的主体资格、担保能力而盲目贷款，应承担贷款不能收回的全部责任。

第二种意见认为：担保无效的后果，主要应由榕山经营站的上级主管部门合江县食品公司承担。其理由为：

（一）根据经济合同法第十六条第一款的规定，参照民法通则第六十一条第一款的内容，无效行为的行为人应对其无效行为的后果承担责任。由于榕山经营站本身不是独立核算的法人，不能独立承担民事责任，故应由该站的上级主管部门合江县食品公司承担责任。农行合江县支行对担保人有无担保的主体资格审查不严，盲目贷款，也应承担一定责任。

（二）榕山经营站是合江县食品公司的派出机构，该站代表食品公司在榕山镇进行经营活动。因此，榕山经营站的行为就是食品公司的行为；换言之，除了食品公司的行为，经营站没有自己的行为。榕山经营站与合江县食品公司的这种关系，决定了食品公司应对经营站的行为承担法律后果——既应承担有效民事行为的法律后果，也应承担无效民事行为的法律后果。

我们倾向于第一种意见。当否？请予批复。

最高人民法院经济审判庭
关于无效借款合同造成贷款损失银行能否共同承担责任问题的电话答复

（1988年4月23日）

湖南省高级人民法院：

你院1988年2月9日《关于无效借款合同造成贷款损失银行能否共同承担责任的请示报告》收悉。经研究，答复如下：

一、据你院提供的材料看，湖南省沅江县农业银行（以下简称“农行”）与湖南省国营千山红草尾批发部（以下简称“批发部”）和湖南省沅江县外贸局土产股（以下简称“外贸局”）之间是否有联营关系，应进一步查明。如能查明确有联营关系存在，农行就应当对无法追回的贷款及利息（作为损失）承担连带的责任。

二、在无法认定确有联营关系的前提下，同意一审法院的处理意见，即认定借款合同无效，贷款利息由农行自负，对无法追回的全部贷款，批发部和外贸局负连带清偿责任，而不应由农行及批发部、外贸局三家分担损失责任。

此复。

附：

湖南省高级人民法院经济审判庭
关于无效借款合同造成贷款损失银行能否共同承担责任的请示报告

（1988年2月9日）

最高人民法院经济审判庭：

我庭受理了一起无效借款合同纠纷上诉案，为了正确处理该案，现将有关问题特向你庭请示。具体情况如下：

1985年3月21日，湖南省国营千山红草尾批发部（以下简称：批发部）、湖南省沅江县外贸局土产股（以下简称：外贸局土产股）与湖南省沅江县农业银行（以下简称：银行）签订了一份向银行贷款191万元的《工商企业借款借据（代申请书）》，银行工商信贷股长签注了“同意在信托投资中解决191万元，两个月收回”的意见，并盖了工商信贷股的印章。于当日下午办好限额结算凭证，由银行直接交给批发部和外贸局土产股的信息员送往他们的供货单位，供货单位将此款转汇西安被骗。后经批发部和银行先后从西安追回821122元，尚欠1088878元因供货单位（系几个农民合伙）已解散无法追回，致使银行与批发部、外贸局发生纠纷。

经审查：银行违背贷款审批制度，未经法定代表人签章和加盖单位公章；批发部仅有注册资金10万元和6名从业人员，既无物资和财产作保证，又无符合法定条件的保证人为其担保，不具有贷款条件；外贸局土产股不具备法人资格，不能与银行签订借款合同，因此，该借款合同属无效合同。银行明知批发部无贷款条件，外贸局土产股不具备法人资格，却违反贷款规定与其签订借款合同，并将巨款放走有过错，对造成巨款损失负有不可推卸的责任；批发部在不具有贷款条件、未落实好货源的情况下，盲目贷款经营致使巨款损失有重要责任；外贸局土产股不具备法人资格却参与签订借款合同和经营也有责任。但是，对于无效借款合同如何承担责任，借款合同条例未作具体规定，且无其他法规依照。我们意见：可以适用各类经济合同的基本法《中华人民共和国经济合同法》第十六条第一款过错原则的规定处理，即除已返还的82万余元外，其余无法追回的1088878元及其利息作为损失，由批发部、外贸局、银行三家各自承担相应的赔偿责任。

以上意见当否，请予批复。

最高人民法院经济审判庭
关于九江市信托投资公司诉庐山对外开发贸易中心借款合同纠纷案处理意见的复函

（1988年12月1日）

江西省高级人民法院：

你院赣法经〔1988〕14号请示收悉。关于你省九江市庐山区法院受理的中国工商银行九江市信托投资公司诉庐山对外开发贸易中心（以下简称贸易中心）借款合同纠纷一案，在诉讼中，贸易中心及其主管部门均被撤销，又未成立清算小组，仅有贸易中心的主管部门的再上级主管单位莲花林场存在，并由其负责组织清理所属中心、公司，在此情况下，能否将莲花林场列为本案被告，以及该林场是否承担连带责任的问题，经研究认为，应按照本院法（研）复〔1987〕33号批复精神确定主管或开办单位是否应承担连带责任。如应承担亦仅以该主管或开办单位为限，不能一直追下去。如不应承担连带责任，则同意你院第二种意见，即在贸易中心仍有财产可供执行的情况下，可将负责清理所属中心、公司债权债务的莲花林场列为被告，以贸易中心现有财产为限清产还债。如贸易中心已无财产，则应终结审理。

以上意见供参考，处理具体案件须结合具体情况确定。

附一：

江西省高级人民法院
关于企业及其直接主管单位相继倒闭企业的债务是否可一直往上追其主管的主管单位连带清偿的请示

（1988 年 8 月 13 日　赣法经〔1988〕14 号）

最高人民法院：

最近，我们在审理经济纠纷案件中发现，企业经营性亏损，资不抵债或不符合公司成立的条件，被工商部门宣布停业或撤销，根据最高人民法院《关于在审理经济纠纷案件中适用〈民事诉讼法（试行）〉的意见》和国务院关于清理和整顿公司的规定，通知其主管单位应诉，但其直接主管单位也被撤销，有的再上一级的主管单位也被宣布撤销（案例详见我省九江中院报告），人民法院在审理这类案件时，应如何确定诉讼当事人和承担实体经济责任的单位，成为一个非常棘手的问题。是否可以一直往上追，找到仍存在的主管单位，将其列为诉讼当事人并承担经济责任，我们在讨论中有两种意见：一种是诉讼当事人可以往上追，由其仍存在的主管单位参加诉讼并承担实体经济责任；一种意见是诉讼当事人可以追到仍存在的主管单位，但它只负责组织清理已撤销的企业和其直接主管单位的财产，并以它们的财产清产还债，不承担连带责任。我们倾向于同意第二种意见，当否请批示。

附二：

江西省九江市中级人民法院
关于已撤销的庐山对外贸易中心及其主管部门是否共同参加诉讼问题的请示报告

（1988年7月18日）

江西省高级人民法院：

我市庐山区人民法院受理的中国工商银行九江信托投资公司诉庐山对外开发贸易中心借款合同纠纷一案。1986年8月11日庐山区工商局〔86〕第22号文件以不具备开办公司条件将庐山对外开发贸易中心予以撤销。同时又以〔86〕第28号文件。将其主管部门国营庐山林工商供销公司予以撤销。债权债务由其主管庐山农工商公司莲花洞公司承担。嗣后庐山农工商公司莲花洞公司也被撤销，现只有其主管的莲花林场存在。同时并由其组织清理所属中心、公司。根据最高人民法院〔1987〕33号《关于行政单位或企业单位开办的企业倒闭后债务由谁承担的批复》的第一、二条的规定。经本院审判委员会讨论有两种意见：

一、国营庐山对外开发贸易中心承担民事责任。国营庐山林工商供销公司、国营庐山农工商公司莲花洞公司、国营莲花林场均为共同被告。负连带责任；

二、国营庐山对外开发贸易中心清产还债。其主管单位不负连带责任。

以上意见哪种为妥，请批复。

附三：

江西省九江市庐山区人民法院
关于公司及公司主管部门均已撤销如何确定其诉讼主体的问题的请示报告

（1988年6月12日）

九江市中级人民法院：

我院已受理的中国工商银行九江市信托投资公司诉原庐山对外开发贸易中心借款合同纠纷一案，现被告方国营庐山对外开发贸易中心及其主管部门国营庐山林工商供销公司以及供销公司的主管部门庐山莲花洞公司均已被庐山区工商部门以“四无公司”予以撤销。现只有庐山莲花洞公司的主管部门庐山莲花林场还存在。在审理中，对于主体问题的确认，在院审判委员会讨论中，产生了如下几种意见：

一、将国营庐山对外开发贸易中心（因原中心还留有部分财产）和该中心的法定代表人即承包人作为共同被告。

二、将该中心的主管的主管部门即莲花林场和原“中心”的承包人作为共同被告。

三、将该中心的法定代表人即原承包人作被告。因该中心及其主管的主管部门都已撤销，再追其主管部门又无法律上的依据。

以上的三种意见不知哪种意见妥当，如三种都不妥当又应如何处理？为此特报请批示。

最高人民法院经济审判庭
关于甘肃省工艺美术公司控告中国农业银行临洮县支行八里铺营业所错转信汇索赔纠纷一案的电话答复

（1988年12月23日）

甘肃省高级人民法院：

你院甘法经〔1988〕第14号“关于甘肃省工艺美术公司控告中国农业银行临洮县支行八里铺营业所错转信汇索赔纠纷一案的请示报告”收悉。经研究答复如下：

中国农业银行临洮县支行八里铺营业所（简称“营业所”）在办理甘肃省工艺美术公司（简称“美术公司”）信汇临洮县个体劳动者协会（简称“劳协”）25万元预付款事项中，违反银行规定，在明知劳协无银行账户，信汇支票上账号是假账号的情况下，将本应退回美术公司的款，故意落入本县个体工商户苟克明的个人账户内，并从中还贷了3万多元。该款现已被苟挥霍掉，苟也因犯有诈骗罪被判处无期徒刑。因营业所的过错给美术公司造成的贷款损失，营业所应当承担赔偿责任。营业所在承担赔偿责任后，仍有权向苟克明追还这笔贷款。因此，对美术公司的起诉，有管辖权的人民法院应予立案受理。

此复。

最高人民法院
关于刘玉兰诉工商银行榆次市支行赔偿存款纠纷一案的复函

（1990 年 8 月 28 日　〔1990〕民他字第 25 号）

山西省高级人民法院：

你院晋法民报字〔1990〕第 2 号《关于刘玉兰诉工商银行榆次市支行赔偿存款纠纷一案的请示报告》收悉。经研究认为：由于工商银行榆次市支行粮店街储蓄所违反《中国人民银行储蓄存款章程》和《中国工商银行储蓄会计出纳核算制度》中关于印鉴挂失和提前支取的有关规定，致使刘玉兰的 1 万余元存款（包含利息）被冒领，依照《民法通则》第一百零六条和第一百三十一条的规定，粮店街储蓄所对刘玉兰存款的损失应承担主要赔偿责任。刘玉兰对户口本、存单保管不善，丢失后，未及时发现、挂失，对造成存款损失有过失，亦应承担一定责任。

此外，晋中地区中级法院〔1988〕法民裁初字第 1 号和第 2 号民事制裁决定书对晋中地区电业局和工商银行榆次市分行罚款不当，应予撤销。

最高人民法院
关于珠海市对外劳动服务公司诉中国银行珠海分行损害赔偿纠纷案的复函

（1991 年 11 月 14 日　〔1991〕民他字第 19 号）

广东省高级人民法院：

你院粤法民〔1991〕114 号《关于珠海市对外劳动服务公司诉中国银行珠海分行损害赔偿纠纷案的请示报告》收悉。

经研究，我们认为：珠海市劳动服务公司贸易中心（现改名为珠海市对外劳动服务公司）在中国银行珠海分行开户存款，双方权利、义务关系明确，受法律保护。中国银行珠海分行经办人员未仔细鉴别取款印鉴字样的不同，又未按照银行办理储蓄业务的有关规定，对两种印鉴进行折角比对，致珠海市劳动服务公司贸易中心的部分存款被冒领，中国银行珠海分行对此应按民法通则有关规定承担过错责任，珠海市劳动服务公司贸易中心不按银行要求认真负责地核对余额对账单，致使冒领事件未能及时发现，贻误了查处时机，扩大了损失，根据民法通则第一百一十四条的规定，珠海市对外劳动服务公司就扩大损失的部分提出赔偿的请求，不应予以支持。据此，我们的意见是，第一、二审判决确定中国银行珠海分行赔偿被冒领的存款是正确的，但判决未明确中国银行珠海分行应按过错责任原则承担民事责任，而且判决该分行赔偿损失扩大的部分即存款的利息实属不妥。鉴于第一、二审判决在适用法律上存在上述问题，建议你院再审此案，予以妥善处理。审结后，请报结果。

以上意见，供参考。

附：

广东省高级人民法院
关于珠海市对外劳动服务公司诉中国银行
珠海分行损害赔偿纠纷案的请示报告

（1991年5月20日）

最高人民法院：

珠海市对外劳动服务公司诉中国银行珠海分行损害赔偿纠纷一案，经珠海市香洲区人民法院和珠海市中级人民法院一、二审判决后，中国银行珠海分行向中国银行作了请示，中国银行根据中国人民银行总行的批复提出了不应赔偿的意见，故珠海分行不服，向珠海市中级法院申请再审。该院认为银行应负赔偿责任，因涉及总行批复，故向我院请示。经报本院审判委员会讨论，一致认为银行应负赔偿责任，但涉及对中国人民银行银复〔1990〕115号文的适用，故审委会决定呈报你院。现将有关情况报告如下：

一、当事人基本情况

申请人（原审被告，二审上诉人）：中国银行珠海分行。地址：珠海市拱北粤海东路国际金融大厦。

法定代表人：林崇铣，行长。

被申请人（原审原告，二审被上诉人）：珠海市对外劳动服务公司。地址：珠海市香洲区康宁路东风里 7 号。

法定代表人：黄成森，副经理。

二、案件基本事实和一、二审处理情况

珠海市劳动服务公司贸易中心于一九八五年十一月申请入中国银行珠海分行（下简称珠海中行）开设港币存款账户，账号：824－201－178。一九八六年十月二十日，有人伪造“珠海市劳动服务公司贸易中心财务专用章”和“黄希乐印”、“黄玉梅”印章，用 NO：0023959 号委托付款凭证，经珠海中行经办人员审查办理，从 824－201－178 账户划付港币 44500 元，汇入市华侨公司购买香烟。一九八七年三月，该贸易中心用款时才发现被人划付港币，随即派员追查，同年六月以后又向珠海中行保卫科反映，均无结果。一九八八年七月，珠海市劳动服务公司贸易中心改名为珠海市对外劳动服务公司（下简称服务公司），贸易中心债权债务由服务公司承担。原贸易中心账户（824－201－178）注销时，珠海中行出示余额对账单，服务公司对该余额予以确认。一九八九年二月二十三日，服务公司向珠海市公安局报案，经珠海市公安局及广东省公安厅两级技术鉴定，确认 NO：0023959 号委托付款凭证所盖的取款印鉴全是伪造的。公安局至今未抓获案犯。

一九八九年九月八日服务公司向珠海市香洲区法院提起诉讼，请求珠海中行赔偿港币 44500 元及支付利息。珠海中行辩称：一九八六年十月二十日我行受理从原告原下属贸易中心在我行账户划付港币 44500 元的委托付款凭证，经办人员凭经验审查取款印鉴与预留印鉴相符合才予以办理，后我行根据会计制度，定期向贸易中心发送余额对账单，其从未提出异议。原告在办理销户时，我行再次与其核对余额其亦签章予以确认。原告自一九八七年三月知其账户存款被骗取，至今才向法院主张其民事权利，已过诉讼时效，且案犯所伪造的取款印鉴，已超出正常的视辨范围及银行鉴别印鉴的技术范围。公安机关对本案正在侦查，应作为刑事案件处理，按刑事附带民事诉讼立案审理。

香洲区法院经审理认为：被告对原告的存款，有责任保护其被冒领，款项从被告经办人员手中骗取，对此造成的损失，应承担民事责任。根据《中华人民共和国民法通则》第 71、84、85、106 条以及中国人民银行发布的《银行结算办法》第 24 条的规定，于一九八九年十月十八日作出〔1989〕珠香法民字第 185 号民事判决：中国银行珠海分行自判决生效之日起五日内一次过赔偿给原告珠海市对外劳动服务公司港币 44500 元及利息（按企业定期存款利率年息 8%计算，从一九八六年十月二十一日起至还款日止）。一审判决后，珠海中行不服，以原答辩理由向珠海市中级法院提起上诉。

珠海市中级法院二审审理认为：上诉人是国家专业银行，接受被上诉人开设账户存款，有责任保护其存款不被冒领，被上诉人的存款被他人用伪造印章从上诉人经办人员手中骗取，由此造成的损失，上诉人应承担赔偿责任。被上诉人发现款项被划后，多次向上诉人追查，又向公安机关报案，是主张权利的一种方式，诉讼时效因此而中断。原审判决认定事实清楚，运用法律正确。于一九九〇年二月二十一日作出〔1989〕珠中法民上字第43号终审判决，驳回上诉，维持原判。

三、珠海中行申请再审的理由及珠海中院复查意见

本案终审判决后，珠海中行不服，逐级向上级行请示，中国人民银行一九九〇年五月三日以银复〔1990〕115号文件作了《关于中国银行珠海分行赔偿客户被骗款项损失问题的批复》，内容为："中国人民银行颁发的《银行结算办法》第二十四条规定，银行办理结算，'因错付或被冒领的，应及时查处，如造成客户资金损失，要负责资金赔偿。'这里指的是：银行对因本身工作差错或违反制度规定造成的资金损失，应负赔偿责任。中国银行珠海分行原开户单位珠海市劳动服务公司44500元港币被骗案件中，犯罪分子所用伪造印鉴的真伪须经省、市两级公安部门作刑事技术鉴定才能确定，这已超出银行业务经办人员的判断能力。因此，不能仅依据《银行结算办法》中上述规定就裁决由银行赔偿损失。司法部门应在查清案情和责任之后，才能依据有关法律规定作出裁决和处理。"同年五月十四日中国银行以〔90〕中财字第161号函转发了中国人民银行的上述批复，并要求珠海中行"根据人总行批复精神向当地司法部门提出申诉，追回不应由你行赔付的损失"。

与此同时，珠海中行还提出如下申诉理由：

（1）服务公司对我行每月发送的余额对账单，均签章确认。服务公司在办理销户时，我行再次与其核对账户内余额，服务公司亦签章确认。根据银行结算规程，对长期不及时核对银行存款账的单位，所产生的后果，概由存款单位负责。故此责任应由服务公司承担。

（2）服务公司在一九八七年三月已明知其账户存款不符，却未采取适当措施进行追查，也未向我行提出赔偿要求，直至一九八九年四月才向我行主张赔偿的民事权利，已超过诉讼时效。

（3）原审判决引用中国人民银行颁布的《银行结算办法》第二十四条规定，是不适当的。这个结算办法是一九八九年四月一日起才正式施行，而本案侵权行为发生在一九八六年，因此原审引用的法律条文是违反法不溯及既往的法律原则的。

（4）原审判决的计息以利率按定期存款利率年息8%计算的作法欠妥，违反国家存款利率政策。被申诉人账户存款是活期存款，而不属于整存整取存款，不能按定期存款利率计息。

珠海市中级法院根据珠海中行的再审申请，对该案进行了审查。该院审判委员会讨论认为：(1)《银行结算办法》第 24 条规定："因错付或被冒领的应及时查处，如造成客户资金损失，要负责资金赔偿。"作案分子伪造印鉴在银行工作人员手中骗取客户存款 44500 元港币，是属于冒领的范畴，也是银行的过失造成的，应负民事赔偿责任。珠海中行以伪造印鉴已经超出经办人员的视辨范围，不负赔偿责任的申请理由不充分，不予采纳。应驳回申诉，维持原终审判。(2) 中国人民银行的批复与《民法通则》、《银行结算办法》的规定相抵触，不能适用。但为慎重计，决定就该批复是否适用问题，报请上级法院作司法解释。

四、省院合议庭意见

合议庭对该请示案进行了合议，认为：

(1) 珠海中行接受客户开设账户存款，双方权利、义务关系明确，银行有义务保管存款非因"不可抗力"事故不受损失，其不能证明它在经办过程中被骗是"不可抗力"事件，因此，根据《民法通则》第 107 条的规定，应承担赔偿责任。中国人民银行复〔1990〕115 号批复与《民法通则》相抵触，不能适用。

(2) 存款在银行被骗后，服务公司对银行每月发送的余额对账单均签章确认，这不能作为银行免除民事赔偿责任的原因、条件。它只不过是违反了结算纪律，最多只能是行政处罚的条件（《银行结算办法》第 23 条的规定："单位和个人违反银行结算规定和纪律，银行按有关规定予以经济处罚，情节严重的，应停止使用有关的结算办法。因此造成的后果，由其自行负责"）。

(3) 关于诉讼时效问题。虽然存款是 1986 年 10 月 20 日被骗走，但因当时尚未确知损失发生在什么环节，责任应属哪一方，故诉讼时效不能起算。只有到了 1989 年经公安部门鉴定认为印鉴属伪造，是在银行手中被骗走，责任在银行的情况下，诉讼时效才能起算。原告于该年度起诉，没有超过《民法通则》第 136 条第四项规定的一年时效，在此之前实际上要起诉谁，原告无法知道，因此要求它在此前起诉不合理，也不合法。

(4)《民法通则》对此案有明确的规定作依据，不必也不宜引用 1988 年才发布的《银行结算办法》第 24 条的规定。

(5) 关于赔偿的利率计算问题。原来服务公司存款属活期，特点就是可以随时提取，但自 1986 年被骗走后，银行不自动赔偿，造成服务公司需经诉讼才能拿回，丧失了随时提取的权利，因此在归还前按定期利息（年息 8%）

计算是合理的。

综上理由，合议庭认为一、二审判决正确，可驳回珠海中行的再审申请，维持一、二审判决。

最高人民法院
关于林木香诉中国工商银行福州支行仓山办事处、中国农业银行闽侯县支行、闽侯县闽江信用社赔偿案件如何适用法律问题的复函

（1992年8月12日 〔1991〕民他字第31号）

福建省高级人民法院：

你院闽法民他字〔1990〕第16号请示报告收悉。关于林木香诉中国工商银行福州支行仓山办事处、中国农业银行闽侯县支行、闽侯县闽江信用社（以下简称三被告）赔偿案件如何适用法律问题，经研究认为：三被告的经办人未按《中国人民银行储蓄存款章程》第8条和《中国人民银行储蓄管理办法》第59条的规定，对林有垒所持户口簿进行认真核对，致使林有垒持缺页且未盖户籍警章的户口簿冒领了林木香的存款，三被告有过错，应承担民事责任。林木香的存折被林有垒盗窃并冒领存款与林木香委托林有尧代管房屋权限不明没有必然的因果关系，因此，林木香不应承担民事责任。

此复。

附：

福建省高级人民法院
关于林木香诉中国工商银行福州支行仓山办事处、中国农业银行闽侯县支行、闽侯县闽江信用社赔偿案件如何适用法律问题的请示报告

（1991 年 8 月 6 日）

最高人民法院：

我院接福州市中级人民法院关于林木香诉中国工商银行福州支行仓山办事处、中国农业银行闽侯县支行、闽侯县闽江信用社赔偿纠纷案的请示报告，经审判委员会研究，对该案所适用的法律政策把握不准，将向你院请示。

一九八七年十月初，林木香（一审原告，二审被上诉人）外出做工，将其房屋托林有尧代管，林有尧在代管期间请林有垒进屋修灶。林有垒修灶时发现林木香藏在灶膛内的一铁盒（内装存折、奖券等共计 36900 元），并占为己有。为获取基中未到期的定期存单金额，林有垒借来林友银家的户口簿，将第 4 页（林友银）撕掉，在第 5 页（原为空白页）填上林木香姓名等项，于一九八七年十月七日，持该经过变造的户口簿到中国工商银行仓山办事处下渡储蓄所取走七张未到期的定期存单金额，即：本金 8900 元，利息 694.90 元；到闽信信用社取走六张未到期定期存单金额，即本金 3200 元，利息 794.99 元。一九八七年十月八日，林有垒又以同样办法到农业银行闽侯县支行营业所取走七张未到期存单金额，即：本金 2700 元，利息 491.95 元。林有垒取款时，失主林木香尚未挂失。一九八八年四月，林有垒被依法判刑，林木香也领回了被追回的余款 8870.00 元。

一九八九年九月，林木香分别以中国工商银行福州支行仓山办事处、农业银行闽侯县支行、闽侯县闽江信用社未认真核对户口簿，致其未到期的定期存单被冒领为由起诉，要求三被告赔偿损失。仓山区法院立案后合并审理。三被告均辩称：经办人已按银行有关章程核对了林木香户口簿无误后才让储户领走存款，不应赔偿责任。仓山区法院审理后认定：造成林木香存款被冒领，三被告银行均有过错，应承担赔偿责任。因此作了三被告银行赔偿损失的判决。判决后，三被告银行均不服，仍以原理由上诉。福州中院二审期间，工商银行仓山办事处提交一份中国人民银行条法司办公室的复函，坚持银行

不负赔偿责任。经福州中院审判委员会讨论，认为：造成林木香的存款被冒领，银行和储户双方都有过错，双方均应相应承担民事责任，三被告银行应按各被冒领数额的百分之五十赔偿，由于把握不大，请示我院。

经我院审判委员会讨论，认为：林木香将款存入银行，依照有关储蓄章程和规定，他和银行间就产生了一定的权利义务关系。储户提前取款、银行支付未到期的存款，均应按《中国人民银行储蓄存款章程》第八条："各种定期储蓄、存款未到期，储户如急需全部或部分提前取款时，可凭存单和存款人身份证，经核对无误后办理。如委托他人代取，还需验对代取人身份证件。"和《中国人民银行储蓄所管理暂行办法》第五十九条："定期储蓄存款提前支取时，必须认真核对存款人身份证明，委托他人支取的，还需核对委托人的身份证明，并作相应记录，必要时也可向发证机关查对。"而林有垒去取款时，提供的是经过变造的户口簿，由于三被告银行经办人未按上述规定认真核对，使本应发现的缺页且未盖户籍警章的无效户口证明却未被发现，致林木香存款被冒领，是有过错的，不能以《中国人民银行储蓄存款章程》第十二条规定的"储户挂失止时，如在声明前存款已被冒领，银行概不负责"来免除不按规定办理的过错责任。林木香将房屋托人代管时，对其藏在灶膛内的贵重物品（指36900元存折等）未交代，致存单被盗且无法及时挂失，林木香也要因对自己的存单保管不善而承担一定的过错责任。但是，由于二审期间中国工商银行福州支行仓山办事处提供的中国人民银行条法办公室函件，对《中国人民银行储蓄存款章程》第八条、第十二条作了解释，其解释的效力如何？请批复。

最高人民法院
关于中国人民银行宁波市经济技术开发区支行工作人员截留当事人款项应当承担民事责任的函

（1993年4月10日　法函〔1993〕30号）

浙江省高级人民法院：

你院〔1992〕浙法经上字90—82号请示报告收悉。经研究，答复如下：原则同意你院意见。袁坚东是银行工作人员，违反结算制度截留支票款以掩盖其挪用库款的罪行，除应追究其刑事责任外，依照《中华人民共和国民法通则》第一百零六条第2款的规定，人民银行宁波市经济技术开发区支行应承担相应的民事责任。

最高人民法院
关于汪小嫚诉工商银行长沙县支行赔偿案如何处理的复函

（1993年5月3日　〔92〕民他字第29号）

湖南省高级人民法院：

你院〔1992〕湘法民申字第2号《关于汪小嫚诉工商银行长沙县支行赔偿存款一案的请示报告》收悉。经研究，我院同意你院审判委员会第一种意见，即由于长沙县支行在办理提前支取汪小嫚存款时，没有按规定核对取款人的身份证件，该行应当对由此造成的损失负全部赔偿责任。

最高人民法院
关于王春林与银川铝型材厂有奖储蓄存单纠纷一案的复函

（1995年1月1日）

宁夏回族自治区高级人民法院：

你院宁高法〔1995〕1号《关于王春林与银川铝型材厂有奖储蓄存单纠纷一案的请示报告》收悉。经研究认为：银川铝型材厂因经济困难，欠工人的工资无法发放，就将购买的有奖储蓄存单等值顶替工资发放给职工。铝型材厂明知该奖券中奖率为100%，在发放时未对中奖权利进行约定，说明其已将中奖权利一同转移。王春林领取的奖券中了一等奖，获得奖金一万元应归其所有。因此，同意你院审判委员会第一种意见，即王春林合法取得奖券，奖金一万元应归王春林所有。

以上意见，供参考。

最高人民法院
关于浙江省医学科学院普康生物技术公司诉中国农业银行信托投资公司委托贷款合同纠纷一案的答复

（1997年9月8日 〔1997〕法函第103号函）

北京市高级人民法院：

你院请示收悉，经研究，答复如下：

农行信托公司有协助委托人监管贷款的义务，当普康公司向其提示风险并要求采取措施时，农行信托公司不仅没有采取应急措施，反而向普康公司提供了担保人捷通公司虚假的资产平衡表，因此，农行信托公司对贷款损失应负主要责任；普康公司指定三联公司为借款人，对借款人的资信情况有失审查，对贷款损失亦负有一定责任。双方当事人具体可按6∶4的比例分别承担责任，即由农行信托公司承担60％的责任，普康公司承担40％的责任。如事实有变化，由该院自定。

最高人民法院
关于中国建设银行山西省分行直属支行与山西铁路实业总公司借款案件的答复

（1998年7月1日 〔1998〕法经字第345号函）

山西省高级人民法院：

你院请示收悉，经研究，答复如下：

一、铁路公司与建业公司签订的共同经销钢材协议约定：铁路公司在建业公司协助下，向中国建设银行山西省分行直属支行贷款2450万元用于购买钢材。协议还约定了双方的利润分成，必要时建业公司参与全部购销活动等内容。嗣后，建业公司参与购销钢材合同的签订，并垫付了购销钢材的定金。从协议内容和履行情况看，该协议符合联营合同的特征，应当认定为联营合同。除风险条款的约定违背联营共负盈亏，共担风险的原则，应当确认为无效外，其余条款应当认定为有效。

二、中国建设银行山西省分行直属支行与铁路公司签订的是借款合同，铁路公司与建业公司签订的则是联营合同。鉴于这两个合同成立的是两个不同的法律关系，对这两个合同纠纷应当分开审理。对铁路公司与建业公司的联营合同纠纷，铁路公司可另行起诉。

最高人民法院
关于如何确定委托贷款合同履行地问题的答复

（1998年7月6日　法明传〔1998〕198号）

湖北省高级人民法院：

你院〔1997〕169号《关于如何确定委托贷款合同履行地问题的请示》收悉。经研究认为，委托贷款合同以贷款方（即受托方）住所地为合同履行地，但合同中对履行地有约定的除外。

最高人民法院
关于海口鲁银实业公司典当拍卖行与海南飞驰实业有限公司、海南万锡房地产开发有限公司、海南内江房地产开发公司抵押贷款合同纠纷一案的复函

（1999年3月2日　〔1996〕法民字第8号）

海南省高级人民法院：

关于你院正在再审的海口鲁银实业公司典当拍卖行与海南飞驰实业有限公司等抵押贷款案，经研究认为，在担保法实施以前法律没有明确的规定，你院在审理时可就本案主合同是否有效作进一步审查，包括鲁银典当行作为非银行金融机构能否开展不动产抵押贷款业务及双方约定的利息是否过高等问题。如果主合同无效，则按过错原则处理本案；如果主合同有效，则按公平原则处理。

最高人民法院
关于上海三泷房地产开发有限公司与中国建设银行上海市浦东分行、上海申浦对外技术投资总公司借款合同纠纷一案的复函

（2000年1月1日 〔2000〕民他字第7号）

本案浦东分行和申浦公司签订《外汇借款合同》，是双方真实意思表示，不违背法律、法规的禁止性规定，可认定为有效。申浦公司以开展进出口业务为名，骗取三泷公司为其借款担保，将短期外汇借款用于向浦东分行偿还为案外人巨龙公司的担保之债；浦东分行明知该项贷款的实际用途，但其签订担保合同时没有告知保证人三泷公司，亦不能举证三泷公司明知借贷双方“以贷还债”，应认定主合同双方当事人恶意串通，欺骗保证人。根据《担保法》第三十条第一款的规定，三泷公司对申浦公司偿还浦东分行的担保债务部分，不承担民事责任。

最高人民法院
关于信用社违反商业银行法有关规定所签借款合同是否有效的答复

（2000年1月29日 法经〔2000〕27号）

河北省高级人民法院：

你院〔1999〕冀经请字第3号《关于信用社违反商业银行法有关规定所签借款合同是否有效的请示》收悉。经研究，答复如下：

《中华人民共和国商业银行法》第三十九条是关于商业银行资产负债比例管理方面的规定。它体现中国人民银行更有效地强化对商业银行（包括信用社）的审慎监管，商业银行（包括信用社）应当依据该条规定对自身的资产负债比例进行内部控制，以实现盈利性、安全性和流动性的经营原则。商业银行（包括信用社）所进行的民事活动如违反该条规定的，人民银行应按照

商业银行法的规定进行处罚，但不影响其从事民事活动的主体资格，也不影响其所签订的借款合同的效力。

此复。

最高人民法院
关于展期贷款超过原贷款期限的效力问题的答复

（2000年2月13日　法函〔2000〕12号）

上海市高级人民法院：

你院〔1998〕沪高经他字第36号《关于展期贷款超过原贷款期限的效力问题的请示》收悉。经研究，答复如下：

展期贷款性质上是对原贷款合同期限的变更。对于展期贷款的期限不符合中国人民银行颁布的《贷款通则》的规定，应否以此认定该展期无效问题，根据我国法律规定，确认合同是否有效，应当依据我国的法律和行政法规，只要展期贷款合同是双方当事人在平等、自愿基础上真实的意思表示，并不违背法律和行政法规的禁止性规定，就应当认定有效。你院请示涉及案件中的担保人的责任，应当依据《中华人民共和国担保法》以及法发〔1994〕8号《最高人民法院关于审理经济合同纠纷案件有关保证的若干问题的规定》予以确认。

最高人民法院
关于哈尔滨市商业银行银祥支行与哈尔滨金事达实业（集团）公司借款合同纠纷一案如何处理问题的答复

（2001年2月28日　法民二〔2001〕016号）

黑龙江省高级人民法院：

你院〔1999〕黑经二终字第190号《关于哈尔滨市商业银行银祥支行与哈尔滨金事达实业（集团）公司借款合同纠纷一案如何处理问题的请示》收悉。经研究，答复如下：

该案所涉询证函虽然是采用哈尔滨审计事务所函稿纸，且注明仅作审计报表之用，其他方面用途无效，但基于该询证函是由贷款人哈尔滨商业银行银祥支行（原哈尔滨银祥城市信用合作社）发出，且该贷款人和借款人哈尔滨豪华家具大世界都在该函上对尚欠贷款额予以确认并加盖公章的事实，可以表明该询证函既有贷款人追索欠款的意思表示，又体现了借款人对所欠债务的确认。由于该询证函是在借款合同诉讼时效期限内发出的，因此借款合同诉讼时效中断，保证合同诉讼时效亦中断。

鉴于该案担保行为发生在担保法颁布之前，保证合同约定的保证期间是“直至借款单位全部还清贷款本息和逾期挪用本息为止”，属于保证责任期间约定不明的情形。根据本院《关于审理经济合同纠纷案件有关保证的若干问题的规定》第十一条规定精神，本案保证责任期间应为二年。债权人哈尔滨商业银行银祥支行在借款合同履行期限届满后的二年内未向保证人哈尔滨金事达实业（集团）公司主张权利，故保证人不再承担保证责任。

以上意见，供你院参考。

最高人民法院
关于天津市旭帝商贸有限公司、天津开发区迈柯恒工贸有限公司与建行天津分行南开支行存款纠纷两案如何适用法律的请示的答复

（2001年4月11日　〔2001〕民二他字第13号）

天津市高级人民法院：

你院〔2000〕151号请示收悉，经研究，答复如下：认定付款人的过错和责任，应当依照《中华人民共和国票据法》第五十七条和最高人民法院《关于审理票据纠纷案件若干问题的规定》第六十九条之规定处理。至于存款人是否应当承担民事责任，需经过审理，在查清事实的基础上，根据其过错一并处理。

最高人民法院
关于中国工商银行湘潭市板塘支行与中国建筑材料科学研究院湘潭中间试验所及湘潭市有机化工厂的借款合同纠纷一案的复函

（2001年8月6日　〔2001〕民监他字第9号）

湖南省高级人民法院：

你院《关于中国工商银行湘潭市板塘支行与中国建筑材料科学研究院湘潭中间试验所及湘潭市有机化工厂借款合同纠纷一案的请示》报告收悉。经研究，答复如下：

一、中国建筑材料科学研究院湘潭中间试验所（以下简称中试所）向法院主张权利时，诉讼请求是返还借款本金和利息。中试所与湘潭市有机化工厂（以下简称有机化工厂）之间系因借款产生的纠纷，故该案应定性为借款合同纠纷。

二、有机化工厂与中试所签订的借款协议，违反了企业之间不能相互借贷的有关规定，原审认定协议无效是正确的。中国工商银行湘潭市板塘支行（以下简称板塘支行）明知企业之间不能相互借贷，与有机化工厂已根本无能力还款的状况下，为了下属公司能收回贷款，自己又不承担民事责任，利用中试所对其的信任，与有机化工厂恶意串通，向中试所故意隐瞒借款的真实目的，并积极促成有机化工厂与中试所签订了不具有真实意思表示的借款协议，将到期不能收回借款的风险转嫁给了中试所。板塘支行和有机化工厂的行为，已对中试所构成欺诈。由此造成借款协议无效的后果，有机化工厂与板塘支行应承担连带赔偿责任。

以上意见，供参考。

最高人民法院
关于西安市第三奶牛场与咸阳市中陆城市信用社、西安新业工贸有限责任公司抵押借款合同纠纷一案的复函

（2002年2月8日 〔2001〕民监他字第22号）

陕西省高级人民法院：

你院请示收悉，经研究，答复如下：

原则同意陕西高院请示报告中的第二种意见。西安市第三奶牛场与咸阳市中陆城市信用社、西安新业工贸有限责任公司在抵押关系的设立上，虽有不规范之处，但基本具备抵押成立的法定要件，以认定抵押关系成立为宜。原审处理并无不当，不应启动再审程序。

附：

陕西省高级人民法院
关于西安市第三奶牛场与咸阳市中陆城市信用社、西安新业工贸有限责任公司抵押借款合同纠纷一案的请示

一、案件主要事实

1996年7月18日，西安新业工贸有限责任公司（以下简称新业公司），与咸阳市中陆城市信用社（以下简称中陆信用社）签订抵押借款合同。合同约定：新业公司借款2500万元，借款期限12个月，借款利息10.065‰，由西安市第三奶牛场（以下简称第三奶牛场）提供担保。第三奶牛场未在该合同上盖章，但在新业公司借款申请书担保单位栏内加盖了公章和法定代表人李瑞峰的私章，并注明：新业公司2500万元贷款，第三奶牛场愿意担保，新

业公司如不能按期偿还时，由第三奶牛场负责偿还或在第三奶牛场银行账户代扣。同时，第三奶牛场提供了房地产抵押担保书。当日，第三奶牛场经其主管机关西安市农垦管理局同意，向西安市房地产交易管理中心出具房地产抵押担保书，委托该中心对抵押担保物进行登记，同时提供了西安市市地征字第 171 号土地使用证。同月 26 日，西安市房地产交易管理中心根据第三奶牛场出具的函为新业公司在中陆信用社贷款办理了房地产抵押登记，第三奶牛场将西安市房地产管理局颁发的国有土地使用证原件抵押于房产交易中心。后中陆信用社陆续给新业公司贷款 2230 万元。1997 年 10 月 20 日新业公司清偿利息 275 万元，同月 22 日还本金 90 万元，剩余款项未还。中陆信用社遂向法院起诉，要求新业公司偿还贷款并由第三奶牛场承担担保责任。

二、原一、二审法院审理情况

咸阳市中级人民法院一审审理认为，中陆信用社与新业公司签订的借款抵押合同符合法律规定，当事人意思表示真实，应为有效。新业公司到期不能归还本金属违约，理应承担中陆信用社为实现债权造成的各项损失。第三奶牛场出函将其场房及附属土地在西安市房地产管理局下设部门房地产交易管理中心办理了抵押登记，符合法律规定，抵押关系有效。第三奶牛场辩称未同其办理抵押手续，抵押合同不能成立的理由不能成立。第三奶牛场提供和 1996 年 9 月 4 日中陆信用社向西安市房地产交易管理中心出具的“抵押贷款手续已办妥，但引存的资金一直没有到位，现要求所办理的手续作废”的函，因不出原始函件，不能分辨出此函的真伪，故其称借款撤销，抵押关系消灭的理由不予支持。判决：一、新业公司偿还中陆信用社借款 2140 万元；二、新业支付中陆信用社为实现债权支付的代理费 131000 元；三、新业公司不能按期归还借款本息，由第三奶牛场承担连带赔偿责任。

第三奶牛场不服一审判决，上诉至陕西省高级人民法院。

陕西省高级人民法院二审审理认为，第三奶牛场出函自愿将其场房及附属土地为新业公司在中陆信用社贷款作抵押，并在领取土地使用证的西安市房地产管理局下设部门房地产交易管理中心办理了抵押登记，此行为是第三奶牛场的真实意思表示，故抵押关系成立，抵押合同合法、有效。据此，中陆信用社与新业公司签订的借款抵押合同应确认有效，依法予以保护。新业公司到期不能归还借款本息应负违约责任，应承担因此给中陆信用社造成的损失。第三奶牛场对新业公司的借款承担担保责任。第三奶牛场关于抵押关系不成立，对新业公司的债务不应承担连带清偿责任的上诉请求，不能成立。原判事实清楚，适用法律适当。判决驳回上诉，维持原判。

第三奶牛场不服二审判决，向陕西高院申请再审。主要理由是：1. 将土地抵押认定为场房抵押，将土地认定为“附属”，为其在房地产管理部门办理抵押登记找依据。第三奶牛场的场房未办理任何权属登记，西安市房地产交易管理中心评估时也认为场房无房产证不予评估，原审将土地使用权认定为场房，无事实依据。2. 将抵押物的登记部门简单理解为产权证书的核发部门。第三奶牛场的土地使用证是市房地局 1981 年核发的，1987 年《土地法》实施以后，设立了专门的土地管理部门，1995 年 10 月 1 日《担保法》实施后，明确规定了土地使用权抵押登记部门为土地管理部门，原审将土地抵押登记部门认为是房地产部门是错误的。3. 将第三奶牛场提供的所谓担保函作为抵押担保的唯一合法依据，认定第三奶牛场意思表示真实，抵押关系成立、合法有效，完全撇开土地抵押关系成立的法定要求，认定抵押符合法律规定，抵押关系成立，缺乏法律依据。请求撤销原判，依法改判抵押关系未成立，第三奶牛场不应承担担保责任。

三、陕西省高级人民法院请示意见

陕西高院针对第三奶牛场的再审申请，对本案进行了复查。查明：

1. 第三奶牛场 552 亩土地使用权评估等情况。第三奶牛场 552 亩国有土地使用证是 1981 年 11 月 5 日由当时还兼有房产、地产管理职能的西安市房地局核发的。1996 年 1 月 24 日，与第三奶牛场同属于西安市农垦局下属企业的西安市奶业研究所（以下简称奶研所）经主管上级西安市农垦管理局批准同意，并得到第三奶牛场的允许，用该场的土地及房产作抵押担保。奶研所申请西安市国有资产管理局《国有资产评估立项》，评估特定目的是：为奶研所下属企业中外合资依莱新食品包装有限公司等项目贷款；评估范围和对象是：第三奶牛场 52 亩土地及其建筑物房产。西安市房地产交易管理中心于同月 24 日出具了评估报告。评估报告认为：由于房屋未办理产权证，评估价中不计房价；按照西安市国有土地基准地价标准，该区域每亩 12 万元，扣除国有土地出让金每亩 2.5 万元，552 亩土地评估价值为 5244 万元。1996 年 5 月 15 日，西安市国资局以市国资评发〔1996〕58 号文件作出《资产评估确认通知》，对“奶研所拟抵押贷款的第三奶牛场土地 552 亩，经西安市房地产交易管理中心评估其使用权价值 5244 万元，经审核，予以确认。”此后，第三奶牛场将评估报告和 552 亩国有土地使用证原件存放于西安市房地产交易管理中心。

2. 抵押借款合同签订及其抵押登记的情况。1996 年 7 月 18 日，新业公司以抵押人的名义与中陆信用社签订了房地产抵押申请书、抵押借款合同和房地产抵押合同。房地产抵押申请书是新业公司以抵押人名义与中陆信用社共同作为申请人，将第三奶牛场 552 亩土地抵押，向西安市房地产交易管理中心申请的。同日，新业公司以抵押人的名义与中陆信用社签订了抵押借款合同。合同规定：新业公司以其所有的国有土地使用权作为借款抵押物抵押给中陆信用社；在合同第二条抵押事项中约定，关于抵押详见抵押合同。该抵押借款合同由借款人新业公司和贷款人中陆信用社双方签字盖章，第三奶牛场没有在借款合同中具名、签章。同日，新业公司以抵押人名义与中陆信用社签订了房地产抵押合同。合同约定：新业公司因流动资金需要，愿以自有房地产作为抵押物，向中陆信用社贷款；抵押物坐落在未央区草滩，抵押价值 5224 万元（见评估报告）；抵押期间，土地使用证由西安市房地产交易管理中心保管。新业公司和中陆信用社在抵押合同上签字盖章，第三奶牛场仍没有在抵押合同上具名、签章。7 月 26 日，西安市房地产交易管理中心签署意见：同意办理。西安市房地产交易管理中心遂即将此前奶研所存放于该中心，以第三奶牛场 552 亩土地评估报告及土地证原件，为新业公司在中陆信用社贷款作了抵押，但没有按法律规定办理登记手续，也没有给中陆信用社颁发《土地他项权利证》。

3. 第三奶牛场向市房地产交易管理中心出具房地产抵押担保书，自愿将场房及土地为新业公司在信用社贷款作抵押，并委托该中心进行评估、登记事宜，其意思表示真实性的问题。从出具此函的形式和内容来看，此函是给市房地产交易管理中心出具的，内容是第三奶牛场愿将房地产作为抵押物向新业公司提供银行贷款担保，并委托该中心办理评估、登记事宜。此函主要是委托该中心评估、登记事宜，并不是与中陆信用社签订的具有实质抵押内容的抵押合同，也不是给中陆信用社出具的。以此函认定第三奶牛场愿意抵押的真实意思，还必须依据借款合同和抵押合同等事实综合认定，仅凭房地产抵押担保书就认定抵押担保意思表示真实，抵押关系成立、有效，证据不足。

4. 第三奶牛场与中陆信用社是否存在保证担保行为，对此，有三份证据材料：一是中陆信用社提供的借款申请书，二是第三奶牛场向房地产中心出函是否有保证的意思表示，三是中陆信用社持有的房地产抵押担保书。关于借款申请书，该申请书是 1996 年 7 月 18 日出具的，在保证栏里盖有第三奶牛场公章和已免去场长职务的李瑞峰私章，还写有开户行和账号。此申请书中陆信用社持有，房地产中心抵押档案中没有。该申请书涉及保证，但在借款合同中只字未提保证，只约定了抵押，且订有抵押合同，并没有保证合同或保证条款。其次，中陆信用社在一审就是以抵押起诉的，未涉及保证；一、二审均以抵押进行审理，也均未涉及保证。关于第三奶牛场给房地产中心出函是否有保证的意思表示的问题，该函是第三奶牛场给中介机构房地产中心出具的，该函载明“我方自愿将该宗房地产拍卖，所获价款银行优先受偿”，该函内容并不含保证，似有优先权的内容，但优先权是法定权，不允许约定。关于中陆信用社持有的第三奶牛场出具的房地产抵押担保书是否有保证行为的问题，该担保书约定：我方自愿将房地产拍卖，所获价款银行优先受偿。该担保书名称是抵押担保书，内容是以房地产为抵押物，如不能按期还款，将该宗土地拍卖，银行优先受偿，保证行为难以认定。

5.《国有土地使用证》抵押登记应由哪个部门负责。本案中，国有土地使用证是 1981 年由当时身兼房产和地产管理的西安市房地局颁发的，当时没有土地局。原判决认定“在领取土地使用权证的西安市房地产管理局下设部门房地产交易管理中心办理了抵押登记”，但是，按照国家土地管理局 1995 年 12 月 28 日颁布实施的《土地登记规则》第二十九条规定，依法抵押土地使用权的，当事人应当在抵押合同签订后 15 日内，持抵押合同以及有关文件申请土地使用抵押登记，土地管理部门应当在被抵押土地的土地登记卡上登记，并向抵押权人颁发土地他项权利证明书。1995 年 10 月 1 日实施的《担保法》第四十二条第（一）项规定，以无地上定着物的土地使用权抵押的，抵押登记部门为土地管理部门。西安市房地局 1993 年 9 月 30 日颁布实施的《西安市房地产抵押管理暂行办法》规定，抵押的房地产，是指抵押人以合法所得的房屋和土地使用权；第五条又规定，以房屋设立抵押的，应连同该房占用的土地使用权同时抵押。对此，复查中调查西安市房地产交易管理中心有关人士，答复是：该中心办理以房产又连同该房产占用的土地使用权的抵押，对于单独以土地使用权抵押的，该中心不办理，但该中心可作为中介服务机构予以评估。而西安市土地局于 1995 年 3 月起就行使国有土地使用权抵押担保登记职能，并成立了相应和机构。以国有土地使用权进行抵押登记，应由土地管理部门负责。

根据以上复查情况，陕西高院形成两种意见，并决定向最高人民法院请示。第一种意见认为，原判认定事实及适用法律有误，第三奶牛场意思表达不真实，应提起再审。理由是：

1. 抵押合同主体不适格。抵押担保行为是抵押人与抵押权人双方的法律行为，即第三奶牛场应以抵押人名义与中陆信用社签订抵押合同。但本案中，抵押借款申请书、抵押借款合同、抵押合同均是新业公司与中陆信用社双方签订的，尤其是抵押合同，新业公司以第三奶牛场 552 亩土地产权人身份，以抵押人名义与中陆信用社签订的，第三奶牛场在一系列抵押合同中都没有具名签字，抵押合同主体不适格。

2. 第三奶牛场表示愿意抵押的意思是否真实。从抵押借款合同和房地产抵押合同看，抵押人为借款人，即新业公司，而原判却认定抵押人为第三奶牛场，故抵押合同不能反映第三奶牛场愿意以其财产作抵押的意思表示。原判认定，中陆信用社持有且在一审中向法庭提供的第三奶牛场出具的 1996 年 7 月 18 日房地产抵押担保书，是第三奶牛场愿为新业公司提供银行借款抵押担保的真实意思表示。但该担保书存在下列问题：一是李瑞峰已于 1995 年底被免职，不是第三奶牛场的法定代表人，新的法定代表人徐国庆已于 1995 年底上任，且在 1996 年 4 月正式变更了法定代表人登记；二是该担保书是第三奶牛场单方出具的，无论从形式、内容，还是法律规定来看，均不能确定第三奶牛场愿为新业公司借款提供抵押担保的意思表示。至于第三奶牛场向西安市房地产交易管理中心出具的房地产抵押担保书，仅是向中介机构房地产中心表示愿为新业公司贷款抵押担保，并委托进行评估、登记的意思，但没有就该宗国有土地进行抵押评估立项、评估确认等行为的意思，更没有向中陆信用社抵押担保的行为意思表示。在西安市房地产中心抵押档案中，关于新业公司与中陆信用社抵押贷款，有双方的房地产抵押申请书，借款合同和抵押合同，相当完备。但房地产抵押申请书中第三奶牛场没有具名，借款合同、抵押合同都没有第三奶牛场的具名以及抵押意思表示。因此，第：奶牛场与中陆信用社之间没有任何直接抵押意思表示的事实及证据。

3. 以国有划拨土地进行抵押，属要式民事法律行为，即以国有划拨土地进行抵押，应在国有资产部门办理抵押立项批准手续，评估结果还需国有资产部门批准认可，扣除国有土地出让金方可进行抵押。本案中，第：奶牛场先出函为奶研所贷款抵押担保，并进行了一系列国有资产部门抵押贷款立项、评估结果确认等工作，还将评估报告、国有土地证存放于房地产中心，符合法律规定的条件。新业公司用第三奶牛场 552 亩土地抵押，贷款，未进行国有资产评估批准立项、评估和评估确认、评估登记，只是借用了第三奶牛场为奶研所进行抵押贷款的手续，没有按照法律规定的程序即抵押立项，批准同意、进行评估、评估确认、办理抵押登记。在西安市房地产中心的抵押档案中，至今还保留着第三奶牛场为奶研所抵押的函，同时也有第三奶牛场为新业公司抵押的函。其次，根据《担保法》规定，办理土地抵押登记，同时提供借款合同和抵押合同，而两个合同中均无第三奶牛场具名和签字，西安市房地产中心未认真审查，也未办理登记手续，仅将土地证原件抵押在该中心，没有按规定给中陆信用社颁发土地他项权利证。

综上，本案中的抵押关系不成立，保证行为不存在。

第二种意见认为：保证关系成立，抵押关系也成立。未按法律规定办理相关手续，有不完善之处，但不影响担保责任的承担，只是能否对抗第三人问题。1. 关于保证关系是否成立的问题，依据前述谈到的三个证据材料，有保证的意思表示。首先，借款申请书有保证内容，约定明确，且为中陆信用社持有；其次，中陆信用社持有的房地产抵押担保书中有保证承诺的意思表示。这些都是借款合同的重要组成部分，均为第三奶牛场向信用社作出的承诺。因此，保证关系成立。2. 抵押关系成立，第三奶牛场向中陆信用社及房地产交易中心出具抵押担保书，意思表示清楚、明确，虽三方未签订抵押担保合同，但不影响担保责任的承担，根据最高人民法院《关于适用〈中华人民共和国担保法〉若干问题的解释》第二十二条“第三人单方以书面形式为债权人出具担保书，债权人接受且未提出异议的，保证合同成立”的规定，此条原则上也适用其他如抵押合同、质押合同等。因此，终审判决以此认定第三奶牛场承担抵押担保责任并无不妥，该案应予维持，不应再审。

最高人民法院
关于中国信达资产管理公司福州办事处与张景宗、雷珊珊、张瑱瑱、厦门正丰源保税有限公司借款合同纠纷一案请示的复函

（2002年2月8日 〔2001〕民一他字第34号）

福建省高级人民法院：

你院《关于中国信达资产管理公司福州办事处与张景宗、雷珊珊、张瑱瑱、厦门正丰源保税有限公司借款合同纠纷一案的审理报告》收悉。经研究认为：

张景宗在购房合同的买方一栏除署上自己的名字外，还署上其未成年女儿张瑱瑱的名字，是将所购房屋的一部分权利赠与给张瑱瑱的行为。由于所购房屋尚未办理所有权证，张瑱瑱尚未取得赠与房屋的权利，故张景宗此时有权处分所购房屋。

购房合同书上的买方是张景宗和张瑱瑱的名字，而张景宗是张瑱瑱的法定监护人，张瑱瑱是未成年人，无法向其征询意见，所以保税区建行有理由相信张景宗具有对该房屋的处分权，因而与其签订了抵押合同，并依法办理了抵押登记，这充分表明，保税区建行尽到了注意义务，是没有过错的，因而是善意的。根据最高人民法院《关于贯彻执行〈中华人民共和国民法通则〉若干问题的意见（试行）》第89条的规定，应当维护保税区建行的合法权益，依法确认抵押合同的效力。

综上所述，本案抵押合同合法有效。

最高人民法院
关于广西开发投资有限公司与中国信达资产公司南宁办事处借款合同担保纠纷一案请示的复函

（2002年10月11日　〔2002〕民立他字第44号）

广西壮族自治区高级人民法院：

你院〔2002〕桂民申字第239号《关于广西开发投资有限公司与中国信达资产公司南宁办事处借款合同担保纠纷一案的请示报告》收悉。经研究，答复如下：

本案的担保行为发生于1993年5月27日，保证人广西建设投资开发公司1996年1月5日和3月25日的发函行为，是1993年5月27日担保行为派生出来的行为，而不是创设新的担保关系。根据我院《关于认真学习、贯彻票据法、担保法的通知》第三项及《关于适用〈中华人民共和国担保法〉若干问题的解释》第一百三十三条第一款的有关规定，本案应适用担保行为发生时的法律、法规和有关司法解释，保证人广西建设投资开发公司向债权人发函的行为适用我院《关于审理经济合同纠纷案件有关保证的若干问题的规定》第十一条的有关规定。

最高人民法院
关于锦州市商业银行与锦州市华鼎工贸商行、锦州市经济技术开发区实华通信设备安装公司借款纠纷一案的复函

（2003年2月25日　〔2002〕民监他字第14号函）

辽宁省高级人民法院：

你院请示收悉，答复如下：

经研究，同意你院审判委员会第一种意见，即保证期间届满后，保证人如无其他明示，仅在债权人发出的催收到期贷款通知单上签字或盖章的行为，

不能成为重新承担保证责任的依据。本院法释〔1999〕7号《关于超过诉讼时效期间借款人在催款通知单上签字或者盖章的法律效力问题的批复》，不适用于保证人。

最高人民法院
关于中国信达资产管理公司济南办事处上诉莱阳电业公司借款担保纠纷请示案的答复

（2003年4月1日　〔2003〕民二他字第2号）

山东省高级人民法院：

你院关于《中国信达资产管理公司济南办事处上诉莱阳电业公司借款担保纠纷案》请示收悉，经研究答复如下：

中国信达资产管理公司济南办事处在《大众日报》刊登的债权转让第四号公告具有债权催收内容，应当适用本院法函〔2002〕3号的规定。

最高人民法院
关于南昌市商业银行象南支行与南昌市东湖华亭商场、蔡亮借款合同担保纠纷案请示的复函

（2003年4月30日　〔2003〕民监他字第6号）

江西省高级人民法院：

你院请示收悉，经研究，答复如下：

南昌市东湖华亭商场与南昌市商业银行象南支行在《借款合同》中约定，贷款用途是购买酒与饮料，并非以贷还贷。华亭商场与华亭公司均为独立的企业法人。华亭公司偿还与象南支行的旧贷后，象南支行又向华亭公司发放新贷，属于另一法律关系，不宜将华亭商场与华亭公司之间资金流转行为推定为以贷还贷。

最高人民法院
关于中国农业银行大连市分行友好支行诉大连中大集团公司、第三人中国大连国际经济技术合作集团有限公司借款合同抵押担保纠纷一案请示的答复

（2003 年 11 月 24 日　〔2003〕民二他字第 26 号）

辽宁省高级人民法院：

你院〔2002〕辽民三初字第 12 号请示收悉。经研究，答复如下：

从你院请示材料看，依据大连市中级人民法院〔1999〕大民初字第 160 号民事调解书、大连市房地产管理局大房局管字〔2000〕16 号文件以及大连市中级人民法院〔2002〕大行再字第 21 号行政判决书，中大大厦 9－15 层的产权确系中国大连国际经济技术合作集团有限公司（以下简称大连国际）所有，大连中大集团公司（以下简称中大集团）未经大连国际的同意将中大大厦整体抵押给债权人中国农业银行大连市分行友好支行（以下简称友好支行）的行为，属于无权处分行为，依照《中华人民共和国合同法》第五十一条的规定，抵押合同涉及无权处分部分无效。但鉴于中大大厦在抵押时的全部产权登记在中大集团名下，不动产登记具有权利推定效力，因此，如无证据证明友好支行在接受抵押时对中大大厦 9－15 层产权的真实状况为明知或应知的，友好支行可以善意取得对中大大厦 9－15 层的抵押权。你院应当在查明案件事实，尤其是债权人在接受抵押时是否属于善意的基础上，妥善处理该案。

此复。

最高人民法院
关于建设银行重庆观音桥支行与新原兴企业集团有限公司借款合同纠纷一案适用法律问题的请示的答复

（2003年12月17日　〔2003〕民二他字第43号）

重庆市高级人民法院：

你院《关于建设银行重庆观音桥支行与新原兴企业集团有限公司借款合同纠纷一案适用法律问题的请示》收悉，经研究，答复如下：

你院请示的建设银行重庆观音桥支行与新原兴企业集团有限公司借款合同纠纷一案，借款合同中约定银行有权对资金使用人使用资金进行监督，借款人将所借款项用于偿还旧贷，不能因合同中有银行有权监督借款人资金使用的约定而减轻或免除借款人的还款责任。

以上意见，供你院审理时参考。

最高人民法院
关于深圳发展银行广州分行信源支行与成都宗申联益实业股份有限公司等借款担保合同纠纷一案的请示的复函

（2004年2月23日　〔2003〕民四他字第28号）

广东省高级人民法院：

你院粤高法〔2003〕207号《关于深圳发展银行广州分行信源支行与成都宗申联益实业股份有限公司等借款担保合同纠纷一案的请示》收悉。经研究，答复如下：

根据我院《关于在审理经济纠纷案件中涉及经济犯罪嫌疑若干问题的规定》第一条、第二条及第十二条之规定，本案借款担保合同纠纷案件属于经济纠纷案件，不应移送有关公安机关或检察机关。成都宗申联益实业股份有限公司为借款人广东飞龙高速客轮有限公司提供的担保合同书及担保人声明，违反了《中华人民共和国公司法》第一百一十四条、第一百一十七条、第一百一十八条及该公司章程的规定，依法应认定无效。对于本案担保合同的无效，深圳发展银行广州分行信源支行与成都宗申联益实业股份有限公司均有过错。至于成都宗申联益实业股份有限公司对广东飞龙高速客轮有限公司所欠的债务应当在主债务人和另外两个担保人不能清偿的范围内承担多大的赔偿责任，你院应当根据本案查明的事实，确定其过错的大小，并根据《关于适用〈中华人民共和国担保法〉若干问题的解释》第七条的规定予以判定。

此复。

最高人民法院
关于中国建设银行信阳分行民权路支行与信阳市自来水（集团）有限责任公司、河南华夏光学电子仪器厂借款担保合同纠纷一案的答复

（2005 年 12 月 2 日）

河南省高级人民法院：

你院《关于中国建设银行信阳分行民权路支行与信阳市自来水（集团）有限责任公司、河南华夏光学电子仪器厂借款担保合同纠纷案的请示》收悉。经研究，答复如下：

1998 年 9 月 21 日，中国建设银行信阳分行民权路支行（以下简称建行民权路支行）向信阳市自来水（集团），有限责任公司下发了“河南省建设投资总公司贷款单位情况调查表”，该表包括贷款本金、逾期本金、逾期利息、还款计划等内容，故应认定其具有债权人向债务人主张权利的意思表示，具有诉讼时效中断的法律效力。

因本案所涉贷款系河南省基本建设基金，河南省建设投资总公司代表河南省政府经营管理该基金，并由河南省计划委员会统筹经营管理行为，故河南省计划委员会单独或与中国建设银行河南省分行联合下发的关于省基本建设经营性基金贷款回收计划的有关文件具有债权人主张权利的内容。其中豫计投资〔1997〕566 号文件及豫计投资〔1998〕568 号文件的发放对象均非借款人，其主张权利的意思表示并未到达债务人，故不具有诉讼时效中断的法律效力；豫计投资〔2000〕532 号文件的发放对象包括借款单位，但其是否具有诉讼时效中断的法律效力，应视你院查明该文件是否送达债务人的事实

而定。

综上，同意你院审委会关于调查表具有诉讼时效中断的法律效力的意见。

以上意见供你院参考。

最高人民法院
关于建和财务有限公司与丰业财务有限公司、丰业酒店集团有限公司借款、担保合同纠纷一案的请示的复函

（2006年9月14日 〔2006〕民四他字第18号）

山东省高级人民法院：

你院〔2002〕鲁民四初字第4号“关于建和财务有限公司与丰业财务有限公司、丰业酒店集团有限公司借款、担保合同纠纷一案的请示”收悉。经研究，答复如下：

一、关于丰业财务有限公司清盘引起的法律后果问题

根据我国《民事诉讼法》第四条的规定：“凡在中华人民共和国领域内进行民事诉讼，必须遵守本法。”而《民事诉讼法》并未规定在公司清盘时应中止诉讼，且本院《第二次全国涉外商事海事审判工作会议纪要》第十五条规定：“人民法院在审理案件过程中查明外国当事人被宣告破产或者进入清算程序的，应通知外国当事人的破产财产管理人或者清算人参加诉讼。”故本案不应中止诉讼。同意你院对该问题的请示意见。

二、关于建和财务有限公司与丰业酒店集团有限公司之间的担保合同纠纷法律适用问题

本案为涉港案件，应参照适用关于涉外案件的有关规定。确定本案担保合同纠纷准据法的关键是确认当事人在《补充协议》中约定的法律适用条款的效力。如果当事人在《补充协议》中约定的法律适用条款有效，则应依约定适用我国内地的法律作为解决担保合同纠纷的准据法；如果该条款无效，则应审查当事人在《合营权益抵押契约》中约定法律适用条款的效力，有效按其约定，无效则应按照最密切联系原则确定担保合同纠纷的准据法。根据你院请示报告所述，本案目前确定《补充协议》中法律适用条款效力的核心问题是审查温汝成是否有权代表丰业酒店集团有限公司签署该《补充协议》，

即对温汝成签订《补充协议》的行为能力作出准确认定。根据我国法律的基本原则，对于当事人的行为能力，一般应该根据其本国法作出认定。同时，最高人民法院《关于贯彻执行〈民法通则〉若干问题的意见（试行）》第一百八十条规定："外国人在我国领域内进行民事活动，如依其本国法律为无民事行为能力，而依我国法律为有民事行为能力，应当认定为有民事行为能力。"参照上述规定，你院应首先查清温汝成签订《补充协议》的行为是在哪里进行的，即查清《补充协议》的签订地。如果《补充协议》是在香港签订，且温汝成为香港居民，则应适用香港法律对温汝成是否有权签订《补充协议》作出认定；如果《补充协议》是在我国内地签订，则应适用我国内地相关的法律对温汝成是否有权签订《补充协议》作出认定。你院应该在查明案件事实的情况下，根据上述原则，依法对温汝成签订的《补充协议》的效力作出认定。

由于你院对于《补充协议》签订地这一重要事实未予查清，因此请示报告中关于担保合同纠纷法律适用问题的两种分析意见均是缺乏充分根据的。

三、关于《合营权益抵押契约》的效力问题

《合营权益抵押契约》的效力问题是以你院请示的第二个问题即担保合同纠纷准据法的确定为前提的，在《合营权益抵押契约》的准据法未确定的情况下，不能依法对该契约的效力作出认定。你院应在《合营权益抵押契约》的准据法确定后，再根据确定的准据法对该契约的效力问题作出认定。

此复。

附：

山东省高级人民法院
关于建和财务有限公司与丰业财务有限公司、丰业酒店集团有限公司借款、担保合同纠纷一案的请示

（2006年4月10日　〔2002〕鲁民四初字第4号）

最高人民法院：

我院在审理建和财务有限公司（以下简称建和财务）与丰业财务有限公司（以下简称丰业财务）、丰业酒店集团有限公司（以下简称丰业酒店）借款、担保合同纠纷一案中，查明温汝成在辞去丰业酒店董事的情况下，以丰

业酒店的名义签订《补充协议》。因对以何种法律作为确定温汝成行为效力的依据等问题在认识上存在分歧，经我院审判委员会讨论，特向钧院请示。

1997年12月31日，建和财务与丰业财务签订《贷款协议》，建和财务给丰业财务贷款本息55936301.36港元，约定适用香港法律。1998年3月8日，建和财务与丰业酒店签订《合营权益抵押契约》，丰业酒店将其在济南玉泉森信大酒店的投资、权益及权利抵押予建和财务，为丰业财务在贷款协议项下的应付货币提供担保，协议约定适用香港法律，温汝成根据丰业酒店董事会的授权，代表丰业酒店在契约上签名。2001年1月18日，温汝成辞去丰业酒店董事职务。2001年1月19日，香港公司注册处对温汝成辞去丰业酒店董事一职的变动情况进行登记。2001年3月8日，建和财务与丰业酒店签订补充协议，对1998年3月8日签订的《合营权益抵押契约》作出修订及补充，把《合营权益抵押契约》中第十九条修订为“本契约的订立、履行、解释、变更和争议的解决适用中华人民共和国法律并受制约”。温汝成作为丰业酒店的签约代表签名并加盖丰业酒店的印章。2001年4月2日，山东省对外贸易经济合作厅以鲁外经贸外资字〔2001〕392号文件批准同意丰业酒店将其在合营企业济南玉泉森信大酒店中的全部股权质押给建和财务。2002年11月7日，建和财务向我院提起诉讼，请求丰业财务承担还款责任，丰业酒店承担担保责任。2003年1月23日，香港高等法院原讼法庭作出丰业财务由法院临时清盘的命令。

一、关于丰业财务清盘引起的法律后果。我们认为依照《中华人民共和国民事诉讼法》（以下简称《民事诉讼法》）第二百三十七条的规定，在中华人民共和国领域内进行涉外民事诉讼，应适用《民事诉讼法》及相关规定，本案纠纷参照上述规定审理。我国《民事诉讼法》及相关司法解释，未规定公司清盘应中止诉讼。因此，不能根据香港《公司条例》第一百八十六条（当已有清盘令作出或已委出一名临时清盘人，除非获得法院许可，否则不得针对公司进行或展开任何诉讼或法律程序）的规定，主张本案中止诉讼。

二、关于建和财务与丰业酒店之间的担保合同纠纷法律适用问题，有两种意见。

倾向性意见认为：应当以香港法律作为解决担保合同纠纷的依据。理由是：（1）确定委托代理人与第三人之间的关系，应适用代理人实施代理行为时的营业所在地法。温汝成系香港地区居民，其业务在香港，应当适用香港地区的法律判断温汝成是否具有代理权。（2）根据香港地区的法律，2001年1月19日丰业酒店在香港公司注册处登记董事变动情况，表明温汝成已经不是公司董事，丰业酒店的行为具有公示效力，应当认定建和财务知道温汝成已经不是丰业酒店董事，不具有代表权。（3）温汝成在签订《补充协议》时，未出不公司授权证明，建和财务应当知道温汝成没有代理权。因此，双方签订的《补充协议》无效。按照双方在《合营权益抵押契约》中的约定，应当以香港地区的法律作为处理担保协议纠纷的依据。

第二种意见认为：应当以内地法律作为处理担保合同纠纷的依据，理由是：1. 目前内地法律及司法解释未规定确定代表关系或代理关系中代理人与第三人之间行为效力应当适用的法律，属于法无明文规定的情况，在法律没有明确规定的情况下，因丰业酒店股权质押的批准地在内地，且内地法院受理本案，因此，应当适用内地法律确定温汝成代理行为的效力。2. 1998 年 3 月 5 日，丰业酒店特别股东大会决议内容包括：批准、同意及授权在董事（温汝成）见证下加盖本公司的钢印在《合营权益抵押契约》之上并代表本公司签订《合营权益抵押契约》；批准、同意及授权任何一位董事代表本公司签署一切与《合营权益抵押契约》有关的文件，并代表本公司作出与此有关的一切行动。因此，温汝成有权代表丰业酒店签署与契约有关文件。3. 1998 年 3 月 8 日，温汝成代表丰业酒店签订《合营权益抵押契约》，协议明确丰业财务、丰业酒店或合营公司清盘或重组（并非由贷款人同意而进行的债务重整）行为构成违约。2001 年 1 月 18 日，温汝成作为丰业酒店的原控制人将其持有的丰业酒店的股份出售，并辞去丰业酒店董事职务的行为未事先征得建和财务同意，构成违约。

综上，温汝成在签订《补充协议》时虽已不是公司董事，无权代表丰业酒店，且没有获得丰业酒店的授权，没有代理权，但其原为丰业酒店的董事，代表丰业酒店签订了《合营权益抵押契约》，并有权签署与《合营权益抵押契约》有关的一切文件。温汝成没有按照协议告知建和财务其辞去董事职务的情况，仍旧以丰业酒店代表的名义在《补充协议》上签名，并加盖丰业酒店的印章，因此，可以认定建和财务在签订《补充协议》时，有理由相信温汝成有代理权或代表权。根据《合同法》第四十九条的规定，应认定温汝成在《补充协议》上签字的行为构成表见代理。《补充协议》其他条款符合中国法律规定，应认定《补充协议》有效，温汝成的行为产生及于丰业酒店的法律后果。建和财务与丰业酒店之间的担保协议纠纷应适用中国法律解决。

三、关于《合营权益抵押契约》的效力。我们认为，《合营权益抵押契约》有效，但对确定效力的法律依据有不同意见。

倾向性意见认为：《合营权益抵押契约》的效力应适用香港法律确定。《合营权益抵押契约》的签约主体是建和财务和丰业酒店。依据香港法例第一百六十三条、《借贷人条例》第七条及香港法例第三十二章，《公司条例》第五 B 条规定，建和财务具备借贷人牌照，在公司章程中明确说明可以进行借贷业务，建和财务具有借贷人主体资格。丰业酒店在其章程第三章四十一条中允许为第三人作出担保，并可以资产抵押。建和财务和丰业酒店的主体合法。

丰业酒店提供担保所具有的商业利益，已经在契约中明确表达："因建和财务按丰业酒店要求，继续向丰业财务提供营运资金并同意给予通融，延期采取催收行动……"，丰业酒店关于其签订《合营权益抵押契约》没有为其带来任何商业利益的主张没有事实依据。丰业酒店关于建和财务应当知道温汝成滥用董事权力签订契约，违反董事诚信责任，建和财务不能针对丰业酒店行使《合营权益抵押契约》所赋予的权利的主张没有事实依据。

关于丰业酒店设定的抵押是否应予登记问题。香港《公司条例》第八十条第一、二、九款规定：公司在订立日期后设定而又属本条所适用的每项押记，应于设定日期5个星期内登记，否则对公司的清盘人及任何债权人均属无效，条例另有规定的除外。押记无效，借此保证的借款须立即偿付。而以股权作为抵押并不属于香港《公司条例》第八十条规定的应当在限定日期内进行登记的押记，未进行登记并不产生抵押无效的法律后果。丰业酒店以其抵押未经登记为由主张抵押无效的理由不足，不予支持。

丰业酒店有资格对外提供担保，其担保获得董事会的同意，在抵押契约中，丰业酒店明确表达了其所具有的商业利益，其抵押不需要登记，且其在契约中规定无论出现何种情况，在丰业财务还清借款之前，均不能免除其担保责任。丰业酒店的抵押应当认定为有效，丰业酒店应当根据契约规定，承担连带还款责任。

第二种意见认为：建和财务与丰业酒店签订的《补充协议》改变了《合营权益抵押契约》中关于解决纠纷法律适用的约定，规定与《合营权益抵押契约》有关的争议应适用中国内地法律规定。丰业酒店以契约的形式与建和财务签订协议，双方代表在协议上签字、盖章。温汝成代表丰业酒店签订协议，事先得到其董事会的同意；丰业酒店于1998年3月8日告知合营公司山东玉泉（集团）股份有限公司、合营中方济南玉泉森信大酒店权益抵押事宜。合营公司和合营中方对此予以确认。丰业酒店的股权抵押事宜已按《外商投资企业投资者股权变更的若干规定》所载程序及要求，向山东省对外贸易经济合作厅报批，2001年4月2日获得批准。因此，丰业酒店的质押程序符合中国法律规定。

从协议内容看，丰业酒店自愿将其在山东玉泉（集团）股份有限公司所有的股权及其相关利益、权利质押给建和财务，为丰业财务履行及遵守借款协议进行担保。丰业酒店保证在任何时间及在建和财务书面要求下，即时清偿丰业财务在贷款协议项下到期应付但未偿还的所有债务，其承担保证责任的范围包括丰业财务按照借款协议应当偿还的本金、利息及其他款项。根据契约规定，在丰业财务偿还借款协议项下的全部债务，并履行其他所有义务后，应丰业酒店的要求，建和财务解除抵押。

丰业酒店的担保符合内地法律规定，应当认定《合营权益抵押契约》有效。丰业酒店以其在济南玉泉森信大酒店所有的股权及其项下的权利、利益为丰业财务的借款承担连带保证责任。按照协议约定，丰业酒店的保证范围为丰业财务应当承担的全部债务。丰业酒店关于其不承担保证责任的主张没有合同依据和法律依据，不予支持。

请示复。

最高人民法院
对湖北省高级人民法院关于中国黄金集团公司与中国建设银行股份有限公司武汉省直支行等委托贷款合同纠纷一案如何适用法律问题的请示的答复

（2007 年 2 月 16 日　〔2006〕民二他字第 51 号）

湖北省高级人民法院：

你院鄂高法〔2006〕548 号《关于上诉人中国黄金集团公司与被上诉人中国建设银行股份有限公司武汉省直支行、湖北省嘉鱼县人民政府、嘉鱼黄金开发公司、湖北省嘉鱼蛇屋山金矿有限责任公司、嘉鱼县国有资产监督管理局委托贷款合同纠纷一案如何适用法律问题的请示》收悉。经研究，答复如下：

2002 年 11 月 6 日国务院《关于组建中国黄金集团公司有关问题的批复》（国函〔2002〕102 号）以及财政部 2003 年 7 月 2 日相应下发的《关于黄金生产开发基金和黄金地质勘探基金有关问题的通知》（财建〔2003〕272 号），明确将原由国家投入的黄金生产开发基金和黄金地质勘探基金转为中国黄金集团公司的国家资本金，并附有占有该两项基金企业名单及数额明细表。上述两项基金授权给中国黄金集团公司经营管理的时间为财政部财建〔2003〕272 号文件下发之日即 2003 年 7 月 20 日，因此，中国黄金集团公司及其下属企业对上述两项基金行使追偿权的诉讼时效应当自该日开始计算。

最高人民法院指导案例53号

福建海峡银行股份有限公司福州五一支行诉长乐亚新污水处理有限公司、福州市政工程有限公司金融借款合同纠纷案

（最高人民法院审判委员会讨论通过　2015年11月19日发布）

关键词

民事　金融借款合同　收益权质押　出质登记　质权实现

裁判要点

1. 特许经营权的收益权可以质押，并可作为应收账款进行出质登记。

2. 特许经营权的收益权依其性质不宜折价、拍卖或变卖，质权人主张优先受偿权的，人民法院可以判令出质债权的债务人将收益权的应收账款优先支付质权人。

相关法条

《中华人民共和国物权法》第208条、第223条、第228条第1款

基本案情

原告福建海峡银行股份有限公司福州五一支行（以下简称海峡银行五一支行）诉称：原告与被告长乐亚新污水处理有限公司（以下简称长乐亚新公司）签订单位借款合同后向被告贷款3000万元。被告福州市政工程有限公司（以下简称福州市政公司）为上述借款提供连带责任保证。原告海峡银行五一支行、被告长乐亚新公司、福州市政公司、案外人长乐市建设局四方签订了《特许经营权质押担保协议》，福州市政公司以长乐市污水处理项目的特许经营权提供质押担保。因长乐亚新公司未能按期偿还贷款本金和利息，故诉请法院判令：长乐亚新公司偿还原告借款本金和利息；确认《特许经营权质押担保协议》合法有效，拍卖、变卖该协议项下的质物，原告有优先受偿权；将长乐市建设局支付给两被告的污水处理服务费优先用于清偿应偿还原告的所有款项；福州市政公司承担连带清偿责任。

被告长乐亚新公司和福州市政公司辩称：长乐市城区污水处理厂特许经营权，并非法定的可以质押的权利，且该特许经营权并未办理质押登记，故原告诉请拍卖、变卖长乐市城区污水处理厂特许经营权，于法无据。

法院经审理查明：2003年，长乐市建设局为让与方、福州市政公司为受

让方、长乐市财政局为见证方，三方签订《长乐市城区污水处理厂特许建设经营合同》，约定：长乐市建设局授予福州市政公司负责投资、建设、运营和维护长乐市城区污水处理厂项目及其附属设施的特许权，并就合同双方权利义务进行了详细约定。2004 年 10 月 22 日，长乐亚新公司成立。该公司系福州市政公司为履行《长乐市城区污水处理厂特许建设经营合同》而设立的项目公司。

2005 年 3 月 24 日，福州市商业银行五一支行与长乐亚新公司签订《单位借款合同》，约定：长乐亚新公司向福州市商业银行五一支行借款 3000 万元；借款用途为长乐市城区污水处理厂 BOT 项目；借款期限为 13 年，自 2005 年 3 月 25 日至 2018 年 3 月 25 日；还就利息及逾期罚息的计算方式作了明确约定。福州市政公司为长乐亚新公司的上述借款承担连带责任保证。

同日，福州市商业银行五一支行与长乐亚新公司、福州市政公司、长乐市建设局共同签订《特许经营权质押担保协议》，约定：福州市政公司以《长乐市城区污水处理厂特许建设经营协议》授予的特许经营权为长乐亚新公司向福州市商业银行五一支行的借款提供质押担保，长乐市建设局同意该担保；福州市政公司同意将特许经营权收益优先用于清偿借款合同项下的长乐亚新公司的债务，长乐市建设局和福州市政公司同意将污水处理费优先用于清偿借款合同项下的长乐亚新公司的债务；福州市商业银行五一支行未受清偿的，有权依法通过拍卖等方式实现质押权利等。

上述合同签订后，福州市商业银行五一支行依约向长乐亚新公司发放贷款 3000 万元。长乐亚新公司于 2007 年 10 月 21 日起未依约按期足额还本付息。

另查明，福州市商业银行五一支行于 2007 年 4 月 28 日名称变更为福州市商业银行股份有限公司五一支行；2009 年 12 月 1 日其名称再次变更为福建海峡银行股份有限公司五一支行。

裁判结果

福建省福州市中级人民法院于 2013 年 5 月 16 日作出（2012）榕民初字第 661 号民事判决：一、长乐亚新污水处理有限公司应于本判决生效之日起十日内向福建海峡银行股份有限公司福州五一支行偿还借款本金 28714764.43 元及利息（暂计至 2012 年 8 月 21 日为 2142597.6 元，此后利息按《单位借款合同》的约定计至借款本息还清之日止）；二、长乐亚新污水处理有限公司应于本判决生效之日起十日内向福建海峡银行股份有限公司福州五一支行支付律师代理费人民币 123640 元；三、福建海峡银行股份有限公司福州五一支行于本判决生效之日起有权直接向长乐市建设局收取应由长乐市建设局支付给长乐亚新污水处理有限公司、福州市政工程有限公司的污水处理服务费，并对该污水处理服务费就本判决第一、二项所确定的债务行使优先受偿权；四、福州市政工程有限公司对本判决第一、二项确定的债务承担连带清偿责任；五、驳回福建海峡银行股份有限公司福州五一支行的其他诉讼请求。宣判后，两被告均提起上诉。福建省高级人民法院于 2013 年 9 月 17 日作出福建省高级人民法院（2013）闽民终字第 870 号民事判决，驳回上诉，维持原判。

裁判理由

法院生效裁判认为：被告长乐亚新公司未依约偿还原告借款本金及利息，已构成违约，应向原告偿还借款本金，并支付利息及实现债权的费用。福州市政公司作为连带责任保证人，应对讼争债务承担连带清偿责任。本案争议焦点主要涉及污水处理项目特许经营权质押是否有效以及该质权如何实现问题。

一、关于污水处理项目特许经营权能否出质问题

污水处理项目特许经营权是对污水处理厂进行运营和维护，并获得相应收益的权利。污水处理厂的运营和维护，属于经营者的义务，而其收益权，则属于经营者的权利。由于对污水处理厂的运营和维护，并不属于可转让的财产权利，故讼争的污水处理项目特许经营权质押，实质上系污水处理项目收益权的质押。

关于污水处理项目等特许经营的收益权能否出质问题，应当考虑以下方面：其一，本案讼争污水处理项目《特许经营权质押担保协议》签订于 2005 年，尽管当时法律、行政法规及相关司法解释并未规定污水处理项目收益权可质押，但污水处理项目收益权与公路收益权性质上相类似。《最高人民法院关于适用〈中华人民共和国担保法〉若干问题的解释》第九十七条规定，“以公路桥梁、公路隧道或者公路渡口等不动产收益权出质的，按照担保法第七十五条第（四）项的规定处理”，明确公路收益权属于依法可质押的其他权利，与其类似的污水处理收益权亦应允许出质。其二，国务院办公厅 2001 年 9 月 29 日转发的《国务院西部开发办〈关于西部大开发若干政策措施的实施意见〉》（国办发〔2001〕73 号）中提出，“对具有一定还贷能力的水利开发项目和城市环保项目（如城市污水处理和垃圾处理等），探索逐步开办以项目收益权或收费权为质押发放贷款的业务”，首次明确可试行将污水处理项目的收益权进行质押。其三，污水处理项目收益权虽系将来金钱债权，但其行使期间及收益金额均可确定，其属于确定的财产权利。其四，在《中华人民共和国物权法》（以下简称《物权法》）颁布实施后，因污水处理项目收益权系基于提供污水处理服务而产生的将来金钱债权，依其性质亦可纳入依法可出质的“应收账款”的范畴。因此，讼争污水处理项目收益权作为特定化的财产权利，可以允许其出质。

二、关于污水处理项目收益权质权的公示问题

对于污水处理项目收益权的质权公示问题，在《物权法》自2007年10月1日起施行后，因收益权已纳入该法第二百二十三条第六项的“应收账款”范畴，故应当在中国人民银行征信中心的应收账款质押登记公示系统进行出质登记，质权才能依法成立。由于本案的质押担保协议签订于2005年，在《物权法》施行之前，故不适用《物权法》关于应收账款的统一登记制度。因当时并未有统一的登记公示的规定，故参照当时公路收费权质押登记的规定，由其主管部门进行备案登记，有关利害关系人可通过其主管部门了解该收益权是否存在质押之情况，该权利即具备物权公示的效果。

本案中，长乐市建设局在《特许经营权质押担保协议》上盖章，且协议第七条明确约定“长乐市建设局同意为原告和福州市政公司办理质押登记出质登记手续”，故可认定讼争污水处理项目的主管部门已知晓并认可该权利质押情况，有关利害关系人亦可通过长乐市建设局查询了解讼争污水处理厂的有关权利质押的情况。因此，本案讼争的权利质押已具备公示之要件，质权已设立。

三、关于污水处理项目收益权的质权实现方式问题

我国担保法和物权法均未具体规定权利质权的具体实现方式，仅就质权的实现作出一般性的规定，即质权人在行使质权时，可与出质人协议以质押财产折价，或就拍卖、变卖质押财产所得的价款优先受偿。但污水处理项目收益权属于将来金钱债权，质权人可请求法院判令其直接向出质人的债务人收取金钱并对该金钱行使优先受偿权，故无需采取折价或拍卖、变卖之方式。况且收益权均附有一定之负担，且其经营主体具有特定性，故依其性质亦不宜拍卖、变卖。因此，原告请求将《特许经营权质押担保协议》项下的质物予以拍卖、变卖并行使优先受偿权，不予支持。

根据协议约定，原告海峡银行五一支行有权直接向长乐市建设局收取污水处理服务费，并对所收取的污水处理服务费行使优先受偿权。由于被告仍应依约对污水处理厂进行正常运营和维护，若无法正常运营，则将影响到长乐市城区污水的处理，亦将影响原告对污水处理费的收取，故原告在向长乐市建设局收取污水处理服务费时，应当合理行使权利，为被告预留经营污水处理厂的必要合理费用。

（生效裁判审判人员：何忠、詹强华、朱宏海）

最高人民法院指导案例57号

温州银行股份有限公司宁波分行诉浙江创菱电器有限公司等金融借款合同纠纷案

（最高人民法院审判委员会讨论通过 2016年5月20日发布）

关键词

民事 金融借款合同 最高额担保

裁判要点

在有数份最高额担保合同情形下，具体贷款合同中选择性列明部分最高额担保合同，如债务发生在最高额担保合同约定的决算期内，且债权人未明示放弃担保权利，未列明的最高额担保合同的担保人也应当在最高债权限额内承担担保责任。

相关法条

《中华人民共和国担保法》第14条

基本案情

原告浙江省温州银行股份有限公司宁波分行（以下简称温州银行）诉称：其与被告宁波婷微电子科技有限公司（以下简称婷微电子公司）、岑建锋、宁波三好塑模制造有限公司（以下简称三好塑模公司）分别签订了“最高额保证合同”，约定三被告为浙江创菱电器有限公司（以下简称创菱电器公司）一定时期和最高额度内借款，提供连带责任担保。创菱电器公司从温州银行借款后，不能按期归还部分贷款，故诉请判令被告创菱电器公司归还原告借款本金250万元，支付利息、罚息和律师费用；岑建锋、三好塑模公司、婷微电子公司对上述债务承担连带保证责任。

被告创菱电器公司、岑建锋未作答辩。

被告三好塑模公司辩称：原告诉请的律师费不应支持。

被告婷微电子公司辩称：其与温州银行签订的最高额保证合同，并未被列入借款合同所约定的担保合同范围，故其不应承担保证责任。

法院经审理查明：2010年9月10日，温州银行与婷微电子公司、岑建锋分别签订了编号为温银9022010年高保字01003号、01004号的最高额保证合同，约定婷微电子公司、岑建锋自愿为创菱电器公司在2010年9月10日至2011年10月18日期间发生的余额不超过1100万元的债务本金及利息、罚息等提供连带责任保证担保。

2011 年 10 月 12 日，温州银行与岑建锋、三好塑模公司分别签署了编号为温银 9022011 年高保字 00808 号、00809 号最高额保证合同，岑建锋、三好塑模公司自愿为创菱电器公司在 2010 年 9 月 10 日至 2011 年 10 月 18 日期间发生的余额不超过 550 万元的债务本金及利息、罚息等提供连带责任保证担保。

2011 年 10 月 14 日，温州银行与创菱电器公司签署了编号为温银 9022011 企贷字 00542 号借款合同，约定温州银行向创菱电器公司发放贷款 500 万元，到期日为 2012 年 10 月 13 日，并列明担保合同编号分别为温银 9022011 年高保字 00808 号、00809 号。贷款发放后，创菱电器公司于 2012 年 8 月 6 日归还了借款本金 250 万元，婷微电子公司于 2012 年 6 月 29 日、10 月 31 日、11 月 30 日先后支付了贷款利息 31115.3 元、53693.71 元、21312.59 元。截至 2013 年 4 月 24 日，创菱电器公司尚欠借款本金 250 万元、利息 141509.01 元。另查明，温州银行为实现本案债权而发生律师费用 95200 元。

裁判结果

浙江省宁波市江东区人民法院于 2013 年 12 月 12 日作出（2013）甬东商初字第 1261 号民事判决：一、创菱电器公司于本判决生效之日起十日内归还温州银行借款本金 250 万元，支付利息 141509.01 元，并支付自 2013 年 4 月 25 日起至本判决确定的履行之日止按借款合同约定计算的利息、罚息；二、创菱电器公司于本判决生效之日起十日内赔偿温州银行为实现债权而发生的律师费用 95200 元；三、岑建锋、三好塑模公司、婷微电子公司对上述第一、二项款项承担连带清偿责任，其承担保证责任后，有权向创菱电器公司追偿。宣判后，婷微电子公司以其未被列入借款合同，不应承担保证责任为由，提起上诉。浙江省宁波市中级人民法院于 2014 年 5 月 14 日作出（2014）浙甬商终字第 369 号民事判决，驳回上诉，维持原判。

裁判理由

法院生效裁判认为：温州银行与创菱电器公司之间签订的编号为温银 9022011 企贷字 00542 号借款合同合法有效，温州银行发放贷款后，创菱电器公司未按约还本付息，已经构成违约。原告要求创菱电器公司归还贷款本金 250 万元，支付按合同约定方式计算的利息、罚息，并支付原告为实现债权而发生的律师费 95200 元，应予支持。岑建锋、三好塑模公司自愿为上述债务提供最高额保证担保，应承担连带清偿责任，其承担保证责任后，有权向创菱电器公司追偿。

本案的争议焦点为，婷微电子公司签订的温银 9022010 年高保字 01003

号最高额保证合同未被选择列入温银 9022011 企贷字 00542 号借款合同所约定的担保合同范围，婷微电子公司是否应当对温银 9022011 企贷字 00542 号借款合同项下债务承担保证责任。对此，法院经审理认为，婷微电子公司应当承担保证责任。理由如下：第一，民事权利的放弃必须采取明示的意思表示才能发生法律效力，默示的意思表示只有在法律有明确规定及当事人有特别约定的情况下才能发生法律效力，不宜在无明确约定或者法律无特别规定的情况下，推定当事人对权利进行放弃。具体到本案，温州银行与创菱电器公司签订的温银 9022011 企贷字 00542 号借款合同虽未将婷微电子公司签订的最高额保证合同列入，但原告未以明示方式放弃婷微电子公司提供的最高额保证，故婷微电子公司仍是该诉争借款合同的最高额保证人。第二，本案诉争借款合同签订时间及贷款发放时间均在婷微电子公司签订的编号温银 9022010 年高保字 01003 号最高额保证合同约定的决算期内（2010 年 9 月 10 日至 2011 年 10 月 18 日），温州银行向婷微电子公司主张权利并未超过合同约定的保证期间，故婷微电子公司应依约在其承诺的最高债权限额内为创菱电器公司对温州银行的欠债承担连带保证责任。第三，最高额担保合同是债权人和担保人之间约定担保法律关系和相关权利义务关系的直接合同依据，不能以主合同内容取代从合同的内容。具体到本案，温州银行与婷微电子公司签订了最高额保证合同，双方的担保权利义务应以该合同为准，不受温州银行与创菱电器公司之间签订的温州银行非自然人借款合同约束或变更。第四，婷微电子公司曾于 2012 年 6 月、10 月、11 月三次归还过本案借款利息，上述行为也是婷微电子公司对本案借款履行保证责任的行为表征。综上，婷微电子公司应对创菱电器公司的上述债务承担连带清偿责任，其承担保证责任后，有权向创菱电器公司追偿。

（生效裁判审判人员：赵文君、徐梦梦、毛姣）

最高人民法院指导案例 68 号

上海欧宝生物科技有限公司诉辽宁特莱维置业发展有限公司企业借贷纠纷案

（最高人民法院审判委员会讨论通过　2016 年 9 月 19 日发布）

关键词

民事诉讼　企业借贷　虚假诉讼

裁判要点

人民法院审理民事案件中发现存在虚假诉讼可能时，应当依职权调取相关证据，详细询问当事人，全面严格审查诉讼请求与相关证据之间是否存在矛盾，以及当事人诉讼中言行是否违背常理。经综合审查判断，当事人存在虚构事实、恶意串通、规避法律或国家政策以谋取非法利益，进行虚假民事诉讼情形的，应当依法予以制裁。

相关法条

《中华人民共和国民事诉讼法》第 112 条

基本案情

上海欧宝生物科技有限公司（以下简称欧宝公司）诉称：欧宝公司借款给辽宁特莱维置业发展有限公司（以下简称特莱维公司）8650 万元，用于开发辽宁省东港市特莱维国际花园房地产项目。借期届满时，特莱维公司拒不偿还。故请求法院判令特莱维公司返还借款本金 8650 万元及利息。

特莱维公司辩称：对欧宝公司起诉的事实予以认可，借款全部投入到特莱维国际花园房地产项目，房屋滞销，暂时无力偿还借款本息。

一审申诉人谢涛述称：特莱维公司与欧宝公司，通过虚构债务的方式，恶意侵害其合法权益，请求法院查明事实，依法制裁。

法院经审理查明：2007 年 7 月至 2009 年 3 月，欧宝公司与特莱维公司先后签订 9 份《借款合同》，约定特莱维公司向欧宝公司共借款 8650 万元，约定利息为同年贷款利率的 4 倍。约定借款用途为：只限用于特莱维国际花园房地产项目。借款合同签订后，欧宝公司先后共汇款 10 笔，计 8650 万元，而特莱维公司却在收到汇款的当日或数日后立即将其中的 6 笔转出，共计转出 7050 万余元。其中 5 笔转往上海翰皇实业发展有限公司（以下简称翰皇公司），共计 6400 万余元。此外，欧宝公司在提起一审诉讼要求特莱维公司还款期间，仍向特莱维公司转款3笔，计360万元。

欧宝公司法定代表人为宗惠光，该公司股东曲叶丽持有73.75%的股权，姜雯琪持有2%的股权，宗惠光持有2%的股权。特莱维公司原法定代表人为王作新，翰皇公司持有该公司90%股权，王阳持有10%的股权，2010年8月16日法定代表人变更为姜雯琪。工商档案记载，该公司在变更登记时，领取执照人签字处由刘静君签字，而刘静君又是本案原一审诉讼期间欧宝公司的委托代理人，身份系欧宝公司的员工。翰皇公司2002年3月26日成立，法定代表人为王作新，前身为上海特莱维化妆品有限公司，王作新持有该公司67%的股权，曲叶丽持有33%的股权，同年10月28日，曲叶丽将其持有的股权转让给王阳。2004年10月10日该公司更名为翰皇公司，公司登记等手续委托宗惠光办理，2011年7月5日该公司注销。王作新与曲叶丽系夫妻关系。

本案原一审诉讼期间，欧宝公司于2010年6月22日向辽宁省高级人民法院（以下简称辽宁高院）提出财产保全申请，要求查封、扣押、冻结特莱维公司5850万元的财产，王阳以其所有的位于辽宁省沈阳市和平区澳门路、建筑面积均为236.4平方米的两处房产为欧宝公司担保。王作鹏以其所有的位于沈阳市皇姑区宁山中路的建筑面积为671.76平方米的房产为欧宝公司担保，沈阳沙琪化妆品有限公司（以下简称沙琪公司，股东为王振义和修桂芳）以其所有的位于沈阳市东陵区白塔镇小羊安村建筑面积分别为212平方米、946平方米的两处厂房及使用面积为4000平方米的一块土地为欧宝公司担保。

欧宝公司与特莱维公司的《开立单位银行结算账户申请书》记载地址均为东港市新兴路1号，委托经办人均为崔秀芳。再审期间谢涛向辽宁高院提供上海市第一中级人民法院（2008）沪一中民三（商）终字第426号民事判决书一份，该案系张娥珍、贾世克诉翰皇公司、欧宝公司特许经营合同纠纷案，判决所列翰皇公司的法定代表人为王作新，欧宝公司和翰皇公司的委托代理人均系翰皇公司员工宗惠光。

二审审理中另查明：

（一）关于欧宝公司和特莱维公司之间关系的事实

工商档案表明，沈阳特莱维化妆品连锁有限责任公司（以下简称沈阳特莱维）成立于2000年3月15日，该公司由欧宝公司控股（持股96.67%），设立时的经办人为宗惠光。公司登记的处所系向沈阳丹菲专业护肤中心承租而来，该中心负责人为王振义。2005年12月23日，特莱维公司原法定代表人王作新代表欧宝公司与案外人张娥珍签订连锁加盟（特许）合同。2007年2月28日，霍静代表特莱维公司与世安建设集团有限公司（以下简称世安公司）签订关于特莱维国际花园项目施工的《补充协议》。2010年5月，魏亚丽经特莱维公司授权办理银行账户的开户，2011年9月又代表欧宝公司办理银行账户开户。两账户所留联系人均为魏亚丽，联系电话均为同一号码，与欧宝公司 2010 年 6 月 10 日提交辽宁高院的民事起诉状中所留特莱维公司联系电话相同。

2010 年 9 月 3 日，欧宝公司向辽宁高院出具《回复函》称：同意提供位于上海市青浦区苏虹公路 332 号的面积 12026.91 平方米、价值 2 亿元的房产作为保全担保。欧宝公司庭审中承认，前述房产属于上海特莱维护肤品股份有限公司（以下简称上海特莱维）所有。上海特莱维成立于 2002 年 12 月 9 日，法定代表人为王作新，股东有王作新、翰皇公司的股东王阳、邹艳，欧宝公司的股东宗惠光、姜雯琪、王奇等人。王阳同时任上海特莱维董事，宗惠光任副董事长兼副总经理，王奇任副总经理，霍静任董事。

2011 年 4 月 20 日，欧宝公司向辽宁高院申请执行（2010）辽民二初字第 15 号民事判决，该院当日立案执行。同年 7 月 12 日，欧宝公司向辽宁高院提交书面申请称："为尽快回笼资金，减少我公司损失，经与被执行人商定，我公司允许被执行人销售该项目的剩余房产，但必须由我公司指派财务人员收款，所销售的房款须存入我公司指定账户。"2011 年 9 月 6 日，辽宁高院向东港市房地产管理处发出《协助执行通知书》，以相关查封房产已经给付申请执行人抵债为由，要求该处将前述房产直接过户登记到案外买受人名下。

欧宝公司申请执行后，除谢涛外，特莱维公司的其他债权人世安公司、江西临川建筑安装工程总公司、东港市前阳建筑安装工程总公司也先后以提交执行异议等形式，向辽宁高院反映欧宝公司与特莱维公司虚构债权进行虚假诉讼。

翰皇公司的清算组成员由王作新、王阳、姜雯琪担任，王作新为负责人；清算组在成立之日起 10 日内通知了所有债权人，并于 2011 年 5 月 14 日在《上海商报》上刊登了注销公告。2012 年 6 月 25 日，王作新将翰皇公司所持特莱维公司股权中的 1600 万元转让于王阳，200 万元转让于邹艳，并于 2012 年 7 月 9 日办理了工商变更登记。

沙琪公司的股东王振义和修桂芳分别是王作新的父亲和母亲；欧宝公司的股东王阁系王作新的哥哥王作鹏之女；王作新与王阳系兄妹关系。

（二）关于欧宝公司与案涉公司之间资金往来的事实

欧宝公司尾号为 8115 的账户（以下简称欧宝公司 8115 账户）2006 年 1 月 4 日至 2011 年 9 月 29 日的交易明细显示，自 2006 年 3 月 8 日起，欧宝公司开始与特莱维公司互有资金往来。其中，2006 年 3 月 8 日欧宝公司该账户汇给特莱维公司尾号为 4891 账户（以下简称特莱维公司 4891 账户）300 万元，备注用途为借款，2006 年 6 月 12 日转给特莱维公司 801 万元。2007 年 8 月 16 日至 23 日从特莱维公司账户转入欧宝公司 8115 账户近 70 笔款项，备注用途多为货款。该账户自 2006 年 1 月 4 日至 2011 年 9 月 29 日与沙琪公司、沈阳特莱维、翰皇公司、上海特莱维均有大笔资金往来，用途多为货款或借款。

欧宝公司在中国建设银行东港支行开立的账户（尾号0357）2010年8月31日至2011年11月9日的交易明细显示：该账户2010年9月15日、9月17日由欧宝公司以现金形式分别存入168万元、100万元；2010年9月30日支付东港市安邦房地产开发有限公司工程款100万元；2010年9月30日自特莱维公司账户（尾号0549）转入100万元，2011年8月22日、8月30日、9月9日自特莱维公司账户分别转入欧宝公司该账户71.6985万元、51.4841万元、62.3495万元，2011年11月4日特莱维公司尾号为5555账户（以下简称特莱维公司5555账户）以法院扣款的名义转入该账户84.556787万元；2011年9月27日以“往来款”名义转入欧宝公司8115账户193.5万元，2011年11月9日转入欧宝公司尾号4548账户（以下简称欧宝公司4548账户）157.995万元。

欧宝公司设立在中国工商银行上海青浦支行的账户（尾号5617）显示，2012年7月12日该账户以“借款”名义转入特莱维公司50万元。

欧宝公司在中国建设银行沈阳马路湾支行的4548账户2013年10月7日至2015年2月7日期间的交易明细显示，自2014年1月20日起，特莱维公司以“还款”名义转入该账户的资金，大部分又以“还款”名义转入王作鹏个人账户和上海特莱维的账户。

翰皇公司建设银行上海分行尾号为4917账户（以下简称翰皇公司4917账户）2006年1月5日至2009年1月14日的交易明细显示，特莱维公司4891账户2008年7月7日转入翰皇公司该账户605万元，同日翰皇公司又从该账户将同等数额的款项转入特莱维公司5555账户，但自翰皇公司打入特莱维公司账户的该笔款项计入了特莱维公司的借款数额，自特莱维公司打入翰皇公司的款项未计入该公司的还款数额。该账户同时间段还分别和欧宝公司、沙琪公司以“借款”“往来款”的名义进行资金转入和转出。

特莱维公司5555账户2006年6月7日至2015年9月21日的交易明细显示，2009年7月2日自该账户以“转账支取”的名义汇入欧宝公司的账户（尾号0801）600万元；自2011年11月4日起至2014年12月31日止，该账户转入欧宝公司资金达30多笔，最多的为2012年12月20日汇入欧宝公司4548账户的一笔达1800万元。此外，该账户还有多笔大额资金在2009年11月13日至2010年7月19日期间以“借款”的名义转入沙琪公司账户。

沙琪公司在中国光大银行沈阳和平支行的账户（尾号6312）2009年11月13日至2011年6月27日的交易明细显示，特莱维公司转入沙琪公司的资金，有的以“往来款”或者“借款”的名义转回特莱维公司的其他账户。例如，2009年11月13日自特莱维公司5555账户以“借款”的名义转入沙琪公司 3800 万元，2009 年 12 月 4 日又以“往来款”的名义转回特莱维公司另外设立的尾号为 8361 账户（以下简称特莱维公司 8361 账户）3800 万元；2010 年 2 月 3 日自特莱维公司 8361 账户以“往来款”的名义转入沙琪公司账户的 4827 万元，同月 10 日又以“借款”的名义转入特莱维公司 5555 账户 500 万元，以“汇兑”名义转入特莱维公司 4891 账户 1930 万元，2010 年 3 月 31 日沙琪公司又以“往来款”的名义转入特莱维公司 8361 账户 1000 万元，同年 4 月 12 日以系统内划款的名义转回特莱维公司 8361 账户 1806 万元。特莱维公司转入沙琪公司账户的资金有部分流入了沈阳特莱维的账户。例如，2010 年 5 月 6 日以“借款”的名义转入沈阳特莱维 1000 万元，同年 7 月 29 日以“转款”的名义转入沈阳特莱维 2272 万元。此外，欧宝公司也以“往来款”的名义转入该账户部分资金。

欧宝公司和特莱维公司均承认，欧宝公司 4548 账户和在中国建设银行东港支行的账户（尾号 0357）由王作新控制。

裁判结果

辽宁高院 2011 年 3 月 21 日作出（2010）辽民二初字第 15 号民事判决：特莱维公司于判决生效后 10 日内偿还欧宝公司借款本金 8650 万元及借款实际发生之日起至判决确定给付之日止的中国人民银行同期贷款利息。该判决发生法律效力后，因案外人谢涛提出申诉，辽宁高院于 2012 年 1 月 4 日作出（2012）辽立二民监字第 8 号民事裁定再审本案。辽宁高院经再审于 2015 年 5 月 20 日作出（2012）辽审二民再字第 13 号民事判决，驳回欧宝公司的诉讼请求。欧宝公司提起上诉，最高人民法院第二巡回法庭经审理于 2015 年 10 月 27 日作出（2015）民二终字第 324 号民事判决，认定本案属于虚假民事诉讼，驳回上诉，维持原判。同时作出罚款决定，对参与虚假诉讼的欧宝公司和特莱维公司各罚款 50 万元。

裁判理由

法院生效裁判认为：人民法院保护合法的借贷关系，同时对于恶意串通进行虚假诉讼意图损害他人合法权益的行为，应当依法制裁。本案争议的焦点问题有两个，一是欧宝公司与特莱维公司之间是否存在关联关系；二是欧宝公司和特莱维公司就争议的 8650 万元是否存在真实的借款关系。

一、欧宝公司与特莱维公司是否存在关联关系的问题

《中华人民共和国公司法》第二百一十七条规定，关联关系，是指公司控股股东、实际控制人、董事、监事、高级管理人员与其直接或间接控制的企业之间的关系，以及可能导致公司利益转移的其他关系。可见，公司法所称的关联公司，既包括公司股东的相互交叉，也包括公司共同由第三人直接或者间接控制，或者股东之间、公司的实际控制人之间存在直系血亲、姻亲、共同投资等可能导致利益转移的其他关系。

本案中，曲叶丽为欧宝公司的控股股东，王作新是特莱维公司的原法定代表人，也是案涉合同签订时特莱维公司的控股股东翰皇公司的控股股东和法定代表人，王作新与曲叶丽系夫妻关系，说明欧宝公司与特莱维公司由夫妻二人控制。欧宝公司称两人已经离婚，却未提供民政部门的离婚登记或者人民法院的生效法律文书。虽然辽宁高院受理本案诉讼后，特莱维公司的法定代表人由王作新变更为姜雯琪，但王作新仍是特莱维公司的实际控制人。同时，欧宝公司股东兼法定代表人宗惠光、王奇等人，与特莱维公司的实际控制人王作新、法定代表人姜雯琪、目前的控股股东王阳共同投资设立了上海特莱维，说明欧宝公司的股东与特莱维公司的控股股东、实际控制人存在其他的共同利益关系。另外，沈阳特莱维是欧宝公司控股的公司，沙琪公司的股东是王作新的父亲和母亲。可见，欧宝公司与特莱维公司之间、前述两公司与沙琪公司、上海特莱维、沈阳特莱维之间均存在关联关系。

欧宝公司与特莱维公司及其他关联公司之间还存在人员混同的问题。首先，高管人员之间存在混同。姜雯琪既是欧宝公司的股东和董事，又是特莱维公司的法定代表人，同时还参与翰皇公司的清算。宗惠光既是欧宝公司的法定代表人，又是翰皇公司的工作人员，虽然欧宝公司称宗惠光自 2008 年 5 月即从翰皇公司辞职，但从上海市第一中级人民法院（2008）沪一中民三（商）终字第 426 号民事判决载明的事实看，该案 2008 年 8 月至 12 月审理期间，宗惠光仍以翰皇公司工作人员的身份参与诉讼。王奇既是欧宝公司的监事，又是上海特莱维的董事，还以该公司工作人员的身份代理相关行政诉讼。王阳既是特莱维公司的监事，又是上海特莱维的董事。王作新是特莱维公司原法定代表人、实际控制人，还曾先后代表欧宝公司、翰皇公司与案外第三人签订连锁加盟（特许）合同。其次，普通员工也存在混同。霍静是欧宝公司的工作人员，在本案中作为欧宝公司原一审诉讼的代理人，2007 年 2 月 23 日代表特莱维公司与世安公司签订建设施工合同，又同时兼任上海特莱维的董事。崔秀芳是特莱维公司的会计，2010 年 1 月 7 日代特莱维公司开立银行账户，2010 年 8 月 20 日本案诉讼之后又代欧宝公司开立银行账户。欧宝公司当庭自述魏亚丽系特莱维公司的工作人员，2010 年 5 月魏亚丽经特莱维公司授权办理银行账户开户，2011 年 9 月诉讼之后又经欧宝公司授权办理该公司在中国建设银行沈阳马路湾支行的开户，且该银行账户的联系人为魏亚丽。刘静君是欧宝公司的工作人员，在本案原一审和执行程序中作为欧宝公司的代理人，2009 年 3 月 17 日又代特莱维公司办理企业登记等相关事项。刘洋以特莱维公司员工名义代理本案诉讼，又受王作新的指派代理上海特莱维的相关诉讼。

上述事实充分说明，欧宝公司、特莱维公司以及其他关联公司的人员之间并未严格区分，上述人员实际上服从王作新一人的指挥，根据不同的工作任务，随时转换为不同关联公司的工作人员。欧宝公司在上诉状中称，在2007年借款之初就派相关人员进驻特莱维公司，监督该公司对投资款的使用并协助工作，但早在欧宝公司所称的向特莱维公司转入首笔借款之前5个月，霍静即参与该公司的合同签订业务。而且从这些所谓的“派驻人员”在特莱维公司所起的作用看，上述人员参与了该公司的合同签订、财务管理到诉讼代理的全面工作，而不仅是监督工作，欧宝公司的辩解，不足为信。辽宁高院关于欧宝公司和特莱维公司系由王作新、曲叶丽夫妇控制之关联公司的认定，依据充分。

二、欧宝公司和特莱维公司就争议的8650万元是否存在真实借款关系的问题

根据《最高人民法院关于适用〈中华人民共和国民事诉讼法〉的解释》第九十条规定，当事人对自己提出的诉讼请求所依据的事实或者反驳对方诉讼请求所依据的事实，应当提供证据加以证明；当事人未能提供证据或者证据不足以证明其事实主张的，由负有举证证明责任的当事人承担不利的后果。

第一百零八条规定：“对负有举证证明责任的当事人提供的证据，人民法院经审查并结合相关事实，确信待证事实的存在具有高度可能性的，应当认定该事实存在。对一方当事人为反驳负有举证责任的当事人所主张的事实而提供的证据，人民法院经审查并结合相关事实，认为待证事实真伪不明的，应当认定该事实不存在。”在当事人之间存在关联关系的情况下，为防止恶意串通提起虚假诉讼，损害他人合法权益，人民法院对其是否存在真实的借款法律关系，必须严格审查。

欧宝公司提起诉讼，要求特莱维公司偿还借款8650万元及利息，虽然提供了借款合同及转款凭证，但其自述及提交的证据和其他在案证据之间存在无法消除的矛盾，当事人在诉讼前后的诸多言行违背常理，主要表现为以下7个方面：

第一，从借款合意形成过程来看，借款合同存在虚假的可能。欧宝公司和特莱维公司对借款法律关系的要约与承诺的细节事实陈述不清，尤其是作为债权人欧宝公司的法定代表人、自称是合同经办人的宗惠光，对所有借款合同的签订时间、地点、每一合同的己方及对方经办人等细节，语焉不详。案涉借款每一笔均为大额借款，当事人对所有合同的签订细节、甚至大致情形均陈述不清，于理不合。

第二，从借款的时间上看，当事人提交的证据前后矛盾。欧宝公司的自述及其提交的借款合同表明，欧宝公司自2007年7月开始与特莱维公司发生借款关系。向本院提起上诉后，其提交的自行委托形成的审计报告又载明，自2006年12月份开始向特莱维公司借款，但从特莱维公司和欧宝公司的银行账户交易明细看，在2006年12月之前，仅欧宝公司8115账户就发生过两笔高达1100万元的转款，其中，2006年3月8日以“借款”名义转入特莱维公司账户300万元，同年6月12日转入801万元。

第三，从借款的数额上看，当事人的主张前后矛盾。欧宝公司起诉后，先主张自2007年7月起累计借款金额为5850万元，后在诉讼中又变更为8650万元，上诉时又称借款总额1.085亿元，主张的借款数额多次变化，但只能提供8650万元的借款合同。而谢涛当庭提交的银行转账凭证证明，在欧宝公司所称的1.085亿元借款之外，另有4400多万元的款项以“借款”名义打入特莱维公司账户。对此，欧宝公司自认，这些多出的款项是受王作新的请求帮忙转款，并非真实借款。该自认说明，欧宝公司在相关银行凭证上填写的款项用途极其随意。从本院调取的银行账户交易明细所载金额看，欧宝公司以借款名义转入特莱维公司账户的金额远远超出欧宝公司先后主张的上述金额。此外，还有其他多笔以“借款”名义转入特莱维公司账户的巨额资金，没有列入欧宝公司所主张的借款数额范围。

第四，从资金往来情况看，欧宝公司存在单向统计账户流出资金而不统计流入资金的问题。无论是案涉借款合同载明的借款期间，还是在此之前，甚至诉讼开始以后，欧宝公司和特莱维公司账户之间的资金往来，既有欧宝公司转入特莱维公司账户款项的情况，又有特莱维公司转入欧宝公司账户款项的情况，但欧宝公司只计算己方账户转出的借方金额，而对特莱维公司转入的贷方金额只字不提。

第五，从所有关联公司之间的转款情况看，存在双方或多方账户循环转款问题。如上所述，将欧宝公司、特莱维公司、翰皇公司、沙琪公司等公司之间的账户对照检查，存在特莱维公司将己方款项转入翰皇公司账户过桥欧宝公司账户后，又转回特莱维公司账户，造成虚增借款的现象。特莱维公司与其他关联公司之间的资金往来也存在此种情况。

第六，从借款的用途看，与合同约定相悖。借款合同第二条约定，借款限用于特莱维国际花园房地产项目，但是案涉款项转入特莱维公司账户后，该公司随即将大部分款项以“借款”“还款”等名义分别转给翰皇公司和沙琪公司，最终又流向欧宝公司和欧宝公司控股的沈阳特莱维。至于欧宝公司辩称，特莱维公司将款项打入翰皇公司是偿还对翰皇公司借款的辩解，由于其提供的翰皇公司和特莱维公司之间的借款数额与两公司银行账户交易的实际数额互相矛盾，且从流向上看大部分又流回了欧宝公司或者其控股的公司，其辩解不足为凭。

第七，从欧宝公司和特莱维公司及其关联公司在诉讼和执行中的行为来看，与日常经验相悖。欧宝公司提起诉讼后，仍与特莱维公司互相转款；特莱维公司不断向欧宝公司账户转入巨额款项，但在诉讼和执行程序中却未就还款金额对欧宝公司的请求提出任何抗辩；欧宝公司向辽宁高院申请财产保全，特莱维公司的股东王阳却以其所有的房产为本应是利益对立方的欧宝公司提供担保；欧宝公司在原一审诉讼中另外提供担保的上海市青浦区房产的所有权，竟然属于王作新任法定代表人的上海特莱维；欧宝公司和特莱维公司当庭自认，欧宝公司开立在中国建设银行东港支行、中国建设银行沈阳马路湾支行的银行账户都由王作新控制。

对上述矛盾和违反常理之处，欧宝公司与特莱维公司均未作出合理解释。由此可见，欧宝公司没有提供足够的证据证明其就案涉争议款项与特莱维公司之间存在真实的借贷关系。且从调取的欧宝公司、特莱维公司及其关联公司账户的交易明细发现，欧宝公司、特莱维公司以及其他关联公司之间、同一公司的不同账户之间随意转款，款项用途随意填写。结合在案其他证据，法院确信，欧宝公司诉请之债权系截取其与特莱维公司之间的往来款项虚构而成，其以虚构债权为基础请求特莱维公司返还 8650 万元借款及利息的请求不应支持。据此，辽宁高院再审判决驳回其诉讼请求并无不当。

至于欧宝公司与特莱维公司提起本案诉讼是否存在恶意串通损害他人合法权益的问题。首先，无论欧宝公司，还是特莱维公司，对特莱维公司与一审申诉人谢涛及其他债权人的债权债务关系是明知的。从案涉判决执行的过程看，欧宝公司申请执行之后，对查封的房产不同意法院拍卖，而是继续允许该公司销售，特莱维公司每销售一套，欧宝公司即申请法院解封一套。在接受法院当庭询问时，欧宝公司对特莱维公司销售了多少查封房产，偿还了多少债务陈述不清，表明其提起本案诉讼并非为实现债权，而是通过司法程序进行保护性查封以阻止其他债权人对特莱维公司财产的受偿。虚构债权，恶意串通，损害他人合法权益的目的明显。其次，从欧宝公司与特莱维公司人员混同、银行账户同为王作新控制的事实可知，两公司同属一人，均已失去公司法人所具有的独立人格。《中华人民共和国民事诉讼法》第一百一十二条规定："当事人之间恶意串通，企图通过诉讼、调解等方式侵害他人合法权益的，人民法院应当驳回其请求，并根据情节轻重予以罚款、拘留；构成犯罪的，依法追究刑事责任。"一审申诉人谢涛认为欧宝公司与特莱维公司之间恶意串通提起虚假诉讼损害其合法权益的意见，以及对有关当事人和相关责任人进行制裁的请求，于法有据，应予支持。

（生效裁判审判人员：胡云腾、范向阳、汪国献）

民商事办案
法律规范适用全典

Civil and Commercial Laws and Regulations

第五卷

司伟◎编

中国法制出版社
CHINA LEGAL PUBLISHING HOUSE

总目录

（第一卷）

民事篇

（第二卷）

（第三卷）

（第四卷）

商事篇

（第五卷）

民事诉讼篇

(第六卷)

目　录*

（第五卷）

第五章　保证合同

* 目录中的日期为法律文件的公布时间或最后一次修正、修订公布时间。

第六章　其他商事合同

（一）运输合同

(二) 融资租赁合同

(三) 联营合同

（四）特许经营合同

第七章　不良资产处置

第八章　保险合同

第九章　票　据

第十章　证券、期货

第十一章　信用证、独立保函

第十二章　海商、海事

（一）海商、海事

(二) 海事诉讼特别程序

民事诉讼篇

第一章 综 合

第二章 管 辖

第三章　审判组织

第五章　保证合同

最高人民法院
关于审理经济合同纠纷案件有关保证的若干问题的规定

（1994 年 4 月 15 日　法发〔1994〕8 号）

根据《中华人民共和国民法通则》和《中华人民共和国经济合同法》的有关规定，结合审判实践经验，对审理经济合同纠纷案件有关保证问题作如下规定：

一、保证合同成立的认定

1. 保证人与债权人就保证问题依法达成书面协议的，保证合同成立。

2. 保证人以书面形式向债权人表示，当被保证人不履行债务时，由其代为履行或者承担连带责任并为债权人接受的，保证合同成立。

3. 保证人在债权人与被保证人签订的订有保证条款的主合同上，以保证人的身份签字或者盖章；或者主合同中虽没有保证条款，但保证人在主合同上以保证人的身份签字或者盖章的，视为保证合同成立。

二、有效保证合同保证人的责任

4. 保证合同依法成立后，被保证人不履行债务的，保证人应当按照保证合同约定的范围、方式和期限承担保证责任。

5. 保证合同明确约定保证人承担代为履行责任的，经债权人请求被保证人履行合同，被保证人拒不履行时，债权人可请求保证人履行。保证人不能代为履行合同，且强制执行被保证人的财产仍不足以清偿其债务的，由保证人承担赔偿责任。

6. 保证合同明确约定保证人承担连带责任的，当被保证人到期不履行合同时，债权人既可向被保证人求偿，也可直接向保证人求偿。

7. 保证合同没有约定保证人承担何种保证责任，或者约定不明确的，视为保证人承担赔偿责任。当被保证人不履行合同时，债权人应当首先请求被保证人清偿债务。强制执行被保证人的财产仍不足以清偿其债务的，由保证人承担赔偿责任。

8. 保证合同对保证范围有明确约定的，保证人在约定的保证范围内承担责任；保证合同没有约定保证范围或者对保证范围约定不明确的，保证人应当对被保证人的全部债务承担保证责任。

9. 向债权人保证监督支付专款专用的，作出该项保证的人，在履行了监督支付专款专用义务后，不再承担责任。未尽监督义务造成资金流失的，应对流失的资金承担连带责任。

10. 保证合同中约定有保证责任期限的，保证人在约定的保证责任期限内承担保证责任。债权人在保证责任期限内未向保证人主张权利的，保证人不再承担保证责任。

11. 保证合同中没有约定保证责任期限或者约定不明确的，保证人应当在被保证人承担责任的期限内承担保证责任。保证人如果在主合同履行期限届满后，书面要求债权人向被保证人为诉讼上的请求，而债权人在收到保证人的书面请求后一个月内未行使诉讼请求权的，保证人不再承担保证责任。

12. 债权人与被保证人未经保证人同意，变更主合同履行期限的，如保证合同中约定有保证责任期限，保证人仍在原保证责任期限内承担保证责任；如保证合同中未约定保证责任期限，保证人仍在被保证人原承担责任的期限内承担保证责任。

债权人与被保证人未经保证人同意，在主合同履行期限内变更合同其他内容而使被保证人债务增加的，保证人对增加的债务不承担保证责任。

13. 债权人在保证责任期限内，将债权转移给他人，并通知保证人的，保证人应向债权受让人承担保证责任。

14. 被保证人经债权人同意在保证责任期限内，将债务转移给他人，未经保证人同意的，保证人不再承担保证责任，但保证人追认的除外。

15. 债权人在保证责任期限内，无正当理由拒绝被保证人履行债务的，保证人不再承担保证责任；债权人放弃抵押权的，保证人就放弃抵押权的部分不再承担保证责任。但保证人同意继续承担保证责任的除外。

16. 依照法律规定或者当事人约定，免除被保证人部分或者全部债务的，保证人相应的保证责任得以免除。

三、无效保证合同的认定及保证人的责任

17. 法人的分支机构未经法人同意，为他人提供保证的，保证合同无效，保证人不承担保证责任，但应当根据其过错大小，承担相应的赔偿责任。法人的分支机构管理的财产不足以承担赔偿责任的，由法人承担。

金融部门的分支机构提供保证的，如无其他导致保证合同无效的因素，保证人应当承担保证责任。

18. 法人的内部职能部门未经法人同意，为他人提供保证的，保证合同无效，保证人不承担保证责任，但应当根据其过错大小，由法人承担相应的赔偿责任。

19. 主合同债权人一方或者双方当事人采取欺诈、胁迫等手段，或者恶意串通，使保证人在违背真实意思情况下提供保证的，保证合同无效，保证人不承担责任。

20. 主合同无效，保证合同也无效，保证人不承担保证责任。但保证人知道或者应当知道主合同无效而仍然为之提供保证的，主合同被确认无效后，保证人与被保证人承担连带赔偿责任。

四、在诉讼中为当事人提供的保证

21. 人民法院在案件审理过程中，决定对财产采取保全措施时，保证人为申请人或者被申请人提供保证的，在案件审理终结后，如果被保证人无财产可供执行或者其财产不足以清偿债务时，人民法院可以直接裁定执行保证人在其保证范围内的财产。

22. 在案件执行过程中，为被执行人提供保证的，被执行人逾期无财产可供执行或者其财产不足以清偿债务时，人民法院可以直接裁定执行保证人在其保证范围内的财产。

五、被保证人破产后保证人的责任

23. 被保证人被宣告破产的，债权人参加破产程序受偿后，对受偿不足的部分，保证人仍应承担保证责任。

24. 人民法院已审理终结的设有保证的合同纠纷案件，在执行终结前被保证人被宣告破产的，债权人可以生效法律文书确认的债权数额作为破产债权申报；债务已部分偿还的，以未偿还的部分作为债权申报。对经破产程序未受清偿的部分，保证人仍应承担保证责任。

25. 保证人代被保证人偿还债务后，尚未从被保证人处获偿被保证人即宣告破产的，保证人可以其代为清偿的数额作为破产债权申报。

26. 被保证人被宣告破产，债权人不申报债权的，在确认保证人的责任时，应当扣除债权人可以在破产程序中得到清偿的部分。

六、保证合同的诉讼时效

27. 保证合同约定有保证责任期限的，债权人应当在保证责任期限届满前向保证人主张权利。保证人拒绝承担保证责任的，债权人向人民法院请求保护其权利的诉讼时效期间，适用民法通则的有关诉讼时效的规定。

28. 保证合同约定有保证责任期限，但在保证责任期限内，债权人仅向被保证人主张权利而未向保证人主张权利的，主债务诉讼时效中断，保证债务的诉讼时效不中断。

29. 保证合同未约定保证责任期限的，主债务的诉讼时效中断，保证债务的诉讼时效亦中断。

30. 依照《中华人民共和国民法通则》第一百三十九条的规定，主债务诉讼时效中止的，保证债务的诉讼时效同时中止。

七、其　他

31. 本院以前关于保证问题的司法解释与本规定不一致的，以本规定为准，但已审结的案件，不得适用本规定进行再审。

最高人民法院
关于国家机关能否作经济合同的保证人及担保条款无效时经济合同是否有效问题的批复

〔1988年10月4日　法（研）复〔1988〕39号〕

山东省高级人民法院：

你院鲁法（经）发〔1987〕130号请示报告收悉。关于国家机关能否作经济合同的保证人及担保条款无效时经济合同是否有效的问题，经研究，答复如下：

一、经济合同的保证人应是具有代为履行或者代偿能力的公民、企业法人以及其他经济组织，国家机关不应作为经济合同的保证人。经济合同中以国家机关作为保证人的，其保证条款，应确认为无效。

二、经济合同中保证条款被确认为无效后，不影响该经济合同其他条款的效力。但当事人双方约定以提供保证作为该经济合同成立要件的，保证条款无效时，其他条款亦应确认为无效。

此复。

最高人民法院
关于作为保证人的合伙组织被撤销后自行公告限期清理债权债务的，债权人在诉讼时效期间内有权要求合伙人承担保证责任问题的批复

［1988 年 10 月 18 日　法（经）复〔1988〕46 号］

贵州省高级人民法院：

你院黔法〔1988〕经请字第 2 号请示报告收悉。经研究，答复如下：

兴义县联营辉瑞贸易公司作为邓国强的保证人，对于邓国强未按合同给付租金，应当向中国工商银行兴义县支行承担连带清偿责任。辉瑞贸易公司在被工商行政管理机关撤销后，张贴公告，限期清结债权债务，并声明过期不负责，这对债权人并无法律上的约束力。中国工商银行兴义支行在民法通则规定的诉讼时效期间内，有权要求辉瑞贸易公司承担保证责任。鉴于辉瑞贸易公司实际上是合伙组织，被撤销后，应由合伙人以自己的财产承担连带保证责任。

此复。

最高人民法院
关于保函是否具有法律效力问题的批复

［1988 年 10 月 4 日　法（交）复〔1988〕44 号］

广东省高级人民法院：

你院〔88〕粤法经字第 235 号函收悉。

经研究，原则同意你院意见。我们认为：海上货物运输的托运人为换取清洁提单而向承运人出具的保函，对收货人不具有约束力。不论保函如何约定，都不影响收货人向承运人或托运人索赔，对托运人和承运人出于善意而由一方出具另一方接受的保函，双方均有履行之义务。

本案承运人预见到以水尺计重和航行中开舱晒货会产生误差及损耗，但在托运人出具保函承诺“如到卸货港发生短重，其责任由贷方负责”的前提下，才签发了清洁提单，没有欺诈收货人的故意，在航行中也没有过错，故不负赔偿责任。托运人申请以水尺计重，要求承运人途中开舱晒货，并就此可能出现的短重出具了保函，应履行其在保函中所作的承诺，承担货物短少的赔偿责任。

此复。

最高人民法院
关于“国家机关不能担任保证人”的时效问题的答复

（1988年10月18日）

中国银行：

你行〔88〕中信字第77号函悉。关于《最高人民法院关于贯彻执行〈中华人民共和国民法通则〉若干问题的意见（试行）》第一百零六条第二款“国家机关不能担任保证人”的时效问题，经研究，答复如下：

一、凡我院《公报》公布《最高人民法院关于贯彻执行〈中华人民共和国民法通则〉若干问题的意见（试行）》以前，即1988年6月20日以前，国家机关担任保证人，向债权人保证债务人履行债务的，一旦发生纠纷诉至人民法院，人民法院将不仅仅根据该意见而确认保证无效。

二、据悉，自1984年以来，财政部等国务院有关部门曾相继发出通知，要求本系统各级机关不得为经济合同提供担保，已经提供了的，必须立即纠正；中国人民银行在其于1987年2月20日公布的《境内机构提供外汇担保的暂行管理办法》中，亦将国家机关排除在可以提供外汇担保的机构之外。因此，你行来函中所提情况，涉及上述行政规章的效力问题，建议你行再征询国务院有关部门的意见。

最高人民法院交通运输审判庭
关于认可中国船东互保协会担保的通知

（1989年3月1日　法交〔1989〕4号）

广州、上海、武汉、青岛、天津、大连海事法院：

中国船东互保协会于1988年7月28日向我院提出申请，请求法院接受其为有关船舶出具的担保。

经审查，中国船东互保协会经国务院批准成立于1984年1月1日，现有入会船480条，其在各港代理为外轮代理公司。每年入会船向协会交纳保费，作为协会赔付基金。协会成立五年来，留存基金迅速增长。为提高赔付能力，还与国际保赔协会的主要成员联合王国保赔协会、西英保赔协会、英国汽船保赔协会和伦敦及利物浦保赔协会建立了分保合作关系，将中国船东互保协会会员船每事故40万美元以上的索赔额的风险分摊到了国际保赔集团。此外，中国船东互保协会还接受了和准备接受一些外国保赔协会的委托，作为其在中国港口的通讯代理。

我们认为法院接受中国船东互保协会的担保，对海事法院审理海事海商案件提供了方便条件，对扶持和发展我国自己的保赔事业、保护我国航运事业，扩大我国保赔协会在国际上的影响有积极的作用。经研究，并报院领导批准，决定各海事法院接受中国船东互保协会为其会员船和与之建立通讯代理关系的外国保赔协会入会船提供的担保。

执行中有何问题，望及时报告我庭。

特此通知。

附一：

最高人民法院交通运输审判庭
关于认可中国船东互保协会之担保事

（1989年3月1日　法交〔1989〕5号）

中国船东互保协会：

你会〔88〕中船保第8805号函收悉。

经研究，决定认可你会为本会会员船及委托你会作为通讯代理的外国保赔协会会员船提供的担保。有关事宜，我庭将通知各海事法院。

此复。

附二：

中国船东互保协会函请认可中船保担保事

（1988年7月22日　〔88〕中船保字第8805号）

最高人民法院交通运输庭：

中国船东互保协会（以下简称“中船保”）是经国务院批准，于1984年1月1日正式成立的具有独立法人资格的不营利的民间互助组织，该协会直属交通部领导。至今，中船保已发展成为拥有30家会员船公司，480艘（共计547万总吨）入会船的具有相当规模的保赔协会。会员中有28家是在中华人民共和国境内注册的船公司，2家是在香港注册的公司。入会船除2艘悬挂方便旗外，其余均为挂中华人民共和国国旗的从事国际海上运输船舶。

中船保成立以来，通过与国际保赔集团的主要成员联合王国保赔协会（U·K），西英保赔协会（W、O、E），英国汽船保赔协会（S、S、M）和伦敦及利物浦保赔协会（L·L）先后建立良好的分保合作关系，将中船保入会船每事故40万美元索赔额以上的风险分摊到了国际保赔集团，从而使入会船取得油污事故4亿美元、其他风险事故无限额的风险保障。

由于中船保经理部在选择会员和风险管理方面做了大量的工作，各会员公司也大力抓好安全生产，协会成立4年多来，尚未发生过高赔付金额的灾难性风险事故，一直保持着良好的赔付记录，留存基金也因而迅速增长，至今年6月30日，已达880万美元。

中船保的入会船都是从事国际海上运输的船舶，当船舶在国外港口发生海事争议时，可能需要提供担保以避免船舶被扣。目前，中船保有两种做法：一是提供协会的担保，二是由中国银行出具担保。

随着业务的发展和扩大，中船保在国内外共委建通讯代理200余家，形成一个有效的网络。自去年11月以来，若干英国保赔协会也已委托或拟委托中船保为其中国港口的通讯代理。除了办理具体业务工作外，还要求中船保为其在中国港口提供海事纠纷的担保，作为向其入会船提供的一项重要服务。同样，中船保入会船在中国港口也时而发生海事纠纷，可能需要提供担保。

为此，经与贵院交通运输庭商量，特再去函要求对中船保将提供的上述两种担保予以认可。如蒙核准，敬请通告各地海事法院为感。

最高人民法院经济审判庭
关于国家机关作为借款合同保证人应否承担经济损失问题的电话答复

（1989年7月17日）

四川省高级人民法院：

你院川法研〔1989〕8号《关于国家机关作为借款合同保证人其保证条款被确认无效后经济损失由谁承担的请示》收悉。经研究答复如下：

一、根据《借款合同条例》第七条和第八条规定，及本院法（研）复〔1988〕39号批复精神，国家机关不应作借款合同的保证人。国家机关作借款合同保证人的，保证条款应确认无效。

二、保证条款被确认无效后，如借款人无力归还银行贷款，给国家造成经济损失的，作为保证人的国家机关应承担相应的赔偿责任，并在赔偿损失后有权向借款人追偿。国家机关无力承担赔偿责任的，人民法院根据民事诉讼法（试行）第一百八十二条第一款第（三）项和第（五）项规定，可裁定中止执行。

三、国家机关下属办事机构作借款合同保证人的，人民法院应将其所属的国家机关列为诉讼当事人，承担民事责任。

此复。

附：

四川省高级人民法院
关于国家机关作为借款合同保证人其保证条款被确认无效后经济损失由谁承担的请示

（1989年3月29日　川法研〔1989〕8号）

最高人民法院：

最近，我们收到部分地区人民法院的请示，关于国家机关或其下属办事机构作为借款合同保证人，借款人到期无力归还银行贷款，给国家造成经济损失，其保证人是否承担经济赔偿责任。经我们讨论，有两种意见：

第一种意见认为，国家机关作为借款合同保证人，其保证条款，应确认为无效，借款合同到期后，借款人无力归还银行贷款，给国家造成经济损失，保证人应承担相应的经济赔偿责任，并有权向借款人追偿。如保证人属国家机关的下属办事机构无力承担经济赔偿的，应由具备法人资格的主管国家机关承担保证人应承担的赔偿责任。对于无赔偿能力的国家机关保证人，可裁定终止执行。

第二种意见认为，国家机关或其下属办事机构作为借款合同保证人，其保证条款被确认无效后，保证人不应承担因借款人无力归还而给国家造成经济损失的赔偿责任，应由出借方直接向借款方追还贷款。

我们倾向于第一种意见，当否，请批复。

最高人民法院交通运输审判庭
关于接受平安保险公司申请为水险业务中提供有关担保的函

（1989年7月25日　法交〔1989〕15号）

广东、上海、武汉、青岛、天津、大连海事法院：

平安保险公司是交通部香港招商局和中国工商银行深圳分行合资经营的全民所有制金融保险企业，于1988年3月经中国人民银行总行批准成立，5

月正式开业，现注册资本为人民币 1.5 亿元、港币 1.5 亿元。平安保险公司现有四个分公司，且将在国内沿海地区继续设立分支机构。为提高赔付能力，该公司于 1988 年 10 月又与中国人民保险公司订立了分保合同，将其所承保业务的 30%分保给中国人民保险公司。该公司经营范围为办理企业财产险、货物运输险、船舶险、建筑安装工程险等人民币和外汇业务。现平安保险公司向我庭申请接受在其经营的水险业务中为船舶、货物保险人提供的有关担保。

经研究认为，平安保险公司为国营企业，资金雄厚，其担保有可靠的保证，同时法院接受平安公司为其被保险人出具的担保，也扩大了为当事人担保的渠道，对法院审理海事案件提供了方便条件。故决定各海事法院接受平安保险公司为其被保险人提供的担保。

执行中有何问题，望告我庭。

特此通知。

附一：

最高人民法院交通运输审判庭函

（1989 年 7 月 25 日　法交〔1989〕14 号）

平安保险公司：

你公司平保函〔89〕004 号函收悉。

经研究，决定接受你公司的申请，海事法院认可你公司作为船舶、货物保险人为被保险人出具的担保。有关事宜，由我庭通知各海事法院。

有关业务，请与海事法院直接联系，并将你公司的有关文件和资料寄各海事法院。

附二：

平安保险公司
关于申请接受我公司出具担保的函

（1989年7月4日　平保函〔89〕004号）

最高人民法院交通庭：

我公司是交通部招商局和工商银行深圳分行合资经营的全民所有制金融保险企业，是我国第二家经营保险业务的专业公司。公司于去年3月经中国人民银行总行批准，5月在深圳正式开业，资本金为人民币1.5亿元、港币1.5亿元。经营财产险类、责任险类、信用保证保险、人身险类的人民币和外汇保险业务。截至今年6月底，业务总承保额达60多亿。公司所做业务70%以上分保给中国人民保险公司。在国外公司有300多家检验理赔代理。目前，公司包括海南省在内有四个分公司，并已开始在国内沿海地区设立分支机构。

在我公司经营的保险业务，尤其是水险业务中，我公司作为船舶、货物保险人，经常需要为被保险人提供碰撞、救助、共同海损等担保书。根据我公司和股东单位的资金能力以及我公司的再保险安排，完全能够保证我公司所提供担保的兑现。为避免在发生海上事故时因担保问题而耽搁时间，我们特此申请，请接受我公司作为保险人为被保险人出具的书面担保。

盼予以批准并望通知属下机构。

最高人民法院
关于中国人民解放军河南省军区诉郑州市花园路城市信用合作社借贷担保合同纠纷一案的法律适用和担保协议效力问题的复函

［1990 年 4 月 7 日 法（经）函〔1990〕43 号］

河南省高级人民法院：

你院〔1989〕豫法经字第 14 号请示报告收悉。关于中国人民解放军河南省军区诉郑州市花园路城市信用合作社借贷、担保合同纠纷一案的法律适用问题和对信用社统一印制的无期限、无数额的担保协议书的效力认定问题，经研究，答复如下：

一、本案担保合同签于《借款合同条例》颁布之后、生效之前，可以适用该条例第八条对借款合同保证人的法定条件和法律责任的具体规定。

二、担保人河南省军区营房处在贷款担保书上注明“只限透影机款，不担保每笔贷款”，透影机款应视为担保的限额，其担保责任不能超出透影机款的范围。

三、本案借款合同双方在 1985 年 3 月 15 日的借据上注明：“约定偿还日期：1985 年 7 月 13 日。”担保合同作为从合同，应以主合同的偿还日期作为担保还款的期限，不应视为无期限的担保。

最高人民法院
关于洪绍武、贺建玲债务担保案适用法律问题的函

（1990 年 5 月 24 日 〔90〕民他字第 19 号）

甘肃省高级人民法院：

你院甘法民文〔1990〕9 号关于洪绍武、贺建玲债务担保一案适用法律的请示报告收悉。

经研究认为，段君于 1987 年 5 月 1 日借洪绍武人民币 1000 元，还款日期

为同年 10 月 30 日，贺建玲作为保证人在借据上签了名。后双方为还款日期是公历 10 月 30 日还是农历 10 月 30 日发生争执，经双方协商将还款日期明确为农历 10 月 30 日，对此，贺建玲在场亦未提出异议。鉴于这一行为，只是明确原借据的还款日期，而未变更主体、内容和履行方式，故同意你院审判委员会第一种意见，即：此案不适用我院经复〔1988〕4 号关于借款合同双方当事人未经保证人同意达成延期还款协议后，保证人不再承担保证责任的批复，贺建玲作为保证人应承担保证责任。

最高人民法院
关于诈骗犯罪的被害人起诉要求诈骗过程中的保证人代偿“借款”应如何处理问题的复函

（1990 年 10 月 13 日　〔1990〕民他字第 38 号）

新疆维吾尔自治区高级人民法院：

你院〔1990〕新法民请字第 2 号《关于诈骗犯罪的被害人起诉要求诈骗过程中的保证人代偿“借款”应如何处理》的请示报告收悉。经研究认为：冯树源从胡强处“借款”的行为既已被认定为诈骗罪行，胡强追索冯树源所“借”四万元则属刑事案件中的追赃问题。因此，对胡要求受冯欺骗的“担保人”代偿“借款”的纠纷，人民法院不宜作为民事案件受理。一审法院裁定驳回起诉是正确的。

最高人民法院
关于灵山县公安局对其工作人员擅自以所在单位名义对外提供财产保证应否承担民事责任问题的答复

［1991 年 1 月 30 日　法（经）函〔1991〕8 号］

广西壮族自治区高级人民法院：

你院〔1990〕法经字第 34 号请示收悉。经研究，答复如下：

广西壮族自治区灵山县公安局属国家行政机关，没有经营权，也不具备保证人的主体资格，无代偿能力。该局干部黄考才违法动用其负责掌管的单位公章，在他人签订的购销汽车合同担保栏内盖章的行为，并非在执行职务。且，黄考才实施这一民事行为，所在单位并不知情，知情后即向债权人申明这是黄个人所为。因此，黄考才利用职务之便，擅自以所在单位名义对外提供财产保证，其行为后果，根据《民法通则》第六十六条第一款规定，应由黄考才个人自负，并依法追究其责任，灵山县公安局对此不应当承担民事责任。

此复。

附：

广西壮族自治区高级人民法院
关于灵山县公安局对其工作人员擅自以所在单位名义对外提供财产保证应否承担民事责任问题的请示

（1990 年 12 月 29 日　〔1990〕法经字第 34 号）

最高人民法院经济庭：

我区南宁市中级人民法院审理的广西灵山县公安局、梁平成与广西区汽车工业贸易公司购销汽车合同贷款纠纷上诉一案，因确认灵山县公安局应否承担保证责任问题有不同意见，请示我院。我院经研究，有两种不同意见，特报告如下：

一、案件的基本情况

1986年8月6日，上诉人梁平成以灵山县平南乡十三汽车队（梁平成系该汽车队业主）的名义与被上诉人广西区汽车工业贸易公司（下称汽车贸易公司）签订了购销汽车合同。合同规定：由汽车贸易公司供给梁平成解放牌CA15（04）5吨汽车8辆，单价27200元，总价款217600元；合同由需方和保证单位签字盖章后，再由供方盖章；需方按合同约定数量每辆汽车付给1200元运杂费，共预付9600元，其余车款200080元，分三次付清。在签订合同前，梁平成于1987年7月5日向汽车贸易公司预付8辆汽车运杂费9600元。嗣后梁平成将合同拿回加盖了汽车队的章，在合同担保栏内由上诉人灵山县公安局（下称公安局）掌管公章的干部黄考才加盖了公安局的公章，同时在担保单位代表人栏内加盖了黄考才的私章。同年7月15日又在汽车贸易公司的“分期付款销售CA15（04）汽车担保单位是否承担保证征询表”盖上公安局公章，在经办人栏内盖有黄考才私章。同年8月6日梁平成在合同签字盖章后即提走4辆汽车，并在领车证上盖了汽车队章；领车证担保单位栏内盖有公安局公章，担保单位负责人栏内盖有黄考才私章。当月9日，梁平成又提走4辆汽车，领车证上盖章情况同前。同年9月3日，公安局发公函给汽车贸易公司，称黄考才私自盖公章作担保，应由黄考才负担保责任，公安局不知情，与担保无关。汽车贸易公司于第二天复函，称黄考才是公安局干部代表单位盖公章担保应由单位负责。事后，梁平成、黄考才、公安局均申明，公安局盖公章作担保，是背着公安局领导干的。汽车贸易公司则复函公安局明确指出，8台车已被提走，公安局应当承担保证责任。梁平成领车后于1986年12月15日至1989年4月10日分13次交付车款76000元。尚欠汽车贸易公司车款131500元。

二、我院对灵山县公安局应否承担保证责任有两种不同的意见

第一种意见认为：公安局不应承担保证责任，而应由黄考才承担保证责任。因为在“合同承担保证征询表，领车证”上盖了黄考才个人的私章，并加盖了公安局公章。从本案实际情况看，纯系黄考才利用管理公章之便，擅自加盖了公章，实属超越职权范围的个人行为。根据《民法通则》第六十六条和最高人民法院〔87〕20号文件的精神，应由黄考才个人承担保证责任；

第二种意见：公安局应承担保证责任。因为黄考才是公安局掌管公章的工作人员，加盖使用公章是其职务范围，根本不属盗用。从本案事实看，7月15日的“是否承担保证征询表”，1986年8月6日的购销合同、8月6日的领

车证、8 月 9 日的领车证等都盖了公安局的章和经办人黄考才的章，仅凭该局和黄本人的陈述，不能认定黄考才是“擅自”使用公章。即使是擅自使用公章，也是公安局自身用人不当，制度不严之过错，因此公安局应承担过错责任，不能将自身过错责任转嫁他人，使债权人因此而承担损失。

公安局属国家机关，充当保证人导致该保证合同无效，参照最高法法(研)〔1988〕17 号批复精神，应当承担相应的责任。根据本案情况应判决主债务人梁平成全部偿付货款及利息损失等，于判决生效后限期归还，在此限期内保证人公安局有责任向梁平成追索，将追索所得偿还汽车贸易公司。逾期，则由公安局代为偿付车款本金部分。偿付之后有权向梁平成追偿。

我们倾向第二种意见。当否，请批示。

鉴于单位公章加盖之后，出现该方承担责任问题，无论在保证合同、购销合同或其他经济往来中，屡见不鲜，不少应承担责任的单位均以经办人“擅自”、“私自使用”、“盗用”、“无权或越权代理”等等为由，推脱责任，而经办人也多数都承认是自己“背着领导”，“无组织无纪律”等来承认自己过错。当事人是这样，代理律师是这样，法院内部也有的是这样看法，这是当前经济审判工作中一个亟待解决的带普遍性的问题，恳切请求及时批复，为盼。

最高人民法院经济审判庭
关于购销合同当事人延长履行期限后保证人是否承担保证责任问题的电话答复

（1991 年 4 月 27 日）

江苏省高级人民法院：

你院〔90〕经请字第 2 号“关于购销合同当事人延长履行期限后保证人是否承担保证责任的请示”收悉。经研究，原则同意你院关于本案保证人不承担保证责任的处理意见。

但据所附材料看，本案似为诈骗犯宋孝良借用被保证人单位名义（包括单位合同、公章、账户），以签订合同为名，骗取债权人货款。对此，保证人并不知情。如情况属实，因被保证人出借单位合同、公章及账户，使宋孝良得以行骗，给债权人造成的 7 万多元经济损失，应当由被保证人自行承担，保证人则不应对此承担保证责任。

附：

江苏省高级人民法院
关于购销合同当事人延长履行期限后保证人是否承担保证责任的请示

（1990年9月27日 〔90〕经请字第2号）

最高人民法院：

我省盐城市中级人民法院在审理盐城市第二农业生产资料公司（以下简称生资公司）诉东台市安丰多种经营经理部（以下简称经理部）、盐城市化工供销公司（以下简称化工公司）购销合同返还货款纠纷一案中，对化工公司是否承担保证责任问题，现向你院请示。

一、基本案情

1988年6月4日，经理部与生资公司签订了一份由经理部供给生资公司2500条柴褶的购销合同。合同规定：货款总额137500元正；6月13日前交货，结算方式为银行汇款或汇票结算。合同还规定了质量标准、验收方法等内容。合同签订后，化工公司于1988年6月6日为经理部提供了款项担保。

6月13日前，经理部、生资公司都未履行合同。6月17日，双方未经担保人的同意，将合同履行期延长，并在原合同上增加了："需方货款汇至供方后，如有损失，则保证单位负责赔偿。"6月18日，生资公司向经理部付款137500元，后经理部不能交货，货款也不能退还。生资公司起诉要求经理部的保证人化工公司赔偿损失。

二、我院意见

我院认为：购销合同中的保证人，只能对经其同意的保证内容承担保证责任，该案供、需双方未经保证人同意，变更合同的履行期限，应视为新的法律关系成立，原合同中的保证人对此而产生的纠纷不负保证责任。

以上意见当否？请批示。

最高人民法院
关于借款合同当事人未经保证人同意达成新的《财产抵押还款协议》被确认无效后保证人是否继续承担担保责任的复函

〔1991年6月7日　法（经）函〔1991〕58号〕

宁夏回族自治区高级人民法院：

你院〔1991〕宁法经字第3号“关于借款合同当事人未经保证人同意达成新的《财产抵押还款协议》被确认无效后，保证人是否继续承担担保责任的请示报告”收悉。经研究，认为：

本案《财产抵押还款协议》是在借款人银川市第三地毯厂采取欺诈手段，将他人委托其代加工物品充作自己的财产进行抵押，致使债权人宁夏回族自治区信托投资公司作出错误的意思表示的情况下签订的。这一无效民事行为的实施，不应影响借款合同和从属于它的保证合同的法律效力。借款合同主债务存在，保证人的保证责任即不应免除。因此，原则同意你院第一种意见，即，债权人向保证人主张债权，只要在保证合同的诉讼时效期限内，保证人仍应对原合同承担保证责任。

此复。

附：

宁夏回族自治区高级人民法院关于借款合同的当事人未经保证人同意达成新的《财产抵押还款协议》被确认无效后保证人是否继续承担担保责任的请示报告

（1991年3月3日 〔1991〕宁法经字第3号）

最高人民法院经济庭：

我院受理的宁夏信托投资公司与银川市第三地毯厂、银川市亚麻厂、银川市民族家具厂、宁夏电工产品检验站借款合同纠纷上诉一案，经审理查明：1988年7月2日，宁夏信托投资公司与银川市第三地毯厂签订了一份借款50万元的合同，由银川市亚麻厂给予担保，1988年12月31日到期。1988年7月9日，原银川市城区皎皎综合门市部（1988年3月与第三地毯厂联营，同年11月变更为隶属于第三地毯厂）与信托投资公司签订了借款98万元的合同，由银川市民族家具厂和宁夏电工产品检验站自力公司（已撤销）给予担保，同年9月9日到期，此贷款全部由第三地毯厂使用。上述两份合同到期后，共有60万元贷款及利息拖欠未还，信托投资公司不断地向第三地毯厂及担保方催收，在此期间，1989年7月第三地毯厂隐瞒真相，用他人让其代加工的成品、半成品仿古地毯谎称自己所有，作为抵押物，与信托投资公司签订了一份《财产抵押还款协议书》，规定：限期一个月，第三地毯厂将抵押物加工销售，收入归还贷款本息。签订这份协议时担保方未参加，协议签订后没有履行，信托投资公司于同年8月诉至法院，协议抵押物的主人知道后，也纷纷索要。在法院主持下将抵押物退回原主。本院审判委员会在讨论此案时，一致认为两份借款合同为有效合同，《财产抵押还款协议书》无效，但对于本案的保证人是否还要承担连带的还款责任，有两种意见：一种意见认为双方当事人所签订的《财产抵押还款协议书》是无效的民事行为，不受法律保护，并非成立了新的法律关系，也未造成任何后果，因此，在保证合同的诉讼时效限期内，保证人均应对原合同承担保证责任。最高人民法院法（经）复〔1988〕4号批复系指形成了新的法律关系，属有效协议，不符合本案实际情况，不宜引用。另一种意见认为该《财产抵押还款协议书》虽然无效，但产生了新的民事行为的事实存在，按照无效合同的处理原则，签订《财产抵押协议书》的双方当事人应承担法律后果。依据最高人民法院法（经）复〔1988〕4 号批复精神，产生了新的法律关系，原借款担保合同终止，因此保证人不应再承担原合同的保证责任

以上两种意见，哪种正确，我们拿不准。

请批复。

最高人民法院
关于惠州恒业公司诉恩平旅游实业公司购销合同纠纷一案中银行是否负担保责任的复函

［1991 年 8 月 31 日 法（经）函〔1991〕93 号］

广东省高级人民法院：

你院粤法经监字〔1991〕第 4 号《关于惠州恒业公司诉恩平旅游实业公司购销合同纠纷一案中银行是否负担保责任的请示》收悉。经研究，答复如下：

惠州恒业公司与恩平县旅游实业公司在签订购销彩电合同时，虽然要求银行提供担保，但中国工商银行恩平支行明确表示不同意担保，在其向恒业公司出具的证明中也没有担保的意思表示，因此，恩平支行不应承担担保责任。但是，恩平支行在向恒业公司出具的证明中承诺对恒业公司预付给旅游实业公司的 170 万元人民币实行监督，专款专用，却未履行其监督义务。根据民法通则第一百零六条关于“公民、法人违反合同或者不履行其他义务的，应当承担民事责任”的规定，中国工商银行恩平支行应当承担与其过错相适应的赔偿责任。

此复。

最高人民法院经济审判庭
关于对包头市昆都仑地区工业贸易公司与内蒙古人防生产经营服务公司联合经营固体烧碱合同纠纷上诉案的处理意见的函

（1991 年 8 月 31 日 〔1991〕法经字第 111 号）

内蒙古自治区高级人民法院：

你院〔1991〕内法经请字第 3 号请示报告收悉。经研究答复如下：

包头市昆都仑地区工业贸易公司（原包头市昆都仑地区经济技术协作公司，下称“包头公司”）为解决与内蒙古地矿局服务公司经销部（下称“地矿经销部”）购销烧碱的货款问题，经与内蒙古自治区人防生产经营服务公司（下称“人防公司”）商定，由人防公司代其垫付给地矿经销部 210000.00 元货款，此后，双方又补签了“购销固体烧碱协议书”。依照该协议规定，双方共同经销的固体烧碱由包头公司负责购进，210000.00 元货款虽为人防公司代垫，但是以包头公司名义支付的，利润分成也在共同销售以后。因此，这种仅限于销售阶段上的共同经营关系，如果确因共同销售而发生亏损，在合同未约定债务承担比例的情况下，可按合同约定的盈余分配比例确定双方的责任。但本案共同销售中似未发生经营亏损，合同不能继续履行完全是由于负责进货的包头公司未能如约购进烧碱所致。故，在确认双方共同经销已无法进行以后，由人防公司代包头公司垫付的货款及利息（扣除成交部分货款），应当由包头公司负责退还人防公司。

此复。

附：

内蒙古自治区高级人民法院请示报告

（1991 年 8 月 1 日　〔1991〕内法经请字第 3 号）

最高人民法院：

我院审理的包头市昆都仑地区工业贸易公司与内蒙古人防生产经营服务公司联合经营固体烧碱合同纠纷上诉一案，经本院审判委员会讨论后，对如何适用法律认识不一，意见分歧，特向你院请示。

基本案情：包头市昆都仑地区工业贸易公司（原包头市昆都仑地区经济技术协作公司，简称包头公司）于 1988 年 6 月 30 日与内蒙古地矿局服务公司经销部（简称地矿经销部）签订了一份购销固体烧碱合同，合同规定：地矿经销部供给包头公司 90°－93°固体烧碱 500 吨，单价 2100 元，7－9 月每月供烧碱 100 吨，10－11 月间供 200 吨。由于包头公司无资金，包头公司与内蒙古人防生产经营服务公司（简称人防公司）商定共同经营，由人防公司出钱，包头公司负责货源，共同销售，获利四六比例分成，包头公司为四，人防公司为六。7 月 11 日人防公司派副经理持货款 210000 元（支票）和包头公司刘凤鸣一同将货款交给地矿经销部，地矿经销部给包头公司开具收据。过后，双方补签了题为“购销固体烧碱”（实为“联合经营烧碱”）的书面协议，约定：一、甲方（包头公司）从内蒙地矿局服务公司经销部购进 90°－93°固体烧碱 100 吨，每吨进价 2100 元，共计 21 万元正。二、乙方（人防公司）在 7 月 11 日向地矿局服务公司经销部代甲方交货款 21 万元。三、经双方共同组织销售，税前分成。利润分成为四六分。甲方为四，乙方为六。四、货销售完后，由乙方结算，账后分成，由乙方转甲方利润部分。合同签订后，地矿经销部于 1988 年 11 月、12 月供给包头公司烧碱两批。第一批做退货处理，第二批交付 8.86 吨，由于度数达不到合同规定的质量标准，折合成 6.85 吨成交。包头公司与人防公司共同将烧碱拉到呼市建化公司，委托呼市建化公司代卖。以后，人防公司由于资金困难，向呼市建化公司借钱，呼市建化公司基于为他们代卖烧碱，根据烧碱大约的价值，借给人防公司 18000 元，并要求人防公司出具了一份收到包头公司支票款 18000 元的收条（卷中 P34），以后烧碱陆续卖出，双方未结算。由于地矿经销部再未供烧碱，也未退款，故人防公司起诉包头公司，要求包头公司退还为其代交的货款 192000 元（210000 元中除已付 18000 元）并承担经济损失。包头公司要求追加地矿经销部为第三人或者由包头公司、人防公司共同起诉地矿经销部。

一审法院审理认为：人防公司已按协议履行了自己的义务，但包头公司并未按协议履行义务，应承担全部责任。关于包头公司要求追加第三人参与诉讼，包头公司与地矿经销部双方有购销合同关系，与本案是二个独立的法律关系，不能一案审理，应另行起诉，判令包头公司退给人防公司联营购烧碱款 192000 元，偿付银行利息 95706.57 元。

我院审理认为这是一起协作型联营（也有的同志认为是一次性合伙型联营）合同内部结算纠纷，事实清楚。程序上，1. 人防公司起诉包头公司的诉讼依法成立，包头公司要求追加地矿经销部为第三人有一定的法律依据。但包头公司与人防公司是联营关系，包头公司与地矿经销部是购销关系，二者虽然互相联系，但确为不同的法律关系，属可以并案审理，非必要的共同诉讼，一审法院未将地矿经销部追加为第三人，不影响本案审理。2. 双方争议的标的——联营投资款 192000 元是包头公司享有的债权，诉讼前包头公司曾多次向地矿经销部追索未果，对此，是否应待包头公司起诉地矿经销部，确定联营盈亏后，再处理包头公司与人防公司纷争，即先处理联营外部债权债务，后根据盈亏情况处理联营内部的分成或补亏。我们认为，包头公司没有起诉地矿经销部，并不影响包头公司与人防公司权利义务的确认，本案不属必须以另一案的审理结果为依据的案件，完全可以根据合同的约定确定双方的权利义务，我们继续审理包头公司与人防公司的联营合同纠纷是有法律依据的。

在实体处理中，包头公司与人防公司均系国营企业，都有经营化工材料的经营范围，联合经营烧碱合同是有效合同。人防公司按照合同的约定履行了自己的义务，而包头公司未能按照合同的约定完全履行自己的义务，造成联营合同未能全部履行，绝大部分联营投资款收不回来，对此包头公司应负主要责任。但对承担经济责任上如何适用法律，合议庭及审判委员会讨论意见分歧较大，主要有以下两种意见：

一种意见认为：既然联营合同为有效合同，在实体处理上应严格按照合同约定的盈亏比例分担全部损失。即合同约定获利四六分成，亏损也应四六分担，所以，包头公司承担联营投资款 192000 元及银行利息的 40%，人防公司承担联营投资款 192000 元及银行利息的 60%。理由：1. 联营合同不同于一般的经济合同，不能以违反经济合同的责任原则套用联营合同。联营合同的基本原则是“同享利益、共担风险”，联营合同一经签字生效，联营各方就承担了经营风险责任。2. 包头公司在履行联营合同过程中，积极主动，签订联营合同是有购销合同做保证的。无主观故意过错，非与第三者恶意串通，造成未能全部履行联营合同是由于地矿经销部未履行购销合同的供货义务。

3. 此案联营合同，未规定违约责任，根据权利义务对等的原则，处理联营内部损失分担应严格依据联营合同的约定获利四六分成，亏损也应四六分担。故认为应按合同约定对联营投资款及损失按四六比例分担，包头公司承担40%，人防公司承担60%。

另一种意见为：联营合同为有效合同，由于包头公司违约，造成经济损失，包头公司应负主要责任。应由包头公司承担联营投资款192000元，利息损失可按合同约定的盈亏比例分担，包头公司承担40%，人防公司承担60%。理由：1.《民法通则》第一百一十一条规定，当事人一方不履行合同义务或者履行合同义务不符合约定条件的，另一方有权要求履行或者采取补救措施，并有权要求赔偿损失。2. 造成联营过程的经济损失是由于包头公司未履行合同规定的义务，人防公司忠实地履行了合同规定的全部义务，支付货款，但包头公司除购回6.85吨烧碱，可按共同经营进行四六分成外，绝大部分货款根本未购回烧碱。由于包头公司违约，双方没有完全进入共同经营阶段，不存在共同经营的问题。所以对联营投资款应由包头公司负责全部承担。利息损失部分可按合同约定的四六比例分担。

鉴于此案涉及“协作型联营合同由于一方违约造成经济损失应由违约方承担，抑或按合同约定的盈亏比例确定双方责任”。如何处理请指示。

最高人民法院
关于是否可直接判令保证单位履行债务的复函

［1991年10月19日　法（经）函〔1991〕129号］

上海市高级人民法院：

你院〔91〕沪高经核字第11号《关于是否可直接判令保证单位履行债务的请示》收悉。经研究，答复如下：

保证合同虽具有相对的独立性，但它终究从属于主合同，主合同的效力决定保证合同的效力。本案第一被告新疆乌鲁木齐市金字塔工贸公司系艾克拉木·穆罕默德个人开办的私营独资企业，现已倒闭，艾克拉木也被公安机关收容审查，与原告上海马陆棉纺织厂签订购销合同的行为是否构成经济犯罪尚未确定，从属于该购销合同的保证合同的效力、性质及保证人应承担的责任也就无法确认。且，为了有利于打击犯罪，本案的受诉法院应中止对全案的审理，将有关的犯罪嫌疑材料移送乌鲁木齐市公安局查处，不必急于将棉纺厂诉保证人中国人民建设银行乌鲁木齐沙依巴克区办事处承担保证责任一节先行审理。受诉法院中止对本案的审理，并不表示解除保证人应承担的民事责任。

此复。

附：

上海市高级人民法院
关于是否可直接判令保证单位履行债务的请示

（1991年7月22日 〔91〕沪高经核字第11号）

最高人民法院：

我市中级人民法院受理的上海马陆棉纺织厂诉新疆乌鲁木齐市金字塔工贸总公司（以下称“金字塔公司”）和中国人民建设银行乌鲁木齐沙依巴克区办事处（以下简称“沙区办事处”）购销棉花合同纠纷一案，原告和“金字塔公司”于1989年9月4日签订合同，向其购买棉花270吨，并先后预付货款人民币87万元，其中58万元由“沙区办事处”下属“炉院街分理处”进行担保。该分理处承诺，进账款项，专款专用；供方在10月25日前不能如期发货，银行负责将58万元原款和17400元违约金一并退回需方。经查，“金字塔公司”系艾克拉木·穆罕默德个人开办的私营独资企业，自开办以来，进行投机诈骗等违法经营活动，被工商行政管理机关依法查处，艾克拉木等有关人员因诈骗、投机倒把等经济问题，被新疆维吾尔自治区公安厅收容审查，“金字塔公司”随之实际倒闭。原告为向该公司追回购买棉花的预付款人民币87万元，遂提起诉讼。审理中，乌鲁木齐市公安局于1991年6月3日正式通知本市中级人民法院，“金字塔公司”艾克拉木等特大经济诈骗一案，乌鲁木齐市公、检、法和工商已成立联合专案组侦查，要求该院根据“先刑事后民事”的办案原则和“二高一部”的有关规定，暂停审理，有关材料移送专案组，民事部分待刑事案件审结后依法作出处理。

我院认为：保证制度的建立，其目的就是为了保护债权人的利益。“沙区办事处”下属“炉院街分理处”为原告预付款58万元的保证单位，且对保证责任作出了具体约定。故无论“金字塔公司”艾克拉木等是否构成经济诈骗犯罪，作为该公司的保证单位，“沙区办事处”仍应承担相应的保证责任。有关对艾克拉木等经济犯罪的查处，不应影响原告诉保证单位就保证责任一案的审理。鉴于“金字塔公司”已实际倒闭，原告根据《中华人民共和国民法通则》第八十九条第（一）项之规定，直接要求保证单位承担保证责任一节，可予支持。至于本案涉及的经济犯罪部分，根据有关规定移送乌鲁木齐市公安局。

以上请示意见当否，请从速批示。

最高人民法院
关于企业职工利用本单位公章为自己实施的民事行为担保企业是否应承担担保责任问题的函

（1992 年 9 月 8 日　法函〔1992〕113 号）

浙江省高级人民法院：

你院浙高法经〔1992〕31 号《关于企业职工利用本单位公章，为自己实施的民事行为担保，企业是否应负担保责任问题的请示报告》收悉。经研究，答复如下：

从你院报告中看，本案黄龙饭店商品部系非独立核算的分支机构，无独立的财产，不具备保证人民事主体资格，不能以自己名义对外提供保证。黄龙饭店商品部业务主任李志明背着饭店领导，从文秘处要去黄龙饭店商品部的公章，加盖在自己与他人签订的承包经营协议书中的担保栏内，属于李志明个人实施的民事行为，是自己为自己提供担保，其行为应当确认无效。根据民法通则第六十六条第一款规定，李志明擅自以黄龙饭店商品部的名义对外提供担保的行为，应当由李志明自行承担民事责任。

此复。

最高人民法院
关于保证人的保证责任应否免除问题的复函

（1992年12月2日　法函〔1992〕148号）

山西省高级人民法院：

你院〔1992〕晋法经报字第5号“关于泌水县农业银行诉沁水县乡镇企业供销公司和沁水县汽车运输公司借款合同担保纠纷一案的请示报告”收悉。经研究，答复如下：

本案沁水县农业银行（下称“沁水农行”）与沁水县乡镇企业供销公司（下称“供销公司”）1988年12月31日签订的借款合同第六条规定：“……如需延期，借款方至迟在贷款到期前3天，提出延期申请，经贷款方同意，办理延期手续。但延期最长不得超过原订期限的一半，贷款方未同意延期或未办理延期手续的逾期贷款，加收罚息。”保证人沁水县汽车运输公司（下称“汽运公司”）在合同上签字、盖章，认可了这一条款。合同履行期限届满前四天，借款方供销公司提出了延期还款申请，贷款方沁水农行同意延期还款的期限恰是原借款合同履行期的一半。借款合同当事人双方的行为，应视为符合借款合同第六条规定。因此，债权人沁水农行在诉讼时效期限内向保证人主张权利，保证人汽运公司的保证责任不应免除。

特此函复

最高人民法院
关于中国农业银行哈尔滨市分行道里办事处诉民革哈尔滨市委及三棵树粮库借款担保合同纠纷一案中三棵树粮库是否承担担保责任的复函

（1993年4月3日　法函〔1993〕27号）

黑龙江省高级人民法院：

你院〔1992〕黑法经请字1号关于三棵树粮库、民革哈尔滨市委与农行道里办事处借款合同纠纷一案的请示报告收悉。经研究，答复如下：

同意你院关于三棵树粮库"以库存粮食和物资作担保"无效的意见。对造成该担保无效，担保人三棵树粮库和债权人农行道里办事处都有过错，三棵树粮库应负主要责任，农行道里办事处也有责任。担保人三棵树粮库应对农行道里办事处无法收回的贷款本息承担与其过错相适应的赔偿责任，其余由农行道里办事处自行承担。

此复。

最高人民法院
关于贵阳第二城市信用社向中国北方公司深圳分公司出具的函是否具有担保性质问题的答复

（1993年7月19日　法函〔1993〕59号）

广东省高级人民法院：

你院粤法执请字第〔1993〕4号《关于贵阳第二城市信用社向中国北方公司深圳分公司出具担保函的事实真相及有关法律问题》的请示收悉。经研究，答复如下：

1987年4月21日贵阳第二城市信用社（简称信用社）向中国北方公司深

圳分公司（简称深圳分公司）出具的函的内容说明，信用社的责任仅在于对深圳分公司的103.5万元货款实行监督支付和在什么情况下将此款退汇原单位。该函括号内的“如果交易合同不能执行款退汇原单位”应理解为如交易合同不能履行，存于127007临时账户的103.5万元货款退汇原单位，并无信用社保证交易合同全面履行的意思表示。信用社的责任既不是代为履行合同，也不是连带责任。联系深圳分公司与贵阳云桥经济开发公司1987年4月22日签订的出口产品收购合同中“甲方来人带全款，收到商检局品质、数量证书及铁路发运通知书后付款”，以及信用社依据函中的表示已经分四次将深圳分公司的货款全部支付，履行了保证监督支付义务的实际情况，购销合同未能全部履行，与信用社无任何法律关系。因此，你院应依法对深圳市中级人民法院〔1990〕深中法经监字第26号民事判决中的错误予以纠正。

最高人民法院
关于吉林省高级人民法院请示的经济合同纠纷案有关保证人保证责任问题的复函

（1995年4月17日　法函〔1995〕39号）

吉林省高级人民法院：

你院吉高法〔1994〕57号报告收悉。经研究，答复如下：

本案中国投资银行吉林省分行与吉林市国营8270厂、吉林省轻工业品进出口公司与中国投资银行吉林省分行之间分别为主合同和保证合同法律关系。由于保证合同中未约定保证责任期限，故该保证人应当在被保证人吉林市国营8270厂承担责任的期限内承担保证责任。本案主合同债权人于贷款期限届满后多次找主债务人催要贷款，主合同诉讼时效中断，债权人在两年诉讼时效内向主债务人主张了权利。依照《最高人民法院关于审理经济合同纠纷案件有关保证的若干问题的规定》第29条之规定，保证合同未约定保证责任期限的，主债务的诉讼时效中断，保证债务的诉讼时效亦中断，故本案保证人吉林省轻工业品进出口公司仍应承担保证责任。

最高人民法院
关于湖南省高级人民法院请示的株洲钢厂与湘潭亨发工贸公司等购销合同纠纷一案有关保证人保证责任问题的复函

（1995年5月4日　法函〔1995〕54号）

湖南省高级人民法院：

你院〔1995〕湘高经请字第03号请示报告收悉。关于株洲钢厂与湘潭亨发工贸公司等购销合同纠纷一案保证人的保证责任问题，经研究，现答复如下：

一、按照本案当事人所订购销合同保证条款中关于“需方付出600万元预付款往农行湘潭县支行，此款由收款银行出具保证专款专用”的约定，供方湘潭亨发工贸公司的保证人农行湘潭县支行监督支付预付款专款专用的保证是明确的，可以认定。根据《最高人民法院关于审理经济合同纠纷案件有关保证的若干问题的规定》第9条，本案保证人如未尽监督义务造成预付款流失的，应对流失的资金承担连带责任。

在合同保证条款中关于“如供方违约，该银行将协助需方所付600万元的预付款的偿还责任，并负责追交5%的违约金给需方”的约定，按文意理解，系指保证人对预付款和违约金承担合同约定的协助偿还和追交的责任。“协助”偿还预付款和“负责追交”违约金都不是代为清偿，故保证人不应对此承担连带清偿责任。

二、在本案600万元预付款的支付中，哪些款项的支付属于专款专用，哪些款项的支付不属于专款专用，各方有何过错，你院可在二审中进一步查实、分清责任后，依法公正作出处理。

此复。

最高人民法院
对安徽省高级人民法院关于借款担保合同纠纷请示问题的答复

（1995年11月6日　法函〔1995〕142号）

安徽省高级人民法院：

你院经终字〔1994〕第110—1号“关于淮北矿务局临涣煤矿与中国农业银行濉溪县支行韩村营业所、濉溪县韩村镇人民政府借款担保合同纠纷上诉一案的请示报告”收悉，经研究，答复如下：

一、同意你院审判委员会第一种意见。对于中国农业银行担保借款协议书第八条的理解问题，该行农银函〔1991〕226号函解释其含义是：借款方应当按期归还贷款本息、贷款到期后一个月内先由借款方负责偿还，其间借款方不能偿还的，则由担保单位（或担保人）代为偿还。“一个月”是对担保单位（或者担保人）承担责任的宽限期，而不是担保责任期限，即贷款逾期一个月后，担保人开始承担担保责任。

二、保证责任的期限是指依法律的规定或当事人的约定，保证人只在一定的期限内承担保证责任。我院《关于审理经济合同纠纷案件有关保证的若干问题的规定》第十一条规定，保证合同中没有约定保证责任期限或者约定不明确的，保证人应当在被保证人承担责任的期限内承担保证责任。本案中合同没有具体约定保证人的保证期限，对这种保证责任期限的起算点应从主债务履行期限届满之次日起计算，在被保证人承担责任的期限内承担保证责任。

此复。

最高人民法院

关于四川省汽车运输成都公司与四川省农村信托投资公司担保借款纠纷一案中四川省汽车运输成都公司应否承担保证责任的复函

（1996 年 10 月 30 日）

四川省高级人民法院：

你院（1992）川高法申民字第 6 号关于四川省汽车运输成都公司与四川省农村信托投资公司担保借款纠纷一案的请示报告收悉。经研究认为：借款方四川省汽车运输成都公司商业公司（以下简称商业公司）在担保方四川省汽车运输公司（以下简称成都公司）不知晓的情况下，擅自改变合同约定的贷款用途，将贷得的 250 万元挪作他用，属改变合同的主要内容。贷款方四川省农村信托投资公司（以下简称投资公司）收到借款方商业公司的退回款 250 万元后，以“代单位转款”名义擅自划转 170 万元给借款方商业公司使用，是投资公司的过错。据此，成都公司不应承担担保责任。

最高人民法院

关于正确确认企业借款合同纠纷案件中有关保证合同效力问题的通知

（1998 年 9 月 14 日　法〔1998〕85 号）

各省、自治区、直辖市高级人民法院，新疆维吾尔自治区高级人民法院生产建设兵团分院：

近来发现一些地方人民法院在审理企业破产案件或者与破产企业相关的银行贷款合同纠纷案件中，对所涉及的债权保证问题，未能准确地理解和适用有关法律规定，致使在确认保证合同的效力问题上出现偏差，为此特作如下通知：

各级人民法院在处理上述有关保证问题时，应当准确理解法律，严格依法确认保证合同（包括主合同中的保证条款）的效力。除确系因违反担保法及有关司法解释的规定等应当依法确认为无效的情况外，不应仅以保证人的保证系因地方政府指令而违背了保证人的意志，或该保证人已无财产承担保证责任等原因，而确认保证合同无效，并以此免除保证责任。

特此通知。

最高人民法院研究室
关于县级以上供销合作社联合社能否作为保证人问题的复函

（1999年6月30日　法研〔1999〕10号）

河南省高级人民法院：

你院豫高法〔1998〕152号《关于县级以上供销合作社联合社能否作为保证人的请示》收悉，经研究，答复如下：

1999年1月28日国务院国发〔1999〕5号《国务院关于解决当前供销合作社几个突出问题的通知》的规定，全国供销合作总社和省、市（地）级联社“所需经费列入同级财政预算，不再向所办企业提取管理费”；县级供销合作社的主要任务是对基层社进行指导、监督和协调，在性质、组织、经费等方面不同于一般的企业，还承担国家委托的政策性业务。因此，1999年1月28日国发〔1999〕5号文件发布后，县级以上供销合作社不符合担保法第七条的规定，不能作为保证人。但1995年2月28日印发的《中共中央、国务院关于深化供销合作社改革的决定》规定：“各级供销合作社是自主经营、自负盈亏、独立核算、照章纳税、由社员民主管理的群众性经济组织，具有独立法人地位，依法享有独立进行经济、社会活动自主权。”所以，在1999年1月28日国发〔1999〕5号文件发布前，供销合作社联合社符合担保法第七条规定的，可以作担保人。

最高人民法院
关于因法院错判导致债权利息损失扩大保证人应否承担责任问题的批复

法释〔2000〕24号

（2000年7月20日最高人民法院审判委员会第1126次会议通过
2000年8月8日最高人民法院公告公布　自2000年8月12日起施行）

四川省高级人民法院：

你院川高法〔1999〕72号《关于因法院错判导致资金利息扩大的部分损失保证人应否承担责任的请示》收悉。经研究，答复如下：

依照《中华人民共和国担保法》第二十一条的规定，除合同另有约定的外，主债权的利息是指因债务人未按照合同约定履行义务而产生的利息。因法院错判引起债权利息损失扩大的部分，不属于保证担保的范围，保证人不承担责任。

此复。

最高人民法院
关于沈阳市信托投资公司是否应当承担保证责任问题的答复

（2001年8月22日　法民二〔2001〕50号）

辽宁省高级人民法院：

你院〔1999〕辽经初字第48号关于“沈阳市信托投资公司是否应当承担保证责任的请示”收悉。经研究，答复如下：

我国担保法所规定的保证，是指保证人和债权人约定，当债务人不履行债务时，保证人按照约定履行债务或者承担责任的行为。这里所称“保证人和债权人约定”系指双方均为特定人的一般情况。由于公司向社会公开发行债券时，认购人并不特定，不可能要求每一个认购人都与保证人签订书面保证合同，因此，不能机械地理解和套用《担保法》中关于“保证”的定义。向社会公开发行债券时，债券发行人与代理发行人或第三人签订担保合同，该担保合同同样具有证明担保人之真实意思表示的作用。而认购人的认购行为即表明其已接受担保人作出的担保意思表示。你院请示中的第一种意见，即只要沈阳市信托投资公司的保证意思是自愿作出的，且其内容真实，该保证合同即应为有效，该公司应对其担保的兑付债券承担保证责任，是有道理的。

以上意见，请参考。

最高人民法院
关于湖北横向经济物资贸易公司与中国冶金进出口湖北公司、中国农业银行武汉市分行汉口支行返还保证金请示案的答复

（2002年2月27日 〔2001〕民监他字第8号）

湖北省高级人民法院：

你院鄂高法〔2001〕127号《关于湖北横向经济贸易公司与中国冶金进出口湖北公司、中国农业银行武汉市分行汉口支行返还保证金一案的请示》收悉。经本院审判委员会研究，答复如下：

一、中国农业银行武汉市分行汉口支行强行划拨保证金，抵还其对中国冶金进出口湖北公司贷款的行为没有法律依据，构成侵权，应承担民事责任。

二、（略）

最高人民法院
关于处理担保法生效前发生保证行为的保证期间问题的通知

（2002 年 8 月 1 日　法〔2002〕144 号）

各省、自治区、直辖市高级人民法院，解放军军事法院，新疆维吾尔自治区高级人民法院生产建设兵团分院：

我院于 2000 年 12 月 8 日公布法释〔2000〕44 号《关于适用〈中华人民共和国担保法〉若干问题的解释》后，一些部门和地方法院反映对于担保法实施前发生的保证行为如何确定保证期间问题没有作出规定，而我院于 1994 年 4 月 15 日公布的法发〔1994〕8 号《关于审理经济合同纠纷案件有关保证的若干问题的规定》对此问题亦不十分明确。为了正确审理担保法实施前的有关保证合同纠纷案件，维护债权人和其他当事人的合法权益，经商全国人大常委会法制工作委员会同意，现就有关问题通知如下：

一、对于当事人在担保法生效前签订的保证合同中没有约定保证期限或者约定不明确的，如果债权人已经在法定诉讼时效期间内向主债务人主张了权利，使主债务没有超过诉讼时效期间，但未向保证人主张权利的，债权人可以自本通知发布之日起 6 个月（自 2002 年 8 月 1 日至 2003 年 1 月 31 日）内，向保证人主张权利。逾期不主张的，保证人不再承担责任。

二、主债务人进入破产程序，债权人没有申报债权的，债权人亦可以在上述期间内向保证人主张债权；如果债权人已申报了债权，对其在破产程序中未受清偿的部分债权，债权人可以在破产程序终结后 6 个月内向保证人主张。

三、本通知发布时，已经终审的案件、再审案件以及主债务已超过诉讼时效的案件，不适用本通知。

最高人民法院经济审判庭
关于对中国银行中银发〔2002〕45号请示的答复

（2002年10月14日）

中国银行：

你行《〈关于处理担保法生效前发生保证行为的保证期间问题的通知〉适用问题的请示》（中银发〔2002〕45号）已收悉。经研究，答复如下：

根据本院1994年4月15日发布的《关于审理经济合同纠纷案件有关保证的若干问题的规定》（法发〔1994〕8号）第11条规定，保证合同中没有约定保证责任期限或者约定不明确的，保证人应当在被保证人承担责任的期限内承担保证责任。在主债权已超过2年诉讼时效后，债权人和债务人又对原债务予以重新确认的，不符合本院《关于处理担保法生效前发生保证行为的保证期间问题的通知》（法〔2002〕144号）第一条关于“债权人已经在法定诉讼时效期间内向主债务人主张了权利，使主债务没有超过诉讼时效期间”的规定条件。在此情况下，不能认为“主债权没有丧失诉讼时效”。既然原主债务之诉讼时效已经届满，则保证期间亦随之届满。如保证人未对重新确认后的债务提供担保，则保证人对该债务不再承担保证责任。

此复。

最高人民法院
对《关于担保期间债权人向保证人主张权利的方式及程序问题的请示》的答复

（2002年11月22日 〔2002〕民二他字第32号）

青海省高级人民法院：

你院〔2002〕青民二字第10号《关于担保期间债权人向保证人主张权利的方式及程序问题的请示》收悉。经研究，答复如下：

1. 本院2002年8月1日下发的《关于处理担保法生效前发生保证行为的

保证期间问题的通知》第一条规定的“向保证人主张权利”和第二条规定的“向保证人主张债权”，其主张权利的方式可以包括“提起诉讼”和“送达清收债权通知书”等。其中“送达”既可由债权人本人送达，也可以委托公证机关送达或公告送达（在全国或省级有影响的报纸上刊发清收债权公告）。

2. 该《通知》第二条的规定的意义在于，明确当主债务人进入破产程序，在“债权人没有申报债权”或“已经申报债权”两种不同情况下，债权人应当向保证人主张权利的期限。根据《最高人民法院关于适用〈中华人民共和国担保法〉若干问题的解释》第四十四条第一款的规定，在上述情况下，债权人可以向人民法院申报债权，也可以向保证人主张权利。因此，对于债权人申报了债权，同时又起诉保证人的保证纠纷案件，人民法院应当受理。在具体审理并认定保证人应承担保证责任的金额时，如需等待破产程序结束的，可依照《中华人民共和国民事诉讼法》第一百三十六条第一款第（五）项的规定，裁定中止诉讼。人民法院如径行判决保证人承担保证责任，应当在判决中明确应扣除债权人在债务人破产程序中可以分得的部分。

此复。

最高人民法院
关于涉及担保纠纷案件的司法解释的适用和保证责任方式认定问题的批复

法释〔2002〕38号

（2002年11月11日最高人民法院审判委员会第1256次会议通过
2002年11月23日最高人民法院公告公布　自2002年12月6日起施行）

山东省高级人民法院：

你院鲁法民二字〔2002〕2号《关于担保法适用有关问题的请示》收悉。经研究，答复如下：

一、最高人民法院法发〔1994〕8号《关于审理经济合同纠纷案件有关保证的若干问题的规定》，适用于该规定施行后发生的担保纠纷案件和该规定施行前发生的尚未审结的第一审、第二审担保纠纷案件。该规定施行前判决、裁定已经发生法律效力的担保纠纷案件，进行再审的，不适用该《规定》。《中华人民共和国担保法》生效后发生的担保行为和担保纠纷，适用担保法和担保法相关司法解释的规定。

二、担保法生效之前订立的保证合同中对保证责任方式没有约定或者约定不明的，应当认定为一般保证。保证合同中明确约定保证人在债务人不能履行债务时始承担保证责任的，视为一般保证。保证合同中明确约定保证人在被保证人不履行债务时承担保证责任，且根据当事人订立合同的本意推定不出为一般保证责任的，视为连带责任保证。

在本批复施行前，判决、裁定已经发生法律效力的担保纠纷案件，当事人申请再审或者按审判监督程序决定再审的，不适用本批复。

此复。

最高人民法院
关于已承担保证责任的保证人向其他保证人行使追偿权问题的批复

法释〔2002〕37号

（2002年11月11日最高人民法院审判委员会第1256次会议通过
2002年11月23日最高人民法院公告公布　自2002年12月5日起施行）

云南省高级人民法院：

你院云高法〔2002〕160号《关于已经承担了保证责任的保证人向保证期间内未被主张保证责任的其他保证人行使追偿权是否成立的请示》收悉。经研究，答复如下：

根据《中华人民共和国担保法》第十二条的规定，承担连带责任保证的保证人一人或者数人承担保证责任后，有权要求其他保证人清偿应当承担的份额，不受债权人是否在保证期间内向未承担保证责任的保证人主张过保证责任的影响。

此复。

最高人民法院
关于对外国企业派驻我国的代表处以代表处名义出具的担保是否有效及外国企业对该担保行为应承担何种民事责任的请示的复函

（2003 年 6 月 12 日　〔2002〕民四他字第 6 号）

上海市高级人民法院：

你院 2001 年 12 月 27 日〔2000〕沪高经终字第 587 号《关于外国企业派驻我国的代表处以代表处名义出具的担保是否有效及外国企业对该担保行为应承担何种民事责任的请示》收悉。经本院审判委员会讨论，答复如下：

外国企业派驻我国的代表处，不是该外国企业的分支机构或者职能部门，而是该外国企业的代表机构，对外代表该外国企业。代表处在我国境内的一切业务活动，应当由其所代表的外国企业承担法律责任。本案中，南通市对外贸易公司是在大象交易株式会社上海代表处的介绍下与金达莱国际贸易有限公司形成委托代理关系的。在整个业务活动中，大象交易株式会社上海代表处一直以大象交易株式会社的名义与南通市对外贸易公司商谈、签订买卖合同和提供担保。该代表处在买卖合同上加盖大象交易株式会社的印章以及在担保书上加盖大象交易株式会社上海代表处的印章的行为，均代表大象交易株式会社本身，应由大象交易株式会社直接承担民事责任。

此复。

附：

上海市高级人民法院
关于外国企业派驻我国的代表处以代表处名义出具的担保是否有效及外国企业对该担保行为应承担何种民事责任的请示

（2001年12月27日 〔2000〕沪高经终字第587号）

最高人民法院：

我院在审理上诉人（原审原告）南通市对外贸易公司中联贸易部（以下简称南通公司）与被上诉人韩国大象交易株式会社（以下简称大象会社）担保纠纷一案中，查明大象会社上海代表处因不具备法人资格，在未经大象会社明确授权的情况下，以自己的名义出具担保书，该担保行为是否有效及大象会社对该担保行为如何承担民事责任存在分歧，经我院审判委员会讨论，决定请示钧院。

一、案件的基本情况及一审法院判决结果

宁波保税区金达莱国际贸易有限公司（以下简称金达莱公司）向大象会社进口塑料粒子，因金达莱公司无进出口权，遂由大象会社将南通公司介绍给金达莱公司，由金达莱公司委托南通公司代理进口。1998年8月5日南通公司代理金达莱公司以南通公司名义与大象会社签订买卖合同，同日南通公司与金达莱公司签订《进口开证代理协议》，约定由金达莱公司委托南通公司开立信用证进口大象会社塑料粒子，同时约定大象会社必须提供相应的担保书给南通公司。大象会社上海代表处向南通公司出具了安全收款的担保书。买卖合同与担保书均由大象会社上海代表处的两位经办人在该代表处首席代表郑在京的授意下具体经办。但两经办人在买卖合同中加盖的是大象会社章，在担保书上加盖的是上海代表处章。大象会社上海代表处系大象会社派驻机构，无独立法人资格，经我国工商行政管理局审核准予登记注册，其登记证上载明业务范围是“从事化工产品、食品进出口贸易及相关投资的业务联络”。现南通公司已付清信用证项下款项，由于金达莱公司未支付信用证付汇款人民币1159688.10元，经南通仲裁委员会仲裁裁决，金达莱公司支付货款及利息，但因主债务人无财产可供执行，南通公司遂向上海市第一中级人民

法院起诉，要求判令大象会社承担担保责任。一审法院认为：大象会社上海代表处是大象会社的分支机构，不具有独立法人资格，在未经大象会社同意及授权的情况下，以自己的名义出具担保书，该担保行为无效。因南通公司无法提供确凿证据证明金达莱公司已收到上述货物。遂判决：南通公司要求大象会社履行担保义务支付货款的诉讼请求不予支持。

二、二审法院处理意见

二审法院审理期间查明，作为实际买方的金达莱公司已收到货物，故认为原审法院以主债务人未收到货物为由驳回债权人对担保人的诉讼请求没有事实依据。但对于大象会社对其派驻机构上海代表处的担保行为应如何承担责任意见不一。合议庭在评议中形成三种不同意见。

第一种意见认为：大象会社上海代表处作为外国企业在上海的常驻代表机构，虽经国家工商行政管理机关审核准予登记注册，其登记证上明确业务范围是从事业务联络，但并未取得营业执照，不符合公司法中关于外国公司在我国境内设立分支机构的法定条件，代表处相当于联络处，是从事非直接经营活动的代表机构。故应认定上海代表处系大象会社的职能部门，南通公司在与上海代表处洽谈和确认上海代表处出具的担保书时，知道或应当知道上海代表处在工商登记注册业务范围，根据担保法司法解释第十八条规定，保证无效造成损失由债权人南通公司自行承担，大象会社对上海代表处无效担保不承担担保责任。

第二种意见认为：大象会社与金达莱公司实际存在贸易关系，但因金达莱公司没有代理进口权，遂由大象会社将南通公司介绍给金达莱公司，在大象会社与南通公司签订买卖合同的同时，由南通公司与金达莱公司签订进口代理协议，信用证的受益人也是大象会社，在整个经营活动中始终由上海代表处的两位经办人具体经办，在与南通公司的合同中加盖大象会社的章，而出具的担保书上却盖的是上海代表处的章，两经办人的经营行为是在上海代表处首席代表郑在京的授意下进行，郑在京当时是大象会社的科长，由此应推定大象会社是明知上海代表处出具担保书，由于大象会社在本案中是买卖合同中的卖方，是信用证的受益人，大象会社上海代表处的担保行为是为了大象会社的利益，并未损害其法人的利益。南通公司有理由认为大象会社上海代表处的担保行为代表大象会社，上海代表处的担保行为构成表见代理，大象会社应承担全部责任。

第三种意见认为：不宜简单地将上海代表处归类为分支机构或职能部门。从法律要件分析，外国公司代表处既不是分支机构，也不是职能部门。但由于其经中国政府许可，可以代表公司在中国境内从事一定活动，其具有代表公司为一定行为的行为能力，类似于外国公司分支机构代表公司在中国境内从事生产经营活动，而不同于职能部门，不具有代表公司活动的行为能力。因此，在民事责任承担方面，外国公司代表处可以准用有关外国公司分支机构在中国境内从事民事活动的责任承担规定。此外，根据《对外贸易经济合作部关于审批和管理外国企业在华常驻代表机构的实施细则》规定，“外国企业对其设立的常驻代表机构在我国境内的一切业务活动应承担法律责任”。本案中，上海代表处是大象会社派出的在中国境内的常驻机构，其未经大象会社授权出具担保，债权人南通公司应当知道上海代表处无权对外担保仍与之签订担保书，显然存在过错，故导致担保无效双方均有过错。根据我国担保法司法解释第七条、第十七条规定，大象会社承担民事责任的部分，不应超过债务人不能清偿部分的二分之一。

我院审判委员会经讨论，倾向同意合议庭的第二种意见。

三、本案需请示的问题

我国已加入 WTO，对类似于大象会社上海代表处在我国派出机构从事民商事活动必将越来越多，外国企业代表处往往代表外国企业在我国从事民商事活动，作为外国企业，为追求效益和受经济利益的驱动，一般均由代表处出面洽谈，而由于外国企业派出代表机构的性质在法律上尚无明确规定、极易产生纠纷。为了规范市场秩序，拟就以下问题请示钧院：

1. 外国企业的派出机构性质应如何界定？是否具有担保的主体资格？

2. 本案大象会社应承担何种民事责任？请批示。

最高人民法院
关于在保证期间内保证人在债权转让协议上签字并承诺履行原保证义务能否视为债权人向担保人主张过债权及认定保证合同的诉讼时效如何起算等问题请示的答复

（2003 年 9 月 8 日 〔2003〕民二他字第 25 号）

云南省高级人民法院：

你院云高法报〔2003〕5 号《关于在保证期间内，保证人在债权转让协议上签字并承诺履行原保证义务，能否视为债权人向担保人主张过债权，从而认定保证合同的诉讼时效从签字时起算的请示报告》收悉。经研究，答复如下：

《中华人民共和国担保法》（以下简称《担保法》）第二十六条第一款规定的债权人要求保证人承担保证责任应包括债权人在保证期间内向保证人主动催收或提示债权，以及保证人在保证期间内向债权人作出承担保证责任的承诺两种情形。请示所涉案件的保证人——个旧市配件公司于保证期间内，在所担保的债权转让协议上签字并承诺“继续履行原保证合同项下的保证义务”即属《担保法》第二十六条第一款所规定的债权人要求保证人承担保证责任的规定精神。依照本院《关于适用〈中华人民共和国担保法〉若干问题的解释》第三十四条第二款的规定，自保证人个旧市配件公司承诺之日起，保证合同的诉讼时效开始计算。故同意你院第一种意见。

此复。

最高人民法院
关于甘肃省高级人民法院就在诉讼时效期间债权人依法将主债权转让给第三人保证人是否继续承担保证责任等问题请示的答复

（2003年10月20日　〔2003〕民二他字第39号）

甘肃省高级人民法院：

你院甘高法〔2003〕176号请示收悉。经研究，答复如下：

一、在诉讼时效期间，凡符合《中华人民共和国合同法》第八十一条和《中华人民共和国担保法》第二十二条规定的，债权人将主债权转让给第三人，保证债权作为从权利一并转移，保证人在原保证担保的范围内继续承担保证责任。

二、按照《关于适用〈中华人民共和国担保法〉若干问题的解释》第三十六条第一款的规定，主债务诉讼时效中断，连带保证债务诉讼时效不因主债务诉讼时效中断而中断。按照上述解释第三十四条第二款的规定，连带责任保证的债权人在保证期间内要求保证人承担保证责任的，自该要求之日起开始计算连带保证债务的诉讼时效。《最高人民法院对〈关于贯彻执行最高人民法院“十二条”司法解释有关问题的函〉的答复》是答复四家资产管理公司的，其目的是为了最大限度地保全国有资产。因此，债权人对保证人有公告催收行为的，人民法院应比照适用《最高人民法院关于审理涉及金融资产公司收购、管理、处置国有银行不良贷款形成的资产的案件适用法律若干问题的规定》第十条的规定，认定债权人对保证债务的诉讼时效中断。

此复。

最高人民法院
关于对甘肃省高级人民法院甘高法〔2003〕183号请示的答复

（2003年11月28日　〔2003〕民二他字第40号）

甘肃省高级人民法院：

你院甘高法〔2003〕183号《关于担保法生效前签订的保证合同没有约定保证期限，主债务没有超过诉讼时效，债权人向保证人主张过权利的，能否适用最高人民法院〈关于处理担保法生效前发生保证行为的保证期间问题的通知〉的请示》收悉。经研究，答复如下：

本院2002年8月1日下发的法〔2002〕144号《关于处理担保法生效前发生保证行为的保证期间问题的通知》（以下简称144号通知）第一条中“未向保证人主张权利的”一语，系对当时中国信达资产管理公司等四家资产管理公司所受让债权的状态描述，并非是适用该通知的必要条件。因此，对于“担保法生效前签订的保证合同中没有约定保证期限或约定不明确的”，只要“主债务没有超过诉讼时效期间”，无论债权人是否向保证人主张过权利，均不影响债权人依照144号通知规定，向保证人主张权利。同意你院审判委员会的第一种意见。

此复。

最高人民法院
关于对云南省高级人民法院就如何适用《关于适用〈中华人民共和国担保法〉若干问题的解释》第四十四条请示的答复

（2003 年 12 月 24 日　〔2003〕民二他字第 49 号）

云南省高级人民法院：

你院〔2003〕云高民二终字第 149 号请示收悉。经研究，答复如下：

《关于适用〈中华人民共和国担保法〉若干问题的解释》（以下简称担保法司法解释）第四十四条第二款规定的债权人应在破产程序终结后六个月内要求保证人承担保证责任的规定，仅适用于债务人在破产程序开始时保证期间尚未届满，而在债权人申报债权参加清偿破产财产程序期间保证期间届满的情形。即在上述情况下，考虑到债权人在债务人破产期间不便对保证人行使权利，债权人可以在债务人破产终结后六个月内要求保证人承担保证责任。你院请示的昆明电缆厂与交通银行昆明分行、昆明电缆股份有限公司担保借款合同纠纷案中，债权人交通银行昆明分行已经在保证期间内、债务人破产程序前要求保证人承担保证责任，因此，不适用担保法司法解释第四十四条第二款的规定。

此复。

最高人民法院
关于人民法院应当如何认定保证人在保证期间届满后又在催款通知书上签字问题的批复

法释〔2004〕4号

（2004年3月23日最高人民法院审判委员会第1312次会议通过
2004年4月14日最高人民法院公告公布　自2004年4月19日起施行）

云南、河北、四川省高级人民法院：

云高法〔2003〕69号《关于保证人超过保证期间后又在催款通知书上签字应如何认定性质和责任的请示》、〔2003〕冀民二请字第1号《关于如何认定已过了保证期间的保证人在中国长城资产管理公司〈债权转移确认通知书〉上盖章的民事责任的请示》和川高法〔2003〕266号《关于保证期届满后保证人与债务人同日在催款通知书上签字或者盖章的法律效力问题的请示》收悉。经研究，答复如下：

根据《中华人民共和国担保法》的规定，保证期间届满债权人未依法向保证人主张保证责任的，保证责任消灭。保证责任消灭后，债权人书面通知保证人要求承担保证责任或者清偿债务，保证人在催款通知书上签字的，人民法院不得认定保证人继续承担保证责任。但是，该催款通知书内容符合合同法和担保法有关担保合同成立的规定，并经保证人签字认可，能够认定成立新的保证合同的，人民法院应当认定保证人按照新保证合同承担责任。

此复。

最高人民法院
关于交通银行香港分行与港云基业有限公司、云浮市人民政府等借款担保合同纠纷上诉一案《承诺函》是否构成担保问题的请示的复函

（2006年10月11日　〔2006〕民四他字第27号）

广东省高级人民法院：

你院〔2004〕粤高法民四终字第153号《关于交通银行香港分行与港云基业有限公司、云浮市人民政府等借款担保合同纠纷上诉一案〈承诺函〉是否构成担保问题的请示》收悉。经研究，答复如下：

对于云浮市人民政府出具的《承诺函》是否构成我国《担保法》意义上的保证，应由你院根据云浮市人民政府出具《承诺函》的背景情况、《承诺函》的内容以及查明的其他事实情况作出认定；

在对外担保的案件中，我国境内公民个人向境外债权人提供的担保，若存在最高人民法院《关于适用〈中华人民共和国担保法〉若干问题的解释》第六条规定之情况，应依法认定为无效。本案中我国境内公民赖斌、陈兢向交通银行香港分行提供的担保是否存在上述情况，应由你院依法审查。

此复。

附：

广东省高级人民法院
关于交通银行香港分行与港云基业有限公司、云浮市人民政府等借款担保合同纠纷上诉一案《承诺函》是否构成担保问题的请示报告

（2006年5月10日 〔2004〕粤高法民四终字第153号）

最高人民法院：

我院审理上诉人（原审被告）港云基业有限公司（以下简称港云公司）、云浮市人民政府（以下简称云浮市政府）、云浮市能源交通发展总公司（以下简称能源总公司）、赖斌、陈兢、刘杰光、吴尚国与被上诉人（原审原告）交通银行香港分行（以下简称香港交行）借款担保合同纠纷一案，就政府《承诺函》是否构成担保的问题有不同意见，特向钧院请示如下：

一、案件基本情况

1995年5月16日，云浮市政府向香港交行出具一份《承诺函》，称："港云公司是我云浮市政府之驻港公司，为进一步发展该公司之对外贸易业务，该公司特向贵行申请一般信用证、信托提货、背对背信用证及透支额度（银行便利共伍仟万港元）。上述申请授信额度业经我市政府批准同意，请贵行根据该公司的业务发展实际需要，给予支持。我市政府愿意督促该驻港公司切实履行还款责任，按时归还贵行贷款本息。如该公司出现逾期或拖欠贵行的贷款本息情况，我市政府将负责解决，不使贵行在经济上蒙受损失。"

之后，香港交行与港云公司签订授信合同，向港云公司提供了透支、分期贷款、信用证、信托提货等银行信贷，在相关授信合同中将上述《承诺函》列为担保法律文件。

1998年9月2日，能源总公司与香港交行签订《保证合同》，担保港云公司在香港交行的主债务、利息、税费以及由此产生的一切费用不超过4000万港元，保证方式为连带责任保证，并约定保证合同是连续的、无条件的保证，适用中国法律。

2000年6月12日，港云公司与香港交行签订一份重组性质的信贷契约，确认结欠香港交行本金余额为：（1）透支部分港币1158513.37元；（2）分期

贷款部分港币 10276706.37 元；(3) 信用证部分港币 7133072.76 元；(4) 一次过信用证部分港币 3315000 元。另外对逾期利率和利息计算办法亦作了约定。该文件第三条是对担保文件的约定，内分两款。第一款题为"现已提供予银行下列所有之抵押品及/或法律文件仍然有效"，该款共分三项：第一项是港云公司提供的物业抵押，第二项为"由下列人士妥为签立关于偿还所有款项之个别及共同私人担保契：(Ⅰ) 陈兢；(Ⅱ) 赖斌；(Ⅲ) 刘杰光；(Ⅳ) 吴尚国"，第三项为"其他：(Ⅰ) 云浮市人民政府承诺函；(Ⅱ) 云浮市能源交通发展总公司保证合同"。港云公司董事赖斌、陈兢、刘杰光、吴尚国作为担保人在该文件上签字。

2000 年 7 月 17 日，香港交行委托顾恺仁律师事务所分别致函港云公司及云浮市政府、能源总公司、赖斌、陈兢、刘杰光、吴尚国，要求其履行义务。

为追索上述贷款，香港交行向香港高等法院起诉港云公司。2000 年 11 月 16 日，香港高等法院以 2000 年杂项法律程序第 4663 号命令，确认香港交行得向港云公司收回港币 15112555.95 元和美元 1049454.82 元连同未清缴的利息。港云公司须将抵押物业九龙广东道 30 号新港中心 1 座 6 楼 607 室写字楼管有权交香港交行。此后，香港交行通过执行抵押物业实际收回款项 8248801.75 港元，港云公司亦分两次还款 20 万港元。截至 2002 年 1 月 28 日，港云公司仍结欠香港交行本金 10216240.37 港元和 422409.33 美元。另结欠香港交行抵押物处置在内的费用支出 101569.06 港元和人民币 10750 元。香港交行于 2002 年 4 月 9 日向广州市中级人民法院起诉，请求判令港云公司偿还尚欠贷款本息及其他费用，云浮市政府、赖斌、陈兢、刘杰光、吴尚国承担保证担保责任，能源总公司承担连带清偿责任。

一审法院经审理认为，本案系涉港借款及担保合同纠纷，应当比照涉外案件处理。港云公司承认与香港交行的借款事实并同意还款，但对欠款数额存在异议。对此，香港交行提交的香港高等法院判决，有相关的证明债务发生的证据相印证，港云公司并未提出相反证据进行反驳，故香港高等法院判决所确定的债务数额，可作为本案事实认定。香港高等法院判决后，香港交行处置了抵押物业抵扣部分欠款。香港交行根据抵扣后的债权余额提出请求合理有据，予以支持。

云浮市政府出具的《承诺函》明确表明"如该公司出现逾期或拖欠贷款本息的情况，我市政府将负责解决，不使贵行在经济上蒙受损失"，其内容具有代港云公司偿还债务的意思，符合《民法通则》第八十九条关于"保证人向债权人保证债务人履行债务，债务人不履行债务的，按照约定由保证人履行或者承担连带责任"的规定，《承诺函》为香港交行接受，作为担保文件被列入有关信贷协议，故应认定香港交行与云浮市政府之间保证合同成立。我国内地法律明确禁止国家机关作为担保人，云浮市政府提供担保属于《民法通则》第五十八条关于违反法律的民事行为无效的情形，应当认定云浮市政府出具的《承诺函》无效。云浮市政府明知国家机关不能担任保证人而出具具有担保性质的《承诺函》；香港交行应当知道我国法律禁止国家机关担任保证人而接受云浮市政府的担保，对担保无效双方均有过错。云浮市政府应对港云公司不能偿还的债务部分承担二分之一的赔偿责任。

能源总公司与香港交行签订的《保证合同》属于对外担保，因未经国家外汇管理部门批准而无效，双方均有过错。对本案债务，能源总公司应当对港云公司不能清偿部分的二分之一承担赔偿责任。

赖斌、陈兢系我国内地居民，不具有提供对外担保的主体资格，为港云公司的债务提供的担保无效，应分别对港云公司不能清偿部分的债务的二分之一承担赔偿责任。刘杰光、吴尚国系香港居民，为港云公司的债务提供担保是其真实意思表示，故应依照约定承担担保责任。

综上，依照《民法通则》第五十八条第一款第（五）项、第六十一条第一款、《担保法》第五条第二款以及最高人民法院《关于贯彻执行〈民法通则〉若干问题的意见（试行）》第一百零六条、最高人民法院《关于适用〈担保法〉若干问题的解释》第六条第（一）项、第七条、第二十二条第一款的规定，一审法院判决：港云公司偿还香港交行本金港币 10216240.37 元、美元 422409.33 元及利息，清偿其他费用港币 101569.06 元和人民币 10750 元；对上述债务，刘杰光、吴尚国承担连带清偿责任；云浮市政府、能源总公司、赖斌、陈兢在港云公司不能偿还部分的范围内承担二分之一的赔偿责任。

港云公司、云浮市政府、能源总公司、赖斌、陈兢、刘杰光、吴尚国均不服原审判决，向我院提起上诉，请求撤销原判，驳回香港交行的诉请。

二、请示的问题

本案二审争议的焦点是：云浮市政府向香港交行出具的《承诺函》是督促还款性质的安慰函，还是具有担保还款性质的担保合同。

关于政府《承诺函》问题，广东省各级法院近年来审理的一批案件中都有涉及，措辞基本一致。2003 年，我院审判委员会在讨论〔2002〕粤高法民四终字第 55 号佛山市禅城区人民政府与交通银行香港分行担保纠纷上诉案时，认为《承诺函》中“政府将负责解决，不使银行在经济上蒙受损失”的表述，具有提供保证担保的意思表示，符合《担保法》第六条的精神，应认定构成保证担保。此后类似案件都按照该案精神下判。2005 年 1 月 4 日，钧院就〔2004〕民四终字第 5 号佛山市人民政府与交通银行香港分行担保纠纷上诉案作出终审判决，认为该案中《承诺函》并不构成我国担保法意义上的保证。《最高人民法院公报》2005 年第 11 期刊载了该案判决书。为妥善处理该类案件，我院审判委员会对本案所涉及的政府《承诺函》的性质及发函人的民事责任问题，再次进行讨论，形成了三种意见。

第一种意见认为，涉案《承诺函》具有为港云公司的借款提供保证担保的意思表示，构成法律意义上的担保，云浮市政府应承担相应的还款责任。理由为：1. 从《承诺函》产生的背景和用途来看，港云公司是云浮市政府在港窗口公司，因我国法律明确规定国家机关不得为保证人，云浮市政府不愿明确提供担保，但为融资需要，就采取出具《承诺函》的变通方式，实质是以其他形式实现担保的目的。香港交行正是基于云浮市政府出具的《承诺函》，相信政府会为其开办的公司负责，才为港云公司提供银行信贷，并在相关授信合同中将《承诺函》列为担保文件。2.《承诺函》虽然没有明确“担保”两字，但从函件内容和文字表述分析，其实质是为港云公司提供担保。“我市政府将负责解决，不使贵行在经济上蒙受损失”，应包含“政府负责解决”和“如果解决不了，政府承担责任”这两层意思。在其他解决手段不能奏效的情况下，代为清偿是最终、最直接的手段。3. 从本案当事人的其他行为来看，香港交行在与港云公司签订的一系列契约中，一直将《承诺函》列为担保法律文件，作为保证函对待，而且后来也向云浮市政府主张过担保权利。这表明香港交行对《承诺函》具有与保证合同相同的担保预期。在这一点上，本案与钧院〔2004〕民四终字第 5 号案中债权人没有把《承诺函》作为担保文件不同。4. 如果不认定《承诺函》构成担保，与市场经济的运行规则不符，会对政府的信誉带来负面影响，导致投资环境的恶化。

第二种意见认为，云浮市政府应在港云公司不能偿还香港交行本金部分的范围内承担二分之一的还款责任。理由是：综合整个案情看，云浮市政府出具的《承诺函》虽不构成法律意义上的担保，但在函件中明确承诺不使香港交行蒙受损失，当然也应包括代为清偿债务，发函人云浮市政府应兑现诺言，承担相应的民事责任。

第三种意见认为，涉案《承诺函》不构成担保，云浮市政府不应承担民事责任。理由是：《承诺函》是否具有担保性质应结合多方面因素认定。首先，从名称上看，是《承诺函》而非《担保函》，从内容措辞看，云浮市政府并没有承诺当港云公司不履行债务时，由其按照约定履行债务或者承担责任。《承诺函》中的“负责解决”，用语笼统、模糊，可以理解为督促港云公司还款的道义责任，根据“保证不能推定”的基本原则，该函不具有担保的法律效力。其次，香港交行作为中资银行，应该知道我国法律关于国家机关不能作为保证人的禁止性规定，香港交行在接受内容模糊的《承诺函》之后，又与能源总公司、赖斌、陈兢等人签订保证合同，说明香港交行接受《承诺函》

时对该函并不抱有担保的预期。钧院在类似案件中已对此类《承诺函》作了认定，倾向于参照认定本案《承诺函》不构成担保。

我院审判委员会倾向于第一种意见。

此外，本案还存在个人能否对外担保的问题。在对外担保的案件中，个人向域外债权人提供担保，我们倾向以个人不具有对外担保的资格而认定这种担保无效。

以上意见妥否，请批复。

第六章　其他商事合同

（一）运输合同

最高人民法院
关于印发《关于审理铁路运输损害赔偿案件若干问题的解释》的通知

（1994年10月27日　法发〔1994〕25号）

各省、自治区、直辖市高级人民法院，各铁路运输中级法院和基层法院：

现将《最高人民法院关于审理铁路运输损害赔偿案件若干问题的解释》印发给你们，请遵照执行。

附：

最高人民法院
关于审理铁路运输损害赔偿案件若干问题的解释

为了正确、及时地审理铁路运输损害赔偿案件，现就审判工作中遇到的一些问题，根据《中华人民共和国铁路法》（以下简称铁路法）和有关的法律规定，结合审判实践，作出如下解释，供在审判工作中执行。

一、实际损失的赔偿范围

铁路法第十七条中的“实际损失”，是指因灭失、短少、变质、污染、损坏导致货物、包裹、行李实际价值的损失。

铁路运输企业按照实际损失赔偿时，对灭失、短少的货物、包裹、行李，按照其实际价值赔偿；对变质、污染、损坏降低原有价值的货物、包裹、行李，可按照其受损前后实际价值的差额或者加工、修复费用赔偿。

货物、包裹、行李的赔偿价格按照托运时的实际价值计算。实际价值中未包含已支付的铁路运杂费、包装费、保险费、短途搬运费等费用的，按照损失部分的比例加算。

二、铁路运输企业的重大过失

铁路法第十七条中的“重大过失”，是指铁路运输企业或者其受雇人、代理人对承运的货物、包裹、行李明知可能造成损失而轻率地作为或者不作为。

三、保价货物损失的赔偿

铁路法第十七条第一款（一）项中规定的“按照实际损失赔偿，但最高不超过保价额。”是指保价运输的货物、包裹、行李在运输中发生损失，无论托运人在办理保价运输时，保价额是否与货物、包裹、行李的实际价值相符，均应在保价额内按照损失部分的实际价值赔偿，实际损失超过保价额的部分不予赔偿。

如果损失是因铁路运输企业的故意或者重大过失造成的，比照铁路法第十七条第一款（二）项的规定，不受保价额的限制，按照实际损失赔偿。

四、保险货物损失的赔偿

投保货物运输险的货物在运输中发生损失，对不属于铁路运输企业免责范围的，适用铁路法第十七条第一款（二）项的规定，由铁路运输企业承担赔偿责任。

保险公司按照保险合同的约定向托运人或收货人先行赔付后，对于铁路运输企业应按货物实际损失承担赔偿责任的，保险公司按照支付的保险金额向铁路运输企业追偿，因不足额保险产生的实际损失与保险金的差额部分，由铁路运输企业赔偿；对于铁路运输企业应按限额承担赔偿责任的，在足额保险的情况下，保险公司向铁路运输企业的追偿额为铁路运输企业的赔偿限额，在不足额保险的情况下，保险公司向铁路运输企业的追偿额在铁路运输企业的赔偿限额内按照投保金额与货物实际价值的比例计算，因不足额保险产生的铁路运输企业的赔偿限额与保险公司在限额内追偿额的差额部分，由铁路运输企业赔偿。

五、保险保价货物损失的赔偿

既保险又保价的货物在运输中发生损失，对不属于铁路运输企业免责范围的，适用铁路法第十七条第一款（一）项的规定由铁路运输企业承担赔偿责任。对于保险公司先行赔付的，比照本解释第四条对保险货物损失的赔偿处理。

六、保险补偿制度的适用

《铁路货物运输实行保险与负责运输相结合的补偿制度的规定（试行）》（简称保险补偿制度），适用于 1991 年 5 月 1 日铁路法实施以前已投保货物运输险的案件。铁路法实施后投保货物运输险的案件，适用铁路法第十七条第一款的规定，保险补偿制度中有关保险补偿的规定不再适用。

七、逾期交付的责任

货物、包裹、行李逾期交付，如果是因铁路逾期运到造成的，由铁路运输企业支付逾期违约金；如果是因收货人或旅客逾期领取造成的，由收货人或旅客支付保管费；既因逾期运到又因收货人或旅客逾期领取造成的，由双方各自承担相应的责任。

铁路逾期运到并且发生损失时，铁路运输企业除支付逾期违约金外，还应当赔偿损失。对收货人或者旅客逾期领取，铁路运输企业在代保管期间因保管不当造成损失的，由铁路运输企业赔偿。

八、误交付的责任

货物、包裹、行李误交付（包括被第三人冒领造成的误交付），铁路运输企业查找超过运到期限的，由铁路运输企业支付逾期违约金。不能交付的，或者交付时有损失的，由铁路运输企业赔偿。铁路运输企业赔付后，再向有责任的第三者追偿。

九、赔偿后又找回原物的处理

铁路运输企业赔付后又找回丢失、被盗、冒领、逾期等按灭失处理的货物、包裹、行李的，在通知托运人、收货人或旅客退还赔款领回原物的期限届满后仍无人领取的，适用铁路法第二十二条按无主货物的规定处理。铁路运输企业未通知托运人、收货人或者旅客而自行处理找回的货物、包裹、行李的，由铁路运输企业赔偿实际损失与已付赔款差额。

十、代办运输货物损失的赔偿

代办运输的货物在铁路运输中发生损失，对代办运输企业接受托运人的委托以自己的名义与铁路运输企业签订运输合同托运或领取货物的，如委托人依据委托合同要求代办运输企业向铁路运输企业索赔的，应予支持。对代办运输企业未及时索赔而超过运输合同索赔时效的，代办运输企业应当赔偿。

十一、人身伤亡的赔偿范围

铁路法第五十八条规定的因铁路行车事故及其他铁路运营事故造成的人身伤亡，包括旅客伤亡和路外伤亡。

人身伤亡，除铁路法第五十八条第二款列举的免责情况外，如果铁路运输企业能够证明人身伤亡是由受害人自身原因造成的，不应再责令铁路运输企业承担赔偿责任。

对人身伤亡的赔偿责任范围适用民法通则第一百一十九条的规定。1994年9月1日以后发生的旅客伤亡的赔偿责任范围适用国务院批准的《铁路旅客运输损害赔偿规定》。

十二、铁路旅客运送责任期间

铁路运输企业对旅客运送的责任期间自旅客持有效车票进站时起到旅客出站或者应当出站时止。不包括旅客在候车室内的期间。

十三、旅客伤亡的保险责任与运输责任

在铁路旅客运送责任期间发生旅客伤亡，属于《铁路旅客意外伤害强制保险条例》规定的保险责任范围的，铁路运输企业支付保险金后，对旅客伤亡不属于铁路运输企业免责范围的，铁路运输企业还应当支付赔偿金。

十四、第三者责任造成旅客伤亡的赔偿

在铁路旅客运送期间因第三者责任造成旅客伤亡，旅客或者其继承人要求铁路运输企业先予赔偿的，应予支持。铁路运输企业赔付后，有权向有责任的第三者追偿。

十五、索赔时效

对承运中的货物、包裹、行李发生损失或逾期，向铁路运输企业要求赔偿的请求权，时效期间适用铁路运输规章180日的规定，自铁路运输企业交付的次日起计算；货物、包裹、行李全部灭失的，自运到期限届满后第30日的次日起计算。但对在此期间内或者运到期限内已经确认灭失的，自铁路运输企业交给货运记录的次日起计算。

对旅客伤亡，向铁路企业要求赔偿的请求权，时效期间适用民法通则第一百三十六条第（一）项1年的规定。自到达旅行目的地的次日或者旅行中

止的次日起计算。

对路外伤亡，向铁路运输企业要求赔偿的请求权，时效期间适用民法通则第一百三十六条第（一）项1年的规定，自受害人受到伤害的次日起计算。

最高人民法院
关于国内水路货物运输纠纷案件法律问题的指导意见

（2012年12月24日　法发〔2012〕28号）

辽宁、天津、山东、上海、浙江、湖北、福建、广东、广西、海南省（自治区、直辖市）高级人民法院，大连、天津、青岛、上海、宁波、武汉、厦门、广州、北海、海口海事法院：

近年来，国内水路运输发展迅速，为促进国民经济的发展发挥了重要作用。水路运输市场的健康和有序发展，依赖于良好的市场环境和完善的法律保障。但是，与法律体系相对完善的国际海运相比，国内水路运输法律规范的滞后越来越突出，在一定程度上引发了国内水路货物运输纠纷案件的增长。我国目前没有专门针对内河航运的立法，内河航运的条例、规定多为部门规章，法规制度之间存在矛盾，海事审判存在诸多的不统一。为了加强我国海事司法对国内水路运输的保障作用，促进国内水路运输的规范发展，现就人民法院审理国内水路货物运输纠纷案件中的若干法律问题，提出以下指导意见：

一、尊重当事人意思自治，准确适用法律法规，统一国内水路货物运输纠纷案件裁判尺度

本指导意见中的国内水路货物运输纠纷是指由海事法院专门管辖的沿海和内河水路货物运输纠纷。

1. 人民法院审理国内水路货物运输合同纠纷案件，应当适用民法通则、合同法等法律的有关规定，同时可以参照《国内水路货物运输规则》的有关规定。海商法第四章海上货物运输合同的规定，不适用于国内水路货物运输。人民法院参照《国内水路货物运输规则》确定当事人权利义务时，应当在判决书说理部分引用论述，但不应作为判决书引用的法律依据。

2. 当事人在国内水路货物运单或者其他运输合同文件中明确约定其权利义务适用《国内水路货物运输规则》规定的，人民法院可以按照《国内水路货物运输规则》的有关规定确定合同当事人的权利义务。

二、依法认定国内水路货物运输合同效力，维护国内水路货物运输市场秩序

3. 根据《国内水路运输管理条例》和《国内水路运输经营资质管理规定》的有关规定，从事国内水路运输的企业和个人，应当达到并保持相应的经营资质条件，并在核定的经营范围内从事水路运输经营活动。没有取得国内水路运输经营资质的承运人签订的国内水路货物运输合同，人民法院应当根据合同法第五十二条第（五）项的规定认定合同无效。

4. 国内水路货物运输合同无效，但是承运人已经按照运输合同的约定将货物安全运输到约定地点，承运人请求托运人或者收货人参照合同的约定支付运费，人民法院可以适当予以保护。

国内水路货物运输合同无效，而且运输过程中货物发生了毁损、灭失，托运人或者收货人向承运人主张损失赔偿的，人民法院可以综合考虑托运人或者收货人和承运人对合同无效和货物损失的过错程度，依法判定相应的民事责任。

5. 人民法院审理国内水路货物运输纠纷案件过程中发现从事国内水路货物运输的承运人没有取得相应的运输经营资质，应及时向相关行政主管机关发出司法建议。

三、依法审理国内水路货物运输合同纠纷案件，准确认定合同承运人和实际承运人的责任，保障当事人的合法权益

6. 国内水路货物运输的合同承运人将全部或者部分运输委托给实际承运人履行，托运人或者收货人就全部或部分运输向合同承运人、实际承运人主张权利的，人民法院应当准确认定合同承运人和实际承运人的法律地位和法律责任。人民法院可以参照《国内水路货物运输规则》第四十六条的规定判定合同承运人和实际承运人的赔偿责任，充分保护国内水路货物运输合同托运人或者收货人的合法权益，减少当事人的讼累。

四、准确理解有关留置的法律规定，妥善审理留置权纠纷

7. 国内水路货物运输合同履行完毕，托运人或者收货人没有按照约定支付运费、保管费或者其他运输费用，依照合同法第三百一十五条的规定，承运人对相应的运输货物享有留置权。人民法院在审查承运人的留置权时，应当重点审查承运人留置货物的数量是否是在合理的限度之内，以及承运人留置的货物是否是其合法占有的货物。债务人对留置货物是否具有所有权并不必然影响承运人留置权的行使，除非运输合同当事人对承运人的留置权另有特殊约定。

五、妥善审理与船舶挂靠有关的纠纷，切实保障当事人的合法权益，维护国内水路运输市场的有序发展

8. 没有运营资质的个体运输船舶的实际所有人，为了进入国内水路货物运输市场，规避国家有关水路运输经营资质的管理规定，将船舶所有权登记在具有水路运输经营资质的船舶运输企业名下，向该运输企业交纳管理费，并以该运输企业的名义从事国内水路货物运输活动，是国内水路货物运输中普遍存在的一种挂靠经营方式。这种挂靠经营方式导致挂靠船舶的所有权登记形同虚设，船舶管理混乱，被挂靠企业对挂靠船舶疏于安全管理，严重冲击了航运市场的安全秩序，导致大量国内水路货物运输纠纷的产生。人民法院在审理与船舶挂靠有关的合同纠纷时，应当严格依照现行船舶管理的法律规范确定法律关系，坚持合同相对性的基本原则，根据合同的签订主体和合同的履行等基本事实，准确认定合同当事人。

9. 挂靠船舶的实际所有人以自己的名义签订运输合同，应当认定其为运输合同承运人，承担相应的合同责任。

10. 挂靠船舶的实际所有人以被挂靠企业的名义签订运输合同，被挂靠企业亦签章予以确认，应当认定被挂靠企业为运输合同承运人，承担相应的合同责任。

11. 在没有签订水路货物运输合同的情形下，可以依照运单上承运人的记载判断运输合同的承运人。如果运单上仅仅加盖了承运船舶的船名章，应当认定该承运船舶的登记所有人为运输合同的承运人，承担相应的合同责任。

12. 挂靠船舶因侵权行为造成他人财产、人身损害，依据民法通则、侵权责任法、海商法和有关司法解释的规定，挂靠船舶的实际所有人和被挂靠企业应当承担连带赔偿责任。

六、正确适用关于诉讼时效制度的法律规定，保护当事人的合法权益

13.《最高人民法院关于如何确定沿海、内河货物运输赔偿请求权时效期间问题的批复》（法释〔2001〕18 号）对国内水路货物运输赔偿请求权诉讼时效期间的中止、中断并没有作出特别规定，人民法院应当适用民法通则有关诉讼时效中止、中断的规定。

最高人民法院
关于货物运输合同连带责任问题的复函

（1992年7月25日　法函〔1992〕103号）

甘肃省高级人民法院：

你院甘法经上〔1992〕11号请示报告收悉，经研究认为：

连带责任是债务方为2人以上的一种债的关系，而货物运输合同虽有三方当事人：托运人、承运人和收货人，但当事人之间的权利义务关系是围绕运输合同的标的运输行为而产生的，表现为在运输过程的不同阶段上，承运人与托运人或收货人之间的权利义务关系。托运人与收货人之间不发生运输行为，不存在运输合同关系。因此，在货物运输合同当事人之间债的关系中，承运人是单一的债权人或债务人。一、二审将托运人与承运人作为货物运输合同诉讼的共同被告，二审判决承运人承担连带责任不符合货物运输合同的法律关系。

本案承运人违反铁路运输规章关于集装箱货物由托运人确定重量，承运人抽查的规定，在货物运单上确定货物重量，因此应对货物短少负违约责任。但由于已查明货物短少系托运人私自掏箱所致，根据《经济合同法》第四十一条的规定，承运人可免负赔偿责任。

最高人民法院
关于国际铁路货物联运货损赔偿适用法律问题的复函

（1994年11月5日　法函〔1994〕71号）

黑龙江省高级人民法院：

你院经请字〔1993〕1号请示报告收悉。经研究并征求了有关部门的意见，现答复如下：

一、《国际铁路货物联运协定》（以下简称《货协》）第二十三条第三项第五款虽规定由于发送路现行国内规章允许使用敞车类货车运送货物发生货损承运人不负责任，但收货人依据《货协》该条第 9 项的规定，已提出证明货损是在铁路运输中因被盗造成的，并非由于使用敞车运送所致。故承运人对货损免责的请求，不予支持。

二、《铁路货物运输实行保险与负责运输相结合补偿制度的规定（试行）》（以下简称《保险补偿制度的规定》），是铁道部与中国人民保险公司之间的协议，该规定适用于中国人民保险公司委托铁路车站代办的铁路货物运输保险。本案中的铁路货物运输保险是由中国外运公司满洲里分公司代办的。因此，对该案的处理不适用《保险补偿制度的规定》。

最高人民法院
关于新疆梧桐塑料厂与乌鲁木齐铁路分局铁路货物运输合同赔偿纠纷一案的请示的答复

（2001 年 12 月 15 日　〔2001〕民监他字第 19 号）

新疆维吾尔自治区高级人民法院：

你院新高法〔2001〕175 号《关于新疆梧桐塑料厂与乌鲁木齐铁路分局铁路货物运输合同赔偿纠纷一案适用法律问题的请示报告》收悉。经研究，答复如下：

根据《铁路法》第十一条、二十一条、二十二条，并参照《合同法》第三百零八条、三百零九条、三百一十条等相关规定，铁路货物运输合同是托运人与铁路承运人签订的明确相互之间权利义务关系的协议。货物运抵到站后，承运人因交付货物与收货人发生权利义务关系，对发生的货物损失，收货人有权依据运输合同向承运人提出赔偿请求。在货物交付前，承运人与收货人之间不存在权利义务关系。

本案发站感德车站虽然向托运人交付了货票和领货凭证，但货票和领货凭证不是物权凭证，不构成承运人据以交付货物的保证。因意利高公司未提供货物，可以认为是意利高公司取消了托运。根据《铁路法》第十七条规定，承运人只对承运的货物自接收承运时起到交付时止发生的损失承担赔偿责任。塑料厂向到站乌铁分局提出运输合同赔偿之诉没有依据，被告主体不适格。

本案发站感德站在没有收到货物的情况下，违规操作办理承运手续，为意利高公司诈骗塑料厂货款提供了条件，应承担一定的过错责任。但造成塑料厂货款被骗有诸多原因，塑料厂可根据《民事诉讼法》第二十九条的规定，对感德车站和意利高公司提出侵权赔偿之诉。

以上意见供参考。

最高人民法院
关于任彦琦与李延滨等货物运输协议纠纷一案的复函

（2002年1月11日 〔2001〕民监他字第27号）

黑龙江省高级人民法院：

你院请示收悉，经研究，答复如下：

本案货物已由承运人在中途交给托运人处理，运输已终结，货物损失应由托运人与承运人双方结算；收货人李延滨对该运输货物的权利尚未开始，在该运输合同中亦无实际损失，故其不享有本案诉权。

百货大楼与任彦琦是车辆承包关系，对造成货物丢失无过错，不应为任彦琦丢失货物承担连带责任。

附：

黑龙江省高级人民法院
关于任彦琦与李延滨等货物运输协议纠纷一案的请示

一、案件主要事实

1999年1月31日，李延滨电话向天津新岛食品发展有限公司（以下简称新岛公司）订购巧克力1050件、跳跳糖10件。同年2月3日，新岛公司作为托运方通过中介人天津市东丽区通广配货部（以下简称配货部）与承运人任彦琦签订了一份制式货物运输协议书。协议书载明，货物1060件，收货人李延滨，卸货地点哈尔滨市。到付运费3565元，承运车牌号为黑F76131。协议书第三条、第五条约定：承运方对运输途中货物丢失或其他原因造成的损失承担赔偿责任；配货部只负责货物运输前的事项，货物运输后的一切事宜均由托运方和承运方自行处理等内容。任彦琦在运输途中丢失货物114箱，并将剩余货物直接运到黑龙江省伊春市朗乡镇，随后通知新岛公司和配货部来人予以处理。当月 11 日，任彦琦之兄任彦立给新岛公司出具证明承认丢失货物 114 件。新岛公司给任彦琦出具收到 946 件的收条。后新岛公司和配货部另雇车将剩余货物运至哈尔滨市李延滨处，李延滨向新岛公司给付了 946 件货物的货款。任彦琦运输所驾驶的黑 F76131 号运货车在车管部门登记的所有权人是黑龙江省朗乡林业锦山百货大楼（以下简称百货大楼）。此前，百货大楼将该车承包给任彦琦经营至 1999 年 2 月 28 日止。1999 年 3 月 3 日，百货大楼将该车卖给任彦琦，车、款已实际给付，但未办理车籍变更登记手续。李延滨以配货部为被告，任彦琦为第三人向哈尔滨市道外区人民法院起诉，要求承担运输中丢失货物的损失。

二、原一、二审法院审理情况

哈尔滨市道外区人民法院审理认为，李延滨与配货部及任彦琦签订的货物运输协议有效。任彦琦作为承运人在履约期间丢失货物，属违约行为，给李延滨造成的经济损失应按价赔偿。配货部作为中介方有义务协助李延滨追索丢失的货物，但不承担赔偿责任。百货大楼作为承运车辆的所有人未能依法买卖车辆且未过户，应承担连带给付责任。任彦琦提出其与李延滨无权利义务关系，新岛公司应是本案原告的异议，属程序问题与实体裁决无关，不予支持。任彦琦赔偿李延滨货款及违约金，逾期由百货大楼承担给付责任。一审法院判决：任彦琦赔偿李延滨货款 16945 元，违约金 1173 元。逾期将查封扣押百货大楼车辆作价折抵。

哈尔滨市中级人民法院审理认为，李延滨与配货部及任彦琦签订的货物运输协议合法有效。任彦琦作为承运人在运输过程中将货物丢失，应承担赔偿责任，百货大楼作为承运车辆的所有人应承担连带给付责任。原审法院认定事实清楚，适用法律正确，判决：驳回上诉，维持原判。

三、黑龙江省人民检察院抗诉意见

任彦琦不服终审判决，向黑龙江省人民检察院提出申诉。

黑龙江省人民检察院抗诉意见认为，李延滨不是运输合同当事人，无权向承运人任彦琦主张赔偿；百货大楼对丢失货物无过错，不应作为第三人参加诉讼并承担连带责任。

四、黑龙江省高级人民法院的请示意见

黑龙江省高级人民法院审判委员会对该案以下三个问题讨论后，分别形成几种不同意见。

（一）通过代办托运方式履行的购销合同，销售方以托运人的名义与承运人签订运输合同，标的物在运输途中丢失，买方（收货人）能否直接向承运人主张赔偿。

第一种意见认为，收货人享有向承运人索赔的权利。理由是：虽然原《经济合同法》以及其他有关法律和司法解释对此问题没有明确规定，但参照现行《合同法》第一百四十一条第二款第一项“标的物需要运输的，出卖人应当将标的物交付给第一承运人以运交给买受人”和第一百四十二条“标的物毁损、灭失的风险，在……交付之后由买受人承担”的规定精神，收货人是在途货物的所有人，承担着购销合同中在途货物的毁损、灭失的风险责任，故收货人在标的物发生货损时，有权向运输合同中的承运人主张请求赔偿的权利。因此，本案李延滨可以作为原告起诉承运人。

第二种意见认为，收货人不能直接向承运人索赔。理由是：（1）本案的运输合同是托运人与承运人签订的，运输合同关系的主体应是承运人和托运人，运输途中发生货损，有权请求承运人赔偿的主体只能是托运人。（2）李延滨收到货物后，仅支付了实际收到货物的价款，并没有承担货物丢失的风险，在运输关系中并无实际损失，故其不应享有直接向承运人索赔的权利。

（二）如果运输合同的收货人有权索赔，本案托运人与承运人和中介人在运输协议第五条“配货部是只负货物运输前的事项，货物运出后一切事宜均由托运方和承运方自行处理”的约定，可否对收货人产生约束力。

第一种意见认为，托运人与承运人和中介人的上述约定条款，对收货人不发生约束力。其理由是，任何合同双方当事人均无权为第三人在合同中设定权利、义务，故该条款对收货人没有约束力。因此，如果收货人依法有权向承运人索赔，那么尽管有此约定，也不能限制收货人索赔的权利。

第二种意见认为，该约定的效力可以及于收货人。理由是：托运人和承运人在签订运输合同时已明确约定如发生货损均由托运方和承运方自行处理。该约定属《合同法》第一百四十二条规定的“当事人另有约定”的情况，故已经免除了收货人的风险责任，收货人不应再享有主张索赔的权利。

（三）汽车买卖合同订立后，合同双方已按约支付了全额价款，交付了车辆，但未办理车籍变更登记手续，汽车所有权是否发生转移；该车辆营运中发生货损，原车辆所有人应否承担连带责任。

第一种意见认为，应当按《合同法》规定的精神确认车辆所有权已经转移，原所有人不承担责任。理由是：（1）百货大楼与任彦琦之间买卖汽车的行为没有违反行政法规的强制性规定，应当有效。（2）汽车买卖双方当事人已按约各自履行了给付义务，车、款两清。所有权应当从交付时起转移。双方未按公安部门规定办理车籍变更登记手续的问题，应通过补办手续予以解决。(3) 在车辆所有权转移之后，原车辆所有人不应对买车方的运输合同承担连带责任。

第二种意见认为，车辆所有权并未转移，车辆所有人应当对运输中产生的赔偿责任承担连带责任。理由是：(1) 车辆买卖合同属要式合同。根据审判实践，汽车买卖中凡没有办理车籍变更登记手续的，一律视为合同无效，故原车辆所有权并未转移，仍属百货大楼。(2) 参照最高人民法院关于机动车所有人应对交通事故造成损害承担赔偿责任的司法解释，本案的汽车所有权人百货大楼亦应对该车辆在运输过程中发生货损承担连带责任。

第三种意见认为，即使该车辆所有权未发生转移，所有权人（百货大楼）也不应当对货损承担连带赔偿责任。理由是：(1) 车辆所有权人既不是所运输货物买卖合同的当事人，也不是运输合同的当事人，其承担货损赔偿责任没有合同依据。(2) 本案货物丢失的原因与运输工具本身没有必然联系，认定运输工具所有权人对运输合同承担连带责任没有法律依据。

最高人民法院
关于吕洪斌与浙江象山县荣宁船务公司水路货物运输合同纠纷一案有关适用法律问题的请示的复函

（2006年3月14日　〔2005〕民四他字第48号）

湖北省高级人民法院：

你院〔2005〕鄂民四终字第41号关于吕洪斌与浙江象山县荣宁船务公司水路货物运输合同纠纷一案有关适用法律问题的请示收悉。经研究，答复如下：

本案是水路货物运输合同纠纷，应当适用《中华人民共和国合同法》（以下简称《合同法》）等有关法律以及合同的约定确定各方当事人的权利义务。

根据你院认定的事实，吕洪斌为本案的实际托运人，运单上记载的托运人南海市西樵祥安货运贸易部仅为接受吕洪斌委托与承运人中国扬子江轮船股份有限公司（以下简称扬子江公司）签订合同的人。根据合同约定适用的《国内水路货物运输规则》（以下简称《货规》）的规定，收货人有权就水路货物运单上所载货物损坏、灭失或者迟延交付所造成的损害向承运人索赔。虽然吕洪斌向武汉海事法院提供了黄永明出具的证明其代理吕洪斌收货的“证明”，法院并未予以认定，你院请示报告以及武汉海事法院民事判决中并未认定吕洪斌为涉案货物收货人的地位，亦未说明有证据证明吕洪斌因货损而产生损失，故尽管吕洪斌与承运人之间存在运输合同关系，但尚无证据证明吕洪斌对承运人具有货损请求权。你院应当在二审程序中对此事实予以查明。

在认定吕洪斌具有货损请求权的前提下，扬子江公司作为承运人签发了涉案运单，吕洪斌与扬子江公司之间存在以运单为证明的水路货物运输合同关系。作为实际完成运输任务的浙江象山县荣宁船务公司（以下简称荣宁公司）应当作为该航次水路货物运输的实际承运人。根据《合同法》以及《货规》的规定，承运人应当对运输货物发生的货损承担赔偿责任。承运人将货物运输或者部分运输委托给实际承运人履行的，承运人仍然应当对全程运输负责。故扬子江公司作为本次运输的承运人，应当对吕洪斌的货物损失承担赔偿责任。《货规》还规定：承运人与实际承运人都负有赔偿责任的，应当在该项责任范围内承担连带责任。但根据你院请示报告中认定的事实，本案货损的发生是“希望”轮全部责任所致，荣宁公司对货物发生损失无过错，不应承担赔偿责任，故要求实际承运人荣宁公司对吕洪斌的损失承担连带赔偿责任缺乏事实依据和法律依据。

此复。

附：

湖北省高级人民法院
关于吕洪斌与浙江象山县荣宁船务公司水路货物运输合同纠纷一案有关适用法律问题的请示

（2005年10月20日 〔2005〕鄂民四终字第41号）

最高人民法院：

吕洪斌诉中国扬子江轮船股份有限公司、浙江象山县荣宁船务公司水路货物运输合同纠纷一案，前由武汉海事法院作出〔2004〕武海法商字第64号民事判决。浙江象山县荣宁船务公司不服判决向本院提起上诉。本案经我院审判委员会讨论，决定就其中的争议问题请示。现将本案审理情况报告如下：

一、当事人的基本情况

上诉人（原审被告）浙江象山县荣宁船务公司（简称荣宁公司）。

被上诉人（原审原告）吕洪斌，男，江苏省常州市东南开发区阳光建材批发部业主。住江苏省常州市东南陶瓷商城 96 仓库。

原审被告中国扬子江轮船股份有限公司（简称扬子江公司）。

二、原审查明的事实及判决情况

原审查明以下事实：2003 年 9 月 19 日，原告吕洪斌的货运代理人南海市西樵祥安货运贸易部（简称西樵祥安）代吕洪斌委托被告扬子江公司运输一批陶瓷制品，自广东省南海市九江港至江苏省常州港。该批货物共计 5036 箱，分 4 个集装箱装载，收货人为黄永明。同年 9 月 22 日，实际载运上述货物的被告荣宁公司所属“荣宁 98”轮在锚泊中与巴拿马籍化学品船“希望”轮发生碰撞，所载货物湿损。经扬子江公司和荣宁公司共同委托中国进出口商品检验总公司宁波分公司进行货损检验鉴定，确定货损价款为 147826.76 元。

各方当事人对上述事实没有异议。

原审认为，原告吕洪斌通过其货运代理人西樵祥安与被告扬子江公司建立的水路货物运输合同合法有效，吕洪斌为该批货物的实际托运人，依法享有货物运输合同托运人权利。被告扬子江公司接收原告吕洪斌受托人西樵祥安交运的货物，应安全将货物运抵目的港交付。虽然货损为载货船舶“荣宁 98”轮在航行途中与他船发生碰撞所致，但并不能据此免除扬子江公司所应承担的合同责任，其应赔偿吕洪斌货物损失。被告荣宁公司虽将“荣宁 98”轮期租给了扬子江公司，但其作为船舶所有人实际占有船舶，负有船舶航行安全和管理货物责任。荣宁公司接受扬子江公司委托运输吕洪斌受托人西樵祥安交运的货物，为该批货物运输的实际承运人。因货物损失发生在荣宁公司实际运输货物和管理货物责任期间，其对货损亦应负有赔偿责任。依照《中华人民共和国合同法》第三百一十一条，参照《国内水路货物运输规则》（以下简称《货规》）第四十五条、第四十六条的规定判决：被告扬子江公司赔偿原告吕洪斌货物损失 147826.76 元，被告荣宁公司承担连带赔偿责任。

三、上诉请求及理由

荣宁公司上诉称：（1）吕洪斌不具备原告主体资格。吕洪斌为证明其系涉案货物的实际托运人，一审中提供了西樵祥安出具的证明（简称《证明》）、扬子江公司水路集装箱货物运单（简称运单），内贸集装箱单等证据。但上述证据都不足以证明其即是涉案货物的实际托运人。第一，《证明》无法证明西樵祥安合法存在。第二，吕洪斌如要证明西樵祥安是其货代，应提供货代合同，而不需用一份证明来说明货代关系。第三，这份《证明》是加盖的西樵祥安的运输专用章，而非公单。因此，吕洪斌以此证据证明其实际托运人身份站不住脚。第四，西樵祥安的货代资格也未能提供证据证明。第五，从运单看，吕洪斌也并非运单上的托运人或收货人。据此，在吕洪斌提供的证据无论从形式或内容上都不足以证明其系实际托运人、涉案货物的货主的情况下，一审判决认定其系涉案实际托运人，依法享有货物运输合同托运人权利缺乏事实依据。（2）上诉人承担连带赔偿责任缺乏法律及合同依据。第一，上诉人并非本案运输合同的一方当事人，也没有在运单上得到披露，即使吕洪斌是实际收货人，其与上诉人之间也没有运输合同关系，运单上载明的相关条款对上诉人来说并没有约束力。第二，根据宁波海事局的事故调查报告，在涉案船舶碰撞中，“荣宁 98”轮没有任何过错。而《货规》第四十六条规定的实际承运人应负连带责任的前提是实际承运人对货物负有赔偿责任，而本案中，上诉人对本起事故的发生及货物的损失并没有过错、不负有赔偿责任。第三，同一次事故受损的其他货主也曾主张上诉人承担连带责任，但浙江省高级人民法院〔2005〕浙民三终字第 17 号判决已明确不予支持，认为不符合法律规定。综上所述，请求二审改判上诉人对本案货损不承担连带赔偿责任。

被上诉人吕洪斌答辩称：（1）原判认定吕洪斌通过其货运代理人西樵祥安与扬子江公司订立的水路货物运输合同合法有效，吕洪斌为该批货物的实际托运人，依法享有货物运输合同托运人权利合法有据。其一，西樵祥安本案中的货运代理属于我国《合同法》第四百零三条规定的隐名代理或间接代理。西樵祥安为交易便捷，基于吕洪斌的授权，以自己的名义订立合同，在运输业中是交易习惯，且并无违法之处。西樵祥安在承运人违约而披露第三人的情形下，吕洪斌作为实际托运人依法有权行使其订立运输合同中的权利，并当然包括赔偿请求权，因此，吕洪斌具有本案适格的原告主体资格。其二，法律对于货运代理合同关系的建立并无必须为书面形式的限制性规定，西樵祥安出具的证明具有证据力，足以证实其实际为吕洪斌的货运代理人身份，上诉人对此予以否认的理由均不能成立。在原审中，扬子江公司向法院提交了西樵祥安出具的沿海内贸货物托运委托书这一证据，虽在庭审时未提交质证，但是已经构成诉讼中的自认，也就是已经认可西樵祥安本案货运代理人身份。其三，涉案运单系扬子江公司签发并履行，吕洪斌及其货运代理人西樵祥安虽未在托运人栏签章，但已经载明托运人为西樵祥安，并且，吕洪斌及西樵祥安认可该运单关于运输货物等相关内容的记载及效力，并向承运人交付了运输货物，尤为重要的是，吕洪斌所举货物发票不仅与装箱单能够相互印证，而且，在本案货损鉴定过程中，一直以货主身份与承运人及鉴定方参与处理相关事宜，上诉人与扬子江公司对此完全接受，毫无异议。因此，原判认定吕洪斌系涉案货物的货主及实际托运人事实清楚，证据充分。（2）原审判决上诉人承担货损连带赔偿责任依据充分。其一，上诉人作为本案运输合同的实际承运人，事实上已经在运单上得到披露。涉案运单上明确载明“船名：荣宁 98”，即明确了实际承运人为上诉人荣宁公司，并且，根据上诉人一审举证，该运单签发时，正处于荣宁公司与扬子江公司定期艇船合同的履行期间。据此，运单右上角载明的关于《货规》具有合同适用效力的约定内容，对于作为实际承运人的上诉人理所当然具有约束力。其二，本案是水路运输合同纠纷，实际承运人对于货物运输中发生的属于非免责事由的货损，应按《货规》的规定，依法依约与承运人扬子江公司共同对吕洪斌承担连带赔偿责任。而上诉人对于货损事故的发生是否负有过错，则在所不问，因为这并不属于承担本案连带责任的免责事由。最后，我国并非判例法国家，上诉人所称浙江省高院的判决与本案事实并不完全相同，对本案无预决的法律效力。上诉人的上诉理由不能成立，请求驳回上诉，维持原判。

原审被告扬子江公司陈述意见：（1）原审判决认定本案隐名代理成立既无事实依据又无法律依据。依我国合同法第四百零二条规定，构成隐名代理须符合两个条件：一是受托人以自己的名义，在委托人的授权范围内与第三人订立合同；二是第三人在订立合同时知道受托人与委托人之间的代理关系。本案没有证据表明扬子江公司在订立运输合同时知道受托人与委托人之间的代理关系。（2）水路货物运输不适用隐名代理。《货规》起草者叶红军所著的《货规条文释义》指出：水路货物运输不适用隐名代理。根据我国民法通则第六十三条的规定，代理的前提是代理人必须以被代理人的名义从事代理活动，否则属行纪关系。而行纪行为仅适用经济贸易中的特殊情况。（3）原审认定被上诉人为实际托运人无法律依据。《货规》中没有“实际托运人”的定义，原审法院在判决书中创设实际托运人的概念，法理和实践中都是不妥当的。综上，原审原告不是涉案运输合同的当事人，无权向原审被告提起违约之诉。请求上诉审法院查清本案事实，依法公正审理本案。

根据双方当事人诉辩，本案二审的争议焦点为：原告主体是否适格；上诉人应否承担连带责任。

四、我院对本案审理的意见

二审查明，涉案运单上载明“船名：荣宁 98”。

另查明，宁波海事局对涉案船舶碰撞事故作出的《水上交通事故调查报告》结论是：本起事故完全是由于“希望”轮驾驶人的严重过失引起的，“希望”轮应承担本起事故的全部责任。

我院审判委员会对本案两个争议焦点问题的讨论意见如下：

（一）被上诉人的原告主体是否适格

审判委员会讨论一致认为，上诉人荣宁公司和原审被告扬子江公司认为吕洪斌原告主体不适格的理由不能成立，本案原告主体适格。理由如下：(1) 扬子江公司签发的运单载明的托运人为西樵祥安，而且，扬子江公司在二审庭审中明确表示承认西樵祥安的托运人身份。因此，以涉案运单为依据，西樵祥安作为托运人与承运人扬子江公司之间的运输合同关系成立。(2) 西樵祥安出具的书面《证明》载明："2003 年 9 月荣宁公司所属'荣宁 98'轮 0316N 航次，由扬子江公司签发运单项下 RE 箱号（具体箱号略），实际托运人为吕洪斌，本公司仅为货运代理人代其发货，上述货物的货损索赔权应由吕洪斌本人享有及行使"。该《证明》加盖了西樵祥安的运输专用章，该证据所要证明的事实是委托运输事宜，由该公司运输职能部门加盖其业务用章，能够代表该公司，应当具有证明力；吕洪斌与西樵祥安之间虽然没有书面委托合同，但法律规定的合同形式包括口头约定，该《证明》的内容，能够证明吕洪斌与西樵祥安之间实际上存在委托代理关系。而且，《证明》披露了第三人，明确授权由吕洪斌行使索赔权。由于西樵祥安的授权，本案上诉人和扬子江公司今后不存在就同一事由被西樵祥安起诉的风险。上诉人对西樵祥安的合法存在表示质疑，但没有提供反驳证据。因此，依据这份《证明》，可以认定吕洪斌为本案的实际托运人。另外，损失鉴定证书中载明的鉴定地点为吕洪斌公司的住所地常州东南陶瓷商城，亦可起佐证作用。(3) 关于《合同法》第四百零三条的适用。本案西樵祥安接受吕洪斌的委托后以自己的名义与承运人订立运输合同，发生货损后出具书面材料证明吕洪斌是实际托运人，吕洪斌据此主张权利，符合我国合同法第四百零三条的规定。扬子江公司认为《合同法》第四百零二条的隐名代理不适用于水路货物运输合同关系仅依某学者解释，并无法律依据，且本案并不适用《合同法》第四百零二条。因此，依《合同法》第四百零三条的规定，吕洪斌作为委托人可以行使受托人西樵祥安对扬子江公司的合同权利。(4) 扬子江公司作为涉案运输合同的承运人没有上诉，即视为承认一审判决，此承认当然包括吕洪斌的原告主体资格。因此，扬子江公司在二审中否定吕洪斌原告主体资格的意见属翻悔行为，由于此行为无相应证据证实，不予采纳。扬子江公司作为契约承运人的认可，对于认定吕洪斌的原告主体资格具有确定性。

（二）上诉人荣宁公司应否承担连带责任

这一争议涉及对《货规》的理解和适用，实践中存在两种不同的认识和处理。

第一种意见认为，本案所涉运单注明：本运单经承、托双方确认后，具有合同效力，承运人与托运人、收货人之间的权利、义务关系和责任界限均按《货规》等的有关规定办理。因此，应以定《货规》并入合同条款。涉案运单上载明"船名：荣宁 98"，荣宁公司据此也完成了货物运输，已实际介入本案以运单为依据的运输合同关系，《货规》的相关条款对荣宁公司应当具有约束力。《货规》第四十六条规定："承运人与实际承运人都负有赔偿责任的，应当在此项责任范围内负连带责任"。对于实际承运人的这种责任性质，没有明确界定。由于《货规》第四十六条的内容完全照搬《海商法》第六十三条的规定，因此，该条关于"实际承运人负有赔偿责任"应结合海商法的规定来理解。《海商法》第六十一条明确规定："本章对承运人责任的规定，适用于实际承运人"。同时，依照《合同法》第三百一十一条的规定，"实际承运人负有赔偿责任"应理解为实际承运人在其责任期间对货物毁损、灭失承担赔偿责任。据此，对于托运人来说，实际承运人和承运人同样负有将货物安全运抵约定地点的合同义务。合同责任是严格责任，不论实际承运人在碰撞事故中有无过错，只要货损发生在实际承运人运输货物和管理货物责任期间，除非存在法定免责事由，其就要承担赔偿责任。实际承运人的这种责任，可不分合同责任或侵权责任，而是一种法律责任。另外，从实践的角度分析，本案承运人与实际承运人之间系又一轮承托运关系，如果实际承运人在本案中因无过错不承担责任，本案承运人对托运人赔偿后，必然以托运人身份向实际承运人主张权利，而实际承运人在下一轮合同之诉中，仍要承担和过错责任。也就是说，只要货物损害发生在实际承运人运输过程中，无论实际承运人承担责任的性质如何确定，承运人和实际承运人的连带责任是肯定存在的。如在本案中确定承运人和实际承运人承担连带责任，即可减少诉累。国内水路货物运输与海上货物运输有很多相同点，这也是《货规》第四十六条照搬《海商法》第六十一条的原因所在。本案一审判决即为此种意见，因此，判决荣宁公司对本案货损承担连带责任。

第二种意见认为，国内水路货物运输应当适用合同法而不适用海商法。从法理上分析，实际承运人不是运输合同当事人，依合同的相对性，其对托运人不负合同违约责任。只有当实际承运人对货损的发生有过错时，才对托运人负赔偿责任，即实际承运人对托运人只负侵权赔偿责任。《货规》第四十六条规定的"实际承运人应负连带责任"的前提是实际承运人对货损的发生有过错，否则负赔偿责任。浙江省高级人民法院〔2005〕浙民三终字第 17 号民事判决就是这种意见，因此，在同一次事故受损的其他货主荣宁公司主张权利时，认定"荣宁公司不是运输合同当事人，运单上载明的相关条款对荣宁公司没有约束力。荣宁公司对货损造成没有过错，其对本案货损不应承担赔偿责任。"

我院审委会讨论一致倾向上述第一种意见。鉴于此问题涉及法律适用，故决定向贵院请示，请予答复。

最高人民法院
关于重庆红蜻蜓油脂有限责任公司诉白长春花船务公司海上货物运输合同纠纷一案仲裁条款效力问题请示的复函

（2015年2月3日 〔2015〕民四他字第1号）

湖北省高级人民法院：

你院鄂高法〔2014〕422号《关于原告重庆红蜻蜓油脂有限责任公司诉被告白长春花船务公司海上货物运输合同纠纷一案中仲裁条款效力问题的请示》收悉。经研究，答复如下：

根据请示所述事实，本案所涉5份提单虽在抬头注明“与租约合并使用”，但并未注明租约的编号、日期等事项，不能认定白长春花船务公司所主张的Priminds Shipping（HK）Co.，Limited与Citic Ship Management Limited于2011年6月30日订立的航次租船合同中的仲裁条款当然地并入了涉案提单，故白长春花船务公司依据上述航次租船合同中的仲裁条款提出的管辖权异议不能成立，依法应予驳回。本案货物运输的目的港为南通，属于武汉海事法院管辖范围，武汉海事法院作为运输目的地法院对本案纠纷享有管辖权。

此复。

最高人民法院
关于福州特威化工有限公司诉EIKO航运公司（EIKO MARITIME S. A.）海上货物运输合同纠纷一案仲裁条款效力问题的答复

（2015年2月3日 〔2015〕民四他字第4号）

浙江省高级人民法院：

你院〔2015〕浙立他字第2号《关于福州特威化工有限公司诉EIKO航运公司（EIKOMARITIME S. A.）海上货物运输合同纠纷一案仲裁条款效力问题的请示》收悉。经研究，答复如下：

本案当事人不是涉案航次租船合同的当事人，不受该合同中的仲裁条款约束。本案的提单是格式提单，提单正面载明“提单与租约同时使用”，“本单海上货运依照 SABIC 公司和 lino 公司 2013 年 8 月 24 日的租约条款执行”，提单背面条款中记载“提单正面指明日期的租船合同中的所有条款、条件、权利和例外规定，包括法律和仲裁条款并入本提单”。但该提单正面并未明确记载租船合同中有仲裁条款并入提单，正面记载的内容不能产生租船合同仲裁条款并入提单、约束提单持有人的法律效果；仅在提单背面有并入条款的约定不产生仲裁条款约束提单持有人的效力。因此，被告 EIKO 航运公司不能举证证明其与原告福州特威化工有限公司之间存在仲裁协议。被告 EIKO 航运公司所提管辖异议，没有事实依据。

本案是海上货物运输合同纠纷，应由海事法院专门管辖。本案运输的目的地宁波港属宁波海事法院管辖地域范围，该院对本案具有管辖权。

此复。

最高人民法院指导案例 51 号

阿卜杜勒·瓦希德诉中国东方航空股份有限公司航空旅客运输合同纠纷案

（最高人民法院审判委员会讨论通过　2015 年 4 月 15 日发布）

关键词

民事　航空旅客运输合同　航班延误　告知义务　赔偿责任

裁判要点

1. 对航空旅客运输实际承运人提起的诉讼，可以选择对实际承运人或缔约承运人提起诉讼，也可以同时对实际承运人和缔约承运人提起诉讼。被诉承运人申请追加另一方承运人参加诉讼的，法院可以根据案件的实际情况决定是否准许。

2. 当不可抗力造成航班延误，致使航空公司不能将换乘其他航班的旅客按时运抵目的地时，航空公司有义务及时向换乘的旅客明确告知到达目的地后是否提供转签服务，以及在不能提供转签服务时旅客如何办理旅行手续。航空公司未履行该项义务，给换乘旅客造成损失的，应当承担赔偿责任。

3. 航空公司在打折机票上注明“不得退票，不得转签”，只是限制购买打折机票的旅客由于自身原因而不得退票和转签，不能据此剥夺旅客在支付票款后享有的乘坐航班按时抵达目的地的权利。

相关法条

《中华人民共和国民法通则》第一百四十二条

《经1955年海牙议定书修订的1929年华沙统一国际航空运输一些规则的公约》第十九条、第二十条、第二十四条第一款

《统一非立约承运人所作国际航空运输的某些规则以补充华沙公约的公约》第七条

基本案情

2004年12月29日，ABDUL WAHEED（阿卜杜勒·瓦希德，以下简称阿卜杜勒）购买了一张由香港国泰航空公司（以下简称国泰航空公司）作为出票人的机票。机票列明的航程安排为：2004年12月31日上午11点，上海起飞至香港，同日16点香港起飞至卡拉奇；2005年1月31日卡拉奇起飞至香港，同年2月1日香港起飞至上海。其中，上海与香港间的航程由中国东方航空股份有限公司（以下简称东方航空公司）实际承运，香港与卡拉奇间的航程由国泰航空公司实际承运。机票背面条款注明，该合同应遵守华沙公约所指定的有关责任的规则和限制。该机票为打折票，机票上注明“不得退票、不得转签”。

2004年12月30日下午15时起上海浦东机场下中雪，导致机场于该日22点至23点被迫关闭1小时，该日104个航班延误。31日，因飞机除冰、补班调配等原因，导致该日航班取消43架次、延误142架次，飞机出港正常率只有24.1%。东方航空公司的MU703航班也因为天气原因延误了3小时22分钟，导致阿卜杜勒及其家属到达香港机场后未能赶上国泰航空公司飞卡拉奇的衔接航班。东方航空公司工作人员告知阿卜杜勒只有两种处理方案：其一是阿卜杜勒等人在机场里等候3天，然后搭乘国泰航空公司的下一航班，3天费用自理；其二是阿卜杜勒等人出资，另行购买其他航空公司的机票至卡拉奇，费用为25000港元。阿卜杜勒当即表示无法接受该两种方案，其妻子杜琳打电话给东方航空公司，但该公司称有关工作人员已下班。杜琳对东方航空公司的处理无法接受，且因携带婴儿而焦虑、激动。最终由香港机场工作人员交涉，阿卜杜勒及家属共支付17000港元，购买了阿联酋航空公司的机票及行李票，搭乘该公司航班绕道迪拜，到达卡拉奇。为此，阿卜杜勒支出机票款4721港元、行李票款759港元，共计5480港元。

阿卜杜勒认为，东方航空公司的航班延误，又拒绝重新安排航程，给自己造成了经济损失，遂提出诉讼，要求判令东方航空公司赔偿机票款和行李票款，并定期对外公布航班的正常率、旅客投诉率。

东方航空公司辩称，航班延误的原因系天气条件恶劣，属不可抗力；其

已将此事通知了阿卜杜勒，阿卜杜勒亦明知将错过香港的衔接航班，其无权要求东方航空公司改变航程。阿卜杜勒称，其明知会错过衔接航班仍选择登上飞往香港的航班，系因为东方航空公司对其承诺会予以妥善解决。

裁判结果

上海市浦东新区人民法院于 2005 年 12 月 21 日作出（2005）浦民一（民）初字第 12164 号民事判决：一、中国东方航空股份有限公司应在判决生效之日起十日内赔偿阿卜杜勒损失共计人民币 5863.60 元；二、驳回阿卜杜勒的其他诉讼请求。宣判后，中国东方航空股份有限公司提出上诉。上海市第一中级人民法院于 2006 年 2 月 24 日作出（2006）沪一中民一（民）终字第 609 号民事判决：驳回上诉，维持原判。

裁判理由

法院生效裁判认为：原告阿卜杜勒是巴基斯坦国公民，其购买的机票，出发地为我国上海，目的地为巴基斯坦卡拉奇。《中华人民共和国民法通则》第一百四十二条第一款规定："涉外民事关系的法律适用，依照本章的规定确定。"第二款规定："中华人民共和国缔结或者参加的国际条约同中华人民共和国的民事法律有不同规定的，适用国际条约的规定，但中华人民共和国声明保留的条款除外。"我国和巴基斯坦都是《经 1955 年海牙议定书修订的 1929 年华沙统一国际航空运输一些规则的公约》（以下简称《1955 年在海牙修改的华沙公约》）和 1961 年《统一非立约承运人所办国际航空运输的某些规则以补充华沙公约的公约》（以下简称《瓜达拉哈拉公约》）的缔约国，故这两个国际公约对本案适用。《1955 年在海牙修改的华沙公约》第二十八条（1）款规定："有关赔偿的诉讼，应该按原告的意愿，在一个缔约国的领土内，向承运人住所地或其总管理处所在地或签订契约的机构所在地法院提出，或向目的地法院提出。"第三十二条规定："运输合同的任何条款和在损失发生以前的任何特别协议，如果运输合同各方借以违背本公约的规则，无论是选择所适用的法律或变更管辖权的规定，都不生效力。"据此，在阿卜杜勒持机票起诉的情形下，中华人民共和国上海市浦东新区人民法院有权对这起国际航空旅客运输合同纠纷进行管辖。

《瓜达拉哈拉公约》第一条第二款规定："'缔约承运人'指与旅客或托运人，或与旅客或托运人的代理人订立一项适用华沙公约的运输合同的当事人。"第三款规定："'实际承运人'指缔约承运人以外，根据缔约承运人的授权办理第二款所指的全部或部分运输的人，但对该部分运输此人并非华沙公约所指的连续承运人。在没有相反的证据时，上述授权被推定成立。"第七条规定："对实际承运人所办运输的责任诉讼，可以由原告选择，对实际承运人或缔约承运人提起，或者同时或分别向他们提起。如果只对其中的一个承运人提起诉讼，则该承运人应有权要求另一承运人参加诉讼。这种参加诉讼的效力以及所适用的程序，根据受理案件的法院的法律决定。”阿卜杜勒所持机票，是由国泰航空公司出票，故国际航空旅客运输合同关系是在阿卜杜勒与国泰航空公司之间设立，国泰航空公司是缔约承运人。东方航空公司与阿卜杜勒之间不存在直接的国际航空旅客运输合同关系，也不是连续承运人，只是推定其根据国泰航空公司的授权，完成该机票确定的上海至香港间运输任务的实际承运人。阿卜杜勒有权选择国泰航空公司或东方航空公司或两者同时为被告提起诉讼；在阿卜杜勒只选择东方航空公司为被告提起的诉讼中，东方航空公司虽然有权要求国泰航空公司参加诉讼，但由于阿卜杜勒追究的航班延误责任发生在东方航空公司承运的上海至香港段航程中，与国泰航空公司无关，根据本案案情，衡量诉讼成本，无需追加国泰航空公司为本案的当事人共同参加诉讼。故东方航空公司虽然有权申请国泰航空公司参加诉讼，但这种申请能否被允许，应由受理案件的法院决定。一审法院认为国泰航空公司与阿卜杜勒要追究的航班延误责任无关，根据本案旅客维权的便捷性、担责可能性、诉讼的成本等情况，决定不追加香港国泰航空公司为本案的当事人，并无不当。

《1955年在海牙修改的华沙公约》第十九条规定：“承运人对旅客、行李或货物在航空运输过程中因延误而造成的损失应负责任。”第二十条（1）款规定：“承运人如果证明自己和他的代理人为了避免损失的发生，已经采取一切必要的措施，或不可能采取这种措施时，就不负责任。”2004年12月31日的MU703航班由于天气原因发生延误，对这种不可抗力造成的延误，东方航空公司不可能采取措施来避免发生，故其对延误本身无需承担责任。但还需证明其已经采取了一切必要的措施来避免延误给旅客造成的损失发生，否则即应对旅客因延误而遭受的损失承担责任。阿卜杜勒在浦东机场时由于预见到MU703航班的延误会使其错过国泰航空公司的衔接航班，曾多次向东方航空公司工作人员询问怎么办。东方航空公司应当知道国泰航空公司从香港飞往卡拉奇的衔接航班三天才有一次，更明知阿卜杜勒一行携带着婴儿，不便在中转机场长时间等候，有义务向阿卜杜勒一行提醒中转时可能发生的不利情形，劝告阿卜杜勒一行改日乘机。但东方航空公司没有这样做，却让阿卜杜勒填写《续航情况登记表》，并告知会帮助解决，使阿卜杜勒对该公司产生合理信赖，从而放心登机飞赴香港。鉴于阿卜杜勒一行是得到东方航空公司的帮助承诺后来到香港，但是东方航空公司不考虑阿卜杜勒一行携带婴儿要尽快飞往卡拉奇的合理需要，向阿卜杜勒告知了要么等待三天乘坐下一航班且三天中相关费用自理，要么自费购买其他航空公司机票的“帮助解决”方案。根据查明的事实，东方航空公司始终未能提供阿卜杜勒的妻子杜琳在登机前填写的《续航情况登记表》，无法证明阿卜杜勒系在明知飞往香港后会发生对己不利的情况仍选择登机，故法院认定“东方航空公司没有为避免损失采取了必要的措施”是正确的。东方航空公司没有采取一切必要的措施来避免因航班延误给旅客造成的损失发生，不应免责。阿卜杜勒迫于无奈自费购买其他航空公司的机票，对阿卜杜勒购票支出的5480港元损失，东方航空公司应承担赔偿责任。

在延误的航班到达香港机场后，东方航空公司拒绝为阿卜杜勒签转机票，其主张阿卜杜勒的机票系打折票，已经注明了“不得退票，不得转签”，其无须另行提醒和告知。法院认为，即使是航空公司在打折机票上注明“不得退票，不得转签”，只是限制购买打折机票的旅客由于自身原因而不得退票和转签；旅客购买了打折机票，航空公司可以相应地取消一些服务，但是旅客支付了足额票款，航空公司就要为旅客提供完整的运输服务，并不能剥夺旅客在支付了票款后享有的乘坐航班按时抵达目的地的权利。本案中的航班延误并非由阿卜杜勒自身的原因造成。阿卜杜勒乘坐延误的航班到达香港机场后肯定需要重新签转机票，东方航空公司既未能在始发机场告知阿卜杜勒在航班延误时机票仍不能签转的理由，在中转机场亦拒绝为其办理签转手续。因此，东方航空公司未能提供证据证明损失的产生系阿卜杜勒自身原因所致，也未能证明其为了避免损失扩大采取了必要的方式和妥善的补救措施，故判令东方航空公司承担赔偿责任。

（二）融资租赁合同

最高人民法院
关于审理融资租赁合同纠纷案件适用法律问题的解释

法释〔2014〕3号

（2013年11月25日最高人民法院审判委员会第1597次会议通过
2014年2月24日最高人民法院公告公布　自2014年3月1日起施行）

为正确审理融资租赁合同纠纷案件，根据《中华人民共和国合同法》《中华人民共和国物权法》《中华人民共和国民事诉讼法》等法律的规定，结合审判实践，制定本解释。

一、融资租赁合同的认定及效力

第一条 人民法院应当根据合同法第二百三十七条的规定，结合标的物的性质、价值、租金的构成以及当事人的合同权利和义务，对是否构成融资租赁法律关系作出认定。

对名为融资租赁合同，但实际不构成融资租赁法律关系的，人民法院应按照其实际构成的法律关系处理。

第二条 承租人将其自有物出卖给出租人，再通过融资租赁合同将租赁物从出租人处租回的，人民法院不应仅以承租人和出卖人系同一人为由认定不构成融资租赁法律关系。

第三条 根据法律、行政法规规定，承租人对于租赁物的经营使用应当取得行政许可的，人民法院不应仅以出租人未取得行政许可为由认定融资租赁合同无效。

第四条 融资租赁合同被认定无效，当事人就合同无效情形下租赁物归属有约定的，从其约定；未约定或者约定不明，且当事人协商不成的，租赁物应当返还出租人。但因承租人原因导致合同无效，出租人不要求返还租赁物，或者租赁物正在使用，返还出租人后会显著降低租赁物价值和效用的，人民法院可以判决租赁物所有权归承租人，并根据合同履行情况和租金支付情况，由承租人就租赁物进行折价补偿。

二、合同的履行和租赁物的公示

第五条 出卖人违反合同约定的向承租人交付标的物的义务，承租人因下列情形之一拒绝受领租赁物的，人民法院应予支持：

（一）租赁物严重不符合约定的；

（二）出卖人未在约定的交付期间或者合理期间内交付租赁物，经承租人或者出租人催告，在催告期满后仍未交付的。

承租人拒绝受领租赁物，未及时通知出租人，或者无正当理由拒绝受领租赁物，造成出租人损失，出租人向承租人主张损害赔偿的，人民法院应予支持。

第六条 承租人对出卖人行使索赔权，不影响其履行融资租赁合同项下支付租金的义务，但承租人以依赖出租人的技能确定租赁物或者出租人干预选择租赁物为由，主张减轻或者免除相应租金支付义务的除外。

第七条 承租人占有租赁物期间，租赁物毁损、灭失的风险由承租人承担，出租人要求承租人继续支付租金的，人民法院应予支持。但当事人另有约定或者法律另有规定的除外。

第八条　出租人转让其在融资租赁合同项下的部分或者全部权利，受让方以此为由请求解除或者变更融资租赁合同的，人民法院不予支持。

第九条　承租人或者租赁物的实际使用人，未经出租人同意转让租赁物或者在租赁物上设立其他物权，第三人依据物权法第一百零六条的规定取得租赁物的所有权或者其他物权，出租人主张第三人物权权利不成立的，人民法院不予支持，但有下列情形之一的除外：

（一）出租人已在租赁物的显著位置作出标识，第三人在与承租人交易时知道或者应当知道该物为租赁物的；

（二）出租人授权承租人将租赁物抵押给出租人并在登记机关依法办理抵押权登记的；

（三）第三人与承租人交易时，未按照法律、行政法规、行业或者地区主管部门的规定在相应机构进行融资租赁交易查询的；

（四）出租人有证据证明第三人知道或者应当知道交易标的物为租赁物的其他情形。

第十条　当事人约定租赁期间届满后租赁物归出租人的，因租赁物毁损、灭失或者附合、混同于他物导致承租人不能返还，出租人要求其给予合理补偿的，人民法院应予支持。

三、合同的解除

第十一条　有下列情形之一，出租人或者承租人请求解除融资租赁合同的，人民法院应予支持：

（一）出租人与出卖人订立的买卖合同解除、被确认无效或者被撤销，且双方未能重新订立买卖合同的；

（二）租赁物因不可归责于双方的原因意外毁损、灭失，且不能修复或者确定替代物的；

（三）因出卖人的原因致使融资租赁合同的目的不能实现的。

第十二条　有下列情形之一，出租人请求解除融资租赁合同的，人民法院应予支持：

（一）承租人未经出租人同意，将租赁物转让、转租、抵押、质押、投资入股或者以其他方式处分租赁物的；

（二）承租人未按照合同约定的期限和数额支付租金，符合合同约定的解除条件，经出租人催告后在合理期限内仍不支付的；

（三）合同对于欠付租金解除合同的情形没有明确约定，但承租人欠付租金达到两期以上，或者数额达到全部租金百分之十五以上，经出租人催告后在合理期限内仍不支付的；

（四）承租人违反合同约定，致使合同目的不能实现的其他情形。

第十三条 因出租人的原因致使承租人无法占有、使用租赁物，承租人请求解除融资租赁合同的，人民法院应予支持。

第十四条 当事人在一审诉讼中仅请求解除融资租赁合同，未对租赁物的归属及损失赔偿提出主张的，人民法院可以向当事人进行释明。

第十五条 融资租赁合同因租赁物交付承租人后意外毁损、灭失等不可归责于当事人的原因而解除，出租人要求承租人按照租赁物折旧情况给予补偿的，人民法院应予支持。

第十六条 融资租赁合同因买卖合同被解除、被确认无效或者被撤销而解除，出租人根据融资租赁合同约定，或者以融资租赁合同虽未约定或约定不明，但出卖人及租赁物系由承租人选择为由，主张承租人赔偿相应损失的，人民法院应予支持。

出租人的损失已经在买卖合同被解除、被确认无效或者被撤销时获得赔偿的，应当免除承租人相应的赔偿责任。

四、违约责任

第十七条 出租人有下列情形之一，影响承租人对租赁物的占有和使用，承租人依照合同法第二百四十五条的规定，要求出租人赔偿相应损失的，人民法院应予支持：

（一）无正当理由收回租赁物；

（二）无正当理由妨碍、干扰承租人对租赁物的占有和使用；

（三）因出租人的原因导致第三人对租赁物主张权利；

（四）不当影响承租人对租赁物占有、使用的其他情形。

第十八条 出租人有下列情形之一，导致承租人对出卖人索赔逾期或者索赔失败，承租人要求出租人承担相应责任的，人民法院应予支持：

（一）明知租赁物有质量瑕疵而不告知承租人的；

（二）承租人行使索赔权时，未及时提供必要协助的；

（三）怠于行使融资租赁合同中约定的只能由出租人行使对出卖人的索赔权的；

（四）怠于行使买卖合同中约定的只能由出租人行使对出卖人的索赔权的。

第十九条 租赁物不符合融资租赁合同的约定且出租人实施了下列行为之一，承租人依照合同法第二百四十一条、第二百四十四条的规定，要求出租人承担相应责任的，人民法院应予支持：

（一）出租人在承租人选择出卖人、租赁物时，对租赁物的选定起决定作用的；

（二）出租人干预或者要求承租人按照出租人意愿选择出卖人或者租赁物的；

（三）出租人擅自变更承租人已经选定的出卖人或者租赁物的。

承租人主张其系依赖出租人的技能确定租赁物或者出租人干预选择租赁物的，对上述事实承担举证责任。

第二十条　承租人逾期履行支付租金义务或者迟延履行其他付款义务，出租人按照融资租赁合同的约定要求承租人支付逾期利息、相应违约金的，人民法院应予支持。

第二十一条　出租人既请求承租人支付合同约定的全部未付租金又请求解除融资租赁合同的，人民法院应告知其依照合同法第二百四十八条的规定作出选择。

出租人请求承租人支付合同约定的全部未付租金，人民法院判决后承租人未予履行，出租人再行起诉请求解除融资租赁合同、收回租赁物的，人民法院应予受理。

第二十二条　出租人依照本解释第十二条的规定请求解除融资租赁合同，同时请求收回租赁物并赔偿损失的，人民法院应予支持。

前款规定的损失赔偿范围为承租人全部未付租金及其他费用与收回租赁物价值的差额。合同约定租赁期间届满后租赁物归出租人所有的，损失赔偿范围还应包括融资租赁合同到期后租赁物的残值。

第二十三条　诉讼期间承租人与出租人对租赁物的价值有争议的，人民法院可以按照融资租赁合同的约定确定租赁物价值；融资租赁合同未约定或者约定不明的，可以参照融资租赁合同约定的租赁物折旧以及合同到期后租赁物的残值确定租赁物价值。

承租人或者出租人认为依前款确定的价值严重偏离租赁物实际价值的，可以请求人民法院委托有资质的机构评估或者拍卖确定。

五、其他规定

第二十四条　出卖人与买受人因买卖合同发生纠纷，或者出租人与承租人因融资租赁合同发生纠纷，当事人仅对其中一个合同关系提起诉讼，人民法院经审查后认为另一合同关系的当事人与案件处理结果有法律上的利害关系的，可以通知其作为第三人参加诉讼。

承租人与租赁物的实际使用人不一致，融资租赁合同当事人未对租赁物的实际使用人提起诉讼，人民法院经审查后认为租赁物的实际使用人与案件处理结果有法律上的利害关系的，可以通知其作为第三人参加诉讼。

承租人基于买卖合同和融资租赁合同直接向出卖人主张受领租赁物、索赔等买卖合同权利的，人民法院应通知出租人作为第三人参加诉讼。

第二十五条 当事人因融资租赁合同租金欠付争议向人民法院请求保护其权利的诉讼时效期间为两年，自租赁期限届满之日起计算。

第二十六条 本解释自2014年3月1日起施行。《最高人民法院关于审理融资租赁合同纠纷案件若干问题的规定》（法发〔1996〕19号）同时废止。

本解释施行后尚未终审的融资租赁合同纠纷案件，适用本解释；本解释施行前已经终审，当事人申请再审或者按照审判监督程序决定再审的，不适用本解释。

【链 接】

为融资租赁业健康发展提供有力司法保障

——最高人民法院民二庭负责人就《关于审理融资租赁合同纠纷案件适用法律问题的解释》答记者问

2014年2月24日，最高人民法院公布了《关于审理融资租赁合同纠纷案件适用法律问题的解释》（以下简称《解释》）。《解释》共5部分26条，分别就融资租赁合同的认定及效力、合同的履行和租赁物的公示、合同的解除、违约责任以及融资租赁合同案件的诉讼当事人、诉讼时效等问题作出了规定。《解释》公布后，最高人民法院民二庭负责人就有关问题接受了《人民法院报》记者采访。

一、问：请问《解释》的出台背景是什么？

答：融资租赁在20世纪80年代被引入我国，与交易实践相比，有关融资租赁的立法相对滞后。1996年最高人民法院印发了《关于审理融资租赁合同纠纷案件若干问题的规定》，在立法尚付阙如的情况下，有效解决了实务之需。《合同法》制定时，对该规定的相关内容予以吸收，并在第十四章专章规定了融资租赁合同，成为审理融资租赁合同纠纷案件的主要法律依据。近年来，融资租赁业在我国呈持续高速发展态势。不仅新设的融资租赁公司数量持续快速增长，融资租赁业务总量和纠纷数量也呈高速增长态势。据统计，2008年人民法院受理的一审融资租赁合同纠纷案件为860件，2012年为4591

件，2013年则已达8530件。各地法院普遍反映，在融资租赁法律关系的构成、租赁物的范围、融资租赁合同与买卖合同的关系、合同解除的后果、租赁物的公示等方面争议较多。因《合同法》的规定较为原则，现行法律规定已不足以满足司法实践之需。2009年年底，根据全国人大财经委和全国人大常委会法工委的建议，最高人民法院启动了《解释》的起草工作。

在广泛征集各地法院及融资租赁行业对融资租赁合同争议法律问题意见的基础上，最高人民法院于2010年起草了《解释》稿，并先后召开了法院系统、融资租赁行业、专家学者的论证会，对《解释》稿进行反复论证、修改。2013年3月，最高人民法院通过官网公布了《解释》稿，向社会公开征求意见，并专门征求了全国人大财经委、全国人大常委会法工委、中国银监会、中国人民银行、商务部、国家工商总局、国务院法制办等国家机关和部门的意见。在综合社会各界通过网络反馈的1000余条意见及有关国家机关和部门的意见后，我们对《解释》稿做了进一步的修改和完善。在此基础上，经2013年11月25日最高人民法院审判委员会第1597次会议讨论，通过了《解释》。《解释》共5部分26条，主要针对融资租赁经营实践和审判实务中反映突出、争议较多的法律问题作出了规定，重点解决了融资租赁合同的认定及效力、合同的履行和租赁物的公示、合同的解除、违约责任以及融资租赁合同案件的诉讼当事人、诉讼时效等问题。

二、问:《解释》的制定坚持了哪些指导思想?

答: 在《解释》制定过程当中，我们主要遵循了以下指导思想：

一是促进交易，规范发展。通过减少认定融资租赁合同无效的情形、严格限定融资租赁合同的解除条件等方式，维护融资租赁合同按约正常履行。充分考虑融资租赁合同所具有的融资与融物相结合的特点，审慎认定融资租赁合同法律关系，引导金融资本为实体经济服务，规范和促进我国融资租赁行业的健康发展。

二是尊重市场，鼓励约定。《合同法》规范在本质上属于任意性、补充性的规范，《解释》更多地体现了约定优先的指导思想。商人是自身利益的最好判断者，融资租赁合同是平等市场主体之间签订的合同，合同条款的约定本身就包含了出租人和承租人双方对履约成本、履约收益和履约风险的判断。因此，在《解释》中，我们坚持约定优先原则，鼓励双方当事人以市场化的方式对合同的履行和解除、租赁物的风险负担、租赁物清算等问题作出约定，以减少诉讼风险和损失的不确定性。

三是细化规则，易于操作。《合同法》以法律的形式正式确定了融资租赁合同制度的基本框架，但是从司法审判的角度看，一些条文的规定较为抽象，各地法院在条文的理解和适用上存在差异，如出租人的协助索赔义务及其法律责任，出租人对租赁物的瑕疵担保免责的例外情形，承租人违约时出租人的司法救济方式等。针对这些问题，《解释》均做了进一步的明确和细化，以统一司法裁判尺度，增进裁判结果的可预测性。

四是尊重现实，适度前瞻。融资租赁被引入我国已有近30年的时间，但其在近5年才取得了较快速度的发展。融资租赁交易形式和交易实践尚处于不断发展变化之中，相关监管制度、法律制度的建立和完善也需要一个积累和稳定的过程。在此背景下，一方面，《解释》对行业经营实践中已经相对成熟的做法、行业惯例给予了必要的认可；另一方面，《解释》也保持了适度的开放性和前瞻性，为融资租赁交易的实践需求与未来相关法律制度的完善提供了必要的衔接。

五是立足国情，参照惯例。在《解释》的起草过程中，我们坚持从实际出发，在对我国融资租赁交易实践进行深入调研的基础上，积极听取各方的意见和建议，依法平衡各方利益，力求《解释》的各项规定契合我国的融资租赁交易实践和发展阶段，并对相关域外立法例和国际公约的共性规定给予了必要的参照。

三、问：在融资租赁行业高度发展的过程中，租赁物的范围、租赁的形式不断拓展，由此也产生了对一些融资租赁合同的性质和效力的争议。比如，有的合同被认定为借款合同，有的融资租赁公司开展的业务被认为是影子银行业务，还有不少融资租赁交易采取了售后回租的形式，存在是属于抵押借款合同还是融资租赁合同的争议。《解释》对此问题持何态度？

答：融资租赁是与实体经济联系最为密切的金融交易形式。在支持工业企业设备更新、促进农业经济的规模化、推动航运业发展以及解决小微企业融资难等方面均发挥了不可替代的重要作用。客观地说，在我国融资租赁行业获得高速发展的同时，一些融资租赁公司所从事的融资租赁业务也存在不够规范的问题。比如，有的合同虽然名为融资租赁合同，但实际上并无实际的租赁物，从当事人的权利义务约定上看，仅有资金的借贷，而无租赁物的占用、使用；有的虽有租赁物，但租赁物的价值与租金构成并无直接关联或差异过大，合同中约定的租金体现的不是租赁物的购买价值及出租人的成本利润，而是承租人占用资金的利息成本。就这些合同的性质问题，各界存有不同认识。《解释》第1条对此作出了明确规定，人民法院应当根据《合同法》第237条的规定，结合标的物的性质、价值、租金的构成以及当事人的合同权利和义务，对是否构成融资租赁法律关系作出认定。对名为融资租赁合同，但实际不构成融资租赁法律关系的，人民法院应按照其实际构成的法律关系处理。由此可以看出，《解释》严格坚持融资租赁交易所具有的融资与融物相结合的特征，不认可仅有资金空转的“融资租赁合同”，以促进金融与实业的结合，规范和引导融资租赁业务及行业的健康发展。

对融资租赁行业实践中广泛存在的售后回租交易问题，确实存在合同性质是属于抵押借款合同还是融资租赁合同的争议。

考虑到售后回租交易有利于市场主体盘活资产、引导资金服务实体经济，相关监管部门的规章对此类交易形式也已明确认可，且承租人与出卖人相重合并不违反《合同法》第237条有关融资租赁合同构成要件的规定，《解释》对售后回租合同的融资租赁合同性质予以了认可。但如果出租人与承租人签订了售后回租合同，而实际并无租赁物，或者租赁物低值高估，以融资租赁之名，行借款、贷款之实，人民法院仍应按照其实际构成的借款合同关系处理。

四、问：实务中，基于部分租赁物的特殊性，有关政府部门就特定租赁物的经营许可作出了资质限制。对融资租赁合同中的出租人（即租赁公司）是否需要取得特定租赁物的经营许可以及未取得此类许可所签订的融资租赁合同是否有效，均存在不同认识。请问《解释》对此是如何规定的？

答：对于特定租赁物，如医疗器械设备，因涉及人民的生命健康安全，有关行政部门就其经营许可作出限制是非常必要的。与此同时，也应当看到，融资租赁交易有其特殊性，即出租人在融资租赁交易中主要承担资金融通的功能，其购买租赁物的目的系提供给承租人使用，而非将租赁物作为其自身从事生产经营活动的工具。因此，从融资租赁交易的本质来看，要求出租人具备特定租赁物的经营许可并无必要。从承租人的角度来看，减少对出租人具备此类经营许可的限制，也有利于承租人获得更多的资金支持。基于上述原因，我们在《解释》中对此作出了相应的规定，即根据法律、行政法规的规定，承租人对于租赁物的经营使用应当取得行政许可的，人民法院不应仅以出租人未取得行政许可为由认定融资租赁合同无效。

五、问：融资租赁交易通常涉及买卖和融资租赁两个合同及出租人、承租人、出卖人三方主体，但《合同法》的“融资租赁合同”章对有关融资租赁合同与买卖合同的衔接问题规定不明确。《解释》对此是否作出了相应的规定？

答：典型的融资租赁交易包括三方当事人和两个合同，即出租人与承租人之间的融资租赁合同和出租人与出卖人之间的买卖合同。但根据《合同法》的规定，融资租赁合同仅指出租人与承租人之间的融资租赁合同，而未囊括出租人与出卖人之间的买卖合同，由此产生融资租赁交易中因买卖合同产生的诉争及损失是否可以通过融资租赁合同予以救济，以及如何救济的问题。而买卖合同与融资租赁合同的效力的关系、解除的关系，因涉及两个合同，也无法在《合同法》的“融资租赁合同”章中找到明确的法律依据，这成为困扰司法实践的一个重要问题。《解释》从不同角度对此问题作出了规定。比如，根据《解释》第5条第1款有关承租人拒绝受领租赁物的规定，出卖人违反合同约定的向承租人交付标的物的义务，承租人因租赁物严重不符合约定，或者出卖人未在约定的交付期间或合理期间内交付租赁物，经承租人或出租人催告，在催告期满后仍未交付的，承租人享有拒绝受领租赁物的权利。

在融资租赁交易中，买卖合同系为融资租赁合同而订立，融资租赁合同是买卖合同订立的前提，因此，买卖合同与融资租赁合同的效力、履行与解除必然影响到另一个合同。《合同法》的“融资租赁合同”章系基于融资租赁合同所作出的规定，融资租赁交易中涉及买卖合同的诉争应当依据《合同法》的“买卖合同”章及最高人民法院《关于审理买卖合同纠纷案件适用法律问题的解释》的规定予以解决，但涉及买卖合同与融资租赁合同之间的牵连关系的问题，现行法律规定不明。《解释》对此从三个方面做了积极的探索：

一是规定因买卖合同导致融资租赁合同目的无法实现的，可解除融资租赁合同。比如，根据《解释》第11条的规定，在出租人与出卖人订立的买卖合同解除、被确认无效或者被撤销，且双方未能重新订立买卖合同的，或者因出卖人的原因致使融资租赁合同的目的不能实现的，出租人与承租人均可解除融资租赁合同。

二是就合同解除后的损失赔偿问题做了进一步明确。根据《解释》第16条第1款的规定，融资租赁合同因买卖合同被解除、被确认无效或者被撤销而解除，出租人根据融资租赁合同约定，或者以融资租赁合同虽未约定或约定不明，但出卖人及租赁物系由承租人选择为由，主张承租人赔偿相应损失的，人民法院应予支持。该条第2款同时规定，出租人的损失已经在买卖合同被解除、被确认无效或者被撤销时获得赔偿的，应当免除承租人相应的赔偿责任。

三是就承租人向出卖人索赔的问题予以了进一步明确。《解释》第24条第3款规定，承租人基于买卖合同和融资租赁合同直接向出卖人主张受领租赁物、索赔等买卖合同权利的，人民法院应通知出租人作为第三人参加诉讼。此款规定以同时将两个合同及两个合同的连接点（出租人）均纳入审判程序为前提，从诉讼程序上对承租人的索赔权予以间接认可，这不仅符合融资租赁合同中承租人享有索赔权的基本法理及立法惯例，也有效地解决了买卖合同与融资租赁合同的权利义务衔接问题，有利于在一个诉讼程序中全面解决两个合同和三方当事人之间的责任承担问题，既减少了诉累，也更符合融资租赁合同中出租人承担融资功能的本质。

六、问：融资租赁行业普遍反映，由于租赁物为承租人所占有使用，故经常出现承租人对外转让、抵押租赁物的情形。现行法律未就融资租赁合同中的租赁物登记问题作出明确规定，给出租人的物权保障带来了较大风险。请问《解释》就此问题是否作出了规定？

答：您所说的问题确实存在，我们在《解释》制定过程中也注意到了这一点。但租赁物的登记机关及登记效力应当由法律作出规定，而不应由《解释》作出规定。在租赁期间，出租人享有租赁物的所有权，但租赁物实际为承租人所占有使用，因此，承租人对外转让、抵押租赁物以再融资的风险始终客观存在。对有明确登记机关的飞机、轮船、企业厂房等租赁物，因租赁物的所有权以登记为公示方式，故承租人占有使用租赁物，并不影响租赁物所有权在法律上的归属。但对大量没有所有权登记机关的机械设备及其他无所有权登记机关的动产而言，占有为所有权的主要公示方式，在承租人对外转让租赁物时，受让人可以根据善意取得制度取得租赁物的所有权，但对出租人而言，其租金债权的物权保障消失殆尽。在立法未就租赁物的登记机关作出明确规定的前提下，实践中，出租人不得不采取各种各样的措施来保护其对租赁物的所有权。比如，有的出租人在租赁物的显著位置作出标识，显示租赁物的所有权归属及租赁属性，有的出租人在租赁物有明确的抵押登记机关的前提下，授权承租人将租赁物抵押给出租人并在登记机关办理抵押权登记，以避免租赁物被承租人对外转让、抵押的风险。但此类行为能否产生对抗善意第三人的法律后果，仍属不确定状态。有鉴于此，相关部门也对融资租赁登记查询工作开始了实践探索。

《解释》第 9 条对出租人的物权保护问题给予了积极的回应。该条规定，承租人或者租赁物的实际使用人，未经出租人同意转让租赁物或者在租赁物上设立其他物权，第三人依据《物权法》第 106 条的规定取得租赁物的所有权或者其他物权，出租人主张第三人物权权利不成立的，人民法院不予支持，但有四种例外情形：

一是出租人已在租赁物的显著位置作出标识，第三人在与承租人交易时知道或者应当知道该物为租赁物的；

二是出租人授权承租人将租赁物抵押给出租人并在登记机关依法办理抵押权登记的；

三是第三人与承租人交易时，未按照法律、行政法规、行业或地区主管部门的规定在相应机构进行融资租赁交易查询的；

四是出租人有证据证明第三人知道或者应当知道交易标的物为租赁物的其他情形。

该条规定从第三人取得租赁物的所有权或者其他物权是否构成善意的事

实认定角度，对实务中出租人广泛采用的并且符合现行法律规定的所有权保护措施予以认可，将有利于加强出租人对租赁物的物权保障，并引导和促进融资租赁行业整体的健康发展。

七、问：在融资租赁合同纠纷中，最常见的是承租人违约，未能按期支付租金。对此，出租人多在主张收回租赁物的同时，要求承租人赔偿全部未付租金。也有观点认为，出租人只能选择要求收回租赁物或者承租人支付全部未付租金，而不能同时主张。《解释》对此问题是如何规定的?

答：根据《合同法》第248条的规定，承租人违约，出租人可以要求支付全部租金；也可以解除合同，收回租赁物。但出租人是否可以同时要求支付全部租金和收回租赁物，存有不同认识。从法理上看，支付全部租金的诉讼请求实际上是要求继续履行合同，仅是要求租金加速到期；而收回租赁物的诉讼请求实际上是要求解除合同，故这两项请求在本质上是相矛盾的。因此，出租人只能择一行使。《解释》第21条第1款对此予以明确，出租人同时提出上述两项诉讼请求的，人民法院应告知其依照《合同法》第248条的规定作出选择。

对出租人请求承租人支付全部租金但未能最终实现时如何进行救济的问题，实务中也有不同认识。一种观点认为，出租人可以直接请求就租赁物进行强制执行，以执行所得清偿租金债权。另一种观点认为，按照一事不再理的原则，出租人不能再诉请解除合同、收回租赁物。我们认为，从法理上看，前后两诉的诉讼请求并不相同，故此种情形并不构成一事不再理。《解释》第21条第2款对此予以明确，出租人诉请全部租金未予清偿后，出租人再行起诉请求解除融资租赁合同、收回租赁物的，人民法院应予受理。

如出租人选择解除合同、收回租赁物，能否就损失未获补偿的部分要求承租人赔偿?《解释》第22条对此予以明确，出租人可以在收回租赁物的同时，要求承租人赔偿损失。应予注意的是，租赁物价值与租金存在对应关系，故在出租人选择收回租赁物的前提下，租赁物价值相对应的那部分损失额应当从损失赔偿额中扣除，以免导致出租人双重受偿和承租人双重赔偿的不公。

（三）联营合同

最高人民法院
关于印发《关于审理联营合同纠纷案件若干问题的解答》的通知

［1990 年 11 月 12 日　法（经）发〔1990〕27 号］

全国地方各级人民法院，各级军事法院，铁路运输中级法院和基层法院，各海事法院：

现将《关于审理联营合同纠纷案件若干问题的解答》发给你们，望在经济审判工作中贯彻执行。执行中有何问题和意见，请及时报告我院。

附：

最高人民法院
关于审理联营合同纠纷案件若干问题的解答

根据《中华人民共和国民法通则》和其他有关法律、法规，现就人民法院在审理联营合同纠纷案件中提出的一些问题，解答如下：

一、关于联营合同纠纷案件的受理问题

（一）联营各方因联营合同的履行、变更、解除所发生的经济纠纷，如联营投资、盈余分配、违约责任、债务承担、资产清退等纠纷向人民法院起诉的，凡符合民事诉讼法（试行）第八十一条规定的起诉条件的，人民法院应予受理。

（二）联营各方因联营体内部机构设置、人员组成等管理方面的问题发生纠纷向人民法院起诉的，人民法院不予受理。

二、关于联营合同纠纷案件的管辖问题

（一）联营合同纠纷案件的地域管辖，因不同的联营形式而有所区别：

1. 法人型联营合同纠纷案件，由法人型联营体的主要办事机构所在地人民法院管辖。

2. 合伙型联营合同纠纷案件，由合伙型联营体注册登记地人民法院管辖。

3. 协作型联营合同纠纷案件，由被告所在地人民法院管辖。

（二）由联营体主要办事机构所在地或联营体注册登记地人民法院管辖确有困难的，如法人型联营体已经办理了注销手续，合伙型联营体应经工商部门注册登记而未办理注册登记，或者联营期限届满已经解体的，可由被告所在地人民法院管辖。

三、关于联营合同的主体资格认定问题

（一）联营合同的主体应当是实行独立核算，能够独立承担民事责任的企业法人和事业法人。

个体工商户、农村承包经营户、个人合伙，以及不具备法人资格的私营企业和其他经济组织与企业法人或者事业法人联营的，也可以成为联营合同的主体。

（二）企业法人、事业法人的分支机构不具备法人条件的，未经法人授权，不得以自己的名义对外签订联营合同；擅自以自己名义对外签订联营合同且未经法人追认的，应当确认无效。

党政机关和隶属党政机关编制序列的事业单位、军事机关、工会、共青团、妇联、文联、科协和各种协会、学会及民主党派等，不能成为联营合同的主体。

四、关于联营合同中的保底条款问题

（一）联营合同中的保底条款，通常是指联营一方虽向联营体投资，并参与共同经营，分享联营的盈利，但不承担联营的亏损责任，在联营体亏损时，仍要收回其出资和收取固定利润的条款。保底条款违背了联营活动中应当遵循的共负盈亏，共担风险的原则，损害了其他联营方和联营体的债权人的合法权益，因此，应当确认无效。联营企业发生亏损的，联营一方依保底条款收取的固定利润，应当如数退出，用于补偿联营的亏损，如无亏损，或补偿后仍有剩余的，剩余部分可作为联营的盈余，由双方重新商定合理分配或按联营各方的投资比例重新分配。

（二）企业法人、事业法人作为联营一方向联营体投资，但不参加共同经

营，也不承担联营的风险责任，不论盈亏均按期收回本息，或者按期收取固定利润的，是明为联营，实为借贷，违反了有关金融法规，应当确认合同无效。除本金可以返还外，对出资方已经取得或者约定取得的利息应予收缴，对另一方则应处以相当于银行利息的罚款。

（三）金融信托投资机构作为联营一方依法向联营体投资的，可以按照合同约定分享固定利润，但亦应承担联营的亏损责任。

五、关于在联营期间退出联营的处理问题

（一）组成法人型联营体或者合伙型联营体的一方或者数方在联营期间中途退出联营的，如果联营体并不因此解散，应当清退退出方作为出资投入的财产。原物存在的，返还原物；原物已不存在或者返还确有困难的，折价偿还。退出方对于退出前联营所得的盈利和发生的债务，应当按照联营合同的约定或者出资比例分享和分担。合伙型联营体的退出方还应对退出前联营的全部债务承担连带清偿责任。如果联营体因联营一方或者数方中途退出联营而无法继续存在的，可以解除联营合同，并对联营的财产和债务作出处理。

（二）不符合法律规定或合同约定的条件而中途退出联营的，退出方应当赔偿由此给联营体造成的实际经济损失。但如联营其他方对此也有过错的，则应按联营各方的过错大小，各自承担相应的经济责任。

六、关于联营合同的违约金、赔偿金的计算问题

根据民法通则第一百一十二条第二款规定，联营合同订明违约金数额或比例的，按照合同的约定处理。约定的违约金数额或比例过高的，人民法院可根据实际经济损失酌减；约定的违约金不足补偿实际经济损失的，可由赔偿金补足。联营合同订明赔偿金计算方法的，按照约定的计算方法及实际情况计算过错方应支付的赔偿金。联营合同既未订明违约金数额或比例，又未订明赔偿金计算方法的，应由过错方赔偿实际经济损失。

七、关于联营合同解除后的财产处理问题

（一）联营体为企业法人的，联营体因联营合同的解除而终止。联营的财产经过清算清偿债务有剩余的，按照约定或联营各方的出资比例进行分配。

联营体为合伙经营组织的，联营合同解除后，联营的财产经清偿债务有剩余的，按照联营合同约定的盈余分配比例，清退投资，分配利润。联营合同未约定，联营各方又协商不成的，按照出资比例进行分配。

（二）在清退联营投资时，联营各方原投入的设备、房屋等固定资产，原物存在的，返还原物；原物已不存在或者返还原物确有困难的，作价还款。

（三）联营体在联营期间购置的房屋、设备等固定资产不能分割的，可以作价变卖后进行分配。变卖时，联营各方有优先购买权。

（四）联营体在联营期间取得的商标权、专利权，解除联营合同后的归属及归属后的经济补偿，应当根据《中华人民共和国商标法》、《中华人民共和国专利法》的有关规定处理。商标权应当归联营一方享有。专利权可以归联营一方享有，也可以归联营各方共同享有。联营一方单独享有商标权、专利权的，应当给予其他联营方适当的经济补偿。

八、关于无效联营收益的处理问题

联营合同被确认无效后，联营体在联营合同履行期间的收益，应先用于清偿联营的债务及补偿无过错方因合同无效所遭受的经济损失。

当事人恶意串通，损害国家利益、集体或第三人的合法利益，或者因合同内容违反国家利益或社会公共利益而导致联营合同无效的，根据民法通则第六十一条第二款和第一百三十四条第三款规定，对联营体在联营合同履行期间的收益，应当作为非法所得予以收缴，收归国家、集体所有或者返还第三人。对联营各方还可并处罚款；构成犯罪的，移送公安、检察机关查处。

九、关于联营各方对联营债务的承担问题

（一）联营各方对联营债务的责任应依联营的不同形式区别对待：

1. 联营体是企业法人的，以联营体的全部财产对外承担民事责任。联营各方对联营体的责任则以各自认缴的出资额为限。对抽逃认缴资金以逃避债务的，人民法院除应责令抽逃者如数缴回外，还可对责任人员处以罚款。

2. 联营体是合伙经营组织的，可先以联营体的财产清偿联营债务。联营体的财产不足以抵债的，由联营各方按照联营合同约定的债务承担比例，以各自所有或经营管理的财产承担民事责任；合同未约定债务承担比例，联营各方又协商不成的，按照出资比例或盈余分配比例确认联营各方应承担的责任。

合伙型联营各方应当依照有关法律、法规的规定或者合同的约定对联营债务负连带清偿责任。

3. 联营是协作型的，联营各方按照合同的约定，分别以各自所有或经营管理的财产承担民事责任。

（二）农业集体经济组织以提供自己所有的土地使用权参加合伙型联营的，应当按照联营合同的约定承担联营债务，如合同未约定债务承担比例的，可参照出资比例或者盈余分配比例承担。

（三）以提供技术使用权作为合伙型联营投资的联营一方，应当按照联营

合同的约定承担联营债务，如其自己所有的或者经营管理的财产不足清偿联营债务的，可以一定期限的技术使用权折价抵偿债务。

最高人民法院
关于乡政府与其他单位签订的联营协议效力问题的批复

［1988年1月9日　法（经）复〔1988〕3号］

江苏省高级人民法院、河南省高级人民法院：

苏法（经）〔1987〕9号和〔1987〕豫法经字第12号《关于乡政府与其他企业签订的联营协议是否有效的请示》收悉。经研究，答复如下：

农村乡一级政权组织政企分开的工作正在进行，许多乡政府实际上仍在行使着政府和合作经济组织的职权。因此，对乡政府与其他单位联营办企业的协议效力认定问题应区别对待。

一、对于在中发〔1986〕6号《中共中央、国务院关于进一步制止党政机关和党政干部经商、办企业的规定》文件以后，政企尚未分开的乡政府，以其名义签订的联营协议，应视为乡政府在行使着政府和乡合作经济组织的双重职权，如无违法情况，可不按无效协议处理。需要继续履行的，应随着政企分开的进展，及时变更联营主体，完备各项法律手续。

二、对于中发〔1986〕6号文件以后，政企已经分开的乡政府，仍以其为联营一方签订的联营协议，根据中发〔1986〕6号文件的规定原则上应认定无效。但在审判实践中，要注意对具体情况进行具体分析。如联营协议虽然是以乡政府名义签订的，实际上却是由乡合作经济组织执行的，协议的内容又不违背有关法律、政策规定，作无效协议处理，不利于经济发展的，也可不作无效协议处理。需要继续履行的，应对联营主体进行变更，完备各项法律手续。

此复。

最高人民法院
关于企业相互借贷的合同出借方尚未取得约定利息人民法院应当如何裁决问题的解答

（1996年3月25日　法复〔1996〕2号）

各省、自治区、直辖市高级人民法院，解放军军事法院：

《最高人民法院关于审理联营合同纠纷案件若干问题的解答》［法（经）发〔1990〕27号］于1990年11月12日下发以后，一些高级人民法院先后就如何执行该解答第四个问题第（二）条向我院请示，现解答如下：

对企业之间相互借贷的出借方或者名为联营、实为借贷的出资方尚未取得的约定利息，人民法院应当依法向借款方收缴。

附：最高人民法院关于审理联营合同纠纷案件若干问题的解答（略）

最高人民法院
关于法人型联营合同纠纷案件管辖问题的复函

［1989年8月21日　法（经）函〔1989〕59号］

陕西省高级人民法院、河南省高级人民法院：

陕高法经字〔1989〕第02号和〔1989〕豫法经字第4号请示报告收悉。关于开封市农机局劳动服务公司与航天部陕西红川机械厂、陕西化学动力实验所联营合同纠纷一案管辖问题。经研究，现答复如下：

鉴于开封天豫实业开发股份有限公司为独立核算、自负盈亏的经济实体，实行董事会领导下的经理负责制；联营三方依法向开封市工商行政管理局申请注册登记，该局审核后准予成立并发给了营业执照。为便利诉讼，现根据《中华人民共和国民事诉讼法（试行）》第三十三条第二款的规定，指定本案由企业主要办事机构所在地的河南省开封市中级人民法院管辖。

此复。

最高人民法院经济审判庭
关于一方未按联营合同约定投资经营联营合同是否成立另一方单方投资经营责任如何承担问题的电话答复

（1990 年 3 月 10 日）

广西壮族自治区高级人民法院：

你院法经字〔1989〕第 24 号《关于一方未按联营合同约定投资经营，联营合同是否成立，另一方单方投资经营责任如何承担问题的请示》收悉。经研究答复如下：

一、广西柳州机械厂物资供销公司（以下称供销公司）与北海市海星联合贸易公司（以下称贸易公司）于 1987 年 2 月 10 日签订的《联合经营柳北综合服务公司协议书》，其联营合同应具备的主要条款齐备，且经合同当事人双方签字盖章，并据此合同，柳北综合服务公司经当地工商行政管理部门审核批准，领取了营业执照，正式开业经营。虽联营一方供销公司未按约投资经营，但这并非合同成立生效的要件，而仅属联营一方的违约行为应承担违约责任。因此，该合同应为已经生效的合同。

二、据你院请示中反映的情况，柳北综合服务公司似属于合伙型联营体，且贸易公司一直也是以该联营体的名义对外进行经营活动的，因此，供销公司虽未按约履行义务，但对联营体的盈余和债务，仍有权利分享和有义务承担。

以上意见供参考。

附：

广西壮族自治区高级人民法院关于一方未按联营合同约定投资经营联营合同是否成立另一方单方投资经营责任如何承担问题的请示

（1989年11月30日　法经字〔1989〕第24号）

最高人民法院经济庭：

我院受理广西柳州机械厂物资供销公司与北海市海星联合贸易公司联营合同纠纷上诉一案。现就本案的联营问题请示如下：

一、基本案情：

上诉人北海市海星公司与被上诉人柳州供销公司于1987年2月10日签订“联合经营柳北综合服务公司协议书”，约定柳州方投资20万元，北海方投资10万元，盈亏按各50％承担；公司成立董事会；经工商注册批准之日起生效。双方签订联营协议后，领取了营业执照，北海方投资50000元即正式开业。柳州方不投资，不派人参加经营，不了了之，也未提出解除合同，北海方单方经营至诉讼前。

二、请示如下两个问题：

1. 该联营合同是否成立生效？

2. 如果该联营合同生效，北海方一直以该联营体对外进行经营活动，如有盈利，柳州方是否享受权利。如有亏损，柳州方是否依约承担义务。

希望能用电话尽快答复，以便及时结案。

最高人民法院经济审判庭
关于刘水清与钟山县钟潮塑料工艺制品厂之间是否构成联营关系的复函

［1991年8月21日　法（经）函〔1991〕101号］

广西壮族自治区高级人民法院：

你院法经请字〔1991〕第2号《关于梧州市对外经济贸易公司诉钟山县望高镇政府、刘水清等购销锡砂合同货款纠纷上诉一案的请示报告》收悉。经研究，答复如下：

钟山县望高乡矿产品购销经理部由刘水清个人承包后，与钟山县钟潮塑料厂签订了“联营协议”，约定双方各投资1.6万元，钟潮塑料厂只分享固定利润，不承担任何经济责任，经营活动，应上交的税利，全部由经理部负责。协议虽然规定，有关经营情况经理部应定期向对方通报，但这不应视为钟潮塑料厂参与共同经营。况且，经理部并不具备法人资格，因而也不具有参与联营活动的权利能力和行为能力。所以经理部与钟潮塑料厂所签订的协议，是明为联营，实为借贷，违反了有关金融法规，应按无效借款合同处理。

附：

广西壮族自治区高级人民法院
关于梧州市对外经济贸易公司诉钟山县望高镇政府、刘水清等购销锡砂合同货款纠纷上诉一案的请示报告

（1991年6月29日　法经请字〔1991〕第2号）

最高人民法院：

我院在受理梧州市对外经济贸易公司诉钟山县望高矿产品购销经理部购销锡砂合同货款纠纷上诉一案中，因对刘水清与钟山县钟潮塑料工艺制品厂之间是否构成联营关系有不同意见，特向你院请示，现将案件情况及讨论意见报告如下：

一、案件的基本情况

1989 年 2 月 10 日，钟山县望高镇政府企业办公室将其开办的望高矿产品购销经理部（不具备法人资格，1990 年 3 月已停业，下称经理部）发包给刘水清个人承包。同年 4 月 5 日，刘水清以经理部的名义与钟山县钟潮塑料工艺制品厂（下称钟潮塑料厂）签订联营协议书，约定：双方各投资 16000 元，刘水清以经理部名义承包经营；应上交的税利，全部由经理部负责，钟潮塑料厂不承担任何经济责任；有关经营情况，经理部应定期向对方通报；经理部包死利润基数为 8 万元，分配比例各占 50%，超基数部分，经理部占 60%，钟潮塑料厂占 40%；联营期限为 1 年，期满后经理部将投资款一次退还给钟潮塑料厂。协议签订后，钟潮塑料厂的开办单位钟山县工商银行汇给经理部 16000 元，作为钟潮塑料厂的投资款。1989 年 5 月至 7 月间，经理部（供方）与梧州市对外经济贸易公司（需方，下称外经公司）签订了购销锡砂合同。合同签订后，外经公司共付货款 2017000 元；经理部供货 543419 吨，折款 173688655 元，连同垫付运费 400 元，经理部多收需方货款 27971345 元。事后，外经公司多次向经理部追款未果，便诉至法院。原审法院审理认为刘水清以经理部名义与钟潮塑料签订了联营协议，确立了联营关系所欠货款，应由刘水清和钟潮塑料厂的联营单位共同偿还。

二、我院审委会在讨论本案时对刘水清与钟潮塑料厂之间是否构成联营关系，有两种意见：

第一种认为应属联营关系：刘水清以经理部名义与钟潮塑料厂签订的联营协议约定，经理部定期向对方通报经营情况，是双方共同经营的一种表现。钟潮塑料厂收取利润基数 8 万元的 50%，超利润基数部分还占 40%，也属共负盈亏。应认定双方确立了联营关系，由双方依照联营协议约定的分成比例，也应对外承担责任（也是原审的意见）。

第二种认为是无效的借款合同：联营协议约定，经营管理由经理部独家负责，经理部定期向对方通报经营情况，是供对方掌握经营情况，便于其实现自己的利益，钟潮塑料厂并不因此就享有经理部的经营决策权。钟潮塑料厂收取利润基数 8 万元的 50%，是固定利润，超过利润基数部分按比例分成也是固定比例，应视为保底条款。不符合共同经营，共担风险，共负盈亏的联营特征，应认定为非法借贷，按无效借款合同处理。

经本院审委员会讨论倾向于第二种意见，即刘水清和钟潮塑料厂不构成联营关系，其双方关系应按最高人民法院《关于审理联营合同纠纷案件若干问题的解答》中第四条第（二）项的规定处理。经理部对外经营时多收外经公司的货款，应由承包人刘水清偿还，发包人钟山县望高镇政府负连带清偿责任。当否请批示。

最高人民法院
关于胶州市第二棉纺织厂破产一案和佛山市石湾区对外贸易公司诉胶州市第二棉纺织厂联营合同投资纠纷一案有关问题的复函

（1992年4月2日　法函〔1992〕43号）

山东省高级人民法院，广东省高级人民法院：

山东省高级人民法院鲁法（经）发〔1991〕39号报告和广东省高级人民法院报送的有关材料均已收悉。经研究，我院认为：一、胶州市第二棉纺织厂是有关单位盲目投资联营、担保、贷款、重复建设的产物。该企业的设立以及扩大规模，都与国家调整经济结构的目标不符。中国农业银行胶州市支行贷款770万元支持该厂设立，并且与中国农业银行佛山市城郊支行分别为该厂旨在扩大生产规模的合作协议书予以担保，应当承担相应的民事责任；佛山市石湾区对外贸易公司投资1000万元支持该厂扩大生产规模，应当分担相应损失。二、佛山市中级人民法院应于撤销〔1990〕佛中法经字第9号民事判决书之后，就佛山市石湾区对外贸易公司与中国农业银行胶州市分行之间的纠纷依法裁决。三、胶州市第二棉纺厂破产案已经审理终结，当事人不得申请再审。价差损失由佛山市石湾区对外贸易公司承担。

最高人民法院经济审判庭
关于联营一方投资不参加经营既约定收回本息又收取固定利润的合同如何定性问题的复函

（1992年4月6日　法经〔1992〕53号）

广西壮族自治区高级人民法院：

你院〔1991〕桂法（经）字第21号《关于联营一方投资不参加共同经营既约定收回本息和固定利润又约定因不可抗力造成损失由双方承担的合同定性问题的请示报告》收悉。经研究，答复如下：

从你院的报告和所提供合同的情况看，双方当事人签订联营合同，约定出资一方不参加经营，除到期收回本息外，还收取固定利润，又约定遇到不可抗拒的特殊情况，双方承担损失，这类合同应为联营合同。联营中的风险由双方共同承担，但出资方承担的责任最多以其投入的资金为限。

最高人民法院指导案例1号

上海中原物业顾问有限公司诉陶德华居间合同纠纷案

（最高人民法院审判委员会讨论通过　2011年12月20日发布）

关键词

民事　居间合同　二手房买卖　违约

裁判要点

房屋买卖居间合同中关于禁止买方利用中介公司提供的房源信息却绕开该中介公司与卖方签订房屋买卖合同的约定合法有效。但是，当卖方将同一房屋通过多个中介公司挂牌出售时，买方通过其他公众可以获知的正当途径获得相同房源信息的，买方有权选择报价低、服务好的中介公司促成房屋买卖合同成立，其行为并没有利用先前与之签约中介公司的房源信息，故不构成违约。

相关法条

《中华人民共和国合同法》第四百二十四条

基本案情

原告上海中原物业顾问有限公司（简称中原公司）诉称：被告陶德华利用中原公司提供的上海市虹口区株洲路某号房屋销售信息，故意跳过中介，私自与卖方直接签订购房合同，违反了《房地产求购确认书》的约定，属于恶意“跳单”行为，请求法院判令陶德华按约支付中原公司违约金1.65万元。

被告陶德华辩称：涉案房屋原产权人李某某委托多家中介公司出售房屋，中原公司并非独家掌握该房源信息，也非独家代理销售。陶德华并没有利用中原公司提供的信息，不存在“跳单”违约行为。

法院经审理查明：2008年下半年，原产权人李某某到多家房屋中介公司挂牌销售涉案房屋。2008年10月22日，上海某房地产经纪有限公司带陶德华看了该房屋；11月23日，上海某房地产顾问有限公司（简称某房地产顾问公司）带陶德华之妻曹某某看了该房屋；11月27日，中原公司带陶德华看了该房屋，并于同日与陶德华签订了《房地产求购确认书》。该《确认书》第2.4条约定，陶德华在验看过该房地产后六个月内，陶德华或其委托人、代理人、代表人、承办人等与陶德华有关联的人，利用中原公司提供的信息、机会等条件但未通过中原公司而与第三方达成买卖交易的，陶德华应按照与出卖方就该房地产买卖达成的实际成交价的1%，向中原公司支付违约金。当时中原公司对该房屋报价165万元，而某房地产顾问公司报价145万元，并积极与卖方协商价格。11月30日，在某房地产顾问公司居间下，陶德华与卖方签订了房屋买卖合同，成交价138万元。后买卖双方办理了过户手续，陶德华向某房地产顾问公司支付佣金1.38万元。

裁判结果

上海市虹口区人民法院于2009年6月23日作出（2009）虹民三（民）初字第912号民事判决：被告陶德华应于判决生效之日起十日内向原告中原公司支付违约金1.38万元。宣判后，陶德华提出上诉。上海市第二中级人民法院于2009年9月4日作出（2009）沪二中民二（民）终字第1508号民事判决：一、撤销上海市虹口区人民法院（2009）虹民三（民）初字第912号民事判决；二、中原公司要求陶德华支付违约金1.65万元的诉讼请求，不予支持。

裁判理由

法院生效裁判认为：中原公司与陶德华签订的《房地产求购确认书》属于居间合同性质，其中第2.4条的约定，属于房屋买卖居间合同中常有的禁止“跳单”格式条款，其本意是为防止买方利用中介公司提供的房源信息却“跳”过中介公司购买房屋，从而使中介公司无法得到应得的佣金，该约定并不存在免除一方责任、加重对方责任、排除对方主要权利的情形，应认定有效。根据该条约定，衡量买方是否“跳单”违约的关键，是看买方是否利用了该中介公司提供的房源信息、机会等条件。如果买方并未利用该中介公司提供的信息、机会等条件，而是通过其他公众可以获知的正当途径获得同一房源信息，则买方有权选择报价低、服务好的中介公司促成房屋买卖合同成立，而不构成“跳单”违约。本案中，原产权人通过多家中介公司挂牌出售同一房屋，陶德华及其家人分别通过不同的中介公司了解到同一房源信息，并通过其他中介公司促成了房屋买卖合同成立。因此，陶德华并没有利用中原公司的信息、机会，故不构成违约，对中原公司的诉讼请求不予支持。

最高人民法院指导案例33号

瑞士嘉吉国际公司诉福建金石制油有限公司等确认合同无效纠纷案

（最高人民法院审判委员会讨论通过　2014年12月18日发布）

关键词

民事　确认合同无效　恶意串通　财产返还

裁判要点

1. 债务人将主要财产以明显不合理低价转让给其关联公司，关联公司在明知债务人欠债的情况下，未实际支付对价的，可以认定债务人与其关联公司恶意串通、损害债权人利益，与此相关的财产转让合同应当认定为无效。

2.《中华人民共和国合同法》第五十九条规定适用于第三人为财产所有权人的情形，在债权人对债务人享有普通债权的情况下，应当根据《中华人民共和国合同法》第五十八条的规定，判令因无效合同取得的财产返还给原财产所有人，而不能根据第五十九条规定直接判令债务人的关联公司因“恶意串通，损害第三人利益”的合同而取得的债务人的财产返还给债权人。

相关法条

《中华人民共和国合同法》第五十二条第二项

《中华人民共和国合同法》第五十八条、第五十九条

基本案情

瑞士嘉吉国际公司（Cargill International SA，简称嘉吉公司）与福建金石制油有限公司（以下简称福建金石公司）以及大连金石制油有限公司、沈阳金石豆业有限公司、四川金石油粕有限公司、北京珂玛美嘉粮油有限公司、宜丰香港有限公司（该六公司以下统称金石集团）存在商业合作关系。嘉吉公司因与金石集团买卖大豆发生争议，双方在国际油类、种子和脂类联合会仲裁过程中于2005年6月26日达成《和解协议》，约定金石集团将在五年内分期偿还债务，并将金石集团旗下福建金石公司的全部资产，包括土地使用权、建筑物和固着物、所有的设备及其他财产抵押给嘉吉公司，作为偿还债务的担保。2005年10月10日，国际油类、种子和脂类联合会根据该《和解协议》作出第3929号仲裁裁决，确认金石集团应向嘉吉公司支付1337万美元。2006年5月，因金石集团未履行该仲裁裁决，福建金石公司也未配合进

行资产抵押，嘉吉公司向福建省厦门市中级人民法院申请承认和执行第 3929 号仲裁裁决。2007 年 6 月 26 日，厦门市中级人民法院经审查后裁定对该仲裁裁决的法律效力予以承认和执行。该裁定生效后，嘉吉公司申请强制执行。

2006 年 5 月 8 日，福建金石公司与福建田源生物蛋白科技有限公司（以下简称田源公司）签订一份《国有土地使用权及资产买卖合同》，约定福建金石公司将其国有土地使用权、厂房、办公楼和油脂生产设备等全部固定资产以 2569 万元人民币（以下未特别注明的均为人民币）的价格转让给田源公司，其中国有土地使用权作价 464 万元、房屋及设备作价 2105 万元，应在合同生效后 30 日内支付全部价款。王晓琪和柳锋分别作为福建金石公司与田源公司的法定代表人在合同上签名。福建金石公司曾于 2001 年 12 月 31 日以 482.1 万元取得本案所涉 32138 平方米国有土地使用权。2006 年 5 月 10 日，福建金石公司与田源公司对买卖合同项下的标的物进行了交接。同年 6 月 15 日，田源公司通过在中国农业银行漳州支行的账户向福建金石公司在同一银行的账户转入 2500 万元。福建金石公司当日从该账户汇出 1300 万元、1200 万元两笔款项至金石集团旗下大连金石制油有限公司账户，用途为往来款。同年 6 月 19 日，田源公司取得上述国有土地使用权证。

2008 年 2 月 21 日，田源公司与漳州开发区汇丰源贸易有限公司（以下简称汇丰源公司）签订《买卖合同》，约定汇丰源公司购买上述土地使用权及地上建筑物、设备等，总价款为 2669 万元，其中土地价款 603 万元、房屋价款 334 万元、设备价款 1732 万元。汇丰源公司于 2008 年 3 月取得上述国有土地使用权证。汇丰源公司仅于 2008 年 4 月 7 日向田源公司付款 569 万元，此后未付其余价款。

田源公司、福建金石公司、大连金石制油有限公司及金石集团旗下其他公司的直接或间接控制人均为王政良、王晓莉、王晓琪、柳锋。王政良与王晓琪、王晓莉是父女关系，柳锋与王晓琪是夫妻关系。2009 年 10 月 15 日，中纺粮油进出口有限责任公司（以下简称中纺粮油公司）取得田源公司 80% 的股权。2010 年 1 月 15 日，田源公司更名为中纺粮油（福建）有限公司（以下简称中纺福建公司）。

汇丰源公司成立于 2008 年 2 月 19 日，原股东为宋明权、杨淑莉。2009 年 9 月 16 日，中纺粮油公司和宋明权、杨淑莉签订《股权转让协议》，约定中纺粮油公司购买汇丰源公司 80%的股权。同日，中纺粮油公司（甲方）、汇丰源公司（乙方）、宋明权和杨淑莉（丙方）及沈阳金豆食品有限公司（丁方）签订《股权质押协议》，约定：丙方将所拥有汇丰源公司 20%的股权质押给甲方，作为乙方、丙方、丁方履行“合同义务”之担保；“合同义务”系指乙方、丙方在《股权转让协议》及《股权质押协议》项下因“红豆事件”而产生的所有责任和义务；“红豆事件”是指嘉吉公司与金石集团就进口大豆中掺杂红豆原因而引发的金石集团涉及的一系列诉讼及仲裁纠纷以及与此有关的涉及汇丰源公司的一系列诉讼及仲裁纠纷。还约定，下述情形同时出现之日，视为乙方和丙方的“合同义务”已完全履行：1. 因“红豆事件”而引发的任何诉讼、仲裁案件的全部审理及执行程序均已终结，且乙方未遭受财产损失；2. 嘉吉公司针对乙方所涉合同可能存在的撤销权因超过法律规定的最长期间（五年）而消灭。2009 年 11 月 18 日，中纺粮油公司取得汇丰源公司 80％的股权。汇丰源公司成立后并未进行实际经营。

由于福建金石公司已无可供执行的财产，导致无法执行，嘉吉公司遂向福建省高级人民法院提起诉讼，请求：一是确认福建金石公司与中纺福建公司签订的《国有土地使用权及资产买卖合同》无效；二是确认中纺福建公司与汇丰源公司签订的国有土地使用权及资产《买卖合同》无效；三是判令汇丰源公司、中纺福建公司将其取得的合同项下财产返还给财产所有人。

裁判结果

福建省高级人民法院于 2011 年 10 月 23 日作出（2007）闽民初字第 37 号民事判决，确认福建金石公司与田源公司（后更名为中纺福建公司）之间的《国有土地使用权及资产买卖合同》、田源公司与汇丰源公司之间的《买卖合同》无效；判令汇丰源公司于判决生效之日起三十日内向福建金石公司返还因上述合同而取得的国有土地使用权，中纺福建公司于判决生效之日起三十日内向福建金石公司返还因上述合同而取得的房屋、设备。宣判后，福建金石公司、中纺福建公司、汇丰源公司提出上诉。最高人民法院于 2012 年 8 月 22 日作出（2012）民四终字第 1 号民事判决，驳回上诉，维持原判。

裁判理由

最高人民法院认为：因嘉吉公司注册登记地在瑞士，本案系涉外案件，各方当事人对适用中华人民共和国法律审理本案没有异议。本案源于债权人嘉吉公司认为债务人福建金石公司与关联企业田源公司、田源公司与汇丰源公司之间关于土地使用权以及地上建筑物、设备等资产的买卖合同，因属于《中华人民共和国合同法》第五十二条第二项“恶意串通，损害国家、集体或者第三人利益”的情形而应当被认定无效，并要求返还原物。本案争议的焦点问题是：福建金石公司、田源公司（后更名为中纺福建公司）、汇丰源公司相互之间订立的合同是否构成恶意串通、损害嘉吉公司利益的合同？本案所涉合同被认定无效后的法律后果如何？

一、关于福建金石公司、田源公司、汇丰源公司相互之间订立的合同是否构成“恶意串通，损害第三人利益”的合同

首先，福建金石公司、田源公司在签订和履行《国有土地使用权及资产买卖合同》的过程中，其实际控制人之间系亲属关系，且柳锋、王晓琪夫妇分别作为两公司的法定代表人在合同上签署。因此，可以认定在签署以及履行转让福建金石公司国有土地使用权、房屋、设备的合同过程中，田源公司对福建金石公司的状况是非常清楚的，对包括福建金石公司在内的金石集团因“红豆事件”被仲裁裁决确认对嘉吉公司形成1337万美元债务的事实是清楚的。

其次，《国有土地使用权及资产买卖合同》订立于2006年5月8日，其中约定田源公司购买福建金石公司资产的价款为2569万元，国有土地使用权作价464万元、房屋及设备作价2105万元，并未根据相关会计师事务所的评估报告作价。一审法院根据福建金石公司2006年5月31日资产负债表，以其中载明固定资产原价44042705.75元、扣除折旧后固定资产净值为32354833.70元，而《国有土地使用权及资产买卖合同》中对房屋及设备作价仅2105万元，认定《国有土地使用权及资产买卖合同》中约定的购买福建金石公司资产价格为不合理低价是正确的。在明知债务人福建金石公司欠债权人嘉吉公司巨额债务的情况下，田源公司以明显不合理低价购买福建金石公司的主要资产，足以证明其与福建金石公司在签订《国有土地使用权及资产买卖合同》时具有主观恶意，属恶意串通，且该合同的履行足以损害债权人嘉吉公司的利益。

第三，《国有土地使用权及资产买卖合同》签订后，田源公司虽然向福建金石公司在同一银行的账户转账2500万元，但该转账并未注明款项用途，且福建金石公司于当日将2500万元分两笔汇入其关联企业大连金石制油有限公司账户；又根据福建金石公司和田源公司当年的财务报表，并未体现该笔2500万元的入账或支出，而是体现出田源公司尚欠福建金石公司“其他应付款”121224155.87元。一审法院据此认定田源公司并未根据《国有土地使用权及资产买卖合同》向福建金石公司实际支付价款是合理的。

第四，从公司注册登记资料看，汇丰源公司成立时股东构成似与福建金石公司无关，但在汇丰源公司股权变化的过程中可以看出，汇丰源公司在与田源公司签订《买卖合同》时对转让的资产来源以及福建金石公司对嘉吉公司的债务是明知的。《买卖合同》约定的价款为2669万元，与田源公司从福建金石公司购入该资产的约定价格相差不大。汇丰源公司除已向田源公司支付569万元外，其余款项未付。一审法院据此认定汇丰源公司与田源公司签订《买卖合同》时恶意串通并足以损害债权人嘉吉公司的利益，并无不当。

综上，福建金石公司与田源公司签订的《国有土地使用权及资产买卖合同》、田源公司与汇丰源公司签订的《买卖合同》，属于恶意串通、损害嘉吉公司利益的合同。根据合同法第五十二条第二项的规定，均应当认定无效。

二、关于本案所涉合同被认定无效后的法律后果

对于无效合同的处理，人民法院一般应当根据合同法第五十八条“合同无效或者被撤销后，因该合同取得的财产，应当予以返还；不能返还或者没有必要返还的，应当折价补偿。有过错的一方应当赔偿对方因此所受到的损失，双方都有过错的，应当各自承担相应的责任”的规定，判令取得财产的一方返还财产。本案涉及的两份合同均被认定无效，两份合同涉及的财产相同，其中国有土地使用权已经从福建金石公司经田源公司变更至汇丰源公司名下，在没有证据证明本案所涉房屋已经由田源公司过户至汇丰源公司名下、所涉设备已经由田源公司交付汇丰源公司的情况下，一审法院直接判令取得国有土地使用权的汇丰源公司、取得房屋和设备的田源公司分别就各自取得的财产返还给福建金石公司并无不妥。

合同法第五十九条规定：“当事人恶意串通，损害国家、集体或者第三人利益的，因此取得的财产收归国家所有或者返还集体、第三人。”该条规定应当适用于能够确定第三人为财产所有权人的情况。本案中，嘉吉公司对福建金石公司享有普通债权，本案所涉财产系福建金石公司的财产，并非嘉吉公司的财产，因此只能判令将系争财产返还给福建金石公司，而不能直接判令返还给嘉吉公司。

最高人民法院指导案例 64 号

刘超捷诉中国移动通信集团江苏有限公司徐州分公司电信服务合同纠纷案

（最高人民法院审判委员会讨论通过　2016 年 6 月 30 日发布）

关键词

民事　电信服务合同　告知义务　有效期限　违约

裁判要点

1. 经营者在格式合同中未明确规定对某项商品或服务的限制条件，且未能证明在订立合同时已将该限制条件明确告知消费者并获得消费者同意的，该限制条件对消费者不产生效力。

2. 电信服务企业在订立合同时未向消费者告知某项服务设定了有效期限限制，在合同履行中又以该项服务超过有效期限为由限制或停止对消费者服务的，构成违约，应当承担违约责任。

相关法条

《中华人民共和国合同法》第 39 条

基本案情

2009 年 11 月 24 日，原告刘超捷在被告中国移动通信集团江苏有限公司徐州分公司（以下简称移动徐州分公司）营业厅申请办理“神州行标准卡”，手机号码为 1590520××××，付费方式为预付费。原告当场预付话费 50 元，并参与移动徐州分公司充 50 元送 50 元的活动。在业务受理单所附《中国移动通信客户入网服务协议》中，双方对各自的权利和义务进行了约定，其中第四项特殊情况的承担中的第 1 条为：在下列情况下，乙方有权暂停或限制甲方的移动通信服务，由此给甲方造成的损失，乙方不承担责任：（1）甲方银行账户被查封、冻结或余额不足等非乙方原因造成的结算时扣划不成功的；（2）甲方预付费使用完毕而未及时补交款项（包括预付费账户余额不足以扣划下一笔预付费用）的。

2010 年 7 月 5 日，原告在中国移动官方网站网上营业厅通过银联卡网上充值 50 元。2010 年 11 月 7 日，原告在使用该手机号码时发现该手机号码已被停机，原告到被告的营业厅查询，得知被告于 2010 年 10 月 23 日因话费有效期到期而暂停移动通信服务，此时账户余额为 11.70 元。原告认为被告单方终止服务构成合同违约，遂诉至法院。

裁判结果

徐州市泉山区人民法院于 2011 年 6 月 16 日作出（2011）泉商初字第 240 号民事判决：被告中国移动通信集团江苏有限公司徐州分公司于本判决生效之日起十日内取消对原告刘超捷的手机号码为 1590520××××的话费有效期的限制，恢复该号码的移动通信服务。一审宣判后，被告提出上诉，二审期间申请撤回上诉，一审判决已发生法律效力。

裁判理由

法院生效裁判认为：电信用户的知情权是电信用户在接受电信服务时的一项基本权利，用户在办理电信业务时，电信业务的经营者必须向其明确说明该电信业务的内容，包括业务功能、费用收取办法及交费时间、障碍申告等。如果用户在不知悉该电信业务的真实情况下进行消费，就会剥夺用户对电信业务的选择权，达不到真正追求的电信消费目的。

依据《中华人民共和国合同法》第三十九条的规定，采用格式条款订立合同的，提供格式条款的一方应当遵循公平原则确定当事人之间的权利和义务，并采取合理的方式提请对方注意免除或者限制其责任的条款，按照对方的要求，对该条款予以说明。电信业务的经营者作为提供电信服务合同格式条款的一方，应当遵循公平原则确定与电信用户的权利义务内容，权利义务的内容必须符合维护电信用户和电信业务经营者的合法权益、促进电信业的健康发展的立法目的，并有效告知对方注意免除或者限制其责任的条款并向其释明。业务受理单、入网服务协议是电信服务合同的主要内容，确定了原被告双方的权利义务内容，入网服务协议第四项约定有权暂停或限制移动通信服务的情形，第五项约定有权解除协议、收回号码、终止提供服务的情形，均没有因有效期到期而中止、解除、终止合同的约定。而话费有效期限制直接影响到原告手机号码的正常使用，一旦有效期到期，将导致停机、号码被收回的后果，因此被告对此负有明确如实告知的义务，且在订立电信服务合同之前就应如实告知原告。如果在订立合同之前未告知，即使在缴费阶段告知，亦剥夺了当事人的选择权，有违公平和诚实信用原则。被告主张“通过单联发票、宣传册和短信的方式向原告告知了有效期”，但未能提供有效的证据予以证明。综上，本案被告既未在电信服务合同中约定有效期内容，亦未提供有效证据证实已将有效期限制明确告知原告，被告暂停服务、收回号码的行为构成违约，应当承担继续履行等违约责任，故对原告主张“取消被告对原告的话费有效期的限制，继续履行合同”的诉讼请求依法予以支持。

（生效裁判审判人员：王平、赵增尧、李丽）

（四）特许经营合同

商业特许经营管理条例

（2007 年 1 月 31 日中华人民共和国国务院第 167 次常务会议通过
2007 年 2 月 6 日中华人民共和国国务院令第 485 号公布　自 2007 年 5 月 1 日起施行）

第一章　总　则

第一条　为规范商业特许经营活动，促进商业特许经营健康、有序发展，维护市场秩序，制定本条例。

第二条　在中华人民共和国境内从事商业特许经营活动，应当遵守本条例。

第三条　本条例所称商业特许经营（以下简称特许经营），是指拥有注册商标、企业标志、专利、专有技术等经营资源的企业（以下称特许人），以合同形式将其拥有的经营资源许可其他经营者（以下称被特许人）使用，被特许人按照合同约定在统一的经营模式下开展经营，并向特许人支付特许经营费用的经营活动。

企业以外的其他单位和个人不得作为特许人从事特许经营活动。

第四条　从事特许经营活动，应当遵循自愿、公平、诚实信用的原则。

第五条　国务院商务主管部门依照本条例规定，负责对全国范围内的特许经营活动实施监督管理。省、自治区、直辖市人民政府商务主管部门和设区的市级人民政府商务主管部门依照本条例规定，负责对本行政区域内的特许经营活动实施监督管理。

第六条　任何单位或者个人对违反本条例规定的行为，有权向商务主管部门举报。商务主管部门接到举报后应当依法及时处理。

第二章　特许经营活动

第七条　特许人从事特许经营活动应当拥有成熟的经营模式，并具备为被特许人持续提供经营指导、技术支持和业务培训等服务的能力。

特许人从事特许经营活动应当拥有至少 2 个直营店，并且经营时间超过 1 年。

第八条　特许人应当自首次订立特许经营合同之日起 15 日内，依照本条例的规定向商务主管部门备案。在省、自治区、直辖市范围内从事特许经营活动的，应当向所在地省、自治区、直辖市人民政府商务主管部门备案；跨省、自治区、直辖市范围从事特许经营活动的，应当向国务院商务主管部门备案。

特许人向商务主管部门备案，应当提交下列文件、资料：

（一）营业执照复印件或者企业登记（注册）证书复印件；

（二）特许经营合同样本；

（三）特许经营操作手册；

（四）市场计划书；

（五）表明其符合本条例第七条规定的书面承诺及相关证明材料；

（六）国务院商务主管部门规定的其他文件、资料。

特许经营的产品或者服务，依法应当经批准方可经营的，特许人还应当提交有关批准文件。

第九条　商务主管部门应当自收到特许人提交的符合本条例第八条规定的文件、资料之日起 10 日内予以备案，并通知特许人。特许人提交的文件、资料不完备的，商务主管部门可以要求其在 7 日内补充提交文件、资料。

第十条 商务主管部门应当将备案的特许人名单在政府网站上公布，并及时更新。

第十一条 从事特许经营活动，特许人和被特许人应当采用书面形式订立特许经营合同。

特许经营合同应当包括下列主要内容：

（一）特许人、被特许人的基本情况；

（二）特许经营的内容、期限；

（三）特许经营费用的种类、金额及其支付方式；

（四）经营指导、技术支持以及业务培训等服务的具体内容和提供方式；

（五）产品或者服务的质量、标准要求和保证措施；

（六）产品或者服务的促销与广告宣传；

（七）特许经营中的消费者权益保护和赔偿责任的承担；

（八）特许经营合同的变更、解除和终止；

（九）违约责任；

（十）争议的解决方式；

（十一）特许人与被特许人约定的其他事项。

第十二条 特许人和被特许人应当在特许经营合同中约定，被特许人在特许经营合同订立后一定期限内，可以单方解除合同。

第十三条 特许经营合同约定的特许经营期限应当不少于 3 年。但是，被特许人同意的除外。

特许人和被特许人续签特许经营合同的，不适用前款规定。

第十四条 特许人应当向被特许人提供特许经营操作手册，并按照约定的内容和方式为被特许人持续提供经营指导、技术支持、业务培训等服务。

第十五条 特许经营的产品或者服务的质量、标准应当符合法律、行政法规和国家有关规定的要求。

第十六条 特许人要求被特许人在订立特许经营合同前支付费用的，应当以书面形式向被特许人说明该部分费用的用途以及退还的条件、方式。

第十七条 特许人向被特许人收取的推广、宣传费用，应当按照合同约定的用途使用。推广、宣传费用的使用情况应当及时向被特许人披露。

特许人在推广、宣传活动中，不得有欺骗、误导的行为，其发布的广告中不得含有宣传被特许人从事特许经营活动收益的内容。

第十八条 未经特许人同意，被特许人不得向他人转让特许经营权。

被特许人不得向他人泄露或者允许他人使用其所掌握的特许人的商业

秘密。

第十九条　特许人应当在每年第一季度将其上一年度订立特许经营合同的情况向商务主管部门报告。

第三章　信息披露

第二十条　特许人应当依照国务院商务主管部门的规定，建立并实行完备的信息披露制度。

第二十一条　特许人应当在订立特许经营合同之日前至少 30 日，以书面形式向被特许人提供本条例第二十二条规定的信息，并提供特许经营合同文本。

第二十二条　特许人应当向被特许人提供以下信息：

（一）特许人的名称、住所、法定代表人、注册资本额、经营范围以及从事特许经营活动的基本情况；

（二）特许人的注册商标、企业标志、专利、专有技术和经营模式的基本情况；

（三）特许经营费用的种类、金额和支付方式（包括是否收取保证金以及保证金的返还条件和返还方式）；

（四）向被特许人提供产品、服务、设备的价格和条件；

（五）为被特许人持续提供经营指导、技术支持、业务培训等服务的具体内容、提供方式和实施计划；

（六）对被特许人的经营活动进行指导、监督的具体办法；

（七）特许经营网点投资预算；

（八）在中国境内现有的被特许人的数量、分布地域以及经营状况评估；

（九）最近 2 年的经会计师事务所审计的财务会计报告摘要和审计报告摘要；

（十）最近 5 年内与特许经营相关的诉讼和仲裁情况；

（十一）特许人及其法定代表人是否有重大违法经营记录；

（十二）国务院商务主管部门规定的其他信息。

第二十三条　特许人向被特许人提供的信息应当真实、准确、完整，不得隐瞒有关信息，或者提供虚假信息。

特许人向被特许人提供的信息发生重大变更的，应当及时通知被特许人。

特许人隐瞒有关信息或者提供虚假信息的，被特许人可以解除特许经营合同。

第四章　法律责任

第二十四条　特许人不具备本条例第七条第二款规定的条件，从事特许经营活动的，由商务主管部门责令改正，没收违法所得，处10万元以上50万元以下的罚款，并予以公告。

企业以外的其他单位和个人作为特许人从事特许经营活动的，由商务主管部门责令停止非法经营活动，没收违法所得，并处10万元以上50万元以下的罚款。

第二十五条　特许人未依照本条例第八条的规定向商务主管部门备案的，由商务主管部门责令限期备案，处1万元以上5万元以下的罚款；逾期仍不备案的，处5万元以上10万元以下的罚款，并予以公告。

第二十六条　特许人违反本条例第十六条、第十九条规定的，由商务主管部门责令改正，可以处1万元以下的罚款；情节严重的，处1万元以上5万元以下的罚款，并予以公告。

第二十七条　特许人违反本条例第十七条第二款规定的，由工商行政管理部门责令改正，处3万元以上10万元以下的罚款；情节严重的，处10万元以上30万元以下的罚款，并予以公告；构成犯罪的，依法追究刑事责任。

特许人利用广告实施欺骗、误导行为的，依照广告法的有关规定予以处罚。

第二十八条　特许人违反本条例第二十一条、第二十三条规定，被特许人向商务主管部门举报并经查实的，由商务主管部门责令改正，处1万元以上5万元以下的罚款；情节严重的，处5万元以上10万元以下的罚款，并予以公告。

第二十九条　以特许经营名义骗取他人财物，构成犯罪的，依法追究刑事责任；尚不构成犯罪的，由公安机关依照《中华人民共和国治安管理处罚法》的规定予以处罚。

以特许经营名义从事传销行为的，依照《禁止传销条例》的有关规定予以处罚。

第三十条　商务主管部门的工作人员滥用职权、玩忽职守、徇私舞弊，构成犯罪的，依法追究刑事责任；尚不构成犯罪的，依法给予处分。

第五章　附　则

第三十一条　特许经营活动中涉及商标许可、专利许可的，依照有关商标、专利的法律、行政法规的规定办理。

第三十二条　有关协会组织在国务院商务主管部门指导下，依照本条例的规定制定特许经营活动规范，加强行业自律，为特许经营活动当事人提供相关服务。

第三十三条　本条例施行前已经从事特许经营活动的特许人，应当自本条例施行之日起 1 年内，依照本条例的规定向商务主管部门备案；逾期不备案的，依照本条例第二十五条的规定处罚。

前款规定的特许人，不适用本条例第七条第二款的规定。

第三十四条　本条例自 2007 年 5 月 1 日起施行。

基础设施和公用事业特许经营管理办法

（2015 年 4 月 25 日国家发展和改革委员会、财政部、住房和城乡建设部、交通运输部、水利部、中国人民银行令第 25 号发布　自 2015 年 6 月 1 日起施行）

第一章　总　则

第一条　为鼓励和引导社会资本参与基础设施和公用事业建设运营，提高公共服务质量和效率，保护特许经营者合法权益，保障社会公共利益和公共安全，促进经济社会持续健康发展，制定本办法。

第二条　中华人民共和国境内的能源、交通运输、水利、环境保护、市政工程等基础设施和公用事业领域的特许经营活动，适用本办法。

第三条　本办法所称基础设施和公用事业特许经营，是指政府采用竞争方式依法授权中华人民共和国境内外的法人或者其他组织，通过协议明确权利义务和风险分担，约定其在一定期限和范围内投资建设运营基础设施和公用事业并获得收益，提供公共产品或者公共服务。

第四条　基础设施和公用事业特许经营应当坚持公开、公平、公正，保护各方信赖利益，并遵循以下原则：

（一）发挥社会资本融资、专业、技术和管理优势，提高公共服务质量效率；

（二）转变政府职能，强化政府与社会资本协商合作；

（三）保护社会资本合法权益，保证特许经营持续性和稳定性；

（四）兼顾经营性和公益性平衡，维护公共利益。

第五条　基础设施和公用事业特许经营可以采取以下方式：

（一）在一定期限内，政府授予特许经营者投资新建或改扩建、运营基础设施和公用事业，期限届满移交政府；

（二）在一定期限内，政府授予特许经营者投资新建或改扩建、拥有并运营基础设施和公用事业，期限届满移交政府；

（三）特许经营者投资新建或改扩建基础设施和公用事业并移交政府后，由政府授予其在一定期限内运营；

（四）国家规定的其他方式。

第六条 基础设施和公用事业特许经营期限应当根据行业特点、所提供公共产品或服务需求、项目生命周期、投资回收期等综合因素确定，最长不超过30年。

对于投资规模大、回报周期长的基础设施和公用事业特许经营项目（以下简称特许经营项目）可以由政府或者其授权部门与特许经营者根据项目实际情况，约定超过前款规定的特许经营期限。

第七条 国务院发展改革、财政、国土、环保、住房城乡建设、交通运输、水利、能源、金融、安全监管等有关部门按照各自职责，负责相关领域基础设施和公用事业特许经营规章、政策制定和监督管理工作。

县级以上地方人民政府发展改革、财政、国土、环保、住房城乡建设、交通运输、水利、价格、能源、金融监管等有关部门根据职责分工，负责有关特许经营项目实施和监督管理工作。

第八条 县级以上地方人民政府应当建立各有关部门参加的基础设施和公用事业特许经营部门协调机制，负责统筹有关政策措施，并组织协调特许经营项目实施和监督管理工作。

第二章 特许经营协议订立

第九条 县级以上人民政府有关行业主管部门或政府授权部门（以下简称项目提出部门）可以根据经济社会发展需求，以及有关法人和其他组织提出的特许经营项目建议等，提出特许经营项目实施方案。

特许经营项目应当符合国民经济和社会发展总体规划、主体功能区规划、区域规划、环境保护规划和安全生产规划等专项规划、土地利用规划、城乡规划、中期财政规划等，并且建设运营标准和监管要求明确。

项目提出部门应当保证特许经营项目的完整性和连续性。

第十条 特许经营项目实施方案应当包括以下内容：

（一）项目名称；

（二）项目实施机构；

（三）项目建设规模、投资总额、实施进度，以及提供公共产品或公共服务的标准等基本经济技术指标；

（四）投资回报、价格及其测算；

（五）可行性分析，即降低全生命周期成本和提高公共服务质量效率的分析估算等；

（六）特许经营协议框架草案及特许经营期限；

（七）特许经营者应当具备的条件及选择方式；

（八）政府承诺和保障；

（九）特许经营期限届满后资产处置方式；

（十）应当明确的其他事项。

第十一条　项目提出部门可以委托具有相应能力和经验的第三方机构，开展特许经营可行性评估，完善特许经营项目实施方案。

需要政府提供可行性缺口补助或者开展物有所值评估的，由财政部门负责开展相关工作。具体办法由国务院财政部门另行制定。

第十二条　特许经营可行性评估应当主要包括以下内容：

（一）特许经营项目全生命周期成本、技术路线和工程方案的合理性，可能的融资方式、融资规模、资金成本，所提供公共服务的质量效率，建设运营标准和监管要求等；

（二）相关领域市场发育程度，市场主体建设运营能力状况和参与意愿；

（三）用户付费项目公众支付意愿和能力评估。

第十三条　项目提出部门依托本级人民政府根据本办法第八条规定建立的部门协调机制，会同发展改革、财政、城乡规划、国土、环保、水利等有关部门对特许经营项目实施方案进行审查。经审查认为实施方案可行的，各部门应当根据职责分别出具书面审查意见。

项目提出部门综合各部门书面审查意见，报本级人民政府或其授权部门审定特许经营项目实施方案。

第十四条　县级以上人民政府应当授权有关部门或单位作为实施机构负责特许经营项目有关实施工作，并明确具体授权范围。

第十五条　实施机构根据经审定的特许经营项目实施方案，应当通过招标、竞争性谈判等竞争方式选择特许经营者。

特许经营项目建设运营标准和监管要求明确、有关领域市场竞争比较充分的，应当通过招标方式选择特许经营者。

第十六条　实施机构应当在招标或谈判文件中载明是否要求成立特许经营项目公司。

第十七条　实施机构应当公平择优选择具有相应管理经验、专业能力、融资实力以及信用状况良好的法人或者其他组织作为特许经营者。鼓励金融机构与参与竞争的法人或其他组织共同制定投融资方案。

特许经营者选择应当符合内外资准入等有关法律、行政法规规定。

依法选定的特许经营者，应当向社会公示。

第十八条 实施机构应当与依法选定的特许经营者签订特许经营协议。

需要成立项目公司的，实施机构应当与依法选定的投资人签订初步协议，约定其在规定期限内注册成立项目公司，并与项目公司签订特许经营协议。

特许经营协议应当主要包括以下内容：

（一）项目名称、内容；

（二）特许经营方式、区域、范围和期限；

（三）项目公司的经营范围、注册资本、股东出资方式、出资比例、股权转让等；

（四）所提供产品或者服务的数量、质量和标准；

（五）设施权属，以及相应的维护和更新改造；

（六）监测评估；

（七）投融资期限和方式；

（八）收益取得方式，价格和收费标准的确定方法以及调整程序；

（九）履约担保；

（十）特许经营期内的风险分担；

（十一）政府承诺和保障；

（十二）应急预案和临时接管预案；

（十三）特许经营期限届满后，项目及资产移交方式、程序和要求等；

（十四）变更、提前终止及补偿；

（十五）违约责任；

（十六）争议解决方式；

（十七）需要明确的其他事项。

第十九条 特许经营协议根据有关法律、行政法规和国家规定，可以约定特许经营者通过向用户收费等方式取得收益。

向用户收费不足以覆盖特许经营建设、运营成本及合理收益的，可由政府提供可行性缺口补助，包括政府授予特许经营项目相关的其它开发经营权益。

第二十条 特许经营协议应当明确价格或收费的确定和调整机制。特许经营项目价格或收费应当依据相关法律、行政法规规定和特许经营协议约定予以确定和调整。

第二十一条 政府可以在特许经营协议中就防止不必要的同类竞争性

项目建设、必要合理的财政补贴、有关配套公共服务和基础设施的提供等内容作出承诺，但不得承诺固定投资回报和其他法律、行政法规禁止的事项。

第二十二条　特许经营者根据特许经营协议，需要依法办理规划选址、用地和项目核准或审批等手续的，有关部门在进行审核时，应当简化审核内容，优化办理流程，缩短办理时限，对于本部门根据本办法第十三条出具书面审查意见已经明确的事项，不再作重复审查。

实施机构应当协助特许经营者办理相关手续。

第二十三条　国家鼓励金融机构为特许经营项目提供财务顾问、融资顾问、银团贷款等金融服务。政策性、开发性金融机构可以给予特许经营项目差异化信贷支持，对符合条件的项目，贷款期限最长可达30年。探索利用特许经营项目预期收益质押贷款，支持利用相关收益作为还款来源。

第二十四条　国家鼓励通过设立产业基金等形式入股提供特许经营项目资本金。鼓励特许经营项目公司进行结构化融资，发行项目收益票据和资产支持票据等。

国家鼓励特许经营项目采用成立私募基金，引入战略投资者，发行企业债券、项目收益债券、公司债券、非金融企业债务融资工具等方式拓宽投融资渠道。

第二十五条　县级以上人民政府有关部门可以探索与金融机构设立基础设施和公用事业特许经营引导基金，并通过投资补助、财政补贴、贷款贴息等方式，支持有关特许经营项目建设运营。

第三章　特许经营协议履行

第二十六条　特许经营协议各方当事人应当遵循诚实信用原则，按照约定全面履行义务。

除法律、行政法规另有规定外，实施机构和特许经营者任何一方不履行特许经营协议约定义务或者履行义务不符合约定要求的，应当根据协议继续履行、采取补救措施或者赔偿损失。

第二十七条　依法保护特许经营者合法权益。任何单位或者个人不得违反法律、行政法规和本办法规定，干涉特许经营者合法经营活动。

第二十八条　特许经营者应当根据特许经营协议，执行有关特许经营项目投融资安排，确保相应资金或资金来源落实。

第二十九条　特许经营项目涉及新建或改扩建有关基础设施和公用事业的，应当符合城乡规划、土地管理、环境保护、质量管理、安全生产等有关法律、行政法规规定的建设条件和建设标准。

第三十条 特许经营者应当根据有关法律、行政法规、标准规范和特许经营协议，提供优质、持续、高效、安全的公共产品或者公共服务。

第三十一条 特许经营者应当按照技术规范，定期对特许经营项目设施进行检修和保养，保证设施运转正常及经营期限届满后资产按规定进行移交。

第三十二条 特许经营者对涉及国家安全的事项负有保密义务，并应当建立和落实相应保密管理制度。

实施机构、有关部门及其工作人员对在特许经营活动和监督管理工作中知悉的特许经营者商业秘密负有保密义务。

第三十三条 实施机构和特许经营者应当对特许经营项目建设、运营、维修、保养过程中有关资料，按照有关规定进行归档保存。

第三十四条 实施机构应当按照特许经营协议严格履行有关义务，为特许经营者建设运营特许经营项目提供便利和支持，提高公共服务水平。

行政区划调整，政府换届、部门调整和负责人变更，不得影响特许经营协议履行。

第三十五条 需要政府提供可行性缺口补助的特许经营项目，应当严格按照预算法规定，综合考虑政府财政承受能力和债务风险状况，合理确定财政付费总额和分年度数额，并与政府年度预算和中期财政规划相衔接，确保资金拨付需要。

第三十六条 因法律、行政法规修改，或者政策调整损害特许经营者预期利益，或者根据公共利益需要，要求特许经营者提供协议约定以外的产品或服务的，应当给予特许经营者相应补偿。

第四章 特许经营协议变更和终止

第三十七条 在特许经营协议有效期内，协议内容确需变更的，协议当事人应当在协商一致基础上签订补充协议。如协议可能对特许经营项目的存续债务产生重大影响的，应当事先征求债权人同意。特许经营项目涉及直接融资行为的，应当及时做好相关信息披露。

特许经营期限届满后确有必要延长的，按照有关规定经充分评估论证，协商一致并报批准后，可以延长。

第三十八条 在特许经营期限内，因特许经营协议一方严重违约或不可抗力等原因，导致特许经营者无法继续履行协议约定义务，或者出现特许经营协议约定的提前终止协议情形的，在与债权人协商一致后，可以提前终止协议。

特许经营协议提前终止的，政府应当收回特许经营项目，并根据实际情况和协议约定给予原特许经营者相应补偿。

第三十九条　特许经营期限届满终止或提前终止的，协议当事人应当按照特许经营协议约定，以及有关法律、行政法规和规定办理有关设施、资料、档案等的性能测试、评估、移交、接管、验收等手续。

第四十条　特许经营期限届满终止或者提前终止，对该基础设施和公用事业继续采用特许经营方式的，实施机构应当根据本办法规定重新选择特许经营者。

因特许经营期限届满重新选择特许经营者的，在同等条件下，原特许经营者优先获得特许经营。

新的特许经营者选定之前，实施机构和原特许经营者应当制定预案，保障公共产品或公共服务的持续稳定提供。

第五章　监督管理和公共利益保障

第四十一条　县级以上人民政府有关部门应当根据各自职责，对特许经营者执行法律、行政法规、行业标准、产品或服务技术规范，以及其他有关监管要求进行监督管理，并依法加强成本监督审查。

县级以上审计机关应当依法对特许经营活动进行审计。

第四十二条　县级以上人民政府及其有关部门应当根据法律、行政法规和国务院决定保留的行政审批项目对特许经营进行监督管理，不得以实施特许经营为名违法增设行政审批项目或审批环节。

第四十三条　实施机构应当根据特许经营协议，定期对特许经营项目建设运营情况进行监测分析，会同有关部门进行绩效评价，并建立根据绩效评价结果、按照特许经营协议约定对价格或财政补贴进行调整的机制，保障所提供公共产品或公共服务的质量和效率。

实施机构应当将社会公众意见作为监测分析和绩效评价的重要内容。

第四十四条　社会公众有权对特许经营活动进行监督，向有关监管部门投诉，或者向实施机构和特许经营者提出意见建议。

第四十五条　县级以上人民政府应当将特许经营有关政策措施、特许经营部门协调机制组成以及职责等信息向社会公开。

实施机构和特许经营者应当将特许经营项目实施方案、特许经营者选择、特许经营协议及其变更或终止、项目建设运营、所提供公共服务标准、监测分析和绩效评价、经过审计的上年度财务报表等有关信息按规定向社会公开。

特许经营者应当公开有关会计数据、财务核算和其他有关财务指标，并依法接受年度财务审计。

第四十六条　特许经营者应当对特许经营协议约定服务区域内所有用户普遍地、无歧视地提供公共产品或公共服务，不得对新增用户实行差别待遇。

第四十七条 实施机构和特许经营者应当制定突发事件应急预案，按规定报有关部门。突发事件发生后，及时启动应急预案，保障公共产品或公共服务的正常提供。

第四十八条 特许经营者因不可抗力等原因确实无法继续履行特许经营协议的，实施机构应当采取措施，保证持续稳定提供公共产品或公共服务。

第六章 争议解决

第四十九条 实施机构和特许经营者就特许经营协议履行发生争议的，应当协商解决。协商达成一致的，应当签订补充协议并遵照执行。

第五十条 实施机构和特许经营者就特许经营协议中的专业技术问题发生争议的，可以共同聘请专家或第三方机构进行调解。调解达成一致的，应当签订补充协议并遵照执行。

第五十一条 特许经营者认为行政机关作出的具体行政行为侵犯其合法权益的，有陈述、申辩的权利，并可以依法提起行政复议或者行政诉讼。

第五十二条 特许经营协议存续期间发生争议，当事各方在争议解决过程中，应当继续履行特许经营协议义务，保证公共产品或公共服务的持续性和稳定性。

第七章 法律责任

第五十三条 特许经营者违反法律、行政法规和国家强制性标准，严重危害公共利益，或者造成重大质量、安全事故或者突发环境事件的，有关部门应当责令限期改正并依法予以行政处罚；拒不改正、情节严重的，可以终止特许经营协议；构成犯罪的，依法追究刑事责任。

第五十四条 以欺骗、贿赂等不正当手段取得特许经营项目的，应当依法收回特许经营项目，向社会公开。

第五十五条 实施机构、有关行政主管部门及其工作人员不履行法定职责、干预特许经营者正常经营活动、徇私舞弊、滥用职权、玩忽职守的，依法给予行政处分；构成犯罪的，依法追究刑事责任。

第五十六条 县级以上人民政府有关部门应当对特许经营者及其从业人员的不良行为建立信用记录，纳入全国统一的信用信息共享交换平台。对严重违法失信行为依法予以曝光，并会同有关部门实施联合惩戒。

第八章 附 则

第五十七条 基础设施和公用事业特许经营涉及国家安全审查的，按照国家有关规定执行。

第五十八条　法律、行政法规对基础设施和公用事业特许经营另有规定的，从其规定。

本办法实施之前依法已经订立特许经营协议的，按照协议约定执行。

第五十九条　本办法由国务院发展改革部门会同有关部门负责解释。

第六十条　本办法自 2015 年 6 月 1 日起施行。

第七章　不良资产处置

最高人民法院
关于审理涉及金融资产管理公司收购、管理、处置国有银行不良贷款形成的资产的案件适用法律若干问题的规定

法释〔2001〕12号

（2001年4月3日最高人民法院审判委员会第1167次会议通过
2001年4月11日最高人民法院公告公布　自2001年4月23日起施行）

为深化金融改革，规范金融秩序，根据有关法律规定，现对人民法院审理涉及金融资产管理公司收购、管理、处置国有银行不良贷款形成的资产的案件适用法律若干问题作如下规定：

第一条　金融资产管理公司办事处领取中国人民银行颁发的《金融机构营业许可证》，并向工商行政管理部门依法办理登记的，可以作为诉讼主体参加诉讼。

第二条　金融资产管理公司受让国有银行债权后，人民法院对于债权转让前原债权银行已经提起诉讼尚未审结的案件，可以根据原债权银行或者金融资产管理公司的申请将诉讼主体变更为受让债权的金融资产管理公司。

第三条　金融资产管理公司向债务人提起诉讼的，应当由被告人住所地人民法院管辖。

原债权银行与债务人有协议管辖约定的，如不违反法律规定，该约定继续有效。

第四条　人民法院对金融资产管理公司申请支付令的，应当依法受理。债务人提出异议的，依照《中华人民共和国民事诉讼法》第十七章的规定处理。

第五条　人民法院对金融资产管理公司申请财产保全的，如金融资产管理公司与债务人之间债权债务关系明确，根据《中华人民共和国民事诉讼法》第九十二条第二款的规定，可以不要求金融资产管理公司提供担保。

第六条　金融资产管理公司受让国有银行债权后，原债权银行在全国或者省级有影响的报纸上发布债权转让公告或通知的，人民法院可以认定债权

人履行了《中华人民共和国合同法》第八十条第一款规定的通知义务。

在案件审理中，债务人以原债权银行转让债权未履行通知义务为由进行抗辩的，人民法院可以将原债权银行传唤到庭调查债权转让事实，并责令原债权银行告知债务人债权转让的事实。

第七条　债务人逾期归还贷款，原借款合同约定的利息计算方法不违反法律法规规定的，该约定有效。没有约定或者不明的，依照中国人民银行《人民币利率管理规定》计算利息和复息。

第八条　人民法院对最高额抵押所担保的不特定债权特定后，原债权银行转让主债权的，可以认定转让债权的行为有效。

第九条　金融资产管理公司受让有抵押担保的债权后，可以依法取得对债权的抵押权，原抵押权登记继续有效。

第十条　债务人在债权转让协议，债权转让通知上签章或者签收债务催收通知的，诉讼时效中断。原债权银行在全国或者省级有影响的报纸上发布的债权转让公告或通知中，有催收债务内容的，该公告或通知可以作为诉讼时效中断证据。

第十一条　本规定所称金融资产管理公司包括其依法设立在各地的办事处。

第十二条　本规定仅适用于审理涉及金融资产管理公司收购、管理、处置国有银行不良贷款形成的资产的有关案件。

最高人民法院
关于延长国有金融资产管理公司处置国有商业银行不良资产案件减半缴纳诉讼费用期限的通知

（2006 年 4 月 13 日　法〔2006〕100 号）

各省、自治区、直辖市高级人民法院，新疆维吾尔自治区高级人民法院生产建设兵团分院：

为支持国有银行和国有企业改革发展，支持东方、华融、长城、信达四家金融资产管理公司继续做好收购、管理和处置国国有银行不良资产工作，现将《最高人民法院关于国有金融资产管理公司处置国有商业银行不良资产案件缴纳诉讼费用的通知》（法〔2001〕156 号）的有效期延长 3 年。2006 年

3月1日至2009年2月28日期间，各级人民法院在受理以上四家金融资产管理公司处置国有商业银行案件时，诉讼费用的收取仍然按照《最高人民法院关于国有金融资产管理公司处置国有商业银行不良资产案件缴纳诉讼费用的通知》（法〔2001〕156号）的各项规定执行。

最高人民法院
关于金融资产管理公司收购、处置银行不良资产有关问题的补充通知

（2005年5月30日　法〔2005〕62号）

各省、自治区、直辖市高级人民法院，新疆维吾尔自治区高级人民法院生产建设兵团分院：

为了深化金融改革，规范金融秩序，本院先后下发了《关于审理涉及金融资产管理公司收购、管理、处置国有银行不良贷款形成的资产的案件适用法律若干问题的规定》、《关于贯彻执行最高人民法院“十二条”司法解释有关问题的函的答复》和《关于国有金融资产管理公司处置国有商业银行不良资产案件交纳诉讼费用的通知》。最近，根据国务院关于国有独资商业银行股份制改革的总体部署，中国信达资产管理公司收购了中国银行、中国建设银行和交通银行剥离的不良资产。为了维护金融资产安全，降低不良资产处置成本，现将审理金融资产管理公司在收购、处置不良资产发生的纠纷案件的有关问题补充通知如下：

一、国有商业银行（包括国有控股银行）向金融资产管理公司转让不良贷款，或者金融资产管理公司受让不良贷款后，通过债权转让方式处置不良资产的，可以适用本院发布的上述规定。

二、国有商业银行（包括国有控股银行）向金融资产管理公司转让不良贷款，或者金融资产管理公司收购、处置不良贷款的，担保债权同时转让，无须征得担保人的同意，担保人仍应在原担保范围内对受让人继续承担担保责任。担保合同中关于合同变更需经担保人同意的约定，对债权人转让债权没有约束力。

三、金融资产管理公司转让、处置已经涉及诉讼、执行或者破产等程序的不良债权时，人民法院应当根据债权转让协议和转让人或者受让人的申请，裁定变更诉讼或者执行主体。

最高人民法院
关于人民法院在审理涉及汇达资产托管有限责任公司清收、处置不良资产所形成的案件时适用相关司法解释规定的通知

（2006 年 10 月 30 日　法〔2006〕298 号）

各省、自治区、直辖市高级人民法院，解放军军事法院，新疆维吾尔自治区高级人民法院生产建设兵团分院：

汇达资产托管有限责任公司（以下简称汇达资产公司）系经银监会、财政部、中国人民银行批准，于 2005 年 8 月 1 日成立的专门接收、管理和处置中国人民银行历史遗留的不良资产的国有资产管理公司，其前身是光大资产托管有限责任公司，现为中国信达资产管理公司的控股子公司。根据银监会“银监复〔2005〕148 号”批复规定，汇达资产公司执行现行国有资产管理公司的有关政策和制度。为了确保汇达资产公司资产处置工作的顺利进行，降低该类不良资产处置的成本，现就与其民事诉讼相关的问题通知如下：

人民法院在审理涉及汇达资产公司在清理、处置中国人民银行历史遗留的不良资产所形成的纠纷案件时，应同样适用最高人民法院就审理涉及金融资产管理公司处置国有不良贷款案件所发布的司法解释及有关答复、通知的规定。

最高人民法院
印发《关于审理涉及金融不良债权转让案件工作座谈会纪要》的通知

（2009 年 3 月 30 日　法发〔2009〕19 号）

各省、自治区、直辖市高级人民法院，解放军军事法院，新疆维吾尔自治区高级人民法院生产建设兵团分院：

为认真落实中央关于研究解决金融不良债权转让过程中国有资产流失问

题的精神，统一思想，明确任务，依法公正妥善地审理涉及金融不良债权转让案件，防止国有资产流失，保障金融不良债权处置工作的顺利进行，维护和促进社会和谐稳定，维护社会公共利益和相关当事人的合法权益，最高人民法院商有关部门形成了《关于审理涉及金融不良债权转让案件工作座谈会纪要》，现印发给你们，请结合审判工作实际，遵照执行。

各高级人民法院，特别是不良债权转让纠纷案件数量较多、标的额较大、影响较大地区的高级人民法院，要加强对有关案件审判、执行工作的调研指导，发现新情况、新问题的，应当及时报告最高人民法院。

附：

关于审理涉及金融不良债权转让案件工作座谈会纪要

为了认真落实中央关于研究解决金融不良债权转让过程中国有资产流失问题的精神，统一思想，明确任务，依法妥善公正地审理涉及金融不良债权转让案件，防止国有资产流失，保障金融不良债权处置工作的顺利进行，维护和促进社会和谐稳定，最高人民法院邀请全国人大常委会法制工作委员会、中共中央政法委员会、国务院法制办公室、财政部、国务院国有资产监督管理委员会、中国银行业监督管理委员会、中国人民银行和审计署等单位，于2008年10月14日在海南省海口市召开了全国法院审理金融不良债权转让案件工作座谈会。各省、自治区、直辖市高级人民法院和解放军军事法院以及新疆维吾尔自治区高级人民法院生产建设兵团分院主管民商审判工作的副院长、相关审判庭的负责同志参加了座谈会。与会同志通过认真讨论，就关于审理涉及金融不良债权转让案件的主要问题取得了一致的看法。现纪要如下：

一、关于审理此类案件应遵循的原则

会议认为，此类案件事关金融不良资产处置工作的顺利进行，事关国有资产保护，事关职工利益保障和社会稳定。因此，人民法院必须高度重视此类案件，并在审理中注意坚持以下原则：

（一）坚持保障国家经济安全原则。民商事审判工作是国家维护经济秩序、防范和化解市场风险、维护国家经济安全的重要手段。全国法院必须服从和服务于国家对整个国民经济稳定和国有资产安全的监控，从中央政策精神的目的出发，以民商事法律、法规的基本精神为依托，本着规范金融市场、

防范金融风险、维护金融稳定、保障经济安全的宗旨，依法公正妥善地审理此类纠纷案件，确保国家经济秩序稳定和国有资产安全。

（二）坚持维护企业和社会稳定原则。金融不良资产的处置，涉及企业重大经济利益。全国法院要进一步强化政治意识、大局意识、责任意识和保障意识，从维护国家改革、发展和稳定的大局出发，依法公正妥善地审理好此类纠纷案件，切实防止可能引发的群体性、突发性和恶性事件，切实做到“化解矛盾、理顺关系、安定人心、维护秩序”。

（三）坚持依法公正和妥善合理的原则。人民法院在审理此类案件中，要将法律条文规则的适用与中央政策精神的实现相结合，将坚持民商法的意思自治、平等保护等理念与国家经济政策、金融市场监管和社会影响等因素相结合，正确处理好保护国有资产、保障金融不良资产处置工作顺利进行、维护企业和社会稳定的关系，做到统筹兼顾、妥善合理，确保依法公正与妥善合理的统一，确保审判的法律效果和社会效果统一。

（四）坚持调解优先、调判结合的原则。为了避免矛盾激化，维护社会稳定，平衡各方利益，人民法院在诉讼中应当向当事人充分说明国家的政策精神，澄清当事人对法律和政策的模糊认识。坚持调解优先，积极引导各方当事人本着互谅互让的精神进行协商，尽最大可能采用调解的方式解决纠纷。如果当事人不能达成和解，人民法院要根据相关法律法规以及本座谈会纪要（以下简称《纪要》）进行妥善公正的审理。

二、关于案件的受理

会议认为，为确保此类案件得到公正妥善的处理，凡符合民事诉讼法规定的受理条件及《纪要》有关规定精神涉及的此类案件，人民法院应予受理。不良债权已经剥离至金融资产管理公司又被转让给受让人后，国有企业债务人知道或者应当知道不良债权已经转让而仍向原国有银行清偿的，不得对抗受让人对其提起的追索之诉，国有企业债务人在对受让人清偿后向原国有银行提起返还不当得利之诉的，人民法院应予受理；国有企业债务人不知道不良债权已经转让而向原国有银行清偿的，可以对抗受让人对其提起的追索之诉，受让人向国有银行提起返还不当得利之诉的，人民法院应予受理。

受让人在对国有企业债务人的追索诉讼中，主张追加原国有银行为第三人的，人民法院不予支持；在《纪要》发布前已经终审或者根据《纪要》做出终审的，当事人根据《纪要》认为生效裁判存在错误而申请再审的，人民法院不予支持。

案件存在下列情形之一的，人民法院不予受理：（一）金融资产管理公司与国有银行就政策性金融资产转让协议发生纠纷起诉到人民法院的；（二）债权人向国家政策性关闭破产的国有企业债务人主张清偿债务的；（三）债权人向已列入经国务院批准的全国企业政策性关闭破产总体规划并拟实施关闭破产的国有企业债务人主张清偿债务的；（四）《纪要》发布前，受让人与国有企业债务人之间的债权债务关系已经履行完毕，优先购买权人或国有企业债务人提起不良债权转让合同无效诉讼的；（五）受让人自金融资产管理公司受让不良债权后，以不良债权存在瑕疵为由起诉原国有银行的；（六）国有银行或金融资产管理公司转让享受天然林资源保护工程政策的国有森工企业不良债权而引发受让人向森工企业主张债权的（具体详见《天然林资源保护区森工企业金融机构债务免除申请表》名录）；（七）在不良债权转让合同无效之诉中，国有企业债务人不能提供相应担保或者优先购买权人放弃优先购买权的。

三、关于债权转让生效条件的法律适用和自行约定的效力

会议认为，不良债权成立在合同法施行之前，转让于合同法施行之后的，该债权转让对债务人生效的条件应适用合同法第八十条第一款的规定。

金融资产管理公司受让不良债权后，自行与债务人约定或重新约定诉讼管辖的，如不违反法律规定，人民法院应当认定该约定有效。金融资产管理公司在不良债权转让合同中订有禁止转售、禁止向国有银行、各级人民政府、国家机构等追偿、禁止转让给特定第三人等要求受让人放弃部分权利条款的，人民法院应认定该条款有效。国有银行向金融资产管理公司转让不良债权，或者金融资产管理公司收购、处置不良债权的，担保债权同时转让，无须征得担保人的同意，担保人仍应在原担保范围内对受让人继续承担担保责任。担保合同中关于合同变更需经担保人同意或者禁止转让主债权的约定，对主债权和担保权利转让没有约束力。

四、关于地方政府等的优先购买权

会议认为，为了防止在通过债权转让方式处置不良债权过程中发生国有资产流失，相关地方人民政府或者代表本级人民政府履行出资人职责的机构、部门或者持有国有企业债务人国有资本的集团公司可以对不良债权行使优先购买权。

金融资产管理公司向非国有金融机构法人转让不良债权的处置方案、交易条件以及处置程序、方式确定后，单笔（单户）转让不良债权的，金融资产管理公司应当通知国有企业债务人注册登记地的优先购买权人。以整体“资产包”的形式转让不良债权的，如资产包中主要债务人注册登记地属同一辖区，应当通知该辖区的优先购买权人；如资产包中主要债务人注册登记地属不同辖区，应当通知主要债务人共同的上级行政区域的优先购买权人。

按照确定的处置方案、交易条件以及处置程序、方式，上述优先购买权人在同等条件下享有优先购买权。优先购买权人收到通知后明确表示不予购买或者在收到通知之日起三十日内未就是否行使优先购买权做出书面答复，或者未在公告确定的拍卖、招标日之前做出书面答复或者未按拍卖公告、招标公告的规定时间和条件参加竞拍、竞标的，视为放弃优先购买权。

金融资产管理公司在《纪要》发布之前已经完成不良债权转让，上述优先购买权人主张行使优先购买权的，人民法院不予支持。

债务人主张优先购买不良债权的，人民法院不予支持。

五、关于国有企业的诉权及相关诉讼程序

会议认为，为避免当事人滥用诉权，在受让人向国有企业债务人主张债权的诉讼中，国有企业债务人以不良债权转让行为损害国有资产等为由，提出不良债权转让合同无效抗辩的，人民法院应告知其向同一人民法院另行提起不良债权转让合同无效的诉讼；国有企业债务人不另行起诉的，人民法院对其抗辩不予支持。国有企业债务人另行提起不良债权转让合同无效诉讼的，人民法院应中止审理受让人向国有企业债务人主张债权的诉讼，在不良债权转让合同无效诉讼被受理后，两案合并审理。国有企业债务人在二审期间另行提起不良债权转让合同无效诉讼的，人民法院应中止审理受让人向国有企业债务人主张债权的诉讼，在不良债权转让合同无效诉讼被受理且做出一审裁判后再行审理。

国有企业债务人提出的不良债权转让合同无效诉讼被受理后，对于受让人的债权系直接从金融资产管理公司处受让的，人民法院应当将金融资产管理公司和受让人列为案件当事人；如果受让人的债权系金融资产管理公司转让给其他受让人后，因该受让人再次转让或多次转让而取得的，人民法院应当将金融资产管理公司和该转让人以及后手受让人列为案件当事人。

六、关于不良债权转让合同无效和可撤销事由的认定

会议认为，在审理不良债权转让合同效力的诉讼中，人民法院应当根据合同法和《金融资产管理公司条例》等法律法规，并参照国家相关政策规定，重点审查不良债权的可转让性、受让人的适格性以及转让程序的公正性和合法性。金融资产管理公司转让不良债权存在下列情形的，人民法院应当认定转让合同损害国家利益或社会公共利益或者违反法律、行政法规强制性规定而无效。（一）债务人或者担保人为国家机关的；（二）被有关国家机关依法认定为涉及国防、军工等国家安全和敏感信息的以及其他依法禁止转让或限制转让情形的；（三）与受让人恶意串通转让不良债权的；（四）转让不良债权公告违反《金融资产管理公司资产处置公告管理办法（修订）》规定，对依照公开、公平、公正和竞争、择优原则处置不良资产造成实质性影响的；（五）实际转让的资产包与转让前公告的资产包内容严重不符，且不符合《金融资产管理公司资产处置公告管理办法（修订）》规定的；（六）根据有关规定应经合法、独立的评估机构评估，但未经评估的；或者金融资产管理公司与评估机构、评估机构与债务人、金融资产管理公司和债务人以及三方之间恶意串通，低估、漏估不良债权的；（七）根据有关规定应当采取公开招标、拍卖等方式处置，但未公开招标、拍卖的；或者公开招标中的投标人少于三家（不含三家）的；或者以拍卖方式转让不良债权时，未公开选择有资质的拍卖中介机构的；或者未依照《中华人民共和国拍卖法》的规定进行拍卖的；（八）根据有关规定应当向行政主管部门办理相关报批或者备案、登记手续而未办理，且在一审法庭辩论终结前仍未能办理的；（九）受让人为国家公务员、金融监管机构工作人员、政法干警、金融资产管理公司工作人员、国有企业债务人管理人员、参与资产处置工作的律师、会计师、评估师等中介机构等关联人或者上述关联人参与的非金融机构法人的；（十）受让人与参与不良债权转让的金融资产管理公司工作人员、国有企业债务人或者受托资产评估机构负责人员等有直系亲属关系的；（十一）存在其他损害国家利益或社会公共利益的转让情形的。

在金融资产管理公司转让不良债权后，国有企业债务人有证据证明不良债权根本不存在或者已经全部或部分归还而主张撤销不良债权转让合同的，人民法院应当撤销或者部分撤销不良债权转让合同；不良债权转让合同被撤销或者部分撤销后，受让人可以请求金融资产管理公司承担相应的缔约过失责任。

七、关于不良债权转让无效合同的处理

会议认为，人民法院认定金融不良债权转让合同无效后，对于受让人直接从金融资产管理公司受让不良债权的，人民法院应当判决金融资产管理公司与受让人之间的债权转让合同无效；受让人通过再次转让而取得债权的，人民法院应当判决金融资产管理公司与转让人、转让人与后手受让人之间的系列债权转让合同无效。债权转让合同被认定无效后，人民法院应当按照合同法的相关规定处理；受让人要求转让人赔偿损失，赔偿损失数额应以受让人实际支付的价金之利息损失为限。相关不良债权的诉讼时效自金融不良债权转让合同被认定无效之日起重新计算。

金融资产管理公司以整体“资产包”的形式转让不良债权中出现单笔或

者数笔债权无效情形、或者单笔或数笔不良债权的债务人为非国有企业，受让人请求认定合同全部无效的，人民法院应当判令金融资产管理公司与转让人之间的资产包债权转让合同无效；受让人请求认定已履行或已清结部分有效的，人民法院应当认定尚未履行或尚未清结部分无效，并判令受让人将尚未履行部分或尚未清结部分返还给金融资产管理公司，金融资产管理公司不再向受让人返还相应价金。

八、关于举证责任分配和相关证据的审查

会议认为，人民法院在审查不良债权转让合同效力时，要加强对不良债权转让合同、转让标的、转让程序以及相关证据的审查，尤其是对受让人权利范围、受让人身份合法性以及证据真实性的审查。不良债权转让合同中经常存在诸多限制受让人权利范围的条款，人民法院应当要求受让人向法庭披露不良债权转让合同以证明其权利合法性和权利范围。受让人不予提供的，人民法院应当责令其提供；受让人拒不提供的，应当承担举证不能的法律后果。人民法院在对受让人身份的合法性以及是否存在恶意串通等方面存在合理怀疑时，应当根据最高人民法院《关于民事诉讼证据的若干规定》及时合理地分配举证责任；但人民法院不得仅以不良债权出让价格与资产账面额之间的差额幅度作为引起怀疑的证据，而应当综合判断。对当事人伪造或变造借款合同、担保合同、借款借据、修改缔约时间和债务人还贷时间以及产生诉讼时效中断证据等情形的，人民法院应当严格依据相关法律规定予以制裁。

九、关于受让人收取利息的问题

会议认为，受让人向国有企业债务人主张利息的计算基数应以原借款合同本金为准；受让人向国有企业债务人主张不良债权受让日之后发生的利息的，人民法院不予支持。但不良债权转让合同被认定无效的，出让人在向受让人返还受让款本金的同时，应当按照中国人民银行规定的同期定期存款利率支付利息。

十、关于诉讼或执行主体的变更

会议认为，金融资产管理公司转让已经涉及诉讼、执行或者破产等程序的不良债权的，人民法院应当根据债权转让合同以及受让人或者转让人的申请，裁定变更诉讼主体或者执行主体。在不良债权转让合同被认定无效后，金融资产管理公司请求变更受让人为金融资产管理公司以通过诉讼继续追索国有企业债务人的，人民法院应予支持。人民法院裁判金融不良债权转让合同无效后当事人履行相互返还义务时，应从不良债权最终受让人开始逐一与前手相互返还，直至完成第一受让人与金融资产管理公司的相互返还。后手受让人直接对金融资产管理公司主张不良债权转让合同无效并请求赔偿的，人民法院不予支持。

十一、关于既有规定的适用

会议认为，国有银行向金融资产管理公司转让不良债权，或者金融资产管理公司受让不良债权后，通过债权转让方式处置不良资产的，可以适用最高人民法院《关于审理金融资产管理公司收购、管理、处置国有银行不良贷款形成的资产的案件适用法律若干问题的规定》、《关于贯彻执行最高人民法院“十二条”司法解释有关问题的函的答复》、《关于金融资产管理公司收购、管理、处置银行不良资产有关问题的补充通知》和《关于国有金融资产管理公司处置国有商业银行不良资产案件交纳诉讼费用的通知》。受让人受让不良债权后再行转让的，不适用上述规定，但受让人为相关地方人民政府或者代表本级人民政府履行出资人职责的机构、部门或者持有国有企业债务人国有资本的集团公司除外。

国有银行或者金融资产管理公司根据《关于贯彻执行最高人民法院“十二条”司法解释有关问题的函的答复》的规定，在全国或省级有影响的报纸上发布有催收内容的债权转让通知或公告的，该公告或通知之日应为诉讼时效的实际中断日，新的诉讼时效应自此起算。上述公告或者通知对保证合同诉讼时效发生同等效力。

十二、关于《纪要》的适用范围

会议认为，在《纪要》中，国有银行包括国有独资商业银行、国有控股商业银行以及国有政策性银行；金融资产管理公司包括华融、长城、东方和信达等金融资产管理公司和资产管理公司通过组建或参股等方式成立的资产处置联合体。国有企业债务人包括国有独资和国有控股的企业法人。受让人是指非金融资产管理公司法人、自然人。不良债权转让包括金融资产管理公司政策性和商业性不良债权的转让。政策性不良债权是指1999年至2000年上述四家金融资产管理公司在国家统一安排下通过再贷款或者财政担保的商业票据形式支付收购成本从中国银行、中国农业银行、中国建设银行、中国工商银行以及国家开发银行收购的不良债权；商业性不良债权是指2004年至2005年上述四家金融资产管理公司在政府主管部门主导下从交通银行、中国银行、中国建设银行和中国工商银行收购的不良债权。

《纪要》的内容和精神仅适用于在《纪要》发布之后尚在一审或者二审阶段的涉及最初转让方为国有银行、金融资产管理公司通过债权转让方式处置不良资产形成的相关案件。人民法院依照审判监督程序决定再审的案件，不适用《纪要》。

会议还认为，鉴于此类纠纷案件具有较强政策性，人民法院在案件审理过程中，遇到难度大、涉及面广或者涉及社会稳定的案件，要紧紧依靠党委领导，自觉接受人大监督，必要时也可以请示上级人民法院。在不良债权处置工作中发现违规现象的，要及时与财政、金融监管部门联系或者向金融监管部门提出司法建议；对存在经济犯罪嫌疑、发现犯罪线索的，要及时向有关侦查机关移送案件或者案件线索。上级人民法院要加强审理此类纠纷案件的监督指导，及时总结审判经验，发布案件指导，依法妥善公正地审理好此类案件。

最高人民法院
关于审理金融资产管理公司利用外资处置不良债权案件涉及对外担保合同效力问题的通知

（2010年7月1日　法发〔2010〕25号）

各省、自治区、直辖市高级人民法院，解放军军事法院，新疆维吾尔自治区高级人民法院生产建设兵团分院：

为正确审理金融资产管理公司利用外资处置不良债权的案件，充分保护各方当事人的权益，经征求国家有关主管部门意见，现将利用外资处置不良债权涉及担保合同效力的有关问题通知如下，各级人民法院在审理本通知发布后尚未审结及新受理的案件时应遵照执行：

一、2005年1月1日之后金融资产管理公司利用外资处置不良债权，向外国投资者出售或转让不良资产，外国投资者受让债权之后向人民法院提起诉讼，要求债务人及担保人直接向其承担责任的案件，由于债权人变更为外国投资者，使得不良资产中含有的原国内性质的担保具有了对外担保的性质，该类担保有其自身的特性，国家有关主管部门对该类担保的审查采取较为宽松的政策。如果当事人提供证据证明依照《国家外汇管理局关于金融资产管理公司利用外资处置不良资产有关外汇管理问题的通知》（汇发〔2004〕119号）第六条规定，金融资产管理公司通知了原债权债务合同的担保人，外国投资者或其代理人在办理不良资产转让备案登记时提交的材料中注明了担保的具体情况，并经国家外汇管理局分局、管理部审核后办理不良资产备案登记的，人民法院不应以转让未经担保人同意或者未经国家有关主管部门批准或者登记为由认定担保合同无效。

二、外国投资者或其代理人办理不良资产转让备案登记时，向国家外汇管理局分局、管理部提交的材料中应逐笔列明担保的情况，未列明的，视为担保未予登记。当事人在一审法庭辩论终结前向国家外汇管理局分局、管理部补交了注明担保具体情况的不良资产备案材料的，人民法院不应以未经国家有关主管部门批准或者登记为由认定担保合同无效。

三、对于因2005年1月1日之前金融资产管理公司利用外资处置不良债权而产生的纠纷案件，如果当事人能够提供证据证明依照当时的规定办理了相关批准、登记手续的，人民法院不应以未经国家有关主管部门批准或者登记为由认定担保合同无效。

最高人民法院
关于审理涉及中国农业银行股份有限公司处置股改剥离不良资产案件适用相关司法解释和司法政策的通知

（2011年3月28日　法〔2011〕144号）

各省、自治区、直辖市高级人民法院，解放军军事法院，新疆维吾尔自治区高级人民法院生产建设兵团分院：

根据财政部《关于中国农业银行不良资产剥离有关问题的通知》（财金〔2008〕138号）和《关于委托中国农业银行处置股改剥离不良资产的通知》（财金函〔2009〕34号），中国农业银行股份有限公司（原中国农业银行，以下简称农业银行）受财政部委托处置其股改剥离的不良资产。为了支持国家金融体制改革，防止国有资产流失，确保不良资产处置工作的顺利进行，降低处置成本，现就农业银行处置不良资产过程中涉诉相关问题通知如下：

一、人民法院在审理涉及农业银行处置上述不良资产案件时，可以适用最高人民法院就审理涉及金融资产管理公司处置不良资产案件所发布的相关司法解释、司法政策及有关答复、通知的规定。

二、财政部驻各省、自治区、直辖市、计划单列市财政监察专员办事处出具的委托处置资产证明文件，可以作为人民法院确认农业银行处置的不良资产属于受财政部委托处置资产的依据。

最高人民法院
《关于二次受让商业性不良债权的资产管理公司起诉国有商业银行请求返还不当得利应否受理问题的请示》之答复

（2011 年 5 月 4 日）

山东省高级人民法院：

你院《关于二次受让商业性不良债权的资产管理公司起诉国有商业银行请求返还不当得利应否受理问题的请示》收悉。根据你院请示报告中所述事实，经研究，答复如下：

案涉争议债权的转让，属于“受偿在先、转让在后”的转让情形，不符合我院《关于审理涉及金融不良债权转让案件工作座谈会纪要》及 2010 年在山东省济南市召开的全国商事审判工作会议精神中关于“转让在先、受偿在后”的不当得利情形，人民法院不予受理为宜。

以上意见供参考。

最高人民法院
关于非金融机构受让金融不良债权后能否向非国有企业债务人主张全额债权的请示的答复

（2013 年 11 月 26 日　〔2013〕执他字第 4 号）

湖北省高级人民法院：

你院《关于非金融机构受让金融不良债权后能否向非国有企业债务人主张全额债权的请示》（鄂高法〔2012〕323 号）收悉。经研究并经我院审判委员会讨论决定，答复如下：

一、非金融机构受让经生效法律文书确定的金融不良债权能否在执行程序中向非国有企业债务人主张受让日后利息的问题，应当参照我院 2009 年 3 月 30 日《关于审理涉及金融不良债权转让案件工作座谈会纪要》（法发〔2009〕19 号，以下简称《海南座谈会纪要》）的精神处理。

二、根据《海南座谈会纪要》第十二条的规定，《海南座谈会纪要》不具有溯及力。《海南座谈会纪要》发布前，非金融资产管理公司的机构或个人受让经生效法律文书确定的金融不良债权，或者受让的金融不良债权经生效法律文书确定的，发布日之前的利息按照相关法律规定计算；发布日之后不再计付利息。《海南座谈会纪要》发布后，非金融资产管理公司的机构或个人受让经生效法律文书确定的金融不良债权的，受让日之前的利息按照相关法律规定计算；受让日之后不再计付利息。

根据上述规定，本案中的利息（包括《中华人民共和国民事诉讼法》第二百五十三条规定的迟延履行利息）应按照法律规定计算至《海南座谈会纪要》发布之日。

第八章　保险合同

中华人民共和国保险法

（1995年6月30日第八届全国人民代表大会常务委员会第十四次会议通过　根据2002年10月28日第九届全国人民代表大会常务委员会第三十次会议《关于修改〈中华人民共和国保险法〉的决定》第一次修正　2009年2月28日第十一届全国人民代表大会常务委员会第七次会议修订　根据2014年8月31日第十二届全国人民代表大会常务委员会第十次会议《关于修改〈中华人民共和国保险法〉等五部法律的决定》第二次修正　根据2015年4月24日第十二届全国人民代表大会常务委员会第十四次会议《关于修改〈中华人民共和国计量法〉等五部法律的决定》第三次修正）

目　录

第一章　总　则

第一条　【立法目的】为了规范保险活动，保护保险活动当事人的合法权益，加强对保险业的监督管理，维护社会经济秩序和社会公共利益，促进保险事业的健康发展，制定本法。

第二条 【调整范围】本法所称保险，是指投保人根据合同约定，向保险人支付保险费，保险人对于合同约定的可能发生的事故因其发生所造成的财产损失承担赔偿保险金责任，或者当被保险人死亡、伤残、疾病或者达到合同约定的年龄、期限等条件时承担给付保险金责任的商业保险行为。

第三条 【适用范围】在中华人民共和国境内从事保险活动，适用本法。

第四条 【从事保险活动的基本原则】从事保险活动必须遵守法律、行政法规，尊重社会公德，不得损害社会公共利益。

第五条 【诚实信用原则】保险活动当事人行使权利、履行义务应当遵循诚实信用原则。

第六条 【保险业务经营主体】保险业务由依照本法设立的保险公司以及法律、行政法规规定的其他保险组织经营，其他单位和个人不得经营保险业务。

第七条 【境内投保原则】在中华人民共和国境内的法人和其他组织需要办理境内保险的，应当向中华人民共和国境内的保险公司投保。

第八条 【分业经营原则】保险业和银行业、证券业、信托业实行分业经营、分业管理，保险公司与银行、证券、信托业务机构分别设立。国家另有规定的除外。

第九条 【保险监督管理机构】国务院保险监督管理机构依法对保险业实施监督管理。

国务院保险监督管理机构根据履行职责的需要设立派出机构。派出机构按照国务院保险监督管理机构的授权履行监督管理职责。

第二章　保险合同

第一节　一般规定

第十条 【保险合同及其主体】保险合同是投保人与保险人约定保险权利义务关系的协议。

投保人是指与保险人订立保险合同，并按照合同约定负有支付保险费义务的人。

保险人是指与投保人订立保险合同，并按照合同约定承担赔偿或者给付保险金责任的保险公司。

第十一条 【保险合同订立原则】订立保险合同，应当协商一致，遵循公平原则确定各方的权利和义务。

除法律、行政法规规定必须保险的外，保险合同自愿订立。

第十二条　【保险利益、保险标的】人身保险的投保人在保险合同订立时，对被保险人应当具有保险利益。

财产保险的被保险人在保险事故发生时，对保险标的应当具有保险利益。

人身保险是以人的寿命和身体为保险标的的保险。

财产保险是以财产及其有关利益为保险标的的保险。

被保险人是指其财产或者人身受保险合同保障，享有保险金请求权的人。投保人可以为被保险人。

保险利益是指投保人或者被保险人对保险标的具有的法律上承认的利益。

第十三条　【保险合同成立与生效】投保人提出保险要求，经保险人同意承保，保险合同成立。保险人应当及时向投保人签发保险单或者其他保险凭证。

保险单或者其他保险凭证应当载明当事人双方约定的合同内容。当事人也可以约定采用其他书面形式载明合同内容。

依法成立的保险合同，自成立时生效。投保人和保险人可以对合同的效力约定附条件或者附期限。

第十四条　【保险合同效力】保险合同成立后，投保人按照约定交付保险费，保险人按照约定的时间开始承担保险责任。

第十五条　【保险合同解除】除本法另有规定或者保险合同另有约定外，保险合同成立后，投保人可以解除合同，保险人不得解除合同。

第十六条　【投保人如实告知义务】订立保险合同，保险人就保险标的或者被保险人的有关情况提出询问的，投保人应当如实告知。

投保人故意或者因重大过失未履行前款规定的如实告知义务，足以影响保险人决定是否同意承保或者提高保险费率的，保险人有权解除合同。

前款规定的合同解除权，自保险人知道有解除事由之日起，超过三十日不行使而消灭。自合同成立之日起超过二年的，保险人不得解除合同；发生保险事故的，保险人应当承担赔偿或者给付保险金的责任。

投保人故意不履行如实告知义务的，保险人对于合同解除前发生的保险事故，不承担赔偿或者给付保险金的责任，并不退还保险费。

投保人因重大过失未履行如实告知义务，对保险事故的发生有严重影响的，保险人对于合同解除前发生的保险事故，不承担赔偿或者给付保险金的责任，但应当退还保险费。

保险人在合同订立时已经知道投保人未如实告知的情况的，保险人不得解除合同；发生保险事故的，保险人应当承担赔偿或者给付保险金的责任。

保险事故是指保险合同约定的保险责任范围内的事故。

第十七条　【保险人说明义务】订立保险合同，采用保险人提供的格式条款的，保险人向投保人提供的投保单应当附格式条款，保险人应当向投保人说明合同的内容。

对保险合同中免除保险人责任的条款，保险人在订立合同时应当在投保单、保险单或者其他保险凭证上作出足以引起投保人注意的提示，并对该条款的内容以书面或者口头形式向投保人作出明确说明；未作提示或者明确说明的，该条款不产生效力。

第十八条 【保险合同内容】保险合同应当包括下列事项：

（一）保险人的名称和住所；

（二）投保人、被保险人的姓名或者名称、住所，以及人身保险的受益人的姓名或者名称、住所；

（三）保险标的；

（四）保险责任和责任免除；

（五）保险期间和保险责任开始时间；

（六）保险金额；

（七）保险费以及支付办法；

（八）保险金赔偿或者给付办法；

（九）违约责任和争议处理；

（十）订立合同的年、月、日。

投保人和保险人可以约定与保险有关的其他事项。

受益人是指人身保险合同中由被保险人或者投保人指定的享有保险金请求权的人。投保人、被保险人可以为受益人。

保险金额是指保险人承担赔偿或者给付保险金责任的最高限额。

第十九条 【无效格式条款】采用保险人提供的格式条款订立的保险合同中的下列条款无效：

（一）免除保险人依法应承担的义务或者加重投保人、被保险人责任的；

（二）排除投保人、被保险人或者受益人依法享有的权利的。

第二十条 【保险合同变更】投保人和保险人可以协商变更合同内容。

变更保险合同的，应当由保险人在保险单或者其他保险凭证上批注或者附贴批单，或者由投保人和保险人订立变更的书面协议。

第二十一条 【通知义务】投保人、被保险人或者受益人知道保险事故发生后，应当及时通知保险人。故意或者因重大过失未及时通知，致使保险事故的性质、原因、损失程度等难以确定的，保险人对无法确定的部分，不承担赔偿或者给付保险金的责任，但保险人通过其他途径已经及时知道或者应当及时知道保险事故发生的除外。

第二十二条 【协助义务】保险事故发生后，按照保险合同请求保险人赔偿或者给付保险金时，投保人、被保险人或者受益人应当向保险人提供其所能提供的与确认保险事故的性质、原因、损失程度等有关的证明和资料。

保险人按照合同的约定，认为有关的证明和资料不完整的，应当及时一次性通知投保人、被保险人或者受益人补充提供。

第二十三条　【理赔】保险人收到被保险人或者受益人的赔偿或者给付保险金的请求后，应当及时作出核定；情形复杂的，应当在三十日内作出核定，但合同另有约定的除外。保险人应当将核定结果通知被保险人或者受益人；对属于保险责任的，在与被保险人或者受益人达成赔偿或者给付保险金的协议后十日内，履行赔偿或者给付保险金义务。保险合同对赔偿或者给付保险金的期限有约定的，保险人应当按照约定履行赔偿或者给付保险金义务。

保险人未及时履行前款规定义务的，除支付保险金外，应当赔偿被保险人或者受益人因此受到的损失。

任何单位和个人不得非法干预保险人履行赔偿或者给付保险金的义务，也不得限制被保险人或者受益人取得保险金的权利。

第二十四条　【拒绝回复通知】保险人依照本法第二十三条的规定作出核定后，对不属于保险责任的，应当自作出核定之日起三日内向被保险人或者受益人发出拒绝赔偿或者拒绝给付保险金通知书，并说明理由。

第二十五条　【先行赔付】保险人自收到赔偿或者给付保险金的请求和有关证明、资料之日起六十日内，对其赔偿或者给付保险金的数额不能确定的，应当根据已有证明和资料可以确定的数额先予支付；保险人最终确定赔偿或者给付保险金的数额后，应当支付相应的差额。

第二十六条　【诉讼时效】人寿保险以外的其他保险的被保险人或者受益人，向保险人请求赔偿或者给付保险金的诉讼时效期间为二年，自其知道或者应当知道保险事故发生之日起计算。

人寿保险的被保险人或者受益人向保险人请求给付保险金的诉讼时效期间为五年，自其知道或者应当知道保险事故发生之日起计算。

第二十七条　【保险欺诈】未发生保险事故，被保险人或者受益人谎称发生了保险事故，向保险人提出赔偿或者给付保险金请求的，保险人有权解除合同，并不退还保险费。

投保人、被保险人故意制造保险事故的，保险人有权解除合同，不承担赔偿或者给付保险金的责任；除本法第四十三条规定外，不退还保险费。

保险事故发生后，投保人、被保险人或者受益人以伪造、变造的有关证明、资料或者其他证据，编造虚假的事故原因或者夸大损失程度的，保险人对其虚报的部分不承担赔偿或者给付保险金的责任。

投保人、被保险人或者受益人有前三款规定行为之一，致使保险人支付保险金或者支出费用的，应当退回或者赔偿。

第二十八条 【再保险】保险人将其承担的保险业务，以分保形式部分转移给其他保险人的，为再保险。

应再保险接受人的要求，再保险分出人应当将其自负责任及原保险的有关情况书面告知再保险接受人。

第二十九条 【再保险的保费及赔付】再保险接受人不得向原保险的投保人要求支付保险费。

原保险的被保险人或者受益人不得向再保险接受人提出赔偿或者给付保险金的请求。

再保险分出人不得以再保险接受人未履行再保险责任为由，拒绝履行或者迟延履行其原保险责任。

第三十条 【争议条款解释】采用保险人提供的格式条款订立的保险合同，保险人与投保人、被保险人或者受益人对合同条款有争议的，应当按照通常理解予以解释。对合同条款有两种以上解释的，人民法院或者仲裁机构应当作出有利于被保险人和受益人的解释。

第二节 人身保险合同

第三十一条 【人身保险利益的范围】投保人对下列人员具有保险利益：

（一）本人；

（二）配偶、子女、父母；

（三）前项以外与投保人有抚养、赡养或者扶养关系的家庭其他成员、近亲属；

（四）与投保人有劳动关系的劳动者。

除前款规定外，被保险人同意投保人为其订立合同的，视为投保人对被保险人具有保险利益。

订立合同时，投保人对被保险人不具有保险利益的，合同无效。

第三十二条 【申报年龄不真实的处理】投保人申报的被保险人年龄不真实，并且其真实年龄不符合合同约定的年龄限制的，保险人可以解除合同，并按照合同约定退还保险单的现金价值。保险人行使合同解除权，适用本法第十六条第三款、第六款的规定。

投保人申报的被保险人年龄不真实，致使投保人支付的保险费少于应付保险费的，保险人有权更正并要求投保人补交保险费，或者在给付保险金时按照实付保险费与应付保险费的比例支付。

投保人申报的被保险人年龄不真实，致使投保人支付的保险费多于应付保险费的，保险人应当将多收的保险费退还投保人。

第三十三条　【死亡保险的禁止】投保人不得为无民事行为能力人投保以死亡为给付保险金条件的人身保险，保险人也不得承保。

父母为其未成年子女投保的人身保险，不受前款规定限制。但是，因被保险人死亡给付的保险金总和不得超过国务院保险监督管理机构规定的限额。

第三十四条　【死亡保险合同的效力】以死亡为给付保险金条件的合同，未经被保险人同意并认可保险金额的，合同无效。

按照以死亡为给付保险金条件的合同所签发的保险单，未经被保险人书面同意，不得转让或者质押。

父母为其未成年子女投保的人身保险，不受本条第一款规定限制。

第三十五条　【保险费的支付】投保人可以按照合同约定向保险人一次支付全部保险费或者分期支付保险费。

第三十六条　【逾期支付保险费】合同约定分期支付保险费，投保人支付首期保险费后，除合同另有约定外，投保人自保险人催告之日起超过三十日未支付当期保险费，或者超过约定的期限六十日未支付当期保险费的，合同效力中止，或者由保险人按照合同约定的条件减少保险金额。

被保险人在前款规定期限内发生保险事故的，保险人应当按照合同约定给付保险金，但可以扣减欠交的保险费。

第三十七条　【合同效力的恢复】合同效力依照本法第三十六条规定中止的，经保险人与投保人协商并达成协议，在投保人补交保险费后，合同效力恢复。但是，自合同效力中止之日起满二年双方未达成协议的，保险人有权解除合同。

保险人依照前款规定解除合同的，应当按照合同约定退还保险单的现金价值。

第三十八条　【禁止通过诉讼要求支付保险费】保险人对人寿保险的保险费，不得用诉讼方式要求投保人支付。

第三十九条　【受益人的确定】人身保险的受益人由被保险人或者投保人指定。

投保人指定受益人时须经被保险人同意。投保人为与其有劳动关系的劳动者投保人身保险，不得指定被保险人及其近亲属以外的人为受益人。

被保险人为无民事行为能力人或者限制民事行为能力人的，可以由其监护人指定受益人。

第四十条　【受益顺序及份额】被保险人或者投保人可以指定一人或者数人为受益人。

受益人为数人的，被保险人或者投保人可以确定受益顺序和受益份额；未确定受益份额的，受益人按照相等份额享有受益权。

第四十一条　【受益人变更】被保险人或者投保人可以变更受益人并书面通知保险人。保险人收到变更受益人的书面通知后，应当在保险单或者其他保险凭证上批注或者附贴批单。

投保人变更受益人时须经被保险人同意。

第四十二条　【保险金作为遗产的情形】被保险人死亡后，有下列情形之一的，保险金作为被保险人的遗产，由保险人依照《中华人民共和国继承法》的规定履行给付保险金的义务：

（一）没有指定受益人，或者受益人指定不明无法确定的；

（二）受益人先于被保险人死亡，没有其他受益人的；

（三）受益人依法丧失受益权或者放弃受益权，没有其他受益人的。

受益人与被保险人在同一事件中死亡，且不能确定死亡先后顺序的，推定受益人死亡在先。

第四十三条　【受益权丧失】投保人故意造成被保险人死亡、伤残或者疾病的，保险人不承担给付保险金的责任。投保人已交足二年以上保险费的，保险人应当按照合同约定向其他权利人退还保险单的现金价值。

受益人故意造成被保险人死亡、伤残、疾病的，或者故意杀害被保险人未遂的，该受益人丧失受益权。

第四十四条　【被保险人自杀处理】以被保险人死亡为给付保险金条件的合同，自合同成立或者合同效力恢复之日起二年内，被保险人自杀的，保险人不承担给付保险金的责任，但被保险人自杀时为无民事行为能力人的除外。

保险人依照前款规定不承担给付保险金责任的，应当按照合同约定退还保险单的现金价值。

第四十五条　【免于赔付情形】因被保险人故意犯罪或者抗拒依法采取的刑事强制措施导致其伤残或者死亡的，保险人不承担给付保险金的责任。投保人已交足二年以上保险费的，保险人应当按照合同约定退还保险单的现金价值。

第四十六条　【禁止追偿】被保险人因第三者的行为而发生死亡、伤残或者疾病等保险事故的，保险人向被保险人或者受益人给付保险金后，不享有向第三者追偿的权利，但被保险人或者受益人仍有权向第三者请求赔偿。

第四十七条　【人身保险合同解除】投保人解除合同的，保险人应当自收到解除合同通知之日起三十日内，按照合同约定退还保险单的现金价值。

第三节　财产保险合同

第四十八条　【财产保险利益】保险事故发生时，被保险人对保险标的不具有保险利益的，不得向保险人请求赔偿保险金。

第四十九条 【保险标的转让】保险标的转让的，保险标的的受让人承继被保险人的权利和义务。

保险标的转让的，被保险人或者受让人应当及时通知保险人，但货物运输保险合同和另有约定的合同除外。

因保险标的转让导致危险程度显著增加的，保险人自收到前款规定的通知之日起三十日内，可以按照合同约定增加保险费或者解除合同。保险人解除合同的，应当将已收取的保险费，按照合同约定扣除自保险责任开始之日起至合同解除之日止应收的部分后，退还投保人。

被保险人、受让人未履行本条第二款规定的通知义务的，因转让导致保险标的危险程度显著增加而发生的保险事故，保险人不承担赔偿保险金的责任。

第五十条 【禁止解除合同】货物运输保险合同和运输工具航程保险合同，保险责任开始后，合同当事人不得解除合同。

第五十一条 【安全义务】被保险人应当遵守国家有关消防、安全、生产操作、劳动保护等方面的规定，维护保险标的的安全。

保险人可以按照合同约定对保险标的的安全状况进行检查，及时向投保人、被保险人提出消除不安全因素和隐患的书面建议。

投保人、被保险人未按照约定履行其对保险标的的安全应尽责任的，保险人有权要求增加保险费或者解除合同。

保险人为维护保险标的的安全，经被保险人同意，可以采取安全预防措施。

第五十二条 【危险增加通知义务】在合同有效期内，保险标的的危险程度显著增加的，被保险人应当按照合同约定及时通知保险人，保险人可以按照合同约定增加保险费或者解除合同。保险人解除合同的，应当将已收取的保险费，按照合同约定扣除自保险责任开始之日起至合同解除之日止应收的部分后，退还投保人。

被保险人未履行前款规定的通知义务的，因保险标的的危险程度显著增加而发生的保险事故，保险人不承担赔偿保险金的责任。

第五十三条 【降低保险费】有下列情形之一的，除合同另有约定外，保险人应当降低保险费，并按日计算退还相应的保险费：

（一）据以确定保险费率的有关情况发生变化，保险标的的危险程度明显减少的；

（二）保险标的的保险价值明显减少的。

第五十四条 【保费退还】保险责任开始前，投保人要求解除合同的，应当按照合同约定向保险人支付手续费，保险人应当退还保险费。保险责任开始后，投保人要求解除合同的，保险人应当将已收取的保险费，按照合同约定扣除自保险责任开始之日起至合同解除之日止应收的部分后，退还投保人。

第五十五条　【保险价值的确定】投保人和保险人约定保险标的的保险价值并在合同中载明的，保险标的发生损失时，以约定的保险价值为赔偿计算标准。

投保人和保险人未约定保险标的的保险价值的，保险标的发生损失时，以保险事故发生时保险标的的实际价值为赔偿计算标准。

保险金额不得超过保险价值。超过保险价值的，超过部分无效，保险人应当退还相应的保险费。

保险金额低于保险价值的，除合同另有约定外，保险人按照保险金额与保险价值的比例承担赔偿保险金的责任。

第五十六条　【重复保险】重复保险的投保人应当将重复保险的有关情况通知各保险人。

重复保险的各保险人赔偿保险金的总和不得超过保险价值。除合同另有约定外，各保险人按照其保险金额与保险金额总和的比例承担赔偿保险金的责任。

重复保险的投保人可以就保险金额总和超过保险价值的部分，请求各保险人按比例返还保险费。

重复保险是指投保人对同一保险标的、同一保险利益、同一保险事故分别与两个以上保险人订立保险合同，且保险金额总和超过保险价值的保险。

第五十七条　【防止或减少损失责任】保险事故发生时，被保险人应当尽力采取必要的措施，防止或者减少损失。

保险事故发生后，被保险人为防止或者减少保险标的的损失所支付的必要的、合理的费用，由保险人承担；保险人所承担的费用数额在保险标的损失赔偿金额以外另行计算，最高不超过保险金额的数额。

第五十八条　【赔偿解除】保险标的发生部分损失的，自保险人赔偿之日起三十日内，投保人可以解除合同；除合同另有约定外，保险人也可以解除合同，但应当提前十五日通知投保人。

合同解除的，保险人应当将保险标的未受损失部分的保险费，按照合同约定扣除自保险责任开始之日起至合同解除之日止应收的部分后，退还投保人。

第五十九条　【保险标的残值权利归属】保险事故发生后，保险人已支付了全部保险金额，并且保险金额等于保险价值的，受损保险标的的全部权利归于保险人；保险金额低于保险价值的，保险人按照保险金额与保险价值的比例取得受损保险标的的部分权利。

第六十条　【代位求偿权】因第三者对保险标的的损害而造成保险事故的，保险人自向被保险人赔偿保险金之日起，在赔偿金额范围内代位行使被保险人对第三者请求赔偿的权利。

前款规定的保险事故发生后，被保险人已经从第三者取得损害赔偿的，保险人赔偿保险金时，可以相应扣减被保险人从第三者已取得的赔偿金额。

保险人依照本条第一款规定行使代位请求赔偿的权利，不影响被保险人就未取得赔偿的部分向第三者请求赔偿的权利。

第六十一条　【不能行使代位求偿权的法律后果】保险事故发生后，保险人未赔偿保险金之前，被保险人放弃对第三者请求赔偿的权利的，保险人不承担赔偿保险金的责任。

保险人向被保险人赔偿保险金后，被保险人未经保险人同意放弃对第三者请求赔偿的权利的，该行为无效。

被保险人故意或者因重大过失致使保险人不能行使代位请求赔偿的权利的，保险人可以扣减或者要求返还相应的保险金。

第六十二条　【代位求偿权行使限制】除被保险人的家庭成员或者其组成人员故意造成本法第六十条第一款规定的保险事故外，保险人不得对被保险人的家庭成员或者其组成人员行使代位请求赔偿的权利。

第六十三条　【协助行使代位求偿权】保险人向第三者行使代位请求赔偿的权利时，被保险人应当向保险人提供必要的文件和所知道的有关情况。

第六十四条　【勘险费用承担】保险人、被保险人为查明和确定保险事故的性质、原因和保险标的的损失程度所支付的必要的、合理的费用，由保险人承担。

第六十五条　【责任保险】保险人对责任保险的被保险人给第三者造成的损害，可以依照法律的规定或者合同的约定，直接向该第三者赔偿保险金。

责任保险的被保险人给第三者造成损害，被保险人对第三者应负的赔偿责任确定的，根据被保险人的请求，保险人应当直接向该第三者赔偿保险金。被保险人怠于请求的，第三者有权就其应获赔偿部分直接向保险人请求赔偿保险金。

责任保险的被保险人给第三者造成损害，被保险人未向该第三者赔偿的，保险人不得向被保险人赔偿保险金。

责任保险是指以被保险人对第三者依法应负的赔偿责任为保险标的的保险。

第六十六条　【责任保险相应费用承担】责任保险的被保险人因给第三

者造成损害的保险事故而被提起仲裁或者诉讼的，被保险人支付的仲裁或者诉讼费用以及其他必要的、合理的费用，除合同另有约定外，由保险人承担。

第三章　保险公司

第六十七条　【设立须经批准】设立保险公司应当经国务院保险监督管理机构批准。

国务院保险监督管理机构审查保险公司的设立申请时，应当考虑保险业的发展和公平竞争的需要。

第六十八条　【设立条件】设立保险公司应当具备下列条件：

（一）主要股东具有持续盈利能力，信誉良好，最近三年内无重大违法违规记录，净资产不低于人民币二亿元；

（二）有符合本法和《中华人民共和国公司法》规定的章程；

（三）有符合本法规定的注册资本；

（四）有具备任职专业知识和业务工作经验的董事、监事和高级管理人员；

（五）有健全的组织机构和管理制度；

（六）有符合要求的营业场所和与经营业务有关的其他设施；

（七）法律、行政法规和国务院保险监督管理机构规定的其他条件。

第六十九条　【注册资本】设立保险公司，其注册资本的最低限额为人民币二亿元。

国务院保险监督管理机构根据保险公司的业务范围、经营规模，可以调整其注册资本的最低限额，但不得低于本条第一款规定的限额。

保险公司的注册资本必须为实缴货币资本。

第七十条　【申请文件、资料】申请设立保险公司，应当向国务院保险监督管理机构提出书面申请，并提交下列材料：

（一）设立申请书，申请书应当载明拟设立的保险公司的名称、注册资本、业务范围等；

（二）可行性研究报告；

（三）筹建方案；

（四）投资人的营业执照或者其他背景资料，经会计师事务所审计的上一年度财务会计报告；

（五）投资人认可的筹备组负责人和拟任董事长、经理名单及本人认可证明；

（六）国务院保险监督管理机构规定的其他材料。

第七十一条　【批准决定】国务院保险监督管理机构应当对设立保险公

司的申请进行审查，自受理之日起六个月内作出批准或者不批准筹建的决定，并书面通知申请人。决定不批准的，应当书面说明理由。

第七十二条　【筹建期限和要求】申请人应当自收到批准筹建通知之日起一年内完成筹建工作；筹建期间不得从事保险经营活动。

第七十三条　【保险监督管理机构批准开业申请的期限和决定】筹建工作完成后，申请人具备本法第六十八条规定的设立条件的，可以向国务院保险监督管理机构提出开业申请。

国务院保险监督管理机构应当自受理开业申请之日起六十日内，作出批准或者不批准开业的决定。决定批准的，颁发经营保险业务许可证；决定不批准的，应当书面通知申请人并说明理由。

第七十四条　【设立分支机构】保险公司在中华人民共和国境内设立分支机构，应当经保险监督管理机构批准。

保险公司分支机构不具有法人资格，其民事责任由保险公司承担。

第七十五条　【设立分支机构提交的材料】保险公司申请设立分支机构，应当向保险监督管理机构提出书面申请，并提交下列材料：

（一）设立申请书；

（二）拟设机构三年业务发展规划和市场分析材料；

（三）拟任高级管理人员的简历及相关证明材料；

（四）国务院保险监督管理机构规定的其他材料。

第七十六条　【审批保险公司设立分支机构申请的期限】保险监督管理机构应当对保险公司设立分支机构的申请进行审查，自受理之日起六十日内作出批准或者不批准的决定。决定批准的，颁发分支机构经营保险业务许可证；决定不批准的，应当书面通知申请人并说明理由。

第七十七条　【工商登记】经批准设立的保险公司及其分支机构，凭经营保险业务许可证向工商行政管理机关办理登记，领取营业执照。

第七十八条　【工商登记期限】保险公司及其分支机构自取得经营保险业务许可证之日起六个月内，无正当理由未向工商行政管理机关办理登记的，其经营保险业务许可证失效。

第七十九条　【境外机构设立规定】保险公司在中华人民共和国境外设立子公司、分支机构，应当经国务院保险监督管理机构批准。

第八十条　【外国保险机构驻华代表机构设立的批准】外国保险机构在中华人民共和国境内设立代表机构，应当经国务院保险监督管理机构批准。代表机构不得从事保险经营活动。

第八十一条　【董事、监事和高级管理人员任职规定】保险公司的董事、监事和高级管理人员，应当品行良好，熟悉与保险相关的法律、行政法规，具有履行职责所需的经营管理能力，并在任职前取得保险监督管理机构核准的任职资格。

保险公司高级管理人员的范围由国务院保险监督管理机构规定。

第八十二条 【董事、高级管理人员的任职禁止】有《中华人民共和国公司法》第一百四十六条规定的情形或者下列情形之一的，不得担任保险公司的董事、监事、高级管理人员：

（一）因违法行为或者违纪行为被金融监督管理机构取消任职资格的金融机构的董事、监事、高级管理人员，自被取消任职资格之日起未逾五年的；

（二）因违法行为或者违纪行为被吊销执业资格的律师、注册会计师或者资产评估机构、验证机构等机构的专业人员，自被吊销执业资格之日起未逾五年的。

第八十三条 【董事、监事、高级管理人员的责任】保险公司的董事、监事、高级管理人员执行公司职务时违反法律、行政法规或者公司章程的规定，给公司造成损失的，应当承担赔偿责任。

第八十四条 【变更事项批准】保险公司有下列情形之一的，应当经保险监督管理机构批准：

（一）变更名称；

（二）变更注册资本；

（三）变更公司或者分支机构的营业场所；

（四）撤销分支机构；

（五）公司分立或者合并；

（六）修改公司章程；

（七）变更出资额占有限责任公司资本总额百分之五以上的股东，或者变更持有股份有限公司股份百分之五以上的股东；

（八）国务院保险监督管理机构规定的其他情形。

第八十五条 【精算报告制度和合规报告制度】保险公司应当聘用专业人员，建立精算报告制度和合规报告制度。

第八十六条 【如实报送报告、报表、文件和资料】保险公司应当按照保险监督管理机构的规定，报送有关报告、报表、文件和资料。

保险公司的偿付能力报告、财务会计报告、精算报告、合规报告及其他有关报告、报表、文件和资料必须如实记录保险业务事项，不得有虚假记载、误导性陈述和重大遗漏。

第八十七条 【账簿、原始凭证和有关资料的保管】保险公司应当按照国务院保险监督管理机构的规定妥善保管业务经营活动的完整账簿、原始凭证和有关资料。

前款规定的账簿、原始凭证和有关资料的保管期限，自保险合同终止之日起计算，保险期间在一年以下的不得少于五年，保险期间超过一年的不得少于十年。

第八十八条　【聘请或解聘中介服务机构】保险公司聘请或者解聘会计师事务所、资产评估机构、资信评级机构等中介服务机构，应当向保险监督管理机构报告；解聘会计师事务所、资产评估机构、资信评级机构等中介服务机构，应当说明理由。

第八十九条　【解散和清算】保险公司因分立、合并需要解散，或者股东会、股东大会决议解散，或者公司章程规定的解散事由出现，经国务院保险监督管理机构批准后解散。

经营有人寿保险业务的保险公司，除因分立、合并或者被依法撤销外，不得解散。

保险公司解散，应当依法成立清算组进行清算。

第九十条　【重整、和解和破产清算】保险公司有《中华人民共和国企业破产法》第二条规定情形的，经国务院保险监督管理机构同意，保险公司或者其债权人可以依法向人民法院申请重整、和解或者破产清算；国务院保险监督管理机构也可以依法向人民法院申请对该保险公司进行重整或者破产清算。

第九十一条　【破产财产清偿顺序】破产财产在优先清偿破产费用和共益债务后，按照下列顺序清偿：

（一）所欠职工工资和医疗、伤残补助、抚恤费用，所欠应当划入职工个人账户的基本养老保险、基本医疗保险费用，以及法律、行政法规规定应当支付给职工的补偿金；

（二）赔偿或者给付保险金；

（三）保险公司欠缴的除第（一）项规定以外的社会保险费用和所欠税款；

（四）普通破产债权。

破产财产不足以清偿同一顺序的清偿要求的，按照比例分配。

破产保险公司的董事、监事和高级管理人员的工资，按照该公司职工的平均工资计算。

第九十二条　【人寿保险合同及责任准备金转让】经营有人寿保险业务的保险公司被依法撤销或者被依法宣告破产的，其持有的人寿保险合同及责任准备金，必须转让给其他经营有人寿保险业务的保险公司；不能同其他保险公司达成转让协议的，由国务院保险监督管理机构指定经营有人寿保险业务的保险公司接受转让。

转让或者由国务院保险监督管理机构指定接受转让前款规定的人寿保险合同及责任准备金的，应当维护被保险人、受益人的合法权益。

第九十三条 【经营保险业务许可证的注销】保险公司依法终止其业务活动，应当注销其经营保险业务许可证。

第九十四条 【适用公司法的规定】保险公司，除本法另有规定外，适用《中华人民共和国公司法》的规定。

第四章 保险经营规则

第九十五条 【业务范围】保险公司的业务范围：

（一）人身保险业务，包括人寿保险、健康保险、意外伤害保险等保险业务；

（二）财产保险业务，包括财产损失保险、责任保险、信用保险、保证保险等保险业务；

（三）国务院保险监督管理机构批准的与保险有关的其他业务。

保险人不得兼营人身保险业务和财产保险业务。但是，经营财产保险业务的保险公司经国务院保险监督管理机构批准，可以经营短期健康保险业务和意外伤害保险业务。

保险公司应当在国务院保险监督管理机构依法批准的业务范围内从事保险经营活动。

第九十六条 【再保险业务】经国务院保险监督管理机构批准，保险公司可以经营本法第九十五条规定的保险业务的下列再保险业务：

（一）分出保险；

（二）分入保险。

第九十七条 【保证金】保险公司应当按照其注册资本总额的百分之二十提取保证金，存入国务院保险监督管理机构指定的银行，除公司清算时用于清偿债务外，不得动用。

第九十八条 【责任准备金】保险公司应当根据保障被保险人利益、保证偿付能力的原则，提取各项责任准备金。

保险公司提取和结转责任准备金的具体办法，由国务院保险监督管理机构制定。

第九十九条 【公积金】保险公司应当依法提取公积金。

第一百条 【保险保障基金】保险公司应当缴纳保险保障基金。

保险保障基金应当集中管理，并在下列情形下统筹使用：

（一）在保险公司被撤销或者被宣告破产时，向投保人、被保险人或者受益人提供救济；

（二）在保险公司被撤销或者被宣告破产时，向依法接受其人寿保险合同的保险公司提供救济；

（三）国务院规定的其他情形。

保险保障基金筹集、管理和使用的具体办法，由国务院制定。

第一百零一条　【最低偿付能力】保险公司应当具有与其业务规模和风险程度相适应的最低偿付能力。保险公司的认可资产减去认可负债的差额不得低于国务院保险监督管理机构规定的数额；低于规定数额的，应当按照国务院保险监督管理机构的要求采取相应措施达到规定的数额。

第一百零二条　【财产保险公司自留保险费】经营财产保险业务的保险公司当年自留保险费，不得超过其实有资本金加公积金总和的四倍。

第一百零三条　【最大损失责任的赔付要求】保险公司对每一危险单位，即对一次保险事故可能造成的最大损失范围所承担的责任，不得超过其实有资本金加公积金总和的百分之十；超过的部分应当办理再保险。

保险公司对危险单位的划分应当符合国务院保险监督管理机构的规定。

第一百零四条　【危险单位划分方法和巨灾风险安排方案】保险公司对危险单位的划分方法和巨灾风险安排方案，应当报国务院保险监督管理机构备案。

第一百零五条　【再保险】保险公司应当按照国务院保险监督管理机构的规定办理再保险，并审慎选择再保险接受人。

第一百零六条　【资金运用的原则和形式】保险公司的资金运用必须稳健，遵循安全性原则。

保险公司的资金运用限于下列形式：

（一）银行存款；

（二）买卖债券、股票、证券投资基金份额等有价证券；

（三）投资不动产；

（四）国务院规定的其他资金运用形式。

保险公司资金运用的具体管理办法，由国务院保险监督管理机构依照前两款的规定制定。

第一百零七条　【保险资产管理公司】经国务院保险监督管理机构会同国务院证券监督管理机构批准，保险公司可以设立保险资产管理公司。

保险资产管理公司从事证券投资活动，应当遵守《中华人民共和国证券法》等法律、行政法规的规定。

保险资产管理公司的管理办法，由国务院保险监督管理机构会同国务院有关部门制定。

第一百零八条　【关联交易管理和信息披露制度】保险公司应当按照国

务院保险监督管理机构的规定，建立对关联交易的管理和信息披露制度。

第一百零九条 【关联交易的禁止】保险公司的控股股东、实际控制人、董事、监事、高级管理人员不得利用关联交易损害公司的利益。

第一百一十条 【重大事项披露】保险公司应当按照国务院保险监督管理机构的规定，真实、准确、完整地披露财务会计报告、风险管理状况、保险产品经营情况等重大事项。

第一百一十一条 【保险销售人员任职资格】保险公司从事保险销售的人员应当品行良好，具有保险销售所需的专业能力。保险销售人员的行为规范和管理办法，由国务院保险监督管理机构规定。

第一百一十二条 【保险代理人登记制度】保险公司应当建立保险代理人登记管理制度，加强对保险代理人的培训和管理，不得唆使、诱导保险代理人进行违背诚信义务的活动。

第一百一十三条 【依法使用经营保险业务许可证】保险公司及其分支机构应当依法使用经营保险业务许可证，不得转让、出租、出借经营保险业务许可证。

第一百一十四条 【公平合理拟订保险条款和保险费率并及时履行义务】保险公司应当按照国务院保险监督管理机构的规定，公平、合理拟订保险条款和保险费率，不得损害投保人、被保险人和受益人的合法权益。

保险公司应当按照合同约定和本法规定，及时履行赔偿或者给付保险金义务。

第一百一十五条 【公平竞争原则】保险公司开展业务，应当遵循公平竞争的原则，不得从事不正当竞争。

第一百一十六条 【保险业务行为禁止】保险公司及其工作人员在保险业务活动中不得有下列行为：

（一）欺骗投保人、被保险人或者受益人；

（二）对投保人隐瞒与保险合同有关的重要情况；

（三）阻碍投保人履行本法规定的如实告知义务，或者诱导其不履行本法规定的如实告知义务；

（四）给予或者承诺给予投保人、被保险人、受益人保险合同约定以外的保险费回扣或者其他利益；

（五）拒不依法履行保险合同约定的赔偿或者给付保险金义务；

（六）故意编造未曾发生的保险事故、虚构保险合同或者故意夸大已经发生的保险事故的损失程度进行虚假理赔，骗取保险金或者牟取其他不正当利益；

（七）挪用、截留、侵占保险费；

（八）委托未取得合法资格的机构从事保险销售活动；

（九）利用开展保险业务为其他机构或者个人牟取不正当利益；

（十）利用保险代理人、保险经纪人或者保险评估机构，从事以虚构保险中介业务或者编造退保等方式套取费用等违法活动；

（十一）以捏造、散布虚假事实等方式损害竞争对手的商业信誉，或者以其他不正当竞争行为扰乱保险市场秩序；

（十二）泄露在业务活动中知悉的投保人、被保险人的商业秘密；

（十三）违反法律、行政法规和国务院保险监督管理机构规定的其他行为。

第五章　保险代理人和保险经纪人

第一百一十七条　【保险代理人】保险代理人是根据保险人的委托，向保险人收取佣金，并在保险人授权的范围内代为办理保险业务的机构或者个人。

保险代理机构包括专门从事保险代理业务的保险专业代理机构和兼营保险代理业务的保险兼业代理机构。

第一百一十八条　【保险经纪人】保险经纪人是基于投保人的利益，为投保人与保险人订立保险合同提供中介服务，并依法收取佣金的机构。

第一百一十九条　【保险代理机构、保险经纪人的资格条件及从业许可管理】保险代理机构、保险经纪人应当具备国务院保险监督管理机构规定的条件，取得保险监督管理机构颁发的经营保险代理业务许可证、保险经纪业务许可证。

第一百二十条　【以公司形式设立的保险专业代理机构、保险经纪人的注册资本】以公司形式设立保险专业代理机构、保险经纪人，其注册资本最低限额适用《中华人民共和国公司法》的规定。

国务院保险监督管理机构根据保险专业代理机构、保险经纪人的业务范围和经营规模，可以调整其注册资本的最低限额，但不得低于《中华人民共和国公司法》规定的限额。

保险专业代理机构、保险经纪人的注册资本或者出资额必须为实缴货币资本。

第一百二十一条　【保险专业代理机构、保险经纪人的高级管理人员的经营管理能力与任职资格】保险专业代理机构、保险经纪人的高级管理人员，应当品行良好，熟悉保险法律、行政法规，具有履行职责所需的经营管理能力，并在任职前取得保险监督管理机构核准的任职资格。

第一百二十二条　【个人保险代理人、保险代理机构的代理从业人员、保险经纪人的经纪从业人员的任职资格】个人保险代理人、保险代理机构的代理从业人员、保险经纪人的经纪从业人员，应当品行良好，具有从事保险代理业务或者保险经纪业务所需的专业能力。

第一百二十三条　【经营场所与账簿记载】保险代理机构、保险经纪人应当有自己的经营场所，设立专门账簿记载保险代理业务、经纪业务的收支情况。

第一百二十四条　【保险代理机构、保险经纪人缴存保证金或者投保职业责任保险】保险代理机构、保险经纪人应当按照国务院保险监督管理机构的规定缴存保证金或者投保职业责任保险。

第一百二十五条　【个人保险代理人代为办理人寿保险业务接受委托的限制】个人保险代理人在代为办理人寿保险业务时，不得同时接受两个以上保险人的委托。

第一百二十六条　【保险业务委托代理协议】保险人委托保险代理人代为办理保险业务，应当与保险代理人签订委托代理协议，依法约定双方的权利和义务。

第一百二十七条　【保险代理责任承担】保险代理人根据保险人的授权代为办理保险业务的行为，由保险人承担责任。

保险代理人没有代理权、超越代理权或者代理权终止后以保险人名义订立合同，使投保人有理由相信其有代理权的，该代理行为有效。保险人可以依法追究越权的保险代理人的责任。

第一百二十八条　【保险经纪人的赔偿责任】保险经纪人因过错给投保人、被保险人造成损失的，依法承担赔偿责任。

第一百二十九条　【保险事故的评估和鉴定】保险活动当事人可以委托保险公估机构等依法设立的独立评估机构或者具有相关专业知识的人员，对保险事故进行评估和鉴定。

接受委托对保险事故进行评估和鉴定的机构和人员，应当依法、独立、客观、公正地进行评估和鉴定，任何单位和个人不得干涉。

前款规定的机构和人员，因故意或者过失给保险人或者被保险人造成损失的，依法承担赔偿责任。

第一百三十条　【保险佣金的支付】保险佣金只限于向保险代理人、保险经纪人支付，不得向其他人支付。

第一百三十一条　【保险代理人、保险经纪人及其从业人员的禁止行为】保险代理人、保险经纪人及其从业人员在办理保险业务活动中不得有下列行为：

（一）欺骗保险人、投保人、被保险人或者受益人；

（二）隐瞒与保险合同有关的重要情况；

（三）阻碍投保人履行本法规定的如实告知义务，或者诱导其不履行本法规定的如实告知义务；

（四）给予或者承诺给予投保人、被保险人或者受益人保险合同约定以外的利益；

（五）利用行政权力、职务或者职业便利以及其他不正当手段强迫、引诱或者限制投保人订立保险合同；

（六）伪造、擅自变更保险合同，或者为保险合同当事人提供虚假证明材料；

（七）挪用、截留、侵占保险费或者保险金；

（八）利用业务便利为其他机构或者个人牟取不正当利益；

（九）串通投保人、被保险人或者受益人，骗取保险金；

（十）泄露在业务活动中知悉的保险人、投保人、被保险人的商业秘密。

第一百三十二条　【准用条款】本法第八十六条第一款、第一百一十三条的规定，适用于保险代理机构和保险经纪人。

第六章　保险业监督管理

第一百三十三条　【保险监督管理机构职责】保险监督管理机构依照本法和国务院规定的职责，遵循依法、公开、公正的原则，对保险业实施监督管理，维护保险市场秩序，保护投保人、被保险人和受益人的合法权益。

第一百三十四条　【国务院保险监督管理机构立法权限】国务院保险监督管理机构依照法律、行政法规制定并发布有关保险业监督管理的规章。

第一百三十五条　【保险条款与保险费率的审批与备案】关系社会公众利益的保险险种、依法实行强制保险的险种和新开发的人寿保险险种等的保险条款和保险费率，应当报国务院保险监督管理机构批准。国务院保险监督管理机构审批时，应当遵循保护社会公众利益和防止不正当竞争的原则。其他保险险种的保险条款和保险费率，应当报保险监督管理机构备案。

保险条款和保险费率审批、备案的具体办法，由国务院保险监督管理机构依照前款规定制定。

第一百三十六条　【对违法、违规保险条款和费率采取的措施】保险公司使用的保险条款和保险费率违反法律、行政法规或者国务院保险监督管理机构的有关规定的，由保险监督管理机构责令停止使用，限期修改；情节严重的，可以在一定期限内禁止申报新的保险条款和保险费率。

第一百三十七条　【对保险公司偿付能力的监控】国务院保险监督管理机构应当建立健全保险公司偿付能力监管体系，对保险公司的偿付能力实施监控。

第一百三十八条 【对偿付能力不足的保险公司采取的措施】对偿付能力不足的保险公司，国务院保险监督管理机构应当将其列为重点监管对象，并可以根据具体情况采取下列措施：

（一）责令增加资本金、办理再保险；

（二）限制业务范围；

（三）限制向股东分红；

（四）限制固定资产购置或者经营费用规模；

（五）限制资金运用的形式、比例；

（六）限制增设分支机构；

（七）责令拍卖不良资产、转让保险业务；

（八）限制董事、监事、高级管理人员的薪酬水平；

（九）限制商业性广告；

（十）责令停止接受新业务。

第一百三十九条 【责令保险公司改正违法行为】保险公司未依照本法规定提取或者结转各项责任准备金，或者未依照本法规定办理再保险，或者严重违反本法关于资金运用的规定的，由保险监督管理机构责令限期改正，并可以责令调整负责人及有关管理人员。

第一百四十条 【保险公司整顿】保险监督管理机构依照本法第一百四十条的规定作出限期改正的决定后，保险公司逾期未改正的，国务院保险监督管理机构可以决定选派保险专业人员和指定该保险公司的有关人员组成整顿组，对公司进行整顿。

整顿决定应当载明被整顿公司的名称、整顿理由、整顿组成员和整顿期限，并予以公告。

第一百四十一条 【整顿组职权】整顿组有权监督被整顿保险公司的日常业务。被整顿公司的负责人及有关管理人员应当在整顿组的监督下行使职权。

第一百四十二条 【被整顿保险公司的业务运作】整顿过程中，被整顿保险公司的原有业务继续进行。但是，国务院保险监督管理机构可以责令被整顿公司停止部分原有业务、停止接受新业务，调整资金运用。

第一百四十三条 【保险公司结束整顿】被整顿保险公司经整顿已纠正其违反本法规定的行为，恢复正常经营状况的，由整顿组提出报告，经国务院保险监督管理机构批准，结束整顿，并由国务院保险监督管理机构予以公告。

第一百四十四条 【保险公司接管】保险公司有下列情形之一的，国务院保险监督管理机构可以对其实行接管：

（一）公司的偿付能力严重不足的；

（二）违反本法规定，损害社会公共利益，可能严重危及或者已经严重危及公司的偿付能力的。

被接管的保险公司的债权债务关系不因接管而变化。

第一百四十五条 【国务院保险监督管理机构决定并公告接管组的组成和接管的实施办法】接管组的组成和接管的实施办法，由国务院保险监督管理机构决定，并予以公告。

第一百四十六条 【接管保险公司期限】接管期限届满，国务院保险监督管理机构可以决定延长接管期限，但接管期限最长不得超过二年。

第一百四十七条 【终止接管】接管期限届满，被接管的保险公司已恢复正常经营能力的，由国务院保险监督管理机构决定终止接管，并予以公告。

第一百四十八条 【被整顿、被接管的保险公司的重整及破产清算】被整顿、被接管的保险公司有《中华人民共和国企业破产法》第二条规定情形的，国务院保险监督管理机构可以依法向人民法院申请对该保险公司进行重整或者破产清算。

第一百四十九条 【保险公司的撤销及清算】保险公司因违法经营被依法吊销经营保险业务许可证的，或者偿付能力低于国务院保险监督管理机构规定标准，不予撤销将严重危害保险市场秩序、损害公共利益的，由国务院保险监督管理机构予以撤销并公告，依法及时组织清算组进行清算。

第一百五十条 【提供信息资料】国务院保险监督管理机构有权要求保险公司股东、实际控制人在指定的期限内提供有关信息和资料。

第一百五十一条 【股东利用关联交易严重损害公司利益，危及公司偿付能力的处理措施】保险公司的股东利用关联交易严重损害公司利益，危及公司偿付能力的，由国务院保险监督管理机构责令改正。在按照要求改正前，国务院保险监督管理机构可以限制其股东权利；拒不改正的，可以责令其转让所持的保险公司股权。

第一百五十二条 【保险公司业务活动和风险管理重大事项说明】保险监督管理机构根据履行监督管理职责的需要，可以与保险公司董事、监事和高级管理人员进行监督管理谈话，要求其就公司的业务活动和风险管理的重大事项作出说明。

第一百五十三条 【保险公司被整顿、接管、撤销清算期间及出现重大风险时对董事、监事、高级管理人员和其他责任人员采取的措施】保险公司在整顿、接管、撤销清算期间，或者出现重大风险时，国务院保险监督管理机构可以对该公司直接负责的董事、监事、高级管理人员和其他直接责任人员采取以下措施：

（一）通知出境管理机关依法阻止其出境；

（二）申请司法机关禁止其转移、转让或者以其他方式处分财产，或者在财产上设定其他权利。

第一百五十四条　【保险监督管理机构的履职措施及程序】保险监督管理机构依法履行职责，可以采取下列措施：

（一）对保险公司、保险代理人、保险经纪人、保险资产管理公司、外国保险机构的代表机构进行现场检查；

（二）进入涉嫌违法行为发生场所调查取证；

（三）询问当事人及与被调查事件有关的单位和个人，要求其对与被调查事件有关的事项作出说明；

（四）查阅、复制与被调查事件有关的财产权登记等资料；

（五）查阅、复制保险公司、保险代理人、保险经纪人、保险资产管理公司、外国保险机构的代表机构以及与被调查事件有关的单位和个人的财务会计资料及其他相关文件和资料；对可能被转移、隐匿或者毁损的文件和资料予以封存；

（六）查询涉嫌违法经营的保险公司、保险代理人、保险经纪人、保险资产管理公司、外国保险机构的代表机构以及与涉嫌违法事项有关的单位和个人的银行账户；

（七）对有证据证明已经或者可能转移、隐匿违法资金等涉案财产或者隐匿、伪造、毁损重要证据的，经保险监督管理机构主要负责人批准，申请人民法院予以冻结或者查封。

保险监督管理机构采取前款第（一）项、第（二）项、第（五）项措施的，应当经保险监督管理机构负责人批准；采取第（六）项措施的，应当经国务院保险监督管理机构负责人批准。

保险监督管理机构依法进行监督检查或者调查，其监督检查、调查的人员不得少于二人，并应当出示合法证件和监督检查、调查通知书；监督检查、调查的人员少于二人或者未出示合法证件和监督检查、调查通知书的，被检查、调查的单位和个人有权拒绝。

第一百五十五条　【配合检查、调查】保险监督管理机构依法履行职责，被检查、调查的单位和个人应当配合。

第一百五十六条　【保险监督管理机构工作人员行为准则】保险监督管理机构工作人员应当忠于职守，依法办事，公正廉洁，不得利用职务便利牟取不正当利益，不得泄露所知悉的有关单位和个人的商业秘密。

第一百五十七条　【金融监督管理机构监督管理信息共享机制】国务院

保险监督管理机构应当与中国人民银行、国务院其他金融监督管理机构建立监督管理信息共享机制。

保险监督管理机构依法履行职责，进行监督检查、调查时，有关部门应当予以配合。

第七章　法律责任

第一百五十八条　【擅自设立保险公司、保险资产管理公司或非法经营商业保险业务的法律责任】违反本法规定，擅自设立保险公司、保险资产管理公司或者非法经营商业保险业务的，由保险监督管理机构予以取缔，没收违法所得，并处违法所得一倍以上五倍以下的罚款；没有违法所得或者违法所得不足二十万元的，处二十万元以上一百万元以下的罚款。

第一百五十九条　【擅自设立保险代理机构、保险经纪人或者未取得许可从事保险业务的法律责任】违反本法规定，擅自设立保险专业代理机构、保险经纪人，或者未取得经营保险代理业务许可证、保险经纪业务许可证从事保险代理业务、保险经纪业务的，由保险监督管理机构予以取缔，没收违法所得，并处违法所得一倍以上五倍以下的罚款；没有违法所得或者违法所得不足五万元的，处五万元以上三十万元以下的罚款。

第一百六十条　【保险公司超出业务范围经营的法律责任】保险公司违反本法规定，超出批准的业务范围经营的，由保险监督管理机构责令限期改正，没收违法所得，并处违法所得一倍以上五倍以下的罚款；没有违法所得或者违法所得不足十万元的，处十万元以上五十万元以下的罚款。逾期不改正或者造成严重后果的，责令停业整顿或者吊销业务许可证。

第一百六十一条　【保险公司在保险业务活动中从事禁止性行为的法律责任】保险公司有本法第一百一十六条规定行为之一的，由保险监督管理机构责令改正，处五万元以上三十万元以下的罚款；情节严重的，限制其业务范围、责令停止接受新业务或者吊销业务许可证。

第一百六十二条　【保险公司未经批准变更公司登记事项的法律责任】保险公司违反本法第八十四条规定的，由保险监督管理机构责令改正，处一万元以上十万元以下的罚款。

第一百六十三条　【超额承保及为无民事行为能力人承保以死亡为给付保险金条件的保险的法律责任】保险公司违反本法规定，有下列行为之一的，由保险监督管理机构责令改正，处五万元以上三十万元以下的罚款：

（一）超额承保，情节严重的；

（二）为无民事行为能力人承保以死亡为给付保险金条件的保险的。

第一百六十四条　【违反保险业务规则和保险组织机构管理规定的法律

责任】违反本法规定，有下列行为之一的，由保险监督管理机构责令改正，处五万元以上三十万元以下的罚款；情节严重的，可以限制其业务范围、责令停止接受新业务或者吊销业务许可证：

（一）未按照规定提存保证金或者违反规定动用保证金的；

（二）未按照规定提取或者结转各项责任准备金的；

（三）未按照规定缴纳保险保障基金或者提取公积金的；

（四）未按照规定办理再保险的；

（五）未按照规定运用保险公司资金的；

（六）未经批准设立分支机构的；

（七）未按照规定申请批准保险条款、保险费率的。

第一百六十五条　【保险代理机构、保险经纪人违反诚信原则办理保险业务的法律责任】保险代理机构、保险经纪人有本法第一百三十一条规定行为之一的，由保险监督管理机构责令改正，处五万元以上三十万元以下的罚款；情节严重的，吊销业务许可证。

第一百六十六条　【不按规定缴存保证金或者投保职业责任保险、设立收支账簿的法律责任】保险代理机构、保险经纪人违反本法规定，有下列行为之一的，由保险监督管理机构责令改正，处二万元以上十万元以下的罚款；情节严重的，责令停业整顿或者吊销业务许可证：

（一）未按照规定缴存保证金或者投保职业责任保险的；

（二）未按照规定设立专门账簿记载业务收支情况的。

第一百六十七条　【违法聘任不具有任职资格的人员的法律责任】违反本法规定，聘任不具有任职资格的人员的，由保险监督管理机构责令改正，处二万元以上十万元以下的罚款。

第一百六十八条　【违法转让、出租、出借业务许可证的法律责任】违反本法规定，转让、出租、出借业务许可证的，由保险监督管理机构处一万元以上十万元以下的罚款；情节严重的，责令停业整顿或者吊销业务许可证。

第一百六十九条　【不按规定披露保险业务相关信息的法律责任】违反本法规定，有下列行为之一的，由保险监督管理机构责令限期改正；逾期不改正的，处一万元以上十万元以下的罚款：

（一）未按照规定报送或者保管报告、报表、文件、资料的，或者未按照规定提供有关信息、资料的；

（二）未按照规定报送保险条款、保险费率备案的；

（三）未按照规定披露信息的。

第一百七十条　【提供保险业务相关信息不实、拒绝或者妨碍监督检查、不按规定使用保险条款、保险费率的法律责任】违反本法规定，有下列行为之一的，由保险监督管理机构责令改正，处十万元以上五十万元以下的罚款；情节严重的，可以限制其业务范围、责令停止接受新业务或者吊销业务许可证：

（一）编制或者提供虚假的报告、报表、文件、资料的；

（二）拒绝或者妨碍依法监督检查的；

（三）未按照规定使用经批准或者备案的保险条款、保险费率的。

第一百七十一条　【董事、监事、高级管理人员的法律责任】保险公司、保险资产管理公司、保险专业代理机构、保险经纪人违反本法规定的，保险监督管理机构除分别依照本法第一百六十条至第一百七十条的规定对该单位给予处罚外，对其直接负责的主管人员和其他直接责任人员给予警告，并处一万元以上十万元以下的罚款；情节严重的，撤销任职资格。

第一百七十二条　【个人保险代理人的法律责任】个人保险代理人违反本法规定的，由保险监督管理机构给予警告，可以并处二万元以下的罚款；情节严重的，处二万元以上十万元以下的罚款

第一百七十三条　【外国保险机构违法从事保险活动的法律责任】外国保险机构未经国务院保险监督管理机构批准，擅自在中华人民共和国境内设立代表机构的，由国务院保险监督管理机构予以取缔，处五万元以上三十万元以下的罚款。

外国保险机构在中华人民共和国境内设立的代表机构从事保险经营活动的，由保险监督管理机构责令改正，没收违法所得，并处违法所得一倍以上五倍以下的罚款；没有违法所得或者违法所得不足二十万元的，处二十万元以上一百万元以下的罚款；对其首席代表可以责令撤换；情节严重的，撤销其代表机构。

第一百七十四条　【投保人、被保险人或受益人进行保险诈骗活动的法律责任】投保人、被保险人或者受益人有下列行为之一，进行保险诈骗活动，尚不构成犯罪的，依法给予行政处罚：

（一）投保人故意虚构保险标的，骗取保险金的；

（二）编造未曾发生的保险事故，或者编造虚假的事故原因或者夸大损失程度，骗取保险金的；

（三）故意造成保险事故，骗取保险金的。

保险事故的鉴定人、评估人、证明人故意提供虚假的证明文件，为投保人、被保险人或者受益人进行保险诈骗提供条件的，依照前款规定给予处罚。

第一百七十五条　【侵权民事责任的规定】违反本法规定，给他人造成损害的，依法承担民事责任。

第一百七十六条　【拒绝、阻碍监督检查、调查职权的行政责任】拒绝、

阻碍保险监督管理机构及其工作人员依法行使监督检查、调查职权，未使用暴力、威胁方法的，依法给予治安管理处罚。

第一百七十七条 【禁止从业的规定】违反法律、行政法规的规定，情节严重的，国务院保险监督管理机构可以禁止有关责任人员一定期限直至终身进入保险业。

第一百七十八条 【保险监督人员的法律责任】保险监督管理机构从事监督管理工作的人员有下列情形之一的，依法给予处分：

（一）违反规定批准机构的设立的；

（二）违反规定进行保险条款、保险费率审批的；

（三）违反规定进行现场检查的；

（四）违反规定查询账户或者冻结资金的；

（五）泄露其知悉的有关单位和个人的商业秘密的；

（六）违反规定实施行政处罚的；

（七）滥用职权、玩忽职守的其他行为。

第一百七十九条 【刑事责任的规定】违反本法规定，构成犯罪的，依法追究刑事责任。

第八章 附 则

第一百八十条 【保险行业协会的规定】保险公司应当加入保险行业协会。保险代理人、保险经纪人、保险公估机构可以加入保险行业协会。

保险行业协会是保险业的自律性组织，是社会团体法人。

第一百八十一条 【其他保险组织的商业保险业务适用本法】保险公司以外的其他依法设立的保险组织经营的商业保险业务，适用本法。

第一百八十二条 【海上保险的法律适用】海上保险适用《中华人民共和国海商法》的有关规定；《中华人民共和国海商法》未规定的，适用本法的有关规定。

第一百八十三条 【合资保险公司、外资公司法律适用规定】中外合资保险公司、外资独资保险公司、外国保险公司分公司适用本法规定；法律、行政法规另有规定的，适用其规定。

第一百八十四条 【农业保险的规定】国家支持发展为农业生产服务的保险事业。农业保险由法律、行政法规另行规定。

强制保险，法律、行政法规另有规定的，适用其规定。

第一百八十五条 【施行日期】本法自 2009 年 10 月 1 日起施行。

最高人民法院
关于适用《中华人民共和国保险法》若干问题的解释（一）

法释〔2009〕12 号

（2009 年 9 月 14 日最高人民法院审判委员会第 1473 次会议通过
2009 年 9 月 21 日最高人民法院公告公布　自 2009 年 10 月 1 日起施行）

为正确审理保险合同纠纷案件，切实维护当事人的合法权益，现就人民法院适用 2009 年 2 月 28 日第十一届全国人大常委会第七次会议修订的《中华人民共和国保险法》（以下简称保险法）的有关问题规定如下：

第一条　保险法施行后成立的保险合同发生的纠纷，适用保险法的规定。保险法施行前成立的保险合同发生的纠纷，除本解释另有规定外，适用当时的法律规定；当时的法律没有规定的，参照适用保险法的有关规定。

认定保险合同是否成立，适用合同订立时的法律。

第二条　对于保险法施行前成立的保险合同，适用当时的法律认定无效而适用保险法认定有效的，适用保险法的规定。

第三条　保险合同成立于保险法施行前而保险标的转让、保险事故、理赔、代位求偿等行为或事件，发生于保险法施行后的，适用保险法的规定。

第四条　保险合同成立于保险法施行前，保险法施行后，保险人以投保人未履行如实告知义务或者申报被保险人年龄不真实为由，主张解除合同的，适用保险法的规定。

第五条　保险法施行前成立的保险合同，下列情形下的期间自 2009 年 10 月 1 日起计算：

（一）保险法施行前，保险人收到赔偿或者给付保险金的请求，保险法施行后，适用保险法第二十三条规定的三十日的；

（二）保险法施行前，保险人知道解除事由，保险法施行后，按照保险法第十六条、第三十二条的规定行使解除权，适用保险法第十六条规定的三十日的；

（三）保险法施行后，保险人按照保险法第十六条第二款的规定请求解除合同，适用保险法第十六条规定的二年的；

（四）保险法施行前，保险人收到保险标的转让通知，保险法施行后，以保险标的转让导致危险程度显著增加为由请求按照合同约定增加保险费或者解除合同，适用保险法第四十九条规定的三十日的。

第六条 保险法施行前已经终审的案件，当事人申请再审或者按照审判监督程序提起再审的案件，不适用保险法的规定。

【链　接】

最高人民法院民二庭负责人就《关于适用〈中华人民共和国保险法〉若干问题的解释（一）》答记者问

修订后的《中华人民共和国保险法》将于2009年10月1日起施行。最高人民法院日前颁布了《关于适用〈中华人民共和国保险法〉若干问题的解释（一）》（以下简称本解释）。最高人民法院民二庭负责人为此回答了记者的问题。

一、问：制定解释的目的和意义是什么？

答：《保险法》此次从篇章结构到具体条文，修订的幅度都比较大。特别是保险合同一章，条文数目从六十条调整为五十七条，被修订的条文多达四十八条。新法进一步加强了对投保人和被保险人权益的保护，广大群众非常关心在新法施行前签订的合同能否受到新保险法的保护。新法施行后，人民法院将面临许多保险纠纷案件审理中具体适用法律的问题。因此，有必要对人民法院在审理保险合同纠纷案件中如何适用新法作出规定，以统一裁判标准。

新法虽然对保险业管理的修订内容也很多，但就人民法院受理案件情况来看，绝大部分是保险合同纠纷，急需解决新、旧法衔接的也是这类问题，尤其是履行期限较长的人身保险合同产生的纠纷。而涉及保险业管理方面的纠纷很少，这方面新旧法适用衔接的问题并不突出，且通过公司法等法律的相关规定基本可以解决。因此，本解释的适用范围限定在保险合同纠纷案件。

二、问：本解释的指导思想和遵循的基本原则是什么？

答：首先，本解释贯彻了加强对投保人和被保险人利益保护的立法精神。此次保险法的修订，很重要的一个指导思想就是加强对投保人和被保险人利益的保护，制定新旧法适用的衔接办法，也是贯彻了这一原则，同时又注意了在适用法律上对合同双方当事人利益的平等保护。

其次，既要符合合同法共性的要求，又要符合保险法作为特别法的要求。本解释的第一条、第二条和第六条，与《关于适用〈中华人民共和国合同法〉若干问题的解释（一）》中有关新旧法适用衔接的规定是一致的，第三条至第五条主要反映了保险合同自身的特性。

另外，本解释贯彻了《立法法》第八十四条规定的新法一般不具有溯及力的精神。同时，基于保险法的特性，考虑到新法施行前成立的保险合同是依据旧法订立的，新法施行后保险合同法律关系依然处于延续状态，此时的行为和事件应当受到新法的规范。另外，还有两种例外情形，即第二条关于合同效力的规定；第四条关于以投保人未履行如实告知义务或申报被保险人年龄不真实为由主张解除合同适用修订后的保险法的规定。

需要注意的一个问题是，按照本解释的规定，新法第十七条第二款的规定不能适用于新法施行前成立的合同。例如，保险合同在2008年12月成立，2009年11月发生保险事故，投保人不能以保险事故发生在新法施行后为由，主张对免责条款是否产生效力用新法。投保人以保险人在订立合同时未尽到《保险法》第十七条规定的提示义务而主张保险合同条款不产生效力的，人民法院不予支持。

三、问：怎么理解第三条规定的“行为或事件”？

答：第三条是本解释中的核心条款，制定过程中经过了反复的论证。保险合同中，有相当多的合同特别是人身保险合同的履行期限比较长，以至于保险法施行前成立的保险合同在《保险法》施行后仍在履行，这期间发生的一些行为和事件，因为新修订的法律已经施行，自然应当受到修订后法律的规范。这些行为和事件主要是指《保险法》施行后发生的保险标的转让、保险事故、理赔、代位求偿等。在审判实践中，保险合同纠纷绝大多数涉及这些方面，而且此次《保险法》的修订，相应条款内容变动也较大，新法的规定更好地体现了对投保人和被保险人利益的保护。

关于保险标的转让。新法第四十九条对保险标的的转让进行了重大修订，将旧法规定的保险标的的转让应经保险人同意才能变更保险合同，修改为保险标的的转让的，受让人自然承继被保险人的权利义务。同时，还增加了被保险人与保险人之间的权利义务的内容并作了相应的平衡，从而既有利于保险标的受让人的权益保护，又有助于社会财产关系的稳定。

关于保险事故。新法关于保险事故的修订条款有多条。保险事故如果发生在新法施行后，自应适用新法规定。如新法第二十七条删除了保险人可以因受益人制造保险事故而解除保险合同的规定。如果受益人故意制造的保险事故发生在2009年9月20日，就应适用旧法第二十八条规定，保险人有权解除保险合同且不承担赔偿或给付保险金的责任；而如果事故发生在2009年

10月1日，则应该适用新法规定，保险人不能因该事故是受益人制造而主张解除合同并不承担给付保险金的责任。

关于理赔。近年来，人民群众解决“理赔难”的呼声越来越强烈，理赔程序的繁琐、无正当理由拖延核定和赔付是造成“理赔难”很重要的原因。新法第二十二条、第二十三条、第二十四条的修改，重点对保险人的义务和期限作出了限定，这有助于解决“理赔难”问题。保险事故发生在新法施行前，但至《保险法》施行时尚未理赔完毕，或者《保险法》施行后才开始理赔的，当事人的理赔行为要受到新法的规范。需要注意的问题是，按照解释规定的《保险法》施行后的理赔适用新法，是指理赔的行为和时限受新法的约束，而不是所有在理赔阶段暴露出的纠纷无条件地适用新法。

关于代位求偿。新法第六十一条将保险人不能行使代位赔偿请求权的原因由旧法的被保险人的“过错”修改为“故意或重大过失”，同时增加了保险人可以要求返还保险金的规定。如果因新法施行后被保险人的行为导致保险人不能行使代位请求赔偿权，应该适用新法的规定。

随着新法的施行，关于《保险法》的适用还会出现许多新的问题，需要进一步研究，各级人民法院要注意总结审判实践经验，归纳和整理相关法律问题，最高人民法院要加强调查研究，及时制定相关司法解释和司法政策。

四、问：法律以不溯及既往为原则，为何第四条规定对投保人在订立合同时的如实告知义务的认定适用新《保险法》？

答：《立法法》第八十四条规定，法律、行政法规、地方性法规、自治条例和单行条例、规章不溯及既往，但为了更好地保护公民、法人和其他组织的权利和利益而作的特别规定除外。

审判实务中，合同订立时投保人未履行如实告知义务或者申报被保险人年龄不真实，往往成为保险事故发生后保险人主张解除合同或者拒赔的理由。按照旧法的规定，投保人因为一般过失未告知就可以满足解除合同和拒赔的条件，而新法的修订，将解除合同的条件限定为故意或重大过失，体现了对保险人的解除权予以限制的精神。特别是第十六条的修改，改变了旧法对投保人在如实告知上过于苛求的规定。包括保险业界人士在内的多数人认为这是立法的进步，从长远来讲，也有利于保险业的健康发展。

在新法施行后，如果保险人仍然可以以投保人有一般过失未履行如实告知义务为由主张解除合同或者拒赔，就会使大量的成立于新法施行前的合同处于不稳定状态，投保人和被保险人的利益将会受到损害，也违背了此次法律修订加强对投保人和被保险人利益保护的精神。

另外，新法施行后，解除合同的行为应该受到新法的约束是各方的共识，根据本解释第五条的规定，对于新法施行前成立的合同，《保险法》施行后，保险人按照新法第十六条的规定请求解除合同的二年期间的起算时间从2009年10月1日起算。如果在新法施行后，其行使解除权的事由不受新法的约束，保险人完全可以投保人存在一般过失为由主张解除合同，从而就规避了新法对解除权行使期限的限制，也就使第五条第（二）、（三）项的有关规定失去了意义。所以，与第五条相对应，必须要有本条的规定内容。我们与保监会就本条的规定进行了充分的沟通，并最终与保监会达成了一致。

五、问：第五条为何对期间的起算日作特别规定？

答：本解释在贯彻加强对投保人和被保险人利益保护的立法精神的同时，也注意到对保险人的平等保护问题。新法第十六条、第三十二条、第四十九条规定了保险人行使解除权的期间，新法第二十三条对保险人核定保险责任的期间作出了规定。保险人在新法施行后行使解除权或者核定保险责任应该受其约束，但有关行为和事件发生在新法施行前，而因新法尚未生效，如果按照条文规定的起算点起算，就会出现保险人实际可行使权利的期间短于法律规定，甚至新法施行之日，其权利已经无法行使的状况。在此问题上，新法不能溯及既往，所以从新法施行之日起再给予三十日或二年的期间比较公平。此类规定在最高人民法院以往的司法解释中亦多有先例。

最高人民法院
关于适用《中华人民共和国保险法》若干问题的解释（二）

法释〔2013〕14号

（2013年5月6日最高人民法院审判委员会第1577次会议通过
2013年5月31日最高人民法院公告公布　自2013年6月8日起施行）

为正确审理保险合同纠纷案件，切实维护当事人的合法权益，根据《中华人民共和国保险法》《中华人民共和国合同法》《中华人民共和国民事诉讼法》等法律规定，结合审判实践，就保险法中关于保险合同一般规定部分有关法律适用问题解释如下：

第一条　财产保险中，不同投保人就同一保险标的分别投保，保险事故发生后，被保险人在其保险利益范围内依据保险合同主张保险赔偿的，人民法院应予支持。

第二条　人身保险中，因投保人对被保险人不具有保险利益导致保险合同无效，投保人主张保险人退还扣减相应手续费后的保险费的，人民法院应予支持。

第三条 投保人或者投保人的代理人订立保险合同时没有亲自签字或者盖章，而由保险人或者保险人的代理人代为签字或者盖章的，对投保人不生效。但投保人已经交纳保险费的，视为其对代签字或者盖章行为的追认。

保险人或者保险人的代理人代为填写保险单证后经投保人签字或者盖章确认的，代为填写的内容视为投保人的真实意思表示。但有证据证明保险人或者保险人的代理人存在保险法第一百一十六条、第一百三十一条相关规定情形的除外。

第四条 保险人接受了投保人提交的投保单并收取了保险费，尚未作出是否承保的意思表示，发生保险事故，被保险人或者受益人请求保险人按照保险合同承担赔偿或者给付保险金责任，符合承保条件的，人民法院应予支持；不符合承保条件的，保险人不承担保险责任，但应当退还已经收取的保险费。

保险人主张不符合承保条件的，应承担举证责任。

第五条 保险合同订立时，投保人明知的与保险标的或者被保险人有关的情况，属于保险法第十六条第一款规定的投保人“应当如实告知”的内容。

第六条 投保人的告知义务限于保险人询问的范围和内容。当事人对询问范围及内容有争议的，保险人负举证责任。

保险人以投保人违反了对投保单询问表中所列概括性条款的如实告知义务为由请求解除合同的，人民法院不予支持。但该概括性条款有具体内容的除外。

第七条 保险人在保险合同成立后知道或者应当知道投保人未履行如实告知义务，仍然收取保险费，又依照保险法第十六条第二款的规定主张解除合同的，人民法院不予支持。

第八条 保险人未行使合同解除权，直接以存在保险法第十六条第四款、第五款规定的情形为由拒绝赔偿的，人民法院不予支持。但当事人就拒绝赔偿事宜及保险合同存续另行达成一致的情况除外。

第九条 保险人提供的格式合同文本中的责任免除条款、免赔额、免赔率、比例赔付或者给付等免除或者减轻保险人责任的条款，可以认定为保险法第十七条第二款规定的“免除保险人责任的条款”。

保险人因投保人、被保险人违反法定或者约定义务，享有解除合同权利的条款，不属于保险法第十七条第二款规定的“免除保险人责任的条款”。

第十条 保险人将法律、行政法规中的禁止性规定情形作为保险合同免责条款的免责事由，保险人对该条款作出提示后，投保人、被保险人或者受益人以保险人未履行明确说明义务为由主张该条款不生效的，人民法院不予支持。

第十一条　保险合同订立时，保险人在投保单或者保险单等其他保险凭证上，对保险合同中免除保险人责任的条款，以足以引起投保人注意的文字、字体、符号或者其他明显标志作出提示的，人民法院应当认定其履行了保险法第十七条第二款规定的提示义务。

保险人对保险合同中有关免除保险人责任条款的概念、内容及其法律后果以书面或者口头形式向投保人作出常人能够理解的解释说明的，人民法院应当认定保险人履行了保险法第十七条第二款规定的明确说明义务。

第十二条　通过网络、电话等方式订立的保险合同，保险人以网页、音频、视频等形式对免除保险人责任条款予以提示和明确说明的，人民法院可以认定其履行了提示和明确说明义务。

第十三条　保险人对其履行了明确说明义务负举证责任。

投保人对保险人履行了符合本解释第十一条第二款要求的明确说明义务在相关文书上签字、盖章或者以其他形式予以确认的，应当认定保险人履行了该项义务。但另有证据证明保险人未履行明确说明义务的除外。

第十四条　保险合同中记载的内容不一致的，按照下列规则认定：

（一）投保单与保险单或者其他保险凭证不一致的，以投保单为准。但不一致的情形系经保险人说明并经投保人同意的，以投保人签收的保险单或者其他保险凭证载明的内容为准；

（二）非格式条款与格式条款不一致的，以非格式条款为准；

（三）保险凭证记载的时间不同的，以形成时间在后的为准；

（四）保险凭证存在手写和打印两种方式的，以双方签字、盖章的手写部分的内容为准。

第十五条　保险法第二十三条规定的三十日核定期间，应自保险人初次收到索赔请求及投保人、被保险人或者受益人提供的有关证明和资料之日起算。

保险人主张扣除投保人、被保险人或者受益人补充提供有关证明和资料期间的，人民法院应予支持。扣除期间自保险人根据保险法第二十二条规定作出的通知到达投保人、被保险人或者受益人之日起，至投保人、被保险人或者受益人按照通知要求补充提供的有关证明和资料到达保险人之日止。

第十六条　保险人应以自己的名义行使保险代位求偿权。

根据保险法第六十条第一款的规定，保险人代位求偿权的诉讼时效期间应自其取得代位求偿权之日起算。

第十七条　保险人在其提供的保险合同格式条款中对非保险术语所作的

解释符合专业意义，或者虽不符合专业意义，但有利于投保人、被保险人或者受益人的，人民法院应予认可。

第十八条 行政管理部门依据法律规定制作的交通事故认定书、火灾事故认定书等，人民法院应当依法审查并确认其相应的证明力，但有相反证据能够推翻的除外。

第十九条 保险事故发生后，被保险人或者受益人起诉保险人，保险人以被保险人或者受益人未要求第三者承担责任为由抗辩不承担保险责任的，人民法院不予支持。

财产保险事故发生后，被保险人就其所受损失从第三者取得赔偿后的不足部分提起诉讼，请求保险人赔偿的，人民法院应予依法受理。

第二十条 保险公司依法设立并取得营业执照的分支机构属于《中华人民共和国民事诉讼法》第四十八条规定的其他组织，可以作为保险合同纠纷案件的当事人参加诉讼。

第二十一条 本解释施行后尚未终审的保险合同纠纷案件，适用本解释；本解释施行前已经终审，当事人申请再审或者按照审判监督程序决定再审的案件，不适用本解释。

【链　接】

妥善审理保险合同纠纷案件
促进保险业健康稳定发展

——最高人民法院民二庭负责人就《最高人民法院关于适用〈中华人民共和国保险法〉若干问题的解释（二）》答记者问

一、请谈一谈制定该司法解释的出发点。

司法解释工作是最高人民法院推进社会主义法律体系完善，服务市场经济发展的重要职责。2009年《保险法》修订后，我们及时出台了《保险法司法解释（一）》，以解决新旧《保险法》衔接问题，此后我们又启动了《保险法》保险合同章一般规定部分的解释工作，主要出发点在于以下几个方面：

1. 服务市场经济，促进行业发展。社会主义市场经济是法治经济，实现保险行业的又好又快发展离不开良好的法治环境。2009年修订后的《保险法》为保险业的健康发展奠定了坚实的法治基础，但保险合同立法部分的条文依然有限，尚难以满足保险市场发展的需要。在此情况下，最高人民法院通过司法解释，进一步推动保险法律制度的完善，使之更好地发挥对保险市场的规范和调整作用。

2. 积极回应民生，实现司法为民。积极回应人民群众的需求，切实解决人民群众关心的问题，是贯彻落实司法为民理念的重要内容。当前保险市场上，销售误导、理赔难等问题极大困扰广大保险消费者，受到社会各界广泛关注。我们希望通过本司法解释，进一步规范保险公司的展业行为和理赔行为，尽可能解决这些与人民群众利益密切相关的问题。

3. 细化法律条文，弥补法律漏洞。经过2009年的修订，我国保险合同法规则已经趋于完善，但一些条文仍然过于原则。为此，我们在遵从立法原意的基础上通过司法解释的形式，进一步细化条文，努力提升法律规则的可操作性。此外，由于保险市场发展日新月异，《保险法》难以满足市场发展的需要，通过司法解释，可以弥补法律漏洞，推动保险法律体系的不断完善。

4. 统一裁判标准，提升司法公信力。当前，我国保险市场发育还不够成熟，诚信体系尚在建立过程中，保险市场主体的各种违规行为导致保险纠纷增多，审判实践中对保险合同成立、投保人告知义务、保险人说明义务、保险利益原则、保险合同解释等问题存在较大争议，裁判标准不够统一。鉴于此，我们希望通过制定司法解释，明确裁判规则，进一步统一裁判标准，提升司法公信力。

二、该解释在制定过程中遵循了哪些原则?

司法解释是根据法律和有关立法精神，结合审判工作实际需要制定的。本司法解释在制定过程中遵循了以下工作思路：

1. 立足审判实践，服务市场需求。司法解释工作是以解决具体问题，服务市场发展为取向，故应立足审判实践，回应市场需求。为此，我们做了大量调研工作。在条文起草过程中，我们在全国法院系统内开展广泛调研，并先后到一些较大的保险公司进行考察，充分听取了法院系统与保险业界对司法解释的需求和建议。司法解释条文形成后，我们在福建、浙江、山东、北京、深圳等地多次召开论证会，充分听取了保险监管部门、相关专家学者以及部分法院系统和保险行业代表的意见，以确保本解释能更好地指导保险审判实践，服务保险市场发展。

2. 尊重立法原意，落实法律精神。司法解释是立法在审判工作中的具体化，我们在制定该解释时尽可能地体现立法精神。理念上，我们积极贯彻

2009年《保险法》修订的精神，加强对投保人、被保险人和受益人的保护。方法上，我们严格遵循法律解释方法起草相关条文，确保司法解释的具体内容符合《保险法》本意。

3. 立足行业现状，着眼未来发展。当前保险审判实践中出现的争议和问题，一方面，是因为保险市场尚不成熟、市场主体行为不够规范；另一方面，也与保险市场不断发展、保险产品不断创新有直接关系。我们制定司法解释时，首先是立足行业现状，解决具体问题，同时考虑保险行业未来发展的需要，引导保险市场规范发展。

4. 立足本国国情，借鉴域外经验。保险法属于舶来法，域外相关保险立法和实践已经相对较为成熟，我们在司法解释制定过程中也有意识地借鉴域外经验。当然，由于保险行业发展所处阶段不同，保险实践中出现的问题也不一致，故我们在借鉴域外相关经验时坚持从本国国情出发，根据国内保险业实际状况决定是否移植域外相关规定。

三、司法解释条文的起草坚持哪些指导思想?

保险法司法解释与广大保险消费者利益密切相关，也会对保险行业的发展产生直接的影响。我们在起草该司法解释时，坚持以下指导思想：

1. 妥善平衡利益，合理保护保险消费者。加强对投保人、被保险人和受益人合法权益的保护，是2009年《保险法》修订的重中之重。保险监管部门也将加强保险消费者保护作为保险监管工作的重要内容。我们在制定保险法司法解释时，力求体现这一原则。当然，加强保险消费者的保护也应当兼顾保险人的利益，尊重保险行业发展的客观实际，保障保险行业的健康发展。例如，对于保险人说明的标准，司法解释第11条明确采用实质判断标准，以保护投保人利益，同时为了兼顾保险行业的实际状况，第13条规定，如果投保人对保险人履行了符合第11条第2款要求的明确说明义务已经签章确认的，可以认为保险人已经履行了明确说明义务。

2. 坚持诚信原则，防范道德风险。诚信原则是民法的基本原则。保险合同以转移风险为目的，属典型射幸合同，对诚实信用的要求高于一般普通合同，故理论界将保险合同称为最大诚信合同。最大诚信原则要求保险合同的双方当事人在保险合同的订立和履行过程中，必须以最大的诚意履行义务，为此，我们在制定司法解释过程中充分体现诚信原则，注意防范道德风险。例如，对于保险实践中的保险人或其代理人代为签章的问题，司法解释第3条从维护诚信的角度规定，投保人已经交纳保险费的，视为其对代签章行为的追认，防止投保人事后随意悔约。

3. 坚持保险原理，尊重保险特性。保险是以大数法则为基础的制度，具有很强的技术性。保险经营行为中保险费率的厘定、保险风险的选择、保险赔偿的计算、保险资金的运用以及各种准备金的提取等都需要以精算为基础，《保险法》的许多规定是从技术角度对保险经营活动提出的要求。为此，我们在司法解释制定中尊重保险原理。例如，根据最新保险利益学说，同一保险标的上可存在不同保险利益，司法解释第1条对此予以认可，同时为了防止道德风险，该条规定被保险人只能在其保险利益范围内主张保险赔偿。

4. 遵守合同原理，把握保险合同的特点。保险合同是以转移危险为目的的射幸合同，在订立、生效、履行等方面具有不同于普通民事合同的一些特征，需要在法律上作出不同于普通民事合同的规定，这是保险合同立法独立存在的基础，所以，我们在司法解释起草中注意尊重保险合同的特殊规则。当然，保险合同法属于《合同法》的特别法，其仍应遵循《合同法》的基本原理。例如，对保险人接受投保人提交的投保单并收取了保险费，尚未作出是否承保的意思表示，发生保险事故的情形，司法解释第4条规定，如果保险标的符合承保条件，则保险人应承担保险责任，这是基于权利义务对等角度对保险合同成立生效作出的特殊安排，但这种安排不能否认保险合同的其他约定，保险人如何承担责任仍应根据保险合同相关内容进行判断。

四、加强对保险消费者的保护是2009年《保险法》修订的基本原则，也是近些年来保险监管部门的重点工作之一，请问司法解释是如何体现这一原则的?

司法解释关于加强对保险消费者保护的理念主要体现在以下几个方面：

1. 规范保险公司的承保行为，督促保险公司尽快承保，并要求保险公司在保险标的符合承保条件的情况下，对其收取保险费后、作出承保意思表示前发生的保险事故承担保险责任，这主要是司法解释第4条的内容。

2. 细化投保人的如实告知义务，防止保险人随意以投保人违反如实告知义务为由拒赔。为了防止保险人滥用投保人如实告知义务解除合同，我们从以下几个方面加强对投保人的保护：一是将投保人告知范围限于其明知内容，防止无限扩大投保人告知内容的范围；二是明确确立询问告知主义，将投保人告知范围限于保险人询问的范围和内容，且保险人原则上不得采用概括性条款进行询问；三是引入弃权制度，如保险人在保险合同成立后知道或者应当知道投保人未履行如实告知义务，仍然收取保险费的，不得解除保险合同；四是规范保险合同解除与拒绝赔偿的关系，在保险人没有解除权或不行使解除权的情况下，不得拒赔。

3. 强化保险人的说明义务。一是从宽理解《保险法》第17条规定的“免除保险人责任的条款”，要求保险公司对格式合同文本中的责任免除条款、免赔额、免赔率、比例赔付或者给付等免除或者减轻保险人责任的条款进行明确说明；二是提高保险人明确说明的程度，要求其说明必须达到常人所能理解的程度。

4. 明确非保险术语的解释规则。保险人在其提供的保险合同格式条款中对非保险术语所作的解释必须符合专业意义，不符合专业意义的，应适用疑义利益解释原则。

5. 正确认定保险合同的内容。投保单与保险单或者其他保险凭证不一致的，如保险人对不一致情形未向投保人说明并经投保人同意的，应以投保单为准。

6. 排除保险人为被保险人、受益人设置索赔障碍。保险事故发生后，被保险人或者受益人起诉保险人，保险人不能以被保险人或者受益人未要求第三者承担责任为由作为抗辩，防止保险人拖延理赔。

五、商事审判与市场经济联系最为密切。保险法司法解释如何体现服务市场经济这一原则？

1. 规范市场行为，维护市场秩序。当前我国保险市场尚不成熟，投保人、被保险人、受益人在投保、申请理赔，保险人在展业、核保、核赔等环节都存在一些不规范行为，这些不规范的行为破坏了正常的保险市场秩序，不利于促进保险市场健康可持续发展。为此，司法解释通过对市场行为的规范，维护正常交易秩序，充分发挥市场在配置保险资源方面的基础作用。

2. 确立交易规则，减少交易成本。明确交易规则可以增强市场交易主体的可预见性，减少市场交易成本，提高市场运行效率。由于保险法律体系尚不完善，保险实践中对保险利益原则如何适用、投保人违反如实告知义务时保险人是否可以不解除保险合同直接拒绝赔偿、保险人如何证明其已履行明确说明义务、保险人核保期间如何计算、保险代位求偿权如何行使等问题存在较大争议，保险交易行为缺乏可预测性。鉴于此，司法解释对这些问题进行规范，通过明确裁判标准，统一交易规则，为保险公司与投保人等市场主体提供明确行为指引。例如，司法解释第15条对保险人核保期间起算以及扣除作了规定，第16条对保险代位求偿权的行使名义以及诉讼时效如何计算作了规定。

3. 鼓励保险创新，促进市场繁荣。保险制度具有经济补偿、资金融通和社会管理功能，发展保险事业对于促进经济发展、服务社会主义新农村建设、完善社会保障体系、创新社会管理体制具有重要的积极作用，因此，保险法司法解释的制定，应当体现鼓励保险创新的基本原则。例如，司法解释第12条认可保险公司可以通过网络、电话等方式订立保险合同，鼓励保险营销创新。

4. 尊重行业规则，合理对待交易习惯。多年来保险业在发展中形成了一些行业习惯。这些习惯是保险业务中约定俗成的交易规则，具有节省交易成本、简化交易流程的作用，对保险经营也具有一定的指引和规范作用，司法解释也体现了这些行业规则。例如，司法解释第 11 条规定，保险人对保险合同中免除保险人责任的条款，以足以引起投保人注意的文字、字体、符号或者其他明显标志进行提示的，应当认为其履行了提示义务。当然，正确对待行业习惯并不意味着所有的交易习惯都应尊重。有些保险行业内部实行的交易习惯，主要考虑保险业界的利益，并没能体现权利义务的平等，在此情况下就应根据《保险法》的相关规定，妥善对待这些交易习惯。例如，当前保险实践中存在的见费出单的交易习惯，并不符合权利义务对等原则，对此，司法解释第 4 条予以了规范。

最高人民法院
关于适用《中华人民共和国保险法》若干问题的解释（三）

法释〔2015〕21 号

（2015 年 9 月 21 日最高人民法院审判委员会第 1661 次会议通过
2015 年 11 月 25 日最高人民法院公告公布　自 2015 年 12 月 1 日起施行）

为正确审理保险合同纠纷案件，切实维护当事人的合法权益，根据《中华人民共和国保险法》《中华人民共和国合同法》《中华人民共和国民事诉讼法》等法律规定，结合审判实践，就保险法中关于保险合同章人身保险部分有关法律适用问题解释如下：

第一条　当事人订立以死亡为给付保险金条件的合同，根据保险法第三十四条的规定，“被保险人同意并认可保险金额”可以采取书面形式、口头形式或者其他形式；可以在合同订立时作出，也可以在合同订立后追认。

有下列情形之一的，应认定为被保险人同意投保人为其订立保险合同并认可保险金额：

（一）被保险人明知他人代其签名同意而未表示异议的；

（二）被保险人同意投保人指定的受益人的；

（三）有证据足以认定被保险人同意投保人为其投保的其他情形。

第二条 被保险人以书面形式通知保险人和投保人撤销其依据保险法第三十四条第一款规定所作出的同意意思表示的，可认定为保险合同解除。

第三条 人民法院审理人身保险合同纠纷案件时，应主动审查投保人订立保险合同时是否具有保险利益，以及以死亡为给付保险金条件的合同是否经过被保险人同意并认可保险金额。

第四条 保险合同订立后，因投保人丧失对被保险人的保险利益，当事人主张保险合同无效的，人民法院不予支持。

第五条 保险合同订立时，被保险人根据保险人的要求在指定医疗服务机构进行体检，当事人主张投保人如实告知义务免除的，人民法院不予支持。

保险人知道被保险人的体检结果，仍以投保人未就相关情况履行如实告知义务为由要求解除合同的，人民法院不予支持。

第六条 未成年人父母之外的其他履行监护职责的人为未成年人订立以死亡为给付保险金条件的合同，当事人主张参照保险法第三十三条第二款、第三十四条第三款的规定认定该合同有效的，人民法院不予支持，但经未成年人父母同意的除外。

第七条 当事人以被保险人、受益人或者他人已经代为支付保险费为由，主张投保人对应的交费义务已经履行的，人民法院应予支持。

第八条 保险合同效力依照保险法第三十六条规定中止，投保人提出恢复效力申请并同意补交保险费的，除被保险人的危险程度在中止期间显著增加外，保险人拒绝恢复效力的，人民法院不予支持。

保险人在收到恢复效力申请后，三十日内未明确拒绝的，应认定为同意恢复效力。

保险合同自投保人补交保险费之日恢复效力。保险人要求投保人补交相应利息的，人民法院应予支持。

第九条 投保人指定受益人未经被保险人同意的，人民法院应认定指定行为无效。

当事人对保险合同约定的受益人存在争议，除投保人、被保险人在保险合同之外另有约定外，按照以下情形分别处理：

（一）受益人约定为“法定”或者“法定继承人”的，以继承法规定的法定继承人为受益人；

（二）受益人仅约定为身份关系，投保人与被保险人为同一主体的，根据保险事故发生时与被保险人的身份关系确定受益人；投保人与被保险人为不同主体的，根据保险合同成立时与被保险人的身份关系确定受益人；

（三）受益人的约定包括姓名和身份关系，保险事故发生时身份关系发生变化的，认定为未指定受益人。

第十条　投保人或者被保险人变更受益人，当事人主张变更行为自变更意思表示发出时生效的，人民法院应予支持。

投保人或者被保险人变更受益人未通知保险人，保险人主张变更对其不发生效力的，人民法院应予支持。

投保人变更受益人未经被保险人同意的，人民法院应认定变更行为无效。

第十一条　投保人或者被保险人在保险事故发生后变更受益人，变更后的受益人请求保险人给付保险金的，人民法院不予支持。

第十二条　投保人或者被保险人指定数人为受益人，部分受益人在保险事故发生前死亡、放弃受益权或者依法丧失受益权的，该受益人应得的受益份额按照保险合同的约定处理；保险合同没有约定或者约定不明的，该受益人应得的受益份额按照以下情形分别处理：

（一）未约定受益顺序和受益份额的，由其他受益人平均享有；

（二）未约定受益顺序但约定受益份额的，由其他受益人按照相应比例享有；

（三）约定受益顺序但未约定受益份额的，由同顺序的其他受益人平均享有；同一顺序没有其他受益人的，由后一顺序的受益人平均享有；

（四）约定受益顺序和受益份额的，由同顺序的其他受益人按照相应比例享有；同一顺序没有其他受益人的，由后一顺序的受益人按照相应比例享有。

第十三条　保险事故发生后，受益人将与本次保险事故相对应的全部或者部分保险金请求权转让给第三人，当事人主张该转让行为有效的，人民法院应予支持，但根据合同性质、当事人约定或者法律规定不得转让的除外。

第十四条　保险金根据保险法第四十二条规定作为被保险人的遗产，被保险人的继承人要求保险人给付保险金，保险人以其已向持有保险单的被保险人的其他继承人给付保险金为由抗辩的，人民法院应予支持。

第十五条　受益人与被保险人存在继承关系，在同一事件中死亡且不能确定死亡先后顺序的，人民法院应根据保险法第四十二条第二款的规定推定受益人死亡在先，并按照保险法及本解释的相关规定确定保险金归属。

第十六条　保险合同解除时，投保人与被保险人、受益人为不同主体，被保险人或者受益人要求退还保险单的现金价值的，人民法院不予支持，但保险合同另有约定的除外。

投保人故意造成被保险人死亡、伤残或者疾病，保险人依照保险法第四十三条规定退还保险单的现金价值的，其他权利人按照被保险人、被保险人继承人的顺序确定。

第十七条　投保人解除保险合同，当事人以其解除合同未经被保险人或者受益人同意为由主张解除行为无效的，人民法院不予支持，但被保险人或者受益人已向投保人支付相当于保险单现金价值的款项并通知保险人的除外。

第十八条 保险人给付费用补偿型的医疗费用保险金时，主张扣减被保险人从公费医疗或者社会医疗保险取得的赔偿金额的，应当证明该保险产品在厘定医疗费用保险费率时已经将公费医疗或者社会医疗保险部分相应扣除，并按照扣减后的标准收取保险费。

第十九条 保险合同约定按照基本医疗保险的标准核定医疗费用，保险人以被保险人的医疗支出超出基本医疗保险范围为由拒绝给付保险金的，人民法院不予支持；保险人有证据证明被保险人支出的费用超过基本医疗保险同类医疗费用标准，要求对超出部分拒绝给付保险金的，人民法院应予支持。

第二十条 保险人以被保险人未在保险合同约定的医疗服务机构接受治疗为由拒绝给付保险金的，人民法院应予支持，但被保险人因情况紧急必须立即就医的除外。

第二十一条 保险人以被保险人自杀为由拒绝给付保险金的，由保险人承担举证责任。

受益人或者被保险人的继承人以被保险人自杀时无民事行为能力为由抗辩的，由其承担举证责任。

第二十二条 保险法第四十五条规定的“被保险人故意犯罪”的认定，应当以刑事侦查机关、检察机关和审判机关的生效法律文书或者其他结论性意见为依据。

第二十三条 保险人主张根据保险法第四十五条的规定不承担给付保险金责任的，应当证明被保险人的死亡、伤残结果与其实施的故意犯罪或者抗拒依法采取的刑事强制措施的行为之间存在因果关系。

被保险人在羁押、服刑期间因意外或者疾病造成伤残或者死亡，保险人主张根据保险法第四十五条的规定不承担给付保险金责任的，人民法院不予支持。

第二十四条 投保人为被保险人订立以死亡为给付保险金条件的保险合同，被保险人被宣告死亡后，当事人要求保险人按照保险合同约定给付保险金的，人民法院应予支持。

被保险人被宣告死亡之日在保险责任期间之外，但有证据证明下落不明之日在保险责任期间之内，当事人要求保险人按照保险合同约定给付保险金的，人民法院应予支持。

第二十五条 被保险人的损失系由承保事故或者非承保事故、免责事由造成难以确定，当事人请求保险人给付保险金的，人民法院可以按照相应比例予以支持。

第二十六条 本解释自 2015 年 12 月 1.日起施行。本解释施行后尚未终审的保险合同纠纷案件，适用本解释；本解释施行前已经终审，当事人申请再审或者按照审判监督程序决定再审的案件，不适用本解释。

【链　接】

妥善审理保险合同纠纷　促进保险业健康发展

——最高人民法院民二庭负责人就《关于适用〈中华人民共和国保险法〉若干问题的解释（三）》答记者问

11月26日，最高人民法院召开新闻发布会，发布《关于适用〈中华人民共和国保险法〉若干问题的解释（三）》（以下简称《解释三》）。该司法解释于12月1日实施，旨在解决近年来出现的保险合同纠纷新问题，促进我国保险业健康发展。为更好地理解和适用解释，最高人民法院民二庭负责人接受了本报记者的采访。

一、问：《解释三》将于12月1日施行，请您谈谈制定该司法解释的相关背景。

答：保险业是现代金融体系的重要支柱，我国保险业近年来发展迅速，在经济社会发展中发挥着越来越重要的作用。2011年，全国保险保费收入1.43万亿元，2012年上升至1.55万亿元，2013年上升至1.72万亿元，2014年上升至2.02万亿元。随着保险业的繁荣发展，保险纠纷案件数量呈连续增长态势。司法统计数据显示：2009年全国一审保险合同纠纷案件41752件，2010年59767件，2011年73206件，2013年76430件，2014年94957件，2015年前10个月的案件数为91555件。

《中华人民共和国保险法》自1995年颁布实施以来，虽经2002年第一次修订，但因受历史条件所限，实践中很多问题一直未得到很好解决。2009年保险法的修订，为维护金融秩序稳定，促进保险业健康发展，特别是保护投保人、被保险人利益方面发挥了积极的作用。但就保险合同部分而言，保险法的规定仍然比较原则，对一些问题的规定不够具体。同时，保险市场发展日新月异，保险行业内部结构和外部环境发生了较大变化，实践中出现了一些新情况、新问题。基于以上原因，保险合同纠纷案件的审理存在争议较多，裁判标准不够统一问题较为突出，个别案件审理结果甚至截然相反，影响了司法权威和法制统一，也不利于保险行业的健康发展。鉴于此，最高人民法院启动了保险法司法解释的起草工作。

二、问：本解释是对保险法保险合同章人身保险部分的解释，请问人身保险合同具有哪些不同于财产保险合同的特征？这对我们起草司法解释有什么影响？

答：人身保险是以人的寿命和身体为保险标的的保险，包括人寿保险、健康保险、意外伤害保险等。人身保险合同的投保人通常是个人，存在保险合同存续期间较长、法律关系较为复杂等特征，保险市场创新活跃，道德风险防范、保险消费者保护、鼓励保险创新、明晰法律关系等需求更为突出。因此，我们在司法解释起草中，坚持以下指导原则：

一是注重防范道德风险。人身保险以人的寿命和身体为保险标的，道德风险的发生意味着被保险人的生命健康受到侵害。人身保险不适用损害填补原则，保险金额不受限制，相关利益主体更可能存在实施道德风险骗取保险金的意图，因此，防范道德风险在人身保险合同中的任务更加繁重。

二是注重保护保险消费者。保险合同的一方主体为专门经营风险的保险公司，另一方是普通投保人，双方在经济实力和专业知识方面存在明显不对等，因此，加强保险消费者保护，是各国保险合同立法的基本原则，我国保险法也不例外。保险消费者保护一直是历次保险法修订的基本理念，也是近些年保险监管部门的监管工作的重要内容。《解释三》也延续这一原则。

三是支持保险创新。随着保险市场的发展，人身保险产品不再局限于传统的人寿保险、医疗保险、意外伤害保险，而是发展出具有投资功能的万能险、分红险、投连险等保险产品。这些保险产品兼具保障与投资功能，且投资性内容所占比例逐步增大，市场上围绕这些保险产品发展出了新的交易模式。对于这些新类型保险产品及其交易模式，因相关法律规则不明确，实践中存在不少争议，亟需规范。《解释三》一方面确立规则，为新型保险产品的发展创造条件，另一方面适当留白，为新型保险产品的不断创新留下空间。

四是厘清保险合同法律关系。人身保险合同的主体，除保险人与投保人外，还有被保险人和受益人，理论界与实务界对被保险人与受益人的法律地位存在不同认识。尽管保险法明确投保人是保险合同当事人，但仍有观点认为被保险人也是保险合同当事人。《解释三》遵循合同相对性基本原理，以投保人作为保险合同当事人来构建保险合同法律关系，同时注重维护被保险人的合法权益。

三、问：人身保险利益以及死亡险特殊规定是人身保险合同中防范道德风险的重要制度，《解释三》对此是如何规定的？

答：为防范道德风险，保险法第三十一条要求，投保人为他人订立人身保险合同必须具有保险利益；第三十四条规定，投保人为他人订立死亡险，需要经过被保险人同意并认可保险金额。以上规定目的在于防止他人图谋保险金伤害甚至杀害被保险人，关系社会公共利益，直接影响合同效力。根据民事诉讼的基本原理，对于此类影响合同效力、关系社会公共利益的事项，法院在审理案件时应主动审查。为此，《解释三》第三条要求各级人民法院审理人身保险合同纠纷案件时，主动审查投保人订立保险合同时是否具有保险利益，以及以死亡为给付保险金条件的合同是否经过被保险人同意并认可保险金额，目的在于强化各级人民法院防范道德风险的意识，以更好地保护被保险人。

对于以死亡为给付保险金条件的合同，保险法第三十四条规定，未经被保险人同意并认可保险金额，合同无效。实践中，有保险人为展业需要，在订立合同时不主动审查死亡险是否经过被保险人同意，甚至明知死亡险未经被保险人同意仍然承保，收取保险费，但在保险事故发生后，却以该合同未经被保险人同意为由主张合同无效，拒绝给付保险。该规定成为个别保险人规避责任的工具之一，引发了不少纠纷。针对该问题，《解释三》第一条规定，被保险人的同意可以采取书面、口头或者其他形式作出，并对可以认定被保险人同意的几种情形进行列举，引导审理案件的法官正确认定被保险人是否同意，一方面防范可能存在的道德风险，另一方面规制保险人的不诚信拒赔行为。

四、问：保险法规定，人身保险订立时，投保人需对被保险人有保险利益，如果保险合同订立后，投保人丧失保险利益的，应怎么对待？

答：人身保险合同期限较长，投保人与被保险人的关系可能在合同存续期间发生变化，从而使在保险合同订立时对被保险人有保险利益的投保人丧失了保险利益，此时保险合同效力是否受到影响，实务中存在不同认识。最为典型的情况是，夫妻一方在婚姻关系存续期间为另一方投保人身险，后双方离婚，此时保险合同效力是否受到影响，存在有效与无效两种观点。针对该问题，《解释三》规定，保险合同的效力不因投保人在合同存续期间丧失保险利益受到影响，理由在于：一是保险法第三十一条第三款仅要求投保人在订立保险合同时需对被保险人具有保险利益，并没有要求整个合同存续期间都有保险利益；二是投保人在合同存续期间丧失保险利益，不会增加被保险人的道德风险，不应影响保险合同的效力；三是维护保险合同的效力更符合投保人的真实意愿，有利于鼓励交易。第四，被保险人保护问题可通过其他制度来解决。

五、问：人身保险合同的投保人通常都是自然人，需要更加注重保险消费者的保护，《解释三》如何贯彻这一原则？

答：保护保险消费者，是历次保险法修订的基本理念，也是保险法司法解释起草以及保险合同纠纷案件审理的指导思想。对此，保险法第十七条、第十九条、第三十条均有相应规定，《关于适用〈中华人民共和国保险法〉若干问题的解释（二）》第九条至第十四条、第十七条亦对此做了细化，这些规定同样适用于人身保险合同。

《解释三》针对人身保险合同特点，从以下几个方面加强保险消费者保护：

一是维持合同效力，防止保险人随意拒赔。人身保险以被保险人的寿命和身体为保险标的，防范道德风险的问题较为突出，人身保险合同立法中一些对保险合同效力有影响的规定在实践中存在被滥用可能。鉴于此，《解释三》第一条、第三条、第六条对相关规定进行细化，明确适用标准，尽可能维持保险合同效力，防止保险人以保险合同违法无效为由拒赔。

二是明确保险合同中止条件，保障投保人申请恢复效力的权利。人身保险合同存续期间较长。实践中，投保人可能因各方面原因未及时支付某期保险费，违反合同义务，此时有保险人可能会要求解除合同，这对已经交纳长时间保险费的投保人而言并非有利，因此，保险法确立了保险合同的复效制度，允许投保人在逾期支付保险费之后的一定期限内补交保险费，恢复合同效力。但保险法第三十七条关于复效条件的表述为“经保险人与投保人协商并达成协议”，这意味着投保人的申请恢复效力必须征得保险人同意，否则不能复效，实际上剥夺了投保人申请复效的权利，不符合保险法设置复效制度的目的。针对该问题，《解释三》第八条规定，投保人提出恢复效力申请并同意补交保险费的，保险人原则上不得拒绝恢复效力，除非被保险人的危险程度在中止期间显著增加。

三是规范医疗保险格式条款，解决医疗保险中的理赔难。医疗保险格式条款中通常会有定点医院条款和医保标准条款，要求被保险人在定点医院就医，且所支出医疗费用不得超出基本医疗保险范围，否则保险人可以拒赔。《解释三》第十九条、第二十条基于对价平衡原理，认可以上条款的效力，但同时规定：被保险人因情况紧急必须在非定点医院就医的，保险人不得拒赔；被保险人支出的医疗费用超过基本医疗保险范围的，保险人仍应参照基本医疗保险同类医疗费用标准给付保险金。

四是明确宣告死亡属于死亡险保险事故，解决死亡险的理赔争议。死亡险以被保险人死亡为保险事故。针对实践中宣告死亡是否属于死亡险的保险事故的争议，《解释三》第二十四条第一款规定，被保险人宣告死亡的时间在保险责任期间内的，则保险事故发生，保险公司应当按照保险合同约定给付保险金。针对被保险人下落不明之日与宣告死亡之日不一致时，应以哪个时间点作为死亡险保险事故发生时点的问题，《解释三》第二十四条第二款规定，被保险人宣告死亡时间虽不在保险责任期间之内，但如有证据证明其下落不明之日在保险责任期间之内的，保险人应当按照保险合同约定给付保险金。

五是规范故意犯罪条款，防止保险人不当拒赔。保险法第四十五条规定，因被保险人故意犯罪或者抗拒依法采取的刑事强制措施导致其伤残或者死亡的，保险人不承担给付保险金的责任。实践中，保险公司存在不当扩大适用该条款的趋势，只要被保险人存在犯罪行为，则无论该犯罪行为与保险事故发生有没有关系，均根据该规定拒赔。鉴于此，《解释三》第二十三条限制故意犯罪条款的适用，要求被保险人故意犯罪或者抗拒依法采取的刑事强制措施与保险事故发生存在因果关系，保险人才可以拒赔，防止保险人不当拒赔。

六、问：人寿保险产品，尤其是投资性保险产品，通常存在保险单现金价值，实践中对于保险单现金价值归谁所有存在诸多争议，《解释三》如何看待？

答：保单现金价值，是指带有储蓄性质的人身保险单所具有的价值。从保险原理来看，保单现金价值是投保人在保险期间早期支付的超过自然保险费部分的金额的积累。实践中，投保人与被保险人不一致时，保单现金价值归谁所有存在较大争议，理论界与实务界均有观点认为被保险人有权领取保单的现金价值，甚至有观点认为受益人也有权领取保单现金价值。我们认为，该观点也不符合保单现金价值产生原理，也与保险合同的基本原理相悖。第一，保单现金价值是投保人交付的保险费形成的，但该保险费因超过与被保险人可能遭受的风险相对应的自然保险费，故实际上是投保人的储蓄和投资，不是保险金。第二，人身保险合同中，与保险人订立保险合同的投保人承担交付保险费的义务，是保险合同的当事人，享有基于保险合同产生的各项权利，例如解除合同权利、请求保单现金价值权利、保险费返还请求权等。被保险人是保险合同的保障对象，并不是保险合同的当事人，其权利来源于投保人与保险人之间的约定，在保险合同没有赋予被保险人取得保险合同权利的情况下，被保险人不享有保险合同的各项权利，不享有保单现金价值请求权。第三，受益人是投保人或者被保险人指定的享有保险金请求权的主体。受益人不是保险合同的当事人，而是受益第三人。受益人在保险事故发生后才取得保险金请求权，在保险事故发生前享有期待性质的受益权，但不享有保单现金价值请求权。基于以上原因，《解释三》第十六条规定，保单现金价值属于投保人，投保人丧失权利的，由被保险人及其继承人享有。

七、问：您刚才讲到，被保险人不是保险合同当事人，但其毕竟是保险事故承载的对象，《解释三》对保护被保险人的合法利益有无体现？

答：被保险人不是保险合同的当事人，但却是保险合同不可缺少的主体。作为保险事故的承载对象，被保险人以自己的寿命和身体作为保险合同的标的，当然应该给予保护。《解释三》从以下几个方面强化被保险人的保护：

一是被保险人可以撤销其同意他人为其订立死亡险的意思表示。投保人为被保险人订立死亡险，必须经过被保险人的同意并认可保险金额。实践中，被保险人虽在订立保险合同时同意投保人为其订立死亡险，但合同存续期间，其与投保人的关系可能发生变化，甚至恶化，被保险人不愿意投保人继续为其投保死亡险的，应该允许被保险人撤销同意的意思表示，故《解释三》第二条借鉴域外相关规定，明确被保险人可以撤销之前作出的同意的意思表示，尊重被保险人的自主决定权。

二是被保险人可以代投保人支付保险费。人身保险合同的交费义务主体是投保人。实践中，投保人可能因交费能力不足或者与被保险人、受益人关系恶化而没有继续交纳保险费，此时的被保险人可基于自身的利益代为交付保险费，以维持保险合同的效力。

三是投保人指定或者变更受益人必须经过被保险人同意。根据保险法第三十九条和第四十一条的规定，投保人可以指定或者变更受益人，但须经被保险人的同意。《解释三》第九条、第十条明确，投保人指定或者变更受益人未经被保险人同意的，指定或者变更行为不发生效力。

四是被保险人在投保人解除合同时有介入权。投保人与被保险人不一致时，投保人解除保险合同无需经过被保险人同意，但被保险人可以向投保人支付相当于保险单现金价值的款项来维持合同效力。

八、问：受益人享有人身保险合同的保险金请求权，如何确定受益人直接影响保险金的归属。实践中，受益人的确定存在不少争议，《解释三》如何处理？

答：受益人的指定实践中一般都是由保险格式条款提前拟定，由投保人或者受益人进行选择。由于保险格式条款不够规范以及被保险人身份关系的变化，导致审判实践中受益人如何确定存在争议，《解释三》第九条针对实践中容易产生争议的几种情形进行规定。

1. 受益人约定为“法定”或者“法定继承人”的，实务中存在未指定受益人以及以法定继承人为受益人两种观点，鉴于这两种情形均可根据继承法关于法定继承人的规定予以确定，我们认为应以继承法规定的法定继承人为受益人。

2. 受益人仅约定为身份关系，但保险事故发生时身份关系发生变化，应以保险合同成立时的身份关系还是保险事故发生时的身份关系来判断受益人？例如，保险合同约定的受益人为“配偶”的，被保险人如在保险合同存续期间离婚并再婚，导致保险合同成立时的配偶与保险事故发生时的配偶不一致，此时应以成立时的配偶为受益人还是事故发生时的配偶为受益人，容易产生争议。我们根据投保人与被保险人是否为同一主体区别对待，以尽可能地符合当事人的真实意思：投保人与被保险人为同一主体时，根据保险事故发生时与被保险人的身份关系确定受益人；投保人与被保险人为不同主体时，根据保险合同成立时与被保险人的身份关系确定受益人。

3. 受益人的约定包括姓名和身份关系，保险事故发生时身份关系发生变化的，应以保险合同约定的姓名还是以保险事故发生时符合身份关系的人作为受益人？例如，张三以自己为被保险人投保，约定受益人为配偶李四，后张三与李四离婚后再婚，配偶为王五，此时应以李四还是王五为受益人。我们认为，保险合同所约定的身份与姓名一致是确定受益人的条件，但保险事故发生时，保险合同所约定的身份关系与约定的姓名已不一致，故应认为保险合同约定的受益人不明确，未指定受益人。

九、问：实践中不少争议的发生并不是保险人不愿给付保险金，而是因保险金给付规则不清晰，保险人不敢给付保险金造成的，《解释三》如何解决该问题？

答：你说的确实是当前保险人遇到的一个突出问题。实践中，大部分保险人还是较为诚信，在被保险人发生保险事故后，通常愿意按照保险合同约定给付保险金，但因客观情况的变化导致合同约定的保险金给付对象不清晰，其不敢支付保险金，这是造成当前社会关注的理赔难问题的原因之一，不符合保险消费者的利益，也损害了保险行业的形象。鉴于此，《解释三》从以下几个方面明确保险金给付规则：

一是明确共同受益人的受益权的分配。投保人或被保险人可以指定数人为受益人。实践中，有部分受益人在保险事故发生前死亡、放弃受益权或者依法丧失受益权的，该受益人应得的受益份额由谁享有存在争议。针对该问题，《解释三》第十二条区分几种情况分别进行规定：未约定受益顺序和受益份额的，由其他受益人平均享有；未约定受益顺序但约定受益份额的，由其他受益人按照相应比例享有；约定受益顺序但未约定受益份额的，由同顺序的其他受益人平均享有，同一顺序没有其他受益人的，由后一顺序的受益人平均享有；约定受益顺序和受益份额的，由同顺序的其他受益人按照相应比例享有，同一顺序没有其他受益人的，由后一顺序的受益人按照相应比例享有。通过该规定，明确受益权的分配规则，消除保险人支付保险金时的顾虑。

二是明确作为被保险人遗产的保险金的支付规则。保险法第四十二条规定，被保险人死亡时没有受益人或者受益人放弃、丧失受益权的，保险金作为被保险人的遗产，由被保险人的继承人享有。现实生活中，被保险人的继承人可能是多人，如仅其中一个继承人持有保险单向保险人申请理赔，保险人可否直接向该继承人给付保险金？保险人在实践中通常担心给付错误而造成损失，故在无法确认被保险人究竟有多少继承人时，拒绝给付保险金，导致被保险人的继承人只能通过诉讼主张权利。鉴于此，《解释三》第十四条规定，保险人可向持有保单的被保险人的继承人给付保险金即可，提高保险金给付效率。理由在于：被保险人继承人之间的关系属于继承法上的问题，不属于保险合同法律关系的内容，其他继承人与取得保险金继承人的争议应根据继承法相关规定处理。

三是明确受益人与被保险人在同一事件中死亡的推定规则。存在继承关系的受益人与被保险人在同一事件中死亡且不能确定死亡先后顺序，如何确定死亡顺序，根据保险法第四十二条第二款规定与《关于贯彻执行〈中华人民共和国继承法〉若干问题的意见》（以下简称《继承法意见》）第二条规定可能出现不同的结论。针对该问题，《解释三》第十五条明确，确定保险金归属时应根据保险法第四十二条第二款推定受益人先死亡，并根据保险法相关规定来确定其受益份额归谁所有；在保险金作为被保险人遗产进行分配时，则根据《继承法意见》第二条进行推定。

十、问：医疗费用是否能够双倍赔偿是当前理论界与实务界争议较大的问题，不知《解释三》对此有无规定？

答：医疗费用保险在理论上属于定额给付保险，适用损害填补原则，被保险人或受益人不能就医疗费用获得双倍赔偿。但我国保险法的立法体系上并不是采区分定额给付保险和损害填补保险的立法模式，而是区分财产保险与人身保险，并分别进行规定，财产保险适用损害填补原则，而人身保险不适用损害填补原则，且人身保险的保险人给付保险金后不享有对第三人的保险代位求偿权。这种立法模式导致医疗费用保险在实践中定位不清，是否适用损害填补原则存在争议。《解释三》起草过程中，曾拟对医疗费用保险相关问题进行规定，但受制于理论界通说与保险法第四十六条之间的矛盾，没能形成最终条文。

最高人民法院
关于适用《中华人民共和国保险法》若干问题的解释（四）

法释〔2018〕13号

（2018年5月14日最高人民法院审判委员会第1738次会议通过
2018年7月31日最高人民法院公告公布　自2018年9月1日起施行）

为正确审理保险合同纠纷案件，切实维护当事人的合法权益，根据《中华人民共和国保险法》《中华人民共和国合同法》《中华人民共和国民事诉讼法》等法律规定，结合审判实践，就保险法中财产保险合同部分有关法律适用问题解释如下：

第一条　保险标的已交付受让人，但尚未依法办理所有权变更登记，承担保险标的毁损灭失风险的受让人，依照保险法第四十八条、第四十九条的规定主张行使被保险人权利的，人民法院应予支持。

第二条　保险人已向投保人履行了保险法规定的提示和明确说明义务，保险标的受让人以保险标的转让后保险人未向其提示或者明确说明为由，主张免除保险人责任的条款不生效的，人民法院不予支持。

第三条　被保险人死亡，继承保险标的的当事人主张承继被保险人的权利和义务的，人民法院应予支持。

第四条　人民法院认定保险标的是否构成保险法第四十九条、第五十二条规定的“危险程度显著增加”时，应当综合考虑以下因素：

（一）保险标的用途的改变；

（二）保险标的使用范围的改变；

（三）保险标的所处环境的变化；

（四）保险标的因改装等原因引起的变化；

（五）保险标的使用人或者管理人的改变；

（六）危险程度增加持续的时间；

（七）其他可能导致危险程度显著增加的因素。

保险标的危险程度虽然增加，但增加的危险属于保险合同订立时保险人预见或者应当预见的保险合同承保范围的，不构成危险程度显著增加。

第五条　被保险人、受让人依法及时向保险人发出保险标的转让通知后，保险人作出答复前，发生保险事故，被保险人或者受让人主张保险人按照保险合同承担赔偿保险金的责任的，人民法院应予支持。

第六条 保险事故发生后，被保险人依照保险法第五十七条的规定，请求保险人承担为防止或者减少保险标的的损失所支付的必要、合理费用，保险人以被保险人采取的措施未产生实际效果为由抗辩的，人民法院不予支持。

第七条 保险人依照保险法第六十条的规定，主张代位行使被保险人因第三者侵权或者违约等享有的请求赔偿的权利的，人民法院应予支持。

第八条 投保人和被保险人为不同主体，因投保人对保险标的的损害而造成保险事故，保险人依法主张代位行使被保险人对投保人请求赔偿的权利的，人民法院应予支持，但法律另有规定或者保险合同另有约定的除外。

第九条 在保险人以第三者为被告提起的代位求偿权之诉中，第三者以被保险人在保险合同订立前已放弃对其请求赔偿的权利为由进行抗辩，人民法院认定上述放弃行为合法有效，保险人就相应部分主张行使代位求偿权的，人民法院不予支持。

保险合同订立时，保险人就是否存在上述放弃情形提出询问，投保人未如实告知，导致保险人不能代位行使请求赔偿的权利，保险人请求返还相应保险金的，人民法院应予支持，但保险人知道或者应当知道上述情形仍同意承保的除外。

第十条 因第三者对保险标的的损害而造成保险事故，保险人获得代位请求赔偿的权利的情况未通知第三者或者通知到达第三者前，第三者在被保险人已经从保险人处获赔的范围内又向被保险人作出赔偿，保险人主张代位行使被保险人对第三者请求赔偿的权利的，人民法院不予支持。保险人就相应保险金主张被保险人返还的，人民法院应予支持。

保险人获得代位请求赔偿的权利的情况已经通知到第三者，第三者又向被保险人作出赔偿，保险人主张代位行使请求赔偿的权利，第三者以其已经向被保险人赔偿为由抗辩的，人民法院不予支持。

第十一条 被保险人因故意或者重大过失未履行保险法第六十三条规定的义务，致使保险人未能行使或者未能全部行使代位请求赔偿的权利，保险人主张在其损失范围内扣减或者返还相应保险金的，人民法院应予支持。

第十二条 保险人以造成保险事故的第三者为被告提起代位求偿权之诉的，以被保险人与第三者之间的法律关系确定管辖法院。

第十三条 保险人提起代位求偿权之诉时，被保险人已经向第三者提起诉讼的，人民法院可以依法合并审理。

保险人行使代位求偿权时，被保险人已经向第三者提起诉讼，保险人向受理该案的人民法院申请变更当事人，代位行使被保险人对第三者请求赔偿的权利，被保险人同意的，人民法院应予准许；被保险人不同意的，保险人可以作为共同原告参加诉讼。

第十四条　具有下列情形之一的，被保险人可以依照保险法第六十五条第二款的规定请求保险人直接向第三者赔偿保险金：

（一）被保险人对第三者所负的赔偿责任经人民法院生效裁判、仲裁裁决确认；

（二）被保险人对第三者所负的赔偿责任经被保险人与第三者协商一致；

（三）被保险人对第三者应负的赔偿责任能够确定的其他情形。

前款规定的情形下，保险人主张按照保险合同确定保险赔偿责任的，人民法院应予支持。

第十五条　被保险人对第三者应负的赔偿责任确定后，被保险人不履行赔偿责任，且第三者以保险人为被告或者以保险人与被保险人为共同被告提起诉讼时，被保险人尚未向保险人提出直接向第三者赔偿保险金的请求的，可以认定为属于保险法第六十五条第二款规定的“被保险人怠于请求”的情形。

第十六条　责任保险的被保险人因共同侵权依法承担连带责任，保险人以该连带责任超出被保险人应承担的责任份额为由，拒绝赔付保险金的，人民法院不予支持。保险人承担保险责任后，主张就超出被保险人责任份额的部分向其他连带责任人追偿的，人民法院应予支持。

第十七条　责任保险的被保险人对第三者所负的赔偿责任已经生效判决确认并已进入执行程序，但未获得清偿或者未获得全部清偿，第三者依法请求保险人赔偿保险金，保险人以前述生效判决已进入执行程序为由抗辩的，人民法院不予支持。

第十八条　商业责任险的被保险人向保险人请求赔偿保险金的诉讼时效期间，自被保险人对第三者应负的赔偿责任确定之日起计算。

第十九条　责任保险的被保险人与第三者就被保险人的赔偿责任达成和解协议且经保险人认可，被保险人主张保险人在保险合同范围内依据和解协议承担保险责任的，人民法院应予支持。

被保险人与第三者就被保险人的赔偿责任达成和解协议，未经保险人认可，保险人主张对保险责任范围以及赔偿数额重新予以核定的，人民法院应予支持。

第二十条　责任保险的保险人在被保险人向第三者赔偿之前向被保险人赔偿保险金，第三者依照保险法第六十五条第二款的规定行使保险金请求权时，保险人以其已向被保险人赔偿为由拒绝赔偿保险金的，人民法院不予支持。保险人向第三者赔偿后，请求被保险人返还相应保险金的，人民法院应予支持。

第二十一条 本解释自2018年9月1日起施行。

本解释施行后人民法院正在审理的一审、二审案件，适用本解释；本解释施行前已经终审，当事人申请再审或者按照审判监督程序决定再审的案件，不适用本解释。

【链 接】

最高人民法院有关负责人就《关于适用〈中华人民共和国保险法〉若干问题的解释（四）》答记者问

（2018年8月1日）

问：消费者权益保护一直是社会各界高度重视的问题，《解释》就保险消费者权益保护作出了怎样规定？

答：保护保险消费者合法权益，是我国保险法的基本立法精神。《解释》严循立法精神，就保护消费者的权益保护作出如下规定：

1. 明确保险标的转让时相关权利的行使主体。《解释》第1条根据保险利益原则，规定保险标的已交付受让人，但尚未依法办理变更登记时，发生保险事故的，承担标的物毁损、灭失风险的受让人，有权主张保险金。需要注意的是，如果依照法律规定或者合同约定，标的物毁损、灭失的风险仍然由转让人承担的，则转让人有权主张保险金。

2. 明确转让空档期的保险责任承担。《解释》遵循立法原意，规定被保险人、受让人发出转让通知后，保险人作出答复前这段期间发生的保险事故，保险人应当承担保险责任。这一规定体现了对保险消费者合法权益的保护。

3. 明确连带责任中保险责任的承担。实践中，存在被保险人与他人构成共同侵权，依法应当承担连带责任的情况，《解释》综合考量立法目的及法律规定原旨，规定保险人先承担连带责任再向其他责任人追偿。这里需要注意的是，保险人就连带责任承担的赔偿数额，不应超出保险合同约定的赔偿限额。这一规定能够分散被保险人的责任风险，填补被保险人的损失，也有利于第三者获得及时、充分的救济。

问：我们注意到，现在被保险人预先放弃对第三者的赔偿请求权是否有

效，是很多保险行业非常关心的问题，司法解释在这方面是怎么规定的？

答：保险法对于保险事故发生后，被保险人放弃对第三者请求赔偿权利的法律后果作了规定，但对保险合同订立前被保险人预先放弃赔偿权利的问题未予明确。为弥补法律漏洞，统一司法尺度，《解释》第 9 条遵循保险人依据代位制度取得的权利不能大于被保险人权利的原则，规定如果被保险人的预先放弃行为有效，则保险人不得再向第三者行使代位求偿权。法院在审理此类案件时，要注意审查被保险人放弃行为的效力。如果无效，第三者则不得以此为由对抗保险人的代位求偿权。

《解释》同时对被保险人预先放弃赔偿请求权，造成保险人不能行使代位求偿权的法律后果作出规定。预先放弃赔偿请求权，属于对合同订立具有重大影响的事实，保险合同订立时，保险人就此提出询问的，投保人应当如实告知，投保人未如实告知，导致保险人不能行使代位求偿权的，保险人有权请求被保险人返还相应保险金，但保险人知道或应当知道存在该情形仍同意承保的除外。《解释》秉持最大诚信原则和公平原则，通过设计合理的规则，力求达到各方主体之间的利益平衡。

问：在责任保险纠纷中，被保险人和受害第三者达成和解的，和解协议对保险人是否有约束力？

答：实践中，责任保险的被保险人和受害第三者通过达成和解协议的方式解决纠纷，成本低，效率高，是化解矛盾的重要方式。《解释》第 19 条根据法律基本原理，维护和解效力，规定就赔偿责任达成和解协议且经保险人认可，被保险人主张保险人在保险合同范围内依据和解协议承担保险责任的，应予支持。未经保险人认可的，保险人有权主张对其保险责任范围以及赔偿数额重新予以核定。

问：促进保险业健康发展是保险法的重要立法目的，《解释》如何贯彻这一立法目的？

答：为保险业健康发展提供司法保障是《解释》起草中始终坚持的原则，主要表现在以下方面：

1. 坚持平衡保护，促进保险业健康发展。《解释》尊重我国保险业发展的客观实际，立足行业现状，规范市场行为。如《解释》第 2 条规定，保险人已向投保人履行了提示和明确说明义务后，保险标的受让人以保险人未向其再次提示或者明确说明为由，主张免责条款不生效的，不予支持。《解释》第 10 条针对第三者重复赔偿如何处理的规定，体现了对保险人、被保险人和第三者各方主体之间的利益平衡。

2. 明确交易规则，促进保险业规范发展。明确交易规则可以增强市场主体对行为的可预期性，降低交易成本。《解释》通过细化法律条文，弥补法律漏洞，用7个条文，对保险代位求偿权的行使基础、行使对象等实体问题以及程序问题作了系统的补充性规定，为市场主体提供规范指引和制度保障。

3. 着眼行业未来，促进保险业可持续发展。《解释》充分考虑保险行业未来发展需要，回应实践需求，对责任保险的保险金请求权行使条件、诉讼时效期间的起算、保险人和解参与权、保险金支付等问题作出规定，解决实际问题的同时，为责任保险未来发展提供有力司法支持。

最高人民法院
关于审理出口信用保险合同纠纷案件适用相关法律问题的批复

法释〔2013〕13号

（2013年4月15日最高人民法院审判委员会第1575次会议通过
2013年5月2日最高人民法院公告公布　自2013年5月8日起施行）

广东省高级人民法院：

你院《关于出口信用保险合同法律适用问题的请示》（粤高法〔2012〕442号）收悉。经研究，批复如下：

对出口信用保险合同的法律适用问题，保险法没有作出明确规定。鉴于出口信用保险的特殊性，人民法院审理出口信用保险合同纠纷案件，可以参照适用保险法的相关规定；出口信用保险合同另有约定的，从其约定。

最高人民法院
关于审理保险合同纠纷案件如何认定暴雨问题的复函

［1991年7月16日　法（经）函〔1991〕70号］

内蒙古自治区高级人民法院：

你院〔1991〕内法经请字第2号请示报告收悉。经研究，答复如下：

鉴于1985年8月24日（即23日的20时至24日的20时）的降雨量达到暴雨标准，如保险标的物是由于该日降雨遭受损失的，应由保险人承担相应的赔偿责任。确定具体赔偿额时，应从实际情况出发，按保险条例的有关规定办理。

此复。

最高人民法院研究室
关于对保险法第十七条规定的“明确说明”应如何理解的问题的答复

（2000 年 1 月 24 日　法研〔2000〕5 号）

甘肃省高级人民法院：

你院甘高法研〔1999〕06 号《关于金昌市旅游局诉中保财产保险公司金川区支公司保险赔偿一案的请示报告》收悉。经研究，答复如下：

《中华人民共和国保险法》第十七条规定：“保险合同中规定有保险责任免除条款的，保险人应当向投保人明确说明，未明确说明的，该条款不发生法律效力。”这里所规定的“明确说明”，是指保险人在与投保人签订保险合同之前或者签订保险合同之时，对于保险合同中所约定的免责条款，除了在保险单上提示投保人注意外，还应当对有关免责条款的概念、内容及其法律后果等，以书面或者口头形式向投保人或其代理人作出解释，以使投保人明了该条款的真实含义和法律后果。

最高人民法院
对湖南省高级人民法院关于《中国工商银行郴州市苏仙区支行与中保财产保险有限公司湖南省郴州市苏仙区支公司保证保险合同纠纷一案的请示报告》的复函

（2000 年 8 月 28 日　〔1999〕经监字第 266 号）

湖南省高级人民法院：

你院〔1996〕湘经再字第 53 号《中国工商银行郴州市苏仙区支行与中保

财产保险有限公司湖南省郴州市苏仙区支公司保证保险合同纠纷一案的请示报告》收悉。经研究，答复如下：

一、保证保险是由保险人为投保人向被保险人（即债权人）提供担保的保险，当投保人不能履行与被保险人签订合同所规定的义务，给被保险人造成经济损失时，由保险人按照其对投保人的承诺向被保险人承担代为补偿的责任。因此，保证保险虽是保险人开办的一个险种，其实质是保险人对债权人的一种担保行为。在企业借款保证保险合同中，因企业破产或倒闭，银行向保险公司主张权利，应按借款保证合同纠纷处理，适用有关担保的法律。

二、保险单中“保险期 1 年”的约定，不符合《企业借款保证保险试行办法》的规定，且保险人与投保人就保险期限的约定对债权人没有约束力，保险公司仍应按借款合同中规定的保证期限承担责任。

三、鉴于中国工商银行郴州市苏仙区支行实际上收取了 50%的保费，根据权利义务对等的原则，对于郴县天字号多金属矿所欠贷款本金、利息，应由保险和银行双方当事人各承担 50%。

最高人民法院
关于如何理解《中华人民共和国保险法》第六十五条“自杀”含义的请示的答复

（2002 年 3 月 6 日 〔2001〕民二他字第 18 号）

江西省高级人民法院：

你院〔2001〕赣经请字第 3 号关于如何理解《中华人民共和国保险法》第六十五条“自杀”含义的请示收悉。经研究，答复如下：

本案被保险人在投保后两年内因患精神病，在不能控制自己行为的情况下溺水身亡，不属于主动剥夺自己生命的行为，亦不具有骗取保险金的目的，故保险人应按合同约定承担保险责任。

此复。

最高人民法院
关于对四川省高级人民法院关于内江市东兴区农村信用合作社联合社与中国太平洋保险公司内江支公司保险合同赔付纠纷合同是否成立等请示一案的答复

（2003年7月10日　〔2003〕民二他字第09号）

四川省高级人民法院：

你院〔2002〕川民终字第90号关于内江市东兴区农村信用合作社联合社与中国太平洋保险公司内江支公司（以下简称内江太保公司）保险合同赔付纠纷一案，保险合同是否成立等问题的请示收悉。经研究，答复如下：

一般保险合同只要双方签字盖章，或者保险人向投保人签发保险单或者其他保险凭证，该保险合同即应认定已经成立。内江太保公司在签发保险单时如投保人未提供借款合同，则该公司不应签发保险单。内江太保公司经审核向钟玉琪签发了保险单，故应认定所涉借款合同已报送内江太保公司。虽投保人提供的借款合同与保险条款中所列的消费借款合同种类不一致，但至出险前内江太保公司未提出异议，应视为内江太保公司认可了钟玉琪提交的商业贷款合同代替了保险合同中的消费贷款。故同意你院研究的第一种意见，应认定本案保险合同有效，内江太保公司依约承担保险责任。

此复。

最高人民法院研究室
关于新的人身损害赔偿审理标准是否适用于未到期机动车第三者责任保险合同问题的答复

（2004年6月4日　法研〔2004〕81号）

中国保险监督管理委员会办公厅：

你厅《关于新的人身损害赔偿审理标准是否适用于未到期机动车第三者

责任保险合同问题的函》（保监厅函〔2004〕90号）收悉。经研究，答复如下：

《合同法》第四条规定，“当事人依法享有自愿订立合同的权利，任何单位和个人不得非法干预。”《合同法》本条所确定的自愿原则是合同法中一项基本原则，应当适用于保险合同的订立。《保险法》第四条也规定，从事保险活动必须遵循自愿原则。因此，投保人与保险人在保险合同中有关“保险人按照《道路交通事故处理办法》规定的人身损害赔偿范围、项目和标准以及保险合同的约定，在保险单载明的责任限额内承担赔偿责任”的约定只是保险人应承担的赔偿责任的计算方法，而不是强制执行的标准，它不因《道路交通事故的处理办法》的失效而无效。我院《关于审理人身损害赔偿案件适用法律若干问题的解释》施行后，保险合同的当事人既可以继续履行2004年5月1日前签订的机动车辆第三者责任保险合同，也可以经协商依法变更保险合同。

最高人民法院
关于2006年7月1日以前投保的第三者责任险性质的答复

（2006年4月19日　〔2006〕民一他字第1号）

浙江省高级人民法院：

你院（2005）浙法民一他字第1号《中国人民财产保险股份有限公司浦江支公司与楼棕荣、吴林宵、楼超建、张伏莲、邱朝阳道路交通事故损害赔偿纠纷一案的请示报告》收悉。经研究，答复如下：

根据《中华人民共和国道路交通法》第十七条的规定，本案第三者责任险的性质为商业保险。交通事故损害赔偿纠纷发生后，应当依照保险合同的约定，确定保险公司承担的赔偿责任。

最高人民法院
关于南京石油运输有限公司与华泰财产保险股份有限公司石家庄分公司海上货运运输保险代位求偿一案有关适用法律问题的请示的复函

（2006年5月11日　〔2005〕民四他字第1—1号）

天津市高级人民法院：

你院经高法〔2005〕170号《关于南京石油运输有限公司与华泰财产保险股份有限公司石家庄分公司海上货运运输保险代位求偿一案有关适用法律问题的请示》收悉。经研究，答复如下：

1. 关于承运人对散装液体货物运输责任期间的认定。我国《海商法》第46条规定，承运人对于非集装箱装运的货物责任期间是从货物装上船时起至卸下船时止，货物处于承运人掌管之下的全部期间。由于散装液体货物在形态上不同于其他散装货物，因此，承运人对于散装液体货物运输的责任期间，应自装货港船舶输油管线与岸罐输油管线连接的法兰盘末端时起至卸货港船舶输油管线与岸罐输油管线连接的法兰盘末端时止，货物处于承运人掌管之下的全部期间。

2. 关于对散装液体货物交货数量证据效力的认定。在收货人未能提供有效证据证明货物短少发生在承运人责任期间的情况下，承运人提供的船舶干舱证书、空距报告，具有证明散装液体货物交货数量的效力。收货人提供的岸罐重量检验证书，除非经承运人同意，否则不具有证明散装液体货物交货数量的效力。

此复。

附：

天津市高级人民法院
关于南京石油运输有限公司与华泰财产保险股份有限公司石家庄分公司海上货物运输保险代位求偿一案有关适用法律问题的请示报告

（2005 年 9 月 15 日　津高法〔2005〕170 号）

最高人民法院：

我院在审理南京石油运输有限公司与华泰财产保险股份有限公司石家庄分公司海上货物运输保险代位求偿纠纷上诉一案时，对于《海商法》第四十六条未作规定的液体货物运输发生短重的赔偿责任的认定，存在不同意见，特此请示。现将有关情况报告如下：

一、当事人基本情况

上诉人（原审被告）：南京石油运输有限公司（以下简称南京石油公司）。

被上诉人（原审原告）：华泰财产保险股份有限公司石家庄分公司（以下简称华泰保险公司）。

二、简要案情

2003 年 4 月 15 日，华泰保险公司承保的 1574.857 吨棕榈油由南京石油公司自马来西亚承运至天津，货物装载于“宁化 401”轮第 1S、5P 和 5S 三个舱内，南京石油公司签发了第 SP/LD/TJN－03 号清洁提单，提单记载棕榈油的重量为 1574.857 吨。2003 年 5 月 3 日该轮驶抵目的港。卸货前，天津出入境检验检疫局工作人员经测量确认了三个货舱的空距及油温，船上大副根据该测量数据计算出货舱中棕榈油的重量，并出具了空距报告（ULLAGEREPORT），所显示的棕榈油重量为 1587.677 吨。棕榈油被卸入了收货人指定的岸罐。5 月 4 日卸货完毕后，天津出入境检验检疫局出具了空仓证书。5 月 5 日根据收货人申请，天津出入境检验检疫局对棕榈油进行了岸罐测量，出具了 120000103018340 号重量检验证书，证明棕榈油的卸货重量为 1566.697 吨。较提单记载的重量少 8.16 吨，短少率为 5.18‰。

华泰保险公司作为保险人按保险单约定向被保险人赔付了除 3‰免赔之外的 3.436 吨短少量的价值，计 1634.20 美元。华泰保险公司取得了被保险人的权益转让书，遂向南京石油公司提起海上货物运输保险代位求偿之诉。

三、原判要点、上诉理由及答辩意见

原审法院认为，本案应适用与提单所证明的海上货物运输合同有最密切联系的中华人民共和国法律。依照《中华人民共和国海商法》，承运人负有妥善、谨慎卸载，并按照提单记载的货物状况及数量交付货物的法定义务。关于涉案货物的卸载重量，空距报告中的相关数据只能表明棕榈油在卸船前的原始状态，无法确切证明通过喉管进入管线的棕榈油数量。而重量检验证书是在承运人卸空船上棕榈油后经检验机关按照检验程序和检验标准在岸罐内对棕榈油测量后出具的，对于卸货重量的证明效力要高于空距报告的证明效力，在没有其他证据足以抗辩重量检验证书有误的情况下，重量检验证书具有最终确定棕榈油卸载重量的效力。南京石油公司作为承运人没有根据涉案提单向收货人如数卸载、交付货物，对收货人构成违约，应承担赔偿责任。华泰保险公司作为货物的保险人依据保险合同的约定，向被保险人即收货人实际赔付后，依法取得向南京石油公司追偿的权利。由于保险合同中的保险金额为溢价投保，该数额不能约束南京石油公司，华泰保险公司可向南京石油公司追偿的赔偿数额应按商业发票中每吨 432.5 美元的价格计算，计 1486.07 美元（折合人民币 12289.8 元）依据《中华人民共和国保险法》第四十四条第一款、《中华人民共和国海商法》第四十八条、第七十一条、《中华人民共和国民法通则》第一百零六条第一款之规定，判决：南京石油运输有限公司自判决生效之日起十日内给付华泰财产保险股份有限公司石家庄分公司人民币 12289.8 元，及该款项自 2004 年 4 月 12 日起至实际给付之日止按照中国人民银行同期存款利率计算的利息。华泰财产保险股份有限公司石家庄分公司的其他诉讼请求不予支持。

上诉人南京石油公司不服，上诉请求撤销原审判决，驳回被上诉人华泰保险公司的诉讼请求，并判令华泰保险公司承担一、二审诉讼费用。主要事实与理由是：一、原审判决认定事实错误。天津市出入境检验检疫局的商检员于 2003 年 5 月 3 日登上“宁化 401”轮，分别检测出了三个货舱所载棕榈油的空距和油温，南京石油公司的工作人员又根据该检测数据计算出货舱中棕榈油的体积，并由油温数据查表查出棕榈油的密度 p，根据重量 G＝Vpg 的公式计算出三个货舱中的棕榈油的重量和合计重量，并校正到 20℃状态。因此经商检确认的空距报告是商检出具货物体积、油温和重量的基础性报告，反映南京石油公司承运的棕榈油重量。二、原审判决适用法律错误。本案的焦点应是承运人的责任期限。提单中双方约定适用《海牙规则》，该规则明确规定油轮的责任期限是喉管至喉管原则，因此南京石油公司的责任期限应是从棕榈油流进“宁化401”轮的喉管至流出“宁化401”轮的喉管，岸罐的计重与本案无关。棕榈油卸下“宁化401”轮后，岸上诸多的阀门、油罐均不在承运人的掌控之下。因此原审判决依据岸罐的计重而判令南京石油公司承担赔偿责任属于事实认定错误和适用法律错误。

被上诉人华泰保险公司答辩，请求驳回上诉人的上诉请求，维持原审判决。主要事实与理由是：一、原审判决认定事实无误。天津出入境检验检疫局出具的“重量检验证书”的证明效力大于上诉人单方出具的空距报告。本案货物的交付数量应当依据“重量检验证书”确定，上诉人未能如数交付货物，应承担赔偿责任。空距报告上的货物重量数据是上诉人自行计算出的，商检人员并未对该数据进行确认。二、本案应适用我国《海商法》。根据《海商法》第四十六条，非集装箱装运的货物责任期间是从货物装上船时起至卸下船时止，货物处于承运人掌管之下的全部期间。液体货物的卸载是持续的过程，只有卸至收货人可以收受的处所即岸罐时，收货人才可以提货，货物在船时收货人无法行使对货物的所有权及处置权。上诉人未能按提单所载交付货物，应就货物短少赔偿被上诉人的损失。

四、本院讨论意见

本院一致认为，由于我国并非《海牙规则》的成员国，双方当事人均为中国法人，涉案货物卸货地也在中国，根据最密切联系原则，应适用中国法律。根据我国《海商法》第四十六条的规定，承运人对于散杂货的责任期间是从货物装上船时起至卸下船舶时止，货物处于承运人掌管之下的全部期间。具体到本案散装油类，应认定承运人与收货人责任分界点在船舶油泵管线与岸罐管线的连接点处。交货数量应是流经船舶油泵管线与岸罐管线的连接点的货物数量。

目前，流量计计量、岸罐计量和船舱计量是原油贸易和运输界计量原油数量所通常采用的三种方式。流量计计量是通过管道里的仪表与温度计装置一起使用，持续计算出流经管道的原油的体积和温度。岸罐计量是通过确定岸罐里原油的深度和温度，并且从该岸罐已备好的表格中读取容积来测量岸罐。船舱计量是测量船舱或膨胀余位（空距），同样要测温度，容积的计算依该轮建造时的表格中的数据。其中，流量计计量因为是不间断计量，且在计量容积同时持续测量油温，因此是确定交货数量的最为直观和准确的计量方式，但本案卸货时，未采用流量计计量，造成当事人对交货数量的争议。本案保险人作为收货人的代位求偿人向承运人提出货物短重索赔的依据是检验人检验确定的岸罐的重量检验证书（岸罐计量），而承运人抗辩依据是卸货之前的空距报告（船舱计量）和卸货后的空仓证书。那么，承运人的船舱空距报告及空仓证书与收货人的岸罐重量检验证书的证明力孰大孰小，换句话说，在承运人的交货数量和收货人的收货数量均有商检报告证明的情况下，证明液体货物交货数量的举证责任应由谁来承担是本案的争议焦点。

第一种意见认为，在船舶靠泊后、卸货作业开始前，承运人和收货人的检验人会共同测量船舱的空距，然后根据油的温度和密度计算载货重量，卸货完毕后，承运人和收货人的检验人会再次检视船舱，确认全部货物是否卸下（空仓）。而岸罐的数量是通过收货人的检验人测量卸货前、卸货后的岸罐值并经计算后得出，通常情况下，从船舶油泵管线与岸罐管线的连接点处至岸罐，往往要经历几公里长的管线，而管线是收货人委托的仓储方的附属设施，即使收货人能够证明管线已经扫线、铅封，管线内没有存油、漏油，货物短重的责任也不应由承运人承担。岸罐数量应与交货数量无关，只是收货人与仓储方的计算依据。承运人只需证明卸货前的船舱计量符合提单记载，以及卸货后空仓，即可认定承运人如数交付货物。而收货人仅证明岸罐计量发生短重是不充分的。根据“谁主张，谁举证”的原则，收货人以岸罐重量检验证书为证提出货物短重的索赔，承运人以船舱空距报告及空仓证书证明所载货物全部卸空后，收货人就应当进一步举证证明货物短重发生在承运人的管货责任期间内。如果收货人未能证明短重发生在承运人的管货责任期间内，则承运人不承担举证责任。本案中，保险人华泰保险公司作为收货人的代位求偿人仅提出货物岸罐计量发生短重，却未能证明短重是发生在承运人南京石油公司管货责任期间，不应由南京石油公司承担赔偿责任。

第二种意见认为，妥善卸载货物是承运人的法定义务，承运人应采取安全及适当的方法将所运货物卸下船，而对于棕榈油这种液体货物，卸货应不同于非液体货物，只有将其卸入岸罐或其他容器内，收货人才能据以检查和接受。采用岸罐计量方式查证交货数量与要求承运人承担在岸上发生的货物短量是两个完全不同的概念，不可否认，承运人的责任期间是到船舶油泵管线与岸罐管线的连接点处，而收货人收货就是从棕榈油通过该连接点进入岸罐管线开始，虽然经过很长的管线，但最终目的是到达岸罐。涉案岸罐管线的状况是高出地面二米，除两端外，中间再无阀门和接口，连接岸罐的管线装前卸后保持相同状态，卸后管线内扫线清理、铅封至下次卸货时开启，因此管线内没有存油，岸罐是船上泵入管线内的油的唯一去处，岸罐数量应是从船上泵入岸罐管线的货物重量，即交货数量。船舱计量虽然有商检人员、承运人和收货人的检验人共同参与，但只能表明棕榈油在卸船前的原始状态，不能直接证明卸货数量，而空仓证书只能证明货物被卸出船舱，却不能证明货物的具体去向，因此空距报告和空白证书无法确切证明船上的油都已通过船舶油泵管线与岸罐管线的连接点进入岸罐管线。如果以船舱计量为准，则承运人的责任期间势必缩小到船内。而由于卸货的动力在船上，船上管系复杂，对于船舶其他载货处所如压载舱、污油舱、燃油舱等卸货前后的状态，收货人无从知道，如果以船舱计量为准，空仓就推定承运人如数交付货物，是不严谨的，完全排除了船上可能产生的短油，如漏油、船上管路和舱壁存油等可能性。此外，船舱计量受船舶纵、横倾状况及港口风流等因素影响，误差很大，而岸罐计量没有这些影响因素，从计量的精确度来讲，岸罐计量也要高于船舱计量。因此，在收货人有证据证明岸罐计量短重且管线内没有存油的情况下，承运人仅凭船上空距报告和卸后的空仓证书证明已如数交付货物是不充分的。根据最高人民法院《关于民事诉讼证据的若干规定》中“对合同是否履行发生争议的，由负有履行义务的当事人承担举证责任”的规定，承运人对如数交付货物承担举证责任。承运人应举证来进一步证明其已经如数交付货物或者岸罐计量发生短重是非承运人原因造成的。本案中，承运人南京石油公司不能尽到上述举证责任，应对货物短重承担赔偿责任。

我院倾向于第一种意见。

因该类型案件数量众多，而现行的法律规定尚未明确，故向钧院请示。

特此报告。

最高人民法院
关于保证保险合同纠纷案件法律适用问题的答复

（2010年6月24日 〔2006〕民二他字第43号）

辽宁省高级人民法院：

你院《关于保证保险问题的请示报告》（〔2006〕辽高法疑字第4号）收悉。经研究答复如下：

汽车消费贷款保证保险是保险公司开办的一种保险业务。在该险种的具体实施中，由于合同约定的具体内容并不统一，在保险公司、银行和汽车销售代理商、购车人之间会形成多种法律关系。在当时法律规定尚不明确的情况下，应依据当事人意思自治原则确定合同的性质。你院请示所涉中国建设银行股份有限公司葫芦岛分行诉中国人民保险股份有限公司葫芦岛分公司保证保险合同纠纷案，在相关协议、合同中，保险人没有作出任何担保承诺的意思表示。因此，此案所涉保险单虽名为保证保险单，但性质上应属于保险合同。同意你院审判委员会多数意见，此案的保证保险属于保险性质。

此复。

最高人民法院　中国保险监督管理委员会
关于全面推进保险纠纷诉讼与调解对接机制建设的意见

（2016 年 11 月 4 日　法〔2016〕374 号）

开展保险纠纷诉讼与调解对接（下称诉调对接）机制建设，是贯彻落实党的十八大和十八届三中、四中、五中、六中全会精神完善多元化纠纷解决机制推进社会治理现代化的重要举措。自 2012 年最高人民法院和中国保监会联合下发《关于在全国部分地区开展建立保险纠纷诉讼与调解对接机制试点工作的通知》（法〔2012〕307 号）以来，试点地区人民法院与保险监管机构加强协同运作，发挥预防和化解社会矛盾的积极作用，促进保险纠纷依法、公正、高效解决，有效维护各方当事人合法权益，圆满完成各项试点任务。为贯彻落实《中共中央关于全面推进依法治国若干重大问题的决定》（中发〔2014〕10 号）有关完善多元化纠纷解决机制精神及《最高人民法院关于人民法院进一步深化多元化纠纷解决机制改革的意见》（法发〔2016〕14 号），现就进一步推进保险纠纷诉调对接机制建设工作提出以下意见：

一、总体要求

（一）指导思想

全面贯彻党的十八大和十八届三中、四中、五中、六中全会精神，以邓小平理论、“三个代表”重要思想、科学发展观为指导，深入贯彻习近平总书记系列重要讲话精神，紧紧围绕协调推进“四个全面”战略布局和“五大发展理念”，切实落实党中央国务院关于完善矛盾纠纷多元化解机制的要求，充分发挥人民法院、保险监管机构、保险行业组织预防和化解社会矛盾纠纷的积极作用，依法、公正、高效化解保险纠纷，不断提高调解公信力，为保险纠纷当事人提供便捷、高效、低成本的纠纷解决途径。

（二）基本原则

一是坚持依法公正。保险纠纷诉调对接工作应当依法、公正进行，严格遵守法律、行政法规和司法解释规定的程序，不得损害当事人及其他利害关系人的合法权益，不得违反法律的基本原则，不得损害社会公共利益。二是坚持调解自愿。开展保险纠纷诉调对接工作必须充分尊重各方当事人意愿，不得强制调解，保障当事人依法行使自己的民事权利和诉讼权利。三是坚持高效便民。开展保险纠纷诉调对接工作应注重工作效率，根据纠纷的实际情况，灵活确定调解方式方法，充分运用信息化手段，尽可能方便当事人。

（三）目标任务

1. 建立完善的保险纠纷多元化解决机制，为保险纠纷当事人提供更多可选择的纠纷解决渠道，实现诉调对接工作制度健全，机制运转顺畅，调解组织管理规范，调解程序合法公正，调解队伍专业稳定，依法、公正、高效化解矛盾纠纷，切实保护各方当事人的合法权益。

2. 积极扩大开展地区范围。除前期试点地区继续开展诉调对接工作外，保险纠纷诉调对接工作扩展至所有直辖市和省会（自治区首府）城市。各省、自治区、直辖市高级人民法院和保险监管机构应本着积极稳妥的原则，适时将保险纠纷诉调对接机制扩展到有纠纷化解需求、工作基础较好的地区。

二、加强平台建设

（四）完善平台设置

开展地区法院要将保险纠纷诉调对接平台建设与诉讼服务中心建设结合起来，有条件的地区要积极设立保险纠纷调解室，供特邀调解组织、特邀调解员开展工作；要建立特邀调解组织名册、特邀调解员名册，向保险纠纷当事人提供完整、准确的调解组织和调解员信息，供当事人自愿选择。保险监管机构要结合辖区实际，指导当地保险行业协会建立健全保险纠纷调解组织，有条件的地区可以建立第三方保险纠纷调解组织，推动调解组织的规范化、标准化。保险行业协会应将本地区保险纠纷调解组织、调解员名单报当地保监局、保监分局备案，并由保监局、保监分局提供给对接法院建立本辖区调解组织、调解员名册。

（五）规范调解组织建设

保险行业协会要制定调解组织管理制度，建立调解组织的评价机制；筹集并管理调解组织运行经费，制定经费使用规范及费用支付标准；指导调解组织制定并完善调解组织的调解规则、档案管理、报表统计等制度，加强调解组织软硬件建设，实现调解组织规范化、标准化。

（六）加强调解员队伍建设

调解组织要建立和完善调解员的遴选、认证、培训、考核、奖惩、退出等制度；挑选业务熟练、经验丰富的人员专职负责调解工作的组织和实施；组建调解专家库，组织相关专业人员为具体纠纷调解工作提供指导；将调解员培训纳入年度工作计划，提高调解员的职业道德、法律知识、保险知识和调解技能水平。开展地区法院要加强对调解员的指导，并通过观摩法庭审判、开展法律知识讲座等形式对调解员进行培训，促进保险纠纷诉调对接工作持续开展。

（七）积极推动建立“一站式”纠纷解决模式

开展地区法院和保险纠纷调解组织应积极推动引导交通事故纠纷处理、医疗纠纷处理等领域建立“一站式”纠纷解决模式，推进纠纷的快速处理，切实减轻当事人负担。

三、规范运作程序

（八）明确案件范围

开展地区法院要按照《最高人民法院关于建立健全诉讼与非诉讼相衔接的矛盾纠纷解决机制的若干意见》（法发〔2009〕45 号）和《最高人民法院关于人民法院进一步深化多元化纠纷解决机制改革的意见》的相关规定，有序开展保险纠纷诉调对接工作。保险纠纷诉调对接的案件范围为最高人民法院《民事案件案由规定》（法〔2011〕41 号）中规定的保险纠纷以及其他与保险有关的民商事纠纷。开展地区可视情况在上述纠纷案件范围内开展诉调对接工作。

（九）完善立案前委派调解对接流程

1. 诉前引导。在收到保险纠纷起诉状或者口头起诉之后、登记立案之前，人民法院立案部门应引导当事人选择调解方式解决纠纷。当事人同意进行诉前调解的，应填写《立案前（诉前）调解申请书》等并签字确认，或者由人民法院向当事人出具《立案前（诉前）调解建议书》、《立案前（诉前）调解确认书》等文件并由当事人签字确认。当事人明确表示不同意调解的，人民法院应当依法登记立案。

2. 委派调解。人民法院向保险纠纷调解组织发送立案前委派调解函及相关材料。

3. 组织调解。调解员根据调解程序依法开展调解工作。双方达成一致意见的，调解组织应制作调解协议书，由调解员和双方当事人签字确认；调解不成的，调解组织应及时函复人民法院，其中当事人申请立案的，人民法院应当依法登记立案。

4. 司法确认。当事人申请对调解协议进行司法确认的，人民法院应当根据《最高人民法院关于建立健全诉讼与非诉讼相衔接的矛盾纠纷解决机制的若干意见》、《最高人民法院关于人民法院进一步深化多元化纠纷解决机制改革的意见》以及民事诉讼法相关规定，及时对调解协议进行审查，依法确认调解协议的效力。

（十）完善立案后委托调解对接流程

1. 委托调解。保险纠纷已经登记立案的，开展地区法院根据案件情况，经双方当事人同意，可以委托保险纠纷调解组织调解。由人民法院出具委托调解函，写明委托法院和承办法官、双方当事人、案由及案情简介等，连同起诉书、答辩状、主要证据材料复印件及清单等材料移送调解组织。

2. 组织调解。调解员根据调解程序依法开展调解工作。双方达成一致意见的，由调解组织制作调解协议书，调解员和双方当事人签字确认。调解组织应将调解结果及相关文件及时书面报送委托法院，人民法院依法审查后出具民事调解书。调解不成的，保险纠纷案件应及时恢复审理。

（十一）严格调解时限

人民法院委派或者委托调解的保险纠纷案件，调解组织应当自接受案件之日起二十个工作日内调解完毕（不包含伤残鉴定、损失评估等时间）。经双方当事人同意，可以适当延长，但最长不得超过七个工作日。

四、健全工作机制

（十二）构建多层次的保险纠纷诉调对接沟通联系机制

开展地区法院、保险监管机构等相关方应当定期召开保险纠纷诉调对接联席会议，沟通工作情况，协调重大典型保险纠纷案件调解，推进保险纠纷诉调对接工作深入有效开展。开展地区法院、保险监管机构、保险纠纷调解组织应当加强日常性联系沟通，及时就保险纠纷诉调对接工作中遇到的具体问题进行协调，提高工作质量和效率。

（十三）建立保险纠纷诉调对接信息共享机制

开展地区法院、保险监管机构、保险纠纷调解组织应健全保险纠纷诉调对接工作信息和数据的统计汇总制度，并定期交流信息和数据。对审判工作中发现的保险纠纷共性问题，人民法院应向保险监管机构、保险行业协会发出司法建议。

（十四）建立疑难纠纷指导机制

保险纠纷调解组织可以就保险纠纷调解中遇到的疑难问题和涉及的法律适用问题向人民法院提出咨询，人民法院应及时予以指导和答复。

（十五）探索建立在线调解机制

开展地区法院和保险纠纷调解组织应积极发挥信息技术手段对诉调对接机制建设的支持作用，依托互联网探索建立保险纠纷在线调解模式，促进保险纠纷诉调对接机制的信息化发展。

五、强化措施保障

（十六）加强组织领导

开展地区法院、保险监管机构要加大对保险纠纷诉调对接工作的领导和指导力度，根据具体实际联合制定保险纠纷诉调对接工作细则。开展地区法院所在辖区的高级人民法院、中级人民法院应指导、督促辖区内的诉调对接工作，推动诉调对接工作顺利开展。开展地区法院应明确由一个庭室统一负责保险纠纷诉调对接工作的对外协调，各相关庭室要积极参与配合保险纠纷诉调对接工作，注重沟通协作。保险监管机构应加强对调解组织的指导和监督，鼓励保险公司建立调解权限动态授予、异地授权、及时应调、快速审批等机制，保障基层分支机构能够通过调解解决保险纠纷。保险行业协会应通过组织会员公司签订行业自律公约的形式督促保险公司各级机构积极参与调解并及时履行调解协议。开展地区法院、保险监管机构和保险行业协会可以对保险纠纷诉调对接工作中表现突出的集体和个人予以表彰和宣传。

（十七）保障经费来源

开展地区法院、保险监管机构要积极争取当地党委、政府对保险纠纷诉调对接工作的支持，将诉调对接工作纳入当地矛盾纠纷多元化解工作经费保障范围。鼓励保险行业协会依法采取增加专项会费或者根据各会员公司调解案件数量收取费用等方式落实诉调对接机制经费保障，确保诉调对接工作有效进行。

（十八）完善司法确认程序

经保险纠纷调解组织主持调解达成具有民事合同性质的调解协议，当事人可以向调解组织所在地基层人民法院或者人民法庭依法申请确认其效力。登记立案前委派给保险纠纷调解组织调解达成的协议，当事人申请司法确认的，由调解组织所在地或者委派调解的基层人民法院管辖。

六、加强政策引导与宣传教育

（十九）注重政策引导

开展地区法院、保险监管机构、保险行业协会要积极引导当事人通过调解解决矛盾纠纷。人民法院要向当事人告知保险纠纷诉调对接的相关情况。保险监管机构、保险行业协会应督促保险公司在投保提示、索赔告知书、投诉处理告知书及保险合同中添加通过调解方式解决纠纷的内容，保险监管机构应在投诉处理告知书中添加通过调解方式解决纠纷的内容。

（二十）重视宣传教育

开展地区法院、保险监管机构、保险行业协会要加大宣传力度。人民法院应将保险纠纷诉调对接纳入法律宣传活动体系，保险监管机构、保险行业协会应将保险纠纷诉调对接机制纳入消费者教育体系，提升保险纠纷当事人以及社会公众对保险纠纷诉调对接机制的知晓度和信任度，增进社会公众对诉调对接工作的参与度，形成有利于推进诉调对接工作的良好氛围。

最高人民法院指导案例25号

华泰财产保险有限公司北京分公司诉李志贵、天安财产保险股份有限公司河北省分公司张家口支公司保险人代位求偿权纠纷案

（最高人民法院审判委员会讨论通过　2014年1月26日发布）

关键词

民事诉讼　保险人代位求偿　管辖

裁判要点

因第三者对保险标的的损害造成保险事故，保险人向被保险人赔偿保险金后，代位行使被保险人对第三者请求赔偿的权利而提起诉讼的，应当根据保险人所代位的被保险人与第三者之间的法律关系，而不应当根据保险合同法律关系确定管辖法院。第三者侵害被保险人合法权益的，由侵权行为地或者被告住所地法院管辖。

相关法条

《中华人民共和国民事诉讼法》第二十八条

《中华人民共和国保险法》第六十条第一款

基本案情

2011年6月1日，华泰财产保险有限公司北京分公司（简称华泰保险公司）与北京亚大锦都餐饮管理有限公司（简称亚大锦都餐饮公司）签订机动车辆保险合同，被保险车辆的车牌号为京A82368，保险期间自2011年6月5日0时起至2012年6月4日24时止。2011年11月18日，陈某某驾驶被保险车辆行驶至北京市朝阳区机场高速公路上时，与李志贵驾驶的车牌号为冀GA9120的车辆发生交通事故，造成被保险车辆受损。经交管部门认定，李志贵负事故全部责任。事故发生后，华泰保险公司依照保险合同的约定，向被保险人亚大锦都餐饮公司赔偿保险金83878元，并依法取得代位求偿权。基于肇事车辆系在天安财产保险股份有限公司河北省分公司张家口支公司（简称天安保险公司）投保了机动车交通事故责任强制保险，华泰保险公司于2012年10月诉至北京市东城区人民法院，请求判令被告肇事司机李志贵和天安保险公司赔偿83878元，并承担诉讼费用。

被告李志贵的住所地为河北省张家口市怀来县沙城镇，被告天安保险公司的住所地为张家口市怀来县沙城镇燕京路东108号，保险事故发生地为北

京市朝阳区机场高速公路上，被保险车辆行驶证记载所有人的住址为北京市东城区工体北路新中西街8号。

裁判结果

北京市东城区人民法院于2012年12月17日作出（2012）东民初字第13663号民事裁定：对华泰保险公司的起诉不予受理。宣判后，当事人未上诉，裁定已发生法律效力。

裁判理由

法院生效裁判认为：根据《中华人民共和国保险法》第六十条的规定，保险人的代位求偿权是指保险人依法享有的，代位行使被保险人向造成保险标的损害负有赔偿责任的第三者请求赔偿的权利。保险人代位求偿权源于法律的直接规定，属于保险人的法定权利，并非基于保险合同而产生的约定权利。因第三者对保险标的的损害造成保险事故，保险人向被保险人赔偿保险金后，代位行使被保险人对第三者请求赔偿的权利而提起诉讼的，应根据保险人所代位的被保险人与第三者之间的法律关系确定管辖法院。第三者侵害被保险人合法权益，因侵权行为提起的诉讼，依据《中华人民共和国民事诉讼法》第二十八条的规定，由侵权行为地或者被告住所地法院管辖，而不适用财产保险合同纠纷管辖的规定，不应以保险标的物所在地作为管辖依据。本案中，第三者实施了道路交通侵权行为，造成保险事故，被保险人对第三者有侵权损害赔偿请求权；保险人行使代位权起诉第三者的，应当由侵权行为地或者被告住所地法院管辖。现二被告的住所地及侵权行为地均不在北京市东城区，故北京市东城区人民法院对该起诉没有管辖权，应裁定不予受理。

最高人民法院指导案例74号

中国平安财产保险股份有限公司江苏分公司诉江苏镇江安装集团有限公司保险人代位求偿权纠纷案

（最高人民法院审判委员会讨论通过　2016年12月28日发布）

关键词

民事　保险代位求偿权　财产保险合同　第三者对保险标的的损害　违约行为

裁判要点

因第三者的违约行为给被保险人的保险标的造成损害的，可以认定为属于《中华人民共和国保险法》第六十条第一款规定的“第三者对保险标的的损害”的情形。保险人由此依法向第三者行使代位求偿权的，人民法院应予支持。

相关法条

《中华人民共和国保险法》第六十条第一款

基本案情

2008 年 10 月 28 日，被保险人华东联合制罐有限公司（以下简称华东制罐公司）、华东联合制罐第二有限公司（以下简称华东制罐第二公司）与被告江苏镇江安装集团有限公司（以下简称镇江安装公司）签订《建设工程施工合同》，约定由镇江安装公司负责被保险人整厂机器设备迁建安装等工作。《建设工程施工合同》第二部分“通用条款”第 38 条约定：“承包人按专用条款的约定分包所承包的部分工程，并与分包单位签订分包合同，未经发包人同意，承包人不得将承包工程的任何部分分包”；“工程分包不能解除承包人任何责任与义务。承包人应在分包场地派驻相应管理人员，保证本合同的履行。分包单位的任何违约行为或疏忽导致工程损害或给发包人造成其他损失，承包人承担连带责任”。《建设工程施工合同》第三部分“专用条款”第 14 条第（1）项约定“承包人不得将本工程进行分包施工”。“通用条款”第 40 条约定：“工程开工前，发包人为建设工程和施工场地内的自有人员及第三人人员生命财产办理保险，支付保险费用”；“运至施工场地内用于工程的材料和待安装设备，由发包人办理保险，并支付保险费用”；“发包人可以将有关保险事项委托承包人办理，费用由发包人承担”；“承包人必须为从事危险作业的职工办理意外伤害保险，并为施工场地内自有人员生命财产和施工机械设备办理保险，支付保险费用”。

2008 年 11 月 16 日，镇江安装公司与镇江亚民大件起重有限公司（以下简称亚民运输公司）公司签订《工程分包合同》，将前述合同中的设备吊装、运输分包给亚民运输公司。2008 年 11 月 20 日，就上述整厂迁建设备安装工程，华东制罐公司、华东制罐第二公司向中国平安财产保险股份有限公司江苏分公司（以下简称平安财险公司）投保了安装工程一切险。投保单中记载被保险人为华东制罐公司及华东制罐第二公司，并明确记载承包人镇江安装公司不是被保险人。投保单“物质损失投保项目和投保金额”栏载明“安装项目投保金额为 177465335.56 元”。附加险中，还投保有“内陆运输扩展条款 A”，约定每次事故财产损失赔偿限额为 200 万元。投保期限从 2008 年 11 月 20 日起至 2009 年 7 月 31 日止。投保单附有被安装机器设备的清单，其中包括：SEQUA 彩印机 2 台，合计原值为 29894340.88 元。投保单所附保险条款中，对“内陆运输扩展条款 A”作如下说明：经双方同意，鉴于被保险人已按约定交付了附加的保险费，保险公司负责赔偿被保险人的保险财产在中华人民共和国境内供货地点到保险单中列明的工地，除水运和空运以外的内陆运输途中因自然灾害或意外事故引起的损失，但被保险财产在运输时必须有合格的包装及装载。

2008 年 12 月 19 日 10 时 30 分许，亚民运输公司驾驶员姜玉才驾驶苏 L06069、苏 L003 挂重型半挂车，从旧厂区承运彩印机至新厂区的途中，在转弯时车上钢丝绳断裂，造成彩印机侧翻滑落地面损坏。平安财险公司接险后，对受损标的确定了清单。经镇江市公安局交通巡逻警察支队现场查勘，认定姜玉才负事故全部责任。后华东制罐公司、华东制罐第二公司、平安财险公司、镇江安装公司及亚民运输公司共同委托泛华保险公估有限公司（以下简称泛华公估公司）对出险事故损失进行公估，并均同意认可泛华公估公司的最终理算结果。2010 年 3 月 9 日，泛华公估公司出具了公估报告，结论：出险原因系设备运输途中翻落（意外事故）；保单责任成立；定损金额总损 1518431.32 元、净损 1498431.32 元；理算金额 1498431.32 元。泛华公估公司收取了平安财险公司支付的 47900 元公估费用。

2009 年 12 月 2 日，华东制罐公司及华东制罐第二公司向镇江安装公司发出《索赔函》，称“该事故导致的全部损失应由贵司与亚民运输公司共同承担。我方已经向投保的中国平安财产保险股份有限公司镇江中心支公司报险。一旦损失金额确定，投保公司核实并先行赔付后，对赔付限额内的权益，将由我方让渡给投保公司行使。对赔付不足部分，我方将另行向贵司与亚民运输公司主张”。

2010 年 5 月 12 日，华东制罐公司、华东制罐第二公司向平安财险公司出具赔款收据及权益转让书，载明：已收到平安财险公司赔付的 1498431.32 元。同意将上述赔款部分保险标的的一切权益转让给平安财险公司，同意平安财险公司以平安财险公司的名义向责任方追偿。后平安财险公司诉至法院，请求判令镇江安装公司支付赔偿款和公估费。

裁判结果

江苏省镇江市京口区人民法院于 2011 年 2 月 16 日作出（2010）京商初字第 1822 号民事判决：一、江苏镇江安装集团有限公司于判决生效后 10 日内给付中国平安财产保险股份有限公司江苏分公司 1498431.32 元；二、驳回中国平安财产保险股份有限公司江苏分公司关于给付 47900 元公估费的诉讼请求。一审宣判后，江苏镇江安装集团有限公司向江苏省镇江市中级人民法院提起上诉。江苏省镇江市中级人民法院于 2011 年 4 月 12 日作出（2011）

镇商终字第0133号民事判决：一、撤销镇江市京口区人民法院（2010）京商初字第1822号民事判决；二、驳回中国平安财产保险股份有限公司江苏分公司对江苏镇江安装集团有限公司的诉讼请求。二审宣判后，中国平安财产保险股份有限公司江苏分公司向江苏省高级人民法院申请再审。江苏省高级人民法院于2014年5月30日作出（2012）苏商再提字第0035号民事判决：一、撤销江苏省镇江市中级人民法院（2011）镇商终字第0133号民事判决；二、维持镇江市京口区人民法院（2010）京商初字第1822号民事判决。

裁判理由

法院生效裁判认为，本案的焦点问题是：1. 保险代位求偿权的适用范围是否限于侵权损害赔偿请求权；2. 镇江安装公司能否以华东制罐公司、华东制罐第二公司已购买相关财产损失险为由，拒绝保险人对其行使保险代位求偿权。

关于第一个争议焦点。《中华人民共和国保险法》（以下简称《保险法》）第六十条第一款规定："因第三者对保险标的的损害而造成保险事故的，保险人自向被保险人赔偿保险金之日起，在赔偿金额范围内代位行使被保险人对第三者请求赔偿的权利。"该款使用的是"因第三者对保险标的的损害而造成保险事故"的表述，并未限制规定为"因第三者对保险标的的侵权损害而造成保险事故"。将保险代位求偿权的权利范围理解为限于侵权损害赔偿请求权，没有法律依据。从立法目的看，规定保险代位求偿权制度，在于避免财产保险的被保险人因保险事故的发生，分别从保险人及第三者获得赔偿，取得超出实际损失的不当利益，并因此增加道德风险。将《保险法》第六十条第一款中的"损害"理解为仅指"侵权损害"，不符合保险代位求偿权制度设立的目的。故保险人行使代位求偿权，应以被保险人对第三者享有损害赔偿请求权为前提，这里的赔偿请求权既可因第三者对保险标的实施的侵权行为而产生，亦可基于第三者的违约行为等产生，不应仅限于侵权赔偿请求权。本案平安财险公司是基于镇江安装公司的违约行为而非侵权行为行使代位求偿权，镇江安装公司对保险事故的发生是否有过错，对案件的处理并无影响。并且，《建设工程施工合同》约定"承包人不得将本工程进行分包施工"。因此，镇江安装公司关于其对保险事故的发生没有过错因而不应承担责任的答辩意见，不能成立。平安财险公司向镇江安装公司主张权利，主体适格，并无不当。

关于第二个争议焦点。镇江安装公司提出，在发包人与其签订的建设工程施工合同通用条款第40条中约定，待安装设备由发包人办理保险，并支付保险费用。从该约定可以看出，就工厂搬迁及设备的拆解安装事项，发包人与镇江安装公司共同商定办理保险，虽然保险费用由发包人承担，但该约定在双方的合同条款中体现，即该费用系双方承担，或者说，镇江安装公司在总承包费用中已经就保险费用作出了让步。由发包人向平安财险公司投保的业务，承包人也应当是被保险人。关于镇江安装公司的上述抗辩意见，《保险法》第十二条第二款、第六款分别规定："财产保险的被保险人在保险事故发生时，对保险标的应当具有保险利益"；"保险利益是指投保人或者被保险人对保险标的具有的法律上承认的利益"。据此，不同主体对于同一保险标的可以具有不同的保险利益，可就同一保险标的投保与其保险利益相对应的保险险种，成立不同的保险合同，并在各自的保险利益范围内获得保险保障，从而实现利用保险制度分散各自风险的目的。因发包人和承包人对保险标的具有不同的保险利益，只有分别投保与其保险利益相对应的财产保险类别，才能获得相应的保险保障，二者不能相互替代。

发包人华东制罐公司和华东制罐第二公司作为保险标的的所有权人，其投保的安装工程一切险是基于对保险标的享有的所有权保险利益而投保的险种，旨在分散保险标的的损坏或灭失风险，性质上属于财产损失保险；附加险中投保的"内陆运输扩展条款 A"约定"保险公司负责赔偿被保险人的保险财产在中华人民共和国境内供货地点到保险单中列明的工地，除水运和空运以外的内陆运输途中因自然灾害或意外事故引起的损失"，该项附加险在性质上亦属财产损失保险。镇江安装公司并非案涉保险标的的所有权人，不享有所有权保险利益，其作为承包人对案涉保险标的享有责任保险利益，欲将施工过程中可能产生的损害赔偿责任转由保险人承担，应当投保相关责任保险，而不能借由发包人投保的财产损失保险免除自己应负的赔偿责任。其次，发包人不认可承包人的被保险人地位，案涉《安装工程一切险投保单》中记载的被保险人为华东制罐公司及华东制罐第二公司，并明确记载承包人镇江安装公司不是被保险人。因此，镇江安装公司关于"由发包人向平安财险公司投保的业务，承包人也应当是被保险人"的答辩意见，不能成立。《建设工程施工合同》明确约定"运至施工场地内用于工程的材料和待安装设备，由发包人办理保险，并支付保险费用"及"工程分包不能解除承包人任何责任与义务，分包单位的任何违约行为或疏忽导致工程损害或给发包人造成其他损失，承包人承担连带责任"。由此可见，发包人从未作出在保险赔偿范围内免除承包人赔偿责任的意思表示，双方并未约定在保险赔偿范围内免除承包人的赔偿责任。再次，在保险事故发生后，被保险人积极向承包人索赔并向平安财险公司出具了权益转让书。根据以上情况，镇江安装公司以其对保险标的也具有保险利益，且保险标的所有权人华东制罐公司和华东制罐第二公司已投保财产损失保险为由，主张免除其依建设工程施工合同应对两制罐公司承担的违约损害赔偿责任，并进而拒绝平安财险公司行使代位求偿权，没有法律依据，不予支持。

综上理由作出如上判决。

（生效裁判审判人员：刘振、曹霞、马倩）

第九章 票 据

中华人民共和国票据法

（1995 年 5 月 10 日第八届全国人民代表大会常务委员会第十三次会议通过
根据 2004 年 8 月 28 日第十届全国人民代表大会常务委员会第十一次会议
《关于修改〈中华人民共和国票据法〉的决定》修正）

目 录

第一章 总 则

第一条 为了规范票据行为，保障票据活动中当事人的合法权益，维护社会经济秩序，促进社会主义市场经济的发展，制定本法。

第二条 在中华人民共和国境内的票据活动，适用本法。

本法所称票据，是指汇票、本票和支票。

第三条 票据活动应当遵守法律、行政法规，不得损害社会公共利益。

第四条 票据出票人制作票据，应当按照法定条件在票据上签章，并按照所记载的事项承担票据责任。

持票人行使票据权利，应当按照法定程序在票据上签章，并出示票据。

其他票据债务人在票据上签章的，按照票据所记载的事项承担票据责任。

本法所称票据权利，是指持票人向票据债务人请求支付票据金额的权利，包括付款请求权和追索权。

本法所称票据责任，是指票据债务人向持票人支付票据金额的义务。

第五条 票据当事人可以委托其代理人在票据上签章，并应当在票据上表明其代理关系。

没有代理权而以代理人名义在票据上签章的，应当由签章人承担票据责任；代理人超越代理权限的，应当就其超越权限的部分承担票据责任。

第六条 无民事行为能力人或者限制民事行为能力人在票据上签章的，其签章无效，但是不影响其他签章的效力。

第七条 票据上的签章，为签名、盖章或者签名加盖章。

法人和其他使用票据的单位在票据上的签章，为该法人或者该单位的盖章加其法定代表人或者其授权的代理人的签章。

在票据上的签名，应当为该当事人的本名。

第八条 票据金额以中文大写和数码同时记载，二者必须一致，二者不一致的，票据无效。

第九条 票据上的记载事项必须符合本法的规定。

票据金额、日期、收款人名称不得更改，更改的票据无效。

对票据上的其他记载事项，原记载人可以更改，更改时应当由原记载人签章证明。

第十条 票据的签发、取得和转让，应当遵循诚实信用的原则，具有真实的交易关系和债权债务关系。

票据的取得，必须给付对价，即应当给付票据双方当事人认可的相对应的代价。

第十一条 因税收、继承、赠与可以依法无偿取得票据的，不受给付对价的限制。但是，所享有的票据权利不得优于其前手的权利。

前手是指在票据签章人或者持票人之前签章的其他票据债务人。

第十二条 以欺诈、偷盗或者胁迫等手段取得票据的，或者明知有前列情形，出于恶意取得票据的，不得享有票据权利。

持票人因重大过失取得不符合本法规定的票据的，也不得享有票据权利。

第十三条 票据债务人不得以自己与出票人或者与持票人的前手之间的抗辩事由，对抗持票人。但是，持票人明知存在抗辩事由而取得票据的除外。

票据债务人可以对不履行约定义务的与自己有直接债权债务关系的持票人，进行抗辩。

本法所称抗辩，是指票据债务人根据本法规定对票据债权人拒绝履行义务的行为。

第十四条　票据上的记载事项应当真实，不得伪造、变造。伪造、变造票据上的签章和其他记载事项的，应当承担法律责任。

票据上有伪造、变造的签章的，不影响票据上其他真实签章的效力。

票据上其他记载事项被变造的，在变造之前签章的人，对原记载事项负责；在变造之后签章的人，对变造之后的记载事项负责；不能辨别是在票据被变造之前或者之后签章的，视同在变造之前签章。

第十五条　票据丧失，失票人可以及时通知票据的付款人挂失止付，但是，未记载付款人或者无法确定付款人及其代理付款人的票据除外。

收到挂失止付通知的付款人，应当暂停支付。

失票人应当在通知挂失止付后三日内，也可以在票据丧失后，依法向人民法院申请公示催告，或者向人民法院提起诉讼。

第十六条　持票人对票据债务人行使票据权利，或者保全票据权利，应当在票据当事人的营业场所和营业时间内进行，票据当事人无营业场所的，应当在其住所进行。

第十七条　票据权利在下列期限内不行使而消灭：

（一）持票人对票据的出票人和承兑人的权利，自票据到期日起二年。见票即付的汇票、本票，自出票日起二年；

（二）持票人对支票出票人的权利，自出票日起六个月；

（三）持票人对前手的追索权，自被拒绝承兑或者被拒绝付款之日起六个月；

（四）持票人对前手的再追索权，自清偿日或者被提起诉讼之日起三个月。

票据的出票日、到期日由票据当事人依法确定。

第十八条　持票人因超过票据权利时效或者因票据记载事项欠缺而丧失票据权利的，仍享有民事权利，可以请求出票人或者承兑人返还其与未支付的票据金额相当的利益。

第二章　汇　票

第一节　出　票

第十九条　汇票是出票人签发的，委托付款人在见票时或者在指定日期无条件支付确定的金额给收款人或者持票人的票据。

汇票分为银行汇票和商业汇票。

第二十条 出票是指出票人签发票据并将其交付给收款人的票据行为。

第二十一条 汇票的出票人必须与付款人具有真实的委托付款关系，并且具有支付汇票金额的可靠资金来源。

不得签发无对价的汇票用以骗取银行或者其他票据当事人的资金。

第二十二条 汇票必须记载下列事项：

（一）表明“汇票”的字样；

（二）无条件支付的委托；

（三）确定的金额；

（四）付款人名称；

（五）收款人名称；

（六）出票日期；

（七）出票人签章。

汇票上未记载前款规定事项之一的，汇票无效。

第二十三条 汇票上记载付款日期、付款地、出票地等事项的，应当清楚、明确。

汇票上未记载付款日期的，为见票即付。

汇票上未记载付款地的，付款人的营业场所、住所或者经常居住地为付款地。

汇票上未记载出票地的，出票人的营业场所、住所或者经常居住地为出票地。

第二十四条 汇票上可以记载本法规定事项以外的其他出票事项，但是该记载事项不具有汇票上的效力。

第二十五条 付款日期可以按照下列形式之一记载：

（一）见票即付；

（二）定日付款；

（三）出票后定期付款；

（四）见票后定期付款。

前款规定的付款日期为汇票到期日。

第二十六条 出票人签发汇票后，即承担保证该汇票承兑和付款的责任。出票人在汇票得不到承兑或者付款时，应当向持票人清偿本法第七十条、第七十一条规定的金额和费用。

第二节 背 书

第二十七条 持票人可以将汇票权利转让给他人或者将一定的汇票权利

授予他人行使。

出票人在汇票上记载“不得转让”字样的，汇票不得转让。

持票人行使第一款规定的权利时，应当背书并交付汇票。

背书是指在票据背面或者粘单上记载有关事项并签章的票据行为。

第二十八条　票据凭证不能满足背书人记载事项的需要，可以加附粘单，粘附于票据凭证上。

粘单上的第一记载人，应当在汇票和粘单的粘接处签章。

第二十九条　背书由背书人签章并记载背书日期。

背书未记载日期的，视为在汇票到期日前背书。

第三十条　汇票以背书转让或者以背书将一定的汇票权利授予他人行使时，必须记载被背书人名称。

第三十一条　以背书转让的汇票，背书应当连续。持票人以背书的连续，证明其汇票权利；非经背书转让，而以其他合法方式取得汇票的，依法举证，证明其汇票权利。

前款所称背书连续，是指在票据转让中，转让汇票的背书人与受让汇票的被背书人在汇票上的签章依次前后衔接。

第三十二条　以背书转让的汇票，后手应当对其直接前手背书的真实性负责。

后手是指在票据签章人之后签章的其他票据债务人。

第三十三条　背书不得附有条件。背书时附有条件的，所附条件不具有汇票上的效力。

将汇票金额的一部分转让的背书或者将汇票金额分别转让给二人以上的背书无效。

第三十四条　背书人在汇票上记载“不得转让”字样，其后手再背书转让的，原背书人对后手的被背书人不承担保证责任。

第三十五条　背书记载“委托收款”字样的，被背书人有权代背书人行使被委托的汇票权利。但是，被背书人不得再以背书转让汇票权利。

汇票可以设定质押；质押时应当以背书记载“质押”字样。被背书人依法实现其质权时，可以行使汇票权利。

第三十六条　汇票被拒绝承兑、被拒绝付款或者超过付款提示期限的，不得背书转让；背书转让的，背书人应当承担汇票责任。

第三十七条　背书人以背书转让汇票后，即承担保证其后手所持汇票承兑和付款的责任。背书人在汇票得不到承兑或者付款时，应当向持票人清偿本法第七十条、第七十一条规定的金额和费用。

第三节 承 兑

第三十八条 承兑是指汇票付款人承诺在汇票到期日支付汇票金额的票据行为。

第三十九条 定日付款或者出票后定期付款的汇票，持票人应当在汇票到期日前向付款人提示承兑。

提示承兑是指持票人向付款人出示汇票，并要求付款人承诺付款的行为。

第四十条 见票后定期付款的汇票，持票人应当自出票日起一个月内向付款人提示承兑。

汇票未按照规定期限提示承兑的，持票人丧失对其前手的追索权。

见票即付的汇票无需提示承兑。

第四十一条 付款人对向其提示承兑的汇票，应当自收到提示承兑的汇票之日起三日内承兑或者拒绝承兑。

付款人收到持票人提示承兑的汇票时，应当向持票人签发收到汇票的回单。回单上应当记明汇票提示承兑日期并签章。

第四十二条 付款人承兑汇票的，应当在汇票正面记载“承兑”字样和承兑日期并签章；见票后定期付款的汇票，应当在承兑时记载付款日期。

汇票上未记载承兑日期的，以前条第一款规定期限的最后一日为承兑日期。

第四十三条 付款人承兑汇票，不得附有条件；承兑附有条件的，视为拒绝承兑。

第四十四条 付款人承兑汇票后，应当承担到期付款的责任。

第四节 保 证

第四十五条 汇票的债务可以由保证人承担保证责任。

保证人由汇票债务人以外的他人担当。

第四十六条 保证人必须在汇票或者粘单上记载下列事项：

（一）表明“保证”的字样；

（二）保证人名称和住所；

（三）被保证人的名称；

（四）保证日期；

（五）保证人签章。

第四十七条 保证人在汇票或者粘单上未记载前条第（三）项的，已承兑的汇票，承兑人为被保证人；未承兑的汇票，出票人为被保证人。

保证人在汇票或者粘单上未记载前条第（四）项的，出票日期为保证日期。

第四十八条　保证不得附有条件；附有条件的，不影响对汇票的保证责任。

第四十九条　保证人对合法取得汇票的持票人所享有的汇票权利，承担保证责任。但是，被保证人的债务因汇票记载事项欠缺而无效的除外。

第五十条　被保证的汇票，保证人应当与被保证人对持票人承担连带责任。汇票到期后得不到付款的，持票人有权向保证人请求付款，保证人应当足额付款。

第五十一条　保证人为二人以上的，保证人之间承担连带责任。

第五十二条　保证人清偿汇票债务后，可以行使持票人对被保证人及其前手的追索权。

第五节　付　款

第五十三条　持票人应当按照下列期限提示付款：

（一）见票即付的汇票，自出票日起一个月内向付款人提示付款；

（二）定日付款、出票后定期付款或者见票后定期付款的汇票，自到期日起十日内向承兑人提示付款。

持票人未按照前款规定期限提示付款的，在作出说明后，承兑人或者付款人仍应当继续对持票人承担付款责任。

通过委托收款银行或者通过票据交换系统向付款人提示付款的，视同持票人提示付款。

第五十四条　持票人依照前条规定提示付款的，付款人必须在当日足额付款。

第五十五条　持票人获得付款的，应当在汇票上签收，并将汇票交给付款人。持票人委托银行收款的，受委托的银行将代收的汇票金额转账收入持票人账户，视同签收。

第五十六条　持票人委托的收款银行的责任，限于按照汇票上记载事项将汇票金额转入持票人账户。

付款人委托的付款银行的责任，限于按照汇票上记载事项从付款人账户支付汇票金额。

第五十七条　付款人及其代理付款人付款时，应当审查汇票背书的连续，并审查提示付款人的合法身份证明或者有效证件。

付款人及其代理付款人以恶意或者有重大过失付款的，应当自行承担责任。

第五十八条　对定日付款、出票后定期付款或者见票后定期付款的汇票，付款人在到期日前付款的，由付款人自行承担所产生的责任。

第五十九条 汇票金额为外币的，按照付款日的市场汇价，以人民币支付。

汇票当事人对汇票支付的货币种类另有约定的，从其约定。

第六十条 付款人依法足额付款后，全体汇票债务人的责任解除。

第六节 追索权

第六十一条 汇票到期被拒绝付款的，持票人可以对背书人、出票人以及汇票的其他债务人行使追索权。

汇票到期日前，有下列情形之一的，持票人也可以行使追索权：

（一）汇票被拒绝承兑的；

（二）承兑人或者付款人死亡、逃匿的；

（三）承兑人或者付款人被依法宣告破产的或者因违法被责令终止业务活动的。

第六十二条 持票人行使追索权时，应当提供被拒绝承兑或者被拒绝付款的有关证明。

持票人提示承兑或者提示付款被拒绝的，承兑人或者付款人必须出具拒绝证明，或者出具退票理由书。未出具拒绝证明或者退票理由书的，应当承担由此产生的民事责任。

第六十三条 持票人因承兑人或者付款人死亡、逃匿或者其他原因，不能取得拒绝证明的，可以依法取得其他有关证明。

第六十四条 承兑人或者付款人被人民法院依法宣告破产的，人民法院的有关司法文书具有拒绝证明的效力。

承兑人或者付款人因违法被责令终止业务活动的，有关行政主管部门的处罚决定具有拒绝证明的效力。

第六十五条 持票人不能出示拒绝证明、退票理由书或者未按照规定期限提供其他合法证明的，丧失对其前手的追索权。但是，承兑人或者付款人仍应当对持票人承担责任。

第六十六条 持票人应当自收到被拒绝承兑或者被拒绝付款的有关证明之日起三日内，将被拒绝事由书面通知其前手；其前手应当自收到通知之日起三日内书面通知其再前手。持票人也可以同时向各汇票债务人发出书面通知。

未按照前款规定期限通知的，持票人仍可以行使追索权。因延期通知给其前手或者出票人造成损失的，由没有按照规定期限通知的汇票当事人，承担对该损失的赔偿责任，但是所赔偿的金额以汇票金额为限。

在规定期限内将通知按照法定地址或者约定的地址邮寄的，视为已经发出通知。

第六十七条　依照前条第一款所作的书面通知，应当记明汇票的主要记载事项，并说明该汇票已被退票。

第六十八条　汇票的出票人、背书人、承兑人和保证人对持票人承担连带责任。

持票人可以不按照汇票债务人的先后顺序，对其中任何一人、数人或者全体行使追索权。

持票人对汇票债务人中的一人或者数人已经进行追索的，对其他汇票债务人仍可以行使追索权。被追索人清偿债务后，与持票人享有同一权利。

第六十九条　持票人为出票人的，对其前手无追索权。持票人为背书人的，对其后手无追索权。

第七十条　持票人行使追索权，可以请求被追索人支付下列金额和费用：

（一）被拒绝付款的汇票金额；

（二）汇票金额自到期日或者提示付款日起至清偿日止，按照中国人民银行规定的利率计算的利息；

（三）取得有关拒绝证明和发出通知书的费用。

被追索人清偿债务时，持票人应当交出汇票和有关拒绝证明，并出具所收到利息和费用的收据。

第七十一条　被追索人依照前条规定清偿后，可以向其他汇票债务人行使再追索权，请求其他汇票债务人支付下列金额和费用：

（一）已清偿的全部金额；

（二）前项金额自清偿日起至再追索清偿日止，按照中国人民银行规定的利率计算的利息；

（三）发出通知书的费用。

行使再追索权的被追索人获得清偿时，应当交出汇票和有关拒绝证明，并出具所收到利息和费用的收据。

第七十二条　被追索人依照前二条规定清偿债务后，其责任解除。

第三章　本　票

第七十三条　本票是出票人签发的，承诺自己在见票时无条件支付确定的金额给收款人或者持票人的票据。

本法所称本票，是指银行本票。

第七十四条　本票的出票人必须具有支付本票金额的可靠资金来源，并保证支付。

第七十五条 本票必须记载下列事项：

（一）表明“本票”的字样；

（二）无条件支付的承诺；

（三）确定的金额；

（四）收款人名称；

（五）出票日期；

（六）出票人签章。

本票上未记载前款规定事项之一的，本票无效。

第七十六条 本票上记载付款地、出票地等事项的，应当清楚、明确。

本票上未记载付款地的，出票人的营业场所为付款地。

本票上未记载出票地的，出票人的营业场所为出票地。

第七十七条 本票的出票人在持票人提示见票时，必须承担付款的责任。

第七十八条 本票自出票日起，付款期限最长不得超过二个月。

第七十九条 本票的持票人未按照规定期限提示见票的，丧失对出票人以外的前手的追索权。

第八十条 本票的背书、保证、付款行为和追索权的行使，除本章规定外，适用本法第二章有关汇票的规定。

本票的出票行为，除本章规定外，适用本法第二十四条关于汇票的规定。

第四章 支 票

第八十一条 支票是出票人签发的，委托办理支票存款业务的银行或者其他金融机构在见票时无条件支付确定的金额给收款人或者持票人的票据。

第八十二条 开立支票存款账户，申请人必须使用其本名，并提交证明其身份的合法证件。

开立支票存款账户和领用支票，应当有可靠的资信，并存入一定的资金。

开立支票存款账户，申请人应当预留其本名的签名式样和印鉴。

第八十三条 支票可以支取现金，也可以转账，用于转账时，应当在支票正面注明。

支票中专门用于支取现金的，可以另行制作现金支票，现金支票只能用于支取现金。

支票中专门用于转账的，可以另行制作转账支票，转账支票只能用于转账，不得支取现金。

第八十四条 支票必须记载下列事项：

（一）表明“支票”的字样；

（二）无条件支付的委托；

（三）确定的金额；

（四）付款人名称；

（五）出票日期；

（六）出票人签章。

支票上未记载前款规定事项之一的，支票无效。

第八十五条　支票上的金额可以由出票人授权补记，未补记前的支票，不得使用。

第八十六条　支票上未记载收款人名称的，经出票人授权，可以补记。

支票上未记载付款地的，付款人的营业场所为付款地。

支票上未记载出票地的，出票人的营业场所、住所或者经常居住地为出票地。

出票人可以在支票上记载自己为收款人。

第八十七条　支票的出票人所签发的支票金额不得超过其付款时在付款人处实有的存款金额。

出票人签发的支票金额超过其付款时在付款人处实有的存款金额的，为空头支票。禁止签发空头支票。

第八十八条　支票的出票人不得签发与其预留本名的签名式样或者印鉴不符的支票。

第八十九条　出票人必须按照签发的支票金额承担保证向该持票人付款的责任。

出票人在付款人处的存款足以支付支票金额时，付款人应当在当日足额付款。

第九十条　支票限于见票即付，不得另行记载付款日期。另行记载付款日期的，该记载无效。

第九十一条　支票的持票人应当自出票日起十日内提示付款；异地使用的支票，其提示付款的期限由中国人民银行另行规定。

超过提示付款期限的，付款人可以不予付款；付款人不予付款的，出票人仍应当对持票人承担票据责任。

第九十二条　付款人依法支付支票金额的，对出票人不再承担受委托付款的责任，对持票人不再承担付款的责任。但是，付款人以恶意或者有重大过失付款的除外。

第九十三条　支票的背书、付款行为和追索权的行使，除本章规定外，适用本法第二章有关汇票的规定。

支票的出票行为，除本章规定外，适用本法第二十四条、第二十六条关于汇票的规定。

第五章　涉外票据的法律适用

第九十四条　涉外票据的法律适用，依照本章的规定确定。

前款所称涉外票据，是指出票、背书、承兑、保证、付款等行为中，既有发生在中华人民共和国境内又有发生在中华人民共和国境外的票据。

第九十五条　中华人民共和国缔结或者参加的国际条约同本法有不同规定的，适用国际条约的规定。但是，中华人民共和国声明保留的条款除外。

本法和中华人民共和国缔结或者参加的国际条约没有规定的，可以适用国际惯例。

第九十六条　票据债务人的民事行为能力，适用其本国法律。

票据债务人的民事行为能力，依照其本国法律为无民事行为能力或者为限制民事行为能力而依照行为地法律为完全民事行为能力的，适用行为地法律。

第九十七条　汇票、本票出票时的记载事项，适用出票地法律。

支票出票时的记载事项，适用出票地法律，经当事人协议，也可以适用付款地法律。

第九十八条　票据的背书、承兑、付款和保证行为，适用行为地法律。

第九十九条　票据追索权的行使期限，适用出票地法律。

第一百条　票据的提示期限、有关拒绝证明的方式、出具拒绝证明的期限，适用付款地法律。

第一百零一条　票据丧失时，失票人请求保全票据权利的程序，适用付款地法律。

第六章　法律责任

第一百零二条　有下列票据欺诈行为之一的，依法追究刑事责任：

（一）伪造、变造票据的；

（二）故意使用伪造、变造的票据的；

（三）签发空头支票或者故意签发与其预留的本名签名式样或者印鉴不符的支票，骗取财物的；

（四）签发无可靠资金来源的汇票、本票，骗取资金的；

（五）汇票、本票的出票人在出票时作虚假记载，骗取财物的；

（六）冒用他人的票据，或者故意使用过期或者作废的票据，骗取财物的；

（七）付款人同出票人、持票人恶意串通，实施前六项所列行为之一的。

第一百零三条　有前条所列行为之一，情节轻微，不构成犯罪的，依照国家有关规定给予行政处罚。

第一百零四条　金融机构工作人员在票据业务中玩忽职守，对违反本法规定的票据予以承兑、付款或者保证的，给予处分；造成重大损失，构成犯罪的，依法追究刑事责任。

由于金融机构工作人员因前款行为给当事人造成损失的，由该金融机构和直接责任人员依法承担赔偿责任。

第一百零五条　票据的付款人对见票即付或者到期的票据，故意压票，拖延支付的，由金融行政管理部门处以罚款，对直接责任人员给予处分。

票据的付款人故意压票，拖延支付，给持票人造成损失的，依法承担赔偿责任。

第一百零六条　依照本法规定承担赔偿责任以外的其他违反本法规定的行为，给他人造成损失的，应当依法承担民事责任。

第七章　附　则

第一百零七条　本法规定的各项期限的计算，适用民法通则关于计算期间的规定。

按月计算期限的，按到期月的对日计算；无对日的，月末日为到期日。

第一百零八条　汇票、本票、支票的格式应当统一。

票据凭证的格式和印制管理办法，由中国人民银行规定。

第一百零九条　票据管理的具体实施办法，由中国人民银行依照本法制定，报国务院批准后施行。

第一百一十条　本法自1996年1月1日起施行。

最高人民法院
关于审理票据纠纷案件若干问题的规定

法释〔2008〕18号

（2000年2月24日最高人民法院审判委员会第1102次会议通过
2000年11月14日以法释〔2000〕32号公布　自2000年11月21日起施行
根据2008年12月16日发布的《最高人民法院关于调整司法解释等
文件中引用〈中华人民共和国民事诉讼法〉条文序号的决定》调整）

为了正确适用《中华人民共和国票据法》（以下简称票据法），公正、及时审理票据纠纷案件，保护票据当事人的合法权益，维护金融秩序和金融安全，根据票据法及其他有关法律的规定，结合审判实践，现对人民法院审理票据纠纷案件的若干问题规定如下：

一、受理和管辖

第一条　因行使票据权利或者票据法上的非票据权利而引起的纠纷，人民法院应当依法受理。

第二条　依照票据法第十条的规定，票据债务人（即出票人）以在票据未转让时的基础关系违法、双方不具有真实的交易关系和债权债务关系、持票人应付对价而未付对价为由，要求返还票据而提起诉讼的，人民法院应当依法受理。

第三条　依照票据法第三十六条的规定，票据被拒绝承兑、被拒绝付款或者汇票、支票超过提示付款期限后，票据持有人背书转让的，被背书人以背书人为被告行使追索权而提起诉讼的，人民法院应当依法受理。

第四条　持票人不先行使付款请求权而先行使追索权遭拒绝提起诉讼的，人民法院不予受理。除有票据法第六十一条第二款和本规定第三条所列情形外，持票人只能在首先向付款人行使付款请求权而得不到付款时，才可以行使追索权。

第五条　付款请求权是持票人享有的第一顺序权利，追索权是持票人享有的第二顺序权利，即汇票到期被拒绝付款或者具有票据法第六十一条第二款所列情形的，持票人请求背书人、出票人以及汇票的其他债务人支付票据法第七十条第一款所列金额和费用的权利。

第六条　因票据权利纠纷提起的诉讼，依法由票据支付地或者被告住所地人民法院管辖。

票据支付地是指票据上载明的付款地，票据上未载明付款地的，汇票付款人或者代理付款人的营业场所、住所或者经常居住地，本票出票人的营业场所，支票付款人或者代理付款人的营业场所所在地为票据付款地。代理付款人即付款人的委托代理人，是指根据付款人的委托代为支付票据金额的银行、信用合作社等金融机构。

第七条　因非票据权利纠纷提起的诉讼，依法由被告住所地人民法院管辖。

二、票据保全

第八条　人民法院在审理、执行票据纠纷案件时，对具有下列情形之一的票据，经当事人申请并提供担保，可以依法采取保全措施或者执行措施：

（一）不履行约定义务，与票据债务人有直接债权债务关系的票据当事人所持有的票据；

（二）持票人恶意取得的票据；

（三）应付对价而未付对价的持票人持有的票据；

（四）记载有“不得转让”字样而用于贴现的票据；

（五）记载有“不得转让”字样而用于质押的票据；

（六）法律或者司法解释规定有其他情形的票据。

三、举证责任

第九条　票据诉讼的举证责任由提出主张的一方当事人承担。

依照票据法第四条第二款、第十条、第十二条、第二十一条的规定，向人民法院提起诉讼的持票人有责任提供诉争票据。该票据的出票、承兑、交付、背书转让涉嫌欺诈、偷盗、胁迫、恐吓、暴力等非法行为的，持票人对持票的合法性应当负责举证。

第十条　票据债务人依照票据法第十三条的规定，对与其有直接债权债务关系的持票人提出抗辩，人民法院合并审理票据关系和基础关系的，持票人应当提供相应的证据证明已经履行了约定义务。

第十一条　付款人或者承兑人被人民法院依法宣告破产的，持票人因行使追索权而向人民法院提起诉讼时，应当向受理法院提供人民法院依法作出的宣告破产裁定书或者能够证明付款人或者承兑人破产的其他证据。

第十二条　在票据诉讼中，负有举证责任的票据当事人应当在一审人民法院法庭辩论结束以前提供证据。因客观原因不能在上述举证期限以内提供的，应当在举证期限届满以前向人民法院申请延期。延长的期限由人民法院根据案件的具体情况决定。

票据当事人在一审人民法院审理期间隐匿票据、故意有证不举，应当承担相应的诉讼后果。

四、票据权利及抗辩

第十三条 票据法第十七条第一款第（一）、（二）项规定的持票人对票据的出票人和承兑人的权利，包括付款请求权和追索权。

第十四条 票据债务人以票据法第十条、第二十一条的规定为由，对业经背书转让票据的持票人进行抗辩的，人民法院不予支持。

第十五条 票据债务人依照票据法第十二条、第十三条的规定，对持票人提出下列抗辩的，人民法院应予支持：

（一）与票据债务人有直接债权债务关系并且不履行约定义务的；

（二）以欺诈、偷盗或者胁迫等非法手段取得票据，或者明知有前列情形，出于恶意取得票据的；

（三）明知票据债务人与出票人或者与持票人的前手之间存在抗辩事由而取得票据的；

（四）因重大过失取得票据的；

（五）其他依法不得享有票据权利的。

第十六条 票据债务人依照票据法第九条、第十七条、第十八条、第二十二条和第三十一条的规定，对持票人提出下列抗辩的，人民法院应予支持：

（一）欠缺法定必要记载事项或者不符合法定格式的；

（二）超过票据权利时效的；

（三）人民法院作出的除权判决已经发生法律效力的；

（四）以背书方式取得但背书不连续的；

（五）其他依法不得享有票据权利的。

第十七条 票据出票人或者背书人被宣告破产的，而付款人或者承兑人不知其实而付款或者承兑，因此所产生的追索权可以登记为破产债权，付款人或者承兑人为债权人。

第十八条 票据法第十七条第一款第（三）、（四）项规定的持票人对前手的追索权，不包括对票据出票人的追索权。

第十九条 票据法第四十条第二款和第六十五条规定的持票人丧失对其前手的追索权，不包括对票据出票人的追索权。

第二十条 票据法第十七条规定的票据权利时效发生中断的，只对发生时效中断事由的当事人有效。

第二十一条 票据法第六十六条第一款规定的书面通知是否逾期，以持票人或者其前手发出书面通知之日为准；以信函通知的，以信函投寄邮戳记载之日为准。

第二十二条 票据法第七十条、第七十一条所称中国人民银行规定的利率，是指中国人民银行规定的企业同期流动资金贷款利率。

第二十三条　代理付款人在人民法院公示催告公告发布以前按照规定程序善意付款后，承兑人或者付款人以已经公示催告为由拒付代理付款人已经垫付的款项的，人民法院不予支持。

五、失票救济

第二十四条　票据丧失后，失票人直接向人民法院申请公示催告或者提起诉讼的，人民法院应当依法受理。

第二十五条　出票人已经签章的授权补记的支票丧失后，失票人依法向人民法院申请公示催告的，人民法院应当依法受理。

第二十六条　票据法第十五条第三款规定的可以申请公示催告的失票人，是指按照规定可以背书转让的票据在丧失票据占有以前的最后合法持票人。

第二十七条　出票人已经签章但未记载代理付款人的银行汇票丧失后，失票人依法向付款人即出票银行所在地人民法院申请公示催告的，人民法院应当依法受理。

第二十八条　超过付款提示期限的票据丧失以后，失票人申请公示催告的，人民法院应当依法受理。

第二十九条　失票人通知票据付款人挂失止付后三日内向人民法院申请公示催告的，公示催告申请书应当载明下列内容：

（一）票面金额；

（二）出票人、持票人、背书人；

（三）申请的理由、事实；

（四）通知票据付款人或者代理付款人挂失止付的时间；

（五）付款人或者代理付款人的名称、通信地址、电话号码等。

第三十条　人民法院决定受理公示催告申请，应当同时通知付款人及代理付款人停止支付，并自立案之日起三日内发出公告。

第三十一条　付款人或者代理付款人收到人民法院发出的止付通知，应当立即停止支付，直至公示催告程序终结。非经发出止付通知的人民法院许可擅自解付的，不得免除票据责任。

第三十二条　人民法院决定受理公示催告申请后发布的公告应当在全国性的报刊上登载。

第三十三条　依照《中华人民共和国民事诉讼法》（以下简称民事诉讼法）第一百九十六条的规定，公示催告的期间，国内票据自公告发布之日起六十日，涉外票据可根据具体情况适当延长，但最长不得超过九十日。

第三十四条　依照民事诉讼法第一百九十七条第二款的规定，在公示催告期间，以公示催告的票据质押、贴现，因质押、贴现而接受该票据的持票人主张票据权利的，人民法院不予支持，但公示催告期间届满以后人民法院作出除权判决以前取得该票据的除外。

第三十五条 票据丧失后，失票人在票据权利时效届满以前请求出票人补发票据，或者请求债务人付款，在提供相应担保的情况下因债务人拒绝付款或者出票人拒绝补发票据提起诉讼的，由被告住所地或者票据支付地人民法院管辖。

第三十六条 失票人因请求出票人补发票据或者请求债务人付款遭到拒绝而向人民法院提起诉讼的，被告为与失票人具有票据债权债务关系的出票人、拒绝付款的票据付款人或者承兑人。

第三十七条 失票人为行使票据所有权，向非法持有票据人请求返还票据的，人民法院应当依法受理。

第三十八条 失票人向人民法院提起诉讼的，除向人民法院说明曾经持有票据及丧失票据的情形外，还应当提供担保。担保的数额相当于票据载明的金额。

第三十九条 对于伪报票据丧失的当事人，人民法院在查明事实，裁定终结公示催告或者诉讼程序后，可以参照民事诉讼法第一百零二条的规定，追究伪报人的法律责任。

六、票据效力

第四十条 依照票据法第一百零九条以及经国务院批准的《票据管理实施办法》的规定，票据当事人使用的不是中国人民银行规定的统一格式票据的，按照《票据管理实施办法》的规定认定，但在中国境外签发的票据除外。

第四十一条 票据出票人在票据上的签章上不符合票据法以及下述规定的，该签章不具有票据法上的效力：

（一）商业汇票上的出票人的签章，为该法人或者该单位的财务专用章或者公章加其法定代表人、单位负责人或者其授权的代理人的签名或者盖章；

（二）银行汇票上的出票人的签章和银行承兑汇票的承兑人的签章，为该银行汇票专用章加其法定代表人或者其授权的代理人的签名或者盖章；

（三）银行本票上的出票人的签章，为该银行的本票专用章加其法定代表人或者其授权的代理人的签名或者盖章；

（四）支票上的出票人的签章，出票人为单位的，为与该单位在银行预留签章一致的财务专用章或者公章加其法定代表人或者其授权的代理人的签名或者盖章；出票人为个人的，为与该个人在银行预留签章一致的签名或者盖章。

第四十二条 银行汇票、银行本票的出票人以及银行承兑汇票的承兑人在票据上未加盖规定的专用章而加盖该银行的公章，支票的出票人在票据上未加盖与该单位在银行预留签章一致的财务专用章而加盖该出票人公章的，签章人应当承担票据责任。

第四十三条 依照票据法第九条以及《票据管理实施办法》的规定，票据金额的中文大写与数码不一致，或者票据载明的金额、出票日期或者签发日期、收款人名称更改，或者违反规定加盖银行部门印章代替专用章，付款人或者代理付款人对此类票据付款的，应当承担责任。

第四十四条 因更改银行汇票的实际结算金额引起纠纷而提起诉讼，当事人请求认定汇票效力的，人民法院应当认定该银行汇票无效。

第四十五条 空白授权票据的持票人行使票据权利时未对票据必须记载事项补充完全，因付款人或者代理付款人拒绝接收该票据而提起诉讼的，人民法院不予支持。

第四十六条 票据的背书人、承兑人、保证人在票据上的签章不符合票据法以及《票据管理实施办法》规定的，或者无民事行为能力人、限制民事行为能力人在票据上签章的，其签章无效，但不影响人民法院对票据上其他签章效力的认定。

七、票据背书

第四十七条 因票据质权人以质押票据再行背书质押或者背书转让引起纠纷而提起诉讼的，人民法院应当认定背书行为无效。

第四十八条 依照票据法第二十七条的规定，票据的出票人在票据上记载“不得转让”字样，票据持有人背书转让的，背书行为无效。背书转让后的受让人不得享有票据权利，票据的出票人、承兑人对受让人不承担票据责任。

第四十九条 依照票据法第二十七条和第三十条的规定，背书人未记载被背书人名称即将票据交付他人的，持票人在票据被背书人栏内记载自己的名称与背书人记载具有同等法律效力。

第五十条 依照票据法第三十一条的规定，连续背书的第一背书人应当是在票据上记载的收款人，最后的票据持有人应当是最后一次背书的被背书人。

第五十一条 依照票据法第三十四条和第三十五条的规定，背书人在票据上记载“不得转让”、“委托收款”、“质押”字样，其后手再背书转让、委托收款或者质押的，原背书人对后手的被背书人不承担票据责任，但不影响出票人、承兑人以及原背书人之前手的票据责任。

第五十二条 依照票据法第五十七条第二款的规定，贷款人恶意或者有重大过失从事票据质押贷款的，人民法院应当认定质押行为无效。

第五十三条 依照票据法第二十七条的规定，出票人在票据上记载“不得转让”字样，其后手以此票据进行贴现、质押的，通过贴现、质押取得票据的持票人主张票据权利的，人民法院不予支持。

第五十四条 依照票据法第三十四条和第三十五条的规定，背书人在票据上记载“不得转让”字样，其后手以此票据进行贴现、质押的，原背书人对后手的被背书人不承担票据责任。

第五十五条 依照票据法第三十五条第二款的规定，以汇票设定质押时，出质人在汇票上只记载了“质押”字样未在票据上签章的，或者出质人未在汇票、粘单上记载“质押”字样而另行签订质押合同、质押条款的，不构成票据质押。

第五十六条 商业汇票的持票人向其非开户银行申请贴现，与向自己开立存款账户的银行申请贴现具有同等法律效力。但是，持票人有恶意或者与贴现银行恶意串通的除外。

第五十七条 违反规定区域出票，背书转让银行汇票，或者违反票据管理规定跨越票据交换区域出票、背书转让银行本票、支票的，不影响出票人、背书人依法应当承担的票据责任。

第五十八条 依照票据法第三十六条的规定，票据被拒绝承兑、被拒绝付款或者超过提示付款期限，票据持有人背书转让的，背书人应当承担票据责任。

第五十九条 承兑人或者付款人依照票据法第五十三条第二款的规定对逾期提示付款的持票人付款与按照规定的期限付款具有同等法律效力。

八、票据保证

第六十条 国家机关、以公益为目的的事业单位、社会团体、企业法人的分支机构和职能部门作为票据保证人的，票据保证无效，但经国务院批准为使用外国政府或者国际经济组织贷款进行转贷，国家机关提供票据保证的，以及企业法人的分支机构在法人书面授权范围内提供票据保证的除外。

第六十一条 票据保证无效的，票据的保证人应当承担与其过错相应的民事责任。

第六十二条 保证人未在票据或者粘单上记载“保证”字样而另行签订保证合同或者保证条款的，不属于票据保证，人民法院应当适用《中华人民共和国担保法》的有关规定。

九、法律适用

第六十三条 人民法院审理票据纠纷案件，适用票据法的规定；票据法没有规定的，适用《中华人民共和国民法通则》、《中华人民共和国合同法》、《中华人民共和国担保法》等民商事法律以及国务院制定的行政法规。

中国人民银行制定并公布施行的有关行政规章与法律、行政法规不抵触的，可以参照适用。

第六十四条　票据当事人因对金融行政管理部门的具体行政行为不服提起诉讼的，适用《中华人民共和国行政处罚法》、票据法以及《票据管理实施办法》等有关票据管理的规定。

中国人民银行制定并公布施行的有关行政规章与法律、行政法规不抵触的，可以参照适用。

第六十五条　人民法院对票据法施行以前已经作出终审裁决的票据纠纷案件进行再审，不适用票据法。

十、法律责任

第六十六条　具有下列情形之一的票据，未经背书转让的，票据债务人不承担票据责任；已经背书转让的，票据无效不影响其他真实签章的效力：

（一）出票人签章不真实的；

（二）出票人为无民事行为能力人的；

（三）出票人为限制民事行为能力人的。

第六十七条　依照票据法第十四条、第一百零三条、第一百零四条的规定，伪造、变造票据者除应当依法承担刑事、行政责任外，给他人造成损失的，还应当承担民事赔偿责任。被伪造签章者不承担票据责任。

第六十八条　对票据未记载事项或者未完全记载事项作补充记载，补充事项超出授权范围的，出票人对补充后的票据应当承担票据责任。给他人造成损失的，出票人还应当承担相应的民事责任。

第六十九条　付款人或者代理付款人未能识别出伪造、变造的票据或者身份证件而错误付款，属于票据法第五十七条规定的“重大过失”，给持票人造成损失的，应当依法承担民事责任。付款人或者代理付款人承担责任后有权向伪造者、变造者依法追偿。

持票人有过错的，也应当承担相应的民事责任。

第七十条　付款人及其代理付款人有下列情形之一的，应当自行承担责任：

（一）未依照票据法第五十七条的规定对提示付款人的合法身份证明或者有效证件以及汇票背书的连续性履行审查义务而错误付款的；

（二）公示催告期间对公示催告的票据付款的；

（三）收到人民法院的止付通知后付款的；

（四）其他以恶意或者重大过失付款的。

第七十一条　票据法第六十三条所称“其他有关证明”是指：

（一）人民法院出具的宣告承兑人、付款人失踪或者死亡的证明、法律文书；

（二）公安机关出具的承兑人、付款人逃匿或者下落不明的证明；

（三）医院或者有关单位出具的承兑人、付款人死亡的证明；

（四）公证机构出具的具有拒绝证明效力的文书。

第七十二条 当事人因申请票据保全错误而给他人造成损失的，应当依法承担民事责任。

第七十三条 因出票人签发空头支票、与其预留本名的签名式样或者印鉴不符的支票给他人造成损失的，支票的出票人和背书人应当依法承担民事责任。

第七十四条 人民法院在审理票据纠纷案件时，发现与本案有牵连但不属同一法律关系的票据欺诈犯罪嫌疑线索的，应当及时将犯罪嫌疑线索提供给有关公安机关，但票据纠纷案件不应因此而中止审理。

第七十五条 依照票据法第一百零五条的规定，由于金融机构工作人员在票据业务中玩忽职守，对违反票据法规定的票据予以承兑、付款、贴现或者保证，给当事人造成损失的，由该金融机构与直接责任人员依法承担连带责任。

第七十六条 依照票据法第一百零七条的规定，由于出票人制作票据，或者其他票据债务人未按照法定条件在票据上签章，给他人造成损失的，除应当按照所记载事项承担票据责任外，还应当承担相应的民事责任。

持票人明知或者应当知道前款情形而接受的，可以适当减轻出票人或者票据债务人的责任。

【链　接】

最高人民法院副院长李国光就《关于审理票据纠纷案件若干问题的规定》答记者问

最高人民法院发布的《关于审理票据纠纷案件若干问题的规定》（以下简称本规定），是专门就适用《票据法》作出的一项重要的、系统的司法解释。为了便于各级人民法院审判人员正确理解和适用本规定，记者专门采访了最高人民法院副院长李国光。

一、问：请问本规定起草的背景是什么？

答：1995 年全国人大常委会制定颁布《票据法》之后，最高人民法院即起草了《关于认真学习、贯彻票据法、担保法的通知》，经审判委员会讨论通过后发布。鉴于《票据法》的专业性、技术性较强，票据纠纷案件法律关系复杂，并呈现出类型新、标的大、处理难的特点，为了保证各级人民法院正确适用票据法，公正、及时地审理票据纠纷案件，保护票据当事人的合法权益，规范票据行为，保障票据的正常使用和流通，维护金融秩序，防范和化解金融风险，1996 年我们确定了起草关于适用票据法司法解释的项目。

朱镕基总理早在 1997 年初就把当年确定为深化金融体制改革，防范和化解金融风险年，后来发生的东南亚金融风波以及对我国金融的冲击和影响的事实证明，这种判断是完全正确和及时的。中共中央、国务院为此专门召开了全国金融工作会议，会议除了决定改革金融体制以外，要求各个行业、各个部门都要严格执行金融法律。起草人员乘金融工作会议东风，在认真总结搜集各级人民法院审判实践经验和银行结算中出现的新情况、新问题的基础上，根据《票据法》的规定，借鉴外国票据成功的立法例和国际惯例，于 1997 年 3 月写了初稿。

本规定是最高人民法院和地方各级人民法院审判实践经验的总结，是人民法院与银行等金融机构协同配合的成果，也是票据法理论与票据实践密切结合的产物。1997 年 4 月至 7 月，起草小组先后赴上海、江苏、天津、河北、北京等省市法院、银行征求意见，8 月 15 日与中国人民银行联合召开了由工行、农行、中行、建行、光大银行总行等商业银行参加的座谈会；8 月 18～19 日在北京怀柔召开了票据法司法解释专家座谈会，征求意见；10 月，在辽宁省抚顺市召开了为期三天的全国部分法院票据法司法解释座谈会（12 个高级法院、10 个中级法院和 1 个基层法院共 31 位同志参加）。稿子基本成熟后，还书面征求了全国人大财经委办公室、全国人大常委会法工委经济法室和研究室、国务院法制办的意见。规定起草历时五年，九易其稿，最后经过审判委员会认真研究，反复论证，终于瓜熟蒂落、水到渠成。

二、问：为什么这个文件称为规定，而不叫解释？

答：规定、解释都是司法解释的规范形式。解释一般是对某一部法律、某一个或者几个法律条文在审判工作中的适用作出的；规定的法律依据则往往不单纯是某一部法律、某一个法律条文，而是两部或者两部以上的法律或者法律条文的精神。

本规定是针对在审判实践中所遇到的问题，根据《票据法》的有关内容作出的，其目的是保证人民法院正确适用《票据法》，统一办案标准。这个文件的名称最初为《关于适用〈中华人民共和国票据法〉若干问题的解释》。但是，鉴于解释中的案件受理、管辖、诉讼保全、举证等问题，实际上是民事诉讼问题，主要依据是《民事诉讼法》，因此已超出了对票据法的解释。譬如，依照《民事诉讼法》的规定，因票据纠纷提起的诉讼，由票据支付地或者被告住所地人民法院管辖。《民事诉讼法》中的票据支付地就是票据法中的票据付款地。针对目前票据管辖争议大多产生于对“票据支付地”的不同理解，本规定一方面对“票据支付地”在《关于适用〈中华人民共和国民事诉讼法〉若干问题的意见》基础上作出明确的解释（第六条第二款），另一方面对适用“票据支付地”确定管辖的情况又作出了限制性解释（第七条）。因此，改为现在的名称。

三、问：对票据采取保全措施，应当怎样把握？

答：对票据能否采取保全措施，多年来一直是一个有争议的问题。有人主张不能保全，其理由是：票据是流通证券，任何单位都不应当对票据采取保全措施，人民法院也无权保全；另一种主张是可以保全，其理由是：票据属于有价证券，是财产的一种形式，人民法院对这种财产进行保全，于法有据，即《民事诉讼法》第九十二条的规定。本规定总的原则是，为了保障票据的正常使用和流通，人民法院一般不要轻易对票据采取保全措施，只能在少数情况下，为了防止当事人规避法律、钻票据无因性的空子，对于可能因恶意当事人（不正当持票人）与票据债务人有直接债权债务关系的票据当事人一方的行为或者其他原因，使判决不能执行或者难以执行的票据纠纷案件，人民法院可以作出财产保全的裁定（第八条）。也就是说，保全措施可以用，但一定要慎重，决不能滥用。

四、问：票据诉讼有何特征？

答：票据诉讼属于民事诉讼的一种。因此，其举证责任原则上适用《民事诉讼法》第六十四条的规定，即谁主张、谁举证。同时，鉴于票据的时效性、流通性和票据欺诈违法行为的多样性、票据诈骗犯罪行为的复杂性，考虑到举证的难易、诉讼成本、诉讼效率和公正司法等因素，本规定依照《票据法》第四条、第十条、第十二条、第二十一条的规定，区别了持票人的举证责任与正常的单纯提示义务，要求特定情况下的持票人证明票据的有效性和持票的合法性（第十条、第十一条）。

票据是流通证券，流通是票据的基本特征。票据流通的快慢直接制约、影响着商品交易的效率和频率，因此，《票据法》对票据权利时效作出了特别的规定（《票据法》第十七条、第十八条），本规定也相应作出了举证时效的规定（第十二条），以提高诉讼效率，适应民事审判方式改革的要求。肖扬院长在1998年全国高级人民法院院长会议上的报告中也贯穿了这种精神。

五、问：本规定是怎样体现保护债权人票据权利的？

答：票据权利是持票人向票据债务人请求支付票据金额的权利，包括付款请求权和追索权。与其他民事法律相比，票据法对债权人保护得更充分、更全面、更完善。这一点，集中表现在对抗辩权的切断和抗辩权的限制上。

针对有些法院在审判活动中放任票据当事人对抗辩权的滥用，一方面，本规定明确列出了对人抗辩的几种情况（第十五条）和对物抗辩的几种情况（第十六条）；另一方面，进一步界定了追索的对象，限定票据权利时效中断的范围。

本规定保护债权人票据权利，还体现在失票救济制度上。一般来说，票据权利与票据本身具有不可分离性。票据权利的发生以票据的作成为必要，票据权利的取得以票据的占有为必要，票据权利的转让以交付为必要。然而，一旦票据丧失，失票人是否也同时丧失了票据权利？英美法系的票据法理论认为，失票人同时丧失了票据权利，因而采纳了另行诉讼的立法主张。大陆法系的票据法理论认为，失票人虽然丧失了票据但并非同时丧失了票据权利，因而采纳了公示催告除权判决的立法主张。我国票据法兼收并蓄，既重申了《民事诉讼法》的公示催告救济途径，又增加了另行诉讼的补救办法。有的人主张空白授权支票、转账的银行汇票和银行本票不能采用公示催告。我们认为，这一主张既不符合《民事诉讼法》、《票据法》的规定，也不符合票据法原理。因此，本规定没有采纳。

六、问：本规定是否就不注意保护票据债务人的权利？

答：不是。对债务人提出的合法的抗辩理由，人民法院应当依法予以支持。譬如，对不得转让背书的抗辩。根据《票据法》、《担保法》的规定，票据作为有价证券可以用于质押。但对票据上记载有“不得转让”字样的，能否用于质押？有的学者认为，票据质押不转移票据所有权，票据质押不是转让，应当允许质押。各地法院在审判实践中认识也很不统一。鉴于《票据法》、《担保法》对这个问题规定得不明确，因此认识不统一是正常的。根据民法原理，用于质押的权利必须具有可转让性，不具有可转让性的权利不得质押，质押也没有意义，因为质押权人所谓的质押权无法实现。票据质押属于权利质押，既然当事人为避免陷入与他人的纷争之中，特意在票据上明确记载“不得转让”，从而就取消（出票人记载）或者限制（背书人记载）了该票据的流通性，这一点是票据法所确认的。无论从当事人意思自治的原则出发，还是考虑质押权实现的可能性，票据上记载有“不得转让”字样的，不宜用于质押，如用于质押，通过质押取得票据的持票人不得享有票据权利。这就体现了对债务人的司法保护。

最高人民法院经济审判庭
关于银行票据结算合同纠纷上诉案的电话答复

（1990年7月24日）

内蒙古自治区高级人民法院：

你院《关于银行票据结算合同纠纷上诉案的请示报告》已收悉，经我庭研究，现答复如下：

一、本案虽然从总体上来说是一起由古玉金、刘建军、赵明策划并实施的诈骗案，但却存在着两种关系：一是宝鸡五金公司与大同矿务局综合商场的所谓合同关系；二是宝鸡五金公司与银行的结算关系。票据是一种无因证券，它一经签发，就产生了独立的债权债务关系，并与该票据的原因相分离。因此，对于宝鸡五金公司与银行的结算关系可由法院分案审理。对于古玉金、刘建军等人的诈骗活动，公安机关早已立案侦查，并下令通缉，不存在移送经济犯罪问题。

二、工商行呼市大北街办事处将取款人“大同矿务局综合商店”背书上却为“河北省饶阳县食品公司留楚食品购销站”盖章的汇票错误解付，转入建行呼市第一办事处东街分理处古玉金账户；违反了银行结算办法的有关规定，应当承担过错责任。

建行呼市第一办事处东街分理处违反银行账户管理规定，为古玉金、刘建军等开立账户，违反现金管理规定，让古玉金、刘建军提取12.5万元的现金，也要承担过错责任。

托县工商行违反规定，将20万元购货款转入储蓄所个人存折，被刘建军、赵明提取现金潜逃，亦应承担相应责任。

三、宝鸡市五金公司业务员将汇票转给古玉金，违反了汇票结算办法的规定。因此，宝鸡市五金公司应承担一定经济责任。

四、上列当事人各自应承担的份额，由你们根据具体情况确定。

附：

内蒙古自治区高级人民法院
关于银行票据结算合同纠纷上诉案的请示报告

（1990 年 2 月 19 日）

最高人民法院：

我院在审理中国工商银行呼和浩特市支行大北街办事处与陕西省宝鸡市五金交电化工批发公司银行票据结算合同纠纷上诉一案中，在适用诉讼程序和实体处理上认识不尽一致，几种处理意见都有一定的依据和理由，但又觉得拿不准。为了正确处理好这一案件，并为今后处理类似案件提供案例，现将该案基本情况和我们的意见请示报告如下：

一、案情

上诉人（原审被告）：中国工商银行呼和浩特市支行大北街办事处（以下简称大北街办事处）。

被上诉人（原审原告）：陕西省宝鸡市五金交电化工批发公司（以下简称宝鸡五金公司）。

1988 年 2 月，河北省饶阳县农民古玉金流窜来呼和浩特市，伪造“河北省饶阳县食品公司留楚食品购销站”的印章和介绍信等证件，冒充该站业务员，通过建设银行呼和浩特市第一办事处东街分理处主任闫培林在该处开立了账户，账号为“912719002”。另有两个身份不明自称刘建军、赵明的人，也在呼和浩特市伪造“大同市矿务局综合商场”的印章和介绍信，冒充该商场的业务员，在东街分理处开立了账户，账号为“912719019”。古、刘、赵开立账户后以经商为名，伺机诈骗。

1988 年 8 月上、中旬，古玉金向陕西省宝鸡市机床厂供运科业务员李林召两次打电话，谎称他搞到 200 台 18 寸彩电，问李要不要。并称票已开出，每台 2050 元，供方山西大同矿务局综合商场每台加 250 元信息费，古玉金每台加 50 元信息费，每台价 2350 元，合计 47 万元。如果要货，8 月 22 日前带款来呼市。李林召即与宝鸡市金台物资供应站联系，该站同意要这批货，商定由李林召先到呼市落实货源，如确有货，再派业务员申琦携款前往呼市。事成后由金台物资供应站给李林召信息费 2000 元。

李林召于8月20日来呼市见到了古玉金，古向李出示了伪造的呼市五金公司的提货单和发票。并与所谓供方“业务员”刘建军见面，刘说这批彩电是他通过呼市五金公司财务科长办成的，货款已付给了五金公司。如果要货，必须在8月27日将款汇入他的账上，否则就让给别人了。李林召接连向金台物资供应站发了两封电报，要申琦务于8月25日带款来呼市。金台物资供应站收到电报后因货款困难，又和宝鸡五金公司联系，该公司同意要这批货，事成后由该公司付给金台物资供应站信息费6000元。还商定由宝鸡五金公司业务员张锃与申琦一起到呼市办理，并嘱咐张锃必须坚持“一手钱，一手货，现货交易”。

张锃持中国工商银行宝鸡市渭滨办事处开具的一张47万元的汇票（汇款单位为宝鸡五金公司，收款单位为“大同矿务局综合商店”，账号填为“91279019”，汇入银行系呼和浩特大北街办事处）。与申琦一起于8月25日来到呼市，见到了古玉金、刘建军、李林召等人。刘建军再次向张、申2人出示了伪造的提货单和发票，在商量进款提货问题时，刘建军要求款先入他的账，9月10日提货，张锃坚持“一手交款，一手交货”。此时另一帮忙搞彩电的李杰提出款先入河北省饶阳县食品公司留楚食品购销站的账户，由古玉金、李林召、李杰作担保，等9月9日再入大同矿务局综合商场的账，9月10日在呼市电视机厂提货。张锃同意先将款转入古的账上，并就此签订了一份协议：供方刘建军、需方张锃、担保人古玉金、李杰、李林召都在协议上签了字。后张锃不放心，于8月27日亲自到呼市五金公司，询问是否卖给大同矿务局综合商场200台彩电，该公司明确答复：“没有这回事”，认为刘建军的提货单和发票是伪造的，要求张锃协助将假提货单弄到手，把刘建军等人抓起来，张锃表示愿意配合。次日张锃又给呼市电视机厂销售科打电话，询问该厂是否卖给呼市五金公司200台彩电，该厂答复没有此事。张锃将此情况告诉了李林召、申琦等人，并表示他不能不见货将汇票交出。李林召等人又谎称，这批货是刘建军通过呼市五金公司私人从电视机厂搞出来的，绝对有货，并埋怨张锃说“陕西人做不成买卖”，张锃是“木头人”等，几人争执不止，张锃将所签协议撕毁，表示不做这笔生意了。

8月28日至29日，张锃先后两次给宝鸡五金公司领导打电话汇报情况，要求回家。公司领导先让“再等一等，看看情况”。后又答复说：“买卖实在做不成就回来。”张锃、申琦、李林召又达成一份次日回家、费用自负的协议，3人都在协议上签了字。李杰得知后发火说：“你们都回家费用自负，我没有单位包车费谁负责。”并把张锃、申琦等人堵在屋里，向张锃强要了出租汽车费420元。此时古玉金装作同情张锃，骂李杰“太不像人”，“敲人竹杠子”。申琦、李林召也骂李杰不够意思。张锃提出与古玉金、李林召、申琦喝酒。在喝酒中，张锃对古五金说："古大哥，我信得过你，若把款放在你的账上，我信得过。"古玉金、李林召马上赞同，一再表示款放在古玉金的账上不会出问题，古玉金表示愿将自己的印章交给张锃保管，以示自己在张锃的款进入他的账户后不能办取款手续。张锃、李林召将刚签好的回家协议烧掉，表示买卖继续要做，并由李林召草拟了第 3 份协议。该协议以大同矿务局综合商场为供方，以宝鸡五金公司为需方，购销天鹅牌彩电 200 台，单价 2300 元，总价 46 万元。协议规定："在 1988 年 9 月 1 日付给供方转账支票一份（已填好 9 月 12 日为有效的总价 41 万元'信息费另付'转账支票一份），供方协助需方于 1988 年 9 月 8、10、12 日前提出 200 台彩电交给需方。如在 9 月 12 日 18 点供方未将彩电交给需方，需方声明已填好的金额 41 万元转账支票作废。"李林召将协议拟出后交给张锃、申琦作了修改。张锃作为需方代表签了字，古玉金、李林召、申琦作为联系担保人签了字。8 月 30 日该 4 人找到了刘建军，刘以供方代表的名义在协议上签了字。

8 月 31 日，张锃与古玉金到呼市大北街办事处办理转款手续，张称不知手续该怎么办，古玉金说他有熟人，就将汇票交给古玉金办理。按银行结算制度规定，汇票背书应盖汇票记名的收款单位即"大同矿务局综合商店"的公章，款只能转入该单位的账户。但古玉金、张锃为了把款转入古玉金的账户内，就在汇票背面盖了"河北省饶阳县食品公司留楚食品购销站"的公章，填写送款簿时把收款单位填为"留楚购销站"，账号也填为古玉金的账号"912719002"。大北街办事处办理解付手续时，本应发现汇票背面所盖的公章与汇票记名的收款单位不是一家，送款簿上填的收款单位、账号与汇票上记名的收款单位和账号不符，本应拒绝解付，但由于该办事处营业员马慧玲工作上的失职、疏忽，漏审了收款单位和账号，将款错付在古玉金的账上。

9 月 1 日，张锃、古玉金、申琦、李林召按第三份协议，从古玉金账上开出一张 9 月 12 日才能进款 41 万元的转账支票交给了刘建军。张锃、申琦、李林召等待 8 日提货。9 月 4 日古玉金用出租汽车带张锃、申琦、李林召到呼郊昭君墓游玩，9 月 5 日、6 日又带张锃等人到草原风景区昭河游玩。

呼市大北街办事处于 9 月 2 日以交换的方式将 47 万元汇票划给了建设银行呼市第一办事处东街分理处，9 月 3 日正式进入古玉金账内，当天古玉金将转账支票上的转款日期由"9 月 12 日"改为"9 月 2 日"，在涂改处盖了古的个人印章，将 41 万元款转入了"大同市矿务局综合商场"刘建军的账内，古、刘 2 人通过银行闫培林以"购农副产品"的名义当天就提出现金 10 万元；古又从自己账上所剩的 6 万元中提出现金 25000 元。9 月 7 日刘建军、赵明 2 人通过闫培林以"收购农副产品"的名义向托县工商银行开出一张 20 万元的汇票，闫培林以分理处的名义向托县工商行出具了"此款无误"的证明。

刘、赵2人通过关系找到了曾在托县银行工作过的干部孙永才和托县工商银行干部史剑波，经孙、史2人周旋将20万元汇票从托县建设银行转在托县工商银行，又转在史剑波个人存折内，全部提成现金交给刘、赵2人。刘、赵向孙永才行贿12000元，向史剑波行贿1500元，于当日携款逃跑；古玉金也于当日携款逃跑。

李林召于9月7日接到电报回了宝鸡。9月9日张、申2人发现款已被骗，即到呼市公安局报案。呼市公安局当即查封了古玉金、刘建军的账户。将古玉金账上的30850元，刘建军账上的110200元，计141050元，追缴回14万元退给宝鸡五金公司，其余33万元被古、刘等人骗走。

经呼市公安局立案调查证实，古玉金系河北省饶阳县耿村农民，自1988年春节出门再未回家。古曾在留楚食品购销站租过一间房子卖过猪肉，但不是该站的职工，该食品站从未在呼市开立银行账户。经向山西大同矿务局调查，该局根本就没有所谓的“大同矿务局综合商场或商店”。刘建军、赵明2人的身份住址至今不清。公安机关立案后，曾收审了闫培林、孙永才、史剑波，孙、史将收受的贿赂款交回了公安机关。现3人均被取保候审，对古玉金、刘建军、赵明已下通缉令缉捕。

二、第一审判决结果

宝鸡五金公司向呼市公安局报案后，经过3个多月的侦查未能抓获罪犯，遂于1988年12月20日以呼市大北街办事处违反银行结算制度，将本来汇给山西大同矿务局综合商店的47万元错付给了河北省饶阳县留楚食品购销站，以致被骗，请求判决大北街办事处返还错付货款赔偿全部损失为由诉至呼市中级人民法院。

呼市中级法院审理认为，根据全国联行往来制度，原告将款汇入被告方后，就使双方产生了关于银行票据结算的权利义务关系。被告方本应严格审核汇票，发现不符合解付手续就不应解付。而被告方没有履行好自己的义务，对汇票进行了错误的解付，造成了原告方的资金损失，应负全部责任。按照银行结算办法第二十四条的规定，“银行办理结算因错付或者被冒领的，应及时查处，如造成客户资金损失，要负责赔偿”和民法通则第一百一十一条的规定，判决大北街办事处赔偿宝鸡五金公司355575.30元（包括利息）。

三、第二审对该案的处理意见

第一审宣判后大北街办事处不服，向我院提出上诉，经我院多次讨论，意见如下：第一种意见，合议庭和审委会多数同志认为，本案是一起严重的经济犯罪案件，第一审分案审理的法律依据不足，第二审应撤销原判，发回重审，将有关材料移送公安机关。主要理由有三点：（一）通观全部案情事实，本案的性质属于诈骗犯罪。是古、刘、赵等人伪造印章证件，冒充企业业务人员、开立假账户，贿赂银行工作人员，骗取现金 325000 元。他们的犯罪行为贯穿于案件的全过程，并起了支配作用。银行票据结算只是诈骗犯罪发展过程中的一个环节，不能离开全案孤立地看待其中的这一段。因为本案的结算关系是在犯罪分子的欺骗下产生的，中途改变收款单位也是在犯罪分子的欺骗下进行的，而且是由罪犯古玉金直接办理的转款结算手续，结算的结果是犯罪分子将款骗走，所以说票据结算与诈骗犯罪是分不开的。（二）“两院一部”法（研）发〔1987〕7 号文件《关于在审理经济纠纷案件中发现经济犯罪必须及时移送的通知》中明确指出：“各级人民法院在审理经济纠纷案件中，如果发现有经济犯罪事实的，即应及时移送。”并指出：“在审理经济纠纷案件中，发现经济犯罪时，一般应将经济犯罪与经济纠纷全案移送，按照刑事诉讼法第五十三条和第五十四条的规定办理。如果经济纠纷与经济犯罪必须分案审理的，或者是经济纠纷案经审结后又发现有经济犯罪的，可只移送经济犯罪部分。”持这种意见的同志认为，在审理经济纠纷案件中发现经济犯罪事实的应及时移送，是办理这类案件的一个基本原则；将经济犯罪与经济纠纷全案移送是一般做法，经济纠纷与经济犯罪分案审理的是属于特殊情形。本案有严重的经济犯罪事实，又没有必须分案审理的特殊情况，第一审立案的法律依据不足，应按照“及时移送”的基本原则和“一般应将经济犯罪与经济纠纷全案移送”的规定，将全案移送公安机关。（三）由于古玉金、刘建军、赵明 3 名主犯均未抓获归案，有的案情事实还不够清楚，大北街银行办事处、宝鸡方以及建设银行呼市第一办事处的过错责任不好确认。如汇票究竟是怎样解付的，这一关键事实现在还不够清楚。张锃说：“当时我喝了啤酒，在银行凳子上坐着，由古玉金具体办理手续。”古究竟通过谁怎么办的手续张锃说不清楚。马慧玲对汇票是否是她解付的也含含糊糊，只是说：“如果要是我解付的这张汇票，也是在我最忙的时间，当时的具体情况回忆不起来了。”古玉金在逃，无法进行核对。又如大北街办事处认为“大同矿务局综合商店”与“大同市矿务局综合商场”是一码事，他们虽开始将款错付在留楚食品购销站的账上，但有 41 万元款最终还是进了宝鸡五金公司原来要汇入的单位即“大同市矿务局综合商场”的账上了，而宝鸡五金公司则坚持“商场”与“商店”是两个单位，古玉金先给他们联系的是“商店”，后因商店的人回家了，又联系的“商场”，所以根本不存在 41 万元款进入他们本来要汇入的单位。那么“商场”与“商店”究竟是一个单位还是两个单位，因古、刘在逃核对工作无法进行。所以现在作出实体处理，缺乏充分事实依据，一旦犯罪分子抓获后所供情况与我们现在认定的事实不符，就会被动。为了稳妥、慎重地处理好本案，还是全案移送公安机关，先通过缉拿罪犯、追缴赃款，以刑事附带民事来解决受害方损失，经过这些工作仍不能补偿损失，还需分案审理时，在搞清全案事实的基础上再继续以经济纠纷案件审理为宜。

第二种意见认为，本案有诈骗犯罪的事实，但大北街办事处的责任是清楚的，认为分案审理是可以的。至于过错，大北街办事处和宝鸡五金公司都有过错，建设银行呼市第一办事处也有过错，应追加为第三人，由三方按一定比例共同承担赔偿责任。主要理由是：1. 本案存在着刑事犯罪和票据结算两种关系，属于刑事犯罪应由公安机关侦查；属于票据结算则可以由法院以经济纠纷案件审理，这样既不影响对犯罪分子的打击处理，又不影响对经济纠纷的处理。2. 如果将案件移送给公安机关，何时能将罪犯捉拿归案，遥遥无期，这样就会使案件石沉大海、银行贷款利息越积越多，宝鸡五金公司的损失继续增大，对于发展经济不利。3. 大北街办事处处于结算关系的中心地位，在关键时刻发生错付，应负主要责任；宝鸡五金公司上当受骗执迷不悟，在经营活动中有严重失误，也应负相应责任；建设银行呼市第一办事处违反银行账户管理办法和现金管理条例的规定，给犯罪分子开立假账户，提取巨额现金，致使诈骗犯罪最终得逞，也应负一定的责任。设想按照 5∶3∶2 的比例，由大北街办事处、宝鸡五金公司、建设银行呼市第一办事处三方共同承担责任。这样既了结了案件，又使各方对自己的失误交了“学费”，起了惩戒作用。

第三种意见是维持第一审判决，主要理由是：1. 本案的经济纠纷部分可以分案审理，理由如前所述。2. 宝鸡五金公司的过错被大北街办事处的过错所“冲销”，大北街办事处在结算的关键时刻未把住关，发生错付，是造成损失的根本原因，负有无可推卸的责任，故应承担全部经济损失。

以上三种意见中，我院倾向第一种处理意见，特予请示，并望尽快批复。

最高人民法院经济审判庭
关于广东省江门市富田农工商经理部诉海南省海南宁赣贸易公司购销合同一案中法院可否冻结银行承兑汇票问题的复函

（1992年3月24日 法经〔1992〕42号）

广东省高级人民法院：

你院〔1991〕粤法经请字第5号《关于法院可否冻结银行承兑汇票问题的请示》收悉。经研究，答复如下：

你院请示中的持票人海南机设信托投资股份（集团）有限公司经海南宁赣贸易公司背书，并且给付对价后取得编号为×18421208的银行承兑汇票，根据《银行结算办法》有关银行承兑汇票的规定和中国人民银行银发〔1991〕258号《关于加强商业汇票管理的通知》第六条的规定，有权持票要求承兑银行兑付，法院不得冻结该汇票。另外，持票人海南机设信托投资股份（集团）有限公司的前手海南宁赣贸易公司经背书转让了票据权利，现已无权将汇票返还签发银行。承兑银行应向承兑申请人追回欠款。富田经理部可以合同纠纷向宁赣公司追回欠款。

此复。

最高人民法院
关于中国银行上海分行宝山支行、中国农业银行上海市五角场支行与上海华海集装箱制造有限公司、浙江工艺毛绒厂票据纠纷上诉案和中信实业银行上海市分行与浙江工艺毛绒厂追索票据纠纷上诉案处理意见的复函

（1992年6月2日　法函〔1992〕77号）

上海市高级人民法院：

你院〔91〕沪高经上字第48号、第49号《关于处理上诉人中国银行上海分行宝山支行、中国农业银行上海市五角场支行与被上诉人上海华海集装箱制造有限公司、浙江工艺毛绒厂票据纠纷上诉案和上诉人中信实业银行上海分行与被上诉人浙江工艺毛绒厂追索票据款纠纷上诉案的请示》收悉。经研究，答复如下：

一、你院请示中的五角场支行作为非开户银行受理贴现，在当时违反银行结算制度，通过私人关系，并且未对贴现申请人展望公司的资信情况作调查，五角场支行作为国家金融机构，明知自己的行为违反结算制度，会给票据债务人造成损害，仍然受理贴现，对此行为应当推定为具有重大过失。

二、宝山支行明知五角场支行违反结算制度受理贴现，仍然向五角场支行付款。宝山支行的行为同时违反了该行与承兑申请人华海公司承兑协议上关于遵守《银行结算办法》的约定，具有重大过失。由此造成的损失，应由宝山支行向五角场支行和展望公司提出解决。

三、根据《上海市票据暂行规定》第二十八条的规定，“持票人在转让汇票时必须在背书中记明被背书人名称”。而浙江工艺毛绒厂取得的NO.0180001和NO.0180003两张银行承兑汇票的背书人展望公司，并未在背书中记明被背书人，属于空白背书。根据《上海市票据暂行规定》，背书必须记名。因此，浙江工艺毛绒厂不能成为NO.0180001和NO.0180003两张银行承兑汇票的合法持有人。

四、中信实业银行已经行使了毛绒厂承兑申请的3张银行承兑汇票的票据权利，取得了毛绒厂300万元汇票款，但只给付毛绒厂100万元，余款应

当偿还毛绒厂，若中信实业银行不予偿还，毛绒厂可以诉中信实业银行。

最高人民法院经济审判庭
关于银行承兑汇票能否部分金额贴现、部分用于抵押贷款的复函

（1994 年 10 月 11 日　法经〔1994〕244 号）

湖北省高级人民法院：

你院〔1993〕鄂经他字第 12 号《关于银行承兑汇票能否办理部分金额贴现和部分用于抵押贷款的请示报告》收悉。经研究，答复如下：

你院来文所述案件中，收款人黄陂县甘棠五金锻压厂（以下简称锻压厂）将承兑申请人汉川县杨林镇砖瓦厂金额为 70 万元，并经农业银行汉川县支行（以下简称汉川县支行）杨林沟办事处承兑的 081419 号银行承兑汇票，背书转让给交通银行武汉分行（以下简称武汉分行），武汉分行就已经取得了该票据上的权利。同时，锻压厂向武汉分行申请贴现 70 万元，而武汉分行办理贴现金额 15 万元（扣除贴息，实付 141275.40 元）。此后，锻压厂又以该汇票作抵押，与武汉分行签订了三份借款合同，从武汉分行贷出 52 万元。借款期届满，锻压厂未还款。这些行为并不影响武汉分行行使票据上的权利。鉴于武汉分行已经通过背书转让取得 081419 号银行承兑汇票的所有权；且该汇票的贴现人和抵押权人同为武汉分行，故该行享有的该票据权利依法应予保护；汉川县支行对其所属杨林沟办事处承兑的银行承兑汇票负有到期无条件付款的责任。

最高人民法院
关于认真学习、贯彻票据法、担保法的通知

（1995年8月30日　法发〔1995〕19号）

各省、自治区、直辖市高级人民法院，解放军军事法院：

《中华人民共和国票据法》（以下简称《票据法》）和《中华人民共和国担保法》（以下简称《担保法》）已由第八届全国人大常委会第十三次会议和第十四次会议通过，分别自1996年1月1日、1995年10月1日起施行。为在审判工作中正确适用《票据法》、《担保法》，现就学习、贯彻《票据法》、《担保法》的有关问题通知如下：

一、各级人民法院应当积极组织审判人员认真学习《票据法》、《担保法》，准确把握立法精神，深刻理解每一条款的含义，充分认识《票据法》在规范票据行为，保障票据活动当事人的合法权益，打击票据欺诈犯罪，维护社会经济秩序方面的积极作用，《担保法》对资金融通和商品流通的促进作用和对债权的实现的保障作用，以及这两部重要法律在促进社会主义市场经济发展中的积极影响。

二、审判人员应当通过对票据纠纷和担保合同纠纷案件的审判活动，正确适用法律，并结合办案，以案讲法，注意运用公开审判和新闻媒介等形式，大力宣传《票据法》、《担保法》及其重要意义，教育公民增强票据意识和担保意识，自觉地遵守法律。

三、对在《票据法》、《担保法》施行以前所发生的票据行为、担保行为，应当适用该行为发生时的有关规定；如果行为发生时没有规定的，可参照《票据法》、《担保法》的规定。

当事人对《票据法》、《担保法》施行前已经发生法律效力的裁决申请再审或者按照审判监督程序决定再审的票据纠纷案件、担保纠纷案件，仍应适用当时的有关规定。

四、《票据法》、《担保法》施行后，最高人民法院在两部法律颁布前作出的有关票据、担保问题的司法解释，凡与《票据法》、《担保法》抵触的，除本通知第三条所述情况外，不再适用。

五、各级人民法院在贯彻执行《票据法》、《担保法》的过程中，应当注意总结审判实践经验，加强调查研究，切实保证法律的有效实施。对于在审

理案件中有关适用法律方面的疑难问题，应提出解决的办法或者倾向性意见报送我院，以供作司法解释时参考。

最高人民法院
关于江西省九江外贸发展有限公司与中国建设银行深圳市分行罗湖支行、深圳艾尔迪实业有限公司票据纠纷案的答复

（1998年3月25日 〔1998〕经他字第22号函）

江西省高级人民法院：

你院请示收悉，经研究，答复如下：

本案票据行为发生时，《票据法》已施行，但是与《票据法》配套的新的票据格式还未启用，根据中国人民银行有关文件规定，在新版汇票未印制启用前，仍使用旧版汇票。同时，《银行结算办法》亦未废止。因此在认定本案银行承兑汇票有效性问题时，应结合《银行结算办法》的规定考虑。

按照《银行结算办法》的有关规定，银行承兑汇票的签发人可以是收款人，也可以是承兑申请人，在由承兑申请人签发银行承兑汇票时，汇票的签发人则与承兑申请人为同一人。本案承兑申请人在“承兑申请人盖章”处签章后，承兑银行也在汇票上盖章，承诺承兑，如认定汇票无效，发生止付票款，不仅使持票人处于不利地位，而且也不利于票据流通。因此，对使用旧版银行承兑汇票的，签发人与承兑申请人为同一人时，如果签发人仅在“承兑申请人盖章”处签章，其签章即视同为签发人签章，应认定该银行承兑汇票有效。

最高人民法院
关于中国农业银行武汉市分行硚口区支行与中国工商银行大理市支行、云南省大理州物资贸易中心银行承兑汇票纠纷一案的请示的答复

（1998年11月4日　法经〔1998〕457号）

云南省高级人民法院：

你院请示收悉。经研究，答复如下：

一、硚口农行下属的崇仁路办事处在受理本案汇票收款人天天公司申请汇票贴现的前后，分别以电报、电话的方式查询该汇票的签发及承兑情况，承兑人大理工行均复电确认该汇票系其签发，并明确转给农行崇仁路办事处。该办事处在审查核实汇票真实、合法的情况下办理贴现，并将汇票作成转让背书，尽到了谨慎注意的责任，不存在《中华人民共和国票据法》第十二条第二款规定的致使硚口农行不得享有票据权利的重大过失。至于农行崇仁路办事处在为天天公司开立账户、办理贴现、提现过程中有无违规行为，以及天天公司在与贸易中心的购销关系中有无诈骗行为，均非本案票据关系中的行为，不影响硚口农行享有票据权利。

二、本案汇票背书是在农行崇仁路办事处办理天天公司申请的汇票贴现时所作的转让背书，当时虽然只有背书人天天公司的签章，没有记载被背书人名称和背书日期，但其后已补记该办事处为汇票被背书人，且在背书转让上未涉及第三人，背书转让关系是明确的；由于背书日期未作记载，应视为在汇票到期日前背书，不影响背书的成立。同时，该办事处在取得汇票时经贴现已向背书人天天公司支付合理对价，属合法取得汇票，是该汇票的合法持票人。在本案汇票到期被拒绝付款时，硚口农行可以持票对承兑人大理工行、出票人贸易中心以及背书人天天公司主张票据权利。

最高人民法院
关于中国农业银行汝州市支行与中国建设银行汝州市支行债券兑付纠纷案的复函

（1999年3月17日　〔1998〕民他字第29号）

河南省高级人民法院：

你院《关于中国农业银行汝州市支行与中国建设银行汝州市支行债券兑付一案的请示报告》收悉。经研究认为，根据汝州市第三水泥厂与汝州市农业银行签订的《企业债券代销合同》和债券票面的记载，汝州市农业银行应负有债券兑付义务，即汝州市建设银行所持的400万元债券应由汝州市农业银行负责兑付。但是，400万元债券的利息，根据汝州市建设银行与债券发行人汝州市第三水泥厂关于债券利息支付的约定，不应由汝州市农业银行支付。

最高人民法院
关于景德镇市昌江信用联社营业部与中国银行景德镇市分行曹家岭办事处汇票结算纠纷案的答复

（2000年9月15日　法经〔2000〕205号）

江西省高级人民法院：

从你院报告反映的事实来看，景德镇市金属管件工贸有限公司（以下简称管件公司）作为出票人取得四张银行承兑汇票后，未将汇票交付票据上所载明的收款人，而在汇票第一背书人栏目中加盖了本单位公章和法定代表人私章，致上述汇票背书次序混乱、不连续，违反了《票据法》第三十一条的有关规定。景德镇市昌江信用联社营业部作为金融机构，应该知道管件公司不是承兑汇票的合法持票人，但其仍然接受该公司以上述承兑汇票质押并贷出款项，应属重大过失。根据《票据法》第十条第二款的规定，景德镇市昌江信用联社营业部因重大过失取得不符合《票据法》规定的票据，不得享有票据权利。

最高人民法院研究室
对《票据法》第十七条如何理解和适用问题的复函

［2000年9月29日　法（研）明传〔2000〕21号］

上海市高级人民法院：

你院〔1999〕沪高经终字第584号《关于如何理解和适用〈票据法〉第十七条之规定的请示》收悉。经研究，答复如下：

一、《中华人民共和国票据法》第十七条第一款第（一）项规定的“持票人对票据的出票人和承兑人的权利”，包括付款请求权和追索权；第（三）项规定的“持票人对前手的追索权”，不包括对票据出票人的追索权。

二、你院请示的持票人行使追索权的期限，应当适用《中华人民共和国票据法》第十七条第一款第（一）项规定的两年期限。

最高人民法院
关于鞍山钢铁公司弓长岭矿山公司与沈阳城市合作银行新华支行、辽阳城市合作银行弓长岭支行票据纠纷一案的复函

（2002年8月29日　〔2001〕民他监字34号）

辽宁省高级人民法院：

你院请示收悉，经研究，答复如下：

1. 结算处向弓长岭矿山公司背书转让银行承兑汇票时，在被背书人一栏仅记载为“弓矿公司”，以及弓长岭矿山公司将该银行承兑汇票用作质押时，签章与预留印鉴不符，违反了《票据法》第七条和《银行结算办法》第八条第一款的规定。但是，上述签章的结果并不必然导致弓长岭矿山公司丧失票据权利。鉴于合作银行弓长岭支行非以此为由拒付票款，弓长岭矿山公司的前手对持票人的真实性没有提出异议，该银行承兑汇票到期日前无人对其主

张票据权利，人民银行辽阳市分行在诉讼期间对此问题也出具了证明，故应确认背书连续，弓长岭矿山公司不因此丧失票据权利。

2. 弓长岭矿山公司未背书记载“质押”字样，其后果仅为质押权人无法证明其票据质权，依票据的文义性，弓长岭矿山公司为持票人。合作银行弓长岭支行不向工商银行弓长岭支行拒付票款，而是向弓长岭矿山公司拒付票款的事实，也说明了这一点。根据《票据法》第五十三条第三款的规定，通过委托收款银行或者通过票据交换系统向付款人提示付款的，视同持票人提示付款。

3. 该银行承兑汇票属于旧版汇票，根据《银行结算会计核算手续》中有关收款人或被背书人开户行受理银行承兑汇票处理手续的规定，该银行承兑汇票的最后签章形式，不属于空白背书。

4. 根据《票据法》第三十六条的规定，合作银行弓长岭支行拒绝付款退票后，不得背书转让。

5. 该银行承兑汇票是在法定期限内通过票据交换系统提示付款的。合作银行弓长岭支行则是在接到新华支行转送的沈阳市大东区法院冻结止付的裁定及相关事宜的通知之后，以汇票冻结为由拒付，并向弓长岭矿山公司出具了借方特种传票。根据《票据法》第五十三条第一款第（二）项和第三款的规定，应视同弓长岭矿山公司向新华支行提示付款。综上所述，弓长岭矿山公司享有该银行承兑汇票的票据权利。新华支行对其承兑的汇票负有汇票到期日无条件付款的责任。

沈阳市大东区法院冻结本案汇票的裁定错误，应予撤销。

第十章　证券、期货

中华人民共和国证券法

（1998年12月29日第九届全国人民代表大会常务委员会第六次会议通过　根据2004年8月28日第十届全国人民代表大会常务委员会第十一次会议《关于修改〈中华人民共和国证券法〉的决定》第一次修正　2005年10月27日第十届全国人民代表大会常务委员会第十八次会议修订　根据2013年6月29日第十二届全国人民代表大会常务委员会第三次会议《关于修改〈中华人民共和国文物保护法〉等十二部法律的决定》第二次修正　根据2014年8月31日第十二届全国人民代表大会常务委员会第十次会议《关于修改〈中华人民共和国保险法〉等五部法律的决定》第三次修正）

目　录

第一章　总　则

第一条　为了规范证券发行和交易行为，保护投资者的合法权益，维护社会经济秩序和社会公共利益，促进社会主义市场经济的发展，制定本法。

第二条　在中华人民共和国境内，股票、公司债券和国务院依法认定的其他证券的发行和交易，适用本法；本法未规定的，适用《中华人民共和国公司法》和其他法律、行政法规的规定。

政府债券、证券投资基金份额的上市交易，适用本法；其他法律、行政法规另有规定的，适用其规定。

证券衍生品种发行、交易的管理办法，由国务院依照本法的原则规定。

第三条　证券的发行、交易活动，必须实行公开、公平、公正的原则。

第四条　证券发行、交易活动的当事人具有平等的法律地位，应当遵守自愿、有偿、诚实信用的原则。

第五条　证券的发行、交易活动，必须遵守法律、行政法规；禁止欺诈、内幕交易和操纵证券市场的行为。

第六条　证券业和银行业、信托业、保险业实行分业经营、分业管理，证券公司与银行、信托、保险业务机构分别设立。国家另有规定的除外。

第七条　国务院证券监督管理机构依法对全国证券市场实行集中统一监督管理。

国务院证券监督管理机构根据需要可以设立派出机构，按照授权履行监督管理职责。

第八条　在国家对证券发行、交易活动实行集中统一监督管理的前提下，依法设立证券业协会，实行自律性管理。

第九条　国家审计机关依法对证券交易所、证券公司、证券登记结算机构、证券监督管理机构进行审计监督。

第二章　证券发行

第十条　公开发行证券，必须符合法律、行政法规规定的条件，并依法报经国务院证券监督管理机构或者国务院授权的部门核准；未经依法核准，任何单位和个人不得公开发行证券。

有下列情形之一的，为公开发行：

（一）向不特定对象发行证券的；

（二）向特定对象发行证券累计超过二百人的；

（三）法律、行政法规规定的其他发行行为。

非公开发行证券，不得采用广告、公开劝诱和变相公开方式。

第十一条 发行人申请公开发行股票、可转换为股票的公司债券，依法采取承销方式的，或者公开发行法律、行政法规规定实行保荐制度的其他证券的，应当聘请具有保荐资格的机构担任保荐人。

保荐人应当遵守业务规则和行业规范，诚实守信，勤勉尽责，对发行人的申请文件和信息披露资料进行审慎核查，督导发行人规范运作。

保荐人的资格及其管理办法由国务院证券监督管理机构规定。

第十二条 设立股份有限公司公开发行股票，应当符合《中华人民共和国公司法》规定的条件和经国务院批准的国务院证券监督管理机构规定的其他条件，向国务院证券监督管理机构报送募股申请和下列文件：

（一）公司章程；

（二）发起人协议；

（三）发起人姓名或者名称，发起人认购的股份数、出资种类及验资证明；

（四）招股说明书；

（五）代收股款银行的名称及地址；

（六）承销机构名称及有关的协议。

依照本法规定聘请保荐人的，还应当报送保荐人出具的发行保荐书。

法律、行政法规规定设立公司必须报经批准的，还应当提交相应的批准文件。

第十三条 公司公开发行新股，应当符合下列条件：

（一）具备健全且运行良好的组织机构；

（二）具有持续盈利能力，财务状况良好；

（三）最近三年财务会计文件无虚假记载，无其他重大违法行为；

（四）经国务院批准的国务院证券监督管理机构规定的其他条件。

上市公司非公开发行新股，应当符合经国务院批准的国务院证券监督管理机构规定的条件，并报国务院证券监督管理机构核准。

第十四条 公司公开发行新股，应当向国务院证券监督管理机构报送募股申请和下列文件：

（一）公司营业执照；

（二）公司章程；

（三）股东大会决议；

（四）招股说明书；

（五）财务会计报告；

（六）代收股款银行的名称及地址；

（七）承销机构名称及有关的协议。

依照本法规定聘请保荐人的，还应当报送保荐人出具的发行保荐书。

第十五条　公司对公开发行股票所募集资金，必须按照招股说明书所列资金用途使用。改变招股说明书所列资金用途，必须经股东大会作出决议。擅自改变用途而未作纠正的，或者未经股东大会认可的，不得公开发行新股。

第十六条　公开发行公司债券，应当符合下列条件：

（一）股份有限公司的净资产不低于人民币三千万元，有限责任公司的净资产不低于人民币六千万元；

（二）累计债券余额不超过公司净资产的百分之四十；

（三）最近三年平均可分配利润足以支付公司债券一年的利息；

（四）筹集的资金投向符合国家产业政策；

（五）债券的利率不超过国务院限定的利率水平；

（六）国务院规定的其他条件。

公开发行公司债券筹集的资金，必须用于核准的用途，不得用于弥补亏损和非生产性支出。

上市公司发行可转换为股票的公司债券，除应当符合第一款规定的条件外，还应当符合本法关于公开发行股票的条件，并报国务院证券监督管理机构核准。

第十七条　申请公开发行公司债券，应当向国务院授权的部门或者国务院证券监督管理机构报送下列文件：

（一）公司营业执照；

（二）公司章程；

（三）公司债券募集办法；

（四）资产评估报告和验资报告；

（五）国务院授权的部门或者国务院证券监督管理机构规定的其他文件。

依照本法规定聘请保荐人的，还应当报送保荐人出具的发行保荐书。

第十八条　有下列情形之一的，不得再次公开发行公司债券：

（一）前一次公开发行的公司债券尚未募足；

（二）对已公开发行的公司债券或者其他债务有违约或者延迟支付本息的事实，仍处于继续状态；

（三）违反本法规定，改变公开发行公司债券所募资金的用途。

第十九条　发行人依法申请核准发行证券所报送的申请文件的格式、报送方式，由依法负责核准的机构或者部门规定。

第二十条　发行人向国务院证券监督管理机构或者国务院授权的部门报送的证券发行申请文件，必须真实、准确、完整。

为证券发行出具有关文件的证券服务机构和人员，必须严格履行法定职责，保证其所出具文件的真实性、准确性和完整性。

第二十一条 发行人申请首次公开发行股票的，在提交申请文件后，应当按照国务院证券监督管理机构的规定预先披露有关申请文件。

第二十二条 国务院证券监督管理机构设发行审核委员会，依法审核股票发行申请。

发行审核委员会由国务院证券监督管理机构的专业人员和所聘请的该机构外的有关专家组成，以投票方式对股票发行申请进行表决，提出审核意见。

发行审核委员会的具体组成办法、组成人员任期、工作程序，由国务院证券监督管埋机构规定。

第二十三条 国务院证券监督管理机构依照法定条件负责核准股票发行申请。核准程序应当公开，依法接受监督。

参与审核和核准股票发行申请的人员，不得与发行申请人有利害关系，不得直接或者间接接受发行申请人的馈赠，不得持有所核准的发行申请的股票，不得私下与发行申请人进行接触。

国务院授权的部门对公司债券发行申请的核准，参照前两款的规定执行。

第二十四条 国务院证券监督管理机构或者国务院授权的部门应当自受理证券发行申请文件之日起三个月内，依照法定条件和法定程序作出予以核准或者不予核准的决定，发行人根据要求补充、修改发行申请文件的时间不计算在内；不予核准的，应当说明理由。

第二十五条 证券发行申请经核准，发行人应当依照法律、行政法规的规定，在证券公开发行前，公告公开发行募集文件，并将该文件置备于指定场所供公众查阅。

发行证券的信息依法公开前，任何知情人不得公开或者泄露该信息。

发行人不得在公告公开发行募集文件前发行证券。

第二十六条 国务院证券监督管理机构或者国务院授权的部门对已作出的核准证券发行的决定，发现不符合法定条件或者法定程序，尚未发行证券的，应当予以撤销，停止发行。已经发行尚未上市的，撤销发行核准决定，发行人应当按照发行价并加算银行同期存款利息返还证券持有人；保荐人应当与发行人承担连带责任，但是能够证明自己没有过错的除外；发行人的控股股东、实际控制人有过错的，应当与发行人承担连带责任。

第二十七条 股票依法发行后，发行人经营与收益的变化，由发行人自行负责；由此变化引致的投资风险，由投资者自行负责。

第二十八条 发行人向不特定对象发行的证券，法律、行政法规规定应当由证券公司承销的，发行人应当同证券公司签订承销协议。证券承销业务采取代销或者包销方式。

证券代销是指证券公司代发行人发售证券，在承销期结束时，将未售出的证券全部退还给发行人的承销方式。

证券包销是指证券公司将发行人的证券按照协议全部购入或者在承销期结束时将售后剩余证券全部自行购入的承销方式。

第二十九条　公开发行证券的发行人有权依法自主选择承销的证券公司。证券公司不得以不正当竞争手段招揽证券承销业务。

第三十条　证券公司承销证券，应当同发行人签订代销或者包销协议，载明下列事项：

（一）当事人的名称、住所及法定代表人姓名；

（二）代销、包销证券的种类、数量、金额及发行价格；

（三）代销、包销的期限及起止日期；

（四）代销、包销的付款方式及日期；

（五）代销、包销的费用和结算办法；

（六）违约责任；

（七）国务院证券监督管理机构规定的其他事项。

第三十一条　证券公司承销证券，应当对公开发行募集文件的真实性、准确性、完整性进行核查；发现有虚假记载、误导性陈述或者重大遗漏的，不得进行销售活动；已经销售的，必须立即停止销售活动，并采取纠正措施。

第三十二条　向不特定对象发行的证券票面总值超过人民币五千万元的，应当由承销团承销。承销团应当由主承销和参与承销的证券公司组成。

第三十三条　证券的代销、包销期限最长不得超过九十日。

证券公司在代销、包销期内，对所代销、包销的证券应当保证先行出售给认购人，证券公司不得为本公司预留所代销的证券和预先购入并留存所包销的证券。

第三十四条　股票发行采取溢价发行的，其发行价格由发行人与承销的证券公司协商确定。

第三十五条　股票发行采用代销方式，代销期限届满，向投资者出售的股票数量未达到拟公开发行股票数量百分之七十的，为发行失败。发行人应当按照发行价并加算银行同期存款利息返还股票认购人。

第三十六条　公开发行股票，代销、包销期限届满，发行人应当在规定的期限内将股票发行情况报国务院证券监督管理机构备案。

第三章　证券交易

第一节　一般规定

第三十七条　证券交易当事人依法买卖的证券，必须是依法发行并交付的证券。

非依法发行的证券，不得买卖。

第三十八条　依法发行的股票、公司债券及其他证券，法律对其转让期限有限制性规定的，在限定的期限内不得买卖。

第三十九条　依法公开发行的股票、公司债券及其他证券，应当在依法设立的证券交易所上市交易或者在国务院批准的其他证券交易场所转让。

第四十条　证券在证券交易所上市交易，应当采用公开的集中交易方式或者国务院证券监督管理机构批准的其他方式。

第四十一条　证券交易当事人买卖的证券可以采用纸面形式或者国务院证券监督管理机构规定的其他形式。

第四十二条　证券交易以现货和国务院规定的其他方式进行交易。

第四十三条　证券交易所、证券公司和证券登记结算机构的从业人员、证券监督管理机构的工作人员以及法律、行政法规禁止参与股票交易的其他人员，在任期或者法定限期内，不得直接或者以化名、借他人名义持有、买卖股票，也不得收受他人赠送的股票。

任何人在成为前款所列人员时，其原已持有的股票，必须依法转让。

第四十四条　证券交易所、证券公司、证券登记结算机构必须依法为客户开立的账户保密。

第四十五条　为股票发行出具审计报告、资产评估报告或者法律意见书等文件的证券服务机构和人员，在该股票承销期内和期满后六个月内，不得买卖该种股票。

除前款规定外，为上市公司出具审计报告、资产评估报告或者法律意见书等文件的证券服务机构和人员，自接受上市公司委托之日起至上述文件公开后五日内，不得买卖该种股票。

第四十六条　证券交易的收费必须合理，并公开收费项目、收费标准和收费办法。

证券交易的收费项目、收费标准和管理办法由国务院有关主管部门统一规定。

第四十七条　上市公司董事、监事、高级管理人员、持有上市公司股份百分之五以上的股东，将其持有的该公司的股票在买入后六个月内卖出，或者在卖出后六个月内又买入，由此所得收益归该公司所有，公司董事会应当收回其所得收益。但是，证券公司因包销购入售后剩余股票而持有百分之五以上股份的，卖出该股票不受六个月时间限制。

公司董事会不按照前款规定执行的，股东有权要求董事会在三十日内执行。公司董事会未在上述期限内执行的，股东有权为了公司的利益以自己的名义直接向人民法院提起诉讼。

公司董事会不按照第一款的规定执行的，负有责任的董事依法承担连带责任。

第二节　证券上市

第四十八条　申请证券上市交易，应当向证券交易所提出申请，由证券交易所依法审核同意，并由双方签订上市协议。

证券交易所根据国务院授权的部门的决定安排政府债券上市交易。

第四十九条　申请股票、可转换为股票的公司债券或者法律、行政法规规定实行保荐制度的其他证券上市交易，应当聘请具有保荐资格的机构担任保荐人。

本法第十一条第二款、第三款的规定适用于上市保荐人。

第五十条　股份有限公司申请股票上市，应当符合下列条件：

（一）股票经国务院证券监督管理机构核准已公开发行；

（二）公司股本总额不少于人民币三千万元；

（三）公开发行的股份达到公司股份总数的百分之二十五以上；公司股本总额超过人民币四亿元的，公开发行股份的比例为百分之十以上；

（四）公司最近三年无重大违法行为，财务会计报告无虚假记载。

证券交易所可以规定高于前款规定的上市条件，并报国务院证券监督管理机构批准。

第五十一条　国家鼓励符合产业政策并符合上市条件的公司股票上市交易。

第五十二条　申请股票上市交易，应当向证券交易所报送下列文件：

（一）上市报告书；

（二）申请股票上市的股东大会决议；

（三）公司章程；

（四）公司营业执照；

（五）依法经会计师事务所审计的公司最近三年的财务会计报告；

（六）法律意见书和上市保荐书；

（七）最近一次的招股说明书；

（八）证券交易所上市规则规定的其他文件。

第五十三条 股票上市交易申请经证券交易所审核同意后，签订上市协议的公司应当在规定的期限内公告股票上市的有关文件，并将该文件置备于指定场所供公众查阅。

第五十四条 签订上市协议的公司除公告前条规定的文件外，还应当公告下列事项：

（一）股票获准在证券交易所交易的日期；

（二）持有公司股份最多的前十名股东的名单和持股数额；

（三）公司的实际控制人；

（四）董事、监事、高级管理人员的姓名及其持有本公司股票和债券的情况。

第五十五条 上市公司有下列情形之一的，由证券交易所决定暂停其股票上市交易：

（一）公司股本总额、股权分布等发生变化不再具备上市条件；

（二）公司不按照规定公开其财务状况，或者对财务会计报告作虚假记载，可能误导投资者；

（三）公司有重大违法行为；

（四）公司最近三年连续亏损；

（五）证券交易所上市规则规定的其他情形。

第五十六条 上市公司有下列情形之一的，由证券交易所决定终止其股票上市交易：

（一）公司股本总额、股权分布等发生变化不再具备上市条件，在证券交易所规定的期限内仍不能达到上市条件；

（二）公司不按照规定公开其财务状况，或者对财务会计报告作虚假记载，且拒绝纠正；

（三）公司最近三年连续亏损，在其后一个年度内未能恢复盈利；

（四）公司解散或者被宣告破产；

（五）证券交易所上市规则规定的其他情形。

第五十七条 公司申请公司债券上市交易，应当符合下列条件：

（一）公司债券的期限为一年以上；

（二）公司债券实际发行额不少于人民币五千万元；

（三）公司申请债券上市时仍符合法定的公司债券发行条件。

第五十八条 申请公司债券上市交易，应当向证券交易所报送下列文件：

（一）上市报告书；

（二）申请公司债券上市的董事会决议；

（三）公司章程；

（四）公司营业执照；

（五）公司债券募集办法；

（六）公司债券的实际发行数额；

（七）证券交易所上市规则规定的其他文件。

申请可转换为股票的公司债券上市交易，还应当报送保荐人出具的上市保荐书。

第五十九条　公司债券上市交易申请经证券交易所审核同意后，签订上市协议的公司应当在规定的期限内公告公司债券上市文件及有关文件，并将其申请文件置备于指定场所供公众查阅。

第六十条　公司债券上市交易后，公司有下列情形之一的，由证券交易所决定暂停其公司债券上市交易：

（一）公司有重大违法行为；

（二）公司情况发生重大变化不符合公司债券上市条件；

（三）发行公司债券所募集的资金不按照核准的用途使用；

（四）未按照公司债券募集办法履行义务；

（五）公司最近二年连续亏损。

第六十一条　公司有前条第（一）项、第（四）项所列情形之一经查实后果严重的，或者有前条第（二）项、第（三）项、第（五）项所列情形之一，在限期内未能消除的，由证券交易所决定终止其公司债券上市交易。

公司解散或者被宣告破产的，由证券交易所终止其公司债券上市交易。

第六十二条　对证券交易所作出的不予上市、暂停上市、终止上市决定不服的，可以向证券交易所设立的复核机构申请复核。

第三节　持续信息公开

第六十三条　发行人、上市公司依法披露的信息，必须真实、准确、完整，不得有虚假记载、误导性陈述或者重大遗漏。

第六十四条　经国务院证券监督管理机构核准依法公开发行股票，或者经国务院授权的部门核准依法公开发行公司债券，应当公告招股说明书、公司债券募集办法。依法公开发行新股或者公司债券的，还应当公告财务会计报告。

第六十五条　上市公司和公司债券上市交易的公司，应当在每一会计年度的上半年结束之日起二个月内，向国务院证券监督管理机构和证券交易所报送记载以下内容的中期报告，并予公告：

（一）公司财务会计报告和经营情况；

（二）涉及公司的重大诉讼事项；

（三）已发行的股票、公司债券变动情况；

（四）提交股东大会审议的重要事项；

（五）国务院证券监督管理机构规定的其他事项。

第六十六条 上市公司和公司债券上市交易的公司，应当在每一会计年度结束之日起四个月内，向国务院证券监督管理机构和证券交易所报送记载以下内容的年度报告，并予公告：

（一）公司概况；

（二）公司财务会计报告和经营情况；

（三）董事、监事、高级管理人员简介及其持股情况；

（四）已发行的股票、公司债券情况，包括持有公司股份最多的前十名股东的名单和持股数额；

（五）公司的实际控制人；

（六）国务院证券监督管理机构规定的其他事项。

第六十七条 发生可能对上市公司股票交易价格产生较大影响的重大事件，投资者尚未得知时，上市公司应当立即将有关该重大事件的情况向国务院证券监督管理机构和证券交易所报送临时报告，并予公告，说明事件的起因、目前的状态和可能产生的法律后果。

下列情况为前款所称重大事件：

（一）公司的经营方针和经营范围的重大变化；

（二）公司的重大投资行为和重大的购置财产的决定；

（三）公司订立重要合同，可能对公司的资产、负债、权益和经营成果产生重要影响；

（四）公司发生重大债务和未能清偿到期重大债务的违约情况；

（五）公司发生重大亏损或者重大损失；

（六）公司生产经营的外部条件发生的重大变化；

（七）公司的董事、三分之一以上监事或者经理发生变动；

（八）持有公司百分之五以上股份的股东或者实际控制人，其持有股份或者控制公司的情况发生较大变化；

（九）公司减资、合并、分立、解散及申请破产的决定；

（十）涉及公司的重大诉讼，股东大会、董事会决议被依法撤销或者宣告无效；

（十一）公司涉嫌犯罪被司法机关立案调查，公司董事、监事、高级管理人员涉嫌犯罪被司法机关采取强制措施；

（十二）国务院证券监督管理机构规定的其他事项。

第六十八条　上市公司董事、高级管理人员应当对公司定期报告签署书面确认意见。

上市公司监事会应当对董事会编制的公司定期报告进行审核并提出书面审核意见。

上市公司董事、监事、高级管理人员应当保证上市公司所披露的信息真实、准确、完整。

第六十九条　发行人、上市公司公告的招股说明书、公司债券募集办法、财务会计报告、上市报告文件、年度报告、中期报告、临时报告以及其他信息披露资料，有虚假记载、误导性陈述或者重大遗漏，致使投资者在证券交易中遭受损失的，发行人、上市公司应当承担赔偿责任；发行人、上市公司的董事、监事、高级管理人员和其他直接责任人员以及保荐人、承销的证券公司，应当与发行人、上市公司承担连带赔偿责任，但是能够证明自己没有过错的除外；发行人、上市公司的控股股东、实际控制人有过错的，应当与发行人、上市公司承担连带赔偿责任。

第七十条　依法必须披露的信息，应当在国务院证券监督管理机构指定的媒体发布，同时将其置备于公司住所、证券交易所，供社会公众查阅。

第七十一条　国务院证券监督管理机构对上市公司年度报告、中期报告、临时报告以及公告的情况进行监督，对上市公司分派或者配售新股的情况进行监督，对上市公司控股股东和信息披露义务人的行为进行监督。

证券监督管理机构、证券交易所、保荐人、承销的证券公司及有关人员，对公司依照法律、行政法规规定必须作出的公告，在公告前不得泄露其内容。

第七十二条　证券交易所决定暂停或者终止证券上市交易的，应当及时公告，并报国务院证券监督管理机构备案。

第四节　禁止的交易行为

第七十三条　禁止证券交易内幕信息的知情人和非法获取内幕信息的人利用内幕信息从事证券交易活动。

第七十四条　证券交易内幕信息的知情人包括：

（一）发行人的董事、监事、高级管理人员；

（二）持有公司百分之五以上股份的股东及其董事、监事、高级管理人员，公司的实际控制人及其董事、监事、高级管理人员；

（三）发行人控股的公司及其董事、监事、高级管理人员；

（四）由于所任公司职务可以获取公司有关内幕信息的人员；

（五）证券监督管理机构工作人员以及由于法定职责对证券的发行、交易进行管理的其他人员；

（六）保荐人、承销的证券公司、证券交易所、证券登记结算机构、证券服务机构的有关人员；

（七）国务院证券监督管理机构规定的其他人。

第七十五条 证券交易活动中，涉及公司的经营、财务或者对该公司证券的市场价格有重大影响的尚未公开的信息，为内幕信息。

下列信息皆属内幕信息：

（一）本法第六十七条第二款所列重大事件；

（二）公司分配股利或者增资的计划；

（三）公司股权结构的重大变化；

（四）公司债务担保的重大变更；

（五）公司营业用主要资产的抵押、出售或者报废一次超过该资产的百分之三十；

（六）公司的董事、监事、高级管理人员的行为可能依法承担重大损害赔偿责任；

（七）上市公司收购的有关方案；

（八）国务院证券监督管理机构认定的对证券交易价格有显著影响的其他重要信息。

第七十六条 证券交易内幕信息的知情人和非法获取内幕信息的人，在内幕信息公开前，不得买卖该公司的证券，或者泄露该信息，或者建议他人买卖该证券。

持有或者通过协议、其他安排与他人共同持有公司百分之五以上股份的自然人、法人、其他组织收购上市公司的股份，本法另有规定的，适用其规定。

内幕交易行为给投资者造成损失的，行为人应当依法承担赔偿责任。

第七十七条 禁止任何人以下列手段操纵证券市场：

（一）单独或者通过合谋，集中资金优势、持股优势或者利用信息优势联合或者连续买卖，操纵证券交易价格或者证券交易量；

（二）与他人串通，以事先约定的时间、价格和方式相互进行证券交易，影响证券交易价格或者证券交易量；

（三）在自己实际控制的账户之间进行证券交易，影响证券交易价格或者证券交易量；

（四）以其他手段操纵证券市场。

操纵证券市场行为给投资者造成损失的，行为人应当依法承担赔偿责任。

第七十八条 禁止国家工作人员、传播媒介从业人员和有关人员编造、传播虚假信息，扰乱证券市场。

禁止证券交易所、证券公司、证券登记结算机构、证券服务机构及其从业人员，证券业协会、证券监督管理机构及其工作人员，在证券交易活动中作出虚假陈述或者信息误导。

各种传播媒介传播证券市场信息必须真实、客观，禁止误导。

第七十九条 禁止证券公司及其从业人员从事下列损害客户利益的欺诈行为：

（一）违背客户的委托为其买卖证券；

（二）不在规定时间内向客户提供交易的书面确认文件；

（三）挪用客户所委托买卖的证券或者客户账户上的资金；

（四）未经客户的委托，擅自为客户买卖证券，或者假借客户的名义买卖证券；

（五）为牟取佣金收入，诱使客户进行不必要的证券买卖；

（六）利用传播媒介或者通过其他方式提供、传播虚假或者误导投资者的信息；

（七）其他违背客户真实意思表示，损害客户利益的行为。

欺诈客户行为给客户造成损失的，行为人应当依法承担赔偿责任。

第八十条 禁止法人非法利用他人账户从事证券交易；禁止法人出借自己或者他人的证券账户。

第八十一条 依法拓宽资金入市渠道，禁止资金违规流入股市。

第八十二条 禁止任何人挪用公款买卖证券。

第八十三条 国有企业和国有资产控股的企业买卖上市交易的股票，必须遵守国家有关规定。

第八十四条 证券交易所、证券公司、证券登记结算机构、证券服务机构及其从业人员对证券交易中发现的禁止的交易行为，应当及时向证券监督管理机构报告。

第四章 上市公司的收购

第八十五条 投资者可以采取要约收购、协议收购及其他合法方式收购上市公司。

第八十六条 通过证券交易所的证券交易，投资者持有或者通过协议、其他安排与他人共同持有一个上市公司已发行的股份达到百分之五时，应当在该事实发生之日起三日内，向国务院证券监督管理机构、证券交易所作出书面报告，通知该上市公司，并予公告；在上述期限内，不得再行买卖该上市公司的股票。

投资者持有或者通过协议、其他安排与他人共同持有一个上市公司已发行的股份达到百分之五后，其所持该上市公司已发行的股份比例每增加或者减少百分之五，应当依照前款规定进行报告和公告。在报告期限内和作出报告、公告后二日内，不得再行买卖该上市公司的股票。

第八十七条 依照前条规定所作的书面报告和公告，应当包括下列内容：

（一）持股人的名称、住所；

（二）持有的股票的名称、数额；

（三）持股达到法定比例或者持股增减变化达到法定比例的日期。

第八十八条 通过证券交易所的证券交易，投资者持有或者通过协议、其他安排与他人共同持有一个上市公司已发行的股份达到百分之三十时，继续进行收购的，应当依法向该上市公司所有股东发出收购上市公司全部或者部分股份的要约。

收购上市公司部分股份的收购要约应当约定，被收购公司股东承诺出售的股份数额超过预定收购的股份数额的，收购人按比例进行收购。

第八十九条 依照前条规定发出收购要约，收购人必须公告上市公司收购报告书，并载明下列事项：

（一）收购人的名称、住所；

（二）收购人关于收购的决定；

（三）被收购的上市公司名称；

（四）收购目的；

（五）收购股份的详细名称和预定收购的股份数额；

（六）收购期限、收购价格；

（七）收购所需资金额及资金保证；

（八）公告上市公司收购报告书时持有被收购公司股份数占该公司已发行的股份总数的比例。

第九十条 收购要约约定的收购期限不得少于三十日，并不得超过六十日。

第九十一条 在收购要约确定的承诺期限内，收购人不得撤销其收购要约。收购人需要变更收购要约的，必须及时公告，载明具体变更事项。

第九十二条 收购要约提出的各项收购条件，适用于被收购公司的所有股东。

第九十三条 采取要约收购方式的，收购人在收购期限内，不得卖出被收购公司的股票，也不得采取要约规定以外的形式和超出要约的条件买入被收购公司的股票。

第九十四条 采取协议收购方式的，收购人可以依照法律、行政法规的规定同被收购公司的股东以协议方式进行股份转让。

以协议方式收购上市公司时，达成协议后，收购人必须在三日内将该收购协议向国务院证券监督管理机构及证券交易所作出书面报告，并予公告。

在公告前不得履行收购协议。

第九十五条　采取协议收购方式的，协议双方可以临时委托证券登记结算机构保管协议转让的股票，并将资金存放于指定的银行。

第九十六条　采取协议收购方式的，收购人收购或者通过协议、其他安排与他人共同收购一个上市公司已发行的股份达到百分之三十时，继续进行收购的，应当向该上市公司所有股东发出收购上市公司全部或者部分股份的要约。但是，经国务院证券监督管理机构免除发出要约的除外。

收购人依照前款规定以要约方式收购上市公司股份，应当遵守本法第八十九条至第九十三条的规定。

第九十七条　收购期限届满，被收购公司股权分布不符合上市条件的，该上市公司的股票应当由证券交易所依法终止上市交易；其余仍持有被收购公司股票的股东，有权向收购人以收购要约的同等条件出售其股票，收购人应当收购。

收购行为完成后，被收购公司不再具备股份有限公司条件的，应当依法变更企业形式。

第九十八条　在上市公司收购中，收购人持有的被收购的上市公司的股票，在收购行为完成后的十二个月内不得转让。

第九十九条　收购行为完成后，收购人与被收购公司合并，并将该公司解散的，被解散公司的原有股票由收购人依法更换。

第一百条　收购行为完成后，收购人应当在十五日内将收购情况报告国务院证券监督管理机构和证券交易所，并予公告。

第一百零一条　收购上市公司中由国家授权投资的机构持有的股份，应当按照国务院的规定，经有关主管部门批准。

国务院证券监督管理机构应当依照本法的原则制定上市公司收购的具体办法。

第五章　证券交易所

第一百零二条　证券交易所是为证券集中交易提供场所和设施，组织和监督证券交易，实行自律管理的法人。

证券交易所的设立和解散，由国务院决定。

第一百零三条　设立证券交易所必须制定章程。

证券交易所章程的制定和修改，必须经国务院证券监督管理机构批准。

第一百零四条　证券交易所必须在其名称中标明证券交易所字样。其他任何单位或者个人不得使用证券交易所或者近似的名称。

第一百零五条 证券交易所可以自行支配的各项费用收入，应当首先用于保证其证券交易场所和设施的正常运行并逐步改善。

实行会员制的证券交易所的财产积累归会员所有，其权益由会员共同享有，在其存续期间，不得将其财产积累分配给会员。

第一百零六条 证券交易所设理事会。

第一百零七条 证券交易所设总经理一人，由国务院证券监督管理机构任免。

第一百零八条 有《中华人民共和国公司法》第一百四十六条规定的情形或者下列情形之一的，不得担任证券交易所的负责人：

（一）因违法行为或者违纪行为被解除职务的证券交易所、证券登记结算机构的负责人或者证券公司的董事、监事、高级管理人员，自被解除职务之日起未逾五年；

（二）因违法行为或者违纪行为被撤销资格的律师、注册会计师或者投资咨询机构、财务顾问机构、资信评级机构、资产评估机构、验证机构的专业人员，自被撤销资格之日起未逾五年。

第一百零九条 因违法行为或者违纪行为被开除的证券交易所、证券登记结算机构、证券服务机构、证券公司的从业人员和被开除的国家机关工作人员，不得招聘为证券交易所的从业人员。

第一百一十条 进入证券交易所参与集中交易的，必须是证券交易所的会员。

第一百一十一条 投资者应当与证券公司签订证券交易委托协议，并在证券公司开立证券交易账户，以书面、电话以及其他方式，委托该证券公司代其买卖证券。

第一百一十二条 证券公司根据投资者的委托，按照证券交易规则提出交易申报，参与证券交易所场内的集中交易，并根据成交结果承担相应的清算交收责任；证券登记结算机构根据成交结果，按照清算交收规则，与证券公司进行证券和资金的清算交收，并为证券公司客户办理证券的登记过户手续。

第一百一十三条 证券交易所应当为组织公平的集中交易提供保障，公布证券交易即时行情，并按交易日制作证券市场行情表，予以公布。

未经证券交易所许可，任何单位和个人不得发布证券交易即时行情。

第一百一十四条 因突发性事件而影响证券交易的正常进行时，证券交易所可以采取技术性停牌的措施；因不可抗力的突发性事件或者为维护证券交易的正常秩序，证券交易所可以决定临时停市。

证券交易所采取技术性停牌或者决定临时停市，必须及时报告国务院证券监督管理机构。

第一百一十五条　证券交易所对证券交易实行实时监控，并按照国务院证券监督管理机构的要求，对异常的交易情况提出报告。

证券交易所应当对上市公司及相关信息披露义务人披露信息进行监督，督促其依法及时、准确地披露信息。

证券交易所根据需要，可以对出现重大异常交易情况的证券账户限制交易，并报国务院证券监督管理机构备案。

第一百一十六条　证券交易所应当从其收取的交易费用和会员费、席位费中提取一定比例的金额设立风险基金。风险基金由证券交易所理事会管理。

风险基金提取的具体比例和使用办法，由国务院证券监督管理机构会同国务院财政部门规定。

第一百一十七条　证券交易所应当将收存的风险基金存入开户银行专门账户，不得擅自使用。

第一百一十八条　证券交易所依照证券法律、行政法规制定上市规则、交易规则、会员管理规则和其他有关规则，并报国务院证券监督管理机构批准。

第一百一十九条　证券交易所的负责人和其他从业人员在执行与证券交易有关的职务时，与其本人或者其亲属有利害关系的，应当回避。

第一百二十条　按照依法制定的交易规则进行的交易，不得改变其交易结果。对交易中违规交易者应负的民事责任不得免除；在违规交易中所获利益，依照有关规定处理。

第一百二十一条　在证券交易所内从事证券交易的人员，违反证券交易所有关交易规则的，由证券交易所给予纪律处分；对情节严重的，撤销其资格，禁止其入场进行证券交易。

第六章　证券公司

第一百二十二条　设立证券公司，必须经国务院证券监督管理机构审查批准。未经国务院证券监督管理机构批准，任何单位和个人不得经营证券业务。

第一百二十三条　本法所称证券公司是指依照《中华人民共和国公司法》和本法规定设立的经营证券业务的有限责任公司或者股份有限公司。

第一百二十四条　设立证券公司，应当具备下列条件：

（一）有符合法律、行政法规规定的公司章程；

（二）主要股东具有持续盈利能力，信誉良好，最近三年无重大违法违规记录，净资产不低于人民币二亿元；

（三）有符合本法规定的注册资本；

（四）董事、监事、高级管理人员具备任职资格，从业人员具有证券从业资格；

（五）有完善的风险管理与内部控制制度；

（六）有合格的经营场所和业务设施；

（七）法律、行政法规规定的和经国务院批准的国务院证券监督管理机构规定的其他条件。

第一百二十五条 经国务院证券监督管理机构批准，证券公司可以经营下列部分或者全部业务：

（一）证券经纪；

（二）证券投资咨询；

（三）与证券交易、证券投资活动有关的财务顾问；

（四）证券承销与保荐；

（五）证券自营；

（六）证券资产管理；

（七）其他证券业务。

第一百二十六条 证券公司必须在其名称中标明证券有限责任公司或者证券股份有限公司字样。

第一百二十七条 证券公司经营本法第一百二十五条第（一）项至第（三）项业务的，注册资本最低限额为人民币五千万元；经营第（四）项至第（七）项业务之一的，注册资本最低限额为人民币一亿元；经营第（四）项至第（七）项业务中两项以上的，注册资本最低限额为人民币五亿元。证券公司的注册资本应当是实缴资本。

国务院证券监督管理机构根据审慎监管原则和各项业务的风险程度，可以调整注册资本最低限额，但不得少于前款规定的限额。

第一百二十八条 国务院证券监督管理机构应当自受理证券公司设立申请之日起六个月内，依照法定条件和法定程序并根据审慎监管原则进行审查，作出批准或者不予批准的决定，并通知申请人；不予批准的，应当说明理由。

证券公司设立申请获得批准的，申请人应当在规定的期限内向公司登记机关申请设立登记，领取营业执照。

证券公司应当自领取营业执照之日起十五日内，向国务院证券监督管理机构申请经营证券业务许可证。未取得经营证券业务许可证，证券公司不得经营证券业务。

第一百二十九条 证券公司设立、收购或者撤销分支机构，变更业务范围，增加注册资本且股权结构发生重大调整，减少注册资本，变更持有百分之五以上股权的股东、实际控制人，变更公司章程中的重要条款，合并、分立、停业、解散、破产，必须经国务院证券监督管理机构批准。

证券公司在境外设立、收购或者参股证券经营机构，必须经国务院证券监督管理机构批准。

第一百三十条　国务院证券监督管理机构应当对证券公司的净资本，净资本与负债的比例，净资本与净资产的比例，净资本与自营、承销、资产管理等业务规模的比例，负债与净资产的比例，以及流动资产与流动负债的比例等风险控制指标作出规定。

证券公司不得为其股东或者股东的关联人提供融资或者担保。

第一百三十一条　证券公司的董事、监事、高级管理人员，应当正直诚实，品行良好，熟悉证券法律、行政法规，具有履行职责所需的经营管理能力，并在任职前取得国务院证券监督管理机构核准的任职资格。

有《中华人民共和国公司法》第一百四十六条规定的情形或者下列情形之一的，不得担任证券公司的董事、监事、高级管理人员：

（一）因违法行为或者违纪行为被解除职务的证券交易所、证券登记结算机构的负责人或者证券公司的董事、监事、高级管理人员，自被解除职务之日起未逾五年；

（二）因违法行为或者违纪行为被撤销资格的律师、注册会计师或者投资咨询机构、财务顾问机构、资信评级机构、资产评估机构、验证机构的专业人员，自被撤销资格之日起未逾五年。

第一百三十二条　因违法行为或者违纪行为被开除的证券交易所、证券登记结算机构、证券服务机构、证券公司的从业人员和被开除的国家机关工作人员，不得招聘为证券公司的从业人员。

第一百三十三条　国家机关工作人员和法律、行政法规规定的禁止在公司中兼职的其他人员，不得在证券公司中兼任职务。

第一百三十四条　国家设立证券投资者保护基金。证券投资者保护基金由证券公司缴纳的资金及其他依法筹集的资金组成，其筹集、管理和使用的具体办法由国务院规定。

第一百三十五条　证券公司从每年的税后利润中提取交易风险准备金，用于弥补证券交易的损失，其提取的具体比例由国务院证券监督管理机构规定。

第一百三十六条　证券公司应当建立健全内部控制制度，采取有效隔离措施，防范公司与客户之间、不同客户之间的利益冲突。

证券公司必须将其证券经纪业务、证券承销业务、证券自营业务和证券资产管理业务分开办理，不得混合操作。

第一百三十七条 证券公司的自营业务必须以自己的名义进行，不得假借他人名义或者以个人名义进行。

证券公司的自营业务必须使用自有资金和依法筹集的资金。

证券公司不得将其自营账户借给他人使用。

第一百三十八条 证券公司依法享有自主经营的权利，其合法经营不受干涉。

第一百三十九条 证券公司客户的交易结算资金应当存放在商业银行，以每个客户的名义单独立户管理。具体办法和实施步骤由国务院规定。

证券公司不得将客户的交易结算资金和证券归入其自有财产。禁止任何单位或者个人以任何形式挪用客户的交易结算资金和证券。证券公司破产或者清算时，客户的交易结算资金和证券不属于其破产财产或者清算财产。非因客户本身的债务或者法律规定的其他情形，不得查封、冻结、扣划或者强制执行客户的交易结算资金和证券。

第一百四十条 证券公司办理经纪业务，应当置备统一制定的证券买卖委托书，供委托人使用。采取其他委托方式的，必须作出委托记录。

客户的证券买卖委托，不论是否成交，其委托记录应当按照规定的期限，保存于证券公司。

第一百四十一条 证券公司接受证券买卖的委托，应当根据委托书载明的证券名称、买卖数量、出价方式、价格幅度等，按照交易规则代理买卖证券，如实进行交易记录；买卖成交后，应当按照规定制作买卖成交报告单交付客户。

证券交易中确认交易行为及其交易结果的对账单必须真实，并由交易经办人员以外的审核人员逐笔审核，保证账面证券余额与实际持有的证券相一致。

第一百四十二条 证券公司为客户买卖证券提供融资融券服务，应当按照国务院的规定并经国务院证券监督管理机构批准。

第一百四十三条 证券公司办理经纪业务，不得接受客户的全权委托而决定证券买卖、选择证券种类、决定买卖数量或者买卖价格。

第一百四十四条 证券公司不得以任何方式对客户证券买卖的收益或者赔偿证券买卖的损失作出承诺。

第一百四十五条 证券公司及其从业人员不得未经过其依法设立的营业场所私下接受客户委托买卖证券。

第一百四十六条 证券公司的从业人员在证券交易活动中，执行所属的证券公司的指令或者利用职务违反交易规则的，由所属的证券公司承担全部责任。

第一百四十七条　证券公司应当妥善保存客户开户资料、委托记录、交易记录和与内部管理、业务经营有关的各项资料，任何人不得隐匿、伪造、篡改或者毁损。上述资料的保存期限不得少于二十年。

第一百四十八条　证券公司应当按照规定向国务院证券监督管理机构报送业务、财务等经营管理信息和资料。国务院证券监督管理机构有权要求证券公司及其股东、实际控制人在指定的期限内提供有关信息、资料。

证券公司及其股东、实际控制人向国务院证券监督管理机构报送或者提供的信息、资料，必须真实、准确、完整。

第一百四十九条　国务院证券监督管理机构认为有必要时，可以委托会计师事务所、资产评估机构对证券公司的财务状况、内部控制状况、资产价值进行审计或者评估。具体办法由国务院证券监督管理机构会同有关主管部门制定。

第一百五十条　证券公司的净资本或者其他风险控制指标不符合规定的，国务院证券监督管理机构应当责令其限期改正；逾期未改正，或者其行为严重危及该证券公司的稳健运行、损害客户合法权益的，国务院证券监督管理机构可以区别情形，对其采取下列措施：

（一）限制业务活动，责令暂停部分业务，停止批准新业务；

（二）停止批准增设、收购营业性分支机构；

（三）限制分配红利，限制向董事、监事、高级管理人员支付报酬、提供福利；

（四）限制转让财产或者在财产上设定其他权利；

（五）责令更换董事、监事、高级管理人员或者限制其权利；

（六）责令控股股东转让股权或者限制有关股东行使股东权利；

（七）撤销有关业务许可。

证券公司整改后，应当向国务院证券监督管理机构提交报告。国务院证券监督管理机构经验收，符合有关风险控制指标的，应当自验收完毕之日起三日内解除对其采取的前款规定的有关措施。

第一百五十一条　证券公司的股东有虚假出资、抽逃出资行为的，国务院证券监督管理机构应当责令其限期改正，并可责令其转让所持证券公司的股权。

在前款规定的股东按照要求改正违法行为、转让所持证券公司的股权前，国务院证券监督管理机构可以限制其股东权利。

第一百五十二条　证券公司的董事、监事、高级管理人员未能勤勉尽责，致使证券公司存在重大违法违规行为或者重大风险的，国务院证券监督管理机构可以撤销其任职资格，并责令公司予以更换。

第一百五十三条　证券公司违法经营或者出现重大风险，严重危害证券市场秩序、损害投资者利益的，国务院证券监督管理机构可以对该证券公司采取责令停业整顿、指定其他机构托管、接管或者撤销等监管措施。

第一百五十四条　在证券公司被责令停业整顿、被依法指定托管、接管或者清算期间，或者出现重大风险时，经国务院证券监督管理机构批准，可以对该证券公司直接负责的董事、监事、高级管理人员和其他直接责任人员采取以下措施：

（一）通知出境管理机关依法阻止其出境；

（二）申请司法机关禁止其转移、转让或者以其他方式处分财产，或者在财产上设定其他权利。

第七章　证券登记结算机构

第一百五十五条　证券登记结算机构是为证券交易提供集中登记、存管与结算服务，不以营利为目的的法人。

设立证券登记结算机构必须经国务院证券监督管理机构批准。

第一百五十六条　设立证券登记结算机构，应当具备下列条件：

（一）自有资金不少于人民币二亿元；

（二）具有证券登记、存管和结算服务所必须的场所和设施；

（三）主要管理人员和从业人员必须具有证券从业资格；

（四）国务院证券监督管理机构规定的其他条件。

证券登记结算机构的名称中应当标明证券登记结算字样。

第一百五十七条　证券登记结算机构履行下列职能：

（一）证券账户、结算账户的设立；

（二）证券的存管和过户；

（三）证券持有人名册登记；

（四）证券交易所上市证券交易的清算和交收；

（五）受发行人的委托派发证券权益；

（六）办理与上述业务有关的查询；

（七）国务院证券监督管理机构批准的其他业务。

第一百五十八条　证券登记结算采取全国集中统一的运营方式。

证券登记结算机构章程、业务规则应当依法制定，并经国务院证券监督管理机构批准。

第一百五十九条　证券持有人持有的证券，在上市交易时，应当全部存管在证券登记结算机构。

证券登记结算机构不得挪用客户的证券。

第一百六十条　证券登记结算机构应当向证券发行人提供证券持有人名册及其有关资料。

证券登记结算机构应当根据证券登记结算的结果，确认证券持有人持有证券的事实，提供证券持有人登记资料。

证券登记结算机构应当保证证券持有人名册和登记过户记录真实、准确、完整，不得隐匿、伪造、篡改或者毁损。

第一百六十一条　证券登记结算机构应当采取下列措施保证业务的正常进行：

（一）具有必备的服务设备和完善的数据安全保护措施；

（二）建立完善的业务、财务和安全防范等管理制度；

（三）建立完善的风险管理系统。

第一百六十二条　证券登记结算机构应当妥善保存登记、存管和结算的原始凭证及有关文件和资料。其保存期限不得少于二十年。

第一百六十三条　证券登记结算机构应当设立证券结算风险基金，用于垫付或者弥补因违约交收、技术故障、操作失误、不可抗力造成的证券登记结算机构的损失。

证券结算风险基金从证券登记结算机构的业务收入和收益中提取，并可以由结算参与人按照证券交易业务量的一定比例缴纳。

证券结算风险基金的筹集、管理办法，由国务院证券监督管理机构会同国务院财政部门规定。

第一百六十四条　证券结算风险基金应当存入指定银行的专门账户，实行专项管理。

证券登记结算机构以证券结算风险基金赔偿后，应当向有关责任人追偿。

第一百六十五条　证券登记结算机构申请解散，应当经国务院证券监督管理机构批准。

第一百六十六条　投资者委托证券公司进行证券交易，应当申请开立证券账户。证券登记结算机构应当按照规定以投资者本人的名义为投资者开立证券账户。

投资者申请开立账户，必须持有证明中国公民身份或者中国法人资格的合法证件。国家另有规定的除外。

第一百六十七条　证券登记结算机构为证券交易提供净额结算服务时，应当要求结算参与人按照货银对付的原则，足额交付证券和资金，并提供交收担保。

在交收完成之前，任何人不得动用用于交收的证券、资金和担保物。

结算参与人未按时履行交收义务的，证券登记结算机构有权按照业务规则处理前款所述财产。

第一百六十八条 证券登记结算机构按照业务规则收取的各类结算资金和证券，必须存放于专门的清算交收账户，只能按业务规则用于已成交的证券交易的清算交收，不得被强制执行。

第八章 证券服务机构

第一百六十九条 投资咨询机构、财务顾问机构、资信评级机构、资产评估机构、会计师事务所从事证券服务业务，必须经国务院证券监督管理机构和有关主管部门批准。

投资咨询机构、财务顾问机构、资信评级机构、资产评估机构、会计师事务所从事证券服务业务的审批管理办法，由国务院证券监督管理机构和有关主管部门制定。

第一百七十条 投资咨询机构、财务顾问机构、资信评级机构从事证券服务业务的人员，必须具备证券专业知识和从事证券业务或者证券服务业务二年以上经验。认定其证券从业资格的标准和管理办法，由国务院证券监督管理机构制定。

第一百七十一条 投资咨询机构及其从业人员从事证券服务业务不得有下列行为：

（一）代理委托人从事证券投资；

（二）与委托人约定分享证券投资收益或者分担证券投资损失；

（三）买卖本咨询机构提供服务的上市公司股票；

（四）利用传播媒介或者通过其他方式提供、传播虚假或者误导投资者的信息；

（五）法律、行政法规禁止的其他行为。

有前款所列行为之一，给投资者造成损失的，依法承担赔偿责任。

第一百七十二条 从事证券服务业务的投资咨询机构和资信评级机构，应当按照国务院有关主管部门规定的标准或者收费办法收取服务费用。

第一百七十三条 证券服务机构为证券的发行、上市、交易等证券业务活动制作、出具审计报告、资产评估报告、财务顾问报告、资信评级报告或者法律意见书等文件，应当勤勉尽责，对所依据的文件资料内容的真实性、准确性、完整性进行核查和验证。其制作、出具的文件有虚假记载、误导性陈述或者重大遗漏，给他人造成损失的，应当与发行人、上市公司承担连带赔偿责任，但是能够证明自己没有过错的除外。

第九章　证券业协会

第一百七十四条　证券业协会是证券业的自律性组织，是社会团体法人。

证券公司应当加入证券业协会。

证券业协会的权力机构为全体会员组成的会员大会。

第一百七十五条　证券业协会章程由会员大会制定，并报国务院证券监督管理机构备案。

第一百七十六条　证券业协会履行下列职责：

（一）教育和组织会员遵守证券法律、行政法规；

（二）依法维护会员的合法权益，向证券监督管理机构反映会员的建议和要求；

（三）收集整理证券信息，为会员提供服务；

（四）制定会员应遵守的规则，组织会员单位的从业人员的业务培训，开展会员间的业务交流；

（五）对会员之间、会员与客户之间发生的证券业务纠纷进行调解；

（六）组织会员就证券业的发展、运作及有关内容进行研究；

（七）监督、检查会员行为，对违反法律、行政法规或者协会章程的，按照规定给予纪律处分；

（八）证券业协会章程规定的其他职责。

第一百七十七条　证券业协会设理事会。理事会成员依章程的规定由选举产生。

第十章　证券监督管理机构

第一百七十八条　国务院证券监督管理机构依法对证券市场实行监督管理，维护证券市场秩序，保障其合法运行。

第一百七十九条　国务院证券监督管理机构在对证券市场实施监督管理中履行下列职责：

（一）依法制定有关证券市场监督管理的规章、规则，并依法行使审批或者核准权；

（二）依法对证券的发行、上市、交易、登记、存管、结算，进行监督管理；

（三）依法对证券发行人、上市公司、证券公司、证券投资基金管理公司、证券服务机构、证券交易所、证券登记结算机构的证券业务活动，进行监督管理；

（四）依法制定从事证券业务人员的资格标准和行为准则，并监督实施；

（五）依法监督检查证券发行、上市和交易的信息公开情况；

（六）依法对证券业协会的活动进行指导和监督；

（七）依法对违反证券市场监督管理法律、行政法规的行为进行查处；

（八）法律、行政法规规定的其他职责。

国务院证券监督管理机构可以和其他国家或者地区的证券监督管理机构建立监督管理合作机制，实施跨境监督管理。

第一百八十条 国务院证券监督管理机构依法履行职责，有权采取下列措施：

（一）对证券发行人、上市公司、证券公司、证券投资基金管理公司、证券服务机构、证券交易所、证券登记结算机构进行现场检查；

（二）进入涉嫌违法行为发生场所调查取证；

（三）询问当事人和与被调查事件有关的单位和个人，要求其对与被调查事件有关的事项作出说明；

（四）查阅、复制与被调查事件有关的财产权登记、通讯记录等资料；

（五）查阅、复制当事人和与被调查事件有关的单位和个人的证券交易记录、登记过户记录、财务会计资料及其他相关文件和资料；对可能被转移、隐匿或者毁损的文件和资料，可以予以封存；

（六）查询当事人和与被调查事件有关的单位和个人的资金账户、证券账户和银行账户；对有证据证明已经或者可能转移或者隐匿违法资金、证券等涉案财产或者隐匿、伪造、毁损重要证据的，经国务院证券监督管理机构主要负责人批准，可以冻结或者查封；

（七）在调查操纵证券市场、内幕交易等重大证券违法行为时，经国务院证券监督管理机构主要负责人批准，可以限制被调查事件当事人的证券买卖，但限制的期限不得超过十五个交易日；案情复杂的，可以延长十五个交易日。

第一百八十一条 国务院证券监督管理机构依法履行职责，进行监督检查或者调查，其监督检查、调查的人员不得少于二人，并应当出示合法证件和监督检查、调查通知书。监督检查、调查的人员少于二人或者未出示合法证件和监督检查、调查通知书的，被检查、调查的单位有权拒绝。

第一百八十二条 国务院证券监督管理机构工作人员必须忠于职守，依法办事，公正廉洁，不得利用职务便利牟取不正当利益，不得泄露所知悉的有关单位和个人的商业秘密。

第一百八十三条 国务院证券监督管理机构依法履行职责，被检查、调查的单位和个人应当配合，如实提供有关文件和资料，不得拒绝、阻碍和隐瞒。

第一百八十四条 国务院证券监督管理机构依法制定的规章、规则和监督管理工作制度应当公开。

国务院证券监督管理机构依据调查结果，对证券违法行为作出的处罚决定，应当公开。

第一百八十五条　国务院证券监督管理机构应当与国务院其他金融监督管理机构建立监督管理信息共享机制。

国务院证券监督管理机构依法履行职责，进行监督检查或者调查时，有关部门应当予以配合。

第一百八十六条　国务院证券监督管理机构依法履行职责，发现证券违法行为涉嫌犯罪的，应当将案件移送司法机关处理。

第一百八十七条　国务院证券监督管理机构的人员不得在被监管的机构中任职。

第十一章　法律责任

第一百八十八条　未经法定机关核准，擅自公开或者变相公开发行证券的，责令停止发行，退还所募资金并加算银行同期存款利息，处以非法所募资金金额百分之一以上百分之五以下的罚款；对擅自公开或者变相公开发行证券设立的公司，由依法履行监督管理职责的机构或者部门会同县级以上地方人民政府予以取缔。对直接负责的主管人员和其他直接责任人员给予警告，并处以三万元以上三十万元以下的罚款。

第一百八十九条　发行人不符合发行条件，以欺骗手段骗取发行核准，尚未发行证券的，处以三十万元以上六十万元以下的罚款；已经发行证券的，处以非法所募资金金额百分之一以上百分之五以下的罚款。对直接负责的主管人员和其他直接责任人员处以三万元以上三十万元以下的罚款。

发行人的控股股东、实际控制人指使从事前款违法行为的，依照前款的规定处罚。

第一百九十条　证券公司承销或者代理买卖未经核准擅自公开发行的证券的，责令停止承销或者代理买卖，没收违法所得，并处以违法所得一倍以上五倍以下的罚款；没有违法所得或者违法所得不足三十万元的，处以三十万元以上六十万元以下的罚款。给投资者造成损失的，应当与发行人承担连带赔偿责任。对直接负责的主管人员和其他直接责任人员给予警告，撤销任职资格或者证券从业资格，并处以三万元以上三十万元以下的罚款。

第一百九十一条　证券公司承销证券，有下列行为之一的，责令改正，给予警告，没收违法所得，可以并处三十万元以上六十万元以下的罚款；情节严重的，暂停或者撤销相关业务许可。给其他证券承销机构或者投资者造成损失的，依法承担赔偿责任。对直接负责的主管人员和其他直接责任人员给予警告，可以并处三万元以上三十万元以下的罚款；情节严重的，撤销任职资格或者证券从业资格：

（一）进行虚假的或者误导投资者的广告或者其他宣传推介活动；

（二）以不正当竞争手段招揽承销业务；

（三）其他违反证券承销业务规定的行为。

第一百九十二条 保荐人出具有虚假记载、误导性陈述或者重大遗漏的保荐书，或者不履行其他法定职责的，责令改正，给予警告，没收业务收入，并处以业务收入一倍以上五倍以下的罚款；情节严重的，暂停或者撤销相关业务许可。对直接负责的主管人员和其他直接责任人员给予警告，并处以三万元以上三十万元以下的罚款；情节严重的，撤销任职资格或者证券从业资格。

第一百九十三条 发行人、上市公司或者其他信息披露义务人未按照规定披露信息，或者所披露的信息有虚假记载、误导性陈述或者重大遗漏的，责令改正，给予警告，并处以三十万元以上六十万元以下的罚款。对直接负责的主管人员和其他直接责任人员给予警告，并处以三万元以上三十万元以下的罚款。

发行人、上市公司或者其他信息披露义务人未按照规定报送有关报告，或者报送的报告有虚假记载、误导性陈述或者重大遗漏的，责令改正，给予警告，并处以三十万元以上六十万元以下的罚款。对直接负责的主管人员和其他直接责任人员给予警告，并处以三万元以上三十万元以下的罚款。

发行人、上市公司或者其他信息披露义务人的控股股东、实际控制人指使从事前两款违法行为的，依照前两款的规定处罚。

第一百九十四条 发行人、上市公司擅自改变公开发行证券所募集资金的用途的，责令改正，对直接负责的主管人员和其他直接责任人员给予警告，并处以三万元以上三十万元以下的罚款。

发行人、上市公司的控股股东、实际控制人指使从事前款违法行为的，给予警告，并处以三十万元以上六十万元以下的罚款。对直接负责的主管人员和其他直接责任人员依照前款的规定处罚。

第一百九十五条 上市公司的董事、监事、高级管理人员、持有上市公司股份百分之五以上的股东，违反本法第四十七条的规定买卖本公司股票的，给予警告，可以并处三万元以上十万元以下的罚款。

第一百九十六条 非法开设证券交易场所的，由县级以上人民政府予以取缔，没收违法所得，并处以违法所得一倍以上五倍以下的罚款；没有违法所得或者违法所得不足十万元的，处以十万元以上五十万元以下的罚款。对直接负责的主管人员和其他直接责任人员给予警告，并处以三万元以上三十万元以下的罚款。

第一百九十七条　未经批准，擅自设立证券公司或者非法经营证券业务的，由证券监督管理机构予以取缔，没收违法所得，并处以违法所得一倍以上五倍以下的罚款；没有违法所得或者违法所得不足三十万元的，处以三十万元以上六十万元以下的罚款。对直接负责的主管人员和其他直接责任人员给予警告，并处以三万元以上三十万元以下的罚款。

第一百九十八条　违反本法规定，聘任不具有任职资格、证券从业资格的人员的，由证券监督管理机构责令改正，给予警告，可以并处十万元以上三十万元以下的罚款；对直接负责的主管人员给予警告，可以并处三万元以上十万元以下的罚款。

第一百九十九条　法律、行政法规规定禁止参与股票交易的人员，直接或者以化名、借他人名义持有、买卖股票的，责令依法处理非法持有的股票，没收违法所得，并处以买卖股票等值以下的罚款；属于国家工作人员的，还应当依法给予行政处分。

第二百条　证券交易所、证券公司、证券登记结算机构、证券服务机构的从业人员或者证券业协会的工作人员，故意提供虚假资料，隐匿、伪造、篡改或者毁损交易记录，诱骗投资者买卖证券的，撤销证券从业资格，并处以三万元以上十万元以下的罚款；属于国家工作人员的，还应当依法给予行政处分。

第二百零一条　为股票的发行、上市、交易出具审计报告、资产评估报告或者法律意见书等文件的证券服务机构和人员，违反本法第四十五条的规定买卖股票的，责令依法处理非法持有的股票，没收违法所得，并处以买卖股票等值以下的罚款。

第二百零二条　证券交易内幕信息的知情人或者非法获取内幕信息的人，在涉及证券的发行、交易或者其他对证券的价格有重大影响的信息公开前，买卖该证券，或者泄露该信息，或者建议他人买卖该证券的，责令依法处理非法持有的证券，没收违法所得，并处以违法所得一倍以上五倍以下的罚款；没有违法所得或者违法所得不足三万元的，处以三万元以上六十万元以下的罚款。单位从事内幕交易的，还应当对直接负责的主管人员和其他直接责任人员给予警告，并处以三万元以上三十万元以下的罚款。证券监督管理机构工作人员进行内幕交易的，从重处罚。

第二百零三条　违反本法规定，操纵证券市场的，责令依法处理非法持有的证券，没收违法所得，并处以违法所得一倍以上五倍以下的罚款；没有违法所得或者违法所得不足三十万元的，处以三十万元以上三百万元以下的罚款。单位操纵证券市场的，还应当对直接负责的主管人员和其他直接责任人员给予警告，并处以十万元以上六十万元以下的罚款。

第二百零四条 违反法律规定，在限制转让期限内买卖证券的，责令改正，给予警告，并处以买卖证券等值以下的罚款。对直接负责的主管人员和其他直接责任人员给予警告，并处以三万元以上三十万元以下的罚款。

第二百零五条 证券公司违反本法规定，为客户买卖证券提供融资融券的，没收违法所得，暂停或者撤销相关业务许可，并处以非法融资融券等值以下的罚款。对直接负责的主管人员和其他直接责任人员给予警告，撤销任职资格或者证券从业资格，并处以三万元以上三十万元以下的罚款。

第二百零六条 违反本法第七十八条第一款、第三款的规定，扰乱证券市场的，由证券监督管理机构责令改正，没收违法所得，并处以违法所得一倍以上五倍以下的罚款；没有违法所得或者违法所得不足三万元的，处以三万元以上二十万元以下的罚款。

第二百零七条 违反本法第七十八条第二款的规定，在证券交易活动中作出虚假陈述或者信息误导的，责令改正，处以三万元以上二十万元以下的罚款；属于国家工作人员的，还应当依法给予行政处分。

第二百零八条 违反本法规定，法人以他人名义设立账户或者利用他人账户买卖证券的，责令改正，没收违法所得，并处以违法所得一倍以上五倍以下的罚款；没有违法所得或者违法所得不足三万元的，处以三万元以上三十万元以下的罚款。对直接负责的主管人员和其他直接责任人员给予警告，并处以三万元以上十万元以下的罚款。

证券公司为前款规定的违法行为提供自己或者他人的证券交易账户的，除依照前款的规定处罚外，还应当撤销直接负责的主管人员和其他直接责任人员的任职资格或者证券从业资格。

第二百零九条 证券公司违反本法规定，假借他人名义或者以个人名义从事证券自营业务的，责令改正，没收违法所得，并处以违法所得一倍以上五倍以下的罚款；没有违法所得或者违法所得不足三十万元的，处以三十万元以上六十万元以下的罚款；情节严重的，暂停或者撤销证券自营业务许可。对直接负责的主管人员和其他直接责任人员给予警告，撤销任职资格或者证券从业资格，并处以三万元以上十万元以下的罚款。

第二百一十条 证券公司违背客户的委托买卖证券、办理交易事项，或者违背客户真实意思表示，办理交易以外的其他事项的，责令改正，处以一万元以上十万元以下的罚款。给客户造成损失的，依法承担赔偿责任。

第二百一十一条 证券公司、证券登记结算机构挪用客户的资金或者证券，或者未经客户的委托，擅自为客户买卖证券的，责令改正，没收违法所得，并处以违法所得一倍以上五倍以下的罚款；没有违法所得或者违法所得不足十万元的，处以十万元以上六十万元以下的罚款；情节严重的，责令关闭或者撤销相关业务许可。对直接负责的主管人员和其他直接责任人员给予警告，撤销任职资格或者证券从业资格，并处以三万元以上三十万元以下的罚款。

第二百一十二条　证券公司办理经纪业务，接受客户的全权委托买卖证券的，或者证券公司对客户买卖证券的收益或者赔偿证券买卖的损失作出承诺的，责令改正，没收违法所得，并处以五万元以上二十万元以下的罚款，可以暂停或者撤销相关业务许可。对直接负责的主管人员和其他直接责任人员给予警告，并处以三万元以上十万元以下的罚款，可以撤销任职资格或者证券从业资格。

第二百一十三条　收购人未按照本法规定履行上市公司收购的公告、发出收购要约等义务的，责令改正，给予警告，并处以十万元以上三十万元以下的罚款；在改正前，收购人对其收购或者通过协议、其他安排与他人共同收购的股份不得行使表决权。对直接负责的主管人员和其他直接责任人员给予警告，并处以三万元以上三十万元以下的罚款。

第二百一十四条　收购人或者收购人的控股股东，利用上市公司收购，损害被收购公司及其股东的合法权益的，责令改正，给予警告；情节严重的，并处以十万元以上六十万元以下的罚款。给被收购公司及其股东造成损失的，依法承担赔偿责任。对直接负责的主管人员和其他直接责任人员给予警告，并处以三万元以上三十万元以下的罚款。

第二百一十五条　证券公司及其从业人员违反本法规定，私下接受客户委托买卖证券的，责令改正，给予警告，没收违法所得，并处以违法所得一倍以上五倍以下的罚款；没有违法所得或者违法所得不足十万元的，处以十万元以上三十万元以下的罚款。

第二百一十六条　证券公司违反规定，未经批准经营非上市证券的交易的，责令改正，没收违法所得，并处以违法所得一倍以上五倍以下的罚款。

第二百一十七条　证券公司成立后，无正当理由超过三个月未开始营业的，或者开业后自行停业连续三个月以上的，由公司登记机关吊销其公司营业执照。

第二百一十八条　证券公司违反本法第一百二十九条的规定，擅自设立、收购、撤销分支机构，或者合并、分立、停业、解散、破产，或者在境外设立、收购、参股证券经营机构的，责令改正，没收违法所得，并处以违法所得一倍以上五倍以下的罚款；没有违法所得或者违法所得不足十万元的，处以十万元以上六十万元以下的罚款。对直接负责的主管人员给予警告，并处以三万元以上十万元以下的罚款。

证券公司违反本法第一百二十九条的规定，擅自变更有关事项的，责令改正，并处以十万元以上三十万元以下的罚款。对直接负责的主管人员给予警告，并处以五万元以下的罚款。

第二百一十九条 证券公司违反本法规定，超出业务许可范围经营证券业务的，责令改正，没收违法所得，并处以违法所得一倍以上五倍以下的罚款；没有违法所得或者违法所得不足三十万元的，处以三十万元以上六十万元以下罚款；情节严重的，责令关闭。对直接负责的主管人员和其他直接责任人员给予警告，撤销任职资格或者证券从业资格，并处以三万元以上十万元以下的罚款。

第二百二十条 证券公司对其证券经纪业务、证券承销业务、证券自营业务、证券资产管理业务，不依法分开办理，混合操作的，责令改正，没收违法所得，并处以三十万元以上六十万元以下的罚款；情节严重的，撤销相关业务许可。对直接负责的主管人员和其他直接责任人员给予警告，并处以三万元以上十万元以下的罚款；情节严重的，撤销任职资格或者证券从业资格。

第二百二十一条 提交虚假证明文件或者采取其他欺诈手段隐瞒重要事实骗取证券业务许可的，或者证券公司在证券交易中有严重违法行为，不再具备经营资格的，由证券监督管理机构撤销证券业务许可。

第二百二十二条 证券公司或者其股东、实际控制人违反规定，拒不向证券监督管理机构报送或者提供经营管理信息和资料，或者报送、提供的经营管理信息和资料有虚假记载、误导性陈述或者重大遗漏的，责令改正，给予警告，并处以三万元以上三十万元以下的罚款，可以暂停或者撤销证券公司相关业务许可。对直接负责的主管人员和其他直接责任人员，给予警告，并处以三万元以下的罚款，可以撤销任职资格或者证券从业资格。

证券公司为其股东或者股东的关联人提供融资或者担保的，责令改正，给予警告，并处以十万元以上三十万元以下的罚款。对直接负责的主管人员和其他直接责任人员，处以三万元以上十万元以下的罚款。股东有过错的，在按照要求改正前，国务院证券监督管理机构可以限制其股东权利；拒不改正的，可以责令其转让所持证券公司股权。

第二百二十三条 证券服务机构未勤勉尽责，所制作、出具的文件有虚假记载、误导性陈述或者重大遗漏的，责令改正，没收业务收入，暂停或者撤销证券服务业务许可，并处以业务收入一倍以上五倍以下的罚款。对直接负责的主管人员和其他直接责任人员给予警告，撤销证券从业资格，并处以三万元以上十万元以下的罚款。

第二百二十四条 违反本法规定，发行、承销公司债券的，由国务院授权的部门依照本法有关规定予以处罚。

第二百二十五条　上市公司、证券公司、证券交易所、证券登记结算机构、证券服务机构，未按照有关规定保存有关文件和资料的，责令改正，给予警告，并处以三万元以上三十万元以下的罚款；隐匿、伪造、篡改或者毁损有关文件和资料的，给予警告，并处以三十万元以上六十万元以下的罚款。

第二百二十六条　未经国务院证券监督管理机构批准，擅自设立证券登记结算机构的，由证券监督管理机构予以取缔，没收违法所得，并处以违法所得一倍以上五倍以下的罚款。

投资咨询机构、财务顾问机构、资信评级机构、资产评估机构、会计师事务所未经批准，擅自从事证券服务业务的，责令改正，没收违法所得，并处以违法所得一倍以上五倍以下的罚款。

证券登记结算机构、证券服务机构违反本法规定或者依法制定的业务规则的，由证券监督管理机构责令改正，没收违法所得，并处以违法所得一倍以上五倍以下的罚款；没有违法所得或者违法所得不足十万元的，处以十万元以上三十万元以下的罚款；情节严重的，责令关闭或者撤销证券服务业务许可。

第二百二十七条　国务院证券监督管理机构或者国务院授权的部门有下列情形之一的，对直接负责的主管人员和其他直接责任人员，依法给予行政处分：

（一）对不符合本法规定的发行证券、设立证券公司等申请予以核准、批准的；

（二）违反规定采取本法第一百八十条规定的现场检查、调查取证、查询、冻结或者查封等措施的；

（三）违反规定对有关机构和人员实施行政处罚的；

（四）其他不依法履行职责的行为。

第二百二十八条　证券监督管理机构的工作人员和发行审核委员会的组成人员，不履行本法规定的职责，滥用职权、玩忽职守，利用职务便利牟取不正当利益，或者泄露所知悉的有关单位和个人的商业秘密的，依法追究法律责任。

第二百二十九条　证券交易所对不符合本法规定条件的证券上市申请予以审核同意的，给予警告，没收业务收入，并处以业务收入一倍以上五倍以下的罚款。对直接负责的主管人员和其他直接责任人员给予警告，并处以三万元以上三十万元以下的罚款。

第二百三十条　拒绝、阻碍证券监督管理机构及其工作人员依法行使监督检查、调查职权未使用暴力、威胁方法的，依法给予治安管理处罚。

第二百三十一条 违反本法规定，构成犯罪的，依法追究刑事责任。

第二百三十二条 违反本法规定，应当承担民事赔偿责任和缴纳罚款、罚金，其财产不足以同时支付时，先承担民事赔偿责任。

第二百三十三条 违反法律、行政法规或者国务院证券监督管理机构的有关规定，情节严重的，国务院证券监督管理机构可以对有关责任人员采取证券市场禁入的措施。

前款所称证券市场禁入，是指在一定期限内直至终身不得从事证券业务或者不得担任上市公司董事、监事、高级管理人员的制度。

第二百三十四条 依照本法收缴的罚款和没收的违法所得，全部上缴国库。

第二百三十五条 当事人对证券监督管理机构或者国务院授权的部门的处罚决定不服的，可以依法申请行政复议，或者依法直接向人民法院提起诉讼。

第十二章　附　则

第二百三十六条 本法施行前依照行政法规已批准在证券交易所上市交易的证券继续依法进行交易。

本法施行前依照行政法规和国务院金融行政管理部门的规定经批准设立的证券经营机构，不完全符合本法规定的，应当在规定的限期内达到本法规定的要求。具体实施办法，由国务院另行规定。

第二百三十七条 发行人申请核准公开发行股票、公司债券，应当按照规定缴纳审核费用。

第二百三十八条 境内企业直接或者间接到境外发行证券或者将其证券在境外上市交易，必须经国务院证券监督管理机构依照国务院的规定批准。

第二百三十九条 境内公司股票以外币认购和交易的，具体办法由国务院另行规定。

第二百四十条 本法自 2006 年 1 月 1 日起施行。

中华人民共和国证券投资基金法

（2003年10月28日第十届全国人民代表大会常务委员会第五次会议通过　2012年12月28日第十一届全国人民代表大会常务委员会第三十次会议修订　根据2015年4月24日第十二届全国人民代表大会常务委员会第十四次会议《关于修改〈中华人民共和国港口法〉等七部法律的决定》修正）

目　录

第一章　总　则

第一条　为了规范证券投资基金活动，保护投资人及相关当事人的合法权益，促进证券投资基金和资本市场的健康发展，制定本法。

第二条　在中华人民共和国境内，公开或者非公开募集资金设立证券投资基金（以下简称基金），由基金管理人管理，基金托管人托管，为基金份额持有人的利益，进行证券投资活动，适用本法；本法未规定的，适用《中华人民共和国信托法》《中华人民共和国证券法》和其他有关法律、行政法规的规定。

第三条 基金管理人、基金托管人和基金份额持有人的权利、义务，依照本法在基金合同中约定。

基金管理人、基金托管人依照本法和基金合同的约定，履行受托职责。

通过公开募集方式设立的基金（以下简称公开募集基金）的基金份额持有人按其所持基金份额享受收益和承担风险，通过非公开募集方式设立的基金（以下简称非公开募集基金）的收益分配和风险承担由基金合同约定。

第四条 从事证券投资基金活动，应当遵循自愿、公平、诚实信用的原则，不得损害国家利益和社会公共利益。

第五条 基金财产的债务由基金财产本身承担，基金份额持有人以其出资为限对基金财产的债务承担责任。但基金合同依照本法另有约定的，从其约定。

基金财产独立于基金管理人、基金托管人的固有财产。基金管理人、基金托管人不得将基金财产归入其固有财产。

基金管理人、基金托管人因基金财产的管理、运用或者其他情形而取得的财产和收益，归入基金财产。

基金管理人、基金托管人因依法解散、被依法撤销或者被依法宣告破产等原因进行清算的，基金财产不属于其清算财产。

第六条 基金财产的债权，不得与基金管理人、基金托管人固有财产的债务相抵销；不同基金财产的债权债务，不得相互抵销。

第七条 非因基金财产本身承担的债务，不得对基金财产强制执行。

第八条 基金财产投资的相关税收，由基金份额持有人承担，基金管理人或者其他扣缴义务人按照国家有关税收征收的规定代扣代缴。

第九条 基金管理人、基金托管人管理、运用基金财产，基金服务机构从事基金服务活动，应当恪尽职守，履行诚实信用、谨慎勤勉的义务。

基金管理人运用基金财产进行证券投资，应当遵守审慎经营规则，制定科学合理的投资策略和风险管理制度，有效防范和控制风险。

基金从业人员应当具备基金从业资格，遵守法律、行政法规，恪守职业道德和行为规范。

第十条 基金管理人、基金托管人和基金服务机构，应当依照本法成立证券投资基金行业协会（以下简称基金行业协会），进行行业自律，协调行业关系，提供行业服务，促进行业发展。

第十一条 国务院证券监督管理机构依法对证券投资基金活动实施监督管理；其派出机构依照授权履行职责。

第二章　基金管理人

第十二条　基金管理人由依法设立的公司或者合伙企业担任。

公开募集基金的基金管理人，由基金管理公司或者经国务院证券监督管理机构按照规定核准的其他机构担任。

第十三条　设立管理公开募集基金的基金管理公司，应当具备下列条件，并经国务院证券监督管理机构批准：

（一）有符合本法和《中华人民共和国公司法》规定的章程；

（二）注册资本不低于一亿元人民币，且必须为实缴货币资本；

（三）主要股东应当具有经营金融业务或者管理金融机构的良好业绩、良好的财务状况和社会信誉，资产规模达到国务院规定的标准，最近三年没有违法记录；

（四）取得基金从业资格的人员达到法定人数；

（五）董事、监事、高级管理人员具备相应的任职条件；

（六）有符合要求的营业场所、安全防范设施和与基金管理业务有关的其他设施；

（七）有良好的内部治理结构、完善的内部稽核监控制度、风险控制制度；

（八）法律、行政法规规定的和经国务院批准的国务院证券监督管理机构规定的其他条件。

第十四条　国务院证券监督管理机构应当自受理基金管理公司设立申请之日起六个月内依照本法第十三条规定的条件和审慎监管原则进行审查，作出批准或者不予批准的决定，并通知申请人；不予批准的，应当说明理由。

基金管理公司变更持有百分之五以上股权的股东，变更公司的实际控制人，或者变更其他重大事项，应当报经国务院证券监督管理机构批准。国务院证券监督管理机构应当自受理申请之日起六十日内作出批准或者不予批准的决定，并通知申请人；不予批准的，应当说明理由。

第十五条　有下列情形之一的，不得担任公开募集基金的基金管理人的董事、监事、高级管理人员和其他从业人员：

（一）因犯有贪污贿赂、渎职、侵犯财产罪或者破坏社会主义市场经济秩序罪，被判处刑罚的；

（二）对所任职的公司、企业因经营不善破产清算或者因违法被吊销营业执照负有个人责任的董事、监事、厂长、高级管理人员，自该公司、企业破产清算终结或者被吊销营业执照之日起未逾五年的；

（三）个人所负债务数额较大，到期未清偿的；

（四）因违法行为被开除的基金管理人、基金托管人、证券交易所、证券公司、证券登记结算机构、期货交易所、期货公司及其他机构的从业人员和国家机关工作人员；

（五）因违法行为被吊销执业证书或者被取消资格的律师、注册会计师和资产评估机构、验证机构的从业人员、投资咨询从业人员；

（六）法律、行政法规规定不得从事基金业务的其他人员。

第十六条 公开募集基金的基金管理人的董事、监事和高级管理人员，应当熟悉证券投资方面的法律、行政法规，具有三年以上与其所任职务相关的工作经历；高级管理人员还应当具备基金从业资格。

第十七条 公开募集基金的基金管理人的董事、监事、高级管理人员和其他从业人员，其本人、配偶、利害关系人进行证券投资，应当事先向基金管理人申报，并不得与基金份额持有人发生利益冲突。

公开募集基金的基金管理人应当建立前款规定人员进行证券投资的申报、登记、审查、处置等管理制度，并报国务院证券监督管理机构备案。

第十八条 公开募集基金的基金管理人的董事、监事、高级管理人员和其他从业人员，不得担任基金托管人或者其他基金管理人的任何职务，不得从事损害基金财产和基金份额持有人利益的证券交易及其他活动。

第十九条 公开募集基金的基金管理人应当履行下列职责：

（一）依法募集资金，办理基金份额的发售和登记事宜；

（二）办理基金备案手续；

（三）对所管理的不同基金财产分别管理、分别记账，进行证券投资；

（四）按照基金合同的约定确定基金收益分配方案，及时向基金份额持有人分配收益；

（五）进行基金会计核算并编制基金财务会计报告；

（六）编制中期和年度基金报告；

（七）计算并公告基金资产净值，确定基金份额申购、赎回价格；

（八）办理与基金财产管理业务活动有关的信息披露事项；

（九）按照规定召集基金份额持有人大会；

（十）保存基金财产管理业务活动的记录、账册、报表和其他相关资料；

（十一）以基金管理人名义，代表基金份额持有人利益行使诉讼权利或者实施其他法律行为；

（十二）国务院证券监督管理机构规定的其他职责。

第二十条 公开募集基金的基金管理人及其董事、监事、高级管理人员和其他从业人员不得有下列行为：

（一）将其固有财产或者他人财产混同于基金财产从事证券投资；

（二）不公平地对待其管理的不同基金财产；

（三）利用基金财产或者职务之便为基金份额持有人以外的人牟取利益；

（四）向基金份额持有人违规承诺收益或者承担损失；

（五）侵占、挪用基金财产；

（六）泄露因职务便利获取的未公开信息、利用该信息从事或者明示、暗示他人从事相关的交易活动；

（七）玩忽职守，不按照规定履行职责；

（八）法律、行政法规和国务院证券监督管理机构规定禁止的其他行为。

第二十一条　公开募集基金的基金管理人应当建立良好的内部治理结构，明确股东会、董事会、监事会和高级管理人员的职责权限，确保基金管理人独立运作。

公开募集基金的基金管理人可以实行专业人士持股计划，建立长效激励约束机制。

公开募集基金的基金管理人的股东、董事、监事和高级管理人员在行使权利或者履行职责时，应当遵循基金份额持有人利益优先的原则。

第二十二条　公开募集基金的基金管理人应当从管理基金的报酬中计提风险准备金。

公开募集基金的基金管理人因违法违规、违反基金合同等原因给基金财产或者基金份额持有人合法权益造成损失，应当承担赔偿责任的，可以优先使用风险准备金予以赔偿。

第二十三条　公开募集基金的基金管理人的股东、实际控制人应当按照国务院证券监督管理机构的规定及时履行重大事项报告义务，并不得有下列行为：

（一）虚假出资或者抽逃出资；

（二）未依法经股东会或者董事会决议擅自干预基金管理人的基金经营活动；

（三）要求基金管理人利用基金财产为自己或者他人牟取利益，损害基金份额持有人利益；

（四）国务院证券监督管理机构规定禁止的其他行为。

公开募集基金的基金管理人的股东、实际控制人有前款行为或者股东不再符合法定条件的，国务院证券监督管理机构应当责令其限期改正，并可视情节责令其转让所持有或者控制的基金管理人的股权。

在前款规定的股东、实际控制人按照要求改正违法行为、转让所持有或者控制的基金管理人的股权前，国务院证券监督管理机构可以限制有关股东行使股东权利。

第二十四条 公开募集基金的基金管理人违法违规，或者其内部治理结构、稽核监控和风险控制管理不符合规定的，国务院证券监督管理机构应当责令其限期改正；逾期未改正，或者其行为严重危及该基金管理人的稳健运行、损害基金份额持有人合法权益的，国务院证券监督管理机构可以区别情形，对其采取下列措施：

（一）限制业务活动，责令暂停部分或者全部业务；

（二）限制分配红利，限制向董事、监事、高级管理人员支付报酬、提供福利；

（三）限制转让固有财产或者在固有财产上设定其他权利；

（四）责令更换董事、监事、高级管理人员或者限制其权利；

（五）责令有关股东转让股权或者限制有关股东行使股东权利。

公开募集基金的基金管理人整改后，应当向国务院证券监督管理机构提交报告。国务院证券监督管理机构经验收，符合有关要求的，应当自验收完毕之日起三日内解除对其采取的有关措施。

第二十五条 公开募集基金的基金管理人的董事、监事、高级管理人员未能勤勉尽责，致使基金管理人存在重大违法违规行为或者重大风险的，国务院证券监督管理机构可以责令更换。

第二十六条 公开募集基金的基金管理人违法经营或者出现重大风险，严重危害证券市场秩序、损害基金份额持有人利益的，国务院证券监督管理机构可以对该基金管理人采取责令停业整顿、指定其他机构托管、接管、取消基金管理资格或者撤销等监管措施。

第二十七条 在公开募集基金的基金管理人被责令停业整顿、被依法指定托管、接管或者清算期间，或者出现重大风险时，经国务院证券监督管理机构批准，可以对该基金管理人直接负责的董事、监事、高级管理人员和其他直接责任人员采取下列措施：

（一）通知出境管理机关依法阻止其出境；

（二）申请司法机关禁止其转移、转让或者以其他方式处分财产，或者在财产上设定其他权利。

第二十八条 有下列情形之一的，公开募集基金的基金管理人职责终止：

（一）被依法取消基金管理资格；

（二）被基金份额持有人大会解任；

（三）依法解散、被依法撤销或者被依法宣告破产；

（四）基金合同约定的其他情形。

第二十九条 公开募集基金的基金管理人职责终止的，基金份额持有人大会应当在六个月内选任新基金管理人；新基金管理人产生前，由国务院证券监督管理机构指定临时基金管理人。

公开募集基金的基金管理人职责终止的，应当妥善保管基金管理业务资料，及时办理基金管理业务的移交手续，新基金管理人或者临时基金管理人应当及时接收。

第三十条　公开募集基金的基金管理人职责终止的，应当按照规定聘请会计师事务所对基金财产进行审计，并将审计结果予以公告，同时报国务院证券监督管理机构备案。

第三十一条　对非公开募集基金的基金管理人进行规范的具体办法，由国务院金融监督管理机构依照本章的原则制定。

第三章　基金托管人

第三十二条　基金托管人由依法设立的商业银行或者其他金融机构担任。

商业银行担任基金托管人的，由国务院证券监督管理机构会同国务院银行业监督管理机构核准；其他金融机构担任基金托管人的，由国务院证券监督管理机构核准。

第三十三条　担任基金托管人，应当具备下列条件：

（一）净资产和风险控制指标符合有关规定；

（二）设有专门的基金托管部门；

（三）取得基金从业资格的专职人员达到法定人数；

（四）有安全保管基金财产的条件；

（五）有安全高效的清算、交割系统；

（六）有符合要求的营业场所、安全防范设施和与基金托管业务有关的其他设施；

（七）有完善的内部稽核监控制度和风险控制制度；

（八）法律、行政法规规定的和经国务院批准的国务院证券监督管理机构、国务院银行业监督管理机构规定的其他条件。

第三十四条　本法第十五条、第十七条、第十八条的规定，适用于基金托管人的专门基金托管部门的高级管理人员和其他从业人员。

本法第十六条的规定，适用于基金托管人的专门基金托管部门的高级管理人员。

第三十五条　基金托管人与基金管理人不得为同一机构，不得相互出资或者持有股份。

第三十六条　基金托管人应当履行下列职责：

（一）安全保管基金财产；

（二）按照规定开设基金财产的资金账户和证券账户；

（三）对所托管的不同基金财产分别设置账户，确保基金财产的完整与独立；

（四）保存基金托管业务活动的记录、账册、报表和其他相关资料；

（五）按照基金合同的约定，根据基金管理人的投资指令，及时办理清算、交割事宜；

（六）办理与基金托管业务活动有关的信息披露事项；

（七）对基金财务会计报告、中期和年度基金报告出具意见；

（八）复核、审查基金管理人计算的基金资产净值和基金份额申购、赎回价格；

（九）按照规定召集基金份额持有人大会；

（十）按照规定监督基金管理人的投资运作；

（十一）国务院证券监督管理机构规定的其他职责。

第三十七条 基金托管人发现基金管理人的投资指令违反法律、行政法规和其他有关规定，或者违反基金合同约定的，应当拒绝执行，立即通知基金管理人，并及时向国务院证券监督管理机构报告。

基金托管人发现基金管理人依据交易程序已经生效的投资指令违反法律、行政法规和其他有关规定，或者违反基金合同约定的，应当立即通知基金管理人，并及时向国务院证券监督管理机构报告。

第三十八条 本法第二十条、第二十二条的规定，适用于基金托管人。

第三十九条 基金托管人不再具备本法规定的条件，或者未能勤勉尽责，在履行本法规定的职责时存在重大失误的，国务院证券监督管理机构、国务院银行业监督管理机构应当责令其改正；逾期未改正，或者其行为严重影响所托管基金的稳健运行、损害基金份额持有人利益的，国务院证券监督管理机构、国务院银行业监督管理机构可以区别情形，对其采取下列措施：

（一）限制业务活动，责令暂停办理新的基金托管业务；

（二）责令更换负有责任的专门基金托管部门的高级管理人员。

基金托管人整改后，应当向国务院证券监督管理机构、国务院银行业监督管理机构提交报告；经验收，符合有关要求的，应当自验收完毕之日起三日内解除对其采取的有关措施。

第四十条 国务院证券监督管理机构、国务院银行业监督管理机构对有下列情形之一的基金托管人，可以取消其基金托管资格：

（一）连续三年没有开展基金托管业务的；

（二）违反本法规定，情节严重的；

（三）法律、行政法规规定的其他情形。

第四十一条 有下列情形之一的，基金托管人职责终止：

（一）被依法取消基金托管资格；

（二）被基金份额持有人大会解任；

（三）依法解散、被依法撤销或者被依法宣告破产；

（四）基金合同约定的其他情形。

第四十二条　基金托管人职责终止的，基金份额持有人大会应当在六个月内选任新基金托管人；新基金托管人产生前，由国务院证券监督管理机构指定临时基金托管人。

基金托管人职责终止的，应当妥善保管基金财产和基金托管业务资料，及时办理基金财产和基金托管业务的移交手续，新基金托管人或者临时基金托管人应当及时接收。

第四十三条　基金托管人职责终止的，应当按照规定聘请会计师事务所对基金财产进行审计，并将审计结果予以公告，同时报国务院证券监督管理机构备案。

第四章　基金的运作方式和组织

第四十四条　基金合同应当约定基金的运作方式。

第四十五条　基金的运作方式可以采用封闭式、开放式或者其他方式。

采用封闭式运作方式的基金（以下简称封闭式基金），是指基金份额总额在基金合同期限内固定不变，基金份额持有人不得申请赎回的基金；采用开放式运作方式的基金（以下简称开放式基金），是指基金份额总额不固定，基金份额可以在基金合同约定的时间和场所申购或者赎回的基金。

采用其他运作方式的基金的基金份额发售、交易、申购、赎回的办法，由国务院证券监督管理机构另行规定。

第四十六条　基金份额持有人享有下列权利：

（一）分享基金财产收益；

（二）参与分配清算后的剩余基金财产；

（三）依法转让或者申请赎回其持有的基金份额；

（四）按照规定要求召开基金份额持有人大会或者召集基金份额持有人大会；

（五）对基金份额持有人大会审议事项行使表决权；

（六）对基金管理人、基金托管人、基金服务机构损害其合法权益的行为依法提起诉讼；

（七）基金合同约定的其他权利。

公开募集基金的基金份额持有人有权查阅或者复制公开披露的基金信息资料；非公开募集基金的基金份额持有人对涉及自身利益的情况，有权查阅基金的财务会计账簿等财务资料。

第四十七条 基金份额持有人大会由全体基金份额持有人组成，行使下列职权：

（一）决定基金扩募或者延长基金合同期限；

（二）决定修改基金合同的重要内容或者提前终止基金合同；

（三）决定更换基金管理人、基金托管人；

（四）决定调整基金管理人、基金托管人的报酬标准；

（五）基金合同约定的其他职权。

第四十八条 按照基金合同约定，基金份额持有人大会可以设立日常机构，行使下列职权：

（一）召集基金份额持有人大会；

（二）提请更换基金管理人、基金托管人；

（三）监督基金管理人的投资运作、基金托管人的托管活动；

（四）提请调整基金管理人、基金托管人的报酬标准；

（五）基金合同约定的其他职权。

前款规定的日常机构，由基金份额持有人大会选举产生的人员组成；其议事规则，由基金合同约定。

第四十九条 基金份额持有人大会及其日常机构不得直接参与或者干涉基金的投资管理活动。

第五章 基金的公开募集

第五十条 公开募集基金，应当经国务院证券监督管理机构注册。未经注册，不得公开或者变相公开募集基金。

前款所称公开募集基金，包括向不特定对象募集资金、向特定对象募集资金累计超过二百人，以及法律、行政法规规定的其他情形。

公开募集基金应当由基金管理人管理，基金托管人托管。

第五十一条 注册公开募集基金，由拟任基金管理人向国务院证券监督管理机构提交下列文件：

（一）申请报告；

（二）基金合同草案；

（三）基金托管协议草案；

（四）招募说明书草案；

（五）律师事务所出具的法律意见书；

（六）国务院证券监督管理机构规定提交的其他文件。

第五十二条 公开募集基金的基金合同应当包括下列内容：

（一）募集基金的目的和基金名称；

（二）基金管理人、基金托管人的名称和住所；

（三）基金的运作方式；

（四）封闭式基金的基金份额总额和基金合同期限，或者开放式基金的最低募集份额总额；

（五）确定基金份额发售日期、价格和费用的原则；

（六）基金份额持有人、基金管理人和基金托管人的权利、义务；

（七）基金份额持有人大会召集、议事及表决的程序和规则；

（八）基金份额发售、交易、申购、赎回的程序、时间、地点、费用计算方式，以及给付赎回款项的时间和方式；

（九）基金收益分配原则、执行方式；

（十）基金管理人、基金托管人报酬的提取、支付方式与比例；

（十一）与基金财产管理、运用有关的其他费用的提取、支付方式；

（十二）基金财产的投资方向和投资限制；

（十三）基金资产净值的计算方法和公告方式；

（十四）基金募集未达到法定要求的处理方式；

（十五）基金合同解除和终止的事由、程序以及基金财产清算方式；

（十六）争议解决方式；

（十七）当事人约定的其他事项。

第五十三条 公开募集基金的基金招募说明书应当包括下列内容：

（一）基金募集申请的准予注册文件名称和注册日期；

（二）基金管理人、基金托管人的基本情况；

（三）基金合同和基金托管协议的内容摘要；

（四）基金份额的发售日期、价格、费用和期限；

（五）基金份额的发售方式、发售机构及登记机构名称；

（六）出具法律意见书的律师事务所和审计基金财产的会计师事务所的名称和住所；

（七）基金管理人、基金托管人报酬及其他有关费用的提取、支付方式与比例；

（八）风险警示内容；

（九）国务院证券监督管理机构规定的其他内容。

第五十四条 国务院证券监督管理机构应当自受理公开募集基金的募集注册申请之日起六个月内依照法律、行政法规及国务院证券监督管理机构的规定进行审查，作出注册或者不予注册的决定，并通知申请人；不予注册的，应当说明理由。

第五十五条 基金募集申请经注册后，方可发售基金份额。

基金份额的发售，由基金管理人或者其委托的基金销售机构办理。

第五十六条 基金管理人应当在基金份额发售的三日前公布招募说明书、基金合同及其他有关文件。

前款规定的文件应当真实、准确、完整。

对基金募集所进行的宣传推介活动，应当符合有关法律、行政法规的规定，不得有本法第七十七条所列行为。

第五十七条 基金管理人应当自收到准予注册文件之日起六个月内进行基金募集。超过六个月开始募集，原注册的事项未发生实质性变化的，应当报国务院证券监督管理机构备案；发生实质性变化的，应当向国务院证券监督管理机构重新提交注册申请。

基金募集不得超过国务院证券监督管理机构准予注册的基金募集期限。基金募集期限自基金份额发售之日起计算。

第五十八条 基金募集期限届满，封闭式基金募集的基金份额总额达到准予注册规模的百分之八十以上，开放式基金募集的基金份额总额超过准予注册的最低募集份额总额，并且基金份额持有人人数符合国务院证券监督管理机构规定的，基金管理人应当自募集期限届满之日起十日内聘请法定验资机构验资，自收到验资报告之日起十日内，向国务院证券监督管理机构提交验资报告，办理基金备案手续，并予以公告。

第五十九条 基金募集期间募集的资金应当存入专门账户，在基金募集行为结束前，任何人不得动用。

第六十条 投资人交纳认购的基金份额的款项时，基金合同成立；基金管理人依照本法第五十八条的规定向国务院证券监督管理机构办理基金备案手续，基金合同生效。

基金募集期限届满，不能满足本法第五十八条规定的条件的，基金管理人应当承担下列责任：

（一）以其固有财产承担因募集行为而产生的债务和费用；

（二）在基金募集期限届满后三十日内返还投资人已交纳的款项，并加计银行同期存款利息。

第六章　公开募集基金的基金份额的交易、申购与赎回

第六十一条 申请基金份额上市交易，基金管理人应当向证券交易所提出申请，证券交易所依法审核同意的，双方应当签订上市协议。

第六十二条 基金份额上市交易，应当符合下列条件：

（一）基金的募集符合本法规定；

（二）基金合同期限为五年以上；

（三）基金募集金额不低于二亿元人民币；

（四）基金份额持有人不少于一千人；

（五）基金份额上市交易规则规定的其他条件。

第六十三条　基金份额上市交易规则由证券交易所制定，报国务院证券监督管理机构批准。

第六十四条　基金份额上市交易后，有下列情形之一的，由证券交易所终止其上市交易，并报国务院证券监督管理机构备案：

（一）不再具备本法第六十二条规定的上市交易条件；

（二）基金合同期限届满；

（三）基金份额持有人大会决定提前终止上市交易；

（四）基金合同约定的或者基金份额上市交易规则规定的终止上市交易的其他情形。

第六十五条　开放式基金的基金份额的申购、赎回、登记，由基金管理人或者其委托的基金服务机构办理。

第六十六条　基金管理人应当在每个工作日办理基金份额的申购、赎回业务；基金合同另有约定的，从其约定。

投资人交付申购款项，申购成立；基金份额登记机构确认基金份额时，申购生效。

基金份额持有人递交赎回申请，赎回成立；基金份额登记机构确认赎回时，赎回生效。

第六十七条　基金管理人应当按时支付赎回款项，但是下列情形除外：

（一）因不可抗力导致基金管理人不能支付赎回款项；

（二）证券交易场所依法决定临时停市，导致基金管理人无法计算当日基金资产净值；

（三）基金合同约定的其他特殊情形。

发生上述情形之一的，基金管理人应当在当日报国务院证券监督管理机构备案。

本条第一款规定的情形消失后，基金管理人应当及时支付赎回款项。

第六十八条　开放式基金应当保持足够的现金或者政府债券，以备支付基金份额持有人的赎回款项。基金财产中应当保持的现金或者政府债券的具体比例，由国务院证券监督管理机构规定。

第六十九条　基金份额的申购、赎回价格，依据申购、赎回日基金份额净值加、减有关费用计算。

第七十条 基金份额净值计价出现错误时，基金管理人应当立即纠正，并采取合理的措施防止损失进一步扩大。计价错误达到基金份额净值百分之零点五时，基金管理人应当公告，并报国务院证券监督管理机构备案。

因基金份额净值计价错误造成基金份额持有人损失的，基金份额持有人有权要求基金管理人、基金托管人予以赔偿。

第七章 公开募集基金的投资与信息披露

第七十一条 基金管理人运用基金财产进行证券投资，除国务院证券监督管理机构另有规定外，应当采用资产组合的方式。

资产组合的具体方式和投资比例，依照本法和国务院证券监督管理机构的规定在基金合同中约定。

第七十二条 基金财产应当用于下列投资：

（一）上市交易的股票、债券；

（二）国务院证券监督管理机构规定的其他证券及其衍生品种。

第七十三条 基金财产不得用于下列投资或者活动：

（一）承销证券；

（二）违反规定向他人贷款或者提供担保；

（三）从事承担无限责任的投资；

（四）买卖其他基金份额，但是国务院证券监督管理机构另有规定的除外；

（五）向基金管理人、基金托管人出资；

（六）从事内幕交易、操纵证券交易价格及其他不正当的证券交易活动；

（七）法律、行政法规和国务院证券监督管理机构规定禁止的其他活动。

运用基金财产买卖基金管理人、基金托管人及其控股股东、实际控制人或者与其有其他重大利害关系的公司发行的证券或承销期内承销的证券，或者从事其他重大关联交易的，应当遵循基金份额持有人利益优先的原则，防范利益冲突，符合国务院证券监督管理机构的规定，并履行信息披露义务。

第七十四条 基金管理人、基金托管人和其他基金信息披露义务人应当依法披露基金信息，并保证所披露信息的真实性、准确性和完整性。

第七十五条 基金信息披露义务人应当确保应予披露的基金信息在国务院证券监督管理机构规定时间内披露，并保证投资人能够按照基金合同约定的时间和方式查阅或者复制公开披露的信息资料。

第七十六条 公开披露的基金信息包括：

（一）基金招募说明书、基金合同、基金托管协议；

（二）基金募集情况；

（三）基金份额上市交易公告书；

（四）基金资产净值、基金份额净值；

（五）基金份额申购、赎回价格；

（六）基金财产的资产组合季度报告、财务会计报告及中期和年度基金报告；

（七）临时报告；

（八）基金份额持有人大会决议；

（九）基金管理人、基金托管人的专门基金托管部门的重大人事变动；

（十）涉及基金财产、基金管理业务、基金托管业务的诉讼或者仲裁；

（十一）国务院证券监督管理机构规定应予披露的其他信息。

第七十七条　公开披露基金信息，不得有下列行为：

（一）虚假记载、误导性陈述或者重大遗漏；

（二）对证券投资业绩进行预测；

（三）违规承诺收益或者承担损失；

（四）诋毁其他基金管理人、基金托管人或者基金销售机构；

（五）法律、行政法规和国务院证券监督管理机构规定禁止的其他行为。

第八章　公开募集基金的基金合同的变更、终止与基金财产清算

第七十八条　按照基金合同的约定或者基金份额持有人大会的决议，基金可以转换运作方式或者与其他基金合并。

第七十九条　封闭式基金扩募或者延长基金合同期限，应当符合下列条件，并报国务院证券监督管理机构备案：

（一）基金运营业绩良好；

（二）基金管理人最近二年内没有因违法违规行为受到行政处罚或者刑事处罚；

（三）基金份额持有人大会决议通过；

（四）本法规定的其他条件。

第八十条　有下列情形之一的，基金合同终止：

（一）基金合同期限届满而未延期；

（二）基金份额持有人大会决定终止；

（三）基金管理人、基金托管人职责终止，在六个月内没有新基金管理人、新基金托管人承接；

（四）基金合同约定的其他情形。

第八十一条　基金合同终止时，基金管理人应当组织清算组对基金财产

进行清算。

清算组由基金管理人、基金托管人以及相关的中介服务机构组成。

清算组作出的清算报告经会计师事务所审计，律师事务所出具法律意见书后，报国务院证券监督管理机构备案并公告。

第八十二条 清算后的剩余基金财产，应当按照基金份额持有人所持份额比例进行分配。

第九章 公开募集基金的基金份额持有人权利行使

第八十三条 基金份额持有人大会由基金管理人召集。基金份额持有人大会设立日常机构的，由该日常机构召集；该日常机构未召集的，由基金管理人召集。基金管理人未按规定召集或者不能召开的，由基金托管人召集。

代表基金份额百分之十以上的基金份额持有人就同一事项要求召开基金份额持有人大会，而基金份额持有人大会的日常机构、基金管理人、基金托管人都不召集的，代表基金份额百分之十以上的基金份额持有人有权自行召集，并报国务院证券监督管理机构备案。

第八十四条 召开基金份额持有人大会，召集人应当至少提前三十日公告基金份额持有人大会的召开时间、会议形式、审议事项、议事程序和表决方式等事项。

基金份额持有人大会不得就未经公告的事项进行表决。

第八十五条 基金份额持有人大会可以采取现场方式召开，也可以采取通讯等方式召开。

每一基金份额具有一票表决权，基金份额持有人可以委托代理人出席基金份额持有人大会并行使表决权。

第八十六条 基金份额持有人大会应当有代表二分之一以上基金份额的持有人参加，方可召开。

参加基金份额持有人大会的持有人的基金份额低于前款规定比例的，召集人可以在原公告的基金份额持有人大会召开时间的三个月以后、六个月以内，就原定审议事项重新召集基金份额持有人大会。重新召集的基金份额持有人大会应当有代表三分之一以上基金份额的持有人参加，方可召开。

基金份额持有人大会就审议事项作出决定，应当经参加大会的基金份额持有人所持表决权的二分之一以上通过；但是，转换基金的运作方式、更换基金管理人或者基金托管人、提前终止基金合同、与其他基金合并，应当经参加大会的基金份额持有人所持表决权的三分之二以上通过。

基金份额持有人大会决定的事项，应当依法报国务院证券监督管理机构备案，并予以公告。

第十章　非公开募集基金

第八十七条　非公开募集基金应当向合格投资者募集，合格投资者累计不得超过二百人。

前款所称合格投资者，是指达到规定资产规模或者收入水平，并且具备相应的风险识别能力和风险承担能力、其基金份额认购金额不低于规定限额的单位和个人。

合格投资者的具体标准由国务院证券监督管理机构规定。

第八十八条　除基金合同另有约定外，非公开募集基金应当由基金托管人托管。

第八十九条　担任非公开募集基金的基金管理人，应当按照规定向基金行业协会履行登记手续，报送基本情况。

第九十条　未经登记，任何单位或者个人不得使用“基金”或者“基金管理”字样或者近似名称进行证券投资活动；但是，法律、行政法规另有规定的除外。

第九十一条　非公开募集基金，不得向合格投资者之外的单位和个人募集资金，不得通过报刊、电台、电视台、互联网等公众传播媒体或者讲座、报告会、分析会等方式向不特定对象宣传推介。

第九十二条　非公开募集基金，应当制定并签订基金合同。基金合同应当包括下列内容：

（一）基金份额持有人、基金管理人、基金托管人的权利、义务；

（二）基金的运作方式；

（三）基金的出资方式、数额和认缴期限；

（四）基金的投资范围、投资策略和投资限制；

（五）基金收益分配原则、执行方式；

（六）基金承担的有关费用；

（七）基金信息提供的内容、方式；

（八）基金份额的认购、赎回或者转让的程序和方式；

（九）基金合同变更、解除和终止的事由、程序；

（十）基金财产清算方式；

（十一）当事人约定的其他事项。

基金份额持有人转让基金份额的，应当符合本法第八十七条、第九十一条的规定。

第九十三条　按照基金合同约定，非公开募集基金可以由部分基金份额持有人作为基金管理人负责基金的投资管理活动，并在基金财产不足以清偿其债务时对基金财产的债务承担无限连带责任。

前款规定的非公开募集基金，其基金合同还应载明：

（一）承担无限连带责任的基金份额持有人和其他基金份额持有人的姓名或者名称、住所；

（二）承担无限连带责任的基金份额持有人的除名条件和更换程序；

（三）基金份额持有人增加、退出的条件、程序以及相关责任；

（四）承担无限连带责任的基金份额持有人和其他基金份额持有人的转换程序。

第九十四条 非公开募集基金募集完毕，基金管理人应当向基金行业协会备案。对募集的资金总额或者基金份额持有人的人数达到规定标准的基金，基金行业协会应当向国务院证券监督管理机构报告。

非公开募集基金财产的证券投资，包括买卖公开发行的股份有限公司股票、债券、基金份额，以及国务院证券监督管理机构规定的其他证券及其衍生品种。

第九十五条 基金管理人、基金托管人应当按照基金合同的约定，向基金份额持有人提供基金信息。

第九十六条 专门从事非公开募集基金管理业务的基金管理人，其股东、高级管理人员、经营期限、管理的基金资产规模等符合规定条件的，经国务院证券监督管理机构核准，可以从事公开募集基金管理业务。

第十一章 基金服务机构

第九十七条 从事公开募集基金的销售、销售支付、份额登记、估值、投资顾问、评价、信息技术系统服务等基金服务业务的机构，应当按照国务院证券监督管理机构的规定进行注册或者备案。

第九十八条 基金销售机构应当向投资人充分揭示投资风险，并根据投资人的风险承担能力销售不同风险等级的基金产品。

第九十九条 基金销售支付机构应当按照规定办理基金销售结算资金的划付，确保基金销售结算资金安全、及时划付。

第一百条 基金销售结算资金、基金份额独立于基金销售机构、基金销售支付机构或者基金份额登记机构的自有财产。基金销售机构、基金销售支付机构或者基金份额登记机构破产或者清算时，基金销售结算资金、基金份额不属于其破产财产或者清算财产。非因投资人本身的债务或者法律规定的其他情形，不得查封、冻结、扣划或者强制执行基金销售结算资金、基金份额。

基金销售机构、基金销售支付机构、基金份额登记机构应当确保基金销售结算资金、基金份额的安全、独立，禁止任何单位或者个人以任何形式挪用基金销售结算资金、基金份额。

第一百零一条　基金管理人可以委托基金服务机构代为办理基金的份额登记、核算、估值、投资顾问等事项，基金托管人可以委托基金服务机构代为办理基金的核算、估值、复核等事项，但基金管理人、基金托管人依法应当承担的责任不因委托而免除。

第一百零二条　基金份额登记机构以电子介质登记的数据，是基金份额持有人权利归属的根据。基金份额持有人以基金份额出质的，质权自基金份额登记机构办理出质登记时设立。

基金份额登记机构应当妥善保存登记数据，并将基金份额持有人名称、身份信息及基金份额明细等数据备份至国务院证券监督管理机构认定的机构。其保存期限自基金账户销户之日起不得少于二十年。

基金份额登记机构应当保证登记数据的真实、准确、完整，不得隐匿、伪造、篡改或者毁损。

第一百零三条　基金投资顾问机构及其从业人员提供基金投资顾问服务，应当具有合理的依据，对其服务能力和经营业绩进行如实陈述，不得以任何方式承诺或者保证投资收益，不得损害服务对象的合法权益。

第一百零四条　基金评价机构及其从业人员应当客观公正，按照依法制定的业务规则开展基金评价业务，禁止误导投资人，防范可能发生的利益冲突。

第一百零五条　基金管理人、基金托管人、基金服务机构的信息技术系统，应当符合规定的要求。国务院证券监督管理机构可以要求信息技术系统服务机构提供该信息技术系统的相关资料。

第一百零六条　律师事务所、会计师事务所接受基金管理人、基金托管人的委托，为有关基金业务活动出具法律意见书、审计报告、内部控制评价报告等文件，应当勤勉尽责，对所依据的文件资料内容的真实性、准确性、完整性进行核查和验证。其制作、出具的文件有虚假记载、误导性陈述或者重大遗漏，给他人财产造成损失的，应当与委托人承担连带赔偿责任。

第一百零七条　基金服务机构应当勤勉尽责、恪尽职守，建立应急等风险管理制度和灾难备份系统，不得泄露与基金份额持有人、基金投资运作相关的非公开信息。

第十二章　基金行业协会

第一百零八条　基金行业协会是证券投资基金行业的自律性组织，是社会团体法人。

基金管理人、基金托管人应当加入基金行业协会，基金服务机构可以加入基金行业协会。

第一百零九条 基金行业协会的权力机构为全体会员组成的会员大会。

基金行业协会设理事会。理事会成员依章程的规定由选举产生。

第一百一十条 基金行业协会章程由会员大会制定，并报国务院证券监督管理机构备案。

第一百一十一条 基金行业协会履行下列职责：

（一）教育和组织会员遵守有关证券投资的法律、行政法规，维护投资人合法权益；

（二）依法维护会员的合法权益，反映会员的建议和要求；

（三）制定和实施行业自律规则，监督、检查会员及其从业人员的执业行为，对违反自律规则和协会章程的，按照规定给予纪律处分；

（四）制定行业执业标准和业务规范，组织基金从业人员的从业考试、资质管理和业务培训；

（五）提供会员服务，组织行业交流，推动行业创新，开展行业宣传和投资人教育活动；

（六）对会员之间、会员与客户之间发生的基金业务纠纷进行调解；

（七）依法办理非公开募集基金的登记、备案；

（八）协会章程规定的其他职责。

第十三章　监督管理

第一百一十二条 国务院证券监督管理机构依法履行下列职责：

（一）制定有关证券投资基金活动监督管理的规章、规则，并行使审批、核准或者注册权；

（二）办理基金备案；

（三）对基金管理人、基金托管人及其他机构从事证券投资基金活动进行监督管理，对违法行为进行查处，并予以公告；

（四）制定基金从业人员的资格标准和行为准则，并监督实施；

（五）监督检查基金信息的披露情况；

（六）指导和监督基金行业协会的活动；

（七）法律、行政法规规定的其他职责。

第一百一十三条 国务院证券监督管理机构依法履行职责，有权采取下列措施：

（一）对基金管理人、基金托管人、基金服务机构进行现场检查，并要求其报送有关的业务资料；

（二）进入涉嫌违法行为发生场所调查取证；

（三）询问当事人和与被调查事件有关的单位和个人，要求其对与被调查事件有关的事项作出说明；

（四）查阅、复制与被调查事件有关的财产权登记、通讯记录等资料；

（五）查阅、复制当事人和与被调查事件有关的单位和个人的证券交易记录、登记过户记录、财务会计资料及其他相关文件和资料；对可能被转移、隐匿或者毁损的文件和资料，可以予以封存；

（六）查询当事人和与被调查事件有关的单位和个人的资金账户、证券账户和银行账户；对有证据证明已经或者可能转移或者隐匿违法资金、证券等涉案财产或者隐匿、伪造、毁损重要证据的，经国务院证券监督管理机构主要负责人批准，可以冻结或者查封；

（七）在调查操纵证券市场、内幕交易等重大证券违法行为时，经国务院证券监督管理机构主要负责人批准，可以限制被调查事件当事人的证券买卖，但限制的期限不得超过十五个交易日；案情复杂的，可以延长十五个交易日。

第一百一十四条　国务院证券监督管理机构工作人员依法履行职责，进行调查或者检查时，不得少于二人，并应当出示合法证件；对调查或者检查中知悉的商业秘密负有保密的义务。

第一百一十五条　国务院证券监督管理机构工作人员应当忠于职守，依法办事，公正廉洁，接受监督，不得利用职务牟取私利。

第一百一十六条　国务院证券监督管理机构依法履行职责时，被调查、检查的单位和个人应当配合，如实提供有关文件和资料，不得拒绝、阻碍和隐瞒。

第一百一十七条　国务院证券监督管理机构依法履行职责，发现违法行为涉嫌犯罪的，应当将案件移送司法机关处理。

第一百一十八条　国务院证券监督管理机构工作人员在任职期间，或者离职后在《中华人民共和国公务员法》规定的期限内，不得在被监管的机构中担任职务。

第十四章　法律责任

第一百一十九条　违反本法规定，未经批准擅自设立基金管理公司或者未经核准从事公开募集基金管理业务的，由证券监督管理机构予以取缔或者责令改正，没收违法所得，并处违法所得一倍以上五倍以下罚款；没有违法所得或者违法所得不足一百万元的，并处十万元以上一百万元以下罚款。对直接负责的主管人员和其他直接责任人员给予警告，并处三万元以上三十万元以下罚款。

基金管理公司违反本法规定，擅自变更持有百分之五以上股权的股东、实际控制人或者其他重大事项的，责令改正，没收违法所得，并处违法所得一倍以上五倍以下罚款；没有违法所得或者违法所得不足五十万元的，并处五万元以上五十万元以下罚款。对直接负责的主管人员给予警告，并处三万元以上十万元以下罚款。

第一百二十条 基金管理人的董事、监事、高级管理人员和其他从业人员，基金托管人的专门基金托管部门的高级管理人员和其他从业人员，未按照本法第十七条第一款规定申报的，责令改正，处三万元以上十万元以下罚款。

基金管理人、基金托管人违反本法第十七条第二款规定的，责令改正，处十万元以上一百万元以下罚款；对直接负责的主管人员和其他直接责任人员给予警告，暂停或者撤销基金从业资格，并处三万元以上三十万元以下罚款。

第一百二十一条 基金管理人的董事、监事、高级管理人员和其他从业人员，基金托管人的专门基金托管部门的高级管理人员和其他从业人员违反本法第十八条规定的，责令改正，没收违法所得，并处违法所得一倍以上五倍以下罚款；没有违法所得或者违法所得不足一百万元的，并处十万元以上一百万元以下罚款；情节严重的，撤销基金从业资格。

第一百二十二条 基金管理人、基金托管人违反本法规定，未对基金财产实行分别管理或者分账保管，责令改正，处五万元以上五十万元以下罚款；对直接负责的主管人员和其他直接责任人员给予警告，暂停或者撤销基金从业资格，并处三万元以上三十万元以下罚款。

第一百二十三条 基金管理人、基金托管人及其董事、监事、高级管理人员和其他从业人员有本法第二十条所列行为之一的，责令改正，没收违法所得，并处违法所得一倍以上五倍以下罚款；没有违法所得或者违法所得不足一百万元的，并处十万元以上一百万元以下罚款；基金管理人、基金托管人有上述行为的，还应当对其直接负责的主管人员和其他直接责任人员给予警告，暂停或者撤销基金从业资格，并处三万元以上三十万元以下罚款。

基金管理人、基金托管人及其董事、监事、高级管理人员和其他从业人员侵占、挪用基金财产而取得的财产和收益，归入基金财产。但是，法律、行政法规另有规定的，依照其规定。

第一百二十四条 基金管理人的股东、实际控制人违反本法第二十三条规定的，责令改正，没收违法所得，并处违法所得一倍以上五倍以下罚款；没有违法所得或者违法所得不足一百万元的，并处十万元以上一百万元以下罚款；对直接负责的主管人员和其他直接责任人员给予警告，暂停或者撤销基金或证券从业资格，并处三万元以上三十万元以下罚款。

第一百二十五条　未经核准，擅自从事基金托管业务的，责令停止，没收违法所得，并处违法所得一倍以上五倍以下罚款；没有违法所得或者违法所得不足一百万元的，并处十万元以上一百万元以下罚款；对直接负责的主管人员和其他直接责任人员给予警告，并处三万元以上三十万元以下罚款。

第一百二十六条　基金管理人、基金托管人违反本法规定，相互出资或者持有股份的，责令改正，可以处十万元以下罚款。

第一百二十七条　违反本法规定，擅自公开或者变相公开募集基金的，责令停止，返还所募资金和加计的银行同期存款利息，没收违法所得，并处所募资金金额百分之一以上百分之五以下罚款。对直接负责的主管人员和其他直接责任人员给予警告，并处五万元以上五十万元以下罚款。

第一百二十八条　违反本法第五十九条规定，动用募集的资金的，责令返还，没收违法所得，并处违法所得一倍以上五倍以下罚款；没有违法所得或者违法所得不足五十万元的，并处五万元以上五十万元以下罚款；对直接负责的主管人员和其他直接责任人员给予警告，并处三万元以上三十万元以下罚款。

第一百二十九条　基金管理人、基金托管人有本法第七十三条第一款第一项至第五项和第七项所列行为之一，或者违反本法第七十三条第二款规定的，责令改正，处十万元以上一百万元以下罚款；对直接负责的主管人员和其他直接责任人员给予警告，暂停或者撤销基金从业资格，并处三万元以上三十万元以下罚款。

基金管理人、基金托管人有前款行为，运用基金财产而取得的财产和收益，归入基金财产。但是，法律、行政法规另有规定的，依照其规定。

第一百三十条　基金管理人、基金托管人有本法第七十三条第一款第六项规定行为的，除依照《中华人民共和国证券法》的有关规定处罚外，对直接负责的主管人员和其他直接责任人员暂停或者撤销基金从业资格。

第一百三十一条　基金信息披露义务人不依法披露基金信息或者披露的信息有虚假记载、误导性陈述或者重大遗漏的，责令改正，没收违法所得，并处十万元以上一百万元以下罚款；对直接负责的主管人员和其他直接责任人员给予警告，暂停或者撤销基金从业资格，并处三万元以上三十万元以下罚款。

第一百三十二条　基金管理人或者基金托管人不按照规定召集基金份额持有人大会的，责令改正，可以处五万元以下罚款；对直接负责的主管人员和其他直接责任人员给予警告，暂停或者撤销基金从业资格。

第一百三十三条 违反本法规定，未经登记，使用“基金”或者“基金管理”字样或者近似名称进行证券投资活动的，没收违法所得，并处违法所得一倍以上五倍以下罚款；没有违法所得或者违法所得不足一百万元的，并处十万元以上一百万元以下罚款。对直接负责的主管人员和其他直接责任人员给予警告，并处三万元以上三十万元以下罚款。

第一百三十四条 违反本法规定，非公开募集基金募集完毕，基金管理人未备案的，处十万元以上三十万元以下罚款。对直接负责的主管人员和其他直接责任人员给予警告，并处三万元以上十万元以下罚款。

第一百三十五条 违反本法规定，向合格投资者之外的单位或者个人非公开募集资金或者转让基金份额的，没收违法所得，并处违法所得一倍以上五倍以下罚款；没有违法所得或者违法所得不足一百万元的，并处十万元以上一百万元以下罚款。对直接负责的主管人员和其他直接责任人员给予警告，并处三万元以上三十万元以下罚款。

第一百三十六条 违反本法规定，擅自从事公开募集基金的基金服务业务的，责令改正，没收违法所得，并处违法所得一倍以上五倍以下罚款；没有违法所得或者违法所得不足三十万元的，并处十万元以上三十万元以下罚款。对直接负责的主管人员和其他直接责任人员给予警告，并处三万元以上十万元以下罚款。

第一百三十七条 基金销售机构未向投资人充分揭示投资风险并误导其购买与其风险承担能力不相当的基金产品的，处十万元以上三十万元以下罚款；情节严重的，责令其停止基金服务业务。对直接负责的主管人员和其他直接责任人员给予警告，撤销基金从业资格，并处三万元以上十万元以下罚款。

第一百三十八条 基金销售支付机构未按照规定划付基金销售结算资金的，处十万元以上三十万元以下罚款；情节严重的，责令其停止基金服务业务。对直接负责的主管人员和其他直接责任人员给予警告，撤销基金从业资格，并处三万元以上十万元以下罚款。

第一百三十九条 挪用基金销售结算资金或者基金份额的，责令改正，没收违法所得，并处违法所得一倍以上五倍以下罚款；没有违法所得或者违法所得不足一百万元的，并处十万元以上一百万元以下罚款。对直接负责的主管人员和其他直接责任人员给予警告，并处三万元以上三十万元以下罚款。

第一百四十条 基金份额登记机构未妥善保存或者备份基金份额登记数据的，责令改正，给予警告，并处十万元以上三十万元以下罚款；情节严重的，责令其停止基金服务业务。对直接负责的主管人员和其他直接责任人员给予警告，撤销基金从业资格，并处三万元以上十万元以下罚款。

基金份额登记机构隐匿、伪造、篡改、毁损基金份额登记数据的，责令改正，处十万元以上一百万元以下罚款，并责令其停止基金服务业务。对直接负责的主管人员和其他直接责任人员给予警告，撤销基金从业资格，并处三万元以上三十万元以下罚款。

第一百四十一条 基金投资顾问机构、基金评价机构及其从业人员违反本法规定开展投资顾问、基金评价服务的，处十万元以上三十万元以下罚款；情节严重的，责令其停止基金服务业务。对直接负责的主管人员和其他直接责任人员给予警告，撤销基金从业资格，并处三万元以上十万元以下罚款。

第一百四十二条 信息技术系统服务机构未按照规定向国务院证券监督管理机构提供相关信息技术系统资料，或者提供的信息技术系统资料虚假、有重大遗漏的，责令改正，处三万元以上十万元以下罚款。对直接负责的主管人员和其他直接责任人员给予警告，并处一万元以上三万元以下罚款。

第一百四十三条 会计师事务所、律师事务所未勤勉尽责，所出具的文件有虚假记载、误导性陈述或者重大遗漏的，责令改正，没收业务收入，暂停或者撤销相关业务许可，并处业务收入一倍以上五倍以下罚款。对直接负责的主管人员和其他直接责任人员给予警告，并处三万元以上十万元以下罚款。

第一百四十四条 基金服务机构未建立应急等风险管理制度和灾难备份系统，或者泄露与基金份额持有人、基金投资运作相关的非公开信息的，处十万元以上三十万元以下罚款；情节严重的，责令其停止基金服务业务。对直接负责的主管人员和其他直接责任人员给予警告，撤销基金从业资格，并处三万元以上十万元以下罚款。

第一百四十五条 违反本法规定，给基金财产、基金份额持有人或者投资人造成损害的，依法承担赔偿责任。

基金管理人、基金托管人在履行各自职责的过程中，违反本法规定或者基金合同约定，给基金财产或者基金份额持有人造成损害的，应当分别对各自的行为依法承担赔偿责任；因共同行为给基金财产或者基金份额持有人造成损害的，应当承担连带赔偿责任。

第一百四十六条 证券监督管理机构工作人员玩忽职守、滥用职权、徇私舞弊或者利用职务上的便利索取或者收受他人财物的，依法给予行政处分。

第一百四十七条 拒绝、阻碍证券监督管理机构及其工作人员依法行使监督检查、调查职权未使用暴力、威胁方法的，依法给予治安管理处罚。

第一百四十八条 违反法律、行政法规或者国务院证券监督管理机构的有关规定，情节严重的，国务院证券监督管理机构可以对有关责任人员采取证券市场禁入的措施。

第一百四十九条　违反本法规定，构成犯罪的，依法追究刑事责任。

第一百五十条　违反本法规定，应当承担民事赔偿责任和缴纳罚款、罚金，其财产不足以同时支付时，先承担民事赔偿责任。

第一百五十一条　依照本法规定，基金管理人、基金托管人、基金服务机构应当承担的民事赔偿责任和缴纳的罚款、罚金，由基金管理人、基金托管人、基金服务机构以其固有财产承担。

依法收缴的罚款、罚金和没收的违法所得，应当全部上缴国库。

第十五章　附　则

第一百五十二条　在中华人民共和国境内募集投资境外证券的基金，以及合格境外投资者在境内进行证券投资，应当经国务院证券监督管理机构批准，具体办法由国务院证券监督管理机构会同国务院有关部门规定，报国务院批准。

第一百五十三条　公开或者非公开募集资金，以进行证券投资活动为目的设立的公司或者合伙企业，资产由基金管理人或者普通合伙人管理的，其证券投资活动适用本法。

第一百五十四条　本法自 2013 年 6 月 1 日起施行。

期货交易管理条例

（2007 年 3 月 6 日中华人民共和国国务院令第 489 号公布　根据 2012 年 10 月 24 日《国务院关于修改〈期货交易管理条例〉的决定》第一次修订　根据 2013 年 7 月 18 日《国务院关于废止和修改部分行政法规的决定》第二次修订　根据 2016 年 2 月 6 日《国务院关于修改部分行政法规的决定》第三次修订　根据 2017 年 3 月 1 日《国务院关于修改和废止部分行政法规的决定》第四次修订）

第一章　总　则

第一条　为了规范期货交易行为，加强对期货交易的监督管理，维护期货市场秩序，防范风险，保护期货交易各方的合法权益和社会公共利益，促进期货市场积极稳妥发展，制定本条例。

第二条　任何单位和个人从事期货交易及其相关活动，应当遵守本条例。

本条例所称期货交易，是指采用公开的集中交易方式或者国务院期货监督管理机构批准的其他方式进行的以期货合约或者期权合约为交易标的的交易活动。

本条例所称期货合约，是指期货交易场所统一制定的、规定在将来某一特定的时间和地点交割一定数量标的物的标准化合约。期货合约包括商品期货合约和金融期货合约及其他期货合约。

本条例所称期权合约，是指期货交易场所统一制定的、规定买方有权在将来某一时间以特定价格买入或者卖出约定标的物（包括期货合约）的标准化合约。

第三条　从事期货交易活动，应当遵循公开、公平、公正和诚实信用的原则。禁止欺诈、内幕交易和操纵期货交易价格等违法行为。

第四条　期货交易应当在依照本条例第六条第一款规定设立的期货交易所、国务院批准的或者国务院期货监督管理机构批准的其他期货交易场所进行。

禁止在前款规定的期货交易场所之外进行期货交易。

第五条　国务院期货监督管理机构对期货市场实行集中统一的监督管理。

国务院期货监督管理机构派出机构依照本条例的有关规定和国务院期货监督管理机构的授权，履行监督管理职责。

第二章　期货交易所

第六条　设立期货交易所，由国务院期货监督管理机构审批。

未经国务院批准或者国务院期货监督管理机构批准，任何单位或者个人不得设立期货交易场所或者以任何形式组织期货交易及其相关活动。

第七条　期货交易所不以营利为目的，按照其章程的规定实行自律管理。期货交易所以其全部财产承担民事责任。期货交易所的负责人由国务院期货监督管理机构任免。

期货交易所的管理办法由国务院期货监督管理机构制定。

第八条　期货交易所会员应当是在中华人民共和国境内登记注册的企业法人或者其他经济组织。

期货交易所可以实行会员分级结算制度。实行会员分级结算制度的期货交易所会员由结算会员和非结算会员组成。

第九条　有《中华人民共和国公司法》第一百四十六条规定的情形或者下列情形之一的，不得担任期货交易所的负责人、财务会计人员：

（一）因违法行为或者违纪行为被解除职务的期货交易所、证券交易所、证券登记结算机构的负责人，或者期货公司、证券公司的董事、监事、高级管理人员，以及国务院期货监督管理机构规定的其他人员，自被解除职务之日起未逾5年；

（二）因违法行为或者违纪行为被撤销资格的律师、注册会计师或者投资咨询机构、财务顾问机构、资信评级机构、资产评估机构、验证机构的专业人员，自被撤销资格之日起未逾5年。

第十条 期货交易所应当依照本条例和国务院期货监督管理机构的规定，建立、健全各项规章制度，加强对交易活动的风险控制和对会员以及交易所工作人员的监督管理。期货交易所履行下列职责：

（一）提供交易的场所、设施和服务；

（二）设计合约，安排合约上市；

（三）组织并监督交易、结算和交割；

（四）为期货交易提供集中履约担保；

（五）按照章程和交易规则对会员进行监督管理；

（六）国务院期货监督管理机构规定的其他职责。

期货交易所不得直接或者间接参与期货交易。未经国务院期货监督管理机构审核并报国务院批准，期货交易所不得从事信托投资、股票投资、非自用不动产投资等与其职责无关的业务。

第十一条 期货交易所应当按照国家有关规定建立、健全下列风险管理制度：

（一）保证金制度；

（二）当日无负债结算制度；

（三）涨跌停板制度；

（四）持仓限额和大户持仓报告制度；

（五）风险准备金制度；

（六）国务院期货监督管理机构规定的其他风险管理制度。

实行会员分级结算制度的期货交易所，还应当建立、健全结算担保金制度。

第十二条 当期货市场出现异常情况时，期货交易所可以按照其章程规定的权限和程序，决定采取下列紧急措施，并应当立即报告国务院期货监督管理机构：

（一）提高保证金；

（二）调整涨跌停板幅度；

（三）限制会员或者客户的最大持仓量；

（四）暂时停止交易；

（五）采取其他紧急措施。

前款所称异常情况，是指在交易中发生操纵期货交易价格的行为或者发生不可抗拒的突发事件以及国务院期货监督管理机构规定的其他情形。

异常情况消失后，期货交易所应当及时取消紧急措施。

第十三条　期货交易所办理下列事项，应当经国务院期货监督管理机构批准：

（一）制定或者修改章程、交易规则；

（二）上市、中止、取消或者恢复交易品种；

（三）国务院期货监督管理机构规定的其他事项。

国务院期货监督管理机构批准期货交易所上市新的交易品种，应当征求国务院有关部门的意见。

第十四条　期货交易所的所得收益按照国家有关规定管理和使用，但应当首先用于保证期货交易场所、设施的运行和改善。

第三章　期货公司

第十五条　期货公司是依照《中华人民共和国公司法》和本条例规定设立的经营期货业务的金融机构。设立期货公司，应当在公司登记机关登记注册，并经国务院期货监督管理机构批准。

未经国务院期货监督管理机构批准，任何单位或者个人不得设立或者变相设立期货公司，经营期货业务。

第十六条　申请设立期货公司，应当符合《中华人民共和国公司法》的规定，并具备下列条件：

（一）注册资本最低限额为人民币3000万元；

（二）董事、监事、高级管理人员具备任职条件，从业人员具有期货从业资格；

（三）有符合法律、行政法规规定的公司章程；

（四）主要股东以及实际控制人具有持续盈利能力，信誉良好，最近3年无重大违法违规记录；

（五）有合格的经营场所和业务设施；

（六）有健全的风险管理和内部控制制度；

（七）国务院期货监督管理机构规定的其他条件。

国务院期货监督管理机构根据审慎监管原则和各项业务的风险程度，可以提高注册资本最低限额。注册资本应当是实缴资本。股东应当以货币或者期货公司经营必需的非货币财产出资，货币出资比例不得低于85%。

国务院期货监督管理机构应当在受理期货公司设立申请之日起6个月内，

根据审慎监管原则进行审查，作出批准或者不批准的决定。

未经国务院期货监督管理机构批准，任何单位和个人不得委托或者接受他人委托持有或者管理期货公司的股权。

第十七条 期货公司业务实行许可制度，由国务院期货监督管理机构按照其商品期货、金融期货业务种类颁发许可证。期货公司除申请经营境内期货经纪业务外，还可以申请经营境外期货经纪、期货投资咨询以及国务院期货监督管理机构规定的其他期货业务。

期货公司不得从事与期货业务无关的活动，法律、行政法规或者国务院期货监督管理机构另有规定的除外。

期货公司不得从事或者变相从事期货自营业务。

期货公司不得为其股东、实际控制人或者其他关联人提供融资，不得对外担保。

第十八条 期货公司从事经纪业务，接受客户委托，以自己的名义为客户进行期货交易，交易结果由客户承担。

第十九条 期货公司办理下列事项，应当经国务院期货监督管理机构批准：

（一）合并、分立、停业、解散或者破产；

（二）变更业务范围；

（三）变更注册资本且调整股权结构；

（四）新增持有5%以上股权的股东或者控股股东发生变化；

（五）国务院期货监督管理机构规定的其他事项。

前款第三项、第五项所列事项，国务院期货监督管理机构应当自受理申请之日起20日内作出批准或者不批准的决定；前款所列其他事项，国务院期货监督管理机构应当自受理申请之日起2个月内作出批准或者不批准的决定。

第二十条 期货公司或者其分支机构有《中华人民共和国行政许可法》第七十条规定的情形或者下列情形之一的，国务院期货监督管理机构应当依法办理期货业务许可证注销手续：

（一）营业执照被公司登记机关依法注销；

（二）成立后无正当理由超过3个月未开始营业，或者开业后无正当理由停业连续3个月以上；

（三）主动提出注销申请；

（四）国务院期货监督管理机构规定的其他情形。

期货公司在注销期货业务许可证前，应当结清相关期货业务，并依法返还客户的保证金和其他资产。期货公司分支机构在注销经营许可证前，应当终止经营活动，妥善处理客户资产。

第二十一条　期货公司应当建立、健全并严格执行业务管理规则、风险管理制度，遵守信息披露制度，保障客户保证金的存管安全，按照期货交易所的规定，向期货交易所报告大户名单、交易情况。

第二十二条　其他期货经营机构从事期货投资咨询业务，应当遵守国务院期货监督管理机构的规定。

第四章　期货交易基本规则

第二十三条　在期货交易所进行期货交易的，应当是期货交易所会员。

符合规定条件的境外机构，可以在期货交易所从事特定品种的期货交易。具体办法由国务院期货监督管理机构制定。

第二十四条　期货公司接受客户委托为其进行期货交易，应当事先向客户出示风险说明书，经客户签字确认后，与客户签订书面合同。期货公司不得未经客户委托或者不按照客户委托内容，擅自进行期货交易。

期货公司不得向客户作获利保证；不得在经纪业务中与客户约定分享利益或者共担风险。

第二十五条　下列单位和个人不得从事期货交易，期货公司不得接受其委托为其进行期货交易：

（一）国家机关和事业单位；

（二）国务院期货监督管理机构、期货交易所、期货保证金安全存管监控机构和期货业协会的工作人员；

（三）证券、期货市场禁止进入者；

（四）未能提供开户证明材料的单位和个人；

（五）国务院期货监督管理机构规定不得从事期货交易的其他单位和个人。

第二十六条　客户可以通过书面、电话、互联网或者国务院期货监督管理机构规定的其他方式，向期货公司下达交易指令。客户的交易指令应当明确、全面。

期货公司不得隐瞒重要事项或者使用其他不正当手段诱骗客户发出交易指令。

第二十七条　期货交易所应当及时公布上市品种合约的成交量、成交价、持仓量、最高价与最低价、开盘价与收盘价和其他应当公布的即时行情，并保证即时行情的真实、准确。期货交易所不得发布价格预测信息。

未经期货交易所许可，任何单位和个人不得发布期货交易即时行情。

第二十八条　期货交易应当严格执行保证金制度。期货交易所向会员、期货公司向客户收取的保证金，不得低于国务院期货监督管理机构、期货交易所规定的标准，并应当与自有资金分开，专户存放。

期货交易所向会员收取的保证金，属于会员所有，除用于会员的交易结算外，严禁挪作他用。

期货公司向客户收取的保证金，属于客户所有，除下列可划转的情形外，严禁挪作他用：

（一）依据客户的要求支付可用资金；

（二）为客户交存保证金，支付手续费、税款；

（三）国务院期货监督管理机构规定的其他情形。

第二十九条　期货公司应当为每一个客户单独开立专门账户、设置交易编码，不得混码交易。

第三十条　期货公司经营期货经纪业务又同时经营其他期货业务的，应当严格执行业务分离和资金分离制度，不得混合操作。

第三十一条　期货交易所、期货公司、非期货公司结算会员应当按照国务院期货监督管理机构、财政部门的规定提取、管理和使用风险准备金，不得挪用。

第三十二条　期货交易的收费项目、收费标准和管理办法由国务院有关主管部门统一制定并公布。

第三十三条　期货交易的结算，由期货交易所统一组织进行。

期货交易所实行当日无负债结算制度。期货交易所应当在当日及时将结算结果通知会员。

期货公司根据期货交易所的结算结果对客户进行结算，并应当将结算结果按照与客户约定的方式及时通知客户。客户应当及时查询并妥善处理自己的交易持仓。

第三十四条　期货交易所会员的保证金不足时，应当及时追加保证金或者自行平仓。会员未在期货交易所规定的时间内追加保证金或者自行平仓的，期货交易所应当将该会员的合约强行平仓，强行平仓的有关费用和发生的损失由该会员承担。

客户保证金不足时，应当及时追加保证金或者自行平仓。客户未在期货公司规定的时间内及时追加保证金或者自行平仓的，期货公司应当将该客户的合约强行平仓，强行平仓的有关费用和发生的损失由该客户承担。

第三十五条　期货交易的交割，由期货交易所统一组织进行。

交割仓库由期货交易所指定。期货交易所不得限制实物交割总量，并应当与交割仓库签订协议，明确双方的权利和义务。交割仓库不得有下列行为：

（一）出具虚假仓单；

（二）违反期货交易所业务规则，限制交割商品的入库、出库；

（三）泄露与期货交易有关的商业秘密；

（四）违反国家有关规定参与期货交易；

（五）国务院期货监督管理机构规定的其他行为。

第三十六条　会员在期货交易中违约的，期货交易所先以该会员的保证金承担违约责任；保证金不足的，期货交易所应当以风险准备金和自有资金代为承担违约责任，并由此取得对该会员的相应追偿权。

客户在期货交易中违约的，期货公司先以该客户的保证金承担违约责任；保证金不足的，期货公司应当以风险准备金和自有资金代为承担违约责任，并由此取得对该客户的相应追偿权。

第三十七条　实行会员分级结算制度的期货交易所，应当向结算会员收取结算担保金。期货交易所只对结算会员结算，收取和追收保证金，以结算担保金、风险准备金、自有资金代为承担违约责任，以及采取其他相关措施；对非结算会员的结算、收取和追收保证金、代为承担违约责任，以及采取其他相关措施，由结算会员执行。

第三十八条　期货交易所、期货公司和非期货公司结算会员应当保证期货交易、结算、交割资料的完整和安全。

第三十九条　任何单位或者个人不得编造、传播有关期货交易的虚假信息，不得恶意串通、联手买卖或者以其他方式操纵期货交易价格。

第四十条　任何单位或者个人不得违规使用信贷资金、财政资金进行期货交易。

银行业金融机构从事期货交易融资或者担保业务的资格，由国务院银行业监督管理机构批准。

第四十一条　国有以及国有控股企业进行境内外期货交易，应当遵循套期保值的原则，严格遵守国务院国有资产监督管理机构以及其他有关部门关于企业以国有资产进入期货市场的有关规定。

第四十二条　境外期货项下购汇、结汇以及外汇收支，应当符合国家外汇管理有关规定。

境内单位或者个人从事境外期货交易的办法，由国务院期货监督管理机构会同国务院商务主管部门、国有资产监督管理机构、银行业监督管理机构、外汇管理部门等有关部门制订，报国务院批准后施行。

第五章　期货业协会

第四十三条　期货业协会是期货业的自律性组织，是社会团体法人。

期货公司以及其他专门从事期货经营的机构应当加入期货业协会，并缴纳会员费。

第四十四条 期货业协会的权力机构为全体会员组成的会员大会。

期货业协会的章程由会员大会制定，并报国务院期货监督管理机构备案。

期货业协会设理事会。理事会成员按照章程的规定选举产生。

第四十五条 期货业协会履行下列职责：

（一）教育和组织会员遵守期货法律法规和政策；

（二）制定会员应当遵守的行业自律性规则，监督、检查会员行为，对违反协会章程和自律性规则的，按照规定给予纪律处分；

（三）负责期货从业人员资格的认定、管理以及撤销工作；

（四）受理客户与期货业务有关的投诉，对会员之间、会员与客户之间发生的纠纷进行调解；

（五）依法维护会员的合法权益，向国务院期货监督管理机构反映会员的建议和要求；

（六）组织期货从业人员的业务培训，开展会员间的业务交流；

（七）组织会员就期货业的发展、运作以及有关内容进行研究；

（八）期货业协会章程规定的其他职责。

期货业协会的业务活动应当接受国务院期货监督管理机构的指导和监督。

第六章 监督管理

第四十六条 国务院期货监督管理机构对期货市场实施监督管理，依法履行下列职责：

（一）制定有关期货市场监督管理的规章、规则，并依法行使审批权；

（二）对品种的上市、交易、结算、交割等期货交易及其相关活动，进行监督管理；

（三）对期货交易所、期货公司及其他期货经营机构、非期货公司结算会员、期货保证金安全存管监控机构、期货保证金存管银行、交割仓库等市场相关参与者的期货业务活动，进行监督管理；

（四）制定期货从业人员的资格标准和管理办法，并监督实施；

（五）监督检查期货交易的信息公开情况；

（六）对期货业协会的活动进行指导和监督；

（七）对违反期货市场监督管理法律、行政法规的行为进行查处；

（八）开展与期货市场监督管理有关的国际交流、合作活动；

（九）法律、行政法规规定的其他职责。

第四十七条 国务院期货监督管理机构依法履行职责，可以采取下列措施：

（一）对期货交易所、期货公司及其他期货经营机构、非期货公司结算会员、期货保证金安全存管监控机构和交割仓库进行现场检查。

（二）进入涉嫌违法行为发生场所调查取证。

（三）询问当事人和与被调查事件有关的单位和个人，要求其对与被调查事件有关的事项作出说明。

（四）查阅、复制与被调查事件有关的财产权登记等资料。

（五）查阅、复制当事人和与被调查事件有关的单位和个人的期货交易记录、财务会计资料以及其他相关文件和资料；对可能被转移、隐匿或者毁损的文件和资料，可以予以封存。

（六）查询与被调查事件有关的单位的保证金账户和银行账户。

（七）在调查操纵期货交易价格、内幕交易等重大期货违法行为时，经国务院期货监督管理机构主要负责人批准，可以限制被调查事件当事人的期货交易，但限制的时间不得超过 15 个交易日；案情复杂的，可以延长至 30 个交易日。

（八）法律、行政法规规定的其他措施。

第四十八条　期货交易所、期货公司及其他期货经营机构、期货保证金安全存管监控机构，应当向国务院期货监督管理机构报送财务会计报告、业务资料和其他有关资料。

对期货公司及其他期货经营机构报送的年度报告，国务院期货监督管理机构应当指定专人进行审核，并制作审核报告。审核人员应当在审核报告上签字。审核中发现问题的，国务院期货监督管理机构应当及时采取相应措施。

必要时，国务院期货监督管理机构可以要求非期货公司结算会员、交割仓库，以及期货公司股东、实际控制人或者其他关联人报送相关资料。

第四十九条　国务院期货监督管理机构依法履行职责，进行监督检查或者调查时，被检查、调查的单位和个人应当配合，如实提供有关文件和资料，不得拒绝、阻碍和隐瞒；其他有关部门和单位应当给予支持和配合。

第五十条　国家根据期货市场发展的需要，设立期货投资者保障基金。

期货投资者保障基金的筹集、管理和使用的具体办法，由国务院期货监督管理机构会同国务院财政部门制定。

第五十一条　国务院期货监督管理机构应当建立、健全保证金安全存管监控制度，设立期货保证金安全存管监控机构。

客户和期货交易所、期货公司及其他期货经营机构、非期货公司结算会员以及期货保证金存管银行，应当遵守国务院期货监督管理机构有关保证金安全存管监控的规定。

第五十二条　期货保证金安全存管监控机构依照有关规定对保证金安全实施监控，进行每日稽核，发现问题应当立即报告国务院期货监督管理机构。

国务院期货监督管理机构应当根据不同情况，依照本条例有关规定及时处理。

第五十三条 国务院期货监督管理机构对期货交易所和期货保证金安全存管监控机构的董事、监事、高级管理人员，实行资格管理制度。

第五十四条 国务院期货监督管理机构应当制定期货公司持续性经营规则，对期货公司的净资本与净资产的比例，净资本与境内期货经纪、境外期货经纪等业务规模的比例，流动资产与流动负债的比例等风险监管指标作出规定；对期货公司及其分支机构的经营条件、风险管理、内部控制、保证金存管、关联交易等方面提出要求。

第五十五条 期货公司及其分支机构不符合持续性经营规则或者出现经营风险的，国务院期货监督管理机构可以对期货公司及其董事、监事和高级管理人员采取谈话、提示、记入信用记录等监管措施或者责令期货公司限期整改，并对其整改情况进行检查验收。

期货公司逾期未改正，其行为严重危及期货公司的稳健运行、损害客户合法权益，或者涉嫌严重违法违规正在被国务院期货监督管理机构调查的，国务院期货监督管理机构可以区别情形，对其采取下列措施：

（一）限制或者暂停部分期货业务；

（二）停止批准新增业务；

（三）限制分配红利，限制向董事、监事、高级管理人员支付报酬、提供福利；

（四）限制转让财产或者在财产上设定其他权利；

（五）责令更换董事、监事、高级管理人员或者有关业务部门、分支机构的负责人员，或者限制其权利；

（六）限制期货公司自有资金或者风险准备金的调拨和使用；

（七）责令控股股东转让股权或者限制有关股东行使股东权利。

对经过整改符合有关法律、行政法规规定以及持续性经营规则要求的期货公司，国务院期货监督管理机构应当自验收完毕之日起 3 日内解除对其采取的有关措施。

对经过整改仍未达到持续性经营规则要求，严重影响正常经营的期货公司，国务院期货监督管理机构有权撤销其部分或者全部期货业务许可、关闭其分支机构。

第五十六条 期货公司违法经营或者出现重大风险，严重危害期货市场秩序、损害客户利益的，国务院期货监督管理机构可以对该期货公司采取责令停业整顿、指定其他机构托管或者接管等监管措施。经国务院期货监督管理机构批准，可以对该期货公司直接负责的董事、监事、高级管理人员和其他直接责任人员采取以下措施：

（一）通知出境管理机关依法阻止其出境；

（二）申请司法机关禁止其转移、转让或者以其他方式处分财产，或者在财产上设定其他权利。

第五十七条 期货公司的股东有虚假出资或者抽逃出资行为的，国务院期货监督管理机构应当责令其限期改正，并可责令其转让所持期货公司的股权。

在股东按照前款要求改正违法行为、转让所持期货公司的股权前，国务院期货监督管理机构可以限制其股东权利。

第五十八条 当期货市场出现异常情况时，国务院期货监督管理机构可以采取必要的风险处置措施。

第五十九条 期货公司的交易软件、结算软件，应当满足期货公司审慎经营和风险管理以及国务院期货监督管理机构有关保证金安全存管监控规定的要求。期货公司的交易软件、结算软件不符合要求的，国务院期货监督管理机构有权要求期货公司予以改进或者更换。

国务院期货监督管理机构可以要求期货公司的交易软件、结算软件的供应商提供该软件的相关资料，供应商应当予以配合。国务院期货监督管理机构对供应商提供的相关资料负有保密义务。

第六十条 期货公司涉及重大诉讼、仲裁，或者股权被冻结或者用于担保，以及发生其他重大事件时，期货公司及其相关股东、实际控制人应当自该事件发生之日起5日内向国务院期货监督管理机构提交书面报告。

第六十一条 会计师事务所、律师事务所、资产评估机构等中介服务机构向期货交易所和期货公司等市场相关参与者提供相关服务时，应当遵守期货法律、行政法规以及国家有关规定，并按照国务院期货监督管理机构的要求提供相关资料。

第六十二条 国务院期货监督管理机构应当与有关部门建立监督管理的信息共享和协调配合机制。

国务院期货监督管理机构可以和其他国家或者地区的期货监督管理机构建立监督管理合作机制，实施跨境监督管理。

第六十三条 国务院期货监督管理机构、期货交易所、期货保证金安全存管监控机构和期货保证金存管银行等相关单位的工作人员，应当忠于职守，依法办事，公正廉洁，保守国家秘密和有关当事人的商业秘密，不得利用职务便利牟取不正当的利益。

第七章 法律责任

第六十四条 期货交易所、非期货公司结算会员有下列行为之一的，责令改正，给予警告，没收违法所得：

（一）违反规定接纳会员的；

（二）违反规定收取手续费的；

（三）违反规定使用、分配收益的；

（四）不按照规定公布即时行情的，或者发布价格预测信息的；

（五）不按照规定向国务院期货监督管理机构履行报告义务的；

（六）不按照规定向国务院期货监督管理机构报送有关文件、资料的；

（七）不按照规定建立、健全结算担保金制度的；

（八）不按照规定提取、管理和使用风险准备金的；

（九）违反国务院期货监督管理机构有关保证金安全存管监控规定的；

（十）限制会员实物交割总量的；

（十一）任用不具备资格的期货从业人员的；

（十二）违反国务院期货监督管理机构规定的其他行为。

有前款所列行为之一的，对直接负责的主管人员和其他直接责任人员给予纪律处分，处 1 万元以上 10 万元以下的罚款。

有本条第一款第二项所列行为的，应当责令退还多收取的手续费。

期货保证金安全存管监控机构有本条第一款第五项、第六项、第九项、第十一项、第十二项所列行为的，依照本条第一款、第二款的规定处罚、处分。期货保证金存管银行有本条第一款第九项、第十二项所列行为的，依照本条第一款、第二款的规定处罚、处分。

第六十五条 期货交易所有下列行为之一的，责令改正，给予警告，没收违法所得，并处违法所得 1 倍以上 5 倍以下的罚款；没有违法所得或者违法所得不满 10 万元的，并处 10 万元以上 50 万元以下的罚款；情节严重的，责令停业整顿：

（一）未经批准，擅自办理本条例第十三条所列事项的；

（二）允许会员在保证金不足的情况下进行期货交易的；

（三）直接或者间接参与期货交易，或者违反规定从事与其职责无关的业务的；

（四）违反规定收取保证金，或者挪用保证金的；

（五）伪造、涂改或者不按照规定保存期货交易、结算、交割资料的；

（六）未建立或者未执行当日无负债结算、涨跌停板、持仓限额和大户持仓报告制度的；

（七）拒绝或者妨碍国务院期货监督管理机构监督检查的；

（八）违反国务院期货监督管理机构规定的其他行为。

有前款所列行为之一的，对直接负责的主管人员和其他直接责任人员给予纪律处分，处 1 万元以上 10 万元以下的罚款。

非期货公司结算会员有本条第一款第二项、第四项至第八项所列行为之一的，依照本条第一款、第二款的规定处罚、处分。

期货保证金安全存管监控机构有本条第一款第三项、第七项、第八项所列行为的，依照本条第一款、第二款的规定处罚、处分。

第六十六条　期货公司有下列行为之一的，责令改正，给予警告，没收违法所得，并处违法所得 1 倍以上 3 倍以下的罚款；没有违法所得或者违法所得不满 10 万元的，并处 10 万元以上 30 万元以下的罚款；情节严重的，责令停业整顿或者吊销期货业务许可证：

（一）接受不符合规定条件的单位或者个人委托的；

（二）允许客户在保证金不足的情况下进行期货交易的；

（三）未经批准，擅自办理本条例第十九条所列事项的；

（四）违反规定从事与期货业务无关的活动的；

（五）从事或者变相从事期货自营业务的；

（六）为其股东、实际控制人或者其他关联人提供融资，或者对外担保的；

（七）违反国务院期货监督管理机构有关保证金安全存管监控规定的；

（八）不按照规定向国务院期货监督管理机构履行报告义务或者报送有关文件、资料的；

（九）交易软件、结算软件不符合期货公司审慎经营和风险管理以及国务院期货监督管理机构有关保证金安全存管监控规定的要求的；

（十）不按照规定提取、管理和使用风险准备金的；

（十一）伪造、涂改或者不按照规定保存期货交易、结算、交割资料的；

（十二）任用不具备资格的期货从业人员的；

（十三）伪造、变造、出租、出借、买卖期货业务许可证或者经营许可证的；

（十四）进行混码交易的；

（十五）拒绝或者妨碍国务院期货监督管理机构监督检查的；

（十六）违反国务院期货监督管理机构规定的其他行为。

期货公司有前款所列行为之一的，对直接负责的主管人员和其他直接责任人员给予警告，并处 1 万元以上 5 万元以下的罚款；情节严重的，暂停或者撤销期货从业人员资格。

期货公司之外的其他期货经营机构有本条第一款第八项、第十二项、第十三项、第十五项、第十六项所列行为的，依照本条第一款、第二款的规定处罚。

期货公司的股东、实际控制人或者其他关联人未经批准擅自委托他人或者接受他人委托持有或者管理期货公司股权的，拒不配合国务院期货监督管理机构的检查，拒不按照规定履行报告义务、提供有关信息和资料，或者报送、提供的信息和资料有虚假记载、误导性陈述或者重大遗漏的，依照本条第一款、第二款的规定处罚。

第六十七条 期货公司有下列欺诈客户行为之一的，责令改正，给予警告，没收违法所得，并处违法所得1倍以上5倍以下的罚款；没有违法所得或者违法所得不满10万元的，并处10万元以上50万元以下的罚款；情节严重的，责令停业整顿或者吊销期货业务许可证：

（一）向客户作获利保证或者不按照规定向客户出示风险说明书的；

（二）在经纪业务中与客户约定分享利益、共担风险的；

（三）不按照规定接受客户委托或者不按照客户委托内容擅自进行期货交易的；

（四）隐瞒重要事项或者使用其他不正当手段，诱骗客户发出交易指令的；

（五）向客户提供虚假成交回报的；

（六）未将客户交易指令下达到期货交易所的；

（七）挪用客户保证金的；

（八）不按照规定在期货保证金存管银行开立保证金账户，或者违规划转客户保证金的；

（九）国务院期货监督管理机构规定的其他欺诈客户的行为。

期货公司有前款所列行为之一的，对直接负责的主管人员和其他直接责任人员给予警告，并处1万元以上10万元以下的罚款；情节严重的，暂停或者撤销期货从业人员资格。

任何单位或者个人编造并且传播有关期货交易的虚假信息，扰乱期货交易市场的，依照本条第一款、第二款的规定处罚。

第六十八条 期货公司及其他期货经营机构、非期货公司结算会员、期货保证金存管银行提供虚假申请文件或者采取其他欺诈手段隐瞒重要事实骗取期货业务许可的，撤销其期货业务许可，没收违法所得。

第六十九条 期货交易内幕信息的知情人或者非法获取期货交易内幕信息的人，在对期货交易价格有重大影响的信息尚未公开前，利用内幕信息从事期货交易，或者向他人泄露内幕信息，使他人利用内幕信息进行期货交易的，没收违法所得，并处违法所得1倍以上5倍以下的罚款；没有违法所得或者违法所得不满10万元的，处10万元以上50万元以下的罚款。单位从事内幕交易的，还应当对直接负责的主管人员和其他直接责任人员给予警告，并处 3 万元以上 30 万元以下的罚款。

国务院期货监督管理机构、期货交易所和期货保证金安全存管监控机构的工作人员进行内幕交易的，从重处罚。

第七十条　任何单位或者个人有下列行为之一，操纵期货交易价格的，责令改正，没收违法所得，并处违法所得 1 倍以上 5 倍以下的罚款；没有违法所得或者违法所得不满 20 万元的，处 20 万元以上 100 万元以下的罚款：

（一）单独或者合谋，集中资金优势、持仓优势或者利用信息优势联合或者连续买卖合约，操纵期货交易价格的；

（二）蓄意串通，按事先约定的时间、价格和方式相互进行期货交易，影响期货交易价格或者期货交易量的；

（三）以自己为交易对象，自买自卖，影响期货交易价格或者期货交易量的；

（四）为影响期货市场行情囤积现货的；

（五）国务院期货监督管理机构规定的其他操纵期货交易价格的行为。

单位有前款所列行为之一的，对直接负责的主管人员和其他直接责任人员给予警告，并处 1 万元以上 10 万元以下的罚款。

第七十一条　交割仓库有本条例第三十五条第二款所列行为之一的，责令改正，给予警告，没收违法所得，并处违法所得 1 倍以上 5 倍以下的罚款；没有违法所得或者违法所得不满 10 万元的，并处 10 万元以上 50 万元以下的罚款；情节严重的，责令期货交易所暂停或者取消其交割仓库资格。对直接负责的主管人员和其他直接责任人员给予警告，并处 1 万元以上 10 万元以下的罚款。

第七十二条　国有以及国有控股企业违反本条例和国务院国有资产监督管理机构以及其他有关部门关于企业以国有资产进入期货市场的有关规定进行期货交易，或者单位、个人违规使用信贷资金、财政资金进行期货交易的，给予警告，没收违法所得，并处违法所得 1 倍以上 5 倍以下的罚款；没有违法所得或者违法所得不满 10 万元的，并处 10 万元以上 50 万元以下的罚款。对直接负责的主管人员和其他直接责任人员给予降级直至开除的纪律处分。

第七十三条　境内单位或者个人违反规定从事境外期货交易的，责令改正，给予警告，没收违法所得，并处违法所得 1 倍以上 5 倍以下的罚款；没有违法所得或者违法所得不满 20 万元的，并处 20 万元以上 100 万元以下的罚款；情节严重的，暂停其境外期货交易。对单位直接负责的主管人员和其他直接责任人员给予警告，并处 1 万元以上 10 万元以下的罚款。

第七十四条　非法设立期货交易场所或者以其他形式组织期货交易活动的，由所在地县级以上地方人民政府予以取缔，没收违法所得，并处违法所得1倍以上5倍以下的罚款；没有违法所得或者违法所得不满20万元的，处20万元以上100万元以下的罚款。对单位直接负责的主管人员和其他直接责任人员给予警告，并处1万元以上10万元以下的罚款。

非法设立期货公司及其他期货经营机构，或者擅自从事期货业务的，予以取缔，没收违法所得，并处违法所得1倍以上5倍以下的罚款；没有违法所得或者违法所得不满20万元的，处20万元以上100万元以下的罚款。对单位直接负责的主管人员和其他直接责任人员给予警告，并处1万元以上10万元以下的罚款。

第七十五条 期货公司的交易软件、结算软件供应商拒不配合国务院期货监督管理机构调查，或者未按照规定向国务院期货监督管理机构提供相关软件资料，或者提供的软件资料有虚假、重大遗漏的，责令改正，处3万元以上10万元以下的罚款。对直接负责的主管人员和其他直接责任人员给予警告，并处1万元以上5万元以下的罚款。

第七十六条 会计师事务所、律师事务所、资产评估机构等中介服务机构未勤勉尽责，所出具的文件有虚假记载、误导性陈述或者重大遗漏的，责令改正，没收业务收入，暂停或者撤销相关业务许可，并处业务收入1倍以上5倍以下的罚款。对直接负责的主管人员和其他直接责任人员给予警告，并处3万元以上10万元以下的罚款。

第七十七条 任何单位或者个人违反本条例规定，情节严重的，由国务院期货监督管理机构宣布该个人、该单位或者该单位的直接责任人员为期货市场禁止进入者。

第七十八条 国务院期货监督管理机构、期货交易所、期货保证金安全存管监控机构和期货保证金存管银行等相关单位的工作人员，泄露知悉的国家秘密或者会员、客户商业秘密，或者徇私舞弊、玩忽职守、滥用职权、收受贿赂的，依法给予行政处分或者纪律处分。

第七十九条 违反本条例规定，构成犯罪的，依法追究刑事责任。

第八十条 对本条例规定的违法行为的行政处罚，除本条例已有规定的外，由国务院期货监督管理机构决定；涉及其他有关部门法定职权的，国务院期货监督管理机构应当会同其他有关部门处理；属于其他有关部门法定职权的，国务院期货监督管理机构应当移交其他有关部门处理。

第八章 附 则

第八十一条 本条例下列用语的含义：

（一）商品期货合约，是指以农产品、工业品、能源和其他商品及其相关指数产品为标的物的期货合约。

（二）金融期货合约，是指以有价证券、利率、汇率等金融产品及其相关指数产品为标的物的期货合约。

（三）保证金，是指期货交易者按照规定交纳的资金或者提交的价值稳定、流动性强的标准仓单、国债等有价证券，用于结算和保证履约。

（四）结算，是指根据期货交易所公布的结算价格对交易双方的交易结果进行的资金清算和划转。

（五）交割，是指合约到期时，按照期货交易所的规则和程序，交易双方通过该合约所载标的物所有权的转移，或者按照规定结算价格进行现金差价结算，了结到期未平仓合约的过程。

（六）平仓，是指期货交易者买入或者卖出与其所持合约的品种、数量和交割月份相同但交易方向相反的合约，了结期货交易的行为。

（七）持仓量，是指期货交易者所持有的未平仓合约的数量。

（八）持仓限额，是指期货交易所对期货交易者的持仓量规定的最高数额。

（九）标准仓单，是指交割仓库开具并经期货交易所认定的标准化提货凭证。

（十）涨跌停板，是指合约在 1 个交易日中的交易价格不得高于或者低于规定的涨跌幅度，超出该涨跌幅度的报价将被视为无效，不能成交。

（十一）内幕信息，是指可能对期货交易价格产生重大影响的尚未公开的信息，包括：国务院期货监督管理机构以及其他相关部门制定的对期货交易价格可能发生重大影响的政策，期货交易所作出的可能对期货交易价格发生重大影响的决定，期货交易所会员、客户的资金和交易动向以及国务院期货监督管理机构认定的对期货交易价格有显著影响的其他重要信息。

（十二）内幕信息的知情人员，是指由于其管理地位、监督地位或者职业地位，或者作为雇员、专业顾问履行职务，能够接触或者获得内幕信息的人员，包括：期货交易所的管理人员以及其他由于任职可获取内幕信息的从业人员，国务院期货监督管理机构和其他有关部门的工作人员以及国务院期货监督管理机构规定的其他人员。

第八十二条　国务院期货监督管理机构可以批准设立期货专门结算机构，专门履行期货交易所的结算以及相关职责，并承担相应法律责任。

第八十三条　境外机构在境内设立、收购或者参股期货经营机构，以及境外期货经营机构在境内设立分支机构（含代表处）的管理办法，由国务院期货监督管理机构会同国务院商务主管部门、外汇管理部门等有关部门制订，报国务院批准后施行。

第八十四条　在期货交易所之外的国务院期货监督管理机构批准的交易

场所进行的期货交易，依照本条例的有关规定执行。

第八十五条 不属于期货交易的商品或者金融产品的其他交易活动，由国家有关部门监督管理，不适用本条例。

第八十六条 本条例自2007年4月15日起施行。1999年6月2日国务院发布的《期货交易管理暂行条例》同时废止。

最高人民法院
关于审理证券市场因虚假陈述引发的民事赔偿案件的若干规定

法释〔2003〕2号

（2002年12月26日最高人民法院审判委员会第1261次会议通过
2003年1月9日最高人民法院公告公布 自2003年2月1日起施行）

为正确审理证券市场因虚假陈述引发的民事赔偿案件，规范证券市场民事行为，保护投资人合法权益，根据《中华人民共和国民法通则》、《中华人民共和国证券法》、《中华人民共和国公司法》以及《中华人民共和国民事诉讼法》等法律、法规的规定，结合证券市场实际情况和审判实践，制定本规定。

一、一般规定

第一条 本规定所称证券市场因虚假陈述引发的民事赔偿案件（以下简称虚假陈述证券民事赔偿案件），是指证券市场投资人以信息披露义务人违反法律规定，进行虚假陈述并致使其遭受损失为由，而向人民法院提起诉讼的民事赔偿案件。

第二条 本规定所称投资人，是指在证券市场上从事证券认购和交易的自然人、法人或者其他组织。

本规定所称证券市场，是指发行人向社会公开募集股份的发行市场，通过证券交易所报价系统进行证券交易的市场，证券公司代办股份转让市场以及国家批准设立的其他证券市场。

第三条 因下列交易发生的民事诉讼，不适用本规定：

（一）在国家批准设立的证券市场以外进行的交易；

（二）在国家批准设立的证券市场上通过协议转让方式进行的交易。

第四条　人民法院审理虚假陈述证券民事赔偿案件，应当着重调解，鼓励当事人和解。

第五条　投资人对虚假陈述行为人提起民事赔偿的诉讼时效期间，适用民法通则第一百三十五条的规定，根据下列不同情况分别起算：

（一）中国证券监督管理委员会或其派出机构公布对虚假陈述行为人作出处罚决定之日；

（二）中华人民共和国财政部、其他行政机关以及有权作出行政处罚的机构公布对虚假陈述行为人作出处罚决定之日；

（三）虚假陈述行为人未受行政处罚，但已被人民法院认定有罪的，作出刑事判决生效之日。

因同一虚假陈述行为，对不同虚假陈述行为人作出两个以上行政处罚；或者既有行政处罚，又有刑事处罚的，以最先作出的行政处罚决定公告之日或者作出的刑事判决生效之日，为诉讼时效起算之日。

二、受理与管辖

第六条　投资人以自己受到虚假陈述侵害为由，依据有关机关的行政处罚决定或者人民法院的刑事裁判文书，对虚假陈述行为人提起的民事赔偿诉讼，符合民事诉讼法第一百零八条规定的，人民法院应当受理。

投资人提起虚假陈述证券民事赔偿诉讼，除提交行政处罚决定或者公告，或者人民法院的刑事裁判文书以外，还须提交以下证据：

（一）自然人、法人或者其他组织的身份证明文件，不能提供原件的，应当提交经公证证明的复印件；

（二）进行交易的凭证等投资损失证据材料。

第七条　虚假陈述证券民事赔偿案件的被告，应当是虚假陈述行为人，包括：

（一）发起人、控股股东等实际控制人；

（二）发行人或者上市公司；

（三）证券承销商；

（四）证券上市推荐人；

（五）会计师事务所、律师事务所、资产评估机构等专业中介服务机构；

（六）上述（二）、（三）、（四）项所涉单位中负有责任的董事、监事和经理等高级管理人员以及（五）项中直接责任人；

（七）其他作出虚假陈述的机构或者自然人。

第八条　虚假陈述证券民事赔偿案件，由省、直辖市、自治区人民政府所在的市、计划单列市和经济特区中级人民法院管辖。

第九条 投资人对多个被告提起证券民事赔偿诉讼的，按下列原则确定管辖：

（一）由发行人或者上市公司所在地有管辖权的中级人民法院管辖。但有本规定第十条第二款规定的情形除外。

（二）对发行人或者上市公司以外的虚假陈述行为人提起的诉讼，由被告所在地有管辖权的中级人民法院管辖。

（三）仅以自然人为被告提起的诉讼，由被告所在地有管辖权的中级人民法院管辖。

第十条 人民法院受理以发行人或者上市公司以外的虚假陈述行为人为被告提起的诉讼后，经当事人申请或者征得所有原告同意后，可以追加发行人或者上市公司为共同被告。人民法院追加后，应当将案件移送发行人或者上市公司所在地有管辖权的中级人民法院管辖。

当事人不申请或者原告不同意追加，人民法院认为确有必要追加的，应当通知发行人或者上市公司作为共同被告参加诉讼，但不得移送案件。

第十一条 人民法院受理虚假陈述证券民事赔偿案件后，受行政处罚当事人对行政处罚不服申请行政复议或者提起行政诉讼的，可以裁定中止审理。

人民法院受理虚假陈述证券民事赔偿案件后，有关行政处罚被撤销的，应当裁定终结诉讼。

三、诉讼方式

第十二条 本规定所涉证券民事赔偿案件的原告可以选择单独诉讼或者共同诉讼方式提起诉讼。

第十三条 多个原告因同一虚假陈述事实对相同被告提起的诉讼，既有单独诉讼也有共同诉讼的，人民法院可以通知提起单独诉讼的原告参加共同诉讼。

多个原告因同一虚假陈述事实对相同被告同时提起两个以上共同诉讼的，人民法院可以将其合并为一个共同诉讼。

第十四条 共同诉讼的原告人数应当在开庭审理前确定。原告人数众多的可以推选二至五名诉讼代表人，每名诉讼代表人可以委托一至二名诉讼代理人。

第十五条 诉讼代表人应当经过其所代表的原告特别授权，代表原告参加开庭审理，变更或者放弃诉讼请求、与被告进行和解或者达成调解协议。

第十六条 人民法院判决被告对人数众多的原告承担民事赔偿责任时，可以在判决主文中对赔偿总额作出判决，并将每个原告的姓名、应获得赔偿金额等列表附于民事判决书后。

四、虚假陈述的认定

第十七条　证券市场虚假陈述，是指信息披露义务人违反证券法律规定，在证券发行或者交易过程中，对重大事件作出违背事实真相的虚假记载、误导性陈述，或者在披露信息时发生重大遗漏、不正当披露信息的行为。

对于重大事件，应当结合证券法第五十九条、第六十条、第六十一条、第六十二条、第七十二条及相关规定的内容认定。

虚假记载，是指信息披露义务人在披露信息时，将不存在的事实在信息披露文件中予以记载的行为。

误导性陈述，是指虚假陈述行为人在信息披露文件中或者通过媒体，作出使投资人对其投资行为发生错误判断并产生重大影响的陈述。

重大遗漏，是指信息披露义务人在信息披露文件中，未将应当记载的事项完全或者部分予以记载。

不正当披露，是指信息披露义务人未在适当期限内或者未以法定方式公开披露应当披露的信息。

第十八条　投资人具有以下情形的，人民法院应当认定虚假陈述与损害结果之间存在因果关系：

（一）投资人所投资的是与虚假陈述直接关联的证券；

（二）投资人在虚假陈述实施日及以后，至揭露日或者更正日之前买入该证券；

（三）投资人在虚假陈述揭露日或者更正日及以后，因卖出该证券发生亏损，或者因持续持有该证券而产生亏损。

第十九条　被告举证证明原告具有以下情形的，人民法院应当认定虚假陈述与损害结果之间不存在因果关系：

（一）在虚假陈述揭露日或者更正日之前已经卖出证券；

（二）在虚假陈述揭露日或者更正日及以后进行的投资；

（三）明知虚假陈述存在而进行的投资；

（四）损失或者部分损失是由证券市场系统风险等其他因素所导致；

（五）属于恶意投资、操纵证券价格的。

第二十条　本规定所指的虚假陈述实施日，是指作出虚假陈述或者发生虚假陈述之日。

虚假陈述揭露日，是指虚假陈述在全国范围发行或者播放的报刊、电台、电视台等媒体上，首次被公开揭露之日。

虚假陈述更正日，是指虚假陈述行为人在中国证券监督管理委员会指定披露证券市场信息的媒体上，自行公告更正虚假陈述并按规定履行停牌手续之日。

五、归责与免责事由

第二十一条　发起人、发行人或者上市公司对其虚假陈述给投资人造成的损失承担民事赔偿责任。

发行人、上市公司负有责任的董事、监事和经理等高级管理人员对前款的损失承担连带赔偿责任。但有证据证明无过错的，应予免责。

第二十二条　实际控制人操纵发行人或者上市公司违反证券法律规定，以发行人或者上市公司名义虚假陈述并给投资人造成损失的，可以由发行人或者上市公司承担赔偿责任。发行人或者上市公司承担赔偿责任后，可以向实际控制人追偿。

实际控制人违反证券法第四条、第五条以及第一百八十八条规定虚假陈述，给投资人造成损失的，由实际控制人承担赔偿责任。

第二十三条　证券承销商、证券上市推荐人对虚假陈述给投资人造成的损失承担赔偿责任。但有证据证明无过错的，应予免责。

负有责任的董事、监事和经理等高级管理人员对证券承销商、证券上市推荐人承担的赔偿责任负连带责任。其免责事由同前款规定。

第二十四条　专业中介服务机构及其直接责任人违反证券法第一百六十一条和第二百零二条的规定虚假陈述，给投资人造成损失的，就其负有责任的部分承担赔偿责任。但有证据证明无过错的，应予免责。

第二十五条　本规定第七条第（七）项规定的其他作出虚假陈述行为的机构或者自然人，违反证券法第五条、第七十二条、第一百八十八条和第一百八十九条规定，给投资人造成损失的，应当承担赔偿责任。

六、共同侵权责任

第二十六条　发起人对发行人信息披露提供担保的，发起人与发行人对投资人的损失承担连带责任。

第二十七条　证券承销商、证券上市推荐人或者专业中介服务机构，知道或者应当知道发行人或者上市公司虚假陈述，而不予纠正或者不出具保留意见的，构成共同侵权，对投资人的损失承担连带责任。

第二十八条　发行人、上市公司、证券承销商、证券上市推荐人负有责任的董事、监事和经理等高级管理人员有下列情形之一的，应当认定为共同虚假陈述，分别与发行人、上市公司、证券承销商、证券上市推荐人对投资人的损失承担连带责任：

（一）参与虚假陈述的；

（二）知道或者应当知道虚假陈述而未明确表示反对的；

（三）其他应当负有责任的情形。

七、损失认定

第二十九条　虚假陈述行为人在证券发行市场虚假陈述，导致投资人损失的，投资人有权要求虚假陈述行为人按本规定第三十条赔偿损失；导致证券被停止发行的，投资人有权要求返还和赔偿所缴股款及银行同期活期存款利率的利息。

第三十条　虚假陈述行为人在证券交易市场承担民事赔偿责任的范围，以投资人因虚假陈述而实际发生的损失为限。投资人实际损失包括：

（一）投资差额损失；

（二）投资差额损失部分的佣金和印花税。

前款所涉资金利息，自买入至卖出证券日或者基准日，按银行同期活期存款利率计算。

第三十一条　投资人在基准日及以前卖出证券的，其投资差额损失，以买入证券平均价格与实际卖出证券平均价格之差，乘以投资人所持证券数量计算。

第三十二条　投资人在基准日之后卖出或者仍持有证券的，其投资差额损失，以买入证券平均价格与虚假陈述揭露日或者更正日起至基准日期间，每个交易日收盘价的平均价格之差，乘以投资人所持证券数量计算。

第三十三条　投资差额损失计算的基准日，是指虚假陈述揭露或者更正后，为将投资人应获赔偿限定在虚假陈述所造成的损失范围内，确定损失计算的合理期间而规定的截止日期。基准日分别按下列情况确定：

（一）揭露日或者更正日起，至被虚假陈述影响的证券累计成交量达到其可流通部分100%之日。但通过大宗交易协议转让的证券成交量不予计算。

（二）按前项规定在开庭审理前尚不能确定的，则以揭露日或者更正日后第30个交易日为基准日。

（三）已经退出证券交易市场的，以摘牌日前一交易日为基准日。

（四）已经停止证券交易的，可以停牌日前一交易日为基准日；恢复交易的，可以本条第（一）项规定确定基准日。

第三十四条　投资人持股期间基于股东身份取得的收益，包括红利、红股、公积金转增所得的股份以及投资人持股期间出资购买的配股、增发股和转配股，不得冲抵虚假陈述行为人的赔偿金额。

第三十五条　已经除权的证券，计算投资差额损失时，证券价格和证券数量应当复权计算。

八、附　则

第三十六条　本规定自2003年2月1日起施行。

第三十七条　本院2002年1月15日发布的《关于受理证券市场因虚假陈述引发的民事侵权纠纷案件有关问题的通知》中与本规定不一致的，以本规定为准。

【链　接】

最高人民法院副院长李国光就《关于审理证券市场因虚假陈述引发的民事赔偿案件的若干规定》答记者问

《最高人民法院关于审理证券市场因虚假陈述引发的民事赔偿案件的若干规定》（以下简称本规定），将于2003年2月1日正式施行。1月9日，最高人民法院副院长李国光就本规定出台的背景、主要内容以及意义接受了本报记者的采访。

一、问：最高人民法院在2002年1月15日发布了《关于受理证券市场因虚假陈述引发的民事侵权纠纷案件有关问题的通知》（以下简称《通知》），那么，相对于《通知》，本规定有什么特点？它是在什么样的背景下发布的？

答：本规定是最高人民法院继2002年1月15日发布《通知》以后，公布的审理证券民事赔偿案件适用法律的第一个系统性司法解释。

中国证券市场经过十二年的发展，在有效配置社会资源和对国有大中型企业公司制和股份制改造、推动社会主义经济市场化进程等方面，起到了不可替代的重要作用。但是应当看到，我国证券市场仍属于新兴市场，正处于规范和转轨时期，在市场规范和运行机制方面存在着一些不应忽视的缺陷，侵权行为也时有发生，必须强化监管力度，不仅应当依法追究行为人的行政或者刑事责任，而且行为人也应当对受其侵害的投资人承担相应的民事赔偿责任。

2002年1月15日，最高人民法院发布了《通知》。迄今为止，有关法院已经受理了近900件要求虚假陈述行为人承担民事赔偿责任的案件。然而，我国目前有关证券侵权行为的民事责任法律制度尚不健全，现行证券及公司法律对证券侵权行为追究民事赔偿责任，在主体的确认、责任的构成、归责的原则、损失的计算等方面，规定得十分原则，或者基本上没有涉及。而这些问题又是审理这类案件所必须解决的。我国加入世贸组织后，证券市场加快了向成熟化和国际化发展的步伐。中国证监会与有关部门最近出台了合格境外机构投资者可以在我国证券投资的QFII制度、向外商转让上市公司国有股和法人股以及加快发展和培育投资机构等一系列政策。与此同时，行政主管机关加大了对证券市场的违法违规行为的查处力度。最高人民法院根据证券市场的发展需要和审判实践的需要，加快了制定审理虚假陈述证券民事赔偿案件适用法律的司法解释的步伐，经过深入调查研究，多次召开国内和国际研讨会进行研究论证，在广泛征求中央有关部门、专家学者和各级法院意见的基础上，经最高人民法院审判委员会讨论通过，形成了现在这部司法解释。

二、问：作为最高人民法院继2002年1月15日发布《通知》以后公布的审理证券民事赔偿案件适用法律的第一个系统性司法解释，本规定主要有哪些内容？

答：本规定共分八个部分共计三十七条，调整和适用范围是证券市场上因虚假陈述行为引发的侵权民事赔偿法律关系。本规定对证券市场的虚假陈述界定为，信息披露义务人违反证券法律规定，在证券发行或者交易过程中，对重大事件作出违背事实真相的虚假记载、误导性陈述，或者在披露信息时发生重大遗漏、不正当披露信息的行为。本规定根据侵权行为方式，将虚假陈述行为分为虚假记载、误导性陈述、重大遗漏和不正当披露四种。

本规定属于侵权行为法范畴，其调整的民事赔偿法律关系是因财产权益被虚假陈述行为侵害而产生。该法律关系包含虚假陈述行为人，虚假陈述行为，被侵害的投资人损失与虚假陈述行为之间因果关系，虚假陈述行为人的归责、赔偿范围和损失计算等诸多法律内容。主要内容有：

第一，关于原告、被告的确定。原告和被告的确定，是民事赔偿诉讼得以启动和进行的重要前提。本规定第六条第一款对这类案件的原告资格作出了明确的规定，即投资人以自己受到虚假陈述侵害为由，依据有关机关的行政处罚决定或者人民法院的刑事裁判文书，对虚假陈述行为人提起的民事赔偿诉讼，符合《民事诉讼法》第一百零八条规定的，人民法院应当受理。第二款规定，投资人提起虚假陈述证券民事赔偿诉讼，除提交行政处罚决定或者公告，或者人民法院的刑事裁判文书以外，还必须提交身份证明文件和进行交易的凭证等投资损失证据材料。不能提供身份证明原件的，应当提交经公证证明的复印件。提交身份证明文件，是基于投资人必须证明确因自己的合法权益受到侵害而提起诉讼，而将以他人名义开户的不法行为人排除在虚假陈述证券民事赔偿诉讼之外。交易凭证是投资人用以证明其所投资的证券种类及损失情况。

本规定第七条对被告进行了列举式规定，援用了《证券法》第六十三条、第七十二条、第一百六十一条、第二百零二条，《股票发行与交易管理暂行条例》第十七条规定的内容，一并对可能成为被告的虚假陈述行为人作出了明确规定：①发起人、控股股东等实际控制人；②发行人或者上市公司；③证券承销商；④证券上市推荐人；⑤会计师事务所、律师事务所、资产评估机构等专业中介服务机构；⑥上述②③④项所涉单位中负有责任的董事、监事和经理等高级管理人员以及⑤项中的直接责任人；⑦其他作出虚假陈述的机构或者自然人。其中证券上市推荐人和控股股东等实际控制人，《证券法》和《股票发行与交易管理暂行条例》虽无明确规定，但在证券民事赔偿诉讼中，完全有可能成为被告。

第一，关于诉讼方式的确定。为了方便当事人诉讼和人民法院对案件的审理，及时有效地保护投资人合法权益，本规定针对我国证券市场现状和实际国情，在第三部分对证券民事赔偿诉讼明确规定了原告可以选择单独诉讼或者共同诉讼方式提起诉讼。根据《民事诉讼法》第五十四条和相关司法解释的规定，本规定确定的共同诉讼是人数固定的代表人诉讼方式，即原告人数应当在开庭审理前确定。共同诉讼的原告人数众多的可以推选二至五名诉讼代表人，每名诉讼代表人可以委托一至二名诉讼代理人。由于目前证券市场投资人以自然人为主，一旦发生侵权行为，受侵害的投资人不仅数量众多，而且诉讼请求各不相同，情况相当复杂。在没有民事诉讼前置程序和当事人诉讼请求意愿不明的情况下，人民法院对人数不确定的权利人发出公告、通知登记参加诉讼，不仅与“不告不理”诉讼原则相悖，而且使得诉讼周期拖长，人民法院难以进行审理，投资人合法权益难以及时有效得到保护。应当说，本规定对诉讼方式作出的安排是符合证券市场实际情况的。

第三，关于因果关系的确定。原告的损失与被告的侵权行为之间是否存在法律上的因果关系，这是认定侵权行为的必要条件。本规定按照我国民法的侵权赔偿诉讼的因果关系理论，参考国外普遍采用的市场欺诈理论和信赖推定原则，在第十八条和第十九条对因果关系的认定作出了明确规定。即同时具备以下情形的，认定虚假陈述与损害结果之间存在因果关系：投资人所投资的是与虚假陈述直接关联的证券；投资人在虚假陈述实施日及以后，至揭露日或者更正日之前买入该证券；投资人在虚假陈述揭露日或者更正日及以后，因卖出该证券发生亏损，或者因持续持有该证券而产生亏损。如被告能证明投资人存在以下事由的，认定虚假陈述与损害结果之间不存在因果关系：在虚假陈述揭露日或者更正日之前已经卖出证券；在虚假陈述揭露日或者更正日及以后进行的投资；明知虚假陈述存在而进行的投资；损失或者部分损失是由证券市场系统风险等其他因素所导致；属于恶意投资、操纵证券价格的。

第四，关于归责和免责事由。民事赔偿责任的归责和免责，是民事侵权案件实体审理的关键。本规定在第五部分对各虚假陈述行为人所承担的民事赔偿责任，按无过错责任、过错推定责任和过错责任顺序，分别作出了明确规定。对发起人、发行人或者上市公司，根据《证券法》第十三条、第六十三条和《股票发行与交易管理暂行条例》第十六条、第十七条的规定，确立的是无过错责任。除非这些被告证明投资人存在本规定第十九条关于虚假陈述与损害结果之间不存在因果关系事由，或者投资人提起的诉讼已经超过诉讼时效等，他们应当对与其有因果关系的投资人损失承担民事赔偿责任。本规定对发行人、上市公司的负有责任的董事、监事和经理等高级管理人员；证券承销商、证券上市推荐人及其负有责任的董事、监事和经理等高级管理人员；专业中介服务机构及其直接责任人，在第二十一条第二款、第二十三条和第二十四条，规定为过错推定责任。这些虚假陈述行为人如能证明自己无过错，或者投资人存在本规定第十九条关于虚假陈述与损害结果之间不存在因果关系事由，或者投资人提起的诉讼已经超过诉讼时效等，应予免责。本规定对上述责任人以外的其他作出虚假陈述的机构或者自然人，在第二十五条确立为过错责任。这些机构或者行为人承担民事责任的前提是其主观上具有过错、客观上造成投资人损失。

第五，关于赔偿范围和损失计算。确定赔偿范围和损失计算是审理民事赔偿案件的最实质的内容，亦往往为诉讼参与人和社会各界所关注。本规定按照民法关于侵权赔偿的一般原则，在排除投资人因证券市场系统风险等所造成的亏损的基础上，在第二十九条和第三十条规定虚假陈述行为人在证券发行市场导致投资人损失承担民事赔偿责任的范围，是返还和赔偿投资人所缴股款及银行同期活期存款利息；在证券交易市场导致投资人损失承担民事赔偿责任的范围，是投资人因虚假陈述实际发生的损失，包括投资差额损失、投资差额损失部分的佣金和印花税以及该两项资金自买入至卖出证券日或者基准日，按银行同期活期存款利率计算的利息损失。如果证券发行市场被虚假陈述的证券得以上市交易，并且证券发行市场投资人持续持有该证券，其有权选择按证券交易市场民事赔偿范围请求赔偿损失。本规定第三十三条对运用于损失计算的合理期间，规定了几种方法。合理期间确定后，采用投资差额损失计算方法，根据投资人不同时间卖出或持有证券的情况，按第三十一条、第三十二条、第三十四条和第三十五条规定的计算方法，以及证券市场特殊情况下的计算方法，计算得出投资人因虚假陈述造成的损失金额。

三、问：本规定制定公布的意义表现在哪些方面？

答：第一，本规定对中国证券市场法制化和规范化进程将产生积极促进作用。完备的证券市场法律制度，不仅可以使侵权行为人受到行政或者刑事责任制裁，而且通过追究侵权行为人民事赔偿责任，可以有效地规范市场参与人的行为，充分保护投资人合法权益，保障证券市场健康运行，增强证券市场的投资信心。我国证券市场属于新兴市场，这就决定了我们在现阶段的一个重要任务，是抓紧完善各项法律制度，健全市场运行机制。在规范市场主体法律责任方面，侵权民事责任是不可缺少的，应当与行政责任和刑事责任同时存在。而我国现阶段在民事侵权方面的立法相对薄弱，导致人民法院在处理相关案件方面缺乏具体的适用标准。最高人民法院经过深入调查研究和充分论证，立足于基本国情和证券市场现状，借鉴发达国家的成功经验，根据审判实践需要，本着由点及面和逐步介入的原则，制定和公布了本规定。这将为证券市场侵权民事责任法律制度的逐步完善，起到积极作用；为规范证券市场投资融资行为，保护投资人合法权益提供具体有效的司法依据。

第二，本规定对建立和完善证券市场侵权民事责任法律制度作出了积极的努力。本规定对现有的原则性的证券法律规定进行了细化，填补了司法实践适用法律的空白。首先，它确立了现阶段民事赔偿价值取向是，从我国基本国情和证券市场现状出发，兼顾市场主体各方合法权益，通过依法追究虚假陈述行为人的民事赔偿责任，有效填补投资人的合理损失，从而预防和遏止侵权行为的发生，依法规范证券市场秩序。其次，本规定对虚假陈述行为及其存续和影响市场期间的几个重要时间概念给予了认定和解释。对该侵权行为的科学分类，对投资损失与虚假陈述行为的因果关系等问题，进行了合理概括。特别是本规定确定了计算损失的合理期间。计算损失必须先确定虚假陈述被揭露或更正后股价回到摆脱虚假陈述影响的相对正常位置，所要经过的一段合理运行期间。其目的是将虚假陈述影响股价的因素从其他引起股价波动的因素中分离出来。本规定还坚持以过错责任为基础，兼顾其他归责原则，首次以司法解释清晰的条文对各类虚假陈述行为人进行了具体和细化的归责和免责；对投资人应当获得赔偿的损失范围作出了明文规定；根据证券发行市场和交易市场的不同情况、投资人在不同时间卖出或者持有证券的情况以及证券市场特殊情况，确定了损失的计算方法等。这些针对虚假陈述行为民事责任设置的规定和制度，展示了近年来人民法院在市场经济应用法学方面调查研究和理论创新的成果，必将为证券市场侵权行为民事责任制度的建立、完善和发展，奠定良好的基础。

第三，本规定为保护广大投资人的合法权益提供了必要的司法保障。根据统计，截至2002年10月底，我国证券市场的投资人开户数已达6800余万户，其中绝大多数是自然人。这些自然人投资主体，大多数信息不通畅、投资操作手法落后，一旦发生侵权行为，他们将首先成为受害者。本规定以保护广大投资人合法权益为宗旨，正是“三个代表”重要思想在证券法律制度上的具体实践。只有广大投资人的合法权益得到有效保障，才能有资本市场的投资信心和投资主体。一个有着诚实信用、投资人对未来充满信心的证券市场，才会日益发展和壮大。

最高人民法院
关于审理期货纠纷案件若干问题的规定

法释〔2003〕10号

（2003年5月16日最高人民法院审判委员会第1270次会议通过
2003年6月18日最高人民法院公告公布　自2003年7月1日起施行）

为了正确审理期货纠纷案件，根据《中华人民共和国民法通则》、《中华人民共和国合同法》、《中华人民共和国民事诉讼法》等有关法律、行政法规的规定，结合审判实践经验，对审理期货纠纷案件的若干问题制定本规定。

一、一般规定

第一条　人民法院审理期货纠纷案件，应当依法保护当事人的合法权益，正确确定其应承担的风险责任，并维护期货市场秩序。

第二条　人民法院审理期货合同纠纷案件，应当严格按照当事人在合同中的约定确定违约方承担的责任，当事人的约定违反法律、行政法规强制性规定的除外。

第三条　人民法院审理期货侵权纠纷和无效的期货交易合同纠纷案件，应当根据各方当事人是否有过错，以及过错的性质、大小，过错和损失之间的因果关系，确定过错方承担的民事责任。

二、管　　辖

第四条　人民法院应当依据民事诉讼法第二十四条、第二十五条和第二十九条的规定确定期货纠纷案件的管辖。

第五条　在期货公司的分公司、营业部等分支机构进行期货交易的，该分支机构住所地为合同履行地。

因实物交割发生纠纷的，期货交易所住所地为合同履行地。

第六条　侵权与违约竞合的期货纠纷案件，依当事人选择的诉由确定管辖。当事人既以违约又以侵权起诉的，以当事人起诉状中在先的诉讼请求确定管辖。

第七条　期货纠纷案件由中级人民法院管辖。

高级人民法院根据需要可以确定部分基层人民法院受理期货纠纷案件。

三、承担责任的主体

第八条　期货公司的从业人员在本公司经营范围内从事期货交易行为产生的民事责任，由其所在的期货公司承担。

第九条　期货公司授权非本公司人员以本公司的名义从事期货交易行为的，期货公司应当承担由此产生的民事责任；非期货公司人员以期货公司名义从事期货交易行为，具备合同法第四十九条所规定的表见代理条件的，期货公司应当承担由此产生的民事责任。

第十条　公民、法人受期货公司或者客户的委托，作为居间人为其提供订约的机会或者订立期货经纪合同的中介服务的，期货公司或者客户应当按照约定向居间人支付报酬。居间人应当独立承担基于居间经纪关系所产生的民事责任。

第十一条　不以真实身份从事期货交易的单位或者个人，交易行为符合期货交易所交易规则的，交易结果由其自行承担。

第十二条　期货公司设立的取得营业执照和经营许可证的分公司、营业部等分支机构超出经营范围开展经营活动所产生的民事责任，该分支机构不能承担的，由期货公司承担。

客户有过错的，应当承担相应的民事责任。

四、无效合同责任

第十三条　有下列情形之一的，应当认定期货经纪合同无效：

（一）没有从事期货经纪业务的主体资格而从事期货经纪业务的；

（二）不具备从事期货交易主体资格的客户从事期货交易的；

（三）违反法律、法规禁止性规定的。

第十四条　因期货经纪合同无效给客户造成经济损失的，应当根据无效行为与损失之间的因果关系确定责任的承担。一方的损失系对方行为所致，应当由对方赔偿损失；双方有过错的，根据过错大小各自承担相应的民事责任。

第十五条　不具有主体资格的经营机构因从事期货经纪业务而导致期货

经纪合同无效，该机构按客户的交易指令入市交易的，收取的佣金应当返还给客户，交易结果由客户承担。

该机构未按客户的交易指令入市交易，客户没有过错的，该机构应当返还客户的保证金并赔偿客户的损失。赔偿损失的范围包括交易手续费、税金及利息。

五、交易行为责任

第十六条　期货公司在与客户订立期货经纪合同时，未提示客户注意《期货交易风险说明书》内容，并由客户签字或者盖章，对于客户在交易中的损失，应当依据合同法第四十二条第（三）项的规定承担相应的赔偿责任。但是，根据以往交易结果记载，证明客户已有交易经历的，应当免除期货公司的责任。

第十七条　期货公司接受客户全权委托进行期货交易的，对交易产生的损失，承担主要赔偿责任，赔偿额不超过损失的80%，法律、行政法规另有规定的除外。

第十八条　期货公司与客户签订的期货经纪合同对下达交易指令的方式未作约定或者约定不明确的，期货公司不能证明其所进行的交易是依据客户交易指令进行的，对该交易造成客户的损失，期货公司应当承担赔偿责任，客户予以追认的除外。

第十九条　期货公司执行非受托人的交易指令造成客户损失，应当由期货公司承担赔偿责任，非受托人承担连带责任，客户予以追认的除外。

第二十条　客户下达的交易指令没有品种、数量、买卖方向的，期货公司未予拒绝而进行交易造成客户的损失，由期货公司承担赔偿责任，客户予以追认的除外。

第二十一条　客户下达的交易指令数量和买卖方向明确，没有有效期限的，应当视为当日有效；没有成交价格的，应当视为按市价交易；没有开平仓方向的，应当视为开仓交易。

第二十二条　期货公司错误执行客户交易指令，除客户认可的以外，交易的后果由期货公司承担，并按下列方式分别处理：

（一）交易数量发生错误的，多于指令数量的部分由期货公司承担，少于指令数量的部分，由期货公司补足或者赔偿直接损失；

（二）交易价格超出客户指令价位范围的，交易差价损失或者交易结果由期货公司承担。

第二十三条　期货公司不当延误执行客户交易指令给客户造成损失的，应当承担赔偿责任，但由于市场原因致客户交易指令未能全部或者部分成交的，期货公司不承担责任。

第二十四条 期货公司超出客户指令价位的范围，将高于客户指令价格卖出或者低于客户指令价格买入后的差价利益占为己有的，客户要求期货公司返还的，人民法院应予支持，期货公司与客户另有约定的除外。

第二十五条 期货交易所未按交易规则规定的期限、方式，将交易或者持仓头寸的结算结果通知期货公司，造成期货公司损失的，由期货交易所承担赔偿责任。

期货公司未按期货经纪合同约定的期限、方式，将交易或者持仓头寸的结算结果通知客户，造成客户损失的，由期货公司承担赔偿责任。

第二十六条 期货公司与客户对交易结算结果的通知方式未作约定或者约定不明确，期货公司未能提供证据证明已经发出上述通知的，对客户因继续持仓而造成扩大的损失，应当承担主要赔偿责任，赔偿额不超过损失的80%。

第二十七条 客户对当日交易结算结果的确认，应当视为对该日之前所有持仓和交易结算结果的确认，所产生的交易后果由客户自行承担。

第二十八条 期货公司对交易结算结果提出异议，期货交易所未及时采取措施导致损失扩大的，对造成期货公司扩大的损失应当承担赔偿责任。

客户对交易结算结果提出异议，期货公司未及时采取措施导致损失扩大的，期货公司对造成客户扩大的损失应当承担赔偿责任。

第二十九条 期货公司对期货交易所或者客户对期货公司的交易结算结果有异议，而未在期货交易所交易规则规定或者期货经纪合同约定的时间内提出的，视为期货公司或者客户对交易结算结果已予以确认。

第三十条 期货公司进行混码交易的，客户不承担责任，但期货公司能够举证证明其已按照客户交易指令入市交易的，客户应当承担相应的交易结果。

六、透支交易责任

第三十一条 期货交易所在期货公司没有保证金或者保证金不足的情况下，允许期货公司开仓交易或者继续持仓，应当认定为透支交易。

期货公司在客户没有保证金或者保证金不足的情况下，允许客户开仓交易或者继续持仓，应当认定为透支交易。

审查期货公司或者客户是否透支交易，应当以期货交易所规定的保证金比例为标准。

第三十二条 期货公司的交易保证金不足，期货交易所未按规定通知期货公司追加保证金的，由于行情向持仓不利的方向变化导致期货公司透支发生的扩大损失，期货交易所应当承担主要赔偿责任，赔偿额不超过损失的60%。

客户的交易保证金不足，期货公司未按约定通知客户追加保证金的，由于行情向持仓不利的方向变化导致客户透支发生的扩大损失，期货公司应当承担主要赔偿责任，赔偿额不超过损失的80%。

第三十三条　期货公司的交易保证金不足，期货交易所履行了通知义务，而期货公司未及时追加保证金，期货公司要求保留持仓并经书面协商一致的，对保留持仓期间造成的损失，由期货公司承担；穿仓造成的损失，由期货交易所承担。

客户的交易保证金不足，期货公司履行了通知义务而客户未及时追加保证金，客户要求保留持仓并经书面协商一致的，对保留持仓期间造成的损失，由客户承担；穿仓造成的损失，由期货公司承担。

第三十四条　期货交易所允许期货公司开仓透支交易的，对透支交易造成的损失，由期货交易所承担主要赔偿责任，赔偿额不超过损失的60%。

期货公司允许客户开仓透支交易的，对透支交易造成的损失，由期货公司承担主要赔偿责任，赔偿额不超过损失的80%。

第三十五条　期货交易所允许期货公司透支交易，并与其约定分享利益，共担风险的，对透支交易造成的损失，期货交易所承担相应的赔偿责任。

期货公司允许客户透支交易，并与其约定分享利益，共担风险的，对透支交易造成的损失，期货公司承担相应的赔偿责任。

七、强行平仓责任

第三十六条　期货公司的交易保证金不足，又未能按期货交易所规定的时间追加保证金的，按交易规则的规定处理；规定不明确的，期货交易所有权就其未平仓的期货合约强行平仓，强行平仓所造成的损失，由期货公司承担。

客户的交易保证金不足，又未能按期货经纪合同约定的时间追加保证金的，按期货经纪合同的约定处理；约定不明确的，期货公司有权就其未平仓的期货合约强行平仓，强行平仓造成的损失，由客户承担。

第三十七条　期货交易所因期货公司违规超仓或者其他违规行为而必须强行平仓的，强行平仓所造成的损失，由期货公司承担。

期货公司因客户违规超仓或者其他违规行为而必须强行平仓的，强行平仓所造成的损失，由客户承担。

第三十八条　期货公司或者客户交易保证金不足，符合强行平仓条件后，应当自行平仓而未平仓造成的扩大损失，由期货公司或者客户自行承担。法律、行政法规另有规定或者当事人另有约定的除外。

第三十九条 期货交易所或者期货公司强行平仓数额应当与期货公司或者客户需追加的保证金数额基本相当。因超量平仓引起的损失，由强行平仓者承担。

第四十条 期货交易所对期货公司、期货公司对客户未按期货交易所交易规则规定或者期货经纪合同约定的强行平仓条件、时间、方式进行强行平仓，造成期货公司或者客户损失的，期货交易所或者期货公司应当承担赔偿责任。

第四十一条 期货交易所依法或依交易规则强行平仓发生的费用，由被平仓的期货公司承担；期货公司承担责任后有权向有过错的客户追偿。

期货公司依法或依约定强行平仓所发生的费用，由客户承担。

八、实物交割责任

第四十二条 交割仓库未履行货物验收职责或者因保管不善给仓单持有人造成损失的，应当承担赔偿责任。

第四十三条 期货公司没有代客户履行申请交割义务的，应当承担违约责任；造成客户损失的，应当承担赔偿责任。

第四十四条 在交割日，卖方期货公司未向期货交易所交付标准仓单，或者买方期货公司未向期货交易所账户交付足额货款，构成交割违约。

构成交割违约的，违约方应当承担违约责任；具有合同法第九十四条第（四）项规定情形的，对方有权要求终止交割或者要求违约方继续交割。

征购或者竞卖失败的，应当由违约方按照交易所有关赔偿办法的规定承担赔偿责任。

第四十五条 在期货合约交割期内，买方或者卖方客户违约的，期货交易所应当代期货公司、期货公司应当代客户向对方承担违约责任。

第四十六条 买方客户未在期货交易所交易规则规定的期限内对货物的质量、数量提出异议的，应视为其对货物的数量、质量无异议。

第四十七条 交割仓库不能在期货交易所交易规则规定的期限内，向标准仓单持有人交付符合期货合约要求的货物，造成标准仓单持有人损失的，交割仓库应当承担责任，期货交易所承担连带责任。

期货交易所承担责任后，有权向交割仓库追偿。

九、保证合约履行责任

第四十八条 期货公司未按照每日无负债结算制度的要求，履行相应的金钱给付义务，期货交易所亦未代期货公司履行，造成交易对方损失的，期货交易所应当承担赔偿责任。

期货交易所代期货公司履行义务或者承担赔偿责任后，有权向不履行义务的一方追偿。

第四十九条　期货交易所未代期货公司履行期货合约，期货公司应当根据客户请求向期货交易所主张权利。

期货公司拒绝代客户向期货交易所主张权利的，客户可直接起诉期货交易所，期货公司可作为第三人参加诉讼。

第五十条　因期货交易所的过错导致信息发布、交易指令处理错误，造成期货公司或者客户直接经济损失的，期货交易所应当承担赔偿责任，但其能够证明系不可抗力的除外。

第五十一条　期货交易所依据有关规定对期货市场出现的异常情况采取合理的紧急措施造成客户损失的，期货交易所不承担赔偿责任。

期货公司执行期货交易所的合理的紧急措施造成客户损失的，期货公司不承担赔偿责任。

十、侵权行为责任

第五十二条　期货交易所、期货公司故意提供虚假信息误导客户下单的，由此造成客户的经济损失由期货交易所、期货公司承担。

第五十三条　期货公司私下对冲、与客户对赌等不将客户指令入市交易的行为，应当认定为无效，期货公司应当赔偿由此给客户造成的经济损失；期货公司与客户均有过错的，应当根据过错大小，分别承担相应的赔偿责任。

第五十四条　期货公司擅自以客户的名义进行交易，客户对交易结果不予追认的，所造成的损失由期货公司承担。

第五十五条　期货公司挪用客户保证金，或者违反有关规定划转客户保证金造成客户损失的，应当承担赔偿责任。

十一、举证责任

第五十六条　期货公司应当对客户的交易指令是否入市交易承担举证责任。

确认期货公司是否将客户下达的交易指令入市交易，应当以期货交易所的交易记录、期货公司通知的交易结算结果与客户交易指令记录中的品种、买卖方向是否一致，价格、交易时间是否相符为标准，指令交易数量可以作为参考。但客户有相反证据证明其交易指令未入市交易的除外。

第五十七条　期货交易所通知期货公司追加保证金，期货公司否认收到上述通知的，由期货交易所承担举证责任。

期货公司向客户发出追加保证金的通知，客户否认收到上述通知的，由期货公司承担举证责任。

十二、保全和执行

第五十八条 人民法院保全与会员资格相应的会员资格费或者交易席位，应当依法裁定不得转让该会员资格，但不得停止该会员交易席位的使用。人民法院在执行过程中，有权依法采取强制措施转让该交易席位。

第五十九条 期货交易所、期货公司为债务人的，人民法院不得冻结、划拨期货公司在期货交易所或者客户在期货公司保证金账户中的资金。

有证据证明该保证金账户中有超出期货公司、客户权益资金的部分，期货交易所、期货公司在人民法院指定的合理期限内不能提出相反证据的，人民法院可以依法冻结、划拨该账户中属于期货交易所、期货公司的自有资金。

第六十条 期货公司为债务人的，人民法院不得冻结、划拨专用结算账户中未被期货合约占用的用于担保期货合约履行的最低限额的结算准备金；期货公司已经结清所有持仓并清偿客户资金的，人民法院可以对结算准备金依法予以冻结、划拨。

期货公司有其他财产的，人民法院应当依法先行冻结、查封、执行期货公司的其他财产。

第六十一条 客户、自营会员为债务人的，人民法院可以对其保证金、持仓依法采取保全和执行措施。

十三、其　他

第六十二条 本规定所称期货公司是指经依法批准代理投资者从事期货交易业务的经营机构及其分公司、营业部等分支机构。客户是指委托期货公司从事期货交易的投资者。

第六十三条 本规定自2003年7月1日起施行。

2003年7月1日前发生的期货交易行为或者侵权行为，适用当时的有关规定；当时规定不明确的，参照本规定处理。

【链　接】

充分发挥审判职能　为保障和促进期货市场健康发展提供司法服务

——最高人民法院副院长江必新就《关于审理期货纠纷案件若干问题的规定》有关问题答记者问

2003年6月18日最高人民法院公告公布了《关于审理期货纠纷案件若干问题的规定》（以下简称本规定），该司法解释于2003年7月1日起施行。针对这个司法解释的出台背景、制定司法解释所坚持的基本原则和主要内容、作用等问题，最高人民法院副院长江必新接受了记者的采访。

一、问：为什么要制定《关于审理期货纠纷案件若干问题的规定》？

答：1995年10月27日，本院下发了《关于审理期货纠纷案件座谈会纪要》（以下简称《纪要》），在当时我国期货市场刚刚建立，有关期货交易的法律、法规、规章不完备的情况下，《纪要》对配合国家对期货市场的治理整顿，指导人民法院审理当时出现的各类期货纠纷案件，统一裁判思路和标准起到了积极的指导作用。随着国家监管部门对期货行业的整顿，以《期货交易管理暂行条例》为核心的法规体系已经建立，行业规则初步形成，期货市场交易活动逐步规范，期货交易领域中的纠纷案件也发生了许多新的变化，一些新类型期货纠纷案件也不断出现。例如，20世纪90年代初期发生的期货交易纠纷案件，争议焦点主要集中在期货公司是否具有从事期货交易的主体资格，期货公司是否将客户的交易指令下达到交易所场内以及按金交易纠纷等。而近年来的期货交易案件中，争议的焦点则更多的集中于交易指令下达是否准确无误、及时，以及在实物交割环节出现的迟延履行、实物不符合标准等一些新的问题上。显然，《纪要》已经不能适应当前审判工作的需要。为了满足审判实践的需要，规范期货纠纷案件的审判工作，有必要对审理期货纠纷案件作较全面的司法解释。正是在这样的背景下，最高人民法院制定了《关于审理期货纠纷案件若干问题的规定》。

二、问：本规定从起草到公布历时四年之久，最高人民法院在起草过程中主要做了哪些方面的工作？

答：从1999年7月21日开始，最高人民法院开始了本规定的立项和起草工作，前后大体上经历了四个阶段。第一阶段，1999 年 7 月起，主要是在总结《纪要》实施四年来的审判经验基础上，开始司法解释的起草工作。起草工作的重点是将新情况、新问题尽可能全面地体现在本规定中，如增加了涉及经济犯罪内容的处理办法等，全文达七十条。第二阶段，自 2001 年 5 月起，重点对本规定的结构进行调整，删去已经过时和不适当的内容，增补对期货市场出现的新问题的规定。例如，大幅度缩减无效合同的范围；删去涉及经济犯罪的认定与处理；增加侵权行为与举证责任两部分；同时规定居间介绍人、确认交易结果、持仓透支等民事责任承担等。整个规定由十二部分，增加为十三部分，条文调整为六十九条。第三阶段，2002 年上半年起经征求中国证监会、各期货交易所、期货业协会及本院有关部门的意见，侧重对本规定主流观点的研究、论证、推敲，力求保持准确性、前瞻性，例如对是否进行风险揭示说明、全权委托的后果、交易结果通知的后果、透支与平仓的责任范围等，均明确划分了责任承担比例，使司法解释更具操作性，便于各级人民法院掌握和执行。第四阶段，2003 年 2～5 月，最高人民法院审判委员会数次对本规定进行了讨论，既对本规定正确适用法律、行政法规提出要求，又对参照规章、规则的原则作出明确阐述。同时取消了送审稿有关人民法院对期货交易中违规行为制裁的规定。从维护市场交易秩序出发，正确认识各市场参与主体的权利义务，并对期货交易所、期货公司的民事责任承担比例与豁免作出进一步审慎而公正的划分。目前，正式颁布的本规定实际已经是第二十四稿，全文分为十三个部分，共计六十三条。本规定从立项到正式公布，虽历时较长，但逐步统一了司法机关和期货监管部门、期货行业对期货市场主要民事法律问题的认识，是期货市场规则在民事领域的一次全面、深入的沟通和总结，受到了各方面的欢迎和好评。

三、问：在本规定起草过程中，主要坚持哪些基本原则?

答：制定本规定要坚持贴近市场，规范市场行为，妥善处理纷争，这也是本规定所追求的直接目的。具体讲，在本规定起草过程中我们坚持了以下几项原则：

第一，风险和利益相一致的原则。强调风险和利益相一致，这是期货市场运作规律的内在要求。期货交易的投机性和风险性都很大，客户参与期货市场交易，应当享有自己的交易行为所产生的利益，也应当承担因自己交易行为所产生的不利后果。在期货市场上，不应当有只享受权利、不承担风险的客户和投资者。在处理期货交易纠纷中，也应当坚持风险和利益相一致的原则。本规定在相关条文中贯彻了这一原则，例如，第十五条规定：“不具有主体资格的经营机构因从事期货经纪业务而导致期货经纪合同无效，该机构按客户的交易指令入市交易的，收取的佣金应当返还给客户，交易结果由客户承担。”避免客户在出现交易亏损的情况下，以经营机构不具备主体资格、期货经纪合同无效为由，而要求返还交易保证金，规避其本应当自行承担的交易后果。此处，第十一条关于不以真实身份从事期货交易，对交易结果的处理，第二十七条关于客户对当日交易结算结果的确认，应当视为对该日之前所有持仓和交易结算结果的确认等内容，也体现了这一原则。

第二，尊重当事人合法约定的原则。尊重当事人合法的合同约定，这是尊重当事人意思自治、尊重当事人合同权利的必然要求。在期货交易中，当事人一般按照格式化的条款做出约定；如果格式化条款不够齐备，则允许双方协商后予以补充。在当事人的约定不违反法律、法规、规章、规则的情况下，约定应当对当事人从事期货交易行为具有约束力。在发生纠纷后，这些约定也应成为处理他们之间纠纷的根据。本规定第二条明确规定：“人民法院审理期货合同纠纷案件，应当严格按照当事人在合同中的约定确定违约方承担的责任，当事人的约定违反法律、行政法规强制性规定的除外。”本规定在其他相关条文中也充分体现了这一原则。

第三，过错与责任相一致的原则。处理期货纠纷（无论是期货合同纠纷还是期货侵权纠纷），都必须坚持过错与责任相一致的原则，这是市场经济环境对责任主体的内在要求。与《纪要》相比，本规定更强调过错责任原则和因果关系规则。在一般情况下，当事人有过错则承担责任，无过错则不承担责任；当事人的过错与损失之间应当具有因果关系；双方均有过错的，各自承担相应的责任；承担责任的大小与过错程度相适应。本规定自始至终贯彻了这一原则，例如，第三条规定：“人民法院审理期货侵权纠纷和无效的期货交易合同纠纷案件，应当根据各方当事人是否有过错，以及过错的性质、大小，过错和损失之间的因果关系，确定过错方承担的民事责任。”本规定在第五至第十部分，关于交易行为责任、透支交易责任、强行平仓责任、实物交割责任、保证合约履行责任、侵权行为责任的认定与处理方面，均坚持了这一原则。

四、问：本规定包括了哪些主要内容？

答：本规定分为十三个部分，共有六十三条，从客户到期货公司开户、签订合同、进行交易、办理交割、诉讼管辖、承担责任，到案件的审理与执行，可以说是涉及期货市场参与者行为的全过程。具体说，包括如下主要内容：

第一，明确了期货纠纷案件的管辖。根据期货纠纷案件的实际情况，本规定在第二部分根据我国人民法院的设置情况，对期货纠纷案件管辖问题作出了规定。在地域管辖方面，规定了期货纠纷案件的管辖权，应当遵守《民事诉讼法》关于合同纠纷、侵权纠纷案件管辖的一般规定，同时明确了涉及期货公司的分公司、营业部等分支机构进行交易发生的纠纷以及实物交割纠纷，对于合同履行地的确认。在级别管辖方面，确定了期货纠纷案件一般由中级人民法院管辖的原则，同时允许高级人民法院根据需要确定部分基层人民法院受理期货纠纷案件。

第二，明确了承担民事责任的主体。本规定针对期货纠纷的特殊情况，在第三部分中对期货公司从业人员、期货公司授权非本公司人员从事期货交易行为，以及非期货公司人员以期货公司名义从事期货交易行为等情况下，由谁承担民事责任的问题作出了规定。

第三，明确规定了确定当事人承担民事责任的标准。本规定主要解决的是人民法院在审理相关案件中如何适用法律，如何确定当事人的民事责任问题。本规定在第五部分至第十部分，分别针对正常交易、透支交易、强行平仓、实物交割、保证合约履行等期货交易各个环节中常见的各种纠纷情况，以及在期货交易中出现的侵权问题，分别规定了应当如何确定有关当事人的责任，以及如何确定当事人承担民事责任的具体方式。其中，对于如何认定存在混码交易但已入市交易的责任归属问题（第三十条），如何认定客户签收客户账单的效力问题（第二十七条），期货交易所的履约保证责任（第四十八条、第四十九条），期货交易所与期货公司的免责条件（第五十一条）等内容，均作出了明确的规定，解决了长期以来困扰司法实践的悬而未决的问题，为今后人民法院审理此类纠纷案件提供了相应的依据。

第四，明确了人民法院保全与执行的对象及条件。在人民法院对期货纠纷案件的审理和执行活动中，经常遇到如何对相关当事人的财产采取财产保全或者执行问题，其中最突出的问题是：对会员资格和交易席位应当如何处理；能否对交易所的会员资格采取保全措施；对于交易席位能否采取执行措施；对于保证金的属性应当如何认定，能否采取保全或者执行措施；对于当事人的“持仓”合约，能否保全或者执行的问题。关于会员资格和交易席位问题，本规定第五十八条规定：“人民法院保全与会员资格相应的会员资格费或者交易席位，应当依法裁定不得转让该会员资格，但不得停止该会员交易席位的使用。人民法院在执行过程中，有权依法采取强制措施转让该交易席位。”关于保证金和“持仓”问题，本规定第五十九至六十一条分别规定了可以冻结、划拨的条件以及不得保全或者执行的情形。并且，为了尽可能地保证期货公司正常经营，本规定明确指出：“期货公司有其他财产的，人民法院应当依法先行冻结、查封、执行期货公司的其他财产。”

在司法解释制定和修改中，在个别问题上还有一些不同的观点和看法，但由于目前《期货交易管理暂行条例》尚未修订，司法解释也不能超越现行法规的规定，草率作出规定条件不成熟，故没有作出规定。

五、问：本规定与《纪要》相比，主要有哪些新的进展？

答：本规定与《纪要》相比，在以下几个方面取得了新的进展：

第一，较好地处理了责任的平衡分配问题。与《纪要》相比较，本规定充分考虑期货市场“规范发展阶段”对市场的价值取向的变化。实现了从过去“规范整顿阶段”着重强调机构的责任向“规范发展阶段”法律责任相对平衡的转变。本规定强调投资者也应当承担不诚信、不守法、不履约的相应民事责任；强调依法经营，强调依规定、约定从事期货交易，未过多强调严格责任制度；期货交易所、期货公司如实履行了法律、行政法规、规章以及合约赋予或约定的义务的，即认定其对客户的经营损失没有过错，故不应承担客户经营的亏损。如第三十三条，在持仓透支的情况下，投资者要求期货公司保留持仓的，对保留持仓期间造成的损失由投资者承担。确立了投资者应对自己的行为负责的原则，这是符合国际惯例的。再如第二十七条，对投资者确认交易结算的通知，为在尽可能短的时间内稳定民事法律关系，规定了投资者对当日交易结算结果的确认，亦应认定系对该日之前所有持仓和交易结算结果的确认，所产生的经济损失由投资者自行承担。这将有效促使投资者履行合同中的签字确认的约定义务，稳定交易秩序。

第二，强调强制平仓的权利属性。强制平仓是期货公司的权利还是义务，长期以来一直是法律界和期货行业有争议的一个问题。本规定突出强调期货公司履行了相应通知义务后，即享有对客户持仓头寸平仓的权利，在此期间客户应自行平仓，否则发生的亏损由客户自行承担。这一规定充分体现了权利、义务相一致的原则以及客户应当承担自己持仓风险的责任原则。

第三，确立了期货居间人的主体资格和法律责任。本规定第十条，明确了“居间人应当独立承担基于居间经纪关系所产生的民事责任”，这是对我国经纪人制度的完善。长期以来对于居间人的地位与作用的认识是有争议的。过去有的地方为处理案件上的方便，保护客户的利益，一般将居间人认定为期货公司从业人员，并判期货公司承担民事责任。本规定依照《合同法》相关规定，以及期货市场发展、创新的局面，确定了居间人独立的地位，并规定其基于居间介绍法律关系独立承担民事责任，在司法层面上明确了介绍人、经纪人的法律地位，这将有利于规范和监管期货居间人的行为。

第四，进一步明确了某些特殊交易行为人的责任归属。本规定明确规定了认定交易是否真实的各项要件，规定了存在混码交易但已入市交易的责任归属，规定了有证据证明期货公司已按照投资者交易指令入市交易的，投资者应当承担相应的交易结果。根据本规定，只要有具体的交易指令，期货交易所的成交回报，以及期货公司的客户成交回报单记载与总成交数量相符，应当认定客户指令的交易已实际入市；从尊重客观交易事实的角度出发，客户应当认可自己的交易结果，不应将该交易结果转嫁由期货公司承担。

第五，进一步明确了客户签收客户账单的效力。为避免、减少因客户不认可交易行为产生的期货纠纷，本规定明确规定，客户对其中一天交易行为的签字认可，应视为对该日之前所有交易结果的认可。为健全期货公司对客户通知的方式，规定了现有通讯技术手段所能够达到的、双方所共同认可的通知方式；规定客户有义务查询自己的交易结果，时刻关注自己的交易行为。

第六，进一步明确了保证金账户资金的属性及判断标准。最高人民法院法发〔1997〕27号、法明传〔1998〕213号通知中对有关当事人财产冻结、划拨等问题，均作出了规定，然而对保证金的性质，如何与其他财产划分开来，未作出明确规定。本规定专门对涉及保证金冻结、划拨的问题，分别不同情况作出了具体规定。第五十九条规定了保证金账户资金的性质和保证金的划分标准，即按照行业惯例和一般的会计标准，确立了账户中资金的属性；保证金账户中有超出投资者权益资金的部分，期货公司又无法提出相反证据的，即可以判定为期货公司的自有资金。这对于规范人民法院的执行工作，维护期货交易所、期货公司正常运作或经营具有重要的意义。

第七，明确规定了期货交易所的履约保证责任。期货交易自配对交割后，脱离了原来的金融工具交易的属性，转化为一对一的现货买卖关系。现货合同的标的物可以是交割仓库开具的仓单，也可以是符合期货合约要求的实物。为防范、降低市场风险，期货交易所负有对期货合约正常履行的保证责任。在实物交割环节，对于卖方、买方的违约行为，期货交易所应承担代为履行或连带赔偿违约金的责任，其承担责任后有权向责任方追偿。同时规定，对于仓单项下的货物数量、质量，在异议期内任何一方提出异议的，期货交易所均应承担相应的代为履行或连带赔偿责任；但超过质量异议期，货物进入现货流通环节，期货交易所不再承担任何民事责任（第四十五、四十六、四十七条）。

第八，规定了期货交易所与期货公司的免责条款。为鼓励技术创新，经期货公司、客户认可的新技术，如发生现有技术无法预防的、技术性的原因，在发生市场风险时，所产生的损失由自营会员或客户承担。不是期货交易所、期货公司故意违法、违约的行为，其与交易结果无必然因果关系，故不应承担民事责任。本规定第五十一条确立了期货交易所对市场异常情况的处理权，采取紧急措施造成投资者损失的，期货交易所不承担赔偿责任；期货公司执行期货交易所的紧急措施造成投资者损失的，期货公司也不承担赔偿责任。此处在期货合约无效的情况下，如交易真实，交易结果应由客户自行承担。

六、问：贯彻、执行本规定将会产生哪些积极作用？

答：首先，本规定对人民法院在审理期货纠纷案件中如何具体适用法律做出了具体规定，对多年来一些有争议的问题作出了明确回答，在一定程度上填补了法律、行政法规的漏洞和不足，这对统一司法裁判尺度，平等地保护期货市场参与主体各方面的合法权益，确保人民法院公正、高效地审理期货纠纷具有重要的意义。其次，本规定通过对各期货市场参与主体的各种期货行为的民事法律后果及责任的规定，间接地规范了各种期货交易主体的行为，这对于强化期货交易参与主体的自我约束机制、增强各参与主体守法履约意识、促进期货市场的诚信文化建设、提升期货经营机构的内部监管水平、优化从业人员的结构和执业素质，都将会产生深远的积极影响。再次，本规定通过公平、合理地分配法律责任，提高了期货市场失信行为的成本，加大了对违法违约行为的追究力度，这对于完善我国期货市场的行为规范，规范期货市场交易秩序，提高期货市场规范化运作水平，激活期货市场发现价格和风险管理的经济功能，将起到重要的促进和推动作用。

七、问：各级人民法院贯彻执行本规定应注意哪些问题?

答：各级人民法院贯彻执行本规定应当注意以下几个问题：第一，各级人民法院要认真组织学习和培训，正确理解本规定每一条款的含义，避免理解上的随意性。第二，本规定实施以后，各级人民法院在对期货纠纷案件的审理和执行工作中，要根据期货市场的交易特点和实际情况，从维护期货市场的规范、稳定发展出发，以法律、行政法规、最高人民法院司法解释为依据，参照交易规章、规则、惯例，充分发挥审判职能，公正高效地解决纠纷。第三，面对加入WTO后我国期货市场将逐步对外开放的形势，各级人民法院必须改进和完善期货案件的司法审判、执行工作，及时发现和研究新情况、新问题，并通过审判实践和经验的总结，不断提高我们的司法审判水平，更好地保护国内外投资者的合法权益，为保障和促进期货市场健康发展提供司法服务。第四，必须注意的是，本司法解释自2003年7月1日起施行，在之前的交易行为和已经发生的期货纠纷案件，均应当适用当时的有关司法解释和本院1995年发出的《纪要》。在当时的司法解释没有规定或者规定不明确时，可以参照本司法解释的规定原则进行处理。必须强调的是，凡是已经审结的案件，不得以本司法解释的规定为依据提起再审申请，人民法院也不得以本司法解释为依据对已经生效的案件重新作出再审判决。

最高人民法院
关于审理期货纠纷案件若干问题的规定（二）

法释〔2011〕1号

（2010年12月27日最高人民法院审判委员会第1507次会议通过
2010年12月31日最高人民法院公告公布　自2011年1月17日起施行）

为解决相关期货纠纷案件的管辖、保全与执行等法律适用问题，根据《中华人民共和国民事诉讼法》等有关法律、行政法规的规定以及审判实践的需要，制定本规定。

第一条　以期货交易所为被告或者第三人的因期货交易所履行职责引起的商事案件，由期货交易所所在地的中级人民法院管辖。

第二条　期货交易所履行职责引起的商事案件是指：

（一）期货交易所会员及其相关人员、保证金存管银行及其相关人员、客户、其他期货市场参与者，以期货交易所违反法律法规以及国务院期货监督管理机构的规定，履行监督管理职责不当，造成其损害为由提起的商事诉讼案件；

（二）期货交易所会员及其相关人员、保证金存管银行及其相关人员、客户、其他期货市场参与者，以期货交易所违反其章程、交易规则、实施细则的规定以及业务协议的约定，履行监督管理职责不当，造成其损害为由提起的商事诉讼案件；

（三）期货交易所因履行职责引起的其他商事诉讼案件。

第三条　期货交易所为债务人，债权人请求冻结、划拨以下账户中资金或者有价证券的，人民法院不予支持：

（一）期货交易所会员在期货交易所保证金账户中的资金；

（二）期货交易所会员向期货交易所提交的用于充抵保证金的有价证券。

第四条　期货公司为债务人，债权人请求冻结、划拨以下账户中资金或者有价证券的，人民法院不予支持：

（一）客户在期货公司保证金账户中的资金；

（二）客户向期货公司提交的用于充抵保证金的有价证券。

第五条　实行会员分级结算制度的期货交易所的结算会员为债务人，债权人请求冻结、划拨结算会员以下资金或者有价证券的，人民法院不予支持：

（一）非结算会员在结算会员保证金账户中的资金；

（二）非结算会员向结算会员提交的用于充抵保证金的有价证券。

第六条　有证据证明保证金账户中有超过上述第三条、第四条、第五条规定的资金或者有价证券部分权益的，期货交易所、期货公司或者期货交易所结算会员在人民法院指定的合理期限内不能提出相反证据的，人民法院可以依法冻结、划拨超出部分的资金或者有价证券。

有证据证明期货交易所、期货公司、期货交易所结算会员自有资金与保证金发生混同，期货交易所、期货公司或者期货交易所结算会员在人民法院指定的合理期限内不能提出相反证据的，人民法院可以依法冻结、划拨相关账户内的资金或者有价证券。

第七条　实行会员分级结算制度的期货交易所或者其结算会员为债务人，债权人请求冻结、划拨期货交易所向其结算会员依法收取的结算担保金的，人民法院不予支持。

有证据证明结算会员在结算担保金专用账户中有超过交易所要求的结算担保金数额部分的，结算会员在人民法院指定的合理期限内不能提出相反证据的，人民法院可以依法冻结、划拨超出部分的资金。

第八条　人民法院在办理案件过程中，依法需要通过期货交易所、期货公司查询、冻结、划拨资金或者有价证券的，期货交易所、期货公司应当予以协助。应当协助而拒不协助的，按照《中华人民共和国民事诉讼法》第一百零三条之规定办理。

第九条　本规定施行前已经受理的上述案件不再移送。

第十条　本规定施行前本院作出的有关司法解释与本规定不一致的，以本规定为准。

【链　接】

最高人民法院民二庭负责人就《关于审理期货纠纷案件若干问题的规定（二）》答记者问

2011 年 1 月 17 日，《最高人民法院关于审理期货纠纷案件若干问题的规定（二）》（以下简称《规定二》）正式施行。就此，最高人民法院民二庭负责人回答了记者的提问。

一、防范和解决期货市场制度创新产生的纠纷

问：请问制定《规定二》的背景是什么？

答：2003年6月18日，最高人民法院发布了法释〔2003〕10号《关于审理期货纠纷案件若干问题的规定》（以下简称《规定一》），较为全面系统地规定了期货公司与客户、期货交易所的权利与义务关系，以及各主体的民事责任，对于防范和解决期货市场相关主体之间的纠纷、保护投资者的合法权益和维护期货市场的正常运行秩序起到了积极作用。其中第二节和第十二节分别规定了管辖问题以及保全和执行问题。因当时的期货市场只有商品期货，故管辖部分仅规定了商品期货交易纠纷案件的地域管辖和级别管辖。保全与执行部分也仅规定了商品期货保证金、结算准备金等项财产的保全与执行问题。近年来，我国期货市场在平稳运行中取得较快发展，市场基础性制度建设不断完善，制度创新有序推进。2007年2月7日，国务院颁布了《期货交易管理条例》，调整范围明确规定为商品期货、金融期货和期权交易（第二条）。期货交易所风险管理制度中新增加了结算担保金制度（第十一条）。同时新设了两项结算制度，即有价证券充抵保证金制度（第三十二条）和会员分级结算制度下的结算担保金制度（第四十一条）。2010年4月股指期货推出后，会员分级结算制度和结算担保金等创新制度开始实施。为适应期货市场的新发展，客观上需要对现行《规定一》进行补充和完善。《规定二》的发布，有利于解决期货市场发展变化中产生的新情况和新问题，有利于更加有效地防范和解决期货市场纠纷，保障了期货市场的健康发展。

二、完善与期货市场相适应的司法配套环境

问：《规定二》的指导思想和主要内容是什么？

答：制定《规定二》的指导思想在于解决《规定一》中关于管辖、执行与保全的规定与《期货交易管理条例》修订以及股指期货市场开启带来的不相适应的地方，在《规定一》既有规定的基础上，增加对期货交易所因履行职责引起的相关案件进行指定管辖的规定，增加对结算担保金等新型交易结算财产的保全与执行问题的规定，进一步完善与期货市场相适应的司法配套环境。

《规定二》关于保证金、用于充抵保证金的有价证券以及结算担保金的冻结、划拨规定与《规定一》所遵循的基本原则是一致的，即具有担保履约、风险控制性质的资金不能冻结、划拨，只有在符合法定条件的情况下才可以执行。具体为，对《规定一》第四条至第七条管辖部分，第五十九条保证金的冻结、划拨部分进行了补充修订，包括制定的目的、适用的范围、管辖、

保全、执行与协助执行以及相关法律适用的衔接问题等。

三、指定管辖有利于保证法律适用的统一性和准确性

问：《规定二》为什么对期货交易所因履行职责引发的商事案件实施指定管辖？

答：《规定一》对期货纠纷案件的地域管辖和级别管辖作了一般性规定。期货交易所作为期货市场的组织者和一线监管者，处于市场的中枢位置，对于组织期货交易、控制市场风险和维护市场秩序发挥着至关重要的作用。而且，期货交易所制定的业务规则普遍适用于全国各地的会员和投资者，期货交易所一旦因履行职责涉诉，可能面临全国应诉的状况。更为重要的是，涉及期货交易所履行职责的案件的敏感性和市场影响力，远高于普通期货纠纷，具有更高的专业性和技术性，审理难度较大。考虑到我国期货市场地区发展的差异性，各地法院对期货交易法规及交易所规则的理解可能存在较大差异，若案件处置不当，可能引起误导效应，引发期货市场系统性风险，进而影响期货市场安全和稳定。此前，最高人民法院相继就证券交易所和中国证券登记结算有限责任公司因履行职能有关的诉讼案件的指定管辖发布了司法解释，收到了良好效果。考虑到期货交易所的地位、性质、职能与证券交易所、证券登记结算公司基本相同，故借鉴证券市场相关司法解释确定的原则和有益经验，指定期货交易所所在地中级人民法院管辖此类案件，以保证法律适用的统一性和准确性。需要特别指出的是，此次指定期货交易所所在地中级人民法院管辖的案件主体仅限于期货交易所，其诉讼地位仅限于被告或者第三人的情形，案件类型仅限于期货交易所履行职责引发的商事诉讼。

四、对期货市场主体保证金的诉讼保全和执行作出明确清晰的规定

问：《规定二》对会员分级结算和有价证券充抵保证金制度下的诉讼保全和执行作出了哪些新的规定？

答：《规定一》第五十九条对全员结算制度下期货交易所、期货公司为债务人时，人民法院不得冻结、扣划的保证金范围进行了规定。《期货交易管理条例》规定了会员分级结算制度、有价证券充抵保证金制度，期货市场相关主体之间的法律关系更加复杂，保证金的财产形态也从现金拓展到有价证券。为此，客观上需要对《规定一》进行补充修订。

在会员分级结算制度下，期货交易所只对结算会员结算，非结算会员需要由结算会员代其与交易所进行结算，市场主体之间增加了结算会员和非结算会员之间的委托代理层次，法律关系更加复杂。为此，《规定二》对结算会员为债务人的，债权人请求冻结、扣划非结算会员在结算会员保证金账户中

的资金，人民法院不予支持。同时，在立法技术上将《规定一》第五十九条拆分为三个条文，分别对期货交易所和会员、期货公司和客户、结算会员和非结算会员三种法律关系下的司法冻结和执行范围进行规定，表述更加清晰，为人民法院的司法执行提供了更明确的依据。

《期货交易管理条例》规定，期货交易所会员、客户可以使用标准仓单、国债等有价证券充抵保证金进行期货交易，即期货交易保证金的表现形态不再仅限于现金。为此，在《规定二》中增加了有关充抵保证金的有价证券的司法保全与执行规定，规定充抵保证金的有价证券的法律地位等同于现金形态的期货交易保证金，对其进行司法保全与执行适用同一原则。

五、不得冻结、划拨结算担保金

问：《规定二》对结算担保金的诉讼保全和执行是怎么规定的？

答：《期货交易管理条例》规定，采取会员分级结算制度的期货交易所可以实施结算担保金制度。结算担保金是结算会员向期货交易所缴纳的用于应对结算会员违约风险的共同担保资金。根据规定，当结算会员违约时，交易所对该违约结算会员的持仓强行平仓后释放的保证金仍不足以履约的，交易所将动用该违约结算会员缴纳的结算担保金；当动用该违约结算会员的结算担保金后仍不足以履约的，交易所将动用其他结算会员缴纳的结算担保金。结算担保金的首要目的在于保证结算会员履约，其性质和功能类似于会员缴纳的结算准备金，随时可能进入结算程序。因此，如果结算担保金被司法强制执行，将可能影响结算担保金的功能发挥和交易所抵御期货市场风险的能力，甚至影响到整个期货市场的安全与稳定。

2008年，最高人民法院发布了《关于查询、冻结、扣划证券和证券交易结算资金有关问题的通知》，对证券结算机构收取的证券结算风险基金、结算互保金、证券结算备付金及证券公司自营结算备付金最低限额等特殊性质和功能的证券清算交收财产的保全与执行进行了特殊规定，予以特殊的司法保护。《规定一》也规定了对期货公司最低限额结算准备金的特殊司法保护政策。为适应结算担保金制度的创新需要，保障结算担保金的功能发挥和期货交易所的风险防范能力，《规定二》比照有关期货交易结算准备金的保护规定，对结算担保金作出了不得冻结、划拨的规定。

六、避免期货市场主体滥用司法保护规避债务履行

记者：《规定二》对保障债权人合法权益，强化期货交易所、期货公司等期货市场主体司法义务方面作了哪些规定？

答：为了保障债权人的合法权益，避免期货交易所、期货公司等期货市

场主体为债务人时滥用司法保护规避债务履行，《规定二》除对《规定一》第五十九条第二款进行补充修订外，还特别规定了资金混同情形下，期货交易所、期货公司、期货交易所结算会员在人民法院指定的合理期限内不能提出相反证据的，人民法院可以依法冻结、划拨相关账户内的资金或者有价证券。此外，为了确保《规定二》所确立的对期货结算财产实施的特殊司法保护不被滥用，还明确了期货交易所、期货公司的协助执行义务。对应当协助而拒不协助的，明确按照《民事诉讼法》第一百零三条的规定办理。

最高人民法院
关于如何确定证券回购合同履行地问题的批复

（1996 年 7 月 4 日　法复〔1996〕9 号）

湖北省高级人民法院：

你院〔1996〕鄂经他字第 10 号请示收悉。关于如何确定证券回购合同履行地问题，经研究，答复如下：

鉴于我国证券回购业务事实上存在着场内和场外交易的两种情况，因此，确定证券回购合同履行地应区分不同情况予以处理：

一、凡在交易场所内进行的证券回购业务，交易场所所在地应为合同履行地。

二、在上述交易场所之外进行的证券回购业务，最初付款一方（返售方）所在地应为合同履行地。

此复。

最高人民法院
关于证券回购纠纷案件座谈会纪要

（1997 年 1 月 9 日）

为正确处理证券回购纠纷案件，1996 年 11 月 26 日至 29 日，最高人民法院在湖北省武汉市召开了有 8 个高级法院、5 个中级法院有关审判人员参加的座谈会，中国人民银行、中国证券监督管理委员会、财政部派员参加了会议。证券回购是证券持有人（回购方，即资金拆入方）在卖出一笔证券的同时，与买方（返售方，即资金拆出方）签订协议约定一定期限和价格，买回同一笔证券的融资活动。1995年年底以来，一些地方人民法院开始受理证券回购纠纷案件。去年上半年这类案件上升的幅度非常大。证券回购合同纠纷案件是一种新类型案件。由于在这方面没有明确的法律规定和司法解释，致使审理工作难度较大，适用法律方面问题较多。

与会同志通过认真讨论，总的认为，人民法院审理证券回购案件，应在查明事实、分清责任的基础上，以《民法通则》、《经济合同法》为基本依据，按照国家有关行政法规，参照中国人民银行、财政部、中国证券监督管理委员会有关规章，妥善予以处理。对目前审判工作中遇到的一些主要问题，会议基本上达成了共识。现将会议的主要情况转发，供各地法院参考。

一、关于证券回购纠纷案件的受理与管辖问题

1995年10月27日，中国人民银行、财政部、中国证监会《关于认真清偿证券回购到期债务的通知》（银传〔1995〕80号）规定对同属一家金融机构的分支机构，分别以会员资格参加市场交易，发生证券回购纠纷应由其共同所属金融机构协调解决。

目前，有些交易场所为解决金融债务链，对部分相互拖欠的证券回购资金，通过交易场所作了对冲。如果以当事人协议的方式对冲的，因其债权债务关系已经合法转移而应予承认，如当事人反悔而向法院起诉的，不予受理。如果以其他方式强行对冲的，由于变更、转移债权债务关系是当事人的权利，有的债权人或者债务人不同意对冲而起诉至法院的，人民法院应依法受理。

对已经人民法院判决或调解的证券回购案件，因政策调整而当事人申请再审的，人民法院不再重新处理。

证券回购纠纷属于合同纠纷，应按照《民事诉讼法》第二十四条的规定，由被告住所地或合同履行地人民法院管辖。证券交易行为在证券交易场所内进行的，融资本金交割行为的地点应为合同规定义务履行的地点，即合同履行地。因此，证券回购纠纷案件的地域管辖问题，应根据1996年7月4日最高人民法院《关于如何确定证券回购合同履行地问题的批复》（法复〔1996〕9号）的规定，凡是通过证券交易场所进行的证券回购交易（即场内交易）而产生的纠纷，证券交易场所所在地或者被告所在地的人民法院有管辖权；对未通过证券交易场所进行证券回购交易（即场外交易）而产生的纠纷，返售方所在地或者被告方所在地的人民法院有管辖权。

关于证券回购纠纷案件的级别管辖问题，应按照各高级人民法院作出并

经最高人民法院批准的关于案件级别管辖的规定执行。

二、关于证券回购合同的主体资格问题

对证券回购合同主体资格的审查，应以 1995 年 8 月 8 日中国人民银行、财政部、中国证监会《关于重申对进一步规范证券回购业务有关问题的通知》（银传〔1995〕60 号）的规定为准，即非金融机构、个人以及不具有法人资格的金融机构一律不得直接参与证券回购业务。因此，对没有人民银行颁发的金融许可证，或者虽有金融许可证但没有从事证券交易经营范围的单位或者个人，一般应认定不具备订立证券回购合同的主体资格，其订立的证券回购合同应认定为无效。

关于财政证券机构的主体资格问题。财政证券机构（包括国债服务部、国债服务中心等国债中介机构）的形成有其历史原因，它们在国债的发行、兑付和流通转让方面曾起了重要作用。鉴于财政系统证券机构的清理和改组、转轨工作正在进行之中，对其从事的国债发行、兑付、转让（包括回购）等交易活动，可认定为具有从事该项交易的主体资格。

关于金融机构的分支机构的主体资格问题。一些金融机构的分支机构经工商行政管理机关登记领取企业法人营业执照，违反了 1994 年 9 月 8 日中国人民银行银发〔1994〕228 号通知中关于证券交易营业部、证券业务部作为证券公司、信托投资公司的全资附属营业机构，不具有独立法人资格的规定，而应认定其不具有独立法人资格。对这些分支机构以自己的名义签订的证券回购合同，应依照银传〔1995〕60 号文件中关于不具有法人资格的金融机构一律不得直接参与证券回购业务的规定处理。金融机构的分支机构无论是否领取了企业法人营业执照和是否具有会员席位，只要是在该文件下发后，都应确认其不具有从事证券交易的主体资格。但在文件下发前，金融机构的分支机构以自己名义签订的证券回购合同，应确认其主体资格合法。在诉讼中，只要金融机构的分支机构领取了营业执照，就具有诉讼的主体资格。但在实体处理上，对分支机构没有偿付能力的，应由其主管企业法人承担民事责任。

关于承包方、借用方的主体资格问题。有些金融机构将其在交易场所的席位发包或出借给其他单位或个人经营，违反了证券交易场所管理办法中有关会员席位不得转让使用的规定。无论承包方或借用方本身是否是具有会员席位的金融机构，其以发包方或出借方名义签订的证券回购合同，均应以主体资格不合法而确认为无效。

三、关于证券回购合同内容的合法性问题

证券回购合同的内容是否合法，要从实物券数额、回购期限、违约责任

等方面进行审查。

1. 关于实物券数额的问题。1994年2月15日中国人民银行《信贷资金管理暂行办法》（银发〔1994〕37号）、1994年7月1日《关于坚决制止国债券卖空行为的通知》（〔94〕财国债字第20号），以及银传〔1995〕60号通知，都规定了证券交易必须有足额的实物券。各证券交易场所制定的交易规则及经营证券回购业务的金融机构均必须严格遵守上述规定。但在《暂行办法》颁发之前，根据证券交易场所关于实物券数额的规定而订立的证券回购合同，不能以其实物券数额不足100%而认定为无效。而在《暂行办法》颁发之后，对实物券数额不足100%的证券回购合同，应认定合同无效。

2. 关于回购期限的问题。银传〔1995〕60号通知规定证券回购期限最长不得超过1年。因此，对约定的回购期限超过1年的，应认定为无效。

3. 关于违约责任条款的问题。当事人在回购合同中约定的逾期罚息，有的为日万分之八，有的为日万分之十，有的甚至高达日万分之十二。会议认为，对于逾期罚息过高的，不应予以认可，应当一律比照当时中国人民银行规定的有关逾期付款违约金的计算标准处理，超过部分不予保护。

四、关于证券回购合同纠纷案件中的民事责任承担问题

对于证券回购合同纠纷案件中的民事责任承担问题，要根据有关法律、司法解释及国家政策的规定，在全面审查证券回购合同是否有效的基础上，确定当事人应承担的民事责任。

1. 对证券回购合同认定为有效的，应保护回购合同约定的回购价格，并参照银行结算有关逾期付款的规定承担违约金。

2. 对证券回购合同认定为无效的，应根据1996年6月25日国务院批转中国人民银行《关于进一步做好证券回购债务清偿工作请示的通知》（国发〔1996〕20号）文件精神，返还融资本金，按同业拆借利率赔偿拆借期间的利息损失，并承担逾期罚息。

3. 对承包、借用经营期间发生的证券回购纠纷，只要是以发包方或出借方的名义签订的证券回购合同，发包或出借会员席位的金融机构就应承担民事责任。至于发包方、出借方与承包方、借用方之间，则属于另一法律关系，可作另案处理。

五、关于证券回购纠纷与经济犯罪交织的问题

在前一阶段的国债回购交易中，存在着许多违法甚至犯罪活动。因此，人民法院在审理证券回购纠纷案件中，要注意发现经济犯罪的问题，对于出租、出让交易席位，违规操作，严重失职，造成重大损失的；交易人员收受

贿赂的；挪用、贪污回购资金的；冒用法人名义，伪造印鉴，进行诈骗犯罪的；利用国库券代保管单骗取资金的等行为，要特别注意发现其中的犯罪线索，对可能构成犯罪的，人民法院要及时移送有关机关。对证券回购纠纷事实清楚，法人应当承担民事责任的，应在移送犯罪线索后，继续审理经济纠纷。

最高人民法院
关于杜妍与中国银行辽宁分行股票及侵权纠纷一案的复函

（2000 年 4 月 17 日　〔2000〕经他字第 1 号）

辽宁省高级人民法院：

你院请示收悉，经研究，答复如下：

中国银行辽宁省分行原所属的沈阳证券交易经营部为客户在股票交易中提供融资借款并收取高额利息，是违反我国金融和股票管理法规的行为，应认定无效。融资借款与客户买卖股票属不同的法律关系，借款行为无效并不影响客户股票交易行为的合法性。证券经营部未经客户同意，强行平仓，造成客户资金损失，应承担赔偿责任。同时，客户透支进行股票交易，在股市持续下跌的情况下，可能将交易风险转移到证券经营部，其拒绝接受证券经营部平仓还款的通知，也有过错。因此，应认定双方当事人对造成的损失均有过错，主要过错在证券经营部。

赔偿数额可为客户持有的股票买入价与证券经营部平仓市卖出价之间的差价总额，及该笔资金自卖出之日起至给付之日止的利息。

最高人民法院
关于恢复受理、审理和执行已经编入全国证券回购机构间债务清欠链条的证券回购经济纠纷案件的通知

（2000年7月26日　法〔2000〕115号）

各省、自治区、直辖市高级人民法院，新疆维吾尔自治区高级人民法院生产建设兵团分院：

1998年12月18日和1999年1月21日，我院先后下发了法〔1998〕152号《关于中止审理、中止执行已编入全国证券回购机构间债务清欠链条的证券回购经济纠纷案件的通知》和法〔1999〕6号《关于补发最高人民法院法〔1998〕152号通知附件的通知》。对已经编入全国证券回购机构间债务清欠链条的证券回购纠纷，决定暂不受理、中止诉讼和中止执行。目前，全国证券回购债务清欠工作已经进入收尾阶段。现就有关问题通知如下：

自本通知下发之日起，各级人民法院对涉及已经编入全国证券回购机构间债务清欠链条，但债权债务未能清欠的证券回购纠纷，符合《中华人民共和国民事诉讼法》第一百零八条规定的，应当予以受理；对中止审理的已经编入全国证券回购机构间债务清欠链条的证券回购纠纷案件应当恢复审理；对已经发生法律效力的已经编入全国证券回购机构间债务清欠链条的证券回购纠纷案件的裁判文书应当恢复执行。

特此通知。

最高人民法院
关于新疆国际置地房地产开发有限责任公司与宏源证券股份有限公司乌鲁木齐北京路证券营业部、宏源证券股份有限公司委托监管合同纠纷一案请示的答复

（2003 年 12 月 25 日　〔2003〕民二他字第 54 号）

新疆维吾尔自治区高级人民法院：

你院〔2003〕新民二请字第 1 号《关于新疆国际置地房地产开发有限责任公司（以下简称置地公司）与宏源证券股份有限公司乌鲁木齐北京路证券营业部、宏源证券股份有限公司（以下简称为证券公司）委托监管合同纠纷一案的请示》收悉，经研究，答复如下：

根据《民事诉讼法》第一百零八条的规定，原告应是与本案有直接利害关系的公民、法人和其他组织，否则不应予以受理。你院请示的案件，应首先明确签订委托监管协议的行为究竟是唐朝金的个人行为，还是置地公司授权或者事后追认的职务行为，只有在这个事实依法认定的前提下，才能认定置地公司是否有权以证券公司违反合同约定为由提起诉讼。如果认定签订委托监管协议系唐朝金的个人行为，则置地公司仅享有以侵权为由向证券公司提起诉讼的权利。请你院在查清事实的基础上依法作出裁判。

此复。

最高人民法院
关于依法审理和执行被风险处置证券公司相关案件的通知

（2009年5月26日　法发〔2009〕35号）

各省、自治区、直辖市高级人民法院，解放军军事法院，新疆维吾尔自治区高级人民法院生产建设兵团分院：

为维护证券市场和社会的稳定，依法审理和执行被风险处置证券公司的相关案件，现就有关问题通知如下：

一、为统一、规范证券公司风险处置中个人债权的处理，保持证券市场运行的连续性和稳定性，中国人民银行、财政部、中国银行业监督管理委员会、中国证券监督管理委员会联合制定发布了《个人债权及客户证券交易结算资金收购意见》。国家对个人债权和客户交易结算资金的收购，是国家有关行政部门和金融监管机构采取的特殊行政手段。相关债权是否属于应当收购的个人债权或者客户交易结算资金范畴，系由中国人民银行、金融监管机构以及依据《个人债权及客户证券交易结算资金收购意见》成立的甄别确认小组予以确认的，不属人民法院审理的范畴。因此，有关当事人因上述执行机关在风险处置过程中甄别确认其债权不属于国家收购范围的个人债权或者客户证券交易结算资金，向人民法院提起诉讼，请求确认其债权应纳入国家收购范围的，人民法院不予受理。国家收购范围之外的债权，有关权利人可以在相关证券公司进入破产程序后向人民法院申报。

二、托管是相关监管部门对高风险证券公司的证券经纪业务等涉及公众客户的业务采取的行政措施，托管机构仅对被托管证券公司的经纪业务行使经营管理权，不因托管而承继被托管证券公司的债务。因此，有关权利人仅以托管为由向人民法院提起诉讼，请求判令托管机构承担被托管证券公司债务的，人民法院不予受理。

三、处置证券类资产是行政处置过程中的一个重要环节，行政清算组依照法律、行政法规及国家相关政策，对证券类资产采取市场交易方式予以处置，在合理估价的基础上转让证券类资产，受让人支付相应的对价。因此，证券公司的债权人向人民法院提起诉讼，请求判令买受人承担证券公司债务偿还责任的，人民法院对其诉讼请求不予支持。

四、破产程序作为司法权介入的特殊偿债程序，是在债务人财产不足以清偿债务的情况下，以法定的程序和方法，为所有债权人创造获得公平受偿的条件和机会，以使所有债权人共同享有利益、共同分担损失。鉴此，根据企业破产法第十九条的规定，人民法院受理证券公司的破产申请后，有关证券公司财产的保全措施应当解除，执行程序应当中止。具体如下：

1. 人民法院受理破产申请后，已对证券公司有关财产采取了保全措施，包括执行程序中的查封、冻结、扣押措施的人民法院应当解除相应措施。人民法院解除有关证券公司财产的保全措施时，应当及时通知破产案件管理人并将有关财产移交管理人接管，管理人可以向受理破产案件的人民法院申请保全。

2. 人民法院受理破产申请后，已经受理有关证券公司执行案件的人民法院，对证券公司财产尚未执行或者尚未执行完毕的程序应当中止执行。当事人在破产申请受理后向有关法院申请对证券公司财产强制执行的，有关法院对其申请不予受理，并告知其依法向破产案件管理人申报债权。破产申请受理后人民法院未中止执行的，对于已经执行了的证券公司财产，执行法院应当依法执行回转，并交由管理人作为破产财产统一分配。

3. 管理人接管证券公司财产、调查证券公司财产状况后，发现有关法院仍然对证券公司财产进行保全或者继续执行，向采取保全措施或执行措施的人民法院提出申请的，有关人民法院应当依法及时解除保全或中止执行。

4. 受理破产申请的人民法院在破产宣告前裁定驳回申请人的破产申请，并终结证券公司破产程序的，应当在作出终结破产程序的裁定前，告知管理人通知原对证券公司财产采取保全措施的人民法院恢复原有的保全措施，有轮候保全的，以原采取保全措施的时间确定轮候顺位。对恢复受理证券公司为被执行人的执行案件，适用申请执行时效中断的规定。

五、证券公司进入破产程序后，人民法院作出的刑事附带民事赔偿或者涉及追缴赃款赃物的判决应当中止执行，由相关权利人在破产程序中以申报债权等方式行使权利；刑事判决中罚金、没收财产等处罚，应当在破产程序债权人获得全额清偿后的剩余财产中执行。

六、要进一步严格贯彻最高人民法院、最高人民检察院、公安部、中国证监会《关于查询、冻结、扣划证券和证券交易结算资金有关问题的通知》（法发〔2008〕4号），依法执行有关证券和证券交易结算资金。

各高级人民法院要及时组织辖区内法院有关部门认真学习和贯彻落实本通知精神，并依法监督下级法院严格执行，对未按照上述规定审理和执行有关案件的，上级人民法院应当依法予以纠正并追究相关人员的责任。

最高人民法院
关于部分人民法院冻结、扣划被风险处置证券公司客户证券交易结算资金有关问题的通知

（2010年6月22日 〔2010〕民二他字第21号）

北京市、上海市、江苏省、山东省、湖北省、福建省高级人民法院：

近日，中国证券监督管理委员会致函我院称，因部分人民法院前期冻结、扣划的客户证券交易结算资金未能及时解冻或退回，导致相应客户证券交易结算资金缺口难以弥补，影响被处置证券公司行政清理工作，请求我院协调有关人民法院解冻或退回客户证券交易结算资金。经研究，现就有关问题通知如下：

一、关于涉及客户证券交易结算资金的冻结与扣划事项，应严格按照《中华人民共和国证券法》、《最高人民法院关于冻结、扣划证券交易结算资金有关问题的通知》（法〔2004〕239号）、《最高人民法院、最高人民检察院、公安部、中国证券监督管理委员会关于查询、冻结、扣划证券和证券交易结算资金有关问题的通知》（法发〔2008〕4号）、《最高人民法院关于依法审理和执行被风险处置证券公司相关案件的通知》（法发〔2009〕35号）的相关规定进行。人民法院在保全、执行措施中违反上述规定冻结、扣划客户证券交易结算资金的，应坚决予以纠正。

二、在证券公司行政处置过程中，按照国家有关政策弥补客户证券交易结算资金缺口是中国证券投资者保护基金有限责任公司（以下简称保护基金公司）的重要职责，被风险处置证券公司的客户证券交易结算资金专用存款账户、结算备付金账户内资金均属于证券交易结算资金，保护基金公司对被风险处置证券公司因违法冻结、扣划的客户证券交易结算资金予以垫付弥补后，取得相应的代位权，其就此主张权利的，人民法院应予支持。被冻结、扣划的客户证券交易结算资金已经解冻并转入管理人账户的，经保护基金公司申请，相关破产案件审理法院应当监督管理人退回保护基金公司专用账户；仍处于冻结状态的，由保护基金公司向相关保全法院申请解冻，保全法院应将解冻资金返还保护基金公司专用账户；已经扣划的，由保护基金公司向相关执行法院申请执行回转，执行法院应将退回资金划入保护基金公司专用账户。此外，被冻结、扣划客户证券交易结算资金对应缺口尚未弥补的，由相

关行政清理组申请保全或者执行法院解冻或退回。

请各高级法院督促辖区内相关法院遵照执行。

特此通知。

最高人民法院
印发《关于审理期货纠纷案件座谈会纪要》的通知

（1995 年 10 月 27 日　法〔1995〕140 号）

各省、自治区、直辖市高级人民法院，解放军军事法院：

现将《最高人民法院关于审理期货纠纷案件座谈会纪要》印发给你们，请参照执行。各地在执行本纪要时有什么情况和问题，请及时报告我院。

附：

最高人民法院
关于审理期货纠纷案件座谈会纪要

1995 年 4 月 18 日至 21 日，最高人民法院在四川省成都市召开了十四个省、市高级人民法院，六个中级人民法院审理期货纠纷案件有关审判人员座谈会，最高人民法院经济审判庭副庭长奚晓明主持了会议，最高人民法院副院长唐德华出席会议并讲了话。与会同志通过认真讨论，对目前审理期货纠纷案件的一些主要问题取得了基本一致的看法。现纪要如下：

一、关于审理期货纠纷案件应遵循的原则问题。会议认为期货纠纷案件是新类型案件，如何公正、及时审理好前一阶段在期货市场盲目、无序状态下所形成的期货纠纷案件，保护当事人的合法权益，制裁非法交易行为，维护正常的期货市场秩序，是当前人民法院的一项重要任务。审理这类纠纷案件政策性强，缺乏法律依据；这类纠纷案件与其他经济纠纷案件相比，有着鲜明的特点。因此，处理这类案件，应特别注意坚持以下原则：

（一）坚持正确适用法律的原则。目前我国的期货交易法尚未颁布，人民法院审理期货纠纷案件，应当以民法通则作为基本依据，同时依照有关行政法规和地方性法规，参照国务院有关部门和地方人民政府制定的有关期货交易的规范性文件规定的精神，但对这类文件不宜直接引用。还应当明确处理客户与经纪公司之间的期货代理纠纷不能适用经济合同法和民法通则中关于委托代理的规定。处理涉外、涉港澳期货纠纷案件，还应参照有关国际惯例。

（二）坚持风险和利益相一致的原则。期货交易的投机性和风险性都很大，期货交易者必须具备风险意识。人民法院在审理期货纠纷案件处理风险与利益的关系时，要按照期货交易的特点，既要依法保护期货交易双方的合法利益，也要正确确定其应承担的风险，任何一方不能只享受利益而不承担风险，或只承担风险而不享受利益。

（三）坚持过错和责任相一致的原则。在审理期货纠纷案件中，要坚持过错和责任相一致的原则。认真分析各方当事人是否有过错以及过错的性质、大小、过错和损失之间的因果关系，并据此确定他们各自应承担的责任。

（四）坚持尊重当事人合法约定的原则。对于当事人的约定，只要其不违背法律、行政法规的规定和期货交易的惯例，就可以作为处理当事人之间纠纷的依据。

会议还认为，目前人民法院受理的期货纠纷大多数是在前一阶段期货市场混乱无序，当事人各方在交易过程中的行为很不规范，有关期货交易方面的法律、法规不健全的情况下发生的，因此，对这类案件的受理和审理均应持慎重态度。有些纠纷可先通过行政或其他有关部门解决，确实解决不了必须通过法院依诉讼程序解决的，要依法受理。在审理过程中，遇到难度大、涉及面广或其他有关社会稳定的案件，要主动听取期货管理机关及其他有关方面的意见，必要时，请示上级法院，以使案件得到及时、妥善公正地处理。

二、关于期货纠纷案件的管辖问题。会议认为，这类案件专业性较强，审理难度大，因此，一般应由被告所在地或期货交易所、经纪公司及领取营业执照的期货经纪公司的分支机构所在地的中级人民法院管辖，案件比较集中且审判人员素质较高的地方，经高级人民法院批准，基层人民法院也可以管辖。涉外、涉港澳期货纠纷案件参照民事诉讼法第四编第二十五章的规定确定管辖。高级人民法院作一审，须报最高人民法院同意。

三、关于从事期货交易业务的资格问题。会议认为，在1993年4月28日国家工商行政管理局发布《期货经纪公司登记管理暂行办法》（以下简称《暂行办法》）之前，经有关机关批准登记后，在获准的范围内从事境内期货经纪业务的期货经纪公司，应认定为具有经营期货经纪业务的主体资格。期货经纪公司在《暂行办法》发布后，经国家工商局重新登记注册或者予以单项核定的，以及在规定的期限内已申请尚未予以登记或核定，但未对其作出变更登记、注销登记的，应认定其具有在核定的业务范围的经营期货业务的主体资格。在《暂行办法》发布后，届期不提出重新登记申请，或者提出申请后登记主管机关对其作出变更或注销登记决定的，或经中国证监会审核后不予批准或取消资格的，自中国证监会正式公布的日期之后应认定为不再具备经营期货业务的主体资格。

会议还认为，在1994年5月16日国务院办公厅转发国务院证券委员会《关于坚决制止期货市场盲目发展若干意见的请示》下发前，经有关机关批准登记后，在获准的范围内，从事境外期货经纪业务的，可认定其具有经营主体资格。在该文件下发后，所有期货经纪公司不再具有从事境外期货经纪业务的主体资格。少数全国性有进出口业务的公司已经中国证券监督管理委员会受理审核的，在审核结束前，可以认定其具有主体资格。审核结束后，应取得中国证券监督管理委员会颁发的《境外期货业务许可证》，否则应认定为无经营主体资格。未取得国家外汇管理局核发的"经营外汇业务许可证"和"经营外汇期货业务许可证"，而开展外汇期货的，应认定不具备经营此项业务的主体资格。

四、关于经纪人的法律地位及民事责任的承担问题。会议认为，期货经纪公司的从业人员，不能独立地对外承担民事责任，其受委托所从事的行为产生的责任应由其所在的期货经纪公司承担。但因经纪人的非职务行为所产生的民事责任，应由经纪人自己承担。

五、关于违约纠纷的处理问题。会议认为：

（一）在期货交易过程中，期货交易所应承担保证期货合约履行的责任。任何一方不能如期全面履行期货合约规定的义务时，交易所均应代为履行，未代为履行的，应承担赔偿责任。交易所在代为履行后，享有向不履行义务一方追偿的权利。

（二）对客户下达的违反有关法律、行政法规、部门规章以及交易所交易规则的指令，经纪公司有权拒绝执行；因客户下达指令错误而造成损失的，由客户自己承担。就缺少品种的指令，经纪公司擅自进行交易，客户不予认可的，由经纪公司承担交易后果；只是缺少数量的，以实际交易量为准；只是缺少有效期限的，应视为当日委托有效；只是缺少价格的，应视为按市价交易。

（三）经纪公司应当准确及时地执行客户的指令，因错误执行客户指令而给客户造成损失的，由经纪公司承担赔偿责任。

（四）客户委派其工作人员具体操作交易的，应当在委托协议中确定操作人员的姓名或者向经纪公司留存其法定代表人的授权委托书。进行交易时，经纪公司只能按照客户操作人员的指令交易，接受非操作人员指令的，由经纪公司和下指令者共同承担责任。

（五）交易成交后，经纪公司应当在规定的时间内将交易的结果通知客户，因未及时通知而造成客户损失的，由经纪公司承担赔偿责任。但非经纪公司原因未能及时送达的，应分别情况区别对待。

（六）期货交易中经纪公司或者客户应当按照规定追加保证金。经纪公司或客户接到追加保证金的通知后，未能在规定的时间内追加保证金，交易所或者经纪公司可以就其未平仓的期货合约强行平仓，因强行平仓而造成的损失由经纪公司或客户承担。交易所或经纪公司未履行通知义务而强行平仓，给经纪公司或客户造成损失的，应承担赔偿责任。

（七）在规定的交割期限内，卖方未交付有效提货凭证的或者买方未向交易所账户解交足额货款的，交割期过后，卖方未按规定的时间、质量、数量交货，或者买方未按规定时间提货的均属违约，违约方应当按照交易所的规则承担违约责任。交易所委托的仓库接受卖方货物时，应当履行验收的责任，未在规定的期限内提出质量异议或因其保管不善造成损失的，卖方不承担责任，由交易所对买方承担违约责任，交易所再向仓库追索。

（八）期货交易所应提供完好的设备供会员公司使用，如因信息设备发生故障而给会员或客户造成损失的，期货交易所应当承担赔偿责任。但是，设备故障的原因如超出交易所合理控制范围的，可以免除交易所的责任。

六、关于期货交易中侵权纠纷的处理问题。会议认为，人民法院在处理期货交易中的侵权纠纷时，应当认真审查侵权行为和损失之间是否具有因果关系，行为人是否有过错，并应当按照过错大小准确确定当事人的民事责任。有过错的一方应当对无过错方的损失承担赔偿责任；双方均有过错的，各自承担相应的责任。

会议还认为，经纪公司应当将客户的保证金和自己的自有资金分户存放，专款专用，挪用客户的保证金给客户造成损失的，应当赔偿。会员公司或者客户透支的，应当返还占用交易所或经纪公司的款项；交易所允许会员透支所造成的损失，应由交易所承担；经纪公司允许客户透支，并和其约定分享利益、承担风险的，对客户用透支款项交易造成的亏损，应当按照约定承担责任，未作约定的，由经纪公司承担。

七、关于期货交易中的无效民事行为及其民事责任问题。会议认为，期货交易中的下列行为应认定为无效：

（一）没有从事期货经纪业务的主体资格而从事期货经纪业务的；

（二）以欺诈手段诱骗对方违背真实意思所为的；

（三）制造、散布虚假信息误导客户下单的；

（四）私下对冲、与客户对赌等违规操作的；

（五）其他违反法律或社会公共利益的。

上述无效行为给当事人造成保证金或佣金等损失的，应当根据无效行为与损失之间的因果关系确定责任的承担，如果一方的损失确系对方行为所致，则应判令对方承担赔偿损失的责任；如果一方的损失属于正常风险，而非另一方的行为所致，则不应判令另一方承担赔偿损失的责任，例如，未经批准而从事期货经纪业务的，如果有证据证明期货经纪公司已经按照客户的指令，进入期货交易市场进行交易，客户的损失属于正常风险损失，经纪公司对此不应承担民事赔偿责任。

会议还认为，对实施无效民事行为的当事人，根据具体情况，可以按照民法通则等有关规定，对其予以民事制裁。构成犯罪的，应移送有关机关依法追究刑事责任。

八、关于外汇按金交易问题。会议认为，外汇按金交易就其实质而言，属于一种远期的外汇现货交易，而不属于期货交易，但其在形式上与期货交易有相似之处。对这类案件可参照处理期货纠纷案件的有关原则处理。凡未经证监会和国家外汇管理局批准，擅自开展外汇按金交易业务的，客户委托未经批准登记的机构进行外汇按金交易的，均属违法行为。客户对剩余保证金可以请求返还。对客户请求赔偿损失的，也应认真分析损失与行为之间的因果关系，根据过错责任原则予以处理。

九、关于期货纠纷案件中的举证责任问题。会议认为，人民法院审理期货纠纷案件，一般应当贯彻民事诉讼法第六十四条规定的“谁主张、谁举证”的原则，但是如果客户主张经纪公司未入市交易，经纪公司否认的，应由经纪公司负举证责任。如果经纪公司提供不出相应的证据，就应当推定没有入市交易。

会议还认为，期货纠纷案件是一种新类型案件，难度大，政策性强，为了及时公正地审理这类案件，各级人民法院应当抽调较强的力量，组成专门合议庭，具体负责这类案件的审理。上级人民法院要加强对审理期货纠纷案件的监督指导，积极慎重、稳妥地完成这批期货纠纷案件的审判任务。

最高人民法院
关于浦发期货经纪有限公司未按规定强制平仓是否承担责任问题请示的答复

（2003 年 7 月 29 日 〔2002〕民二他字第 21 号）

天津市高级人民法院：

你院津高法民二〔2002〕2 号关于浦发期货经纪有限公司未按规定强制平仓是否承担责任问题的请示报告收悉。经研究，答复如下：

本案当事人之间就“保仓”问题的具体约定符合意思自治原则，但是，该约定如与《最高人民法院关于审理期货纠纷案件若干问题的规定》第三十三条的规定相冲突，应当参照该司法解释第三十三条、第三十六条第二款的规定处理。

此复。

附：

天津市高级人民法院
关于浦发期货经纪有限公司未按规定强制平仓是否承担责任问题的请示

一、案件基本事实

天津市和平区法院受理的曹秀英等六原告诉被告浦发期货经纪有限公司（以下简称浦发期货）期货交易纠纷案，在审理中，涉及应如何理解和适用相关法律的问题。和平区人民法院为此请示了天津市第一中级人民法院，天津市第一中级人民法院又向天津市高级人民法院提出请示。天津市高级人民法院经 2002 年第 21 次审委会研究，认为该类问题带有一定的普遍性，以津高法民二〔2002〕2 号请示报告特向最高人民法院请示。

二、案件请示的理由

天津市和平区法院查明，2000 年 10 月，曹秀英等六原告与浦发期货分别签订了期货经纪合同。合同约定，当曹秀英等的账户风险率［交易保证金（未平仓合约占用保证金）/客户保证金中未被交易占用的保证金＋交易保证金］大于 100％时，浦发期货将向曹秀英等发出追加保证金通知，曹秀英等应在下一交易日前及时追加保证金或者采取减仓措施。否则，浦发期货有权在事先未通知的情况下对曹秀英等的全部或部分未平仓合约强制平仓，直至曹秀英等的交易风险达到约定的风险率。曹秀英等应承担强制平仓的手续费及由此发生的损失。曹秀英等、浦发期货约定浦发期货按 5％的比例收取交易保证金，这个比例与期货交易所对期货经纪公司收取的交易保证金持平，但该比例低于《期货经纪公司管理办法》中规定的应当至少高于期货交易所对期货经纪公司收取的交易保证金比例 3 个百分点的规定。合同签订后，曹秀英等即通过浦发期货进行了多笔期货交易。由于行情的变化，曹秀英等保证金减少，2001 年 2 月 23 日当曹秀英等账户的风险率高于 100％时，浦发期货即向曹秀英等发出了追加保证金的通知，但曹秀英等未及时追加，浦发期货亦未给予强制平仓，曹秀英等账户风险率最高时曾达 1000％。曹秀英等虽未按照浦发期货多次追加保证金通知的要求及时足额追加保证金，但在浦发期货未采取强制平仓措施的情况下，先后多次追加了保证金，但风险率仍高于 100％，浦发期货始终未给予强制平仓。曹秀英等在无钱追加保证金的情况下，曾于 2001 年 3 月 23 日和 3 月 26 日书面要求浦发期货给予“保仓”，承诺如到期仍不能足额追加保证金，浦发期货可以强制平仓，损失由曹秀英等承担。由于行情的变化，曹秀英等账户的风险率逐渐下降，但到曹秀英等承诺追加保证金的最后期限，其账户风险率仍高于 100％，浦发期货采取了强制平仓措施。平仓后，曹秀英等共计损失交易保证金 100 余万元。为此曹秀英等起诉浦发期货，以未及时平仓和未按规定比例收取保证金加大了风险为由要求浦发期货赔偿其交易损失。

三、争议焦点与法院处理意见

曹秀英等认为，根据 1999 年 9 月 1 日国务院颁布的《期货交易管理暂行条例》第四十条的规定，强制平仓是浦发期货的义务，浦发期货未履行其义务，应承担未及时平仓给曹秀英等造成的损失。

浦发期货认为，《期货交易管理暂行条例》是目前审理期货案件的重要依据，但规定得比较原则，在随后颁布的《期货经纪合同指引》（中国证监会 1999 年 12 月颁布）第十条中明确指出，强制平仓是经纪公司的权利而不是义务。天津市高级人民法院〔1998〕69号《关于审理期货纠纷案件若干问题的研讨会纪要》中有关强制平仓的规定已明确了强制平仓是公司的权利而非义务。因此，浦发期货不应承担任何责任。

（一）和平区人民法院处理意见

和平区人民法院审判委员会处理意见：在客户保证金不足的情况下，经纪公司既有权利也有义务采取强制平仓的措施，否则就是用自己的资金或其他客户的保证金来弥补该客户应追加的保证金。这是一种变相的透支行为，是国家法律所不允许的。因此，浦发期货应对未按规定平仓承担责任。

（二）天津市第一中级人民法院审委会意见

第一种意见认为，强制平仓是经纪公司的权利，在具备强制平仓的条件时，是否平仓、平仓的价位、时机等的选择都由经纪公司自己决定，由此产生的一切后果都由客户承担。

第二种意见与和平区人民法院的意见基本相同，主张强行平仓是经纪公司的权利，但达到一定条件，则转化为经纪公司的义务，当客户保证金不足使交易风险达到约定的条件时，经纪公司应当通知客户追加保证金，客户不按时追加保证金时，为保护自身利益，减少市场风险，经纪公司有权对客户的部分或全部持仓强制平仓，直至保证金余额能够满足约定的交易风险控制条件。但是如果不强制平仓，经纪公司就要用自己的资金或其他客户的保证金来弥补该客户应追加的保证金，实际是一种变相透支行为。因此，此时经纪公司有义务及时强制平仓以防止损失进一步扩大，因未及时强制平仓而造成的扩大的损失，经纪公司应承担赔偿责任。上述两种意见以第一种意见占多数。

（三）天津市高级人民法院请示意见

天津市高级人民法院审委会经研究认为：

1. 天津市高级人民法院〔1998〕69号《关于审理期货纠纷案件若干问题的研讨会纪要》是本地区总结办案经验、提供办案参考的一个会议纪要，并不具备司法解释的效力，且该纪要形成在国务院《期货交易管理暂行条例》之前，因此，应该以国务院《期货交易管理暂行条例》作为审理本案的法律依据。

2. 依照国务院《期货交易管理暂行条例》的规定，当客户保证金不足时，经纪公司应当强制平仓，其中的“应当”带有义务性规范的性质。这是法律对期货经纪公司在特定情况下为一定行为的一种强制性规定。期货经纪公司作为接受客户委托从事期货交易的专门性公司，既要保护客户的合法权益，并且还承担着防范市场风险，保证期货市场安全、稳健运行的责任。因此，当客户保证金不足，客户又未按通知要求追加保证金时，及时强制平仓就成为经纪公司的一项法定义务。对于经纪公司未履行其法定的义务，给客户造成的扩大的损失，经纪公司应该承担相应的责任。

3. 按照客户与期货经纪公司签订的经纪合同，双方之间约定当风险率大于等于100%，经经纪公司通知后，客户应当及时追加保证金或者采取减仓措施。可见，及时追加保证金或者采取减仓措施是合同中约定的客户的义务，且该约定并不违反现行法律的规定。根据我们对现行法律和当事人之间合同的理解，客户的这一义务并不能因为经纪公司没有实行强制平仓而免除，即在经纪公司没有履行强制平仓的义务时，客户也应该及时追加保证金或主动采取减仓措施。客户如果没有履行其合同中的义务，也应该对扩大的损失承担责任。

4. 关于曹秀英等要求“保仓”的问题。因为本案浦发期货向曹秀英等收取的保证金比例与交易所向浦发期货收取的比例持平，因此，当曹秀英等账户风险率超过100%时，危及的不仅是浦发期货的利益，还直接导致了期货市场交易风险的存在，因此双方无权作此约定，对于双方“保仓”的约定，应该认定无效。

综上，该院审委会认为，本案当客户保证金不足时，不论是客户还是期货公司都没有完全尽到其相应的义务。因此，为规范期货交易行为，防范市场风险，同时为保护合同当事人的合法权益，对本案因未及时平仓所造成的扩大的损失，应当由曹秀英等、浦发期货共同承担。

第十一章　信用证、独立保函

最高人民法院
关于审理信用证纠纷案件若干问题的规定

法释〔2005〕13号

（2005年10月24日最高人民法院审判委员会第1368次会议通过
2005年11月14日最高人民法院公告公布　自2006年1月1日起施行）

根据《中华人民共和国民法通则》、《中华人民共和国合同法》、《中华人民共和国担保法》、《中华人民共和国民事诉讼法》等法律，参照国际商会《跟单信用证统一惯例》等相关国际惯例，结合审判实践，就审理信用证纠纷案件的有关问题，制定本规定。

第一条　本规定所指的信用证纠纷案件，是指在信用证开立、通知、修改、撤销、保兑、议付、偿付等环节产生的纠纷。

第二条　人民法院审理信用证纠纷案件时，当事人约定适用相关国际惯例或者其他规定的，从其约定；当事人没有约定的，适用国际商会《跟单信用证统一惯例》或者其他相关国际惯例。

第三条　开证申请人与开证行之间因申请开立信用证而产生的欠款纠纷、委托人和受托人之间因委托开立信用证产生的纠纷、担保人为申请开立信用证或者委托开立信用证提供担保而产生的纠纷以及信用证项下融资产生的纠纷，适用本规定。

第四条　因申请开立信用证而产生的欠款纠纷、委托开立信用证纠纷和因此产生的担保纠纷以及信用证项下融资产生的纠纷应当适用中华人民共和国相关法律。涉外合同当事人对法律适用另有约定的除外。

第五条　开证行在作出付款、承兑或者履行信用证项下其他义务的承诺后，只要单据与信用证条款、单据与单据之间在表面上相符，开证行应当履行在信用证规定的期限内付款的义务。当事人以开证申请人与受益人之间的基础交易提出抗辩的，人民法院不予支持。具有本规定第八条的情形除外。

第六条　人民法院在审理信用证纠纷案件中涉及单证审查的，应当根据当事人约定适用的相关国际惯例或者其他规定进行；当事人没有约定的，应当按照国际商会《跟单信用证统一惯例》以及国际商会确定的相关标准，认定单据与信用证条款、单据与单据之间是否在表面上相符。

信用证项下单据与信用证条款之间、单据与单据之间在表面上不完全一致，但并不导致相互之间产生歧义的，不应认定为不符点。

第七条　开证行有独立审查单据的权利和义务，有权自行作出单据与信用证条款、单据与单据之间是否在表面上相符的决定，并自行决定接受或者拒绝接受单据与信用证条款、单据与单据之间的不符点。

开证行发现信用证项下存在不符点后，可以自行决定是否联系开证申请人接受不符点。开证申请人决定是否接受不符点，并不影响开证行最终决定是否接受不符点。开证行和开证申请人另有约定的除外。

开证行向受益人明确表示接受不符点的，应当承担付款责任。

开证行拒绝接受不符点时，受益人以开证申请人已接受不符点为由要求开证行承担信用证项下付款责任的，人民法院不予支持。

第八条　凡有下列情形之一的，应当认定存在信用证欺诈：

（一）受益人伪造单据或者提交记载内容虚假的单据；

（二）受益人恶意不交付货物或者交付的货物无价值；

（三）受益人和开证申请人或者其他第三方串通提交假单据，而没有真实的基础交易；

（四）其他进行信用证欺诈的情形。

第九条　开证申请人、开证行或者其他利害关系人发现有本规定第八条的情形，并认为将会给其造成难以弥补的损害时，可以向有管辖权的人民法院申请中止支付信用证项下的款项。

第十条　人民法院认定存在信用证欺诈的，应当裁定中止支付或者判决终止支付信用证项下款项，但有下列情形之一的除外：

（一）开证行的指定人、授权人已按照开证行的指令善意地进行了付款；

（二）开证行或者其指定人、授权人已对信用证项下票据善意地作出了承兑；

（三）保兑行善意地履行了付款义务；

（四）议付行善意地进行了议付。

第十一条　当事人在起诉前申请中止支付信用证项下款项符合下列条件的，人民法院应予受理：

（一）受理申请的人民法院对该信用证纠纷案件享有管辖权；

（二）申请人提供的证据材料证明存在本规定第八条的情形；

（三）如不采取中止支付信用证项下款项的措施，将会使申请人的合法权益受到难以弥补的损害；

（四）申请人提供了可靠、充分的担保；

（五）不存在本规定第十条的情形。

当事人在诉讼中申请中止支付信用证项下款项的，应当符合前款第（二）、（三）、（四）、（五）项规定的条件。

第十二条 人民法院接受中止支付信用证项下款项申请后，必须在四十八小时内作出裁定；裁定中止支付的，应当立即开始执行。

人民法院作出中止支付信用证项下款项的裁定，应当列明申请人、被申请人和第三人。

第十三条 当事人对人民法院作出中止支付信用证项下款项的裁定有异议的，可以在裁定书送达之日起十日内向上一级人民法院申请复议。上一级人民法院应当自收到复议申请之日起十日内作出裁定。

复议期间，不停止原裁定的执行。

第十四条 人民法院在审理信用证欺诈案件过程中，必要时可以将信用证纠纷与基础交易纠纷一并审理。

当事人以基础交易欺诈为由起诉的，可以将与案件有关的开证行、议付行或者其他信用证法律关系的利害关系人列为第三人；第三人可以申请参加诉讼，人民法院也可以通知第三人参加诉讼。

第十五条 人民法院通过实体审理，认定构成信用证欺诈并且不存在本规定第十条的情形的，应当判决终止支付信用证项下的款项。

第十六条 保证人以开证行或者开证申请人接受不符点未征得其同意为由请求免除保证责任的，人民法院不予支持。保证合同另有约定的除外。

第十七条 开证申请人与开证行对信用证进行修改未征得保证人同意的，保证人只在原保证合同约定的或者法律规定的期间和范围内承担保证责任。保证合同另有约定的除外。

第十八条 本规定自2006年1月1日起施行。

最高人民法院
关于审理独立保函纠纷案件若干问题的规定

法释〔2016〕24号

（2016年7月11日最高人民法院审判委员会第1688次会议通过
2016年11月18日最高人民法院公告公布　自2016年12月1日起施行）

为正确审理独立保函纠纷案件，切实维护当事人的合法权益，服务和保障“一带一路”建设，促进对外开放，根据《中华人民共和国民法通则》《中华人民共和国合同法》《中华人民共和国担保法》《中华人民共和国涉外民事关系法律适用法》《中华人民共和国民事诉讼法》等法律，结合审判实际，制定本规定：

第一条　本规定所称的独立保函，是指银行或非银行金融机构作为开立人，以书面形式向受益人出具的，同意在受益人请求付款并提交符合保函要求的单据时，向其支付特定款项或在保函最高金额内付款的承诺。

前款所称的单据，是指独立保函载明的受益人应提交的付款请求书、违约声明、第三方签发的文件、法院判决、仲裁裁决、汇票、发票等表明发生付款到期事件的书面文件。

独立保函可以依保函申请人的申请而开立，也可以依另一金融机构的指示而开立。开立人依指示开立独立保函的，可以要求指示人向其开立用以保障追偿权的独立保函。

第二条　本规定所称的独立保函纠纷，是指在独立保函的开立、撤销、修改、转让、付款、追偿等环节产生的纠纷。

第三条　保函具有下列情形之一，当事人主张保函性质为独立保函的，人民法院应予支持，但保函未载明据以付款的单据和最高金额的除外：

（一）保函载明见索即付；

（二）保函载明适用国际商会《见索即付保函统一规则》等独立保函交易示范规则；

（三）根据保函文本内容，开立人的付款义务独立于基础交易关系及保函申请法律关系，其仅承担相符交单的付款责任。

当事人以独立保函记载了对应的基础交易为由，主张该保函性质为一般保证或连带保证的，人民法院不予支持。

当事人主张独立保函适用担保法关于一般保证或连带保证规定的，人民法院不予支持。

第四条 独立保函的开立时间为开立人发出独立保函的时间。

独立保函一经开立即生效，但独立保函载明生效日期或事件的除外。

独立保函未载明可撤销，当事人主张独立保函开立后不可撤销的，人民法院应予支持。

第五条 独立保函载明适用《见索即付保函统一规则》等独立保函交易示范规则，或开立人和受益人在一审法庭辩论终结前一致援引的，人民法院应当认定交易示范规则的内容构成独立保函条款的组成部分。

不具有前款情形，当事人主张独立保函适用相关交易示范规则的，人民法院不予支持。

第六条 受益人提交的单据与独立保函条款之间、单据与单据之间表面相符，受益人请求开立人依据独立保函承担付款责任的，人民法院应予支持。

开立人以基础交易关系或独立保函申请关系对付款义务提出抗辩的，人民法院不予支持，但有本规定第十二条情形的除外。

第七条 人民法院在认定是否构成表面相符时，应当根据独立保函载明的审单标准进行审查；独立保函未载明的，可以参照适用国际商会确定的相关审单标准。

单据与独立保函条款之间、单据与单据之间表面上不完全一致，但并不导致相互之间产生歧义的，人民法院应当认定构成表面相符。

第八条 开立人有独立审查单据的权利与义务，有权自行决定单据与独立保函条款之间、单据与单据之间是否表面相符，并自行决定接受或拒绝接受不符点。

开立人已向受益人明确表示接受不符点，受益人请求开立人承担付款责任的，人民法院应予支持。

开立人拒绝接受不符点，受益人以保函申请人已接受不符点为由请求开立人承担付款责任的，人民法院不予支持。

第九条 开立人依据独立保函付款后向保函申请人追偿的，人民法院应予支持，但受益人提交的单据存在不符点的除外。

第十条 独立保函未同时载明可转让和据以确定新受益人的单据，开立人主张受益人付款请求权的转让对其不发生效力的，人民法院应予支持。独立保函对受益人付款请求权的转让有特别约定的，从其约定。

第十一条 独立保函具有下列情形之一，当事人主张独立保函权利义务终止的，人民法院应予支持：

（一）独立保函载明的到期日或到期事件届至，受益人未提交符合独立保函要求的单据；

（二）独立保函项下的应付款项已经全部支付；

（三）独立保函的金额已减额至零；

（四）开立人收到受益人出具的免除独立保函项下付款义务的文件；

（五）法律规定或者当事人约定终止的其他情形。

独立保函具有前款权利义务终止的情形，受益人以其持有独立保函文本为由主张享有付款请求权的，人民法院不予支持。

第十二条　具有下列情形之一的，人民法院应当认定构成独立保函欺诈：

（一）受益人与保函申请人或其他人串通，虚构基础交易的；

（二）受益人提交的第三方单据系伪造或内容虚假的；

（三）法院判决或仲裁裁决认定基础交易债务人没有付款或赔偿责任的；

（四）受益人确认基础交易债务已得到完全履行或者确认独立保函载明的付款到期事件并未发生的；

（五）受益人明知其没有付款请求权仍滥用该权利的其他情形。

第十三条　独立保函的申请人、开立人或指示人发现有本规定第十二条情形的，可以在提起诉讼或申请仲裁前，向开立人住所地或其他对独立保函欺诈纠纷案件具有管辖权的人民法院申请中止支付独立保函项下的款项，也可以在诉讼或仲裁过程中提出申请。

第十四条　人民法院裁定中止支付独立保函项下的款项，必须同时具备下列条件：

（一）止付申请人提交的证据材料证明本规定第十二条情形的存在具有高度可能性；

（二）情况紧急，不立即采取止付措施，将给止付申请人的合法权益造成难以弥补的损害；

（三）止付申请人提供了足以弥补被申请人因止付可能遭受损失的担保。

止付申请人以受益人在基础交易中违约为由请求止付的，人民法院不予支持。

开立人在依指示开立的独立保函项下已经善意付款的，对保障该开立人追偿权的独立保函，人民法院不得裁定止付。

第十五条　因止付申请错误造成损失，当事人请求止付申请人赔偿的，人民法院应予支持。

第十六条　人民法院受理止付申请后，应当在四十八小时内作出书面裁定。裁定应当列明申请人、被申请人和第三人，并包括初步查明的事实和是否准许止付申请的理由。

裁定中止支付的，应当立即执行。

止付申请人在止付裁定作出后三十日内未依法提起独立保函欺诈纠纷诉讼或申请仲裁的，人民法院应当解除止付裁定。

第十七条 当事人对人民法院就止付申请作出的裁定有异议的，可以在裁定书送达之日起十日内向作出裁定的人民法院申请复议。复议期间不停止裁定的执行。

人民法院应当在收到复议申请后十日内审查，并询问当事人。

第十八条 人民法院审理独立保函欺诈纠纷案件或处理止付申请，可以就当事人主张的本规定第十二条的具体情形，审查认定基础交易的相关事实。

第十九条 保函申请人在独立保函欺诈诉讼中仅起诉受益人的，独立保函的开立人、指示人可以作为第三人申请参加，或由人民法院通知其参加。

第二十条 人民法院经审理独立保函欺诈纠纷案件，能够排除合理怀疑地认定构成独立保函欺诈，并且不存在本规定第十四条第三款情形的，应当判决开立人终止支付独立保函项下被请求的款项。

第二十一条 受益人和开立人之间因独立保函而产生的纠纷案件，由开立人住所地或被告住所地人民法院管辖，独立保函载明由其他法院管辖或提交仲裁的除外。当事人主张根据基础交易合同争议解决条款确定管辖法院或提交仲裁的，人民法院不予支持。

独立保函欺诈纠纷案件由被请求止付的独立保函的开立人住所地或被告住所地人民法院管辖，当事人书面协议由其他法院管辖或提交仲裁的除外。当事人主张根据基础交易合同或独立保函的争议解决条款确定管辖法院或提交仲裁的，人民法院不予支持。

第二十二条 涉外独立保函未载明适用法律，开立人和受益人在一审法庭辩论终结前亦未就适用法律达成一致的，开立人和受益人之间因涉外独立保函而产生的纠纷适用开立人经常居所地法律；独立保函由金融机构依法登记设立的分支机构开立的，适用分支机构登记地法律。

涉外独立保函欺诈纠纷，当事人就适用法律不能达成一致的，适用被请求止付的独立保函的开立人经常居所地法律；独立保函由金融机构依法登记设立的分支机构开立的，适用分支机构登记地法律；当事人有共同经常居所地的，适用共同经常居所地法律。

涉外独立保函止付保全程序，适用中华人民共和国法律。

第二十三条 当事人约定在国内交易中适用独立保函，一方当事人以独立保函不具有涉外因素为由，主张保函独立性的约定无效的，人民法院不予支持。

第二十四条 对于按照特户管理并移交开立人占有的独立保函开立保证金，人民法院可以采取冻结措施，但不得扣划。保证金账户内的款项丧失开立保证金的功能时，人民法院可以依法采取扣划措施。

开立人已履行对外支付义务的，根据该开立人的申请，人民法院应当解除对开立保证金相应部分的冻结措施。

第二十五条　本规定施行后尚未终审的案件，适用本规定；本规定施行前已经终审的案件，当事人申请再审或者人民法院按照审判监督程序再审的，不适用本规定。

第二十六条　本规定自2016年12月1日起施行。

【链　接】

最高院民四庭张勇健庭长就《最高人民法院关于审理独立保函纠纷案件若干问题的规定》答记者问

（2016年11月22日）

［王玲］：

各位记者，大家上午好，欢迎大家参加今天的新闻发布会。

［王玲］：

今天的新闻发布会的内容是《最高人民法院关于审理独立保函纠纷案件若干问题的规定》。今天我们邀请了最高人民法院民四庭庭长、审委会委员张勇健出席发布会，由他来发布今天的内容。下面请张庭长就相关内容向大家进行解读，讲一下大概的背景情况。

［张勇健］：

各位记者，大家好！最高人民法院审判委员会第1688次会议审议通过了《最高人民法院关于审理独立保函纠纷案件若干问题的规定》（以下简称《规定》），将于2016年12月1日实施。下面我为大家介绍该《规定》的有关情况。

［张勇健］：

一、《规定》的制定背景和重要意义

［张勇健］：

独立保函是为保障债权的快捷实现而在商事实践中逐步发展形成的一种新型金融担保工具，指由金融机构单方出具的同意在受益人（债权人）请求付款并提交符合要求的单据时向其支付款项的书面承诺。

[张勇健]：

近年来，随着“一带一路”建设以及企业“走出去”等国家战略的持续深入推进，我国经济与全球经济深度融合，我国与各国之间的贸易、金融交往日益增多，国际投资及基础设施建设规模不断扩大，独立保函已经成为我国企业参与境外交易和签署合同的必要条件之一，同时带动国内独立保函业务的快速递增。2015年，工农中建四大商业银行保函余额达到24450亿元人民币，商业跟单信用证余额7232亿元人民币，独立保函业务的规模和体量已远远超过商业跟单信用证。与独立保函商业实践高速发展的趋势相对应的是，近年来诉至法院的独立保函纠纷案件逐年增多。各地法院对制定独立保函纠纷裁判规则的需求十分迫切。另一方面，银监会、银行业协会等机构亦多次来函来访，希望最高人民法院能尽快出台独立保函司法解释，为我国独立保函业务的全球化发展提供健全完善的法治保障。

[张勇健]：

在上述需求和背景下，最高人民法院经过深入调研和充分论证，于2013年正式提出制定独立保函司法解释的立项建议，历时近四年，先后八次修改稿件，最高人民法院审判委员会两次进行专题讨论，努力做到回应各方关切，切实解决实际需要。《规定》的出台意义重大：

[张勇健]：

一是司法服务和保障“一带一路”建设，促进对外开放的重大举措。独立保函业务是与国家战略配套的金融工具。“一带一路”建设、人民币国际化、自贸区建设、“中国制造2025”等国家战略，给独立保函的业务发展提供了广阔的发展空间。2015年，我国对“一带一路”相关49个国家直接投资148.2亿美元，同比增长18.2%；签订对外承包工程合同额2100.7亿美元，同比增长9.5%，其中承接“一带一路”相关60个国家新签对外承包工程合同额926.4亿美元，独立保函已经成为我国对外贸易、投资、工程承包的重要增信工具。“十三五”规划明确提出我国要从“贸易大国迈向贸易强国”，将进一步推动催生独立保函业务新需求的增长。制定审理独立保函纠纷案件的裁判规则，对于营造高效、公正的投资营商法治环境，提升我国在“一带一路”建设和企业“走出去”等战略实施过程中的法治竞争力，保障我国与沿线国顺利构建全方位多层次复合型的互联互通网络，促进我国开放型经济新体制的持续健康发展，具有积极重要的作用。

[张勇健]：

二是人民法院及时解决新类型案件纠纷，切实维护当事人合法权益的审判实际需要。独立保函是商业实践发展的产物，我国并无调整独立保函的专门立法，也未加入相关国际条约。由于独立保函种类繁多，包括履约保函、预付款保函、投标保函等多种形态，相关当事人之间的法律关系复杂，涉案金额高，涉及国别多，域外法查明和平行诉讼协调困难重重，新型疑难法律问题层出不穷，各地法院普遍反映该类新型案件的处理难度大。调研中我们发现，独立保函纠纷案件在确定管辖、适用法律和划分责任方面裁判标准不统一的情况较为严重，止付标准低、止付程序不规范的现象时有发生。《规定》及时回应人民法院对统一裁判标准和正确适用法律的需求，通过明确独立保函的性质，明晰独立保函法律关系各方当事人的权利义务，有效定分止争，为切实维护当事人合法权益提供了有力保障。

[张勇健]：

三是司法规范金融市场秩序、依法支持金融创新的职能体现。独立保函是顺应现代市场经济条件的金融创新。独立保函替代了过往难以谈判成功的保证金，降低了商业交易成本，促进商业效率提高，故被誉为“国际商业社会的生命血液”。另一方面，独立保函对债权人予以高效便捷的赔付，减少因债务人违约带来的风险损失，对于构建平稳有序的商业信用体系意义重大。《规定》依法支持金融创新，以民法通则和合同法为基础性法律依据，确认独立保函的新型信用担保模式；强调市场统一和公平竞争，统一国际国内独立保函的交易规则，引导和保障我国银企有序参与国际经济合作；妥善处理受益人付款请求权和开立人抗辩权之间的关系，建立受益人滥用付款请求权的防控机制，保障微观交易安全，防范独立保函的系统性风险。因此，《规定》的出台，对于完善发展我国的商业及金融信用市场、规范国际国内金融交易秩序，具有重要而深远的意义。

[张勇健]：

二、《规定》的制定原则

在研究、起草和修改司法解释中，我们始终坚持以下原则：

[张勇健]：

一是积极服务党和国家工作大局的原则。《规定》以服务与保障“一带一路”建设、为开放型经济新体制营造优良法治环境为方向指引，依法支持金融创新促进实体经济发展，加强对债权的保护力度，推动信用制度在市场中发挥基础性作用，确保司法解释的内容符合时代发展的要求。

[张勇健]：

二是尊重市场主体意思自治的原则。《规定》在独立保函的开立、单据条件的设定、交易示范规则的并入、转让、终止、管辖、准据法以及独立保函在国内交易中的适用等各个方面，均以充分尊重当事人的自治商业安排为基本内容，切实维护契约自由，倡导诚实守信，为促进市场各要素的自由流通提供有力司法保障。

［张勇健］：

三是与国际规则接轨的原则。《规定》在制定过程中，充分借鉴吸收了国际商会《见索即付保函统一规则》、《联合国独立保证和备用信用证公约》等国际规则的有关内容，并深入研究了各国有关独立保函的成文法以及普通法国家有关独立保函的司法判例，进一步弥合了我国司法实务与国际规则的差异，做到既依法解释法律，又体现与国际规则充分接轨。

［张勇健］：

四是民主科学制定解释的原则。在起草司法解释的过程中，我们先后征求了各级人民法院、全国人大法工委、国务院法制办、中国人民银行、银监会、国家外汇管理局、银行业协会、中国对外承包工程商会、国际商会中国国家委员会等部门的意见，并通过实地调研、组织召开专题讨论会、走访金融机构、以最高人民法院网站公开征求意见等多种形式，广泛吸收社会各界的意见和建议，确保司法解释的制定过程民主科学、兼听则明。

［张勇健］：

三、《规定》的主要内容

规定共二十六条，包括六项主要内容：

［张勇健］：

第一，明确界定独立保函的性质，有效统一裁判思路。针对司法实践长期以来对独立保函的性质认识不清的情况，《规定》明确指出独立保函是开立人出具的附单据条件的付款承诺，在受益人提交符合独立保函要求的单据时，开立人即需独立承担付款义务，受益人无需证明债务人在基础交易中的违约事实，开立人不享有传统保证所具有的主债务人抗辩权以及先诉抗辩权。因此，独立保函的性质和运作机理与商业跟单信用证基本相同，《规定》亦参照信用证司法解释的基本思路进行制定。《规定》进一步明确，独立保函虽然具有担保债权实现的功能，但不属于我国担保法规定的法定担保方式，故不适用我国担保法关于保证的规定。《规定》通过第一条和第三条的规定，明确界定了独立保函与我国担保法规定的保证两者之间的区分标准，有效澄清了司法误区。

［张勇健］：

第二，统一国际国内独立保函交易的效力规则，坚持平等保护当事人权益。因独立保函的提示付款单据简单、付款责任严厉，司法实践中一直对国内交易中独立保函的效力问题缺乏定论。而近年来为国内交易开具独立保函已经成为我国金融机构的一项重要业务，如司法解释对国内独立保函不作规定，将造成法律与实践的脱节。我们认为，法律地位平等原则是我国民法通则规定的基本原则，也是市场经济的本质特征和内在要求。为此，《规定》坚持贯彻平等保护原则，首次明确统一了国际和国内独立保函的效力认定规则。《规定》第二十三条规定，当事人约定在国内交易中适用独立保函的，人民法院不能以独立保函不具有涉外因素为由，否定保函独立性约定的效力。

［张勇健］：

第三，明确独立保函的独立性和单据性特征，保证付款的快捷性和确定性。独立保函机制的特点在于扭转了传统的违约证明及诉讼风险分配方式，通过金融信用的介入，使债权人在基础交易违约争议期间能够先从开立人处获得付款，债权人和债务人嗣后再解决违约争议，故被形象地称为“先付款，后争议”机制。独立保函的独立性原则和单据性原则是保障这一机制运行的基石。《规定》第六条规定了上述原则，规定独立保函独立于基础交易关系和开立申请关系，只要受益人提交的单据与独立保函条款、单据与单据之间在表面上相符，开立人就必须独立承担付款义务，开立人不得利用基础交易或开立申请关系对受益人行使抗辩。只有出现受益人欺诈情形时，才可以作为法定的唯一例外情形对待。在单证审查标准方面，《规定》采用严格相符原则，于第七条和第八条规定了表面相符的认定标准和开证人审单的权利和义务。《规定》建立的独立性和单据性原则，切实保障了独立保函项下的付款确定、快捷、安全，为独立保函这项金融创新机制在我国的长远发展夯实了法律基础。

［张勇健］：

第四，严格界定欺诈情形及证明标准，审慎确定独立性原则的例外。由于开立人对独立保函项下的单据仅作表面审查，而单据较多来源于受益人自身，因此独立保函制度存在受益人欺诈的风险。为此，各国司法实践均认可欺诈构成独立保函独立性原则的例外，不允许受益人从欺诈中获利，但对欺诈的构成要件和证明标准没有形成统一的标准。如何界定欺诈情形，是《规定》制定的难点，一方面要切实尊重当事人“先付款后争议”的合同安排，维护独立保函作为金融信用流通的重要功能；另一方面又要防范和抑制独立保函欺诈情形的发生。《规定》以诚实信用为理论基础，充分吸收和参考了国际条约、国外立法以及司法实践案例的经验，于第十二条规定了欺诈例外，并于第二十条规定判决认定存在欺诈情形必须达到排除合理怀疑的证明标准，彰显了人民法院审慎干预独立保函独立性的价值取向。《规定》第十二条进一步将欺诈类型化为无真实交易、单据欺诈和明显滥用付款请求权三类情形。鉴于明显滥用付款请求权的情形和基础交易违约争议可能产生混淆，实践中不易准确把握，第十二条第三项和第四项分别规定必须依据基础交易的法院判决或仲裁裁决、受益人自身确认的证据作出认定，防止在独立保函欺诈纠纷中实体审理违约争议。同时考虑到独立保函欺诈在实践中的复杂多样性，第十二条第五项对受益人明显滥用付款请求权的其他情形规定了概括性的兜底条款。

[张勇健]:

第五，严格规范止付程序，维护程序公正和实体公正。在发生独立保函欺诈时，当事人可以向法院申请临时禁令的司法救济，裁令中止开立人付款义务的履行，使受益人暂时不能得到独立保函项下的付款。但从各国临时禁令制度的执行情况看，最终被法院准予的案件数量是极为有限的。由于我国民事诉讼法规定的行为保全制度较为简略，尚未发展起成熟系统的禁令制度，司法实践中随意止付独立保函的情况较为严重，已给我国金融机构开立的独立保函在各国之间的流通造成了一定影响。《规定》根据民事诉讼法的规定和独立保函自身案件的特点，对止付程序增加了一些条件要求。这些增加的条件不仅包括止付申请人必须提交证据证明欺诈情形具有高度可能性；如不予止付将给止付申请人合法权益造成难以弥补的损害，还包括保护善意第三人利益的“欺诈例外之例外”规定，即转开独立保函的情形下如开立人对独立保函已经善意付款的，即使受益人欺诈，人民法院仍不得裁定止付用于保障开立人追偿权的独立保函即反担保函。此外，《规定》还规定了止付裁定的期限和内容、复议机关、错误申请的赔偿责任等，对止付程序加以严格规范，防止止付程序被滥用，有效维护程序公正和实体公正的统一。

[张勇健]:

第六，依法确认开立保证金的金钱质权性质，规范针对开立保证金的强制措施。《规定》根据《最高人民法院关于适用若干问题的解释》第八十五条的规定，于第二十四条规定，对于按照特户管理并移交开立人占有的独立保函开立保证金，人民法院可以采取冻结措施，但不得扣划。也即是说，开立保证金符合金钱特定化和转移占有两项条件的，具有金钱质权的性质。该条规定解决了长期以来独立保函开立保证金性质不明的难题。

[张勇健]:

此外，《规定》还对独立保函开立与生效、转让、终止以及涉外独立保函的管辖权和准据法等问题做出了规定。

[张勇健]:

我向大家通报的情况就是这些，谢谢大家。

[王玲]:

各位有什么感兴趣的话题我们可以做一个交流。

[人民法院报记者]：

根据司法解释规定，当事人在国内独立保函中约定适用于国际商会的《见索即付保函统一规则》，这样规定的效力如何？谢谢。

[张勇健]：

司法解释第五条明确认可当事人可以在国内独立保函中约定适用交易示范规则。首先，该条对于《见索即付保函统一规则》等规则的性质采契约条款说。即《见索即付保函统一规则》等规则是国际民间性商事组织制定的定型化交易规则，性质为合同示范条款，不具有国际惯例的法律渊源地位。当事人在国际或国内独立保函中，均可以自主约定适用，该约定是有效的。过去曾有观点认为，《见索即付保函统一规则》是国际惯例，只能在国际保函中适用，我们认为是不正确的。

[张勇健]：

其次，《见索即付保函统一规则》等交易示范规则，必须经当事人明示选择才能作为合同条款予以适用。在当事人没有明示选择时，不能推定当事人有适用上述交易规则订约的默示意思表示。《规定》第五条何为明示选择做出了规定：一是通过独立保函文本载明适用交易示范规则。二是在诉讼程序中由开立人和受益人一致同意适用，可以是书面协议方式，也可以是口头协议方式，还可以是开立人和受益人在诉讼文件中均援引同一交易示范规则的行为所体现的一致意思表示。

[张勇健]：

其三，实践中，独立保函适用的交易示范规则并不仅限于《见索即付保函统一规则》，还包括《备用信用证惯例》、《跟单信用证统一惯例》等。不同交易示范规则以及同一交易示范规则的不同版本所确定的独立保函当事人权利义务有较大差异，因此在判断是否构成独立保函的组成部分时，必须切实尊重当事人的约定。

[中央人民广播电台记者]：

我想问一个程序上的问题，这是咱们首次明确了独立保函的含义，还有相关的程序。此前终审的一些案件，如果当事人申请再审，是否能适用这个司法解释？

[张勇健]：

关于这个司法解释的适用问题，本司法解释确定原则和其他司法解释都是一样的。试行后，12 月 1 日之后尚未审结的案件要适用本规定，但是在试行之前已经终审的案件，再审时要适用当时的法律规定，而不适用本规定。司法解释第二十五条规定了本司法解释的溯及力问题，具体为：本规定施行后尚未终审的案件，适用本规定；本规定施行前已经终审的案件，人民法院进行再审时，不适用本规定。这和其他司法解释的原则是一致的。

［中国国际广播电台记者］：

司法解释中对这类案件的管辖权做了哪些具体的规定？

［张勇健］：

独立保函纠纷的管辖权问题有它的特殊性，司法解释第十三条和第二十一条对管辖权问题作出了规定。第十三条是关于独立保函止付保全案件的管辖规定。该条规定止付申请人可以在提起诉讼或申请仲裁前，向开立人住所地或其他对独立保函欺诈纠纷案件具有管辖权的人民法院提出止付申请，也可以在诉讼或仲裁过程中提出申请。第二十一条对常见的两类独立保函纠纷的管辖权问题做出了相关规定。第一类是受益人和开立人之间因独立保函而产生的纠纷案件，性质为合同纠纷，独立保函载明法院管辖条款或仲裁条款的，从其约定。在当事人没有约定争议解决条款时，由被告住所地或合同履行地人民法院管辖。第二类是独立保函欺诈纠纷案件的管辖。该类案件是按合同还是侵权纠纷确定管辖，实践中有不同的观点。我们认为，独立保函欺诈纠纷案件是在履行独立保函合同过程中发生的侵权纠纷，故应按侵权纠纷确定管辖。根据第二十一条第二款的规定，独立保函欺诈纠纷的当事人可以书面协议选择争议解决条款，在不能达成协议的情况下，由被请求止付的独立保函开立人住所地或被告住所地人民法院管辖。

［张勇健］：

上述条款有力保障了独立保函纠纷管辖权判断标准的统一性和可预见性，反映出人民法院充分尊重当事人对争议解决条款的意思自治，并有效协调管辖权冲突、减少平行程序发生的务实态度。

［民主与法制时报记者］：

刚才张庭长说了，我们要严格规范止付程序，因为司法实践中随意止付的情况比较严重。我想问一下，法院在何种情形下能作出独立保函止付的这种裁定？谢谢。

［张勇健］：

在我们的调研过程中发现止付情形有一些乱，而且止付不规范的情况已经造成了对金融市场或者对相关的国际金融信誉一定的负面影响，针对这种情况，司法解释在止付程序的要求上设置了比较严格的条件。

［张勇健］：

首先，第十三条和第十六条明确止付裁定的性质为行为保全，但相较于我国民事诉讼法规定的一般行为保全，又有自身的特殊性，兼具程序审查和实体审查的特点。除了要符合民事诉讼法关于采取保全措施的条件外，人民法院必须初步审查实体上是否存在止付事由，因此第十六条规定人民法院出具止付裁定必须包括初步查明的事实和是否准许止付申请的理由。其次，第十二条确立了独立保函付款的“欺诈例外”原则。人民法院止付独立保函仅限于第十二条规定的欺诈情形。其三，第十四条对止付裁定设置了极为严格的条件。一方面，人民法院裁定止付必须同时具备三项条件：一是止付申请人提交的证据材料证明第十二条规定的欺诈情形的存在具有高度可能性，也即是说举证责任在止付申请人，且证明标准必须达到高度可能性的要求。二是止付申请人须证明如不止付将给止付申请人造成难以弥补的损害。三是止付申请人提供了足以弥补被申请人因止付可能遭受损失的担保。另一方面，第十五条反向规定了不得裁定止付的情形，即转开保函情形下开立人已经善意付款的，对于保障开立人追偿权的独立保函，人民法院不得裁定止付。

［张勇健］：

我们希望这样一个明确规定能够对止付程序起到规范的作用，能够使我们的相关国际形象、国际声誉得到良好的正面的效应。

［中国法院手机电视记者］：

我想请问如何区分独立保函和担保法所规定的保证？谢谢。

［张勇健］：

其实我刚才简单说了一下这个问题，我们在审判实践中发现有这样一个误区，就是把独立保函和担保法所规定的保证没有加以区别。这次司法解释在这个问题上做了明确的规定，第一条明确揭示了独立保函区别于保证的基本特征。主要有两条：一是独立性。我们知道保证是有从属性的，对于主债务来说它是从债务，它和基础交易关系是主从关系。而独立保函是一个单方承诺，独立保函的开立人的付款义务，和基础交易关系、开立申请关系是相独立、相分离的。二是开立人付款义务的跟单性。付款条件是受益人请求付款并提交符合独立保函要求的单据。也即是说，开立人是不享有保证所给予的各种保护的，包括主债务人的抗辩权以及先诉抗辩权，受益人也无需证明基础合同项下存在违约事实。例如在保证关系中，债务人有违约行为，比如交的货不合格，在这样的情况下，保证人就可以用主债务人的抗辩来为自己抗辩。在一般保证下，保证人还可以主张必须先起诉主债务人，在主债务人偿债能力不足、支付不能的情况下才能要求保证人承担责任。而在独立保函中，除法定欺诈情形外，开立人只能依据单函不符提出抗辩，这是它区别于保证的另一个重要特征。司法解释第二条，对如何区分独立保函和保证作出了具体规定：第一，独立保函必须具备两项要素：一是据以付款的单据；二是最高金额。第二，规定了三类能够认定开立人具有提供独立保函意思表示的情形，分别为：载明见索即付；约定适用国际商会《见索即付保函统一规则》；根据文本内容能够确定开立人付款义务的独立性和跟单性。第三，明确了独立保函记载对应的基础交易这一事实本身，并不足以改变开立人付款义务的独立性和跟单性，故不影响独立保函的性质判定。第四，明确一旦保函的性质被认定为独立保函，则在法律适用方面应当适用独立保函的裁判规则，而不适用担保法关于保证的规定。

［张勇健］：

正是因为独立保函有独立性和跟单性的特点，所以它在国际交易尤其是“一带一路”建设活动以及国内交易中被大量使用，它对于债权人的保护更加确定，对于交易的便捷作用更加明显，所以独立保函这样一个方式将会越来越广泛地被业者所使用。在广泛使用的过程中，我相信这个司法解释对于相关纠纷的解决能够起到比较好的作用。谢谢大家。

［王玲］：

非常感谢记者的提问，也感谢张庭长专业的解答。今天的新闻发布会到此结束，谢谢大家，谢谢张庭长。

最高人民法院
关于海南五矿乐海有限公司与香港励源有限公司等债务纠纷一案的答复

（2002年7月9日 〔2001〕民他监字14号）

海南省高级人民法院：

你院〔2001〕琼高法经申字第8号《关于海南五矿乐海有限公司与香港励源有限公司、新疆石油管理局对外贸易总公司深圳分公司、新疆石油管理局对外贸易总公司债务纠纷一案的请示》收悉。经研究认为，你院请示的问题，实际是在当事人约定信用证付款方式的国际贸易活动中，委托开立信用证的开证申请人已经付款赎单，而开证行未能向受益人支付货款，受益人能否向买方请求付款的问题。对此问题，我国法律没有明确规定，也无明确的国际惯例可循，关于“有条件付款说”和“绝对付款说”的争论，理论界尚无定论，司法实践遇到的情况还不多，尚需继续研究。根据本案实际情况，目前，以不启动再审程序为宜。

附：

海南省高级人民法院
关于海南五矿乐海有限公司与香港励源有限公司等债务纠纷一案的请示

一、案件主要事实

1997年12月22日，新疆石油管理局对外贸易总公司深圳分公司（以下简称深圳分公司）副经理李生泉以香港励源有限公司（以下简称励源公司）的名义与海南五矿乐海有限公司（以下简称乐海公司）签订两份贸易合同。约定：乐海公司向励源公司购买俄罗斯产热轧钢卷1400吨、韩国产热轧钢卷3800吨，价格均为270美元/吨CNFFOCQD湛江中国，金额分别为378000美元和1026000美元，货物装运时间分别在1997年12月底和1998年1月10日前；付款方式：以海南汇通国际信托投资公司（以下简称汇通公司）开具不可撤销和见单90天全部付款的信用证付款，信用证可在香港任何银行自由议付，信用证金额和货物数量允许有10%增减；信用证有效期分别为1998年1月30日和2月9日。

签约当天，乐海公司向汇通公司出具不可撤销开立信用证申请书，委托汇通公司以详电方式为其开立总金额为1404000美元的90天不可撤销跟单信用证，受益人为励源公司，进口货物，品质、规格、数量、包装要求、单价产地等与贸易合同相同，乐海公司保证向汇通公司支付该证项下货款、手续费、利息及一切费用。1997年12月23日，汇通公司开出以香港新华银行为通知行的HUT6389712311号不可撤销跟单信用证，金额为1404000美元，申请人为乐海公司，受益人为励源公司，有效期为1998年2月5日，提交该证项下所有单据及由受益人向汇通公司出具见单后90天付款的汇票，向香港任何银行议付，汇票金额按发票金额100%开立。其他内容与开证申请书相同。该信用证由香港新华银行通知受益人励源公司，励源公司将该信用证交其开户行香港广东省银行（以下简称广东银行）议付，广东银行没有议付。1998年1月14日，上述贸易合同和信用证项下的5530.41吨钢材运抵湛江港。19日，励源公司向广东银行提交3份格式《委托托收书》和上述信用证项下3套单据，委托该行办理该信用证项下的贷款托收。同日，广东银行按励源公司指示，将3套单据通过“中国快递”寄给汇通公司。汇通公司收到单据后，于1月24日向乐海公司发出信用证单据通知书，将广东银行寄来的单据交乐海公司审核。3套单据中包括励源公司于1月5日向汇通公司签发的HUT6389712311号信用证项下编号为LS98－1、－2、－3号的汇票3张，金额分别为402327美元、586858.50美元、504025.20美元，均为见单90天根据广东银行指令支付第一汇票。还有励源公司向乐海公司出具的上述信用证项下编号为139811、B2、13号的发票3张，货物名称、质量、价格等与贸易合同相符，并注明合同号为TYHML－1202/97、SC/97－12－011号。乐海公司审核后，于2月5日表示同意付款。2月6日，汇通公司向广东银行发出承兑电传，确认承兑该信用证项下3张总额为1493210.71美元的远期汇票，付款日为1998年5月6日。2月24日，乐海公司向汇通公司领取全套单据，并提取了货物。5月6日，汇票到期，汇通公司没有通过广东银行向励源公司付款。广东银行于5月11日电告汇通公司：HUT6389712311号信用证下586858.50美元、504025.20美元、402327美元，见票90天付款的3张汇票已到期，但未收到付款，要求告知处理意见。5月13日，汇通公司答复广东银行：1998年5月6日应支付的HUT6389712311号信用证项下款1493210.70美元，由于临时性财政困难，要求将信用证付款期限延长3至6个月，产生利息可以先支付。但汇通公司始终未向励源公司支付上述信用证项下的货款。

乐海公司已全额付足申请开立信用证的保证金，现存于汇通公司账户。汇通公司是中国人民银行批准成立的非银行金融机构，具有包括进出口贸易结算在内的外汇业务的经营资格。国家外汇管理局1994年5月4日核发给该公司的《经营外汇业务许可证》有效期至1997年5月3日。国家外汇管理局于1997年8月27日以〔97〕汇管复字第423号《关于海南汇通国际信托投资公司到期换证的批复》同意该公司到期换证，有效期1年。同时规定汇通公司应在30日内到中国人民银行换领《金融机构法人许可证》，但人民银行根据汇通公司的财务状况及其他原因，没有给汇通公司核发新证。1998年3月27日，国家外汇管理局海南分局发出琼汇发〔1998〕23号《关于汇通国际信托投资公司暂停办理贸易结算业务的通知》，鉴于该公司国际结算业务的现状，决定汇通公司从同年3月30日起，暂停办理新的贸易结算业务，并妥善处理原做国际结算业务所发生的债权债务。

乐海公司是在海南省工商局登记注册的企业法人。1997年3月19日海南省商业贸易厅核发的《海南企业认定证书》，认定该公司在本工商注册年度内享受省政府琼府〔1994〕16号文《海南省人民政府关于进一步放开我省企业从事进出口贸易及其有关问题的通知》第一条第（一）类企业的有关权力，按工商局核准的经营范围从事岛内进出口贸易。

根据中国人民银行 1997 年 10 月 20 日颁布的《关于商业银行国际结算远期信用证业务经营风险管理的通知》第一条第一款的规定：商业银行要严格审查开证申请人的资格，开证申请人必须是“对外付汇进出口单位名录”上的在册单位；不在册的单位申请开证，必须由外汇管理部门审核其进口的真实性。乐海公司不是“对外付汇进口单位名录”上的在册单位，因此不能选择国有商业银行开立信用证，只能选择风险较大的非银行金融机构汇通公司开立信用证。

另，乐海公司从 1998 年 1 月至 7 月分 16 笔向励源公司支付 12609757 元，其中有 6 笔在汇款凭证上注明是货款，另 4 笔中 1 笔注明是往来款，3 笔是活期存款存折，其余为现金支付。深圳分公司副经理李生泉证明上述款项是励源公司向乐海公司所借款项，励源公司予以否认，乐海公司法定代表人程怀业在 1998 年 1 月 16 日致励源公司法定代表人罗小卉的传真中，称所付款项为货款保证金。

乐海公司于 1999 年向海口市中级人民法院提起诉讼，要求励源公司返还借款人民币 12626776.73 元，深圳分公司及新疆石油管理局对外经济贸易总公司（以下简称管理局外贸总公司）承担连带责任。励源公司则反诉乐海公司尚欠其货款人民币 1077912.50 元。

二、原一、二审法院审理情况

海口市中级人民法院一审认为，乐海公司和励源公司签订贸易合同后，汇通公司已按乐海公司的申请开出信用证，并将广东银行寄来的信用证项下单据交乐海公司审核、确认和领取，汇通公司也向广东银行发出按时交付接受汇票的承诺。信用证到期后，汇通公司未能解付信用证项下货款，广东银行已发函要求支付，乐海公司与励源公司之间的国际贸易关系，是以信用证方式支付货款进行结算的，双方对外贸合同中关于信用证条款的约定和实际履行符合《跟单信用证统一惯例》之规定。励源公司 1998 年 1 月 19 日向广东银行出具《委托托收书》，广东银行已出函说明为信用证项下托收而非信用证外的托收结算。励源公司提出信用证被广东银行拒收，双方是按托收方式进行货款结算，证据不足，理由不能成立。乐海公司已向汇通公司付足全额开证保证金并申请开出了信用证，应属履行了支付货款的义务，汇通公司因头寸不足而未能支付信用证项下货款给受益人，不属乐海公司违约和过错，故乐海公司无义务再向受益人励源公司支付货款。励源公司所收乐海公司款项，双方并无书面合同约定真实用途。由于乐海公司在外贸合同中已付款赎单，履行完毕的外贸合同不存在债权债务关系，故上述款项不属支付外贸合同的货款；乐海公司主张借款无书面证据证明；励源公司收到上述款项后亦未如管理局外贸总公司所述为乐海公司开立信用证，励源公司所收款项无合法根据，故应认定其收取乐海公司之款为因民事行为不成立而产生的不当得利，乐海公司有权请求返还不当得利，励源公司负有返还义务。励源公司认为该款是乐海公司支付的外贸合同货款，理由不能成立，对其反诉请求不予支持。励源公司所欠乐海公司不当得利之债为12609757元，因部分款项是经深圳分公司转给励源公司的，故深圳分公司的行为属于出借银行账户，违反金融管理法规，按照最高级人民法院《关于出借银行账户的当事人是否承担民事责任问题的批复》，深圳分公司应对励源公司尚欠乐海公司债务承担赔偿责任。由于深圳分公司系管理局外贸总公司的非法人分支机构，在深圳分公司财产不足以承担赔偿责任时，应由管理局外贸总公司承担。故于1999年12月15日作出〔1999〕海中法经初字第136号民事判决，判决如下：一、励源公司在本判决发生法律效力之日起30日内返还乐海公司人民币12609757元；二、深圳分公司对上述债务承担赔偿责任，如其财产不足承担，则管理局外贸总公司继续承担赔偿责任；三、驳回乐海公司其他诉讼请求；四、驳回励源公司反诉请求。

励源公司不服，上诉至海南省高级人民法院。海南省高级人民法院二审认为，本案系乐海公司和励源公司之间基于买卖合同发生的债务纠纷，乐海公司以借款为由起诉，原审法院在原告未变更诉讼请求的情况下，以不当得利所作出的判决不妥，但根据我国现行法律，此类判决是否构成对法定程序的违反尚无定论。乐海公司主张双方争议是借款，但没有提供有关借款的书面证据，证人李生泉的证言因缺乏其他相应证据印证，也不能作为认定本案事实的根据，故其主张证据不足，不能成立。李生泉代表励源公司与乐海公司签订的买卖合同是双方真实意思表示，该合同虽未加盖励源公司公章，但励源公司已于签约后实际履行了合同，且该公司出具的发票上也注明了上述合同编号，应视为其对上述买卖合同已经追认。故励源公司关于上述合同是乐海公司和李生泉为诉讼之需合谋伪造以及双方之间是委托开证关系而非买卖关系的上诉理由，没有事实根据，不能成立。本案买卖合同签订后，励源公司依约履行了交货义务，乐海公司已经如数收到了励源公司交付的货物，因此，乐海公司对励源公司负有支付货款的当然义务。乐海公司向其开证行汇通公司申请开立信用证是履行付款义务的行为，汇通公司在其开出的信用证为受益人励源公司接受，并对该公司的远期汇票作出承兑后，即构成对励源公司第一性付款义务，励源公司可以首先从汇通公司取得贷款。买卖双方约定信用证付款，目的是于买受人商业信用之上增加银行信用作为出卖人取得货款的保障，不应将此约定视为是对出卖人取得货款方式的限制。因此，银行的信用证付款虽然是第一性的付款，但不是绝对的付款。当汇通公司发生支付不能，未依约履行付款义务，励源公司无法通过信用证取得贷款时，即有权根据买卖合同要求乐海公司直接支付货款。乐海公司根据开证协议向汇通公司支付的保证金，是为保障开证行对受益人付款后之偿付权的实现，面向汇通公司提供的担保，与受益人无关。乐海公司在买卖合同中的付款义务并不因其向开证行支付保证金而得以履行，双方之间的债权债务关系也不会因此而消灭。即无论信用证条款是否有效，都不影响励源公司向乐海公司行使货款请求权。故在不能证明是借款的情况下，双方争议的款项只能认定是乐海公司向励源公司支付的货款，并非不当利益。原判关于励源公司收取的款项为不当得利的认定不当，应予纠正。乐海公司在开证行的选择上未能尽到谨慎的注意，应自行承担由此产生的商业风险。对于依约应当支付并且已经支付的货款，乐海公司无权请求励源公司返还。因此，乐海公司关于励源公司应向其返还 12626776.73 元人民币和深圳分公司、外贸总公司应对励源公司上述债务承担共同清偿责任的诉讼请求应予驳回。励源公司关于乐海公司应向其偿付尚欠的货款人民币 1077912.50 元的反诉请求，是根据乐海公司向其支付的款项和励源公司向香港至裕行和成倡公司付款的金额计算而来的，但励源公司未能提供将乐海公司支付的人民币、美元兑换成港币和将港币折算成人民币的相应证据，乐海公司对此未予认可。故励源公司的反诉请求，证据不足，不予支持。励源公司可在补充相关证据之后，向有管辖权的人民法院另行起诉。该院于 2000 年 9 月 25 日作出〔2000〕琼经终字第 38 号民事判决，判决如下：一、撤销海口市中级人民法院〔1999〕海中法经初字第 136 号民事判决；二、驳回乐海公司诉讼请求；三、驳回励源公司反诉请求。

三、海南省高级人民法院请示意见

终审判决后，乐海公司不服，向海南省高级人民法院申请再审。海南省高级人民法院研究后形成两种意见：多数人认为，信用证虽然是主要的付款来源，但不是唯一来源，如果这一渠道未能达到卖方的期望，他只能抛开信用证直接向买方请求付款。买方的付款责任是在银行对信用证不能承付时，买方对卖方的付款责任的自动恢复。由于卖方已交出单据，因而丧失对货物的控制权，此时，卖方可以直接向买方请求付款，也可以作为普通债权人从银行破产账户中获得清偿，不足部分由买方支付。就本案而言，励源公司在汇通公司不能付款的情况下，有权要求乐海公司支付贷款。

少数人认为，如果买方已经按合同要求开出信用证。那么，卖方只能要求银行付款，而绝对不能找买方，如果银行承兑远期汇票后收下单据，但以后丧失了支付能力，卖方应该在银行清盘时证明其债权，不能起诉买方，因为买方依约开立了信用证，就完全履行了债务，也就是说信用证是付款的唯一来源。就本案而言，乐海公司已向开证行足额交纳了开证保证金，如果允许卖方向买方直接索取货款，势必造成买一笔货物支付两笔货款的不公平现象。励源公司只能向汇通公司主张支付信用证项下款项。

最高人民法院
关于严禁随意止付信用证项下款项的通知

（2003 年 7 月 16 日　法〔2003〕103 号）

各省、自治区、直辖市高级人民法院，各受理涉外商事案件的中级人民法院及各海事法院：

今年以来，国际钢材市场价格大幅下跌。受其影响，我国国内部分钢材产品价格也呈下降趋势。进口成本与内销差价的急剧缩小直接影响了钢材进口商的商业利益。一些进口商遂要求银行寻找单据理由对外拒付，或者寻找一些非常牵强的所谓“欺诈”理由申请法院止付信用证项下款项。一些法院随意裁定止付所涉信用证项下的款项，已经对外造成了不良影响。为了维护我国法院和我国银行的国际形象，现通知如下：

1. 严格坚持信用证独立性原则。信用证是独立于基础交易的单据交易，只要受益人所提交的单据表面上符合信用证的要求，开证行就负有在规定的期限内付款的义务。信用证交易与基础交易属于两个不同的法律关系，一般情况下不得因为基础交易发生纠纷而裁定止付开证行所开立信用证项下的款项。

2. 严格坚持信用证欺诈例外原则适用的条件。只有在有充分的证据证明信用证项下存在欺诈，且银行在合理的时间内尚未对外付款的情况下，人民法院才可以根据开证申请人的请求，并在其提供担保的情况下裁定止付信用证项下款项。但如果信用证已经承兑并转让或者信用证已经议付，仍不得裁定止付。

各级人民法院应当对止付信用证项下款项高度重视，严禁在不符合条件的情况下随意裁定止付有关信用证项下款项，已经作出错误止付裁定的，相关人民法院应当立即予以纠正。

特此通知。

最高人民法院
关于连云港口福食品有限公司与韩国中小企业银行信用证纠纷一案的请示的复函

（2003年12月11日　〔2003〕民四他字第33号）

江苏省高级人民法院：

你院《关于连云港口福食品有限公司与韩国中小企业银行信用证纠纷一案的请示报告》收悉。经研究，答复如下：

同意你院的倾向性意见，即第一种处理意见。

倒签提单并不必然构成信用证欺诈，也并不必然导致银行可以以此为由拒付信用证项下的款项，应当分别情形处理。如果倒签提单的行为是出于受益人进行欺诈的主观恶意，即使倒签提单的行为是承运人所为，倒签提单作为一种欺诈手段，应当被认为构成信用证欺诈，银行可以据以拒付信用证项下的款项；如果倒签提单并非出于受益人的主观恶意，开证申请人的利益也并未因倒签提单的行为遭受实际损害，则不应认为构成信用证欺诈，银行不能以倒签提单为由拒付信用证项下的款项。综合本案的情况，不应认定口福公司构成欺诈，韩国银行无权以倒签提单为由拒付信用证项下的款项。

另外，你院在审理本案过程中，应注意查明本案所涉货物的实际处理情况，再作出正确判决，以避免引发新的纠纷。

此复。

附：

江苏省高级人民法院
关于连云港口福食品有限公司与韩国中小企业银行信用证纠纷一案的请示报告

最高人民法院：

我院在审理连云港口福食品有限公司（以下简称口福公司）与韩国中小企业银行（以下简称韩国银行）、中国银行连云港市核电站支行（以下简称电站支行）信用证纠纷一案时，涉及到承运人倒签提单问题。现就韩国银行能否以承运人倒签提单构成信用证欺诈为由，拒付信用证项下款项问题，向你院请示。

一、基本案情

2002年4月24日，韩国银行开出不可撤销跟单信用证一份，申请人韩国昌技公司，受益人口福公司，议付行为任何银行，付款人韩国银行，最迟装船日期2002年5月31日，所需单据为已签署的商业发票一式3份，全套正本清洁提单、装箱单一式3份等。口福公司收到信用证后，于2002年6月6日向电站支行提交了信用证项下的全套单据，其中提单正本载明的装船日期为2002年5月31日。电站支行在对上述单据进行了审核并认为单证相符的情况下，于当月7日通过快邮寄给了开证人。同月19日，电站支行收到韩国银行的2份拒付通知书，其拒付理由之一为提单日期伪造。电站支行与韩国银行多次交涉，韩国银行均拒付。同年9月3日，电站支行收到韩国银行退回的单据。同月9日，电站支行也将韩国银行退回的单据退给了口福公司。2002年9月，口福公司向原审法院南京中院提起诉讼，请求判决韩国银行支付信用证项下的款项，并由电站支行作为议付行承担连带付款责任。

韩国银行经一审法院合法传唤，未到庭参加诉讼，未申请延期审理，也未申请法院调查相关证据，庭后提交的几份证据包括“装船日期为2002年6月1日的提单副本复印件”，对方当事人不同意质证，一审法院对韩国中小企业银行庭后提交的证据未组织质证。一审法院认为，韩国中小企业银行未在举证期限内提供任何证据证明口福公司存在欺诈行为，其拒付信用证项下的款项无事实依据，判决韩国中小企业银行支付信用证项下的款项及相应的利息。

韩国银行在二审法院确定的举证期限内，以“因客观原因无法调取6月1日提单副本”为由，申请法院调取本案所涉货物承运船舶“凌泉河”轮的航海日志，以核实本案所涉提单的实际装船日期。经本院调查，可以确定如下事实：口福公司组织好货源后，首先找到韩国的泛洋轮，并在信用证规定的装船期前的5月30日开始装船，但因开证申请人（韩国买方）要求泛洋轮拒载，泛洋轮拒载了口福公司的货物，为此泛洋轮经法院调解（另案处理）赔偿口福公司9万元损失。后口福公司又找到本案承运人中国集装箱运输有限公司（以下简称中集公司）装运本案所涉货物，中集公司书面承诺5月31日前装完货物。但经本院向中集公司下属的青岛国际货运有限公司和山东外轮理货公司调查，本案所涉货物的实际装船时间为2002年5月31日23时30分至6月1日4时，签发提单的日期应为2002年6月1日。

二、关于本案的法律适用问题

1. 本案系信用证合同纠纷。本案各方当事人一审中均以《跟单信用证统一惯例》第500号出版物（以下简称UCP500）作为诉辩的法律依据，二审中明确表示同意适用UCP500处理本案信用证合同纠纷，故本案有关信用证合同的争议应适用UCP500。

2. 本案二审中的争议焦点之一是口福公司是否构成信用证欺诈，而UCP500并未涉及信用证欺诈及法律救济问题。本案各方当事人也未就信用证欺诈及法律救济的法律适用达成一致协议。本院认为，口福公司向电站支行交付单据是为了履行信用证交易中的交单义务，是履行信用证合同的行为，因此，本案受益人所在地应是信用证合同的履行地，与合同有最密切联系的国家的法律应是中国法律。故本案关于信用证欺诈及法律救济问题应适用中国法。

三、关于本案倒签提单的法律后果问题

关于本案韩国银行能否以倒签提单为由拒付信用证项下的款项问题，经我院审判委员会讨论，形成两种意见：

第一种意见（倾向性意见）认为：本案韩国银行不能以倒签提单为由拒付信用证项下的款项。理由：（1）关于信用证欺诈的构成要件。参照国际上有关国家的立法和司法判例，信用证欺诈必须具备以下条件：①必须是受益人实施或参与实施了欺诈行为。而提单欺诈通常是受益人篡改真实提单的真实内容，或者与承运人合谋由承运人签发内容严重失实的提单；②欺诈行为给开证申请人（即基础合同的买方）造成了实质性损害，即由于受益人实施

了欺诈行为导致基础合同的根本违约。就倒签提单的欺诈行为而言，当基础交易双方交易的是季节性、鲜活性货物时，或者当市场价格波动较大时，或者由于卖方未按期装运货物导致买方可能对其下家违约时，则买方就可能会将倒签提单的行为视为严重违约行为，从而构成实质性欺诈。（2）本案虽然存在倒签提单的客观事实，但从本案的实际情况来看，倒签提单系承运人所为，而不是信用证的受益人口福公司。（3）从本案承运人倒签提单的原因及其后果来看，本案货物未能及时装运与开证申请人阻挠受益人口福公司最初委托的承运人装运货物存在一定的因果关系，且提单倒签的时间只有4小时，韩国银行也没有证据证明买方因此而遭受重大损失。因此，本案在韩国银行没有证据证明受益人参与提单欺诈，且由于倒签提单给开证申请人造成实质性损害的情况下，不应适用信用证欺诈例外原则。韩国银行以本案存在倒签提单为由，要求适用信用证欺诈例外原则的理由不成立，应当予以驳回。

第二种意见认为：对于此类倒签提单情况是否构成欺诈，以及开证银行是否有权拒付信用证款项问题，我国法律尚无明确规定，一般情况下倒签提单可能危害交易安全，且开证银行亦有权以此为由提出单证实际不符问题，而不论受益人是否参与实施了倒签提单行为，因此对能否按上述第一种意见处理并无把握，建议向最高人民法院请示。

最后我院审委会一致同意就此案处理意见向最高人民法院请示，请予示复。

最高人民法院
关于中国银行股份有限公司莱芜分行与山东岱银纺织集团股份有限公司信用证纠纷一案的请示的复函

（2009年3月20日　〔2009〕民四他字第9号）

山东省高级人民法院：

你院〔2008〕鲁民四终字第113号《关于中国银行股份有限公司莱芜分行与山东岱银纺织集团股份有限公司信用证纠纷一案的请示》收悉。经研究，答复如下：

本案系国内信用证纠纷案件。本案所涉信用证载明系依据中国人民银行《国内信用证结算办法》开立，因此，本案应当适用中国人民银行《国内信用证结算办法》。

中国人民银行于1997年7月16日发布的《国内信用证结算办法》适用于国内企业之间商品交易的信用证结算，其中第二十八条规定："开证行审核单据发现不符时，应在收到单据的次日起五个营业日内将全部不符点用电讯方式通知交单人，该通知必须说明单据已代为保管听候处理。同时商洽开证申请人，开证申请人同意付款的，开证行应即办理付款，开证申请人不同意付款的，开证行应将单据退交议付行或将信用证正本、信用证修改书正本及单据退交受益人。"根据该条规定，在信用证项下存在不符点的情况下，开证行应当商洽开证申请人，如果开证申请人同意付款，开证行即应当付款。具体到本案，开证行中国银行股份有限公司莱芜分行认为受益人山东岱银纺织集团股份有限公司提交的KZ51S07126号信用证项下单据存在不符点，然而开证申请人山东王子纺织股份有限公司同意付款，在这种情况下，即使存在不符点，中国银行股份有限公司莱芜分行也应当向山东岱银纺织集团股份有限公司付款。

此复。

附：

山东省高级人民法院
关于中国银行股份有限公司莱芜分行与山东岱银纺织集团股份有限公司信用证纠纷一案的请示

（2009年2月9日　〔2008〕鲁民四终字第113号）

最高人民法院：

我院在审理中国银行股份有限公司莱芜分行（以下简称莱芜中行）与被上诉人山东岱银纺织集团股份有限公司（以下简称岱银集团）信用证纠纷一案中，对中国人民银行制定的《国内信用证结算办法》如何适用产生不同意见，特向钧院请示如下：

一、当事人及诉讼参加人的基本情况

上诉人（原审被告）：中国银行股份有限公司莱芜分行。住所地：山东省莱芜市鲁中东大街007号。

负责人：汪雷，行长。

被上诉人（原审原告）：山东岱银纺织集团股份有限公司。住所地：山东

省泰安市泰山区东岳大街东首。

法定代表人：赵焕臣，董事长。

二、原审法院审理情况

泰安中院查明，2007年6月4日，岱银集团（乙方）与山东王子纺织股份有限公司（甲方）（以下简称王子公司）签订工业品买卖合同一份，合同编号（2007－06－04－1），合同标的为棉纱，金额100万元，结算方式：国内信用证，交货方式为甲方自提，运输方式及费用负担为：汽运，甲方负担。2007年6月14日，王子公司向莱芜中行提交开立信用证申请书，约定并交纳开证保证金60万元，莱芜中行向王子公司开立KZ51S07126号信用证，载明：开证申请人为王子公司，受益人为岱银集团，开证金额为100万元，有效日期为2007年6月30日，通知行为泰安中行。运输方式汽运，合同号码2007－06－04－1，货物描述为棉纱计价100万元，付款方式为延期付款货物收据签发日后90天，可议付，受益人应提交的单据包括增值税发票、货物收据和货运收据。如果单证不符，付款时扣除450元，相关费用由受益人承担。本信用证依据中国人民银行《国内信用证结算办法》和申请人的开证申请开立。本信用证为不可撤销、不可转让信用证。我行保证在收到单证相符的单据后，履行付款的责任。

岱银集团向王子公司履行上述合同后，于2007年6月25日向通知行泰安中行提交托收申请及相关单据并提示付款，岱银集团提交的上述单据中没有信用证规定的运输单据。泰安中行审查单据后转交莱芜中行。2007年7月3日，莱芜中行向岱银集团发出不符点电，理由“未按信用证要求提交相关单据中的运输单据”。2007年7月5日，王子公司出具《同意信用证付款的函》，请求莱芜中行对号码KZ51S07126及号码：KZ5lS07120信用证予以付款。2007年7月6日，岱银集团派员赴莱芜中行交涉并转告王子公司的函。之后，莱芜中行同意并对KZ51S07120信用证进行了付款，对本案KZ51S07126信用证没有议付。

另查明，山东省莱芜市莱城区人民法院于2007年11月12日受理了王子公司的破产申请。

泰安中院认为，本案系信用证纠纷，按照最高人民法院涉外案件集中管辖的相关规定，信用证纠纷属集中管辖范围，该院对本案具有管辖权。

本案焦点之一在于莱芜中行不符点拒付的理由是否成立。本案诉争信用证条款中规定了受益人应提交的单据货运收据，而本案岱银集团未能提交货运收据，根据信用证的独立抽象性原则，开证行仅以单据为依据以确定其表面是否与信用证条款相符合，单据表面与信用证条款不符的，银行可以拒绝接受。因此本案岱银集团由于未能提交信用证规定的货运收据造成单证不符，开证行有权决定拒绝接受。岱银集团主张的结算惯例并不能对抗开证行对本案诉争信用证单据的处理。

本案另一焦点在于在开证申请人王子公司同意付款的情况下莱芜中行对信用证项下的款项是否应予支付，对此，《国内信用证结算办法》和《最高人民法院关于审理信用证纠纷案件若干问题的规定》作出了不同规定。《国内信用证结算办法》第二十八条规定，开证行审核单据发现不符时，应在收到单据的次日起五个营业日内将全部不符点用电讯方式通知交单人，该通知必须说明单据已代为保管听候处理。同时商洽开证申请人，开证申请人同意付款的，开证行应即办理付款，开证申请人不同意付款的，开证行应将单据退交议付行或将信用证正本、信用证修改书正本及单据退交受益人。《最高人民法院关于审理信用证纠纷案件若干问题的规定》第七条则规定，开证行有独立审查单据的权利和义务，有权自行作出单据与信用证条款、单据与单据之间是否在表面上相符的决定，并自行决定接受或者拒绝接受单据与信用证条款、单据与单据之间的不符点。开证行发现信用证项下存在不符点后，可以自行决定是否联系开证申请人接受不符点。开证申请人决定是否接受不符点，并不影响开证行最终决定是否接受不符点。开证行和开证申请人另有约定的除外。开证行向受益人明确表示接受不符点的，应当承担付款责任。开证行拒绝接受不符点时，受益人以开证申请人已接受不符点为由要求开证行承担信用证项下付款责任的，人民法院不予支持。因此，本焦点问题实为对本案纠纷处理依据的适用。对此，泰安市中级人民法院认为，《国内信用证结算办法》系专门规制国内信用证结算的部门规章，适用于国内企业之间商品交易的信用证结算，诉争信用证条款中明确载明“本信用证依据中国人民银行《国内信用证结算办法》和申请人的开证申请开立”，就意味着开证行在办理有关该信用证的开立、议付、付款事宜上即应按照该办法规定进行处理；否则脱离该办法将使诉争信用证缺乏结算依据；《最高人民法院关于审理信用证纠纷案件若干问题的规定》系参照国际商会《跟单信用证统一惯例》等相关国际惯例制定，主要针对国际信用证纠纷案件的审理作出相应规定，并不必然适用于国内信用证纠纷的处理，莱芜中行主张按照上述规定处理本案，不予采信；从地域关系分析，国内信用证的相关银行在业务受理、风险防范等方面较国际信用证有更大便捷，莱芜中行可以通过信用证合同对开证申请人王子公司的偿付能力作出有效控制，而受益人岱银集团选择国内信用证结算方式即意味着对开证行银行信誉和偿付能力的信赖，开证行基于诉争信用证应承担首要付款责任，其辩称王子公司没有到其处存款，其没有义务为开证申请人垫款的理由不能成立，不予支持。综上，本案应参照《国内信用证结算办法》进行处理，在开证申请人王子公司同意付款的情况下，开证行莱芜中行应即办理付款，其拒付理由不当，应当按照《国内信用证结算办法》第四十四条的规定按日万分之五标准向受益人支付赔偿金，岱银集团按照起诉时逾期付款的期限所主张的15000元赔偿金并不违反上述规定，应予支持。综上，参照《国内信用证结算办法》第二十八条、第四十四条之规定，经该院审判委员会讨论决定，判决：一、中国银行股份有限公司莱芜分行于本判决生效后十日内支付山东岱银纺织集团股份有限公司K251S07126信用证项下款项999999.78元；二、中国银行股份有限公司莱芜分行于本判决生效后十日内支付山东岱银纺织集团股份有限公司逾期付款赔偿金15000元（截至2007年12月27日）。如果未按本判决指定的期间履行给付金钱义务，应当依照《中华人民共和国民事诉讼法》第二百三十二条之规定，加倍支付迟延履行期间的债务利息。案件受理费13935元，由中国银行股份有限公司莱芜分行负担。

三、当事人的上诉请求及答辩情况

上诉人莱芜中行不服一审判决上诉称，岱银集团未能提供货运单据，属于单证不符，开证行只要拒绝接受不符点就没有付款的义务。原审法院依据《国内信用证结算办法》判决本案是错误的，应当适用《最高人民法院关于审理信用证纠纷案件若干问题的规定》来处理本案，信用证虽然是依据《国内信用证结算办法》和申请人的开证申请开立，但这只是对国内信用证开立条件、程序、结算等操作的描述，而不是对于产生纠纷后的法律适用所作的约定，《最高人民法院关于审理信用证纠纷案件若干问题的规定》生效晚于《国内信用证结算办法》，根据新法优于旧法的原则也应当适用《最高人民法院关于审理信用证纠纷案件若干问题的规定》。因此，莱芜中行作为开证行拒绝接受不符点，受益人以开证申请人已接受不符点为由要求开证行承担信用证项下付款责任，人民法院不应予以支持。请求：撤销（2008）泰民四初字第1号民事判决，依法驳回岱银集团的诉讼请求，一、二审诉讼费用由其承担。庭审后，莱芜中行提交上诉意见认为：根据《国内信用证结算办法》第二、七、八、三十一条的规定，开证行的付款承诺不受申请人与开证行关系的制约，即使申请人同意付款，在单据表面与信用证条款不符情况下，开证行有权拒绝接受。

被上诉人岱银集团辩称，《最高人民法院关于审理信用证纠纷案件若干问题的规定》是针对国际信用证纠纷案件作出的解释，本案是国内信用证纠纷，不具有涉外因素，不是依据《跟单信用证统一惯例》或者其他国际惯例开立，而是根据《国内信用证结算办法》开立，不能适用针对国际信用证而作的司法解释。同时《最高人民法院关于审理信用证纠纷案件若干问题的规定》第二条也确定了约定优于法定的原则，本案信用证条款载明是依据《国内信用证结算办法》开立，受益人接受了该信用证，信用证条款当然成为信用证当事人之间约定而具有法律约束力。岱银集团提供的单据只是缺少货运单据，在开证申请人同意付款的情况下，开证行应当根据《国内信用证结算办法》的规定付款。岱银集团与王子公司自2004年7月至2007年6月长达三年业务来往中，均是王子公司自提货物，在信用证结算业务中均未提交运输单据，客观上也不存在运输单据，莱芜中行均予以付款，岱银集团接受有运输单据条款信用证是基于莱芜中行一贯的做法及信赖，因此，根据双方操作惯例，莱芜中行也应当付款。

四、二审查明事实

二审查明事实同一审法院认定事实。

五、处理意见

本案的争议焦点是适用《国内信用证结算办法》还是适用《最高人民法院关于审理信用证纠纷案件若干问题的规定》处理本案纠纷，以及《国内信用证结算办法》如何适用。

合议庭对适用《国内信用证结算办法》处理本案争议意见是统一的，但对该结算办法具体法律条文的适用存在争议，形成以下两种意见：

1. 根据结算办法第三十一条，开证行在单据与信用证不符时有权拒绝接受，应理解为有权拒绝接受不符点，莱芜中行在通知泰安中行拒付的情况下，其不再承担付款的责任。

2. 根据结算办法第三十一条，在单据与信用证表面不符时，银行有权拒绝的是单据，本案中银行保留了单据，则排除了该条的适用，而适用第二十八条。在开证申请人出具保函同意付款的情况下，根据第二十八条规定，莱芜中行应当付款。

我院倾向于第一种意见。

以上意见当否，请指示。

最高人民法院关于当前人民法院审理信用证纠纷案件应当注意问题的通知

（2009年7月24日　法明传〔2009〕499号）

各省、自治区、直辖市高级人民法院：

我院法释〔2005〕13号《关于审理信用证纠纷案件若干问题的规定》自2006年1月1日起实施以来，为各级人民法院审理信用证纠纷案件提供了具有可操作性的法律依据，取得了较好的法律效果和社会效果。然而，自2008年全球金融危机爆发以来，各地人民法院受理的信用证纠纷案件又有上升趋势，部分人民法院在审理信用证纠纷案件的过程中，特别是在裁定中止支付信用证项下款项的问题上，没有严格执行我院《关于审理信用证纠纷案件若干问题的规定》的相关规定。为此，在充分调研的基础上，我院结合审判实践，就当前人民法院审理信用证纠纷案件应当注意的几个问题通知如下：

一、各级人民法院应当进一步明确审理信用证纠纷案件的内部分工，将信用证纠纷案件包括申请中止支付信用证项下款项案件统一交负责审理涉外民商事案件的业务庭审理，避免信用证纠纷案件在同一法院不同的业务庭审理而导致裁判尺度不一。

二、各级人民法院在根据当事人的申请做出中止支付信用证项下款项裁定的过程中，应当继续严格执行我院《关于审理信用证纠纷案件若干问题的规定》中的相关规定，特别是要严格把握关于裁定中止支付信用证项下款项应当具备的条件和做出相关裁定的期限。

三、《关于审理信用证纠纷案件若干问题的规定》第十条规定的目的在于保护善意第三人，根据该条第二项的规定，在存在信用证欺诈的情况下，即使开证行或者其指定人、授权人已经对信用证项下票据善意地做出了承兑，而如果没有善意第三人存在，亦不属于信用证欺诈例外的例外情形，人民法院在符合其他相关条件的情况下仍然可以裁定中止支付信用证项下款项。

四、当事人对人民法院作出的中止支付信用证项下款项的有关裁定申请再审，人民法院应不予受理。

五、开证行或者其指定人、授权人通过SWIFT系统发出的承兑电文，构成有效的信用证项下承兑。

第十二章　海商、海事

（一）海商、海事

中华人民共和国海商法

（1992年11月7日第七届全国人民代表大会常务委员会第二十八次会议通过
1992年11月7日中华人民共和国主席令第64号公布　自1993年7月1日起施行）

目　录

第一章　总　则

第一条　为了调整海上运输关系、船舶关系，维护当事人各方的合法权益，促进海上运输和经济贸易的发展，制定本法。

第二条　本法所称海上运输，是指海上货物运输和海上旅客运输，包括海江之间、江海之间的直达运输。

本法第四章海上货物运输合同的规定，不适用于中华人民共和国港口之间的海上货物运输。

第三条　本法所称船舶，是指海船和其他海上移动式装置，但是用于军事的、政府公务的船舶和20总吨以下的小型船艇除外。

前款所称船舶，包括船舶属具。

第四条　中华人民共和国港口之间的海上运输和拖航，由悬挂中华人民共和国国旗的船舶经营。但是，法律、行政法规另有规定的除外。

非经国务院交通主管部门批准，外国籍船舶不得经营中华人民共和国港口之间的海上运输和拖航。

第五条　船舶经依法登记取得中华人民共和国国籍，有权悬挂中华人民共和国国旗航行。

船舶非法悬挂中华人民共和国国旗航行的，由有关机关予以制止，处以罚款。

第六条 海上运输由国务院交通主管部门统一管理，具体办法由国务院交通主管部门制定，报国务院批准后施行。

第二章 船 舶

第一节 船舶所有权

第七条 船舶所有权，是指船舶所有人依法对其船舶享有占有、使用、收益和处分的权利。

第八条 国家所有的船舶由国家授予具有法人资格的全民所有制企业经营管理的，本法有关船舶所有人的规定适用于该法人。

第九条 船舶所有权的取得、转让和消灭，应当向船舶登记机关登记；未经登记的，不得对抗第三人。

船舶所有权的转让，应当签订书面合同。

第十条 船舶由两个以上的法人或者个人共有的，应当向船舶登记机关登记；未经登记的，不得对抗第三人。

第二节 船舶抵押权

第十一条 船舶抵押权，是指抵押权人对于抵押人提供的作为债务担保的船舶，在抵押人不履行债务时，可以依法拍卖，从卖得的价款中优先受偿的权利。

第十二条 船舶所有人或者船舶所有人授权的人可以设定船舶抵押权。

船舶抵押权的设定，应当签订书面合同。

第十三条 设定船舶抵押权，由抵押权人和抵押人共同向船舶登记机关办理抵押权登记；未经登记的，不得对抗第三人。

船舶抵押权登记，包括下列主要项目：

（一）船舶抵押权人和抵押人的姓名或者名称、地址；

（二）被抵押船舶的名称、国籍、船舶所有权证书的颁发机关和证书号码；

（三）所担保的债权数额、利息率、受偿期限。

船舶抵押权的登记状况，允许公众查询。

第十四条 建造中的船舶可以设定船舶抵押权。

建造中的船舶办理抵押权登记，还应当向船舶登记机关提交船舶建造合同。

第十五条 除合同另有约定外，抵押人应当对被抵押船舶进行保险；未保险的，抵押权人有权对该船舶进行保险，保险费由抵押人负担。

第十六条 船舶共有人就共有船舶设定抵押权，应当取得持有 2/3 以上份额的共有人的同意，共有人之间另有约定的除外。

船舶共有人设定的抵押权，不因船舶的共有权的分割而受影响。

第十七条 船舶抵押权设定后，未经抵押权人同意，抵押人不得将被抵押船舶转让给他人。

第十八条 抵押权人将被抵押船舶所担保的债权全部或者部分转让他人的，抵押权随之转移。

第十九条 同一船舶可以设定两个以上抵押权，其顺序以登记的先后为准。

同一船舶设定两个以上抵押权的，抵押权人按照抵押权登记的先后顺序，从船舶拍卖所得价款中依次受偿。同日登记的抵押权，按照同一顺序受偿。

第二十条 被抵押船舶灭失，抵押权随之消灭。由于船舶灭失得到的保险赔偿，抵押权人有权优先于其他债权人受偿。

第三节　船舶优先权

第二十一条 船舶优先权，是指海事请求人依照本法第二十二条的规定，向船舶所有人、光船承租人、船舶经营人提出海事请求，对产生该海事请求的船舶具有优先受偿的权利。

第二十二条 下列各项海事请求具有船舶优先权：

（一）船长、船员和在船上工作的其他在编人员根据劳动法律、行政法规或者劳动合同所产生的工资、其他劳动报酬、船员遣返费用和社会保险费用的给付请求；

（二）在船舶营运中发生的人身伤亡的赔偿请求；

（三）船舶吨税、引航费、港务费和其他港口规费的缴付请求；

（四）海难救助的救助款项的给付请求；

（五）船舶在营运中因侵权行为产生的财产赔偿请求。

载运 2000 吨以上的散装货油的船舶，持有有效的证书，证明已经进行油污损害民事责任保险或者具有相应的财务保证的，对其造成的油污损害的赔偿请求，不属于前款第（五）项规定的范围。

第二十三条 本法第二十二条第一款所列各项海事请求，依照顺序受偿。但是，第（四）项海事请求，后于第（一）项至第（三）项发生的，应当先于第（一）项至第（三）项受偿。

本法第二十二条第一款第（一）、（二）、（三）、（五）项中有两个以上海事请求的，不分先后，同时受偿；不足受偿的，按照比例受偿。第（四）项中有两个以上海事请求的，后发生的先受偿。

第二十四条　因行使船舶优先权产生的诉讼费用，保存、拍卖船舶和分配船舶价款产生的费用，以及为海事请求人的共同利益而支付的其他费用，应当从船舶拍卖所得价款中先行拨付。

第二十五条　船舶优先权先于船舶留置权受偿，船舶抵押权后于船舶留置权受偿。

前款所称船舶留置权，是指造船人、修船人在合同另一方未履行合同时，可以留置所占有的船舶，以保证造船费用或者修船费用得以偿还的权利。船舶留置权在造船人、修船人不再占有所造或者所修的船舶时消灭。

第二十六条　船舶优先权不因船舶所有权的转让而消灭。但是，船舶转让时，船舶优先权自法院应受让人申请予以公告之日起满 60 日不行使的除外。

第二十七条　本法第二十二条规定的海事请求权转移的，其船舶优先权随之转移。

第二十八条　船舶优先权应当通过法院扣押产生优先权的船舶行使。

第二十九条　船舶优先权，除本法第二十六条规定的外，因下列原因之一而消灭：

（一）具有船舶优先权的海事请求，自优先权产生之日起满 1 年不行使；

（二）船舶经法院强制出售；

（三）船舶灭失。

前款第（一）项的 1 年期限，不得中止或者中断。

第三十条　本节规定不影响本法第十一章关于海事赔偿责任限制规定的实施。

第三章　船　员

第一节　一般规定

第三十一条　船员，是指包括船长在内的船上一切任职人员。

第三十二条　船长、驾驶员、轮机长、轮机员、电机员、报务员，必须由持有相应适任证书的人担任。

第三十三条　从事国际航行的船舶的中国籍船员，必须持有中华人民共和国港务监督机构颁发的海员证和有关证书。

第三十四条　船员的任用和劳动方面的权利、义务，本法没有规定的，适用有关法律、行政法规的规定。

第二节　船　长

第三十五条　船长负责船舶的管理和驾驶。

船长在其职权范围内发布的命令，船员、旅客和其他在船人员都必须执行。

船长应当采取必要的措施，保护船舶和在船人员、文件、邮件、货物以及其他财产。

第三十六条　为保障在船人员和船舶的安全，船长有权对在船上进行违法、犯罪活动的人采取禁闭或者其他必要措施，并防止其隐匿、毁灭、伪造证据。

船长采取前款措施，应当制作案情报告书，由船长和两名以上在船人员签字，连同人犯送交有关当局处理。

第三十七条　船长应当将船上发生的出生或者死亡事件记入航海日志，并在两名证人的参加下制作证明书。死亡证明书应当附有死者遗物清单。死者有遗嘱的，船长应当予以证明。死亡证明书和遗嘱由船长负责保管，并送交家属或者有关方面。

第三十八条　船舶发生海上事故，危及在船人员和财产的安全时，船长应当组织船员和其他在船人员尽力施救。在船舶的沉没、毁灭不可避免的情况下，船长可以作出弃船决定；但是，除紧急情况外，应当报经船舶所有人同意。

弃船时，船长必须采取一切措施，首先组织旅客安全离船，然后安排船员离船，船长应当最后离船。在离船前，船长应当指挥船员尽力抢救航海日志、机舱日志、油类记录簿、无线电台日志、本航次使用过的海图和文件，以及贵重物品、邮件和现金。

第三十九条　船长管理船舶和驾驶船舶的责任，不因引航员引领船舶而解除。

第四十条　船长在航行中死亡或者因故不能执行职务时，应当由驾驶员中职务最高的人代理船长职务；在下一个港口开航前，船舶所有人应当指派新船长接任。

第四章　海上货物运输合同

第一节　一般规定

第四十一条　海上货物运输合同，是指承运人收取运费，负责将托运人托运的货物经海路由一港运至另一港的合同。

第四十二条　本章下列用语的含义：

（一）“承运人”，是指本人或者委托他人以本人名义与托运人订立海上货物运输合同的人。

（二）“实际承运人”，是指接受承运人委托，从事货物运输或者部分运输的人，包括接受转委托从事此项运输的其他人。

（三）“托运人”，是指：

1. 本人或者委托他人以本人名义或者委托他人为本人与承运人订立海上货物运输合同的人；

2. 本人或者委托他人以本人名义或者委托他人为本人将货物交给与海上货物运输合同有关的承运人的人。

（四）“收货人”，是指有权提取货物的人。

（五）“货物”，包括活动物和由托运人提供的用于集装货物的集装箱、货盘或者类似的装运器具。

第四十三条　承运人或者托运人可以要求书面确认海上货物运输合同的成立。但是，航次租船合同应当书面订立。电报、电传和传真具有书面效力。

第四十四条　海上货物运输合同和作为合同凭证的提单或者其他运输单证中的条款，违反本章规定的，无效。此类条款的无效，不影响该合同和提单或者其他运输单证中其他条款的效力。将货物的保险利益转让给承运人的条款或者类似条款，无效。

第四十五条　本法第四十四条的规定不影响承运人在本章规定的承运人责任和义务之外，增加其责任和义务。

第二节　承运人的责任

第四十六条　承运人对集装箱装运的货物的责任期间，是指从装货港接收货物时起至卸货港交付货物时止，货物处于承运人掌管之下的全部期间。承运人对非集装箱装运的货物的责任期间，是指从货物装上船时起至卸下船时止，货物处于承运人掌管之下的全部期间。在承运人的责任期间，货物发生灭失或者损坏，除本节另有规定外，承运人应当负赔偿责任。

前款规定，不影响承运人就非集装箱装运的货物，在装船前和卸船后所承担的责任，达成任何协议。

第四十七条　承运人在船舶开航前和开航当时，应当谨慎处理，使船舶处于适航状态，妥善配备船员、装备船舶和配备供应品，并使货舱、冷藏舱、冷气舱和其他载货处所适于并能安全收受、载运和保管货物。

第四十八条　承运人应当妥善地、谨慎地装载、搬移、积载、运输、保管、照料和卸载所运货物。

第四十九条 承运人应当按照约定的或者习惯的或者地理上的航线将货物运往卸货港。

船舶在海上为救助或者企图救助人命或者财产而发生的绕航或者其他合理绕航，不属于违反前款规定的行为。

第五十条 货物未能在明确约定的时间内，在约定的卸货港交付的，为迟延交付。

除依照本章规定承运人不负赔偿责任的情形外，由于承运人的过失，致使货物因迟延交付而灭失或者损坏的，承运人应当负赔偿责任。

除依照本章规定承运人不负赔偿责任的情形外，由于承运人的过失，致使货物因迟延交付而遭受经济损失的，即使货物没有灭失或者损坏，承运人仍然应当负赔偿责任。

承运人未能在本条第一款规定的时间届满 60 日内交付货物，有权对货物灭失提出赔偿请求的人可以认为货物已经灭失。

第五十一条 在责任期间货物发生的灭失或者损坏是由于下列原因之一造成的，承运人不负赔偿责任：

（一）船长、船员、引航员或者承运人的其他受雇人在驾驶船舶或者管理船舶中的过失；

（二）火灾，但是由于承运人本人的过失所造成的除外；

（三）天灾，海上或者其他可航水域的危险或者意外事故；

（四）战争或者武装冲突；

（五）政府或者主管部门的行为、检疫限制或者司法扣押；

（六）罢工、停工或者劳动受到限制；

（七）在海上救助或者企图救助人命或者财产；

（八）托运人、货物所有人或者他们的代理人的行为；

（九）货物的自然特性或者固有缺陷；

（十）货物包装不良或者标志欠缺、不清；

（十一）经谨慎处理仍未发现的船舶潜在缺陷；

（十二）非由于承运人或者承运人的受雇人、代理人的过失造成的其他原因。

承运人依照前款规定免除赔偿责任的，除第（二）项规定的原因外，应当负举证责任。

第五十二条 因运输活动物的固有的特殊风险造成活动物灭失或者损害的，承运人不负赔偿责任。但是，承运人应当证明业已履行托运人关于运输活动物的特别要求，并证明根据实际情况，灭失或者损害是由于此种固有的特殊风险造成的。

第五十三条 承运人在舱面上装载货物，应当同托运人达成协议，或者符合航运惯例，或者符合有关法律、行政法规的规定。

承运人依照前款规定将货物装载在舱面上，对由于此种装载的特殊风险造成的货物灭失或者损坏，不负赔偿责任。

承运人违反本条第一款规定将货物装载在舱面上，致使货物遭受灭失或者损坏的，应当负赔偿责任。

第五十四条 货物的灭失、损坏或者迟延交付是由于承运人或者承运人的受雇人、代理人的不能免除赔偿责任的原因和其他原因共同造成的，承运人仅在其不能免除赔偿责任的范围内负赔偿责任；但是，承运人对其他原因造成的灭失、损坏或者迟延交付应当负举证责任。

第五十五条 货物灭失的赔偿额，按照货物的实际价值计算；货物损坏的赔偿额，按照货物受损前后实际价值的差额或者货物的修复费用计算。

货物的实际价值，按照货物装船时的价值加保险费加运费计算。

前款规定的货物实际价值，赔偿时应当减去因货物灭失或者损坏而少付或者免付的有关费用。

第五十六条 承运人对货物的灭失或者损坏的赔偿限额，按照货物件数或者其他货运单位数计算，每件或者每个其他货运单位为 666.67 计算单位，或者按照货物毛重计算，每公斤为 2 计算单位，以二者中赔偿限额较高的为准。但是，托运人在货物装运前已经申报其性质和价值，并在提单中载明的，或者承运人与托运人已经另行约定高于本条规定的赔偿限额的除外。

货物用集装箱、货盘或者类似装运器具集装的，提单中载明装在此类装运器具中的货物件数或者其他货运单位数，视为前款所指的货物件数或者其他货运单位数；未载明的，每一装运器具视为一件或者一个单位。

装运器具不属于承运人所有或者非由承运人提供的，装运器具本身应当视为一件或者一个单位。

第五十七条 承运人对货物因迟延交付造成经济损失的赔偿限额，为所迟延交付的货物的运费数额。货物的灭失或者损坏和迟延交付同时发生的，承运人的赔偿责任限额适用本法第五十六条第一款规定的限额。

第五十八条 就海上货物运输合同所涉及的货物灭失、损坏或者迟延交付对承运人提起的任何诉讼，不论海事请求人是否合同的一方，也不论是根据合同或者是根据侵权行为提起的，均适用本章关于承运人的抗辩理由和限制赔偿责任的规定。

前款诉讼是对承运人的受雇人或者代理人提起的，经承运人的受雇人或者代理人证明，其行为是在受雇或者受委托的范围之内的，适用前款规定。

第五十九条 经证明，货物的灭失、损坏或者迟延交付是由于承运人的故意或者明知可能造成损失而轻率地作为或者不作为造成的，承运人不得援用本法第五十六条或者第五十七条限制赔偿责任的规定。

经证明，货物的灭失、损坏或者迟延交付是由于承运人的受雇人、代理人的故意或者明知可能造成损失而轻率地作为或者不作为造成的，承运人的受雇人或者代理人不得援用本法第五十六条或者第五十七条限制赔偿责任的规定。

第六十条 承运人将货物运输或者部分运输委托给实际承运人履行的，承运人仍然应当依照本章规定对全部运输负责。对实际承运人承担的运输，承运人应当对实际承运人的行为或者实际承运人的受雇人、代理人在受雇或者受委托的范围内的行为负责。

虽有前款规定，在海上运输合同中明确约定合同所包括的特定的部分运输由承运人以外的指定的实际承运人履行的，合同可以同时约定，货物在指定的实际承运人掌管期间发生的灭失、损坏或者迟延交付，承运人不负赔偿责任。

第六十一条 本章对承运人责任的规定，适用于实际承运人。对实际承运人的受雇人、代理人提起诉讼的，适用本法第五十八条第二款和第五十九条第二款的规定。

第六十二条 承运人承担本章未规定的义务或者放弃本章赋予的权利的任何特别协议，经实际承运人书面明确同意的，对实际承运人发生效力；实际承运人是否同意，不影响此项特别协议对承运人的效力。

第六十三条 承运人与实际承运人都负有赔偿责任的，应当在此项责任范围内负连带责任。

第六十四条 就货物的灭失或者损坏分别向承运人、实际承运人以及他们的受雇人、代理人提出赔偿请求的，赔偿总额不超过本法第五十六条规定的限额。

第六十五条 本法第六十条至第六十四条的规定，不影响承运人和实际承运人之间相互追偿。

第三节 托运人的责任

第六十六条 托运人托运货物，应当妥善包装，并向承运人保证，货物装船时所提供的货物的品名、标志、包数或者件数、重量或者体积的正确性；由于包装不良或者上述资料不正确，对承运人造成损失的，托运人应当负赔偿责任。

承运人依照前款规定享有的受偿权利，不影响其根据货物运输合同对托运人以外的人所承担的责任。

第六十七条　托运人应当及时向港口、海关、检疫、检验和其他主管机关办理货物运输所需要的各项手续，并将已办理各项手续的单证送交承运人；因办理各项手续的有关单证送交不及时、不完备或者不正确，使承运人的利益受到损害的，托运人应当负赔偿责任。

第六十八条　托运人托运危险货物，应当依照有关海上危险货物运输的规定，妥善包装，作出危险品标志和标签，并将其正式名称和性质以及应当采取的预防危害措施书面通知承运人；托运人未通知或者通知有误的，承运人可以在任何时间、任何地点根据情况需要将货物卸下、销毁或者使之不能为害，而不负赔偿责任。托运人对承运人因运输此类货物所受到的损害，应当负赔偿责任。

承运人知道危险货物的性质并已同意装运的，仍然可以在该项货物对于船舶、人员或者其他货物构成实际危险时，将货物卸下、销毁或者使之不能为害，而不负赔偿责任。但是，本款规定不影响共同海损的分摊。

第六十九条　托运人应当按照约定向承运人支付运费。

托运人与承运人可以约定运费由收货人支付；但是，此项约定应当在运输单证中载明。

第七十条　托运人对承运人、实际承运人所遭受的损失或者船舶所遭受的损坏，不负赔偿责任；但是，此种损失或者损坏是由于托运人或者托运人的受雇人、代理人的过失造成的除外。

托运人的受雇人、代理人对承运人、实际承运人所遭受的损失或者船舶所遭受的损坏，不负赔偿责任；但是，这种损失或者损坏是由于托运人的受雇人、代理人的过失造成的除外。

第四节　运输单证

第七十一条　提单，是指用以证明海上货物运输合同和货物已经由承运人接收或者装船，以及承运人保证据以交付货物的单证。提单中载明的向记名人交付货物，或者按照指示人的指示交付货物，或者向提单持有人交付货物的条款，构成承运人据以交付货物的保证。

第七十二条　货物由承运人接收或者装船后，应托运人的要求，承运人应当签发提单。

提单可以由承运人授权的人签发。提单由载货船舶的船长签发的，视为代表承运人签发。

第七十三条　提单内容，包括下列各项：

（一）货物的品名、标志、包数或者件数、重量或者体积，以及运输危险货物时对危险性质的说明；

（二）承运人的名称和主营业所；

（三）船舶名称；

（四）托运人的名称；

（五）收货人的名称；

（六）装货港和在装货港接收货物的日期；

（七）卸货港；

（八）多式联运提单增列接收货物地点和交付货物地点；

（九）提单的签发日期、地点和份数；

（十）运费的支付；

（十一）承运人或者其代表的签字。

提单缺少前款规定的一项或者几项的，不影响提单的性质；但是，提单应当符合本法第七十一条的规定。

第七十四条 货物装船前，承运人已经应托运人的要求签发收货待运提单或者其他单证的，货物装船完毕，托运人可以将收货待运提单或者其他单证退还承运人，以换取已装船提单；承运人也可以在收货待运提单上加注承运船舶的船名和装船日期，加注后的收货待运提单视为已装船提单。

第七十五条 承运人或者代其签发提单的人，知道或者有合理的根据怀疑提单记载的货物的品名、标志、包数或者件数、重量或者体积与实际接收的货物不符，在签发已装船提单的情况下怀疑与已装船的货物不符，或者没有适当的方法核对提单记载的，可以在提单上批注，说明不符之处、怀疑的根据或者说明无法核对。

第七十六条 承运人或者代其签发提单的人未在提单上批注货物表面状况的，视为货物的表面状况良好。

第七十七条 除依照本法第七十五条的规定作出保留外，承运人或者代其签发提单的人签发的提单，是承运人已经按照提单所载状况收到货物或者货物已经装船的初步证据；承运人向善意受让提单的包括收货人在内的第三人提出的与提单所载状况不同的证据，不予承认。

第七十八条 承运人同收货人、提单持有人之间的权利、义务关系，依据提单的规定确定。

收货人、提单持有人不承担在装货港发生的滞期费、亏舱费和其他与装货有关的费用，但是提单中明确载明上述费用由收货人、提单持有人承担的除外。

第七十九条 提单的转让，依照下列规定执行：

（一）记名提单：不得转让；

（二）指示提单：经过记名背书或者空白背书转让；

（三）不记名提单：无需背书，即可转让。

第八十条　承运人签发提单以外的单证用以证明收到待运货物的，此项单证即为订立海上货物运输合同和承运人接收该单证中所列货物的初步证据。

承运人签发的此类单证不得转让。

第五节　货物交付

第八十一条　承运人向收货人交付货物时，收货人未将货物灭失或者损坏的情况书面通知承运人的，此项交付视为承运人已经按照运输单证的记载交付以及货物状况良好的初步证据。

货物灭失或者损坏的情况非显而易见的，在货物交付的次日起连续7日内，集装箱货物交付的次日起连续15日内，收货人未提交书面通知的，适用前款规定。

货物交付时，收货人已经会同承运人对货物进行联合检查或者检验的，无需就所查明的灭失或者损坏的情况提交书面通知。

第八十二条　承运人自向收货人交付货物的次日起连续60日内，未收到收货人就货物因迟延交付造成经济损失而提交的书面通知的，不负赔偿责任。

第八十三条　收货人在目的港提取货物前或者承运人在目的港交付货物前，可以要求检验机构对货物状况进行检验；要求检验的一方应当支付检验费用，但是有权向造成货物损失的责任方追偿。

第八十四条　承运人和收货人对本法第八十一条和第八十三条规定的检验，应当相互提供合理的便利条件。

第八十五条　货物由实际承运人交付的，收货人依照本法第八十一条的规定向实际承运人提交的书面通知，与向承运人提交书面通知具有同等效力；向承运人提交的书面通知，与向实际承运人提交书面通知具有同等效力。

第八十六条　在卸货港无人提取货物或者收货人迟延、拒绝提取货物的，船长可以将货物卸在仓库或者其他适当场所，由此产生的费用和风险由收货人承担。

第八十七条　应当向承运人支付的运费、共同海损分摊、滞期费和承运人为货物垫付的必要费用以及应当向承运人支付的其他费用没有付清，又没有提供适当担保的，承运人可以在合理的限度内留置其货物。

第八十八条　承运人根据本法第八十七条规定留置的货物，自船舶抵达卸货港的次日起满60日无人提取的，承运人可以申请法院裁定拍卖；货物易腐烂变质或者货物的保管费用可能超过其价值的，可以申请提前拍卖。

拍卖所得价款，用于清偿保管、拍卖货物的费用和运费以及应当向承运人支付的其他有关费用；不足的金额，承运人有权向托运人追偿；剩余的金额，退还托运人；无法退还、自拍卖之日起满1年又无人领取的，上缴国库。

第六节　合同的解除

第八十九条　船舶在装货港开航前，托运人可以要求解除合同。但是，除合同另有约定外，托运人应当向承运人支付约定运费的一半；货物已经装船的，并应当负担装货、卸货和其他与此有关的费用。

第九十条　船舶在装货港开航前，因不可抗力或者其他不能归责于承运人和托运人的原因致使合同不能履行的，双方均可以解除合同，并互相不负赔偿责任。除合同另有约定外，运费已经支付的，承运人应当将运费退还给托运人；货物已经装船的，托运人应当承担装卸费用；已经签发提单的，托运人应当将提单退还承运人。

第九十一条　因不可抗力或者其他不能归责于承运人和托运人的原因致使船舶不能在合同约定的目的港卸货的，除合同另有约定外，船长有权将货物在目的港邻近的安全港口或者地点卸载，视为已经履行合同。

船长决定将货物卸载的，应当及时通知托运人或者收货人，并考虑托运人或者收货人的利益。

第七节　航次租船合同的特别规定

第九十二条　航次租船合同，是指船舶出租人向承租人提供船舶或者船舶的部分舱位，装运约定的货物，从一港运至另一港，由承租人支付约定运费的合同。

第九十三条　航次租船合同的内容，主要包括出租人和承租人的名称、船名、船籍、载货重量、容积、货名、装货港和目的港、受载期限、装卸期限、运费、滞期费、速遣费以及其他有关事项。

第九十四条　本法第四十七条和第四十九条的规定，适用于航次租船合同的出租人。

本章其他有关合同当事人之间的权利、义务的规定，仅在航次租船合同没有约定或者没有不同约定时，适用于航次租船合同的出租人和承租人。

第九十五条　对按照航次租船合同运输的货物签发的提单，提单持有人不是承租人的，承运人与该提单持有人之间的权利、义务关系适用提单的约定。但是，提单中载明适用航次租船合同条款的，适用该航次租船合同的条款。

第九十六条　出租人应当提供约定的船舶；经承租人同意，可以更换船舶。但是，提供的船舶或者更换的船舶不符合合同约定的，承租人有权拒绝或者解除合同。

因出租人过失未提供约定的船舶致使承租人遭受损失的，出租人应当负赔偿责任。

第九十七条　出租人在约定的受载期限内未能提供船舶的，承租人有权解除合同。但是，出租人将船舶延误情况和船舶预期抵达装货港的日期通知承租人的，承租人应当自收到通知时起48小时内，将是否解除合同的决定通知出租人。

因出租人过失延误提供船舶致使承租人遭受损失的，出租人应当负赔偿责任。

第九十八条　航次租船合同的装货、卸货期限及其计算办法，超过装货、卸货期限后的滞期费和提前完成装货、卸货的速遣费，由双方约定。

第九十九条　承租人可以将其租用的船舶转租；转租后，原合同约定的权利和义务不受影响。

第一百条　承租人应当提供约定的货物；经出租人同意，可以更换货物。但是，更换的货物对出租人不利的，出租人有权拒绝或者解除合同。

因未提供约定的货物致使出租人遭受损失的，承租人应当负赔偿责任。

第一百零一条　出租人应当在合同约定的卸货港卸货。合同订有承租人选择卸货港条款的，在承租人未按照合同约定及时通知确定的卸货港时，船长可以从约定的选卸港中自行选定一港卸货。承租人未按照合同约定及时通知确定的卸货港，致使出租人遭受损失的，应当负赔偿责任。出租人未按照合同约定，擅自选定港口卸货致使承租人遭受损失的，应当负赔偿责任。

第八节　多式联运合同的特别规定

第一百零二条　本法所称多式联运合同，是指多式联运经营人以两种以上的不同运输方式，其中一种是海上运输方式，负责将货物从接收地运至目的地交付收货人，并收取全程运费的合同。

前款所称多式联运经营人，是指本人或者委托他人以本人名义与托运人订立多式联运合同的人。

第一百零三条　多式联运经营人对多式联运货物的责任期间，自接收货物时起至交付货物时止。

第一百零四条　多式联运经营人负责履行或者组织履行多式联运合同，并对全程运输负责。

多式联运经营人与参加多式联运的各区段承运人，可以就多式联运合同的各区段运输，另以合同约定相互之间的责任。但是，此项合同不得影响多式联运经营人对全程运输所承担的责任。

第一百零五条 货物的灭失或者损坏发生于多式联运的某一运输区段的，多式联运经营人的赔偿责任和责任限额，适用调整该区段运输方式的有关法律规定。

第一百零六条 货物的灭失或者损坏发生的运输区段不能确定的，多式联运经营人应当依照本章关于承运人赔偿责任和责任限额的规定负赔偿责任。

第五章 海上旅客运输合同

第一百零七条 海上旅客运输合同，是指承运人以适合运送旅客的船舶经海路将旅客及其行李从一港运送至另一港，由旅客支付票款的合同。

第一百零八条 本章下列用语的含义：

（一）“承运人”，是指本人或者委托他人以本人名义与旅客订立海上旅客运输合同的人。

（二）“实际承运人”，是指接受承运人委托，从事旅客运送或者部分运送的人，包括接受转委托从事此项运送的其他人。

（三）“旅客”，是指根据海上旅客运输合同运送的人；经承运人同意，根据海上货物运输合同，随船护送货物的人，视为旅客。

（四）“行李”，是指根据海上旅客运输合同由承运人载运的任何物品和车辆，但是活动物除外。

（五）“自带行李”，是指旅客自行携带、保管或者放置在客舱中的行李。

第一百零九条 本章关于承运人责任的规定，适用于实际承运人。本章关于承运人的受雇人、代理人责任的规定，适用于实际承运人的受雇人、代理人。

第一百一十条 旅客客票是海上旅客运输合同成立的凭证。

第一百一十一条 海上旅客运输的运送期间，自旅客登船时起至旅客离船时止。客票票价含接送费用的，运送期间并包括承运人经水路将旅客从岸上接到船上和从船上送到岸上的时间，但是不包括旅客在港站内、码头上或者在港口其他设施内的时间。

旅客的自带行李，运送期间同前款规定。旅客自带行李以外的其他行李，运送期间自旅客将行李交付承运人或者承运人的受雇人、代理人时起至承运人或者承运人的受雇人、代理人交还旅客时止。

第一百一十二条 旅客无票乘船、越级乘船或者超程乘船，应当按照规定补足票款，承运人可以按照规定加收票款；拒不交付的，船长有权在适当地点令其离船，承运人有权向其追偿。

第一百一十三条 旅客不得随身携带或者在行李中夹带违禁品或者易燃、易爆、有毒、有腐蚀性、有放射性以及有可能危及船上人身和财产安全的其他危险品。

承运人可以在任何时间、任何地点将旅客违反前款规定随身携带或者在行李中夹带的违禁品、危险品卸下、销毁或者使之不能为害，或者送交有关部门，而不负赔偿责任。

旅客违反本条第一款规定，造成损害的，应当负赔偿责任。

第一百一十四条　在本法第一百一十一条规定的旅客及其行李的运送期间，因承运人或者承运人的受雇人、代理人在受雇或者受委托的范围内的过失引起事故，造成旅客人身伤亡或者行李灭失、损坏的，承运人应当负赔偿责任。

请求人对承运人或者承运人的受雇人、代理人的过失，应当负举证责任；但是，本条第三款和第四款规定的情形除外。

旅客的人身伤亡或者自带行李的灭失、损坏，是由于船舶的沉没、碰撞、搁浅、爆炸、火灾所引起或者是由于船舶的缺陷所引起的，承运人或者承运人的受雇人、代理人除非提出反证，应当视为其有过失。

旅客自带行李以外的其他行李的灭失或者损坏，不论由于何种事故所引起，承运人或者承运人的受雇人、代理人除非提出反证，应当视为其有过失。

第一百一十五条　经承运人证明，旅客的人身伤亡或者行李的灭失、损坏，是由于旅客本人的过失或者旅客和承运人的共同过失造成的，可以免除或者相应减轻承运人的赔偿责任。

经承运人证明，旅客的人身伤亡或者行李的灭失、损坏，是由于旅客本人的故意造成的，或者旅客的人身伤亡是由于旅客本人健康状况造成的，承运人不负赔偿责任。

第一百一十六条　承运人对旅客的货币、金银、珠宝、有价证券或者其他贵重物品所发生的灭失、损坏，不负赔偿责任。

旅客与承运人约定将前款规定的物品交由承运人保管的，承运人应当依照本法第一百一十七条的规定负赔偿责任；双方以书面约定的赔偿限额高于本法第一百一十七条的规定的，承运人应当按照约定的数额负赔偿责任。

第一百一十七条　除本条第四款规定的情形外，承运人在每次海上旅客运输中的赔偿责任限额，依照下列规定执行：

（一）旅客人身伤亡的，每名旅客不超过 46666 计算单位；

（二）旅客自带行李灭失或者损坏的，每名旅客不超过 833 计算单位；

（三）旅客车辆包括该车辆所载行李灭失或者损坏的，每一车辆不超过 3333 计算单位；

（四）本款第（二）、（三）项以外的旅客其他行李灭失或者损坏的，每名旅客不超过 1200 计算单位。

承运人和旅客可以约定，承运人对旅客车辆和旅客车辆以外的其他行李损失的免赔额。但是，对每一车辆损失的免赔额不得超过117计算单位，对每名旅客的车辆以外的其他行李损失的免赔额不得超过13计算单位。在计算每一车辆或者每名旅客的车辆以外的其他行李的损失赔偿数额时，应当扣除约定的承运人免赔额。

承运人和旅客可以书面约定高于本条第一款规定的赔偿责任限额。

中华人民共和国港口之间的海上旅客运输，承运人的赔偿责任限额，由国务院交通主管部门制定，报国务院批准后施行。

第一百一十八条 经证明，旅客的人身伤亡或者行李的灭失、损坏，是由于承运人的故意或者明知可能造成损害而轻率地作为或者不作为造成的，承运人不得援用本法第一百一十六条和第一百一十七条限制赔偿责任的规定。

经证明，旅客的人身伤亡或者行李的灭失、损坏，是由于承运人的受雇人、代理人的故意或者明知可能造成损害而轻率地作为或者不作为造成的，承运人的受雇人、代理人不得援用本法第一百一十六条和第一百一十七条限制赔偿责任的规定。

第一百一十九条 行李发生明显损坏的，旅客应当依照下列规定向承运人或者承运人的受雇人、代理人提交书面通知：

（一）自带行李，应当在旅客离船前或者离船时提交；

（二）其他行李，应当在行李交还前或者交还时提交。

行李的损坏不明显，旅客在离船时或者行李交还时难以发现的，以及行李发生灭失的，旅客应当在离船或者行李交还或者应当交还之日起15日内，向承运人或者承运人的受雇人、代理人提交书面通知。

旅客未依照本条第一、二款规定及时提交书面通知的，除非提出反证，视为已经完整无损地收到行李。

行李交还时，旅客已经会同承运人对行李进行联合检查或者检验的，无需提交书面通知。

第一百二十条 向承运人的受雇人、代理人提出的赔偿请求，受雇人或者代理人证明其行为是在受雇或者受委托的范围内的，有权援用本法第一百一十五条、第一百一十六条和第一百一十七条的抗辩理由和赔偿责任限制的规定。

第一百二十一条 承运人将旅客运送或者部分运送委托给实际承运人履行的，仍然应当依照本章规定，对全程运送负责。实际承运人履行运送的，承运人应当对实际承运人的行为或者实际承运人的受雇人、代理人在受雇或者受委托的范围内的行为负责。

第一百二十二条 承运人承担本章未规定的义务或者放弃本章赋予的权

利的任何特别协议，经实际承运人书面明确同意的，对实际承运人发生效力；实际承运人是否同意，不影响此项特别协议对承运人的效力。

第一百二十三条　承运人与实际承运人均负有赔偿责任的，应当在此项责任限度内负连带责任。

第一百二十四条　就旅客的人身伤亡或者行李的灭失、损坏，分别向承运人、实际承运人以及他们的受雇人、代理人提出赔偿请求的，赔偿总额不得超过本法第一百一十七条规定的限额。

第一百二十五条　本法第一百二十一条至第一百二十四条的规定，不影响承运人和实际承运人之间相互追偿。

第一百二十六条　海上旅客运输合同中含有下列内容之一的条款无效：

（一）免除承运人对旅客应当承担的法定责任；

（二）降低本章规定的承运人责任限额；

（三）对本章规定的举证责任作出相反的约定；

（四）限制旅客提出赔偿请求的权利。

前款规定的合同条款的无效，不影响合同其他条款的效力。

第六章　船舶租用合同

第一节　一般规定

第一百二十七条　本章关于出租人和承租人之间权利、义务的规定，仅在船舶租用合同没有约定或者没有不同约定时适用。

第一百二十八条　船舶租用合同，包括定期租船合同和光船租赁合同，均应当书面订立。

第二节　定期租船合同

第一百二十九条　定期租船合同，是指船舶出租人向承租人提供约定的由出租人配备船员的船舶，由承租人在约定的期间内按照约定的用途使用，并支付租金的合同。

第一百三十条　定期租船合同的内容，主要包括出租人和承租人的名称、船名、船籍、船级、吨位、容积、船速、燃料消耗、航区、用途、租船期间、交船和还船的时间和地点以及条件、租金及其支付，以及其他有关事项。

第一百三十一条　出租人应当按照合同约定的时间交付船舶。

出租人违反前款规定的，承租人有权解除合同。出租人将船舶延误情况和船舶预期抵达交船港的日期通知承租人的，承租人应当自接到通知时起48小时内，将解除合同或者继续租用船舶的决定通知出租人。

因出租人过失延误提供船舶致使承租人遭受损失的，出租人应当负赔偿责任。

第一百三十二条 出租人交付船舶时，应当做到谨慎处理，使船舶适航。交付的船舶应当适于约定的用途。

出租人违反前款规定的，承租人有权解除合同，并有权要求赔偿因此遭受的损失。

第一百三十三条 船舶在租期内不符合约定的适航状态或者其他状态，出租人应当采取可能采取的合理措施，使之尽快恢复。

船舶不符合约定的适航状态或者其他状态而不能正常营运连续满24小时的，对因此而损失的营运时间，承租人不付租金，但是上述状态是由承租人造成的除外。

第一百三十四条 承租人应当保证船舶在约定航区内的安全港口或者地点之间从事约定的海上运输。

承租人违反前款规定的，出租人有权解除合同，并有权要求赔偿因此遭受的损失。

第一百三十五条 承租人应当保证船舶用于运输约定的合法的货物。

承租人将船舶用于运输活动物或者危险货物的，应当事先征得出租人的同意。

承租人违反本条第一款或者第二款的规定致使出租人遭受损失的，应当负赔偿责任。

第一百三十六条 承租人有权就船舶的营运向船长发出指示，但是不得违反定期租船合同的约定。

第一百三十七条 承租人可以将租用的船舶转租，但是应当将转租的情况及时通知出租人。租用的船舶转租后，原租船合同约定的权利和义务不受影响。

第一百三十八条 船舶所有人转让已经租出的船舶的所有权，定期租船合同约定的当事人的权利和义务不受影响，但是应当及时通知承租人。船舶所有权转让后，原租船合同由受让人和承租人继续履行。

第一百三十九条 在合同期间，船舶进行海难救助的，承租人有权获得扣除救助费用、损失赔偿、船员应得部分以及其他费用后的救助款项的一半。

第一百四十条 承租人应当按照合同约定支付租金。承租人未按照合同约定支付租金的，出租人有权解除合同，并有权要求赔偿因此遭受的损失。

第一百四十一条 承租人未向出租人支付租金或者合同约定的其他款项的，出租人对船上属于承租人的货物和财产以及转租船舶的收入有留置权。

第一百四十二条 承租人向出租人交还船舶时，该船舶应当具有与出租人交船时相同的良好状态，但是船舶本身的自然磨损除外。

船舶未能保持与交船时相同的良好状态的，承租人应当负责修复或者给予赔偿。

第一百四十三条　经合理计算，完成最后航次的日期约为合同约定的还船日期，但可能超过合同约定的还船日期的，承租人有权超期用船以完成该航次。超期期间，承租人应当按照合同约定的租金率支付租金；市场的租金率高于合同约定的租金率的，承租人应当按照市场租金率支付租金。

第三节　光船租赁合同

第一百四十四条　光船租赁合同，是指船舶出租人向承租人提供不配备船员的船舶，在约定的期间内由承租人占有、使用和营运，并向出租人支付租金的合同。

第一百四十五条　光船租赁合同的内容，主要包括出租人和承租人的名称、船名、船籍、船级、吨位、容积、航区、用途、租船期间、交船和还船的时间和地点以及条件、船舶检验、船舶的保养维修、租金及其支付、船舶保险、合同解除的时间和条件，以及其他有关事项。

第一百四十六条　出租人应当在合同约定的港口或者地点，按照合同约定的时间，向承租人交付船舶以及船舶证书。交船时，出租人应当做到谨慎处理，使船舶适航。交付的船舶应当适于合同约定的用途。

出租人违反前款规定的，承租人有权解除合同，并有权要求赔偿因此遭受的损失。

第一百四十七条　在光船租赁期间，承租人负责船舶的保养、维修。

第一百四十八条　在光船租赁期间，承租人应当按照合同约定的船舶价值，以出租人同意的保险方式为船舶进行保险，并负担保险费用。

第一百四十九条　在光船租赁期间，因承租人对船舶占有、使用和营运的原因使出租人的利益受到影响或者遭受损失的，承租人应当负责消除影响或者赔偿损失。

因船舶所有权争议或者出租人所负的债务致使船舶被扣押的，出租人应当保证承租人的利益不受影响；致使承租人遭受损失的，出租人应当负赔偿责任。

第一百五十条　在光船租赁期间，未经出租人书面同意，承租人不得转让合同的权利和义务或者以光船租赁的方式将船舶进行转租。

第一百五十一条　未经承租人事先书面同意，出租人不得在光船租赁期间对船舶设定抵押权。

出租人违反前款规定，致使承租人遭受损失的，应当负赔偿责任。

第一百五十二条 承租人应当按照合同约定支付租金。承租人未按照合同约定的时间支付租金连续超过 7 日的，出租人有权解除合同，并有权要求赔偿因此遭受的损失。

船舶发生灭失或者失踪的，租金应当自船舶灭失或者得知其最后消息之日起停止支付，预付租金应当按照比例退还。

第一百五十三条 本法第一百三十四条、第一百三十五条第一款、第一百四十二条和第一百四十三条的规定，适用于光船租赁合同。

第一百五十四条 订有租购条款的光船租赁合同，承租人按照合同约定向出租人付清租购费时，船舶所有权即归于承租人。

第七章 海上拖航合同

第一百五十五条 海上拖航合同，是指承拖方用拖轮将被拖物经海路从一地拖至另一地，而由被拖方支付拖航费的合同。

本章规定不适用于在港区内对船舶提供的拖轮服务。

第一百五十六条 海上拖航合同应当书面订立。海上拖航合同的内容，主要包括承拖方和被拖方的名称和住所、拖轮和被拖物的名称和主要尺度、拖轮马力、起拖地和目的地、起拖日期、拖航费及其支付方式，以及其他有关事项。

第一百五十七条 承拖方在起拖前和起拖当时，应当谨慎处理，使拖轮处于适航、适拖状态，妥善配备船员，配置拖航索具和配备供应品以及该航次必备的其他装置、设备。

被拖方在起拖前和起拖当时，应当做好被拖物的拖航准备，谨慎处理，使被拖物处于适拖状态，并向承拖方如实说明被拖物的情况，提供有关检验机构签发的被拖物适合拖航的证书和有关文件。

第一百五十八条 起拖前，因不可抗力或者其他不能归责于双方的原因致使合同不能履行的，双方均可以解除合同，并互相不负赔偿责任。除合同另有约定外，拖航费已经支付的，承拖方应当退还给被拖方。

第一百五十九条 起拖后，因不可抗力或者其他不能归责于双方的原因致使合同不能继续履行的，双方均可以解除合同，并互相不负赔偿责任。

第一百六十条 因不可抗力或者其他不能归责于双方的原因致使被拖物不能拖至目的地的，除合同另有约定外，承拖方可以在目的地的邻近地点或者拖轮船长选定的安全的港口或者锚泊地，将被拖物移交给被拖方或者其代理人，视为已经履行合同。

第一百六十一条 被拖方未按照约定支付拖航费和其他合理费用的，承拖方对被拖物有留置权。

第一百六十二条　在海上拖航过程中，承拖方或者被拖方遭受的损失，由一方的过失造成的，有过失的一方应当负赔偿责任；由双方过失造成的，各方按照过失程度的比例负赔偿责任。

虽有前款规定，经承拖方证明，被拖方的损失是由于下列原因之一造成的，承拖方不负赔偿责任：

（一）拖轮船长、船员、引航员或者承拖方的其他受雇人、代理人在驾驶拖轮或者管理拖轮中的过失；

（二）拖轮在海上救助或者企图救助人命或者财产时的过失。

本条规定仅在海上拖航合同没有约定或者没有不同约定时适用。

第一百六十三条　在海上拖航过程中，由于承拖方或者被拖方的过失，造成第三人人身伤亡或者财产损失的，承拖方和被拖方对第三人负连带赔偿责任。除合同另有约定外，一方连带支付的赔偿超过其应当承担的比例的，对另一方有追偿权。

第一百六十四条　拖轮所有人拖带其所有的或者经营的驳船载运货物，经海路由一港运至另一港的，视为海上货物运输。

第八章　船舶碰撞

第一百六十五条　船舶碰撞，是指船舶在海上或者与海相通的可航水域发生接触造成损害的事故。

前款所称船舶，包括与本法第三条所指船舶碰撞的任何其他非用于军事的或者政府公务的船艇。

第一百六十六条　船舶发生碰撞，当事船舶的船长在不严重危及本船和船上人员安全的情况下，对于相碰的船舶和船上人员必须尽力施救。

碰撞船舶的船长应当尽可能将其船舶名称、船籍港、出发港和目的港通知对方。

第一百六十七条　船舶发生碰撞，是由于不可抗力或者其他不能归责于任何一方的原因或者无法查明的原因造成的，碰撞各方互相不负赔偿责任。

第一百六十八条　船舶发生碰撞，是由于一船的过失造成的，由有过失的船舶负赔偿责任。

第一百六十九条　船舶发生碰撞，碰撞的船舶互有过失的，各船按照过失程度的比例负赔偿责任；过失程度相当或者过失程度的比例无法判定的，平均负赔偿责任。

互有过失的船舶，对碰撞造成的船舶以及船上货物和其他财产的损失，依照前款规定的比例负赔偿责任。碰撞造成第三人财产损失的，各船的赔偿责任均不超过其应当承担的比例。

互有过失的船舶，对造成的第三人的人身伤亡，负连带赔偿责任。一船连带支付的赔偿超过本条第一款规定的比例的，有权向其他有过失的船舶追偿。

第一百七十条 船舶因操纵不当或者不遵守航行规章，虽然实际上没有同其他船舶发生碰撞，但是使其他船舶以及船上的人员、货物或者其他财产遭受损失的，适用本章的规定。

第九章 海难救助

第一百七十一条 本章规定适用于在海上或者与海相通的可航水域，对遇险的船舶和其他财产进行的救助。

第一百七十二条 本章下列用语的含义：

（一）“船舶”，是指本法第三条所称的船舶和与其发生救助关系的任何其他非用于军事的或者政府公务的船艇。

（二）“财产”，是指非永久地和非有意地依附于岸线的任何财产，包括有风险的运费。

（三）“救助款项”，是指依照本章规定，被救助方应当向救助方支付的任何救助报酬、酬金或者补偿。

第一百七十三条 本章规定，不适用于海上已经就位的从事海底矿物资源的勘探、开发或者生产的固定式、浮动式平台和移动式近海钻井装置。

第一百七十四条 船长在不严重危及本船和船上人员安全的情况下，有义务尽力救助海上人命。

第一百七十五条 救助方与被救助方就海难救助达成协议，救助合同成立。

遇险船舶的船长有权代表船舶所有人订立救助合同。遇险船舶的船长或者船舶所有人有权代表船上财产所有人订立救助合同。

第一百七十六条 有下列情形之一，经一方当事人起诉或者双方当事人协议仲裁的，受理争议的法院或者仲裁机构可以判决或者裁决变更救助合同：

（一）合同在不正当的或者危险情况的影响下订立，合同条款显失公平的；

（二）根据合同支付的救助款项明显过高或者过低于实际提供的救助服务的。

第一百七十七条 在救助作业过程中，救助方对被救助方负有下列义务：

（一）以应有的谨慎进行救助；

（二）以应有的谨慎防止或者减少环境污染损害；

（三）在合理需要的情况下，寻求其他救助方援助；

（四）当被救助方合理地要求其他救助方参与救助作业时，接受此种要求，但是要求不合理的，原救助方的救助报酬金额不受影响。

第一百七十八条　在救助作业过程中，被救助方对救助方负有下列义务：

（一）与救助方通力合作；

（二）以应有的谨慎防止或者减少环境污染损害；

（三）当获救的船舶或者其他财产已经被送至安全地点时，及时接受救助方提出的合理的移交要求。

第一百七十九条　救助方对遇险的船舶和其他财产的救助，取得效果的，有权获得救助报酬；救助未取得效果的，除本法第一百八十二条或者其他法律另有规定或者合同另有约定外，无权获得救助款项。

第一百八十条　确定救助报酬，应当体现对救助作业的鼓励，并综合考虑下列各项因素：

（一）船舶和其他财产的获救的价值；

（二）救助方在防止或者减少环境污染损害方面的技能和努力；

（三）救助方的救助成效；

（四）危险的性质和程度；

（五）救助方在救助船舶、其他财产和人命方面的技能和努力；

（六）救助方所用的时间、支出的费用和遭受的损失；

（七）救助方或者救助设备所冒的责任风险和其他风险；

（八）救助方提供救助服务的及时性；

（九）用于救助作业的船舶和其他设备的可用性和使用情况；

（十）救助设备的备用状况、效能和设备的价值。

救助报酬不得超过船舶和其他财产的获救价值。

第一百八十一条　船舶和其他财产的获救价值，是指船舶和其他财产获救后的估计价值或者实际出卖的收入，扣除有关税款和海关、检疫、检验费用以及进行卸载、保管、估价、出卖而产生的费用后的价值。

前款规定的价值不包括船员的获救的私人物品和旅客的获救的自带行李的价值。

第一百八十二条　对构成环境污染损害危险的船舶或者船上货物进行的救助，救助方依照本法第一百八十条规定获得的救助报酬，少于依照本条规定可以得到的特别补偿的，救助方有权依照本条规定，从船舶所有人处获得相当于救助费用的特别补偿。

救助人进行前款规定的救助作业，取得防止或者减少环境污染损害效果的，船舶所有人依照前款规定应当向救助方支付的特别补偿可以另行增加，增加的数额可以达到救助费用的30%。受理争议的法院或者仲裁机构认为适当，并且考虑到本法第一百八十条第一款的规定，可以判决或者裁决进一步增加特别补偿数额；但是，在任何情况下，增加部分不得超过救助费用的100%。

本条所称救助费用，是指救助方在救助作业中直接支付的合理费用以及实际使用救助设备、投入救助人员的合理费用。确定救助费用应当考虑本法第一百八十条第一款第（八）、（九）、（十）项的规定。

在任何情况下，本条规定的全部特别补偿，只有在超过救助方依照本法第一百八十条规定能够获得的救助报酬时，方可支付，支付金额为特别补偿超过救助报酬的差额部分。

由于救助方的过失未能防止或者减少环境污染损害的，可以全部或者部分地剥夺救助方获得特别补偿的权利。

本条规定不影响船舶所有人对其他被救助方的追偿权。

第一百八十三条　救助报酬的金额，应当由获救的船舶和其他财产的各所有人，按照船舶和其他各项财产各自的获救价值占全部获救价值的比例承担。

第一百八十四条　参加同一救助作业的各救助方的救助报酬，应当根据本法第一百八十条规定的标准，由各方协商确定；协商不成的，可以提请受理争议的法院判决或者经各方协议提请仲裁机构裁决。

第一百八十五条　在救助作业中救助人命的救助方，对获救人员不得请求酬金，但是有权从救助船舶或者其他财产、防止或者减少环境污染损害的救助方获得的救助款项中，获得合理的份额。

第一百八十六条　下列救助行为无权获得救助款项：

（一）正常履行拖航合同或者其他服务合同的义务进行救助的，但是提供不属于履行上述义务的特殊劳务除外；

（二）不顾遇险的船舶的船长、船舶所有人或者其他财产所有人明确的和合理的拒绝，仍然进行救助的。

第一百八十七条　由于救助方的过失致使救助作业成为必需或者更加困难的，或者救助方有欺诈或者其他不诚实行为的，应当取消或者减少向救助方支付的救助款项。

第一百八十八条　被救助方在救助作业结束后，应当根据救助方的要求，对救助款项提供满意的担保。

在不影响前款规定的情况下，获救船舶的船舶所有人应当在获救的货物交还前，尽力使货物的所有人对其应当承担的救助款项提供满意的担保。

在未根据救助人的要求对获救的船舶或者其他财产提供满意的担保以前，未经救助方同意，不得将获救的船舶和其他财产从救助作业完成后最初到达的港口或者地点移走。

第一百八十九条　受理救助款项请求的法院或者仲裁机构，根据具体情况，在合理的条件下，可以裁定或者裁决被救助方向救助方先行支付适当的金额。

被救助方根据前款规定先行支付金额后，其根据本法第一百八十八条规定提供的担保金额应当相应扣减。

第一百九十条　对于获救满 90 日的船舶和其他财产，如果被救助方不支付救助款项也不提供满意的担保，救助方可以申请法院裁定强制拍卖；对于无法保管、不易保管或者保管费用可能超过其价值的获救的船舶和其他财产，可以申请提前拍卖。

拍卖所得价款，在扣除保管和拍卖过程中的一切费用后，依照本法规定支付救助款项；剩余的金额，退还被救助方；无法退还、自拍卖之日起满 1 年又无人认领的，上缴国库；不足的金额，救助方有权向被救助方追偿。

第一百九十一条　同一船舶所有人的船舶之间进行的救助，救助方获得救助款项的权利适用本章规定。

第一百九十二条　国家有关主管机关从事或者控制的救助作业，救助方有权享受本章规定的关于救助作业的权利和补偿。

第十章　共同海损

第一百九十三条　共同海损，是指在同一海上航程中，船舶、货物和其他财产遭遇共同危险，为了共同安全，有意地合理地采取措施所直接造成的特殊牺牲、支付的特殊费用。

无论在航程中或者在航程结束后发生的船舶或者货物因迟延所造成的损失，包括船期损失和行市损失以及其他间接损失，均不得列入共同海损。

第一百九十四条　船舶因发生意外、牺牲或者其他特殊情况而损坏时，为了安全完成本航程，驶入避难港口、避难地点或者驶回装货港口、装货地点进行必要的修理，在该港口或者地点额外停留期间所支付的港口费，船员工资、给养，船舶所消耗的燃料、物料，为修理而卸载、储存、重装或者搬移船上货物、燃料、物料以及其他财产所造成的损失、支付的费用，应当列入共同海损。

第一百九十五条　为代替可以列为共同海损的特殊费用而支付的额外费用，可以作为代替费用列入共同海损；但是，列入共同海损的代替费用的金额，不得超过被代替的共同海损的特殊费用。

第一百九十六条　提出共同海损分摊请求的一方应当负举证责任，证明其损失应当列入共同海损。

第一百九十七条 引起共同海损特殊牺牲、特殊费用的事故，可能是由航程中一方的过失造成的，不影响该方要求分摊共同海损的权利；但是，非过失方或者过失方可以就此项过失提出赔偿请求或者进行抗辩。

第一百九十八条 船舶、货物和运费的共同海损牺牲的金额，依照下列规定确定：

（一）船舶共同海损牺牲的金额，按照实际支付的修理费，减除合理的以新换旧的扣减额计算。船舶尚未修理的，按照牺牲造成的合理贬值计算，但是不得超过估计的修理费。

船舶发生实际全损或者修理费用超过修复后的船舶价值的，共同海损牺牲金额按照该船舶在完好状态下的估计价值，减除不属于共同海损损坏的估计的修理费和该船舶受损后的价值的余额计算。

（二）货物共同海损牺牲的金额，货物灭失的，按照货物在装船时的价值加保险费加运费，减除由于牺牲无需支付的运费计算。货物损坏，在就损坏程度达成协议前售出的，按照货物在装船时的价值加保险费加运费，与出售货物净得的差额计算。

（三）运费共同海损牺牲的金额，按照货物遭受牺牲造成的运费的损失金额，减除为取得这笔运费本应支付，但是由于牺牲无需支付的营运费用计算。

第一百九十九条 共同海损应当由受益方按照各自的分摊价值的比例分摊。

船舶、货物和运费的共同海损分摊价值，分别依照下列规定确定：

（一）船舶共同海损分摊价值，按照船舶在航程终止时的完好价值，减除不属于共同海损的损失金额计算，或者按照船舶在航程终止时的实际价值，加上共同海损牺牲的金额计算。

（二）货物共同海损分摊价值，按照货物在装船时的价值加保险费加运费，减除不属于共同海损的损失金额和承运人承担风险的运费计算。货物在抵达目的港以前售出的，按照出售净得金额，加上共同海损牺牲的金额计算。

旅客的行李和私人物品，不分摊共同海损。

（三）运费分摊价值，按照承运人承担风险并于航程终止时有权收取的运费，减除为取得该项运费而在共同海损事故发生后，为完成本航程所支付的营运费用，加上共同海损牺牲的金额计算。

第二百条 未申报的货物或者谎报的货物，应当参加共同海损分摊；其遭受的特殊牺牲，不得列入共同海损。

不正当地以低于货物实际价值作为申报价值的，按照实际价值分摊共同海损；在发生共同海损牺牲时，按照申报价值计算牺牲金额。

第二百零一条 对共同海损特殊牺牲和垫付的共同海损特殊费用，应当计算利息。对垫付的共同海损特殊费用，除船员工资、给养和船舶消耗的燃料、物料外，应当计算手续费。

第二百零二条　经利益关系人要求，各分摊方应当提供共同海损担保。

以提供保证金方式进行共同海损担保的，保证金应当交由海损理算师以保管人名义存入银行。

保证金的提供、使用或者退还，不影响各方最终的分摊责任。

第二百零三条　共同海损理算，适用合同约定的理算规则；合同未约定的，适用本章的规定。

第十一章　海事赔偿责任限制

第二百零四条　船舶所有人、救助人，对本法第二百零七条所列海事赔偿请求，可以依照本章规定限制赔偿责任。

前款所称的船舶所有人，包括船舶承租人和船舶经营人。

第二百零五条　本法第二百零七条所列海事赔偿请求，不是向船舶所有人、救助人本人提出，而是向他们对其行为、过失负有责任的人员提出的，这些人员可以依照本章规定限制赔偿责任。

第二百零六条　被保险人依照本章规定可以限制赔偿责任的，对该海事赔偿请求承担责任的保险人，有权依照本章规定享受相同的赔偿责任限制。

第二百零七条　下列海事赔偿请求，除本法第二百零八条和第二百零九条另有规定外，无论赔偿责任的基础有何不同，责任人均可以依照本章规定限制赔偿责任：

（一）在船上发生的或者与船舶营运、救助作业直接相关的人身伤亡或者财产的灭失、损坏，包括对港口工程、港池、航道和助航设施造成的损坏，以及由此引起的相应损失的赔偿请求；

（二）海上货物运输因迟延交付或者旅客及其行李运输因迟延到达造成损失的赔偿请求；

（三）与船舶营运或者救助作业直接相关的，侵犯非合同权利的行为造成其他损失的赔偿请求；

（四）责任人以外的其他人，为避免或者减少责任人依照本章规定可以限制赔偿责任的损失而采取措施的赔偿请求，以及因此项措施造成进一步损失的赔偿请求。

前款所列赔偿请求，无论提出的方式有何不同，均可以限制赔偿责任。但是，第（四）项涉及责任人以合同约定支付的报酬，责任人的支付责任不得援用本条赔偿责任限制的规定。

第二百零八条　本章规定不适用于下列各项：

（一）对救助款项或者共同海损分摊的请求；

（二）中华人民共和国参加的国际油污损害民事责任公约规定的油污损害的赔偿请求；

（三）中华人民共和国参加的国际核能损害责任限制公约规定的核能损害的赔偿请求；

（四）核动力船舶造成的核能损害的赔偿请求；

（五）船舶所有人或者救助人的受雇人提出的赔偿请求，根据调整劳务合同的法律，船舶所有人或者救助人对该类赔偿请求无权限制赔偿责任，或者该项法律作了高于本章规定的赔偿限额的规定。

第二百零九条 经证明，引起赔偿请求的损失是由于责任人的故意或者明知可能造成损失而轻率地作为或者不作为造成的，责任人无权依照本章规定限制赔偿责任。

第二百一十条 除本法第二百一十一条另有规定外，海事赔偿责任限制，依照下列规定计算赔偿限额：

（一）关于人身伤亡的赔偿请求

1. 总吨位 300 吨至 500 吨的船舶，赔偿限额为 333000 计算单位；

2. 总吨位超过 500 吨的船舶，500 吨以下部分适用本项第 1 目的规定，500 吨以上的部分，应当增加下列数额：

501 吨至 3000 吨的部分，每吨增加 500 计算单位；

3001 吨至 30000 吨的部分，每吨增加 333 计算单位；

30001 吨至 70000 吨的部分，每吨增加 250 计算单位；

超过 70000 吨的部分，每吨增加 167 计算单位。

（二）关于非人身伤亡的赔偿请求

1. 总吨位 300 吨至 500 吨的船舶，赔偿限额为 167000 计算单位；

2. 总吨位超过 500 吨的船舶，500 吨以下部分适用本项第 1 目的规定，500 吨以上的部分，应当增加下列数额：

501 吨至 30000 吨的部分，每吨增加 167 计算单位；

30001 吨至 70000 吨的部分，每吨增加 125 计算单位；

超过 70000 吨的部分，每吨增加 83 计算单位。

（三）依照第（一）项规定的限额，不足以支付全部人身伤亡的赔偿请求的，其差额应当与非人身伤亡的赔偿请求并列，从第（二）项数额中按照比例受偿。

（四）在不影响第（三）项关于人身伤亡赔偿请求的情况下，就港口工程、港池、航道和助航设施的损害提出的赔偿请求，应当较第（二）项中的其他赔偿请求优先受偿。

（五）不以船舶进行救助作业或者在被救船舶上进行救助作业的救助人，其责任限额按照总吨位为 1500 吨的船舶计算。

总吨位不满 300 吨的船舶，从事中华人民共和国港口之间的运输的船舶，以及从事沿海作业的船舶，其赔偿限额由国务院交通主管部门制定，报国务院批准后施行。

第二百一十一条　海上旅客运输的旅客人身伤亡赔偿责任限制，按照 46666 计算单位乘以船舶证书规定的载客定额计算赔偿限额，但是最高不超过 25000000 计算单位。

中华人民共和国港口之间海上旅客运输的旅客人身伤亡，赔偿限额由国务院交通主管部门制定，报国务院批准后施行。

第二百一十二条　本法第二百一十条和第二百一十一条规定的赔偿限额，适用于特定场合发生的事故引起的，向船舶所有人、救助人本人和他们对其行为、过失负有责任的人员提出的请求的总额。

第二百一十三条　责任人要求依照本法规定限制赔偿责任的，可以在有管辖权的法院设立责任限制基金。基金数额分别为本法第二百一十条、第二百一十一条规定的限额，加上自责任产生之日起至基金设立之日止的相应利息。

第二百一十四条　责任人设立责任限制基金后，向责任人提出请求的任何人，不得对责任人的任何财产行使任何权利；已设立责任限制基金的责任人的船舶或者其他财产已经被扣押，或者基金设立人已经提交抵押物的，法院应当及时下令释放或者责令退还。

第二百一十五条　享受本章规定的责任限制的人，就同一事故向请求人提出反请求的，双方的请求金额应当相互抵销，本章规定的赔偿限额仅适用于两个请求金额之间的差额。

第十二章　海上保险合同

第一节　一般规定

第二百一十六条　海上保险合同，是指保险人按照约定，对被保险人遭受保险事故造成保险标的的损失和产生的责任负责赔偿，而由被保险人支付保险费的合同。

前款所称保险事故，是指保险人与被保险人约定的任何海上事故，包括与海上航行有关的发生于内河或者陆上的事故。

第二百一十七条　海上保险合同的内容，主要包括下列各项：

（一）保险人名称；

（二）被保险人名称；
（三）保险标的；
（四）保险价值；
（五）保险金额；
（六）保险责任和除外责任；
（七）保险期间；
（八）保险费。

第二百一十八条　下列各项可以作为保险标的：
（一）船舶；
（二）货物；
（三）船舶营运收入，包括运费、租金、旅客票款；
（四）货物预期利润；
（五）船员工资和其他报酬；
（六）对第三人的责任；
（七）由于发生保险事故可能受到损失的其他财产和产生的责任、费用。

保险人可以将对前款保险标的的保险进行再保险。除合同另有约定外，原被保险人不得享有再保险的利益。

第二百一十九条　保险标的的保险价值由保险人与被保险人约定。

保险人与被保险人未约定保险价值的，保险价值依照下列规定计算：

（一）船舶的保险价值，是保险责任开始时船舶的价值，包括船壳、机器、设备的价值，以及船上燃料、物料、索具、给养、淡水的价值和保险费的总和；

（二）货物的保险价值，是保险责任开始时货物在起运地的发票价格或者非贸易商品在起运地的实际价值以及运费和保险费的总和；

（三）运费的保险价值，是保险责任开始时承运人应收运费总额和保险费的总和；

（四）其他保险标的的保险价值，是保险责任开始时保险标的的实际价值和保险费的总和。

第二百二十条　保险金额由保险人与被保险人约定。保险金额不得超过保险价值；超过保险价值的，超过部分无效。

第二节　合同的订立、解除和转让

第二百二十一条　被保险人提出保险要求，经保险人同意承保，并就海上保险合同的条款达成协议后，合同成立。保险人应当及时向被保险人签发保险单或者其他保险单证，并在保险单或者其他保险单证中载明当事人双方约定的合同内容。

第二百二十二条　合同订立前，被保险人应当将其知道的或者在通常业务中应当知道的有关影响保险人据以确定保险费率或者确定是否同意承保的重要情况，如实告知保险人。

保险人知道或者在通常业务中应当知道的情况，保险人没有询问的，被保险人无需告知。

第二百二十三条　由于被保险人的故意，未将本法第二百二十二条第一款规定的重要情况如实告知保险人的，保险人有权解除合同，并不退还保险费。合同解除前发生保险事故造成损失的，保险人不负赔偿责任。

不是由于被保险人的故意，未将本法第二百二十二条第一款规定的重要情况如实告知保险人的，保险人有权解除合同或者要求相应增加保险费。保险人解除合同的，对于合同解除前发生保险事故造成的损失，保险人应当负赔偿责任；但是，未告知或者错误告知的重要情况对保险事故的发生有影响的除外。

第二百二十四条　订立合同时，被保险人已经知道或者应当知道保险标的已经因发生保险事故而遭受损失的，保险人不负赔偿责任，但是有权收取保险费；保险人已经知道或者应当知道保险标的已经不可能因发生保险事故而遭受损失的，被保险人有权收回已经支付的保险费。

第二百二十五条　被保险人对同一保险标的就同一保险事故向几个保险人重复订立合同，而使该保险标的的保险金额总和超过保险标的的价值的，除合同另有约定外，被保险人可以向任何保险人提出赔偿请求。被保险人获得的赔偿金额总和不得超过保险标的的受损价值。各保险人按照其承保的保险金额同保险金额总和的比例承担赔偿责任。任何一个保险人支付的赔偿金额超过其应当承担的赔偿责任的，有权向未按照其应当承担的赔偿责任支付赔偿金额的保险人追偿。

第二百二十六条　保险责任开始前，被保险人可以要求解除合同，但是应当向保险人支付手续费，保险人应当退还保险费。

第二百二十七条　除合同另有约定外，保险责任开始后，被保险人和保险人均不得解除合同。

根据合同约定在保险责任开始后可以解除合同的，被保险人要求解除合同，保险人有权收取自保险责任开始之日起至合同解除之日止的保险费，剩余部分予以退还；保险人要求解除合同，应当将自合同解除之日起至保险期间届满之日止的保险费退还被保险人。

第二百二十八条　虽有本法第二百二十七条规定，货物运输和船舶的航次保险，保险责任开始后，被保险人不得要求解除合同。

第二百二十九条 海上货物运输保险合同可以由被保险人背书或者以其他方式转让，合同的权利、义务随之转移。合同转让时尚未支付保险费的，被保险人和合同受让人负连带支付责任。

第二百三十条 因船舶转让而转让船舶保险合同的，应当取得保险人同意。未经保险人同意，船舶保险合同从船舶转让时起解除；船舶转让发生在航次之中的，船舶保险合同至航次终了时解除。

合同解除后，保险人应当将自合同解除之日起至保险期间届满之日止的保险费退还被保险人。

第二百三十一条 被保险人在一定期间分批装运或者接受货物的，可以与保险人订立预约保险合同。预约保险合同应当由保险人签发预约保险单证加以确认。

第二百三十二条 应被保险人要求，保险人应当对依据预约保险合同分批装运的货物分别签发保险单证。

保险人分别签发的保险单证的内容与预约保险单证的内容不一致的，以分别签发的保险单证为准。

第二百三十三条 被保险人知道经预约保险合同保险的货物已经装运或者到达的情况时，应当立即通知保险人。通知的内容包括装运货物的船名、航线、货物价值和保险金额。

第三节　被保险人的义务

第二百三十四条 除合同另有约定外，被保险人应当在合同订立后立即支付保险费；被保险人支付保险费前，保险人可以拒绝签发保险单证。

第二百三十五条 被保险人违反合同约定的保证条款时，应当立即书面通知保险人。保险人收到通知后，可以解除合同，也可以要求修改承保条件、增加保险费。

第二百三十六条 一旦保险事故发生，被保险人应当立即通知保险人，并采取必要的合理措施，防止或者减少损失。被保险人收到保险人发出的有关采取防止或者减少损失的合理措施的特别通知的，应当按照保险人通知的要求处理。

对于被保险人违反前款规定所造成的扩大的损失，保险人不负赔偿责任。

第四节　保险人的责任

第二百三十七条 发生保险事故造成损失后，保险人应当及时向被保险人支付保险赔偿。

第二百三十八条 保险人赔偿保险事故造成的损失，以保险金额为限。

保险金额低于保险价值的，在保险标的发生部分损失时，保险人按照保险金额与保险价值的比例负赔偿责任。

第二百三十九条　保险标的在保险期间发生几次保险事故所造成的损失，即使损失金额的总和超过保险金额，保险人也应当赔偿。但是，对发生部分损失后未经修复又发生全部损失的，保险人按照全部损失赔偿。

第二百四十条　被保险人为防止或者减少根据合同可以得到赔偿的损失而支出的必要的合理费用，为确定保险事故的性质、程度而支出的检验、估价的合理费用，以及为执行保险人的特别通知而支出的费用，应当由保险人在保险标的损失赔偿之外另行支付。

保险人对前款规定的费用的支付，以相当于保险金额的数额为限。

保险金额低于保险价值的，除合同另有约定外，保险人应当按照保险金额与保险价值的比例，支付本条规定的费用。

第二百四十一条　保险金额低于共同海损分摊价值的，保险人按照保险金额同分摊价值的比例赔偿共同海损分摊。

第二百四十二条　对于被保险人故意造成的损失，保险人不负赔偿责任。

第二百四十三条　除合同另有约定外，因下列原因之一造成货物损失的，保险人不负赔偿责任：

（一）航行迟延、交货迟延或者行市变化；

（二）货物的自然损耗、本身的缺陷和自然特性；

（三）包装不当。

第二百四十四条　除合同另有约定外，因下列原因之一造成保险船舶损失的，保险人不负赔偿责任：

（一）船舶开航时不适航，但是在船舶定期保险中被保险人不知道的除外；

（二）船舶自然磨损或者锈蚀。

运费保险比照适用本条的规定。

第五节　保险标的的损失和委付

第二百四十五条　保险标的发生保险事故后灭失，或者受到严重损坏完全失去原有形体、效用，或者不能再归被保险人所拥有的，为实际全损。

第二百四十六条　船舶发生保险事故后，认为实际全损已经不可避免，或者为避免发生实际全损所需支付的费用超过保险价值的，为推定全损。

货物发生保险事故后，认为实际全损已经不可避免，或者为避免发生实际全损所需支付的费用与继续将货物运抵目的地的费用之和超过保险价值的，为推定全损。

第二百四十七条 不属于实际全损和推定全损的损失，为部分损失。

第二百四十八条 船舶在合理时间内未从被获知最后消息的地点抵达目的地，除合同另有约定外，满两个月后仍没有获知其消息的，为船舶失踪。船舶失踪视为实际全损。

第二百四十九条 保险标的发生推定全损，被保险人要求保险人按照全部损失赔偿的，应当向保险人委付保险标的。保险人可以接受委付，也可以不接受委付，但是应当在合理的时间内将接受委付或者不接受委付的决定通知被保险人。

委付不得附带任何条件。委付一经保险人接受，不得撤回。

第二百五十条 保险人接受委付的，被保险人对委付财产的全部权利和义务转移给保险人。

第六节 保险赔偿的支付

第二百五十一条 保险事故发生后，保险人向被保险人支付保险赔偿前，可以要求被保险人提供与确认保险事故性质和损失程度有关的证明和资料。

第二百五十二条 保险标的发生保险责任范围内的损失是由第三人造成的，被保险人向第三人要求赔偿的权利，自保险人支付赔偿之日起，相应转移给保险人。

被保险人应当向保险人提供必要的文件和其所需要知道的情况，并尽力协助保险人向第三人追偿。

第二百五十三条 被保险人未经保险人同意放弃向第三人要求赔偿的权利，或者由于过失致使保险人不能行使追偿权利的，保险人可以相应扣减保险赔偿。

第二百五十四条 保险人支付保险赔偿时，可以从应支付的赔偿额中相应扣减被保险人已经从第三人取得的赔偿。

保险人从第三人取得的赔偿，超过其支付的保险赔偿的，超过部分应当退还给被保险人。

第二百五十五条 发生保险事故后，保险人有权放弃对保险标的的权利，全额支付合同约定的保险赔偿，以解除对保险标的的义务。

保险人行使前款规定的权利，应当自收到被保险人有关赔偿损失的通知之日起的 7 日内通知被保险人；被保险人在收到通知前，为避免或者减少损失而支付的必要的合理费用，仍然应当由保险人偿还。

第二百五十六条 除本法第二百五十五条的规定外，保险标的发生全损，保险人支付全部保险金额的，取得对保险标的的全部权利；但是，在不足额保险的情况下，保险人按照保险金额与保险价值的比例取得对保险标的的部分权利。

第十三章　时　效

第二百五十七条　就海上货物运输向承运人要求赔偿的请求权，时效期间为1年，自承运人交付或者应当交付货物之日起计算；在时效期间内或者时效期间届满后，被认定为负有责任的人向第三人提起追偿请求的，时效期间为90日，自追偿请求人解决原赔偿请求之日起或者收到受理对其本人提起诉讼的法院的起诉状副本之日起计算。

有关航次租船合同的请求权，时效期间为2年，自知道或者应当知道权利被侵害之日起计算。

第二百五十八条　就海上旅客运输向承运人要求赔偿的请求权，时效期间为2年，分别依照下列规定计算：

（一）有关旅客人身伤害的请求权，自旅客离船或者应当离船之日起计算；

（二）有关旅客死亡的请求权，发生在运送期间的，自旅客应当离船之日起计算；因运送期间内的伤害而导致旅客离船后死亡的，自旅客死亡之日起计算，但是此期限自离船之日起不得超过3年；

（三）有关行李灭失或者损坏的请求权，自旅客离船或者应当离船之日起计算。

第二百五十九条　有关船舶租用合同的请求权，时效期间为2年，自知道或者应当知道权利被侵害之日起计算。

第二百六十条　有关海上拖航合同的请求权，时效期间为1年，自知道或者应当知道权利被侵害之日起计算。

第二百六十一条　有关船舶碰撞的请求权，时效期间为2年，自碰撞事故发生之日起计算；本法第一百六十九条第三款规定的追偿请求权，时效期间为1年，自当事人连带支付损害赔偿之日起计算。

第二百六十二条　有关海难救助的请求权，时效期间为2年，自救助作业终止之日起计算。

第二百六十三条　有关共同海损分摊的请求权，时效期间为1年，自理算结束之日起计算。

第二百六十四条　根据海上保险合同向保险人要求保险赔偿的请求权，时效期间为2年，自保险事故发生之日起计算。

第二百六十五条　有关船舶发生油污损害的请求权，时效期间为3年，自损害发生之日起计算；但是，在任何情况下时效期间不得超过从造成损害的事故发生之日起6年。

第二百六十六条 在时效期间的最后6个月内，因不可抗力或者其他障碍不能行使请求权的，时效中止。自中止时效的原因消除之日起，时效期间继续计算。

第二百六十七条 时效因请求人提起诉讼、提交仲裁或者被请求人同意履行义务而中断。但是，请求人撤回起诉、撤回仲裁或者起诉被裁定驳回的，时效不中断。

请求人申请扣船的，时效自申请扣船之日起中断。

自中断时起，时效期间重新计算。

第十四章　涉外关系的法律适用

第二百六十八条 中华人民共和国缔结或者参加的国际条约同本法有不同规定的，适用国际条约的规定；但是，中华人民共和国声明保留的条款除外。

中华人民共和国法律和中华人民共和国缔结或者参加的国际条约没有规定的，可以适用国际惯例。

第二百六十九条 合同当事人可以选择合同适用的法律，法律另有规定的除外。合同当事人没有选择的，适用与合同有最密切联系的国家的法律。

第二百七十条 船舶所有权的取得、转让和消灭，适用船旗国法律。

第二百七十一条 船舶抵押权适用船旗国法律。

船舶在光船租赁以前或者光船租赁期间，设立船舶抵押权的，适用原船舶登记国的法律。

第二百七十二条 船舶优先权，适用受理案件的法院所在地法律。

第二百七十三条 船舶碰撞的损害赔偿，适用侵权行为地法律。

船舶在公海上发生碰撞的损害赔偿，适用受理案件的法院所在地法律。

同一国籍的船舶，不论碰撞发生于何地，碰撞船舶之间的损害赔偿适用船旗国法律。

第二百七十四条 共同海损理算，适用理算地法律。

第二百七十五条 海事赔偿责任限制，适用受理案件的法院所在地法律。

第二百七十六条 依照本章规定适用外国法律或者国际惯例，不得违背中华人民共和国的社会公共利益。

第十五章　附　则

第二百七十七条 本法所称计算单位，是指国际货币基金组织规定的特别提款权；其人民币数额为法院判决之日、仲裁机构裁决之日或者当事人协议之日，按照国家外汇主管机关规定的国际货币基金组织的特别提款权对人民币的换算办法计算得出的人民币数额。

第二百七十八条　本法自1993年7月1日起施行。

最高人民法院
关于承运人就海上货物运输向托运人、收货人或提单持有人要求赔偿的请求权时效期间的批复

法释〔1997〕3号

（1997年7月11日最高人民法院审判委员会第921次会议通过
1997年8月5日最高人民法院公告公布　自1997年8月7日起施行）

山东省高级人民法院：

你院鲁法经〔1996〕74号《关于赔偿请求权时效期间的请示》收悉。经研究，答复如下：

承运人就海上货物运输向托运人、收货人或提单持有人要求赔偿的请求权，在有关法律未予以规定前，比照适用《中华人民共和国海商法》第二百五十七条第一款的规定，时效期间为1年，自权利人知道或者应当知道权利被侵害之日起计算。

此复。

最高人民法院
关于如何确定沿海、内河货物运输赔偿请求权时效期间问题的批复

法释〔2001〕18号

（2001年5月22日最高人民法院审判委员会第1176次会议通过
2001年5月24日最高人民法院公告公布　自2001年5月31日起施行）

浙江省高级人民法院：

你院浙高法〔2000〕267号《关于沿海、内河货物运输赔偿请求权诉讼时效期间如何计算的请示》收悉。经研究，答复如下：

根据《中华人民共和国海商法》第二百五十七条第一款规定的精神，结合审判实践，托运人、收货人就沿海、内河货物运输合同向承运人要求赔偿的请求权，或者承运人就沿海、内河货物运输向托运人、收货人要求赔偿的请求权，时效期间为1年，自承运人交付或者应当交付货物之日起计算。

此复。

最高人民法院
关于审理海上保险纠纷案件若干问题的规定

法释〔2006〕10号

（2006年11月13日最高人民法院审判委员会第1405次会议通过
2006年11月23日最高人民法院公告公布　自2007年1月1日起施行）

为正确审理海上保险纠纷案件，依照《中华人民共和国海商法》、《中华人民共和国保险法》、《中华人民共和国海事诉讼特别程序法》和《中华人民共和国民事诉讼法》的相关规定，制定本规定。

第一条　审理海上保险合同纠纷案件，适用海商法的规定；海商法没有规定的，适用保险法的有关规定；海商法、保险法均没有规定的，适用合同法等其他相关法律的规定。

第二条　审理非因海上事故引起的港口设施或者码头作为保险标的的保险合同纠纷案件，适用保险法等法律的规定。

第三条　审理保险人因发生船舶触碰港口设施或者码头等保险事故，行使代位请求赔偿权利向造成保险事故的第三人追偿的案件，适用海商法的规定。

第四条　保险人知道被保险人未如实告知海商法第二百二十二条第一款规定的重要情况，仍收取保险费或者支付保险赔偿，保险人又以被保险人未如实告知重要情况为由请求解除合同的，人民法院不予支持。

第五条　被保险人未按照海商法第二百三十四条的规定向保险人支付约定的保险费的，保险责任开始前，保险人有权解除保险合同，但保险人已经签发保险单证的除外；保险责任开始后，保险人以被保险人未支付保险费请求解除合同的，人民法院不予支持。

第六条　保险人以被保险人违反合同约定的保证条款未立即书面通知保险人为由，要求从违反保证条款之日起解除保险合同的，人民法院应予支持。

第七条　保险人收到被保险人违反合同约定的保证条款书面通知后仍支付保险赔偿，又以被保险人违反合同约定的保证条款为由请求解除合同的，人民法院不予支持。

第八条　保险人收到被保险人违反合同约定的保证条款的书面通知后，就修改承保条件、增加保险费等事项与被保险人协商未能达成一致的，保险合同于违反保证条款之日解除。

第九条　在航次之中发生船舶转让的，未经保险人同意转让的船舶保险合同至航次终了时解除。船舶转让时起至航次终了时止的船舶保险合同的权利、义务由船舶出让人享有、承担，也可以由船舶受让人继受。

船舶受让人根据前款规定向保险人请求赔偿时，应当提交有效的保险单证及船舶转让合同的证明。

第十条　保险人与被保险人在订立保险合同时均不知道保险标的已经发生保险事故而遭受损失，或者保险标的已经不可能因发生保险事故而遭受损失的，不影响保险合同的效力。

第十一条　海上货物运输中因承运人无正本提单交付货物造成的损失不属于保险人的保险责任范围。保险合同当事人另有约定的，依约定。

第十二条　发生保险事故后，被保险人为防止或者减少损失而采取的合理措施没有效果，要求保险人支付由此产生的合理费用的，人民法院应予支持。

第十三条　保险人在行使代位请求赔偿权利时，未依照海事诉讼特别程序法的规定，向人民法院提交其已经向被保险人实际支付保险赔偿凭证的，人民法院不予受理；已经受理的，裁定驳回起诉。

第十四条 受理保险人行使代位请求赔偿权利纠纷案件的人民法院应当仅就造成保险事故的第三人与被保险人之间的法律关系进行审理。

第十五条 保险人取得代位请求赔偿权利后，以被保险人向第三人提起诉讼、提交仲裁、申请扣押船舶或者第三人同意履行义务为由主张诉讼时效中断的，人民法院应予支持。

第十六条 保险人取得代位请求赔偿权利后，主张享有被保险人因申请扣押船舶取得的担保权利的，人民法院应予支持。

第十七条 本规定自2007年1月1日起施行。

最高人民法院
关于审理船舶碰撞纠纷案件若干问题的规定

法释〔2008〕7号

（2008年4月28日最高人民法院审判委员会第1446次会议通过
2008年5月19日最高人民法院公告公布　自2008年5月23日起施行）

为正确审理船舶碰撞纠纷案件，依照《中华人民共和国民法通则》、《中华人民共和国民事诉讼法》、《中华人民共和国海商法》、《中华人民共和国海事诉讼特别程序法》等法律，制定本规定。

第一条 本规定所称船舶碰撞，是指海商法第一百六十五条所指的船舶碰撞，不包括内河船舶之间的碰撞。

海商法第一百七十条所指的损害事故，适用本规定。

第二条 审理船舶碰撞纠纷案件，依照海商法第八章的规定确定碰撞船舶的赔偿责任。

第三条 因船舶碰撞导致船舶触碰引起的侵权纠纷，依照海商法第八章的规定确定碰撞船舶的赔偿责任。

非因船舶碰撞导致船舶触碰引起的侵权纠纷，依照民法通则的规定确定触碰船舶的赔偿责任，但不影响海商法第八章之外其他规定的适用。

第四条 船舶碰撞产生的赔偿责任由船舶所有人承担，碰撞船舶在光船租赁期间并经依法登记的，由光船承租人承担。

第五条 因船舶碰撞发生的船上人员的人身伤亡属于海商法第一百六十九条第三款规定的第三人的人身伤亡。

第六条　碰撞船舶互有过失造成船载货物损失，船载货物的权利人对承运货物的本船提起违约赔偿之诉，或者对碰撞船舶一方或者双方提起侵权赔偿之诉的，人民法院应当依法予以受理。

第七条　船载货物的权利人因船舶碰撞造成其货物损失向承运货物的本船提起诉讼的，承运船舶可以依照海商法第一百六十九条第二款的规定主张按照过失程度的比例承担赔偿责任。

前款规定不影响承运人和实际承运人援用海商法第四章关于承运人抗辩理由和限制赔偿责任的规定。

第八条　碰撞船舶船载货物权利人或者第三人向碰撞船舶一方或者双方就货物或其他财产损失提出赔偿请求的，由碰撞船舶方提供证据证明过失程度的比例。无正当理由拒不提供证据的，由碰撞船舶一方承担全部赔偿责任或者由双方承担连带赔偿责任。

前款规定的证据指具有法律效力的判决书、裁定书、调解书和仲裁裁决书。对于碰撞船舶提交的国外的判决书、裁定书、调解书和仲裁裁决书，依照民事诉讼法第二百六十六条和第二百六十七条规定的程序审查。

第九条　因起浮、清除、拆毁由船舶碰撞造成的沉没、遇难、搁浅或被弃船舶及船上货物或者使其无害的费用提出的赔偿请求，责任人不能依照海商法第十一章的规定享受海事赔偿责任限制。

第十条　审理船舶碰撞纠纷案件时，人民法院根据当事人的申请进行证据保全取得的或者向有关部门调查收集的证据，应当在当事人完成举证并出具完成举证说明书后出示。

第十一条　船舶碰撞事故发生后，主管机关依法进行调查取得并经过事故当事人和有关人员确认的碰撞事实调查材料，可以作为人民法院认定案件事实的证据，但有相反证据足以推翻的除外。

最高人民法院
关于审理无正本提单交付货物案件适用法律若干问题的规定

法释〔2009〕1号

（2009年2月16日最高人民法院审判委员会第1463次会议通过
2009年2月26日最高人民法院公告公布　自2009年3月5日起施行）

为正确审理无正本提单交付货物案件，根据《中华人民共和国海商法》、《中华人民共和国合同法》、《中华人民共和国民法通则》等法律，制定本规定。

第一条　本规定所称正本提单包括记名提单、指示提单和不记名提单。

第二条　承运人违反法律规定，无正本提单交付货物，损害正本提单持有人提单权利的，正本提单持有人可以要求承运人承担由此造成损失的民事责任。

第三条　承运人因无正本提单交付货物造成正本提单持有人损失的，正本提单持有人可以要求承运人承担违约责任，或者承担侵权责任。

正本提单持有人要求承运人承担无正本提单交付货物民事责任的，适用海商法规定；海商法没有规定的，适用其他法律规定。

第四条　承运人因无正本提单交付货物承担民事责任的，不适用海商法第五十六条关于限制赔偿责任的规定。

第五条　提货人凭伪造的提单向承运人提取了货物，持有正本提单的收货人可以要求承运人承担无正本提单交付货物的民事责任。

第六条　承运人因无正本提单交付货物造成正本提单持有人损失的赔偿额，按照货物装船时的价值加运费和保险费计算。

第七条　承运人依照提单载明的卸货港所在地法律规定，必须将承运到港的货物交付给当地海关或者港口当局的，不承担无正本提单交付货物的民事责任。

第八条　承运到港的货物超过法律规定期限无人向海关申报，被海关提取并依法变卖处理，或者法院依法裁定拍卖承运人留置的货物，承运人主张免除交付货物责任的，人民法院应予支持。

第九条　承运人按照记名提单托运人的要求中止运输、返还货物、变更到达地或者将货物交给其他收货人，持有记名提单的收货人要求承运人承担无正本提单交付货物民事责任的，人民法院不予支持。

第十条 承运人签发一式数份正本提单，向最先提交正本提单的人交付货物后，其他持有相同正本提单的人要求承运人承担无正本提单交付货物民事责任的，人民法院不予支持。

第十一条 正本提单持有人可以要求无正本提单交付货物的承运人与无正本提单提取货物的人承担连带赔偿责任。

第十二条 向承运人实际交付货物并持有指示提单的托运人，虽然在正本提单上没有载明其托运人身份，因承运人无正本提单交付货物，要求承运人依据海上货物运输合同承担无正本提单交付货物民事责任的，人民法院应予支持。

第十三条 在承运人未凭正本提单交付货物后，正本提单持有人与无正本提单提取货物的人就货款支付达成协议，在协议款项得不到赔付时，不影响正本提单持有人就其遭受的损失，要求承运人承担无正本提单交付货物的民事责任。

第十四条 正本提单持有人以承运人无正本提单交付货物为由提起的诉讼，适用海商法第二百五十七条的规定，时效期间为一年，自承运人应当交付货物之日起计算。

正本提单持有人以承运人与无正本提单提取货物的人共同实施无正本提单交付货物行为为由提起的侵权诉讼，诉讼时效适用本条前款规定。

第十五条 正本提单持有人以承运人无正本提单交付货物为由提起的诉讼，时效中断适用海商法第二百六十七条的规定。

正本提单持有人以承运人与无正本提单提取货物的人共同实施无正本提单交付货物行为为由提起的侵权诉讼，时效中断适用本条前款规定。

最高人民法院
关于审理船舶油污损害赔偿纠纷案件若干问题的规定

法释〔2011〕14号

（2011年1月10日最高人民法院审判委员会第1509次会议通过
2011年5月4日最高人民法院公告公布　自2011年7月1日起施行）

为正确审理船舶油污损害赔偿纠纷案件，依照《中华人民共和国民法通则》、《中华人民共和国侵权责任法》、《中华人民共和国海洋环境保护法》、《中华人民共和国海商法》、《中华人民共和国民事诉讼法》、《中华人民共和国海事诉讼特别程序法》等法律法规以及中华人民共和国缔结或者参加的有关国际条约，结合审判实践，制定本规定。

第一条　船舶发生油污事故，对中华人民共和国领域和管辖的其他海域造成油污损害或者形成油污损害威胁，人民法院审理相关船舶油污损害赔偿纠纷案件，适用本规定。

第二条　当事人就油轮装载持久性油类造成的油污损害提起诉讼、申请设立油污损害赔偿责任限制基金，由船舶油污事故发生地海事法院管辖。

油轮装载持久性油类引起的船舶油污事故，发生在中华人民共和国领域和管辖的其他海域外，对中华人民共和国领域和管辖的其他海域造成油污损害或者形成油污损害威胁，当事人就船舶油污事故造成的损害提起诉讼、申请设立油污损害赔偿责任限制基金，由油污损害结果地或者采取预防油污措施地海事法院管辖。

第三条　两艘或者两艘以上船舶泄漏油类造成油污损害，受损害人请求各泄漏油船舶所有人承担赔偿责任，按照泄漏油数量及泄漏油类对环境的危害性等因素能够合理分开各自造成的损害，由各泄漏油船舶所有人分别承担责任；不能合理分开各自造成的损害，各泄漏油船舶所有人承担连带责任。但泄漏油船舶所有人依法免予承担责任的除外。

各泄漏油船舶所有人对受损害人承担连带责任的，相互之间根据各自责任大小确定相应的赔偿数额；难以确定责任大小的，平均承担赔偿责任。泄漏油船舶所有人支付超出自己应赔偿的数额，有权向其他泄漏油船舶所有人追偿。

第四条　船舶互有过失碰撞引起油类泄漏造成油污损害的，受损害人可以请求泄漏油船舶所有人承担全部赔偿责任。

第五条　油轮装载的持久性油类造成油污损害的，应依照《防治船舶污染海洋环境管理条例》、《1992年国际油污损害民事责任公约》的规定确定赔偿限额。

油轮装载的非持久性燃油或者非油轮装载的燃油造成油污损害的，应依照海商法关于海事赔偿责任限制的规定确定赔偿限额。

第六条　经证明油污损害是由于船舶所有人的故意或者明知可能造成此种损害而轻率地作为或者不作为造成的，船舶所有人主张限制赔偿责任，人民法院不予支持。

第七条　油污损害是由于船舶所有人故意造成的，受损害人请求船舶油污损害责任保险人或者财务保证人赔偿，人民法院不予支持。

第八条　受损害人直接向船舶油污损害责任保险人或者财务保证人提起诉讼，船舶油污损害责任保险人或者财务保证人可以对受损害人主张船舶所有人的抗辩。

除船舶所有人故意造成油污损害外，船舶油污损害责任保险人或者财务保证人向受损害人主张其对船舶所有人的抗辩，人民法院不予支持。

第九条　船舶油污损害赔偿范围包括：

（一）为防止或者减轻船舶油污损害采取预防措施所发生的费用，以及预防措施造成的进一步灭失或者损害；

（二）船舶油污事故造成该船舶之外的财产损害以及由此引起的收入损失；

（三）因油污造成环境损害所引起的收入损失；

（四）对受污染的环境已采取或将要采取合理恢复措施的费用。

第十条　对预防措施费用以及预防措施造成的进一步灭失或者损害，人民法院应当结合污染范围、污染程度、油类泄漏量、预防措施的合理性、参与清除油污人员及投入使用设备的费用等因素合理认定。

第十一条　对遇险船舶实施防污措施，作业开始时的主要目的仅是为防止、减轻油污损害的，所发生的费用应认定为预防措施费用。

作业具有救助遇险船舶、其他财产和防止、减轻油污损害的双重目的，应根据目的的主次比例合理划分预防措施费用与救助措施费用；无合理依据区分主次目的的，相关费用应平均分摊。但污染危险消除后发生的费用不应列为预防措施费用。

第十二条　船舶泄漏油类污染其他船舶、渔具、养殖设施等财产，受损害人请求油污责任人赔偿因清洗、修复受污染财产支付的合理费用，人民法院应予支持。

受污染财产无法清洗、修复，或者清洗、修复成本超过其价值的，受损害人请求油污责任人赔偿合理的更换费用，人民法院应予支持，但应参照受污染财产实际使用年限与预期使用年限的比例作合理扣除。

第十三条 受损害人因其财产遭受船舶油污，不能正常生产经营的，其收入损失应以财产清洗、修复或者更换所需合理期间为限进行计算。

第十四条 海洋渔业、滨海旅游业及其他用海、临海经营单位或者个人请求因环境污染所遭受的收入损失，具备下列全部条件，由此证明收入损失与环境污染之间具有直接因果关系的，人民法院应予支持：

（一）请求人的生产经营活动位于或者接近污染区域；

（二）请求人的生产经营活动主要依赖受污染资源或者海岸线；

（三）请求人难以找到其他替代资源或者商业机会；

（四）请求人的生产经营业务属于当地相对稳定的产业。

第十五条 未经相关行政主管部门许可，受损害人从事海上养殖、海洋捕捞，主张收入损失的，人民法院不予支持；但请求赔偿清洗、修复、更换养殖或者捕捞设施的合理费用，人民法院应予支持。

第十六条 受损害人主张因其财产受污染或者因环境污染造成的收入损失，应以其前三年同期平均净收入扣减受损期间的实际净收入计算，并适当考虑影响收入的其他相关因素予以合理确定。

按照前款规定无法认定收入损失的，可以参考政府部门的相关统计数据和信息，或者同区域同类生产经营者的同期平均收入合理认定。

受损害人采取合理措施避免收入损失，请求赔偿合理措施的费用，人民法院应予支持，但以其避免发生的收入损失数额为限。

第十七条 船舶油污事故造成环境损害的，对环境损害的赔偿应限于已实际采取或者将要采取的合理恢复措施的费用。恢复措施的费用包括合理的监测、评估、研究费用。

第十八条 船舶取得有效的油污损害民事责任保险或者具有相应财务保证的，油污受损害人主张船舶优先权的，人民法院不予支持。

第十九条 对油轮装载的非持久性燃油、非油轮装载的燃油造成油污损害的赔偿请求，适用海商法关于海事赔偿责任限制的规定。

同一海事事故造成前款规定的油污损害和海商法第二百零七条规定的可以限制赔偿责任的其他损害，船舶所有人依照海商法第十一章的规定主张在同一赔偿限额内限制赔偿责任的，人民法院应予支持。

第二十条 为避免油轮装载的非持久性燃油、非油轮装载的燃油造成油污损害，对沉没、搁浅、遇难船舶采取起浮、清除或者使之无害措施，船舶所有人对由此发生的费用主张依照海商法第十一章的规定限制赔偿责任的，人民法院不予支持。

第二十一条　对油轮装载持久性油类造成的油污损害，船舶所有人，或者船舶油污责任保险人、财务保证人主张责任限制的，应当设立油污损害赔偿责任限制基金。

油污损害赔偿责任限制基金以现金方式设立的，基金数额为《防治船舶污染海洋环境管理条例》、《1992年国际油污损害民事责任公约》规定的赔偿限额。以担保方式设立基金的，担保数额为基金数额及其在基金设立期间的利息。

第二十二条　船舶所有人、船舶油污损害责任保险人或者财务保证人申请设立油污损害赔偿责任限制基金，利害关系人对船舶所有人主张限制赔偿责任有异议的，应当在海事诉讼特别程序法第一百零六条第一款规定的异议期内以书面形式提出，但提出该异议不影响基金的设立。

第二十三条　对油轮装载持久性油类造成的油污损害，利害关系人没有在异议期内对船舶所有人主张限制赔偿责任提出异议，油污损害赔偿责任限制基金设立后，海事法院应当解除对船舶所有人的财产采取的保全措施或者发还为解除保全措施而提供的担保。

第二十四条　对油轮装载持久性油类造成的油污损害，利害关系人在异议期内对船舶所有人主张限制赔偿责任提出异议的，人民法院在认定船舶所有人有权限制赔偿责任的裁决生效后，应当解除对船舶所有人的财产采取的保全措施或者发还为解除保全措施而提供的担保。

第二十五条　对油轮装载持久性油类造成的油污损害，受损害人提起诉讼时主张船舶所有人无权限制赔偿责任的，海事法院对船舶所有人是否有权限制赔偿责任的争议，可以先行审理并作出判决。

第二十六条　对油轮装载持久性油类造成的油污损害，受损害人没有在规定的债权登记期间申请债权登记的，视为放弃在油污损害赔偿责任限制基金中受偿的权利。

第二十七条　油污损害赔偿责任限制基金不足以清偿有关油污损害的，应根据确认的赔偿数额依法按比例分配。

第二十八条　对油轮装载持久性油类造成的油污损害，船舶所有人、船舶油污损害责任保险人或者财务保证人申请设立油污损害赔偿责任限制基金、受损害人申请债权登记与受偿，本规定没有规定的，适用海事诉讼特别程序法及相关司法解释的规定。

第二十九条　在油污损害赔偿责任限制基金分配以前，船舶所有人、船舶油污损害责任保险人或者财务保证人，已先行赔付油污损害的，可以书面申请从基金中代位受偿。代位受偿应限于赔付的范围，并不超过接受赔付的人依法可获得的赔偿数额。

海事法院受理代位受偿申请后，应书面通知所有对油污损害赔偿责任限制基金提出主张的利害关系人。利害关系人对申请人主张代位受偿的权利有异议的，应在收到通知之日起十五日内书面提出。

海事法院经审查认定申请人代位受偿权利成立，应裁定予以确认；申请人主张代位受偿的权利缺乏事实或者法律依据的，裁定驳回其申请。当事人对裁定不服的，可以在收到裁定书之日起十日内提起上诉。

第三十条 船舶所有人为主动防止、减轻油污损害而支出的合理费用或者所作的合理牺牲，请求参与油污损害赔偿责任限制基金分配的，人民法院应予支持，比照本规定第二十九条第二款、第三款的规定处理。

第三十一条 本规定中下列用语的含义是：

（一）船舶，是指非用于军事或者政府公务的海船和其他海上移动式装置，包括航行于国际航线和国内航线的油轮和非油轮。其中，油轮是指为运输散装持久性货油而建造或者改建的船舶，以及实际装载散装持久性货油的其他船舶。

（二）油类，是指烃类矿物油及其残余物，限于装载于船上作为货物运输的持久性货油、装载用于本船运行的持久性和非持久性燃油，不包括装载于船上作为货物运输的非持久性货油。

（三）船舶油污事故，是指船舶泄漏油类造成油污损害，或者虽未泄漏油类但形成严重和紧迫油污损害威胁的一个或者一系列事件。一系列事件因同一原因而发生的，视为同一事故。

（四）船舶油污损害责任保险人或者财务保证人，是指海事事故中泄漏油类或者直接形成油污损害威胁的船舶一方的油污责任保险人或者财务保证人。

（五）油污损害赔偿责任限制基金，是指船舶所有人、船舶油污损害责任保险人或者财务保证人，对油轮装载持久性油类造成的油污损害申请设立的赔偿责任限制基金。

第三十二条 本规定实施前本院发布的司法解释与本规定不一致的，以本规定为准。

本规定施行前已经终审的案件，人民法院进行再审时，不适用本规定。

最高人民法院
关于审理海上货运代理纠纷案件若干问题的规定

法释〔2012〕3号

（2012年1月9日最高人民法院审判委员会第1538次会议通过
2012年2月27日最高人民法院公告公布　自2012年5月1日起施行）

为正确审理海上货运代理纠纷案件，依法保护当事人合法权益，根据《中华人民共和国民法通则》、《中华人民共和国合同法》、《中华人民共和国海商法》、《中华人民共和国民事诉讼法》和《中华人民共和国海事诉讼特别程序法》等有关法律规定，结合审判实践，制定本规定。

第一条　本规定适用于货运代理企业接受委托人委托处理与海上货物运输有关的货运代理事务时发生的下列纠纷：

（一）因提供订舱、报关、报检、报验、保险服务所发生的纠纷；

（二）因提供货物的包装、监装、监卸、集装箱装拆箱、分拨、中转服务所发生的纠纷；

（三）因缮制、交付有关单证、费用结算所发生的纠纷；

（四）因提供仓储、陆路运输服务所发生的纠纷；

（五）因处理其他海上货运代理事务所发生的纠纷。

第二条　人民法院审理海上货运代理纠纷案件，认定货运代理企业因处理海上货运代理事务与委托人之间形成代理、运输、仓储等不同法律关系的，应分别适用相关的法律规定。

第三条　人民法院应根据书面合同约定的权利义务的性质，并综合考虑货运代理企业取得报酬的名义和方式、开具发票的种类和收费项目、当事人之间的交易习惯以及合同实际履行的其他情况，认定海上货运代理合同关系是否成立。

第四条　货运代理企业在处理海上货运代理事务过程中以自己的名义签发提单、海运单或者其他运输单证，委托人据此主张货运代理企业承担承运人责任的，人民法院应予支持。

货运代理企业以承运人代理人名义签发提单、海运单或者其他运输单证，但不能证明取得承运人授权，委托人据此主张货运代理企业承担承运人责任的，人民法院应予支持。

第五条 委托人与货运代理企业约定了转委托权限，当事人就权限范围内的海上货运代理事务主张委托人同意转委托的，人民法院应予支持。

没有约定转委托权限，货运代理企业或第三人以委托人知道货运代理企业将海上货运代理事务转委托或部分转委托第三人处理而未表示反对为由，主张委托人同意转委托的，人民法院不予支持，但委托人的行为明确表明其接受转委托的除外。

第六条 一方当事人根据双方的交易习惯，有理由相信行为人有权代表对方当事人订立海上货运代理合同，该方当事人依据合同法第四十九条的规定主张合同成立的，人民法院应予支持。

第七条 海上货运代理合同约定货运代理企业交付处理海上货运代理事务取得的单证以委托人支付相关费用为条件，货运代理企业以委托人未支付相关费用为由拒绝交付单证的，人民法院应予支持。

合同未约定或约定不明确，货运代理企业以委托人未支付相关费用为由拒绝交付单证的，人民法院应予支持，但提单、海运单或者其他运输单证除外。

第八条 货运代理企业接受契约托运人的委托办理订舱事务，同时接受实际托运人的委托向承运人交付货物，实际托运人请求货运代理企业交付其取得的提单、海运单或者其他运输单证的，人民法院应予支持。

契约托运人是指本人或者委托他人以本人名义或者委托他人为本人与承运人订立海上货物运输合同的人。

实际托运人是指本人或者委托他人以本人名义或者委托他人为本人将货物交给与海上货物运输合同有关的承运人的人。

第九条 货运代理企业按照概括委托权限完成海上货运代理事务，请求委托人支付相关合理费用的，人民法院应予支持。

第十条 委托人以货运代理企业处理海上货运代理事务给委托人造成损失为由，主张由货运代理企业承担相应赔偿责任的，人民法院应予支持，但货运代理企业证明其没有过错的除外。

第十一条 货运代理企业未尽谨慎义务，与未在我国交通主管部门办理提单登记的无船承运业务经营者订立海上货物运输合同，造成委托人损失的，应承担相应的赔偿责任。

第十二条 货运代理企业接受未在我国交通主管部门办理提单登记的无船承运业务经营者的委托签发提单，当事人主张由货运代理企业和无船承运业务经营者对提单项下的损失承担连带责任的，人民法院应予支持。

货运代理企业承担赔偿责任后，有权向无船承运业务经营者追偿。

第十三条 因本规定第一条所列纠纷提起的诉讼，由海事法院管辖。

第十四条　人民法院在案件审理过程中，发现不具有无船承运业务经营资格的货运代理企业违反《中华人民共和国国际海运条例》的规定，以自己的名义签发提单、海运单或者其他运输单证的，应当向有关交通主管部门发出司法建议，建议交通主管部门予以处罚。

第十五条　本规定不适用于与沿海、内河货物运输有关的货运代理纠纷案件。

第十六条　本规定施行前本院作出的有关司法解释与本规定相抵触的，以本规定为准。

本规定施行后，案件尚在一审或者二审阶段的，适用本规定；本规定施行前已经终审的案件，本规定施行后当事人申请再审或者按照审判监督程序决定再审的案件，不适用本规定。

最高人民法院
关于海上保险合同的保险人行使代位请求赔偿权利的诉讼时效期间起算日的批复

法释〔2014〕15号

（2014年10月27日最高人民法院审判委员会第1628次会议通过
2014年12月25日最高人民法院公告公布　自2014年12月26日起施行）

上海市高级人民法院：

你院《关于海事诉讼中保险人代位求偿的诉讼时效期间起算日相关法律问题的请示》（沪高法〔2014〕89号）收悉。经研究，批复如下：

依照《中华人民共和国海商法》及《最高人民法院关于审理海上保险纠纷案件若干问题的规定》关于保险人行使代位请求赔偿权利的相关规定，结合海事审判实践，海上保险合同的保险人行使代位请求赔偿权利的诉讼时效期间起算日，应按照《中华人民共和国海商法》第十三章规定的相关请求权之诉讼时效起算时间确定。

此复。

最高人民法院
关于托运人主张货损货差而拒付运费应否支付滞纳金的答复

（1992年2月12日　法函〔1992〕16号）

上海市高级人民法院：

你院〔1990〕沪高经上字第38号请示收悉。经研究，答复如下：

一、在水路货物运输合同中，支付运费是托运人的法定义务，该义务不因发生货损货差而消灭。托运人主张的货损货差赔偿可通过索赔解决，若擅自拒付运费则应按法律规定支付滞纳金。

二、托运人主张的货损货差赔偿一经认定，赔偿数额应包括货损货差本额及其利息。

此复。

最高人民法院
印发《关于审理船舶碰撞和触碰案件财产损害赔偿的规定》的通知

（1995年8月18日　法发〔1995〕17号）

全国地方各级人民法院、各军事法院、各铁路运输中级法院和基层法院、各海事法院：

《最高人民法院关于审理船舶碰撞和触碰案件财产损害赔偿的规定》已经最高人民法院审判委员会第七百三十五次会议讨论通过，现印发给你们，请依照执行。各地在执行本规定中有什么情况和问题，请及时报告我院。

附：

最高人民法院
关于审理船舶碰撞和触碰案件财产损害赔偿的规定

（最高人民法院审判委员会第七百三十五次会议讨论通过）

根据《中华人民共和国民法通则》和《中华人民共和国海商法》的有关规定，结合我国海事审判实践并参照国际惯例，对审理船舶碰撞和触碰案件的财产损害赔偿规定如下：

一、请求人可以请求赔偿对船舶碰撞或者触碰所造成的财产损失，船舶碰撞或者触碰后相继发生的有关费用和损失，为避免或者减少损害而产生的合理费用和损失，以及预期可得利益的损失。

因请求人的过错造成的损失或者使损失扩大的部分，不予赔偿。

二、赔偿应当尽量达到恢复原状，不能恢复原状的折价赔偿。

三、船舶损害赔偿分为全损赔偿和部分损害赔偿。

（一）船舶全损的赔偿包括：

船舶价值损失；

未包括在船舶价值内的船舶上的燃料、物料、备件、供应品，渔船上的捕捞设备、网具、渔具等损失；

船员工资、遣返费及其他合理费用。

（二）船舶部分损害的赔偿包括：合理的船舶临时修理费、永久修理费及辅助费用、维持费用，但应满足下列条件：

船舶应就近修理，除非请求人能证明在其他地方修理更能减少损失和节省费用，或者有其他合理的理由。如果船舶经临时修理可继续营运，请求人有责任进行临时修理；

船舶碰撞部位的修理，同请求人为保证船舶适航，或者因另外事故所进行的修理，或者与船舶例行的检修一起进行时，赔偿仅限于修理本次船舶碰撞的受损部位所需的费用和损失。

（三）船舶损害赔偿还包括：

合理的救助费，沉船的勘查、打捞和清除费用，设置沉船标志费用；

拖航费用，本航次的租金或者运费损失，共同海损分摊；

合理的船期损失；

其他合理的费用。

四、船上财产的损害赔偿包括：

船上财产的灭失或者部分损坏引起的贬值损失；

合理的修复或者处理费用；

合理的财产救助、打捞和清除费用，共同海损分摊；

其他合理费用。

五、船舶触碰造成设施损害的赔偿包括：

设施的全损或者部分损坏修复费用；

设施修复前不能正常使用所产生的合理的收益损失。

六、船舶碰撞或者触碰造成第三人财产损失的，应予赔偿。

七、除赔偿本金外，利息损失也应赔偿。

八、船舶价值损失的计算，以船舶碰撞发生地当时类似船舶的市价确定；碰撞发生地无类似船舶市价的，以船舶船籍港类似船舶的市价确定，或者以其他地区类似船舶市价的平均价确定；没有市价的，以原船舶的造价或者购置价，扣除折旧（折旧率按年4－10%）计算；折旧后没有价值的按残值计算。

船舶被打捞后尚有残值的，船舶价值应扣除残值。

九、船上财产损失的计算：

（一）货物灭失的，按照货物的实际价值，即以货物装船时的价值加运费加请求人已支付的货物保险费计算，扣除可节省的费用；

（二）货物损坏的，以修复所需的费用，或者以货物的实际价值扣除残值和可节省的费用计算；

（三）由于船舶碰撞在约定的时间内迟延交付所产生的损失，按迟延交付货物的实际价值加预期可得利润与到岸时的市价的差价计算，但预期可得利润不得超过货物实际价值的10%；

（四）船上捕捞的鱼货，以实际的鱼货价值计算。鱼货价值参照海事发生时当地市价，扣除可节省的费用。

（五）船上渔具、网具的种类和数量，以本次出海捕捞作业所需量扣减现存量计算，但所需量超过渔政部门规定或者许可的种类和数量的，不予认定；渔具、网具的价值，按原购置价或者原造价扣除折旧费用和残值计算；

（六）旅客行李、物品（包括自带行李）的损失，属本船旅客的损失，依照海商法的规定处理；属他船旅客的损失，可参照旅客运输合同中有关旅客行李灭失或者损坏的赔偿规定处理；

（七）船员个人生活必需品的损失，按实际损失适当予以赔偿；

（八）承运人与旅客书面约定由承运人保管的货币、金银、珠宝、有价证券或者其他贵重物品的损失，依海商法的规定处理；船员、旅客、其他人员个人携带的货币、金银、珠宝、有价证券或者其他贵重物品的损失，不予认定；

（九）船上其他财产的损失，按其实际价值计算。

十、船期损失的计算：

期限：船舶全损的，以找到替代船所需的合理期间为限，但最长不得超过两个月；船舶部分损害的修船期限，以实际修复所需的合理期间为限，其中包括联系、住坞、验船等所需的合理时间；渔业船舶，按上述期限扣除休渔期为限，或者以一个渔汛期为限。

船期损失，一般以船舶碰撞前后各两个航次的平均净盈利计算；无前后各两个航次可参照的，以其他相应航次的平均净盈利计算。

渔船渔汛损失，以该渔船前 3 年的同期渔汛平均净收益计算，或者以本年内同期同类渔船的平均净收益计算。计算渔汛损失时，应当考虑到碰撞渔船在对船捕渔作业或者围网灯光捕渔作业中的作用等因素。

十一、租金或者运费损失的计算：

碰撞导致期租合同承租人停租或者不付租金的，以停租或者不付租金额，扣除可节省的费用计算。

因货物灭失或者损坏导致到付运费损失的，以尚未收取的运费金额扣除可节省的费用计算。

十二、设施损害赔偿的计算：

期限：以实际停止使用期间扣除常规检修的期间为限；

设施部分损坏或者全损，分别以合理的修复费用或者重新建造的费用，扣除已使用年限的折旧费计算；

设施使用的收益损失，以实际减少的净收益，即按停止使用前 3 个月的平均净盈利计算；部分使用并有收益的，应当扣减。

十三、利息损失的计算：

船舶价值的损失利息，从船期损失停止计算之日起至判决或者调解指定的应付之日止；

其他各项损失的利息，从损失发生之日或者费用产生之日起计算至判决或调解指定的应付之日止；

利息按本金性质的同期利率计算。

十四、计算损害赔偿的货币，当事人有约定的，依约定；没有约定的，按以下相关的货币计算：

按船舶营运或者生产经营所使用的货币计算；

船载进、出口货物的价值，按买卖合同或者提单、运单记明的货币计算；

以特别提款权计算损失的，按法院判决或者调解之日的兑换率换算成相应的货币。

十五、本规定不包括对船舶碰撞或者触碰责任的确定，不影响船舶所有人或者承运人依法享受免责和责任限制的权利。

十六、本规定中下列用语的含义：

“船舶”是指所有用作或者能够用作水上运输工具的各类水上船筏，包括非排水船舶和水上飞机。但是用于军事的和政府公务的船舶除外。

“设施”是指人为设置的固定或者可移动的构造物，包括固定平台、浮鼓、码头、堤坝、桥梁、敷设或者架设的电缆、管道等。

“船舶碰撞”是指在海上或者与海相通的可航水域，两艘或者两艘以上的船舶之间发生接触或者没有直接接触，造成财产损害的事故。

“船舶触碰”是指船舶与设施或者障碍物发生接触并造成财产损害的事故。

“船舶全损”是指船舶实际全部损失，或者损坏已达到相当严重的程度，以至于救助、打捞、修理费等费用之和达到或者超过碰撞或者触碰发生前的船舶价值。

“辅助费用”是指为进行修理而产生的合理费用，包括必要的进坞费、清航除气费、排放油污水处理费、港口使费、引航费、检验费以及修船期间所产生的住坞费、码头费等费用，但不限于上述费用。

“维持费用”是指船舶修理期间，船舶和船员日常消耗的费用，包括燃料、物料、淡水及供应品的消耗和船员工资等。

十七、本规定自发布之日起施行。

最高人民法院
关于“乐平岭”轮货损索赔诉讼时效的复函

（1992年11月20日　交民他字〔1992〕第2号）

广东省高级人民法院：

你院〔1992〕粤高法经复字第24号《关于“乐平岭”轮货损索赔诉讼时效的请示》收悉。经研究，现答复如下：

就海上货物运输向承运人要求赔偿的请求权时效，为特殊的时效，对此，在我国海商法中作出了特殊的规定。但在该法尚未施行的情况下，可依据《中华人民共和国民法通则》第一百四十二条第三款的规定，适用国际惯例。

目前，国际上的通常做法和《海牙规则》、《海牙—维斯比规则》都规定为1年的时效，我国海运部门在提单条款中规定的时效与国际上的通常做法一致。故同意你院关于海上货物运输合同适用1年诉讼时效的意见。

此复。

最高人民法院
对山东省高级人民法院《关于船舶所有权纠纷一案的请示报告》的答复

（1995年1月4日 〔1995〕交他字第1号）

山东省高级人民法院：

你院〔1994〕鲁经终字第328号请示报告收悉。经研究，答复如下：

黑龙江省东宁县华埠经济贸易公司（以下简称“东宁公司”）与俄罗斯纳霍德卡市南海滨区社会股份有限公司（以下简称：“俄方”）签订了进口“尼古拉”号废钢船的买卖合同，因东宁公司未以船舶所有人的身份进行船舶登记，根据《中华人民共和国海商法》第九条和《中华人民共和国交通部拆解船舶监督管理规则》第七条的规定，东宁公司不能作为船舶所有人起诉威海经济技术开发区木材公司侵权。“尼古拉”号的所有权在东宁公司与俄方之间依约是否转移，东宁公司应按照《中苏两国交货共同条件》中的仲裁条款规定，提请仲裁解决。

最高人民法院
关于船员私自承揽运输擅自开航的民事责任应否由轮船公司承担问题的答复

（1995年4月21日　法函〔1995〕43号）

湖北省高级人民法院：

你院〔1995〕告申呈字第1号《关于国营四川涪陵轮船公司应否承担民事责任的请示》收悉。经研究，答复如下：

我国船舶航运主管部门对内河船舶船员的职责已有明确规定。在有关规定和运输企业的实务操作中，都没有给予船员（包括船长）对外承揽运输业务签订合同的职权。航行于我国境内各港口之间的船舶，除需服从所属航运企业内部职能部门的调度外，依据我国有关安全航行的法规的规定，还需经港务监督（或港航监督）部门的批准，办理进出港口签证手续。违反上述规定，船员私自承揽运输、擅自开航是超越职权范围的个人行为。“川陵四号”拖轮大副郑世荣图谋私利，私自承揽运输并对公司隐瞒事实，在公司调度室明确表示不同意出航的情况下，擅自开航，应对其超越职权范围的个人行为承担民事责任。轮船公司不应对船员的个人行为承担民事责任。

附：

湖北省高级人民法院
关于国营四川涪陵轮船公司应否承担民事责任问题的请示

（1995年1月8日　〔1995〕告申呈字第1号）

最高人民法院：

国营四川涪陵轮船公司与四川省涪陵地区建筑材料公司、重庆庆成联合航运公司水路货物运输合同海损赔偿纠纷一案，原经我院1990年12月14日作出鄂法〔1990〕经上判字第56号民事判决，已经发生法律效力。国营四川涪陵轮船公司不服判决，向你院申请再审。你院交通运输庭于 1993 年 11 月 2 日以〔93〕交监 3 号函向我院交办，我院于 1994 年 10 月 31 日作出裁定，对本案进行再审，中止原判决的执行。我院审判委员会在讨论该案时，由于认识不尽一致，决定向你院请示。

一、当事人的基本情况

申请再审人（一审被告、二审上诉人）：国营四川涪陵轮船公司（以下简称轮船公司）。

对当事人（一审原告、二审被上诉人）：四川省涪陵地区建筑材料公司（以下简称建材公司）。

对方当事人（一审被告、二审被上诉人）：重庆庆成联合航运公司（以下简称航运公司）。

二、基本案情

1988 年 10 月 30 日，建材公司与航运公司签订水路货物运输合同。合同约定：航运公司承运建材公司的水泥 1100 吨，从涪陵港运至上海崇明县青龙、新建港，每吨运费为 65 元，货物交接，货运质量按交通部有关规定执行。同年 11 月中旬，双方又口头约定，航运公司调派两艘 550 吨级驳船承运，其中一艘到乌江小溪码头受载，驳船进乌江的拖带事宜由建材公司负责。同年 11 月 19 日，航运公司的两艘驳船抵达涪陵港后，建材公司雇拖轮将“川顺 501”驳拖到乌江小溪码头受载。同月 23 日，驳船装妥 550 吨水泥后，建材公司业务员黄家林经人介绍，找到轮船公司所属的“川陵四号”轮负责人，联系拖带事宜。建材公司业务员黄家林出具一张便条给“川陵四号”轮大副郑世荣，内容是：“川陵四号”轮拖“川顺 501 号”550 吨水泥重载驳，从小溪到黄旗港，安全运达后付 1000 元运费。介绍人张太平为 1000 元运费作了担保。此条只有建材公司业务员黄家林和介绍人张太平签了名。同时黄家林口头向郑世荣说明了“川顺 501”驳船型尺寸，装载和吃水情况。郑世荣为图谋 1000 元运费的私利，当即用高频电话向轮船公司调度室谎报说：“川陵四号”轮没有生活用煤，到小溪买烧煤。轮船公司调度室回答：不能到小溪买煤，只能到四〇六囤船买煤。随后，郑世荣擅自决定出航，同时，将去小溪拖带作业的情况告诉了船长李海荣，李海荣未同意。当日 16 时 30 分，“川陵四号”轮全体船员到位、启航，驶抵小溪，在未开作业会布置安全措施情况下，仓促编队，将“川顺 501”驳绑于右舷，顶推航行。18 时 55 分，船队行至乌江牛屎碛处，水浅漕窄，因“川陵四号”轮船员操作不当，致使“川顺 501”驳触浅进水，施救无效，沉入乌江菜场沱处水中。事后，轮船公司先行打捞无果，经重庆长江救助打捞公司将沉船打捞起后，所载水泥全损。由涪陵市航管站主持召集建材公司、航运公司、轮船公司共同确认“川顺501”驳船修理项目共二十四项，估价总计修理费（包括船员损失3500元在内）共53500元。这次海损事故，造成建材公司货物损失79592.81元，航运公司运费损失35700元和驳船修理费53500元。打捞费99507.14元（打捞费已分别由轮船公司垫付58582.62元，建材公司垫付20924.52元，航运公司垫付2万元）合计海损总金额为268349.95元。事故发生后，“川陵四号”轮大副郑世荣被涪陵市人民检察院以交通肇事罪收审，审查期间，郑世荣因病死亡；船长李海荣被涪陵市人民法院以玩忽职守罪判处有期徒刑二年，缓刑三年。

三、一、二审判决的主要理由

武汉海事法院一审认为、建材公司与航运公司所签订的水路货物运输合同为有效合同。造成合同无法全面履行、货物灭失，主要是由于“川陵四号”轮船员在拖带“川顺501”驳时，未认真履行职责，未充分考虑“川顺501”驳船型尺度及载重量、吃水等在当时航道情况下能否安全驶出乌江，盲目拖带，驾驶操作失误造成的，应承担这次海损事故的主要责任；轮船公司对其工作人员的经营活动，应承担民事责任。航运公司没有掌握乌江航道情况，调派船舶不当，船员又未全面认真履行职责，是发生海损事故的又一原因，应承担事故的一定责任；建材公司对航运公司派船不当未提出异议，在联系拖带业务中，没有认真履行手续也有一定过错应承担相应责任。判决：一、建材公司承担经济损失40252.5元，航运公司承担经济损失53670元。轮船公司承担经济损失174427.45元；二、轮船公司赔偿建材公司经济损失60264.83元，赔偿航运公司经济损失55580元。赔款均在1990年6月30日前一次付清。

我院二审认为，建材公司与航运公司、轮船公司之间托、承运的法律关系事实清楚，作为共同承运人航运公司和轮船公司，未尽到将所承运绑拖的货物安全运到目的港的义务，在承运拖带航行中触浅造成海损，依法应各自承担相应的民事责任，原审所列诉讼地位并无不当。“川陵四号”轮的工作人员为轮船公司任用，且在接受建材公司的拖带作业活动中，已将出航情况报告了轮船公司调度室。轮船公司提出“川陵四号”轮去小溪拖带作业是私自航行，轮船公司不承担任何责任的上诉理由不能成立，应予驳回。原审认定的事实清楚，证据充分，程序合法，处理恰当。判决：驳回上诉，维持原判。

四、再审处理意见

本案经我院再审并提交院审判委员会讨论，对轮船公司应否承担民事责任有二种意见：一种意见认为，“川陵四号”轮大副郑世荣是轮船公司工作人员，其谎报情况，擅自出航，造成重大损失，情况属实，但他是以大副的身份开船的，所进行的拖带“川顺501”号驳船的行为应是履行职务的行为，轮船公司应对其行为的后果承担民事责任；退一步讲，即郑世荣不是履行职务，但他是利用轮船公司交给其管理的大型工具轮船造成事故的，如同国家机关、企事业单位的汽车司机发生交通肇事一样，轮船公司也应承担民事责任。另一种意见认为，“川陵四号”轮大副郑世荣图谋私利，在轮船公司调度室明确表示不同意出航的情况，竟擅自决定出航，不听命令，也不听船长劝阻，造成重大事故，是超越职权范围的个人行为，应由其个人承担民事责任。轮船公司对郑世荣负有教育管理的行政责任，不应承担本案的民事责任。

以上两种意见报送均院审核，请予批复。

特此报告。

最高人民法院
关于宁波市外海航运公司申请海事赔偿责任限制设立基金有关问题的复函

（1995年12月7日　法函〔1995〕160号）

浙江省高级人民法院：

你院〔1995〕浙法经字92号，关于宁波市外海航运公司申请海事赔偿责任限制设立基金有关问题的请示收悉。经研究，答复如下：

责任人申请海事赔偿责任限制，未提供资金设立海事赔偿责任限制基金，可以采取提供充分担保的形式。宁波市外海航运公司是在诉讼过程中申请享受海事赔偿责任限制权利的，法院可以撤销令其设立海事赔偿责任限制基金的裁定。但在本案实体审理中，如果没有充分证据证明“引起赔偿请求的损失是由于责任人的故意或者明知可能造成损失而轻率地作为或者不作为造成的”，责任人有权享受海事赔偿责任限制，且这种权利不因责任人未设立责任限制基金或者提供相应的担保而丧失。

最高人民法院
关于提单持有人向收货人实际取得货物后能否再向承运人主张提单项下货物物权的复函

（2000年8月11日 〔2000〕交他字第1号）

福建省高级人民法院：

你院〔1999〕闽经终字第165号关于福建省东海经贸股份有限公司诉韩国双龙船务公司、中国福州外轮代理公司提单纠纷一案的请示收悉。经研究，答复如下：

一、本案提单持有人福建省东海经贸股份有限公司与承运人韩国双龙船务公司形成了提单运输法律关系，应按海上货物运输合同纠纷处理。

二、承运人韩国双龙船务公司负有凭正本提单交付货物的义务。其接受托运人的保函并将货物交付给非提单持有人（贸易合同的买方），侵犯了提单持有人的担保物权，违反我国法律规定和国际航运惯例，本应承担无单放货违约赔偿责任。但是，提单担保物权人福建省东海经贸股份有限公司通过与提货人、托运人签订补充协议重新取得了提单项下货物的占有权，并从中收取了部分款项，致使提单失去了担保物权凭证的效力。故福建省东海贸易股份有限公司丧失了因无单放货向承运人索赔提单项下货款的权利。

此复。

最高人民法院
关于船东所有的船舶能否因期租人对第三方负有责任而被扣押等问题的复函

（2001 年 1 月 3 日　〔1998〕交他字 1 号）

上海市高级人民法院：

你院〔1996〕沪高经终字第 515 号《关于船东所有的船舶能否因期租人对第三方负有责任而被扣押等问题的请示》收悉。经研究，同意你院倾向性意见。现答复如下：

一、根据最高人民法院《关于海事法院诉讼前扣押船舶的规定》第三条第（一）款、第（三）款的规定，海事法院可以扣押对海事请求负有责任的船舶经营人、承租人所有的、经营的或租用的其他船舶。故三善海运株式会社可以申请扣押亚马大益卡埃琳达斯公司期租给亚马大益卡埃劳埃德公司的“阿曼达·格劳列”轮。因该轮关系到所有权归属问题，所以不能变卖。

二、亚马大益卡埃劳埃德公司对“阿曼达·格劳列”轮的扣押负有责任，给船舶所有人亚马大益卡埃琳达斯公司造成的损失应负赔偿责任。其在与亚马达益卡埃琳达斯公司的期租船合同责任期间，提出解除合同的行为应属无效。该行为不影响财产保全的效力。

三、根据 2000 年 7 月 1 日起实施的《中华人民共和国海事诉讼特别程序法》第二十三条的规定，对定期租船人或者航次租船人经营的或租用的船舶不得扣押。该案是发生在《中华人民共和国海事诉讼特别程序法》颁布实施以前，所以应适用最高人民法院《关于海事法院诉讼前扣押船舶的规定》。

此复。

最高人民法院
关于中国上海抽纱进出口公司与中国太平洋保险公司上海分公司海上货物运输保险合同纠纷请示的复函

（2001年1月3日　〔2000〕交他字第8号）

上海市高级人民法院：

你院〔2000〕沪高经终字第280号关于《中国抽纱上海进出口公司与中国太平洋保险公司上海分公司海上货物运输保险合同纠纷一案的请示》收悉。经研究，答复如下：

1. 关于无单放货是否属于保险理赔的责任范围问题。我们认为，根据保险条款，保险条款一切险中的“提货不着”险并不是指所有的提货不着。无单放货是承运人违反凭单交货义务的行为，是其自愿承担的一种商业风险，而非货物在海运途中因外来原因所致的风险，不是保险合同约定由保险人应承保的风险；故无单放货不属于保险理赔的责任范围。

2. 关于在承运人和保险人均有赔偿责任的情况下，保险人取得代位求偿权后，向承运人代位求偿的诉讼时效如何计算的问题。我们认为，保险人取得的代位求偿权是被保险人移转的债权，保险人取代被保险人的法律地位后，对承运人享有的权利范围不得超过被保险人；凡承运人得以对抗被保险人而享有的抗辩权同样可以对抗保险人，该抗辩权包括因诉讼时效超过而拒绝赔付的抗辩权。保险人只能在被保险人有权享有的时效期间提起诉讼，即保险人取代被保险人向承运人代位求偿的诉讼时效亦为1年，应自承运人交付或应当交付货物之日起计算。

此复。

最高人民法院
关于保险船舶发生保险事故后造成第三者船舶沉没而引起的清理航道费用是否属于直接损失的复函

（2001年2月18日　〔2000〕交他字第12号）

上海市高级人民法院：

你院〔2000〕沪高经终字第367号《关于保险船舶发生保险事故后造成第三者船舶沉没而引起的清理航道费用是否属直接损失的请示》收悉。经研究同意你院审判委员会的倾向性意见，即根据中国人民银行《沿海、内河船舶保险条款》和《沿海、内河船舶保险条款解释》的有关规定，保险船舶发生保险事故造成第三者船舶沉没而引起的清理航道费用不属于直接损失，亦不属于保险责任。

此复。

最高人民法院
关于长春大成玉米开发公司与中国人民保险公司吉林省分公司海上保险合同纠纷一案的请示的复函

（2001年11月7日　〔2001〕民四他字第25号）

辽宁省高级人民法院：

你院〔2001〕辽经一终字第13号请示报告收悉，经研究，答复如下：

本案中预约保险合同是当事人就长期货物运输保险达成的一种协议。投保人长春大成玉米开发有限公司（以下简称大成公司）依据该协议向中国人民保险公司吉林省分公司（以下简称保险公司）投保，保险公司在协议约定的期限内不得拒绝投保人大成公司的投保，投保人大成公司也要在协议约定的期限内将其出运的货物全部在保险公司投保，这应是预约保险合同的对等义务，但预约保险合同不具备我国《海商法》第二百一十七条规定的海上保险合同的全部内容，故其不能直接产生保险合同义务，大成公司不能据此向保险公司主张保险权益。

本案中，大成公司向保险公司投保时，已经知道四份保险单项下货物全部随船沉没，货损事故已经发生。同意你院审判委员会多数人意见，根据我国《海商法》第二百二十四条的规定，保险公司不应承担保险赔偿责任。

此复。

最高人民法院
关于津龙翔（天津）国际贸易公司与南京扬洋化工运贸公司、天津天龙液体化工储运公司沿海货物运输合同货损赔偿纠纷一案请示的复函

（2001年8月10日 〔2001〕民四他字第7号）

天津市高级人民法院：

你院津高法〔2001〕34号《关于津龙翔（天津）国际贸易公司与南京扬洋化工运贸公司、天津天龙液体化工储运公司沿海货物运输合同货损赔偿纠纷一案的请示》收悉。经研究，答复如下：

一、根据最高人民法院法释〔2001〕18号《最高人民法院关于如何确定沿海、内河货物运输赔偿请求权时效期间问题的批复》，托运人、收货人就沿海、内河货物运输向承运人要求赔偿的请求权，时效期间为1年，自承运人交付或者应当交付货物之日起计算。因此，该案的诉讼时效期间应为1年。

二、在请求权竞合的情况下，诉讼当事人有权在一审开庭前请求对方当事人承担违约责任或者侵权责任，此后不得进行变更。该案当事人在一审时以违约提起诉讼，二审时不应以侵权确认时效。

此复。

最高人民法院
关于浙江省工艺品进出口公司与阿科特利斯卡贝特1912公司、宁波致远国际货运有限公司海上货物运输合同纠纷一案的请示的复函

（2001年11月7日　〔2001〕民四他字第24号）

浙江省高级人民法院：

你院〔2000〕浙法告申经监字第65号请示报告收悉。经研究，答复如下：

关于海上货物运输中承运人向托运人、收货人或者提单持有人要求赔偿权利的时效期间，《中华人民共和国海商法》（以下简称《海商法》）并无规定。本院法释〔1997〕3号文就此问题作出了规定，弥补了《海商法》在此问题上的不足。因此，在1997年8月7日之前发生的海上货物运输纠纷案件中，承运人向托运人、收货人或者提单持有人要求赔偿的时效期间应当适用《中华人民共和国民法通则》的有关规定。

最高人民法院
关于中国人民保险公司青岛市分公司与巴拿马浮山航运有限公司船舶保险合同纠纷一案的复函

（2002年12月25日　〔2002〕民四他字第12号）

山东省高级人民法院：

你院鲁高法函〔2002〕24号《关于中国人民保险公司青岛市分公司与巴拿马浮山航运有限公司船舶保险合同纠纷一案的请示》收悉。经研究，答复如下：

关于巴拿马浮山航运有限公司所属的“浮山”轮与“继承者”轮在青岛主航道发生的无接触碰撞是否属于船舶碰撞的问题，根据最高人民法院法发〔1995〕17号《关于审理船舶碰撞和触碰案件财产损害赔偿的规定》第十六条

的规定，船舶碰撞包括两艘或者两艘以上船舶之间发生接触或者无接触的碰撞。“浮山轮”投保了“一切险”，船舶保险条款属于格式条款，该条款第一条订明的碰撞责任包括因被保险船舶与其他船舶碰撞而引起被保险人应负的法律赔偿责任，订立船舶保险合同时保险人并未向被保险人明示船舶碰撞排除无接触碰撞。根据诚信原则和《中华人民共和国合同法》第四十一条的规定，对格式条款有两种以上解释的，应当作出不利于提供格式条款一方的解释。因此，本案船舶保险条款所指碰撞应当包括无接触碰撞。

此复。

最高人民法院
关于招远市玲珑电池有限公司与烟台集洋集装箱货运有限责任公司海事赔偿责任限制申请一案请示的复函

（2003年6月9日 〔2002〕民四他字第38号）

山东省高级人民法院：

你院鲁高法函〔2002〕49号《关于招远市玲珑电池有限公司与烟台集洋集装箱货运有限责任公司海事赔偿责任限制申请一案请示》收悉。经研究，答复如下：

根据我国《海商法》和《海事诉讼特别程序法》规定，申请建立海事赔偿责任限制基金可以在诉讼中或诉讼前提出；海事赔偿责任限制属于当事人的抗辩权，申请限制海事赔偿责任，应当以海事请求人在诉讼中向责任人提出的海事请求为前提，不能构成独立的诉讼请求。

烟台集洋集装箱货运有限公司（以下简称集洋公司）虽是涉案运输合同承运人，但不是船舶经营人，不具有申请限制赔偿责任的主体资格。

同意你院关于案件处理的倾向性意见。对集洋公司的申请，应当裁定驳回起诉。

此复。

附：

山东省高级人民法院
关于招远市玲珑电池有限公司与烟台集洋集装箱货运有限责任公司海事赔偿责任限制申请一案请示

鲁高法函〔2002〕49 号

最高人民法院：

上诉人招远市玲珑电池有限公司与被上诉人烟台集洋集装箱货运有限责任公司海事赔偿责任限制申请一案，前由青岛海事法院作出〔2001〕青海法海事初字第 49 号民事判决。招远市玲珑电池有限公司不服一审判决，向我院提起上诉。我院在审理本案过程中，在理解海事赔偿责任限制的适用程序、适用主体方面存在两种不同的意见，经合议庭评议并经审判委员会讨论，特请示报告如下：

一、当事人的基本情况

上诉人（原审被申请人）：招远市玲珑电池有限公司（以下简称玲珑公司）。住所地：山东省招远市河东路 408 号。

法定代表人：李凌云，该司总经理。

被上诉人（原审申请人）：烟台集洋集装箱货运有限责任公司（以下简称集洋公司）。住所地：山东省烟台市芝罘区新环海路 6 号。

法定代理人：刘遵和，该司经理。

二、原审判决认定的事实及判决要点

山东省青岛海运总公司（以下简称海运公司）所属“静水泉”轮装载集装箱货物（包括玲珑公司所有的价值 1401600 元的货物），在由大连驶往黄埔港，途经厦门附近海域时，机舱大量进水，于 1998 年 11 月 18 日 0720 时沉没，随船货物全部灭失。2000 年 10 月 23 日，中华人民共和国厦门海事局出具的《关于“静水泉”轮沉没事故调查结论的函》中称：“静水泉”轮沉没是由于船底大量进水，最终丧失浮力而造成；该轮该航次装载状态符合船舶技术要求；“静水泉”轮船底破损，可能原因仍不能排除，即“静水泉”轮在航行中发生过触底或碰撞过不明漂流物导致船底破损；由于载货和大风浪或综合多个原因造成船底开裂。

玲珑公司因其货物随同“静水泉”轮沉没，向青岛海事法院提起诉讼，请求法院判令集洋公司与海运公司赔偿 143.88 万元（包括货物损失人民币 140.16 万元、运杂费损失人民币 3.72 万元）及利息。青岛海事法院于 2000 年 12 月 15 日作出〔1999〕青海法海商初字第 126 号一审判决，认为：玲珑公司与集洋公司之间构成水路联运合同，集洋公司作为水路联运合同的承运人应赔偿玲珑公司货物灭失损失；海运公司作为货物的实际承运人应承担连带赔偿责任。判决：

一、集洋公司偿付玲珑公司货物损失 1438400 元及该款项自 1998 年 11 月 19 日至本判决生效之日止的银行同期存款利息；

二、海运公司承担连带赔偿责任。

一审判决后，集洋公司提起上诉。山东省高级人民法院于 2001 年 6 月 8 日作出〔2001〕鲁经终字第 205 号终审民事判决，认为：“集洋公司与玲珑公司建立了‘门到门’的运输合同关系，集洋公司为该合同关系的承运人，在接到玲珑公司的提货通知后，集洋公司就不同的运输区间委托相应的陆路和水路承运人（海运公司）承担相应的运输任务”；“一审判决认定玲珑公司与集洋公司之间为运输关系，事实认定清楚，适用法律正确，但认定玲珑公司已交付本次运输的海运费不当，应当予以纠正”。判决：

一、撤销青岛海事法院〔1999〕青海法海商初字第 126 号民事判决；

二、集洋公司偿付玲珑公司货物损失人民币 1401600 元及该款项自 1998 年 11 月 19 日起至本判决生效之日止的银行同期存款利息；海运公司对上述债务承担连带赔偿责任。

因“静水泉”轮沉没事故，船舶所有人海运公司于 1999 年 3 月 12 日向青岛海事法院提出海事赔偿责任限制申请及设立责任限制基金申请。海事法院于 1999 年 3 月 22 日以〔1999〕青海法海事初字第 14－1 号民事裁定准许海运公司的责任限制申请，令其在 5 日内在青岛海事法院设立责任限制基金 4331551.58 元。1999 年 10 月 10 日，海运公司再次向青岛海事法院提出海事赔偿责任限制申请，海事法院受理了其申请，发出通知及公告，于 1999 年 12 月 7 日以〔1999〕青海法海事初字第 41 号裁定准许海运公司提出的海事赔偿责任限制申请。

2001 年 6 月 27 日，集洋公司向青岛海事法院提出：就被申请人的货损索赔请求，申请海事赔偿责任限制；申请享受海运公司设立的责任限制基金。海事法院于同日对该申请予以立案。开庭后，申请人又将其申请事项变更为：（1）请求法院依法裁定申请人有权享受海事赔偿责任限制；（2）请求法院依法裁定海运公司设立的责任限制基金视为申请人设立的责任限制基金；（3）

请求法院依法裁定玲珑公司的索赔应参加上述责任限制基金的分配；（4）请求法院依法裁定中止玲珑公司执行申请人财产，并裁定玲珑公司退付已执行的申请人的存款103678.70元人民币；（5）请求法院依法裁定由被申请人玲珑公司承担一切申请费用。

玲珑公司于同年7月2日向青岛海事法院申请执行山东省高级人民法院的〔2001〕鲁经终字第205号民事判决书，青岛海事法院亦予以立案执行。

青岛海事法院认为："海事赔偿责任限制"是一种与民事损害赔偿制度相悖的特殊赔偿制度，诉的要素完全齐备，可以构成一独立确认之诉。根据《海事诉讼特别程序法》第二条的规定，在《海事诉讼特别程序法》没有规定的情况下，在诉讼程序上应该适用《中华人民共和国民事诉讼法》第一审普通程序的有关规定；裁决结果应当以民事判决的形式做出。

根据山东省高级人民法院〔2001〕鲁经终字第205号生效判决的认定，集洋公司作为"门到门"运输（包括陆路与水路两个不同的运输区段）合同的承运人，对玲珑公司的货损承担赔偿责任。该所谓"门到门"运输合同，实际上属于多式联运合同，所以集洋公司是作为（国内）多式联运经营人对玲珑公司承担赔偿责任的。根据《合同法》第三百二十一条的规定，货物的毁损、灭失发生于多式联运的某一运输区段的，多式联运经营人的赔偿责任和责任限额，适用调整该区段运输方式的有关法律规定。本案中货物灭失发生在海上运输区段，而《海商法》调整的范围包括海江之间、江海之间直达的海上货物运输和海上旅客运输，规定海事赔偿责任限制制度的《海商法》第十一章理应适用于所有海上运输（包括国内沿海运输）引起的责任限制纠纷。

根据《海商法》第十一章的规定，享受海事赔偿责任限制必须符合以下条件：（1）申请人符合海商法规定的可以限制赔偿责任的主体条件；（2）申请人申请限制的债权属于限制性债权；（3）经证明，申请人没有不得享受责任限制的行为。关于第二、第三个条件，当事人没有异议。关于责任主体问题，《海商法》规定船舶所有人（包括船舶承租人和船舶经营人）、救助人、保险人及对所有人、救助人行为、过失负有责任的其他人员、可以享受赔偿责任限制。本案中，集洋公司主张自己是船舶（"静水泉"轮）经营人，请求以船舶经营人身份享受责任限制。

在我国的法律体系中，有关"船舶经营人"的规定只出现在《海商法》与《船舶登记管理条例》中，但均未对"船舶经营人"下定义，无法准确揭示这一概念的内涵。《海商法》上"船舶经营人"的外延应该大于《船舶登记管理条例》上"船舶经营人"的外延，而且是真包含关系。对于《海商法》上的"船舶经营人"，在没有有权解释的情况下，应当认为，船舶经营人分为技术上的船舶经营人和商业上的船舶经营人，技术上的船舶经营人主要指负责船舶人员配备、物品供应、货物装载以及维持船舶机器设备正常运转的任何自然人或法人；商业上的船舶经营人更多地是指从事与船舶有关的订舱、商谈运费、指定挂靠港等行为的任何自然人或法人。所以，船舶经营人应该包括直接从事船舶营运的船舶所有人、船舶承租人以及与船舶营运有关且承担船舶营运引起的有关责任的其他任何自然人或法人。根据这样的定义，集洋公司与玲珑公司成立多式联运合同后，其将海运区段的运输又委托给海运公司，装载在海运公司所属的“静水泉”轮上从烟台港运往广州，结果因“静水泉”轮沉没，集洋公司对玲珑公司承担了货物灭失赔偿责任，集洋公司从事了与“静水泉”轮营运有关的行为，并承担了“静水泉”轮营运产生的有关责任，所以集洋公司可以作为“静水泉”轮的船舶经营人。

同时，根据《海商法》第二百一十二条规定的“一次事故一个限额”的原则，海运公司按照法定的赔偿限额在本院已设立的海事赔偿责任限制基金，已构成对因“静水泉”轮沉没引起的向所有可能因此承担责任的人提出的赔偿请求进行限制而需设立的基金的总额。即该基金应视为因“静水泉”轮沉没事故可以提出海事赔偿责任限制申请的所有当事人各自设立的基金，所以虽然集洋公司没有实际在任何法院设立海事赔偿责任限制基金，但从法律上应视为其已设立。也就是说，玲珑公司对集洋公司的债权应在责任限制范围内从海运公司已在原审法院设立的基金中按照法律规定的基金分配方案受偿。玲珑公司提出的即使集洋公司享受责任限制，也应该单独设立自己的责任限额和责任基金的主张，没有任何法律依据，不予支持。

向法院请求责任限制应该受到诉讼时效制度的约束，根据《中华人民共和国民法通则》中有关诉讼时效的规定，并考虑海事赔偿责任限制制度的特殊性，申请海事赔偿责任限制的诉讼时效应为二年，从申请人被依法裁决（包括仲裁裁决）承担有关海事赔偿责任时起算；但由于申请责任限制并不当然构成对责任的承认，所以自引起海事赔偿请求的事故发生之日起，当事人即可以申请责任限制。因此，集洋公司海事赔偿责任限制申请没有超过法定期限。

至于集洋公司提出的裁定中止玲珑公司执行其财产并退付已执行的财产的请求是有关执行的问题，应由执行机构依法处理，集洋公司不应在本案诉讼中提出中止玲珑公司已提起的执行程序并归还已执行财产的请求。

另外，由于责任限制是需要责任人主张才有可能实际享受的权利，所以因此产生的案件受理费用应由申请人自己承担。

青岛海事法院依照《中华人民共和国海商法》第二百零四条、第二百零七条、第二百零九条、第二百一十二条的规定，于 2001 年 12 月 26 日判决：

一、申请人集洋公司对因“静水泉”轮沉没而引起的对被申请人玲珑公司承担的赔偿责任有权享受海事赔偿责任限制；

二、海运公司因“静水泉”轮沉没设立的责任限制基金也应视为申请人集洋公司设立的基金，被申请人玲珑公司对集洋公司的上述可限制债权应从海运公司设立的基金中按照法律规定的基金分配方法受偿；

三、驳回集洋公司的其他请求。

案件受理费3000元由申请人集洋公司负担。

三、当事人上诉及答辩理由

玲珑公司不服一审判决，上诉称：（1）海事赔偿责任限制申请的性质是抗辩权，不具备反诉的性质和功能；（2）本案不适用《合同法》第三百二十一条，从而也不适用海商法；（3）集洋公司不是船舶经营人，不符合责任限制的主体条件；（4）集洋公司的责任限制申请，在时间上超过了法律的规定，无权得到法律的保护。请求二审法院撤销一审判决，依法判决集洋公司无权享受海事赔偿责任限制。

集洋公司答辩认为：（1）海事赔偿责任限制申请是一项独立的实体请求权，它可以独立成诉，而并不仅仅是一种抗辩权；（2）集洋公司提出享受海事赔偿责任限制的申请并未超过法律规定的时效，申请海事赔偿责任限制是一项实体请求，集洋公司在先前的海上运输索赔诉讼中没有正式提出责任限制申请并不构成权利放弃，申请海事赔偿责任限制的时效应当按照《民法通则》的规定确定为两年；（3）本案不但适用《合同法》第三百二十一条，也适用《海商法》第十一章；（4）集洋公司属于《海商法》第十一章所指的船舶经营人，依法应当享受责任限制。在海事责任限制主体确定原则上，法律强调的是与责任的关系而不是与船舶的关系；（5）本案所涉海事事故的海事赔偿责任限制基金实际已经设立，集洋公司依法有权享受该基金所带来的法律利益。海事赔偿责任限制是一种事故责任限制制度，贯彻的是一次事故、一个限额原则，责任人中有一人设立了海事赔偿责任限制基金，该基金即视为全体责任人所设。综上，请求二审法院驳回上诉，维持原判。

四、请示的问题

本案是集洋公司申请海事赔偿责任限制，申请享受海运公司已经设立的海事赔偿责任限制基金。关于案件的处理，经本院审判委员会讨论，形成两种意见。倾向性意见认为：从实体上讲，集洋公司不属于可以申请海事赔偿责任限制的主体，因为集洋公司虽是合同承运人，但其既不是船舶所有人，也不是船舶经营人，不应享受责任限制。另外，申请人申请海事赔偿责任限制实质是程序问题，而不是实体问题，所以，集洋公司的申请应当以裁定的形式予以驳回。少数意见认为，海事赔偿责任限制申请是一个独立的确认之诉，本案可以适用《合同法》第三百二十一条，从而适用《海商法》第十一章的规定。本案中，集洋公司符合船舶经营人身份，可以以船舶经营人身份申请责任限制，集洋公司的申请应当获得支持。因“静水泉”轮涉案较多，经审委会研究须由最高人民法院予以明确：（1）不申请设立海事赔偿责任限制基金，单独申请享受海事赔偿责任限制的，法院的裁判文书适用判决还是裁定；（2）《海商法》第二百零四条规定的船舶经营人的内涵及其具体包括哪些主体，从而确定集洋公司是否符合船舶经营人身份，是否可以享受责任限制。

特此请示，请予答复。

最高人民法院
关于大连港务局与大连中远国际货运有限公司海上货物运输货损赔偿追偿纠纷一案的请示的复函

（2003年11月12日　〔2002〕民四他字第21号）

辽宁省高级人民法院：

你院〔2002〕辽民四终字第11号《关于大连港务局与大连中远国际货运有限公司海上货物运输货损赔偿追偿纠纷一案的请示报告》收悉。经研究。答复如下：

《中华人民共和国海商法》第二百五十七条第一款规定：“就海上货物运输向承运人要求赔偿的请求权，时效期间为一年，自承运人交付或者应当交付货物之日起计算；在时效期间内或者时效期间届满后，被认定为负有责任的人向第三人提起追偿请求的，时效期间为九十日，自追偿请求人解决原赔偿请求之日起或者收到受理对其本人提起诉讼的法院的起诉状副本之日起计算。”根据《海商法》和我国《民事诉讼法》的有关规定，原赔偿请求若是通过法院诉讼解决的，则追偿请求人向第三人追偿时效的起算点应当自追偿请求人收到法院认定其承担赔偿责任的生效判决之日起计算。

此复。

附：

辽宁省高级人民法院
关于大连港务局与大连中远国际货运有限公司海上货物运输货损赔偿追偿纠纷一案的请示报告（摘要）

（〔2002〕辽民四终字第 11 号）

最高人民法院：

我院在审理上诉人大连港务局与被上诉人大连中远国际货运有限公司海上货物运输货损赔偿追偿纠纷一案中，对如何适用《海商法》第二百五十七条关于时效的规定认识不一致，故向贵院请示。现将有关情况报告如下：

一、案件的基本事实

1999 年 7 月 15 日，温州温庆石化有限公司（以下简称温庆公司）与大连中远国际货运有限公司（以下简称中远公司）签订了海上运输协议，约定温庆公司将大庆石化总厂供应的化工产品 1029 吨委托中远公司承运，中远公司于到货一周内代为支付运费。中远公司又于 1999 年 7 月 30 日与大连港务局下属的大连港黑嘴子港务公司（以下简称港务公司）签订了海上运输协议，约定由中远公司委托港务公司办理中远公司上述承运的大庆石化总厂供应的石化产品，约定内容除包干费用及支付时间不同外，其他约定和其与温庆公司的协议基本一致。港务公司于 1999 年 11 月 4 日在大连港将货物交付“浙椒 518”轮实际运输，同年 11 月 9 日，货物运抵温州港第五码头，卸下 946.87 吨货物，剩余 82.15 吨“浙椒 518”轮将其留置并擅自售出。温庆公司于 1999 年 12 月 25 日向宁波海事法院提起诉讼，要求船东及中远公司赔偿其货物损失。宁波海事法院于 2000 年 1 月 20 日向中远公司送达了开庭传票，2000 年 8 月 10 日，中远公司申请追加大连港务局（以下简称港务局）为该案被告，宁波海事法院予以准许，并于 2000 年 12 月 21 日作出判决，判令船东赔偿温庆公司的货物损失，并以中远公司、港务局均为契约承运人为由，判令二者承担连带责任。港务局不服宁波海事法院的判决，上诉至浙江省高级人民法院。浙江省高级人民法院于 2001 年 4 月 20 日作出判决，以“港务局与温庆公司之间无直接的法律关系，也并未实际承运，其与中远公司之间的权利义务关系和中远公司与温庆公司之间的权利义务关系是两个独立的法律关系，对该案货损不应承担法律责任”为由，撤销了原一审判决，由中远公司连带赔偿温庆公司的货物损失。2001 年 6 月 14 日，中远公司收到浙江省高级人民法院的二审判决书。2001 年 8 月 10 日，中远公司向大连海事法院提起对港务局的起诉。2001 年 10 月 15 日，宁波海事法院对中远公司采取了强制执行措施，划拨了中远公司的银行存款 620000 元。

二、一审法院处理情况

大连海事法院审理认为：中远公司与港务局下属的港务公司签订的水路货物运输合同依法成立。对实际承运人“浙椒 518”轮船东留置并擅自出卖货物而给作为托运人的中远公司造成的损失，港务公司与船东都负有连带的赔偿责任。中远公司有权向任何一方主张全额赔偿。中远公司在原案一审中即请求追加港务局为该案被告，并得到宁波海事法院准许，且浙江高院判决中远公司承担连带责任的判决书中远公司于 2001 年 6 月 14 日才接到，中远公司于 2001 年 8 月 10 日向本院提起对港务局的追偿请求，10 月 15 日被宁波海事法院强制执行，因此港务局辩称中远公司的诉讼已超时效的理由与事实不符，不予认可。按照《最高人民法院关于承运人就海上货物运输向托运人、收货人或提单持有人要求赔偿的请求权时效期间的批复》的规定，承运人就海上货物运输向托运人、收货人或提单持有人要求赔偿的请求权时效期间为一年，因此，中远公司关于港务局对运输包干费的反诉请求已超过诉讼时效的答辩理由符合法律规定，应予支持。判决：

一、港务局赔付中远公司损失 620000 元；

二、驳回港务局对中远公司的反诉请求。

港务局不服原审判决，上诉称：（1）中远公司的追偿权时效期间已过；（2）我方的反诉请求时效期间应为二年而不是一年，故中远公司应向我方支付运输包干费及滞纳金。

三、请示的问题

本案经本院审委会讨论，倾向性意见认为：《海商法》第二百五十七条第二款的规定在理解上有歧义，“自追偿请求人解决原赔偿请求之日起”中的“解决”包括以法院生效判决方式的“解决”，故原审法院以中远公司收到浙江高院生效判决之日起算并无不当。《海商法》第二百五十七条第二款中的“受理对其本人提起诉讼的法院的起诉状副本之日起算”的规定在实务中无法操作，因为当事人在接到原案起诉状副本的九十日内原案可能尚未审结，这就使得中远公司是否对温庆公司承担赔偿责任、赔偿多少等均处于不确定状态，此时中远公司提起追偿请求尚不具备起诉的条件和依据，法院亦不能受理其追偿请求。为了充分保护债权人的合法权益，建议就《海商法》第二百五十七条的理解适用请示最高人民法院后，再对本案的实体作出处理。

因在审判实践中就此类案件如何适用《海商法》第二百五十七条分歧很大，故决定向最高人民法院请示。

最高人民法院
关于中国船东互保协会与南京宏油船务有限公司海上保险合同纠纷上诉一案有关适用法律问题的请示的复函

（2004 年 5 月 26 日　〔2003〕民四他字第 34 号）

湖北省高级人民法院：

你院〔2003〕鄂民四终字第 6 号《关于中国船东互保协会与南京宏油船务有限公司海上保险合同纠纷上诉一案有关适用法律问题的请示》收悉。经研究，答复如下：

中国船东互保协会不属于我国《保险法》规定的商业保险公司。中国船东互保协会与会员之间签订的保险合同不属于商业保险，不适用我国《保险法》规定，应当适用我国《合同法》等有关法律的规定。

中国船东互保协会 2000 保险条款第七条通则第一款第（六）项约定的保证义务，是承保范围的前提条件，不属于免责条款。上述约定符合我国《合同法》规定，属于协会会员必须遵守的我国法律规定的关于船舶和船员安全管理方面的强制性义务，应当认定其效力。

南京宏油船务有限公司违反了我国《海上交通安全法》、《船舶最低安全配员规则》、《油船安全生产管理规则》等有关规定，对“隆伯 6”轮触礁沉没事故造成的损失应当承担责任。中国船东互保协会已经垫付了本应由南京宏油船务有限公司支付的清污打捞费用，南京宏油船务有限公司应当向中国船东互保协会返还该笔费用及相应利息。

此复。

最高人民法院
关于大众保险股份有限公司苏州中心支公司、大众保险股份有限公司与苏州浙申实业有限公司海上货物运输保险合同案适用法律问题的请示的复函

（2007年7月24日 〔2007〕民四他字第8号）

湖北省高级人民法院：

你院鄂高法〔2007〕115号《关于大众保险股份有限公司苏州中心支公司、大众保险股份有限公司与苏州浙申实业有限公司海上货物运输保险合同案适用法律问题的请示》收悉。

经研究认为：根据你院查明的事实，大众保险股份有限公司苏州中心支公司与苏州浙申实业有限公司之间的海上货物运输保险合同合法有效，双方的权利义务应当受保险单及所附保险条款的约束。依照本案“海洋运输货物保险条款”的规定，一切险除平安险和水渍险的各项责任外，还包括被保险货物在运输途中由于外来原因所致的全部或部分损失。保险条款中还列明了保险人不负赔偿责任的五项除外责任条款。因此，“一切险”的承保风险应当为非列明风险，如保险标的的损失系运输途中的外来原因所致，且并无证据证明该损失属于保险条款规定的除外责任之列，则应当认定保险事故属于一切险的责任范围。同意你院倾向性意见的处理结果。

此复。

附：

湖北省高级人民法院
关于大众保险股份有限公司苏州中心支公司、大众保险股份有限公司与苏州浙申实业有限公司海上货物运输保险合同案适用法律问题的请示报告

（2007 年 3 月 26 日　鄂高法〔2007〕115 号）

最高人民法院：

一、本案由来

大众保险股份有限公司苏州中心支公司（以下简称保险支公司）、大众保险股份有限公司（以下简称保险公司）因海上货物运输保险合同纠纷一案，不服武汉海事法院〔2005〕武海法商字第 229 号民事判决，提起上诉。本院于 2006 年 4 月 18 日立案。上诉期间，保险公司未交纳上诉费，书面撤回上诉，本院裁定准许。本院依法组成合议庭，于 2006 年 5 月 24 日公开开庭进行了审理，保险支公司、保险公司的委托代理人赵跃生，苏州浙申实业有限公司（以下简称浙申公司）的委托代理人张红兵到庭参加诉讼，双方均愿调解，虽经本院多次调解，但调解金额差距太大而无结果。由于本案经本院审判委员会讨论后有不同意见，特请示钧院。

二、当事人概况

上诉人（原审被告）：大众保险股份有限公司苏州中心支公司。
负责人：蒋雷，经理。
委托代理人：赵跃生，上海市理合理律师事务所律师。
委托代理人：顾元，上海市理合理律师事务所律师。
被上诉人（原审原告）：苏州浙申实业有限公司。
法定代表人：毛小敏，总经理。
委托代理人：刘昌国，瑞通天元律师事务所律师。
委托代理人：张红兵，瑞通天元律师事务所律师。
原审被告：大众保险股份有限公司。
法定代表人：杨国平，董事长。

委托代理人：赵跃生，上海市理合理律师事务所律师。

委托代理人：顾元，上海市理合理律师事务所律师。

三、原判情况

原告浙申公司诉称，2005 年 3 月 21 日，原告为其定购的一批白松向被告保险支公司投保海上货物运输险，被告保险支公司接受原告的投保，于当日向原告签发了保险公司的格式货物运输保险单。保险单编号为 AB—ABAFOOSHH2005B000003，根据保险单的约定，保险金额为 552822.60 美元，承保条件为中国人民保险公司 1981 年 1 月 1 日的一切险条款。该批白松由“开明先锋（PIONEERKAMCHATKI）”轮承运至中国太仓港，途中因遭遇恶劣天气致使部分货物落海。经中华人民共和国出入境检验检疫机构检验，实际交付的白松数量短少 3786 根，经计算，原告遭受损失 63909.27 美元。原告根据保险单，要求两被告支付保险赔偿金遭拒，故诉请法院判令两被告连带向原告支付保险赔偿金 63909.27 美元以及利息，并承担案件受理费。

被告保险公司和保险支公司辩称，原告运输货物，投保海洋运输货物一切险，短量险除外，未投保舱面货物险。原告受损的货物为舱面货，受损原因是被风刮入大海，其损失不在保险责任范围之内。涉案提单签发日期为 2005 年 3 月 21 日，保险单的签发日期也是 2005 年 3 月 21 日，而中国和起运港有 5 个小时的时差，故原告不可能在签发提单后才申请投保，原告没有购买舱面货物险的责任不在被告。综上，原告的起诉无事实和法律依据，两被告请求法院驳回原告的诉讼请求。

原审查明：2005 年 3 月 5 日，原告浙申公司与 MJTIMBERCOMPA—NYLIMITED 签订一份买卖合同，购买了数量为 32191 根/5895.022 立方米，价值为 552822.60 美元的原木。上述原木于 2005 年 3 月 21 日被装上“开明先锋”轮，“开明先锋”轮船长 ANDREEVSKIYVLADIMIR 于同日签发了正本提单。提单记载：起运港俄罗斯 SOVETSKAYGAVAN 港，目的港中国太仓港，货物白松，计 32191 根，5895.022 立方米，其中 10527 根（1763.465 立方米）装载于舱面。原告浙申公司就上述货物的运输向被告保险支公司投保，被告保险支公司于 2005 年 3 月 21 日签发编号为 AB—ABAFOOSHH2005B000003 的保险单。保险单记载：被保险人浙申公司，保险人保险支公司，货物白松，保险金额 552822.60 美元，运输工具“开明先锋”轮，起运港俄罗斯 SOVETSKAYGAVAN 港，目的港中国太仓港，开航时间根据提单于 2005 年 3 月 21 日，承保条件为中国人民保险公司 1981 年 1 月 1 日海洋货物运输保险一切险条款（含仓至仓条款），短量险除外。货物在运输途中，于 2005 年 3 月 24 日遇大风浪，其中装载于舱面的部分货物被吹落入海。2005 年 3 月 28 日，“开明先锋”轮抵达目的港中国太仓港，经中华人民共和国太仓出入境检验检疫局检验，实际到港原木为 28405 根/5230.518 立方米，对照提单、发票，短少 3786 根/664.504 立方米。涉案正本提单经贸易环节流转到原告浙申公司手中。

原审认为，本案系海上货物运输保险合同纠纷。原告浙申公司就进口货物的运输向被告保险支公司投保，被告保险支公司同意承保，并依据双方达成的协议，签发保险单，原告浙申公司与被告保险支公司之间的保险合同成立有效，双方均应遵守。保险合同约定，承保险别根据中国人民保险公司海洋运输货物保险一切险条款（1981 年 1 月 1 日）（含仓至仓条款），短量险除外。中国人民保险公司海洋运输货物保险条款包括基本险和附加险，基本险包括平安险、水渍险及一切险，附加险包括一般附加险、特别附加险和特殊附加险。一切险的责任范围，除包括平安险和水渍险的各项责任外，还负责被保险货物在运输途中由于外来原因所致的全部或部分损失。一切险中的“外来原因”属于非列明风险。基本险的除外责任包括：（1）被保险人的故意行为或过失所造成的损失；（2）属于发货人责任所引起的损失；（3）在保险责任开始前，被保险货物已存在品质不良或数量短差所造成的损失；（4）被保险货物的自然损耗，本质缺陷，特性以及市价跌落，运输迟延所引起的损失或费用；（5）保险公司海洋运输货物战争险条款和货物运输罢工险条款规定的责任范围和除外责任。特别附加险包括交货不到险、进口关税险、舱面货物险、拒收险、黄曲霉素险。被保险货物白松共计 32191 根（5895.022 立方米），其中 10527 根（1763.465 立方米）装载于舱面，货物的积载情况在提单中已经有了明确的记载。被告保险支公司签发的保险单中开航日期表述为：根据 2005 年 3 月 21 日提单，由此可见，被告保险支公司对提单中记载的货物装载情况是明知的。根据中国人民保险公司海洋运输货物保险条款的规定，虽然舱面货的承保需要加保特别附加险的舱面货物险，但是被告保险支公司在明知有部分舱面货的情况下，依然同意对所有货物承保一切险，属当事人之间的意思自治，没有违反法律、行政法规的禁止性规定，依法有效。故被告保险支公司应当在一切险的保险责任范围内对所有货物承担保险责任。被告保险支公司提出原告未购买舱面货物险，保险公司不对舱面货承担保险责任的主张，无法律依据，原审不予支持。被保险货物在运输途中，由于遇到大风浪，装载于舱面的部分货物被吹落入海。事故的发生原因是遇到大风浪，大风浪属于外来原因，且不在基本险的除外责任范围之内，故本次事故属于一切险的保险责任事故。原告浙申公司与被告保险支公司间的保险合同同时还约定，短量险除外。对于短量险的保险责任范围，原、被告之间有不同的理解。被告保险支公司认为只要是货物的短少，就在短量险的承保范围之内，原告浙申公司则认为，短量险承保的是对因货物外包装破裂或散装货物散落造成的短量或者数量减少进行的赔偿。《中华人民共和国保险法》第三十条规定："对于保险合同的条款，保险人与投保人、被保险人或者受益人有争议时，人民法院或者仲裁机关应当作有利于被保险人和受益人的解释"，故对于货物被吹落入海导致货物短少，应当解释为不在短量险的保险责任范围内。综上，原告浙申公司的舱面货被大风浪吹落入海造成的损失在被告保险支公司的保险责任范围之内，被告保险支公司依约应当承担给付保险金的责任。被告保险支公司是被告保险公司设立的分公司，不具有企业法人资格，其民事责任依法由被告保险公司承担。依照《中华人民共和国海商法》第二百三十七条、《中华人民共和国民事诉讼法》第一百二十八条的规定，原审判决：被告大众保险股份有限公司苏州中心支公司、被告大众保险股份有限公司于本判决生效之日起十日内一次性连带给付原告苏州浙申实业有限公司保险金62315.768 美元以及利息（利息以中国人民银行同期美元贷款利率从 2005 年 4 月 8 日起算至给付之日止）。案件受理费人民币 10300 元，其他受理费人民币 3100 元，合计人民币 13400 元，由被告大众保险股份有限公司苏州中心支公司、被告大众保险股份有限公司连带承担。

四、上诉与答辩情况

上诉人保险支公司请求：（1）改判驳回被上诉人诉讼请求，或者撤销武汉海事法院〔2005〕武海法商字第 229 号民事判决书发回重审或者给予改判；（2）被上诉人承担一审，二审诉讼费。理由：（1）一审法院认定事实错误，错误认定被上诉人在签发保险单时得到涉案提单。原审关于保险公司明知有部分舱面货的认定没有任何事实和证据。假定被上诉人在上诉人签发之前的确提交了保单，那购买附加险与否的责任和义务在被保险人而不是保险人。上诉人是基于侥幸或者节约开支等种种因素而没有购买附加风险的保险。（2）一审法院对涉案保险单严重误解。被上诉人投保的是一般货物风险，没有对部分货物购买附加舱面保险，那舱面货物发生的风险当然不赔，被上诉人通过司法不公达到了既可以省钱不购买附加风险的保险，又可以要保险公司承担被保险人没有购买的保险风险。涉案保险单已经明确约定"短量除外"这也应该是双方的意思自治了。而该短量并没有任何的限制语句。那应该理解为所有短量都应是不赔偿范围。如果任何当事人可以在没有任何理由的基础上，随意对文字做扩大理解，保险单上"短量除外"的约定有何意义？（3）对于被上诉人索赔数额，虽然被上诉人提供了商检机构的报告，但是根据提供发票中对木材单价有各种不同的价格，法院对此也没有进行核实，完全依照被上诉人数额判决。

被上诉人浙申公司无书面答辩，庭审时口头辩称：（1）中国人民保险公司1981年1月1日的一切险条款为双方权利义务的依据。本案发生的货损应该由保险人担责。（2）短量险不是除外险。因为，一是原木计量应以“根”或“立方”来计量，而非以重量（计量）。二是歧义条款应作不利于保险人的解释。三是保险人的免责条款应向被保险人尽明确告知义务。（3）保险人明知部分货物在舱面。由于投保一切险，保险人就应对舱面货物的损失承担赔偿责任。（4）原审计量货损是有依据的。

原审被告保险公司当庭称：如果说一切险包括了舱面险，那就不存在其他附加险了。短量问题，被上诉人二审说法与一审发生了变化，表明一审判决不合理。短量险的批注在保单正面而非背面。保险人是否明知部分货在舱面，请被保险人举证。购买附加险的责任和义务在于被保险人。

五、二审认定的事实

根据当事人的上诉、答辩和二审举证，除保险公司签发保险单时是否“明知”存在舱面货和索赔数额外，各方对原判认定的其他事实无异议，本院对无异议的原判认定事实予以确认。

本案为海上运输货物保险合同纠纷。虽然涉案原木来自俄罗斯，但保险合同各方当事人、货物目的港皆在中华人民共和国境内，且太仓港属武汉海事法院管辖区域，故原审有管辖权。原审以中华人民共和国法律作为解决本案纠纷的准据法，且各方当事人亦无异议，本院予以确认。

本院同时认为，浙申公司关于保险公司《申请法院调查申请书》是在举证期限后提出，应被驳回的理由不成立。首先，这不符事实。事实是，本案开庭于2006年5月24日。本院当庭指定上诉人在同月31日前向法院提供涉案的保险条款及其解释。2006年5月31日上诉人书面申请本院延长举证期限20天。2006年6月19日上诉人书面申请本院向中国人民银行和中国保监会进行调查。其次，从法律上看，保险公司申请调查的是法律问题，而不是事实问题。即使保险公司不申请法院调查，法院为适用法律也可向保监会等机关调查。

本案的争议焦点：（1）保险公司是否明知涉案部分货物为舱面货。（2）保险支公司在明知涉案部分货物载于舱面仍承保全部货物一切险的条件下，应否赔偿舱面货损失？

本院认为：

1. 保险支公司是否明知涉案部分货物为舱面货。涉案保单正面载明：开航日期 ASPESB/LMAR. 21，2005（根据提单2005年3月21日），保险金额552822.6美元。涉案提单正面载明：OF WHICH10527PCS1763，

465CBMSONDECKATCHARTERE’SRISK：THE CARRIER NOT BEING RESPONSIBLE FOR LOSS OR DAMAGE HOW ERVEARISING（在甲板上的10527根/1763.465立方米的白松无论发生怎样的丢失或损坏，承运人都不承担责任。）涉案货物发票金额552822.6美元。正是基于上列3份证据，原审认定保险公司明知涉案部分货物为舱面货。本院认为，保险公司关于“保险人是否明知部分货在舱面，请被保险人举证”的抗辩亦不成立，因为，被保险人浙申公司已出示上列3份证据，证明保险支公司“明知”。保险支公司要想推翻浙申公司的主张，应出示反证。但本案中未见保险支公司出示这类证据。

2. 保险支公司应否赔偿舱面货损?

本院审判委员会讨论有分歧意见，第一种意见是驳回上诉，维持原判，理由：

第一，虽然保险支公司在二审中以央行和保监会的上列复函为依据，一再强调舱面险是特别附加险，浙申公司未购买舱面险，保险公司有权就舱面货的损失拒赔；但是，由于证据证明保险公司“明知”，并收取了涉案全部货物的一切险保费，且保险公司无反证推翻上列证据，故保险支公司亦不能拒赔。

第二，中国人民银行函的效力问题。这里的函是指，中国人民银行关于《海洋货物保险“一切险”条款解释的请示》的复函银函〔1997〕210号（以下简称“210号文”）1997年5月21日，主要内容：现对海洋运输货物保险一切险责任范围解释如下：海洋运输保险一切险（下称“一切险”）是中国人民银行在《关于下发外币保险业务类保险条款的通知》（银发〔1994〕328号）中批准执行的。一切险承保的范围是平安险、水渍险及被保险货物在运输途中由于外来原因所致的全部或部分损失。外来原因仅指偷窃、提货不着、淡水雨淋、短量、混杂、沾污、渗漏、碰损、破损、串味、受潮受热、钩损、包装破裂、锈损。首先，本案的事实是，保险单后附有中国人民保险公司1981年1月1日的保险条款，但没有附“210号文”。既然保险条款的解释未附于保险单上，即不是合同条款，故对投保人和被保险人就没有约束力。其次，从法律上讲，涉案保险条款及其解释均非法律或行政法规。故它对投保人或被保险人并无法律效力。再次，假设涉案保险条款及其解释确实对投保人或被保险人具有效力，则保险公司依法应向投保人或被保险人承担释明义务，即说明一切险不含舱面险；如不买舱面险，则保险公司不赔偿舱面货损。

第三，从合同的解释上看，一切险的文字表明是“全部的所有的风险”。除了保险业内人士外，一般人都不知道央行在1997年已解释“外来原因仅指11种风险”。以保险业内人士的认识水平来要求一般的投保人或被保险人，对投保人或被保险人有失公允。从投保人或被保险人的角度来看，既然保险公司收了一切险保费，就应对海运中的全部货物（含舱面货）发生的货损承担赔偿责任。

审判委员会第二种意见是，撤销原判，驳回浙申公司的诉讼请求。一、二审诉讼费由浙申公司承担。理由：

一切险保险条款是："除包括上列平安险和水渍险的各项责任外，本保险还负责被保险货物在运输途中由于外来原因所致的全部或部分损失。"舱面货物条款是："本保险对被保险货物存放舱面时，除按本保险单所载条款负责外，还包括被抛弃或风浪冲击落水在内。"本案的争议是，"外来原因"的范围如何？一切险是否包括舱面险？

浙申公司认为，一切险包括舱面险，本案部分货物装载在舱面，受到损失，保险人应赔偿。

保险支公司认为，一切险不包括舱面险。舱面险不属于11种一般附加险之列，被保险人没有购买作为特别附加险的舱面险，故保险人对被保险人因舱面货物的损失可以拒绝赔偿。

少数同志认为："外来原因"的范围是平安险、水渍险和央行解释的11种附加险，而不含舱面险。理由：

第一，中国人民银行依法有权制定或批准保险条款。1995年6月30日第八届全国人大常委会通过的我国保险法第八条规定："国务院金融监督管理部门依照本法规定对保险业实施监督管理。"但此法并没有明确规定"国务院金融监督管理部门"是指哪个部门。经查，国务院办公厅关于加强保险事业管理的通知第六条规定："中国人民银行是我国保险事业的主管机关。"第四条规定："农村合作保险中的种植业、养殖业、农房和劳动力意外伤害四个险种，均属一般商业保险，应按国家有关规定，报经中国人民银行批准。"

据此，中国人民银行1998年8月10日《关于保险监管问题的复函》（银函〔1998〕364号）规定："根据中国人民银行法等有关法律规定，中国人民银行是国家金融监督管理部门，在国务院领导下，依法履行对保险业的监督职责，包括审批和管理保险机构的设立、变更和终止；制定、修改主要险种的保险条款和保险费率；监督、管理、检查和稽核保险业；取缔和查处擅自设立的保险机构及非法经营或变相经营保险业的行为。"

可见，中国人民银行在当时是保险业的主管部门，有权批难或制定、修改保险条款。因此，被上诉人浙申公司关于"保险条款不在职能部门有权制定的规章的范围之内"的主张与法律和行政规章的规定不符。

第二，行政规章的效力问题。我国立法法第七十一条规定："国务院各部、委员会、中国人民银行、审计署和具有行政管理职能的直属机构，可以根据法律和国务院的行政法规、决定、命令，在本部门的权限内，制定规章。部门规章规定的事项应当属于执行法律或者国务院的行政法规、决定、命令的事项。”该法第八十二条规定，“部门规章之间，部门规章与地方政府规章之间具有同等效力，在各自的权限范围内施行。”可见，部门规章具有施行效力。

因此，被上诉人浙申公司关于“中国保监会对保险条款的解释不能作为约束被保险人的依据”的主张不符立法法的规定。最高人民法院《关于执行〈中华人民共和国行政诉讼法〉若干问题的解释》（法释〔2000〕8号，2000年3月10日起施行）第六十二条第二款规定，人民法院审理行政案件，可以在裁判文书中引用合法有效的规章及其他规范性文件。最高人民法院的这一规定虽然是针对行政诉讼而言的，但在民事诉讼中也可适用合法有效的规章。例如，海事审判中经常适用交通部的“货运规则”。如果一概否认行政规章的效力，既不符合立法法的上列规定，也不符合目前海事审判的实践。又如，法院适用央行关于保险条款及其保险条款解释裁判案件，有其先例。详见最高人民法院〔2000〕交他字第12号“复函”（肖扬主编：《法库》第2238页）。

因此，被上诉人浙申公司关于“中国保监会对保险条款的解释不能作为约束被保险人的依据”的主张不符立法法和最高人民法院“复函”的规定。

第三，涉案条款的效力问题。涉案条款一方面是作为保险人的中国人民保险公司制定的格式条款，因此应受我国海商法和保险法、合同法等法律的调整。由于本案各方当事人均确认涉案条款就是中国人民保险公司1981年1月1日施行的一切险条款，故从民法角度看，此条款是本案各方当事人主张权利，承担义务的依据。另一方面，此条款因经当时的保险业主管机关中国人民银行的批准而成为部门规章，故亦应受我国行政法的调整。从行政法角度看，此条款至今仍合法有效，仍具有施行的效力。

第四，中国人民银行解释的效力。从法律上看，中国人民银行属国务院组成部分，是最高行政机关的一部分。中国人民银行在当时作为保险业的主管机关，制定、修改或批准保险条款是其法定职责。并且，对保险条款的解释，是其行使职责的一种方式。中国人民银行的解释，属行政解释，亦为一种有权解释。

涉案一切险条款在1981年1月1日仅为中国人民保险公司作为保险人一方制定的格式条款。但在1994年后，情况发生了变化。根据中国人民银行银法〔1994〕328号文件的规定，此条款得到批准执行，而上升为行政规章。正因为如此，才会有1997年5月21日的中国人民银行对此条款的“解释”。由于该“解释”至今未被撤销或修正，故作为行政规章的解释，也应当有效，具有施行的效力。

第五，行政解释对合同当事人的效力。由于涉案条款的双重品格（既是合同条款又是行政规章），故在对一切险条款的解释上，既要考虑合同解释规则，也要考虑行政解释规则。从行政解释角度看，一切险的外来原因仅指 11 种一般附加险。由于“210 号文”和“70 号文”均发布于本案合同签订之前，且双方又约定以涉案条款确定权利义务，故对合同当事人有约束力。

从合同解释角度看，应该澄清：（1）保险人的“明确说明”义务问题。被上诉人（被保险人）主张，保险人未尽“明确说明”义务，涉案条款的除外责任不发生效力，故保险公司应赔偿。保险法第十八条规定：“保险合同中确定有关保险人责任免除条款，保险人在订立保险合同应当向被保险人明确说明，未明确说明的，该条款不发生效力。”在这里，法律规定保险人应该对“免责条款”向被保险人尽“明确说明”义务。但是，本案中，争议不是就“免责条款”展开的，而是就舱面险是否属于一切险责任范围展开的。法律并未规定保险人应该对“保险责任范围”向被保险人尽“明确说明”义务，所以，被上诉人的这一主张混淆了“免责条款”与“责任范围”的界限，故不成立。（2）对争议条款应作不利于保险人的解释问题。被保险人主张，本案中一方认为，一切险不包括舱面险，另一方认为一切险包括舱面险；既然双方有争议，就是争议条款，就应作不利于保险人的解释。少数同志认为，在 1997 年 5 月 21 日 210 号文发布之前，本案被上诉人的这一主张可能是有根据的，因为，当时的主管机关的解释肯定是有所指的。但是，自那以后，从行政规章的角度看，这一争议已经解决。一切险的责任范围已有明确界定。本案当事人虽然有异议，但从行政规章方面考虑，已经没有法律意义。因为，这种争执已经不是保险法第三十一条规定的“对于保险合同的条款”的“争议”，故亦不存在“应作不利于保险人的解释”的前提条件。从合同方面看，既然双方约定以涉案条款作为各方主张权利，承担义务的依据，那么，涉案条款含条款的行政解释是双方“意思自治”的结果，均应受此约束。这对双方都是公平的。尽管本案当事人有异议，但此仅为双方认识不一，不是法律意义上的争议。我国海商法第二百一十六条第一款规定：“海上保险合同，是指保险人按照约定，对被保险人遭受保险事故造成保险标的的损失和产生的责任负责赔偿，而由被保险人支付保险费的合同。”由于舱面险与一切险是两个险种，浙申公司没有购买舱面险，主张保险人赔偿舱面货损没有法律依据。

少数同志认为，还需说明一个问题。《最高人民法院公报》2006 年第 5 期第 20 页刊登了《丰海公司与海南人保海运货物保险合同纠纷案》（以下简称《丰海案》）。此案即二审证据 11。少数同志认为，《丰海案》的结论不适用于本案。理由：

一是案情不同。《丰海案》中，“保险标的的损失是由于‘哈卡’轮船东BBS公司与其租船人之间的租金纠纷，将船载货物运走销售和走私行为造成的。”（上述公报第24页）本案中，保险标的的损失是由于海上风浪将舱面货吹落入海造成的。

二是争议焦点不同。虽然《丰海案》和本案的争议都涉及保险的“责任范围”，但其不同点为：《丰海案》中，“保险条款除外责任中并不包括因承运人的非法行为将整船货物盗卖或者走私造成的保险标的的损失，海南人保亦不能证明其在签订保险合同时向丰海公司说明因承运人的非法行为将整船货物盗卖或者走私造成的损失不属于保险责任范围。因此，海南人保应当按照合同约定承担赔偿责任”。（上述公报第25页）本案中，争议焦点是舱面货的损失是否属于一切险责任范围。

三是时间不同。《丰海案》的保险合同发生于1995年11月28日（上述公报第21页）。最高人民法院认为，“根据我国保险法的规定，保险人应当在订立保险合同时向投保人说明保险合同条款的内容。中国人民银行作为当时保险行业的主管机关，在涉案保险事故发生之后对保险合同条款作出的解释，不应适用于本案”。（上述公报第25页）本案保险合同发生于2005年3月21日，即发生于1997年5月21日中国人民银行的“解释”（二审证据4）之后。因此，该“解释”应适用于本案。

四是法律背景不同（在本案争议的范围内）。《丰海案》发生时，由于尚无“解释”，投保人（被保险人）可依当时的保险条款主张权利。这是因为，保险法规定，对保险条款存在争议时应作有利于投保人的解释。但在1997年5月21日之后，中国人民银行的“解释”出台，将一切险的责任范围以行政解释的法律形式明确为“平安险、水渍险及被保险货物在运输途中由于外来原因所致的全部或部分损失。外来原因仅指偷窃、提货不着、淡水雨淋、短量、混杂、沾污、渗漏、碰损、破损、串味、受潮受热、钩损、包装破裂、锈损”。在这里，“解释”的用语是“外来原因仅指”……此后，就“一切险的责任范围”以及一切险与舱面险的相互关系而言，应该说，法律意义是明确的。因为，平安险，水渍险及外来原因（即11种附加险）中皆无舱面货的风险。保险合同条款及其“解释”未列明的风险不应列入一切险保险责任范围。

五是保险品种有无不同。本案发生前，舱面险已普遍存在于我国各个保险公司业务中。证据有本案证据4、5、7（详见本案审理报告，即“210号文”、“70号文”和保监会法规部对本案的复函）。舱面险作为一种特别附加险有不同于一切险的保费费率，即在一切险的基础上还需加收舱面险的保费。这是因为舱面货的风险大于舱内货。保险人提供多种保险品种，如一切险、平安险、舱面险等。买什么品种是被保险人或投保人的权利。本案中，被保险人只买了一切险就只能享受一切险的权利，而不能依一切险享受舱面险的权利。而在《丰海案》中，至少在当时的保险品种中并无承运人将整船货物盗卖或走私造成保险标的损失的险种。在本案背景下，如果被保险人不买舱面险而以一切险为据可享受舱面险的赔偿，一方面，有违公平原则；另一方面，则舱面险就形同虚设，今后，不会有人再去买舱面险了。显然，这不利于海上货物运输保险市场的规范管理和健康发展。

同时，从证据上看，原判认定的“意思自治”的内容不符本案事实。从保险支公司看，在涉案事故发生前，其没有承保舱面险，且至今一直否认其愿意承保舱面险。从浙申公司看，在涉案事故发生前，其仅投保一切险，没有投保舱面险。其仅向法庭出示了一切险的保单，保费收据和涉案提单等，并未出示保险支公司愿意承保舱面险的证据。浙中公司主张保险支公司在没有收取舱面险保费的情况下承保舱面险责任，应出具这方面的证据。少数同志至今未见这方面的证据。

另外，从逻辑上看，原判认为，“虽然舱面货的承保需要加保特别附加险的舱面货物险，但是被告保险支公司在明知有部分舱面货的情况下，依然同意对所有货物承保一切险，属当事人之间的意思自治，没有违反法律、行政法规的禁止性规定，依法有效。故被告保险支公司应当在一切险的保险责任范围内对所有货物承担保险责任。”在这里，原判一方面认为舱面险为特别附加险，即舱面险不属一切险，另一方面又以“明知”和保险支公司承保全部涉案货物一切险为前提，推论出“当事人之间的意思自治”。“意思自治”的内容是什么呢？原判没有明说。但是，从原判关于“保险支公司……承担保险责任”的结论分析，“意思自治”的内容是：一方面，浙申公司支付了全部涉案货物的一切险保险费；另一方面，保险支公司在“明知”有舱面货的条件下收取了全部涉案货物的一切险保险费，因此可以认为保险支公司已经同意承担全部涉案货物的一切险和舱面险。所以，现在舱面货出险了，保险人就应赔偿舱面货损。少数同志同意原判认定舱面险不属一切险的看法。但是，少数同志又认为，“明知”舱面货与愿意承担舱面险是两回事。相对于舱内货而言，舱面货风险更大，故保险公司推出了舱面险这一特别附加险。可见，“明知”舱面货与愿意承担舱面险不是一回事。因此，从逻辑上看，原判将“明知”舱面货等同于愿意承担舱面险，混淆了这二者的区别。并且基于这种逻辑，认定保险支公司愿意承担舱面险。把这作为双方当事人“意思自治”的内容予以确定。但法律没有规定，保险人“明知”舱面货时，即使在一切险条件下保险人亦应承担舱面险责任。换言之，“明知”舱面货并非保险人在一切险条件下承担舱面险责任的法定条件。本案合同中，亦无这类条款或约定。可见，保险支公司“明知”舱面货与在一切险条件下应承担舱面险责任之间没有关系。

最后，从法理上看。当保险事故发生后，被保险人得到了赔偿，这当然是得到了保障。对此，是容易理解的。但是，当保险事故没有发生，并不能否认保险货物没有得到保障。这是因为，首先，保险事故的发生是偶然的。其次，保险的理念是，将这种偶然的事故通过保险合同这种方式，由参加保险的众多社会成员来共同承担本来只由个别社会成员承担的风险。第三，在本案中，假如涉案舱内货发生了失火等一切险的保险事故，保险人当然应该赔偿。正因为舱内货平安抵达目的港，保险人才不赔偿。但不能说保险支公司没有承担舱内货的一切险风险。同理，假如舱面货发生了失火等一切险的保险事故而受损，保险支公司依法亦应赔偿，因为，涉案全部货物都在一切险的保障之下。

综上，原判以保险人“明知”舱面货为由，认定在一切险条件下，保险支公司仍应承担浙申公司舱面货损的判断既无事实根据，亦无法律根据。

我院审判委员会倾向第一种意见。

以上哪种意见正确，请指示。

最高人民法院
关于未取得无船承运业务经营资格的经营者与托运人订立的海上货物运输合同或签发的提单是否有效的请示的复函

（2007 年 11 月 28 日 〔2007〕民四他字第 19 号）

天津市高级人民法院：

你院关于未取得无船承运业务经营资格的经营者与托运人订立的海上货物运输合同或签发的提单是否有效的请示收悉。

根据《中华人民共和国国际海运条例》（以下简称《海运条例》）的规定，经营无船承运业务，应当向国务院交通主管部门办理提单登记，并交纳保证金。本案中深圳龙峰国际货运代理公司在未取得无船承运业务经营资格的情况下签发了未在交通主管部门登记的提单，违反了《海运条例》的规定，受理案件的法院应当向有关交通主管部门发出司法建议，建议交通主管部门予以处罚。但深圳龙峰国际货运代理公司收到货物后应托运人的要求签发提单的行为，不属于《中华人民共和国合同法》第五十二条第（五）项规定的违反法律、行政法规的强制性规定的情形，该提单应认定为有效。

此复。

附：

天津市高级人民法院
关于未取得无船承运业务经营资格的经营者与托运人订立的海上货物运输合同或签发的提单是否有效问题的请示报告

（2007 年 8 月 24 日　津高法〔2007〕145 号）

最高人民法院：

天津海事法院于 2007 年 4 月 10 日受理的原告天津普尔兰德旅游装备有限公司（以下简称普尔兰德公司）诉被告深圳龙峰国际货运代理有限公司（以下简称龙峰公司）海上货物运输合同无正本提单放货纠纷一案，在审理中查明，龙峰公司在未取得无船承运业务经营资格的情况下就涉案货物签发了未在交通部备案的提单。对于龙峰公司违反《中华人民共和国国际海运条例》（以下简称《海运条例》）的有关规定，与托运人订立的海上货物运输合同或所签发的提单的效力问题，该院存在不同认识，向我院进行请示。我院经审查认为上述问题涉及法律适用，特此向钧院请示。现将有关情况报告如下：

一、基本案情

2006 年 6 月 5 日，普尔兰德公司与国外买方签订贸易合同，出售价值 167522.84 美元的货物，交货条件为 FOB 新港，目的港为新西兰惠灵顿港，付款条件为 T/T，买方指定龙峰公司为货物的承运人。龙峰公司收取货物后，以自己的名义签发了编号为 SZLF200609028 和 SZLF200610025 的提单，开船日期分别为 2006 年 9 月 17 日和 2006 年 10 月 22 日。后普尔兰德公司得知提单项下货物已经被提取，因未收回全部货款受到损失。经查，根据交通部公布的无船承运业务经营者名录，龙峰公司并未取得无船承运业务经营资格。

二、存在的问题

2002 年 1 月 1 日《海运条例》正式施行。根据《海运条例》第七条的规定，“经营无船承运业务，应当向国务院交通主管部门办理提单登记，并交纳相应的保证金。前款所称无船承运业务，是指无船承运业务经营者以承运人身份接受托运人的货载，签发自己的提单或者其他运输单证，向托运人收取运费，通过国际船舶运输经营者完成国际海上货物运输，承担承运人责任的国际海上运输经营活动。”《海运条例》第二十六条同时规定：“未依照本条例的规定办理提单登记并交纳保证金的，不得经营无船承运业务。”因此，无论是中国无船承运业务经营者还是外国无船承运业务经营者，均应当依照该条例及《中华人民共和国国际海运条例实施细则》（以下简称《实施细则》）的规定取得无船承运业务经营资格后，方可从事无船承运业务经营活动。

虽然《海运条例》的施行对无船承运业务起到了一定的规范和监管作用，但是海运实践中仍然存在大量与无船承运业务有关的违规经营行为，比较典型的有以下几种情况：（一）取得无船承运业务经营资格的经营者违规签发未经登记备案的提单。（二）未取得无船承运业务经营资格的经营者违规签发自己未经登记备案的提单。（三）未取得无船承运业务经营资格的经营者违规签发他人未经登记备案的提单。（四）我国境内货运代理企业代理未取得无船承运业务经营资格的外国经营者违规签发未经登记备案的提单。本案中龙峰公司所实施的即属于第二种情况的违规经营行为。

三、天津海事法院讨论意见

天津海事法院对于如何确定上述合同或提单的效力问题存在两种意见：

第一种意见认为合同有效。主要理由：

（一）《海运条例》及《实施细则》规定从事无船承运业务需办理提单登记、交纳保证金并取得《无船承运业务经营资格登记证》，即无船承运业务经营资格的取得。采取的是登记制度而非许可制度，与从事沿海货物运输的经营者需取得《水路货物运输许可证》的规定有着本质的区别。因此，无船承运业务尚不属于限制经营或特许经营行业。未取得无船承运业务经营资格的经营者订立海上货物运输合同或签发提单的行为，违反了《海运条例》第二十六条规定的管理性（也称取缔性）强制规范，但不属于违反《中华人民共和国合同法》第五十二条第一款第（五）项规定的效力性强制规范的行为，也不属于违反最高人民法院《关于适用〈人民共和国合同法〉若干问题的解释（一）》第十条规定的国家限制经营、特许经营以及法律、行政法规禁止经营为行为，只构成一般违法。而且，该行为并不损害国家利益和社会公共利益，不应当被认定无效。

（二）在国际贸易单证流转过程中，违规经营者签发的未经登记备案的提单，贸易合同的卖方也可以据以结汇并收取货款。因此，前述提单也属于

《中华人民共和国海商法》第七十一条所规定的物权凭证。如认定运输合同无效必将影响作为运输合同证明的提单的效力，这将严重影响善意提单受让人的利益，破坏国际贸易活动的正常进行，给提单受让人的索赔以及法院对各方当事人责任的认定造成困难。因此，从保护善意提单受让人利益，稳定市场交易的需要出发，也应当认定合同有效。

（三）通过对审判实践中出现的违规经营者与托运人订立的运输合同的履行情况进行分析，多数情况下货物运输事项均已完成，索赔主要集中在货物灭失或损坏的赔偿纠纷、无正本提单放货纠纷、追索海运费纠纷等案件中，认定合同有效有利于纠纷的解决、有利于保障交易安全、有利于航运市场的稳定发展。

（四）认定合同有效，并不影响行政机关根据《海运条例》第四十三条的规定对违规经营者进行行政处罚。同时，人民法院在案件审结后也应当向国务院交通主管部门或者其授权的地方人民政府交通主管部门提出司法建议，要求对违规经营者给予行政处罚，以保障无船承运业务管理制度的落实。

第二种意见认为合同无效。主要理由：

（一）根据《海运条例》及《实施细则》的规定，无论是中国还是外国的无船承运业务经营者均需具备市场准入条件。交通部根据无船承运业务经营者的申请，依照《海运条例》及《实施细则》的规定颁发《无船承运业务经营资格登记证》，依法赋予其无船承运业务经营者从事无船承运业务的法律资格。上述行为实质上是一种行政许可行为，说明我国把无船承运业务纳入国家限制经营的行业，其目的是为了规范我国国际海上运输活动，保护公平竞争，防止海运欺诈。违规经营者未在交通部办理提单登记备案并交纳保证金，违反了《海运条例》第七条、第二十六条的强制性规定，根据我国《合同法》第五十二条第一款第（五）项关于违反法律、行政法规强制性规定的合同无效之规定，该种情况下订立的运输合同当属无效。同时，根据最高人民法院《关于适用〈中华人民共和国合同法〉若干问题的解释（一）》第十条，违规经营者也违反了国家关于限制经营无船承运业务的规定。因此，其与托运人订立的海上货物运输合同应当认定无效。

（二）审判实践中，外国违规经营者委托国内货运代理企业签发未经登记备案提单的现象极为常见，在海运欺诈及无正本提单放货纠纷案件中占有相当大的比例。此类案件中，托运人很难向外国违规经营者进行索赔，如果认定违规经营者与托运人订立的运输合同或签发的提单无效，则根据《中华人民共和国民法通则》第六十七条的规定，货运代理人明知被委托代理的事项违法仍然进行代理活动的，应当与违规经营人承担连带责任，有利于保护托运人的合法权益。若认定合同有效，则货运代理企业代理外国违规经营者签发提单的行为并未影响运输合同及提单的效力，与托运人的损失之间没有因果关系，货运代理人不承担任何责任。这无疑不能有效打击对外贸易中的海运欺诈行为。

（三）《海运条例》第四十三条虽然规定了对违规经营者的行政处罚措施，但对于FOB贸易条款下我国境内货运代理企业签发外国违规经营者提单的情况，行政主管部门是无法对该外国违规经营者进行实际处罚的。《海运条例》制定的目的就是为了规范航运市场，防止海运欺诈，如果违规经营者订立的合同或所签发提单的效力不受制约，而对于外国违规经营者又无法实施有效监管，则该条例制定的意义就不存在了。

天津海事法院倾向于第一种意见。

四、我院审查意见

我院经讨论，倾向于天津海事法院第一种意见，对于龙峰公司违反《海运条例》的有关规定，与托运人订立的海上货物运输合同或所签发的提单应当认定有效。同时，天津海事法院在案件审结后应当向国务院交通主管部门或者其授权的地方人民政府交通主管部门提出司法建议，要求对违规经营者给予行政处罚。

特此报告，请予以批示。

最高人民法院
关于非航行国际航线的我国船舶在我国海域造成油污损害的民事赔偿责任适用法律问题的请示的答复

（2008年7月3日 〔2008〕民四他字第20号）

山东省高级人民法院：

你院《关于非航行国际航线的我国船舶在我国海域造成油污损害的民事赔偿责任适用法律问题的请示》收悉。经研究，答复如下：

本案申请人锦州中信船务有限公司系中国法人，其所属的“恒冠36”轮系在我国登记的非航行国际航线的船舶，其在威海海域与中国籍“辽长渔6005”轮碰撞导致漏油发生污染，故本案不具有涉外因素，不适用我国加入的《1992年国际油污损害民事责任公约》。

同意你院的倾向性意见，即本案应适用《中华人民共和国海商法》、《中华人民共和国海洋环境保护法》以及相关行政法规的规定确定当事人的责任，油污责任人可以依据《中华人民共和国海商法》第十一章的规定享有海事赔偿责任限制。

此复。

附：

山东省高级人民法院
关于非航行国际航线的我国船舶在我国海域造成油污损害的民事赔偿责任适用法律问题的请示

最高人民法院：

青岛海事法院受理的申请人锦州中信船务有限公司申请设立海事赔偿责任限制基金一案，因对于设立责任限制基金的法律适用存在争议，向我院请示。我院经审判委员会研究后，对基金设立的法律适用仍存在不同意见。现将有关情况报告如下：

一、案件基本情况

锦州中信船务有限公司系“恒冠 36”轮的船舶所有权证书记载的船舶所有人，于 2004 年 4 月 10 日取得该轮的所有权。“恒冠 36”轮的船籍港为锦州港，总吨位为 1998 吨，载重吨 3350 吨，系从事国内沿海、长江中下游及支流各港间成品油运输的油轮；船舶经营人九江振兴轮船有限公司，于 2004 年 7 月 3 日办理船舶租赁登记，租赁期限为 5 年，《船舶营业运输证》载明其许可证核定的经营范围为国内沿海普通货船、成品油船运输、长江中下游及支流省级普通货船、成品油船、化学品船运输。

辽宁省船舶检验局于 2007 年 2 月 14 日颁发的有效期至 2008 年 4 月 2 日的《海上货船适航证书》载明：2007 年 2 月 5 日在福州港对“恒冠 36”轮进行了船体外部检查，查明该船安全设备、船舶结构、机械及电气设备和无线电通信设备符合相应的规范、章程，认为该船处于适航状态，准予航行近海航区（航线），作油船（闪点≤60°）用。

2007 年 3 月 21 日，“恒冠 36”轮从大连新港装载 2973.95 吨船用燃料油开航，准备运往上海港。2007 年 3 月 24 日 0110 时左右，“恒冠 36”轮与中国籍“辽长渔 6005”轮在威海海域约北纬 3805.02，东经 12214.44 附近发生碰撞，导致该轮 4 号货舱左舷破损，造成约 200 吨以上船用燃料油泄漏入海。事故发生后，“恒冠 36”轮靠泊威海威阳码头。

事故发生后，锦州中信船务有限公司向威海海事局提供了关于清污抢险费用的 32 万美元现金担保、“恒冠 36”轮油污责任保险人为其出具了包含清污抢险费用及油污损害赔偿的担保金额为 325 万美元的信誉担保。

锦州中信船务有限公司于 2007 年 7 月 18 日向青岛海事法院提出设立海事赔偿责任限制基金的申请，认为“恒冠 36”轮的船籍港为锦州港，系从事沿海运输的船舶，在我国威海海域与中国籍的“辽长渔 6005”轮发生碰撞，造成我国海域污染。因“恒冠 36”轮并非航行国际航线且载运 2000 吨以上的散装货油的船舶，且本案不具备涉外因素，根据《中华人民共和国民法通则》第一百四十二条及《中华人民共和国海商法》第二百六十八条的规定，并且按照最高人民法院《第二次全国涉外商事海事审判工作会议纪要》第一百四十一条的精神以及最高人民法院于 2004 年 8 月 19 日对“烟台海上救助打捞局与荣成市落凤港渔业公司船舶油污损害赔偿纠纷一案”提审作出的〔2002〕民四提字第 3 号终审判决所确定的原则，其作为该轮的登记船舶所有人，有权依照《中华人民共和国海商法》第十一章的规定享受海事赔偿责任限制。根据《中华人民共和国海商法》第二百一十条规定，并参照《交通部关于不满 300 总吨及沿海运输、沿海作业船舶海事赔偿限额的规定》第四条的规定，请求为其在 2007 年 3 月 24 日因“恒冠 36”轮与“辽长渔 6005”轮在威海海域发生的碰撞事故中可能承担的所有非人身伤亡赔偿责任设立海事赔偿责任限制基金，基金数额为 208583 计算单位及自事故发生之日起至基金设立之日止的利息，并请求责令威海海事局向申请人返还 32 万美元的现金担保及 325 万美元的信誉担保。

青岛海事法院受理后，依法向有关利害关系人送达了异议通知书，并在《人民日报》发布了公告。

异议人威海市海洋与渔业局、中华人民共和国威海海事局、山东省海洋与渔业厅于异议期内向青岛海事法院提出异议称，申请人基于上述事故为“恒冠 36”轮申请设立责任限制基金，其申请基金限额 208583 计算单位，不符合我国加入的有关国际公约和相关法律法规的规定，主要理由为：第一，我国加入《1969 国际油污民事责任公约》（以下简称 69 公约）、《〈1969 年国际油污损害民事责任公约〉1992 议定书》（以下简称 92 议定书）以及《〈1992 年国际油污损害民事责任公约议定书〉2000 年修正案》（以下简称 2000 修正案），且上述公约、议定书、修正案已经在我国生效，我国未作出任何保留。根据《中华人民共和国民法通则》、《中华人民共和国海商法》有关涉外法律关系的规定，我国缔结或者参加的国际条约同本国法律法规有不同规定的，除声明保留的条款外，应适用国际条约的规定。我国现行法律未对油污责任限制作出规定，因此，上述 69 公约、92 议定书、2000 修正案应当作为我国法律渊源在我国强制适用。“恒冠 36”系油船，载重吨为 3350 吨，并且涉案事故中装运了 2973 吨燃料油，符合 69 公约及 92 议定书关于“船舶”、“油类”、“适用地域”等适用范围的规定。《中华人民共和国海商法》第二百零八条第（二）项明确规定，中华人民共和国参加的国际油污损害民事责任公约规定的油污损害的赔偿请求不适用该法第十一章有关海事责任限制的规定。因此，本案应适用 69 公约、92 议定书及 2000 修正案的规定。根据现行实施的《1992 年国际油污损害民事责任公约议定书》2000 年修正案的规定，“恒冠 36”油污责任限制基金数额应为 4510000 计算单位。第二，我国有关法规的相关规定，均以 69 公约及其议定书、修正案作为油污责任处理依据。《中华人民共和国防止船舶污染海域管理条例》第十三条规定“航行国际航线、载运 2000 吨以上的散装货油的船舶，除执行本条例规定外，并适用于我国参加的《1969 年国际油污损害民事责任公约》”，明确了凡是在中华人民共和国登记的、载运 2000 吨以上散装持久性油类的船舶的油污责任适用国际公约而不是我国海商法。1980 年 7 月 29 日交通部下发的《关于认真贯彻执行〈1969 年国际油污损害民事责任公约〉的通知》（交港监字〔1980〕1600 号文）、国家海事局在《关于我国国际航线油轮执行〈1992 年国际油污损害民事责任公约〉的通知》（海船舶字〔2000〕15 号）等均以公约的规定要求办理船舶油污保险或取得其他财务保证等。第三，本案对海域造成的污染严重，其损失和费用巨大，应从保护资源和国家公共利益的角度严格适用有关公约的规定。第四，申请人已经就该船根据油污责任公约的规定进行了油污责任保险，其油污保险人应当依其保险责任承担公约义务，如允许申请人以海商法进行海事责任限制，不仅违反法律和国际公约规定，同时也违反了我国海商法的规定，并且可能使保险人逃避应有的义务。

二、青岛海事法院的意见

青岛海事法院认为，我国已经加入 69 公约、92 议定书及 2000 修正案，并且 69 公约、92 议定书、2000 修正案已经对我国生效，作为缔约国，我国应当遵守 69 公约、92 议定书、2000 修正案的规定，这是缔约国的一项条约法上的义务。只要在缔约国登记的符合公约规定的船舶运输公约规定的油类，在公约规定的地域发生公约规定的污染损害，其油污损害民事赔偿责任以及基金限额均应适用 69 公约、92 议定书以及 2000 修正案的规定。我国加入 69 公约、92 议定书、2000 修正案时均未作出保留，因此，我国应当严格遵守 69

公约、92议定书、2000修正案的规定。

我国交通部1980年3月1日下发的《关于我国接受〈1969年国际油污民事责任公约〉的通知》（〔80〕交港监字334号通知）、1980年7月29日下发的《关于认真贯彻执行〈1969年国际油污损害民事责任公约〉的通知》（交港监字〔1980〕1600号文）、1999年9月6日下发的《关于〈1969年国际油污损害民事责任公约〉1992的议定书对我国生效的通知》（交国际发〔1999〕465号文）及2003年11月11日《关于〈1992年国际油污损害民事责任公约议定书〉2000年修正案和〈1992年国际油污赔偿基金公约议定书〉2000年修正案生效的公告》（交通部公告第16号）等均未对油污损害民事责任适用69公约、92议定书、2000修正案作出船舶是否航行国际航线的区分。我国交通部关于认真贯彻执行《1969年国际油污损害民事责任公约》的通知（〔80〕交港监字1600号）、我国海事局海船舶字〔2000〕15号《关于我国国际航线油轮执行〈1992年国际油污损害民事责任公约〉的通知》也按照公约的规定要求载运2000吨以上的船舶办理油污保险或其他财务保证。

本案申请人锦州中信船务有限公司所属的“恒冠36”轮虽系在我国登记的非航行国际航线的船舶，其在我国海域与我国的船舶碰撞导致漏油发生污染，也不具备涉外因素，但它系为运输散装油类货物而建造的海船，且其实际运输散装油类货物并且发生漏油事故时处于实际运输散装油类的航行期间，属于92议定书规定的“船舶”，而且其运载的系船用燃料油，泄漏入海导致船体之外的损害，符合92议定书规定的“油类”及“污染损害”范围，油污污染事故发生于我国威海海域，符合92议定书规定的污染损害发生的地域范围。根据《中华人民共和国海商法》第二百零八条第（二）项的规定，我国参加的国际油污损害民事责任公约规定的油污损害的赔偿请求不适用该法第十一章有关海事责任限制的规定。而且，2000年4月1日起开始施行的《中华人民共和国海洋环境法》在附则中第九十七条规定：“中华人民共和国缔结或者参加的与海洋环境保护有关的国际条约与本法有不同规定的，适用国际条约的规定；但是，中华人民共和国声明保留的条款除外”，因此，本案应当适用92议定书及2000修正案的规定，而不应适用海商法第十一章关于海事赔偿责任限制的规定。本案申请人申请设立海事赔偿责任限制基金的限额不应按照海商法第二百一十条以及《交通部关于不满300总吨及沿海运输、沿海作业船舶海事赔偿限额的规定》第四条的规定计算，而应该按照92议定书以及2000修正案的规定计算，其申请责任海事赔偿责任限制基金的限额应为4510000计算单位，而非208583计算单位。

此外，1983年12月29日开始实行的《中华人民共和国防止船舶污染海域管理条例》第十三条规定：“航行国际航线、载运二千吨以上的散装货油的船舶，除执行本条例规定外，并适用于我国参加的《1969 年国际油污损害民事责任公约》。”从该规定也可看出，航行国际航线以及载运二千吨以上的散装货油的船舶，也应当适用我国参加的《1969 年国际油污损害民事责任公约》。“恒冠 36”轮在事发时装载了 2973.95 吨船用燃料油，因此，即使根据《中华人民共和国防止船舶污染海域管理条例》的规定，本案也应当适用 69 公约及其 92 议定书、2000 修正案。

根据 2005 年 12 月 29 日《最高人民法院关于印发〈第二次全国涉外商事海事审判工作会议纪要〉的通知》（法发〔2005〕22 号文）中发布的《第二次全国涉外商事海事审判工作会议纪要》第一百四十一条的规定，我国加入的 92 公约仅适用于具有涉外因素的缔约国船舶油污损害赔偿纠纷，包括航行国际航线的我国船舶在我国海域造成的油污损害赔偿纠纷，不适用于非航行国际航线的我国船舶在我国海域造成的油污损害赔偿纠纷。2004 年 8 月 19 日最高人民法院对“烟台海上救助打捞局与荣成市落凤港渔业公司船舶油污损害赔偿纠纷一案”提审作出的（2002）民四提字第 3 号终审裁定认定无涉外因素的油污案件适用我国海商法第十一章或交通部《关于不满 300 总吨及沿海运输、沿海作业船舶海事赔偿限额的规定》。

综上，青岛海事法院认为，本案应适用 69 公约、92 议定书以及 2000 修正案确定责任限制基金数额。

三、我院意见

我院审判委员会研究青岛海事法院的请示后，形成两种意见。

第一种意见，本案不适用公约。我国《民法通则》第八章涉外民事关系的法律适用是利用国内法与公约、条约处理民事法律关系适用冲突规范的总则，按照该章的规定，只有涉外民事法律关系才涉及公约的适用，本案中，不论事故发生地点，还是当事人均不具有涉外因素，因此在法律适用上无需运用冲突规范考虑国际公约的适用，并且最高人民法院《第二次全国涉外商事海事审判工作会议纪要》已经以最高人民法院法发〔2005〕26 号文件下发各级人民法院，该文件第十二章关于船舶油污损害赔偿纠纷案件的法律适用中确定：我国加入的《1992 年国际油污损害民事责任公约》适用于具有涉外因素的缔约国船舶油污损害赔偿纠纷，包括航行于国际航线的我国船舶在我国海域造成的油污损害赔偿纠纷，非航行于国际航线的我国船舶在我国海域造成的油污损害赔偿纠纷不适用该公约的规定而应依据我国《海商法》、《海洋环境保护法》的规定确定海事赔偿责任限制。另外，在最高人民法院提审的我院案件中（最高人民法院的案号为〔2002〕民四提字第 3 号）对于同样的非航行国际航线的我国船舶作出的决定即是让其按照我国《海商法》规定设立责任限制。因此，从法律规定、最高人民法院的指导性意见及审判实践中，对于非航行国际航线的船舶造成的油污损害赔偿案件都是依据我国《海商法》设立赔偿责任限制。本案亦应照此审理。

第二种意见，本案适用公约。

1. 我国《海商法》第十一章海事赔偿责任限制中对于依照《海商法》享受责任限制的情形作了规定，但在该章第二百零八条（二）项中明显排除了中华人民共和国参加的国际油污损害民事责任限制公约规定的油污损害的赔偿请求，就是说基于油污损害提出的责任限制请求，不适用《海商法》关于设置责任限制基金的规定。

2. 本案当事船舶的船东锦州中信船务有限公司依照公约的规定向“The shipowners mutual protection and indemnity association（LUXEM-BOURG)”投保了油污险，根据我国《海商法》第二百零六条的规定，被保险人依照本章规定可以限制赔偿责任的，对该海事请求承担责任的保险人，有权依照本章规定享受相同的赔偿责任限制，《1976 年海事索赔责任限制公约》第一条亦有相同的规定，该规定表述为，对于本公约规定须受责任限制的索赔承担责任的保险人，有权与被保险人在同一限度内享受本公约的利益。故尽管本案是船东锦州中信船务有限公司提出责任限制请求，由于保险人也享受到由此带来的利益，而本案中的该保险人是英国的保险公司，因此使本案具有涉外因素，从而可以适用公约的规定。但是非国际航线运输的船舶且仅在国内保险公司投保的则不适用公约的规定。

由于涉案船舶按规定在国外投保，资金有保障，损失的赔偿最终都由外国保险公司承担，如不适用公约不足以维护国家及当事人的合法利益。

3. 由于本案中油污造成的损失较大，且船方先行支付了部分费用，如仅按照我国《海商法》的规定设立责任限制，赔偿数额可能难以补偿实际损失，且难于处理当事人先行付出的费用，不仅当事人的利益得不到保护，清污处理事故的费用也都得不到满足，强制保险的规定也丧失了其意义，不利于和谐社会的发展。

我院审判委员会倾向第一种意见。

以上意见当否，请指示。

最高人民法院
关于印发《涉外商事海事裁判文书写作规范》的通知

（2015 年 3 月 16 日　法〔2015〕67 号）

各省、自治区、直辖市高级人民法院，解放军军事法院，新疆维吾尔自治区高级人民法院生产建设兵团分院：

为进一步规范和统一涉外商事海事裁判文书写作标准，提高裁判文书质量，最高人民法院研究制定了《涉外商事海事裁判文书写作规范》，现予印发，请认真遵照执行。在适用本规范过程中有何问题，请及时报告最高人民法院。

附：

涉外商事海事裁判文书写作规范

裁判文书应当全面、准确地记载案件的审理过程和裁判的依据、理由与结果。撰写裁判文书应当做到要素齐全、结构完整、逻辑严谨、条理清晰、语句规范、繁简得当。为进一步规范和统一涉外商事海事裁判文书的写作标准，提高文书质量，现就涉外商事海事裁判文书的写作提出如下规范意见。

一、裁判文书的首部应当分别写明文书标题、案号、当事人及其法定代表人（或代表人）和委托代理人的基本情况以及案件由来、案由和审理过程等。

（一）裁判文书标题一般表述为“中华人民共和国××××人民法院民事判决书（调解书、裁定书）”。海事法院裁判文书标题中法院前不需冠以“人民”字样。

（二）案件当事人中如果没有外国人、无国籍人、外国企业或组织的，除最高人民法院制作的裁判文书外，其他各级人民法院制作的裁判文书标题中的法院名称无需冠以“中华人民共和国”字样。

（三）法院名称应当与院印文字一致。除海事法院外，基层人民法院、中级人民法院的裁判文书标题应当冠以省、自治区、直辖市的名称。

二、裁判文书应当准确列明当事人的诉讼地位、姓名或名称及其住所地。

（一）二审裁判文书在列明当事人二审诉讼地位的同时，亦应用括号注明其一审诉讼地位（例如一审原告、一审被告等）。既非上诉人、亦非被上诉人的二审当事人，直接列明其一审诉讼地位。

（二）申请再审或再审案件的裁判文书应当分别列明当事人在申请再审过程中或再审诉讼中的地位，同时用括号注明其一、二审诉讼地位。既非再审申请人、亦非被申请人的，直接列明其一、二审诉讼地位。抗诉案件应当列明抗诉机关。

（三）当事人是自然人的，写明其姓名、性别、民族、出生日期、职业、住所地，职业不明确的，可以不表述；对于其身份证件号码一般应予注明，提交中华人民共和国居民身份证的应注明其公民身份号码。

自然人的住所地以其提交的合法有效的身份证件载明的地址为准；住所地与经常居住地不一致，且根据案件审理的需要需明确当事人经常居住地的，写明经依法查明的经常居住地。

（四）自然人为证明其身份提交的护照、往来港澳通行证、台湾居民来往大陆通行证等证件，无需再办理公证认证等证明手续。

（五）外国自然人，应当写明其国籍，无国籍人亦应予以注明。

港澳台地区的居民亦应予以注明。

（六）法人或其他组织的名称、住所地等，以其注册登记文件记载的内容为准。

（七）境外企业、组织提交的证明其主体资格的注册登记文件，需依法办理公证认证等证明手续；证明文件是外文的，应当附有中文译本。

（八）对于外国当事人，在裁判文书首部应当写明其经过翻译的中文姓名或名称和住所地，并在中文姓名或名称和住所地后括号中注明其外文姓名或名称和住所地。

（九）当事人姓名或名称变更的，裁判文书首部应当列明变更后的姓名或名称，变更前姓名或名称无需在此处列明。对于姓名或名称变更的事实可根据需要在案件由来或者查明事实部分写明。

（十）当事人诉讼地位的称谓后面使用冒号。当事人为公司、企业、其他组织的，其名称后面使用句号，“住所地”后面使用冒号。当事人为自然人的，其姓名后均使用逗号，基本信息阐述完毕后使用句号。

（十一）当事人中有外国当事人或无国籍人的，表述住所地时应当分别写明中外当事人的国别名称或无国籍情况。当事人国别名称应当使用全称。

没有外国当事人或无国籍人的，表述国内当事人住所地时省略“中华人民共和国”字样。

（十二）表述港澳地区当事人住所地时，应当使用香港特别行政区、澳门特别行政区的全称。

表述台湾地区当事人住所地时，应当写明“台湾地区××市……”，不应使用“台湾省”或“台湾”等表述。

（十三）当事人住所地、代理人情况相同的，应当各自列明，不应当使用“情况同上”进行表述。

三、法人或其他组织作为当事人的，应当写明其法定代表人或代表人及其身份信息。

（一）法定代表人后面使用冒号，写明法定代表人的姓名及其职务。

（二）当事人为不具备法人资格的其他组织的，应当写明其“代表人”，不应表述为“负责人”或“授权代表人”。

（三）外国或者港澳台地区的企业、组织作为当事人的，亦应使用“代表人”的表述。

四、裁判文书中应当写明代理人的姓名及其身份信息。

（一）当事人委托本单位工作人员担任代理人的应当列在第一位，其委托外单位的人员或者律师担任代理人的列在第二位。

（二）当事人委托本单位人员作为代理人的，其身份信息可表述为“该公司（或该机构如该委员会、该厂等）工作人员”。

（三）律师、基层法律服务工作者担任代理人的，其身份信息表述为“××律师事务所律师”或“××法律服务所法律工作者”。

（四）当事人的近亲属或者其所在社区、单位以及有关社会团体推荐的公民担任代理人的，写明代理人的姓名、性别、出生日期、民族、职业、住所地。代理人是当事人近亲属的，还应当在住所地之后注明其与当事人的关系。

（五）代理人变更的，裁判文书首部只列写变更后的代理人。对于代理人变更的事实可根据需要在案件由来或者查明事实部分写明。

五、案由应当准确反映案件所涉及的民事法律关系的性质，并应当与最高人民法院《民事案件案由规定》中所列案由相一致。

二审法院或再审法院经审理认为原审裁判文书所列案由不当的，二审或再审裁判文书中应当写明经审理后最终确定的案由，并在裁判理由部分予以说明。

六、裁判文书应当写明案件的由来以及开庭审理过程。

（一）根据一审、二审或再审程序的不同，在案件由来部分简要写明当事人起诉、上诉、发回重审或者申请再审、指令再审、提审等情况。一审裁判文书应当写明当事人起诉的时间。

（二）此部分叙述时可在当事人全称后面括号注明其简称。简称要清楚、得当，避免引起歧义，不应以当事人诉讼地位的称谓（如原告、上诉人、答辩人等）或甲方、乙方等作为其简称。

（三）合议庭组成成员的情况不必具体表述，但如果合议庭成员有回避、变更情况的，应当在此部分写明。

（四）经过多次开庭审理的，应当分别简述开庭情况，以充分体现开庭审理的经过。开庭审理前组织证据交换、召集庭前会议的，亦应将相关情况予以阐述。

（五）当事人未到庭应诉或者中途退庭的，写明“经本院传票传唤，无正当理由拒不到庭”或者“未经法庭许可中途退庭”的情况。

（六）存在中止诉讼后又恢复审理等情况的，应当在此部分写明过程。

七、裁判文书应当依次写明当事人的起诉（包括诉讼请求）、答辩、第三人陈述等情况，写明当事人的诉讼主张及其所依据的事实、理由。

（一）转述当事人起诉、答辩的事实、理由时，应当对较长的起诉状、答辩状进行提炼、归纳，对其病句、错字进行修正，同时注意准确全面，忠实原意，不得遗漏要点。

（二）原告庭审时变更诉讼请求、提出新的诉讼请求，被告未作书面答辩或第三人未提交书面意见，但在庭审中进行口头答辩或陈述以及对原书面答辩或陈述意见予以补充的，应当在此节中予以表述。

（三）被告提出反诉的，亦应在此部分概述其反诉请求、依据的事实、理由以及对方的答辩情况。

（四）二审当事人的上诉、答辩等情况，在转述一审判决结果后进行概述，并应当按照前述第（一）、（二）项的要求进行提炼、归纳和表述。

八、一审裁判文书应当写明当事人提交证据的名称、证明目的、各方当事人的质证意见，人民法院同时应当结合当事人举证、质证的意见，依照相关法律、司法解释的规定，对当事人提交证据的真实性、关联性、合法性进行分析，最终对证据是否应予采信及其证明力作出认定，明确阐明人民法院的认证意见。

九、根据质证认证情况，对业经查明认定的基本事实进行综合陈述。

（一）本部分以“本院查明”作为引言，其后用冒号，另起一行写明查明的事实。

（二）综述所查明的事实时，可以划分段落层次，亦可根据情况以“另查明”为引语表述其他相关事实，该另查明的事实可以多项；避免使用“还查明”“再查明”“又查明”等引语。

（三）在适用外国法的情况下，对于外国法查明的客观事实可在此部分予以表述。

十、二审裁判文书应当在“案件由来”部分之后，写明一审审理情况，包括原告的诉讼请求、一审法院认定的事实、裁判的理由和最终的裁判结果。

（一）简要概括一审原告起诉的事实、理由及其具体的诉讼请求、一审被告的答辩意见、第三人的陈述，以明确案件争议的焦点。一审被告提起反诉的，亦应写明。

（二）写明一审查明的事实，该部分以“一审法院查明”为引语开始，“一审法院查明”后面使用冒号。对一审查明的事实原则上予以照抄，有错字、漏字或者语法错误的，可适当修改。

（三）对于一审裁判文书中表述的当事人为支持自己主张提供的证据、当事人的质证意见及一审法院对证据的认证意见等内容，在二审裁判文书中可以省略，不再援引。当事人有争议的除外。

（四）写明一审裁判文书理由和结果，该部分以“一审法院认为”为引语开始，一审法院认为后面使用冒号。对一审认为部分原则上予以照抄，有错字、漏字或者语法错误的，可适当修改。

（五）一审裁判文书主文即裁判结果应当全文照抄，不得遗漏和更改，此前部分当事人名称使用简称的，此部分表述时仍使用简称，注意不得遗漏当事人负担的诉讼费及保全费、鉴定费等内容的表述。

十一、二审裁判文书应当根据上诉审的特点，结合相关证据材料，依据相关法律规定，针对当事人对一审认定事实提出的异议，重点予以分析、阐述。

（一）对于二审中当事人提交的新证据的名称、证明目的、各方当事人的质证意见等详细写明。

（二）结合当事人举证、质证的意见，依照相关法律、司法解释的规定，对有关证据的真实性、关联性、合法性进行分析，最终对证据是否应予采信及其证明力作出认定。

（三）根据不同情况，二审查明事实部分可分四种表述方式：

1. 当事人未提交新的证据，对一审查明的事实无异议，二审中也没有新查明的事实的，可写明：“一审查明的事实，有相关证据予以佐证，各方当事人均未提出异议，亦未提交新的证据，本院对一审查明的事实予以确认。”

2. 当事人对一审查明的事实无异议，但提交新证据或者二审法院根据自行调查收集的证据，有新查明的事实的，可写明“一审查明的事实，有相关证据予以佐证，各方当事人均未提出异议，本院对一审查明的事实予以确认。本院另查明：……（在综合列举当事人提交的新证据或法院调查收集的证据、阐述各方当事人的质证意见及本院对证据的认证意见的基础上，对另查明的事实作出认定。）”

3. 当事人对部分事实提出异议，并提交新的证据，但经审查其异议不能成立的。

首先，对于当事人无异议部分的事实，可写明“一审查明的××部分的事实，有相关证据予以佐证，各方当事人均未提出异议，本院对一审判决查明的××部分的事实予以确认。”

其次，对于当事人提出异议部分的事实，可写明“上诉人××对一审查明的××部分的事实提出异议……（写明当事人对相关事实提出异议的具体意见及对方的反驳意见，并列举当事人为支持其主张提交的新证据，各方当事人对证据的质证意见以及本院对各证据的认证意见，在此基础上写明本院最终意见，最后可总结性写明‘上诉人××虽然对一审查明的××部分的事实提出异议，但其未能提供充分的证据予以证明，其异议不能成立，本院不予支持，对于一审查明的××部分的事实，本院予以确认。’）”。

4. 当事人对部分事实提出异议，根据当事人提交的新证据或者本院调查收集的证据，经审理发现一审查明的事实确实存在部分错误的。

首先，对于当事人无异议的正确部分的事实，可写明“一审查明的××部分的事实，有相关证据予以佐证，各方当事人均未提出异议，本院对一审查明的××部分的事实予以确认。”

其次，对于一审认定错误的事实，可写明“上诉人××对一审查明的××部分的事实提出异议……（写明当事人对相关事实提出异议的具体意见及对方的反驳意见，并列举当事人为支持其主张提交的新证据或本院调查收集的证据，各方当事人对证据的质证意见以及本院对各证据的最终认证意见，在此基础上写明本院查明的事实，最后可总结性写明‘一审对××部分的事实认定有误，应予纠正，上诉人××对此提出的异议成立，本院予以支持。’）”。

上述部分具体措辞可由承办人视案件情况灵活掌握。

十二、再审裁判文书应当在“案件由来”部分之后，写明原一、二审审理情况以及申请再审及答辩情况。

上述两部分的具体书写分别参照适用二审裁判文书“一审审理情况”和一审裁判文书关于“当事人起诉及答辩情况”部分的要求。

十三、再审裁判文书应当根据再审案件特点，结合相关证据材料，依据相关法律规定，针对当事人提出的对原一、二审认定事实的异议，重点予以分析、阐述。

该部分的具体书写参照适用二审裁判文书关于“二审认定的事实”部分的要求。

十四、裁判理由是裁判文书的核心部分，要有针对性和说服力，二审及再审裁判文书要防止照抄原判理由或者公式化的套话。

（一）本部分以“本院认为”作为引言，其后用冒号，另起一行写明具体意见。

（二）应明确纠纷的性质、案由。原审确定案由错误，二审或者再审予以改正的，应在此部分首先进行叙述并阐明理由。

（三）涉外、涉港澳台民商事案件，应当依照《中华人民共和国涉外民事关系法律适用法》及《最高人民法院关于适用〈中华人民共和国涉外民事关系法律适用法〉若干问题的解释（一）》《最高人民法院关于审理涉台民商事案件法律适用问题的规定》等司法解释的规定，对解决纠纷应当适用的法律作出分析认定。涉外涉港澳台海事案件，应当依照《中华人民共和国海商法》的相关规定对法律适用问题作出分析认定，《中华人民共和国海商法》没有规定的，适用《中华人民共和国涉外民事关系法律适用法》及其司法解释的相关规定。

（四）涉外案件应当适用我国法律的，表述为“适用中华人民共和国法律”。

涉港澳案件，应当适用内地法律的，表述为“适用内地法律”，应适用港澳地区法律的，表述为“适用香港特别行政区（澳门特别行政区）法律”。

涉台案件，应当适用大陆法律的，表述为“适用大陆法律”（大陆后面不能加“地区”二字），应当适用台湾地区法律的，表述为“适用台湾地区法律”。

案件中既有港澳地区当事人，也有台湾地区当事人的，如果应当适用内地（大陆）法律，表述为“适用内地法律”即可。

（五）一审裁判文书应当围绕当事人争议的焦点问题及原告的最终诉讼请求能否成立进行论述。

（六）二审或再审裁判文书应当围绕当事人争议的焦点问题及上诉或再审请求能否成立进行论述。原审裁判正确，上诉或申请再审无理的，指出其理由的不当之处；原审裁判不当，上诉或申请再审理由成立的，应当阐明原判错之处、上诉或申请再审请求和理由成立的事实和法律依据、改判的理由等等。

（七）人民法院审理合同纠纷案件，对于合同是否成立、效力等问题应当主动予以审查，即使当事人未就此提出异议，亦应予以分析阐述。

（八）对于案件复杂，当事人争议问题较多的，可以根据庭审时归纳的当事人争议焦点，分别逐项予以阐述。

（九）在该部分引用法律法规、司法解释时，应当严格适用《最高人民法院关于裁判文书引用法律、法规等规范性法律文件的规定》。并列引用多个法律文件的，引用顺序如下：法律及法律解释、行政法规、地方性法规、自治条例或者单行条例、司法解释；同时引用两部以上法律的，应当先引用基本法律，后引用其他法律；引用包括实体法和程序法的，先引用实体法，后引用程序法。

引用最高人民法院的司法解释时，应当按照公告公布的格式书写。

适用公约时，应当援引适用的公约具体条款。引用公约条款的顺序应置于法律、司法解释之前。

（十）二审或再审改判的，对于改判所依据的实体法应当予以援引。

（十一）如果案件因为涉及商业秘密或者隐私等问题不公开开庭审理，裁判文书中应当援引《中华人民共和国民事诉讼法》第一百三十四条的规定。如果是缺席判决的，应当根据具体情况援引《中华人民共和国民事诉讼法》第一百四十三条或者第一百四十四条的规定。

（十二）指导性案例及非司法解释性的规范性文件，如各种指导性意见、会议纪要、个案答复等不得作为法律依据予以援引，但其体现的原则和精神可在说理部分予以阐述。

（十三）案件经审判委员会讨论决定的，应予以写明。

（十四）案件管辖权问题在判决书理由部分不需要予以阐述。

十五、裁判主文即裁判结果，是对案件实体问题作出的处理决定，裁判结果要明确、具体、完整。裁判结果应对当事人争议的实体问题作出终审结论。二审或再审裁判文书要对原审裁判作出明确表态，写明维持原裁判或者撤销原裁判，或者维持哪几项、撤销哪几项；对改判或加判的内容，要区别确认之诉、变更之诉、给付之诉等不同情况，作出明确、具体的处理决定。

（一）裁判文书主文部分中当事人名称应当用全称，主文的各项之间统一用分号。

（二）裁判文书主文内容必须明确具体、便于执行。如原审判决中未明确履行期限的，二审或再审裁判文书应写明判项的履行日期。

（三）对于金钱给付的利息，当事人要求计算至判决执行之日止，而原审裁判计算出绝对数的，二审或再审应予以纠正，应当明确利息计算的起止点。

（四）根据最高人民法院法〔2007〕19号通知的要求，1. 一审判决中具有金钱给付义务的，应当在所有判项之后另起一行写明：如果未按本判决指定的期间履行给付金钱的义务，应当依照《中华人民共和国民事诉讼法》第二百五十三条的规定，加倍支付迟延履行期间的债务利息。2. 二审判决作出改判的案件，无论一审判决是否写入了上述告知内容，均应在所有判项之后另起一行写明第一条的告知内容。3. 如一审判决已经写明上述告知内容，二审维持原判的判决，可不再重复告知。

十六、裁判文书尾部应写明诉讼费用的负担，合议庭成员署名和判决日期等。

（一）诉讼费用是人民法院根据《诉讼费用交纳办法》的有关规定来决定的，不属于诉讼争议的问题，不应列为判决结果的一项内容，应在判决结果后另起一行写明。

根据《诉讼费用交纳办法》第五十五条的规定，诉讼费用应以人民币为计算单位。

（二）一、二审诉讼费用应当分别表述。按照《诉讼费用交纳办法》第十七条的规定："对财产案件提起上诉的，按照不服一审判决部分的上诉请求数额交纳案件受理费。"二审要根据当事人上诉请求的数额重新计算诉讼费，不能完全按照一审的标准收取。根据《诉讼费用交纳办法》第二十九条的规定，共同诉讼当事人败诉的，应明确当事人各自负担的诉讼费用数额。

如果一审诉讼费用不作调整，可表述为"一审案件受理费××元人民币，财产保全费（或其他费用）××元人民币，按一审判决承担。"

（三）裁判文书尾部由合议庭成员共同署名。助理审判员参加合议的，署代理审判员。院长、庭长参加合议庭审判的案件，院长、庭长担任审判长。

（四）"本件与原本核对无异"字样的印戳，应加盖在年月日与书记员署名之间空行的左边。

十七、其他注意问题。

（一）为避免引起混淆，裁判文书中当事人的名称应当统一，只使用其名称或简称，除以引号转引相关书证原文的情形外，若当事人之间的合同、协议中有"甲方""乙方"等表述时，应统一变换为当事人的名称。

二审、再审裁判文书使用当事人简称时，应当确保与所引用原审文书对应简称表述一致。

二审、再审裁判文书在表述原审法院名称时，可视情况使用"一审法院""二审法院"的表述，亦可使用法院简称。

（二）在援引一审裁判文书相关内容时，应当将其中的"本院"修改为"一审法院（或其简称）"。

（三）裁判文书中表述阿拉伯数字时，数字之间不使用逗号。

（四）涉台案件裁判文书的书写，适用《最高人民法院关于贯彻执行〈关于审理涉台民商事案件法律适用问题的规定〉的通知》（法〔2011〕180号）的要求。

最高人民法院指导案例 31 号

江苏炜伦航运股份有限公司诉米拉达玫瑰公司船舶碰撞损害赔偿纠纷案

（最高人民法院审判委员会讨论通过　2014 年 6 月 26 日发布）

关键词

民事　船舶碰撞　损害赔偿　合意违反航行规则　责任认定

裁判要点

航行过程中，当事船舶协商不以《1972 年国际海上避碰规则》确立的规则交会，发生碰撞事故后，双方约定的内容以及当事船舶在发生碰撞事故时违反约定的情形，不应作为人民法院判定双方责任的主要依据，仍应当以前述规则为准据，在综合分析紧迫局面形成原因、当事船舶双方过错程度及处置措施恰当与否的基础上，对事故责任作出认定。

相关法条

《中华人民共和国海商法》第一百六十九条

基本案情

2008 年 6 月 3 日晚，原告江苏炜伦航运股份有限公司所有的“炜伦 06”轮与被告米拉达玫瑰公司所有的“MIRANDA ROSE”轮（以下简称“玫瑰”轮）在各自航次的航程中，在上海港圆圆沙警戒区相遇。当日 23 时 27 分，由外高桥集装箱码头开出的另一艘外轮“里约热内卢快航”轮与“玫瑰”轮联系后开始实施追越。23 时 32 分，“里约热内卢快航”轮引航员呼叫“炜伦 06”轮和位于“炜伦 06”轮左前方约 0.2 海里的“正安 8”轮，要求两轮与其绿灯交会。“正安 8”轮予以拒绝并大角度向右调整航向，快速穿越到警戒区北侧驶离。“炜伦 06”轮则在“里约热内卢快航”轮引航员执意要求下，同意绿灯交会。“玫瑰”轮随即与“炜伦 06”轮联系，也要求绿灯交会，“炜伦 06”轮也回复同意。23 时 38 分，当“炜伦 06”轮行至“玫瑰”轮船艏偏左方向，发现“玫瑰”轮显示红灯，立即联系“玫瑰”轮，要求其尽快向左调整航行。“炜伦 06”轮随后开始减速，但“玫瑰”轮因“里约热内卢快航”轮追越尚未驶过让清，距离较近，无法向左调整航向。23 时 41 分，“炜伦 06”轮与“里约热内卢快航”轮近距离交会，位于“玫瑰”轮左前方、距离仅 0.2 海里。此时，“炜伦 06”轮、“玫瑰”轮均觉察危险，同时大角度向左转向。

23 时 42 分“炜伦 06”轮右后部与“玫瑰”轮船艏右侧发生碰撞。事故造成原告遭受救助费、清污费、货物减损费、修理费等各项损失共计人民币4504605.75 元。

原告遂以“玫瑰”轮违反双方关于“绿灯交会”的约定为由，诉请法院判令“玫瑰”轮承担 80%的责任。被告则提出，原告应就涉案碰撞事故承担90%的责任，且原告主张的部分损失不合理。

裁判结果

上海海事法院于 2011 年 9 月 20 日作出（2010）沪海法海初字第 24 号民事判决：一、被告米拉达玫瑰公司应于本判决生效之日起十日内向原告江苏炜伦航运股份有限公司赔偿损失人民币 2252302.79 元；二、被告米拉达玫瑰公司应于本判决生效之日起十日内向原告江苏炜伦航运股份有限公司赔偿上述款项的利息损失，按照中国人民银行同期活期存款利率标准，从 2008 年 6 月 3 日起计算至判决生效之日止；三、对原告江苏炜伦航运股份有限公司的其他诉讼请求不予支持。宣判后，当事人双方均未上诉，判决已发生法律效力。

裁判理由

法院生效裁判认为：在两轮达成一致意见前，两轮交叉相遇时，本应“红灯交会”。“玫瑰”轮为了自己进北槽航道出口方便，首先提出“绿灯交会”的提议。该提议违背了《1972 年国际海上避碰规则》（以下简称《72 避碰规则》）规定的其应承担的让路义务。但是，“炜伦 06”轮同意了该违背规则的提议。此时，双方绿灯交会的意向应是指在整个避让过程中，双方都应始终向对方显示本船的绿灯舷侧。在这种特殊情况下，没有了《72 避碰规则》意义上的“让路船”和“直航船”。因此，当两轮发生碰撞危险时，两轮应具有同等的避免碰撞的责任，两轮均应按照《72 避碰规则》的相关规定，特别谨慎驾驶。但事实上，在达成绿灯交会的一致意向后，双方都认为对方会给自己让路，未能对所处水域的情况进行有效观察并对当时的局面和碰撞危险作出充分估计，直至紧迫危险形成后才采取行动，最终无法避免碰撞。综上，两轮均有瞭望疏忽、未使用安全航速、未能尽到特别谨慎驾驶的义务并尽早采取避免碰撞的行为，都违反了《72 避碰规则》中有关瞭望、安全航速和避免碰撞的行动等规定，对碰撞事故的发生责任相当，应各承担 50%的责任。

被告系“玫瑰”轮的船舶所有人，根据《最高人民法院关于审理船舶碰撞纠纷案件若干问题的规定》的规定，应就“玫瑰”轮在涉案碰撞事故中对原告造成的损失承担赔偿责任。法院根据双方提供的证据，核定了原告具体损失金额，按照被告应负的责任份额，依法作出如上判决。

最高人民法院指导案例 52 号

海南丰海粮油工业有限公司诉中国人民财产保险股份有限公司海南省分公司海上货物运输保险合同纠纷案

（最高人民法院审判委员会讨论通过 2015 年 4 月 15 日发布）

关键词

民事 海事 海上货物运输保险合同 一切险 外来原因

裁判要点

海上货物运输保险合同中的“一切险”，除包括平安险和水渍险的各项责任外，还包括被保险货物在运输途中由于外来原因所致的全部或部分损失。在被保险人不存在故意或者过失的情况下，由于相关保险合同中除外责任条款所列明情形之外的其他原因，造成被保险货物损失的，可以认定属于导致被保险货物损失的“外来原因”，保险人应当承担运输途中由该外来原因所致的一切损失。

相关法条

《中华人民共和国保险法》第三十条

基本案情

1995 年 11 月 28 日，海南丰海粮油工业有限公司（以下简称丰海公司）在中国人民财产保险股份有限公司海南省分公司（以下简称海南人保）投保了由印度尼西亚籍“哈卡”轮（HAGAAG）所运载的自印度尼西亚杜迈港至中国洋浦港的 4999.85 吨桶装棕榈油，投保险别为一切险，货价为 3574892.75 美元，保险金额为 3951258 美元，保险费为 18966 美元。投保后，丰海公司依约向海南人保支付了保险费，海南人保向丰海公司发出了起运通知，签发了海洋货物运输保险单，并将海洋货物运输保险条款附于保单之后。根据保险条款规定，一切险的承保范围除包括平安险和水渍险的各项责任外，海南人保还“负责被保险货物在运输途中由于外来原因所致的全部或部分损失”。该条款还规定了 5 项除外责任。上述投保货物是由丰海公司以 CNF 价格向新加坡丰益私人有限公司（以下简称丰益公司）购买的。根据买卖合同约定，发货人丰益公司与船东代理梁国际代理有限公司（以下简称梁国际）签订一份租约。该租约约定由“哈卡”轮将丰海公司投保的货物 5000 吨棕榈油运至中国洋浦港，将另 1000 吨棕榈油运往香港。

1995 年 11 月 29 日，“哈卡”轮的期租船人、该批货物的实际承运人印度尼西亚 PT. SAMUDERA INDRA 公司（以下简称 PSI 公司）签发了编号为 DM/YPU/1490/95 的已装船提单。该提单载明船舶为“哈卡”轮，装货港为印度尼西亚杜迈港，卸货港为中国洋浦港，货物唛头为 BATCH NO. 80211/95，装货数量为 4999.85 吨，清洁、运费已付。据查，发货人丰益公司将运费支付给梁国际，梁国际已将运费支付给 PSI 公司。1995 年 12 月 14 日，丰海公司向其开证银行付款赎单，取得了上述投保货物的全套（3 份）正本提单。1995 年 11 月 23 日至 29 日，“哈卡”轮在杜迈港装载 31623 桶、净重 5999.82 吨四海牌棕榈油启航后，由于“哈卡”轮船东印度尼西亚 PT. PERUSAHAAN PELAYARAN BAHTERA BINTANG SELATAN 公司（以下简称 BBS 公司）与该轮的期租船人 PSI 公司之间因船舶租金发生纠纷，“哈卡”轮中止了提单约定的航程并对外封锁了该轮的动态情况。

为避免投保货物的损失，丰益公司、丰海公司、海南人保多次派代表参加“哈卡”轮船东与期租船人之间的协商，但由于船东以未收到租金为由不肯透露“哈卡”轮行踪，多方会谈未果。此后，丰益公司、丰海公司通过多种渠道交涉并多方查找“哈卡”轮行踪，海南人保亦通过其驻外机构协助查找“哈卡”轮。直至 1996 年 4 月，“哈卡”轮走私至中国汕尾被我海警查获。根据广州市人民检察院穗检刑免字（1996）64 号《免予起诉决定书》的认定，1996 年 1 月至 3 月，“哈卡”轮船长埃里斯·伦巴克根据 BBS 公司指令，指挥船员将其中 11325 桶、2100 多吨棕榈油转载到属同一船公司的“依瓦那”和“萨拉哈”货船上运走销售，又让船员将船名“哈卡”轮涂改为“伊莉莎 2”号（ELIZA Ⅱ）。1996 年 4 月，更改为“伊莉莎 2”号的货船载剩余货物 20298 桶棕榈油走私至中国汕尾，4 月 16 日被我海警查获。上述 20298 桶棕榈油已被广东省检察机关作为走私货物没收上缴国库。1996 年 6 月 6 日丰海公司向海南人保递交索赔报告书，8 月 20 日丰海公司再次向海南人保提出书面索赔申请，海南人保明确表示拒赔。丰海公司遂诉至海口海事法院。

丰海公司是海南丰源贸易发展有限公司和新加坡海源国际有限公司于 1995 年 8 月 14 日开办的中外合资经营企业。该公司成立后，就与海南人保建立了业务关系。1995 年 10 月 1 日至同年 11 月 28 日（本案保险单签发前）就发生了 4 笔进口棕榈油保险业务，其中 3 笔投保的险别为一切险，另 1 笔为“一切险附加战争险”。该 4 笔保险均发生索赔，其中有因为一切险范围内的货物短少、破漏发生的赔付。

裁判结果

海口海事法院于 1996 年 12 月 25 日作出（1996）海商初字第 096 号民事判决：一、海南人保应赔偿丰海公司保险价值损失 3593858.75 美元；二、驳回丰海公司的其他诉讼请求。宣判后，海南人保提出上诉。海南省高级人民法院于1997年10月27日作出（1997）琼经终字第44号民事判决：撤销一审判决，驳回丰海公司的诉讼请求。丰海公司向最高人民法院申请再审。最高人民法院于2003年8月11日以（2003）民四监字第35号民事裁定，决定对本案进行提审，并于2004年7月13日作出（2003）民四提字第5号民事判决：一、撤销海南省高级人民法院（1997）琼经终字第44号民事判决；二、维持海口海事法院（1996）海商初字第096号民事判决。

裁判理由

最高人民法院认为：本案为国际海上货物运输保险合同纠纷，被保险人、保险货物的目的港等均在中华人民共和国境内，原审以中华人民共和国法律作为解决本案纠纷的准据法正确，双方当事人亦无异议。

丰海公司与海南人保之间订立的保险合同合法有效，双方的权利义务应受保险单及所附保险条款的约束。本案保险标的已经发生实际全损，对此发货人丰益公司没有过错，亦无证据证明被保险人丰海公司存在故意或过失。保险标的的损失是由于“哈卡”轮船东BBS公司与期租船人之间的租金纠纷，将船载货物运走销售和走私行为造成的。本案争议的焦点在于如何理解涉案保险条款中一切险的责任范围。

二审审理中，海南省高级人民法院认为，根据保险单所附的保险条款和保险行业惯例，一切险的责任范围包括平安险、水渍险和普通附加险（即偷窃提货不着险、淡水雨淋险、短量险、沾污险、渗漏险、碰损破碎险、串味险、受潮受热险、钩损险、包装破损险和锈损险），中国人民银行《关于〈海洋运输货物保险“一切险”条款解释的请示〉的复函》亦作了相同的明确规定。可见，丰海公司投保货物的损失不属于一切险的责任范围。此外，鉴于海南人保与丰海公司有长期的保险业务关系，在本案纠纷发生前，双方曾多次签订保险合同，并且海南人保还作过一切险范围内的赔付，所以丰海公司对本案保险合同的主要内容、免责条款及一切险的责任范围应该是清楚的，故认定一审判决适用法律错误。

根据涉案“海洋运输货物保险条款”的规定，一切险除了包括平安险、水渍险的各项责任外，还负责被保险货物在运输过程中由于各种外来原因所造成的损失。同时保险条款中还明确列明了五种除外责任，即：①被保险人的故意行为或过失所造成的损失；②属于发货人责任所引起的损失；③在保险责任开始前，被保险货物已存在的品质不良或数量短差所造成的损失；④被保险货物的自然损耗、本质缺陷、特性以及市价跌落、运输迟延所引起的损失；⑤本公司海洋运输货物战争险条款和货物运输罢工险条款规定的责任范围和除外责任。从上述保险条款的规定看，海洋运输货物保险条款中的一切险条款具有如下特点：

1. 一切险并非列明风险，而是非列明风险。在海洋运输货物保险条款中，平安险、水渍险为列明的风险，而一切险则为平安险、水渍险再加上未列明的运输途中由于外来原因造成的保险标的的损失。

2. 保险标的的损失必须是外来原因造成的。被保险人在向保险人要求保险赔偿时，必须证明保险标的的损失是因为运输途中外来原因引起的。外来原因可以是自然原因，亦可以是人为的意外事故。但是一切险承保的风险具有不确定性，要求是不能确定的、意外的、无法列举的承保风险。对于那些预期的、确定的、正常的危险，则不属于外来原因的责任范围。

3. 外来原因应当限于运输途中发生的，排除了运输发生以前和运输结束后发生的事故。只要被保险人证明损失并非因其自身原因，而是由于运输途中的意外事故造成的，保险人就应当承担保险赔偿责任。

根据保险法的规定，保险合同中规定有关于保险人责任免除条款的，保险人在订立合同时应当向投保人明确说明，未明确说明的，该条款仍然不能产生效力。据此，保险条款中列明的除外责任虽然不在保险人赔偿之列，但是应当以签订保险合同时，保险人已将除外责任条款明确告知被保险人为前提。否则，该除外责任条款不能约束被保险人。

关于中国人民银行的复函意见。在保监委成立之前，中国人民银行系保险行业的行政主管机关。1997 年 5 月 1 日，中国人民银行致中国人民保险公司《关于〈海洋运输货物保险“一切险”条款解释的请示〉的复函》中，认为一切险承保的范围是平安险、水渍险及被保险货物在运输途中由于外来原因所致的全部或部分损失。并且进一步提出：外来原因仅指偷窃、提货不着、淡水雨淋等。1998 年 11 月 27 日，中国人民银行在对《中保财产保险有限公司关于海洋运输货物保险条款解释》的复函中，再次明确一切险的责任范围包括平安险、水渍险及被保险货物在运输途中由于外来原因所致的全部或部分损失。其中外来原因所致的全部或部分损失是指 11 种一般附加险。鉴于中国人民银行的上述复函不是法律法规，亦不属于行政规章。根据《中华人民共和国立法法》的规定，国务院各部、委员会、中国人民银行、国家审计署以及具有行政管理职能的直属机构，可以根据法律和国务院的行政法规、决定、命令，在本部门的权限范围内，制定规章；部门规章规定的事项应当属于执行法律或者国务院的行政法规、决定、命令的事项。因此，保险条款亦不在职能部门有权制定的规章范围之内，故中国人民银行对保险条款的解释不能作为约束被保险人的依据。另外，中国人民银行关于一切险的复函属于对保险合同条款的解释。而对于平等主体之间签订的保险合同，依法只有人民法院和仲裁机构才有权作出约束当事人的解释。为此，上述复函不能约束被保险人。要使该复函所做解释成为约束被保险人的合同条款，只能是将其作为保险合同的内容附在保险单中。之所以产生中国人民保险公司向主管机关请示一切险的责任范围，主管机关对此作出答复，恰恰说明对于一切险的理解存在争议。而依据保险法第三十一条的规定，对于保险合同的条款，保险人与投保人、被保险人或者受益人有争议时，人民法院或者仲裁机关应当作有利于被保险人和受益人的解释。作为行业主管机关作出对本行业有利的解释，不能适用于非本行业的合同当事人。

综上，应认定本案保险事故属一切险的责任范围。二审法院认为丰海公司投保货物的损失不属一切险的责任范围错误，应予纠正。丰海公司的再审申请理由依据充分，应予支持。

（二）海事诉讼特别程序

中华人民共和国海事诉讼特别程序法

（1999年12月25日第九届全国人民代表大会常务委员会第十三次会议通过　1999年12月25日中华人民共和国主席令第28号公布　自2000年7月1日起施行）

目　录

第一章　总　则

第一条　为维护海事诉讼当事人的诉讼权利，保证人民法院查明事实，分清责任，正确适用法律，及时审理海事案件，制定本法。

第二条　在中华人民共和国领域内进行海事诉讼，适用《中华人民共和国民事诉讼法》和本法。本法有规定的，依照其规定。

第三条　中华人民共和国缔结或者参加的国际条约与《中华人民共和国民事诉讼法》和本法对涉外海事诉讼有不同规定的，适用该国际条约的规定，但中华人民共和国声明保留的条款除外。

第四条　海事法院受理当事人因海事侵权纠纷、海商合同纠纷以及法律规定的其他海事纠纷提起的诉讼。

第五条　海事法院及其所在地的高级人民法院和最高人民法院审理海事案件的，适用本法。

第二章　管　辖

第六条　海事诉讼的地域管辖，依照《中华人民共和国民事诉讼法》的有关规定。

下列海事诉讼的地域管辖，依照以下规定：

（一）因海事侵权行为提起的诉讼，除依照《中华人民共和国民事诉讼法》第二十九条至第三十一条的规定以外，还可以由船籍港所在地海事法院管辖；

（二）因海上运输合同纠纷提起的诉讼，除依照《中华人民共和国民事诉讼法》第二十八条的规定以外，还可以由转运港所在地海事法院管辖；

（三）因海船租用合同纠纷提起的诉讼，由交船港、还船港、船籍港所在地、被告住所地海事法院管辖；

（四）因海上保赔合同纠纷提起的诉讼，由保赔标的物所在地、事故发生地、被告住所地海事法院管辖；

（五）因海船的船员劳务合同纠纷提起的诉讼，由原告住所地、合同签订地、船员登船港或者离船港所在地、被告住所地海事法院管辖；

（六）因海事担保纠纷提起的诉讼，由担保物所在地、被告住所地海事法院管辖；因船舶抵押纠纷提起的诉讼，还可以由船籍港所在地海事法院管辖；

（七）因海船的船舶所有权、占有权、使用权、优先权纠纷提起的诉讼，由船舶所在地、船籍港所在地、被告住所地海事法院管辖。

第七条 下列海事诉讼，由本条规定的海事法院专属管辖：

（一）因沿海港口作业纠纷提起的诉讼，由港口所在地海事法院管辖；

（二）因船舶排放、泄漏、倾倒油类或者其他有害物质，海上生产、作业或者拆船、修船作业造成海域污染损害提起的诉讼，由污染发生地、损害结果地或者采取预防污染措施地海事法院管辖；

（三）因在中华人民共和国领域和有管辖权的海域履行的海洋勘探开发合同纠纷提起的诉讼，由合同履行地海事法院管辖。

第八条 海事纠纷的当事人都是外国人、无国籍人、外国企业或者组织，当事人书面协议选择中华人民共和国海事法院管辖的，即使与纠纷有实际联系的地点不在中华人民共和国领域内，中华人民共和国海事法院对该纠纷也具有管辖权。

第九条 当事人申请认定海上财产无主的，向财产所在地海事法院提出；申请因海上事故宣告死亡的，向处理海事事故主管机关所在地或者受理相关海事案件的海事法院提出。

第十条 海事法院与地方人民法院之间因管辖权发生争议，由争议双方协商解决；协商解决不了的，报请他们的共同上级人民法院指定管辖。

第十一条 当事人申请执行海事仲裁裁决，申请承认和执行外国法院判决、裁定以及国外海事仲裁裁决的，向被执行的财产所在地或者被执行人住所地海事法院提出。被执行的财产所在地或者被执行人住所地没有海事法院的，向被执行的财产所在地或者被执行人住所地的中级人民法院提出。

第三章 海事请求保全

第一节 一般规定

第十二条 海事请求保全是指海事法院根据海事请求人的申请，为保障其海事请求的实现，对被请求人的财产所采取的强制措施。

第十三条 当事人在起诉前申请海事请求保全，应当向被保全的财产所在地海事法院提出。

第十四条 海事请求保全不受当事人之间关于该海事请求的诉讼管辖协议或者仲裁协议的约束。

第十五条　海事请求人申请海事请求保全，应当向海事法院提交书面申请。申请书应当载明海事请求事项、申请理由、保全的标的物以及要求提供担保的数额，并附有关证据。

第十六条　海事法院受理海事请求保全申请，可以责令海事请求人提供担保。海事请求人不提供的，驳回其申请。

第十七条　海事法院接受申请后，应当在48小时内作出裁定。裁定采取海事请求保全措施的，应当立即执行；对不符合海事请求保全条件的，裁定驳回其申请。

当事人对裁定不服的，可以在收到裁定书之日起5日内申请复议一次。海事法院应当在收到复议申请之日起5日内作出复议决定。复议期间不停止裁定的执行。

利害关系人对海事请求保全提出异议，海事法院经审查，认为理由成立的，应当解除对其财产的保全。

第十八条　被请求人提供担保，或者当事人有正当理由申请解除海事请求保全的，海事法院应当及时解除保全。

海事请求人在本法规定的期间内，未提起诉讼或者未按照仲裁协议申请仲裁的，海事法院应当及时解除保全或者返还担保。

第十九条　海事请求保全执行后，有关海事纠纷未进入诉讼或者仲裁程序的，当事人就该海事请求，可以向采取海事请求保全的海事法院或者其他有管辖权的海事法院提起诉讼，但当事人之间订有诉讼管辖协议或者仲裁协议的除外。

第二十条　海事请求人申请海事请求保全错误的，应当赔偿被请求人或者利害关系人因此所遭受的损失。

第二节　船舶的扣押与拍卖

第二十一条　下列海事请求，可以申请扣押船舶：

（一）船舶营运造成的财产灭失或者损坏；

（二）与船舶营运直接有关的人身伤亡；

（三）海难救助；

（四）船舶对环境、海岸或者有关利益方造成的损害或者损害威胁；为预防、减少或者消除此种损害而采取的措施；为此种损害而支付的赔偿；为恢复环境而实际采取或者准备采取的合理措施的费用；第三方因此种损害而蒙受或者可能蒙受的损失；以及与本项所指的性质类似的损害、费用或者损失；

（五）与起浮、清除、回收或者摧毁沉船、残骸、搁浅船、被弃船或者使其无害有关的费用，包括与起浮、清除、回收或者摧毁仍在或者曾在该船上的物件或者使其无害的费用，以及与维护放弃的船舶和维持其船员有关的费用；

（六）船舶的使用或者租用的协议；

（七）货物运输或者旅客运输的协议；

（八）船载货物（包括行李）或者与其有关的灭失或者损坏；

（九）共同海损；

（十）拖航；

（十一）引航；

（十二）为船舶营运、管理、维护、维修提供物资或者服务；

（十三）船舶的建造、改建、修理、改装或者装备；

（十四）港口、运河、码头、港湾以及其他水道规费和费用；

（十五）船员的工资和其他款项，包括应当为船员支付的遣返费和社会保险费；

（十六）为船舶或者船舶所有人支付的费用；

（十七）船舶所有人或者光船承租人应当支付或者他人为其支付的船舶保险费（包括互保会费）；

（十八）船舶所有人或者光船承租人应当支付的或者他人为其支付的与船舶有关的佣金、经纪费或者代理费；

（十九）有关船舶所有权或者占有的纠纷；

（二十）船舶共有人之间有关船舶的使用或者收益的纠纷；

（二十一）船舶抵押权或者同样性质的权利；

（二十二）因船舶买卖合同产生的纠纷。

第二十二条　非因本法第二十一条规定的海事请求不得申请扣押船舶，但为执行判决、仲裁裁决以及其他法律文书的除外。

第二十三条　有下列情形之一的，海事法院可以扣押当事船舶：

（一）船舶所有人对海事请求负有责任，并且在实施扣押时是该船的所有人；

（二）船舶的光船承租人对海事请求负有责任，并且在实施扣押时是该船的光船承租人或者所有人；

（三）具有船舶抵押权或者同样性质的权利的海事请求；

（四）有关船舶所有权或者占有的海事请求；

（五）具有船舶优先权的海事请求。

海事法院可以扣押对海事请求负有责任的船舶所有人、光船承租人、定期租船人或者航次租船人在实施扣押时所有的其他船舶，但与船舶所有权或者占有有关的请求除外。

从事军事、政府公务的船舶不得被扣押。

第二十四条　海事请求人不得因同一海事请求申请扣押已被扣押过的船舶，但有下列情形之一的除外：

（一）被请求人未提供充分的担保；

（二）担保人有可能不能全部或者部分履行担保义务；

（三）海事请求人因合理的原因同意释放被扣押的船舶或者返还已提供的担保；或者不能通过合理措施阻止释放被扣押的船舶或者返还已提供的担保。

第二十五条　海事请求人申请扣押当事船舶，不能立即查明被请求人名称的，不影响申请的提出。

第二十六条　海事法院在发布或者解除扣押船舶命令的同时，可以向有关部门发出协助执行通知书，通知书应当载明协助执行的范围和内容，有关部门有义务协助执行。海事法院认为必要，可以直接派员登轮监护。

第二十七条　海事法院裁定对船舶实施保全后，经海事请求人同意，可以采取限制船舶处分或者抵押等方式允许该船舶继续营运。

第二十八条　海事请求保全扣押船舶的期限为 30 日。

海事请求人在 30 日内提起诉讼或者申请仲裁以及在诉讼或者仲裁过程中申请扣押船舶的，扣押船舶不受前款规定期限的限制。

第二十九条　船舶扣押期间届满，被请求人不提供担保，而且船舶不宜继续扣押的，海事请求人可以在提起诉讼或者申请仲裁后，向扣押船舶的海事法院申请拍卖船舶。

第三十条　海事法院收到拍卖船舶的申请后，应当进行审查，作出准予或者不准予拍卖船舶的裁定。

当事人对裁定不服的，可以在收到裁定书之日起 5 日内申请复议一次。海事法院应当在收到复议申请之日起 5 日内作出复议决定。复议期间停止裁定的执行。

第三十一条　海事请求人提交拍卖船舶申请后，又申请终止拍卖的，是否准许由海事法院裁定。海事法院裁定终止拍卖船舶的，为准备拍卖船舶所发生的费用由海事请求人承担。

第三十二条　海事法院裁定拍卖船舶，应当通过报纸或者其他新闻媒体发布公告。拍卖外籍船舶的，应当通过对外发行的报纸或者其他新闻媒体发布公告。

公告包括以下内容：

（一）被拍卖船舶的名称和国籍；

（二）拍卖船舶的理由和依据；

（三）拍卖船舶委员会的组成；

（四）拍卖船舶的时间和地点；

（五）被拍卖船舶的展示时间和地点；

（六）参加竞买应当办理的手续；

（七）办理债权登记事项；

（八）需要公告的其他事项。

拍卖船舶的公告期间不少于 30 日。

第三十三条 海事法院应当在拍卖船舶 30 日前，向被拍卖船舶登记国的登记机关和已知的船舶优先权人、抵押权人和船舶所有人发出通知。

通知内容包括被拍卖船舶的名称、拍卖船舶的时间和地点、拍卖船舶的理由和依据以及债权登记等。

通知方式包括书面方式和能够确认收悉的其他适当方式。

第三十四条 拍卖船舶由拍卖船舶委员会实施。拍卖船舶委员会由海事法院指定的本院执行人员和聘请的拍卖师、验船师 3 人或者 5 人组成。

拍卖船舶委员会组织对船舶鉴定、估价；组织和主持拍卖；与竞买人签订拍卖成交确认书；办理船舶移交手续。

拍卖船舶委员会对海事法院负责，受海事法院监督。

第三十五条 竞买人应当在规定的期限内向拍卖船舶委员会登记。登记时应当交验本人、企业法定代表人或者其他组织负责人身份证明和委托代理人的授权委托书，并交纳一定数额的买船保证金。

第三十六条 拍卖船舶委员会应当在拍卖船舶前，展示被拍卖船舶，并提供察看被拍卖船舶的条件和有关资料。

第三十七条 买受人在签署拍卖成交确认书后，应当立即交付不低于20％的船舶价款，其余价款在成交之日起 7 日内付清，但拍卖船舶委员会与买受人另有约定的除外。

第三十八条 买受人付清全部价款后，原船舶所有人应当在指定的期限内于船舶停泊地以船舶现状向买受人移交船舶。拍卖船舶委员会组织和监督船舶的移交，并在船舶移交后与买受人签署船舶移交完毕确认书。

移交船舶完毕，海事法院发布解除扣押船舶命令。

第三十九条 船舶移交后，海事法院应当通过报纸或者其他新闻媒体发布公告，公布船舶已经公开拍卖并移交给买受人。

第四十条 买受人接收船舶后，应当持拍卖成交确认书和有关材料，向船舶登记机关办理船舶所有权登记手续。原船舶所有人应当向原船舶登记机关办理船舶所有权注销登记。原船舶所有人不办理船舶所有权注销登记的，不影响船舶所有权的转让。

第四十一条 竞买人之间恶意串通的，拍卖无效。参与恶意串通的竞买人应当承担拍卖船舶费用并赔偿有关损失。海事法院可以对参与恶意串通的竞买人处最高应价 10%以上 30%以下的罚款。

第四十二条　除本节规定的以外，拍卖适用《中华人民共和国拍卖法》的有关规定。

第四十三条　执行程序中拍卖被扣押船舶清偿债务的，可以参照本节有关规定。

第三节　船载货物的扣押与拍卖

第四十四条　海事请求人为保障其海事请求的实现，可以申请扣押船载货物。

申请扣押的船载货物，应当属于被请求人所有。

第四十五条　海事请求人申请扣押船载货物的价值，应当与其债权数额相当。

第四十六条　海事请求保全扣押船载货物的期限为 15 日。

海事请求人在 15 日内提起诉讼或者申请仲裁以及在诉讼或者仲裁过程中申请扣押船载货物的，扣押船载货物不受前款规定期限的限制。

第四十七条　船载货物扣押期间届满，被请求人不提供担保，而且货物不宜继续扣押的，海事请求人可以在提起诉讼或者申请仲裁后，向扣押船载货物的海事法院申请拍卖货物。

对无法保管、不易保管或者保管费用可能超过其价值的物品，海事请求人可以申请提前拍卖。

第四十八条　海事法院收到拍卖船载货物的申请后，应当进行审查，在 7 日内作出准予或者不准予拍卖船载货物的裁定。

当事人对裁定不服的，可以在收到裁定书之日起 5 日内申请复议一次。海事法院应当在收到复议申请之日起 5 日内作出复议决定。复议期间停止裁定的执行。

第四十九条　拍卖船载货物由海事法院指定的本院执行人员和聘请的拍卖师组成的拍卖组织实施，或者由海事法院委托的机构实施。

拍卖船载货物，本节没有规定的，参照本章第二节拍卖船舶的有关规定。

第五十条　海事请求人对与海事请求有关的船用燃油、船用物料申请海事请求保全，适用本节规定。

第四章　海事强制令

第五十一条　海事强制令是指海事法院根据海事请求人的申请，为使其合法权益免受侵害，责令被请求人作为或者不作为的强制措施。

第五十二条 当事人在起诉前申请海事强制令，应当向海事纠纷发生地海事法院提出。

第五十三条 海事强制令不受当事人之间关于该海事请求的诉讼管辖协议或者仲裁协议的约束。

第五十四条 海事请求人申请海事强制令，应当向海事法院提交书面申请。申请书应当载明申请理由，并附有关证据。

第五十五条 海事法院受理海事强制令申请，可以责令海事请求人提供担保。海事请求人不提供的，驳回其申请。

第五十六条 作出海事强制令，应当具备下列条件：

（一）请求人有具体的海事请求；

（二）需要纠正被请求人违反法律规定或者合同约定的行为；

（三）情况紧急，不立即作出海事强制令将造成损害或者使损害扩大。

第五十七条 海事法院接受申请后，应当在48小时内作出裁定。裁定作出海事强制令的，应当立即执行；对不符合海事强制令条件的，裁定驳回其申请。

第五十八条 当事人对裁定不服的，可以在收到裁定书之日起5日内申请复议一次。海事法院应当在收到复议申请之日起5日内作出复议决定。复议期间不停止裁定的执行。

利害关系人对海事强制令提出异议，海事法院经审查，认为理由成立的，应当裁定撤销海事强制令。

第五十九条 被请求人拒不执行海事强制令的，海事法院可以根据情节轻重处以罚款、拘留；构成犯罪的，依法追究刑事责任。

对个人的罚款金额，为1000元以上3万元以下。对单位的罚款金额，为3万元以上10万元以下。

拘留的期限，为15日以下。

第六十条 海事请求人申请海事强制令错误的，应当赔偿被请求人或者利害关系人因此所遭受的损失。

第六十一条 海事强制令执行后，有关海事纠纷未进入诉讼或者仲裁程序的，当事人就该海事请求，可以向作出海事强制令的海事法院或者其他有管辖权的海事法院提起诉讼，但当事人之间订有诉讼管辖协议或者仲裁协议的除外。

第五章 海事证据保全

第六十二条 海事证据保全是指海事法院根据海事请求人的申请，对有关海事请求的证据予以提取、保存或者封存的强制措施。

第六十三条　当事人在起诉前申请海事证据保全，应当向被保全的证据所在地海事法院提出。

第六十四条　海事证据保全不受当事人之间关于该海事请求的诉讼管辖协议或者仲裁协议的约束。

第六十五条　海事请求人申请海事证据保全，应当向海事法院提交书面申请。申请书应当载明请求保全的证据、该证据与海事请求的联系、申请理由。

第六十六条　海事法院受理海事证据保全申请，可以责令海事请求人提供担保。海事请求人不提供的，驳回其申请。

第六十七条　采取海事证据保全，应当具备下列条件：

（一）请求人是海事请求的当事人；

（二）请求保全的证据对该海事请求具有证明作用；

（三）被请求人是与请求保全的证据有关的人；

（四）情况紧急，不立即采取证据保全就会使该海事请求的证据灭失或者难以取得。

第六十八条　海事法院接受申请后，应当在48小时内作出裁定。裁定采取海事证据保全措施的，应当立即执行；对不符合海事证据保全条件的，裁定驳回其申请。

第六十九条　当事人对裁定不服的，可以在收到裁定书之日起5日内申请复议一次。海事法院应当在收到复议申请之日起5日内作出复议决定。复议期间不停止裁定的执行。被请求人申请复议的理由成立的，应当将保全的证据返还被请求人。

利害关系人对海事证据保全提出异议，海事法院经审查，认为理由成立的，应当裁定撤销海事证据保全；已经执行的，应当将与利害关系人有关的证据返还利害关系人。

第七十条　海事法院进行海事证据保全，根据具体情况，可以对证据予以封存，也可以提取复制件、副本，或者进行拍照、录像，制作节录本、调查笔录等。确有必要的，也可以提取证据原件。

第七十一条　海事请求人申请海事证据保全错误的，应当赔偿被请求人或者利害关系人因此所遭受的损失。

第七十二条　海事证据保全后，有关海事纠纷未进入诉讼或者仲裁程序的，当事人就该海事请求，可以向采取证据保全的海事法院或者其他有管辖权的海事法院提起诉讼，但当事人之间订有诉讼管辖协议或者仲裁协议的除外。

第六章　海事担保

第七十三条　海事担保包括本法规定的海事请求保全、海事强制令、海事证据保全等程序中所涉及的担保。

担保的方式为提供现金或者保证、设置抵押或者质押。

第七十四条　海事请求人的担保应当提交给海事法院；被请求人的担保可以提交给海事法院，也可以提供给海事请求人。

第七十五条　海事请求人提供的担保，其方式、数额由海事法院决定。被请求人提供的担保，其方式、数额由海事请求人和被请求人协商；协商不成的，由海事法院决定。

第七十六条　海事请求人要求被请求人就海事请求保全提供担保的数额，应当与其债权数额相当，但不得超过被保全的财产价值。

海事请求人提供担保的数额，应当相当于因其申请可能给被请求人造成的损失。具体数额由海事法院决定。

第七十七条　担保提供后，提供担保的人有正当理由的，可以向海事法院申请减少、变更或者取消该担保。

第七十八条　海事请求人请求担保的数额过高，造成被请求人损失的，应当承担赔偿责任。

第七十九条　设立海事赔偿责任限制基金和先予执行等程序所涉及的担保，可以参照本章规定。

第七章　送　达

第八十条　海事诉讼法律文书的送达，适用《中华人民共和国民事诉讼法》的有关规定，还可以采用下列方式：

（一）向受送达人委托的诉讼代理人送达；

（二）向受送达人在中华人民共和国领域内设立的代表机构、分支机构或者业务代办人送达；

（三）通过能够确认收悉的其他适当方式送达。

有关扣押船舶的法律文书也可以向当事船舶的船长送达。

第八十一条　有义务接受法律文书的人拒绝签收，送达人在送达回证上记明情况，经送达人、见证人签名或者盖章，将法律文书留在其住所或者办公处所的，视为送达。

第八章　审判程序

第一节　审理船舶碰撞案件的规定

第八十二条　原告在起诉时、被告在答辩时，应当如实填写《海事事故调查表》。

第八十三条　海事法院向当事人送达起诉状或者答辩状时，不附送有关证据材料。

第八十四条　当事人应当在开庭审理前完成举证。当事人完成举证并向海事法院出具完成举证说明书后，可以申请查阅有关船舶碰撞的事实证据材料。

第八十五条　当事人不能推翻其在《海事事故调查表》中的陈述和已经完成的举证，但有新的证据，并有充分的理由说明该证据不能在举证期间内提交的除外。

第八十六条　船舶检验、估价应当由国家授权或者其他具有专业资格的机构或者个人承担。非经国家授权或者未取得专业资格的机构或者个人所作的检验或者估价结论，海事法院不予采纳。

第八十七条　海事法院审理船舶碰撞案件，应当在立案后 1 年内审结。有特殊情况需要延长的，由本院院长批准。

第二节　审理共同海损案件的规定

第八十八条　当事人就共同海损的纠纷，可以协议委托理算机构理算，也可以直接向海事法院提起诉讼。海事法院受理未经理算的共同海损纠纷，可以委托理算机构理算。

第八十九条　理算机构作出的共同海损理算报告，当事人没有提出异议的，可以作为分摊责任的依据；当事人提出异议的，由海事法院决定是否采纳。

第九十条　当事人可以不受因同一海损事故提起的共同海损诉讼程序的影响，就非共同海损损失向责任人提起诉讼。

第九十一条　当事人就同一海损事故向受理共同海损案件的海事法院提起非共同海损的诉讼，以及对共同海损分摊向责任人提起追偿诉讼的，海事法院可以合并审理。

第九十二条　海事法院审理共同海损案件，应当在立案后 1 年内审结。有特殊情况需要延长的，由本院院长批准。

第三节　海上保险人行使代位请求赔偿权利的规定

第九十三条　因第三人造成保险事故，保险人向被保险人支付保险赔偿后，在保险赔偿范围内可以代位行使被保险人对第三人请求赔偿的权利。

第九十四条　保险人行使代位请求赔偿权利时，被保险人未向造成保险事故的第三人提起诉讼的，保险人应当以自己的名义向该第三人提起诉讼。

第九十五条　保险人行使代位请求赔偿权利时，被保险人已经向造成保险事故的第三人提起诉讼的，保险人可以向受理该案的法院提出变更当事人的请求，代位行使被保险人对第三人请求赔偿的权利。

被保险人取得的保险赔偿不能弥补第三人造成的全部损失的，保险人和被保险人可以作为共同原告向第三人请求赔偿。

第九十六条　保险人依照本法第九十四条、第九十五条的规定提起诉讼或者申请参加诉讼的，应当向受理该案的海事法院提交保险人支付保险赔偿的凭证，以及参加诉讼应当提交的其他文件。

第九十七条　对船舶造成油污损害的赔偿请求，受损害人可以向造成油污损害的船舶所有人提出，也可以直接向承担船舶所有人油污损害责任的保险人或者提供财务保证的其他人提出。

油污损害责任的保险人或者提供财务保证的其他人被起诉的，有权要求造成油污损害的船舶所有人参加诉讼。

第四节　简易程序、督促程序和公示催告程序

第九十八条　海事法院审理事实清楚、权利义务关系明确、争议不大的简单的海事案件，可以适用《中华人民共和国民事诉讼法》简易程序的规定。

第九十九条　债权人基于海事事由请求债务人给付金钱或者有价证券，符合《中华人民共和国民事诉讼法》有关规定的，可以向有管辖权的海事法院申请支付令。

债务人是外国人、无国籍人、外国企业或者组织，但在中华人民共和国领域内有住所、代表机构或者分支机构并能够送达支付令的，债权人可以向有管辖权的海事法院申请支付令。

第一百条　提单等提货凭证持有人，因提货凭证失控或者灭失，可以向货物所在地海事法院申请公示催告。

第九章　设立海事赔偿责任限制基金程序

第一百零一条　船舶所有人、承租人、经营人、救助人、保险人在发生海事事故后，依法申请责任限制的，可以向海事法院申请设立海事赔偿责任

限制基金。

船舶造成油污损害的，船舶所有人及其责任保险人或者提供财务保证的其他人为取得法律规定的责任限制的权利，应当向海事法院设立油污损害的海事赔偿责任限制基金。

设立责任限制基金的申请可以在起诉前或者诉讼中提出，但最迟应当在一审判决作出前提出。

第一百零二条　当事人在起诉前申请设立海事赔偿责任限制基金的，应当向事故发生地、合同履行地或者船舶扣押地海事法院提出。

第一百零三条　设立海事赔偿责任限制基金，不受当事人之间关于诉讼管辖协议或者仲裁协议的约束。

第一百零四条　申请人向海事法院申请设立海事赔偿责任限制基金，应当提交书面申请。申请书应当载明申请设立海事赔偿责任限制基金的数额、理由，以及已知的利害关系人的名称、地址和通讯方法，并附有关证据。

第一百零五条　海事法院受理设立海事赔偿责任限制基金申请后，应当在 7 日内向已知的利害关系人发出通知，同时通过报纸或者其他新闻媒体发布公告。

通知和公告包括下列内容：

（一）申请人的名称；

（二）申请的事实和理由；

（三）设立海事赔偿责任限制基金事项；

（四）办理债权登记事项；

（五）需要告知的其他事项。

第一百零六条　利害关系人对申请人申请设立海事赔偿责任限制基金有异议的，应当在收到通知之日起 7 日内或者未收到通知的在公告之日起 30 日内，以书面形式向海事法院提出。

海事法院收到利害关系人提出的书面异议后，应当进行审查，在 15 日内作出裁定。异议成立的，裁定驳回申请人的申请；异议不成立的，裁定准予申请人设立海事赔偿责任限制基金。

当事人对裁定不服的，可以在收到裁定书之日起 7 日内提起上诉。第二审人民法院应当在收到上诉状之日起 15 日内作出裁定。

第一百零七条　利害关系人在规定的期间内没有提出异议的，海事法院裁定准予申请人设立海事赔偿责任限制基金。

第一百零八条　准予申请人设立海事赔偿责任限制基金的裁定生效后，申请人应当在海事法院设立海事赔偿责任限制基金。

设立海事赔偿责任限制基金可以提供现金，也可以提供经海事法院认可的担保。

海事赔偿责任限制基金的数额，为海事赔偿责任限额和自事故发生之日起至基金设立之日止的利息。以担保方式设立基金的，担保数额为基金数额及其在基金设立期间的利息。

以现金设立基金的，基金到达海事法院指定账户之日为基金设立之日。以担保设立基金的，海事法院接受担保之日为基金设立之日。

第一百零九条 设立海事赔偿责任限制基金以后，当事人就有关海事纠纷应当向设立海事赔偿责任限制基金的海事法院提起诉讼，但当事人之间订有诉讼管辖协议或者仲裁协议的除外。

第一百一十条 申请人申请设立海事赔偿责任限制基金错误的，应当赔偿利害关系人因此所遭受的损失。

第十章 债权登记与受偿程序

第一百一十一条 海事法院裁定强制拍卖船舶的公告发布后，债权人应当在公告期间，就与被拍卖船舶有关的债权申请登记。公告期间届满不登记的，视为放弃在本次拍卖船舶价款中受偿的权利。

第一百一十二条 海事法院受理设立海事赔偿责任限制基金的公告发布后，债权人应当在公告期间就与特定场合发生的海事事故有关的债权申请登记。公告期间届满不登记的，视为放弃债权。

第一百一十三条 债权人向海事法院申请登记债权的，应当提交书面申请，并提供有关债权证据。

债权证据，包括证明债权的具有法律效力的判决书、裁定书、调解书、仲裁裁决书和公证债权文书，以及其他证明具有海事请求的证据材料。

第一百一十四条 海事法院应当对债权人的申请进行审查，对提供债权证据的，裁定准予登记；对不提供债权证据的，裁定驳回申请。

第一百一十五条 债权人提供证明债权的判决书、裁定书、调解书、仲裁裁决书或者公证债权文书的，海事法院经审查认定上述文书真实合法的，裁定予以确认。

第一百一十六条 债权人提供其他海事请求证据的，应当在办理债权登记以后，在受理债权登记的海事法院提起确权诉讼。当事人之间有仲裁协议的，应当及时申请仲裁。

海事法院对确权诉讼作出的判决、裁定具有法律效力，当事人不得提起上诉。

第一百一十七条 海事法院审理并确认债权后，应当向债权人发出债权人会议通知书，组织召开债权人会议。

第一百一十八条　债权人会议可以协商提出船舶价款或者海事赔偿责任限制基金的分配方案，签订受偿协议。

受偿协议经海事法院裁定认可，具有法律效力。

债权人会议协商不成的，由海事法院依照《中华人民共和国海商法》以及其他有关法律规定的受偿顺序，裁定船舶价款或者海事赔偿责任限制基金的分配方案。

第一百一十九条　拍卖船舶所得价款及其利息，或者海事赔偿责任限制基金及其利息，应当一并予以分配。

分配船舶价款时，应当由责任人承担的诉讼费用，为保存、拍卖船舶和分配船舶价款产生的费用，以及为债权人的共同利益支付的其他费用，应当从船舶价款中先行拨付。

清偿债务后的余款，应当退还船舶原所有人或者海事赔偿责任限制基金设立人。

第十一章　船舶优先权催告程序

第一百二十条　船舶转让时，受让人可以向海事法院申请船舶优先权催告，催促船舶优先权人及时主张权利，消灭该船舶附有的船舶优先权。

第一百二十一条　受让人申请船舶优先权催告的，应当向转让船舶交付地或者受让人住所地海事法院提出。

第一百二十二条　申请船舶优先权催告，应当向海事法院提交申请书、船舶转让合同、船舶技术资料等文件。申请书应当载明船舶的名称、申请船舶优先权催告的事实和理由。

第一百二十三条　海事法院在收到申请书以及有关文件后，应当进行审查，在7日内作出准予或者不准予申请的裁定。

受让人对裁定不服的，可以申请复议一次。

第一百二十四条　海事法院在准予申请的裁定生效后，应当通过报纸或者其他新闻媒体发布公告，催促船舶优先权人在催告期间主张船舶优先权。

船舶优先权催告期间为60日。

第一百二十五条　船舶优先权催告期间，船舶优先权人主张权利的，应当在海事法院办理登记；不主张权利的，视为放弃船舶优先权。

第一百二十六条　船舶优先权催告期间届满，无人主张船舶优先权的，海事法院应当根据当事人的申请作出判决，宣告该转让船舶不附有船舶优先权。判决内容应当公告。

第十二章　附　则

第一百二十七条　本法自2000年7月1日起施行。

最高人民法院
关于适用《中华人民共和国海事诉讼特别程序法》若干问题的解释

法释〔2008〕18号

（2002年12月3日最高人民法院审判委员会第1259次会议通过
2003年1月6日以法释〔2003〕3号公布　自2003年2月1日起施行
根据2008年12月16日发布的《最高人民法院关于调整司法解释等文件中引用〈中华人民共和国民事诉讼法〉条文序号的决定》调整）

为了依法正确审理海事案件，根据《中华人民共和国民事诉讼法》和《中华人民共和国海事诉讼特别程序法》的规定以及海事审判的实践，对人民法院适用海事诉讼特别程序法的若干问题作出如下解释。

一、关于管辖

第一条　在海上或者通海水域发生的与船舶或者运输、生产、作业相关的海事侵权纠纷、海商合同纠纷，以及法律或者相关司法解释规定的其他海事纠纷案件由海事法院及其上级人民法院专门管辖。

第二条　涉外海事侵权纠纷案件和海上运输合同纠纷案件的管辖，适用民事诉讼法第二十四章的规定；民事诉讼法第二十四章没有规定的，适用海事诉讼特别程序法第六条第二款（一）、（二）项的规定和民事诉讼法的其他有关规定。

第三条　海事诉讼特别程序法第六条规定的海船指适合航行于海上或者通海水域的船舶。

第四条　海事诉讼特别程序法第六条第二款（一）项规定的船籍港指被告船舶的船籍港。被告船舶的船籍港不在中华人民共和国领域内，原告船舶的船籍港在中华人民共和国领域内的，由原告船舶的船籍港所在地的海事法院管辖。

第五条　海事诉讼特别程序法第六条第二款（二）项规定的起运港、转运港和到达港指合同约定的或者实际履行的起运港、转运港和到达港。合同约定的起运港、转运港和到达港与实际履行的起运港、转运港和到达港不一致的，以实际履行的地点确定案件管辖。

第六条　海事诉讼特别程序法第二款（四）项的保赔标的物所在地指保

赔船舶的所在地。

第七条　海事诉讼特别程序法第六条第二款（七）项规定的船舶所在地指起诉时船舶的停泊地或者船舶被扣押地。

第八条　因船员劳务合同纠纷直接向海事法院提起的诉讼，海事法院应当受理。

第九条　因海难救助费用提起的诉讼，除依照民事诉讼法第三十二条的规定确定管辖外，还可以由被救助的船舶以外的其他获救财产所在地的海事法院管辖。

第十条　与船舶担保或者船舶优先权有关的借款合同纠纷，由被告住所地、合同履行地、船舶的船籍港、船舶所在地的海事法院管辖。

第十一条　海事诉讼特别程序法第七条（三）项规定的有管辖权的海域指中华人民共和国的毗连区、专属经济区、大陆架以及有管辖权的其他海域。

第十二条　海事诉讼特别程序法第七条（三）项规定的合同履行地指合同的实际履行地；合同未实际履行的，为合同约定的履行地。

第十三条　当事人根据海事诉讼特别程序法第十一条的规定申请执行海事仲裁裁决，申请承认和执行国外海事仲裁裁决的，由被执行的财产所在地或者被执行人住所地的海事法院管辖；被执行的财产为船舶的，无论该船舶是否在海事法院管辖区域范围内，均由海事法院管辖。船舶所在地没有海事法院的，由就近的海事法院管辖。

前款所称财产所在地和被执行人住所地是指海事法院行使管辖权的地域。

第十四条　认定海事仲裁协议效力案件，由被申请人住所地、合同履行地或者约定的仲裁机构所在地的海事法院管辖。

第十五条　除海事法院及其上级人民法院外，地方人民法院对当事人提出的船舶保全申请应不予受理；地方人民法院为执行生效法律文书需要扣押和拍卖船舶的，应当委托船籍港所在地或者船舶所在地的海事法院执行。

第十六条　两个以上海事法院都有管辖权的诉讼，原告可以向其中一个海事法院起诉；原告向两个以上有管辖权的海事法院起诉的，由最先立案的海事法院管辖。

第十七条　海事法院之间因管辖权发生争议，由争议双方协商解决；协商解决不了的，报请最高人民法院指定管辖。

二、关于海事请求保全

第十八条　海事诉讼特别程序法第十二条规定的被请求人的财产包括船舶、船载货物、船用燃油以及船用物料。对其他财产的海事请求保全适用民事诉讼法有关财产保全的规定。

第十九条　海事诉讼特别程序法规定的船载货物指处于承运人掌管之下，

尚未装船或者已经装载于船上以及已经卸载的货物。

第二十条 海事诉讼特别程序法第十三条规定的被保全的财产所在地指船舶的所在地或者货物的所在地。当事人在诉讼前对已经卸载但在承运人掌管之下的货物申请海事请求保全，如果货物所在地不在海事法院管辖区域的，可以向卸货港所在地的海事法院提出，也可以向货物所在地的地方人民法院提出。

第二十一条 诉讼或者仲裁前申请海事请求保全适用海事诉讼特别程序法第十四条的规定。

外国法院已受理相关海事案件或者有关纠纷已经提交仲裁，但涉案财产在中华人民共和国领域内，当事人向财产所在地的海事法院提出海事请求保全申请的，海事法院应当受理。

第二十二条 利害关系人对海事法院作出的海事请求保全裁定提出异议，经审查认为理由不成立的，应当书面通知利害关系人。

第二十三条 被请求人或者利害关系人依据海事诉讼特别程序法第二十条的规定要求海事请求人赔偿损失，向采取海事请求保全措施的海事法院提起诉讼的，海事法院应当受理。

第二十四条 申请扣押船舶错误造成的损失，包括因船舶被扣押在停泊期间产生的各项维持费用与支出、船舶被扣押造成的船期损失和被申请人为使船舶解除扣押而提供担保所支出的费用。

第二十五条 海事请求保全扣押船舶超过三十日、扣押货物或者其他财产超过十五日，海事请求人未提起诉讼或者未按照仲裁协议申请仲裁的，海事法院应当及时解除保全或者返还担保。

海事请求人未在期限内提起诉讼或者申请仲裁，但海事请求人和被请求人协议进行和解或者协议约定了担保期限的，海事法院可以根据海事请求人的申请，裁定认可该协议。

第二十六条 申请人为申请扣押船舶提供限额担保，在扣押船舶期限届满时，未按照海事法院的通知追加担保的，海事法院可以解除扣押。

第二十七条 海事诉讼特别程序法第十八条第二款、第七十四条规定的提供给海事请求人的担保，除被请求人和海事请求人有约定的外，海事请求人应当返还；海事请求人不返还担保的，该担保至海事请求保全期间届满之次日失效。

第二十八条 船舶被扣押期间产生的各项维持费用和支出，应当作为为债权人共同利益支出的费用，从拍卖船舶的价款中优先拨付。

第二十九条 海事法院根据海事诉讼特别程序法第二十七条的规定准许已经实施保全的船舶继续营运的，一般仅限于航行于国内航线上的船舶完成本航次。

第三十条　申请扣押船舶的海事请求人在提起诉讼或者申请仲裁后，不申请拍卖被扣押船舶的，海事法院可以根据被申请人的申请拍卖船舶。拍卖所得价款由海事法院提存。

第三十一条　海事法院裁定拍卖船舶，应当通过报纸或者其他新闻媒体连续公告三日。

第三十二条　利害关系人请求终止拍卖被扣押船舶的，是否准许，海事法院应当作出裁定；海事法院裁定终止拍卖船舶的，为准备拍卖船舶所发生的费用由利害关系人承担。

第三十三条　拍卖船舶申请人或者利害关系人申请终止拍卖船舶的，应当在公告确定的拍卖船舶日期届满七日前提出。

第三十四条　海事请求人和被请求人应当按照海事法院的要求提供海事诉讼特别程序法第三十三条规定的已知的船舶优先权人、抵押权人和船舶所有人的有关确切情况。

第三十五条　海事诉讼特别程序法第三十八条规定的船舶现状指船舶展示时的状况。船舶交接时的状况与船舶展示时的状况经评估确有明显差别的，船舶价款应当作适当的扣减，但属于正常损耗或者消耗的燃油不在此限。

第三十六条　海事请求人申请扣押船载货物的价值应当与其请求的债权数额相当，但船载货物为不可分割的财产除外。

第三十七条　拍卖的船舶移交后，海事法院应当及时通知相关的船舶登记机关。

第三十八条　海事请求人申请扣押船用燃油、物料的，除适用海事诉讼特别程序法第五十条的规定外，还可以适用海事诉讼特别程序法第三章第一节的规定。

第三十九条　二十总吨以下小型船艇的扣押和拍卖，可以依照民事诉讼法规定的扣押和拍卖程序进行。

第四十条　申请人依据《中华人民共和国海商法》第八十八条规定申请拍卖留置的货物的，参照海事诉讼特别程序法关于拍卖船载货物的规定执行。

三、关于海事强制令

第四十一条　诉讼或者仲裁前申请海事强制令的，适用海事诉讼特别程序法第五十三条的规定。

外国法院已受理相关海事案件或者有关纠纷已经提交仲裁的，当事人向中华人民共和国的海事法院提出海事强制令申请，并向法院提供可以执行海事强制令的相关证据的，海事法院应当受理。

第四十二条　海事法院根据海事诉讼特别程序法第五十七条规定，准予申请人海事强制令申请的，应当制作民事裁定书并发布海事强制令。

第四十三条 海事强制令由海事法院执行。被申请人、其他相关单位或者个人不履行海事强制令的，海事法院应当依据民事诉讼法的有关规定强制执行。

第四十四条 利害关系人对海事法院作出海事强制令的民事裁定提出异议，海事法院经审查认为理由不成立的，应当书面通知利害关系人。

第四十五条 海事强制令发布后十五日内，被请求人未提出异议，也未就相关的海事纠纷提起诉讼或者申请仲裁的，海事法院可以应申请人的请求，返还其提供的担保。

第四十六条 被请求人依据海事诉讼特别程序法第六十条的规定要求海事请求人赔偿损失的，由发布海事强制令的海事法院受理。

四、关于海事证据保全

第四十七条 诉讼前申请海事证据保全，适用海事诉讼特别程序法第六十四条的规定。

外国法院已受理相关海事案件或者有关纠纷已经提交仲裁，当事人向中华人民共和国的海事法院提出海事证据保全申请，并提供被保全的证据在中华人民共和国领域内的相关证据的，海事法院应当受理。

第四十八条 海事请求人申请海事证据保全，申请书除应当依照海事诉讼特别程序法第六十五条的规定载明相应内容外，还应当载明证据收集、调取的有关线索。

第四十九条 海事请求人在采取海事证据保全的海事法院提起诉讼后，可以申请复制保全的证据材料；相关海事纠纷在中华人民共和国领域内的其他海事法院或者仲裁机构受理的，受诉法院或者仲裁机构应海事请求人的申请可以申请复制保全的证据材料。

第五十条 利害关系人对海事法院作出的海事证据保全裁定提出异议，海事法院经审查认为理由不成立的，应当书面通知利害关系人。

第五十一条 被请求人依据海事诉讼特别程序法第七十一条的规定要求海事请求人赔偿损失的，由采取海事证据保全的海事法院受理。

五、关于海事担保

第五十二条 海事诉讼特别程序法第七十七条规定的正当理由指：

（1）海事请求人请求担保的数额过高；

（2）被请求人已采取其他有效的担保方式；

（3）海事请求人的请求权消灭。

六、关于送达

第五十三条 有关海事强制令、海事证据保全的法律文书可以向当事船舶的船长送达。

第五十四条　应当向被告送达的开庭传票等法律文书，可以向被扣押的被告船舶的船长送达，但船长作为原告的除外。

第五十五条　海事诉讼特别程序法第八十条第一款（三）项规定的其他适当方式包括传真、电子邮件（包括受送达人的专门网址）等送达方式。

通过以上方式送达的，应确认受送达人确已收悉。

七、关于审判程序

第五十六条　海事诉讼特别程序法第八十四条规定的当事人应当在开庭审理前完成举证的内容，包括当事人按照海事诉讼特别程序法第八十二条的规定填写《海事事故调查表》和提交有关船舶碰撞的事实证据材料。

前款规定的证据材料，当事人应当在一审开庭前向海事法院提供。

第五十七条　《海事事故调查表》属于当事人对发生船舶碰撞基本事实的陈述。经对方当事人认可或者经法院查证属实，可以作为认定事实的依据。

第五十八条　有关船舶碰撞的事实证据材料指涉及船舶碰撞的经过、碰撞原因等方面的证据材料。

有关船舶碰撞的事实证据材料，在各方当事人完成举证后进行交换。当事人在完成举证前向法院申请查阅有关船舶碰撞的事实证据材料的，海事法院应予驳回。

第五十九条　海事诉讼特别程序法第八十五条规定的新的证据指非当事人所持有，在开庭前尚未掌握或者不能获得，因而在开庭前不能举证的证据。

第六十条　因船舶碰撞以外的海事海商案件需要进行船舶检验或者估价的，适用海事诉讼特别程序法第八十六条的规定。

第六十一条　依据《中华人民共和国海商法》第一百七十条的规定提起的诉讼和因船舶触碰造成损害提起的诉讼，参照海事诉讼特别程序法关于审理船舶碰撞案件的有关规定审理。

第六十二条　未经理算的共同海损纠纷诉至海事法院的，海事法院应责令当事人自行委托共同海损理算。确有必要由海事法院委托理算的，由当事人提出申请，委托理算的费用由主张共同海损的当事人垫付。

第六十三条　当事人对共同海损理算报告提出异议，经海事法院审查异议成立，需要补充理算或者重新理算的，应当由原委托人通知理算人进行理算。原委托人不通知理算的，海事法院可以通知理算人重新理算，有关费用由异议人垫付；异议人拒绝垫付费用的，视为撤销异议。

第六十四条　因与共同海损纠纷有关的非共同海损损失向责任人提起的诉讼，适用海事诉讼特别程序法第九十二条规定的审限。

第六十五条　保险人依据海事诉讼特别程序法第九十五条规定行使代位

请求赔偿权利，应当以自己的名义进行；以他人名义提起诉讼的，海事法院应不予受理或者驳回起诉。

第六十六条 保险人依据海事诉讼特别程序法第九十五条的规定请求变更当事人或者请求作为共同原告参加诉讼的，海事法院应当予以审查并作出是否准予的裁定。当事人对裁定不服的，可以提起上诉。

第六十七条 保险人依据海事诉讼特别程序法第九十五条的规定参加诉讼的，被保险人依此前进行的诉讼行为所取得的财产保全或者通过扣押取得的担保权益等，在保险人的代位请求赔偿权利范围内对保险人有效。被保险人因自身过错产生的责任，保险人不予承担。

第六十八条 海事诉讼特别程序法第九十六条规定的支付保险赔偿的凭证指赔偿金收据、银行支付单据或者其他支付凭证。仅有被保险人出具的权利转让书但不能出具实际支付证明的，不能作为保险人取得代位请求赔偿权利的事实依据。

第六十九条 海事法院根据油污损害的保险人或者提供财务保证的其他人的请求，可以通知船舶所有人作为无独立请求权的第三人参加诉讼。

第七十条 海事诉讼特别程序法第一百条规定的失控指提单或者其他提货凭证被盗、遗失。

第七十一条 申请人依据海事诉讼特别程序法第一百条的规定向海事法院申请公示催告的，应当递交申请书。申请书应当载明：提单等提货凭证的种类、编号、货物品名、数量、承运人、托运人、收货人、承运船舶名称、航次以及背书情况和申请的理由、事实等。有副本的应当附有单证的副本。

第七十二条 海事法院决定受理公示催告申请的，应当同时通知承运人、承运人的代理人或者货物保管人停止交付货物，并于三日内发出公告，敦促利害关系人申报权利。公示催告的期间由海事法院根据情况决定，但不得少于三十日。

第七十三条 承运人、承运人的代理人或者货物保管人收到海事法院停止交付货物的通知后，应当停止交付，至公示催告程序终结。

第七十四条 公示催告期间，转让提单的行为无效；有关货物的存储保管费用及风险由申请人承担。

第七十五条 公示催告期间，国家重点建设项目待安装、施工、生产的货物，救灾物资，或者货物本身属性不宜长期保管以及季节性货物，在申请人提供充分可靠担保的情况下，海事法院可以依据申请人的申请作出由申请人提取货物的裁定。

承运人、承运人的代理人或者货物保管人收到海事法院准予提取货物的裁定后，应当依据裁定的指令将货物交付给指定的人。

第七十六条　公示催告期间，利害关系人可以向海事法院申报权利。海事法院收到利害关系人的申报后，应当裁定终结公示催告程序，并通知申请人和承运人、承运人的代理人或者货物保管人。

申请人、申报人可以就有关纠纷向海事法院提起诉讼。

第七十七条　公示催告期间无人申报的，海事法院应当根据申请人的申请作出判决，宣告提单或者有关提货凭证无效。判决内容应当公告，并通知承运人、承运人的代理人或者货物保管人。自判决公告之日起，申请人有权请求承运人、承运人的代理人或者货物保管人交付货物。

第七十八条　利害关系人因正当理由不能在公示催告期间向海事法院申报的，自知道或者应当知道判决公告之日起一年内，可以向作出判决的海事法院起诉。

八、关于设立海事赔偿责任限制基金程序

第七十九条　海事诉讼特别程序法第一百零一条规定的船舶所有人指有关船舶证书上载明的船舶所有人。

第八十条　海事事故发生在中华人民共和国领域外的，船舶发生事故后进入中华人民共和国领域内的第一到达港视为海事诉讼特别程序法第一百零二条规定的事故发生地。

第八十一条　当事人在诉讼中申请设立海事赔偿责任限制基金的，应当向受理相关海事纠纷案件的海事法院提出，但当事人之间订有有效诉讼管辖协议或者仲裁协议的除外。

第八十二条　设立海事赔偿责任限制基金应当通过报纸或者其他新闻媒体连续公告三日。如果涉及的船舶是可以航行于国际航线的，应当通过对外发行的报纸或者其他新闻媒体发布公告。

第八十三条　利害关系人依据海事诉讼特别程序法第一百零六条的规定对申请人设立海事赔偿责任限制基金提出异议的，海事法院应当对设立基金申请人的主体资格、事故所涉及的债权性质和申请设立基金的数额进行审查。

第八十四条　准予申请人设立海事赔偿责任限制基金的裁定生效后，申请人应当在三日内在海事法院设立海事赔偿责任限制基金。申请人逾期未设立基金的，按自动撤回申请处理。

第八十五条　海事诉讼特别程序法第一百零八条规定的担保指中华人民共和国境内的银行或者其他金融机构所出具的担保。

第八十六条　设立海事赔偿责任限制基金后，向基金提出请求的任何人，不得就该项索赔对设立或以其名义设立基金的人的任何其他财产，行使任何权利。

九、关于债权登记与受偿程序

第八十七条 海事诉讼特别程序法第一百一十一条规定的与被拍卖船舶有关的债权指与被拍卖船舶有关的海事债权。

第八十八条 海事诉讼特别程序法第一百一十五条规定的判决书、裁定书、调解书和仲裁裁决书指我国国内的判决书、裁定书、调解书和仲裁裁决书。对于债权人提供的国外的判决书、裁定书、调解书和仲裁裁决书，适用民事诉讼法第二百六十六条和第二百六十七条规定的程序审查。

第八十九条 在债权登记前，债权人已向受理债权登记的海事法院以外的海事法院起诉的，受理案件的海事法院应当将案件移送至登记债权的海事法院一并审理，但案件已经进入二审的除外。

第九十条 债权人依据海事诉讼特别程序法第一百一十六条规定向受理债权登记的海事法院提起确权诉讼的，应当在办理债权登记后七日内提起。

第九十一条 海事诉讼特别程序法第一百一十九条第二款规定的三项费用按顺序拨付。

十、关于船舶优先权催告程序

第九十二条 船舶转让合同订立后船舶实际交付前，受让人即可申请船舶优先权催告。

受让人不能提供原船舶证书的，不影响船舶优先权催告申请的提出。

第九十三条 海事诉讼特别程序法第一百二十条规定的受让人指船舶转让中的买方和有买船意向的人，但受让人申请海事法院作出除权判决时，必须提交其已经实际受让船舶的证据。

第九十四条 船舶受让人对不准予船舶优先权催告申请的裁定提出复议的，海事法院应当在七日内作出复议决定。

第九十五条 海事法院准予船舶优先权催告申请的裁定生效后，应当通过报纸或者其他新闻媒体连续公告三日。优先权催告的船舶为可以航行于国际航线的，应当通过对外发行的报纸或者其他新闻媒体发布公告。

第九十六条 利害关系人在船舶优先权催告期间提出优先权主张的，海事法院应当裁定优先权催告程序终结。

十一、其他

第九十七条 在中华人民共和国领域内进行海事诉讼，适用海事诉讼特别程序法的规定。海事诉讼特别程序法没有规定的，适用民事诉讼法的有关规定。

第九十八条 本规定自2003年2月1日起实施。

最高人民法院
关于海事诉讼管辖问题的规定

法释〔2016〕2号

（2015年12月28日最高人民法院审判委员会第1674次会议通过
2016年2月24日最高人民法院公告公布　自2016年3月1日起施行）

为推进“一带一路”建设、海洋强国战略、京津冀一体化、长江经济带发展规划的实施，促进海洋经济发展，及时化解海事纠纷，保证海事法院正确行使海事诉讼管辖权，依法审理海事案件，根据《中华人民共和国民事诉讼法》《中华人民共和国海事诉讼特别程序法》《中华人民共和国行政诉讼法》以及全国人民代表大会常务委员会《关于在沿海港口城市设立海事法院的决定》等法律规定，现将海事诉讼管辖的几个问题规定如下：

一、关于管辖区域调整

1. 根据航运经济发展和海事审判工作的需要，对大连、武汉海事法院的管辖区域作出如下调整：

（1）大连海事法院管辖下列区域：南自辽宁省与河北省的交界处、东至鸭绿江口的延伸海域和鸭绿江水域，其中包括黄海一部分、渤海一部分、海上岛屿；吉林省的松花江、图们江等通海可航水域及港口；黑龙江省的黑龙江、松花江、乌苏里江等通海可航水域及港口。

（2）武汉海事法院管辖下列区域：自四川省宜宾市合江门至江苏省浏河口之间长江干线及支线水域，包括宜宾、泸州、重庆、涪陵、万州、宜昌、荆州、城陵矶、武汉、九江、安庆、芜湖、马鞍山、南京、扬州、镇江、江阴、张家港、南通等主要港口。

2. 其他各海事法院依据此前最高人民法院发布的决定或通知确定的管辖区域对海事案件行使管辖权。

二、关于海事行政案件管辖

1. 海事法院审理第一审海事行政案件。海事法院所在地的高级人民法院审理海事行政上诉案件，由行政审判庭负责审理。

2. 海事行政案件由最初作出行政行为的行政机关所在地海事法院管辖。

经复议的案件，由复议机关所在地海事法院管辖。

对限制人身自由的行政强制措施不服提起的诉讼，由被告所在地或者原告所在地海事法院管辖。

前述行政机关所在地或者原告所在地不在海事法院管辖区域内的，由行政执法行为实施地海事法院管辖。

三、关于海事海商纠纷管辖权异议案件的审理

1. 当事人不服管辖权异议裁定的上诉案件由海事法院所在地的高级人民法院负责海事海商案件的审判庭审理。

2. 发生法律效力的管辖权异议裁定违反海事案件专门管辖确需纠正的，人民法院可依照《中华人民共和国民事诉讼法》第一百九十八条规定再审。

四、其他规定

本规定自2016年3月1日起施行。最高人民法院以前作出的有关规定与本规定不一致的，以本规定为准。

【链　接】

完善海事诉讼管辖　推进海事司法改革

——最高人民法院民四庭负责人就《关于海事诉讼管辖问题的规定》答记者问

2016年2月24日，最高人民法院发布了《关于海事诉讼管辖问题的规定》（以下简称《规定》），其将于2016年3月1日起正式施行。《规定》发布后，最高人民法院民事审判第四庭负责人接受了记者采访，就有关问题回答了记者提问。

一、问：制定该《规定》的目的和意义是什么？

答：随着“一带一路”建设、海洋强国、京津冀一体化及长江经济带发展规划等重大国家战略的实施，我国海上活动日益频繁，海洋经济迅猛发展，由此引发的新类型涉海纠纷不断增加，对海事审判提出更为迫切的司法需求。为满足和适应当前海洋经济的发展形势，海事法院对发生于我国管辖的海域、通海可航水域的各类海事案件应积极行使司法管辖权，及时化解纠纷，保障航运经济的健康发展，保护海洋生态环境，坚决维护我国海洋司法主权。此次制定《规定》主要基于以下两个方面的原因：一是完善海事诉讼管辖，为海洋经济发展提供充分的司法保障。有关海事法院管辖范围的规定基本形成于二三十年前，已不能适应当前经济形势对海事司法的需求。如吉林省内松花江水域以及通往朝鲜和俄罗斯的图们江水域作为重要的水上通道，并未划入海事法院管辖范围，造成部分海事案件专门化审理的缺失。二是推进海事司法改革，依法审理海事行政案件。海洋强国战略对海上法治环境提出更高的要求。当前国家海洋局、海事局、海警局等相关涉海行政部门对海洋及通海水域活动的管控进一步加强，由此引发的各类海事行政诉讼案件需要专门化的审理。海事行政诉讼案件的审理具有技术性、专业性强的特点，如船舶碰撞纠纷涉及海事事故调查、责任认定以及船舶检验等诸多专业技术问题，海事法院作为专门法院审理此类案件可以进一步提升案件审判质量，为海洋执法活动提供有力的司法支持和监督。

二、问：此次《规定》的亮点之一是明确海事法院对海事行政案件行使管辖权，海事法院专门审理海事行政案件具有哪些方面的优势？

答：海事行政诉讼是指从事海洋运输、生产等活动的行政管理相对人不服海洋及通海水域行政管理机关的行政行为，或不服复议决定，在法定期限内向法院起诉，由法院根据法定程序对该海事行政争议进行审理和判决的司法活动。实践证明，海事法院专门审理特定的海事行政案件更具优势。首先，海事行政案件同海事海商案件一样，具有很强的专业性。海事行政案件的审理，实质上也就是处理海上运输、生产活动中产生的行政纠纷。如船东不服海事局对船舶碰撞事故作出的处罚决定，起诉海事局的行政案件，就涉及包括船舶驾驶、避碰、船速、航向、气象等许多方面的海事专业知识，这些专业知识对地方法院而言可能比较陌生，但却是海事法院审理船舶碰撞海事案件的必备专业知识。因此海事法院审理海事行政案件具有明显的专业优势。其次，海事法院具有涉外人才多的优势。海事行政案件涉外性强，如远洋运输关系中，外国船公司的船舶会频繁出入中国港口，容易形成相对人为外国船公司的涉外海事行政案件。全国海事法院自 1984 年设立以来涉外案件所占收案比例位居全国法院之首，海事法官熟练掌握使用外语水平的能力较强，在长期的海事审判工作中培养锻炼了一批从事涉外审判的人才，为审理涉外海事行政案件打下良好的基础。再次，海事法院审理海事行政案件位置相对超脱。全国只设立了十家海事法院，海事法院的设置不受行政区域的限制，实行的是跨区域管辖制度。这样的设置使海事法院在审理海事行政案件时，能够排除地方的干扰，克服地方保护主义，从而保证案件审判的公正性。最后，随着立案登记制的实施，人民法院受理的各类案件，尤其是行政诉讼案件数量呈明显上升态势。从全国法院的审判力量和受理的案件数量看，地方法院基本上是案多人少，而海事法院尚有余力，将海事行政案件交由海事法院专门管辖，一方面有利于解决地方法院案件过多的难题，另一方面则有利于扩大海事法院的受案范围，促进海事法院的发展与壮大。

三、问：《规定》第二部分规定由行政执法行为实施地海事法院管辖海事行政案件，是如何考虑的？

答：随着航运经济的发展，越来越多的内地省份务工人员从事海上运输、渔业生产等海上服务工作。由于这些务工人员的家乡多位于内陆区域，不属于海事法院的管辖范围，如他们不服行政机关作出限制人身自由行政处罚措施而提起行政诉讼，按照原告所在地标准将无法确定由哪一家海事法院具体审理相关海事行政案件。同时行政复议机关所在地亦可能处于内陆城市，亦不能按照复议机关所在地确定相应的海事法院。鉴于海事行政执法行为通常发生于内河、沿海水域，处于相关海事法院的管辖区域，在依据行政机关所在地或原告所在地无法确定海事法院的情形下，可由行政执法行为实施地的海事法院管辖相关海事行政案件。

四、问：《规定》为何特别明确人民法院可以依职权对已发生法律效力的管辖权异议裁定案件进行再审？

答：2012年修订的民事诉讼法第二百条删除了2007年民事诉讼法第一百七十九条关于“违反法律规定，管辖错误”可以申请再审的规定。《最高人民法院关于适用〈中华人民共和国民事诉讼法〉的解释》第三百八十一条进一步明确，当事人可以对不予受理和驳回起诉的裁定申请再审，从而排除了当事人对管辖权异议裁定错误申请再审的权利。但在海事司法实践中如果对于错误的管辖权异议裁定一律不予纠正，则不利于海事案件专门管辖制度的落实。随着立案登记制的全面实施，人民法院受理的案件数量明显上升，因地方法院立案庭对海事法院受案范围及海事诉讼特别程序缺乏充分的了解，裁定地方法院受理海事案件的情形时有发生。此外，也不乏个别当事人故意采取变更案由，人为制造管辖连接点等手段规避海事法院专门管辖的情形。由于海事案件审理所涉及的实体法和程序法均不同于一般民事案件，如由普通法院适用普通民事诉讼程序及一般实体法规定审理海事案件，审判质量难以保证，可能损害人民法院司法权威。依照民事诉讼法的规定，除因当事人的再审申请符合法律规定的情形可以启动再审程序外，对确有错误的判决、裁定，人民法院可以依照职权主动审查，依法启动再审程序，这是法律赋予人民法院自身监督的职权。为保障海事案件得到公正及时的审理，《规定》明确人民法院可按照民事诉讼法第一百九十八条规定，对违反海事案件专门管辖的裁定，依职权启动再审程序予以纠正。

最高人民法院
关于审理发生在我国管辖海域相关案件若干问题的规定（一）

法释〔2016〕16号

（2015年12月28日最高人民法院审判委员会第1674次会议通过
2016年8月1日最高人民法院公告　自2016年8月2日起施行）

为维护我国领土主权、海洋权益，平等保护中外当事人合法权利，明确我国管辖海域的司法管辖与法律适用，根据《中华人民共和国领海及毗连区法》《中华人民共和国专属经济区和大陆架法》《中华人民共和国刑法》《中华人民共和国出境入境管理法》《中华人民共和国治安管理处罚法》《中华人民共和国刑事诉讼法》《中华人民共和国民事诉讼法》《中华人民共和国海事诉讼特别程序法》《中华人民共和国行政诉讼法》及中华人民共和国缔结或者参加的有关国际条约，结合审判实际，制定本规定。

第一条　本规定所称我国管辖海域，是指中华人民共和国内水、领海、毗连区、专属经济区、大陆架，以及中华人民共和国管辖的其他海域。

第二条　中国公民或组织在我国与有关国家缔结的协定确定的共同管理的渔区或公海从事捕捞等作业的，适用本规定。

第三条　中国公民或者外国人在我国管辖海域实施非法猎捕、杀害珍贵濒危野生动物或者非法捕捞水产品等犯罪的，依照我国刑法追究刑事责任。

第四条　有关部门依据出境入境管理法、治安管理处罚法，对非法进入我国内水从事渔业生产或者渔业资源调查的外国人，作出行政强制措施或行政处罚决定，行政相对人不服的，可分别依据出境入境管理法第六十四条和治安管理处罚法第一百零二条的规定，向有关机关申请复议或向有管辖权的人民法院提起行政诉讼。

第五条　因在我国管辖海域内发生海损事故，请求损害赔偿提起的诉讼，由管辖该海域的海事法院、事故船舶最先到达地的海事法院、船舶被扣押地或者被告住所地海事法院管辖。

因在公海等我国管辖海域外发生海损事故，请求损害赔偿在我国法院提起的诉讼，由事故船舶最先到达地、船舶被扣押地或者被告住所地海事法院管辖。

事故船舶为中华人民共和国船舶的，还可以由船籍港所在地海事法院管辖。

第六条 在我国管辖海域内，因海上航运、渔业生产及其他海上作业造成污染，破坏海洋生态环境，请求损害赔偿提起的诉讼，由管辖该海域的海事法院管辖。

污染事故发生在我国管辖海域外，对我国管辖海域造成污染或污染威胁，请求损害赔偿或者预防措施费用提起的诉讼，由管辖该海域的海事法院或采取预防措施地的海事法院管辖。

第七条 本规定施行后尚未审结的案件，适用本规定；本规定施行前已经终审，当事人申请再审或者按照审判监督程序决定再审的案件，不适用本规定。

第八条 本规定自2016年8月2日起施行。

【链 接】

依法积极行使海上司法管辖权
统一涉海案件裁判尺度

——最高法院有关负责人就《关于审理发生在我国管辖海域相关案件若干问题的规定》答记者问

8月1日，最高人民法院公布了《最高人民法院关于审理发生在我国管辖海域相关案件若干问题的规定（一）》和《最高人民法院关于审理发生在我国管辖海域相关案件若干问题的规定（二）》（以下简称涉海司法解释）。上述涉海司法解释发布后，最高人民法院有关负责人接受了记者采访，就有关问题回答了记者提问。

记者：涉海司法解释于2016年8月2日起正式施行，请问该司法解释的起草背景是什么？

负责人：我国是一个海洋大国，党和政府历来重视海洋管控和治理。长期以来，人民法院对东海、南海包括中沙、西沙等我国管辖海域行使司法管辖权。涉海行政部门也对我国管辖海域一直不间断地进行海上治安执法和渔业综合管理。党的十八大提出，要“提高海洋资源开发能力，发展海洋经济，保护海洋生态环境，坚决维护国家海洋权益，建设海洋强国”。“一带一路”

战略特别是“海上丝绸之路经济带”建设，进一步凸显海洋在国家安全、国民经济中的重要地位。随着海洋资源开发与利用、海上航运、海上工程建设的蓬勃发展，涉海案件也随之增多，再加上涉海案件本身涉外性强的特点，对人民法院如何积极行使海上司法管辖以及有关法律的一般性规定在涉海案件中如何具体适用，提出了一些需要统一认识的新问题。渔政、海洋等行政主管部门，也多次就进一步提高海上执法规范化水平、证据审查认定标准等问题，建议通过司法解释进行明确。

因此，我院去年决定立项，制定有关审理涉海案件的司法解释。

记者：涉海司法解释对完善我国海洋法制、依法管海治海护海，具有哪些积极意义？

负责人：涉海司法解释的制定，一方面是根据全国人大常委会 1984 年《关于在沿海港口城市设立海事法院的决定》和相关法律规定，结合当前维护海洋权益的实际需要，进一步彰显我国海上司法主权，为人民法院充分发挥司法职能作用，坚决维护我国领土主权和海洋权益，提供制度支撑。另一方面也是结合当前海上综合管理的实际需要，为我国涉海行政管理部门对我国管辖海域实行综合管理，依法维护我国海上秩序、海洋安全和海洋权益提供明确法律依据。

涉海司法解释的颁布实施，有助于人民法院继续依法积极行使海上司法管辖权，准确理解与适用有关法律；有助于人民法院为我国行政管理部门开展海上渔业综合整治等各项管理提供司法保障，满足海上执法的实际需要；有助于明确法律适用标准，统一涉海案件裁判尺度，规范司法、执法行为，为平等保护中外当事人合法权益提供制度性保障。

记者：涉海司法解释有哪些突出特点？

负责人：涉海司法解释是最高人民法院针对涉海案件制定的第一部综合性司法解释，分为一、二两个部分。第一部分主要针对海上司法管辖、刑法等国内法在我国管辖海域的适用等一般性问题。第二部分主要对涉海案件审理中存在的具体问题作出规定。从内容上来说，具有以下三个突出特点：

一是根据我国相关国内法，遵循《联合国海洋法公约》，结合司法实践，作出具体实施性规定。《联合国海洋法公约》在领海主权之外，还规定了毗连区管制权、专属经济区和大陆架的主权权利与管辖权、在他国管辖海域的航行权利、行使公海六大自由的权利以及分享国际海底区域人类共同继承财产利益等。我国《领海与毗连区法》、《专属经济区和大陆架法》也在国内立法中作出了相应规定。根据上述规定，涉海司法解释进一步明确了我国海上司法管辖权，对于依法处理海上违法犯罪的具体执法，维护海洋生物资源与生态环境，具有重要意义。

二是内容涵盖了刑事、民事及行政诉讼三个领域，具有较强的综合性。根据《最高人民法院关于司法解释工作的规定》，人民法院在审判工作中具体应用法律的问题，由最高人民法院作出司法解释。其中，根据立法精神对审判工作中需要制定的规范、意见等司法解释，采用“规定”的形式。司法解释内容涵盖了刑事、民事及行政诉讼三个领域。这样安排一方面是因为在行政执法和司法审判中出现关于涉海案件法律适用的各类问题，这些问题涉及到行政和司法不同领域；另一方面涉海法律问题本身相互关联交叉，把涉海刑事、行政、民事规定在一个司法解释中，有助于综合理解与适用。专门就涉海案件的审理制定综合性司法解释，也体现了人民法院积极行使海上司法主权，坚决维护国家领土主权和海洋权益的决心。

三是根据涉海案件的特殊情况，规定了不同于陆地案件的处理规则。如针对当前水生野生动物种属鉴定机构少的实际，涉海司法解释明确案件涉及的珍贵、濒危水生野生动物的种属难以确定的，由司法鉴定机构出具鉴定意见，或者由国务院渔业行政主管部门指定的机构出具报告。再如，针对涉海违法犯罪多由涉渔“三无”船舶实施的情况，涉海司法解释规定，无船名、无船籍港、无渔业船舶证书的船舶从事非法捕捞，行政机关经审慎调查，在无相反证据的情况下，将现场负责人或者实际负责人认定为违法行为人的，人民法院应予支持。

记者：涉海司法解释规定不支持无证捕捞者的收入损失，同时又规定不影响其请求赔偿直接财产损失，请问应如何理解？

负责人：《渔业法》第二十三条规定：“国家对捕捞业实行捕捞许可证制度”，第二十五条规定：“从事捕捞作业的单位和个人，必须按照捕捞许可证关于作业类型、场所、时限、渔具数量和捕捞限额的规定进行作业”。但在实践中，无证捕捞现象仍然屡禁不止。为此，我们在第二部分的第一条规定，无证从事海上捕捞作业，因船舶碰撞、海洋污染等民事侵权纠纷，主张收入损失的，人民法院不予支持，以此引导从业者合法经营。这里的收入损失，是指受害人因海损事故无法正常经营，导致收入减少造成的损失。无证捕捞者本身就不具备捕捞作业的条件，因此不能主张其因无法正常作业产生的损失。鉴于无证捕捞者对渔船渔具享有物权等合法权利，对其受损渔船渔具的重置、修复费用等直接财产损失，受害人请求予以赔偿的，仍应按照导致事故发生的过失程度比例承担赔偿责任。

记者：涉海司法解释对偷越国边境罪、非法捕捞水产品罪等罪名的定罪量刑标准作出新的规定，我们注意到这几个罪名已经有规范性文件加以规定，为什么此次又作出新的规定？

负责人：确实，对此次司法解释涉及到罪名的定罪标准，此前已经有些规定，但以前的规定主要针对陆地或内陆地区的犯罪行为。比如关于偷越国边境罪，最高人民法院、最高人民检察院于2012年发布的《关于办理妨害国（边）境管理刑事案件应用法律若干问题的解释》明确了五种具体情形，主要是针对偷越陆地国（边）境行为作出的规定，难以适用于从海上出入我国领海的行为。对非法捕捞水产品罪，最高人民检察院、公安部2008年《关于公安机关管辖的刑事案件立案追诉标准的规定》第六十三条规定了启动刑事追责程序的具体标准。但海上捕捞作业一次捕捞量往往就很大，适用原有标准打击面过大，涉海司法解释针对海上与河流湖泊捕捞的不同特点，适当提高了涉海非法捕捞的定罪标准。

记者：海上渔业管理特别是涉渔“三无”船舶的管理是难点之一，这次有哪些新的规定？

负责人：海上涉渔违法行为主要表现在违反渔业法的规定无证捕捞，非法猎捕珍稀水生动物，违法作业船舶中有很大一部分属于无船名、船籍港和船舶证书的“三无”船舶。其中还有一部分非法进入邻国管辖海域盗采红珊瑚等珍稀濒危海洋生物，给我国国际形象和外交大局造成恶劣影响。有关行政主管部门依法严加整治这些违法行为，人民法院应当积极支持。涉海司法解释对《渔业法》第四十一条规定的无证捕捞“情节严重”司法审查标准作出规定。对尚未下水作业的涉渔“三无”船舶，涉海司法解释支持渔业执法部门采取禁止离港、指定地点停放等强制措施。对所有人不明的涉渔“三无”船舶，支持执法机关在无相反证据的情况下，将现场实际负责人或直接负责人认定为违法行为人。此外，还规定了域外证据的使用审查标准，促进海上渔业执法的国际合作。

记者：针对外国船舶、人员到我国管辖海域进行的非法侵渔、调查等行为，涉海司法解释做出了哪些针对性的规定？

负责人：海上航行自由是一项国际法原则，即便在一国领海，外国船只也可享有无害通过权。但航行自由与无害通过均应服从而不应违反沿海国的领海主权、毗连区管制权、专属经济区及大陆架主权权利及管辖权。近年来，外国人驾船从海上非法进入我国管辖海域进行捕捞、调查等非法活动的情形时有发生。此次司法解释对非法进入我国管辖海域的外国船只与人员，支持行政机关依据出境入境管理法、治安管理处罚法采取相应的强制措施与行政处罚；对经驱赶拒不离开、被驱离后又非法进入我国领海，在我国管辖海域实施非法捕捞等行为，构成犯罪的，可以依据我国刑法有关偷越国（边）境罪、非法捕捞水产品罪的规定，追究其刑事责任。

最高人民法院
关于审理发生在我国管辖海域相关案件若干问题的规定（二）

法释〔2016〕17号

（2016年5月9日最高人民法院审判委员会第1682次会议通过
2016年8月1日最高人民法院公告　自2016年8月2日起施行）

为正确审理发生在我国管辖海域相关案件，维护当事人合法权益，根据《中华人民共和国刑法》《中华人民共和国渔业法》《中华人民共和国民事诉讼法》《中华人民共和国刑事诉讼法》《中华人民共和国行政诉讼法》，结合审判实际，制定本规定。

第一条　当事人因船舶碰撞、海洋污染等事故受到损害，请求侵权人赔偿渔船、渔具、渔货损失以及收入损失的，人民法院应予支持。

当事人违反渔业法第二十三条，未取得捕捞许可证从事海上捕捞作业，依照前款规定主张收入损失的，人民法院不予支持。

第二条　人民法院在审判执行工作中，发现违法行为，需要有关单位对其依法处理的，应及时向相关单位提出司法建议，必要时可以抄送该单位的上级机关或者主管部门。违法行为涉嫌犯罪的，依法移送刑事侦查部门处理。

第三条　违反我国国（边）境管理法规，非法进入我国领海，具有下列情形之一的，应当认定为刑法第三百二十二条规定的“情节严重”：

（一）经驱赶拒不离开的；

（二）被驱离后又非法进入我国领海的；

（三）因非法进入我国领海被行政处罚或者被刑事处罚后，一年内又非法进入我国领海的；

（四）非法进入我国领海从事捕捞水产品等活动，尚不构成非法捕捞水产品等犯罪的；

（五）其他情节严重的情形。

第四条　违反保护水产资源法规，在海洋水域，在禁渔区、禁渔期或者使用禁用的工具、方法捕捞水产品，具有下列情形之一的，应当认定为刑法第三百四十条规定的“情节严重”：

（一）非法捕捞水产品一万公斤以上或者价值十万元以上的；

（二）非法捕捞有重要经济价值的水生动物苗种、怀卵亲体二千公斤以上或者价值二万元以上的；

（三）在水产种质资源保护区内捕捞水产品二千公斤以上或者价值二万元以上的；

（四）在禁渔区内使用禁用的工具或者方法捕捞的；

（五）在禁渔期内使用禁用的工具或者方法捕捞的；

（六）在公海使用禁用渔具从事捕捞作业，造成严重影响的；

（七）其他情节严重的情形。

第五条　非法采捕珊瑚、砗磲或者其他珍贵、濒危水生野生动物，具有下列情形之一的，应当认定为刑法第三百四十一条第一款规定的“情节严重”：

（一）价值在五十万元以上的；

（二）非法获利二十万元以上的；

（三）造成海域生态环境严重破坏的；

（四）造成严重国际影响的；

（五）其他情节严重的情形。

实施前款规定的行为，具有下列情形之一的，应当认定为刑法第三百四十一条第一款规定的“情节特别严重”：

（一）价值或者非法获利达到本条第一款规定标准五倍以上的；

（二）价值或者非法获利达到本条第一款规定的标准，造成海域生态环境严重破坏的；

（三）造成海域生态环境特别严重破坏的；

（四）造成特别严重国际影响的；

（五）其他情节特别严重的情形。

第六条　非法收购、运输、出售珊瑚、砗磲或者其他珍贵、濒危水生野生动物及其制品，具有下列情形之一的，应当认定为刑法第三百四十一条第一款规定的“情节严重”：

（一）价值在五十万元以上的；

（二）非法获利在二十万元以上的；

（三）具有其他严重情节的。

非法收购、运输、出售珊瑚、砗磲或者其他珍贵、濒危水生野生动物及其制品，具有下列情形之一的，应当认定为刑法第三百四十一条第一款规定的“情节特别严重”：

（一）价值在二百五十万元以上的；

（二）非法获利在一百万元以上的；

（三）具有其他特别严重情节的。

第七条 对案件涉及的珍贵、濒危水生野生动物的种属难以确定的，由司法鉴定机构出具鉴定意见，或者由国务院渔业行政主管部门指定的机构出具报告。

珍贵、濒危水生野生动物或者其制品的价值，依照国务院渔业行政主管部门的规定核定。核定价值低于实际交易价格的，以实际交易价格认定。

本解释所称珊瑚、砗磲，是指列入《国家重点保护野生动物名录》中国家一、二级保护的，以及列入《濒危野生动植物种国际贸易公约》附录一、附录二中的珊瑚、砗磲的所有种，包括活体和死体。

第八条 实施破坏海洋资源犯罪行为，同时构成非法捕捞罪、非法猎捕、杀害珍贵、濒危野生动物罪、组织他人偷越国（边）境罪、偷越国（边）境罪等犯罪的，依照处罚较重的规定定罪处罚。

有破坏海洋资源犯罪行为，又实施走私、妨害公务等犯罪的，依照数罪并罚的规定处理。

第九条 行政机关在行政诉讼中提交的于中华人民共和国领域外形成的，符合我国相关法律规定的证据，可以作为人民法院认定案件事实的依据。

下列证据不得作为定案依据：

（一）调查人员不具有所在国法律规定的调查权；

（二）证据调查过程不符合所在国法律规定，或者违反我国法律、法规的禁止性规定；

（三）证据不完整，或保管过程存在瑕疵，不能排除篡改可能的；

（四）提供的证据为复制件、复制品，无法与原件核对，且所在国执法部门亦未提供证明复制件、复制品与原件一致的公函；

（五）未履行中华人民共和国与该国订立的有关条约中规定的证明手续，或者未经所在国公证机关证明，并经中华人民共和国驻该国使领馆认证；

（六）不符合证据真实性、合法性、关联性的其他情形。

第十条 行政相对人未依法取得捕捞许可证擅自进行捕捞，行政机关认为该行为构成渔业法第四十一条规定的“情节严重”情形的，人民法院应当从以下方面综合审查，并作出认定：

（一）是否未依法取得渔业船舶检验证书或渔业船舶登记证书；

（二）是否故意遮挡、涂改船名、船籍港；

（三）是否标写伪造、变造的渔业船舶船名、船籍港，或者使用伪造、变造的渔业船舶证书；

（四）是否标写其他合法渔业船舶的船名、船籍港或者使用其他渔业船舶证书；

（五）是否非法安装挖捕珊瑚等国家重点保护水生野生动物设施；

（六）是否使用相关法律、法规、规章禁用的方法实施捕捞；

（七）是否非法捕捞水产品、非法捕捞有重要经济价值的水生动物苗种、怀卵亲体或者在水产种质资源保护区内捕捞水产品，数量或价值较大；

（八）是否于禁渔区、禁渔期实施捕捞；

（九）是否存在其他严重违法捕捞行为的情形。

第十一条　行政机关对停靠在渔港，无船名、船籍港和船舶证书的船舶，采取禁止离港、指定地点停放等强制措施，行政相对人以行政机关超越法定职权为由提起诉讼的，人民法院不予支持。

第十二条　无船名、无船籍港、无渔业船舶证书的船舶从事非法捕捞，行政机关经审慎调查，在无相反证据的情况下，将现场负责人或者实际负责人认定为违法行为人的，人民法院应予支持。

第十三条　行政机关有证据证明行政相对人采取将装载物品倒入海中等故意毁灭证据的行为，但行政相对人予以否认的，人民法院可以根据行政相对人的行为给行政机关举证造成困难的实际情况，适当降低行政机关的证明标准或者决定由行政相对人承担相反事实的证明责任。

第十四条　外国公民、无国籍人、外国组织，认为我国海洋、公安、海关、渔业行政主管部门及其所属的渔政监督管理机构等执法部门在行政执法过程中侵害其合法权益的，可以依据行政诉讼法等相关法律规定提起行政诉讼。

第十五条　本规定施行后尚未审结的一审、二审案件，适用本规定；本规定施行前已经终审，当事人申请再审或者按照审判监督程序决定再审的案件，不适用本规定。

第十六条　本规定自 2016 年 8 月 2 日起施行。

最高人民法院
关于海事法院受理案件范围的规定

法释〔2016〕4号

（2015年12月28日最高人民法院审判委员会第1674次会议通过
2016年2月24日最高人民法院公告公布　自2016年3月1日起施行）

根据《中华人民共和国民事诉讼法》《中华人民共和国海事诉讼特别程序法》《中华人民共和国行政诉讼法》以及我国缔结或者参加的有关国际条约，结合我国海事审判实际，现将海事法院受理案件的范围规定如下：

一、海事侵权纠纷案件

1. 船舶碰撞损害责任纠纷案件，包括浪损等间接碰撞的损害责任纠纷案件；

2. 船舶触碰海上、通海可航水域、港口及其岸上的设施或者其他财产的损害责任纠纷案件，包括船舶触碰码头、防波堤、栈桥、船闸、桥梁、航标、钻井平台等设施的损害责任纠纷案件；

3. 船舶损坏在空中架设或者在海底、通海可航水域敷设的设施或者其他财产的损害责任纠纷案件；

4. 船舶排放、泄漏、倾倒油类、污水或者其他有害物质，造成水域污染或者他船、货物及其他财产损失的损害责任纠纷案件；

5. 船舶的航行或者作业损害捕捞、养殖设施及水产养殖物的责任纠纷案件；

6. 航道中的沉船沉物及其残骸、废弃物，海上或者通海可航水域的临时或者永久性设施、装置，影响船舶航行，造成船舶、货物及其他财产损失和人身损害的责任纠纷案件；

7. 船舶航行、营运、作业等活动侵害他人人身权益的责任纠纷案件；

8. 非法留置或者扣留船舶、船载货物和船舶物料、燃油、备品的责任纠纷案件；

9. 为船舶工程提供的船舶关键部件和专用物品存在缺陷而引起的产品质量责任纠纷案件；

10. 其他海事侵权纠纷案件。

二、海商合同纠纷案件

11. 船舶买卖合同纠纷案件；

12. 船舶工程合同纠纷案件；

13. 船舶关键部件和专用物品的分包施工、委托建造、订制、买卖等合同纠纷案件；

14. 船舶工程经营合同（含挂靠、合伙、承包等形式）纠纷案件；

15. 船舶检验合同纠纷案件；

16. 船舶工程场地租用合同纠纷案件；

17. 船舶经营管理合同（含挂靠、合伙、承包等形式）、航线合作经营合同纠纷案件；

18. 与特定船舶营运相关的物料、燃油、备品供应合同纠纷案件；

19. 船舶代理合同纠纷案件；

20. 船舶引航合同纠纷案件；

21. 船舶抵押合同纠纷案件；

22. 船舶租用合同（含定期租船合同、光船租赁合同等）纠纷案件；

23. 船舶融资租赁合同纠纷案件；

24. 船员劳动合同、劳务合同（含船员劳务派遣协议）项下与船员登船、在船服务、离船遣返相关的报酬给付及人身伤亡赔偿纠纷案件；

25. 海上、通海可航水域货物运输合同纠纷案件，包括含有海运区段的国际多式联运、水陆联运等货物运输合同纠纷案件；

26. 海上、通海可航水域旅客和行李运输合同纠纷案件；

27. 海上、通海可航水域货运代理合同纠纷案件；

28. 海上、通海可航水域运输集装箱租用合同纠纷案件；

29. 海上、通海可航水域运输理货合同纠纷案件；

30. 海上、通海可航水域拖航合同纠纷案件；

31. 轮渡运输合同纠纷案件；

32. 港口货物堆存、保管、仓储合同纠纷案件；

33. 港口货物抵押、质押等担保合同纠纷案件；

34. 港口货物质押监管合同纠纷案件；

35. 海运集装箱仓储、堆存、保管合同纠纷案件；

36. 海运集装箱抵押、质押等担保合同纠纷案件；

37. 海运集装箱融资租赁合同纠纷案件；

38. 港口或者码头租赁合同纠纷案件；

39. 港口或者码头经营管理合同纠纷案件；

40. 海上保险、保赔合同纠纷案件；

41. 以通海可航水域运输船舶及其营运收入、货物及其预期利润、船员工资和其他报酬、对第三人责任等为保险标的的保险合同、保赔合同纠纷案件；

42. 以船舶工程的设备设施以及预期收益、对第三人责任为保险标的的保险合同纠纷案件；

43. 以港口生产经营的设备设施以及预期收益、对第三人责任为保险标的的保险合同纠纷案件；

44. 以海洋渔业、海洋开发利用、海洋工程建设等活动所用的设备设施以及预期收益、对第三人的责任为保险标的的保险合同纠纷案件；

45. 以通海可航水域工程建设所用的设备设施以及预期收益、对第三人的责任为保险标的的保险合同纠纷案件；

46. 港航设备设施融资租赁合同纠纷案件；

47. 港航设备设施抵押、质押等担保合同纠纷案件；

48. 以船舶、海运集装箱、港航设备设施设定担保的借款合同纠纷案件，但当事人仅就借款合同纠纷起诉的案件除外；

49. 为购买、建造、经营特定船舶而发生的借款合同纠纷案件；

50. 为担保海上运输、船舶买卖、船舶工程、港口生产经营相关债权实现而发生的担保、独立保函、信用证等纠纷案件；

51. 与上述第 11 项至第 50 项规定的合同或者行为相关的居间、委托合同纠纷案件；

52. 其他海商合同纠纷案件。

三、海洋及通海可航水域开发利用与环境保护相关纠纷案件

53. 海洋、通海可航水域能源和矿产资源勘探、开发、输送纠纷案件；

54. 海水淡化和综合利用纠纷案件；

55. 海洋、通海可航水域工程建设（含水下疏浚、围海造地、电缆或者管道敷设以及码头、船坞、钻井平台、人工岛、隧道、大桥等建设）纠纷案件；

56. 海岸带开发利用相关纠纷案件；

57. 海洋科学考察相关纠纷案件；

58. 海洋、通海可航水域渔业经营（含捕捞、养殖等）合同纠纷案件；

59. 海洋开发利用设备设施融资租赁合同纠纷案件；

60. 海洋开发利用设备设施抵押、质押等担保合同纠纷案件；

61. 以海洋开发利用设备设施设定担保的借款合同纠纷案件，但当事人仅就借款合同纠纷起诉的案件除外；

62. 为担保海洋及通海可航水域工程建设、海洋开发利用等海上生产经营相关债权实现而发生的担保、独立保函、信用证等纠纷案件；

63. 海域使用权纠纷（含承包、转让、抵押等合同纠纷及相关侵权纠纷）案件，但因申请海域使用权引起的确权纠纷案件除外；

64. 与上述第53项至63项规定的合同或者行为相关的居间、委托合同纠纷案件；

65. 污染海洋环境、破坏海洋生态责任纠纷案件；

66. 污染通海可航水域环境、破坏通海可航水域生态责任纠纷案件；

67. 海洋或者通海可航水域开发利用、工程建设引起的其他侵权责任纠纷及相邻关系纠纷案件。

四、其他海事海商纠纷案件

68. 船舶所有权、船舶优先权、船舶留置权、船舶抵押权等船舶物权纠纷案件；

69. 港口货物、海运集装箱及港航设备设施的所有权、留置权、抵押权等物权纠纷案件；

70. 海洋、通海可航水域开发利用设备设施等财产的所有权、留置权、抵押权等物权纠纷案件；

71. 提单转让、质押所引起的纠纷案件；

72. 海难救助纠纷案件；

73. 海上、通海可航水域打捞清除纠纷案件；

74. 共同海损纠纷案件；

75. 港口作业纠纷案件；

76. 海上、通海可航水域财产无因管理纠纷案件；

77. 海运欺诈纠纷案件；

78. 与航运经纪及航运衍生品交易相关的纠纷案件。

五、海事行政案件

79. 因不服海事行政机关作出的涉及海上、通海可航水域或者港口内的船舶、货物、设备设施、海运集装箱等财产的行政行为而提起的行政诉讼案件；

80. 因不服海事行政机关作出的涉及海上、通海可航水域运输经营及相关辅助性经营、货运代理、船员适任与上船服务等方面资质资格与合法性事项的行政行为而提起的行政诉讼案件；

81. 因不服海事行政机关作出的涉及海洋、通海可航水域开发利用、渔业、环境与生态资源保护等活动的行政行为而提起的行政诉讼案件；

82. 以有关海事行政机关拒绝履行上述第79项至第81项所涉行政管理职

责或者不予答复而提起的行政诉讼案件；

83. 以有关海事行政机关及其工作人员作出上述第 79 项至第 81 项行政行为或者行使相关行政管理职权损害合法权益为由，请求有关行政机关承担国家赔偿责任的案件；

84. 以有关海事行政机关及其工作人员作出上述第 79 项至第 81 项行政行为或者行使相关行政管理职权影响合法权益为由，请求有关行政机关承担国家补偿责任的案件；

85. 有关海事行政机关作出上述第 79 项至第 81 项行政行为而依法申请强制执行的案件。

六、海事特别程序案件

86. 申请认定海事仲裁协议效力的案件；

87. 申请承认、执行外国海事仲裁裁决，申请认可、执行香港特别行政区、澳门特别行政区、台湾地区海事仲裁裁决，申请执行或者撤销国内海事仲裁裁决的案件；

88. 申请承认、执行外国法院海事裁判文书，申请认可、执行香港特别行政区、澳门特别行政区、台湾地区法院海事裁判文书的案件；

89. 申请认定海上、通海可航水域财产无主的案件；

90. 申请无因管理海上、通海可航水域财产的案件；

91. 因海上、通海可航水域活动或者事故申请宣告失踪、宣告死亡的案件；

92. 起诉前就海事纠纷申请扣押船舶、船载货物、船用物料、船用燃油或者申请保全其他财产的案件；

93. 海事请求人申请财产保全错误或者请求担保数额过高引起的责任纠纷案件；

94. 申请海事强制令案件；

95. 申请海事证据保全案件；

96. 因错误申请海事强制令、海事证据保全引起的责任纠纷案件；

97. 就海事纠纷申请支付令案件；

98. 就海事纠纷申请公示催告案件；

99. 申请设立海事赔偿责任限制基金（含油污损害赔偿责任限制基金）案件；

100. 与拍卖船舶或者设立海事赔偿责任限制基金（含油污损害赔偿责任限制基金）相关的债权登记与受偿案件；

101. 与拍卖船舶或者设立海事赔偿责任限制基金（含油污损害赔偿责任

限制基金）相关的确权诉讼案件；

102. 申请从油污损害赔偿责任限制基金中代位受偿案件；

103. 船舶优先权催告案件；

104. 就海事纠纷申请司法确认调解协议案件；

105. 申请实现以船舶、船载货物、船用物料、海运集装箱、港航设备设施、海洋开发利用设备设施等财产为担保物的担保物权案件；

106. 地方人民法院为执行生效法律文书委托扣押、拍卖船舶案件；

107. 申请执行海事法院及其上诉审高级人民法院和最高人民法院就海事纠纷作出的生效法律文书案件；

108. 申请执行与海事纠纷有关的公证债权文书案件。

七、其他规定

109. 本规定中的船舶工程系指船舶的建造、修理、改建、拆解等工程及相关的工程监理；本规定中的船舶关键部件和专用物品，系指舱盖板、船壳、龙骨、甲板、救生艇、船用主机、船用辅机、船用钢板、船用油漆等船舶主体结构、重要标志性部件以及专供船舶或者船舶工程使用的设备和材料。

110. 当事人提起的民商事诉讼、行政诉讼包含本规定所涉海事纠纷的，由海事法院受理。

111. 当事人就本规定中有关合同所涉事由引起的纠纷，以侵权等非合同诉由提起诉讼的，由海事法院受理。

112. 法律、司法解释规定或者上级人民法院指定海事法院管辖其他案件的，从其规定或者指定。

113. 本规定自 2016 年 3 月 1 日起施行。最高人民法院于 2001 年 9 月 11 日公布的《关于海事法院受理案件范围的若干规定》（法释〔2001〕27 号）同时废止。

114. 最高人民法院以前作出的有关规定与本规定不一致的，以本规定为准。

【链　接】

规范海事案件受理标准　服务保障海洋强国战略

——最高人民法院民四庭负责人就《关于海事法院受理案件范围的规定》答记者问

2016年2月24日，最高人民法院发布了《关于海事法院受理案件范围的规定》（以下简称《规定》），其将于2016年3月1日起正式施行。《规定》发布后，最高人民法院民事审判第四庭负责人接受了记者采访，就有关问题回答了记者提问。

一、《规定》是对我国海事法院受案范围又一次调整充实，请问此次颁布新规有何背景？

关于海事法院受理案件范围的规定是开展海事专门审判、充分发挥海事审判职能作用的重要基础和必要依据，最高人民法院在1984年决定设立海事法院时即一并规定其受理案件的范围，之后根据形势发展和实践需要先后于1989年、2001年两次充实修改，重新制定颁布关于海事法院受理案件范围的规定。出台本《规定》主要是基于三个方面的客观需求：一是服务保障海洋强国战略和“一带一路”建设等国家战略的需要。党的十八大及十八届三中全会提出建设海洋强国的战略目标，十八届五中全会通过的“十三五”规划建议进一步提出拓展蓝色经济空间，但周边海洋形势正发生深刻复杂变化，我国海洋开发利用秩序亟待依法规范，海洋生态环境需要不断加强保护，海事法院过去以受理海上贸易航运相关商事纠纷为主的受案范围需要及时修改拓展，以积极行使国家海洋司法管辖权，依法规范海洋开发利用秩序，加强海洋环境司法保护；同时，随着“一带一路”建设的深入和国际航运中心继续向亚太地区和我国转移，我们需要与时俱进地扩大海事审判管辖案件范围，进一步增强中国海事司法的国际影响力和竞争力。二是规范统一全国海事案件受理标准的需要。最高人民法院自2001年9月11日颁布法释〔2001〕27号《关于海事法院受理案件范围的若干规定》（以下简称“2001年规定”）14年来，其所规范的海上贸易航运领域在船舶工程、船舶经营、海上运输、港口经营、国际航运中心建设等方面出现诸多新的交易形式及新的案件类型，相当部分已为上述规定范围所不能涵盖。为充分发挥海事法院审判职能，服务保障海洋经济和海洋生态文明建设，辽宁、天津、山东、浙江、广东、海南六省（市）高级法院专门发文指定海事法院受理本省（市）内海洋开发利用、海洋环境污染纠纷案件以及海事行政案件。在新的形势下，全国海事法院的受案范围应当尽快正式明确并规范统一。近 14 年来，物权法、民事诉讼法、行政诉讼法、国际海运条例等相关法律法规和有关人民调解、域外司法协助等司法解释的修订与颁布实施，对海事法院受理案件均有不同程度的影响和要求，海事法院受理案件的范围也应适当调整。三是海事审判工作发展和改革的需要。全国海事审判工作的重心在海事法院。在新的历史条件下，海事法院必须重点朝着两个目标加快发展，即必须从“水上运输法院”角色转型为全面覆盖“蓝色国土”的法院；必须努力将我国建设成为具有较高国际影响力的国际海事司法中心。但是，海事法院发展的现实情况与上述目标要求有较大差距，主要表现为：受案范围过于狭窄，海事法院的司法能力没有得到充分发挥；各海事法院收案不平衡；随着武汉、大连等海事法院在沿江地区增设派出法庭，拓展其辐射范围，也需要逐步扩大其受理通海可航水域案件的范围。总之，要充分发挥海事法院职能作用，必须进一步拓展其受案范围。

二、新的受案范围相比 2001 年的原受案范围作了哪些重大修订？

新受案范围对原受案范围的修订主要体现在司法解释架构与案件类型两大方面——微调架构、较大幅度地增加与细化海事案件类型。

司法解释架构调整体现为三点：一是将“海洋及通海可航水域开发利用与环境保护相关纠纷案件”从“2001 年规定”中的“其他海事海商纠纷案件”部分单列出来作为一大类案件，以突出海事法院规范海洋及通海可航水域开发利用秩序和环境保护的职能；二是将“海事行政案件”从“2001 年规定”中的“其他海事海商纠纷案件”部分和“海事执行案件”部分单列出来作为一大类案件，具体明确其类型；三是将“2001 年规定”第四部分“海事执行案件”中第 59、61、62、63 项内容调整至第六部分“海事特别程序案件”中，不将海事执行案件作为一大类单列。新的司法解释架构为七个部分：一、海事侵权纠纷案件（第 1～10 项）；二、海商合同纠纷案件（第 11～52 项）；三、海洋及通海可航水域开发利用与环境保护相关纠纷案件（第 53～67 项）；四、其他海事海商纠纷案件（第 68～78 项）；五、海事行政案件（第 79～85 项）；六、海事特别程序案件（第 86～108 项）；七、其他规定（第 109～114 项）。其中，第一至第六部分具体规定案件类型；在第七部分“其他规定”中增加“船舶工程”等术语的解释，并对海事纠纷案件与其他纠纷案件的重叠交叉、诉由选择对管辖的影响等问题作出规定。

对于案件类型，新的受案范围对“2001年规定”作了两个方面的修改，一是对“2001年规定”的63项海事案件类型作少量适当调整；二是重点在原有规定63项海事案件类型基础上增加45项案件类型，将海事案件类型增加至108项。增加的案件类型主要是四类：一是传统航运贸易中新出现的民商事纠纷案件，具体增加为港口货物质押监管合同纠纷等28项；二是海洋开发利用和海洋生态环境保护类民商事纠纷案件，具体增加为污染海洋环境、破坏海洋生态责任纠纷案件等9项；三是民事诉讼法修订后和海事诉讼实践中新出现的程序性案件，具体增加为就海事纠纷申请司法确认调解协议案件等3项；四是具体细化海事行政案件类型，“2001年规定”仅在第40、41项与第60项笼统规定海事行政案件、海事行政赔偿案件和海洋、通海水域行政主管机关依法申请强制执行案件，新的受案范围具体细化为7项。

三、新的海事法院受案范围公布后将如何贯彻实施？

制定颁布新的海事法院受案范围是服务保障党和国家战略、落实人民法院“四五”改革纲要目标任务、进一步加强海事审判工作的一项重要措施。各级人民法院都要自觉站在战略和全局的高度贯彻落实新的受案范围。首先，各海事法院要认真组织学习，准确领会其内涵，明确自身职责，正确行使海事司法管辖权，有效维护国家主权，依法充分保护当事人的诉权。当事人起诉的案件属于新的受案范围并符合立案登记制的其他受理条件的，各海事法院应当及时立案受理。各海事法院要重点针对海事行政案件和新增加的海洋及通海可航水域开发利用与环境保护相关纠纷等案件类型，抓紧开展业务培训，确保公正高效审理，尽快发挥自身专业优势打开海事审判工作新局面。其次，地方各级人民法院要组织立案、审判、执行人员学习新的海事法院受理案件的范围和海事诉讼特别程序法，避免受理应由海事法院受理的案件。海事法院的上诉审高级人民法院要在组织学习的同时，加大监督指导力度，有效防止和纠正辖区内地方法院违规受理海事案件。最后，最高人民法院民四庭将会同国家法官学院举办专门培训班组织各级法院相关人员学习，适时组织抽查海事法院和地方法院实施情况，及时指导协调处理相关异议和争议，进一步规范统一受理标准。

最高人民法院
关于扣押与拍卖船舶适用法律若干问题的规定

法释〔2015〕6号

（2014年12月8日最高人民法院审判委员会第1631次会议通过
2015年2月28日最高人民法院公告公布　自2015年3月1日起施行）

为规范海事诉讼中扣押与拍卖船舶，根据《中华人民共和国民事诉讼法》《中华人民共和国海事诉讼特别程序法》等法律，结合司法实践，制定本规定。

第一条　海事请求人申请对船舶采取限制处分或者抵押等保全措施的，海事法院可以依照民事诉讼法的有关规定，裁定准许并通知船舶登记机关协助执行。

前款规定的保全措施不影响其他海事请求人申请扣押船舶。

第二条　海事法院应不同海事请求人的申请，可以对本院或其他海事法院已经扣押的船舶采取扣押措施。

先申请扣押船舶的海事请求人未申请拍卖船舶的，后申请扣押船舶的海事请求人可以依据海事诉讼特别程序法第二十九条的规定，向准许其扣押申请的海事法院申请拍卖船舶。

第三条　船舶因光船承租人对海事请求负有责任而被扣押的，海事请求人依据海事诉讼特别程序法第二十九条的规定，申请拍卖船舶用于清偿光船承租人经营该船舶产生的相关债务的，海事法院应予准许。

第四条　海事请求人申请扣押船舶的，海事法院应当责令其提供担保。但因船员劳务合同、海上及通海水域人身损害赔偿纠纷申请扣押船舶，且事实清楚、权利义务关系明确的，可以不要求提供担保。

第五条　海事诉讼特别程序法第七十六条第二款规定的海事请求人提供担保的具体数额，应当相当于船舶扣押期间可能产生的各项维持费用与支出、因扣押造成的船期损失和被请求人为使船舶解除扣押而提供担保所支出的费用。

船舶扣押后，海事请求人提供的担保不足以赔偿可能给被请求人造成损失的，海事法院应责令其追加担保。

第六条　案件终审后，海事请求人申请返还其所提供担保的，海事法院应将该申请告知被请求人，被请求人在三十日内未提起相关索赔诉讼的，海事法院可以准许海事请求人返还担保的申请。

被请求人同意返还，或生效法律文书认定被请求人负有责任，且赔偿或给付金额与海事请求人要求被请求人提供担保的数额基本相当的，海事法院可以直接准许海事请求人返还担保的申请。

第七条 船舶扣押期间由船舶所有人或光船承租人负责管理。

船舶所有人或光船承租人不履行船舶管理职责的，海事法院可委托第三人或者海事请求人代为管理，由此产生的费用由船舶所有人或光船承租人承担，或在拍卖船舶价款中优先拨付。

第八条 船舶扣押后，海事请求人依据海事诉讼特别程序法第十九条的规定，向其他有管辖权的海事法院提起诉讼的，可以由扣押船舶的海事法院继续实施保全措施。

第九条 扣押船舶裁定执行前，海事请求人撤回扣押船舶申请的，海事法院应当裁定予以准许，并终结扣押船舶裁定的执行。

扣押船舶裁定作出后因客观原因无法执行的，海事法院应当裁定终结执行。

第十条 船舶拍卖未能成交，需要再次拍卖的，适用拍卖法第四十五条关于拍卖日七日前发布拍卖公告的规定。

第十一条 拍卖船舶由拍卖船舶委员会实施，海事法院不另行委托拍卖机构进行拍卖。

第十二条 海事法院拍卖船舶应当依据评估价确定保留价。保留价不得公开。

第一次拍卖时，保留价不得低于评估价的百分之八十；因流拍需要再行拍卖的，可以酌情降低保留价，但降低的数额不得超过前次保留价的百分之二十。

第十三条 对经过两次拍卖仍然流拍的船舶，可以进行变卖。变卖价格不得低于评估价的百分之五十。

第十四条 依照本规定第十三条变卖仍未成交的，经已受理登记债权三分之二以上份额的债权人同意，可以低于评估价的百分之五十进行变卖处理。仍未成交的，海事法院可以解除船舶扣押。

第十五条 船舶经海事法院拍卖、变卖后，对该船舶已采取的其他保全措施效力消灭。

第十六条 海事诉讼特别程序法第一百一十一条规定的申请债权登记期间的届满之日，为拍卖船舶公告最后一次发布之日起第六十日。

前款所指公告为第一次拍卖时的拍卖船舶公告。

第十七条　海事法院受理债权登记申请后，应当在船舶被拍卖、变卖成交后，依照海事诉讼特别程序法第一百一十四条的规定作出是否准予的裁定。

第十八条　申请拍卖船舶的海事请求人未经债权登记，直接要求参与拍卖船舶价款分配的，海事法院应予准许。

第十九条　海事法院裁定终止拍卖船舶的，应当同时裁定终结债权登记受偿程序，当事人已经缴纳的债权登记申请费予以退还。

第二十条　当事人在债权登记前已经就有关债权提起诉讼的，不适用海事诉讼特别程序法第一百一十六条第二款的规定，当事人对海事法院作出的判决、裁定可以依法提起上诉。

第二十一条　债权人依照海事诉讼特别程序法第一百一十六条第一款的规定提起确权诉讼后，需要判定碰撞船舶过失程度比例的，当事人对海事法院作出的判决、裁定可以依法提起上诉。

第二十二条　海事法院拍卖、变卖船舶所得价款及其利息，先行拨付海事诉讼特别程序法第一百一十九条第二款规定的费用后，依法按照下列顺序进行分配：

（一）具有船舶优先权的海事请求；

（二）由船舶留置权担保的海事请求；

（三）由船舶抵押权担保的海事请求；

（四）与被拍卖、变卖船舶有关的其他海事请求。

依据海事诉讼特别程序法第二十三条第二款的规定申请扣押船舶的海事请求人申请拍卖船舶的，在前款规定海事请求清偿后，参与船舶价款的分配。

依照前款规定分配后的余款，按照民事诉讼法及相关司法解释的规定执行。

第二十三条　当事人依照民事诉讼法第十五章第七节的规定，申请拍卖船舶实现船舶担保物权的，由船舶所在地或船籍港所在地的海事法院管辖，按照海事诉讼特别程序法以及本规定关于船舶拍卖受偿程序的规定处理。

第二十四条　海事法院的上级人民法院扣押与拍卖船舶的，适用本规定。

执行程序中拍卖被扣押船舶清偿债务的，适用本规定。

第二十五条　本规定施行前已经实施的船舶扣押与拍卖，本规定施行后当事人申请复议的，不适用本规定。

本规定施行后，最高人民法院 1994 年 7 月 6 日制定的《关于海事法院拍卖被扣押船舶清偿债务的规定》（法发〔1994〕14 号）同时废止。最高人民法院以前发布的司法解释和规范性文件与本规定不一致的，以本规定为准。

【链 接】

规范船舶扣押与拍卖 提升海事司法国际公信力

——在《关于扣押与拍卖船舶适用法律若干问题的规定》新闻发布会上的讲话

各位记者：

大家上午好！下面由我向各位通报《最高人民法院关于扣押与拍卖船舶适用法律若干问题的规定》（以下简称《规定》）的有关情况。

一、《规定》的制定背景与起草经过

扣押与拍卖船舶是海事诉讼中一项特殊的财产保全制度。与一般财产保全制度相比，在适用范围与条件、实施程序与后果等方面都具有其特殊性。对船舶实施扣押和拍卖，能及时、充分、有效地保护海事请求人的权利。早在1952年，国际上就形成了《统一海船扣押某些规则的国际公约》，1999年又通过了《国际船舶扣押公约》。采取扣押船舶的保全措施解决海事纠纷成为国际通行的规则。目前国际海事委员会又起草了《承认外国司法出售船舶公约（草案）》，因该草案在我国北京讨论通过，因此被称为“北京草案”。

我国是航运大国、贸易大国，随着海事司法制度的建立、发展、完善，已经成为亚太地区海事司法中心。自1984年我国设立海事法院至2013年的30年中，全国海事法院共依法扣押船舶7744艘次，其中外轮1160艘；拍卖船舶623艘，其中外轮123艘；涉及40多个国家或地区。我国是国际上通过扣押船舶的方式采取海事请求保全措施数量最多的国家之一。去年4月，上海海事法院通过扣押日本商船三井株式会社22万多吨的“宝韵轮”，成功促其履行生效判决确定的义务，充分体现了这一制度的作用。

船舶扣押是一项具有很强国际性的海事诉讼制度，当船舶停靠在法律制度对自己有利的国家时，案件当事人可以选择向该国法院申请扣押船舶。我国海事法院通过扣押与拍卖船舶，已经引起国际司法界、航运界的高度关注，在国际上树立了公正、高效的良好形象。一些实体纠纷与我国并无连接点，但外国当事人主动选择在我国申请扣押船舶，寻求司法救济。

这次我们同时发布了全国海事法院船舶扣押与拍卖十大典型案例，其中

案例5就是一家阿联酋公司因与一家韩国公司之间的债务纠纷，选择当船舶靠泊中国港口时申请扣押船舶；案例6是一家丹麦公司为追讨船舶供油款，向中国海事法院申请扣押巴拿马籍船舶；案例7是德国航运贷款银行因与一家马耳他共和国公司的贷款纠纷，选择在中国扣押伊朗籍近16万吨级的油轮"阿明2"轮，行使抵押权。在厦门海事法院举办的船舶拍卖会上，来自挪威、巴拿马、利比里亚等多个国家和地区的竞买人参与了竞拍，经157轮竞价，最终以3.24亿元人民币成交，超出起拍价近8000万元。

从这次公布的案例就可以看出，船舶扣押与拍卖涉外性强，其中一些外轮的扣押与拍卖还受到相关国家使领馆的高度关注。海事司法中的船舶扣押与拍卖，已经成为中国法院面向世界，展示中国司法形象的一扇重要窗口。统一相关裁判尺度，规范相关司法行为，也就显得尤为重要。

1999年全国人大常委会制定的海事诉讼特别程序法（以下简称海诉法），以及我院2002年制定的《关于适用〈中华人民共和国海事诉讼特别程序法〉若干问题的解释》（以下简称海诉法司法解释），已经对船舶的扣押与拍卖作出了一些规定。但经过十几年的发展，实践中又出现了一些新情况、新问题。如：船舶扣押与其他保全措施的关系，能否拍卖因光船承租人债务而被扣押的船舶；拍卖船舶应按照海诉法组成拍卖委员会来实施，还是按照民事执行的一般规定委托拍卖公司来实施等等，需要通过司法解释进行规范，统一裁判尺度。

司法解释起草过程中，最高人民法院先后在广州、宁波、北京等地多次召开论证会，与海事法院、港航企业、律师协会代表进行座谈，征求对船舶扣押与拍卖适用法律问题的意见与建议。征求意见稿形成后，正式向全国人大法工委等部门征求意见。根据司法解释工作的规定，还通过中国涉外商事海事审判网、中国法院网，面向社会公开征求意见。经过反复研究论证，形成送审稿。2014年12月8日，最高人民法院审判委员会第1631次会议讨论通过了本《规定》，《规定》将于2015年3月1日起施行。

二、制定《规定》遵循的基本原则

在起草《规定》的过程中，我们主要遵循了以下主要原则：

一是严格遵循立法精神，认真总结海事司法实践经验。吸收曾经参与海诉法起草、论证工作的同志，加入本《规定》的起草小组。对光租船舶的拍卖、债权登记公告期间等存在较大分歧的海诉法条文，反复研讨、征求意见，运用体系解释、历史解释等方法，寻求立法本意。对船舶拍卖流程中的保留价等技术性问题，充分尊重海事司法实践中的成熟做法，尽量保持制度的延续性与稳定性。

二是借鉴国际公约，保证我国船舶扣押与拍卖制度与国际接轨。我国没有加入1952年《统一海船扣押某些规则的国际公约》和1999年《国际船舶扣押公约》，但我国海诉法关于船舶扣押与拍卖的规定，借鉴了1999年《国际船舶扣押公约》。本《规定》起草过程中同样注意借鉴1999年《国际船舶扣押公约》的相关规定，同时还认真研究了《承认外国司法出售船舶公约（草案）》的相关内容，确保我国船舶扣押与拍卖制度与国际接轨。

三是贯彻群众路线。《规定》的起草工作始终坚持走群众路线。从全国各海事法院及其上诉审高级人民法院收集到的80多个问题中，整理出20多个具有普遍性的适用法律问题，作为《规定》的主要内容。起草过程中，通过座谈会、书面意见等形式，听取了法院系统、律师界、航运企业，以及立法机构、相关部委和专家学者的意见，吸收了不同观点，提升了《规定》的科学化水平。

本司法解释的制定，将在1999年海诉法及其2002年解释的基础上，进一步完善我国海事诉讼船舶扣押与拍卖制度。无疑将对统一裁判尺度、规范司法行为、提高司法效率产生积极作用，为中国海事法院积极行使海事司法管辖权，平等保护中外当事人合法权益，进一步提高我国海事司法国际公信力，提供了新的制度保障。

三、《规定》的主要内容

《规定》共25条，重点内容包括如下几个方面：

（一）参照国际公约，明确了光租船舶的扣押与拍卖问题

光船租赁时，出租人仅向承租人提供不配备船员的船舶，由承租人配备船员进行营运，并对营运中的债务承担责任。此时的承租人在航运实践中往往被称为“二船东”。

根据我国海诉法第二十三条第一款的规定，可以因光船承租人的债务，扣押光租中的当事船舶。由于债务人并非船舶所有人，司法实践中对能否拍卖被扣押的光租船舶，产生了“能扣就能卖”“能扣不能卖”等不同意见。《规定》起草过程中，最高人民法院多次召集专家学者、港航企业代表进行讨论研究，借鉴1952年《统一海船扣押某些规则的国际公约》和1999年《国际船舶扣押公约》等国际公约，参考世界主要航运大国法律，综合考虑相关制度沿革，以及我国外贸及航运发展实际情况，特别是考虑到海事诉讼中特有的对物诉讼制度，进一步明确了“能扣就能卖”的观点，规定因光船承租人的债务而被扣押的光租船舶，海事请求人可以依据海诉法第二十九条的规定，申请拍卖。这次发布的案例8，就是这样一起案件。债务人龙珠公司在光租经营“海芝”轮期间欠下债务，而该轮的登记所有人是圣文森特的力涛航运有限公司。海事法院通过扣押并最终拍卖“海芝”轮，保障了债权人的合法权益。

（二）平衡当事各方利益，保障弱势群体诉讼权利，对扣船担保的提供与返还作出规定

由于扣押会导致船舶中止正常营运，产生大额的船期损失和维持费用，《规定》以需要担保为原则，在第四条规定“海事请求人申请扣押船舶的，海事法院应当责令其提供担保”，不区分诉前还是诉讼中申请扣押船舶。同时为保障弱势群体诉讼权利，对“因船员劳务合同、海上及通海水域人身损害赔偿纠纷申请扣押船舶”两种情形作出了例外规定，因这两种情形申请扣押船舶的，只要“事实清楚、权利义务关系明确的”，可以不要求提供担保。如此规定主要考虑，船员或海上人身损害的受害人大多没有提供担保的能力。如果坚持要求其提供担保，等于变相剥夺了他们申请扣押船舶保全海事请求的权利。此外，为使海事请求人能够在纠纷解决后及时返还担保，尽快投入生产与经营，《规定》在第六条分两款规定了可以返还扣船担保的三种情形。

营运中的船舶都要求配备一定数量的船员，在扣押与拍卖船舶的过程中也涉及保障船员合法权益的问题。特别是当船东弃船不管时，身处异国他乡的船员更是孤立无助。案例 2 和案例 3 就是两个中国法院依法保障外国船员合法权益的例子。

（三）提高司法效率，对拍卖船舶公告与拍卖程序作出特别规定

船舶在被扣押期间无法营运，难以发挥其使用价值，还会产生大量的看管费用、维持费用等支出，降低船舶偿债能力，对申请人与被申请人的利益都会产生不利影响。《规定》为提高船舶拍卖效率，在总结海事司法实践经验的基础上，对船舶拍卖公告期间、变卖条件作出了相应规定。

一是明确了二次拍卖的公告时间可以按照拍卖法第四十五条的规定，“于拍卖日七日前发布拍卖公告”即可，不需要根据海诉法第三十二条第三款的规定“不少于三十日”。

二是简化了船舶变卖条件，规定了无底价变卖。“对经过两次拍卖仍然流拍的船舶，可以进行变卖”，同时规定“变卖价格不得低于评估价的百分之五十”，以防止变卖价格畸低，损害船舶所有人及债权人的利益。如果取得已受理登记债权三分之二以上份额的债权人同意，也可以低于评估价的百分之五十进行变卖处理。

为了提高船舶拍卖效率，从 2014 年开始，一些海事法院还开始探索通过网站拍卖船舶的新方式，以提高船舶拍卖的效率。案例 4 就是上海海事法院通过上海联合产权交易所官方网站交易平台，成功拍卖“富通 09”轮的例子。

（四）协调民事诉讼法与海诉法关于船舶担保物权纠纷案件管辖规定的冲突，对实现船舶担保物权案件的管辖与适用法律作出规定

2012年修订的民事诉讼法规定了实现担保物权案件的特别程序，其中第一百九十六条规定，此类案件由担保财产所在地或者担保物权登记地基层人民法院提出。海事法院在建制上虽为中级法院，但只审理一审海事海商案件。以船舶为标的物的担保物权纠纷，按照海诉法均属于应由海事法院专门管辖的海事案件，不应由基层人民法院受理。按照特别规定优于一般规定的原则，《规定》第二十三条规定，申请拍卖船舶实现船舶担保物权的，应由船舶所在地或船籍港所在地的海事法院管辖，按照海诉法及其司法解释以及本规定关于船舶拍卖受偿程序的规定处理。

（五）填补海诉法立法空白，对执行程序中拍卖船舶的法律适用问题作出规定

根据海诉法的规定，拍卖船舶必须经过债权登记程序，拍卖价款要在已经登记的债权人中按照法定顺序进行分配，与一般民事执行案件的规定存在较大不同。由于船舶拍卖规定在海诉法“海事请求保全”一章中，海诉法第四十三条只规定：“执行程序中拍卖被扣押船舶清偿债务的，可以参照本节有关规定。”哪些应当参照、哪些可以不参照，司法实践中认识不一。鉴于执行中拍卖船舶同样产生消灭船舶优先权、抵押权的效力，也需要进行公告、债权登记等程序。本《规定》对此予以明确，“执行程序中拍卖被扣押船舶清偿债务的，适用本规定”。

各位记者，“一带一路”建设为我国对外贸易与海上航运创造了更大的发展契机，也对我国的海事审判工作提出了更高要求。进一步完善船舶的扣押与拍卖制度，有助于巩固我国亚太地区海事司法中心地位，有助于提升海上丝绸之路建设司法保障水平。我们期待，也相信，中国海事审判将继续坚持公正、高效、廉洁的司法理念，平等保护中外当事人合法权益，为法治中国建设，为维护中国司法良好国际形象，作出新的、更大贡献。

最高人民法院
关于审理海事赔偿责任限制相关纠纷案件的若干规定

法释〔2010〕11号

（2010年3月22日最高人民法院审判委员会第1484次会议通过
2010年8月27日最高人民法院公告公布　自2010年9月15日起施行）

为正确审理海事赔偿责任限制相关纠纷案件，依照《中华人民共和国海事诉讼特别程序法》、《中华人民共和国海商法》的规定，结合审判实际，制定本规定。

第一条　审理海事赔偿责任限制相关纠纷案件，适用海事诉讼特别程序法、海商法的规定；海事诉讼特别程序法、海商法没有规定的，适用其他相关法律、行政法规的规定。

第二条　同一海事事故中，不同的责任人在起诉前依据海事诉讼特别程序法第一百零二条的规定向不同的海事法院申请设立海事赔偿责任限制基金的，后立案的海事法院应当依照民事诉讼法的规定，将案件移送先立案的海事法院管辖。

第三条　责任人在诉讼中申请设立海事赔偿责任限制基金的，应当向受理相关海事纠纷案件的海事法院提出。

相关海事纠纷由不同海事法院受理，责任人申请设立海事赔偿责任限制基金的，应当依据诉讼管辖协议向最先立案的海事法院提出；当事人之间未订立诉讼管辖协议的，向最先立案的海事法院提出。

第四条　海事赔偿责任限制基金设立后，设立基金的海事法院对海事请求人就与海事事故相关纠纷向责任人提起的诉讼具有管辖权。

海事请求人向其他海事法院提起诉讼的，受理案件的海事法院应当依照民事诉讼法的规定，将案件移送设立海事赔偿责任限制基金的海事法院，但当事人之间订有诉讼管辖协议的除外。

第五条　海事诉讼特别程序法第一百零六条第二款规定的海事法院在十五日内作出裁定的期间，自海事法院受理设立海事赔偿责任限制基金申请的最后一次公告发布之次日起第三十日开始计算。

第六条　海事诉讼特别程序法第一百一十二条规定的申请债权登记期间

的届满之日，为海事法院受理设立海事赔偿责任限制基金申请的最后一次公告发布之次日起第六十日。

第七条 债权人申请登记债权，符合有关规定的，海事法院应当在海事赔偿责任限制基金设立后，依照海事诉讼特别程序法第一百一十四条的规定作出裁定；海事赔偿责任限制基金未依法设立的，海事法院应当裁定终结债权登记程序。债权人已经交纳的申请费由申请设立海事赔偿责任限制基金的人负担。

第八条 海事赔偿责任限制基金设立后，海事请求人基于责任人依法不能援引海事赔偿责任限制抗辩的海事赔偿请求，可以对责任人的财产申请保全。

第九条 海事赔偿责任限制基金设立后，海事请求人就同一海事事故产生的属于海商法第二百零七条规定的可以限制赔偿责任的海事赔偿请求，以行使船舶优先权为由申请扣押船舶的，人民法院不予支持。

第十条 债权人提起确权诉讼时，依据海商法第二百零九条的规定主张责任人无权限制赔偿责任的，应当以书面形式提出。案件的审理不适用海事诉讼特别程序法规定的确权诉讼程序，当事人对海事法院作出的判决、裁定可以依法提起上诉。

两个以上债权人主张责任人无权限制赔偿责任的，海事法院可以将相关案件合并审理。

第十一条 债权人依据海事诉讼特别程序法第一百一十六条第一款的规定提起确权诉讼后，需要判定碰撞船舶过失程度比例的，案件的审理不适用海事诉讼特别程序法规定的确权诉讼程序，当事人对海事法院作出的判决、裁定可以依法提起上诉。

第十二条 海商法第二百零四条规定的船舶经营人是指登记的船舶经营人，或者接受船舶所有人委托实际使用和控制船舶并应当承担船舶责任的人，但不包括无船承运业务经营者。

第十三条 责任人未申请设立海事赔偿责任限制基金，不影响其在诉讼中对海商法第二百零七条规定的海事请求提出海事赔偿责任限制抗辩。

第十四条 责任人未提出海事赔偿责任限制抗辩的，海事法院不应主动适用海商法关于海事赔偿责任限制的规定进行裁判。

第十五条 责任人在一审判决作出前未提出海事赔偿责任限制抗辩，在二审、再审期间提出的，人民法院不予支持。

第十六条 责任人对海商法第二百零七条规定的海事赔偿请求未提出海事赔偿责任限制抗辩，债权人依据有关生效裁判文书或者仲裁裁决书，申请执行责任人海事赔偿责任限制基金以外的财产的，人民法院应予支持，但债权人以上述文书作为债权证据申请登记债权并经海事法院裁定准予的除外。

第十七条　海商法第二百零七条规定的可以限制赔偿责任的海事赔偿请求不包括因沉没、遇难、搁浅或者被弃船舶的起浮、清除、拆毁或者使之无害提起的索赔，或者因船上货物的清除、拆毁或者使之无害提起的索赔。

由于船舶碰撞致使责任人遭受前款规定的索赔，责任人就因此产生的损失向对方船舶追偿时，被请求人主张依据海商法第二百零七条的规定限制赔偿责任的，人民法院应予支持。

第十八条　海商法第二百零九条规定的“责任人”是指海事事故的责任人本人。

第十九条　海事请求人以发生海事事故的船舶不适航为由主张责任人无权限制赔偿责任，但不能证明引起赔偿请求的损失是由于责任人本人的故意或者明知可能造成损失而轻率地作为或者不作为造成的，人民法院不予支持。

第二十条　海事赔偿责任限制基金应当以人民币设立，其数额按法院准予设立基金的裁定生效之日的特别提款权对人民币的换算办法计算。

第二十一条　海商法第二百一十三条规定的利息，自海事事故发生之日起至基金设立之日止，按中国人民银行确定的金融机构同期一年期贷款基准利率计算。

以担保方式设立海事赔偿责任限制基金的，基金设立期间的利息按中国人民银行确定的金融机构同期一年期贷款基准利率计算。

第二十二条　本规定施行前已经终审的案件，人民法院进行再审时，不适用本规定。

第二十三条　本规定施行前本院发布的司法解释与本规定不一致的，以本规定为准。

【链　接】

解决实践难题　统一裁判尺度

——最高人民法院民四庭负责人就《关于审理海事赔偿责任限制相关纠纷案件的若干规定》答记者问

一、问：《最高人民法院关于审理海事赔偿责任限制相关纠纷案件的若干规定》将于2010年9月15日起施行，请问该司法解释的起草背景是什么？

答：海事赔偿责任限制是在发生海损事故后，责任人依法可以将其赔偿责任限定在一定范围内的一项传统的海事法律制度，其体现的是法律对航运业的适当保护。《中华人民共和国海商法》（以下简称《海商法》）充分借鉴《1976年海事索赔责任限制公约》（以下简称《1976年公约》）的规定，规定了海事赔偿责任限制的主体、可以享受海事赔偿责任限制的债权性质、丧失责任限制的条件、责任限额以及责任限制基金的设立等内容。《中华人民共和国海事诉讼特别程序法》（以下简称《海事诉讼特别程序法》）也对有关海事赔偿责任限制基金的设立程序等问题作了详细的规定。但由于我国海事法律制度研究起步较晚，关于海事赔偿责任限制的司法实践不多，故该项制度的立法受到一定程度的局限。如部分条文过于原则甚至模糊，部分程序性的规定难以操作等，造成司法实践的困难，甚至裁判尺度不一。为解决司法实践中存在的困难和问题，统一裁判尺度，在充分调研和广泛征求意见的基础上，起草了司法解释。

二、问：该司法解释主要内容有哪些？

答：司法解释包括程序和实体两部分内容。

在程序方面，主要是关于海事赔偿责任限制相关案件的管辖规定。海事赔偿责任限制实行“一次事故，一个限额”的原则。实践中，海损事故发生后，责任人往往向法院申请设立海事赔偿责任限制基金。经审理，最终认定责任人可以限制赔偿责任的，责任人的赔偿范围将以设立的基金为限，相关债权人所得的海损赔偿仅限于基金的范围。但一次海事事故发生后，一方面，可能产生多个债权人向不同的法院对责任人提起诉讼的情况；另一方面，可能涉及不同的责任人向不同的法院申请设立基金（如发生碰撞的双方船舶）。

如果因一次事故引起的多个纠纷在不同的法院处理，可能会引发由哪个法院审理责任人是否可以享受海事赔偿责任限制的问题，也可能对责任人是否对海损事故负有责任、是否可以享受责任限制出现不同的认定，更可能导致责任人无法实现限制赔偿责任的后果，在一定程度上会影响“一次事故，一个限额”原则的适用。为保障有关海事赔偿责任限制纠纷案件裁判尺度统一，也为保障相关判决的执行（分配基金），将基金的设立以及有关海事事故造成的相关纠纷交由一个法院审理是最佳的办法。这与国际通行做法也是一致的。

司法解释还对《海事诉讼特别程序法》规定的设立海事赔偿责任限制基金的相关规定加以细化，以便于实践中操作。

在实体方面，主要涉及《海商法》有关条款的理解。具体包括：明确审理与海事赔偿责任限制相关纠纷案件的法律适用、对海事赔偿责任限制主体的理解、海事赔偿责任限制适用的条件等。其中特别要说明的是对《海商法》规定的海事赔偿责任限制主体中的“船舶经营人”作出了定义性的规定，这对有关法律出台前，统一海事司法实践具有重要的意义。司法解释还对目前海事司法实践中认识不统一的问题作出规定，以统一裁判尺度。

三、问：在诉讼中，海损事故的责任方未提出海事赔偿责任限制抗辩的，法院是否可以主动适用海事赔偿责任限制的法律规定判决责任方可以限制赔偿责任？

答：海事赔偿责任限制属于当事人的抗辩权，是《海商法》赋予海损事故责任人的一项特殊权利。责任人在海事诉讼中提起的海事赔偿责任限制的抗辩是实体权利的抗辩，是需由当事人主张的抗辩，据此，在责任人不提出限制赔偿责任抗辩时，法院不应主动援引海事赔偿责任限制的法律规定进行裁判。该规定与法院居中裁判的地位相适应。

基于同样的理由，在当事人未提出海事赔偿责任限制抗辩时，法院也不应对责任人的海事赔偿责任限制问题进行释明。但鉴于当事人的诉讼能力不同，法官可以在个案的审理中予以释明，或者通过诉讼指南等方式引导当事人行使权利。

四、问：《海商法》关于海事赔偿责任限制的规定是借鉴《1976 年公约》的内容而来，《海商法》第二百零七条规定的债权与《1976 年公约》的规定有何不同？

答：《海商法》第二百零七条借鉴《1976 年公约》，规定了责任人可以依照《海商法》第十一章的规定享受海事赔偿责任限制的几种海事赔偿请求，包括在船上发生的或者与船舶营运、救助作业直接相关的人身伤亡或者财产的灭失、损坏，包括对港口工程、港池、航道和助航设施造成的损坏，以及由此引起的相应损失的赔偿请求；海上货物运输因迟延交付或者旅客及其行李运输因迟延到达造成损失的赔偿请求；与船舶营运或者救助作业直接相关的，侵犯非合同权利的行为造成其他损失的赔偿请求；责任人以外的其他人，为避免或者减少责任人依照本章规定可以限制赔偿责任的损失而采取措施的赔偿请求，以及因此项措施造成进一步损失的赔偿请求。

出于对我国基本国情的考虑，为确保资金到位从而有效打捞清除沉船沉物，保护航道安全，《海商法》第二百零七条在参照《1976 年公约》规定同时，没有采纳公约“有关沉没、遇难、搁浅或者被弃船舶的起浮、清除、拆毁或者使之无害提起的索赔”，“有关船上货物的清除、拆毁或者使之无害提起的索赔”这两项海事赔偿请求，故对这两项请求，责任人不能限制赔偿责任。

五、问：我们注意到，对于因船舶碰撞导致沉船沉物打捞清除的，直接责任人在承担打捞清除责任后，就打捞清除损失向碰撞对方追偿时，碰撞对方对该索赔是否可以限制赔偿责任的问题，目前海事司法实践存在不同的认识。现司法解释规定此项追偿损失，责任人可以限制赔偿责任，请介绍一下采纳这种观点出于何种考虑?

答：对于因船舶碰撞导致沉船沉物，直接责任人在承担打捞清除责任后，就打捞清除损失向碰撞对方追偿时，碰撞对方对该索赔是否可以限制赔偿责任的问题，的确是海事司法实践中争议较大的问题。有观点认为碰撞对方不能限制赔偿责任，因为互有过失的船舶碰撞导致船舶货物沉没，碰撞双方都是打捞清除的责任主体，且根据《海商法》第二百零七条的规定，可以限制赔偿责任的海事请求中不包括打捞清除费用请求。另外，对打捞清除费用，如果碰撞一方可以限制赔偿责任，另一方不能限制赔偿责任，会导致适用海事赔偿责任限制的不公平。经研究，我们认为，因船舶碰撞导致沉船沉物，直接责任人在承担打捞清除责任后，就打捞清除损失向碰撞对方追偿时，碰撞对方对该索赔是可以限制赔偿责任的。之所以采纳这种观点，主要基于对《海商法》的理解。《海商法》第二百零七条规定了责任人可以限制赔偿责任的几种海事请求，基于船舶碰撞引起的海事请求包括其中，属于限制性债权。而因船舶碰撞造成沉船需要采取打捞清除措施的，可能是单方责任，也可能是双方责任。无论哪种情况，海事主管机关要求责任方承担打捞清除责任的，责任方均不可以以限制赔偿责任作为抗辩理由。但就碰撞双方而言，所产生的打捞清除费用亦属于船舶碰撞产生的损失。碰撞船舶的一方在承担相关打捞费用后向另一方追偿时，其海事请求仍是基于船舶碰撞产生的损失，并非因为打捞清除沉船的损失。这样规定，亦不影响海事主管机关及时组织清理沉船，保障航道安全，同时也与国际上做法相同。

六、问：海事赔偿责任限制法律制度是具有较强特点的一项海事法律制度，目前还有哪些司法实践中存在的突出的问题需要进一步解决？

答：《海商法》和《海事诉讼特别程序法》分别就海事赔偿责任限制的实体问题以及设立海事赔偿责任限制基金的程序作出了规定。但由于立法受到的局限，一些法律规定有待进一步完善，且不宜通过司法解释解决。《海商法》规定了300总吨以上船舶的海事赔偿责任限额，但将不满300总吨的船舶、从事中华人民共和国港口之间运输的船舶以及沿海作业的船舶的责任限额，授权国务院交通主管部门制定。据此，原交通部制定并由国务院批准发布了《关于不满300总吨船舶及沿海运输、沿海作业船舶海事赔偿限额的规定》（以下简称《交通部规定》）。其第三条规定，除本规定第四条另有规定外，不满300总吨船舶的海事赔偿责任限制，依照下列规定计算赔偿限额（略）。同时为了给予我国从事国内港口之间货物运输和沿海作业的船舶（以下统一简称沿海船舶）优惠，第四条规定，从事中华人民共和国港口之间货物运输或者沿海作业的船舶，不满300总吨的，其海事赔偿限额依照本规定第三条规定的赔偿限额的50%计算；300总吨以上的，其海事赔偿限额依照《海商法》第二百一十条第一款规定的赔偿限额的50%计算。据此，不同的船舶，其责任限额适用不同的法律、法规确定。实践中，经常发生两艘船舶发生碰撞，其中一艘为从事中华人民共和国港口之间货物运输的船舶，另一艘为300总吨以上的外轮或者从事中华人民共和国港口与外国港口之间货物运输的船舶。对于此种情形，《交通部规定》第五条规定，同一事故中的当事船舶的海事赔偿限额，有适用《海商法》第二百一十条或者本规定第三条规定的，其他当事船舶的海事赔偿限额应当同样适用。如何理解此规定中的“有适用”，是司法实践中的一个难题，出现不同的认识，不同的认定。有观点认为：“有适用”，是指有申请适用，即当事船舶的船舶所有人具有实际适用或者申请实施其责任限制权利或者实际申请设立海事赔偿责任限制基金的情况。亦有观点认为从第五条规定的文字上看，“有适用”应当理解为客观上存在应适用较高限额标准的船舶，因此，只要同一事故中存在沿海与非沿海两类船舶，沿海船舶就应适用与国际航线船舶相同的限额标准。

我们认为，法律解释应当首先从法律规定的文义出发。从《交通部规定》第五条的文句来看，“当事船舶的海事赔偿责任限额”是根据船舶吨位计算得出的数据，不论当事船舶主观上是否主张责任限制，其始终客观存在。因此，当事船舶的限额有适用《海商法》第二百一十条或者《交通部规定》第三条规定的，应当是指当事船舶的限额有应当依照《海商法》第二百一十条第一款或者《交通部规定》第三条规定计算的情况，亦即当事船舶之一为国际航线船舶的情况。在此种情况下，为避免发生船旗歧视的问题，沿海船舶的限额应当适用相同的标准。

尽管该问题在审判实践中急需解决，但《交通部规定》是《海商法》授权、国务院发布的行政法规，应当遵照执行。在该规定第六条中明确规定“本规定由中华人民共和国交通部负责解释”，故我院在本司法解释中对此问题不应再作出解释，司法解释中没有就此问题作出规定。

最高人民法院
关于海事法院可否适用小额诉讼程序问题的批复

法释〔2013〕16号

（2013年5月27日最高人民法院审判委员会第1579次会议通过
2013年6月19日最高人民法院公告公布　自2013年6月26日起施行）

上海市高级人民法院：

你院《关于海事法院适用小额诉讼程序的请示》（沪高法〔2013〕5号）收悉。经研究，批复如下：

2012年修订的《中华人民共和国民事诉讼法》简易程序一章规定了小额诉讼程序，《中华人民共和国海事诉讼特别程序法》第九十八条规定海事法院可以适用简易程序。因此，海事法院可以适用小额诉讼程序审理简单的海事、海商案件。

适用小额诉讼程序的标的额应以实际受理案件的海事法院或其派出法庭所在的省、自治区、直辖市上年度就业人员年平均工资百分之三十为限。

最高人民法院指导案例16号

中海发展股份有限公司货轮公司申请设立海事赔偿责任限制基金案

（最高人民法院审判委员会讨论通过　2013年1月31日发布）

关键词

海事诉讼　海事赔偿责任限制基金　海事赔偿责任限额计算

裁判要点

1. 对于申请设立海事赔偿责任限制基金的，法院仅就申请人主体资格、事故所涉及的债权性质和申请设立基金的数额进行程序性审查。有关申请人实体上应否享有海事赔偿责任限制，以及事故所涉债权除限制性债权外是否同时存在其他非限制性债权等问题，不影响法院依法作出准予设立海事赔偿责任限制基金的裁定。

2. 《中华人民共和国海商法》第二百一十条第二款规定的“从事中华人民共和国港口之间的运输的船舶”，应理解为发生海事事故航次正在从事中华人民共和国港口之间运输的船舶。

相关法条

《中华人民共和国海事诉讼特别程序法》第一百零六条第二款

《中华人民共和国海商法》第二百一十条第二款

基本案情

中海发展股份有限公司货轮公司（以下简称货轮公司）所属的“宁安 11”轮，于 2008 年 5 月 23 日从秦皇岛运载电煤前往上海外高桥码头，5 月 26 日在靠泊码头过程中触碰码头的 2 号卸船机，造成码头和机器受损。货轮公司遂于 2009 年 3 月 9 日向上海海事法院申请设立海事赔偿责任限制基金。货轮公司申请设立非人身伤亡海事赔偿责任限制基金，数额为 2242643 计算单位（折合人民币 25442784.84 元）和自事故发生之日起至基金设立之日止的利息。

上海外高桥发电有限责任公司、上海外高桥第二发电有限责任公司作为第一异议人，中国人民财产保险股份有限公司上海市分公司、中国大地财产保险股份有限公司上海分公司、中国平安财产保险股份有限公司上海分公司、安诚财产保险股份有限公司上海分公司、中国太平洋财产保险股份有限公司上海分公司、中国大地财产保险股份有限公司营业部、永诚财产保险股份有限公司上海分公司等 7 位异议人作为第二异议人，分别针对货轮公司的上述申请，向上海海事法院提出了书面异议。上海海事法院于 2009 年 5 月 27 日就此项申请和异议召开了听证会。

第一异议人称：“宁安 11”轮系因船长的错误操作行为导致了事故发生，应对本次事故负全部责任，故申请人无权享受海事赔偿责任限制。“宁安 11”轮是一艘可以从事国际远洋运输的船舶，不属于从事中国港口之间货物运输的船舶，不适用交通部《关于不满 300 总吨船舶及沿海运输、沿海作业船舶海事赔偿限额的规定》（以下简称《船舶赔偿限额规定》）第四条规定的限额，而应适用《中华人民共和国海商法》（以下简称《海商法》）第二百一十条第一款第（二）项规定的限额。

第二异议人称：事故所涉及的债权性质虽然大部分属于限制性债权，但其中清理残骸费用应当属于非限制性债权，申请人无权就此项费用申请限制赔偿责任。其他异议意见和理由同第一异议人。

上海海事法院经审理查明：申请人系“宁安 11”轮登记的船舶所有人。涉案船舶触碰事故所造成的码头和机器损坏，属于与船舶营运直接相关的财产损失。另，“宁安 11”轮总吨位为 26358 吨，营业运输证载明的核定经营范围为“国内沿海及长江中下游各港间普通货物运输”。

裁判结果

上海海事法院于 2009 年 6 月 10 日作出（2009）沪海法限字第 1 号民事裁定，驳回异议人的异议，准许申请人设立海事赔偿责任限制基金，基金数额为人民币 25442784.84 元和该款自 2008 年 5 月 26 日起至基金设立之日止的银行利息。宣判后，异议人中国人民财产保险股份有限公司上海市分公司提出上诉。上海市高级人民法院于 2009 年 7 月 27 日作出（2009）沪高民四（海）限字第 1 号民事裁定，驳回上诉，维持原裁定。

裁判理由

法院生效裁判认为：根据《最高人民法院关于适用〈中华人民共和国海事诉讼特别程序法〉若干问题的解释》第八十三条的规定，申请设立海事赔偿责任限制基金，应当对申请人的主体资格、事故所涉及的债权性质和申请设立基金的数额进行审查。

货轮公司是“宁安 11”轮的船舶登记所有人，属于《海商法》第二百零四条和《中华人民共和国海事诉讼特别程序法》第一百零一条第一款规定的可以申请设立海事赔偿责任限制基金的主体。异议人提出的申请人所属船舶应当对事故负全责，其无权享受责任限制的意见，因涉及对申请人是否享有赔偿责任限制实体权利的判定，而该问题应在案件的实体审理中解决，故对第一异议人的该异议不作处理。

鉴于涉案船舶触碰事故所造成的码头和机器损坏，属于与船舶营运直接相关的财产损失，依据《海商法》第二百零七条的规定，责任人可以限制赔偿责任。因此，第二异议人提出的清理残骸费用属于非限制性债权，申请人无权享有该项赔偿责任限制的意见，不影响法院准予申请人就所涉限制性债权事项提出的设立海事赔偿责任限制基金申请。

关于“宁安 11”轮是否属于《海商法》第二百一十条第二款规定的“从事中华人民共和国港口之间的运输的船舶”，进而应按照何种标准计算赔偿限额的问题。鉴于“宁安 11”轮营业运输证载明的核定经营范围为“国内沿海及长江中下游各港间普通货物运输”，涉案事故发生时其所从事的也正是从秦皇岛港至上海港航次的运营。因此，该船舶应认定为“从事中华人民共和国港口之间的运输的船舶”，而不宜以船舶适航证书上记载的船舶可航区域或者船舶有能力航行的区域来确定。为此，异议人提出的“宁安 11”轮所准予航行的区域为近海，是一艘可以从事国际远洋运输船舶的意见不予采纳。申请人据此申请适用《海商法》第二百一十条第二款和《船舶赔偿限额规定》第四条规定的标准计算涉案限制基金的数额并无不当。异议人有关适用《海商法》第二百一十条第一款第（二）项规定计算涉案基金数额的主张及理由，依据不足，不予采纳。

鉴于事故发生之日国际货币基金组织未公布特别提款权与人民币之间的换算比率，申请人根据次日公布的比率 1∶11.345 计算，异议人并无异议，涉案船舶的总吨位为 26358 吨，因此，涉案海事赔偿责任限额为〔（26358－500）×167＋167000〕×50％＝2242643 特别提款权，折合人民币 25442784.84 元，基金数额应为人民币 25442784.84 元和该款自事故发生之日起至基金设立之日止按中国人民银行同期活期存款利率计算的利息。

民事诉讼篇

第一章　综　合

中华人民共和国民事诉讼法

（1991 年 4 月 9 日第七届全国人民代表大会第四次会议通过　根据 2007 年 10 月 28 日第十届全国人民代表大会常务委员会第三十次会议《关于修改〈中华人民共和国民事诉讼法〉的决定》第一次修正　根据 2012 年 8 月 31 日第十一届全国人民代表大会常务委员会第二十八次会议《关于修改〈中华人民共和国民事诉讼法〉的决定》第二次修正　根据 2017 年 6 月 27 日第十二届全国人民代表大会常务委员会第二十八次会议《关于修改〈中华人民共和国民事诉讼法〉和〈中华人民共和国行政诉讼法〉的决定》第三次修正）

目　录

第七章　期间、送达
　第一节　期　间
　第二节　送　达
第八章　调　解
第九章　保全和先予执行
第十章　对妨害民事诉讼的强制措施
第十一章　诉讼费用
第二编　审判程序
第十二章　第一审普通程序
　第一节　起诉和受理
　第二节　审理前的准备
　第三节　开庭审理
　第四节　诉讼中止和终结
　第五节　判决和裁定
第十三章　简易程序
第十四章　第二审程序
第十五章　特别程序
　第一节　一般规定
　第二节　选民资格案件
　第三节　宣告失踪、宣告死亡案件
　第四节　认定公民无民事行为能力、限制民事行为能力案件
　第五节　认定财产无主案件
　第六节　确认调解协议案件
　第七节　实现担保物权案件
第十六章　审判监督程序
第十七章　督促程序
第十八章　公示催告程序
第三编　执行程序
第十九章　一般规定
第二十章　执行的申请和移送
第二十一章　执行措施
第二十二章　执行中止和终结
第四编　涉外民事诉讼程序的特别规定
第二十三章　一般原则
第二十四章　管　辖

第一编　总　则

第一章　任务、适用范围和基本原则

第一条　【立法依据】中华人民共和国民事诉讼法以宪法为根据，结合我国民事审判工作的经验和实际情况制定。

第二条　【立法目的】中华人民共和国民事诉讼法的任务，是保护当事人行使诉讼权利，保证人民法院查明事实，分清是非，正确适用法律，及时审理民事案件，确认民事权利义务关系，制裁民事违法行为，保护当事人的合法权益，教育公民自觉遵守法律，维护社会秩序、经济秩序，保障社会主义建设事业顺利进行。

第三条　【适用范围】人民法院受理公民之间、法人之间、其他组织之间以及他们相互之间因财产关系和人身关系提起的民事诉讼，适用本法的规定。

第四条　【空间效力】凡在中华人民共和国领域内进行民事诉讼，必须遵守本法。

第五条　【同等原则和对等原则】外国人、无国籍人、外国企业和组织在人民法院起诉、应诉，同中华人民共和国公民、法人和其他组织有同等的诉讼权利义务。

外国法院对中华人民共和国公民、法人和其他组织的民事诉讼权利加以限制的，中华人民共和国人民法院对该国公民、企业和组织的民事诉讼权利，实行对等原则。

第六条　【独立审判原则】民事案件的审判权由人民法院行使。

人民法院依照法律规定对民事案件独立进行审判，不受行政机关、社会团体和个人的干涉。

第七条　【以事实为根据以法律为准绳原则】人民法院审理民事案件，必须以事实为根据，以法律为准绳。

第八条　【诉讼权利平等原则】民事诉讼当事人有平等的诉讼权利。人民法院审理民事案件，应当保障和便利当事人行使诉讼权利，对当事人在适用法律上一律平等。

第九条 【法院调解原则】人民法院审理民事案件，应当根据自愿和合法的原则进行调解；调解不成的，应当及时判决。

第十条 【合议、回避、公开审判、两审终审制度】人民法院审理民事案件，依照法律规定实行合议、回避、公开审判和两审终审制度。

第十一条 【使用本民族语言文字原则】各民族公民都有用本民族语言、文字进行民事诉讼的权利。

在少数民族聚居或者多民族共同居住的地区，人民法院应当用当地民族通用的语言、文字进行审理和发布法律文书。

人民法院应当对不通晓当地民族通用的语言、文字的诉讼参与人提供翻译。

第十二条 【辩论原则】人民法院审理民事案件时，当事人有权进行辩论。

第十三条 【诚实信用原则和处分原则】民事诉讼应当遵循诚实信用原则。

当事人有权在法律规定的范围内处分自己的民事权利和诉讼权利。

第十四条 【检察监督原则】人民检察院有权对民事诉讼实行法律监督。

第十五条 【支持起诉原则】机关、社会团体、企业事业单位对损害国家、集体或者个人民事权益的行为，可以支持受损害的单位或者个人向人民法院起诉。

第十六条 【民族自治地方的变通或者补充规定】民族自治地方的人民代表大会根据宪法和本法的原则，结合当地民族的具体情况，可以制定变通或者补充的规定。自治区的规定，报全国人民代表大会常务委员会批准。自治州、自治县的规定，报省或者自治区的人民代表大会常务委员会批准，并报全国人民代表大会常务委员会备案。

第二章 管 辖

第一节 级别管辖

第十七条 【基层法院管辖】基层人民法院管辖第一审民事案件，但本法另有规定的除外。

第十八条 【中级法院管辖】中级人民法院管辖下列第一审民事案件：

（一）重大涉外案件；

（二）在本辖区有重大影响的案件；

（三）最高人民法院确定由中级人民法院管辖的案件。

第十九条 【高级法院管辖】高级人民法院管辖在本辖区有重大影响的

第一审民事案件。

第二十条　【最高法院管辖】最高人民法院管辖下列第一审民事案件：

（一）在全国有重大影响的案件；

（二）认为应当由本院审理的案件。

第二节　地域管辖

第二十一条　【被告住所地、经常居住地法院管辖】对公民提起的民事诉讼，由被告住所地人民法院管辖；被告住所地与经常居住地不一致的，由经常居住地人民法院管辖。

对法人或者其他组织提起的民事诉讼，由被告住所地人民法院管辖。

同一诉讼的几个被告住所地、经常居住地在两个以上人民法院辖区的，各该人民法院都有管辖权。

第二十二条　【原告住所地、经常居住地法院管辖】下列民事诉讼，由原告住所地人民法院管辖；原告住所地与经常居住地不一致的，由原告经常居住地人民法院管辖：

（一）对不在中华人民共和国领域内居住的人提起的有关身份关系的诉讼；

（二）对下落不明或者宣告失踪的人提起的有关身份关系的诉讼；

（三）对被采取强制性教育措施的人提起的诉讼；

（四）对被监禁的人提起的诉讼。

第二十三条　【合同纠纷的地域管辖】因合同纠纷提起的诉讼，由被告住所地或者合同履行地人民法院管辖。

第二十四条　【保险合同纠纷的地域管辖】因保险合同纠纷提起的诉讼，由被告住所地或者保险标的物所在地人民法院管辖。

第二十五条　【票据纠纷的地域管辖】因票据纠纷提起的诉讼，由票据支付地或者被告住所地人民法院管辖。

第二十六条　【公司纠纷的地域管辖】因公司设立、确认股东资格、分配利润、解散等纠纷提起的诉讼，由公司住所地人民法院管辖。

第二十七条　【运输合同纠纷的地域管辖】因铁路、公路、水上、航空运输和联合运输合同纠纷提起的诉讼，由运输始发地、目的地或者被告住所地人民法院管辖。

第二十八条　【侵权纠纷的地域管辖】因侵权行为提起的诉讼，由侵权行为地或者被告住所地人民法院管辖。

第二十九条　【交通事故损害赔偿纠纷的地域管辖】因铁路、公路、水上和航空事故请求损害赔偿提起的诉讼，由事故发生地或者车辆、船舶最先到达地、航空器最先降落地或者被告住所地人民法院管辖。

第三十条 【海事损害赔偿纠纷的地域管辖】因船舶碰撞或者其他海事损害事故请求损害赔偿提起的诉讼，由碰撞发生地、碰撞船舶最先到达地、加害船舶被扣留地或者被告住所地人民法院管辖。

第三十一条 【海难救助费用纠纷的地域管辖】因海难救助费用提起的诉讼，由救助地或者被救助船舶最先到达地人民法院管辖。

第三十二条 【共同海损纠纷的地域管辖】因共同海损提起的诉讼，由船舶最先到达地、共同海损理算地或者航程终止地的人民法院管辖。

第三十三条 【专属管辖】下列案件，由本条规定的人民法院专属管辖：

（一）因不动产纠纷提起的诉讼，由不动产所在地人民法院管辖；

（二）因港口作业中发生纠纷提起的诉讼，由港口所在地人民法院管辖；

（三）因继承遗产纠纷提起的诉讼，由被继承人死亡时住所地或者主要遗产所在地人民法院管辖。

第三十四条 【协议管辖】合同或者其他财产权益纠纷的当事人可以书面协议选择被告住所地、合同履行地、合同签订地、原告住所地、标的物所在地等与争议有实际联系的地点的人民法院管辖，但不得违反本法对级别管辖和专属管辖的规定。

第三十五条 【选择管辖】两个以上人民法院都有管辖权的诉讼，原告可以向其中一个人民法院起诉；原告向两个以上有管辖权的人民法院起诉的，由最先立案的人民法院管辖。

第三节 移送管辖和指定管辖

第三十六条 【移送管辖】人民法院发现受理的案件不属于本院管辖的，应当移送有管辖权的人民法院，受移送的人民法院应当受理。受移送的人民法院认为受移送的案件依照规定不属于本院管辖的，应当报请上级人民法院指定管辖，不得再自行移送。

第三十七条 【指定管辖】有管辖权的人民法院由于特殊原因，不能行使管辖权的，由上级人民法院指定管辖。

人民法院之间因管辖权发生争议，由争议双方协商解决；协商解决不了的，报请它们的共同上级人民法院指定管辖。

第三十八条 【管辖权的转移】上级人民法院有权审理下级人民法院管辖的第一审民事案件；确有必要将本院管辖的第一审民事案件交下级人民法院审理的，应当报请其上级人民法院批准。

下级人民法院对它所管辖的第一审民事案件，认为需要由上级人民法院审理的，可以报请上级人民法院审理。

第三章　审判组织

第三十九条　【一审审判组织】人民法院审理第一审民事案件，由审判员、陪审员共同组成合议庭或者由审判员组成合议庭。合议庭的成员人数，必须是单数。

适用简易程序审理的民事案件，由审判员一人独任审理。

陪审员在执行陪审职务时，与审判员有同等的权利义务。

第四十条　【二审和再审审判组织】人民法院审理第二审民事案件，由审判员组成合议庭。合议庭的成员人数，必须是单数。

发回重审的案件，原审人民法院应当按照第一审程序另行组成合议庭。

审理再审案件，原来是第一审的，按照第一审程序另行组成合议庭；原来是第二审的或者是上级人民法院提审的，按照第二审程序另行组成合议庭。

第四十一条　【合议庭审判长的产生】合议庭的审判长由院长或者庭长指定审判员一人担任；院长或者庭长参加审判的，由院长或者庭长担任。

第四十二条　【合议庭的评议规则】合议庭评议案件，实行少数服从多数的原则。评议应当制作笔录，由合议庭成员签名。评议中的不同意见，必须如实记入笔录。

第四十三条　【审判人员工作纪律】审判人员应当依法秉公办案。

审判人员不得接受当事人及其诉讼代理人请客送礼。

审判人员有贪污受贿，徇私舞弊，枉法裁判行为的，应当追究法律责任；构成犯罪的，依法追究刑事责任。

第四章　回　避

第四十四条　【回避的对象、条件和方式】审判人员有下列情形之一的，应当自行回避，当事人有权用口头或者书面方式申请他们回避：

（一）是本案当事人或者当事人、诉讼代理人近亲属的；

（二）与本案有利害关系的；

（三）与本案当事人、诉讼代理人有其他关系，可能影响对案件公正审理的。

审判人员接受当事人、诉讼代理人请客送礼，或者违反规定会见当事人、诉讼代理人的，当事人有权要求他们回避。

审判人员有前款规定的行为的，应当依法追究法律责任。

前三款规定，适用于书记员、翻译人员、鉴定人、勘验人。

第四十五条　【回避申请】当事人提出回避申请，应当说明理由，在案件开始审理时提出；回避事由在案件开始审理后知道的，也可以在法庭辩论终结前提出。

被申请回避的人员在人民法院作出是否回避的决定前，应当暂停参与本案的工作，但案件需要采取紧急措施的除外。

第四十六条 【回避决定的程序】院长担任审判长时的回避，由审判委员会决定；审判人员的回避，由院长决定；其他人员的回避，由审判长决定。

第四十七条 【回避决定的时限及效力】人民法院对当事人提出的回避申请，应当在申请提出的三日内，以口头或者书面形式作出决定。申请人对决定不服的，可以在接到决定时申请复议一次。复议期间，被申请回避的人员，不停止参与本案的工作。人民法院对复议申请，应当在三日内作出复议决定，并通知复议申请人。

第五章 诉讼参加人

第一节 当事人

第四十八条 【当事人范围】公民、法人和其他组织可以作为民事诉讼的当事人。

法人由其法定代表人进行诉讼。其他组织由其主要负责人进行诉讼。

第四十九条 【诉讼权利义务】当事人有权委托代理人，提出回避申请，收集、提供证据，进行辩论，请求调解，提起上诉，申请执行。

当事人可以查阅本案有关材料，并可以复制本案有关材料和法律文书。查阅、复制本案有关材料的范围和办法由最高人民法院规定。

当事人必须依法行使诉讼权利，遵守诉讼秩序，履行发生法律效力的判决书、裁定书和调解书。

第五十条 【自行和解】双方当事人可以自行和解。

第五十一条 【诉讼请求的放弃、变更、承认、反驳及反诉】原告可以放弃或者变更诉讼请求。被告可以承认或者反驳诉讼请求，有权提起反诉。

第五十二条 【共同诉讼】当事人一方或者双方为二人以上，其诉讼标的是共同的，或者诉讼标的是同一种类、人民法院认为可以合并审理并经当事人同意的，为共同诉讼。

共同诉讼的一方当事人对诉讼标的有共同权利义务的，其中一人的诉讼行为经其他共同诉讼人承认，对其他共同诉讼人发生效力；对诉讼标的没有共同权利义务的，其中一人的诉讼行为对其他共同诉讼人不发生效力。

第五十三条 【当事人人数确定的代表人诉讼】当事人一方人数众多的共同诉讼，可以由当事人推选代表人进行诉讼。代表人的诉讼行为对其所代表的当事人发生效力，但代表人变更、放弃诉讼请求或者承认对方当事人的诉讼请求，进行和解，必须经被代表的当事人同意。

第五十四条　【当事人人数不确定的代表人诉讼】诉讼标的是同一种类、当事人一方人数众多在起诉时人数尚未确定的，人民法院可以发出公告，说明案件情况和诉讼请求，通知权利人在一定期间向人民法院登记。

向人民法院登记的权利人可以推选代表人进行诉讼；推选不出代表人的，人民法院可以与参加登记的权利人商定代表人。

代表人的诉讼行为对其所代表的当事人发生效力，但代表人变更、放弃诉讼请求或者承认对方当事人的诉讼请求，进行和解，必须经被代表的当事人同意。

人民法院作出的判决、裁定，对参加登记的全体权利人发生效力。未参加登记的权利人在诉讼时效期间提起诉讼的，适用该判决、裁定。

第五十五条　【公益诉讼】对污染环境、侵害众多消费者合法权益等损害社会公共利益的行为，法律规定的机关和有关组织可以向人民法院提起诉讼。

人民检察院在履行职责中发现破坏生态环境和资源保护、食品药品安全领域侵害众多消费者合法权益等损害社会公共利益的行为，在没有前款规定的机关和组织或者前款规定的机关和组织不提起诉讼的情况下，可以向人民法院提起诉讼。前款规定的机关或者组织提起诉讼的，人民检察院可以支持起诉。

第五十六条　【第三人】对当事人双方的诉讼标的，第三人认为有独立请求权的，有权提起诉讼。

对当事人双方的诉讼标的，第三人虽然没有独立请求权，但案件处理结果同他有法律上的利害关系的，可以申请参加诉讼，或者由人民法院通知他参加诉讼。人民法院判决承担民事责任的第三人，有当事人的诉讼权利义务。

前两款规定的第三人，因不能归责于本人的事由未参加诉讼，但有证据证明发生法律效力的判决、裁定、调解书的部分或者全部内容错误，损害其民事权益的，可以自知道或者应当知道其民事权益受到损害之日起六个月内，向作出该判决、裁定、调解书的人民法院提起诉讼。人民法院经审理，诉讼请求成立的，应当改变或者撤销原判决、裁定、调解书；诉讼请求不成立的，驳回诉讼请求。

第二节　诉讼代理人

第五十七条　【法定诉讼代理人】无诉讼行为能力人由他的监护人作为法定代理人代为诉讼。法定代理人之间互相推诿代理责任的，由人民法院指定其中一人代为诉讼。

第五十八条　【委托诉讼代理人】当事人、法定代理人可以委托一至二人作为诉讼代理人。

下列人员可以被委托为诉讼代理人：

（一）律师、基层法律服务工作者；

（二）当事人的近亲属或者工作人员；

（三）当事人所在社区、单位以及有关社会团体推荐的公民。

第五十九　【委托诉讼代理权的取得和权限】条委托他人代为诉讼，必须向人民法院提交由委托人签名或者盖章的授权委托书。

授权委托书必须记明委托事项和权限。诉讼代理人代为承认、放弃、变更诉讼请求，进行和解，提起反诉或者上诉，必须有委托人的特别授权。

侨居在国外的中华人民共和国公民从国外寄交或者托交的授权委托书，必须经中华人民共和国驻该国的使领馆证明；没有使领馆的，由与中华人民共和国有外交关系的第三国驻该国的使领馆证明，再转由中华人民共和国驻该第三国使领馆证明，或者由当地的爱国华侨团体证明。

第六十条　【诉讼代理权的变更和解除】诉讼代理人的权限如果变更或者解除，当事人应当书面告知人民法院，并由人民法院通知对方当事人。

第六十一条　【诉讼代理人调查收集证据和查阅有关资料的权利】代理诉讼的律师和其他诉讼代理人有权调查收集证据，可以查阅本案有关材料。查阅本案有关材料的范围和办法由最高人民法院规定。

第六十二条　【离婚诉讼代理的特别规定】离婚案件有诉讼代理人的，本人除不能表达意思的以外，仍应出庭；确因特殊情况无法出庭的，必须向人民法院提交书面意见。

第六章　证　据

第六十三条　【证据的种类】证据包括：

（一）当事人的陈述；

（二）书证；

（三）物证；

（四）视听资料；

（五）电子数据；

（六）证人证言；

（七）鉴定意见；

（八）勘验笔录。

证据必须查证属实，才能作为认定事实的根据。

第六十四条　【举证责任与查证】当事人对自己提出的主张，有责任提供证据。

当事人及其诉讼代理人因客观原因不能自行收集的证据，或者人民法院认为审理案件需要的证据，人民法院应当调查收集。

人民法院应当按照法定程序，全面地、客观地审查核实证据。

第六十五条　【举证期限及逾期后果】当事人对自己提出的主张应当及时提供证据。

人民法院根据当事人的主张和案件审理情况，确定当事人应当提供的证据及其期限。当事人在该期限内提供证据确有困难的，可以向人民法院申请延长期限，人民法院根据当事人的申请适当延长。当事人逾期提供证据的，人民法院应当责令其说明理由；拒不说明理由或者理由不成立的，人民法院根据不同情形可以不予采纳该证据，或者采纳该证据但予以训诫、罚款。

第六十六条　【人民法院签收证据】人民法院收到当事人提交的证据材料，应当出具收据，写明证据名称、页数、份数、原件或者复印件以及收到时间等，并由经办人员签名或者盖章。

第六十七条　【人民法院调查取证】人民法院有权向有关单位和个人调查取证，有关单位和个人不得拒绝。

人民法院对有关单位和个人提出的证明文书，应当辨别真伪，审查确定其效力。

第六十八条　【证据的公开与质证】证据应当在法庭上出示，并由当事人互相质证。对涉及国家秘密、商业秘密和个人隐私的证据应当保密，需要在法庭出示的，不得在公开开庭时出示。

第六十九条　【公证证据】经过法定程序公证证明的法律事实和文书，人民法院应当作为认定事实的根据，但有相反证据足以推翻公证证明的除外。

第七十条　【书证和物证】书证应当提交原件。物证应当提交原物。提交原件或者原物确有困难的，可以提交复制品、照片、副本、节录本。

提交外文书证，必须附有中文译本。

第七十一条　【辨别视听资料】人民法院对视听资料，应当辨别真伪，并结合本案的其他证据，审查确定能否作为认定事实的根据。

第七十二条　【证人的义务】凡是知道案件情况的单位和个人，都有义务出庭作证。有关单位的负责人应当支持证人作证。

不能正确表达意思的人，不能作证。

第七十三条　【证人不出庭作证的情形】经人民法院通知，证人应当出庭作证。有下列情形之一的，经人民法院许可，可以通过书面证言、视听传输技术或者视听资料等方式作证：

（一）因健康原因不能出庭的；

（二）因路途遥远，交通不便不能出庭的；

（三）因自然灾害等不可抗力不能出庭的；

（四）其他有正当理由不能出庭的。

第七十四条 【证人出庭作证费用的承担】证人因履行出庭作证义务而支出的交通、住宿、就餐等必要费用以及误工损失，由败诉一方当事人负担。当事人申请证人作证的，由该当事人先行垫付；当事人没有申请，人民法院通知证人作证的，由人民法院先行垫付。

第七十五条 【当事人陈述作为证据的认定】人民法院对当事人的陈述，应当结合本案的其他证据，审查确定能否作为认定事实的根据。

当事人拒绝陈述的，不影响人民法院根据证据认定案件事实。

第七十六条 【申请鉴定】当事人可以就查明事实的专门性问题向人民法院申请鉴定。当事人申请鉴定的，由双方当事人协商确定具备资格的鉴定人；协商不成的，由人民法院指定。

当事人未申请鉴定，人民法院对专门性问题认为需要鉴定的，应当委托具备资格的鉴定人进行鉴定。

第七十七条 【鉴定人的职责】鉴定人有权了解进行鉴定所需要的案件材料，必要时可以询问当事人、证人。

鉴定人应当提出书面鉴定意见，在鉴定书上签名或者盖章。

第七十八条 【鉴定人出庭作证的义务】当事人对鉴定意见有异议或者人民法院认为鉴定人有必要出庭的，鉴定人应当出庭作证。经人民法院通知，鉴定人拒不出庭作证的，鉴定意见不得作为认定事实的根据；支付鉴定费用的当事人可以要求返还鉴定费用。

第七十九条 【对鉴定意见的查证】当事人可以申请人民法院通知有专门知识的人出庭，就鉴定人作出的鉴定意见或者专业问题提出意见。

第八十条 【勘验笔录的制作程序】勘验物证或者现场，勘验人必须出示人民法院的证件，并邀请当地基层组织或者当事人所在单位派人参加。当事人或者当事人的成年家属应当到场，拒不到场的，不影响勘验的进行。

有关单位和个人根据人民法院的通知，有义务保护现场，协助勘验工作。

勘验人应当将勘验情况和结果制作笔录，由勘验人、当事人和被邀参加人签名或者盖章。

第八十一条 【证据保全】在证据可能灭失或者以后难以取得的情况下，当事人可以在诉讼过程中向人民法院申请保全证据，人民法院也可以主动采取保全措施。

因情况紧急，在证据可能灭失或者以后难以取得的情况下，利害关系人可以在提起诉讼或者申请仲裁前向证据所在地、被申请人住所地或者对案件有管辖权的人民法院申请保全证据。

证据保全的其他程序，参照适用本法第九章保全的有关规定。

第七章　期间、送达

第一节　期　间

第八十二条　【期间的种类和计算】期间包括法定期间和人民法院指定的期间。

期间以时、日、月、年计算。期间开始的时和日，不计算在期间内。

期间届满的最后一日是节假日的，以节假日后的第一日为期间届满的日期。

期间不包括在途时间，诉讼文书在期满前交邮的，不算过期。

第八十三条　【期间的耽误和顺延】当事人因不可抗拒的事由或者其他正当理由耽误期限的，在障碍消除后的十日内，可以申请顺延期限，是否准许，由人民法院决定。

第二节　送　达

第八十四条　【送达回证】送达诉讼文书必须有送达回证，由受送达人在送达回证上记明收到日期，签名或者盖章。

受送达人在送达回证上的签收日期为送达日期。

第八十五条　【直接送达】送达诉讼文书，应当直接送交受送达人。受送达人是公民的，本人不在交他的同住成年家属签收；受送达人是法人或者其他组织的，应当由法人的法定代表人、其他组织的主要负责人或者该法人、组织负责收件的人签收；受送达人有诉讼代理人的，可以送交其代理人签收；受送达人已向人民法院指定代收人的，送交代收人签收。

受送达人的同住成年家属，法人或者其他组织的负责收件的人，诉讼代理人或者代收人在送达回证上签收的日期为送达日期。

第八十六条　【留置送达】受送达人或者他的同住成年家属拒绝接收诉讼文书的，送达人可以邀请有关基层组织或者所在单位的代表到场，说明情况，在送达回证上记明拒收事由和日期，由送达人、见证人签名或者盖章，把诉讼文书留在受送达人的住所；也可以把诉讼文书留在受送达人的住所，并采用拍照、录像等方式记录送达过程，即视为送达。

第八十七条　【传真、电子邮件等方式送达】经受送达人同意，人民法院可以采用传真、电子邮件等能够确认其收悉的方式送达诉讼文书，但判决书、裁定书、调解书除外。

采用前款方式送达的，以传真、电子邮件等到达受送达人特定系统的日期为送达日期。

第八十八条 【委托送达与邮寄送达】直接送达诉讼文书有困难的，可以委托其他人民法院代为送达，或者邮寄送达。邮寄送达的，以回执上注明的收件日期为送达日期。

第八十九条 【军人的转交送达】受送达人是军人的，通过其所在部队团以上单位的政治机关转交。

第九十条 【被监禁人或被采取强制性教育措施的人的转交送达】受送达人被监禁的，通过其所在监所转交。

受送达人被采取强制性教育措施的，通过其所在强制性教育机构转交。

第九十一条 【转交送达的送达日期】代为转交的机关、单位收到诉讼文书后，必须立即交受送达人签收，以在送达回证上的签收日期，为送达日期。

第九十二条 【公告送达】受送达人下落不明，或者用本节规定的其他方式无法送达的，公告送达。自发出公告之日起，经过六十日，即视为送达。

公告送达，应当在案卷中记明原因和经过。

第八章 调 解

第九十三条 【法院调解原则】人民法院审理民事案件，根据当事人自愿的原则，在事实清楚的基础上，分清是非，进行调解。

第九十四条 【法院调解的程序】人民法院进行调解，可以由审判员一人主持，也可以由合议庭主持，并尽可能就地进行。

人民法院进行调解，可以用简便方式通知当事人、证人到庭。

第九十五条 【对法院调解的协助】人民法院进行调解，可以邀请有关单位和个人协助。被邀请的单位和个人，应当协助人民法院进行调解。

第九十六条 【调解协议的达成】调解达成协议，必须双方自愿，不得强迫。调解协议的内容不得违反法律规定。

第九十七条 【调解书的制作、送达和效力】调解达成协议，人民法院应当制作调解书。调解书应当写明诉讼请求、案件的事实和调解结果。

调解书由审判人员、书记员署名，加盖人民法院印章，送达双方当事人。

调解书经双方当事人签收后，即具有法律效力。

第九十八条 【不需要制作调解书的案件】下列案件调解达成协议，人民法院可以不制作调解书：

（一）调解和好的离婚案件；

（二）调解维持收养关系的案件；

（三）能够即时履行的案件；

（四）其他不需要制作调解书的案件。

对不需要制作调解书的协议，应当记入笔录，由双方当事人、审判人员、书记员签名或者盖章后，即具有法律效力。

第九十九条　【调解不成或者后反悔的处理】调解未达成协议或者调解书送达前一方反悔的，人民法院应当及时判决。

第九章　保全和先予执行

第一百条　【诉讼保全】人民法院对于可能因当事人一方的行为或者其他原因，使判决难以执行或者造成当事人其他损害的案件，根据对方当事人的申请，可以裁定对其财产进行保全、责令其作出一定行为或者禁止其作出一定行为；当事人没有提出申请的，人民法院在必要时也可以裁定采取保全措施。

人民法院采取保全措施，可以责令申请人提供担保，申请人不提供担保的，裁定驳回申请。

人民法院接受申请后，对情况紧急的，必须在四十八小时内作出裁定；裁定采取保全措施的，应当立即开始执行。

第一百零一条　【诉前保全】利害关系人因情况紧急，不立即申请保全将会使其合法权益受到难以弥补的损害的，可以在提起诉讼或者申请仲裁前向被保全财产所在地、被申请人住所地或者对案件有管辖权的人民法院申请采取保全措施。申请人应当提供担保，不提供担保的，裁定驳回申请。

人民法院接受申请后，必须在四十八小时内作出裁定；裁定采取保全措施的，应当立即开始执行。

申请人在人民法院采取保全措施后三十日内不依法提起诉讼或者申请仲裁的，人民法院应当解除保全。

第一百零二条　【保全的范围】保全限于请求的范围，或者与本案有关的财物。

第一百零三条　【财产保全的措施】财产保全采取查封、扣押、冻结或者法律规定的其他方法。人民法院保全财产后，应当立即通知被保全财产的人。

财产已被查封、冻结的，不得重复查封、冻结。

第一百零四条　【保全的解除】财产纠纷案件，被申请人提供担保的，人民法院应当裁定解除保全。

第一百零五条　【保全申请错误的处理】申请有错误的，申请人应当赔偿被申请人因保全所遭受的损失。

第一百零六条 【先予执行的适用范围】人民法院对下列案件，根据当事人的申请，可以裁定先予执行：

（一）追索赡养费、扶养费、抚育费、抚恤金、医疗费用的；

（二）追索劳动报酬的；

（三）因情况紧急需要先予执行的。

第一百零七条 【先予执行的条件】人民法院裁定先予执行的，应当符合下列条件：

（一）当事人之间权利义务关系明确，不先予执行将严重影响申请人的生活或者生产经营的；

（二）被申请人有履行能力。

人民法院可以责令申请人提供担保，申请人不提供担保的，驳回申请。申请人败诉的，应当赔偿被申请人因先予执行遭受的财产损失。

第一百零八条 【对保全或先予执行不服的救济程序】当事人对保全或者先予执行的裁定不服的，可以申请复议一次。复议期间不停止裁定的执行。

第十章 对妨害民事诉讼的强制措施

第一百零九条 【拘传的适用】人民法院对必须到庭的被告，经两次传票传唤，无正当理由拒不到庭的，可以拘传。

第一百一十条 【对违反法庭规则、扰乱法庭秩序行为的强制措施】诉讼参与人和其他人应当遵守法庭规则。

人民法院对违反法庭规则的人，可以予以训诫，责令退出法庭或者予以罚款、拘留。

人民法院对哄闹、冲击法庭，侮辱、诽谤、威胁、殴打审判人员，严重扰乱法庭秩序的人，依法追究刑事责任；情节较轻的，予以罚款、拘留。

第一百一十一条 【对妨害诉讼证据的收集、调查和阻拦及干扰诉讼进行的强制措施】诉讼参与人或者其他人有下列行为之一的，人民法院可以根据情节轻重予以罚款、拘留；构成犯罪的，依法追究刑事责任：

（一）伪造、毁灭重要证据，妨碍人民法院审理案件的；

（二）以暴力、威胁、贿买方法阻止证人作证或者指使、贿买、胁迫他人作伪证的；

（三）隐藏、转移、变卖、毁损已被查封、扣押的财产，或者已被清点并责令其保管的财产，转移已被冻结的财产的；

（四）对司法工作人员、诉讼参加人、证人、翻译人员、鉴定人、勘验人、协助执行的人，进行侮辱、诽谤、诬陷、殴打或者打击报复的；

（五）以暴力、威胁或者其他方法阻碍司法工作人员执行职务的；

（六）拒不履行人民法院已经发生法律效力的判决、裁定的。

人民法院对有前款规定的行为之一的单位，可以对其主要负责人或者直接责任人员予以罚款、拘留；构成犯罪的，依法追究刑事责任。

第一百一十二条　【对恶意串通，通过诉讼、调解等方式侵害他人合法权益的强制措施】当事人之间恶意串通，企图通过诉讼、调解等方式侵害他人合法权益的，人民法院应当驳回其请求，并根据情节轻重予以罚款、拘留；构成犯罪的，依法追究刑事责任。

第一百一十三条　【对恶意串通，通过诉讼、仲裁、调解等方式逃避履行法律文书确定的义务的强制措施】被执行人与他人恶意串通，通过诉讼、仲裁、调解等方式逃避履行法律文书确定的义务的，人民法院应当根据情节轻重予以罚款、拘留；构成犯罪的，依法追究刑事责任。

第一百一十四条　【对拒不履行协助义务的单位的强制措施】有义务协助调查、执行的单位有下列行为之一的，人民法院除责令其履行协助义务外，并可以予以罚款：

（一）有关单位拒绝或者妨碍人民法院调查取证的；

（二）有关单位接到人民法院协助执行通知书后，拒不协助查询、扣押、冻结、划拨、变价财产的；

（三）有关单位接到人民法院协助执行通知书后，拒不协助扣留被执行人的收入、办理有关财产权证照转移手续、转交有关票证、证照或者其他财产的；

（四）其他拒绝协助执行的。

人民法院对有前款规定的行为之一的单位，可以对其主要负责人或者直接责任人员予以罚款；对仍不履行协助义务的，可以予以拘留；并可以向监察机关或者有关机关提出予以纪律处分的司法建议。

第一百一十五条　【罚款金额和拘留期限】对个人的罚款金额，为人民币十万元以下。对单位的罚款金额，为人民币五万元以上一百万元以下。

拘留的期限，为十五日以下。

被拘留的人，由人民法院交公安机关看管。在拘留期间，被拘留人承认并改正错误的，人民法院可以决定提前解除拘留。

第一百一十六条　【拘传、罚款、拘留的批准】拘传、罚款、拘留必须经院长批准。

拘传应当发拘传票。

罚款、拘留应当用决定书。对决定不服的，可以向上一级人民法院申请复议一次。复议期间不停止执行。

第一百一十七条　【强制措施由法院决定】采取对妨害民事诉讼的强制

措施必须由人民法院决定。任何单位和个人采取非法拘禁他人或者非法私自扣押他人财产追索债务的，应当依法追究刑事责任，或者予以拘留、罚款。

第十一章　诉讼费用

第一百一十八条　【诉讼费用】当事人进行民事诉讼，应当按照规定交纳案件受理费。财产案件除交纳案件受理费外，并按照规定交纳其他诉讼费用。

当事人交纳诉讼费用确有困难的，可以按照规定向人民法院申请缓交、减交或者免交。

收取诉讼费用的办法另行制定。

第二编　审判程序

第十二章　第一审普通程序

第一节　起诉和受理

第一百一十九条　【起诉的实质要件】起诉必须符合下列条件：

（一）原告是与本案有直接利害关系的公民、法人和其他组织；

（二）有明确的被告；

（三）有具体的诉讼请求和事实、理由；

（四）属于人民法院受理民事诉讼的范围和受诉人民法院管辖。

第一百二十条　【起诉的形式要件】起诉应当向人民法院递交起诉状，并按照被告人数提出副本。

书写起诉状确有困难的，可以口头起诉，由人民法院记入笔录，并告知对方当事人。

第一百二十一条　【起诉状的内容】起诉状应当记明下列事项：

（一）原告的姓名、性别、年龄、民族、职业、工作单位、住所、联系方式，法人或者其他组织的名称、住所和法定代表人或者主要负责人的姓名、职务、联系方式；

（二）被告的姓名、性别、工作单位、住所等信息，法人或者其他组织的名称、住所等信息；

（三）诉讼请求和所根据的事实与理由；

（四）证据和证据来源，证人姓名和住所。

第一百二十二条　【先行调解】当事人起诉到人民法院的民事纠纷，适宜调解的，先行调解，但当事人拒绝调解的除外。

第一百二十三条　【起诉权和受理程序】人民法院应当保障当事人依照法律规定享有的起诉权利。对符合本法第一百一十九条的起诉，必须受理。符合起诉条件的，应当在七日内立案，并通知当事人；不符合起诉条件的，应当在七日内作出裁定书，不予受理；原告对裁定不服的，可以提起上诉。

第一百二十四条　【对特殊情形的处理】人民法院对下列起诉，分别情形，予以处理：

（一）依照行政诉讼法的规定，属于行政诉讼受案范围的，告知原告提起行政诉讼；

（二）依照法律规定，双方当事人达成书面仲裁协议申请仲裁、不得向人民法院起诉的，告知原告向仲裁机构申请仲裁；

（三）依照法律规定，应当由其他机关处理的争议，告知原告向有关机关申请解决；

（四）对不属于本院管辖的案件，告知原告向有管辖权的人民法院起诉；

（五）对判决、裁定、调解书已经发生法律效力的案件，当事人又起诉的，告知原告申请再审，但人民法院准许撤诉的裁定除外；

（六）依照法律规定，在一定期限内不得起诉的案件，在不得起诉的期限内起诉的，不予受理；

（七）判决不准离婚和调解和好的离婚案件，判决、调解维持收养关系的案件，没有新情况、新理由，原告在六个月内又起诉的，不予受理。

第二节　审理前的准备

第一百二十五条　【送达起诉状和答辩状】人民法院应当在立案之日起五日内将起诉状副本发送被告，被告应当在收到之日起十五日内提出答辩状。答辩状应当记明被告的姓名、性别、年龄、民族、职业、工作单位、住所、联系方式；法人或者其他组织的名称、住所和法定代表人或者主要负责人的姓名、职务、联系方式。人民法院应当在收到答辩状之日起五日内将答辩状副本发送原告。

被告不提出答辩状的，不影响人民法院审理。

第一百二十六条　【诉讼权利义务的告知】人民法院对决定受理的案件，应当在受理案件通知书和应诉通知书中向当事人告知有关的诉讼权利义务，或者口头告知。

第一百二十七条　【对管辖权异议的审查和处理】人民法院受理案件后，当事人对管辖权有异议的，应当在提交答辩状期间提出。人民法院对当事人提出的异议，应当审查。异议成立的，裁定将案件移送有管辖权的人民法院；

异议不成立的，裁定驳回。

当事人未提出管辖异议，并应诉答辩的，视为受诉人民法院有管辖权，但违反级别管辖和专属管辖规定的除外。

第一百二十八条 【合议庭组成人员的告知】合议庭组成人员确定后，应当在三日内告知当事人。

第一百二十九条 【审核取证】审判人员必须认真审核诉讼材料，调查收集必要的证据。

第一百三十条 【调查取证的程序】人民法院派出人员进行调查时，应当向被调查人出示证件。

调查笔录经被调查人校阅后，由被调查人、调查人签名或者盖章。

第一百三十一条 【委托调查】人民法院在必要时可以委托外地人民法院调查。

委托调查，必须提出明确的项目和要求。受委托人民法院可以主动补充调查。

受委托人民法院收到委托书后，应当在三十日内完成调查。因故不能完成的，应当在上述期限内函告委托人民法院。

第一百三十二条 【当事人的追加】必须共同进行诉讼的当事人没有参加诉讼的，人民法院应当通知其参加诉讼。

第一百三十三条 【案件受理后的处理】人民法院对受理的案件，分别情形，予以处理：

（一）当事人没有争议，符合督促程序规定条件的，可以转入督促程序；

（二）开庭前可以调解的，采取调解方式及时解决纠纷；

（三）根据案件情况，确定适用简易程序或者普通程序；

（四）需要开庭审理的，通过要求当事人交换证据等方式，明确争议焦点。

第三节　开庭审理

第一百三十四条 【公开审理及例外】人民法院审理民事案件，除涉及国家秘密、个人隐私或者法律另有规定的以外，应当公开进行。

离婚案件，涉及商业秘密的案件，当事人申请不公开审理的，可以不公开审理。

第一百三十五条 【巡回审理】人民法院审理民事案件，根据需要进行巡回审理，就地办案。

第一百三十六条 【开庭通知与公告】人民法院审理民事案件，应当在开庭三日前通知当事人和其他诉讼参与人。公开审理的，应当公告当事人姓名、案由和开庭的时间、地点。

第一百三十七条 【宣布开庭】开庭审理前，书记员应当查明当事人和其他诉讼参与人是否到庭，宣布法庭纪律。

开庭审理时，由审判长核对当事人，宣布案由，宣布审判人员、书记员名单，告知当事人有关的诉讼权利义务，询问当事人是否提出回避申请。

第一百三十八条 【法庭调查顺序】法庭调查按照下列顺序进行：

（一）当事人陈述；

（二）告知证人的权利义务，证人作证，宣读未到庭的证人证言；

（三）出示书证、物证、视听资料和电子数据；

（四）宣读鉴定意见；

（五）宣读勘验笔录。

第一百三十九条 【当事人庭审诉讼权利】当事人在法庭上可以提出新的证据。

当事人经法庭许可，可以向证人、鉴定人、勘验人发问。

当事人要求重新进行调查、鉴定或者勘验的，是否准许，由人民法院决定。

第一百四十条 【合并审理】原告增加诉讼请求，被告提出反诉，第三人提出与本案有关的诉讼请求，可以合并审理。

第一百四十一条 【法庭辩论顺序】法庭辩论按照下列顺序进行：

（一）原告及其诉讼代理人发言；

（二）被告及其诉讼代理人答辩；

（三）第三人及其诉讼代理人发言或者答辩；

（四）互相辩论。

法庭辩论终结，由审判长按照原告、被告、第三人的先后顺序征询各方最后意见。

第一百四十二条 【判决及法庭调解】法庭辩论终结，应当依法作出判决。判决前能够调解的，还可以进行调解，调解不成的，应当及时判决。

第一百四十三条 【原告不到庭和中途退庭的处理】原告经传票传唤，无正当理由拒不到庭的，或者未经法庭许可中途退庭的，可以按撤诉处理；被告反诉的，可以缺席判决。

第一百四十四条 【被告不到庭和中途退庭的处理】被告经传票传唤，无正当理由拒不到庭的，或者未经法庭许可中途退庭的，可以缺席判决。

第一百四十五条 【原告申请撤诉的处理】宣判前，原告申请撤诉的，是否准许，由人民法院裁定。

人民法院裁定不准许撤诉的，原告经传票传唤，无正当理由拒不到庭的，可以缺席判决。

第一百四十六条 【延期审理】有下列情形之一的，可以延期开庭审理：

（一）必须到庭的当事人和其他诉讼参与人有正当理由没有到庭的；

（二）当事人临时提出回避申请的；

（三）需要通知新的证人到庭，调取新的证据，重新鉴定、勘验，或者需要补充调查的；

（四）其他应当延期的情形。

第一百四十七条 【法庭笔录】书记员应当将法庭审理的全部活动记入笔录，由审判人员和书记员签名。

法庭笔录应当当庭宣读，也可以告知当事人和其他诉讼参与人当庭或者在五日内阅读。当事人和其他诉讼参与人认为对自己的陈述记录有遗漏或者差错的，有权申请补正。如果不予补正，应当将申请记录在案。

法庭笔录由当事人和其他诉讼参与人签名或者盖章。拒绝签名盖章的，记明情况附卷。

第一百四十八条 【宣告判决】人民法院对公开审理或者不公开审理的案件，一律公开宣告判决。

当庭宣判的，应当在十日内发送判决书；定期宣判的，宣判后立即发给判决书。

宣告判决时，必须告知当事人上诉权利、上诉期限和上诉的法院。

宣告离婚判决，必须告知当事人在判决发生法律效力前不得另行结婚。

第一百四十九条 【一审审限】人民法院适用普通程序审理的案件，应当在立案之日起六个月内审结。有特殊情况需要延长的，由本院院长批准，可以延长六个月；还需要延长的，报请上级人民法院批准。

第四节 诉讼中止和终结

第一百五十条 【诉讼中止】有下列情形之一的，中止诉讼：

（一）一方当事人死亡，需要等待继承人表明是否参加诉讼的；

（二）一方当事人丧失诉讼行为能力，尚未确定法定代理人的；

（三）作为一方当事人的法人或者其他组织终止，尚未确定权利义务承受人的；

（四）一方当事人因不可抗拒的事由，不能参加诉讼的；

（五）本案必须以另一案的审理结果为依据，而另一案尚未审结的；

（六）其他应当中止诉讼的情形。

中止诉讼的原因消除后，恢复诉讼。

第一百五十一条 【诉讼终结】有下列情形之一的，终结诉讼：

（一）原告死亡，没有继承人，或者继承人放弃诉讼权利的；

（二）被告死亡，没有遗产，也没有应当承担义务的人的；

（三）离婚案件一方当事人死亡的；

（四）追索赡养费、扶养费、抚育费以及解除收养关系案件的一方当事人死亡的。

第五节　判决和裁定

第一百五十二条　【判决书的内容】判决书应当写明判决结果和作出该判决的理由。判决书内容包括：

（一）案由、诉讼请求、争议的事实和理由；

（二）判决认定的事实和理由、适用的法律和理由；

（三）判决结果和诉讼费用的负担；

（四）上诉期间和上诉的法院。

判决书由审判人员、书记员署名，加盖人民法院印章。

第一百五十三条　【先行判决】人民法院审理案件，其中一部分事实已经清楚，可以就该部分先行判决。

第一百五十四条　【裁定的适用范围】裁定适用于下列范围：

（一）不予受理；

（二）对管辖权有异议的；

（三）驳回起诉；

（四）保全和先予执行；

（五）准许或者不准许撤诉；

（六）中止或者终结诉讼；

（七）补正判决书中的笔误；

（八）中止或者终结执行；

（九）撤销或者不予执行仲裁裁决；

（十）不予执行公证机关赋予强制执行效力的债权文书；

（十一）其他需要裁定解决的事项。

对前款第一项至第三项裁定，可以上诉。

裁定书应当写明裁定结果和作出该裁定的理由。裁定书由审判人员、书记员署名，加盖人民法院印章。口头裁定的，记入笔录。

第一百五十五条　【一审裁判的失效】最高人民法院的判决、裁定，以及依法不准上诉或者超过上诉期没有上诉的判决、裁定，是发生法律效力的判决、裁定。

第一百五十六条　【判决、裁定的公开】公众可以查阅发生法律效力的判决书、裁定书，但涉及国家秘密、商业秘密和个人隐私的内容除外。

第十三章　简易程序

第一百五十七条　【简易程序的适用范围】基层人民法院和它派出的法庭审理事实清楚、权利义务关系明确、争议不大的简单的民事案件，适用本章规定。

基层人民法院和它派出的法庭审理前款规定以外的民事案件，当事人双方也可以约定适用简易程序。

第一百五十八条　【简易程序案件的起诉方式和受理程序】对简单的民事案件，原告可以口头起诉。

当事人双方可以同时到基层人民法院或者它派出的法庭，请求解决纠纷。基层人民法院或者它派出的法庭可以当即审理，也可以另定日期审理。

第一百五十九条　【简易程序的传唤方式】基层人民法院和它派出的法庭审理简单的民事案件，可以用简便方式传唤当事人和证人、送达诉讼文书、审理案件，但应当保障当事人陈述意见的权利。

第一百六十条　【简易程序的独任审理】简单的民事案件由审判员一人独任审理，并不受本法第一百三十六条、第一百三十八条、第一百四十一条规定的限制。

第一百六十一条　【简易程序的审限】人民法院适用简易程序审理案件，应当在立案之日起三个月内审结。

第一百六十二条　【简易程序一审终审的适用条件】基层人民法院和它派出的法庭审理符合本法第一百五十七条第一款规定的简单的民事案件，标的额为各省、自治区、直辖市上年度就业人员年平均工资百分之三十以下的，实行一审终审。

第一百六十三条　【简易程序转为普通程序】人民法院在审理过程中，发现案件不宜适用简易程序的，裁定转为普通程序。

第十四章　第二审程序

第一百六十四条　【上诉权】当事人不服地方人民法院第一审判决的，有权在判决书送达之日起十五日内向上一级人民法院提起上诉。

当事人不服地方人民法院第一审裁定的，有权在裁定书送达之日起十日内向上一级人民法院提起上诉。

第一百六十五条　【上诉状的内容】上诉应当递交上诉状。上诉状的内容，应当包括当事人的姓名，法人的名称及其法定代表人的姓名或者其他组织的名称及其主要负责人的姓名；原审人民法院名称、案件的编号和案由；

上诉的请求和理由。

第一百六十六条　【上诉的提起】上诉状应当通过原审人民法院提出，并按照对方当事人或者代表人的人数提出副本。

当事人直接向第二审人民法院上诉的，第二审人民法院应当在五日内将上诉状移交原审人民法院。

第一百六十七条　【上诉的受理】条原审人民法院收到上诉状，应当在五日内将上诉状副本送达对方当事人，对方当事人在收到之日起十五日内提出答辩状。人民法院应当在收到答辩状之日起五日内将副本送达上诉人。对方当事人不提出答辩状的，不影响人民法院审理。

原审人民法院收到上诉状、答辩状，应当在五日内连同全部案卷和证据，报送第二审人民法院。

第一百六十八条　【二审的审理范围】第二审人民法院应当对上诉请求的有关事实和适用法律进行审查。

第一百六十九条　【二审的审理方式和地点】第二审人民法院对上诉案件，应当组成合议庭，开庭审理。经过阅卷、调查和询问当事人，对没有提出新的事实、证据或者理由，合议庭认为不需要开庭审理的，可以不开庭审理。

第二审人民法院审理上诉案件，可以在本院进行，也可以到案件发生地或者原审人民法院所在地进行。

第一百七十条　【二审裁判】第二审人民法院对上诉案件，经过审理，按照下列情形，分别处理：

（一）原判决、裁定认定事实清楚，适用法律正确的，以判决、裁定方式驳回上诉，维持原判决、裁定；

（二）原判决、裁定认定事实错误或者适用法律错误的，以判决、裁定方式依法改判、撤销或者变更；

（三）原判决认定基本事实不清的，裁定撤销原判决，发回原审人民法院重审，或者查清事实后改判；

（四）原判决遗漏当事人或者违法缺席判决等严重违反法定程序的，裁定撤销原判决，发回原审人民法院重审。

原审人民法院对发回重审的案件作出判决后，当事人提起上诉的，第二审人民法院不得再次发回重审。

第一百七十一条　【对一审适用裁定的上诉案件的处理】第二审人民法院对不服第一审人民法院裁定的上诉案件的处理，一律使用裁定。

第一百七十二条　【上诉案件的调解】第二审人民法院审理上诉案件，可以进行调解。调解达成协议，应当制作调解书，由审判人员、书记员署名，加盖人民法院印章。调解书送达后，原审人民法院的判决即视为撤销。

第一百七十三条 【上诉的撤回】第二审人民法院判决宣告前，上诉人申请撤回上诉的，是否准许，由第二审人民法院裁定。

第一百七十四条 【二审适用的程序】第二审人民法院审理上诉案件，除依照本章规定外，适用第一审普通程序。

第一百七十五条 【二审裁判的效力】第二审人民法院的判决、裁定，是终审的判决、裁定。

第一百七十六条 【二审审限】人民法院审理对判决的上诉案件，应当在第二审立案之日起三个月内审结。有特殊情况需要延长的，由本院院长批准。

人民法院审理对裁定的上诉案件，应当在第二审立案之日起三十日内作出终审裁定。

第十五章 特别程序

第一节 一般规定

第一百七十七条 【特别程序的适用范围】人民法院审理选民资格案件、宣告失踪或者宣告死亡案件、认定公民无民事行为能力或者限制民事行为能力案件、认定财产无主案件、确认调解协议案件和实现担保物权案件，适用本章规定。本章没有规定的，适用本法和其他法律的有关规定。

第一百七十八条 【一审终审与独任审理】依照本章程序审理的案件，实行一审终审。选民资格案件或者重大、疑难的案件，由审判员组成合议庭审理；其他案件由审判员一人独任审理。

第一百七十九条 【特别程序的转换】人民法院在依照本章程序审理案件的过程中，发现本案属于民事权益争议的，应当裁定终结特别程序，并告知利害关系人可以另行起诉。

第一百八十条 【特别程序的审限】人民法院适用特别程序审理的案件，应当在立案之日起三十日内或者公告期满后三十日内审结。有特殊情况需要延长的，由本院院长批准。但审理选民资格的案件除外。

第二节 选民资格案件

第一百八十一条 【选民资格案件的起诉与管辖】公民不服选举委员会对选民资格的申诉所作的处理决定，可以在选举日的五日以前向选区所在地基层人民法院起诉。

第一百八十二条 【选民资格案件的审理、审限及判决】人民法院受理选民资格案件后，必须在选举日前审结。

审理时，起诉人、选举委员会的代表和有关公民必须参加。

人民法院的判决书，应当在选举日前送达选举委员会和起诉人，并通知有关公民。

第三节 宣告失踪、宣告死亡案件

第一百八十三条 【宣告失踪案件的提起】公民下落不明满二年，利害关系人申请宣告其失踪的，向下落不明人住所地基层人民法院提出。

申请书应当写明失踪的事实、时间和请求，并附有公安机关或者其他有关机关关于该公民下落不明的书面证明。

第一百八十四条 【宣告死亡案件的提起】公民下落不明满四年，或者因意外事故下落不明满二年，或者因意外事故下落不明，经有关机关证明该公民不可能生存，利害关系人申请宣告其死亡的，向下落不明人住所地基层人民法院提出。

申请书应当写明下落不明的事实、时间和请求，并附有公安机关或者其他有关机关关于该公民下落不明的书面证明。

第一百八十五条 【公告与判决】人民法院受理宣告失踪、宣告死亡案件后，应当发出寻找下落不明人的公告。宣告失踪的公告期间为三个月，宣告死亡的公告期间为一年。因意外事故下落不明，经有关机关证明该公民不可能生存的，宣告死亡的公告期间为三个月。

公告期间届满，人民法院应当根据被宣告失踪、宣告死亡的事实是否得到确认，作出宣告失踪、宣告死亡的判决或者驳回申请的判决。

第一百八十六条 【判决的撤销】被宣告失踪、宣告死亡的公民重新出现，经本人或者利害关系人申请，人民法院应当作出新判决，撤销原判决。

第四节 认定公民无民事行为能力、限制民事行为能力案件

第一百八十七条 【认定公民无民事行为能力、限制民事行为能力案件的提起】申请认定公民无民事行为能力或者限制民事行为能力，由其近亲属或者其他利害关系人向该公民住所地基层人民法院提出。

申请书应当写明该公民无民事行为能力或者限制民事行为能力的事实和根据。

第一百八十八条 【民事行为能力鉴定】人民法院受理申请后，必要时应当对被请求认定为无民事行为能力或者限制民事行为能力的公民进行鉴定。申请人已提供鉴定意见的，应当对鉴定意见进行审查。

第一百八十九条 【审理及判决】人民法院审理认定公民无民事行为能力

力或者限制民事行为能力的案件，应当由该公民的近亲属为代理人，但申请人除外。近亲属互相推诿的，由人民法院指定其中一人为代理人。该公民健康情况许可的，还应当询问本人的意见。

人民法院经审理认定申请有事实根据的，判决该公民为无民事行为能力或者限制民事行为能力人；认定申请没有事实根据的，应当判决予以驳回。

第一百九十条 【判决的撤销】人民法院根据被认定为无民事行为能力人、限制民事行为能力人或者他的监护人的申请，证实该公民无民事行为能力或者限制民事行为能力的原因已经消除的，应当作出新判决，撤销原判决。

第五节 认定财产无主案件

第一百九十一条 【财产无主案件的提起】申请认定财产无主，由公民、法人或者其他组织向财产所在地基层人民法院提出。

申请书应当写明财产的种类、数量以及要求认定财产无主的根据。

第一百九十二条 【公告及判决】人民法院受理申请后，经审查核实，应当发出财产认领公告。公告满一年无人认领的，判决认定财产无主，收归国家或者集体所有。

第一百九十三条 【判决的撤销】判决认定财产无主后，原财产所有人或者继承人出现，在民法通则规定的诉讼时效期间可以对财产提出请求，人民法院审查属实后，应当作出新判决，撤销原判决。

第六节 确认调解协议案件

第一百九十四条 【确认调解协议案件的提起】申请司法确认调解协议，由双方当事人依照人民调解法等法律，自调解协议生效之日起三十日内，共同向调解组织所在地基层人民法院提出。

第一百九十五条 【审查及裁定】人民法院受理申请后，经审查，符合法律规定的，裁定调解协议有效，一方当事人拒绝履行或者未全部履行的，对方当事人可以向人民法院申请执行；不符合法律规定的，裁定驳回申请，当事人可以通过调解方式变更原调解协议或者达成新的调解协议，也可以向人民法院提起诉讼。

第七节 实现担保物权案件

第一百九十六条 【实现担保物权案件的提起】申请实现担保物权，由担保物权人以及其他有权请求实现担保物权的人依照物权法等法律，向担保财产所在地或者担保物权登记地基层人民法院提出。

第一百九十七条 【审查及裁定】人民法院受理申请后，经审查，符合法律规定的，裁定拍卖、变卖担保财产，当事人依据该裁定可以向人民法院申请执行；不符合法律规定的，裁定驳回申请，当事人可以向人民法院提起诉讼。

第十六章　审判监督程序

第一百九十八条　【人民法院决定再审】各级人民法院院长对本院已经发生法律效力的判决、裁定、调解书，发现确有错误，认为需要再审的，应当提交审判委员会讨论决定。

最高人民法院对地方各级人民法院已经发生法律效力的判决、裁定、调解书，上级人民法院对下级人民法院已经发生法律效力的判决、裁定、调解书，发现确有错误的，有权提审或者指令下级人民法院再审。

第一百九十九条　【当事人申请再审】当事人对已经发生法律效力的判决、裁定，认为有错误的，可以向上一级人民法院申请再审；当事人一方人数众多或者当事人双方为公民的案件，也可以向原审人民法院申请再审。当事人申请再审的，不停止判决、裁定的执行。

第二百条　【再审事由】当事人的申请符合下列情形之一的，人民法院应当再审：

（一）有新的证据，足以推翻原判决、裁定的；

（二）原判决、裁定认定的基本事实缺乏证据证明的；

（三）原判决、裁定认定事实的主要证据是伪造的；

（四）原判决、裁定认定事实的主要证据未经质证的；

（五）对审理案件需要的主要证据，当事人因客观原因不能自行收集，书面申请人民法院调查收集，人民法院未调查收集的；

（六）原判决、裁定适用法律确有错误的；

（七）审判组织的组成不合法或者依法应当回避的审判人员没有回避的；

（八）无诉讼行为能力人未经法定代理人代为诉讼或者应当参加诉讼的当事人，因不能归责于本人或者其诉讼代理人的事由，未参加诉讼的；

（九）违反法律规定，剥夺当事人辩论权利的；

（十）未经传票传唤，缺席判决的；

（十一）原判决、裁定遗漏或者超出诉讼请求的；

（十二）据以作出原判决、裁定的法律文书被撤销或者变更的；

（十三）审判人员审理该案件时有贪污受贿，徇私舞弊，枉法裁判行为的。

第二百零一条　【调解书的再审】当事人对已经发生法律效力的调解书，提出证据证明调解违反自愿原则或者调解协议的内容违反法律的，可以申请再审。经人民法院审查属实的，应当再审。

第二百零二条 【不得申请再审的案件】当事人对已经发生法律效力的解除婚姻关系的判决、调解书，不得申请再审。

第二百零三条 【再审申请以及审查】当事人申请再审的，应当提交再审申请书等材料。人民法院应当自收到再审申请书之日起五日内将再审申请书副本发送对方当事人。对方当事人应当自收到再审申请书副本之日起十五日内提交书面意见；不提交书面意见的，不影响人民法院审查。人民法院可以要求申请人和对方当事人补充有关材料，询问有关事项。

第二百零四条 【再审申请的审查期限以及再审案件管辖法院】人民法院应当自收到再审申请书之日起三个月内审查，符合本法规定的，裁定再审；不符合本法规定的，裁定驳回申请。有特殊情况需要延长的，由本院院长批准。

因当事人申请裁定再审的案件由中级人民法院以上的人民法院审理，但当事人依照本法第一百九十九条的规定选择向基层人民法院申请再审的除外。最高人民法院、高级人民法院裁定再审的案件，由本院再审或者交其他人民法院再审，也可以交原审人民法院再审。

第二百零五条 【当事人申请再审的期限】当事人申请再审，应当在判决、裁定发生法律效力后六个月内提出；有本法第二百条第一项、第三项、第十二项、第十三项规定情形的，自知道或者应当知道之日起六个月内提出。

第二百零六条 【中止原判决的执行及例外】按照审判监督程序决定再审的案件，裁定中止原判决、裁定、调解书的执行，但追索赡养费、扶养费、抚育费、抚恤金、医疗费用、劳动报酬等案件，可以不中止执行。

第二百零七条 【再审案件的审理程序】人民法院按照审判监督程序再审的案件，发生法律效力的判决、裁定是由第一审法院作出的，按照第一审程序审理，所作的判决、裁定，当事人可以上诉；发生法律效力的判决、裁定是由第二审法院作出的，按照第二审程序审理，所作的判决、裁定，是发生法律效力的判决、裁定；上级人民法院按照审判监督程序提审的，按照第二审程序审理，所作的判决、裁定是发生法律效力的判决、裁定。

人民法院审理再审案件，应当另行组成合议庭。

第二百零八条 【人民检察院提起抗诉】最高人民检察院对各级人民法院已经发生法律效力的判决、裁定，上级人民检察院对下级人民法院已经发生法律效力的判决、裁定，发现有本法第二百条规定情形之一的，或者发现调解书损害国家利益、社会公共利益的，应当提出抗诉。

地方各级人民检察院对同级人民法院已经发生法律效力的判决、裁定，发现有本法第二百条规定情形之一的，或者发现调解书损害国家利益、社会公共利益的，可以向同级人民法院提出检察建议，并报上级人民检察院备案；也可以提请上级人民检察院向同级人民法院提出抗诉。

各级人民检察院对审判监督程序以外的其他审判程序中审判人员的违法行为，有权向同级人民法院提出检察建议。

第二百零九条　【当事人申请再审检察建议及抗诉的条件】有下列情形之一的，当事人可以向人民检察院申请检察建议或者抗诉：

（一）人民法院驳回再审申请的；

（二）人民法院逾期未对再审申请作出裁定的；

（三）再审判决、裁定有明显错误的。

人民检察院对当事人的申请应当在三个月内进行审查，作出提出或者不予提出检察建议或者抗诉的决定。当事人不得再次向人民检察院申请检察建议或者抗诉。

第二百一十条　【抗诉案件的调查】人民检察院因履行法律监督职责提出检察建议或者抗诉的需要，可以向当事人或者案外人调查核实有关情况。

第二百一十一条　【抗诉案件裁定再审的期限及审理法院】人民检察院提出抗诉的案件，接受抗诉的人民法院应当自收到抗诉书之日起三十日内作出再审的裁定；有本法第二百条第一项至第五项规定情形之一的，可以交下一级人民法院再审，但经该下一级人民法院再审的除外。

第二百一十二条　【抗诉书】人民检察院决定对人民法院的判决、裁定、调解书提出抗诉的，应当制作抗诉书。

第二百一十三条　【人民检察院派员出庭】人民检察院提出抗诉的案件，人民法院再审时，应当通知人民检察院派员出席法庭。

第十七章　督促程序

第二百一十四条　【支付令的申请】债权人请求债务人给付金钱、有价证券，符合下列条件的，可以向有管辖权的基层人民法院申请支付令：

（一）债权人与债务人没有其他债务纠纷的；

（二）支付令能够送达债务人的。

申请书应当写明请求给付金钱或者有价证券的数量和所根据的事实、证据。

第二百一十五条　【支付令申请的受理】债权人提出申请后，人民法院应当在五日内通知债权人是否受理。

第二百一十六条　【支付令案件的审理】人民法院受理申请后，经审查债权人提供的事实、证据，对债权债务关系明确、合法的，应当在受理之日起十五日内向债务人发出支付令；申请不成立的，裁定予以驳回。

债务人应当自收到支付令之日起十五日内清偿债务，或者向人民法院提出书面异议。

债务人在前款规定的期间不提出异议又不履行支付令的，债权人可以向人民法院申请执行。

第二百一十七条 【支付令的异议及失效的处理】人民法院收到债务人提出的书面异议后，经审查，异议成立的，应当裁定终结督促程序，支付令自行失效。

支付令失效的，转入诉讼程序，但申请支付令的一方当事人不同意提起诉讼的除外。

第十八章　公示催告程序

第二百一十八条 【公示催告程序的提起】按照规定可以背书转让的票据持有人，因票据被盗、遗失或者灭失，可以向票据支付地的基层人民法院申请公示催告。依照法律规定可以申请公示催告的其他事项，适用本章规定。

申请人应当向人民法院递交申请书，写明票面金额、发票人、持票人、背书人等票据主要内容和申请的理由、事实。

第二百一十九条 【受理、止付通知与公告】人民法院决定受理申请，应当同时通知支付人停止支付，并在三日内发出公告，催促利害关系人申报权利。公示催告的期间，由人民法院根据情况决定，但不得少于六十日。

第二百二十条 【止付通知和公告的效力】支付人收到人民法院停止支付的通知，应当停止支付，至公示催告程序终结。

公示催告期间，转让票据权利的行为无效。

第二百二十一条 【利害关系人申报权利】利害关系人应当在公示催告期间向人民法院申报。

人民法院收到利害关系人的申报后，应当裁定终结公示催告程序，并通知申请人和支付人。

申请人或者申报人可以向人民法院起诉。

第二百二十二条 【除权判决】没有人申报的，人民法院应当根据申请人的申请，作出判决，宣告票据无效。判决应当公告，并通知支付人。自判决公告之日起，申请人有权向支付人请求支付。

第二百二十三条 【除权判决的撤销】利害关系人因正当理由不能在判决前向人民法院申报的，自知道或者应当知道判决公告之日起一年内，可以向作出判决的人民法院起诉。

第三编　执行程序

第十九章　一般规定

第二百二十四条　【执行依据及管辖】发生法律效力的民事判决、裁定，以及刑事判决、裁定中的财产部分，由第一审人民法院或者与第一审人民法院同级的被执行的财产所在地人民法院执行。

法律规定由人民法院执行的其他法律文书，由被执行人住所地或者被执行的财产所在地人民法院执行。

第二百二十五条　【对违法执行行为的异议】当事人、利害关系人认为执行行为违反法律规定的，可以向负责执行的人民法院提出书面异议。当事人、利害关系人提出书面异议的，人民法院应当自收到书面异议之日起十五日内审查，理由成立的，裁定撤销或者改正；理由不成立的，裁定驳回。当事人、利害关系人对裁定不服的，可以自裁定送达之日起十日内向上一级人民法院申请复议。

第二百二十六条　【变更执行法院】人民法院自收到申请执行书之日起超过六个月未执行的，申请执行人可以向上一级人民法院申请执行。上一级人民法院经审查，可以责令原人民法院在一定期限内执行，也可以决定由本院执行或者指令其他人民法院执行。

第二百二十七条　【案外人异议】执行过程中，案外人对执行标的提出书面异议的，人民法院应当自收到书面异议之日起十五日内审查，理由成立的，裁定中止对该标的的执行；理由不成立的，裁定驳回。案外人、当事人对裁定不服，认为原判决、裁定错误的，依照审判监督程序办理；与原判决、裁定无关的，可以自裁定送达之日起十五日内向人民法院提起诉讼。

第二百二十八条　【执行员与执行机构】执行工作由执行员进行。

采取强制执行措施时，执行员应当出示证件。执行完毕后，应当将执行情况制作笔录，由在场的有关人员签名或者盖章。

人民法院根据需要可以设立执行机构。

第二百二十九条　【委托执行】被执行人或者被执行的财产在外地的，可以委托当地人民法院代为执行。受委托人民法院收到委托函件后，必须在十五日内开始执行，不得拒绝。执行完毕后，应当将执行结果及时函复委托人民法院；在三十日内如果还未执行完毕，也应当将执行情况函告委托人民法院。

受委托人民法院自收到委托函件之日起十五日内不执行的，委托人民法院可以请求受委托人民法院的上级人民法院指令受委托人民法院执行。

第二百三十条 【执行和解】在执行中，双方当事人自行和解达成协议的，执行员应当将协议内容记入笔录，由双方当事人签名或者盖章。

申请执行人因受欺诈、胁迫与被执行人达成和解协议，或者当事人不履行和解协议的，人民法院可以根据当事人的申请，恢复对原生效法律文书的执行。

第二百三十一条 【执行担保】在执行中，被执行人向人民法院提供担保，并经申请执行人同意的，人民法院可以决定暂缓执行及暂缓执行的期限。被执行人逾期仍不履行的，人民法院有权执行被执行人的担保财产或者担保人的财产。

第二百三十二条 【被执行主体的变更】作为被执行人的公民死亡的，以其遗产偿还债务。作为被执行人的法人或者其他组织终止的，由其权利义务承受人履行义务。

第二百三十三条 【执行回转】执行完毕后，据以执行的判决、裁定和其他法律文书确有错误，被人民法院撤销的，对已被执行的财产，人民法院应当作出裁定，责令取得财产的人返还；拒不返还的，强制执行。

第二百三十四条 【法院调解书的执行】人民法院制作的调解书的执行，适用本编的规定。

第二百三十五条 【对执行的法律监督】人民检察院有权对民事执行活动实行法律监督。

第二十章 执行的申请和移送

第二百三十六条 【申请执行与移送执行】发生法律效力的民事判决、裁定，当事人必须履行。一方拒绝履行的，对方当事人可以向人民法院申请执行，也可以由审判员移送执行员执行。

调解书和其他应当由人民法院执行的法律文书，当事人必须履行。一方拒绝履行的，对方当事人可以向人民法院申请执行。

第二百三十七条 【仲裁裁决的申请执行】对依法设立的仲裁机构的裁决，一方当事人不履行的，对方当事人可以向有管辖权的人民法院申请执行。受申请的人民法院应当执行。

被申请人提出证据证明仲裁裁决有下列情形之一的，经人民法院组成合议庭审查核实，裁定不予执行：

（一）当事人在合同中没有订有仲裁条款或者事后没有达成书面仲裁协议的；

（二）裁决的事项不属于仲裁协议的范围或者仲裁机构无权仲裁的；

（三）仲裁庭的组成或者仲裁的程序违反法定程序的；

（四）裁决所根据的证据是伪造的；

（五）对方当事人向仲裁机构隐瞒了足以影响公正裁决的证据的；

（六）仲裁员在仲裁该案时有贪污受贿，徇私舞弊，枉法裁决行为的。

人民法院认定执行该裁决违背社会公共利益的，裁定不予执行。

裁定书应当送达双方当事人和仲裁机构。

仲裁裁决被人民法院裁定不予执行的，当事人可以根据双方达成的书面仲裁协议重新申请仲裁，也可以向人民法院起诉。

第二百三十八条　【公证债权文书的申请执行】对公证机关依法赋予强制执行效力的债权文书，一方当事人不履行的，对方当事人可以向有管辖权的人民法院申请执行，受申请的人民法院应当执行。

公证债权文书确有错误的，人民法院裁定不予执行，并将裁定书送达双方当事人和公证机关。

第二百三十九条　【申请执行期间】申请执行的期间为二年。申请执行时效的中止、中断，适用法律有关诉讼时效中止、中断的规定。

前款规定的期间，从法律文书规定履行期间的最后一日起计算；法律文书规定分期履行的，从规定的每次履行期间的最后一日起计算；法律文书未规定履行期间的，从法律文书生效之日起计算。

第二百四十条　【执行通知】执行员接到申请执行书或者移交执行书，应当向被执行人发出执行通知，并可以立即采取强制执行措施。

第二十一章　执行措施

第二百四十一条　【被执行人报告财产情况】被执行人未按执行通知履行法律文书确定的义务，应当报告当前以及收到执行通知之日前一年的财产情况。被执行人拒绝报告或者虚假报告的，人民法院可以根据情节轻重对被执行人或者其法定代理人、有关单位的主要负责人或者直接责任人员予以罚款、拘留。

第二百四十二条　【被执行人存款等财产的执行】被执行人未按执行通知履行法律文书确定的义务，人民法院有权向有关单位查询被执行人的存款、债券、股票、基金份额等财产情况。人民法院有权根据不同情形扣押、冻结、划拨、变价被执行人的财产。人民法院查询、扣押、冻结、划拨、变价的财产不得超出被执行人应当履行义务的范围。

人民法院决定扣押、冻结、划拨、变价财产，应当作出裁定，并发出协助执行通知书，有关单位必须办理。

第二百四十三条　【被执行人收入的执行】被执行人未按执行通知履行

法律文书确定的义务，人民法院有权扣留、提取被执行人应当履行义务部分的收入。但应当保留被执行人及其所扶养家属的生活必需费用。

人民法院扣留、提取收入时，应当作出裁定，并发出协助执行通知书，被执行人所在单位、银行、信用合作社和其他有储蓄业务的单位必须办理。

第二百四十四条 【被执行人其他财产的执行】被执行人未按执行通知履行法律文书确定的义务，人民法院有权查封、扣押、冻结、拍卖、变卖被执行人应当履行义务部分的财产。但应当保留被执行人及其所扶养家属的生活必需品。

采取前款措施，人民法院应当作出裁定。

第二百四十五条 【查封、扣押】人民法院查封、扣押财产时，被执行人是公民的，应当通知被执行人或者他的成年家属到场；被执行人是法人或者其他组织的，应当通知其法定代表人或者主要负责人到场。拒不到场的，不影响执行。被执行人是公民的，其工作单位或者财产所在地的基层组织应当派人参加。

对被查封、扣押的财产，执行员必须造具清单，由在场人签名或者盖章后，交被执行人一份。被执行人是公民的，也可以交他的成年家属一份。

第二百四十六条 【被查封财产的保管】被查封的财产，执行员可以指定被执行人负责保管。因被执行人的过错造成的损失，由被执行人承担。

第二百四十七条 【拍卖、变卖】财产被查封、扣押后，执行员应当责令被执行人在指定期间履行法律文书确定的义务。被执行人逾期不履行的，人民法院应当拍卖被查封、扣押的财产；不适于拍卖或者当事人双方同意不进行拍卖的，人民法院可以委托有关单位变卖或者自行变卖。国家禁止自由买卖的物品，交有关单位按照国家规定的价格收购。

第二百四十八条 【搜查】被执行人不履行法律文书确定的义务，并隐匿财产的，人民法院有权发出搜查令，对被执行人及其住所或者财产隐匿地进行搜查。

采取前款措施，由院长签发搜查令。

第二百四十九条 【指定交付】法律文书指定交付的财物或者票证，由执行员传唤双方当事人当面交付，或者由执行员转交，并由被交付人签收。

有关单位持有该项财物或者票证的，应当根据人民法院的协助执行通知书转交，并由被交付人签收。

有关公民持有该项财物或者票证的，人民法院通知其交出。拒不交出的，强制执行。

第二百五十条 【强制迁出】强制迁出房屋或者强制退出土地，由院长签发公告，责令被执行人在指定期间履行。被执行人逾期不履行的，由执行员强制执行。

强制执行时，被执行人是公民的，应当通知被执行人或者他的成年家属到场；被执行人是法人或者其他组织的，应当通知其法定代表人或者主要负责人到场。拒不到场的，不影响执行。被执行人是公民的，其工作单位或者房屋、土地所在地的基层组织应当派人参加。执行员应当将强制执行情况记入笔录，由在场人签名或者盖章。

强制迁出房屋被搬出的财物，由人民法院派人运至指定处所，交给被执行人。被执行人是公民的，也可以交给他的成年家属。因拒绝接收而造成的损失，由被执行人承担。

第二百五十一条　【财产权证照转移】在执行中，需要办理有关财产权证照转移手续的，人民法院可以向有关单位发出协助执行通知书，有关单位必须办理。

第二百五十二条　【行为的执行】对判决、裁定和其他法律文书指定的行为，被执行人未按执行通知履行的，人民法院可以强制执行或者委托有关单位或者其他人完成，费用由被执行人承担。

第二百五十三条　【迟延履行的责任】被执行人未按判决、裁定和其他法律文书指定的期间履行给付金钱义务的，应当加倍支付迟延履行期间的债务利息。被执行人未按判决、裁定和其他法律文书指定的期间履行其他义务的，应当支付迟延履行金。

第二百五十四条　【继续执行】人民法院采取本法第二百四十二条、第二百四十三条、第二百四十四条规定的执行措施后，被执行人仍不能偿还债务的，应当继续履行义务。债权人发现被执行人有其他财产的，可以随时请求人民法院执行。

第二百五十五条　【对被执行人的限制措施】被执行人不履行法律文书确定的义务的，人民法院可以对其采取或者通知有关单位协助采取限制出境，在征信系统记录、通过媒体公布不履行义务信息以及法律规定的其他措施。

第二十二章　执行中止和终结

第二百五十六条　【中止执行】有下列情形之一的，人民法院应当裁定中止执行：

（一）申请人表示可以延期执行的；

（二）案外人对执行标的提出确有理由的异议的；

（三）作为一方当事人的公民死亡，需要等待继承人继承权利或者承担义务的；

（四）作为一方当事人的法人或者其他组织终止，尚未确定权利义务承受人的；

（五）人民法院认为应当中止执行的其他情形。

中止的情形消失后，恢复执行。

第二百五十七条 【终结执行】有下列情形之一的，人民法院裁定终结执行：

（一）申请人撤销申请的；

（二）据以执行的法律文书被撤销的；

（三）作为被执行人的公民死亡，无遗产可供执行，又无义务承担人的；

（四）追索赡养费、扶养费、抚育费案件的权利人死亡的；

（五）作为被执行人的公民因生活困难无力偿还借款，无收入来源，又丧失劳动能力的；

（六）人民法院认为应当终结执行的其他情形。

第二百五十八条 【执行中止、终结裁定的生效】中止和终结执行的裁定，送达当事人后立即生效。

第四编 涉外民事诉讼程序的特别规定

第二十三章 一般原则

第二百五十九条 【适用本法原则】在中华人民共和国领域内进行涉外民事诉讼，适用本编规定。本编没有规定的，适用本法其他有关规定。

第二百六十条 【信守国际条约原则】中华人民共和国缔结或者参加的国际条约同本法有不同规定的，适用该国际条约的规定，但中华人民共和国声明保留的条款除外。

第二百六十一条 【司法豁免原则】对享有外交特权与豁免的外国人、外国组织或者国际组织提起的民事诉讼，应当依照中华人民共和国有关法律和中华人民共和国缔结或者参加的国际条约的规定办理。

第二百六十二条 【使用我国通用语言、文字原则】人民法院审理涉外民事案件，应当使用中华人民共和国通用的语言、文字。当事人要求提供翻译的，可以提供，费用由当事人承担。

第二百六十三条 【委托中国律师代理诉讼原则】外国人、无国籍人、外国企业和组织在人民法院起诉、应诉，需要委托律师代理诉讼的，必须委托中华人民共和国的律师。

第二百六十四条 【授权委托书的公证与认证】在中华人民共和国领域内没有住所的外国人、无国籍人、外国企业和组织委托中华人民共和国律师或者其他人代理诉讼，从中华人民共和国领域外寄交或者托交的授权委托书，应当经所在国公证机关证明，并经中华人民共和国驻该国使领馆认证，或者履行中华人民共和国与该所在国订立的有关条约中规定的证明手续后，才具有效力。

第二十四章　管　辖

第二百六十五条　【特殊地域管辖】因合同纠纷或者其他财产权益纠纷，对在中华人民共和国领域内没有住所的被告提起的诉讼，如果合同在中华人民共和国领域内签订或者履行，或者诉讼标的物在中华人民共和国领域内，或者被告在中华人民共和国领域内有可供扣押的财产，或者被告在中华人民共和国领域内设有代表机构，可以由合同签订地、合同履行地、诉讼标的物所在地、可供扣押财产所在地、侵权行为地或者代表机构住所地人民法院管辖。

第二百六十六条　【专属管辖】因在中华人民共和国履行中外合资经营企业合同、中外合作经营企业合同、中外合作勘探开发自然资源合同发生纠纷提起的诉讼，由中华人民共和国人民法院管辖。

第二十五章　送达、期间

第二百六十七条　【送达方式】人民法院对在中华人民共和国领域内没有住所的当事人送达诉讼文书，可以采用下列方式：

（一）依照受送达人所在国与中华人民共和国缔结或者共同参加的国际条约中规定的方式送达；

（二）通过外交途径送达；

（三）对具有中华人民共和国国籍的受送达人，可以委托中华人民共和国驻受送达人所在国的使领馆代为送达；

（四）向受送达人委托的有权代其接受送达的诉讼代理人送达；

（五）向受送达人在中华人民共和国领域内设立的代表机构或者有权接受送达的分支机构、业务代办人送达；

（六）受送达人所在国的法律允许邮寄送达的，可以邮寄送达，自邮寄之日起满三个月，送达回证没有退回，但根据各种情况足以认定已经送达的，期间届满之日视为送达；

（七）采用传真、电子邮件等能够确认受送达人收悉的方式送达；

（八）不能用上述方式送达的，公告送达，自公告之日起满三个月，即视为送达。

第二百六十八条　【答辩期间】被告在中华人民共和国领域内没有住所

的，人民法院应当将起诉状副本送达被告，并通知被告在收到起诉状副本后三十日内提出答辩状。被告申请延期的，是否准许，由人民法院决定。

第二百六十九条 【上诉期间】在中华人民共和国领域内没有住所的当事人，不服第一审人民法院判决、裁定的，有权在判决书、裁定书送达之日起三十日内提起上诉。被上诉人在收到上诉状副本后，应当在三十日内提出答辩状。当事人不能在法定期间提起上诉或者提出答辩状，申请延期的，是否准许，由人民法院决定。

第二百七十条 【审理期间】人民法院审理涉外民事案件的期间，不受本法第一百四十九条、第一百七十六条规定的限制。

第二十六章 仲 裁

第二百七十一条 【或裁定或审理原则】涉外经济贸易、运输和海事中发生的纠纷，当事人在合同中订有仲裁条款或者事后达成书面仲裁协议，提交中华人民共和国涉外仲裁机构或者其他仲裁机构仲裁的，当事人不得向人民法院起诉。

当事人在合同中没有订有仲裁条款或者事后没有达成书面仲裁协议的，可以向人民法院起诉。

第二百七十二条 【仲裁程序中的保全】当事人申请采取保全的，中华人民共和国的涉外仲裁机构应当将当事人的申请，提交被申请人住所地或者财产所在地的中级人民法院裁定。

第二百七十三条 【仲裁裁决的执行】经中华人民共和国涉外仲裁机构裁决的，当事人不得向人民法院起诉。一方当事人不履行仲裁裁决的，对方当事人可以向被申请人住所地或者财产所在地的中级人民法院申请执行。

第二百七十四条 【仲裁裁决不予执行的情形】对中华人民共和国涉外仲裁机构作出的裁决，被申请人提出证据证明仲裁裁决有下列情形之一的，经人民法院组成合议庭审查核实，裁定不予执行：

（一）当事人在合同中没有订有仲裁条款或者事后没有达成书面仲裁协议的；

（二）被申请人没有得到指定仲裁员或者进行仲裁程序的通知，或者由于其他不属于被申请人负责的原因未能陈述意见的；

（三）仲裁庭的组成或者仲裁的程序与仲裁规则不符的；

（四）裁决的事项不属于仲裁协议的范围或者仲裁机构无权仲裁的。

人民法院认定执行该裁决违背社会公共利益的，裁定不予执行。

第二百七十五条 【仲裁裁决不予执行的法律后果】仲裁裁决被人民法院裁定不予执行的，当事人可以根据双方达成的书面仲裁协议重新申请仲裁，也可以向人民法院起诉。

第二十七章　司法协助

第二百七十六条　【司法协助的原则】根据中华人民共和国缔结或者参加的国际条约，或者按照互惠原则，人民法院和外国法院可以相互请求，代为送达文书、调查取证以及进行其他诉讼行为。

外国法院请求协助的事项有损于中华人民共和国的主权、安全或者社会公共利益的，人民法院不予执行。

第二百七十七条　【司法协助的途径】请求和提供司法协助，应当依照中华人民共和国缔结或者参加的国际条约所规定的途径进行；没有条约关系的，通过外交途径进行。

外国驻中华人民共和国的使领馆可以向该国公民送达文书和调查取证，但不得违反中华人民共和国的法律，并不得采取强制措施。

除前款规定的情况外，未经中华人民共和国主管机关准许，任何外国机关或者个人不得在中华人民共和国领域内送达文书、调查取证。

第二百七十八条　【司法协助请求使用的文字】外国法院请求人民法院提供司法协助的请求书及其所附文件，应当附有中文译本或者国际条约规定的其他文字文本。

人民法院请求外国法院提供司法协助的请求书及其所附文件，应当附有该国文字译本或者国际条约规定的其他文字文本。

第二百七十九条　【司法协助程序】人民法院提供司法协助，依照中华人民共和国法律规定的程序进行。外国法院请求采用特殊方式的，也可以按照其请求的特殊方式进行，但请求采用的特殊方式不得违反中华人民共和国法律。

第二百八十条　【申请外国承认和执行】人民法院作出的发生法律效力的判决、裁定，如果被执行人或者其财产不在中华人民共和国领域内，当事人请求执行的，可以由当事人直接向有管辖权的外国法院申请承认和执行，也可以由人民法院依照中华人民共和国缔结或者参加的国际条约的规定，或者按照互惠原则，请求外国法院承认和执行。

中华人民共和国涉外仲裁机构作出的发生法律效力的仲裁裁决，当事人请求执行的，如果被执行人或者其财产不在中华人民共和国领域内，应当由当事人直接向有管辖权的外国法院申请承认和执行。

第二百八十一条　【外国申请承认和执行】外国法院作出的发生法律效力的判决、裁定，需要中华人民共和国人民法院承认和执行的，可以由当事人直接向中华人民共和国有管辖权的中级人民法院申请承认和执行，也可以由外国法院依照该国与中华人民共和国缔结或者参加的国际条约的规定，或者按照互惠原则，请求人民法院承认和执行。

第二百八十二条 【外国法院裁判的承认与执行】人民法院对申请或者请求承认和执行的外国法院作出的发生法律效力的判决、裁定，依照中华人民共和国缔结或者参加的国际条约，或者按照互惠原则进行审查后，认为不违反中华人民共和国法律的基本原则或者国家主权、安全、社会公共利益的，裁定承认其效力，需要执行的，发出执行令，依照本法的有关规定执行。违反中华人民共和国法律的基本原则或者国家主权、安全、社会公共利益的，不予承认和执行。

第二百八十三条 【外国仲裁裁决的承认和执行】国外仲裁机构的裁决，需要中华人民共和国人民法院承认和执行的，应当由当事人直接向被执行人住所地或者其财产所在地的中级人民法院申请，人民法院应当依照中华人民共和国缔结或者参加的国际条约，或者按照互惠原则办理。

第二百八十四条 【施行时间】本法自公布之日起施行，《中华人民共和国民事诉讼法（试行）》同时废止。

最高人民法院
关于适用《中华人民共和国民事诉讼法》的解释

法释〔2015〕5号

（2014年12月18日最高人民法院审判委员会第1636次会议通过
2015年1月30日最高人民法院公告公布　自2015年2月4日起施行）

目　录

九、诉讼费用
十、第一审普通程序
十一、简易程序
十二、简易程序中的小额诉讼
十三、公益诉讼
十四、第三人撤销之诉
十五、执行异议之诉
十六、第二审程序
十七、特别程序
十八、审判监督程序
十九、督促程序
二十、公示催告程序
二十一、执行程序
二十二、涉外民事诉讼程序的特别规定
二十三、附则

2012 年 8 月 31 日，第十一届全国人民代表大会常务委员会第二十八次会议审议通过了《关于修改〈中华人民共和国民事诉讼法〉的决定》。根据修改后的民事诉讼法，结合人民法院民事审判和执行工作实际，制定本解释。

一、管　辖

第一条　民事诉讼法第十八条第一项规定的重大涉外案件，包括争议标的额大的案件、案情复杂的案件，或者一方当事人人数众多等具有重大影响的案件。

第二条　专利纠纷案件由知识产权法院、最高人民法院确定的中级人民法院和基层人民法院管辖。

海事、海商案件由海事法院管辖。

第三条　公民的住所地是指公民的户籍所在地，法人或者其他组织的住所地是指法人或者其他组织的主要办事机构所在地。

法人或者其他组织的主要办事机构所在地不能确定的，法人或者其他组织的注册地或者登记地为住所地。

第四条　公民的经常居住地是指公民离开住所地至起诉时已连续居住一年以上的地方，但公民住院就医的地方除外。

第五条　对没有办事机构的个人合伙、合伙型联营体提起的诉讼，由被告注册登记地人民法院管辖。没有注册登记，几个被告又不在同一辖区的，被告住所地的人民法院都有管辖权。

第六条 被告被注销户籍的，依照民事诉讼法第二十二条规定确定管辖；原告、被告均被注销户籍的，由被告居住地人民法院管辖。

第七条 当事人的户籍迁出后尚未落户，有经常居住地的，由该地人民法院管辖；没有经常居住地的，由其原户籍所在地人民法院管辖。

第八条 双方当事人都被监禁或者被采取强制性教育措施的，由被告原住所地人民法院管辖。被告被监禁或者被采取强制性教育措施一年以上的，由被告被监禁地或者被采取强制性教育措施地人民法院管辖。

第九条 追索赡养费、抚育费、扶养费案件的几个被告住所地不在同一辖区的，可以由原告住所地人民法院管辖。

第十条 不服指定监护或者变更监护关系的案件，可以由被监护人住所地人民法院管辖。

第十一条 双方当事人均为军人或者军队单位的民事案件由军事法院管辖。

第十二条 夫妻一方离开住所地超过一年，另一方起诉离婚的案件，可以由原告住所地人民法院管辖。

夫妻双方离开住所地超过一年，一方起诉离婚的案件，由被告经常居住地人民法院管辖；没有经常居住地的，由原告起诉时被告居住地人民法院管辖。

第十三条 在国内结婚并定居国外的华侨，如定居国法院以离婚诉讼须由婚姻缔结地法院管辖为由不予受理，当事人向人民法院提出离婚诉讼的，由婚姻缔结地或者一方在国内的最后居住地人民法院管辖。

第十四条 在国外结婚并定居国外的华侨，如定居国法院以离婚诉讼须由国籍所属国法院管辖为由不予受理，当事人向人民法院提出离婚诉讼的，由一方原住所地或者在国内的最后居住地人民法院管辖。

第十五条 中国公民一方居住在国外，一方居住在国内，不论哪一方向人民法院提起离婚诉讼，国内一方住所地人民法院都有权管辖。国外一方在居住国法院起诉，国内一方向人民法院起诉的，受诉人民法院有权管辖。

第十六条 中国公民双方在国外但未定居，一方向人民法院起诉离婚的，应由原告或者被告原住所地人民法院管辖。

第十七条 已经离婚的中国公民，双方均定居国外，仅就国内财产分割提起诉讼的，由主要财产所在地人民法院管辖。

第十八条 合同约定履行地点的，以约定的履行地点为合同履行地。

合同对履行地点没有约定或者约定不明确，争议标的为给付货币的，接收货币一方所在地为合同履行地；交付不动产的，不动产所在地为合同履行地；其他标的，履行义务一方所在地为合同履行地。即时结清的合同，交易行为地为合同履行地。

合同没有实际履行，当事人双方住所地都不在合同约定的履行地的，由被告住所地人民法院管辖。

第十九条　财产租赁合同、融资租赁合同以租赁物使用地为合同履行地。合同对履行地有约定的，从其约定。

第二十条　以信息网络方式订立的买卖合同，通过信息网络交付标的的，以买受人住所地为合同履行地；通过其他方式交付标的的，收货地为合同履行地。合同对履行地有约定的，从其约定。

第二十一条　因财产保险合同纠纷提起的诉讼，如果保险标的物是运输工具或者运输中的货物，可以由运输工具登记注册地、运输目的地、保险事故发生地人民法院管辖。

因人身保险合同纠纷提起的诉讼，可以由被保险人住所地人民法院管辖。

第二十二条　因股东名册记载、请求变更公司登记、股东知情权、公司决议、公司合并、公司分立、公司减资、公司增资等纠纷提起的诉讼，依照民事诉讼法第二十六条规定确定管辖。

第二十三条　债权人申请支付令，适用民事诉讼法第二十一条规定，由债务人住所地基层人民法院管辖。

第二十四条　民事诉讼法第二十八条规定的侵权行为地，包括侵权行为实施地、侵权结果发生地。

第二十五条　信息网络侵权行为实施地包括实施被诉侵权行为的计算机等信息设备所在地，侵权结果发生地包括被侵权人住所地。

第二十六条　因产品、服务质量不合格造成他人财产、人身损害提起的诉讼，产品制造地、产品销售地、服务提供地、侵权行为地和被告住所地人民法院都有管辖权。

第二十七条　当事人申请诉前保全后没有在法定期间起诉或者申请仲裁，给被申请人、利害关系人造成损失引起的诉讼，由采取保全措施的人民法院管辖。

当事人申请诉前保全后在法定期间内起诉或者申请仲裁，被申请人、利害关系人因保全受到损失提起的诉讼，由受理起诉的人民法院或者采取保全措施的人民法院管辖。

第二十八条　民事诉讼法第三十三条第一项规定的不动产纠纷是指因不动产的权利确认、分割、相邻关系等引起的物权纠纷。

农村土地承包经营合同纠纷、房屋租赁合同纠纷、建设工程施工合同纠纷、政策性房屋买卖合同纠纷，按照不动产纠纷确定管辖。

不动产已登记的，以不动产登记簿记载的所在地为不动产所在地；不动产未登记的，以不动产实际所在地为不动产所在地。

第二十九条 民事诉讼法第三十四条规定的书面协议，包括书面合同中的协议管辖条款或者诉讼前以书面形式达成的选择管辖的协议。

第三十条 根据管辖协议，起诉时能够确定管辖法院的，从其约定；不能确定的，依照民事诉讼法的相关规定确定管辖。

管辖协议约定两个以上与争议有实际联系的地点的人民法院管辖，原告可以向其中一个人民法院起诉。

第三十一条 经营者使用格式条款与消费者订立管辖协议，未采取合理方式提请消费者注意，消费者主张管辖协议无效的，人民法院应予支持。

第三十二条 管辖协议约定由一方当事人住所地人民法院管辖，协议签订后当事人住所地变更的，由签订管辖协议时的住所地人民法院管辖，但当事人另有约定的除外。

第三十三条 合同转让的，合同的管辖协议对合同受让人有效，但转让时受让人不知道有管辖协议，或者转让协议另有约定且原合同相对人同意的除外。

第三十四条 当事人因同居或者在解除婚姻、收养关系后发生财产争议，约定管辖的，可以适用民事诉讼法第三十四条规定确定管辖。

第三十五条 当事人在答辩期间届满后未应诉答辩，人民法院在一审开庭前，发现案件不属于本院管辖的，应当裁定移送有管辖权的人民法院。

第三十六条 两个以上人民法院都有管辖权的诉讼，先立案的人民法院不得将案件移送给另一个有管辖权的人民法院。人民法院在立案前发现其他有管辖权的人民法院已先立案的，不得重复立案；立案后发现其他有管辖权的人民法院已先立案的，裁定将案件移送给先立案的人民法院。

第三十七条 案件受理后，受诉人民法院的管辖权不受当事人住所地、经常居住地变更的影响。

第三十八条 有管辖权的人民法院受理案件后，不得以行政区域变更为由，将案件移送给变更后有管辖权的人民法院。判决后的上诉案件和依审判监督程序提审的案件，由原审人民法院的上级人民法院进行审判；上级人民法院指令再审、发回重审的案件，由原审人民法院再审或者重审。

第三十九条 人民法院对管辖异议审查后确定有管辖权的，不因当事人提起反诉、增加或者变更诉讼请求等改变管辖，但违反级别管辖、专属管辖规定的除外。

人民法院发回重审或者按第一审程序再审的案件，当事人提出管辖异议的，人民法院不予审查。

第四十条 依照民事诉讼法第三十七条第二款规定，发生管辖权争议的两个人民法院因协商不成报请它们的共同上级人民法院指定管辖时，双方为同属一个地、市辖区的基层人民法院的，由该地、市的中级人民法院及时指定管辖；同属一个省、自治区、直辖市的两个人民法院的，由该省、自治区、直辖市的高级人民法院及时指定管辖；双方为跨省、自治区、直辖市的人民法院，高级人民法院协商不成的，由最高人民法院及时指定管辖。

依照前款规定报请上级人民法院指定管辖时，应当逐级进行。

第四十一条 人民法院依照民事诉讼法第三十七条第二款规定指定管辖的，应当作出裁定。

对报请上级人民法院指定管辖的案件，下级人民法院应当中止审理。指定管辖裁定作出前，下级人民法院对案件作出判决、裁定的，上级人民法院应当在裁定指定管辖的同时，一并撤销下级人民法院的判决、裁定。

第四十二条 下列第一审民事案件，人民法院依照民事诉讼法第三十八条第一款规定，可以在开庭前交下级人民法院审理：

（一）破产程序中有关债务人的诉讼案件；

（二）当事人人数众多且不方便诉讼的案件；

（三）最高人民法院确定的其他类型案件。

人民法院交下级人民法院审理前，应当报请其上级人民法院批准。上级人民法院批准后，人民法院应当裁定将案件交下级人民法院审理。

二、回　避

第四十三条 审判人员有下列情形之一的，应当自行回避，当事人有权申请其回避：

（一）是本案当事人或者当事人近亲属的；

（二）本人或者其近亲属与本案有利害关系的；

（三）担任过本案的证人、鉴定人、辩护人、诉讼代理人、翻译人员的；

（四）是本案诉讼代理人近亲属的；

（五）本人或者其近亲属持有本案非上市公司当事人的股份或者股权的；

（六）与本案当事人或者诉讼代理人有其他利害关系，可能影响公正审理的。

第四十四条 审判人员有下列情形之一的，当事人有权申请其回避：

（一）接受本案当事人及其受托人宴请，或者参加由其支付费用的活动的；

（二）索取、接受本案当事人及其受托人财物或者其他利益的；

（三）违反规定会见本案当事人、诉讼代理人的；

（四）为本案当事人推荐、介绍诉讼代理人，或者为律师、其他人员介绍代理本案的；

（五）向本案当事人及其受托人借用款物的；

（六）有其他不正当行为，可能影响公正审理的。

第四十五条 在一个审判程序中参与过本案审判工作的审判人员，不得再参与该案其他程序的审判。

发回重审的案件，在一审法院作出裁判后又进入第二审程序的，原第二审程序中合议庭组成人员不受前款规定的限制。

第四十六条 审判人员有应当回避的情形，没有自行回避，当事人也没有申请其回避的，由院长或者审判委员会决定其回避。

第四十七条 人民法院应当依法告知当事人对合议庭组成人员、独任审判员和书记员等人员有申请回避的权利。

第四十八条 民事诉讼法第四十四条所称的审判人员，包括参与本案审理的人民法院院长、副院长、审判委员会委员、庭长、副庭长、审判员、助理审判员和人民陪审员。

第四十九条 书记员和执行员适用审判人员回避的有关规定。

三、诉讼参加人

第五十条 法人的法定代表人以依法登记的为准，但法律另有规定的除外。依法不需要办理登记的法人，以其正职负责人为法定代表人；没有正职负责人的，以其主持工作的副职负责人为法定代表人。

法定代表人已经变更，但未完成登记，变更后的法定代表人要求代表法人参加诉讼的，人民法院可以准许。

其他组织，以其主要负责人为代表人。

第五十一条 在诉讼中，法人的法定代表人变更的，由新的法定代表人继续进行诉讼，并应向人民法院提交新的法定代表人身份证明书。原法定代表人进行的诉讼行为有效。

前款规定，适用于其他组织参加的诉讼。

第五十二条 民事诉讼法第四十八条规定的其他组织是指合法成立、有一定的组织机构和财产，但又不具备法人资格的组织，包括：

（一）依法登记领取营业执照的个人独资企业；

（二）依法登记领取营业执照的合伙企业；

（三）依法登记领取我国营业执照的中外合作经营企业、外资企业；

（四）依法成立的社会团体的分支机构、代表机构；

（五）依法设立并领取营业执照的法人的分支机构；

（六）依法设立并领取营业执照的商业银行、政策性银行和非银行金融机构的分支机构；

（七）经依法登记领取营业执照的乡镇企业、街道企业；

（八）其他符合本条规定条件的组织。

第五十三条　法人非依法设立的分支机构，或者虽依法设立，但没有领取营业执照的分支机构，以设立该分支机构的法人为当事人。

第五十四条　以挂靠形式从事民事活动，当事人请求由挂靠人和被挂靠人依法承担民事责任的，该挂靠人和被挂靠人为共同诉讼人。

第五十五条　在诉讼中，一方当事人死亡，需要等待继承人表明是否参加诉讼的，裁定中止诉讼。人民法院应当及时通知继承人作为当事人承担诉讼，被继承人已经进行的诉讼行为对承担诉讼的继承人有效。

第五十六条　法人或者其他组织的工作人员执行工作任务造成他人损害的，该法人或者其他组织为当事人。

第五十七条　提供劳务一方因劳务造成他人损害，受害人提起诉讼的，以接受劳务一方为被告。

第五十八条　在劳务派遣期间，被派遣的工作人员因执行工作任务造成他人损害的，以接受劳务派遣的用工单位为当事人。当事人主张劳务派遣单位承担责任的，该劳务派遣单位为共同被告。

第五十九条　在诉讼中，个体工商户以营业执照上登记的经营者为当事人。有字号的，以营业执照上登记的字号为当事人，但应同时注明该字号经营者的基本信息。

营业执照上登记的经营者与实际经营者不一致的，以登记的经营者和实际经营者为共同诉讼人。

第六十条　在诉讼中，未依法登记领取营业执照的个人合伙的全体合伙人为共同诉讼人。个人合伙有依法核准登记的字号的，应在法律文书中注明登记的字号。全体合伙人可以推选代表人；被推选的代表人，应由全体合伙人出具推选书。

第六十一条　当事人之间的纠纷经人民调解委员会调解达成协议后，一方当事人不履行调解协议，另一方当事人向人民法院提起诉讼的，应以对方当事人为被告。

第六十二条　下列情形，以行为人为当事人：

（一）法人或者其他组织应登记而未登记，行为人即以该法人或者其他组织名义进行民事活动的；

（二）行为人没有代理权、超越代理权或者代理权终止后以被代理人名义进行民事活动的，但相对人有理由相信行为人有代理权的除外；

（三）法人或者其他组织依法终止后，行为人仍以其名义进行民事活动的。

第六十三条 企业法人合并的，因合并前的民事活动发生的纠纷，以合并后的企业为当事人；企业法人分立的，因分立前的民事活动发生的纠纷，以分立后的企业为共同诉讼人。

第六十四条 企业法人解散的，依法清算并注销前，以该企业法人为当事人；未依法清算即被注销的，以该企业法人的股东、发起人或者出资人为当事人。

第六十五条 借用业务介绍信、合同专用章、盖章的空白合同书或者银行账户的，出借单位和借用人为共同诉讼人。

第六十六条 因保证合同纠纷提起的诉讼，债权人向保证人和被保证人一并主张权利的，人民法院应当将保证人和被保证人列为共同被告。保证合同约定为一般保证，债权人仅起诉保证人的，人民法院应当通知被保证人作为共同被告参加诉讼；债权人仅起诉被保证人的，可以只列被保证人为被告。

第六十七条 无民事行为能力人、限制民事行为能力人造成他人损害的，无民事行为能力人、限制民事行为能力人和其监护人为共同被告。

第六十八条 村民委员会或者村民小组与他人发生民事纠纷的，村民委员会或者有独立财产的村民小组为当事人。

第六十九条 对侵害死者遗体、遗骨以及姓名、肖像、名誉、荣誉、隐私等行为提起诉讼的，死者的近亲属为当事人。

第七十条 在继承遗产的诉讼中，部分继承人起诉的，人民法院应通知其他继承人作为共同原告参加诉讼；被通知的继承人不愿意参加诉讼又未明确表示放弃实体权利的，人民法院仍应将其列为共同原告。

第七十一条 原告起诉被代理人和代理人，要求承担连带责任的，被代理人和代理人为共同被告。

第七十二条 共有财产权受到他人侵害，部分共有权人起诉的，其他共有权人为共同诉讼人。

第七十三条 必须共同进行诉讼的当事人没有参加诉讼的，人民法院应当依照民事诉讼法第一百三十二条的规定，通知其参加；当事人也可以向人民法院申请追加。人民法院对当事人提出的申请，应当进行审查，申请理由不成立的，裁定驳回；申请理由成立的，书面通知被追加的当事人参加诉讼。

第七十四条 人民法院追加共同诉讼的当事人时，应当通知其他当事人。应当追加的原告，已明确表示放弃实体权利的，可不予追加；既不愿意参加诉讼，又不放弃实体权利的，仍应追加为共同原告，其不参加诉讼，不影响人民法院对案件的审理和依法作出判决。

第七十五条　民事诉讼法第五十三条、第五十四条和第一百九十九条规定的人数众多，一般指十人以上。

第七十六条　依照民事诉讼法第五十三条规定，当事人一方人数众多在起诉时确定的，可以由全体当事人推选共同的代表人，也可以由部分当事人推选自己的代表人；推选不出代表人的当事人，在必要的共同诉讼中可以自己参加诉讼，在普通的共同诉讼中可以另行起诉。

第七十七条　根据民事诉讼法第五十四条规定，当事人一方人数众多在起诉时不确定的，由当事人推选代表人。当事人推选不出的，可以由人民法院提出人选与当事人协商；协商不成的，也可以由人民法院在起诉的当事人中指定代表人。

第七十八条　民事诉讼法第五十三条和第五十四条规定的代表人为二至五人，每位代表人可以委托一至二人作为诉讼代理人。

第七十九条　依照民事诉讼法第五十四条规定受理的案件，人民法院可以发出公告，通知权利人向人民法院登记。公告期间根据案件的具体情况确定，但不得少于三十日。

第八十条　根据民事诉讼法第五十四条规定向人民法院登记的权利人，应当证明其与对方当事人的法律关系和所受到的损害。证明不了的，不予登记，权利人可以另行起诉。人民法院的裁判在登记的范围内执行。未参加登记的权利人提起诉讼，人民法院认定其请求成立的，裁定适用人民法院已作出的判决、裁定。

第八十一条　根据民事诉讼法第五十六条的规定，有独立请求权的第三人有权向人民法院提出诉讼请求和事实、理由，成为当事人；无独立请求权的第三人，可以申请或者由人民法院通知参加诉讼。

第一审程序中未参加诉讼的第三人，申请参加第二审程序的，人民法院可以准许。

第八十二条　在一审诉讼中，无独立请求权的第三人无权提出管辖异议，无权放弃、变更诉讼请求或者申请撤诉，被判决承担民事责任的，有权提起上诉。

第八十三条　在诉讼中，无民事行为能力人、限制民事行为能力人的监护人是他的法定代理人。事先没有确定监护人的，可以由有监护资格的人协商确定；协商不成的，由人民法院在他们之中指定诉讼中的法定代理人。当事人没有民法通则第十六条第一款、第二款或者第十七条第一款规定的监护人的，可以指定该法第十六条第四款或者第十七条第三款规定的有关组织担任诉讼中的法定代理人。

第八十四条　无民事行为能力人、限制民事行为能力人以及其他依法不能作为诉讼代理人的，当事人不得委托其作为诉讼代理人。

第八十五条 根据民事诉讼法第五十八条第二款第二项规定，与当事人有夫妻、直系血亲、三代以内旁系血亲、近姻亲关系以及其他有抚养、赡养关系的亲属，可以当事人近亲属的名义作为诉讼代理人。

第八十六条 根据民事诉讼法第五十八条第二款第二项规定，与当事人有合法劳动人事关系的职工，可以当事人工作人员的名义作为诉讼代理人。

第八十七条 根据民事诉讼法第五十八条第二款第三项规定，有关社会团体推荐公民担任诉讼代理人的，应当符合下列条件：

（一）社会团体属于依法登记设立或者依法免予登记设立的非营利性法人组织；

（二）被代理人属于该社会团体的成员，或者当事人一方住所地位于该社会团体的活动地域；

（三）代理事务属于该社会团体章程载明的业务范围；

（四）被推荐的公民是该社会团体的负责人或者与该社会团体有合法劳动人事关系的工作人员。

专利代理人经中华全国专利代理人协会推荐，可以在专利纠纷案件中担任诉讼代理人。

第八十八条 诉讼代理人除根据民事诉讼法第五十九条规定提交授权委托书外，还应当按照下列规定向人民法院提交相关材料：

（一）律师应当提交律师执业证、律师事务所证明材料；

（二）基层法律服务工作者应当提交法律服务工作者执业证、基层法律服务所出具的介绍信以及当事人一方位于本辖区内的证明材料；

（三）当事人的近亲属应当提交身份证件和与委托人有近亲属关系的证明材料；

（四）当事人的工作人员应当提交身份证件和与当事人有合法劳动人事关系的证明材料；

（五）当事人所在社区、单位推荐的公民应当提交身份证件、推荐材料和当事人属于该社区、单位的证明材料；

（六）有关社会团体推荐的公民应当提交身份证件和符合本解释第八十七条规定条件的证明材料。

第八十九条 当事人向人民法院提交的授权委托书，应当在开庭审理前送交人民法院。授权委托书仅写“全权代理”而无具体授权的，诉讼代理人无权代为承认、放弃、变更诉讼请求，进行和解，提出反诉或者提起上诉。

适用简易程序审理的案件，双方当事人同时到庭并径行开庭审理的，可以当场口头委托诉讼代理人，由人民法院记入笔录。

四、证　据

第九十条　当事人对自己提出的诉讼请求所依据的事实或者反驳对方诉讼请求所依据的事实，应当提供证据加以证明，但法律另有规定的除外。

在作出判决前，当事人未能提供证据或者证据不足以证明其事实主张的，由负有举证证明责任的当事人承担不利的后果。

第九十一条　人民法院应当依照下列原则确定举证证明责任的承担，但法律另有规定的除外：

（一）主张法律关系存在的当事人，应当对产生该法律关系的基本事实承担举证证明责任；

（二）主张法律关系变更、消灭或者权利受到妨害的当事人，应当对该法律关系变更、消灭或者权利受到妨害的基本事实承担举证证明责任。

第九十二条　一方当事人在法庭审理中，或者在起诉状、答辩状、代理词等书面材料中，对于己不利的事实明确表示承认的，另一方当事人无需举证证明。

对于涉及身份关系、国家利益、社会公共利益等应当由人民法院依职权调查的事实，不适用前款自认的规定。

自认的事实与查明的事实不符的，人民法院不予确认。

第九十三条　下列事实，当事人无须举证证明：

（一）自然规律以及定理、定律；

（二）众所周知的事实；

（三）根据法律规定推定的事实；

（四）根据已知的事实和日常生活经验法则推定出的另一事实；

（五）已为人民法院发生法律效力的裁判所确认的事实；

（六）已为仲裁机构生效裁决所确认的事实；

（七）已为有效公证文书所证明的事实。

前款第二项至第四项规定的事实，当事人有相反证据足以反驳的除外；第五项至第七项规定的事实，当事人有相反证据足以推翻的除外。

第九十四条　民事诉讼法第六十四条第二款规定的当事人及其诉讼代理人因客观原因不能自行收集的证据包括：

（一）证据由国家有关部门保存，当事人及其诉讼代理人无权查阅调取的；

（二）涉及国家秘密、商业秘密或者个人隐私的；

（三）当事人及其诉讼代理人因客观原因不能自行收集的其他证据。

当事人及其诉讼代理人因客观原因不能自行收集的证据，可以在举证期限届满前书面申请人民法院调查收集。

第九十五条 当事人申请调查收集的证据，与待证事实无关联、对证明待证事实无意义或者其他无调查收集必要的，人民法院不予准许。

第九十六条 民事诉讼法第六十四条第二款规定的人民法院认为审理案件需要的证据包括：

（一）涉及可能损害国家利益、社会公共利益的；

（二）涉及身份关系的；

（三）涉及民事诉讼法第五十五条规定诉讼的；

（四）当事人有恶意串通损害他人合法权益可能的；

（五）涉及依职权追加当事人、中止诉讼、终结诉讼、回避等程序性事项的。

除前款规定外，人民法院调查收集证据，应当依照当事人的申请进行。

第九十七条 人民法院调查收集证据，应当由两人以上共同进行。调查材料要由调查人、被调查人、记录人签名、捺印或者盖章。

第九十八条 当事人根据民事诉讼法第八十一条第一款规定申请证据保全的，可以在举证期限届满前书面提出。

证据保全可能对他人造成损失的，人民法院应当责令申请人提供相应的担保。

第九十九条 人民法院应当在审理前的准备阶段确定当事人的举证期限。举证期限可以由当事人协商，并经人民法院准许。

人民法院确定举证期限，第一审普通程序案件不得少于十五日，当事人提供新的证据的第二审案件不得少于十日。

举证期限届满后，当事人对已经提供的证据，申请提供反驳证据或者对证据来源、形式等方面的瑕疵进行补正的，人民法院可以酌情再次确定举证期限，该期限不受前款规定的限制。

第一百条 当事人申请延长举证期限的，应当在举证期限届满前向人民法院提出书面申请。

申请理由成立的，人民法院应当准许，适当延长举证期限，并通知其他当事人。延长的举证期限适用于其他当事人。

申请理由不成立的，人民法院不予准许，并通知申请人。

第一百零一条 当事人逾期提供证据的，人民法院应当责令其说明理由，必要时可以要求其提供相应的证据。

当事人因客观原因逾期提供证据，或者对方当事人对逾期提供证据未提出异议的，视为未逾期。

第一百零二条 当事人因故意或者重大过失逾期提供的证据，人民法院不予采纳。但该证据与案件基本事实有关的，人民法院应当采纳，并依照民事诉讼法第六十五条、第一百一十五条第一款的规定予以训诫、罚款。

当事人非因故意或者重大过失逾期提供的证据，人民法院应当采纳，并对当事人予以训诫。

当事人一方要求另一方赔偿因逾期提供证据致使其增加的交通、住宿、就餐、误工、证人出庭作证等必要费用的，人民法院可予支持。

第一百零三条　证据应当在法庭上出示，由当事人互相质证。未经当事人质证的证据，不得作为认定案件事实的根据。

当事人在审理前的准备阶段认可的证据，经审判人员在庭审中说明后，视为质证过的证据。

涉及国家秘密、商业秘密、个人隐私或者法律规定应当保密的证据，不得公开质证。

第一百零四条　人民法院应当组织当事人围绕证据的真实性、合法性以及与待证事实的关联性进行质证，并针对证据有无证明力和证明力大小进行说明和辩论。

能够反映案件真实情况、与待证事实相关联、来源和形式符合法律规定的证据，应当作为认定案件事实的根据。

第一百零五条　人民法院应当按照法定程序，全面、客观地审核证据，依照法律规定，运用逻辑推理和日常生活经验法则，对证据有无证明力和证明力大小进行判断，并公开判断的理由和结果。

第一百零六条　对以严重侵害他人合法权益、违反法律禁止性规定或者严重违背公序良俗的方法形成或者获取的证据，不得作为认定案件事实的根据。

第一百零七条　在诉讼中，当事人为达成调解协议或者和解协议作出妥协而认可的事实，不得在后续的诉讼中作为对其不利的根据，但法律另有规定或者当事人均同意的除外。

第一百零八条　对负有举证证明责任的当事人提供的证据，人民法院经审查并结合相关事实，确信待证事实的存在具有高度可能性的，应当认定该事实存在。

对一方当事人为反驳负有举证证明责任的当事人所主张事实而提供的证据，人民法院经审查并结合相关事实，认为待证事实真伪不明的，应当认定该事实不存在。

法律对于待证事实所应达到的证明标准另有规定的，从其规定。

第一百零九条　当事人对欺诈、胁迫、恶意串通事实的证明，以及对口头遗嘱或者赠与事实的证明，人民法院确信该待证事实存在的可能性能够排除合理怀疑的，应当认定该事实存在。

第一百一十条 人民法院认为有必要的，可以要求当事人本人到庭，就案件有关事实接受询问。在询问当事人之前，可以要求其签署保证书。

保证书应当载明据实陈述、如有虚假陈述愿意接受处罚等内容。当事人应当在保证书上签名或者捺印。

负有举证证明责任的当事人拒绝到庭、拒绝接受询问或者拒绝签署保证书，待证事实又欠缺其他证据证明的，人民法院对其主张的事实不予认定。

第一百一十一条 民事诉讼法第七十条规定的提交书证原件确有困难，包括下列情形：

（一）书证原件遗失、灭失或者毁损的；

（二）原件在对方当事人控制之下，经合法通知提交而拒不提交的；

（三）原件在他人控制之下，而其有权不提交的；

（四）原件因篇幅或者体积过大而不便提交的；

（五）承担举证证明责任的当事人通过申请人民法院调查收集或者其他方式无法获得书证原件的。

前款规定情形，人民法院应当结合其他证据和案件具体情况，审查判断书证复制品等能否作为认定案件事实的根据。

第一百一十二条 书证在对方当事人控制之下的，承担举证证明责任的当事人可以在举证期限届满前书面申请人民法院责令对方当事人提交。

申请理由成立的，人民法院应当责令对方当事人提交，因提交书证所产生的费用，由申请人负担。对方当事人无正当理由拒不提交的，人民法院可以认定申请人所主张的书证内容为真实。

第一百一十三条 持有书证的当事人以妨碍对方当事人使用为目的，毁灭有关书证或者实施其他致使书证不能使用行为的，人民法院可以依照民事诉讼法第一百一十一条规定，对其处以罚款、拘留。

第一百一十四条 国家机关或者其他依法具有社会管理职能的组织，在其职权范围内制作的文书所记载的事项推定为真实，但有相反证据足以推翻的除外。必要时，人民法院可以要求制作文书的机关或者组织对文书的真实性予以说明。

第一百一十五条 单位向人民法院提出的证明材料，应当由单位负责人及制作证明材料的人员签名或者盖章，并加盖单位印章。人民法院就单位出具的证明材料，可以向单位及制作证明材料的人员进行调查核实。必要时，可以要求制作证明材料的人员出庭作证。

单位及制作证明材料的人员拒绝人民法院调查核实，或者制作证明材料的人员无正当理由拒绝出庭作证的，该证明材料不得作为认定案件事实的根据。

第一百一十六条　视听资料包括录音资料和影像资料。

电子数据是指通过电子邮件、电子数据交换、网上聊天记录、博客、微博客、手机短信、电子签名、域名等形成或者存储在电子介质中的信息。

存储在电子介质中的录音资料和影像资料，适用电子数据的规定。

第一百一十七条　当事人申请证人出庭作证的，应当在举证期限届满前提出。

符合本解释第九十六条第一款规定情形的，人民法院可以依职权通知证人出庭作证。

未经人民法院通知，证人不得出庭作证，但双方当事人同意并经人民法院准许的除外。

第一百一十八条　民事诉讼法第七十四条规定的证人因履行出庭作证义务而支出的交通、住宿、就餐等必要费用，按照机关事业单位工作人员差旅费用和补贴标准计算；误工损失按照国家上年度职工日平均工资标准计算。

人民法院准许证人出庭作证申请的，应当通知申请人预缴证人出庭作证费用。

第一百一十九条　人民法院在证人出庭作证前应当告知其如实作证的义务以及作伪证的法律后果，并责令其签署保证书，但无民事行为能力人和限制民事行为能力人除外。

证人签署保证书适用本解释关于当事人签署保证书的规定。

第一百二十条　证人拒绝签署保证书的，不得作证，并自行承担相关费用。

第一百二十一条　当事人申请鉴定，可以在举证期限届满前提出。申请鉴定的事项与待证事实无关联，或者对证明待证事实无意义的，人民法院不予准许。

人民法院准许当事人鉴定申请的，应当组织双方当事人协商确定具备相应资格的鉴定人。当事人协商不成的，由人民法院指定。

符合依职权调查收集证据条件的，人民法院应当依职权委托鉴定，在询问当事人的意见后，指定具备相应资格的鉴定人。

第一百二十二条　当事人可以依照民事诉讼法第七十九条的规定，在举证期限届满前申请一至二名具有专门知识的人出庭，代表当事人对鉴定意见进行质证，或者对案件事实所涉及的专业问题提出意见。

具有专门知识的人在法庭上就专业问题提出的意见，视为当事人的陈述。

人民法院准许当事人申请的，相关费用由提出申请的当事人负担。

第一百二十三条　人民法院可以对出庭的具有专门知识的人进行询问。

经法庭准许，当事人可以对出庭的具有专门知识的人进行询问，当事人各自申请的具有专门知识的人可以就案件中的有关问题进行对质。

具有专门知识的人不得参与专业问题之外的法庭审理活动。

第一百二十四条 人民法院认为有必要的，可以根据当事人的申请或者依职权对物证或者现场进行勘验。勘验时应当保护他人的隐私和尊严。

人民法院可以要求鉴定人参与勘验。必要时，可以要求鉴定人在勘验中进行鉴定。

五、期间和送达

第一百二十五条 依照民事诉讼法第八十二条第二款规定，民事诉讼中以时起算的期间从次时起算；以日、月、年计算的期间从次日起算。

第一百二十六条 民事诉讼法第一百二十三条规定的立案期限，因起诉状内容欠缺通知原告补正的，从补正后交人民法院的次日起算。由上级人民法院转交下级人民法院立案的案件，从受诉人民法院收到起诉状的次日起算。

第一百二十七条 民事诉讼法第五十六条第三款、第二百零五条以及本解释第三百七十四条、第三百八十四条、第四百零一条、第四百二十二条、第四百二十三条规定的六个月，民事诉讼法第二百二十三条规定的一年，为不变期间，不适用诉讼时效中止、中断、延长的规定。

第一百二十八条 再审案件按照第一审程序或者第二审程序审理的，适用民事诉讼法第一百四十九条、第一百七十六条规定的审限。审限自再审立案的次日起算。

第一百二十九条 对申请再审案件，人民法院应当自受理之日起三个月内审查完毕，但公告期间、当事人和解期间等不计入审查期限。有特殊情况需要延长的，由本院院长批准。

第一百三十条 向法人或者其他组织送达诉讼文书，应当由法人的法定代表人、该组织的主要负责人或者办公室、收发室、值班室等负责收件的人签收或者盖章，拒绝签收或者盖章的，适用留置送达。

民事诉讼法第八十六条规定的有关基层组织和所在单位的代表，可以是受送达人住所地的居民委员会、村民委员会的工作人员以及受送达人所在单位的工作人员。

第一百三十一条 人民法院直接送达诉讼文书的，可以通知当事人到人民法院领取。当事人到达人民法院，拒绝签署送达回证的，视为送达。审判人员、书记员应当在送达回证上注明送达情况并签名。

人民法院可以在当事人住所地以外向当事人直接送达诉讼文书。当事人拒绝签署送达回证的，采用拍照、录像等方式记录送达过程即视为送达。审判人员、书记员应当在送达回证上注明送达情况并签名。

第一百三十二条　受送达人有诉讼代理人的，人民法院既可以向受送达人送达，也可以向其诉讼代理人送达。受送达人指定诉讼代理人为代收人的，向诉讼代理人送达时，适用留置送达。

第一百三十三条　调解书应当直接送达当事人本人，不适用留置送达。当事人本人因故不能签收的，可由其指定的代收人签收。

第一百三十四条　依照民事诉讼法第八十八条规定，委托其他人民法院代为送达的，委托法院应当出具委托函，并附需要送达的诉讼文书和送达回证，以受送达人在送达回证上签收的日期为送达日期。

委托送达的，受委托人民法院应当自收到委托函及相关诉讼文书之日起十日内代为送达。

第一百三十五条　电子送达可以采用传真、电子邮件、移动通信等即时收悉的特定系统作为送达媒介。

民事诉讼法第八十七条第二款规定的到达受送达人特定系统的日期，为人民法院对应系统显示发送成功的日期，但受送达人证明到达其特定系统的日期与人民法院对应系统显示发送成功的日期不一致的，以受送达人证明到达其特定系统的日期为准。

第一百三十六条　受送达人同意采用电子方式送达的，应当在送达地址确认书中予以确认。

第一百三十七条　当事人在提起上诉、申请再审、申请执行时未书面变更送达地址的，其在第一审程序中确认的送达地址可以作为第二审程序、审判监督程序、执行程序的送达地址。

第一百三十八条　公告送达可以在法院的公告栏和受送达人住所地张贴公告，也可以在报纸、信息网络等媒体上刊登公告，发出公告日期以最后张贴或者刊登的日期为准。对公告送达方式有特殊要求的，应当按要求的方式进行。公告期满，即视为送达。

人民法院在受送达人住所地张贴公告的，应当采取拍照、录像等方式记录张贴过程。

第一百三十九条　公告送达应当说明公告送达的原因；公告送达起诉状或者上诉状副本的，应当说明起诉或者上诉要点，受送达人答辩期限及逾期不答辩的法律后果；公告送达传票，应当说明出庭的时间和地点及逾期不出庭的法律后果；公告送达判决书、裁定书的，应当说明裁判主要内容，当事人有权上诉的，还应当说明上诉权利、上诉期限和上诉的人民法院。

第一百四十条　适用简易程序的案件，不适用公告送达。

第一百四十一条　人民法院在定期宣判时，当事人拒不签收判决书、裁定书的，应视为送达，并在宣判笔录中记明。

六、调　解

第一百四十二条　人民法院受理案件后，经审查，认为法律关系明确、事实清楚，在征得当事人双方同意后，可以径行调解。

第一百四十三条　适用特别程序、督促程序、公示催告程序的案件，婚姻等身份关系确认案件以及其他根据案件性质不能进行调解的案件，不得调解。

第一百四十四条　人民法院审理民事案件，发现当事人之间恶意串通，企图通过和解、调解方式侵害他人合法权益的，应当依照民事诉讼法第一百一十二条的规定处理。

第一百四十五条　人民法院审理民事案件，应当根据自愿、合法的原则进行调解。当事人一方或者双方坚持不愿调解的，应当及时裁判。

人民法院审理离婚案件，应当进行调解，但不应久调不决。

第一百四十六条　人民法院审理民事案件，调解过程不公开，但当事人同意公开的除外。

调解协议内容不公开，但为保护国家利益、社会公共利益、他人合法权益，人民法院认为确有必要公开的除外。

主持调解以及参与调解的人员，对调解过程以及调解过程中获悉的国家秘密、商业秘密、个人隐私和其他不宜公开的信息，应当保守秘密，但为保护国家利益、社会公共利益、他人合法权益的除外。

第一百四十七条　人民法院调解案件时，当事人不能出庭的，经其特别授权，可由其委托代理人参加调解，达成的调解协议，可由委托代理人签名。

离婚案件当事人确因特殊情况无法出庭参加调解的，除本人不能表达意志的以外，应当出具书面意见。

第一百四十八条　当事人自行和解或者调解达成协议后，请求人民法院按照和解协议或者调解协议的内容制作判决书的，人民法院不予准许。

无民事行为能力人的离婚案件，由其法定代理人进行诉讼。法定代理人与对方达成协议要求发给判决书的，可根据协议内容制作判决书。

第一百四十九条　调解书需经当事人签收后才发生法律效力的，应当以最后收到调解书的当事人签收的日期为调解书生效日期。

第一百五十条　人民法院调解民事案件，需由无独立请求权的第三人承担责任的，应当经其同意。该第三人在调解书送达前反悔的，人民法院应当及时裁判。

第一百五十一条　根据民事诉讼法第九十八条第一款第四项规定，当事人各方同意在调解协议上签名或者盖章后即发生法律效力的，经人民法院审查确认后，应当记入笔录或者将调解协议附卷，并由当事人、审判人员、书记员签名或者盖章后即具有法律效力。

前款规定情形，当事人请求制作调解书的，人民法院审查确认后可以制作调解书送交当事人。当事人拒收调解书的，不影响调解协议的效力。

七、保全和先予执行

第一百五十二条 人民法院依照民事诉讼法第一百条、第一百零一条规定，在采取诉前保全、诉讼保全措施时，责令利害关系人或者当事人提供担保的，应当书面通知。

利害关系人申请诉前保全的，应当提供担保。申请诉前财产保全的，应当提供相当于请求保全数额的担保；情况特殊的，人民法院可以酌情处理。申请诉前行为保全的，担保的数额由人民法院根据案件的具体情况决定。

在诉讼中，人民法院依申请或者依职权采取保全措施的，应当根据案件的具体情况，决定当事人是否应当提供担保以及担保的数额。

第一百五十三条 人民法院对季节性商品、鲜活、易腐烂变质以及其他不宜长期保存的物品采取保全措施时，可以责令当事人及时处理，由人民法院保存价款；必要时，人民法院可予以变卖，保存价款。

第一百五十四条 人民法院在财产保全中采取查封、扣押、冻结财产措施时，应当妥善保管被查封、扣押、冻结的财产。不宜由人民法院保管的，人民法院可以指定被保全人负责保管；不宜由被保全人保管的，可以委托他人或者申请保全人保管。

查封、扣押、冻结担保物权人占有的担保财产，一般由担保物权人保管；由人民法院保管的，质权、留置权不因采取保全措施而消灭。

第一百五十五条 由人民法院指定被保全人保管的财产，如果继续使用对该财产的价值无重大影响，可以允许被保全人继续使用；由人民法院保管或者委托他人、申请保全人保管的财产，人民法院和其他保管人不得使用。

第一百五十六条 人民法院采取财产保全的方法和措施，依照执行程序相关规定办理。

第一百五十七条 人民法院对抵押物、质押物、留置物可以采取财产保全措施，但不影响抵押权人、质权人、留置权人的优先受偿权。

第一百五十八条 人民法院对债务人到期应得的收益，可以采取财产保全措施，限制其支取，通知有关单位协助执行。

第一百五十九条 债务人的财产不能满足保全请求，但对他人有到期债权的，人民法院可以依债权人的申请裁定该他人不得对本案债务人清偿。该他人要求偿付的，由人民法院提存财物或者价款。

第一百六十条 当事人向采取诉前保全措施以外的其他有管辖权的人民法院起诉的，采取诉前保全措施的人民法院应当将保全手续移送受理案件的人民法院。诉前保全的裁定视为受移送人民法院作出的裁定。

第一百六十一条 对当事人不服一审判决提起上诉的案件，在第二审人民法院接到报送的案件之前，当事人有转移、隐匿、出卖或者毁损财产等行为，必须采取保全措施的，由第一审人民法院依当事人申请或者依职权采取。第一审人民法院的保全裁定，应当及时报送第二审人民法院。

第一百六十二条 第二审人民法院裁定对第一审人民法院采取的保全措施予以续保或者采取新的保全措施的，可以自行实施，也可以委托第一审人民法院实施。

再审人民法院裁定对原保全措施予以续保或者采取新的保全措施的，可以自行实施，也可以委托原审人民法院或者执行法院实施。

第一百六十三条 法律文书生效后，进入执行程序前，债权人因对方当事人转移财产等紧急情况，不申请保全将可能导致生效法律文书不能执行或者难以执行的，可以向执行法院申请采取保全措施。债权人在法律文书指定的履行期间届满后五日内不申请执行的，人民法院应当解除保全。

第一百六十四条 对申请保全人或者他人提供的担保财产，人民法院应当依法办理查封、扣押、冻结等手续。

第一百六十五条 人民法院裁定采取保全措施后，除作出保全裁定的人民法院自行解除或者其上级人民法院决定解除外，在保全期限内，任何单位不得解除保全措施。

第一百六十六条 裁定采取保全措施后，有下列情形之一的，人民法院应当作出解除保全裁定：

（一）保全错误的；

（二）申请人撤回保全申请的；

（三）申请人的起诉或者诉讼请求被生效裁判驳回的；

（四）人民法院认为应当解除保全的其他情形。

解除以登记方式实施的保全措施的，应当向登记机关发出协助执行通知书。

第一百六十七条 财产保全的被保全人提供其他等值担保财产且有利于执行的，人民法院可以裁定变更保全标的物为被保全人提供的担保财产。

第一百六十八条 保全裁定未经人民法院依法撤销或者解除，进入执行程序后，自动转为执行中的查封、扣押、冻结措施，期限连续计算，执行法院无需重新制作裁定书，但查封、扣押、冻结期限届满的除外。

第一百六十九条　民事诉讼法规定的先予执行，人民法院应当在受理案件后终审判决作出前采取。先予执行应当限于当事人诉讼请求的范围，并以当事人的生活、生产经营的急需为限。

第一百七十条　民事诉讼法第一百零六条第三项规定的情况紧急，包括：

（一）需要立即停止侵害、排除妨碍的；

（二）需要立即制止某项行为的；

（三）追索恢复生产、经营急需的保险理赔费的；

（四）需要立即返还社会保险金、社会救助资金的；

（五）不立即返还款项，将严重影响权利人生活和生产经营的。

第一百七十一条　当事人对保全或者先予执行裁定不服的，可以自收到裁定书之日起五日内向作出裁定的人民法院申请复议。人民法院应当在收到复议申请后十日内审查。裁定正确的，驳回当事人的申请；裁定不当的，变更或者撤销原裁定。

第一百七十二条　利害关系人对保全或者先予执行的裁定不服申请复议的，由作出裁定的人民法院依照民事诉讼法第一百零八条规定处理。

第一百七十三条　人民法院先予执行后，根据发生法律效力的判决，申请人应当返还因先予执行所取得的利益的，适用民事诉讼法第二百三十三条的规定。

八、对妨害民事诉讼的强制措施

第一百七十四条　民事诉讼法第一百零九条规定的必须到庭的被告，是指负有赡养、抚育、扶养义务和不到庭就无法查清案情的被告。

人民法院对必须到庭才能查清案件基本事实的原告，经两次传票传唤，无正当理由拒不到庭的，可以拘传。

第一百七十五条　拘传必须用拘传票，并直接送达被拘传人；在拘传前，应当向被拘传人说明拒不到庭的后果，经批评教育仍拒不到庭的，可以拘传其到庭。

第一百七十六条　诉讼参与人或者其他人有下列行为之一的，人民法院可以适用民事诉讼法第一百一十条规定处理：

（一）未经准许进行录音、录像、摄影的；

（二）未经准许以移动通信等方式现场传播审判活动的；

（三）其他扰乱法庭秩序，妨害审判活动进行的。

有前款规定情形的，人民法院可以暂扣诉讼参与人或者其他人进行录音、录像、摄影、传播审判活动的器材，并责令其删除有关内容；拒不删除的，人民法院可以采取必要手段强制删除。

第一百七十七条 训诫、责令退出法庭由合议庭或者独任审判员决定。训诫的内容、被责令退出法庭者的违法事实应当记入庭审笔录。

第一百七十八条 人民法院依照民事诉讼法第一百一十条至第一百一十四条的规定采取拘留措施的，应经院长批准，作出拘留决定书，由司法警察将被拘留人送交当地公安机关看管。

第一百七十九条 被拘留人不在本辖区的，作出拘留决定的人民法院应当派员到被拘留人所在地的人民法院，请该院协助执行，受委托的人民法院应当及时派员协助执行。被拘留人申请复议或者在拘留期间承认并改正错误，需要提前解除拘留的，受委托人民法院应当向委托人民法院转达或者提出建议，由委托人民法院审查决定。

第一百八十条 人民法院对被拘留人采取拘留措施后，应当在二十四小时内通知其家属；确实无法按时通知或者通知不到的，应当记录在案。

第一百八十一条 因哄闹、冲击法庭，用暴力、威胁等方法抗拒执行公务等紧急情况，必须立即采取拘留措施的，可在拘留后，立即报告院长补办批准手续。院长认为拘留不当的，应当解除拘留。

第一百八十二条 被拘留人在拘留期间认错悔改的，可以责令其具结悔过，提前解除拘留。提前解除拘留，应报经院长批准，并作出提前解除拘留决定书，交负责看管的公安机关执行。

第一百八十三条 民事诉讼法第一百一十条至第一百一十三条规定的罚款、拘留可以单独适用，也可以合并适用。

第一百八十四条 对同一妨害民事诉讼行为的罚款、拘留不得连续适用。发生新的妨害民事诉讼行为的，人民法院可以重新予以罚款、拘留。

第一百八十五条 被罚款、拘留的人不服罚款、拘留决定申请复议的，应当自收到决定书之日起三日内提出。上级人民法院应当在收到复议申请后五日内作出决定，并将复议结果通知下级人民法院和当事人。

第一百八十六条 上级人民法院复议时认为强制措施不当的，应当制作决定书，撤销或者变更下级人民法院作出的拘留、罚款决定。情况紧急的，可以在口头通知后三日内发出决定书。

第一百八十七条 民事诉讼法第一百一十一条第一款第五项规定的以暴力、威胁或者其他方法阻碍司法工作人员执行职务的行为，包括：

（一）在人民法院哄闹、滞留，不听从司法工作人员劝阻的；

（二）故意毁损、抢夺人民法院法律文书、查封标志的；

（三）哄闹、冲击执行公务现场，围困、扣押执行或者协助执行公务人员的；

（四）毁损、抢夺、扣留案件材料、执行公务车辆、其他执行公务器械、执行公务人员服装和执行公务证件的；

（五）以暴力、威胁或者其他方法阻碍司法工作人员查询、查封、扣押、冻结、划拨、拍卖、变卖财产的；

（六）以暴力、威胁或者其他方法阻碍司法工作人员执行职务的其他行为。

第一百八十八条　民事诉讼法第一百一十一条第一款第六项规定的拒不履行人民法院已经发生法律效力的判决、裁定的行为，包括：

（一）在法律文书发生法律效力后隐藏、转移、变卖、毁损财产或者无偿转让财产、以明显不合理的价格交易财产、放弃到期债权、无偿为他人提供担保等，致使人民法院无法执行的；

（二）隐藏、转移、毁损或者未经人民法院允许处分已向人民法院提供担保的财产的；

（三）违反人民法院限制高消费令进行消费的；

（四）有履行能力而拒不按照人民法院执行通知履行生效法律文书确定的义务的；

（五）有义务协助执行的个人接到人民法院协助执行通知书后，拒不协助执行的。

第一百八十九条　诉讼参与人或者其他人有下列行为之一的，人民法院可以适用民事诉讼法第一百一十一条的规定处理：

（一）冒充他人提起诉讼或者参加诉讼的；

（二）证人签署保证书后作虚假证言，妨碍人民法院审理案件的；

（三）伪造、隐藏、毁灭或者拒绝交出有关被执行人履行能力的重要证据，妨碍人民法院查明被执行人财产状况的；

（四）擅自解冻已被人民法院冻结的财产的；

（五）接到人民法院协助执行通知书后，给当事人通风报信，协助其转移、隐匿财产的。

第一百九十条　民事诉讼法第一百一十二条规定的他人合法权益，包括案外人的合法权益、国家利益、社会公共利益。

第三人根据民事诉讼法第五十六条第三款规定提起撤销之诉，经审查，原案当事人之间恶意串通进行虚假诉讼的，适用民事诉讼法第一百一十二条规定处理。

第一百九十一条　单位有民事诉讼法第一百一十二条或者第一百一十三条规定行为的，人民法院应当对该单位进行罚款，并可以对其主要负责人或者直接责任人员予以罚款、拘留；构成犯罪的，依法追究刑事责任。

第一百九十二条　有关单位接到人民法院协助执行通知书后，有下列行为之一的，人民法院可以适用民事诉讼法第一百一十四条规定处理：

（一）允许被执行人高消费的；

（二）允许被执行人出境的；

（三）拒不停止办理有关财产权证照转移手续、权属变更登记、规划审批等手续的；

（四）以需要内部请示、内部审批，有内部规定等为由拖延办理的。

第一百九十三条 人民法院对个人或者单位采取罚款措施时，应当根据其实施妨害民事诉讼行为的性质、情节、后果，当地的经济发展水平，以及诉讼标的额等因素，在民事诉讼法第一百一十五条第一款规定的限额内确定相应的罚款金额。

九、诉讼费用

第一百九十四条 依照民事诉讼法第五十四条审理的案件不预交案件受理费，结案后按照诉讼标的额由败诉方交纳。

第一百九十五条 支付令失效后转入诉讼程序的，债权人应当按照《诉讼费用交纳办法》补交案件受理费。

支付令被撤销后，债权人另行起诉的，按照《诉讼费用交纳办法》交纳诉讼费用。

第一百九十六条 人民法院改变原判决、裁定、调解结果的，应当在裁判文书中对原审诉讼费用的负担一并作出处理。

第一百九十七条 诉讼标的物是证券的，按照证券交易规则并根据当事人起诉之日前最后一个交易日的收盘价、当日的市场价或者其载明的金额计算诉讼标的金额。

第一百九十八条 诉讼标的物是房屋、土地、林木、车辆、船舶、文物等特定物或者知识产权，起诉时价值难以确定的，人民法院应当向原告释明主张过高或者过低的诉讼风险，以原告主张的价值确定诉讼标的金额。

第一百九十九条 适用简易程序审理的案件转为普通程序的，原告自接到人民法院交纳诉讼费用通知之日起七日内补交案件受理费。

原告无正当理由未按期足额补交的，按撤诉处理，已经收取的诉讼费用退还一半。

第二百条 破产程序中有关债务人的民事诉讼案件，按照财产案件标准交纳诉讼费，但劳动争议案件除外。

第二百零一条 既有财产性诉讼请求，又有非财产性诉讼请求的，按照财产性诉讼请求的标准交纳诉讼费。

有多个财产性诉讼请求的，合并计算交纳诉讼费；诉讼请求中有多个非财产性诉讼请求的，按一件交纳诉讼费。

第二百零二条 原告、被告、第三人分别上诉的，按照上诉请求分别预交二审案件受理费。

同一方多人共同上诉的，只预交一份二审案件受理费；分别上诉的，按照上诉请求分别预交二审案件受理费。

第二百零三条 承担连带责任的当事人败诉的，应当共同负担诉讼费用。

第二百零四条 实现担保物权案件，人民法院裁定拍卖、变卖担保财产的，申请费由债务人、担保人负担；人民法院裁定驳回申请的，申请费由申请人负担。

申请人另行起诉的，其已经交纳的申请费可以从案件受理费中扣除。

第二百零五条 拍卖、变卖担保财产的裁定作出后，人民法院强制执行的，按照执行金额收取执行申请费。

第二百零六条 人民法院决定减半收取案件受理费的，只能减半一次。

第二百零七条 判决生效后，胜诉方预交但不应负担的诉讼费用，人民法院应当退还，由败诉方向人民法院交纳，但胜诉方自愿承担或者同意败诉方直接向其支付的除外。

当事人拒不交纳诉讼费用的，人民法院可以强制执行。

十、第一审普通程序

第二百零八条 人民法院接到当事人提交的民事起诉状时，对符合民事诉讼法第一百一十九条的规定，且不属于第一百二十四条规定情形的，应当登记立案；对当场不能判定是否符合起诉条件的，应当接收起诉材料，并出具注明收到日期的书面凭证。

需要补充必要相关材料的，人民法院应当及时告知当事人。在补齐相关材料后，应当在七日内决定是否立案。

立案后发现不符合起诉条件或者属于民事诉讼法第一百二十四条规定情形的，裁定驳回起诉。

第二百零九条 原告提供被告的姓名或者名称、住所等信息具体明确，足以使被告与他人相区别的，可以认定为有明确的被告。

起诉状列写被告信息不足以认定明确的被告的，人民法院可以告知原告补正。原告补正后仍不能确定明确的被告的，人民法院裁定不予受理。

第二百一十条 原告在起诉状中有谩骂和人身攻击之辞的，人民法院应当告知其修改后提起诉讼。

第二百一十一条 对本院没有管辖权的案件，告知原告向有管辖权的人民法院起诉；原告坚持起诉的，裁定不予受理；立案后发现本院没有管辖权的，应当将案件移送有管辖权的人民法院。

第二百一十二条 裁定不予受理、驳回起诉的案件，原告再次起诉，符合起诉条件且不属于民事诉讼法第一百二十四条规定情形的，人民法院应予受理。

第二百一十三条 原告应当预交而未预交案件受理费，人民法院应当通知其预交，通知后仍不预交或者申请减、缓、免未获批准而仍不预交的，裁定按撤诉处理。

第二百一十四条 原告撤诉或者人民法院按撤诉处理后，原告以同一诉讼请求再次起诉的，人民法院应予受理。

原告撤诉或者按撤诉处理的离婚案件，没有新情况、新理由，六个月内又起诉的，比照民事诉讼法第一百二十四条第七项的规定不予受理。

第二百一十五条 依照民事诉讼法第一百二十四条第二项的规定，当事人在书面合同中订有仲裁条款，或者在发生纠纷后达成书面仲裁协议，一方向人民法院起诉的，人民法院应当告知原告向仲裁机构申请仲裁，其坚持起诉的，裁定不予受理，但仲裁条款或者仲裁协议不成立、无效、失效、内容不明确无法执行的除外。

第二百一十六条 在人民法院首次开庭前，被告以有书面仲裁协议为由对受理民事案件提出异议的，人民法院应当进行审查。

经审查符合下列情形之一的，人民法院应当裁定驳回起诉：

（一）仲裁机构或者人民法院已经确认仲裁协议有效的；

（二）当事人没有在仲裁庭首次开庭前对仲裁协议的效力提出异议的；

（三）仲裁协议符合仲裁法第十六条规定且不具有仲裁法第十七条规定情形的。

第二百一十七条 夫妻一方下落不明，另一方诉至人民法院，只要求离婚，不申请宣告下落不明人失踪或者死亡的案件，人民法院应当受理，对下落不明人公告送达诉讼文书。

第二百一十八条 赡养费、扶养费、抚育费案件，裁判发生法律效力后，因新情况、新理由，一方当事人再行起诉要求增加或者减少费用的，人民法院应作为新案受理。

第二百一十九条 当事人超过诉讼时效期间起诉的，人民法院应予受理。受理后对方当事人提出诉讼时效抗辩，人民法院经审理认为抗辩事由成立的，判决驳回原告的诉讼请求。

第二百二十条 民事诉讼法第六十八条、第一百三十四条、第一百五十六条规定的商业秘密，是指生产工艺、配方、贸易联系、购销渠道等当事人不愿公开的技术秘密、商业情报及信息。

第二百二十一条　基于同一事实发生的纠纷，当事人分别向同一人民法院起诉的，人民法院可以合并审理。

第二百二十二条　原告在起诉状中直接列写第三人的，视为其申请人民法院追加该第三人参加诉讼。是否通知第三人参加诉讼，由人民法院审查决定。

第二百二十三条　当事人在提交答辩状期间提出管辖异议，又针对起诉状的内容进行答辩的，人民法院应当依照民事诉讼法第一百二十七条第一款的规定，对管辖异议进行审查。

当事人未提出管辖异议，就案件实体内容进行答辩、陈述或者反诉的，可以认定为民事诉讼法第一百二十七条第二款规定的应诉答辩。

第二百二十四条　依照民事诉讼法第一百三十三条第四项规定，人民法院可以在答辩期届满后，通过组织证据交换、召集庭前会议等方式，作好审理前的准备。

第二百二十五条　根据案件具体情况，庭前会议可以包括下列内容：

（一）明确原告的诉讼请求和被告的答辩意见；

（二）审查处理当事人增加、变更诉讼请求的申请和提出的反诉，以及第三人提出的与本案有关的诉讼请求；

（三）根据当事人的申请决定调查收集证据，委托鉴定，要求当事人提供证据，进行勘验，进行证据保全；

（四）组织交换证据；

（五）归纳争议焦点；

（六）进行调解。

第二百二十六条　人民法院应当根据当事人的诉讼请求、答辩意见以及证据交换的情况，归纳争议焦点，并就归纳的争议焦点征求当事人的意见。

第二百二十七条　人民法院适用普通程序审理案件，应当在开庭三日前用传票传唤当事人。对诉讼代理人、证人、鉴定人、勘验人、翻译人员应当用通知书通知其到庭。当事人或者其他诉讼参与人在外地的，应当留有必要的在途时间。

第二百二十八条　法庭审理应当围绕当事人争议的事实、证据和法律适用等焦点问题进行。

第二百二十九条　当事人在庭审中对其在审理前的准备阶段认可的事实和证据提出不同意见的，人民法院应当责令其说明理由。必要时，可以责令其提供相应证据。人民法院应当结合当事人的诉讼能力、证据和案件的具体情况进行审查。理由成立的，可以列入争议焦点进行审理。

第二百三十条　人民法院根据案件具体情况并征得当事人同意，可以将法庭调查和法庭辩论合并进行。

第二百三十一条 当事人在法庭上提出新的证据的，人民法院应当依照民事诉讼法第六十五条第二款规定和本解释相关规定处理。

第二百三十二条 在案件受理后，法庭辩论结束前，原告增加诉讼请求，被告提出反诉，第三人提出与本案有关的诉讼请求，可以合并审理的，人民法院应当合并审理。

第二百三十三条 反诉的当事人应当限于本诉的当事人的范围。

反诉与本诉的诉讼请求基于相同法律关系、诉讼请求之间具有因果关系，或者反诉与本诉的诉讼请求基于相同事实的，人民法院应当合并审理。

反诉应由其他人民法院专属管辖，或者与本诉的诉讼标的及诉讼请求所依据的事实、理由无关联的，裁定不予受理，告知另行起诉。

第二百三十四条 无民事行为能力人的离婚诉讼，当事人的法定代理人应当到庭；法定代理人不能到庭的，人民法院应当在查清事实的基础上，依法作出判决。

第二百三十五条 无民事行为能力的当事人的法定代理人，经传票传唤无正当理由拒不到庭，属于原告方的，比照民事诉讼法第一百四十三条的规定，按撤诉处理；属于被告方的，比照民事诉讼法第一百四十四条的规定，缺席判决。必要时，人民法院可以拘传其到庭。

第二百三十六条 有独立请求权的第三人经人民法院传票传唤，无正当理由拒不到庭的，或者未经法庭许可中途退庭的，比照民事诉讼法第一百四十三条的规定，按撤诉处理。

第二百三十七条 有独立请求权的第三人参加诉讼后，原告申请撤诉，人民法院在准许原告撤诉后，有独立请求权的第三人作为另案原告，原案原告、被告作为另案被告，诉讼继续进行。

第二百三十八条 当事人申请撤诉或者依法可以按撤诉处理的案件，如果当事人有违反法律的行为需要依法处理的，人民法院可以不准许撤诉或者不按撤诉处理。

法庭辩论终结后原告申请撤诉，被告不同意的，人民法院可以不予准许。

第二百三十九条 人民法院准许本诉原告撤诉的，应当对反诉继续审理；被告申请撤回反诉的，人民法院应予准许。

第二百四十条 无独立请求权的第三人经人民法院传票传唤，无正当理由拒不到庭，或者未经法庭许可中途退庭的，不影响案件的审理。

第二百四十一条 被告经传票传唤无正当理由拒不到庭，或者未经法庭许可中途退庭的，人民法院应当按期开庭或者继续开庭审理，对到庭的当事人诉讼请求、双方的诉辩理由以及已经提交的证据及其他诉讼材料进行审理后，可以依法缺席判决。

第二百四十二条　一审宣判后，原审人民法院发现判决有错误，当事人在上诉期内提出上诉的，原审人民法院可以提出原判决有错误的意见，报送第二审人民法院，由第二审人民法院按照第二审程序进行审理；当事人不上诉的，按照审判监督程序处理。

第二百四十三条　民事诉讼法第一百四十九条规定的审限，是指从立案之日起至裁判宣告、调解书送达之日止的期间，但公告期间、鉴定期间、双方当事人和解期间、审理当事人提出的管辖异议以及处理人民法院之间的管辖争议期间不应计算在内。

第二百四十四条　可以上诉的判决书、裁定书不能同时送达双方当事人的，上诉期从各自收到判决书、裁定书之日计算。

第二百四十五条　民事诉讼法第一百五十四条第一款第七项规定的笔误是指法律文书误写、误算，诉讼费用漏写、误算和其他笔误。

第二百四十六条　裁定中止诉讼的原因消除，恢复诉讼程序时，不必撤销原裁定，从人民法院通知或者准许当事人双方继续进行诉讼时起，中止诉讼的裁定即失去效力。

第二百四十七条　当事人就已经提起诉讼的事项在诉讼过程中或者裁判生效后再次起诉，同时符合下列条件的，构成重复起诉：

（一）后诉与前诉的当事人相同；

（二）后诉与前诉的诉讼标的相同；

（三）后诉与前诉的诉讼请求相同，或者后诉的诉讼请求实质上否定前诉裁判结果。

当事人重复起诉的，裁定不予受理；已经受理的，裁定驳回起诉，但法律、司法解释另有规定的除外。

第二百四十八条　裁判发生法律效力后，发生新的事实，当事人再次提起诉讼的，人民法院应当依法受理。

第二百四十九条　在诉讼中，争议的民事权利义务转移的，不影响当事人的诉讼主体资格和诉讼地位。人民法院作出的发生法律效力的判决、裁定对受让人具有拘束力。

受让人申请以无独立请求权的第三人身份参加诉讼的，人民法院可予准许。受让人申请替代当事人承担诉讼的，人民法院可以根据案件的具体情况决定是否准许；不予准许的，可以追加其为无独立请求权的第三人。

第二百五十条　依照本解释第二百四十九条规定，人民法院准许受让人替代当事人承担诉讼的，裁定变更当事人。

变更当事人后，诉讼程序以受让人为当事人继续进行，原当事人应当退出诉讼。原当事人已经完成的诉讼行为对受让人具有拘束力。

第二百五十一条 二审裁定撤销一审判决发回重审的案件，当事人申请变更、增加诉讼请求或者提出反诉，第三人提出与本案有关的诉讼请求的，依照民事诉讼法第一百四十条规定处理。

第二百五十二条 再审裁定撤销原判决、裁定发回重审的案件，当事人申请变更、增加诉讼请求或者提出反诉，符合下列情形之一的，人民法院应当准许：

（一）原审未合法传唤缺席判决，影响当事人行使诉讼权利的；

（二）追加新的诉讼当事人的；

（三）诉讼标的物灭失或者发生变化致使原诉讼请求无法实现的；

（四）当事人申请变更、增加的诉讼请求或者提出的反诉，无法通过另诉解决的。

第二百五十三条 当庭宣判的案件，除当事人当庭要求邮寄发送裁判文书的外，人民法院应当告知当事人或者诉讼代理人领取裁判文书的时间和地点以及逾期不领取的法律后果。上述情况，应当记入笔录。

第二百五十四条 公民、法人或者其他组织申请查阅发生法律效力的判决书、裁定书的，应当向作出该生效裁判的人民法院提出。申请应当以书面形式提出，并提供具体的案号或者当事人姓名、名称。

第二百五十五条 对于查阅判决书、裁定书的申请，人民法院根据下列情形分别处理：

（一）判决书、裁定书已经通过信息网络向社会公开的，应当引导申请人自行查阅；

（二）判决书、裁定书未通过信息网络向社会公开，且申请符合要求的，应当及时提供便捷的查阅服务；

（三）判决书、裁定书尚未发生法律效力，或者已失去法律效力的，不提供查阅并告知申请人；

（四）发生法律效力的判决书、裁定书不是本院作出的，应当告知申请人向作出生效裁判的人民法院申请查阅；

（五）申请查阅的内容涉及国家秘密、商业秘密、个人隐私的，不予准许并告知申请人。

十一、简易程序

第二百五十六条 民事诉讼法第一百五十七条规定的简单民事案件中的事实清楚，是指当事人对争议的事实陈述基本一致，并能提供相应的证据，无须人民法院调查收集证据即可查明事实；权利义务关系明确是指能明确区分谁是责任的承担者，谁是权利的享有者；争议不大是指当事人对案件的是非、责任承担以及诉讼标的争执无原则分歧。

第二百五十七条 下列案件，不适用简易程序：

（一）起诉时被告下落不明的；

（二）发回重审的；

（三）当事人一方人数众多的；

（四）适用审判监督程序的；

（五）涉及国家利益、社会公共利益的；

（六）第三人起诉请求改变或者撤销生效判决、裁定、调解书的；

（七）其他不宜适用简易程序的案件。

第二百五十八条 适用简易程序审理的案件，审理期限到期后，双方当事人同意继续适用简易程序的，由本院院长批准，可以延长审理期限。延长后的审理期限累计不得超过六个月。

人民法院发现案情复杂，需要转为普通程序审理的，应当在审理期限届满前作出裁定并将合议庭组成人员及相关事项书面通知双方当事人。

案件转为普通程序审理的，审理期限自人民法院立案之日计算。

第二百五十九条 当事人双方可就开庭方式向人民法院提出申请，由人民法院决定是否准许。经当事人双方同意，可以采用视听传输技术等方式开庭。

第二百六十条 已经按照普通程序审理的案件，在开庭后不得转为简易程序审理。

第二百六十一条 适用简易程序审理案件，人民法院可以采取捎口信、电话、短信、传真、电子邮件等简便方式传唤双方当事人、通知证人和送达裁判文书以外的诉讼文书。

以简便方式送达的开庭通知，未经当事人确认或者没有其他证据证明当事人已经收到的，人民法院不得缺席判决。

适用简易程序审理案件，由审判员独任审判，书记员担任记录。

第二百六十二条 人民法庭制作的判决书、裁定书、调解书，必须加盖基层人民法院印章，不得用人民法庭的印章代替基层人民法院的印章。

第二百六十三条 适用简易程序审理案件，卷宗中应当具备以下材料：

（一）起诉状或者口头起诉笔录；

（二）答辩状或者口头答辩笔录；

（三）当事人身份证明材料；

（四）委托他人代理诉讼的授权委托书或者口头委托笔录；

（五）证据；

（六）询问当事人笔录；

（七）审理（包括调解）笔录；

（八）判决书、裁定书、调解书或者调解协议；

（九）送达和宣判笔录；

（十）执行情况；

（十一）诉讼费收据；

（十二）适用民事诉讼法第一百六十二条规定审理的，有关程序适用的书面告知。

第二百六十四条　当事人双方根据民事诉讼法第一百五十七条第二款规定约定适用简易程序的，应当在开庭前提出。口头提出的，记入笔录，由双方当事人签名或者捺印确认。

本解释第二百五十七条规定的案件，当事人约定适用简易程序的，人民法院不予准许。

第二百六十五条　原告口头起诉的，人民法院应当将当事人的姓名、性别、工作单位、住所、联系方式等基本信息，诉讼请求，事实及理由等准确记入笔录，由原告核对无误后签名或者捺印。对当事人提交的证据材料，应当出具收据。

第二百六十六条　适用简易程序案件的举证期限由人民法院确定，也可以由当事人协商一致并经人民法院准许，但不得超过十五日。被告要求书面答辩的，人民法院可在征得其同意的基础上，合理确定答辩期间。

人民法院应当将举证期限和开庭日期告知双方当事人，并向当事人说明逾期举证以及拒不到庭的法律后果，由双方当事人在笔录和开庭传票的送达回证上签名或者捺印。

当事人双方均表示不需要举证期限、答辩期间的，人民法院可以立即开庭审理或者确定开庭日期。

第二百六十七条　适用简易程序审理案件，可以简便方式进行审理前的准备。

第二百六十八条　对没有委托律师、基层法律服务工作者代理诉讼的当事人，人民法院在庭审过程中可以对回避、自认、举证证明责任等相关内容向其作必要的解释或者说明，并在庭审过程中适当提示当事人正确行使诉讼权利、履行诉讼义务。

第二百六十九条　当事人就案件适用简易程序提出异议，人民法院经审查，异议成立的，裁定转为普通程序；异议不成立的，口头告知当事人，并记入笔录。

转为普通程序的，人民法院应当将合议庭组成人员及相关事项以书面形式通知双方当事人。

转为普通程序前，双方当事人已确认的事实，可以不再进行举证、质证。

第二百七十条　适用简易程序审理的案件，有下列情形之一的，人民法院在制作判决书、裁定书、调解书时，对认定事实或者裁判理由部分可以适当简化：

（一）当事人达成调解协议并需要制作民事调解书的；

（二）一方当事人明确表示承认对方全部或者部分诉讼请求的；

（三）涉及商业秘密、个人隐私的案件，当事人一方要求简化裁判文书中的相关内容，人民法院认为理由正当的；

（四）当事人双方同意简化的。

十二、简易程序中的小额诉讼

第二百七十一条　人民法院审理小额诉讼案件，适用民事诉讼法第一百六十二条的规定，实行一审终审。

第二百七十二条　民事诉讼法第一百六十二条规定的各省、自治区、直辖市上年度就业人员年平均工资，是指已经公布的各省、自治区、直辖市上一年度就业人员年平均工资。在上一年度就业人员年平均工资公布前，以已经公布的最近年度就业人员年平均工资为准。

第二百七十三条　海事法院可以审理海事、海商小额诉讼案件。案件标的额应当以实际受理案件的海事法院或者其派出法庭所在的省、自治区、直辖市上年度就业人员年平均工资百分之三十为限。

第二百七十四条　下列金钱给付的案件，适用小额诉讼程序审理：

（一）买卖合同、借款合同、租赁合同纠纷；

（二）身份关系清楚，仅在给付的数额、时间、方式上存在争议的赡养费、抚育费、扶养费纠纷；

（三）责任明确，仅在给付的数额、时间、方式上存在争议的交通事故损害赔偿和其他人身损害赔偿纠纷；

（四）供用水、电、气、热力合同纠纷；

（五）银行卡纠纷；

（六）劳动关系清楚，仅在劳动报酬、工伤医疗费、经济补偿金或者赔偿金给付数额、时间、方式上存在争议的劳动合同纠纷；

（七）劳务关系清楚，仅在劳务报酬给付数额、时间、方式上存在争议的劳务合同纠纷；

（八）物业、电信等服务合同纠纷；

（九）其他金钱给付纠纷。

第二百七十五条 下列案件，不适用小额诉讼程序审理：

（一）人身关系、财产确权纠纷；

（二）涉外民事纠纷；

（三）知识产权纠纷；

（四）需要评估、鉴定或者对诉前评估、鉴定结果有异议的纠纷；

（五）其他不宜适用一审终审的纠纷。

第二百七十六条 人民法院受理小额诉讼案件，应当向当事人告知该类案件的审判组织、一审终审、审理期限、诉讼费用交纳标准等相关事项。

第二百七十七条 小额诉讼案件的举证期限由人民法院确定，也可以由当事人协商一致并经人民法院准许，但一般不超过七日。

被告要求书面答辩的，人民法院可以在征得其同意的基础上合理确定答辩期间，但最长不得超过十五日。

当事人到庭后表示不需要举证期限和答辩期间的，人民法院可立即开庭审理。

第二百七十八条 当事人对小额诉讼案件提出管辖异议的，人民法院应当作出裁定。裁定一经作出即生效。

第二百七十九条 人民法院受理小额诉讼案件后，发现起诉不符合民事诉讼法第一百一十九条规定的起诉条件的，裁定驳回起诉。裁定一经作出即生效。

第二百八十条 因当事人申请增加或者变更诉讼请求、提出反诉、追加当事人等，致使案件不符合小额诉讼案件条件的，应当适用简易程序的其他规定审理。

前款规定案件，应当适用普通程序审理的，裁定转为普通程序。

适用简易程序的其他规定或者普通程序审理前，双方当事人已确认的事实，可以不再进行举证、质证。

第二百八十一条 当事人对按照小额诉讼案件审理有异议的，应当在开庭前提出。人民法院经审查，异议成立的，适用简易程序的其他规定审理；异议不成立的，告知当事人，并记入笔录。

第二百八十二条 小额诉讼案件的裁判文书可以简化，主要记载当事人基本信息、诉讼请求、裁判主文等内容。

第二百八十三条 人民法院审理小额诉讼案件，本解释没有规定的，适用简易程序的其他规定。

十三、公益诉讼

第二百八十四条 环境保护法、消费者权益保护法等法律规定的机关和有关组织对污染环境、侵害众多消费者合法权益等损害社会公共利益的行为，根据民事诉讼法第五十五条规定提起公益诉讼，符合下列条件的，人民法院应当受理：

（一）有明确的被告；

（二）有具体的诉讼请求；

（三）有社会公共利益受到损害的初步证据；

（四）属于人民法院受理民事诉讼的范围和受诉人民法院管辖。

第二百八十五条　公益诉讼案件由侵权行为地或者被告住所地中级人民法院管辖，但法律、司法解释另有规定的除外。

因污染海洋环境提起的公益诉讼，由污染发生地、损害结果地或者采取预防污染措施地海事法院管辖。

对同一侵权行为分别向两个以上人民法院提起公益诉讼的，由最先立案的人民法院管辖，必要时由它们的共同上级人民法院指定管辖。

第二百八十六条　人民法院受理公益诉讼案件后，应当在十日内书面告知相关行政主管部门。

第二百八十七条　人民法院受理公益诉讼案件后，依法可以提起诉讼的其他机关和有关组织，可以在开庭前向人民法院申请参加诉讼。人民法院准许参加诉讼的，列为共同原告。

第二百八十八条　人民法院受理公益诉讼案件，不影响同一侵权行为的受害人根据民事诉讼法第一百一十九条规定提起诉讼。

第二百八十九条　对公益诉讼案件，当事人可以和解，人民法院可以调解。

当事人达成和解或者调解协议后，人民法院应当将和解或者调解协议进行公告。公告期间不得少于三十日。

公告期满后，人民法院经审查，和解或者调解协议不违反社会公共利益的，应当出具调解书；和解或者调解协议违反社会公共利益的，不予出具调解书，继续对案件进行审理并依法作出裁判。

第二百九十条　公益诉讼案件的原告在法庭辩论终结后申请撤诉的，人民法院不予准许。

第二百九十一条　公益诉讼案件的裁判发生法律效力后，其他依法具有原告资格的机关和有关组织就同一侵权行为另行提起公益诉讼的，人民法院裁定不予受理，但法律、司法解释另有规定的除外。

十四、第三人撤销之诉

第二百九十二条　第三人对已经发生法律效力的判决、裁定、调解书提起撤销之诉的，应当自知道或者应当知道其民事权益受到损害之日起六个月内，向作出生效判决、裁定、调解书的人民法院提出，并应当提供存在下列情形的证据材料：

（一）因不能归责于本人的事由未参加诉讼；

（二）发生法律效力的判决、裁定、调解书的全部或者部分内容错误；

（三）发生法律效力的判决、裁定、调解书内容错误损害其民事权益。

第二百九十三条 人民法院应当在收到起诉状和证据材料之日起五日内送交对方当事人，对方当事人可以自收到起诉状之日起十日内提出书面意见。

人民法院应当对第三人提交的起诉状、证据材料以及对方当事人的书面意见进行审查。必要时，可以询问双方当事人。

经审查，符合起诉条件的，人民法院应当在收到起诉状之日起三十日内立案。不符合起诉条件的，应当在收到起诉状之日起三十日内裁定不予受理。

第二百九十四条 人民法院对第三人撤销之诉案件，应当组成合议庭开庭审理。

第二百九十五条 民事诉讼法第五十六条第三款规定的因不能归责于本人的事由未参加诉讼，是指没有被列为生效判决、裁定、调解书当事人，且无过错或者无明显过错的情形。包括：

（一）不知道诉讼而未参加的；

（二）申请参加未获准许的；

（三）知道诉讼，但因客观原因无法参加的；

（四）因其他不能归责于本人的事由未参加诉讼的。

第二百九十六条 民事诉讼法第五十六条第三款规定的判决、裁定、调解书的部分或者全部内容，是指判决、裁定的主文，调解书中处理当事人民事权利义务的结果。

第二百九十七条 对下列情形提起第三人撤销之诉的，人民法院不予受理：

（一）适用特别程序、督促程序、公示催告程序、破产程序等非讼程序处理的案件；

（二）婚姻无效、撤销或者解除婚姻关系等判决、裁定、调解书中涉及身份关系的内容；

（三）民事诉讼法第五十四条规定的未参加登记的权利人对代表人诉讼案件的生效裁判；

（四）民事诉讼法第五十五条规定的损害社会公共利益行为的受害人对公益诉讼案件的生效裁判。

第二百九十八条 第三人提起撤销之诉，人民法院应当将该第三人列为原告，生效判决、裁定、调解书的当事人列为被告，但生效判决、裁定、调解书中没有承担责任的无独立请求权的第三人列为第三人。

第二百九十九条　受理第三人撤销之诉案件后，原告提供相应担保，请求中止执行的，人民法院可以准许。

第三百条　对第三人撤销或者部分撤销发生法律效力的判决、裁定、调解书内容的请求，人民法院经审理，按下列情形分别处理：

（一）请求成立且确认其民事权利的主张全部或部分成立的，改变原判决、裁定、调解书内容的错误部分；

（二）请求成立，但确认其全部或部分民事权利的主张不成立，或者未提出确认其民事权利请求的，撤销原判决、裁定、调解书内容的错误部分；

（三）请求不成立的，驳回诉讼请求。

对前款规定裁判不服的，当事人可以上诉。

原判决、裁定、调解书的内容未改变或者未撤销的部分继续有效。

第三百零一条　第三人撤销之诉案件审理期间，人民法院对生效判决、裁定、调解书裁定再审的，受理第三人撤销之诉的人民法院应当裁定将第三人的诉讼请求并入再审程序。但有证据证明原审当事人之间恶意串通损害第三人合法权益的，人民法院应当先行审理第三人撤销之诉案件，裁定中止再审诉讼。

第三百零二条　第三人诉讼请求并入再审程序审理的，按照下列情形分别处理：

（一）按照第一审程序审理的，人民法院应当对第三人的诉讼请求一并审理，所作的判决可以上诉；

（二）按照第二审程序审理的，人民法院可以调解，调解达不成协议的，应当裁定撤销原判决、裁定、调解书，发回一审法院重审，重审时应当列明第三人。

第三百零三条　第三人提起撤销之诉后，未中止生效判决、裁定、调解书执行的，执行法院对第三人依照民事诉讼法第二百二十七条规定提出的执行异议，应予审查。第三人不服驳回执行异议裁定，申请对原判决、裁定、调解书再审的，人民法院不予受理。

案外人对人民法院驳回其执行异议裁定不服，认为原判决、裁定、调解书内容错误损害其合法权益的，应当根据民事诉讼法第二百二十七条规定申请再审，提起第三人撤销之诉的，人民法院不予受理。

十五、执行异议之诉

第三百零四条　根据民事诉讼法第二百二十七条规定，案外人、当事人对执行异议裁定不服，自裁定送达之日起十五日内向人民法院提起执行异议之诉的，由执行法院管辖。

第三百零五条 案外人提起执行异议之诉，除符合民事诉讼法第一百一十九条规定外，还应当具备下列条件：

（一）案外人的执行异议申请已经被人民法院裁定驳回；

（二）有明确的排除对执行标的执行的诉讼请求，且诉讼请求与原判决、裁定无关；

（三）自执行异议裁定送达之日起十五日内提起。

人民法院应当在收到起诉状之日起十五日内决定是否立案。

第三百零六条 申请执行人提起执行异议之诉，除符合民事诉讼法第一百一十九条规定外，还应当具备下列条件：

（一）依案外人执行异议申请，人民法院裁定中止执行；

（二）有明确的对执行标的继续执行的诉讼请求，且诉讼请求与原判决、裁定无关；

（三）自执行异议裁定送达之日起十五日内提起。

人民法院应当在收到起诉状之日起十五日内决定是否立案。

第三百零七条 案外人提起执行异议之诉的，以申请执行人为被告。被执行人反对案外人异议的，被执行人为共同被告；被执行人不反对案外人异议的，可以列被执行人为第三人。

第三百零八条 申请执行人提起执行异议之诉的，以案外人为被告。被执行人反对申请执行人主张的，以案外人和被执行人为共同被告；被执行人不反对申请执行人主张的，可以列被执行人为第三人。

第三百零九条 申请执行人对中止执行裁定未提起执行异议之诉，被执行人提起执行异议之诉的，人民法院告知其另行起诉。

第三百一十条 人民法院审理执行异议之诉案件，适用普通程序。

第三百一十一条 案外人或者申请执行人提起执行异议之诉的，案外人应当就其对执行标的享有足以排除强制执行的民事权益承担举证证明责任。

第三百一十二条 对案外人提起的执行异议之诉，人民法院经审理，按照下列情形分别处理：

（一）案外人就执行标的享有足以排除强制执行的民事权益的，判决不得执行该执行标的；

（二）案外人就执行标的不享有足以排除强制执行的民事权益的，判决驳回诉讼请求。

案外人同时提出确认其权利的诉讼请求的，人民法院可以在判决中一并作出裁判。

第三百一十三条　对申请执行人提起的执行异议之诉，人民法院经审理，按照下列情形分别处理：

（一）案外人就执行标的不享有足以排除强制执行的民事权益的，判决准许执行该执行标的；

（二）案外人就执行标的享有足以排除强制执行的民事权益的，判决驳回诉讼请求。

第三百一十四条　对案外人执行异议之诉，人民法院判决不得对执行标的执行的，执行异议裁定失效。

对申请执行人执行异议之诉，人民法院判决准许对该执行标的执行的，执行异议裁定失效，执行法院可以根据申请执行人的申请或者依职权恢复执行。

第三百一十五条　案外人执行异议之诉审理期间，人民法院不得对执行标的进行处分。申请执行人请求人民法院继续执行并提供相应担保的，人民法院可以准许。

被执行人与案外人恶意串通，通过执行异议、执行异议之诉妨害执行的，人民法院应当依照民事诉讼法第一百一十三条规定处理。申请执行人因此受到损害的，可以提起诉讼要求被执行人、案外人赔偿。

第三百一十六条　人民法院对执行标的裁定中止执行后，申请执行人在法律规定的期间内未提起执行异议之诉的，人民法院应当自起诉期限届满之日起七日内解除对该执行标的采取的执行措施。

十六、第二审程序

第三百一十七条　双方当事人和第三人都提起上诉的，均列为上诉人。人民法院可以依职权确定第二审程序中当事人的诉讼地位。

第三百一十八条　民事诉讼法第一百六十六条、第一百六十七条规定的对方当事人包括被上诉人和原审其他当事人。

第三百一十九条　必要共同诉讼人的一人或者部分人提起上诉的，按下列情形分别处理：

（一）上诉仅对与对方当事人之间权利义务分担有意见，不涉及其他共同诉讼人利益的，对方当事人为被上诉人，未上诉的同一方当事人依原审诉讼地位列明；

（二）上诉仅对共同诉讼人之间权利义务分担有意见，不涉及对方当事人利益的，未上诉的同一方当事人为被上诉人，对方当事人依原审诉讼地位列明；

（三）上诉对双方当事人之间以及共同诉讼人之间权利义务承担有意见

的，未提起上诉的其他当事人均为被上诉人。

第三百二十条 一审宣判时或者判决书、裁定书送达时，当事人口头表示上诉的，人民法院应告知其必须在法定上诉期间内递交上诉状。未在法定上诉期间内递交上诉状的，视为未提起上诉。虽递交上诉状，但未在指定的期限内交纳上诉费的，按自动撤回上诉处理。

第三百二十一条 无民事行为能力人、限制民事行为能力人的法定代理人，可以代理当事人提起上诉。

第三百二十二条 上诉案件的当事人死亡或者终止的，人民法院依法通知其权利义务承继者参加诉讼。

需要终结诉讼的，适用民事诉讼法第一百五十一条规定。

第三百二十三条 第二审人民法院应当围绕当事人的上诉请求进行审理。

当事人没有提出请求的，不予审理，但一审判决违反法律禁止性规定，或者损害国家利益、社会公共利益、他人合法权益的除外。

第三百二十四条 开庭审理的上诉案件，第二审人民法院可以依照民事诉讼法第一百三十三条第四项规定进行审理前的准备。

第三百二十五条 下列情形，可以认定为民事诉讼法第一百七十条第一款第四项规定的严重违反法定程序：

（一）审判组织的组成不合法的；

（二）应当回避的审判人员未回避的；

（三）无诉讼行为能力人未经法定代理人代为诉讼的；

（四）违法剥夺当事人辩论权利的。

第三百二十六条 对当事人在第一审程序中已经提出的诉讼请求，原审人民法院未作审理、判决的，第二审人民法院可以根据当事人自愿的原则进行调解；调解不成的，发回重审。

第三百二十七条 必须参加诉讼的当事人或者有独立请求权的第三人，在第一审程序中未参加诉讼，第二审人民法院可以根据当事人自愿的原则予以调解；调解不成的，发回重审。

第三百二十八条 在第二审程序中，原审原告增加独立的诉讼请求或者原审被告提出反诉的，第二审人民法院可以根据当事人自愿的原则就新增加的诉讼请求或者反诉进行调解；调解不成的，告知当事人另行起诉。

双方当事人同意由第二审人民法院一并审理的，第二审人民法院可以一并裁判。

第三百二十九条 一审判决不准离婚的案件，上诉后，第二审人民法院认为应当判决离婚的，可以根据当事人自愿的原则，与子女抚养、财产问题一并调解；调解不成的，发回重审。

双方当事人同意由第二审人民法院一并审理的，第二审人民法院可以一并裁判。

第三百三十条　人民法院依照第二审程序审理案件，认为依法不应由人民法院受理的，可以由第二审人民法院直接裁定撤销原裁判，驳回起诉。

第三百三十一条　人民法院依照第二审程序审理案件，认为第一审人民法院受理案件违反专属管辖规定的，应当裁定撤销原裁判并移送有管辖权的人民法院。

第三百三十二条　第二审人民法院查明第一审人民法院作出的不予受理裁定有错误的，应当在撤销原裁定的同时，指令第一审人民法院立案受理；查明第一审人民法院作出的驳回起诉裁定有错误的，应当在撤销原裁定的同时，指令第一审人民法院审理。

第三百三十三条　第二审人民法院对下列上诉案件，依照民事诉讼法第一百六十九条规定可以不开庭审理：

（一）不服不予受理、管辖权异议和驳回起诉裁定的；

（二）当事人提出的上诉请求明显不能成立的；

（三）原判决、裁定认定事实清楚，但适用法律错误的；

（四）原判决严重违反法定程序，需要发回重审的。

第三百三十四条　原判决、裁定认定事实或者适用法律虽有瑕疵，但裁判结果正确的，第二审人民法院可以在判决、裁定中纠正瑕疵后，依照民事诉讼法第一百七十条第一款第一项规定予以维持。

第三百三十五条　民事诉讼法第一百七十条第一款第三项规定的基本事实，是指用以确定当事人主体资格、案件性质、民事权利义务等对原判决、裁定的结果有实质性影响的事实。

第三百三十六条　在第二审程序中，作为当事人的法人或者其他组织分立的，人民法院可以直接将分立后的法人或者其他组织列为共同诉讼人；合并的，将合并后的法人或者其他组织列为当事人。

第三百三十七条　在第二审程序中，当事人申请撤回上诉，人民法院经审查认为一审判决确有错误，或者当事人之间恶意串通损害国家利益、社会公共利益、他人合法权益的，不应准许。

第三百三十八条　在第二审程序中，原审原告申请撤回起诉，经其他当事人同意，且不损害国家利益、社会公共利益、他人合法权益的，人民法院可以准许。准许撤诉的，应当一并裁定撤销一审裁判。

原审原告在第二审程序中撤回起诉后重复起诉的，人民法院不予受理。

第三百三十九条　当事人在第二审程序中达成和解协议的，人民法院可以根据当事人的请求，对双方达成的和解协议进行审查并制作调解书送达当事人；因和解而申请撤诉，经审查符合撤诉条件的，人民法院应予准许。

第三百四十条 第二审人民法院宣告判决可以自行宣判，也可以委托原审人民法院或者当事人所在地人民法院代行宣判。

第三百四十一条 人民法院审理对裁定的上诉案件，应当在第二审立案之日起三十日内作出终审裁定。有特殊情况需要延长审限的，由本院院长批准。

第三百四十二条 当事人在第一审程序中实施的诉讼行为，在第二审程序中对该当事人仍具有拘束力。

当事人推翻其在第一审程序中实施的诉讼行为时，人民法院应当责令其说明理由。理由不成立的，不予支持。

十七、特别程序

第三百四十三条 宣告失踪或者宣告死亡案件，人民法院可以根据申请人的请求，清理下落不明人的财产，并指定案件审理期间的财产管理人。公告期满后，人民法院判决宣告失踪的，应当同时依照民法通则第二十一条第一款的规定指定失踪人的财产代管人。

第三百四十四条 失踪人的财产代管人经人民法院指定后，代管人申请变更代管的，比照民事诉讼法特别程序的有关规定进行审理。申请理由成立的，裁定撤销申请人的代管人身份，同时另行指定财产代管人；申请理由不成立的，裁定驳回申请。

失踪人的其他利害关系人申请变更代管的，人民法院应当告知其以原指定的代管人为被告起诉，并按普通程序进行审理。

第三百四十五条 人民法院判决宣告公民失踪后，利害关系人向人民法院申请宣告失踪人死亡，自失踪之日起满四年的，人民法院应当受理，宣告失踪的判决即是该公民失踪的证明，审理中仍应依照民事诉讼法第一百八十五条规定进行公告。

第三百四十六条 符合法律规定的多个利害关系人提出宣告失踪、宣告死亡申请的，列为共同申请人。

第三百四十七条 寻找下落不明人的公告应当记载下列内容：

（一）被申请人应当在规定期间内向受理法院申报其具体地址及其联系方式。否则，被申请人将被宣告失踪、宣告死亡；

（二）凡知悉被申请人生存现状的人，应当在公告期间内将其所知道情况向受理法院报告。

第三百四十八条 人民法院受理宣告失踪、宣告死亡案件后，作出判决前，申请人撤回申请的，人民法院应当裁定终结案件，但其他符合法律规定的利害关系人加入程序要求继续审理的除外。

第三百四十九条　在诉讼中，当事人的利害关系人提出该当事人患有精神病，要求宣告该当事人无民事行为能力或者限制民事行为能力的，应由利害关系人向人民法院提出申请，由受诉人民法院按照特别程序立案审理，原诉讼中止。

第三百五十条　认定财产无主案件，公告期间有人对财产提出请求的，人民法院应当裁定终结特别程序，告知申请人另行起诉，适用普通程序审理。

第三百五十一条　被指定的监护人不服指定，应当自接到通知之日起三十日内向人民法院提出异议。经审理，认为指定并无不当的，裁定驳回异议；指定不当的，判决撤销指定，同时另行指定监护人。判决书应当送达异议人、原指定单位及判决指定的监护人。

第三百五十二条　申请认定公民无民事行为能力或者限制民事行为能力的案件，被申请人没有近亲属的，人民法院可以指定其他亲属为代理人。被申请人没有亲属的，人民法院可以指定经被申请人所在单位或者住所地的居民委员会、村民委员会同意，且愿意担任代理人的关系密切的朋友为代理人。

没有前款规定的代理人的，由被申请人所在单位或者住所地的居民委员会、村民委员会或者民政部门担任代理人。

代理人可以是一人，也可以是同一顺序中的两人。

第三百五十三条　申请司法确认调解协议的，双方当事人应当本人或者由符合民事诉讼法第五十八条规定的代理人向调解组织所在地基层人民法院或者人民法庭提出申请。

第三百五十四条　两个以上调解组织参与调解的，各调解组织所在地基层人民法院均有管辖权。

双方当事人可以共同向其中一个调解组织所在地基层人民法院提出申请；双方当事人共同向两个以上调解组织所在地基层人民法院提出申请的，由最先立案的人民法院管辖。

第三百五十五条　当事人申请司法确认调解协议，可以采用书面形式或者口头形式。当事人口头申请的，人民法院应当记入笔录，并由当事人签名、捺印或者盖章。

第三百五十六条　当事人申请司法确认调解协议，应当向人民法院提交调解协议、调解组织主持调解的证明，以及与调解协议相关的财产权利证明等材料，并提供双方当事人的身份、住所、联系方式等基本信息。

当事人未提交上述材料的，人民法院应当要求当事人限期补交。

第三百五十七条　当事人申请司法确认调解协议，有下列情形之一的，人民法院裁定不予受理：

（一）不属于人民法院受理范围的；

（二）不属于收到申请的人民法院管辖的；

（三）申请确认婚姻关系、亲子关系、收养关系等身份关系无效、有效或者解除的；

（四）涉及适用其他特别程序、公示催告程序、破产程序审理的；

（五）调解协议内容涉及物权、知识产权确权的。

人民法院受理申请后，发现有上述不予受理情形的，应当裁定驳回当事人的申请。

第三百五十八条 人民法院审查相关情况时，应当通知双方当事人共同到场对案件进行核实。

人民法院经审查，认为当事人的陈述或者提供的证明材料不充分、不完备或者有疑义的，可以要求当事人限期补充陈述或者补充证明材料。必要时，人民法院可以向调解组织核实有关情况。

第三百五十九条 确认调解协议的裁定作出前，当事人撤回申请的，人民法院可以裁定准许。

当事人无正当理由未在限期内补充陈述、补充证明材料或者拒不接受询问的，人民法院可以按撤回申请处理。

第三百六十条 经审查，调解协议有下列情形之一的，人民法院应当裁定驳回申请：

（一）违反法律强制性规定的；

（二）损害国家利益、社会公共利益、他人合法权益的；

（三）违背公序良俗的；

（四）违反自愿原则的；

（五）内容不明确的；

（六）其他不能进行司法确认的情形。

第三百六十一条 民事诉讼法第一百九十六条规定的担保物权人，包括抵押权人、质权人、留置权人；其他有权请求实现担保物权的人，包括抵押人、出质人、财产被留置的债务人或者所有权人等。

第三百六十二条 实现票据、仓单、提单等有权利凭证的权利质权案件，可以由权利凭证持有人住所地人民法院管辖；无权利凭证的权利质权，由出质登记地人民法院管辖。

第三百六十三条 实现担保物权案件属于海事法院等专门人民法院管辖的，由专门人民法院管辖。

第三百六十四条 同一债权的担保物有多个且所在地不同，申请人分别向有管辖权的人民法院申请实现担保物权的，人民法院应当依法受理。

第三百六十五条　依照物权法第一百七十六条的规定，被担保的债权既有物的担保又有人的担保，当事人对实现担保物权的顺序有约定，实现担保物权的申请违反该约定的，人民法院裁定不予受理；没有约定或者约定不明的，人民法院应当受理。

第三百六十六条　同一财产上设立多个担保物权，登记在先的担保物权尚未实现的，不影响后顺位的担保物权人向人民法院申请实现担保物权。

第三百六十七条　申请实现担保物权，应当提交下列材料：

（一）申请书。申请书应当记明申请人、被申请人的姓名或者名称、联系方式等基本信息，具体的请求和事实、理由；

（二）证明担保物权存在的材料，包括主合同、担保合同、抵押登记证明或者他项权利证书，权利质权的权利凭证或者质权出质登记证明等；

（三）证明实现担保物权条件成就的材料；

（四）担保财产现状的说明；

（五）人民法院认为需要提交的其他材料。

第三百六十八条　人民法院受理申请后，应当在五日内向被申请人送达申请书副本、异议权利告知书等文书。

被申请人有异议的，应当在收到人民法院通知后的五日内向人民法院提出，同时说明理由并提供相应的证据材料。

第三百六十九条　实现担保物权案件可以由审判员一人独任审查。担保财产标的额超过基层人民法院管辖范围的，应当组成合议庭进行审查。

第三百七十条　人民法院审查实现担保物权案件，可以询问申请人、被申请人、利害关系人，必要时可以依职权调查相关事实。

第三百七十一条　人民法院应当就主合同的效力、期限、履行情况，担保物权是否有效设立、担保财产的范围、被担保的债权范围、被担保的债权是否已届清偿期等担保物权实现的条件，以及是否损害他人合法权益等内容进行审查。

被申请人或者利害关系人提出异议的，人民法院应当一并审查。

第三百七十二条　人民法院审查后，按下列情形分别处理：

（一）当事人对实现担保物权无实质性争议且实现担保物权条件成就的，裁定准许拍卖、变卖担保财产；

（二）当事人对实现担保物权有部分实质性争议的，可以就无争议部分裁定准许拍卖、变卖担保财产；

（三）当事人对实现担保物权有实质性争议的，裁定驳回申请，并告知申请人向人民法院提起诉讼。

第三百七十三条　人民法院受理申请后，申请人对担保财产提出保全申请的，可以按照民事诉讼法关于诉讼保全的规定办理。

第三百七十四条 适用特别程序作出的判决、裁定，当事人、利害关系人认为有错误的，可以向作出该判决、裁定的人民法院提出异议。人民法院经审查，异议成立或者部分成立的，作出新的判决、裁定撤销或者改变原判决、裁定；异议不成立的，裁定驳回。

对人民法院作出的确认调解协议、准许实现担保物权的裁定，当事人有异议的，应当自收到裁定之日起十五日内提出；利害关系人有异议的，自知道或者应当知道其民事权益受到侵害之日起六个月内提出。

十八、审判监督程序

第三百七十五条 当事人死亡或者终止的，其权利义务承继者可以根据民事诉讼法第一百九十九条、第二百零一条的规定申请再审。

判决、调解书生效后，当事人将判决、调解书确认的债权转让，债权受让人对该判决、调解书不服申请再审的，人民法院不予受理。

第三百七十六条 民事诉讼法第一百九十九条规定的人数众多的一方当事人，包括公民、法人和其他组织。

民事诉讼法第一百九十九条规定的当事人双方为公民的案件，是指原告和被告均为公民的案件。

第三百七十七条 当事人申请再审，应当提交下列材料：

（一）再审申请书，并按照被申请人和原审其他当事人的人数提交副本；

（二）再审申请人是自然人的，应当提交身份证明；再审申请人是法人或者其他组织的，应当提交营业执照、组织机构代码证书、法定代表人或者主要负责人身份证明书。委托他人代为申请的，应当提交授权委托书和代理人身份证明；

（三）原审判决书、裁定书、调解书；

（四）反映案件基本事实的主要证据及其他材料。

前款第二项、第三项、第四项规定的材料可以是与原件核对无异的复印件。

第三百七十八条 再审申请书应当记明下列事项：

（一）再审申请人与被申请人及原审其他当事人的基本信息；

（二）原审人民法院的名称，原审裁判文书案号；

（三）具体的再审请求；

（四）申请再审的法定情形及具体事实、理由。

再审申请书应当明确申请再审的人民法院，并由再审申请人签名、捺印或者盖章。

第三百七十九条　当事人一方人数众多或者当事人双方为公民的案件，当事人分别向原审人民法院和上一级人民法院申请再审且不能协商一致的，由原审人民法院受理。

第三百八十条　适用特别程序、督促程序、公示催告程序、破产程序等非讼程序审理的案件，当事人不得申请再审。

第三百八十一条　当事人认为发生法律效力的不予受理、驳回起诉的裁定错误的，可以申请再审。

第三百八十二条　当事人就离婚案件中的财产分割问题申请再审，如涉及判决中已分割的财产，人民法院应当依照民事诉讼法第二百条的规定进行审查，符合再审条件的，应当裁定再审；如涉及判决中未作处理的夫妻共同财产，应当告知当事人另行起诉。

第三百八十三条　当事人申请再审，有下列情形之一的，人民法院不予受理：

（一）再审申请被驳回后再次提出申请的；

（二）对再审判决、裁定提出申请的；

（三）在人民检察院对当事人的申请作出不予提出再审检察建议或者抗诉决定后又提出申请的。

前款第一项、第二项规定情形，人民法院应当告知当事人可以向人民检察院申请再审检察建议或者抗诉，但因人民检察院提出再审检察建议或者抗诉而再审作出的判决、裁定除外。

第三百八十四条　当事人对已经发生法律效力的调解书申请再审，应当在调解书发生法律效力后六个月内提出。

第三百八十五条　人民法院应当自收到符合条件的再审申请书等材料之日起五日内向再审申请人发送受理通知书，并向被申请人及原审其他当事人发送应诉通知书、再审申请书副本等材料。

第三百八十六条　人民法院受理申请再审案件后，应当依照民事诉讼法第二百条、第二百零一条、第二百零四条等规定，对当事人主张的再审事由进行审查。

第三百八十七条　再审申请人提供的新的证据，能够证明原判决、裁定认定基本事实或者裁判结果错误的，应当认定为民事诉讼法第二百条第一项规定的情形。

对于符合前款规定的证据，人民法院应当责令再审申请人说明其逾期提供该证据的理由；拒不说明理由或者理由不成立的，依照民事诉讼法第六十五条第二款和本解释第一百零二条的规定处理。

第三百八十八条　再审申请人证明其提交的新的证据符合下列情形之一

的，可以认定逾期提供证据的理由成立：

（一）在原审庭审结束前已经存在，因客观原因于庭审结束后才发现的；

（二）在原审庭审结束前已经发现，但因客观原因无法取得或者在规定的期限内不能提供的；

（三）在原审庭审结束后形成，无法据此另行提起诉讼的。

再审申请人提交的证据在原审中已经提供，原审人民法院未组织质证且未作为裁判根据的，视为逾期提供证据的理由成立，但原审人民法院依照民事诉讼法第六十五条规定不予采纳的除外。

第三百八十九条 当事人对原判决、裁定认定事实的主要证据在原审中拒绝发表质证意见或者质证中未对证据发表质证意见的，不属于民事诉讼法第二百条第四项规定的未经质证的情形。

第三百九十条 有下列情形之一，导致判决、裁定结果错误的，应当认定为民事诉讼法第二百条第六项规定的原判决、裁定适用法律确有错误：

（一）适用的法律与案件性质明显不符的；

（二）确定民事责任明显违背当事人约定或者法律规定的；

（三）适用已经失效或者尚未施行的法律的；

（四）违反法律溯及力规定的；

（五）违反法律适用规则的；

（六）明显违背立法原意的。

第三百九十一条 原审开庭过程中有下列情形之一的，应当认定为民事诉讼法第二百条第九项规定的剥夺当事人辩论权利：

（一）不允许当事人发表辩论意见的；

（二）应当开庭审理而未开庭审理的；

（三）违反法律规定送达起诉状副本或者上诉状副本，致使当事人无法行使辩论权利的；

（四）违法剥夺当事人辩论权利的其他情形。

第三百九十二条 民事诉讼法第二百条第十一项规定的诉讼请求，包括一审诉讼请求、二审上诉请求，但当事人未对一审判决、裁定遗漏或者超出诉讼请求提起上诉的除外。

第三百九十三条 民事诉讼法第二百条第十二项规定的法律文书包括：

（一）发生法律效力的判决书、裁定书、调解书；

（二）发生法律效力的仲裁裁决书；

（三）具有强制执行效力的公证债权文书。

第三百九十四条 民事诉讼法第二百条第十三项规定的审判人员审理该案件时有贪污受贿、徇私舞弊、枉法裁判行为，是指已经由生效刑事法律文书或者纪律处分决定所确认的行为。

第三百九十五条　当事人主张的再审事由成立，且符合民事诉讼法和本解释规定的申请再审条件的，人民法院应当裁定再审。

当事人主张的再审事由不成立，或者当事人申请再审超过法定申请再审期限、超出法定再审事由范围等不符合民事诉讼法和本解释规定的申请再审条件的，人民法院应当裁定驳回再审申请。

第三百九十六条　人民法院对已经发生法律效力的判决、裁定、调解书依法决定再审，依照民事诉讼法第二百零六条规定，需要中止执行的，应当在再审裁定中同时写明中止原判决、裁定、调解书的执行；情况紧急的，可以将中止执行裁定口头通知负责执行的人民法院，并在通知后十日内发出裁定书。

第三百九十七条　人民法院根据审查案件的需要决定是否询问当事人。新的证据可能推翻原判决、裁定的，人民法院应当询问当事人。

第三百九十八条　审查再审申请期间，被申请人及原审其他当事人依法提出再审申请的，人民法院应当将其列为再审申请人，对其再审事由一并审查，审查期限重新计算。经审查，其中一方再审申请人主张的再审事由成立的，应当裁定再审。各方再审申请人主张的再审事由均不成立的，一并裁定驳回再审申请。

第三百九十九条　审查再审申请期间，再审申请人申请人民法院委托鉴定、勘验的，人民法院不予准许。

第四百条　审查再审申请期间，再审申请人撤回再审申请的，是否准许，由人民法院裁定。

再审申请人经传票传唤，无正当理由拒不接受询问的，可以按撤回再审申请处理。

第四百零一条　人民法院准许撤回再审申请或者按撤回再审申请处理后，再审申请人再次申请再审的，不予受理，但有民事诉讼法第二百条第一项、第三项、第十二项、第十三项规定情形，自知道或者应当知道之日起六个月内提出的除外。

第四百零二条　再审申请审查期间，有下列情形之一的，裁定终结审查：

（一）再审申请人死亡或者终止，无权利义务承继者或者权利义务承继者声明放弃再审申请的；

（二）在给付之诉中，负有给付义务的被申请人死亡或者终止，无可供执行的财产，也没有应当承担义务的人的；

（三）当事人达成和解协议且已履行完毕的，但当事人在和解协议中声明不放弃申请再审权利的除外；

（四）他人未经授权以当事人名义申请再审的；

（五）原审或者上一级人民法院已经裁定再审的；

（六）有本解释第三百八十三条第一款规定情形的。

第四百零三条 人民法院审理再审案件应当组成合议庭开庭审理，但按照第二审程序审理，有特殊情况或者双方当事人已经通过其他方式充分表达意见，且书面同意不开庭审理的除外。

符合缺席判决条件的，可以缺席判决。

第四百零四条 人民法院开庭审理再审案件，应当按照下列情形分别进行：

（一）因当事人申请再审的，先由再审申请人陈述再审请求及理由，后由被申请人答辩、其他原审当事人发表意见；

（二）因抗诉再审的，先由抗诉机关宣读抗诉书，再由申请抗诉的当事人陈述，后由被申请人答辩、其他原审当事人发表意见；

（三）人民法院依职权再审，有申诉人的，先由申诉人陈述再审请求及理由，后由被申诉人答辩、其他原审当事人发表意见；

（四）人民法院依职权再审，没有申诉人的，先由原审原告或者原审上诉人陈述，后由原审其他当事人发表意见。

对前款第一项至第三项规定的情形，人民法院应当要求当事人明确其再审请求。

第四百零五条 人民法院审理再审案件应当围绕再审请求进行。当事人的再审请求超出原审诉讼请求的，不予审理；符合另案诉讼条件的，告知当事人可以另行起诉。

被申请人及原审其他当事人在庭审辩论结束前提出的再审请求，符合民事诉讼法第二百零五条规定的，人民法院应当一并审理。

人民法院经再审，发现已经发生法律效力的判决、裁定损害国家利益、社会公共利益、他人合法权益的，应当一并审理。

第四百零六条 再审审理期间，有下列情形之一的，可以裁定终结再审程序：

（一）再审申请人在再审期间撤回再审请求，人民法院准许的；

（二）再审申请人经传票传唤，无正当理由拒不到庭的，或者未经法庭许可中途退庭，按撤回再审请求处理的；

（三）人民检察院撤回抗诉的；

（四）有本解释第四百零二条第一项至第四项规定情形的。

因人民检察院提出抗诉裁定再审的案件，申请抗诉的当事人有前款规定的情形，且不损害国家利益、社会公共利益或者他人合法权益的，人民法院应当裁定终结再审程序。

再审程序终结后，人民法院裁定中止执行的原生效判决自动恢复执行。

第四百零七条　人民法院经再审审理认为，原判决、裁定认定事实清楚、适用法律正确的，应予维持；原判决、裁定认定事实、适用法律虽有瑕疵，但裁判结果正确的，应当在再审判决、裁定中纠正瑕疵后予以维持。

原判决、裁定认定事实、适用法律错误，导致裁判结果错误的，应当依法改判、撤销或者变更。

第四百零八条　按照第二审程序再审的案件，人民法院经审理认为不符合民事诉讼法规定的起诉条件或者符合民事诉讼法第一百二十四条规定不予受理情形的，应当裁定撤销一、二审判决，驳回起诉。

第四百零九条　人民法院对调解书裁定再审后，按照下列情形分别处理：

（一）当事人提出的调解违反自愿原则的事由不成立，且调解书的内容不违反法律强制性规定的，裁定驳回再审申请；

（二）人民检察院抗诉或者再审检察建议所主张的损害国家利益、社会公共利益的理由不成立的，裁定终结再审程序。

前款规定情形，人民法院裁定中止执行的调解书需要继续执行的，自动恢复执行。

第四百一十条　一审原告在再审审理程序中申请撤回起诉，经其他当事人同意，且不损害国家利益、社会公共利益、他人合法权益的，人民法院可以准许。裁定准许撤诉的，应当一并撤销原判决。

一审原告在再审审理程序中撤回起诉后重复起诉的，人民法院不予受理。

第四百一十一条　当事人提交新的证据致使再审改判，因再审申请人或者申请检察监督当事人的过错未能在原审程序中及时举证，被申请人等当事人请求补偿其增加的交通、住宿、就餐、误工等必要费用的，人民法院应予支持。

第四百一十二条　部分当事人到庭并达成调解协议，其他当事人未作出书面表示的，人民法院应当在判决中对该事实作出表述；调解协议内容不违反法律规定，且不损害其他当事人合法权益的，可以在判决主文中予以确认。

第四百一十三条　人民检察院依法对损害国家利益、社会公共利益的发生法律效力的判决、裁定、调解书提出抗诉，或者经人民检察院检察委员会讨论决定提出再审检察建议的，人民法院应予受理。

第四百一十四条　人民检察院对已经发生法律效力的判决以及不予受理、驳回起诉的裁定依法提出抗诉的，人民法院应予受理，但适用特别程序、督促程序、公示催告程序、破产程序以及解除婚姻关系的判决、裁定等不适用审判监督程序的判决、裁定除外。

第四百一十五条　人民检察院依照民事诉讼法第二百零九条第一款第三项规定对有明显错误的再审判决、裁定提出抗诉或者再审检察建议的，人民法院应予受理。

第四百一十六条　地方各级人民检察院依当事人的申请对生效判决、裁定向同级人民法院提出再审检察建议，符合下列条件的，应予受理：

（一）再审检察建议书和原审当事人申请书及相关证据材料已经提交；

（二）建议再审的对象为依照民事诉讼法和本解释规定可以进行再审的判决、裁定；

（三）再审检察建议书列明该判决、裁定有民事诉讼法第二百零八条第二款规定情形；

（四）符合民事诉讼法第二百零九条第一款第一项、第二项规定情形；

（五）再审检察建议经该人民检察院检察委员会讨论决定。

不符合前款规定的，人民法院可以建议人民检察院予以补正或者撤回；不予补正或者撤回的，应当函告人民检察院不予受理。

第四百一十七条　人民检察院依当事人的申请对生效判决、裁定提出抗诉，符合下列条件的，人民法院应当在三十日内裁定再审：

（一）抗诉书和原审当事人申请书及相关证据材料已经提交；

（二）抗诉对象为依照民事诉讼法和本解释规定可以进行再审的判决、裁定；

（三）抗诉书列明该判决、裁定有民事诉讼法第二百零八条第一款规定情形；

（四）符合民事诉讼法第二百零九条第一款第一项、第二项规定情形。

不符合前款规定的，人民法院可以建议人民检察院予以补正或者撤回；不予补正或者撤回的，人民法院可以裁定不予受理。

第四百一十八条　当事人的再审申请被上级人民法院裁定驳回后，人民检察院对原判决、裁定、调解书提出抗诉，抗诉事由符合民事诉讼法第二百条第一项至第五项规定情形之一的，受理抗诉的人民法院可以交由下一级人民法院再审。

第四百一十九条　人民法院收到再审检察建议后，应当组成合议庭，在三个月内进行审查，发现原判决、裁定、调解书确有错误，需要再审的，依照民事诉讼法第一百九十八条规定裁定再审，并通知当事人；经审查，决定不予再审的，应当书面回复人民检察院。

第四百二十条　人民法院审理因人民检察院抗诉或者检察建议裁定再审的案件，不受此前已经作出的驳回当事人再审申请裁定的影响。

第四百二十一条　人民法院开庭审理抗诉案件，应当在开庭三日前通知人民检察院、当事人和其他诉讼参与人。同级人民检察院或者提出抗诉的人民检察院应当派员出庭。

人民检察院因履行法律监督职责向当事人或者案外人调查核实的情况，应当向法庭提交并予以说明，由双方当事人进行质证。

第四百二十二条　必须共同进行诉讼的当事人因不能归责于本人或者其诉讼代理人的事由未参加诉讼的，可以根据民事诉讼法第二百条第八项规定，自知道或者应当知道之日起六个月内申请再审，但符合本解释第四百二十三条规定情形的除外。

人民法院因前款规定的当事人申请而裁定再审，按照第一审程序再审的，应当追加其为当事人，作出新的判决、裁定；按照第二审程序再审，经调解不能达成协议的，应当撤销原判决、裁定，发回重审，重审时应追加其为当事人。

第四百二十三条　根据民事诉讼法第二百二十七条规定，案外人对驳回其执行异议的裁定不服，认为原判决、裁定、调解书内容错误损害其民事权益的，可以自执行异议裁定送达之日起六个月内，向作出原判决、裁定、调解书的人民法院申请再审。

第四百二十四条　根据民事诉讼法第二百二十七条规定，人民法院裁定再审后，案外人属于必要的共同诉讼当事人的，依照本解释第四百二十二条第二款规定处理。

案外人不是必要的共同诉讼当事人的，人民法院仅审理原判决、裁定、调解书对其民事权益造成损害的内容。经审理，再审请求成立的，撤销或者改变原判决、裁定、调解书；再审请求不成立的，维持原判决、裁定、调解书。

第四百二十五条　本解释第三百四十条规定适用于审判监督程序。

第四百二十六条　对小额诉讼案件的判决、裁定，当事人以民事诉讼法第二百条规定的事由向原审人民法院申请再审的，人民法院应当受理。申请再审事由成立的，应当裁定再审，组成合议庭进行审理。作出的再审判决、裁定，当事人不得上诉。

当事人以不应按小额诉讼案件审理为由向原审人民法院申请再审的，人民法院应当受理。理由成立的，应当裁定再审，组成合议庭审理。作出的再审判决、裁定，当事人可以上诉。

十九、督促程序

第四百二十七条　两个以上人民法院都有管辖权的，债权人可以向其中一个基层人民法院申请支付令。

债权人向两个以上有管辖权的基层人民法院申请支付令的，由最先立案的人民法院管辖。

第四百二十八条 人民法院收到债权人的支付令申请书后，认为申请书不符合要求的，可以通知债权人限期补正。人民法院应当自收到补正材料之日起五日内通知债权人是否受理。

第四百二十九条 债权人申请支付令，符合下列条件的，基层人民法院应当受理，并在收到支付令申请书后五日内通知债权人：

（一）请求给付金钱或者汇票、本票、支票、股票、债券、国库券、可转让的存款单等有价证券；

（二）请求给付的金钱或者有价证券已到期且数额确定，并写明了请求所根据的事实、证据；

（三）债权人没有对待给付义务；

（四）债务人在我国境内且未下落不明；

（五）支付令能够送达债务人；

（六）收到申请书的人民法院有管辖权；

（七）债权人未向人民法院申请诉前保全。

不符合前款规定的，人民法院应当在收到支付令申请书后五日内通知债权人不予受理。

基层人民法院受理申请支付令案件，不受债权金额的限制。

第四百三十条 人民法院受理申请后，由审判员一人进行审查。经审查，有下列情形之一的，裁定驳回申请：

（一）申请人不具备当事人资格的；

（二）给付金钱或者有价证券的证明文件没有约定逾期给付利息或者违约金、赔偿金，债权人坚持要求给付利息或者违约金、赔偿金的；

（三）要求给付的金钱或者有价证券属于违法所得的；

（四）要求给付的金钱或者有价证券尚未到期或者数额不确定的。

人民法院受理支付令申请后，发现不符合本解释规定的受理条件的，应当在受理之日起十五日内裁定驳回申请。

第四百三十一条 向债务人本人送达支付令，债务人拒绝接收的，人民法院可以留置送达。

第四百三十二条 有下列情形之一的，人民法院应当裁定终结督促程序，已发出支付令的，支付令自行失效：

（一）人民法院受理支付令申请后，债权人就同一债权债务关系又提起诉讼的；

（二）人民法院发出支付令之日起三十日内无法送达债务人的；

（三）债务人收到支付令前，债权人撤回申请的。

第四百三十三条 债务人在收到支付令后，未在法定期间提出书面异议，而向其他人民法院起诉的，不影响支付令的效力。

债务人超过法定期间提出异议的，视为未提出异议。

第四百三十四条 债权人基于同一债权债务关系，在同一支付令申请中向债务人提出多项支付请求，债务人仅就其中一项或者几项请求提出异议的，不影响其他各项请求的效力。

第四百三十五条 债权人基于同一债权债务关系，就可分之债向多个债务人提出支付请求，多个债务人中的一人或者几人提出异议的，不影响其他请求的效力。

第四百三十六条 对设有担保的债务的主债务人发出的支付令，对担保人没有拘束力。

债权人就担保关系单独提起诉讼的，支付令自人民法院受理案件之日起失效。

第四百三十七条 经形式审查，债务人提出的书面异议有下列情形之一的，应当认定异议成立，裁定终结督促程序，支付令自行失效：

（一）本解释规定的不予受理申请情形的；

（二）本解释规定的裁定驳回申请情形的；

（三）本解释规定的应当裁定终结督促程序情形的；

（四）人民法院对是否符合发出支付令条件产生合理怀疑的。

第四百三十八条 债务人对债务本身没有异议，只是提出缺乏清偿能力、延缓债务清偿期限、变更债务清偿方式等异议的，不影响支付令的效力。

人民法院经审查认为异议不成立的，裁定驳回。

债务人的口头异议无效。

第四百三十九条 人民法院作出终结督促程序或者驳回异议裁定前，债务人请求撤回异议的，应当裁定准许。

债务人对撤回异议反悔的，人民法院不予支持。

第四百四十条 支付令失效后，申请支付令的一方当事人不同意提起诉讼的，应当自收到终结督促程序裁定之日起七日内向受理申请的人民法院提出。

申请支付令的一方当事人不同意提起诉讼的，不影响其向其他有管辖权的人民法院提起诉讼。

第四百四十一条 支付令失效后，申请支付令的一方当事人自收到终结督促程序裁定之日起七日内未向受理申请的人民法院表明不同意提起诉讼的，视为向受理申请的人民法院起诉。

债权人提出支付令申请的时间，即为向人民法院起诉的时间。

第四百四十二条 债权人向人民法院申请执行支付令的期间，适用民事诉讼法第二百三十九条的规定。

第四百四十三条 人民法院院长发现本院已经发生法律效力的支付令确有错误，认为需要撤销的，应当提交本院审判委员会讨论决定后，裁定撤销支付令，驳回债权人的申请。

二十、公示催告程序

第四百四十四条 民事诉讼法第二百一十八条规定的票据持有人，是指票据被盗、遗失或者灭失前的最后持有人。

第四百四十五条 人民法院收到公示催告的申请后，应当立即审查，并决定是否受理。经审查认为符合受理条件的，通知予以受理，并同时通知支付人停止支付；认为不符合受理条件的，七日内裁定驳回申请。

第四百四十六条 因票据丧失，申请公示催告的，人民法院应结合票据存根、丧失票据的复印件、出票人关于签发票据的证明、申请人合法取得票据的证明、银行挂失止付通知书、报案证明等证据，决定是否受理。

第四百四十七条 人民法院依照民事诉讼法第二百一十九条规定发出的受理申请的公告，应当写明下列内容：

（一）公示催告申请人的姓名或者名称；

（二）票据的种类、号码、票面金额、出票人、背书人、持票人、付款期限等事项以及其他可以申请公示催告的权利凭证的种类、号码、权利范围、权利人、义务人、行权日期等事项；

（三）申报权利的期间；

（四）在公示催告期间转让票据等权利凭证，利害关系人不申报的法律后果。

第四百四十八条 公告应当在有关报纸或者其他媒体上刊登，并于同日公布于人民法院公告栏内。人民法院所在地有证券交易所的，还应当同日在该交易所公布。

第四百四十九条 公告期间不得少于六十日，且公示催告期间届满日不得早于票据付款日后十五日。

第四百五十条 在申报期届满后、判决作出之前，利害关系人申报权利的，应当适用民事诉讼法第二百二十一条第二款、第三款规定处理。

第四百五十一条 利害关系人申报权利，人民法院应当通知其向法院出示票据，并通知公示催告申请人在指定的期间查看该票据。公示催告申请人申请公示催告的票据与利害关系人出示的票据不一致的，应当裁定驳回利害关系人的申报。

第四百五十二条　在申报权利的期间无人申报权利，或者申报被驳回的，申请人应当自公示催告期间届满之日起一个月内申请作出判决。逾期不申请判决的，终结公示催告程序。

裁定终结公示催告程序的，应当通知申请人和支付人。

第四百五十三条　判决公告之日起，公示催告申请人有权依据判决向付款人请求付款。

付款人拒绝付款，申请人向人民法院起诉，符合民事诉讼法第一百一十九条规定的起诉条件的，人民法院应予受理。

第四百五十四条　适用公示催告程序审理案件，可由审判员一人独任审理；判决宣告票据无效的，应当组成合议庭审理。

第四百五十五条　公示催告申请人撤回申请，应在公示催告前提出；公示催告期间申请撤回的，人民法院可以径行裁定终结公示催告程序。

第四百五十六条　人民法院依照民事诉讼法第二百二十条规定通知支付人停止支付，应当符合有关财产保全的规定。支付人收到停止支付通知后拒不止付的，除可依照民事诉讼法第一百一十一条、第一百一十四条规定采取强制措施外，在判决后，支付人仍应承担付款义务。

第四百五十七条　人民法院依照民事诉讼法第二百二十一条规定终结公示催告程序后，公示催告申请人或者申报人向人民法院提起诉讼，因票据权利纠纷提起的，由票据支付地或者被告住所地人民法院管辖；因非票据权利纠纷提起的，由被告住所地人民法院管辖。

第四百五十八条　依照民事诉讼法第二百二十一条规定制作的终结公示催告程序的裁定书，由审判员、书记员署名，加盖人民法院印章。

第四百五十九条　依照民事诉讼法第二百二十三条的规定，利害关系人向人民法院起诉的，人民法院可按票据纠纷适用普通程序审理。

第四百六十条　民事诉讼法第二百二十三条规定的正当理由，包括：

（一）因发生意外事件或者不可抗力致使利害关系人无法知道公告事实的；

（二）利害关系人因被限制人身自由而无法知道公告事实，或者虽然知道公告事实，但无法自己或者委托他人代为申报权利的；

（三）不属于法定申请公示催告情形的；

（四）未予公告或者未按法定方式公告的；

（五）其他导致利害关系人在判决作出前未能向人民法院申报权利的客观事由。

第四百六十一条　根据民事诉讼法第二百二十三条的规定，利害关系人请求人民法院撤销除权判决的，应当将申请人列为被告。

利害关系人仅诉请确认其为合法持票人的，人民法院应当在裁判文书中写明，确认利害关系人为票据权利人的判决作出后，除权判决即被撤销。

二十一、执行程序

第四百六十二条 发生法律效力的实现担保物权裁定、确认调解协议裁定、支付令，由作出裁定、支付令的人民法院或者与其同级的被执行财产所在地的人民法院执行。

认定财产无主的判决，由作出判决的人民法院将无主财产收归国家或者集体所有。

第四百六十三条 当事人申请人民法院执行的生效法律文书应当具备下列条件：

（一）权利义务主体明确；

（二）给付内容明确。

法律文书确定继续履行合同的，应当明确继续履行的具体内容。

第四百六十四条 根据民事诉讼法第二百二十七条规定，案外人对执行标的提出异议的，应当在该执行标的执行程序终结前提出。

第四百六十五条 对案外人对执行标的提出的异议，经审查，按照下列情形分别处理：

（一）案外人对执行标的不享有足以排除强制执行的权益的，裁定驳回其异议；

（二）案外人对执行标的享有足以排除强制执行的权益的，裁定中止执行。

驳回案外人执行异议裁定送达案外人之日起十五日内，人民法院不得对执行标的进行处分。

第四百六十六条 申请执行人与被执行人达成和解协议后请求中止执行或者撤回执行申请的，人民法院可以裁定中止执行或者终结执行。

第四百六十七条 一方当事人不履行或者不完全履行在执行中双方自愿达成的和解协议，对方当事人申请执行原生效法律文书的，人民法院应当恢复执行，但和解协议已履行的部分应当扣除。和解协议已经履行完毕的，人民法院不予恢复执行。

第四百六十八条 申请恢复执行原生效法律文书，适用民事诉讼法第二百三十九条申请执行期间的规定。申请执行期间因达成执行中的和解协议而中断，其期间自和解协议约定履行期限的最后一日起重新计算。

第四百六十九条 人民法院依照民事诉讼法第二百三十一条规定决定暂

缓执行的，如果担保是有期限的，暂缓执行的期限应当与担保期限一致，但最长不得超过一年。被执行人或者担保人对担保的财产在暂缓执行期间有转移、隐藏、变卖、毁损等行为的，人民法院可以恢复强制执行。

第四百七十条　根据民事诉讼法第二百三十一条规定向人民法院提供执行担保的，可以由被执行人或者他人提供财产担保，也可以由他人提供保证。担保人应当具有代为履行或者代为承担赔偿责任的能力。

他人提供执行保证的，应当向执行法院出具保证书，并将保证书副本送交申请执行人。被执行人或者他人提供财产担保的，应当参照物权法、担保法的有关规定办理相应手续。

第四百七十一条　被执行人在人民法院决定暂缓执行的期限届满后仍不履行义务的，人民法院可以直接执行担保财产，或者裁定执行担保人的财产，但执行担保人的财产以担保人应当履行义务部分的财产为限。

第四百七十二条　依照民事诉讼法第二百三十二条规定，执行中作为被执行人的法人或者其他组织分立、合并的，人民法院可以裁定变更后的法人或者其他组织为被执行人；被注销的，如果依照有关实体法的规定有权利义务承受人的，可以裁定该权利义务承受人为被执行人。

第四百七十三条　其他组织在执行中不能履行法律文书确定的义务的，人民法院可以裁定执行对该其他组织依法承担义务的法人或者公民个人的财产。

第四百七十四条　在执行中，作为被执行人的法人或者其他组织名称变更的，人民法院可以裁定变更后的法人或者其他组织为被执行人。

第四百七十五条　作为被执行人的公民死亡，其遗产继承人没有放弃继承的，人民法院可以裁定变更被执行人，由该继承人在遗产的范围内偿还债务。继承人放弃继承的，人民法院可以直接执行被执行人的遗产。

第四百七十六条　法律规定由人民法院执行的其他法律文书执行完毕后，该法律文书被有关机关或者组织依法撤销的，经当事人申请，适用民事诉讼法第二百三十三条规定。

第四百七十七条　仲裁机构裁决的事项，部分有民事诉讼法第二百三十七条第二款、第三款规定情形的，人民法院应当裁定对该部分不予执行。

应当不予执行部分与其他部分不可分的，人民法院应当裁定不予执行仲裁裁决。

第四百七十八条　依照民事诉讼法第二百三十七条第二款、第三款规定，人民法院裁定不予执行仲裁裁决后，当事人对该裁定提出执行异议或者复议的，人民法院不予受理。当事人可以就该民事纠纷重新达成书面仲裁协议申请仲裁，也可以向人民法院起诉。

第四百七十九条 在执行中，被执行人通过仲裁程序将人民法院查封、扣押、冻结的财产确权或者分割给案外人的，不影响人民法院执行程序的进行。

案外人不服的，可以根据民事诉讼法第二百二十七条规定提出异议。

第四百八十条 有下列情形之一的，可以认定为民事诉讼法第二百三十八条第二款规定的公证债权文书确有错误：

（一）公证债权文书属于不得赋予强制执行效力的债权文书的；

（二）被执行人一方未亲自或者未委托代理人到场公证等严重违反法律规定的公证程序的；

（三）公证债权文书的内容与事实不符或者违反法律强制性规定的；

（四）公证债权文书未载明被执行人不履行义务或者不完全履行义务时同意接受强制执行的。

人民法院认定执行该公证债权文书违背社会公共利益的，裁定不予执行。

公证债权文书被裁定不予执行后，当事人、公证事项的利害关系人可以就债权争议提起诉讼。

第四百八十一条 当事人请求不予执行仲裁裁决或者公证债权文书的，应当在执行终结前向执行法院提出。

第四百八十二条 人民法院应当在收到申请执行书或者移交执行书后十日内发出执行通知。

执行通知中除应责令被执行人履行法律文书确定的义务外，还应通知其承担民事诉讼法第二百五十三条规定的迟延履行利息或者迟延履行金。

第四百八十三条 申请执行人超过申请执行时效期间向人民法院申请强制执行的，人民法院应予受理。被执行人对申请执行时效期间提出异议，人民法院经审查异议成立的，裁定不予执行。

被执行人履行全部或者部分义务后，又以不知道申请执行时效期间届满为由请求执行回转的，人民法院不予支持。

第四百八十四条 对必须接受调查询问的被执行人、被执行人的法定代表人、负责人或者实际控制人，经依法传唤无正当理由拒不到场的，人民法院可以拘传其到场。

人民法院应当及时对被拘传人进行调查询问，调查询问的时间不得超过八小时；情况复杂，依法可能采取拘留措施的，调查询问的时间不得超过二十四小时。

人民法院在本辖区以外采取拘传措施时，可以将被拘传人拘传到当地人民法院，当地人民法院应予协助。

第四百八十五条 人民法院有权查询被执行人的身份信息与财产信息，

掌握相关信息的单位和个人必须按照协助执行通知书办理。

第四百八十六条　对被执行的财产，人民法院非经查封、扣押、冻结不得处分。对银行存款等各类可以直接扣划的财产，人民法院的扣划裁定同时具有冻结的法律效力。

第四百八十七条　人民法院冻结被执行人的银行存款的期限不得超过一年，查封、扣押动产的期限不得超过两年，查封不动产、冻结其他财产权的期限不得超过三年。

申请执行人申请延长期限的，人民法院应当在查封、扣押、冻结期限届满前办理续行查封、扣押、冻结手续，续行期限不得超过前款规定的期限。

人民法院也可以依职权办理续行查封、扣押、冻结手续。

第四百八十八条　依照民事诉讼法第二百四十七条规定，人民法院在执行中需要拍卖被执行人财产的，可以由人民法院自行组织拍卖，也可以交由具备相应资质的拍卖机构拍卖。

交拍卖机构拍卖的，人民法院应当对拍卖活动进行监督。

第四百八十九条　拍卖评估需要对现场进行检查、勘验的，人民法院应当责令被执行人、协助义务人予以配合。被执行人、协助义务人不予配合的，人民法院可以强制进行。

第四百九十条　人民法院在执行中需要变卖被执行人财产的，可以交有关单位变卖，也可以由人民法院直接变卖。

对变卖的财产，人民法院或者其工作人员不得买受。

第四百九十一条　经申请执行人和被执行人同意，且不损害其他债权人合法权益和社会公共利益的，人民法院可以不经拍卖、变卖，直接将被执行人的财产作价交申请执行人抵偿债务。对剩余债务，被执行人应当继续清偿。

第四百九十二条　被执行人的财产无法拍卖或者变卖的，经申请执行人同意，且不损害其他债权人合法权益和社会公共利益的，人民法院可以将该项财产作价后交付申请执行人抵偿债务，或者交付申请执行人管理；申请执行人拒绝接收或者管理的，退回被执行人。

第四百九十三条　拍卖成交或者依法定程序裁定以物抵债的，标的物所有权自拍卖成交裁定或者抵债裁定送达买受人或者接受抵债物的债权人时转移。

第四百九十四条　执行标的物为特定物的，应当执行原物。原物确已毁损或者灭失的，经双方当事人同意，可以折价赔偿。

双方当事人对折价赔偿不能协商一致的，人民法院应当终结执行程序。申请执行人可以另行起诉。

第四百九十五条　他人持有法律文书指定交付的财物或者票证，人民法院依照民事诉讼法第二百四十九条第二款、第三款规定发出协助执行通知后，拒不转交的，可以强制执行，并可依照民事诉讼法第一百一十四条、第一百一十五条规定处理。

他人持有期间财物或者票证毁损、灭失的，参照本解释第四百九十四条规定处理。

他人主张合法持有财物或者票证的，可以根据民事诉讼法第二百二十七条规定提出执行异议。

第四百九十六条 在执行中，被执行人隐匿财产、会计账簿等资料的，人民法院除可依照民事诉讼法第一百一十一条第一款第六项规定对其处理外，还应责令被执行人交出隐匿的财产、会计账簿等资料。被执行人拒不交出的，人民法院可以采取搜查措施。

第四百九十七条 搜查人员应当按规定着装并出示搜查令和工作证件。

第四百九十八条 人民法院搜查时禁止无关人员进入搜查现场；搜查对象是公民的，应当通知被执行人或者他的成年家属以及基层组织派员到场；搜查对象是法人或者其他组织的，应当通知法定代表人或者主要负责人到场。拒不到场的，不影响搜查。

搜查妇女身体，应当由女执行人员进行。

第四百九十九条 搜查中发现应当依法采取查封、扣押措施的财产，依照民事诉讼法第二百四十五条第二款和第二百四十七条规定办理。

第五百条 搜查应当制作搜查笔录，由搜查人员、被搜查人及其他在场人签名、捺印或者盖章。拒绝签名、捺印或者盖章的，应当记入搜查笔录。

第五百零一条 人民法院执行被执行人对他人的到期债权，可以作出冻结债权的裁定，并通知该他人向申请执行人履行。

该他人对到期债权有异议，申请执行人请求对异议部分强制执行的，人民法院不予支持。利害关系人对到期债权有异议的，人民法院应当按照民事诉讼法第二百二十七条规定处理。

对生效法律文书确定的到期债权，该他人予以否认的，人民法院不予支持。

第五百零二条 人民法院在执行中需要办理房产证、土地证、林权证、专利证书、商标证书、车船执照等有关财产权证照转移手续的，可以依照民事诉讼法第二百五十一条规定办理。

第五百零三条 被执行人不履行生效法律文书确定的行为义务，该义务可由他人完成的，人民法院可以选定代履行人；法律、行政法规对履行该行为义务有资格限制的，应当从有资格的人中选定。必要时，可以通过招标的方式确定代履行人。

申请执行人可以在符合条件的人中推荐代履行人，也可以申请自己代为履行，是否准许，由人民法院决定。

第五百零四条　代履行费用的数额由人民法院根据案件具体情况确定，并由被执行人在指定期限内预先支付。被执行人未预付的，人民法院可以对该费用强制执行。

代履行结束后，被执行人可以查阅、复制费用清单以及主要凭证。

第五百零五条　被执行人不履行法律文书指定的行为，且该项行为只能由被执行人完成的，人民法院可以依照民事诉讼法第一百一十一条第一款第六项规定处理。

被执行人在人民法院确定的履行期间内仍不履行的，人民法院可以依照民事诉讼法第一百一十一条第一款第六项规定再次处理。

第五百零六条　被执行人迟延履行的，迟延履行期间的利息或者迟延履行金自判决、裁定和其他法律文书指定的履行期间届满之日起计算。

第五百零七条　被执行人未按判决、裁定和其他法律文书指定的期间履行非金钱给付义务的，无论是否已给申请执行人造成损失，都应当支付迟延履行金。已经造成损失的，双倍补偿申请执行人已经受到的损失；没有造成损失的，迟延履行金可以由人民法院根据具体案件情况决定。

第五百零八条　被执行人为公民或者其他组织，在执行程序开始后，被执行人的其他已经取得执行依据的债权人发现被执行人的财产不能清偿所有债权的，可以向人民法院申请参与分配。

对人民法院查封、扣押、冻结的财产有优先权、担保物权的债权人，可以直接申请参与分配，主张优先受偿权。

第五百零九条　申请参与分配，申请人应当提交申请书。申请书应当写明参与分配和被执行人不能清偿所有债权的事实、理由，并附有执行依据。

参与分配申请应当在执行程序开始后，被执行人的财产执行终结前提出。

第五百一十条　参与分配执行中，执行所得价款扣除执行费用，并清偿应当优先受偿的债权后，对于普通债权，原则上按照其占全部申请参与分配债权数额的比例受偿。清偿后的剩余债务，被执行人应当继续清偿。债权人发现被执行人有其他财产的，可以随时请求人民法院执行。

第五百一十一条　多个债权人对执行财产申请参与分配的，执行法院应当制作财产分配方案，并送达各债权人和被执行人。债权人或者被执行人对分配方案有异议的，应当自收到分配方案之日起十五日内向执行法院提出书面异议。

第五百一十二条　债权人或者被执行人对分配方案提出书面异议的，执行法院应当通知未提出异议的债权人、被执行人。

未提出异议的债权人、被执行人自收到通知之日起十五日内未提出反对意见的，执行法院依异议人的意见对分配方案审查修正后进行分配；提出反对意见的，应当通知异议人。异议人可以自收到通知之日起十五日内，以提出反对意见的债权人、被执行人为被告，向执行法院提起诉讼；异议人逾期未提起诉讼的，执行法院按照原分配方案进行分配。

诉讼期间进行分配的，执行法院应当提存与争议债权数额相应的款项。

第五百一十三条 在执行中，作为被执行人的企业法人符合企业破产法第二条第一款规定情形的，执行法院经申请执行人之一或者被执行人同意，应当裁定中止对该被执行人的执行，将执行案件相关材料移送被执行人住所地人民法院。

第五百一十四条 被执行人住所地人民法院应当自收到执行案件相关材料之日起三十日内，将是否受理破产案件的裁定告知执行法院。不予受理的，应当将相关案件材料退回执行法院。

第五百一十五条 被执行人住所地人民法院裁定受理破产案件的，执行法院应当解除对被执行人财产的保全措施。被执行人住所地人民法院裁定宣告被执行人破产的，执行法院应当裁定终结对该被执行人的执行。

被执行人住所地人民法院不受理破产案件的，执行法院应当恢复执行。

第五百一十六条 当事人不同意移送破产或者被执行人住所地人民法院不受理破产案件的，执行法院就执行变价所得财产，在扣除执行费用及清偿优先受偿的债权后，对于普通债权，按照财产保全和执行中查封、扣押、冻结财产的先后顺序清偿。

第五百一十七条 债权人根据民事诉讼法第二百五十四条规定请求人民法院继续执行的，不受民事诉讼法第二百三十九条规定申请执行时效期间的限制。

第五百一十八条 被执行人不履行法律文书确定的义务的，人民法院除对被执行人予以处罚外，还可以根据情节将其纳入失信被执行人名单，将被执行人不履行或者不完全履行义务的信息向其所在单位、征信机构以及其他相关机构通报。

第五百一十九条 经过财产调查未发现可供执行的财产，在申请执行人签字确认或者执行法院组成合议庭审查核实并经院长批准后，可以裁定终结本次执行程序。

依照前款规定终结执行后，申请执行人发现被执行人有可供执行财产的，可以再次申请执行。再次申请不受申请执行时效期间的限制。

第五百二十条 因撤销申请而终结执行后，当事人在民事诉讼法第二百三十九条规定的申请执行时效期间内再次申请执行的，人民法院应当受理。

第五百二十一条　在执行终结六个月内，被执行人或者其他人对已执行的标的有妨害行为的，人民法院可以依申请排除妨害，并可以依照民事诉讼法第一百一十一条规定进行处罚。因妨害行为给执行债权人或者其他人造成损失的，受害人可以另行起诉。

二十二、涉外民事诉讼程序的特别规定

第五百二十二条　有下列情形之一，人民法院可以认定为涉外民事案件：

（一）当事人一方或者双方是外国人、无国籍人、外国企业或者组织的；

（二）当事人一方或者双方的经常居所地在中华人民共和国领域外的；

（三）标的物在中华人民共和国领域外的；

（四）产生、变更或者消灭民事关系的法律事实发生在中华人民共和国领域外的；

（五）可以认定为涉外民事案件的其他情形。

第五百二十三条　外国人参加诉讼，应当向人民法院提交护照等用以证明自己身份的证件。

外国企业或者组织参加诉讼，向人民法院提交的身份证明文件，应当经所在国公证机关公证，并经中华人民共和国驻该国使领馆认证，或者履行中华人民共和国与该所在国订立的有关条约中规定的证明手续。

代表外国企业或者组织参加诉讼的人，应当向人民法院提交其有权作为代表人参加诉讼的证明，该证明应当经所在国公证机关公证，并经中华人民共和国驻该国使领馆认证，或者履行中华人民共和国与该所在国订立的有关条约中规定的证明手续。

本条所称的“所在国”，是指外国企业或者组织的设立登记地国，也可以是办理了营业登记手续的第三国。

第五百二十四条　依照民事诉讼法第二百六十四条以及本解释第五百二十三条规定，需要办理公证、认证手续，而外国当事人所在国与中华人民共和国没有建立外交关系的，可以经该国公证机关公证，经与中华人民共和国有外交关系的第三国驻该国使领馆认证，再转由中华人民共和国驻该第三国使领馆认证。

第五百二十五条　外国人、外国企业或者组织的代表人在人民法院法官的见证下签署授权委托书，委托代理人进行民事诉讼的，人民法院应予认可。

第五百二十六条　外国人、外国企业或者组织的代表人在中华人民共和国境内签署授权委托书，委托代理人进行民事诉讼，经中华人民共和国公证机构公证的，人民法院应予认可。

第五百二十七条　当事人向人民法院提交的书面材料是外文的，应当同

时向人民法院提交中文翻译件。

当事人对中文翻译件有异议的，应当共同委托翻译机构提供翻译文本；当事人对翻译机构的选择不能达成一致的，由人民法院确定。

第五百二十八条 涉外民事诉讼中的外籍当事人，可以委托本国人为诉讼代理人，也可以委托本国律师以非律师身份担任诉讼代理人；外国驻华使领馆官员，受本国公民的委托，可以以个人名义担任诉讼代理人，但在诉讼中不享有外交或者领事特权和豁免。

第五百二十九条 涉外民事诉讼中，外国驻华使领馆授权其本馆官员，在作为当事人的本国国民不在中华人民共和国领域内的情况下，可以以外交代表身份为其本国国民在中华人民共和国聘请中华人民共和国律师或者中华人民共和国公民代理民事诉讼。

第五百三十条 涉外民事诉讼中，经调解双方达成协议，应当制发调解书。当事人要求发给判决书的，可以依协议的内容制作判决书送达当事人。

第五百三十一条 涉外合同或者其他财产权益纠纷的当事人，可以书面协议选择被告住所地、合同履行地、合同签订地、原告住所地、标的物所在地、侵权行为地等与争议有实际联系地点的外国法院管辖。

根据民事诉讼法第三十三条和第二百六十六条规定，属于中华人民共和国法院专属管辖的案件，当事人不得协议选择外国法院管辖，但协议选择仲裁的除外。

第五百三十二条 涉外民事案件同时符合下列情形的，人民法院可以裁定驳回原告的起诉，告知其向更方便的外国法院提起诉讼：

（一）被告提出案件应由更方便外国法院管辖的请求，或者提出管辖异议；

（二）当事人之间不存在选择中华人民共和国法院管辖的协议；

（三）案件不属于中华人民共和国法院专属管辖；

（四）案件不涉及中华人民共和国国家、公民、法人或者其他组织的利益；

（五）案件争议的主要事实不是发生在中华人民共和国境内，且案件不适用中华人民共和国法律，人民法院审理案件在认定事实和适用法律方面存在重大困难；

（六）外国法院对案件享有管辖权，且审理该案件更加方便。

第五百三十三条 中华人民共和国法院和外国法院都有管辖权的案件，一方当事人向外国法院起诉，而另一方当事人向中华人民共和国法院起诉的，人民法院可予受理。判决后，外国法院申请或者当事人请求人民法院承认和执行外国法院对本案作出的判决、裁定的，不予准许；但双方共同缔结或者参加的国际条约另有规定的除外。

外国法院判决、裁定已经被人民法院承认，当事人就同一争议向人民法院起诉的，人民法院不予受理。

第五百三十四条　对在中华人民共和国领域内没有住所的当事人，经用公告方式送达诉讼文书，公告期满不应诉，人民法院缺席判决后，仍应当将裁判文书依照民事诉讼法第二百六十七条第八项规定公告送达。自公告送达裁判文书满三个月之日起，经过三十日的上诉期当事人没有上诉的，一审判决即发生法律效力。

第五百三十五条　外国人或者外国企业、组织的代表人、主要负责人在中华人民共和国领域内的，人民法院可以向该自然人或者外国企业、组织的代表人、主要负责人送达。

外国企业、组织的主要负责人包括该企业、组织的董事、监事、高级管理人员等。

第五百三十六条　受送达人所在国允许邮寄送达的，人民法院可以邮寄送达。

邮寄送达时应当附有送达回证。受送达人未在送达回证上签收但在邮件回执上签收的，视为送达，签收日期为送达日期。

自邮寄之日起满三个月，如果未收到送达的证明文件，且根据各种情况不足以认定已经送达的，视为不能用邮寄方式送达。

第五百三十七条　人民法院一审时采取公告方式向当事人送达诉讼文书的，二审时可径行采取公告方式向其送达诉讼文书，但人民法院能够采取公告方式之外的其他方式送达的除外。

第五百三十八条　不服第一审人民法院判决、裁定的上诉期，对在中华人民共和国领域内有住所的当事人，适用民事诉讼法第一百六十四条规定的期限；对在中华人民共和国领域内没有住所的当事人，适用民事诉讼法第二百六十九条规定的期限。当事人的上诉期均已届满没有上诉的，第一审人民法院的判决、裁定即发生法律效力。

第五百三十九条　人民法院对涉外民事案件的当事人申请再审进行审查的期间，不受民事诉讼法第二百零四条规定的限制。

第五百四十条　申请人向人民法院申请执行中华人民共和国涉外仲裁机构的裁决，应当提出书面申请，并附裁决书正本。如申请人为外国当事人，其申请书应当用中文文本提出。

第五百四十一条　人民法院强制执行涉外仲裁机构的仲裁裁决时，被执行人以有民事诉讼法第二百七十四条第一款规定的情形为由提出抗辩的，人民法院应当对被执行人的抗辩进行审查，并根据审查结果裁定执行或者不予执行。

第五百四十二条 依照民事诉讼法第二百七十二条规定，中华人民共和国涉外仲裁机构将当事人的保全申请提交人民法院裁定的，人民法院可以进行审查，裁定是否进行保全。裁定保全的，应当责令申请人提供担保，申请人不提供担保的，裁定驳回申请。

当事人申请证据保全，人民法院经审查认为无需提供担保的，申请人可以不提供担保。

第五百四十三条 申请人向人民法院申请承认和执行外国法院作出的发生法律效力的判决、裁定，应当提交申请书，并附外国法院作出的发生法律效力的判决、裁定正本或者经证明无误的副本以及中文译本。外国法院判决、裁定为缺席判决、裁定的，申请人应当同时提交该外国法院已经合法传唤的证明文件，但判决、裁定已经对此予以明确说明的除外。

中华人民共和国缔结或者参加的国际条约对提交文件有规定的，按照规定办理。

第五百四十四条 当事人向中华人民共和国有管辖权的中级人民法院申请承认和执行外国法院作出的发生法律效力的判决、裁定的，如果该法院所在国与中华人民共和国没有缔结或者共同参加国际条约，也没有互惠关系的，裁定驳回申请，但当事人向人民法院申请承认外国法院作出的发生法律效力的离婚判决的除外。

承认和执行申请被裁定驳回的，当事人可以向人民法院起诉。

第五百四十五条 对临时仲裁庭在中华人民共和国领域外作出的仲裁裁决，一方当事人向人民法院申请承认和执行的，人民法院应当依照民事诉讼法第二百八十三条规定处理。

第五百四十六条 对外国法院作出的发生法律效力的判决、裁定或者外国仲裁裁决，需要中华人民共和国法院执行的，当事人应当先向人民法院申请承认。人民法院经审查，裁定承认后，再根据民事诉讼法第三编的规定予以执行。

当事人仅申请承认而未同时申请执行的，人民法院仅对应否承认进行审查并作出裁定。

第五百四十七条 当事人申请承认和执行外国法院作出的发生法律效力的判决、裁定或者外国仲裁裁决的期间，适用民事诉讼法第二百三十九条的规定。

当事人仅申请承认而未同时申请执行的，申请执行的期间自人民法院对承认申请作出的裁定生效之日起重新计算。

第五百四十八条 承认和执行外国法院作出的发生法律效力的判决、裁定或者外国仲裁裁决的案件，人民法院应当组成合议庭进行审查。

人民法院应当将申请书送达被申请人。被申请人可以陈述意见。

人民法院经审查作出的裁定，一经送达即发生法律效力。

第五百四十九条　与中华人民共和国没有司法协助条约又无互惠关系的国家的法院，未通过外交途径，直接请求人民法院提供司法协助的，人民法院应予退回，并说明理由。

第五百五十条　当事人在中华人民共和国领域外使用中华人民共和国法院的判决书、裁定书，要求中华人民共和国法院证明其法律效力的，或者外国法院要求中华人民共和国法院证明判决书、裁定书的法律效力的，作出判决、裁定的中华人民共和国法院，可以本法院的名义出具证明。

第五百五十一条　人民法院审理涉及香港、澳门特别行政区和台湾地区的民事诉讼案件，可以参照适用涉外民事诉讼程序的特别规定。

二十三、附　则

第五百五十二条　本解释公布施行后，最高人民法院于1992年7月14日发布的《关于适用〈中华人民共和国民事诉讼法〉若干问题的意见》同时废止；最高人民法院以前发布的司法解释与本解释不一致的，不再适用。

【链　接】

正确适用修改后民事诉讼法
不断完善“公正、高效、权威”的民事诉讼制度

——最高人民法院有关负责人就民事诉讼法司法解释答记者问

2015年2月4日，最高人民法院发布了《关于适用〈中华人民共和国民事诉讼法〉的解释》（以下简称《解释》），自2015年2月4日起施行。就《解释》起草背景、意义、原则和主要内容等问题，最高人民法院有关负责人接受了记者采访。

一、出台背景及意义

记者：请谈谈《解释》的起草背景和意义。

负责人：2012年8月31日，第十一届全国人大常委会第二十八次会议审

议通过了《关于修改〈中华人民共和国民事诉讼法〉的决定》（以下简称民诉法修改决定），于2013年1月1日正式实施。民诉法修改决定是自1992年民事诉讼法实施以来，对民事诉讼法作出的第一次全面修改，共有60条，修改条文近100处，新增加了诚实信用原则，新规定了公益诉讼、第三人撤销之诉、举证期限、行为保全、小额诉讼、调解协议司法确认、实现担保物权等多项重大诉讼制度，对民事诉讼原则、管辖制度、调解制度、证据制度、立案制度、简易程序、特别程序、审判监督程序、执行程序和涉外程序等均有重大修改完善。这次修改，有力地支持了人民法院民事审判和执行工作，极大地方便了对民事主体民事权利的保护，是我国民主法治建设的重大立法成果，在保障当事人的诉讼权利，维护司法公正，促进经济社会发展，维护社会和谐稳定方面，具有重要意义。

最高人民法院高度重视修改后民事诉讼法的贯彻实施工作。民诉法修改决定通过后，第一时间成立了修改后民事诉讼法实施领导小组，领导小组设办公室。办公室设在最高人民法院研究室。最高人民法院相关庭、局、室、办共计17个部门参加，正式启动了修改后民事诉讼法司法解释的起草工作。自2013年1月至2014年年底，领导小组认真学习贯彻党的十八大和十八届三中、四中全会精神，紧紧围绕“让人民群众在每一个司法案件中都感受到公平正义”这个目标，历时两年，先后经过全面论证、专题论证，听取专家学者意见和建议，送请征求全国人大常委会法工委、国务院法制办、高检院、司法部等国家机关的意见，下发全国各高级人民法院征求意见，先后召开专题论证会、座谈会共计150余次。在深入调查研究、广泛征求意见、充分论证的基础上，完成了起草工作。2014年12月，我院审判委员会经过五次认真细致讨论，通过了《解释》。

《解释》共分23章，共552条。《解释》对人民法院适用民事诉讼法的相关问题作了全面系统、明确具体的规定，是最高人民法院有史以来条文最多、篇幅最长的司法解释，是内容最为丰富、十分重要的司法解释，是最高人民法院有史以来参加起草部门最多、参加起草人员最多的司法解释，是人民法院审判和执行工作中适用最为广泛的司法解释，是最高人民法院贯彻落实党的十八届四中全会精神的重大举措。《解释》的制定实施，对确保修改后民事诉讼法的正确、统一、严格、有效实施，更加有效地保障当事人的诉讼权利，更加积极地维护司法公正、促进经济社会发展、维护社会和谐稳定，更加有力地为建设中国特色社会主义法治体系、建设社会主义法治国家，树立司法公信，提高司法权威，具有十分重要的意义。

二、起草遵循的原则

记者：请谈谈《解释》的起草原则。

负责人：在起草过程中，我们着重坚持了以下几项原则：

第一，坚持依法原则。确保《解释》符合民事诉讼法修改的立法精神，严格按照新民事诉讼法的条文规定，在法律赋予人民法院的司法解释权限范围内作出解释。

第二，坚持统一性与灵活性相结合的原则。经过广泛征求意见，领导小组妥善处理了统一制定和单独制定的关系：一是确立了新民事诉讼司法解释的起草应当坚持“搞批发，不搞零售”的工作思路，即对 1992 年发布实施的《最高人民法院关于适用〈中华人民共和国民事诉讼法〉若干问题的意见》（以下简称 92 年民诉意见）进行全面修订，对此前有关民事诉讼的司法解释和规范性文件进行了部分梳理、整合，对经过实践检验证明存在问题的部分条文在本解释中作了进一步修改完善，以制定统一的司法解释，便于法官、律师和当事人查阅、理解与适用；二是将民事诉讼法主要内容以及涉及当事人重大权利义务的内容写入统一的司法解释之中，其余内容可以通过制定单个司法解释予以明确；三是先搞统一的司法解释，后搞单个的司法解释。统一司法解释制定后，对需要更加细化的环节，如立案、执行、审监等方面的问题，可以再单独制定司法解释予以明确。

第三，坚持问题导向，突出重点的原则。一是突出对 2012 年民事诉讼法新增加和修改的重要制度的落实，明确适用标准，细化具体程序；二是突出对法律适用问题的解释，对于一些内部操作规范和诉讼文书样式的内容，原则上不规定在解释中，另行通过诉讼文书样式的修改和制定规范性文件解决；三是突出法律适用标准的统一，只针对民事审判执行中争议大，适用标准不一的内容进行解释，严格控制解释的条文数量，避免大而全，对于无害条款不作规定。

第四，坚持注重听取意见、汇集多方智慧的原则。起草过程中，领导小组高度重视听取地方法院，尤其是中、基层法院一线办案法官的意见，通过下发征求书面意见、邀请地方法院代表参加座谈会的方式，认真汲取全国法院的审判经验和司法智慧。同时，领导小组高度重视广泛征求社会各界意见，曾多次听取专家学者的意见，送请征求全国人大常委会法工委、国务院法制办、高检院、司法部等国家机关的意见，还邀请语言文字专家对解释内容乃至文字标点进行研究推敲。对各方提出的意见，我们根据修改后民事诉讼法并结合贯彻落实党的十八届四中全会精神，认真研究、充分吸收，反复修改。因此，也可以说，《解释》凝聚了全社会的法治智慧。

三、进一步强化程序意识，确保民事诉讼程序公正

记者：请谈谈《解释》在确保民事诉讼程序公正方面作了哪些新的规定？

负责人：任何一项实体法律制度都必须通过程序法律的具体配合，才能得到有效实施。党的十八届四中全会《决定》指出，公正是法治的生命线。司法公正对社会公正具有重要引领作用，司法不公对社会公正具有致命破坏作用。公正的诉讼程序是实现实体公正的保障，是司法公正的重要内容。程序公正与实体公正相辅相成、不可分割。当事人在民事审判活动中，不仅期望案件得到公正的判决，也期望享受公正、便捷的审判过程。诉讼程序是否公正，不仅对诉讼的裁判结果会产生很大影响，也最容易引起当事人对审判工作的争议、质疑，甚至形成社会炒作。只有做到实体公正和程序公正的有机统一，法院裁判才能得到当事人和社会公众的信赖、认同和尊重，才能保障案件审理的法律与社会效果的统一，才能树立司法权威，提升司法公信。这次民事诉讼法修改，强调当事人诉讼权利平等，兼顾公正与效率，重视程序的公开透明，落实两便原则等，使民事诉讼制度更加科学和更具有操作性。为贯彻落实党的十八届四中全会《决定》关于健全办案过程符合程序公正的法律制度的要求，贯彻程序公正的理念，坚持当事人诉讼权利的平等保护和诉讼义务的平衡负担，《解释》主要从以下几个方面作了进一步完善：

1. 对专属管辖、地域管辖、管辖转移等作出细化规定，以减少管辖争议和异议。对哪些不动产纠纷应当适用专属管辖的问题，争议较大。《解释》增加规定，民事诉讼法第三十三条第一项规定的不动产纠纷是指因不动产的权利确认、分割、相邻关系等引起的物权纠纷。农村土地承包经营合同纠纷、房屋租赁合同纠纷、建设工程施工合同纠纷、政策性房屋买卖合同纠纷，按照不动产纠纷确定管辖。不动产已登记的，以不动产登记簿记载的所在地为不动产所在地；不动产未登记的，以不动产实际所在地为不动产所在地。

《解释》对人民法院多年来确定合同履行地的有关司法解释、规范性文件予以梳理整合，制定了简明、统一的确定标准。《解释》规定：合同约定履行地点的，以约定的履行地点为合同履行地。合同对履行地点没有约定或者约定不明确，争议标的为给付货币的，接收货币一方所在地为合同履行地；交付不动产的，不动产所在地为合同履行地；其他标的，履行义务一方所在地为合同履行地。即时结清的合同，交易行为地为合同履行地。合同没有实际履行，当事人双方住所地都不在合同约定的履行地的，由被告住所地人民法院管辖。

为规范管辖案件中“上交下”问题，《解释》明确规定，下列第一审民事案件，人民法院依照民事诉讼法第三十八条第一款规定，可以在开庭前交下

级人民法院审理：(1) 破产程序中有关债务人的诉讼案件；(2) 当事人人数众多且不方便诉讼的案件；(3) 最高人民法院确定的其他类型案件。人民法院交下级人民法院审理前，应当报请其上级人民法院批准。上级人民法院批准后，人民法院应当裁定将案件交下级人民法院审理。

为严格执行案件移交制度，避免地方不当干预，《解释》规定，两个以上人民法院都有管辖权的诉讼，不得重复立案。对报请上级人民法院指定管辖的案件，《解释》还规定，下级人民法院应当中止审理，指定管辖裁定作出前，下级人民法院对案件作出判决、裁定的，上级人民法院应当在裁定指定管辖的同时，一并撤销下级人民法院的判决、裁定。

2. 严格落实审判人员回避制度，确保司法公正。《解释》根据修改后民事诉讼法相关规定，结合最高人民法院近年来有关回避制度司法解释、规范性文件的规定，进一步细化规定了审判人员应当自行回避、当事人有权申请审判人员回避的适用情形及处理程序，以杜绝人情案、关系案。

3. 明确缺席判决的适用条件，确保诉讼程序依法有序进行。对一审普通程序缺席判决的适用条件，《解释》规定，被告经传票传唤无正当理由拒不到庭，或者未经法庭许可中途退庭的，人民法院应当按期开庭或者继续开庭审理，对到庭的当事人诉讼请求、双方的诉辩理由以及已经提交的证据及其他诉讼材料进行审理后，可以依法缺席判决。对简易程序缺席判决的适用条件，《解释》规定，以简便方式送达的开庭通知，未经当事人确认或者没有其他证据证明当事人已经收到的，人民法院不得缺席判决。

4. 细化规定一审普通程序相关规定，增加规定庭前准备、争议焦点归纳、法庭审理范围等内容。《解释》规定，人民法院应当根据当事人的诉讼请求、答辩意见以及证据交换的情况，归纳争议焦点，并就归纳的争议焦点征求当事人的意见。《解释》还规定，法庭审理应当围绕当事人争议的事实、证据和法律适用等焦点问题进行。

5. 增加规定简易程序转为普通程序、小额诉讼案件审理程序的转化等内容，依法保障诉讼程序有序进行。《解释》规定，人民法院发现案情复杂，需要转为普通程序审理的，应当在审理期限届满前作出裁定并将合议庭组成人员及相关事项书面通知双方当事人。为防止诉讼程序随意转化，《解释》规定，已经按照普通程序审理的案件，在开庭后不得转为简易程序审理。《解释》还对小额诉讼程序转化为简易程序或者普通程序问题作出规定。

6. 明确“严重违反法定程序”的判断标准，规范二审发回重审的标准。《解释》规定，原判决存在下列情形，二审法院可以认定为严重违反法定程序：(1) 审判组织的组成不合法；(2) 应当回避的审判人员未回避；(3) 无诉讼行为能力人未经法定代理人代为诉讼；(4) 违法剥夺当事人辩论权利。

四、强化诉权意识，切实保障当事人诉讼权利

记者：请谈谈《解释》在切实保障当事人诉讼权利方面有哪些新的规定？

负责人：起诉是当事人参与民事诉讼，实现和维护其民事权利的重要途径和方式。诉权是当事人启动和推动民事诉讼程序的基本权利，也是我国宪法规定的人民群众的基本权利，尊重和保障当事人的诉权，是民事诉讼法的立法宗旨和基本功能，也是对人民法院民事审判执行工作的本质要求。党的十八届四中全会《决定》指出，要加强人权司法保障；强化诉讼过程中当事人和其他诉讼参与人的知情权、陈述权、辩护辩论权、申请权、申诉权的制度保障。这次民事诉讼法修改把加强对当事人诉权的保护作为重点修改内容。除了增加规定公益诉讼制度、第三人撤销诉讼两项重大诉讼制度以外，还通过完善起诉制度、证据制度、送达程序、审前程序、审理程序、再审程序、执行程序等，进一步加强了对当事人诉权的司法保障和程序要求，充分体现了对当事人民事诉讼主体地位的尊重。《解释》主要从以下几个方面作了进一步完善：

1. 依法保护起诉权，建立立案登记制。为贯彻落实党的十八届四中全会《决定》关于改革人民法院案件受理制度的要求，《解释》规定，人民法院接到当事人提交的民事起诉状时，对符合民事诉讼法第一百一十九条、第一百二十四条规定条件的起诉，应当登记立案；对当场不能判定是否符合起诉条件的，应当接收起诉材料，并出具注明收到日期的书面凭证。需要补充必要材料的，人民法院应当及时告知当事人。在补齐相关材料后，应当在七日内决定是否立案。立案后发现不符合起诉条件或者属于民事诉讼法第一百二十四条规定情形的，裁定驳回起诉。该条规定有利于切实保障当事人起诉权，对符合民事诉讼法规定的起诉条件的起诉，切实做到有案必立，有诉必理。

2. 依法保护和规范申请撤诉行为。在一审、二审、再审各个阶段，均可能发生当事人申请撤诉的问题。此前，由于缺乏全面的规定，审判实践中裁判尺度不尽统一。《解释》对此作出新的规定，在依法保护当事人撤诉权的同时，从公平保护各方当事人出发，对申请撤诉依法作了限制性规定。如《解释》规定，当事人申请撤诉或者依法可以按撤诉处理的案件，如果当事人有违反法律的行为需要依法处理的，人民法院可以不准许撤诉或者不按撤诉处理。

3. 增加规定反诉构成的要件。反诉的构成要件问题，较为复杂，此前，审判实践中多有争议，为此，《解释》规定，反诉的当事人应当限于本诉的当事人范围，反诉与本诉的诉讼请求基于相同法律关系、诉讼请求之间具有因果关系，或者反诉与本诉的诉讼请求基于相同事实的，人民法院应当合并审

理。反诉应由其他人民法院专属管辖，或者与本诉的诉讼标的及诉讼请求所依据的事实、理由无关联的，裁定不予受理，告知另行起诉。

4. 明确规定重复起诉的判断标准。为统一人民法院对重复起诉的审查判断标准，《解释》规定，当事人就已经提起诉讼的事项在诉讼过程中或者裁判生效后再次起诉，同时符合下列条件的，构成重复起诉：(1) 后诉与前诉的当事人相同；(2) 后诉与前诉的诉讼标的相同；(3) 后诉与前诉的诉讼请求相同，或者后诉的诉讼请求实质上否定前诉裁判结果。当事人重复起诉的，裁定不予受理；已经受理的，裁定驳回起诉，但法律另有规定的除外。

5. 对当事人变更或者增加诉讼请求权作出细化规定。根据当事人在一审阶段，二审阶段，二审裁定撤销一审判决、发回重审阶段以及再审裁定撤销原判决、裁定发回重审阶段变更或者增加诉讼请求的不同情形，《规定》对相应的时限以及法院审查处理方式作出了明确细化的规定。

6. 细化规定第三人参加诉讼。为保障第三人依法参加诉讼，《解释》规定，根据民事诉讼法第五十六条的规定，有独立请求权的第三人有权向人民法院提出诉讼请求和事实、理由，成为当事人；无独立请求权的第三人，可以申请或者由人民法院通知参加诉讼。关于二审程序，《解释》规定，第一审程序中未参加诉讼的第三人，申请参加第二审程序的，人民法院可以准许。《解释》还规定，必须参加诉讼的当事人或者有独立请求权的第三人，在第一审程序中未参加诉讼，第二审人民法院可以根据当事人自愿的原则予以调解；调解不成的，发回重审。

7. 明确规定剥夺辩论权利的情形。辩论权是民事诉讼法规定的当事人的法定权利，为指引人民法院依法充分保护当事人的辩论权利，《解释》规定，原审开庭过程中有下列情形之一的，应当认定为民事诉讼法第二百条第九项规定的剥夺当事人辩论权利：(1) 不允许当事人发表辩论意见的；(2) 应当开庭审理而未开庭审理的；(3) 违反法律规定送达起诉状副本或者上诉状副本，致使当事人无法行使辩论权利的；(4) 违法剥夺当事人辩论权利的其他情形。

8. 细化规定公益诉讼、第三人撤销之诉、案外人申请再审、执行异议之诉案件、当事人申请再审案件的适用条件、审理程序、审理方式以及救济途径等，通过细化规定上述情形，防止各个救济程序制度之间重复交叉，为当事人实现诉讼救济提供明确的途径指引，切实维护社会公共利益或者当事人、案外人、第三人的合法权益。

五、强化公开意识，切实保障审判公正权威

记者：请谈谈《解释》在保障司法公开方面作了哪些新的规定？

负责人：审判公开是实现审判公正的重要保障。党的十八届四中全会《决定》指出，要构建开放、动态、透明、便民的阳光司法机制，推进审判公开。近年来，最高人民法院出台了进一步加强审判公开的规范性文件，在全国法院大力推进司法公开工作，已经取得了很大成效。但应当看到，审判公开工作与人民群众的期待和要求还有一定差距。修改后的民事诉讼法增加了判决书应当写明裁判结果和裁判理由，公众有权查阅发生法律效力裁判文书的规定，对于保障和落实诉讼当事人和社会公众的知情权具有重要意义。《解释》主要从以下几个方面作出了规定：

1. 严格执行开庭审理规定。《解释》严格执行民事诉讼法关于二审开庭审理的规定，对可以不开庭审理的情形予以限制：即对于不服不予受理、管辖权异议和驳回起诉裁定的案件，当事人提出的上诉请求明显不能成立的案件，原判决、裁定认定事实清楚，但适用法律错误的案件以及原判决严重违反法定程序，需要发回重审的案件，二审人民法院可以不开庭审理。

关于再审开庭审理，《解释》规定，人民法院审理再审案件应当组成合议庭开庭审理，但按照第二审程序审理，有特殊情况或者双方当事人已经通过其他方式充分表达意见，且书面同意不开庭审理的除外。

2. 进一步规范裁判文书制作。作为与《解释》配套的成果，我们正在制定人民法院诉讼文书样式，全面梳理、规范民事诉讼涉及的法律文书，制定可操作性规则，以此促进人民法院诉讼文书证据审查认定全面客观，事实认定准确清楚，说理透彻明白，裁判依据明确充分，以“辨法析理、胜败皆明”为标准，以切实促进当事人服判息诉、实现案结事了为目标，切实提高裁判文书制作水平和质量。

3. 规定申请查阅裁判文书的范围和方式。《解释》规定，公民、法人或者其他组织申请查阅发生法律效力的判决书、裁定书的，应当向作出该生效裁判的人民法院提出。对于查阅判决书、裁定书的申请，人民法院根据下列情形分别处理：(1) 判决书、裁定书已经通过信息网络向社会公开的，应当引导申请人自行查阅；(2) 判决书、裁定书未通过信息网络向社会公开，且申请符合要求的，应当及时提供便捷的查阅服务；(3) 判决书、裁定书尚未发生法律效力，或者已失去法律效力的，不提供查阅并告知申请人；(4) 发生法律效力的判决书、裁定书不是本院作出的，应当告知申请人向作出生效裁判的人民法院申请查阅；(5) 申请查阅的内容涉及国家秘密、商业秘密、个人隐私的，不予准许并告知申请人。

六、强化证据意识，规范证据的审查与运用

记者：请谈谈《解释》在证据制度方面作了哪些新的规定？

负责人：证据制度是现代民事诉讼制度的基石。党的十八届四中全会《决定》指出，要全面贯彻证据裁判规则的要求，严格依法收集、固定、保存、审查、运用证据，完善证人、鉴定人出庭制度，保证庭审在查明事实、认定证据、保护诉权、公正裁判中发挥决定性作用。近年来，最高人民法院认真总结民事审判实践经验，结合审判工作实际，先后出台了一些民事诉讼证据方面的司法解释、规范性文件，细化和明确了证据方面的相关问题，为完善证据制度作了大量有益的探索和实践，取得了很好的实践效果。这次民事诉讼法修改，立足于完善举证责任规则，提高当事人举证能力，充分吸收了审判实践经验，从增加证据种类、专家辅助人制度、证据时限制度，到细化证人出庭义务、证据保全制度、鉴定制度等方面都作了重要修改完善。《解释》主要对以下问题作出了新规定：

1. 增加举证责任分配原则的规定。《解释》规定，人民法院应当依照下列原则确定举证证明责任的承担，但法律另有规定的除外：(1) 主张法律关系存在的当事人，应当对产生该法律关系的基本事实承担举证证明责任；(2) 主张法律关系变更、消灭或者权利受到妨害的当事人，应当对该法律关系变更、消灭或者权利受到妨害的基本事实承担举证证明责任。

2. 增加逾期举证责任及其后果的规定。《解释》根据修改后民事诉讼法关于对逾期举证行为分层次、分情形予以处罚的规定，进一步细化规定：当事人逾期提供证据的，人民法院应当责令其说明理由，必要时可以要求其提供相应的证据。当事人因故意或者重大过失逾期提供的证据，人民法院不予采纳。但该证据与案件基本事实有关的，人民法院应当采纳，并依照民事诉讼法第六十五条、第一百一十五条第一款的规定予以训诫、罚款。当事人非因故意或者重大过失逾期提供的证据，人民法院应当采纳，并对当事人予以训诫。当事人一方要求另一方赔偿因逾期提供证据致使其增加的交通、住宿、就餐、误工、证人出庭作证等必要费用的，人民法院可予支持。

3. 增加关于法官组织质证、进行认证的规定。为指引和规范法官组织质证、进行认证，《解释》规定，人民法院应当组织当事人围绕证据的真实性、合法性以及与待证事实的关联性进行质证，并针对证据有无证明力和证明力大小进行说明和辩论。能够反映案件真实情况、与待证事实相关联、来源和形式符合法律规定的证据，应当作为认定案件事实的根据。

4. 增加关于法官审查判断证据的原则即自由心证原则的规定。《解释》规定，人民法院应当按照法定程序，全面、客观地审核证据，依照法律规定，

运用逻辑推理和日常生活经验法则，对证据有无证明力和证明力大小进行判断，并公开判断的理由和结果。

此外，《解释》还对专家辅助人以及鉴定、勘验制度等问题作出了规定。

七、强化效率意识，切实提高民事审判工作效率

记者：请谈谈《解释》在提高民事审判工作效率方面作了哪些新的规定?

负责人：诉讼效率与诉讼公正一样，是人民群众对民事审判执行工作的期待，也是人民法院审判执行工作的基本要求。当前人民法院特别是基层人民法院和中级人民法院，案多人少的问题十分突出，疑难复杂案件和新类型案件明显增加，同时民事审判和执行工作要求越来越规范、越来越严格，广大法官普遍感受到审判、执行工作的压力越来越大，很难进一步提高效率。这次民事诉讼法修改重点之一是研究诉讼效率问题，并对相应的制度作了重大的修改完善。修改后的民事诉讼法完善了简易程序，规定了实行一审终审的小额诉讼制度，规定了立案阶段繁简分流，完善了送达制度，修改了执行程序，这些制度的完善对于提高审判效率，减低当事人诉讼成本，合理配置和利用司法资源，具有重要作用。《解释》主要从以下几个方面进行了细化规定：

1. 细化规定有关期间和送达的内容。对适用简易程序、小额诉讼以及普通诉讼程序审理案件（包括一审、二审、再审）的答辩期限、举证期限、审理期限及其延长，当事人提出反诉、变更或者增加诉讼请求、申请撤诉的期限以及执行程序中查封、扣押、冻结措施期限等作出细化规定，完善电子送达、留置送达规定，促使当事人依法及时行使诉讼权利，保障诉讼程序顺畅有序进行。

2. 完善简易程序案件和小额诉讼案件的适用范围、程序转换、裁判文书简化等内容，积极落实修改后民事诉讼法关于简易程序和小额诉讼程序的最新规定。《解释》规定下列金钱给付小额诉讼案件，实行一审终审：(1) 买卖合同、借款合同、租赁合同纠纷；(2) 身份关系清楚，仅在给付的数额、时间、方式上存在争议的赡养费、抚育费、扶养费纠纷；(3) 责任明确，仅在给付的数额、时间、方式上存在争议的交通事故损害赔偿和其他人身损害赔偿纠纷；(4) 供用水、电、气、热力合同纠纷；(5) 银行卡纠纷；(6) 劳动关系清楚，仅在劳动报酬、工伤医疗费、经济补偿金或者赔偿金给付数额、时间、方式上存在争议的劳动合同纠纷；(7) 劳务关系清楚，仅在劳务报酬给付数额、时间、方式上存在争议的劳务合同纠纷；(8) 物业、电信等服务合同纠纷；(9) 其他金钱给付纠纷。

《解释》还明确了不按小额诉讼案件审理的范围：(1) 人身关系、财产确

权纠纷；（2）涉外民事纠纷；（3）知识产权纠纷；（4）需要评估、鉴定或者对诉前评估、鉴定结果有异议的纠纷；（5）其他不宜适用一审终审的纠纷。

3. 根据修改后民事诉讼法关于在立案阶段实行繁简分流的规定，增加规定审理前准备和庭前会议制度，以提前梳理当事人相关诉讼请求和意见、组织交换证据、归纳争议焦点，为提高庭审效率奠定基础。

4. 细化规定实现担保物权特别程序案件的申请人资格、提交材料及审查范围、审理方式等内容，缩短权利人实现担保物权的周期，降低维权成本，提高司法效率。就审查范围，《解释》规定，人民法院应当就主合同的效力、期限、履行情况，担保物权是否有效设立、担保财产的范围、被担保的债权范围、被担保的债权是否已届清偿期等担保物权实现的条件，以及是否损害他人合法权益等内容进行审查。被申请人或者利害关系人提出异议的，人民法院应当一并审查。

就审查处理方式，《解释》规定，人民法院审查后，按下列情形分别处理：（1）当事人对实现担保物权无实质性争议且实现担保物权条件成就的，裁定准许拍卖、变卖担保财产；（2）当事人对实现担保物权有部分实质性争议的，可以就无争议部分裁定准许拍卖、变卖担保财产；（3）当事人对实现担保物权有实质性争议的，裁定驳回申请，并告知申请人向人民法院提起诉讼。

八、强化诚信意识，加强诉讼诚信建设

记者：请谈谈《解释》在贯彻诚实信用原则方面作了哪些新的规定？

负责人：党的十八大报告对诚信建设提出了具体要求，指出要加强政务诚信、商务诚信、社会诚信和司法公信建设。党的十八届四中全会《决定》提出，要加强社会诚信建设，健全公民和组织守法信用记录，完善守法诚信褒奖机制和违法失信行为惩戒机制。落实这一要求，有必要从民事诉讼层面进行深化落实。修改后民事诉讼法在总则部分增加了民事诉讼应当遵循诚实信用原则的规定，在分则部分增加了禁止虚假诉讼、规避执行的规定，并修改提高了对妨害民事诉讼行为的罚款上限，加大了制裁力度。近年来，民事诉讼中的虚假陈述、伪证、虚假调解、恶意串通损害他人利益、规避执行等现象时有发生，必须予以严厉制裁。为促进诉讼诚信，《解释》主要从以下几个方面作出了规定：

1. 增加关于制裁违反诚信原则行为的规定。《解释》规定，对诉讼参与人或者其他人冒充他人提起诉讼或者参加诉讼，证人签署保证书后作虚假证言，伪造、隐藏、毁灭或者拒绝交出有关被执行人履行能力的重要证据等行为，人民法院可以适用民事诉讼法第一百一十一条规定，根据情节轻重予以罚款、

拘留；构成犯罪的，依法追究刑事责任。

2. 增加对虚假诉讼行为予以制裁的规定。《解释》明确了民事诉讼法第一百一十二条规定的“他人合法权益”的保护范围，包括国家利益、社会公共利益、案外人的合法权益。这有利于打击当事人之间恶意串通，企图通过诉讼、调解等方式损害他人合法权益的行为。

《解释》还规定，第三人根据民事诉讼法第五十六条第三款规定提起撤销之诉，人民法院经审查，原案当事人之间恶意串通进行虚假诉讼的，可以适用民事诉讼法第一百一十二条规定，根据情节轻重予以罚款、拘留；构成犯罪的，依法追究刑事责任。

3. 增加关于当事人签署据实陈述保证书、证人签署如实作证保证书有关程序和法律后果的规定。为贯彻诚信原则，促进当事人、证人据实陈述、如实作证，《解释》规定，在询问当事人之前，人民法院可以要求其签署保证书。保证书应当载明据实陈述、如有虚假陈述愿意接受处罚等内容。当事人应当在保证书上签名或者捺印。负有举证证明责任的当事人拒绝签署保证书，待证事实又欠缺其他证据证明的，人民法院对其主张的事实不予认定。

关于证人如实作证，《解释》规定，人民法院在证人出庭作证前应当告知其如实作证的义务以及作伪证的法律后果，并责令其签署保证书，但无民事行为能力人和限制民事行为能力人除外。证人拒绝签署保证书的，不得作证，并自行承担相关费用。

4. 增加规定失信被执行人名单制度。为促使被执行人积极履行生效裁判，解决执行难，《解释》规定，被执行人不履行法律文书确定的义务的，人民法院除对被执行人予以处罚外，还可以根据情节将其纳入失信被执行人名单，将被执行人不履行或者不完全履行义务的信息向其所在单位、征信机构以及其他相关机构通报。

九、强化监督意识，自觉接受检察机关的法律监督

记者：请谈谈《解释》在自觉接受检察机关的法律监督方面作了哪些新的规定？

负责人：党的十八届四中全会《决定》指出，必须完善司法管理体制和司法权力运行机制，规范司法行为，加强对司法活动的监督，努力让人民群众在每一个司法案件中感受到公平正义。法律监督是重要宪法原则，是正确实施法律的重要保障。人民法院审判执行权行使也要接受法律监督。这次民事诉讼法修改，民事检察监督制度在监督方式、监督范围和监督手段等方面都有重要修改。各级人民法院必须切实树立、进一步强化自觉接受监督意识，自觉接受检察机关法律监督，把新民事诉讼法强化和体现法律监督的各项规

定落到实处。为指导各级人民法院依法审理各类抗诉案件，依法及时处理检察机关依照法律规定提出的检察建议，《解释》在以下几个方面作出了规定：

1. 明确对人民检察院抗诉案件裁定再审的条件。《解释》规定，人民检察院依当事人的申请对生效判决、裁定提出抗诉，符合下列条件的，人民法院应当在三十日内裁定再审：(1) 抗诉书和原审当事人申请书及相关证据材料已经提交；(2) 抗诉对象为依照民事诉讼法和本解释规定可以进行再审的判决、裁定；(3) 抗诉书列明该判决、裁定有民事诉讼法第二百零八条第一款规定情形；(4) 符合民事诉讼法第二百零九条第一款第一项、第二项规定情形。不符合前款规定的，人民法院可以建议人民检察院予以补正或者撤回；不予补正或者撤回的，人民法院可以裁定不予受理。

2. 明确对人民检察院再审检察建议予以受理的条件。《解释》规定，地方各级人民检察院依当事人的申请对生效判决、裁定向同级人民法院提出再审检察建议，符合下列条件的，应予受理：(1) 再审检察建议书和原审当事人申请书及相关证据材料已经提交；(2) 建议再审的对象为依照民事诉讼法和本解释规定可以进行再审的判决、裁定；(3) 再审检察建议书列明该判决、裁定有民事诉讼法第二百零八条第二款规定情形；(4) 符合民事诉讼法第二百零九条第一款第一项、第二项规定情形；(5) 再审检察建议经该人民检察院检察委员会讨论决定。不符合前款规定的，人民法院可以建议人民检察院予以补正或者撤回；不予补正或者撤回的，应当函告人民检察院不予受理。

3. 明确规定了人民检察院对裁定、调解书提出抗诉或者再审检察建议的适用范围、裁定再审或者受理条件、审理或者审查组织形式。《解释》规定，人民检察院依照民事诉讼法第二百零九条第一款第三项规定对有明显错误的再审判决、裁定提出抗诉或者再审检察建议的，人民法院应予受理。

《解释》还规定，人民法院收到再审检察建议后，应当组成合议庭，在三个月内进行审查，发现原判决、裁定、调解书确有错误，需要再审的，依照民事诉讼法第一百九十八条规定裁定再审，并通知当事人；经审查，决定不予再审的，应当书面回复人民检察院。

《解释》又规定，人民法院开庭审理抗诉案件，应当在开庭三日前通知人民检察院、当事人和其他诉讼参与人。同级人民检察院或者提出抗诉的人民检察院应当派员出庭。

十、进一步完善法庭纪律　保障庭审活动依法有序进行

记者：请谈谈《解释》关于法庭纪律的修改完善情况。

负责人： 党的十八届四中全会《决定》指出，要完善惩戒妨碍司法机关依法行使职权、拒不执行生效裁判和决定、藐视法庭权威等违法犯罪行为的

法律规定。法庭是人民法院代表国家审判案件的专门场所，诉讼参与人、社会公众进入法庭，参与或者旁听案件审理，应当遵守法庭纪律，这是尊重法治权威、保障审判活动正常开展的当然要求，也是维护当事人参与诉讼权利的当然要求。长期以来，人民法院的审判工作一直为社会各界大力支持和尊重，绝大部分诉讼参与人、旁听人员能自觉遵守法庭纪律，维护法庭秩序。但近年来，随着现代科技和信息网络的快速发展，案件审理过程中，出现了个别诉讼参与人未经准许进行录音、录像、摄影和利用邮件、博客、微博客、微信等方式报道庭审活动现象；出现了个别诉讼参与人、旁听人员冲击、哄闹法庭，在法庭上公然殴打对方当事人，辱骂法官的现象，这些问题引发了舆论关注。面对新情况、新问题，根据修改后民事诉讼法关于妨害民事诉讼的强制措施的相关规定，《解释》在《92年民诉意见》和《中华人民共和国人民法院法庭规则》基础上，对有关法庭纪律的相关规定作了修改完善，主要体现在以下几个方面：

1.《解释》规定，人民法院对诉讼参与人或者其他人有下列行为之一的，可以适用民事诉讼法第一百一十条规定处理：（1）未经准许进行录音、录像、摄影的；（2）未经准许以移动通信、信息网络等方式现场传播审判活动的；（3）其他扰乱法庭秩序，妨害审判活动进行的。有前款规定情形的，人民法院可以暂扣诉讼参与人或者其他人进行录音、录像、摄影、传播审判活动的器材，并责令其删除有关内容；拒不删除的，人民法院可以采取必要手段强制删除。

2.《解释》规定，训诫、责令退出法庭由合议庭或者独任审判员决定。训诫的内容、被责令退出法庭者的违法事实应当记入庭审笔录。

最高人民法院
关于认真学习贯彻适用《关于适用〈中华人民共和国民事诉讼法〉的解释》的通知

（2015年2月4日　法〔2015〕31号）

各省、自治区、直辖市高级人民法院，解放军军事法院，新疆维吾尔自治区高级人民法院生产建设兵团分院：

2015年2月4日，最高人民法院公布实施了《关于适用〈中华人民共和国民事诉讼法〉的解释》（以下简称《民诉法解释》）。为保证统一正确适用

《民诉法解释》，特通知如下：

一、深刻认识学习贯彻适用《民诉法解释》的重大意义

民事诉讼法是中国特色社会主义法律体系中的基本法律之一，是人民法院审判和执行民事案件在程序方面的基本法律依据。2013 年 1 月 1 日起实施的《全国人民代表大会常务委员会关于修改〈中华人民共和国民事诉讼法〉的决定》（以下简称民诉法修改决定）对民事诉讼法作出了重大修改完善，有力地支持了人民法院民事审判和执行工作，极大地加强了对民事主体民事权利的保护，是我国民主法治建设的重大立法成果。最高人民法院高度重视修改后民事诉讼法的贯彻实施工作，民诉法修改决定通过后，第一时间成立了修改后民事诉讼法贯彻实施工作领导小组，正式启动了《民诉法解释》起草工作。自 2013 年 1 月至 2014 年年底，领导小组认真学习贯彻党的十八大和十八届三中、四中全会精神，紧紧围绕“让人民群众在每一个司法案件中都感受到公平正义”这个目标，在深入调查研究、广泛征求意见、充分论证的基础上，完成了起草工作。2014 年 12 月 28 日，最高人民法院审判委员会审议通过了《民诉法解释》。

《民诉法解释》共分 23 章，552 条。《民诉法解释》对人民法院适用民事诉讼法的相关问题作了全面系统、明确具体的规定，是最高人民法院有史以来条文最多、篇幅最长的司法解释，是最高人民法院有史以来参加起草部门最多、参加起草人员最多的司法解释，是人民法院审判和执行工作中适用最为广泛的司法解释，是最高人民法院贯彻落实党的十八届四中全会精神的重大举措。《民诉法解释》的制定实施，对确保修改后民事诉讼法的正确、统一、严格、有效实施，更加有效地保障当事人的诉讼权利，更加积极地维护司法公正、促进经济社会发展、维护社会和谐稳定，更加有力地为建设中国特色社会主义法治体系、建设社会主义法治国家提供司法保障，树立司法公信，提高司法权威，具有十分重要的意义。全国法院要高度重视《民诉法解释》的学习和贯彻适用，要以这次《民诉法解释》贯彻适用工作为契机，进一步提升人民法院民事审判和执行工作的质量、效率和水平。

二、认真学习好、领会好、适用好民事诉讼法解释

全国法院要从以下几个方面重点学习掌握《民诉法解释》的相关规定：

（一）学习领会《民诉法解释》关于保障民事诉讼程序公正的相关规定，进一步强化程序意识。党的十八届四中全会通过的《中共中央关于全面推进依法治国若干重大问题的决定》（以下简称党的十八届四中全会《决定》）指出，公正是法治的生命线。公正的诉讼程序是实现实体公正的保障，是司法公正的重要内容。任何一项实体法律制度都必须通过程序法律的具体配合，才能得到有效实施。程序公正与实体公正相辅相成、不可分割。《民诉法解释》根据修改后民事诉讼法相关规定，对专属管辖、地域管辖、管辖转移等作出细化规定，对审判人员应当自行回避、当事人有权申请审判人员回避的适用情形及处理程序作出修改完善，增加规定了缺席判决适用条件、庭前会议内容、争议焦点归纳、法庭审理范围以及简易程序转为普通程序、小额诉讼程序转为普通程序等内容，明确了“严重违反法定程序”的判断标准，对确保诉讼程序依法公正有序进行具有重要意义。全国法院要认真学习领会、正确适用上述规定，要认真落实程序公正的理念，始终坚持当事人诉讼权利的平等保护和诉讼义务的平衡负担，努力实现程序公正和实体公正的有机统一，赢得当事人和社会公众的信赖、认同和尊重，不断提升司法公信，维护司法权威。

（二）学习领会《民诉法解释》关于保障当事人诉讼权利的相关规定，进一步强化诉权意识。党的十八届四中全会《决定》指出，要加强人权司法保障，强化诉讼过程中当事人和其他诉讼参与人的知情权、陈述权、辩护辩论权、申请权、申诉权的制度保障。诉权是当事人启动和推动民事诉讼程序的基本权利，也是我国宪法规定的人民群众的基本权利。尊重和保障当事人的诉权，是民事诉讼法的立法宗旨和基本功能，也是对人民法院民事审判和执行工作的本质要求。《民诉法解释》根据修改后民事诉讼法相关规定，细化规定公益诉讼制度、第三人撤销诉讼、执行异议之诉制度，建立完善立案登记制，规范申请撤诉行为，明确反诉、重复起诉的判断标准，修改完善第三人参加诉讼，明确规定剥夺辩论权利的情形，进一步完善证据制度、送达程序、审前程序、审理程序、再审程序、执行程序等，充分体现了对当事人民事诉讼主体地位的尊重。全国法院要认真学习领会、正确适用上述规定，进一步加强对当事人诉权的司法保障，切实将法律中规定的各项程序制度和诉权保护真正落到民事诉讼的每一个阶段和环节，依法规范审判和执行活动，促进诉讼和谐，防止因程序上的疏漏造成对当事人不公正，影响其诉讼权利的行使，造成其实体权利的损害。

（三）学习领会《民诉法解释》关于规范证据的审查与运用的相关规定，进一步强化证据意识。证据制度是现代民事诉讼制度的基石。党的十八届四中全会《决定》指出，要全面贯彻证据裁判规则的要求，严格依法收集、固定、保存、审查、运用证据，完善证人、鉴定人出庭制度，保证庭审在查明事实、认定证据、保护诉权、公正裁判中发挥决定性作用。《民诉法解释》根据修改后民事诉讼法相关规定，认真总结民事审判实践经验，结合审判工作实际，增加规定举证责任分配原则、证据举证时限和逾期举证责任、法官组织质证和进行认证规则，法官审查判断证据原则，并对专家辅助人以及鉴定、勘验制度等问题做出了细化规定，对切实保障当事人举证权利，查明案件事实，具有重要意义。全国法院要认真学习领会、正确适用上述规定，不断强化证据意识，充分考虑当事人的举证能力，合理分配举证责任，认真审核认定证据，努力提高办案的质量和效率。

（四）学习领会《民诉法解释》关于提高民事审判工作效率的相关规定，进一步强化效率意识。诉讼效率与诉讼公正是人民法院审判和执行工作的灵魂和生命，是人民群众对民事审判和执行工作的期待，也是人民法院审判和执行工作的基本要求。当前，人民法院特别是基层人民法院和中级人民法院，案多人少的问题十分突出，疑难复杂案件和新类型案件明显增加，同时，人民群众对民事审判和执行工作规范化建设提出了新的更高的要求。广大法官普遍感受到审判和执行工作的压力越来越大。上述问题的解决需要进一步提高诉讼效率。《民诉法解释》根据修改后民事诉讼法相关规定，细化规定适用小额诉讼程序、简易程序以及普通诉讼程序审理案件的有关期间和送达方式，完善简易程序案件和小额诉讼案件的适用范围、程序转换以及裁判文书简化等规定，增加规定审理前准备和庭前会议制度以实现立案阶段的繁简分流，细化规定实现担保物权特别程序案件的申请人资格、提交材料及审查范围、审理方式等内容，对提高审判效率，减低当事人诉讼成本，合理配置和利用司法资源，具有重要作用。全国法院要认真学习领会、正确适用上述规定，创新司法为民、便民、利民的方式，积极探索民事案件分流措施，切实落实简易程序和小额诉讼程序规定，依法及早采取执行措施，加强审判流程管理，有效整合司法资源，科学安排人民法院审判工作，努力提高审判和执行效率，降低当事人诉累。

（五）学习领会《民诉法解释》关于贯彻诚实信用原则的相关规定，进一步强化诚信意识。党的十八大报告对诚信建设提出了具体要求，指出要加强政务诚信、商务诚信、社会诚信和司法公信建设。党的十八届四中全会《决定》提出，要加强社会诚信建设，健全公民和组织守法信用记录，完善守法诚信褒奖机制和违法失信行为惩戒机制。落实这一要求，有必要从民事诉讼层面进行深化落实。《民诉法解释》根据修改后民事诉讼法相关规定，增加对虚假诉讼行为予以制裁的规定，增加关于当事人签署据实陈述保证书、证人签署如实作证保证书的规定，增加关于将不履行法律文书确定的义务的被执行人纳入失信被执行人名单制度的规定，对制裁民事诉讼中的虚假陈述、伪证、虚假调解、恶意串通损害他人利益、规避执行等行为，意义重大。全国法院要认真学习领会、正确适用上述规定，切实将诚实信用原则这一民事诉讼的基本原则贯穿于民事诉讼程序的始终。要将诚实信用原则的贯彻与社会管理创新和建设社会诚信体系、提升司法公信力相结合，研究、探索依靠诚实信用原则规范审判和执行工作的方法和措施，进一步规范诉讼秩序，提高诉讼效率，促进诉讼公平。

（六）学习领会《民诉法解释》关于抗诉、再审检察建议的相关规定，进一步强化监督意识。党的十八届四中全会《决定》指出，必须完善司法管理体制和司法权力运行机制，规范司法行为，加强对司法活动的监督，努力让人民群众在每一个司法案件中感受到公平正义。法律监督是重要宪法原则，是正确实施法律的重要保障。人民法院审判和执行权行使也要接受法律监督。《民诉法解释》根据修改后民事诉讼法相关规定，增加规定了对人民检察院抗诉案件裁定再审的条件，增加规定了对人民检察院再审检察建议予以受理的条件，修改完善了人民检察院对裁定、调解书提出抗诉或者再审检察建议的适用范围、裁定再审或者受理条件、审理或者审查组织形式，有利于指导全国法院依法审理各类抗诉案件，依法及时处理检察机关依照法律规定提出的检察建议。全国法院要认真学习领会、正确适用上述规定，切实树立、进一步强化自觉接受监督意识，自觉接受检察机关法律监督，把新民事诉讼法强化和体现法律监督的各项规定落到实处，共同维护司法公正。

三、做好《民诉法解释》的学习培训工作

《民诉法解释》自 2015 年 2 月 4 日发布之日起施行，对于人民法院加强和改进民事审判工作，既是机遇，也是挑战。全国法院要把学习《民诉法解释》作为当前和今后一段时期人民法院特别是广大民事法官的一项重点工作。最高人民法院将举办全国法院学习贯彻适用《民诉法解释》培训班，对各高、中级法院及基层法院的主管民事审判工作的院领导、庭领导进行集中培训。同时，考虑到《民诉法解释》条文较多，内容丰富，需要培训的民事审判和执行人员众多，各高级人民法院和中级人民法院应当承担起主要的培训任务，要利用多种形式进行培训，尽快对全体民事审判和执行人员进行轮训；各基层人民法院要组织法官和相关工作人员认真学习。在培训和学习中，要逐条领会新规定，准确把握每个条文的制定原意、具体含义、适用条件，学深学透，融会贯通。

四、做好《民诉法解释》的宣传工作

全国法院在学习贯彻适用《民诉法解释》的过程中，要通过规范审判和执行活动，以案讲法，并注意通过新闻媒体等形式，大力宣传《民诉法解释》的制定原意、具体含义和适用条件等，引导社会各方和人民群众正确理解《民诉法解释》的各项规定，树立正确的诉讼观念，依法维护自身诉讼权利。

对于贯彻适用《民诉法解释》过程中遇到的问题和情况，请及时层报最高人民法院。

最高人民法院
关于认真贯彻实施民事诉讼法及相关司法解释有关规定的通知

（2017年12月29日　法〔2017〕369号）

各省、自治区、直辖市高级人民法院，解放军军事法院，新疆维吾尔自治区高级人民法院生产建设兵团分院：

为进一步规范民事诉讼活动，保障当事人合法权益，切实提升民事审判和执行工作水平，现就正确理解和适用《最高人民法院关于适用〈中华人民共和国民事诉讼法〉的解释》（以下简称《民诉法解释》）有关规定通知如下：

一、在审理案件中，应当依法审慎适用拘传措施。对必须到庭的被告，人民法院适用拘传的，应当符合民事诉讼法第一百零九条和《民诉法解释》第一百七十四条规定，限于负有赡养、抚育、扶养义务或者是不到庭就无法查清案情的被告。有独立请求权的第三人参加的民事诉讼、被告提出反诉的诉讼，本诉原告相对于有独立请求权的第三人、反诉人处于被告地位，可以依照上述法律和司法解释规定适用拘传。

对于原告经传票传唤无正当理由拒不到庭或者未经法庭许可中途退庭的，应当依照民事诉讼法第一百四十三条规定按撤诉处理。依照民事诉讼法第一百四十五条、《民诉法解释》第二百三十八条规定，当事人有违反法律的行为需要依法处理，人民法院裁定不准撤诉或者不按撤诉处理的案件，原告经传票传唤无正当理由拒不到庭的，应当依照民事诉讼法第一百四十五条第二款规定缺席判决。属于民事诉讼法第一百一十二条规定的虚假诉讼或者第五十五条规定的公益诉讼案件，对不到庭就无法查明案件基本事实的原告，可以依照《民诉法解释》第一百七十四条第二款规定适用拘传。

对当事人适用拘传的，应当严格依照《民诉法解释》第一百七十五条规定的程序进行。

二、在执行程序中适用《民诉法解释》第四百八十四条采取拘传措施的，应当严格遵守法定的条件与程序。拘传措施对于查明被执行财产、调查案件事实具有重要意义，同时也会严重影响被拘传人的人身自由。执行法院在采取拘传措施前必须经过依法传唤，对于无正当理由拒不到场的被执行人、被执行人的法定代表人、负责人或者实际控制人，应进行说服教育，经说服教育后仍拒不到场的，才能采取拘传措施。

对于已经控制被执行人的财产且财产权属清晰、没有必要调查询问的被执行人、被执行人的法定代表人、负责人或者实际控制人，不宜采取拘传措施。采取拘传措施必须严格遵守法定的时间期限，不能以连续拘传的形式变相羁押被拘传人。

三、被执行人的债权作为其财产的重要组成部分，是其债务的一般担保，不能豁免执行。但是执行到期债权涉及次债务人的权利保护，法律关系较为复杂，在执行程序中适用《民诉法解释》第五百零一条时，应当严格遵守法定条件与程序，兼顾相关各方主体的权利保护。

在对到期债权的执行中，应当依法保护次债务人的利益，对于次债务人在法定期限内提出异议的，除到期债权系经生效法律文书确定的外，人民法院对提出的异议不予审查，即应停止对次债务人的执行，债权人可以另行提起代位权诉讼主张权利。对于其他利害关系人提出的异议符合民事诉讼法第二百二十七条规定的，人民法院应当按照相应程序予以处理。

被执行人有银行存款或者其他能够执行的财产的，人民法院原则上应优先予以执行；对于被执行人未到期的债权，在到期之前，只能冻结，不能责令次债务人履行。

四、在适用民事诉讼法及相关司法解释过程中，发现有新的问题的，应当及时层报我院。

最高人民法院
关于调整司法解释等文件中引用《中华人民共和国民事诉讼法》条文序号的决定

法释〔2008〕18号

（2008年12月8日最高人民法院审判委员会第1457次会议通过
2008年12月16日最高人民法院公告公布　自2008年12月31日起施行）

根据2007年10月28日第十届全国人民代表大会常务委员会第三十次会议《关于修改〈中华人民共和国民事诉讼法〉的决定》和修改后重新公布的《中华人民共和国民事诉讼法》，决定对司法解释等文件中涉及的民事诉讼法的相关条文序号予以相应调整。

一、最高人民法院《关于人民法院审理借贷案件的若干意见》（法（民）发〔1991〕21 号）第 22 条调整为："被执行人有可能转移、变卖、隐匿被执行财产的，应及时采取执行措施。被执行人抗拒执行构成妨害民事诉讼的，按照民事诉讼法第一百零二条、第二百二十四条的规定处理。"

二、最高人民法院《关于适用〈中华人民共和国民事诉讼法〉若干问题的意见》（法发〔1992〕22 号）第 111 条调整为："人民法院先予执行后，依发生法律效力的判决，申请人应当返还因先予执行所取得的利益的，适用民事诉讼法第二百一十条的规定。"

三、最高人民法院《关于适用〈中华人民共和国民事诉讼法〉若干问题的意见》（法发〔1992〕22 号）第 132 条调整为："依照民事诉讼法第一百九十一条的规定向人民法院申请支付令的，每件交纳申请费 100 元。督促程序因债务人异议而终结的，申请费由申请人负担；债务人未提出异议的，申请费由债务人负担。"

四、最高人民法院《关于适用〈中华人民共和国民事诉讼法〉若干问题的意见》（法发〔1992〕22 号）第 134 条调整为："依照民事诉讼法第一百九十五条的规定向人民法院申请公示催告的，每件交纳申请费 100 元。申请费和公告费由申请人负担。"

五、最高人民法院《关于适用〈中华人民共和国民事诉讼法〉若干问题的意见》（法发〔1992〕22 号）第 135 条调整为："依照民事诉讼法第一百九十八条、第二百条的规定向人民法院起诉的，按照《人民法院诉讼收费办法》第五条第（四）项的规定交纳案件受理费。"

六、最高人民法院《关于适用〈中华人民共和国民事诉讼法〉若干问题的意见》（法发〔1992〕22 号）第 204 条调整为："当事人对已经发生法律效力的调解书申请再审，适用民事诉讼法第一百八十四条的规定，应在该调解书发生法律效力后二年内提出。"

七、最高人民法院《关于适用〈中华人民共和国民事诉讼法〉若干问题的意见》（法发〔1992〕22 号）第 212 条调整为："民事诉讼法第一百八十四条中的二年为不变期间，自判决、裁定发生法律效力次日起计算。"

八、最高人民法院《关于适用〈中华人民共和国民事诉讼法〉若干问题的意见》（法发〔1992〕22 号）第 221 条调整为："依照民事诉讼法第一百九十四条的规定，债务人在法定期间提出书面异议的，人民法院无须审查异议是否有理由，应当直接裁定终结督促程序。债务人对债务本身没有异议，只是提出缺乏清偿能力的，不影响支付令的效力。"

九、最高人民法院《关于适用〈中华人民共和国民事诉讼法〉若干问题的意见》（法发〔1992〕22号）第222条调整为："民事诉讼法第一百九十三条驳回支付令申请的裁定书和第一百九十四条终结督促程序的裁定书，由审判员、书记员署名，加盖人民法院印章。"

十、《最高人民法院关于适用〈中华人民共和国民事诉讼法〉若干问题的意见》（法发〔1992〕22号）第225条调整为："债权人向人民法院申请执行支付令的期限，适用民事诉讼法第二百一十五条的规定。"

十一、最高人民法院《关于适用〈中华人民共和国民事诉讼法〉若干问题的意见》（法发〔1992〕22号）第226条调整为："民事诉讼法第一百九十五条规定的票据持有人，是指票据被盗、遗失或者灭失前的最后持有人。"

十二、最高人民法院《关于适用〈中华人民共和国民事诉讼法〉若干问题的意见》（法发〔1992〕22号）第228条调整为："人民法院依照民事诉讼法第一百九十六条规定发出的受理申请的公告，应写明以下内容：

（1）公示催告申请人的姓名或名称；

（2）票据的种类、票面金额、发票人、持票人、背书人等；

（3）申报权利的期间；

（4）在公示催告期间转让票据权利、利害关系人不申报的法律后果。"

十三、最高人民法院《关于适用〈中华人民共和国民事诉讼法〉若干问题的意见》（法发〔1992〕22号）第236条调整为："人民法院依照民事诉讼法第一百九十六条规定通知支付人停止支付，应符合有关财产保全的规定。支付人收到停止支付通知后拒不支付的，除可依照民事诉讼法第一百零二条、第一百零三条规定采取强制措施外，在判决后，支付人仍应承担支付义务。"

十四、最高人民法院《关于适用〈中华人民共和国民事诉讼法〉若干问题的意见》（法发〔1992〕22号）第237条调整为："人民法院依据民事诉讼法第一百九十八条规定终结公示催告程序后，公示催告申请人或者申报人向人民法院提起诉讼的，依照民事诉讼法第二十七条的规定确定管辖。"

十五、最高人民法院《关于适用〈中华人民共和国民事诉讼法〉若干问题的意见》（法发〔1992〕22号）第238条调整为："民事诉讼法第一百九十八条终结公示催告程序的裁定书，由审判员、书记员署名，加盖人民法院印章。"

十六、最高人民法院《关于适用〈中华人民共和国民事诉讼法〉若干问题的意见》（法发〔1992〕22号）第239条调整为："依照民事诉讼法第二百条的规定，利害关系人向人民法院起诉的，人民法院可按票据纠纷适用普通程序审理。"

十七、最高人民法院《关于适用〈中华人民共和国民事诉讼法〉若干问题的意见》（法发〔1992〕22号）第256条第一款调整为："民事诉讼法第二百零一条第二款规定的由人民法院执行的其他法律文书，包括仲裁裁决书、公证债权文书。”

十八、最高人民法院《关于适用〈中华人民共和国民事诉讼法〉若干问题的意见》（法发〔1992〕22号）第257条调整为：“民事诉讼法第二百零四条规定的中止执行，应当限于案外人依该条规定提出异议部分的财产范围。对被执行人的其他财产，不应中止执行。异议理由不成立的，通知驳回。”

十九、最高人民法院《关于适用〈中华人民共和国民事诉讼法〉若干问题的意见》（法发〔1992〕22号）第265条第一款调整为：“依照民事诉讼法第二百零六条第二款的规定，受委托人民法院的上一级人民法院在接到委托人民法院指令执行的请求后，应当在五日内书面指令受委托人民法院执行，并将这一情况及时告知委托人民法院。”

二十、最高人民法院《关于适用〈中华人民共和国民事诉讼法〉若干问题的意见》（法发〔1992〕22号）第267条调整为：“申请恢复执行原法律文书，适用民事诉讼法第二百一十五条申请执行期限的规定。申请执行期限因达成执行中的和解协议而中止，其期限自和解协议所定履行期限的最后一日起连续计算。”

二十一、最高人民法院《关于适用〈中华人民共和国民事诉讼法〉若干问题的意见》（法发〔1992〕22号）第268条调整为：“人民法院依照民事诉讼法第二百零八条的规定决定暂缓执行的，如果担保是有期限的，暂缓执行的期限应与担保期限一致，但最长不得超过一年。被执行人或担保人对担保的财产在暂缓执行期间有转移、隐藏、变卖、毁损等行为的，人民法院可以恢复强制执行。”

二十二、最高人民法院《关于适用〈中华人民共和国民事诉讼法〉若干问题的意见》（法发〔1992〕22号）第269条调整为：“民事诉讼法第二百零八条规定的执行担保，可以由被执行人向人民法院提供财产作担保，也可以由第三人出面作担保。以财产作担保的，应提交保证书；由第三人担保的，应当提交担保书。担保人应当具有代为履行或者代为承担赔偿责任的能力。”

二十三、最高人民法院《关于适用〈中华人民共和国民事诉讼法〉若干问题的意见》（法发〔1992〕22号）第271条调整为：“依照民事诉讼法第二百零九条的规定，执行中作为被执行人的法人或者其他组织分立、合并的，其权利义务由变更后的法人或者其他组织承受；被撤销的，如果依有关实体法的规定有权利义务承受人的，可以裁定该权利义务承受人为被执行人。”

二十四、最高人民法院《关于适用〈中华人民共和国民事诉讼法〉若干问题的意见》（法发〔1992〕22号）第275条调整为：“法律规定由人民法院执行的其他法律文书执行完毕后，该法律文书被有关机关依法撤销的，经当事人申请，适用民事诉讼法第二百一十条的规定。”

二十五、最高人民法院《关于适用〈中华人民共和国民事诉讼法〉若干问题的意见》（法发〔1992〕22号）第278条调整为：“依照民事诉讼法第二百一十三条第二款、第三款的规定，人民法院裁定不予执行仲裁裁决后，当事人可以重新达成书面仲裁协议申请仲裁，也可以向人民法院起诉。”

二十六、最高人民法院《关于适用〈中华人民共和国民事诉讼法〉若干问题的意见》（法发〔1992〕22号）第279条调整为：“民事诉讼法第二百一十六条第一款规定的执行通知，人民法院应在收到申请执行书后的十日内发出。执行通知中除应责令被执行人履行法律文书确定的义务外，并应通知其承担民事诉讼法第二百二十九条规定的迟延履行利息或者迟延履行金。”

二十七、最高人民法院《关于适用〈中华人民共和国民事诉讼法〉若干问题的意见》（法发〔1992〕22号）第282条调整为：“人民法院在执行中已依照民事诉讼法第二百一十八条、第二百二十条的规定对被执行人的财产查封、冻结的，任何单位包括其他人民法院不得重复查封、冻结或者擅自解冻，违者按照民事诉讼法第一百零二条的规定处理。”

二十八、最高人民法院《关于适用〈中华人民共和国民事诉讼法〉若干问题的意见》（法发〔1992〕22号）第283条调整为：“依照民事诉讼法第二百二十八条规定，当事人不履行法律文书确定的行为义务，如果该项行为义务只能由被执行人完成的，人民法院可以依照民事诉讼法第一百零二条第一款第（六）项的规定处理。”

二十九、最高人民法院《关于适用〈中华人民共和国民事诉讼法〉若干问题的意见》（法发〔1992〕22号）第286条第一款调整为：“人民法院依照民事诉讼法第二百二十四条规定对被执行人及其住所或者财产隐匿地进行搜查，必须符合以下条件：

（1）生效法律文书确定的履行期限已经届满；

（2）被执行人不履行法律文书确定的义务；

（3）认为有隐匿财产的行为。”

三十、最高人民法院《关于适用〈中华人民共和国民事诉讼法〉若干问题的意见》（法发〔1992〕22号）第288条调整为：“搜查中发现应当依法扣押的财产，依照民事诉讼法第二百二十一条第二款和第二百二十三条的规定办理。”

三十一、最高人民法院《关于适用〈中华人民共和国民事诉讼法〉若干问题的意见》（法发〔1992〕22号）第292条调整为：“人民法院在执行中需要办理房产证、土地证、山林所有权证、专利证书、商标证书、车辆执照等有关财产权证照转移手续的，可以依照民事诉讼法第二百二十七条规定办理。”

三十二、最高人民法院《关于适用〈中华人民共和国民事诉讼法〉若干问题的意见》（法发〔1992〕22 号）第 294 条调整为：“民事诉讼法第二百二十九条规定的加倍支付迟延履行期间的债务利息，是指在按银行同期贷款最高利率计付的债务利息上增加一倍。”

三十三、最高人民法院《关于适用〈中华人民共和国民事诉讼法〉若干问题的意见》（法发〔1992〕22 号）第 296 条调整为：“债权人依照民事诉讼法第二百三十条的规定请求人民法院继续执行的，不受民事诉讼法第二百一十五条所定期限的限制。”

三十四、最高人民法院《关于适用〈中华人民共和国民事诉讼法〉若干问题的意见》（法发〔1992〕22 号）第 305 条调整为：“依照民事诉讼法第三十四条和第二百四十四条规定，属于中华人民共和国人民法院专属管辖的案件，当事人不得用书面协议选择其他国家法院管辖。但协议选择仲裁裁决的除外。”

三十五、最高人民法院《关于适用〈中华人民共和国民事诉讼法〉若干问题的意见》（法发〔1992〕22 号）第 307 条调整为：“对不在我国领域内居住的被告，经用公告方式送达诉状或传唤，公告期满不应诉，人民法院缺席判决后，仍应将裁判文书依照民事诉讼法第二百四十五条第（七）项的规定公告送达。自公告送达裁判文书满六个月的次日起，经过三十日的上诉期当事人没有上诉的，一审判决即发生法律效力。”

三十六、最高人民法院《关于适用〈中华人民共和国民事诉讼法〉若干问题的意见》（法发〔1992〕22 号）第 313 条调整为：“我国涉外仲裁机构作出的仲裁裁决，一方当事人不履行，对方当事人向人民法院申请执行的，应依照民事诉讼法第二十七章的有关规定办理。”

三十七、最高人民法院《关于适用〈中华人民共和国民事诉讼法〉若干问题的意见》（法发〔1992〕22 号）第 315 条调整为：“人民法院强制执行涉外仲裁机构的仲裁裁决时，如被执行人申辩有民事诉讼法第二百五十八条第一款规定的情形之一的，在其提供了财产担保后，可以中止执行。人民法院应当对被执行人的申辩进行审查，并根据审查结果裁定不予执行或驳回申辩。”

三十八、最高人民法院《关于适用〈中华人民共和国民事诉讼法〉若干问题的意见》（法发〔1992〕22 号）第 317 条调整为：“依照民事诉讼法第二百五十六条的规定，我国涉外仲裁机构将当事人的财产保全申请提交人民法院裁定的，人民法院可以进行审查，决定是否进行保全。裁定采取保全的，应当责令申请人提供担保，申请人不提供担保的，裁定驳回申请。”

三十九、最高人民法院《关于人民法院可以对商业银行在人民银行的存款依法采取强制措施的批复》（法复〔1995〕4号）调整为：“专业银行是依法设立的商业银行，是以其全部法人财产承担民事责任的企业法人。依照《中华人民共和国民事诉讼法》第二百一十八条之规定，作为被执行人的专业银行未按执行通知自动履行已生效的法律文书确定的义务，人民法院有权查询、冻结、划拨该专业银行在人民银行的存款；有关人民银行必须按照协助执行通知书（附已生效的法律文书）及时办理；拒不协助执行的，依法追究法律责任。”

四十、最高人民法院《关于人民法院处理与涉外仲裁及外国仲裁事项有关问题的通知》（法发〔1995〕18号）第二条调整为：“凡一方当事人向人民法院申请执行我国涉外仲裁机构裁决，或者向人民法院申请承认和执行外国仲裁机构的裁决，如果人民法院认为我国涉外仲裁机构裁决具有民事诉讼法第二百五十八条情形之一的，或者申请承认和执行的外国仲裁裁决不符合我国参加的国际公约的规定或者不符合互惠原则的，在裁定不予执行或者拒绝承认和执行之前，必须报请本辖区所属高级人民法院进行审查；如果高级人民法院同意不予执行或者拒绝承认和执行，应将其审查意见报最高人民法院。待最高人民法院答复后，方可裁定不予执行或者拒绝承认和执行。”

四十一、最高人民法院《关于认真贯彻仲裁法依法执行仲裁裁决的通知》（法发〔1995〕21号）第二条调整为：“根据国办发〔1995〕38号《关于进一步做好重新组建仲裁机构工作的通知》要求，现有仲裁机构在依法终止前受理的案件应当自该仲裁机构依法终止之日起6个月内作出仲裁裁决。因此，仲裁机构在此期间将当事人的财产保全申请提交人民法院的，人民法院应当依照民事诉讼法的有关规定作出裁决，予以受理或者驳回申请；仲裁机构在此期间按照仲裁程序作出的裁决书、调解书，一方当事人不履行，另一方当事人依照民事诉讼法的有关规定向人民法院申请执行的，受申请的人民法院应当执行。但被申请人提出证据证明裁决有民事诉讼法第二百一十三条第二款和第二百五十八条第一款规定的情形之一的，或者当事人提出证据证明裁决有民事诉讼法第二百五十八条第一款、仲裁法第五十八条规定的情形之一的，应当分别作出不予执行和撤销裁决的裁定。一方当事人申请执行，另一方当事人申请撤销裁决的，人民法院应当裁定中止执行。”

四十二、最高人民法院《关于人民法院依法有权查询、冻结和扣划邮政储蓄存款问题的批复》（法复〔1996〕1号）调整为：“依照《中华人民共和国民事诉讼法》第六十五条的规定，人民法院有权向包括邮政企业的有关单位调查取证，有关单位不得拒绝。

《中华人民共和国民事诉讼法》第一百零三条、第二百一十八条和第二百一十九条中的‘其他有储蓄业务的单位’，包括办理邮政储蓄业务的邮政企业。人民法院为财产保全、先予执行或者执行已经发生法律效力的法律文书，有权查询、冻结、扣划邮政企业办理的邮政储蓄存款；有关的邮政企业依法应当协助人民法院查询、冻结和扣划。”

四十三、最高人民法院《关于当事人因对不予执行仲裁裁决的裁定不服而申请再审人民法院不予受理的批复》（法复〔1996〕8 号）调整为：“依照《中华人民共和国民事诉讼法》第二百一十三条的规定，人民法院对仲裁裁决依法裁定不予执行，当事人不服而申请再审的，没有法律依据，人民法院不予受理。”

四十四、最高人民法院《关于税务机关是否有义务协助人民法院直接划拨退税款问题的批复》（法复〔1996〕11 号）调整为：“根据国家税务总局《出口货物退（免）税管理办法》的有关规定，企业出口退税款，在国家税务机关审查批准后，须经特定程序通过银行（国库）办理退库手续退给出口企业。国家税务机关只是企业出口退税的审核、审批机关，并不持有退税款项，故人民法院不能依据民事诉讼法第二百二十五条的规定，要求税务机关直接划拨被执行人应得退税款项，但可依照民事诉讼法的有关规定，要求税务机关提供被执行人在银行的退税账户、退税数额及退税时间等情况，并依据税务机关提供的被执行人的退税账户，依法通知有关银行对需执行的款项予以冻结或划拨。”

四十五、最高人民法院《关于实施〈中华人民共和国仲裁法〉几个问题的通知》（法发〔1997〕4 号）第二条调整为：“在仲裁过程中，当事人申请财产保全的，一般案件由被申请人住所地或者财产所在地的基层人民法院作出裁定；属涉外仲裁案件的，依据《中华人民共和国民事诉讼法》第二百五十六条的规定，由被申请人住所地或者财产所在地的中级人民法院作出裁定。有关人民法院对仲裁机构提交的财产保全申请应当认真进行审查，符合法律规定的，即应依法作出财产保全的裁定；如认为不符合法律规定的，应依法裁定驳回申请。”

四十六、最高人民法院《关于对企业借贷合同借款方逾期不归还借款的应如何处理的批复》（法复〔1996〕5 号）调整为：“企业借贷合同违反有关金融法规，属无效合同。对于合同期限届满后，借款方逾期不归还本金，当事人起诉到人民法院的，人民法院除应按照最高人民法院法（经）发〔1990〕27 号《关于审理联营合同纠纷案件若干问题的解答》第四条第二项的有关规定判决外，对自双方当事人约定的还款期满之日起，至法院判决确定借款人返还本金期满期间内的利息，应当收缴，该利息按借贷双方原约定的利率计算，如果双方当事人对借款利息未约定，按同期银行贷款利率计算。借款人未按判决确定的期限归还本金的，应当依照《中华人民共和国民事诉讼法》第二百二十九条的规定加倍支付迟延履行期间的利息。”

四十七、最高人民法院《关于北京市第一中级人民法院不予执行美国制作公司和汤姆·胡莱特公司诉中国妇女旅行社演出合同纠纷仲裁裁决请示的批复》（他〔1997〕35号）调整为：“1992年8月28日美国制作公司和汤姆·胡莱特公司因雇佣美国演员来华演出签订‘合同与演出协议’。该‘合同与演出协议’第2条B款中明确规定：‘演员们应尽全力遵守中国的规章制度和政策并圆满达到演出的娱乐效果。’同年9月9日该两公司又签订‘合同附件’。该‘合同附件’第7条第2款中规定：‘中国有权审查和批准演员演出的各项细节。’美国两公司依据上述合同与协议于1992年12月23日与中国妇女旅行社签订了来华演出的‘合同与协议’。约定美国南方派乐队自1993年1月25日到同年2月28日在华演出20至23场。但是，在演出活动中，美方演员违背合同协议约定，不按报经我国文化部审批的演出内容进行演出，演出了不适合我国国情的‘重金属歌曲’，违背了我国的社会公共利益，造成了很坏的影响，被我文化部决定停演。由此可见，停演及演出收入减少，是由演出方严重违约造成的。中国国际经济贸易仲裁委员会（94）贸仲字第0015号裁决书无视上述基本事实，是完全错误的。人民法院如果执行该裁决，就会损害我国的社会公共利益。依照《中华人民共和国民事诉讼法》第二百五十八条第二款的规定，同意你院对该仲裁裁决不予执行的意见。”

四十八、最高人民法院《关于对被执行人存在银行的凭证式国库券可否采取执行措施问题的批复》（法释〔1998〕2号）调整为：“被执行人存在银行的凭证式国库券是由被执行人交银行管理的到期偿还本息的有价证券，在性质上与银行的定期储蓄存款相似，属于被执行人的财产。依照《中华人民共和国民事诉讼法》第二百一十八条规定的精神，人民法院有权冻结、划拨被执行人存在银行的凭证式国库券。有关银行应当按照人民法院的协助执行通知书将本息划归执行申请人。”

四十九、最高人民法院《关于人民法院执行工作若干问题的规定（试行）》（法释〔1998〕15号）第6条调整为：“依据民事诉讼法第二百一十三条或第二百五十八条的规定对仲裁裁决是否有不予执行事由进行审查的，应组成合议庭进行。”

五十、最高人民法院《关于人民法院执行工作若干问题的规定（试行）》（法释〔1998〕15号）第24条调整为：“人民法院决定受理执行案件后，应当在三日内向被执行人发出执行通知书，责令其在指定的期间内履行生效法律文书确定的义务，并承担民事诉讼法第二百二十九条规定的迟延履行期间的债务利息或迟延履行金。”

五十一、最高人民法院《关于人民法院执行工作若干问题的规定（试行）》（法释〔1998〕15号）第30条调整为："被执行人拒绝按人民法院的要求提供其有关财产状况的证据材料的，人民法院可以按照民事诉讼法第二百二十四条的规定进行搜查。"

五十二、最高人民法院《关于人民法院执行工作若干问题的规定（试行）》（法释〔1998〕15号）第59条调整为："被执行人的财产经拍卖、变卖或裁定以物抵债后，需从现占有人处交付给买受人或申请执行人的，适用民事诉讼法第二百二十五条、第二百二十六条和本规定57条、58条的规定。"

五十三、最高人民法院《关于人民法院执行工作若干问题的规定（试行）》（法释〔1998〕15号）第71条第一款调整为："对案外人提出的异议，执行法院应当依照民事诉讼法第二百零四条的规定进行审查。"

五十四、最高人民法院《关于人民法院执行工作若干问题的规定（试行）》（法释〔1998〕15号）第83条调整为："依照民事诉讼法第二百零九条、最高人民法院关于适用民事诉讼法若干问题的意见第271条至第274条及本规定裁定变更或追加被执行主体的，由执行法院的执行机构办理。"

五十五、最高人民法院《关于人民法院执行工作若干问题的规定（试行）》（法释〔1998〕15号）第102条调整为："有下列情形之一的，人民法院应当依照民事诉讼法第二百三十二条第一款第五项的规定裁定中止执行：

（1）人民法院已受理以被执行人为债务人的破产申请的；

（2）被执行人确无财产可供执行的；

（3）执行的标的物是其他法院或仲裁机构正在审理的案件争议标的物，需要等待该案件审理完毕确定权属的；

（4）一方当事人申请执行仲裁裁决，另一方当事人申请撤销仲裁裁决的；

（5）仲裁裁决的被申请执行人依据民事诉讼法第二百一十三条第二款的规定向人民法院提出不予执行请求，并提供适当担保的。"

五十六、最高人民法院《关于人民法院执行工作若干问题的规定（试行）》（法释〔1998〕15号）第105条调整为："在执行中，被执行人被人民法院裁定宣告破产的，执行法院应当依照民事诉讼法第二百三十三条第六项的规定，裁定终结执行。"

五十七、最高人民法院《关于人民法院执行工作若干问题的规定（试行）》（法释〔1998〕15号）第109条调整为："在执行中或执行完毕后，据以执行的法律文书被人民法院或其他有关机关撤销或变更的，原执行机构应当依照民事诉讼法第二百一十条的规定，依当事人申请或依职权，按照新的生效法律文书，作出执行回转的裁定，责令原申请执行人返还已取得的财产及其孳息。拒不返还的，强制执行。"

五十八、最高人民法院《关于人民法院撤销涉外仲裁裁决有关事项的通知》（法〔1998〕40号）第一条调整为：“凡一方当事人按照仲裁法的规定向人民法院申请撤销我国涉外仲裁裁决，如果人民法院经审查认为涉外仲裁裁决具有民事诉讼法第二百五十八条第一款规定的情形之一的，在裁定撤销裁决或通知仲裁庭重新仲裁之前，须报请本辖区所属高级人民法院进行审查。如果高级人民法院同意撤销裁决或通知仲裁庭重新仲裁，应将其审查意见报最高人民法院。待最高人民法院答复后，方可裁定撤销裁决或通知仲裁庭重新仲裁。”

五十九、最高人民法院《关于人民检察院对民事调解书提出抗诉人民法院应否受理问题的批复》（法释〔1999〕4号）调整为：“《中华人民共和国民事诉讼法》第一百八十七条只规定人民检察院可以对人民法院已经发生法律效力的判决、裁定提出抗诉，没有规定人民检察院可以对调解书提出抗诉。人民检察院对调解书提出抗诉的，人民法院不予受理。”

六十、最高人民法院《关于民事、行政诉讼中司法赔偿若干问题的解释》（法释〔2000〕27号）第七条调整为：“根据国家赔偿法第十七条、第三十一条的规定，具有下列情形之一的，国家不承担赔偿责任：

（一）因申请人申请保全有错误造成损害的；

（二）因申请人提供的执行标的物有错误造成损害的；

（三）人民法院工作人员与行使职权无关的个人行为；

（四）属于民事诉讼法第二百一十条规定情形的；

（五）被保全人、被执行人，或者人民法院依法指定的保管人员违法动用、隐匿、毁损、转移、变卖人民法院已经保全的财产的；

（六）因不可抗力造成损害后果的；

（七）依法不应由国家承担赔偿责任的其他情形。”

六十一、最高人民法院《关于严格执行案件审理期限制度的若干规定》（法释〔2000〕29号）第二条第八款调整为：“审理涉外民事案件，根据民事诉讼法第二百四十八条的规定，不受上述案件审理期限的限制。”

六十二、最高人民法院《关于审理票据纠纷案件若干问题的规定》（法释〔2000〕32号）第三十三条调整为：“依照《中华人民共和国民事诉讼法》（以下简称民事诉讼法）第一百九十六条的规定，公示催告的期间，国内票据自公告发布之日起六十日，涉外票据可根据具体情况适当延长，但最长不得超过九十日。”

六十三、最高人民法院《关于审理票据纠纷案件若干问题的规定》（法释〔2000〕32号）第三十四条调整为：“依照民事诉讼法第一百九十七条第二款的规定，在公示催告期间，以公示催告的票据质押、贴现，因质押、贴现而接受该票据的持票人主张票据权利的，人民法院不予支持，但公示催告期间届满以后人民法院作出除权判决以前取得该票据的除外。”

六十四、最高人民法院《关于审理和执行涉外民商事案件应当注意的几个问题的通知》（法〔2000〕51 号）第三条调整为：“严格遵守涉外民商事案件生效法律文书的执行规定，切实维护国家司法权威。各级人民法院在强化执行工作过程中，应从维护国家司法形象和法制尊严的高度认识涉外执行工作的重要性，进一步加强涉外案件的执行，要注意执行方法，提高执行效率，注重执行效果。对涉外仲裁裁决和国外仲裁裁决的审查与执行，要严格依照有关国际公约和《中华人民共和国民事诉讼法》、最高人民法院《关于适用〈中华人民共和国民事诉讼法〉若干问题的意见》、最高人民法院《关于人民法院执行工作若干问题的规定（试行）》中有关涉外执行的规定和最高人民法院（法）经发〔1987〕5 号通知、法发〔1995〕18 号通知、法释〔1998〕28 号规定及法〔1998〕40 号通知办理。各级人民法院凡拟适用《中华人民共和国民事诉讼法》第二百五十八条和有关国际公约规定，不予执行涉外仲裁裁决、撤销涉外仲裁裁决或拒绝承认和执行外国仲裁机构的裁决的，均应按规定逐级呈报最高人民法院审查，在最高人民法院答复前，不得制发裁定。”

六十五、最高人民法院《关于适用督促程序若干问题的规定》（法释〔2001〕2 号）第三条调整为：“人民法院收到债权人的书面申请后，认为申请书不符合要求的，人民法院可以通知债权人限期补正。补正期间不计入民事诉讼法第一百九十二条规定的期限。”

六十六、最高人民法院《关于审理劳动争议案件适用法律若干问题的解释》（法释〔2001〕14 号）第二十一条第一款调整为：“当事人申请人民法院执行劳动争议仲裁机构作出的发生法律效力的裁决书、调解书，被申请人提出证据证明劳动争议仲裁裁决书、调解书有下列情形之一，并经审查核实的，人民法院可以根据《民事诉讼法》第二百一十三条之规定，裁定不予执行：

（一）裁决的事项不属于劳动争议仲裁范围，或者劳动争议仲裁机构无权仲裁的；

（二）适用法律确有错误的；

（三）仲裁员仲裁该案时，有徇私舞弊、枉法裁决行为的；

（四）人民法院认定执行该劳动争议仲裁裁决违背社会公共利益的。”

六十七、最高人民法院《关于民事诉讼证据的若干规定》（法释〔2001〕33 号）第八十三条第三款调整为：“本规定施行后受理的再审民事案件，人民法院依据《民事诉讼法》第一百八十六条的规定进行审理的，适用本规定。”

六十八、最高人民法院《关于向外国公司送达司法文书能否向其驻华代表机构送达并适用留置送达问题的批复》（法释〔2002〕15 号）调整为：“《关于向国外送达民事或商事司法文书和司法外文书公约》（以下简称海牙送达公约）第一条规定：‘在所有民事或商事案件中，如有须递送司法文书或司法外文书以便向国外送达的情形，均应适用本公约。’根据《中华人民共和国民事诉讼法》（以下简称民事诉讼法）第二百四十五条的规定，人民法院对在中华人民共和国领域内没有住所的当事人送达诉讼文书，可以依照受送达人所在国与中华人民共和国缔结或者共同参加的国际条约中规定的方式送达；当受送达人在中华人民共和国领域内设有代表机构时，便不再属于海牙送达公约规定的‘有须递送司法文书或司法外文书以便向国外送达的情形’。因此，人民法院可以根据民事诉讼法第二百四十五条第（五）项的规定向受送达人在中华人民共和国领域内设立的代表机构送达诉讼文书，而不必根据海牙送达公约向国外送达。

根据民事诉讼法第二百三十五条的规定，人民法院向外国公司的驻华代表机构送达诉讼文书时，可以适用留置送达的方式。”

六十九、最高人民法院《关于适用〈中华人民共和国海事诉讼特别程序法〉若干问题的解释》（法释〔2003〕3号）第二条调整为：“涉外海事侵权纠纷案件和海上运输合同纠纷案件的管辖，适用民事诉讼法第二十四章的规定；民事诉讼法第二十四章没有规定的，适用海事诉讼特别程序法第六条第二款（一）、（二）项的规定和民事诉讼法的其他有关规定。”

七十、最高人民法院《关于适用〈中华人民共和国海事诉讼特别程序法〉若干问题的解释》（法释〔2003〕3号）第八十八条调整为：“海事诉讼特别程序法第一百一十五条规定的判决书、裁定书、调解书和仲裁裁决书指我国国内的判决书、裁定书、调解书和仲裁裁决书。对于债权人提供的国外的判决书、裁定书、调解书和仲裁裁决书，适用民事诉讼法第二百六十六条和第二百六十七条规定的程序审查。”

七十一、最高人民法院《关于审理人民法院国家赔偿确认案件若干问题的规定（试行）》（法释〔2004〕10号）第四条调整为：“具有下列情形之一的确认申请，不予受理：

（一）依法应当通过审判监督程序提出申诉或者申请再审的；

（二）申请事项属于司法机关已经立案正在查处的；

（三）人民法院工作人员的行为与行使职权无关的；

（四）属于《中华人民共和国民事诉讼法》第二百一十条规定情形的；

（五）依法不属于确认范围的其他情形。”

七十二、最高人民法院《关于人民法院民事调解工作若干问题的规定》（法释〔2004〕12号）第十九条第二款调整为：“不履行调解协议的当事人按照前款规定承担了调解书确定的民事责任后，对方当事人又要求其承担民事诉讼法第二百二十九条规定的迟延履行责任的，人民法院不予支持。”

七十三、最高人民法院《关于人民法院民事调解工作若干问题的规定》（法释〔2004〕12 号）第二十条调整为：“调解书约定给付特定标的物的，调解协议达成前该物上已经存在的第三人的物权和优先权不受影响。第三人在执行过程中对执行标的物提出异议的，应当按照民事诉讼法第二百零四条规定处理。”

七十四、最高人民法院《关于人民法院民事执行中查封、扣押、冻结财产的规定》（法释〔2004〕15 号）第二十条第二款调整为：“执行人员及保管人应当在笔录上签名，有民事诉讼法第二百二十一条规定的人员到场的，到场人员也应当在笔录上签名。”

七十五、最高人民法院《关于当事人申请承认澳大利亚法院出具的离婚证明书人民法院应否受理问题的批复》（法释〔2005〕8 号）调整为：“当事人持澳大利亚法院出具的离婚证明书向人民法院申请承认其效力的，人民法院应予受理，并依照《中华人民共和国民事诉讼法》第二百六十五条和第二百六十六条以及最高人民法院《关于中国公民申请承认外国法院离婚判决程序问题的规定》的有关规定进行审查，依法作出承认或者不予承认的裁定。”

七十六、最高人民法院《关于人民法院执行设定抵押的房屋的规定》（法释〔2005〕14 号）第三条第一款调整为：“上述宽限期届满后，被执行人仍未迁出的，人民法院可以作出强制迁出裁定，并按照民事诉讼法第二百二十六条的规定执行。”

七十七、最高人民法院《关于涉外民事或商事案件司法文书送达问题若干规定》（法释〔2006〕5 号）第四条调整为：“除受送达人在授权委托书中明确表明其诉讼代理人无权代为接收有关司法文书外，其委托的诉讼代理人为民事诉讼法第二百四十五条第（四）项规定的有权代其接受送达的诉讼代理人，人民法院可以向该诉讼代理人送达。”

七十八、最高人民法院《关于涉外民事或商事案件司法文书送达问题若干规定》（法释〔2006〕5 号）第九条调整为：“人民法院依照民事诉讼法第二百四十五条第（七）项规定的公告方式送达时，公告内容应在国内外公开发行的报刊上刊登。”

七十九、最高人民法院《关于适用〈中华人民共和国仲裁法〉若干问题的解释》（法释〔2006〕7 号）第十七条调整为：“当事人以不属于仲裁法第五十八条或者民事诉讼法第二百五十八条规定的事由申请撤销仲裁裁决的，人民法院不予支持。”

八十、最高人民法院《关于适用〈中华人民共和国仲裁法〉若干问题的解释》（法释〔2006〕7 号）第二十七条第二款调整为：“当事人在仲裁程序中对仲裁协议的效力提出异议，在仲裁裁决作出后又以此为由主张撤销仲裁裁决或者提出不予执行抗辩，经审查符合仲裁法第五十八条或者民事诉讼法第二百一十三条、第二百五十八条规定的，人民法院应予支持。”

八十一、最高人民法院《关于在民事判决书中增加向当事人告知民事诉讼法第二百三十二条规定内容的通知》（法〔2007〕19号），题目调整为：“最高人民法院《关于在民事判决书中增加向当事人告知民事诉讼法第二百二十九条规定内容的通知》”，内容调整为：“根据《中共中央关于构建社会主义和谐社会若干重大问题的决定》有关‘落实当事人权利义务告知制度’的要求，为使胜诉的当事人及时获得诉讼成果，促使败诉的当事人及时履行义务，经研究决定，在具有金钱给付内容的民事判决书中增加向当事人告知民事诉讼法第二百二十九条规定的内容。现将在民事判决书中具体表述方式通知如下：

一、一审判决中具有金钱给付义务的，应当在所有判项之后另起一行写明：如果未按本判决指定的期间履行给付金钱义务，应当依照《中华人民共和国民事诉讼法》第二百二十九条之规定，加倍支付迟延履行期间的债务利息。”

【链　接】

调整引用法条序号　准确适用司法解释

——最高人民法院研究室负责人就关于调整司法解释等文件中引用民事诉讼法条文序号的决定答记者问

《最高人民法院关于调整司法解释等文件中引用〈中华人民共和国民事诉讼法〉条文序号的决定》（以下简称本决定），已于2008年12月8日最高人民法院审判委员会第1457次会议通过，并以法释〔2008〕18号文于12月31日正式发布施行。

《民事诉讼法》修改重新公布，条文序号发生变化，直接引用《民事诉讼法》条文的相关司法解释等文件也应当予以及时调整修正，否则审判实践中适用就会产生错误。最高人民法院研究室负责人就本决定涉及相关话题接受了《人民法院报》记者的独家采访。

一、问：请介绍一下本决定制定的背景情况。

答：2007年10月28日，第十届全国人民代表大会常务委员会第三十次会议作出了《关于修改〈中华人民共和国民事诉讼法〉的决定》，对审判监督程序、执行程序等内容进行了修改。该决定共十九条，修改后的《民事诉讼法》删除了原《民事诉讼法》企业法人破产还债程序一章，共八条，重新公布的《民事诉讼法》涉及序号调整的条文有八十三条。

自1991年4月9日第七届全国人民代表大会第四次会议通过《民事诉讼法》以来，为正确适用《民事诉讼法》，解决审判实践中的程序问题，最高人民法院相继出台了四百三十多个与《民事诉讼法》有关的司法解释等文件，其中一部分直接引用了《民事诉讼法》的条文。

《民事诉讼法》修改重新公布，条文序号发生变化，直接引用《民事诉讼法》条文的相关司法解释等文件也应当予以及时调整修正，否则审判实践中适用就会产生错误，特别是《最高人民法院关于适用〈中华人民共和国民事诉讼法〉若干问题的意见》（以下简称《意见》）和《最高人民法院关于人民法院执行工作若干问题的规定（试行）》等司法解释中大量引用《民事诉讼法》条文序号，而且这些司法解释在审判实践中被广泛运用。

为方便审判人员准确适用司法解释等文件，方便律师等法律工作人员和社会公众使用司法解释等文件，对司法解释等文件引用《民事诉讼法》的条文顺序及时进行调整，十分必要。

根据《最高人民法院关于司法解释工作的规定》第六条的规定，司法解释的形式分为“解释”、“规定”、“批复”和“决定”四种，解决这一问题可采用“决定”的形式。

本决定借鉴立法修正案的形式，对三十四件司法解释等文件涉及的《民事诉讼法》条文序号变化内容进行了调整。

二、问：请介绍一下本决定的主要内容，共有多少司法解释等文件涉及调整？

答：本决定共八十一条，借鉴立法修正案的形式，对《最高人民法院关于人民法院审理借贷案件的若干意见》、《最高人民法院关于适用〈中华人民共和国民事诉讼法〉若干问题的意见》等三十四件司法解释等文件中涉及《民事诉讼法》条文序号变化的内容进行了调整。

各级人民法院根据本决定适用上述司法解释等文件时，就应适用新的条文。

三、问：对于最高人民法院的个案答复和各业务庭室复函中涉及《民事诉讼法》条文序号需要调整的，本决定没有列入的，如何适用？

答：本决定涉及的三十四件司法解释等文件是在司法实践中大量适用的，对于最高人民法院的个案答复和最高人民法院各业务庭室复函中涉及《民事诉讼法》条文序号需要调整的，没有列入，主要是考虑到个案答复，不具有普遍法律适用意义。如需要引用这些文件，可以根据《全国人民代表大会常务委员会关于修改〈中华人民共和国民事诉讼法〉的决定》和本决定的精神，在适用过程中个别进行调整。

四、问：为什么本决定中没有涉及最高人民法院《关于适用〈中华人民共和国民事诉讼法〉若干问题的意见》第一百三十六条等条款条文序号的调整?

答：根据最高人民法院《关于废止2007年底以前发布的有关司法解释(第七批)的决定》(法释〔2008〕15号)的规定，最高人民法院《关于适用〈中华人民共和国民事诉讼法〉若干问题的意见》第136条、第205条、第206条、第240条至第253条、第299条从2008年12月24日起不再适用，因此本决定未涉及该部分的条文序号调整。

五、问：对于本决定第二十七条，即对最高人民法院《关于适用〈中华人民共和国民事诉讼法〉若干问题的意见》第282条引用《民事诉讼法》序号的调整又作了怎样的处理呢?

答：本决定第二十七条是对最高人民法院《关于适用〈中华人民共和国民事诉讼法〉若干问题的意见》第282条引用《民事诉讼法》序号的调整。第282条关于“被执行人的财产不能满足所有申请执行人清偿要求的，执行时可以参照《民事诉讼法》第二百零四条的规定处理”的规定，由于原《民事诉讼法》第二百零四条已经被修正后的《民事诉讼法》删除，所以，如果保留此规定，将在新法中找不到相应的条文。故本决定删除了以上规定。

六、问：本决定是否涉及对司法解释等文件中相关内容的修改呢?

答：本决定是对司法解释等文件中引用《民事诉讼法》条文序号的调整，并不涉及司法解释等文件中有关内容的修改等问题。对于司法解释等文件中有关内容可能与《民事诉讼法》有冲突的问题，最高人民法院将通过清理、废止、修改等方式予以解决，在司法实践中也可以通过直接适用新法的办法来处理。为了便于使用，最高人民法院将会对有关司法解释等文件进行整理重新公布。

最高人民法院
关于认真学习和贯彻《全国人民代表大会常务委员会关于修改〈中华人民共和国民事诉讼法〉的决定》的通知

（2007 年 11 月 19 日　法发〔2007〕39 号）

各省、自治区、直辖市高级人民法院，解放军军事法院，新疆维吾尔自治区高级人民法院生产建设兵团分院：

《全国人民代表大会常务委员会关于修改〈中华人民共和国民事诉讼法〉的决定》（以下简称《决定》）已由中华人民共和国第十届全国人民代表大会常务委员会第三十次会议于 2007 年 10 月 28 日通过，将自 2008 年 4 月 1 日起施行。为了保证各级人民法院在民事审判和执行工作中统一正确适用《决定》，现就学习和贯彻《决定》的有关问题通知如下：

一、充分认识修改民事诉讼法的重要意义

《中华人民共和国民事诉讼法》是中国特色社会主义法律体系当中的基本法律，是人民法院审理和执行民事案件在程序方面的基本法律依据。民事诉讼法的修改和《决定》的颁布实施，是我国诉讼法制建设中的大事，为人民法院审理民事案件和执行工作提供了更加明确、更加充分的法律依据，必将对人民法院的民事审判和执行工作产生重大影响，给人民法院的民事审判和执行工作的开展带来新的机遇，推动人民法院在科学发展、促进社会和谐、维护公平正义等方面发挥更大的作用。

二、认真学习领会《决定》的立法精神

为了解决人民群众反映强烈的“申诉难”、“执行难”等问题，《决定》着重从细化民事再审事由、完善民事再审程序、强化人民法院执行措施、规范人民法院执行人员的执行行为等方面，进一步完善了民事诉讼法的相关规定。因此，各级人民法院应当精心组织审判人员和执行人员认真学习《决定》，准确把握立法精神，深刻理解每一条款的含义，学深学透，尽快掌握修改的重要内容。最高人民法院将会同国家法官学院举办专题培训班，对各级人民法院的民事审判和执行业务骨干进行培训。各级人民法院要积极发挥主观能动

性，大力加强法官培训工作。通过学习和培训，使各级人民法院了解法律修订的原因和目的，准确理解和掌握立法原意，联系实际，把握司法尺度，提高审判业务能力，为全面正确地贯彻执行《决定》打好基础。

三、准确把握《决定》的适用效力

自 2008 年 4 月 1 日《决定》施行以后，最高人民法院在《决定》施行以前作出的有关民事再审、执行问题的司法解释，凡与《决定》抵触的，不再适用；民事诉讼法第十九章“企业法人破产还债程序”不再适用。

《决定》施行以后所有的再审案件和执行活动一律适用《决定》。当事人对《决定》施行以前人民法院作出的已经发生法律效力的裁决申请再审，或者人民法院按照审判监督程序决定再审的民事案件，应当适用《决定》；依照《决定》施行以前民事诉讼法的有关规定，当事人申请执行的期间到《决定》施行之日尚未届满的，可以自法律文书规定履行期间的最后一日起二年的期间以内合并计算。

四、积极推动对《决定》的宣传工作

各级人民法院在民事审判和执行工作中要严格遵守《决定》，通过公正高效的审判活动，将《决定》的有关规定真正落到实处。要结合《决定》的学习活动，进一步增强“公正司法，一心为民”的自觉性，全面落实《决定》的要求。

《决定》的全面贯彻落实，离不开广大人民群众的理解和支持。各级人民法院在学习、适用《决定》过程中，应当通过民事审判和执行活动，以案讲法，并注意通过新闻媒体、律师、调解组织等，大力宣传《决定》的立法宗旨和重要意义，教育公民增强申请再审风险意识、申请执行时效意识和自觉履行协助执行义务、主动报告财产状况的意识，自觉遵守《决定》。

五、深入搞好执行《决定》中的调查研究

最高人民法院将组织力量，在准确理解立法原意，认真调查研究，充分听取各方面意见基础上，针对在审理和执行民事案件中所遇到的适用法律问题，根据《决定》适时做出司法解释。各级人民法院在学习、适用《决定》过程中，应当注意总结审判实践经验，加强调查研究，把学习、调研、再审、执行等工作结合起来，切实保证《决定》的有效实施。如遇到新情况和新问题，要注意积累，收集相关的典型案例，认真研究解决方案，及时报送最高人民法院，以便为司法解释的制定工作提供素材，为以后民事诉讼法的进一步修改完善提供理论依据和实践经验。

以上各项，请遵照执行。

最高人民法院
关于认真学习贯彻《全国人民代表大会常务委员会关于修改〈中华人民共和国民事诉讼法〉的决定》的通知

（2012年11月28日　法〔2012〕289号）

各省、自治区、直辖市高级人民法院，解放军军事法院，新疆维吾尔自治区高级人民法院生产建设兵团分院：

2012年8月31日，第十一届全国人民代表大会常务委员会第二十八次会议审议通过的《关于修改〈中华人民共和国民事诉讼法〉的决定》（以下简称民事诉讼法修改决定）将于2013年1月1日起施行。为保证统一正确适用民事诉讼法修改决定，特通知如下：

一、深刻认识贯彻实施民事诉讼法修改决定的重大意义

民事诉讼法是中国特色社会主义法律体系中的基本法律之一，是人民法院受理、审理和执行民事案件在程序方面的基本法律依据。民事诉讼法修改决定增加了诚实信用原则，新设了公益诉讼、第三人撤销之诉、小额诉讼、行为保全、确认调解协议、直接实现担保物权、检察建议等多项重大诉讼制度，对立案制度、管辖制度、调解制度、证据制度、一审程序、二审程序、特别程序、审判监督程序、执行程序和涉外程序等均有重大修改完善。此次民事诉讼法的修改对于加强法律实施，完善“公正、高效、权威”的民事诉讼制度，保障人民群众民事权益和社会公共利益，促进经济社会发展，维护社会和谐稳定，具有重大现实意义和深远历史意义。全国法院要高度重视民事诉讼法修改决定的学习和贯彻实施，要以这次民事诉讼法修改决定的贯彻实施工作为契机，进一步提升人民法院民事审判执行工作的质量、效率和水平。

二、正确把握贯彻实施民事诉讼法修改决定的原则

人民法院贯彻实施民事诉讼法修改决定，应当坚持以下原则：

一要坚持全面原则。这次民事诉讼法修改是一次全面修改，涉及到民事诉讼法的各个部分和每一个程序，既有对当事人诉权保护的内容，也有规范人民法院审判执行工作程序的内容，还有加强对审判执行工作法律监督的内

容。应当全面把握这次修改民事诉讼法的指导思想，深刻理解每一项新制度、新规定，不仅要学好、学深、学透，更要学全，全面贯彻落实好民事诉讼法修改决定。

二要坚持区分原则。民事诉讼法修改决定集中体现了近年来民事诉讼制度改革的成果，人民法院加强和改进民事审判执行工作，既面临重大机遇，也面临诸多挑战。对于有利于促进民事诉讼顺利开展的内容，要用好、用足，提升司法公信；对于法律规定较为原则，需要进一步细化、明确的问题，要在审判实践中积极探索，为司法解释出台积累经验；对于涉及其他部门的规定，要加强沟通，平稳推进。

三要坚持统筹原则。此次民事诉讼法的修改涉及一审、二审、再审和执行等各项程序，涉及立案、审判、执行等多个部门，贯彻实施工作要统一部署、统筹安排。最高人民法院在民事诉讼法修改决定生效实施前，将就民事诉讼法修改决定施行时尚未审结的案件如何适用法律等问题出台司法解释。各高级人民法院也要统筹做好贯彻实施民事诉讼法修改决定的各项准备工作。

三、做好贯彻实施民事诉讼法修改决定的立案审判执行准备工作

（一）进一步加强立案工作。一要大力提升立案工作水平，对于当事人起诉到人民法院的民事案件，符合受理条件的，严格依法及时受理，保障当事人诉权的实现；对于不予受理的案件，积极引导当事人通过其他救济途径解决，从根本上解决纠纷。二要严格规范管辖权转移，准确把握第一审民事案件移交下级人民法院审理的适用条件，严格执行向上级人民法院报请批准的法定程序，依法及时将矛盾纠纷化解在基层。三要及时配备必要的视听记录设备，确保人民法院通过法定方式和程序，完成留置送达，提高送达质量和效率。

（二）进一步加强审理工作。一要认真落实先行调解规定，对于起诉到人民法院的民事纠纷，要在立案前和立案后，加大调解力度，积极引导当事人通过多层次的调解方式化解矛盾。二要健全案件分流机制，进一步加强审判流程管理，确定合理的案件流程，缩短程序转换周期，有效提高诉讼效率。三要认真执行证据规则，对于电子数据等新证据形式，要结合相关法律，健全调查取证、质证等操作规程，确保庭审有序进行，裁判结果公正合理。四要认真落实公开审判制度，依法扩大二审案件开庭审理的范围，明确径行裁判的适用条件，切实提高二审案件审理的质量和效率。

（三）进一步加强裁判文书工作。一要进一步规范裁判文书制作，做到证据审查全面客观，事实认定准确清楚，说理部分透彻明白，裁判依据明确充分，增强裁判文书的说理性，切实促进当事人服判息诉，实现案结事了。二

要进一步规范生效裁判文书公开的形式和载体，结合当地实际，逐步扩大公开的范围，方便当事人和社会公众查阅，同时也要注意维护国家秘密、商业秘密和当事人隐私。

（四）进一步加强执行工作。一要准确理解与把握修改后的民事诉讼法关于执行措施的新规定，细化发出执行通知前的准备工作，切实提高执行效率。二要细化人民法院委托变卖或者自行变卖的程序和方式，对于查封、扣押财产，坚持拍卖优先原则，结合相关司法解释，保障执行程序顺利进行。三要严格执行关于不予执行仲裁裁决相关标准的新规定，规范和完善人民法院对仲裁活动的监督。四要依法运用对逃避执行行为的处罚措施，加大执行力度。

四、做好贯彻实施民事诉讼法修改决定确立的新制度的实施准备工作

民事诉讼法修改决定中增加了一些新的制度，如小额诉讼、公益诉讼、第三人撤销之诉、执行法律监督等制度，贯彻实施这些新制度对于加强和改进人民法院的民事审判和执行工作，既是机遇，也是挑战。对于这些新制度，人民法院缺乏审判实践的经验积累，待时机成熟时将出台司法解释和指导意见。目前，最高人民法院正在组织人员进行研究，在《人民法院报》上发表相关文章，供各级人民法院参考。各级人民法院也要预先研判，积极、稳妥、有计划、有层次地开展工作。

五、做好与相关部门的沟通协调工作

民事诉讼法修改决定新增加了一些需要与其他部门进行协调、沟通、配合的制度。各高级人民法院要与有关部门加强工作层面的沟通协调，建立完善相应工作机制，确保民事诉讼法修改决定的贯彻实施。一要与财政部门进行沟通，为人民法院在特定情形下，先行垫付证人出庭费用及误工损失等工作做好准备；二要与统计部门进行沟通，为人民法院受理小额诉讼案件做好准备；三要与检察机关进行沟通协调，为贯彻实施民事诉讼法修改决定有关检察建议和执行法律监督等制度做好准备；四要与协助执行的相关单位进行沟通，继续完善执行联动机制，为贯彻实施民事诉讼法修改决定有关协助执行制度做好准备。

六、做好民事诉讼法修改决定的学习培训工作

要把学习民事诉讼法修改决定，作为当前和今后一段时期人民法院特别是广大民事法官的一项重点工作。最高人民法院在民事诉讼法修改决定实施前举办了全国法院学习贯彻民事诉讼法修改决定培训班，对各高、中级法院及基层法院的主管民事审判工作的院领导、庭领导进行集中培训。明年，最

高人民法院将继续把学习贯彻民事诉讼法修改决定作为全国法院培训的重要内容，进一步巩固学习培训效果。各高级人民法院和中级人民法院也要利用多种形式进行培训，在民事诉讼法修改决定实施前和实施后，对民事立案、审判、执行人员进行轮训；各基层人民法院要组织法官和相关工作人员认真学习。在培训和学习中，要逐条领会新规定，准确把握立法精神，深刻理解各修改条文的含义，学深学透、融会贯通。

七、做好民事诉讼法修改决定的宣传工作

要进一步加大宣传力度，注意通过具体的民事审判和执行活动，以案释法，不断加强与新闻媒体、有关社会组织的沟通合作。大力宣传民事诉讼法修改决定的立法精神和条文宗旨，特别要做好新制度、新规则的普法工作，引导社会各方和人民群众正确理解新的诉讼制度，树立正确的诉讼观念。

对于贯彻实施民事诉讼法修改决定过程中遇到的问题和情况，要及时层报最高人民法院。

最高人民法院
关于修改后的民事诉讼法施行时未结案件适用法律若干问题的规定

法释〔2012〕23号

（2012年12月24日最高人民法院审判委员会第1564次会议通过
2012年12月28日最高人民法院公告公布　自2013年1月1日起施行）

为正确适用《全国人民代表大会常务委员会关于修改〈中华人民共和国民事诉讼法〉的决定》（2012年8月31日第十一届全国人民代表大会常务委员会第二十八次会议通过，2013年1月1日起施行）（以下简称《决定》），现就修改后的民事诉讼法施行前已经受理、施行时尚未审结和执结的案件（以下简称2013年1月1日未结案件）具体适用法律的若干问题规定如下：

第一条　2013年1月1日未结案件适用修改后的民事诉讼法，但本规定另有规定的除外。

前款规定的案件，2013年1月1日前依照修改前的民事诉讼法和有关司法解释的规定已经完成的程序事项，仍然有效。

第二条　2013 年 1 月 1 日未结案件符合修改前的民事诉讼法或者修改后的民事诉讼法管辖规定的，人民法院对该案件继续审理。

第三条　2013 年 1 月 1 日未结案件符合修改前的民事诉讼法或者修改后的民事诉讼法送达规定的，人民法院已经完成的送达，仍然有效。

第四条　在 2013 年 1 月 1 日未结案件中，人民法院对 2013 年 1 月 1 日前发生的妨害民事诉讼行为尚未处理的，适用修改前的民事诉讼法，但下列情形应当适用修改后的民事诉讼法：

（一）修改后的民事诉讼法第一百一十二条规定的情形；

（二）修改后的民事诉讼法第一百一十三条规定情形在 2013 年 1 月 1 日以后仍在进行的。

第五条　2013 年 1 月 1 日前，利害关系人向人民法院申请诉前保全措施的，适用修改前的民事诉讼法等法律，但人民法院 2013 年 1 月 1 日尚未作出保全裁定的，适用修改后的民事诉讼法确定解除保全措施的期限。

第六条　当事人对 2013 年 1 月 1 日前已经发生法律效力的判决、裁定或者调解书申请再审的，人民法院应当依据修改前的民事诉讼法第一百八十四条规定审查确定当事人申请再审的期间，但该期间在 2013 年 6 月 30 日尚未届满的，截止到 2013 年 6 月 30 日。

前款规定当事人的申请符合下列情形的，仍适用修改前的民事诉讼法第一百八十四条规定：

（一）有新的证据，足以推翻原判决、裁定的；

（二）原判决、裁定认定事实的主要证据是伪造的；

（三）判决、裁定发生法律效力二年后，据以作出原判决、裁定的法律文书被撤销或者变更，以及发现审判人员在审理该案件时有贪污受贿，徇私舞弊，枉法裁判行为的。

第七条　人民法院对 2013 年 1 月 1 日前已经受理、2013 年 1 月 1 日尚未审查完毕的申请不予执行仲裁裁决的案件，适用修改前的民事诉讼法。

第八条　本规定所称修改后的民事诉讼法，是指根据《决定》作相应修改后的《中华人民共和国民事诉讼法》。

本规定所称修改前的民事诉讼法，是指《决定》施行之前的《中华人民共和国民事诉讼法》。

最高人民法院
关于民事经济审判方式改革问题的若干规定

法释〔1998〕14号

（1998年6月19日最高人民法院审判委员会第995次会议通过
1998年7月6日最高人民法院公告公布　自1998年7月11日起施行）

为了正确适用《中华人民共和国民事诉讼法》（以下简称民事诉讼法），建立与社会主义市场经济体制相适应的民事经济审判机制，保证依法、正确、及时地审理案件，在总结各地实践经验的基础上，对民事、经济审判方式改革中的有关问题作出如下规定。

关于当事人举证和法院调查收集证据问题

一、人民法院可以制定各类案件举证须知，明确举证内容及其范围和要求。

二、人民法院在送达受理案件通知书和应诉通知书时，应当告知当事人围绕自己的主张提供证据。

三、下列证据由人民法院调查收集：

1. 当事人及其诉讼代理人因客观原因不能自行收集并已提出调取证据的申请和该证据线索的；

2. 应当由人民法院勘验或者委托鉴定的；

3. 当事人双方提出的影响查明案件主要事实的证据材料相互矛盾，经过庭审质证无法认定其效力的；

4. 人民法院认为需要自行调查收集的其他证据。

上述证据经人民法院调查，未能收集到的，仍由负有举证责任的当事人承担举证不能的后果。

四、审判人员收到当事人或者其诉讼代理人递交的证据材料应当出具收据。

关于做好庭前必要准备及时开庭审理问题

五、开庭前应当做好下列准备工作：

1. 在法定期限内，分别向当事人送达受理案件通知书、应诉通知书和起诉状、答辩状副本；

2. 通知必须共同进行诉讼的当事人参加诉讼；

3. 告知当事人有关的诉讼权利和义务、合议庭组成人员；

4. 审查有关的诉讼材料，了解双方当事人争议的焦点和应当适用的有关法律以及有关专业知识；

5. 调查收集应当由人民法院调查收集的证据；

6. 需要由人民法院勘验或者委托鉴定的，进行勘验或者委托有关部门鉴定；

7. 案情比较复杂、证据材料较多的案件，可以组织当事人交换证据；

8. 其他必要的准备工作。

六、合议庭成员和独任审判员开庭前不得单独接触一方当事人及其诉讼代理人。

七、按普通程序审理的案件，开庭审理应当在答辩期届满并做好必要的准备工作后进行。当事人明确表示不提交答辩状，或者在答辩期届满前已经答辩，或者同意在答辩期间开庭的，也可以在答辩期限届满前开庭审理。

关于改进庭审方式问题

八、法庭调查按下列顺序进行：

1. 由原告口头陈述事实或者宣读起诉状，讲明具体诉讼请求和理由。

2. 由被告口头陈述事实或者宣读答辩状，对原告诉讼请求提出异议或者反诉的，讲明具体请求和理由。

3. 第三人陈述或者答辩，有独立请求权的第三人陈述诉讼请求和理由；无独立请求权的第三人针对原、被告的陈述提出承认或者否认的答辩意见。

4. 原告或者被告对第三人的陈述进行答辩。

5. 审判长或者独任审判员归纳本案争议焦点或者法庭调查重点，并征求当事人的意见。

6. 原告出示证据，被告进行质证；被告出示证据，原告进行质证。

7. 原、被告对第三人出示的证据进行质证；第三人对原告或者被告出示的证据进行质证。

8. 审判人员出示人民法院调查收集的证据，原告、被告和第三人进行质证。

经审判长许可，当事人可以向证人发问，当事人可以互相发问。

审判人员可以询问当事人。

九、案件有两个以上独立存在的事实或者诉讼请求的，可以要求当事人逐项陈述事实和理由，逐个出示证据并分别进行调查和质证。

对当事人无争议的事实，无需举证、质证。

十、当事人向法庭提出的证据，应当由当事人或者其诉讼代理人宣读。当事人及其诉讼代理人因客观原因不能宣读的证据，可以由审判人员代为宣读。

人民法院依职权调查收集的证据由审判人员宣读。

十一、案件的同一事实，除举证责任倒置外，由提出主张的一方当事人首先举证，然后由另一方当事人举证。另一方当事人不能提出足以推翻前一事实的证据的，对这一事实可以认定；提出足以推翻前一事实的证据的，再转由提出主张的当事人继续举证。

十二、经过庭审质证的证据，能够当即认定的，应当当即认定；当即不能认定的，可以休庭合议后再予以认定；合议之后认为需要继续举证或者进行鉴定、勘验等工作的，可以在下次开庭质证后认定。未经庭审质证的证据，不能作为定案的根据。

十三、一方当事人要求补充证据或者申请重新鉴定、勘验，人民法院认为有必要的可以准许。补充的证据或者重新进行鉴定、勘验的结论，必须再次开庭质证。

十四、法庭决定再次开庭的，审判长或者独任审判员对本次开庭情况应当进行小结，指出庭审已经确认的证据，并指明下次开庭调查的重点。

十五、第二次开庭审理时，只就未经调查的事项进行调查和审理，对已经调查、质证并已认定的证据不再重复审理。

十六、法庭调查结束前，审判长或者独任审判员应当就法庭调查认定的事实和当事人争议的问题进行归纳总结。

十七、审判人员应当引导当事人围绕争议焦点进行辩论。当事人及其诉讼代理人的发言与本案无关或者重复未被法庭认定的事实，审判人员应当予以制止。

十八、法庭辩论由各方当事人依次发言。一轮辩论结束后当事人要求继续辩论的，可以进行下一轮辩论。下一轮辩论不得重复第一轮辩论的内容。

十九、法庭辩论时，审判人员不得对案件性质、是非责任发表意见，不得与当事人辩论。

法庭辩论终结，审判长或者独任审判员征得各方当事人同意后，可以依法进行调解，调解不成的，应当及时判决。

二十、适用简易程序审理的案件，当事人同时到庭的，可以径行开庭进行调解。调解前告知当事人诉讼权利义务和主持调解的审判人员，在询问当事人是否申请审判人员回避后，当事人不申请回避的，可以直接进行调解。调解不成的或者达成协议后当事人反悔又未提出新的事实和证据，可以不再重新开庭，直接作出判决。

关于对证据的审核和认定问题

二十一、当事人对自己的主张，只有本人陈述而不能提出其他相关证据的，除对方当事人认可外，其主张不予支持。

二十二、一方当事人提出的证据，对方当事人认可或者不予反驳的，可以确认其证明力。

二十三、一方当事人提出的证据，对方当事人举不出相应证据反驳的，可以综合全案情况对该证据予以认定。

二十四、双方当事人对同一事实分别举出相反的证据，但都没有足够理由否定对方证据的，应当分别对当事人提出的证据进行审查，并结合其他证据综合认定。

二十五、当事人在庭审质证时对证据表示认可，庭审后又反悔，但提不出相应证据的，不能推翻已认定的证据。

二十六、对单一证据，应当注意从以下几个方面进行审查：

1. 证据取得的方式；

2. 证据形成的原因；

3. 证据的形式；

4. 证据提供者的情况及其与本案的关系；

5. 书证是否系原件，物证是否系原物；复印件或者复制品是否与原件、原物的内容、形式及其他特征相符合。

二十七、判断数个证据的效力应当注意以下几种情况：

1. 物证、历史档案、鉴定结论、勘验笔录或者经过公证、登记的书证，其证明力一般高于其他书证、视听资料和证人证言。

2. 证人提供的对与其有亲属关系或者其他密切关系的一方当事人有利的证言，其证明力低于其他证人证言。

3. 原始证据的证明力大于传来证据。

4. 对证人的智力状况、品德、知识、经验、法律意识和专业技能等进行综合分析。

二十八、下列证据，不能单独作为认定案件事实的依据：

1. 未成年人所作的与其年龄和智力状况不相当的证言；

2. 与一方当事人有亲属关系的证人出具的对该当事人有利的证言；

3. 没有其他证据印证并有疑点的视听资料；

4. 无法与原件、原物核对的复印件、复制品。

二十九、当事人提供的证人在人民法院通知的开庭日期，没有正当理由拒不出庭的，由提供该证人的当事人承担举证不能的责任。

三十、有证据证明持有证据的一方当事人无正当理由拒不提供，如果对方当事人主张该证据的内容不利于证据持有人，可以推定该主张成立。

关于加强合议庭和独任审判员职责问题

三十一、合议庭组成人员必须共同参加对案件的审理，对案件的事实、证据、性质、责任、适用法律以及处理结果等共同负责。

三十二、经过开庭审理当庭达成调解协议的，由审判长或者独任审判员签发调解书。

三十三、事实清楚、法律关系明确、是非责任分明、合议庭意见一致的裁判，可以由审判长或者独任审判员签发法律文书。但应当由院长签发的除外。

三十四、合议庭、独任审判员审理决定的案件或者经院长提交审判委员会决定的案件，发现认定事实或者适用法律有重大错误并造成严重后果的，按照有关规定由有关人员承担相应责任。

关于第二审程序中的有关问题

三十五、第二审案件的审理应当围绕当事人上诉请求的范围进行，当事人没有提出请求的，不予审查。但判决违反法律禁止性规定、侵害社会公共利益或者他人利益的除外。

三十六、被上诉人在答辩中要求变更或者补充第一审判决内容的，第二审人民法院可以不予审查。

三十七、第二审人民法院在审理上诉案件时，需要对原证据重新审查或者当事人提出新证据的，应当开庭审理。对事实清楚、适用法律正确和事实清楚，只是定性错误或者适用法律错误的案件，可以在询问当事人后径行裁判。

三十八、第二审人民法院根据当事人提出的新证据对案件改判或者发回重审的，应当在判决书或者裁定书中写明对新证据的确认，不应当认为是第一审裁判错误。

三十九、在第二审中，一方当事人提出新证据致使案件被发回重审的，对方当事人有权要求其补偿误工费、差旅费等费用。

最高人民法院
关于人民法院进一步深化多元化纠纷解决机制改革的意见

（2016 年 6 月 28 日　法发〔2016〕14 号）

深入推进多元化纠纷解决机制改革，是人民法院深化司法改革、实现司法为民公正司法的重要举措，是实现国家治理体系和治理能力现代化的重要内容，是促进社会公平正义、维护社会和谐稳定的必然要求。为贯彻落实《中共中央关于全面推进依法治国若干重大问题的决定》以及中共中央办公厅、国务院办公厅《关于完善矛盾纠纷多元化解机制的意见》，现就人民法院进一步深化多元化纠纷解决机制改革、完善诉讼与非诉讼相衔接的纠纷解决机制提出如下意见。

一、指导思想、主要目标和基本原则

1. 指导思想。全面贯彻党的十八大和十八届三中、四中、五中全会精神，以邓小平理论、“三个代表”重要思想、科学发展观为指导，深入贯彻习近平同志系列重要讲话精神，紧紧围绕协调推进“四个全面”战略布局和五大发展理念，主动适应经济发展新常态，以体制机制创新为动力，有效化解各类纠纷，不断满足人民群众多元司法需求，实现人民安居乐业、社会安定有序。

2. 主要目标。根据“国家制定发展战略、司法发挥引领作用、推动国家立法进程”的工作思路，建设功能完备、形式多样、运行规范的诉调对接平台，畅通纠纷解决渠道，引导当事人选择适当的纠纷解决方式；合理配置纠纷解决的社会资源，完善和解、调解、仲裁、公证、行政裁决、行政复议与诉讼有机衔接、相互协调的多元化纠纷解决机制；充分发挥司法在多元化纠纷解决机制建设中的引领、推动和保障作用，为促进经济社会持续健康发展、全面建成小康社会提供有力的司法保障。

3. 基本原则。

——坚持党政主导、综治协调、多元共治，构建各方面力量共同参与纠纷解决的工作格局。

——坚持司法引导、诉调对接、社会协同，形成社会多层次多领域齐抓共管的解纷合力。

——坚持优化资源、完善制度、法治保障，提升社会组织解决纠纷的法律效果。

——坚持以人为本、自愿合法、便民利民，建立高效便捷的诉讼服务和纠纷解决机制。

——坚持立足国情、合理借鉴、改革创新，完善具有中国特色的多元化纠纷解决体系。

二、加强平台建设

4. 完善平台设置。各级人民法院要将诉调对接平台建设与诉讼服务中心建设结合起来，建立集诉讼服务、立案登记、诉调对接、涉诉信访等多项功能为一体的综合服务平台。人民法院应当配备专门人员从事诉调对接工作，建立诉调对接长效工作机制，根据辖区受理案件的类型，引入相关调解、仲裁、公证等机构或者组织在诉讼服务中心等部门设立调解工作室、服务窗口，也可以在纠纷多发领域以及基层乡镇（街道）、村（社区）等派驻人员指导诉调对接工作。

5. 明确平台职责。人民法院诉调对接平台负责以下工作：对诉至法院的纠纷进行适当分流，对适宜调解的纠纷引导当事人选择非诉讼方式解决；开展委派调解、委托调解；办理司法确认案件；负责特邀调解组织、特邀调解员名册管理；加强对调解工作的指导，推动诉讼与非诉讼纠纷解决方式在程序安排、效力确认、法律指导等方面的有机衔接，健全人民调解、行政调解、商事调解、行业调解、司法调解等的联动工作体系。

6. 完善与综治组织的对接。人民法院可以依托社会治安综合治理平台，建立矛盾纠纷排查化解对接机制；对群体性纠纷、重大案件及时进行通报反馈和应急处理，建立定期或不定期的联席会议制度，形成信息互通、优势互补、协作配合的纠纷解决互动机制。

7. 加强与行政机关的对接。人民法院要加强与行政机关的沟通协调，促进诉讼与行政调解、行政复议、行政裁决等机制的对接。支持行政机关根据当事人申请或者依职权进行调解、裁决，或者依法作出其他处理。在治安管理、社会保障、交通事故赔偿、医疗卫生、消费者权益保护、物业管理、环境污染、知识产权、证券期货等重点领域，支持行政机关或者行政调解组织依法开展行政和解、行政调解工作。

8. 加强与人民调解组织的对接。不断完善对人民调解工作的指导，推进人民调解组织的制度化、规范化建设，进一步扩大人民调解组织协助人民法院解决纠纷的范围和规模。支持在纠纷易发多发领域创新发展行业性、专业性人民调解组织，建立健全覆盖城乡的调解组织网络，发挥人民调解组织及时就地解决民间纠纷、化解基层矛盾、维护基层稳定的基础性作用。

9. 加强与商事调解组织、行业调解组织的对接。积极推动具备条件的商会、行业协会、调解协会、民办非企业单位、商事仲裁机构等设立商事调解组织、行业调解组织，在投资、金融、证券期货、保险、房地产、工程承包、技术转让、环境保护、电子商务、知识产权、国际贸易等领域提供商事调解服务或者行业调解服务。完善调解规则和对接程序，发挥商事调解组织、行业调解组织专业化、职业化优势。

10. 加强与仲裁机构的对接。积极支持仲裁制度改革，加强与商事仲裁机构、劳动人事争议仲裁机构、农村土地承包仲裁机构等的沟通联系。尊重商事仲裁规律和仲裁规则，及时办理仲裁机构的保全申请，依照法律规定处理撤销和不予执行仲裁裁决案件，规范涉外和外国商事仲裁裁决司法审查程序。支持完善劳动人事争议仲裁办案制度，加强劳动人事争议仲裁与诉讼的有效衔接，探索建立裁审标准统一的新规则、新制度。加强对农村土地承包经营纠纷调解仲裁的支持和保障，实现涉农纠纷仲裁与诉讼的合理衔接，及时审查和执行农村土地承包仲裁机构作出的裁决书或者调解书。

11. 加强与公证机构的对接。支持公证机构对法律行为、事实和文书依法进行核实和证明，支持公证机构对当事人达成的债权债务合同以及具有给付内容的和解协议、调解协议办理债权文书公证，支持公证机构在送达、取证、保全、执行等环节提供公证法律服务，在家事、商事等领域开展公证活动或者调解服务。依法执行公证债权文书。

12. 支持工会、妇联、共青团、法学会等组织参与纠纷解决。支持工会、妇联、共青团参与解决劳动争议、婚姻家庭以及妇女儿童权益等纠纷。支持法学会动员组织广大法学工作者、法律工作者参与矛盾纠纷化解，开展法律咨询服务和调解工作。支持其他社团组织参与解决与其职能相关的纠纷。

13. 发挥其他社会力量的作用。充分发挥人大代表、政协委员、专家学者、律师、专业技术人员、基层组织负责人、社区工作者、网格管理员、“五老人员”（老党员、老干部、老教师、老知识分子、老政法干警）等参与纠纷解决的作用。支持心理咨询师、婚姻家庭指导师、注册会计师、大学生志愿者等为群众提供心理疏导、评估、鉴定、调解等服务。支持完善公益慈善类、城乡社区服务类社会组织建设，鼓励其参与纠纷解决。

14. 加强“一站式”纠纷解决平台建设。在道路交通、劳动争议、医疗卫生、物业管理、消费者权益保护、土地承包、环境保护以及其他纠纷多发领域，人民法院可以与行政机关、人民调解组织、行业调解组织等进行资源整合，推进建立“一站式”纠纷解决服务平台，切实减轻群众负担。

15. 创新在线纠纷解决方式。根据“互联网+”战略要求，推广现代信息技术在多元化纠纷解决机制中的运用。推动建立在线调解、在线立案、在线司法确认、在线审判、电子督促程序、电子送达等为一体的信息平台，实现纠纷解决的案件预判、信息共享、资源整合、数据分析等功能，促进多元化纠纷解决机制的信息化发展。

16. 推动多元化纠纷解决机制的国际化发展。充分尊重中外当事人法律文化的多元性，支持其自愿选择调解、仲裁等非诉讼方式解决纠纷。进一步加强我国与其他国家和地区司法机构、仲裁机构、调解组织的交流和合作，提升我国纠纷解决机制的国际竞争力和公信力。发挥各种纠纷解决方式的优势，不断满足中外当事人纠纷解决的多元需求，为国家“一带一路”等重大战略的实施提供司法服务与保障。

三、健全制度建设

17. 健全特邀调解制度。人民法院可以吸纳人民调解、行政调解、商事调解、行业调解或者其他具有调解职能的组织作为特邀调解组织，吸纳人大代表、政协委员、人民陪审员、专家学者、律师、仲裁员、退休法律工作者等具备条件的个人担任特邀调解员。明确特邀调解组织或者特邀调解员的职责范围，制定特邀调解规定，完善特邀调解程序，健全名册管理制度，加强特邀调解队伍建设。

18. 建立法院专职调解员制度。人民法院可以在诉讼服务中心等部门配备专职调解员，由擅长调解的法官或者司法辅助人员担任，从事调解指导工作和登记立案后的委托调解工作。法官主持达成调解协议的，依法出具调解书；司法辅助人员主持达成调解协议的，应当经法官审查后依法出具调解书。

19. 推动律师调解制度建设。人民法院加强与司法行政部门、律师协会、律师事务所以及法律援助中心的沟通联系，吸纳律师加入人民法院特邀调解员名册，探索建立律师调解工作室，鼓励律师参与纠纷解决。支持律师加入各类调解组织担任调解员，或者在律师事务所设置律师调解员，充分发挥律师专业化、职业化优势。建立律师担任调解员的回避制度，担任调解员的律师不得担任同一案件的代理人。推动建立律师接受委托代理时告知当事人选择非诉讼方式解决纠纷的机制。

20. 完善刑事诉讼中的和解、调解制度。对于符合刑事诉讼法规定可以和解或者调解的公诉案件、自诉案件、刑事附带民事案件，人民法院应当与公安机关、检察机关建立刑事和解、刑事诉讼中的调解对接工作机制，可以邀请基层组织、特邀调解组织、特邀调解员，以及当事人所在单位或者同事、亲友等参与调解，促成双方当事人达成和解或者调解协议。

21. 促进完善行政调解、行政和解、行政裁决等制度。支持行政机关对行政赔偿、补偿以及行政机关行使法律法规规定的自由裁量权的案件开展行政调解工作，支持行政机关通过提供事实调查结果、专业鉴定或者法律意见，引导促使当事人协商和解，支持行政机关依法裁决同行政管理活动密切相关的民事纠纷。

22. 探索民商事纠纷中立评估机制。有条件的人民法院在医疗卫生、不动产、建筑工程、知识产权、环境保护等领域探索建立中立评估机制，聘请相关专业领域的专家担任中立评估员。对当事人提起的民商事纠纷，人民法院可以建议当事人选择中立评估员，协助出具评估报告，对判决结果进行预测，供当事人参考。当事人可以根据评估意见自行和解，或者由特邀调解员进行调解。

23. 探索无争议事实记载机制。调解程序终结时，当事人未达成调解协议的，调解员在征得各方当事人同意后，可以用书面形式记载调解过程中双方没有争议的事实，并由当事人签字确认。在诉讼程序中，除涉及国家利益、社会公共利益和他人合法权益的外，当事人无需对调解过程中已确认的无争议事实举证。

24. 探索无异议调解方案认可机制。经调解未能达成调解协议，但是对争议事实没有重大分歧的，调解员在征得各方当事人同意后，可以提出调解方案并书面送达双方当事人。当事人在七日内未提出书面异议的，调解方案即视为双方自愿达成的调解协议；提出书面异议的，视为调解不成立。当事人申请司法确认调解协议的，应当依照有关规定予以确认。

四、完善程序安排

25. 建立纠纷解决告知程序。人民法院应当在登记立案前对诉讼风险进行评估，告知并引导当事人选择适当的非诉讼方式解决纠纷，为当事人提供纠纷解决方法、心理咨询、诉讼常识等方面的释明和辅导。

26. 鼓励当事人先行协商和解。鼓励当事人就纠纷解决先行协商，达成和解协议。当事人双方均有律师代理的，鼓励律师引导当事人先行和解。特邀调解员、相关专家或者其他人员根据当事人的申请或委托参与协商，可以为纠纷解决提供辅助性的协调和帮助。

27. 探索建立调解前置程序。探索适用调解前置程序的纠纷范围和案件类型。有条件的基层人民法院对家事纠纷、相邻关系、小额债务、消费者权益保护、交通事故、医疗纠纷、物业管理等适宜调解的纠纷，在征求当事人意愿的基础上，引导当事人在登记立案前由特邀调解组织或者特邀调解员先行调解。

28. 健全委派、委托调解程序。对当事人起诉到人民法院的适宜调解的案件，登记立案前，人民法院可以委派特邀调解组织、特邀调解员进行调解。委派调解达成协议的，当事人可以依法申请司法确认。当事人明确拒绝调解的，人民法院应当依法登记立案。登记立案后或者在审理过程中，人民法院认为适宜调解的案件，经当事人同意，可以委托给特邀调解组织、特邀调解员或者由人民法院专职调解员进行调解。委托调解达成协议的，经法官审查后依法出具调解书。

29. 完善繁简分流机制。对调解不成的民商事案件实行繁简分流，通过简易程序、小额诉讼程序、督促程序以及速裁机制分流案件，实现简案快审、繁案精审。完善认罪认罚从宽制度，进一步探索刑事案件速裁程序改革，简化工作流程，构建普通程序、简易程序、速裁程序等相配套的多层次诉讼制度体系。按照行政诉讼法规定，完善行政案件繁简分流机制。

30. 推动调解与裁判适当分离。建立案件调解与裁判在人员和程序方面适当分离的机制。立案阶段从事调解的法官原则上不参与同一案件的裁判工作。在案件审理过程中，双方当事人仍有调解意愿的，从事裁判的法官可以进行调解。

31. 完善司法确认程序。经行政机关、人民调解组织、商事调解组织、行业调解组织或者其他具有调解职能的组织调解达成的具有民事合同性质的协议，当事人可以向调解组织所在地基层人民法院或者人民法庭依法申请确认其效力。登记立案前委派给特邀调解组织或者特邀调解员调解达成的协议，当事人申请司法确认的，由调解组织所在地或者委派调解的基层人民法院管辖。

32. 加强调解与督促程序的衔接。以金钱或者有价证券给付为内容的和解协议、调解协议，债权人依据民事诉讼法及其司法解释的规定，向有管辖权的基层人民法院申请支付令的，人民法院应当依法发出支付令。债务人未在法定期限内提出书面异议且逾期不履行支付令的，人民法院可以强制执行。

五、加强工作保障

33. 加强组织领导。各级人民法院要进一步加强对诉调对接工作的组织领导，建立整体协调、分工明确、各负其责的工作机制。要主动争取党委、人大、政府的支持，推动出台多元化纠纷解决机制建设的地方配套文件，促进构建科学、系统的多元化纠纷解决体系。

34. 加强指导监督。上级人民法院要切实加强对下级人民法院的指导监督，及时总结多元化纠纷解决机制改革可复制可推广的经验。高级人民法院要明确专门机构，制定落实方案，掌握工作情况，积极开展本辖区多元化纠纷解决机制改革示范法院的评选工作。中级人民法院要加强对辖区基层人民法院的指导监督，促进多元化纠纷解决机制改革不断取得实效。

35. 完善管理机制。建立诉调对接案件管理制度，将委派调解、委托调解、专职调解和司法确认等内容纳入案件管理系统和司法统计系统。完善特邀调解组织、特邀调解员、法院专职调解员的管理制度，建立奖惩机制。

36. 加强调解人员培训。完善特邀调解员、专职调解员的培训机制，配合有关部门推动建立专业化、职业化调解员资质认证制度，加强职业道德建设，共同完善调解员职业水平评价体系。

37. 加强经费保障。各级人民法院要主动争取党委和政府的支持，将纠纷解决经费纳入财政专项预算，积极探索以购买服务等方式将纠纷解决委托给社会力量承担。支持商事调解组织、行业调解组织、律师事务所等按照市场化运作，根据当事人的需求提供纠纷解决服务并适当收取费用。

38. 发挥诉讼费用杠杆作用。当事人自行和解而申请撤诉的，免交案件受理费。当事人接受法院委托调解的，人民法院可以适当减免诉讼费用。一方当事人无正当理由不参与调解或者不履行调解协议、故意拖延诉讼的，人民法院可以酌情增加其诉讼费用的负担部分。

39. 加强宣传工作和理论研究。各级人民法院要大力宣传多元化纠纷解决机制的优势，鼓励和引导当事人优先选择成本较低、对抗性较弱、利于修复关系的非诉讼方式解决纠纷。树立“国家主导、司法推动、社会参与、多元并举、法治保障”现代纠纷解决理念，营造诚信友善、理性平和、文明和谐、创新发展的社会氛围。加强与政法院校、科研机构等单位的交流与合作，积极推动研究成果的转化，充分发挥多元化纠纷解决理论对司法实践的指导作用。借鉴域外经验，深入研究人民法院在多元化纠纷解决机制中的职能作用。

40. 推动立法进程。人民法院及时总结各地多元化纠纷解决机制改革的成功经验，积极支持本辖区因地制宜出台相关地方性法规、地方政府规章，从而推动国家层面相关法律的立法进程，将改革实践成果制度化、法律化，促进多元化纠纷解决机制改革在法治轨道上健康发展。

最高人民法院
关于进一步推进案件繁简分流优化司法资源配置的若干意见

（2016年9月12日　法发〔2016〕21号）

为进一步优化司法资源，提高司法效率，促进司法公正，减少当事人诉讼成本，维护人民群众合法权益，根据《中华人民共和国民事诉讼法》《中华人民共和国刑事诉讼法》《中华人民共和国行政诉讼法》等法律规定，结合人民法院工作实际，现就进一步推进案件繁简分流、优化司法资源配置提出如下意见。

1. 遵循司法规律推进繁简分流。科学调配和高效运用审判资源，依法快速审理简单案件，严格规范审理复杂案件，实现简案快审、繁案精审。根据案件事实、法律适用、社会影响等因素，选择适用适当的审理程序，规范完善不同程序之间的转换衔接，做到该繁则繁，当简则简，繁简得当，努力以较小的司法成本取得较好的法律效果。

2. 推进立案环节案件的甄别分流。地方各级人民法院根据法律规定，科学制定简单案件与复杂案件的区分标准和分流规则，采取随机分案为主、指定分案为辅的方式，确保简单案件由人民法庭、速裁团队及时审理，系列性、群体性或关联性案件原则上由同一审判组织审理。对于繁简程度难以及时准确判断的案件，立案、审判及审判管理部门应当及时会商沟通，实现分案工作的有序高效。

3. 完善送达程序与送达方式。当事人在纠纷发生之前约定送达地址的，人民法院可以将该地址作为送达诉讼文书的确认地址。当事人起诉或答辩时应当依照规定填写送达地址确认书。积极运用电子方式送达；当事人同意电子送达的，应当提供并确认传真号、电子信箱、微信号等电子送达地址。充分利用中国审判流程信息公开网，建立全国法院统一的电子送达平台。完善国家邮政机构以法院专递方式进行送达。

4. 发挥民事案件快速审判程序的优势。根据民事诉讼法及其司法解释规定，积极引导当事人双方约定适用简易程序审理民事案件。对于标的额超过规定标准的简单民事案件，或者不属于民事诉讼法第一百五十七条第一款规定情形但标的额在规定标准以下的民事案件，当事人双方约定适用小额诉讼程序的，可以适用小额诉讼程序审理。依法适用实现担保物权案件特别程序。积极引导当事人将债权人请求债务人给付金钱、有价证券的案件转入督促程序，推广使用电子支付令。

5. 创新刑事速裁工作机制。总结刑事速裁程序试点经验，加强侦查、起诉、审判程序的衔接配合。推广在看守所、执法办案单位等场所内建立速裁办公区，推动案件信息共享及案卷无纸化流转，促进案件办理的简化提速。

6. 简化行政案件审理程序。对于已经立案但不符合起诉条件的行政案件，经过阅卷、调查和询问当事人，认为不需要开庭审理的，可以径行裁定驳回起诉。对于事实清楚、权利义务关系明确、争议不大的案件，探索建立行政速裁工作机制。

7. 探索实行示范诉讼方式。对于系列性或群体性民事案件和行政案件，选取个别或少数案件先行示范诉讼，参照其裁判结果来处理其他同类案件，通过个案示范处理带动批量案件的高效解决。

8. 推行集中时间审理案件的做法。对于适用简易程序审理的民事案件、适用速裁程序或者简易程序审理的轻微刑事案件，实行集中立案、移送、排期、开庭、宣判，由同一审判组织在同一时段内对多个案件连续审理。

9. 发挥庭前会议功能。法官或受法官指导的法官助理主持召开庭前会议，解决核对当事人身份、组织交换证据目录、启动非法证据排除等相关程序性事项。对于适宜调解的案件，积极通过庭前会议促成当事人和解或者达成调解协议。对于庭前会议已确认的无争议事实和证据，在庭审中作出说明后，可以简化庭审举证和质证；对于有争议的事实和证据，征求当事人意见后归纳争议焦点。

10. 创新开庭方式。对于适用简易程序审理的民事、刑事案件，经当事人同意，可以采用远程视频方式开庭。证人、鉴定人、被害人可以使用视听传输技术或者同步视频作证室等作证。

11. 推行庭审记录方式改革。积极开发利用智能语音识别技术，实现庭审语音同步转化为文字并生成法庭笔录。落实庭审活动全程录音录像的要求，探索使用庭审录音录像简化或者替代书记员法庭记录。

12. 推进民事庭审方式改革。对于适用小额诉讼程序审理的民事案件，可以直接围绕诉讼请求进行庭审，不受法庭调查、法庭辩论等庭审程序限制。对于案件要素与审理要点相对集中的民事案件，可以根据相关要素并结合诉讼请求确定庭审顺序，围绕有争议的要素同步进行法庭调查和法庭辩论。

13. 探索认罪认罚案件庭审方式改革。对于被告人认罪认罚的案件，探索简化庭审程序，但是应当听取被告人的最后陈述。适用刑事速裁程序审理的，可不再进行法庭调查、法庭辩论；适用刑事简易程序审理的，不受法庭调查、法庭辩论等庭审程序限制。

14. 促进当庭宣判。对于适用小额诉讼程序审理的民事案件、适用速裁程序审理的刑事案件，原则上应当当庭宣判。对于适用民事、刑事、行政简易程序审理的案件，一般应当当庭宣判。对于适用普通程序审理的民事、刑事、行政案件，逐步提高当庭宣判率。

15. 推行裁判文书繁简分流。根据法院审级、案件类型、庭审情况等对裁判文书的体例结构及说理进行繁简分流。复杂案件的裁判文书应当围绕争议焦点进行有针对性地说理。新类型、具有指导意义的简单案件，加强说理；其他简单案件可以使用令状式、要素式、表格式等简式裁判文书，简化说理。当庭宣判的案件，裁判文书可以适当简化。当庭即时履行的民事案件，经征得各方当事人同意，可以在法庭笔录中记录相关情况后不再出具裁判文书。

16. 完善二审案件衔接机制。积极引导当事人、律师等提交电子诉讼材料，推进智慧法院建设和诉讼档案电子化，运用电子卷宗移送方式，加快案卷在上下级法院之间的移送。优化二审审理方式，围绕诉讼各方争议问题进行审理，避免二审与一审在庭审和裁判文书方面的不必要重复。强化二审统一裁判尺度、明确裁判规则等功能。

17. 提升人案配比科学性。在精确测算人员、案件数量和工作量的基础上，动态调整不同法院、不同审判部门的审判力量。根据法院审级、案件繁简等相关因素，合理确定法官、法官助理、书记员的配置比例，科学界定各自职能定位及其相互关系，最大程度地发挥审判团队优势。

18. 推广专业化审判。在充分考虑法官办案能力、经验及特长等因素的基础上，根据案件的不同类型确定审理类型化案件的专业审判组织，根据案件的繁简程度确定专门审理简单案件与复杂案件的审判人员。推进办案标准化建设，健全案例工作制度。构建法官轮岗机制，完善业绩评价体系，激发和保持审判队伍的活力。

19. 推进审判辅助事务集中管理。根据审判实际需要，在诉讼服务中心或审判业务等部门安排专门的审判辅助人员，集中负责送达、排期开庭、保全、鉴定评估、文书上网等审判辅助事务。

20. 完善多元化纠纷解决机制。推动综治组织、行政机关、人民调解组织、商事调解组织、行业调解组织、仲裁机构、公证机构等各类治理主体发挥预防与化解矛盾纠纷的作用，完善诉调对接工作平台建设，加强诉讼与非诉讼纠纷解决方式的有机衔接，促进纠纷的诉前分流。完善刑事诉讼中的和解、调解。促进行政调解、行政和解，积极支持行政机关依法裁决同行政管理活动密切相关的民事纠纷。

21. 发挥律师在诉讼中的作用。积极支持律师依法执业，保障律师执业权利，重视律师对案件繁简分流和诉讼程序选择的意见，积极推动律师参与调解、代理申诉等工作。

22. 引导当事人诚信理性诉讼。加大对虚假诉讼、恶意诉讼等非诚信诉讼行为的打击力度，充分发挥诉讼费用、律师费用调节当事人诉讼行为的杠杆作用，促使当事人选择适当方式解决纠纷。当事人存在滥用诉讼权利、拖延承担诉讼义务等明显不当行为，造成诉讼对方或第三人直接损失的，人民法院可以根据具体情况对无过错方依法提出的赔偿合理的律师费用等正当要求予以支持。

最高人民法院
关于印发《最高人民法院关于民商事案件繁简分流和调解速裁操作规程（试行）》的通知

（2017 年 5 月 8 日　法发〔2017〕14 号）

各省、自治区、直辖市高级人民法院，解放军军事法院，新疆维吾尔自治区高级人民法院生产建设兵团分院：

现将《最高人民法院关于民商事案件繁简分流和调解速裁操作规程（试行）》予以印发，请在人民法院内部认真贯彻执行。执行中发现情况和问题请及时报告最高人民法院。

最高人民法院
关于民商事案件繁简分流和调解速裁操作规程（试行）

为贯彻落实最高人民法院《关于进一步推进案件繁简分流优化司法资源配置的若干意见》《关于人民法院进一步深化多元化纠纷解决机制改革的意见》，推动和规范人民法院民商事案件繁简分流、先行调解、速裁等工作，依法高效审理民商事案件，实现简案快审、繁案精审，切实减轻当事人诉累，根据《中华人民共和国民事诉讼法》及有关司法解释，结合人民法院审判工作实际，制定本规程。

第一条 民商事简易纠纷解决方式主要有先行调解、和解、速裁、简易程序、简易程序中的小额诉讼、督促程序等。

人民法院对当事人起诉的民商事纠纷，在依法登记立案后，应当告知双方当事人可供选择的简易纠纷解决方式，释明各项程序的特点。

先行调解包括人民法院调解和委托第三方调解。

第二条 人民法院应当指派专职或兼职程序分流员。

程序分流员负责以下工作：

（一）根据案件事实、法律适用、社会影响等因素，确定案件应当适用的程序；

（二）对系列性、群体性或者关联性案件等进行集中分流；

（三）对委托调解的案件进行跟踪、提示、指导、督促；

（四）做好不同案件程序之间转换衔接工作；

（五）其他与案件分流、程序转换相关的工作。

第三条 人民法院登记立案后，程序分流员认为适宜调解的，在征求当事人意见后，转入调解程序；认为应当适用简易程序、速裁的，转入相应程序，进行快速审理；认为应当适用特别程序、普通程序的，根据业务分工确定承办部门。

登记立案前，需要制作诉前保全裁定书、司法确认裁定书、和解备案的，由程序分流员记录后转办。

第四条 案件程序分流一般应当在登记立案当日完成，最长不超过三日。

第五条 程序分流后，尚未进入调解或审理程序时，承办部门和法官认为程序分流不当的，应当及时提出，不得自行将案件退回或移送。

程序分流员认为异议成立的，可以将案件收回并重新分配。

第六条 在调解或审理中，由于出现或发现新情况，承办部门和法官决定转换程序的，向程序分流员备案。已经转换过一次程序的案件，原则上不得再次转换。

第七条 案件适宜调解的，应当出具先行调解告知书，引导当事人先行调解，当事人明确拒绝的除外。

第八条 先行调解告知书包括以下内容：

（一）先行调解特点；

（二）自愿调解原则；

（三）先行调解人员；

（四）先行调解程序；

（五）先行调解法律效力；

（六）诉讼费减免规定；

（七）其他相关事宜。

第九条　下列适宜调解的纠纷，应当引导当事人委托调解：

（一）家事纠纷；

（二）相邻关系纠纷；

（三）劳动争议纠纷；

（四）交通事故赔偿纠纷；

（五）医疗纠纷；

（六）物业纠纷；

（七）消费者权益纠纷；

（八）小额债务纠纷；

（九）申请撤销劳动争议仲裁裁决纠纷。

其他适宜调解的纠纷，也可以引导当事人委托调解。

第十条　人民法院指派法官担任专职调解员，负责以下工作：

（一）主持调解；

（二）对调解达成协议的，制作调解书；

（三）对调解不成适宜速裁的，径行裁判。

第十一条　人民法院调解或者委托调解的，应当在十五日内完成。各方当事人同意的，可以适当延长，延长期限不超过十五日。调解期间不计入审理期限。

当事人选择委托调解的，人民法院应当在三日内移交相关材料。

第十二条　委托调解达成协议的，调解人员应当在三日内将调解协议提交人民法院，由法官审查后制作调解书或者准许撤诉裁定书。

不能达成协议的，应当书面说明调解情况。

第十三条　人民法院调解或者委托调解未能达成协议，需要转换程序的，调解人员应当在三日内将案件材料移送程序分流员，由程序分流员转入其他程序。

第十四条　经委托调解达成协议后撤诉，或者人民调解达成协议未经司法确认，当事人就调解协议的内容或者履行发生争议的，可以提起诉讼。

人民法院应当就当事人的诉讼请求进行审理，当事人的权利义务不受原调解协议的约束。

第十五条　第二审人民法院在征得当事人同意后，可以在立案后移送审理前由专职调解员或者合议庭进行调解，法律规定不予调解的情形除外。

二审审理前的调解应当在十日内完成。各方当事人同意的，可以适当延长，延长期限不超过十日。调解期间不计入审理期限。

第十六条　当事人同意先行调解的，暂缓预交诉讼费。委托调解达成协议的，诉讼费减半交纳。

第十七条 人民法院先行调解可以在诉讼服务中心、调解组织所在地或者双方当事人选定的其他场所开展。

先行调解可以通过在线调解、视频调解、电话调解等远程方式开展。

第十八条 人民法院建立诉调对接管理系统，对立案前第三方调解的纠纷进行统计分析，与审判管理系统信息共享。

诉调对接管理系统按照“诉前调”字号对第三方调解的纠纷逐案登记，采集当事人情况、案件类型、简要案情、调解组织或调解员、处理时间、处理结果等基本信息，形成纠纷调解信息档案。

第十九条 基层人民法院可以设立专门速裁组织，对适宜速裁的民商事案件进行裁判。

第二十条 基层人民法院对于离婚后财产纠纷、买卖合同纠纷、商品房预售合同纠纷、金融借款合同纠纷、民间借贷纠纷、银行卡纠纷、租赁合同纠纷等事实清楚、权利义务关系明确、争议不大的金钱给付纠纷，可以采用速裁方式审理。

但下列情形除外：

（一）新类型案件；

（二）重大疑难复杂案件；

（三）上级人民法院发回重审、指令立案受理、指定审理、指定管辖，或者其他人民法院移送管辖的案件；

（四）再审案件；

（五）其他不宜速裁的案件。

第二十一条 采用速裁方式审理民商事案件，一般只开庭一次，庭审直接围绕诉讼请求进行，不受法庭调查、法庭辩论等庭审程序限制，但应当告知当事人回避、上诉等基本诉讼权利，并听取当事人对案件事实的陈述意见。

第二十二条 采用速裁方式审理的民商事案件，可以使用令状式、要素式、表格式等简式裁判文书，应当当庭宣判并送达。

当庭即时履行的，经征得各方当事人同意，可以在法庭笔录中记录后不再出具裁判文书。

第二十三条 人民法院采用速裁方式审理民商事案件，一般应当在十日内审结，最长不超过十五日。

第二十四条 采用速裁方式审理案件出现下列情形之一的，应当及时将案件转为普通程序：

（一）原告增加诉讼请求致案情复杂；

（二）被告提出反诉；

（三）被告提出管辖权异议；

（四）追加当事人；

（五）当事人申请鉴定、评估；

（六）需要公告送达。

程序转换后，审限连续计算。

第二十五条　行政案件的繁简分流、先行调解和速裁，参照本规程执行。

本规程自发布之日起施行。

第二章　管　辖

最高人民法院
关于对与证券交易所监管职能相关的诉讼案件管辖与受理问题的规定

法释〔2005〕1号

（2004年11月18日最高人民法院审判委员会第1333次会议通过
2005年1月25日最高人民法院公告公布　自2005年1月31日起施行）

为正确及时地管辖、受理与证券交易所监管职能相关的诉讼案件，特作出以下规定：

一、根据《中华人民共和国民事诉讼法》第三十七条和《中华人民共和国行政诉讼法》第二十二条的有关规定，指定上海证券交易所和深圳证券交易所所在地的中级人民法院分别管辖以上海证券交易所和深圳证券交易所为被告或第三人的与证券交易所监管职能相关的第一审民事和行政案件。

二、与证券交易所监管职能相关的诉讼案件包括：

（一）证券交易所根据《中华人民共和国公司法》、《中华人民共和国证券法》、《中华人民共和国证券投资基金法》、《证券交易所管理办法》等法律、法规、规章的规定，对证券发行人及其相关人员、证券交易所会员及其相关人员、证券上市和交易活动作出处理决定引发的诉讼；

（二）证券交易所根据国务院证券监督管理机构的依法授权，对证券发行人及其相关人员、证券交易所会员及其相关人员、证券上市和交易活动作出处理决定引发的诉讼；

（三）证券交易所根据其章程、业务规则、业务合同的规定，对证券发行人及其相关人员、证券交易所会员及其相关人员、证券上市和交易活动作出处理决定引发的诉讼；

（四）证券交易所在履行监管职能过程中引发的其他诉讼。

三、投资者对证券交易所履行监管职责过程中对证券发行人及其相关人员、证券交易所会员及其相关人员、证券上市和交易活动做出的不直接涉及投资者利益的行为提起的诉讼，人民法院不予受理。

四、本规定自发布之日起施行。

最高人民法院
关于新疆生产建设兵团人民法院案件管辖权问题的若干规定

法释〔2005〕4号

（2005年1月13日最高人民法院审判委员会第1340次会议通过
2005年5月24日最高人民法院公告公布　自2005年6月6日起施行）

根据《全国人民代表大会常务委员会关于新疆维吾尔自治区生产建设兵团设置人民法院和人民检察院的决定》第三条的规定，对新疆生产建设兵团各级人民法院案件管辖权问题规定如下：

第一条　新疆生产建设兵团基层人民法院和中级人民法院分别行使地方基层人民法院和中级人民法院的案件管辖权，管辖兵团范围内的各类案件。

新疆维吾尔自治区高级人民法院生产建设兵团分院管辖原应当由高级人民法院管辖的兵团范围内的第一审案件、上诉案件和其他案件，其判决和裁定是新疆维吾尔自治区高级人民法院的判决和裁定。但兵团各中级人民法院判处死刑（含死缓）的案件的上诉案件以及死刑复核案件由新疆维吾尔自治区高级人民法院管辖。

第二条　兵团人民检察院提起公诉的第一审刑事案件，由兵团人民法院管辖。

兵团人民法院对第一审刑事自诉案件、第二审刑事案件以及再审刑事案件的管辖，适用刑事诉讼法的有关规定。

第三条　兵团人民法院管辖以下民事案件：

（一）垦区范围内发生的案件；

（二）城区内发生的双方当事人均为兵团范围内的公民、法人或者其他组织的案件；

（三）城区内发生的双方当事人一方为兵团范围内的公民、法人或者其他组织，且被告住所地在兵团工作区、生活区或者管理区内的案件。

对符合协议管辖和专属管辖条件的案件，依照民事诉讼法的有关规定确定管辖权。

第四条　以兵团的行政机关作为被告的行政案件由该行政机关所在地的兵团人民法院管辖，其管辖权限依照行政诉讼法的规定办理。

第五条 兵团人民法院管辖兵团范围内发生的涉外案件。新疆维吾尔自治区高级人民法院生产建设兵团分院根据最高人民法院的有关规定确定管辖涉外案件的兵团法院。

第六条 兵团各级人民法院与新疆维吾尔自治区地方各级人民法院之间因管辖权发生争议的，由争议双方协商解决；协商不成的，报请新疆维吾尔自治区高级人民法院决定管辖。

第七条 新疆维吾尔自治区高级人民法院生产建设兵团分院所管辖第一审案件的上诉法院是最高人民法院。

第八条 对于新疆维吾尔自治区高级人民法院生产建设兵团分院审理再审案件所作出的判决、裁定，新疆维吾尔自治区高级人民法院不再进行再审。

第九条 本规定自2005年6月6日起实施。人民法院关于兵团人民法院案件管辖的其他规定与本规定不一致的，以本规定为准。

最高人民法院
关于审理民事级别管辖异议案件若干问题的规定

法释〔2009〕17号

（2009年7月20日最高人民法院审判委员会第1471次会议通过
2009年11月12日最高人民法院公告公布　自2010年1月1日起施行）

为正确审理民事级别管辖异议案件，依法维护诉讼秩序和当事人的合法权益，根据《中华人民共和国民事诉讼法》的规定，结合审判实践，制定本规定。

第一条 被告在提交答辩状期间提出管辖权异议，认为受诉人民法院违反级别管辖规定，案件应当由上级人民法院或者下级人民法院管辖的，受诉人民法院应当审查，并在受理异议之日起十五日内作出裁定：

（一）异议不成立的，裁定驳回；

（二）异议成立的，裁定移送有管辖权的人民法院。

第二条 在管辖权异议裁定作出前，原告申请撤回起诉，受诉人民法院作出准予撤回起诉裁定的，对管辖权异议不再审查，并在裁定书中一并写明。

第三条 提交答辩状期间届满后，原告增加诉讼请求金额致使案件标的额超过受诉人民法院级别管辖标准，被告提出管辖权异议，请求由上级人民法院管辖的，人民法院应当按照本规定第一条审查并作出裁定。

第四条　上级人民法院根据民事诉讼法第三十九条第一款的规定，将其管辖的第一审民事案件交由下级人民法院审理的，应当作出裁定。当事人对裁定不服提起上诉的，第二审人民法院应当依法审理并作出裁定。

第五条　对于应由上级人民法院管辖的第一审民事案件，下级人民法院不得报请上级人民法院交其审理。

第六条　被告以受诉人民法院同时违反级别管辖和地域管辖规定为由提出管辖权异议的，受诉人民法院应当一并作出裁定。

第七条　当事人未依法提出管辖权异议，但受诉人民法院发现其没有级别管辖权的，应当将案件移送有管辖权的人民法院审理。

第八条　对人民法院就级别管辖异议作出的裁定，当事人不服提起上诉的，第二审人民法院应当依法审理并作出裁定。

第九条　对于将案件移送上级人民法院管辖的裁定，当事人未提出上诉，但受移送的上级人民法院认为确有错误的，可以依职权裁定撤销。

第十条　经最高人民法院批准的第一审民事案件级别管辖标准的规定，应当作为审理民事级别管辖异议案件的依据。

第十一条　本规定施行前颁布的有关司法解释与本规定不一致的，以本规定为准。

【链　接】

规范民事级别管辖异议案件审理意义重大

——最高人民法院立案一庭负责人就《最高人民法院关于审理民事级别管辖异议案件若干问题的规定》答记者问

11 月 30 日，《最高人民法院关于审理民事级别管辖异议案件若干问题的规定》（以下简称《规定》）正式发布。最高人民法院立案一庭负责人就这一司法解释的有关话题接受了本报记者的专访。

问：请您介绍一下《规定》出台的背景和经过。

答：管辖是审判的前置性问题，必须依法优先解决，案件管辖出了问题，便很难保障审判的公正。长期以来，当事人“争管辖”、法院“抢管辖”的现象时有发生，社会各界对此反映强烈。就级别管辖而言，实践中产生问题的，大多是诉讼标的额较大的案件和当事人跨地区的案件。主要表现为：中、基层法院违反级别管辖标准，越级受理本应由上级法院管辖的案件，不理睬当事人提出的级别管辖异议；中、基层法院违反级别管辖标准先立案，然后根据民事诉讼法第三十九条规定报请上一级法院指令其管辖，将违规做法合法化；中级法院将本应由高级法院管辖的案件，受理后再指令到基层法院管辖，将案件留在当地；中、高级法院将本应由其审理的案件，不问案件的性质和类型，根据民事诉讼法第三十九条的规定指定下一级法院管辖，通过合法形式将案件留在当地。现行民事诉讼法第三十八条规定了管辖权异议制度，但在审判实践中多被理解为只适用于地域管辖异议，而不适用于级别管辖异议。

最高人民法院早就注意到这个问题，将《规定》列入了2007、2008年度司法解释立项计划。经过广泛调研，征求学者、律师和各级法院法官意见，并与全国人大法工委多次沟通，于2009年7月20日提交最高人民法院审判委员会第1471次会议审议通过。

问：请问制定《规定》的目的是什么？

答：制定《规定》的目的是，改革现行的对于民事案件级别管辖异议的行政化处理模式，为当事人级别管辖异议权提供诉讼程序保障，强化上级法院对级别管辖秩序的审判监督力度，提高裁判的权威性和公信力。

问：《规定》对于民事级别管辖异议案件的审理，较之以往有了哪些重要改变？

答：民事级别管辖异议案件的公正、快速审理，关系到当事人管辖利益的保障和级别管辖秩序的维护，关系到司法裁判的公信力，非常重要。《规定》对于民事级别管辖异议的最大变化，是摒弃以往的行政化处理模式，采取与地域管辖异议相同的诉讼化模式。这种诉讼化模式的优势在于：

一是有利于为当事人级别管辖异议权提供程序保障。级别管辖的确定不仅是法院内部的事情，也关系到当事人的程序利益。尤其是在目前地方保护和部门保护一定程度客观存在的情况下，仅仅采取内部通报、批评、追究责任等方式，当事人被动接受这种反射性利益，这对当事人程序利益的保护是远远不够的。

二是有利于上级法院及时、有效地行使监督权，维护级别管辖秩序。目前上级法院对下级法院级别管辖秩序的监督，基本上是滞后、乏力的，级别管辖标准被突破的现象屡见不鲜。一方面，因不做书面裁定，当事人不能上诉，上级法院对于下级法院违反级别管辖规定的行为难以及时发现。另一方面，即使通过信访渠道发现，上级法院也无法定程序可依，只能以内部函的形式要求下级法院改正。若采用诉讼方式处理级别管辖异议，上级法院就可以公开地通过二审程序行使级别管辖监督权。

三是有利于顺应民事诉讼法对管辖提出的新要求。修改后的民事诉讼法第一百七十九条明确将“违反法律规定，管辖错误”作为再审事由，体现了立法者对管辖问题的高度重视。人民法院也应当顺势而为，彻底改变以往那种级别管辖纯属法院系统内部上下级分工问题，发生错误无足轻重的观点，认识到正确确定案件级别管辖还是涉及当事人程序利益、影响生效判决稳定性的重要问题，必须认真对待。

最高人民法院
关于对被监禁或被劳动教养的人提起的民事诉讼如何确定案件管辖问题的批复

法释〔2010〕16号

（2010年11月29日最高人民法院审判委员会第1503次会议通过
2010年12月9日最高人民法院公告公布 自2010年12月15日起施行）

山东省高级人民法院：

你院《关于对被监禁的人提起的诉讼如何确定案件管辖问题的请示》（〔2010〕鲁立函字第10号）收悉。经研究，答复如下：

根据《中华人民共和国民事诉讼法》第二十三条、《最高人民法院关于适用〈中华人民共和国民事诉讼法〉若干问题的意见》第8条规定，对被监禁或被劳动教养的人提起的诉讼，原告没有被监禁或被劳动教养的，由原告住所地人民法院管辖。原告也被监禁或被劳动教养的，由被告原住所地人民法院管辖；被告被监禁或被劳动教养一年以上的，由被告被监禁地或被劳动教养地人民法院管辖。

此复。

最高人民法院
关于铁路运输法院案件管辖范围的若干规定

法释〔2012〕10号

（2012年7月2日最高人民法院审判委员会第1551次会议通过
2012年7月17日最高人民法院公告公布　自2012年8月1日起施行）

为确定铁路运输法院管理体制改革后的案件管辖范围，根据《中华人民共和国刑事诉讼法》、《中华人民共和国民事诉讼法》，规定如下：

第一条　铁路运输法院受理同级铁路运输检察院依法提起公诉的刑事案件。

下列刑事公诉案件，由犯罪地的铁路运输法院管辖：

（一）车站、货场、运输指挥机构等铁路工作区域发生的犯罪；

（二）针对铁路线路、机车车辆、通讯、电力等铁路设备、设施的犯罪；

（三）铁路运输企业职工在执行职务中发生的犯罪。

在列车上的犯罪，由犯罪发生后该列车最初停靠的车站所在地或者目的地的铁路运输法院管辖；但在国际列车上的犯罪，按照我国与相关国家签订的有关管辖协定确定管辖，没有协定的，由犯罪发生后该列车最初停靠的中国车站所在地或者目的地的铁路运输法院管辖。

第二条　本规定第一条第二、三款范围内发生的刑事自诉案件，自诉人向铁路运输法院提起自诉的，铁路运输法院应当受理。

第三条　下列涉及铁路运输、铁路安全、铁路财产的民事诉讼，由铁路运输法院管辖：

（一）铁路旅客和行李、包裹运输合同纠纷；

（二）铁路货物运输合同和铁路货物运输保险合同纠纷；

（三）国际铁路联运合同和铁路运输企业作为经营人的多式联运合同纠纷；

（四）代办托运、包装整理、仓储保管、接取送达等铁路运输延伸服务合同纠纷；

（五）铁路运输企业在装卸作业、线路维修等方面发生的委外劳务、承包等合同纠纷；

（六）与铁路及其附属设施的建设施工有关的合同纠纷；

（七）铁路设备、设施的采购、安装、加工承揽、维护、服务等合同纠纷；

（八）铁路行车事故及其他铁路运营事故造成的人身、财产损害赔偿纠纷；

（九）违反铁路安全保护法律、法规，造成铁路线路、机车车辆、安全保障设施及其他财产损害的侵权纠纷；

（十）因铁路建设及铁路运输引起的环境污染侵权纠纷；

（十一）对铁路运输企业财产权属发生争议的纠纷。

第四条　铁路运输基层法院就本规定第一条至第三条所列案件作出的判决、裁定，当事人提起上诉或铁路运输检察院提起抗诉的二审案件，由相应的铁路运输中级法院受理。

第五条　省、自治区、直辖市高级人民法院可以指定辖区内的铁路运输基层法院受理本规定第三条以外的其他第一审民事案件，并指定该铁路运输基层法院驻在地的中级人民法院或铁路运输中级法院受理对此提起上诉的案件。此类案件发生管辖权争议的，由该高级人民法院指定管辖。

省、自治区、直辖市高级人民法院可以指定辖区内的铁路运输中级法院受理对其驻在地基层人民法院一审民事判决、裁定提起上诉的案件。

省、自治区、直辖市高级人民法院对本院及下级人民法院的执行案件，认为需要指定执行的，可以指定辖区内的铁路运输法院执行。

第六条　各高级人民法院指定铁路运输法院受理案件的范围，报最高人民法院批准后实施。

第七条　本院以前作出的有关规定与本规定不一致的，以本规定为准。

本规定施行前，各铁路运输法院依照此前的规定已经受理的案件，不再调整。

【链　接】

充分发挥铁路法院专业特点
保障铁路运输大动脉安全畅通

——最高人民法院审判监督庭有关负责人就《关于铁路运输法院案件管辖范围的若干规定》答记者问

为确定铁路法院管理体制改革后的案件管辖范围，最高人民法院于7月30日发布《关于铁路运输法院案件管辖范围的若干规定》（以下简称《规定》），自2012年8月1日起施行。确定铁路法院的案件管辖范围，是铁路法院管理体制改革工作的重要一环，也是管理体制改革后铁路法院开展审判工作的基础。为准确把握和理解《规定》的起草背景、基本精神和主要内容，最高人民法院审判监督庭有关负责人就《规定》的相关问题回答了记者的提问。

确定铁路法院管辖范围是铁路法院管理体制改革工作的重要组成部分

问：请您介绍一下《规定》出台的背景和意义。

答：根据中央司法体制改革的总体部署，铁路公、检、法机关通过管理体制改革，纳入国家司法管理体系，其中，铁路运输两级法院与铁路运输企业全部分离，一次性移交给驻在地的省、自治区、直辖市党委和高级人民法院，实行属地管理。

自1982年重新筹建铁路法院以来，铁路法院的案件管辖范围经多年演变，目前以涉及铁路运输的刑事和民事合同、侵权案件为主，基本不涉及驻在地的普通民事案件。转为属地管理后，应根据新的形势和要求，重新确定铁路法院的案件管辖范围，充分发挥铁路法院这支重要的司法力量的积极作用，实现管理体制改革的预定目标。为此，中央编办、最高人民法院、最高人民检察院、财政部、人力资源和社会保障部、铁道部于2010年12月7日会签的《关于铁路法院检察院管理体制改革若干问题的意见》〔铁政法（2010）238号〕第四条明确规定：“铁路法院和检察院的业务管辖范围由最高人民法院、最高人民检察院另行规定。新规定出台前按原规定执行”。

最高人民法院于2009年底即着手对铁路法院管理体制改革后的管辖问题进行调研，在总结铁路法院20余年审判工作经验的基础上，先后征求了中央有关部门、各高级人民法院、全国铁路运输两级法院和有关专家学者的意见，经过反复论证、修改，最终出台《规定》。《规定》体现了铁路法院管理体制改革的整体思路，考虑了管理体制改革中各地的不同情况，兼顾铁路法院的历史、现状和今后发展，对管理体制改革后确定铁路法院案件管辖范围、充分发挥铁路法院这支审判力量的作用，都具有重要的指导意义。

问：请您介绍一下管理体制改革后铁路法院案件管辖的总体情况。

答：此次铁路法院管理体制改革，是将铁路法院与铁路运输企业全部分离，一次性整体纳入国家司法管理体系。从全国的情况看，管理体制改革前，17 家铁路运输中级法院和 58 家铁路运输基层法院分布在 29 个省、自治区、直辖市内，与铁路局形成一套完整的对应关系，其中，12 个省、区、市内的铁路运输基层法院与其驻在地的人民法院并无工作关系。因此，确定铁路法院的案件管辖问题，既要考虑一次性整体改革的政策背景和移交后属地管理的基本要求，又要考虑原辖有铁路法院的 17 家和未辖有铁路法院的 12 家高级人民法院的不同情况。

此次铁路法院管理体制改革，主要是整体纳入、属地管理、平稳过渡。因此，《规定》对管理体制改革后铁路法院案件管辖范围所确定的原则是：

第一，尊重历史，对现行有效的各项制度继续加以执行。例如，铁路法院管辖刑事案件的范围符合实际，也有利于与铁路公安、检察机关进行协调；铁路法院此前受理的民事案件均与铁路运输、铁路安全、铁路财产等密切相关，这些案件专业性较强，铁路法院在长期的审判实践中已经积累了丰富的经验，由他们继续受理这些案件，有利于发挥其专业特长，取得良好效果。这些好的制度在《规定》中都得到体现。

第二，尊重现实，充分发挥铁路法院的重要作用。铁路法院基本上都设置在直辖市、省会城市和较大的市，其驻在地经济发达、人口众多，当地人民法院大多长期苦于案多人少的问题，而铁路法院移交地方管理，可以成为解决上述问题的及时雨。指定铁路法院受理驻在地的民事案件，充分发挥铁路法院这支重要的司法力量的积极作用，帮助地方人民法院缓解“案多人少”的矛盾，实现管理体制改革的预定目标。

第三，坚持司法为民，方便群众诉讼。铁路运输两级法院之间大多相距较远，因此对铁路运输基层法院受理的驻在地的民事案件，根据民事诉讼法的相关原则，由当地中级人民法院受理其上诉，方便群众就地诉讼。

总之，此次确定的铁路法院的案件管辖范围，既注意继续发挥铁路法院的重要作用，又注意促进铁路法院拓展新的业务领域，不断提高业务素质。

发挥铁路法院专业特点，保障铁路运输大动脉安全、畅通

问：管理体制改革后，铁路法院在刑事案件管辖方面有无变化？

答：《规定》对铁路法院现有刑事案件管辖范围只是进行了规范和归纳，

仍然以涉及铁路运输的犯罪为主。《规定》从场所、对象、主体三个方面定义铁路法院对刑事公诉案件的管辖范围，同时拓展了最高人民法院刑事诉讼法司法解释对列车上犯罪管辖问题规定的适用范围。此外，《规定》还明确了铁路法院有权受理刑事自诉案件。

问：管理体制改革后，铁路法院管辖哪些与铁路运输相关的民事案件？

答：1990年最高人民法院《关于铁路运输法院对经济纠纷案件管辖范围的规定》中，确定若干与铁路运输密切相关的民事案件由铁路法院管辖，从二十多年的实践看，整体效果是好的，只是随着时代发展，其中若干内容需要调整、规范，并增加一些适应现实需要的新规定。因此，《规定》以此为基础，围绕铁路运输、铁路安全、铁路财产等与铁路密切相关的领域作了一定扩展，也进行了一定的规范，并以此作为铁路法院受理民事案件的基本来源。

问：铁路法院受理与铁路有关的刑事、民事案件有哪些优势？如何理解铁路运输基层法院受理的刑事案件和与铁路运输有关的民事案件上诉到相应的铁路运输中级法院？

答：铁路运输是一项系统工程，牵一发而动全身，但铁路运输又具有较强的流动性，为了协调这一矛盾，就要求铁路运输的管理必须通盘考虑、统筹兼顾。此次管理体制改革中，铁路法院整体纳入国家司法管理体系，正是为了满足铁路运输的实际需要，也有利于发挥铁路法院长期以来积累的专业经验。因此《规定》中将与铁路运输有关的刑事案件和民事案件确定为铁路法院受理案件的基本来源。

基于上述原因，加之刑事案件中需要与铁路公安、检察机关协调等问题，因此铁路运输基层法院受理的这两类案件，都应上诉至铁路运输中级法院。但是，部分铁路运输基层法院所在的省、自治区、直辖市内没有铁路运输中级法院，为适应管理体制改革后的变化，《规定》明确各铁路运输基层法院对这两类案件作出的一审判决、裁定，均按铁路运输两级法院原先的对应关系，上诉至相应的铁路运输中级法院。

授权各高级人民法院指定铁路法院受理若干民事和执行案件，落实铁路法院属地管理，推动铁路法院科学发展

问：授权各高级人民法院指定铁路法院受理若干民事和执行案件的意义何在？在具体工作中应注意哪些问题？

答：《规定》授权各省、自治区、直辖市高级人民法院可以在与铁路运输相关的民事案件之外，指定本辖区内的铁路运输基层法院受理其他一审民事案件，还可以将辖区内的执行案件指定铁路法院执行。上述措施的主要意义在于：第一，充分尊重各地实际，体现方便当事人诉讼和法院审理的两便原则。第二，有利于缓解地方人民法院“案多人少”的矛盾，有利于调动铁路运输法院的积极性。第三，拓展铁路法院案件受理范围，充实铁路法院的工作量，为铁路法院今后继续科学发展打下良好的基础。

各高级人民法院在指定铁路法院受理民事案件时，要结合本地案件的整体情况，综合考虑辖区内铁路法院和地方法院之间工作任务的平衡，制定符合本地实际的方案，报最高人民法院批准后实施。同时，要根据移交后铁路法院开展工作的情况，按照循序渐进的原则进行，其范围可视情况适时进行调整。

最高人民法院
关于军事法院管辖民事案件若干问题的规定

法释〔2012〕11号

（2012年8月20日最高人民法院审判委员会第1553次会议通过
2012年8月28日最高人民法院公告公布　自2012年9月17日起施行）

根据《中华人民共和国人民法院组织法》、《中华人民共和国民事诉讼法》等法律规定，结合人民法院民事审判工作实际，对军事法院管辖民事案件有关问题作如下规定：

第一条　下列民事案件，由军事法院管辖：

（一）双方当事人均为军人或者军队单位的案件，但法律另有规定的除外；

（二）涉及机密级以上军事秘密的案件；

（三）军队设立选举委员会的选民资格案件；

（四）认定营区内无主财产案件。

第二条　下列民事案件，地方当事人向军事法院提起诉讼或者提出申请的，军事法院应当受理：

（一）军人或者军队单位执行职务过程中造成他人损害的侵权责任纠纷案件；

（二）当事人一方为军人或者军队单位，侵权行为发生在营区内的侵权责任纠纷案件；

（三）当事人一方为军人的婚姻家庭纠纷案件；

（四）民事诉讼法第三十四条规定的不动产所在地、港口所在地、被继承人死亡时住所地或者主要遗产所在地在营区内，且当事人一方为军人或者军队单位的案件；

（五）申请宣告军人失踪或者死亡的案件；

（六）申请认定军人无民事行为能力或者限制民事行为能力的案件。

第三条 当事人一方是军人或者军队单位，且合同履行地或者标的物所在地在营区内的合同纠纷，当事人书面约定由军事法院管辖，不违反法律关于级别管辖、专属管辖和专门管辖规定的，可以由军事法院管辖。

第四条 军事法院受理第一审民事案件，应当参照民事诉讼法关于地域管辖、级别管辖的规定确定。

当事人住所地省级行政区划内没有可以受理案件的第一审军事法院，或者处于交通十分不便的边远地区，双方当事人同意由地方人民法院管辖的，地方人民法院可以管辖，但本规定第一条第（二）项规定的案件除外。

第五条 军事法院发现受理的民事案件属于地方人民法院管辖的，应当移送有管辖权的地方人民法院，受移送的地方人民法院应当受理。地方人民法院认为受移送的案件不属于本院管辖的，应当报请上级地方人民法院处理，不得再自行移送。

地方人民法院发现受理的民事案件属于军事法院管辖的，参照前款规定办理。

第六条 军事法院与地方人民法院之间因管辖权发生争议，由争议双方协商解决；协商不成的，报请各自的上级法院协商解决；仍然协商不成的，报请最高人民法院指定管辖。

第七条 军事法院受理案件后，当事人对管辖权有异议的，应当在提交答辩状期间提出。军事法院对当事人提出的异议，应当审查。异议成立的，裁定将案件移送有管辖权的军事法院或者地方人民法院；异议不成立的，裁定驳回。

第八条 本规定所称军人是指中国人民解放军的现役军官、文职干部、士兵及具有军籍的学员，中国人民武装警察部队的现役警官、文职干部、士兵及具有军籍的学员。军队中的文职人员、非现役公勤人员、正式职工，由军队管理的离退休人员，参照军人确定管辖。

军队单位是指中国人民解放军现役部队和预备役部队、中国人民武装警察部队及其编制内的企业事业单位。

营区是指由军队管理使用的区域，包括军事禁区、军事管理区。

第九条 本解释施行前本院公布的司法解释以及司法解释性文件与本解释不一致的，以本解释为准。

【链 接】

充分发挥军事法院职能作用 切实保障国防及相关方利益

——最高人民法院研究室负责人就《关于军事法院管辖民事案件若干问题的规定》答记者问

近日，根据《中华人民共和国人民法院组织法》、《中华人民共和国民事诉讼法》等法律规定，结合人民法院民事审判工作实际，最高人民法院发布了《关于军事法院管辖民事案件若干问题的规定》（以下简称《规定》）。为了解《规定》发布的背景和主要内容，记者采访了最高人民法院研究室负责人。

《规定》出台背景

记者：请问最高人民法院为什么要出台这部司法解释？

负责人：《规定》的出台，是充分发挥军事法院处理涉军民事案件，依法保障国防利益、军人军属合法权益和地方当事人合法权益的职能作用，切实维护军队稳定和社会和谐的需要，也是人民法院加强涉军民事案件审判工作的重要举措。

上世纪八十年代中后期，军内经济纠纷案件持续增多。1992 年 10 月 4 日，最高人民法院作出《关于军事法院审理军内经济纠纷案件的复函》，指定军事法院可以试办双方当事人都是军队内部单位的经济纠纷案件。随着军人婚姻家庭、宣告军人失踪或死亡、武器装备订货、军队财产转让、军人间借贷、国防专利等军内民事案件大幅度增长，2001 年 6 月 26 日，最高人民法院作出《关于军事法院试行审理军内民事案件问题的复函》（以下简称 2001 年《复函》），将军事法院民事案件的管辖范围扩大到双方当事人都是现役军人、部队管理的离退休干部、军队在编职工或者军内法人的民事案件等。对于申请宣告军人失踪、申请宣告军人死亡的案件，申请人向军事法院提出的，军事法院也可以受理。军事法院开展民事审判工作近二十年以来，在及时化解涉军民事矛盾纠纷，维护部队官兵合法权益，促进部队全面建设方面发挥了积极作用。

随着涉军案件审判的深入开展，影响涉军维权工作发展的问题日益突出。一是军事法院受理民事案件的法律依据不足。由于军事法院组织法尚未发布实施，仅有人民法院组织法第二条对军事法院作为专门人民法院原则规定，未对其组织机构与审判职权进一步明确。由于2001年《复函》不属于司法解释，只是司法解释性文件，效力不够。军事法院民事案件管辖问题属于涉军类民事案件受理如何应用法律的问题，应当采用“解释”的形式予以明确。

二是地方法院审理涉军案件往往存在主体资格认定难、诉讼文书送达难、财产保全难、调查取证难、审理周期长以及裁判执行难等问题，这些问题严重影响了涉军民事案件的审理工作。为此，最高人民法院2010年制定发布《关于进一步加强人民法院涉军案件审判工作的通知》，专门就完善军地协调机制，建立健全军地联席会议、涉军案件信息通报等制度提出要求，以推动解决涉军案件审判的突出问题。但对于双方当事人都是军人或者军队单位，地方当事人申请宣告军人失踪、死亡，以及请求军人或者军队单位承担侵权责任等民事案件，地方法院审理执行过程中仍然存在调查取证难、送达难、执行难等困难。

三是军事法院受理民事案件范围过窄。根据2001年《复函》规定，军事法院只能审理双方当事人都是军人或者军队单位的民事案件，这使一些由军事法院解决更为便利、矛盾纠纷化解更为彻底的案件无法进入军事法院，审判资源未得到合理配置。近年来，全国人大代表等多次提出相关建议，要求加强立法，加强军事法院审理民事案件的职能，切实维护国防利益和军人军属合法权益，维护社会稳定。

为此，最高人民法院2010年启动《规定》起草工作，历时三年，中间反复修改并多次征求意见。在综合各方意见的基础上，又经多次讨论修改和研究论证，出台了《规定》。

管辖范围新规定

记者：在军事法院民事案件管辖范围方面，《规定》有哪些新内容？

负责人：对于军事法院民事案件管辖范围的确定，《规定》作了三个方面的新规定。

一是在2001年《复函》规定军事法院对于双方当事人均为军人或者军队单位案件管辖的基础上，将专门管辖的范围扩大到涉及机密级以上军事秘密案件，以及适用特别程序审理案件。

二是明确地方当事人可以自主选择由军事法院管辖的案件。包括：军人或者军队单位执行职务过程中造成他人损害的侵权责任纠纷案件；当事人一方为军人或者军队单位，侵权行为发生在营区内的侵权责任纠纷案件；当事人一方为军人的婚姻家庭纠纷案件；申请宣告军人失踪或者死亡等案件。

三是遵从民事诉讼法协议管辖的规定，明确当事人一方是军人或者军队单位，且合同履行地或者标的物所在地在营区内的合同纠纷案件，当事人书面约定由军事法院管辖，不违反法律关于级别管辖、专属管辖和专门管辖规定的，可以由军事法院管辖。

立法基本思路

记者：最高人民法院制定《规定》的基本思路是什么？

负责人：《规定》立足于对军事法院民事案件受理范围和条件进行规范，主要从以下四个方面，依法维护军地双方合法权益。

第一，坚持军事法院管辖民事案件范围适当性原则。军事法院是专门法院，其管辖民事案件范围应有限度，以双方当事人都是军人或者军队单位为原则，根据当事人意思自治，适当扩大到一方当事人为军人或者军队单位的案件。

第二，坚持两便原则。认真贯彻民事诉讼法方便当事人诉讼、方便人民法院审判的原则，对于交通不便和当地未设军事法院的，可以向地方人民法院起诉，由当事人选择管辖法院。

第三，坚持程序公正原则。管辖问题是当前民事诉讼中引发争议较多的方面，对当事人实体权益影响较大。《规定》强调对当事人程序权利的保障，专门就管辖争议的解决及管辖异议救济进行明确。

第四，兼顾国防利益、军人权益和地方当事人权益保护的原则。对于一方当事人为地方的民事案件，充分尊重当事人意愿，坚持当事人选择管辖法院。

管辖权争议解决途径

记者：《规定》如何协调军事法院和地方人民法院之间的管辖权争议问题？

负责人：现行民事诉讼法第三十六条规定为解决管辖争议问题提供了法律依据。据此，《规定》第五条对军事法院与地方人民法院之间相互移送管辖作出规定。该条第一款规定，受理法院发现案件不属于本院管辖的，应当移送有管辖权的法院，受移送的法院应当受理。与一般案件移送管辖不同的是，当受移送的地方人民法院认为受移送案件不属于地方人民法院管辖的，应当报请上级地方人民法院协调处理，而不是由其指定管辖。这是由于军事法院与地方人民法院分属两个系统，上级地方人民法院无权指定军事法院管辖。同理，地方人民法院发现受理的民事案件属于军事法院管辖的，参照前述规定办理。

此外，虽然军事法院与地方人民法院建制不同，但都分为三级，且最高人民法院是其共同的上级法院。因此，《规定》明确军事法院与地方人民法院之间发生管辖权争议，由争议双方协商解决；协商不成的，报请各自的上级法院协商解决；仍然协商不成的，可以报请最高人民法院指定管辖。

地方当事人诉讼权利

记者：在保障地方当事人诉讼权利方面，《规定》有何具体规定？

负责人：《规定》除了在军事法院民事案件管辖范围方面，明确地方当事人的选择管辖、协议管辖以外，还在以下方面加强对地方当事人诉讼权利的保护。

一是规定了军事法院专门管辖的案件，如果当事人住所地省级行政区划内没有可以受理案件的第一审军事法院，或者处于交通十分不便的边远地区，双方当事人同意由地方人民法院管辖的，地方人民法院可以管辖。

二是明确了当事人的管辖异议救济权，规定军事法院受理案件后，当事人对管辖权有异议的，可以在提交答辩状期间提出。异议成立的，裁定将案件移送有管辖权的军事法院或者地方人民法院。

最高人民法院
关于上海金融法院案件管辖的规定

法释〔2018〕14号

（2018年7月31日最高人民法院审判委员会第1746次会议通过
2018年8月7日最高人民法院公告公布　自2018年8月10日起施行）

为服务和保障上海国际金融中心建设，进一步明确上海金融法院案件管辖的具体范围，根据《中华人民共和国民事诉讼法》《中华人民共和国行政诉讼法》《全国人民代表大会常务委员会关于设立上海金融法院的决定》等规定，制定本规定。

第一条　上海金融法院管辖上海市辖区内应由中级人民法院受理的下列第一审金融民商事案件：

（一）证券、期货交易、信托、保险、票据、信用证、金融借款合同、银行卡、融资租赁合同、委托理财合同、典当等纠纷；

（二）独立保函、保理、私募基金、非银行支付机构网络支付、网络借贷、互联网股权众筹等新型金融民商事纠纷；

（三）以金融机构为债务人的破产纠纷；

（四）金融民商事纠纷的仲裁司法审查案件；

（五）申请承认和执行外国法院金融民商事纠纷的判决、裁定案件。

第二条　上海金融法院管辖上海市辖区内应由中级人民法院受理的以金融监管机构为被告的第一审涉金融行政案件。

第三条　以住所地在上海市的金融市场基础设施为被告或者第三人与其履行职责相关的第一审金融民商事案件和涉金融行政案件，由上海金融法院管辖。

第四条　当事人对上海市基层人民法院作出的第一审金融民商事案件和涉金融行政案件判决、裁定提起的上诉案件，由上海金融法院审理。

第五条　当事人对上海金融法院作出的第一审判决、裁定提起的上诉案件，由上海市高级人民法院审理。

第六条　上海市各中级人民法院在上海金融法院成立前已经受理但尚未审结的金融民商事案件和涉金融行政案件，由该中级人民法院继续审理。

第七条　本规定自2018年8月10日起施行。

最高人民法院
关于明确第一审涉外民商事案件级别管辖标准以及归口办理有关问题的通知

（2017年12月7日　法〔2017〕359号）

各省、自治区、直辖市高级人民法院、解放军军事法院、新疆维吾尔自治区高级人民法院生产建设兵团分院：

为合理定位四级法院涉外民商事审判职能，统一裁判尺度，维护当事人的合法权益，保障开放型经济的发展，现就第一审涉外民商事案件级别管辖标准以及归口办理的有关问题，通知如下：

一、关于第一审涉外民商事案件的级别管辖标准

北京、上海、江苏、浙江、广东高级人民法院管辖诉讼标的额人民币2亿元以上的第一审涉外民商事案件；直辖市中级人民法院以及省会城市、计划单列市、经济特区所在地的市中级人民法院管辖诉讼标的额人民币2000万元以上的第一审涉外民商事案件，其他中级人民法院管辖诉讼标的额人民币1000万元以上的第一审涉外民商事案件。

天津、河北、山西、内蒙古、辽宁、安徽、福建、山东、河南、湖北、湖南、广西、海南、四川、重庆高级人民法院管辖诉讼标的额人民币8000万元以上的第一审涉外民商事案件；直辖市中级人民法院以及省会城市、计划

单列市、经济特区所在地的市中级人民法院管辖诉讼标的额人民币 1000 万元以上的第一审涉外民商事案件，其他中级人民法院管辖诉讼标的额人民币 500 万元以上的第一审涉外民商事案件。

吉林、黑龙江、江西、云南、陕西、新疆高级人民法院和新疆生产建设兵团分院管辖诉讼标的额人民币 4000 万元以上的第一审涉外民商事案件；省会城市、计划单列市中级人民法院，管辖诉讼标的额人民币 500 万元以上的第一审涉外民商事案件，其他中级人民法院管辖诉讼标的额人民币 200 万元以上的第一审涉外民商事案件。

贵州、西藏、甘肃、青海、宁夏高级人民法院管辖诉讼标的额人民币 2000 万元以上的第一审涉外民商事案件；省会城市、计划单列市中级人民法院，管辖诉讼标的额人民币 200 万元以上的第一审涉外民商事案件，其他中级人民法院管辖诉讼标的额人民币 100 万元以上的第一审涉外民商事案件。

各高级人民法院发布的本辖区级别管辖标准，除于 2011 年 1 月后经我院批复同意的外，不再作为确定第一审涉外民商事案件级别管辖的依据。

二、下列案件由涉外审判庭或专门合议庭审理：

（一）当事人一方或者双方是外国人、无国籍人、外国企业或者组织，或者当事人一方或者双方的经常居所地在中华人民共和国领域外的民商事案件；

（二）产生、变更或者消灭民事关系的法律事实发生在中华人民共和国领域外，或者标的物在中华人民共和国领域外的民商事案件；

（三）外商投资企业设立、出资、确认股东资格、分配利润、合并、分立、解散等与该企业有关的民商事案件；

（四）一方当事人为外商独资企业的民商事案件；

（五）信用证、保函纠纷案件，包括申请止付保全案件；

（六）对第一项至第五项案件的管辖权异议裁定提起上诉的案件；

（七）对第一项至第五项案件的生效裁判申请再审的案件，但当事人依法向原审人民法院申请再审的除外；

（八）跨境破产协助案件；

（九）民商事司法协助案件；

（十）最高人民法院《关于仲裁司法审查案件归口办理有关问题的通知》确定的仲裁司法审查案件。

前款规定的民商事案件不包括婚姻家庭纠纷、继承纠纷、劳动争议、人事争议、环境污染侵权纠纷及环境公益诉讼。

三、海事海商及知识产权纠纷案件，不适用本通知。

四、涉及香港、澳门特别行政区和台湾地区的民商事案件参照适用本通知。

五、本通知自 2018 年 1 月 1 日起执行。之前已经受理的案件不适用本通知。

本通知执行过程中遇到的问题，请及时报告我院。

最高人民法院
关于中国证券登记结算有限责任公司履行职能相关的诉讼案件指定管辖问题的通知

（2007 年 6 月 20 日　法〔2007〕177 号）

各省、自治区、直辖市高级人民法院，解放军军事法院，新疆维吾尔自治区高级人民法院生产建设兵团分院：

为正确、及时地管辖、审理与中国证券登记结算有限责任公司履行职能相关的诉讼案件，特作如下通知：

一、根据《中华人民共和国民事诉讼法》第三十七条和《中华人民共和国行政诉讼法》第二十二条的有关规定，指定中国证券登记结算有限责任公司及其分支机构所在地的中级人民法院分别管辖以中国证券登记结算有限责任公司或其分支机构为被告、第三人的下列第一审民事和行政案件：

1. 中国证券登记结算有限责任公司或其分支机构根据法律、法规、规章的规定，进行证券登记、存管、结算业务或对结算参与人及其他相关单位和人员作出处理决定引发的诉讼；

2. 中国证券登记结算有限责任公司或其分支机构根据法律、法规的授权和国务院证券监督管理机构的依法授权，进行证券登记、存管、结算业务或对结算参与人及其他相关单位和人员作出处理决定引发的诉讼；

3. 中国证券登记结算有限责任公司或其分支机构根据其章程、业务规则的规定以及相关业务合同、协议、备忘录的约定，进行证券登记、存管、结算业务或对结算参与人及其他相关单位和人员作出处理决定引发的诉讼；

4. 中国证券登记结算有限责任公司或其分支机构在履行证券登记、存管、结算职能过程中引发的其他诉讼。

二、其他人民法院在本通知下发之日前受理的上述案件，已经开庭审理的，继续审理；尚未开庭审理的，移送指定法院审理。

最高人民法院
关于调整高级人民法院和中级人民法院管辖第一审民商事案件标准的通知

（2015年4月30日　法发〔2015〕7号）

各省、自治区、直辖市高级人民法院，解放军军事法院，新疆维吾尔自治区高级人民法院生产建设兵团分院：

为适应经济社会发展和民事诉讼需要，准确适用修改后的民事诉讼法关于级别管辖的相关规定，合理定位四级法院民商事审判职能，现就调整高级人民法院和中级人民法院管辖第一审民商事案件标准问题，通知如下：

一、当事人住所地均在受理法院所处省级行政辖区的第一审民商事案件

北京、上海、江苏、浙江、广东高级人民法院，管辖诉讼标的额5亿元以上一审民商事案件，所辖中级人民法院管辖诉讼标的额1亿元以上一审民商事案件。

天津、河北、山西、内蒙古、辽宁、安徽、福建、山东、河南、湖北、湖南、广西、海南、四川、重庆高级人民法院，管辖诉讼标的额3亿元以上一审民商事案件，所辖中级人民法院管辖诉讼标的额3000万元以上一审民商事案件。

吉林、黑龙江、江西、云南、陕西、新疆高级人民法院和新疆生产建设兵团分院，管辖诉讼标的额2亿元以上一审民商事案件，所辖中级人民法院管辖诉讼标的额1000万元以上一审民商事案件。

贵州、西藏、甘肃、青海、宁夏高级人民法院，管辖诉讼标的额1亿元以上一审民商事案件，所辖中级人民法院管辖诉讼标的额500万元以上一审民商事案件。

二、当事人一方住所地不在受理法院所处省级行政辖区的第一审民商事案件

北京、上海、江苏、浙江、广东高级人民法院，管辖诉讼标的额3亿元以上一审民商事案件，所辖中级人民法院管辖诉讼标的额5000万元以上一审民商事案件。

天津、河北、山西、内蒙古、辽宁、安徽、福建、山东、河南、湖北、湖南、广西、海南、四川、重庆高级人民法院，管辖诉讼标的额1亿元以上一审民商事案件，所辖中级人民法院管辖诉讼标的额 2000 万元以上一审民商事案件。

吉林、黑龙江、江西、云南、陕西、新疆高级人民法院和新疆生产建设兵团分院，管辖诉讼标的额 5000 万元以上一审民商事案件，所辖中级人民法院管辖诉讼标的额 1000 万元以上一审民商事案件。

贵州、西藏、甘肃、青海、宁夏高级人民法院，管辖诉讼标的额 2000 万元以上一审民商事案件，所辖中级人民法院管辖诉讼标的额 500 万元以上一审民商事案件。

三、解放军军事法院管辖诉讼标的额 1 亿元以上一审民商事案件，大单位军事法院管辖诉讼标的额 2000 万元以上一审民商事案件。

四、婚姻、继承、家庭、物业服务、人身损害赔偿、名誉权、交通事故、劳动争议等案件，以及群体性纠纷案件，一般由基层人民法院管辖。

五、对重大疑难、新类型和在适用法律上有普遍意义的案件，可以依照民事诉讼法第三十八条的规定，由上级人民法院自行决定由其审理，或者根据下级人民法院报请决定由其审理。

六、本通知调整的级别管辖标准不涉及知识产权案件、海事海商案件和涉外涉港澳台民商事案件。

七、本通知规定的第一审民商事案件标准，包含本数。

本通知自 2015 年 5 月 1 日起实施，执行过程中遇到的问题，请及时报告我院。

最高人民法院指导案例 56 号

韩凤彬诉内蒙古九郡药业有限责任公司等产品责任纠纷管辖权异议案

（最高人民法院审判委员会讨论通过　2015 年 11 月 19 日发布）

关键词

民事诉讼　管辖异议　再审期间

裁判要点

当事人在一审提交答辩状期间未提出管辖异议，在二审或者再审发回重审时提出管辖异议的，人民法院不予审查。

相关法条

《中华人民共和国民事诉讼法》第一百二十七条

基本案情

原告韩凤彬诉被告内蒙古九郡药业有限责任公司（以下简称九郡药业）、上海云洲商厦有限公司（以下简称云洲商厦）、上海广播电视台（以下简称上海电视台）、大连鸿雁大药房有限公司（以下简称鸿雁大药房）产品质量损害赔偿纠纷一案，辽宁省大连市中级人民法院于2008年9月3日作出（2007）大民权初字第4号民事判决。九郡药业、云洲商厦、上海电视台不服，向辽宁省高级人民法院提起上诉。该院于2010年5月24日作出（2008）辽民一终字第400号民事判决。该判决发生法律效力后，再审申请人九郡药业、云洲商厦向最高人民法院申请再审。

最高人民法院于同年12月22日作出（2010）民申字第1019号民事裁定，提审本案，并于2011年8月3日作出（2011）民提字第117号民事裁定，撤销一、二审民事判决，发回辽宁省大连市中级人民法院重审。在重审中，九郡药业和云洲商厦提出管辖异议。

裁判结果

辽宁省大连市中级人民法院于2012年2月29日作出（2011）大审民再初字第7号民事裁定，认为该院重审此案系接受最高人民法院指令，被告之一鸿雁大药房住所地在辽宁省大连市中山区，遂裁定驳回九郡药业和云洲商厦对管辖权提出的异议。九郡药业、云洲商厦提起上诉，辽宁省高级人民法院于2012年5月7日作出（2012）辽立一民再终字第1号民事裁定，认为原告韩凤彬在向大连市中级人民法院提起诉讼时，即将住所地在大连市的鸿雁大药房列为被告之一，且在原审过程中提交了在鸿雁大药房购药的相关证据并经庭审质证，鸿雁大药房属适格被告，大连市中级人民法院对该案有管辖权，遂裁定驳回上诉，维持原裁定。九郡药业、云洲商厦后分别向最高人民法院申请再审。最高人民法院于2013年3月27日作出（2013）民再申字第27号民事裁定，驳回九郡药业和云洲商厦的再审申请。

裁判理由

法院生效裁判认为：对于当事人提出管辖权异议的期间，《中华人民共和国民事诉讼法》（以下简称《民事诉讼法》）第一百二十七条明确规定：当事人对管辖权有异议的，应当在提交答辩状期间提出。当事人未提出管辖异议，并应诉答辩的，视为受诉人民法院有管辖权。由此可知，当事人在一审提交答辩状期间未提出管辖异议，在案件二审或者再审时才提出管辖权异议的，根据管辖恒定原则，案件管辖权已经确定，人民法院对此不予审查。本案中，九郡药业和云洲商厦是案件被通过审判监督程序裁定发回一审法院重审，在一审法院的重审中才就管辖权提出异议的。最初一审时原告韩凤彬的起诉状送达给九郡药业和云洲商厦，九郡药业和云洲商厦在答辩期内并没有对管辖权提出异议，说明其已接受了一审法院的管辖，管辖权已确定。而且案件经过一审、二审和再审，所经过的程序仍具有程序上的效力，不可逆转。本案是经审判监督程序发回一审法院重审的案件，虽然按照第一审程序审理，但是发回重审的案件并非一个初审案件，案件管辖权早已确定。就管辖而言，因民事诉讼程序的启动始于当事人的起诉，确定案件的管辖权，应以起诉时为标准，起诉时对案件有管辖权的法院，不因确定管辖的事实在诉讼过程中发生变化而影响其管辖权。当案件诉至人民法院，经人民法院立案受理，诉状送达给被告，被告在答辩期内未提出管辖异议，表明案件已确定了管辖法院，此后不因当事人住所地、经常居住地的变更或行政区域的变更而改变案件的管辖法院。在管辖权已确定的前提下，当事人无权再就管辖权提出异议。如果在重审中当事人仍可就管辖权提出异议，无疑会使已稳定的诉讼程序处于不确定的状态，破坏了诉讼程序的安定、有序，拖延诉讼，不仅降低诉讼效率，浪费司法资源，而且不利于纠纷的解决。因此，基于管辖恒定原则、诉讼程序的确定性以及公正和效率的要求，不能支持重审案件当事人再就管辖权提出的异议。据此，九郡药业和云洲商厦就本案管辖权提出异议，没有法律依据，原审裁定驳回其管辖异议并无不当。

综上，九郡药业和云洲商厦的再审申请不符合《民事诉讼法》第二百条第（六）项规定的应当再审情形，故依照该法第二百零四条第一款的规定，裁定驳回九郡药业和云洲商厦的再审申请。

第三章　审判组织

最高人民法院
关于全面加强人民法庭工作的决定

（2005年9月23日　法发〔2005〕16号）

为进一步贯彻中央关于加强人民法庭工作的指示精神，根据《中华人民共和国人民法院组织法》、《中华人民共和国刑事诉讼法》、《中华人民共和国民事诉讼法》等法律的规定，结合人民法庭工作的实际，按照审判工作规律的要求，就今后如何全面加强人民法庭工作作出如下决定：

一、充分认识加强人民法庭工作的重要意义，明确加强人民法庭工作的指导思想和基本任务

1. 人民法庭是基层人民法院的派出机构和组成部分，代表国家依法行使审判权，它作出的裁判就是基层人民法院的裁判。人民法庭是党通过司法途径保持同人民群众密切联系的桥梁和纽带，是展示国家司法权威和提高司法公信力的重要窗口。人民法庭处在维护社会稳定的第一线，处于化解和调处矛盾纠纷的前沿，促进经济和社会发展、维护社会稳定的责任重大。只有不断增强司法能力，提高司法水平，人民法庭才能依法妥善处理和化解各种社会矛盾，推进基层社会主义民主法制建设的进程，维护社会的公平和正义。因此，全面加强人民法庭建设，对巩固党的执政基础，推动社会主义物质文明、政治文明和精神文明建设，构建社会主义和谐社会，具有十分重要的意义。

2. 加强人民法庭工作，必须以邓小平理论和“三个代表”重要思想为指导，坚决贯彻落实“公正司法，一心为民”的指导方针，围绕“公正与效率”的工作主题，面向农村、面向基层、面向群众，坚持便于当事人诉讼，便于人民法院依法独立、公正和高效行使审判权的原则。

3. 加强人民法庭工作的基本任务是，遵循审判规律，规范审判管理，完善审判制度，稳定法官队伍，提高整体素质，优化法庭布局，加强基础建设，落实经费保障，为构建社会主义和谐社会，促进城乡经济社会发展、民主政治和精神文明建设提供有力的司法保障。

二、规范人民法庭和巡回审判点设置

4. 设置人民法庭，应当坚持“两便”原则。应当根据案件数量、区域大小、人口分布、交通条件、经济社会发展状况和有利于审判资源的合理配置等情况，决定人民法庭的具体设置、选址和案件管辖范围。人民法庭应当主要设置在农村或者城乡结合部。人民法庭的设置不受乡镇行政区划的限制。城市市区、基层人民法院所在的城镇不再新设人民法庭。

5. 设置人民法庭应当具备下列条件：一是年受理案件数量一般不低于二百件，但边远山区、牧区、林区等地区不受此限，具体受理案件数量由各高级人民法院根据实际情况决定；二是至少要有三名法官，一名书记员，有条件的应当配备司法警察。少数民族地区应当配备懂当地民族语言的审判人员和书记员；三是要有自有的审判、办公用房，以及适应审判工作需要的办公设施、通信设备和交通工具。

人民法庭的名称，以其所在地地名命名，并冠以其所属基层人民法院的名称。具体名称为“某某人民法院＋人民法庭所在地地名＋人民法庭”。海事法院派出法庭的名称为：“某某海事法院＋法庭所在地地名＋法庭”。

6. 人民法庭的设置、变更和撤销，由基层人民法院根据实际需要提出方案，逐级上报高级人民法院批准。

高级人民法院对不符合设置条件的人民法庭，有权决定撤销。

7. 基层人民法院可根据需要设立巡回审判点，由人民法庭定期或不定期对案件进行巡回审理。巡回审判点应当有相对固定的审判场所和必要的办案设施。

三、加强规范化管理

8. 人民法庭的案件管辖范围，由基层人民法院在自己管辖的一审民事、刑事自诉和执行案件范围内根据实际情况确定，并向社会公布。

人民法庭应当严格依法履行职责，不得超越审判职权参与行政执法活动、地方经济事务和其他与审判无关的事务。

9. 经基层人民法院同意，人民法庭可以直接受理案件。对于当事人直接向人民法庭起诉的案件，经审查认为符合人民法庭受理条件而决定立案的，人民法庭应当及时将当事人的基本情况、案由、简要案情等报基层人民法院立案庭，由立案庭统一编立案号；对巡回审理中随立随审的案件，要及时补办立案手续；对人民法庭受理的案件，立案庭应当将其纳入基层人民法院统一的案件流程管理体系，及时加强管理和督办。

已经建立远程立案系统的基层人民法院，由其统一立案并不影响当事人及时行使诉讼权利的，立案权可以由基层人民法院立案庭统一行使。

10. 人民法庭审理案件，一般适用简易程序。

11. 人民法庭审结的案件，由人民法庭负责执行。但涉及执行审查事项或者基层人民法院认为不宜由人民法庭执行的，由基层人民法院执行机构负责执行。业务管理由基层人民法院执行机构统一负责。

人民法庭执行案件的立案，其立案程序和流程管理，适用本决定第 9 条的规定。

12. 基层人民法院对人民法庭诉讼费用的预收、结算和退费要严格管理。基层人民法院在人民法庭所在地的乡镇农业银行设立有诉讼费用专用账户的，人民法庭应当告知当事人到农业银行交纳案件诉讼费用。

13. 人民法庭应当建立健全审限管理制度，确保高效、及时审结各类案件，不得久拖不结。基层人民法院对人民法庭审理的案件，应当依法进行审限管理。

14. 人民法庭审理案件，应当按照案件质量管理的规定，注重程序公正，严把案件证据关、事实关和适用法律关，不断提高案件质量，实现法律效果和社会效果相统一。

15. 人民法庭应当建立健全印章、档案、财物及图书资料等保管制度；应当根据实际需要建立健全其他管理制度。

四、加强调解工作

16. 人民法庭受理民事案件和刑事自诉案件后，可视案件情况进行庭前调解。

17. 人民法庭审理案件，应当将调解贯穿案件审理的全过程，做到能调则调、当判则判、调判结合、案结事了。

18. 人民法庭应当配合司法行政部门对人民调解员进行法律业务培训，提高其调解能力；应当适时组织人民调解员旁听案件的审理；对人民调解委员会在开展调解活动中遇到的法律问题，可以进行指导，但不得直接参与个案调解。

19. 人民法庭审理涉及人民调解协议的案件，对合法调解达成的有民事权利义务内容的调解协议应当给予支持；对违法调解达成的协议，应当依法予以撤销或者确认无效。调解协议被人民法院生效判决撤销或者确认无效后，人民法庭可以以适当方式告知当地司法行政机关或人民调解委员会。

对当事人选择纠纷解决的方式，人民法庭应当予以尊重。

五、落实司法为民要求

20. 人民法庭应当根据当事人的文化水平、诉讼能力、是否委托律师等具体情况履行释明义务，指导当事人起诉时明确诉讼请求，并围绕诉讼请求进行举证。

21. 基层人民法院对人民法庭诉讼费用的预收、结算和退费要方便人民群众。基层人民法院在人民法庭所在地的乡镇没有设立诉讼费用专用账户的，可由人民法庭代收案件诉讼费用。当事人到基层人民法院办理诉讼费用的结算和退费确有困难的，人民法庭可以代为办理。

22. 人民法庭除在法庭所在地对案件进行开庭审理外，可以根据需要在案件发生地、当事人所在地或巡回审判点对案件进行巡回审理。在巡回审理期间，双方当事人请求人民法庭解决纠纷的，如果该请求符合起诉立案条件，可以当即立案、当即开庭。当即开庭确有困难的，应当在确定开庭时间和地点后及时告知当事人。

23. 人民法庭应当不断增强便民、利民、为民意识，积极主动落实司法为民的各项具体措施。应当加强便民设施建设，设置公示栏、宣传栏，以便于公众查询和监督。对各类主要案件的收费标准、当事人主要诉讼权利和义务、举证须知、风险提示及审理程序应当公示。

六、加强物质装备保障

24. 各高级人民法院应当统一制定本辖区内人民法庭和海事法院派出法庭物质装备建设的总体规划，并根据国家对人民法庭建设的投资计划和当地的经济发展状况，制定出具体的年度建设计划，精心组织实施落实。人民法庭的审判、办公用房建设，应当在三年内完成；交通工具、法庭设备、现代化办公设备和计算机网络建设，也应当纳入总体建设规划和年度建设计划，所需经费纳入基层人民法院的经费预算，逐年安排解决。

25. 人民法庭审判、办公用房，应当按照《人民法庭建设标准》的相关规定进行建设。中西部地区的人民法庭未建和需要改、扩建审判、办公用房的，应当按照《国家发展和改革委员会办公厅、最高人民法院办公厅关于做好中西部地区基层人民法庭规划和建设工作的通知》执行。

26. 人民法庭应当配备必要的交通工具和办公、通讯设备；有条件的地方应当实现人民法庭与基层人民法院院机关的计算机联网，尽快实行电子签章，以保证审判工作高效进行。负有巡回审判任务的人民法庭，应当配备适应巡回审判工作需要的专用车辆、便携式法庭设备和其他业务专用设备。

27. 对于人民法庭的专项建设经费，要严格管理，专款专用，任何人不得以任何理由截留或挪用。

七、加强队伍建设

28. 人民法庭要按照“公正、高效、廉洁、文明”的要求，增强司法能力，提高司法水平，建设一支政治坚定、业务精通、作风优良、司法公正、联系群众、甘于奉献的法庭队伍。

29. 人民法庭的业务培训工作主要由高级人民法院负责：人民法庭庭长的培训由高级人民法院负责，其他法官和书记员的培训由高级人民法院或委托设有法官培训机构的中级人民法院承担；每三年应当对庭长、其他法官和书记员轮训一遍。要充分利用网络、电视等现代科技手段开展远程教育。各级人民法院要积极争取同级党委、人大和政府的支持，加大培训经费的投入，保障对人民法庭法官业务培训所需的经费开支。上级人民法院要尽量减少人民法庭法官业务培训的经济负担。基层人民法院应当根据需要，及时为人民法庭购置图书、订阅报刊等审判业务学习资料。

30. 人民法庭庭长应当由政治强、业务精、善协调、懂管理的法官担任。除具备担任法官的一般条件外，还应当具有三年以上法官任职经历。人民法庭由庭长主持日常工作，行使审判事务、行政事务和队伍建设的管理权。要选派科级以上法官担任人民法庭庭长。直辖市的人民法庭和案件多、任务重的人民法庭，可选派处级法官担任。人民法庭庭长实行轮岗制度，原则上每四年交流一次。

人民法庭除设庭长外，还可根据工作需要设副庭长。

31. 人民法庭的法官实行定期轮岗制度，具体办法由各高级人民法院规定。鼓励上级人民法院派出干部到人民法庭锻炼，并从人民法庭选拔优秀法官。设有人民法庭的基层人民法院的初任法官一般应当到人民法庭工作一年以上；选任基层人民法院院、庭领导，一般应当有人民法庭工作经历。

32. 各级人民法院要加大对人民法庭法官依法履行职务的保障力度，支持人民法庭依法办案，确保公正司法。各级人民法院要积极会同有关部门协商解决人民法庭工作人员工资、审判津贴的及时足额发放问题，并保证人民法庭正常办案经费开支，适当增加人民法庭驻庭人员的出勤和伙食补贴，具体标准由各高级人民法院会同同级财政部门制定，并纳入财政预算。要积极协调地方财政优先落实人民法庭法官和其他工作人员的医疗和因公伤亡保险。

33. 人民法庭党员的组织关系隶属于基层人民法院党组织。基层人民法院党组织对人民法庭党员应当进行有效的管理，凡党员人数在三人以上的人民法庭，可以成立党支部。没有成立党支部和党员人数在三人以下的人民法庭，由基层人民法院党组决定党员所属的支部。基层党组织应当按规定切实落实

“三会一课”制度，做好思想政治工作和廉政教育，充分发挥基层党组织的战斗堡垒作用，充分发挥党员的先锋模范作用。

34. 人民法庭的法官和其他工作人员要不断增强廉政意识，严格遵守审判纪律和廉政规定，坚决杜绝人情案、关系案、金钱案。对审判中的违法违纪行为，应当按照有关规定严肃查处。

35. 最高人民法院每四年对先进人民法庭和优秀人民法庭法官进行一次专项表彰；高级人民法院和中级人民法院每两年进行一次专项表彰。各级人民法院都要及时大力宣传人民法庭和人民法庭法官的先进事迹。

36. 基层人民法院要广泛听取社会各界对人民法庭队伍建设的意见，应当召开有人民法庭辖区内的人大代表、政协委员、人民陪审员、人民调解员、廉政监督员和群众代表等参加的座谈会，认真听取他们对人民法庭工作的意见。

八、加强对人民法庭工作的领导

37. 各级人民法院应当主动接受当地党委的领导、人大的监督，积极争取政府的支持，并定期或者不定期地向当地党委、人大汇报人民法庭的工作，及时与政府沟通情况，促进人民法庭工作的开展。

38. 最高人民法院、各高、中级人民法院应当成立人民法庭工作领导小组。领导小组由一名院领导担任组长，民事审判第一庭、政治人事工作部门、执行机构、研究室和司法行政装备管理等部门的负责人作为成员单位参加领导小组，职责是：研究本辖区内人民法庭工作的重大事项，布置各个时期人民法庭工作的任务。

人民法庭的基本建设和物质装备建设工作由各级人民法院司法行政装备管理部门具体负责。

基层人民法院要加强对人民法庭工作的领导，院长要亲自抓，在队伍建设、物质装备和审判管理等方面要采取切实可行的措施。

39. 最高人民法院、各高、中级人民法院人民法庭工作领导小组下设办公室，负责辖区内人民法庭日常工作的指导，完成领导小组交办的工作。有条件的应单独设立办公室；条件不具备的，办公室应依托在民事审判第一庭，但应配备一至二名专职工作人员。

40. 各级人民法院领导应当深入人民法庭开展调查研究，高级人民法院和中级人民法院领导每人应当确定一、二个联系点，每年到人民法庭调查研究。

各级人民法院应当从提高党的执政能力、巩固党的执政基础、构建社会主义和谐社会的高度，充分认识当前全面加强人民法庭工作的重要性，以求真务实、开拓进取的精神，全面加强人民法庭工作，下大力气解决新时期人民法庭建设中面临的实际困难，切实增强人民法庭的司法能力，提高人民法庭的司法水平，为开创人民法庭工作的新局面而努力奋斗！

最高人民法院
关于进一步加强新形势下人民法庭工作的若干意见

（2014年12月4日　法发〔2014〕21号）

为深入贯彻落实党的十八大、十八届三中全会、四中全会和《中共中央关于全面深化改革若干重大问题的决定》《中共中央关于全面推进依法治国若干重大问题的决定》精神，切实发挥人民法庭职能作用，推动人民法庭工作不断科学发展，现就进一步加强新形势下人民法庭工作提出如下意见。

一、深刻认识面临的新形势、新任务，准确把握人民法庭的职能定位

1. 正确认识新形势。落实全面深化改革任务要求，推进平安中国、法治中国建设，深化司法体制改革，满足人民群众多元司法需求，促进国家治理体系和治理能力现代化，是当前和今后一个时期人民法院工作面临的新形势。人民法庭作为人民法院“基层的基层”，是深化司法体制改革、全面推进依法治国的重要一环，必将面临更加严峻的考验，遇到更多复杂的问题，承担更加艰巨的任务。

2. 深刻理解新任务。人民法庭要继续充分发挥审判职能作用，积极参与基层社会治理，创新落实便民利民举措，因地制宜做好巡回审判工作，将依法独立行使审判权与扩大司法民主相结合，努力搭建阳光司法“窗口”，增进人民司法的社会认同，弘扬社会主义核心价值观。各级人民法院要切实优化人民法庭布局，积极稳妥在人民法庭推进司法改革，完善人民法庭的管理和保障机制，加强人民法庭队伍、装备和信息化建设。要不断提升人民法庭司法能力，为实现全面推进依法治国总目标，建设中国特色社会主义法治体系，建设社会主义法治国家，构建社会主义法治秩序，发挥人民法庭的重要作用。

3. 准确把握职能定位。牢牢把握司法为民公正司法工作主线，代表国家依法独立公正行使审判权，是人民法庭的核心职能。依法支持其他国家机关和群众自治组织调处社会矛盾纠纷，依法对人民调解委员会调解民间纠纷进行业务指导，积极参与基层社会治理，是人民法庭的重要职能。

二、始终坚持司法为民，切实发挥人民法庭的审判职能

4. 优化区域布局。认真贯彻落实《最高人民法院关于全面加强人民法庭工作的决定》，坚持“三个面向”和“两便”原则，以“职能明确、布局合理、审判公正、管理规范、队伍过硬、保障有力”为基本要求，综合案件数量、区域面积、人口数量、交通条件、经济社会发展状况，优化人民法庭的区域布局和人员比例。积极推进以中心法庭为主、社区法庭和巡回审判点为辅的法庭布局形式，戒除脱离实际贪大求多的错误观念，避免司法资源浪费和法庭建设、管理、维护困难。

5. 规范设置调整。基层人民法院要随着城市规划调整以及城乡发展一体化进程的逐步推进，慎重稳妥提出人民法庭设置调整方案，逐级上报高级人民法院批准。人民群众有需求，诉讼案件数量多，派驻人员有编制，建设用地能落实，建设资金有保障的，经高级人民法院批准，可增设人民法庭。增设规模较大、影响范围较广、资金人员需求较多的人民法庭设置调整方案，应当层报最高人民法院审查备案。经济社会发达、案件较多的地区，可以结合自身情况，探索专业化审判法庭的设置。

6. 完善立案机制。基层人民法院要根据辖区实际情况，科学构建人民法庭直接立案工作机制，加强对人民法庭立案工作的指导和管理。经济发达、交通便利地区的人民法庭，可以通过基层人民法院统一立案的方式，加强案件流程管理。山区、牧区、林区、边远地区等交通不便地区的人民法庭，要加强和完善人民法庭直接立案工作机制，并通过远程立案等技术手段，着力解决当事人立案难问题。人民法庭具体受案范围由所属基层人民法院确定后，通过一定方式向社会公布。对依法应当受理的案件，要做到有案必立、有诉必理，对确实不应受理的，要向当事人说明理由。

7. 抓好民生审判。按照落实集体所有权、稳定农户承包权、放活土地经营权的总要求，切实依法维护农村土地承包关系和农民土地承包经营权，强化对土地承包经营权的物权保护，依法保障农民对承包地占有、使用、收益、流转及经营权抵押、担保权利。依法妥善审理与民生息息相关领域的纠纷，维护农村留守儿童、留守妇女和留守老年人的合法权益。依法保护生态环境，推进人居环境整治，为科学推进社会主义新农村建设提供司法保障。

8. 加强诉讼服务。推进人民法庭窗口建设，努力为当事人的诉讼活动提供集成式、一站式服务。加强对诉讼当事人的诉讼指导，对诉讼能力不高的当事人提供必要的程序性引导。对当事人举证确实困难或案件审理确实需要的重要证据，应根据当事人申请或依职权，适时主动调查取证。依法选择并适用更为经济的诉讼程序和程序性措施，切实降低当事人的诉讼负担。推动

完善法律援助制度，加强司法救助工作力度，切实保证人民群众及时有效获取法律帮助。

9. 做好巡回审判。正确处理坐堂问案和巡回审判之间的关系，认真落实《关于大力推广巡回审判方便人民群众诉讼的意见》，合理设置巡回办案点与诉讼服务点，提高巡回审判的针对性和实效性。边远民族地区以及其他群众诉讼不便地区，应当确立巡回审判为主的工作机制，继承和弘扬马锡五审判方式，推广车载法庭等巡回审判模式，形成以人民法庭为点、车载流动法庭为线、基层人民法院为面，“点线面”相结合、全覆盖的司法服务网络。经济发达交通便利地区，应将巡回审判的重点放在对社会和谐稳定影响较大，对提高人民群众法治意识、维护社会主义法治秩序和弘扬社会主义道德风尚有重要作用的案件上。

10. 处理好调判关系。充分发挥调解在化解基层民事纠纷中的独特作用，对适宜调解的民事纠纷要依法先行调解。积极总结不同类型案件的特点，在法律规定框架内，恰当借助乡规民约，尊重善良风俗和社情民意，创新调解工作方法，力求从根源上彻底化解矛盾。坚决纠正强迫调解、久调不决等损害当事人合法权益，以及下达强制性调撤指标等违背审判规律的错误做法。大力提高人民法庭裁判文书质量，注重通过正确适用法律、加强释法说理，发挥司法裁判的道德指引功能，彰显规则、维护秩序、弘扬美德。

11. 改进执行工作。对执行工作难度较大、基层人民法院执行不影响当事人合法权益及时实现，以及人员装备难以保障执行工作顺利开展的人民法庭审结案件，原则上由基层人民法院负责执行。对可以当庭执结以及由人民法庭执行更加方便诉讼群众的案件，应当由人民法庭负责执行。有条件的地方，可以探索由所在基层人民法院派驻执行组等方式构建直接执行机制，最大限度地方便群众诉讼，提高执行效率。

12. 完善人民陪审制度。落实人民陪审员倍增计划，结合人民法庭工作特点，扩大基层群众入选比例，扩大参审案件范围。规范人民陪审员参与审理案件的确定方式和流程，认真落实“随机抽取”原则，改变长期驻庭做法。强化人民陪审员岗前和任职培训，提高履职能力。积极探索实行人民陪审员仅参与审理事实认定问题的机制和办法。建立经费保障标准定期调整机制，及时足额发放人民陪审员的交通、误工等补助费用。

三、积极参与基层社会治理，切实发挥人民法庭桥梁纽带和司法保障作用

13. 为其他机构组织化解纠纷提供司法保障。充分发挥人民法庭在“四个治理”中的纽带作用和在多元纠纷解决机制中的示范、保障作用，为提高乡镇、县域治理法治化水平作出积极贡献。主动加强与公安、司法、劳动争议仲裁、农村土地承包仲裁、人民调解委员会等其他基层国家机关、群众自治组织、行业调解组织等的沟通与协作，尊重和支持其依法调处社会矛盾纠纷，积极做好司法确认等诉讼与非诉讼矛盾纠纷解决机制的衔接工作。

14. 对各类调解组织给予引导。按照“不缺位、不越位、不错位”的原则，依法加强对人民调解委员会的业务指导。以审判职能的有效发挥，为人民调解、行政调解和群众自治组织调处化解矛盾纠纷提供法治样本和导向指引。特别注意加强和规范与居民委员会、村民委员会等基层群众组织在化解矛盾纠纷中的联系和沟通，共同维护良好的基层社会秩序。

15. 立足审判职能参与地方治理。人民法庭要灵活运用公众开放日、观摩庭审、以案释法、判后答疑等多种形式，积极开展法治宣传，引导人民群众自觉履行法定义务、社会责任、家庭责任。要通过及时向地方党委、人大报送涉诉矛盾纠纷专项报告，向政府及其他相关部门提出司法建议的方式，参与地方社会治理。不得超越审判职能参与地方行政、经济事务，以及其他与审判职责无关的会议、接访、宣传等事务。

四、积极稳妥推进司法体制改革，不断完善人民法庭工作机制

16. 开展改革试点。各级人民法院要把人民法庭作为司法改革的“试验田”，按照解放思想、积极推进、求真务实、慎重稳妥的原则，推进改革在人民法庭先行先试。辖区内设有人民法庭的中级人民法院，选择 3—5 个人民法庭，对适宜在人民法庭开展的改革进行试点，鼓励具备条件地区积极扩大试点范围。试点人民法庭应当至少每半年就试点工作情况向所在基层人民法院作出汇报，并逐级层报汇总至最高人民法院，为全面推进司法体制改革积累经验、创造条件。

17. 落实司法责任制。遵循司法规律，按照权责统一的原则，探索建立主审法官办案责任制，明确法官办案权力和责任，逐步实现裁判文书由主审法官签发。有条件的地方可以探索完善合议庭办案责任制，明确个人意见、履职行为在案件处理结果中的责任。规范人民法庭庭长对审判工作的监督管理权限，做到权责统一明晰、监督规范有序。

18. 优化人员构成。建立编制增补和动态管理机制，确保已增编制 80% 用于基层和审判一线，根据工作需要及时补充人员。坚持内涵式队伍发展路径，探索根据审判工作量，组建以主审法官为中心的审判团队，配备必要数量的法官助理、书记员等审判辅助人员，以购买服务等方式配强审判辅助力量，解决一些地方因审判人员不足而出现的“一人庭”“二人庭”问题。完善司法人员分类管理制度，稳定审判队伍，提高审判质效。

19. 健全职业保障。推进法官专业职务序列及工资制度改革，逐步提高基层法官职级待遇，实现人民法庭法官职务、职级和法官等级上的适当高配，以及工资福利政策向基层法院和人民法庭的适度倾斜。人民法庭可以先行试行工资加办案补贴、岗位津贴等薪酬确定方式。加强职业风险保障，完善因公牺牲、意外伤害等抚恤救助制度。上级人民法院在探索和推动省以下地方法院人财物统一管理，以及法官延迟退休、返聘等改革时，要注意考虑人民法庭的特点和需求。

20. 完善审判管理。剔除不符合审判规律、不利于人民法庭工作开展和容易产生错误导向的管理考核指标。明确简易案件与疑难复杂案件的分类标准，合理配置审判资源，实现案件繁简分流。探索在小额诉讼和其他适宜的简易案件中，使用表格式、令状式、要素式等简易文书，加快审理进程。探索审判辅助性事务集中专门处理的工作制度，让法官专注于审判。

21. 强化司法公开。全面公开法庭人员信息、管理制度、行为规范、诉讼指南，依法及时公开案件信息、司法依据、诉讼流程、裁判结果，满足当事人知情权，杜绝暗箱操作。在推进“三个平台”建设过程中，注重考虑人民法庭工作特点。积极发挥人民法庭根植基层的特殊优势，在保障司法安全前提下，简化旁听手续，满足人民群众旁听需求；开展司法公开主题活动，主动邀请和组织社会各界代表旁听庭审、参观法庭工作；进一步发挥巡回审判在司法公开、法治宣传方面的独特作用，增强社会对法庭工作的认同。

五、切实加强队伍建设和组织领导，不断提升人民法庭队伍素质和物质装备保障水平

22. 加强党建工作。坚持“支部建在庭上”，实现党的组织和党的工作全覆盖。有 3 名以上党员的人民法庭应成立党支部，党员不足 3 名的人民法庭可成立联合党支部。人民法庭党支部的组织关系隶属所在基层人民法院。强化人民法庭党支部的组织功能，严格党内生活，充分发挥党支部对干警的教育、管理、监督职能，注重运用信息网络、新媒体开展党建工作。

23. 选好法庭庭长。要积极落实人民法庭机构级别和人民法庭庭长职级，优先从具有法庭工作经历的人员中，选派科级以上法官担任人民法庭庭长，直辖市的人民法庭和案件多、任务重的人民法庭，可选派处级法官担任，根据工作需要人民法庭可设副庭长。要优先从具有人民法庭庭长任职经历的人员中选拔基层人民法院领导。

24. 健全定期轮岗和挂职锻炼制度。有序推进人民法庭之间、人民法庭和基层人民法院其他庭室之间的人员交流。人民法庭庭长一般应在任职后三至五年轮岗一次。基层人民法院新招录人员一般应先安排在人民法庭接受锻炼一年以上。基层人民法院选派法官到上级人民法院、发达地区法院学习锻炼，应优先选派人民法庭法官；上级人民法院选调法官，应接收一定比例具有法庭工作经历的法官；上级人民法院选派有培养前途的干部到基层，应优先安排到人民法庭挂职锻炼。

25. 落实党风廉政责任。基层人民法院党组要将人民法庭党风廉政建设纳入主体责任范围，对人民法庭发生的重大违法违纪案件，在对直接责任人进行责任追究的同时，要按照党风廉政建设责任制的规定，对有关法院领导干部进行问责。基层人民法院纪检监察部门，要切实履行监督职责，通过审务督查和专项检查等，及时发现和纠正人民法庭干警在纪律作风方面存在的问题，以“零容忍”态度严肃查办违法违纪案件。人民法庭庭长要认真履行“一岗双责”，在做好审判工作的同时，管好带好队伍，确保人民法庭公正廉洁司法。

26. 加强纪律作风建设。不断强化理想信念教育，引导人民法庭干警牢固树立群众观念，增进群众感情，切实解决群众反映强烈的“六难三案”问题。坚持从严教育、从严管理、从严监督，坚决整治人民法庭工作中的不正之风。依托信息化手段，全面构建符合人民法庭工作特点的廉政风险防控机制，切实加强对人民法庭审判权运行的监督制约，提高司法廉政制度的执行力。要将作风建设摆在突出位置、融入日常工作，以制度确保改进司法作风的规范化、常态化、长效化。

27. 改善法庭管理。健全法庭管理规章制度，注重经常性管理，注意以听取基层群众意见的方式完善考核评价机制。注重树立和宣传人民法庭先进典型，及时对人民法庭优秀干警给予表彰奖励。加强文化体育场所建设，落实休假、疗养制度，定期组织体检，加强对干警的人文关怀和心理疏导，帮助解决工作、学习和生活实际困难。

28. 改进教育培训。定期开展人民法庭庭长轮训，确保人民法庭法官每年接受业务培训时间不少于 7 天。坚持分级分类培训，充分发挥各级法官培训机构主导作用，积极利用其他培训机构和高等院校培训资源，通过多种方式促进优质教育培训资源向人民法庭延伸倾斜。坚持以需求为导向，紧扣审判实践的培训方向。进一步加大对西部和民族地区培训工作的扶持力度，加强双语法官培养。

29. 抓好基础设施建设。高级人民法院要按照人民法院基础设施建设“十二五”规划要求，合理安排年度建设计划，力争在“十二五”期间全面完成现有人民法庭基础设施建设任务。新建人民法庭应依据《人民法院法庭建设标准》，根据法庭编制人数、年受理案件数等因素合理确定建设规模，严格审核设计方案，并按照《人民法庭统一标识设置规范》要求，安装统一标识。

30. 增强经费保障能力。基层人民法院要根据人民法庭工作任务和装备配备、信息化建设需要，做好人民法庭预算编制工作，及时拨付资金。各高级人民法院要加强对人民法庭经费使用、管理的指导和监督检查。要有计划、分步骤地为人民法庭配备必需的办案办公装备，逐年提高装备配备水平，改善审判工作条件。到2015年，全国人民法庭装备配备均应达到《基层人民法院基本业务装备配备指导标准》要求的水平。

31. 推动信息化建设。高级人民法院要以“天平工程”建设为抓手，围绕人民法庭管理和便民、利民，合理确定人民法庭信息化建设内容和规模，加大投入和经费保障力度。按照最高人民法院《关于全面加强人民法院信息化工作的决定》和《人民法院信息化建设五年规划》要求，东部地区在2014年底前、中部地区在2015年底前、西部地区在2016年底前，人民法庭接入基层人民法院信息网络系统。要确保人民法院信息系统软件、硬件配置满足人民法庭诉讼服务工作的需要，为人民法庭配备必要的信息化办公、办案设备和软件，优化办事流程，提高办事效率和人性化水平。

32. 重视安全管理。要建立健全督查机制，增强安全防范意识，克服松懈麻痹思想和侥幸心理，扎实做好日常安全保卫工作。要按照“必要、充足、及时”要求，原则上为每个人民法庭配备至少一名司法警察，并根据工作需要配备若干名安保人员。完善安检、防爆、监控、液体危险品检测等各类安全防范设施和装备配备，优先改善人民法庭安全防危硬件条件，确保人民法庭“人防、物防、技防”落实到位，严密防范各类重大恶性安全责任事故。

33. 推动理论研究。各级人民法院要立足不同职能定位，为繁荣人民法庭理论研究创造条件，加强与法学教育研究机构进行多种形式交流与协作，凝聚多方力量，探索建立人民法庭理论研究工作机制，深入开展人民法庭理论研究工作。着重研究新形势下人民法庭在中国特色社会主义司法制度中的地位和作用，人民法庭的职能定位和在社会治理中的作用，以及人民法庭如何在推进司法改革进程中开展好司法为民、便民、利民工作等全局性、前瞻性重大课题。以问题为导向，从人民法庭的司法实践中总结提炼理论研究的素材和课题，形成理论研究成果，切实实现成果转化，指导和推动人民法庭工作科学发展。

34. 加强监督指导。各级人民法院党组要切实对人民法庭工作负起领导责任。中级人民法院以上的各级人民法院，应当成立专门的人民法庭指导工作办公室，坚持分类指导原则，增强指导的针对性和实效性。要将监督指导人民法庭工作，作为各级人民法院日常工作的重要内容，完善问题发现、反馈、分析和解决机制，建立重大敏感案件风险评估、预警和化解机制。

最高人民法院
关于巡回法庭审理案件若干问题的规定

法释〔2016〕30号

（2015年1月5日最高人民法院审判委员会第1640次会议通过　根据2016年12月19日最高人民法院审判委员会第1704次会议通过的《最高人民法院关于修改〈最高人民法院关于巡回法庭审理案件若干问题的规定〉的决定》修正　2016年12月27日最高人民法院公告公布　自2016年12月28日起施行）

为依法及时公正审理跨行政区域重大行政和民商事等案件，推动审判工作重心下移、就地解决纠纷、方便当事人诉讼，根据《中华人民共和国人民法院组织法》《中华人民共和国行政诉讼法》《中华人民共和国民事诉讼法》《中华人民共和国刑事诉讼法》等法律以及有关司法解释，结合最高人民法院审判工作实际，就最高人民法院巡回法庭（简称巡回法庭）审理案件等问题规定如下。

第一条　最高人民法院设立巡回法庭，受理巡回区内相关案件。第一巡回法庭设在广东省深圳市，巡回区为广东、广西、海南、湖南四省区。第二巡回法庭设在辽宁省沈阳市，巡回区为辽宁、吉林、黑龙江三省。第三巡回法庭设在江苏省南京市，巡回区为江苏、上海、浙江、福建、江西五省市。第四巡回法庭设在河南省郑州市，巡回区为河南、山西、湖北、安徽四省。第五巡回法庭设在重庆市，巡回区为重庆、四川、贵州、云南、西藏五省区。第六巡回法庭设在陕西省西安市，巡回区为陕西、甘肃、青海、宁夏、新疆五省区。最高人民法院本部直接受理北京、天津、河北、山东、内蒙古五省区市有关案件。

最高人民法院根据有关规定和审判工作需要，可以增设巡回法庭，并调整巡回法庭的巡回区和案件受理范围。

第二条　巡回法庭是最高人民法院派出的常设审判机构。巡回法庭作出的判决、裁定和决定，是最高人民法院的判决、裁定和决定。

第三条　巡回法庭审理或者办理巡回区内应当由最高人民法院受理的以下案件：

（一）全国范围内重大、复杂的第一审行政案件；

（二）在全国有重大影响的第一审民商事案件；

（三）不服高级人民法院作出的第一审行政或者民商事判决、裁定提起上诉的案件；

（四）对高级人民法院作出的已经发生法律效力的行政或者民商事判决、裁定、调解书申请再审的案件；

（五）刑事申诉案件；

（六）依法定职权提起再审的案件；

（七）不服高级人民法院作出的罚款、拘留决定申请复议的案件；

（八）高级人民法院因管辖权问题报请最高人民法院裁定或者决定的案件；

（九）高级人民法院报请批准延长审限的案件；

（十）涉港澳台民商事案件和司法协助案件；

（十一）最高人民法院认为应当由巡回法庭审理或者办理的其他案件。

巡回法庭依法办理巡回区内向最高人民法院提出的来信来访事项。

第四条　知识产权、涉外商事、海事海商、死刑复核、国家赔偿、执行案件和最高人民检察院抗诉的案件暂由最高人民法院本部审理或者办理。

第五条　巡回法庭设立诉讼服务中心，接受并登记属于巡回法庭受案范围的案件材料，为当事人提供诉讼服务。对于依照本规定应当由最高人民法院本部受理案件的材料，当事人要求巡回法庭转交的，巡回法庭应当转交。

巡回法庭对于符合立案条件的案件，应当在最高人民法院办案信息平台统一编号立案。

第六条　当事人不服巡回区内高级人民法院作出的第一审行政或者民商事判决、裁定提起上诉的，上诉状应当通过原审人民法院向巡回法庭提出。当事人直接向巡回法庭上诉的，巡回法庭应当在五日内将上诉状移交原审人民法院。原审人民法院收到上诉状、答辩状，应当在五日内连同全部案卷和证据，报送巡回法庭。

第七条　当事人对巡回区内高级人民法院作出的已经发生法律效力的判决、裁定申请再审或者申诉的，应当向巡回法庭提交再审申请书、申诉书等材料。

第八条　最高人民法院认为巡回法庭受理的案件对统一法律适用有重大指导意义的，可以决定由本部审理。

巡回法庭对于已经受理的案件，认为对统一法律适用有重大指导意义的，可以报请最高人民法院本部审理。

第九条　巡回法庭根据审判工作需要，可以在巡回区内巡回审理案件、接待来访。

第十条　巡回法庭按照让审理者裁判、由裁判者负责原则，实行主审法官、合议庭办案责任制。巡回法庭主审法官由最高人民法院从办案能力突出、审判经验丰富的审判人员中选派。巡回法庭的合议庭由主审法官组成。

第十一条　巡回法庭庭长、副庭长应当参加合议庭审理案件。合议庭审理案件时，由承办案件的主审法官担任审判长。庭长或者副庭长参加合议庭审理案件时，自己担任审判长。巡回法庭作出的判决、裁定，经合议庭成员签署后，由审判长签发。

第十二条　巡回法庭受理的案件，统一纳入最高人民法院审判信息综合管理平台进行管理，立案信息、审判流程、裁判文书面向当事人和社会依法公开。

第十三条　巡回法庭设廉政监察员，负责巡回法庭的日常廉政监督工作。

最高人民法院监察局通过受理举报投诉、查处违纪案件、开展司法巡查和审务督察等方式，对巡回法庭及其工作人员进行廉政监督。

最高人民法院
关于互联网法院审理案件若干问题的规定

法释〔2018〕16号

（2018年9月3日最高人民法院审判委员会第1747次会议通过
2018年9月6日最高人民法院公告公布　自2018年9月7日起施行）

为规范互联网法院诉讼活动，保护当事人及其他诉讼参与人合法权益，确保公正高效审理案件，根据《中华人民共和国民事诉讼法》《中华人民共和国行政诉讼法》等法律，结合人民法院审判工作实际，就互联网法院审理案件相关问题规定如下。

第一条　互联网法院采取在线方式审理案件，案件的受理、送达、调解、证据交换、庭前准备、庭审、宣判等诉讼环节一般应当在线上完成。

根据当事人申请或者案件审理需要，互联网法院可以决定在线下完成部分诉讼环节。

第二条　北京、广州、杭州互联网法院集中管辖所在市的辖区内应当由基层人民法院受理的下列第一审案件：

（一）通过电子商务平台签订或者履行网络购物合同而产生的纠纷；

（二）签订、履行行为均在互联网上完成的网络服务合同纠纷；

（三）签订、履行行为均在互联网上完成的金融借款合同纠纷、小额借款合同纠纷；

（四）在互联网上首次发表作品的著作权或者邻接权权属纠纷；

（五）在互联网上侵害在线发表或者传播作品的著作权或者邻接权而产生的纠纷；

（六）互联网域名权属、侵权及合同纠纷；

（七）在互联网上侵害他人人身权、财产权等民事权益而产生的纠纷；

（八）通过电子商务平台购买的产品，因存在产品缺陷，侵害他人人身、财产权益而产生的产品责任纠纷；

（九）检察机关提起的互联网公益诉讼案件；

（十）因行政机关作出互联网信息服务管理、互联网商品交易及有关服务管理等行政行为而产生的行政纠纷；

（十一）上级人民法院指定管辖的其他互联网民事、行政案件。

第三条 当事人可以在本规定第二条确定的合同及其他财产权益纠纷范围内，依法协议约定与争议有实际联系地点的互联网法院管辖。

电子商务经营者、网络服务提供商等采取格式条款形式与用户订立管辖协议的，应当符合法律及司法解释关于格式条款的规定。

第四条 当事人对北京互联网法院作出的判决、裁定提起上诉的案件，由北京市第四中级人民法院审理，但互联网著作权权属纠纷和侵权纠纷、互联网域名纠纷的上诉案件，由北京知识产权法院审理。

当事人对广州互联网法院作出的判决、裁定提起上诉的案件，由广州市中级人民法院审理，但互联网著作权权属纠纷和侵权纠纷、互联网域名纠纷的上诉案件，由广州知识产权法院审理。

当事人对杭州互联网法院作出的判决、裁定提起上诉的案件，由杭州市中级人民法院审理。

第五条 互联网法院应当建设互联网诉讼平台（以下简称诉讼平台），作为法院办理案件和当事人及其他诉讼参与人实施诉讼行为的专用平台。通过诉讼平台作出的诉讼行为，具有法律效力。

互联网法院审理案件所需涉案数据，电子商务平台经营者、网络服务提供商、相关国家机关应当提供，并有序接入诉讼平台，由互联网法院在线核实、实时固定、安全管理。诉讼平台对涉案数据的存储和使用，应当符合《中华人民共和国网络安全法》等法律法规的规定。

第六条 当事人及其他诉讼参与人使用诉讼平台实施诉讼行为的，应当通过证件证照比对、生物特征识别或者国家统一身份认证平台认证等在线方式完成身份认证，并取得登录诉讼平台的专用账号。

使用专用账号登录诉讼平台所作出的行为，视为被认证人本人行为，但因诉讼平台技术原因导致系统错误，或者被认证人能够证明诉讼平台账号被盗用的除外。

第七条　互联网法院在线接收原告提交的起诉材料，并于收到材料后七日内，在线作出以下处理：

（一）符合起诉条件的，登记立案并送达案件受理通知书、诉讼费交纳通知书、举证通知书等诉讼文书。

（二）提交材料不符合要求的，及时发出补正通知，并于收到补正材料后次日重新起算受理时间；原告未在指定期限内按要求补正的，起诉材料作退回处理。

（三）不符合起诉条件的，经释明后，原告无异议的，起诉材料作退回处理；原告坚持继续起诉的，依法作出不予受理裁定。

第八条　互联网法院受理案件后，可以通过原告提供的手机号码、传真、电子邮箱、即时通讯账号等，通知被告、第三人通过诉讼平台进行案件关联和身份验证。

被告、第三人应当通过诉讼平台了解案件信息，接收和提交诉讼材料，实施诉讼行为。

第九条　互联网法院组织在线证据交换的，当事人应当将在线电子数据上传、导入诉讼平台，或者将线下证据通过扫描、翻拍、转录等方式进行电子化处理后上传至诉讼平台进行举证，也可以运用已经导入诉讼平台的电子数据证明自己的主张。

第十条　当事人及其他诉讼参与人通过技术手段将身份证明、营业执照副本、授权委托书、法定代表人身份证明等诉讼材料，以及书证、鉴定意见、勘验笔录等证据材料进行电子化处理后提交的，经互联网法院审核通过后，视为符合原件形式要求。对方当事人对上述材料真实性提出异议且有合理理由的，互联网法院应当要求当事人提供原件。

第十一条　当事人对电子数据真实性提出异议的，互联网法院应当结合质证情况，审查判断电子数据生成、收集、存储、传输过程的真实性，并着重审查以下内容：

（一）电子数据生成、收集、存储、传输所依赖的计算机系统等硬件、软件环境是否安全、可靠；

（二）电子数据的生成主体和时间是否明确，表现内容是否清晰、客观、准确；

（三）电子数据的存储、保管介质是否明确，保管方式和手段是否妥当；

（四）电子数据提取和固定的主体、工具和方式是否可靠，提取过程是否可以重现；

（五）电子数据的内容是否存在增加、删除、修改及不完整等情形；

（六）电子数据是否可以通过特定形式得到验证。

当事人提交的电子数据，通过电子签名、可信时间戳、哈希值校验、区块链等证据收集、固定和防篡改的技术手段或者通过电子取证存证平台认证，能够证明其真实性的，互联网法院应当确认。

当事人可以申请具有专门知识的人就电子数据技术问题提出意见。互联网法院可以根据当事人申请或者依职权，委托鉴定电子数据的真实性或者调取其他相关证据进行核对。

第十二条 互联网法院采取在线视频方式开庭。存在确需当庭查明身份、核对原件、查验实物等特殊情形的，互联网法院可以决定在线下开庭，但其他诉讼环节仍应当在线完成。

第十三条 互联网法院可以视情决定采取下列方式简化庭审程序：

（一）开庭前已经在线完成当事人身份核实、权利义务告知、庭审纪律宣示的，开庭时可以不再重复进行；

（二）当事人已经在线完成证据交换的，对于无争议的证据，法官在庭审中说明后，可以不再举证、质证；

（三）经征得当事人同意，可以将当事人陈述、法庭调查、法庭辩论等庭审环节合并进行。对于简单民事案件，庭审可以直接围绕诉讼请求或者案件要素进行。

第十四条 互联网法院根据在线庭审特点，适用《中华人民共和国人民法院法庭规则》的有关规定。除经查明确属网络故障、设备损坏、电力中断或者不可抗力等原因外，当事人不按时参加在线庭审的，视为“拒不到庭”，庭审中擅自退出的，视为“中途退庭”，分别按照《中华人民共和国民事诉讼法》《中华人民共和国行政诉讼法》及相关司法解释的规定处理。

第十五条 经当事人同意，互联网法院应当通过中国审判流程信息公开网、诉讼平台、手机短信、传真、电子邮件、即时通讯账号等电子方式送达诉讼文书及当事人提交的证据材料等。

当事人未明确表示同意，但已经约定发生纠纷时在诉讼中适用电子送达的，或者通过回复收悉、作出相应诉讼行为等方式接受已经完成的电子送达，并且未明确表示不同意电子送达的，可以视为同意电子送达。

经告知当事人权利义务，并征得其同意，互联网法院可以电子送达裁判文书。当事人提出需要纸质版裁判文书的，互联网法院应当提供。

第十六条 互联网法院进行电子送达，应当向当事人确认电子送达的具体方式和地址，并告知电子送达的适用范围、效力、送达地址变更方式以及其他需告知的送达事项。

受送达人未提供有效电子送达地址的，互联网法院可以将能够确认为受送达人本人的近三个月内处于日常活跃状态的手机号码、电子邮箱、即时通讯账号等常用电子地址作为优先送达地址。

第十七条　互联网法院向受送达人主动提供或者确认的电子地址进行送达的，送达信息到达受送达人特定系统时，即为送达。

互联网法院向受送达人常用电子地址或者能够获取的其他电子地址进行送达的，根据下列情形确定是否完成送达：

（一）受送达人回复已收到送达材料，或者根据送达内容作出相应诉讼行为的，视为完成有效送达。

（二）受送达人的媒介系统反馈受送达人已阅知，或者有其他证据可以证明受送达人已经收悉的，推定完成有效送达，但受送达人能够证明存在媒介系统错误、送达地址非本人所有或者使用、非本人阅知等未收悉送达内容的情形除外。

完成有效送达的，互联网法院应当制作电子送达凭证。电子送达凭证具有送达回证效力。

第十八条　对需要进行公告送达的事实清楚、权利义务关系明确的简单民事案件，互联网法院可以适用简易程序审理。

第十九条　互联网法院在线审理的案件，审判人员、法官助理、书记员、当事人及其他诉讼参与人等通过在线确认、电子签章等在线方式对调解协议、笔录、电子送达凭证及其他诉讼材料予以确认的，视为符合《中华人民共和国民事诉讼法》有关“签名”的要求。

第二十条　互联网法院在线审理的案件，可以在调解、证据交换、庭审、合议等诉讼环节运用语音识别技术同步生成电子笔录。电子笔录以在线方式核对确认后，与书面笔录具有同等法律效力。

第二十一条　互联网法院应当利用诉讼平台随案同步生成电子卷宗，形成电子档案。案件纸质档案已经全部转化为电子档案的，可以以电子档案代替纸质档案进行上诉移送和案卷归档。

第二十二条　当事人对互联网法院审理的案件提起上诉的，第二审法院原则上采取在线方式审理。第二审法院在线审理规则参照适用本规定。

第二十三条　本规定自2018年9月7日起施行。最高人民法院之前发布的司法解释与本规定不一致的，以本规定为准。

最高人民法院　最高人民检察院
印发《关于人民检察院检察长列席人民法院审判委员会会议的实施意见》的通知

（2010年1月12日　法发〔2010〕4号）

全国地方各级人民法院、人民检察院，各级军事法院、检察院，各铁路运输中级法院和基层法院、检察院，各海事法院、检察院，新疆生产建设兵团各级法院、检察院：

落实并完善人民检察院检察长、受检察长委托的副检察长列席人民法院审判委员会会议的规定，是中办〔2008〕28号文件规定的改革任务之一。最高人民法院、最高人民检察院在深入调研的基础上，制定了《最高人民法院、最高人民检察院关于人民检察院检察长列席人民法院审判委员会会议的实施意见》，已于2009年10月12日由最高人民法院审判委员会第1475次会议、2009年8月11日由最高人民检察院第十一届检察委员会第17次会议讨论通过。现予以印发，自2010年4月1日起施行。请结合本地实际贯彻执行，在实施过程中如有问题，请分别向最高人民法院、最高人民检察院报告。

附：

最高人民法院　最高人民检察院
关于人民检察院检察长列席人民法院审判委员会会议的实施意见

为进一步落实和规范人民检察院检察长列席人民法院审判委员会会议制度，根据《中华人民共和国人民法院组织法》等法律的有关规定，提出如下意见：

一、人民检察院检察长可以列席同级人民法院审判委员会会议。

检察长不能列席时，可以委托副检察长列席同级人民法院审判委员会会议。

二、人民检察院检察长列席人民法院审判委员会会议的任务是，对于审判委员会讨论的案件和其他有关议题发表意见，依法履行法律监督职责。

三、人民法院审判委员会讨论下列案件或者议题，同级人民检察院检察长可以列席：

（一）可能判处被告人无罪的公诉案件；

（二）可能判处被告人死刑的案件；

（三）人民检察院提出抗诉的案件；

（四）与检察工作有关的其他议题。

四、人民法院院长决定将本意见第三条所列案件或者议题提交审判委员会讨论的，人民法院应当通过适当方式告知同级人民检察院。人民检察院检察长决定列席审判委员会会议的，人民法院应当将会议议程、会议时间通知人民检察院。

对于人民法院审判委员会讨论的议题，人民检察院认为有必要的，可以向人民法院提出列席审判委员会会议；人民法院认为有必要的，可以邀请人民检察院检察长列席审判委员会会议。

五、人民检察院检察长列席审判委员会会议的，人民法院应当将会议材料在送审判委员会委员的同时送人民检察院检察长。

六、人民检察院检察长列席审判委员会会议，应当在会前进行充分准备，必要时可就有关问题召开检察委员会会议进行讨论。

七、检察长或者受检察长委托的副检察长列席审判委员会讨论案件的会议，可以在人民法院承办人汇报完毕后、审判委员会委员表决前发表意见。

审判委员会会议讨论与检察工作有关的其他议题，检察长或者受检察长委托的副检察长的发言程序适用前款规定。

检察长或者受检察长委托的副检察长在审判委员会会议上发表的意见，应当记录在卷。

八、人民检察院检察长列席审判委员会会议讨论的案件，人民法院应当将裁判文书及时送达或者抄送人民检察院。

人民检察院检察长列席的审判委员会会议讨论的其他议题，人民法院应当将讨论通过的决定文本及时送给人民检察院。

九、出席、列席审判委员会会议的所有人员，对审判委员会讨论内容应当保密。

十、人民检察院检察长列席审判委员会会议的具体事宜由审判委员会办事机构和检察委员会办事机构负责办理。

最高人民法院
关于人民法院合议庭工作的若干规定

法释〔2002〕25号

（2002年7月30日最高人民法院审判委员会第1234次会议通过
2002年8月12日最高人民法院公告公布　自2002年8月17日起施行）

为了进一步规范合议庭的工作程序，充分发挥合议庭的职能作用，根据《中华人民共和国人民法院组织法》、《中华人民共和国刑事诉讼法》、《中华人民共和国民事诉讼法》、《中华人民共和国行政诉讼法》等法律的有关规定，结合人民法院审判工作实际，制定本规定。

第一条　人民法院实行合议制审判第一审案件，由法官或者由法官和人民陪审员组成合议庭进行；人民法院实行合议制审判第二审案件和其他应当组成合议庭审判的案件，由法官组成合议庭进行。

人民陪审员在人民法院执行职务期间，除不能担任审判长外，同法官有同等的权利义务。

第二条　合议庭的审判长由符合审判长任职条件的法官担任。

院长或者庭长参加合议庭审判案件的时候，自己担任审判长。

第三条　合议庭组成人员确定后，除因回避或者其他特殊情况，不能继续参加案件审理的之外，不得在案件审理过程中更换。更换合议庭成员，应当报请院长或者庭长决定。合议庭成员的更换情况应当及时通知诉讼当事人。

第四条　合议庭的审判活动由审判长主持，全体成员平等参与案件的审理、评议、裁判，共同对案件认定事实和适用法律负责。

第五条　合议庭承担下列职责：

（一）根据当事人的申请或者案件的具体情况，可以作出财产保全、证据保全、先予执行等裁定；

（二）确定案件委托评估、委托鉴定等事项；

（三）依法开庭审理第一审、第二审和再审案件；

（四）评议案件；

（五）提请院长决定将案件提交审判委员会讨论决定；

（六）按照权限对案件及其有关程序性事项作出裁判或者提出裁判意见；

（七）制作裁判文书；

（八）执行审判委员会决定；

（九）办理有关审判的其他事项。

第六条　审判长履行下列职责：

（一）指导和安排审判辅助人员做好庭前调解、庭前准备及其他审判业务辅助性工作；

（二）确定案件审理方案、庭审提纲、协调合议庭成员的庭审分工以及做好其他必要的庭审准备工作；

（三）主持庭审活动；

（四）主持合议庭对案件进行评议；

（五）依照有关规定，提请院长决定将案件提交审判委员会讨论决定；

（六）制作裁判文书，审核合议庭其他成员制作的裁判文书；

（七）依照规定权限签发法律文书；

（八）根据院长或者庭长的建议主持合议庭对案件复议；

（九）对合议庭遵守案件审理期限制度的情况负责；

（十）办理有关审判的其他事项。

第七条　合议庭接受案件后，应当根据有关规定确定案件承办法官，或者由审判长指定案件承办法官。

第八条　在案件开庭审理过程中，合议庭成员必须认真履行法定职责，遵守《中华人民共和国法官职业道德基本准则》中有关司法礼仪的要求。

第九条　合议庭评议案件应当在庭审结束后五个工作日内进行。

第十条　合议庭评议案件时，先由承办法官对认定案件事实、证据是否确实、充分以及适用法律等发表意见，审判长最后发表意见；审判长作为承办法官的，由审判长最后发表意见。对案件的裁判结果进行评议时，由审判长最后发表意见。审判长应当根据评议情况总结合议庭评议的结论性意见。

合议庭成员进行评议的时候，应当认真负责，充分陈述意见，独立行使表决权，不得拒绝陈述意见或者仅作同意与否的简单表态。同意他人意见的，也应当提出事实根据和法律依据，进行分析论证。

合议庭成员对评议结果的表决，以口头表决的形式进行。

第十一条　合议庭进行评议的时候，如果意见分歧，应当按多数人的意见作出决定，但是少数人的意见应当写入笔录。

评议笔录由书记员制作，由合议庭的组成人员签名。

第十二条　合议庭应当依照规定的权限，及时对评议意见一致或者形成多数意见的案件直接作出判决或者裁定。但是对于下列案件，合议庭应当提请院长决定提交审判委员会讨论决定：

（一）拟判处死刑的；

（二）疑难、复杂、重大或者新类型的案件，合议庭认为有必要提交审判委员会讨论决定的；

（三）合议庭在适用法律方面有重大意见分歧的；

（四）合议庭认为需要提请审判委员会讨论决定的其他案件，或者本院审判委员会确定的应当由审判委员会讨论决定的案件。

第十三条 合议庭对审判委员会的决定有异议，可以提请院长决定提交审判委员会复议一次。

第十四条 合议庭一般应当在作出评议结论或者审判委员会作出决定后的五个工作日内制作出裁判文书。

第十五条 裁判文书一般由审判长或者承办法官制作。但是审判长或者承办法官的评议意见与合议庭评议结论或者审判委员会的决定有明显分歧的，也可以由其他合议庭成员制作裁判文书。

对制作的裁判文书，合议庭成员应当共同审核，确认无误后签名。

第十六条 院长、庭长可以对合议庭的评议意见和制作的裁判文书进行审核，但是不得改变合议庭的评议结论。

第十七条 院长、庭长在审核合议庭的评议意见和裁判文书过程中，对评议结论有异议的，可以建议合议庭复议，同时应当对要求复议的问题及理由提出书面意见。

合议庭复议后，庭长仍有异议的，可以将案件提请院长审核，院长可以提交审判委员会讨论决定。

第十八条 合议庭应当严格执行案件审理期限的有关规定。遇有特殊情况需要延长审理期限的，应当在审限届满前按规定的时限报请审批。

最高人民法院
关于进一步加强合议庭职责的若干规定

法释〔2010〕1号

（2009年12月14日最高人民法院审判委员会第1479次会议通过
2010年1月11日最高人民法院公告公布 自2010年2月1日起施行）

为了进一步加强合议庭的审判职责，充分发挥合议庭的职能作用，根据《中华人民共和国人民法院组织法》和有关法律规定，结合人民法院工作实际，制定本规定。

第一条 合议庭是人民法院的基本审判组织。合议庭全体成员平等参与案件的审理、评议和裁判，依法履行审判职责。

第二条 合议庭由审判员、助理审判员或者人民陪审员随机组成。合议庭成员相对固定的，应当定期交流。人民陪审员参加合议庭的，应当从人民陪审员名单中随机抽取确定。

第三条 承办法官履行下列职责：

（一）主持或者指导审判辅助人员进行庭前调解、证据交换等庭前准备工作；

（二）拟定庭审提纲，制作阅卷笔录；

（三）协助审判长组织法庭审理活动；

（四）在规定期限内及时制作审理报告；

（五）案件需要提交审判委员会讨论的，受审判长指派向审判委员会汇报案件；

（六）制作裁判文书提交合议庭审核；

（七）办理有关审判的其他事项。

第四条 依法不开庭审理的案件，合议庭全体成员均应当阅卷，必要时提交书面阅卷意见。

第五条 开庭审理时，合议庭全体成员应当共同参加，不得缺席、中途退庭或者从事与该庭审无关的活动。合议庭成员未参加庭审、中途退庭或者从事与该庭审无关的活动，当事人提出异议的，应当纠正。合议庭仍不纠正的，当事人可以要求休庭，并将有关情况记入庭审笔录。

第六条 合议庭全体成员均应当参加案件评议。评议案件时，合议庭成员应当针对案件的证据采信、事实认定、法律适用、裁判结果以及诉讼程序等问题充分发表意见。必要时，合议庭成员还可提交书面评议意见。

合议庭成员评议时发表意见不受追究。

第七条 除提交审判委员会讨论的案件外，合议庭对评议意见一致或者形成多数意见的案件，依法作出判决或者裁定。下列案件可以由审判长提请院长或者庭长决定组织相关审判人员共同讨论，合议庭成员应当参加：

（一）重大、疑难、复杂或者新类型的案件；

（二）合议庭在事实认定或法律适用上有重大分歧的案件；

（三）合议庭意见与本院或上级法院以往同类型案件的裁判有可能不一致的案件；

（四）当事人反映强烈的群体性纠纷案件；

（五）经审判长提请且院长或者庭长认为确有必要讨论的其他案件。

上述案件的讨论意见供合议庭参考，不影响合议庭依法作出裁判。

第八条 各级人民法院的院长、副院长、庭长、副庭长应当参加合议庭审理案件，并逐步增加审理案件的数量。

第九条 各级人民法院应当建立合议制落实情况的考评机制，并将考评结果纳入岗位绩效考评体系。考评可采取抽查卷宗、案件评查、检查庭审情况、回访当事人等方式。考评包括以下内容：

（一）合议庭全体成员参加庭审的情况；

（二）院长、庭长参加合议庭庭审的情况；

（三）审判委员会委员参加合议庭庭审的情况；

（四）承办法官制作阅卷笔录、审理报告以及裁判文书的情况；

（五）合议庭其他成员提交阅卷意见、发表评议意见的情况；

（六）其他应当考核的事项。

第十条 合议庭组成人员存在违法审判行为的，应当按照《人民法院审判人员违法审判责任追究办法（试行）》等规定追究相应责任。合议庭审理案件有下列情形之一的，合议庭成员不承担责任：

（一）因对法律理解和认识上的偏差而导致案件被改判或者发回重审的；

（二）因对案件事实和证据认识上的偏差而导致案件被改判或者发回重审的；

（三）因新的证据而导致案件被改判或者发回重审的；

（四）因法律修订或者政策调整而导致案件被改判或者发回重审的；

（五）因裁判所依据的其他法律文书被撤销或变更而导致案件被改判或者发回重审的；

（六）其他依法履行审判职责不应当承担责任的情形。

第十一条 执行工作中依法需要组成合议庭的，参照本规定执行。

第十二条 本院以前发布的司法解释与本规定不一致的，以本规定为准。

最高人民法院
关于印发《关于改革和完善人民法院审判委员会制度的实施意见》的通知

（2010年1月11日 法发〔2010〕3号）

各省、自治区、直辖市高级人民法院，解放军军事法院，新疆维吾尔自治区高级人民法院生产建设兵团分院：

《关于改革和完善人民法院审判委员会制度的实施意见》已经中央批准，现印发给你们，请认真贯彻执行。执行中如有意见和建议，请及时报告我院。

附：

最高人民法院
关于改革和完善人民法院审判委员会制度的实施意见

为改革和完善人民法院审判委员会制度，提高审判工作质量和效率，根据人民法院组织法、刑事诉讼法、民事诉讼法、行政诉讼法等法律的规定，结合人民法院审判工作实际，制定本意见。

一、人民法院审判委员会制度是中国特色社会主义司法制度的重要组成部分。几十年来，各级人民法院审判委员会在总结审判经验，指导审判工作，审理疑难、复杂、重大案件等方面发挥了重要作用。随着我国社会主义市场经济和民主法制建设的发展，人民群众通过法院解决纠纷的意识不断增强，全国法院受理案件的总量和新类型案件逐年增多，对审判质量的要求越来越高。为了适应新形势、新任务的要求，建立公正、高效、权威的社会主义司法制度，实现审判委员会工作机制和工作程序的科学化、规范化，应当不断改革和完善人民法院审判委员会制度。

二、改革和完善审判委员会制度，应当坚持“三个至上”的人民法院工作指导思想，坚持党对人民法院工作的领导，自觉接受人民代表大会监督，自觉维护宪法、法律的尊严和权威，自觉维护人民合法权益，坚持从审判工作实际出发，依法积极稳妥推进。

三、审判委员会是人民法院的最高审判组织，在总结审判经验，审理疑难、复杂、重大案件中具有重要的作用。

四、最高人民法院审判委员会履行审理案件和监督、管理、指导审判工作的职责：

（一）讨论疑难、复杂、重大案件；

（二）总结审判工作经验；

（三）制定司法解释和规范性文件；

（四）听取审判业务部门的工作汇报；

（五）讨论决定对审判工作具有指导性意义的典型案例；

（六）讨论其他有关审判工作的重大问题。

五、地方各级人民法院审判委员会履行审理案件和监督、管理、指导审判工作的职责：

（一）讨论疑难、复杂、重大案件；

（二）结合本地区和本院实际，总结审判工作经验；

（三）听取审判业务部门的工作汇报；

（四）讨论决定对本院或者本辖区的审判工作具有参考意义的案例；

（五）讨论其他有关审判工作的重大问题。

六、各级人民法院应当加强审判委员会的专业化建设，提高审判委员会委员的政治素质、道德素质和法律专业素质，增强司法能力，确保审判委员会组成人员成为人民法院素质最好、水平最高的法官。各级人民法院审判委员会除由院长、副院长、庭长担任审判委员会委员外，还应当配备若干名不担任领导职务，政治素质好、审判经验丰富、法学理论水平较高、具有法律专业高等学历的资深法官委员。

中共中央《关于进一步加强人民法院、人民检察院工作的决定》已经明确了审判委员会专职委员的配备规格和条件，各级人民法院应当配备若干名审判委员会专职委员。

七、人民法院审判工作中的重大问题和疑难、复杂、重大案件以及合议庭难以作出裁决的案件，应当由审判委员会讨论或者审理后作出决定。案件或者议题是否提交审判委员会讨论，由院长或者主管副院长决定。

八、最高人民法院审理的下列案件应当提交审判委员会讨论决定：

（一）本院已经发生法律效力的判决、裁定确有错误需要再审的案件；

（二）最高人民检察院依照审判监督程序提出抗诉的刑事案件。

九、高级人民法院和中级人民法院审理的下列案件应当提交审判委员会讨论决定：

（一）本院已经发生法律效力的判决、裁定确有错误需要再审的案件；

（二）同级人民检察院依照审判监督程序提出抗诉的刑事案件；

（三）拟判处死刑立即执行的案件；

（四）拟在法定刑以下判处刑罚或者免于刑事处罚的案件；

（五）拟宣告被告人无罪的案件；

（六）拟就法律适用问题向上级人民法院请示的案件；

（七）认为案情重大、复杂，需要报请移送上级人民法院审理的案件。

十、基层人民法院审理的下列案件应当提交审判委员会讨论决定：

（一）本院已经发生法律效力的判决、裁定确有错误需要再审的案件；

（二）拟在法定刑以下判处刑罚或者免于刑事处罚的案件；

（三）拟宣告被告人无罪的案件；

（四）拟就法律适用问题向上级人民法院请示的案件；

（五）认为应当判处无期徒刑、死刑，需要报请移送中级人民法院审理的刑事案件；

（六）认为案情重大、复杂，需要报请移送上级人民法院审理的案件。

十一、人民法院审理下列案件时，合议庭可以提请院长决定提交审判委员会讨论：

（一）合议庭意见有重大分歧、难以作出决定的案件；

（二）法律规定不明确，存在法律适用疑难问题的案件；

（三）案件处理结果可能产生重大社会影响的案件；

（四）对审判工作具有指导意义的新类型案件；

（五）其他需要提交审判委员会讨论的疑难、复杂、重大案件。

合议庭没有建议提请审判委员会讨论的案件，院长、主管副院长或者庭长认为有必要的，得提请审判委员会讨论。

十二、需要提交审判委员会讨论的案件，由合议庭层报庭长、主管副院长提请院长决定。院长、主管副院长或者庭长认为不需要提交审判委员会的，可以要求合议庭复议。

审判委员会讨论案件，合议庭应当提交案件审理报告。案件审理报告应当符合规范要求，客观、全面反映案件事实、证据以及双方当事人或控辩双方的意见，说明合议庭争议的焦点、分歧意见和拟作出裁判的内容。案件审理报告应当提前发送审判委员会委员。

十三、审判委员会讨论案件时，合议庭全体成员及审判业务部门负责人应当列席会议。对本院审结的已发生法律效力的案件提起再审的，原审合议庭成员及审判业务部门负责人也应当列席会议。院长或者受院长委托主持会议的副院长可以决定其他有必要列席的人员。

审判委员会讨论案件，同级人民检察院检察长或者受检察长委托的副检察长可以列席。

十四、审判委员会会议由院长主持。院长因故不能主持会议时，可以委托副院长主持。

十五、审判委员会讨论案件按照听取汇报、询问、发表意见、表决的顺序进行。案件由承办人汇报，合议庭其他成员补充。审判委员会委员在听取汇报、进行询问和发表意见后，其他列席人员经主持人同意可以发表意见。

十六、审判委员会讨论案件实行民主集中制。审判委员会委员发表意见的顺序，一般应当按照职级高的委员后发言的原则进行，主持人最后发表意见。

审判委员会应当充分、全面地对案件进行讨论。审判委员会委员应当客观、公正、独立、平等地发表意见，审判委员会委员发表意见不受追究，并应当记录在卷。

审判委员会委员发表意见后，主持人应当归纳委员的意见，按多数意见拟出决议，付诸表决。审判委员会的决议应当按照全体委员二分之一以上多数意见作出。

十七、审判委员会以会议决议的方式履行对审判工作的监督、管理、指导职责。

十八、中级以上人民法院可以设立审判委员会日常办事机构，基层人民法院可以设审判委员会专职工作人员。

审判委员会日常办事机构负责处理审判委员会的日常事务，负责督促、检查和落实审判委员会的决定，承担审判委员会交办的其他事项。

最高人民法院
关于印发《中华人民共和国法官职业道德基本准则》的通知

（2010年12月6日　法发〔2010〕53号）

各省、自治区、直辖市高级人民法院，解放军军事法院，新疆维吾尔自治区高级人民法院生产建设兵团分院：

现将修订后的《中华人民共和国法官职业道德基本准则》重新印发，请认真贯彻执行。

附：

中华人民共和国法官职业道德基本准则

（2001 年 10 月 18 日最高人民法院发布
2010 年 12 月 6 日修订后重新发布）

第一章　总　则

第一条　为加强法官职业道德建设，保证法官正确履行法律赋予的职责，根据《中华人民共和国法官法》和其他相关规定，制定本准则。

第二条　法官职业道德的核心是公正、廉洁、为民。基本要求是忠诚司法事业、保证司法公正、确保司法廉洁、坚持司法为民、维护司法形象。

第三条　法官应当自觉遵守法官职业道德，在本职工作和业外活动中严格要求自己，维护人民法院形象和司法公信力。

第二章　忠诚司法事业

第四条　牢固树立社会主义法治理念，忠于党、忠于国家、忠于人民、忠于法律，做中国特色社会主义事业建设者和捍卫者。

第五条　坚持和维护中国特色社会主义司法制度，认真贯彻落实依法治国基本方略，尊崇和信仰法律，模范遵守法律，严格执行法律，自觉维护法律的权威和尊严。

第六条　热爱司法事业，珍惜法官荣誉，坚持职业操守，恪守法官良知，牢固树立司法核心价值观，以维护社会公平正义为己任，认真履行法官职责。

第七条　维护国家利益，遵守政治纪律，保守国家秘密和审判工作秘密，不从事或参与有损国家利益和司法权威的活动，不发表有损国家利益和司法权威的言论。

第三章　保证司法公正

第八条　坚持和维护人民法院依法独立行使审判权的原则，客观公正审理案件，在审判活动中独立思考、自主判断，敢于坚持原则，不受任何行政机关、社会团体和个人的干涉，不受权势、人情等因素的影响。

第九条　坚持以事实为根据，以法律为准绳，努力查明案件事实，准确把握法律精神，正确适用法律，合理行使裁量权，避免主观臆断、超越职权、滥用职权，确保案件裁判结果公平公正。

第十条 牢固树立程序意识，坚持实体公正与程序公正并重，严格按照法定程序执法办案，充分保障当事人和其他诉讼参与人的诉讼权利，避免执法办案中的随意行为。

第十一条 严格遵守法定办案时限，提高审判执行效率，及时化解纠纷，注重节约司法资源，杜绝玩忽职守、拖延办案等行为。

第十二条 认真贯彻司法公开原则，尊重人民群众的知情权，自觉接受法律监督和社会监督，同时避免司法审判受到外界的不当影响。

第十三条 自觉遵守司法回避制度，审理案件保持中立公正的立场，平等对待当事人和其他诉讼参与人，不偏袒或歧视任何一方当事人，不私自单独会见当事人及其代理人、辩护人。

第十四条 尊重其他法官对审判职权的依法行使，除履行工作职责或者通过正当程序外，不过问、不干预、不评论其他法官正在审理的案件。

第四章　确保司法廉洁

第十五条 树立正确的权力观、地位观、利益观，坚持自重、自省、自警、自励，坚守廉洁底线，依法正确行使审判权、执行权，杜绝以权谋私、贪赃枉法行为。

第十六条 严格遵守廉洁司法规定，不接受案件当事人及相关人员的请客送礼，不利用职务便利或者法官身份谋取不正当利益，不违反规定与当事人或者其他诉讼参与人进行不正当交往，不在执法办案中徇私舞弊。

第十七条 不从事或者参与营利性的经营活动，不在企业及其他营利性组织中兼任法律顾问等职务，不就未决案件或者再审案件给当事人及其他诉讼参与人提供咨询意见。

第十八条 妥善处理个人和家庭事务，不利用法官身份寻求特殊利益。按规定如实报告个人有关事项，教育督促家庭成员不利用法官的职权、地位谋取不正当利益。

第五章　坚持司法为民

第十九条 牢固树立以人为本、司法为民的理念，强化群众观念，重视群众诉求，关注群众感受，自觉维护人民群众的合法权益。

第二十条 注重发挥司法的能动作用，积极寻求有利于案结事了的纠纷解决办法，努力实现法律效果与社会效果的统一。

第二十一条 认真执行司法便民规定，努力为当事人和其他诉讼参与人提供必要的诉讼便利，尽可能降低其诉讼成本。

第二十二条　尊重当事人和其他诉讼参与人的人格尊严，避免盛气凌人、“冷硬横推”等不良作风；尊重律师，依法保障律师参与诉讼活动的权利。

第六章　维护司法形象

第二十三条　坚持学习，精研业务，忠于职守，秉公办案，惩恶扬善，弘扬正义，保持昂扬的精神状态和良好的职业操守。

第二十四条　坚持文明司法，遵守司法礼仪，在履行职责过程中行为规范、着装得体、语言文明、态度平和，保持良好的职业修养和司法作风。

第二十五条　加强自身修养，培育高尚道德操守和健康生活情趣，杜绝与法官职业形象不相称、与法官职业道德相违背的不良嗜好和行为，遵守社会公德和家庭美德，维护良好的个人声誉。

第二十六条　法官退休后应当遵守国家相关规定，不利用自己的原有身份和便利条件过问、干预执法办案，避免因个人不当言行对法官职业形象造成不良影响。

第七章　附　则

第二十七条　人民陪审员依法履行审判职责期间，应当遵守本准则。人民法院其他工作人员参照执行本准则。

第二十八条　各级人民法院负责督促实施本准则，对于违反本准则的行为，视情节后果予以诫勉谈话、批评通报；情节严重构成违纪违法的，依照相关纪律和法律规定予以严肃处理。

第二十九条　本准则由最高人民法院负责解释。

第三十条　本准则自发布之日起施行。最高人民法院 2001 年 10 月 18 日发布的《中华人民共和国法官职业道德基本准则》同时废止。

最高人民法院
印发《法官行为规范》的通知

（2010 年 12 月 6 日　法发〔2010〕54 号）

各省、自治区、直辖市高级人民法院，解放军军事法院，新疆维吾尔自治区高级人民法院生产建设兵团分院：

现将《法官行为规范》印发给你们，请认真贯彻执行。最高人民法院

2005 年 11 月 4 日发布的《法官行为规范（试行）》同时废止。

附：

法官行为规范

（最高人民法院 2005 年 11 月 4 日发布试行
2010 年 12 月 6 日修订后发布正式施行）

为大力弘扬“公正、廉洁、为民”的司法核心价值观，规范法官基本行为，树立良好的司法职业形象，根据《中华人民共和国法官法》和《中华人民共和国公务员法》等法律，制定本规范。

一、一般规定

第一条 忠诚坚定。坚持党的事业至上、人民利益至上、宪法法律至上，在思想上和行动上与党中央保持一致，不得有违背党和国家基本政策以及社会主义司法制度的言行。

第二条 公正司法。坚持以事实为根据、以法律为准绳，平等对待各方当事人，确保实体公正、程序公正和形象公正，努力实现办案法律效果和社会效果的有机统一，不得滥用职权、枉法裁判。

第三条 高效办案。树立效率意识，科学合理安排工作，在法定期限内及时履行职责，努力提高办案效率，不得无故拖延、贻误工作、浪费司法资源。

第四条 清正廉洁。遵守各项廉政规定，不得利用法官职务和身份谋取不正当利益，不得为当事人介绍代理人、辩护人以及中介机构，不得为律师、其他人员介绍案源或者给予其他不当协助。

第五条 一心为民。落实司法为民的各项规定和要求，做到听民声、察民情、知民意，坚持能动司法，树立服务意识，做好诉讼指导、风险提示、法律释明等便民服务，避免“冷硬横推”等不良作风。

第六条 严守纪律。遵守各项纪律规定，不得泄露在审判工作中获取的国家秘密、商业秘密、个人隐私等，不得过问、干预和影响他人正在审理的案件，不得随意发表有损生效裁判严肃性和权威性的言论。

第七条 敬业奉献。热爱人民司法事业，增强职业使命感和荣誉感，加强业务学习，提高司法能力，恪尽职守，任劳任怨，无私奉献，不得麻痹懈怠、玩忽职守。

第八条　加强修养。坚持学习，不断提高自身素质；遵守司法礼仪，执行着装规定，言语文明，举止得体，不得浓妆艳抹，不得佩带与法官身份不相称的饰物，不得参加有损司法职业形象的活动。

二、立　案

第九条　基本要求

（一）保障当事人依法行使诉权，特别关注妇女、儿童、老年人、残疾人等群体的诉讼需求；

（二）便利人民群众诉讼，减少当事人诉累；

（三）确保立案质量，提高立案效率。

第十条　当事人来法院起诉

（一）加强诉讼引导，提供诉讼指导材料；

（二）符合起诉条件的，在法定时间内及时立案；

（三）不符合起诉条件的，不予受理并告知理由，当事人坚持起诉的，裁定不予受理；

（四）已经立案的，不得强迫当事人撤诉；

（五）当事人自愿放弃起诉的，除法律另有规定外，应当准许。

第十一条　当事人口头起诉

（一）告知应当递交书面诉状；

（二）当事人不能书写诉状且委托他人代写有困难的，要求其明确诉讼请求、如实提供案件情况和联络方式，记入笔录并向其宣读，确认无误后交其签名或者捺印。

第十二条　当事人要求上门立案或者远程立案

（一）当事人因肢体残疾行动不便或者身患重病卧床不起等原因，确实无法到法院起诉且没有能力委托代理人的，可以根据实际情况上门接收起诉材料；

（二）当事人所在地离受案法院距离远且案件事实清楚、法律关系明确、争议不大的，可以通过网络或者邮寄的方式接收起诉材料；

（三）对不符合上述条件的当事人，应当告知其到法院起诉。

第十三条　当事人到人民法庭起诉

人民法庭有权受理的，应当接受起诉材料，不得要求当事人到所在基层人民法院立案庭起诉。

第十四条　案件不属于法院主管或者本院管辖

（一）告知当事人不属于法院主管或者本院没有管辖权的理由；

（二）根据案件实际情况，指明主管机关或者有管辖权的法院；

（三）当事人坚持起诉的，裁定不予受理，不得违反管辖规定受理案件。

第十五条 依法应当公诉的案件提起自诉

（一）应当在接受后移送主管机关处理，并且通知当事人；

（二）情况紧急的，应当先采取紧急措施，然后移送主管机关并告知当事人。

第十六条 诉状内容和形式不符合规定

（一）告知按照有关规定进行更正，做到一次讲清要求；

（二）不得因法定起诉要件以外的瑕疵拒绝立案。

第十七条 起诉材料中证据不足

原则上不能以支持诉讼请求的证据不充分为由拒绝立案。

第十八条 遇到疑难复杂情况，不能当场决定是否立案

（一）收下材料并出具收据，告知等待审查结果；

（二）及时审查并在法定期限内将结果通知当事人。

第十九条 发现涉及群体的、矛盾易激化的纠纷

及时向领导汇报并和有关部门联系，积极做好疏导工作，防止矛盾激化。

第二十条 当事人在立案后询问证据是否有效、能否胜诉等实体问题

（一）不得向其提供倾向性意见；

（二）告知此类问题只有经过审理才能确定，要相信法院会公正裁判。

第二十一条 当事人在立案后询问案件处理流程或时间

告知案件处理流程和法定期限，不得以与立案工作无关为由拒绝回答。

第二十二条 当事人预交诉讼费

（一）严格按规定确定数额，不得额外收取或者随意降低；

（二）需要到指定银行交费的，及时告知账号及地点；

（三）确需人民法庭自行收取的，应当按规定出具收据。

第二十三条 当事人未及时交纳诉讼费

（一）符合司法救助条件的，告知可以申请缓交或者减免诉讼费；

（二）不符合司法救助条件的，可以书面形式通知其在规定期限内交费，并告知无正当理由逾期不交诉讼费的，将按撤诉处理。

第二十四条 当事人申请诉前财产保全、证据保全等措施

（一）严格审查申请的条件和理由，及时依法作出裁定；

（二）裁定采取保全等措施的，及时依法执行；不符合申请条件的，耐心解释原因；

（三）不得滥用诉前财产保全、证据保全等措施。

第二十五条 当事人自行委托或者申请法院委托司法鉴定

（一）当事人协商一致自行委托的，应当认真审查鉴定情况，对程序合法、结论公正的鉴定意见应当采信；对不符合要求的鉴定意见可以要求重新鉴定，并说明理由；

（二）当事人申请法院委托的，应当及时做出是否准许的决定，并答复当事人；准许进行司法鉴定的，应当按照规定委托鉴定机构及时进行鉴定。

三、庭　审

第二十六条　基本要求

（一）规范庭审言行，树立良好形象；

（二）增强庭审驾驭能力，确保审判质量；

（三）严格遵循庭审程序，平等保护当事人诉讼权利；

（四）维护庭审秩序，保障审判活动顺利进行。

第二十七条　开庭前的准备

（一）在法定期限内及时通知诉讼各方开庭时间和地点；

（二）公开审理的，应当在法定期限内及时公告；

（三）当事人申请不公开审理的，应当及时审查，符合法定条件的，应当准许；不符合法定条件的，应当公开审理并解释理由；

（四）需要进行庭前证据交换的，应当及时提醒，并主动告知举证时限；

（五）当事人申请法院调取证据的，如确属当事人无法收集的证据，应当及时调查收集，不得拖延；证据调取不到的，应当主动告知原因；如属于当事人可以自行收集的证据，应当告知其自行收集；

（六）自觉遵守关于回避的法律规定和相关制度，对当事人提出的申请回避请求不予同意的，应当向当事人说明理由；

（七）审理当事人情绪激烈、矛盾容易激化的案件，应当在庭前做好工作预案，防止发生恶性事件。

第二十八条　原定开庭时间需要更改

（一）不得无故更改开庭时间；

（二）因特殊情况确需延期的，应当立即通知当事人及其他诉讼参加人；

（三）无法通知的，应当安排人员在原定庭审时间和地点向当事人及其他诉讼参加人解释。

第二十九条　出庭时注意事项

（一）准时出庭，不迟到，不早退，不缺席；

（二）在进入法庭前必须更换好法官服或者法袍，并保持整洁和庄重，严禁着便装出庭；合议庭成员出庭的着装应当保持统一；

（三）设立法官通道的，应当走法官通道；

（四）一般在当事人、代理人、辩护人、公诉人等入庭后进入法庭，但前述人员迟到、拒不到庭的除外；

（五）不得与诉讼各方随意打招呼，不得与一方有特别亲密的言行；

（六）严禁酒后出庭。

第三十条 庭审中的言行

（一）坐姿端正，杜绝各种不雅动作；

（二）集中精力，专注庭审，不做与庭审活动无关的事；

（三）不得在审判席上吸烟、闲聊或者打瞌睡，不得接打电话，不得随意离开审判席；

（四）平等对待与庭审活动有关的人员，不与诉讼中的任何一方有亲近的表示；

（五）礼貌示意当事人及其他诉讼参加人发言；

（六）不得用带有倾向性的语言进行提问，不得与当事人及其他诉讼参加人争吵；

（七）严格按照规定使用法槌，敲击法槌的轻重应当以旁听区能够听见为宜。

第三十一条 对诉讼各方陈述、辩论时间的分配与控制

（一）根据案情和审理需要，公平、合理地分配诉讼各方在庭审中的陈述及辩论时间；

（二）不得随意打断当事人、代理人、辩护人等的陈述；

（三）当事人、代理人、辩护人发表意见重复或与案件无关的，要适当提醒制止，不得以生硬言辞进行指责。

第三十二条 当事人使用方言或者少数民族语言

（一）诉讼一方只能讲方言的，应当准许；他方表示不通晓的，可以由懂方言的人用普通话进行复述，复述应当准确无误；

（二）使用少数民族语言陈述，他方表示不通晓的，应当为其配备翻译。

第三十三条 当事人情绪激动，在法庭上喊冤或者鸣不平

（一）重申当事人必须遵守法庭纪律，法庭将会依法给其陈述时间；

（二）当事人不听劝阻的，应当及时制止；

（三）制止无效的，依照有关规定作出适当处置。

第三十四条 诉讼各方发生争执或者进行人身攻击

（一）及时制止，并对各方进行批评教育，不得偏袒一方；

（二）告诫各方必须围绕案件依序陈述；

（三）对不听劝阻的，依照有关规定作出适当处置。

第三十五条 当事人在庭审笔录上签字

（一）应当告知当事人庭审笔录的法律效力，将庭审笔录交其阅读；无阅读能力的，应当向其宣读，确认无误后再签字、捺印；

（二）当事人指出记录有遗漏或者差错的，经核实后要当场补正并要求当事人在补正处签字、捺印；无遗漏或者差错不应当补正的，应当将其申请记录在案；

（三）未经当事人阅读核对，不得要求其签字、捺印；

（四）当事人放弃阅读核对的，应当要求其签字、捺印；当事人不阅读又不签字、捺印的，应当将情况记录在案。

第三十六条　宣判时注意事项

（一）宣告判决，一律公开进行；

（二）宣判时，合议庭成员或者独任法官应当起立，宣读裁判文书声音要洪亮、清晰、准确无误；

（三）当庭宣判的，应当宣告裁判事项，简要说明裁判理由并告知裁判文书送达的法定期限；

（四）定期宣判的，应当在宣判后立即送达裁判文书；

（五）宣判后，对诉讼各方不能赞赏或者指责，对诉讼各方提出的质疑，应当耐心做好解释工作。

第三十七条　案件不能在审限内结案

（一）需要延长审限的，按照规定履行审批手续；

（二）应当在审限届满或者转换程序前的合理时间内，及时将不能审结的原因告知当事人及其他诉讼参加人。

第三十八条　人民检察院提起抗诉

（一）依法立案并按照有关规定进行审理；

（二）应当为检察人员和辩护人、诉讼代理人查阅案卷、复印卷宗材料等提供必要的条件和方便。

四、诉讼调解

第三十九条　基本要求

（一）树立调解理念，增强调解意识，坚持“调解优先、调判结合”，充分发挥调解在解决纠纷中的作用；

（二）切实遵循合法、自愿原则，防止不当调解、片面追求调解率；

（三）讲究方式方法，提高调解能力，努力实现案结事了。

第四十条　在调解过程中与当事人接触

（一）应当征询各方当事人的调解意愿；

（二）根据案件的具体情况，可以分别与各方当事人做调解工作；

（三）在与一方当事人接触时，应当保持公平，避免他方当事人对法官的中立性产生合理怀疑。

第四十一条 只有当事人的代理人参加调解

（一）认真审查代理人是否有特别授权，有特别授权的，可以由其直接参加调解；

（二）未经特别授权的，可以参与调解，达成调解协议的，应当由当事人签字或者盖章，也可以由当事人补办特别授权追认手续，必要时，可以要求当事人亲自参加调解。

第四十二条 一方当事人表示不愿意调解

（一）有调解可能的，应当采用多种方式，积极引导调解；

（二）当事人坚持不愿调解的，不得强迫调解。

第四十三条 调解协议损害他人利益

（一）告知参与调解的当事人应当对涉及到他人权利、义务的约定进行修正；

（二）发现调解协议有损他人利益的，不得确认该调解协议内容的效力。

第四十四条 调解过程中当事人要求对责任问题表态

应当根据案件事实、法律规定以及调解的实际需要进行表态，注意方式方法，努力促成当事人达成调解协议。

第四十五条 当事人对调解方案有分歧

（一）继续做好协调工作，尽量缩小当事人之间的分歧，以便当事人重新选择，争取调解结案；

（二）分歧较大且确实难以调解的，应当及时依法裁判。

五、文书制作

第四十六条 基本要求

（一）严格遵守格式和规范，提高裁判文书制作能力，确保裁判文书质量，维护裁判文书的严肃性和权威性；

（二）普通程序案件的裁判文书应当内容全面、说理透彻、逻辑严密、用语规范、文字精炼；

（三）简易程序案件的裁判文书应当简练、准确、规范；

（四）组成合议庭审理的案件的裁判文书要反映多数人的意见。

第四十七条 裁判文书质量责任的承担

（一）案件承办法官或者独任法官对裁判文书质量负主要责任，其他合议庭成员对裁判文书负有次要责任；

（二）对裁判文书负责审核、签发的法官，应当做到严格审查、认真把关。

第四十八条　对审判程序及审判全过程的叙述

（一）准确叙述当事人的名称、案由、立案时间、开庭审理时间、诉讼参加人到庭等情况；

（二）简易程序转为普通程序的，应当写明转换程序的时间和理由；

（三）追加、变更当事人的，应当写明追加、变更的时间、理由等情况；

（四）应当如实叙述审理管辖异议、委托司法鉴定、评估、审计、延期审理等环节的流程等一些重要事项。

第四十九条　对诉讼各方诉状、答辩状的归纳

（一）简要、准确归纳诉讼各方的诉、辩主张；

（二）应当公平、合理分配篇幅。

第五十条　对当事人质证过程和争议焦点的叙述

（一）简述开庭前证据交换和庭审质证阶段各方当事人质证过程；

（二）准确概括各方当事人争议的焦点；

（三）案件事实、法律关系较复杂的，应当在准确归纳争议焦点的基础上分段、分节叙述。

第五十一条　普通程序案件的裁判文书对事实认定部分的叙述

（一）表述客观，逻辑严密，用词准确，避免使用明显的褒贬词汇；

（二）准确分析说明各方当事人提交证据采信与否的理由以及被采信的证据能够证明的事实；

（三）对证明责任、证据的证明力以及证明标准等问题应当进行合理解释。

第五十二条　对普通程序案件定性及审理结果的分析论证

（一）应当进行准确、客观、简练的说理，对答辩意见、辩护意见、代理意见等是否采纳要阐述理由；

（二）审理刑事案件，应当根据法律、司法解释的有关规定并结合案件具体事实做出有罪或者无罪的判决，确定有罪的，对法定、酌定的从重、从轻、减轻、免除处罚情节等进行分析认定；

（三）审理民事案件，应当根据法律、法规、司法解释的有关规定，结合个案具体情况，理清案件法律关系，对当事人之间的权利义务关系、责任承担及责任大小等进行详细的归纳评判；

（四）审理行政案件，应当根据法律、法规、司法解释的有关规定，结合案件事实，就行政机关及其工作人员所作的具体行政行为是否合法，原告的合法权益是否被侵害，与被诉具体行政行为之间是否存在因果关系等进行分析论证。

第五十三条　法律条文的引用

（一）在裁判理由部分应当引用法律条款原文，必须引用到法律的条、款、项；

（二）说理中涉及多个争议问题的，应当一论一引；

（三）在判决主文理由部分最终援引法律依据时，只引用法律条款序号。

第五十四条　裁判文书宣告或者送达后发现文字差错

（一）对一般文字差错或者病句，应当及时向当事人说明情况并收回裁判文书，以校对章补正或者重新制作裁判文书；

（二）对重要文字差错或者病句，能立即收回的，当场及时收回并重新制作；无法立即收回的，应当制作裁定予以补正。

六、执　行

第五十五条　基本要求

（一）依法及时有效执行，确保生效法律文书的严肃性和权威性，维护当事人的合法权益；

（二）坚持文明执行，严格依法采取执行措施，坚决避免不作为和乱作为；

（三）讲求方式方法，注重执行的法律效果和社会效果。

第五十六条　被执行人以特别授权为由要求执行人员找其代理人协商执行事宜

（一）应当从有利于执行考虑，决定是否与被执行人的代理人联系；

（二）确有必要与被执行人本人联系的，应当告知被执行人有义务配合法院执行工作，不得推托。

第五十七条　申请执行人来电或者来访查询案件执行情况

（一）认真做好记录，及时说明执行进展情况；

（二）申请执行人要求查阅有关案卷材料的，应当准许，但法律规定应予保密的除外。

第五十八条　有关当事人要求退还材料原件

应当在核对当事人提交的副本后将原件退还，并由该当事人签字或者盖章后归档备查。

第五十九条　被执行财产的查找

（一）申请执行人向法院提供被执行财产线索的，应当及时进行调查，依法采取相应的执行措施，并将有关情况告知申请执行人；

（二）应当积极依职权查找被执行人财产，并及时依法采取相应执行措施。

第六十条　执行当事人请求和解

（一）及时将和解请求向对方当事人转达，并以适当方式客观说明执行的难度和风险，促成执行当事人达成和解；

（二）当事人拒绝和解的，应当继续依法执行；

（三）申请执行人和被执行人达成和解的，应当制作书面和解协议并归档，或者将口头达成的和解协议内容记入笔录，并由双方当事人签字或者盖章。

第六十一条　执行中的暂缓、中止、终结

（一）严格依照法定条件和程序采取暂缓、中止、终结执行措施；

（二）告知申请执行人暂缓、中止、终结执行所依据的事实和相关法律规定，并耐心做好解释工作；

（三）告知申请执行人暂缓、中止执行后恢复执行的条件和程序；

（四）暂缓、中止、终结执行确有错误的，应当及时依法纠正。

第六十二条　被执行人对受委托法院执行管辖提出异议

（一）审查案件是否符合委托执行条件，不符合条件的，及时向领导汇报，采取适当方式纠正；

（二）符合委托执行条件的，告知被执行人受委托法院受理执行的依据并依法执行。

第六十三条　案外人对执行提出异议

（一）要求案外人提供有关异议的证据材料，并及时进行审查；

（二）根据具体情况，可以对执行财产采取限制性措施，暂不处分；

（三）异议成立的，采取适当方式纠正；异议不成立的，依法予以驳回。

第六十四条　对被执行人财产采取查封、扣押、冻结、拍卖、变卖等措施

（一）严格依照规定办理手续，不得超标的、超金额查封、扣押、冻结被执行人财产；

（二）对采取措施的财产要认真制作清单，记录好种类、数量，并由当事人签字或者盖章予以确认；

（三）严格按照拍卖、变卖的有关规定，依法委托评估、拍卖机构，不得损害当事人合法利益。

第六十五条　执行款的收取

（一）执行款应当直接划入执行款专用账户；

（二）被执行人即时交付现金或者票据的，应当会同被执行人将现金或者票据交法院财务部门，并及时向被执行人出具收据；

（三）异地执行、搜查扣押、小额标的执行或者因情况紧急确需执行人员

直接代收现金或者票据的，应当即时向交款人出具收据，并及时移交法院财务部门；

（四）严禁违规向申请执行人和被执行人收取费用。

第六十六条　执行款的划付

（一）应当在规定期限内办理执行费用和执行款的结算手续，并及时通知申请执行人办理取款手续；

（二）需要延期划付的，应当在期限届满前书面说明原因，并报有关领导审查批准；

（三）申请执行人委托或者指定他人代为收款的，应当审查其委托手续是否齐全、有效，并要求收款人出具合法有效的收款凭证。

第六十七条　被执行人以生效法律文书在实体或者程序上存在错误而不履行

（一）生效法律文书确有错误的，告知当事人可以依法按照审判监督程序申请再审或者申请有关法院补正，并及时向领导报告；

（二）生效法律文书没有错误的，要及时做好解释工作并继续执行。

第六十八条　有关部门和人员不协助执行

（一）应当告知其相关法律规定，做好说服教育工作；

（二）仍拒不协助的，依法采取有关强制措施。

七、涉诉信访处理

第六十九条　基本要求

（一）高度重视并认真做好涉诉信访工作，切实保护信访人合法权益；

（二）及时处理信访事项，努力做到来访有接待、来信有着落、申诉有回复；

（三）依法文明接待，维护人民法院良好形象。

第七十条　对来信的处理

（一）及时审阅并按规定登记，不得私自扣押或者拖延不办；

（二）需要回复和退回有关材料的，应当及时回复、退回；

（三）需要向有关部门和下级法院转办的，应当及时转办。

第七十一条　对来访的接待

（一）及时接待，耐心听取来访人的意见并做好记录；

（二）能当场解答的，应当立即给予答复，不能当场解答的，收取材料并告知按约定期限等待处理结果。

第七十二条　来访人系老弱病残孕者

（一）优先接待；

（二）来访人申请救助的，可以根据情况帮助联系社会救助站；

（三）在接待时来访人出现意外情况的，应当立即采取适当救护措施。

第七十三条 集体来访

（一）向领导报告，及时安排接待并联系有关部门共同处理；

（二）视情况告知选派 1 至 5 名代表说明来访目的和理由；

（三）稳定来访人情绪，并做好劝导工作。

第七十四条 信访事项不属于法院职权范围

告知法院无权处理并解释原因，根据信访事项内容指明有权处理机关。

第七十五条 信访事项涉及国家秘密、商业秘密或者个人隐私

（一）妥善保管涉及秘密和个人隐私的材料；

（二）自觉遵守有关规定，不披露、不使用在信访工作中获得的国家秘密、商业秘密或者个人隐私。

第七十六条 信访人反映辖区法院裁判不公、执行不力、审判作风等问题

（一）认真记录信访人所反映的情况；

（二）对法院裁判不服的，告知其可以依法上诉、申诉或者申请再审；

（三）反映其他问题的，及时将材料转交法院有关部门处理。

第七十七条 信访人反复来信来访催促办理结果

（一）告知规定的办理期限，劝其耐心等待处理结果；

（二）情况紧急的，及时告知承办人或者承办部门；

（三）超过办理期限的，应当告知超期的理由。

第七十八条 信访人对处理结果不满，要求重新处理

（一）处理确实不当的，及时报告领导，按规定进行纠正；

（二）处理结果正确的，应当做好相关解释工作，详细说明处理程序和依据。

第七十九条 来访人表示不解决问题就要滞留法院或者采取其他极端方式

（一）及时进行规劝和教育，避免使用不当言行刺激来访人；

（二）立即向领导报告，积极采取适当措施，防止意外发生。

八、业外活动

第八十条 基本要求

（一）遵守社会公德，遵纪守法；

（二）加强修养，严格自律；

（三）约束业外言行，杜绝与法官形象不相称的、可能影响公正履行职责

的不良嗜好和行为，自觉维护法官形象。

第八十一条 受邀请参加座谈、研讨活动

（一）对与案件有利害关系的机关、企事业单位、律师事务所、中介机构等的邀请应当谢绝；

（二）对与案件无利害关系的党、政、军机关、学术团体、群众组织的邀请，经向单位请示获准后方可参加。

第八十二条 受邀请参加各类社团组织或者联谊活动

（一）确需参加在各级民政部门登记注册的社团组织的，及时报告并由所在法院按照法官管理权限审批；

（二）不参加营利性社团组织；

（三）不接受有违清正廉洁要求的吃请、礼品和礼金。

第八十三条 从事写作、授课等活动

（一）在不影响审判工作的前提下，可以利用业余时间从事写作、授课等活动；

（二）在写作、授课过程中，应当避免对具体案件和有关当事人进行评论，不披露或者使用在工作中获得的国家秘密、商业秘密、个人隐私及其他非公开信息；

（三）对于参加司法职务外活动获得的合法报酬，应当依法纳税。

第八十四条 接受新闻媒体与法院工作有关的采访

（一）接受新闻媒体采访必须经组织安排或者批准；

（二）在接受采访时，不发表有损司法公正的言论，不对正在审理中的案件和有关当事人进行评论，不披露在工作中获得的国家秘密、商业秘密、个人隐私及其他非公开信息。

第八十五条 本人或者亲友与他人发生矛盾

（一）保持冷静、克制，通过正当、合法途径解决；

（二）不得利用法官身份寻求特殊照顾，不得妨碍有关部门对问题的解决。

第八十六条 本人及家庭成员遇到纠纷需通过诉讼方式解决

（一）对本人的案件或者以直系亲属代理人身份参加的案件，应当依照有关法律规定，平等地参与诉讼；

（二）在诉讼过程中不以法官身份获取特殊照顾，不利用职权收集所需证据；

（三）对非直系亲属的其他家庭成员的诉讼案件，一般应当让其自行委托诉讼代理人，法官本人不宜作为诉讼代理人参与诉讼。

第八十七条 出入社交场所注意事项

（一）参加社交活动要自觉维护法官形象；

（二）严禁乘警车、穿制服出入营业性娱乐场所。

第八十八条 家人或者朋友约请参与封建迷信活动

（一）不得参加邪教组织或者参与封建迷信活动；

（二）向家人和朋友宣传科学，引导他们相信科学、反对封建迷信；

（三）对利用封建迷信活动违法犯罪的，应当立即向有关组织和公安部门反映。

第八十九条 因私出国（境）探亲、旅游

（一）如实向组织申报所去的国家、地区及返回的时间，经组织同意后方可出行；

（二）准时返回工作岗位；

（三）遵守当地法律，尊重当地民风民俗和宗教习惯；

（四）注意个人形象，维护国家尊严。

九、监督和惩戒

第九十条 各级人民法院要严格要求并督促本院法官遵守本规范，具体由各级法院的政治部门和纪检监察部门负责。

第九十一条 上级人民法院指导、监督下级人民法院对本规范的贯彻执行，最高人民法院指导和监督地方各级人民法院对本规范的贯彻执行。

第九十二条 地方各级人民法院应当结合本院实际，研究制定具体的实施细则或实施办法，切实加强本规范的培训与考核。

第九十三条 各级人民法院广大法官要自觉遵守和执行本规范，对违反本规范的人员，情节较轻且没有危害后果的，进行诫勉谈话和批评教育；构成违纪的，根据人民法院有关纪律处分的规定进行处理；构成违法的，根据法律规定严肃处理。

十、附　则

第九十四条 人民陪审员以及人民法院其他工作人员参照本规范执行，法官退休后应当参照本规范有关要求约束言行。

第九十五条 本规范由最高人民法院负责解释。

第九十六条 本规范自发布之日起施行，最高人民法院2005年11月4日发布的《法官行为规范（试行）》同时废止。

最高人民法院
关于印发《人民法院工作人员处分条例》的通知

（2009年12月31日　法发〔2009〕61号）

全国地方各级人民法院、各级军事法院、各铁路运输中级法院和基层法院、各海事法院，新疆生产建设兵团各级法院：

现将《人民法院工作人员处分条例》印发给你们，请认真贯彻执行。执行中有何问题请及时向我院报告。

附：

人民法院工作人员处分条例

第一章　总　则

第一节　目的、依据、原则和适用范围

第一条　为了规范人民法院工作人员行为，促进人民法院工作人员依法履行职责，确保公正、高效、廉洁司法，根据《中华人民共和国公务员法》和《中华人民共和国法官法》，制定本条例。

第二条　人民法院工作人员因违反法律、法规或者本条例规定，应当承担纪律责任的，依照本条例给予处分。

第三条　人民法院工作人员依法履行职务的行为受法律保护。非因法定事由、非经法定程序，不受处分。

第四条　给予人民法院工作人员处分，应当坚持以下原则：

（一）实事求是，客观公正；

（二）纪律面前人人平等；

（三）处分与违纪行为相适应；

（四）惩处与教育相结合。

第五条　人民法院工作人员违纪违法涉嫌犯罪的，应当移送司法机关

处理。

第二节　处分的种类和适用

第六条　处分的种类为：警告、记过、记大过、降级、撤职、开除。

第七条　受处分的期间为：

（一）警告，六个月；

（二）记过，十二个月；

（三）记大过，十八个月；

（四）降级、撤职，二十四个月。

第八条　受处分期间不得晋升职务、级别，其中，受记过、记大过、降级、撤职处分的，不得晋升工资档次；受撤职处分的，应当按照规定降低级别。

第九条　受开除处分的，自处分决定生效之日起，解除与人民法院的人事关系，不得再担任公务员职务。

第十条　同时有两种以上需要给予处分的行为的，应当分别确定其处分种类。应当给予的处分种类不同的，执行其中最重的处分；应当给予撤职以下多个相同种类处分的，执行该处分，并在一个处分期以上、多个处分期之和以下，决定应当执行的处分期。

在受处分期间受到新的处分的，其处分期为原处分期尚未执行的期限与新处分期限之和。

处分期最长不超过四十八个月。

第十一条　二人以上共同违纪违法，需要给予处分的，根据各自应当承担的纪律责任分别给予处分。

人民法院领导班子、有关机构或者审判组织集体作出违纪违法决定或者实施违纪违法行为，依照前款规定处理。

第十二条　有下列情形之一的，应当在本条例分则规定的处分幅度以内从重处分：

（一）在共同违纪违法行为中起主要作用的；

（二）隐匿、伪造、销毁证据的；

（三）串供或者阻止他人揭发检举、提供证据材料的；

（四）包庇同案人员的；

（五）法律、法规和本条例分则中规定的其他从重情节。

第十三条　有下列情形之一的，应当在本条例分则规定的处分幅度以内从轻处分：

（一）主动交待违纪违法行为的；

（二）主动采取措施，有效避免或者挽回损失的；

（三）检举他人重大违纪违法行为，情况属实的；

（四）法律、法规和本条例分则中规定的其他从轻情节。

第十四条 主动交待违纪违法行为，并主动采取措施有效避免或者挽回损失的，应当在本条例分则规定的处分幅度以外降低一个档次给予减轻处分。

应当给予警告处分，又有减轻处分情形的，免予处分。

第十五条 违纪违法行为情节轻微，经过批评教育后改正的，可以免予处分。

第十六条 在人民法院作出处分决定前，已经被依法判处刑罚、罢免、免职或者已经辞去领导职务，依照本条例需要给予处分的，应当根据其违纪违法事实给予处分。

被依法判处刑罚的，一律给予开除处分。

第十七条 人民法院工作人员退休之后违纪违法，或者在任职期间违纪违法、在处分决定作出前已经退休的，不再给予纪律处分；但是，应当给予降级、撤职、开除处分的，应当按照规定相应降低或者取消其享受的待遇。

第十八条 对违纪违法取得的财物和用于违纪违法的财物，应当没收、追缴或者责令退赔。没收、追缴的财物，一律上缴国库。

对违纪违法获得的职务、职称、学历、学位、奖励、资格等，应当建议有关单位、部门按规定予以纠正或者撤销。

第三节 处分的解除、变更和撤销

第十九条 受开除以外处分的，在受处分期间有悔改表现，并且没有再发生违纪违法行为的，处分期满后应当解除处分。

解除处分后，晋升工资档次、级别、职务不再受原处分的影响。但是，解除降级、撤职处分的，不视为恢复原级别、原职务。

第二十条 有下列情形之一的，应当变更或者撤销处分决定：

（一）适用法律、法规或者本条例规定错误的；

（二）对违纪违法行为的事实、情节认定有误的；

（三）处分所依据的违纪违法事实证据不足的；

（四）调查处理违反法定程序，影响案件公正处理的；

（五）作出处分决定超越职权或者滥用职权的；

（六）有其他处分不当情形的。

第二十一条 处分决定被变更，需要调整被处分人员的职务、级别或者工资档次的，应当按照规定予以调整；处分决定被撤销的，应当恢复其级别、工资档次，按照原职务安排相应的职务，并在适当范围内为其恢复名誉。因变更而减轻处分或者被撤销处分人员的工资福利受到损失的，应当予以补偿。

第二章　分　则

第一节　违反政治纪律的行为

第二十二条　散布有损国家声誉的言论，参加旨在反对国家的集会、游行、示威等活动的，给予记大过处分；情节较重的，给予降级或者撤职处分；情节严重的，给予开除处分。

因不明真相被裹挟参加上述活动，经批评教育后确有悔改表现的，可以减轻或者免予处分。

第二十三条　参加非法组织或者参加罢工的，给予记大过处分；情节较重的，给予降级或者撤职处分；情节严重的，给予开除处分。

因不明真相被裹挟参加上述活动，经批评教育后确有悔改表现的，可以减轻或者免予处分。

第二十四条　违反国家的民族宗教政策，造成不良后果的，给予记大过处分；情节较重的，给予降级或者撤职处分；情节严重的，给予开除处分。

因不明真相被裹挟参加上述活动，经批评教育后确有悔改表现的，可以减轻或者免予处分。

第二十五条　在对外交往中损害国家荣誉和利益的，给予记大过处分；情节较重的，给予降级或者撤职处分；情节严重的，给予开除处分。

第二十六条　非法出境，或者违反规定滞留境外不归的，给予记大过处分；情节较重的，给予降级或者撤职处分；情节严重的，给予开除处分。

第二十七条　未经批准获取境外永久居留资格，或者取得外国国籍的，给予记大过处分；情节较重的，给予降级或者撤职处分；情节严重的，给予开除处分。

第二十八条　有其他违反政治纪律行为的，给予警告、记过或者记大过处分；情节较重的，给予降级或者撤职处分；情节严重的，给予开除处分。

第二节　违反办案纪律的行为

第二十九条　违反规定，擅自对应当受理的案件不予受理，或者对不应当受理的案件违法受理的，给予警告、记过或者记大过处分；情节较重的，给予降级或者撤职处分；情节严重的，给予开除处分。

第三十条　违反规定应当回避而不回避，造成不良后果的，给予警告、记过或者记大过处分；情节较重的，给予降级或者撤职处分；情节严重的，给予开除处分。

明知诉讼代理人、辩护人不符合担任代理人、辩护人的规定，仍准许其担任代理人、辩护人，造成不良后果的，给予警告、记过或者记大过处分；情节较重的，给予降级处分；情节严重的，给予撤职处分。

第三十一条　违反规定会见案件当事人及其辩护人、代理人、请托人的，给予警告处分；造成不良后果的，给予记过或者记大过处分。

第三十二条　违反规定为案件当事人推荐、介绍律师或者代理人，或者为律师或者其他人员介绍案件的，给予警告处分；造成不良后果的，给予记过或者记大过处分。

第三十三条　违反规定插手、干预、过问案件，或者为案件当事人通风报信、说情打招呼的，给予警告、记过或者记大过处分；情节较重的，给予降级或者撤职处分；情节严重的，给予开除处分。

第三十四条　依照规定应当调查收集相关证据而故意不予收集，造成不良后果的，给予警告、记过或者记大过处分；情节较重的，给予降级或者撤职处分；情节严重的，给予开除处分。

第三十五条　依照规定应当采取鉴定、勘验、证据保全等措施而故意不采取，造成不良后果的，给予警告、记过或者记大过处分；情节较重的，给予降级或者撤职处分；情节严重的，给予开除处分。

第三十六条　依照规定应当采取财产保全措施或者执行措施而故意不采取，或者依法应当委托有关机构审计、鉴定、评估、拍卖而故意不委托，造成不良后果的，给予警告、记过或者记大过处分；情节较重的，给予降级或者撤职处分；情节严重的，给予开除处分。

第三十七条　违反规定采取或者解除财产保全措施，造成不良后果的，给予警告、记过或者记大过处分；情节较重的，给予降级或者撤职处分；情节严重的，给予开除处分。

第三十八条　故意违反规定选定审计、鉴定、评估、拍卖等中介机构，或者串通、指使相关中介机构在审计、鉴定、评估、拍卖等活动中徇私舞弊、弄虚作假的，给予警告、记过或者记大过处分；情节较重的，给予降级或者撤职处分；情节严重的，给予开除处分。

第三十九条　故意违反规定采取强制措施的，给予警告、记过或者记大过处分；情节较重的，给予降级或者撤职处分；情节严重的，给予开除处分。

第四十条　故意毁弃、篡改、隐匿、伪造、偷换证据或者其他诉讼材料的，给予记大过处分；情节较重的，给予降级或者撤职处分；情节严重的，给予开除处分。

指使、帮助他人作伪证或者阻止他人作证的，给予降级或者撤职处分；情节严重的，给予开除处分。

第四十一条　故意向合议庭、审判委员会隐瞒主要证据、重要情节或者提供虚假情况的，给予警告、记过或者记大过处分；情节较重的，给予降级或者撤职处分；情节严重的，给予开除处分。

第四十二条　故意泄露合议庭、审判委员会评议、讨论案件的具体情况或者其他审判执行工作秘密的，给予记过或者记大过处分；情节较重的，给予降级或者撤职处分；情节严重的，给予开除处分。

第四十三条　故意违背事实和法律枉法裁判的，给予降级或者撤职处分；情节严重的，给予开除处分。

第四十四条　因徇私而违反规定迫使当事人违背真实意愿撤诉、接受调解、达成执行和解协议并损害其利益的，给予警告、记过或者记大过处分；情节较重的，给予降级或者撤职处分；情节严重的，给予开除处分。

第四十五条　故意违反规定采取执行措施，造成案件当事人、案外人或者第三人财产损失的，给予记大过处分；情节较重的，给予降级或者撤职处分；情节严重的，给予开除处分。

第四十六条　故意违反规定对具备执行条件的案件暂缓执行、中止执行、终结执行或者不依法恢复执行，造成不良后果的，给予记大过处分；情节较重的，给予降级或者撤职处分；情节严重的，给予开除处分。

第四十七条　故意违反规定拖延办案的，给予警告、记过或者记大过处分；情节较重的，给予降级或者撤职处分；情节严重的，给予开除处分。

第四十八条　故意拖延或者拒不执行合议庭决议、审判委员会决定以及上级人民法院判决、裁定、决定、命令的，给予警告、记过或者记大过处分；情节较重的，给予降级或者撤职处分；情节严重的，给予开除处分。

第四十九条　私放被羁押人员的，给予记大过处分；情节较重的，给予降级或者撤职处分；情节严重的，给予开除处分。

第五十条　违反规定私自办理案件的，给予警告、记过或者记大过处分；情节较重的，给予降级或者撤职处分；情节严重的，给予开除处分。

内外勾结制造假案的，给予降级、撤职或者开除处分。

第五十一条　伪造诉讼、执行文书，或者故意违背合议庭决议、审判委员会决定制作诉讼、执行文书的，给予记大过处分；情节较重的，给予降级或者撤职处分；情节严重的，给予开除处分。

送达诉讼、执行文书故意不依照规定，造成不良后果的，给予警告、记过或者记大过处分。

第五十二条　违反规定将案卷或者其他诉讼材料借给他人的，给予警告处分；造成不良后果的，给予记过或者记大过处分。

第五十三条　对外地人民法院依法委托的事项拒不办理或者故意拖延办

理，造成不良后果的，给予警告、记过或者记大过处分；情节严重的，给予降级或者撤职处分。

阻挠、干扰外地人民法院依法在本地调查取证或者采取相关财产保全措施、执行措施、强制措施的，给予警告、记过或者记大过处分；情节较重的，给予降级或者撤职处分；情节严重的，给予开除处分。

第五十四条 有其他违反办案纪律行为的，给予警告、记过或者记大过处分；情节较重的，给予降级或者撤职处分；情节严重的，给予开除处分。

第三节 违反廉政纪律的行为

第五十五条 利用职务便利，采取侵吞、窃取、骗取等手段非法占有诉讼费、执行款物、罚没款物、案件暂存款、赃款赃物及其孳息等涉案财物或者其他公共财物的，给予记大过处分；情节较重的，给予降级或者撤职处分；情节严重的，给予开除处分。

第五十六条 利用司法职权或者其他职务便利，索取他人财物及其他财产性利益的，或者非法收受他人财物及其他财产性利益，为他人谋取利益的，给予记大过处分；情节较重的，给予降级或者撤职处分；情节严重的，给予开除处分。

利用司法职权或者其他职务便利为他人谋取利益，以低价购买、高价出售、收受干股、合作投资、委托理财、赌博等形式非法收受他人财物，或者以特定关系人“挂名”领取薪酬或者收受财物等形式，非法收受他人财物，或者违反规定收受各种名义的回扣、手续费归个人所有的，依照前款规定处分。

第五十七条 行贿或者介绍贿赂的，给予记过或者记大过处分；情节较重的，给予降级或者撤职处分；情节严重的，给予开除处分。

向审判、执行人员行贿或者介绍贿赂的，依照前款规定从重处分。

第五十八条 挪用诉讼费、执行款物、罚没款物、案件暂存款、赃款赃物及其孳息等涉案财物或者其他公共财物的，给予记过或者记大过处分；情节较重的，给予降级或者撤职处分；情节严重的，给予开除处分。

第五十九条 接受案件当事人、相关中介机构及其委托人的财物、宴请或者其他利益的，给予警告、记过或者记大过处分；情节较重的，给予降级或者撤职处分；情节严重的，给予开除处分。

违反规定向案件当事人、相关中介机构及其委托人借钱、借物的，给予警告、记过或者记大过处分。

第六十条 以单位名义集体截留、使用、私分诉讼费、执行款物、罚没款物、案件暂存款、赃款赃物及其孳息等涉案财物或者其他公共财物的，给予警告、记过或者记大过处分；情节较重的，给予降级或者撤职处分；情节严重的，给予开除处分。

第六十一条　利用司法职权，以单位名义向公民、法人或者其他组织索要赞助或者摊派、收取财物的，给予记过或者记大过处分；情节较重的，给予降级或者撤职处分；情节严重的，给予开除处分。

第六十二条　故意违反规定设置收费项目、扩大收费范围、提高收费标准的，给予警告、记过或者记大过处分；情节较重的，给予降级或者撤职处分；情节严重的，给予开除处分。

第六十三条　违反规定从事或者参与营利性活动，在企业或者其他营利性组织中兼职的，给予记过或者记大过处分；情节较重的，给予降级或者撤职处分；情节严重的，给予开除处分。

第六十四条　利用司法职权或者其他职务便利，为特定关系人谋取不正当利益，或者放任其特定关系人、身边工作人员利用本人职权谋取不正当利益的，给予记过或者记大过处分；情节较重的，给予降级或者撤职处分；情节严重的，给予开除处分。

第六十五条　有其他违反廉政纪律行为的，给予警告、记过或者记大过处分；情节较重的，给予降级或者撤职处分；情节严重的，给予开除处分。

第四节　违反组织人事纪律的行为

第六十六条　违反议事规则，个人或者少数人决定重大事项，或者改变集体作出的重大决定，造成决策错误的，给予警告、记过或者记大过处分；情节较重的，给予降级或者撤职处分；情节严重的，给予开除处分。

第六十七条　故意拖延或者拒不执行上级依法作出的决定、决议的，给予警告、记过或者记大过处分；情节较重的，给予降级或者撤职处分；情节严重的，给予开除处分。

第六十八条　对职责范围内发生的重大事故、事件不按规定报告、处理的，给予记过或者记大过处分；情节较重的，给予降级或者撤职处分；情节严重的，给予开除处分。

第六十九条　对职责范围内发生的违纪违法问题隐瞒不报、压案不查、包庇袒护的，或者对上级交办的违纪违法案件故意拖延或者拒不办理的，给予记大过处分；情节较重的，给予降级或者撤职处分；情节严重的，给予开除处分。

第七十条　压制批评，打击报复，扣压、销毁举报信件，或者向被举报人透露举报情况的，给予记过或者记大过处分；情节较重的，给予降级或者撤职处分；情节严重的，给予开除处分。

第七十一条 在人员录用、招聘、考核、晋升职务、晋升级别、职称评定以及岗位调整等工作中徇私舞弊、弄虚作假的，给予警告、记过或者记大过处分；情节较重的，给予降级或者撤职处分；情节严重的，给予开除处分。

第七十二条 弄虚作假，骗取荣誉，或者谎报学历、学位、职称的，给予警告、记过或者记大过处分；情节较重的，给予降级或者撤职处分；情节严重的，给予开除处分。

第七十三条 拒不执行机关的交流决定，或者在离任、辞职、被辞退时，拒不办理公务交接手续或者拒不接受审计的，给予警告、记过或者记大过处分；情节较重的，给予降级或者撤职处分；情节严重的，给予开除处分。

第七十四条 旷工或者因公外出、请假期满无正当理由逾期不归，造成不良后果的，给予警告、记过或者记大过处分；情节较重的，给予降级或者撤职处分；情节严重的，给予开除处分。

第七十五条 以不正当方式谋求本人或者特定关系人用公款出国，或者擅自延长在国外、境外期限，或者擅自变更路线，造成不良后果的，给予警告、记过或者记大过处分；情节较重的，给予降级或者撤职处分；情节严重的，给予开除处分。

第七十六条 有其他违反组织人事纪律行为的，给予警告、记过或者记大过处分；情节较重的，给予降级或者撤职处分；情节严重的，给予开除处分。

第五节 违反财经纪律的行为

第七十七条 违反规定进行物资采购或者工程项目招投标，造成不良后果的，给予警告、记过或者记大过处分；情节较重的，给予降级或者撤职处分；情节严重的，给予开除处分。

第七十八条 违反规定擅自开设银行账户或者私设“小金库”的，给予警告处分；情节较重的，给予记过或者记大过处分；情节严重的，给予降级或者撤职处分。

第七十九条 伪造、变造、隐匿、毁弃财务账册、会计凭证、财务会计报告的，给予警告、记过或者记大过处分；情节较重的，给予降级或者撤职处分；情节严重的，给予开除处分。

第八十条 违反规定挥霍浪费国家资财的，给予警告处分；情节较重的，给予记过或者记大过处分；情节严重的，给予降级或者撤职处分。

第八十一条 有其他违反财经纪律行为的，给予警告、记过或者记大过处分；情节较重的，给予降级或者撤职处分；情节严重的，给予开除处分。

第六节　失职行为

第八十二条　因过失导致依法应当受理的案件未予受理，或者不应当受理的案件被违法受理，造成不良后果的，给予警告、记过或者记大过处分。

第八十三条　因过失导致错误裁判、错误采取财产保全措施、强制措施、执行措施，或者应当采取财产保全措施、强制措施、执行措施而未采取，造成不良后果的，给予警告、记过或者记大过处分；造成严重后果的，给予降级、撤职或者开除处分。

第八十四条　因过失导致所办案件严重超出规定办理期限，造成严重后果的，给予警告、记过或者记大过处分。

第八十五条　因过失导致被羁押人员脱逃、自伤、自杀或者行凶伤人的，给予记过或者记大过处分；造成严重后果的，给予降级、撤职或者开除处分。

第八十六条　因过失导致诉讼、执行文书内容错误，造成严重后果的，给予警告、记过或者记大过处分。

第八十七条　因过失导致国家秘密、审判执行工作秘密及其他工作秘密、履行职务掌握的商业秘密或者个人隐私被泄露，造成不良后果的，给予警告、记过或者记大过处分；情节较重的，给予降级或者撤职处分；情节严重的，给予开除处分。

第八十八条　因过失导致案卷或者证据材料损毁、丢失的，给予警告、记过或者记大过处分；造成严重后果的，给予降级或者撤职处分。

第八十九条　因过失导致职责范围内发生刑事案件、重大治安案件、重大社会群体性事件或者重大人员伤亡事故的，使公共财产、国家和人民利益遭受重大损失的，给予记过或者记大过处分；情节较重的，给予降级或者撤职处分；情节严重的，给予开除处分。

第九十条　有其他失职行为造成不良后果的，给予警告、记过或者记大过处分；情节较重的，给予降级或者撤职处分；情节严重的，给予开除处分。

第七节　违反管理秩序和社会道德的行为

第九十一条　因工作作风懈怠、工作态度恶劣，造成不良后果的，给予警告、记过或者记大过处分。

第九十二条　故意泄露国家秘密、工作秘密，或者故意泄露因履行职责掌握的商业秘密、个人隐私的，给予记过或者记大过处分；情节较重的，给予降级或者撤职处分；情节严重的，给予开除处分。

第九十三条　弄虚作假，误导、欺骗领导和公众，造成不良后果的，给予警告、记过或者记大过处分；情节较重的，给予降级或者撤职处分；情节严重的，给予开除处分。

第九十四条 因酗酒影响正常工作或者造成其他不良后果的，给予警告、记过或者记大过处分；情节较重的，给予降级、撤职处分；情节严重的，给予开除处分。

第九十五条 违反规定保管、使用枪支、弹药、警械等特殊物品，造成不良后果的，给予警告、记过或者记大过处分；情节较重的，给予降级或者撤职处分；情节严重的，给予开除处分。

第九十六条 违反公务车管理使用规定，发生严重交通事故或者造成其他不良后果的，给予警告、记过或者记大过处分；情节较重的，给予降级或者撤职处分；情节严重的，给予开除处分。

第九十七条 妨碍执行公务或者违反规定干预执行公务的，给予记过或者记大过处分；情节较重的，给予降级或者撤职处分；情节严重的，给予开除处分。

第九十八条 以殴打、辱骂、体罚、非法拘禁或者诽谤、诬告等方式侵犯他人人身权利的，给予记过或者记大过处分；情节较重的，给予降级或者撤职处分；情节严重的，给予开除处分。

体罚、虐待被羁押人员，或者殴打、辱骂诉讼参与人、涉诉上访人的，依照前款规定从重处分。

第九十九条 与他人通奸，造成不良影响的，给予警告、记过或者记大过处分；情节较重的，给予降级或者撤职处分；情节严重的，给予开除处分。

与所承办案件的当事人或者当事人亲属发生不正当两性关系的，依照前款规定从重处分。

第一百条 重婚或者包养情人的，给予撤职或者开除处分。

第一百零一条 拒不承担赡养、抚养、扶养义务，或者虐待、遗弃家庭成员的，给予警告、记过或者记大过处分；情节较重的，给予降级或者撤职处分；情节严重的，给予开除处分。

第一百零二条 吸食、注射毒品或者参与嫖娼、卖淫、色情淫乱活动的，给予撤职或者开除处分。

第一百零三条 参与赌博的，给予警告或者记过处分；情节较重的，给予记大过或者降级处分；情节严重的，给予撤职或者开除处分。

为赌博活动提供场所或者其他便利条件的，给予警告、记过或者记大过处分；情节较重的，给予降级、撤职处分；情节严重的，给予开除处分。

在工作时间赌博的，给予记过、记大过或者降级处分；屡教不改的，给予撤职或者开除处分。

挪用公款赌博的，给予撤职或者开除处分。

第一百零四条　参与迷信活动，造成不良影响的，给予警告、记过或者记大过处分。

组织迷信活动的，给予降级处分；情节较重的，给予撤职处分；情节严重的，给予开除处分。

第一百零五条　违反规定超计划生育的，给予降级处分；情节较重的，给予撤职处分；情节严重的，给予开除处分。

第一百零六条　有其他违反管理秩序和社会道德行为的，给予警告、记过或者记大过处分；情节较重的，给予降级或者撤职处分；情节严重的，给予开除处分。

第三章　附　则

第一百零七条　本条例所称"人民法院工作人员"是指人民法院行政编制内的工作人员。

人民法院事业编制工作人员参照本条例执行。

人民法院聘用人员不适用本条例。

第一百零八条　本条例所称"特定关系人"，是指与人民法院工作人员具有近亲属、情人以及其他密切关系的人。

第一百零九条　本条例所称"以上"、"以下"，包含本数。

第一百一十条　本条例由最高人民法院负责解释。

第一百一十一条　本条例自发布之日起施行。最高人民法院此前颁布的《关于人民法院工作人员纪律处分的若干规定（试行）》、《人民法院审判纪律处分办法（试行）》、《人民法院执行工作纪律处分办法（试行）》、最高人民法院《关于严格执行〈中华人民共和国法官法〉有关惩戒制度若干规定》同时废止。

最高人民法院
关于适用《人民法院工作人员处分条例》有关问题的答复

（2010年4月6日　法〔2010〕148号）

湖南省高级人民法院：

你院《关于如何适用〈人民法院工作人员处分条例〉几个问题的请示》

收悉。经研究，答复如下：

一、《人民法院工作人员处分条例》（以下简称《条例》）不溯及既往。《条例》发布前已作出处分决定的案件，如需要进行复议复查，适用当时的规定。尚未作出处分决定的案件，如果行为发生时的规定不认为是违纪，而本《条例》认为是违纪的，依照当时的规定处理；如果行为发生时的规定认为是违纪，依照当时的规定处理，但是如果本《条例》不认为是违纪或者处理较轻的，依照本《条例》处理。

二、人民法院工作人员退休以后因违纪违法应当降低或者取消所享受的待遇的，应由其原所在法院监察部门参照《监察部关于对犯错误的已退休国家公务员追究行政纪律责任若干问题的通知》（监发〔2001〕3号）和《监察部关于对犯错误的已退休国家公务员追究行政纪律责任中如何扣减退休金问题的答复》（监法复〔2004〕1号）的精神，向组织人事部门提出监察建议，并由该部门办理有关手续。

三、原属于上级法院监察部门监察对象的法院领导干部退休以后，因违纪违法需要给予降低或者取消所享受待遇的，由上级法院向退休人员原所在法院提出监察建议，并由该法院组织人事部门办理有关手续。

此复。

中华人民共和国人民陪审员法

（2018年4月27日中华人民共和国第十三届全国人民代表大会常务委员会第二次会议通过　2018年4月27日中华人民共和国主席令第4号公布　自公布之日起施行）

第一条　为了保障公民依法参加审判活动，促进司法公正，提升司法公信，制定本法。

第二条　公民有依法担任人民陪审员的权利和义务。

人民陪审员依照本法产生，依法参加人民法院的审判活动，除法律另有规定外，同法官有同等权利。

第三条　人民陪审员依法享有参加审判活动、独立发表意见、获得履职保障等权利。

人民陪审员应当忠实履行审判职责，保守审判秘密，注重司法礼仪，维护司法形象。

第四条　人民陪审员依法参加审判活动，受法律保护。

人民法院应当依法保障人民陪审员履行审判职责。

人民陪审员所在单位、户籍所在地或者经常居住地的基层群众性自治组织应当依法保障人民陪审员参加审判活动。

第五条　公民担任人民陪审员，应当具备下列条件：

（一）拥护中华人民共和国宪法；

（二）年满二十八周岁；

（三）遵纪守法、品行良好、公道正派；

（四）具有正常履行职责的身体条件。

担任人民陪审员，一般应当具有高中以上文化程度。

第六条　下列人员不能担任人民陪审员：

（一）人民代表大会常务委员会的组成人员，监察委员会、人民法院、人民检察院、公安机关、国家安全机关、司法行政机关的工作人员；

（二）律师、公证员、仲裁员、基层法律服务工作者；

（三）其他因职务原因不适宜担任人民陪审员的人员。

第七条　有下列情形之一的，不得担任人民陪审员：

（一）受过刑事处罚的；

（二）被开除公职的；

（三）被吊销律师、公证员执业证书的；

（四）被纳入失信被执行人名单的；

（五）因受惩戒被免除人民陪审员职务的；

（六）其他有严重违法违纪行为，可能影响司法公信的。

第八条　人民陪审员的名额，由基层人民法院根据审判案件的需要，提请同级人民代表大会常务委员会确定。

人民陪审员的名额数不低于本院法官数的三倍。

第九条　司法行政机关会同基层人民法院、公安机关，从辖区内的常住居民名单中随机抽选拟任命人民陪审员数五倍以上的人员作为人民陪审员候选人，对人民陪审员候选人进行资格审查，征求候选人意见。

第十条　司法行政机关会同基层人民法院，从通过资格审查的人民陪审员候选人名单中随机抽选确定人民陪审员人选，由基层人民法院院长提请同级人民代表大会常务委员会任命。

第十一条　因审判活动需要，可以通过个人申请和所在单位、户籍所在地或者经常居住地的基层群众性自治组织、人民团体推荐的方式产生人民陪审员候选人，经司法行政机关会同基层人民法院、公安机关进行资格审查，确定人民陪审员人选，由基层人民法院院长提请同级人民代表大会常务委员会任命。

依照前款规定产生的人民陪审员，不得超过人民陪审员名额数的五分之一。

第十二条 人民陪审员经人民代表大会常务委员会任命后，应当公开进行就职宣誓。宣誓仪式由基层人民法院会同司法行政机关组织。

第十三条 人民陪审员的任期为五年，一般不得连任。

第十四条 人民陪审员和法官组成合议庭审判案件，由法官担任审判长，可以组成三人合议庭，也可以由法官三人与人民陪审员四人组成七人合议庭。

第十五条 人民法院审判第一审刑事、民事、行政案件，有下列情形之一的，由人民陪审员和法官组成合议庭进行：

（一）涉及群体利益、公共利益的；

（二）人民群众广泛关注或者其他社会影响较大的；

（三）案情复杂或者有其他情形，需要由人民陪审员参加审判的。

人民法院审判前款规定的案件，法律规定由法官独任审理或者由法官组成合议庭审理的，从其规定。

第十六条 人民法院审判下列第一审案件，由人民陪审员和法官组成七人合议庭进行：

（一）可能判处十年以上有期徒刑、无期徒刑、死刑，社会影响重大的刑事案件；

（二）根据民事诉讼法、行政诉讼法提起的公益诉讼案件；

（三）涉及征地拆迁、生态环境保护、食品药品安全，社会影响重大的案件；

（四）其他社会影响重大的案件。

第十七条 第一审刑事案件被告人、民事案件原告或者被告、行政案件原告申请由人民陪审员参加合议庭审判的，人民法院可以决定由人民陪审员和法官组成合议庭审判。

第十八条 人民陪审员的回避，适用审判人员回避的法律规定。

第十九条 基层人民法院审判案件需要由人民陪审员参加合议庭审判的，应当在人民陪审员名单中随机抽取确定。

中级人民法院、高级人民法院审判案件需要由人民陪审员参加合议庭审判的，在其辖区内的基层人民法院的人民陪审员名单中随机抽取确定。

第二十条 审判长应当履行与案件审判相关的指引、提示义务，但不得妨碍人民陪审员对案件的独立判断。

合议庭评议案件，审判长应当对本案中涉及的事实认定、证据规则、法律规定等事项及应当注意的问题，向人民陪审员进行必要的解释和说明。

第二十一条　人民陪审员参加三人合议庭审判案件，对事实认定、法律适用，独立发表意见，行使表决权。

第二十二条　人民陪审员参加七人合议庭审判案件，对事实认定，独立发表意见，并与法官共同表决；对法律适用，可以发表意见，但不参加表决。

第二十三条　合议庭评议案件，实行少数服从多数的原则。人民陪审员同合议庭其他组成人员意见分歧的，应当将其意见写入笔录。

合议庭组成人员意见有重大分歧的，人民陪审员或者法官可以要求合议庭将案件提请院长决定是否提交审判委员会讨论决定。

第二十四条　人民法院应当结合本辖区实际情况，合理确定每名人民陪审员年度参加审判案件的数量上限，并向社会公告。

第二十五条　人民陪审员的培训、考核和奖惩等日常管理工作，由基层人民法院会同司法行政机关负责。

对人民陪审员应当有计划地进行培训。人民陪审员应当按照要求参加培训。

第二十六条　对于在审判工作中有显著成绩或者有其他突出事迹的人民陪审员，依照有关规定给予表彰和奖励。

第二十七条　人民陪审员有下列情形之一，经所在基层人民法院会同司法行政机关查证属实的，由院长提请同级人民代表大会常务委员会免除其人民陪审员职务：

（一）本人因正当理由申请辞去人民陪审员职务的；

（二）具有本法第六条、第七条所列情形之一的；

（三）无正当理由，拒绝参加审判活动，影响审判工作正常进行的；

（四）违反与审判工作有关的法律及相关规定，徇私舞弊，造成错误裁判或者其他严重后果的。

人民陪审员有前款第三项、第四项所列行为的，可以采取通知其所在单位、户籍所在地或者经常居住地的基层群众性自治组织、人民团体，在辖区范围内公开通报等措施进行惩戒；构成犯罪的，依法追究刑事责任。

第二十八条　人民陪审员的人身和住所安全受法律保护。任何单位和个人不得对人民陪审员及其近亲属打击报复。

对报复陷害、侮辱诽谤、暴力侵害人民陪审员及其近亲属的，依法追究法律责任。

第二十九条　人民陪审员参加审判活动期间，所在单位不得克扣或者变相克扣其工资、奖金及其他福利待遇。

人民陪审员所在单位违反前款规定的，基层人民法院应当及时向人民陪审员所在单位或者所在单位的主管部门、上级部门提出纠正意见。

第三十条 人民陪审员参加审判活动期间，由人民法院依照有关规定按实际工作日给予补助。

人民陪审员因参加审判活动而支出的交通、就餐等费用，由人民法院依照有关规定给予补助。

第三十一条 人民陪审员因参加审判活动应当享受的补助，人民法院和司法行政机关为实施人民陪审员制度所必需的开支，列入人民法院和司法行政机关业务经费，由相应政府财政予以保障。具体办法由最高人民法院、国务院司法行政部门会同国务院财政部门制定。

第三十二条 本法自公布之日起施行。2004 年 8 月 28 日第十届全国人民代表大会常务委员会第十一次会议通过的《全国人民代表大会常务委员会关于完善人民陪审员制度的决定》同时废止。

最高人民法院
关于深入贯彻落实《中华人民共和国人民陪审员法》的通知

（2018 年 4 月 28 日　法〔2018〕110 号）

各省、自治区、直辖市高级人民法院，新疆维吾尔自治区高级人民法院生产建设兵团分院：

2018 年 4 月 27 日，第十三届全国人民代表大会常务委员会第二次会议已审议通过《中华人民共和国人民陪审员法》（以下简称《人民陪审员法》）并于同日公布施行。《人民陪审员法》的出台是中国特色社会主义法治建设的一件大事，也是保障公民民主权利、推进司法民主建设新的里程碑。为深入贯彻落实《人民陪审员法》，在人民法院审判工作中更好实现人民陪审员制度的功能效果，现将有关事宜通知如下：

一、充分认识贯彻落实《人民陪审员法》的重要意义

《人民陪审员法》全面总结了全国人大常委会《关于完善人民陪审员制度的决定》施行十三年来的实践经验，以单行法律形式将十八届三中、四中全会以来的改革试点经验固定下来，对人民陪审员的选任、参审、管理等方面作了进一步完善，标志着我国人民陪审员制度进入一个新的发展阶段。正确贯彻执行《人民陪审员法》，有利于完善中国特色社会主义司法制度，对于推

进司法民主、促进司法公正、保障司法廉洁、提升司法公信，让人民群众在每一个司法案件中感受到公平正义，有着十分重要的意义。

各级人民法院要充分认识制定《人民陪审员法》的重要意义，高度重视《人民陪审员法》的贯彻落实，切实把学习、宣传、贯彻《人民陪审员法》作为一项重要工作提上议事日程。要紧紧依靠当地党委的坚强领导、人大及其常委会的有力监督、政府有关部门的大力配合以及社会各界的关心支持，以《人民陪审员法》的颁布为契机，完善工作机制，加大工作力度，扩大社会影响，努力开创人民陪审员工作的新局面。

各高级人民法院要切实担负起贯彻落实《人民陪审员法》的主体责任，结合本地实际，尽快研究制定贯彻落实《人民陪审员法》的一揽子工作方案和实施办法，加强组织协调，抓好工作部署，明确工作责任，强化指导监督，层层抓好落实。

二、加强《人民陪审员法》的学习宣传

各级人民法院要有计划、分批次开展形式多样的学习活动，首先抓好法院领导干部和广大法官的学习，先学一步，学深一层，全面、准确学习领会《人民陪审员法》的立法精神和主要内容，努力提高广大法官对《人民陪审员法》的理解和适用水平，增强广大法官指导人民陪审员有效参审的能力，确保《人民陪审员法》的各项规定深入人心，有效实施。

要采取措施，依托电视、报纸、广播、网络、手机、新闻发布会、座谈会、宣讲会等载体，通过官方网站、微博、微信等新媒体平台，采取进社区、进企业、访群众等多种方式，全方位、立体式广泛宣传《人民陪审员法》立法的重大意义、主要内容以及人民陪审员参审的典型案例和实际成效，充分发挥社会舆论的引导作用，进一步增强全社会对人民陪审员制度的认知、理解和支持，在全社会积极营造贯彻执行《人民陪审员法》的良好氛围。

三、积极配合司法行政机关做好人民陪审员选任

《人民陪审员法》实施后，人民陪审员选任工作将由司法行政机关牵头，基层人民法院、公安机关配合开展。各高级人民法院要积极协调配合同级司法行政机关，尽快研究出台关于本地区人民陪审员选任工作方案，精心组织，把握进度，严格把关。采取有效措施，指导辖区内各基层人民法院配合司法行政机关，如期完成第一批人民陪审员的选任工作。

各基层人民法院要积极配合司法行政机关做好人民陪审员随机抽选、资格审查等工作，并负责做好人民陪审员提请任命、就职宣誓等工作。各地人民陪审员选任情况由高级人民法院汇总后报最高人民法院政治部。

为确保审判活动的正常进行，《人民陪审员法》施行前已经任命的人民陪审员继续任职，任期届满后自动免除职务。对不符合《人民陪审员法》规定的选任条件的人民陪审员，应当提请同级人民代表大会常务委员会免除其人民陪审员职务。

《人民陪审员法》施行后，各基层人民法院首先要对留任的人民陪审员人数进行摸底统计，在此基础上，充分考虑到本院审判工作状况，以及满足上级人民法院从本院随机抽取人民陪审员等实际需要，按照人民陪审员名额不低于本院法官人数三倍的规定，及时提请同级人民代表大会常务委员会确定人民陪审员的名额，并通报同级司法行政机关，层报高级人民法院备案。今后，因审判活动需要，通过个人申请和组织推荐方式选任的人民陪审员数量不得超过人民陪审员名额数的五分之一。

四、严格执行人民陪审员参加审判活动的各项规定

《人民陪审员法》仅适用于法律施行后受理的第一审刑事、民事、行政案件，《人民陪审员法》施行前受理的第一审刑事、民事、行政案件，人民陪审员参加的审判活动继续有效。

各高级人民法院要指导所辖法院合理确定人民陪审员的参审案件范围，正确把握事实审和法律审界限，防止片面追求陪审率，杜绝“驻庭陪审员”“编外法官”等情况，努力实现从注重陪审案件“数量”向关注陪审案件“质量”转变。各级人民法院根据本辖区实际情况，合理确定人民陪审员年度参审案件数上限，及时以适当形式向社会公告，并层报高级人民法院备案。

各级人民法院要充分运用信息化手段，不断完善随机抽取人民陪审员参加案件审理的工作制度和技术保障机制，确保参加个案审理的人民陪审员均通过随机抽取方式确定，防止出现少数人民陪审员与法官组成固定合议庭审理案件的现象，让更多的人民陪审员有机会参与案件审理。

各级人民法院要强调法官对人民陪审员参审案件的指引、提示义务，增强指引意识，提高指引能力，规范指引方式，强化释明责任，对案件涉及的事实认定、证据规则、法律规定等事项，以及人民陪审员应当注意的案件焦点问题，法官应当及时予以指引、提示和释明，充分发挥人民陪审员在审判工作中的实质性作用。

五、加强人民陪审员的培训、管理、保障

各级人民法院要改进和加强人民陪审员的培训工作。根据人民陪审员参审职权变化和新的履职要求，对人民陪审员有计划地进行全员培训，加强对人民陪审员权利义务、诉讼程序、庭审技能等内容的培训，充分利用案例教学、现场观摩、专题报告等形式，切实提高人民陪审员的履职能力。

要把人民陪审员工作纳入到人民法院信息化建设的大格局中，加强信息化建设力度，实现最高人民法院人民陪审员信息管理系统与各级地方法院人民陪审员管理系统的互通互联，实现人民陪审员管理系统与本地审判管理系统信息的互通互联，积极推进人民陪审员信息管理与分析、陪审员履职管理、陪审员评价管理、陪审员监督管理和陪审员服务平台功能建设；积极运用手机 APP、远程阅卷、电子签章等信息科技手段，实现选任、参审、管理的全程信息化，进一步提升人民陪审员管理的信息化水平，为人民陪审员参审提供便利。

各级人民法院要主动协调财政部门，将人民陪审员因参加审判活动应当享受的补助、人民法院落实人民陪审员选任、管理、培训等所必需的开支，列入人民法院业务经费予以足额保障。

六、认真做好经验总结和意见反馈工作

各级人民法院在学习、宣传、贯彻执行《人民陪审员法》的过程中，要不断总结经验，对遇到的新问题，要认真研究并提出具体意见，由高级人民法院汇总后，及时向最高人民法院报告。最高人民法院将适时对各高级人民法院贯彻落实《人民陪审员法》的情况进行专项督查，及时指导各地人民陪审员工作，确保《人民陪审员法》的正确实施。

最高人民法院
关于人民陪审员参加审判活动若干问题的规定

法释〔2010〕2号

（2009年11月23日最高人民法院审判委员会第1477次会议通过
2010年1月12日最高人民法院公告公布　自2010年1月14日起施行）

为依法保障和规范人民陪审员参加审判活动，根据《全国人民代表大会常务委员会关于完善人民陪审员制度的决定》等法律的规定，结合审判实际，制定本规定。

第一条　人民法院审判第一审刑事、民事、行政案件，属于下列情形之一的，由人民陪审员和法官共同组成合议庭进行，适用简易程序审理的案件和法律另有规定的案件除外：

（一）涉及群体利益的；

（二）涉及公共利益的；

（三）人民群众广泛关注的；

（四）其他社会影响较大的。

第二条 第一审刑事案件被告人、民事案件原告或者被告、行政案件原告申请由人民陪审员参加合议庭审判的，由人民陪审员和法官共同组成合议庭进行。

人民法院征得前款规定的当事人同意由人民陪审员和法官共同组成合议庭审判案件的，视为申请。

第三条 第一审人民法院决定适用普通程序审理案件后应当明确告知本规定第二条的当事人，在收到通知五日内有权申请由人民陪审员参加合议庭审判案件。

人民法院接到当事人在规定期限内提交的申请后，经审查符合本规定的，应当组成有人民陪审员参加的合议庭进行审判。

第四条 人民法院应当在开庭七日前采取电脑生成等方式，从人民陪审员名单中随机抽取确定人民陪审员。

第五条 特殊案件需要具有特定专业知识的人民陪审员参加审判的，人民法院可以在具有相应专业知识的人民陪审员范围内随机抽取。

第六条 人民陪审员确有正当理由不能参加审判活动，或者当事人申请其回避的理由经审查成立的，人民法院应当及时重新确定其他人选。

第七条 人民陪审员参加合议庭评议案件时，有权对事实认定、法律适用独立发表意见，并独立行使表决权。

人民陪审员评议案件时应当围绕事实认定、法律适用充分发表意见并说明理由。

第八条 合议庭评议案件时，先由承办法官介绍案件涉及的相关法律、审查判断证据的有关规则，后由人民陪审员及合议庭其他成员充分发表意见，审判长最后发表意见并总结合议庭意见。

第九条 人民陪审员同合议庭其他组成人员意见分歧，要求合议庭将案件提请院长决定是否提交审判委员会讨论决定的，应当说明理由；人民陪审员提出的要求及理由应当写入评议笔录。

第十条 人民陪审员应当认真阅读评议笔录，确认无误后签名；发现评议笔录与评议内容不一致的，应当要求更正后签名。

人民陪审员应当审核裁判文书文稿并签名。

司法部　最高人民法院　公安部
关于印发《人民陪审员选任办法》的通知

（2018 年 8 月 22 日　司发〔2018〕6 号）

各省、自治区、直辖市司法厅（局）、高级人民法院、公安厅（局），新疆生产建设兵团司法局、新疆维吾尔自治区高级人民法院生产建设兵团分院、新疆生产建设兵团公安局：

为认真贯彻实施《中华人民共和国人民陪审员法》，进一步做好人民陪审员选任工作，司法部、最高人民法院、公安部研究制定了《人民陪审员选任办法》，现印发你们，请结合实际认真贯彻落实。

各地在执行中遇到重大情况和问题，请及时报告司法部、最高人民法院、公安部。

附：

人民陪审员选任办法

第一条　为规范人民陪审员选任工作，保障人民陪审员制度有效实施，根据《中华人民共和国人民陪审员法》（以下简称人民陪审员法），制定本办法。

第二条　人民陪审员选任工作应当坚持依法民主、公开公正、协同高效的原则。

第三条　人民陪审员主要通过随机抽选方式产生。因审判活动需要，可以通过个人申请和所在单位、户籍所在地或者经常居住地的基层群众性自治组织、人民团体推荐（以下简称组织推荐）方式产生。

第四条　人民陪审员选任工作由司法行政机关会同基层人民法院、公安机关组织开展。

省级和设区的市级司法行政机关负责人民陪审员选任工作的指导监督，县级司法行政机关负责人民陪审员选任工作的具体实施。

司法行政机关应当按照职责需要，健全工作机构，配备工作人员，建立完善工作制度。

司法行政机关、基层人民法院、公安机关应当加强沟通联系，建立协调配合机制。

第五条 基层人民法院根据审判案件的需要以及本辖区人口数量、地域面积、民族状况等因素，并结合上级人民法院随机抽取人民陪审员的需要，提出不低于本院法官数三倍的人民陪审员名额数的意见，提请同级人民代表大会常务委员会确定。

第六条 人民陪审员的名额数意见在提请同级人民代表大会常务委员会确定之前，基层人民法院应当先报上一级人民法院审核，上一级人民法院可以对本辖区内人民陪审员名额数进行适当调整。上一级人民法院审核确认后，报省（市、区）高级人民法院备案。

第七条 人民陪审员的名额数可以根据实际情况进行调整。调整应当由基层人民法院按照确定人民陪审员名额数的程序进行。

第八条 通过个人申请和组织推荐产生的人民陪审员，不得超过所在基层人民法院人民陪审员名额数的五分之一。

第九条 基层人民法院应当将人民陪审员名额数及时通报同级司法行政机关。基层人民法院应当会同司法行政机关分别确定随机抽选以及需要通过个人申请和组织推荐的拟任命人民陪审员数。

第十条 司法行政机关会同基层人民法院、公安机关，向社会发布选任人民陪审员公告，内容包括选任名额、选任条件、选任程序等有关事项，公告期为三十日。

需要通过个人申请和组织推荐方式产生人民陪审员的，还应当在公告中明确申请和推荐期限。

第十一条 司法行政机关会同基层人民法院、公安机关，从辖区内年满二十八周岁的常住居民名单中，随机抽选拟任命人民陪审员数五倍以上的人员作为人民陪审员候选人。

第十二条 司法行政机关会同基层人民法院、公安机关，开展人民陪审员候选人信息采集工作，建立人民陪审员候选人信息库。

基层人民法院、公安机关应当将人民陪审员候选人相关信息及时提供给司法行政机关。

第十三条 司法行政机关会同基层人民法院、公安机关，依照人民陪审员法第五条、第六条、第七条、第十三条规定对人民陪审员候选人进行资格审查。

必要时，司法行政机关会同基层人民法院、公安机关到候选人所在单位、户籍所在地或者经常居住地的基层群众性自治组织、人民团体进行走访调查，或者对候选人进行当面考察。

第十四条　司法行政机关应当会同基层人民法院、公安机关向符合选任条件的人民陪审员候选人告知人民陪审员的权利义务，并征求其对担任人民陪审员的意见。

第十五条　司法行政机关会同基层人民法院，从通过资格审查的人民陪审员候选人名单中随机抽选确定人民陪审员拟任命人选。

第十六条　公民申请担任人民陪审员的，应当按选任公告要求，向本人户籍所在地或者经常居住地的县级司法行政机关提交身份、学历证明等书面材料，并填写人民陪审员候选人申请表。

组织推荐人民陪审员的，需征得公民本人同意后，向县级司法行政机关提交被推荐人简历、学历证明等书面材料，并填写人民陪审员候选人推荐表。

第十七条　司法行政机关会同基层人民法院、公安机关依照本办法第十三条规定，对人民陪审员申请人和被推荐人进行资格审查。

第十八条　司法行政机关会同基层人民法院，从通过资格审查的人民陪审员申请人和被推荐人中确定人民陪审员拟任命人选。个人申请或者组织推荐人数超过拟选任人数的，可以在通过资格审查的申请人和被推荐人中随机抽选确定拟任命人选。

确定人民陪审员拟任命人选，应当充分体现人民陪审员的广泛性和代表性。

第十九条　司法行政机关应当会同基层人民法院、公安机关向社会公示拟任命人民陪审员名单。公示期不少于五个工作日。

第二十条　经公示后确定的人民陪审员人选，由基层人民法院院长提请同级人民代表大会常务委员会任命。

基层人民法院提请同级人民代表大会常务委员会任命人民陪审员，应当提交提请任命人民陪审员的议案、人选名单以及同级人民代表大会常务委员会要求提供的其他材料。

司法行政机关应当配合基层人民法院提供有关材料。

第二十一条　基层人民法院应当会同司法行政机关向社会公告人民陪审员名单。

第二十二条　人民法院应当会同司法行政机关及时将任命决定通知人民陪审员本人及其所在单位、户籍所在地或经常居住地的基层群众性自治组织、人民团体，并通报公安机关。

第二十三条　司法行政机关、基层人民法院应当将人民陪审员名单逐级报省级司法行政机关、高级人民法院备案。

第二十四条　人民陪审员的任期为五年，一般不得连任。公民担任人民陪审员不得超过两次。

第二十五条 公民不得同时在两个以上的基层人民法院担任人民陪审员。

第二十六条 人民陪审员缺额数超过基层人民法院人民陪审员名额数十分之一的，或者因审判工作需要，可以适时增补人民陪审员。

增补人民陪审员人选从通过资格审查的人民陪审员候选人名单中随机抽选确定。公示与任命程序依照本办法第十九条、第二十条、第二十一条、第二十二条规定进行。

第二十七条 人民陪审员经人民代表大会常务委员会任命后，应当公开进行就职宣誓。

人民陪审员宣誓誓词为：我是中华人民共和国人民陪审员，我宣誓：忠于国家，忠于人民，忠于宪法和法律，依法参加审判活动，忠实履行审判职责，廉洁诚信，秉公判断，维护社会公平正义！

第二十八条 人民陪审员就职宣誓仪式由基层人民法院会同司法行政机关组织。

第二十九条 海事法院、知识产权法院、铁路运输法院等没有对应同级人民代表大会的法院一般不单独进行人民陪审员选任，需要由人民陪审员参加合议庭审判案件的，在其所在地级市辖区内的基层人民法院或案件管辖区内的人民陪审员名单中随机抽取确定。

第三十条 本办法由司法部、最高人民法院、公安部共同负责解释。

第三十一条 本办法自公布之日起施行。本办法施行前司法部、最高人民法院、公安部制定的有关人民陪审员选任的规定，与本办法不符的，以本办法为准。

最高人民法院　司法部
关于印发《人民陪审员制度改革试点方案》的通知

（2015年4月24日　法〔2015〕100号）

北京、河北、黑龙江、江苏、福建、山东、河南、广西、重庆、陕西高级人民法院、司法厅（局）：

为贯彻党的十八届三中、四中全会关于人民陪审员制度改革的部署，进一步推进司法民主，完善人民陪审员制度，保障人民群众有序参与司法，提升人民陪审员制度公信度，促进司法公正，最高人民法院、司法部制定了《人民陪审员制度改革试点方案》，已经中央全面深化改革领导小组第11次会议通过。十二届全国人大常委会第十四次会议作出《关于授权在部分地区开展人民陪审员制度改革试点工作的决定》，确保改革于法有据。现将《人民陪审员制度改革试点方案》印发给你们，请认真组织实施。实施过程中遇到的问题请及时报告最高人民法院和司法部。

附：

人民陪审员制度改革试点方案

为贯彻落实党的十八届三中、四中全会关于完善人民陪审员制度的改革部署，现就人民陪审员制度改革试点提出方案如下：

一、基本原则和改革目标

人民陪审员制度是中国特色社会主义司法制度的重要组成部分。要通过改革人民陪审员制度，推进司法民主，促进司法公正，保障人民群众有序参与司法，提升人民陪审员制度公信度和司法公信力，让人民群众在每一个司法案件中感受到公平正义。

（一）坚持正确政治方向。改革应当始终坚持党的领导、人民当家做主和依法治国的有机统一，坚定不移地走中国特色社会主义法治道路，在人民司法工作中坚持群众路线，提高人民陪审员制度公信度。

（二）坚持依法有序推进。人民陪审员制度改革应当于法有据，改革条件还不成熟、需要先行先试的，要按照法定程序由立法机关作出授权，实践证明行之有效的改革措施要及时上升为法律，确保改革在法律框架下有序推进。

（三）坚持中央顶层设计与地方探索相结合。人民陪审员制度改革既涉及司法制度和诉讼程序的原则性问题，也涉及一些司法实务中的操作性问题，要坚持在中央顶层设计的框架内，鼓励地方积极探索，总结经验。

（四）坚持从本国国情出发与吸收借鉴域外经验相结合。人民陪审员制度改革要立足我国国情，从中国特色社会主义司法制度和经济社会发展的实际出发，也要吸收借鉴其他国家和地区的有益经验。

二、主要内容

（一）改革人民陪审员选任条件。拥护中华人民共和国宪法、品行良好、公道正派、身体健康、具有选举权和被选举权的年满28周岁的公民，原则上都具备担任人民陪审员的资格。担任人民陪审员一般应当具有高中以上文化学历，但是农村地区和贫困偏远地区公道正派、德高望重者不受此限。

人民代表大会常务委员会组成人员，人民法院、人民检察院、公安机关、国家安全机关、司法行政机关的工作人员和执业律师不能担任人民陪审员。因犯罪受过刑事处罚的或者被开除公职的，以及不能正确理解和表达意思的人员，不得担任人民陪审员。

人民陪审员的选任应当注意吸收普通群众，兼顾社会各阶层人员的结构比例，注意吸收社会不同行业、不同职业、不同年龄、不同民族、不同性别的人员，实现人民陪审员的广泛性和代表性。

（二）完善人民陪审员选任程序。增加选任的广泛性和随机性，建立和完善人民陪审员随机抽选机制，提高选任工作透明度和公信度。

基层和中级人民法院每五年从符合条件的当地选民（或者当地常住居民）名单中随机抽选当地法院法官员额数5倍以上的人员作为人民陪审员候选人，制作人民陪审员候选人名册，建立人民陪审员候选人信息库。

基层和中级人民法院会同同级司法行政机关对人民陪审员候选人进行资格审查，征求候选人意见，从审核过的名单中随机抽选不低于当地法院法官员额数3～5倍的人员作为人民陪审员，建立人民陪审员名册，提请同级人大常委会任命。

对于可以实行陪审制审理的案件，人民法院要及时告知当事人有申请人民陪审员参与庭审的权利。当事人有权申请人民陪审员回避，是否回避由人民法院依法决定。

（三）扩大人民陪审员参审范围。合理界定并适当扩大人民陪审员参审案件范围，充分发扬司法民主，提高司法公信力。

涉及群体利益、社会公共利益的，人民群众广泛关注或者其他社会影响较大的第一审刑事、民事、行政案件，以及可能判处十年以上有期徒刑、无期徒刑的第一审刑事案件，原则上实行人民陪审制审理。

第一审刑事案件被告人、民事案件当事人、行政案件原告申请由人民陪审员参加合议庭审判的，可以实行人民陪审制审理。

（四）完善人民陪审员参审案件机制。改变人民陪审员陪而不审、审而不议等现象，合理确定每个人民陪审员每年参与审理案件的数量比例，防止“驻庭陪审、编外法官”等情形，保障人民陪审员参审权利和效果。

探索重大案件由3名以上人民陪审员参加合议庭机制。健全人民陪审员提前阅卷机制，人民法院应当在开庭前安排人民陪审员阅卷，为人民陪审员查阅案卷、参加审判活动提供便利。保障人民陪审员在庭审过程中依法行使权利，经审判长同意，人民陪审员有权参与案件共同调查、在庭审中直接发问、开展调解工作等。

完善人民陪审员参加合议庭评议程序。人民陪审员的意见应当写入合议笔录，规范人民陪审员及合议庭其他成员发表意见顺序和表决程序，保障人民陪审员评议时充分发表意见，严格落实人民陪审员合议庭笔录和裁判文书签名确认制度。

（五）探索人民陪审员参审案件职权改革。开展试点，积累经验，逐步探索实行人民陪审员不再审理法律适用问题，只参与审理事实认定问题，充分发挥人民陪审员富有社会阅历、了解社情民意的优势，提高人民法院裁判的社会认可度。

人民陪审员在案件评议过程中独立就案件事实认定问题发表意见，不再对法律适用问题发表意见。审判长应将案件事实争议焦点告知人民陪审员，引导人民陪审员围绕案件事实认定问题发表意见，并对与事实认定有关的证据资格、证据证明力、诉讼程序等问题及注意事项进行必要的说明，但不得妨碍人民陪审员对案件事实的独立判断。

人民陪审员和法官共同对案件事实认定负责，如果意见分歧，应当按多数人意见对案件事实作出认定，但是少数人意见应当写入笔录。如果法官与人民陪审员多数意见存在重大分歧，且认为人民陪审员多数意见对事实的认定违反了证据规则，可能导致适用法律错误或者造成错案的，可以将案件提交院长决定是否由审判委员会讨论。

（六）完善人民陪审员的退出和惩戒机制。坚持权利义务相统一原则，保障公民陪审权利，明确公民陪审义务。

建立人民陪审员职责豁免机制，因年龄、职业、生活、疾病等因素导致履行人民陪审员职责存在明显困难的可以免除其陪审义务。

公民经选任为人民陪审员的，无正当理由不得拒绝履行陪审职责。建立对人民陪审员无正当理由拒绝履行陪审职责，有损害陪审公信或司法公正等行为的惩戒制度。明确人民陪审员退出情形，完善人民陪审员退出机制。

（七）完善人民陪审员履职保障制度。建立人民陪审员宣誓制度，制定人民陪审员权利义务清单。

加强对人民陪审员个人信息和人身安全的法律保护，对危害人民陪审员制度的行为建立相应的处罚规则，维护人民陪审制度权威性。

人民法院及各相关单位应当为人民陪审员履职提供相应便利和保障。人民法院应当会同司法行政机关加强和改进对人民陪审员的培训和管理，充分调动人民陪审员履职积极性，提高履职实效性。人民陪审员所在单位不得因人民陪审员履行陪审职责而对其实施解雇以及减少工资或薪酬待遇等不利措施。人民陪审员制度实施所需经费列入人民法院、司法行政机关业务费预算予以保障。

三、方案实施

（一）立法机关授权。建议全国人大常委会 2015 年 4 月授权最高人民法院，自 2015 年 5 月起在部分地区开展人民陪审员制度改革试点工作，试点期限原则上二年，最低不少于一年。

（二）积极开展试点。2015 年 5 月，最高人民法院根据试点方案和全国人大常委会的授权，研究制定试点实施方案，并选择北京、河北、黑龙江、江苏、福建、山东、河南、广西、重庆、陕西 10 省、自治区、直辖市开展人民陪审员制度改革试点。

（三）推动相关法律修改完善。2016 年 5 月，最高人民法院总结经验，全面评估改革方案的实际效果，积极推动相关法律修改完善。

四、组织保障

人民陪审员制度改革由最高人民法院和全国人大内务司法委员会牵头负责，中央政法委、全国人大常委会法工委、最高人民检察院、司法部、财政部等部门积极配合。各部门要高度重视这项改革工作，加强工作协调和督促检查，加大人财物等保障力度，有力推进改革工作顺利开展。最高人民法院要加强对试点情况的跟踪和指导，认真研究改革试点中存在的突出问题，及时进行修改完善相关制度设计。

最高人民法院
关于完善人民法院司法责任制的若干意见

（2015 年 9 月 21 日　法发〔2015〕13 号）

为贯彻中央关于深化司法体制改革的总体部署，优化审判资源配置，明确审判组织权限，完善人民法院的司法责任制，建立健全符合司法规律的审判权力运行机制，增强法官审理案件的亲历性，确保法官依法独立公正履行审判职责，根据有关法律和人民法院工作实际，制定本意见。

一、目标原则

1. 完善人民法院的司法责任制，必须以严格的审判责任制为核心，以科学的审判权力运行机制为前提，以明晰的审判组织权限和审判人员职责为基础，以有效的审判管理和监督制度为保障，让审理者裁判、由裁判者负责，确保人民法院依法独立公正行使审判权。

2. 推进审判责任制改革，人民法院应当坚持以下基本原则：

（1）坚持党的领导，坚持走中国特色社会主义法治道路；

（2）依照宪法和法律独立行使审判权；

（3）遵循司法权运行规律，体现审判权的判断权和裁决权属性，突出法官办案主体地位；

（4）以审判权为核心，以审判监督权和审判管理权为保障；

（5）权责明晰、权责统一、监督有序、制约有效；

（6）主观过错与客观行为相结合，责任与保障相结合。

3. 法官依法履行审判职责受法律保护。法官有权对案件事实认定和法律适用独立发表意见。非因法定事由，非经法定程序，法官依法履职行为不受追究。

二、改革审判权力运行机制

（一）独任制与合议庭运行机制

4. 基层、中级人民法院可以组建由一名法官与法官助理、书记员以及其他必要的辅助人员组成的审判团队，依法独任审理适用简易程序的案件和法律规定的其他案件。

人民法院可以按照受理案件的类别，通过随机产生的方式，组建由法官或者法官与人民陪审员组成的合议庭，审理适用普通程序和依法由合议庭审理的简易程序的案件。案件数量较多的基层人民法院，可以组建相对固定的审判团队，实行扁平化的管理模式。

人民法院应当结合职能定位和审级情况，为法官合理配置一定数量的法官助理、书记员和其他审判辅助人员。

5. 在加强审判专业化建设基础上，实行随机分案为主、指定分案为辅的案件分配制度。按照审判领域类别，随机确定案件的承办法官。因特殊情况需要对随机分案结果进行调整的，应当将调整理由及结果在法院工作平台上公示。

6. 独任法官审理案件形成的裁判文书，由独任法官直接签署。合议庭审理案件形成的裁判文书，由承办法官、合议庭其他成员、审判长依次签署；审判长作为承办法官的，由审判长最后签署。审判组织的法官依次签署完毕后，裁判文书即可印发。除审判委员会讨论决定的案件以外，院长、副院长、庭长对其未直接参加审理案件的裁判文书不再进行审核签发。

合议庭评议和表决规则，适用人民法院组织法、诉讼法以及《最高人民法院关于人民法院合议庭工作的若干规定》《最高人民法院关于进一步加强合议庭职责的若干规定》。

7. 进入法官员额的院长、副院长、审判委员会专职委员、庭长、副庭长应当办理案件。院长、副院长、审判委员会专职委员每年办案数量应当参照全院法官人均办案数量，根据其承担的审判管理监督事务和行政事务工作量合理确定。庭长每年办案数量参照本庭法官人均办案数量确定。对于重大、疑难、复杂的案件，可以直接由院长、副院长、审判委员会委员组成合议庭进行审理。

按照审判权与行政管理权相分离的原则，试点法院可以探索实行人事、经费、政务等行政事务集中管理制度，必要时可以指定一名副院长专门协助院长管理行政事务。

8. 人民法院可以分别建立由民事、刑事、行政等审判领域法官组成的专业法官会议，为合议庭正确理解和适用法律提供咨询意见。合议庭认为所审理的案件因重大、疑难、复杂而存在法律适用标准不统一的，可以将法律适用问题提交专业法官会议研究讨论。专业法官会议的讨论意见供合议庭复议时参考，采纳与否由合议庭决定，讨论记录应当入卷备查。

建立审判业务法律研讨机制，通过类案参考、案例评析等方式统一裁判尺度。

（二）审判委员会运行机制

9. 明确审判委员会统一本院裁判标准的职能，依法合理确定审判委员会讨论案件的范围。审判委员会只讨论涉及国家外交、安全和社会稳定的重大复杂案件，以及重大、疑难、复杂案件的法律适用问题。强化审判委员会总结审判经验、讨论决定审判工作重大事项的宏观指导职能。

10. 合议庭认为案件需要提交审判委员会讨论决定的，应当提出并列明需要审判委员会讨论决定的法律适用问题，并归纳不同的意见和理由。

合议庭提交审判委员会讨论案件的条件和程序，适用人民法院组织法、诉讼法以及《最高人民法院关于人民法院合议庭工作的若干规定》《最高人民法院关于改革和完善人民法院审判委员会制度的实施意见》。

11. 案件需要提交审判委员会讨论决定的，审判委员会委员应当事先审阅合议庭提请讨论的材料，了解合议庭对法律适用问题的不同意见和理由，根据需要调阅庭审音频视频或者查阅案卷。

审判委员会委员讨论案件时应当充分发表意见，按照法官等级由低到高确定表决顺序，主持人最后表决。审判委员会评议实行全程留痕，录音、录像，作出会议记录。审判委员会的决定，合议庭应当执行。所有参加讨论和表决的委员应当在审判委员会会议记录上签名。

建立审判委员会委员履职考评和内部公示机制。建立审判委员会决议事项的督办、回复和公示制度。

（三）审判管理和监督

12. 建立符合司法规律的案件质量评估体系和评价机制。审判管理和审判监督机构应当定期分析审判质量运行态势，通过常规抽查、重点评查、专项评查等方式对案件质量进行专业评价。

13. 各级人民法院应当成立法官考评委员会，建立法官业绩评价体系和业绩档案。业绩档案应当以法官个人日常履职情况、办案数量、审判质量、司法技能、廉洁自律、外部评价等为主要内容。法官业绩评价应当作为法官任职、评先评优和晋职晋级的重要依据。

14. 各级人民法院应当依托信息技术，构建开放动态透明便民的阳光司法机制，建立健全审判流程公开、裁判文书公开和执行信息公开三大平台，广泛接受社会监督。探索建立法院以外的第三方评价机制，强化对审判权力运行机制的法律监督、社会监督和舆论监督。

三、明确司法人员职责和权限

（一）独任庭和合议庭司法人员职责

15. 法官独任审理案件时，应当履行以下审判职责：

（1）主持或者指导法官助理做好庭前会议、庭前调解、证据交换等庭前准备工作及其他审判辅助工作；

（2）主持案件开庭、调解，依法作出裁判，制作裁判文书或者指导法官助理起草裁判文书，并直接签发裁判文书；

（3）依法决定案件审理中的程序性事项；

（4）依法行使其他审判权力。

16. 合议庭审理案件时，承办法官应当履行以下审判职责：

（1）主持或者指导法官助理做好庭前会议、庭前调解、证据交换等庭前准备工作及其他审判辅助工作；

（2）就当事人提出的管辖权异议及保全、司法鉴定、非法证据排除申请等提请合议庭评议；

（3）对当事人提交的证据进行全面审核，提出审查意见；

（4）拟定庭审提纲，制作阅卷笔录；

（5）自己担任审判长时，主持、指挥庭审活动；不担任审判长时，协助审判长开展庭审活动；

（6）参与案件评议，并先行提出处理意见；

（7）根据合议庭评议意见制作裁判文书或者指导法官助理起草裁判文书；

（8）依法行使其他审判权力。

17. 合议庭审理案件时，合议庭其他法官应当认真履行审判职责，共同参与阅卷、庭审、评议等审判活动，独立发表意见，复核并在裁判文书上签名。

18. 合议庭审理案件时，审判长除承担由合议庭成员共同承担的审判职责外，还应当履行以下审判职责：

（1）确定案件审理方案、庭审提纲、协调合议庭成员庭审分工以及指导做好其他必要的庭审准备工作；

（2）主持、指挥庭审活动；

（3）主持合议庭评议；

（4）依照有关规定和程序将合议庭处理意见分歧较大的案件提交专业法官会议讨论，或者按程序建议将案件提交审判委员会讨论决定；

（5）依法行使其他审判权力。

审判长自己承办案件时，应当同时履行承办法官的职责。

19. 法官助理在法官的指导下履行以下职责：

（1）审查诉讼材料，协助法官组织庭前证据交换；

（2）协助法官组织庭前调解，草拟调解文书；

（3）受法官委托或者协助法官依法办理财产保全和证据保全措施等；

（4）受法官指派，办理委托鉴定、评估等工作；

（5）根据法官的要求，准备与案件审理相关的参考资料，研究案件涉及的相关法律问题；

（6）在法官的指导下草拟裁判文书；

（7）完成法官交办的其他审判辅助性工作。

20. 书记员在法官的指导下，按照有关规定履行以下职责：

（1）负责庭前准备的事务性工作；

（2）检查开庭时诉讼参与人的出庭情况，宣布法庭纪律；

（3）负责案件审理中的记录工作；

（4）整理、装订、归档案卷材料；

（5）完成法官交办的其他事务性工作。

（二）院长庭长管理监督职责

21. 院长除依照法律规定履行相关审判职责外，还应当从宏观上指导法院各项审判工作，组织研究相关重大问题和制定相关管理制度，综合负责审判管理工作，主持审判委员会讨论审判工作中的重大事项，依法主持法官考评委员会对法官进行评鉴，以及履行其他必要的审判管理和监督职责。

副院长、审判委员会专职委员受院长委托，可以依照前款规定履行部分审判管理和监督职责。

22. 庭长除依照法律规定履行相关审判职责外，还应当从宏观上指导本庭审判工作，研究制定各合议庭和审判团队之间、内部成员之间的职责分工，负责随机分案后因特殊情况需要调整分案的事宜，定期对本庭审判质量情况进行监督，以及履行其他必要的审判管理和监督职责。

23. 院长、副院长、庭长的审判管理和监督活动应当严格控制在职责和权限的范围内，并在工作平台上公开进行。院长、副院长、庭长除参加审判委员会、专业法官会议外不得对其没有参加审理的案件发表倾向性意见。

24. 对于有下列情形之一的案件，院长、副院长、庭长有权要求独任法官或者合议庭报告案件进展和评议结果：

（1）涉及群体性纠纷，可能影响社会稳定的；

（2）疑难、复杂且在社会上有重大影响的；

（3）与本院或者上级法院的类案判决可能发生冲突的；

（4）有关单位或者个人反映法官有违法审判行为的。

院长、副院长、庭长对上述案件的审理过程或者评议结果有异议的，不得直接改变合议庭的意见，但可以决定将案件提交专业法官会议、审判委员会进行讨论。院长、副院长、庭长针对上述案件监督建议的时间、内容、处理结果等应当在案卷和办公平台上全程留痕。

四、审判责任的认定和追究

（一）审判责任范围

25. 法官应当对其履行审判职责的行为承担责任，在职责范围内对办案质量终身负责。

法官在审判工作中，故意违反法律法规的，或者因重大过失导致裁判错误并造成严重后果的，依法应当承担违法审判责任。

法官有违反职业道德准则和纪律规定，接受案件当事人及相关人员的请客送礼、与律师进行不正当交往等违纪违法行为，依照法律及有关纪律规定另行处理。

26. 有下列情形之一的，应当依纪依法追究相关人员的违法审判责任：

（1）审理案件时有贪污受贿、徇私舞弊、枉法裁判行为的；

（2）违反规定私自办案或者制造虚假案件的；

（3）涂改、隐匿、伪造、偷换和故意损毁证据材料的，或者因重大过失丢失、损毁证据材料并造成严重后果的；

（4）向合议庭、审判委员会汇报案情时隐瞒主要证据、重要情节和故意提供虚假材料的，或者因重大过失遗漏主要证据、重要情节导致裁判错误并造成严重后果的；

（5）制作诉讼文书时，故意违背合议庭评议结果、审判委员会决定的，或者因重大过失导致裁判文书主文错误并造成严重后果的；

（6）违反法律规定，对不符合减刑、假释条件的罪犯裁定减刑、假释的，或者因重大过失对不符合减刑、假释条件的罪犯裁定减刑、假释并造成严重后果的；

（7）其他故意违背法定程序、证据规则和法律明确规定违法审判的，或者因重大过失导致裁判结果错误并造成严重后果的。

27. 负有监督管理职责的人员等因故意或者重大过失，怠于行使或者不当行使审判监督权和审判管理权导致裁判错误并造成严重后果的，依照有关规定应当承担监督管理责任。追究其监督管理责任的，依照干部管理有关规定和程序办理。

28. 因下列情形之一，导致案件按照审判监督程序提起再审后被改判的，不得作为错案进行责任追究：

（1）对法律、法规、规章、司法解释具体条文的理解和认识不一致，在专业认知范围内能够予以合理说明的；

（2）对案件基本事实的判断存在争议或者疑问，根据证据规则能够予以合理说明的；

（3）当事人放弃或者部分放弃权利主张的；

（4）因当事人过错或者客观原因致使案件事实认定发生变化的；

（5）因出现新证据而改变裁判的；

（6）法律修订或者政策调整的；

（7）裁判所依据的其他法律文书被撤销或者变更的；

（8）其他依法履行审判职责不应当承担责任的情形。

（二）审判责任承担

29. 独任制审理的案件，由独任法官对案件的事实认定和法律适用承担全部责任。

30. 合议庭审理的案件，合议庭成员对案件的事实认定和法律适用共同承担责任。

进行违法审判责任追究时，根据合议庭成员是否存在违法审判行为、情节、合议庭成员发表意见的情况和过错程度合理确定各自责任。

31. 审判委员会讨论案件时，合议庭对其汇报的事实负责，审判委员会委员对其本人发表的意见及最终表决负责。

案件经审判委员会讨论的，构成违法审判责任追究情形时，根据审判委员会委员是否故意曲解法律发表意见的情况，合理确定委员责任。审判委员会改变合议庭意见导致裁判错误的，由持多数意见的委员共同承担责任，合议庭不承担责任。审判委员会维持合议庭意见导致裁判错误的，由合议庭和持多数意见的委员共同承担责任。

合议庭汇报案件时，故意隐瞒主要证据或者重要情节，或者故意提供虚假情况，导致审判委员会作出错误决定的，由合议庭成员承担责任，审判委员会委员根据具体情况承担部分责任或者不承担责任。

审判委员会讨论案件违反民主集中制原则，导致审判委员会决定错误的，主持人应当承担主要责任。

32. 审判辅助人员根据职责权限和分工承担与其职责相对应的责任。法官负有审核把关职责的，法官也应当承担相应责任。

33. 法官受领导干部干预导致裁判错误的，且法官不记录或者不如实记录，应当排除干预而没有排除的，承担违法审判责任。

（三）违法审判责任追究程序

34. 需要追究违法审判责任的，一般由院长、审判监督部门或者审判管理部门提出初步意见，由院长委托审判监督部门审查或者提请审判委员会进行讨论，经审查初步认定有关人员具有本意见所列违法审判责任追究情形的，人民法院监察部门应当启动违法审判责任追究程序。

各级人民法院应当依法自觉接受人大、政协、媒体和社会监督，依法受理对法官违法审判行为的举报、投诉，并认真进行调查核实。

35. 人民法院监察部门应当对法官是否存在违法审判行为进行调查，并采取必要、合理的保护措施。在调查过程中，当事法官享有知情、辩解和举证的权利，监察部门应当对当事法官的意见、辩解和举证如实记录，并在调查报告中对是否采纳作出说明。

36. 人民法院监察部门经调查后，认为应当追究法官违法审判责任的，应当报请院长决定，并报送省（区、市）法官惩戒委员会审议。

高级人民法院监察部门应当派员向法官惩戒委员会通报当事法官的违法审判事实及拟处理建议、依据，并就其违法审判行为和主观过错进行举证。当事法官有权进行陈述、举证、辩解、申请复议和申诉。

法官惩戒委员会根据查明的事实和法律规定作出无责、免责或者给予惩戒处分的建议。

法官惩戒委员会工作章程和惩戒程序另行制定。

37. 对应当追究违法审判责任的相关责任人，根据其应负责任依照《中华人民共和国法官法》等有关规定处理：

（1）应当给予停职、延期晋升、退出法官员额或者免职、责令辞职、辞退等处理的，由组织人事部门按照干部管理权限和程序依法办理；

（2）应当给予纪律处分的，由纪检监察部门依照有关规定和程序依法办理；

（3）涉嫌犯罪的，由纪检监察部门将违法线索移送有关司法机关依法处理。

免除法官职务，必须按法定程序由人民代表大会罢免或者提请人大常委会作出决定。

五、加强法官的履职保障

38. 在案件审理的各个阶段，除非确有证据证明法官存在贪污受贿、徇私舞弊、枉法裁判等严重违法审判行为外，法官依法履职的行为不得暂停或者终止。

39. 法官依法审判不受行政机关、社会团体和个人的干涉。任何组织和个人违法干预司法活动、过问和插手具体案件处理的，应当依照规定予以记录、通报和追究责任。

领导干部干预司法活动、插手具体案件和司法机关内部人员过问案件的，分别按照《领导干部干预司法活动、插手具体案件处理的记录、通报和责任追究规定》和《司法机关内部人员过问案件的记录和责任追究规定》及其实施办法处理。

40. 法官因依法履职遭受不实举报、诬告陷害，致使名誉受到损害的，或者经法官惩戒委员会等组织认定不应追究法律和纪律责任的，人民法院监察部门、新闻宣传部门应当在适当范围以适当形式及时澄清事实，消除不良影响，维护法官良好声誉。

41. 人民法院或者相关部门对法官作出错误处理的，应当赔礼道歉、恢复职务和名誉、消除影响，对造成经济损失的依法给予赔偿。

42. 法官因接受调查暂缓等级晋升的，后经有关部门认定不构成违法审判责任，或者法官惩戒委员会作出无责或者免责建议的，其等级晋升时间从暂缓之日起连续计算。

43. 依法及时惩治当庭损毁证据材料、庭审记录、法律文书和法庭设施等妨碍诉讼活动或者严重藐视法庭权威的行为。依法保护法官及其近亲属的人身和财产安全，依法及时惩治在法庭内外恐吓、威胁、侮辱、跟踪、骚扰、伤害法官及其近亲属等违法犯罪行为。

侵犯法官人格尊严，或者泄露依法不能公开的法官及其亲属隐私，干扰法官依法履职的，依法追究有关人员责任。

44. 加大对妨碍法官依法行使审判权、诬告陷害法官、藐视法庭权威、严重扰乱审判秩序等违法犯罪行为的惩罚力度，研究完善配套制度，推动相关法律的修改完善。

六、附　则

45. 本意见所称法官是指经法官遴选委员会遴选后进入法官员额的法官。

46. 本意见关于审判责任的认定和追究适用于人民法院的法官、副庭长、庭长、审判委员会专职委员、副院长和院长。执行员、法官助理、书记员、司法警察等审判辅助人员的责任认定和追究参照执行。

技术调查官等其他审判辅助人员的职责另行规定。

人民陪审员制度改革试点地区法院人民陪审案件中的审判责任根据《人民陪审员制度改革试点方案》另行规定。

47. 本意见由最高人民法院负责解释。

48. 本意见适用于中央确定的司法体制改革试点法院和最高人民法院确定的审判权力运行机制改革试点法院。

最高人民法院
关于加强各级人民法院院庭长办理案件工作的意见（试行）

（2017年4月10日　法发〔2017〕10号）

为全面贯彻落实司法责任制，优化审判资源配置，充分发挥各级人民法院院庭长对审判工作的示范、引领和指导作用，根据《中央政法委关于严格执行法官、检察官遴选标准和程序的通知》《最高人民法院关于完善人民法院司法责任制的若干意见》等有关规定，结合审判工作实际，就加强院庭长办理案件工作提出如下意见：

一、各级人民法院院庭长入额后应当办理案件，包括独任审理案件、参加合议庭作为承办法官审理案件、参加合议庭担任审判长或作为合议庭成员参与审理案件，禁止入额后不办案、委托办案、挂名办案，不得以听取汇报、书面审查、审批案件等方式代替办案。

二、各级人民法院院庭长应当根据分管的审判工作，结合专业背景和个人专长办理案件，重点审理重大、疑难、复杂、新类型和在法律适用方面具有普遍指导意义的案件。

三、各级人民法院院庭长应当作为承办法官办理一定数量的案件。主持或参加专业法官会议、审判委员会、协调督办重大敏感案件、接待来访、指挥执行等事务应当计入工作量，纳入岗位绩效考核，但不能以此充抵办案数量。

四、基层、中级人民法院的庭长每年办案量应当达到本部门法官平均办案量的50%—70%。

基层人民法院院长办案量应当达到本院法官平均办案量的5%—10%，其他入额院领导应当达到本院法官平均办案量的30%—40%。

中级人民法院院长办案量应当达到本院法官平均办案量的5%，其他入额院领导应当达到本院法官平均办案量的20%—30%。

基层、中级人民法院可以根据本院的收结案情况，结合完成审判工作任务的需要，在本意见规定的最低标准基础上，适当提高本院院庭长独立承办和参与审理的案件数量。

高级人民法院和最高人民法院院庭长办案数量的最低标准，分别由高级人民法院和最高人民法院规定。

各级人民法院应当综合考虑法院审级、领导职务、分管领域、所承担的审判管理监督事务和行政事务工作量等因素，综合运用案件权重系数等方法测算平均办案量，合理确定院庭长每年独立承办和参与审理案件的数量要求，并在办公办案系统公开。办案数量的最低标准应当根据审判工作任务、法官员额编制、辅助人员配置变化情况及时调整。

五、各级人民法院应当建立保障院庭长办案的工作机制。实行审判团队改革的基层人民法院，庭长、副庭长应当直接编入审判团队，承担相关案件的审判和监督职责；探索将院长、副院长和其他入额院领导编入相应的审判团队审理案件。

各级人民法院应当结合实际，为院庭长配备必要的法官助理和书记员，让院庭长能够集中精力投入开庭审理、评议案件、撰写文书等办案核心事务。

各级人民法院应当严格执行《关于保护司法人员依法履行法定职责规定》及其实施办法，积极争取地方党委政府支持，进一步精简会议文件，压缩管理流程，确保院庭长有更多时间和精力投入办案工作。

六、院庭长分案应当以指定分案为主。各级人民法院应当健全立案环节的甄别分流机制，推动将重大、疑难、复杂、新类型和在法律适用方面具有普遍意义的案件优先分配给院庭长审理。对于特别重大、疑难、复杂的案件，可以依法由院长、副院长、审判委员会委员组成合议庭审理。

七、各级人民法院院庭长办理案件，应当起到示范、引领和指导作用。鼓励院庭长开示范庭，加大院庭长办案的庭审直播工作力度。院庭长办理案件应当同时注意总结审判工作经验，统一裁判尺度，规范指导审判工作。

八、各级人民法院院庭长办案任务完成情况应当公开接受监督。各高级人民法院审判管理部门负责每年度辖区各法院院庭长办案量的测算核定，逐月通报辖区各级人民法院院长、副院长、审判委员会专职委员、其他入额院领导的办案任务完成情况，包括办案数量、案件类型、审判程序、参与方式、开庭数量、审判质量等。各院审判管理部门负责本院庭长、副庭长办案量的测算核定和定期通报。

上级人民法院应当定期对下级人民法院院庭长办案情况开展督察，对办案不达标的要进行通报，存在委托办案、挂名办案等问题的，一经发现，严肃问责。

九、各级人民法院院庭长办案绩效应当纳入对其工作的考评和监督范围。院庭长年度办案绩效达不到考核标准的，应当退出员额。院庭长因承担重要专项工作、协调督办重大敏感案件等原因，需要酌情核减年度办案任务的，应当报上一级人民法院审批备案。

十、本意见所称院庭长，除特别列明的以外，包括进入法官员额的院长、副院长、审判委员会专职委员、其他入额的院领导、庭长、副庭长和其他有审判职称的审判（执行）业务部门负责人。

十一、本意见由最高人民法院负责解释。

十二、本意见自 2017 年 5 月 1 日起试行。最高人民法院此前发布的规范性文件与本意见不一致的，不再适用。

最高人民法院
关于落实司法责任制　完善审判监督管理机制的意见（试行）

（2017 年 4 月 12 日　法发〔2017〕11 号）

为全面落实司法责任制改革，正确处理充分放权与有效监管的关系，规范人民法院院庭长审判监督管理职责，切实解决不愿放权、不敢监督、不善管理等问题，根据《最高人民法院关于完善人民法院司法责任制的若干意见》等规定，就完善人民法院审判监督管理机制提出如下意见：

一、各级人民法院在法官员额制改革完成后，必须严格落实司法责任制改革要求，确保“让审理者裁判，由裁判者负责”。除审判委员会讨论决定的案件外，院庭长对其未直接参加审理案件的裁判文书不再进行审核签发，也不得以口头指示、旁听合议、文书送阅等方式变相审批案件。

二、各级人民法院应当逐步完善院庭长审判监督管理权力清单。院庭长审判监督管理职责主要体现为对程序事项的审核批准、对审判工作的综合指导、对裁判标准的督促统一、对审判质效的全程监管和排除案外因素对审判活动的干扰等方面。

院庭长可以根据职责权限，对审判流程运行情况进行查看、操作和监控，分析审判运行态势，提示纠正不当行为，督促案件审理进度，统筹安排整改措施。院庭长行使审判监督管理职责的时间、内容、节点、处理结果等，应当在办公办案平台上全程留痕、永久保存。

三、各级人民法院应当健全随机分案为主、指定分案为辅的案件分配机制。根据审判领域类别和繁简分流安排，随机确定案件承办法官。已组建专业化合议庭或者专业审判团队的，在合议庭或者审判团队内部随机分案。承办法官一经确定，不得擅自变更。因存在回避情形或者工作调动、身体健康、廉政风险等事由确需调整承办法官的，应当由院庭长按权限审批决定，调整理由及结果应当及时通知当事人并在办公办案平台公示。

有下列情形之一的，可以指定分案：（1）重大、疑难、复杂或者新类型案件，有必要由院庭长承办的；（2）原告或者被告相同、案由相同、同一批次受理的2件以上的批量案件或者关联案件；（3）本院提审的案件；（4）院庭长根据个案监督工作需要，提出分案建议的；（5）其他不适宜随机分案的案件。指定分案情况，应当在办公办案平台上全程留痕。

四、依法由合议庭审理的案件，合议庭原则上应当随机产生。因专业化审判需要组建的相对固定的审判团队和合议庭，人员应当定期交流调整，期限一般不应超过两年。

各级人民法院可以根据本院员额法官和案件数量情况，由院庭长按权限指定合议庭中资历较深、庭审驾驭能力较强的法官担任审判长，或者探索实行由承办法官担任审判长。院庭长参加合议庭审判案件的时候，自己担任审判长。

五、对于符合《最高人民法院关于完善人民法院司法责任制的若干意见》第24条规定情形之一的案件，院庭长有权要求独任法官或者合议庭报告案件进展和评议结果。院庭长对相关案件审理过程或者评议结果有异议的，不得直接改变合议庭的意见，可以决定将案件提请专业法官会议、审判委员会进行讨论。

独任法官或者合议庭在案件审理过程中，发现符合上述个案监督情形的，应当主动按程序向院庭长报告，并在办公办案平台全程留痕。符合特定类型个案监督情形的案件，原则上应当适用普通程序审理。

六、各级人民法院应当充分发挥专业法官会议、审判委员会总结审判经验、统一裁判标准的作用，在完善类案参考、裁判指引等工作机制基础上，建立类案及关联案件强制检索机制，确保类案裁判标准统一、法律适用统一。

院庭长应当通过特定类型个案监督、参加专业法官会议或者审判委员会、查看案件评查结果、分析改判发回案件、听取辖区法院意见、处理各类信访投诉等方式，及时发现并处理裁判标准、法律适用等方面不统一的问题。

七、各级人民法院应当强化信息平台应用，切实推进电子卷宗同步录入、同步生成、同步归档，并与办公办案平台深度融合，实现对已完成事项的记录跟踪、待完成事项的提示催办、即将到期事项的定时预警、禁止操作事项的及时冻结等自动化监管功能。

八、各级人民法院应当认真落实党风廉政建设主体责任和监督责任，自觉接受权力机关法律监督、人民政协民主监督、检察监督、舆论监督和社会监督，不断提高公正裁判水平。组织人事、纪检监察、审判管理部门与审判业务部门应当加强协调配合，形成内部监督合力，坚持失责必问、问责必严。

九、院庭长收到涉及审判人员的投诉举报或者情况反映的，应当按照规定调查核实。对不实举报应当及时了结澄清，对不如实说明情况或者查证属实的依纪依法处理。所涉案件尚未审结执结的，院庭长可以依法督办，并按程序规定调整承办法官、合议庭组成人员或者审判辅助人员；案件已经审结的，按照诉讼法的相关规定处理。

十、本意见自2017年5月1日起试行。

最高人民法院
关于印发《最高人民法院司法责任制实施意见（试行）》的通知

（2017年7月25日　法发〔2017〕20号）

本院各单位：

现将《最高人民法院司法责任制实施意见（试行）》印发给你们，请遵照执行。

附：

最高人民法院司法责任制实施意见（试行）

根据《最高人民法院关于完善人民法院司法责任制的若干意见》，结合最高人民法院工作实际，制定本实施意见。

一、基本原则

1. 全面贯彻中央关于司法体制改革的各项工作部署，遵循司法规律，在实行人员分类管理、法官员额制的基础上，严格落实“让审理者裁判，由裁判者负责”的改革要求。

2. 立足最高人民法院职能定位，优化司法资源配置，明晰审判组织与人员的职责权限，健全审判权运行机制，完善审判监督管理制度，巩固先行先试的改革成果，全面落实院党组关于执法办案的一系列工作要求。

二、审判组织与人员

（一）合议庭和审判团队

3. 最高人民法院实行合议庭办案责任制，每个合议庭配备适当数量的法官助理和书记员。在巡回法庭一般以法法官助理、书记员“1+1+1”的模式配置审判团队。

4. 合议庭原则上随机产生，也可以根据专业化审判需要组成相对固定的合议庭。

5. 合议庭审判长一般由资历较深的法官担任，也可以由承办法官担任。

院长及其他院领导、庭长、副庭长参加审判案件，由其担任审判长。

6. 因专业化审判需要组建的相对固定合议庭和审判团队，人员应当定期交流，期限一般为两年，最长不超过五年。

7. 院长及其他院领导、庭长、副庭长可以审理下列案件：

（1）重大、疑难、复杂、新类型案件；

（2）具有指导意义的案件；

（3）经高级人民法院审判委员会讨论决定，在本院适用二审程序、审判监督程序、国家赔偿监督程序审理的案件；

（4）对本院生效案件启动审判监督程序、国家赔偿监督程序进行再审、重新审理的案件；

（5）其他有必要由院长及其他院领导、庭长、副庭长审理的案件。

院长及其他院领导审理上述案件时，由审判管理办公室协调配合审判业务庭室和相关职能部门，做好指定分案、审判团队配备、诉讼程序运转、司法公开、新闻宣传等服务保障工作。

8. 审判长除承担由合议庭成员共同承担的审判职责外，还应当以下审判职责：

（1）确定案件审理方案、庭审提纲，协调合议庭成员庭审分工并指导做好其他庭审准备工作；

（2）主持、指挥庭审活动；

（3）主持合议庭评议；

（4）将合议庭处理意见分歧较大的案件提交专业法官会议讨论，或按程序层报赔偿委员会、审判委员会讨论；

（5）依照权限签署法律文书；

（6）依法行使其他审判权力。

审判长自己承办案件时，应当同时履行承办法官的职责。

9. 承办法官应当履行以下审判职责：

（1）指导法官助理做好庭前准备及其他审判辅助工作；

（2）就当事人提出的保全、司法鉴定、非法证据排除申请等提请合议庭评议；

（3）对当事人提交的证据进行全面审核，提出审查意见，依法调取必要证据；

（4）制作阅卷笔录，拟订庭审提纲，撰写审理报告；

（5）协助审判长开展庭审活动；

（6）参与案件评议，并先行提出处理意见；

（7）根据合议庭、赔偿委员会、审判委员会多数意见制作并签署裁判文书；

（8）指导审判辅助人员落实院党组关于网上办案、司法公开、电子卷宗、案卷归档等工作要求；

（9）依法行使其他审判权力。

10. 合议庭审理案件时，合议庭其他法官应当认真履行审判职责，共同参与阅卷、庭审、评议等审判活动，复核并在裁判文书上签名。

11. 裁判文书也承办法官、合议庭其他法官、审判长依次签署；审判长作为承办法官的，由审判长最后签署。

依法由赔偿委员会作出决定的案件，裁判文书由赔偿委员会主任委员或经授权的副主任委员签署。

报请审判委员会讨论决定的案件，裁判文书由院长或受其委托的其他院领导签署。

执行死刑的命令出院长签发。

12. 除本规定列明的特殊情影外，院长及其他院领导、庭长对其未直接参加审理案件的裁判文书不再审核签发，也不得以口头指示、旁听合议、文书送阅等方式变相审批案件。

13. 法官助理在法官指导下履行以下职责：

（1）审查诉讼材料，协助法官组织庭前证据交换；

（2）协助法官组织庭前调解，草拟调解文书；

（3）受法官委托或协助法官依法办理财产保全、证据保全等；

（4）受法官指派，协调司法技术辅助部门办理委托鉴定、评估、审计等工作；

（5）受法官委托或协助法官依法调取必要证据；

（6）根据法官要求，准备与案件审理相关的参考资料，研究案件涉及的法律问题；

（7）在法官指导下草拟审理报告、裁判文书；

（8）完成法官交办的其他审判辅助性工作。

14. 书记员在法官指导下履行以下职责：

（1）负责庭前准备的事务性工作；

（2）检查开庭时诉讼参与人的出庭情况，宣布法庭纪律；

（3）负责案件审理中的记录工作；

（4）按照网上办案要求及时上传案件材料，具体落实司法公开各项工作要求；

（5）校对、送达法律文书；

（6）整理、装订、归档案卷材料；

（7）完成法官交办的其他事务性工作。

（二）专业法官会议

15. 专业法官会议由各审判业务庭室在本部门范围内召集，拟讨论案件涉及交叉领域的，可以在全院范围内邀请相关专业审判领域的资深法官参与讨论。专业法官会议形成的意见供合议庭参考。

16. 专业法官会议讨论下列案件：

（1）合议庭处理意见分歧较大的案件；

（2）合议庭认为属于重大、疑难、复杂、新类型的案件；

（3）合议庭拟作出答复或批复的请示案件；

（4）合议庭拟作出裁判结果与本院同类生效案件裁判尺度不一致的案件；

（5）院长及其他院领导、庭长按照审判监督管理权限决定提交讨论的案件；

（6）拟提交审判委员会讨论的案件；

（7）合议庭少数意见坚持认为需要提请讨论并经庭长同意的案件。

（三）审判委员会

17. 审判委员会根据审判工作需要，在内部设立刑事审判、民事行政审判、执行等专业委员会。

18. 审判委员会讨论决定下列案件：

（1）涉及国家利益、社会稳定的重大、复杂案件；

（2）本院已经生效的判决、裁定、决定、调解书确有错误需要再审、重新审理的案件；

（3）最高人民检察院依照审判监督程序、国家赔偿监督程序对本院生效裁判、决定提出抗诉、检察意见的案件；

（4）合议庭意见有重大分歧，经专业法官会议讨论仍难以作出决定的案件；

（5）法律规定不明确，存在法律适用疑难问题的案件；

（6）处理结果可能产生重大社会影响的案件；

（7）对审判工作具有指导意义的新类型案件，

（8）其他需要提交审判委员会讨论的重大、疑难、复杂案件。

19. 除讨论决定案件外，审判委员会履行以下职责：

（1）总结审判工作经验；

（2）监督指导全国法院审判工作；

（3）制定司法解释和规范性文件；

（4）听取审判业务庭室工作汇报，分析研判本院和全国法院审判工作运行态势，实施审判管理；

（5）讨论发布指导性案例；

（6）讨论其他有关审判工作的重大问题。

（四）赔偿委员会

20. 赔偿委员会的职责、讨论案件范围、工作流程、议事规则等，按照《最高人民法院赔偿委员会工作规则》有关规定执行。

三、审判流程

（一）立案

21. 收案和立案工作应当严格执行全院统一标准。

当事人及诉讼代理人提交的材料不符合形式要件的，应当以书面形式一次性全面告知应当补正的材料和期限。

自接收材料起，立案庭、诉讼服务中心应当依托中国审判流程信息公开网及时向当事人及诉讼代理人公开收立案环节的信息。

22. 符合收案和立案条件的，立案庭、诉讼服务中心应当全面采集申请立案当事人及诉讼代理人的姓名名称、证照号码、送达地址、通讯方式等信息，要求其签署送达地址、送达方式确认书，提供对方当事人及第三人的相应信息。

23. 立案庭、诉讼服务中心应当按照案件类别，要求当事人或一审法院提供下列诉讼材料，并开具收取凭证：

（1）民事、行政再审申请和刑事、国家赔偿申诉案件，由再审申请人或申诉人提交再审申请书或申诉状、原审生效裁判文书、身份证明材料、委托代理手续、证据材料的书面及电子文件。

（2）二审案件，由一审法院在移送上诉卷宗时，一并提供一审案件电子卷宗和上诉状、身份证明材料、委托代理手续、有关证据材料的电子文件。

24. 信息中心应当健全完善电子卷宗调取通道，支持实时调取一审、原审案件的电子卷宗，并导入办案平台。

25. 巡回法庭原则上不审理或办理请示案件，如确有必要的，应当在立案前向审判管理办公室提交报告并说明理白，审判管理办公室会同相关部门研究同意后，巡回法庭可以立案。

高级人民法院报请批准延长审限或因管辖权问题报请裁定、决定的案件，由巡回法庭审理或办理。

（二）分案

26. 分案实行随机分案为主、指定分案为辅的案件分配制度。

有下列情形之一的，可以指定分案：

（1）重大、疑难、复杂、新类型及具有指导意义的案件，有必要由院长及其他院领导、庭长承办的；

（2）当事人、诉讼地位、案由等信息相同或者高度相似的案件，或者同一批次受理的2件以上的批量案件；

（3）本院提审的案件；

（4）院长及其他院领导、庭长根据特殊案件监督管理工作需要，提出分案建议的案件；

（5）其他不适宜随机分案的案件。

27. 各审判业务庭室可以制定本庭室具体随机分案规则，经审判管理办公室审核后向全院公开，由信息中心在办案平台上落实。

随机分案规则需要调整的，有关审判业务庭室应当向审判管理办公室提出书面申请。

（三）庭前准备

28. 合议庭成员均应在庭前阅卷，重点关注庭审中准备查明的事实证据问题以及需要当事人及代理人进行辩论的法律问题。承办法官一般应制作阅卷笔录、提炼争议焦点、拟订庭审提纲。

29. 遇有重大、疑难、复杂案件或上诉案件有新证据的，合议庭可以召集庭前会议交换证据、组织质证、排除非法证据等。

对于适宜调解的案件，合议庭可以通过庭前会议促成当事人和解或达成调解协议。

30. 承办法官应当指导法官助理或书记员及时将案件审理过程中采集的当事人信息录入办案平台，包括被申诉人、被申请人的证件号码、手机号码、送达地址等信息。

案件进入审理阶段后，当事人又委托、增加、变更诉讼代理人，或者诉讼代理人的证件号码、手机号码、送达地址等发生变化的，法官助理或者书记员应当及时采集、填录、更新上述信息。

法官助理或者书记员应当通过查阅案卷、联系下级法院、联系检察院等途径完成上述信息由采集工作。

31. 合议庭成员确定后，书记员应当依托办案平台及时制作受理案件通知书、应诉通知书、传票，呈报承办法官签发后，提交总值班室电子签章。

书记员应当及时向案件当事人或者诉讼代理人送达受理案件通知书、应诉通知书、传票、廉政监督卡、审判流程信息公开告知书、当事人提交的证据等文书和材料，并在办案平台及时填录送达信息。

对于案件当事人或者诉讼代理人同意接受电子送达的，以上文书和材料应当采用电子送达方式送达。

32. 法官助理或书记员应当在开庭通知书、传票中告知检察机关和全体诉讼参与人庭审直播注意事项。

33. 检察机关或当事人书面申请不进行网络直播，经审查确有正当理由的，承办法官应当在办案平台填写《最高人民法院庭审不进行网络直播审批表》，层报主管院领导审批。

34. 庭审直播预告发布后，出现延期审理、撤诉、调解等特殊情况的，承办法官应当在办案平台填写《最高人民法院取消庭审网络直播审批表》，层报主管院领导审批。

（四）庭审

35. 合议庭开庭审判案件应当严格按照法律规定的诉讼程序进行，充分发挥庭审在查明事实、认定证据、保护诉权、公正裁判中的决定性作用，确保诉讼证据出示在法庭、案件事实查明在法庭、诉辩意见发表在法庭、裁判理由形成在法庭。

36. 经庭前会议已确认无争议的事实和证据，合议庭在庭审中作出说明后，可以简化庭审举证和质证。

37. 庭审出现不宜直播的情况时，审判长有权指令书记员中断或终止直播，中断直播事由消除后，审判长应当指令书记员恢复直播。中断、恢复、终止直播的情况，应当记入庭审笔录。

38. 案件审理中收集到的证据材料，由书记员负责同步扫描形成电子文档并上传办案平台。

（五）类案与关联案件检索

39. 承办法官在审理案件时，均应依托办案平台、档案系统、中国裁判文书网、法信、智审等，对本院已审结或正在审理的类案和关联案件进行全面检索，制作类案与关联案件检索报告。检索类案与关联案件有困难的，可交由审判管理办公室协同有关审判业务庭室、研究室及信息中心共同研究提出建议。

40. 经检索类案与关联案件，有下列情形的，承办法官应当按需以下规定办理：

（1）拟作出的裁判结果与本院同类生效案件裁判尺度一致的，在合议庭评议中作出说明后即可制作、签署裁判文书；

（2）在办理新类型案件中，拟作出的裁判结果将形成新的裁判尺度的，应当提交专业法言会议讨论，出院庭长决定或建议提交审判委员会讨论；

（3）拟作出的裁判结果将改交本院同类生效案件裁判尺度的，应当报请庭长召集专业法官会议研究，就相关法律适用问题进行梳理后，呈报院长提交审判委员会讨论；

（4）发现本院同类生效案件裁判尺度存在重大差异的，报请庭长研究后通报审判管理办公室，由审判管理办公室配合相关审判业务庭室对法律适用问题进行梳理后，呈报院长提交审判委员会讨论。

41. 对适用死刑复核程序、二审程序、赔偿委员会决定程序、审判监督程序、国家赔偿监督程序审结的具有类案指导价值的案件，法官助理应当在承办法官指导下，高度提炼案件基本事实、争议焦点、评议意见、法律依据、裁判要旨等，形成书面裁判要息并上传办案平台。

（六）评议

42. 承办法官应当将所有案件材料上传办案平台，确保其他合议庭成员在评议前通过办案平台查阅有关卷宗材料。

43. 承办法官对案件事实负主要责任，应当全面客观介绍案情，说明类案与关联案件检索情况，提出拟处理意见。

44. 所有合议庭成员均应对事实认定、法律适用发表意见，重点说明证据采信情况及拟作出裁判结果的理由。合议庭成员发表最终处理意见时，应当按法官资历由低到高的顺序进行。

45. 合议时，书记员应当全面、准确记录合议过程，合议笔录应由合议庭成员审核确认后上传办案平台。

（七）提交和报请讨论

46. 合议庭认为案件需要提交专业法官会议讨论的，应当报请庭长召集会议。

对依法应当由赔偿委员作出决定的国家赔偿案件，合议庭应当按程序报请赔偿委员会讨论。

专业法官会议、赔偿委员会的会议记录及合议庭的决定，应当上传办案平台，入卷备查。

47. 专业法宫会议、赔偿委员会、主管院领导可以建议合议庭复议一次，也可以建议合议庭按程序层报审判委员会讨论。

48. 提交审判委员会讨论的案件，合议庭应当列明需要审判委员会讨论决定的法律适用问题，汇报类案件与关联类案件检索情况，提出拟处理意见和理由，说明专业法官会议、赔偿委员会对案件的处理意见或建议。

49. 审判委员会讨论决定案件依照《最高人民法院审判委员会工作规则》《最高人民法院关于改革和完善人民法院审判委员会制度的实施意见》有关规定执行。

50. 审判委员会对案件的处理决定和理由应当在裁判文书中公开，法律规定不予公开的情形除外。

（八）裁判文书的制作、校核和印制

51. 承办法官持少数意见的，由其按需合议庭、赔偿委员会、审判委员会多数意见制作裁判文书。

52. 承办法官应当指导法官助理或书记员对裁判文书进行校核，并提交总值班室电子签章后印制。

（九）送达和结案

53. 承办法官应当督促指导法官助理或书记员及时送达法律文书，准确填报送达方式、送达时间、结案方式、结案案由等信息。

54. 裁判文书送达后 7 个工作日内，承办法官应当督促指导法官助理或书记员完成叙公开裁判文书的技术处理和裁判文书上网公开工作。公告送达的，公告后即可公开。

（十）网上办案

55. 承办法官应当严格落实网上办案工作要求，确保案件审理的全部案件材料网上运转、全部流程节点信息完整、内容准确。

56. 各审判业务庭应当确定一名副庭长负责推动网上办案工作，并指定一名瑕络员协助庭领导负责此项工作，了解需求，查找问题，制定对策，反馈意见。

（十一）档案查阅

57. 庭审录像和案件卷宗正卷应当向当事人及诉讼代理人公开。

查阅庭审录像的，出诉讼服务中心在核实查阅人员身份信息后直接提供查阅；查阅已归档电子档案的，经承办法官和档案管理部门批准后提供查阅，查阅未归档电子卷宗的，经承办法官批准后提供查阅。

当事人及诉讼代理人查阅上述材料，书记员应核对身份证件及代理权限后提供查词，并安排专门人员监督阅卷。

（十二）刑事案件特别规定

58. 办理死刑复核案件，刑事大要案请示案件，涉外、涉侨、涉港澳台刑事请示案件，法定刑以下判处刑罚核准案件，分案、阅卷、提讯、听证、评议及制作、审核、签署、送达、公开裁判文书等工作，按照、有关规定执行。

除前款规定之外的其他刑事案件、按照本意见执行。

四、审判监督与管理

（一）院长审判监督管理职责

59. 院长履行下列审判监督管理职责：

（1）从宏观上指导本院和全国法院各项审判．工作；

（2）组织研究与审判工作有关的重大问题、制定相关管理制度；

（3）召集和主持审判委员会；

（4）召集和主持考评委员会；

（5）对涉及国家安全、外交、社会稳定及本意见列明的特殊案件实施审判监督管理；

（6）指定本院审理案件的审判长；

（7）依法依规行使程序性事项审批权力；

（8）依法监督、管理其他审判执行工作；

（9）法律规定的其他职责。

其他院领导协助院长工作，受院长委托行使前款规定的部分职权。

（二）庭长审判监督管理职责

60. 庭长履行下列审判监督管理职责：

（1）从宏观上指导本庭审判工作；

（2）研究确定各合议庭、审判团队、工作人员的职责分工；

(3) 根据本意见有关规定指定分案；

(4) 召集和主持专业法官会议；

(5) 研究本庭审判工作运行态势，落实院党组、审判委员会作出的审判工作部署；

(6) 依法依规行使程序性事项审批权力；

(7) 召集和主持部门考评会议，研究提出部门初评意见；

(8) 依法监督、管理本庭其他审判执行工作；

(9) 法律规定的其他职责。

副庭长协助庭长工作，受庭长委托行使前款规定的部分职权。

(三) 纪律监督

61. 中央纪委驻最高人民法院纪检组主要领导列席审判委员会会议，各审判业务庭室廉政监察员可以列席专业法官会议、合议庭合议。

(四) 审判监督、国家赔偿监督

62. 对本院已经生效的判决、裁定、决定、调解书，因当事人申请而需要再审、重新审理或依职权再审、重新审理的，由院长依据刑事诉讼法、民事诉讼法、行政诉讼法、国家赔偿法有关规定，将案件提交审判委员会讨论决定；因最高人民检察院抗诉而需要再审的，由合议庭依法作出再审裁定，因最高人民检察院针对赔偿委员会决定提出检察意见的，由赔偿委员会决定直接审理。

63. 对地方各级人民法院已经生效的判决、裁定、决定、调解书，发现确有错误的，院长及其他院领导、庭长应当根提审判监督、国家赔偿监督权限指导有关审判业务庭室决定提审、直接审理或指令下级人民法院再审、重新审理。

(五) 审判管理

64. 院长及其他院领导、庭长可以要求合议庭报告以下案件的进展情况和评议结果，并要求逐级审批：

(1) 涉及群体性纠纷，可能影响社会稳定的案件；

(2) 疑难、复杂且有重大社会影响的案件；

(3) 与本院类案判决可能发生冲突的案件；

(4) 反映法官有违法审判行为的案件；

(5) 死刑复核案件，刑事大要案请示案件，涉外、涉侨、涉港澳台刑事请示案件，法定刑以下判处刑罚核准案件。

院长及其他院领导、庭长可以决定或建议将上述案件提交专业法官会议、赔偿委员会、审判委员会讨论。

65. 对下列程序性事项，院长及其他院领导、庭长应当依法依规予以审批：

（1）采取、变更、解除保全措施；

（2）先予执行；

（3）回避；

（4）拘传、拘留、罚款；

（5）采取、交更刑事强制措施；

（6）采取限制出境措施；

（7）依照规定公布、撤销、更正、删除失信被执行人信息；

（8）缓、减、免交诉讼费；

（9）其他重大程序性事项。

66. 因回避或工作调动、身体健康、廉政风险等事由，确需调整承办法官或合议庭成员的，应当由院长及其他院领导、庭长按照审判管理权限审批决定。

67. 案件出现应当扣除、延长、中止、重新计算审限的情形时，承办法官应当及时提出申请，由院长及其他院领导、庭长根据审判管理权审批决定。

68. 院长及其他院领导、庭长可以根据审判管理职责，查看、操作和监控案件审判流程运行情况，组织开展案件评查，纠正不当行为，督促案件审理进度，统筹安排整改措施。

69. 院长及其他院领导、庭长实施案件管理的行为及有关决定内容，应当在案卷和办案平台上全程留痕。

70. 各审判业务庭室包括巡回法庭代拟司法解释、指导性意见、指导性案例及其他司法政策文件等，应当层报审判委员会讨论决定，以最高人民法院名义统一发布。

71. 院长主持考评委员会开展办案业绩考核工作，指导审判管理办公室健全完善办案业绩评价体系，运用权重系数计算办法科学测定办案工作量，合理评价法官办案数量、质量、效率和效果，对法官办案业绩提出考核意见。

对法官助理、书记员的工作业绩进行考核时，应当重点听取所在庭室、审判团队和法官的意见。

72. 审判责任的认定和追究，按照《最高人民法院关于完善人法院司法责任制的若干意见》《关于建立法官、检察官惩戒制度的意见（试行）》等规定执行。

73. 本意见自 2017 年 8 月 1 日起试行。

最高人民法院　最高人民检察院　公安部等

关于进一步规范司法人员与当事人、律师特殊关系人、中介组织接触交往行为的若干规定

（2015 年 9 月 6 日）

第一条　为规范司法人员与当事人、律师、特殊关系人、中介组织的接触、交往行为，保证公正司法，根据有关法律和纪律规定，结合司法工作实际，制定本规定。

第二条　司法人员与当事人、律师、特殊关系人、中介组织接触、交往，应当符合法律纪律规定，防止当事人、律师、特殊关系人、中介组织以不正当方式对案件办理进行干涉或者施加影响。

第三条　各级司法机关应当建立公正、高效、廉洁的办案机制，确保司法人员与当事人、律师、特殊关系人、中介组织无不正当接触、交往行为，切实防止利益输送，保障案件当事人的合法权益，维护国家法律统一正确实施，维护社会公平正义。

第四条　审判人员、检察人员、侦查人员在诉讼活动中，有法律规定的回避情形的，应当自行回避，当事人及其法定代理人也有权要求他们回避。

审判人员、检察人员、侦查人员的回避，应当依法按程序批准后执行。

第五条　严禁司法人员与当事人、律师、特殊关系人、中介组织有下列接触交往行为：

（一）泄露司法机关办案工作秘密或者其他依法依规不得泄露的情况；

（二）为当事人推荐、介绍诉讼代理人、辩护人、或者为律师、中介组织介绍案件，要求、建议或者暗示当事人更换符合代理条件的律师；

（三）接受当事人、律师、特殊关系人、中介组织请客送礼或者其他利益；

（四）向当事人、律师、特殊关系人、中介组织借款、租借房屋，借用交通工具、通讯工具或者其他物品；

（五）在委托评估、拍卖等活动中徇私舞弊，与相关中介组织和人员恶意串通、弄虚作假、违规操作等行为；

（六）司法人员与当事人、律师、特殊关系人、中介组织的其他不正当接

触交往行为。

第六条 司法人员在案件办理过程中，应当在工作场所、工作时间接待当事人、律师、特殊关系人、中介组织。因办案需要，确需与当事人、律师、特殊关系人、中介组织在非工作场所、非工作时间接触的，应依照相关规定办理审批手续并获批准。

第七条 司法人员在案件办理过程中因不明情况或者其他原因在非工作时间或非工作场所接触当事人、律师、特殊关系人、中介组织的，应当在三日内向本单位纪检监察部门报告有关情况。

第八条 司法人员从司法机关离任后，不得担任原任职单位办理案件的诉讼代理人或者辩护人，但是作为当事人的监护人或者近亲属代理诉讼或者进行辩护的除外。

第九条 司法人员有违反本规定行为的，当事人、律师、特殊关系人、中介组织和其他任何组织和个人可以向有关司法机关反映情况或者举报。

第十条 对反映或者举报司法人员违反本规定的线索，司法机关纪检监察部门应当及时受理，全面、如实记录，认真进行核查。对实名举报的，自受理之日起一个月内进行核查并将查核结果向举报人反馈。

不属于本单位纪检监察部门管辖的司法人员违反本规定的，将有关线索移送有管辖权的纪检监察部门处理。

第十一条 司法人员违反本规定，依照《中国共产党纪律处分条例》、《行政机关公务员处分条例》、《人民法院工作人员处分条例》、《检察人员纪律处分条例（试行）》、《公安机关人民警察纪律条令》等规定给予纪律处分，并按程序报经批准后予以通报，必要时可以向社会公开；造成冤假错案或者其他严重后果，构成犯罪的，依法追究刑事责任。

第十二条 司法机关应当将司法人员执行本规定的情况记入个人廉政档案。单位组织人事部门将执行本规定情况作为司法人员年度考核和晋职晋级的重要依据。

第十三条 司法机关应当每季度对司法人员与当事人、律师、特殊关系人、中介组织的不正当接触、交往情况进行汇总分析，报告同级党委政法委和上级司法机关。

第十四条 本规定所称“司法人员”，是指在法院、检察院、公安机关、国家安全机关、司法行政机关依法履行审判、执行、检察、侦查、监管职责的人员。

本规定所称“特殊关系人”，是指当事人的父母、配偶、子女、同胞兄弟姊妹和与案件有利害关系或可能影响案件公正处理的其他人。

本规定所称“中介组织”，是指依法通过专业知识和技术服务，向委托人提供代理性、信息技术服务性等中介服务的机构，主要包括受案件当事人委托从事审计、评估、拍卖、变卖、检验或者破产管理等服务的中介机构。公证机构、司法鉴定机构参照“中介组织”适用本规定。

第十五条　本规定自印发之日起施行。

最高人民法院
关于深入整治“六难三案”问题加强司法为民公正司法的通知

（2014 年 6 月 9 日　法〔2014〕140 号）

各省、自治区、直辖市高级人民法院，解放军军事法院，新疆维吾尔自治区高级人民法院生产建设兵团分院：

当前，全国法院系统第一批党的群众路线教育实践活动整改工作在不断深化，第二批教育实践活动在扎实推进。从开展活动情况看，人民群众对司法作风反映强烈的问题，主要是“门难进、脸难看、事难办”问题、“立案难、诉讼难、执行难”问题和“人情案、关系案、金钱案”问题。“六难三案”问题是“四风”问题在法院工作中的集中表现，严重背离党的群众路线，伤害群众感情，损害人民利益，危害人民法院司法公信力，必须坚决进行整治。为进一步扎实推进全国法院系统教育实践活动，大力加强司法为民、公正司法，进一步提高诉讼服务水平，努力实现让人民群众在每一个司法案件中都感受到公平正义的目标，根据中央有关部署要求，现就深入整治“六难三案”问题通知如下。

一、进一步强化诉讼服务

1. 推进诉讼服务中心建设。增强诉讼服务意识，整合立案大厅、信访接待窗口、诉讼服务信息平台等功能，建立诉讼服务中心，为当事人提供“一站式”诉讼服务，集中办理各项诉讼服务事项，切实解决群众打官司“办事难”的问题。

2. 完善诉讼服务设施。诉讼服务大厅实行柜台式或窗口式办公，统一提供诉讼引导、立案审查、查询咨询、收转送达、约见法官、判后答疑等诉讼服务。设置无障碍通道、休息座椅、饮水器具和书写、复印、传真、网络等设备，提供诉讼指导资料。

3. 严格诉讼接待要求。完善诉讼服务流程，规范诉讼服务标准，公布诉讼服务制度。接待群众要文明礼貌，举止得体，态度热情，服务周到，高效快捷。坚决杜绝高高在上、盛气凌人等衙门习气，坚决杜绝冷硬横推、拖延扯皮等行为。

4. 增设网上诉讼服务。加强诉讼服务信息平台建设，及时主动推送、更新诉讼信息数据，提供案件信息查询、诉讼指引、网上立案、预约立案、提交申请、网上申诉信访、网上预约接访、投诉建议等服务。

5. 拓展12368热线服务功能。普遍开通12368诉讼服务热线，依托移动互联网延伸热线功能，构建与网上服务平台、诉讼服务大厅互联互通的移动通讯服务平台，为群众快捷便利地提供各类诉讼信息服务。

二、进一步加强立案受理

6. 方便群众诉讼立案。建立预约立案制度，积极做好特殊情况的节假日立案工作。因地制宜地推行远程立案、网上立案，为行动不便的伤病患者、残疾人、老年人等提供上门立案服务。在交通不便的偏远地区，可指定人民法庭审查立案。

7. 及时受理起诉和申请。严禁在法律规定之外另设受理条件，不得对符合立案条件的诉求拒绝立案、推诿立案、拖延立案。严格执行立案受理法定期限，及时告知当事人立案审查结果。依法规范诉前调解程序，杜绝久调不立。

8. 准确告知立案材料要求。向当事人提供诉状样本，耐心回答当事人的询问，全面准确告知立案材料有关要求。当事人立案材料不全或诉状内容、形式不符合规定的，一次讲清如何补齐或更正，避免当事人多次往返、反复修改。

9. 依法提供司法救助。对符合诉讼费缓、减、免条件的当事人，及时办理有关手续，确保有理无钱的人打得起官司。对不符合诉讼费缓、减、免条件的当事人，要耐心说明理由。

10. 加强诉讼风险告知。做好诉讼指引工作，全面告知诉讼权利和义务。善意提示诉讼风险，引导当事人理性对待诉讼，依法提出合理诉求。

11. 开展巡回接访、视频接访。在群众涉诉信访集中的地方开展巡回接访，促使涉诉信访问题就地化解。依托法院远程视频接访系统，让人民群众在当地就可以向上级法院反映诉求，由上级法院法官通过视频进行远程接访。

三、进一步改进案件审理

12. 保障当事人诉讼权利。切实保障当事人表达诉求、充分陈述理由的权利，尊重当事人依法自愿作出处分决定。对当事人提出的申请或疑问，应及时回应并说明理由。依法保障律师在诉讼活动中阅卷、举证、质证、辩护等权利，认真听取当事人及委托代理人诉讼意见。

13. 合理简化诉讼程序。实行案件繁简分流，加快案件审理进度。依法适用督促程序、简易程序和小额诉讼程序，提高案件审判效率。经过双方当事人同意的案件，可依法简化程序审理，减轻当事人诉讼负担。

14. 加强巡回审判。适当增设巡回法庭和巡回审判点，增配巡回审判车，积极开展巡回审判，及时就地立案、就地开庭、就地调解、就地结案。推行法律文书远程审批、电子签章，提高工作效率。

15. 建立追索案件“绿色通道”。对于劳动争议、追索工资报酬、追索工伤赔偿等涉及城镇职工、农民工切身利益的案件，以及当事人追索赡养费、抚育费、扶养费等案件，按照“快立、快调、快审、快执”的原则建立“绿色通道”，尽快受理，适时调解，及时判决，优先执行。

16. 提倡调解化解纠纷。健全诉讼与非诉讼相衔接的矛盾纠纷解决机制，积极推进诉讼调解与人民调解、行政调解、行业调解的衔接联动，努力把矛盾纠纷化解在基层和诉前，促进社会和谐。坚持依法、自愿原则，认真做好诉前调解和诉讼调解。加强对人民调解的指导，及时依法确认其调解协议司法效力。

17. 全面深化司法公开。依法公开审理各类案件，为群众旁听提供便利。利用司法公开三大平台，全面推进审判流程、裁判文书和执行信息公开。实行裁判文书全部上网公开，完善网上检索查询系统；扩大庭审网上直播，完善法院微博、微信和新闻客户端信息发布机制，充分保障群众知情权、监督权。

18. 强化审限内结案。加强审判流程管理，建立审限提示与预警机制，防止拖延办案、久拖不决。规范延长审限、中止诉讼的审批，切实提高审限内结案率。健全完善清理长期未结诉讼案件工作机制，防止边清边积。严格规范案卷移交要求，切实解决拖延迟缓问题。

19. 健全错案防范机制。恪守罪刑法定、证据裁判、疑罪从无等原则，强化证据审查机制，依法排除非法证据，切实保障无罪的人不受刑事追究。对冤假错案坚决予以纠正。

20. 防止恶意诉讼和虚假诉讼。坚决防止和纠正以规避法律为目的，以虚构事实提起诉讼或滥用诉讼权利，故意逃避法律义务、损害国家利益或他人合法权益的行为。

四、进一步强化案件执行

21. 有效运用强制执行措施。综合运用财产申报、失信被执行人黑名单、限制高消费、限制出境、联合信用惩戒等制度措施与威慑机制，促使被执行人主动履行债务。依法准确适用罚款、拘留等强制措施，以及拒不执行判决裁定罪、妨害公务罪等刑罚措施，坚决制裁暴力抗拒执行、规避执行、妨碍执行、消极协助执行等行为。

22. 加大执行监督力度。完善人民法院与其他部门执行工作联动查控机制，建立执行案件关键节点网络化管理系统，以信息化手段加大对各级法院执行案件的即时监控、全程监控力度，努力提高案件执结率。

23. 积极推广网上司法拍卖。坚持公开、便捷、效率原则，积极推进司法拍卖上网竞价，扩大司法拍卖社会参与度，防止暗箱操作，努力实现被执行财产最大价值，既保障申请执行人的权益充分实现，也防止侵害被执行人的合法权益。

24. 切实规范执行行为。制定执行案件操作规程，统一执行法律适用尺度，规范执行法官自由裁量权。完善对执行案件当事人和利害关系人的程序救济措施，实行被执行人变更追加情形法定化，切实保障当事人、利害关系人的异议、复议权。

25. 坚决治理消极执行。开展清理各种执行积案的专项活动，有效解决久执不结案件。强化执行期限预警机制。严格规范暂缓执行、中止执行、终结本次执行、终结执行、延长期限等情形适用条件及审批手续，及时纠正消极执行行为。坚决整治在执行工作中不作为、拖延执行、推诿扯皮等行为。

26. 严禁违规收取执行费用。严禁向申请执行人和被执行人违规收取办案费、报销差旅费，严禁向案件当事人摊派其他费用，坚决整治执行工作中的吃拿卡要行为。

27. 严格执行款管理和划付。严格遵守执行款管理制度，严禁截留或挪用。严格按规定期限办理执行款结算手续，无正当理由不得延期划付，确需延期划付的应按规定说明原因。

五、进一步加强廉政监督

28. 严格执行廉政纪律。认真落实“五个严禁”、任职回避、防止内部干扰、防止利益冲突等制度。在立案、审判、执行等环节，向当事人随案发放监督卡，主动接受当事人监督。开通举报信箱、举报电话，建立举报网站，认真受理、核查群众投诉和举报线索，及时反馈核查处理结果。

29. 从严监督领导干部。认真落实党组和审判委员会议事规则、决策程序。不断强化上级法院对下级法院领导班子进行协管监督的政治责任。充分运用司法巡查、谈话函询、举报核查、述职述廉等方式，加强对各级法院领导干部的管理和监督。

30. 加强审判岗位监督。完善内部监督机制，严格规范立案、审判、执行等环节的岗位管理和监督。严格执行涉诉材料集中收转、过问案件全程留痕、遇到干扰及时报告等规定。

31. 加强案件质量评查。健全评查制度，完善评查标准，实行案件质量评查常态化，定期考核案件质量情况，预防和纠正办案拖延、以案谋私、枉法裁判。

32. 建立健全问责机制。推进审判权运行机制改革，建立法官办案责任制，落实让审理者裁判、由裁判者负责，对造成冤假错案的责任人员实行终身问责。

33. 严查违纪违法行为。以“零容忍”的态度反对司法腐败，坚持有案必查、有腐必惩。坚决惩处以案谋私、徇私舞弊、贪赃枉法等行为。从严坚决查处法院工作人员接受请托、影响和干扰他人办案的行为。

六、整治工作要求

各级法院要认真贯彻落实中央关于深化“四风”突出问题专项整治的部署要求，把深入整治“六难三案”问题摆到重要位置来抓，坚持高标准、严要求，动真碰硬，集中攻坚，以“准狠韧”的劲头抓好整治工作。

整治“六难三案”问题是各级法院党组落实党风廉政建设主体责任的具体行动。各级法院党组要加强对此项工作的统筹领导，进行专题研究，狠抓工作落实。党组主要负责同志要亲自审定方案，加强督促指导，切实承担第一责任人的责任。各级法院教育实践活动领导小组要把整治“六难三案”问题作为指导教育实践活动的工作重点，明确专门力量负责整治工作，加强组织推进和协调指导，加大舆论宣传力度，总结推广好的经验，及时通报典型案例，充分发挥引导和警示作用。

各级法院要采取项目化推进的方法抓整治工作。从各自实际出发，因地制宜确定整治重点项目，制定具体方案，建立整改项目责任制，明确目标要求、牵头单位、责任主体和进度安排。要一项一项盯紧抓实，做到定一项改一项、改一项成一项，防止整治工作大而化之、华而不实。上级法院要采取专项检查、审务督察、案件评查等形式，加强对下级法院整治工作的督促指导和执纪检查。对开展整治重视不够、工作不力、措施不实的，要严肃指出、及时纠正。通过全国法院系统上下共同努力，确保整治“六难三案”问题取得群众看得见、感受得到的成效，进一步促进司法作风明显改进、审判质量不断提高、司法公信力有效提升。

最高人民法院
印发《关于人民法院在审判执行活动中主动接受案件当事人监督的若干规定》的通知

（2014 年 7 月 15 日　法发〔2014〕13 号）

各省、自治区、直辖市高级人民法院，解放军军事法院，新疆维吾尔自治区高级人民法院生产建设兵团分院：

现将《关于人民法院在审判执行活动中主动接受案件当事人监督的若干规定》予以印发，请结合实际，认真遵照执行。

附：

关于人民法院在审判执行活动中主动接受案件当事人监督的若干规定

为规范人民法院在审判执行活动中主动接受案件当事人监督的工作，促进公正、高效、廉洁、文明司法，根据《中华人民共和国法官法》，制定本规定。

第一条　人民法院及其案件承办部门和办案人员在审判执行活动中应当严格执行廉政纪律，不断改进司法作风，主动接受案件当事人监督。

第二条　人民法院应当在本院诉讼服务大厅、立案大厅、派出人民法庭等场所公布人民法院的纪律作风规定、举报受理电话和举报受理网址。

第三条　在案件立案、审理程序中，人民法院应当通过适当方式，及时将立案审查结果、诉讼保全及程序变更等关键节点信息主动告知案件当事人。

第四条　在案件执行程序中，人民法院应当通过适当方式，及时将执行立案、变更与追加被执行人、执行措施实施、执行财产查控、执行财产处置、终结本次执行、终结本次执行案件的恢复执行、终结执行等关键节点信息主动告知案件当事人。

第五条　案件当事人需要向人民法院了解办案进度的，人民法院案件承办部门及办案人员应当告知。

第六条　人民法院案件承办部门应当在向案件当事人送达相关案件受理法律文书时，向案件当事人发送廉政监督卡。案件当事人也可以根据需要到人民法院诉讼服务大厅、立案大厅、派出人民法庭直接领取廉政监督卡。

廉政监督卡应当按照最高人民法院规定的格式进行制作。

第七条　案件当事人可以在案件办理期间或者案件办结之后，将填有本人意见的廉政监督卡直接寄交人民法院监察部门。

人民法院监察部门应当对案件当事人反映的廉政监督意见进行统一处置和管理。

第八条　人民法院应当按照本院每年办案总数的一定比例，从当年审结或者执结的案件中随机抽取部分案件进行廉政回访，主动听取案件当事人对办案人员执行纪律作风规定情况的评价意见。

第九条　人民法院除随机抽取案件进行廉政回访外，还应当对当年审结或者执结的下列案件进行廉政回访：

（一）社会广泛关注的案件；

（二）案件当事人反映存在违反廉政作风规定的案件；

（三）其他有必要进行回访的案件。

第十条　廉政回访可以采取约谈回访、上门回访、电话回访、信函回访等方式进行。对案件当事人在回访中反映的意见应当记录在案。

第十一条　廉政回访工作由人民法院监察部门会同案件承办部门共同组织实施。

第十二条　人民法院监察部门对案件当事人在廉政监督卡和廉政回访中提出的意见，应当按照下列方式进行处置：

（一）对提出的批评意见，转案件承办部门查明情况后酌情对被监督人进行批评教育；

（二）对提出的表扬意见，转案件承办部门查明情况后酌情对被监督人进行表扬奖励；

（三）对反映的违纪违法线索，会同案件承办部门廉政监察员进行核查处理；

（四）对反映的办案程序、法律适用及事实认定等方面问题，依照相关规定分别移送案件承办部门、审判监督部门或者审判管理部门处理。

第十三条　人民法院案件承办部门对案件当事人反映的批评意见进行处置后，应当适时向案件当事人反馈处置情况。

人民法院监察部门在对案件当事人反映的违纪违法线索进行处置后，应当适时向案件当事人反馈处置情况。

因案件当事人反映问题不实而给被反映人造成不良影响的，人民法院监察部门和案件承办部门应当通过适当方式为被反映人澄清事实。

第十四条 人民法院监察部门应当定期对案件当事人在廉政监督卡和廉政回访中提出的意见进行梳理分析，并结合分析发现的普遍性问题向本院党组提出进一步改进工作的意见建议。

第十五条 人民法院监察部门应当对本院各部门及其工作人员落实本规定的情况进行检查督促。人民法院政工部门应当将本院各部门及其工作人员落实本规定的情况纳入考核范围。

第十六条 尚未设立监察部门的人民法院，由本院政工部门承担本规定赋予监察部门的各项职责。

第十七条 本规定所称案件当事人，包括刑事案件中的被告人、被害人、自诉人、附带民事诉讼的原告人和被告人；民事、行政案件中的原告、被告及第三人；执行案件中的申请执行人、被执行人、案外人。

受案件当事人的委托，辩护人、诉讼代理人可以代表案件当事人接收、填写廉政监督卡或者接受廉政回访。

第十八条 人民法院在办理死刑复核案件、国家赔偿案件中主动接受案件当事人监督的工作另行规定。

第十九条 各高级人民法院可以依照本规定制定本院及辖区法院主动接受案件当事人监督工作的实施细则。

第二十条 本规定自发布之日起实施，由最高人民法院负责解释。

最高人民法院
关于印发《人民法院落实〈司法机关内部人员过问案件的记录和责任追究规定〉的实施办法》的通知

（2015年8月19日　法发〔2015〕11号）

各省、自治区、直辖市高级人民法院，解放军军事法院，新疆维吾尔自治区高级人民法院生产建设兵团分院：

现将《人民法院落实〈司法机关内部人员过问案件的记录和责任追究规定〉的实施办法》予以印发，自2015年8月20日起施行。请认真贯彻执行，并做好实施细则备案和执行情况定期报送工作，执行中发现的问题请及时报告最高人民法院。

附：

人民法院落实《司法机关内部人员过问案件的记录和责任追究规定》的实施办法

第一条　为落实中央政法委印发的《司法机关内部人员过问案件的记录和责任追究规定》，确保公正廉洁司法，结合人民法院工作实际，制定本办法。

第二条　人民法院工作人员遇有案件当事人及其关系人请托过问案件、说情打招呼或者打探案情的，应当予以拒绝。

第三条　人民法院工作人员遇有案件当事人及其关系人当面请托不按正当渠道转递涉案材料等要求的，应当告知其直接递交办案单位和办案人员，或者通过人民法院诉讼服务大厅等正当渠道递交。

对于案件当事人及其关系人通过非正当渠道邮寄的涉案材料，收件的人民法院工作人员应当视情退回或者销毁，不得转交办案单位或者办案人员。

第四条　人民法院工作人员遇有案件当事人及其关系人请托打听案件办理进展情况的，应当告知其直接向办案单位和办案人员询问，或者通过人民法院司法信息公开平台或者诉讼服务平台等正当渠道进行查询。案件当事人及其关系人反映询问、查询无结果的，可以建议案件当事人及其关系人向人民法院监察部门投诉。

第五条　人民法院工作人员因履行法定职责需要过问案件或者批转、转递涉案材料的，应当依照法定程序或相关工作程序进行，并且做到全程留痕，永久保存。

人民法院工作人员非因履行法定职责或者非经法定程序或相关工作程序，不得向办案单位和办案人员过问正在办理的案件，不得向办案单位和办案人员批转、转递涉案材料。

第六条　人民法院领导干部和上级人民法院工作人员因履行法定职责，需要对正在办理的案件提出监督、指导意见的，应当依照法定程序或相关工作程序以书面形式提出，口头提出的，应当由办案人员如实记录在案。

第七条　人民法院办案人员应当将人民法院领导干部和上级人民法院工作人员因履行法定职责提出监督、指导意见的批示、函文、记录等资料存入案卷备查。

第八条 其他司法机关工作人员因履行法定职责，需要了解人民法院正在办理的案件有关情况的，人民法院办案人员应当要求对方出具法律文书或者公函等证明文件，将接洽情况记录在案，并存入案卷备查。对方未出具法律文书或者公函等证明文件的，可以拒绝提供情况。

第九条 人民法院应当在案件信息管理系统中设立司法机关内部人员过问案件信息专库，明确录入、存储、报送、查看和处理相关信息的责任权限和工作流程。人民法院监察部门负责专库的维护和管理工作。

第十条 人民法院办案人员在办案工作中遇有司法机关内部人员在法定程序或相关工作程序之外过问案件情况的，应当及时将过问人的姓名、单位、职务以及过问案件的情况全面、如实地录入司法机关内部人员过问案件信息专库，并留存相关资料，做到有据可查。

第十一条 人民法院监察部门应当每季度对司法机关内部人员过问案件信息专库中录入的内容进行汇总分析。若发现司法机关内部人员违反规定过问案件的问题线索，应当按照以下方式进行处置：

（一）涉及本院监察部门管辖对象的问题线索，由本院监察部门直接调查处理；

（二）涉及上级人民法院监察部门管辖对象的问题线索，直接呈报有管辖权的上级人民法院监察部门调查处理；

（三）涉及下级人民法院监察部门管辖对象的问题线索，可以逐级移交有管辖权的人民法院监察部门调查处理，也可以直接进行调查处理；

（四）涉及其他司法机关人员的问题线索，直接移送涉及人员所在司法机关纪检监察部门调查处理。

人民法院纪检监察部门接到其他人民法院或者其他司法机关纪检监察部门移送的问题线索后，应当及时调查处理，并将调查处理结果通报移送问题线索的纪检监察部门。

第十二条 人民法院工作人员具有下列情形之一的，属于违反规定过问案件的行为，应当依照《人民法院工作人员处分条例》第三十三条规定给予纪律处分；涉嫌犯罪的，移送司法机关处理：

（一）为案件当事人及其关系人请托说情、打探案情、通风报信的；

（二）邀请办案人员私下会见案件当事人及其关系人的；

（三）不依照正当程序为案件当事人及其关系人批转、转递涉案材料的；

（四）非因履行职责或者非经正当程序过问他人正在办理的案件的；

（五）其他违反规定过问案件的行为。

第十三条 人民法院监察部门在报经本院主要领导批准后，可以将本院和辖区人民法院查处人民法院工作人员违反规定过问案件行为的情况在人民法院内部进行通报，必要时也可以向社会公开。

第十四条　人民法院办案人员具有下列情形之一的，属于违反办案纪律的行为，初次发生的，应当予以警告、通报批评；发生两次以上的，应当依照《人民法院工作人员处分条例》第五十四条规定给予纪律处分：

（一）对人民法院领导干部和上级人民法院工作人员口头提出的监督、指导意见不记录或者不如实记录的；

（二）对人民法院领导干部和上级人民法院工作人员提出监督、指导意见的批示、函文、记录等资料不装入案卷备查的；

（三）对其他司法机关工作人员了解案件情况的接洽情况不记录、不如实记录或者不将记录及法律文书、联系公函等证明文件存入案卷的；

（四）对司法机关内部人员在法定程序或者相关工作程序之外过问案件的情况不录入，或者不如实录入司法机关内部人员过问案件信息专库的。

第十五条　人民法院监察部门对司法机关内部人员过问案件的问题线索不按规定及时处置或者调查处理的，应当由上级人民法院监察部门依照《人民法院工作人员处分条例》第六十九条规定给予纪律处分；涉嫌犯罪的，移送司法机关处理。

第十六条　人民法院领导干部授意人民法院监察部门对司法机关内部人员违反规定过问案件的问题线索不移送、不查处，或者授意下属不按规定对司法机关内部人员违规过问案件情况进行记录、存卷、入库的，应当分别依照《人民法院工作人员处分条例》第六十九条、第七十六条规定给予纪律处分。

第十七条　人民法院办案人员如实记录司法机关内部人员过问案件情况的行为，受法律和组织保护。

非因法定事由，非经法定程序，人民法院办案人员不得被免职、调离、辞退或者给予降级、撤职、开除等处分。

第十八条　人民法院工作人员对如实记录司法机关内部人员过问案件情况的办案人员进行打击报复或者具有辱骂、殴打、诬告等行为的，应当分别依照《人民法院工作人员处分条例》第七十条、第九十八条规定给予纪律处分；涉嫌犯罪的，移送司法机关处理。

第十九条　人民法院工作人员执行本办法的情况，应当纳入考核评价体系，作为评价其是否遵守法律、依法办事、廉洁自律以及评先评优、晋职晋级的重要依据。

第二十条　因监管、惩治不力，导致职责范围内多次发生人民法院工作人员违反规定过问案件问题的，应当追究单位负责人的党风廉政建设主体责任和纪检监察部门的监督责任。

第二十一条 人民法院的党员干部违反本办法并同时违反《中国共产党纪律处分条例》的，应当在给予政纪处分的同时，给予相应的党纪处分。

第二十二条 本办法所称案件当事人及其关系人是指案件当事人或其辩护人、诉讼代理人、近亲属以及其他与案件或案件当事人有利害关系的人员；本办法所称人民法院领导干部是指各级人民法院及其直属单位内设机构副职以上领导干部；本办法所称人民法院工作人员，是指人民法院在编人员；本办法所称人民法院办案人员是指参与案件办理、评议、审核、审议的人民法院的院长、副院长、审委会委员、庭长、副庭长、合议庭成员、独任法官、审判辅助人员等人员。

人民法院退休离职人员、人民陪审员、聘用人员违反本办法的，参照本办法进行处理。

第二十三条 本办法由最高人民法院负责解释。

第二十四条 本办法自2015年8月20日起施行。最高人民法院此前颁布的《关于在审判工作中防止法院内部人员干扰办案的若干规定》同时废止。

最高人民法院
关于印发《人民法院落实〈领导干部干预司法活动、插手具体案件处理的记录、通报和责任追究规定〉的实施办法》的通知

（2015年8月19日　法发〔2015〕10号）

各省、自治区、直辖市高级人民法院，解放军军事法院，新疆维吾尔自治区高级人民法院生产建设兵团分院：

现将《人民法院落实〈领导干部干预司法活动、插手具体案件处理的记录、通报和责任追究规定〉的实施办法》予以印发，自2015年8月20日起施行。请认真贯彻执行，并做好实施细则备案和执行情况定期报送工作，执行中发现的问题请及时报告最高人民法院。

附：

人民法院落实《领导干部干预司法活动、插手具体案件处理的记录、通报和责任追究规定》的实施办法

为落实中共中央办公厅、国务院办公厅《领导干部干预司法活动、插手具体案件处理的记录、通报和责任追究规定》（中办发〔2015〕23 号，以下简称《规定》），保障人民法院依法独立公正行使审判权，结合法院工作实际，制定本办法。

第一条　人民法院依照宪法和法律规定独立公正行使审判权，不受行政机关、社会团体和个人的干涉，不得执行任何组织、个人违反法定职责或者法定程序、有碍司法公正的要求。

第二条　人民法院以外的组织、个人在诉讼程序之外递转的涉及具体案件的函文、信件或者口头意见，人民法院工作人员均应当全面、如实、及时地予以记录，并留存相关材料，做到全程留痕、永久存储、有据可查。

领导干部以个人或者组织名义向人民法院提出案件处理要求的，或者领导干部身边工作人员、亲属干预司法活动、插手具体案件处理的，人民法院均应当记录，并留存相关材料。

第三条　人民法院应当依托信息技术，在案件信息管理系统中设立外部人员过问信息专库，明确录入、存储、报送、查看和处理相关信息的流程和权限。外部人员过问信息录入案件信息管理系统时，应当同步录入外部人员过问信息专库。人民法院专门审判管理机构负责专库的维护和管理工作。

第四条　人民法院工作人员根据本办法第二条履行记录义务时，应当如实记录相关人员的姓名、所在单位与职务、来文来函的时间、内容和形式等情况；对于利用手机短信、微博客、微信、电子邮件等网络信息方式过问具体案件的，还应当记录信息存储介质情况；对于以口头方式过问具体案件的，还应当记录发生场所、在场人员等情况，其他在场的人民法院工作人员应当签字确认。

上述记录及相关函文、信件、视听资料、电子数据等，应当一并录入、分类存储。书面材料一律附随案件卷宗归档备查，其他材料归档时应当注明去向。

第五条　党政机关、行业协会商会、社会公益组织和依法承担行政职能的事业单位，受人民法院委托或者许可，依照工作程序就涉及国家利益、社会公共利益的案件提出的参考意见，可以不录入外部人员过问信息专库，但

相关材料应当存入案件正卷备查。

第六条 人民法院应当每季度对外部人员过问信息专库中涉及领导干部过问的内容进行汇总分析，报送同级党委政法委和上一级人民法院；记录内容涉及同级党委或者党委政法委主要领导干部的，应当报送上一级党委政法委和上一级人民法院。人民法院认为领导干部干预司法活动、插手具体案件处理情节严重，可能造成冤假错案或者其他严重后果的，应当立即报告，并层报最高人民法院。

各高级人民法院应当加强辖区内法院贯彻实施《规定》情况的督促检查工作，将《规定》和本办法执行情况及时报告最高人民法院，并每半年向各省、自治区、直辖市党委政法委报送一次。

第七条 人民法院报送外部过问案件情况时，应当将领导干部的下述行为列为特别报告事项：

（一）在审判、执行等环节为案件当事人请托说情的；

（二）要求人民法院工作人员私下会见、联系案件当事人或者其辩护人、诉讼代理人、近亲属以及其他与案件有利害关系的人的；

（三）授意、纵容身边工作人员或者亲属为案件当事人请托说情的；

（四）以听取汇报、开协调会、发文件、打电话等形式，超越职权对案件处理提出倾向性意见或者具体要求的；

（五）要求人民法院立案、不予立案、拖延立案或者人为控制立案的；

（六）要求人民法院采取中止审理、延长审限、不计入审限等措施拖延结案或者压缩办案时间结案的；

（七）要求人民法院对保全标的物、执行标的物采取、暂缓或者解除扣押、查封和冻结措施的；

（八）要求人民法院选择特定鉴定机构、资产评估机构、拍卖机构或者破产企业资产管理人的；

（九）要求人民法院将执行案款优先发放给特定申请执行人的；

（十）要求人民法院对案件拖延执行或者作中止执行、终结执行处理的；

（十一）要求人民法院将刑事涉案财物发还特定被害人或者移交特定机关的；

（十二）要求人民法院对当事人采取强制措施，或者要求对被依法采取强制措施的当事人解除、变更强制措施的；

（十三）要求人民法院在减刑、假释案件审理过程中对罪犯从严或者从宽处理的；

（十四）批转案件当事人或者其辩护人、诉讼代理人、近亲属以及其他与案件有利害关系的人单方提交的涉案材料或者专家意见书的；

（十五）其他有必要作为特别报告事项的行为。

第八条　人民法院工作人员不记录或者不如实记录领导干部干预司法活动、插手具体案件处理情况的，应当予以警告、通报批评；有两次以上不记录或者不如实记录情形的，应当依照《人民法院工作人员处分条例》第五十四条规定给予纪律处分。主管领导授意不记录或者不如实记录的，应当依照《人民法院工作人员处分条例》第七十六条规定给予纪律处分。

第九条　人民法院工作人员因严格执行《规定》和本办法，而在考评、晋升、履职等方面遭遇特定组织、个人的刁难、打击和报复时，可以向上一级人民法院提出控告。相关人民法院应当及时向同级党委政法委报告，必要时可以层报最高人民法院。

第十条　本办法所称领导干部，是指在各级党的机关、人大机关、行政机关、政协机关、检察机关、军事机关以及公司、企业、事业单位、社会团体中具有国家工作人员身份的领导干部，也包括离退休领导干部。

本办法所称人民法院工作人员，是指各级人民法院中依法履行审判、审判辅助、司法行政职能，在编在职的除工勤人员以外的人员。人民法院聘用人员参照适用。

人民法院领导干部过问案件、打探案情、请托说情的，适用《司法机关内部人员过问案件的记录和责任追究规定》及其实施办法。

第十一条　本办法由最高人民法院负责解释。各高级人民法院可以依照本办法制定实施细则，并报最高人民法院备案。

第十二条　本办法自2015年8月20日起施行。

最高人民法院
印发《关于大力推广巡回审判方便人民群众诉讼的意见》的通知

（2010年12月22日　法发〔2010〕59号）

各省、自治区、直辖市高级人民法院，解放军军事法院，新疆维吾尔自治区高级人民法院生产建设兵团分院：

现将《关于大力推广巡回审判方便人民群众诉讼的意见》印发给你们。请结合实际认真贯彻施行。

附：

关于大力推广巡回审判方便人民群众诉讼的意见

巡回审判是人民法院基层基础工作的重要组成部分，是立足现有司法资源充分发挥审判职能作用的重要途径。为全面提高巡回审判工作质效，现就大力推广巡回审判，方便人民群众诉讼有关问题，提出以下意见。

一、充分认识大力推广巡回审判方便人民群众诉讼的重要意义

1. 推广巡回审判是深入推进三项重点工作的重要举措。在大力推广巡回审判方便人民群众诉讼过程中，最大限度快捷有效处理当事人的矛盾纠纷，最大限度发现和解决社会管理中存在的问题，最大限度将人民法院特别是基层人民法院、人民法庭各项工作置于人民群众监督之下，对于深入推进社会矛盾化解、社会管理创新以及公正廉洁执法具有重要意义。

2. 推广巡回审判是坚持为大局服务的具体实践。服务党和国家工作大局，是人民法院的历史责任和实现自身发展的必然要求。大力推广巡回审判，无论是对于着力提高服务大局的针对性，切实解决经济社会发展过程中的突出问题，还是对于增强审判工作辐射效应，争取人民法院工作取得最佳的法律效果和社会效果，都将产生积极作用。

3. 推广巡回审判是深入开展“人民法官为人民”主题实践活动的重要切入点。以大力推广巡回审判方便人民群众诉讼为抓手，深入开展“人民法官为人民”主题实践活动，强化落实各项便民利民措施，可以最大程度上彰显人民司法的人文关怀，让广大人民群众切实感受到人民法院深入开展“人民法官为人民”主题实践活动的成果，同时也是新时期继承和发扬“马锡五审判方式”所蕴含的深入群众、方便群众和服务群众精神的具体体现。

二、立足本地实际，切实增强大力推广巡回审判方便人民群众诉讼的针对性

4. 西部边远地区、少数民族地区以及其他群众诉讼不便地区的基层人民法院，特别是人民法庭，应当逐步确立以巡回审判为主的工作机制。通过大力推广巡回审判，全面提高巡回审判工作质效，切实解决当前在一定程度上存在的司法权不能切实覆盖、人民群众日益增长的司法需求难以得到有效满足的问题。

5. 经济发达和较为发达地区的基层人民法院和人民法庭，要以着力化解经济社会发展中的矛盾纠纷，着力解决影响社会稳定的突出问题，着力提供更加便捷有效的司法服务为出发点开展巡回审判工作。通过大力推广巡回审判，力争做到审判工作优质高效开展与服务当地经济社会又好又快发展两不误、两促进。

三、明确原则目标，坚持制度化、规范化，努力追求巡回审判的高质量和高效率

6. 巡回审判要遵循“面向农村、面向基层、面向群众”和“方便人民群众诉讼，方便人民法院依法独立、公正、高效行使审判权”原则，弘扬公正、廉洁、为民的司法核心价值观，以最大限度满足人民群众日益增长的司法服务需求和化解矛盾、定纷止争为目的，实现法律效果和社会效果的有机统一。注重发挥以案施教、法制宣传的社会功能，凸显司法为民、司法效益的价值追求。

7. 注意发挥人民法庭在大力推广巡回审判工作中的重要作用，确有必要的，基层人民法院也可根据需要组织专门力量开展巡回审判工作。继续贯彻《最高人民法院关于全面加强人民法庭工作的决定》有关人民法庭可以直接立案的规定精神，切实解决人民群众“告状难”问题。按照有利于消除当事人对抗心理和充分实现巡回审判功能要求选择巡回审判地点，针对可能引发的突发事件，还应做好应急预案，维护巡回审判的顺利进行。

8. 建立基层人民法院特别是人民法庭与人民调解组织、村民自治组织、基层司法所等的联系网络，切实增强巡回审判的针对性，防止有限司法资源的浪费。进一步切实贯彻“调解优先、调判结合”司法原则，最大限度地实现诉讼与非诉讼纠纷解决方式的衔接。

9. 加大巡回审判点的建设力度，切实解决巡回审判场所不足的问题。根据当地具体情况，加强与公安、司法行政部门的沟通和联系，在派出人民法庭覆盖不到的地方，充分利用派出所、司法所等现有资源建立相对固定、规范的巡回审判点。

10. 科学合理地确定人员编制，争取编制管理部门的支持，利用新增政法专项编制，倾斜、充实基层一线，合理配置人力资源，为大力推广巡回审判新机制提供编制组织保障。在西部边远、少数民族地区，要立足当地，积极培养和录取精通双语的少数民族法官和工作人员，为适应西部边远、少数民族地区巡回审判工作打下坚实基础。

11. 尽快解决人民法庭恢复或新建、物质装备和经费保障问题。做好边远地区、少数民族地区及其他群众诉讼不便地区人民法庭恢复或新建工作，解决巡回半径过大的实际问题。根据辖区或者覆盖区域的人口分布、交通条件等情况，配备能够满足巡回审判工作的特种车辆、活动板房（帐篷）、移动办公设备和通讯工具，构建信息共享的网络系统以及必要的网络终端工具，扩大电子签章的使用等，并将维修、养护、油料、巡回审判补助等费用以及折旧、报废等问题纳入法院预算经费范围，确保巡回审判工作的顺利开展。

四、加强监督指导和调查研究

12. 切实加强对本地区巡回审判工作的指导力度。各地要根据本意见要求尽快制定符合本地实际情况的具体指导意见和专门的庭审程序规范，着力做好有利于大力推广巡回审判工作的制度建设。

13. 尽快完善巡回审判工作量的统计工作，采取科学方法，客观反映大力推广巡回审判方便人民群众诉讼的实际情况。强化监督检查工作，避免脱离实际片面追求巡回审判案件数量的错误做法。

14. 对贯彻落实本意见过程中出现的新情况、新问题，要注意认真研究分析成因和对策。积极主动寻求当地党委的领导和人大的支持，加强与政府及相关部门的沟通联系，对本地区难以解决的问题和困难，要及时向上级人民法院报告，必要时应层报我院。

最高人民法院
关于切实践行司法为民大力加强公正司法不断提高司法公信力的若干意见

（2013年9月6日　法发〔2013〕9号）

为深入贯彻落实党的十八大关于加快建设社会主义法治国家的重大部署和习近平总书记关于法治建设的重要论述，积极回应人民群众对于新时期人民法院工作的新要求和新期待，切实践行司法为民，大力加强公正司法，不断提高司法公信力，充分发挥人民法院的职能作用，现提出如下意见。

一、提高思想认识，始终把司法为民、公正司法作为人民法院工作的主线

1. 深刻认识司法为民、公正司法的重大现实意义。各级人民法院要认真学习党的十八大报告和习近平总书记关于法治建设的重要论述，充分领会“努力让人民群众在每一个司法案件中都感受到公平正义”的深刻涵义，全面认识践行司法为民，加强公正司法，提高司法公信力对于树立人民法院良好形象，维护司法权威，保障宪法法律有效实施，推进依法治国，建设法治中国的重大现实意义。

2. 牢牢把握人民法院发展的有利条件和历史机遇。党中央高度重视法治建设，十分重视司法工作，支持审判机关依法独立公正行使审判权，为人民法院开展工作提供了强有力的政治保障；人民群众对法治进步和公正司法的热切期盼，为人民法院开展工作提供了不竭的动力；几代法院工作人员在建设中国特色社会主义司法制度的长期过程中积累的丰富经验，为人民法院科学发展打下了坚实的基础。各级法院要倍加珍惜并充分利用这些有利条件，牢牢把握这一历史机遇，以公正、高效、为民、廉洁司法的卓越实践，全面开创人民法院工作的新局面，谱写人民法院发展的新篇章。

3. 切实解决法院工作面临的突出问题。当前，人民法院工作面临的形势十分复杂，任务十分艰巨，人民群众对司法工作的要求越来越高。全体法官和法院其他工作人员都要增强责任意识和忧患意识，正视人民法院工作与党中央要求、人民群众期待之间的差距，认真排查并切实解决人民群众反映强烈的突出问题，立足自身查找原因，总结经验教训，改进工作，努力将司法为民、公正司法和司法公信力提高到新的水平。

二、坚持依法独立审判，忠实履行宪法法律赋予的职责

4. 严格依法办案。全体法官要进一步强化崇尚法治、忠于法律、严格执法的信念，不断提高熟练掌握法律、准确理解法律、正确适用法律的能力，始终坚持“以事实为根据，以法律为准绳”的原则，不得以任何理由突破法律底线，杜绝任何超越法律、歪曲法律以及其他违法枉法裁判现象的发生。审理每一起案件，都要贯彻认定事实清楚、适用法律正确、处理结果公正、审判程序合法、法律文书规范的基本要求，确保裁判经得起法律和历史的检验。

5. 坚持依法独立行使审判权。坚决贯彻人民法院依法独立行使审判权的宪法原则，坚决抵制各种形式的地方和部门保护主义，坚决排除权力、金钱、人情、关系等一切法外因素的干扰，不断健全保障人民法院依法独立公正行使审判权的制度机制，坚决维护宪法法律的尊严和权威。全体法官都要养成敢于坚持原则、敢于坚持真理、敢于依法办案、敢于担当责任的职业品格。各级法院的院长、副院长、审判委员会委员、庭长和副庭长，要坚决支持合议庭和独任庭依法公正审理案件，上级法院要坚决支持下级法院依法独立公正行使审判权。

6. 坚持正确实施法律。进一步加强和完善审判监督指导，努力提高司法政策、司法解释的针对性、科学性、合理性和实效性，充分发挥指导性案例和参考案例的重要作用。建立健全适用法律的规则体系，规范自由裁量权，统一司法尺度，严格裁判标准，继续推进量刑规范化。规范案件改判、发回重审及提起再审的标准。上级法院既要尊重下级法院的自由裁量权，又要依法纠正下级法院的错误裁判。

7. 发挥司法裁判的导向作用。要在准确把握法律精神、全面体察社情民意的基础上，依法公正裁判，充分发挥司法裁判对彰显法治精神、强化规则意识、引领社会风尚、维护公共秩序的重要作用，坚决维护法律的严肃性，体现正确的价值导向。要把涉诉信访纳入法治化的解决轨道，既要畅通依法信访的渠道，又要依法处置无理缠诉闹访行为，坚决维护司法裁判的既判力和权威性。

三、坚持服务大局，努力实现法律效果与社会效果的统一

8. 立足国情正确把握人民法院创新与发展的思路。针对我国经济社会发展不平衡的实际，各级法院既要不断提升正规化、专业化、职业化水平，又要不断创新符合审判规律、简单易行、便民利民的审判方式方法，满足有效化解各类矛盾纠纷的要求。要在维护法制统一的前提下，妥善处理因发展不平衡和利益格局调整而产生的法律适用难题，注重司法政策、司法解释对不同地区不同情况的包容性，注重司法规则对不同阶层社会成员适用的公平性。

9. 围绕司法职能积极服务大局。坚持能动司法，发挥司法职能，恪守司法本职，用好司法手段，努力服务大局。正确处理能动司法、服务大局与依法履行审判职能的关系，不断增强大局意识，自觉把人民法院工作置于党和国家的工作大局之中。通过制定和实施司法政策、司法解释，努力实现审判工作与大局工作的有机结合；通过个案裁判，审慎、妥善处理因经济社会发展失衡、社会建设滞后、社会管理缺失引发的各种纠纷，全面考量案件涉及的各种因素和裁判对各方面的影响，防止因个案处理失当激化社会矛盾，影响社会稳定。严禁法院工作人员参与地方招商、联合执法，严禁提前介入土地征收、房屋拆迁等具体行政管理活动。

10. 注重司法审判工作与社会生活的融合。准确把握人民群众对法院工作的需求与期待，高度重视人民群众对法院工作的关切和评价，切实尊重人民群众对司法公正的普遍认知和共同感受。不断加强对社会生活的调查研究，认真了解各类社会关系和社会交往的主要方式与规则习惯，善于总结和运用人民群众公认的常识与经验，努力使司法过程和处理结果在法律规定的范围内贴近人民群众的公平正义观念。大力推进司法诚信和社会诚信建设，利用诉讼活动和司法裁判，加大对诚信行为的保护力度和对失信行为的惩罚力度，提高诚信效益，增大失信成本，严格防范并依法制裁当事人利用诉讼手段逃避责任或谋取不正当利益。

四、狠抓执法办案，全面提升审判工作的质量与效率

11. 强化审判质量。深刻认识实现审判工作的高质量、高效率、好效果，是践行司法为民、加强公正司法、提高司法公信力的坚实基础。坚持把执法办案作为第一要务，把保证审判质量作为第一责任，把推动当事人息诉止争及自动和解作为重点环节，切实提高庭审质量和裁判文书制作质量。根据提升审判质量的要求，科学设置内设机构，合理配置职权职责，优化配置审判资源，配齐配强审判力量，切实做到将优质审判资源配置到司法办案第一线。建立健全并认真落实保证审判质量的各项制度机制，不断总结并及时推广有利于提升审判质量的各种经验和做法。

12. 建立健全审判质量控制体系。根据审判工作的特殊性，构建“点、线、面”多角度、全方位的案件质量控制体系。“点”上集中把握好重点岗位、重点案件和重点判项；“线”上重点把握好审判活动的重要流程和重要环节；“面”上重点把握好审判工作的基本态势和发展趋势。建立健全审判质效分析制度、二审案件发回重审或改判及再审案件分析研判制度、常规案件类型化处理制度、典型案件通报制度、审判经验交流制度、庭审观摩评议制度以及裁判文书评查和抽查制度等有助于保证和提升审判质量的制度。

13. 提高审判执行效率。加强立案、审判、执行的沟通、协调与配合，形成审判部门与执行部门的工作合力；进一步规范审判流程，合理确定各审判节点的时限，消除审判流程中的瓶颈和阻滞；进一步规范送达方式，尽量缩短有效送达的时间；有效实行案件的繁简分流，依法适用督促程序、简易程序和小额诉讼程序。在保证案件质量的前提下，努力缩短诉讼周期，使当事人的合法权益能够尽快实现。同时，注重均衡结案，不得因提高结案率而不收案或忽视质量而突击结案。

14. 完善审判质量评估体系。进一步完善审判质量评估体系，合理设定各种评估指标及其权重，不断提升审判质量评估体系的科学化水平。坚持正确的司法绩效观，正确认识、综合运用好案件质量评估体系，坚决反对在司法统计和审判质量评估中弄虚作假，避免片面、孤立地追求某些单项评价指标，充分发挥评估体系在反映审判工作的真实水平，引导审判活动公正高效运行，提高法院及法官工作积极性方面的作用。

15. 健全和完善错案评价标准和问责机制。根据审判工作实际，建立科学公正的错案评价体系，明确错案的认定标准；健全错案的分析和问责机制，完善错案分析和问责的相关程序，分清错案的不同情形及不同执法过错的相应责任。通过全面建立健全防范错案的工作机制，最大限度地避免冤假错案，在司法审判环节坚决守住防范冤假错案的底线。

16. 正确运用调解与判决方式。正确处理调解与判决的关系，充分发挥两种方式的作用和优势。积极推进和规范诉前调解。对双方当事人均有调解意愿且有调解可能的纠纷、家庭与邻里纠纷、法律规定不够明确以及简单按照法律处理可能失之公平的纠纷，应当在充分尊重双方当事人意愿的情况下，优先用调解方式处理。在调解中，坚持贯彻合法自愿原则。对当事人不愿调解或者有必要为社会提供规则指引的案件纠纷，应当在尊重当事人处分权的前提下，注重采用判决的方式。

五、完善制度机制，深化司法公开与司法民主

17. 深入推进审判公开的制度化建设。坚持以公开促公正，认真总结审判公开的成功经验，进一步深化司法公开的各项举措。从有利于强化社会对审判工作的监督，有利于提高审判工作的社会公信力出发，对审判公开的范围、内容、对象、时间、程序、方式等作出明确规定，稳妥有序地推进司法公开，坚持不懈地提高司法透明度，逐步完善司法公开的制度机制。

18. 建立健全司法与社会沟通的平台。各级法院都要开通 12368 电话热线，及时接受和处理群众咨询、投诉、举报，听取意见和建议。加快建设审判流程公开、裁判文书公开、执行信息公开三大平台，适时公布审判活动信息。完善法院领导干部接待日制度和新闻发言人制度，增进社会与法院之间的相互了解、理解与信任。积极开展法院主题开放日活动，主动邀请和组织社会各界代表到法院旁听审判或参观考察，了解法院的审判流程，了解审判工作的特点，了解审判人员的工作状况。

19. 充分发挥现代信息技术的作用。重视运用网络、微博、微信等现代信息技术和方式，扩大司法公开的影响力，丰富司法民主的形式和内容。对社会广泛关注的案件和普遍关心的纠纷，要主动、及时、全面、客观地公开相关情况，有针对性地回应社会公众的关切和疑惑。要研究和把握自媒体时代舆情与司法审判相互影响的规律与特征，加强对网络舆情的分析研判，正确对待来自社会各方面的意见与建议，勇于纠正工作中的缺点，及时弥补工作中的不足，敢于抵制非理性、非法的诉求以及恶意的舆论炒作，善于正面引导社会舆论，逐步形成司法审判与社会舆论常态化的良性互动。

20. 自觉接受各方面监督。自觉主动接受人大监督、政协民主监督和检察机关的诉讼监督。依法主动向人大报告工作，积极配合人大开展执法检查。做好人大代表议案建议、政协委员提案的办理工作。落实人大代表、政协委员视察、巡视及旁听庭审等工作。认真对待检察建议，依法审理抗诉案件。广泛听取社会各界对法院工作的意见和建议，自觉接受人民群众、新闻媒体对法院工作的监督。

21. 充分发挥人民陪审员作用。优化人民陪审员的选任、退出机制，完善人民陪审员的选任条件，扩大人民陪审员的选任范围，提高基层群众比例，增选适应审判工作需要的专家型陪审员。根据审判工作的要求逐步扩大人民陪审员规模，实施两年内实现人民陪审员数量翻一番的“倍增计划”。依法拓展人民陪审员陪审案件的范围，明确人民陪审员的权利和义务，加强人民陪审员的培训工作，提高人民陪审员的能力水平，强化人民陪审员的责任意识，保障人民陪审员充分行使陪审权利。

22. 切实保障当事人行使诉讼权利。贯彻尊重和保障人权原则要求，切实保证当事人依法自由表达诉求，充分陈述理由，适时了解审判进程，批评、控告侵犯诉权行为等权利。尊重当事人的程序选择权，对依法可以由当事人自主或协商决定的程序事项，应当尽量让当事人自主或协商决定。加强对法律适用的解释、程序问题的释明和裁判活动的说理，裁判文书要认真对待、全面回应当事人提出的主张和意见，具体说明法院采纳或不采纳的理由及依据。在诉讼过程中，对当事人提出的申请或质疑，应及时给予回应并说明理由。

23. 高度重视律师作用的发挥。理解并尊重律师的职业立场和关切重点，切实保障律师在审判过程中依法履行职责，保障律师依法行使阅卷、举证、质证、辩护等诉讼权利，认真对待并全面回应律师对案件处理的主张和意见。进一步规范法官与律师的关系，在诉讼活动中各司其职、彼此尊重、互相监督。完善律师对法官违法行为的投诉及反馈机制。依法处理律师违反法庭纪律，恶意投诉，诋毁法官、法院声誉等不当行为。

24. 深入开展与法学理论界的交流互动。建立人民法院与教学科研单位之间的信息、业务及人员的经常性交流互动机制。鼓励法官与专家学者共同承担法学理论或司法调研课题，共同研究司法理论与实践问题。在总结审判经验、制定司法解释和司法政策过程中，要注意听取并认真对待专家学者提出的意见和建议，及时吸纳法学理论研究成果，推动法学理论研究与人民法院司法审判工作的相互促进和共同提高。

六、创新和落实便民利民措施，增强司法为民的实际效果

25. 加强诉讼服务窗口建设。建设好、管理好、运用好诉讼服务中心、立案大厅以及涉诉信访接待窗口，完善各类窗口的实际功能，严格执行统一的工作流程、司法礼仪和服务规范。切实改进工作作风，善于用人民群众听得懂、易接受的语言和方式进行沟通交流，坚决克服对诉讼参与人冷硬横推的现象，坚决消除门难进、脸难看、话难听、事难办等不良作风，坚决杜绝任何刁难诉讼参与人或应当作为而不作为的现象，努力为人民群众参与各项诉

讼活动提供热情、合法、高效的服务。

26. 提高便民利民措施实效。根据人民群众的需求和审判工作的实际需要，因地制宜地开展好节假日预约办案、巡回办案、网上立案、网上办案等便民利民举措。进一步细化和完善立案、审判、执行和信访等环节的便民利民措施，提高便民利民实效。注重发挥人民法庭接近基层、了解民情的特殊优势，强化人民法庭在解决基层民间纠纷中的作用，赋予人民法庭作为法院诉讼服务点的职能，方便基层群众起诉、应诉及参与其他诉讼活动。

27. 加强对当事人的诉讼指导与帮助。从现阶段当事人参与诉讼的能力和条件差异较大的实际出发，在保证程序公正和平等对待的前提下，注意为当事人特别是没有委托律师辩护、代理的当事人参与诉讼提供必要的程序性指导与帮助。强化诉讼权利义务、举证责任、诉讼风险等事项告知工作。当事人提出调取证据申请，符合法律规定的，或者法庭认为有必要调查、核实的证据，应当依职权调取、核实。要确保诉讼程序及诉讼活动专业化、规范化的不断提升，始终与人民群众诉讼能力的不断提高相适应。要让有理无钱的当事人打得起官司，让有理有据的当事人打得赢官司，让打赢官司的当事人及时实现权益。

28. 降低当事人的诉讼成本。在保证审判质量的前提下，依法选择并适用更为经济的诉讼程序和程序性措施，积极引导当事人理性选择诉讼成本低、负面作用小的诉讼程序，尽可能避免诉讼过程对当事人正常生产生活造成不应有的消极影响，杜绝滥用强制措施损害当事人合法权益的现象。推动司法救助纳入社会救助制度体系，拓宽司法救助资金筹集渠道，完善诉讼费缓减免制度，不断扩大司法救助的受惠范围。

七、深化司法工作机制改革，构建科学合理的审判运行机制

29. 正确把握司法改革的总体要求。紧紧抓住中央推进新一轮司法改革的有利时机，努力通过深化司法体制与机制改革，切实解决影响司法公正和制约司法能力的深层次问题。注重改革的整体设计和通盘考虑，兼顾近期目标与长远目标，统筹内部改革与外部改革，加强改革措施之间的协调配合。改革方案的设计与实施，应尊重司法规律，因地制宜，循序渐进。对事关重大的改革举措，必须充分论证，先行试点，总结经验后再全面推广。坚持自上而下有序推进改革，在不违反法律和司法改革总体要求的前提下，鼓励地方法院就具体改革举措先行探索，积累改革经验，但对事关全局的重大改革，必须在中央统一部署下稳步推进。

30. 逐步完善四级法院职能定位。根据宪法和人民法院组织法等法律的规定，按照解决案件纠纷的实际需要，遵循司法规律，进一步明确各级人民法

院的职能分工和工作重点。在注重案件审判的专门化、类型化分工的同时，逐步完善各级人民法院的司法职能定位。

31. 深化案件管辖制度改革。在依法保障当事人诉讼权利、方便人民群众诉讼的基础上，逐步改变主要以诉讼标的额确定案件级别管辖以及主要以行政区划确定案件地域管辖的做法。进一步完善指定管辖、提级管辖和集中管辖制度，使依法独立审判可能受到非法干扰的案件、法律适用有疑难的案件和新类型案件，能够由其他法院或上级法院审理，消除当事人对案件管辖可能导致审判不公的质疑，并为下级法院裁判类似案件提供示范，统一裁判尺度。

32. 深化审判权内部运行机制改革。进一步落实合议制，深化合议庭改革，完善合议庭的议事方式及合议庭成员的职权与责任，切实解决合而不议、简单附议等问题。建立健全合议庭绩效考评制度，在充分发挥合议庭整体职能的同时，探索推进主审法官负责制，提高合议庭审判绩效。深化审判委员会制度改革，充分发挥审判委员会对于统一法律适用和监督、指导审判工作的独特作用。完善审判委员会的构成，明确审判委员会专职委员的职责，改进和完善审判委员会工作规则和议事规程，落实民主集中制审议原则，建立审判委员会决议督办机制。深化院长、庭长审判管理职责改革，院长、庭长的审判管理职责，应集中在对相关程序事项的审核批准、对综合性审判工作的宏观指导、对审判质效进行全面监督管理以及排除不良因素对审判活动的干扰等方面。建立院长、庭长行使审判管理权全程留痕的制度，加强对院长、庭长行使审判管理权的约束和监督，防止审判管理权的滥用。

33. 深化执行制度机制改革。建立统一管理、统一协调、分权制约的执行模式，完善执行联动机制。创新执行工作方式，完善被执行人财产调查制度，强化落实被执行人财产申报制度，用足用好强制执行措施，有效运用各种手段制裁抗拒执行或规避执行的行为。加快执行信息化建设，推动执行案件信息共享，实施失信被执行人名单公开制度，并将该名单与社会征信体系对接。加强执行规范化建设，进一步规范执行程序和执行行为，促进处理执行异议、复议和涉执行审判工作的专业化。进一步完善执行考评机制，加大对消极执行、违法执行行为的责任追究力度。

34. 深化人民法庭改革。合理调整人民法庭的区域布局，强化人民法庭基本职能，加强人民法庭人员配置，适度扩大人民法庭案件管辖范围。在综合考虑案件情况、人口数量、区域特点和其他相关因素的基础上，按照就地解决纠纷和工作重心下移的思路，统筹考虑、合理布设人民法庭。

八、坚持从严治院方针，努力建设一支过硬法院队伍

35. 切实加强思想政治建设。继续深化对法官和法院其他工作人员的社会

主义法治理念与司法核心价值观教育，不断加强司法良知和司法职业伦理操守教育，努力塑造刚正不阿、执法如山的司法品质。大力弘扬法治精神和中国特色社会主义法治文化与法院文化，进一步坚定法官及法院其他工作人员的理想信念，不断增强法官及法院其他工作人员对中国特色社会主义的道路自信、理论自信和制度自信。

36. 扎实推进公正司法能力建设。高度重视对法官及法院其他工作人员的司法综合能力培养，不断强化法学理论与法律知识的教育与培训，拓展其他相关领域的知识教育。各级法院要全面提升做好新形势下群众工作能力、维护社会公平正义能力、新媒体时代社会沟通能力、信息化技术应用能力。全体法官要着力提高驾驭庭审、认定事实、适用法律、化解矛盾的能力。完善法官培训制度，健全法官培训机构，保障法官培训经费。严格保证预备法官的培训时间，建立健全专业审判岗位任职资格和岗前培训制度，适度延长法官任职及晋级的脱产培训时间。改进培训方式，丰富培训内容，充分运用网络培训、在职培养、续职培养、联合培养、交流挂职和定期轮训、专题培训等形式，积极拓宽法官成才平台。加强对青年法官的培养，不断壮大专家型法官队伍。

37. 全面加强司法廉洁建设。认真落实党风廉政建设责任制，深入推进人民法院惩治和预防腐败体系建设。加强司法廉洁教育和廉政文化建设，教育全体法官和法院其他工作人员保持高尚品格和廉洁操守，守住公正司法的职业道德底线。针对容易滋生腐败的体制弊端和管理漏洞，改革创新体制机制，进一步完善抵御金钱诱惑、人情关系干扰以及避免利益冲突的廉政制度，并以更加有力的措施确保廉政制度的刚性运行。以审判权运行为核心，继续构建符合审判规律的廉政风险防控机制，强化司法巡查、审务督察以及在审判执行部门设立廉政监察员等内部监督措施，切实加强审判权运行的制约和监督，确保公正司法、廉洁司法。继续狠抓“五个严禁”等纪律规定的贯彻执行，坚决查处贪赃枉法、腐化堕落、滥用职权等腐败、违法行为。

38. 进一步加强司法作风建设。始终把一切为了群众，一切依靠群众，从群众中来、到群众中去作为人民法院工作的出发点和落脚点，找准人民法院工作与坚持群众路线的结合点。始终站稳群众立场，坚持群众观点，增强群众感情，维护同人民群众的血肉联系，努力赢得群众信赖，把司法为民的理念内化于心，外化于行。发扬理论联系实际，一切从实际出发，坚持求真务实的工作作风，鼓励和培养广大法官及法院其他工作人员树立吃苦耐劳、不畏艰辛、淡泊名利、敢于担当、勇于奉献的职业精神，用优良操守和人格魅力赢得社会尊重。

39. 稳步推进人民法院队伍分类管理的制度建设。切实遵循审判工作规律和干部管理规律，按照“正规化、职业化、专业化”的标准，逐步建立起分类科学、结构合理、职责明晰、管理规范的制度体系。按照中央司法改革的总体要求，坚持从我国国情和审判工作实际出发，进一步明确法官、审判辅助人员和司法行政人员责权关系，结合工作要求和岗位职责等因素，科学设置各类人员职级比例和职数编制。进一步完善法官单独职务序列制度及配套措施，推进书记员、司法警察的职务序列管理，健全审判辅助人员、司法行政人员管理措施。

40. 逐步推进法官选任制度改革。通过推动相关立法的完善，进一步严格法官任职条件。完善并落实法官逐级遴选机制，逐步实行上级法院法官从下级法院法官中选拔。进一步扩大法官遴选范围，注重从律师群体及其他法律实务部门且具有基层工作经历的人员中选拔法官，吸引社会上的优秀法律人才加入法官队伍。优化法官选任程序和方式，切实保证选准选好法官人才。

41. 完善法官业绩考评机制。建立以信息技术为支撑、符合审判工作规律、科学合理的审判业绩考评机制，在晋职晋级、评先评优等方面充分体现考评结果的作用。建立完善常态化表彰奖励机制，有效激发法官立足岗位建功立业的荣誉感和责任心。通过开展创先争优、评选业务标兵等活动，培养和推出精通业务的专家型法官，充分发挥专家型法官的示范引领作用。推动建立法官任职退出机制，对不适合从事审判工作的法官，适时调离审判岗位并免去法官职务。

九、进一步加强司法保障，为司法为民、公正司法提供有力支持

42. 建立健全法官职业保障机制。贯彻落实法官法，加强法官职业保障，建立健全法官职务身份保障机制、依法履职履责保障机制、人身安全保护机制等，切实保障法官依法履行司法职责。逐步改善法官的工作生活条件，不断增强法官职业的责任感和尊荣感。

43. 继续加强司法经费保障。巩固和深化法院经费保障体制改革成果，建立健全法院办案办公经费有序增长机制，推动中央财政加大向中西部地区中级、基层法院办案经费的转移支付力度。

44. 加快推进法院信息化建设。按照科技强院的要求，以“天平工程”建设为载体，推动全国四级法院信息化基础设施一体建设、全面覆盖和协调应用。建设全国法院有效衔接、统一管理的案件信息管理系统、案件信息查询系统、裁判文书网络发布系统和人民法院官方网站等信息载体或平台。坚持基础建设、升级提高与深度应用紧密结合，发挥信息网络在司法统计、网上办案、网上办公、司法公开、审判监督、审判管理、法官培训、法院宣传、司法调研和理论研究等方面的作用。

45. 进一步夯实基层基础。始终坚持面向基层、服务基层、建设基层的方针，继续加强基层法院和人民法庭的规范化、信息化和基础设施建设，着力改善基层法院和人民法庭办案条件。坚持把对基层法院和人民法庭的专项补贴落实到位，积极协调解决基层基础建设欠债等问题。加大对基层法院法官的遴选、补充和培训力度。积极改善基层法官的工作和生活环境，推动相关部门提高基层法官职级比例和生活待遇，切实解决基层人才流失、法官断层等现实问题，努力营造优秀人才乐于留在基层、安心干在基层的制度机制。加大对基层法院工作的指导力度，建立健全上级法院法官到基层交流任职制度，帮助基层法院和人民法庭不断提高司法能力和水平，推动全国法院基层工作协调平衡发展。

切实践行司法为民，大力加强公正司法，不断提高司法公信力，既是人民法院肩负的光荣历史责任，也是十分复杂的系统工程。各级人民法院必须始终坚持党的领导，自觉接受各级人民代表大会及其常委会的监督、政协民主监督，依靠政府支持和其他执法机关的配合，不断取得人民群众的信任、理解与支持。要充分调动和发挥全体法官及法院其他工作人员的积极性和创造性，把工作重心和注意力集中到司法办案的各项工作之中，精心审理每一起案件，扎实做好每一项工作，既要有效解决当前存在的突出问题，让社会各界感受到人民法院工作的新风貌、新成效，更要着眼于制度和机制建设，从根本上保证司法为民、公正司法的长期效果，保证司法公信力持续稳定提高。

最高人民法院
关于进一步做好司法便民利民工作的意见

（2014 年 11 月 20 日　法〔2014〕293 号）

各省、自治区、直辖市高级人民法院，解放军军事法院，新疆维吾尔自治区高级人民法院生产建设兵团分院：

为深入贯彻落实党的十八大、十八届三中、四中全会精神，进一步扎实推进党的群众路线教育实践活动，积极回应人民群众对司法工作的新要求和新期待，牢牢把握“司法为民、公正司法”工作主线，现就人民法院进一步做好司法便民利民工作，提出如下意见。

一、统一思想，提高认识，进一步增强做好司法便民利民工作的自觉性

1. 司法便民利民是人民法院努力实现“让人民群众在每一个司法案件中都感受到公平正义”的必然要求，是全面推进依法治国，建设平安中国、法治中国的重要途径。各级人民法院要准确把握我国全面深化改革进程中出现的新情况、新特点，将方便人民群众诉讼作为做好各项工作的出发点和落脚点，扎扎实实为人民群众办实事，更好地满足新时期人民群众的多元司法需求。

2. 司法便民利民是人民法院深入贯彻执行党的群众路线，积极践行司法为民根本宗旨的重要内容。各级人民法院要自觉把做好司法便民利民工作与扎实推进党的群众路线教育实践活动紧密结合起来，时刻摆正与人民群众的关系，准确把握人民群众对法院工作的需求与期待，始终坚持人民司法为人民，切实加强人权司法保障，不断改进司法作风，通过一个个具体鲜活的司法便民利民举措，更好地维护最广大人民群众的根本利益。

3. 司法便民利民是深化司法改革，加快建设公正高效权威的社会主义司法制度的重要环节。各级人民法院要把人民群众是否满意作为衡量司法改革成败的根本标准，把完善和落实司法便民利民举措作为深化司法改革的重要切入点，不断健全保障人民群众参与司法的制度措施，着力构建开放、动态、透明、便民的阳光司法机制，让司法改革成果更多更公平地惠及全体人民群众，不断提高司法公信力。

二、求真务实，加强规范，切实做好司法便民利民工作

4. 积极探索建立健全司法便民利民工作的长效机制。人民法院要在狠抓执法办案第一要务的同时，进一步细化和完善立案、审判、执行和信访等环节的便民利民措施，为人民群众提供热情、便捷、高效的司法服务。

5. 建设好、管理好、运用好诉讼服务平台。深入推进诉讼服务中心的标准化、规范化建设，全面整合诉讼服务功能，优化诉讼服务窗口建设。认真做好诉调对接、立案登记、诉讼风险提示、诉讼材料接转、诉讼费用缴纳、财产保全、案件流程查询、信访接待等各方面的工作，努力为当事人提供“一站式”和“全方位”的诉讼服务。

6. 健全方便立案的新机制。根据人民群众的需求和审判工作的实际需要，积极推进立案登记工作，对人民法院依法应该受理的案件，做到有案必立、有诉必理，切实保障当事人诉权。做好预约立案工作，积极为行动不便的伤病患者、残疾人、老年人、未成年人等提供立案、送达、调解等方面的便民服务，方便当事人诉讼。

7. 依法及时采取保全措施。人民法院应当根据案件具体情况依法合理确定保全的担保方式和担保数额。对保全实施工作归口管理，暂时没有实行归口管理的人民法院，应积极采取措施方便当事人申请和查询。

8. 健全案件繁简分流机制。充分发挥简易程序、小额诉讼程序、督促程序、刑事和解程序、轻微刑事案件快速审理机制等制度优势，在保证审判质量的前提下，努力降低当事人诉讼成本，减轻当事人诉累。

9. 依法为当事人举证提供帮助。当事人申请人民法院调查取证，符合法律规定条件的，或者人民法院认为有必要调查的证据，人民法院应当及时调查取证；积极探索委托律师调查取证，方便当事人举证。

10. 加强审判流程管理。树立科学均衡结案意识，正确理解、运用均衡结案指标，不能单纯追求均衡结案率而故意拖延结案或者突击结案。强化审判流程公开平台建设，整合各类审判流程信息，为当事人提供全面、全程、及时的审判流程公开服务。实行审限监督制度，严格扣除审限、延长审限的审批，完善案件审限通报制度，及时告知当事人扣除审限、延长审限的理由、期限。

11. 加强案卷移交工作。积极推进诉讼档案电子化工程，做好一审、二审、再审和执行案卷移交工作，明确移交期限，统一移交方式，落实移交责任，缩短移交时间，确保移交顺畅。

12. 依法保障各方诉讼权利。强化诉讼过程中当事人和其他诉讼参与人的知情权、陈述权、辩护辩论权、申请权、申诉权的制度保障。尊重和保障当事人庭审权利，让当事人依法充分表达诉求，完整陈述事实理由。对依法可以由当事人自主或者协商决定的程序事项，尽量让当事人自主或者协商确定。切实保障律师在审判过程中依法履行职责。在保证程序公正的前提下，注意为当事人特别是没有委托律师辩护、代理的当事人参与诉讼提供必要的程序性指导与帮助。

13. 完善案件庭审旁听制度。人民法院对于公开审理的案件，应当依法公告案件名称、开庭时间、法庭编号、旁听席位等开庭信息，方便人民群众旁听案件庭审。人民法院应当定期或者不定期邀请人大代表、政协委员旁听案件庭审。

14. 加强裁判文书释法说理。裁判文书要认真对待、全面回应当事人提出的主张和意见，具体说明法院采纳或者不采纳的理由和法律依据，做到认定事实清楚、适用法律正确。用语要力求规范、简洁、易懂，便于当事人明白理解。

15. 切实解决执行难。积极探索完善有利于保障民生的快速执行、主动执行等机制，以失信被执行人信用监督、威慑、惩戒法律制度和点对点网络查控联动机制为抓手，积极推进反规避执行和反消极执行，依法保障胜诉当事人及时实现权益。综合运用财产申报、限制高消费、限制出境、联合信用惩戒等措施，依法适用强制措施和刑罚威慑机制，促使被执行人主动履行债务，努力提高执行效率。

16. 完善交纳诉讼费用的便民措施。要根据实际情况，设立自动取款机、POS 机等设施，方便当事人交费、退费。当事人到基层人民法院办理诉讼费用的结算和退费确有困难的，有条件的人民法庭可以代为办理。

17. 做好司法救助工作。健全司法救助体系，完善诉讼费缓减免制度和特困群体执行救助制度，依法及时有效落实对加害人无力赔偿、被执行人无财产可供执行等案件的困难受害人以及其他涉诉困难群众的司法救助，不断拓宽司法救助的范围和方式。

18. 做好涉诉信访工作。完善“诉访分离”和案件终结机制，保障当事人依法行使申诉权利。积极开展网上信访、巡回接访、带案下访、远程视频接访等工作，建立健全律师等第三方参与化解涉诉信访的工作机制，及时就地解决涉诉信访问题。把信访纳入法治化轨道，保障合理合法诉求依照法律规定和程序就能得到合理合法的结果。

19. 健全人民法庭基层诉讼服务窗口的职能。坚持和发扬“枫桥经验”，发挥人民法庭在多元化纠纷解决机制中的纽带作用，努力实现矛盾纠纷的就地化解。推进以中心法庭为主、巡回审判点为辅的法庭布局形式，优化人民法庭布局，构建便捷高效的司法服务网络。人民法庭可以依法直接受理和执行案件，并将其直接受理和执行案件的范围通过适当方式在本辖区内公布。

20. 加强巡回审判工作。对于边远地区等交通不便地区，要以方便人民群众诉讼为出发点，尽可能就地立案、就地开庭、就地审理、就地执行；要以便于解决社会矛盾纠纷为出发点，深入到企业、社区等群众集中、纠纷集中的地区进行巡回审判。大力推广车载法庭等巡回审判模式，让“流动的人民法庭”最大限度满足人民群众诉讼的需求。

21. 建立健全特定类型案件的“快立、快调、快审、快执”机制。对于追索工资报酬、工伤赔偿等涉及广大职工和农民工切身利益的案件以及追索赡养费、抚育费、扶养费等案件，应当按照“快立、快调、快审、快执”的原则，尽快受理，适时调解，及时判决、执行。

22. 积极推进和规范调解工作。对双方当事人均有调解意愿且有调解可能的纠纷、家庭与邻里纠纷、法律规定不够明确以及简单处理可能失之公平的纠纷，应当在充分尊重双方当事人意愿的情况下，优先运用调解方式，快速化解矛盾。加强对调解协议的司法确认工作，实现诉讼调解与人民调解、行政调解、行业调解的有效对接，完善调解联动工作体系，健全调处化解矛盾的多元化纠纷解决机制。

23. 不断改进司法作风。要善于运用人民群众听得懂、易接受的语言和方式进行沟通交流，充分尊重公序良俗，坚决克服对诉讼参与人冷硬横推的现象，坚决消除门难进、脸难看、话难听、事难办等不良作风，坚决杜绝任何刁难诉讼参与人的现象。

三、加强领导，切实保障，确保司法便民利民工作取得实效

24. 加强组织领导。各级人民法院要高度重视司法便民利民工作，院党组要把做好司法便民利民工作摆上重要议事日程，主要领导亲自抓，分管领导具体抓，班子成员共同抓，做到措施到位、责任到位、工作到位，切实抓好各项制度、措施的落实。

25. 积极争取各方支持。各级人民法院要积极争取党委、人大、政府和政协对司法便民利民工作的支持，加强与有关部门的沟通协调，为司法便民利民工作在经费等方面提供切实保障。上级人民法院要加强对本辖区内人民法院司法便民利民工作的指导、支持和监督，做到一级抓一级，层层抓落实，使这一工作更加科学规范。

26. 全面加强信息化建设。各级人民法院要以“天平工程”建设为载体，加快审判流程公开、裁判文书公开、执行信息公开三大平台建设，充分发挥现代科技信息手段在司法便民利民方面的作用。因地制宜地推行远程立案、网上立案、网上办案、网上公告、预约办案、电子签章、电子送达、视频提讯等便民措施；通过12368诉讼服务热线、电子触摸屏、微博、微信、手机短信等载体为当事人提供方便快捷的司法服务。

27. 加强便民利民的场所设施建设。各级人民法院要根据实际情况配备当事人、诉讼代理人等诉讼参与人的候审室或者休息室，在法庭所在区域配备必要的物品保管箱、饮水器具、复印机等便民设施；为行动不便的伤病患者、残疾人、老年人等参加庭审活动提供无障碍设施等便利。

28. 积极听取各方意见建议。各级人民法院要自觉接受同级人大、政协以及社会各界的监督，注重发挥人民陪审员与人民群众沟通的桥梁作用，多渠道收集人民群众的意见建议，畅通民意沟通和反馈机制，勇于纠正工作中的缺点，及时弥补工作中的不足，不断完善司法便民利民制度措施。

29. 大力加强法制宣传。各级人民法院要通过多种方式加强法制宣传，使人民群众在充分了解司法便民利民措施的同时，发挥司法裁判规范、指导、评价、引领社会价值的重要作用，大力弘扬社会主义法治精神，着力推动全民守法。

30. 及时总结先进经验。各地人民法院要加强调查研究，及时总结成熟的经验做法。最高人民法院和各高级人民法院在积极改进和完善自身司法便民利民工作的同时，应当及时总结下级人民法院的典型经验，推进司法便民利民工作不断取得新进展。

民商事办案
法律规范适用全典

Civil and Commercial Laws and Regulations

第六卷

司伟◎编

中国法制出版社
CHINA LEGAL PUBLISHING HOUSE

总目录

（第一卷）

民事篇

（第二卷）

（第三卷）

（第四卷）

商事篇

（第五卷）

民事诉讼篇

(第六卷)

目　录*

（第六卷）

第四章　回　避

第五章　诉讼参加人

* 目录中的日期为法律文件的公布时间或最后一次修正、修订公布时间。

第六章　证　据

第七章　送达、期限

第八章　调　解

第九章 保全和先予执行

第十章 对妨害民事诉讼的强制措施

第十一章 诉讼费用

第十二章 第一审普通程序

（一）起诉和受理

（二）立　案

（三）审　理

（四）简易程序

(五)公益诉讼

（六）特别程序

（七）审判监督程序

（八）督促程序

第十三章 执行程序

第十四章　涉港澳、涉台民事诉讼程序的规定

第十五章　涉外民事诉讼程序的规定

第十六章 非诉程序

（一）一般仲裁

（二）劳动争议仲裁

（三）土地承包经营纠纷仲裁

（四）人民调解

（五）公　证

第十七章 其 他

第四章　回　避

最高人民法院
关于审判人员在诉讼活动中执行回避制度若干问题的规定

法释〔2011〕12号

（2011年4月11日最高人民法院审判委员会第1517次会议通过
2011年6月10日最高人民法院公告公布　自2011年6月13日起施行）

为进一步规范审判人员的诉讼回避行为，维护司法公正，根据《中华人民共和国人民法院组织法》、《中华人民共和国法官法》、《中华人民共和国民事诉讼法》、《中华人民共和国刑事诉讼法》、《中华人民共和国行政诉讼法》等法律规定，结合人民法院审判工作实际，制定本规定。

第一条　审判人员具有下列情形之一的，应当自行回避，当事人及其法定代理人有权以口头或者书面形式申请其回避：

（一）是本案的当事人或者与当事人有近亲属关系的；

（二）本人或者其近亲属与本案有利害关系的；

（三）担任过本案的证人、翻译人员、鉴定人、勘验人、诉讼代理人、辩护人的；

（四）与本案的诉讼代理人、辩护人有夫妻、父母、子女或者兄弟姐妹关系的；

（五）与本案当事人之间存在其他利害关系，可能影响案件公正审理的。

本规定所称近亲属，包括与审判人员有夫妻、直系血亲、三代以内旁系血亲及近姻亲关系的亲属。

第二条　当事人及其法定代理人发现审判人员违反规定，具有下列情形之一的，有权申请其回避：

（一）私下会见本案一方当事人及其诉讼代理人、辩护人的；

（二）为本案当事人推荐、介绍诉讼代理人、辩护人，或者为律师、其他人员介绍办理该案件的；

（三）索取、接受本案当事人及其受托人的财物、其他利益，或者要求当事人及其受托人报销费用的；

（四）接受本案当事人及其受托人的宴请，或者参加由其支付费用的各项活动的；

（五）向本案当事人及其受托人借款，借用交通工具、通讯工具或者其他物品，或者索取、接受当事人及其受托人在购买商品、装修住房以及其他方面给予的好处的；

（六）有其他不正当行为，可能影响案件公正审理的。

第三条 凡在一个审判程序中参与过本案审判工作的审判人员，不得再参与该案其他程序的审判。但是，经过第二审程序发回重审的案件，在一审法院作出裁判后又进入第二审程序的，原第二审程序中合议庭组成人员不受本条规定的限制。

第四条 审判人员应当回避，本人没有自行回避，当事人及其法定代理人也没有申请其回避的，院长或者审判委员会应当决定其回避。

第五条 人民法院应当依法告知当事人及其法定代理人有申请回避的权利，以及合议庭组成人员、书记员的姓名、职务等相关信息。

第六条 人民法院依法调解案件，应当告知当事人及其法定代理人有申请回避的权利，以及主持调解工作的审判人员及其他参与调解工作的人员的姓名、职务等相关信息。

第七条 第二审人民法院认为第一审人民法院的审理有违反本规定第一条至第三条规定的，应当裁定撤销原判，发回原审人民法院重新审判。

第八条 审判人员及法院其他工作人员从人民法院离任后二年内，不得以律师身份担任诉讼代理人或者辩护人。

审判人员及法院其他工作人员从人民法院离任后，不得担任原任职法院所审理案件的诉讼代理人或者辩护人，但是作为当事人的监护人或者近亲属代理诉讼或者进行辩护的除外。

本条所规定的离任，包括退休、调离、解聘、辞职、辞退、开除等离开法院工作岗位的情形。

本条所规定的原任职法院，包括审判人员及法院其他工作人员曾任职的所有法院。

第九条 审判人员及法院其他工作人员的配偶、子女或者父母不得担任其所任职法院审理案件的诉讼代理人或者辩护人。

第十条 人民法院发现诉讼代理人或者辩护人违反本规定第八条、第九条的规定的，应当责令其停止相关诉讼代理或者辩护行为。

第十一条 当事人及其法定代理人、诉讼代理人、辩护人认为审判人员有违反本规定行为的，可以向法院纪检、监察部门或者其他有关部门举报。

受理举报的人民法院应当及时处理，并将相关意见反馈给举报人。

第十二条 对明知具有本规定第一条至第三条规定情形不依法自行回避的审判人员，依照《人民法院工作人员处分条例》的规定予以处分。

对明知诉讼代理人、辩护人具有本规定第八条、第九条规定情形之一，未责令其停止相关诉讼代理或者辩护行为的审判人员，依照《人民法院工作人员处分条例》的规定予以处分。

第十三条 本规定所称审判人员，包括各级人民法院院长、副院长、审判委员会委员、庭长、副庭长、审判员和助理审判员。

本规定所称法院其他工作人员，是指审判人员以外的在编工作人员。

第十四条 人民陪审员、书记员和执行员适用审判人员回避的有关规定，但不属于本规定第十三条所规定人员的，不适用本规定第八条、第九条的规定。

第十五条 自本规定施行之日起，《最高人民法院关于审判人员严格执行回避制度的若干规定》（法发〔2000〕5号）即行废止；本规定施行前本院发布的司法解释与本规定不一致的，以本规定为准。

最高人民法院
印发《关于对配偶子女从事律师职业的法院领导干部和审判执行岗位法官实行任职回避的规定（试行）》的通知

（2011年2月10日 法发〔2011〕5号）

各省、自治区、直辖市高级人民法院，解放军军事法院，新疆维吾尔自治区高级人民法院生产建设兵团分院：

现将最高人民法院《关于对配偶子女从事律师职业的法院领导干部和审判执行岗位法官实行任职回避的规定（试行）》印发给你们，请认真执行。

附：

关于对配偶子女从事律师职业的法院领导干部和审判执行岗位法官实行任职回避的规定（试行）

为维护司法公正和司法廉洁，防止法院领导干部及法官私人利益与公共利益发生冲突，依照《中华人民共和国公务员法》、《中华人民共和国法官法》和《中国共产党党员领导干部廉洁从政若干准则》，制定本规定。

第一条 人民法院领导干部和审判、执行岗位法官，其配偶、子女在其任职法院辖区内从事律师职业的，应当实行任职回避。

本规定所称法院领导干部，是指各级人民法院的领导班子成员及审判委员会专职委员。

本规定所称审判、执行岗位法官，是指各级人民法院未担任院级领导职务的审判委员会委员以及在立案、审判、执行、审判监督、国家赔偿等部门从事审判、执行工作的法官和执行员。

本规定所称从事律师职业，是指开办律师事务所、以律师身份为案件当事人提供诉讼代理或者其他有偿法律服务。

第二条 人民法院在选拔任用干部时，不得将具备任职回避条件的人员作为法院领导干部和审判、执行岗位法官的拟任人选。

第三条 人民法院在补充审判、执行岗位工作人员时，不得补充具备任职回避条件的人员。

人民法院在补充非审判、执行岗位工作人员时，应当向拟补充的人员释明本规定的相关内容。

第四条 在本规定施行前具备任职回避条件的法院领导干部和审判、执行岗位法官，应当自本规定施行之日起六个月内主动提出任职回避申请；相关人民法院应当自本规定施行之日起十二个月内，按照有关程序为其办理职务变动或者岗位调整的手续。

第五条 在本规定施行前不具备任职回避条件，但在本规定施行后具备任职回避条件的法院领导干部和审判、执行岗位法官，应当自任职回避条件具备之日起一个月内主动提出任职回避申请；相关人民法院应当自申请期限届满之日起六个月内，按照有关程序为其办理职务变动或者岗位调整的手续。

第六条 具备任职回避条件的法院领导干部和审判、执行岗位法官在前述规定期限内没有主动提出任职回避申请的，相关人民法院应当自申请期限届满之日起六个月内，按照有关程序免去其所任领导职务或者将其调离审判执行岗位。

第七条　应当实行任职回避的法院领导干部和审判、执行岗位法官的任免权限不在人民法院的，相关人民法院可向具有干部任免权的机关提出为其办理职务调动或者免职手续的建议。

第八条　因配偶、子女从事律师职业而辞去现任职务或者退出审判、执行岗位的法院领导干部和法官，应当尽可能按原职级待遇重新安排工作岗位，但在重新安排工作时，不得违反本规定第二条、第三条的要求。

第九条　具备任职回避条件的法院领导干部及审判、执行岗位法官具有下列情形之一的，应当酌情给予批评教育、组织处理或者纪律处分：

（一）隐瞒配偶、子女从事律师职业情况的；

（二）采取弄虚作假手段规避任职回避的；

（三）拒不服从组织调整或者拒不办理公务交接的；

（四）具有其他违反任职回避规定行为的。

第十条　法院领导干部和审判、执行岗位法官的配偶、子女不在本规定所限地域范围内从事律师职业的，该法院领导干部和审判、执行岗位法官不实行任职回避，但其配偶、子女采取暗中代理等方式在本规定所限地域范围内从事律师职业的，应当责令其辞去领导职务或者将其调离审判、执行岗位；其本人知情的，还应当同时给予其相应的纪律处分。

第十一条　本规定由最高人民法院负责解释。

第十二条　本规定自发布之日起施行。

最高人民检察院
关于印发《检察人员任职回避和公务回避暂行办法》的通知

（2000年7月17日　高检发〔2000〕18号）

各省、自治区、直辖市人民检察院，军事检察院，新疆生产建设兵团人民检察院：

最高人民检察院检察委员会于2000年7月4日讨论通过了《检察人员任职回避和公务回避暂行办法》，现予印发，请各级人民检察院认真贯彻执行。

执行中遇到的问题，请及时报最高人民检察院。

附：

检察人员任职回避和公务回避暂行办法

（2000年7月4日最高人民检察院第九届检察委员会第65次会议通过）

第一条 为保证检察人员依法履行公务，促进检察机关的廉政建设，维护司法公正，根据《中华人民共和国刑事诉讼法》、《中华人民共和国检察官法》和其他有关法律、法规，制定本办法。

第二条 检察人员之间有下列亲属关系之一的，必须按规定实行任职回避：

（一）夫妻关系；

（二）直系血亲关系；

（三）三代以内旁系血亲关系，包括伯叔姑舅姨、兄弟姐妹、堂弟兄姐妹、表兄弟姐妹、侄子女、甥子女；

（四）近姻亲关系，包括配偶的父母、配偶的兄弟姐妹及其配偶、子女的配偶及女子配偶的父母、三代以内旁系血亲的配偶。

第三条 检察人员之间凡具有本办法第二条所列亲属关系的，不得同时担任下列职务：

（一）同一人民检察院的检察长、副检察长、检察委员会委员；

（二）同一人民检察院的检察长、副检察长和检察员、助理检察员、书记员、司法警察、司法行政人员；

（三）同一工作部门的检察员、助理检察员、书记员、司法警察、司法行政人员；

（四）上下相邻两级人民检察院的检察长、副检察长。

第四条 担任县一级人民检察院检察长的，一般不得在原籍任职。但是，民族自治地方县一级人民检察院的检察人员除外。

第五条 检察人员任职回避按照以下程序进行：

（一）本人提出回避申请或者所在人民检察院的人事管理部门提出回避要求；

（二）按照管理权限进行审核，需要回避的，予以调整，并按照法律及有关规定办理任免手续。

第六条 检察人员任职回避，职务不同的，由职务较低的一方回避，个别因工作特殊需要的，经所在人民检察院批准，也可以由职务较高的一方回避；职务相同的，由所在人民检察院根据工作需要和检察人员的情况决定其中一方回避。

在本检察院内无法调整的，可以与其他单位协商调整；与其他单位协商调整确有困难的，商请有关管理部门或者上级人民检察院协调解决。

第七条 检察人员在录用、晋升、调配过程中应当如实地向人民检察院申报应回避的亲属情况。各级人民检察院在检察人员录用、晋升、调配过程中应当按照回避规定严格审查。对原已形成的应回避的关系，应当制定计划，逐步调整；对因婚姻、职务变化等新形成的应回避关系，应当及时调整。

第八条 检察人员从事人事管理、财务管理、监察、审计等公务活动，涉及本人或与本人有本办法第二条所列亲属关系人员的利害关系时，必须回避，不得参加有关考核、调查、讨论、审核、决定，也不得以任何形式施加影响。

第九条 检察人员从事检察活动，具有下列情形之一的，应当自行回避，当事人及其法定代理人也有权要求其回避：

（一）是本案的当事人或者是当事人的近亲属的；

（二）本人或者他的近亲属和本案有利害关系的；

（三）担任过本案的证人、鉴定人、辩护人、诉讼代理人的；

（四）与本案当事人有其他关系，可能影响公正处理案件的。

第十条 检察人员在检察活动中，接受当事人及其委托的人的请客送礼或者违反规定会见当事人及其委托的人的，当事人及其法定代理人有权要求其回避。

第十一条 检察人员在检察活动中的回避，按照以下程序进行：

（一）检察人员自行回避申请的，可以书面或者口头向所在人民检察院提出回避申请，并说明理由；当事人及其法定代理人要求检察人员回避的，应当向该检察人员所在人民检察院提出书面或者口头申请，并说明理由，根据本办法第十条的规定提出回避的，应当提供有关证明材料。

（二）检察人员所在人民检察院有关工作部门对回避申请进行审查，调查核实有关情况，提出是否回避的意见。

（三）检察长作出是否同意检察人员回避的决定；对检察长的回避，由检察委员会作出决定并报上一级人民检察院备案。检察委员会讨论检察长回避问题时，由副检察长主持会议，检察长不得参加。

应当回避的检察人员，本人没有自行回避，当事人及其法定代理人也没有要求其回避的，检察长或者检察委员会应当决定其回避。

第十二条 对人民检察院作出的驳回回避申请的决定，当事人及其法定代理人不服的，可以在收到驳回回避申请决定的五日内，向作出决定的人民检察院申请复议。

人民检察院对当事人及其法定代理人的复议申请，应当在三日内作出复议决定，并书面通知申请人。

第十三条 检察人员自行回避或者被申请回避，在检察长或者检察委员会作出决定前，应当暂停参与案件的办理；但是，对人民检察院直接受理案件进行侦查或者补充侦查的检察人员，在回避决定作出前不能停止对案件的侦查。

第十四条 因符合本办法第九条或者第十条规定的情形之一而决定回避的检察人员，在回避决定作出前所取得的证据和进行诉讼的行为是否有效，由检察长或者检察委员会根据案件的具体情况决定。

第十五条 检察人员离任后两年内，不得担任诉讼代理人和辩护人。

第十六条 检察人员在检察活动中具有以下情形的，视情予以批评教育、组织调整或者给予相应的纪律处分：

（一）明知具有本办法第九条或者第十条规定的情形，故意不依法自行回避或者对符合回避条件的申请故意不作出回避决定的；

（二）明知诉讼代理人、辩护人具有本办法第十五条规定情形，故意隐瞒的；

（三）拒不服从回避决定，继续参与办案或者干预办案的。

第十七条 当事人、诉讼代理人，辩护人或者其他知情人认为检察人员有违反法律、法规有关回避规定行为的，可以向检察人员所在人民检察院监察部门举报。受理举报的部门应当及时处理，并将有关意见反馈举报人。

第十八条 本规定所称检察人员，是指各级人民检察院检察官、书记员、司法行政人员和司法警察。

人民检察院聘请或者指派的翻译人员、司法鉴定人员，勘验人员在诉讼活动中的回避，参照检察人员回避的有关规定执行。

第十九条 各级人民检察院的监察和人事管理部门负责检察人员回避工作的监督检查。

第二十条 本办法由最高人民检察院负责解释。

第二十一条 本办法自公布之日起施行。

第五章　诉讼参加人

最高人民法院
关于经商检局检验出口的商品被退回应否将商检局列为经济合同质量纠纷案件当事人问题的批复

法释〔1998〕12 号

（1998 年 6 月 19 日最高人民法院审判委员会第 995 次会议通过
1998 年 6 月 23 日最高人民法院公告公布　自 1998 年 7 月 1 日起施行）

湖南省高级人民法院：

你院湘高法〔1997〕55 号请示收悉。经研究，答复如下：

经商检局检验出口的商品被退回，当事人以经济合同商品质量纠纷起诉的，人民法院不应将商检局列为被告或者第三人。

此复。

最高人民法院
关于产品侵权案件的受害人能否以产品的商标所有人为被告提起民事诉讼的批复

法释〔2002〕22 号

（2002 年 7 月 4 日最高人民法院审判委员会第 1229 次会议通过
2002 年 7 月 11 日最高人民法院公告公布　自 2002 年 7 月 28 日起施行）

北京市高级人民法院：

你院京高法〔2001〕271 号《关于荆其廉、张新荣等诉美国通用汽车公司、美国通用汽车海外公司损害赔偿案诉讼主体确立问题处理结果的请示报告》收悉。经研究，我们认为：任何将自己的姓名、名称、商标或者可资识别的其他标识体现在产品上，表示其为产品制造者的企业或个人，均属于

《中华人民共和国民法通则》第一百二十二条规定的“产品制造者”和《中华人民共和国产品质量法》规定的“生产者”。本案中美国通用汽车公司为事故车的商标所有人，根据受害人的起诉和本案的实际情况，本案以通用汽车公司、通用汽车海外公司、通用汽车巴西公司为被告并无不当。

此复。

最高人民法院
关于诉讼代理人查阅民事案件材料的规定

法释〔2002〕39号

（2002年11月4日最高人民法院审判委员会第1254次会议通过
2002年11月15日最高人民法院公告公布　自2002年12月7日起施行）

为保障代理民事诉讼的律师和其他诉讼代理人依法行使查阅所代理案件有关材料的权利，保证诉讼活动的顺利进行，根据《中华人民共和国民事诉讼法》第六十一条的规定，现对诉讼代理人查阅代理案件有关材料的范围和办法作如下规定：

第一条　代理民事诉讼的律师和其他诉讼代理人有权查阅所代理案件的有关材料。但是，诉讼代理人查阅案件材料不得影响案件的审理。

诉讼代理人为了申请再审的需要，可以查阅已经审理终结的所代理案件有关材料。

第二条　人民法院应当为诉讼代理人阅卷提供便利条件，安排阅卷场所。必要时，该案件的书记员或者法院其他工作人员应当在场。

第三条　诉讼代理人在诉讼过程中需要查阅案件有关材料的，应当提前与该案件的书记员或者审判人员联系；查阅已经审理终结的案件有关材料的，应当与人民法院有关部门工作人员联系。

第四条　诉讼代理人查阅案件有关材料应当出示律师证或者身份证等有效证件。查阅案件有关材料应当填写查阅案件有关材料阅卷单。

第五条　诉讼代理人在诉讼中查阅案件材料限于案件审判卷和执行卷的正卷，包括起诉书、答辩书、庭审笔录及各种证据材料等。

案件审理终结后，可以查阅案件审判卷的正卷。

第六条　诉讼代理人查阅案件有关材料后，应当及时将查阅的全部案件材料交回书记员或者其他负责保管案卷的工作人员。

书记员或者法院其他工作人员对诉讼代理人交回的案件材料应当当面清查，认为无误后在阅卷单上签注。阅卷单应当附卷。

诉讼代理人不得将查阅的案件材料携出法院指定的阅卷场所。

第七条　诉讼代理人查阅案件材料可以摘抄或者复印。涉及国家秘密的案件材料，依照国家有关规定办理。

复印案件材料应当经案卷保管人员的同意。复印已经审理终结的案件有关材料，诉讼代理人可以要求案卷管理部门在复印材料上盖章确认。

复印案件材料可以收取必要的费用。

第八条　查阅案件材料中涉及国家秘密、商业秘密和个人隐私的，诉讼代理人应当保密。

第九条　诉讼代理人查阅案件材料时不得涂改、损毁、抽取案件材料。

人民法院对修改、损毁、抽取案卷材料的诉讼代理人，可以参照民事诉讼法第一百零二条第一款第（一）项的规定处理。

第十条　民事案件的当事人查阅案件有关材料的，参照本规定执行。

第十一条　本规定自公布之日起施行。

附：阅卷单格式

××××人民法院

阅　卷　单

阅卷人 （代理人或者当事人）	
证件名称及其编号	
案件名称、案由、案号	
借阅册数	
归还册数	
阅卷时间	
法院工作人员签注	

注：案卷归还时的状况（完好无误或者缺损等）应当由收卷人在签注中写明。

最高人民法院
关于民事诉讼委托代理人在执行程序中的代理权限问题的批复

（1997年1月23日　法复〔1997〕1号）

陕西省高级人民法院：

你院陕高法〔1996〕78号《关于诉讼委托代理人的代理权限是否包括执行程序的请示》收悉。经研究，答复如下：

根据民事诉讼法的规定，当事人在民事诉讼中有权委托代理人。当事人委托代理人时，应当依法向人民法院提交记明委托事项和代理人具体代理权限的授权委托书。如果当事人在授权委托书中没有写明代理人在执行程序中有代理权及具体的代理事项，代理人在执行程序中没有代理权，不能代理当事人直接领取或者处分标的物。

此复。

最高人民法院　最高人民检察院
公安部　国家安全部　司法部
印发《关于依法保障律师执业权利的规定》的通知

（2015年9月16日　司发〔2015〕14号）

各省、自治区、直辖市高级人民法院、人民检察院、公安厅（局）、国家安全厅（局）、司法厅（局），解放军军事法院、军事检察院、总政治部保卫部、司法局，新疆维吾尔自治区高级人民法院生产建设兵团分院、新疆生产建设兵团人民检察院、公安局、国家安全局、司法局：

现将《关于依法保障律师执业权利的规定》印发你们，请认真遵照执行。

附：

最高人民法院　最高人民检察院
公安部　国家安全部　司法部
关于依法保障律师执业权利的规定

第一条　为切实保障律师执业权利，充分发挥律师维护当事人合法权益、维护法律正确实施、维护社会公平和正义的作用，促进司法公正，根据有关法律法规，制定本规定。

第二条　人民法院、人民检察院、公安机关、国家安全机关、司法行政机关应当尊重律师，健全律师执业权利保障制度，依照刑事诉讼法、民事诉讼法、行政诉讼法及律师法的规定，在各自职责范围内依法保障律师知情权、申请权、申诉权，以及会见、阅卷、收集证据和发问、质证、辩论等方面的执业权利，不得阻碍律师依法履行辩护、代理职责，不得侵害律师合法权利。

第三条　人民法院、人民检察院、公安机关、国家安全机关、司法行政机关和律师协会应当建立健全律师执业权利救济机制。

律师因依法执业受到侮辱、诽谤、威胁、报复、人身伤害的，有关机关应当及时制止并依法处理，必要时对律师采取保护措施。

第四条　人民法院、人民检察院、公安机关、国家安全机关、司法行政机关应当建立和完善诉讼服务中心、立案或受案场所、律师会见室、阅卷室，规范工作流程，方便律师办理立案、会见、阅卷、参与庭审、申请执行等事务。探索建立网络信息系统和律师服务平台，提高案件办理效率。

第五条　办案机关在办理案件中应当依法告知当事人有权委托辩护人、诉讼代理人。对于符合法律援助条件而没有委托辩护人或者诉讼代理人的，办案机关应当及时告知当事人有权申请法律援助，并按照相关规定向法律援助机构转交申请材料。办案机关发现犯罪嫌疑人、被告人属于依法应当提供法律援助的情形的，应当及时通知法律援助机构指派律师为其提供辩护。

第六条　辩护律师接受犯罪嫌疑人、被告人委托或者法律援助机构的指派后，应当告知办案机关，并可以依法向办案机关了解犯罪嫌疑人、被告人涉嫌或者被指控的罪名及当时已查明的该罪的主要事实，犯罪嫌疑人、被告人被采取、变更、解除强制措施的情况，侦查机关延长侦查羁押期限等情况，办案机关应当依法及时告知辩护律师。

办案机关作出移送审查起诉、退回补充侦查、提起公诉、延期审理、二审不开庭审理、宣告判决等重大程序性决定的，以及人民检察院将直接受理立案侦查案件报请上一级人民检察院审查决定逮捕的，应当依法及时告知辩护律师。

第七条 辩护律师到看守所会见在押的犯罪嫌疑人、被告人，看守所在查验律师执业证书、律师事务所证明和委托书或者法律援助公函后，应当及时安排会见。能当时安排的，应当当时安排；不能当时安排的，看守所应当向辩护律师说明情况，并保证辩护律师在四十八小时以内会见到在押的犯罪嫌疑人、被告人。

看守所安排会见不得附加其他条件或者变相要求辩护律师提交法律规定以外的其他文件、材料，不得以未收到办案机关通知为由拒绝安排辩护律师会见。

看守所应当设立会见预约平台，采取网上预约、电话预约等方式为辩护律师会见提供便利，但不得以未预约会见为由拒绝安排辩护律师会见。

辩护律师会见在押的犯罪嫌疑人、被告人时，看守所应当采取必要措施，保障会见顺利和安全进行。律师会见在押的犯罪嫌疑人、被告人的，看守所应当保障律师履行辩护职责需要的时间和次数，并与看守所工作安排和办案机关侦查工作相协调。辩护律师会见犯罪嫌疑人、被告人时不被监听，办案机关不得派员在场。在律师会见室不足的情况下，看守所经辩护律师书面同意，可以安排在讯问室会见，但应当关闭录音、监听设备。犯罪嫌疑人、被告人委托两名律师担任辩护人的，两名辩护律师可以共同会见，也可以单独会见。辩护律师可以带一名律师助理协助会见。助理人员随同辩护律师参加会见的，应当出示律师事务所证明和律师执业证书或申请律师执业人员实习证。办案机关应当核实律师助理的身份。

第八条 在押的犯罪嫌疑人、被告人提出解除委托关系的，办案机关应当要求其出具或签署书面文件，并在三日以内转交受委托的律师或者律师事务所。辩护律师可以要求会见在押的犯罪嫌疑人、被告人，当面向其确认解除委托关系，看守所应当安排会见；但犯罪嫌疑人、被告人书面拒绝会见的，看守所应当将有关书面材料转交辩护律师，不予安排会见。

在押的犯罪嫌疑人、被告人的监护人、近亲属解除代为委托辩护律师关系的，经犯罪嫌疑人、被告人同意的，看守所应当允许新代为委托的辩护律师会见，由犯罪嫌疑人、被告人确认新的委托关系；犯罪嫌疑人、被告人不同意解除原辩护律师的委托关系的，看守所应当终止新代为委托的辩护律师会见。

第九条 辩护律师在侦查期间要求会见危害国家安全犯罪、恐怖活动犯罪、特别重大贿赂犯罪案件在押的犯罪嫌疑人的，应当向侦查机关提出申请。

侦查机关应当依法及时审查辩护律师提出的会见申请，在三日以内将是否许可的决定书面答复辩护律师，并明确告知负责与辩护律师联系的部门及工作人员的联系方式。对许可会见的，应当向辩护律师出具许可决定文书；因有碍侦查或者可能泄露国家秘密而不许可会见的，应当向辩护律师说明理由。有碍侦查或者可能泄露国家秘密的情形消失后，应当许可会见，并及时通知看守所和辩护律师。对特别重大贿赂案件在侦查终结前，侦查机关应当许可辩护律师至少会见一次犯罪嫌疑人。

侦查机关不得随意解释和扩大前款所述三类案件的范围，限制律师会见。

第十条　自案件移送审查起诉之日起，辩护律师会见犯罪嫌疑人、被告人，可以向其核实有关证据。

第十一条　辩护律师会见在押的犯罪嫌疑人、被告人，可以根据需要制作会见笔录，并要求犯罪嫌疑人、被告人确认无误后在笔录上签名。

第十二条　辩护律师会见在押的犯罪嫌疑人、被告人需要翻译人员随同参加的，应当提前向办案机关提出申请，并提交翻译人员身份证明及其所在单位出具的证明。办案机关应当及时审查并在三日以内作出是否许可的决定。许可翻译人员参加会见的，应当向辩护律师出具许可决定文书，并通知看守所。不许可的，应当向辩护律师书面说明理由，并通知其更换。

翻译人员应当持办案机关许可决定文书和本人身份证明，随同辩护律师参加会见。

第十三条　看守所应当及时传递辩护律师同犯罪嫌疑人、被告人的往来信件。看守所可以对信件进行必要的检查，但不得截留、复制、删改信件，不得向办案机关提供信件内容，但信件内容涉及危害国家安全、公共安全、严重危害他人人身安全以及涉嫌串供、毁灭证据等情形的除外。

第十四条　辩护律师自人民检察院对案件审查起诉之日起，可以查阅、摘抄、复制本案的案卷材料，人民检察院检察委员会的讨论记录、人民法院合议庭、审判委员会的讨论记录以及其他依法不能公开的材料除外。人民检察院、人民法院应当为辩护律师查阅、摘抄、复制案卷材料提供便利，有条件的地方可以推行电子化阅卷，允许刻录、下载材料。侦查机关应当在案件移送审查起诉后三日以内，人民检察院应当在提起公诉后三日以内，将案件移送情况告知辩护律师。案件提起公诉后，人民检察院对案卷所附证据材料有调整或者补充的，应当及时告知辩护律师。辩护律师对调整或者补充的证据材料，有权查阅、摘抄、复制。辩护律师办理申诉、抗诉案件，在人民检察院、人民法院经审查决定立案后，可以持律师执业证书、律师事务所证明和委托书或者法律援助公函到案卷档案管理部门、持有案卷档案的办案部门查阅、摘抄、复制已经审理终结案件的案卷材料。

辩护律师提出阅卷要求的，人民检察院、人民法院应当当时安排辩护律师阅卷，无法当时安排的，应当向辩护律师说明并安排其在三个工作日以内阅卷，不得限制辩护律师阅卷的次数和时间。有条件的地方可以设立阅卷预约平台。

人民检察院、人民法院应当为辩护律师阅卷提供场所和便利，配备必要的设备。因复制材料发生费用的，只收取工本费用。律师办理法律援助案件复制材料发生的费用，应当予以免收或者减收。辩护律师可以采用复印、拍照、扫描、电子数据拷贝等方式复制案卷材料，可以根据需要带律师助理协助阅卷。办案机关应当核实律师助理的身份。

辩护律师查阅、摘抄、复制的案卷材料属于国家秘密的，应当经过人民检察院、人民法院同意并遵守国家保密规定。律师不得违反规定，披露、散布案件重要信息和案卷材料，或者将其用于本案辩护、代理以外的其他用途。

第十五条 辩护律师提交与案件有关材料的，办案机关应当在工作时间和办公场所予以接待，当面了解辩护律师提交材料的目的、材料的来源和主要内容等有关情况并记录在案，与相关材料一并附卷，并出具回执。辩护律师应当提交原件，提交原件确有困难的，经办案机关准许，也可以提交复印件，经与原件核对无误后由辩护律师签名确认。辩护律师通过服务平台网上提交相关材料的，办案机关应当在网上出具回执。辩护律师应当及时向办案机关提供原件核对，并签名确认。

第十六条 在刑事诉讼审查起诉、审理期间，辩护律师书面申请调取公安机关、人民检察院在侦查、审查起诉期间收集但未提交的证明犯罪嫌疑人、被告人无罪或者罪轻的证据材料的，人民检察院、人民法院应当依法及时审查。经审查，认为辩护律师申请调取的证据材料已收集并且与案件事实有联系的，应当及时调取。相关证据材料提交后，人民检察院、人民法院应当及时通知辩护律师查阅、摘抄、复制。经审查决定不予调取的，应当书面说明理由。

第十七条 辩护律师申请向被害人或者其近亲属、被害人提供的证人收集与本案有关的材料的，人民检察院、人民法院应当在七日以内作出是否许可的决定，并通知辩护律师。辩护律师书面提出有关申请时，办案机关不许可的，应当书面说明理由；辩护律师口头提出申请的，办案机关可以口头答复。

第十八条 辩护律师申请人民检察院、人民法院收集、调取证据的，人民检察院、人民法院应当在三日以内作出是否同意的决定，并通知辩护律师。辩护律师书面提出有关申请时，办案机关不同意的，应当书面说明理由；辩护律师口头提出申请的，办案机关可以口头答复。

第十九条　辩护律师申请向正在服刑的罪犯收集与案件有关的材料的，监狱和其他监管机关在查验律师执业证书、律师事务所证明和犯罪嫌疑人、被告人委托书或法律援助公函后，应当及时安排并提供合适的场所和便利。

正在服刑的罪犯属于辩护律师所承办案件的被害人或者其近亲属、被害人提供的证人的，应当经人民检察院或者人民法院许可。

第二十条　在民事诉讼、行政诉讼过程中，律师因客观原因无法自行收集证据的，可以依法向人民法院申请调取。经审查符合规定的，人民法院应当予以调取。

第二十一条　侦查机关在案件侦查终结前，人民检察院、人民法院在审查批准、决定逮捕期间，最高人民法院在复核死刑案件期间，辩护律师提出要求的，办案机关应当听取辩护律师的意见。人民检察院审查起诉、第二审人民法院决定不开庭审理的，应当充分听取辩护律师的意见。

辩护律师要求当面反映意见或者提交证据材料的，办案机关应当依法办理，并制作笔录附卷。辩护律师提出的书面意见和证据材料，应当附卷。

第二十二条　辩护律师书面申请变更或者解除强制措施的，办案机关应当在三日以内作出处理决定。辩护律师的申请符合法律规定的，办案机关应当及时变更或者解除强制措施；经审查认为不应当变更或者解除强制措施的，应当告知辩护律师，并书面说明理由。

第二十三条　辩护律师在侦查、审查起诉、审判期间发现案件有关证据存在刑事诉讼法第五十四条规定的情形的，可以向办案机关申请排除非法证据。

辩护律师在开庭以前申请排除非法证据，人民法院对证据收集合法性有疑问的，应当依照刑事诉讼法第一百八十二条第二款的规定召开庭前会议，就非法证据排除问题了解情况，听取意见。

辩护律师申请排除非法证据的，办案机关应当听取辩护律师的意见，按照法定程序审查核实相关证据，并依法决定是否予以排除。

第二十四条　辩护律师在开庭以前提出召开庭前会议、回避、补充鉴定或者重新鉴定以及证人、鉴定人出庭等申请的，人民法院应当及时审查作出处理决定，并告知辩护律师。

第二十五条　人民法院确定案件开庭日期时，应当为律师出庭预留必要的准备时间并书面通知律师。律师因开庭日期冲突等正当理由申请变更开庭日期的，人民法院应当在不影响案件审理期限的情况下，予以考虑并调整日期，决定调整日期的，应当及时通知律师。

律师可以根据需要，向人民法院申请带律师助理参加庭审。律师助理参加庭审仅能从事相关辅助工作，不得发表辩护、代理意见。

第二十六条 有条件的人民法院应当建立律师参与诉讼专门通道，律师进入人民法院参与诉讼确需安全检查的，应当与出庭履行职务的检察人员同等对待。有条件的人民法院应当设置专门的律师更衣室、休息室或者休息区域，并配备必要的桌椅、饮水及上网设施等，为律师参与诉讼提供便利。

第二十七条 法庭审理过程中，律师对审判人员、检察人员提出回避申请的，人民法院、人民检察院应当依法作出处理。

第二十八条 法庭审理过程中，经审判长准许，律师可以向当事人、证人、鉴定人和有专门知识的人发问。

第二十九条 法庭审理过程中，律师可以就证据的真实性、合法性、关联性，从证明目的、证明效果、证明标准、证明过程等方面，进行法庭质证和相关辩论。

第三十条 法庭审理过程中，律师可以就案件事实、证据和适用法律等问题，进行法庭辩论。

第三十一条 法庭审理过程中，法官应当注重诉讼权利平等和控辩平衡。对于律师发问、质证、辩论的内容、方式、时间等，法庭应当依法公正保障，以便律师充分发表意见，查清案件事实。

法庭审理过程中，法官可以对律师的发问、辩论进行引导，除发言过于重复、相关问题已在庭前会议达成一致、与案件无关或者侮辱、诽谤、威胁他人，故意扰乱法庭秩序的情况外，法官不得随意打断或者制止律师按程序进行的发言。

第三十二条 法庭审理过程中，律师可以提出证据材料，申请通知新的证人、有专门知识的人出庭，申请调取新的证据，申请重新鉴定或者勘验、检查。在民事诉讼中，申请有专门知识的人出庭，应当在举证期限届满前向人民法院申请，经法庭许可后才可以出庭。

第三十三条 法庭审理过程中，遇有被告人供述发生重大变化、拒绝辩护等重大情形，经审判长许可，辩护律师可以与被告人进行交流。

第三十四条 法庭审理过程中，有下列情形之一的，律师可以向法庭申请休庭：

（一）辩护律师因法定情形拒绝为被告人辩护的；

（二）被告人拒绝辩护律师为其辩护的；

（三）需要对新的证据作辩护准备的；

（四）其他严重影响庭审正常进行的情形。

第三十五条 辩护律师作无罪辩护的，可以当庭就量刑问题发表辩护意见，也可以庭后提交量刑辩护意见。

第三十六条 人民法院适用普通程序审理案件，应当在裁判文书中写明律师依法提出的辩护、代理意见，以及是否采纳的情况，并说明理由。

第三十七条 对于诉讼中的重大程序信息和送达当事人的诉讼文书，办案机关应当通知辩护、代理律师。

第三十八条 法庭审理过程中，律师就回避，案件管辖，非法证据排除，申请通知证人、鉴定人、有专门知识的人出庭，申请通知新的证人到庭，调取新的证据，申请重新鉴定、勘验等问题当庭提出申请，或者对法庭审理程序提出异议的，法庭原则上应当休庭进行审查，依照法定程序作出决定。其他律师有相同异议的，应一并提出，法庭一并休庭审查。法庭决定驳回申请或者异议的，律师可当庭提出复议。经复议后，律师应当尊重法庭的决定，服从法庭的安排。

律师不服法庭决定保留意见的内容应当详细记入法庭笔录，可以作为上诉理由，或者向同级或者上一级人民检察院申诉、控告。

第三十九条 律师申请查阅人民法院录制的庭审过程的录音、录像的，人民法院应当准许。

第四十条 侦查机关依法对在诉讼活动中涉嫌犯罪的律师采取强制措施后，应当在四十八小时以内通知其所在的律师事务所或者所属的律师协会。

第四十一条 律师认为办案机关及其工作人员明显违反法律规定，阻碍律师依法履行辩护、代理职责，侵犯律师执业权利的，可以向该办案机关或者其上一级机关投诉。

办案机关应当畅通律师反映问题和投诉的渠道，明确专门部门负责处理律师投诉，并公开联系方式。

办案机关应当对律师的投诉及时调查，律师要求当面反映情况的，应当当面听取律师的意见。经调查情况属实的，应当依法立即纠正，及时答复律师，做好说明解释工作，并将处理情况通报其所在地司法行政机关或者所属的律师协会。

第四十二条 在刑事诉讼中，律师认为办案机关及其工作人员的下列行为阻碍律师依法行使诉讼权利的，可以向同级或者上一级人民检察院申诉、控告：

（一）未依法向律师履行告知、转达、通知和送达义务的；

（二）办案机关认定律师不得担任辩护人、代理人的情形有误的；

（三）对律师依法提出的申请，不接收、不答复的；

（四）依法应当许可律师提出的申请未许可的；

（五）依法应当听取律师的意见未听取的；

（六）其他阻碍律师依法行使诉讼权利的行为。

律师依照前款规定提出申诉、控告的，人民检察院应当在受理后十日以内进行审查，并将处理情况书面答复律师。情况属实的，通知有关机关予以纠正。情况不属实的，做好说明解释工作。

人民检察院应当依法严格履行保障律师依法执业的法律监督职责，处理律师申诉控告。在办案过程中发现有阻碍律师依法行使诉讼权利行为的，应当依法、及时提出纠正意见。

第四十三条 办案机关或者其上一级机关、人民检察院对律师提出的投诉、申诉、控告，经调查核实后要求有关机关予以纠正，有关机关拒不纠正或者累纠累犯的，应当由相关机关的纪检监察部门依照有关规定调查处理，相关责任人构成违纪的，给予纪律处分。

第四十四条 律师认为办案机关及其工作人员阻碍其依法行使执业权利的，可以向其所执业律师事务所所在地的市级司法行政机关、所属的律师协会申请维护执业权利。情况紧急的，可以向事发地的司法行政机关、律师协会申请维护执业权利。事发地的司法行政机关、律师协会应当给予协助。

司法行政机关、律师协会应当建立维护律师执业权利快速处置机制和联动机制，及时安排专人负责协调处理。律师的维权申请合法有据的，司法行政机关、律师协会应当建议有关办案机关依法处理，有关办案机关应当将处理情况及时反馈司法行政机关、律师协会。

司法行政机关、律师协会持有关证明调查核实律师权益保障或者违纪有关情况的，办案机关应当予以配合、协助，提供相关材料。

第四十五条 人民法院、人民检察院、公安机关、国家安全机关、司法行政机关和律师协会应当建立联席会议制度，定期沟通保障律师执业权利工作情况，及时调查处理侵犯律师执业权利的突发事件。

第四十六条 依法规范法律服务秩序，严肃查处假冒律师执业和非法从事法律服务的行为。对未取得律师执业证书或者已经被注销、吊销执业证书的人员以律师名义提供法律服务或者从事相关活动的，或者利用相关法律关于公民代理的规定从事诉讼代理或者辩护业务非法牟利的，依法追究责任，造成严重后果的，依法追究刑事责任。

第四十七条 本规定所称“办案机关”，是指负责侦查、审查逮捕、审查起诉和审判工作的公安机关、国家安全机关、人民检察院和人民法院。

第四十八条 本规定所称“律师助理”，是指辩护、代理律师所在律师事务所的其他律师和申请律师执业实习人员。

第四十九条 本规定自发布之日起施行。

最高人民法院
关于当事人工作人员担任诉讼代理人资格认定问题的请示的复函

（2015年11月18日　〔2015〕民二他字第10号）

广东省高级人民法院：

你院《关于当事人工作人员担任诉讼代理人资格认定问题的请示》（粤高法〔2015〕235号）收悉。经研究，答复如下：

同意你院多数意见。当事人工作人员担任诉讼代理人的资格认定，应当严格按照《最高人民法院关于适用〈中华人民共和国民事诉讼法〉的解释》第八十六条、第八十八条的规定，当事人的工作人员担任诉讼代理人的，应当提交与当事人有合法劳动人事关系的证明材料。单一的《聘书》尚不足以说明委托人与受托人之间存在真实的劳动人事关系。

此复。

最高人民法院
印发《关于依法切实保障律师诉讼权利的规定》的通知

（2015年12月29日　法发〔2015〕16号）

各省、自治区、直辖市高级人民法院，解放军军事法院，新疆维吾尔自治区高级人民法院生产建设兵团分院：

现将《最高人民法院关于依法切实保障律师诉讼权利的规定》予以印发，请认真贯彻执行。

附：

最高人民法院
关于依法切实保障律师诉讼权利的规定

为深入贯彻落实全面推进依法治国战略，充分发挥律师维护当事人合法权益、促进司法公正的积极作用，切实保障律师诉讼权利，根据中华人民共和国刑事诉讼法、民事诉讼法、行政诉讼法、律师法和《最高人民法院、最高人民检察院、公安部、国家安全部、司法部关于依法保障律师执业权利的规定》，作出如下规定：

一、依法保障律师知情权。人民法院要不断完善审判流程公开、裁判文书公开、执行信息公开“三大平台”建设，方便律师及时获取诉讼信息。对诉讼程序、诉权保障、调解和解、裁判文书等重要事项及相关进展情况，应当依法及时告知律师。

二、依法保障律师阅卷权。对律师申请阅卷的，应当在合理时间内安排。案卷材料被其他诉讼主体查阅的，应当协调安排各方阅卷时间。律师依法查阅、摘抄、复制有关卷宗材料或者查看庭审录音录像的，应当提供场所和设施。有条件的法院，可提供网上卷宗查阅服务。

三、依法保障律师出庭权。确定开庭日期时，应当为律师预留必要的出庭准备时间。因特殊情况更改开庭日期的，应当提前三日告知律师。律师因正当理由请求变更开庭日期的，法官可在征询其他当事人意见后准许。律师带助理出庭的，应当准许。

四、依法保障律师辩论、辩护权。法官在庭审过程中应合理分配诉讼各方发问、质证、陈述和辩论、辩护的时间，充分听取律师意见。除律师发言过于重复、与案件无关或者相关问题已在庭前达成一致等情况外，不应打断律师发言。

五、依法保障律师申请排除非法证据的权利。律师申请排除非法证据并提供相关线索或者材料，法官经审查对证据收集合法性有疑问的，应当召开庭前会议或者进行法庭调查。经审查确认存在法律规定的以非法方法收集证据情形的，对有关证据应当予以排除。

六、依法保障律师申请调取证据的权利。律师因客观原因无法自行收集证据的，可以依法向人民法院书面申请调取证据。律师申请调取证据符合法定条件的，法官应当准许。

七、依法保障律师的人身安全。案件审理过程中出现当事人矛盾激化，可能危及律师人身安全情形的，应当及时采取必要措施。对在法庭上发生的殴打、威胁、侮辱、诽谤律师等行为，法官应当及时制止，依法处置。

八、依法保障律师代理申诉的权利。对律师代理当事人对案件提出申诉的，要依照法律规定的程序认真处理。认为原案件处理正确的，要支持律师向申诉人做好释法析理、息诉息访工作。

九、为律师依法履职提供便利。要进一步完善网上立案、缴费、查询、阅卷、申请保全、提交代理词、开庭排期、文书送达等功能。有条件的法院要为参加庭审的律师提供休息场所，配备桌椅、饮水及其他必要设施。

十、完善保障律师诉讼权利的救济机制。要指定专门机构负责处理律师投诉，公开联系方式，畅通投诉渠道。对投诉要及时调查，依法处理，并将结果及时告知律师。对司法行政机关、律师协会就维护律师执业权利提出的建议，要及时予以答复。

最高人民法院　最高人民检察院　公安部　国家安全部　司法部　中华全国律师协会
关于建立健全维护律师执业权利快速联动处置机制的通知

（2017年4月14日　司发通〔2017〕40号）

各省、自治区、直辖市高级人民法院、人民检察院、公安厅（局）、国家安全厅（局）、司法厅（局）、律师协会，新疆维吾尔自治区高级人民法院生产建设兵团分院、新疆生产建设兵团人民检察院、公安局、国家安全局、司法局、律师协会：

为贯彻落实中共中央办公厅、国务院办公厅《关于深化律师制度改革的意见》和最高人民法院、最高人民检察院、公安部、国家安全部、司法部《关于依法保障律师执业权利的规定》，及时有效维护律师执业权利，保障律师依法执业，现就建立健全维护律师执业权利快速联动处置机制通知如下：

一、总体要求

快速有效维护律师执业权利，对于充分发挥律师职能作用，促进司法活动顺利进行，保障司法精准性和公正性具有重要意义。各级人民法院、人民检察院、公安机关、国家安全机关、司法行政机关和各律师协会要认真贯彻落实中央有关保障律师执业权利工作部署，针对律师执业权利保障中存在的突出问题，建立健全维护律师执业权利快速联动处置机制，加强沟通协调，确保律师执业权利受到侵犯后第一时间受理、第一时间调查、第一时间处理、第一时间反馈，切实提高维护律师执业权利的及时性和有效性，保障律师依法执业。

二、明确维护律师执业权利范围和途径

律师在执业过程中遇有以下情形，认为其执业权利受到侵犯的，可以向相关律师协会申请维护执业权利：

（1）知情权、申请权、申诉权、控告权，以及会见、通信、阅卷、收集证据和发问、质证、辩论、提出法律意见等合法执业权利受到限制、阻碍、侵害、剥夺的；

（2）受到侮辱、诽谤、威胁、报复、人身伤害的；

（3）在法庭审理过程中，被违反规定打断或者制止按程序发言的；

（4）被违反规定强行带出法庭的；

（5）被非法关押、扣留、拘禁或者以其他方式限制人身自由的；

（6）其他妨碍其依法履行辩护、代理职责，侵犯其执业权利的。

律师认为办案机关及其工作人员明显违反法律规定，阻碍律师依法履行辩护、代理职责，侵犯律师执业权利的，可以向办案机关或者其上一级机关投诉，向同级或者上一级人民检察院申诉、控告，向注册地的市级司法行政机关、所属的律师协会申请维护执业权利。律师向其他司法行政机关、律师协会提出申请的，相关司法行政机关、律师协会应当予以接待，并于 24 小时以内将其申请移交其注册地的市级司法行政机关、所属的律师协会。情况紧急的，应当即时移交。律师事务所执业权利受到侵犯的，可以按上述途径维护执业权利。

全国律协和各地律师协会应当于 2017 年第一季度建立维护律师执业权利中心，设立维护律师执业权利专门平台，并在官方网站、办公场所公布电话、来信来访地址，开设网上受理窗口，安排专人负责接待律师申请维权。

三、完善维护律师执业权利快速受理机制

所属的律师协会接到律师维护执业权利的申请或者司法行政机关、其他律师协会转来的申请后，应当立即进行审查。对符合相关规定，属于受理范围的，应当及时受理。对不属于受理范围的，应当向律师做好说明解释工作。

除在网上受理窗口申请外，律师向律师协会申请维护执业权利，应当提

交书面申请书，并提供相关证据材料。情况紧急的，可以采用电话、电子邮件等方式提出申请。紧急情形消除后，应当补充提交申请书、相关证据材料等书面材料。律师协会受理律师维权申请，应当予以登记，详细记录律师信息、具体请求及请求所依据的事实、理由等。

各级人民法院监察部门、人民检察院控告检察部门、公安机关法制部门、国家安全机关法制部门负责受理律师投诉。各级人民检察院控告检察部门负责受理律师申诉或者控告。人民法院、人民检察院、公安机关、国家安全机关应当在官方网站、办公场所公开受理机构名称、电话、来信来访地址，安排专人负责维护律师执业权利受理工作。对于律师的投诉、申诉或者控告，有关单位应当及时受理并做好登记。

四、完善维护律师执业权利联动处理机制

所属的律师协会受理律师维护执业权利申请后，应当区别不同情况，及时作出处理：

（1）属于本律师协会处理范围的，应当于两个工作日以内将律师申请材料转交相关办案机关处理。情况紧急的，应当于 24 小时以内向有关办案机关反映。情况特别紧急，需要立即采取处理措施的，律师协会应当即时反映；

（2）对于律师异地执业时提出的维权申请，所属的律师协会应当根据不同情况，及时向行为发生地律师协会通报，请求予以协助。相关律师协会应当给予协助，并按照工作程序和时限要求通报相关办案机关予以处理；

（3）对于需要省级以上办案机关依法处理的维权申请，所属的律师协会应当提请省级以上律师协会予以协调处理。

办案机关应当在受理律师投诉或者接到有关律师协会反映的情况、移交的申请材料后立即开展调查，一般应于十日以内作出处理。情况属实的，应当依法立即纠正。人民检察院在受理律师申诉、控告后，应当立即进行审查，一般应于十日以内作出处理。情况属实的，应当通知有关机关立即予以纠正。

律师因依法执业受到人身伤害的，有关机关接到投诉或者发现后应当立即制止并依法处理，必要时对律师采取保护措施。

调查处理过程中，办案机关、司法行政机关和律师协会要加强沟通联动，及时协商解决有关问题。发现侵犯律师执业权利行为与律师违法违规执业相互交织的或者情况复杂、存在争议的，办案机关、司法行政机关和律师协会等可以组成联合调查组，及时准确查明事实。

律师协会在处理律师维护执业权利过程中遇到困难和问题，难以协调解决的，可以提请司法行政机关予以协调。遇到重大复杂问题或者侵犯律师执业权利的重大突发事件，司法行政机关应当依托律师工作联席会议制度，协调有关办案机关及时予以解决，必要时召开临时会议研究处理。

律师协会在维护律师执业权利过程中，可以与办案机关、司法行政机关沟通后，根据调查处理的实际情况，适时发声，表达关注，公布阶段性调查结果或者工作进展情况。对律师的投诉、申诉或者控告作出调查处理并与办案机关、司法行政机关沟通后，必要时应当及时向社会披露调查处理结果。

五、及时反馈调查处理结果

律师向律师协会申请维护执业权利的，律师协会应当及时将工作进展情况反馈申请人。办案机关根据有关调查情况作出处理决定后，应当于两个工作日以内将处理决定以书面形式告知律师协会，律师协会应当及时反馈申请人。

律师直接向有关办案机关或者其上一级机关进行投诉、向人民检察院进行申诉或者控告的，办案机关或者人民检察院应当在作出处理决定后两个工作日以内将处理决定书面答复律师本人，并通报其注册地的司法行政机关或者所属的律师协会。

六、加强工作指导监督

各级人民法院、人民检察院、公安机关、国家安全机关、司法行政机关和各律师协会要高度重视维护律师执业权利快速联动处置工作，切实加强沟通协调，落实工作责任，形成工作合力。要建立联席会议制度，定期共同研究律师维护执业权利快速联动处置工作有关问题。要建立完善侵犯律师执业权利行为记录、通报和责任追究制度，对严重侵犯律师执业权利的行为予以严肃处理。办案机关或者其上一级机关、人民检察院对律师提出的投诉、申诉、控告，经调查核实后要求有关机关予以纠正，有关机关拒不纠正或者累纠累犯的，应当由相关机关的纪检监察部门依照有关规定调查处理，相关责任人构成违纪的，给予纪律处分。要及时汇总本地区维护律师执业权利快速联动处置工作情况及典型案例，定期在联席会议上予以通报，并做好宣传工作，推动形成全社会尊重和保障律师的良好氛围。

第六章　证　据

全国人民代表大会常务委员会
关于司法鉴定管理问题的决定

（2005 年 2 月 28 日第十届全国人民代表大会常务委员会第十四次会议通过
根据 2015 年 4 月 24 日第十二届全国人民代表大会常务委员会
第十四次会议《关于修改〈中华人民共和国义务教育法〉
等五部法律的决定》修正）

为了加强对鉴定人和鉴定机构的管理，适应司法机关和公民、组织进行诉讼的需要，保障诉讼活动的顺利进行，特作如下决定：

一、司法鉴定是指在诉讼活动中鉴定人运用科学技术或者专门知识对诉讼涉及的专门性问题进行鉴别和判断并提供鉴定意见的活动。

二、国家对从事下列司法鉴定业务的鉴定人和鉴定机构实行登记管理制度：

（一）法医类鉴定；

（二）物证类鉴定；

（三）声像资料鉴定；

（四）根据诉讼需要由国务院司法行政部门商最高人民法院、最高人民检察院确定的其他应当对鉴定人和鉴定机构实行登记管理的鉴定事项。

法律对前款规定事项的鉴定人和鉴定机构的管理另有规定的，从其规定。

三、国务院司法行政部门主管全国鉴定人和鉴定机构的登记管理工作。省级人民政府司法行政部门依照本决定的规定，负责对鉴定人和鉴定机构的登记、名册编制和公告。

四、具备下列条件之一的人员，可以申请登记从事司法鉴定业务：

（一）具有与所申请从事的司法鉴定业务相关的高级专业技术职称；

（二）具有与所申请从事的司法鉴定业务相关的专业执业资格或者高等院校相关专业本科以上学历，从事相关工作五年以上；

（三）具有与所申请从事的司法鉴定业务相关工作十年以上经历，具有较强的专业技能。

因故意犯罪或者职务过失犯罪受过刑事处罚的，受过开除公职处分的，以及被撤销鉴定人登记的人员，不得从事司法鉴定业务。

五、法人或者其他组织申请从事司法鉴定业务的，应当具备下列条件：

（一）有明确的业务范围；

（二）有在业务范围内进行司法鉴定所必需的仪器、设备；

（三）有在业务范围内进行司法鉴定所必需的依法通过计量认证或者实验室认可的检测实验室；

（四）每项司法鉴定业务有三名以上鉴定人。

六、申请从事司法鉴定业务的个人、法人或者其他组织，由省级人民政府司法行政部门审核，对符合条件的予以登记，编入鉴定人和鉴定机构名册并公告。

省级人民政府司法行政部门应当根据鉴定人或者鉴定机构的增加和撤销登记情况，定期更新所编制的鉴定人和鉴定机构名册并公告。

七、侦查机关根据侦查工作的需要设立的鉴定机构，不得面向社会接受委托从事司法鉴定业务。

人民法院和司法行政部门不得设立鉴定机构。

八、各鉴定机构之间没有隶属关系；鉴定机构接受委托从事司法鉴定业务，不受地域范围的限制。

鉴定人应当在一个鉴定机构中从事司法鉴定业务。

九、在诉讼中，对本决定第二条所规定的鉴定事项发生争议，需要鉴定的，应当委托列入鉴定人名册的鉴定人进行鉴定。鉴定人从事司法鉴定业务，由所在的鉴定机构统一接受委托。

鉴定人和鉴定机构应当在鉴定人和鉴定机构名册注明的业务范围内从事司法鉴定业务。

鉴定人应当依照诉讼法律规定实行回避。

十、司法鉴定实行鉴定人负责制度。鉴定人应当独立进行鉴定，对鉴定意见负责并在鉴定书上签名或者盖章。多人参加的鉴定，对鉴定意见有不同意见的，应当注明。

十一、在诉讼中，当事人对鉴定意见有异议的，经人民法院依法通知，鉴定人应当出庭作证。

十二、鉴定人和鉴定机构从事司法鉴定业务，应当遵守法律、法规，遵守职业道德和职业纪律，尊重科学，遵守技术操作规范。

十三、鉴定人或者鉴定机构有违反本决定规定行为的，由省级人民政府司法行政部门予以警告，责令改正。

鉴定人或者鉴定机构有下列情形之一的，由省级人民政府司法行政部门给予停止从事司法鉴定业务三个月以上一年以下的处罚；情节严重的，撤销登记：

（一）因严重不负责任给当事人合法权益造成重大损失的；

（二）提供虚假证明文件或者采取其他欺诈手段，骗取登记的；

（三）经人民法院依法通知，拒绝出庭作证的；

（四）法律、行政法规规定的其他情形。

鉴定人故意作虚假鉴定，构成犯罪的，依法追究刑事责任；尚不构成犯罪的，依照前款规定处罚。

十四、司法行政部门在鉴定人和鉴定机构的登记管理工作中，应当严格依法办事，积极推进司法鉴定的规范化、法制化。对于滥用职权、玩忽职守，造成严重后果的直接责任人员，应当追究相应的法律责任。

十五、司法鉴定的收费标准由省、自治区、直辖市人民政府价格主管部门会同同级司法行政部门制定。

十六、对鉴定人和鉴定机构进行登记、名册编制和公告的具体办法，由国务院司法行政部门制定，报国务院批准。

十七、本决定下列用语的含义是：

（一）法医类鉴定，包括法医病理鉴定、法医临床鉴定、法医精神病鉴定、法医物证鉴定和法医毒物鉴定。

（二）物证类鉴定，包括文书鉴定、痕迹鉴定和微量鉴定。

（三）声像资料鉴定，包括对录音带、录像带、磁盘、光盘、图片等载体上记录的声音、图像信息的真实性、完整性及其所反映的情况过程进行的鉴定和对记录的声音、图像中的语言、人体、物体作出种类或者同一认定。

十八、本决定自 2005 年 10 月 1 日起施行。

最高人民法院
关于民事诉讼证据的若干规定

法释〔2001〕33号

（2001年12月6日最高人民法院审判委员会第1201次会议通过
2001年12月21日以法释〔2001〕33号公布　自2002年4月1日起施行
根据2008年12月16日发布的《最高人民法院关于调整司法解释等
文件中引用〈中华人民共和国民事诉讼法〉条文序号的决定》调整）

为保证人民法院正确认定案件事实，公正、及时审理民事案件，保障和便利当事人依法行使诉讼权利，根据《中华人民共和国民事诉讼法》（以下简称《民事诉讼法》）等有关法律的规定，结合民事审判经验和实际情况，制定本规定。

一、当事人举证

第一条　原告向人民法院起诉或者被告提出反诉，应当附有符合起诉条件的相应的证据材料。

第二条　当事人对自己提出的诉讼请求所依据的事实或者反驳对方诉讼请求所依据的事实有责任提供证据加以证明。

没有证据或者证据不足以证明当事人的事实主张的，由负有举证责任的当事人承担不利后果。

第三条　人民法院应当向当事人说明举证的要求及法律后果，促使当事人在合理期限内积极、全面、正确、诚实地完成举证。

当事人因客观原因不能自行收集的证据，可申请人民法院调查收集。

第四条　下列侵权诉讼，按照以下规定承担举证责任：

（一）因新产品制造方法发明专利引起的专利侵权诉讼，由制造同样产品的单位或者个人对其产品制造方法不同于专利方法承担举证责任；

（二）高度危险作业致人损害的侵权诉讼，由加害人就受害人故意造成损害的事实承担举证责任；

（三）因环境污染引起的损害赔偿诉讼，由加害人就法律规定的免责事由及其行为与损害结果之间不存在因果关系承担举证责任；

（四）建筑物或者其他设施以及建筑物上的搁置物、悬挂物发生倒塌、脱落、坠落致人损害的侵权诉讼，由所有人或者管理人对其无过错承担举证责任；

（五）饲养动物致人损害的侵权诉讼，由动物饲养人或者管理人就受害人有过错或者第三人有过错承担举证责任；

（六）因缺陷产品致人损害的侵权诉讼，由产品的生产者就法律规定的免责事由承担举证责任；

（七）因共同危险行为致人损害的侵权诉讼，由实施危险行为的人就其行为与损害结果之间不存在因果关系承担举证责任；

（八）因医疗行为引起的侵权诉讼，由医疗机构就医疗行为与损害结果之间不存在因果关系及不存在医疗过错承担举证责任。

有关法律对侵权诉讼的举证责任有特殊规定的，从其规定。

第五条　在合同纠纷案件中，主张合同关系成立并生效的一方当事人对合同订立和生效的事实承担举证责任；主张合同关系变更、解除、终止、撤销的一方当事人对引起合同关系变动的事实承担举证责任。

对合同是否履行发生争议的，由负有履行义务的当事人承担举证责任。

对代理权发生争议的，由主张有代理权一方当事人承担举证责任。

第六条　在劳动争议纠纷案件中，因用人单位作出开除、除名、辞退、解除劳动合同、减少劳动报酬、计算劳动者工作年限等决定而发生劳动争议的，由用人单位负举证责任。

第七条　在法律没有具体规定，依本规定及其他司法解释无法确定举证责任承担时，人民法院可以根据公平原则和诚实信用原则，综合当事人举证能力等因素确定举证责任的承担。

第八条　诉讼过程中，一方当事人对另一方当事人陈述的案件事实明确表示承认的，另一方当事人无需举证。但涉及身分关系的案件除外。

对一方当事人陈述的事实，另一方当事人既未表示承认也未否认，经审判人员充分说明并询问后，其仍不明确表示肯定或者否定的，视为对该项事实的承认。

当事人委托代理人参加诉讼的，代理人的承认视为当事人的承认。但未经特别授权的代理人对事实的承认直接导致承认对方诉讼请求的除外；当事人在场但对其代理人的承认不作否认表示的，视为当事人的承认。

当事人在法庭辩论终结前撤回承认并经对方当事人同意，或者有充分证据证明其承认行为是在受胁迫或者重大误解情况下作出且与事实不符的，不能免除对方当事人的举证责任。

第九条　下列事实，当事人无需举证证明：

（一）众所周知的事实；

（二）自然规律及定理；

（三）根据法律规定或者已知事实和日常生活经验法则，能推定出的另一事实；

（四）已为人民法院发生法律效力的裁判所确认的事实；

（五）已为仲裁机构的生效裁决所确认的事实；

（六）已为有效公证文书所证明的事实。

前款（一）、（三）、（四）、（五）、（六）项，当事人有相反证据足以推翻的除外。

第十条 当事人向人民法院提供证据，应当提供原件或者原物。如需自己保存证据原件、原物或者提供原件、原物确有困难的，可以提供经人民法院核对无异的复制件或者复制品。

第十一条 当事人向人民法院提供的证据系在中华人民共和国领域外形成的，该证据应当经所在国公证机关予以证明，并经中华人民共和国驻该国使领馆予以认证，或者履行中华人民共和国与该所在国订立的有关条约中规定的证明手续。

当事人向人民法院提供的证据是在香港、澳门、台湾地区形成的，应当履行相关的证明手续。

第十二条 当事人向人民法院提供外文书证或者外文说明资料，应当附有中文译本。

第十三条 对双方当事人无争议但涉及国家利益、社会公共利益或者他人合法权益的事实，人民法院可以责令当事人提供有关证据。

第十四条 当事人应当对其提交的证据材料逐一分类编号，对证据材料的来源、证明对象和内容作简要说明，签名盖章，注明提交日期，并依照对方当事人人数提出副本。

人民法院收到当事人提交的证据材料，应当出具收据，注明证据的名称、份数和页数以及收到的时间，由经办人员签名或者盖章。

二、人民法院调查收集证据

第十五条 《民事诉讼法》第六十四条规定的“人民法院认为审理案件需要的证据”，是指以下情形：

（一）涉及可能有损国家利益、社会公共利益或者他人合法权益的事实；

（二）涉及依职权追加当事人、中止诉讼、终结诉讼、回避等与实体争议无关的程序事项。

第十六条 除本规定第十五条规定的情形外，人民法院调查收集证据，应当依当事人的申请进行。

第十七条 符合下列条件之一的，当事人及其诉讼代理人可以申请人民法院调查收集证据：

（一）申请调查收集的证据属于国家有关部门保存并须人民法院依职权调取的档案材料；

（二）涉及国家秘密、商业秘密、个人隐私的材料；

（三）当事人及其诉讼代理人确因客观原因不能自行收集的其他材料。

第十八条　当事人及其诉讼代理人申请人民法院调查收集证据，应当提交书面申请。申请书应当载明被调查人的姓名或者单位名称、住所地等基本情况、所要调查收集的证据的内容、需要由人民法院调查收集证据的原因及其要证明的事实。

第十九条　当事人及其诉讼代理人申请人民法院调查收集证据，不得迟于举证期限届满前七日。

人民法院对当事人及其诉讼代理人的申请不予准许的，应当向当事人或其诉讼代理人送达通知书。当事人及其诉讼代理人可以在收到通知书的次日起三日内向受理申请的人民法院书面申请复议一次。人民法院应当在收到复议申请之日起五日内作出答复。

第二十条　调查人员调查收集的书证，可以是原件，也可以是经核对无误的副本或者复制件。是副本或者复制件的，应当在调查笔录中说明来源和取证情况。

第二十一条　调查人员调查收集的物证应当是原物。被调查人提供原物确有困难的，可以提供复制品或者照片。提供复制品或者照片的，应当在调查笔录中说明取证情况。

第二十二条　调查人员调查收集计算机数据或者录音、录像等视听资料的，应当要求被调查人提供有关资料的原始载体。提供原始载体确有困难的，可以提供复制件。提供复制件的，调查人员应当在调查笔录中说明其来源和制作经过。

第二十三条　当事人依据《民事诉讼法》第七十四条的规定向人民法院申请保全证据，不得迟于举证期限届满前七日。

当事人申请保全证据的，人民法院可以要求其提供相应的担保。

法律、司法解释规定诉前保全证据的，依照其规定办理。

第二十四条　人民法院进行证据保全，可以根据具体情况，采取查封、扣押、拍照、录音、录像、复制、鉴定、勘验、制作笔录等方法。

人民法院进行证据保全，可以要求当事人或者诉讼代理人到场。

第二十五条　当事人申请鉴定，应当在举证期限内提出。符合本规定第二十七条规定的情形，当事人申请重新鉴定的除外。

对需要鉴定的事项负有举证责任的当事人，在人民法院指定的期限内无正当理由不提出鉴定申请或者不预交鉴定费用或者拒不提供相关材料，致使对案件争议的事实无法通过鉴定结论予以认定的，应当对该事实承担举证不能的法律后果。

第二十六条 当事人申请鉴定经人民法院同意后，由双方当事人协商确定有鉴定资格的鉴定机构、鉴定人员，协商不成的，由人民法院指定。

第二十七条 当事人对人民法院委托的鉴定部门作出的鉴定结论有异议申请重新鉴定，提出证据证明存在下列情形之一的，人民法院应予准许：

（一）鉴定机构或者鉴定人员不具备相关的鉴定资格的；

（二）鉴定程序严重违法的；

（三）鉴定结论明显依据不足的；

（四）经过质证认定不能作为证据使用的其他情形。

对有缺陷的鉴定结论，可以通过补充鉴定、重新质证或者补充质证等方法解决的，不予重新鉴定。

第二十八条 一方当事人自行委托有关部门作出的鉴定结论，另一方当事人有证据足以反驳并申请重新鉴定的，人民法院应予准许。

第二十九条 审判人员对鉴定人出具的鉴定书，应当审查是否具有下列内容：

（一）委托人姓名或者名称、委托鉴定的内容；

（二）委托鉴定的材料；

（三）鉴定的依据及使用的科学技术手段；

（四）对鉴定过程的说明；

（五）明确的鉴定结论；

（六）对鉴定人鉴定资格的说明；

（七）鉴定人员及鉴定机构签名盖章。

第三十条 人民法院勘验物证或者现场，应当制作笔录，记录勘验的时间、地点、勘验人、在场人、勘验的经过、结果，由勘验人、在场人签名或者盖章。对于绘制的现场图应当注明绘制的时间、方位、测绘人姓名、身份等内容。

第三十一条 摘录有关单位制作的与案件事实相关的文件、材料，应当注明出处，并加盖制作单位或者保管单位的印章，摘录人和其他调查人员应当在摘录件上签名或者盖章。

摘录文件、材料应当保持内容相应的完整性，不得断章取义。

三、举证时限与证据交换

第三十二条 被告应当在答辩期届满前提出书面答辩，阐明其对原告诉讼请求及所依据的事实和理由的意见。

第三十三条 人民法院应当在送达案件受理通知书和应诉通知书的同时

向当事人送达举证通知书。举证通知书应当载明举证责任的分配原则与要求、可以向人民法院申请调查取证的情形、人民法院根据案件情况指定的举证期限以及逾期提供证据的法律后果。

举证期限可以由当事人协商一致，并经人民法院认可。

由人民法院指定举证期限的，指定的期限不得少于三十日，自当事人收到案件受理通知书和应诉通知书的次日起计算。

第三十四条　当事人应当在举证期限内向人民法院提交证据材料，当事人在举证期限内不提交的，视为放弃举证权利。

对于当事人逾期提交的证据材料，人民法院审理时不组织质证。但对方当事人同意质证的除外。

当事人增加、变更诉讼请求或者提起反诉的，应当在举证期限届满前提出。

第三十五条　诉讼过程中，当事人主张的法律关系的性质或者民事行为的效力与人民法院根据案件事实作出的认定不一致的，不受本规定第三十四条规定的限制，人民法院应当告知当事人可以变更诉讼请求。

当事人变更诉讼请求的，人民法院应当重新指定举证期限。

第三十六条　当事人在举证期限内提交证据材料确有困难的，应当在举证期限内向人民法院申请延期举证，经人民法院准许，可以适当延长举证期限。当事人在延长的举证期限内提交证据材料仍有困难的，可以再次提出延期申请，是否准许由人民法院决定。

第三十七条　经当事人申请，人民法院可以组织当事人在开庭审理前交换证据。

人民法院对于证据较多或者复杂疑难的案件，应当组织当事人在答辩期届满后、开庭审理前交换证据。

第三十八条　交换证据的时间可以由当事人协商一致并经人民法院认可，也可以由人民法院指定。

人民法院组织当事人交换证据的，交换证据之日举证期限届满。当事人申请延期举证经人民法院准许的，证据交换日相应顺延。

第三十九条　证据交换应当在审判人员的主持下进行。

在证据交换的过程中，审判人员对当事人无异议的事实、证据应当记录在卷；对有异议的证据，按照需要证明的事实分类记录在卷，并记载异议的理由。通过证据交换，确定双方当事人争议的主要问题。

第四十条　当事人收到对方交换的证据后提出反驳并提出新证据的，人民法院应当通知当事人在指定的时间进行交换。

证据交换一般不超过两次。但重大、疑难和案情特别复杂的案件，人民法院认为确有必要再次进行证据交换的除外。

第四十一条 《民事诉讼法》第一百二十五条第一款规定的“新的证据”，是指以下情形：

（一）一审程序中的新的证据包括：当事人在一审举证期限届满后新发现的证据；当事人确因客观原因无法在举证期限内提供，经人民法院准许，在延长的期限内仍无法提供的证据；

（二）二审程序中的新的证据包括：一审庭审结束后新发现的证据；当事人在一审举证期限届满前申请人民法院调查取证未获准许，二审法院经审查认为应当准许并依当事人申请调取的证据。

第四十二条 当事人在一审程序中提供新的证据的，应当在一审开庭前或者开庭审理时提出。

当事人在二审程序中提供新的证据的，应当在二审开庭前或者开庭审理时提出；二审不需要开庭审理的，应当在人民法院指定的期限内提出。

第四十三条 当事人举证期限届满后提供的证据不是新的证据的，人民法院不予采纳。

当事人经人民法院准许延期举证，但因客观原因未能在准许的期限内提供，且不审理该证据可能导致裁判明显不公的，其提供的证据可视为新的证据。

第四十四条 《民事诉讼法》第一百七十九条第一款第（一）项规定的“新的证据”，是指原审庭审结束后新发现的证据。

当事人在再审程序中提供新的证据的，应当在申请再审时提出。

第四十五条 一方当事人提出新的证据的，人民法院应当通知对方当事人在合理期限内提出意见或者举证。

第四十六条 由于当事人的原因未能在指定期限内举证，致使案件在二审或者再审期间因提出新的证据被人民法院发回重审或者改判的，原审裁判不属于错误裁判案件。一方当事人请求提出新的证据的另一方当事人负担由此增加的差旅、误工、证人出庭作证、诉讼等合理费用以及由此扩大的直接损失，人民法院应予支持。

四、质证

第四十七条 证据应当在法庭上出示，由当事人质证。未经质证的证据，不能作为认定案件事实的依据。

当事人在证据交换过程中认可并记录在卷的证据，经审判人员在庭审中说明后，可以作为认定案件事实的依据。

第四十八条 涉及国家秘密、商业秘密和个人隐私或者法律规定的其他应当保密的证据，不得在开庭时公开质证。

第四十九条　对书证、物证、视听资料进行质证时，当事人有权要求出示证据的原件或者原物。但有下列情况之一的除外：

（一）出示原件或者原物确有困难并经人民法院准许出示复制件或者复制品的；

（二）原件或者原物已不存在，但有证据证明复制件、复制品与原件或原物一致的。

第五十条　质证时，当事人应当围绕证据的真实性、关联性、合法性，针对证据证明力有无以及证明力大小，进行质疑、说明与辩驳。

第五十一条　质证按下列顺序进行：

（一）原告出示证据，被告、第三人与原告进行质证；

（二）被告出示证据，原告、第三人与被告进行质证；

（三）第三人出示证据，原告、被告与第三人进行质证。

人民法院依照当事人申请调查收集的证据，作为提出申请的一方当事人提供的证据。

人民法院依照职权调查收集的证据应当在庭审时出示，听取当事人意见，并可就调查收集该证据的情况予以说明。

第五十二条　案件有两个以上独立的诉讼请求的，当事人可以逐个出示证据进行质证。

第五十三条　不能正确表达意志的人，不能作为证人。

待证事实与其年龄、智力状况或者精神健康状况相适应的无民事行为能力人和限制民事行为能力人，可以作为证人。

第五十四条　当事人申请证人出庭作证，应当在举证期限届满十日前提出，并经人民法院许可。

人民法院对当事人的申请予以准许的，应当在开庭审理前通知证人出庭作证，并告知其应当如实作证及作伪证的法律后果。

证人因出庭作证而支出的合理费用，由提供证人的一方当事人先行支付，由败诉一方当事人承担。

第五十五条　证人应当出庭作证，接受当事人的质询。

证人在人民法院组织双方当事人交换证据时出席陈述证言的，可视为出庭作证。

第五十六条　《民事诉讼法》第七十条规定的“证人确有困难不能出庭”，是指有下列情形：

（一）年迈体弱或者行动不便无法出庭的；

（二）特殊岗位确实无法离开的；

（三）路途特别遥远，交通不便难以出庭的；

（四）因自然灾害等不可抗力的原因无法出庭的；

（五）其他无法出庭的特殊情况。

前款情形，经人民法院许可，证人可以提交书面证言或者视听资料或者通过双向视听传输技术手段作证。

第五十七条 出庭作证的证人应当客观陈述其亲身感知的事实。证人为聋哑人的，可以其他表达方式作证。

证人作证时，不得使用猜测、推断或者评论性的语言。

第五十八条 审判人员和当事人可以对证人进行询问。证人不得旁听法庭审理；询问证人时，其他证人不得在场。人民法院认为有必要的，可以让证人进行对质。

第五十九条 鉴定人应当出庭接受当事人质询。

鉴定人确因特殊原因无法出庭的，经人民法院准许，可以书面答复当事人的质询。

第六十条 经法庭许可，当事人可以向证人、鉴定人、勘验人发问。

询问证人、鉴定人、勘验人不得使用威胁、侮辱及不适当引导证人的言语和方式。

第六十一条 当事人可以向人民法院申请由一至二名具有专门知识的人员出庭就案件的专门性问题进行说明。人民法院准许其申请的，有关费用由提出申请的当事人负担。

审判人员和当事人可以对出庭的具有专门知识的人员进行询问。

经人民法院准许，可以由当事人各自申请的具有专门知识的人员就有案件中的问题进行对质。

具有专门知识的人员可以对鉴定人进行询问。

第六十二条 法庭应当将当事人的质证情况记入笔录，并由当事人核对后签名或者盖章。

五、证据的审核认定

第六十三条 人民法院应当以证据能够证明的案件事实为依据依法作出裁判。

第六十四条 审判人员应当依照法定程序，全面、客观地审核证据，依据法律的规定，遵循法官职业道德，运用逻辑推理和日常生活经验，对证据有无证明力和证明力大小独立进行判断，并公开判断的理由和结果。

第六十五条 审判人员对单一证据可以从下列方面进行审核认定：

（一）证据是否原件、原物，复印件、复制品与原件、原物是否相符；

（二）证据与本案事实是否相关；

（三）证据的形式、来源是否符合法律规定；

（四）证据的内容是否真实；

（五）证人或者提供证据的人，与当事人有无利害关系。

第六十六条　审判人员对案件的全部证据，应当从各证据与案件事实的关联程度、各证据之间的联系等方面进行综合审查判断。

第六十七条　在诉讼中，当事人为达成调解协议或者和解的目的作出妥协所涉及的对案件事实的认可，不得在其后的诉讼中作为对其不利的证据。

第六十八条　以侵害他人合法权益或者违反法律禁止性规定的方法取得的证据，不能作为认定案件事实的依据。

第六十九条　下列证据不能单独作为认定案件事实的依据：

（一）未成年人所作的与其年龄和智力状况不相当的证言；

（二）与一方当事人或者其代理人有利害关系的证人出具的证言；

（三）存有疑点的视听资料；

（四）无法与原件、原物核对的复印件、复制品；

（五）无正当理由未出庭作证的证人证言。

第七十条　一方当事人提出的下列证据，对方当事人提出异议但没有足以反驳的相反证据的，人民法院应当确认其证明力：

（一）书证原件或者与书证原件核对无误的复印件、照片、副本、节录本；

（二）物证原物或者与物证原物核对无误的复制件、照片、录像资料等；

（三）有其他证据佐证并以合法手段取得的、无疑点的视听资料或者与视听资料核对无误的复制件；

（四）一方当事人申请人民法院依照法定程序制作的对物证或者现场的勘验笔录。

第七十一条　人民法院委托鉴定部门作出的鉴定结论，当事人没有足以反驳的相反证据和理由的，可以认定其证明力。

第七十二条　一方当事人提出的证据，另一方当事人认可或者提出的相反证据不足以反驳的，人民法院可以确认其证明力。

一方当事人提出的证据，另一方当事人有异议并提出反驳证据，对方当事人对反驳证据认可的，可以确认反驳证据的证明力。

第七十三条　双方当事人对同一事实分别举出相反的证据，但都没有足够的依据否定对方证据的，人民法院应当结合案件情况，判断一方提供证据的证明力是否明显大于另一方提供证据的证明力，并对证明力较大的证据予以确认。

因证据的证明力无法判断导致争议事实难以认定的，人民法院应当依据举证责任分配的规则作出裁判。

第七十四条 诉讼过程中，当事人在起诉状、答辩状、陈述及其委托代理人的代理词中承认的对己方不利的事实和认可的证据，人民法院应当予以确认，但当事人反悔并有相反证据足以推翻的除外。

第七十五条 有证据证明一方当事人持有证据无正当理由拒不提供，如果对方当事人主张该证据的内容不利于证据持有人，可以推定该主张成立。

第七十六条 当事人对自己的主张，只有本人陈述而不能提出其他相关证据的，其主张不予支持。但对方当事人认可的除外。

第七十七条 人民法院就数个证据对同一事实的证明力，可以依照下列原则认定：

（一）国家机关、社会团体依职权制作的公文书证的证明力一般大于其他书证；

（二）物证、档案、鉴定结论、勘验笔录或者经过公证、登记的书证，其证明力一般大于其他书证、视听资料和证人证言；

（三）原始证据的证明力一般大于传来证据；

（四）直接证据的证明力一般大于间接证据；

（五）证人提供的对与其有亲属或者其他密切关系的当事人有利的证言，其证明力一般小于其他证人证言。

第七十八条 人民法院认定证人证言，可以通过对证人的智力状况、品德、知识、经验、法律意识和专业技能等的综合分析作出判断。

第七十九条 人民法院应当在裁判文书中阐明证据是否采纳的理由。

对当事人无争议的证据，是否采纳的理由可以不在裁判文书中表述。

六、其他

第八十条 对证人、鉴定人、勘验人的合法权益依法予以保护。

当事人或者其他诉讼参与人伪造、毁灭证据，提供假证据，阻止证人作证，指使、贿买、胁迫他人作伪证，或者对证人、鉴定人、勘验人打击报复的，依照《民事诉讼法》第一百零二条的规定处理。

第八十一条 人民法院适用简易程序审理案件，不受本解释中第三十二条、第三十三条第三款和第七十九条规定的限制。

第八十二条 本院过去的司法解释，与本规定不一致的，以本规定为准。

第八十三条 本规定自2002年4月1日起施行。2002年4月1日尚未审结的一审、二审和再审民事案件不适用本规定。

本规定施行前已经审理终结的民事案件，当事人以违反本规定为由申请再审的，人民法院不予支持。

本规定施行后受理的再审民事案件，人民法院依据民事诉讼法第一百八十六条的规定进行审理的，适用本规定。

【链　接】

最高人民法院副院长曹建明在公布《关于民事诉讼证据的若干规定》新闻发布会上的讲话

（2001 年 12 月 30 日）

各位记者：

《最高人民法院关于民事诉讼证据的若干规定》（以下简称本规定）于 2001 年 12 月 6 日经最高人民法院审判委员会第 1201 次会议通过，于今天公布。这是我国第一部比较系统地针对民事诉讼证据问题作出的司法解释，对我国的民事审判工作的发展和民事诉讼制度的完善必将产生重要而深远的影响。下面，我就这一司法解释的起草情况、主要内容和意义作出简要介绍和说明。

一、司法解释的起草情况和主要内容

民事诉讼证据问题，是民事诉讼的核心问题。最高人民法院在《人民法院五年改革纲要》中，就提出要完善我国的民事诉讼证据制度，2000 年将民事诉讼证据问题作为 22 个重点调研课题之一，2001 年又将制定民事诉讼证据的司法解释确定为五项重点改革内容之一。在起草司法解释的过程中，我们广泛征求了全国人大法工委、中华全国律师协会、全国各级人民法院和专家学者的意见，多次赴我国东部、中部和西部有代表性的地区进行调研。历经十数次修改，由最高人民法院审判委员会讨论通过。

本规定全文六部分，共八十三条，主要包括以下内容：

（一）通过对《民事诉讼法》第六十四条第一款“谁主张，谁举证”的原则作具体化的解释，完善了举证责任的分配规则

《民事诉讼法》第六十四条第一款规定了“当事人对自己提出的主张，有责任提供证据”，即“谁主张，谁举证”的原则，这是我国民事诉讼制度关于举证责任分配的基本原则。由于缺乏可操作性的具体规定，这一原则无法完全解决实践中的举证责任分配问题。不少当事人对举证责任的内容和后果不明确，缺乏举证的积极性和举证意识，审判人员对有些案件的举证责任分配也难以作出判断。这不仅不利于当事人权利的保护，影响审判效率，对审判的权威性和公正性也容易造成消极影响。为此，本规定根据《民事诉讼法》等有关法律的规定，在总结审判实践经验的基础上，对举证责任分配问题作出具体解释，即："当事人对自己提出的诉讼请求所依据的事实或者反驳对方诉讼请求所依据的事实，有责任提供证据加以证明。没有证据或者证据不足以证明当事人的事实主张的，由负有举证责任的当事人承担不利后果。"同时，对实践中经常遇到的专利侵权、高度危险作业致人损害、环境污染致人损害、搁置物或悬挂物致人损害、饲养动物致人损害、缺陷产品致人损害、共同危险行为致人损害、医疗行为侵权等类型的侵权诉讼应当如何适用举证责任倒置的问题，也在《规定》第四条作出了具体解释。

（二）通过对《民事诉讼法》第六十四条第二款人民法院调查收集证据的情形作出进一步的解释，明确了人民法院调查收集证据的范围和条件

《民事诉讼法》第六十四条第二款规定："当事人及其诉讼代理人因客观原因不能自行收集的证据，或者人民法院认为审理案件需要的证据，人民法院应当调查收集。"该规定对于"人民法院认为审理案件需要的证据"没有规定明确的范围，没有明确在当事人"因客观原因不能自行收集"时，人民法院调查收集证据的范围和条件。因此，本规定在《民事诉讼法》的基础上，根据审判实践经验，在第十五条中将"人民法院认为审理案件需要的证据"明确为两种情形：一是涉及可能有损国家利益、社会公共利益或者他人合法权益的事实，二是与诉讼实体内容无关的诉讼程序事项。同时，在第十七条中规定了当事人及其诉讼代理人可以向人民法院申请调查收集证据的三种情况：（1）申请调查收集的证据属于国家有关部门保存并须人民法院依职权调取的档案材料；（2）涉及国家秘密、商业秘密、个人隐私的材料；（3）当事人及其诉讼代理人确因客观原因不能自行收集的其他材料。这样，即对法官的职权作出必要的限制，也有利于更加公平地保护当事人的诉讼权利。

（三）对《民事诉讼法》第一百二十五条和一百七十九条"新的证据"进行解释，规范了举证时限问题

《民事诉讼法》第一百二十五条规定："当事人可以在法庭上提出新的证据。"由于新的证据的范围不明确，审判实践中，一些当事人在庭审前不提供证据，在庭审中经常搞突然袭击，或者一审不提供证据，在二审或再审中提出证据，达到拖延诉讼的目的。这不仅违反了诚实信用原则，损害了另一方当事人的合法权益，而且严重干扰诉讼活动的正常进行，浪费了有限的审判资源，是妨碍审判效率提高的重要原因之一。虽然我国《海事诉讼特别程序法》第八十四条规定"当事人应当在开庭审理前完成举证"，但由于《民事诉讼法》对当事人的举证期限没有明确规定，对审理期限却有着严格的规定，当事人随意提出新证据的情形导致人民法院许多案件难以在审限内审结，影响了当事人合法权益的及时保护，影响了人民法院的威信和法律实施的效果。

人民法院要在法律规定的期限内审结案件，就应当根据不同案件的具体情况，对整个诉讼活动作出合理的安排。各个诉讼阶段的期限有些是有法律规定的，有的是由人民法院指定的。因此，本规定根据《民事诉讼法》第七十五条“期间包括法定期间和人民法院指定的期间”的规定，在第三十三条中规定人民法院在送达受理案件通知书和应诉通知书时，可以根据案件情况指定举证期限以及逾期提供证据的法律后果。为保障当事人的证据权利，该条还规定由人民法院指定举证期限的，指定的期限不得少于三十日。同时，第三十四条规定了“当事人应当在举证期限内向人民法院提交证据材料，当事人在举证期限内不提交的，视为放弃举证权利”。这样。有利于各个诉讼主体按照法律规定的期间和人民法院指定的期间完成自己的诉讼义务，确保案件的及时审结。为了充分保护当事人的诉讼权利和实体权利，本规定第四十一条对《民事诉讼法》第一百二十五条第一款中规定当事人可以在法庭上提出的“新的证据”作出了具体解释：(1) 一审程序中的新的证据包括：当事人在一审举证期限届满后新发现的证据；当事人确因客观原因无法在举证期限内提供，经人民法院准许，在延长的期限内仍无法提供的证据。(2) 二审程序中的新的证据包括：一审庭审结束后新发现的证据；当事人在一审举证期限届满前申请人民法院调查取证未获准许，二审法院经审查认为应当准许并依当事人申请调取的证据。当事人举证期限届满后提供的证据不是新的证据的，人民法院不予采纳。同时本规定第四十四条还对《民事诉讼法》第一百七十九条第一款第（一）项规定的“新的证据”明确为“原审庭审结束后新发现的证据”。此外，对于与举证时限关系密切的证据交换问题，《规定》也作出了比较详细的规定。通过上述解释，有利于庭前固定证据、固定争议焦点、固定诉讼请求，切实提高审判效率。

（四）进一步明确民事诉讼的证明要求和证明标准

《民事诉讼法》第七条规定：“人民法院审理民事案件必须以事实为根据，以法律为准绳。”事实是客观存在的反映，因此，诉讼活动应当把“客观真实”作为追求的最高目标。但是案件的事实是靠证据来证明的，《民事诉讼法》第六十三条规定：“证据必须查证属实，才能作为认定事实的根据。”因此，人民法院根据法律规定的诉讼程序查明的事实，实质上是一种法律上的真实。作为民事诉讼的证明要求，应当努力追求“法律真实”与“客观真实”相一致，但民事诉讼的特点决定了，在程序公正、公开的条件下，人民法院只能以通过依法审核认定证据所确认的案件事实，作为裁判的依据。也就是说，民事诉讼中查明的案件事实不可能每一个事实都与已经发生的客观事实完全一样。但民事纠纷是应当依法及时作出裁判的，因此，本规定第六十三条进一步明确，人民法院应当以证据能够证明的案件事实为依据依法作出裁判。

在民事诉讼证据无法达到确实充分，所证明的事实不能达到完全排除其他可能性的情况下，本规定第七十三条规定："双方当事人对同一事实分别举出相反的证据，但都没有足够的依据否定对方证据的，人民法院应当结合案件情况，判断一方提供证据的证明力是否明显大于另一方提供证据的证明力，并对证明力较大的证据予以确认。因证据的证明力无法判断导致争议事实难以认定的，人民法院应当依据举证责任分配的规则作出裁判。"

（五）完善了法官依法独立审查判断证据的原则

《民事诉讼法》第六十四条规定："人民法院应当依照法定程序，全面客观审查判断证据。"由于该规定比较原则，法官在审查判断证据时容易产生裁量权过大的问题。为此，本规定第六十四条在《民事诉讼法》第六十四条的基础上，进一步明确了法官依法独立审查判断证据的原则。即："审判人员应当依照法定程序，全面、客观地审核证据，依据法律的规定，遵循法官职业道德，运用逻辑推理和日常生活经验，对证据有无证明力和证明力大小独立进行判断，并公开判断的理由和结果。"

（六）完善了非法证据的判断标准

根据《民事诉讼法》规定的原则，一般认为，只有经过合法收集的证据材料才能作为证据使用，非法证据不具有证明力。因此，本规定第六十八条在原有司法解释的基础上，进一步完善和明确了非法证据的判断标准，将非法证据限定在"以侵害他人合法权益或者违反法律禁止性规定的方法取得的证据"的范围。也就是说，除以侵害他人合法权益（如违反社会公共利益和社会公德侵犯他人隐私）或者违反法律禁止性规定的方法（如擅自将窃听器安装到他人住处进行窃听）取得的证据外，其他情形不得视为非法证据。

二、司法解释的意义

1. 本规定的公布实施，是最高人民法院为实现民事审判公正与效率的又一重大举措，对于实现民事审判的公正与效率的目标，具有十分积极的促进作用。公正与效率是肖扬院长多次强调的21世纪人民法院审判工作的主题。长期以来，由于法律的规定比较原则，又没有系统、具体的民事诉讼证据的司法解释，既容易造成法官自由裁量权太大，导致部分案件裁判不公，又容易使一些当事人利用证据规则不完善搞突然袭击、拖延诉讼，损害对方当事人的利益。这种情况的存在，影响了人民法院对当事人诉讼权利的平等保护和审判效率的提高，是妨碍民事审判公正与效率目标实现的重要因素之一。本规定的公布，对保护当事人权利，实现民事审判公正与效率具有十分积极的意义。

2. 本规定的公布实施，是人民法院深化改革的重要措施，对于加快审判改革的进程将起到积极的推动作用。我国的民事审判制度改革经过十多年的理论研究和审判实践，已经为完善我国的民事诉讼制度提供了很多有益的经验，实践证明，证据问题已成为改革向前推进的瓶颈之一。因此，本规定以《民事诉讼法》等有关法律为依据，进一步完善了我国的民事诉讼证据制度，解决了审判实践中的突出问题，对于保障人民法院的改革依法有序进行也将起到十分积极的作用。

3. 本规定的公布实施，将更加方便人民群众利用诉讼法律武器维护自己的权益，也更便于法官依法独立、公正、正确地行使审判权。本规定通过对《民事诉讼法》等有关法律规定的解释和细化，使老百姓对打官司感到更加方便，对如何打官司更加清楚，对官司输赢的原因更加明白。也使人民法院能够更加有效地保护当事人的诉讼权利和民事权利。

4. 本规定的公布实施，是最高人民法院为适应我国加入世贸组织后民事审判的需要所采取的一项重要措施，对于完善我国入世后的法制环境有着十分积极的意义。统一的证据规则是法制统一的重要组成部分，我国加入世贸组织后，如果缺乏统一的证据规则，人民法院不能统一、公正地适用国家的法律，就可能使民事案件演变为国家间的争端，这不仅会使我国的司法陷于被动，而且影响我国的经济利益和经济安全。本规定解决了民事诉讼证据规则不统一的问题，对于完善我国加入世界贸易组织后法制环境，有着积极意义。

此外，本规定实施后，通过进一步总结审判实践中的情况和问题，也可以为《民事诉讼法》的修改和制定《民事证据法》积累经验。

最高人民法院
关于适用《关于民事诉讼证据的若干规定》中有关举证时限规定的通知

（2008年12月11日　法发〔2008〕42号）

全国地方各级人民法院、各级军事法院、各铁路运输中级法院和基层法院、各海事法院，新疆生产建设兵团各级法院：

最高人民法院《关于民事诉讼证据的若干规定》（以下简称《证据规定》）自2002年4月1日施行以来，对于指导和规范人民法院的审判活动，提高诉讼当事人的证据意识，促进民事审判活动公正有序地开展，起到了积极的作用。但随着新情况、新问题的出现，一些地方对《证据规定》中的个别条款，特别是有关举证时限的规定理解不统一。为切实保障当事人诉讼权利的充分行使，保障人民法院公正高效行使审判权，现将适用《证据规定》中举证时限规定等有关问题通知如下：

一、关于第三十三条第三款规定的举证期限问题。《证据规定》第三十三条第三款规定的举证期限是指在适用一审普通程序审理民事案件时，人民法院指定当事人提供证据证明其主张的基础事实的期限，该期限不得少于三十日。但是人民法院在征得双方当事人同意后，指定的举证期限可以少于三十日。前述规定的举证期限届满后，针对某一特定事实或特定证据或者基于特定原因，人民法院可以根据案件的具体情况，酌情指定当事人提供证据或者反证的期限，该期限不受“不得少于三十日”的限制。

二、关于适用简易程序审理案件的举证期限问题。适用简易程序审理的案件，人民法院指定的举证期限不受《证据规定》第三十三条第三款规定的限制，可以少于三十日。简易程序转为普通程序审理，人民法院指定的举证期限少于三十日的，人民法院应当为当事人补足不少于三十日的举证期限。但在征得当事人同意后，人民法院指定的举证期限可以少于三十日。

三、关于当事人提出管辖权异议后的举证期限问题。当事人在一审答辩期内提出管辖权异议的，人民法院应当在驳回当事人管辖权异议的裁定生效后，依照《证据规定》第三十三条第三款的规定，重新指定不少于三十日的举证期限。但在征得当事人同意后，人民法院可以指定少于三十日的举证期限。

四、关于对人民法院依职权调查收集的证据提出相反证据的举证期限问题。人民法院依照《证据规定》第十五条调查收集的证据在庭审中出示后，当事人要求提供相反证据的，人民法院可以酌情确定相应的举证期限。

五、关于增加当事人时的举证期限问题。人民法院在追加当事人或者有独立请求权的第三人参加诉讼的情况下，应当依照《证据规定》第三十三条第三款的规定，为新参加诉讼的当事人指定举证期限。该举证期限适用于其他当事人。

六、关于当事人申请延长举证期限的问题。当事人申请延长举证期限经人民法院准许的，为平等保护双方当事人的诉讼权利，延长的举证期限适用于其他当事人。

七、关于增加、变更诉讼请求以及提出反诉时的举证期限问题。当事人在一审举证期限内增加、变更诉讼请求或者提出反诉，或者人民法院依照《证据规定》第三十五条的规定告知当事人可以变更诉讼请求后，当事人变更诉讼请求的，人民法院应当根据案件的具体情况重新指定举证期限。当事人对举证期限有约定的，依照《证据规定》第三十三条第二款的规定处理。

八、关于二审新的证据举证期限的问题。在第二审人民法院审理中，当事人申请提供新的证据的，人民法院指定的举证期限，不受“不得少于三十日”的限制。

九、关于发回重审案件举证期限问题。发回重审的案件，第一审人民法院在重新审理时，可以结合案件的具体情况和发回重审的原因等情况，酌情确定举证期限。如果案件是因违反法定程序被发回重审的，人民法院在征求当事人的意见后，可以不再指定举证期限或者酌情指定举证期限。但案件因遗漏当事人被发回重审的，按照本通知第五条处理。如果案件是因认定事实不清、证据不足发回重审的，人民法院可以要求当事人协商确定举证期限，或者酌情指定举证期限。上述举证期限不受“不得少于三十日”的限制。

十、关于新的证据的认定问题。人民法院对于“新的证据”，应当依照《证据规定》第四十一条、第四十二条、第四十三条、第四十四条的规定，结合以下因素综合认定：

（一）证据是否在举证期限或者《证据规定》第四十一条、第四十四条规定的其他期限内已经客观存在；

（二）当事人未在举证期限或者司法解释规定的其他期限内提供证据，是否存在故意或者重大过失的情形。

最高人民法院
关于未经我国驻外使领馆认证的域外形成的证据效力问题的请示的复函

（2012年6月14日 〔2012〕民四他字第15号）

北京市高级人民法院：

你院《关于未经我驻外使领馆认证的域外形成的证据效力问题的请示》收悉。答复如下：

一、经询外交部领事司，我驻外使领馆办理认证坚持客观、真实、不损害国家利益和社会公共利益的原则，一般不拒绝当事人的领事认证申请。长期以来，用于国内诉讼的文书领事认证运转良好。如遇国外当事人称我驻该国使领馆拒绝为其办理认证且未告知理由、人民法院认为有必要了解情况的，可以通过外交部领事司向驻外使领馆核实。

二、即使相关证据或文件因特殊原因确实不能得到使领馆的认证，人民法院亦不能直接采纳。而应根据《中华人民共和国民事诉讼法》① 第六十五条、第六十六条的规定，由当事人互相质证、辨别真伪后决定是否采纳。

此复。

① 2012年修改前的《民事诉讼法》。——编者注

最高人民法院　最高人民检察院　司法部
关于将环境损害司法鉴定纳入统一登记管理范围的通知

（2015年12月21日　司法通〔2015〕117号）

各省、自治区、直辖市高级人民法院、人民检察院、司法厅（局），新疆维吾尔自治区高级人民法院生产建设兵团分院，新疆生产建设兵团人民检察院、司法局：

为满足环境损害诉讼需要，加强环境发展、环境保护和环境修复工作，推进生态文明建设，根据《全国人民代表大会常务委员会关于司法鉴定管理问题的决定》和《最高人民法院、最高人民检察院关于办理环境污染刑事案件适用法律若干问题的解释》等有关规定，经研究，决定将环境损害司法鉴定纳入统一登记管理范围。

环境损害司法鉴定管理的具体办法由司法部会同环境保护部制定。

特此通知。

第七章　送达、期限

最高人民法院
关于以法院专递方式邮寄送达民事诉讼文书的若干规定

法释〔2004〕13号

（2004年9月7日最高人民法院审判委员会第1324次会议通过
2004年9月17日最高人民法院公告公布　自2005年1月1日起施行）

为保障和方便双方当事人依法行使诉讼权利，根据《中华人民共和国民事诉讼法》的有关规定，结合民事审判经验和各地的实际情况，制定本规定。

第一条　人民法院直接送达诉讼文书有困难的，可以交由国家邮政机构（以下简称邮政机构）以法院专递方式邮寄送达，但有下列情形之一的除外：

（一）受送达人或者其诉讼代理人、受送达人指定的代收人同意在指定的期间内到人民法院接受送达的；

（二）受送达人下落不明的；

（三）法律规定或者我国缔结或者参加的国际条约中约定有特别送达方式的。

第二条　以法院专递方式邮寄送达民事诉讼文书的，其送达与人民法院送达具有同等法律效力。

第三条　当事人起诉或者答辩时应当向人民法院提供或者确认自己准确的送达地址，并填写送达地址确认书。当事人拒绝提供的，人民法院应当告知其拒不提供送达地址的不利后果，并记入笔录。

第四条　送达地址确认书的内容应当包括送达地址的邮政编码、详细地址以及受送达人的联系电话等内容。

当事人要求对送达地址确认书中的内容保密的，人民法院应当为其保密。

当事人在第一审、第二审和执行终结前变更送达地址的，应当及时以书面方式告知人民法院。

第五条　当事人拒绝提供自己的送达地址，经人民法院告知后仍不提供的，自然人以其户籍登记中的住所地或者经常居住地为送达地址；法人或者其他组织以其工商登记或者其他依法登记、备案中的住所地为送达地址。

第六条　邮政机构按照当事人提供或者确认的送达地址送达的，应当在规定的日期内将回执退回人民法院。

邮政机构按照当事人提供或确认的送达地址在五日内投送三次以上未能送达，通过电话或者其他联系方式又无法告知受送达人的，应当将邮件在规定的日期内退回人民法院，并说明退回的理由。

第七条　受送达人指定代收人的，指定代收人的签收视为受送达人本人签收。

邮政机构在受送达人提供或确认的送达地址未能见到受送达人的，可以将邮件交给与受送达人同住的成年家属代收，但代收人是同一案件中另一方当事人的除外。

第八条　受送达人及其代收人应当在邮件回执上签名、盖章或者捺印。

受送达人及其代收人在签收时应当出示其有效身份证件并在回执上填写该证件的号码；受送达人及其代收人拒绝签收的，由邮政机构的投递员记明情况后将邮件退回人民法院。

第九条　有下列情形之一的，即为送达：

（一）受送达人在邮件回执上签名、盖章或者捺印的；

（二）受送达人是无民事行为能力或者限制民事行为能力的自然人，其法定代理人签收的；

（三）受送达人是法人或者其他组织，其法人的法定代表人、该组织的主要负责人或者办公室、收发室、值班室的工作人员签收的；

（四）受送达人的诉讼代理人签收的；

（五）受送达人指定的代收人签收的；

（六）受送达人的同住成年家属签收的。

第十条　签收人是受送达人本人或者是受送达人的法定代表人、主要负责人、法定代理人、诉讼代理人的，签收人应当当场核对邮件内容。签收人发现邮件内容与回执上的文书名称不一致的，应当当场向邮政机构的投递员提出，由投递员在回执上记明情况后将邮件退回人民法院。

签收人是受送达人办公室、收发室和值班室的工作人员或者是与受送达人同住成年家属，受送达人发现邮件内容与回执上的文书名称不一致的，应当在收到邮件后的三日内将该邮件退回人民法院，并以书面方式说明退回的理由。

第十一条　因受送达人自己提供或者确认的送达地址不准确、拒不提供送达地址、送达地址变更未及时告知人民法院、受送达人本人或者受送达人指定的代收人拒绝签收，导致诉讼文书未能被受送达人实际接收的，文书退回之日视为送达之日。

受送达人能够证明自己在诉讼文书送达的过程中没有过错的，不适用前款规定。

第十二条 本规定自2005年1月1日起实施。

我院以前的司法解释与本规定不一致的，以本规定为准。

最高人民法院
实施《关于以法院专递方式邮寄送达民事诉讼文书的若干规定》的通知

（2004年11月8日 法〔2004〕241号）

各省、自治区、直辖市高级人民法院，解放军军事法院，新疆维吾尔自治区高级人民法院生产建设兵团分院：

为保障和便于当事人依法行使诉讼权利，保证民事诉讼活动的正常进行，最高人民法院审判委员会第1324次会议讨论通过了《关于以法院专递方式邮寄送达民事诉讼文书的若干规定》（以下简称《规定》），该《规定》将于2005年1月1日起正式实施。为了使各级法院更好地贯彻执行这一司法解释，经与国家邮政局协商，现将执行《规定》中应当注意的几个问题通知如下：

一、各高级人民法院应当根据《规定》的内容与省级邮政管理机关共同制定执行细则。在本《规定》实施前已经开展“法院专递”业务的，应当检查和修改相关制度中的内容，保证《规定》在全国范围内得到统一的贯彻实施。

二、各高级人民法院可以根据本辖区内经济发展的水平与各省邮政管理机关协商决定“法院专递”的资费标准。在确定收费标准时，应当充分考虑同城与异地、城市与乡村等综合因素，切实考虑农村和城市中特困群体的实际困难，合理确定“法院专递”的资费标准。

三、各高级人民法院可以根据本辖区内法院的办公经费状况确定“法院专递”费用的负担方式。办公经费确实无力负担的，可以依照《人民法院诉讼收费办法》第十九条第三款的规定由当事人负担，但根据《〈人民法院诉讼收费办法〉补充规定》第四条第二款具备司法救助条件的当事人可以例外。

四、各级人民法院应当建立统一的“法院专递业务管理办公室”，负责本院“法院专递”的收发业务。

五、邮政机构的工作人员在送达民事诉讼文书过程中遇到受送达人拒绝接收，并请求当地基层人民法院或者人民法庭予以协助的，当地基层人民法院或者人民法庭应当给予协助。

六、各高级人民法院应当采取灵活多样的方式，抓紧培训立案和民事审判业务部门的法官，力求准确、全面地掌握《规定》的内容，为2005年1月1日《规定》的正式实施做好准备。

七、在学习和贯彻《规定》过程中发现的问题，请及时报告最高人民法院，以便进一步修改、完善。

以上通知，请遵照执行。

附：《当事人送达地址确认书》文书样式

附：

＿＿＿＿人民法院当事人送达地址确认书

案由		案号	（　）　字第　号
人民法院对当事人填写送达地址确认书的告知事项	根据最高人民法院《关于以法院专递方式邮寄送达民事诉讼文书的若干规定》第一条、第三条、第四条、第五条和第十一条的规定，告知如下： 一、当事人拒绝提供自己的送达地址的，自然人依其户籍登记中的住所地或者经常居住地为送达地址；法人或者其他组织以其工商登记或者其他依法登记、备案中的住所地为送达地址。 二、因受送达人自己提供或者确认的送达地址不准确、拒不提供送达地址、送达地址变更未及时告知人民法院、受送达人本人或者受送达人指定的代收人拒绝签收，导致诉讼文书未能被受送达人实际接收的，文书退回之日视为送达之日。		
当事人提供的自己的送达地址	当事人（原告、被告或第三人）： 送达地址： 邮政编码： 收件人： 电话（移动电话）： 其他联系方式：		

续表

案由		案号	（ ） 字第 号
当事人对自己送达地址的确认	我已经阅读了人民法院对当事人填写送达地址确认书的告知事项，并保证上述送达地址是准确、有效的。 当事人签名、盖章或捺印： ____年____月____日		
备考			
法院工作人员签名			

注：1. 本样式供所有民事案件使用。

2. 当事人填写本表前，应当仔细阅读表中第一栏内人民法院对当事人填写送达地址确认书的书面告知；当事人阅读有困难的，法院工作人员应当向其口头告知。

3. 本表中当事人的送达地址应当由当事人自己或当事人的代理人填写；当事人因文化水平限制不能书写，又没有代理人的，可以口述后由法院工作人员代为填写，并经两名以上法院工作人员宣读无误后由当事人签名或捺印确认。

4. 当事人的电话号码应当包括办公电话、住宅电话和移动电话。

5. 当事人拒绝提供自己送达地址的，或者当事人要求对《当事人送达地址确认书》中的内容保密的，应当在备考栏内注明。

最高人民法院
关于依据原告起诉时提供的被告住址无法送达应如何处理问题的批复

法释〔2004〕17号

（2004年10月9日最高人民法院审判委员会第1328次会议通过
2004年11月25日最高人民法院公告公布　自2004年12月2日起施行）

近来，一些高级人民法院就人民法院依据民事案件的原告起诉时提供的被告住址无法送达应如何处理问题请示我院。为了正确适用法律，保障当事人行使诉讼权利，根据《中华人民共和国民事诉讼法》的有关规定，批复如下：

人民法院依据原告起诉时所提供的被告住址无法直接送达或者留置送达，应当要求原告补充材料。原告因客观原因不能补充或者依据原告补充的材料仍不能确定被告住址的，人民法院应当依法向被告公告送达诉讼文书。人民法院不得仅以原告不能提供真实、准确的被告住址为由裁定驳回起诉或者裁定终结诉讼。

因有关部门不准许当事人自行查询其他当事人的住址信息，原告向人民法院申请查询的，人民法院应当依原告的申请予以查询。

最高人民法院
印发《关于进一步加强民事送达工作的若干意见》的通知

（2017年7月19日　法发〔2017〕19号）

各省、自治区、直辖市高级人民法院，解放军军事法院，新疆维吾尔自治区高级人民法院生产建设兵团分院：

现将《关于进一步加强民事送达工作的若干意见》印发给你们，请遵照执行。

附：

关于进一步加强民事送达工作的若干意见

送达是民事案件审理过程中的重要程序事项，是保障人民法院依法公正审理民事案件、及时维护当事人合法权益的基础。近年来，随着我国社会经济的发展和人民群众司法需求的提高，送达问题已经成为制约民事审判公正与效率的瓶颈之一。为此，各级人民法院要切实改进和加强送达工作，在法律和司法解释的框架内，创新工作机制和方法，全面推进当事人送达地址确认制度，统一送达地址确认书格式，规范送达地址确认书内容，提升民事送达的质量和效率，将司法为民切实落到实处。

一、送达地址确认书是当事人送达地址确认制度的基础。送达地址确认书应当包括当事人提供的送达地址、人民法院告知事项、当事人对送达地址的确认、送达地址确认书的适用范围和变更方式等内容。

二、当事人提供的送达地址应当包括邮政编码、详细地址以及受送达人的联系电话等。同意电子送达的，应当提供并确认接收民事诉讼文书的传真号、电子信箱、微信号等电子送达地址。当事人委托诉讼代理人的，诉讼代理人确认的送达地址视为当事人的送达地址。

三、为保障当事人的诉讼权利，人民法院应当告知送达地址确认书的填写要求和注意事项以及拒绝提供送达地址、提供虚假地址或者提供地址不准确的法律后果。

四、人民法院应当要求当事人对其填写的送达地址及法律后果等事项进行确认。当事人确认的内容应当包括当事人已知晓人民法院告知的事项及送达地址确认书的法律后果，保证送达地址准确、有效，同意人民法院通过其确认的地址送达诉讼文书等，并由当事人或者诉讼代理人签名、盖章或者捺印。

五、人民法院应当在登记立案时要求当事人确认送达地址。当事人拒绝确认送达地址的，依照《最高人民法院关于登记立案若干问题的规定》第七条的规定处理。

六、当事人在送达地址确认书中确认的送达地址，适用于第一审程序、第二审程序和执行程序。当事人变更送达地址，应当以书面方式告知人民法院。当事人未书面变更的，以其确认的地址为送达地址。

七、因当事人提供的送达地址不准确、拒不提供送达地址、送达地址变更未书面告知人民法院，导致民事诉讼文书未能被受送达人实际接收的，直接送达的，民事诉讼文书留在该地址之日为送达之日；邮寄送达的，文书被退回之日为送达之日。

八、当事人拒绝确认送达地址或以拒绝应诉、拒接电话、避而不见送达人员、搬离原住所等躲避、规避送达，人民法院不能或无法要求其确认送达地址的，可以分别以下列情形处理：

（一）当事人在诉讼所涉及的合同、往来函件中对送达地址有明确约定的，以约定的地址为送达地址；

（二）没有约定的，以当事人在诉讼中提交的书面材料中载明的自己的地址为送达地址；

（三）没有约定、当事人也未提交书面材料或者书面材料中未载明地址的，以一年内进行其他诉讼、仲裁案件中提供的地址为送达地址；

（四）无以上情形的，以当事人一年内进行民事活动时经常使用的地址为送达地址。

人民法院按照上述地址进行送达的，可以同时以电话、微信等方式通知受送达人。

九、依第八条规定仍不能确认送达地址的，自然人以其户籍登记的住所或者在经常居住地登记的住址为送达地址，法人或者其他组织以其工商登记或其他依法登记、备案的住所地为送达地址。

十、在严格遵守民事诉讼法和民事诉讼法司法解释关于电子送达适用条件的前提下，积极主动探索电子送达及送达凭证保全的有效方式、方法，有条件的法院可以建立专门的电子送达平台，或以诉讼服务平台为依托进行电子送达，或者采取与大型门户网站、通信运营商合作的方式，通过专门的电子邮箱、特定的通信号码、信息公众号等方式进行送达。

十一、采用传真、电子邮件方式送达的，送达人员应记录传真发送和接收号码、电子邮件发送和接收邮箱、发送时间、送达诉讼文书名称，并打印传真发送确认单、电子邮件发送成功网页，存卷备查。

十二、采用短信、微信等方式送达的，送达人员应记录收发手机号码、发送时间、送达诉讼文书名称，并将短信、微信等送达内容拍摄照片，存卷备查。

十三、可以根据实际情况，有针对性地探索提高送达质量和效率的工作机制，确定由专门的送达机构或者由各审判、执行部门进行送达。在不违反法律、司法解释规定的前提下，可以积极探索创新行之有效的工作方法。

十四、对于移动通信工具能够接通但无法直接送达、邮寄送达的，除判决书、裁定书、调解书外，可以采取电话送达的方式，由送达人员告知当事人诉讼文书内容，并记录拨打、接听电话号码、通话时间、送达诉讼文书内容，通话过程应当录音以存卷备查。

十五、要严格适用民事诉讼法关于公告送达的规定，加强对公告送达的管理，充分保障当事人的诉讼权利。只有在受送达人下落不明，或者用民事诉讼法第一编第七章第二节规定的其他方式无法送达的，才能适用公告送达。

十六、在送达工作中，可以借助基层组织的力量和社会力量，加强与基层组织和有关部门的沟通、协调，为做好送达工作创造良好的外部环境。有条件的地方可以要求基层组织协助送达，并可适当支付费用。

十七、要树立全国法院一盘棋意识，对于其他法院委托送达的诉讼文书，要认真、及时进行送达。鼓励法院之间建立委托送达协作机制，节约送达成本，提高送达效率。

最高人民法院
关于严格执行案件审理期限制度的若干规定

法释〔2000〕29号

（2000年9月14日最高人民法院审判委员会第1130次会议通过
2000年9月22日最高人民法院公告公布　自2000年9月28日起施行）

为提高诉讼效率，确保司法公正，根据刑事诉讼法、民事诉讼法、行政诉讼法和海事诉讼特别程序法的有关规定，现就人民法院执行案件审理期限制度的有关问题规定如下：

一、各类案件的审理、执行期限

第一条　适用普通程序审理的第一审刑事公诉案件、被告人被羁押的第一审刑事自诉案件和第二审刑事公诉、刑事自诉案件的期限为一个月，至迟不得超过一个半月；附带民事诉讼案件的审理期限，经本院院长批准，可以延长两个月。有刑事诉讼法第一百二十六条规定情形之一的，经省、自治区、直辖市高级人民法院批准或者决定，审理期限可以再延长一个月；最高人民法院受理的刑事上诉、刑事抗诉案件，经最高人民法院决定，审理期限可以再延长一个月。

适用普通程序审理的被告人未被羁押的第一审刑事自诉案件，期限为六个月；有特殊情况需要延长的，经本院院长批准，可以延长三个月。

适用简易程序审理的刑事案件，审理期限为二十日。

第二条　适用普通程序审理的第一审民事案件，期限为六个月；有特殊情况需要延长的，经本院院长批准，可以延长六个月，还需延长的，报请上一级人民法院批准，可以再延长三个月。

适用简易程序审理的民事案件，期限为三个月。

适用特别程序审理的民事案件，期限为三十日；有特殊情况需要延长的，经本院院长批准，可以延长三十日，但审理选民资格案件必须在选举日前审结。

审理第一审船舶碰撞、共同海损案件的期限为一年；有特殊情况需要延长的，经本院院长批准，可以延长六个月。

审理对民事判决的上诉案件，审理期限为三个月；有特殊情况需要延长的，经本院院长批准，可以延长三个月。

审理对民事裁定的上诉案件，审理期限为三十日。

对罚款、拘留民事决定不服申请复议的，审理期限为五日。

审理涉外民事案件，根据民事诉讼法第二百五十条的规定，不受上述案件审理期限的限制。①

审理涉港、澳、台的民事案件的期限，参照审理涉外民事案件的规定办理。

第三条　审理第一审行政案件的期限为三个月；有特殊情况需要延长的，经高级人民法院批准可以延长三个月。高级人民法院审理第一审案件需要延长期限的，由最高人民法院批准，可以延长三个月。

审理行政上诉案件的期限为两个月；有特殊情况需要延长的，由高级人民法院批准，可以延长两个月。高级人民法院审理的第二审案件需要延长期限的，由最高人民法院批准，可以延长两个月。

第四条　按照审判监督程序重新审理的刑事案件的期限为三个月；需要延长期限的，经本院院长批准，可以延长三个月。

裁定再审的民事、行政案件，根据再审适用的不同程序，分别执行第一审或第二审审理期限的规定。

第五条　执行案件应当在立案之日起六个月内执结，非诉执行案件应当在立案之日起三个月内执结；有特殊情况需要延长的，经本院院长批准，可以延长三个月，还需延长的，层报高级人民法院备案。

委托执行的案件，委托的人民法院应当在立案后一个月内办理完委托执行手续，受委托的人民法院应当在收到委托函件后三十日内执行完毕。未执行完毕，应当在期限届满后十五日内将执行情况函告委托人民法院。

刑事案件没收财产刑应当即时执行。

刑事案件罚金刑，应当在判决、裁定发生法律效力后三个月内执行完毕，至迟不超过六个月。

二、立案、结案时间及审理期限的计算

第六条　第一审人民法院收到起诉书（状）或者执行申请书后，经审查认为符合受理条件的应当在七日内立案；收到自诉人自诉状或者口头告诉的，经审查认为符合自诉案件受理条件的应当在十五日内立案。

改变管辖的刑事、民事、行政案件，应当在收到案卷材料后的三日内

---

① 根据《最高人民法院关于调整司法解释等文件中引用〈中华人民共和国民事诉讼法〉条文序号的决定》（法释〔2008〕18号），本规定第二条第八款调整为："审理涉外民事案件，根据民事诉讼法第二百四十八条的规定，不受上述案件审理期限的限制。"

立案。

第二审人民法院应当在收到第一审人民法院移送的上（抗）诉材料及案卷材料后的五日内立案。

发回重审或指令再审的案件，应当在收到发回重审或指令再审裁定及案卷材料后的次日内立案。

按照审判监督程序重新审判的案件，应当在作出提审、再审裁定（决定）的次日立案。

第七条 立案机构应当在决定立案的三日内将案卷材料移送审判庭。

第八条 案件的审理期限从立案次日起计算。

由简易程序转为普通程序审理的第一审刑事案件的期限，从决定转为普通程序次日起计算；由简易程序转为普通程序审理的第一审民事案件的期限，从立案次日起连续计算。

第九条 下列期间不计入审理、执行期限：

（一）刑事案件对被告人作精神病鉴定的期间；

（二）刑事案件因另行委托、指定辩护人，法院决定延期审理的，自案件宣布延期审理之日起至第十日止准备辩护的时间；

（三）公诉人发现案件需要补充侦查，提出延期审理建议后，合议庭同意延期审理的期间；

（四）刑事案件二审期间，检察院查阅案卷超过七日后的时间；

（五）因当事人、诉讼代理人、辩护人申请通知新的证人到庭、调取新的证据、申请重新鉴定或者勘验，法院决定延期审理一个月之内的期间；

（六）民事、行政案件公告、鉴定的期间；

（七）审理当事人提出的管辖权异议和处理法院之间的管辖争议的期间；

（八）民事、行政、执行案件由有关专业机构进行审计、评估、资产清理的期间；

（九）中止诉讼（审理）或执行至恢复诉讼（审理）或执行的期间；

（十）当事人达成执行和解或者提供执行担保后，执行法院决定暂缓执行的期间；

（十一）上级人民法院通知暂缓执行的期间；

（十二）执行中拍卖、变卖被查封、扣押财产的期间。

第十条 人民法院判决书宣判、裁定书宣告或者调解书送达最后一名当事人的日期为结案时间。如需委托宣判、送达的，委托宣判、送达的人民法院应当在审限届满前将判决书、裁定书、调解书送达受托人民法院。受托人民法院应当在收到委托书后七日内送达。

人民法院判决书宣判、裁定书宣告或者调解书送达有下列情形之一的，结案时间遵守以下规定：

（一）留置送达的，以裁判文书留在受送达人的住所日为结案时间；

（二）公告送达的，以公告刊登之日为结案时间；

（三）邮寄送达的，以交邮日期为结案时间；

（四）通过有关单位转交送达的，以送达回证上当事人签收的日期为结案时间。

三、案件延长审理期限的报批

第十一条　刑事公诉案件、被告人被羁押的自诉案件，需要延长审理期限的，应当在审理期限届满七日以前，向高级人民法院提出申请；被告人未被羁押的刑事自诉案件，需要延长审理期限的，应当在审理期限届满十日前向本院院长提出申请。

第十二条　民事案件应当在审理期限届满十日前向本院院长提出申请；还需延长的，应当在审理期限届满十日前向上一级人民法院提出申请。

第十三条　行政案件应当在审理期限届满十日前向高级人民法院或者最高人民法院提出申请。

第十四条　对于下级人民法院申请延长办案期限的报告，上级人民法院应当在审理期限届满三日前作出决定，并通知提出申请延长审理期限的人民法院。

需要本院院长批准延长办案期限的，院长应当在审限届满前批准或者决定。

四、上诉、抗诉二审案件的移送期限

第十五条　被告人、自诉人、附带民事诉讼的原告人和被告人通过第一审人民法院提出上诉的刑事案件，第一审人民法院应当在上诉期限届满后三日内将上诉状连同案卷、证据移送第二审人民法院。被告人、自诉人、附带民事诉讼的原告人和被告人直接向上级人民法院提出上诉的刑事案件，第一审人民法院应当在接到第二审人民法院移交的上诉状后三日内将案卷、证据移送上一级人民法院。

第十六条　人民检察院抗诉的刑事二审案件，第一审人民法院应当在上诉、抗诉期届满后三日内将抗诉书连同案卷、证据移送第二审人民法院。

第十七条　当事人提出上诉的二审民事、行政案件，第一审人民法院收到上诉状，应当在五日内将上诉状副本送达对方当事人。人民法院收到答辩状，应当在五日内将副本送达上诉人。

人民法院受理人民检察院抗诉的民事、行政案件的移送期限，比照前款规定办理。

第十八条 第二审人民法院立案时发现上诉案件材料不齐全的，应当在两日内通知第一审人民法院。第一审人民法院应当在接到第二审人民法院的通知后五日内补齐。

第十九条 下级人民法院接到上级人民法院调卷通知后，应当在五日内将全部案卷和证据移送，至迟不超过十日。

五、对案件审理期限的监督、检查

第二十条 各级人民法院应当将审理案件期限情况作为审判管理的重要内容，加强对案件审理期限的管理、监督和检查。

第二十一条 各级人民法院应当建立审理期限届满前的催办制度。

第二十二条 各级人民法院应当建立案件审理期限定期通报制度。对违反诉讼法规定，超过审理期限或者违反本规定的情况进行通报。

第二十三条 审判人员故意拖延办案，或者因过失延误办案，造成严重后果的，依照《人民法院审判纪律处分办法（试行）》第五十九条的规定予以处分。

审判人员故意拖延移送案件材料，或者接受委托送达后，故意拖延不予送达的，参照《人民法院审判纪律处分办法（试行）》第五十九条的规定予以处分。

第二十四条 本规定发布前有关审理期限规定与本规定不一致的，以本规定为准。

【链　接】

最高人民法院研究室副主任熊选国就《关于严格执行案件审理期限制度的若干规定》答记者问

问：审理期限在诉讼法中早有规定，此次出台《关于严格执行案件审理期限制度的若干规定》（以下简称本规定）是出于什么样的考虑？

答：提高审判效率，切实解决案件超审限问题，近年来已成为人民群众、新闻媒体关注法院工作的一个热点，在人民代表大会和政协会上反映也很强烈。虽然诉讼法对审限早有规定，但随着社会的发展和新类型案件的不断增加，原有的诉讼法的有些规定上的缺陷、审判人员对审限制度理解上的偏差及办案经费紧张、物质保障不力等原因，使审判案件超审限问题越来越突出，增加了当事人的讼累，严重损害了人民法院的威信。如果不从制度上尽快加以解决，司法公正将是一句空话。最高人民法院对审限问题十分重视，将提高诉讼效率，切实解决超审限问题确定为2000年的一项重点调研课题。课题组分别对湖北、河南两省的9个中级法院和9个基层法院近年执行审限的情况进行了调研，为制定本规定提高了翔实可靠的依据。

问：制定本规定的主要出发点是什么？

答：规范审限制度，最主要的出发点是为了严格执行诉讼法，提高审判效率，维护当事人的合法权益，确保司法公正。

问：本规定从哪几方面对原有的审限制度进行了规范？

答：这次出台的本规定共有五部分二十四条，主要包括了三个方面的内容。一是重申了诉讼法对审限的规定，强调法律的严肃性；二是对法律不够明确的规定加以具体化，加强可操作性；三是对法律没有规定的，从立法精神即有利于保护当事人合法权益出发，结合审判实践作出新的规定。

问：请你将本规定的主要内容作简要说明。

答：审限是法律规定的人民法院审理案件必须遵守的期限。我国三大诉讼法对一、二审和再审案件均规定了审理期限，但除了刑诉法对刑事公诉一审案件明确规定"在受理后1个月内宣判"外，其他均未明确规定审限的截止时间，造成全国各级法院对审限截止时间的认识含糊不清。如《刑事诉讼法》第一百二十六条规定：刑事二审案件应在"1个月内审结"；《民事诉讼法》规定，民事一审案件应在"6个月内审结"，二审案件应在"3个月内审结"，但"审结"的标准是定案还是签发法律文书，抑或宣判、送达？未明确规定。再如《行政诉讼法》规定"人民法院应当在立案之日起3个月内作出第一审判决"，这一表述更加含糊，单独提起行政赔偿调解结案的和裁定结案的是否不受此规定的限制？是判决宣判的时间，还是判决确定的时间？这种模糊的规定让审判人员无法准确把握。这就造成法院案件已结，当事人则依然抱怨看不到判决，指责法院拖延时间的状况。

针对法律规定不够明确的症结，本规定重新界定了各类案件的审理期限，规定案件的审理期限从立案次日起计算。特别是明确了"审结"的含义，将审结时间确定在"判决书宣判"、"裁定书宣告"、"调解书送达"之日。再如民诉法对适用普通程序审理的一审民事案件有特殊情况需要延长的，规定经本院院长批准，可以延长6个月，但对还需延长的期限未作明确规定。本规定对还需延长的，规定报请上一级人民法院批准，可以再延长3个月。这就是说，一审民事案件遇到特殊情况，需要延长有了限制性明确规定，再长也不能超过15个月，避免了无限期拖延。

对案件延长审理期限的报批，本规定在第十一条至第十四条中亦作出了明确规定。

本规定还对法律原来未作规定的审限也作出了明确规定。如附带民事诉讼案件的审理期限，规定经本院院长批准，可以延长2个月。鉴于裁判文书送达迟延是造成案件久拖不决的重要原因，本规定要求“委托宣判、送达的人民法院应当在审限届满前将判决书、裁定书、调解书送达受托人民法院。受托人民法院应当在收到委托书后7日内送达”。

针对有的法院任意扩大扣除审限事由的问题，本规定根据法律规定，明确了不计入审理执行期限的12种情形。其中，有的期间法律虽未明确规定，如“民事、行政、执行案件由有关专业机构进行审计、评估、资产清理的期间”等，但不属于人民法院审理原因，因此，也不计入审理、执行期限。

本规定发布后，必将对提高审判效率，清理积案的工作产生很大的推动作用，同时也为人民法院建立和完善收结案良性循环的审判运行机制提供了制度上的保障。

最高人民法院
关于执行《最高人民法院关于严格执行案件审理期限制度的若干规定》中有关问题的复函

（2001年8月20日　法函〔2001〕46号）

江苏省高级人民法院：

你院苏立函字第10号《关于执行〈最高人民法院关于严格执行案件审理期限制度的若干规定〉中有关问题的请示》收悉。经研究，答复如下：

立案庭承担有关法律文书送达、对管辖权异议的审查、诉讼保全、庭前证据交换等庭前程序性工作的，向审判庭移送案卷材料的期限可不受《最高人民法院关于严格执行案件审理期限制度的若干规定》（以下简称《若干规定》）第七条“立案机构应当在决定立案的三日内将案卷材料移送审判庭”规定的限制，但第一审案件移送案卷材料的期限最长不得超过二十日，第二审案件最长不得超过十五日。

立案庭未承担上述程序性工作的，仍应执行《若干规定》第七条的规定。

最高人民法院
关于严格规范民商事案件延长审限和延期开庭问题的规定

法释〔2018〕9号

（2018年4月23日最高人民法院审判委员会第1737次会议通过
2018年4月25日最高人民法院公告公布　自2018年4月26日起施行）

为维护诉讼当事人合法权益，根据《中华人民共和国民事诉讼法》等规定，结合审判实际，现就民商事案件延长审限和延期开庭的有关问题规定如下。

第一条　人民法院审理民商事案件时，应当严格遵守法律及司法解释有关审限的规定。适用普通程序审理的第一审案件，审限为六个月；适用简易程序审理的第一审案件，审限为三个月。审理对判决的上诉案件，审限为三个月；审理对裁定的上诉案件，审限为三十日。

法律规定有特殊情况需要延长审限的，独任审判员或合议庭应当在期限届满十五日前向本院院长提出申请，并说明详细情况和理由。院长应当在期限届满五日前作出决定。

经本院院长批准延长审限后尚不能结案，需要再次延长的，应当在期限届满十五日前报请上级人民法院批准。上级人民法院应当在审限届满五日前作出决定。

第二条条　人民法院开庭审理民商事案件后，认为需要再次开庭的，应当依法告知当事人下次开庭的时间。两次开庭间隔时间不得超过一个月，但因不可抗力或当事人同意的除外。

第三条条　独任审判员或者合议庭适用民事诉讼法第一百四十六条第四项规定决定延期开庭的，应当报本院院长批准。

第四条条　人民法院应当将案件的立案时间、审理期限，扣除、延长、重新计算审限，延期开庭审理的情况及事由，按照《最高人民法院关于人民法院通过互联网公开审判流程信息的规定》及时向当事人及其法定代理人、诉讼代理人公开。当事人及其法定代理人、诉讼代理人有异议的，可以依法向受理案件的法院申请监督。

第五条条　故意违反法律、审判纪律、审判管理规定拖延办案，或者因过失延误办案，造成严重后果的，依照《人民法院工作人员处分条例》第四十七条的规定予以处分。

第六条条 本规定自2018年4月26日起施行；最高人民法院此前发布的司法解释及规范性文件与本规定不一致的，以本规定为准。

【链 接】

《最高人民法院关于严格规范民商事案件延长审限和延期开庭问题的规定》答记者问

近日，最高人民法院出台了《最高人民法院关于严格规范民商事案件延长审限和延期开庭问题的规定》（法释〔2018〕9号）。为此，记者采访了最高人民法院司改办负责人。

问：最高人民法院本次单独就民商事案件延长审限和延期开庭出台《规定》意义何在？

答：《规定》专门就规范民商事案件延长审理期限和延期开庭出台司法解释的主要目的和意义在于以下方面：

一是进一步扩大对外开放环境下营造良好的营商环境的需要。当今世界，开放融通的潮流滚滚向前，经济全球化已然成为不可逆转的趋势，习近平总书记在不同场合反复强调中国要坚持并继续扩大对外开放。在这样的大环境下，如何营造稳定公平透明、可预期的营商环境，推动我国经济持续健康发展，成为当前的重大课题。良好的营商环境离不开司法的保障。人民法院通过充分发挥审判职能作用，服务国家经济社会发展大局，为营造良好营商环境作出了重要贡献。《规定》通过严格报批程序和加大公开力度，进一步规范民商事案件延长审理期限和延期开庭审理，对于促进民商事纠纷快速解决，依法维护市场秩序，推动建立更加公开、透明、高效的民商事审判制度具有重大意义，对于进一步增强投资者、经营者对中国营商环境的预期和信心，彰显我国全面依法治国的决心也有重大意义。

二是新时代背景下满足人民群众多元司法需求的需要。当前，中国特色社会主义进入新时代，我国社会主要矛盾发生历史性变化，人民法院要紧紧抓住人民群众日益增长的司法需求与人民法院工作发展不平衡、保障群众权益不充分之间的矛盾，健全完善确保司法公正的制度机制，创新司法为民措施，满足人民群众多元司法需求和对美好生活的新期待。如何提高诉讼效率是世界许多国家面临的共同问题。我国从1991年开始，创造性地规定了民事案件审理期限制度，历经二十余年不断完善和加强，在迅速处理纠纷化解矛盾、保障经济社会顺利运转方面发挥了重要作用。《规定》的出台，是人民法院勇于直面“人案矛盾”、敢于担当责任的生动体现，也是不断满足人民群众优质高效司法服务需求的具体举措。正像习近平总书记说的那样，“我们不舒服一点、不自在一点，老百姓的舒适度就好一点、满意度就高一点”。

三是全面落实司法责任制形势下加强审判监督的需要。党的十九大报告提出了“全面落实司法责任制”的明确要求，充分体现了司法责任制改革在全面推进依法治国和深化司法体制改革中的重要地位和重大意义。司法责任制的核心要义是“让审理者裁判、由裁判者负责”，改变了过去院庭长审批案件的模式。但是，“去行政化”不是“去监督管理”，随着审判权力的下放，审判监督必须跟上。针对审判实践中可能造成拖延办案的问题，《规定》一方面加强对审判权的内部监督制约，通过严格规范相关程序报批手续，确保对审判质效进行全程监督管理；另一方面要求人民法院主动接受外部监督，及时告知当事人扣除、延长、重新计算审限，以及延期开庭审理的情况及事由，强化重要程序性信息的司法公开，并且规定当事人及其法定代理人、诉讼代理人有异议的，可以依法向受理案件的法院申请监督。

问：请问《规定》是如何规范民商事案件延长审理期限的？

答：《规定》主要从三个方面对民商事案件延长审理期限问题作了规范：

其一，重申人民法院应当严格遵守审理期限规定。民事诉讼法和相关司法解释对案件审理期限作了明确规定。虽然规定审限的合理性无论在理论界还是实务界都有不同看法，尤其是近年来，随着“案多人少”矛盾的凸显，不时有建议废除审限规定的声音。但是，考虑到当前我国正处于社会转型期和矛盾多发期，案件上升势头持续不减，如果不规定审理期限或不执行审理期限规定，任由案件积压，势必会影响矛盾的及时解决和社会主义和谐社会的建设。

其二，更加严格规定延长审理期限的申请。《规定》要求依照法律规定有特殊情况需要延长审理期限的“应当在在期限届满十五日前提出”，为院长判断并决定是否延期留下充足时间。同时，《规定》要求申请延长审理期限应当“说明详细情况和理由”，这样规定能起到两种效果：一是要求审判人员必须对未能在规定审限内结案做出解释说明，督促法官在审理期限内结案，不能简单以“案情复杂”为由申请延长；二是有利于院长对案件情况进行整体把握，准确判断是否应予准许延期及延长期限。

其三，更加严格规定延长审理期限的批准。以往实践中对申请延长审理期限审批相对宽松，按照《规定》的要求，院长应当根据申请者提出的具体理由和案件情况，决定延长期限的长短，不能再搞“一刀切”，顶格批准最长期限。

问：请问为什么要对延期开庭问题进行规范，《规定》有什么举措？

答：在经济全球化趋势下，中国不断扩大对外开放，开放意味着不仅要“走出去”，而且要“引进来”，而稳定公平透明、可预期的营商环境，对吸引外商投资、促进经济发展至关重要。目前，对世界各国营商环境最全面、最权威的评估来自世界银行每年发布的《营商环境报告》，而世界银行对各个经济体营商环境评分的重要标准是相关项目有无相应的法律法规和规范性文件。《规定》对延期开庭审理问题作出了规范，填补了民事诉讼法和相关司法解释的漏洞。

《民事诉讼法》第一百四十六条第四项赋予法官一定的自由裁量权，是尊重客观司法规律的体现，对于解决法律的滞后性与社会发展的变动性、法律语言的局限性与事物的复杂性、法律的稳定性和法律适用的不确定性之间的矛盾具有重要意义。但是，自由裁量权理应受到规制。《规定》要求除《民事诉讼法》第一百四十六条第一、二、三项规定的情形外，决定延期开庭审理的必须报本院院长批准，即从严格审批和加强监管的角度出发，避免适用兜底条款的随意性。这样规定兼顾了“约束”与“放权”的平衡，既收紧了兜底条款适用的口子，又给有特殊情况下延期开庭留了出路。

问：案件当事人通常对开庭的时间，延长审限、扣除审限、延期开庭的期限等比较关心，请问《规定》如何进一步保障当事人对上述信息的知情权？

答：开庭的时间和延长审限、扣除审限、延期开庭的期限等信息与当事人正当诉讼权益密切相关，如果这些信息不公开、不透明，当事人就会对案件进展缺乏预期，进而可能会对法院能否公平公正审理其案件产生疑虑，不利于维护司法权威性和公信力。公开是最好的防腐剂，公开也是树立公信的前提。只有坚持司法公开，才能消弭误会、赢得信任。近年来，人民法院不断强化司法公开力度，扩大司法公开范围，以公开促公正、提公信，赢得了人民群众的满意。《规定》进一步要求对开庭的时间和延长审限、扣除审限、延期开庭的期限等信息进行公开，切实保证当事人的知情权、参与权、监督权。

《规定》首先要求人民法院开了庭审理案件后，如果认为还需要再次开庭的，应当依法及时告知当事人下次开庭的时间，除因不可抗力或当事人同意的除外，两次开庭间隔时间不得超过一个月，这是促成案件不间断审理、快速解决纠纷、增加审判透明度的重要举措。

《规定》还要求人民法院应当将案件的立案时间、审理期限，扣除、延长、重新计算审限，延期开庭审理的情况及事由，及时向当事人及其法定代理人、诉讼代理人公开，使当事人对审判进度有了更清晰的预期。

《规定》还特别为当事人提供了权利救济途径，设置了滥用权力的处罚措施，增加了法律规范的实施保障。当事人对审限扣除、延长、重新计算以及延期开庭决定等有异议的，可以依法向受理案件的法院申请监督，人民法院审判管理部门特别是院庭长要认真处理，对违反故意违反法律、审判纪律、审判管理规定拖延办案，或者因过失延误办案，造成严重后果的，应当依照《人民法院工作人员处分条例》第四十七条的规定对责任人予以处分。

第八章　调　解

最高人民法院
关于审理涉及人民调解协议的民事案件的若干规定

法释〔2002〕29号

（2002年9月5日最高人民法院审判委员会第1240次会议通过
2002年9月16日最高人民法院公告公布　自2002年11月1日起施行）

为了公正审理涉及人民调解协议的民事案件，根据《中华人民共和国民法通则》、《中华人民共和国合同法》、《中华人民共和国民事诉讼法》，参照《人民调解委员会组织条例》，结合民事审判经验和实际情况，对审理涉及人民调解协议的民事案件的有关问题作如下规定：

第一条　经人民调解委员会调解达成的、有民事权利义务内容，并由双方当事人签字或者盖章的调解协议，具有民事合同性质。当事人应当按照约定履行自己的义务，不得擅自变更或者解除调解协议。

第二条　当事人一方向人民法院起诉，请求对方当事人履行调解协议的，人民法院应当受理。

当事人一方向人民法院起诉，请求变更或者撤销调解协议，或者请求确认调解协议无效的，人民法院应当受理。

第三条　当事人一方起诉请求履行调解协议，对方当事人反驳的，有责任对反驳诉讼请求所依据的事实提供证据予以证明。

当事人一方起诉请求变更或者撤销调解协议，或者请求确认调解协议无效的，有责任对自己的诉讼请求所依据的事实提供证据予以证明。

当事人一方以原纠纷向人民法院起诉，对方当事人以调解协议抗辩的，应当提供调解协议书。

第四条　具备下列条件的，调解协议有效：

（一）当事人具有完全民事行为能力；

（二）意思表示真实；

（三）不违反法律、行政法规的强制性规定或者社会公共利益。

第五条 有下列情形之一的，调解协议无效：

（一）损害国家、集体或者第三人利益；

（二）以合法形式掩盖非法目的；

（三）损害社会公共利益；

（四）违反法律、行政法规的强制性规定。

人民调解委员会强迫调解的，调解协议无效。

第六条 下列调解协议，当事人一方有权请求人民法院变更或者撤销：

（一）因重大误解订立的；

（二）在订立调解协议时显失公平的；

一方以欺诈、胁迫的手段或者乘人之危，使对方在违背真实意思的情况下订立的调解协议，受损害方有权请求人民法院变更或者撤销。

当事人请求变更的，人民法院不得撤销。

第七条 有下列情形之一的，撤销权消灭：

（一）具有撤销权的当事人自知道或者应当知道撤销事由之日起一年内没有行使撤销权；

（二）具有撤销权的当事人知道撤销事由后明确表示或者以自己的行为放弃撤销权。

第八条 无效的调解协议或者被撤销的调解协议自始没有法律约束力。调解协议部分无效，不影响其他部分效力的，其他部分仍然有效。

第九条 调解协议的诉讼时效，适用民法通则第一百三十五条的规定。

原纠纷的诉讼时效因人民调解委员会调解而中断。

调解协议被撤销或者被认定无效后，当事人以原纠纷起诉的，诉讼时效自调解协议被撤销或者被认定无效的判决生效之日起重新计算。

第十条 具有债权内容的调解协议，公证机关依法赋予强制执行效力的，债权人可以向被执行人住所地或者被执行人的财产所在地人民法院申请执行。

第十一条 基层人民法院及其派出的人民法庭审理涉及人民调解协议的民事案件，一般应当适用简易程序。

第十二条 人民法院审理涉及人民调解协议的民事案件，调解协议被人民法院已经发生法律效力的判决变更、撤销，或者被确认无效的，可以适当的方式告知当地的司法行政机关或者人民调解委员会。

第十三条 本规定自2002年11月1日起施行。

人民法院审理民事案件涉及2002年11月1日以后达成的人民调解协议的，适用本规定。

最高人民法院
关于人民法院民事调解工作若干问题的规定

法释〔2008〕18号

（2004年8月18日最高人民法院审判委员会第1321次会议通过
2004年9月16日以法释〔2004〕12号公布　自2004年11月1日起施行
根据2008年12月16日公布的《最高人民法院关于调整司法解释等
文件中引用〈中华人民共和国民事诉讼法〉条文序号的决定》修正）

为了保证人民法院正确调解民事案件，及时解决纠纷，保障和方便当事人依法行使诉讼权利，节约司法资源，根据《中华人民共和国民事诉讼法》等法律的规定，结合人民法院调解工作的经验和实际情况，制定本规定。

第一条　人民法院对受理的第一审、第二审和再审民事案件，可以在答辩期满后裁判作出前进行调解。在征得当事人各方同意后，人民法院可以在答辩期满前进行调解。

第二条　对于有可能通过调解解决的民事案件，人民法院应当调解。但适用特别程序、督促程序、公示催告程序、破产还债程序的案件，婚姻关系、身份关系确认案件以及其他依案件性质不能进行调解的民事案件，人民法院不予调解。

第三条　根据民事诉讼法第八十七条的规定，人民法院可以邀请与当事人有特定关系或者与案件有一定联系的企业事业单位、社会团体或者其他组织，和具有专门知识、特定社会经验、与当事人有特定关系并有利于促成调解的个人协助调解工作。

经各方当事人同意，人民法院可以委托前款规定的单位或者个人对案件进行调解，达成调解协议后，人民法院应当依法予以确认。

第四条　当事人在诉讼过程中自行达成和解协议的，人民法院可以根据当事人的申请依法确认和解协议制作调解书。双方当事人申请庭外和解的期间，不计入审限。

当事人在和解过程中申请人民法院对和解活动进行协调的，人民法院可以委派审判辅助人员或者邀请、委托有关单位和个人从事协调活动。

第五条　人民法院应当在调解前告知当事人主持调解人员和书记员姓名以及是否申请回避等有关诉讼权利和诉讼义务。

第六条　在答辩期满前人民法院对案件进行调解，适用普通程序的案件在当事人同意调解之日起 15 天内，适用简易程序的案件在当事人同意调解之日起 7 天内未达成调解协议的，经各方当事人同意，可以继续调解。延长的调解期间不计入审限。

第七条　当事人申请不公开进行调解的，人民法院应当准许。

调解时当事人各方应当同时在场，根据需要也可以对当事人分别作调解工作。

第八条　当事人可以自行提出调解方案，主持调解的人员也可以提出调解方案供当事人协商时参考。

第九条　调解协议内容超出诉讼请求的，人民法院可以准许。

第十条　人民法院对于调解协议约定一方不履行协议应当承担民事责任的，应予准许。

调解协议约定一方不履行协议，另一方可以请求人民法院对案件作出裁判的条款，人民法院不予准许。

第十一条　调解协议约定一方提供担保或者案外人同意为当事人提供担保的，人民法院应当准许。

案外人提供担保的，人民法院制作调解书应当列明担保人，并将调解书送交担保人。担保人不签收调解书的，不影响调解书生效。

当事人或者案外人提供的担保符合担保法规定的条件时生效。

第十二条　调解协议具有下列情形之一的，人民法院不予确认：

（一）侵害国家利益、社会公共利益的；

（二）侵害案外人利益的；

（三）违背当事人真实意思的；

（四）违反法律、行政法规禁止性规定的。

第十三条　根据民事诉讼法第九十条第一款第（四）项规定，当事人各方同意在调解协议上签名或者盖章后生效，经人民法院审查确认后，应当记入笔录或者将协议附卷，并由当事人、审判人员、书记员签名或者盖章后即具有法律效力。当事人请求制作调解书的，人民法院应当制作调解书送交当事人。当事人拒收调解书的，不影响调解协议的效力。一方不履行调解协议的，另一方可以持调解书向人民法院申请执行。

第十四条　当事人不能对诉讼费用如何承担达成协议的，不影响调解协议的效力。人民法院可以直接决定当事人承担诉讼费用的比例，并将决定记入调解书。

第十五条　对调解书的内容既不享有权利又不承担义务的当事人不签收调解书的，不影响调解书的效力。

第十六条 当事人以民事调解书与调解协议的原意不一致为由提出异议，人民法院审查后认为异议成立的，应当根据调解协议裁定补正民事调解书的相关内容。

第十七条 当事人就部分诉讼请求达成调解协议的，人民法院可以就此先行确认并制作调解书。

当事人就主要诉讼请求达成调解协议，请求人民法院对未达成协议的诉讼请求提出处理意见并表示接受该处理结果的，人民法院的处理意见是调解协议的一部分内容，制作调解书的记入调解书。

第十八条 当事人自行和解或者经调解达成协议后，请求人民法院按照和解协议或者调解协议的内容制作判决书的，人民法院不予支持。

第十九条 调解书确定的担保条款条件或者承担民事责任的条件成就时，当事人申请执行的，人民法院应当依法执行。

不履行调解协议的当事人按照前款规定承担了调解书确定的民事责任后，对方当事人又要求其承担民事诉讼法第二百二十九条规定的迟延履行责任的，人民法院不予支持。

第二十条 调解书约定给付特定标的物的，调解协议达成前该物上已经存在的第三人的物权和优先权不受影响。第三人在执行过程中对执行标的物提出异议的，应当按照民事诉讼法第二百零四条规定处理。

第二十一条 人民法院对刑事附带民事诉讼案件进行调解，依照本规定执行。

第二十二条 本规定实施前人民法院已经受理的案件，在本规定施行后尚未审结的，依照本规定执行。

第二十三条 本规定实施前最高人民法院的有关司法解释与本规定不一致的，适用本规定。

第二十四条 本规定自2004年11月1日起实施。

最高人民法院
关于人民调解协议司法确认程序的若干规定

法释〔2011〕5号

（2011年3月21日最高人民法院审判委员会第1515次会议通过
2011年3月23日最高人民法院公告公布　自2011年3月30日起施行）

为了规范经人民调解委员会调解达成的民事调解协议的司法确认程序，

进一步建立健全诉讼与非诉讼相衔接的矛盾纠纷解决机制，依照《中华人民共和国民事诉讼法》和《中华人民共和国人民调解法》的规定，结合审判实际，制定本规定。

第一条 当事人根据《中华人民共和国人民调解法》第三十三条的规定共同向人民法院申请确认调解协议的，人民法院应当依法受理。

第二条 当事人申请确认调解协议的，由主持调解的人民调解委员会所在地基层人民法院或者它派出的法庭管辖。

人民法院在立案前委派人民调解委员会调解并达成调解协议，当事人申请司法确认的，由委派的人民法院管辖。

第三条 当事人申请确认调解协议，应当向人民法院提交司法确认申请书、调解协议和身份证明、资格证明，以及与调解协议相关的财产权利证明等证明材料，并提供双方当事人的送达地址、电话号码等联系方式。委托他人代为申请的，必须向人民法院提交由委托人签名或者盖章的授权委托书。

第四条 人民法院收到当事人司法确认申请，应当在三日内决定是否受理。人民法院决定受理的，应当编立“调确字”案号，并及时向当事人送达受理通知书。双方当事人同时到法院申请司法确认的，人民法院可以当即受理并作出是否确认的决定。

有下列情形之一的，人民法院不予受理：

（一）不属于人民法院受理民事案件的范围或者不属于接受申请的人民法院管辖的；

（二）确认身份关系的；

（三）确认收养关系的；

（四）确认婚姻关系的。

第五条 人民法院应当自受理司法确认申请之日起十五日内作出是否确认的决定。因特殊情况需要延长的，经本院院长批准，可以延长十日。

在人民法院作出是否确认的决定前，一方或者双方当事人撤回司法确认申请的，人民法院应当准许。

第六条 人民法院受理司法确认申请后，应当指定一名审判人员对调解协议进行审查。人民法院在必要时可以通知双方当事人同时到场，当面询问当事人。当事人应当向人民法院如实陈述申请确认的调解协议的有关情况，保证提交的证明材料真实、合法。人民法院在审查中，认为当事人的陈述或者提供的证明材料不充分、不完备或者有疑义的，可以要求当事人补充陈述或者补充证明材料。当事人无正当理由未按时补充或者拒不接受询问的，可以按撤回司法确认申请处理。

第七条 具有下列情形之一的，人民法院不予确认调解协议效力：

（一）违反法律、行政法规强制性规定的；

（二）侵害国家利益、社会公共利益的；

（三）侵害案外人合法权益的；

（四）损害社会公序良俗的；

（五）内容不明确，无法确认的；

（六）其他不能进行司法确认的情形。

第八条 人民法院经审查认为调解协议符合确认条件的，应当作出确认决定书；决定不予确认调解协议效力的，应当作出不予确认决定书。

第九条 人民法院依法作出确认决定后，一方当事人拒绝履行或者未全部履行的，对方当事人可以向作出确认决定的人民法院申请强制执行。

第十条 案外人认为经人民法院确认的调解协议侵害其合法权益的，可以自知道或者应当知道权益被侵害之日起一年内，向作出确认决定的人民法院申请撤销确认决定。

第十一条 人民法院办理人民调解协议司法确认案件，不收取费用。

第十二条 人民法院可以将调解协议不予确认的情况定期或者不定期通报同级司法行政机关和相关人民调解委员会。

第十三条 经人民法院建立的调解员名册中的调解员调解达成协议后，当事人申请司法确认的，参照本规定办理。人民法院立案后委托他人调解达成的协议的司法确认，按照《最高人民法院关于人民法院民事调解工作若干问题的规定》（法释〔2004〕12 号）的有关规定办理。

第九章　保全和先予执行

最高人民法院
关于对案外人的财产能否进行保全问题的批复

法释〔1998〕10号

（1998年4月2日最高人民法院审判委员会第970次会议通过
1998年5月19日最高人民法院公告公布　自1998年5月26日起施行）

湖北省高级人民法院：

你院鄂高法〔1996〕191号《关于对案外人的财产能否进行诉讼财产保全的请示》收悉。经研究，答复如下：

最高人民法院法发〔1994〕29号《关于在经济审判工作中严格执行〈中华人民共和国民事诉讼法〉的若干规定》第14条的规定与最高人民法院法发〔1992〕22号《关于适用〈中华人民共和国民事诉讼法〉若干问题的意见》第105条的规定精神是一致的，均应当严格执行。

对于债务人的财产不能满足保全请求，但对案外人有到期债权的，人民法院可以依债权人的申请裁定该案外人不得对债务人清偿。该案外人对其到期债务没有异议并要求偿付的，由人民法院提存财物或价款。但是，人民法院不应对其财产采取保全措施。

此复。

最高人民法院
关于人民法院发现本院作出的诉前保全裁定和在执行程序中作出的裁定确有错误以及人民检察院对人民法院作出的诉前保全裁定提出抗诉人民法院应当如何处理的批复

法释〔1998〕17号

（1998年7月21日最高人民法院审判委员会第1005次会议通过
1998年7月30日最高人民法院公告公布　自1998年8月5日起施行）

山东省高级人民法院：

你院鲁高法函〔1998〕57号《关于人民法院在执行程序中作出的裁定如发现确有错误应按何种程序纠正的请示》和鲁高法函〔1998〕58号《关于人民法院发现本院作出的诉前保全裁定确有错误或者人民检察院对人民法院作出的诉前保全提出抗诉人民法院应如何处理的请示》收悉。经研究，答复如下：

一、人民法院院长对本院已经发生法律效力的诉前保全裁定和在执行程序中作出的裁定，发现确有错误，认为需要撤销的，应当提交审判委员会讨论决定后，裁定撤销原裁定。

二、人民检察院对人民法院作出的诉前保全裁定提出抗诉，没有法律依据，人民法院应当通知其不予受理。

此复。

最高人民法院
关于诉前财产保全几个问题的批复

法释〔1998〕29号

（1998年11月19日最高人民法院审判委员会第1030次会议通过
1998年11月27日最高人民法院公告公布　自1998年12月5日起施行）

湖北省高级人民法院：

你院鄂高法〔1998〕63号《关于采取诉前财产保全几个问题的请示》收悉。经研究，答复如下：

一、人民法院受理当事人诉前财产保全申请后，应当按照诉前财产保全标的金额并参照《中华人民共和国民事诉讼法》关于级别管辖和专属管辖的规定，决定采取诉前财产保全措施。

二、采取财产保全措施的人民法院受理申请人的起诉后，发现所受理的案件不属于本院管辖的，应当将案件和财产保全申请费一并移送有管辖权的人民法院。

案件移送后，诉前财产保全裁定继续有效。

因执行诉前财产保全裁定而实际支出的费用，应由受诉人民法院在申请费中返还给作出诉前财产保全的人民法院。

此复。

最高人民法院
关于冻结、拍卖上市公司国有股和社会法人股若干问题的规定

法释〔2001〕28号

（2001年8月28日最高人民法院审判委员会第1188次会议通过
2001年9月21日最高人民法院公告公布　自2001年9月30日起施行）

为了保护债权人以及其他当事人的合法权益，维护证券市场的正常交易秩序，根据《中华人民共和国证券法》、《中华人民共和国公司法》、《中华人民共和国民事诉讼法》，参照《中华人民共和国拍卖法》等法律的有关规定，对人民法院在财产保全和执行过程中，冻结、拍卖上市公司国有股和社会法人股（以下均简称股权）等有关问题，作如下规定：

第一条　人民法院在审理民事纠纷案件过程中，对股权采取冻结、评估、拍卖和办理股权过户等财产保全和执行措施，适用本规定。

第二条　本规定所指上市公司国有股，包括国家股和国有法人股。国家股指有权代表国家投资的机构或部门向股份有限公司出资或依据法定程序取得的股份；国有法人股指国有法人单位，包括国有资产比例超过50%的国有控股企业，以其依法占有的法人资产向股份有限公司出资形成或者依据法定程序取得的股份。

本规定所指社会法人股是指非国有法人资产投资于上市公司形成的股份。

第三条　人民法院对股权采取冻结、拍卖措施时，被保全人和被执行人应当是股权的持有人或者所有权人。被冻结、拍卖股权的上市公司非依据法定程序确定为案件当事人或者被执行人，人民法院不得对其采取保全或执行措施。

第四条　人民法院在审理案件过程中，股权持有人或者所有权人作为债务人，如有偿还能力的，人民法院一般不应对其股权采取冻结保全措施。

人民法院已对股权采取冻结保全措施的，股权持有人、所有权人或者第三人提供了有效担保，人民法院经审查符合法律规定的，可以解除对股权的冻结。

第五条　人民法院裁定冻结或者解除冻结股权，除应当将法律文书送达负有协助执行义务的单位以外，还应当在作出冻结或者解除冻结裁定后7日

内，将法律文书送达股权持有人或者所有权人并书面通知上市公司。

人民法院裁定拍卖上市公司股权，应当于委托拍卖之前将法律文书送达股权持有人或者所有权人并书面通知上市公司。

被冻结或者拍卖股权的当事人是国有股份持有人的，人民法院在向该国有股份持有人送达冻结或者拍卖裁定时，应当告其于 5 日内报主管财政部门备案。

第六条　冻结股权的期限不超过 1 年。如申请人需要延长期限的，人民法院应当根据申请，在冻结期限届满前办理续冻手续，每次续冻期限不超过 6 个月。逾期不办理续冻手续的，视为自动撤销冻结。

第七条　人民法院采取保全措施，所冻结的股权价值不得超过股权持有人或者所有权人的债务总额。股权价值应当按照上市公司最近期报表每股资产净值计算。

股权冻结的效力及于股权产生的股息以及红利、红股等孳息，但股权持有人或者所有权人仍可享有因上市公司增发、配售新股而产生的权利。

第八条　人民法院采取强制执行措施时，如果股权持有人或者所有权人在限期内提供了方便执行的其他财产，应当首先执行其他财产。其他财产不足以清偿债务的，方可执行股权。

本规定所称可供方便执行的其他财产，是指存款、现金、成品和半成品、原材料、交通工具等。

人民法院执行股权，必须进行拍卖。

股权的持有人或者所有权人以股权向债权人质押的，人民法院执行时也应当通过拍卖方式进行，不得直接将股权执行给债权人。

第九条　拍卖股权之前，人民法院应当委托具有证券从业资格的资产评估机构对股权价值进行评估。资产评估机构由债权人和债务人协商选定。不能达成一致意见的，由人民法院召集债权人和债务人提出候选评估机构，以抽签方式决定。

第十条　人民法院委托资产评估机构评估时，应当要求资产评估机构严格依照国家规定的标准、程序和方法对股权价值进行评估，并说明其应当对所作出的评估报告依法承担相应责任。

人民法院还应当要求上市公司向接受人民法院委托的资产评估机构如实提供有关情况和资料；要求资产评估机构对上市公司提供的情况和资料保守秘密。

第十一条　人民法院收到资产评估机构作出的评估报告后，须将评估报告分别送达债权人和债务人以及上市公司。债权人和债务人以及上市公司对评估报告有异议的，应当在收到评估报告后 7 日内书面提出。人民法院应当将异议书交资产评估机构，要求该机构在10日之内作出说明或者补正。

第十二条 对股权拍卖，人民法院应当委托依法成立的拍卖机构进行。拍卖机构的选定，参照本规定第九条规定的方法进行。

第十三条 股权拍卖保留价，应当按照评估值确定。

第一次拍卖最高应价未达到保留价时，应当继续进行拍卖，每次拍卖的保留价应当不低于前次保留价的90%。经三次拍卖仍不能成交时，人民法院应当将所拍卖的股权按第三次拍卖的保留价折价抵偿给债权人。

人民法院可以在每次拍卖未成交后主持调解，将所拍卖的股权参照该次拍卖保留价折价抵偿给债权人。

第十四条 拍卖股权，人民法院应当委托拍卖机构于拍卖日前10天，在《中国证券报》、《证券时报》或者《上海证券报》上进行公告。

第十五条 国有股权竞买人应当具备依法受让国有股权的条件。

第十六条 股权拍卖过程中，竞买人已经持有的该上市公司股份数额和其竞买的股份数额累计不得超过该上市公司已经发行股份数额的30%。如竞买人累计持有该上市公司股份数额已达到30%仍参与竞买的，须依照《中华人民共和国证券法》的相关规定办理，在此期间应当中止拍卖程序。

第十七条 拍卖成交后，人民法院应当向证券交易市场和证券登记结算公司出具协助执行通知书，由买受人持拍卖机构出具的成交证明和财政主管部门对股权性质的界定等有关文件，向证券交易市场和证券登记结算公司办理股权变更登记。

【链　接】

最高人民法院民二庭负责人就《关于冻结、拍卖上市公司国有股和社会法人股若干问题的规定》答记者问

一、问：为什么要制定《关于冻结、拍卖上市公司国有股和社会法人股若干问题的规定》（以下简称本规定）？

答：促使本规定产生的宏观背景有两个。一个是2002年第九届全国人民代表大会第四次会议批准了《国民经济和社会发展第十个五年计划纲要》（以下简称《纲要》）。《纲要》第十六章为“推进改革，完善社会主义市场经济体制”，其中就深化国有企业改革、调整和完善所有制结构以及健全市场体系等

有关问题作出了明确阐述。今后，除少数国家垄断经营的企业可作为国有独资公司外，国家鼓励其他国有大中型企业通过规范上市、中外合资、相互参股等形式，逐步改制为多元持股的有限责任公司或股份有限公司。同时，国家鼓励非国有企业、个人和境外投资者参与国有企业改制。在资本市场上，国家将建立和完善退市机制，疏通和规范亏损上市公司退出市场的通道。另一个是国务院2002年颁布的《减持国有股筹集社会保障资金管理暂行办法》(以下简称《暂行办法》)。《暂行办法》确定国有股市场化定价，通过存量发行、回购、协议转让和配售等四种方法减持。

今后在国有企业改制中，公司的上市、退市、国有股减持过程以及其他民事活动中，人民法院受理上市公司相关的国有股权的民事纠纷案件将会大量上升。同时，对于上市公司的社会法人股方面民事纠纷案件也将呈上升趋势，股权作为人民法院案件审理的标的物和执行的标的物出现的几率，将会大幅度上升。而目前在审理和执行与上市公司国有股和社会法人股相关的案件中，在对股权的保全和执行方面还存在许多问题，急需进行规范，这就是本规定出台的背景。

二、问：目前，股权的保全和执行中存在哪些问题？为什么要特别对股权的保全和执行作出司法解释？

答：财产冻结、评估和拍卖，属于程序法中规定的问题。现行的《中华人民共和国民事诉讼法》、《中华人民共和国拍卖法》、国务院《国有资产评估管理办法》以及《最高人民法院关于适用〈中华人民共和国民事诉讼法〉若干问题的意见》、《最高人民法院关于人民法院执行工作若干问题的规定（试行)》等一批法律和司法解释中，对于一般财产的处理问题，已经作出了较为详尽的规定。人民法院在诉讼和执行过程中，对任何标的采取财产保全和执行措施，按现行规定进行处理，一般不会发生太大的偏差。但由于上市公司的相关股权，是一种不同于一般有形财产的特殊财产，具有较强的特殊性，加之现有法律规范中没有对上市公司相关股权冻结、评估和拍卖的具体规定。依法律中一般原则性规定进行处理，会因不同的人产生不同的理解，使执行结果发生重大差异；也容易使极少数人曲意利用，导致司法不公。

司法实践中，股权冻结、评估和拍卖中存在的问题主要有：不区分上市公司和股东身份，裁定冻结上市公司相关股权后，未有效送达股份持有人或所有权人而将裁定送达给上市公司；不能平等地保护债权人和债务人的合法权益，在评估机构和拍卖机构的选定、拍卖底价的确定上，未给债务人表达意志的机会；拍卖信息披露不充分，导致竞买人不多，使得拍卖目标难以实现或被歪曲等。同时，股权不同于实物资产，其评估的范围包括固定资产、流动资产、无形资产和其他资产，评估的程序和方法也复杂得多。因此，很有必要对上市公司相关股权采取财产保全和执行措施，作出特别规定。

三、问：本规定适用哪些范围和主要特点是什么？

答：我国证券市场是在由计划经济向市场经济体制转轨的过程中，在政府的推动和培育下产生和发展起来的。转制过程中各种利益矛盾冲突和协调的结果，便形成了我国证券市场目前所特有的一些问题，如上市公司股本构成分为国有股和法人股、社会公众股三大类。国有股不得转让、法人股限制转让（该两种股票均不能上市流通）、社会公众股可以自由转让。这种对同一上市公司不同股本的划分和区别对待，本身就与市场经济下公司法律制度同股同权、自由转让的原则相矛盾。虽然这些新兴市场存在的问题，在不远的将来会逐步得到解决，但是本规定的制定，应当立足于目前证券市场状况，仅针对上市公司非流通的国有股和社会法人股，在被采取冻结、拍卖措施过程中，人民法院司法行为如何进行而予以规范。在第二条中作出了一个定义性的规定，明确规定了什么是国有股及其表现形式和什么是社会法人股。目的是使采取保全、执行措施的法官对标的物性质有更深的了解。不至于发生将上市公司与各类股份持有人（或所有人）混同的常识性错误。第一条规定了本规定的适用范围，即人民法院在民事案件审理中采取财产保全以及执行生效法律文书过程中，对上市公司国有股、社会法人股采取冻结、拍卖以及随之产生的评估和过户等司法行为时，适用本规定。

本规定有下列特征：

1. 是我国证券市场发展史上具有阶段性质的产物，它随着国有股的减持任务完成和法人股的全部流通，更随着我国证券市场的国际化到来，将会失去其存在的价值和意义。

2. 本规定是第一个就股权保全和执行方面作出的特别的司法解释。股权作为一种资产，它不同于其他实物财产，也不完全同于知识产权，其价值是随股份有限公司经营和盈利状况而随时发生变动。如何正确评估并据此确定股权拍卖底价，是本规定首先要规范的内容。

3. 强化人民法院和法官充任裁判员的角色。在评估机构、拍卖机构的选定和拍卖底价的确定中，本规定给予了高度重视并作了细化规定。这一方面是为了使人民法院尽可能地从参与者身份解脱出来，减少暗箱操作机会；另一方面，也是为了更贴近市场，即便在强制执行前提下，仍赋予各方当事人平等享有应有的合法权益。使人民法院的司法行为超脱且能更好地实现目的。

4. 平等保护当事人合法权益。人民法院的冻结、拍卖行为，是为了保障诉讼目的的顺利实现。对此作出具体规定，能更好地使债权人实现债权。在为了债权人实现债权的同时，不至于司法权的被滥用，债务人的合法权益保护，也在本规定中充分得到体现。

四、问：本规定主要内容有哪些？

答：主要规定了冻结期限为一年，每次续冻不超过六个月；人民法院作出冻结、解除冻结或者拍卖股权的裁定，除了送达案件当事人以外，还应书面通知上市公司，同时要求国有股持有人报其主管财政部门备案；执行股权必须经过拍卖；拍卖之前，人民法院须委托具有证券从业资格的资产评估机构对股权价值进行评估；评估机构和拍卖机构由债权人和债务人协商选定，不能达成一致意见的，由人民法院召集债权人和债务人提出候选评估机构，抽签决定；股权拍卖保留价按照评估值确定，经三次拍卖仍不能成交时，人民法院应当将所拍卖的股权按第三次拍卖的保留价折价抵偿给债权人。每次拍卖的保留价应当不低于前次保留价的百分之九十。人民法院可以在每次拍卖未成交后主持调解，将所拍卖的股权参照该次拍卖保留价折价抵偿给债权人等。

五、问：那么，本规定与以往程序上规定的原则相比有什么特殊性？

答：本规定与已有的规定相比有以下特殊之处：第一，在冻结期限上规定不超过一年，不同于冻结银行存款的半年期限。首先，《最高人民法院关于适用〈民事诉讼法〉若干问题的意见》第一百零九条规定："诉讼中的财产保全裁定的效力一般应维持到生效的法律文书执行时止"，民事案件一审普通程序加二审程序，已达九个月，还不包括案件周转时间。其次，股权变现不同于存款，股权的处理要经过评估、拍卖等。评估和拍卖本身即是复杂的程序，加上公告和异议期限，时间会更长。再就是从两个交易市场协助执行方便、尽量避免重复劳动考虑，故而规定冻结期限为一年。以后每次续冻期限以及逾期不办理续冻手续的，则采取了与存款冻结的相同的规定。

第二，确立了选定评估机构和拍卖机构的"抽签制"。我国《民事诉讼法》和《最高人民法院关于适用〈民事诉讼法〉若干问题的意见》有关执行条款，对被执行财产变现虽规定了通过拍卖方式实现，但如何拍卖却没有具体规定。《最高人民法院关于人民法院执行工作若干问题的规定（试行）》规定了通过委托评估机构首先进行资产评估，而后通过委托拍卖机构对被执行财产进行拍卖，以实现执行的目的。规定内容虽然较以前有很大进步，但是仍没有明确评估机构和拍卖机构的选定，应当体现谁的意志的问题。实践中，往往是由人民法院根据自己意志确定评估机构和拍卖机构，并委托其对被执行资产评估和拍卖。这种从一开始人民法院即介入较深的实际操作理念和方法，弊端很多。虽然评估和拍卖属于人民法院强制执行手段，但是强制执行并不是要抛弃人民法院裁判者的中间立场，也不是一味强调保护债权人的合法权益而置债务人的合法权益于不顾。在评估机构和拍卖机构选定上，不给债务人意志表示的机会，由人民法院自行决定，客观上使人民法院成了债权人的代言人，容易使人民法院的中立裁判角色发生偏移。相反，在评估机构和拍卖机构选定上，给予债务人意志表示的机会，其一，并不会影响人民法院的强制执行的正常进行；其二，有利于在保护债权人合法权益的同时平等保护债务人的合法权益，最终有利于保护债权人的权益顺利实现；其三，使人民法院以纠纷焦点中解脱出来，能更加公平司法；其四，是市场经济条件下，司法行为尽可能摆脱行政行为影响的发展方向。当然，所选定的评估机构和拍卖机构应具有国家规定的资质。资产评估机构应当具有证券从业资格；拍卖机构应当是依法成立的。

第三，更加强调平等保护各方当事人的合法权益。除了上述“抽签制”的规定外，还对与股权处理结果密切相关的上市公司、具有国有股权管理者身份的财政部门等的权益给予了充分注意。如规定了这些特殊的案外人享有对股权司法行为的知情权或异议权。

第四，确立了不得已方可处理股权的原则。冻结和拍卖股权的目的是使债权人的债权得以实现、人民法院案件审理结果得以顺利执行，而非以获取股权为目的。同时，考虑上市公司大股东的相对稳定是上市公司经营和发展的前提条件，只有上市公司稳定发展，才是对中小投资人利益的最大保护。因此，作为债务人，国有股和社会法人股持有人或所有权人，如有可供执行的其他财产，人民法院应当首先执行其他财产。其他财产不足以抵偿债务，方可对国有股和社会法人股进行拍卖。当然，国有股和社会法人股持有人自愿以股权抵债的除外。第八条规定：“人民法院采取强制执行措施时，如果国有股、社会法人股的持有人或所有权人在限期内提供了方便执行的其他财产，人民法院应当首先执行其他财产。其他财产不足以清偿债务的，方可对国有股或社会法人股执行。”但是为防止滥用该条规定，在第二款中又对可供方便执行财产作出了限定。

六、问：本规定中为什么对国有股买受人的资格作出限定？

答：本规定第十五条对国有股权受让人资格作出了原则限定，即“国有股权竞买人应当具备依法受让国有股权的条件”。前述《纲要》阐明了国有企业的改革方向，也即除了有关国民经济命脉和国家安全的重要企业国家必须控股以外，国家对其他企业不必控股，并且还鼓励非国有企业、个人和境外投资者参与国有企业改制。所以，任何资本不久将可以受让相关国有股份。如果本规定中再将自然人、境外法人以及境内外资独资法人等排斥在国有股份购买之外，势必与我国社会主义市场经济发展方向相悖，也剥夺了这些资本在国有股减持中应享有的权利。但是，目前仅有《纲要》，相关的具体法律、法规还没有出台，因此，本规定对国有股份受让人资格依照现行的法规作出了原则规定。

七、问：拍卖成交后，如何办理股权过户手续？

答：本规定第十七条规定："拍卖成交后，人民法院应向证券交易市场和证券登记结算公司出具协助执行通知书，由买受人持拍卖机构出具的成交证明和财政主管部门对股权性质的界定等有关文件，向证券交易市场和证券登记结算公司办理股权变更登记。"

股权性质的界定文件，是指国有股权转让行为发生后，由财政主管部门出具的认定转让后的股权性质的行政文件，是证券交易市场和证券登记结算机构据此重新对股权进行分类管理的依据。该文件由财政主管部门根据人民法院生效法律文书以及拍卖成交证明为买受人签发。只要买受人提供了人民法院生效法律文书、拍卖机构出具的成交证明，财政主管部门即应办理。具体签发界定文件的财政主管部门，按原国有股份持有人隶属于财政部管理的，财政部则为财政主管部门；原国有股份持有人属地方单位的，财政主管部门则为地方主管财政机关。

规定国有股权过户提交股权性质的界定文件，有利于代表国家对国有股份管理的财政部门对国有股份现状的管理（国有股份的协议转让是必须报请财政部门批准的）。同时，过户时提交股权性质的界定文件，也有利于证券交易市场和证券登记结算机构重新对股权进行分类管理。

最高人民法院
关于当事人申请财产保全错误造成案外人损失应否承担赔偿责任问题的解释

法释〔2005〕11号

（2005年7月4日最高人民法院审判委员会第1358次会议通过
2005年8月15日最高人民法院公告公布　自2005年8月24日起施行）

近来，一些法院就当事人申请财产保全错误造成案外人损失引发的赔偿纠纷案件应如何适用法律问题请示我院。经研究，现解释如下：

根据《中华人民共和国民法通则》第一百零六条、《中华人民共和国民事诉讼法》第九十六条等法律规定，当事人申请财产保全错误造成案外人损失的，应当依法承担赔偿责任。

此复。

最高人民法院
关于因申请诉中财产保全损害责任
纠纷管辖问题的批复

法释〔2017〕14号

（2017年7月17日最高人民法院审判委员会第1722次会议通过
2017年8月1日最高人民法院公告公布　自2017年8月10日起施行）

浙江省高级人民法院：

你院《关于因申请诉中财产保全损害责任纠纷管辖问题的请示》（（2015）浙立他字第91号）收悉。经研究，批复如下：

为便于当事人诉讼，诉讼中财产保全的被申请人、利害关系人依照《中华人民共和国民事诉讼法》第一百零五条规定提起的因申请诉中财产保全损害责任纠纷之诉，由作出诉中财产保全裁定的人民法院管辖。

此复。

最高人民法院
《关于银行贷款账户能否冻结的请示报告》的批复

（2014年4月2日　〔2014〕执他字第8号）

河南省高级人民法院：

你院（2013）豫法执复字第00042号《关于银行贷款账户能否冻结的请示报告》收悉，经研究，答复如下：

在银行作为协助执行人时，现行法律和司法解释只规定了可以对被执行人的银行存款账户进行冻结，冻结银行贷款账户缺乏依据。强制执行应当通过控制和处分被执行人财产的措施来实现。银行开立的以被执行人为户名的贷款账户，是银行记载其向被执行人发放贷款及收回贷款情况的账户、其中所记载的账户余额为银行对被执行人享有的债权，属于贷款银行的资产，并非被执行人的资产，而只是被执行人对银行的负债。

因此，通过“冻结”银行贷款账户不能实现控制被执行人财产的目的。只要人民法院冻结到了被执行人的银行存款账户或控制其他可供执行的财产，即足以实现执行的目的，同时也足以防止被执行人以冻结或查封的资产向银行清偿债务。而所谓“冻结”被执行人银行贷款账户，实质是禁止银行自主地从法院查封、扣押、冻结的被执行人财产以外的财产中实现收回贷款的行为。这种禁止，超出执行的目的。将侵害银行的合法权益，如果确实存在银行在法律冻结被执行人存款账户之后，擅自扣收贷款的情况，则可以依法强制追回。

因此，在执行以银行为协助执行人的案件时，不能冻结户名为被执行人的银行贷款账户。

第十章 对妨害民事诉讼的强制措施

最高人民法院
关于采取民事强制措施不得逐级变更由行为人的上级机构承担责任的通知

（2004年7月9日 法〔2004〕127号）

各省、自治区、直辖市高级人民法院，解放军军事法院，新疆维吾尔自治区高级人民法院生产建设兵团分院：

近一个时期，一些地方法院在执行银行和非银行金融机构（以下简称金融机构）作为被执行人或者协助执行人的案件中，在依法对该金融机构采取民事强制措施，作出罚款或者司法拘留决定后，又逐级对其上级金融机构直至总行、总公司采取民事强制措施，再次作出罚款或者司法拘留决定，造成不良影响。为纠正这一错误，特通知如下：

一、人民法院在执行程序中，对作为协助执行人的金融机构采取民事强制措施，应当严格依法决定，不得逐级变更由其上级金融机构负责。依据我院与中国人民银行于2000年9月4日会签下发的法发〔2000〕21号即《关于依法规范人民法院执行和金融机构协助执行的通知》第八条的规定，执行金融机构时逐级变更其上级金融机构为被执行人须具备五个条件：其一，该金融机构须为被执行人，其债务已由生效法律文书确认；其二，该金融机构收到执行法院对其限期十五日内履行偿债义务的通知；其三，该金融机构逾期未能自动履行偿债义务，并经过执行法院的强制执行；其四，该金融机构未能向执行法院提供其可供执行的财产；其五，该金融机构的上级金融机构对其负有民事连带清偿责任。金融机构作为协助执行人因其妨害执行行为而被采取民事强制措施，不同于金融机构为被执行人的情况，因此，司法处罚责任应由其自行承担；逐级变更由其上级金融机构承担此责任，属适用法律错误。

二、在执行程序中，经依法逐级变更由上级金融机构为被执行人的，如该上级金融机构在履行此项偿债义务时有妨害执行行为，可以对该上级金融机构采取民事强制措施。但人民法院应当严格按照前述通知第八条的规定，及时向该上级金融机构发出允许其于十五日内自动履行偿债义务的通知，在其自动履行的期限内，不得对其采取民事强制措施。

三、采取民事强制措施应当坚持过错责任原则。金融机构的行为基于其主观上的故意并构成妨害执行的，才可以对其采取民事强制措施；其中构成犯罪的，也可以通过法定程序追究其刑事责任。这种民事强制措施和刑事惩罚手段只适用于有故意过错的金融机构行为人，以充分体现国家法律对违法行为的惩罚性。

四、金融机构对执行法院的民事强制措施即罚款和司法拘留的决定书不服的，可以依据《民事诉讼法》第 105 条的规定，向上一级法院申请复议；当事人向执行法院提出复议申请的，执行法院应当立即报送上一级法院，不得扣押或者延误转交；上一级法院受理复议申请后，应当及时审查处理；执行法院在上一级法院审查复议申请期间，可以继续执行处罚决定，但经上一级法院决定撤销处罚决定的，执行法院应当立即照办。

以上通知，希望各级人民法院认真贯彻执行。执行过程中有什么情况和问题，应当及时层报我院执行工作办公室。

最高人民法院
关于防范和制裁虚假诉讼的指导意见

（2016 年 6 月 20 日　法发〔2016〕13 号）

当前，民事商事审判领域存在的虚假诉讼现象，不仅严重侵害案外人合法权益，破坏社会诚信，也扰乱了正常的诉讼秩序，损害司法权威和司法公信力，人民群众对此反映强烈。各级人民法院对此要高度重视，努力探索通过多种有效措施防范和制裁虚假诉讼行为。

1. 虚假诉讼一般包含以下要素：（1）以规避法律、法规或国家政策谋取非法利益为目的；（2）双方当事人存在恶意串通；（3）虚构事实；（4）借用合法的民事程序；（5）侵害国家利益、社会公共利益或者案外人的合法权益。

2. 实践中，要特别注意以下情形：（1）当事人为夫妻、朋友等亲近关系或者关联企业等共同利益关系；（2）原告诉请司法保护的标的额与其自身经济状况严重不符；（3）原告起诉所依据的事实和理由明显不符合常理；（4）当事人双方无实质性民事权益争议；（5）案件证据不足，但双方仍然主动迅速达成调解协议，并请求人民法院出具调解书。

3. 各级人民法院应当在立案窗口及法庭张贴警示宣传标识，同时在“人民法院民事诉讼风险提示书”中明确告知参与虚假诉讼应当承担的法律责任，引导当事人依法行使诉权，诚信诉讼。

4. 在民间借贷、离婚析产、以物抵债、劳动争议、公司分立（合并）、企业破产等虚假诉讼高发领域的案件审理中，要加大证据审查力度。对可能存在虚假诉讼的，要适当加大依职权调查取证力度。

5. 涉嫌虚假诉讼的，应当传唤当事人本人到庭，就有关案件事实接受询问。除法定事由外，应当要求证人出庭作证。要充分发挥民事诉讼法司法解释有关当事人和证人签署保证书规定的作用，探索当事人和证人宣誓制度。

6. 诉讼中，一方对另一方提出的于己不利的事实明确表示承认，且不符合常理的，要做进一步查明，慎重认定。查明的事实与自认的事实不符的，不予确认。

7. 要加强对调解协议的审查力度。对双方主动达成调解协议并申请人民法院出具调解书的，应当结合案件基础事实，注重审查调解协议是否损害国家利益、社会公共利益或者案外人的合法权益；对人民调解协议司法确认案件，要按照民事诉讼法司法解释要求，注重审查基础法律关系的真实性。

8. 在执行公证债权文书和仲裁裁决书、调解书等法律文书过程中，对可能存在双方恶意串通、虚构事实的，要加大实质审查力度，注重审查相关法律文书是否损害国家利益、社会公共利益或者案外人的合法权益。如果存在上述情形，应当裁定不予执行。必要时，可向仲裁机构或者公证机关发出司法建议。

9. 加大公开审判力度，增加案件审理的透明度。对与案件处理结果可能存在法律上利害关系的，可适当依职权通知其参加诉讼，避免其民事权益受到损害，防范虚假诉讼行为。

10. 在第三人撤销之诉、案外人执行异议之诉、案外人申请再审等案件审理中，发现已经生效的裁判涉及虚假诉讼的，要及时予以纠正，保护案外人诉权和实体权利；同时也要防范有关人员利用上述法律制度，制造虚假诉讼，损害原诉讼中合法权利人利益。

11. 经查明属于虚假诉讼，原告申请撤诉的，不予准许，并应当根据民事诉讼法第一百一十二条的规定，驳回其请求。

12. 对虚假诉讼参与人，要适度加大罚款、拘留等妨碍民事诉讼强制措施的法律适用力度；虚假诉讼侵害他人民事权益的，虚假诉讼参与人应当承担赔偿责任；虚假诉讼违法行为涉嫌虚假诉讼罪、诈骗罪、合同诈骗罪等刑事犯罪的，民事审判部门应当依法将相关线索和有关案件材料移送侦查机关。

13. 探索建立虚假诉讼失信人名单制度。将虚假诉讼参与人列入失信人名单，逐步开展与现有相关信息平台和社会信用体系接轨工作，加大制裁力度。

14. 人民法院工作人员参与虚假诉讼的，要依照法官法、法官职业道德基本准则和法官行为规范等规定，从严处理。

15. 诉讼代理人参与虚假诉讼的，要依法予以制裁，并应当向司法行政部门、律师协会或者行业协会发出司法建议。

16. 鉴定机构、鉴定人参与虚假诉讼的，可以根据情节轻重，给予鉴定机构、鉴定人训诫、责令退还鉴定费用、从法院委托鉴定专业机构备选名单中除名等制裁，并应当向司法行政部门或者行业协会发出司法建议。

17. 要积极主动与有关部门沟通协调，争取支持配合，探索建立多部门协调配合的综合治理机制。要通过向社会公开发布虚假诉讼典型案例等多种形式，震慑虚假诉讼违法行为。

18. 各级人民法院要及时组织干警学习了解中央和地方的各项经济社会政策，充分预判有可能在司法领域反映出来的虚假诉讼案件类型，也可以采取典型案例分析、审判业务交流、庭审观摩等多种形式，提高甄别虚假诉讼的司法能力。

第十一章　诉讼费用

诉讼费用交纳办法

（2006年12月19日国务院令第481号公布　自2007年4月1日起施行）

第一章　总　则

第一条　根据《中华人民共和国民事诉讼法》（以下简称民事诉讼法）和《中华人民共和国行政诉讼法》（以下简称行政诉讼法）的有关规定，制定本办法。

第二条　当事人进行民事诉讼、行政诉讼，应当依照本办法交纳诉讼费用。

本办法规定可以不交纳或者免予交纳诉讼费用的除外。

第三条　在诉讼过程中不得违反本办法规定的范围和标准向当事人收取费用。

第四条　国家对交纳诉讼费用确有困难的当事人提供司法救助，保障其依法行使诉讼权利，维护其合法权益。

第五条　外国人、无国籍人、外国企业或者组织在人民法院进行诉讼，适用本办法。

外国法院对中华人民共和国公民、法人或者其他组织，与其本国公民、法人或者其他组织在诉讼费用交纳上实行差别对待的，按照对等原则处理。

第二章　诉讼费用交纳范围

第六条　当事人应当向人民法院交纳的诉讼费用包括：

（一）案件受理费；

（二）申请费；

（三）证人、鉴定人、翻译人员、理算人员在人民法院指定日期出庭发生的交通费、住宿费、生活费和误工补贴。

第七条　案件受理费包括：

（一）第一审案件受理费；

（二）第二审案件受理费；

（三）再审案件中，依照本办法规定需要交纳的案件受理费。

第八条　下列案件不交纳案件受理费：

（一）依照民事诉讼法规定的特别程序审理的案件；

（二）裁定不予受理、驳回起诉、驳回上诉的案件；

（三）对不予受理、驳回起诉和管辖权异议裁定不服，提起上诉的案件；

（四）行政赔偿案件。

第九条　根据民事诉讼法和行政诉讼法规定的审判监督程序审理的案件，当事人不交纳案件受理费。但是，下列情形除外：

（一）当事人有新的证据，足以推翻原判决、裁定，向人民法院申请再审，人民法院经审查决定再审的案件；

（二）当事人对人民法院第一审判决或者裁定未提出上诉，第一审判决、裁定或者调解书发生法律效力后又申请再审，人民法院经审查决定再审的案件。

第十条　当事人依法向人民法院申请下列事项，应当交纳申请费：

（一）申请执行人民法院发生法律效力的判决、裁定、调解书，仲裁机构依法作出的裁决和调解书，公证机构依法赋予强制执行效力的债权文书；

（二）申请保全措施；

（三）申请支付令；

（四）申请公示催告；

（五）申请撤销仲裁裁决或者认定仲裁协议效力；

（六）申请破产；

（七）申请海事强制令、共同海损理算、设立海事赔偿责任限制基金、海事债权登记、船舶优先权催告；

（八）申请承认和执行外国法院判决、裁定和国外仲裁机构裁决。

第十一条　证人、鉴定人、翻译人员、理算人员在人民法院指定日期出庭发生的交通费、住宿费、生活费和误工补贴，由人民法院按照国家规定标准代为收取。

当事人复制案件卷宗材料和法律文书应当按实际成本向人民法院交纳工本费。

第十二条　诉讼过程中因鉴定、公告、勘验、翻译、评估、拍卖、变卖、仓储、保管、运输、船舶监管等发生的依法应当由当事人负担的费用，人民法院根据谁主张、谁负担的原则，决定由当事人直接支付给有关机构或者单位，人民法院不得代收代付。

人民法院依照民事诉讼法第十一条第三款规定提供当地民族通用语言、

文字翻译的，不收取费用。

第三章　诉讼费用交纳标准

第十三条　案件受理费分别按照下列标准交纳：

（一）财产案件根据诉讼请求的金额或者价额，按照下列比例分段累计交纳：

1. 不超过1万元的，每件交纳50元；

2. 超过1万元至10万元的部分，按照2.5%交纳；

3. 超过10万元至20万元的部分，按照2%交纳；

4. 超过20万元至50万元的部分，按照1.5%交纳；

5. 超过50万元至100万元的部分，按照1%交纳；

6. 超过100万元至200万元的部分，按照0.9%交纳；

7. 超过200万元至500万元的部分，按照0.8%交纳；

8. 超过500万元至1000万元的部分，按照0.7%交纳；

9. 超过1000万元至2000万元的部分，按照0.6%交纳；

10. 超过2000万元的部分，按照0.5%交纳。

（二）非财产案件按照下列标准交纳：

1. 离婚案件每件交纳50元至300元。涉及财产分割，财产总额不超过20万元的，不另行交纳；超过20万元的部分，按照0.5%交纳。

2. 侵害姓名权、名称权、肖像权、名誉权、荣誉权以及其他人格权的案件，每件交纳100元至500元。涉及损害赔偿，赔偿金额不超过5万元的，不另行交纳；超过5万元至10万元的部分，按照1%交纳；超过10万元的部分，按照0.5%交纳。

3. 其他非财产案件每件交纳50元至100元。

（三）知识产权民事案件，没有争议金额或者价额的，每件交纳500元至1000元；有争议金额或者价额的，按照财产案件的标准交纳。

（四）劳动争议案件每件交纳10元。

（五）行政案件按照下列标准交纳：

1. 商标、专利、海事行政案件每件交纳100元；

2. 其他行政案件每件交纳50元。

（六）当事人提出案件管辖权异议，异议不成立的，每件交纳50元至100元。

省、自治区、直辖市人民政府可以结合本地实际情况在本条第（二）项、第（三）项、第（六）项规定的幅度内制定具体交纳标准。

第十四条　申请费分别按照下列标准交纳：

（一）依法向人民法院申请执行人民法院发生法律效力的判决、裁定、调解书，仲裁机构依法作出的裁决和调解书，公证机关依法赋予强制执行效力的债权文书，申请承认和执行外国法院判决、裁定以及国外仲裁机构裁决的，按照下列标准交纳：

1. 没有执行金额或者价额的，每件交纳 50 元至 500 元。

2. 执行金额或者价额不超过 1 万元的，每件交纳 50 元；超过 1 万元至 50 万元的部分，按照 1.5％交纳；超过 50 万元至 500 万元的部分，按照 1％交纳；超过 500 万元至 1000 万元的部分，按照 0.5％交纳；超过 1000 万元的部分，按照 0.1％交纳。

3. 符合民事诉讼法第五十五条第四款规定，未参加登记的权利人向人民法院提起诉讼的，按照本项规定的标准交纳申请费，不再交纳案件受理费。

（二）申请保全措施的，根据实际保全的财产数额按照下列标准交纳：

财产数额不超过 1000 元或者不涉及财产数额的，每件交纳 30 元；超过 1000 元至 10 万元的部分，按照 1％交纳；超过 10 万元的部分，按照 0.5％交纳。但是，当事人申请保全措施交纳的费用最多不超过 5000 元。

（三）依法申请支付令的，比照财产案件受理费标准的 1/3 交纳。

（四）依法申请公示催告的，每件交纳 100 元。

（五）申请撤销仲裁裁决或者认定仲裁协议效力的，每件交纳 400 元。

（六）破产案件依据破产财产总额计算，按照财产案件受理费标准减半交纳，但是，最高不超过 30 万元。

（七）海事案件的申请费按照下列标准交纳：

1. 申请设立海事赔偿责任限制基金的，每件交纳 1000 元至 1 万元；

2. 申请海事强制令的，每件交纳 1000 元至 5000 元；

3. 申请船舶优先权催告的，每件交纳 1000 元至 5000 元；

4. 申请海事债权登记的，每件交纳 1000 元；

5. 申请共同海损理算的，每件交纳 1000 元。

第十五条　以调解方式结案或者当事人申请撤诉的，减半交纳案件受理费。

第十六条　适用简易程序审理的案件减半交纳案件受理费。

第十七条　对财产案件提起上诉的，按照不服一审判决部分的上诉请求数额交纳案件受理费。

第十八条　被告提起反诉、有独立请求权的第三人提出与本案有关的诉讼请求，人民法院决定合并审理的，分别减半交纳案件受理费。

第十九条　依照本办法第九条规定需要交纳案件受理费的再审案件，按照不服原判决部分的再审请求数额交纳案件受理费。

第四章 诉讼费用的交纳和退还

第二十条 案件受理费由原告、有独立请求权的第三人、上诉人预交。被告提起反诉，依照本办法规定需要交纳案件受理费的，由被告预交。追索劳动报酬的案件可以不预交案件受理费。

申请费由申请人预交。但是，本办法第十条第（一）项、第（六）项规定的申请费不由申请人预交，执行申请费执行后交纳，破产申请费清算后交纳。

本办法第十一条规定的费用，待实际发生后交纳。

第二十一条 当事人在诉讼中变更诉讼请求数额，案件受理费依照下列规定处理：

（一）当事人增加诉讼请求数额的，按照增加后的诉讼请求数额计算补交；

（二）当事人在法庭调查终结前提出减少诉讼请求数额的，按照减少后的诉讼请求数额计算退还。

第二十二条 原告自接到人民法院交纳诉讼费用通知次日起 7 日内交纳案件受理费；反诉案件由提起反诉的当事人自提起反诉次日起 7 日内交纳案件受理费。

上诉案件的案件受理费由上诉人向人民法院提交上诉状时预交。双方当事人都提起上诉的，分别预交。上诉人在上诉期内未预交诉讼费用的，人民法院应当通知其在 7 日内预交。

申请费由申请人在提出申请时或者在人民法院指定的期限内预交。

当事人逾期不交纳诉讼费用又未提出司法救助申请，或者申请司法救助未获批准，在人民法院指定期限内仍未交纳诉讼费用的，由人民法院依照有关规定处理。

第二十三条 依照本办法第九条规定需要交纳案件受理费的再审案件，由申请再审的当事人预交。双方当事人都申请再审的，分别预交。

第二十四条 依照民事诉讼法第三十六条、第三十七条、第三十八条、第三十九条规定移送、移交的案件，原受理人民法院应当将当事人预交的诉讼费用随案移交接收案件的人民法院。

第二十五条 人民法院审理民事案件过程中发现涉嫌刑事犯罪并将案件移送有关部门处理的，当事人交纳的案件受理费予以退还；移送后民事案件需要继续审理的，当事人已交纳的案件受理费不予退还。

第二十六条 中止诉讼、中止执行的案件，已交纳的案件受理费、申请费不予退还。中止诉讼、中止执行的原因消除，恢复诉讼、执行的，不再交纳案件受理费、申请费。

第二十七条　第二审人民法院决定将案件发回重审的，应当退还上诉人已交纳的第二审案件受理费。

第一审人民法院裁定不予受理或者驳回起诉的，应当退还当事人已交纳的案件受理费；当事人对第一审人民法院不予受理、驳回起诉的裁定提起上诉，第二审人民法院维持第一审人民法院作出的裁定的，第一审人民法院应当退还当事人已交纳的案件受理费。

第二十八条　依照民事诉讼法第一百三十七条规定终结诉讼的案件，依照本办法规定已交纳的案件受理费不予退还。

第五章　诉讼费用的负担

第二十九条　诉讼费用由败诉方负担，胜诉方自愿承担的除外。

部分胜诉、部分败诉的，人民法院根据案件的具体情况决定当事人各自负担的诉讼费用数额。

共同诉讼当事人败诉的，人民法院根据其对诉讼标的的利害关系，决定当事人各自负担的诉讼费用数额。

第三十条　第二审人民法院改变第一审人民法院作出的判决、裁定的，应当相应变更第一审人民法院对诉讼费用负担的决定。

第三十一条　经人民法院调解达成协议的案件，诉讼费用的负担由双方当事人协商解决；协商不成的，由人民法院决定。

第三十二条　依照本办法第九条第（一）项、第（二）项的规定应当交纳案件受理费的再审案件，诉讼费用由申请再审的当事人负担；双方当事人都申请再审的，诉讼费用依照本办法第二十九条的规定负担。原审诉讼费用的负担由人民法院根据诉讼费用负担原则重新确定。

第三十三条　离婚案件诉讼费用的负担由双方当事人协商解决；协商不成的，由人民法院决定。

第三十四条　民事案件的原告或者上诉人申请撤诉，人民法院裁定准许的，案件受理费由原告或者上诉人负担。

行政案件的被告改变或者撤销具体行政行为，原告申请撤诉，人民法院裁定准许的，案件受理费由被告负担。

第三十五条　当事人在法庭调查终结后提出减少诉讼请求数额的，减少请求数额部分的案件受理费由变更诉讼请求的当事人负担。

第三十六条　债务人对督促程序未提出异议的，申请费由债务人负担。债务人对督促程序提出异议致使督促程序终结的，申请费由申请人负担；申请人另行起诉的，可以将申请费列入诉讼请求。

第三十七条 公示催告的申请费由申请人负担。

第三十八条 本办法第十条第（一）项、第（八）项规定的申请费由被执行人负担。

执行中当事人达成和解协议的，申请费的负担由双方当事人协商解决；协商不成的，由人民法院决定。

本办法第十条第（二）项规定的申请费由申请人负担，申请人提起诉讼的，可以将该申请费列入诉讼请求。

本办法第十条第（五）项规定的申请费，由人民法院依照本办法第二十九条规定决定申请费的负担。

第三十九条 海事案件中的有关诉讼费用依照下列规定负担：

（一）诉前申请海事请求保全、海事强制令的，申请费由申请人负担；申请人就有关海事请求提起诉讼的，可将上述费用列入诉讼请求；

（二）诉前申请海事证据保全的，申请费由申请人负担；

（三）诉讼中拍卖、变卖被扣押船舶、船载货物、船用燃油、船用物料发生的合理费用，由申请人预付，从拍卖、变卖价款中先行扣除，退还申请人；

（四）申请设立海事赔偿责任限制基金、申请债权登记与受偿、申请船舶优先权催告案件的申请费，由申请人负担；

（五）设立海事赔偿责任限制基金、船舶优先权催告程序中的公告费用由申请人负担。

第四十条 当事人因自身原因未能在举证期限内举证，在二审或者再审期间提出新的证据致使诉讼费用增加的，增加的诉讼费用由该当事人负担。

第四十一条 依照特别程序审理案件的公告费，由起诉人或者申请人负担。

第四十二条 依法向人民法院申请破产的，诉讼费用依照有关法律规定从破产财产中拨付。

第四十三条 当事人不得单独对人民法院关于诉讼费用的决定提起上诉。

当事人单独对人民法院关于诉讼费用的决定有异议的，可以向作出决定的人民法院院长申请复核。复核决定应当自收到当事人申请之日起 15 日内作出。

当事人对人民法院决定诉讼费用的计算有异议的，可以向作出决定的人民法院请求复核。计算确有错误的，作出决定的人民法院应当予以更正。

第六章 司法救助

第四十四条 当事人交纳诉讼费用确有困难的，可以依照本办法向人民法院申请缓交、减交或者免交诉讼费用的司法救助。

诉讼费用的免交只适用于自然人。

第四十五条　当事人申请司法救助，符合下列情形之一的，人民法院应当准予免交诉讼费用：

（一）残疾人无固定生活来源的；

（二）追索赡养费、扶养费、抚育费、抚恤金的；

（三）最低生活保障对象、农村特困定期救济对象、农村五保供养对象或者领取失业保险金人员，无其他收入的；

（四）因见义勇为或者为保护社会公共利益致使自身合法权益受到损害，本人或者其近亲属请求赔偿或者补偿的；

（五）确实需要免交的其他情形。

第四十六条　当事人申请司法救助，符合下列情形之一的，人民法院应当准予减交诉讼费用：

（一）因自然灾害等不可抗力造成生活困难，正在接受社会救济，或者家庭生产经营难以为继的；

（二）属于国家规定的优抚、安置对象的；

（三）社会福利机构和救助管理站；

（四）确实需要减交的其他情形。

人民法院准予减交诉讼费用的，减交比例不得低于30％。

第四十七条　当事人申请司法救助，符合下列情形之一的，人民法院应当准予缓交诉讼费用：

（一）追索社会保险金、经济补偿金的；

（二）海上事故、交通事故、医疗事故、工伤事故、产品质量事故或者其他人身伤害事故的受害人请求赔偿的；

（三）正在接受有关部门法律援助的；

（四）确实需要缓交的其他情形。

第四十八条　当事人申请司法救助，应当在起诉或者上诉时提交书面申请、足以证明其确有经济困难的证明材料以及其他相关证明材料。

因生活困难或者追索基本生活费用申请免交、减交诉讼费用的，还应当提供本人及其家庭经济状况符合当地民政、劳动保障等部门规定的公民经济困难标准的证明。

人民法院对当事人的司法救助申请不予批准的，应当向当事人书面说明理由。

第四十九条　当事人申请缓交诉讼费用经审查符合本办法第四十七条规定的，人民法院应当在决定立案之前作出准予缓交的决定。

第五十条　人民法院对一方当事人提供司法救助，对方当事人败诉的，诉讼费用由对方当事人负担；对方当事人胜诉的，可以视申请司法救助的当事人的经济状况决定其减交、免交诉讼费用。

第五十一条 人民法院准予当事人减交、免交诉讼费用的，应当在法律文书中载明。

第七章 诉讼费用的管理和监督

第五十二条 诉讼费用的交纳和收取制度应当公示。人民法院收取诉讼费用按照其财务隶属关系使用国务院财政部门或者省级人民政府财政部门印制的财政票据。案件受理费、申请费全额上缴财政，纳入预算，实行收支两条线管理。

人民法院收取诉讼费用应当向当事人开具缴费凭证，当事人持缴费凭证到指定代理银行交费。依法应当向当事人退费的，人民法院应当按照国家有关规定办理。诉讼费用缴库和退费的具体办法由国务院财政部门商最高人民法院另行制定。

在边远、水上、交通不便地区，基层巡回法庭当场审理案件，当事人提出向指定代理银行交纳诉讼费用确有困难的，基层巡回法庭可以当场收取诉讼费用，并向当事人出具省级人民政府财政部门印制的财政票据；不出具省级人民政府财政部门印制的财政票据的，当事人有权拒绝交纳。

第五十三条 案件审结后，人民法院应当将诉讼费用的详细清单和当事人应当负担的数额书面通知当事人，同时在判决书、裁定书或者调解书中写明当事人各方应当负担的数额。

需要向当事人退还诉讼费用的，人民法院应当自法律文书生效之日起15日内退还有关当事人。

第五十四条 价格主管部门、财政部门按照收费管理的职责分工，对诉讼费用进行管理和监督；对违反本办法规定的乱收费行为，依照法律、法规和国务院相关规定予以查处。

第八章 附 则

第五十五条 诉讼费用以人民币为计算单位。以外币为计算单位的，依照人民法院决定受理案件之日国家公布的汇率换算成人民币计算交纳；上诉案件和申请再审案件的诉讼费用，按照第一审人民法院决定受理案件之日国家公布的汇率换算。

第五十六条 本办法自2007年4月1日起施行。

最高人民法院
关于人民法院不予受理人民检察院单独就诉讼费负担裁定提出抗诉问题的批复

法释〔1998〕22号

（1998年7月21日最高人民法院审判委员会第1005次会议通过
1998年8月31日最高人民法院公告公布　自1998年9月5日起施行）

河南省高级人民法院：

你院豫高法〔1998〕131号《关于人民检察院单独就诉讼费负担的裁定进行抗诉能否受理的请示》收悉。经研究，同意你院意见，即：人民检察院对人民法院就诉讼费负担的裁定提出抗诉，没有法律依据，人民法院不予受理。

此复。

最高人民法院
关于适用《诉讼费用交纳办法》的通知

（2007年4月20日　法发〔2007〕16号）

全国地方各级人民法院、各级军事法院、各铁路运输中级法院和基层法院、各海事法院，新疆生产建设兵团各级法院：

《诉讼费用交纳办法》（以下简称《办法》）自2007年4月1日起施行，最高人民法院颁布的《人民法院诉讼收费办法》和《〈人民法院诉讼收费办法〉补充规定》同时不再适用。为了贯彻落实《办法》，规范诉讼费用的交纳和管理，现就有关事项通知如下：

一、关于《办法》实施后的收费衔接

2007年4月1日以后人民法院受理的诉讼案件和执行案件，适用《办法》的规定。

2007年4月1日以前人民法院受理的诉讼案件和执行案件，不适用《办法》的规定。

对 2007 年 4 月 1 日以前已经作出生效裁判的案件依法再审的，适用《办法》的规定。人民法院对再审案件依法改判的，原审诉讼费用的负担按照原审时诉讼费用负担的原则和标准重新予以确定。

二、关于当事人未按照规定交纳案件受理费或者申请费的后果

当事人逾期不按照《办法》第二十条规定交纳案件受理费或者申请费并且没有提出司法救助申请，或者申请司法救助未获批准，在人民法院指定期限内仍未交纳案件受理费或者申请费的，由人民法院依法按照当事人自动撤诉或者撤回申请处理。

三、关于诉讼费用的负担

《办法》第二十九条规定，诉讼费用由败诉方负担，胜诉方自愿承担的除外。对原告胜诉的案件，诉讼费用由被告负担，人民法院应当将预收的诉讼费用退还原告，再由人民法院直接向被告收取，但原告自愿承担或者同意被告直接向其支付的除外。

当事人拒不交纳诉讼费用的，人民法院应当依法强制执行。

四、关于执行申请费和破产申请费的收取

《办法》第二十条规定，执行申请费和破产申请费不由申请人预交，执行申请费执行后交纳，破产申请费清算后交纳。自 2007 年 4 月 1 日起，执行申请费由人民法院在执行生效法律文书确定的内容之外直接向被执行人收取，破产申请费由人民法院在破产清算后，从破产财产中优先拨付。

五、关于司法救助的申请和批准程序

《办法》对司法救助的原则、形式、程序等作出了规定，但对司法救助的申请和批准程序未作规定。为规范人民法院司法救助的操作程序，最高人民法院将于近期对《关于对经济确有困难的当事人提供司法救助的规定》进行修订，及时向全国法院颁布施行。

六、关于各省、自治区、直辖市案件受理费和申请费的具体交纳标准

《办法》授权各省、自治区、直辖市人民政府可以结合本地实际情况，在第十三条第（二）、（三）、（六）项和第十四条第（一）项规定的幅度范围内制定各地案件受理费和申请费的具体交纳标准。各高级人民法院要商同级人民政府，及时就上述条款制定本省、自治区、直辖市案件受理费和申请费的具体交纳标准，并尽快下发辖区法院执行。

最高人民法院
印发《关于诉讼收费监督管理的规定》的通知

（2007年9月20日　法发〔2007〕30号）

全国地方各级人民法院、各级军事法院、各铁路运输中级法院和基层法院、各海事法院，新疆生产建设兵团各级法院：

为进一步加强和完善对人民法院诉讼收费的监督管理，确保《诉讼费用交纳办法》的正确执行，最高人民法院制定了《关于诉讼收费监督管理的规定》（以下简称《规定》）。现将《规定》印发给你们，请结合实际，认真贯彻执行。

附：

关于诉讼收费监督管理的规定

为了进一步加强和完善对人民法院诉讼收费的监督管理，防止和查处违规收费行为，维护当事人的合法权益，根据《民事诉讼法》、《行政诉讼法》和《诉讼费用交纳办法》的有关规定，制定本规定。

第一条　诉讼收费范围和收费标准应当严格执行《诉讼费用交纳办法》，不得提高收费标准。

第二条　当事人交纳诉讼费用确有困难的，可以依照《诉讼费用交纳办法》向人民法院申请缓交、减交或者免交诉讼费用的司法救助。对不符合司法救助情形的，不应准予免交、减交或者缓交。

第三条　诉讼收费严格实行“收支两条线”管理的规定，各级人民法院应当严格按照有关规定将依法收取的诉讼费用按照规定及时上缴同级财政，纳入预算管理，不得擅自开设银行账户收费，不得截留、坐支、挪用、私分诉讼费用。

第四条　各级人民法院收取诉讼费用应当到指定的价格主管部门办理收费许可证。

第五条 各级人民法院应当严格执行收费公示制度的有关规定，在立案场所公示收费许可证，诉讼费用交纳范围、交纳项目、交纳标准，以及投诉部门和电话等。

第六条 各级人民法院收取诉讼费用应当按照财务隶属关系使用国务院财政部门或者省级人民政府财政部门印制的财政票据，不得私自印制或者使用任何其他票据进行收费。

第七条 基层人民法院的人民法庭按照有关规定当场收取诉讼费用的，必须向当事人出具省级人民政府财政部门印制的财政票据，并及时将收取的诉讼费用缴入指定代理银行。

第八条 各级人民法院不得违反规定预收执行申请费和破产申请费用。

第九条 各级人民法院应当按照实际成本向当事人、辩护人以及代理人等收取复制案件卷宗材料、审判工作的声像档案和法律文书的工本费。实际成本按照人民法院所在地省级价格、财政部门的规定执行。

第十条 诉讼费用结算完毕后，各级人民法院按照规定应当退还当事人诉讼费用的，应当及时办理退还手续；案件经审理需移送、移交的，应当及时办理随案移交诉讼费用的手续，不得影响当事人诉讼；当事人需要补缴诉讼费用的，应当及时督促补缴。

第十一条 各级人民法院不得向法院内部各部门下达收费任务和指标，不得以诉讼收费数额的多少作为对部门或个人奖惩的依据，不得将诉讼费用的收取与奖金、福利、津贴等挂钩。

第十二条 各级人民法院应当对本院收取诉讼费用的情况每年进行一次自查。上级人民法院应当对所辖法院收取诉讼费用的情况有计划地开展检查。对检查中发现的问题，应当及时纠正。

各级人民法院应当按照有关规定接受并配合有关职能部门对诉讼收费情况的监督检查。

第十三条 各级人民法院监察部门负责受理对违反规定收取诉讼费用行为的举报，并查处违反规定收取诉讼费用的行为。

第十四条 各级人民法院监察部门对于违反规定收取诉讼费用的行为，应当认真进行调查。查证属实的，应当依照最高人民法院有关纪律处分的规定对直接责任人员进行处理。对于违反规定收取诉讼费用，严重损害当事人利益，造成恶劣影响的，还应当追究有关领导和责任人员的责任。

第十五条 本规定自下发之日起施行。

第十二章　第一审普通程序

（一）起诉和受理

最高人民法院
关于人民检察院对民事调解书提出抗诉人民法院应否受理问题的批复

法释〔2008〕18号

（1999年1月26日最高人民法院审判委员会第1041次会议通过
1999年2月9日以法释〔1999〕4号公布　自1999年2月13日起施行
根据2008年12月16日发布的《最高人民法院关于调整司法解释等文件中引用〈中华人民共和国民事诉讼法〉条文序号的决定》调整）

黑龙江、河南省高级人民法院：

黑高法〔1998〕67号《关于检察院对调解书抗诉应否受理的请示》和豫高法〔1998〕130号《关于检察机关对民事、经济调解书提出抗诉人民法院应否受理的请示》收悉。经研究，答复如下：

《中华人民共和国民事诉讼法》第一百八十七条只规定人民检察院可以对人民法院已经发生法律效力的判决、裁定提出抗诉，没有规定人民检察院可以对调解书提出抗诉。人民检察院对调解书提出抗诉的，人民法院不予受理。

此复

最高人民法院
关于人民法院是否受理因邮电部门电报稽延纠纷提起诉讼问题的批复

法释〔1999〕11号

（1999年5月22日最高人民法院审判委员会第1061次会议通过
1999年6月9日最高人民法院公告公布　自1999年6月17日起施行）

西藏自治区高级人民法院：

你院〔1998〕藏法研请字第1号《关于邮电部门电报稽延产生的赔偿诉讼是否仍按法（经）复〔1986〕38号批复办理的请示》收悉。经研究，答复如下：

一、因邮电部门电报稽延发生的纠纷，当事人向人民法院起诉的，只要符合民事诉讼法第一百零八条的规定，人民法院应当受理。

二、最高人民法院在此之前发布的有关司法解释与本批复不一致的，以本批复为准。

此复。

最高人民法院
关于银行储蓄卡密码被泄露导致存款被他人骗取引起的储蓄合同纠纷应否作为民事案件受理问题的批复

法释〔2005〕7号

（2005年7月4日最高人民法院审判委员会第1358次会议通过
2005年7月25日最高人民法院公告公布　自2005年8月1日起施行）

四川省高级人民法院：

你院《关于存款人泄露银行储蓄卡密码导致存款被他人骗取引起的纠纷应否作为民事案件受理的请示》收悉。经研究，答复如下：

因银行储蓄卡密码被泄露，他人伪造银行储蓄卡骗取存款人银行存款，存款人依其与银行订立的储蓄合同提起民事诉讼的，人民法院应当依法受理。

此复。

最高人民法院
关于当事人达不成拆迁补偿安置协议就补偿安置争议提起民事诉讼人民法院应否受理问题的批复

法释〔2005〕9号

（2005年7月4日最高人民法院审判委员会第1358次会议通过
2005年8月1日最高人民法院公告公布　自2005年8月11日起施行）

浙江省高级人民法院：

你院浙高法〔2004〕175号《关于双方未达成拆迁补偿安置协议当事人就补偿安置争议向法院起诉，法院能否以民事案件受理的请示》收悉。经研究，答复如下：

拆迁人与被拆迁人或者拆迁人、被拆迁人与房屋承租人达不成拆迁补偿安置协议，就补偿安置争议向人民法院提起民事诉讼的，人民法院不予受理，并告知当事人可以按照《城市房屋拆迁管理条例》第十六条的规定向有关部门申请裁决。

此复。

最高人民法院
关于人民法院受理涉及特权与豁免的民事案件有关问题的通知

（2007年5月22日　法〔2007〕69号）

各省、自治区、直辖市高级人民法院，解放军军事法院，新疆维吾尔自治区高级人民法院生产建设兵团分院：

为严格执行《中华人民共和国民事诉讼法》以及我国参加的有关国际公

约的规定，保障正确受理涉及特权与豁免的民事案件，我院决定对人民法院受理的涉及特权与豁免的案件建立报告制度，特做如下通知：

凡以下列在中国享有特权与豁免的主体为被告、第三人向人民法院起诉的民事案件，人民法院应在决定受理之前，报请本辖区高级人民法院审查；高级人民法院同意受理的，应当将其审查意见报最高人民法院。在最高人民法院答复前，一律暂不受理。

一、外国国家；

二、外国驻中国使馆和使馆人员；

三、外国驻中国领馆和领馆成员；

四、途经中国的外国驻第三国的外交代表和与其共同生活的配偶及未成年子女；

五、途经中国的外国驻第三国的领事官员和与其共同生活的配偶及未成年子女；

六、持有中国外交签证或者持有外交护照（仅限互免签证的国家）来中国的外国官员；

七、持有中国外交签证或者持有与中国互免签证国家外交护照的领事官员；

八、来中国访问的外国国家元首、政府首脑、外交部长及其他具有同等身份的官员；

九、来中国参加联合国及其专门机构召开的国际会议的外国代表；

十、临时来中国的联合国及其专门机构的官员和专家；

十一、联合国系统组织驻中国的代表机构和人员；

十二、其他在中国享有特权与豁免的主体。

最高人民法院
关于当事人对具有强制执行效力的公证债权文书的内容有争议提起诉讼人民法院是否受理问题的批复

法释〔2008〕17号

（2008年12月8日最高人民法院审判委员会第1457次会议通过
2008年12月22日最高人民法院公告公布　自2008年12月26日起施行）

各省、自治区、直辖市高级人民法院，解放军军事法院，新疆维吾尔自治区高级人民法院生产建设兵团分院：

关于当事人对具有强制执行效力的公证债权文书的内容有争议提起诉讼人民法院是否受理的问题，我院陆续收到江苏、重庆等高级人民法院的请示。经研究，批复如下：

根据《中华人民共和国民事诉讼法》第二百一十四条和《中华人民共和国公证法》第三十七条的规定，经公证的以给付为内容并载明债务人愿意接受强制执行承诺的债权文书依法具有强制执行效力。债权人或者债务人对该债权文书的内容有争议直接向人民法院提起民事诉讼的，人民法院不予受理。但公证债权文书确有错误，人民法院裁定不予执行的，当事人、公证事项的利害关系人可以就争议内容向人民法院提起民事诉讼。

最高人民法院
关于判决生效后当事人将判决确认的债权转让债权受让人对该判决不服提出再审申请人民法院是否受理问题的批复

法释〔2011〕2号

（2010年12月16日最高人民法院审判委员会第1506次会议通过
2011年1月7日最高人民法院公告公布　自2011年2月1日起施行）

海南省高级人民法院：

你院《关于海南长江旅业有限公司、海南凯立中部开发建设股份有限公司与交通银行海南分行借款合同纠纷一案的请示报告》（〔2009〕琼民再终字第16号）收悉。经研究，答复如下：

判决生效后当事人将判决确认的债权转让，债权受让人对该判决不服提出再审申请的，因其不具有申请再审人主体资格，人民法院应依法不予受理。

最高人民法院
关于人民法院受理共同诉讼案件问题的通知

（2005年12月30日　法〔2005〕270号）

各省、自治区、直辖市高级人民法院，新疆维吾尔自治区高级人民法院生产建设兵团分院：

为方便当事人诉讼和人民法院就地进行案件调解工作，提高审判效率，节省诉讼资源，进一步加强最高人民法院对下级人民法院民事审判工作的监督和指导，根据民事诉讼法的有关规定，现就人民法院受理共同诉讼案件问题通知如下：

一、当事人一方或双方人数众多的共同诉讼，依法由基层人民法院受理。受理法院认为不宜作为共同诉讼受理的，可分别受理。

在高级人民法院辖区内有重大影响的上述案件，由中级人民法院受理。

如情况特殊，确需高级人民法院作为一审民事案件受理的，应当在受理前报最高人民法院批准。

法律、司法解释对知识产权，海事、海商，涉外等民事纠纷案件的级别管辖另有规定的，从其规定。

二、各级人民法院应当加强对共同诉讼案件涉及问题的调查研究，上级人民法院应当加强对下级人民法院审理此类案件的指导工作。

本通知执行过程中有何问题及建议，请及时报告我院。

本通知自 2006 年 1 月 1 日起施行。

（二）立　案

最高人民法院
关于人民法院登记立案若干问题的规定

法释〔2015〕8 号

（2015 年 4 月 13 日最高人民法院审判委员会第 1647 次会议通过
2015 年 4 月 15 日最高人民法院公告公布　自 2015 年 5 月 1 日起施行）

为保护公民、法人和其他组织依法行使诉权，实现人民法院依法、及时受理案件，根据《中华人民共和国民事诉讼法》《中华人民共和国行政诉讼法》《中华人民共和国刑事诉讼法》等法律规定，制定本规定。

第一条　人民法院对依法应该受理的一审民事起诉、行政起诉和刑事自诉，实行立案登记制。

第二条　对起诉、自诉，人民法院应当一律接收诉状，出具书面凭证并注明收到日期。

对符合法律规定的起诉、自诉，人民法院应当当场予以登记立案。

对不符合法律规定的起诉、自诉，人民法院应当予以释明。

第三条　人民法院应当提供诉状样本，为当事人书写诉状提供示范和指引。

当事人书写诉状确有困难的，可以口头提出，由人民法院记入笔录。符合法律规定的，予以登记立案。

第四条　民事起诉状应当记明以下事项：

（一）原告的姓名、性别、年龄、民族、职业、工作单位、住所、联系方式，法人或者其他组织的名称、住所和法定代表人或者主要负责人的姓名、职务、联系方式；

（二）被告的姓名、性别、工作单位、住所等信息，法人或者其他组织的名称、住所等信息；

（三）诉讼请求和所根据的事实与理由；

（四）证据和证据来源；

（五）有证人的，载明证人姓名和住所。

行政起诉状参照民事起诉状书写。

第五条 刑事自诉状应当记明以下事项：

（一）自诉人或者代为告诉人、被告人的姓名、性别、年龄、民族、文化程度、职业、工作单位、住址、联系方式；

（二）被告人实施犯罪的时间、地点、手段、情节和危害后果等；

（三）具体的诉讼请求；

（四）致送的人民法院和具状时间；

（五）证据的名称、来源等；

（六）有证人的，载明证人的姓名、住所、联系方式等。

第六条 当事人提出起诉、自诉的，应当提交以下材料：

（一）起诉人、自诉人是自然人的，提交身份证明复印件；起诉人、自诉人是法人或者其他组织的，提交营业执照或者组织机构代码证复印件、法定代表人或者主要负责人身份证明书；法人或者其他组织不能提供组织机构代码的，应当提供组织机构被注销的情况说明；

（二）委托起诉或者代为告诉的，应当提交授权委托书、代理人身份证明、代为告诉人身份证明等相关材料；

（三）具体明确的足以使被告或者被告人与他人相区别的姓名或者名称、住所等信息；

（四）起诉状原本和与被告或者被告人及其他当事人人数相符的副本；

（五）与诉请相关的证据或者证明材料。

第七条 当事人提交的诉状和材料不符合要求的，人民法院应当一次性书面告知在指定期限内补正。

当事人在指定期限内补正的，人民法院决定是否立案的期间，自收到补正材料之日起计算。

当事人在指定期限内没有补正的，退回诉状并记录在册；坚持起诉、自诉的，裁定或者决定不予受理、不予立案。

经补正仍不符合要求的，裁定或者决定不予受理、不予立案。

第八条　对当事人提出的起诉、自诉，人民法院当场不能判定是否符合法律规定的，应当作出以下处理：

（一）对民事、行政起诉，应当在收到起诉状之日起七日内决定是否立案；

（二）对刑事自诉，应当在收到自诉状次日起十五日内决定是否立案；

（三）对第三人撤销之诉，应当在收到起诉状之日起三十日内决定是否立案；

（四）对执行异议之诉，应当在收到起诉状之日起十五日内决定是否立案。

人民法院在法定期间内不能判定起诉、自诉是否符合法律规定的，应当先行立案。

第九条　人民法院对起诉、自诉不予受理或者不予立案的，应当出具书面裁定或者决定，并载明理由。

第十条　人民法院对下列起诉、自诉不予登记立案：

（一）违法起诉或者不符合法律规定的；

（二）涉及危害国家主权和领土完整的；

（三）危害国家安全的；

（四）破坏国家统一和民族团结的；

（五）破坏国家宗教政策的；

（六）所诉事项不属于人民法院主管的。

第十一条　登记立案后，当事人未在法定期限内交纳诉讼费的，按撤诉处理，但符合法律规定的缓、减、免交诉讼费条件的除外。

第十二条　登记立案后，人民法院立案庭应当及时将案件移送审判庭审理。

第十三条　对立案工作中存在的不接收诉状、接收诉状后不出具书面凭证，不一次性告知当事人补正诉状内容，以及有案不立、拖延立案、干扰立案、既不立案又不作出裁定或者决定等违法违纪情形，当事人可以向受诉人民法院或者上级人民法院投诉。

人民法院应当在受理投诉之日起十五日内，查明事实，并将情况反馈当事人。发现违法违纪行为的，依法依纪追究相关人员责任；构成犯罪的，依法追究刑事责任。

第十四条　为方便当事人行使诉权，人民法院提供网上立案、预约立案、巡回立案等诉讼服务。

第十五条　人民法院推动多元化纠纷解决机制建设，尊重当事人选择人民调解、行政调解、行业调解、仲裁等多种方式维护权益，化解纠纷。

第十六条 人民法院依法维护登记立案秩序，推进诉讼诚信建设。对干扰立案秩序、虚假诉讼的，根据民事诉讼法、行政诉讼法有关规定予以罚款、拘留；构成犯罪的，依法追究刑事责任。

第十七条 本规定的“起诉”，是指当事人提起民事、行政诉讼；“自诉”，是指当事人提起刑事自诉。

第十八条 强制执行和国家赔偿申请登记立案工作，按照本规定执行。

上诉、申请再审、刑事申诉、执行复议和国家赔偿申诉案件立案工作，不适用本规定。

第十九条 人民法庭登记立案工作，按照本规定执行。

第二十条 本规定自2015年5月1日起施行。以前有关立案的规定与本规定不一致的，按照本规定执行。

最高人民法院
印发《关于人民法院推行立案登记制改革的意见》的通知

（2015年4月15日 法发〔2015〕6号）

各省、自治区、直辖市高级人民法院，解放军军事法院，新疆维吾尔自治区高级人民法院生产建设兵团分院：

2015年4月1日，中央全面深化改革领导小组第十一次会议审议通过了《关于人民法院推行立案登记制改革的意见》（以下简称《意见》），现予印发，请认真贯彻执行。该《意见》自2015年5月1日起施行。执行中发现情况和问题请及时报告最高人民法院。

附：

关于人民法院推行立案登记制改革的意见

为充分保障当事人诉权，切实解决人民群众反映的“立案难”问题，改革法院案件受理制度，变立案审查制为立案登记制，依照《中华人民共和国民事诉讼法》《中华人民共和国行政诉讼法》《中华人民共和国刑事诉讼法》

等有关法律，提出如下意见。

一、立案登记制改革的指导思想

（一）坚持正确政治方向。深入贯彻党的十八届四中全会精神，坚持党的群众路线，坚持司法为民公正司法，通过立案登记制改革，推动加快建设公正高效权威的社会主义司法制度。

（二）坚持以宪法和法律为依据。依法保障当事人行使诉讼权利，方便当事人诉讼，做到公开、透明、高效。

（三）坚持有案必立、有诉必理。对符合法律规定条件的案件，法院必须依法受理，任何单位和个人不得以任何借口阻挠法院受理案件。

二、登记立案范围

有下列情形之一的，应当登记立案：

（一）与本案有直接利害关系的公民、法人和其他组织提起的民事诉讼，有明确的被告、具体的诉讼请求和事实依据，属于人民法院主管和受诉人民法院管辖的；

（二）行政行为的相对人以及其他与行政行为有利害关系的公民、法人或者其他组织提起的行政诉讼，有明确的被告、具体的诉讼请求和事实根据，属于人民法院受案范围和受诉人民法院管辖的；

（三）属于告诉才处理的案件，被害人有证据证明的轻微刑事案件，以及被害人有证据证明应当追究被告人刑事责任而公安机关、人民检察院不予追究的案件，被害人告诉，且有明确的被告人、具体的诉讼请求和证明被告人犯罪事实的证据，属于受诉人民法院管辖的；

（四）生效法律文书有给付内容且执行标的和被执行人明确，权利人或其继承人、权利承受人在法定期限内提出申请，属于受申请人民法院管辖的；

（五）赔偿请求人向作为赔偿义务机关的人民法院提出申请，对人民法院、人民检察院、公安机关等作出的赔偿、复议决定或者对逾期不作为不服，提出赔偿申请的。

有下列情形之一的，不予登记立案：

（一）违法起诉或者不符合法定起诉条件的；

（二）诉讼已经终结的；

（三）涉及危害国家主权和领土完整、危害国家安全、破坏国家统一和民族团结、破坏国家宗教政策的；

（四）其他不属于人民法院主管的所诉事项。

三、登记立案程序

（一）实行当场登记立案。对符合法律规定的起诉、自诉和申请，一律接收诉状，当场登记立案。对当场不能判定是否符合法律规定的，应当在法律规定的期限内决定是否立案。

（二）实行一次性全面告知和补正。起诉、自诉和申请材料不符合形式要件的，应当及时释明，以书面形式一次性全面告知应当补正的材料和期限。在指定期限内经补正符合法律规定条件的，人民法院应当登记立案。

（三）不符合法律规定的起诉、自诉和申请的处理。对不符合法律规定的起诉、自诉和申请，应当依法裁决不予受理或者不予立案，并载明理由。当事人不服的，可以提起上诉或者申请复议。禁止不收材料、不予答复、不出具法律文书。

（四）严格执行立案标准。禁止在法律规定之外设定受理条件，全面清理和废止不符合法律规定的立案“土政策”。

四、健全配套机制

（一）健全多元化纠纷解决机制。进一步完善调解、仲裁、行政裁决、行政复议、诉讼等有机衔接、相互协调的多元化纠纷解决机制，加强诉前调解与诉讼调解的有效衔接，为人民群众提供更多纠纷解决方式。

（二）建立完善庭前准备程序。完善繁简分流、先行调解工作机制。探索建立庭前准备程序，召集庭前会议，明确诉辩意见，归纳争议焦点，固定相关证据，促进纠纷通过调解、和解、速裁和判决等方式高效解决。

（三）强化立案服务措施。加强人民法院诉讼服务中心和信息化建设，实现公开、便捷立案。推行网上立案、预约立案、巡回立案，为当事人行使诉权提供便利。加大法律援助、司法救助力度，让经济确有困难的当事人打得起官司。

五、制裁违法滥诉

（一）依法惩治虚假诉讼。当事人之间恶意串通，或者冒充他人提起诉讼，企图通过诉讼、调解等方式侵害他人合法权益的，人民法院应当驳回其请求，并予以罚款、拘留；构成犯罪的，依法追究刑事责任。

（二）依法制裁违法行为。对哄闹、滞留、冲击法庭等不听从司法工作人员劝阻的，以暴力、威胁或者其他方法阻碍司法工作人员执行职务的，或者编造事实、侮辱诽谤审判人员，严重扰乱登记立案工作的，予以罚款、拘留；构成犯罪的，依法追究刑事责任。

（三）依法维护立案秩序。对违法围攻、静坐、缠访闹访、冲击法院等，干扰人民法院依法立案的，由公安机关依照治安管理处罚法，予以警告、罚款、行政拘留等处罚；构成犯罪的，依法追究刑事责任。

（四）健全相关法律制度。加强诉讼诚信建设，规范行使诉权行为。推动完善相关立法，对虚假诉讼、恶意诉讼、无理缠诉等滥用诉权行为，明确行政处罚、司法处罚、刑事处罚标准，加大惩治力度。

六、切实加强立案监督

（一）加强内部监督。人民法院应当公开立案程序，规范立案行为，加强对立案流程的监督。上级人民法院应充分发挥审级监督职能，对下级法院有案不立的，责令其及时纠正。必要时，可提级管辖或者指定其他下级法院立案审理。

（二）加强外部监督。人民法院要自觉接受监督，对各级人民代表大会及其常务委员会督查法院登记立案工作反馈的问题和意见，要及时提出整改和落实措施；对检察机关针对不予受理、不予立案、驳回起诉的裁定依法提出的抗诉，要依法审理，对检察机关提出的检察建议要及时处理，并书面回复；自觉接受新闻媒体和人民群众的监督，对反映和投诉的问题，要及时回应，确实存在问题的，要依法纠正。

（三）强化责任追究。人民法院监察部门对立案工作应加大执纪监督力度。发现有案不立、拖延立案、人为控制立案、“年底不立案”、干扰依法立案等违法行为，对有关责任人员和主管领导，依法依纪严肃追究责任。造成严重后果或者恶劣社会影响，构成犯罪的，依法追究刑事责任。

各级人民法院要认真贯彻本意见精神，切实加强领导，明确责任，周密部署，精心组织，确保立案登记制改革顺利进行。

【链　接】

解决“立案难”的关键性举措

——最高人民法院负责人就《关于人民法院推行立案登记制改革的意见》答记者问

2015年4月1日，中央全面深化改革领导小组第十一次会议审议通过《关于人民法院推行立案登记制改革的意见》（以下简称《意见》）。2015年4月15日，最高人民法院印发《意见》，自2015年5月1日起施行。针对公众普遍关注的问题，最高人民法院负责人接受了《人民法院报》记者采访。

记者：立案登记制改革的总体思路是什么？请简要介绍一下这份意见的主要内容。

负责人：这次改革的总体思路是，以党的十八届四中全会精神和习近平总书记的重要指示为指针，坚持以宪法和法律为依据，以群众需求为导向，从解决实际问题入手，对依法应该受理的案件，做到有案必立、有诉必理，切实保障当事人诉权，从制度上、源头上、根本上解决“立案难”问题。

《意见》的主要内容包括：立案登记制改革的指导思想、登记立案范围、登记立案程序、健全配套机制、制裁违法滥诉、切实加强立案监督等方面，内容十分丰富，具体包括五个方面：

第一，对符合法律规定的起诉、自诉和申请，一律接收诉状，当场登记立案。

第二，对提交的材料不符合形式要件的，及时释明，以书面形式一次性全面告知应当补正的材料和期限。

第三，对在法律规定期限内无法判定的，应当先行立案。

第四，对不符合法律规定的起诉、自诉和申请，应当依法裁决不予受理或者不予立案，并载明理由。当事人不服的，可以提起上诉或者申请复议。禁止不收材料、不予答复、不出具法律文书。

第五，强化责任追究，对有案不立、拖延立案、人为控制立案、“年底不立案”、干扰依法立案等违法行为，依法依纪严肃追究有关责任人员和主管领导责任。

记者：与现行的立案审查制相比，立案登记制有什么特点?

负责人：立案审查制，是指当事人向法院提起诉讼时，法院对诉讼要件进行实质审查后，决定是否受理。其审查内容主要包括主体资格、法律关系、诉讼请求以及管辖权等。

立案登记制，是指法院对当事人的起诉不进行实质审查，仅仅对形式要件进行核对。除了《意见》规定不予登记立案的情形外，当事人提交的诉状一律接收，并出具书面凭证。诉状和相关证据材料符合诉讼法规定条件的，当场登记立案。

两者的区别有以下三个方面：

一是诉讼起点不同。立案审查制下，诉讼起点是法院决定立案时；立案登记制下，诉状提交给法院时，诉讼就开始了。

二是立案条件不同。立案审查制下，各级法院对当事人起诉能否立案的审查尺度存在标准不一的问题；立案登记制下，当事人只要提供符合形式要件的诉状，法院一律接收，并在规定期限内依法处理。

三是对当事人起诉权的保障不同。立案审查制下，当事人的起诉权得不到保障；立案登记制下，法院一律接收诉状，当事人依法无障碍行使诉权，体现了对当事人起诉权的充分保障。

记者：哪些案件属于登记立案的范围?

负责人：登记立案针对的是初始案件，包括民事起诉、行政起诉、刑事自诉、强制执行和国家赔偿申请。对上诉、申请再审、申诉等，法律另有规定，不适用登记立案的规定。

目前,《民事诉讼法》《行政诉讼法》《刑事诉讼法》《国家赔偿法》等法律和相关司法解释已经对民事起诉、行政起诉、刑事自诉、强制执行和国家赔偿申请的受理条件作出明确规定。

《意见》中也对应当登记立案的具体情形作出了详细规定。

此外，违法起诉和不符合起诉条件的，诉讼已经终结的，涉及危害国家主权和领土完整、危害国家安全、破坏国家统一和民族团结、破坏国家宗教政策的，以及其他不属于法院主管的所诉事项，不在登记范围之内。比如，当事人起诉的事项按规定应当由其他机关处理的争议，法院应当及时释明，告知当事人向有关机关申请解决。如果当事人坚持起诉，法院应当裁决不予受理或者不予立案。

记者：登记立案程序是否有时间上的硬性要求，来防止案件“久拖不立”?

负责人：老百姓到法院起诉、自诉或者申请强制执行、国家赔偿，法院要一律接受诉状。当场能够判定起诉、自诉和申请符合法律规定条件的，应当登记立案；当场不能判定是否符合法律规定条件的，应当在法律规定期限内决定是否立案。

这种要求是明确的，时效性是很强的。例如，起诉应当在收到起诉状之日起7日内决定是否立案；刑事自诉应当在收到自诉状次日起15日内决定是否立案；对于执行异议之诉，应当在收到起诉状之日起15日内决定是否立案。

在法律规定期限内，认为起诉、自诉和申请不符合法律规定条件的，应当依法裁决不予受理或者不予立案，并载明理由。无法判定是否符合法律规定条件的，先行立案。这主要是为了更充分地保障当事人的诉权，也对法院立案工作提出了更高的要求。

对当事人而言，起诉、自诉应当提供必要的材料，法院如果认为申请材料不符合形式要件的，应当当场及时释明，以书面形式一次性全面告知应当补正的材料和期限。

这里要明确，首先是以书面形式告知，防止口头表达不清或者事后是否告知了说不清楚；其次是一次性全面告知，不能反反复复，让当事人来回奔波。

当事人在指定期限内经补正达到法律规定条件的，法院应当登记立案。在指定期限内没有补正的，退回诉状并记录在册；当事人坚持起诉、自诉的，或者经补正仍不符合形式要件的，裁决不予受理或者不予立案。

登记立案后，法院应当及时将案件材料转给相关业务庭。对登记立案后移送的案件，相关部门不得随意以起诉材料不齐全、诉讼证据有缺失或者案件难以审理、执行等为由，退回立案部门。

为了进一步规范登记立案的程序，最高人民法院将颁发登记立案的规范性文件。

记者：法院如何应对实行登记立案后，可能出现的案件数量增加等问题？

负责人：实行登记立案制，法院各类案件数量预计会出现不同程度增长，涉诉信访等方面的任务也可能增加。

从法院自身而言，要大力提升诉讼服务水平。我们将继续抓好诉讼服务中心建设工作，完善便民服务机制，特别是运用信息技术手段，大力推行网上登记立案平台建设，让当事人更加方便地行使诉权。加大法律援助、司法救助力度，让经济确有困难的当事人打得起官司。

要改革审判执行机制，完善先行调解机制，探索庭前准备程序。积极稳妥推进司法体制改革，包括完善主审法官和合议庭办案责任制、法官员额制改革、司法辅助人员制度改革、司法人员分类管理等。大力开展案件分流、促进和解、指导调解、诉调对接和案件速裁工作。探索建立民事庭前准备程序，组织当事人交换证据，归纳争议焦点，促进双方和解，强化审前案件管理和程序管控，让更多的案件解决在审前。

同时，法院要在发挥审判功能的同时，进一步完善调解、仲裁、行政裁决、行政复议、诉讼等有机衔接、相互协调的多元化纠纷解决机制。通过建设功能强大、资源充足的诉调对接平台和形式多样、运行规范的诉调对接机制，尊重当事人的选择，减轻当事人诉累，有效化解矛盾纠纷。在诉讼服务中心为商事调解组织、行业调解组织或者其他具有调解职能的组织开展调解工作搭建平台，落实人民调解协议司法确认制度，充分发挥行政调解、人民调解、行业调解的作用。完善仲裁与诉讼的衔接机制，引导更多纠纷通过仲裁程序解决。

记者：对于可能出现的虚假诉讼、恶意诉讼、无理缠诉行为，法院如何规制？

负责人：起诉是当事人的基本权利，应当予以充分保障。但同时要引导当事人依法行使诉权，理性表达诉求，诚信维护权益。如果诉权被滥用，不仅没有让有限的司法资源用在“刀刃”上，给更有需要的人以司法救济，而且会损害司法权威。

对当事人之间恶意串通，或者冒充他人提起诉讼，企图通过诉讼、调解等方式侵害他人合法权益的虚假诉讼，法院一经发现，都将驳回其请求，并给予司法处罚。情节严重构成犯罪的，还将依法追究其刑事责任。

对扰乱法庭秩序、阻碍司法工作人员执行职务以及编造事实、侮辱诽谤审判人员的，依法进行处罚。对聚众围攻、缠访闹访、冲击法院等干扰法院审判工作的行为，法院将加大与公安机关的协调配合力度，依法予以制裁，维护正常立案秩序。

记者：法院将如何加大立案监督力度，确保立案登记制改革得到全面落实？

负责人：《意见》专门对加强立案监督，强化责任追究进行了规定。从规定的立案监督方式看，涉及党委纪检监督、人大权力机关的监督、政府监察监督、政协和民主党派民主监督、法院内部上级法院对下级法院的监督、检察机关的法律监督、社会和公众监督、媒体舆论监督、系统内的制度监督等，可以说是非常严的。具体来说，有以下三个方面：

一是加强法院内部监督，包括法院加强自查和上级法院依法进行监督。如果发现有案不立、拖延立案、人为控制立案、“年底不立案”、干扰依法立案等违法行为，对有关责任人员和主管领导，依法依纪严肃追究责任。造成严重后果或者恶劣社会影响，构成犯罪的，依法追究刑事责任。

二是依靠人大、政协、检察机关的监督。

三是自觉接受社会监督。通过全面推行立案公开，将立案活动晒在阳光下，规范立案行为，接受社会监督。

（三）审　理

中华人民共和国人民法院法庭规则

法释〔2016〕7号

（1993年11月26日最高人民法院审判委员会第617次会议通过　根据2015年12月21日最高人民法院审判委员会第1673次会议通过的《最高人民法院关于修改〈中华人民共和国人民法院法庭规则〉的决定》修正　2016年4月13日最高人民法院公告公布　自2016年5月1日起施行）

第一条　为了维护法庭安全和秩序，保障庭审活动正常进行，保障诉讼参与人依法行使诉讼权利，方便公众旁听，促进司法公正，彰显司法权威，根据《中华人民共和国人民法院组织法》《中华人民共和国刑事诉讼法》《中华人民共和国民事诉讼法》《中华人民共和国行政诉讼法》等有关法律规定，制定本规则。

第二条　法庭是人民法院代表国家依法审判各类案件的专门场所。

法庭正面上方应当悬挂国徽。

第三条　法庭分设审判活动区和旁听区，两区以栏杆等进行隔离。

审理未成年人案件的法庭应当根据未成年人身心发展特点设置区域和席位。

有新闻媒体旁听或报道庭审活动时，旁听区可以设置专门的媒体记者席。

第四条　刑事法庭可以配置同步视频作证室，供依法应当保护或其他确有保护必要的证人、鉴定人、被害人在庭审作证时使用。

第五条　法庭应当设置残疾人无障碍设施；根据需要配备合议庭合议室，检察人员、律师及其他诉讼参与人休息室，被告人羁押室等附属场所。

第六条　进入法庭的人员应当出示有效身份证件，并接受人身及携带物品的安全检查。

持有效工作证件和出庭通知履行职务的检察人员、律师可以通过专门通道进入法庭。需要安全检查的，人民法院对检察人员和律师平等对待。

第七条　除经人民法院许可，需要在法庭上出示的证据外，下列物品不得携带进入法庭：

（一）枪支、弹药、管制刀具以及其他具有杀伤力的器具；

（二）易燃易爆物、疑似爆炸物；

（三）放射性、毒害性、腐蚀性、强气味性物质以及传染病病原体；

（四）液体及胶状、粉末状物品；

（五）标语、条幅、传单；

（六）其他可能危害法庭安全或妨害法庭秩序的物品。

第八条　人民法院应当通过官方网站、电子显示屏、公告栏等向公众公开各法庭的编号、具体位置以及旁听席位数量等信息。

第九条　公开的庭审活动，公民可以旁听。

旁听席位不能满足需要时，人民法院可以根据申请的先后顺序或者通过抽签、摇号等方式发放旁听证，但应当优先安排当事人的近亲属或其他与案件有利害关系的人旁听。

下列人员不得旁听：

（一）证人、鉴定人以及准备出庭提出意见的有专门知识的人；

（二）未获得人民法院批准的未成年人；

（三）拒绝接受安全检查的人；

（四）醉酒的人、精神病人或其他精神状态异常的人；

（五）其他有可能危害法庭安全或妨害法庭秩序的人。

依法有可能封存犯罪记录的公开庭审活动，任何单位或个人不得组织人员旁听。

依法不公开的庭审活动，除法律另有规定外，任何人不得旁听。

第十条　人民法院应当对庭审活动进行全程录像或录音。

第十一条　依法公开进行的庭审活动，具有下列情形之一的，人民法院可以通过电视、互联网或其他公共媒体进行图文、音频、视频直播或录播：

（一）公众关注度较高；

（二）社会影响较大；

（三）法治宣传教育意义较强。

第十二条　出庭履行职务的人员，按照职业着装规定着装。但是，具有下列情形之一的，着正装：

（一）没有职业着装规定；

（二）侦查人员出庭作证；

（三）所在单位系案件当事人。

非履行职务的出庭人员及旁听人员，应当文明着装。

第十三条 刑事在押被告人或上诉人出庭受审时，着正装或便装，不着监管机构的识别服。

人民法院在庭审活动中不得对被告人或上诉人使用戒具，但认为其人身危险性大，可能危害法庭安全的除外。

第十四条 庭审活动开始前，书记员应当宣布本规则第十七条规定的法庭纪律。

第十五条 审判人员进入法庭以及审判长或独任审判员宣告判决、裁定、决定时，全体人员应当起立。

第十六条 人民法院开庭审判案件应当严格按照法律规定的诉讼程序进行。

审判人员在庭审活动中应当平等对待诉讼各方。

第十七条 全体人员在庭审活动中应当服从审判长或独任审判员的指挥，尊重司法礼仪，遵守法庭纪律，不得实施下列行为：

（一）鼓掌、喧哗；

（二）吸烟、进食；

（三）拨打或接听电话；

（四）对庭审活动进行录音、录像、拍照或使用移动通信工具等传播庭审活动；

（五）其他危害法庭安全或妨害法庭秩序的行为。

检察人员、诉讼参与人发言或提问，应当经审判长或独任审判员许可。

旁听人员不得进入审判活动区，不得随意站立、走动，不得发言和提问。

媒体记者经许可实施第一款第四项规定的行为，应当在指定的时间及区域进行，不得影响或干扰庭审活动。

第十八条 审判长或独任审判员主持庭审活动时，依照规定使用法槌。

第十九条 审判长或独任审判员对违反法庭纪律的人员应当予以警告；对不听警告的，予以训诫；对训诫无效的，责令其退出法庭；对拒不退出法庭的，指令司法警察将其强行带出法庭。

行为人违反本规则第十七条第一款第四项规定的，人民法院可以暂扣其使用的设备及存储介质，删除相关内容。

第二十条 行为人实施下列行为之一，危及法庭安全或扰乱法庭秩序的，根据相关法律规定，予以罚款、拘留；构成犯罪的，依法追究其刑事责任：

（一）非法携带枪支、弹药、管制刀具或者爆炸性、易燃性、放射性、毒害性、腐蚀性物品以及传染病病原体进入法庭；

（二）哄闹、冲击法庭；

（三）侮辱、诽谤、威胁、殴打司法工作人员或诉讼参与人；

（四）毁坏法庭设施，抢夺、损毁诉讼文书、证据；

（五）其他危害法庭安全或扰乱法庭秩序的行为。

第二十一条　司法警察依照审判长或独任审判员的指令维持法庭秩序。

出现危及法庭内人员人身安全或者严重扰乱法庭秩序等紧急情况时，司法警察可以直接采取必要的处置措施。

人民法院依法对违反法庭纪律的人采取的扣押物品、强行带出法庭以及罚款、拘留等强制措施，由司法警察执行。

第二十二条　人民检察院认为审判人员违反本规则的，可以在庭审活动结束后向人民法院提出处理建议。

诉讼参与人、旁听人员认为审判人员、书记员、司法警察违反本规则的，可以在庭审活动结束后向人民法院反映。

第二十三条　检察人员违反本规则的，人民法院可以向人民检察院通报情况并提出处理建议。

第二十四条　律师违反本规则的，人民法院可以向司法行政机关及律师协会通报情况并提出处理建议。

第二十五条　人民法院进行案件听证、国家赔偿案件质证、网络视频远程审理以及在法院以外的场所巡回审判等，参照适用本规则。

第二十六条　外国人、无国籍人旁听庭审活动，外国媒体记者报道庭审活动，应当遵守本规则。

第二十七条　本规则自2016年5月1日起施行；最高人民法院此前发布的司法解释及规范性文件与本规则不一致的，以本规则为准。

【链　接】

切实保障诉讼参与人依法行使诉讼权利
促进司法公正　彰显司法权威

——最高人民法院司改办负责人就《中华人民共和国人民法院法庭规则》答记者问

4月14日，最高人民法院司改办负责人就修改后的《中华人民共和国人民法院法庭规则》有关情况接受了记者的采访。

问：修订后的《法庭规则》在推进庭审公开，方便公众旁听方面有哪些新举措？

答：法庭是人民法院代表国家依法审判各类案件的专门场所，是公平正义的殿堂，也是法治教育的课堂。党的十八大特别是十八届三中全会以来，最高人民法院出台了一系列关于司法公开的规范性文件，建成了全国统一的审判流程、裁判文书、执行信息三大公开平台，引起了国际国内的广泛关注，取得了良好的社会效果。作为司法公开核心内容的庭审公开在制度建设和实践推进方面，也在不断地推进与完善。

修订后的《法庭规则》，通过完善现场旁听和增加远程旁听的规定，进一步加大了庭审公开的力度，最大程度地方便公众旁听。一是规定公民对公开的庭审活动，可以自由旁听。二是规定只有在旁听席位不能满足需要时，人民法院才可以根据申请的先后顺序或者通过抽签、摇号等方式发放旁听证。三是当事人的近亲属或其他与案件有利害关系的人的旁听优先安排。四是公布各法庭的编号、位置以及席位数量等信息，既方便引导旁听，又有利于接受监督，防止限制旁听。当然，从客观上来讲，再大的法庭，旁听席位也是有限的；在一些具体案件中，满足不了公众旁听的实际需要。为此，《法庭规则》要求人民法院依托现代信息技术，为公众远程旁听提供便利。一是规定依法公开进行的庭审活动，人民法院可以通过电视、互联网或其他公共媒体进行图文、音频、视频直播或录播。比如：公众关注度较高、社会影响较大或法治宣传教育意义较强的案件。二是规定经人民法院许可，媒体记者可以对庭审活动进行录音、录像、拍照或使用移动通信工具等传播庭审活动，让更多的人通过更为便捷的方式旁听庭审活动。

问：修订后的《法庭规则》在尊重和保障律师执业权利方面有哪些新举措？

答：法官和律师是法律职业共同体，应当彼此尊重、平等相待，相互支持、相互监督，正当交往，实现良性互动。2015 年 12 月 29 日，最高人民法院专门发布了《关于依法切实保障律师诉讼权利的规定》，依法保障律师知情权，阅卷权，出庭权，辩论、辩护权，申请排除非法证据的权利，申请调取证据的权利，等等。为保障律师在庭审活动中行使各项权利，《法庭规则》又专门作出以下新的规定：一是与检察人员在法庭安检方面待遇同等。规定出庭履行职务的律师与检察人员，可以通过专门通道进入法庭；需要安全检查的，人民法院对检察人员和律师平等对待。二是在法庭上享有充分的辩论、辩护权。规定在庭审活动中，审判人员平等对待诉讼各方，不偏袒任何一方。三是在法庭上可以使用自带电脑办案。《法庭规则》对包括律师在内的诉讼参与人携带电脑、手机等电子设备进入法庭未作限制，也就是说，律师可以使用手提电脑办案，但是不得使用电脑等电子设备对庭审活动进行录音、录像、拍照或传播庭审活动。四是享有对庭审活动的监督权。规定律师认为审判人员、书记员、司法警察违反法庭规则的，可以在庭审活动结束后向人民法院反映。五是提供其他执业便利。规定法庭根据需要可以配备律师休息室，方便律师休息、换装和饮水。

问：修订后的《法庭规则》在推进庭审实质化方面有哪些新举措？

答：以审判为中心的诉讼制度改革，需要解决的重要问题之一就是庭审实质化，即要求尊重司法规律，确保庭审在保护诉权、认定证据、查明事实、公正裁判中发挥决定性作用，实现诉讼证据质证在法庭、案件事实查明在法庭、诉辩意见发表在法庭、裁判理由形成在法庭。

《法庭规则》在推进庭审实质化方面推出了以下新的制度设计：一是规定审判人员在庭审活动中应当平等对待诉讼各方，形成诉辩双方平等对抗的格局，避免庭审活动流于形式，走过场。在庭审中，审判人员应当保持中立，严格按照法律规定的诉讼程序进行审理，合理分配诉讼各方的发言时间，不得偏袒任何一方。二是规定刑事在押被告人或上诉人出庭受审时，着正装或便装，不着监管机构的识别服；一般情况下，人民法院在庭审活动中不得对被告人或上诉人使用戒具。这些规定更鲜明地体现尊重和保障人权的理念，防止先入为主，确保程序正义。三是规定刑事法庭可以配置同步视频作证室，供依法应当保护或其他确有保护必要的证人、鉴定人、被害人在庭审作证时使用，消除证人、鉴定人、被害人的后顾之忧，有利于提高证人出庭作证率，提升庭审活动的质量。

问：修订后的《法庭规则》对媒体记者旁听和报道庭审活动作出了哪些新规定？

答：公开的庭审活动具有两大功能：一是通过庭审查明事实，适用法律，惩治犯罪或者定分止争。二是通过旁听满足公众知情权，既监督司法，又宣传法治。但是，由于客观条件的诸多限制，能够到庭参加旁听的人数毕竟是有限的。通过媒体记者旁听和报道庭审活动，可以广泛地满足公众对案件的知情权、监督权，教育更多的人尊法、学法、守法、用法。

为了加大庭审公开的力度，《法庭规则》为媒体记者旁听和报道庭审活动作出了以下专门规定：一是规定有新闻媒体旁听或报道庭审活动时，旁听区可以设置专门的媒体记者席，为媒体记者报道庭审活动提供便利。二是允许媒体记者在指定的时间及区域对庭审活动进行录音、录像、拍照或使用移动通信工具等传播庭审活动，实现媒体报道庭审活动的真实性、时效性，满足法庭以外的公众及时、全面了解庭审活动情况的需求。三是允许外国媒体记者报道庭审活动，而不仅限于旁听。

问：《法庭规则》的修订体现了多重价值取向，请问修订过程中是如何对各类主体的不同利益需求进行平衡的？

答： 现行《法庭规则》是1993年制定的。随着我国法治化进程的快速推进，其已经难以适应庭审活动的实际需要，也无法满足各类主体的不同需求。为适应法律的新规定，体现改革的新精神，满足群众的新期待，修订过程中，最高人民法院深入基层广泛收集各级法院法官的意见，掌握司法实践中的问题和需求；与最高人民检察院进行面对面的沟通协调，了解检察机关对相关问题的认识和看法；多次到全国律协座谈，反复听取律师对庭审活动的要求和建议；邀请法学专家逐条论证，实现理论与实践的契合；向全国人大常委会提出报告，听取立法机关的意见，确保规定内容于法有据。在决策环节，最高人民法院审判委员会先后三次开会进行讨论，慎重考量《法庭规则》所要体现的各项价值，综合平衡不同主体的利益需求，充分尊重司法规律，全面回应各方关切。主要体现有以下几点：一是通过规定审判人员在庭审活动中应当平等对待诉讼各方，体现控辩双方权利平等。二是实现诉讼各方权利和义务的对等，不仅规定人民法院开庭审判案件应当严格按照法律规定的诉讼程序进行，而且规定全体人员在庭审活动中应当服从审判长或独任审判员的指挥，尊重司法礼仪，遵守法庭纪律。三是在规定公开的庭审活动公民可以旁听的同时，又规定依法不公开的庭审活动，除法律另有规定外，任何人不得旁听，较好地实现庭审公开与诉讼参与人个人隐私及信息安全保护的平衡。

最高人民法院
关于人民法院通过互联网公开审判流程信息的规定

法释〔2018〕7号

（2018年2月12日最高人民法院审判委员会第1733次会议通过
2018年3月4日最高人民法院公告公布　自2018年9月1日起施行）

为贯彻落实审判公开原则，保障当事人对审判活动的知情权，规范人民法院通过互联网公开审判流程信息工作，促进司法公正，提升司法公信，根据《中华人民共和国刑事诉讼法》《中华人民共和国民事诉讼法》《中华人民共和国行政诉讼法》《中华人民共和国国家赔偿法》等法律规定，结合人民法院工作实际，制定本规定。

第一条　人民法院审判刑事、民事、行政、国家赔偿案件的流程信息，应当通过互联网向参加诉讼的当事人及其法定代理人、诉讼代理人、辩护人公开。

人民法院审判具有重大社会影响案件的流程信息，可以通过互联网或者其他方式向公众公开。

第二条　人民法院通过互联网公开审判流程信息，应当依法、规范、及时、便民。

第三条　中国审判流程信息公开网是人民法院公开审判流程信息的统一平台。各级人民法院在本院门户网站以及司法公开平台设置中国审判流程信息公开网的链接。

有条件的人民法院可以通过手机、诉讼服务平台、电话语音系统、电子邮箱等辅助媒介，向当事人及其法定代理人、诉讼代理人、辩护人主动推送案件的审判流程信息，或者提供查询服务。

第四条　人民法院应当在受理案件通知书、应诉通知书、参加诉讼通知书、出庭通知书中，告知当事人及其法定代理人、诉讼代理人、辩护人通过互联网获取审判流程信息的方法和注意事项。

第五条　当事人、法定代理人、诉讼代理人、辩护人的身份证件号码、律师执业证号、组织机构代码、统一社会信用代码，是其获取审判流程信息的身份验证依据。

当事人及其法定代理人、诉讼代理人、辩护人应当配合受理案件的人民法院采集、核对身份信息，并预留有效的手机号码。

第六条　人民法院通知当事人应诉、参加诉讼，准许当事人参加诉讼，或者采用公告方式送达当事人的，自完成其身份信息采集、核对后，依照本规定公开审判流程信息。

当事人中途退出诉讼的，经人民法院依法确认后，不再向该当事人及其法定代理人、诉讼代理人、辩护人公开审判流程信息。

法定代理人、诉讼代理人、辩护人参加诉讼或者发生变更的，参照前两款规定处理。

第七条　下列程序性信息应当通过互联网向当事人及其法定代理人、诉讼代理人、辩护人公开：

（一）收案、立案信息，结案信息；

（二）检察机关、刑罚执行机关信息，当事人信息；

（三）审判组织信息；

（四）审判程序、审理期限、送达、上诉、抗诉、移送等信息；

（五）庭审、质证、证据交换、庭前会议、询问、宣判等诉讼活动的时间和地点；

（六）裁判文书在中国裁判文书网的公布情况；

（七）法律、司法解释规定应当公开，或者人民法院认为可以公开的其他程序性信息。

第八条 回避、管辖争议、保全、先予执行、评估、鉴定等流程信息，应当通过互联网向当事人及其法定代理人、诉讼代理人、辩护人公开。

公开保全、先予执行等流程信息可能影响事项处理的，可以在事项处理完毕后公开。

第九条 下列诉讼文书应当于送达后通过互联网向当事人及其法定代理人、诉讼代理人、辩护人公开：

（一）起诉状、上诉状、再审申请书、申诉书、国家赔偿申请书、答辩状等诉讼文书；

（二）受理案件通知书、应诉通知书、参加诉讼通知书、出庭通知书、合议庭组成人员通知书、传票等诉讼文书；

（三）判决书、裁定书、决定书、调解书，以及其他有中止、终结诉讼程序作用，或者对当事人实体权利有影响、对当事人程序权利有重大影响的裁判文书；

（四）法律、司法解释规定应当公开，或者人民法院认为可以公开的其他诉讼文书。

第十条 庭审、质证、证据交换、庭前会议、调查取证、勘验、询问、宣判等诉讼活动的笔录，应当通过互联网向当事人及其法定代理人、诉讼代理人、辩护人公开。

第十一条 当事人及其法定代理人、诉讼代理人、辩护人申请查阅庭审录音录像、电子卷宗的，人民法院可以通过中国审判流程信息公开网或者其他诉讼服务平台提供查阅，并设置必要的安全保护措施。

第十二条 涉及国家秘密，以及法律、司法解释规定应当保密或者限制获取的审判流程信息，不得通过互联网向当事人及其法定代理人、诉讼代理人、辩护人公开。

第十三条 已经公开的审判流程信息与实际情况不一致的，以实际情况为准，受理案件的人民法院应当及时更正。

已经公开的审判流程信息存在本规定第十二条列明情形的，受理案件的人民法院应当及时撤回。

第十四条 经受送达人书面同意，人民法院可以通过中国审判流程信息公开网向民事、行政案件的当事人及其法定代理人、诉讼代理人电子送达除判决书、裁定书、调解书以外的诉讼文书。

采用前款方式送达的，人民法院应当按照本规定第五条采集、核对受送达人的身份信息，并为其开设个人专用的即时收悉系统。诉讼文书到达该系统的日期为送达日期，由系统自动记录并生成送达回证归入电子卷宗。

已经送达的诉讼文书需要更正的，应当重新送达。

第十五条　最高人民法院监督指导全国法院审判流程信息公开工作。高级、中级人民法院监督指导辖区法院审判流程信息公开工作。

各级人民法院审判管理办公室或者承担审判管理职能的其他机构负责本院审判流程信息公开工作，履行以下职责：

（一）组织、监督审判流程信息公开工作；

（二）处理当事人及其法定代理人、诉讼代理人、辩护人对审判流程信息公开工作的投诉和意见建议；

（三）指导技术部门做好技术支持和服务保障；

（四）其他管理工作。

第十六条　公开审判流程信息的业务规范和技术标准，由最高人民法院另行制定。

第十七条　本规定自 2018 年 9 月 1 日起施行。最高人民法院以前发布的司法解释和规范性文件与本规定不一致的，以本规定为准。

最高人民法院
关于裁判文书引用法律、法规等规范性法律文件的规定

法释〔2009〕14 号

（2009 年 7 月 13 日最高人民法院审判委员会第 1470 次会议通过
2009 年 10 月 26 日最高人民法院公告公布　自 2009 年 11 月 4 日起施行）

为进一步规范裁判文书引用法律、法规等规范性法律文件的工作，提高裁判质量，确保司法统一，维护法律权威，根据《中华人民共和国立法法》等法律规定，制定本规定。

第一条　人民法院的裁判文书应当依法引用相关法律、法规等规范性法律文件作为裁判依据。引用时应当准确完整写明规范性法律文件的名称、条款序号，需要引用具体条文的，应当整条（款、项）引用。

第二条　并列引用多个规范性法律文件的，引用顺序如下：法律及法律

解释、行政法规、地方性法规、自治条例或者单行条例、司法解释。同时引用两部以上法律的，应当先引用基本法律，后引用其他法律。引用包括实体法和程序法的，先引用实体法，后引用程序法。

第三条 刑事裁判文书应当引用法律、法律解释或者司法解释。刑事附带民事诉讼裁判文书引用规范性法律文件，同时适用本规定第四条规定。

第四条 民事裁判文书应当引用法律、法律解释或者司法解释。对于应当适用的行政法规、地方性法规或者自治条例和单行条例，可以直接引用。

第五条 行政裁判文书应当引用法律、法律解释、行政法规或者司法解释。对于应当适用的地方性法规、自治条例和单行条例、国务院或者国务院授权的部门公布的行政法规解释或者行政规章，可以直接引用。

第六条 对于本规定第三条、第四条、第五条规定之外的规范性文件，根据审理案件的需要，经审查认定为合法有效的，可以作为裁判说理的依据。

第七条 人民法院制作裁判文书确需引用的规范性法律文件之间存在冲突，根据立法法等有关法律规定无法选择适用的，应当依法提请有决定权的机关做出裁决，不得自行在裁判文书中认定相关规范性法律文件的效力。

第八条 本院以前发布的司法解释与本规定不一致的，以本规定为准。

最高人民法院
关于人民法院庭审录音录像的若干规定

法释〔2017〕5号

（2017年1月25日最高人民法院审判委员会第1708次会议通过
2017年2月22日最高人民法院公告公布　自2017年3月1日起施行）

为保障诉讼参与人诉讼权利，规范庭审活动，提高庭审效率，深化司法公开，促进司法公正，根据《中华人民共和国刑事诉讼法》《中华人民共和国民事诉讼法》《中华人民共和国行政诉讼法》等法律规定，结合审判工作实际，制定本规定。

第一条 人民法院开庭审判案件，应当对庭审活动进行全程录音录像。

第二条 人民法院应当在法庭内配备固定或者移动的录音录像设备。

有条件的人民法院可以在法庭安装使用智能语音识别同步转换文字系统。

第三条 庭审录音录像应当自宣布开庭时开始，至闭庭时结束。除下列情形外，庭审录音录像不得人为中断：

（一）休庭；

（二）公开庭审中的不公开举证、质证活动；

（三）不宜录制的调解活动。

负责录音录像的人员应当对录音录像的起止时间、有无中断等情况进行记录并附卷。

第四条　人民法院应当采取叠加同步录制时间或者其他措施保证庭审录音录像的真实和完整。

因设备故障或技术原因导致录音录像不真实、不完整的，负责录音录像的人员应当作出书面说明，经审判长或独任审判员审核签字后附卷。

第五条　人民法院应当使用专门设备在线或离线存储、备份庭审录音录像。因设备故障等原因导致不符合技术标准的录音录像，应当一并存储。

庭审录音录像的归档，按照人民法院电子诉讼档案管理规定执行。

第六条　人民法院通过使用智能语音识别系统同步转换生成的庭审文字记录，经审判人员、书记员、诉讼参与人核对签字后，作为法庭笔录管理和使用。

第七条　诉讼参与人对法庭笔录有异议并申请补正的，书记员可以播放庭审录音录像进行核对、补正；不予补正的，应当将申请记录在案。

第八条　适用简易程序审理民事案件的庭审录音录像，经当事人同意的，可以替代法庭笔录。

第九条　人民法院应当将替代法庭笔录的庭审录音录像同步保存在服务器或者刻录成光盘，并由当事人和其他诉讼参与人对其完整性校验值签字或者采取其他方法进行确认。

第十条　人民法院应当通过审判流程信息公开平台、诉讼服务平台以及其他便民诉讼服务平台，为当事人、辩护律师、诉讼代理人等依法查阅庭审录音录像提供便利。

对提供查阅的录音录像，人民法院应当设置必要的安全防范措施。

第十一条　当事人、辩护律师、诉讼代理人等可以依照规定复制录音或者誊录庭审录音录像，必要时人民法院应当配备相应设施。

第十二条　人民法院可以播放依法公开审理案件的庭审录音录像。

第十三条　诉讼参与人、旁听人员违反法庭纪律或者有关法律规定，危害法庭安全、扰乱法庭秩序的，人民法院可以通过庭审录音录像进行调查核实，并将其作为追究法律责任的证据。

第十四条　人民检察院、诉讼参与人认为庭审活动不规范或者违反法律规定的，人民法院应当结合庭审录音录像进行调查核实。

第十五条　未经人民法院许可，任何人不得对庭审活动进行录音录像，不得对庭审录音录像进行拍录、复制、删除和迁移。

行为人实施前款行为的，依照规定追究其相应责任。

第十六条 涉及国家秘密、商业秘密、个人隐私等庭审活动的录制，以及对庭审录音录像的存储、查阅、复制、誊录等，应当符合保密管理等相关规定。

第十七条 庭审录音录像涉及的相关技术保障、技术标准和技术规范，由最高人民法院另行制定。

第十八条 人民法院从事其他审判活动或者进行执行、听证、接访等活动需要进行录音录像的，参照本规定执行。

第十九条 本规定自2017年3月1日起施行。最高人民法院此前发布的司法解释及规范性文件与本规定不一致的，以本规定为准。

（四）简易程序

最高人民法院
关于适用简易程序审理民事案件的若干规定

法释〔2003〕15号

（2003年7月4日最高人民法院审判委员会第1280次会议通过
2003年9月10日最高人民法院公告公布　自2003年12月1日起施行）

为保障和方便当事人依法行使诉讼权利，保证人民法院公正、及时审理民事案件，根据《中华人民共和国民事诉讼法》的有关规定，结合民事审判经验和实际情况，制定本规定。

一、适用范围

第一条 基层人民法院根据《中华人民共和国民事诉讼法》第一百四十二条规定审理简单的民事案件，适用本规定，但有下列情形之一的案件除外：

（一）起诉时被告下落不明的；

（二）发回重审的；

（三）共同诉讼中一方或者双方当事人人数众多的；

（四）法律规定应当适用特别程序、审判监督程序、督促程序、公示催告程序和企业法人破产还债程序的；

（五）人民法院认为不宜适用简易程序进行审理的。

第二条　基层人民法院适用第一审普通程序审理的民事案件，当事人各方自愿选择适用简易程序，经人民法院审查同意的，可以适用简易程序进行审理。

人民法院不得违反当事人自愿原则，将普通程序转为简易程序。

第三条　当事人就适用简易程序提出异议，人民法院认为异议成立的，或者人民法院在审理过程中发现不宜适用简易程序的，应当将案件转入普通程序审理。

二、起诉与答辩

第四条　原告本人不能书写起诉状，委托他人代写起诉状确有困难的，可以口头起诉。

原告口头起诉的，人民法院应当将当事人的基本情况、联系方式、诉讼请求、事实及理由予以准确记录，将相关证据予以登记。人民法院应当将上述记录和登记的内容向原告当面宣读，原告认为无误后应当签名或者捺印。

第五条　当事人应当在起诉或者答辩时向人民法院提供自己准确的送达地址、收件人、电话号码等其他联系方式，并签名或者捺印确认。

送达地址应当写明受送达人住所地的邮政编码和详细地址；受送达人是有固定职业的自然人的，其从业的场所可以视为送达地址。

第六条　原告起诉后，人民法院可以采取捎口信、电话、传真、电子邮件等简便方式随时传唤双方当事人、证人。

第七条　双方当事人到庭后，被告同意口头答辩的，人民法院可以当即开庭审理；被告要求书面答辩的，人民法院应当将提交答辩状的期限和开庭的具体日期告知各方当事人，并向当事人说明逾期举证以及拒不到庭的法律后果，由各方当事人在笔录和开庭传票的送达回证上签名或者捺印。

第八条　人民法院按照原告提供的被告的送达地址或者其他联系方式无法通知被告应诉的，应当按以下情况分别处理：

（一）原告提供了被告准确的送达地址，但人民法院无法向被告直接送达或者留置送达应诉通知书的，应当将案件转入普通程序审理；

（二）原告不能提供被告准确的送达地址，人民法院经查证后仍不能确定被告送达地址的，可以被告不明确为由裁定驳回原告起诉。

第九条　被告到庭后拒绝提供自己的送达地址和联系方式的，人民法院应当告知其拒不提供送达地址的后果；经人民法院告知后被告仍然拒不提供的，按下列方式处理：

（一）被告是自然人的，以其户籍登记中的住所地或者经常居住地为送达地址；

（二）被告是法人或者其他组织的，应当以其工商登记或者其他依法登记、备案中的住所地为送达地址。

人民法院应当将上述告知的内容记入笔录。

第十条 因当事人自己提供的送达地址不准确、送达地址变更未及时告知人民法院，或者当事人拒不提供自己的送达地址而导致诉讼文书未能被当事人实际接收的，按下列方式处理：

（一）邮寄送达的，以邮件回执上注明的退回之日视为送达之日；

（二）直接送达的，送达人当场在送达回证上记明情况之日视为送达之日。

上述内容，人民法院应当在原告起诉和被告答辩时以书面或者口头方式告知当事人。

第十一条 受送达的自然人以及他的同住成年家属拒绝签收诉讼文书的，或者法人、其他组织负责收件的人拒绝签收诉讼文书的，送达人应当依据《中华人民共和国民事诉讼法》第七十九条的规定邀请有关基层组织或者所在单位的代表到场见证，被邀请的人不愿到场见证的，送达人应当在送达回证上记明拒收事由、时间和地点以及被邀请人不愿到场见证的情形，将诉讼文书留在受送达人的住所或者从业场所，即视为送达。

受送达人的同住成年家属或者法人、其他组织负责收件的人是同一案件中另一方当事人的，不适用前款规定。

三、审理前的准备

第十二条 适用简易程序审理的民事案件，当事人及其诉讼代理人申请人民法院调查收集证据和申请证人出庭作证，应当在举证期限届满前提出，但其提出申请的期限不受《最高人民法院关于民事诉讼证据的若干规定》第十九条第一款、第五十四条第一款的限制。

第十三条 当事人一方或者双方就适用简易程序提出异议后，人民法院应当进行审查，并按下列情形分别处理：

（一）异议成立的，应当将案件转入普通程序审理，并将合议庭的组成人员及相关事项以书面形式通知双方当事人；

（二）异议不成立的，口头告知双方当事人，并将上述内容记入笔录。

转入普通程序审理的民事案件的审理期限自人民法院立案的次日起开始计算。

第十四条 下列民事案件，人民法院在开庭审理时应当先行调解：

（一）婚姻家庭纠纷和继承纠纷；

（二）劳务合同纠纷；

（三）交通事故和工伤事故引起的权利义务关系较为明确的损害赔偿纠纷；

（四）宅基地和相邻关系纠纷；

（五）合伙协议纠纷；

（六）诉讼标的额较小的纠纷。

但是根据案件的性质和当事人的实际情况不能调解或者显然没有调解必要的除外。

第十五条　调解达成协议并经审判人员审核后，双方当事人同意该调解协议经双方签名或者捺印生效的，该调解协议自双方签名或者捺印之日起发生法律效力。当事人要求摘录或者复制该调解协议的，应予准许。

调解协议符合前款规定的，人民法院应当另行制作民事调解书。调解协议生效后一方拒不履行的，另一方可以持民事调解书申请强制执行。

第十六条　人民法院可以当庭告知当事人到人民法院领取民事调解书的具体日期，也可以在当事人达成调解协议的次日起十日内将民事调解书发送给当事人。

第十七条　当事人以民事调解书与调解协议的原意不一致为由提出异议，人民法院审查后认为异议成立的，应当根据调解协议裁定补正民事调解书的相关内容。

四、开庭审理

第十八条　以捎口信、电话、传真、电子邮件等形式发送的开庭通知，未经当事人确认或者没有其他证据足以证明当事人已经收到的，人民法院不得将其作为按撤诉处理和缺席判决的根据。

第十九条　开庭前已经书面或者口头告知当事人诉讼权利义务，或者当事人各方均委托律师代理诉讼的，审判人员除告知当事人申请回避的权利外，可以不再告知当事人其他的诉讼权利义务。

第二十条　对没有委托律师代理诉讼的当事人，审判人员应当对回避、自认、举证责任等相关内容向其作必要的解释或者说明，并在庭审过程中适当提示当事人正确行使诉讼权利、履行诉讼义务，指导当事人进行正常的诉讼活动。

第二十一条　开庭时，审判人员可以根据当事人的诉讼请求和答辩意见归纳出争议焦点，经当事人确认后，由当事人围绕争议焦点举证、质证和辩论。

当事人对案件事实无争议的，审判人员可以在听取当事人就适用法律方面的辩论意见后径行判决、裁定。

第二十二条 当事人双方同时到基层人民法院请求解决简单的民事纠纷，但未协商举证期限，或者被告一方经简便方式传唤到庭的，当事人在开庭审理时要求当庭举证的，应予准许；当事人当庭举证有困难的，举证的期限由当事人协商决定，但最长不得超过十五日；协商不成的，由人民法院决定。

第二十三条 适用简易程序审理的民事案件，应当一次开庭审结，但人民法院认为确有必要再次开庭的除外。

第二十四条 书记员应当将适用简易程序审理民事案件的全部活动记入笔录。对于下列事项，应当详细记载：

（一）审判人员关于当事人诉讼权利义务的告知、争议焦点的概括、证据的认定和裁判的宣告等重大事项；

（二）当事人申请回避、自认、撤诉、和解等重大事项；

（三）当事人当庭陈述的与其诉讼权利直接相关的其他事项。

第二十五条 庭审结束时，审判人员可以根据案件的审理情况对争议焦点和当事人各方举证、质证和辩论的情况进行简要总结，并就是否同意调解征询当事人的意见。

第二十六条 审判人员在审理过程中发现案情复杂需要转为普通程序的，应当在审限届满前及时作出决定，并书面通知当事人。

五、宣判与送达

第二十七条 适用简易程序审理的民事案件，除人民法院认为不宜当庭宣判的以外，应当当庭宣判。

第二十八条 当庭宣判的案件，除当事人当庭要求邮寄送达的以外，人民法院应当告知当事人或者诉讼代理人领取裁判文书的期间和地点以及逾期不领取的法律后果。上述情况，应当记入笔录。

人民法院已经告知当事人领取裁判文书的期间和地点的，当事人在指定期间内领取裁判文书之日即为送达之日；当事人在指定期间内未领取的，指定领取裁判文书期间届满之日即为送达之日，当事人的上诉期从人民法院指定领取裁判文书期间届满之日的次日起开始计算。

第二十九条 当事人因交通不便或者其他原因要求邮寄送达裁判文书的，人民法院可以按照当事人自己提供的送达地址邮寄送达。

人民法院根据当事人自己提供的送达地址邮寄送达的，邮件回执上注明收到或者退回之日即为送达之日，当事人的上诉期从邮件回执上注明收到或者退回之日的次日起开始计算。

第三十条　原告经传票传唤，无正当理由拒不到庭或者未经法庭许可中途退庭的，可以按撤诉处理；被告经传票传唤，无正当理由拒不到庭或者未经法庭许可中途退庭的，人民法院可以根据原告的诉讼请求及双方已经提交给法庭的证据材料缺席判决。

按撤诉处理或者缺席判决的，人民法院可以按照当事人自己提供的送达地址将裁判文书送达给未到庭的当事人。

第三十一条　定期宣判的案件，定期宣判之日即为送达之日，当事人的上诉期自定期宣判的次日起开始计算。当事人在定期宣判的日期无正当理由未到庭的，不影响该裁判上诉期间的计算。

当事人确有正当理由不能到庭，并在定期宣判前已经告知人民法院的，人民法院可以按照当事人自己提供的送达地址将裁判文书送达给未到庭的当事人。

第三十二条　适用简易程序审理的民事案件，有下列情形之一的，人民法院在制作裁判文书时对认定事实或者判决理由部分可以适当简化：

（一）当事人达成调解协议并需要制作民事调解书的；

（二）一方当事人在诉讼过程中明确表示承认对方全部诉讼请求或者部分诉讼请求的；

（三）当事人对案件事实没有争议或者争议不大的；

（四）涉及个人隐私或者商业秘密的案件，当事人一方要求简化裁判文书中的相关内容，人民法院认为理由正当的；

（五）当事人双方一致同意简化裁判文书的。

六、其　他

第三十三条　本院已经公布的司法解释与本规定不一致的，以本规定为准。

第三十四条　本规定自2003年12月1日起施行。2003年12月1日以后受理的民事案件，适用本规定。

【链　接】

方便当事人诉讼　快捷解决纠纷

——最高人民法院有关负责人就《关于适用简易程序审理民事案件的若干规定》答记者问

一、《关于适用简易程序审理民事案件的若干规定》（以下简称本规定）充分体现了为民、便民、利民的价值取向

问：请您介绍一下最高人民法院制定这一司法解释的背景和意义？

答：民事简易程序是基层人民法院审理简单民事案件时适用的一种独立的诉讼程序，它以诉讼成本较低、审理周期较短、诉讼方式简便、适用范围较广等特点在当前民事审判实践中发挥着十分重要的作用。因此，民事简易程序制度的规范和完善，既关系到司法资源的合理配置和审判效率的提高，更涉及广大人民群众诉讼权利和民事权益的保护。据统计，目前适用简易程序审理的民事案件占基层人民法院受理的民事案件总数的71%，个别沿海发达地区已达到90%，而我国现行《民事诉讼法》关于民事简易程序的规定只有五个条文，远远不能适应当前基层人民法院审理简单民事案件的需要。为了更加方便人民群众打官司，统一和规范各地人民法院适用简易程序审理民事案件的具体做法，切实保护当事人依法享有的诉讼权利和实体权利，落实“公正与效率”的工作主题，最高人民法院在《人民法院五年改革纲要》中就提出要“在法律规定的范围内，多适用简易程序审理案件”。2001年又将本规定确定为调研和司法解释的重点之一，并确定由我院民事审判第一庭具体负责该司法解释的调研和起草工作。在2003年8月召开的全国高级法院院长座谈会上，又将其确定为人民法院落实司法为民应当尽快出台的10件司法解释之一。该司法解释稿曾多次征求了全国各地许多基层人民法院的意见，充分吸收了全国人大、法工委、专家学者、律师以及一些涉讼当事人的意见，数易其稿，经最高人民法院审判委员会第1280次会议讨论通过，现予发布。

本规定的公布实施，是人民法院贯彻司法为民、实现“公正与效率”工作主题的必然要求。首先，民事简易程序的细化、完善并积极推行，能够使当事人尽快从诉讼中解脱出来。民事诉讼关系到广大人民群众的切身利益，快捷解决纠纷，既能方便人民群众打官司，及时地实现当事人权利，又能大大降低涉讼财产交易和流转的成本，是人民法院贯彻司法为民精神的直接体现。其次，本规定从起诉、答辩、传唤、送达等各个方面，都从方便当事人着想，以更灵活、方便的方式进行。在不违反程序公正的前提下，本规定尽可能为诉讼当事人提供便利，使诉讼更加贴近群众。再次，本规定根据民事诉讼当事人的处分原则和意思自治原则，明确了当事人对诉讼程序、举证期限、开庭方式、送达方式等均可以在协商一致的基础上进行自愿选择，体现了我国现代民事诉讼的民主性。因此，本规定以完善现行的民事简易程序为契机，从广大人民群众反映最强烈的问题入手，通过适用民事简易程序使真正有理的人能打得起官司，使诚信守法的人能打得赢官司。

二、当事人可以约定适用简便的诉讼程序

问：本规定第二条明确了当事人在简易程序中的程序选择权，这是民事诉讼民主化进程中的一大重要举措，请您介绍一下在简易程序中明确当事人的程序选择权的意义和价值？

答：程序选择权是当事人在民事诉讼中就程序性事项达成合意后共同处分自己诉讼权利的一种权能。它以双方当事人形成的诉讼契约为基础，以处分自己依法享有的诉讼权利为内容。本规定第二条明确了普通程序中的当事人在自愿、协商一致的基础上可以选择适用简易程序，不仅充分体现了当事人在民事诉讼程序中的处分原则和意思自治原则，而且对促进当事人与人民法院的相互配合，和谐推进诉讼程序，体现诉讼民主，具有非常重要的意义。

《民事诉讼法》第十三条规定："当事人有权在法律规定的范围内处分自己的民事权利和诉讼权利。"根据这一原则，当事人既可以申请通过国家法律确定的普通程序解决民事纠纷，也可以通过诉讼契约的方式自愿放弃这种权利，一致选择一种较普通程序更为经济、方便、快捷的简易诉讼程序。只要当事人的这种选择不危害国家利益、社会公共利益和他人合法权益，人民法院就应当给予支持。明确当事人有程序选择权，可以在更大程度上方便当事人解决自己的私权纠纷。首先，可以大大加快当事人实现自己民事权利的期限，减轻当事人的讼累，加快涉讼财产的流转速度。适用普通程序审理民事案件的期限为六个月，这对于大量民事诉讼中的确认之诉、给付之诉，特别是因交通事故和工伤事故急需抢救治疗费用的当事人以及其他急需解决权属争议的当事人都过于漫长，如果当事人在自愿的基础上一致选择简易程序，即可以在三个月内解决纠纷。其次，可以在较大程度上减少当事人之间以及当事人与人民法院之间在行使诉权和审判权过程中可能产生的冲突，有助于建立一种文明、公正、民主、和谐的民事诉讼程序。

问：人民法院应当如何保证当事人自愿行使程序选择权?

答：程序选择权的行使必须坚持自愿原则，任何违背当事人意志、强迫当事人选择简易程序的做法，都将悖离程序选择权设立的初衷。为了保证当事人正确行使程序选择权，本规定第二条对程序选择权行使的条件、范围等予以必要和合理的限制。首先，当事人行使程序选择权必须双方一致同意。诉讼契约是当事人行使程序选择权的基础和前提，缺少当事人的合意，任何具有处分当事人诉讼权利性质的程序转换，都将危害当事人依法享有的诉讼权利。其次，当事人行使程序选择权必须经人民法院同意。为了防止当事人双方在民事诉讼中恶意串通，损害他人的合法权益，本规定将“人民法院审查同意”设立为当事人行使程序选择权的必要条件。再次，未经当事人一致同意，人民法院不得以职权将普通程序转为简易程序。诉讼程序的转换直接关系到当事人依法享有的诉讼权利，因此，凡涉及当事人诉讼权利的程序转换，应当由当事人双方协商一致后方可启动。

三、写诉状确有困难可以口头起诉

问：随着我国经济文化以及社会的全面发展与进步，口头起诉在我国民事诉讼实践中呈逐年下降趋势，本规定第四条对口头起诉制度予以重新规范，其意义何在?

答：口头起诉是指原告本人不能书写起诉状，委托他人代写起诉状又确有困难时，将自己的诉讼请求、事实与理由、相关证据以口述方式诉至人民法院并由人民法院记录、登记和核对的一种起诉方式。

诉讼作为当事人请求国家司法救济的一种程序性较强的活动，一般应当以书面方式启动。诉讼以书面方式为原则，一方面，可以提高诉讼的质量，便于法官居中裁判；另一方面，又能够约束和限制法官裁量的范围，更好地保护当事人依法享有的诉讼权利和实体权利。但是，诉权是公民、法人和其他组织依法享有的一项基本权利，不能因当事人文化水平和经济条件等原因而被剥夺和限制。当前，我国广大农村及边远山区的农民受教育程度不高，有的因文化水平所限不能书写起诉状；有的孤寡老人以及肢体残疾人受自身能力条件等其他原因所限，也不能书写诉状，他们也无经济能力委托他人代写诉状或者代理诉讼。因此，保留口头起诉制度是必要的，是符合我国经济与文化发展实际情况的，也是关注弱势群体权益，贯彻“司法为民”和践行“三个代表”重要思想的必然要求。

四、用送达地址确认制度解决送达难

问：本规定明确了当事人对送达地址书面确认的制度，这对于保护当事人依法享有的诉讼权利和实体权利有何意义？

答：我国民事诉讼中的送达，是指人民法院依法定方式将诉讼文书或法律文书送交当事人或其他诉讼参与人签收的一项重要的法律制度。正确和及时的送达，既能使当事人及时获知诉讼文书所承载的内容，依法行使自己的诉讼权利，又能保证人民法院及时解决纠纷，保证民事诉讼程序的顺利进行。因此，民事诉讼中的送达是涉及当事人权利保护与人民法院审判秩序的一项十分重要的制度。

当前，我国民事诉讼中的“送达难”问题已成为影响当事人实体权利实现和制约人民法院审判效率的一个重要原因。由于我国现有的户籍制度和工商登记制度难以准确反映当事人真实的住所地，而在民事诉讼中又未明确当事人对自己送达地址的书面确认制度，因此，当事人送达地址的不确定性在民事审判实践中较为普遍。由于当事人的送达地址在诉讼开始前没有固定下来，一些可能败诉的当事人在诉讼期间突然消失，致使诉讼文书难以及时送达，由此引发的诉讼迟延使本应胜诉的一方当事人陷入漫长的等待，而可能败诉的一方当事人借此可以转移资产、抽逃资本，从而影响了部分当事人对通过诉讼解决纠纷、实现自己实体权利的信心。

本规定根据诚实信用的原则，明确了当事人在起诉和答辩时应当提供自己准确送达地址并签名或捺印确认的制度，这对于加快民事诉讼的进程，更好地保护当事人依法享有的诉讼权利和实体权利具有非常重要的意义。

五、当事人的举证权利更有保障

问：适用简易程序审理的民事案件一般不需要人民法院调查收集证据，为什么本规定放宽了当事人中请人民法院调查收集证据和申请证人出庭作证的期限？

答：简单的民事案件以事实清楚、权利义务关系明确、争议不大为特征，因此，适用简易程序审理的民事案件一般不需要人民法院调查收集证据。但是，有些简单的民事案件，由于足以支持当事人一方的主要证据属于国家有关部门保存并须人民法院依职权调取，如果人民法院以当事人申请人民法院调查收集证据为由而将案件转为普通程序，将会影响当事人权利的尽快实现。此外，部分适用普通程序审理的民事案件因当事人行使程序选择权而转为适用简易程序，在这些案件中应当赋予当事人申请人民法院调查收集证据的权利。因此，本规定从正面明确了当事人在民事简易程序中享有申请人民法院调查收集证据的权利。

根据《最高人民法院关于民事诉讼证据的若干规定》第十九条第一款、第五十四条第一款的规定，当事人及其诉讼代理人申请人民法院调查收集证据，不得迟于举证期限届满前7日；当事人申请证人出庭作证，应当在举证期限届满10日前提出，并经人民法院许可。这些规定对于人民法院适用普通程序审理民事案件时防止一方当事人搞证据突袭具有重要意义。在民事简易程序中，既要对当事人申请人民法院调查收集证据和申请证人出庭作证予以必要的限制，防止回到“证据随时提出主义”，又要对当事人申请的期限予以适度放宽，使当事人依法享有的诉讼权利在民事简易程序中得以充分实现。

问：本规定与《最高人民法院关于民事诉讼证据的若干规定》相比较，适度放宽了当事人当庭举证的条件，这是为什么？

答：适用简易程序审理的民事案件，多数是发生在人民群众身边的纠纷，具有数额较小、主体广泛、类型多样等特征。在这些案件中，如果当事人双方同时到人民法院请求解决纠纷，或者被告一方经简便方式传唤到庭，当事人双方未协商举证期限的，人民法院应当允许当事人当庭举证。

《最高人民法院关于民事诉讼证据的若干规定》实施以来，当事人在民事诉讼中的举证期限被严格限定在举证期限届满之前，这对于防止证据突袭、平衡诉辩双方的利益起到了十分重要的作用。但是，在民事简易程序中，如果将当事人的举证期限一律限定在举证期限届满之前，将会使双方当事人一起到庭或者被告一方经简便方式传唤到庭时失去举证的机会。此外，在广大农村和老少边穷地区，当事人委托律师代理诉讼的较少，如果将当事人的举证期限规定过严，不利于他们行使自己依法享有的诉讼权利，不利于实现实体公正，不符合我国目前的实际情况。因此，本规定第二十二条适度放宽了当事人当庭举证的条件，正确地处理了“公正与效率”的关系。

六、要求法官更重视调解

问：本规定第十四条为六类民事案件设立了调解前置程序，这是为什么？

答：民事简易程序是一种更加贴近人民群众的解纷方式，而诉讼调解又是民事简易程序中化解民间矛盾最重要的一种手段。中华民族博大精深的伦理文化给人们处理日常生活中的冲突与纠纷提供了许多好的经验与范例，其中有不少规范已经演变为现代社会法律的基础。因此，切实贯彻中国特色社会主义理论中关于依法治国与以德治国相结合的思想，充分发挥传统伦理道德与现代法律规范在解纷止争中的良性互动作用，将伦理文化引入司法解纷的过程之中，对于彻底解决纠纷、维护社会稳定、促进社会和谐进步具有非常重要的作用。

本规定第十四条将六类民事案件确定为调解前置案件，这是根据这六类民事案件自身的性质决定的。首先，本规定将婚姻家庭纠纷和继承纠纷列入调解前置程序，主要是这类案件内含着丰富的伦理道德内容，如果单纯用法律规范去调整，用很机械的、过于程式化的方式去解决，不利于纠纷的彻底和妥善处理，难以取得良好的社会效果。其次，本规定将劳务纠纷、宅基地和相邻关系纠纷以及合伙协议纠纷列入调解前置程序，主要是因为这些纠纷关系到当事人最基本的生活秩序和生活环境，如果以调解方式化解矛盾，便于当事人在未来的合作与生活中和睦相处，符合“和为贵”的民族传统。再次，本规定将交通事故和工伤事故引起的权利义务关系明确的损害赔偿纠纷列入调解前置程序，主要是为了使受害一方的当事人能尽快获得赔偿。在司法实践中，如果通过正常的诉讼程序解决因交通事故或工伤事故引起的损害赔偿纠纷，因常常涉及鉴定等问题，甚至要经过一、二审才了结诉讼，费时费力。如果一开始就能够通过调解解决纠纷，既可以缩短获赔的期限，又能降低诉讼成本，也有利于当事人对调解协议的自觉履行。最后，本规定将诉讼标的额较小的纠纷列入调解前置程序，是因为通过调解方式解决这类纠纷的可能性较大，也符合国家司法资源合理配置的原则。

七、法官的裁量权将受更多制约

问：既然民事简易程序以简单、快捷和方便为特征，为什么本规定第十八条要对人民法院的简便传唤作出更为严格的限制？

答：简便方式传唤是指人民法院在适用简易程序审理民事案件时，为了及时解决当事人之间的纠纷，以捎口信、电话、传真、电子邮件等方式通知当事人、证人到庭的一种传唤方式。适用简易程序审理的民事案件一般较普通程序的案件具有争议标的额小、案情简单、权利义务关系明确等特点，因此，采取形式多样的传唤方式更符合简易民事案件自身的特点。我国东部沿海和西部老少边穷地区存在较大差异，沿海开放地区可以采取传真或电子邮件等现代电子通讯手段传唤，而西部和一些经济欠发达地区尚需通过逢集遇会时捎话带口信等方式传唤。此外，简易程序中的传唤突出体现了简便传唤自身的灵活性，能够适应当前广大农村老百姓解决纠纷的特点，便于用简便方式及时化解矛盾；随时传唤可以避免传票传唤所产生的距离感，使老百姓的诉权与人民法院审判权的互动更加协调，共同促进民事诉讼的进程。

方便、快捷是民事简易程序内在价值的重要方面，但任何形式的方便和快捷绝不能以牺牲当事人的诉讼权利来换取。简便传唤是人民法院根据案件审理需要而随时传唤当事人、证人的一种传唤方式，由于法律上对这种传唤方式未作明确、具体的规定，在司法实践中更应防止简便传唤的滥用。简便传唤由于未采取传票方式，所以如果没有被传唤人的承认或相关证明，不能让当事人承担传票方式传唤的法律后果。为了统一和规范简便传唤的后果，本规定第十八条对简便传唤的后果作出了明确的规定："以捎口信、电话、传真、电子邮件等形式发送的开庭通知，未经当事人确认或者没有其他证据足以证明当事人已经收到的，不得作为原告撤诉和人民法院缺席判决的根据。"这就能够防止法官对审判权的滥用。

问：法庭笔录是记载人民法院审判活动的全部文字或音像材料的总称，为什么本规定第二十四条对民事简易程序中的法庭笔录要予以特别规定？

答：民事简易程序以追求当事人实体权利的尽快实现为主要目的，这就使诉讼程序中与当事人诉讼权利关系不大的环节、手续以及裁判文书均可以通过当事人协商、事前告知、当事人选择等特定方式予以简化。而法庭笔录既是人民法院适用简易程序审理案件活动的全部记录，又是上级法院在二审程序中全面掌握一审审判活动、维护当事人程序权利的主要依据。因此，在适用简易程序审理民事案件的过程中，程序可简，文书可简，但法庭笔录不能简。这是因为：第一，民事简易程序中涉及大量当事人处分自己民事权利的诉讼行为，这些行为均会产生相应的法律后果。如果法庭笔录因简化而忽略了对这些行为的记载，司法判决的依据将不复存在。第二，在民事简易程序中，人民法院有大量涉及当事人诉讼权利义务的事项需要当庭向当事人告知。如果法庭笔录因简化而忽略了对上述内容的记录，诉讼程序的正当性将无法体现。第三，在民事简易程序中，当事人当庭陈述的与其诉讼权利直接相关的事项是否被法庭记录在卷，常常是当事人能否接受一审判决的重要原因，是反映程序独立价值的重要依据，也是当事人亲身感受司法是否公正的重要标准。因此，对法庭审理活动中一切涉及当事人诉讼权利义务的事项予以详细记载，既有利于上级法院对下级法院审判活动进行监督，又有利于当事人对人民法院审判活动进行监督。

八、法官对当事人有更多的释明义务

问：我国自民事审判方式改革以来，法官的职权主义色彩逐渐削弱，更多的是主张法官角色的消极和中立，这次本规定第二十条明确了法官在更多的情况下应当指导当事人进行诉讼活动，是否与民事审判方式改革的方向相一致？

答：我国自20世纪80年代末开始民事审判方式改革以来，借鉴和吸取了当事人主义和辩论主义的一些合理成分，调动了当事人在民事诉讼中举证、质证和辩论的主动性，使民事诉讼的民主化程度有了较大提高。但是，民事审判方式改革的任何一个环节都应与中国具体的国情相适应。当前，我国东

西部之间、城市与农村之间在经济文化方面差距较大，同一案件中的当事人之间也会在经济收入与文化水平方面存在差异。这些差异对于当事人正确行使诉讼权利有很大影响，并且会导致诉辩双方在举证、质证和辩论等诸多环节上的不平等。因此，在我国民事简易程序中全盘照搬英美的抗辩制诉讼模式，不符合当前中国经济、文化和社会发展的客观实际。我国在民事诉讼中没有实行律师强制代理制度，这就使部分涉讼的当事人因缺少诉讼知识而不懂得或者未能及时行使自己的诉讼权利而导致丧失实体权利。因此，本规定第二十条对审判人员在民事简易程序中的释明义务作出了较为全面的规定。首先，对没有委托律师代理诉讼的当事人，审判人员应当对回避、自认、举证责任等相关内容向当事人作必要的解释或说明，因为这些制度与当事人的实体权利密切相关。其次，审判人员还应当在庭审过程中适当提示当事人正确行使自己的诉讼权利、履行自己的诉讼义务，指导当事人进行正常的诉讼活动，切实树立起服务型法院的理念。

九、简单案件一般应当庭宣判

问：本规定为什么要确立一次开庭和当庭宣判的原则？在司法实践中，应当如何正确看待当庭宣判率？

答：快捷是民事简易程序基本的价值取向之一。在确保程序公正的前提下，快捷就成为衡量民事简易程序内在价值的一个重要标准。本规定将一次开庭和当庭宣判确立为适用简易程序审理民事案件的一般原则，对于减轻当事人的讼累，加快涉讼财产的流转速度，防止“人情”等不当干扰，及时公正裁决，均具有十分重要的作用。首先，适用简易程序审理民事案件以一次开庭为原则，可以大大降低当事人的诉讼成本。出庭参讼是当事人进入诉讼后最重要的一项诉讼活动，如果以一次开庭为原则，可以促使当事人提高庭审过程中举证、质证的主动性，同时也可以加强审判人员的责任意识，大大提高庭审的质量。其次，适用简易程序审理民事案件以当庭宣判为原则，将对法官自身的素质和法官的职业化程度提出更高的要求，这将会大大减少诉讼外因素对审判活动的干扰，增加法庭审理的透明度，加速法官职业化的进程。总之，以一次开庭和当庭宣判为原则，可以更好地实现民事简易程序所负载的社会功能，使广大人民群众依法享有的诉讼权利和实体权利得以及时实现。

应当指出的是，以一次开庭和当庭宣判为原则，丝毫不能以牺牲公正换取效率。因此，司法实践中应当避免单纯以当庭宣判率作为衡量审判工作的唯一标准，而是应当以案件裁判的质量为最重要的判断标准。

最高人民法院
印发《关于部分基层人民法院开展小额速裁试点工作的指导意见》的通知

（2011年3月17日　法〔2011〕129号）

各省、自治区、直辖市高级人民法院，新疆维吾尔自治区高级人民法院生产建设兵团分院：

《最高人民法院关于部分基层人民法院开展小额速裁试点工作的指导意见》已经院领导批准，现印发给你们。请各地结合实际，认真贯彻执行。

附：

关于部分基层人民法院开展小额速裁试点工作的指导意见

目前，我国正处在经济转轨、社会转型的关键时期，由各种利益诉求引发的矛盾纠纷持续增加，并以诉讼的方式大量进入司法程序，不少地方法院“案多人少”的矛盾始终未得到根本缓解，难以满足人民群众不断增长的司法需求。为此，各级人民法院要认真贯彻社会主义法治理念，紧紧围绕“社会矛盾化解、社会管理创新、公正廉洁执法”三项重点工作，始终坚持“为大局服务，为人民司法”的工作主题，积极探索在基层人民法院适用小额速裁审理民事案件，通过进一步合理配置审判资源，便利人民群众诉讼，提高办案效率，维护司法公正，最大限度地满足人民群众的司法需求。为正确开展小额速裁试点工作，根据《中华人民共和国民事诉讼法》和相关司法解释规定，特提出以下意见：

一、开展小额速裁试点工作的目的

在现行民事诉讼立法和相关司法解释的框架下，小额速裁并非独立的诉讼程序，而是在司法体制和工作机制改革背景下，借鉴国内外民事审判实践经验特别是一些国家和地区小额诉讼立法的基础上，根据现有法律规定的基本原则和基本精神，积极探索改革民事诉讼简易程序的一种新形式。小额速裁通过设定专门的审理流程、设立专门的速裁机构，最大限度地简化民事诉讼程序。小额速裁比我国现行司法实践中所实行的简易程序更为简易、快捷、方便。选择部分基层人民法院，在给予当事人程序选择权的基础上，开展此项工作试点。以期通过试点，进一步完善民事诉讼简易程序，并为将来修改民事诉讼法，创设小额速裁程序积累审判实践经验。

二、小额速裁试点工作的内容

1. 小额速裁的适用对象

当事人起诉的案件法律关系单一，事实清楚，争议标的金额不足 1 万元的下列给付之诉的案件，可以适用小额速裁，但当事人提出异议的除外：

（1）权利义务关系明确的借贷、买卖、租赁和借用纠纷案件；

（2）身份关系清楚，仅在给付的数额、时间上存在争议的抚养费、赡养费、扶养费纠纷案件；

（3）责任明确、损失金额确定的道路交通事故损害赔偿和其他人身损害赔偿纠纷案件；

（4）权利义务关系明确的拖欠水、电、暖、天然气费及物业管理费纠纷案件；

（5）其他可以适用小额速裁的案件。

各省、自治区、直辖市高级人民法院可以根据当地经济发展情况，在上述规定范围内具体确定本辖区试点法院小额速裁案件的最高收案标的金额。经济发达地区可根据实际情况，适当放宽，但不得超过 5 万元。本辖区高级人民法院确定的前述最高收案标的金额以上 5 万元以下的给付之诉，当事人双方书面申请人民法院小额速裁的，人民法院可以适用。当事人变更诉讼请求，追加当事人或者提出反诉的，除当事人双方同意继续适用小额速裁并经人民法院准许外，一律不得适用小额速裁。

2. 小额速裁的起诉和审理

人民法院经立案审查认为当事人的起诉符合适用小额速裁条件的，应当以书面方式将小额速裁的适用条件、审判组织、审理方式、审理期限、裁判方式、诉讼费用收取标准、当事人的异议申请权利，以及人民法院对异议审查后的处理情况等相关程序性安排，告知当事人。当事人选择小额速裁的，人民法院应当记录在案并由当事人签名或捺印确认。

当事人以书面形式申请适用小额速裁的，人民法院应当将其申请入卷备查。双方当事人均选择适用小额速裁的，人民法院应当将适用小额速裁审理案件的决定告知当事人。

人民法院适用小额速裁审理民事案件，由审判员一人独任审理，并根据案件需要为当事人指定答辩期、举证期，但期限不得超过7日。

人民法院适用小额速裁审理民事案件，可以根据当事人的申请安排在晚间、休息日进行调解或者开庭。

人民法院适用小额速裁审理民事案件，可以灵活地安排询问证人的时间。当事人可以口头申请人民法院询问证人。当事人申请利用视频系统等方式询问证人的，人民法院认为适当的，予以准许。

人民法院适用小额速裁审理案件，可不区分法庭调查、法庭辩论阶段。

3. 小额速裁的裁判和收费

适用小额速裁审理民事案件，应当在立案之日起一个月内审结，不得延长审限。一个月内未能审结的，应当转而适用普通程序继续审理。

适用小额速裁审理民事案件，应当贯彻调解优先原则，调解不成的，要及时作出裁判。

适用小额速裁审理民事案件，可以当庭宣判。

当事人对于人民法院适用小额速裁作出的判决不服，可以在收到判决书之日起10日内向原审人民法院提出异议申请。

人民法院应当指定其他审判员对异议申请进行审查。

经审查异议不成立的，人民法院应当在3日内裁定驳回异议。经审查异议成立的，人民法院应当裁定撤销原判，并适用普通程序对案件进行审理。

人民法院适用小额速裁审理民事案件，诉讼费用按《诉讼费用交纳办法》确定的标准减半收取。

三、小额速裁工作试点安排

1. 试点法院的确定。由北京、天津、上海、广东、江苏、浙江、安徽、江西、湖北、四川、贵州、甘肃、青海等十三个省、直辖市高级人民法院在本辖区内各指定两个基层人民法院作为最高人民法院的试点单位。

各高级人民法院在本辖区内指定两个基层人民法院作为高级人民法院的试点单位。

2. 试点法院应当指定专人负责试点工作，并将实施试点工作的方案和联系人报所在省、自治区、直辖市高级人民法院。

试点法院应指定具有审判实践经验的审判员从事小额速裁案件的审理和异议审查工作。

试点法院应逐月做好相关统计工作，对适用小额速裁审理案件的数量、当事人对判决结果提出异议的案件数（比例）以及审查异议后维持的案件数（比例）进行统计，并及时总结试点工作中的经验及存在问题。

3. 各高级人民法院应当高度重视小额速裁试点工作，指定院内相关部门和人员对试点工作进行指导。尽快建立试点法院与高级人民法院和最高人民法院的沟通协调机制，将作为最高人民法院的试点法院和联系人以及本院负责小额速裁试点工作的人员名单及联系方式报最高人民法院民事审判第一庭。

各高级人民法院应当加强对试点法院的业务指导与监督，及时发现、总结试点工作的经验和存在问题，每三个月向最高人民法院报告一次。

附件：程序选择确认书样式两份（原告、被告）（略）

（五）公益诉讼

全国人民代表大会常务委员会
关于授权最高人民检察院在部分地区开展公益诉讼试点工作的决定

（2015 年 7 月 1 日第十二届全国人民代表大会常务委员会第十五次会议通过）

为加强对国家利益和社会公共利益的保护，第十二届全国人民代表大会常务委员会第十五次会议决定：授权最高人民检察院在生态环境和资源保护、国有资产保护、国有土地使用权出让、食品药品安全等领域开展提起公益诉讼试点。试点地区确定为北京、内蒙古、吉林、江苏、安徽、福建、山东、湖北、广东、贵州、云南、陕西、甘肃十三个省、自治区、直辖市。人民法院应当依法审理人民检察院提起的公益诉讼案件。试点工作必须坚持党的领导、人民当家作主和依法治国的有机统一，充分发挥法律监督、司法审判职能作用，促进依法行政、严格执法，维护宪法法律权威，维护社会公平正义，维护国家利益和社会公共利益。试点工作应当稳妥有序，遵循相关诉讼制度的原则。提起公益诉讼前，人民检察院应当依法督促行政机关纠正违法行政行为、履行法定职责，或者督促、支持法律规定的机关和有关组织提起公益诉讼。本决定的实施办法由最高人民法院、最高人民检察院制定，报全国人民代表大会常务委员会备案。试点期限为二年，自本决定公布之日起算。

最高人民法院、最高人民检察院应当加强对试点工作的组织指导和监督检查。试点进行中，最高人民检察院应当就试点情况向全国人民代表大会常务委员会作出中期报告。试点期满后，对实践证明可行的，应当修改完善有关法律。

本决定自公布之日起施行。

最高人民法院
关于在部分地方人民法院推进环境民事公益诉讼审判工作的指导意见

（2014 年 7 月 1 日　法〔2014〕166 号）

为正确贯彻落实环境民事公益诉讼法律规定，进一步加大对于环境公共利益的司法保护力度，根据《中华人民共和国民事诉讼法》《中华人民共和国环境保护法》《中华人民共和国海洋环境保护法》等法律，现就在部分地方人民法院推进环境民事公益诉讼审判工作提出以下意见：

一、推进环境民事公益诉讼审判工作的目的

民事诉讼法第五十五条规定了民事公益诉讼制度，新修订的环境保护法第五十八条进一步明确了可以提起环境民事公益诉讼的社会组织资格，强化了对于环境公共利益的法律保护力度。因环境民事公益诉讼系新增诉讼制度，选择部分地方人民法院，大力推进环境民事公益诉讼审判工作，目的在于探索完善环境民事公益诉讼的具体程序制度，为制定环境民事公益诉讼司法解释，规范环境民事公益诉讼程序积累审判实践经验。

二、推进环境民事公益诉讼审判工作的内容

探索环境民事公益诉讼的原告资格，充分保障法律规定的机关和有关组织的诉权，对社会组织提起的以维护环境社会公共利益为目的的诉讼，不违反法律规定的，可以予以受理。探索环境民事公益诉讼案件的集中管辖，在高级人民法院辖区内可以跨行政区划指定集中管辖环境民事公益诉讼的人民法院。探索环境民事公益诉讼的受理条件，明确原告应当提交的诉讼材料，依法及时受理符合条件的案件。探索环境民事公益诉讼与私益诉讼的协调，充分发挥公益诉讼对于私益诉讼的示范引导作用。探索环境民事公益诉讼的审理程序，合理确定人民法院在环境民事公益诉讼审理程序中的职能作用，依法推进公益诉讼审判程序。探索环境民事公益诉讼的裁判内容，贯彻预防

和恢复生态环境的理念，积极探索创新责任方式，最大限度修复生态环境。探索创新环境民事公益诉讼费用负担制度，依法审查原告缓交、减交或者免交诉讼费用的申请，适当减轻公益诉讼原告负担。探索设立环境民事公益诉讼专项基金，将环境赔偿金专款用于恢复环境、修复生态、维护环境公共利益，或者与环境资源保护行政执法机关、政府财政部门等协商确定环境赔偿金的交付使用方式。鼓励从环境民事公益诉讼基金中支付原告相关诉讼费用。

三、推进环境民事公益诉讼审判工作的安排

（一）相关法院的确定。由福建、云南、海南、贵州、江苏等五个省高级人民法院制定本辖区推进环境民事公益诉讼审判工作的具体方案，并确定 2—4 个中级人民法院或者基层人民法院作为推进此项工作的重点法院。

（二）重点法院应当指定专人负责，并将实施方案和联系人报所在高级人民法院。

重点法院应指定具有丰富审判实践经验的审判员从事环境民事公益诉讼案件的审理工作。

重点法院应逐月做好相关统计工作，对适用环境民事公益诉讼程序审理案件的数量、当事人提出上诉的数量（比例）进行统计，及时总结审判工作中的经验及存在的问题。

（三）上述高级人民法院应当高度重视环境民事公益诉讼审判工作，指定院内相关部门和人员进行指导。尽快建立重点法院与高级人民法院和最高人民法院的沟通协调机制，将本院负责人员名单及联系方式报最高人民法院环境资源审判庭。

上述高级人民法院应当加强对重点法院的业务指导与监督，及时发现、总结环境民事公益诉讼审判工作的经验和存在问题，每三个月向最高人民法院报告一次，同时报送裁判文书。

最高人民法院　民政部　环境保护部
关于贯彻实施环境民事公益诉讼制度的通知

（2014年12月26日　法〔2014〕352号）

各省、自治区、直辖市高级人民法院、民政厅（局）、环境保护厅（局）、新疆维吾尔自治区高级人民法院生产建设兵团分院、民政局、环境保护局：

为正确实施《中华人民共和国民事诉讼法》、《中华人民共和国环境保护法》、《最高人民法院关于审理环境民事公益诉讼案件适用法律若干问题的解释》，现就贯彻实施环境民事公益诉讼制度有关事项通知如下：

一、人民法院受理和审理社会组织提起的环境民事公益诉讼，可根据案件需要向社会组织的登记管理机关查询或者核实社会组织的基本信息，包括名称、住所、成立时间、宗旨、业务范围、法定代表人或者负责人、存续状态、年检信息、从事业务活动的情况以及登记管理机关掌握的违法记录等，有关登记管理机关应及时将相关信息向人民法院反馈。

二、社会组织存在通过诉讼牟取经济利益情形的，人民法院应向其登记管理机关发送司法建议，由登记管理机关依法对其进行查处，查处结果应向社会公布并通报人民法院。

三、人民法院受理环境民事公益诉讼后，应当在十日内通报对被告行为负有监督管理职责的环境保护主管部门。环境保护主管部门收到人民法院受理环境民事公益诉讼案件线索后，可以根据案件线索开展核查；发现被告行为构成环境行政违法的，应当依法予以处理，并将处理结果通报人民法院。

四、人民法院因审理案件需要，向负有监督管理职责的环境保护主管部门调取涉及被告的环境影响评价文件及其批复、环境许可和监管、污染物排放情况、行政处罚及处罚依据等证据材料的，相关部门应及时向人民法院提交，法律法规规定不得对外提供的材料除外。

五、环境民事公益诉讼当事人达成调解协议或者自行达成和解协议的，人民法院应当将协议内容告知负有监督管理职责的环境保护主管部门。相关部门对协议约定的修复费用、修复方式等内容有意见和建议的，应及时向人民法院提出。

六、人民法院可以判决被告自行组织修复生态环境，可以委托第三方修复生态环境，必要时也可以商请负有监督管理职责的环境保护主管部门共同组织修复生态环境。对生态环境损害修复结果，人民法院可以委托具有环境损害评估等相关资质的鉴定机构进行鉴定，必要时可以商请负有监督管理职责的环境保护主管部门协助审查。

七、人民法院判决被告承担的生态环境修复费用、生态环境受到损害至恢复原状期间服务功能损失等款项，应当用于修复被损害的生态环境。提起环境民事公益诉讼的原告在诉讼中所需的调查取证、专家咨询、检验、鉴定等必要费用，可以酌情从上述款项中支付。

八、人民法院应将判决执行情况及时告知提起环境民事公益诉讼的社会组织。

各级人民法院、民政部门、环境保护部门应认真遵照执行。对于实施工作中存在的问题和建议，请分别及时报告最高人民法院、民政部、环境保护部。

最高人民法院
关于审理环境民事公益诉讼案件适用法律若干问题的解释

法释〔2015〕1号

（2014年12月8日最高人民法院审判委员会第1631次会议通过
2015年1月6日最高人民法院公告公布　自2015年1月7日起施行）

为正确审理环境民事公益诉讼案件，根据《中华人民共和国民事诉讼法》《中华人民共和国侵权责任法》《中华人民共和国环境保护法》等法律的规定，结合审判实践，制定本解释。

第一条　法律规定的机关和有关组织依据民事诉讼法第五十五条、环境保护法第五十八条等法律的规定，对已经损害社会公共利益或者具有损害社会公共利益重大风险的污染环境、破坏生态的行为提起诉讼，符合民事诉讼法第一百一十九条第二项、第三项、第四项规定的，人民法院应予受理。

第二条　依照法律、法规的规定，在设区的市级以上人民政府民政部门登记的社会团体、民办非企业单位以及基金会等，可以认定为环境保护法第五十八条规定的社会组织。

第三条　设区的市，自治州、盟、地区，不设区的地级市，直辖市的区以上人民政府民政部门，可以认定为环境保护法第五十八条规定的“设区的市级以上人民政府民政部门”。

第四条 社会组织章程确定的宗旨和主要业务范围是维护社会公共利益，且从事环境保护公益活动的，可以认定为环境保护法第五十八条规定的“专门从事环境保护公益活动”。

社会组织提起的诉讼所涉及的社会公共利益，应与其宗旨和业务范围具有关联性。

第五条 社会组织在提起诉讼前五年内未因从事业务活动违反法律、法规的规定受过行政、刑事处罚的，可以认定为环境保护法第五十八条规定的“无违法记录”。

第六条 第一审环境民事公益诉讼案件由污染环境、破坏生态行为发生地、损害结果地或者被告住所地的中级以上人民法院管辖。

中级人民法院认为确有必要的，可以在报请高级人民法院批准后，裁定将本院管辖的第一审环境民事公益诉讼案件交由基层人民法院审理。

同一原告或者不同原告对同一污染环境、破坏生态行为分别向两个以上有管辖权的人民法院提起环境民事公益诉讼的，由最先立案的人民法院管辖，必要时由共同上级人民法院指定管辖。

第七条 经最高人民法院批准，高级人民法院可以根据本辖区环境和生态保护的实际情况，在辖区内确定部分中级人民法院受理第一审环境民事公益诉讼案件。

中级人民法院管辖环境民事公益诉讼案件的区域由高级人民法院确定。

第八条 提起环境民事公益诉讼应当提交下列材料：

（一）符合民事诉讼法第一百二十一条规定的起诉状，并按照被告人数提出副本；

（二）被告的行为已经损害社会公共利益或者具有损害社会公共利益重大风险的初步证明材料；

（三）社会组织提起诉讼的，应当提交社会组织登记证书、章程、起诉前连续五年的年度工作报告书或者年检报告书，以及由其法定代表人或者负责人签字并加盖公章的无违法记录的声明。

第九条 人民法院认为原告提出的诉讼请求不足以保护社会公共利益的，可以向其释明变更或者增加停止侵害、恢复原状等诉讼请求。

第十条 人民法院受理环境民事公益诉讼后，应当在立案之日起五日内将起诉状副本发送被告，并公告案件受理情况。

有权提起诉讼的其他机关和社会组织在公告之日起三十日内申请参加诉讼，经审查符合法定条件的，人民法院应当将其列为共同原告；逾期申请的，不予准许。

公民、法人和其他组织以人身、财产受到损害为由申请参加诉讼的，告知其另行起诉。

第十一条　检察机关、负有环境保护监督管理职责的部门及其他机关、社会组织、企业事业单位依据民事诉讼法第十五条的规定，可以通过提供法律咨询、提交书面意见、协助调查取证等方式支持社会组织依法提起环境民事公益诉讼。

第十二条　人民法院受理环境民事公益诉讼后，应当在十日内告知对被告行为负有环境保护监督管理职责的部门。

第十三条　原告请求被告提供其排放的主要污染物名称、排放方式、排放浓度和总量、超标排放情况以及防治污染设施的建设和运行情况等环境信息，法律、法规、规章规定被告应当持有或者有证据证明被告持有而拒不提供，如果原告主张相关事实不利于被告的，人民法院可以推定该主张成立。

第十四条　对于审理环境民事公益诉讼案件需要的证据，人民法院认为必要的，应当调查收集。

对于应当由原告承担举证责任且为维护社会公共利益所必要的专门性问题，人民法院可以委托具备资格的鉴定人进行鉴定。

第十五条　当事人申请通知有专门知识的人出庭，就鉴定人作出的鉴定意见或者就因果关系、生态环境修复方式、生态环境修复费用以及生态环境受到损害至恢复原状期间服务功能的损失等专门性问题提出意见的，人民法院可以准许。

前款规定的专家意见经质证，可以作为认定事实的根据。

第十六条　原告在诉讼过程中承认的对己方不利的事实和认可的证据，人民法院认为损害社会公共利益的，应当不予确认。

第十七条　环境民事公益诉讼案件审理过程中，被告以反诉方式提出诉讼请求的，人民法院不予受理。

第十八条　对污染环境、破坏生态，已经损害社会公共利益或者具有损害社会公共利益重大风险的行为，原告可以请求被告承担停止侵害、排除妨碍、消除危险、恢复原状、赔偿损失、赔礼道歉等民事责任。

第十九条　原告为防止生态环境损害的发生和扩大，请求被告停止侵害、排除妨碍、消除危险的，人民法院可以依法予以支持。

原告为停止侵害、排除妨碍、消除危险采取合理预防、处置措施而发生的费用，请求被告承担的，人民法院可以依法予以支持。

第二十条　原告请求恢复原状的，人民法院可以依法判决被告将生态环境修复到损害发生之前的状态和功能。无法完全修复的，可以准许采用替代性修复方式。

人民法院可以在判决被告修复生态环境的同时，确定被告不履行修复义务时应承担的生态环境修复费用；也可以直接判决被告承担生态环境修复费用。

生态环境修复费用包括制定、实施修复方案的费用和监测、监管等费用。

第二十一条 原告请求被告赔偿生态环境受到损害至恢复原状期间服务功能损失的，人民法院可以依法予以支持。

第二十二条 原告请求被告承担检验、鉴定费用，合理的律师费以及为诉讼支出的其他合理费用的，人民法院可以依法予以支持。

第二十三条 生态环境修复费用难以确定或者确定具体数额所需鉴定费用明显过高的，人民法院可以结合污染环境、破坏生态的范围和程度、生态环境的稀缺性、生态环境恢复的难易程度、防治污染设备的运行成本、被告因侵害行为所获得的利益以及过错程度等因素，并可以参考负有环境保护监督管理职责的部门的意见、专家意见等，予以合理确定。

第二十四条 人民法院判决被告承担的生态环境修复费用、生态环境受到损害至恢复原状期间服务功能损失等款项，应当用于修复被损害的生态环境。

其他环境民事公益诉讼中败诉原告所需承担的调查取证、专家咨询、检验、鉴定等必要费用，可以酌情从上述款项中支付。

第二十五条 环境民事公益诉讼当事人达成调解协议或者自行达成和解协议后，人民法院应当将协议内容公告，公告期间不少于三十日。

公告期满后，人民法院审查认为调解协议或者和解协议的内容不损害社会公共利益的，应当出具调解书。当事人以达成和解协议为由申请撤诉的，不予准许。

调解书应当写明诉讼请求、案件的基本事实和协议内容，并应当公开。

第二十六条 负有环境保护监督管理职责的部门依法履行监管职责而使原告诉讼请求全部实现，原告申请撤诉的，人民法院应予准许。

第二十七条 法庭辩论终结后，原告申请撤诉的，人民法院不予准许，但本解释第二十六条规定的情形除外。

第二十八条 环境民事公益诉讼案件的裁判生效后，有权提起诉讼的其他机关和社会组织就同一污染环境、破坏生态行为另行起诉，有下列情形之一的，人民法院应予受理：

（一）前案原告的起诉被裁定驳回的；

（二）前案原告申请撤诉被裁定准许的，但本解释第二十六条规定的情形除外。

环境民事公益诉讼案件的裁判生效后，有证据证明存在前案审理时未发现的损害，有权提起诉讼的机关和社会组织另行起诉的，人民法院应予受理。

第二十九条　法律规定的机关和社会组织提起环境民事公益诉讼的，不影响因同一污染环境、破坏生态行为受到人身、财产损害的公民、法人和其他组织依据民事诉讼法第一百一十九条的规定提起诉讼。

第三十条　已为环境民事公益诉讼生效裁判认定的事实，因同一污染环境、破坏生态行为依据民事诉讼法第一百一十九条规定提起诉讼的原告、被告均无需举证证明，但原告对该事实有异议并有相反证据足以推翻的除外。

对于环境民事公益诉讼生效裁判就被告是否存在法律规定的不承担责任或者减轻责任的情形、行为与损害之间是否存在因果关系、被告承担责任的大小等所作的认定，因同一污染环境、破坏生态行为依据民事诉讼法第一百一十九条规定提起诉讼的原告主张适用的，人民法院应予支持，但被告有相反证据足以推翻的除外。被告主张直接适用对其有利的认定的，人民法院不予支持，被告仍应举证证明。

第三十一条　被告因污染环境、破坏生态在环境民事公益诉讼和其他民事诉讼中均承担责任，其财产不足以履行全部义务的，应当先履行其他民事诉讼生效裁判所确定的义务，但法律另有规定的除外。

第三十二条　发生法律效力的环境民事公益诉讼案件的裁判，需要采取强制执行措施的，应当移送执行。

第三十三条　原告交纳诉讼费用确有困难，依法申请缓交的，人民法院应予准许。

败诉或者部分败诉的原告申请减交或者免交诉讼费用的，人民法院应当依照《诉讼费用交纳办法》的规定，视原告的经济状况和案件的审理情况决定是否准许。

第三十四条　社会组织有通过诉讼违法收受财物等牟取经济利益行为的，人民法院可以根据情节轻重依法收缴其非法所得、予以罚款；涉嫌犯罪的，依法移送有关机关处理。

社会组织通过诉讼牟取经济利益的，人民法院应当向登记管理机关或者有关机关发送司法建议，由其依法处理。

第三十五条　本解释施行前最高人民法院发布的司法解释和规范性文件，与本解释不一致的，以本解释为准。

【链　接】

规范环境公益案件审理　切实维护环境公共利益

——最高人民法院环境资源审判庭负责人就《关于审理环境民事公益诉讼案件适用法律若干问题的解释》答记者问

2015年1月6日，最高人民法院发布了《最高人民法院关于审理环境民事公益诉讼案件适用法律若干问题的解释》（以下简称《解释》）。《解释》发布后，最高人民法院环境资源审判庭负责人接受了记者采访，就有关问题回答了记者。

一、《最高人民法院关于审理环境民事公益诉讼案件适用法律若干问题的解释》（以下简称《解释》）于2015年1月7日正式施行。请问该司法解释的起草背景是什么？

近年来，大气、水、土壤等污染事件在我国频繁发生，部分区域生态系统功能出现严重退化，但由于大气、水等环境因素所具有的公共产品属性以及缺乏传统法意义上的直接受害人，导致这些污染环境、破坏生态行为超出了普通民事诉讼所能救济的范围。为应对这一挑战，民事诉讼法和环境保护法相继规定了民事公益诉讼制度，但由于相应的法律规定比较原则，对于起诉条件、管辖、责任类型以及诉讼费用负担等方面更是没有涉及，导致环境民事公益诉讼屡屡被挡在司法救济大门之外。为解决实践中制约环境民事公益诉讼开展的突出问题，规范审理程序，充分发挥环境民事公益诉讼制度的功能，最高人民法院成立环境资源审判庭后，将环境民事公益诉讼作为全面推进环境资源审判工作的突破口和着力点，在认真总结各地法院尤其是江苏、福建、云南、海南、贵州等试点法院审理环境民事公益诉讼案件实践经验的基础上，经过反复调研论证和广泛征求意见，于2014年12月8日经最高人民法院审判委员会第1631次会议讨论通过了本《解释》，《解释》将于2015年1月7日起施行。

二、社会组织提起环境民事公益诉讼需要具备哪些条件？

环境保护法第五十八条对社会组织的规定是：依法在设区的市级以上人民政府民政部门登记；专门从事环境保护公益活动连续五年以上且无违法记

录。如何解读上述法律规定，使那些依法运行并且具备维护环境公共利益能力的社会组织能够参与到环境民事公益诉讼中来，从而确保审判的质效以及防止出现滥诉，是本司法解释需要解决的首要和核心的问题。

1. 关于社会组织的类型。根据《社会团体登记管理条例》、《民办非企业单位登记管理暂行条例》、《基金会管理条例》的规定，在民政部门登记的非营利性社会组织目前只有社会团体、民办非企业单位以及基金会三种类型，三类组织均有资格提起环境民事公益诉讼。但本司法解释没有将社会组织限定在上述三种类型之内，而是保持了一定的开放性，今后如有新的行政法规或地方性法规拓展了社会组织的范围，这些社会组织也可以依法提起环境民事公益诉讼。

2. 关于"设区的市级以上人民政府民政部门"的范围。环境保护法使用的是"设区的市级"而非"设区的市"，因此，只要在行政区划的等级上与设区的市相当即符合法定要求。具体而言，"设区的市级以上人民政府民政部门"包括民政部，省、自治区、直辖市的民政厅或民政局，四个直辖市的区民政部门，设区的市、自治州、盟、地区的民政部门，以及不设区的地级市的民政部门。

3. 关于"专门从事环境保护公益活动连续五年以上"的界定。只要社会组织的宗旨和主要业务范围是维护社会公共利益，且从事环境保护公益活动的，就可以认定为"专门从事环境保护公益活动"，对社会组织提起诉讼的地域范围则未予限制。同时，社会组织在起诉前的成立时间必须满五年，一些专门为提起某项环境民事公益诉讼而临时成立的社会组织不应赋予其原告资格。

4. 关于"无违法记录"。本司法解释将"无违法记录"限定为社会组织未因从事业务活动违反法律、法规的规定受过行政、刑事处罚，不包括情节轻微的违规行为，也不包括社会组织成员以及法定代表人个人的违法行为，同时，还将违法行为发生的时间限定在提起诉讼前的五年内。

三、环境民事公益诉讼如何确定级别管辖和地域管辖？对于实践中较为突出的跨行政区域环境污染问题，司法解释对此是否有相应的制度设计？

1. 关于级别管辖问题。环境民事公益诉讼属于新类型案件，审理、执行难度较大，社会关注度高，因此原则上应由中级以上人民法院管辖。但考虑到一些基层人民法院较早建立了专门的环保法庭，在审理环境民事公益诉讼方面已经积累了一定经验，故中级人民法院可以依据民事诉讼法第三十八条的规定，在报请高级人民法院批准后，将本院管辖的第一审环境民事公益诉讼案件通过一案一指的方式裁定交给基层人民法院审理。

2. 关于地域管辖问题。环境民事公益诉讼本质上属于侵权纠纷性质，按照民事诉讼法关于侵权案件管辖的规定，应由侵权行为地或则被告住所地人民法院管辖，侵权行为地包括污染环境、破坏生态行为发生地和损害结果地。如果同一原告或者不同原告对同一污染环境、破坏生态行为分别向两个以上有管辖权的人民法院提起环境民事公益诉讼的，由最先立案的人民法院管辖，必要时由共同上级人民法院指定管辖。

3. 关于跨行政区划集中管辖问题。水、空气等环境因素具有流动性，而目前环境监管、资源利用却是以行政区划为界限，此种行政权力配置与生态系统相割裂的冲突，导致跨行政区划污染不能得到有效的解决。党的十八届三中全会提出，要探索建立与行政区划适当分离的司法管辖制度，十八届四中全会决定进一步提出，要探索设立跨行政区划的人民法院。为此，本司法解释专门规定了环境民事公益诉讼案件实行跨行政区划集中管辖。即经最高人民法院批准，高级人民法院可以根据本辖区环境和生态保护的实际情况，在辖区内确定部分中级人民法院受理第一审环境民事公益诉讼案件，中级人民法院管辖环境民事公益诉讼案件的区域由高级人民法院确定。北京市第四中级人民法院受案范围之一就是北京市范围内跨行政区划的环境保护案件。

四、当前，鉴定难、鉴定贵的问题成为司法实践中反映最为强烈的问题之一，司法解释对此作何规定？

环境民事公益诉讼审判实践中反映最为强烈的是鉴定难、鉴定贵的问题，包括缺乏专业化的、具有公信力的司法鉴定机构，没有规范的评估标准体系，并且鉴定周期长、费用高，客观上使得当事人望诉止步。目前，环境保护部和司法部正在制定关于规范环境司法鉴定机构的文件，这对于解决上述问题会有一定的助益。但由于环境侵害涉及的要素极广，即使上述文件出台，仍有不少环境侵害缺乏相应的鉴定机构，并且鉴定费用高昂的问题依然存在。

为解决鉴定难、鉴定贵问题，充分维护环境公共利益，司法解释规定了以下四方面措施加以解决：一是对于应当由原告承担举证责任且为维护社会公共利益所必要的专门性问题，人民法院可以依职权委托具备资格的鉴定人进行鉴定。二是对于应由原告负担的鉴定费用，人民法院还可以从其他环境民事公益诉讼生效裁判认定的生态环境修复费用以及生态环境受到损害至恢复原状期间服务功能（以下简称服务功能损失）等款项中酌情予以支付。三是保障当事人要求专家出庭发表意见的权利，对于符合条件的申请应及时通知专家出庭就鉴定意见和专业问题提出意见，专家意见经质证，可以作为认定事实的根据。四是对于生态环境修复费用，人民法院可以结合污染环境、破坏生态的范围和程度、生态环境的稀缺性、生态环境恢复的难易程度、防治污染设备的运行成本、被告因侵害行为所获得的利益以及过错程度等因素，并可以参考负有环境保护监督管理职责的部门的意见、专家意见等，予以合理确定。

五、司法解释规定了恢复原状这一责任方式，适用该责任方式应注意哪些问题，如何保证执行的效果?

环境民事公益诉讼案件具有恢复性这一显著特点，其追求的审判目标是要恢复生态环境的状态和功能，这就决定了恢复原状在司法解释规定的六种责任承担方式中处于核心地位。适用恢复原状这一责任方式应遵循以下原则：一是生态环境损害发生后，被告首先应当采取有效措施将生态环境修复到损害发生之前的状态和功能。比如，在植被破坏地按照受损植被的种类、数量进行补种复绿。二是出现部分或全部无法原地原样恢复情形的，可以准许采用替代性修复方式。比如，因采矿遭受破坏的山体植被无法原地恢复的，可以在异地按照相同种类、数量进行补种复绿。

为确保恢复原状责任方式的执行效果，司法解释采取了以下两方面措施：一是修复主体多元化。人民法院可以在判决被告修复生态环境的同时，确定被告不履行修复义务时应承担的生态环境修复费用；也可以直接判决被告承担生态环境修复费用。实践中，人民法院可以通过招标等市场方式委托第三方治理机构修复生态环境；此外，人民法院认为必要的，也可以商请负有监督管理职责的环境保护主管部门与上述修复主体一道共同组织修复生态环境。二是建立对生态环境修复结果的监督机制。对于生态环境修复结果，人民法院可以委托具有环境损害评估等相关资质的鉴定机关进行鉴定，必要时还可以商请负有监督管理职责的环境保护主管部门协助审查。

六、司法解释规定环境修复资金和服务功能损失等款项应专款专用，实践中应如何操作?

由于环境民事公益诉讼的目的在于维护环境公共利益，故被告支付的环境修复资金和服务功能损失等款项应当专门用于修复被损害的生态环境，而不能由原告直接领取，以防止出现挪作他用的情形。

目前，无锡、昆明、贵阳等地采取的是将环境修复资金和服务功能损失等款项缴入专户或基金的方式管理使用，其中贵阳市设立了生态修复基金专户和生态文明建设基金，昆明市设立了环境民事公益诉讼救济专项基金，无锡则设立了财政专户。人民法院判决的环境修复资金和服务功能损失等款项向上述专户或基金支付，主要用于修复被损害的生态环境，同时，提起其他环境民事公益诉讼的原告在诉讼中所需的调查取证、专家咨询、环境监测、鉴定评估等必要费用，也可以酌情从上述款项中支付，以鼓励环保社会组织积极参与维护环境公共利益。

考虑到这项制度目前尚处于探索之中，设立专户或基金的还仅是少数地方，且设立事宜还涉及与当地财政等部门的协调问题，因此本司法解释对此暂不作规定，待时机成熟时再加以规范。对于目前尚未设立专项基金或专户的地方，可以采取适合于当地情况且有利于执行的支付方式。

七、环境民事公益诉讼中如何合理发挥法院的职能作用?

环境民事公益诉讼的公益属性决定了人民法院在坚持司法中立原则的同时，也要在合理限度内发挥职能作用，防止因原告诉讼能力欠缺或不作为导致环境公共利益得不到有效维护。本司法解释从以下四个方面作了规定：

一是行使释明权。环境民事公益诉讼的目的是为了防止生态环境遭受破坏以及在生态环境已经遭受损害的情况下加以修复。因此，原告提起环境民事公益诉讼首先应请求被告停止侵害、恢复原状，如果其诉讼请求中缺少这些必要的内容，不足以保护社会公共利益的，人民法院可以向其释明予以变更或者追加。

二是依职权调查收集证据和委托鉴定。对于审理环境民事公益诉讼案件需要的证据，人民法院认为必要的，应当调查收集。此外，对于应当由原告承担举证责任且为维护社会公共利益所必要的专门性问题，人民法院还可以委托具备资格的鉴定人进行鉴定。

三是对当事人的处分权进行适度限制。包括对于原告的自认是否有损社会公共利益进行审查，不允许被告以反诉形式提出诉讼请求，以及对当事人达成的调解协议或和解协议进行公告并对协议的内容依职权进行审查。

四是主动移送执行。环境民事公益诉讼生效裁判的执行关系到环境公共利益能否得到及时维护，因此无需原告申请，应由人民法院依职权移送执行。即由审判人员直接移送执行人员。

八、环境司法和环境行政执法如何实现有效衔接?

环境保护是一项系统工程，需要各级党委、人大、政府、政协、司法机关以及社会各界的共同参与。负有环境保护监督管理职责的部门在专业技术、设备、执法手段等方面都具有优势，是保护环境公共利益的主要力量，司法机关的作用主要在于督促其依法及时履行监督管理职责。因此，有必要积极推动建立环境资源执法协调机制，尤其要着重做好环境行政执法和环境司法的衔接。为此，《解释》规定人民法院受理环境民事公益诉讼后，应当在十日内告知对被告行为负有环境保护监督管理职责的部门，对于因相关部门依法履行监管职责而使原告诉讼请求已经全部实现的，如原告坚持不申请撤诉，人民法院应判决驳回原告的诉讼请求。为进一步落实协调机制，最高人民法院还与民政部、环境保护部联合制定《关于贯彻实施环境民事公益诉讼制度的通知》，对查询社会组织基本信息、调取证据资料以及组织修复生态环境等需要几个部门协调配合的内容提出了明确的要求。

九、如何协调环境民事公益诉讼和私益诉讼之间的关系？

因同一污染环境、破坏生态行为提起的环境民事公益诉讼与私益诉讼既在诉讼目的、诉讼请求上存在区别，又在审理对象、案件事实认定等方面存在紧密联系，因此，如何协调环境民事公益诉讼和私益诉讼的关系是本司法解释考虑的一个重要问题。

1. 环境民事公益诉讼和私益诉讼属于相互独立的诉。法律规定的机关和社会组织提起环境民事公益诉讼的，不影响公民、法人和其他组织依法提起私益诉讼，从而避免出现以涉及公益为名将私益诉讼拒之门外的现象。同时，鉴于合并审理不仅不能提高诉讼效率，还会使诉讼过分拖延，故环境民事公益诉讼和私益诉讼不能合并审理，如公民、法人和其他组织以人身、财产受到损害为由申请参加环境民事公益诉讼的，人民法院应告知其另行起诉。

2. 私益诉讼原告有“搭便车”的权利。考虑到环境民事公益诉讼与私益诉讼在案件事实认定以及法律适用方面具有很大程度的共通性，以及私益诉讼原告举证能力不足等因素，本司法解释规定了方便私益诉讼原告的“搭便车”制度。即环境民事公益诉讼生效裁判就行为与损害之间是否存在因果关系等方面作出对私益诉讼原告有利的认定，其可以在私益诉讼中主张直接适用，被告有相反的证据予以推翻除外，而如果被告主张直接适用对其有利的认定，人民法院则不应予以支持，被告仍应举证证明。

3. 私益诉讼原告的受偿顺位优先。当被告因污染环境、破坏生态被环境民事公益诉讼和私益诉讼判决承担责任，其财产不足以履行判决确定的全部赔偿义务的情况下，应当先履行私益诉讼判决所确定的义务。但对于船舶油污损害赔偿纠纷案件，《1992年国际油污损害民事责任公约》以及《最高人民法院关于审理船舶油污损害赔偿纠纷案件若干问题的规定》采取按比例受偿的原则。

十、司法解释在减轻社会组织的诉讼成本负担方面采取了哪些措施？

环境民事公益诉讼成本高昂，已经成为制约社会组织提起公益诉讼的拦路虎。为了鼓励社会组织积极参与维护环境公共利益，有必要构建合理的诉讼成本负担机制。为此，本司法解释采取了以下措施：一是在《诉讼费用交纳办法》的框架内尽量减轻原告的诉讼费用负担。原告交纳诉讼费用确有困难，依法申请缓交诉讼费用的，人民法院应予准许，败诉或者部分败诉的原告申请减交或者免交诉讼费用的，人民法院应当依照《诉讼费用交纳办法》的规定，视原告的经济状况和案件的审理情况决定是否准许。在案件胜诉时，原告为该案件支出的检验、鉴定费用，合理的律师费以及为诉讼支出的其他合理费用等应由被告承担。二是给予适当的司法救助。对于应由原告负担的调查取证、专家咨询、检验、鉴定等必要费用，人民法院还可以从其他环境民事公益诉讼生效裁判认定的生态环境修复费用以及服务功能损失等款项中酌情予以支付。

最高人民法院
关于审理消费民事公益诉讼案件适用法律若干问题的解释

法释〔2016〕10号

（2016年2月1日最高人民法院审判委员会第1677次会议通过
2016年4月24日最高人民法院公告公布　自2016年5月1日起施行）

为正确审理消费民事公益诉讼案件，根据《中华人民共和国民事诉讼法》《中华人民共和国侵权责任法》《中华人民共和国消费者权益保护法》等法律规定，结合审判实践，制定本解释。

第一条　中国消费者协会以及在省、自治区、直辖市设立的消费者协会，对经营者侵害众多不特定消费者合法权益或者具有危及消费者人身、财产安全危险等损害社会公共利益的行为提起消费民事公益诉讼的，适用本解释。

法律规定或者全国人大及其常委会授权的机关和社会组织提起的消费民事公益诉讼，适用本解释。

第二条　经营者提供的商品或者服务具有下列情形之一的，适用消费者权益保护法第四十七条规定：

（一）提供的商品或者服务存在缺陷，侵害众多不特定消费者合法权益的；

（二）提供的商品或者服务可能危及消费者人身、财产安全，未作出真实的说明和明确的警示，未标明正确使用商品或者接受服务的方法以及防止危害发生方法的；对提供的商品或者服务质量、性能、用途、有效期限等信息作虚假或引人误解宣传的；

（三）宾馆、商场、餐馆、银行、机场、车站、港口、影剧院、景区、娱乐场所等经营场所存在危及消费者人身、财产安全危险的；

（四）以格式条款、通知、声明、店堂告示等方式，作出排除或者限制消费者权利、减轻或者免除经营者责任、加重消费者责任等对消费者不公平、不合理规定的；

（五）其他侵害众多不特定消费者合法权益或者具有危及消费者人身、财产安全危险等损害社会公共利益的行为。

第三条　消费民事公益诉讼案件管辖适用《最高人民法院关于适用〈中华人民共和国民事诉讼法〉的解释》第二百八十五条的有关规定。

经最高人民法院批准，高级人民法院可以根据本辖区实际情况，在辖区内确定部分中级人民法院受理第一审消费民事公益诉讼案件。

第四条　提起消费民事公益诉讼应当提交下列材料：

（一）符合民事诉讼法第一百二十一条规定的起诉状，并按照被告人数提交副本；

（二）被告的行为侵害众多不特定消费者合法权益或者具有危及消费者人身、财产安全危险等损害社会公共利益的初步证据；

（三）消费者组织就涉诉事项已按照消费者权益保护法第三十七条第四项或者第五项的规定履行公益性职责的证明材料。

第五条　人民法院认为原告提出的诉讼请求不足以保护社会公共利益的，可以向其释明变更或者增加停止侵害等诉讼请求。

第六条　人民法院受理消费民事公益诉讼案件后，应当公告案件受理情况，并在立案之日起十日内书面告知相关行政主管部门。

第七条　人民法院受理消费民事公益诉讼案件后，依法可以提起诉讼的其他机关或者社会组织，可以在一审开庭前向人民法院申请参加诉讼。

人民法院准许参加诉讼的，列为共同原告；逾期申请的，不予准许。

第八条　有权提起消费民事公益诉讼的机关或者社会组织，可以依据民事诉讼法第八十一条规定申请保全证据。

第九条　人民法院受理消费民事公益诉讼案件后，因同一侵权行为受到损害的消费者申请参加诉讼的，人民法院应当告知其根据民事诉讼法第一百一十九条规定主张权利。

第十条　消费民事公益诉讼案件受理后，因同一侵权行为受到损害的消费者请求对其根据民事诉讼法第一百一十九条规定提起的诉讼予以中止，人民法院可以准许。

第十一条　消费民事公益诉讼案件审理过程中，被告提出反诉的，人民法院不予受理。

第十二条 原告在诉讼中承认对己方不利的事实，人民法院认为损害社会公共利益的，不予确认。

第十三条 原告在消费民事公益诉讼案件中，请求被告承担停止侵害、排除妨碍、消除危险、赔礼道歉等民事责任的，人民法院可予支持。

经营者利用格式条款或者通知、声明、店堂告示等，排除或者限制消费者权利、减轻或者免除经营者责任、加重消费者责任，原告认为对消费者不公平、不合理主张无效的，人民法院可予支持。

第十四条 消费民事公益诉讼案件裁判生效后，人民法院应当在十日内书面告知相关行政主管部门，并可发出司法建议。

第十五条 消费民事公益诉讼案件的裁判发生法律效力后，其他依法具有原告资格的机关或者社会组织就同一侵权行为另行提起消费民事公益诉讼的，人民法院不予受理。

第十六条 已为消费民事公益诉讼生效裁判认定的事实，因同一侵权行为受到损害的消费者根据民事诉讼法第一百一十九条规定提起的诉讼，原告、被告均无需举证证明，但当事人对该事实有异议并有相反证据足以推翻的除外。

消费民事公益诉讼生效裁判认定经营者存在不法行为，因同一侵权行为受到损害的消费者根据民事诉讼法第一百一十九条规定提起的诉讼，原告主张适用的，人民法院可予支持，但被告有相反证据足以推翻的除外。被告主张直接适用对其有利认定的，人民法院不予支持，被告仍应承担相应举证证明责任。

第十七条 原告为停止侵害、排除妨碍、消除危险采取合理预防、处置措施而发生的费用，请求被告承担的，人民法院可予支持。

第十八条 原告及其诉讼代理人对侵权行为进行调查、取证的合理费用、鉴定费用、合理的律师代理费用，人民法院可根据实际情况予以相应支持。

第十九条 本解释自 2016 年 5 月 1 日起施行。

本解释施行后人民法院新受理的一审案件，适用本解释。

本解释施行前人民法院已经受理、施行后尚未审结的一审、二审案件，以及本解释施行前已经终审、施行后当事人申请再审或者按照审判监督程序决定再审的案件，不适用本解释。

【链　接】

积极稳妥推进消费民事公益诉讼 构建和谐公平诚信消费市场秩序

——最高人民法院民一庭负责人就《关于审理消费民事公益诉讼案件适用法律若干问题的解释》答记者问

为贯彻党的十八届四中全会提出的全面推进依法治国重大战略部署，切实推进消费民事公益诉讼制度，保护消费者合法权益，维护消费市场公平竞争秩序，最高人民法院根据《中华人民共和国民事诉讼法》《中华人民共和国消费者权益保护法》等相关法律规定，结合审判实践，经审判委员会第1677次会议讨论，通过了《关于审理消费民事公益诉讼案件适用法律若干问题的解释》(以下简称《解释》)。值此司法解释公布之际，最高人民法院民一庭负责人就《解释》的有关问题接受了记者采访。

问：请介绍一下《解释》出台的原因?

答：众所周知，消费、投资与出口是拉动经济增长的“三驾马车”。当前，我国已进入消费需求持续增长、消费结构加快升级、消费拉动经济作用明显增强的重要阶段。2015年我国经济结构调整取得积极进展，服务业在国内生产总值中的比重上升到50.5%，首次占据“半壁江山”。消费对经济增长的贡献率达到66.4%。“十三五规划纲要”明确提出，适应消费加快升级，以消费环境改善释放消费潜力，以供给改善和创新更好满足创造消费需求，不断增强消费拉动经济的基础作用。消费者权益保护法旨在保护消费者合法权益，维护公平竞争的社会经济秩序，促进社会主义市场经济健康发展。保护消费者权益是其核心和基础。最高人民法院立足我国经济社会发展现状以及消费群体纠纷特点，注重经营者与消费者信息不对称、地位不平等、维权成本高的实质救济，为发挥消费民事公益诉讼制度功能，保障消费维权、改善市场环境、提升消费信心、拉动经济增长，在充分调研论证基础上，制定了本《解释》。

从法律层面看，2012年修订后的民事诉讼法第五十五条规定，创设了具有中国特色的公益诉讼制度；2013年修订后的消费者权益保护法也在第四十七条增加了消费民事公益诉讼制度的规定。但上述法律均仅用一个条文作出规定，未明确消费民事公益诉讼制度内涵及适用规则。实践中，对如何适用上述法律规定存在分歧意见。2015 年 6 月，第十二届全国人民代表大会常务委员会第十五次会议通过《关于授权最高人民检察院在部分地区开展公益诉讼试点工作的决定》，授权最高人民检察院在生态环境和资源保护、食品药品安全等领域开展提起公益诉讼试点。最高人民法院、最高人民检察院相继制定并出台了实施办法。从实践层面看，人民法院至今共受理消费民事公益诉讼案件 3 件，包括上海市消费者权益保护委员会分别以天津三星通信技术有限公司、广东欧珀移动通信有限公司生产销售的手机预装应用软件情况不告知、无法卸载等损害消费者权益为由提起的诉讼，浙江省消费者权益保护委员会以上海铁路局强制实名制购票乘车后遗失车票的消费者另行购票损害消费者权益为由提起的诉讼。在法院协调下，上述案件当事人就争议问题充分沟通，最终达成和解，并以撤诉方式结案。案件处理实现了保护消费者权益和推动企业发展双赢的良好效果。2015 年 10 月，全国人民代表大会常务委员会就消费者权益保护法专项执法检查后，建议最高人民法院尽快出台关于消费公益诉讼司法解释。

据此，消费公益诉讼法律制度日渐完善，也逐渐有消费民事公益诉讼案件进入诉讼程序。出台本《解释》适应了消费民事公益诉讼制度落地实施的迫切需求，必将推动这一制度的发展完善，为构建和谐公平诚信的消费市场秩序提供有力的司法保障。

问：请介绍一下《解释》制定的过程？

答：本《解释》事关社会公共利益，关涉消费者权益保护与企业的生存发展，《解释》制定中广泛征求意见，注重倾听各界呼声。《解释》立项调研形成初稿后，多次召开专家学者与消费者协会座谈会、部分法院征求意见座谈会，书面征求全国人大财经委、全国人大常委会法工委、国务院法制办、最高人民检察院、国家食品药品监督管理总局、国家工商总局、国家旅游局等单位意见。历时一年，完成上述工作后报送最高人民法院审判委员会讨论通过。

为建立公开、透明、高效的审判工作机制，深化审判委员会体制机制改革，推进司法公开，回应社会关切，主动接受社会监督，增强司法解释工作透明度，2016 年 2 月 1 日，最高人民法院审判委员会第 1677 次会议专题讨论《解释（稿）》。本次会议首次采用开放讨论形式，邀请全国人大代表、全国政协委员和专家学者等列席会议。列席会议人员献言献策，充分发表意见、建议，与审委会委员就《解释》进行了充分深入的交流讨论，提出了诸多有价值的建设性意见，被吸收采纳并写入《解释》。审判委员会采用开放形式讨论《解释》，使得社会各界代表有机会从多维角度就《解释》稿提出意见、建议，拓宽了民意表达渠道，体现了司法民主，一定程度上也弥补了因消费公益诉讼实务案例过少而给起草工作带来的困难，为彰显保护消费者权益与企业规范有序发展并存的价值理念奠定了基础。

问：《解释》遵循的原则和主要内容是什么？

答：解释起草过程中，坚持以下指导原则：一是严守立法本意。在现有法律制度框架内，遵循立法本意，确保解释内容符合立法宗旨和目的。二是坚持以问题为导向。发挥公益诉讼制度优势，着力解决消费领域突出问题，像商品、服务质量问题，食品、药品侵权行为，经营者利用优势地位制定不公平、不合理的霸王条款等，予以规制。三是注重可行性及可操作性。紧密结合审判实践中的热点和难点问题，不贪大求全，解决实际问题，为审判实践提供统一的裁判依据。四是坚持正当程序的基本要求，保障消费民事公益诉讼双方当事人平等行使诉权。

《解释》明确了消费民事公益诉讼原告资格、适用范围、消费领域社会公共利益类型化、管辖法院、原告处分权的限制、公益诉讼与私益诉讼的关系、请求权类型及责任承担方式、裁判既判力等问题。

问：我们注意到各省级消费者协会组织名称并不一致，有的称为“消费者委员会”，有的称为“保护消费者权益委员会”，是否会因与《解释》规定名称不一致而影响起诉主体资格？

答：2013年修订的消费者权益保护法第三十六条规定，消费者协会和其他消费者组织是依法成立的对商品和服务进行社会监督的保护消费者合法权益的社会组织。第四十七条规定，对侵害众多消费者合法权益的行为，中国消费者协会以及在省、自治区、直辖市设立的消费者协会，可以向人民法院提起诉讼。实践中，省级消费者协会组织名称不一致，有的称为“消费者委员会”，有的称为“保护消费者权益委员会”。名称不一致不影响该协会属于上述法律规定的保护消费者合法权益的社会组织性质，亦不影响该协会履行法定公益职能。《解释》采用“中国消费者协会以及在省、自治区、直辖市设立的消费者协会”的表述，与消费者权益保护法表述一致，在理解上与消费者权益保护法的解释原则亦一致，即在判断主体资格上，主要看该协会是否属于消费者权益保护法第三十六条规定的社会组织，不能因协会名称与《解释》不一致而否定适格诉讼主体的诉讼地位。

另外，《解释》遵循立法宗旨，保持原告主体资格的适度开放性，比如，根据全国人民代表大会常务委员会授权，检察机关可就食品、药品安全领域侵害众多消费者合法权益等损害社会公共利益行为向人民法院提起消费民事公益诉讼。国务院《关于积极发挥新消费引领作用加快培养形成新供给新动力的指导意见》规定，“健全公益诉讼制度，适当扩大公益诉讼主体范围”。

就此，《解释》第一条第二款对原告主体资格作出适度开放式规定，即除中国消费者协会以及在省、自治区、直辖市设立的消费者协会外，法律规定或者全国人大及其常委会授权的机关和社会组织也具有起诉主体资格。

问：按照《解释》规定，在消费者产生何种损害时消费者协会可以提起消费民事公益诉讼？

答：《解释》规定的消费者合法权益损害，不仅指消费者的实际损害，还包括损害危险。侵权责任法、消费者权益保护法规定，经营者负有保障消费者人身财产安全义务，经营者发现其提供的商品或者服务存在缺陷有危及人身、财产安全危险的，应当立即向有关行政部门报告和告知消费者，并采取停止销售、警示、召回、无害化处理、销毁、停止生产或者服务等措施，即经营者负有对其提供商品或者服务的跟踪服务义务。基于上述法律规定的预防原则，《解释》将以“具有危及消费者人身、财产安全危险”侵害社会公共利益行为纳入可诉范围，并不以造成实际损害为前提。

问：如何理解《解释》有关对经营者侵害社会公共利益可提起公益诉讼的规定？

答：民事诉讼法规定，“对侵害众多消费者合法权益等损害社会公共利益的行为”，可提起公益诉讼；消费者权益保护法规定，“对侵害众多消费者合法权益的行为”，可提起消费公益诉讼。从文字上看，上述法律对提起消费民事公益诉讼的条件表述不同。因此，实践中，对于消费民事公益诉讼的提起是否需要以经营者损害社会公共利益为前提，存在不同看法。为严循立法本意，本《解释》起草过程中，就上述问题专门征求立法机关意见，形成的共识是，公益诉讼系为保护社会公共利益提起的诉讼，以维护健康有序的社会秩序为目的，最终促进全社会的和谐发展。依照公益诉讼制度安排的价值考量，社会公共利益受损当然为提起公益诉讼的必要条件。消费领域的社会公共利益一般为人数众多且不特定的消费者共同利益，且该利益具有社会公共利益属性。如果经营者虽然损害了众多消费者的合法权益，但损害体现为消费者个体损害上，并不必然侵害社会公共利益。如在一起客车事故中，乘客伤亡者众多，但伤亡的乘客是确定的，损害表现在每个乘客的人身、财产损失上。乘客的损害均为私人个体利益损害，可通过提起私益诉讼得到救济。但如果经营者不仅侵害众多消费者合法权益，还同时侵害不特定消费者合法权益，则此时损害不仅表现为个体私利的损害，还往往体现对社会公共利益的侵害。如手机经营者在手机上预装不可卸载应用软件，造成手机网络流量消耗。经营者不仅造成已购买手机的消费者损失，还会对将来购买手机的不特定消费者造成损失。此种情形下，众多不特定消费者权益的受损，会产生对市场诚信经营秩序的破坏，导致社会公共利益受到损害。

需要注意的是，经营者虽然侵害众多不特定消费者合法权益，但该权益不具有社会公共利益属性，此时，该权益仍属于消费者私人利益，不能通过提起消费民事公益诉讼予以救济。对于不特定消费者的救济，可根据民事诉讼法第五十三条规定，通过代表人诉讼方式予以救济。对于起诉时尚未确定的消费者，人民法院可以依照民事诉讼法第五十四条规定，采用公告方式通知权利人在一定期间内向人民法院登记参加诉讼。

问：《解释》规定损害社会公共利益的五种情形出于何种考虑？

答： 对于“社会公共利益”的判断，法官具有一定的自由裁量权。为合理设计消费公益诉讼规则，规范自由裁量权，《解释》第二条归纳了消费领域中“社会公共利益”的类型。结合《解释》第一条和第二条规定，更易于判断何为社会公共利益。第一条界定消费领域侵害社会公共利益范围，既包括“经营者侵害众多不特定消费者合法权益”，也包括“具有危及消费者人身、财产安全危险”的情形，该条为认定社会公共利益的原则。第二条结合产品质量法等法律规定，以消费者权益保护法第三章“经营者义务”为主要制定依据，对目前实践中多发的侵害消费者权益情形予以归纳，系认定损害社会公共利益的具体化。第一项针对提供商品或者服务存在缺陷且造成众多不特定消费者实际损害；第二项基于预防原则规制损害危险，经营者提供商品或者服务负有保障人身和财产安全义务，应当向消费者作出真实说明和明确警示，比如儿童玩具“只适合三岁以上儿童”等文字说明和警示。对于可能危及人身、财产安全的商品和服务，经营者还应当说明和标明正确使用商品或者接受服务的方法，以及防止危害发生的方法；另外，对目前多发的虚假广告予以规制，对于宣传内容与商品或者服务内容的客观事实不符，或者可能使消费者对宣传或者服务的真实信息产生不正确认识、误导消费者的情形，不以实际损害发生为起诉前提。第三项规定经营场所经营者的安全保障义务，经营场所的经营者负有在合理限度范围内保护他人人身和财产安全的义务，本项规定的经营场所涉及众多行业和经营主体，不同义务人对保护对象所负有的安全保障义务不同，在法律无法列明前提下，可参考行业的通常情况、案件具体情况、活动规模、采取的防范措施等各种因素综合判断。第四项为消费合同中有关格式条款，俗称“霸王条款”的规制。第五项为兜底条款，以损害社会公共利益为其判断标准。

问：如何解读《解释》关于责任承担方式的规定？

答： 快速及时地制止经营者的不正当经营行为，是消费民事公益诉讼的目的之一。《解释》立足于现行法律规定，为依法稳妥推进消费民事公益诉讼制度发展，规定违法经营者承担停止侵害、排除妨碍、消除危险、赔礼道歉等民事责任。停止侵害、排除妨碍、消除危险是为制止经营者不当经营行为而主张的请求权类型，时间点上面向起诉时和将来，具有禁止性和预防性，学理上也称为“禁止之诉”或者“不作为之诉”。赔礼道歉是人格性补偿责任，时间点上面向过去，具有恢复性。至于其他责任承担方式，本条在明确列举请求权类型后面以一个“等”字作为保留，为将来法律修订及司法实践进一步发展后，消费民事公益诉讼的请求权类型扩张预留空间。

不公平格式条款是侵害消费领域公共利益和消费者私人利益的重灾区。消费民事公益诉讼作为维护消费领域公共利益和实现对消费者集体救济的有效路径，是清理消费合同不公平格式条款的重要手段。在消费民事公益诉讼的请求权类型条款中，将确认消费合同不公平格式条款无效的诉讼请求单列出来，强调消费民事公益诉讼制度在这一领域的适用。

问：《解释》如何协调消费公益诉讼与私益诉讼的关系？

答：与私益民事诉讼相比，公益诉讼以维护公共利益为目的，私益诉讼旨在维护公民个体的民事权益；公益诉讼原告与讼争标的并无直接利害关系，私益诉讼原告与案件有法律上的直接利害关系；公益诉讼所涉及的损害具有广泛性、严重性和长期性，私益诉讼主要调整民事主体间利益冲突，损害范围一般较易确定。公益诉讼应为保护消费者合法权益的补充手段，属非常态的救济方式。对于消费民事公益诉讼与私益诉讼的协调问题，本《解释》确立了私益诉讼与公益诉讼区分原则，即区分公益诉讼与普通消费民事诉讼，通过不同的救济途径分别救济。《解释》第九条规定，人民法院受理消费民事公益诉讼案件后，因同一侵权行为受到损害的消费者申请参加诉讼的，人民法院应当告知其根据民事诉讼法第一百一十九条规定主张权利。

对于同一侵权行为，法律规定的机关和有关组织提起公益诉讼，受害人提起私益诉讼，两个程序之间如何协调，主要有两种观点。一种观点认为，私益诉讼应当优先，理由是：第一，公益诉讼是在私益诉讼无法实现对权利救济时才适用的一种民事诉讼程序，如果能够通过私益诉讼进行救济，则应当适用私益保护程序；第二，私人利益受到损害时，应当优先保护私人权益，这是私益保护优先于公益原则要求；第三，公益诉讼往往费时耗力，如果公益诉讼优先，对私益保护往往不够及时充分。另一种观点认为，公益诉讼应当优先。理由是：第一，公益诉讼的主体为有权机关和社会组织，诉讼主体由专业人士组成，具备专业能力，能更好完成诉讼；第二，公益诉讼保护的是社会公共利益，而私益诉讼保护的公民个体利益，实现社会公共利益保护的同时，也救济公民个体权益；第三，涉及社会公共利益的案件，受害人人数众多，周期长，维权成本高，公益诉讼胜诉后，对受害人救济程序相对简单便捷。本《解释》从尊重当事人意思自治及处分原则出发，采取折中做法，第十条规定消费民事公益诉讼案件受理后，因同一侵权行为受到损害的消费者请求对其根据民事诉讼法第一百一十九条规定提起的诉讼予以中止，人民法院可以准许。即在消费普通诉讼中原告自愿前提下，人民法院可以裁定中止案件审理。

在对两种诉讼方式予以区分前提下，《解释》规定私益诉讼可搭公益诉讼的“便车”。消费民事公益诉讼案件中往往存在公益和私益的交叉。针对经营者的同一不当经营行为提起的消费民事公益诉讼和私益诉讼，在案件事实认定、争议焦点分析判断以及法律适用方面有共通性。为了统一裁判尺度，避免司法资源的浪费和提高诉讼效率，《解释》允许消费民事公益诉讼生效裁判的既判力向关联私益诉讼扩张。根据《解释》第十六条规定，消费民事公益诉讼生效裁判认定的事实，对于关联私益诉讼的原告和被告均具有免予举证的预决效力。消费民事公益诉讼生效裁判不仅在事实认定上对私益诉讼有预决力，而且其就诉讼标的以及主要争议焦点的判决理由对私益诉讼也产生拘束力，这些争议焦点主要指对经营者是否存在不法行为的认定。就既判力的主体范围而言，为弥补私益诉讼中消费者在举证能力上的不足，同时考虑到私益诉讼中的原告并非公益诉讼中的当事人，并未参与公益诉讼，公益诉讼案件对于事实的认定和裁判，是经营者参与并经充分辩论的，所以受侵害消费者援引生效裁判支持其损害赔偿请求并不损害被告权益。相反，由于消费者并未参加前诉案件审理，未对被告主张及证据行使诉权，对受害人已经构成显著的不利益，故消费民事公益诉讼生效裁判中判决理由部分的既判力扩张是单向的，仅向消费者作为私益诉讼原告方面做有利扩张，而不及于作为经营者的被告。即，在案件主要的争议焦点问题上，消费民事公益诉讼生效裁判作出对消费者有利的认定，私益诉讼原告可以直接主张适用；而被告则不能主张直接适用，仍需就其主张承担举证证明责任。

问：本《解释》如何体现对于诉讼成本负担机制的合理设置？

答：本《解释》第十七条、十八条分别规定了原告为停止侵害、排除妨碍、消除危险采取合理预防、处置措施而发生的费用和原告及其诉讼代理人对侵权行为进行调查、取证的合理费用、鉴定费用、合理的律师代理费用，人民法院可根据实际情况予以相应支持。

问：本《解释》如何体现司法权与行政权的衔接？

答：我国现行法律制度为保护消费者权益提供了多元化救济手段，包括消费者协会调处等社会救济、行政救济、司法救济。实践中损害消费者公共利益的侵权行为，多为规模大，涉及面广、涉及消费者人数众多，当前普遍做法是行政手段维权，包括行政罚款、吊销营业执照等，行政救济的优势在于简便、快捷、成本低、维权力度大。《解释》亦注重与行政衔接。其中，第六条规定人民法院受理消费民事公益诉讼案件后，应当在立案之日起十日内书面告知相关行政主管部门。第十四条规定消费民事公益诉讼案件裁判生效后，人民法院应当在十日内书面告知相关行政主管部门，并可发出司法建议。通过上述规定，加强行政权与司法权的衔接，形成合力，共同维护消费市场公平竞争秩序。

最高人民法院　最高人民检察院
关于检察公益诉讼案件适用法律若干问题的解释

法释〔2018〕6号

（2018年2月23日最高人民法院审判委员会第1734次会议、
2018年2月11日最高人民检察院第十二届检察委员会
第73次会议通过　2018年3月1日最高人民法院、
最高人民检察院公告公布　自2018年3月2日起施行）

一、一般规定

第一条　为正确适用《中华人民共和国民事诉讼法》《中华人民共和国行政诉讼法》关于人民检察院提起公益诉讼制度的规定，结合审判、检察工作实际，制定本解释。

第二条　人民法院、人民检察院办理公益诉讼案件主要任务是充分发挥司法审判、法律监督职能作用，维护宪法法律权威，维护社会公平正义，维护国家利益和社会公共利益，督促适格主体依法行使公益诉权，促进依法行政、严格执法。

第三条　人民法院、人民检察院办理公益诉讼案件，应当遵守宪法法律规定，遵循诉讼制度的原则，遵循审判权、检察权运行规律。

第四条　人民检察院以公益诉讼起诉人身份提起公益诉讼，依照民事诉讼法、行政诉讼法享有相应的诉讼权利，履行相应的诉讼义务，但法律、司法解释另有规定的除外。

第五条　市（分、州）人民检察院提起的第一审民事公益诉讼案件，由侵权行为地或者被告住所地中级人民法院管辖。

基层人民检察院提起的第一审行政公益诉讼案件，由被诉行政机关所在地基层人民法院管辖。

第六条　人民检察院办理公益诉讼案件，可以向有关行政机关以及其他组织、公民调查收集证据材料；有关行政机关以及其他组织、公民应当配合；需要采取证据保全措施的，依照民事诉讼法、行政诉讼法相关规定办理。

第七条　人民法院审理人民检察院提起的第一审公益诉讼案件，可以适用人民陪审制。

第八条　人民法院开庭审理人民检察院提起的公益诉讼案件，应当在开庭三日前向人民检察院送达出庭通知书。

人民检察院应当派员出庭，并应当自收到人民法院出庭通知书之日起三日内向人民法院提交派员出庭通知书。派员出庭通知书应当写明出庭人员的姓名、法律职务以及出庭履行的具体职责。

第九条　出庭检察人员履行以下职责：

（一）宣读公益诉讼起诉书；

（二）对人民检察院调查收集的证据予以出示和说明，对相关证据进行质证；

（三）参加法庭调查，进行辩论并发表意见；

（四）依法从事其他诉讼活动。

第十条　人民检察院不服人民法院第一审判决、裁定的，可以向上一级人民法院提起上诉。

第十一条　人民法院审理第二审案件，由提起公益诉讼的人民检察院派员出庭，上一级人民检察院也可以派员参加。

第十二条　人民检察院提起公益诉讼案件判决、裁定发生法律效力，被告不履行的，人民法院应当移送执行。

二、民事公益诉讼

第十三条　人民检察院在履行职责中发现破坏生态环境和资源保护、食品药品安全领域侵害众多消费者合法权益等损害社会公共利益的行为，拟提起公益诉讼的，应当依法公告，公告期间为三十日。

公告期满，法律规定的机关和有关组织不提起诉讼的，人民检察院可以向人民法院提起诉讼。

第十四条　人民检察院提起民事公益诉讼应当提交下列材料：

（一）民事公益诉讼起诉书，并按照被告人数提出副本；

（二）被告的行为已经损害社会公共利益的初步证明材料；

（三）检察机关已经履行公告程序的证明材料。

第十五条　人民检察院依据民事诉讼法第五十五条第二款的规定提起民事公益诉讼，符合民事诉讼法第一百一十九条第二项、第三项、第四项及本解释规定的起诉条件的，人民法院应当登记立案。

第十六条 人民检察院提起的民事公益诉讼案件中，被告以反诉方式提出诉讼请求的，人民法院不予受理。

第十七条 人民法院受理人民检察院提起的民事公益诉讼案件后，应当在立案之日起五日内将起诉书副本送达被告。

人民检察院已履行诉前公告程序的，人民法院立案后不再进行公告。

第十八条 人民法院认为人民检察院提出的诉讼请求不足以保护社会公共利益的，可以向其释明变更或者增加停止侵害、恢复原状等诉讼请求。

第十九条 民事公益诉讼案件审理过程中，人民检察院诉讼请求全部实现而撤回起诉的，人民法院应予准许。

第二十条 人民检察院对破坏生态环境和资源保护、食品药品安全领域侵害众多消费者合法权益等损害社会公共利益的犯罪行为提起刑事公诉时，可以向人民法院一并提起附带民事公益诉讼，由人民法院同一审判组织审理。

人民检察院提起的刑事附带民事公益诉讼案件由审理刑事案件的人民法院管辖。

三、行政公益诉讼

第二十一条 人民检察院在履行职责中发现生态环境和资源保护、食品药品安全、国有财产保护、国有土地使用权出让等领域负有监督管理职责的行政机关违法行使职权或者不作为，致使国家利益或者社会公共利益受到侵害的，应当向行政机关提出检察建议，督促其依法履行职责。

行政机关应当在收到检察建议书之日起两个月内依法履行职责，并书面回复人民检察院。出现国家利益或者社会公共利益损害继续扩大等紧急情形的，行政机关应当在十五日内书面回复。

行政机关不依法履行职责的，人民检察院依法向人民法院提起诉讼。

第二十二条 人民检察院提起行政公益诉讼应当提交下列材料：

（一）行政公益诉讼起诉书，并按照被告人数提出副本；

（二）被告违法行使职权或者不作为，致使国家利益或者社会公共利益受到侵害的证明材料；

（三）检察机关已经履行诉前程序，行政机关仍不依法履行职责或者纠正违法行为的证明材料。

第二十三条 人民检察院依据行政诉讼法第二十五条第四款的规定提起行政公益诉讼，符合行政诉讼法第四十九条第二项、第三项、第四项及本解释规定的起诉条件的，人民法院应当登记立案。

第二十四条 在行政公益诉讼案件审理过程中，被告纠正违法行为或者依法履行职责而使人民检察院的诉讼请求全部实现，人民检察院撤回起诉的，人民法院应当裁定准许；人民检察院变更诉讼请求，请求确认原行政行为违法的，人民法院应当判决确认违法。

第二十五条　人民法院区分下列情形作出行政公益诉讼判决：

（一）被诉行政行为具有行政诉讼法第七十四条、第七十五条规定情形之一的，判决确认违法或者确认无效，并可以同时判决责令行政机关采取补救措施；

（二）被诉行政行为具有行政诉讼法第七十条规定情形之一的，判决撤销或者部分撤销，并可以判决被诉行政机关重新作出行政行为；

（三）被诉行政机关不履行法定职责的，判决在一定期限内履行；

（四）被诉行政机关作出的行政处罚明显不当，或者其他行政行为涉及对款额的确定、认定确有错误的，判决予以变更；

（五）被诉行政行为证据确凿，适用法律、法规正确，符合法定程序，未超越职权，未滥用职权，无明显不当，或者人民检察院诉请被诉行政机关履行法定职责理由不成立的，判决驳回诉讼请求。

人民法院可以将判决结果告知被诉行政机关所属的人民政府或者其他相关的职能部门。

四、附　则

第二十六条　本解释未规定的其他事项，适用民事诉讼法、行政诉讼法以及相关司法解释的规定。

第二十七条　本解释自 2018 年 3 月 2 日起施行。

最高人民法院、最高人民检察院之前发布的司法解释和规范性文件与本解释不一致的，以本解释为准。

人民检察院提起公益诉讼试点工作实施办法

高检发释字〔2015〕6 号

（2015 年 12 月 16 日最高人民检察院第十二届检察委员会第四十五次会议通过
2015 年 12 月 24 日最高人民检察院公告公布　自发布之日起施行）

为了加强对国家和社会公共利益的保护，促进行政机关依法行政、严格执法，根据《全国人民代表大会常务委员会关于授权最高人民检察院在部分地区开展公益诉讼试点工作的决定》和《检察机关提起公益诉讼试点方案》，结合检察工作实际，制定本办法。

第一章　提起民事公益诉讼

第一条　人民检察院履行职责中发现污染环境、食品药品安全领域侵害众多消费者合法权益等损害社会公共利益的行为，在没有适格主体或者适格主体不提起诉讼的情况下，可以向人民法院提起民事公益诉讼。

人民检察院履行职责包括履行职务犯罪侦查、批准或者决定逮捕、审查起诉、控告检察、诉讼监督等职责。

第二条　人民检察院提起民事公益诉讼的案件，一般由侵权行为地、损害结果地或者被告住所地的市（分、州）人民检察院管辖。

有管辖权的人民检察院由于特殊原因，不能行使管辖权的，应当由上级人民检察院指定本区域其他试点地区人民检察院管辖。

上级人民检察院认为确有必要，可以办理下级人民检察院管辖的案件。下级人民检察院认为需要由上级人民检察院办理的，可以报请上级人民检察院办理。

有管辖权的人民检察院认为有必要将本院管辖的民事公益诉讼案件交下级人民检察院办理的，应当报请其上一级人民检察院批准。

第三条　人民检察院提起民事公益诉讼案件的办理，由民事行政检察部门负责。

第四条　人民检察院各业务部门在履行职责中，发现可能属于民事公益诉讼案件范围的案件线索，应当将有关材料移送民事行政检察部门。

第五条　经审查认为污染环境、食品药品安全领域侵害众多消费者合法权益等行为可能损害社会公共利益的，应当报请检察长批准决定立案，并到案件管理部门登记。

人民检察院决定立案的民事公益诉讼案件，应当制作《立案决定书》。

第六条　人民检察院可以采取以下方式调查核实污染环境、侵害众多消费者合法权益等违法行为、损害后果涉及的相关证据及有关情况：

（一）调阅、复制有关行政执法卷宗材料；

（二）询问违法行为人、证人等；

（三）收集书证、物证、视听资料等证据；

（四）咨询专业人员、相关部门或者行业协会等对专门问题的意见；

（五）委托鉴定、评估、审计；

（六）勘验物证、现场；

（七）其他必要的调查方式。

调查核实不得采取限制人身自由以及查封、扣押、冻结财产等强制性措施。

人民检察院调查核实有关情况，行政机关及其他有关单位和个人应当配合。

第七条　民事行政检察部门在办理民事公益诉讼案件过程中，发现国家工作人员涉嫌贪污贿赂、渎职侵权等职务犯罪线索的，应当及时移送职务犯罪侦查部门；发现其他刑事犯罪线索的，应当及时移送侦查监督部门。

第八条　人民检察院提起民事公益诉讼案件审查终结，承办人应当制作审查终结报告。审查终结报告应当全面、客观、公正地叙述案件事实，依据法律规定提出处理建议。

第九条　办理民事公益诉讼案件应当经集体讨论。参加集体讨论的人员应当对案件事实、适用法律、处理建议等发表明确的意见并说明理由。集体讨论意见应当在全面、客观地归纳讨论意见的基础上形成。

集体讨论形成的处理意见，由民事行政检察部门负责人提出审核意见后报检察长批准。检察长认为必要的，可以提请检察委员会讨论决定。

第十条　人民检察院对审查终结的民事公益诉讼案件，应当区分情况作出下列决定：

（一）终结审查；

（二）依法督促或者支持法律规定的机关和有关组织提起民事公益诉讼；

（三）提起民事公益诉讼。

第十一条　人民检察院办理民事公益诉讼案件，拟作出第十条第一项、第二项决定的，应当自决定立案之日起三个月内办理终结；拟作出第十条第三项决定的，应当自决定立案之日起六个月内办理终结。有特殊情况需要延长的，报经检察长批准。

第十二条　有下列情形之一的，人民检察院应当终结审查：

（一）经审查不存在损害社会公共利益需要追究民事法律责任情形的；

（二）损害社会公共利益的情形在依法督促或者支持法律规定的机关和有关组织提起民事公益诉讼之前已经消除且社会公共利益已经获得有效救济的；

（三）其他应当终结审查的情形。终结审查的，应当制作《终结审查决定书》。

第十三条　人民检察院在提起民事公益诉讼之前，应当履行以下诉前程序：

（一）依法督促法律规定的机关提起民事公益诉讼；

（二）建议辖区内符合法律规定条件的有关组织提起民事公益诉讼。有关组织提出需要人民检察院支持起诉的，可以依照相关法律规定支持其提起民事公益诉讼。

法律规定的机关和有关组织应当在收到督促起诉意见书或者检察建议书后一个月内依法办理，并将办理情况及时书面回复人民检察院。

第十四条 经过诉前程序，法律规定的机关和有关组织没有提起民事公益诉讼，或者没有适格主体提起诉讼，社会公共利益仍处于受侵害状态的，人民检察院可以提起民事公益诉讼。

第十五条 人民检察院以公益诉讼人身份提起民事公益诉讼。民事公益诉讼的被告是实施损害社会公共利益行为的公民、法人或者其他组织。

第十六条 人民检察院可以向人民法院提出要求被告停止侵害、排除妨碍、消除危险、恢复原状、赔偿损失、赔礼道歉等诉讼请求。

第十七条 人民检察院提起民事公益诉讼应当提交下列材料：

（一）民事公益诉讼起诉书；

（二）被告的行为已经损害社会公共利益的初步证明材料。

第十八条 人民检察院提起民事公益诉讼，被告没有反诉权。

第十九条 人民检察院提起民事公益诉讼，对提出的诉讼请求所依据的事实或者反驳对方意见所依据的事实，以及履行诉前程序的事实，应当提供证据加以证明，法律另有规定的除外。

第二十条 对于可能因被告一方的行为或者其他原因，使判决难以执行或者造成与社会公共利益相关的其他损害情形，人民检察院可以向人民法院建议对被告财产进行保全、责令其作出一定行为或者禁止其作出一定行为。

根据人民检察院建议，人民法院采取保全措施的，人民检察院无需提供担保。

第二十一条 人民法院开庭审理人民检察院提起的民事公益诉讼案件，人民检察院应当派员出席法庭。

第二十二条 检察人员出席法庭的任务是：

（一）宣读民事公益诉讼起诉书；（二）对人民检察院调查核实的证据予以出示和说明，对相关证据进行质证；

（三）参加法庭调查，进行辩论并发表出庭意见；

（四）依法从事其他诉讼活动。

检察人员发现庭审活动违法的，应当待休庭或者庭审结束之后，以人民检察院的名义提出检察建议。

第二十三条 民事公益诉讼案件，人民检察院可以与被告和解，人民法院可以调解。和解协议、调解协议不得损害社会公共利益。

第二十四条 在民事公益诉讼审理过程中，人民检察院诉讼请求全部实现的，可以撤回起诉。

第二十五条 地方各级人民检察院认为同级人民法院未生效的第一审判

决、裁定确有错误，应当向上一级人民法院提出抗诉。

第二十六条　地方各级人民检察院对同级人民法院未生效的第一审判决、裁定的抗诉，应当通过原审人民法院提出抗诉书，并且将抗诉书抄送上一级人民检察院。

上级人民检察院认为抗诉不当的，可以向同级人民法院撤回抗诉，并且通知下级人民检察院。

第二十七条　对人民检察院提出抗诉的二审案件或者人民法院决定开庭审理的上诉案件，同级人民检察院应当派员出席第二审法庭。

第二章　提起行政公益诉讼

第二十八条　人民检察院履行职责中发现生态环境和资源保护、国有资产保护、国有土地使用权出让等领域负有监督管理职责的行政机关违法行使职权或者不作为，造成国家和社会公共利益受到侵害，公民、法人和其他社会组织由于没有直接利害关系，没有也无法提起诉讼的，可以向人民法院提起行政公益诉讼。

人民检察院履行职责包括履行职务犯罪侦查、批准或者决定逮捕、审查起诉、控告检察、诉讼监督等职责。

第二十九条　人民检察院提起行政公益诉讼的案件，一般由违法行使职权或者不作为的行政机关所在地的基层人民检察院管辖。

违法行使职权或者不作为的行政机关是县级以上人民政府的案件，由市（分、州）人民检察院管辖。

有管辖权的人民检察院由于特殊原因，不能行使管辖权的，应当由上级人民检察院指定本区域其他试点地区人民检察院管辖。

上级人民检察院认为确有必要，可以办理下级人民检察院管辖的案件。下级人民检察院认为需要由上级人民检察院办理的，可以报请上级人民检察院办理。

第三十条　人民检察院提起行政公益诉讼案件的办理，由民事行政检察部门负责。

第三十一条　人民检察院各业务部门在履行职责中，发现可能属于行政公益诉讼案件范围的案件线索，应当将有关材料移送民事行政检察部门。

第三十二条　经审查认为生态环境和资源保护、国有资产保护、国有土地使用权出让等领域负有监督管理职责的行政机关违法行使职权或者不作为可能损害国家和社会公共利益的，应报请检察长批准决定立案，并到案件管理部门登记。

人民检察院决定立案的行政公益诉讼案件，应当制作《立案决定书》。

第三十三条 人民检察院可以采取以下方式调查核实有关行政机关违法行使职权或者不作为的相关证据及有关情况：

（一）调阅、复制行政执法卷宗材料；

（二）询问行政机关相关人员以及行政相对人、利害关系人、证人等；

（三）收集书证、物证、视听资料等证据；

（四）咨询专业人员、相关部门或者行业协会等对专门问题的意见；

（五）委托鉴定、评估、审计；

（六）勘验物证、现场；

（七）其他必要的调查方式。

调查核实不得采取限制人身自由以及查封、扣押、冻结财产等强制性措施。

人民检察院调查核实有关情况，行政机关及其他有关单位和个人应当配合。

第三十四条 民事行政检察部门在办理行政公益诉讼案件过程中，发现国家工作人员涉嫌贪污贿赂、渎职侵权等职务犯罪线索的，应当及时移送职务犯罪侦查部门；发现其他刑事犯罪线索的，应当及时移送侦查监督部门。

第三十五条 人民检察院提起行政公益诉讼案件审查终结，承办人应当制作审查终结报告。审查终结报告应当全面、客观、公正地叙述案件事实，依据法律规定提出处理建议。

第三十六条 办理行政公益诉讼案件应当经集体讨论。参加集体讨论的人员应当对案件事实、适用法律、处理建议等发表明确的意见并说明理由。集体讨论意见应当在全面、客观地归纳讨论意见的基础上形成。

集体讨论形成的处理意见，由民事行政检察部门负责人提出审核意见后报检察长批准。检察长认为必要的，可以提请检察委员会讨论决定。

第三十七条 人民检察院对审查终结的行政公益诉讼案件，应当区分情况作出下列决定：

（一）终结审查；

（二）提出检察建议；

（三）提起行政公益诉讼。

第三十八条 人民检察院办理行政公益诉讼案件，拟作出第三十七条第一项、第二项决定的，应当自决定立案之日起三个月内办理终结；拟作出第三十七条第三项决定的，应当自决定立案之日起六个月内办理终结。有特殊情况需要延长的，报经检察长批准。

第三十九条 有下列情形之一的，人民检察院应当终结审查：

（一）经审查不存在行政机关违法行使职权或者不作为，造成国家和社会公共利益受到侵害情形的；

（二）行政机关在人民检察院向其提出检察建议前已纠正行政违法行为或依法履行职责的；

（三）其他应当终结审查的情形。终结审查的，应当制作《终结审查决定书》。

第四十条　在提起行政公益诉讼之前，人民检察院应当先行向相关行政机关提出检察建议，督促其纠正违法行为或者依法履行职责。行政机关应当在收到检察建议书后一个月内依法办理，并将办理情况及时书面回复人民检察院。

第四十一条　经过诉前程序，行政机关拒不纠正违法行为或者不履行法定职责，国家和社会公共利益仍处于受侵害状态的，人民检察院可以提起行政公益诉讼。

第四十二条　人民检察院以公益诉讼人身份提起行政公益诉讼。行政公益诉讼的被告是生态环境和资源保护、国有资产保护、国有土地使用权出让等领域违法行使职权或者不作为的行政机关，以及法律、法规、规章授权的组织。

第四十三条　人民检察院可以向人民法院提出撤销或者部分撤销违法行政行为、在一定期限内履行法定职责、确认行政行为违法或者无效等诉讼请求。

第四十四条　人民检察院提起行政公益诉讼应当提交下列材料：

（一）行政公益诉讼起诉书；

（二）国家和社会公共利益受到侵害的初步证明材料。

第四十五条　人民检察院提起行政公益诉讼，对下列事项承担举证责任：

（一）证明起诉符合法定条件；

（二）人民检察院履行诉前程序提出检察建议且行政机关拒不纠正违法行为或者不履行法定职责的事实；

（三）其他应当由人民检察院承担举证责任的事项。

第四十六条　人民法院开庭审理人民检察院提起的行政公益诉讼案件，人民检察院应当派员出席法庭。

第四十七条　检察人员出席法庭的任务是：

（一）宣读行政公益诉讼起诉书；

（二）对人民检察院调查核实的证据予以出示和说明，对相关证据进行质证；

（三）参加法庭调查，进行辩论并发表出庭意见；

（四）依法从事其他诉讼活动。

检察人员发现庭审活动违法的，应当待休庭或者庭审结束之后，以人民检察院的名义提出检察建议。

第四十八条 行政公益诉讼案件不适用调解。

第四十九条 在行政公益诉讼审理过程中，被告纠正违法行为或者依法履行职责而使人民检察院的诉讼请求全部实现的，人民检察院可以变更诉讼请求，请求判决确认行政行为违法，或者撤回起诉。

第五十条 地方各级人民检察院认为同级人民法院未生效的第一审判决、裁定确有错误，应当向上一级人民法院提出抗诉。

第五十一条 地方各级人民检察院对同级人民法院未生效的第一审判决、裁定的抗诉，应当通过原审人民法院提出抗诉书，并且将抗诉书抄送上一级人民检察院。

上级人民检察院认为抗诉不当的，可以向同级人民法院撤回抗诉，并且通知下级人民检察院。

第五十二条 对人民检察院提出抗诉的二审案件或者人民法院决定开庭审理的上诉案件，同级人民检察院应当派员出席第二审法庭。

第三章 其他规定

第五十三条 地方各级人民检察院拟决定向人民法院提起公益诉讼的，应当层报最高人民检察院审查批准。

人民检察院审查批准公益诉讼案件，应当自收到案件请示之日起一个月内办理终结。有特殊情况需要延长的，报经检察长批准。

第五十四条 省级人民检察院向最高人民检察院报送审批的材料包括：

（一）公益诉讼案件层报审批表；

（二）省级人民检察院请示；

（三）省级人民检察院民事行政检察部门案件审查终结报告和集体讨论记录；

（四）公益诉讼起诉书；

（五）案件证据目录和主要证据材料。第五十五条 提起公益诉讼，人民检察院免缴诉讼费。

第五十六条 本办法未规定的，分别适用民事诉讼法、行政诉讼法以及相关司法解释的规定。

第四章 附 则

第五十七条 本办法仅适用于北京、内蒙古、吉林、江苏、安徽、福建、山东、湖北、广东、贵州、云南、陕西、甘肃等省、自治区、直辖市。

第五十八条　本办法自发布之日起施行。本院之前发布的司法解释和规范性文件，与本办法规定不一致的，适用本办法。

最高人民法院
关于印发《人民法院审理人民检察院提起公益诉讼案件试点工作实施办法》的通知

（2016 年 2 月 25 日　法发〔2016〕6 号）

各省、自治区、直辖市高级人民法院，解放军军事法院，新疆维吾尔自治区高级人民法院生产建设兵团分院：

为全面贯彻落实党的十八届四中全会精神，完成中央部署的探索检察机关提起公益诉讼的司法改革任务，保障人民检察院提起公益诉讼案件的正确审理，根据《全国人民代表大会常务委员会关于授权最高人民检察院在部分地区开展公益诉讼试点工作的决定》，我院制定了《人民法院审理人民检察院提起公益诉讼案件试点工作实施办法》。该实施办法已于 2016 年 2 月 22 日由最高人民法院审判委员会第 1679 次会议通过，现予印发，自 2016 年 3 月 1 日起施行，请各试点地区人民法院认真贯彻执行。对于执行中遇到的重要情况和问题，请及时报告最高人民法院。

人民法院审理人民检察院提起公益诉讼案件试点工作实施办法

为贯彻实施《全国人民代表大会常务委员会关于授权最高人民检察院在部分地区开展公益诉讼试点工作的决定》，依法审理人民检察院提起的公益诉讼案件，依据《中华人民共和国民事诉讼法》《中华人民共和国行政诉讼法》等法律的规定，结合审判工作实际，制定本办法。

一、民事公益诉讼

第一条　人民检察院认为被告有污染环境、破坏生态、在食品药品安全领域侵害众多消费者合法权益等损害社会公共利益的行为，在没有适格主体提起诉讼或者适格主体不提起诉讼的情况下，向人民法院提起民事公益诉讼，符合民事诉讼法第一百一十九条第二项、第三项、第四项规定的，人民法院应当登记立案。

第二条 人民检察院提起民事公益诉讼应当提交下列材料：

（一）符合民事诉讼法第一百二十一条规定的起诉状，并按照被告人数提出副本；

（二）污染环境、破坏生态、在食品药品安全领域侵害众多消费者合法权益等损害社会公共利益行为的初步证明材料；

（三）人民检察院已经履行督促或者支持法律规定的机关或有关组织提起民事公益诉讼的诉前程序的证明材料。

第三条 人民检察院提起民事公益诉讼，可以提出要求被告停止侵害、排除妨碍、消除危险、恢复原状、赔偿损失、赔礼道歉等诉讼请求。

第四条 人民检察院以公益诉讼人身份提起民事公益诉讼，诉讼权利义务参照民事诉讼法关于原告诉讼权利义务的规定。民事公益诉讼的被告是被诉实施损害社会公共利益行为的公民、法人或者其他组织。

第五条 人民检察院提起的第一审民事公益诉讼案件由侵害行为发生地、损害结果地或者被告住所地的中级人民法院管辖，但法律、司法解释另有规定的除外。

第六条 人民法院审理人民检察院提起的民事公益诉讼案件，被告提出反诉请求的，不予受理。

第七条 人民法院审理人民检察院提起的第一审民事公益诉讼案件，原则上适用人民陪审制。

当事人申请不适用人民陪审制审理的，人民法院经审查可以决定不适用人民陪审制审理。

第八条 人民检察院与被告达成和解协议或者调解协议后，人民法院应当将协议内容公告，公告期间不少于三十日。

公告期满后，人民法院审查认为和解协议或者调解协议内容不损害社会公共利益的，应当出具调解书。

第九条 人民检察院在法庭辩论终结前申请撤诉，或者在法庭辩论终结后，人民检察院的诉讼请求全部实现，申请撤诉的，应予准许。

第十条 对于人民法院作出的民事公益诉讼判决、裁定，当事人依法提起上诉、人民检察院依法提起抗诉或者其他当事人依法申请再审且符合民事诉讼法第二百条规定的，分别按照民事诉讼法规定的第二审程序、审判监督程序审理。

二、行政公益诉讼

第十一条　人民检察院认为在生态环境和资源保护、国有资产保护、国有土地使用权出让等领域负有监督管理职责的行政机关或者法律、法规、规章授权的组织违法行使职权或不履行法定职责，造成国家和社会公共利益受到侵害，向人民法院提起行政公益诉讼，符合行政诉讼法第四十九条第二项、第三项、第四项规定的，人民法院应当登记立案。

第十二条　人民检察院提起行政公益诉讼应当提交下列材料：

（一）行政公益诉讼起诉状，并按照被告人数提出副本；

（二）被告的行为造成国家和社会公共利益受到侵害的初步证明材料；

（三）人民检察院已经履行向相关行政机关提出检察建议、督促其纠正违法行政行为或者依法履行职责的诉前程序的证明材料。

第十三条　人民检察院提起行政公益诉讼，可以向人民法院提出撤销或者部分撤销违法行政行为、在一定期限内履行法定职责、确认行政行为违法或者无效等诉讼请求。

第十四条　人民检察院以公益诉讼人身份提起行政公益诉讼，诉讼权利义务参照行政诉讼法关于原告诉讼权利义务的规定。行政公益诉讼的被告是生态环境和资源保护、国有资产保护、国有土地使用权出让等领域行使职权或者负有行政职责的行政机关，以及法律、法规、规章授权的组织。

第十五条　人民检察院提起的第一审行政公益诉讼案件由最初作出行政行为的行政机关所在地基层人民法院管辖。经复议的案件，也可以由复议机关所在地基层人民法院管辖。

人民检察院对国务院部门或者县级以上地方人民政府所作的行政行为提起公益诉讼的案件以及本辖区内重大、复杂的公益诉讼案件由中级人民法院管辖。

第十六条　人民法院审理人民检察院提起的第一审行政公益诉讼案件，原则上适用人民陪审制。

第十七条　人民法院审理人民检察院提起的行政公益诉讼案件，不适用调解。

第十八条　人民法院对行政公益诉讼案件宣告判决或者裁定前，人民检察院申请撤诉的，是否准许，由人民法院裁定。

第十九条　对于人民法院作出的行政公益诉讼判决、裁定，当事人依法提起上诉、人民检察院依法提起抗诉或者其他当事人申请再审且符合行政诉讼法第九十一条规定的，分别按照行政诉讼法规定的第二审程序、审判监督程序审理。

三、其他规定

第二十条 人民法院审理人民检察院提起的公益诉讼案件，应当依法公开进行。人民法院可以邀请人大代表、政协委员等旁听庭审，并可以通过庭审直播录播等方式满足公众和媒体了解庭审实况的需要。裁判文书应当按照有关规定在互联网上公开发布。

第二十一条 人民法院审理人民检察院提起的公益诉讼案件，认为应当提出司法建议的，按照《最高人民法院关于加强司法建议工作的意见》办理。

第二十二条 人民法院审理人民检察院提起的公益诉讼案件，人民检察院免交《诉讼费用交纳办法》第六条规定的诉讼费用。

第二十三条 人民法院审理人民检察院提起的公益诉讼案件，本办法没有规定的，适用《中华人民共和国民事诉讼法》《中华人民共和国行政诉讼法》及相关司法解释的规定。

四、附　则

第二十四条 本办法适用于北京、内蒙古、吉林、江苏、安徽、福建、山东、湖北、广东、贵州、云南、陕西、甘肃等十三个省、自治区、直辖市。

第二十五条 本办法自2016年3月1日起施行。

最高人民法院指导案例75号

中国生物多样性保护与绿色发展基金会诉宁夏瑞泰科技股份有限公司环境污染公益诉讼案

（最高人民法院审判委员会讨论通过　2016年12月28日发布）

关键词

民事　环境污染公益诉讼　专门从事环境保护公益活动的社会组织

裁判要点

1. 社会组织的章程虽未载明维护环境公共利益，但工作内容属于保护环境要素及生态系统的，应认定符合《最高人民法院关于审理环境民事公益诉讼案件适用法律若干问题的解释》（以下简称《解释》）第四条关于“社会组织章程确定的宗旨和主要业务范围是维护社会公共利益”的规定。

2.《解释》第四条规定的“环境保护公益活动”，既包括直接改善生态环境的行为，也包括与环境保护相关的有利于完善环境治理体系、提高环境治理能力、促进全社会形成环境保护广泛共识的活动。

3. 社会组织起诉的事项与其宗旨和业务范围具有对应关系，或者与其所保护的环境要素及生态系统具有一定联系的，应认定符合《解释》第四条关于“与其宗旨和业务范围具有关联性”的规定。

相关法条

《中华人民共和国环境保护法》第五十八条

基本案情

2015 年 8 月 13 日，中国环境保护与绿色发展基金会（以下简称绿发会）向宁夏回族自治区中卫市中级人民法院提起诉讼称：宁夏瑞泰科技股份有限公司（以下简称瑞泰公司）在生产过程中违规将超标废水直接排入蒸发池，造成腾格里沙漠严重污染，截至起诉时仍然没有整改完毕。请求判令瑞泰公司：（一）停止非法污染环境行为；（二）对造成环境污染的危险予以消除；（三）恢复生态环境或者成立沙漠环境修复专项基金并委托具有资质的第三方进行修复；（四）针对第二项和第三项诉讼请求，由法院组织原告、技术专家、法律专家、人大代表、政协委员共同验收；（五）赔偿环境修复前生态功能损失；（六）在全国性媒体上公开赔礼道歉等。

绿发会向法院提交了基金会法人登记证书，显示绿发会是在中华人民共和国民政部登记的基金会法人。绿发会提交的 2010 至 2014 年度检查证明材料，显示其在提起本案公益诉讼前五年年检合格。绿发会亦提交了五年内未因从事业务活动违反法律、法规的规定而受到行政、刑事处罚的无违法记录声明。此外，绿发会章程规定，其宗旨为“广泛动员全社会关心和支持生物多样性保护和绿色发展事业，保护国家战略资源，促进生态文明建设和人与自然和谐，构建人类美好家园”。在案件的一审、二审及再审期间，绿发会向法院提交了其自 1985 年成立至今，一直实际从事包括举办环境保护研讨会、组织生态考察、开展环境保护宣传教育、提起环境民事公益诉讼等活动的相关证据材料。

裁判结果

宁夏回族自治区中卫市中级人民法院于 2015 年 8 月 19 日作出（2015）卫民公立字第 6 号民事裁定，以绿发会不能认定为《中华人民共和国环境保护法》（以下简称《环境保护法》）第五十八条规定的“专门从事环境保护公益活动”的社会组织为由，裁定对绿发会的起诉不予受理。绿发会不服，向宁夏回族自治区高级人民法院提起上诉。该院于 2015 年 11 月 6 日作出（2015）宁民公立终字第 6 号民事裁定，驳回上诉，维持原裁定。绿发会又向最高人民法院申请再审。最高人民法院于 2016 年 1 月 22 日作出（2015）民申字第3377号民事裁定，裁定提审本案；并于2016年1月28日作出（2016）最高法民再47号民事裁定，裁定本案由宁夏回族自治区中卫市中级人民法院立案受理。

裁判理由

法院生效裁判认为：本案系社会组织提起的环境污染公益诉讼。本案的争议焦点是绿发会应否认定为专门从事环境保护公益活动的社会组织。

《中华人民共和国民事诉讼法》第五十五条规定了环境民事公益诉讼制度，明确法律规定的机关和有关组织可以提起环境公益诉讼。《环境保护法》第五十八条规定："对污染环境、破坏生态，损害社会公共利益的行为，符合下列条件的社会组织可以向人民法院提起诉讼：（一）依法在设区的市级以上人民政府民政部门登记；（二）专门从事环境保护公益活动连续五年以上且无违法记录。符合前款规定的社会组织向人民法院提起诉讼，人民法院应当依法受理。"《解释》第四条进一步明确了对于社会组织"专门从事环境保护公益活动"的判断标准，即"社会组织章程确定的宗旨和主要业务范围是维护社会公共利益，且从事环境保护公益活动的，可以认定为《环境保护法》第五十八条规定的'专门从事环境保护公益活动'。社会组织提起的诉讼所涉及的社会公共利益，应与其宗旨和业务范围具有关联性"。有关本案绿发会是否可以作为"专门从事环境保护公益活动"的社会组织提起本案诉讼，应重点从其宗旨和业务范围是否包含维护环境公共利益，是否实际从事环境保护公益活动，以及所维护的环境公共利益是否与其宗旨和业务范围具有关联性等三个方面进行审查。

一、关于绿发会章程规定的宗旨和业务范围是否包含维护环境公共利益的问题。社会公众所享有的在健康、舒适、优美环境中生存和发展的共同利益，表现形式多样。对于社会组织宗旨和业务范围是否包含维护环境公共利益，应根据其内涵而非简单依据文字表述作出判断。社会组织章程即使未写明维护环境公共利益，但若其工作内容属于保护各种影响人类生存和发展的天然的和经过人工改造的自然因素的范畴，包括对大气、水、海洋、土地、矿藏、森林、草原、湿地、野生生物、自然遗迹、人文遗迹、自然保护区、风景名胜区、城市和乡村等环境要素及其生态系统的保护，均可以认定为宗旨和业务范围包含维护环境公共利益。

我国1992年签署的联合国《生物多样性公约》指出，生物多样性是指陆地、海洋和其他水生生态系统及其所构成的生态综合体，包括物种内部、物种之间和生态系统的多样性。《环境保护法》第三十条规定，"开发利用自然资源，应当合理开发，保护生物多样性，保障生态安全，依法制定有关生态保护和恢复治理方案并予以实施。引进外来物种以及研究、开发和利用生物技术，应当采取措施，防止对生物多样性的破坏。”可见，生物多样性保护是环境保护的重要内容，亦属维护环境公共利益的重要组成部分。

绿发会章程中明确规定，其宗旨为“广泛动员全社会关心和支持生物多样性保护和绿色发展事业，保护国家战略资源，促进生态文明建设和人与自然和谐，构建人类美好家园”，符合联合国《生物多样性公约》和《环境保护法》保护生物多样性的要求。同时，“促进生态文明建设”“人与自然和谐”“构建人类美好家园”等内容契合绿色发展理念，亦与环境保护密切相关，属于维护环境公共利益的范畴。故应认定绿发会的宗旨和业务范围包含维护环境公共利益内容。

二、关于绿发会是否实际从事环境保护公益活动的问题。环境保护公益活动，不仅包括植树造林、濒危物种保护、节能减排、环境修复等直接改善生态环境的行为，还包括与环境保护有关的宣传教育、研究培训、学术交流、法律援助、公益诉讼等有利于完善环境治理体系，提高环境治理能力，促进全社会形成环境保护广泛共识的活动。绿发会在本案一审、二审及再审期间提交的历史沿革、公益活动照片、环境公益诉讼立案受理通知书等相关证据材料，虽未经质证，但在立案审查阶段，足以显示绿发会自 1985 年成立以来长期实际从事包括举办环境保护研讨会、组织生态考察、开展环境保护宣传教育、提起环境民事公益诉讼等环境保护活动，符合《环境保护法》和《解释》的规定。同时，上述证据亦证明绿发会从事环境保护公益活动的时间已满五年，符合《环境保护法》第五十八条关于社会组织从事环境保护公益活动应连续五年以上的规定。

三、关于本案所涉及的社会公共利益与绿发会宗旨和业务范围是否具有关联性的问题。依据《解释》第四条的规定，社会组织提起的公益诉讼涉及的环境公共利益，应与社会组织的宗旨和业务范围具有一定关联。此项规定旨在促使社会组织所起诉的环境公共利益保护事项与其宗旨和业务范围具有对应或者关联关系，以保证社会组织具有相应的诉讼能力。因此，即使社会组织起诉事项与其宗旨和业务范围不具有对应关系，但若与其所保护的环境要素或者生态系统具有一定的联系，亦应基于关联性标准确认其主体资格。本案环境公益诉讼系针对腾格里沙漠污染提起。沙漠生物群落及其环境相互作用所形成的复杂而脆弱的沙漠生态系统，更加需要人类的珍惜利用和悉心呵护。绿发会起诉认为瑞泰公司将超标废水排入蒸发池，严重破坏了腾格里沙漠本已脆弱的生态系统，所涉及的环境公共利益之维护属于绿发会宗旨和业务范围。

此外，绿发会提交的基金会法人登记证书显示，绿发会是在中华人民共和国民政部登记的基金会法人。绿发会提交的 2010 至 2014 年度检查证明材料，显示其在提起本案公益诉讼前五年年检合格。绿发会还按照《解释》第五条的规定提交了其五年内未因从事业务活动违反法律、法规的规定而受到行政、刑事处罚的无违法记录声明。据此，绿发会亦符合《环境保护法》第五十八条，《解释》第二条、第三条、第五条对提起环境公益诉讼社会组织的其他要求，具备提起环境民事公益诉讼的主体资格。

（生效裁判审判人员：刘小飞、吴凯敏、叶阳）

最高人民检察院指导案例第 28 号

江苏省常州市人民检察院诉许建惠、许玉仙民事公益诉讼案

（2017 年 1 月 4 日　检例第 28 号）

【关键词】

民事公益诉讼　生态环境修复　虚拟治理成本法

【基本案情】

许建惠，男，1962 年 4 月 1 日生。

许玉仙，女，1965 年 5 月 15 日生。

2010 年上半年至 2014 年 9 月，许建惠、许玉仙在江苏省常州市武进区遥观镇东方村租用他人厂房，在无营业执照、无危险废物经营许可证的情况下，擅自从事废树脂桶和废油桶的清洗业务。洗桶产生的废水通过排污沟排向无防渗漏措施的露天污水池，产生的残渣被堆放在污水池周围。

2014 年 9 月 1 日，公安机关在许建惠、许玉仙洗桶现场查获废桶 7789 只，其中 6289 只尚未清洗。经鉴定，未清洗的桶及桶内物质均属于危险废物，现场地下水、污水池内废水以及污水池四周堆放的残渣、污水池底部沉积物中均检出铬、锌等多种重金属和总石油烃、氯代烷烃、苯系物等多种有机物。

2015 年 6 月 17 日，许建惠、许玉仙因犯污染环境罪被常州市武进区人民法院分别判处有期徒刑二年六个月、缓刑四年，有期徒刑二年、缓刑四年，并分别判处罚金。许建惠、许玉仙虽被依法追究刑事责任，但现场尚留存 130 只未清洗的废桶、残渣、污水和污泥尚未清除，对土壤和地下水持续造成污染。

【诉前程序】

经调查，在常州市民政局登记的三家环保类社会组织，均不符合法律对提起公益诉讼主体要求的相关规定，不能作为原告向常州市中级人民法院提起环境民事公益诉讼。

【诉讼过程】

2015 年 12 月 21 日，常州市人民检察院以公益诉讼人身份，向常州市中级人民法院提起民事公益诉讼，诉求：1. 判令二被告依法及时处置场地内遗留的危险废物，消除危险；2. 判令二被告依法及时修复被污染的土壤，恢复原状；3. 判令二被告依法赔偿场地排污对环境影响的修复费用，以虚拟治理成本 30 万元为基数，根据该区域环境敏感程度以 4.5—6 倍计算赔偿数额。常州市人民检察院认为：

一、许建惠、许玉仙非法洗桶行为造成了严重的环境污染损害后果。现场留存的大量废桶、残渣，污水池里的废水、污泥，均属于有毒物质，并且仍在对环境造成污染。经检测，污水池下方的地下水、土壤已遭到严重污染。

二、许建惠、许玉仙的行为与环境污染损害后果之间存在因果关系。污水池附近区域的地下水中检测出的污染物与洗桶产生的特征污染物相同，而周边的纺织、塑料和铝制品加工企业等不会产生该系列的特征污染物。

【案件结果】

庭审过程中，公益诉讼人向法院申请由市环保局从常州市环境应急专家库中甄选的环境专家苏衡博士作为专家辅助人，就本案涉及的环境专业性问题发表意见。

2016 年 4 月 14 日，常州市中级人民法院作出一审判决：

1. 被告许建惠、许玉仙于本判决发生法律效力之日起十五日内，将常州市武进区遥观镇东方村洗桶场地内留存的 130 只废桶、两个污水池中蓄积的污水及池底污泥以及厂区内堆放的残渣委托有处理资质的单位全部清理处置，消除继续污染环境危险。

2. 被告许建惠、许玉仙于本判决发生法律效力之日起三十日内，委托有土壤处理资质的单位制定土壤修复方案，提交常州市环保局审核通过后，六十日内实施。

3. 被告许建惠、许玉仙赔偿对环境造成的其他损失 150 万元，该款于判决发生法律效力之日起三十日内支付至常州市环境公益基金专用账户。

一审宣判后，许建惠、许玉仙均未上诉，判决已发生法律效力。

本案的办理得到当地政府、相关行政执法部门以及公益组织的广泛关注和支持，对引导政府完善社会治理，促进环保等行政执法部门加强履职起到了积极作用。本案经 20 多家媒体直播庭审、跟踪报道，激发了社会公众关注公益诉讼的热情。当地政府将本案作为典型案例，以生效判决文书作为宣教材料，对当地企业开展宣传教育，为进一步推进公益保护工作营造了良好的社会氛围。

【要旨】

1. 侵权人因同一行为已经承担行政责任或者刑事责任的，不影响承担民事侵权责任。

2. 环境污染导致生态环境损害无法通过恢复工程完全恢复的，恢复成本远远大于其收益的或者缺乏生态环境损害恢复评价指标的，可以参考虚拟治理成本法计算修复费用。

3. 专业技术问题，可以引入专家辅助人。专家意见经质证，可以作为认定事实的根据。

【指导意义】

本案是全国人大常委会授权检察机关开展公益诉讼试点工作后全国首例由检察机关提起的民事公益诉讼案件。

1. 围绕侵权构成要件，开展调查核实。虽然污染环境侵权案件因果关系适用举证责任倒置原则，但为保证依法准确监督，检察机关仍应充分开展调查核实，查明案件事实。调查核实主要包括以下方面：（1）侵权人实施了污染环境的行为；（2）侵权人的行为已经损害社会公共利益；（3）侵权人实施的污染环境行为与损害结果之间具有关联性。

2. 准确定位民事侵权责任，提起公益诉讼。《中华人民共和国侵权责任法》第四条规定，侵权人因同一行为应当承担行政责任或者刑事责任的，不影响依法承担侵权责任。污染环境肇事人、食品药品安全领域侵害众多消费者合法权益等损害社会公共利益的侵权人，因该侵权行为受过行政或刑事处罚，不影响检察机关对该侵权人提起民事公益诉讼。罚款或罚金均不属于民事侵权责任范畴，不能抵销损害社会公共利益的侵权损害赔偿金额。

3. 围绕环境污染情况，提出合理诉求。检察机关提起环境民事公益诉讼，应当结合具体案情和相关证据合理确定污染者承担停止侵害、排除妨碍、消除危险、恢复原状、赔礼道歉、赔偿损失等民事责任。检察机关提起环境民事公益诉讼的第一诉求应是停止侵害、排除危险和恢复原状。其中，“恢复原状”应当是在有恢复原状的可能和必要的前提下，要求损害者承担治理污染和修复生态的责任。无法完全恢复或恢复成本远远大于其收益的，可以准许采用替代性修复方式，也可以要求被告承担生态环境修复费用。

4. 围绕生态环境修复实际，确定赔偿费用。生态环境修复费用包括制定、实施修复方案的费用和监测、监管等费用。环境污染所致生态环境损害无法通过恢复工程完全恢复的，恢复成本远大于收益的，缺乏生态环境损害恢复评价指标、生态环境修复费用难以确定的，可以参考环境保护部制定的《环境损害鉴定评估推荐方法》，采用虚拟治理成本法计算修复费用，即在虚拟治理成本基数的基础上，根据受污染区域的环境功能敏感程度与对应的敏感系数相乘予以合理确定。

5. 围绕专业技术问题，引入专家辅助人。环境民事公益诉讼案件，涉及土壤污染、非法排污、因果关系、环境修复等大量的专业技术问题，检察机关可以通过甄选环境专家协助办案，厘清关键证据中的专业性技术问题。专家辅助人出庭就鉴定人作出的鉴定意见或者就因果关系、生态环境修复方式、生态环境修复费用以及生态环境受到损害至恢复原状期间服务功能的损失等专门性问题，作出说明或提出意见，经质证后可以作为认定事实的根据。

【相关规定】

《中华人民共和国侵权责任法》（2009 年 12 月 26 日第十一届全国人民代表大会常务委员会第十二次会议通过）

第四条　侵权人因同一行为应当承担行政责任或者刑事责任的，不影响依法承担侵权责任。

因同一行为应当承担侵权责任和行政责任、刑事责任，侵权人的财产不足以支付的，先承担侵权责任。

《中华人民共和国固体废物污染环境防治法》（2013 年修正）

第十七条　收集、贮存、运输、利用、处置固体废物的单位和个人，必须采取防扬散、防流失、防渗漏或者其他防止污染环境的措施；不得擅自倾倒、堆放、丢弃、遗撒固体废物。

禁止任何单位或者个人向江河、湖泊、运河、渠道、水库及其最高水位线以下的滩地和岸坡等法律、法规规定禁止倾倒、堆放废弃物的地点倾倒、堆放固体废物。

《最高人民法院关于审理环境民事公益诉讼案件适用法律若干问题的解释》（2014 年 12 月 8 日最高人民法院审判委员会第 1631 次会议通过）

第十五条　当事人申请通知有专门知识的人出庭，就鉴定人作出的鉴定意见或者就因果关系、生态环境修复方式、生态环境修复费用以及生态环境受到损害至恢复原状期间服务功能的损失等专门性问题提出意见的，人民法院可以准许。

前款规定的专家意见经质证，可以作为认定事实的根据。

第二十条　原告请求恢复原状的，人民法院可以依法判决被告将生态环境修复到损害发生之前的状态和功能。无法完全修复的，可以准许采用替代性修复方式。

人民法院可以在判决被告修复生态环境的同时，确定被告不履行修复义务时应承担的生态环境修复费用；也可以直接判决被告承担生态环境修复费用。

生态环境修复费用包括制定、实施修复方案的费用和监测、监管等费用。

第二十三条 生态环境修复费用难以确定或者确定具体数额所需鉴定费用明显过高的，人民法院可以结合污染环境、破坏生态的范围和程度、生态环境的稀缺性、生态环境恢复的难易程度、防治污染设备的运行成本、被告因侵害行为所获得的利益以及过错程度等因素，并可以参考负有环境保护监督管理职责的部门的意见、专家意见等，予以合理确定。

《人民检察院提起公益诉讼试点工作实施办法》（2015 年 12 月 16 日最高人民检察院第十二届检察委员会第四十五次会议通过）

第十四条 经过诉前程序，法律规定的机关和有关组织没有提起民事公益诉讼，或者没有适格主体提起诉讼，社会公共利益仍处于受侵害状态的，人民检察院可以提起民事公益诉讼。

第十七条 人民检察院提起民事公益诉讼应当提交下列材料：

（一）民事公益诉讼起诉书；

（二）被告的行为已经损害社会公共利益的初步证明材料。

《环境损害鉴定评估推荐方法》（第Ⅱ版）

A. 2. 3　虚拟治理成本法

虚拟治理成本是按照现行的治理技术和水平治理排放到环境中的污染物所需要的支出。虚拟治理成本法适用于环境污染所致生态环境损害无法通过恢复工程完全恢复、恢复成本远远大于其收益或缺乏生态环境损害恢复评价指标的情形。虚拟治理成本法的具体计算方法见《突发环境事件应急处置阶段环境损害评估技术规范》。

《突发环境事件应急处置阶段环境损害评估推荐方法》（即《突发环境事件应急处置阶段环境损害评估技术规范》）

附 F　虚拟治理成本法

虚拟治理成本是指工业企业或污水处理厂治理等量的排放到环境中的污染物应该花费的成本，即污染物排放量与单位污染物虚拟治理成本的乘积。单位污染物虚拟治理成本是指突发环境事件发生地的工业企业或污水处理厂单位污染物治理平均成本（含固定资产折旧）。在量化生态环境损害时，可以根据受污染影响区域的环境功能敏感程度分别乘以 1.5－10 的倍数作为环境损害数额的上下限值，确定原则见附表 F－1。利用虚拟治理成本法计算得到的环境损害可以作为生态环境损害赔偿的依据。

（六）特别程序

最高人民法院
关于人身安全保护令案件相关程序问题的批复

（2016 年 7 月 11 日　〔2016〕最高法民他 18 号）

北京市高级人民法院：

你院京高法〔2016〕45 号《关于人身安全保护令案件相关程序问题的请示》收悉。经研究，答复如下：

一、关于人身安全保护令案件是否收取诉讼费的问题。同意你院倾向性意见，即向人民法院申请人身安全保护令，不收取诉讼费用。

二、关于申请人身安全保护令是否需要提供担保的问题。同意你院倾向性意见。根据《中华人民共和国反家庭暴力法》请求人民法院作出人身安全保护令的，申请人不需要提供担保。

三、关于人身安全保护令案件适用程序等问题。人身安全保护令案件适用何种程序，反家庭暴力法中没有作出直接规定。人民法院可以比照特别程序进行审理。家事纠纷案件中的当事人向人民法院申请人身安全保护令的，由审理该案的审判组织作出是否发出人身安全保护令的裁定；如果人身安全保护令的申请人在接受其申请的人民法院并无正在进行的家事案件诉讼，由法官以独任审理的方式审理。至于是否需要就发出人身安全保护令问题听取被申请人的意见，则由承办法官视案件的具体情况决定。

四、关于复议问题。对于人身安全保护令的被申请人提出的复议申请和人身安全保护令的申请人就驳回裁定提出的复议申请，可以由原审判组织进行复议；人民法院认为必要的，也可以另行指定审判组织进行复议。

此复。

最高人民法院
关于确定人身安全保护令案件及其类型代字的通知

（2016年1月27日　法〔2016〕37号）

各省、自治区、直辖市高级人民法院，解放军军事法院，新疆维吾尔自治区高级人民法院生产建设兵团分院：

2015年12月27日第十二届全国人民代表大会常务委员会第十八次会议通过《中华人民共和国反家庭暴力法》（自2016年3月1日起施行），对人身安全保护令的审查处理作了规定。根据《最高人民法院关于印发〈关于人民法院案件案号的若干规定〉及配套标准的通知》（法〔2015〕137号）第七条、第十五条第一款之规定，现对《人民法院案件类型及其代字标准》修订如下：

一、在民事案件中增设一个二级类型案件即“（十一）人身安全保护令案件”，下设两个三级类型案件：人身安全保护令申请审查案件，类型代字为“民保令”；人身安全保护令变更案件，类型代字为“民保更”。

二、人身安全保护令案件及其类型代字自2016年3月1日起施行。

特此通知。

（七）审判监督程序

最高人民法院
关于适用《中华人民共和国民事诉讼法》审判监督程序若干问题的解释

法释〔2008〕14号

（2008年11月10日最高人民法院审判委员会第1453次会议通过
2008年11月25日最高人民法院公告公布　自2008年12月1日起施行）

为了保障当事人申请再审权利，规范审判监督程序，维护各方当事人的合法权益，根据2007年10月28日修正的《中华人民共和国民事诉讼法》，结合审判实践，对审判监督程序中适用法律的若干问题作出如下解释：

第一条　当事人在民事诉讼法第一百八十四条规定的期限内，以民事诉讼法第一百七十九条所列明的再审事由，向原审人民法院的上一级人民法院申请再审的，上一级人民法院应当依法受理。

第二条　民事诉讼法第一百八十四条规定的申请再审期间不适用中止、中断和延长的规定。

第三条　当事人申请再审，应当向人民法院提交再审申请书，并按照对方当事人人数提出副本。

人民法院应当审查再审申请书是否载明下列事项：

（一）申请再审人与对方当事人的姓名、住所及有效联系方式等基本情况；法人或其他组织的名称、住所和法定代表人或主要负责人的姓名、职务及有效联系方式等基本情况；

（二）原审人民法院的名称，原判决、裁定、调解文书案号；

（三）申请再审的法定情形及具体事实、理由；

（四）具体的再审请求。

第四条　当事人申请再审，应当向人民法院提交已经发生法律效力的判决书、裁定书、调解书，身份证明及相关证据材料。

第五条　案外人对原判决、裁定、调解书确定的执行标的物主张权利，且无法提起新的诉讼解决争议的，可以在判决、裁定、调解书发生法律效力后二年内，或者自知道或应当知道利益被损害之日起三个月内，向作出原判决、裁定、调解书的人民法院的上一级人民法院申请再审。

在执行过程中，案外人对执行标的提出书面异议的，按照民事诉讼法第二百零四条的规定处理。

第六条 申请再审人提交的再审申请书或者其他材料不符合本解释第三条、第四条的规定，或者有人身攻击等内容，可能引起矛盾激化的，人民法院应当要求申请再审人补充或改正。

第七条 人民法院应当自收到符合条件的再审申请书等材料后五日内完成向申请再审人发送受理通知书等受理登记手续，并向对方当事人发送受理通知书及再审申请书副本。

第八条 人民法院受理再审申请后，应当组成合议庭予以审查。

第九条 人民法院对再审申请的审查，应当围绕再审事由是否成立进行。

第十条 申请再审人提交下列证据之一的，人民法院可以认定为民事诉讼法第一百七十九条第一款第（一）项规定的“新的证据”：

（一）原审庭审结束前已客观存在庭审结束后新发现的证据；

（二）原审庭审结束前已经发现，但因客观原因无法取得或在规定的期限内不能提供的证据；

（三）原审庭审结束后原作出鉴定结论、勘验笔录者重新鉴定、勘验，推翻原结论的证据。

当事人在原审中提供的主要证据，原审未予质证、认证，但足以推翻原判决、裁定的，应当视为新的证据。

第十一条 对原判决、裁定的结果有实质影响、用以确定当事人主体资格、案件性质、具体权利义务和民事责任等主要内容所依据的事实，人民法院应当认定为民事诉讼法第一百七十九条第一款第（二）项规定的“基本事实”。

第十二条 民事诉讼法第一百七十九条第一款第（五）项规定的“对审理案件需要的证据”，是指人民法院认定案件基本事实所必需的证据。

第十三条 原判决、裁定适用法律、法规或司法解释有下列情形之一的，人民法院应当认定为民事诉讼法第一百七十九条第一款第（六）项规定的“适用法律确有错误”：

（一）适用的法律与案件性质明显不符的；

（二）确定民事责任明显违背当事人约定或者法律规定的；

（三）适用已经失效或尚未施行的法律的；

（四）违反法律溯及力规定的；

（五）违反法律适用规则的；

（六）明显违背立法本意的。

第十四条　违反专属管辖、专门管辖规定以及其他严重违法行使管辖权的，人民法院应当认定为民事诉讼法第一百七十九条第一款第（七）项规定的“管辖错误”。

第十五条　原审开庭过程中审判人员不允许当事人行使辩论权利，或者以不送达起诉状副本或上诉状副本等其他方式，致使当事人无法行使辩论权利的，人民法院应当认定为民事诉讼法第一百七十九条第一款第（十）项规定的“剥夺当事人辩论权利”。但依法缺席审理，依法径行判决、裁定的除外。

第十六条　原判决、裁定对基本事实和案件性质的认定系根据其他法律文书作出，而上述其他法律文书被撤销或变更的，人民法院可以认定为民事诉讼法第一百七十九条第一款第（十三）项规定的情形。

第十七条　民事诉讼法第一百七十九条第二款规定的“违反法定程序可能影响案件正确判决、裁定的情形”，是指除民事诉讼法第一百七十九条第一款第（四）项以及第（七）项至第（十二）项之外的其他违反法定程序，可能导致案件裁判结果错误的情形。

第十八条　民事诉讼法第一百七十九条第二款规定的“审判人员在审理该案件时有贪污受贿，徇私舞弊，枉法裁判行为”，是指该行为已经相关刑事法律文书或者纪律处分决定确认的情形。

第十九条　人民法院经审查再审申请书等材料，认为申请再审事由成立的，应当径行裁定再审。

当事人申请再审超过民事诉讼法第一百八十四条规定的期限，或者超出民事诉讼法第一百七十九条所列明的再审事由范围的，人民法院应当裁定驳回再审申请。

第二十条　人民法院认为仅审查再审申请书等材料难以作出裁定的，应当调阅原审卷宗予以审查。

第二十一条　人民法院可以根据案情需要决定是否询问当事人。

以有新的证据足以推翻原判决、裁定为由申请再审的，人民法院应当询问当事人。

第二十二条　在审查再审申请过程中，对方当事人也申请再审的，人民法院应当将其列为申请再审人，对其提出的再审申请一并审查。

第二十三条　申请再审人在案件审查期间申请撤回再审申请的，是否准许，由人民法院裁定。

申请再审人经传票传唤，无正当理由拒不接受询问，可以裁定按撤回再审申请处理。

第二十四条 人民法院经审查认为申请再审事由不成立的，应当裁定驳回再审申请。

驳回再审申请的裁定一经送达，即发生法律效力。

第二十五条 有下列情形之一的，人民法院可以裁定终结审查：

（一）申请再审人死亡或者终止，无权利义务承受人或者权利义务承受人声明放弃再审申请的；

（二）在给付之诉中，负有给付义务的被申请人死亡或者终止，无可供执行的财产，也没有应当承担义务的人的；

（三）当事人达成执行和解协议且已履行完毕的，但当事人在执行和解协议中声明不放弃申请再审权利的除外；

（四）当事人之间的争议可以另案解决的。

第二十六条 人民法院审查再审申请期间，人民检察院对该案提出抗诉的，人民法院应依照民事诉讼法第一百八十八条的规定裁定再审。申请再审人提出的具体再审请求应纳入审理范围。

第二十七条 上一级人民法院经审查认为申请再审事由成立的，一般由本院提审。最高人民法院、高级人民法院也可以指定与原审人民法院同级的其他人民法院再审，或者指令原审人民法院再审。

第二十八条 上一级人民法院可以根据案件的影响程度以及案件参与人等情况，决定是否指定再审。需要指定再审的，应当考虑便利当事人行使诉讼权利以及便利人民法院审理等因素。

接受指定再审的人民法院，应当按照民事诉讼法第一百八十六条第一款规定的程序审理。

第二十九条 有下列情形之一的，不得指令原审人民法院再审：

（一）原审人民法院对该案无管辖权的；

（二）审判人员在审理该案件时有贪污受贿、徇私舞弊、枉法裁判行为的；

（三）原判决、裁定系经原审人民法院审判委员会讨论作出的；

（四）其他不宜指令原审人民法院再审的。

第三十条 当事人未申请再审、人民检察院未抗诉的案件，人民法院发现原判决、裁定、调解协议有损害国家利益、社会公共利益等确有错误情形的，应当依照民事诉讼法第一百七十七条的规定提起再审。

第三十一条 人民法院应当依照民事诉讼法第一百八十六条的规定，按照第一审程序或者第二审程序审理再审案件。

人民法院审理再审案件应当开庭审理。但按照第二审程序审理的，双方当事人已经其他方式充分表达意见，且书面同意不开庭审理的除外。

第三十二条　人民法院开庭审理再审案件，应分别不同情形进行：

（一）因当事人申请裁定再审的，先由申请再审人陈述再审请求及理由，后由被申请人答辩及其他原审当事人发表意见；

（二）因人民检察院抗诉裁定再审的，先由抗诉机关宣读抗诉书，再由申请抗诉的当事人陈述，后由被申请人答辩及其他原审当事人发表意见；

（三）人民法院依职权裁定再审的，当事人按照其在原审中的诉讼地位依次发表意见。

第三十三条　人民法院应当在具体的再审请求范围内或在抗诉支持当事人请求的范围内审理再审案件。当事人超出原审范围增加、变更诉讼请求的，不属于再审审理范围。但涉及国家利益、社会公共利益，或者当事人在原审诉讼中已经依法要求增加、变更诉讼请求，原审未予审理且客观上不能形成其他诉讼的除外。

经再审裁定撤销原判决，发回重审后，当事人增加诉讼请求的，人民法院依照民事诉讼法第一百二十六条的规定处理。

第三十四条　申请再审人在再审期间撤回再审申请的，是否准许由人民法院裁定。裁定准许的，应终结再审程序。申请再审人经传票传唤，无正当理由拒不到庭的，或者未经法庭许可中途退庭的，可以裁定按自动撤回再审申请处理。

人民检察院抗诉再审的案件，申请抗诉的当事人有前款规定的情形，且不损害国家利益、社会公共利益或第三人利益的，人民法院应当裁定终结再审程序；人民检察院撤回抗诉的，应当准予。

终结再审程序的，恢复原判决的执行。

第三十五条　按照第一审程序审理再审案件时，一审原告申请撤回起诉的，是否准许由人民法院裁定。裁定准许的，应当同时裁定撤销原判决、裁定、调解书。

第三十六条　当事人在再审审理中经调解达成协议的，人民法院应当制作调解书。调解书经各方当事人签收后，即具有法律效力，原判决、裁定视为被撤销。

第三十七条　人民法院经再审审理认为，原判决、裁定认定事实清楚、适用法律正确的，应予维持；原判决、裁定在认定事实、适用法律、阐述理由方面虽有瑕疵，但裁判结果正确的，人民法院应在再审判决、裁定中纠正上述瑕疵后予以维持。

第三十八条　人民法院按照第二审程序审理再审案件，发现原判决认定事实错误或者认定事实不清的，应当在查清事实后改判。但原审人民法院便于查清事实，化解纠纷的，可以裁定撤销原判决，发回重审；原审程序遗漏必须参加诉讼的当事人且无法达成调解协议，以及其他违反法定程序不宜在再审程序中直接作出实体处理的，应当裁定撤销原判决，发回重审。

第三十九条 新的证据证明原判决、裁定确有错误的，人民法院应予改判。

申请再审人或者申请抗诉的当事人提出新的证据致使再审改判，被申请人等当事人因申请再审人或者申请抗诉的当事人的过错未能在原审程序中及时举证，请求补偿其增加的差旅、误工等诉讼费用的，人民法院应当支持；请求赔偿其由此扩大的直接损失，可以另行提起诉讼解决。

第四十条 人民法院以调解方式审结的案件裁定再审后，经审理发现申请再审人提出的调解违反自愿原则的事由不成立，且调解协议的内容不违反法律强制性规定的，应当裁定驳回再审申请，并恢复原调解书的执行。

第四十一条 民事再审案件的当事人应为原审案件的当事人。原审案件当事人死亡或者终止的，其权利义务承受人可以申请再审并参加再审诉讼。

第四十二条 因案外人申请人民法院裁定再审的，人民法院经审理认为案外人应为必要的共同诉讼当事人，在按第一审程序再审时，应追加其为当事人，作出新的判决；在按第二审程序再审时，经调解不能达成协议的，应撤销原判，发回重审，重审时应追加案外人为当事人。

案外人不是必要的共同诉讼当事人的，仅审理其对原判决提出异议部分的合法性，并应根据审理情况作出撤销原判决相关判项或者驳回再审请求的判决；撤销原判决相关判项的，应当告知案外人以及原审当事人可以提起新的诉讼解决相关争议。

第四十三条 本院以前发布的司法解释与本解释不一致的，以本解释为准。本解释未作规定的，按照以前的规定执行。

【链　接】

落实民事诉讼法修改决定　保障当事人申请再审权利

——最高人民法院审判监督庭负责人就《关于适用〈民事诉讼法〉审判监督程序若干问题的解释》答记者问

问：《民事诉讼法》对如何受理当事人提出的再审申请规定得不是很明确，请问，司法解释对此作了哪些主要规定？是出于什么样的考虑？

答：大家知道，《民事诉讼法》审监程序部分的修改，主要是为了解决“申诉难”、“申请再审难”问题，以切实保障当事人申请再审的权利，同时规范当事人申请再审的行为，避免有的当事人无理缠诉。《关于适用〈民事诉讼法〉审判监督程序若干问题的解释》（以下简称本解释）秉承上述立法精神，在引言部分阐明了本司法解释的三个宗旨：一是保障当事人申请再审的权利，努力解决“申请再审难”问题；二是规范和引导当事人依照民事审判监督程序行使申请再审权利，规范人民法院适用民事审判监督程序的审判行为；三是维护双方当事人的合法权益，维护公正裁判的稳定性。

基于上述的指导思想，本解释用七个条文将如何受理当事人的再审申请予以进一步明确。一是对申请再审的法定条件予以归纳。考虑到《民事诉讼法》对申请再审期间、再审事由、申请再审的管辖法院在不同法条中规定的原因，本解释在第一条中明确，符合法定申请再审期间和声明了法定再审事由的，当事人应当向原审法院的上一级法院申请再审。

二是对于再审申请书应当载明的内容以及应当同时提交的材料予以明确。《民事诉讼法》第一百八十条虽然规定“当事人申请再审的，应当提交再审申请书等材料”，但是实践中再审申请书应当记明哪些事项，再审申请书应当附随提供哪些材料，并不明确。各地在操作上比较混乱，造成“申请再审难”和“申请再审乱”两种似乎矛盾的状况。为了避免上述两种状况，本解释明确再审申请书在形式上应当载明双方当事人及其基本情况、原生效裁判文书案号、法定再审事由和支持的事实及理由、具体再审请求等内容，提交的材料中应当包括原审裁判文书以及相关身份证明。同时，对于不符合形式条件的再审申请书和材料，本解释规定法院应当要求申请再审人补充或者改正。

这样，有利于法院及时了解当事人申请再审的有效信息，从而也有利于及时登记受理当事人提出的再审申请，保障当事人申请再审的权利。

三是明确了在五日内向双方当事人发送相关受理材料。本解释明确，在收到申请再审人符合条件的再审申请书等材料后的五日内，法院应当完成受理登记手续，并应当同时向申请再审人和对方当事人发送“受理通知书”等受理材料，确保双方当事人的诉讼知情权。

问：《民事诉讼法》第一百七十九条列举了十三项再审事由，让当事人明白哪些情况下可行使申请再审权利。但这些事由的表述仍不尽明确，本解释如何解决这一问题？

答：民事再审事由，也称为申请再审事由，是指法院审查应否启动民事再审程序的理由或根据，被视为打开再审程序之门的钥匙。

判决、裁定一旦发生法律效力，即具有强制执行力，不容轻易加以变更。但是，在一些特定情形下，如果对于判决存在的重大错误，不加以纠正，则有违正义之举。民事再审事由就是法定的这类“重大错误”。如果人民法院经审查认为再审事由成立的话，应当裁定进入再审审理。相反，经审查认为没有存在列举的再审事由的，则不能对已经生效的判决进行再审。

在《民事诉讼法》立法修正时，对再审事由进行了列举的尝试，也被各界普遍认为这是立法修正的亮点。但由于种种原因，法定事由中一些关键词如“新的证据”、“基本事实”、“对审理案件需要的证据”、“适用法律确有错误”、“管辖错误”、“剥夺当事人辩论权利”，这些概念在司法实践把握上，仍然存在争议和歧义。

为此，从进一步增强操作性角度出发，本解释用九个条文对再审事由中一些认识模糊的文字作出了进一步明确，避免出现当事人与法院判断再审事由以及“错案”标准上的偏差。对于一些文字比如“主要证据”、“缺乏证据证明”，起草、研究中分歧意见较大，尚无法作出带有方向性解释的，留待司法实践中进一步总结、探索。

另外，在审查再审事由是否存在时，本解释规定人民法院应当组成合议庭予以审查，体现了对当事人申请再审权利以及对双方当事人合法权益的慎重对待。

问：《民事诉讼法》修改中，对申请再审的审查程序和审查期限作了规定，但对审查方式没有明确，司法解释有没有对此加以规定？

答：修改前的《民事诉讼法》未规定审查程序，有关司法解释也仅仅提到，各地在审查工作中掌握不一；修改前《民事诉讼法》也未规定申请再审的审查期限，意味着人民法院审查当事人申请再审的案件，法律上是没有明确时间限制的。这不仅使程序的设立不科学、不严谨，也是造成一些申请再审案件久拖不决，导致当事人不满并长期申诉、缠诉的一个重要因素。

为提高司法效率，减少涉法上访现象，完善申请再审审查程序，切实保障当事人的合法权益，在《民事诉讼法》修改中，通过第一百八十一条增加了法院对当事人申请再审一般应当在三个月内审查完毕的规定。但是，审查方式仍然阙如。为此，本解释结合《民事诉讼法》相关规定以及各地审判实践经验，明确了径行裁定、调卷审查以及询问当事人等三种审查方式，由合议庭根据案情，分别采用。

所谓径行裁定，主要是针对再审事由明显成立或不成立情形下，采取的审查方式。比如原审判决中，答辩部分叙述了当事人的几项具体诉讼请求，但说理部分未涉及，判决主文也遗漏某项诉讼请求，当事人以第一百七十九条第一款第（十二）项的事由申请再审的，应当径行裁定再审；当事人申请再审超过二年期间，以第一百七十九条第一款第（一）至（十二）项的事由申请再审的，应当裁定驳回再审申请。

所谓调卷审查，主要是指合议庭或审判人员认为仅审查当事人提交的再审申请书等材料难以作出提起再审裁定或驳回再审申请裁定的情形下应采用的审查方式。

所谓询问当事人，主要是指当事人申请再审的事由很可能存在或者进一步了解案情、做好息讼稳控工作等案情需要，召集一方或双方当事人了解情况。询问当事人是《民事诉讼法》第一百八十条规定的内容，主要目的是在办理申请再审案件中引入“直接言词原则”。同时，在以新的证据事由申请再审的，由于必然存在案件事实的变化，本解释规定了应当询问当事人，以便查清案件事实，作出适当的处理。

问：《民事诉讼法》一百八十一条第二款对因当事人申请裁定再审的审理作出了规定，本解释对上下级法院之间审理再审案件的分工如何规定？出于何种考虑？

答：根据《民事诉讼法》第一百八十一条第二款的规定，修改后的《民事诉讼法》对因当事人申请裁定再审的案件的审理，确立了两种方式，一是只能由中级以上人民法院审理。换言之，基层人民法院没有再审审理因当事人申请裁定再审案件的审判权。二是负责审查并作出再审裁定的最高人民法院、高级人民法院可以对该案自行提审，也可以交其他人民法院再审，或者交原审人民法院审理。

本解释根据法条规定和立法本意，将上一级人民法院经审查认为申请再审事由成立的，明确为一般由本院提审。根据立法时的考虑，为了减轻最高人民法院、高级人民法院审查再审申请和再审审理的压力，本解释明确最高人民法院、高级人民法院将裁定进入再审的案件交予原审人民法院同级的其他人民法院再审，称为指定再审；交原审人民法院再审，称为指令再审，以便审判实践中具体操作。

同时，本解释也考虑到指定再审和指令再审中可能出现的问题，分别作了必要的限制。对于指定再审，本解释规定应当考虑案件的影响程度以及当事人和其他诉讼参与人的情况，决定是否指定；认为需要指定再审的，应当考虑两便原则，即便利当事人行使诉讼权利以及便利人民法院审理因素。对于指令再审，本解释的规定考虑了原审人民法院在“管辖错误”、“审判人员在审理该案件时有贪污受贿，徇私舞弊，枉法裁判行为的”事由以及原判决、裁定系经原审人民法院审判委员会讨论作出的等需要作出适当回避因素，规定了有这些情形之一的，无论是因当事人申请裁定再审还是因检察机关抗诉裁定再审的，上级人民法院不得将再审案件指令原审人民法院再审。这样规定的目的主要是确保再审纠错的有效性，防止反复再审，浪费司法资源。

问：司法实践中存在双方当事人均提出再审申请的情形，《民事诉讼法》并没有明确应当如何处理，司法解释对此有何规定?

答：这里实际上包括两个具体问题，一是人民法院在审查一方当事人的再审申请过程中，对方当事人也提出再审申请的情形；二是人民法院审查一方当事人的再审申请期间，人民检察院基于本方当事人或对方当事人的申请而对该案提出抗诉的情形。

对于第一个问题，即对方当事人在法院审查一方当事人申请再审中也申请再审的处理。由于申请再审是当事人依法享有的诉讼权利，一个案件发生法律效力后，可能一方当事人认为生效裁判存在法定应当再审的错误，也可能双方都认为生效裁判存在错误。对此，本解释明确，人民法院应当将对方当事人也列为申请再审人，对其提出的再审申请需一并审查。当然，对于一方当事人提出的再审申请已经人民法院审查终结并驳回后，对方当事人才提出再审申请的，则不适用本条规定。

对于第二个问题，即人民法院审查再审申请期间，人民检察院对该案提出抗诉的处理。同时规定，申请再审人在案件审查期间申请撤回再审申请的是否准许，由人民法院裁定。对此，本解释明确，人民检察院基于本方当事人或对方当事人的申请对该案提出抗诉的，人民法院应当在接到抗诉书后，依照《民事诉讼法》第一百八十八条的规定裁定再审。对于申请再审人提出的具体再审请求，应纳入已经启动的再审审理的范围中一并予以审理。同时规定，上一级人民法院经审查认为申请再审事由成立的，一般由本院提审。最高人民法院、高级人民法院也可以指定与原审法院同级的其他法院再审，或指令原审法院再审。

司法解释作出这样的规定，主要是为了确保双方当事人的合法权益得到平衡保护，减少不必要的繁琐程序，节约司法资源。

问：再审新的证据的认定和对待一直是司法实践中的热点、难点，修改后的《民事诉讼法》仍然沿袭修改前的“有新的证据，足以推翻原判决、裁定的”，司法解释用两个条文解释该立法规定是出于何种考虑？

答：再审新的证据问题，确实一直是民事诉讼法理论界和司法实务界面对的热点和难点。之所以称热点，是因为最高人民法院先前相关司法解释颁布施行后，有关新的证据的讨论从未停止过；之所以说难点，是因为再审新的证据的认定和对待的规定，必然关涉第一、二审程序中的举证时限和证据失权制度。因而，如何结合现阶段我国司法现状以及诉讼制度改革已取得的成果，对此作出宽严适度的规定，是本解释起草和讨论过程中一直坚持的基本态度。

本解释用两个条文对此加以明确。一方面，在明确再审事由的相关关键词中对何为再审“新的证据”予以界定。该条文第一款将原审庭审结束前已客观存在庭审结束后新发现的证据；原审庭审结束前已经发现，但因客观原因无法取得或在规定的期限内不能提供的证据；原审庭审结束后原作出鉴定结论、勘验笔录者重新鉴定、勘验，推翻原结论的证据等三种情形，明确为“新的证据”。对于当事人在原审中提供的主要证据，原审未予质证、认证，但又属于足以推翻原判决、裁定的，该条第二款中将其规定为应当视为新的证据的情形。这里主要考虑的因素是，一些当事人反映，其在超出举证时限后提供了重要的证据材料，另一方当事人以超出举证时限不予质证，原审法院在未质证情况下未在判决、裁定中加以认证，即不将该证据作为认定事实的依据。但由于该证据足以证明作出的判决、裁定有错误，当事人以该证据申请再审得不到支持，便到党政机关上访申诉，形成党政机关、立法机关以及社会各界比较强烈的反应。因此，兼顾现实国情和解决申请再审难，本解释作出视为新的证据的规定。

另一方面，在新的证据对待的条款中，本解释在该条第一款中规定新的证据证明原判决、裁定确有错误的，法院应予改判。在该条第二款中，本解释明确，申请再审人或申请抗诉的当事人因自身原因即自身过错，在原审程序中未能在指定的举证期限内举证的，法院可根据被申请人请求，要求提出新的证据的当事人承担一定的民事责任。本解释用诉费制裁和损害赔偿请求权的方式，促使当事人在原审程序中应当遵循举证时限的有关规定。与以前的相关规定不同的是，本解释将被申请人主张由此增加的差旅、误工等费用，归为诉讼费用，法院一旦作出决定，当事人不能对此提出上诉救济；将被申请人主张由此扩大的直接损失予以赔偿，归为侵权损害赔偿纠纷，被申请人可以另行提起诉讼解决。

问：我们注意到，各种各样的因案外人申请再审的民事案件不断出现，针对案外人依照《民事诉讼法》第二百零四条的规定申请再审，司法解释也用两个条款作出了规定，请介绍一下，作出这样的规定是基于何种考虑？

答：近年来，随着我国改革开放和经济社会发展，利益关系日趋多元化，案外人对于发生法律效力的判决、裁定、调解书因侵害其合法权益提出异议的情形不断增多，各种各样的因案外人申请再审的民事案件不断出现。案外人异议提出再审申请已经到了必须规范之时。修改后的《民事诉讼法》第二百零四条规定："执行过程中，案外人对执行标的提出书面异议的，人民法院应当自收到书面异议之日起十五日内审查，理由成立的，裁定中止对该标的的执行；理由不成立的，裁定驳回。案外人、当事人对裁定不服，认为原判决、裁定错误的，依照审判监督程序办理……"这一修改，为案外人申请再审提供了法律依据。

为了进一步增强司法实践的可操作性，本解释第五条明确了两种案外人申请再审的方式。一种是，案外人对原判决、裁定、调解书所确定的执行标的物主张权利，且无法提起新的诉讼解决争议的，可以向作出原判决、裁定、调解书的人民法院的上一级法院申请再审。这种方式并没有强调案件已经进入强制执行程序，但是案外人仅能对原判决、裁定、调解书所确定的执行标的物主张各种权利，且无法另诉解决的，才能申请再审。另一种方式是，在执行过程中，案外人对执行标的提出书面异议的，应当按照《民事诉讼法》第二百零四条的规定处理。也就是说，案外人对执行标的提出了书面异议，法院在规定的期限内审查发现，案外人的异议理由成立，并据此作出裁定，中止对该涉案标的执行，然后，案外人向法院申请再审。需要注意的是，由于修改后的《民事诉讼法》第二百一十五条将申请执行期间改为二年，并适用诉讼时效有关中止、中断的规定，为了防止申请执行人接近两年行使申请权利或其他特殊情形，案外人的合法权益得不到保护，本解释规定在判决、裁定、调解书发生法律效力后二年内，或者自知道或应当知道利益被损害之日起三个月内，案外人可以申请再审。

因案外人申请再审，法院审查认为与案件有不可分的利益存在的，应当裁定再审。裁定再审后，本解释规定了分两种情形处理，一是人民法院经审理认为案外人应为必要的共同诉讼当事人的，在按第一审程序再审时，应追加其为当事人，作出新的判决；在按二审程序再审时，经调解不能达成协议的，应撤销原判，发回重审，重审时应追加案外人为当事人。另一种情形是，经审理认为案外人不是必要的共同诉讼当事人的，仅审理该案外人对原判决提出异议部分的合法性，并应根据审理情况作出撤销原判决相关判项或驳回再审请求的判决；撤销原判决相关判项的，应告知案外人以及原审当事人可以提起新的诉讼解决相关争议。这样规定，主要是总结了各地审判经验，对再审程序中可以解决的以及无法解决的问题，分别予以明确，为案外人寻求保护其合法权益清除法律上的障碍。

最高人民法院
关于第二审法院裁定按自动撤回上诉处理的案件第一审法院能否再审问题的批复

法释〔1998〕19号

（1998年7月31日最高人民法院审判委员会第1009次会议通过
1998年8月10日最高人民法院公告公布　自1998年8月13日起施行）

河南省高级人民法院：

你院豫高法〔1997〕129号《关于再审案件中若干问题的请示》收悉。经研究，答复如下：

在民事诉讼中，上诉人不依法预交上诉案件受理费，或者经传唤无正当理由拒不到庭，由第二审人民法院裁定按自动撤回上诉处理后，第一审判决自第二审裁定确定之日起生效。当事人对生效的第一审判决不服，申请再审的，第一审人民法院及其上一级人民法院可以依法决定再审，上一级人民法院的同级人民检察院也可以依法提出抗诉。对第二审裁定不服申请再审的，由第二审人民法院或其上一级人民法院依法决定是否再审。

此复。

最高人民法院
关于民事损害赔偿案件当事人的再审申请超出原审诉讼请求人民法院是否应当再审问题的批复

法释〔2002〕19号

（2002年7月15日最高人民法院审判委员会第1231次会议通过
2002年7月18日最高人民法院公告公布　自2002年7月20日起施行）

云南省高级人民法院：

你院云高法〔2001〕8号《关于再审民事案件能否超出原判诉讼请求判决的请示》收悉。经研究，答复如下：

根据《中华人民共和国民事诉讼法》第一百七十九条的规定，民事损害赔偿案件当事人的再审申请超出原审诉讼请求，或者当事人在原审判决、裁定执行终结前，以物价变动等为由向人民法院申请再审的，人民法院应当依法予以驳回。

此复。

最高人民法院
关于当事人对按自动撤回上诉处理的裁定不服申请再审人民法院应如何处理问题的批复

法释〔2002〕20号

（2002年7月15日最高人民法院审判委员会第1231次会议通过
2002年7月19日最高人民法院公告公布　自2002年7月24日起施行）

吉林省高级人民法院：

你院吉高法〔2001〕20号《关于当事人对按撤回上诉处理的裁定不服申请再审，人民法院经审查认为该裁定确有错误应如何进行再审问题的请示》收悉。经研究，答复如下：

当事人对按自动撤回上诉处理的裁定不服申请再审，人民法院认为符合

《中华人民共和国民事诉讼法》第一百七十九条规定的情形之一的，应当再审。经再审，裁定确有错误的，应当予以撤销，恢复第二审程序。

此复。

最高人民法院
关于人民法院对民事案件发回重审和指令再审有关问题的规定

法释〔2002〕24号

（2002年4月15日最高人民法院审判委员会第1221次会议通过
2002年7月31日最高人民法院公告公布　自2002年8月15日起施行）

各省、自治区、直辖市高级人民法院，解放军军事法院，新疆维吾尔自治区高级人民法院生产建设兵团分院：

根据《中华人民共和国民事诉讼法》（以下简称民事诉讼法）的有关规定，现对人民法院将民事案件发回重审和指令再审的有关问题作如下规定：

第一条　第二审人民法院根据民事诉讼法第一百五十三条第一款第（三）项的规定将案件发回原审人民法院重审的，对同一案件，只能发回重审一次。第一审人民法院重审后，第二审人民法院认为原判决认定事实仍有错误，或者原判决认定事实不清、证据不足的，应当查清事实后依法改判。

第二条　各级人民法院依照民事诉讼法第一百七十七条第一款的规定对同一案件进行再审的，只能再审一次。

上级人民法院根据民事诉讼法第一百七十七条第二款的规定指令下级人民法院再审的，只能指令再审一次。上级人民法院认为下级人民法院作出的发生法律效力的再审判决、裁定需要再次进行再审的，上级人民法院应当依法提审。

上级人民法院因下级人民法院违反法定程序而指令再审的，不受前款规定的限制。

第三条　同一人民法院根据民事诉讼法第一百七十八条的规定，对同一案件只能依照审判监督程序审理一次。

前款所称"依照审判监督程序审理一次"不包括人民法院对当事人的再审申请审查后用通知书驳回的情形。

最高人民法院
关于正确适用《关于人民法院对民事案件发回重审和指令再审有关问题的规定》的通知

（2003年11月13日　法〔2003〕169号）

各省、自治区、直辖市高级人民法院，解放军军事法院，新疆维吾尔自治区高级人民法院生产建设兵团分院：

我院2002年7月31日公布《关于人民法院对民事案件发回重审和指令再审有关问题的规定》后，部分高级人民法院就如何理解和适用陆续向我院请示。为正确适用该规定，经我院审判委员会第1285次会议讨论决定，现就有关问题通知如下：

1. 各级人民法院对本院已经发生法律效力的民事判决、裁定，不论以何种方式启动审判监督程序的，一般只能再审一次。

2. 对于下级人民法院已经再审过的民事案件，上一级人民法院认为需要再审的，应当依法提审。提审的人民法院对该案件只能再审一次。

3. 人民检察院按照审判监督程序提起抗诉的民事案件，一般应当由作出生效裁判的人民法院再审；作出生效裁判的人民法院已经再审过的，由上一级人民法院提审，或者指令该法院的其他同级人民法院再审。

4. 各级人民法院院长发现本院发生法律效力的再审裁判确有错误依法必须改判的，应当提出书面意见请示上一级人民法院，并附全部案卷。上一级人民法院一般应当提审，也可以指令该法院的其他同级人民法院再审。

人民法院对行政案件进行再审的，参照上述原则执行。

最高人民法院
关于民事审判监督程序严格依法适用指令再审和发回重审若干问题的规定

法释〔2015〕7号

（2015年2月2日最高人民法院审判委员会第1643次会议通过
2015年2月16日最高人民法院公告公布　自2015年3月15日起施行）

为了及时有效维护各方当事人的合法权益，维护司法公正，进一步规范民事案件指令再审和再审发回重审，提高审判监督质量和效率，根据《中华人民共和国民事诉讼法》，结合审判实际，制定本规定。

第一条　上级人民法院应当严格依照民事诉讼法第二百条等规定审查当事人的再审申请，符合法定条件的，裁定再审。不得因指令再审而降低再审启动标准，也不得因当事人反复申诉将依法不应当再审的案件指令下级人民法院再审。

第二条　因当事人申请裁定再审的案件一般应当由裁定再审的人民法院审理。有下列情形之一的，最高人民法院、高级人民法院可以指令原审人民法院再审：

（一）依据民事诉讼法第二百条第（四）项、第（五）项或者第（九）项裁定再审的；

（二）发生法律效力的判决、裁定、调解书是由第一审法院作出的；

（三）当事人一方人数众多或者当事人双方为公民的；

（四）经审判委员会讨论决定的其他情形。

人民检察院提出抗诉的案件，由接受抗诉的人民法院审理，具有民事诉讼法第二百条第（一）至第（五）项规定情形之一的，可以指令原审人民法院再审。

人民法院依据民事诉讼法第一百九十八条第二款裁定再审的，应当提审。

第三条　虽然符合本规定第二条可以指令再审的条件，但有下列情形之一的，应当提审：

（一）原判决、裁定系经原审人民法院再审审理后作出的；

（二）原判决、裁定系经原审人民法院审判委员会讨论作出的；

（三）原审审判人员在审理该案件时有贪污受贿，徇私舞弊，枉法裁判行为的；

（四）原审人民法院对该案无再审管辖权的；

（五）需要统一法律适用或裁量权行使标准的；

（六）其他不宜指令原审人民法院再审的情形。

第四条　人民法院按照第二审程序审理再审案件，发现原判决认定基本事实不清的，一般应当通过庭审认定事实后依法作出判决。但原审人民法院未对基本事实进行过审理的，可以裁定撤销原判决，发回重审。原判决认定事实错误的，上级人民法院不得以基本事实不清为由裁定发回重审。

第五条　人民法院按照第二审程序审理再审案件，发现第一审人民法院有下列严重违反法定程序情形之一的，可以依照民事诉讼法第一百七十条第一款第（四）项的规定，裁定撤销原判决，发回第一审人民法院重审：

（一）原判决遗漏必须参加诉讼的当事人的；

（二）无诉讼行为能力人未经法定代理人代为诉讼，或者应当参加诉讼的当事人，因不能归责于本人或者其诉讼代理人的事由，未参加诉讼的；

（三）未经合法传唤缺席判决，或者违反法律规定剥夺当事人辩论权利的；

（四）审判组织的组成不合法或者依法应当回避的审判人员没有回避的；

（五）原判决、裁定遗漏诉讼请求的。

第六条　上级人民法院裁定指令再审、发回重审的，应当在裁定书中阐明指令再审或者发回重审的具体理由。

第七条　再审案件应当围绕申请人的再审请求进行审理和裁判。对方当事人在再审庭审辩论终结前也提出再审请求的，应一并审理和裁判。当事人的再审请求超出原审诉讼请求的不予审理，构成另案诉讼的应告知当事人可以提起新的诉讼。

第八条　再审发回重审的案件，应当围绕当事人原诉讼请求进行审理。当事人申请变更、增加诉讼请求和提出反诉的，按照《最高人民法院关于适用〈中华人民共和国民事诉讼法〉的解释》第二百五十二条的规定审查决定是否准许。当事人变更其在原审中的诉讼主张、质证及辩论意见的，应说明理由并提交相应的证据，理由不成立或证据不充分的，人民法院不予支持。

第九条　各级人民法院对民事案件指令再审和再审发回重审的审判行为，应当严格遵守本规定。违反本规定的，应当依照相关规定追究有关人员的责任。

第十条　最高人民法院以前发布的司法解释与本规定不一致的，不再适用。

最高人民法院
印发《关于受理审查民事申请再审案件的若干意见》的通知

（2009 年 4 月 27 日　法发〔2009〕26 号）

各省、自治区、直辖市高级人民法院，解放军军事法院，新疆维吾尔自治区高级人民法院生产建设兵团分院：

为依法保障当事人申请再审权利，规范人民法院受理审查民事申请再审案件工作，最高人民法院制定了《关于受理审查民事申请再审案件的若干意见》，现印发给你们，请结合审判实际，认真贯彻执行。

附：

关于受理审查民事申请再审案件的若干意见

为依法保障当事人申请再审权利，规范人民法院受理审查民事申请再审案件工作，根据《中华人民共和国民事诉讼法》和《最高人民法院关于适用〈中华人民共和国民事诉讼法〉审判监督程序若干问题的解释》的有关规定，结合审判工作实际，现就受理审查民事申请再审案件工作提出以下意见：

一、民事申请再审案件的受理

第一条　当事人或案外人申请再审，应当提交再审申请书等材料，并按照被申请人及原审其他当事人人数提交再审申请书副本。

第二条　人民法院应当审查再审申请书是否载明下列事项：

（一）申请再审人、被申请人及原审其他当事人的基本情况。当事人是自然人的，应列明姓名、性别、年龄、民族、职业、工作单位、住所及有效联系电话、邮寄地址；当事人是法人或者其他组织的，应列明名称、住所和法定代表人或者主要负责人的姓名、职务及有效联系电话、邮寄地址；

（二）原审法院名称，原判决、裁定、调解文书案号；

（三）具体的再审请求；

（四）申请再审的法定事由及具体事实、理由；

（五）受理再审申请的法院名称；

（六）申请再审人的签名或者盖章。

第三条 申请再审人申请再审，除应提交符合前条规定的再审申请书外，还应当提交以下材料：

（一）申请再审人是自然人的，应提交身份证明复印件；申请再审人是法人或其他组织的，应提交营业执照复印件、法定代表人或主要负责人身份证明书。委托他人代为申请的，应提交授权委托书和代理人身份证明；

（二）申请再审的生效裁判文书原件，或者经核对无误的复印件；生效裁判系二审、再审裁判的，应同时提交一审、二审裁判文书原件，或者经核对无误的复印件；

（三）在原审诉讼过程中提交的主要证据复印件；

（四）支持申请再审事由和再审诉讼请求的证据材料。

第四条 申请再审人提交再审申请书等材料的同时，应提交材料清单一式两份，并可附申请再审材料的电子文本，同时填写送达地址确认书。

第五条 申请再审人提交的再审申请书等材料不符合上述要求，或者有人身攻击等内容，可能引起矛盾激化的，人民法院应将材料退回申请再审人并告知其补充或改正。

再审申请书等材料符合上述要求的，人民法院应在申请再审人提交的材料清单上注明收到日期，加盖收件章，并将其中一份清单返还申请再审人。

第六条 申请再审人提出的再审申请符合以下条件的，人民法院应当在5日内受理并向申请再审人发送受理通知书，同时向被申请人及原审其他当事人发送受理通知书、再审申请书副本及送达地址确认书：

（一）申请再审人是生效裁判文书列明的当事人，或者符合法律和司法解释规定的案外人；

（二）受理再审申请的法院是作出生效裁判法院的上一级法院；

（三）申请再审的裁判属于法律和司法解释允许申请再审的生效裁判；

（四）申请再审的事由属于民事诉讼法第一百七十九条规定的情形。

再审申请不符合上述条件的，应当及时告知申请再审人。

第七条 申请再审人向原审法院申请再审的，原审法院应针对申请再审事由并结合原裁判理由作好释明工作。申请再审人坚持申请再审的，告知其可以向上一级法院提出。

第八条 申请再审人越级申请再审的，有关上级法院应告知其向原审法院的上一级法院提出。

第九条 人民法院认为再审申请不符合民事诉讼法第一百八十四条规定

的期间要求的，应告知申请再审人。申请再审人认为未超过法定期间的，人民法院可以限期要求其提交生效裁判文书的送达回证复印件或其他能够证明裁判文书实际生效日期的相应证据材料。

二、民事申请再审案件的审查

第十条　人民法院受理申请再审案件后，应当组成合议庭进行审查。

第十一条　人民法院审查申请再审案件，应当围绕申请再审事由是否成立进行，申请再审人未主张的事由不予审查。

第十二条　人民法院审查申请再审案件，应当审查当事人诉讼主体资格的变化情况。

第十三条　人民法院审查申请再审案件，采取以下方式：

（一）审查当事人提交的再审申请书、书面意见等材料；

（二）审阅原审卷宗；

（三）询问当事人；

（四）组织当事人听证。

第十四条　人民法院经审查申请再审人提交的再审申请书、对方当事人提交的书面意见、原审裁判文书和证据等材料，足以确定申请再审事由不能成立的，可以径行裁定驳回再审申请。

第十五条　对于以下列事由申请再审，且根据当事人提交的申请材料足以确定再审事由成立的案件，人民法院可以径行裁定再审：

（一）违反法律规定，管辖错误的；

（二）审判组织的组成不合法或者依法应当回避的审判人员没有回避的；

（三）无诉讼行为能力人未经法定代理人代为诉讼，或者应当参加诉讼的当事人因不能归责于本人或者其诉讼代理人的事由未参加诉讼的；

（四）据以作出原判决、裁定的法律文书被撤销或者变更的；

（五）审判人员在审理该案件时有贪污受贿、徇私舞弊、枉法裁判行为，并经相关刑事法律文书或者纪律处分决定确认的。

第十六条　人民法院决定调卷审查的，原审法院应当在收到调卷函后15日内按要求报送卷宗。

调取原审卷宗的范围可根据审查工作需要决定。必要时，在保证真实的前提下，可要求原审法院以传真件、复印件、电子文档等方式及时报送相关卷宗材料。

第十七条　人民法院可根据审查工作需要询问一方或者双方当事人。

第十八条　人民法院对以下列事由申请再审的案件，可以组织当事人进行听证：

（一）有新的证据，足以推翻原判决、裁定的；

（二）原判决、裁定认定的基本事实缺乏证据证明的；

（三）原判决、裁定认定事实的主要证据是伪造的；

（四）原判决、裁定适用法律确有错误的。

第十九条 合议庭决定听证的案件，应在听证5日前通知当事人。

第二十条 听证由审判长主持，围绕申请再审事由是否成立进行。

第二十一条 申请再审人经传票传唤，无正当理由拒不参加询问、听证或未经许可中途退出的，裁定按撤回再审申请处理。被申请人及原审其他当事人不参加询问、听证或未经许可中途退出的，视为放弃在询问、听证过程中陈述意见的权利。

第二十二条 人民法院在审查申请再审案件过程中，被申请人或者原审其他当事人提出符合条件的再审申请的，应当将其列为申请再审人，对于其申请再审事由一并审查，审查期限重新计算。经审查，其中一方申请再审人主张的再审事由成立的，人民法院即应裁定再审。各方申请再审人主张的再审事由均不成立的，一并裁定驳回。

第二十三条 申请再审人在审查过程中撤回再审申请的，是否准许，由人民法院裁定。

第二十四条 审查过程中，申请再审人、被申请人及原审其他当事人自愿达成和解协议，当事人申请人民法院出具调解书且能够确定申请再审事由成立的，人民法院应当裁定再审并制作调解书。

第二十五条 审查过程中，申请再审人或者被申请人死亡或者终止的，按下列情形分别处理：

（一）申请再审人有权利义务继受人且该权利义务继受人申请参加审查程序的，变更其为申请再审人；

（二）被申请人有权利义务继受人的，变更其权利义务继受人为被申请人；

（三）申请再审人无权利义务继受人或其权利义务继受人未申请参加审查程序的，裁定终结审查程序；

（四）被申请人无权利义务继受人且无可供执行财产的，裁定终结审查程序。

第二十六条 人民法院经审查认为再审申请超过民事诉讼法第一百八十四条规定期间的，裁定驳回申请。

第二十七条 人民法院经审查认为申请再审事由成立的，一般应由本院提审。

第二十八条 最高人民法院、高级人民法院审查的下列案件，可以指令原审法院再审：

（一）依据民事诉讼法第一百七十九条第一款第（八）至第（十三）项事由提起再审的；

（二）因违反法定程序可能影响案件正确判决、裁定提起再审的；

（三）上一级法院认为其他应当指令原审法院再审的。

第二十九条　提审和指令再审的裁定书应当包括以下内容：

（一）申请再审人、被申请人及原审其他当事人基本情况；

（二）原审法院名称、申请再审的生效裁判文书名称、案号；

（三）裁定再审的法律依据；

（四）裁定结果。

裁定书由院长署名，加盖人民法院印章。

第三十条　驳回再审申请的裁定书，应当包括以下内容：

（一）申请再审人、被申请人及原审其他当事人基本情况；

（二）原审法院名称、申请再审的生效裁判文书名称、案号；

（三）申请再审人主张的再审事由、被申请人的意见；

（四）驳回再审申请的理由、法律依据；

（五）裁定结果。

裁定书由审判人员、书记员署名，加盖人民法院印章。

第三十一条　再审申请被裁定驳回后，申请再审人以相同理由再次申请再审的，不作为申请再审案件审查处理。

申请再审人不服驳回其再审申请的裁定，向作出驳回裁定法院的上一级法院申请再审的，不作为申请再审案件审查处理。

第三十二条　人民法院应当自受理再审申请之日起 3 个月内审查完毕，但鉴定期间等不计入审查期限。有特殊情况需要延长的，报经本院院长批准。

第三十三条　2008 年 4 月 1 日之前受理，尚未审结的案件，符合申请再审条件的，由受理再审申请的人民法院继续审查处理并作出裁定。

【链　接】

最高人民法院施行民事再审案件新规答记者问

《最高人民法院关于受理审查民事申请再审案件的若干意见》（以下简称《若干意见》近日公布施行。最高人民法院立案庭庭长刘学文在接受记者采访时表示，这个意见的公布实施是人民法院落实科学发展观和司法为民要求、解决案件当事人申诉难问题的一项重要举措，对于保障当事人申请再审的权利，规范人民法院再审审查工作，自觉接受社会各界监督具有重要意义。

问：《若干意见》在哪些方面进一步加强了对申请再审权利的保障？

答：保障当事人申请再审的权利，关键在于做到递交材料有人接收，审查进程有人告知，陈述意见有人听取，裁定文书有人送达，为此，《若干意见》作了一系列细化规定。一是明确规定了再审申请书的必备内容、份数及其他必要的诉讼材料，便利于当事人准备申请再审材料，减少不必要的诉讼成本；二是要求人民法院在申请再审材料清单上加盖收件章并返还给当事人，使申请再审时间、提交材料内容均有据可查；三是为申请再审人和被申请人提供送达地址确认书，确保当事人能够及时收到诉讼文书，知悉诉讼进程；四是要求对于符合条件的再审申请必须依法发送受理通知书、再审申请书副本，对于不符合条件的再审申请，应当及时告知申请再审人；五是对于不属于本级法院管辖的申请再审案件，要求在做好释明工作的同时，及时告知当事人向上一级法院提出申请；六是适度扩大听证的案件范围，规范听证程序，保障当事人质证和陈述意见的权利；七是细化了对方当事人在审查程序中提出再审申请的审查程序，平等保护双方当事人申请再审的权利。

问：《若干意见》从哪些方面进一步提高了人民法院受理审查申请再审案件工作的规范性和透明度？

答：从规范工作角度而言，《若干意见》从以下几方面作了细化规定。一是规范审判组织，一律要求组成合议庭审查；二是规范审查范围，尊重当事人的处分权，审查当事人主张的再审事由；三是规范审查方式，采取审查材料、审阅卷宗、询问当事人和听证方式，并明确了听证的范围、程序和法律后果；四是规范审查程序结果，除法律要求的再审裁定书和驳回再审申请裁定书外，还增加了准许撤回申请、按撤回申请处理和终结审查程序三类裁定，进一步提高了审查结果的规范性；五是规范再审法院的确定，以上一级法院提审为原则，以指令原审法院再审为补充，以指定其他法院再审为例外；六是规范诉讼文书样式和内容，要求驳回裁定明确阐明理由，增强文书说理性。

在提高工作透明度方面，一是在受理阶段，要求认真审查签收申请材料，材料不齐备的及时告知当事人补正；对于符合条件的再审申请依法在5日内向当事人发送受理通知书和再审申请书副本；不符合条件的，也要及时告知申请再审人；二是高度重视被申请人提交的书面意见，依法开展询问和听证活动，给当事人充分表达意见的空间；三是要求公开裁定理由，提高文书的透明度。

问：从有利于指引当事人正确行使权利出发，《若干意见》对法院受理再审申请作了哪些细化规定？

答：当事人申请再审应当提交必要的诉讼材料，材料越详细，越完备，法院的审查工作就会越全面高效，申请再审权就越能够得到及时公正的保障。为了引导当事人正确行使申请再审权，《若干意见》规定法院应当从以下几方面审查申请再审材料是否齐备：

一是审查再审申请书的内容和份数是否符合要求。再审申请书应当具备的内容有：申请再审人、被申请人及原审其他当事人的基本情况；原审法院名称，原判决、裁定、调解文书案号；具体的再审请求；申请再审的法定事由及具体事实、理由；受理再审申请的法院名称；申请再审人的签名或者盖章。再审申请书不具备上述内容，应当告知当事人补正。

在审查再审申请书方面，需要提请注意的问题是再审事由应当明确列举，要指导当事人把申请再审事由提炼出来，在申请书上写明。另外，因审查程序有可能启动再审程序，应当按照原审其他当事人人数提供再审申请书副本，保障全体当事人的程序权利。

二是审查其他诉讼材料是否齐全，包括当事人身份证明或营业执照、生效裁判文书、原审主要证据和申请再审的证据材料。

为方便当事人行使申请再审权利，最高人民法院专门制作了民事案件当事人申请再审须知，提示当事人申请再审需要提交的材料和应当注意的事项。

问：《若干意见》第六条规定了申请再审的条件，请问在司法实践中应当如何适用？

答：《若干意见》根据民事诉讼法和相关司法解释的规定，明确了申请再审的条件。主要包括以下几方面：

一是申请再审人是依法享有申请再审权的当事人或者案外人。享有申请再审权的诉讼主体必须具备再审利益。在原审中全部诉讼请求获得支持的当事人或者未被判决承担实体权利义务的当事人不具备再审利益，部分诉讼请求获得支持的当事人对于未获支持的部分诉讼请求具备再审利益。实体权利受到生效裁判既判力约束，必须通过推翻原审裁判才能得以救济的案外人享有再审利益。

二是本院是依法享有申请再审案件管辖权的法院，即为原审法院的上一级法院。当事人向原审法院或者越级向上级法院申请再审的，均不构成申请再审案件。当事人坚持向无管辖权的法院申请的，可以按照申诉案件进行审查，符合民事诉讼法第一百七十七条规定的“确有错误”条件的，可以裁定进入再审。需要提请注意的一个问题是，当事人向原审法院申请的，原审法院应当先做好释明工作，而不能一推了之。

三是申请再审的裁判属于法律和司法解释允许再审的生效裁判。申请再审的裁判必须已经发生法律效力，并且不属于法律和司法解释规定不得申请再审的裁判范围。

四是当事人依据法定事由申请再审。在受理阶段，只要当事人主张的事由是民诉法第一百七十九条规定的法定事由，即视为符合此项条件，不必过度审查事由是否成立。

五是在受理阶段对申请再审期间的掌握可以适当从宽。对形式审查超过期间要求的再审申请，应当告知申请再审人。申请再审人认为未超过法定期间的，人民法院可以限期要求其提交生效裁判文书的送达回证复印件或其他能够证明裁判文书实际生效日期的相应证据材料。申请再审人确有困难无法提供的，可以先予受理，查明确实超过期间的，裁定驳回。

问：在实践中应当如何正确把握审查的范围，特别是发现当事人未主张的事由可能成立情况下，如何处理？人民法院审查申请再审案件主要采取哪些方式？实践中应当如何适用？

答：申请再审案件审查工作的中心任务是确定生效裁判是否存在当事人主张的法定再审事由，作出再审或者驳回申请的裁定。从尊重当事人处分权角度考虑，审查申请再审案件的范围一般应限于再审事由。有同志提出如果发现当事人主张的事由不成立，但其他事由可能成立的，是否需要依职权审查。我们认为，主张何种事由是当事人处分权范围之内的事情，一般情况下，只要审查当事人主张的事由即可。如果在审查过程中发现生效裁判确有错误的，可以依据民事诉讼法第一百七十七条的规定依职权启动再审。

《若干意见》规定了四种审查方式：一是审查再审申请人提交的再审申请书等书面材料。对于再审事由明显缺乏证据支持，不能成立的，可以不经调卷直接裁定驳回。对于部分根据原审裁判和当事人提供的主要证据足以作出准确判断的再审事由，也可直接裁定再审。二是审阅原审卷宗。审阅原审卷宗是审查再审申请的基本形式，对于单纯审查书面材料不能确定的再审事由，应当调取原审卷宗进行审查。三是询问当事人。询问是民事诉讼法第一百八十条明确规定的审查方式，有利于当事人参与审查程序，陈述意见。其形式较为灵活，根据需要单方或者双方均可。四是组织听证。听证是介于开庭和询问之间的一种较为正式的诉讼活动，注重公开性、规范性，当事人也比较认同。且有些再审事由采用听证方式审查处理更为妥当，如对需要质证的证据，使用询问形式进行质证显然不够正式，也不够严肃。实践证明，听证审查方式对于审查新证据，查明案件事实，正确判断申请再审是否符合再审条件，促使当事人和解或息诉发挥了非常好的作用。询问和听证既可以用传票通知当事人，也可以采用电话通知等方式。但是如果要依据第二十一条裁定按照撤回申请处理的，则必须使用传票通知。

需要注意的是：审查材料、审阅原审卷宗、询问当事人、组织当事人听证这四种方式为可选择性规定，并没有递进的关系，可以根据案件具体情况，选择一种或者几种结合运用。如可以将书面审查和询问结合使用，并不一定需要调阅卷宗。

问：在解决调卷难问题方面有哪些新规定？

答：调卷难问题的确是制约审查工作效率的瓶颈。要解决这个问题，一是要正确认识需要调卷的案件范围。是否需要采取调卷审查方式，应当视当事人主张的再审事由和审查案件需要而定。事由涉及实体或者原审程序问题，必须阅卷才能查明的，就应当阅卷。二是要采取灵活多样的调卷方式和范围，既可以把案卷调上来，也可以合议庭走下去，到原审法院阅卷，或者开发电子卷宗，网上阅卷。有的再审事由不需调阅全部卷宗，如当事人主张的再审事由仅涉及二审程序，则没有必要调一审卷宗。同理，再审事由仅涉及卷宗中的一部分内容，也没有必要调整个卷宗。如仅需审查裁判文书的生效时间，则要求原审法院把送达回证复印或传真过来即可。这样可以大大减少调卷的工作量，提高工作效率。

问：再审法院的确定是当事人最为关注的一个问题，对此，如何理解第二十七、二十八条的规定？

答：虽然民事诉讼法对于再审法院规定了本院、其他同级法院和原审法院三种选择，但从其立法取向考察，由上一级法院再审是第一选择。只有在上一级法院不便再审或者由原审法院、其他法院再审更有利的情形下，才能选择其他两种再审法院。从提高裁判权威性角度而言，由上一级法院再审有利于提高当事人对于再审裁判的信服程度，也有利于纠正原审错误。如果单纯为减轻上级法院审判压力而将案件大量指定下级法院和其他法院再审，则可能引发对于再审裁判的再次申请再审，不利于当事人服判息诉，也造成司法资源的浪费。为此，《若干意见》第二十七条重申了相关司法解释确定的由上一级法院提审的原则。《若干意见》第二十八条将数量较少的以程序性事由启动再审作为可以指令原审法院再审的主要情形，旨在限制上级法院违背立法精神，随意指令再审。关于指定其他同级法院再审的情况，实践中发生了很多问题，如需要发回重审的难以确定重审法院、涉诉信访责任不明、诉讼费是否需要移交到再审法院等等，矛盾重重，难以解决。建议慎重使用。在实际工作中，应确立以提审为原则，以指令再审为补充，以指定其他法院再审为例外的指导思想。

问：第三十一条规定了两种情形不作为申请再审案件审查处理，这样规定的理由是什么？对于2008年4月1日前受理的未结案件，法院应如何适用程序法？

答：再审申请被裁定驳回后，申请再审人以相同理由再次申请再审的，显系一事两诉，不应作为申请再审案件受理。但是生效裁判确有错误的，可以依据民诉法第一百七十七条裁定再审。同理，关于当事人先以一项事由申请被驳回后，又以新的事由再次申请是否应当受理的问题，一种意见认为当事人只能申请一次，以不同理由再次申请的应当不予受理。另一种意见认为法律没有对于申请再审次数作出约束，当事人可以不同事由再次申请，应当受理。从理论上讲，以不同的事由申请再审的，构成一个新的再审之诉。再审申请被驳回后，当事人又以其他再审事由申请再审的，只要符合其他条件，并且有正当理由无法在上一次申请时一并提出的，仍应当受理。关于驳回再审申请的裁定是否可以申请再审问题，由于当事人不服驳回裁定的目的仍然是通过推翻该驳回裁定启动对于原审裁判的再审程序，且当事人发现新的事由还可以申请再审，另外此类案件还可以作为申诉案件依职权启动再审，当事人还有其他救济途径，因此，对于驳回再审申请裁定申请再审的，不作为申请再审案件审查处理。

《若干意见》第三十三条明确了2008年4月1日前受理的未结案件的分类处理。原审法院受理的旧存未结案件，符合申请再审条件的，不必移送上级法院审查，应当继续审查并以裁定驳回或者再审。上级法院受理的旧存未结案件，亦需符合申请再审条件，才需用裁定驳回。其他不符合申请再审条件的案件，可继续按照原有方式处理。

背景

出台目的

十届全国人大常委会第三十次会议通过《关于修改〈中华人民共和国民事诉讼法〉的决定》后，最高人民法院及时采取调整级别管辖标准、制定司法解释和工作细则、充实审判机构力量、组织再审审查业务培训等一系列措施，认真落实立法对申请再审审查工作提出的新要求。各高级法院也根据本辖区再审审查工作情况，高度重视，集中精力应对申请再审案件猛增带来的挑战。去年4月1日新法实施一年来的实践证明，各级法院采取的应对措施是切实有效的，受理审查申请再审案件工作基本实现了新旧法的顺利过渡，而且积累了一些行之有效的做法，当事人普遍反映符合条件的再审申请能够得到及时受理审查，程序比以往更为规范透明。同时，从掌握的情况看，这项工作还存在效率不够高、再审事由适用标准不够统一、审查程序不够明确等问题，亟须尽快解决。此外，原有的一些工作做法也与2008年12月1日施行的最高人民法院关于审判监督程序的司法解释存在不一致之处，需要进一步修改、完善和细化。

为此，最高人民法院立案庭起草了《最高人民法院关于受理审查民事申请再审案件的若干意见》（以下简称《若干意见》），目的在于切实保障当事人申请再审权利，进一步规范人民法院受理审查民事申请再审案件工作，推广实践证明行之有效的经验做法，努力提高审查工作质量和效率。

总体要求

在起草《若干意见》以及具体工作中，遵循了以下四方面工作要求：

1. 规范透明。虽然立法对于当事人提交和人民法院接受材料、申请再审案件的受理标准、具体审查标准和方法、询问听证程序、裁定的内容等等程序环节没有规定具体要求，但是作为一个法定程序阶段，保证当事人适度的知情和参与是非常必要的，这不仅是提高裁判公信力的必然要求，而且有利于吸纳当事人的不满情绪，避免产生多头申诉上访，因此，《若干意见》在上述程序环节规定的尽量详尽周密。可以说，程序越规范，越透明，就越能够取得当事人的信服和监督机关的认可，就越能够树立人民法院公正文明的司法形象。

2. 及时高效。从一定意义上讲，能否及时高效审结申请再审案件是衡量人民法院司法能力的标尺，直接关系到立法目的能否实现。面对法定三个月的审查期限，必须想方设法提高审查工作的效率，防止申请再审案件大量积压。因此，《若干意见》在依法的前提下，最大程度简化不必要的工作环节，简化工作方法，力求在规范透明的基础上提高审查工作效率。

3. 宽严适度。由于立法将再审事由细化，独立化，提起再审并不意味着生效裁判确有错误，提起再审的标准与再审改判的标准已有明显区别，对于再审事由的审查要严格把握，应有充分的证据证明，但是对于原审裁判是否有错误的把握在审查阶段可以适当放宽，不应再简单以再审改判率来衡量审查工作质量。为此，《若干意见》再次明确审查工作应当围绕申请再审事由是否成立进行，将申请再审事由成立作为裁定再审的标准。

4. 分析说理。裁判文书是审查程序的产品，其质量直接反映了审查工作的水平。提高审查水平和透明度必然要求改变以往驳回通知或者再审裁定理由简单或者不讲理由的做法，提高文书的说理性，让当事人“赢得清楚，输得明白”。因此，《若干意见》对于裁判文书的内容提出了具体要求，提高文书说理性。

最高人民法院
关于印发《第一次全国民事再审审查工作会议纪要》的通知

（2011 年 4 月 21 日　法〔2011〕159 号）

各省、自治区、直辖市高级人民法院，解放军军事法院，新疆维吾尔自治区高级人民法院生产建设兵团分院：

2011 年 1 月 6 日至 7 日，最高人民法院召开了第一次全国民事再审审查工作会议。现将《第一次全国民事再审审查工作会议纪要》印发给你们，请结合审判工作实际，遵照执行。执行中有何问题，望及时报告我院。

附：

第一次全国民事再审审查工作会议纪要

为规范和加强人民法院民事再审审查工作，保障当事人申请再审权利，依法公正高效审查各类民事申请再审案件，推动民事再审审查工作科学发展，最高人民法院于 2011 年 1 月 6 日至 7 日在广东省广州市召开第一次全国民事再审审查工作会议。各省、自治区、直辖市高级人民法院、解放军军事法院、新疆维吾尔自治区高级人民法院生产建设兵团分院主管民事再审审查工作的副院长、民事再审审查机构负责人以及中央有关部门的代表共 120 余人参加了会议。最高人民法院院长王胜俊作重要批示，常务副院长沈德咏作重要讲话，副院长苏泽林作工作报告，立案二庭庭长郑学林对会议作了总结。

会议总结了修改后的民事诉讼法施行以来民事再审审查工作的情况，交流了工作经验，研究了审判实践中亟待解决的问题，对建立科学、有效的民事再审审查工作机制，推进民事再审审查工作提出了明确的目标和要求。与会同志通过认真讨论，就民事再审审查工作中涉及的部分问题达成了共识。现纪要如下：

一、民事再审审查工作的指导思想和原则

1. 民事再审审查工作是人民法院依法审查再审申请，确定再审事由是否成立，依法作出裁定的审判工作，是人民法院履行审判监督职能的重要内容，是保障当事人诉讼权利的法定手段，是启动民事再审程序的主要途径。

2. 民事再审审查工作应当坚持平等保护原则，既要依法保护申请再审人的诉讼权利，又要平等保护对方当事人的合法权益。

3. 民事再审审查工作应当坚持依法裁定原则。再审申请符合法定再审事由的，应当裁定再审，不符合的，应当裁定驳回，既要注重保护当事人的申请再审权，又要注重维护生效裁判的既判力。

4. 民事再审审查工作应当坚持“调解优先、调判结合”原则，积极探索符合民事申请再审案件特点的调解方法，努力化解社会矛盾。

5. 应当正确认识民事再审审查和再审审理的关系。民事再审审查和再审审理是审判监督程序的不同阶段。民事再审审查的主要任务是依据再审审查程序对再审申请是否符合法定再审事由进行审查，决定是否裁定再审。民事再审审理的主要任务是依据再审审理程序对裁定再审的案件进行审理，确定生效裁判是否确有错误，依法作出再审裁判。两个阶段具有不同的功能和裁判标准，不能简单地以再审改判率评判再审审查工作的质量。

二、民事申请再审案件的受理

6. 当事人对地方各级人民法院作出的已经发生法律效力的一审、二审民事判决、裁定、调解书，以及再审改变原审结果的民事判决、裁定、调解书，认为有法定再审事由，向上一级人民法院申请再审的，上一级人民法院应当受理。

当事人对不予受理、管辖权异议、驳回起诉以及按自动撤回上诉处理的裁定不服申请再审的，上一级人民法院应当受理。

7. 人民法院在审查申请再审案件过程中，被申请人或者其他当事人提出符合条件的再审申请的，应当将其列为申请再审人，对于其再审事由一并审查，审查期限重新计算。经审查，其中一方申请再审人主张的再审事由成立的，人民法院即应裁定再审。部分当事人主张的再审事由成立，其余当事人主张的再审事由不成立的，在裁定书中载明部分当事人主张的再审事由成立，对于其余当事人主张的再审事由是否成立不作结论。各方申请再审人主张的

再审事由均不成立的，一并裁定驳回。

一方当事人申请再审经人民法院裁定再审后，被申请人或其他当事人在再审审理期间提出再审申请的，不再进行审查，移送再审审理机构处理。被申请人或其他当事人在前案再审结束后对原裁判申请再审的，告知其可针对新作出的再审裁判主张权利。

8. 案外人对判决、裁定、调解书确定的执行标的物主张权利，且无法提起新的诉讼解决争议而申请再审的，应予受理。

判决生效后当事人将判决确认的债权转让，债权受让人对该判决不服申请再审的，不予受理。

9. 当事人向原审人民法院申请再审的，原审人民法院应当做好释明、和解工作。原审人民法院发现本院生效判决、裁定确有错误，认为需要再审的，依照民事诉讼法第一百七十七条的规定处理。

10. 人民法院受理申请再审案件，应当依照《最高人民法院关于受理审查民事申请再审案件的若干意见》的规定，认真审查再审申请是否符合法定条件。有下列情形的，应当向申请再审人释明：

（1）申请再审人不是原审当事人、原审当事人的权利义务继受人或者《最高人民法院关于适用〈中华人民共和国民事诉讼法〉审判监督程序若干问题的解释》第五条规定的案外人；

（2）他人未经授权，以委托代理人名义代理当事人提出再审申请；

（3）再审申请不是向上一级人民法院提出；

（4）原审裁判系法律规定不得申请再审的裁判；

（5）申请再审的裁判尚未生效或已被再审撤销；

（6）再审申请书未列明再审事由或列明的再审事由不属于民事诉讼法第一百七十九条、第一百八十二条规定的再审事由范围；

（7）再审申请不符合民事诉讼法第一百八十四条规定的期间要求；

（8）其他不符合申请再审法定条件的情形。

人民法院受理再审申请后，发现当事人申请再审不符合法定条件的，裁定驳回再审申请。

11. 案件受理后，应当依法向申请再审人发送受理通知书，向被申请人和其他当事人发送受理通知书、再审申请书副本和送达地址确认书。因通讯地址不详等原因，受理通知书、再审申请书副本等材料未发送至当事人的，不影响案件的审查。

三、民事申请再审案件的审查

12. 人民法院审查民事申请再审案件，应当围绕当事人主张的再审事由是否成立进行，当事人未主张的事由不予审查。当事人主张的再审事由与其依据的事实和理由不一致的，可以向当事人释明。

13. 人民法院审查申请再审案件，可以根据案件具体情况，在审查当事人提交的再审申请书、书面意见后直接作出裁定，或者在审阅原审卷宗、询问当事人后作出裁定。

14. 人民法院审查申请再审案件可以根据审查工作需要调取相关卷宗，也可以要求原审人民法院以传真件、复印件、电子文档等方式及时报送相关卷宗材料。

上级人民法院决定调卷审查的，应当制发调卷函。调卷函应当载明案号、当事人名称、案由、送卷期限、调卷人及联系方式等内容，并写明需调取的卷宗案号。原审人民法院应当在收到调卷函后 1 个月内按要求调齐卷宗报送上级人民法院。各级人民法院应当确定专人负责调卷工作，提高调卷效率。

15. 人民法院可以根据审查工作需要询问一方或者各方当事人。对以有足以推翻原判决、裁定的新证据为由申请再审的案件，人民法院应当询问当事人。

询问由审判长或承办法官主持，围绕与再审事由相关的证据采信、事实认定、法律适用、裁判结果以及诉讼程序等问题和法院应当依职权查明的事项进行。

16. 人民法院审查民事申请再审案件，可以根据案件情况组织当事人进行调解。当事人经调解达成协议或自行达成和解协议，需要出具调解书的，应当裁定提审。提审后，由审查该申请再审案件的合议庭制作调解书。

当事人经调解达成协议或自行达成和解协议，申请撤回再审申请，经审查不违反法律规定的，应当裁定准许。当事人经调解达成协议或自行达成和解协议且已履行完毕，未申请撤回再审申请的，可以裁定终结审查。

17. 人民法院在审查过程中认为确有必要的，可以依职权调查核实案件事实，也可以向原审人民法院了解案件审理中的有关情况。

18. 人民法院应当自受理申请再审案件之日起 3 个月内审查完毕，但公告期间、鉴定期间、双方当事人申请调解期间以及调卷期间等不计入审查期限。有特殊情况需要延长的，由本院院长批准。

19. 审查过程中，出现下列情形之一的，裁定终结审查：

（1）申请再审人死亡或者终止，无权利义务承受人或者权利义务承受人声明放弃再审申请的；

（2）在给付之诉中，负有给付义务的被申请人死亡或者终止，无可供执行的财产，也没有应当承担义务的人的；

（3）当事人达成执行和解协议且已履行完毕的，但当事人在执行和解协议中声明不放弃申请再审权利的除外；

（4）他人未经授权，以委托代理人名义代理当事人提出再审申请的；

（5）人民检察院对该案提出抗诉的；

（6）原审人民法院对该案裁定再审的。

四、民事申请再审案件再审事由的认定

20. 人民法院审查民事申请再审案件，应当区分再审事由类型，结合案件具体情况，准确掌握再审事由成立的条件。

原判决、裁定存在民事诉讼法第一百七十九条第一款第（七）项至第（十三）项以及该条第二款规定情形的，应当认定再审事由成立。

当事人依据民事诉讼法第一百七十九条第一款第（一）项至第（六）项申请再审的，人民法院判断再审事由是否成立，应当审查原判决、裁定在证据采信、事实认定、法律适用方面是否存在影响基本事实、案件性质、裁判结果等情形。

21. 申请再审人申请人民法院委托鉴定、勘验，并请求以鉴定结论、勘验笔录作为新证据申请再审的，不予支持。

申请再审人在原审中依法申请鉴定、勘验，原审人民法院应当准许而未予准许，且未经鉴定、勘验可能影响案件基本事实认定的，可以依据民事诉讼法第一百七十九条第一款第（二）项的规定审查处理。

22. 民事诉讼法第一百七十九条第一款第（三）项、第（四）项规定的主要证据是指原判决、裁定认定基本事实的证据。

23. 人民法院可以根据原审卷宗中的庭审笔录、证据交换笔录、答辩意见、代理词等材料判断原判决、裁定认定事实的主要证据是否未经质证。

申请再审人对原判决、裁定认定事实的主要证据在原审拒绝发表质证意见，又依照民事诉讼法第一百七十九条第一款第（四）项申请再审的，不予支持。

24. 申请再审人能够在一审答辩期间提出管辖权异议而未提出，判决、裁定生效后又依照民事诉讼法第一百七十九条第一款第（七）项申请再审的，不予支持。但违反专属管辖规定的除外。

25. 有下列情形之一的，应当认定为民事诉讼法第一百七十九条第一款第（八）项规定的审判组织的组成不合法的情形：

（1）人民陪审员独任审理的；

（2）应当组成合议庭审理的案件采用独任制审理的；

（3）合议庭成员曾参加同一案件一审、二审或者再审程序审理的；

（4）参加开庭的审判组织成员与参加合议、在判决书、裁定书上署名的审判组织成员不一致的，但依法变更审判组织成员的除外；

（5）变更审判组织成员未依法告知当事人的；

（6）其他属于审判组织不合法的情形。

26. 民事诉讼法第一百七十九条第一款第（八）项、第二款规定的“审判人员”包括参加一审、二审、再审程序审理的审判人员。

27. 民事诉讼法第一百七十九条第一款第（十二）项规定的原判决、裁定遗漏或超出诉讼请求的情形，包括遗漏或超出一审原告的诉讼请求、被告的反诉请求，二审上诉人的上诉请求，申请再审人的再审请求。

28. 当事人同时提出确认之诉和给付之诉，且确认之诉是给付之诉前提条件的，原判决在主文里仅对给付之诉作出判定，但在判决理由中对确认之诉进行了分析认定的，不属于遗漏诉讼请求的情形。

五、民事再审审查工作的监督指导

29. 上级人民法院裁定指令再审的案件，原审人民法院应当及时将再审结果反馈给上级人民法院。

上级人民法院裁定驳回再审申请后，原审人民法院依照民事诉讼法第一百七十七条的规定决定再审的，应当报请上级人民法院同意。

30. 上级人民法院应当充分发挥监督指导职能，及时总结民事再审审查工作中发现的法律适用等具有共性的问题，以适当形式予以公布，指导下级人民法院民事再审审查工作。

31. 上级人民法院应当建立信息通报制度，定期公布申请再审案件审查结果，通报辖区内下级人民法院民事案件的申请再审率、裁定再审率、按期送卷率等工作指标，实现上下级人民法院和同级人民法院之间信息共享和良性互动。

32. 人民法院再审审查机构应当加强与再审审理机构的沟通，建立再审案件审判结果跟踪制度，及时了解再审案件审判结果，认真查找工作中存在的问题，提升民事再审审查工作质效。

最高人民检察院
关于印发《人民检察院民事行政抗诉案件办案规则》的通知

［2001年10月11日　高检发（2001）17号］

各省、自治区、直辖市人民检察院，军事检察院，新疆生产建设兵团人民检察院：

《人民检察院民事行政抗诉案件办案规则》已于2001年9月30日经最高人民检察院第九届检察委员会第九十七次会议讨论通过，现印发给你们，请遵照执行。

附：

人民检察院民事行政抗诉案件办案规则

（2001年9月30日最高人民检察院第九届检察委员会第九十七次会议讨论通过）

第一章　总　则

第一条　为保障人民检察院依法对民事审判活动和行政诉讼活动实行法律监督，根据《中华人民共和国民事诉讼法》、《中华人民共和国行政诉讼法》、《中华人民共和国人民检察院组织法》和其他有关法律，结合检察工作实际，制定本规则。

第二条　人民检察院依法独立行使检察权，通过办理民事、行政抗诉案件，对人民法院的民事审判活动和行政诉讼活动进行法律监督，维护国家利益和社会公共利益，维护司法公正和司法权威，保障国家法律的统一正确实施。

第三条　人民检察院办理民事、行政抗诉案件，应当遵循公开、公正、合法的原则。

第二章　受　理

第四条　人民检察院受理的民事、行政案件，主要有以下来源：

（一）当事人或者其他利害关系人申诉的；

（二）国家权力机关或者其他机关转办的；

（三）上级人民检察院交办的；

（四）人民检察院自行发现的。

第五条　不服人民法院判决、裁定的申诉符合下列条件的，人民检察院应当受理：

（一）人民法院的判决、裁定已经发生法律效力；

（二）有具体的申诉理由和请求。

第六条　有下列情形之一的申诉，人民检察院不予受理：

（一）判决、裁定尚未发生法律效力的；

（二）判决解除婚姻关系或者收养关系的；

（三）人民法院已经裁定再审的；

（四）当事人对人民检察院所作的终止审查或者不抗诉决定不服，再次提出申诉的；（五）不属于人民检察院主管的其他情形。

第七条　人民检察院控告申诉检察部门受理民事、行政申诉案件。

第八条　当事人向人民检察院提出申诉，应当提交申诉书、人民法院生效的裁判文书，以及证明其申诉主张的证据材料。

第九条　对民事、行政申诉案件，人民检察院控告申诉检察部门应当自受理之日起七日内分别情况作出处理：

（一）不服同级或者下一级人民法院生效民事、行政判决、裁定的，移送本院民事行政检察部门审查处理；

（二）下级人民检察院有抗诉权的，转下级人民检察院审查处理；

（三）依法属于人民法院或者其他机关主管范围的，移送人民法院或者其他机关处理。

第十条　下级人民检察院有抗诉权的案件，上级人民检察院认为案情复杂或者在本辖区有重大影响的，可以直接受理。

第三章　立　案

第十一条　民事、行政抗诉案件，由有抗诉权或者有提请抗诉权的人民检察院立案。

第十二条　有下列情形之一的，人民检察院应当自受理之日起三十日内立案：

（一）原判决、裁定认定事实的主要证据可能不足的；

（二）原判决、裁定适用法律可能错误的；

（三）原审人民法院违反法定程序，可能影响案件正确判决、裁定的；

（四）有证据证明审判人员在审理案件时有贪污受贿、徇私舞弊或者枉法裁判行为的。

第十三条 人民检察院决定立案的民事、行政案件，应当通知申诉人和其他当事人。其他当事人可以在收到《立案通知书》之日起十五日内提出书面意见。

人民检察院决定不立案的案件，应当通知申诉人。

第十四条 人民检察院应当在立案以后调（借）阅人民法院审判案卷，并在调（借）阅审判案卷后三个月内审查终结。

第十五条 对需要交办、转办的案件，应当分别制作交办函、转办函，并将有关材料移送下级人民检察院。

对上级人民检察院交办的案件，下级人民检察院应当及时立案审查，并报告审查结果或者审查意见。

对上级人民检察院转办的案件，下级人民检察院自行处理。

第四章 审 查

第十六条 人民检察院立案以后，应当及时指定检察人员对人民法院的民事审判活动或者行政诉讼活动进行审查。

对不服人民法院生效判决、裁定的案件，应当就民事判决、裁定是否符合《中华人民共和国民事诉讼法》第一百八十五条规定的抗诉条件，行政判决、裁定是否符合《中华人民共和国行政诉讼法》第六十四条规定的抗诉条件进行审查。

第十七条 人民检察院审查民事、行政案件，应当就原审案卷进行审查。非确有必要时，不应进行调查。

第十八条 有下列情形之一的，人民检察院可以进行调查：

（一）当事人及其诉讼代理人由于客观原因不能自行收集的主要证据，向人民法院提供了证据线索，人民法院应予调查未进行调查取证的；

（二）当事人提供的证据互相矛盾，人民法院应予调查取证未进行调查取证的；

（三）审判人员在审理该案时可能有贪污受贿、徇私舞弊或者枉法裁判等违法行为的；

（四）人民法院据以认定事实的主要证据可能是伪证的。

第十九条 人民检察院认为申诉人应当提供证据材料证明其申诉主张的，可以要求申诉人在指定的期限内提交证据材料。申诉人逾期无故不提交证据材料的，视为撤回申诉。

对当事人提供的证据原件，人民检察院应当出具收据。

第二十条　人民检察院的调查活动应当由两名以上检察人员共同进行。

调查材料应当由调查人、被调查人、记录人签名或者盖章。

第二十一条　上级人民检察院办理民事、行政抗诉案件，可以指令下级人民检察院协助调查。

第二十二条　有下列情形之一的，人民检察院应当终止审查：

（一）申诉人撤回申诉，且不损害国家利益和社会公共利益的；

（二）人民法院已经裁定再审的；

（三）当事人自行和解的；

（四）应当终止审查的其他情形。

第二十三条　人民检察院决定终止审查的案件，应当向当事人送达《终止审查决定书》。

第二十四条　民事、行政案件审查终结，应当制作《审查终结报告》，载明：案件来源、当事人基本情况、审查认定的案件事实、诉讼过程、申诉或者提请抗诉的理由、审查意见及法律依据。

第二十五条　对于审查终结的案件，人民检察院应当分别情况作出决定：

（一）原判决、裁定符合法律规定的抗诉条件的，向人民法院提出抗诉；

（二）原判决、裁定不符合法律规定的抗诉条件的，作出不抗诉决定；

（三）符合本规则第八章规定的检察建议条件且确有必要的，向人民法院或者有关单位提出检察建议。

第二十六条　有下列情形之一的，人民检察院应当作出不抗诉决定：

（一）申诉人在原审过程中未尽举证责任的；

（二）现有证据不足以证明原判决、裁定存在错误或者违法的；

（三）足以推翻原判决、裁定的证据属于当事人在诉讼中未提供的新证据的；

（四）原判决、裁定认定事实或者适用法律确有错误，但处理结果对国家利益、社会公共利益和当事人权利义务影响不大的；

（五）原审违反法定程序，但未影响案件正确判决、裁定的；

（六）不符合法律规定的抗诉条件的其他情形。

第二十七条　人民检察院决定不抗诉的案件，应当分别情况作出处理：

（一）直接受理的民事、行政案件，应当制作《不抗诉决定书》，通知当事人；

（二）下级人民检察院提请抗诉的案件，应当制作《不抗诉决定书》，送达提请抗诉的人民检察院。提请抗诉的人民检察院接到《不抗诉决定书》以后，应当通知当事人。

第五章　提请抗诉

第二十八条　地方各级人民检察院对同级人民法院已经发生法律效力的判决、裁定，经审查认为符合抗诉条件的，应当提请上一级人民检察院抗诉。

第二十九条　人民检察院提请抗诉，应当制作《提请抗诉报告书》，并将审判卷宗、检察卷宗报上级人民检察院。

《提请抗诉报告书》应当载明：案件来源、当事人基本情况、基本案情、诉讼过程、当事人申诉理由、提请抗诉理由及法律依据。

第三十条　对下级人民检察院提请抗诉的案件，上级人民检察院应当在三个月内审查终结，并依法作出抗诉或者不抗诉决定。需要延长审查期限的，由检察长批准。

第六章　抗　诉

第三十一条　最高人民检察院对各级人民法院的生效民事或行政判决、裁定，上级人民检察院对下级人民法院的生效民事或行政判决、裁定，有权提出抗诉。

第三十二条　人民法院发生法律效力的民事判决、裁定有《中华人民共和国民事诉讼法》第一百八十五条第一款规定情形之一，行政判决、裁定有《中华人民共和国行政诉讼法》第六十四条规定情形的，人民检察院应当抗诉。

第三十三条　有下列情形之一的，人民检察院应当依照《中华人民共和国民事诉讼法》第一百八十五条　第一款第（一）项的规定提出抗诉：

（一）原判决、裁定所认定事实没有证据或者没有足够证据支持的；

（二）原判决、裁定对有足够证据支持的事实不予认定的；

（三）原判决、裁定采信了伪证并作为认定事实的主要证据的；

（四）原审当事人及其诉讼代理人由于客观原因不能自行收集的主要证据，人民法院应予调查取证而未进行调查取证，影响原判决、裁定正确认定事实的；

（五）原审当事人提供的证据互相矛盾，人民法院应予调查取证而未进行调查取证，影响原判决、裁定正确认定事实的；

（六）原判决、裁定所采信的鉴定结论的鉴定程序违法或者鉴定人不具备鉴定资格的；

（七）原审法院应当进行鉴定或者勘验而未鉴定、勘验的；

（八）原判决、裁定认定事实的主要证据不足的其他情形。

第三十四条　有下列情形之一的，人民检察院应当依照《中华人民共和国民事诉讼法》第一百八十五条第一款第（二）项的规定提出抗诉：

（一）原判决、裁定错误认定法律关系性质的；

（二）原判决、裁定错误认定民事法律关系主体的；

（三）原判决、裁定确定权利归属、责任承担或者责任划分发生错误的；

（四）原判决遗漏诉讼请求或者超出原告诉讼请求范围判令被告承担责任的；

（五）原判决、裁定对未超过诉讼时效的诉讼请求不予支持，或者对超过诉讼时效的诉讼请求予以支持的；

（六）适用法律错误的其他情形。

第三十五条　有下列情形之一，可能影响正确判决、裁定的，人民检察院应当依照《中华人民共和国民事诉讼法》第一百八十五条第一款第（三）项的规定提出抗诉：

（一）审理案件的审判人员、书记员依法应当回避而未回避的；

（二）应当开庭审理的案件，未经开庭审理即作出判决、裁定的；

（三）适用普通程序审理的案件，当事人未经传票传唤而缺席判决、裁定的；

（四）违反法定程序的其他情形。

第三十六条　审判人员在审理该民事案件时有《中华人民共和国民事诉讼法》第一百八十五条第一款第（四）项规定的贪污受贿、徇私舞弊或者枉法裁判行为的，人民检察院应当提出抗诉。

第三十七条　有下列情形之一的，人民检察院应当依照《中华人民共和国行政诉讼法》第六十四条　的规定提出抗诉：

（一）人民法院对依法应予受理的行政案件，裁定不予受理或者驳回起诉的；

（二）人民法院裁定准许当事人撤诉违反法律规定的；

（三）原判决、裁定违反《中华人民共和国立法法》第七十八条至八十六条的规定适用法律、法规、规章的；

（四）原判决、裁定错误认定具体行政行为的性质、存在或者效力的；

（五）原判决、裁定认定行政事实行为是否存在、合法发生错误的；

（六）原判决、裁定违反《中华人民共和国行政诉讼法》第三十二条规定的举证责任规则的；

（七）原判决、裁定认定事实的主要证据不足的；

（八）原判决确定权利归属或责任承担违反法律规定的；

（九）人民法院违反法定程序，可能影响案件正确判决、裁定的；

（十）审判人员在审理该案件时有贪污受贿、徇私舞弊或者枉法裁判行为的；

（十一）原判决、裁定违反法律、法规的其他情形。

第三十八条　人民检察院提出抗诉，由检察长批准或者检察委员会决定。

第三十九条　抗诉应当由有抗诉权的人民检察院向同级人民法院提出。

第四十条　人民检察院决定抗诉的案件，应当制作《抗诉书》。《抗诉书》应当载明：案件来源、基本案情、人民法院审理情况及抗诉理由。

《抗诉书》由检察长签发，加盖人民检察院印章。

第四十一条　抗诉书副本应当送达当事人，并报送上一级人民检察院。

第四十二条　人民检察院发现本院抗诉不当的，应当由检察长或者检察委员会决定撤回抗诉。

人民检察院决定撤回抗诉，应当制作《撤回抗诉决定书》，送达同级人民法院，通知当事人，并报送上一级人民检察院。

第四十三条　上级人民检察院发现下级人民检察院抗诉不当的，有权撤销下级人民检察院的抗诉决定。

下级人民检察院接到上级人民检察院的《撤销抗诉决定书》，应当制作《撤回抗诉决定书》，送达同级人民法院，通知当事人，并报送上一级人民检察院。

第七章　出　庭

第四十四条　人民法院开庭审理抗诉案件，人民检察院应当派员出席再审法庭。

受理抗诉的人民法院指令下级人民法院再审的，提出抗诉的人民检察院可以指令再审人民法院的同级人民检察院派员出席再审法庭。

第四十五条　检察人员出席抗诉案件再审法庭的任务是：

（一）宣读抗诉书；

（二）发表出庭意见；

（三）发现庭审活动违法的，向再审法院提出建议。

第四十六条　人民法院就抗诉案件作出再审判决、裁定以后，提出抗诉的人民检察院应当对再审判决、裁定进行审查，并填写《抗诉再审判决（裁定）登记表》。

第八章　检察建议

第四十七条　有下列情形之一的，人民检察院可以向人民法院提出检察建议：

（一）原判决、裁定符合抗诉条件，人民检察院与人民法院协商一致，人民法院同意再审的；

（二）原裁定确有错误，但依法不能启动再审程序予以救济的；

（三）人民法院对抗诉案件再审的庭审活动违反法律规定的；

（四）应当向人民法院提出检察建议的其他情形。

第四十八条　有下列情形之一的，人民检察院可以向有关单位提出检察建议：

（一）有关国家机关或者企业事业单位存在制度隐患的；

（二）有关国家机关工作人员、企业事业单位工作人员严重违背职责，应当追究其纪律责任的；

（三）应当向有关单位提出检察建议的其他情形。

第九章　附　则

第四十九条　人民检察院应当按照《人民检察院法律文书格式（样本）》的要求制作民事、行政检察文书。

人民检察院立案审查的民事、行政案件，应当按照本规则附件一的要求建立民事、行政检察案卷。

第五十条　人民检察院办理民事、行政抗诉案件，不收取案件受理费，复制费用可以由当事人承担。

第五十一条　本规则自发布之日起施行。最高人民检察院《关于民事审判监督程序抗诉工作暂行规定》、《关于执行行政诉讼法第六十四条的暂行规定》、《人民检察院办理民事行政申诉案件公开审查程序试行规则》同时废止。

附件一：民事行政抗诉案件立卷顺序

一、人民检察院提出抗诉和建议人民法院再审案件的正卷，按照下列顺序排列：

（一）抗诉书或者检察建议书；

（二）原审判决书、裁定书；

（三）证据材料；

（四）其他应当列入正卷的材料。

二、人民检察院提出抗诉和建议人民法院再审案件的副卷，按照下列顺序排列：

（一）申诉书；

（二）受理案件登记审查表；

（三）立案审批表；

（四）立案决定书；

（五）立案通知书；

（六）听取当事人陈述笔录；

（七）终止审查通知书；

（八）转办函、交办函、催办函或者移送案卷函；

（九）调（借）阅案卷函；

（十）补充调查通知书；

（十一）传票；

（十二）阅卷笔录；

（十三）审查终结报告；

（十四）讨论案件记录；

（十五）抗诉书、检察建议书的原本和正本，提请抗诉报告书、不抗诉决定书或者不提请抗诉决定书；

（十六）撤销抗诉决定书、撤回抗诉决定书；

（十七）指派出庭通知书；

（十八）出庭通知书；

（十九）出庭意见；

（二十）出庭笔录；

（二十一）再审判决书、裁定书；

（二十二）抗诉再审判决（裁定）登记表；

（二十三）送达回证；

（二十四）其他法律文书。

人民检察院终止审查和不抗诉案件的案卷，参照前款规定的顺序排列。

三、人民检察院提请上级人民检察院抗诉案件的案卷，按照下列顺序排列：

（一）提请抗诉报告书；

（二）申诉书；

（三）原审判决书、裁定书；

（四）证据材料；

（五）受理案件登记审查表；

（六）立案审批表；

（七）立案决定书；

（八）立案通知书；

（九）听取当事人陈述笔录；

（十）转办函、交办函、催办函或者移送案卷函；

（十一）调（借）阅案卷函；
（十二）补充调查通知书；
（十三）传票；
（十四）阅卷笔录；
（十五）审查终结报告；
（十六）讨论案件记录；
（十七）送达回证。

附件二：《中华人民共和国立法法》参考条文（略）

人民检察院民事诉讼监督规则（试行）

高检发释字〔2013〕3号

（2013年9月23日最高人民检察院第十二届检察委员会第十次会议通过
2013年11月18日最高人民检察院公告公布　自2013年11月18日起施行）

第一章　总　则

第一条　为了保障和规范人民检察院依法履行民事检察职责，根据《中华人民共和国民事诉讼法》《中华人民共和国人民检察院组织法》和其他有关规定，结合人民检察院工作实际，制定本规则。

第二条　人民检察院依法独立行使检察权，通过办理民事诉讼监督案件，维护司法公正和司法权威，维护国家利益和社会公共利益，维护公民、法人和其他组织的合法权益，保障国家法律的统一正确实施。

第三条　人民检察院通过抗诉、检察建议等方式，对民事诉讼活动实行法律监督。

第四条　人民检察院办理民事诉讼监督案件，应当以事实为根据，以法律为准绳，坚持公开、公平、公正和诚实信用原则，尊重和保障当事人的诉讼权利，监督和支持人民法院依法行使审判权和执行权。

第五条　民事诉讼监督案件的受理、办理、管理工作分别由控告检察部门、民事检察部门、案件管理部门负责，各部门互相配合，互相制约。

第六条　人民检察院办理民事诉讼监督案件，实行检察官办案责任制。

第七条　最高人民检察院领导地方各级人民检察院和专门人民检察院的民事诉讼监督工作，上级人民检察院领导下级人民检察院的民事诉讼监督工作。

上级人民检察院对下级人民检察院作出的决定，有权予以撤销或者变更，发现下级人民检察院工作中有错误的，有权指令下级人民检察院纠正。上级人民检察院的决定，下级人民检察院应当执行。下级人民检察院对上级人民检察院的决定有不同意见的，可以在执行的同时向上级人民检察院报告。

第八条　人民检察院检察长在同级人民法院审判委员会讨论民事抗诉案件或者其他与民事诉讼监督工作有关的议题时，可以依照有关规定列席会议。

第九条　人民检察院办理民事诉讼监督案件，实行回避制度。

第十条　检察人员办理民事诉讼监督案件，应当依法秉公办案，自觉接受监督。

检察人员不得接受当事人及其诉讼代理人请客送礼，不得违反规定会见当事人及其诉讼代理人。

检察人员有收受贿赂、徇私枉法等行为的，应当追究法律责任。

第二章　管　辖

第十一条　对已经发生法律效力的民事判决、裁定、调解书的监督案件，最高人民检察院、作出该生效法律文书的人民法院所在地同级人民检察院和上级人民检察院均有管辖权。

第十二条　对民事审判程序中审判人员违法行为的监督案件，由审理案件的人民法院所在地同级人民检察院管辖。

第十三条　对民事执行活动的监督案件，由执行法院所在地同级人民检察院管辖。

第十四条　人民检察院发现受理的民事诉讼监督案件不属于本院管辖的，应当移送有管辖权的人民检察院，受移送的人民检察院应当受理。受移送的人民检察院认为不属于本院管辖的，应当报请上级人民检察院指定管辖，不得再自行移送。

第十五条　有管辖权的人民检察院由于特殊原因，不能行使管辖权的，由上级人民检察院指定管辖。

人民检察院之间因管辖权发生争议，由争议双方协商解决；协商不能解决的，报请其共同上级人民检察院指定管辖。

第十六条　上级人民检察院认为确有必要的，可以办理下级人民检察院管辖的民事诉讼监督案件。

下级人民检察院对有管辖权的民事诉讼监督案件，认为需要由上级人民检察院办理的，可以报请上级人民检察院办理。

第十七条　军事检察院等专门人民检察院对民事诉讼监督案件的管辖，依照有关规定执行。

第三章　回　避

第十八条　检察人员有《中华人民共和国民事诉讼法》第四十四条规定情形之一的，应当自行回避，当事人有权申请他们回避。

前款规定，适用于书记员、翻译人员、鉴定人、勘验人等。

第十九条　检察人员自行回避的，可以口头或者书面方式提出，并说明理由。口头提出申请的，应当记录在卷。

第二十条　当事人申请回避，应当在人民检察院作出提出抗诉或者检察建议等决定前以口头或者书面方式提出，并说明理由。口头提出申请的，应当记录在卷。根据《中华人民共和国民事诉讼法》第四十四条第二款规定提出回避申请的，应当提供相关证据。

被申请回避的人员在人民检察院作出是否回避的决定前，应当暂停参与本案工作，但案件需要采取紧急措施的除外。

第二十一条　检察长的回避，由检察委员会讨论决定；检察人员和其他人员的回避，由检察长决定。检察委员会讨论检察长回避问题时，由副检察长主持，检察长不得参加。

第二十二条 人民检察院对当事人提出的回避申请，应当在三日内作出决定，并通知申请人。申请人对决定不服的，可以在接到决定时向原决定机关申请复议一次。人民检察院应当在三日内作出复议决定，并通知复议申请人。复议期间，被申请回避的人员不停止参与本案工作。

第四章 受 理

第二十三条 民事诉讼监督案件的来源包括：

（一）当事人向人民检察院申请监督；

（二）当事人以外的公民、法人和其他组织向人民检察院控告、举报；

（三）人民检察院依职权发现。

第二十四条 有下列情形之一的，当事人可以向人民检察院申请监督：

（一）已经发生法律效力的民事判决、裁定、调解书符合《中华人民共和国民事诉讼法》第二百零九条第一款规定的；

（二）认为民事审判程序中审判人员存在违法行为的；

（三）认为民事执行活动存在违法情形的。

第二十五条 当事人向人民检察院申请监督，应当提交监督申请书、身份证明、相关法律文书及证据材料。提交证据材料的，应当附证据清单。

申请监督材料不齐备的，人民检察院应当要求申请人限期补齐，并明确告知应补齐的全部材料。申请人逾期未补齐的，视为撤回监督申请。

第二十六条 本规则第二十五条规定的监督申请书应当记明下列事项：

（一）申请人的姓名、性别、年龄、民族、职业、工作单位、住所、有效联系方式，法人或者其他组织的名称、住所和法定代表人或者主要负责人的姓名、职务、有效联系方式；

（二）其他当事人的姓名、性别、工作单位、住所、有效联系方式等信息，法人或者其他组织的名称、住所、负责人、有效联系方式等信息；

（三）申请监督请求和所依据的事实与理由。

申请人应当按照其他当事人的人数提交监督申请书副本。

第二十七条 本规则第二十五条规定的身份证明包括：

（一）自然人的居民身份证、军官证、士兵证、护照等能够证明本人身份的有效证件；

（二）法人或者其他组织的营业执照副本、组织机构代码证书和法定代表人或者主要负责人的身份证明等有效证照。

对当事人提交的身份证明，人民检察院经核对无误留存复印件。

第二十八条 本规则第二十五条规定的相关法律文书是指人民法院在该

案件诉讼过程中作出的全部判决书、裁定书、决定书、调解书等法律文书。

第二十九条　当事人申请监督，可以依照《中华人民共和国民事诉讼法》的规定委托代理人。

第三十条　当事人申请监督符合下列条件的，人民检察院应当受理：

（一）符合本规则第二十四条的规定；

（二）申请人提供的材料符合本规则第二十五条至第二十八条的规定；

（三）本院具有管辖权；

（四）不具有本规则规定的不予受理情形。

第三十一条　当事人根据《中华人民共和国民事诉讼法》第二百零九条第一款的规定向人民检察院申请监督，有下列情形之一的，人民检察院不予受理：

（一）当事人未向人民法院申请再审或者申请再审超过法律规定的期限的；

（二）人民法院正在对民事再审申请进行审查的，但超过三个月未对再审申请作出裁定的除外；

（三）人民法院已经裁定再审且尚未审结的；

（四）判决、调解解除婚姻关系的，但对财产分割部分不服的除外；

（五）人民检察院已经审查终结作出决定的；

（六）民事判决、裁定、调解书是人民法院根据人民检察院的抗诉或者再审检察建议再审后作出的；

（七）其他不应受理的情形。

第三十二条　对人民法院作出的一审民事判决、裁定，当事人依法可以上诉但未提出上诉，而依照《中华人民共和国民事诉讼法》第二百零九条第一款第（一）项、第（二）项的规定向人民检察院申请监督的，人民检察院不予受理，但有下列情形之一的除外：

（一）据以作出原判决、裁定的法律文书被撤销或者变更的；

（二）审判人员有贪污受贿、徇私舞弊、枉法裁判等严重违法行为的；

（三）人民法院送达法律文书违反法律规定，影响当事人行使上诉权的；

（四）当事人因自然灾害等不可抗力无法行使上诉权的；

（五）当事人因人身自由被剥夺、限制，或者因严重疾病等客观原因不能行使上诉权的；

（六）有证据证明他人以暴力、胁迫、欺诈等方式阻止当事人行使上诉权的；

（七）因其他不可归责于当事人的原因没有提出上诉的。

第三十三条　当事人认为民事审判程序中审判人员存在违法行为或者民

事执行活动存在违法情形，向人民检察院申请监督，有下列情形之一的，人民检察院不予受理：

（一）法律规定可以提出异议、申请复议或者提起诉讼，当事人没有提出异议、申请复议或者提起诉讼的，但有正当理由的除外；

（二）当事人提出异议或者申请复议后，人民法院已经受理并正在审查处理的，但超过法定期间未作出处理的除外；

（三）其他不应受理的情形。

第三十四条 当事人根据《中华人民共和国民事诉讼法》第二百零九条第一款的规定向人民检察院申请检察建议或者抗诉，由作出生效民事判决、裁定、调解书的人民法院所在地同级人民检察院控告检察部门受理。

当事人认为民事审判程序中审判人员存在违法行为或者民事执行活动存在违法情形，向人民检察院申请监督的，由审理、执行案件的人民法院所在地同级人民检察院控告检察部门受理。

第三十五条 人民法院裁定驳回再审申请或者逾期未对再审申请作出裁定，当事人向人民检察院申请监督的，由作出原生效民事判决、裁定、调解书的人民法院所在地同级人民检察院控告检察部门受理。

第三十六条 人民检察院控告检察部门对监督申请，应当根据以下情形作出处理：

（一）符合受理条件的，应当依照本规则规定作出受理决定；

（二）属于人民检察院受理案件范围但不属于本院管辖的，应当告知申请人向有管辖权的人民检察院申请监督；

（三）不属于人民检察院受理案件范围的，应当告知申请人向有关机关反映；

（四）不符合受理条件，且申请人不撤回监督申请的，可以决定不予受理。

应当由下级人民检察院受理的，上级人民检察院应当在七日内将监督申请书及相关材料移交下级人民检察院。

第三十七条 控告检察部门应当在决定受理之日起三日内制作《受理通知书》，发送申请人，并告知其权利义务。

需要通知其他当事人的，应当将《受理通知书》和监督申请书副本发送其他当事人，并告知其权利义务。其他当事人可以在收到监督申请书副本之日起十五日内提出书面意见，不提出意见的不影响人民检察院对案件的审查。

第三十八条 控告检察部门应当在决定受理之日起三日内将案件材料移送本院民事检察部门，同时将《受理通知书》抄送本院案件管理部门。

第三十九条 当事人以外的公民、法人和其他组织认为人民法院民事审判程序中审判人员存在违法行为或者民事执行活动存在违法情形的，可以向同级人民检察院控告、举报。控告、举报由人民检察院控告检察部门受理。

控告检察部门对收到的控告、举报，应当依据《人民检察院信访工作规定》《人民检察院举报工作规定》等办理。

第四十条　控告检察部门可以依据《人民检察院信访工作规定》，向下级人民检察院交办涉及民事诉讼监督的信访案件。

第四十一条　具有下列情形之一的民事案件，人民检察院应当依职权进行监督：

（一）损害国家利益或者社会公共利益的；

（二）审判、执行人员有贪污受贿、徇私舞弊、枉法裁判等行为的；

（三）依照有关规定需要人民检察院跟进监督的。

第四十二条　下级人民检察院提请抗诉、提请其他监督等案件，由上一级人民检察院案件管理部门受理。

依职权发现的民事诉讼监督案件，民事检察部门应当到案件管理部门登记受理。

第四十三条　案件管理部门接收案件材料后，应当在三日内登记并将案件材料和案件登记表移送民事检察部门；案件材料不符合规定的，应当要求补齐。

案件管理部门登记受理后，需要通知当事人的，民事检察部门应当制作《受理通知书》，并在三日内发送当事人。

第五章　审　查

第一节　一般规定

第四十四条　民事检察部门负责对受理后的民事诉讼监督案件进行审查。

第四十五条　上级人民检察院可以将受理的民事诉讼监督案件交由有管辖权的下级人民检察院办理。交办的案件应当制作《交办通知书》，并将有关材料移送下级人民检察院。下级人民检察院应当依法办理，不得将案件再行交办，作出决定前应当报上级人民检察院审核同意。

交办案件需要通知当事人的，应当制作《通知书》，并发送当事人。

第四十六条　上级人民检察院可以将案件转有管辖权的下级人民检察院办理。转办案件应当制作《转办通知书》，并将有关材料移送下级人民检察院。

转办案件需要通知当事人的，应当制作《通知书》，并发送当事人。

第四十七条　人民检察院审查民事诉讼监督案件，应当围绕申请人的申请监督请求以及发现的其他情形，对人民法院民事诉讼活动是否合法进行审查。其他当事人也申请监督的，应当将其列为申请人，对其申请监督请求一并审查。

第四十八条 申请人或者其他当事人对提出的主张，应当提供证据材料。人民检察院收到当事人提交的证据材料，应当出具收据。

第四十九条 人民检察院应当告知当事人有申请回避的权利，并告知办理案件的检察人员、书记员等的姓名、法律职务。

第五十条 人民检察院审查案件，应当听取当事人意见，必要时可以听证或者调查核实有关情况。

第五十一条 人民检察院审查案件，可以依照有关规定调阅人民法院的诉讼卷宗。

通过拷贝电子卷、查阅、复制、摘录等方式能够满足办案需要的，可以不调阅诉讼卷宗。

第五十二条 承办人审查终结后，应当制作审查终结报告。审查终结报告应当全面、客观、公正地叙述案件事实，依据法律提出处理建议。

承办人通过审查监督申请书等材料即可以认定案件事实的，可以直接制作审查终结报告，提出处理建议。

第五十三条 案件应当经集体讨论，参加集体讨论的人员应当对案件事实、适用法律、处理建议等发表明确意见并说明理由。集体讨论意见应当在全面、客观地归纳讨论意见的基础上形成。

集体讨论形成的处理意见，由民事检察部门负责人提出审核意见后报检察长批准。

检察长认为必要的，可以提请检察委员会讨论决定。

第五十四条 人民检察院对审查终结的案件，应当区分情况作出下列决定：

（一）提出再审检察建议；

（二）提请抗诉；

（三）提出抗诉；

（四）提出检察建议；

（五）终结审查；

（六）不支持监督申请。

控告检察部门受理的案件，民事检察部门应当将案件办理结果书面告知控告检察部门。

第五十五条 人民检察院在办理民事诉讼监督案件过程中，当事人有和解意愿的，可以建议当事人自行和解。

第五十六条　人民检察院受理当事人申请对人民法院已经发生法律效力的民事判决、裁定、调解书监督的案件，应当在三个月内审查终结并作出决定。

对民事审判程序中审判人员违法行为监督案件和对民事执行活动监督案件的审查期限，依照前款规定执行。

第二节　听　证

第五十七条　人民检察院审查民事诉讼监督案件，认为确有必要的，可以组织有关当事人听证。

根据案件具体情况，可以邀请与案件没有利害关系的人大代表、政协委员、人民监督员、特约检察员、专家咨询委员、人民调解员或者当事人所在单位、居住地的居民委员会委员以及专家、学者等其他社会人士参加听证。

第五十八条　人民检察院组织听证，由承办该案件的检察人员主持，书记员负责记录。

听证应当在人民检察院专门听证场所内进行。

第五十九条　人民检察院组织听证，应当在听证三日前通知参加听证的当事人，并告知听证的时间、地点。

第六十条　参加听证的当事人和其他相关人员应当按时参加听证，当事人无正当理由缺席或者未经许可中途退席的，不影响听证程序的进行。

第六十一条　听证应当围绕民事诉讼监督案件中的事实认定和法律适用等问题进行。

对当事人提交的证据材料和人民检察院调查取得的证据，应当充分听取各方当事人的意见。

第六十二条　听证应当按照下列顺序进行：

（一）申请人陈述申请监督请求、事实和理由；

（二）其他当事人发表意见；

（三）申请人和其他当事人提交新证据的，应当出示并予以说明；

（四）出示人民检察院调查取得的证据；

（五）案件各方当事人陈述对听证中所出示证据的意见；

（六）申请人和其他当事人发表最后意见。

第六十三条　听证应当制作笔录，经当事人校阅后，由当事人签名或者盖章。拒绝签名盖章的，应当记明情况。

第六十四条　参加听证的人员应当服从听证主持人指挥。

对违反听证秩序的，人民检察院可以予以训诫，责令退出听证场所；对哄闹、冲击听证场所，侮辱、诽谤、威胁、殴打检察人员等严重扰乱听证秩序的，依法追究责任。

第三节　调查核实

第六十五条　人民检察院因履行法律监督职责提出检察建议或者抗诉的需要，有下列情形之一的，可以向当事人或者案外人调查核实有关情况：

（一）民事判决、裁定、调解书可能存在法律规定需要监督的情形，仅通过阅卷及审查现有材料难以认定的；

（二）民事审判程序中审判人员可能存在违法行为的；

（三）民事执行活动可能存在违法情形的；

（四）其他需要调查核实的情形。

第六十六条　人民检察院可以采取以下调查核实措施：

（一）查询、调取、复制相关证据材料；

（二）询问当事人或者案外人；

（三）咨询专业人员、相关部门或者行业协会等对专门问题的意见；

（四）委托鉴定、评估、审计；

（五）勘验物证、现场；

（六）查明案件事实所需要采取的其他措施。

人民检察院调查核实，不得采取限制人身自由和查封、扣押、冻结财产等强制性措施。

第六十七条　人民检察院可以就专门性问题书面或者口头咨询有关专业人员、相关部门或者行业协会的意见。口头咨询的，应当制作笔录，由接受咨询的专业人员签名或者盖章。拒绝签名盖章的，应当记明情况。

第六十八条　人民检察院对专门性问题认为需要鉴定、评估、审计的，可以委托具备资格的机构进行鉴定、评估、审计。

在诉讼过程中已经进行过鉴定、评估、审计的，一般不再委托鉴定、评估、审计。

第六十九条　人民检察院认为确有必要的，可以勘验物证或者现场。勘验人应当出示人民检察院的证件，并邀请当地基层组织或者当事人所在单位派人参加。当事人或者当事人的成年家属应当到场，拒不到场的，不影响勘验的进行。

勘验人应当将勘验情况和结果制作笔录，由勘验人、当事人和被邀参加人签名或者盖章。

第七十条　需要调查核实的，由承办人提出，部门负责人或者检察长批准。

第七十一条　人民检察院调查核实，应当由二人以上共同进行。

调查笔录经被调查人校阅后，由调查人、被调查人签名或者盖章。被调查人拒绝签名盖章的，应当记明情况。

第七十二条 人民检察院可以指令下级人民检察院或者委托外地人民检察院调查核实。

人民检察院指令调查或者委托调查的，应当发送《指令调查通知书》或者《委托调查函》，载明调查核实事项、证据线索及要求。受指令或者受委托人民检察院收到《指令调查通知书》或者《委托调查函》后，应当在十五日内完成调查核实工作并书面回复。因客观原因不能完成调查的，应当在上述期限内书面回复指令或者委托的人民检察院。

人民检察院到外地调查的，当地人民检察院应当配合。

第七十三条 人民检察院调查核实，有关单位和个人应当配合。拒绝或者妨碍人民检察院调查核实的，人民检察院可以向有关单位或者其上级主管部门提出检察建议，责令纠正；涉嫌犯罪的，依照规定移送有关机关处理。

第四节 中止审查和终结审查

第七十四条 有下列情形之一的，人民检察院可以中止审查：

（一）申请监督的自然人死亡，需要等待继承人表明是否继续申请监督的；

（二）申请监督的法人或者其他组织终止，尚未确定权利义务承受人的；

（三）本案必须以另一案的处理结果为依据，而另一案尚未审结的；

（四）其他可以中止审查的情形。

中止审查的，应当制作《中止审查决定书》，并发送当事人。中止审查的原因消除后，应当恢复审查。

第七十五条 有下列情形之一的，人民检察院应当终结审查：

（一）人民法院已经裁定再审或者已经纠正违法行为的；

（二）申请人撤回监督申请或者当事人达成和解协议，且不损害国家利益、社会公共利益或者他人合法权益的；

（三）申请监督的自然人死亡，没有继承人或者继承人放弃申请，且没有发现其他应当监督的违法情形的；

（四）申请监督的法人或者其他组织终止，没有权利义务承受人或者权利义务承受人放弃申请，且没有发现其他应当监督的违法情形的；

（五）发现已经受理的案件不符合受理条件的；

（六）人民检察院依职权发现的案件，经审查不需要采取监督措施的；

（七）其他应当终结审查的情形。

终结审查的，应当制作《终结审查决定书》，需要通知当事人的，发送当事人。

第六章　对生效判决、裁定、调解书的监督

第一节　一般规定

第七十六条　人民检察院发现人民法院已经发生法律效力的民事判决、裁定有《中华人民共和国民事诉讼法》第二百条规定情形之一的，依法向人民法院提出再审检察建议或者抗诉。

第七十七条　人民检察院发现民事调解书损害国家利益、社会公共利益的，依法向人民法院提出再审检察建议或者抗诉。

第七十八条　下列证据，应当认定为《中华人民共和国民事诉讼法》第二百条第一项规定的“新的证据”：

（一）原审庭审结束前已客观存在但庭审结束后新发现的证据；

（二）原审庭审结束前已经发现，但因客观原因无法取得或者在规定的期限内不能提供的证据；

（三）原审庭审结束后原作出鉴定意见、勘验笔录者重新鉴定、勘验，推翻原意见的证据；

（四）当事人在原审中提供的，原审未予质证、认证，但足以推翻原判决、裁定的主要证据。

第七十九条　有下列情形之一的，应当认定为《中华人民共和国民事诉讼法》第二百条第（二）项规定的“认定的基本事实缺乏证据证明”：

（一）认定的基本事实没有证据支持，或者认定的基本事实所依据的证据虚假、缺乏证明力的；

（二）认定的基本事实所依据的证据不合法的；

（三）对基本事实的认定违反逻辑推理或者日常生活法则的；

（四）认定的基本事实缺乏证据证明的其他情形。

第八十条　有下列情形之一的，应当认定为《中华人民共和国民事诉讼法》第二百条第（六）项规定的“适用法律确有错误”：

（一）适用的法律与案件性质明显不符的；

（二）认定法律关系主体、性质或者法律行为效力错误的；

（三）确定民事责任明显违背当事人有效约定或者法律规定的；

（四）适用的法律已经失效或者尚未施行的；

（五）违反法律溯及力规定的；

（六）违反法律适用规则的；

（七）适用法律明显违背立法本意的；

（八）适用诉讼时效规定错误的；

（九）适用法律错误的其他情形。

第八十一条　有下列情形之一的，应当认定为《中华人民共和国民事诉讼法》第二百条第（七）项规定的“审判组织的组成不合法”：

（一）应当组成合议庭审理的案件独任审判的；

（二）人民陪审员参与第二审案件审理的；

（三）再审、发回重审的案件没有另行组成合议庭的；

（四）审理案件的人员不具有审判资格的；

（五）审判组织或者人员不合法的其他情形。

第八十二条　有下列情形之一的，应当认定为《中华人民共和国民事诉讼法》第二百条第（九）项规定的“违反法律规定，剥夺当事人辩论权利”：

（一）不允许或者严重限制当事人行使辩论权利的；

（二）应当开庭审理而未开庭审理的；

（三）违反法律规定送达起诉状副本或者上诉状副本，致使当事人无法行使辩论权利的；

（四）违法剥夺当事人辩论权利的其他情形。

第二节　再审检察建议和提请抗诉

第八十三条　地方各级人民检察院发现同级人民法院已经发生法律效力的民事判决、裁定有下列情形之一的，可以向同级人民法院提出再审检察建议：

（一）有新的证据，足以推翻原判决、裁定的；

（二）原判决、裁定认定的基本事实缺乏证据证明的；

（三）原判决、裁定认定事实的主要证据是伪造的；

（四）原判决、裁定认定事实的主要证据未经质证的；

（五）对审理案件需要的主要证据，当事人因客观原因不能自行收集，书面申请人民法院调查收集，人民法院未调查收集的；

（六）审判组织的组成不合法或者依法应当回避的审判人员没有回避的；

（七）无诉讼行为能力人未经法定代理人代为诉讼或者应当参加诉讼的当事人，因不能归责于本人或者其诉讼代理人的事由，未参加诉讼的；

（八）违反法律规定，剥夺当事人辩论权利的；

（九）未经传票传唤，缺席判决的；

（十）原判决、裁定遗漏或者超出诉讼请求的；

（十一）据以作出原判决、裁定的法律文书被撤销或者变更的。

第八十四条 符合本规则第八十三条规定的案件有下列情形之一的，地方各级人民检察院应当提请上一级人民检察院抗诉：

（一）判决、裁定是经同级人民法院再审后作出的；

（二）判决、裁定是经同级人民法院审判委员会讨论作出的；

（三）其他不适宜由同级人民法院再审纠正的。

第八十五条 地方各级人民检察院发现同级人民法院已经发生法律效力的民事判决、裁定具有下列情形之一的，应当提请上一级人民检察院抗诉：

（一）原判决、裁定适用法律确有错误的；

（二）审判人员在审理该案件时有贪污受贿、徇私舞弊、枉法裁判行为的。

第八十六条 地方各级人民检察院发现民事调解书损害国家利益、社会公共利益的，可以向同级人民法院提出再审检察建议，也可以提请上一级人民检察院抗诉。

第八十七条 对人民法院已经采纳再审检察建议进行再审的案件，提出再审检察建议的人民检察院一般不得再向上级人民检察院提请抗诉。

第八十八条 人民检察院提出再审检察建议，应当制作《再审检察建议书》，在决定提出再审检察建议之日起十五日内将《再审检察建议书》连同案件卷宗移送同级人民法院，并制作决定提出再审检察建议的《通知书》，发送当事人。

人民检察院提出再审检察建议，应当经本院检察委员会决定，并将《再审检察建议书》报上一级人民检察院备案。

第八十九条 人民检察院提请抗诉，应当制作《提请抗诉报告书》，在决定提请抗诉之日起十五日内将《提请抗诉报告书》连同案件卷宗报送上一级人民检察院，并制作决定提请抗诉的《通知书》，发送当事人。

第九十条 人民检察院认为当事人的监督申请不符合提出再审检察建议或者提请抗诉条件的，应当作出不支持监督申请的决定，并在决定之日起十五日内制作《不支持监督申请决定书》，发送当事人。

第三节 抗 诉

第九十一条 最高人民检察院对各级人民法院已经发生法律效力的民事判决、裁定、调解书，上级人民检察院对下级人民法院已经发生法律效力的民事判决、裁定、调解书，发现有《中华人民共和国民事诉讼法》第二百条、第二百零八条规定情形的，应当向同级人民法院提出抗诉。

第九十二条 人民检察院提出抗诉，应当制作《抗诉书》，在决定抗诉之日起十五日内将《抗诉书》连同案件卷宗移送同级人民法院，并制作决定抗诉的《通知书》，发送当事人。

第九十三条　人民检察院认为当事人的监督申请不符合抗诉条件的，应当作出不支持监督申请的决定，并在决定之日起十五日内制作《不支持监督申请决定书》，发送当事人。下级人民检察院提请抗诉的案件，上级人民检察院可以委托提请抗诉的人民检察院将《不支持监督申请决定书》发送当事人。

第四节　出　庭

第九十四条　人民检察院提出抗诉的案件，人民法院再审时，人民检察院应当派员出席法庭。

第九十五条　受理抗诉的人民法院将抗诉案件交下级人民法院再审的，提出抗诉的人民检察院可以指令再审人民法院的同级人民检察院派员出庭。

第九十六条　检察人员出席再审法庭的任务是：

（一）宣读抗诉书；

（二）对依职权调查的证据予以出示和说明。

检察人员发现庭审活动违法的，应当待休庭或者庭审结束之后，以人民检察院的名义提出检察建议。

第七章　对审判程序中审判人员违法行为的监督

第九十七条　《中华人民共和国民事诉讼法》第二百零八条第三款规定的审判程序包括：

（一）第一审普通程序；

（二）简易程序；

（三）第二审程序；

（四）特别程序；

（五）审判监督程序；

（六）督促程序；

（七）公示催告程序；

（八）海事诉讼特别程序；

（九）破产程序。

第九十八条　《中华人民共和国民事诉讼法》第二百零八条第三款的规定适用于法官、人民陪审员、书记员。

第九十九条　人民检察院发现同级人民法院民事审判程序中有下列情形之一的，应当向同级人民法院提出检察建议：

（一）判决、裁定确有错误，但不适用再审程序纠正的；

（二）调解违反自愿原则或者调解协议的内容违反法律的；

（三）符合法律规定的起诉和受理条件，应当立案而不立案的；

（四）审理案件适用审判程序错误的；

（五）保全和先予执行违反法律规定的；

（六）支付令违反法律规定的；

（七）诉讼中止或者诉讼终结违反法律规定的；

（八）违反法定审理期限的；

（九）对当事人采取罚款、拘留等妨害民事诉讼的强制措施违反法律规定的；

（十）违反法律规定送达的；

（十一）审判人员接受当事人及其委托代理人请客送礼或者违反规定会见当事人及其委托代理人的；

（十二）审判人员实施或者指使、支持、授意他人实施妨害民事诉讼行为，尚未构成犯罪的；

（十三）其他违反法律规定的情形。

第一百条 人民检察院依照本规则第九十九条提出检察建议的，应当制作《检察建议书》，在决定提出检察建议之日起十五日内将《检察建议书》连同案件卷宗移送同级人民法院，并制作决定提出检察建议的《通知书》，发送申请人。

第一百零一条 人民检察院认为当事人申请监督的审判程序中审判人员违法行为不存在或者不构成的，应当作出不支持监督申请的决定，并在决定之日起十五日内制作《不支持监督申请决定书》，发送申请人。

第八章 对执行活动的监督

第一百零二条 人民检察院对人民法院在民事执行活动中违反法律规定的情形实行法律监督。

第一百零三条 人民检察院对民事执行活动提出检察建议的，应当经检察委员会决定，制作《检察建议书》，在决定之日起十五日内将《检察建议书》连同案件卷宗移送同级人民法院，并制作决定提出检察建议的《通知书》，发送当事人。

第一百零四条 人民检察院认为当事人申请监督的人民法院执行活动不存在违法情形的，应当作出不支持监督申请的决定，并在决定之日起十五日内制作《不支持监督申请决定书》，发送申请人。

第九章 案件管理

第一百零五条 人民检察院案件管理部门对民事诉讼监督案件实行流程

监控、案后评查、统计分析、信息查询、综合考评等，对办案期限、办案程序、办案质量等进行管理、监督、预警。

第一百零六条　民事检察部门在办理案件过程中有下列情形之一的，应当在作出决定之日起三日内到本院案件管理部门登记：

（一）决定中止和恢复审查的；

（二）决定终结审查的。

第一百零七条　案件管理部门发现本院办案部门或者办案人员在办理民事诉讼监督案件中有下列情形之一的，应当及时提出纠正意见：

（一）法律文书使用不当或存在明显错漏的；

（二）无正当理由超过法定的办案期限未办结案件的；

（三）侵害当事人、诉讼代理人诉讼权利的；

（四）未依法对民事审判活动以及执行活动中的违法行为履行法律监督职责的；

（五）其他违反规定办理案件的情形。

具有前款规定的情形但情节轻微的，可以向办案部门或者办案人员进行口头提示；情节较重的，应当向办案部门发送《案件流程监控通知书》，提示办案部门及时查明情况并予以纠正；情节严重的，应当向办案部门发送《案件流程监控通知书》，并向检察长报告。

办案部门收到《案件流程监控通知书》后，应当在五日内将核查情况书面回复案件管理部门。

第一百零八条　案件管理部门对以本院名义制发的民事诉讼监督法律文书实施监督管理。

第一百零九条　人民检察院办理的民事诉讼监督案件，办结后需要向其他单位移送案卷材料的，统一由案件管理部门审核移送材料是否规范、齐备。案件管理部门认为材料规范、齐备，符合移送条件的，应当立即由有关部门按照相关规定移送；认为材料不符合要求的，应当及时通知办案部门补送、更正。

第一百一十条　人民法院向人民检察院送达的民事判决书、裁定书或者调解书等法律文书，由案件管理部门负责接收，并即时登记移送民事检察部门。

第一百一十一条　人民检察院在办理民事诉讼监督案件过程中，当事人及其诉讼代理人提出有关申请、要求或者提交有关书面材料的，由案件管理部门负责接收，需要出具相关手续的，案件管理部门应当出具。案件管理部门接收材料后应当及时移送民事检察部门。

第十章　其他规定

第一百一十二条　有下列情形之一的，人民检察院可以提出改进工作的检察建议：

（一）人民法院对民事诉讼中同类问题适用法律不一致的；

（二）人民法院在多起案件中适用法律存在同类错误的；

（三）人民法院在多起案件中有相同违法行为的；

（四）有关单位的工作制度、管理方法、工作程序违法或者不当，需要改正、改进的。

第一百一十三条　民事检察部门在履行职责过程中，发现涉嫌犯罪的行为，应当及时将犯罪线索及相关材料移送本院相关职能部门。

人民检察院相关职能部门在办案工作中，发现人民法院审判人员、执行人员有贪污受贿、徇私舞弊、枉法裁判等违法行为，可能导致原判决、裁定错误的，应当及时向民事检察部门通报。

第一百一十四条　人民检察院向人民法院或者有关机关提出监督意见后，发现监督意见确有错误或者有其他情形确需撤回的，应当经检察长批准或者检察委员会决定予以撤回。

上级人民检察院发现下级人民检察院监督错误或者不当的，应当指令下级人民检察院撤回，下级人民检察院应当执行。

第一百一十五条　人民法院对人民检察院监督行为提出建议的，人民检察院应当在一个月内将处理结果书面回复人民法院。人民法院对回复意见有异议，并通过上一级人民法院向上一级人民检察院提出的，上一级人民检察院认为人民法院建议正确，应当要求下级人民检察院及时纠正。

第一百一十六条　人民法院对民事诉讼监督案件作出再审判决、裁定或者其他处理决定后，提出监督意见的人民检察院应当对处理结果进行审查，并填写《民事诉讼监督案件处理结果审查登记表》。

第一百一十七条　有下列情形之一的，人民检察院应当按照有关规定跟进监督或者提请上级人民检察院监督：

（一）人民法院审理民事抗诉案件作出的判决、裁定、调解书仍符合抗诉条件的；

（二）人民法院对人民检察院提出的检察建议未在规定的期限内作出处理并书面回复的；

（三）人民法院对检察建议的处理结果错误的。

第一百一十八条　地方各级人民检察院对适用法律确属疑难、复杂，本院难以决断的重大民事诉讼监督案件，可以向上一级人民检察院请示。

请示案件依照最高人民检察院关于办理下级人民检察院请示件、下级人民检察院向最高人民检察院报送公文的相关规定办理。

第一百一十九条 制作民事诉讼监督法律文书，应当符合规定的格式。

民事诉讼监督法律文书的格式另行制定。

第一百二十条 人民检察院可以参照《中华人民共和国民事诉讼法》有关规定发送法律文书。

第一百二十一条 人民检察院发现制作的法律文书存在笔误的，应当作出《补正决定书》予以补正。

第一百二十二条 人民检察院办理民事诉讼监督案件，应当按照规定建立民事诉讼监督案卷。

第一百二十三条 人民检察院办理民事诉讼监督案件，不收取案件受理费。申请复印、鉴定、审计、勘验等产生的费用由申请人直接支付给有关机构或者单位，人民检察院不得代收代付。

第十一章 附 则

第一百二十四条 本规则自发布之日起施行。本院之前公布的其他规定与本规则内容不一致的，以本规则为准。

最高人民法院审判监督庭
最高人民检察院民事行政检察厅
关于印发《最高人民法院审判监督庭、最高人民检察院民事行政检察厅关于办理民事诉讼检察监督案件若干问题的会议纪要》的通知

（2016年9月1日 法审〔2016〕2号）

各省、自治区、直辖市高级人民法院审判监督庭、人民检察院民事行政检察部门，解放军军事法院审判监督庭、军事检察院民事检察厅，新疆维吾尔自治区高级人民法院生产建设兵团分院审判监督庭、新疆生产建设兵团人民检察院民事行政检察处：

现将《最高人民法院审判监督庭最高人民检察院民事行政检察厅关于办理民事诉讼检察监督案件若干问题的会议纪要》予以印发，请结合实际，认真贯彻落实。

附：

最高人民法院审判监督庭　最高人民检察院民事行政检察厅 关于办理民事诉讼检察监督案件若干问题的会议纪要

为全面实施《中华人民共和国民事诉讼法》关于民事诉讼法律监督的规定，加强人民法院和人民检察院的工作沟通，共同研究解决民事诉讼检察监督过程中遇到的问题，规范司法行为、维护司法公正，最高人民法院审判监督庭与最高人民检察院民事行政检察厅于近期召开座谈会，就相关问题进行了深入研讨交流，在一些重要方面形成共识。现纪要如下：

一、关于再审检察建议中的相关问题

民事诉讼法第二百零八条第二款规定了再审检察建议，这一规定有利于完善法律监督方式、强化同级监督制约，加强人民法院和人民检察院在审判监督方面的协作配合，有助于人民法院发现和纠正错误，应给予高度重视。

落实再审检察建议制度的关键在于依法提出再审检察建议和采纳正确的再审检察建议，因此，人民检察院应当仅就能够通过再审程序纠正的生效判决、裁定和调解书发出再审检察建议。人民检察院向人民法院提出再审检察建议的，人民法院应组成合议庭依法进行审查。

二、关于出席再审法庭的相关问题

民事诉讼法第二百一十三条规定，人民检察院提出抗诉的案件，人民法院再审时，应当通知人民检察院派员出席法庭。人民检察院派员出席再审法庭，对有效履行法律监督职能、提高再审审判质量、维护司法权威具有十分重要的意义。

检察人员出席再审法庭应当宣读抗诉书；对于依职权向当事人和案外人调查取得的证据，应当向法庭提交和说明。检察人员认为庭审活动有违法情形的，应当待休庭或者庭审结束后，以人民检察院的名义提出检察建议。

人民法院采纳再审检察建议而裁定再审的案件，开庭审理程序可以参照适用上述规定。

三、关于对裁定的监督方式问题

民事诉讼法第一百五十四条规定，当事人不服不予受理、驳回起诉、管辖权异议的裁定，可以上诉，但民事诉讼法第二百条不再将管辖错误规定为再审事由。根据上述规定精神，人民检察院对不予受理和驳回起诉的裁定可以采用抗诉或者再审检察建议的方式进行监督，对其他裁定如确有必要进行监督的，可以采用一般检察建议。

四、关于法律条文引用问题

当事人依据民事诉讼法第二百零九条规定向人民检察院申请抗诉或者检察建议，人民检察院经审查后依法向人民法院提出抗诉或者检察建议的，在抗诉书或再审检察建议书中引用《中华人民共和国民事诉讼法》第二百零九条第一款、第二百零八条第×款、第二百条第×项的规定。

五、关于法律文书的送达问题

人民检察院决定对人民法院的判决、裁定、调解书提出抗诉的，应当制作抗诉书，连同案件卷宗移送同级人民法院；同时制作决定抗诉的通知书，发送当事人，并将发送情况记录于移送的案件卷宗。接受抗诉的人民法院应当自收到抗诉书之日起三十日内，依照有关规定作出再审裁定，在向当事人送达再审裁定时一并送达抗诉书，同时向提出抗诉的人民检察院抄送再审裁定。人民法院审结抗诉案件后，送达当事人的结案文书应当抄送人民检察院。

六、关于建立长效协调机制

人民法院审判监督部门与人民检察院民事行政检察部门就民事诉讼监督案件的办理，建立灵活、有效的实时沟通机制，公正办理民事诉讼检察监督案件。最高人民法院审判监督庭与最高人民检察院民事行政检察厅建立定期、长效协调机制，适时分析解决民事行政诉讼监督工作中出现的新情况、新问题，并可开展专题联合调研。

最高人民法院指导案例2号

吴梅诉四川省眉山西城纸业有限公司买卖合同纠纷案

（最高人民法院审判委员会讨论通过　2011年12月20日发布）

关键词

民事诉讼　执行　和解　撤回上诉　不履行和解协议　申请执行一审判决

裁判要点

民事案件二审期间，双方当事人达成和解协议，人民法院准许撤回上诉的，该和解协议未经人民法院依法制作调解书，属于诉讼外达成的协议。一方当事人不履行和解协议，另一方当事人申请执行一审判决的，人民法院应予支持。

相关法条

《中华人民共和国民事诉讼法》第二百零七条第二款

基本案情

原告吴梅系四川省眉山市东坡区吴梅收旧站业主，从事废品收购业务。约自2004年开始，吴梅出售废书给被告四川省眉山西城纸业有限公司（简称西城纸业公司）。2009年4月14日双方通过结算，西城纸业公司向吴梅出具欠条载明：今欠到吴梅废书款壹佰玖拾柒万元整（￥1970000.00）。同年6月11日，双方又对后期货款进行了结算，西城纸业公司向吴梅出具欠条载明：今欠到吴梅废书款伍拾肆万捌仟元整（￥548000.00）。因经多次催收上述货款无果，吴梅向眉山市东坡区人民法院起诉，请求法院判令西城纸业公司支付货款251.8万元及利息。被告西城纸业公司对欠吴梅货款251.8万元没有异议。

一审法院经审理后判决：被告西城纸业公司在判决生效之日起十日内给付原告吴梅货款251.8万元及违约利息。宣判后，西城纸业公司向眉山市中级人民法院提起上诉。二审审理期间，西城纸业公司于2009年10月15日与吴梅签订了一份还款协议，商定西城纸业公司的还款计划，吴梅则放弃了支付利息的请求。同年10月20日，西城纸业公司以自愿与对方达成和解协议为由申请撤回上诉。眉山市中级人民法院裁定准予撤诉后，因西城纸业公司未完全履行和解协议，吴梅向一审法院申请执行一审判决。眉山市东坡区人民法院对吴梅申请执行一审判决予以支持。西城纸业公司向眉山市中级人民法院申请执行监督，主张不予执行原一审判决。

裁判结果

眉山市中级人民法院于2010年7月7日作出（2010）眉执督字第4号复函认为：根据吴梅的申请，一审法院受理执行已生效法律文书并无不当，应当继续执行。

裁判理由

法院认为：西城纸业公司对于撤诉的法律后果应当明知，即一旦法院裁定准予其撤回上诉，眉山市东坡区人民法院的一审判决即为生效判决，具有强制执行的效力。虽然二审期间双方在自愿基础上达成的和解协议对相关权利义务做出约定，西城纸业公司因该协议的签订而放弃行使上诉权，吴梅则放弃了利息，但是该和解协议属于双方当事人诉讼外达成的协议，未经人民法院依法确认制作调解书，不具有强制执行力。西城纸业公司未按和解协议履行还款义务，违背了双方约定和诚实信用原则，故对其以双方达成和解协议为由，主张不予执行原生效判决的请求不予支持。

最高人民法院指导案例 7 号

牡丹江市宏阁建筑安装有限责任公司诉牡丹江市华隆房地产开发有限责任公司、张继增建设工程施工合同纠纷案

（最高人民法院审判委员会讨论通过　2012 年 4 月 9 日发布）

关键词

民事诉讼　抗诉　申请撤诉　终结审查

裁判要点

人民法院接到民事抗诉书后，经审查发现案件纠纷已经解决，当事人申请撤诉，且不损害国家利益、社会公共利益或第三人利益的，应当依法作出对抗诉案终结审查的裁定；如果已裁定再审，应当依法作出终结再审诉讼的裁定。

相关法条

《中华人民共和国民事诉讼法》第一百四十条第一款第（十一）项

基本案情

2009 年 6 月 15 日，黑龙江省牡丹江市华隆房地产开发有限责任公司（简称华隆公司）因与牡丹江市宏阁建筑安装有限责任公司（简称宏阁公司）、张继增建设工程施工合同纠纷一案，不服黑龙江省高级人民法院同年 2 月 11 日作出的（2008）黑民一终字第 173 号民事判决，向最高人民法院申请再审。最高人民法院于同年 12 月 8 日作出（2009）民申字第 1164 号民事裁定，按照审判监督程序提审本案。在最高人民法院民事审判第一庭提审期间，华隆公司鉴于当事人之间已达成和解且已履行完毕，提交了撤回再审申请书。最高人民法院经审查，于 2010 年 12 月 15 日以（2010）民提字第 63 号民事裁定准许其撤回再审申请。

申诉人华隆公司在向法院申请再审的同时，也向检察院申请抗诉。2010 年 11 月 12 日，最高人民检察院受理后决定对本案按照审判监督程序提出抗

诉。2011年3月9日，最高人民法院立案一庭收到最高人民检察院高检民抗〔2010〕58号民事抗诉书后进行立案登记，同月11日移送审判监督庭审理。最高人民法院审判监督庭经审查发现，华隆公司曾向本院申请再审，其纠纷已解决，且申请检察院抗诉的理由与申请再审的理由基本相同，遂与最高人民检察院沟通并建议其撤回抗诉，最高人民检察院不同意撤回抗诉。再与华隆公司联系，华隆公司称当事人之间已就抗诉案达成和解且已履行完毕，纠纷已经解决，并于同年4月13日再次向最高人民法院提交了撤诉申请书。

裁判结果

最高人民法院于2011年7月6日以（2011）民抗字第29号民事裁定书，裁定本案终结审查。

裁判理由

最高人民法院认为：对于人民检察院抗诉再审的案件，或者人民法院依据当事人申请或依据职权裁定再审的案件，如果再审期间当事人达成和解并履行完毕，或者撤回申诉，且不损害国家利益、社会公共利益的，为了尊重和保障当事人在法定范围内对本人合法权利的自由处分权，实现诉讼法律效果与社会效果的统一，促进社会和谐，人民法院应当根据《最高人民法院关于适用〈中华人民共和国民事诉讼法〉审判监督程序若干问题的解释》第三十四条的规定，裁定终结再审诉讼。

本案中，申诉人华隆公司不服原审法院民事判决，在向最高人民法院申请再审的同时，也向检察机关申请抗诉。在本院提审期间，当事人达成和解，华隆公司向本院申请撤诉。由于当事人有权在法律规定的范围内自由处分自己的民事权益和诉讼权利，其撤诉申请意思表示真实，已裁定准许其撤回再审申请，本案当事人之间的纠纷已得到解决，且本案并不涉及国家利益、社会公共利益或第三人利益，故检察机关抗诉的基础已不存在，本案已无按抗诉程序裁定进入再审的必要，应当依法裁定本案终结审查。

（八）督促程序

最高人民法院
关于适用督促程序若干问题的规定

法释〔2008〕18号

（2000年11月13日最高人民法院审判委员会第1137次会议通过
2001年1月8日以法释〔2001〕2号公布　自2001年1月21日起施行
根据2008年12月16日发布的《最高人民法院关于调整司法解释等
文件中引用〈中华人民共和国民事诉讼法〉条文序号的决定》调整）

为了在审判工作中正确适用督促程序，根据《中华人民共和国民事诉讼法》有关规定，现对适用督促程序处理案件的若干问题规定如下：

第一条　基层人民法院受理债权人依法申请支付令的案件，不受争议金额的限制。

第二条　共同债务人住所地、经常居住地不在同一基层人民法院辖区，各有关人民法院都有管辖权的，债权人可以向其中任何一个基层人民法院申请支付令；债权人向两个以上有管辖权的人民法院申请支付令的，由最先立案的人民法院管辖。

第三条　人民法院收到债权人的书面申请后，认为申请书不符合要求的，人民法院可以通知债权人限期补正。补正期间不计入民事诉讼法第一百九十二条规定的期限。

第四条　对设有担保的债务案件主债务人发出的支付令，对担保人没有拘束力。债权人就担保关系单独提起诉讼的，支付令自行失效。

第五条　人民法院受理债权人的支付令申请后，经审理，有下列情况之一的，应当裁定驳回申请：

（一）当事人不适格；

（二）给付金钱或者汇票、本票、支票以及股票、债券、国库券、可转让的存款单等有价证券的证明文件没有约定逾期给付利息或者违约金、赔偿金，债权人坚持要求给付利息或者违约金、赔偿金；

（三）债权人要求给付的金钱或者汇票、本票、支票以及股票、债券、国库券、可转让的存款单等有价证券属于违法所得；

（四）债权人申请支付令之前已向人民法院申请诉前保全，或者申请支付令同时又要求诉前保全。

第六条 人民法院受理支付令申请后，债权人就同一债权关系又提起诉讼，或者人民法院发出支付令之日起三十日内无法送达债务人的，应当裁定终结督促程序。

第七条 债务人对债权债务关系没有异议，但对清偿能力、清偿期限、清偿方式等提出不同意见的，不影响支付令的效力。

第八条 债权人基于同一债权债务关系，向债务人提出多项支付请求，债务人仅就其中一项或几项请求提出异议的，不影响其他各项请求的效力。

第九条 债权人基于同一债权债务关系，就可分之债向多个债务人提出支付请求，多个债务人中的一人或几人提出异议的，不影响其他请求的效力。

第十条 人民法院作出终结督促程序前，债务人请求撤回异议的，应当准许。

第十一条 人民法院院长对本院已发生法律效力的支付令，发现确有错误，认为需要撤销的，应当提交审判委员会讨论决定后，裁定撤销支付令，驳回债权人的申请。

第十二条 最高人民法院有关适用督促程序的其他司法解释与本规定不一致的，以本规定为准。

第十三章　执行程序

最高人民法院
关于适用《中华人民共和国民事诉讼法》
执行程序若干问题的解释

法释〔2008〕13号

（2008年9月8日最高人民法院审判委员会第1452次会议通过
2008年11月3日最高人民法院公告公布　自2009年1月1日起施行）

为了依法及时有效地执行生效法律文书，维护当事人的合法权益，根据2007年10月修改后的《中华人民共和国民事诉讼法》（以下简称民事诉讼法），结合人民法院执行工作实际，对执行程序中适用法律的若干问题作出如下解释：

第一条　申请执行人向被执行的财产所在地人民法院申请执行的，应当提供该人民法院辖区有可供执行财产的证明材料。

第二条　对两个以上人民法院都有管辖权的执行案件，人民法院在立案前发现其他有管辖权的人民法院已经立案的，不得重复立案。

立案后发现其他有管辖权的人民法院已经立案的，应当撤销案件；已经采取执行措施的，应当将控制的财产交先立案的执行法院处理。

第三条　人民法院受理执行申请后，当事人对管辖权有异议的，应当自收到执行通知书之日起十日内提出。

人民法院对当事人提出的异议，应当审查。异议成立的，应当撤销执行案件，并告知当事人向有管辖权的人民法院申请执行；异议不成立的，裁定驳回。当事人对裁定不服的，可以向上一级人民法院申请复议。

管辖权异议审查和复议期间，不停止执行。

第四条　对人民法院采取财产保全措施的案件，申请执行人向采取保全措施的人民法院以外的其他有管辖权的人民法院申请执行的，采取保全措施的人民法院应当将保全的财产交执行法院处理。

第五条　执行过程中，当事人、利害关系人认为执行法院的执行行为违反法律规定的，可以依照民事诉讼法第二百零二条的规定提出异议。

执行法院审查处理执行异议，应当自收到书面异议之日起十五日内作出裁定。

第六条 当事人、利害关系人依照民事诉讼法第二百零二条规定申请复议的，应当采取书面形式。

第七条 当事人、利害关系人申请复议的书面材料，可以通过执行法院转交，也可以直接向执行法院的上一级人民法院提交。

执行法院收到复议申请后，应当在五日内将复议所需的案卷材料报送上一级人民法院；上一级人民法院收到复议申请后，应当通知执行法院在五日内报送复议所需的案卷材料。

第八条 上一级人民法院对当事人、利害关系人的复议申请，应当组成合议庭进行审查。

第九条 当事人、利害关系人依照民事诉讼法第二百零二条规定申请复议的，上一级人民法院应当自收到复议申请之日起三十日内审查完毕，并作出裁定。有特殊情况需要延长的，经本院院长批准，可以延长，延长的期限不得超过三十日。

第十条 执行异议审查和复议期间，不停止执行。

被执行人、利害关系人提供充分、有效的担保请求停止相应处分措施的，人民法院可以准许；申请执行人提供充分、有效的担保请求继续执行的，应当继续执行。

第十一条 依照民事诉讼法第二百零三条的规定，有下列情形之一的，上一级人民法院可以根据申请执行人的申请，责令执行法院限期执行或者变更执行法院：

（一）债权人申请执行时被执行人有可供执行的财产，执行法院自收到申请执行书之日起超过六个月对该财产未执行完结的；

（二）执行过程中发现被执行人可供执行的财产，执行法院自发现财产之日起超过六个月对该财产未执行完结的；

（三）对法律文书确定的行为义务的执行，执行法院自收到申请执行书之日起超过六个月未依法采取相应执行措施的；

（四）其他有条件执行超过六个月未执行的。

第十二条 上一级人民法院依照民事诉讼法第二百零三条规定责令执行法院限期执行的，应当向其发出督促执行令，并将有关情况书面通知申请执行人。

上一级人民法院决定由本院执行或者指令本辖区其他人民法院执行的，应当作出裁定，送达当事人并通知有关人民法院。

第十三条 上一级人民法院责令执行法院限期执行，执行法院在指定期间内无正当理由仍未执行完结的，上一级人民法院应当裁定由本院执行或者指令本辖区其他人民法院执行。

第十四条　民事诉讼法第二百零三条规定的六个月期间，不应当计算执行中的公告期间、鉴定评估期间、管辖争议处理期间、执行争议协调期间、暂缓执行期间以及中止执行期间。

第十五条　案外人对执行标的主张所有权或者有其他足以阻止执行标的转让、交付的实体权利的，可以依照民事诉讼法第二百零四条的规定，向执行法院提出异议。

第十六条　案外人异议审查期间，人民法院不得对执行标的进行处分。

案外人向人民法院提供充分、有效的担保请求解除对异议标的的查封、扣押、冻结的，人民法院可以准许；申请执行人提供充分、有效的担保请求继续执行的，应当继续执行。

因案外人提供担保解除查封、扣押、冻结有错误，致使该标的无法执行的，人民法院可以直接执行担保财产；申请执行人提供担保请求继续执行有错误，给对方造成损失的，应当予以赔偿。

第十七条　案外人依照民事诉讼法第二百零四条规定提起诉讼，对执行标的主张实体权利，并请求对执行标的停止执行的，应当以申请执行人为被告；被执行人反对案外人对执行标的所主张的实体权利的，应当以申请执行人和被执行人为共同被告。

第十八条　案外人依照民事诉讼法第二百零四条规定提起诉讼的，由执行法院管辖。

第十九条　案外人依照民事诉讼法第二百零四条规定提起诉讼的，执行法院应当依照诉讼程序审理。经审理，理由不成立的，判决驳回其诉讼请求；理由成立的，根据案外人的诉讼请求作出相应的裁判。

第二十条　案外人依照民事诉讼法第二百零四条规定提起诉讼的，诉讼期间，不停止执行。

案外人的诉讼请求确有理由或者提供充分、有效的担保请求停止执行的，可以裁定停止对执行标的进行处分；申请执行人提供充分、有效的担保请求继续执行的，应当继续执行。

案外人请求停止执行、请求解除查封、扣押、冻结或者申请执行人请求继续执行有错误，给对方造成损失的，应当予以赔偿。

第二十一条　申请执行人依照民事诉讼法第二百零四条规定提起诉讼，请求对执行标的许可执行的，应当以案外人为被告；被执行人反对申请执行人请求的，应当以案外人和被执行人为共同被告。

第二十二条　申请执行人依照民事诉讼法第二百零四条规定提起诉讼的，

由执行法院管辖。

第二十三条 人民法院依照民事诉讼法第二百零四条规定裁定对异议标的中止执行后，申请执行人自裁定送达之日起十五日内未提起诉讼的，人民法院应当裁定解除已经采取的执行措施。

第二十四条 申请执行人依照民事诉讼法第二百零四条规定提起诉讼的，执行法院应当依照诉讼程序审理。经审理，理由不成立的，判决驳回其诉讼请求；理由成立的，根据申请执行人的诉讼请求作出相应的裁判。

第二十五条 多个债权人对同一被执行人申请执行或者对执行财产申请参与分配的，执行法院应当制作财产分配方案，并送达各债权人和被执行人。债权人或者被执行人对分配方案有异议的，应当自收到分配方案之日起十五日内向执行法院提出书面异议。

第二十六条 债权人或者被执行人对分配方案提出书面异议的，执行法院应当通知未提出异议的债权人或被执行人。

未提出异议的债权人、被执行人收到通知之日起十五日内未提出反对意见的，执行法院依异议人的意见对分配方案审查修正后进行分配；提出反对意见的，应当通知异议人。异议人可以自收到通知之日起十五日内，以提出反对意见的债权人、被执行人为被告，向执行法院提起诉讼；异议人逾期未提起诉讼的，执行法院依原分配方案进行分配。

诉讼期间进行分配的，执行法院应当将与争议债权数额相应的款项予以提存。

第二十七条 在申请执行时效期间的最后六个月内，因不可抗力或者其他障碍不能行使请求权的，申请执行时效中止。从中止时效的原因消除之日起，申请执行时效期间继续计算。

第二十八条 申请执行时效因申请执行、当事人双方达成和解协议、当事人一方提出履行要求或者同意履行义务而中断。从中断时起，申请执行时效期间重新计算。

第二十九条 生效法律文书规定债务人负有不作为义务的，申请执行时效期间从债务人违反不作为义务之日起计算。

第三十条 执行员依照民事诉讼法第二百一十六条规定立即采取强制执行措施的，可以同时或者自采取强制执行措施之日起三日内发送执行通知书。

第三十一条 人民法院依照民事诉讼法第二百一十七条规定责令被执行人报告财产情况的，应当向其发出报告财产令。报告财产令中应当写明报告财产的范围、报告财产的期间、拒绝报告或者虚假报告的法律后果等内容。

第三十二条 被执行人依照民事诉讼法第二百一十七条的规定，应当书面报告下列财产情况：

（一）收入、银行存款、现金、有价证券；

（二）土地使用权、房屋等不动产；

（三）交通运输工具、机器设备、产品、原材料等动产；

（四）债权、股权、投资权益、基金、知识产权等财产性权利；

（五）其他应当报告的财产。

被执行人自收到执行通知之日前一年至当前财产发生变动的，应当对该变动情况进行报告。

被执行人在报告财产期间履行全部债务的，人民法院应当裁定终结报告程序。

第三十三条　被执行人报告财产后，其财产情况发生变动，影响申请执行人债权实现的，应当自财产变动之日起十日内向人民法院补充报告。

第三十四条　对被执行人报告的财产情况，申请执行人请求查询的，人民法院应当准许。申请执行人对查询的被执行人财产情况，应当保密。

第三十五条　对被执行人报告的财产情况，执行法院可以依申请执行人的申请或者依职权调查核实。

第三十六条　依照民事诉讼法第二百三十一条规定对被执行人限制出境的，应当由申请执行人向执行法院提出书面申请；必要时，执行法院可以依职权决定。

第三十七条　被执行人为单位的，可以对其法定代表人、主要负责人或者影响债务履行的直接责任人员限制出境。

被执行人为无民事行为能力人或者限制民事行为能力人的，可以对其法定代理人限制出境。

第三十八条　在限制出境期间，被执行人履行法律文书确定的全部债务的，执行法院应当及时解除限制出境措施；被执行人提供充分、有效的担保或者申请执行人同意的，可以解除限制出境措施。

第三十九条　依照民事诉讼法第二百三十一条的规定，执行法院可以依职权或者依申请执行人的申请，将被执行人不履行法律文书确定义务的信息，通过报纸、广播、电视、互联网等媒体公布。

媒体公布的有关费用，由被执行人负担；申请执行人申请在媒体公布的，应当垫付有关费用。

第四十条　本解释施行前本院公布的司法解释与本解释不一致的，以本解释为准。

【链 接】

落实民事诉讼法新规定 强化规范执行工作

——最高人民法院执行局负责人就《关于适用〈民事诉讼法〉执行程序若干问题的解释》答记者问

一、管辖争议和异议问题的解决有明确规则

问：《民事诉讼法》修改后，执行案件的管辖问题变得相对复杂，请问，《关于适用〈民事诉讼法〉执行程序若干问题的解释》（以下简称本解释）针对执行管辖问题主要作出了哪些规定？是基于何种考虑？

答：依照《民事诉讼法》第二百零一条的规定，执行案件的管辖法院既可以是一审法院，也可以是“被执行的财产所在地”法院。由于被执行的财产可能有多项，多项财产可能分布在多个法院辖区，因此，《民事诉讼法》修改后，管辖问题无疑会变得相对复杂，同一案件往往两个或两个以上的法院都有管辖权。一些申请执行人从自身利益出发，隐瞒真实情况，向两个以上法院申请执行的现象也会增多。为此，有必要明确相应规则，防止重复立案；对已经出现的重复立案，规定相应的解决办法。

司法解释以立案时间先后为标准，区分两种情况，分别规定了解决重复立案的规则：一是有管辖权的人民法院在立案前发现其他有管辖权的人民法院已经立案的，不得再重复立案；二是如果该法院已经立案，在立案后才发现其他有管辖权的法院已经先立案的，一般应当撤销案件。但后立案的法院已经采取执行措施的，如果一律撤销案件，将可能导致已经控制的财产被隐匿、转移。因此，在这种情况下，后立案的法院应当将控制的财产移交给先立案的执行法院处理。

《民事诉讼法》修改后，由于法院之间、当事人之间以及法院与当事人之间对被执行人在某地是否有可供执行的财产等问题认识不一，客观上将导致在管辖权问题上产生分歧，执行管辖权争议的情形也将增多。因此，有必要明确赋予当事人提出管辖权异议的权利，并对管辖权异议的处理程序予以规范。

对此，本解释主要规定了以下几个问题：一是明确规定管辖权异议必须自收到执行通知书之日起十日内提出。二是规定了管辖权异议的处理程序，即法院对管辖权异议经过审查，异议成立的，应当撤销执行案件，并告知当事人向有管辖权的人民法院申请执行；异议不成立的，裁定驳回。三是赋予了当事人对管辖权异议裁定向上一级法院申请复议的权利。为了提高执行效率，防止当事人在管辖权问题上滥用权利，阻碍执行，本解释还规定，管辖权异议审查和复议期间，不停止执行。

二、对违法执行行为的审查程序更加规范

问：本次《民事诉讼法》修改增加了对违法执行行为的异议和复议制度，针对这一新制度，司法解释主要作出了哪些规定？这些规定主要出于何种考虑？

答：修改后的《民事诉讼法》规定，当事人、利害关系人认为执行行为违反法律规定而提出书面异议的，法院应当自收到书面异议之日起十五日内审查。该规定不够明确，为消除分歧，加之考虑到执行行为发生错误后，如果不及时审查纠正，可能导致无法挽回的后果。因此，本解释明确规定，执行法院审查处理执行异议，应当在十五日内作出裁定。

修改后的《民事诉讼法》仅规定当事人、利害关系人可以申请复议，但对复议申请采取何种形式、材料如何提交、如何审查处理都未作出明确规定，有必要通过司法解释予以明确。为防止随意口头申请复议影响执行工作正常进行，本解释规定申请复议必须采取书面形式，并且从确保当事人、利害关系人行使申请复议权出发，规定申请复议的材料既可以通过执行法院转交，也可以直接向执行法院的上一级法院提交。为防止执行法院拖延，解释还对报送案件材料的期限作出了明确限制。申请复议往往意味着各方争议的问题相对复杂，应慎重对待，因此，解释规定对复议申请应当组成合议庭审查。执行行为发生错误后，如果不及时纠正，可能导致无法挽回的后果。因此，复议申请的审查应迅速、及时。本解释将复议期限原则上确定为三十日，有特殊情况的，经院长批准，可以再延长三十日。此外，明确要求上一级人民法院复议完毕后，应当作出正式的裁定。

考虑到执行异议和申请复议的范围较宽，如果异议审查和复议期间一律停止执行，势必影响正常的执行程序，也难以防止滥用异议和申请复议权。因此，本解释规定，执行异议审查和复议期间，原则上不停止执行。但另一方面，如果执行一概不停止，一旦执行完毕，某些违法执行行为将无从纠正，当事人、利害关系人也可能因此遭受无法挽回的损害。因此，有必要赋予执行法院一定的裁量权，使其可以根据案件具体情况在例外情况下停止某些处

分行为的执行。同时，为防止当事人、利害关系人滥用权利，在这种情况下，应当要求其提供充分、有效的担保；但执行程序最根本的目的还是尽快实现债权，因此，申请执行人提供充分、有效的担保请求继续执行的，应当继续执行。

三、对无条件执行的案件不能申请督促执行或更换执行法院

问：这次《民事诉讼法》修改赋予了申请执行人向上一级法院申请督促执行和更换执行法院的权利，请问申请执行人在什么条件下可以行使这种权利？

答：本次《民事诉讼法》修改赋予了申请执行人向上一级法院申请督促执行和更换执行法院的权利，这也是一项新的规定，其主要目的在于，对那些客观上有条件执行而执行法院无正当理由拖延执行超过一定期限的案件，通过督促执行或更换执行法院，排除干扰，使案件尽快得到执行。如果案件客观上根本就无法执行，比如没有可供执行的财产，申请督促执行或更换执行法院不仅没有实际意义，而且会增加当事人和法院的负担。基于上述考虑，司法解释从立法的真实目的出发，结合执行工作的具体情况，对申请督促执行和更换执行法院的情形进行了细化：其一，债权人申请执行时被执行人有可供执行的财产，执行法院自收到申请执行书之日起超过六个月对该财产未执行完结的；其二，在执行过程中发现了被执行人可供执行的财产，执行法院自发现财产之日起超过六个月对该财产未执行完结的；其三，对法律文书确定的行为义务的执行，执行法院自收到申请执行书之日起超过六个月未依法采取相应措施的。从这些规定不难看出，对于那些客观上没有执行条件的案件，不是靠督促执行或者变更执行法院就能解决的，因此，即使超过六个月没有执行完结，也不能据此申请督促执行或更换执行法院。

申请执行人提出申请的，上一级人法院应当进行审查，理由成立的，应当责令执行法院限期执行、提级执行或者指定执行。为规范对申请执行人申请的处理，本解释对采取上述三种处理方式时使用何种法律文书作出明确规定。提级执行和指定执行涉及管辖权的转移，属于比较重大的程序事项，各地法院实践中多使用裁定，因此本解释规定提级执行和指定执行应当作出裁定。督促执行主要是对执行法院执行案件的期限提出明确要求，不宜使用裁定，考虑到使用通知又过于随意，因此，本解释规定督促执行应当发出督促执行令。实践中究竟采取哪种方式，上级法院有权根据具体情况酌定。上级法院责令限期执行，如果执行法院在指定期间内无正当理由仍未执行完结的，足以说明由原法院执行该案件存在相当大的困难。在这种情况下，上级法院应当裁定由本院执行或指令辖区其他法院执行。

四、案外人异议问题可以通过专门诉讼解决

问：我们注意到，针对案外人依照《民事诉讼法》第二百零四条规定提起的诉讼，司法解释的有关规定明显不同于普通诉讼，请介绍一下这一诉讼属于什么性质的诉讼？

答：依照《民事诉讼法》第二百零四条的规定，案外人对裁定不服，与原判决、裁定无关的，可以自裁定送达之日起十五日内提起诉讼。我们认为，该诉讼是执行程序中衍生出的一种特殊类型的诉讼，主要理由是：其一，如果将该诉讼视为普通诉讼，则只能以被执行人为被告，这种做法极易导致被执行人与案外人恶意串通，以法院裁判对抗执行。而且大多数情况下，被执行人与案外人之间就执行标的问题不存在争议，将其作为被告显然不妥。其二，如果将该诉讼视为普通诉讼，则案外人在诉讼时效期间内可随时提起诉讼。而依照《民事诉讼法》第二百零四条规定，案外人必须先对执行标的提出异议，对法院所作裁定不服的，才可以起诉，还要受十五日期间的限制，这显然不同于普通诉讼。其三，该诉讼的目的不是单纯地确定异议标的的权属，而是从根本上排除对异议标的的执行，是为了排除、对抗执行而提起的诉讼，是一种执行救济途径。基于上述考虑，本解释把案外人提起的诉讼作为一种特殊类型的诉讼，称为案外人异议之诉。

案外人异议之诉的诉讼请求不同于普通诉讼。案外人异议之诉虽然是案外人基于对执行标的主张实体权利提起的诉讼，但该诉讼的直接目的是为了对抗或排除对异议标的的执行，因此，司法解释将案外人的诉讼请求解释为对执行标的主张实体权利，并请求对执行标的停止执行。同时，正是由于案外人异议之诉的目的在于对抗或排除对异议标的的执行，而执行的目的在于实现申请执行人的债权，因此，该类诉讼应当以申请执行人为被告；如果被执行人也反对案外人请求的，应当以申请执行人和被执行人为共同被告，以便通过该诉讼一揽子解决问题。此外，本解释还规定案外人异议之诉应当由执行法院管辖。这主要是考虑到该类诉讼直接影响到执行程序的进行，由执行法院有关审判庭进行审理，更有利于沟通信息，提高效率，也有利于方便当事人和案外人诉讼，减少诉累。案外人异议之诉虽然不同于普通诉讼，但本质上仍是一种诉，应当依照通常诉讼程序审理。经审理，理由不成立的，判决驳回其诉讼请求；理由成立的，根据案外人的诉讼请求作出相应的裁判。当事人不服一审判决的还可以提起上诉。

五、对分配方案不服，可提起专门诉讼

问：本次《民事诉讼法》修改未涉及多个债权人申请执行或者参与分配的问题，但司法解释却规定了对分配方案的异议和诉讼等问题，请问这是出于何种考虑?

答：执行实践中，经常会存在多个债权人对同一个被执行人申请执行或对执行财产申请参与分配的情况，但现行法律和司法解释对该类问题的规定还不够完善，特别是在当事人认为法院的分配方案不公平甚至有错误的情况下，法律、司法解释未明确规定相应的救济途径。在本次《民事诉讼法》确立了执行异议制度后，实践中将会遇到这样一个问题：当事人对分配方案不服的，通过何种途径解决问题，是否可以依照《民事诉讼法》第二百零二条的规定提出异议、申请复议。如果对该问题不予明确，实际操作中将会出现很大分歧。鉴于此，本解释中专门对参与分配中的救济问题作出了规定。

执行法院作出分配方案后，如果债权人或被执行人认为分配方案所确定的债权及其数额多少、受偿顺序有问题的，通过何种途径解决问题比较合理，实践中一直存在争议。我们认为，上述问题都涉及实体争议，因此，应当通过诉讼程序解决。由于诉讼程序有整套严格规定，如果所有争议都直接进入诉讼，将导致参与分配程序过于繁琐。因此，本解释采取了较为灵活、务实的做法，即债权人或者被执行人认为分配方案有问题的，应当先向执行法院提出异议。执行法院受理异议申请后，应当将有关情况通知未提出异议的债权人或被执行人。未提出异议的债权人、被执行人在收到通知后十五日内对有关异议不提出反对意见的，执行法院依异议人的意见对分配方案进行审查调整，并根据调整后的方案进行分配，这种做法既体现了对当事人意思自治的尊重，也有利于提高执行效率。如果有人提出反对意见的，说明各方当事人之间就执行财产如何分配还存在争议，在这种情况下，要彻底解决争议，就应当进行诉讼。因此，解释规定，异议人可以自收到通知之日起十五日内，以提出反对意见的债权人、被执行人为被告，向执行法院提起诉讼。这种诉讼是针对分配方案所提起的一种诉讼，我们可以把这种诉讼被称为分配方案异议之诉。分配方案异议之诉是执行救济制度的重要组成部分，通过分配方案异议之诉，可以一揽子解决与分配有关的问题。

六、报告财产令给被执行人戴上紧箍咒

问：针对被执行人报告财产问题，司法解释规定人民法院应当发出报告财产令，请问，作出这一规定主要是基于何种考虑?

答：与督促执行令一样，报告财产令也是司法解释规定的一种新的法律

文书，这种法律文书过去在实践中很少使用。

过去实践中，许多法院虽然也要求被执行人报告财产，但一般的做法是在发出执行通知时向被执行人发送一份财产报告清单，启动报告程序时没有非常正式的法律文书。

我们认为，在《民事诉讼法》正式确立被执行人强制报告财产制度后，报告财产程序的启动应当更加明确、正式，报告财产的期间、报告财产的范围以及拒绝报告或者虚假报告的法律后果等问题也应当正式告知被执行人，这样做一方面有利于对被执行人形成足够的压力，促使其较好地履行报告义务或自动履行债务；另一方面，在被执行人违反报告义务对其进行罚款、拘留时，事先发出的报告财产令也使这些处罚措施更具正当性。

基于上述考虑，司法解释规定，人民法院依照《民事诉讼法》第二百一十七条的规定责令被执行人报告财产情况的，应当向其发出报告财产令。报告财产令中应当写明报告财产的范围、报告财产的期间，以及拒绝报告或者虚假报告的法律后果等内容。

被执行人应当报告的财产范围非常宽，既包括现金、动产、不动产，也包括债权、股权、投资权益、基金、知识产权等财产性权利；既包括当前的财产情况，也包括被执行人收到执行通知之日前一年至当前发生的财产变动情况。

报告财产期间的长短，则由执行法院根据案件的具体情况酌情掌握。被执行人在报告财产期间履行全部债务的，人民法院应当裁定终结报告程序；被执行人在报告财产后其财产情况发生变动，影响申请执行人债权实现的，还应当自财产变动之日起十日内向人民法院补充报告。

此外，司法解释还规定，对被执行人报告的财产情况，申请执行人请求查询的，人民法院应当准许。申请执行人对查询的被执行人财产情况，应当保密。同时规定，对被执行人报告的财产情况，执行法院可以依申请执行人的申请或者依职权调查核实。

七、执行通知可在采取执行措施的同时或事后三日内发送

问：执行员在立即采取强制执行措施时，是否还需要向被执行人发出执行通知？此外，对哪些不履行法律文书确定义务的被执行人可以限制出境？

答：依照《民事诉讼法》第二百一十六条第二款的规定，被执行人不履行法律文书确定的义务，并有可能隐匿、转移财产的，执行员可以立即采取强制执行措施。依照该规定，执行员在立即采取执行措施的情况下，是否还需要向被执行人发送执行通知，确实存在不同理解：有意见认为，上述规定是该条第一款的例外，执行员在立即采取强制执行措施时，无需再发送执行

通知书。另一种意见则认为，在任何情况下都应当发送执行通知书。

我们在起草司法解释时，考虑到《民事诉讼法》第二百一十七至第二百二十条中都有关于执行通知的规定，为使上下条文间能较好地衔接呼应，防止实际操作中出现分歧，明确规定执行员立即采取强制执行措施的，也应当发送执行通知书，但执行通知书可以在采取执行措施的同时发送，也可以自采取执行措施之日起三日内发送。

依照《民事诉讼法》第二百三十一条的规定，被执行人不履行法律文书确定义务的，可以对其采取或者通知有关单位协助采取限制出境措施。但具体可以对哪些人采取限制出境措施，未作出明确规定。如果限制出境的人员范围过宽，则会不适当地侵害与债务履行不相关人员的合法权益；如果过窄，则又可能影响债权的实现。

考虑到限制出境的目的主要是促使被执行人履行债务，防止其通过出境逃避执行，故解释规定，限制出境人员的具体范围，在被执行人是法人或其他组织的情况下，不仅包括其法定代表人、主要负责人，而且还包括诸如财会人员等影响债务履行的直接责任人员。被执行人为无民事行为能力人或限制民事行为能力人的，则可以对其法定代理人限制出境。如果被执行人已经履行了法律文书确定的全部债务的，限制出境的理由即告丧失，法院应及时解除限制出境措施。

此外，在被执行人提供充分、有效的担保，债权的实现因此有更大把握的情况下，执行法院一般也可以考虑解除限制出境措施；特别是在申请执行人同意解除限制出境措施的情况下，执行法院应当尊重申请执行人的意愿，解除限制出境措施。

最高人民法院
关于人民法院能否对信用证开证保证金采取冻结和扣划措施问题的规定

法释〔1997〕4号

（1996年6月20日最高人民法院审判委员会第822次会议通过
1997年9月3日最高人民法院公告公布　自1997年9月13日起施行）

信用证开证保证金属于有进出口经营权的企业向银行申请对国外（境外）方开立信用证而备付的具有担保支付性质的资金。为了严肃执法和保护当事人的合法权益，现就有关冻结、扣划信用证开证保证金的问题规定如下：

一、人民法院在审理或执行案件时，依法可以对信用证开证保证金采取冻结措施，但不得扣划。如果当事人认为人民法院冻结和扣划的某项资金属于信用证开证保证金的，应当提供有关证据予以证明。人民法院审查后，可按以下原则处理：对于确系信用证开证保证金的，不得采取扣划措施；如果开证银行履行了对外支付义务，根据该银行的申请，人民法院应当立即解除对信用证开证保证金相应部分的冻结措施；如果申请开证人提供的开证保证金是外汇，当事人又举证证明信用证的受益人提供的单据与信用证条款相符时，人民法院应当立即解除冻结措施。

二、如果银行因信用证无效、过期，或者因单证不符而拒付信用证款项并且免除了对外支付义务，以及在正常付出了信用证款项并从信用证开证保证金中扣除相应款额后尚有剩余，即在信用证开证保证金账户存款已丧失保证金功能的情况下，人民法院可以依法采取扣划措施。

三、人民法院对于为逃避债务而提供虚假证据证明属信用证开证保证金的单位和个人，应当依照民事诉讼法的有关规定严肃处理。

最高人民法院
关于对被执行人存在银行的凭证式国库券可否采取执行措施问题的批复

法释〔2008〕18号

（1998年2月5日最高人民法院审判委员会第958次会议通过
1998年2月10日以法释〔1998〕2号公布　自1998年2月12日起施行
根据2008年12月16日发布的《最高人民法院关于调整司法解释等文件中引用〈中华人民共和国民事诉讼法〉条文序号的决定》调整）

北京市高级人民法院：

你院《关于对被执行人在银行的凭证式记名国库券可否采取冻结、扣划强制措施的请示》（京高法〔1997〕194号）收悉。经研究，答复如下：

被执行人存在银行的凭证式国库券是由被执行人交银行管理的到期偿还本息的有价证券，在性质上与银行的定期储蓄存款相似，属于被执行人的财产。依照《中华人民共和国民事诉讼法》第二百一十八条规定的精神，人民法院有权冻结、划拨被执行人存在银行的凭证式国库券。有关银行应当按照人民法院的协助执行通知书将本息划归执行申请人。

最高人民法院
关于人民法院执行工作若干问题的规定（试行）

法释〔2008〕18号

（1998年6月11日最高人民法院审判委员会第992次会议通过
1998年7月8日以法释〔1998〕15号公布　自1998年7月8日起施行
根据2008年12月16日发布的《最高人民法院关于调整司法解释等
文件中引用〈中华人民共和国民事诉讼法〉条文序号的决定》调整）

为了保证在执行程序中正确适用法律，及时有效地执行生效法律文书，维护当事人的合法权益，根据《中华人民共和国民事诉讼法》（以下简称民事诉讼法）等有关法律的规定，结合人民法院执行工作的实践经验，现对人民法院执行工作若干问题作如下规定。

一、执行机构及其职责

1. 人民法院根据需要，依据有关法律的规定，设立执行机构，专门负责执行工作。

2. 执行机构负责执行下列生效法律文书：

（1）人民法院民事、行政判决、裁定、调解书，民事制裁决定、支付令，以及刑事附带民事判决、裁定、调解书；

（2）依法应由人民法院执行的行政处罚决定、行政处理决定；

（3）我国仲裁机构作出的仲裁裁决和调解书；人民法院依据《中华人民共和国仲裁法》有关规定作出的财产保全和证据保全裁定；

（4）公证机关依法赋予强制执行效力的关于追偿债款、物品的债权文书；

（5）经人民法院裁定承认其效力的外国法院作出的判决、裁定，以及国外仲裁机构作出的仲裁裁决；

（6）法律规定由人民法院执行的其他法律文书。

3. 人民法院在审理民事、行政案件中作出的财产保全和先予执行裁定，由审理案件的审判庭负责执行。

4. 人民法庭审结的案件，由人民法庭负责执行。其中复杂、疑难或被执行人不在本法院辖区的案件，由执行机构负责执行。

5. 执行程序中重大事项的办理，应由三名以上执行员讨论，并报经院长批准。

6. 依据民事诉讼法第二百一十三条或第二百五十八条的规定对仲裁裁决是否有不予执行事由进行审查的，应组成合议庭进行。

7. 执行机构应配备必要的交通工具、通讯设备、音像设备和警械用具等，以保障及时有效地履行职责。

8. 执行人员执行公务时，应向有关人员出示工作证和执行公务证，并按规定着装。必要时应由司法警察参加。

执行公务证由最高人民法院统一制发。

9. 上级人民法院执行机构负责本院对下级人民法院执行工作的监督、指导和协调。

二、执行管辖

10. 仲裁机构作出的国内仲裁裁决、公证机关依法赋予强制执行效力的公证债权文书，由被执行人住所地或被执行的财产所在地人民法院执行。

前款案件的级别管辖，参照各地法院受理诉讼案件的级别管辖的规定确定。

11. 在国内仲裁过程中，当事人申请财产保全，经仲裁机构提交人民法院的，由被申请人住所地或被申请保全的财产所在地的基层人民法院裁定并执行；申请证据保全的，由证据所在地的基层人民法院裁定并执行。

12. 在涉外仲裁过程中，当事人申请财产保全，经仲裁机构提交人民法院的，由被申请人住所地或被申请保全的财产所在地的中级人民法院裁定并执行；申请证据保全的，由证据所在地的中级人民法院裁定并执行。

13. 专利管理机关依法作出的处理决定和处罚决定，由被执行人住所地或财产所在地的省、自治区、直辖市有权受理专利纠纷案件的中级人民法院执行。

14. 国务院各部门、各省、自治区、直辖市人民政府和海关依照法律、法规作出的处理决定和处罚决定，由被执行人住所地或财产所在地的中级人民法院执行。

15. 两个以上人民法院都有管辖权的，当事人可以向其中一个人民法院申请执行；当事人向两个以上人民法院申请执行的，由最先立案的人民法院管辖。

16. 人民法院之间因执行管辖权发生争议的，由双方协商解决；协商不成的，报请双方共同的上级人民法院指定管辖。

17. 基层人民法院和中级人民法院管辖的执行案件，因特殊情况需要由上级人民法院执行的，可以报请上级人民法院执行。

三、执行的申请和移送

18. 人民法院受理执行案件应当符合下列条件：

（1）申请或移送执行的法律文书已经生效；

（2）申请执行人是生效法律文书确定的权利人或其继承人、权利承受人；

（3）申请执行人在法定期限内提出申请；

（4）申请执行的法律文书有给付内容，且执行标的和被执行人明确；

（5）义务人在生效法律文书确定的期限内未履行义务；

（6）属于受申请执行的人民法院管辖。

人民法院对符合上述条件的申请，应当在七日内予以立案；不符合上述条件之一的，应当在七日内裁定不予受理。

19. 生效法律文书的执行，一般应当由当事人依法提出申请。

发生法律效力的具有给付赡养费、扶养费、扶育费内容的法律文书、民事制裁决定书，以及刑事附带民事判决、裁定、调解书，由审判庭移送执行机构执行。

20. 申请执行，应向人民法院提交下列文件和证件：

（1）申请执行书。申请执行书中应当写明申请执行的理由、事项、执行标的，以及申请执行人所了解的被执行人的财产状况。

申请执行人书写申请执行书确有困难的，可以口头提出申请。人民法院接待人员对口头申请应当制作笔录，由申请执行人签字或盖章。

外国一方当事人申请执行的，应当提交中文申请执行书。当事人所在国与我国缔结或共同参加的司法协助条约有特别规定的，按照条约规定办理。

（2）生效法律文书副本。

（3）申请执行人的身份证明。公民个人申请的，应当出示居民身份证；法人申请的，应当提交法人营业执照副本和法定代表人身份证明；其他组织申请的，应当提交营业执照副本和主要负责人身份证明。

（4）继承人或权利承受人申请执行的，应当提交继承或承受权利的证明文件。

（5）其他应当提交的文件或证件。

21. 申请执行仲裁机构的仲裁裁决，应当向人民法院提交有仲裁条款的合同书或仲裁协议书。

申请执行国外仲裁机构的仲裁裁决的，应当提交经我国驻外使领馆认证或我国公证机关公证的仲裁裁决书中文本。

22. 申请执行人可以委托代理人代为申请执行。委托代理的，应当向人民法院提交经委托人签字或盖章的授权委托书，写明委托事项和代理人的权限。

委托代理人代为放弃、变更民事权利，或代为进行执行和解，或代为收取执行款项的，应当有委托人的特别授权。

23. 申请人民法院强制执行，应当按照人民法院诉讼收费办法的规定缴纳申请执行的费用。

四、执行前的准备和对被执行人财产状况的查明

24. 人民法院决定受理执行案件后，应当在三日内向被执行人发出执行通知书，责令其在指定的期间内履行生效法律文书确定的义务，并承担民事诉讼法第二百二十九条规定的迟延履行期间的债务利息或迟延履行金。

25. 执行通知书的送达，适用民事诉讼法关于送达的规定。

26. 被执行人未按执行通知书指定的期间履行生效法律文书确定的义务的，应当及时采取执行措施。

在执行通知书指定的期限内，被执行人转移、隐匿、变卖、毁损财产的，应当立即采取执行措施。

人民法院采取执行措施，应当制作裁定书，送达被执行人。

27. 人民法院执行非诉讼生效法律文书，必要时可向制作生效法律文书的机构调取卷宗材料。

28. 申请执行人应当向人民法院提供其所了解的被执行人的财产状况或线索。被执行人必须如实向人民法院报告其财产状况。

人民法院在执行中有权向被执行人、有关机关、社会团体、企业事业单位或公民个人，调查了解被执行人的财产状况，对调查所需的材料可以进行复制、抄录或拍照，但应当依法保密。

29. 为查明被执行人的财产状况和履行义务的能力，可以传唤被执行人或被执行人的法定代表人或负责人到人民法院接受询问。

30. 被执行人拒绝按人民法院的要求提供其有关财产状况的证据材料的，人民法院可以按照民事诉讼法第二百二十四条的规定进行搜查。

31. 人民法院依法搜查时，对被执行人可能存放隐匿的财物及有关证据材料的处所、箱柜等，经责令被执行人开启而拒不配合的，可以强制开启。

五、金钱给付的执行

32. 查询、冻结、划拨被执行人在银行（含其分理处、营业所和储蓄所）、非银行金融机构、其他有储蓄业务的单位（以下简称金融机构）的存款，依照中国人民银行、最高人民法院、最高人民检察院、公安部《关于查询、冻结、扣划企业事业单位、机关、团体银行存款的通知》的规定办理。

33. 金融机构擅自解冻被人民法院冻结的款项，致冻结款项被转移的，人民法院有权责令其限期追回已转移的款项。在限期内未能追回的，应当裁定该金融机构在转移的款项范围内以自己的财产向申请执行人承担责任。

34. 被执行人为金融机构的，对其交存在人民银行的存款准备金和备付金不得冻结和扣划，但对其在本机构、其他金融机构的存款，及其在人民银行的其他存款可以冻结、划拨，并可对被执行人的其他财产采取执行措施，但不得查封其营业场所。

35. 作为被执行人的公民，其收入转为储蓄存款的，应当责令其交出存单。拒不交出的，人民法院应当作出提取其存款的裁定，向金融机构发出协助执行通知书，并附生效法律文书，由金融机构提取被执行人的存款交人民法院或存入人民法院指定的账户。

36. 被执行人在有关单位的收入尚未支取的，人民法院应当作出裁定，向该单位发出协助执行通知书，由其协助扣留或提取。

37. 有关单位收到人民法院协助执行被执行人收入的通知后，擅自向被执行人或其他人支付的，人民法院有权责令其限期追回；逾期未追回的，应当裁定其在支付的数额内向申请执行人承担责任。

38. 被执行人无金钱给付能力的，人民法院有权裁定对被执行人的其他财产采取查封、扣押措施。裁定书应送达被执行人。

采取前款措施需有关单位协助的，应当向有关单位发出协助执行通知书，连同裁定书副本一并送达有关单位。

39. 查封、扣押财产的价值应当与被执行人履行债务的价值相当。

40. 人民法院对被执行人所有的其他人享有抵押权、质押权或留置权的财产，可以采取查封、扣押措施。财产拍卖、变卖后所得价款，应当在抵押权人、质押权人或留置权人优先受偿后，其余额部分用于清偿申请执行人的债权。

41. 对动产的查封，应当采取加贴封条的方式。不便加贴封条的，应当张贴公告。

对有产权证照的动产或不动产的查封，应当向有关管理机关发出协助执行通知书，要求其不得办理查封财产的转移过户手续，同时可以责令被执行人将有关财产权证照交人民法院保管。必要时也可以采取加贴封条或张贴公告的方法查封。

既未向有关管理机关发出协助执行通知书，也未采取加贴封条或张贴公告的办法查封的，不得对抗其他人民法院的查封。

42. 被查封的财产，可以指令由被执行人负责保管。如继续使用被查封的财产对其价值无重大影响，可以允许被执行人继续使用。因被执行人保管或使用的过错造成的损失，由被执行人承担。

43. 被扣押的财产，人民法院可以自行保管，也可以委托其他单位或个人保管。对扣押的财产，保管人不得使用。

44. 被执行人或其他人擅自处分已被查封、扣押、冻结财产的，人民法院有权责令责任人限期追回财产或承担相应的赔偿责任。

45. 被执行人的财产经查封、扣押后，在人民法院指定的期间内履行义务的，人民法院应当及时解除查封、扣押措施。

46. 人民法院对查封、扣押的被执行人财产进行变价时，应当委托拍卖机构进行拍卖。

财产无法委托拍卖、不适于拍卖或当事人双方同意不需要拍卖的，人民法院可以交由有关单位变卖或自行组织变卖。

47. 人民法院对拍卖、变卖被执行人的财产，应当委托依法成立的资产评估机构进行价格评估。

48. 被执行人申请对人民法院查封的财产自行变卖的，人民法院可以准许，但应当监督其按照合理价格在指定的期限内进行，并控制变卖的价款。

49. 拍卖、变卖被执行人的财产成交后，必须即时钱物两清。

委托拍卖、组织变卖被执行人财产所发生的实际费用，从所得价款中优先扣除。所得价款超出执行标的数额和执行费用的部分，应当退还被执行人。

50. 被执行人不履行生效法律文书确定的义务，人民法院有权裁定禁止被执行人转让其专利权、注册商标专用权、著作权（财产权部分）等知识产权。上述权利有登记主管部门的，应当同时向有关部门发出协助执行通知书，要求其不得办理财产权转移手续，必要时可以责令被执行人将产权或使用权证照交人民法院保存。

对前款财产权，可以采取拍卖、变卖等执行措施。

51. 对被执行人从有关企业中应得的已到期的股息或红利等收益，人民法院有权裁定禁止被执行人提取和有关企业向被执行人支付，并要求有关企业直接向申请执行人支付。

对被执行人预期从有关企业中应得的股息或红利等收益，人民法院可以采取冻结措施，禁止到期后被执行人提取和有关企业向被执行人支付。到期后人民法院可从有关企业中提取，并出具提取收据。

52. 对被执行人在其他股份有限公司中持有的股份凭证（股票），人民法院可以扣押，并强制被执行人按照公司法的有关规定转让，也可以直接采取拍卖、变卖的方式进行处分，或直接将股票抵偿给债权人，用于清偿被执行人的债务。

53. 对被执行人在有限责任公司、其他法人企业中的投资权益或股权，人民法院可以采取冻结措施。

冻结投资权益或股权的，应当通知有关企业不得办理被冻结投资权益或股权的转移手续，不得向被执行人支付股息或红利。被冻结的投资权益或股权，被执行人不得自行转让。

54. 被执行人在其独资并办的法人企业中拥有的投资权益被冻结后，人民法院可以直接裁定予以转让，以转让所得清偿其对申请执行人的债务。

对被执行人在有限责任公司中被冻结的投资权益或股权，人民法院可以依据《中华人民共和国公司法》第三十五条、第三十六条的规定，征得全体股东过半数同意后，予以拍卖、变卖或以其他方式转让。不同意转让的股东，应当购买该转让的投资权益或股权，不购买的，视为同意转让，不影响执行。

人民法院也可允许并监督被执行人自行转让其投资权益或股权，将转让所得收益用于清偿对申请执行人的债务。

55. 对被执行人在中外合资、合作经营企业中的投资权益或股权，在征得合资或合作他方的同意和对外经济贸易主管机关的批准后，可以对冻结的投资权益或股权予以转让。

如果被执行人除在中外合资、合作企业中的股权以外别无其他财产可供执行，其他股东又不同意转让的，可以直接强制转让被执行人的股权，但应当保护合资他方的优先购买权。

56. 有关企业收到人民法院发出的协助冻结通知后，擅自向被执行人支付股息或红利，或擅自为被执行人办理已冻结股权的转移手续，造成已转移的财产无法追回的，应当在所支付的股息或红利或转移的股权价值范围内向申请执行人承担责任。

六、交付财产和完成行为的执行

57. 生效法律文书确定被执行人交付特定标的物的，应当执行原物。原物被隐匿或非法转移的，人民法院有权责令其交出。原物确已变质、损坏或灭失的，应当裁定折价赔偿或按标的物的价值强制执行被执行人的其他财产。

58. 有关单位或公民持有法律文书指定交付的财物或票证，在接到人民法院协助执行通知书或通知书后，协同被执行人转移财物或票证的，人民法院有权责令其限期追回；逾期未追回的，应当裁定其承担赔偿责任。

59. 被执行人的财产经拍卖、变卖或裁定以物抵债后，需从现占有人处交付给买受人或申请执行人的，适用民事诉讼法第二百二十五条、第二百二十六条和本规定57条、58条的规定。

60. 被执行人拒不履行生效法律文书中指定的行为的，人民法院可以强制其履行。

对于可以替代履行的行为，可以委托有关单位或他人完成，因完成上述行为发生的费用由被执行人承担。

对于只能由被执行人完成的行为，经教育，被执行人仍拒不履行的，人民法院应当按照妨害执行行为的有关规定处理。

七、被执行人到期债权的执行

61. 被执行人不能清偿债务，但对本案以外的第三人享有到期债权的，人民法院可以依申请执行人或被执行人的申请，向第三人发出履行到期债务的通知（以下简称履行通知）。履行通知必须直接送达第三人。

履行通知应当包含下列内容：

（1）第三人直接向申请执行人履行其对被执行人所负的债务，不得向被执行人清偿；

（2）第三人应当在收到履行通知后的十五日内向申请执行人履行债务；

（3）第三人对履行到期债权有异议的，应当在收到履行通知后的十五日内向执行法院提出；

（4）第三人违背上述义务的法律后果。

62. 第三人对履行通知的异议一般应当以书面形式提出，口头提出的，执行人员应记入笔录，并由第三人签字或盖章。

63. 第三人在履行通知指定的期间内提出异议的，人民法院不得对第三人强制执行，对提出的异议不进行审查。

64. 第三人提出自己无履行能力或其与申请执行人无直接法律关系，不属于本规定所指的异议。

第三人对债务部分承认、部分有异议的，可以对其承认的部分强制执行。

65. 第三人在履行通知指定的期限内没有提出异议，而又不履行的，执行法院有权裁定对其强制执行。此裁定同时送达第三人和被执行人。

66. 被执行人收到人民法院履行通知后，放弃其对第三人的债权或延缓第三人履行期限的行为无效，人民法院仍可在第三人无异议又不履行的情况下予以强制执行。

67. 第三人收到人民法院要求其履行到期债务的通知后，擅自向被执行人履行，造成已向被执行人履行的财产不能追回的，除在已履行的财产范围内与被执行人承担连带清偿责任外，可以追究其妨害执行的责任。

68. 在对第三人作出强制执行裁定后，第三人确无财产可供执行的，不得就第三人对他人享有的到期债权强制执行。

69. 第三人按照人民法院履行通知向申请执行人履行了债务或已被强制执行后，人民法院应当出具有关证明。

八、对案外人异议的处理

70. 案外人对执行的主张权利的，可以向执行法院提出异议。

案外人异议一般应当以书面形式提出，并提供相应的证据。以书面形式提出确有困难的，可以允许以口头形式提出。

71. 对案外人提出的异议，执行法院应当依照民事诉讼法第二百零四条的规定进行审查。

审查期间可以对财产采取查封、扣押、冻结等保全措施，但不得进行处分。正在实施的处分措施应当停止。

经审查认为案外人的异议理由不成立的，裁定驳回其异议，继续执行。

72. 案外人提出异议的执行标的物是法律文书指定交付的特定物，经审查认为案外人的异议成立的，报经院长批准，裁定对生效法律文书中该项内容中止执行。

73. 执行标的物不属生效法律文书指定交付的特定物，经审查认为案外人的异议成立的，报经院长批准，停止对该标的物的执行。已经采取的执行措施应当裁定立即解除或撤销，并将该标的物交还案外人。

74. 对案外人提出的异议一时难以确定是否成立，案外人已提供确实有效的担保的，可以解除查封、扣押措施。申请执行人提供确实有效的担保的，可以继续执行。因提供担保而解除查封扣押或继续执行有错误，给对方造成损失的，应裁定以担保的财产予以赔偿。

75. 执行上级人民法院的法律文书遇有本规定 72 条规定的情形的，或执行的财产是上级人民法院裁定保全的财产时遇有本规定 73 条、74 条规定的情形的，需报经上级人民法院批准。

九、被执行主体的变更和追加

76. 被执行人为无法人资格的私营独资企业，无能力履行法律文书确定的义务的，人民法院可以裁定执行该独资企业业主的其他财产。

77. 被执行人为个人合伙组织或合伙型联营企业，无能力履行生效法律文书确定的义务的，人民法院可以裁定追加该合伙组织的合伙人或参加该联营企业的法人为被执行人。

78. 被执行人为企业法人的分支机构不能清偿债务时，可以裁定企业法人为被执行人。企业法人直接经营管理的财产仍不能清偿债务的，人民法院可以裁定执行该企业法人其他分支机构的财产。

若必须执行已被承包或租赁的企业法人分支机构的财产时，对承包人或承租人投入及应得的收益应依法保护。

79. 被执行人按法定程序分立为两个或多个具有法人资格的企业，分立后存续的企业按照分立协议确定的比例承担债务；不符合法定程序分立的，裁定由分立后存续的企业按照其从被执行企业分得的资产占原企业总资产的比例对申请执行人承担责任。

80. 被执行人无财产清偿债务，如果其开办单位对其开办时投入的注册资金不实或抽逃注册资金，可以裁定变更或追加其开办单位为被执行人，在注册资金不实或抽逃注册资金的范围内，对申请执行人承担责任。

81. 被执行人被撤销、注销或歇业后，上级主管部门或开办单位无偿接受被执行人的财产，致使被执行人无遗留财产清偿债务或遗留财产不足清偿的，可以裁定由上级主管部门或开办单位在所接受的财产范围内承担责任。

82. 被执行人的开办单位已经在注册资金范围内或接受财产的范围内向其他债权人承担了全部责任的，人民法院不得裁定开办单位重复承担责任。

83. 依照民事诉讼法第二百零九条、最高人民法院关于适用民事诉讼法若干问题的意见第 271 条至第 274 条及本规定裁定变更或追加被执行主体的，由执行法院的执行机构办理。

十、执行担保和执行和解

84. 被执行人或其担保人以财产向人民法院提供执行担保的，应当依据《中华人民共和国担保法》的有关规定，按照担保物的种类、性质，将担保物移交执行法院，或依法到有关机关办理登记手续。

85. 人民法院在审理案件期间，保证人为被执行人提供保证，人民法院据此未对被执行人的财产采取保全措施或解除保全措施的，案件审结后如果被执行人无财产可供执行或其财产不足清偿债务时，即使生效法律文书中未确定保证人承担责任，人民法院有权裁定执行保证人在保证责任范围内的财产。

86. 在执行中，双方当事人可以自愿达成和解协议，变更生效法律文书确定的履行义务主体、标的物及其数额、履行期限和履行方式。

和解协议一般应当采取书面形式。执行人员应将和解协议副本附卷。无书面协议的，执行人员应将和解协议的内容记入笔录，并由双方当事人签名或盖章。

87. 当事人之间达成的和解协议合法有效并已履行完毕的，人民法院作执行结案处理。

十一、多个债权人对一个债务人申请执行和参与分配

88. 多份生效法律文书确定金钱给付内容的多个债权人分别对同一被执行人申请执行，各债权人对执行标的物均无担保物权的，按照执行法院采取执

行措施的先后顺序受偿。

多个债权人的债权种类不同的，基于所有权和担保物权而享有的债权，优先于金钱债权受偿。有多个担保物权的，按照各担保物权成立的先后顺序清偿。

一份生效法律文书确定金钱给付内容的多个债权人对同一被执行人申请执行，执行的财产不足清偿全部债务的，各债权人对执行标的物均无担保物权的，按照各债权比例受偿。

89. 被执行人为企业法人，其财产不足清偿全部债务的，可告知当事人依法申请被执行人破产。

90. 被执行人为公民或其他组织，其全部或主要财产已被一个人民法院因执行确定金钱给付的生效法律文书而查封、扣押或冻结，无其他财产可供执行或其他财产不足清偿全部债务的，在被执行的财产被执行完毕前，对该被执行人已经取得金钱债权执行依据的其他债权人可以申请对该被执行人的财产参与分配。

91. 对参与被执行人财产的具体分配，应当由首先查封、扣押或冻结的法院主持进行。

首先查封、扣押、冻结的法院所采取的执行措施如系为执行财产保全裁定，具体分配应当在该院案件审理终结后进行。

92. 债权人申请参与分配的，应当向其原申请执行法院提交参与分配申请书，写明参与分配的理由，并附有执行依据。该执行法院应将参与分配申请书转交给主持分配的法院，并说明执行情况。

93. 对人民法院查封、扣押或冻结的财产有优先权、担保物权的债权人，可以申请参加参与分配程序，主张优先受偿权。

94. 参与分配案件中可供执行的财产，在对享有优先权、担保权的债权人依照法律规定的顺序优先受偿后，按照各个案件债权额的比例进行分配。

95. 被执行人的财产分配给各债权人后，被执行人对其剩余债务应当继续清偿。债权人发现被执行人有其他财产的，人民法院可以根据债权人的申请继续依法执行。

96. 被执行人为企业法人，未经清理或清算而撤销、注销或歇业，其财产不足清偿全部债务的，应当参照本规定 90 条至 95 条的规定，对各债权人的债权按比例清偿。

十二、对妨害执行行为的强制措施的适用

97. 对必须到人民法院接受询问的被执行人或被执行人的法定代表人或负责人，经两次传票传唤，无正当理由拒不到场的，人民法院可以对其进行

拘传。

98. 对被拘传人的调查询问不得超过二十四小时，调查询问后不得限制被拘传人的人身自由。

99. 在本辖区以外采取拘传措施时，应当将被拘传人拘传到当地法院，当地法院应予以协助。

100. 被执行人或其他人有下列拒不履行生效法律文书或者妨害执行行为之一的，人民法院可以依照民事诉讼法第一百零二条的规定处理：

（1）隐藏、转移、变卖、毁损向人民法院提供执行担保的财产的；

（2）案外人与被执行人恶意串通转移被执行人财产的；

（3）故意撕毁人民法院执行公告、封条的；

（4）伪造、隐藏、毁灭有关被执行人履行能力的重要证据，妨碍人民法院查明被执行人财产状况的；

（5）指使、贿买、胁迫他人对被执行人的财产状况和履行义务的能力问题作伪证的；

（6）妨碍人民法院依法搜查的；

（7）以暴力、威胁或其他方法妨碍或抗拒执行的；

（8）哄闹、冲击执行现场的；

（9）对人民法院执行人员或协助执人员进行侮辱、诽谤、诬陷、围攻、威胁、殴打或者打击报复的；

（10）毁损、抢夺执行案件材料、执行公务车辆、其他执行器械、执行人员服装和执行公务证件的。

101. 在执行过程中遇有被执行人或其他拒不履行生效法律文书或者妨害执行情节严重，需要追究刑事责任的，应将有关材料移交有关机关处理。

十三、执行的中止、终结、结案和执行回转

102. 有下列情形之一的，人民法院应当依照民事诉讼法第二百三十二条第一款第五项的规定裁定中止执行：

（1）人民法院已受理以被执行人为债务人的破产申请的；

（2）被执行人确无财产可供执行的；

（3）执行的标的物是其他法院或仲裁机构正在审理的案件争议标的物，需要等待该案件审理完毕确定权属的；

（4）一方当事人申请执行仲裁裁决，另一方当事人申请撤销仲裁裁决的；

（5）仲裁裁决的被申请执行人依据民事诉讼法第二百一十三条第二款的规定向人民法院提出不予执行请求，并提供适当担保的。

103. 按照审判监督程序提审或再审的案件，执行机构根据上级法院或本

院作出的中止执行裁定书中止执行。

104. 中止执行的情形消失后，执行法院可以根据当事人的申请或依职权恢复执行。

恢复执行应当书面通知当事人。

105. 在执行中，被执行人被人民法院裁定宣告破产的，执行法院应当依照民事诉讼法第二百三十三条第六项的规定，裁定终结执行。

106. 中止执行和终结执行的裁定书应当写明中止或终结执行的理由和法律依据。

107. 人民法院执行生效法律文书，一般应当在立案之日起六个月内执行结案，但中止执行的期间应当扣除。确有特殊情况需要延长的，由本院院长批准。

108. 执行结案的方式为：

（1）生效法律文书确定的内容全部执行完毕；

（2）裁定终结执行；

（3）裁定不予执行；

（4）当事人之间达成执行和解协议并已履行完毕。

109. 在执行中或执行完毕后，据以执行的法律文书被人民法院或其他有关机关撤销或变更的，原执行机构应当依照民事诉讼法第二百一十条的规定，依当事人申请或依职权，按照新的生效法律文书，作出执行回转的裁定，责令原申请执行人返还已取得的财产及其孳息。拒不返还的，强制执行。

110. 执行回转时，已执行的标的物系特定物的，应当退还原物。不能退还原物的，可以折价抵偿。

十四、委托执行、协助执行和执行争议的协调

111. 凡需要委托执行的案件，委托法院应在立案后一个月内办妥委托执行手续。超过此期限委托的，应当经对方法院同意。

112. 委托法院明知被执行人有下列情形的，应当及时依法裁定中止执行或终结执行，不得委托当地法院执行：

（1）无确切住所，长期下落不明，又无财产可供执行的；

（2）有关法院已经受理以被执行人为债务人的破产案件或者已经宣告其破产的。

113. 委托执行一般应在同级人民法院之间进行。经对方法院同意，也可委托上一级的法院执行。

被执行人是军队企业的，可以委托其所在地的军事法院执行。

执行标的物是船舶的，可以委托有关海事法院执行。

114. 委托法院应当向受委托法院出具书面委托函，并附送据以执行的生效法律文书副本原件、立案审批表复印件及有关情况说明，包括财产保全情况、被执行人的财产状况、生效法律文书履行的情况，并注明委托法院地址、联系电话、联系人等。

115. 委托执行案件的实际支出费用，由受托法院向被执行人收取，确有必要的，可以向申请执行人预收。委托法院已经向申请执行人预收费用的，应当将预收的费用转交受托法院。

116. 案件委托执行后，未经受托法院同意，委托法院不得自行执行。

117. 受托法院接到委托后，应当及时将指定的承办人、联系电话、地址等告知委托法院；如发现委托执行的手续、资料不全，应及时要求委托法院补办。但不得据此拒绝接受委托。

118. 受托法院对受托执行的案件应当严格按照民事诉讼法和最高人民法院有关规定执行，有权依法采取强制执行措施和对妨害执行行为的强制措施。

119. 被执行人在受托法院当地有工商登记或户籍登记，但人员下落不明，如有可供执行的财产，可以直接执行其财产。

120. 对执行担保和执行和解的情况以及案外人对非属法律文书指定交付的执行标的物提出的异议，受托法院可以按照有关法律规定处理，并及时通知委托法院。

121. 受托法院在执行中，认为需要变更被执行人的，应当将有关情况函告委托法院。由委托法院依法决定是否作出变更被执行人的裁定。

122. 受托法院认为受托执行的案件应当中止、终结执行的，应提供有关证据材料，函告委托法院作出裁定。受托法院提供的证据材料确实、充分的，委托法院应当及时作出中止或终结执行的裁定。

123. 受托法院认为委托执行的法律文书有错误，如执行可能造成执行回转困难或无法执行回转的，应当首先采取查封、扣押、冻结等保全措施，必要时要将保全款项划到法院账户，然后函请委托法院审查。受托法院按照委托法院的审查结果继续执行或停止执行。

124. 人民法院在异地执行时，当地人民法院应当积极配合，协同排除障碍，保证执行人员的人身安全和执行装备、执行标的物不受侵害。

125. 两个或两个以上人民法院在执行相关案件中发生争议的，应当协商解决。协商不成的，逐级报请上级法院，直至报请共同的上级法院协调处理。

执行争议经高级人民法院协商不成的，由有关的高级人民法院书面报请最高人民法院协调处理。

126. 执行中发现两地法院或人民法院与仲裁机构就同一法律关系作出不同裁判内容的法律文书的，各有关法院应当立即停止执行，报请共同的上级法院处理。

127. 上级法院协调处理有关执行争议案件，认为必要时，可以决定将有关款项划到本院指定的账户。

128. 上级法院协调下级法院之间的执行争议所作出的处理决定，有关法院必须执行。

十五、执行监督

129. 上级人民法院依法监督下级人民法院的执行工作。最高人民法院依法监督地方各级人民法院和专门法院的执行工作。

130. 上级法院发现下级法院在执行中作出的裁定、决定、通知或具体执行行为不当或有错误的，应当及时指令下级法院纠正，并可以通知有关法院暂缓执行。

下级法院收到上级法院指令后必须立即纠正。如果认为上级法院的指令有错误，可以在收到该指令后五日内请求上级法院复议。

上级法院认为请求复议的理由不成立，而下级法院仍不纠正的，上级法院可直接作出裁定或决定予以纠正，送达有关法院及当事人，并可直接向有关单位发出协助执行通知书。

131. 上级法院发现下级法院执行的非诉讼生效法律文书有不予执行事由，应当依法作出不予执行裁定而不制作的，可以责令下级法院在指定时限内作出裁定，必要时可直接裁定不予执行。

132. 上级法院发现下级法院的执行案件（包括受委托执行的案件）在规定的期限内未能执行结案的；应当作出裁定、决定、通知而不制作的，或应当依法实施具体执行行为而不实施的，应当督促下级法院限期执行，及时作出有关裁定等法律文书，或采取相应措施。

对下级法院长期未能执结的案件，确有必要的，上级法院可以决定由本院执行或与下级法院共同执行，也可以指定本辖区其他法院执行。

133. 上级法院在监督、指导、协调下级法院执行案件中，发现据以执行的生效法律文书确有错误的，应当书面通知下级法院暂缓执行，并按照审判监督程序处理。

134. 上级法院在申诉案件复查期间，决定对生效法律文书暂缓执行的，有关审判庭应当将暂缓执行的通知抄送执行机构。

135. 上级法院通知暂缓执行的，应同时指定暂缓执行的期限。暂缓执行的期限一般不得超过三个月。有特殊情况需要延长的，应报经院长批准，并及时通知下级法院。

暂缓执行的原因消除后，应当及时通知执行法院恢复执行。期满后上级法院未通知继续暂缓执行的，执行法院可以恢复执行。

136. 下级法院不按照上级法院的裁定、决定或通知执行，造成严重后果的，按照有关规定追究有关主管人员和直接责任人员的责任。

十六、附 则

137. 本规定自公布之日起试行。

本院以前作出的司法解释与本规定有抵触的，以本规定为准。本规定未尽事宜，按照以前的规定办理。

最高人民法院
关于委托执行若干问题的规定

法释〔2011〕11号

（2011年4月25日最高人民法院审判委员会第1521次会议通过
2011年5月3日最高人民法院公告公布 自2011年5月16日起施行）

为了规范委托执行工作，维护当事人的合法权益，根据《中华人民共和国民事诉讼法》的规定，结合司法实践，制定本规定。

第一条 执行法院经调查发现被执行人在本辖区内已无财产可供执行，且在其他省、自治区、直辖市内有可供执行财产的，应当将案件委托异地的同级人民法院执行。

执行案件中有三个以上被执行人或者三处以上被执行财产在本省、自治区、直辖市辖区以外，且分属不同异地的，执行法院根据案件具体情况，报经高级人民法院批准后可以异地执行。

第二条 案件委托执行后，受托法院应当依法立案，委托法院应当在收到受托法院的立案通知书后作委托结案处理。

委托异地法院协助查询、冻结、查封、调查或者送达法律文书等有关事项的，受托法院不作为委托执行案件立案办理，但应当积极予以协助。

第三条 委托执行应当以执行标的物所在地或者执行行为实施地的同级人民法院为受托执行法院。有两处以上财产在异地的，可以委托主要财产所在地的人民法院执行。

被执行人是现役军人或者军事单位的，可以委托对其有管辖权的军事法院执行。

执行标的物是船舶的，可以委托有管辖权的海事法院执行。

第四条 委托执行案件应当由委托法院直接向受托法院办理委托手续，并层报各自所在的高级人民法院备案。

事项委托应当以机要形式送达委托事项的相关手续，不需报高级人民法院备案。

第五条 案件委托执行时，委托法院应当提供下列材料：

（一）委托执行函；

（二）申请执行书和委托执行案件审批表；

（三）据以执行的生效法律文书副本；

（四）有关案件情况的材料或者说明，包括本辖区无财产的调查材料、财产保全情况、被执行人财产状况、生效法律文书的履行情况等；

（五）申请执行人地址、联系电话；

（六）被执行人身份证件或者营业执照复印件、地址、联系电话；

（七）委托法院执行员和联系电话；

（八）其他必要的案件材料等。

第六条 委托执行时，委托法院应当将已经查封、扣押、冻结的被执行人的异地财产，一并移交受托法院处理，并在委托执行函中说明。

委托执行后，委托法院对被执行人财产已经采取查封、扣押、冻结等措施的，视为受托法院的查封、扣押、冻结措施。受托法院需要继续查封、扣押、冻结，持委托执行函和立案通知书办理相关手续。续封续冻时，仍为原委托法院的查封冻结顺序。

查封、扣押、冻结等措施的有效期限在移交受托法院时不足 1 个月的，委托法院应当先行续封或者续冻，再移交受托法院。

第七条 受托法院收到委托执行函后，应当在 7 日内予以立案，并及时将立案通知书通过委托法院送达申请执行人，同时将指定的承办人、联系电话等书面告知委托法院。

委托法院收到上述通知书后，应当在 7 日内书面通知申请执行人案件已经委托执行，并告知申请执行人可以直接与受托法院联系执行相关事宜。

第八条 受托法院如发现委托执行的手续、材料不全，可以要求委托法院补办。委托法院应当在 30 日内完成补办事项，在上述期限内未完成的，应当作出书面说明。委托法院既不补办又不说明原因的，视为撤回委托，受托法院可以将委托材料退回委托法院。

第九条 受托法院退回委托的，应当层报所在辖区高级人民法院审批。高级人民法院同意退回后，受托法院应当在 15 日内将有关委托手续和案卷材料退回委托法院，并作出书面说明。

委托执行案件退回后，受托法院已立案的，应当作销案处理。委托法院在案件退回原因消除之后可以再行委托。确因委托不当被退回的，委托法院应当决定撤销委托并恢复案件执行，报所在的高级人民法院备案。

第十条 委托法院在案件委托执行后又发现有可供执行财产的，应当及时告知受托法院。受托法院发现被执行人在受托法院辖区外另有可供执行财产的，可以直接异地执行，一般不再行委托执行。根据情况确需再行委托的，应当按照委托执行案件的程序办理，并通知案件当事人。

第十一条 受托法院未能在 6 个月内将受托案件执结的，申请执行人有权请求受托法院的上一级人民法院提级执行或者指定执行，上一级人民法院应当立案审查，发现受托法院无正当理由不予执行的，应当限期执行或者作出裁定提级执行或者指定执行。

第十二条 执行法院赴异地执行案件时，应当持有其所在辖区高级人民法院的批准函件，但异地采取财产保全措施和查封、扣押、冻结等非处分性执行措施的除外。

异地执行时，可以根据案件具体情况，请求当地法院协助执行，当地法院应当积极配合，保证执行人员的人身安全和执行装备、执行标的物不受侵害。

第十三条 高级人民法院应当对辖区内委托执行和异地执行工作实行统一管理和协调，履行以下职责：

（一）统一管理跨省、自治区、直辖市辖区的委托和受托执行案件；

（二）指导、检查、监督本辖区内的受托案件的执行情况；

（三）协调本辖区内跨省、自治区、直辖市辖区的委托和受托执行争议案件；

（四）承办需异地执行的有关案件的审批事项；

（五）对下级法院报送的有关委托和受托执行案件中的相关问题提出指导性处理意见；

（六）办理其他涉及委托执行工作的事项。

第十四条 本规定所称的异地是指本省、自治区、直辖市以外的区域。各省、自治区、直辖市内的委托执行，由各高级人民法院参照本规定，结合实际情况，制定具体办法。

第十五条 本规定施行之后，其他有关委托执行的司法解释不再适用。

最高人民法院
关于如何处理人民检察院提出的暂缓执行建议问题的批复

法释〔2000〕16号

（2000年6月30日最高人民法院审判委员会第1121次会议通过
2000年7月10日最高人民法院公告公布　自2000年7月15日起施行）

广东省高级人民法院：

你院粤高法民〔1998〕186号《关于检察机关对法院生效民事判决建议暂缓执行是否采纳的请示》收悉。经研究，答复如下：

根据《中华人民共和国民事诉讼法》的规定，人民检察院对人民法院生效民事判决提出暂缓执行的建议没有法律依据。

此复。

最高人民法院
关于人民法院民事执行中查封、扣押、冻结财产的规定

法释〔2008〕18号

（2004年10月26日最高人民法院审判委员会第1330次会议通过
2004年11月4日以法释〔2004〕15号公布　自2005年1月1日起施行
根据2008年12月16日发布的《最高人民法院关于调整司法解释等文件中引用〈中华人民共和国民事诉讼法〉条文序号的决定》调整）

为了进一步规范民事执行中的查封、扣押、冻结措施，维护当事人的合法权益，根据《中华人民共和国民事诉讼法》等法律的规定，结合人民法院民事执行工作的实践经验，制定本规定。

第一条　人民法院查封、扣押、冻结被执行人的动产、不动产及其他财产权，应当作出裁定，并送达被执行人和申请执行人。

采取查封、扣押、冻结措施需要有关单位或者个人协助的，人民法院应当制作协助执行通知书，连同裁定书副本一并送达协助执行人。查封、扣押、冻结裁定书和协助执行通知书送达时发生法律效力。

第二条　人民法院可以查封、扣押、冻结被执行人占有的动产、登记在被执行人名下的不动产、特定动产及其他财产权。

未登记的建筑物和土地使用权，依据土地使用权的审批文件和其他相关证据确定权属。

对于第三人占有的动产或者登记在第三人名下的不动产、特定动产及其他财产权，第三人书面确认该财产属于被执行人的，人民法院可以查封、扣押、冻结。

第三条　作为执行依据的法律文书生效后至申请执行前，债权人可以向有执行管辖权的人民法院申请保全债务人的财产。人民法院可以参照民事诉讼法第九十二条的规定作出保全裁定，保全裁定应当立即执行。

第四条　诉讼前、诉讼中及仲裁中采取财产保全措施的，进入执行程序后，自动转为执行中的查封、扣押、冻结措施，并适用本规定第二十九条关于查封、扣押、冻结期限的规定。

第五条　人民法院对被执行人下列的财产不得查封、扣押、冻结：

（一）被执行人及其所扶养家属生活所必需的衣服、家具、炊具、餐具及其他家庭生活必需的物品；

（二）被执行人及其所扶养家属所必需的生活费用。当地有最低生活保障标准的，必需的生活费用依照该标准确定；

（三）被执行人及其所扶养家属完成义务教育所必需的物品；

（四）未公开的发明或者未发表的著作；

（五）被执行人及其所扶养家属用于身体缺陷所必需的辅助工具、医疗物品；

（六）被执行人所得的勋章及其他荣誉表彰的物品；

（七）根据《中华人民共和国缔结条约程序法》，以中华人民共和国、中华人民共和国政府或者中华人民共和国政府部门名义同外国、国际组织缔结的条约、协定和其他具有条约、协定性质的文件中规定免于查封、扣押、冻结的财产；

（八）法律或者司法解释规定的其他不得查封、扣押、冻结的财产。

第六条　对被执行人及其所扶养家属生活所必需的居住房屋，人民法院可以查封，但不得拍卖、变卖或者抵债。

第七条　对于超过被执行人及其所扶养家属生活所必需的房屋和生活用品，人民法院根据申请执行人的申请，在保障被执行人及其所扶养家属最低生活标准所必需的居住房屋和普通生活必需品后，可予以执行。

第八条 查封、扣押动产的，人民法院可以直接控制该项财产。人民法院将查封、扣押的动产交付其他人控制的，应当在该动产上加贴封条或者采取其他足以公示查封、扣押的适当方式。

第九条 查封不动产的，人民法院应当张贴封条或者公告，并可以提取保存有关财产权证照。

查封、扣押、冻结已登记的不动产、特定动产及其他财产权，应当通知有关登记机关办理登记手续。未办理登记手续的，不得对抗其他已经办理了登记手续的查封、扣押、冻结行为。

第十条 查封尚未进行权属登记的建筑物时，人民法院应当通知其管理人或者该建筑物的实际占有人，并在显著位置张贴公告。

第十一条 扣押尚未进行权属登记的机动车辆时，人民法院应当在扣押清单上记载该机动车辆的发动机编号。该车辆在扣押期间权利人要求办理权属登记手续的，人民法院应当准许并及时办理相应的扣押登记手续。

第十二条 查封、扣押的财产不宜由人民法院保管的，人民法院可以指定被执行人负责保管；不宜由被执行人保管的，可以委托第三人或者申请执行人保管。

由人民法院指定被执行人保管的财产，如果继续使用对该财产的价值无重大影响，可以允许被执行人继续使用；由人民法院保管或者委托第三人、申请执行人保管的，保管人不得使用。

第十三条 查封、扣押、冻结担保物权人占有的担保财产，一般应当指定该担保物权人作为保管人；该财产由人民法院保管的，质权、留置权不因转移占有而消灭。

第十四条 对被执行人与其他人共有的财产，人民法院可以查封、扣押、冻结，并及时通知共有人。

共有人协议分割共有财产，并经债权人认可的，人民法院可以认定有效。查封、扣押、冻结的效力及于协议分割后被执行人享有份额内的财产；对其他共有人享有份额内的财产的查封、扣押、冻结，人民法院应当裁定予以解除。

共有人提起析产诉讼或者申请执行人代位提起析产诉讼的，人民法院应当准许。诉讼期间中止对该财产的执行。

第十五条 对第三人为被执行人的利益占有的被执行人的财产，人民法院可以查封、扣押、冻结；该财产被指定给第三人继续保管的，第三人不得将其交付给被执行人。

对第三人为自己的利益依法占有的被执行人的财产，人民法院可以查封、扣押、冻结，第三人可以继续占有和使用该财产，但不得将其交付给被执行人。

第三人无偿借用被执行人的财产的，不受前款规定的限制。

第十六条 被执行人将其财产出卖给第三人，第三人已经支付部分价款并实际占有该财产，但根据合同约定被执行人保留所有权的，人民法院可以查封、扣押、冻结；第三人要求继续履行合同的，应当由第三人在合理期限内向人民法院交付全部余款后，裁定解除查封、扣押、冻结。

第十七条 被执行人将其所有的需要办理过户登记的财产出卖给第三人，第三人已经支付部分或者全部价款并实际占有该财产，但尚未办理产权过户登记手续的，人民法院可以查封、扣押、冻结；第三人已经支付全部价款并实际占有，但未办理过户登记手续的，如果第三人对此没有过错，人民法院不得查封、扣押、冻结。

第十八条 被执行人购买第三人的财产，已经支付部分价款并实际占有该财产，但第三人依合同约定保留所有权，申请执行人已向第三人支付剩余价款或者第三人书面同意剩余价款从该财产变价款中优先支付的，人民法院可以查封、扣押、冻结。

第三人依法解除合同的，人民法院应当准许，已经采取的查封、扣押、冻结措施应当解除，但人民法院可以依据申请执行人的申请，执行被执行人因支付价款而形成的对该第三人的债权。

第十九条 被执行人购买需要办理过户登记的第三人的财产，已经支付部分或者全部价款并实际占有该财产，虽未办理产权过户登记手续，但申请执行人已向第三人支付剩余价款或者第三人同意剩余价款从该财产变价款中优先支付的，人民法院可以查封、扣押、冻结。

第二十条 查封、扣押、冻结被执行人的财产时，执行人员应当制作笔录，载明下列内容：

（一）执行措施开始及完成的时间；

（二）财产的所在地、种类、数量；

（三）财产的保管人；

（四）其他应当记明的事项。

执行人员及保管人应当在笔录上签名，有民事诉讼法第二百二十一条规定的人员到场的，到场人员也应当在笔录上签名。

第二十一条 查封、扣押、冻结被执行人的财产，以其价额足以清偿法律文书确定的债权额及执行费用为限，不得明显超标的额查封、扣押、冻结。

发现超标的额查封、扣押、冻结的，人民法院应当根据被执行人的申请或者依职权，及时解除对超标的额部分财产的查封、扣押、冻结，但该财产为不可分物且被执行人无其他可供执行的财产或者其他财产不足以清偿债务的除外。

第二十二条 查封、扣押的效力及于查封、扣押物的从物和天然孳息。

第二十三条 查封地上建筑物的效力及于该地上建筑物使用范围内的土地使用权，查封土地使用权的效力及于地上建筑物，但土地使用权与地上建筑物的所有权分属被执行人与他人的除外。

地上建筑物和土地使用权的登记机关不是同一机关的，应当分别办理查封登记。

第二十四条 查封、扣押、冻结的财产灭失或者毁损的，查封、扣押、冻结的效力及于该财产的替代物、赔偿款。人民法院应当及时作出查封、扣押、冻结该替代物、赔偿款的裁定。

第二十五条 查封、扣押、冻结协助执行通知书在送达登记机关时，登记机关已经受理被执行人转让不动产、特定动产及其他财产的过户登记申请，尚未核准登记的，应当协助人民法院执行。人民法院不得对登记机关已经核准登记的被执行人已转让的财产实施查封、扣押、冻结措施。

查封、扣押、冻结协助执行通知书在送达登记机关时，其他人民法院已向该登记机关送达了过户登记协助执行通知书的，应当优先办理过户登记。

第二十六条 被执行人就已经查封、扣押、冻结的财产所作的移转、设定权利负担或者其他有碍执行的行为，不得对抗申请执行人。

第三人未经人民法院准许占有查封、扣押、冻结的财产或者实施其他有碍执行的行为的，人民法院可以依据申请执行人的申请或者依职权解除其占有或者排除其妨害。

人民法院的查封、扣押、冻结没有公示的，其效力不得对抗善意第三人。

第二十七条 人民法院查封、扣押被执行人设定最高额抵押权的抵押物的，应当通知抵押权人。抵押权人受抵押担保的债权数额自收到人民法院通知时起不再增加。

人民法院虽然没有通知抵押权人，但有证据证明抵押权人知道查封、扣押事实的，受抵押担保的债权数额从其知道该事实时起不再增加。

第二十八条 对已被人民法院查封、扣押、冻结的财产，其他人民法院可以进行轮候查封、扣押、冻结。查封、扣押、冻结解除的，登记在先的轮候查封、扣押、冻结即自动生效。

其他人民法院对已登记的财产进行轮候查封、扣押、冻结的，应当通知有关登记机关协助进行轮候登记，实施查封、扣押、冻结的人民法院应当允许其他人民法院查阅有关文书和记录。

其他人民法院对没有登记的财产进行轮候查封、扣押、冻结的，应当制作笔录，并经实施查封、扣押、冻结的人民法院执行人员及被执行人签字，或者书面通知实施查封、扣押、冻结的人民法院。

第二十九条　人民法院冻结被执行人的银行存款及其他资金的期限不得超过六个月，查封、扣押动产的期限不得超过一年，查封不动产、冻结其他财产权的期限不得超过二年。法律、司法解释另有规定的除外。

申请执行人申请延长期限的，人民法院应当在查封、扣押、冻结期限届满前办理续行查封、扣押、冻结手续，续行期限不得超过前款规定期限的二分之一。

第三十条　查封、扣押、冻结期限届满，人民法院未办理延期手续的，查封、扣押、冻结的效力消灭。

查封、扣押、冻结的财产已经被执行拍卖、变卖或者抵债的，查封、扣押、冻结的效力消灭。

第三十一条　有下列情形之一的，人民法院应当作出解除查封、扣押、冻结裁定，并送达申请执行人、被执行人或者案外人：

（一）查封、扣押、冻结案外人财产的；

（二）申请执行人撤回执行申请或者放弃债权的；

（三）查封、扣押、冻结的财产流拍或者变卖不成，申请执行人和其他执行债权人又不同意接受抵债的；

（四）债务已经清偿的；

（五）被执行人提供担保且申请执行人同意解除查封、扣押、冻结的；

（六）人民法院认为应当解除查封、扣押、冻结的其他情形。

解除以登记方式实施的查封、扣押、冻结的，应当向登记机关发出协助执行通知书。

第三十二条　财产保全裁定和先予执行裁定的执行适用本规定。

第三十三条　本规定自2005年1月1日起施行。施行前本院公布的司法解释与本规定不一致的，以本规定为准。

【链　接】

最高人民法院有关负责人就《关于人民法院民事执行中查封、扣押、冻结财产的规定》答记者问

一、司法解释出台的背景

问：请您介绍一下最高人民法院为什么要制定《关于人民法院民事执行中查封、扣押、冻结财产的规定》（以下简称本解释），本解释的公布有何意义？

答：查封、扣押、冻结措施是人民法院执行工作中广泛使用的极为重要的执行措施，《中华人民共和国民事诉讼法》（以下简称《民事诉讼法》）、《关于适用〈中华人民共和国民事诉讼法〉若干问题的意见》和《关于人民法院执行工作若干问题的规定（试行）》的许多条文涉及查封、扣押、冻结措施。但是，执行工作是一项操作性、实践性很强的司法活动，执行中遇到的各类问题非常复杂，由于上述法律和司法解释的条文较为原则，不够详细、具体，加之对一些问题未作规定，许多情况下无法可依，导致执行实践中实施查封、扣押、冻结措施时存在一定程度的随意性和失范，影响了部分案件的执行。为了进一步规范查封、扣押、冻结措施，维护执行当事人和案外人的合法权益，最高人民法院根据《民事诉讼法》等法律的规定，在广泛征求国家立法机关、行政管理机关、专家学者及社会公众意见的基础上，结合人民法院执行工作的实践经验，制定了本规定。

在起草过程中，我们坚持贯彻宪法原则，尊重和保障人权，保护民事主体的财产所有权；考虑到我国政治、经济、文化和社会的快速发展，既要从实际出发，又要有一定的超前性；注意吸收其他国家和地区先进的立法成果；既要为解决执行难提供法律措施和手段，也要进一步规范执行秩序，以最大限度地维护当事人和案外人的合法权益。

二、对被执行人已占有或登记的财产可以查封

问：人民法院采取执行措施时，如何认定所要查封、扣押、冻结的财产是被执行人的？

答：这是关于查封、扣押、冻结时判断财产权属的标准的问题。执行标的物必须是被执行人的财产。执行人员在实施查封、扣押、冻结时首先面临的一个问题，是如何判断某项财产是否属于被执行人。执行程序贵在迅速、及时，因此不能要求执行人员先调查核实清楚财产权属再实施查封、扣押、冻结行为，只能根据表面证据进行判断。所以查封、扣押、冻结时判断财产权属的标准与民事确权时的标准是不同的，这个标准是明确的、外在的、容易把握和具可操作性的。基于这一思路，我们认为，被执行人占有的动产推定为其所有，登记在被执行人名下的不动产、特定动产和其他财产权推定为其所有，人民法院可以查封、扣押、冻结。注意这里用的是"推定"这个概念，而不是最终的确权。根据这个标准认定，基本上与真实的财产权属状况相吻合。因为在现实生活中，作为一种常态，所有者的动产一般由其占有，所有者的不动产、特定动产和其他财产权一般登记在其名下，所有者的动产由其他人占有、所有者的不动产、特定动产和其他财产权登记在他人名下的情况也有，但属为数不多的例外情况。对于个别例外的情况，案外人可以通过异议制度进行救济。这既有利于人民法院的执行，也能比较好地保护案外人的合法权利。

为了避免给人们造成执行程序有确权的职能的误解，本规定第二条第一款没有从所有权的角度表述，而是规定人民法院可以查封、扣押、冻结被执行人占有的动产、登记在被执行人名下的不动产、特定动产及其他财产权。

三、八种财产不得查封

问：为什么要规定被执行人的某些财产不能查封、扣押、冻结？这样会不会损害申请执行人的利益？

答：从理论上讲，被执行人的所有财产都是其所负债务的担保，其应当承担广泛的财产责任，人民法院可以对其所有财产采取执行措施。但是由于种种原因，各个国家和地区的强制执行法都规定了对被执行人的某些特殊财产不得采取查封、扣押、冻结措施。我国《民事诉讼法》第二百二十二条、第二百二十三条分别规定了应当保留被执行人及其所扶养家属的生活必需费用和生活必需品。这也体现了以人为本以及国家尊重和保障人权的精神。在民事执行中，执行适度的原则有着特殊的意义，即对被执行人的执行必须控制在合理的限度内，在执行目的和执行手段之间、申请执行人利益和被执行

人利益之间保持合理的平衡关系，被执行人的许多基本权利必须加以保护，如自然人及其所扶养家属的生存权、人格权等，不能因为强制执行而造成被执行人的极度贫困。若漫无限制，不仅影响被执行人及其所扶养家属的生计，对社会经济文化的发展和社会善序良俗，也有损害。再者，被执行人经营亏损的风险也不能由国家和社会承担，如果将被执行人执行到一无所有的程度，则国家必须对其提供救济，以保证其生存的基本权利，相当于最终由国家承担执行的后果，由国家替代被执行人偿还债务。

随着经济的发展和社会文明的进步，各国都越来越突出地尊重和保护公民的人格权、荣誉权、接受教育权等基本权利，也加强了对残疾人、老人等特殊群体的保护。因此，借鉴外国执行立法的有关规定，结合我国的经济和社会发展水平及中国的国情，本规定规定了八种不得查封、扣押、冻结的财产。在征求意见稿中，我们曾规定“祭祀、礼拜用品”、“公益法人正在使用的为完成公益事业所必需的房屋、机器、设备及其他物品”、“被执行人为自然人的，其不可缺少的基本生产资料”、“国家机关的财政性资金及履行职能不可缺少的财物”等不得查封、扣押、冻结，后来予以删除，主要考虑到这几项规定在实践中不好把握和操作，达不到规范执行的目的。

还有个问题有必要讲一讲，即对被执行人居住房屋的执行问题。根据《民事诉讼法》第二百二十三条的规定，必须保留被执行人及其所扶养家属必需的生活用品，被执行人及其所扶养家属必需居住的房屋自然不能执行。但是，在执行实践中，我们很难判断该房屋是不是被执行人及其所扶养家属必须居住的，也许被执行人还有别的房屋，只是不为人所知。因此，本规定规定对被执行人及其所扶养家属生活所必需的居住房屋，人民法院可以查封，但不得拍卖、变卖或者抵债。而允许其使用，目的是防止其进行处分。对于申请执行人享有抵押权的房屋能否执行，讨论时争议较大。有人认为，申请执行人享有抵押权的房屋，即使是被执行人及其所扶养家属必须居住的，也可以执行。因为在这种情况下，债权的发生以设定抵押为条件，被执行人也非常清楚不能清偿债务的后果，为了公平保护申请执行人的利益，对设定抵押的房屋可以执行。而且此事关系到我国住房按揭市场的发展。从长远来看，如果设定抵押的房屋不能执行，必将导致各金融机构不再发放住房贷款，严重影响住房按揭市场的发展，最终损害广大消费者的利益。但本规定最终没有采纳这种观点，主要考虑到在社会保障制度还不完善的情况下，必须保护被执行人及其所扶养家属的生存权，即使房屋已经设定抵押，只要属被执行人及其所扶养家属必须居住的，也不得执行。如果被执行人的房屋超过了其本人及其所扶养家属必须居住的范围，可以通过本规定第七条关于禁止查封、扣押、冻结财产的变通的规定解决。

四、既要实现债权又要保护生存权

问：禁止查封、扣押、冻结财产的变通制度意义何在？实践中应当如何把握？

答：根据本规定第五条的规定，被执行人及其所扶养家属生活所必需的衣服、家具、炊具、餐具及其他家庭生活必需的物品不得查封、扣押。但是，强制执行必须在保护申请执行人的利益和被执行人的利益之间保持合理的平衡。因此，本规定第六条规定，被执行人及其所扶养家属所必需的居住房屋不得拍卖、变卖或者抵债。同时，第七条规定："对于超过被执行人及其所扶养家属生活所必需的房屋和生活用品，人民法院根据申请执行人的申请，在保障被执行人及其所扶养家属最低生活标准所必需的居住房屋和普通生活必需品后，可予以执行。"上述变通规定，既保护被执行人及其所扶养家属的生存权，又最大限度地实现债权人的债权。比如，虽然是被执行人及其所扶养家属生活必需的家具，如果该家具是用珍贵木材制作，价值很高，显然，从价值角度讲，该家具已经超过了生活必需的限度，如果一律禁止执行，对申请执行人利益的保护明显不力。因此，出于强制执行程序的目的和对执行当事人利益的平衡保护，应当在满足被执行人及其所扶养家属生活必需的基础上，根据申请执行人的申请，由其提供相同功用的代偿物或者相应价款后，可以对该家具采取执行措施。

在具体实施过程中，应当从严掌握可以变通的财产范围，注意执行的实际效果。只有人民法院根据情况认为适当，特别是预计该财产卖得的价金显著超过代偿物的价额时，才被允许，防止造成被执行人严重的生活困难，应当维持其简朴的生活水平。注意这里有一些需要执行人员根据实际情况去把握的概念，如"必需的"、"显著的"应当结合本地的实际情况作出与时代和社会背景相适应的阐释。

五、对不同财产，采取不同的查封方法

问：本规定规定了哪些查封、扣押、冻结方法？有没有使用的先后顺序？

答：由于被执行人财产的存在形态、物理属性以及国家对财产的管理手段等方面的差异，决定了对这些财产的查封方法是不同的。本规定主要将财产分为动产和不动产、特定动产及其他财产权，并规定了不同的查封、扣押、冻结方法。对动产查封、扣押时，由执行人员将查封、扣押物转移到执行法院直接控制，也可将查封、扣押物交付指定人控制。在交付指定人控制的情况下，应当在动产上加贴封条或者采取其他公示的方法予以公示。对不动产和有登记的特定动产查封时，应当通知有关管理机关办理查封登记。同时可

以责令被执行人将有关财产权证照交人民法院保管。本规定还确立了登记机关协助登记优先的原则，明确规定采取加贴封条或者张贴公告的方法进行查封，但未办理查封登记的，不得对抗其他人民法院的查封。这是因为对于国家以登记方式管理的财产，采取在登记机关办理查封登记的方法效果最好，只要登记机关不予办理有关手续，被执行人就无法转让。而且这种查封方法最容易确认，一旦产生查封纠纷，上级法院容易认定各个查封的时间和先后顺序，有利于争议的解决。

六、切实保护第三人合法权益

问：对被执行人财产的执行，有时会涉及第三人的利益，应当如何保护？

答：执行中涉及第三人利益的情况，主要有两种，一是被执行人的财产由第三人占有，二是执行标的物是被执行人和第三人的共有财产。无论是哪种情况，都应当坚持保护第三人的合法权益，不能因强制执行增加第三人的负担或者损害第三人的利益。对此，本规定有针对性地作出了规定。在被执行人的财产由第三人占有的情况下，应当区分第三人为自己的利益占有还是为被执行人的利益而占有两种不同情况。第三人为自己的利益，根据与被执行人之间的合同等关系而占有被执行人的财产的，虽然可以查封、扣押、冻结，但不能影响第三人对该财产的占有和使用。对第三人替被执行人保管或者因其他原因为被执行人的利益占有的被执行人的财产，可以查封、扣押、冻结，并不受第三人占有的限制。

第三人占有的财产还可能属于其与被执行人共有的财产，对该类财产，如果一律不允许查封、扣押、冻结，显然不利于保护申请执行人的利益；如果查封、扣押、冻结后全部予以变价，显然又损害了第三人的利益。所以，本规定第十四条规定，在这种情况下，可以先查封、扣押、冻结该财产，然后进行财产分割。财产分割后，查封、扣押、冻结的效力及于被执行人享有份额内的财产，对其他共有人份额内的财产的查封、扣押、冻结视为自行解除。

关于对共有财产的分割，一个重要的问题是由哪个部门负责。一种观点主张应当通过诉讼进行分割，一种观点主张在执行程序中进行分割，两种观点各有利弊。本规定采纳了通过诉讼进行分割的观点，由被执行人或者其他共有人提起析产诉讼或者申请执行人代位提起析产诉讼。这样规定理论上容易为大家所接受，也符合简化执行程序的指导思想。基于上述思想，本规定还规定，在执行程序中，共有人协议分割共有财产，并经债权人认可的，可以认定有效。

七、对案外人只付部分价款购买的财产可以执行吗

问：被执行人将其财产出卖给第三人，第三人已经支付部分价款并实际占有该财产，但被执行人仍有所有权的，能否执行？如何保护第三人的利益？

答：单纯从所有权的角度讲，此时该财产仍为被执行人所有，仍属于责任财产的范围，人民法院自然可以执行。但是这不可避免地会影响第三人的利益，因为此时第三人已经支付价款并实际占有该财产，其目的在于取得该财产的所有权。由于法院的强制执行，其目的将难以实现，而且其已经支付的价款能否返还也是一个很大的问题。因此就有一个如何平衡申请执行人和第三人利益的问题。我们考虑可以给第三人一个选择权，他可以选择继续履行合同，将尚未支付的剩余价款交付人民法院，从而取得该财产的所有权，人民法院解除对该财产的查封、扣押。如果他不作出此选择，将不能阻止人民法院的执行。第三人与被执行人之间有争议的，双方可以通过另诉解决。

还有一个问题是，如果第三人选择继续履行合同，其交付剩余价款的期限和方式应当如何确定。一种意见认为，第三人应当在人民法院指定的合理期限交付全部余款，而不能依合同约定的付款期限，否则不利于法院的执行，导致有些案件长期不能执结。由人民法院在征求各方意见、综合考虑各种因素的基础上，指定合理的付款期限，既有利于案件的执行，也基本保护了第三人的合法权益。另一种意见认为，在执行程序中应当充分保护第三人的合法权益。如果允许执行法院指定履行合同的期限，可能会让第三人提前交付价款或增加其他负担，致使对第三人利益的保护不够充分。执行法院无权改变私权的合法约定，无权指定履行期限，第三人还是应当按照合同的约定履行义务。综合考虑执行案件的需要和保护第三人利益之间的平衡，本规定规定应当由第三人在合理期限内向人民法院交付全部余款后，裁定解除查封、扣押、冻结。这个“合理期限”要因案而定。

八、对案外人已付清价款并实际占有的财产不得查封

问：第三人购买被执行人的财产，执行中如何认定该财产的归属？

答：执行实践中经常遇到这样的问题，被执行人将其财产卖给第三人，第三人已经支付全部价款并实际占有使用，但是没有办理过户登记手续，甚至第三人又将该财产卖给他人，也没有办理过户登记手续，依然登记在被执行人名下，这种情况下能否执行该财产？这是一个争议很大的问题。一种意见认为，根据物权变动登记理论，原则上未办理过户登记手续的，第三人不能取得所有权，因为从权属上讲，此时该财产仍属被执行人所有，人民法院可以查封、扣押、冻结。另一种意见认为，由于我国尚无完备的物权登记制

度，目前有关部门的登记仅是行政管理的手段，因此不宜将之作为认定所有权转移的标准。第三人已经支付全部价款并实际占有的，即使尚未办理登记手续，也应当认定其已取得该财产的所有权，人民法院不应当查封、扣押、冻结。

究竟应当如何解决这个问题，我们认为应当从实际出发，从维护交易秩序和善意一方的利益出发，在坚持以登记为标准的原则下，引入过错原则。一方面我国现行法律如《城市房地产管理法》、《土地管理法》已明确规定了不动产登记制度。虽然对目前有关管理部门登记的性质尚有很大争议，究竟是物权登记主义还是行政管理主义不甚明了，但是可以认为这种登记具有物权登记的性质，在民事活动中也基本上是以登记作为认定所有权的标准。因此我们应当坚持不动产物权的设立、移转、变更以登记为准的原则，而且目前的《物权法》草案在不动产物权登记上采纳了实质主义的登记体例。在这个原则下，辅以第三人过错原则。这是因为登记实践中确实存在登记困难等实际问题，一律按照过户登记作为所有权转移的标准有时是不公平的，会损害第三人的合法权益。如果第三人已经支付全部价款并实际占有，虽然没有办理过户登记手续，但第三人对此没有过错的，如由于登记部门的原因或者其他非第三人所能控制的原因，应当认定其已经取得该财产的所有权，应当裁定解除对该财产的查封、扣押、冻结，以公平保护第三人的合法权益。

九、对其他法院已查封的财产可以轮候查封

问：什么是轮候查封？其意义何在？

答：轮候查封就是对其他人民法院已经查封的财产，执行法院在登记机关进行登记或者在该其他人民法院进行记载，查封依法解除后，在先的轮候查封自动转化为正式查封的制度。这个问题的提出，是由于在诉讼和执行过程中，在前后两个案件分别由两个法院管辖的情况下，因法律禁止重复查封、扣押、冻结，又无其他相应的信息沟通机制，在第一次查封、扣押、冻结被解除后，其他法院往往不可能立即获悉在先查封、扣押、冻结被解除的信息，从而导致在后的查封、扣押、冻结不可能立即实施，债务人往往会借机转移财产，其他债权人的利益因此而遭受不应有的损失。有的地方甚至利用禁止重复查封、扣押、冻结制度搞地方保护主义，为了达到保护某个被执行人的目的，将其全部财产先予查封、扣押、冻结，以阻止外地法院执行，然后再找机会解除查封、扣押、冻结，导致其他法院的执行落空。针对这种情况，各方面都要求参照其他国家的立法经验，尽快建立轮候查封制度，允许人民法院对已经查封、扣押、冻结的财产轮候查封、扣押、冻结。在最高人民法院与国土资源部、建设部联合下发的《关于依法规范人民法院执行和国土资源、房地产管理部门协助执行若干问题的通知》中已经规定了这一制度，社会反映良好。这次通过司法解释的形式固定下来。

十、明确了查封不同财产的期限

问：为什么要规定查封、扣押、冻结的期限？为什么规定的期限长短不一？

答：我国现行法律对动产和不动产的查封、扣押未限定任何期限，只有司法机关的一些规范性文件对部分财产的查封、冻结规定了期限，如对银行存款的冻结期限为六个月，对上市公司国有股和社会法人股的冻结期限为一年。实践中，有些法院在对被执行人的财产查封、扣押、冻结后，未再采取进一步的执行措施，导致该财产被长期查封、扣押、冻结。这种状况，既不利于债权人实现债权，也不利于充分发挥财产的效用和实现财产的流转。鉴于此，本规定改变了查封、扣押、冻结无期限的旧观念，明确规定对动产查封、扣押的期限为一年，对不动产查封的期限为两年，对其他财产权冻结期限也为两年，但法律或者司法解释另有规定的除外。之所以规定不同的期限，主要是考虑到对动产与不动产、其他财产权的变价程序、变价方法有所不同，复杂程度也不同，因而所需要的时间也不同。同时考虑到个案的特殊情况，又规定了续行查封、扣押、冻结的内容。人民法院未能在上述期限内执结的，申请执行人可以申请续行查封、扣押、冻结，续行期限不得超过上述期限的二分之一。期限届满前人民法院未续行查封、扣押、冻结的，其效力消灭。这里未作出续行次数的规定，是考虑到有的执行案件的复杂性和执行标的物变价过程可能会很长等因素。这次本规定作出查封、扣押、冻结期限的规定，对于规范执行秩序，促进执行效率的提高，增强市场经济活力，都具有重要意义。

最高人民法院
关于人民法院民事执行中拍卖、变卖财产的规定

法释〔2004〕16号

（2004年10月26日最高人民法院审判委员会第1330次会议通过
2004年11月15日最高人民法院公告公布　自2005年1月1日起施行）

为了进一步规范民事执行中的拍卖、变卖措施，维护当事人的合法权益，根据《中华人民共和国民事诉讼法》等法律的规定，结合人民法院民事执行工作的实践经验，制定本规定。

第一条　在执行程序中，被执行人的财产被查封、扣押、冻结后，人民法院应当及时进行拍卖、变卖或者采取其他执行措施。

第二条　人民法院对查封、扣押、冻结的财产进行变价处理时，应当首先采取拍卖的方式，但法律、司法解释另有规定的除外。

第三条　人民法院拍卖被执行人财产，应当委托具有相应资质的拍卖机构进行，并对拍卖机构的拍卖进行监督，但法律、司法解释另有规定的除外。

第四条　对拟拍卖的财产，人民法院应当委托具有相应资质的评估机构进行价格评估。对于财产价值较低或者价格依照通常方法容易确定的，可以不进行评估。

当事人双方及其他执行债权人申请不进行评估的，人民法院应当准许。

对被执行人的股权进行评估时，人民法院可以责令有关企业提供会计报表等资料；有关企业拒不提供的，可以强制提取。

第五条　评估机构由当事人协商一致后经人民法院审查确定；协商不成的，从负责执行的人民法院或者被执行人财产所在地的人民法院确定的评估机构名册中，采取随机的方式确定；当事人双方申请通过公开招标方式确定评估机构的，人民法院应当准许。

第六条　人民法院收到评估机构作出的评估报告后，应当在五日内将评估报告发送当事人及其他利害关系人。当事人或者其他利害关系人对评估报告有异议的，可以在收到评估报告后十日内以书面形式向人民法院提出。

当事人或者其他利害关系人有证据证明评估机构、评估人员不具备相应的评估资质或者评估程序严重违法而申请重新评估的，人民法院应当准许。

第七条 拍卖机构由当事人协商一致后经人民法院审查确定；协商不成的，从负责执行的人民法院或者被执行人财产所在地的人民法院确定的拍卖机构名册中，采取随机的方式确定；当事人双方申请通过公开招标方式确定拍卖机构的，人民法院应当准许。

第八条 拍卖应当确定保留价。

拍卖保留价由人民法院参照评估价确定；未作评估的，参照市价确定，并应当征询有关当事人的意见。

人民法院确定的保留价，第一次拍卖时，不得低于评估价或者市价的百分之八十；如果出现流拍，再行拍卖时，可以酌情降低保留价，但每次降低的数额不得超过前次保留价的百分之二十。

第九条 保留价确定后，依据本次拍卖保留价计算，拍卖所得价款在清偿优先债权和强制执行费用后无剩余可能的，应当在实施拍卖前将有关情况通知申请执行人。申请执行人于收到通知后五日内申请继续拍卖的，人民法院应当准许，但应当重新确定保留价；重新确定的保留价应当大于该优先债权及强制执行费用的总额。

依照前款规定流拍的，拍卖费用由申请执行人负担。

第十条 执行人员应当对拍卖财产的权属状况、占有使用情况等进行必要的调查，制作拍卖财产现状的调查笔录或者收集其他有关资料。

第十一条 拍卖应当先期公告。

拍卖动产的，应当在拍卖七日前公告；拍卖不动产或者其他财产权的，应当在拍卖十五日前公告。

第十二条 拍卖公告的范围及媒体由当事人双方协商确定；协商不成的，由人民法院确定。拍卖财产具有专业属性的，应当同时在专业性报纸上进行公告。

当事人申请在其他新闻媒体上公告或者要求扩大公告范围的，应当准许，但该部分的公告费用由其自行承担。

第十三条 拍卖不动产、其他财产权或者价值较高的动产的，竞买人应当于拍卖前向人民法院预交保证金。申请执行人参加竞买的，可以不预交保证金。保证金的数额由人民法院确定，但不得低于评估价或者市价的百分之五。

应当预交保证金而未交纳的，不得参加竞买。拍卖成交后，买受人预交的保证金充抵价款，其他竞买人预交的保证金应当在三日内退还；拍卖未成交的，保证金应当于三日内退还竞买人。

第十四条 人民法院应当在拍卖五日前以书面或者其他能够确认收悉的适当方式，通知当事人和已知的担保物权人、优先购买权人或者其他优先权人于拍卖日到场。

优先购买权人经通知未到场的，视为放弃优先购买权。

第十五条　法律、行政法规对买受人的资格或者条件有特殊规定的，竞买人应当具备规定的资格或者条件。

申请执行人、被执行人可以参加竞买。

第十六条　拍卖过程中，有最高应价时，优先购买权人可以表示以该最高价买受，如无更高应价，则拍归优先购买权人；如有更高应价，而优先购买权人不作表示的，则拍归该应价最高的竞买人。

顺序相同的多个优先购买权人同时表示买受的，以抽签方式决定买受人。

第十七条　拍卖多项财产时，其中部分财产卖得的价款足以清偿债务和支付被执行人应当负担的费用的，对剩余的财产应当停止拍卖，但被执行人同意全部拍卖的除外。

第十八条　拍卖的多项财产在使用上不可分，或者分别拍卖可能严重减损其价值的，应当合并拍卖。

第十九条　拍卖时无人竞买或者竞买人的最高应价低于保留价，到场的申请执行人或者其他执行债权人申请或者同意以该次拍卖所定的保留价接受拍卖财产的，应当将该财产交其抵债。

有两个以上执行债权人申请以拍卖财产抵债的，由法定受偿顺位在先的债权人优先承受；受偿顺位相同的，以抽签方式决定承受人。承受人应受清偿的债权额低于抵债财产的价额的，人民法院应当责令其在指定的期间内补交差额。

第二十条　在拍卖开始前，有下列情形之一的，人民法院应当撤回拍卖委托：

（一）据以执行的生效法律文书被撤销的；

（二）申请执行人及其他执行债权人撤回执行申请的；

（三）被执行人全部履行了法律文书确定的金钱债务的；

（四）当事人达成了执行和解协议，不需要拍卖财产的；

（五）案外人对拍卖财产提出确有理由的异议的；

（六）拍卖机构与竞买人恶意串通的；

（七）其他应当撤回拍卖委托的情形。

第二十一条　人民法院委托拍卖后，遇有依法应当暂缓执行或者中止执行的情形的，应当决定暂缓执行或者裁定中止执行，并及时通知拍卖机构和当事人。拍卖机构收到通知后，应当立即停止拍卖，并通知竞买人。

暂缓执行期限届满或者中止执行的事由消失后，需要继续拍卖的，人民法院应当在十五日内通知拍卖机构恢复拍卖。

第二十二条　被执行人在拍卖日之前向人民法院提交足额金钱清偿债务，要求停止拍卖的，人民法院应当准许，但被执行人应当负担因拍卖支出的必要费用。

第二十三条　拍卖成交或者以流拍的财产抵债的，人民法院应当作出裁定，并于价款或者需要补交的差价全额交付后十日内，送达买受人或者承受人。

第二十四条　拍卖成交后，买受人应当在拍卖公告确定的期限或者人民法院指定的期限内将价款交付到人民法院或者汇入人民法院指定的账户。

第二十五条　拍卖成交或者以流拍的财产抵债后，买受人逾期未支付价款或者承受人逾期未补交差价而使拍卖、抵债的目的难以实现的，人民法院可以裁定重新拍卖。重新拍卖时，原买受人不得参加竞买。

重新拍卖的价款低于原拍卖价款造成的差价、费用损失及原拍卖中的佣金，由原买受人承担。人民法院可以直接从其预交的保证金中扣除。扣除后保证金有剩余的，应当退还原买受人；保证金数额不足的，可以责令原买受人补交；拒不补交的，强制执行。

第二十六条　拍卖时无人竞买或者竞买人的最高应价低于保留价，到场的申请执行人或者其他执行债权人不申请以该次拍卖所定的保留价抵债的，应当在六十日内再行拍卖。

第二十七条　对于第二次拍卖仍流拍的动产，人民法院可以依照本规定第十九条的规定将其作价交申请执行人或者其他执行债权人抵债。申请执行人或者其他执行债权人拒绝接受或者依法不能交付其抵债的，人民法院应当解除查封、扣押，并将该动产退还被执行人。

第二十八条　对于第二次拍卖仍流拍的不动产或者其他财产权，人民法院可以依照本规定第十九条的规定将其作价交申请执行人或者其他执行债权人抵债。申请执行人或者其他执行债权人拒绝接受或者依法不能交付其抵债的，应当在六十日内进行第三次拍卖。

第三次拍卖流拍且申请执行人或者其他执行债权人拒绝接受或者依法不能接受该不动产或者其他财产权抵债的，人民法院应当于第三次拍卖终结之日起七日内发出变卖公告。自公告之日起六十日内没有买受人愿意以第三次拍卖的保留价买受该财产，且申请执行人、其他执行债权人仍不表示接受该财产抵债的，应当解除查封、冻结，将该财产退还被执行人，但对该财产可以采取其他执行措施的除外。

第二十九条　动产拍卖成交或者抵债后，其所有权自该动产交付时起转移给买受人或者承受人。

不动产、有登记的特定动产或者其他财产权拍卖成交或者抵债后，该不动产、特定动产的所有权、其他财产权自拍卖成交或者抵债裁定送达买受人或者承受人时起转移。

第三十条 人民法院裁定拍卖成交或者以流拍的财产抵债后，除有依法不能移交的情形外，应当于裁定送达后十五日内，将拍卖的财产移交买受人或者承受人。被执行人或者第三人占有拍卖财产应当移交而拒不移交的，强制执行。

第三十一条 拍卖财产上原有的担保物权及其他优先受偿权，因拍卖而消灭，拍卖所得价款，应当优先清偿担保物权人及其他优先受偿权人的债权，但当事人另有约定的除外。

拍卖财产上原有的租赁权及其他用益物权，不因拍卖而消灭，但该权利继续存在于拍卖财产上，对在先的担保物权或者其他优先受偿权的实现有影响的，人民法院应当依法将其除去后进行拍卖。

第三十二条 拍卖成交的，拍卖机构可以按照下列比例向买受人收取佣金：

拍卖成交价200万元以下的，收取佣金的比例不得超过5%；超过200万元至1000万元的部分，不得超过3%；超过1000万元至5000万元的部分，不得超过2%；超过5000万元至1亿元的部分，不得超过1%；超过1亿元的部分，不得超过0.5%。

采取公开招标方式确定拍卖机构的，按照中标方案确定的数额收取佣金。

拍卖未成交或者非因拍卖机构的原因撤回拍卖委托的，拍卖机构为本次拍卖已经支出的合理费用，应当由被执行人负担。

第三十三条 在执行程序中拍卖上市公司国有股和社会法人股的，适用最高人民法院《关于冻结、拍卖上市公司国有股和社会法人股若干问题的规定》。

第三十四条 对查封、扣押、冻结的财产，当事人双方及有关权利人同意变卖的，可以变卖。

金银及其制品、当地市场有公开交易价格的动产、易腐烂变质的物品、季节性商品、保管困难或者保管费用过高的物品，人民法院可以决定变卖。

第三十五条 当事人双方及有关权利人对变卖财产的价格有约定的，按照其约定价格变卖；无约定价格但有市价的，变卖价格不得低于市价；无市价但价值较大、价格不易确定的，应当委托评估机构进行评估，并按照评估价格进行变卖。

按照评估价格变卖不成的，可以降低价格变卖，但最低的变卖价不得低于评估价的二分之一。

变卖的财产无人应买的，适用本规定第十九条的规定将该财产交申请执行人或者其他执行债权人抵债；申请执行人或者其他执行债权人拒绝接受或者依法不能交付其抵债的，人民法院应当解除查封、扣押，并将该财产退还被执行人。

第三十六条 本规定自2005年1月1日起施行。施行前本院公布的司法解释与本规定不一致的，以本规定为准。

【链 接】

最高人民法院有关负责人就《关于人民法院民事执行中拍卖、变卖财产的规定》答记者问

一、司法解释出台的背景

问：最高人民法院于2004年11月25日公布了《关于人民法院民事执行中拍卖、变卖财产的规定》(以下简称本规定)，请您介绍一下为什么要出台这一司法解释?

答：近年来，在执行程序中通过拍卖、变卖的方式对查封、扣押、冻结的财产进行变现的案件越来越多，情况也越来越复杂，给执行和拍卖实践带来了许多新情况、新问题。现行《民事诉讼法》关于拍卖、变卖的规定非常原则。我国虽然有专门的《拍卖法》，但《拍卖法》主要用来调整公民、法人和其他组织自主委托拍卖企业所进行的拍卖活动，而法院在执行过程中委托拍卖企业所进行的拍卖有其特殊性，有很多特殊问题需要作出专门规定。1998年，最高人民法院出台了《关于人民法院执行工作若干问题的规定（试行)》，该司法解释对拍卖、变卖问题虽作出了一些补充规定，但总体上仍很笼统。各地法院在实际操作中常常遇到许多具体的法律适用问题，现行法律和司法解释已经不能适应执行工作的需要。同时，由于拍卖法律制度不完善，执行程序中因拍卖环节而出现的违法违纪问题也时有发生。因此，各级法院和社会各界都希望尽快出台新的司法解释。为了进一步规范民事执行中的拍卖、变卖措施，及时指导各级人民法院正确处理拍卖过程中遇到的问题，有效地制约执行人员的执行行为和拍卖企业的拍卖行为，保证拍卖程序的顺利进行，切实依法维护当事人的合法权益，最高人民法院决定制定关于民事执行中拍卖、变卖财产的司法解释。2003年初，最高人民法院根据法律规定的原则和各地法院的实践经验，起草了本规定的初稿。经过多次调研、论证，

并在广泛征求国家立法机关、专家学者和拍卖行业协会等社会各界意见的基础上，前后修改达数十稿，最后经最高人民法院审判委员会讨论通过。

二、处理查封财产拍卖是首选

问：执行程序中处理查封、扣押、冻结的财产时，为什么要首先选择拍卖的方式？有无例外？

答：执行程序中之所以要对查封、扣押、冻结的财产进行变现，目的在于用卖得的价款清偿债务。执行财产卖得的价款越高，就越有利于实现债权，同时也越有利于保护债务人的合法权益。因此，选择何种方式对执行财产进行变现处理，至关重要。拍卖具有公开、公平竞争等特点，对查封、扣押、冻结的财产通过公平竞价的方式公开进行拍卖，有利于杜绝暗箱操作，实现价格的最大化。相反，变卖措施则缺乏公开性、透明度和竞争性，程序上也比较随意，不仅不利于执行财产卖得最高的价格，而且容易导致权力滥用。正是基于这种考虑，本规定强调人民法院在处理被执行的财产时，应当把拍卖作为首选方式。

但是，因拍卖必须遵循严格的程序，难免要花费时间和费用，从交易成本上考虑，一概采取拍卖措施进行变价，在很多情况下未必对当事人有利。此外，对于某些特殊的执行财产，也需要采取简易的方式迅速作出处理。因此，我们在坚持优先进行拍卖的同时，把变卖这种简便经济的变价方式作为必要的补充。本规定第三十四条规定，对于当事人双方及有关权利人同意变卖的财产，以及在查封标的物为金银及其制品、当地市场有公开交易价格的动产、易腐烂变质的物品、季节性商品、保管困难或者保管费用过高的物品等情形下，可以采取变卖的方式处理。

三、对评估结果不服可以提出异议

问：本规定中规定当事人及其他利害关系人可以对评估报告提出异议，甚至可以申请重新评估。请问，作出这一规定主要是出于何种考虑？

答：在拍卖之前，由专门机构或专业人员对查封、扣押、冻结的财产依据一定的方法、程序和标准进行价格评估，可以为合理地确定拍卖保留价提供重要的参考依据。但是，评估是一项非常复杂的工作，容易受到各种主客观因素的影响和制约。实践中，不同评估机构对同一执行标的物的评估结论往往不一致，有时还会出现很大的差异，有些评估结果甚至与标的物的实际价值有很大出入，当事人意见很大。为防止因评估价格过高或过低影响拍卖保留价的确定，给当事人的利益造成损害，本规定第六条明确赋予当事人和其他利害关系人一定的救济权利，使他们在认为评估报告有问题的情况下，可以向法院提出异议。为保障当事人和其他利害关系人能够及时了解评估结果，本规定中还规定，人民法院应当在收到评估报告后五日内将其发送当事人及其他利害关系人。

关于重新评估的问题，本规定并没有采取完全放开的做法。这主要是考虑到评估结果仅仅是确定拍卖保留价的一个参考因素，在评估阶段如果花费太多的时间、精力和费用，会增加当事人的负担，且影响到执行的效率。因此，本规定第六条第二款仅规定，在有证据证明评估机构、评估人员不具备相关的评估资格或者评估程序严重违法的情况下，当事人或者其他利害关系人才可以申请重新评估。

四、三种方式确定评估、拍卖机构

问：本规定中对确定评估、拍卖机构规定了哪些方式？是否允许法院直接指定评估、拍卖机构？

答：依照现行法律、法规的规定，评估和拍卖都要收取评估费或者佣金。在执行程序中，法院把查封、扣押、冻结的财产委托给哪个评估、拍卖机构进行评估或者拍卖，直接影响到该评估或拍卖机构的经济效益。因此，委托评估或者拍卖机构这一环节很容易出现违法违纪问题。由于现行《民事诉讼法》对评估和拍卖机构的委托方式没有作出明确的规定，各地方法院在实践中的做法也不一致。前几年，很多地方采取由法院直接指定评估或拍卖机构的做法，由于法院在确定评估和拍卖机构的过程中缺乏相应的规范，一些执行人员不幸成为某些评估、拍卖机构拉拢、腐蚀的对象，执行人员滥用权力的情形也时有发生，给执行队伍造成了不良的影响。鉴于此，近年来，很多法院纷纷采取抽签、摇珠等随机的方式选择、确定评估和拍卖机构，取得了很好的效果。本规定对这种做法明确予以肯定。为了进一步完善委托评估、拍卖制度，本规定第五条和第七条对委托评估、拍卖机构规定了三种方式：第一种方式是由当事人双方协商一致后经人民法院审查确定，这种方式充分体现了对市场主体意思自治的尊重。第二种方式是在当事人双方协商不成的情况下，由人民法院召集当事人双方采取抽签、摇珠等随机的方式确定评估、拍卖机构。关于评估和拍卖机构的确定，既要考虑执行工作的效率和廉政建设，又要考虑评估和拍卖行业发展的需要，还应该体现优胜劣汰的原则。鉴于此，本规定还规定了确定评估、拍卖机构的第三种方式：在当事人双方提出申请的情况下，应当通过公开招标的方式确定评估、拍卖机构。公开招标的方式有利于委托到那些资质高、信誉好、收费低、服务好的评估、拍卖机构进行评估或拍卖，从而有利于最大限度地维护当事人的合法权益。

五、不得进行无底价拍卖

问：本规定明确规定拍卖应当确定保留价。请问，确定拍卖保留价的意义何在？保留价的确定要考虑哪些因素？

答：保留价又称底价，是确认拍卖成交的最低价格。在拍卖程序中，竞买人所出的最高价低于保留价的，不能确认拍卖成交。可见，保留价的确定实际上意味着设置了一种权利制衡机制，通过这一机制可以有效地避免利益的过分倾斜，防止因拍卖价格过低对被执行人的合法权益造成损害。当然，我们也注意到，在拍卖实践中，对于那些价值较低的财产经常采取无底价拍卖的做法。考虑到实际操作中究竟应采取有底价拍卖还是无底价拍卖容易引发争议，因此，本规定第八条规定执行中的拍卖一律采取有底价拍卖的做法。

拍卖保留价的确定要综合考虑多种因素。一般认为，评估价是确定保留价的重要参考依据，但保留价与评估价的关系到底如何，保留价是否要严格依据评估价来确定，实践中的做法不统一。有的将评估价下浮一定幅度作为保留价；有的则完全按照评估价确定保留价。我们认为，评估价的功能旨在对拍卖标的物的内在价值进行客观的反映，保留价的功能则在于为被执行人的利益设置最低的保护限度。保留价不等于评估价，更不能以评估价代替保留价。另一方面，保留价的确定又不能过分低于评估价，以免损害被执行人的利益；但也不宜过分高于评估价，以免标的物不能顺利卖出，影响债权的实现。基于上述思路，本规定在确定保留价问题上既赋予法院一定的权力，由其参照评估价确定，又规定了一定的幅度，在第一次拍卖时，法院确定的保留价不得低于评估价的百分之八十；以后每次拍卖时，可以酌情降低保留价，但每次降低的数额不得超过前次保留价的百分之二十。在实际操作中，人民法院应当在充分考虑评估价的基础上，综合考虑当事人的心理预期、拍卖惯例、当地的市场行情以及当事人和案件执行的具体情况等因素，公平合理地确定拍卖保留价。此外，对于未作出评估的财产，明确规定应参照市价确定保留价，并应当征询有关当事人的意见。

六、竞买人应当预交不低于百分之五的保证金

问：本规定中为什么规定竞买人在拍卖前向法院预交保证金？保证金的数额如何确定？

答：本规定第十三条规定竞买人在拍卖前应当交纳保证金，主要有两个目的：一是防止某些竞买人在拍卖时故意出高价应买后不交纳价款，扰乱和妨碍拍卖的顺利进行。实践中确实有一些竞买人参加竞买不是为了取得拍卖的财产，而是为了扰乱拍卖秩序，以达到某种不正当的目的。有的被执行人

还可能通过抬高拍卖价格，妨碍拍卖的正常进行。要求参加竞买的人在拍卖前预交一定数额的保证金，可以大大减少上述情况的发生，保证拍卖乃至整个执行程序的顺利进行。预交保证金的第二个目的，是确保重新拍卖时所增加的费用以及重新拍卖与原拍卖的差价损失，能从保证金中及时扣除。在拍卖成交或者以流拍的财产抵债的情况下，如果买受人逾期不交付价款或者承受人逾期不补交差价而使拍卖、抵债的目的难以实现的，本规定第二十五条规定人民法院可以裁定重新拍卖，并由原买受人承担重新拍卖的价款低于原拍卖价款造成的差价、费用损失及原拍卖的佣金。而只有在拍卖前要求竞买人预交保证金，才能保证法院能够及时将上述差价、费用或佣金直接予以扣除，使整个拍卖程序不因此而受到过分的妨碍或拖延。当然，并不是任何拍卖都要预交保证金，对于那些价值较低的动产的拍卖，可以不要求竞买人预交保证金。

至于保证金的具体数额，因拍卖的情况纷繁复杂，很难作出统一的规定，因此，本规定第十三条只规定了一个最低标准，即不得低于评估价或市价的百分之五。在实际操作中，如果保证金的数额定得过低，就难以起到保证的作用；相反，如果定得过高，可能吸引不到更多的竞买人。因此，法院要根据拍卖财产价值的大小、竞买人以及案件执行等具体情况，合理确定保证金的数额。

七、动产拍卖不超过两次，不动产不超过三次

问：在拍卖实践中，流拍的情形时有发生。如果出现了流拍，是否要继续拍卖，直到拍卖成交为止？

答：在拍卖实践中，流拍确实会经常出现。出现流拍的原因是多方面的，其中的一方面可能是原拍卖所确定的保留价过高。所以，在出现流拍的情况下，一般都要考虑酌情降低保留价后再次进行拍卖。但另一方面，拍卖的次数又不能没有任何限制。这是因为，执行是要讲究成本和效率的，司法资源也是有限的。如果执行成本过高，效率过低，当事人的利益就要受到损害；如果在某个案件上或者某个程序中花费的人力、物力过多，无疑意味着其他案件中相应的人力、物力就可能减少。也就是说，如果对拍卖的次数不作任何限制，就可能影响到其他案件的办理。因此，对拍卖次数进行限制的做法，既是维护当事人利益的需要，也是为了在个案公正和一般公正之间寻求一个平衡点。此外，限制拍卖次数还有一个考虑：在拍卖保留价降低到一定程度后仍然流拍的情况下，如果再次降低保留价拍卖有可能成交，但保留价降得过低，可能会造成拍卖财产以过低的价格贱卖的情况，从而损害被执行人的利益。基于上述考虑，本规定第二十七条和第二十八条对拍卖的次数作出了

明确的限制性规定。考虑到动产的价值一般较低，不动产、其他财产权的价值一般较高或者较为特殊，因此，对动产的拍卖以两次为限，两次拍卖仍然流拍又不能以物抵债的，就要解除查封、扣押，将该动产退还被执行人。不动产、其他财产权则可以拍卖三次，在三次拍卖仍然流拍的情况下，还应该考虑确定一定的期间，再进行一次变卖。如果上述努力都不成功，又不适合采取其他执行措施的，就应当解除查封、扣押、冻结，将该不动产或者其他财产权退还被执行人。将拍卖财产返还被执行人后，对该财产的拍卖就告一段落。当然，如果将来该财产升值，可以考虑重新启动拍卖程序进行拍卖。申请人也可以申请执行被执行人的其他财产。

八、流拍后债权人可以申请以物抵债

问：您刚才谈到了“以物抵债”，请问，本规定是否对该问题作出了明确的规定？在什么情况下可以进行“以物抵债”？

答：本规定对拍卖过程中的“以物抵债”作出了明确的规定。在拍卖未成交的情况下，准许申请执行人或者其他债权人以本次拍卖的保留价接受该财产抵债，既可以使债权人的债权尽快得到实现，又可以使债务人避免因降低保留价拍卖而遭受损失，还可以减少再次拍卖而增加的费用，提高执行的效率。依照本规定第十九条的规定，不论是动产的拍卖，还是不动产、其他财产权的拍卖，在每次拍卖出现无人竞买或者竞买人的最高应价低于保留价即流拍的情况时，到场的申请执行人或者其他执行债权人都可以申请以该次拍卖所确定的保留价接受拍卖财产抵债，人民法院一般应当准许。人民法院也可以在每次流拍后主动征求债权人的意见，在其同意的情况下将拍卖财产交其抵债。本规定中关于抵债的规定不需要征得债务人一方的同意，有人担心这样做会损害债务人的利益。实际上，本规定中对这个问题已经有所考虑，即要求抵债时不能随意作价，而应以该次拍卖所定的保留价为标准进行折抵。有这样一个限制，即使没有债务人的同意，应该也不会对债务人的利益造成损害，而且，这一规定正体现了执行强制性的特点。

在执行实践中，还可能会出现两个或两个以上执行债权人都申请以拍卖财产抵债的情形。本规定第十九条第二款规定，在这种情况下，应由法定受偿顺位在先的债权人优先承受；如果各个债权人的受偿顺位相同，则以抽签方式决定承受人。但是，如果债权人应受清偿的债权额低于抵债财产的价额的，人民法院应当责令其在指定的期间内补交差额，然后将补交的价款分配给其他债权人。

九、不动产所有权自拍卖成交或抵债裁定送达时起转移

问：本规定规定不动产拍卖成交或抵债后，其所有权自拍卖成交或抵债裁定送达时起转移。请问，本规定为什么没有把登记作为不动产所有权转移的生效要件？这与不动产所有权转移应以登记为生效要件的主流观点是否存在冲突？

答：拍卖财产的所有权或者其他权利何时转移给买受人，直接关系到拍卖的效果和各方当事人的利益，是强制执行实践中必须予以解决的问题。比如，在不动产拍卖成交裁定送达后办理过户登记前，如果被执行人破产的，该不动产的所有权何时转移给买受人就是一个非常有实际意义的问题。如果认为不动产的所有权自拍卖成交裁定送达时起即转移给买受人，该不动产就不应被作为破产财产；相反，如果认为拍卖成交后不动产所有权的转移必须以登记为要件，该不动产就应被列为破产财产，买受人只能通过其他途径寻求救济。这个问题尽管非常重要，但我国《民事诉讼法》并未作出明确规定，而法院却不能因为我国法律对此还未作明确规定而不作出判断和处理。从近现代各国的物权立法来看，物权变动大致可以分为两大类：一类是因合同等法律行为引起的物权变动，另一类则是非基于法律行为引起的物权变动。强制执行程序中的拍卖行为所引起的物权变动应理解为非基于法律行为引起的物权变动。对于非基于法律行为引起的不动产物权变动，许多国家的法律一般都没有将登记作为其生效要件。这样做一是为了弥补登记生效要件主义过于严格，不能完全符合社会交易便捷要求的不足；二是该类物权变动或有法律的直接规定，或有国家权力的介入，其变动事实上已经发生，而且有明确的存在状态，已经符合了物权公示的要求，登记与否对交易安全没有大的影响。也正是基于上述考虑，本规定第二十九条没有把登记作为不动产所有权转移的生效要件规定，而是规定不动产的所有权自拍卖成交或者抵债裁定送达时起转移给买受人或承受人。

十、拍卖价款和标的物应及时交付

问：本规定对拍卖成交后价款和标的物的交付都提出了特殊的要求，为什么要作出这种规定？

答：首先来看价款的交付。依照本规定第二十四条的规定，拍卖成交后，买受人应当在拍卖公告确定的期限或者人民法院指定的期限内将价款交付到人民法院或者汇入人民法院指定的账户。这一规定有两点值得注意：一是买受人应当在一定期限内交付价款，而且，依照第二十五条的规定，买受人逾期未交付价款的，人民法院可以裁定重新拍卖。这主要是考虑到拍卖只是执

行程序中的一个环节，如果买受人无限期地拖延支付价款，势必影响到执行的效率，债权的实现也因此受到影响。但是，由于作出重新拍卖的裁定毕竟是通过公权力解除了已经生效的拍卖合同关系，因此，必须十分慎重。一般来说，如果买受人不是严重违约而影响债权的实现，或者能够通过其他途径予以补救的，则不宜启动此程序。二是价款应当交付到人民法院或汇入人民法院指定的账户。这一规定主要是为了加大人民法院对拍卖价款的实际控制和监督力度，尽量避免在这一环节出现新的问题和纠纷。

其次来看拍卖标的物的交付。在拍卖标的物的交付问题上，也有两点值得注意：一是在买受人将价款足额交付给法院之前，不允许将拍卖标的物实际移交给买受人，这一点在本规定的第二十三条和第三十条中都有体现。依照第二十三条的规定，拍卖成交裁定于价款全额交付后才能送达买受人；而依照第三十条的规定，拍卖标的物于拍卖成交裁定送达后才能实际移交给买受人。可见，拍卖标的物应当在价款足额交付之后或者同时移交给买受人。这一规定主要是为了避免在标的物实际交付后，买受人拖延支付价款，影响执行程序的顺利进行。实际上，整个规定都贯穿着这样一条思路，即尽量避免因拍卖程序本身而衍生出新的问题和纠纷，使执行程序雪上加霜。应当注意的第二点是，拍卖成交后，人民法院应当在拍卖成交裁定送达后十五日内，及时将拍卖财产移交给买受人。执行实践中，有些法院在拍卖成交后，既无任何正当理由，又迟迟不向买受人移交拍卖标的物，导致买受人的合法权益遭到损害，同时影响了法院自身的威信。因此，本规定第三十条对法院移交拍卖标的物的期限作出了明确的规定，人民法院必须严格按照这一期限移交拍卖的标的物。当然，实践中可能存在着拍卖标的物依法不能移交的情形，例如在执行前，拍卖的房屋已经出租给了第三人，租赁合同还有三年才到期。如果存在上述类似情形，人民法院应当在拍卖前及时向所有的竞买人予以说明，以免在拍卖成交后引发不必要的争议。

十一、拍卖费用将大幅度降低

问：本规定中，对拍卖机构收取佣金的比例，作出了明确的限制性规定，这主要是出于何种考虑？

答：拍卖机构进行的拍卖是一种商业活动，拍卖成交后，拍卖机构都要收取一定比例的佣金。佣金比例的高低，直接影响到申请执行人、被执行人、买受人以及拍卖机构的切身利益，是各方关注的一个焦点问题。目前，《民事诉讼法》对执行程序中拍卖的佣金收取比例未作出规定，各地法院在实践中一般是参照《拍卖法》的规定进行操作。按照《拍卖法》的规定，委托人、买受人可以与拍卖人约定佣金的比例，而且约定佣金的比例没有上限；佣金的比例未作出约定的，拍卖人可以向委托人、买受人双方各收取不超过拍卖成交价5%的佣金。收取佣金的比例按照同拍卖成交价成反比的原则确定。由于《拍卖法》对佣金收取的比例仅仅规定了上限，各地法院和拍卖机构在实际操作中很难具体进行把握，佣金偏高或偏低的现象时有发生。鉴于此，本规定第三十二条对佣金收取的比例分段作出了具体的规定，即拍卖成交价200万元以下的，收取佣金的比例不得超过5%；超过200万元至1000万元的部分，不得超过3%；超过1000万元至5000万元的部分，不得超过2%；超过5000万元至1亿元的部分，不得超过1%；超过1亿元的部分，不得超过0.5%。对于采取公开招标的方式确定拍卖机构的，则应当按照中标确定的方案收取佣金。由于公开招标的方式是各拍卖机构在公开、公平的原则下进行竞标的，收取佣金的数额又可以低于本规定规定的比例，因此，采取这种方式将会大大减少佣金的数额。同时，考虑到实践中佣金收取的数额普遍偏高，不利于债权的实现，因此，本规定明确规定拍卖机构只能向买受人单方收取佣金。我们相信，此司法解释的出台，拍卖成本将大大降低。总之，将有利于最大限度地实现债权，最大限度地减少执行成本，最大限度地维护当事人和案外人的合法权益。

最高人民法院
关于人民法院执行设定抵押的房屋的规定

法释〔2008〕18号

（2005年11月14日最高人民法院审判委员会第1371次会议通过
2005年12月14日以法释〔2005〕14号公布　自2005年12月21日起施行
根据2008年12月16日发布的《最高人民法院关于调整司法解释等
文件中引用〈中华人民共和国民事诉讼法〉条文序号的决定》调整）

根据《中华人民共和国民事诉讼法》等法律的规定，结合人民法院民事执行工作的实践，对人民法院根据抵押权人的申请，执行设定抵押的房屋的问题规定如下：

第一条　对于被执行人所有的已经依法设定抵押的房屋，人民法院可以查封，并可以根据抵押权人的申请，依法拍卖、变卖或者抵债。

第二条　人民法院对已经依法设定抵押的被执行人及其所扶养家属居住的房屋，在裁定拍卖、变卖或者抵债后，应当给予被执行人六个月的宽限期。

在此期限内，被执行人应当主动腾空房屋，人民法院不得强制被执行人及其所扶养家属迁出该房屋。

第三条 上述宽限期届满后，被执行人仍未迁出的，人民法院可以作出强制迁出裁定，并按照民事诉讼法第二百二十六条的规定执行。

强制迁出时，被执行人无法自行解决居住问题的，经人民法院审查属实，可以由申请执行人为被执行人及其所扶养家属提供临时住房。

第四条 申请执行人提供的临时住房，其房屋品质、地段可以不同于被执行人原住房，面积参照建设部、财政部、民政部、国土资源部和国家税务总局联合发布的《城镇最低收入家属廉租住房管理办法》所规定的人均廉租住房面积标准确定。

第五条 申请执行人提供的临时住房，应当计收租金。租金标准由申请执行人和被执行人双方协商确定；协商不成的，由人民法院参照当地同类房屋租金标准确定，当地无同类房屋租金标准可以参照的，参照当地房屋租赁市场平均租金标准确定。

已经产生的租金，可以从房屋拍卖或者变卖价款中优先扣除。

第六条 被执行人属于低保对象且无法自行解决居住问题的，人民法院不应强制迁出。

第七条 本规定自公布之日起施行。施行前本院已公布的司法解释与本规定不一致的，以本规定为准。

最高人民法院
关于人民法院委托评估、拍卖和变卖工作的若干规定

法释〔2009〕16号

（2009年8月24日最高人民法院审判委员会第1472次会议通过
2009年11月12日最高人民法院公告公布　自2009年11月20日起施行）

为规范人民法院委托评估、拍卖和变卖工作，保障当事人的合法权益，维护司法公正，根据《中华人民共和国民事诉讼法》等有关法律的规定，结合人民法院委托评估、拍卖和变卖工作实际，制定本规定。

第一条 人民法院司法技术管理部门负责本院的委托评估、拍卖和流拍财产的变卖工作，依法对委托评估、拍卖机构的评估、拍卖活动进行监督。

第二条　根据工作需要，下级人民法院可将评估、拍卖和变卖工作报请上级人民法院办理。

第三条　人民法院需要对异地的财产进行评估或拍卖时，可以委托财产所在地人民法院办理。

第四条　人民法院按照公开、公平、择优的原则编制人民法院委托评估、拍卖机构名册。

人民法院编制委托评估、拍卖机构名册，应当先期公告，明确入册机构的条件和评审程序等事项。

第五条　人民法院在编制委托评估、拍卖机构名册时，由司法技术管理部门、审判部门、执行部门组成评审委员会，必要时可邀请评估、拍卖行业的专家参加评审。

第六条　评审委员会对申请加入人民法院委托评估、拍卖名册的机构，应当从资质等级、职业信誉、经营业绩、执业人员情况等方面进行审查、打分，按分数高低经过初审、公示、复审后确定进入名册的机构，并对名册进行动态管理。

第七条　人民法院选择评估、拍卖机构，应当在人民法院委托评估、拍卖机构名册内采取公开随机的方式选定。

第八条　人民法院选择评估、拍卖机构，应当通知审判、执行人员到场，视情况可邀请社会有关人员到场监督。

第九条　人民法院选择评估、拍卖机构，应当提前通知各方当事人到场；当事人不到场的，人民法院可将选择机构的情况，以书面形式送达当事人。

第十条　评估、拍卖机构选定后，人民法院应当向选定的机构出具委托书，委托书中应当载明本次委托的要求和工作完成的期限等事项。

第十一条　评估、拍卖机构接受人民法院的委托后，在规定期限内无正当理由不能完成委托事项的，人民法院应当解除委托，重新选择机构，并对其暂停备选资格或从委托评估、拍卖机构名册内除名。

第十二条　评估机构在工作中需要对现场进行勘验的，人民法院应当提前通知审判、执行人员和当事人到场。当事人不到场的，不影响勘验的进行，但应当有见证人见证。评估机构勘验现场，应当制作现场勘验笔录。

勘验现场人员、当事人或见证人应当在勘验笔录上签字或盖章确认。

第十三条　拍卖财产经过评估的，评估价即为第一次拍卖的保留价；未作评估的，保留价由人民法院参照市价确定，并应当征询有关当事人的意见。

第十四条　审判、执行部门未经司法技术管理部门同意擅自委托评估、拍卖，或对流拍财产进行变卖的，按照有关纪律规定追究责任。

第十五条　人民法院司法技术管理部门，在组织评审委员会审查评估、拍卖入册机构，或选择评估、拍卖机构，或对流拍财产进行变卖时，应当通知本院纪检监察部门。纪检监察部门可视情况派员参加。

第十六条 施行前本院公布的司法解释与本规定不一致的，以本规定为准。

【链 接】

规范委托评估拍卖 确保司法公正廉洁

——最高人民法院有关负责人就《关于人民法院委托评估、拍卖和变卖工作的若干规定》答记者问

2009年11月12日，最高人民法院公布了《人民法院委托评估、拍卖和变卖工作的若干规定》（以下简称《规定》）。

问：请问，最高人民法院制定这部司法解释的背景和目的是什么？

答：随着人民法院涉及委托评估、拍卖和变卖案件逐年增多，司法实践中反映出一些新的亟待明确或者解决的问题。各地法院在司法实践中遇到的这些具体法律适用问题，现行的法律和司法解释没有明确。同时，因管理部门不明确、监督制度不完善，对外委托评估、拍卖和变卖环节出现违法违纪问题时有发生，严重影响了司法公正和法院的形象。因此，各级法院和社会各界都希望尽快出台新的司法解释。

为了进一步规范人民法院委托评估、拍卖和变卖工作，及时指导各级人民法院正确处理委托评估、拍卖和变卖过程中遇到的问题，有效地监督对外委托评估、拍卖和变卖活动，切实依法维护当事人的合法权益，历经两年的起草制定过程，最高人民法院出台了这部司法解释，其目的只有一个，就是依法履行好宪法、法律赋予最高人民法院的工作职责，通过司法解释的形式对人民法院对外委托拍卖、评估和变卖工作进行规范，切实保障审判和执行工作的顺利进行。

问：这部司法解释规范的是司法实践中容易出问题的环节，也是引起社会广泛关注的问题，是否对起草制定工作有着更高的要求？

答：对人民法院对外委托评估、拍卖、变卖工作进行统一规范，有利于维护当事各方的切身利益，确保案件得到公正处理，有利于维护法院自身的廉洁，最高人民法院对此高度重视。自启动以来，在反复征求全国各高级人

民法院和部分中、基层人民法院意见的基础上，针对司法实践中反映出来的需要解释的问题，经过多次调研、论证，起草了初稿，并广泛征求了人民法院司法实践部门、专家学者和评估、拍卖行业协会等社会各界的意见，前后修改达数十稿。

在《规定》起草过程中，注意贯彻了以下指导思想：一是秉承立法原意，严格遵循《民事诉讼法》的有关规定，将人民法院对外委托评估、拍卖和变卖工作进行了统一规定。二是根据审判实践需要，有针对性地解决具有普遍意义的法律适用问题，如人民法院委托评估、拍卖、变卖工作的管理职能部门，人民法院委托评估、拍卖机构名册的编制和管理问题，评估、拍卖机构的选择问题，对异地财产进行评估或拍卖等问题。三是监督和制约原则，如规定了人民法院在编制委托评估、拍卖机构名册时纪检、监察、审判、执行部门组成评审委员会，并可邀请评估、拍卖行业的专家参加评审。四是利益保护原则，如机构随机选择、保留价征询当事人意见等。

问：《规定》与2004年《最高人民法院关于人民法院民事执行中拍卖、变卖财产的规定》是何关系？最高人民法院对司法解释的施行有什么特殊的考虑？

答：《规定》是根据《民事诉讼法》等法律的有关规定，针对司法实践中反映出来的需要解释的问题，包括人民法院委托评估、拍卖、变卖工作的管理、协调部门，评估、拍卖机构名册的编制及机构的选择方式等，根据现行法律法规的规定加以修正、补充后，对委托评估、委托拍卖和变卖工作中的一些原则性问题进行了规定，是对2004年《最高人民法院关于人民法院民事执行中拍卖、变卖财产的规定》的补充和完善。最高人民法院之前公布的司法解释与本司法解释不一致的，以本司法解释为准。本司法解释没有涉及的内容，仍按以前的司法解释执行。

最高人民法院
关于人民法院委托评估、拍卖工作的若干规定

法释〔2011〕21号

（2010年8月16日最高人民法院审判委员会第1492次会议通过
2011年9月7日最高人民法院公告公布　自2012年1月1日起施行）

为进一步规范人民法院委托评估、拍卖工作，促进审判执行工作公正、廉洁、高效，维护当事人的合法权益，根据《中华人民共和国民事诉讼法》等有关法律规定，结合人民法院工作实际，制定本规定。

第一条　人民法院司法辅助部门负责统一管理和协调司法委托评估、拍卖工作。

第二条　取得政府管理部门行政许可并达到一定资质等级的评估、拍卖机构，可以自愿报名参加人民法院委托的评估、拍卖活动。

人民法院不再编制委托评估、拍卖机构名册。

第三条　人民法院采用随机方式确定评估、拍卖机构。高级人民法院或者中级人民法院可以根据本地实际情况统一实施对外委托。

第四条　人民法院委托的拍卖活动应在有关管理部门确定的统一交易场所或网络平台上进行，另有规定的除外。

第五条　受委托的拍卖机构应通过管理部门的信息平台发布拍卖信息，公示评估、拍卖结果。

第六条　涉国有资产的司法委托拍卖由省级以上国有产权交易机构实施，拍卖机构负责拍卖环节相关工作，并依照相关监管部门制定的实施细则进行。

第七条　《中华人民共和国证券法》规定应当在证券交易所上市交易或转让的证券资产的司法委托拍卖，通过证券交易所实施，拍卖机构负责拍卖环节相关工作；其他证券类资产的司法委托拍卖由拍卖机构实施，并依照相关监管部门制定的实施细则进行。

第八条　人民法院对其委托的评估、拍卖活动实行监督。出现下列情形之一，影响评估、拍卖结果，侵害当事人合法利益的，人民法院将不再委托其从事委托评估、拍卖工作。涉及违反法律法规的，依据有关规定处理：

（1）评估结果明显失实；

（2）拍卖过程中弄虚作假、存在瑕疵；

（3）随机选定后无正当理由不能按时完成评估拍卖工作；

（4）其他有关情形。

第九条　各高级人民法院可参照本规定，结合各地实际情况，制定实施细则，报最高人民法院备案。

第十条　本规定自2012年1月1日起施行。此前的司法解释和有关规定，与本规定相抵触的，以本规定为准。

最高人民法院
关于实施《最高人民法院关于人民法院委托评估、拍卖工作的若干规定》有关问题的通知

（2012年2月6日　法〔2012〕30号）

各省、自治区、直辖市高级人民法院，新疆维吾尔自治区高级人民法院生产建设兵团分院：

《最高人民法院关于人民法院委托评估、拍卖工作的若干规定》（以下简称《规定》）已由最高人民法院审判委员会第1492次会议通过，并于2012年1月1日起实施。为保证《规定》的顺利实施，现就有关问题通知如下：

一、各省、自治区、直辖市高级人民法院可以根据司法委托评估、拍卖财产的价值和拍卖标的的实际情况，确定参加司法委托评估、拍卖活动机构的资质等级范围。

未开展资质等级评定的评估行业，人民法院可以会同当地行业主管部门或评估行业协会，确定参加人民法院评估活动机构的资质条件。

二、拍卖机构的资质等级，指由中国拍卖行业协会根据《拍卖企业的等级评估与等级划分》评定的拍卖机构资质等级。

评估机构的资质等级，指由国家有关评估行业主管部门或评估行业协会评定的评估机构资质等级。

三、符合资质等级标准的评估、拍卖机构，每年年末向所在地区的高级或中级人民法院提出申请，作为下一年度人民法院委托评估、拍卖入选机构，履行相应的责任和义务。

四、各级人民法院对外委托拍卖案件，均须在“人民法院诉讼资产网”上发布拍卖公告，公示评估、拍卖相关信息和结果，法律法规另有规定不需向社会公开的除外。

五、司法委托拍卖标的为国有及国有控股企业的资产及其权益，人民法院委托拍卖机构后，通过省级以上国有产权交易机构的国有产权交易平台依照相关法律法规和司法解释进行拍卖，法律法规另有规定的除外。

六、司法委托拍卖标的为在证券交易所或国务院批准的其他证券交易场所交易、转让的证券，包括股票、国债、公司债券、封闭式基金等证券类资产，人民法院通过证券公司委托证券交易所或国务院批准的其他证券交易场所，由其设立的司法拍卖机构依照相关法律法规、司法解释和交易规则进行拍卖。

七、通过产权交易机构等交易场所或网络平台进行司法委托拍卖所产生的费用在拍卖佣金中扣除。

八、对从事司法委托评估、拍卖活动的机构及责任人未尽责任义务、违规违法操作、存在严重瑕疵，影响评估、拍卖结果的，人民法院可以根据其情节暂停或取消其司法评估、拍卖资格，对违反法律法规的依法处理。

九、最高人民法院负责对各地人民法院实施《规定》的情况进行监督指导。

请各级人民法院将实施《规定》的过程中遇到的问题和情况及时逐级报告我院。

最高人民法院
关于公布失信被执行人名单信息的若干规定

法释〔2017〕7号

（2013年7月1日最高人民法院审判委员会第1582次会议通过
根据2017年2月28日最高人民法院审判委员会第1707次会议
通过的《最高人民法院关于修改〈最高人民法院关于公布
失信被执行人名单信息的若干规定〉的决定》修正）

为促使被执行人自觉履行生效法律文书确定的义务，推进社会信用体系建设，根据《中华人民共和国民事诉讼法》的规定，结合人民法院工作实际，制定本规定。

第一条　被执行人未履行生效法律文书确定的义务，并具有下列情形之一的，人民法院应当将其纳入失信被执行人名单，依法对其进行信用惩戒：

（一）有履行能力而拒不履行生效法律文书确定义务的；

（二）以伪造证据、暴力、威胁等方法妨碍、抗拒执行的；

（三）以虚假诉讼、虚假仲裁或者以隐匿、转移财产等方法规避执行的；

（四）违反财产报告制度的；

（五）违反限制消费令的；

（六）无正当理由拒不履行执行和解协议的。

第二条　被执行人具有本规定第一条第二项至第六项规定情形的，纳入失信被执行人名单的期限为二年。被执行人以暴力、威胁方法妨碍、抗拒执行情节严重或具有多项失信行为的，可以延长一至三年。

失信被执行人积极履行生效法律文书确定义务或主动纠正失信行为的，人民法院可以决定提前删除失信信息。

第三条　具有下列情形之一的，人民法院不得依据本规定第一条第一项的规定将被执行人纳入失信被执行人名单：

（一）提供了充分有效担保的；

（二）已被采取查封、扣押、冻结等措施的财产足以清偿生效法律文书确定债务的；

（三）被执行人履行顺序在后，对其依法不应强制执行的；

（四）其他不属于有履行能力而拒不履行生效法律文书确定义务的情形。

第四条　被执行人为未成年人的，人民法院不得将其纳入失信被执行人名单。

第五条　人民法院向被执行人发出的执行通知中，应当载明有关纳入失信被执行人名单的风险提示等内容。

申请执行人认为被执行人具有本规定第一条规定情形之一的，可以向人民法院申请将其纳入失信被执行人名单。人民法院应当自收到申请之日起十五日内审查并作出决定。人民法院认为被执行人具有本规定第一条规定情形之一的，也可以依职权决定将其纳入失信被执行人名单。

人民法院决定将被执行人纳入失信被执行人名单的，应当制作决定书，决定书应当写明纳入失信被执行人名单的理由，有纳入期限的，应当写明纳入期限。决定书由院长签发，自作出之日起生效。决定书应当按照民事诉讼法规定的法律文书送达方式送达当事人。

第六条　记载和公布的失信被执行人名单信息应当包括：

（一）作为被执行人的法人或者其他组织的名称、统一社会信用代码（或组织机构代码）、法定代表人或者负责人姓名；

（二）作为被执行人的自然人的姓名、性别、年龄、身份证号码；

（三）生效法律文书确定的义务和被执行人的履行情况；

（四）被执行人失信行为的具体情形；

（五）执行依据的制作单位和文号、执行案号、立案时间、执行法院；

（六）人民法院认为应当记载和公布的不涉及国家秘密、商业秘密、个人隐私的其他事项。

第七条 各级人民法院应当将失信被执行人名单信息录入最高人民法院失信被执行人名单库，并通过该名单库统一向社会公布。

各级人民法院可以根据各地实际情况，将失信被执行人名单通过报纸、广播、电视、网络、法院公告栏等其他方式予以公布，并可以采取新闻发布会或者其他方式对本院及辖区法院实施失信被执行人名单制度的情况定期向社会公布。

第八条 人民法院应当将失信被执行人名单信息，向政府相关部门、金融监管机构、金融机构、承担行政职能的事业单位及行业协会等通报，供相关单位依照法律、法规和有关规定，在政府采购、招标投标、行政审批、政府扶持、融资信贷、市场准入、资质认定等方面，对失信被执行人予以信用惩戒。

人民法院应当将失信被执行人名单信息向征信机构通报，并由征信机构在其征信系统中记录。

国家工作人员、人大代表、政协委员等被纳入失信被执行人名单的，人民法院应当将失信情况通报其所在单位和相关部门。

国家机关、事业单位、国有企业等被纳入失信被执行人名单的，人民法院应当将失信情况通报其上级单位、主管部门或者履行出资人职责的机构。

第九条 不应纳入失信被执行人名单的公民、法人或其他组织被纳入失信被执行人名单的，人民法院应当在三个工作日内撤销失信信息。

记载和公布的失信信息不准确的，人民法院应当在三个工作日内更正失信信息。

第十条 具有下列情形之一的，人民法院应当在三个工作日内删除失信信息：

（一）被执行人已履行生效法律文书确定的义务或人民法院已执行完毕的；

（二）当事人达成执行和解协议且已履行完毕的；

（三）申请执行人书面申请删除失信信息，人民法院审查同意的；

（四）终结本次执行程序后，通过网络执行查控系统查询被执行人财产两次以上，未发现有可供执行财产，且申请执行人或者其他人未提供有效财产线索的；

（五）因审判监督或破产程序，人民法院依法裁定对失信被执行人中止执行的；

（六）人民法院依法裁定不予执行的；

（七）人民法院依法裁定终结执行的。

有纳入期限的，不适用前款规定。纳入期限届满后三个工作日内，人民法院应当删除失信信息。

依照本条第一款规定删除失信信息后，被执行人具有本规定第一条规定情形之一的，人民法院可以重新将其纳入失信被执行人名单。

依照本条第一款第三项规定删除失信信息后六个月内，申请执行人申请将该被执行人纳入失信被执行人名单的，人民法院不予支持。

第十一条　被纳入失信被执行人名单的公民、法人或其他组织认为有下列情形之一的，可以向执行法院申请纠正：

（一）不应将其纳入失信被执行人名单的；

（二）记载和公布的失信信息不准确的；

（三）失信信息应予删除的。

第十二条　公民、法人或其他组织对被纳入失信被执行人名单申请纠正的，执行法院应当自收到书面纠正申请之日起十五日内审查，理由成立的，应当在三个工作日内纠正；理由不成立的，决定驳回。公民、法人或其他组织对驳回决定不服的，可以自决定书送达之日起十日内向上一级人民法院申请复议。上一级人民法院应当自收到复议申请之日起十五日内作出决定。

复议期间，不停止原决定的执行。

第十三条　人民法院工作人员违反本规定公布、撤销、更正、删除失信信息的，参照有关规定追究责任。

最高人民法院
关于认真贯彻执行《关于公布失信被执行人名单信息的若干规定》的通知

（2013 年 8 月 2 日　法〔2013〕178 号）

各省、自治区、直辖市高级人民法院，解放军军事法院，新疆维吾尔自治区高级人民法院生产建设兵团分院：

《最高人民法院关于公布失信被执行人名单信息的若干规定》（法释〔2013〕17 号，以下简称《若干规定》）已于 2013 年 7 月 1 日由最高人民法院审判委员会第 1582 次会议通过，自 2013 年 10 月 1 日起施行。为准确把握和正确适用《若干规定》，现就有关问题通知如下：

一、充分认识制定实施《若干规定》的重要意义

制定实施《若干规定》是人民法院正确适用法律的需要。《中华人民共和国民事诉讼法》第十三条首次确立了民事诉讼中的诚实信用原则，并在第二百五十五条对公布不履行义务的被执行人信息及相应的信用惩戒措施做了原则规定。近年来，各地法院依据民事诉讼法有关规定，在对失信被执行人进行信用惩戒方面进行了积极探索，积累了一定的经验。但是，各地实施标准不一，办法各异，加之受地域局限，对被执行人的信用惩戒效果难以充分彰显，迫切需要在总结各地经验的基础上，统一法律适用标准，规范操作程序，并在全国范围内发挥对失信被执行人的信用惩戒功能。为此，最高人民法院制定了《若干规定》，对民事诉讼法相关规定进一步细化和落实。

制定实施《若干规定》是人民法院推进执行工作、破解执行难的需要。建立失信被执行人名单制度，重在发挥三大功能：一是惩戒功能。凡是被纳入失信被执行人名单中的被执行人，就会受到信用惩戒，在政府采购、招标投标、行政审批、政府扶持、融资信贷、市场准入、资质认定等方面受到限制。二是威慑功能。《若干规定》将纳入失信被执行人名单的范围限定为有履行能力而不履行生效法律文书确定义务的被执行人，以区别于无履行能力而不履行生效法律文书确定义务的被执行人，将符合《若干规定》第一条列举的任一情形的被执行人作为严重失信的被执行人，对这部分人形成社会合力，压缩其生存空间，产生相应威慑力。三是引导功能。失信被执行人名单制度是国家社会信用体系建设的重要组成部分，是人民法院积极参与国家信用体系建设的重要举措，对引导诚实信用的社会风尚具有积极作用。

二、《若干规定》适用中应当注意的问题

（一）关于被执行人以虚假诉讼、虚假仲裁方法规避执行的认定。因被执行人的虚假诉讼、虚假仲裁行为，致使相应的法律文书被依法撤销，或者被依法裁定不予执行的，应认定为被执行人具有以虚假诉讼、虚假仲裁方法规避执行的情形，从而将其纳入失信被执行人名单；相应法律文书未经法定程序予以撤销或裁定不予执行的，不应将有关被执行人纳入失信被执行人名单。

（二）关于被执行人风险提示的形式。根据《若干规定》第二条第一款的规定，人民法院应当向被执行人作出有可能被纳入失信被执行人名单的风险提示。对于 2013 年 10 月 1 日前已经立案、向被执行人送达了执行通知书且 2013 年 10 月 1 日之后仍未执行完毕的案件，对被执行人的风险提示将由我院在人民法院报上以公告形式统一作出；对于 2013 年 10 月 1 日之后立案进入执行程序的案件，各级法院应当按照《若干规定》第二条第一款的要求，在

向被执行人发出的《执行通知书》中载明有关纳入失信被执行人名单的风险提示内容。

（三）关于被执行人对纳入失信被执行人名单提出纠正申请的处理。根据《若干规定》第三条，如果被执行人认为将其纳入失信被执行人名单错误的，可以向人民法院申请纠正。人民法院经审查认为理由成立的，应当作出决定予以纠正；人民法院经审查认为理由不成立的，也需要作出决定予以驳回。纠正及驳回的决定，均应制作决定书并送达申请人。

（四）失信被执行人身份信息的公布。《若干规定》第四条第（二）项明确要求在公布失信被执行人名单信息时，应当公布作为失信被执行人的自然人的身份证号码。身份证号码属于特征组合码，由十七位数字本体码和一位校验码组成。排列顺序从左至右依次为六位数字地址码，八位数字出生日期码，三位数字顺序码和一位校验码。为保证最高人民法院失信被执行人名单库数据的准确性，各地法院在将失信被执行人身份信息录入该名单库时，必须录入被执行人的全部身份证号码。在对失信被执行人的身份证号码进行公布时，应当区分两种情况：一是向相关单位定向通报时，应当通报失信被执行人的全部身份证号码，以确保信息使用单位能够有效利用失信被执行人名单信息；二是在向社会公布时，为避免身份证号码对外公布后被滥用，可以采取技术手段隐蔽身份证号码中表示出生月、日的号段后予以公布。

（五）关于失信被执行人名单信息的删除。被纳入失信被执行人名单的被执行人符合《若干规定》第七条列举情形之一的，各级人民法院应当及时将其相关信息从失信被执行人名单库中删除，并及时通报《若干规定》中第六条列明的机构或部门。对于已经通报给这些单位和部门的被执行人失信信息，由相关单位依照相关法律、法规的规定决定其保存期限。

（六）关于《若干规定》生效前，各级法院实施的相关制度与《若干规定》的衔接。《若干规定》将于 2013 年 10 月 1 日起正式施行。在此之前，部分地方法院根据当地实际情况采取了一些将被执行人不履行义务的信息通过媒体公布、在征信系统中记录等措施。这些已经采取的措施，其效力不因《若干规定》的生效而受到影响。但在《若干规定》正式施行后，各级人民法院应当严格按照《若干规定》设定的标准和程序将 2013 年 10 月 1 日后未履行完毕，且存在《若干规定》第一条所列情形之一的被执行人相关信息统一纳入最高人民法院失信被执行人名单库，统一按照《若干规定》确定的程序和方式对失信被执行人采取信用惩戒措施，各地法院此前就失信被执行人信用惩戒施行的相关标准或发布的规定与本《若干规定》不一致的应予以及时修改。

三、认真抓好《若干规定》的贯彻执行

《若干规定》建立了具有创新性的失信被执行人名单制度，由此将会产生深远的社会影响。各级人民法院要认真领会《若干规定》的精神实质和重要意义，加大对这一司法解释贯彻执行的领导和指导力度。要组织全体执行人员逐条学习理解、准确把握《若干规定》和本通知的精神和要求。必要时可以在一定范围内组织开展宣传活动，以增进人民群众和社会各界的理解和支持。各高级人民法院要加强调查研究和对下指导，对于执行过程中出现的新情况新问题，要及时报告我院。

附件：1. 风险提示样式（略）

2. 决定书样式一（申请执行人申请将被执行人纳入失信被执行人名单用）（略）

3. 决定书样式二（法院依职权将被执行人纳入失信被执行人名单用）（略）

4. 决定书样式三（对将被执行人纳入失信被执行人名单作出纠正或者驳回申请用）（略）

最高人民法院
关于网络查询、冻结被执行人存款的规定

法释〔2013〕20号

（2013年8月26日最高人民法院审判委员会第1587次会议通过
2013年8月29日最高人民法院公告公布　自2013年9月2日起施行）

为规范人民法院办理执行案件过程中通过网络查询、冻结被执行人存款及其他财产的行为，进一步提高执行效率，根据《中华人民共和国民事诉讼法》的规定，结合人民法院工作实际，制定本规定。

第一条　人民法院与金融机构已建立网络执行查控机制的，可以通过网络实施查询、冻结被执行人存款等措施。

网络执行查控机制的建立和运行应当具备以下条件：

（一）已建立网络执行查控系统，具有通过网络执行查控系统发送、传输、反馈查控信息的功能；

（二）授权特定的人员办理网络执行查控业务；

（三）具有符合安全规范的电子印章系统；

（四）已采取足以保障查控系统和信息安全的措施。

第二条　人民法院实施网络执行查控措施，应当事前统一向相应金融机构报备有权通过网络采取执行查控措施的特定执行人员的相关公务证件。办理具体业务时，不再另行向相应金融机构提供执行人员的相关公务证件。

人民法院办理网络执行查控业务的特定执行人员发生变更的，应当及时向相应金融机构报备人员变更信息及相关公务证件。

第三条　人民法院通过网络查询被执行人存款时，应当向金融机构传输电子协助查询存款通知书。多案集中查询的，可以附汇总的案件查询清单。

对查询到的被执行人存款需要冻结或者续行冻结的，人民法院应当及时向金融机构传输电子冻结裁定书和协助冻结存款通知书。

对冻结的被执行人存款需要解除冻结的，人民法院应当及时向金融机构传输电子解除冻结裁定书和协助解除冻结存款通知书。

第四条　人民法院向金融机构传输的法律文书，应当加盖电子印章。

作为协助执行人的金融机构完成查询、冻结等事项后，应当及时通过网络向人民法院回复加盖电子印章的查询、冻结等结果。

人民法院出具的电子法律文书、金融机构出具的电子查询、冻结等结果，与纸质法律文书及反馈结果具有同等效力。

第五条　人民法院通过网络查询、冻结、续冻、解冻被执行人存款，与执行人员赴金融机构营业场所查询、冻结、续冻、解冻被执行人存款具有同等效力。

第六条　金融机构认为人民法院通过网络执行查控系统采取的查控措施违反相关法律、行政法规规定的，应当向人民法院书面提出异议。人民法院应当在15日内审查完毕并书面回复。

第七条　人民法院应当依据法律、行政法规规定及相应操作规范使用网络执行查控系统和查控信息，确保信息安全。

人民法院办理执行案件过程中，不得泄露通过网络执行查控系统取得的查控信息，也不得用于执行案件以外的目的。

人民法院办理执行案件过程中，不得对被执行人以外的非执行义务主体采取网络查控措施。

第八条　人民法院工作人员违反第七条规定的，应当按照《人民法院工作人员处分条例》给予纪律处分；情节严重构成犯罪的，应当依法追究刑事责任。

第九条　人民法院具备相应网络扣划技术条件，并与金融机构协商一致的，可以通过网络执行查控系统采取扣划被执行人存款措施。

第十条 人民法院与工商行政管理、证券监管、土地房产管理等协助执行单位已建立网络执行查控机制，通过网络执行查控系统对被执行人股权、股票、证券账户资金、房地产等其他财产采取查控措施的，参照本规定执行。

最高人民法院
关于执行程序中计算迟延履行期间的
债务利息适用法律若干问题的解释

法释〔2014〕8号

（2014年6月9日最高人民法院审判委员会第1619次会议通过
2014年7月7日最高人民法院公告公布 自2014年8月1日起施行）

为规范执行程序中迟延履行期间债务利息的计算，根据《中华人民共和国民事诉讼法》的规定，结合司法实践，制定本解释。

第一条 根据民事诉讼法第二百五十三条规定加倍计算之后的迟延履行期间的债务利息，包括迟延履行期间的一般债务利息和加倍部分债务利息。

迟延履行期间的一般债务利息，根据生效法律文书确定的方法计算；生效法律文书未确定给付该利息的，不予计算。

加倍部分债务利息的计算方法为：加倍部分债务利息＝债务人尚未清偿的生效法律文书确定的除一般债务利息之外的金钱债务×日万分之一点七五×迟延履行期间。

第二条 加倍部分债务利息自生效法律文书确定的履行期间届满之日起计算；生效法律文书确定分期履行的，自每次履行期间届满之日起计算；生效法律文书未确定履行期间的，自法律文书生效之日起计算。

第三条 加倍部分债务利息计算至被执行人履行完毕之日；被执行人分次履行的，相应部分的加倍部分债务利息计算至每次履行完毕之日。

人民法院划拨、提取被执行人的存款、收入、股息、红利等财产的，相应部分的加倍部分债务利息计算至划拨、提取之日；人民法院对被执行人财产拍卖、变卖或者以物抵债的，计算至成交裁定或者抵债裁定生效之日；人民法院对被执行人财产通过其他方式变价的，计算至财产变价完成之日。

非因被执行人的申请，对生效法律文书审查而中止或者暂缓执行的期间及再审中止执行的期间，不计算加倍部分债务利息。

第四条 被执行人的财产不足以清偿全部债务的，应当先清偿生效法律文书确定的金钱债务，再清偿加倍部分债务利息，但当事人对清偿顺序另有约定的除外。

第五条　生效法律文书确定给付外币的，执行时以该种外币按日万分之一点七五计算加倍部分债务利息，但申请执行人主张以人民币计算的，人民法院应予准许。

以人民币计算加倍部分债务利息的，应当先将生效法律文书确定的外币折算或者套算为人民币后再进行计算。

外币折算或者套算为人民币的，按照加倍部分债务利息起算之日的中国外汇交易中心或者中国人民银行授权机构公布的人民币对该外币的中间价折合成人民币计算；中国外汇交易中心或者中国人民银行授权机构未公布汇率中间价的外币，按照该日境内银行人民币对该外币的中间价折算成人民币，或者该外币在境内银行、国际外汇市场对美元汇率，与人民币对美元汇率中间价进行套算。

第六条　执行回转程序中，原申请执行人迟延履行金钱给付义务的，应当按照本解释的规定承担加倍部分债务利息。

第七条　本解释施行时尚未执行完毕部分的金钱债务，本解释施行前的迟延履行期间债务利息按照之前的规定计算；施行后的迟延履行期间债务利息按照本解释计算。

本解释施行前本院发布的司法解释与本解释不一致的，以本解释为准。

【链　接】

发挥迟延履行利息制度作用
积极推动执行工作有效开展

——最高人民法院执行局负责人就《关于执行程序中计算迟延履行期间的债务利息适用法律若干问题的解释》答记者问

2014 年 7 月 30 日，最高人民法院公布了《关于执行程序中计算迟延履行期间的债务利息适用法律若干问题的解释》（以下简称《解释》）。最高人民法院执行局负责人接受了记者采访，并回答了记者提出的问题。

一、《解释》的出台有利于执行工作的开展

问：制定《解释》的背景和目的是什么?

答：近年来，最高人民法院不断完善和增强执行措施和手段，一些对被执行人有威慑力的制度和机制相继建立，限制高消费制度、失信被执行人名单制度、网络查控机制等成为强制执行的有力武器，有效地推动了执行工作的开展。迟延履行利息制度是民事诉讼法第二百五十三条规定的执行措施。该制度在促使债务人及时履行义务和补偿债权人损失方面有一定积极作用。但是，既有规定较为原则，导致各地法院理解不同、做法不一，不仅损害了法律的统一性和严肃性，也导致该项制度的作用难以充分发挥。

为了解决这些问题，自2012年初开始，最高人民法院执行局组织人员赴多地进行调研，起草了本解释初稿。之后，我们多次征求全国人大法工委、中国人民银行等相关部门的意见，听取了部分法官和律师的建议。根据这些意见和建议，我们数易其稿。最后，最高人民法院审判委员会讨论通过本解释。

问：《解释》坚持的原则是什么?

答：我们在制定这部解释时主要坚持了两项原则。一是法定原则。民事诉讼法第二百五十三条明确规定，被执行人迟延履行的，“应当”支付迟延履行期间的债务利息。通过文义解释的方法，无论申请执行人是否申请，法院都应当依职权计算迟延履行期间的债务利息。二是平等保护当事人合法权益的原则。迟延履行利息制度的任务在于促使债务人履行义务，从而实现债权人的债权。虽然该制度的主要目的是保护债权人的合法权益，但是，也不能过分加重债务人的负担。如果利息负担过重，致使债务人放弃偿债的努力，反而不利于及早实现债权。因此，本解释从平等保护当事人合法权益的原则出发，平衡了当事人的利益，以求执行措施合理得当。

问：《解释》与之前的有关规定有何不同，有哪些新规定?

答：之前的有关规定散见于多个司法解释之中，没有形成体系。《解释》对迟延履行期间债务利息计算问题作了较为系统的规定。《解释》全文共七条，主要解决了三个问题：一是如何处理迟延履行期间的债务利息中加倍部分债务利息与一般债务利息的关系；二是如何计算迟延履行期间的一般债务利息和加倍部分债务利息；三是特殊情况下加倍部分债务利息如何计算。

《解释》第一次明确规定了一般债务利息与加倍部分债务利息的关系，计算加倍部分债务利息的截止时间、扣除期间，外币案件如何计算加倍部分债务利息等；重新规定和细化了起算时间、执行款项的清偿顺序等。

二、加倍部分债务利息的相关规定

问：《解释》中的“一般债务利息”和“加倍部分债务利息”是什么关系，如何计算？

答：根据民事诉讼法第二百五十三条规定加倍计算后的“迟延履行期间的债务利息”是一个整体概念，包括迟延履行期间的一般债务利息和加倍部分债务利息两部分。

一般债务利息，是指在生效法律文书中，根据实体法规定（如合同法）所确定的利息。例如：一份判决确定，债务人应支付自双方签订合同之日起至款项付清之日止，按双方合同约定的日万分之五的利率计算的利息。那么，在本案中，按照日万分之五计算的利息就是一般债务利息。应当说明的是，并不是所有的金钱给付案件都有一般债务利息，侵权损害赔偿等案件通常就没有支付一般债务利息的内容。加倍部分债务利息，是指在强制执行程序中，被执行人因迟延履行，根据民事诉讼法第二百五十三条的规定而应多支付的利息。

加倍部分债务利息采用单独的计算方法，与一般债务利息的计算没有关系。通俗地讲，就是两者“各算各的，互不影响”。具体而言，计算一般债务利息，根据生效法律文书确定的基数、起止时间、利率等计算；计算加倍部分债务利息根据《解释》规定的方法计算。

问：计算加倍部分债务利息的基数如何确定？

答：《解释》规定，基数不包含迟延履行期间开始前的一般债务利息。因为，在多数有一般债务利息的执行案件中，计算加倍部分债务利息和迟延履行期间的一般债务利息，已经充分保护了债权人的权益。计算加倍部分债务利息具有惩罚性，但惩罚应当适度，生效法律文书指定履行期间届满前的一般债务利息也作为计算基数，计算结果较高，不符合平等保护当事人合法权益的原则。

问：加倍部分债务利息为什么以固定利率计算，为什么利率标准为日万分之一点七五？

答：我们在制定《解释》期间，恰逢我国进一步推进利率市场化改革。2013年7月20日起，我国全面放开金融机构贷款利率管制。2013年10月25日，贷款基础利率集中报价和发布机制正式运行。贷款基础利率集中报价和发布机制正式运行后，中国人民银行仍将在一段时间内继续公布贷款基准利率，以引导金融机构合理确定贷款利率，并为贷款基础利率的培育和完善提供过渡期。从长远看，中国人民银行可能不再公布贷款基准利率，而现阶段的贷款基础利率又不完善，我们认为较为妥当的方法就是使用固定利率。而从国外立法看，有的国家计算判决之债的利息采用的也是固定利率。

《解释》采用的日万分之一点七五的利率是以近十年执行的金融机构人民币贷款基准利率的平均值换算成日利率得出的。该利率换算成年利率为6.39%，现行人民币三至五年（含五年）期的贷款基准利率为6.40%，二者基本一致。

三、《解释》对债务人和债权人有何影响

问：该《解释》不再以两倍的金融机构贷款基准利率计算迟延履行期间的债务利息，结果会不会比根据之前规定计算的利息少？这样能否体现惩罚性？对债权人的权益是否有影响？

答：之前的规定，以两倍的金融机构贷款基准利率计算迟延履行期间的债务利息，而《解释》规定加倍部分债务利息的利率标准基本与金融机构贷款基准利率相同，单从利率的倍数上看是降低了标准。但迟延履行期间债务利息的多少不仅与利率标准有关，而且与迟延履行期间债务利息的构成内容有关。实际上，根据《解释》的方法计算的迟延履行期间债务利息并不一定比之前规定计算出的利息少，相当一部分案件的结果反而会高。

首先，在有给付一般债务利息内容的案件中，之前的规定较为原则，没有明确一般债务利息与加倍部分债务利息的关系，处理两者关系靠法官自由裁量。相当一部分执行案件在计算迟延履行期间的债务利息时，要么根据两者“就高不就低”的原则不计算加倍部分债务利息，要么以两倍金融机构贷款基准利率计算的利息代替一般债务利息。而《解释》明确了加倍部分债务利息具有独立性，该利息不影响一般债务利息的计算。债权人最终取得的利息，除了一般债务利息，还有加倍部分债务利息，这样就比之前规定的方法计算的利息多。而在没有一般债务利息内容的执行案件中，按照《解释》计算的结果确实没有之前规定的高。但是，《解释》适用的利率标准远高于存款利率，与贷款基准利率基本一致，能够体现对被执行人的惩罚，也能够适当补偿债权人的利息损失。

其次，《解释》确定的利率标准，充分考虑了《解释》的制定背景和迟延履行利息制度在整个执行制度体系中的地位。之前的规定在制定时，并没有强有力的执行威慑机制，执行手段有限，迟延履行利息制度的相关规定，就只能通过提高金钱给付义务的数额形成压力来促使被执行人主动履行义务。而制定《解释》时，我们的执行制度和机制已经大大丰富完善，执行措施更有力度，网络查控机制、限制高消费制度和失信被执行人名单制度等成为执行工作的有力武器。基于这些考虑，我们将迟延履行利息制度对被执行人的惩罚控制在适当范围，着眼于通过各项措施的综合作用，促使被执行人及时

履行义务。

最后，《解释》对迟延履行期间债务利息的计算规定更明确具体，减少了法律适用的模糊地带，这本身就是对债权人权益的保护。

问：一般债务利息和加倍部分债务利息具体如何计算，能否举例说明？

答：好的。我简单举两个例子说明。

例一：2015 年 6 月 30 日生效的法律文书确定，债务人应在三日内支付债权人借款本金 10000 元；支付自 2015 年 1 月 1 日始至借款付清之日止以日万分之五计算的利息；债务人迟延履行的，应当根据民事诉讼法第二百五十三条的规定加倍支付迟延履行期间的债务利息。债务人于 2015 年 9 月 1 日清偿所有债务。

在这个案例中，迟延履行期间的债务利息＝借款本金×生效法律文书确定的一般债务利息率×迟延履行期间的实际天数＋借款本金×日万分之一点七五×迟延履行期间的实际天数（405 元＝10000×0.05％×60＋10000×0.0175％×60）；迟延履行期间开始前的一般债务利息＝借款本金×生效法律文书确定的一般债务利息率×迟延履行期间开始前的实际天数（915 元＝10000×0.05％×183）。债务人应当支付的金钱债务为 11320 元（11320 元＝10000 元＋405 元＋915 元）。

例二：2015 年 6 月 30 日生效的法律文书确定，债务人应在三日内支付债权人侵权损害赔偿 10000 元；债务人迟延履行的，应当根据民事诉讼法第二百五十三条的规定加倍支付迟延履行期间的债务利息。债务人在 2015 年 9 月 1 日清偿所有债务。

在本案中，迟延履行期间的债务利息＝损害赔偿数额×日万分之一点七五×迟延履行期间的实际天数（105 元＝10000×0.0175％×60）。债务人应当支付的金钱债务为 10105 元（10105 元＝10000 元＋105 元）。

上述两个例子可以作为实践中计算一般债务利息和加倍部分债务利息的参考。

四、金钱债务与加倍部分债务利息的清偿顺序

问：《解释》确定了金钱债务与加倍部分债务利息的清偿顺序，为什么规定这样的清偿顺序？

答：《解释》规定的被执行人财产不能清偿债务，既指被执行人分次履行的情形，也指被执行人的财产在参与分配程序中不能清偿多份债务时的情形。

对于被执行人分次履行的情形，《最高人民法院关于在执行工作中如何计算迟延履行期间的债务利息等问题的批复》规定了并还原则。《解释》规定的是先本后息原则。这是因为，加倍部分债务利息与一般债务利息不同，计算

加倍部分债务利息只是一项执行措施，相比生效法律文书所确定的债权较为次要。所以，加倍部分债务利息应当后于生效法律文书所确定的债权受偿。

参与分配程序中被执行人财产不足以清偿所有债务的，加倍部分债务利息的清偿顺序也应当根据《解释》确定。

特别说明的是，《解释》规定的清偿顺序，仅是加倍部分债务利息与其他金钱债务的清偿顺序。如，一件借款合同纠纷案件，法院执行的金钱债务有本金、一般债务利息、实现债权的费用和加倍部分债务利息四部分。根据《解释》的规定，加倍部分债务利息应当最后清偿，而本金、一般债务利息和实现债权的费用三部分则可以参照《最高人民法院关于适用〈中华人民共和国合同法〉若干问题的解释（二）》的有关规定确定清偿顺序。

当然，当事人对清偿顺序另有约定的，应当根据约定的顺序清偿。

问：在金钱给付案件中，有一部分是生效法律文书确定给付外币的案件，这类案件如何计算加倍部分债务利息？

答：这部分案件也应当根据《解释》一般规定计算迟延履行期间的债务利息。但外币案件有其特殊性，需要解决以何种货币计算加倍部分债务利息，以及汇率风险由谁承担两个特殊问题。对这两个问题，《解释》本着对债权人有利的原则进行了规定。本解释规定原则上应当以外币计算，但债权人选择以人民币计算加倍部分债务利息的，人民法院应当准许。如此规定，就是让被执行人承担汇率风险。

最高人民法院
关于人民法院办理执行异议和复议案件若干问题的规定

法释〔2015〕10号

（2014年12月29日最高人民法院审判委员会第1638次会议通过
2015年5月5日最高人民法院公告公布　自2015年5月5日起施行）

为了规范人民法院办理执行异议和复议案件，维护当事人、利害关系人和案外人的合法权益，根据民事诉讼法等法律规定，结合人民法院执行工作实际，制定本规定。

第一条　异议人提出执行异议或者复议申请人申请复议，应当向人民法院提交申请书。申请书应当载明具体的异议或者复议请求、事实、理由等内容，并附下列材料：

（一）异议人或者复议申请人的身份证明；

（二）相关证据材料；

（三）送达地址和联系方式。

第二条 执行异议符合民事诉讼法第二百二十五条或者第二百二十七条规定条件的，人民法院应当在三日内立案，并在立案后三日内通知异议人和相关当事人。不符合受理条件的，裁定不予受理；立案后发现不符合受理条件的，裁定驳回申请。

执行异议申请材料不齐备的，人民法院应当一次性告知异议人在三日内补足，逾期未补足的，不予受理。

异议人对不予受理或者驳回申请裁定不服的，可以自裁定送达之日起十日内向上一级人民法院申请复议。上一级人民法院审查后认为符合受理条件的，应当裁定撤销原裁定，指令执行法院立案或者对执行异议进行审查。

第三条 执行法院收到执行异议后三日内既不立案又不作出不予受理裁定，或者受理后无正当理由超过法定期限不作出异议裁定的，异议人可以向上一级人民法院提出异议。上一级人民法院审查后认为理由成立的，应当指令执行法院在三日内立案或者在十五日内作出异议裁定。

第四条 执行案件被指定执行、提级执行、委托执行后，当事人、利害关系人对原执行法院的执行行为提出异议的，由提出异议时负责该案件执行的人民法院审查处理；受指定或者受委托的人民法院是原执行法院的下级人民法院的，仍由原执行法院审查处理。

执行案件被指定执行、提级执行、委托执行后，案外人对原执行法院的执行标的提出异议的，参照前款规定处理。

第五条 有下列情形之一的，当事人以外的公民、法人和其他组织，可以作为利害关系人提出执行行为异议：

（一）认为人民法院的执行行为违法，妨碍其轮候查封、扣押、冻结的债权受偿的；

（二）认为人民法院的拍卖措施违法，妨碍其参与公平竞价的；

（三）认为人民法院的拍卖、变卖或者以物抵债措施违法，侵害其对执行标的的优先购买权的；

（四）认为人民法院要求协助执行的事项超出其协助范围或者违反法律规定的；

（五）认为其他合法权益受到人民法院违法执行行为侵害的。

第六条 当事人、利害关系人依照民事诉讼法第二百二十五条规定提出异议的，应当在执行程序终结之前提出，但对终结执行措施提出异议的除外。

案外人依照民事诉讼法第二百二十七条规定提出异议的，应当在异议指向的执行标的执行终结之前提出；执行标的由当事人受让的，应当在执行程序终结之前提出。

第七条 当事人、利害关系人认为执行过程中或者执行保全、先予执行裁定过程中的下列行为违法提出异议的，人民法院应当依照民事诉讼法第二百二十五条规定进行审查：

（一）查封、扣押、冻结、拍卖、变卖、以物抵债、暂缓执行、中止执行、终结执行等执行措施；

（二）执行的期间、顺序等应当遵守的法定程序；

（三）人民法院作出的侵害当事人、利害关系人合法权益的其他行为。

被执行人以债权消灭、丧失强制执行效力等执行依据生效之后的实体事由提出排除执行异议的，人民法院应当参照民事诉讼法第二百二十五条规定进行审查。

除本规定第十九条规定的情形外，被执行人以执行依据生效之前的实体事由提出排除执行异议的，人民法院应当告知其依法申请再审或者通过其他程序解决。

第八条 案外人基于实体权利既对执行标的提出排除执行异议又作为利害关系人提出执行行为异议的，人民法院应当依照民事诉讼法第二百二十七条规定进行审查。

案外人既基于实体权利对执行标的提出排除执行异议又作为利害关系人提出与实体权利无关的执行行为异议的，人民法院应当分别依照民事诉讼法第二百二十七条和第二百二十五条规定进行审查。

第九条 被限制出境的人认为对其限制出境错误的，可以自收到限制出境决定之日起十日内向上一级人民法院申请复议。上一级人民法院应当自收到复议申请之日起十五日内作出决定。复议期间，不停止原决定的执行。

第十条 当事人不服驳回不予执行公证债权文书申请的裁定的，可以自收到裁定之日起十日内向上一级人民法院申请复议。上一级人民法院应当自收到复议申请之日起三十日内审查，理由成立的，裁定撤销原裁定，不予执行该公证债权文书；理由不成立的，裁定驳回复议申请。复议期间，不停止执行。

第十一条 人民法院审查执行异议或者复议案件，应当依法组成合议庭。

指令重新审查的执行异议案件，应当另行组成合议庭。

办理执行实施案件的人员不得参与相关执行异议和复议案件的审查。

第十二条 人民法院对执行异议和复议案件实行书面审查。案情复杂、争议较大的，应当进行听证。

第十三条 执行异议、复议案件审查期间，异议人、复议申请人申请撤回异议、复议申请的，是否准许由人民法院裁定。

第十四条 异议人或者复议申请人经合法传唤，无正当理由拒不参加听证，或者未经法庭许可中途退出听证，致使人民法院无法查清相关事实的，由其自行承担不利后果。

第十五条 当事人、利害关系人对同一执行行为有多个异议事由，但未在异议审查过程中一并提出，撤回异议或者被裁定驳回异议后，再次就该执行行为提出异议的，人民法院不予受理。

案外人撤回异议或者被裁定驳回异议后，再次就同一执行标的提出异议的，人民法院不予受理。

第十六条 人民法院依照民事诉讼法第二百二十五条规定作出裁定时，应当告知相关权利人申请复议的权利和期限。

人民法院依照民事诉讼法第二百二十七条规定作出裁定时，应当告知相关权利人提起执行异议之诉的权利和期限。

人民法院作出其他裁定和决定时，法律、司法解释规定了相关权利人申请复议的权利和期限的，应当进行告知。

第十七条 人民法院对执行行为异议，应当按照下列情形，分别处理：

（一）异议不成立的，裁定驳回异议；

（二）异议成立的，裁定撤销相关执行行为；

（三）异议部分成立的，裁定变更相关执行行为；

（四）异议成立或者部分成立，但执行行为无撤销、变更内容的，裁定异议成立或者相应部分异议成立。

第十八条 执行过程中，第三人因书面承诺自愿代被执行人偿还债务而被追加为被执行人后，无正当理由反悔并提出异议的，人民法院不予支持。

第十九条 当事人互负到期债务，被执行人请求抵销，请求抵销的债务符合下列情形的，除依照法律规定或者按照债务性质不得抵销的以外，人民法院应予支持：

（一）已经生效法律文书确定或者经申请执行人认可；

（二）与被执行人所负债务的标的物种类、品质相同。

第二十条 金钱债权执行中，符合下列情形之一，被执行人以执行标的系本人及所扶养家属维持生活必需的居住房屋为由提出异议的，人民法院不予支持：

（一）对被执行人有扶养义务的人名下有其他能够维持生活必需的居住房屋的；

（二）执行依据生效后，被执行人为逃避债务转让其名下其他房屋的；

（三）申请执行人按照当地廉租住房保障面积标准为被执行人及所扶养家属提供居住房屋，或者同意参照当地房屋租赁市场平均租金标准从该房屋的变价款中扣除五至八年租金的。

执行依据确定被执行人交付居住的房屋，自执行通知送达之日起，已经给予三个月的宽限期，被执行人以该房屋系本人及所扶养家属维持生活的必需品为由提出异议的，人民法院不予支持。

第二十一条 当事人、利害关系人提出异议请求撤销拍卖，符合下列情形之一的，人民法院应予支持：

（一）竞买人之间、竞买人与拍卖机构之间恶意串通，损害当事人或者其他竞买人利益的；

（二）买受人不具备法律规定的竞买资格的；

（三）违法限制竞买人参加竞买或者对不同的竞买人规定不同竞买条件的；

（四）未按照法律、司法解释的规定对拍卖标的物进行公告的；

（五）其他严重违反拍卖程序且损害当事人或者竞买人利益的情形。

当事人、利害关系人请求撤销变卖的，参照前款规定处理。

第二十二条 公证债权文书对主债务和担保债务同时赋予强制执行效力的，人民法院应予执行；仅对主债务赋予强制执行效力未涉及担保债务的，对担保债务的执行申请不予受理；仅对担保债务赋予强制执行效力未涉及主债务的，对主债务的执行申请不予受理。

人民法院受理担保债务的执行申请后，被执行人仅以担保合同不属于赋予强制执行效力的公证债权文书范围为由申请不予执行的，不予支持。

第二十三条 上一级人民法院对不服异议裁定的复议申请审查后，应当按照下列情形，分别处理：

（一）异议裁定认定事实清楚，适用法律正确，结果应予维持的，裁定驳回复议申请，维持异议裁定；

（二）异议裁定认定事实错误，或者适用法律错误，结果应予纠正的，裁定撤销或者变更异议裁定；

（三）异议裁定认定基本事实不清、证据不足的，裁定撤销异议裁定，发回作出裁定的人民法院重新审查，或者查清事实后作出相应裁定；

（四）异议裁定遗漏异议请求或者存在其他严重违反法定程序的情形，裁定撤销异议裁定，发回作出裁定的人民法院重新审查；

（五）异议裁定对应当适用民事诉讼法第二百二十七条规定审查处理的异议，错误适用民事诉讼法第二百二十五条规定审查处理的，裁定撤销异议裁定，发回作出裁定的人民法院重新作出裁定。

除依照本条第一款第三、四、五项发回重新审查或者重新作出裁定的情形外，裁定撤销或者变更异议裁定且执行行为可撤销、变更的，应当同时撤销或者变更该裁定维持的执行行为。

人民法院对发回重新审查的案件作出裁定后，当事人、利害关系人申请复议的，上一级人民法院复议后不得再次发回重新审查。

第二十四条　对案外人提出的排除执行异议，人民法院应当审查下列内容：

（一）案外人是否系权利人；

（二）该权利的合法性与真实性；

（三）该权利能否排除执行。

第二十五条　对案外人的异议，人民法院应当按照下列标准判断其是否系权利人：

（一）已登记的不动产，按照不动产登记簿判断；未登记的建筑物、构筑物及其附属设施，按照土地使用权登记簿、建设工程规划许可、施工许可等相关证据判断；

（二）已登记的机动车、船舶、航空器等特定动产，按照相关管理部门的登记判断；未登记的特定动产和其他动产，按照实际占有情况判断；

（三）银行存款和存管在金融机构的有价证券，按照金融机构和登记结算机构登记的账户名称判断；有价证券由具备合法经营资质的托管机构名义持有的，按照该机构登记的实际投资人账户名称判断；

（四）股权按照工商行政管理机关的登记和企业信用信息公示系统公示的信息判断；

（五）其他财产和权利，有登记的，按照登记机构的登记判断；无登记的，按照合同等证明财产权属或者权利人的证据判断。

案外人依据另案生效法律文书提出排除执行异议，该法律文书认定的执行标的权利人与依照前款规定得出的判断不一致的，依照本规定第二十六条规定处理。

第二十六条　金钱债权执行中，案外人依据执行标的被查封、扣押、冻结前作出的另案生效法律文书提出排除执行异议，人民法院应当按照下列情形，分别处理：

（一）该法律文书系就案外人与被执行人之间的权属纠纷以及租赁、借用、保管等不以转移财产权属为目的的合同纠纷，判决、裁决执行标的归属于案外人或者向其返还执行标的且其权利能够排除执行的，应予支持；

（二）该法律文书系就案外人与被执行人之间除前项所列合同之外的债权纠纷，判决、裁决执行标的归属于案外人或者向其交付、返还执行标的的，不予支持。

（三）该法律文书系案外人受让执行标的的拍卖、变卖成交裁定或者以物抵债裁定且其权利能够排除执行的，应予支持。

金钱债权执行中，案外人依据执行标的被查封、扣押、冻结后作出的另案生效法律文书提出排除执行异议的，人民法院不予支持。

非金钱债权执行中，案外人依据另案生效法律文书提出排除执行异议，该法律文书对执行标的权属作出不同认定的，人民法院应当告知案外人依法申请再审或者通过其他程序解决。

申请执行人或者案外人不服人民法院依照本条第一、二款规定作出的裁定，可以依照民事诉讼法第二百二十七条规定提起执行异议之诉。

第二十七条 申请执行人对执行标的依法享有对抗案外人的担保物权等优先受偿权，人民法院对案外人提出的排除执行异议不予支持，但法律、司法解释另有规定的除外。

第二十八条 金钱债权执行中，买受人对登记在被执行人名下的不动产提出异议，符合下列情形且其权利能够排除执行的，人民法院应予支持：

（一）在人民法院查封之前已签订合法有效的书面买卖合同；

（二）在人民法院查封之前已合法占有该不动产；

（三）已支付全部价款，或者已按照合同约定支付部分价款且将剩余价款按照人民法院的要求交付执行；

（四）非因买受人自身原因未办理过户登记。

第二十九条 金钱债权执行中，买受人对登记在被执行的房地产开发企业名下的商品房提出异议，符合下列情形且其权利能够排除执行的，人民法院应予支持：

（一）在人民法院查封之前已签订合法有效的书面买卖合同；

（二）所购商品房系用于居住且买受人名下无其他用于居住的房屋；

（三）已支付的价款超过合同约定总价款的百分之五十。

第三十条 金钱债权执行中，对被查封的办理了受让物权预告登记的不动产，受让人提出停止处分异议的，人民法院应予支持；符合物权登记条件，受让人提出排除执行异议的，应予支持。

第三十一条 承租人请求在租赁期内阻止向受让人移交占有被执行的不动产，在人民法院查封之前已签订合法有效的书面租赁合同并占有使用该不动产的，人民法院应予支持。

承租人与被执行人恶意串通，以明显不合理的低价承租被执行的不动产或者伪造交付租金证据的，对其提出的阻止移交占有的请求，人民法院不予支持。

第三十二条　本规定施行后尚未审查终结的执行异议和复议案件，适用本规定。本规定施行前已经审查终结的执行异议和复议案件，人民法院依法提起执行监督程序的，不适用本规定。

【链　接】

最高人民法院就《执行异议复议规定》答记者问

中国法院手机电视记者：我想了解一下，撤销司法拍卖的具体条件是什么？

范向阳：按照异议、复议司法解释第21条的规定，应当具备五个条件：

一是竞买人之间、竞买人与拍卖机构之间恶意串通损害当事人或者竞买人利益的。因为我们司法拍卖的目的是通过司法拍卖实现执行标的物的价值的最大化，从而既满足债权人对债权的受偿的要求，又能把债务人的损失降低到最低的限度，所以司法拍卖需要经过充分竞价。而恶意串通实际上是内部人交易，是关联交易，这就违反了司法拍卖的竞价充分的原则。比如有的拍卖，职业竞买人之间事先约定好一定的价格，不允许其他人进行竞价。还有的情况比如夫妻之间、父子之间以约定的固定价格进行竞买。这些情形都违反了司法拍卖竞价充分的原则，损害了当事人和其他竞买人的利益。

二是买受人不具备法律的竞买资格。有的法律基于国家安全和经济安全的需要，对特定的财产权属的变动规定了特殊的竞买资格。比如商业银行法规定了任何单位和个人购买商业银行5%以上的股权必须经过国务院、银行业监督管理部门批准，实际上就是为了我们国家金融安全设置的一道防火墙。无疑，人民法院的司法拍卖也要遵守法律对竞买人竞买资格的要求。如果竞买人不具备这样资格，即便拍定标的物，这样的拍卖也应当撤销。

三是违法限制竞买人参加竞买，或者对不同的竞买人规定不同的竞买条件的。作为司法拍卖，总是希望尽可能多的竞买人来参加竞买，以便使价格达到最优。所以，除非法律的明确禁止，原则上不允许法院设置无法律依据的竞买条件。在实践中我们发现有一些拍卖机构未经人民法院允许擅自设置一些违规、不合法的拍卖条件，这是违法的，这样的拍卖即便拍定，也没有实现价值最大化，亦应当撤销。

四是未按照法律司法解释的规定对拍卖标的物进行公告的。司法拍卖的另外一个原则，就是信息披露一定要充分。因为只有信息披露充分，才可能吸引潜在的竞买人来参加竞买，从而为实现竞价充分创造有利的条件。所以，我们相关的司法解释对拍卖的公告设定了一定的期限和条件，比如最高人民法院关于人民法院民事执行中拍卖变卖的规定，对于动产和不动产都设置了公告期限。有的司法解释对拍卖的信息披露的媒体有规定。比如最高人民法院关于拍卖国有法人股司相关法解释中，必须在中国证券时报进行公告。因为拍卖标的物比较特殊，只有在专业的媒体上进行公告才会吸引潜在的买受人。如果不按照规定进行公告，那么从规范人民法院司法拍卖的角度，应当撤销。五是对司法解释没有列举的其他情形，严重违反拍卖程序，是不是严重违反拍卖程序就一定撤销，也不一定。而是必须符合严重违反拍卖程序并对当事人和竞买人的利益造成损害，造成内部人竞买或者造成价格过于低于周边市场价格，损害当事人的价格，这样的拍卖才应当予以撤销。谢谢。

中国妇女报记者：我有一个问题是请解释一下，异议、复议规定如何界定利害关系人的范围？谢谢。

范向阳：谢谢你问了一个非常专业的问题。利害关系人是民事诉讼法第225条所用的一个专业术语。利害关系人是当事人以外的人。利害关系人对人民法院的执行行为这种公法行为提出异议，认为执行行为损害了自己的合法的权利和利益的，有权依据民事诉讼法第225条提出执行异议。利害关系人和案外人相对应而言的，案外人又是什么概念呢？案外人也是当事人以外的人，是对法院的执行标的主张实体权利的人，他说这个东西是我的。这是案外人与利害关系人的区别。可见，利害关系人和案外人都是当事人以外的人，但是利害关系人主张异议的目的是纠正违法的执行行为，所以他的权利基础是程序权利。比如超标的执行了，或者影响其营业了。其异议目的是说程序错了，要重新来。而案外人对执行标的主张实体权利，说这个东西是我的，根本不能从这儿走，这个路就走错了，要改道，其就是主张排除执行，就不能执行这个财产。因此，利害关系人异议与案外人异议在权利的基础上、异议的目的上截然不同。谢谢。

法制日报记者：我想问一下大家普遍关心的，今天提出被执行人名下只有一套房产的也可以执行，我想具体问一下什么情形下可以执行？具体又应该如何执行？谢谢。

范向阳：应当说这个问题将来是一个社会关注的一个热点问题。在最高法院出台的《关于人民法院民事执行中查封、扣押、冻结财产的规定》时，第六条的规定就引起了强烈的社会反响。因为第六条规定，对被执行人及其所抚养的家属维持生活所必须的房产，人民法院只能查封，不能执行。尽管第七条同时规定，对于超过被执行人及其所扶养家属生活所必需的房屋和生活用品，人民法院根据申请执行人的申请，在保障被执行人及其所扶养家属最低生活标准所必需的居住房屋和普通生活必需品后，可予以执行。但实践中，人民法院处于维护社会稳定的考虑，往往是在被执行人名下只有一套房的案件中，有的法院就都一律停止执行。后来，在很多金融机构作为申请人的执行案件中，申请人反应比较强烈，如果在被执行人只有唯一住房的所有案件中的房产都不能执行，那么很多金融借贷都不能执行。金融机构通过国务院、银监会、银行业协会这些部门与最高人民法院作了沟通。为了确保实践中的问题得到妥当解决，在充分考虑这一类债权特殊性的基础上，我们依据法律又做了一个补充的规定，对于设定抵押的房屋，不管是不是一套房，只要设定了抵押，就表明对这个房产可能被执行有充分的风险预料。在对被执行人及其所扶养亲属作出必要的安置，留出一定的宽限期以后，人民法院可以执行。但是，对于没有设定抵押的房屋作为执行标的的这类案件中，执行程序就一直处于停滞状态。社会各界对此反应非常强烈。很多情况下，债权人往往因为债权不能及时收回，处于生活无着的状态，而被执行人名下明明有房产、财产，但却不能执行。为了进一步解决问题，我们在这次司法解释起草过程中，经过充分征求意见、深入探讨研究，坚持了这么几点指导思想。

第一，在执行程序中，人民法院保障的是被执行人的居住权，而不是房屋的所有权。

第二，这种居住权是被执行人及所抚养的家属生存所必须的，否则，就不属于必要的保障。

第三，这个保障是有期限的，所谓“救急不救穷”，被执行人最终居住权的保障还是要靠当地政府的各种救济保障机制，就是说应当向当地政府申请社会保障，而不能让本来应当由政府承担的社会保障义务全部转嫁给申请执行人。

第四，被执行人不能利用法律对他生存权的保障来逃避执行。我们通过充分调研发现，很多案件中，被执行人本来有几套房子，人民法院的判决或者仲裁机构的裁决一做出来，被执行人意识到自己马上要输官司了，就赶快卖房，把自己名下的房屋全部转让、转移，有的转移到自己子女或者自己父母名下，等人民法院执行的时候，被执行人称自己只有一套房子，不能执行。

还有一种情况，现在北京、上海房价上涨比较快，一些房屋的所有人把自己房子出卖以后，买受人把价款全部交付。经过一段时间后，卖方的人一看房价上涨，就不愿意交付房屋了。这个时候，买受人就打官司，要求卖方交付房屋。人民法院判决合同有效，限定出卖人在一定的期限内向买受人交付居住的房屋，等到法院执行的时候，他说我就只有一套房子，你不能执行。在这类案件中，出卖房屋是当事人能够预料的风险范围，是当事人真实的意思表示。进入执行程序后，被执行人又以这个理由对抗执行，就没有依据了。因为这违反了任何人都不能因为自己过错行为而获得利益这样一个法律基本的原则或者原理。

综上，正是基于上述指导思想，这次的司法解释规定了对被执行人只有一套房的执行的，在进行充分利益权衡的基础上作出了一定变通的规定。一是在债权的种类上区分为金钱债权和非金钱债权两种情形，有所区别。对于金钱债权的执行，对被执行人保障力度大一些，列举了可以执行的三种情形。第一种情况，对被执行人有抚养义务的人名下有其他能够维持生活的必须的居住房屋的，比如你是老人，那么名下虽然有一套房子，但是你儿子的房子多，他足以保障你的生存，这样的话，我们觉得对你的保障就没有必要。第二种情况，执行依据生效之后，被执行人为逃避债务而转让他名下的其他房产的，本来有房产，甚至有多套房产，但是执行依据生效之后，为了逃避债务，转让、转移自己的名下的房产，造成了只有一套房产，这不属于保护的对象，因为你的目的是为了逃避债务的履行。第三种情况，申请执行人按照当地廉租住房保障的面积、标准，为被执行人以及所抚养家属提供了可供居住的房屋。比如按照当地廉租住房保障面积标准提供临时的周转房。这可能在大城市就比较困难，因为找到合适的、适当的房源是比较困难的事情。所以我们规定了一个选择性的方案，或者是申请执行人同意按照当地房屋租赁市场平均的租金标准，从该房屋的变价款中扣除5—8年租金的。这是因为，考虑到被执行人向当地政府申请被保护，需要一定的周转时间，所以我们规定了5—8年的期间。这5—8年的时间也给当地法院预留了做工作的时间。如果被执行人比较配合法院的执行或者申请人愿意多扣租金的，可以扣8年。如果被执行人不配合法院甚至抗拒执行，我们就会少扣除一些，扣除5年也是可以的。这实际上是建立了一个激励配合执行的机制。

另外就是针对非金钱债权的执行。这类案件中，执行依据本身就是交付居住的房屋，人民法院必须按照执行依据所确定的内容执行。这是没有什么商量的。但是考虑到被执行人需要另外租房子，可能要有一个周转期，所以给予3个月的宽限期。如果3个月的宽限期过了，还是拒不搬出，人民法院只有强制其迁出。谢谢。

人民公安报：由于执行异议复议制度中并没有对当事人和利害关系人提出任何惩罚性的措施，这样是否会导致当事人恶意进行复议，如有这种行为的发生，新规定对此有什么防止的措施？谢谢

范向阳：本司法解释起草过程中，有关于当事人或者当事人与案外人恶意串通、故意拖延执行的、逃避执行的制裁条款可以拘留罚款，追究法律责任的规定。但是，最高人民法院2月4日公布的《关于适用的解释》里面，把这个条款搬到了民事诉讼法司法解释中。因此，本解释就没有重复规定的必要。

澳亚卫视记者：我看到《异议复议规定》第二十五条有关于“形式审查为主，实质审查为辅”的说法。这个原则的度如何掌握？另外，在这样一个原则下，如何保障各方相关利害人的权益？谢谢。

范向阳：你提出的这个问题，也是我们这次司法解释起草过程中争议比较集中的问题，就是说，法院对案外人异议到底该实行实质审查，还是形式审查，这个度怎么把握？这涉及安外人异议程序建立的背景是什么的问题？

案外人异议实际上是对执行标的主张实体权利。在大陆法系国家和地区，执行程序并不对此进行审查，那是通过什么程序呢？一般是通过案外人异议之诉来解决。如在我国台湾地区就有第三人异议之诉制度。案外人可据此直接提出诉的方式来主张自己的实体权利。

我国在 2007 年民事诉讼修正案中建立了执行程序作为前置审查。按照民事诉讼法的制度设计，现在对案外人异议实行的是“一裁两审”架构。一裁指的就是执行程序中对案外人异议的裁定，也就是本司法解释中的规定。如果案外人、当事人对裁定不服的，可以提起叫执行异议之诉来进行救济，所以又有诉讼程序的两审。那么，在执行程序中建立案外人异议的初衷是什么？初衷是为了过滤掉一些明显的异议。比如执行程序中直接查封登记案外人名下的财产，那可能明显错了。这时，案外人通过提出异议，人民法院在执行程序中进行审查，就可以依法直接纠正。但是，由于当事人还可能提出异议之诉讼，所以案外人异议最终能否成立，其对执行标的到底有没有实体权利，要经诉讼程序最终裁决。基于法律关于案外人异议的制度设计，对案外人异议以形式审查为主，就是根据执行标的的外观权利表征进行审查。如果有登记的，我们看登记；如果没有登记的，属于动产的，我们看占有；如果实在没有占有，也没有登记，我们根据合同这些证明材料进行综合把握。但是如前已述，执行程序中针对案外人异议的裁定并不是最终的裁决，最终的还是要靠诉讼，因为诉讼程序保障更为周全，有两审终审，有言词辩论等一系列的程序来保障当事人相关的争议能够公平公正的解决，执行阶段只是一个程序的前置的审查。谢谢。

最高人民法院
关于修改《最高人民法院关于限制被执行人高消费的若干规定》的决定

法释〔2015〕17号

（2015年7月6日最高人民法院审判委员会第1657次会议通过
2015年7月20日最高人民法院公告公布　自2015年8月1日起施行）

根据最高人民法院审判委员会第1657次会议决定，对《最高人民法院关于限制被执行人高消费的若干规定》作如下修改：

一、将《最高人民法院关于限制被执行人高消费的若干规定》修改为：“《最高人民法院关于限制被执行人高消费及有关消费的若干规定》”。

二、将第一条修改为：“被执行人未按执行通知书指定的期间履行生效法律文书确定的给付义务的，人民法院可以采取限制消费措施，限制其高消费及非生活或者经营必需的有关消费。”

第一条增加第二款：“纳入失信被执行人名单的被执行人，人民法院应当对其采取限制消费措施。”

三、将第二条修改为：“人民法院决定采取限制消费措施时，应当考虑被执行人是否有消极履行、规避执行或者抗拒执行的行为以及被执行人的履行能力等因素。”

四、将第三条第一款修改为：“被执行人为自然人的，被采取限制消费措施后，不得有以下高消费及非生活和工作必需的消费行为。”

第一款第（九）项修改为：“（九）乘坐G字头动车组列车全部座位、其他动车组列车一等以上座位等其他非生活和工作必需的消费行为。”

第二款修改为：“被执行人为单位的，被采取限制消费措施后，被执行人及其法定代表人、主要负责人、影响债务履行的直接责任人员、实际控制人不得实施前款规定的行为。因私消费以个人财产实施前款规定行为的，可以向执行法院提出申请。执行法院审查属实的，应予准许。”

五、将第四条修改为：“限制消费措施一般由申请执行人提出书面申请，经人民法院审查决定；必要时人民法院可以依职权决定。”

六、将第五条修改为：“人民法院决定采取限制消费措施的，应当向被执行人发出限制消费令。限制消费令由人民法院院长签发。限制消费令应当载明限制消费的期间、项目、法律后果等内容。”

七、将第六条修改为：“人民法院决定采取限制消费措施的，可以根据案件需要和被执行人的情况向有义务协助调查、执行的单位送达协助执行通知书，也可以在相关媒体上进行公告。”

八、将第七条修改为：“限制消费令的公告费用由被执行人负担；申请执行人申请在媒体公告的，应当垫付公告费用。”

九、将第八条修改为：“被限制消费的被执行人因生活或者经营必需而进行本规定禁止的消费活动的，应当向人民法院提出申请，获批准后方可进行。”

十、将第九条修改为：“在限制消费期间，被执行人提供确实有效的担保或者经申请执行人同意的，人民法院可以解除限制消费令；被执行人履行完毕生效法律文书确定的义务的，人民法院应当在本规定第六条通知或者公告的范围内及时以通知或者公告解除限制消费令。”

十一、将第十条修改为：“人民法院应当设置举报电话或者邮箱，接受申请执行人和社会公众对被限制消费的被执行人违反本规定第三条的举报，并进行审查认定。”

十二、将第十一条第一款修改为：“被执行人违反限制消费令进行消费的行为属于拒不履行人民法院已经发生法律效力的判决、裁定的行为，经查证属实的，依照《中华人民共和国民事诉讼法》第一百一十一条的规定，予以拘留、罚款；情节严重，构成犯罪的，追究其刑事责任。”

第二款修改为：“有关单位在收到人民法院协助执行通知书后，仍允许被执行人进行高消费及非生活或者经营必需的有关消费的，人民法院可以依照《中华人民共和国民事诉讼法》第一百一十四条的规定，追究其法律责任。”

十三、将第十二条删除。

根据本决定，将《最高人民法院关于限制被执行人高消费的若干规定》作相应修改，重新公布。

附：

最高人民法院
关于限制被执行人高消费及有关消费的若干规定

（2010年5月17日最高人民法院审判委员会第1487次会议通过　根据2015年7月6日最高人民法院审判委员会第1657次会议通过的《最高人民法院关于修改〈最高人民法院关于限制被执行人高消费的若干规定〉的决定》修正　该修正自2015年7月22日起施行）

为进一步加大执行力度，推动社会信用机制建设，最大限度保护申请执行人和被执行人的合法权益，根据《中华人民共和国民事诉讼法》的有关规定，结合人民法院民事执行工作的实践经验，制定本规定。

第一条　被执行人未按执行通知书指定的期间履行生效法律文书确定的给付义务的，人民法院可以采取限制消费措施，限制其高消费及非生活或者经营必需的有关消费。

纳入失信被执行人名单的被执行人，人民法院应当对其采取限制消费措施。

第二条　人民法院决定采取限制消费措施时，应当考虑被执行人是否有消极履行、规避执行或者抗拒执行的行为以及被执行人的履行能力等因素。

第三条　被执行人为自然人的，被采取限制消费措施后，不得有以下高消费及非生活和工作必需的消费行为：

（一）乘坐交通工具时，选择飞机、列车软卧、轮船二等以上舱位；

（二）在星级以上宾馆、酒店、夜总会、高尔夫球场等场所进行高消费；

（三）购买不动产或者新建、扩建、高档装修房屋；

（四）租赁高档写字楼、宾馆、公寓等场所办公；

（五）购买非经营必需车辆；

（六）旅游、度假；

（七）子女就读高收费私立学校；

（八）支付高额保费购买保险理财产品；

（九）乘坐G字头动车组列车全部座位、其他动车组列车一等以上座位等其他非生活和工作必需的消费行为。

被执行人为单位的，被采取限制消费措施后，被执行人及其法定代表人、主要负责人、影响债务履行的直接责任人员、实际控制人不得实施前款规定的行为。因私消费以个人财产实施前款规定行为的，可以向执行法院提出申请。执行法院审查属实的，应予准许。

第四条　限制消费措施一般由申请执行人提出书面申请，经人民法院审查决定；必要时人民法院可以依职权决定。

第五条　人民法院决定采取限制消费措施的，应当向被执行人发出限制消费令。限制消费令由人民法院院长签发。限制消费令应当载明限制消费的期间、项目、法律后果等内容。

第六条　人民法院决定采取限制消费措施的，可以根据案件需要和被执行人的情况向有义务协助调查、执行的单位送达协助执行通知书，也可以在相关媒体上进行公告。

第七条　限制消费令的公告费用由被执行人负担；申请执行人申请在媒体公告的，应当垫付公告费用。

第八条　被限制消费的被执行人因生活或者经营必需而进行本规定禁止的消费活动的，应当向人民法院提出申请，获批准后方可进行。

第九条　在限制消费期间，被执行人提供确实有效的担保或者经申请执行人同意的，人民法院可以解除限制消费令；被执行人履行完毕生效法律文书确定的义务的，人民法院应当在本规定第六条通知或者公告的范围内及时以通知或者公告解除限制消费令。

第十条　人民法院应当设置举报电话或者邮箱，接受申请执行人和社会公众对被限制消费的被执行人违反本规定第三条的举报，并进行审查认定。

第十一条　被执行人违反限制消费令进行消费的行为属于拒不履行人民法院已经发生法律效力的判决、裁定的行为，经查证属实的，依照《中华人民共和国民事诉讼法》第一百一十一条的规定，予以拘留、罚款；情节严重，构成犯罪的，追究其刑事责任。

有关单位在收到人民法院协助执行通知书后，仍允许被执行人进行高消费及非生活或者经营必需的有关消费的，人民法院可以依照《中华人民共和国民事诉讼法》第一百一十四条的规定，追究其法律责任。

【链　接】

最高法院执行局负责人就《限制被执行人高消费的若干规定》答记者问

新华网北京7月15日电（记者杨维汉）最高人民法院14日公布了《最高人民法院关于限制被执行人高消费的若干规定》（以下简称《规定》），这个司法解释自10月1日起施行。记者就相关问题采访了最高人民法院执行局负责人。

问：请介绍该司法解释的起草背景和过程？

答：当前，由于我国的信用体系尚不健全等原因，一些被执行人一方面拒不履行生效法律文书确定的义务，另一方面又从事各种高消费行为，严重损害了法律权威和申请执行人的合法权益。为惩治这些“老赖”，一些地方法院相继出台了关于限制被执行人高消费的相关规定，通过限制被执行人高消费，迫使其主动履行义务。

这一举措在司法实践中推动了不少“骨头案”的解决，取得了较好的法律效果和社会效果。我们在总结各地经验的基础上，本着建立执行长效机制的思路，起草了司法解释。目的是要通过限制被执行人高消费，避免恶意逃债，最终迫使其主动履行义务，最大限度保护申请执行人的合法权益，更好地维护司法权威。

为使本司法解释更具有针对性和可操作性，在起草过程中，我们研究了各地关于限制被执行人高消费的规定，并在全国法院执行工作座谈会上征求了与会代表意见。通过对意见的归纳、总结，确定了本司法解释的框架体系和主要内容。此后，我们召开了专家研讨会，专门听取了专家学者的意见。同时，媒体上广泛征求了社会各界意见，共收到社会意见340余条。其中99.4%的社会意见表示赞同。综合上述意见，最终形成了目前的司法解释。

问：限制高消费的对象有哪些？

答：根据《规定》的制定目的，限制高消费主要是针对那些有清偿能力却拒不履行义务的被执行人。因此，人民法院在决定采取限制高消费措施时，应当考虑被执行人履行义务的态度和履行能力。被执行人有拒不申报财产或者申报不实、拒不配合法院查找财产等消极履行的行为、规避执行的行为或者抗拒执行的行为，法院有权对其采取限制高消费措施。相反，如果被执行人如实申报了财产，且积极配合法院查找财产的，法院则一般不必限制其高消费。

问：哪些行为是本司法解释要限制的高消费？

答：为增强本司法解释的操作性，便于社会监督和举报被执行人的行为，本司法解释第三条通过列举方式规定了限制高消费的范围。为防止列举不全面，还规定了兜底条款。被执行人为自然人的，被限制高消费后，不得有以下以其财产支付费用的行为：（1）乘坐交通工具时，选择飞机、列车软卧、轮船二等以上舱位；（2）在星级以上宾馆、酒店、夜总会、高尔夫球场等场所进行高消费；（3）购买不动产或者新建、扩建、高档装修房屋；（4）租赁高档写字楼、宾馆、公寓等场所办公；（5）购买非经营必需车辆；（6）旅游、度假；（7）子女就读高收费私立学校；（8）支付高额保费购买保险理财产品；（9）其他非生活和工作必需的高消费行为。

以上几类行为基本上属于我们老百姓所理解的"高消费"行为。需注意的是，为防止被执行人规避本条规定，我们认为，不管被执行人自己高消费，还是被执行人以他人名义高消费，或者他人用被执行人的财产高消费，只要有证据证明是以被执行人的财产支付费用，导致被执行人财产减少的高消费行为都应在禁止之列。另外，如果被执行人是单位的，被限制高消费后，不仅单位本身不得高消费，其法定代表人、主要负责人、影响债务履行的直接责任人员也不得以单位的财产从事高消费。

问：限制高消费期间，如果法院发现了被执行人的财产，将如何处理？

答：限制高消费是一种补充性、间接性的执行措施，不影响其他直接执行措施的适用。在限制高消费期间，如果法院发现了被执行人的财产，可依照法定程序采取查封、扣押、冻结、拍卖等强制执行措施处置被执行人的财产。如果通过处置被执行人的财产，足额清偿了申请执行人的债权，人民法院应当及时解除限制高消费令。

问：如何启动限制高消费？

答：限制高消费的启动有两种方式：一是当事人申请；二是法院依职权启动。一般情况下，限制高消费应由申请执行人向法院提出书面申请，法院审查决定。申请执行人申请限制被执行人高消费的，可以在向法院申请执行时一并提出，也可以在执行通知书指定的履行期限届满后提出。

法院受理了申请之后，应根据被执行人履行义务的态度、履行能力等情况，决定是否限制被执行人高消费。当事人对法院的决定不服的，可以参照民事诉讼法的规定提出异议和复议。除当事人向法院申请启动限制高消费之外，法院有权根据案件执行需要，必要时依职权决定对拒不履行义务的被执行人采取限制高消费的措施。

被执行人违反限制高消费令进行消费，属于拒不履行人民法院已经发生法律效力的判决、裁定的行为，人民法院有权适用民事诉讼法的规定对其罚款、拘留，情节严重构成犯罪的，依照刑法的规定，追究其拒不执行判决、裁定罪的刑事责任。

问：有义务协助调查、执行的单位拒不配合的，应如何处理？

答：有关消费场所以及国土、银行、工商、税务有关部门都有义务配合人民法院的工作。人民法院根据案件需要和被执行人的情况可以向这些场所或者部门送达协助执行通知书，以形成社会合力，迫使被执行人主动履行义务。负有协助义务的单位在收到协助执行通知书之后，不履行协助义务的，人民法院可以依照民事诉讼法第一百零三条的规定对其予以处罚。

最高人民法院
关于对人民法院终结执行行为提出执行异议期限问题的批复

法释〔2016〕3号

（2015年11月30日最高人民法院审判委员会第1668次会议通过
2016年2月14日最高人民法院公告公布　自2016年2月15日起施行）

湖北省高级人民法院：

你院《关于咸宁市广泰置业有限公司与咸宁市枫丹置业有限公司房地产开发经营合同纠纷案的请示》（鄂高法〔2015〕295号）收悉。经研究，批复如下：

当事人、利害关系人依照民事诉讼法第二百二十五条规定对终结执行行为提出异议的，应当自收到终结执行法律文书之日起六十日内提出；未收到法律文书的，应当自知道或者应当知道人民法院终结执行之日起六十日内提出。批复发布前终结执行的，自批复发布之日起六十日内提出。超出该期限提出执行异议的，人民法院不予受理。

此复。

最高人民法院
关于首先查封法院与优先债权执行法院处分查封财产有关问题的批复

法释〔2016〕6号

（2015年12月16日最高人民法院审判委员会第1672次会议通过
2016年4月12日最高人民法院公告公布　自2016年4月14日起施行）

福建省高级人民法院：

你院《关于解决法院首封处分权与债权人行使优先受偿债权冲突问题的请示》（闽高法〔2015〕261号）收悉。经研究，批复如下：

一、执行过程中，应当由首先查封、扣押、冻结（以下简称查封）法院负责处分查封财产。但已进入其他法院执行程序的债权对查封财产有顺位在先的担保物权、优先权（该债权以下简称优先债权），自首先查封之日起已超过60日，且首先查封法院就该查封财产尚未发布拍卖公告或者进入变卖程序的，优先债权执行法院可以要求将该查封财产移送执行。

二、优先债权执行法院要求首先查封法院将查封财产移送执行的，应当出具商请移送执行函，并附确认优先债权的生效法律文书及案件情况说明。

首先查封法院应当在收到优先债权执行法院商请移送执行函之日起15日内出具移送执行函，将查封财产移送优先债权执行法院执行，并告知当事人。

移送执行函应当载明将查封财产移送执行及首先查封债权的相关情况等内容。

三、财产移送执行后，优先债权执行法院在处分或继续查封该财产时，可以持首先查封法院移送执行函办理相关手续。

优先债权执行法院对移送的财产变价后，应当按照法律规定的清偿顺序分配，并将相关情况告知首先查封法院。

首先查封债权尚未经生效法律文书确认的，应当按照首先查封债权的清偿顺位，预留相应份额。

四、首先查封法院与优先债权执行法院就移送查封财产发生争议的，可以逐级报请双方共同的上级法院指定该财产的执行法院。

共同的上级法院根据首先查封债权所处的诉讼阶段、查封财产的种类及所在地、各债权数额与查封财产价值之间的关系等案件具体情况，认为由首先查封法院执行更为妥当的，也可以决定由首先查封法院继续执行，但应当督促其在指定期限内处分查封财产。

此复。

附件：1. ××××人民法院商请移送执行函

2. ××××人民法院移送执行函

附件 1

××××人民法院
商请移送执行函

（××××）……号

××××人民法院：

……（写明当事人姓名或名称和案由）一案的……（写明生效法律文书名称）已经发生法律效力。由于……［写明本案债权人依法享有顺位在先的担保物权（优先权）和首先查封法院没有及时对查封财产进行处理的情况，以及商请移送执行的理由］。根据《最高人民法院关于首先查封法院与优先债权执行法院处分查封财产有关问题的批复》之规定，请你院在收到本函之日起 15 日内向我院出具移送执行函，将……（写明具体查封财产）移送我院执行。

附件：1. 据以执行的生效法律文书

2. 有关案件情况说明［内容包括本案债权依法享有顺位在先的担保物权（优先权）的具体情况、案件执行情况、执行员姓名及联系电话、申请执行人地址及联系电话等］

3. 其他必要的案件材料

××××年××月××日

（院印）

本院地址：　　邮　编：

联系人：　　联系电话：

附件 2

××××人民法院
移送执行函

（××××）……号

××××人民法院：

你院（××××）……号商请移送执行函收悉。我院于××××年××月××日对……（写明具体查封财产，以下简称查封财产）予以查封（或者扣押、冻结），鉴于你院（××××）……号执行案件债权人对该查封财产享有顺位在先的担保物权（优先权），现根据《最高人民法院关于首先查封法院与优先债权执行法院处分查封财产有关问题的批复》之规定及你院的来函要求，将上述查封财产移送你院执行，对该财产的续封、解封和变价、分配等后续工作，交由你院办理，我院不再负责。请你院在后续执行程序中，对我院执行案件债权人××作为首先查封债权人所享有的各项权利依法予以保护，并将执行结果及时告知我院。

附件：1. 据以执行的生效法律文书

2. 有关案件情况的材料和说明（内容包括查封财产的查封、调查、异议、评估、处置和剩余债权数额等案件执行情况，执行员姓名及联系电话、申请执行人地址及联系电话等）

3. 其他必要的案件材料

××××年××月××日

（院印）

本院地址：　　邮　编：

联系人：　　联系电话：

【链 接】

解决争议 实现优先债权制度与查封制度的协调

——最高人民法院执行局负责人就《关于首先查封法院与优先债权执行法院处分查封财产有关问题的批复》答记者问

4月12日，最高人民法院公布了《关于首先查封法院与优先债权执行法院处分查封财产有关问题的批复》（以下简称《批复》），最高人民法院执行局负责人就《批复》主要内容接受了记者采访。

问：请您介绍一下《批复》出台的背景。

答：根据现行法律与司法解释的规定，执行程序中应当由首先查封法院处分查封财产。这个规则符合查封制度的法理，也有利于调动申请执行人的积极性，及时发现、控制财产并实现生效法律文书确定的债权，实践效果总体是好的。但是当该查封财产上存在其他顺位在先的担保物权、优先权保障的债权（以下简称优先债权）时，如果首先查封法院迟延处分财产，就会损害到优先债权人的利益，优先债权制度的目的将会落空。

实践中，导致首先查封法院迟延处分查封财产的原因较为复杂，有制度不协调的因素，也有地方保护主义的因素。各地法院陆续制定了一些规范性文件来解决这个问题，但是由于司法解释层面的规则不清晰，地方法院的做法面临依据不足的困难。为回应司法实践的需求，最高人民法院审判委员会针对福建省高级人民法院的请示，讨论通过了本《批复》，希望将实践经验上升为统一规则，以解决这一较为普遍的问题。

问：《批复》的目的与基本思路是什么？

答：《批复》的目的就是解决实践中普遍存在的“首先查封法院与优先债权执行法院查封财产处分权冲突”的问题。

《批复》的基本思路为：保障实体法上优先债权制度的实现，兼顾执行程序法上首先查封制度的价值，在协调实体法与程序法制度的基础上，以“批复”的形式，“短、平、快”地解决实践中的主要问题。

《批复》共四个条文：第一条规定了优先债权执行法院要求首先查封法院将查封财产移送执行的条件，本条是《批复》的核心条款，确立了处理争议问题的一般规则；第二条规定了查封财产移送执行的程序性事项；第三条规定了优先债权执行法院对移送执行财产的处分与分配；第四条规定了法院之间争议的协调解决程序。

问：刚才您在《批复》基本思路中提到“协调优先债权制度与首先查封制度”，请问《批复》是如何具体协调这两种制度的？

答：优先债权制度是实体法制度，首先查封制度是程序法制度。这两种制度在逻辑上并无冲突，但是如上所述，当首先查封法院迟延处分查封财产时，就会损害到优先债权的实现。正是在此意义上，产生了两个制度的协调问题。整个《批复》都贯彻了协调两种制度的思路，具体表现在如下几个方面：

首先，通过《批复》第一条设定“首先查封法院将查封财产向优先债权执行法院移送执行的条件”，来调整“首先查封法院负责处分查封财产”规则。首先查封法院向优先债权执行法院移送财产处分的具体条件有四个：一是优先债权为生效法律文书所确认；二是在优先债权执行法院进入了执行程序；三是自首先查封之日起已经超过了60日；四是首先查封法院尚未就该查封财产发布拍卖公告或者进入变卖程序。需要注意的是，只有同时符合了上述四个条件，优先债权执行法院才能要求移送。

其次，《批复》第二条、第三条明确了具有操作性的程序，来保证《批复》第一条实体性规则的实现。《批复》第二条针对“优先债权法院商请”与“首先查封法院移送”两个环节，明确了各自需要注意的事项，同时设计了商请移送执行函与移送执行函的文书样式作为《批复》附件。《批复》第三条第一款规定“优先债权执行法院可以持首先查封法院移送执行函办理相关手续”，以解决优先债权执行法院与协助登记机关的程序衔接。《批复》第三条第三款还规定对于尚未经生效法律文书确认的首先查封债权，应按其清偿顺位，预留相应份额。这些规定增强了程序的可操作性，能够提高制度的实效。

最后，通过《批复》第四条的法院争议协调程序来进一步平衡两种制度。在协调程序中，可以解决两类案件的争议。一是应当移送执行而不移送的案件；二是虽然在形式上符合移送条件，但基于案件特殊情况可以不移送执行的案件。协调程序不仅能够保证《批复》第一条移送规则的实现，还能对某些特殊案件进行特殊处理，进一步实现了两种制度的协调。

问：我们注意到，《批复》并没有区分首先查封是保全程序中的查封还是执行程序中的查封，将保全阶段的查封财产移送给优先债权执行法院，是否会影响到正在进行的审理程序？

答：将保全阶段查封的财产移送执行不会影响到审理程序。理由在于，查封“负担优先债权的财产”，申请人的利益在逻辑上仅及于查封财产除去优先债权的余额。将查封财产移送优先债权法院处分并未损害查封债权人的利益，也未危及查封制度。

《批复》制定过程中曾考虑过区分保全查封与执行查封，但并不是担心影响审理程序。当时的具体想法是，当优先债权执行法院商请移送时，如果首先查封为保全查封，首先查封法院应立即移送；如果首先查封是执行查封，则在满60日不处分时予以移送。当时考虑的是，保全查封一般会比执行查封在财产处分上更为迟延，更有移送的必要。后来考虑到这种区分的实践意义不大，为了简明规则，《批复》最终统一做了规定。

问：《批复》中使用了“优先债权”的概念，能否介绍一下优先债权的具体含义与范围？

答：在《批复》中，优先债权是关于“对查封财产有顺位在先的担保物权、优先权的债权”的简称。关于这一简称，我们曾考虑过“优先受偿权”“优先受偿债权”等多个名词，后来参考相关司法解释的表述，采用了优先债权的概念。

优先债权具体包括各种担保物权担保的债权及各类型优先权担保的债权。具体主要包括如下几种：第一，抵押权担保的债权。解决抵押权担保债权执行法院与首先查封债权执行法院之间处分权的冲突，是本《批复》的主要目的。第二，合同法第二百八十六条规定的建设工程价款优先权。第三，其他担保物权担保的债权和其他优先权担保的债权。质押权、留置权和船舶优先权所担保的债权，符合《批复》关于优先债权的定义，虽然实践中此类优先债权与首先查封债权发生冲突的案例不多，但无疑属于《批复》调整的范围。

问：《批复》在移送的具体条件中，为何选择了60日的期限，并将“发布拍卖公告或者进入变卖程序”作为时间节点？

答：一般而言，60日不足以完成从查封到拍卖公告的整个程序，所以这里的60日并非要给首先查封法院留出足够的处分财产时间，而是要给首先查封法院一个缓冲期，避免某些很快就能进入拍卖或者变卖程序的财产变更处分法院。这一期限体现了保障优先债权人的意图。

关于“发布拍卖公告或者进入变卖程序”，《批复》最初条文表述为“变价程序”，讨论中大家认为“变价程序”容易发生歧义，比如评估算不算变价程序等。为了避免理解上的歧义引发争议，《批复》最终采用了“发布拍卖公告或者进入变卖程序”这一明确的时间节点。

问：您能否具体讲一讲如何理解《批复》第三条中的“按照法律规定的清偿顺序分配”？

答：这涉及优先债权执行法院处分财产后清偿债权的范围。对此有四种观点，第一种观点主张只清偿受移送法院执行的优先债权，剩余款项交首先查封法院。第二种观点主张清偿所有优先债权，剩余款项交首先查封法院。

第三种观点主张该财产上存在的各个债权，无论是优先债权还是普通债权，都应该予以清偿。但是如果首先查封法院还查封了被执行人的其他财产，无需将其他查封财产及其整个执行案件移送。第四种观点主张首先查封法院在移送该查封财产的同时，应当将首先查封所涉案件及其他查封财产一并移送。

综合考虑实现优先债权的目的、法院之间的程序衔接等因素，《批复》采纳了第三种方案，规定“应当按照法律规定的清偿顺序分配”。讨论中有人提出，条文无法体现上述清偿范围。我们认为，在移送执行的财产范围内，按照法律规定的清偿顺序分配，除此之外未附加任何清偿范围的限制，应该能得出上述清偿范围的结论。

此外，这里的“分配”是在广义上使用的，并非狭义的“参与分配”概念。具体讲，不仅包括狭义的参与分配情形，也涵盖多个债权人对于同一债务人申请执行而不符合参与分配条件的情形。比如在一个执行程序中同时实现一个优先债权与一个普通债权的情形，也属于该条意义上的分配。

问：请问上级法院在协调法院之间关于查封财产处分权争议时，应该坚持什么原则，考虑什么因素？

答：上级法院协调相关争议时，原则上应按照《批复》第一条的规则处理。在《批复》制定过程中，第四条曾表述为：“共同的上级法院在指定执行法院时，应当按照本批复第一条的规定处理……”但在后来的讨论中，大家一致认为第一条作为一般规则在逻辑上适用于整个《批复》，上级法院在协调时当然应予以遵照执行。第四条对此无需予以重申，只规定应考虑的例外因素即可。

《批复》第四条具体列举了上级法院协调时应当考虑的因素，对此应予以综合考量，总体把握。具体说明如下：第一，“首先查封债权所处的诉讼阶段”大致能反映出将来处分财产的时间，以及对优先债权实现的迟延程度。第二，“查封财产的种类及所在地”，主要是不动产应优先考虑由不动产所在地法院执行。第三，关于“各债权数额与首先查封财产价值之间的关系”，可以简单理解为：优先债权数额占查封财产价值的比例越高，则移送的必要性越大。如果比例极低，比如优先债权 100 万，查封财产价值 5000 万，则移送的必要性不大；只要比例相当，原则上就应予以移送；如果比例超过了 100%，则除非案件极为特殊应一律移送。第四，案件情况千差万别，如果存在影响移送的其他因素的，也应予以考虑，比如，涉案财产涉及首先查封法院当地职工的大量劳动债权，就应予以考虑。

最高人民法院
关于人民法院网络司法拍卖若干问题的规定

法释〔2016〕18号

（2016年5月30日最高人民法院审判委员会第1685次会议通过
2016年8月2日最高人民法院公告公布　自2017年1月1日起施行）

为了规范网络司法拍卖行为，保障网络司法拍卖公开、公平、公正、安全、高效，维护当事人的合法权益，根据《中华人民共和国民事诉讼法》等法律的规定，结合人民法院执行工作的实际，制定本规定。

第一条　本规定所称的网络司法拍卖，是指人民法院依法通过互联网拍卖平台，以网络电子竞价方式公开处置财产的行为。

第二条　人民法院以拍卖方式处置财产的，应当采取网络司法拍卖方式，但法律、行政法规和司法解释规定必须通过其他途径处置，或者不宜采用网络拍卖方式处置的除外。

第三条　网络司法拍卖应当在互联网拍卖平台上向社会全程公开，接受社会监督。

第四条　最高人民法院建立全国性网络服务提供者名单库。网络服务提供者申请纳入名单库的，其提供的网络司法拍卖平台应当符合下列条件：

（一）具备全面展示司法拍卖信息的界面；

（二）具备本规定要求的信息公示、网上报名、竞价、结算等功能；

（三）具有信息共享、功能齐全、技术拓展等功能的独立系统；

（四）程序运作规范、系统安全高效、服务优质价廉；

（五）在全国具有较高的知名度和广泛的社会参与度。

最高人民法院组成专门的评审委员会，负责网络服务提供者的选定、评审和除名。最高人民法院每年引入第三方评估机构对已纳入和新申请纳入名单库的网络服务提供者予以评审并公布结果。

第五条　网络服务提供者由申请执行人从名单库中选择；未选择或者多个申请执行人的选择不一致的，由人民法院指定。

第六条　实施网络司法拍卖的，人民法院应当履行下列职责：

（一）制作、发布拍卖公告；

（二）查明拍卖财产现状、权利负担等内容，并予以说明；

（三）确定拍卖保留价、保证金的数额、税费负担等；

（四）确定保证金、拍卖款项等支付方式；

（五）通知当事人和优先购买权人；

（六）制作拍卖成交裁定；

（七）办理财产交付和出具财产权证照转移协助执行通知书；

（八）开设网络司法拍卖专用账户；

（九）其他依法由人民法院履行的职责。

第七条　实施网络司法拍卖的，人民法院可以将下列拍卖辅助工作委托社会机构或者组织承担：

（一）制作拍卖财产的文字说明及视频或者照片等资料；

（二）展示拍卖财产，接受咨询，引领查看，封存样品等；

（三）拍卖财产的鉴定、检验、评估、审计、仓储、保管、运输等；

（四）其他可以委托的拍卖辅助工作。

社会机构或者组织承担网络司法拍卖辅助工作所支出的必要费用由被执行人承担。

第八条　实施网络司法拍卖的，下列事项应当由网络服务提供者承担：

（一）提供符合法律、行政法规和司法解释规定的网络司法拍卖平台，并保障安全正常运行；

（二）提供安全便捷配套的电子支付对接系统；

（三）全面、及时展示人民法院及其委托的社会机构或者组织提供的拍卖信息；

（四）保证拍卖全程的信息数据真实、准确、完整和安全；

（五）其他应当由网络服务提供者承担的工作。

网络服务提供者不得在拍卖程序中设置阻碍适格竞买人报名、参拍、竞价以及监视竞买人信息等后台操控功能。

网络服务提供者提供的服务无正当理由不得中断。

第九条　网络司法拍卖服务提供者从事与网络司法拍卖相关的行为，应当接受人民法院的管理、监督和指导。

第十条　网络司法拍卖应当确定保留价，拍卖保留价即为起拍价。

起拍价由人民法院参照评估价确定；未作评估的，参照市价确定，并征询当事人意见。起拍价不得低于评估价或者市价的百分之七十。

第十一条　网络司法拍卖不限制竞买人数量。一人参与竞拍，出价不低于起拍价的，拍卖成交。

第十二条　网络司法拍卖应当先期公告，拍卖公告除通过法定途径发布外，还应同时在网络司法拍卖平台发布。拍卖动产的，应当在拍卖十五日前公告；拍卖不动产或者其他财产权的，应当在拍卖三十日前公告。

拍卖公告应当包括拍卖财产、价格、保证金、竞买人条件、拍卖财产已知瑕疵、相关权利义务、法律责任、拍卖时间、网络平台和拍卖法院等信息。

第十三条 实施网络司法拍卖的，人民法院应当在拍卖公告发布当日通过网络司法拍卖平台公示下列信息：

（一）拍卖公告；

（二）执行所依据的法律文书，但法律规定不得公开的除外；

（三）评估报告副本，或者未经评估的定价依据；

（四）拍卖时间、起拍价以及竞价规则；

（五）拍卖财产权属、占有使用、附随义务等现状的文字说明、视频或者照片等；

（六）优先购买权主体以及权利性质；

（七）通知或者无法通知当事人、已知优先购买权人的情况；

（八）拍卖保证金、拍卖款项支付方式和账户；

（九）拍卖财产产权转移可能产生的税费及承担方式；

（十）执行法院名称，联系、监督方式等；

（十一）其他应当公示的信息。

第十四条 实施网络司法拍卖的，人民法院应当在拍卖公告发布当日通过网络司法拍卖平台对下列事项予以特别提示：

（一）竞买人应当具备完全民事行为能力，法律、行政法规和司法解释对买受人资格或者条件有特殊规定的，竞买人应当具备规定的资格或者条件；

（二）委托他人代为竞买的，应当在竞价程序开始前经人民法院确认，并通知网络服务提供者；

（三）拍卖财产已知瑕疵和权利负担；

（四）拍卖财产以实物现状为准，竞买人可以申请实地看样；

（五）竞买人决定参与竞买的，视为对拍卖财产完全了解，并接受拍卖财产一切已知和未知瑕疵；

（六）载明买受人真实身份的拍卖成交确认书在网络司法拍卖平台上公示；

（七）买受人悔拍后保证金不予退还。

第十五条 被执行人应当提供拍卖财产品质的有关资料和说明。

人民法院已按本规定第十三条、第十四条的要求予以公示和特别提示，且在拍卖公告中声明不能保证拍卖财产真伪或者品质的，不承担瑕疵担保责任。

第十六条 网络司法拍卖的事项应当在拍卖公告发布三日前以书面或者

其他能够确认收悉的合理方式，通知当事人、已知优先购买权人。权利人书面明确放弃权利的，可以不通知。无法通知的，应当在网络司法拍卖平台公示并说明无法通知的理由，公示满五日视为已经通知。

优先购买权人经通知未参与竞买的，视为放弃优先购买权。

第十七条　保证金数额由人民法院在起拍价的百分之五至百分之二十范围内确定。

竞买人应当在参加拍卖前以实名交纳保证金，未交纳的，不得参加竞买。申请执行人参加竞买的，可以不交保证金；但债权数额小于保证金数额的按差额部分交纳。

交纳保证金，竞买人可以向人民法院指定的账户交纳，也可以由网络服务提供者在其提供的支付系统中对竞买人的相应款项予以冻结。

第十八条　竞买人在拍卖竞价程序结束前交纳保证金经人民法院或者网络服务提供者确认后，取得竞买资格。网络服务提供者应当向取得资格的竞买人赋予竞买代码、参拍密码；竞买人以该代码参与竞买。

网络司法拍卖竞价程序结束前，人民法院及网络服务提供者对竞买人以及其他能够确认竞买人真实身份的信息、密码等，应当予以保密。

第十九条　优先购买权人经人民法院确认后，取得优先竞买资格以及优先竞买代码、参拍密码，并以优先竞买代码参与竞买；未经确认的，不得以优先购买权人身份参与竞买。

顺序不同的优先购买权人申请参与竞买的，人民法院应当确认其顺序，赋予不同顺序的优先竞买代码。

第二十条　网络司法拍卖从起拍价开始以递增出价方式竞价，增价幅度由人民法院确定。竞买人以低于起拍价出价的无效。

网络司法拍卖的竞价时间应当不少于二十四小时。竞价程序结束前五分钟内无人出价的，最后出价即为成交价；有出价的，竞价时间自该出价时点顺延五分钟。竞买人的出价时间以进入网络司法拍卖平台服务系统的时间为准。

竞买代码及其出价信息应当在网络竞买页面实时显示，并储存、显示竞价全程。

第二十一条　优先购买权人参与竞买的，可以与其他竞买人以相同的价格出价，没有更高出价的，拍卖财产由优先购买权人竞得。

顺序不同的优先购买权人以相同价格出价的，拍卖财产由顺序在先的优先购买权人竞得。

顺序相同的优先购买权人以相同价格出价的，拍卖财产由出价在先的优先购买权人竞得。

第二十二条 网络司法拍卖成交的，由网络司法拍卖平台以买受人的真实身份自动生成确认书并公示。

拍卖财产所有权自拍卖成交裁定送达买受人时转移。

第二十三条 拍卖成交后，买受人交纳的保证金可以充抵价款；其他竞买人交纳的保证金应当在竞价程序结束后二十四小时内退还或者解冻。拍卖未成交的，竞买人交纳的保证金应当在竞价程序结束后二十四小时内退还或者解冻。

第二十四条 拍卖成交后买受人悔拍的，交纳的保证金不予退还，依次用于支付拍卖产生的费用损失、弥补重新拍卖价款低于原拍卖价款的差价、冲抵本案被执行人的债务以及与拍卖财产相关的被执行人的债务。

悔拍后重新拍卖的，原买受人不得参加竞买。

第二十五条 拍卖成交后，买受人应当在拍卖公告确定的期限内将剩余价款交付人民法院指定账户。拍卖成交后二十四小时内，网络服务提供者应当将冻结的买受人交纳的保证金划入人民法院指定账户。

第二十六条 网络司法拍卖竞价期间无人出价的，本次拍卖流拍。流拍后应当在三十日内在同一网络司法拍卖平台再次拍卖，拍卖动产的应当在拍卖七日前公告；拍卖不动产或者其他财产权的应当在拍卖十五日前公告。再次拍卖的起拍价降价幅度不得超过前次起拍价的百分之二十。

再次拍卖流拍的，可以依法在同一网络司法拍卖平台变卖。

第二十七条 起拍价及其降价幅度、竞价增价幅度、保证金数额和优先购买权人竞买资格及其顺序等事项，应当由人民法院依法组成合议庭评议确定。

第二十八条 网络司法拍卖竞价程序中，有依法应当暂缓、中止执行等情形的，人民法院应当决定暂缓或者裁定中止拍卖；人民法院可以自行或者通知网络服务提供者停止拍卖。

网络服务提供者发现系统故障、安全隐患等紧急情况的，可以先行暂缓拍卖，并立即报告人民法院。

暂缓或者中止拍卖的，应当及时在网络司法拍卖平台公告原因或者理由。

暂缓拍卖期限届满或者中止拍卖的事由消失后，需要继续拍卖的，应当在五日内恢复拍卖。

第二十九条 网络服务提供者对拍卖形成的电子数据，应当完整保存不少于十年，但法律、行政法规另有规定的除外。

第三十条 因网络司法拍卖本身形成的税费，应当依照相关法律、行政法规的规定，由相应主体承担；没有规定或者规定不明的，人民法院可以根据法律原则和案件实际情况确定税费承担的相关主体、数额。

第三十一条　当事人、利害关系人提出异议请求撤销网络司法拍卖，符合下列情形之一的，人民法院应当支持：

（一）由于拍卖财产的文字说明、视频或者照片展示以及瑕疵说明严重失实，致使买受人产生重大误解，购买目的无法实现的，但拍卖时的技术水平不能发现或者已经就相关瑕疵以及责任承担予以公示说明的除外；

（二）由于系统故障、病毒入侵、黑客攻击、数据错误等原因致使拍卖结果错误，严重损害当事人或者其他竞买人利益的；

（三）竞买人之间，竞买人与网络司法拍卖服务提供者之间恶意串通，损害当事人或者其他竞买人利益的；

（四）买受人不具备法律、行政法规和司法解释规定的竞买资格的；

（五）违法限制竞买人参加竞买或者对享有同等权利的竞买人规定不同竞买条件的；

（六）其他严重违反网络司法拍卖程序且损害当事人或者竞买人利益的情形。

第三十二条　网络司法拍卖被人民法院撤销，当事人、利害关系人、案外人认为人民法院的拍卖行为违法致使其合法权益遭受损害的，可以依法申请国家赔偿；认为其他主体的行为违法致使其合法权益遭受损害的，可以另行提起诉讼。

第三十三条　当事人、利害关系人、案外人认为网络司法拍卖服务提供者的行为违法致使其合法权益遭受损害的，可以另行提起诉讼；理由成立的，人民法院应当支持，但具有法定免责事由的除外。

第三十四条　实施网络司法拍卖的，下列机构和人员不得竞买并不得委托他人代为竞买与其行为相关的拍卖财产：

（一）负责执行的人民法院；

（二）网络服务提供者；

（三）承担拍卖辅助工作的社会机构或者组织；

（四）第（一）至（三）项规定主体的工作人员及其近亲属。

第三十五条　网络服务提供者有下列情形之一的，应当将其从名单库中除名：

（一）存在违反本规定第八条第二款规定操控拍卖程序、修改拍卖信息等行为的；

（二）存在恶意串通、弄虚作假、泄漏保密信息等行为的；

（三）因违反法律、行政法规和司法解释等规定受到处罚，不适于继续从事网络司法拍卖的；

（四）存在违反本规定第三十四条规定行为的；

（五）其他应当除名的情形。

网络服务提供者有前款规定情形之一，人民法院可以依照《中华人民共和国民事诉讼法》的相关规定予以处理。

第三十六条 当事人、利害关系人认为网络司法拍卖行为违法侵害其合法权益的，可以提出执行异议。异议、复议期间，人民法院可以决定暂缓或者裁定中止拍卖。

案外人对网络司法拍卖的标的提出异议的，人民法院应当依据《中华人民共和国民事诉讼法》第二百二十七条及相关司法解释的规定处理，并决定暂缓或者裁定中止拍卖。

第三十七条 人民法院通过互联网平台以变卖方式处置财产的，参照本规定执行。

执行程序中委托拍卖机构通过互联网平台实施网络拍卖的，参照本规定执行。

本规定对网络司法拍卖行为没有规定的，适用其他有关司法拍卖的规定。

第三十八条 本规定自2017年1月1日起施行。施行前最高人民法院公布的司法解释和规范性文件与本规定不一致的，以本规定为准。

最高人民法院
关于民事执行中变更、追加当事人若干问题的规定

法释〔2016〕21号

（2016年8月29日最高人民法院审判委员会第1691次会议通过
2016年11月7日最高人民法院公告公布　自2016年12月1日起施行）

为正确处理民事执行中变更、追加当事人问题，维护当事人、利害关系人的合法权益，根据《中华人民共和国民事诉讼法》等法律规定，结合执行实践，制定本规定。

第一条 执行过程中，申请执行人或其继承人、权利承受人可以向人民法院申请变更、追加当事人。申请符合法定条件的，人民法院应予支持。

第二条 作为申请执行人的公民死亡或被宣告死亡，该公民的遗嘱执行人、受遗赠人、继承人或其他因该公民死亡或被宣告死亡依法承受生效法律文书确定权利的主体，申请变更、追加其为申请执行人的，人民法院应予支持。

作为申请执行人的公民被宣告失踪，该公民的财产代管人申请变更、追加其为申请执行人的，人民法院应予支持。

第三条 作为申请执行人的公民离婚时，生效法律文书确定的权利全部或部分分割给其配偶，该配偶申请变更、追加其为申请执行人的，人民法院应予支持。

第四条 作为申请执行人的法人或其他组织终止，因该法人或其他组织终止依法承受生效法律文书确定权利的主体，申请变更、追加其为申请执行人的，人民法院应予支持。

第五条 作为申请执行人的法人或其他组织因合并而终止，合并后存续或新设的法人、其他组织申请变更其为申请执行人的，人民法院应予支持。

第六条 作为申请执行人的法人或其他组织分立，依分立协议约定承受生效法律文书确定权利的新设法人或其他组织，申请变更、追加其为申请执行人的，人民法院应予支持。

第七条 作为申请执行人的法人或其他组织清算或破产时，生效法律文书确定的权利依法分配给第三人，该第三人申请变更、追加其为申请执行人的，人民法院应予支持。

第八条 作为申请执行人的机关法人被撤销，继续履行其职能的主体申请变更、追加其为申请执行人的，人民法院应予支持，但生效法律文书确定的权利依法应由其他主体承受的除外；没有继续履行其职能的主体，且生效法律文书确定权利的承受主体不明确，作出撤销决定的主体申请变更、追加其为申请执行人的，人民法院应予支持。

第九条 申请执行人将生效法律文书确定的债权依法转让给第三人，且书面认可第三人取得该债权，该第三人申请变更、追加其为申请执行人的，人民法院应予支持。

第十条 作为被执行人的公民死亡或被宣告死亡，申请执行人申请变更、追加该公民的遗嘱执行人、继承人、受遗赠人或其他因该公民死亡或被宣告死亡取得遗产的主体为被执行人，在遗产范围内承担责任的，人民法院应予支持。继承人放弃继承或受遗赠人放弃受遗赠，又无遗嘱执行人的，人民法院可以直接执行遗产。

作为被执行人的公民被宣告失踪，申请执行人申请变更该公民的财产代管人为被执行人，在代管的财产范围内承担责任的，人民法院应予支持。

第十一条 作为被执行人的法人或其他组织因合并而终止，申请执行人申请变更合并后存续或新设的法人、其他组织为被执行人的，人民法院应予支持。

第十二条 作为被执行人的法人或其他组织分立，申请执行人申请变更、追加分立后新设的法人或其他组织为被执行人，对生效法律文书确定的债务承担连带责任的，人民法院应予支持。但被执行人在分立前与申请执行人就债务清偿达成的书面协议另有约定的除外。

第十三条 作为被执行人的个人独资企业，不能清偿生效法律文书确定的债务，申请执行人申请变更、追加其投资人为被执行人的，人民法院应予支持。个人独资企业投资人作为被执行人的，人民法院可以直接执行该个人独资企业的财产。

个体工商户的字号为被执行人的，人民法院可以直接执行该字号经营者的财产。

第十四条 作为被执行人的合伙企业，不能清偿生效法律文书确定的债务，申请执行人申请变更、追加普通合伙人为被执行人的，人民法院应予支持。

作为被执行人的有限合伙企业，财产不足以清偿生效法律文书确定的债务，申请执行人申请变更、追加未按期足额缴纳出资的有限合伙人为被执行人，在未足额缴纳出资的范围内承担责任的，人民法院应予支持。

第十五条 作为被执行人的法人分支机构，不能清偿生效法律文书确定的债务，申请执行人申请变更、追加该法人为被执行人的，人民法院应予支持。法人直接管理的责任财产仍不能清偿债务的，人民法院可以直接执行该法人其他分支机构的财产。

作为被执行人的法人，直接管理的责任财产不能清偿生效法律文书确定债务的，人民法院可以直接执行该法人分支机构的财产。

第十六条 个人独资企业、合伙企业、法人分支机构以外的其他组织作为被执行人，不能清偿生效法律文书确定的债务，申请执行人申请变更、追加依法对该其他组织的债务承担责任的主体为被执行人的，人民法院应予支持。

第十七条 作为被执行人的企业法人，财产不足以清偿生效法律文书确定的债务，申请执行人申请变更、追加未缴纳或未足额缴纳出资的股东、出资人或依公司法规定对该出资承担连带责任的发起人为被执行人，在尚未缴纳出资的范围内依法承担责任的，人民法院应予支持。

第十八条 作为被执行人的企业法人，财产不足以清偿生效法律文书确定的债务，申请执行人申请变更、追加抽逃出资的股东、出资人为被执行人，在抽逃出资的范围内承担责任的，人民法院应予支持。

第十九条 作为被执行人的公司，财产不足以清偿生效法律文书确定的债务，其股东未依法履行出资义务即转让股权，申请执行人申请变更、追加该原股东或依公司法规定对该出资承担连带责任的发起人为被执行人，在未依法出资的范围内承担责任的，人民法院应予支持。

第二十条　作为被执行人的一人有限责任公司，财产不足以清偿生效法律文书确定的债务，股东不能证明公司财产独立于自己的财产，申请执行人申请变更、追加该股东为被执行人，对公司债务承担连带责任的，人民法院应予支持。

第二十一条　作为被执行人的公司，未经清算即办理注销登记，导致公司无法进行清算，申请执行人申请变更、追加有限责任公司的股东、股份有限公司的董事和控股股东为被执行人，对公司债务承担连带清偿责任的，人民法院应予支持。

第二十二条　作为被执行人的法人或其他组织，被注销或出现被吊销营业执照、被撤销、被责令关闭、歇业等解散事由后，其股东、出资人或主管部门无偿接受其财产，致使该被执行人无遗留财产或遗留财产不足以清偿债务，申请执行人申请变更、追加该股东、出资人或主管部门为被执行人，在接受的财产范围内承担责任的，人民法院应予支持。

第二十三条　作为被执行人的法人或其他组织，未经依法清算即办理注销登记，在登记机关办理注销登记时，第三人书面承诺对被执行人的债务承担清偿责任，申请执行人申请变更、追加该第三人为被执行人，在承诺范围内承担清偿责任的，人民法院应予支持。

第二十四条　执行过程中，第三人向执行法院书面承诺自愿代被执行人履行生效法律文书确定的债务，申请执行人申请变更、追加该第三人为被执行人，在承诺范围内承担责任的，人民法院应予支持。

第二十五条　作为被执行人的法人或其他组织，财产依行政命令被无偿调拨、划转给第三人，致使该被执行人财产不足以清偿生效法律文书确定的债务，申请执行人申请变更、追加该第三人为被执行人，在接受的财产范围内承担责任的，人民法院应予支持。

第二十六条　被申请人在应承担责任范围内已承担相应责任的，人民法院不得责令其重复承担责任。

第二十七条　执行当事人的姓名或名称发生变更的，人民法院可以直接将姓名或名称变更后的主体作为执行当事人，并在法律文书中注明变更前的姓名或名称。

第二十八条　申请人申请变更、追加执行当事人，应当向执行法院提交书面申请及相关证据材料。

除事实清楚、权利义务关系明确、争议不大的案件外，执行法院应当组成合议庭审查并公开听证。经审查，理由成立的，裁定变更、追加；理由不成立的，裁定驳回。

执行法院应当自收到书面申请之日起六十日内作出裁定。有特殊情况需要延长的，由本院院长批准。

第二十九条 执行法院审查变更、追加被执行人申请期间，申请人申请对被申请人的财产采取查封、扣押、冻结措施的，执行法院应当参照民事诉讼法第一百条的规定办理。

申请执行人在申请变更、追加第三人前，向执行法院申请查封、扣押、冻结该第三人财产的，执行法院应当参照民事诉讼法第一百零一条的规定办理。

第三十条 被申请人、申请人或其他执行当事人对执行法院作出的变更、追加裁定或驳回申请裁定不服的，可以自裁定书送达之日起十日内向上一级人民法院申请复议，但依据本规定第三十二条的规定应当提起诉讼的除外。

第三十一条 上一级人民法院对复议申请应当组成合议庭审查，并自收到申请之日起六十日内作出复议裁定。有特殊情况需要延长的，由本院院长批准。

被裁定变更、追加的被申请人申请复议的，复议期间，人民法院不得对其争议范围内的财产进行处分。申请人请求人民法院继续执行并提供相应担保的，人民法院可以准许。

第三十二条 被申请人或申请人对执行法院依据本规定第十四条第二款、第十七条至第二十一条规定作出的变更、追加裁定或驳回申请裁定不服的，可以自裁定书送达之日起十五日内，向执行法院提起执行异议之诉。

被申请人提起执行异议之诉的，以申请人为被告。申请人提起执行异议之诉的，以被申请人为被告。

第三十三条 被申请人提起的执行异议之诉，人民法院经审理，按照下列情形分别处理：

（一）理由成立的，判决不得变更、追加被申请人为被执行人或者判决变更责任范围；

（二）理由不成立的，判决驳回诉讼请求。

诉讼期间，人民法院不得对被申请人争议范围内的财产进行处分。申请人请求人民法院继续执行并提供相应担保的，人民法院可以准许。

第三十四条 申请人提起的执行异议之诉，人民法院经审理，按照下列情形分别处理：

（一）理由成立的，判决变更、追加被申请人为被执行人并承担相应责任或者判决变更责任范围；

（二）理由不成立的，判决驳回诉讼请求。

第三十五条 本规定自 2016 年 12 月 1 日起施行。

本规定施行后，本院以前公布的司法解释与本规定不一致的，以本规定为准。

最高人民法院
关于人民法院办理财产保全案件若干问题的规定

法释〔2016〕22号

（2016年10月17日最高人民法院审判委员会第1696次会议通过
2016年11月7日最高人民法院公告公布　自2016年12月1日起施行）

为依法保护当事人、利害关系人的合法权益，规范人民法院办理财产保全案件，根据《中华人民共和国民事诉讼法》等法律规定，结合审判、执行实践，制定本规定。

第一条　当事人、利害关系人申请财产保全，应当向人民法院提交申请书，并提供相关证据材料。

申请书应当载明下列事项：

（一）申请保全人与被保全人的身份、送达地址、联系方式；

（二）请求事项和所根据的事实与理由；

（三）请求保全数额或者争议标的；

（四）明确的被保全财产信息或者具体的被保全财产线索；

（五）为财产保全提供担保的财产信息或资信证明，或者不需要提供担保的理由；

（六）其他需要载明的事项。

法律文书生效后，进入执行程序前，债权人申请财产保全的，应当写明生效法律文书的制作机关、文号和主要内容，并附生效法律文书副本。

第二条　人民法院进行财产保全，由立案、审判机构作出裁定，一般应当移送执行机构实施。

第三条　仲裁过程中，当事人申请财产保全的，应当通过仲裁机构向人民法院提交申请书及仲裁案件受理通知书等相关材料。人民法院裁定采取保全措施或者裁定驳回申请的，应当将裁定书送达当事人，并通知仲裁机构。

第四条　人民法院接受财产保全申请后，应当在五日内作出裁定；需要提供担保的，应当在提供担保后五日内作出裁定；裁定采取保全措施的，应当在五日内开始执行。对情况紧急的，必须在四十八小时内作出裁定；裁定采取保全措施的，应当立即开始执行。

第五条 人民法院依照民事诉讼法第一百条规定责令申请保全人提供财产保全担保的，担保数额不超过请求保全数额的百分之三十；申请保全的财产系争议标的的，担保数额不超过争议标的的价值的百分之三十。

利害关系人申请诉前财产保全的，应当提供相当于请求保全数额的担保；情况特殊的，人民法院可以酌情处理。

财产保全期间，申请保全人提供的担保不足以赔偿可能给被保全人造成的损失的，人民法院可以责令其追加相应的担保；拒不追加的，可以裁定解除或者部分解除保全。

第六条 申请保全人或第三人为财产保全提供财产担保的，应当向人民法院出具担保书。担保书应当载明担保人、担保方式、担保范围、担保财产及其价值、担保责任承担等内容，并附相关证据材料。

第三人为财产保全提供保证担保的，应当向人民法院提交保证书。保证书应当载明保证人、保证方式、保证范围、保证责任承担等内容，并附相关证据材料。

对财产保全担保，人民法院经审查，认为违反物权法、担保法、公司法等有关法律禁止性规定的，应当责令申请保全人在指定期限内提供其他担保；逾期未提供的，裁定驳回申请。

第七条 保险人以其与申请保全人签订财产保全责任险合同的方式为财产保全提供担保的，应当向人民法院出具担保书。

担保书应当载明，因申请财产保全错误，由保险人赔偿被保全人因保全所遭受的损失等内容，并附相关证据材料。

第八条 金融监管部门批准设立的金融机构以独立保函形式为财产保全提供担保的，人民法院应当依法准许。

第九条 当事人在诉讼中申请财产保全，有下列情形之一的，人民法院可以不要求提供担保：

（一）追索赡养费、扶养费、抚育费、抚恤金、医疗费用、劳动报酬、工伤赔偿、交通事故人身损害赔偿的；

（二）婚姻家庭纠纷案件中遭遇家庭暴力且经济困难的；

（三）人民检察院提起的公益诉讼涉及损害赔偿的；

（四）因见义勇为遭受侵害请求损害赔偿的；

（五）案件事实清楚、权利义务关系明确，发生保全错误可能性较小的；

（六）申请保全人为商业银行、保险公司等由金融监管部门批准设立的具有独立偿付债务能力的金融机构及其分支机构的。

法律文书生效后，进入执行程序前，债权人申请财产保全的，人民法院可以不要求提供担保。

第十条　当事人、利害关系人申请财产保全，应当向人民法院提供明确的被保全财产信息。

当事人在诉讼中申请财产保全，确因客观原因不能提供明确的被保全财产信息，但提供了具体财产线索的，人民法院可以依法裁定采取财产保全措施。

第十一条　人民法院依照本规定第十条第二款规定作出保全裁定的，在该裁定执行过程中，申请保全人可以向已经建立网络执行查控系统的执行法院，书面申请通过该系统查询被保全人的财产。

申请保全人提出查询申请的，执行法院可以利用网络执行查控系统，对裁定保全的财产或者保全数额范围内的财产进行查询，并采取相应的查封、扣押、冻结措施。

人民法院利用网络执行查控系统未查询到可供保全财产的，应当书面告知申请保全人。

第十二条　人民法院对查询到的被保全人财产信息，应当依法保密。除依法保全的财产外，不得泄露被保全人其他财产信息，也不得在财产保全、强制执行以外使用相关信息。

第十三条　被保全人有多项财产可供保全的，在能够实现保全目的的情况下，人民法院应当选择对其生产经营活动影响较小的财产进行保全。

人民法院对厂房、机器设备等生产经营性财产进行保全时，指定被保全人保管的，应当允许其继续使用。

第十四条　被保全财产系机动车、航空器等特殊动产的，除被保全人下落不明的以外，人民法院应当责令被保全人书面报告该动产的权属和占有、使用等情况，并予以核实。

第十五条　人民法院应当依据财产保全裁定采取相应的查封、扣押、冻结措施。

可供保全的土地、房屋等不动产的整体价值明显高于保全裁定载明金额的，人民法院应当对该不动产的相应价值部分采取查封、扣押、冻结措施，但该不动产在使用上不可分或者分割会严重减损其价值的除外。

对银行账户内资金采取冻结措施的，人民法院应当明确具体的冻结数额。

第十六条　人民法院在财产保全中采取查封、扣押、冻结措施，需要有关单位协助办理登记手续的，有关单位应当在裁定书和协助执行通知书送达后立即办理。针对同一财产有多个裁定书和协助执行通知书的，应当按照送达的时间先后办理登记手续。

第十七条　利害关系人申请诉前财产保全，在人民法院采取保全措施后三十日内依法提起诉讼或者申请仲裁的，诉前财产保全措施自动转为诉讼或仲裁中的保全措施；进入执行程序后，保全措施自动转为执行中的查封、扣押、冻结措施。

依前款规定，自动转为诉讼、仲裁中的保全措施或者执行中的查封、扣押、冻结措施的，期限连续计算，人民法院无需重新制作裁定书。

第十八条 申请保全人申请续行财产保全的，应当在保全期限届满七日前向人民法院提出；逾期申请或者不申请的，自行承担不能续行保全的法律后果。

人民法院进行财产保全时，应当书面告知申请保全人明确的保全期限届满日以及前款有关申请续行保全的事项。

第十九条 再审审查期间，债务人申请保全生效法律文书确定给付的财产的，人民法院不予受理。

再审审理期间，原生效法律文书中止执行，当事人申请财产保全的，人民法院应当受理。

第二十条 财产保全期间，被保全人请求对被保全财产自行处分，人民法院经审查，认为不损害申请保全人和其他执行债权人合法权益的，可以准许，但应当监督被保全人按照合理价格在指定期限内处分，并控制相应价款。

被保全人请求对作为争议标的的被保全财产自行处分的，须经申请保全人同意。

人民法院准许被保全人自行处分被保全财产的，应当通知申请保全人；申请保全人不同意的，可以依照民事诉讼法第二百二十五条规定提出异议。

第二十一条 保全法院在首先采取查封、扣押、冻结措施后超过一年未对被保全财产进行处分的，除被保全财产系争议标的外，在先轮候查封、扣押、冻结的执行法院可以商请保全法院将被保全财产移送执行。但司法解释另有特别规定的，适用其规定。

保全法院与在先轮候查封、扣押、冻结的执行法院就移送被保全财产发生争议的，可以逐级报请共同的上级法院指定该财产的执行法院。

共同的上级法院应当根据被保全财产的种类及所在地、各债权数额与被保全财产价值之间的关系等案件具体情况指定执行法院，并督促其在指定期限内处分被保全财产。

第二十二条 财产纠纷案件，被保全人或第三人提供充分有效担保请求解除保全，人民法院应当裁定准许。被保全人请求对作为争议标的的财产解除保全的，须经申请保全人同意。

第二十三条 人民法院采取财产保全措施后，有下列情形之一的，申请保全人应当及时申请解除保全：

（一）采取诉前财产保全措施后三十日内不依法提起诉讼或者申请仲裁的；

（二）仲裁机构不予受理仲裁申请、准许撤回仲裁申请或者按撤回仲裁申请处理的；

（三）仲裁申请或者请求被仲裁裁决驳回的；

（四）其他人民法院对起诉不予受理、准许撤诉或者按撤诉处理的；

（五）起诉或者诉讼请求被其他人民法院生效裁判驳回的；

（六）申请保全人应当申请解除保全的其他情形。

人民法院收到解除保全申请后，应当在五日内裁定解除保全；对情况紧急的，必须在四十八小时内裁定解除保全。

申请保全人未及时申请人民法院解除保全，应当赔偿被保全人因财产保全所遭受的损失。

被保全人申请解除保全，人民法院经审查认为符合法律规定的，应当在本条第二款规定的期间内裁定解除保全。

第二十四条　财产保全裁定执行中，人民法院发现保全裁定的内容与被保全财产的实际情况不符的，应当予以撤销、变更或补正。

第二十五条　申请保全人、被保全人对保全裁定或者驳回申请裁定不服的，可以自裁定书送达之日起五日内向作出裁定的人民法院申请复议一次。人民法院应当自收到复议申请后十日内审查。

对保全裁定不服申请复议的，人民法院经审查，理由成立的，裁定撤销或变更；理由不成立的，裁定驳回。

对驳回申请裁定不服申请复议的，人民法院经审查，理由成立的，裁定撤销，并采取保全措施；理由不成立的，裁定驳回。

第二十六条　申请保全人、被保全人、利害关系人认为保全裁定实施过程中的执行行为违反法律规定提出书面异议的，人民法院应当依照民事诉讼法第二百二十五条规定审查处理。

第二十七条　人民法院对诉讼争议标的以外的财产进行保全，案外人对保全裁定或者保全裁定实施过程中的执行行为不服，基于实体权利对被保全财产提出书面异议的，人民法院应当依照民事诉讼法第二百二十七条规定审查处理并作出裁定。案外人、申请保全人对该裁定不服的，可以自裁定送达之日起十五日内向人民法院提起执行异议之诉。

人民法院裁定案外人异议成立后，申请保全人在法律规定的期间内未提起执行异议之诉的，人民法院应当自起诉期限届满之日起七日内对该被保全财产解除保全。

第二十八条　海事诉讼中，海事请求人申请海事请求保全，适用《中华人民共和国海事诉讼特别程序法》及相关司法解释。

第二十九条 本规定自2016年12月1日起施行。

本规定施行前公布的司法解释与本规定不一致的，以本规定为准。

最高人民法院
关于民事执行中财产调查若干问题的规定

法释〔2017〕8号

（2017年1月25日最高人民法院审判委员会第1708次会议通过
2017年2月28日最高人民法院公告公布　自2017年5月1日起施行）

为规范民事执行财产调查，维护当事人及利害关系人的合法权益，根据《中华人民共和国民事诉讼法》等法律的规定，结合执行实践，制定本规定。

第一条 执行过程中，申请执行人应当提供被执行人的财产线索；被执行人应当如实报告财产；人民法院应当通过网络执行查控系统进行调查，根据案件需要应当通过其他方式进行调查的，同时采取其他调查方式。

第二条 申请执行人提供被执行人财产线索，应当填写财产调查表。财产线索明确、具体的，人民法院应当在七日内调查核实；情况紧急的，应当在三日内调查核实。财产线索确实的，人民法院应当及时采取相应的执行措施。

申请执行人确因客观原因无法自行查明财产的，可以申请人民法院调查。

第三条 人民法院依申请执行人的申请或依职权责令被执行人报告财产情况的，应当向其发出报告财产令。金钱债权执行中，报告财产令应当与执行通知同时发出。

人民法院根据案件需要再次责令被执行人报告财产情况的，应当重新向其发出报告财产令。

第四条 报告财产令应当载明下列事项：

（一）提交财产报告的期限；

（二）报告财产的范围、期间；

（三）补充报告财产的条件及期间；

（四）违反报告财产义务应承担的法律责任；

（五）人民法院认为有必要载明的其他事项。

报告财产令应附财产调查表，被执行人必须按照要求逐项填写。

第五条　被执行人应当在报告财产令载明的期限内向人民法院书面报告下列财产情况：

（一）收入、银行存款、现金、理财产品、有价证券；

（二）土地使用权、房屋等不动产；

（三）交通运输工具、机器设备、产品、原材料等动产；

（四）债权、股权、投资权益、基金份额、信托受益权、知识产权等财产性权利；

（五）其他应当报告的财产。

被执行人的财产已出租、已设立担保物权等权利负担，或者存在共有、权属争议等情形的，应当一并报告；被执行人的动产由第三人占有，被执行人的不动产、特定动产、其他财产权等登记在第三人名下的，也应当一并报告。

被执行人在报告财产令载明的期限内提交书面报告确有困难的，可以向人民法院书面申请延长期限；申请有正当理由的，人民法院可以适当延长。

第六条　被执行人自收到执行通知之日前一年至提交书面财产报告之日，其财产情况发生下列变动的，应当将变动情况一并报告：

（一）转让、出租财产的；

（二）在财产上设立担保物权等权利负担的；

（三）放弃债权或延长债权清偿期的；

（四）支出大额资金的；

（五）其他影响生效法律文书确定债权实现的财产变动。

第七条　被执行人报告财产后，其财产情况发生变动，影响申请执行人债权实现的，应当自财产变动之日起十日内向人民法院补充报告。

第八条　对被执行人报告的财产情况，人民法院应当及时调查核实，必要时可以组织当事人进行听证。

申请执行人申请查询被执行人报告的财产情况的，人民法院应当准许。申请执行人及其代理人对查询过程中知悉的信息应当保密。

第九条　被执行人拒绝报告、虚假报告或者无正当理由逾期报告财产情况的，人民法院可以根据情节轻重对被执行人或者其法定代理人予以罚款、拘留；构成犯罪的，依法追究刑事责任。

人民法院对有前款规定行为之一的单位，可以对其主要负责人或者直接责任人员予以罚款、拘留；构成犯罪的，依法追究刑事责任。

第十条　被执行人拒绝报告、虚假报告或者无正当理由逾期报告财产情况的，人民法院应当依照相关规定将其纳入失信被执行人名单。

第十一条　有下列情形之一的，财产报告程序终结：

（一）被执行人履行完毕生效法律文书确定义务的；

（二）人民法院裁定终结执行的；

（三）人民法院裁定不予执行的；

（四）人民法院认为财产报告程序应当终结的其他情形。

发出报告财产令后，人民法院裁定终结本次执行程序的，被执行人仍应依照本规定第七条的规定履行补充报告义务。

第十二条 被执行人未按执行通知履行生效法律文书确定的义务，人民法院有权通过网络执行查控系统、现场调查等方式向被执行人、有关单位或个人调查被执行人的身份信息和财产信息，有关单位和个人应当依法协助办理。

人民法院对调查所需资料可以复制、打印、抄录、拍照或以其他方式进行提取、留存。

申请执行人申请查询人民法院调查的财产信息的，人民法院可以根据案件需要决定是否准许。申请执行人及其代理人对查询过程中知悉的信息应当保密。

第十三条 人民法院通过网络执行查控系统进行调查，与现场调查具有同等法律效力。

人民法院调查过程中作出的电子法律文书与纸质法律文书具有同等法律效力；协助执行单位反馈的电子查询结果与纸质反馈结果具有同等法律效力。

第十四条 被执行人隐匿财产、会计账簿等资料拒不交出的，人民法院可以依法采取搜查措施。

人民法院依法搜查时，对被执行人可能隐匿财产或者资料的处所、箱柜等，经责令被执行人开启而拒不配合的，可以强制开启。

第十五条 为查明被执行人的财产情况和履行义务的能力，可以传唤被执行人或被执行人的法定代表人、负责人、实际控制人、直接责任人员到人民法院接受调查询问。

对必须接受调查询问的被执行人、被执行人的法定代表人、负责人或者实际控制人，经依法传唤无正当理由拒不到场的，人民法院可以拘传其到场；上述人员下落不明的，人民法院可以依照相关规定通知有关单位协助查找。

第十六条 人民法院对已经办理查封登记手续的被执行人机动车、船舶、航空器等特定动产未能实际扣押的，可以依照相关规定通知有关单位协助查找。

第十七条 作为被执行人的法人或其他组织不履行生效法律文书确定的义务，申请执行人认为其有拒绝报告、虚假报告财产情况，隐匿、转移财产等逃避债务情形或者其股东、出资人有出资不实、抽逃出资等情形的，可以书面申请人民法院委托审计机构对该被执行人进行审计。人民法院应当自收到书面申请之日起十日内决定是否准许。

第十八条　人民法院决定审计的，应当随机确定具备资格的审计机构，并责令被执行人提交会计凭证、会计账簿、财务会计报告等与审计事项有关的资料。

被执行人隐匿审计资料的，人民法院可以依法采取搜查措施。

第十九条　被执行人拒不提供、转移、隐匿、伪造、篡改、毁弃审计资料，阻挠审计人员查看业务现场或者有其他妨碍审计调查行为的，人民法院可以根据情节轻重对被执行人或其主要负责人、直接责任人员予以罚款、拘留；构成犯罪的，依法追究刑事责任。

第二十条　审计费用由提出审计申请的申请执行人预交。被执行人存在拒绝报告或虚假报告财产情况，隐匿、转移财产或者其他逃避债务情形的，审计费用由被执行人承担；未发现被执行人存在上述情形的，审计费用由申请执行人承担。

第二十一条　被执行人不履行生效法律文书确定的义务，申请执行人可以向人民法院书面申请发布悬赏公告查找可供执行的财产。申请书应当载明下列事项：

（一）悬赏金的数额或计算方法；

（二）有关人员提供人民法院尚未掌握的财产线索，使该申请执行人的债权得以全部或部分实现时，自愿支付悬赏金的承诺；

（三）悬赏公告的发布方式；

（四）其他需要载明的事项。

人民法院应当自收到书面申请之日起十日内决定是否准许。

第二十二条　人民法院决定悬赏查找财产的，应当制作悬赏公告。悬赏公告应当载明悬赏金的数额或计算方法、领取条件等内容。

悬赏公告应当在全国法院执行悬赏公告平台、法院微博或微信等媒体平台发布，也可以在执行法院公告栏或被执行人住所地、经常居住地等处张贴。申请执行人申请在其他媒体平台发布，并自愿承担发布费用的，人民法院应当准许。

第二十三条　悬赏公告发布后，有关人员向人民法院提供财产线索的，人民法院应当对有关人员的身份信息和财产线索进行登记；两人以上提供相同财产线索的，应当按照提供线索的先后顺序登记。

人民法院对有关人员的身份信息和财产线索应当保密，但为发放悬赏金需要告知申请执行人的除外。

第二十四条　有关人员提供人民法院尚未掌握的财产线索，使申请发布悬赏公告的申请执行人的债权得以全部或部分实现的，人民法院应当按照悬赏公告发放悬赏金。

悬赏金从前款规定的申请执行人应得的执行款中予以扣减。特定物交付执行或者存在其他无法扣减情形的，悬赏金由该申请执行人另行支付。

有关人员为申请执行人的代理人、有义务向人民法院提供财产线索的人员或者存在其他不应发放悬赏金情形的，不予发放。

第二十五条 执行人员不得调查与执行案件无关的信息，对调查过程中知悉的国家秘密、商业秘密和个人隐私应当保密。

第二十六条 本规定自 2017 年 5 月 1 日起施行。

本规定施行后，本院以前公布的司法解释与本规定不一致的，以本规定为准。

最高人民法院
关于修改《最高人民法院关于公布失信被执行人名单信息的若干规定》的决定

法释〔2017〕7 号

（2017 年 1 月 16 日最高人民法院审判委员会第 1707 次会议审议通过
2017 年 2 月 28 日最高人民法院公告公布　自 2017 年 5 月 1 日起施行）

根据最高人民法院审判委员会第 1707 次会议决定，对《最高人民法院关于公布失信被执行人名单信息的若干规定》作如下修改：

一、将第一条修改为：“被执行人未履行生效法律文书确定的义务，并具有下列情形之一的，人民法院应当将其纳入失信被执行人名单，依法对其进行信用惩戒：

（一）有履行能力而拒不履行生效法律文书确定义务的；

（二）以伪造证据、暴力、威胁等方法妨碍、抗拒执行的；

（三）以虚假诉讼、虚假仲裁或者以隐匿、转移财产等方法规避执行的；

（四）违反财产报告制度的；

（五）违反限制消费令的；

（六）无正当理由拒不履行执行和解协议的。”

二、增加一条，作为第二条：“被执行人具有本规定第一条第二项至第六项规定情形的，纳入失信被执行人名单的期限为二年。被执行人以暴力、威胁方法妨碍、抗拒执行情节严重或具有多项失信行为的，可以延长一至三年。

失信被执行人积极履行生效法律文书确定义务或主动纠正失信行为的，人民法院可以决定提前删除失信信息。”

三、增加一条，作为第三条：“具有下列情形之一的，人民法院不得依据本规定第一条第一项的规定将被执行人纳入失信被执行人名单：

（一）提供了充分有效担保的；

（二）已被采取查封、扣押、冻结等措施的财产足以清偿生效法律文书确定债务的；

（三）被执行人履行顺序在后，对其依法不应强制执行的；

（四）其他不属于有履行能力而拒不履行生效法律文书确定义务的情形。”

四、增加一条，作为第四条：“被执行人为未成年人的，人民法院不得将其纳入失信被执行人名单。”

五、将第二条改为第五条，修改为：“人民法院向被执行人发出的执行通知中，应当载明有关纳入失信被执行人名单的风险提示等内容。

申请执行人认为被执行人具有本规定第一条规定情形之一的，可以向人民法院申请将其纳入失信被执行人名单。人民法院应当自收到申请之日起十五日内审查并作出决定。人民法院认为被执行人具有本规定第一条规定情形之一的，也可以依职权决定将其纳入失信被执行人名单。

人民法院决定将被执行人纳入失信被执行人名单的，应当制作决定书，决定书应当写明纳入失信被执行人名单的理由，有纳入期限的，应当写明纳入期限。决定书由院长签发，自作出之日起生效。决定书应当按照民事诉讼法规定的法律文书送达方式送达当事人。”

六、将第三条改为第十一条，修改为：“被纳入失信被执行人名单的公民、法人或其他组织认为有下列情形之一的，可以向执行法院申请纠正：

（一）不应将其纳入失信被执行人名单的；

（二）记载和公布的失信信息不准确的；

（三）失信信息应予删除的。”

七、将第四条改为第六条，第（一）项修改为：“作为被执行人的法人或者其他组织的名称、统一社会信用代码（或组织机构代码）、法定代表人或者负责人姓名；”

八、将第六条改为第八条，将第三款改为：“国家工作人员、人大代表、政协委员等被纳入失信被执行人名单的，人民法院应当将失信情况通报其所在单位和相关部门。”

将第四款改为：“国家机关、事业单位、国有企业等被纳入失信被执行人名单的，人民法院应当将失信情况通报其上级单位、主管部门或者履行出资人职责的机构。”

九、增加一条，作为第九条：“不应纳入失信被执行人名单的公民、法人或其他组织被纳入失信被执行人名单的，人民法院应当在三个工作日内撤销失信信息。

记载和公布的失信信息不准确的，人民法院应当在三个工作日内更正失信信息。”

十、将第七条改为第十条，修改为：“具有下列情形之一的，人民法院应当在三个工作日内删除失信信息：

（一）被执行人已履行生效法律文书确定的义务或人民法院已执行完毕的；

（二）当事人达成执行和解协议且已履行完毕的；

（三）申请执行人书面申请删除失信信息，人民法院审查同意的；

（四）终结本次执行程序后，通过网络执行查控系统查询被执行人财产两次以上，未发现有可供执行财产，且申请执行人或者其他人未提供有效财产线索的；

（五）因审判监督或破产程序，人民法院依法裁定对失信被执行人中止执行的；

（六）人民法院依法裁定不予执行的；

（七）人民法院依法裁定终结执行的。

有纳入期限的，不适用前款规定。纳入期限届满后三个工作日内，人民法院应当删除失信信息。

依照本条第一款规定删除失信信息后，被执行人具有本规定第一条规定情形之一的，人民法院可以重新将其纳入失信被执行人名单。

依照本条第一款第三项规定删除失信信息后六个月内，申请执行人申请将该被执行人纳入失信被执行人名单的，人民法院不予支持。”

十一、增加一条，作为第十二条：“公民、法人或其他组织对被纳入失信被执行人名单申请纠正的，执行法院应当自收到书面纠正申请之日起十五日内审查，理由成立的，应当在三个工作日内纠正；理由不成立的，决定驳回。公民、法人或其他组织对驳回决定不服的，可以自决定书送达之日起十日内向上一级人民法院申请复议。上一级人民法院应当自收到复议申请之日起十五日内作出决定。

复议期间，不停止原决定的执行。”

十二、增加一条，作为第十三条：“人民法院工作人员违反本规定公布、撤销、更正、删除失信信息的，参照有关规定追究责任。”

根据本决定，将《最高人民法院关于公布失信被执行人名单信息的若干规定》作相应修改，重新公布。

附：

最高人民法院
关于公布失信被执行人名单信息的若干规定

（2013年7月1日最高人民法院审判委员会第1582次会议通过
根据2017年1月16日最高人民法院审判委员会第1707次会议
通过的《最高人民法院关于修改〈最高人民法院关于
公布失信被执行人名单信息的若干规定〉的决定》修正）

为促使被执行人自觉履行生效法律文书确定的义务，推进社会信用体系建设，根据《中华人民共和国民事诉讼法》的规定，结合人民法院工作实际，制定本规定。

第一条　被执行人未履行生效法律文书确定的义务，并具有下列情形之一的，人民法院应当将其纳入失信被执行人名单，依法对其进行信用惩戒：

（一）有履行能力而拒不履行生效法律文书确定义务的；

（二）以伪造证据、暴力、威胁等方法妨碍、抗拒执行的；

（三）以虚假诉讼、虚假仲裁或者以隐匿、转移财产等方法规避执行的；

（四）违反财产报告制度的；

（五）违反限制消费令的；

（六）无正当理由拒不履行执行和解协议的。

第二条　被执行人具有本规定第一条第二项至第六项规定情形的，纳入失信被执行人名单的期限为二年。被执行人以暴力、威胁方法妨碍、抗拒执行情节严重或具有多项失信行为的，可以延长一至三年。

失信被执行人积极履行生效法律文书确定义务或主动纠正失信行为的，人民法院可以决定提前删除失信信息。

第三条　具有下列情形之一的，人民法院不得依据本规定第一条第一项的规定将被执行人纳入失信被执行人名单：

（一）提供了充分有效担保的；

（二）已被采取查封、扣押、冻结等措施的财产足以清偿生效法律文书确定债务的；

（三）被执行人履行顺序在后，对其依法不应强制执行的；

（四）其他不属于有履行能力而拒不履行生效法律文书确定义务的情形。

第四条 被执行人为未成年人的，人民法院不得将其纳入失信被执行人名单。

第五条 人民法院向被执行人发出的执行通知中，应当载明有关纳入失信被执行人名单的风险提示等内容。

申请执行人认为被执行人具有本规定第一条规定情形之一的，可以向人民法院申请将其纳入失信被执行人名单。人民法院应当自收到申请之日起十五日内审查并作出决定。人民法院认为被执行人具有本规定第一条规定情形之一的，也可以依职权决定将其纳入失信被执行人名单。

人民法院决定将被执行人纳入失信被执行人名单的，应当制作决定书，决定书应当写明纳入失信被执行人名单的理由，有纳入期限的，应当写明纳入期限。决定书由院长签发，自作出之日起生效。决定书应当按照民事诉讼法规定的法律文书送达方式送达当事人。

第六条 记载和公布的失信被执行人名单信息应当包括：

（一）作为被执行人的法人或者其他组织的名称、统一社会信用代码（或组织机构代码）、法定代表人或者负责人姓名；

（二）作为被执行人的自然人的姓名、性别、年龄、身份证号码；

（三）生效法律文书确定的义务和被执行人的履行情况；

（四）被执行人失信行为的具体情形；

（五）执行依据的制作单位和文号、执行案号、立案时间、执行法院；

（六）人民法院认为应当记载和公布的不涉及国家秘密、商业秘密、个人隐私的其他事项。

第七条 各级人民法院应当将失信被执行人名单信息录入最高人民法院失信被执行人名单库，并通过该名单库统一向社会公布。

各级人民法院可以根据各地实际情况，将失信被执行人名单通过报纸、广播、电视、网络、法院公告栏等其他方式予以公布，并可以采取新闻发布会或者其他方式对本院及辖区法院实施失信被执行人名单制度的情况定期向社会公布。

第八条 人民法院应当将失信被执行人名单信息，向政府相关部门、金融监管机构、金融机构、承担行政职能的事业单位及行业协会等通报，供相关单位依照法律、法规和有关规定，在政府采购、招标投标、行政审批、政府扶持、融资信贷、市场准入、资质认定等方面，对失信被执行人予以信用惩戒。

人民法院应当将失信被执行人名单信息向征信机构通报，并由征信机构在其征信系统中记录。

国家工作人员、人大代表、政协委员等被纳入失信被执行人名单的，人民法院应当将失信情况通报其所在单位和相关部门。

国家机关、事业单位、国有企业等被纳入失信被执行人名单的，人民法院应当将失信情况通报其上级单位、主管部门或者履行出资人职责的机构。

第九条　不应纳入失信被执行人名单的公民、法人或其他组织被纳入失信被执行人名单的，人民法院应当在三个工作日内撤销失信信息。

记载和公布的失信信息不准确的，人民法院应当在三个工作日内更正失信信息。

第十条　具有下列情形之一的，人民法院应当在三个工作日内删除失信信息：

（一）被执行人已履行生效法律文书确定的义务或人民法院已执行完毕的；

（二）当事人达成执行和解协议且已履行完毕的；

（三）申请执行人书面申请删除失信信息，人民法院审查同意的；

（四）终结本次执行程序后，通过网络执行查控系统查询被执行人财产两次以上，未发现有可供执行财产，且申请执行人或者其他人未提供有效财产线索的；

（五）因审判监督或破产程序，人民法院依法裁定对失信被执行人中止执行的；

（六）人民法院依法裁定不予执行的；

（七）人民法院依法裁定终结执行的。

有纳入期限的，不适用前款规定。纳入期限届满后三个工作日内，人民法院应当删除失信信息。

依照本条第一款规定删除失信信息后，被执行人具有本规定第一条规定情形之一的，人民法院可以重新将其纳入失信被执行人名单。

依照本条第一款第三项规定删除失信信息后六个月内，申请执行人申请将该被执行人纳入失信被执行人名单的，人民法院不予支持。

第十一条　被纳入失信被执行人名单的公民、法人或其他组织认为有下列情形之一的，可以向执行法院申请纠正：

（一）不应将其纳入失信被执行人名单的；

（二）记载和公布的失信信息不准确的；

（三）失信信息应予删除的。

第十二条　公民、法人或其他组织对被纳入失信被执行人名单申请纠正的，执行法院应当自收到书面纠正申请之日起十五日内审查，理由成立的，应当在三个工作日内纠正；理由不成立的，决定驳回。公民、法人或其他组织对驳回决定不服的，可以自决定书送达之日起十日内向上一级人民法院申请复议。上一级人民法院应当自收到复议申请之日起十五日内作出决定。

复议期间，不停止原决定的执行。

第十三条 人民法院工作人员违反本规定公布、撤销、更正、删除失信信息的，参照有关规定追究责任。

最高人民法院
关于执行和解若干问题的规定

法释〔2018〕3号

（2017年11月6日最高人民法院审判委员会第1725次会议通过
2018年2月22日最高人民法院公告公布　自2018年3月1日起施行）

为了进一步规范执行和解，维护当事人、利害关系人的合法权益，根据《中华人民共和国民事诉讼法》等法律规定，结合执行实践，制定本规定。

第一条 当事人可以自愿协商达成和解协议，依法变更生效法律文书确定的权利义务主体、履行标的、期限、地点和方式等内容。

和解协议一般采用书面形式。

第二条 和解协议达成后，有下列情形之一的，人民法院可以裁定中止执行：

（一）各方当事人共同向人民法院提交书面和解协议的；

（二）一方当事人向人民法院提交书面和解协议，其他当事人予以认可的；

（三）当事人达成口头和解协议，执行人员将和解协议内容记入笔录，由各方当事人签名或者盖章的。

第三条 中止执行后，申请执行人申请解除查封、扣押、冻结的，人民法院可以准许。

第四条 委托代理人代为执行和解，应当有委托人的特别授权。

第五条 当事人协商一致，可以变更执行和解协议，并向人民法院提交变更后的协议，或者由执行人员将变更后的内容记入笔录，并由各方当事人签名或者盖章。

第六条 当事人达成以物抵债执行和解协议的，人民法院不得依据该协议作出以物抵债裁定。

第七条　执行和解协议履行过程中，符合合同法第一百零一条规定情形的，债务人可以依法向有关机构申请提存；执行和解协议约定给付金钱的，债务人也可以向执行法院申请提存。

第八条　执行和解协议履行完毕的，人民法院作执行结案处理。

第九条　被执行人一方不履行执行和解协议的，申请执行人可以申请恢复执行原生效法律文书，也可以就履行执行和解协议向执行法院提起诉讼。

第十条　申请恢复执行原生效法律文书，适用民事诉讼法第二百三十九条申请执行期间的规定。

当事人不履行执行和解协议的，申请恢复执行期间自执行和解协议约定履行期间的最后一日起计算。

第十一条　申请执行人以被执行人一方不履行执行和解协议为由申请恢复执行，人民法院经审查，理由成立的，裁定恢复执行；有下列情形之一的，裁定不予恢复执行：

（一）执行和解协议履行完毕后申请恢复执行的；

（二）执行和解协议约定的履行期限尚未届至或者履行条件尚未成就的，但符合合同法第一百零八条规定情形的除外；

（三）被执行人一方正在按照执行和解协议约定履行义务的；

（四）其他不符合恢复执行条件的情形。

第十二条　当事人、利害关系人认为恢复执行或者不予恢复执行违反法律规定的，可以依照民事诉讼法第二百二十五条规定提出异议。

第十三条　恢复执行后，对申请执行人就履行执行和解协议提起的诉讼，人民法院不予受理。

第十四条　申请执行人就履行执行和解协议提起诉讼，执行法院受理后，可以裁定终结原生效法律文书的执行。执行中的查封、扣押、冻结措施，自动转为诉讼中的保全措施。

第十五条　执行和解协议履行完毕，申请执行人因被执行人迟延履行、瑕疵履行遭受损害的，可以向执行法院另行提起诉讼。

第十六条　当事人、利害关系人认为执行和解协议无效或者应予撤销的，可以向执行法院提起诉讼。执行和解协议被确认无效或者撤销后，申请执行人可以据此申请恢复执行。

被执行人以执行和解协议无效或者应予撤销为由提起诉讼的，不影响申请执行人申请恢复执行。

第十七条　恢复执行后，执行和解协议已经履行部分应当依法扣除。当事人、利害关系人认为人民法院的扣除行为违反法律规定的，可以依照民事诉讼法第二百二十五条规定提出异议。

第十八条 执行和解协议中约定担保条款，且担保人向人民法院承诺在被执行人不履行执行和解协议时自愿接受直接强制执行的，恢复执行原生效法律文书后，人民法院可以依申请执行人申请及担保条款的约定，直接裁定执行担保财产或者保证人的财产。

第十九条 执行过程中，被执行人根据当事人自行达成但未提交人民法院的和解协议，或者一方当事人提交人民法院但其他当事人不予认可的和解协议，依照民事诉讼法第二百二十五条规定提出异议的，人民法院按照下列情形，分别处理：

（一）和解协议履行完毕的，裁定终结原生效法律文书的执行；

（二）和解协议约定的履行期限尚未届至或者履行条件尚未成就的，裁定中止执行，但符合合同法第一百零八条规定情形的除外；

（三）被执行人一方正在按照和解协议约定履行义务的，裁定中止执行；

（四）被执行人不履行和解协议的，裁定驳回异议；

（五）和解协议不成立、未生效或者无效的，裁定驳回异议。

第二十条 本规定自2018年3月1日起施行。

本规定施行前本院公布的司法解释与本规定不一致的，以本规定为准。

最高人民法院
关于执行担保若干问题的规定

法释〔2018〕4号

（2017年12月11日最高人民法院审判委员会第1729次会议通过
2018年2月22日最高人民法院公告公布 自2018年3月1日起施行）

为了进一步规范执行担保，维护当事人、利害关系人的合法权益，根据《中华人民共和国民事诉讼法》等法律规定，结合执行实践，制定本规定。

第一条 本规定所称执行担保，是指担保人依照民事诉讼法第二百三十一条规定，为担保被执行人履行生效法律文书确定的全部或者部分义务，向人民法院提供的担保。

第二条 执行担保可以由被执行人提供财产担保，也可以由他人提供财产担保或者保证。

第三条 被执行人或者他人提供执行担保的，应当向人民法院提交担保书，并将担保书副本送交申请执行人。

第四条 担保书中应当载明担保人的基本信息、暂缓执行期限、担保期间、被担保的债权种类及数额、担保范围、担保方式、被执行人于暂缓执行期限届满后仍不履行时担保人自愿接受直接强制执行的承诺等内容。

提供财产担保的，担保书中还应当载明担保财产的名称、数量、质量、状况、所在地、所有权或者使用权归属等内容。

第五条 公司为被执行人提供执行担保的，应当提交符合公司法第十六条规定的公司章程、董事会或者股东会、股东大会决议。

第六条 被执行人或者他人提供执行担保，申请执行人同意的，应当向人民法院出具书面同意意见，也可以由执行人员将其同意的内容记入笔录，并由申请执行人签名或者盖章。

第七条 被执行人或者他人提供财产担保，可以依照物权法、担保法规定办理登记等担保物权公示手续；已经办理公示手续的，申请执行人可以依法主张优先受偿权。

申请执行人申请人民法院查封、扣押、冻结担保财产的，人民法院应当准许，但担保书另有约定的除外。

第八条 人民法院决定暂缓执行的，可以暂缓全部执行措施的实施，但担保书另有约定的除外。

第九条 担保书内容与事实不符，且对申请执行人合法权益产生实质影响的，人民法院可以依申请执行人的申请恢复执行。

第十条 暂缓执行的期限应当与担保书约定一致，但最长不得超过一年。

第十一条 暂缓执行期限届满后被执行人仍不履行义务，或者暂缓执行期间担保人有转移、隐藏、变卖、毁损担保财产等行为的，人民法院可以依申请执行人的申请恢复执行，并直接裁定执行担保财产或者保证人的财产，不得将担保人变更、追加为被执行人。

执行担保财产或者保证人的财产，以担保人应当履行义务部分的财产为限。被执行人有便于执行的现金、银行存款的，应当优先执行该现金、银行存款。

第十二条 担保期间自暂缓执行期限届满之日起计算。

担保书中没有记载担保期间或者记载不明的，担保期间为一年。

第十三条 担保期间届满后，申请执行人申请执行担保财产或者保证人财产的，人民法院不予支持。他人提供财产担保的，人民法院可以依其申请解除对担保财产的查封、扣押、冻结。

第十四条 担保人承担担保责任后，提起诉讼向被执行人追偿的，人民法院应予受理。

第十五条 被执行人申请变更、解除全部或者部分执行措施，并担保履行生效法律文书确定义务的，参照适用本规定。

第十六条 本规定自2018年3月1日起施行。

本规定施行前成立的执行担保，不适用本规定。

本规定施行前本院公布的司法解释与本规定不一致的，以本规定为准。

最高人民法院
关于人民法院办理仲裁裁决执行案件若干问题的规定

法释〔2018〕5号

（2018年1月5日最高人民法院审判委员会第1730次会议通过
2018年2月22日最高人民法院公告公布 自2018年3月1日起施行）

为了规范人民法院办理仲裁裁决执行案件，依法保护当事人、案外人的合法权益，根据《中华人民共和国民事诉讼法》《中华人民共和国仲裁法》等法律规定，结合人民法院执行工作实际，制定本规定。

第一条 本规定所称的仲裁裁决执行案件，是指当事人申请人民法院执行仲裁机构依据仲裁法作出的仲裁裁决或者仲裁调解书的案件。

第二条 当事人对仲裁机构作出的仲裁裁决或者仲裁调解书申请执行的，由被执行人住所地或者被执行的财产所在地的中级人民法院管辖。

符合下列条件的，经上级人民法院批准，中级人民法院可以参照民事诉讼法第三十八条的规定指定基层人民法院管辖：

（一）执行标的额符合基层人民法院一审民商事案件级别管辖受理范围；

（二）被执行人住所地或者被执行的财产所在地在被指定的基层人民法院辖区内；

被执行人、案外人对仲裁裁决执行案件申请不予执行的，负责执行的中级人民法院应当另行立案审查处理；执行案件已指定基层人民法院管辖的，应当于收到不予执行申请后三日内移送原执行法院另行立案审查处理。

第三条 仲裁裁决或者仲裁调解书执行内容具有下列情形之一导致无法执行的，人民法院可以裁定驳回执行申请；导致部分无法执行的，可以裁定驳回该部分的执行申请；导致部分无法执行且该部分与其他部分不可分的，可以裁定驳回执行申请。

（一）权利义务主体不明确；

（二）金钱给付具体数额不明确或者计算方法不明确导致无法计算出具体

数额；

（三）交付的特定物不明确或者无法确定；

（四）行为履行的标准、对象、范围不明确；

仲裁裁决或者仲裁调解书仅确定继续履行合同，但对继续履行的权利义务，以及履行的方式、期限等具体内容不明确，导致无法执行的，依照前款规定处理。

第四条　对仲裁裁决主文或者仲裁调解书中的文字、计算错误以及仲裁庭已经认定但在裁决主文中遗漏的事项，可以补正或说明的，人民法院应当书面告知仲裁庭补正或说明，或者向仲裁机构调阅仲裁案卷查明。仲裁庭不补正也不说明，且人民法院调阅仲裁案卷后执行内容仍然不明确具体无法执行的，可以裁定驳回执行申请。

第五条　申请执行人对人民法院依照本规定第三条、第四条作出的驳回执行申请裁定不服的，可以自裁定送达之日起十日内向上一级人民法院申请复议。

第六条　仲裁裁决或者仲裁调解书确定交付的特定物确已毁损或者灭失的，依照《最高人民法院关于适用〈中华人民共和国民事诉讼法〉的解释》第四百九十四条的规定处理。

第七条　被执行人申请撤销仲裁裁决并已由人民法院受理的，或者被执行人、案外人对仲裁裁决执行案件提出不予执行申请并提供适当担保的，执行法院应当裁定中止执行。中止执行期间，人民法院应当停止处分性措施，但申请执行人提供充分、有效的担保请求继续执行的除外；执行标的查封、扣押、冻结期限届满前，人民法院可以根据当事人申请或者依职权办理续行查封、扣押、冻结手续。

申请撤销仲裁裁决、不予执行仲裁裁决案件司法审查期间，当事人、案外人申请对已查封、扣押、冻结之外的财产采取保全措施的，负责审查的人民法院参照民事诉讼法第一百条的规定处理。司法审查后仍需继续执行的，保全措施自动转为执行中的查封、扣押、冻结措施；采取保全措施的人民法院与执行法院不一致的，应当将保全手续移送执行法院，保全裁定视为执行法院作出的裁定。

第八条　被执行人向人民法院申请不予执行仲裁裁决的，应当在执行通知书送达之日起十五日内提出书面申请；有民事诉讼法第二百三十七条第二款第四、六项规定情形且执行程序尚未终结的，应当自知道或者应当知道有关事实或案件之日起十五日内提出书面申请。

本条前款规定期限届满前，被执行人已向有管辖权的人民法院申请撤销仲裁裁决且已被受理的，自人民法院驳回撤销仲裁裁决申请的裁判文书生效之日起重新计算期限。

第九条 案外人向人民法院申请不予执行仲裁裁决或者仲裁调解书的，应当提交申请书以及证明其请求成立的证据材料，并符合下列条件：

（一）有证据证明仲裁案件当事人恶意申请仲裁或者虚假仲裁，损害其合法权益；

（二）案外人主张的合法权益所涉及的执行标的尚未执行终结；

（三）自知道或者应当知道人民法院对该标的采取执行措施之日起三十日内提出。

第十条 被执行人申请不予执行仲裁裁决，对同一仲裁裁决的多个不予执行事由应当一并提出。不予执行仲裁裁决申请被裁定驳回后，再次提出申请的，人民法院不予审查，但有新证据证明存在民事诉讼法第二百三十七条第二款第四、六项规定情形的除外。

第十一条 人民法院对不予执行仲裁裁决案件应当组成合议庭围绕被执行人申请的事由、案外人的申请进行审查；对被执行人没有申请的事由不予审查，但仲裁裁决可能违背社会公共利益的除外。

被执行人、案外人对仲裁裁决执行案件申请不予执行的，人民法院应当进行询问；被执行人在询问终结前提出其他不予执行事由的，应当一并审查。人民法院审查时，认为必要的，可以要求仲裁庭作出说明，或者向仲裁机构调阅仲裁案卷。

第十二条 人民法院对不予执行仲裁裁决案件的审查，应当在立案之日起两个月内审查完毕并作出裁定；有特殊情况需要延长的，经本院院长批准，可以延长一个月。

第十三条 下列情形经人民法院审查属实的，应当认定为民事诉讼法第二百三十七条第二款第二项规定的“裁决的事项不属于仲裁协议的范围或者仲裁机构无权仲裁的”情形：

（一）裁决的事项超出仲裁协议约定的范围；

（二）裁决的事项属于依照法律规定或者当事人选择的仲裁规则规定的不可仲裁事项；

（三）裁决内容超出当事人仲裁请求的范围；

（四）作出裁决的仲裁机构非仲裁协议所约定。

第十四条 违反仲裁法规定的仲裁程序、当事人选择的仲裁规则或者当事人对仲裁程序的特别约定，可能影响案件公正裁决，经人民法院审查属实的，应当认定为民事诉讼法第二百三十七条第二款第三项规定的“仲裁庭的组成或者仲裁的程序违反法定程序的”情形。

当事人主张未按照仲裁法或仲裁规则规定的方式送达法律文书导致其未

能参与仲裁，或者仲裁员根据仲裁法或仲裁规则的规定应当回避而未回避，可能影响公正裁决，经审查属实的，人民法院应当支持；仲裁庭按照仲裁法或仲裁规则以及当事人约定的方式送达仲裁法律文书，当事人主张不符合民事诉讼法有关送达规定的，人民法院不予支持。

适用的仲裁程序或仲裁规则经特别提示，当事人知道或者应当知道法定仲裁程序或选择的仲裁规则未被遵守，但仍然参加或者继续参加仲裁程序且未提出异议，在仲裁裁决作出之后以违反法定程序为由申请不予执行仲裁裁决的，人民法院不予支持。

第十五条 符合下列条件的，人民法院应当认定为民事诉讼法第二百三十七条第二款第四项规定的“裁决所根据的证据是伪造的”情形：

（一）该证据已被仲裁裁决采信；

（二）该证据属于认定案件基本事实的主要证据；

（三）该证据经查明确属通过捏造、变造、提供虚假证明等非法方式形成或者获取，违反证据的客观性、关联性、合法性要求。

第十六条 符合下列条件的，人民法院应当认定为民事诉讼法第二百三十七条第二款第五项规定的“对方当事人向仲裁机构隐瞒了足以影响公正裁决的证据的”情形：

（一）该证据属于认定案件基本事实的主要证据；

（二）该证据仅为对方当事人掌握，但未向仲裁庭提交；

（三）仲裁过程中知悉存在该证据，且要求对方当事人出示或者请求仲裁庭责令其提交，但对方当事人无正当理由未予出示或者提交。

当事人一方在仲裁过程中隐瞒己方掌握的证据，仲裁裁决作出后以己方所隐瞒的证据足以影响公正裁决为由申请不予执行仲裁裁决的，人民法院不予支持。

第十七条 被执行人申请不予执行仲裁调解书或者根据当事人之间的和解协议、调解协议作出的仲裁裁决，人民法院不予支持，但该仲裁调解书或者仲裁裁决违背社会公共利益的除外。

第十八条 案外人根据本规定第九条申请不予执行仲裁裁决或者仲裁调解书，符合下列条件的，人民法院应当支持：

（一）案外人系权利或者利益的主体；

（二）案外人主张的权利或者利益合法、真实；

（三）仲裁案件当事人之间存在虚构法律关系，捏造案件事实的情形；

（四）仲裁裁决主文或者仲裁调解书处理当事人民事权利义务的结果部分或者全部错误，损害案外人合法权益。

第十九条 被执行人、案外人对仲裁裁决执行案件逾期申请不予执行的，人民法院应当裁定不予受理；已经受理的，应当裁定驳回不予执行申请。

被执行人、案外人对仲裁裁决执行案件申请不予执行，经审查理由成立的，人民法院应当裁定不予执行；理由不成立的，应当裁定驳回不予执行申请。

第二十条 当事人向人民法院申请撤销仲裁裁决被驳回后，又在执行程序中以相同事由提出不予执行申请的，人民法院不予支持；当事人向人民法院申请不予执行被驳回后，又以相同事由申请撤销仲裁裁决的，人民法院不予支持。

在不予执行仲裁裁决案件审查期间，当事人向有管辖权的人民法院提出撤销仲裁裁决申请并被受理的，人民法院应当裁定中止对不予执行申请的审查；仲裁裁决被撤销或者决定重新仲裁的，人民法院应当裁定终结执行，并终结对不予执行申请的审查；撤销仲裁裁决申请被驳回或者申请执行人撤回撤销仲裁裁决申请的，人民法院应当恢复对不予执行申请的审查；被执行人撤回撤销仲裁裁决申请的，人民法院应当裁定终结对不予执行申请的审查，但案外人申请不予执行仲裁裁决的除外。

第二十一条 人民法院裁定驳回撤销仲裁裁决申请或者驳回不予执行仲裁裁决、仲裁调解书申请的，执行法院应当恢复执行。

人民法院裁定撤销仲裁裁决或者基于被执行人申请裁定不予执行仲裁裁决，原被执行人申请执行回转或者解除强制执行措施的，人民法院应当支持。原申请执行人对已履行或者被人民法院强制执行的款物申请保全的，人民法院应当依法准许；原申请执行人在人民法院采取保全措施之日起三十日内，未根据双方达成的书面仲裁协议重新申请仲裁或者向人民法院起诉的，人民法院应当裁定解除保全。

人民法院基于案外人申请裁定不予执行仲裁裁决或者仲裁调解书，案外人申请执行回转或者解除强制执行措施的，人民法院应当支持。

第二十二条 人民法院裁定不予执行仲裁裁决、驳回或者不予受理不予执行仲裁裁决申请后，当事人对该裁定提出执行异议或者申请复议的，人民法院不予受理。

人民法院裁定不予执行仲裁裁决的，当事人可以根据双方达成的书面仲裁协议重新申请仲裁，也可以向人民法院起诉。

人民法院基于案外人申请裁定不予执行仲裁裁决或者仲裁调解书，当事人不服的，可以自裁定送达之日起十日内向上一级人民法院申请复议；人民法院裁定驳回或者不予受理案外人提出的不予执行仲裁裁决、仲裁调解书申请，案外人不服的，可以自裁定送达之日起十日内向上一级人民法院申请复议。

第二十三条 本规定第八条、第九条关于对仲裁裁决执行案件申请不予执行的期限自本规定施行之日起重新计算。

第二十四条 本规定自2018年3月1日起施行，本院以前发布的司法解释与本规定不一致的，以本规定为准。

本规定施行前已经执行终结的执行案件，不适用本规定；本规定施行后尚未执行终结的执行案件，适用本规定。

最高人民法院
关于人民法院确定财产处置参考价若干问题的规定

法释〔2018〕15号

（2018年6月4日最高人民法院审判委员会第1741次会议通过
2018年8月28日最高人民法院公告公布 自2018年9月1日起施行）

为公平、公正、高效确定财产处置参考价，维护当事人、利害关系人的合法权益，根据《中华人民共和国民事诉讼法》等法律规定，结合人民法院工作实际，制定本规定。

第一条 人民法院查封、扣押、冻结财产后，对需要拍卖、变卖的财产，应当在三十日内启动确定财产处置参考价程序。

第二条 人民法院确定财产处置参考价，可以采取当事人议价、定向询价、网络询价、委托评估等方式。

第三条 人民法院确定参考价前，应当查明财产的权属、权利负担、占有使用、欠缴税费、质量瑕疵等事项。

人民法院查明前款规定事项需要当事人、有关单位或者个人提供相关资料的，可以通知其提交；拒不提交的，可以强制提取；对妨碍强制提取的，参照民事诉讼法第一百一十一条、第一百一十四条的规定处理。

查明本条第一款规定事项需要审计、鉴定的，人民法院可以先行审计、鉴定。

第四条 采取当事人议价方式确定参考价的，除一方当事人拒绝议价或者下落不明外，人民法院应当以适当的方式通知或者组织当事人进行协商，当事人应当在指定期限内提交议价结果。

双方当事人提交的议价结果一致，且不损害他人合法权益的，议价结果为参考价。

第五条 当事人议价不能或者不成，且财产有计税基准价、政府定价或者政府指导价的，人民法院应当向确定参考价时财产所在地的有关机构进行定向询价。

双方当事人一致要求直接进行定向询价，且财产有计税基准价、政府定价或者政府指导价的，人民法院应当准许。

第六条 采取定向询价方式确定参考价的，人民法院应当向有关机构出具询价函，询价函应当载明询价要求、完成期限等内容。

接受定向询价的机构在指定期限内出具的询价结果为参考价。

第七条 定向询价不能或者不成，财产无需由专业人员现场勘验或者鉴定，且具备网络询价条件的，人民法院应当通过司法网络询价平台进行网络询价。

双方当事人一致要求或者同意直接进行网络询价，财产无需由专业人员现场勘验或者鉴定，且具备网络询价条件的，人民法院应当准许。

第八条 最高人民法院建立全国性司法网络询价平台名单库。

司法网络询价平台应当同时符合下列条件：

（一）具备能够依法开展互联网信息服务工作的资质；

（二）能够合法获取并整合全国各地区同种类财产一定时期的既往成交价、政府定价、政府指导价或者市场公开交易价等不少于三类价格数据，并保证数据真实、准确；

（三）能够根据数据化财产特征，运用一定的运算规则对市场既往交易价格、交易趋势予以分析；

（四）程序运行规范、系统安全高效、服务质优价廉；

（五）能够全程记载数据的分析过程，将形成的电子数据完整保存不少于十年，但法律、行政法规、司法解释另有规定的除外。

第九条 最高人民法院组成专门的评审委员会，负责司法网络询价平台的选定、评审和除名。每年引入权威第三方对已纳入和新申请纳入名单库的司法网络询价平台予以评审并公布结果。

司法网络询价平台具有下列情形之一的，应当将其从名单库中除名：

（一）无正当理由拒绝进行网络询价；

（二）无正当理由一年内累计五次未按期完成网络询价；

（三）存在恶意串通、弄虚作假、泄露保密信息等行为；

（四）经权威第三方评审认定不符合提供网络询价服务条件；

（五）存在其他违反询价规则以及法律、行政法规、司法解释规定的情形。

司法网络询价平台被除名后，五年内不得被纳入名单库。

第十条　采取网络询价方式确定参考价的，人民法院应当同时向名单库中的全部司法网络询价平台发出网络询价委托书。网络询价委托书应当载明财产名称、物理特征、规格数量、目的要求、完成期限以及其他需要明确的内容等。

第十一条　司法网络询价平台应当在收到人民法院网络询价委托书之日起三日内出具网络询价报告。网络询价报告应当载明财产的基本情况、参照样本、计算方法、询价结果及有效期等内容。

司法网络询价平台不能在期限内完成询价的，应当在期限届满前申请延长期限。全部司法网络询价平台均未能在期限内出具询价结果的，人民法院应当根据各司法网络询价平台的延期申请延期三日；部分司法网络询价平台在期限内出具网络询价结果的，人民法院对其他司法网络询价平台的延期申请不予准许。

全部司法网络询价平台均未在期限内出具或者补正网络询价报告，且未按照规定申请延长期限的，人民法院应当委托评估机构进行评估。

人民法院未在网络询价结果有效期内发布一拍拍卖公告或者直接进入变卖程序的，应当通知司法网络询价平台在三日内重新出具网络询价报告。

第十二条　人民法院应当对网络询价报告进行审查。网络询价报告均存在财产基本信息错误、超出财产范围或者遗漏财产等情形的，应当通知司法网络询价平台在三日内予以补正；部分网络询价报告不存在上述情形的，无需通知其他司法网络询价平台补正。

第十三条　全部司法网络询价平台均在期限内出具询价结果或者补正结果的，人民法院应当以全部司法网络询价平台出具结果的平均值为参考价；部分司法网络询价平台在期限内出具询价结果或者补正结果的，人民法院应当以该部分司法网络询价平台出具结果的平均值为参考价。

当事人、利害关系人依据本规定第二十二条的规定对全部网络询价报告均提出异议，且所提异议被驳回或者司法网络询价平台已作出补正的，人民法院应当以异议被驳回或者已作出补正的各司法网络询价平台出具结果的平均值为参考价；对部分网络询价报告提出异议的，人民法院应当以网络询价报告未被提出异议的各司法网络询价平台出具结果的平均值为参考价。

第十四条　法律、行政法规规定必须委托评估、双方当事人要求委托评估或者网络询价不能或不成的，人民法院应当委托评估机构进行评估。

第十五条　最高人民法院根据全国性评估行业协会推荐的评估机构名单建立人民法院司法评估机构名单库。按评估专业领域和评估机构的执业范围建立名单分库，在分库下根据行政区划设省、市两级名单子库。

评估机构无正当理由拒绝进行司法评估或者存在弄虚作假等情形的，最高人民法院可以商全国性评估行业协会将其从名单库中除名；除名后五年内不得被纳入名单库。

第十六条 采取委托评估方式确定参考价的，人民法院应当通知双方当事人在指定期限内从名单分库中协商确定三家评估机构以及顺序；双方当事人在指定期限内协商不成或者一方当事人下落不明的，采取摇号方式在名单分库或者财产所在地的名单子库中随机确定三家评估机构以及顺序。双方当事人一致要求在同一名单子库中随机确定的，人民法院应当准许。

第十七条 人民法院应当向顺序在先的评估机构出具评估委托书，评估委托书应当载明财产名称、物理特征、规格数量、目的要求、完成期限以及其他需要明确的内容等，同时应当将查明的财产情况及相关材料一并移交给评估机构。

评估机构应当出具评估报告，评估报告应当载明评估财产的基本情况、评估方法、评估标准、评估结果及有效期等内容。

第十八条 评估需要进行现场勘验的，人民法院应当通知当事人到场；当事人不到场的，不影响勘验的进行，但应当有见证人见证。现场勘验需要当事人、协助义务人配合的，人民法院依法责令其配合；不予配合的，可以依法强制进行。

第十九条 评估机构应当在三十日内出具评估报告。人民法院决定暂缓或者裁定中止执行的期间，应当从前述期限中扣除。

评估机构不能在期限内出具评估报告的，应当在期限届满五日前书面向人民法院申请延长期限。人民法院决定延长期限的，延期次数不超过两次，每次不超过十五日。

评估机构未在期限内出具评估报告、补正说明，且未按照规定申请延长期限的，人民法院应当通知该评估机构三日内将人民法院委托评估时移交的材料退回，另行委托下一顺序的评估机构重新进行评估。

人民法院未在评估结果有效期内发布一拍拍卖公告或者直接进入变卖程序的，应当通知原评估机构在十五日内重新出具评估报告。

第二十条 人民法院应当对评估报告进行审查。具有下列情形之一的，应当责令评估机构在三日内予以书面说明或者补正：

（一）财产基本信息错误；

（二）超出财产范围或者遗漏财产；

（三）选定的评估机构与评估报告上签章的评估机构不符；

（四）评估人员执业资格证明与评估报告上署名的人员不符；

（五）具有其他应当书面说明或者补正的情形。

第二十一条 人民法院收到定向询价、网络询价、委托评估、说明补正等报告后，应当在三日内发送给当事人及利害关系人。

当事人、利害关系人已提供有效送达地址的，人民法院应当将报告以直接送达、留置送达、委托送达、邮寄送达或者电子送达的方式送达；当事人、利害关系人下落不明或者无法获取其有效送达地址，人民法院无法按照前述规定送达的，应当在中国执行信息公开网上予以公示，公示满十五日即视为收到。

第二十二条　当事人、利害关系人认为网络询价报告或者评估报告具有下列情形之一的，可以在收到报告后五日内提出书面异议：

（一）财产基本信息错误；

（二）超出财产范围或者遗漏财产；

（三）评估机构或者评估人员不具备相应评估资质；

（四）评估程序严重违法。

对当事人、利害关系人依据前款规定提出的书面异议，人民法院应当参照民事诉讼法第二百二十五条的规定处理。

第二十三条　当事人、利害关系人收到评估报告后五日内对评估报告的参照标准、计算方法或者评估结果等提出书面异议的，人民法院应当在三日内交评估机构予以书面说明。评估机构在五日内未作说明或者当事人、利害关系人对作出的说明仍有异议的，人民法院应当交由相关行业协会在指定期限内组织专业技术评审，并根据专业技术评审出具的结论认定评估结果或者责令原评估机构予以补正。

当事人、利害关系人提出前款异议，同时涉及本规定第二十二条第一款第一、二项情形的，按照前款规定处理；同时涉及本规定第二十二条第一款第三、四项情形的，按照本规定第二十二条第二款先对第三、四项情形审查，异议成立的，应当通知评估机构三日内将人民法院委托评估时移交的材料退回，另行委托下一顺序的评估机构重新进行评估；异议不成立的，按照前款规定处理。

第二十四条　当事人、利害关系人未在本规定第二十二条、第二十三条规定的期限内提出异议或者对网络询价平台、评估机构、行业协会按照本规定第二十二条、第二十三条所作的补正说明、专业技术评审结论提出异议的，人民法院不予受理。

当事人、利害关系人对议价或者定向询价提出异议的，人民法院不予受理。

第二十五条　当事人、利害关系人有证据证明具有下列情形之一，且在发布一拍拍卖公告或者直接进入变卖程序之前提出异议的，人民法院应当按照执行监督程序进行审查处理：

（一）议价中存在欺诈、胁迫情形；

（二）恶意串通损害第三人利益；

（三）有关机构出具虚假定向询价结果；

（四）依照本规定第二十二条、第二十三条作出的处理结果确有错误。

第二十六条 当事人、利害关系人对评估报告未提出异议、所提异议被驳回或者评估机构已作出补正的，人民法院应当以评估结果或者补正结果为参考价；当事人、利害关系人对评估报告提出的异议成立的，人民法院应当以评估机构作出的补正结果或者重新作出的评估结果为参考价。专业技术评审对评估报告未作出否定结论的，人民法院应当以该评估结果为参考价。

第二十七条 司法网络询价平台、评估机构应当确定网络询价或者委托评估结果的有效期，有效期最长不得超过一年。

当事人议价的，可以自行协商确定议价结果的有效期，但不得超过前款规定的期限；定向询价结果的有效期，参照前款规定确定。

人民法院在议价、询价、评估结果有效期内发布一拍拍卖公告或者直接进入变卖程序，拍卖、变卖时未超过有效期六个月的，无需重新确定参考价，但法律、行政法规、司法解释另有规定的除外。

第二十八条 具有下列情形之一的，人民法院应当决定暂缓网络询价或者委托评估：

（一）案件暂缓执行或者中止执行；

（二）评估材料与事实严重不符，可能影响评估结果，需要重新调查核实；

（三）人民法院认为应当暂缓的其他情形。

第二十九条 具有下列情形之一的，人民法院应当撤回网络询价或者委托评估：

（一）申请执行人撤回执行申请；

（二）生效法律文书确定的义务已全部执行完毕；

（三）据以执行的生效法律文书被撤销或者被裁定不予执行；

（四）人民法院认为应当撤回的其他情形。

人民法院决定网络询价或者委托评估后，双方当事人议价确定参考价或者协商不再对财产进行变价处理的，人民法院可以撤回网络询价或者委托评估。

第三十条 人民法院应当在参考价确定后十日内启动财产变价程序。拍卖的，参照参考价确定起拍价；直接变卖的，参照参考价确定变卖价。

第三十一条 人民法院委托司法网络询价平台进行网络询价的，网络询价费用应当按次计付给出具网络询价结果与财产处置成交价最接近的司法网络询价平台；多家司法网络询价平台出具的网络询价结果相同或者与财产处置成交价差距相同的，网络询价费用平均分配。

人民法院依照本规定第十一条第三款规定委托评估机构进行评估或者依照本规定第二十九条规定撤回网络询价的，对司法网络询价平台不计付费用。

第三十二条 人民法院委托评估机构进行评估，财产处置未成交的，按照评估机构合理的实际支出计付费用；财产处置成交价高于评估价的，以评估价为基准计付费用；财产处置成交价低于评估价的，以财产处置成交价为基准计付费用。

人民法院依照本规定第二十九条规定撤回委托评估的，按照评估机构合理的实际支出计付费用；人民法院依照本规定通知原评估机构重新出具评估报告的，按照前款规定的百分之三十计付费用。

人民法院依照本规定另行委托评估机构重新进行评估的，对原评估机构不计付费用。

第三十三条 网络询价费及委托评估费由申请执行人先行垫付，由被执行人负担。

申请执行人通过签订保险合同的方式垫付网络询价费或者委托评估费的，保险人应当向人民法院出具担保书。担保书应当载明因申请执行人未垫付网络询价费或者委托评估费由保险人支付等内容，并附相关证据材料。

第三十四条 最高人民法院建设全国法院询价评估系统。询价评估系统与定向询价机构、司法网络询价平台、全国性评估行业协会的系统对接，实现数据共享。

询价评估系统应当具有记载当事人议价、定向询价、网络询价、委托评估、摇号过程等功能，并形成固化数据，长期保存、随案备查。

第三十五条 本规定自 2018 年 9 月 1 日起施行。

最高人民法院此前公布的司法解释及规范性文件与本规定不一致的，以本规定为准。

最高人民法院
关于公证债权文书执行若干问题的规定

法释〔2018〕18号

（2018年6月25日最高人民法院审判委员会第1743次会议通过
2018年9月30日最高人民法院公告公布　自2018年10月1日起施行）

为了进一步规范人民法院办理公证债权文书执行案件，确保公证债权文书依法执行，维护当事人、利害关系人的合法权益，根据《中华人民共和国民事诉讼法》《中华人民共和国公证法》等法律规定，结合执行实践，制定本规定。

第一条　本规定所称公证债权文书，是指根据公证法第三十七条第一款规定经公证赋予强制执行效力的债权文书。

第二条　公证债权文书执行案件，由被执行人住所地或者被执行的财产所在地人民法院管辖。

前款规定案件的级别管辖，参照人民法院受理第一审民商事案件级别管辖的规定确定。

第三条　债权人申请执行公证债权文书，除应当提交作为执行依据的公证债权文书等申请执行所需的材料外，还应当提交证明履行情况等内容的执行证书。

第四条　债权人申请执行的公证债权文书应当包括公证证词、被证明的债权文书等内容。权利义务主体、给付内容应当在公证证词中列明。

第五条　债权人申请执行公证债权文书，有下列情形之一的，人民法院应当裁定不予受理；已经受理的，裁定驳回执行申请：

（一）债权文书属于不得经公证赋予强制执行效力的文书；

（二）公证债权文书未载明债务人接受强制执行的承诺；

（三）公证证词载明的权利义务主体或者给付内容不明确；

（四）债权人未提交执行证书；

（五）其他不符合受理条件的情形。

第六条　公证债权文书赋予强制执行效力的范围同时包含主债务和担保债务的，人民法院应当依法予以执行；仅包含主债务的，对担保债务部分的执行申请不予受理；仅包含担保债务的，对主债务部分的执行申请不予受理。

第七条　债权人对不予受理、驳回执行申请裁定不服的，可以自裁定送达之日起十日内向上一级人民法院申请复议。

申请复议期满未申请复议，或者复议申请被驳回的，当事人可以就公证债权文书涉及的民事权利义务争议向人民法院提起诉讼。

第八条　公证机构决定不予出具执行证书的，当事人可以就公证债权文书涉及的民事权利义务争议直接向人民法院提起诉讼。

第九条　申请执行公证债权文书的期间自公证债权文书确定的履行期间的最后一日起计算；分期履行的，自公证债权文书确定的每次履行期间的最后一日起计算。

债权人向公证机构申请出具执行证书的，申请执行时效自债权人提出申请之日起中断。

第十条　人民法院在执行实施中，根据公证债权文书并结合申请执行人的申请依法确定给付内容。

第十一条　因民间借贷形成的公证债权文书，文书中载明的利率超过人民法院依照法律、司法解释规定应予支持的上限的，对超过的利息部分不纳入执行范围；载明的利率未超过人民法院依照法律、司法解释规定应予支持的上限，被执行人主张实际超过的，可以依照本规定第二十二条第一款规定提起诉讼。

第十二条　有下列情形之一的，被执行人可以依照民事诉讼法第二百三十八条第二款规定申请不予执行公证债权文书：

（一）被执行人未到场且未委托代理人到场办理公证的；

（二）无民事行为能力人或者限制民事行为能力人没有监护人代为办理公证的；

（三）公证员为本人、近亲属办理公证，或者办理与本人、近亲属有利害关系的公证的；

（四）公证员办理该项公证有贪污受贿、徇私舞弊行为，已经由生效刑事法律文书等确认的；

（五）其他严重违反法定公证程序的情形。

被执行人以公证债权文书的内容与事实不符或者违反法律强制性规定等实体事由申请不予执行的，人民法院应当告知其依照本规定第二十二条第一款规定提起诉讼。

第十三条　被执行人申请不予执行公证债权文书，应当在执行通知书送达之日起十五日内向执行法院提出书面申请，并提交相关证据材料；有本规定第十二条第一款第三项、第四项规定情形且执行程序尚未终结的，应当自知道或者应当知道有关事实之日起十五日内提出。

公证债权文书执行案件被指定执行、提级执行、委托执行后，被执行人申请不予执行的，由提出申请时负责该案件执行的人民法院审查。

第十四条 被执行人认为公证债权文书存在本规定第十二条第一款规定的多个不予执行事由的，应当在不予执行案件审查期间一并提出。

不予执行申请被裁定驳回后，同一被执行人再次提出申请的，人民法院不予受理。但有证据证明不予执行事由在不予执行申请被裁定驳回后知道的，可以在执行程序终结前提出。

第十五条 人民法院审查不予执行公证债权文书案件，案情复杂、争议较大的，应当进行听证。必要时可以向公证机构调阅公证案卷，要求公证机构作出书面说明，或者通知公证员到庭说明情况。

第十六条 人民法院审查不予执行公证债权文书案件，应当在受理之日起六十日内审查完毕并作出裁定；有特殊情况需要延长的，经本院院长批准，可以延长三十日。

第十七条 人民法院审查不予执行公证债权文书案件期间，不停止执行。

被执行人提供充分、有效的担保，请求停止相应处分措施的，人民法院可以准许；申请执行人提供充分、有效的担保，请求继续执行的，应当继续执行。

第十八条 被执行人依照本规定第十二条第一款规定申请不予执行，人民法院经审查认为理由成立的，裁定不予执行；理由不成立的，裁定驳回不予执行申请。

公证债权文书部分内容具有本规定第十二条第一款规定情形的，人民法院应当裁定对该部分不予执行；应当不予执行部分与其他部分不可分的，裁定对该公证债权文书不予执行。

第十九条 人民法院认定执行公证债权文书违背公序良俗的，裁定不予执行。

第二十条 公证债权文书被裁定不予执行的，当事人可以就该公证债权文书涉及的民事权利义务争议向人民法院提起诉讼；公证债权文书被裁定部分不予执行的，当事人可以就该部分争议提起诉讼。

当事人对不予执行裁定提出执行异议或者申请复议的，人民法院不予受理。

第二十一条 当事人不服驳回不予执行申请裁定的，可以自裁定送达之日起十日内向上一级人民法院申请复议。上一级人民法院应当自收到复议申请之日起三十日内审查。经审查，理由成立的，裁定撤销原裁定，不予执行该公证债权文书；理由不成立的，裁定驳回复议申请。复议期间，不停止执行。

第二十二条 有下列情形之一的，债务人可以在执行程序终结前，以债权人为被告，向执行法院提起诉讼，请求不予执行公证债权文书：

（一）公证债权文书载明的民事权利义务关系与事实不符；

（二）经公证的债权文书具有法律规定的无效、可撤销等情形；

（三）公证债权文书载明的债权因清偿、提存、抵销、免除等原因全部或者部分消灭。

债务人提起诉讼，不影响人民法院对公证债权文书的执行。债务人提供充分、有效的担保，请求停止相应处分措施的，人民法院可以准许；债权人提供充分、有效的担保，请求继续执行的，应当继续执行。

第二十三条 对债务人依照本规定第二十二条第一款规定提起的诉讼，人民法院经审理认为理由成立的，判决不予执行或者部分不予执行；理由不成立的，判决驳回诉讼请求。

当事人同时就公证债权文书涉及的民事权利义务争议提出诉讼请求的，人民法院可以在判决中一并作出裁判。

第二十四条 有下列情形之一的，债权人、利害关系人可以就公证债权文书涉及的民事权利义务争议直接向有管辖权的人民法院提起诉讼：

（一）公证债权文书载明的民事权利义务关系与事实不符；

（二）经公证的债权文书具有法律规定的无效、可撤销等情形。

债权人提起诉讼，诉讼案件受理后又申请执行公证债权文书的，人民法院不予受理。进入执行程序后债权人又提起诉讼的，诉讼案件受理后，人民法院可以裁定终结公证债权文书的执行；债权人请求继续执行其未提出争议部分的，人民法院可以准许。

利害关系人提起诉讼，不影响人民法院对公证债权文书的执行。利害关系人提供充分、有效的担保，请求停止相应处分措施的，人民法院可以准许；债权人提供充分、有效的担保，请求继续执行的，应当继续执行。

第二十五条 本规定自2018年10月1日起施行。

本规定施行前最高人民法院公布的司法解释与本规定不一致的，以本规定为准。

最高人民法院
关于对执行程序中的裁定的抗诉不予受理的批复

（1995年8月10日　法复〔1995〕5号）

广东省高级人民法院：

你院粤高法〔1995〕37号《关于人民法院在执行程序中作出的裁定检察院是否有权抗诉的请示》收悉。经研究，答复如下：

根据《中华人民共和国民事诉讼法》的有关规定，人民法院为了保证已发生法律效力的判决、裁定或者其他法律文书的执行而在执行程序中作出的裁定，不属于抗诉的范围。因此，人民检察院针对人民法院在执行程序中作出的查封财产裁定提出抗诉，于法无据，人民法院不予受理。

最高人民法院
印发《关于人民法院扣押铁路运输货物若干问题的规定》的通知

（1997年4月22日　法发〔1997〕8号）

全国地方各级人民法院、各级军事法院、各铁路运输中级法院和基层法院、各海事法院：

现将《最高人民法院关于人民法院扣押铁路运输货物若干问题的规定》印发给你们，请贯彻执行。执行中有何问题，请及时报告我院。

附：

最高人民法院
关于人民法院扣押铁路运输货物若干问题的规定

根据《中华人民共和国民事诉讼法》等有关法律的规定，现就人民法院扣押铁路运输货物问题作如下规定：

一、人民法院依法可以裁定扣押铁路运输货物。铁路运输企业依法应当予以协助。

二、当事人申请人民法院扣押铁路运输货物，应当提供担保，申请人不提供担保的，驳回申请。申请人的申请应当写明：要求扣押货物的发货站、到货站，托运人、收货人的名称，货物的品名、数量、货票号码等。

三、人民法院扣押铁路运输货物，应当制作裁定书并附协助执行通知书。协助执行通知书中应当载明：扣押货物的发货站、到货站，托运人、收货人的名称，货物的品名、数量和货票号码。在货物发送前扣押的，人民法院应当将裁定书副本和协助执行通知书送达始发地的铁路运输企业由其协助执行；在货物发送后扣押的，一般应当将裁定书副本和协助执行通知书送达目的地或最近中转编组站的铁路运输企业由其协助执行。

人民法院一般不应在中途站、中转站扣押铁路运输货物。必要时，在不影响铁路正常运输秩序、不损害其他公民法人的合法权益的情况下，可在最近中转编组站或有条件的车站扣押。

人民法院裁定扣押国际铁路联运货物，应当通知铁路运输企业、海关、边防、商检等有关部门协助执行。属于进口货物的，人民法院应当向我国进口国境、边境站、到货站或有关部门送达裁定书副本和协助执行通知书；属于出口货物的，在货物发送前应当向发货站或有关部门送达，在货物发送后，未出我国国境、边境前，应当向我国出境站或有关部门送达。

四、经人民法院裁定扣押的铁路运输货物，该铁路运输企业与托运人之间签订的铁路运输合同中涉及被扣押货物部分合同终止履行的，铁路运输企业不承担责任。因扣押货物造成的损失，由有关责任人承担。

因申请人申请扣押错误所造成的损失，由申请人承担赔偿责任。

五、铁路运输企业及有关部门因协助执行扣押货物而产生的装卸、保管、检验、监护等费用，由有关责任人承担，但应先由申请人垫付。申请人不是责任人的，可以再向责任人追偿。

六、扣押后的进出口货物，因尚未办结海关手续，人民法院在对此类货物作出最终处理决定前，应当先责令有关当事人补交关税并办理海关其他手续。

最高人民法院
关于产业工会、基层工会是否具备社团法人资格和工会经费集中户可否冻结划拨问题的批复

（1997年5月16日　法复〔1997〕6号）

各省、自治区、直辖市高级人民法院，解放军军事法院：

山东等省高级人民法院就审判工作中如何认定产业工会、基层工会的社团法人资格和对工会财产、经费查封、扣押、冻结、划拨的问题，向我院请示。经研究，批复如下：

一、根据《中华人民共和国工会法》（以下简称工会法）的规定，产业工会社团法人资格的取得是由工会法直接规定的，依法不需要办理法人登记。基层工会只要符合《中华人民共和国民法通则》（以下简称民法通则）、工会法和《中国工会章程》规定的条件，报上一级工会批准成立，即具有社团法人资格。人民法院在审理案件中，应当严格按照法律规定的社团法人条件，审查基层工会社团法人的法律地位。产业工会、具有社团法人资格的基层工会与建立工会的企业法人是各自独立的法人主体。企业或企业工会对外发生的经济纠纷，各自承担民事责任。上级工会对基层工会是否具备法律规定的社团法人的条件审查不严或不实，应当承担与其过错相应的民事责任。

二、确定产业工会或者基层工会兴办企业的法人资格，原则上以工商登记为准；其上级工会依据有关规定进行审批是必经程序，人民法院不应以此为由冻结、划拨上级工会的经费并替欠债企业清偿债务。产业工会或基层工会投资兴办的具备法人资格的企业，如果投资不足或者抽逃资金的，应当补足投资或者在注册资金不实的范围内承担责任；如果投资全部到位，又无抽逃资金的行为，当企业负债时，应当以企业所有的或者经营管理的财产承担有限责任。

三、根据工会法的规定，工会经费包括工会会员缴纳的会费，建立工会组织的企业事业单位、机关按每月全部职工工资总额的2%的比例向工会拨交的经费，以及工会所属的企业、事业单位上缴的收入和人民政府的补助等。工会经费要按比例逐月向地方各级总工会和全国总工会拨交。工会的经费一

经拨交，所有权随之转移。在银行独立开列的“工会经费集中户”，与企业经营资金无关，专门用于工会经费的集中与分配，不能在此账户开支费用或挪用、转移资金。因此，人民法院在审理案件中，不应将工会经费视为所在企业的财产，在企业欠债的情况下，不应冻结、划拨工会经费及“工会经费集中户”的款项。

此复。

最高人民法院
关于对粮棉油政策性收购资金是否可以采取财产保全措施问题的复函

（1997 年 8 月 14 日　法函〔1997〕97 号）

山东省高级人民法院：

你院鲁法经〔1997〕33 号《关于对粮棉油政策性收购资金专户是否可以采取财产保全措施的请示》收悉。经研究，答复如下：

同意你院请示的倾向性意见。粮棉油政策性收购资金是用于国家和地方专项储备的粮食、棉花、油料的收购、储备、调销资金和国家定购粮食、棉花收购资金。包括各级财政开支的直接用于粮棉油收购环节的价格补贴款、银行粮棉油政策性收购货款和粮棉油政策性收购企业的粮棉油调销回笼款。该资金只能用于粮棉油收购及相关费用支出。人民法院在审理涉及到政策性粮棉油收购业务之外的经济纠纷案件中，不宜对粮棉油政策性收购企业在中国农业发展银行及其代理行或经人民银行当地分行批准的其他金融机构开立账上的这类资金采取财产保全措施，以保证这类资金专款专用，促进农业的发展。

最高人民法院
关于冻结、划拨证券或期货交易所、证券登记结算机构、证券经营或期货经纪机构清算账户资金等问题的通知

（1997年12月2日　法发〔1997〕27号）

各省、自治区、直辖市高级人民法院，解放军军事法院：

为了维护证券、期货市场的正常交易秩序，现对人民法院在财产保全或执行生效法律文书过程中，冻结、划拨证券或期货交易所、证券登记结算机构、证券经营或期货经纪机构清算账户清算资金等问题，作如下通知：

一、证券交易所、证券登记结算机构及其异地清算代理机构开设的清算账户上的资金，是证券经营机构缴存的自营及其所代理的投资者的证券交易清算资金。当证券经营机构为债务人，人民法院确需冻结、划拨其交易清算资金时，应冻结、划拨其自营账户中的资金；如证券经营机构未开设自营账户而进行自营业务的，依法可以冻结其在证券交易所、证券登记结算机构及其异地清算代理机构清算账户上的清算资金，但暂时不得划拨。如果证券经营机构在法院规定的合理期限内举证证明被冻结的上述清算账户中的资金是其他投资者的，应当对投资者的资金解除冻结。否则，人民法院可以划拨已冻结的资金。

证券经营机构清算账户上的资金是投资者为进行证券交易缴存的清算备付金。当投资者为债务人时，人民法院对证券经营机构清算账户中该投资者的相应部分资金依法可以冻结、划拨。

人民法院冻结、划拨期货交易所清算账户上期货经纪机构的清算资金及期货经纪机构清算账户上投资者的清算备付金（亦称保证金），适用上述规定。

二、证券经营机构的交易席位系该机构向证券交易所申购的用以参加交易的权利，是一种无形财产。人民法院对证券经营机构的交易席位进行财产保全或执行时，应依法裁定其不得自行转让该交易席位，但不能停止该交易席位的使用。人民法院认为需要转让该交易席位时，按交易所的有关规定应转让给有资格受让席位的法人。

人民法院对期货交易所、期货经纪机构的交易席位采取财产保全或执行

措施，适用上述规定。

三、证券经营机构在证券交易所、证券登记结算机构的债券实物代保管处托管的债券，是其自营或代销的其他投资者的债券。当证券经营机构或投资者为债务人时，人民法院如需冻结、提取托管的债券，应当通过证券交易所查明该债务人托管的债券是否已作回购质押，对未作回购质押，而且确属债务人所有的托管债券可以依法冻结、提取。

四、交易保证金是证券经营机构向证券交易所缴存的用以防范交易风险的资金，该资金由证券交易所专项存储，人民法院不应冻结、划拨交易保证金。但在该资金失去保证金作用的情况下，人民法院可以依法予以冻结、划拨。

最高人民法院
关于不得对中国人民银行及其分支机构的办公楼、运钞车、营业场所等进行查封的通知

（1999年3月4日　法〔1999〕28号）

各省、自治区、直辖市高级人民法院，解放军军事法院，新疆维吾尔自治区高级人民法院生产建设兵团分院：

近年来，一些地方发生中国人民银行分支机构因行使金融监管权而被列为被告的案件，有的受案法院查封了人民银行的办公楼（内有金库）、运钞车、营业场所，影响了人民银行金融监管工作的正常进行。为防止和杜绝类似事件的发生，特就有关问题通知如下：

中国人民银行是依法行使国家金融行政管理职权的国家机关，根据《中国人民银行法》和《非法金融机构和非法金融活动取缔办法》的规定，对金融业实施监督管理，行使撤销、关闭金融机构，取缔非法金融机构等行政职权。因此，被撤销、关闭的金融机构或被取缔的非法金融机构自身所负的民事责任不应当由行使监督管理职权的中国人民银行承担，更不应以此为由查封中国人民银行及其分支机构的办公楼、运钞车和营业场所。各级人民法院在审理、执行当事人一方为被撤销、关闭的金融机构或被取缔的非法金融机构的经济纠纷案件中，如发现上述问题，应当及时依法予以纠正。

对确应由中国人民银行及其分支机构承担民事责任的案件，人民法院亦

不宜采取查封其办公楼、运钞车、营业场所的措施。中国人民银行及其分支机构应当自觉履行已生效的法律文书，逾期不履行的，人民法院在查明事实的基础上，可以依法执行其他财产。

最高人民法院
关于严禁冻结或划拨国有企业下岗职工基本生活保障资金的通知

（1999年11月24日　法〔1999〕228号）

各省、自治区、直辖市高级人民法院，新疆维吾尔自治区高级人民法院生产建设兵团分院：

据悉，最近一些地方人民法院在审理或执行经济纠纷案件中，冻结并划拨国有企业下岗职工基本生活保障资金，导致下岗职工基本生活无法保障，影响了社会稳定。为杜绝此类事件发生，特通知如下：

国有企业下岗职工基本生活保障资金是采取企业、社会、财政各承担1/3的办法筹集的，由企业再就业服务中心设立专户管理，专项用于保障下岗职工基本生活，具有专项资金的性质，不得挪作他用，不能与企业的其他财产等同对待。各地人民法院在审理和执行经济纠纷案件时，不得将该项存于企业再就业服务中心的专项资金作为企业财产处置，不得冻结或划拨该项资金用以抵偿企业债务。

各地人民法院应对已审结和执行完毕的经济纠纷案件做一下清理，凡发现违反上述规定的，应当及时依法予以纠正。

最高人民法院
关于执行《封闭贷款管理暂行办法》和《外经贸企业封闭贷款管理暂行办法》中应注意的几个问题的通知

（2000 年 1 月 10 日　法发〔2000〕4 号）

各省、自治区、直辖市高级人民法院，新疆维吾尔自治区高级人民法院生产建设兵团分院：

1999 年 7 月 26 日，中国人民银行、国家经贸委、国家计委、财政部和国家税务总局联合下发了《封闭贷款管理暂行办法》（银发〔1999〕261 号），同年 8 月 5 日中国人民银行、国家计委、财政部、外经贸部和国家税务总局又联合下发了《外经贸企业封闭贷款管理暂行办法》（银发〔1999〕285 号）。封闭贷款是商业银行根据国家政策向特定企业发放的具有特定用途的贷款，为保证这项工作的顺利进行，使封闭贷款达到预期目的，现将有关问题通知如下：

一、人民法院审理民事经济纠纷案件，不得对债务人的封闭贷款结算专户采取财产保全措施或者先予执行。

二、人民法院在执行案件时，不得执行被执行人的封闭贷款结算专户中的款项。

三、如果有证据证明债务人为逃避债务将其他款项打入封闭贷款结算专户的，人民法院可以仅就所打入的款项采取执行措施。

四、如果债权人从债务人的封闭贷款结算专户中扣取了老的贷款和欠息，或者扣收老的欠税及各种费用，债务人起诉的，人民法院应当受理，并按照《封闭贷款管理暂行办法》第十四条的规定处理。债务人属于外经贸企业的，则按照《外经贸企业封闭贷款管理暂行办法》第二十一条的规定处理。

执行中有何问题，请及时向我院报告。

最高人民法院
关于印发《关于高级人民法院统一管理执行工作若干问题的规定》的通知

（2000年1月14日　法发〔2000〕3号）

各省、自治区、直辖市高级人民法院，解放军军事法院，新疆维吾尔自治区高级人民法院生产建设兵团各级法院：

《最高人民法院关于高级人民法院统一管理执行工作若干问题的规定》已于1999年12月30日由最高人民法院审判委员会第1095次会议讨论通过，现予印发，请认真贯彻执行。

附：

关于高级人民法院统一管理执行工作若干问题的规定

为了保障依法公正执行，提高执行工作效率，根据有关规定和执行工作具体情况，现就高级人民法院统一管理执行工作的若干问题规定如下：

一、高级人民法院在最高人民法院的监督和指导下，对本辖区执行工作的整体部署、执行案件的监督和协调、执行力量的调度以及执行装备的使用等，实行统一管理。

地方各级人民法院办理执行案件，应当依照法律规定分级负责。

二、高级人民法院应当根据法律、法规、司法解释和最高人民法院的有关规定，结合本辖区的实际情况制定统一管理执行工作的具体规章制度，确定一定时期内执行工作的目标和重点，组织本辖区内的各级人民法院实施。

三、高级人民法院应当根据最高人民法院的统一部署或本地区的具体情况适时组织集中执行和专项执行活动。

四、高级人民法院在组织集中执行、专项执行或其他重大执行活动中，可以统一调度、使用下级人民法院的执行力量，包括执行人员、司法警察、执行装备等。

五、高级人民法院有权对下级人民法院的违法、错误的执行裁定、执行行为函告下级法院自行纠正或直接下达裁定、决定予以纠正。

六、高级人民法院负责协调处理本辖区内跨中级人民法院辖区的法院与法院之间的执行争议案件。对跨高级人民法院辖区的法院与法院之间的执行争议案件，由争议双方所在地的两地高级人民法院协商处理；协商不成的，按有关规定报请最高人民法院协调处理。

七、对跨高级人民法院辖区的法院与公安、检察等机关之间的执行争议案件，由执行法院所在地的高级人民法院与有关公安、检察等机关所在地的高级人民法院商有关机关协调解决，必要时可报请最高人民法院协调处理。

八、高级人民法院对本院及下级人民法院的执行案件，认为需要指定执行的，可以裁定指定执行。

高级人民法院对最高人民法院函示指定执行的案件，应当裁定指定执行。

九、高级人民法院对下级人民法院的下列案件可以裁定提级执行：

1. 高级人民法院指令下级人民法院限期执结，逾期未执结需要提级执行的；

2. 下级人民法院报请高级人民法院提级执行，高级人民法院认为应当提级执行的；

3. 疑难、重大和复杂的案件，高级人民法院认为应当提级执行的。

高级人民法院对最高人民法院函示提级执行的案件，应当裁定提级执行。

十、高级人民法院应监督本辖区内各级人民法院按有关规定精神配备合格的执行人员，并根据最高人民法院的要求和本辖区的具体情况，制定培训计划，确定培训目标，采取切实有效措施予以落实。

十一、中级人民法院、基层人民法院和专门人民法院执行机构的主要负责人在按干部管理制度和法定程序规定办理任免手续前应征得上一级人民法院的同意。

上级人民法院认为下级人民法院执行机构的主要负责人不称职的，可以建议有关部门予以调整、调离或者免职。

十二、高级人民法院应根据执行工作需要，商财政、计划等有关部门编制本辖区内各级人民法院关于交通工具、通讯设备、警械器具、摄录器材等执行装备和业务经费的计划，确定执行装备的标准和数量，并由本辖区内各级人民法院协同当地政府予以落实。

十三、下级人民法院不执行上级人民法院对执行工作和案件处理作出的决定，上级人民法院应通报批评；情节严重的，可以建议有关部门对有关责任人员予以纪律处分。

十四、中级人民法院、基层人民法院和专门人民法院对执行工作的管理职责由高级人民法院规定。

十五、本规定自颁布之日起执行。

最高人民法院
关于在审理和执行民事、经济纠纷案件时不得查封、冻结和扣划社会保险基金的通知

（2000年2月18日　法〔2000〕19号）

各省、自治区、直辖市高级人民法院，新疆维吾尔自治区高级人民法院生产建设兵团分院：

近一个时期，少数法院在审理和执行社会保险机构原下属企业（现已全部脱钩）与其他企业、单位的经济纠纷案件时，查封社会保险机构开设的社会保险基金账户，影响了社会保险基金的正常发放，不利于社会的稳定。为杜绝此类情况发生，特通知如下：

社会保险基金是由社会保险机构代参保人员管理，并最终由参保人员享用的公共基金，不属于社会保险机构所有。社会保险机构对该项基金设立专户管理，专款专用，专项用于保障企业退休职工、失业人员的基本生活需要，属专项资金，不得挪作他用。因此，各地人民法院在审理和执行民事、经济纠纷案件时，不得查封、冻结或扣划社会保险基金；不得用社会保险基金偿还社会保险机构及其原下属企业的债务。

各地人民法院如发现有违反上述规定的，应当及时依法予以纠正。

最高人民法院　司法部
关于公证机关赋予强制执行效力的债权文书执行有关问题的联合通知

（2000年9月1日　司发通〔2000〕107号）

各省、自治区、直辖市高级人民法院、司法厅（局），解放军军事法院、司法局，新疆维吾尔自治区高级人民法院生产建设兵团分院、新疆生产建设兵团司法局：

为了贯彻《中华人民共和国民事诉讼法》、《中华人民共和国公证暂行条例》的有关规定，规范赋予强制执行效力债权文书的公证和执行行为，现就有关问题通知如下：

一、公证机关赋予强制执行效力的债权文书应当具备以下条件：

（一）债权文书具有给付货币、物品、有价证券的内容；

（二）债权债务关系明确，债权人和债务人对债权文书有关给付内容无疑义；

（三）债权文书中载明债务人不履行义务或不完全履行义务时，债务人愿意接受依法强制执行的承诺。

二、公证机关赋予强制执行效力的债权文书的范围：

（一）借款合同、借用合同、无财产担保的租赁合同；

（二）赊欠货物的债权文书；

（三）各种借据、欠单；

（四）还款（物）协议；

（五）以给付赡养费、扶养费、抚育费、学费、赔（补）偿金为内容的协议；

（六）符合赋予强制执行效力条件的其他债权文书。

三、公证机关在办理符合赋予强制执行的条件和范围的合同、协议、借据、欠单等债权文书公证时，应当依法赋予该债权文书具有强制执行效力。

未经公证的符合本通知第二条规定的合同、协议、借据、欠单等债权文书，在履行过程中，债权人申请公证机关赋予强制执行效力的，公证机关必须征求债务人的意见；如债务人同意公证并愿意接受强制执行的，公证机关可以依法赋予该债权文书强制执行效力。

四、债务人不履行或不完全履行公证机关赋予强制执行效力的债权文书的，债权人可以向原公证机关申请执行证书。

五、公证机关签发执行证书应当注意审查以下内容：

（一）不履行或不完全履行的事实确实发生；

（二）债权人履行合同义务的事实和证据，债务人依照债权文书已经部分履行的事实；

（三）债务人对债权文书规定的履行义务有无疑义。

六、公证机关签发执行证书应当注明被执行人、执行标的和申请执行的期限。债务人已经履行的部分，在执行证书中予以扣除。因债务人不履行或不完全履行而发生的违约金、利息、滞纳金等，可以列入执行标的。

七、债权人凭原公证书及执行证书可以向有管辖权的人民法院申请执行。

八、人民法院接到申请执行书，应当依法按规定程序办理。必要时，可以向公证机关调阅公证卷宗，公证机关应当提供。案件执行完毕后，由人民法院在15日内将公证卷宗附结案通知退回公证机关。

九、最高人民法院、司法部《关于执行〈民事诉讼法（试行）〉中涉及公证条款的几个问题的通知》和《关于已公证的债权文书依法强制执行问题的答复》自本联合通知发布之日起废止。

最高人民法院　中国人民银行
关于依法规范人民法院执行和金融机构协助执行的通知

（2000年9月4日　法发〔2000〕21号）

各省、自治区、直辖市高级人民法院，解放军军事法院，新疆维吾尔自治区高级人民法院生产建设兵团分院，中国人民银行各分行，中国工商银行，中国农业银行，中国银行，中国建设银行及其他金融机构：

为依法保障当事人的合法权益，维护经济秩序，根据《中华人民共和国民事诉讼法》，现就规范人民法院执行和银行（含其分理处、营业所和储蓄所）以及其他办理存款业务的金融机构（以下统称金融机构）协助执行的有关问题通知如下：

一、人民法院查询被执行人在金融机构的存款时，执行人员应当出示本人工作证和执行公务证，并出具法院协助查询存款通知书。金融机构应当立即协助办理查询事宜，不需办理签字手续，对于查询的情况，由经办人签字确认。对协助执行手续完备拒不协助查询的，按照民事诉讼法第一百零二条规定处理。

人民法院对查询到的被执行人在金融机构的存款，需要冻结的，执行人员应当出示本人工作证和执行公务证，并出具法院冻结裁定书和协助冻结存款通知书。金融机构应当立即协助执行。对协助执行手续完备拒不协助冻结的，按照民事诉讼法第一百零二条规定处理。

人民法院扣划被执行人在金融机构存款的，执行人员应当出示本人工作证和执行公务证，并出具法院扣划裁定书和协助扣划存款通知书，还应当附生效法律文书副本。金融机构应当立即协助执行。对协助执行手续完备拒不协助扣划的，按照民事诉讼法第一百零二条规定处理。

人民法院查询、冻结、扣划被执行人在金融机构的存款时，可以根据工作情况要求存款人开户的营业场所的上级机构责令该营业场所做好协助执行工作，但不得要求该上级机构协助执行。

二、人民法院要求金融机构协助冻结、扣划被执行人的存款时，冻结、扣划裁定和协助执行通知书适用留置送达的规定。

三、对人民法院依法冻结、扣划被执行人在金融机构的存款，金融机构应当立即予以办理，在接到协助执行通知书后，不得再扣划应当协助执行的款项用以收贷收息；不得为被执行人隐匿、转移存款。违反此项规定的，按照民事诉讼法第一百零二条的有关规定处理。

四、金融机构在接到人民法院的协助执行通知书后，向当事人通风报信，致使当事人转移存款的，法院有权责令该金融机构限期追回，逾期未追回的，按照民事诉讼法第一百零二条的规定予以罚款、拘留；构成犯罪的，依法追究刑事责任，并建议有关部门给予行政处分。

五、对人民法院依法向金融机构查询或查阅的有关资料，包括被执行人开户、存款情况以及会计凭证、账簿、有关对账单等资料（含电脑储存资料），金融机构应当及时如实提供并加盖印章；人民法院根据需要可抄录、复制、照相，但应当依法保守秘密。

六、金融机构作为被执行人，执行法院到有关人民银行查询其在人民银行开户、存款情况的，有关人民银行应当协助查询。

七、人民法院在查询被执行人存款情况时，只提供单位账户名称而未提供账号的，开户银行应当根据银发〔1997〕94号《关于贯彻落实中共中央政法委〈关于司法机关冻结、扣划银行存款问题的意见〉的通知》第二条的规定，积极协助查询并书面告知。

八、金融机构的分支机构作为被执行人的，执行法院应当向其发出限期履行通知书，期限为15日；逾期未自动履行的，依法予以强制执行；对被执行人未能提供可供执行财产的，应当依法裁定逐级变更其上级机构为被执行人，直至其总行、总公司。每次变更前，均应当给予被变更主体15日的自动履行期限；逾期未自动履行的，依法予以强制执行。

九、人民法院依法可以对银行承兑汇票保证金采取冻结措施，但不得扣划。如果金融机构已对汇票承兑或者已对外付款，根据金融机构的申请，人民法院应当解除对银行承兑汇票保证金相应部分的冻结措施。银行承兑汇票保证金已丧失保证金功能时，人民法院可以依法采取扣划措施。

十、有关人民法院在执行由两个人民法院或者人民法院与仲裁、公证等有关机构就同一法律关系作出的两份或者多份生效法律文书的过程中，需要金融机构协助执行的，金融机构应当协助最先送达协助执行通知书的法院，予以查询、冻结，但不得扣划。有关人民法院应当就该两份或多份生效法律文书上报共同上级法院协调解决，金融机构应当按照共同上级法院的最终协调意见办理。

十一、财产保全和先予执行依照上述规定办理。

此前的规定与本通知有抵触的，以本通知为准。

最高人民法院
关于对粮棉油政策性收购资金形成的粮棉油不宜采取财产保全措施和执行措施的通知

（2000年11月16日　法〔2000〕164号）

各省、自治区、直辖市高级人民法院，解放军军事法院，新疆维吾尔自治区高级人民法院生产建设兵团分院：

根据国务院国发〔1998〕15号《关于进一步深化粮食流通体制改革的决定》和国发〔1998〕42号《关于深化棉花流通体制改革的决定》以及《粮食收购条例》等有关法规和规范性文件的规定，人民法院在保全和执行国有粮棉油购销企业从事粮棉油政策性收购以外业务所形成的案件时，除继续执行我院法函〔1997〕97号《关于对粮棉油政策性收购资金是否可以采取财产保全措施问题的复函》外，对中国农业发展银行提供的粮棉油收购资金及由该项资金形成的库存的粮棉油不宜采取财产保全措施和执行措施。

最高人民法院
关于执行旅行社质量保证金问题的通知

（2001 年 1 月 8 日　法〔2001〕1 号）

各省、自治区、直辖市高级人民法院，新疆维吾尔自治区高级人民法院生产建设兵团分院：

人民法院在执行涉及旅行社的案件时，遇有下列情形而旅行社不承担或无力承担赔偿责任的，可以执行旅行社质量保证金：

（1）旅行社因自身过错未达到合同约定的服务质量标准而造成旅游者的经济权益损失；

（2）旅行社的服务未达到国家或行业规定的标准而造成旅游者的经济权益损失；

（3）旅行社破产后造成旅游者预交旅行费损失；

（4）人民法院判决、裁定及其他生效法律文书认定的旅行社损害旅游者合法权益的情形。

除上述情形之外，不得执行旅行社质量保证金。同时，执行涉及旅行社的经济赔偿案件时，不得从旅游行政管理部门行政经费账户上划转行政经费资金。

特此通知。

最高人民法院
印发《关于正确适用暂缓执行措施若干问题的规定》的通知

（2002 年 9 月 28 日　法发〔2002〕16 号）

各省、自治区、直辖市高级人民法院，解放军军事法院，新疆维吾尔自治区高级人民法院生产建设兵团分院：

最高人民法院《关于正确适用暂缓执行措施若干问题的规定》已于 2002

年9月24日第1244次审判委员会讨论通过，现印发给你们，望认真学习，贯彻执行。

附：

关于正确适用暂缓执行措施若干问题的规定

为了在执行程序中正确适用暂缓执行措施，维护当事人及其他利害关系人的合法权益，根据《中华人民共和国民事诉讼法》和其他有关法律的规定，结合司法实践，制定本规定。

第一条 执行程序开始后，人民法院因法定事由，可以决定对某一项或者某几项执行措施在规定的期限内暂缓实施。

执行程序开始后，除法定事由外，人民法院不得决定暂缓执行。

第二条 暂缓执行由执行法院或者其上级人民法院作出决定，由执行机构统一办理。

人民法院决定暂缓执行的，应当制作暂缓执行决定书，并及时送达当事人。

第三条 有下列情形之一的，经当事人或者其他利害关系人申请，人民法院可以决定暂缓执行：

（一）执行措施或者执行程序违反法律规定的；

（二）执行标的物存在权属争议的；

（三）被执行人对申请执行人享有抵消权的。

第四条 人民法院根据本规定第三条决定暂缓执行的，应当同时责令申请暂缓执行的当事人或者其他利害关系人在指定的期限内提供相应的担保。

被执行人或者其他利害关系人提供担保申请暂缓执行，申请执行人提供担保要求继续执行的，执行法院可以继续执行。

第五条 当事人或者其他利害关系人提供财产担保的，应当出具评估机构对担保财产价值的评估证明。

评估机构出具虚假证明给当事人造成损失的，当事人可以对担保人、评估机构另行提起损害赔偿诉讼。

第六条 人民法院在收到暂缓执行申请后，应当在十五日内作出决定，并在作出决定后五日内将决定书发送当事人或者其他利害关系人。

第七条 有下列情形之一的，人民法院可以依职权决定暂缓执行：

（一）上级人民法院已经受理执行争议案件并正在处理的；

（二）人民法院发现据以执行的生效法律文书确有错误，并正在按照审判监督程序进行审查的。

人民法院依照前款规定决定暂缓执行的，一般应由申请执行人或者被执行人提供相应的担保。

第八条　依照本规定第七条第一款第（一）项决定暂缓执行的，由上级人民法院作出决定。依照本规定第七条第一款第（二）项决定暂缓执行的，审判机构应当向本院执行机构发出暂缓执行建议书，执行机构收到建议书后，应当办理暂缓相关执行措施的手续。

第九条　在执行过程中，执行人员发现据以执行的判决、裁定、调解书和支付令确有错误的，应当依照最高人民法院《关于适用〈中华人民共和国民事诉讼法〉若干问题的意见》第二百五十八条的规定处理。

在审查处理期间，执行机构可以报经院长决定对执行标的暂缓采取处分性措施，并通知当事人。

第十条　暂缓执行的期间不得超过三个月。因特殊事由需要延长的，可以适当延长，延长的期限不得超过三个月。

暂缓执行的期限从执行法院作出暂缓执行决定之日起计算。暂缓执行的决定由上级人民法院作出的，从执行法院收到暂缓执行决定之日起计算。

第十一条　人民法院对暂缓执行的案件，应当组成合议庭对是否暂缓执行进行审查，必要时应当听取当事人或者其他利害关系人的意见。

第十二条　上级人民法院发现执行法院对不符合暂缓执行条件的案件决定暂缓执行，或者对符合暂缓执行条件的案件未予暂缓执行的，应当作出决定予以纠正。执行法院收到该决定后，应当遵照执行。

第十三条　暂缓执行期限届满后，人民法院应当立即恢复执行。

暂缓执行期限届满前，据以决定暂缓执行的事由消灭的，如果该暂缓执行的决定是由执行法院作出的，执行法院应当立即作出恢复执行的决定；如果该暂缓执行的决定是由执行法院的上级人民法院作出的，执行法院应当将该暂缓执行事由消灭的情况及时报告上级人民法院，该上级人民法院应当在收到报告后十日内审查核实并作出恢复执行的决定。

第十四条　本规定自公布之日起施行。本规定施行后，其他司法解释与本规定不一致的，适用本规定。

最高人民法院　国土资源部　建设部
关于依法规范人民法院执行和国土资源房地产管理部门协助执行若干问题的通知

（2004年2月10日　法发〔2004〕5号）

各省、自治区、直辖市高级人民法院，解放军军事法院，新疆维吾尔自治区高级人民法院生产建设兵团分院；各省、自治区、直辖市国土资源厅（国土环境资源厅、国土资源和房屋管理局、房屋土地资源管理局、规划和国土资源局），新疆生产建设兵团国土资源局；各省、自治区建设厅，新疆生产建设兵团建设局，各直辖市房地产管理局：

为保证人民法院生效判决、裁定及其他生效法律文书依法及时执行，保护当事人的合法权益，根据《中华人民共和国民事诉讼法》、《中华人民共和国土地管理法》、《中华人民共和国城市房地产管理法》等有关法律规定，现就规范人民法院执行和国土资源、房地产管理部门协助执行的有关问题通知如下：

一、人民法院在办理案件时，需要国土资源、房地产管理部门协助执行的，国土资源、房地产管理部门应当按照人民法院的生效法律文书和协助执行通知书办理协助执行事项。

国土资源、房地产管理部门依法协助人民法院执行时，除复制有关材料所必需的工本费外，不得向人民法院收取其他费用。登记过户的费用按照国家有关规定收取。

二、人民法院对土地使用权、房屋实施查封或者进行实体处理前，应当向国土资源、房地产管理部门查询该土地、房屋的权属。

人民法院执行人员到国土资源、房地产管理部门查询土地、房屋权属情况时，应当出示本人工作证和执行公务证，并出具协助查询通知书。

人民法院执行人员到国土资源、房地产管理部门办理土地使用权或者房屋查封、预查封登记手续时，应当出示本人工作证和执行公务证，并出具查封、预查封裁定书和协助执行通知书。

三、对人民法院查封或者预查封的土地使用权、房屋，国土资源、房地产管理部门应当及时办理查封或者预查封登记。

国土资源、房地产管理部门在协助人民法院执行土地使用权、房屋时，不对生效法律文书和协助执行通知书进行实体审查。国土资源、房地产管理部门认为人民法院查封、预查封或者处理的土地、房屋权属错误的，可以向人民法院提出审查建议，但不应当停止办理协助执行事项。

四、人民法院在国土资源、房地产管理部门查询并复制或者抄录的书面材料，由土地、房屋权属的登记机构或者其所属的档案室（馆）加盖印章。无法查询或者查询无结果的，国土资源、房地产管理部门应当书面告知人民法院。

五、人民法院查封时，土地、房屋权属的确认以国土资源、房地产管理部门的登记或者出具的权属证明为准。权属证明与权属登记不一致的，以权属登记为准。

在执行人民法院确认土地、房屋权属的生效法律文书时，应当按照人民法院生效法律文书所确认的权利人办理土地、房屋权属变更、转移登记手续。

六、土地使用权和房屋所有权归属同一权利人的，人民法院应当同时查封；土地使用权和房屋所有权归属不一致的，查封被执行人名下的土地使用权或者房屋。

七、登记在案外人名下的土地使用权、房屋，登记名义人（案外人）书面认可该土地、房屋实际属于被执行人时，执行法院可以采取查封措施。

如果登记名义人否认该土地、房屋属于被执行人，而执行法院、申请执行人认为登记为虚假时，须经当事人另行提起诉讼或者通过其他程序，撤销该登记并登记在被执行人名下之后，才可以采取查封措施。

八、对被执行人因继承、判决或者强制执行取得，但尚未办理过户登记的土地使用权、房屋的查封，执行法院应当向国土资源、房地产管理部门提交被执行人取得财产所依据的继承证明、生效判决书或者执行裁定书及协助执行通知书，由国土资源、房地产管理部门办理过户登记手续后，办理查封登记。

九、对国土资源、房地产管理部门已经受理被执行人转让土地使用权、房屋的过户登记申请，尚未核准登记的，人民法院可以进行查封，已核准登记的，不得进行查封。

十、人民法院对可以分割处分的房屋应当在执行标的额的范围内分割查封，不可分割的房屋可以整体查封。

分割查封的，应当在协助执行通知书中明确查封房屋的具体部位。

十一、人民法院对土地使用权、房屋的查封期限不得超过二年。期限届满可以续封一次，续封时应当重新制作查封裁定书和协助执行通知书，续封的期限不得超过一年。确有特殊情况需要再续封的，应当经过所属高级人民法院批准，且每次再续封的期限不得超过一年。

查封期限届满，人民法院未办理继续查封手续的，查封的效力消灭。

十二、人民法院在案件执行完毕后，对未处理的土地使用权、房屋需要解除查封的，应当及时作出裁定解除查封，并将解除查封裁定书和协助执行通知书送达国土资源、房地产管理部门。

十三、被执行人全部缴纳土地使用权出让金但尚未办理土地使用权登记的，人民法院可以对该土地使用权进行预查封。

十四、被执行人部分缴纳土地使用权出让金但尚未办理土地使用权登记的，对可以分割的土地使用权，按已缴付的土地使用权出让金，由国土资源管理部门确认被执行人的土地使用权，人民法院可以对确认后的土地使用权裁定预查封。对不可以分割的土地使用权，可以全部进行预查封。

被执行人在规定的期限内仍未全部缴纳土地出让金的，在人民政府收回土地使用权的同时，应当将被执行人缴纳的按照有关规定应当退还的土地出让金交由人民法院处理，预查封自动解除。

十五、下列房屋虽未进行房屋所有权登记，人民法院也可以进行预查封：

（一）作为被执行人的房地产开发企业，已办理了商品房预售许可证且尚未出售的房屋；

（二）被执行人购买的已由房地产开发企业办理了房屋权属初始登记的房屋；

（三）被执行人购买的办理了商品房预售合同登记备案手续或者商品房预告登记的房屋。

十六、国土资源、房地产管理部门应当依据人民法院的协助执行通知书和所附的裁定书办理预查封登记。土地、房屋权属在预查封期间登记在被执行人名下的，预查封登记自动转为查封登记，预查封转为正式查封后，查封期限从预查封之日起开始计算。

十七、预查封的期限为二年。期限届满可以续封一次，续封时应当重新制作预查封裁定书和协助执行通知书，预查封的续封期限为一年。确有特殊情况需要再续封的，应当经过所属高级人民法院批准，且每次再续封的期限不得超过一年。

十八、预查封的效力等同于正式查封。预查封期限届满之日，人民法院未办理预查封续封手续的，预查封的效力消灭。

十九、两个以上人民法院对同一宗土地使用权、房屋进行查封的，国土资源、房地产管理部门为首先送达协助执行通知书的人民法院办理查封登记手续后，对后来办理查封登记的人民法院作轮候查封登记，并书面告知该土地使用权、房屋已被其他人民法院查封的事实及查封的有关情况。

二十、轮候查封登记的顺序按照人民法院送达协助执行通知书的时间先后进行排列。查封法院依法解除查封的，排列在先的轮候查封自动转为查封；查封法院对查封的土地使用权、房屋全部处理的，排列在后的轮候查封自动失效；查封法院对查封的土地使用权、房屋部分处理的，对剩余部分，排列在后的轮候查封自动转为查封。

预查封的轮候登记参照第十九条和本条第一款的规定办理。

二十一、已被人民法院查封、预查封并在国土资源、房地产管理部门办理了查封、预查封登记手续的土地使用权、房屋，被执行人隐瞒真实情况，到国土资源、房地产管理部门办理抵押、转让等手续的，人民法院应当依法确认其行为无效，并可视情节轻重，依法追究有关人员的法律责任。国土资源、房地产管理部门应当按照人民法院的生效法律文书撤销不合法的抵押、转让等登记，并注销所颁发的证照。

二十二、国土资源、房地产管理部门对被人民法院依法查封、预查封的土地使用权、房屋，在查封、预查封期间不得办理抵押、转让等权属变更、转移登记手续。

国土资源、房地产管理部门明知土地使用权、房屋已被人民法院查封、预查封，仍然办理抵押、转让等权属变更、转移登记手续的，对有关的国土资源、房地产管理部门和直接责任人可以依照民事诉讼法第一百零二条的规定处理。

二十三、在变价处理土地使用权、房屋时，土地使用权、房屋所有权同时转移；土地使用权与房屋所有权归属不一致的，受让人继受原权利人的合法权利。

二十四、人民法院执行集体土地使用权时，经与国土资源管理部门取得一致意见后，可以裁定予以处理，但应当告知权利受让人到国土资源管理部门办理土地征用和国有土地使用权出让手续，缴纳土地使用权出让金及有关税费。

对处理农村房屋涉及集体土地的，人民法院应当与国土资源管理部门协商一致后再行处理。

二十五、人民法院执行土地使用权时，不得改变原土地用途和出让年限。

二十六、经申请执行人和被执行人协商同意，可以不经拍卖、变卖，直接裁定将被执行人以出让方式取得的国有土地使用权及其地上房屋经评估作价后交由申请执行人抵偿债务，但应当依法向国土资源和房地产管理部门办理土地、房屋权属变更、转移登记手续。

二十七、人民法院制作的土地使用权、房屋所有权转移裁定送达权利受让人时即发生法律效力，人民法院应当明确告知权利受让人及时到国土资源、房地产管理部门申请土地、房屋权属变更、转移登记。

国土资源、房地产管理部门依据生效法律文书进行权属登记时，当事人的土地、房屋权利应当追溯到相关法律文书生效之时。

二十八、人民法院进行财产保全和先予执行时适用本通知。

二十九、本通知下发前已经进行的查封，自本通知实施之日起计算期限。

三十、本通知自2004年3月1日起实施。

最高人民法院
关于冻结、扣划证券交易结算资金有关问题的通知

（2004年11月9日　法〔2004〕239号）

各省、自治区、直辖市高级人民法院，解放军军事法院，新疆维吾尔自治区高级人民法院生产建设兵团分院：

为了保障金融安全和社会稳定，维护证券市场正常交易结算秩序，保护当事人的合法权益，保障人民法院依法执行，经商中国证券监督管理委员会，现就人民法院冻结、扣划证券交易结算资金有关问题通知如下：

一、人民法院办理涉及证券交易结算资金的案件，应当根据资金的不同性质区别对待。证券交易结算资金，包括客户交易结算资金和证券公司从事自营证券业务的自有资金。证券公司将客户交易结算资金全额存放于客户交易结算资金专用存款账户和结算备付金账户，将自营证券业务的自有资金存放于自有资金专用存款账户，而上述账户均应报中国证券监督管理委员会备案。因此，对证券市场主体为被执行人的案件，要区别处理：

当证券公司为被执行人时，人民法院可以冻结、扣划该证券公司开设的自有资金存款账户中的资金，但不得冻结、扣划该证券公司开设的客户交易结算资金专用存款账户中的资金。

当客户为被执行人时，人民法院可以冻结、扣划该客户在证券公司营业部开设的资金账户中的资金，证券公司应当协助执行。但对于证券公司在存管银行开设的客户交易结算资金专用存款账户中属于所有客户共有的资金，人民法院不得冻结、扣划。

二、人民法院冻结、扣划证券结算备付金时，应当正确界定证券结算备付金与自营结算备付金。证券结算备付金是证券公司从客户交易结算资金、自营证券业务的自有资金中缴存于中国证券登记结算有限责任公司（以下简

称登记结算公司）的结算备用资金，专用于证券交易成交后的清算，具有结算履约担保作用。登记结算公司对每个证券公司缴存的结算备付金分别设立客户结算备付金账户和自营结算备付金账户进行账务管理，并依照经中国证券监督管理委员会批准的规则确定结算备付金最低限额。因此，对证券公司缴存在登记结算公司的客户结算备付金，人民法院不得冻结、扣划。

当证券公司为被执行人时，人民法院可以向登记结算公司查询确认该证券公司缴存的自营结算备付金余额；对其最低限额以外的自营结算备付金，人民法院可以冻结、扣划，登记结算公司应当协助执行。

三、人民法院不得冻结、扣划新股发行验资专用账户中的资金。登记结算公司在结算银行开设的新股发行验资专用账户，专门用于证券市场的新股发行业务中的资金存放、调拨，并按照中国证券监督管理委员会批准的规则开立、使用、备案和管理，故人民法院不得冻结、扣划该专用账户中的资金。

四、人民法院在执行中应当正确处理清算交收程序与执行财产顺序的关系。当证券公司或者客户为被执行人时，人民法院可以冻结属于该被执行人的已完成清算交收后的证券或者资金，并以书面形式责令其在7日内提供可供执行的其他财产。被执行人提供了其他可供执行的财产的，人民法院应当先执行该财产；逾期不提供或者提供的财产不足清偿债务的，人民法院可以执行上述已经冻结的证券或者资金。

对被执行人的证券交易成交后进入清算交收期间的证券或者资金，以及被执行人为履行清算交收义务交付给登记结算公司但尚未清算的证券或者资金，人民法院不得冻结、扣划。

五、人民法院对被执行人证券账户内的流通证券采取执行措施时，应当查明该流通证券确属被执行人所有。

人民法院执行流通证券，可以指令被执行人所在的证券公司营业部在30个交易日内通过证券交易将该证券卖出，并将变卖所得价款直接划付到人民法院指定的账户。

六、人民法院在冻结、扣划证券交易结算资金的过程中，对于当事人或者协助执行人对相关资金是否属客户交易结算资金、结算备付金提出异议的，应当认真审查；必要时，可以提交中国证券监督管理委员会作出审查认定后，依法处理。

七、人民法院在证券交易、结算场所采取保全或者执行措施时，不得影响证券交易、结算业务的正常秩序。

八、本通知自发布之日起执行。发布前最高人民法院的其他规定与本通知的规定不一致的，以本通知为准。

特此通知。

最高人民法院
关于强制执行中不应将企业党组织的党费作为企业财产予以冻结或划拨的通知

（2005年11月22日　法〔2005〕209号）

各省、自治区、直辖市高级人民法院，解放军军事法院，新疆维吾尔自治区高级人民法院生产建设兵团分院：

据悉，近一个时期，少数法院在强制执行过程中，将企业党组织的党费账户予以冻结，影响了企业党组织的正常工作。为避免此类情况发生，特通知如下：

企业党组织的党费是企业每个党员按月工资比例向党组织缴纳的用于党组织活动的经费。党费由党委组织部门代党委统一管理，单立账户，专款专用，不属于企业的责任财产。因此，在企业作为被执行人时，人民法院不得冻结或划拨该企业党组织的党费，不得用党费偿还该企业的债务。执行中，如果申请执行人提供证据证明企业的资金存入党费账户，并申请人民法院对该项资金予以执行的，人民法院可以对该项资金先行冻结；被执行人提供充分证据证明该项资金属于党费的，人民法院应当解除冻结。

各级人民法院发现执行案件过程中有违反上述规定情形的，应当及时依法纠正。

最高人民法院　最高人民检察院
公安部　中国证券监督管理委员会
关于查询、冻结、扣划证券和证券交易结算资金有关问题的通知

（2008年1月10日　法发〔2008〕4号）

各省、自治区、直辖市高级人民法院、人民检察院、公安厅（局）、证监局，解放军军事法院、军事检察院，新疆维吾尔自治区高级人民法院生产建设兵团分院，新疆生产建设兵团人民检察院、公安局：

为维护正常的证券交易结算秩序，保护公民、法人和其他组织的合法权益，保障执法机关依法执行公务，根据《中华人民共和国刑事诉讼法》、《中华人民共和国民事诉讼法》、《中华人民共和国证券法》等法律以及司法解释的规定，现就人民法院、人民检察院、公安机关查询、冻结、扣划证券和证券交易结算资金的有关问题通知如下：

一、人民法院、人民检察院、公安机关在办理案件过程中，按照法定权限需要通过证券登记结算机构或者证券公司查询、冻结、扣划证券和证券交易结算资金的，证券登记结算机构或者证券公司应当依法予以协助。

二、人民法院要求证券登记结算机构或者证券公司协助查询、冻结、扣划证券和证券交易结算资金，人民检察院、公安机关要求证券登记结算机构或者证券公司协助查询、冻结证券和证券交易结算资金时，有关执法人员应当依法出具相关证件和有效法律文书。

执法人员证件齐全、手续完备的，证券登记结算机构或者证券公司应当签收有关法律文书并协助办理有关事项。

拒绝签收人民法院生效法律文书的，可以留置送达。

三、人民法院、人民检察院、公安机关可以依法向证券登记结算机构查询客户和证券公司的证券账户、证券交收账户和资金交收账户内已完成清算交收程序的余额、余额变动、开户资料等内容。

人民法院、人民检察院、公安机关可以依法向证券公司查询客户的证券账户和资金账户、证券交收账户和资金交收账户内的余额、余额变动、证券及资金流向、开户资料等内容。

查询自然人账户的，应当提供自然人姓名和身份证件号码；查询法人账

户的，应当提供法人名称和营业执照或者法人注册登记证书号码。

证券登记结算机构或者证券公司应当出具书面查询结果并加盖业务专用章。查询机关对查询结果有疑问时，证券登记结算机构、证券公司在必要时应当进行书面解释并加盖业务专用章。

四、人民法院、人民检察院、公安机关按照法定权限冻结、扣划相关证券、资金时，应当明确拟冻结、扣划证券、资金所在的账户名称、账户号码、冻结期限，所冻结、扣划证券的名称、数量或者资金的数额。扣划时，还应当明确拟划入的账户名称、账号。

冻结证券和交易结算资金时，应当明确冻结的范围是否及于孳息。

本通知规定的以证券登记结算机构名义建立的各类专门清算交收账户不得整体冻结。

五、证券登记结算机构依法按照业务规则收取并存放于专门清算交收账户内的下列证券，不得冻结、扣划：

（一）证券登记结算机构设立的证券集中交收账户、专用清偿账户、专用处置账户内的证券；

（二）证券公司在证券登记结算机构开设的客户证券交收账户、自营证券交收账户和证券处置账户内的证券。

六、证券登记结算机构依法按照业务规则收取并存放于专门清算交收账户内的下列资金，不得冻结、扣划：

（一）证券登记结算机构设立的资金集中交收账户、专用清偿账户内的资金；

（二）证券登记结算机构依法收取的证券结算风险基金和结算互保金；

（三）证券登记结算机构在银行开设的结算备付金专用存款账户和新股发行验资专户内的资金，以及证券登记结算机构为新股发行网下申购配售对象开立的网下申购资金账户内的资金；

（四）证券公司在证券登记结算机构开设的客户资金交收账户内的资金；

（五）证券公司在证券登记结算机构开设的自营资金交收账户内最低限额自营结算备付金及根据成交结果确定的应付资金。

七、证券登记结算机构依法按照业务规则要求证券公司等结算参与人、投资者或者发行人提供的回购质押券、价差担保物、行权担保物、履约担保物等担保物，在交收完成之前，不得冻结、扣划。

八、证券公司在银行开立的自营资金账户内的资金可以冻结、扣划。

九、在证券公司托管的证券的冻结、扣划，既可以在托管的证券公司办理，也可以在证券登记结算机构办理。不同的执法机关同一交易日分别在证券公司、证券登记结算机构对同一笔证券办理冻结、扣划手续的，证券公司协助办理的为在先冻结、扣划。

冻结、扣划未在证券公司或者其他托管机构托管的证券或者证券公司自营证券的，由证券登记结算机构协助办理。

十、证券登记结算机构受理冻结、扣划要求后，应当在受理日对应的交收日交收程序完成后根据交收结果协助冻结、扣划。

证券公司受理冻结、扣划要求后，应当立即停止证券交易，冻结时已经下单但尚未撮合成功的应当采取撤单措施。冻结后，根据成交结果确定的用于交收的应付证券和应付资金可以进行正常交收。在交收程序完成后，对于剩余部分可以扣划。同时，证券公司应当根据成交结果计算出同等数额的应收资金或者应收证券交由执法机关冻结或者扣划。

十一、已被人民法院、人民检察院、公安机关冻结的证券或证券交易结算资金，其他人民法院、人民检察院、公安机关或者同一机关因不同案件可以进行轮候冻结。冻结解除的，登记在先的轮候冻结自动生效。

轮候冻结生效后，协助冻结的证券登记结算机构或者证券公司应当书面通知做出该轮候冻结的机关。

十二、冻结证券的期限不得超过二年，冻结交易结算资金的期限不得超过六个月。

需要延长冻结期限的，应当在冻结期限届满前办理续行冻结手续，每次续行冻结的期限不得超过前款规定的期限。

十三、不同的人民法院、人民检察院、公安机关对同一笔证券或者交易结算资金要求冻结、扣划或者轮候冻结时，证券登记结算机构或者证券公司应当按照送达协助冻结、扣划通知书的先后顺序办理协助事项。

十四、要求冻结、扣划的人民法院、人民检察院、公安机关之间，因冻结、扣划事项发生争议的，要求冻结、扣划的机关应当自行协商解决。协商不成的，由其共同上级机关决定；没有共同上级机关的，由其各自的上级机关协商解决。

在争议解决之前，协助冻结的证券登记结算机构或者证券公司应当按照争议机关所送达法律文书载明的最大标的范围对争议标的进行控制。

十五、依法应当予以协助而拒绝协助，或者向当事人通风报信，或者与当事人通谋转移、隐匿财产的，对有关的证券登记结算机构或者证券公司和直接责任人应当依法进行制裁。

十六、以前规定与本通知规定内容不一致的，以本通知为准。

十七、本通知中所规定的证券登记结算机构，是指中国证券登记结算有限责任公司及其分公司。

十八、本通知自 2008 年 3 月 1 日起实施。

最高人民法院
印发《关于应对国际金融危机做好当前执行工作的若干意见》的通知

（2009 年 5 月 25 日　法发〔2009〕34 号）

各省、自治区、直辖市高级人民法院，解放军军事法院，新疆维吾尔自治区高级人民法院生产建设兵团分院：

现将最高人民法院《关于应对国际金融危机做好当前执行工作的若干意见》印发给你们，请结合工作实际，认真贯彻落实。

附：

关于应对国际金融危机做好当前执行工作的若干意见

当前，国际金融危机影响日益加深，世界经济出现衰退迹象，我国经济增速明显放缓，保持经济持续稳定发展的难度明显加大。金融危机的影响已经逐渐反映到司法领域，给人民法院的执行工作带来新的压力和挑战，被执行人履行能力降低，执行和解难度加大，金融纠纷、投资纠纷、劳资纠纷等新类型案件增加，收案大幅上升，资产处置难度加大。在金融危机冲击下，为企业和市场提供司法服务，积极应对宏观经济环境变化引发的新情况、新问题，为保增长、保民生、保稳定“三保”方针的贯彻落实提供司法保障，是当前和今后一段时期人民法院工作的重中之重。现就应对金融危机形势，稳妥执行各类案件，进一步做好执行工作，提出以下意见：

一、指导思想和基本原则

1. 坚持科学发展观，坚持“三个至上”的指导思想，切实增强政治意识、大局意识、责任意识，不断适应“三保”对执行工作提出的新要求，不断解决“三保”面临的新问题，将落实“三保”的方针作为执行工作的重要目标，将有利于实现“三保”的目标作为评价执行工作的重要标准。

2. 坚持依法执行与贯彻国家宏观政策相结合。既要在法律的框架内正确适用法律，又要在国家宏观政策出现新变化，对司法工作提出新需求时，将国家宏观政策精神和要求切实贯彻落实到执行工作中，以顺应社会和国家对司法的总体需求。

3. 坚持区别对待。区别被执行人是故意消极执行、规避执行和抗拒执行还是因经济形势影响造成临时无力履行债务的情况；区别债务是因历史原因造成还是正常市场交易下造成的情况。

4. 坚持和谐执行。既要加大执行力度，切实提高执行效率，尽快实现申请执行人债权，又要讲究执行艺术和方式方法，防止激化矛盾，始终坚持执行工作政治效果、法律效果和社会效果的有机统一。

5. 坚持统筹兼顾。既要依法、充分、及时地保护和实现申请执行人的合法权益，也要妥善平衡各方当事人和相关利害关系人的利益关系，兼顾对被执行人、其他利害关系人的合法权利的保护。

二、服务经济平稳较快发展

6. 对于因资金暂时短缺但仍处于正常生产经营状态、有发展前景的被执行人企业，慎用查封、扣押、冻结等执行措施和罚款、拘留等强制措施，多做执行和解工作，争取申请执行人同意延缓被执行企业的履行期限，以维持企业正常运转，帮助困难企业渡过难关。

7. 对于被执行企业正在使用的厂房、机器设备等主要生产设施，慎用扣押、拍卖和变卖等执行措施。要及时组织当事人协商，争取使申请执行人同意通过生产设施抵押方式给被执行人企业以缓冲时间。确需查封相关生产设施的，可以采取查封措施，但应当允许被执行人使用，并加强对查封资产的监管。

8. 对于被执行人的企业资产进行处置时，综合平衡分割处置和整体处置企业资产的效果，最大限度地减少对企业整体生产经营的影响或者财产价值的贬损。

9. 对于已经控制的被执行企业资产，要选择适当的处置时机和处置方式，最大程度地实现执行财产的价值，避免因仓促、草率执行导致财产处置变现价值与实际价值产生重大悬殊，从而加重被执行人的负担，甚至损害其合法利益。

10. 对于被执行人为国有大中型企业、金融机构、上市公司或国有控股上市公司，对其资产采取强制执行措施可能导致其破产或影响社会稳定的，可主动与其国有资产管理部门、监管部门进行沟通协调，争取其通盘考虑，帮助企业解决债务问题，防止影响企业的平稳和长远发展。

三、服务社会民生持续改善

11. 高度关注中央和地方有关改善民生的决策部署，积极稳妥地处理好重大基础设施建设工程、旧区改造、市政动迁、违章拆除等涉及民生改善和社会发展的执行案件。

12. 对于公司清算、企业破产、裁员欠薪等引发的职工安置保障、劳动争议、讨要工资报酬以及追索赡养费、抚育费、扶养费等案件，进一步完善“绿色通道”，建立快速执行机制，优先执行。

13. 对于职工人数较多的企业，执行时尽量不要影响被执行人企业职工工资的发放以及社保、医保费用的交纳。因此而影响申请执行人职工工资发放和相关费用交纳的，要优先保障申请执行人企业职工利益。

14. 对于农村土地承包经营权纠纷、农村土地承包经营权流转纠纷等执行案件，要及时采取有效措施，依法维护农民权益，保护农业、农村发展。

四、维护社会和谐稳定

15. 建立重点案件排查机制。定期对可能影响社会稳定的案件进行排查，对矛盾有可能激化的案件，做到及时掌握，及时向当地党委、人大报告，及时与政府沟通情况，争取重视和支持，寻求有效的解决措施。

16. 建立异地执行预案机制。对于被执行人跨辖区的案件，必须认真做好执行预案，事先与当地法院取得联系。对于可能发生暴力抗法事件的，要及时发现苗头，妥善处理，把抗拒执行事件消灭在萌芽状态。

17. 建立群体性事件预警机制。对于短期内涉及同一企业的执行案件数量骤增现象及具有示范效应、可能引起批量案件的情况应当引起重视，及时发现“群访”苗头并梳理汇总，向党委政府报送预警信息。

18. 建立汇报沟通协调机制。对于执行工作中发现的影响区域经济发展的突出问题，及时向当地党委、人大报告，及时与政府沟通情况，积极争取党委的领导和政府的支持；对案件执行中需要相关部门做好配合工作的，要主动利用执行联动机制或执行联席会议制度，进行沟通协调，努力为案件执行创造有利条件。

19. 完善执行和解机制。通过多做双方当事人的执行和解与协调工作，既维护申请执行人的合法权益，也妥善关照、处理好被执行人的实际困难，提高执行工作的社会效果；既满足申请执行人的实现债权的执行诉求，又保障被执行人正常经营发展或者正常生活。

五、加大管理力度，强化监督指导

20. 建立业务指导制度。对直接涉及社会稳定、有影响的执行案件，要通过建立业务交流平台、召开业务交流会、发布典型案例等多种形式加强业务指导。

21. 建立系列案件执行统一协调机制。对于众多债权人集中向同一债务企业启动的系列执行案件，受理案件的不同地区、不同审级法院之间以及同一法院的不同部门之间要加强信息沟通，在上级法院的统一协调下执行。

22. 建立专项案件报告制度。下级法院在执行工作中对因金融危机引发的各类涉外、涉港澳台及其他敏感性、重大案件，要及时向上级法院报告。必要时，由上级法院提级执行或集中指定执行。

六、认真开展调查研究，积极做好法律服务

23. 加强对辖区企业状况的调研。通过召开企业及相关部门座谈会、走访企业等多种形式加强对辖区企业经营状况的调研，与基层社区管理部门保持密切联系，形成共同应对经济危机的联动机制。

24. 加强法律知识的宣传。采取剖析典型案例、提供法律咨询、开展业务培训等多种形式，广泛宣传法律知识，教育和引导各类市场主体增强风险防范意识，努力营造公平有序的社会主义市场经济秩序。

25. 加强法律适用疑难问题的研究。对因金融危机引发的各类执行问题，深入开展前瞻性研究，及时总结经验，提出相应的对策。

26. 加强司法建议工作。及时收集执行实践中遇到的法律适用疑难问题及与金融危机密切相关的新类型、疑难及敏感案件，及时向有关部门提出应对措施和建议，帮助有关部门和企业堵塞管理漏洞。

最高人民法院
印发《关于进一步加强和规范执行工作的若干意见》的通知

（2009 年 7 月 17 日　法发〔2009〕43 号）

各省、自治区、直辖市高级人民法院，解放军军事法院，新疆维吾尔自治区高级人民法院生产建设兵团分院：

现将最高人民法院《关于进一步加强和规范执行工作的若干意见》印发给你们，请结合工作实际，认真贯彻落实。

附：

关于进一步加强和规范执行工作的若干意见

近年来，在各级党委领导、人大监督、政府支持下，人民法院不断推进执行体制和机制改革，健全执行工作长效机制，组织开展集中清理执行积案活动，有力保障了人民群众的合法权益，维护了社会公平正义，促进了社会和谐稳定。但是执行难问题并未从根本上得到解决，执行工作规范化水平仍需进一步提高，执行的力度和时效性有待进一步加强。为此，各级人民法院要进一步贯彻落实科学发展观和中央一系列文件精神，以解决执行难为重点，切实改进和完善执行工作体制机制，着力推进执行工作长效机制建设，全面提升执行工作规范化水平。

一、进一步加大执行工作力度

（一）建立执行快速反应机制

要努力提高执行工作的快速反应能力，加强与公安、检察等部门的联系，及时处理执行线索和突发事件。高、中级人民法院应当成立执行指挥中心，组建快速反应力量。有条件的基层人民法院根据工作需要也可以成立执行指挥中心。指挥中心负责人由院长或其授权的副院长担任，执行局长具体负责组织实施。为了便于与纪检、公安、检察等有关部门的协调，统一调用各类司法资源，符合条件的执行局长可任命为党组成员。指挥中心办事机构设在执行局，并开通24小时值班电话。快速反应力量由辖区法院的执行人员、司法警察等人员组成，下设快速反应执行小组，根据指挥中心的指令迅速采取执行行动。

（二）完善立审执协调配合机制

加强立案、审判和执行三个环节的协作配合，形成法院内部解决执行难的合力。立案阶段要加强诉讼指导、法律释明、风险告知和审前和解，尤其是对符合法定条件的案件依法及时采取诉前财产保全措施。审判阶段对符合条件的案件要依法及时采取诉讼保全和先予执行措施；要大力推进诉讼调解，提高调解案件的当庭履行率和自觉履行率；要增强裁判文书的说理性，强化判后答疑制度，促使当事人服判息诉，案结事了；要努力提高裁判文书质量，增强说理性，对双方的权利义务要表述准确、清晰，并充分考虑判项的可执行性。

（三）建立有效的执行信访处理机制

各级人民法院要设立专门的执行申诉处理机构，负责执行申诉信访的审查和督办，在理顺与立案庭等部门职能分工的基础上，探索建立四级法院上下一体的执行信访审查处理机制。上级法院要建立辖区法院执行信访案件挂牌督办制度，在人民法院网上设置专页，逐案登记，加强督办，分类办结后销号。进一步规范执行信访案件的办理流程，畅通民意沟通途径，对重大、复杂信访案件一律实行公开听证。要重视初信初访，从基层抓起，从源头抓起。要加强与有关部门的协作配合，充分发挥党委领导下的信访终结机制的作用。加大信访案件督办力度，落实领导包案制度，开展执行信访情况排名通报。完善执行信访工作的考评机制，信访责任追究和责任倒查机制。

（四）强化执行宣传工作

各级人民法院要加强同党委宣传部门的联系，将执行工作作为法制宣传工作的重要内容，制定执行工作宣传的整体规划，提高全社会的法制意识和风险意识。要与广播、报纸、电视、网络等媒体建立稳定的合作关系，采取召开新闻发布会、专题报道、跟踪报道、现场采访、设置专栏等方式，开展执行法规政策讲解、重大执行活动报道、典型案例通报、被执行人逃避、规避或抗拒执行行为的曝光等宣传活动。要高度重视民意沟通工作，通过进农村、进社区、进企业等多种形式，广泛深入地了解人民群众和社会各界对执行工作的意见和建议，把合理的社情民意转化为改进工作的具体措施，提高执行工作水平。

二、加快执行工作长效机制建设

（一）建立执行工作联席会议制度

各级人民法院要在各级党委的领导下，充分发挥执行工作联席会议制度的作用，组织排查和清理阻碍执行的地方性规定和文件，解决执行工作中遇到的突出困难和法院自身难以解决的问题，督促查处党政部门、领导干部非法干预执行或特殊主体阻碍、抗拒执行的违法违纪行为，协调处理可能影响社会稳定的重大突发事件或暴力抗法事件、重大执行信访案件；组织集中清理执行积案活动，对各类重点执行案件实行挂牌督办；对政府机关、国有企业等特殊主体案件，研究解决办法。重大执行事项经联席会讨论作出决定或形成会议纪要后，交由相关部门负责落实，落实情况纳入综合治理考核范围。

（二）加快执行联动威慑机制建设

各级人民法院要努力争取党委的支持，动员全社会的力量共同解决执行难问题。要在制度上明确与执行工作相关的党政管理部门，包括纪检监察、组织人事、新闻宣传、综合治理、检察、公安、政府法制、财政、民政、发展和改革、司法行政、国土资源管理、住房和城乡建设管理、人民银行、银行业监管、税务、工商行政管理和证券监管等部门在执行工作中的具体职责，积极协助人民法院开展有关工作。要建设好全国法院执行案件信息管理系统，积极参与社会信用体系建设，实现执行案件信息与其他部门信用信息的共享，并通过信用惩戒手段促使债务人自动履行义务。

（三）实施严格的执行工作考评机制

要完善和细化现有的执行工作考核体系，科学设定执行标的到位率、执行申诉率、执行结案率、执行结案合格率、自行履行率等指标，合理分配考核分值，建立规范有效的考核评价机制。考核由各级人民法院在辖区范围内定期、统一进行，考核结果实行公开排位，并建立末位情况分析制、报告制以及责任追究制。实行执行案件质量评查和超期限分析制度，将执行案件的质量和效率纳入质效管理部门的监管范围。各级人民法院要建立执行人员考评机制，建立质效档案，并将其作为考评定级、提职提级、评优评先的重要依据。要规定科学的结案标准，建立严格的无财产案件的程序终结制度，并作结案统计。建立上级法院执行局和本院质效管理部门对执行错案和瑕疵案件的分析和责任倒查制度。上级法院撤销或改变下级法院裁定或决定时，要附带对案件进行责任分析。本院质效管理部门发现执行案件存在问题的，也要进行责任分析。

三、继续推进执行改革

（一）优化执行职权配置

一是进一步完善高级人民法院执行机构统一管理、统一协调的执行工作管理机制，中级人民法院（直辖市除外）对所辖地区执行工作实行统一管理、统一协调。进一步推进“管案、管事、管人”相结合的管理模式。二是实行案件执行重心下移，最高人民法院和高级人民法院作为执行工作统一管理、统一协调的机构，原则上不执行具体案件，案件主要由中级人民法院和基层人民法院执行，也可以指定专门法院执行某些特定案件，以排除不当干预。三是科学界定执行审查权和执行实施权，并分别由不同的内设机构或者人员行使。将财产调查、控制、处分及交付和分配、采取罚款、拘留强制措施等事项交由实施机构办理，对各类执行异议、复议、案外人异议及变更执行法院的申请等事项交由审查机构办理。四是实行科学的执行案件流程管理，打破一个人负责到底的传统执行模式，积极探索建立分段集约执行的工作机制。指定专人负责统一调查、控制和处分被执行财产，以提高执行效率。要实施以节点控制为特征的流程管理制度，充分发挥合议庭和审判长（执行长）联席会议在审查、评议并提出执行方案方面的作用。

（二）统一执行机构设置

各级人民法院统一设立执行局，并统一执行局内设机构及职能。高级人民法院设立复议监督、协调指导、申诉审查以及综合管理机构，中级人民法院和基层人民法院设执行实施、执行审查、申诉审查和综合管理机构。复议监督机构负责执行案件的监督，并办理异议复议、申请变更执行法院和执行监督案件；协调指导机构负责跨辖区委托执行案件和异地执行案件的协调和管理，办理执行请示案件以及负责与同级政府有关部门的协调；申诉审查机构负责执行申诉信访案件的审查和督办等事项；综合管理机构负责辖区执行工作的管理部署、巡视督查、评估考核、起草规范性文件、调研统计等各类综合性事项。

（三）合理确定执行机构与其他部门的职责分工

要理顺执行机构与法院其他相关部门的职责分工，推进执行工作专业化和执行队伍职业化建设。实行严格的归口管理，明确行政非诉案件和行政诉讼案件的执行，财产保全、先予执行、财产刑等统一由执行机构负责实施。加强和规范司法警察参与执行工作。基层人民法院审判监督庭和高、中级人民法院的质效管理部门承担执行工作质量监督、瑕疵案件责任分析等职能。

四、强化执行监督制约机制

各级人民法院要把强化执行监督制约机制作为长效机制建设的重要内容，切实抓紧抓好。一是按照分权制衡的原则对执行权进行科学配置。区分执行审查权和执行实施权，分别由不同的内设机构或者人员行使，使各项权能之间相互制约、相互监督，保证执行权的正当行使。二是对执行实施的重点环节和关键节点进行风险防范。除编制很少的地区外，应当对执行实施权再行分解，总结出重点环节和关键节点，划分为若干阶段，由不同组织或人员负责，加强相互监督和制约，以此强化对执行工作的动态管理，防止执行权的滥用。三是加大上级法院对下级法院的监督力度。认真实施、严格落实修改后的民事诉讼法，通过办理执行异议、执行复议和案外人异议案件，以及上级法院提级执行、指定执行、交叉执行等途径，纠正违法执行和消极执行行为，加强对执行权行使的监督。四是进一步实行执行公开，自觉接受执行各方当事人的监督。建立执行立案阶段发放廉政监督卡或者执行监督卡、送达执行文书时公布或告知举报电话、当事人正当参与执行等制度。要抓好执行公开制度的贯彻落实，利用信息化手段和网络增强执行工作透明度，严禁暗箱操作，切实保障当事人的知情权、参与权、监督权，预防徇私枉法、权钱交易、违法干预办案等问题的发生，确保执行公正。五是拓宽监督渠道，主动接受社会各界对执行工作的监督。完善党委、人大、舆论等各类监督机制，探索人民陪审员和执行监督员参与执行工作的办法和途径，提高执行的公信力。

五、进一步加强执行队伍建设

各级人民法院要高度重视执行队伍建设。要加强对各级人民法院执行局负责人和执行人员的培训，开展执行人员与各业务部门审判人员的定期交流。要突出加强执行队伍廉政建设，逐步在执行机构配备廉政监察员，加大执行中容易产生腐败的重点环节的监督力度；加强对执行人员的职业道德教育、权力观教育和警示教育；规范执行人员与当事人、律师的交往，细化岗位职责，强化工作管理措施，化解廉政风险；建立顺畅的举报、检举、控告渠道和强有力的违法违纪行为的查纠机制，确保“五个严禁”在执行工作中得到全面贯彻。要根据执行工作的实际需要，配齐配强执行人员，确保实现中发〔1999〕11号文件规定的执行人员比例不少于全体干警现有编制总数15%的要求，确保执行人员的文化程度不低于所在法院人员的平均水平。要尽快制定下发《人民法院执行员条例》，对执行员的任职条件、任免程序、工作职责、考核培训等内容作出规定，努力建设一支公正、高效、廉洁、文明的执行队伍。

最高人民法院
印发《关于人民法院预防和处理执行突发事件的若干规定（试行）》的通知

（2009年9月22日　法发〔2009〕50号）

各省、自治区、直辖市高级人民法院，解放军军事法院，新疆维吾尔自治区高级人民法院生产建设兵团分院：

现将最高人民法院《关于人民法院预防和处理执行突发事件的若干规定》（试行）印发给你们，请结合各地实际，贯彻执行。

附：

关于人民法院预防和处理执行突发事件的若干规定（试行）

为预防和减少执行突发事件的发生，控制、减轻和消除执行突发事件引起的社会危害，规范执行突发事件应急处理工作，保护执行人员及其他人员的人身财产安全，维护社会稳定，根据《中华人民共和国民事诉讼法》、《中华人民共和国突发事件应对法》等有关法律规定，结合执行工作实际，制定本规定。

第一条　本规定所称执行突发事件，是指在执行工作中突然发生，造成或可能危及执行人员及其他人员人身财产安全，严重干扰执行工作秩序，需要采取应急处理措施予以应对的群体上访、当事人自残、群众围堵执行现场、以暴力或暴力相威胁抗拒执行等事件。

第二条　按照危害程度、影响范围等因素，执行突发事件分为特别重大、重大、较大和一般四级。

特别重大的执行突发事件是指严重影响社会稳定、造成人员死亡或3人以上伤残的事件。

除特别重大执行突发事件外，分级标准由各高级人民法院根据辖区实际自行制定。

第三条　高级人民法院应当加强对辖区法院执行突发事件应急处理工作的指导。

执行突发事件的应急处理工作由执行法院或办理法院负责。各级人民法院应当成立由院领导负责的应急处理工作机构，并建立相关工作机制。

异地执行发生突发事件时，发生地法院必须协助执行法院做好现场应急处理工作。

第四条　执行突发事件应对工作实行预防为主、预防与应急处理相结合的原则。执行突发事件应急处理坚持人身安全至上、社会稳定为重的原则。

第五条　各级人民法院应当制定执行突发事件应急处理预案。执行应急处理预案包括组织与指挥、处理原则与程序、预防和化解、应急处理措施、事后调查与报告、装备及人员保障等内容。

第六条　执行突发事件实行事前、事中和事后全程报告制度。执行人员应当及时将有关情况报告本院执行应急处理工作机构。

异地执行发生突发事件的，发生地法院应当及时将有关情况报告当地党委、政府。

第七条 各级人民法院应当定期对执行应急处理人员和执行人员进行执行突发事件应急处理有关知识培训。

第八条 执行人员办理案件时，应当认真研究全案执行策略，讲究执行艺术和执行方法，积极做好执行和解工作，从源头上预防执行突发事件的发生。

第九条 执行人员应当强化程序公正意识，严格按照法定执行程序采取强制执行措施，规范执行行为，防止激化矛盾引发执行突发事件。

第十条 执行人员必须严格遵守执行工作纪律有关规定，廉洁自律，防止诱发执行突发事件。

第十一条 执行人员应当认真做好强制执行准备工作，制定有针对性的执行方案。执行人员在采取强制措施前，应当全面收集并研究被执行人的相关信息，结合执行现场的社会情况，对发生执行突发事件的可能性进行分析，并研究相关应急化解措施。

第十二条 执行人员在执行过程中，发现有执行突发事件苗头，应当及时向执行突发事件应急处理工作机构报告。执行法院必须启动应急处理预案，采取有效措施全力化解执行突发事件危机。

第十三条 异地执行时，执行人员请求当地法院协助的，当地法院必须安排专人负责和协调，并做好应急准备。

第十四条 发生下列情形，必须启动执行突发事件应急处理预案：

（一）涉执上访人员在15人以上的；

（二）涉执上访人员有无理取闹、缠诉领导、冲击机关等严重影响国家机关办公秩序行为的；

（三）涉执上访人员有自残行为的；

（四）当事人及相关人员携带易燃、易爆物品及管制刀具等凶器上访的；

（五）当事人及相关人员聚众围堵，可能导致执行现场失控的；

（六）当事人及相关人员在执行现场使用暴力或以暴力相威胁抗拒执行的；

（七）其他严重影响社会稳定或危害执行人员安全的。

第十五条 执行突发事件发生后，执行人员应当立即报告执行突发事件应急处理工作机构。应急处理工作机构负责人应当迅速启动应急处理机制，采取有效措施防止事态恶性发展。同时协调公安机关及时出警控制现场，并将有关情况报告党委、政府。

第十六条 执行突发事件造成人伤亡或财产损失的，执行应急处理人员应当及时协调公安、卫生、消防等部门组织力量进行抢救，全力减轻损害和减少损失。

第十七条　对继续采取执行措施可能导致现场失控、激发暴力事件、危及人身安全的，执行人员应当立即停止执行措施，及时撤离执行现场。

第十八条　异地执行发生执行突发事件的，执行人员应当在第一时间将有关情况通报发生地法院，发生地法院应当积极协助组织开展应急处理工作。发生地法院必须立即派员赶赴现场，同时报告当地党委和政府，协调公安等有关部门出警控制现场，采取有效措施进行控制，防止事态恶化。

第十九条　执行突发事件发生后，执行法院必须就该事件进行专项调查，形成书面报告材料，在5个工作日内逐级上报至高级人民法院。对特别重大执行突发事件，高级人民法院应当立即组织调查，并在3个工作日内书面报告最高人民法院。

第二十条　执行突发事件调查报告应包括以下内容：

（一）事件发生的时间、地点和经过；

（二）事件后果及人员伤亡、财产损失；

（三）与事件相关的案件；

（四）有关法院采取的预防和处理措施；

（五）事件原因分析及经验、教训总结；

（六）事件责任认定及处理；

（七）其他需要报告的事项。

第二十一条　执行突发事件系由执行人员过错引发，或执行应急处理不当加重事件后果，或事后瞒报、谎报、缓报的，必须按照有关纪律处分办法追究相关人员责任。

第二十二条　对当事人及相关人员在执行突发事件中违法犯罪行为，有关法院应当协调公安、检察和纪检监察等有关部门，依法依纪予以严肃查处。

第二十三条　本规定自2009年10月1日起施行。

最高人民法院
关于严禁在对外委托鉴定、评估、审计、拍卖等活动中收取中介机构佣金的通知

（2009年10月28日　法〔2009〕368号）

各省、自治区、直辖市高级人民法院，新疆维吾尔自治区高级人民法院生产建设兵团分院：

今年10月23日，《中国青年报》及中青在线刊登报道《台州法院执行案件与拍卖行四六分成》，随后该报道被多家网站转载。该报道反映了个别法院曾经存在违规收取中介机构佣金的问题。为此，各级人民法院务必高度重视，切实加强对委托鉴定、评估、审计、拍卖等工作的管理。现将有关要求重申如下：

一、各级人民法院要严格对外委托的工作程序和制度，人民法院对外委托鉴定、评估、审计、拍卖等工作必须由法院司法技术辅助工作机构按有关规定统一办理。审判、执行等业务部门不得擅自进行对外委托工作，严禁法院任何部门以任何理由向中介机构收取佣金，并应当尽可能降低当事人的诉讼成本。

二、各级人民法院要对近年来受理的委托鉴定、评估、审计、拍卖案件有重点地进行清理和评查。对执行评估拍卖以及涉及的财务账目进行核查；对是否依法委托、是否收取中介机构佣金等问题进行全面检查，对执行或拍卖程序有瑕疵的，要依法及时纠正。

三、上级法院要切实加强对下级法院监督指导的力度，特别是要发挥纪检监察部门在对外委托鉴定、评估、审计、拍卖等工作中的监督职能，对发现的涉及违纪违法问题，要依照有关规定严肃查处。

请各高级人民法院将本通知立即转发至辖区内各级人民法院遵照执行。

中央纪律检查委员会　中央组织部　中央宣传部等
关于印发《关于建立和完善执行联动机制若干问题的意见》的通知

（2010年7月7日　法发〔2010〕15号）

各省、自治区、直辖市纪律检查委员会、党委组织部、党委宣传部、社会治安综合治理委员会办公室、高级人民法院、人民检察院、发展和改革委员会、公安厅（局）、监察厅（局）、民政厅（局）、司法厅（局）、国土资源厅（国土环境资源局、国土资源局、国土资源和房屋管理局、规划和国土资源局）、建设厅（委）及有关部门、国家税务局、地方税务局、工商行政管理局、人民政府法制办、银监局、证监局，计划单列市国家税务局、地方税务局、证监局，中国人民银行上海总部、各分行、营业管理部、各省会（首府）城市中心支行、大连、青岛、宁波、厦门、深圳中心支行，新疆生产建设兵团各相关单位：

现将《关于建立和完善执行联动机制若干问题的意见》予以印发，请认真贯彻执行。

附：

关于建立和完善执行联动机制若干问题的意见

为深入贯彻落实中央关于解决执行难问题的指示精神，形成党委领导、人大监督、政府支持、社会各界协作配合的执行工作新格局，建立健全解决执行难问题长效机制，确保生效法律文书得到有效执行，切实维护公民、法人和其他组织的合法权益，维护法律权威和尊严，推进社会诚信体系建设，依据有关法律、政策规定，现就建立和完善执行联动机制提出以下意见：

第一条　纪检监察机关对人民法院移送的在执行工作中发现的党员、行政监察对象妨碍人民法院执行工作和违反规定干预人民法院执行工作的违法违纪线索，应当及时组织核查；必要时，应当立案调查。对于党员、行政监察对象妨碍人民法院执行工作或者违反规定干预人民法院执行工作，以及拒不履行生效法律文书确定义务的，应当依法依纪追究党纪政纪责任。

第二条 组织人事部门应当通过群众信访举报、干部考察考核等多种途径，及时了解和掌握党员、公务员拒不履行生效法律文书以及非法干预、妨害执行等情况，对有上述问题的党员、公务员，通过诫勉谈话、函询等形式，督促其及时改正。对拒不履行生效法律文书、非法干预或妨碍执行的党员、公务员，按照《中国共产党纪律处分条例》和《行政机关公务员处分条例》等有关规定处理。

第三条 新闻宣传部门应当加强对人民法院执行工作的宣传，教育引导社会各界树立诚信意识，形成自觉履行生效法律文书确定的义务、依法协助人民法院执行的良好风尚；把握正确的舆论导向，增强市场主体的风险意识。配合人民法院建立被执行人公示制度，及时将人民法院委托公布的被执行人名单以及其他干扰、阻碍执行的行为予以曝光。

第四条 综合治理部门应当将当地党委、人大、政府、政协重视和支持人民法院执行工作情况、被执行人特别是特殊主体履行债务情况、有关部门依法协助执行的情况、执行救助基金的落实情况等，纳入社会治安综合治理目标责任考核范围。建立健全基层协助执行网络，充分发挥基层组织的作用，配合人民法院做好执行工作。

第五条 检察机关应当对拒不执行法院判决、裁定以及其他妨害执行构成犯罪的人员，及时依法从严进行追诉；依法查处执行工作中出现的渎职侵权、贪污受贿等职务犯罪案件。

第六条 公安机关应当依法严厉打击拒不执行法院判决、裁定和其他妨害执行的违法犯罪行为；对以暴力、威胁方法妨害或者抗拒执行的行为，在接到人民法院通报后立即出警，依法处置。协助人民法院查询被执行人户籍信息、下落，在履行职责过程中发现人民法院需要拘留、拘传的被执行人的，及时向人民法院通报情况；对人民法院在执行中决定拘留的人员，及时予以收押。协助限制被执行人出境；协助人民法院办理车辆查封、扣押和转移登记等手续；发现被执行人车辆等财产时，及时将有关信息通知负责执行的人民法院。

第七条 政府法制部门应当依法履行备案审查监督职责，加强备案审查工作，对报送备案的规章和有关政府机关发布的具有普遍约束力的行政决定、命令，发现有超越权限、违反上位法规定、违反法定程序、规定不适当等情形，不利于人民法院开展执行工作的，应当依照《法规规章备案条例》等规定予以处理。

第八条 民政部门应当对生活特别困难的申请执行人，按照有关规定及时做好救助工作。

第九条　发展和改革部门应当协助人民法院依法查询被执行人有关工程项目的立项情况及相关资料；对被执行人正在申请办理的投资项目审批、核准和备案手续，协调有关部门和地方，依法协助人民法院停止办理相关手续。

第十条　司法行政部门应当加强法制宣传教育，提高人民群众的法律意识，提高债务人主动履行生效法律文书的自觉性。对各级领导干部加强依法支持人民法院执行工作的观念教育，克服地方和部门保护主义思想。对监狱、劳教单位作为被执行人的案件，督促被执行人及时履行。指导律师、公证人员和基层法律服务工作者做好当事人工作，积极履行生效法律文书确定的义务。监狱、劳教所、强制隔离戒毒所对服刑、劳教人员和强制隔离戒毒人员作为被执行人的案件，积极协助人民法院依法执行。

第十一条　国土资源管理部门应当协助人民法院及时查询有关土地使用权、探矿权、采矿权及相关权属等登记情况，协助人民法院及时办理土地使用权、探矿权、采矿权等的查封、预查封和轮候查封登记，并将有关情况及时告知人民法院。被执行人正在办理土地使用权、采矿权、探矿权等权属变更登记手续的，根据人民法院协助执行通知书的要求，停止办理相关手续。债权人持生效法律文书申请办理土地使用权变更登记的，依法予以办理。

第十二条　住房和城乡建设管理部门应当协助人民法院及时查询有关房屋权属登记、变更、抵押等情况，协助人民法院及时办理房屋查封、预查封和轮候查封及转移登记手续，并将有关情况及时告知人民法院。被执行人正在办理房屋所有权转移登记等手续的，根据人民法院协助执行通知书的要求，停止办理相关手续。轮候查封的人民法院违法要求协助办理房屋登记手续的，依法不予办理。债权人持生效法律文书申请办理房屋转移登记手续的，依法予以办理。协助人民法院查询有关工程项目的规划审批情况，向人民法院提供必要的经批准的规划文件和规划图纸等资料。被执行人正在申请办理涉案项目规划审批手续的，根据人民法院协助执行通知书的要求，停止办理相关手续。将房地产、建筑企业不依法履行生效法律文书义务的情况，记入房地产和建筑市场信用档案，向社会披露有关信息。对拖欠房屋拆迁补偿安置资金的被执行人，依法采取制裁措施。

第十三条　人民银行应当协助人民法院查询人民币银行结算账户管理系统中被执行人的账户信息；将人民法院提供的被执行人不履行法律文书确定义务的情况纳入企业和个人信用信息基础数据库。

第十四条　银行业监管部门应当监督银行业金融机构积极协助人民法院查询被执行人的开户、存款情况，依法及时办理存款的冻结、轮候冻结和扣划等事宜。对金融机构拒不履行生效法律文书、拒不协助人民法院执行的行为，依法追究有关人员的责任。制定金融机构对被执行人申请贷款进行必要限制的规定，要求金融机构发放贷款时应当查询企业和个人信用信息基础数据库，并将被执行人履行生效法律文书确定义务的情况作为审批贷款时的考量因素。对拒不履行生效法律文书义务的被执行人，涉及金融债权的，可以采取不开新户、不发放新贷款、不办理对外支付等制裁措施。

第十五条 证券监管部门应当监督证券登记结算机构、证券、期货经营机构依法协助人民法院查询、冻结、扣划证券和证券交易结算资金。督促作为被执行人的证券公司自觉履行生效裁判文书确定的义务；对证券登记结算机构、证券公司拒不履行生效法律文书确定义务、拒不协助人民法院执行的行为，督促有关部门依法追究有关负责人和直接责任人员的责任。

第十六条 税务机关应当依法协助人民法院调查被执行人的财产情况，提供被执行人的纳税情况等相关信息；根据人民法院协助执行通知书的要求，提供被执行人的退税账户、退税金额及退税时间等情况。被执行人不缴、少缴税款的，请求法院依照法定清偿顺序追缴税款，并按照税款预算级次上缴国库。

第十七条 工商行政管理部门应当协助人民法院查询有关企业的设立、变更、注销登记等情况；依照有关规定，协助人民法院办理被执行人持有的有限责任公司股权的冻结、转让登记手续。对申请注销登记的企业，严格执行清算制度，防止被执行人转移财产，逃避执行。逐步将不依法履行生效法律文书确定义务的被执行人录入企业信用分类监管系统。

第十八条 人民法院应当将执行案件的有关信息及时、全面、准确地录入执行案件信息管理系统，并与有关部门的信息系统实现链接，为执行联动机制的顺利运行提供基础数据信息。

第十九条 人民法院认为有必要对被执行人采取执行联动措施的，应当制作协助执行通知书或司法建议函等法律文书，并送达有关部门。

第二十条 有关部门收到协助执行通知书或司法建议函后，应当在法定职责范围内协助采取执行联动措施。有关协助执行部门不应对生效法律文书和协助执行通知书、司法建议函等进行实体审查。对人民法院请求采取的执行联动措施有异议的，可以向人民法院提出审查建议，但不应当拒绝采取相应措施。

第二十一条 被执行人依法履行了生效法律文书确定的义务或者申请执行人同意解除执行联动措施的，人民法院经审查，认为符合有关规定的，应当解除相应措施。被执行人提供担保请求解除执行联动措施的，由人民法院审查决定。

第二十二条 为保障执行联动机制的建立和有效运行，成立执行联动机制工作领导小组，成员单位有中央纪律检查委员会、中央组织部、中央宣传部、中央政法委员会、中央社会治安综合治理委员会办公室、最高人民法院、最高人民检察院、国家发展和改革委员会、公安部、监察部、民政部、司法部、国土资源部、住房和城乡建设部、中国人民银行、国家税务总局、国家工商行政管理总局、国务院法制办公室、中国银监会、中国证监会等有关部门。领导小组下设办公室，具体负责执行联动机制建立和运行中的组织、协调、督促、指导等工作。

各成员单位确定一名联络员，负责执行联动机制运行中的联络工作。

各地应成立相应的执行联动机制工作领导小组及办公室。

第二十三条 执行联动机制工作领导小组由各级政法委员会牵头，定期、不定期召开会议，通报情况，研究解决执行联动机制运行中出现的问题，确保执行联动机制顺利运行。

第二十四条 有关单位不依照本意见履行职责的，人民法院可以向监察机关或其他有关机关提出相应的司法建议，或者报请执行联动机制领导小组协调解决，或者依照《中华人民共和国民事诉讼法》第一百零三条的规定处理。

第二十五条 为确保本意见贯彻执行，必要时，人民法院可以会同有关部门制定具体的实施细则。

最高人民法院　中国人民银行
关于人民法院查询和人民银行协助查询被执行人人民币银行结算账户开户银行名称的联合通知

（2010年7月14日　法发〔2010〕27号）

各省、自治区、直辖市高级人民法院，解放军军事法院，新疆维吾尔自治区高级人民法院生产建设兵团分院，中国人民银行上海总部，各分行、营业管理部、省会（首府）城市中心支行，深圳市中心支行：

为维护债权人合法权益和国家司法权威，根据《中华人民共和国民事诉讼法》、《中华人民共和国中国人民银行法》等法律，现就人民法院通过人民币银行结算账户管理系统查询被执行人银行结算账户开户银行名称的有关事项通知如下：

一、人民法院查询对象限于生效法律文书所确定的被执行人，包括法人、其他组织及自然人。

二、人民法院需要查询被执行人银行结算账户开户银行名称的，人民银行上海总部，被执行人注册地（身份证发证机关所在地）所在省（自治区、直辖市）人民银行各分行、营业管理部、省会（首府）城市中心支行及深圳市中心支行应当予以查询。

三、人民法院查询被执行人银行结算账户开户银行名称的，由被执行人注册地（身份证发证机关所在地）所在省（自治区、直辖市）高级人民法院（另含深圳市中级人民法院）统一集中批量办理。

四、高级人民法院（另含深圳市中级人民法院）审核汇总有关查询申请后，应当就协助查询被执行人名称（姓名、身份证号码）、注册地（身份证发证机关所在地）、执行法院、执行案号等事项填写《协助查询书》（见附件 1），加盖高级人民法院（另含深圳市中级人民法院）公章后于每周一上午（节假日顺延）安排专人向所在地人民银行上述机构送交《协助查询书》（并附协助查询书的电子版光盘）。

五、人民银行上述机构接到高级人民法院（另含深圳市中级人民法院）送达的《协助查询书》后，应当核查《协助查询书》的要素是否完备。经核查无误的，在 5 个工作日内通过人民币银行结算账户管理系统查询被执行人的银行结算账户开户行名称，根据查询结果如实填写《协助查询答复书》（见附件 2），并加盖人民银行公章或协助查询专用章。经核查《协助查询书》要素不完备的，人民银行上述机构不予查询，并及时通知相关人民法院。

六、被执行人的人民币银行结算账户开户银行名称由银行业金融机构向人民银行报备，人民银行只对银行业金融机构报备的被执行人的人民币银行结算账户开户银行名称进行汇总，不负责审查其真实性和准确性。

七、人民法院应当依法使用人民银行上述机构提供的被执行人银行结算账户开户银行名称信息，为当事人保守秘密。

人民银行上述机构及其工作人员在协助查询过程中应当保守查询秘密，不得向被查询当事人及其关联人泄露与查询有关的信息。

八、人民银行上述机构因按本通知协助人民法院查询被执行人银行结算账户开户银行名称而被起诉的，人民法院应不予受理。

九、人民法院对人民银行上述机构及工作人员执行本通知规定，或依法执行公务的行为，不应采取强制措施。如发生争议，高级人民法院（另含深圳市中级人民法院）与人民银行上述机构应当协商解决；协商不成的，应及时报请最高人民法院和中国人民银行处理。

十、本通知自下发之日起正式施行，原下发的《最高人民法院　中国人民银行关于在全国清理执行积案期间人民法院查询法人被执行人人民币银行结算账户开户银行名称的通知》(法发〔2009〕5号）同时废止。

附：1. 协助查询书

2. 协助查询答复书

附件1：

××××高级人民法院（或深圳市中级人民法院）协助查询书

（××××）执查银字第××号

中国人民银行________________：

根据有关案件执行法院的查询申请，现向你单位查询____个被执行人（其中法人和其他组织____个，自然人____个）的人民币银行结算账户开户银行名称（查询清单附后），请予协助查询为盼。

（高级人民法院或深圳市中级人民法院章）

××××年××月××日

单位被执行人查询清单：

序号	单位名称	注册地名称（具体到区县级）	执行法院名称	执行案号

自然人被执行人查询清单：

序号	姓名	身份证号码	发证机关所在名称（具体到区县级）	执行法院名称	执行案号

经办人签章：

××××年××月××日

附件 2：

协助查询答复书

编号：　　年第　　号

××××高级人民法院（或深圳市中级人民法院）：

根据贵院《协助查询书》（文号：　　　　）的要求，我行通过人民币银行结算账户管理系统对被执行人的银行结算账户开户银行名称进行了查询，现将截至　年　月　日的查询结果提供给贵单位。查询结果详见《协助查询被执行人银行结算账户开户银行名称清单》。

该查询结果仅供参考，请有关法院依法使用。

（人民银行公章或协助查询专用章）

年　月　日

查询结果

单位被执行人

序号	单位名称	注册地名称	执行法院名称	执行案号	查询结果

自然人被执行人

序号	姓名	身份证号码	执行法院名称	执行案号	查询结果

经办人签章：

××××年××月××日

填表说明：

1. 如在人民币银行结算账户管理系统中查询到被执行人银行结算账户开户银行名称的，“查询结果”栏填写“有”；如未查询到被执行人银行结算账户开户银行名称的，“查询结果”栏填写“无”；如因协助查询要素不全而导致无法查询的，“查询结果”栏填写具体原因。

2. 本答复书一式两联，一联送高级人民法院留存，一联由中国人民银行上海总部，各分行、营业管理部、省会（首府）城市中心及深圳市中心支行留存。

最高人民法院
印发《关于依法制裁规避执行行为的若干意见》的通知

（2011 年 5 月 27 日　法〔2011〕195 号）

各省、自治区、直辖市高级人民法院，解放军军事法院，新疆维吾尔自治区高级人民法院生产建设兵团分院：

现将《关于依法制裁规避执行行为的若干意见》印发给你们，请认真贯彻执行。

附：

关于依法制裁规避执行行为的若干意见

为了最大限度地实现生效法律文书确认的债权，提高执行效率，强化执行效果，维护司法权威，现就依法制裁规避执行行为提出以下意见：

一、强化财产报告和财产调查，多渠道查明被执行人财产

1. 严格落实财产报告制度。对于被执行人未按执行通知履行法律文书确定义务的，执行法院应当要求被执行人限期如实报告财产，并告知拒绝报告或者虚假报告的法律后果。对于被执行人暂时无财产可供执行的，可以要求被执行人定期报告。

2. 强化申请执行人提供财产线索的责任。各地法院可以根据案件的实际情况，要求申请执行人提供被执行人的财产状况或者财产线索，并告知不能提供的风险。各地法院也可根据本地的实际情况，探索尝试以调查令、委托调查函等方式赋予代理律师法律规定范围内的财产调查权。

3. 加强人民法院依职权调查财产的力度。各地法院要充分发挥执行联动机制的作用，完善与金融、房地产管理、国土资源、车辆管理、工商管理等各有关单位的财产查控网络，细化协助配合措施，进一步拓宽财产调查渠道，简化财产调查手续，提高财产调查效率。

4. 适当运用审计方法调查被执行人财产。被执行人未履行法律文书确定的义务，且有转移隐匿处分财产、投资开设分支机构、入股其他企业或者抽逃注册资金等情形的，执行法院可以根据申请执行人的申请委托中介机构对被执行人进行审计。审计费用由申请执行人垫付，被执行人确有转移隐匿处分财产等情形的，实际执行到位后由被执行人承担。

5. 建立财产举报机制。执行法院可以依据申请执行人的悬赏执行申请，向社会发布举报被执行人财产线索的悬赏公告。举报人提供的财产线索经查证属实并实际执行到位的，可按申请执行人承诺的标准或者比例奖励举报人。奖励资金由申请执行人承担。

二、强化财产保全措施，加大对保全财产和担保财产的执行力度

6. 加大对当事人的风险提示。各地法院在立案和审判阶段，要通过法律释明向当事人提示诉讼和执行风险，强化当事人的风险防范意识，引导债权人及时申请财产保全，有效防止债务人在执行程序开始前转移财产。

7. 加大财产保全力度。各地法院要加强立案、审判和执行环节在财产保全方面的协调配合，加大依法进行财产保全的力度，强化审判与执行在财产保全方面的衔接，降低债务人或者被执行人隐匿、转移财产的风险。

8. 对保全财产和担保财产及时采取执行措施。进入执行程序后，各地法院要加大对保全财产和担保财产的执行力度，对当事人、担保人或者第三人提出的异议要及时进行审查，审查期间应当依法对相应财产采取控制性措施，驳回异议后应当加大对相应财产的执行力度。

三、依法防止恶意诉讼，保障民事审判和执行活动有序进行

9. 严格执行关于案外人异议之诉的管辖规定。在执行阶段，案外人对人民法院已经查封、扣押、冻结的财产提起异议之诉的，应当依照《中华人民共和国民事诉讼法》第二百零四条和《最高人民法院关于适用〈民事诉讼法〉执行程序若干问题的解释》第十八条的规定，由执行法院受理。

案外人违反上述管辖规定，向执行法院之外的其他法院起诉，其他法院已经受理尚未作出裁判的，应当中止审理或者撤销案件，并告知案外人向作出查封、扣押、冻结裁定的执行法院起诉。

10. 加强对破产案件的监督。执行法院发现被执行人有虚假破产情形的，应当及时向受理破产案件的人民法院提出。申请执行人认为被执行人利用破产逃债的，可以向受理破产案件的人民法院或者其上级人民法院提出异议，受理异议的法院应当依法进行监督。

11. 对于当事人恶意诉讼取得的生效裁判应当依法再审。案外人违反上述

管辖规定，向执行法院之外的其他法院起诉，并取得生效裁判文书将已被执行法院查封、扣押、冻结的财产确权或者分割给案外人，或者第三人与被执行人虚构事实取得人民法院生效裁判文书申请参与分配，执行法院认为该生效裁判文书系恶意串通规避执行损害执行债权人利益的，可以向作出该裁判文书的人民法院或者其上级人民法院提出书面建议，有关法院应当依照《中华人民共和国民事诉讼法》和有关司法解释的规定决定再审。

四、完善对被执行人享有债权的保全和执行措施，运用代位权、撤销权诉讼制裁规避执行行为

12. 依法执行已经生效法律文书确认的被执行人的债权。对于被执行人已经生效法律文书确认的债权，执行法院可以书面通知被执行人在限期内向有管辖权的人民法院申请执行该生效法律文书。限期届满被执行人仍怠于申请执行的，执行法院可以依法强制执行该到期债权。

被执行人已经申请执行的，执行法院可以请求执行该债权的人民法院协助扣留相应的执行款物。

13. 依法保全被执行人的未到期债权。对被执行人的未到期债权，执行法院可以依法冻结，待债权到期后参照到期债权予以执行。第三人仅以该债务未到期为由提出异议的，不影响对该债权的保全。

14. 引导申请执行人依法诉讼。被执行人怠于行使债权对申请执行人造成损害的，执行法院可以告知申请执行人依照《中华人民共和国合同法》第七十三条的规定，向有管辖权的人民法院提起代位权诉讼。

被执行人放弃债权、无偿转让财产或者以明显不合理的低价转让财产，对申请执行人造成损害的，执行法院可以告知申请执行人依照《中华人民共和国合同法》第七十四条的规定向有管辖权的人民法院提起撤销权诉讼。

五、充分运用民事和刑事制裁手段，依法加强对规避执行行为的刑事处罚力度

15. 对规避执行行为加大民事强制措施的适用。被执行人既不履行义务又拒绝报告财产或者进行虚假报告、拒绝交出或者提供虚假财务会计凭证、协助执行义务人拒不协助执行或者妨碍执行、到期债务第三人提出异议后又擅自向被执行人清偿等，给申请执行人造成损失的，应当依法对相关责任人予以罚款、拘留。

16. 对构成犯罪的规避执行行为加大刑事制裁力度。被执行人隐匿财产、虚构债务或者以其他方法隐藏、转移、处分可供执行的财产，拒不交出或者隐匿、销毁、制作虚假财务会计凭证或资产负债表等相关资料，以虚假诉讼或者仲裁手段转移财产、虚构优先债权或者申请参与分配，中介机构提供虚假证明文件或者提供的文件有重大失实，被执行人、担保人、协助义务人有能力执行而拒不执行或者拒不协助执行等，损害申请执行人或其他债权人利益，依照刑法的规定构成犯罪的，应当依法追究行为人的刑事责任。

17. 加强与公安、检察机关的沟通协调。各地法院应当加强与公安、检察机关的协调配合，建立快捷、便利、高效的协作机制，细化拒不执行判决裁定罪和妨害公务罪的适用条件。

18. 充分调查取证。各地法院在执行案件过程中，在行为人存在拒不执行判决裁定或者妨害公务行为的情况下，应当注意收集证据。认为构成犯罪的，应当及时将案件及相关证据材料移送犯罪行为发生地的公安机关立案查处。

19. 抓紧依法审理。对检察机关提起公诉的拒不执行判决裁定或者妨害公务案件，人民法院应当抓紧审理，依法审判，快速结案，加大判后宣传力度，充分发挥刑罚手段的威慑力。

六、依法采取多种措施，有效防范规避执行行为

20. 依法变更追加被执行主体或者告知申请执行人另行起诉。有充分证据证明被执行人通过离婚析产、不依法清算、改制重组、关联交易、财产混同等方式恶意转移财产规避执行的，执行法院可以通过依法变更追加被执行人或者告知申请执行人通过诉讼程序追回被转移的财产。

21. 建立健全征信体系。各地法院应当逐步建立健全与相关部门资源共享的信用平台，有条件的地方可以建立个人和企业信用信息数据库，将被执行人不履行债务的相关信息录入信用平台或者信息数据库，充分运用其形成的威慑力制裁规避执行行为。

22. 加大宣传力度。各地法院应当充分运用新闻媒体曝光、公开执行等手段，将被执行人因规避执行被制裁或者处罚的典型案例在新闻媒体上予以公布，以维护法律权威，提升公众自觉履行义务的法律意识。

23. 充分运用限制高消费手段。各地法院应当充分运用限制高消费手段，逐步构建与有关单位的协作平台，明确有关单位的监督责任，细化协作方式，完善协助程序。

24. 加强与公安机关的协作查找被执行人。对于因逃避执行而长期下落不明或者变更经营场所的被执行人，各地法院应当积极与公安机关协调，加大查找被执行人的力度。

最高人民法院

印发《关于执行权合理配置和科学运行的若干意见》的通知

（2011年10月19日　法发〔2011〕15号）

各省、自治区、直辖市高级人民法院，解放军军事法院，新疆维吾尔自治区高级人民法院生产建设兵团分院：

现将《最高人民法院关于执行权合理配置和科学运行的若干意见》印发给你们，请结合工作实际，认真贯彻执行。

附：

关于执行权合理配置和科学运行的若干意见

为了促进执行权的公正、高效、规范、廉洁运行，实现立案、审判、执行等机构之间的协调配合，完善执行工作的统一管理，根据《中华人民共和国民事诉讼法》和有关司法解释的规定，提出以下意见。

一、关于执行权分权和高效运行机制

1. 执行权是人民法院依法采取各类执行措施以及对执行异议、复议、申诉等事项进行审查的权力，包括执行实施权和执行审查权。

2. 地方人民法院执行局应当按照分权运行机制设立和其他业务庭平行的执行实施和执行审查部门，分别行使执行实施权和执行审查权。

3. 执行实施权的范围主要是财产调查、控制、处分、交付和分配以及罚款、拘留措施等实施事项。执行实施权由执行员或者法官行使。

4. 执行审查权的范围主要是审查和处理执行异议、复议、申诉以及决定执行管辖权的移转等审查事项。执行审查权由法官行使。

5. 执行实施事项的处理应当采取审批制，执行审查事项的处理应当采取合议制。

6. 人民法院可以将执行实施程序分为财产查控、财产处置、款物发放等

不同阶段并明确时限要求，由不同的执行人员集中办理，互相监督，分权制衡，提高执行工作质量和效率。执行局的综合管理部门应当对分段执行实行节点控制和流程管理。

7. 执行中因情况紧急必须及时采取执行措施的，执行人员经执行指挥中心指令，可依法采取查封、扣押、冻结等财产保全和其他控制性措施，事后两个工作日内应当及时补办审批手续。

8. 人民法院在执行局内建立执行信访审查处理机制，以有效解决消极执行和不规范执行问题。执行申诉审查部门可以参与涉执行信访案件的接访工作，并应当采取排名通报、挂牌督办等措施促进涉执行信访案件的及时处理。

9. 继续推进全国法院执行案件信息管理系统建设，积极参与社会信用体系建设。执行信息部门应当发挥职能优势，采取多种措施扩大查询范围，实现执行案件所有信息在法院系统内的共享，推进执行案件信息与其他部门信用信息的共享，并通过信用惩戒手段促使债务人自动履行义务。

二、关于执行局与立案、审判等机构之间的分工协作

10. 执行权由人民法院的执行局行使；人民法庭可根据执行局授权执行自审案件，但应接受执行局的管理和业务指导。

11. 办理执行实施、执行异议、执行复议、执行监督、执行协调、执行请示等执行案件和案外人执行异议之诉、申请执行人执行异议之诉、执行分配方案异议之诉、代位析产之诉等涉执行的诉讼案件，由立案机构进行立案审查，并纳入审判和执行案件统一管理体系。

人民法庭经授权执行自审案件，可由其自行办理立案登记手续，并纳入执行案件的统一管理。

12. 案外人执行异议之诉、申请执行人执行异议之诉、执行分配方案异议之诉、代位析产之诉等涉执行的诉讼，由人民法院的审判机构按照民事诉讼程序审理。逐步促进涉执行诉讼审判的专业化，具备条件的人民法院可以设立专门审判机构，对涉执行的诉讼案件集中审理。

案外人、当事人认为据以执行的判决、裁定错误的，由作出生效判决、裁定的原审人民法院或其上级人民法院按照审判监督程序审理。

13. 行政非诉案件、行政诉讼案件的执行申请，由立案机构登记后转行政审判机构进行合法性审查；裁定准予强制执行的，再由立案机构办理执行立案登记后移交执行局执行。

14. 强制清算的实施由执行局负责，强制清算中的实体争议由民事审判机构负责审理。

15. 诉前、申请执行前的财产保全申请由立案机构进行审查并作出裁定；

裁定保全的，移交执行局执行。

16. 诉中财产保全、先予执行的申请由相关审判机构审查并作出裁定；裁定财产保全或者先予执行的，移交执行局执行。

17. 当事人、案外人对财产保全、先予执行的裁定不服申请复议的，由作出裁定的立案机构或者审判机构按照民事诉讼法第九十九条的规定进行审查。

当事人、案外人、利害关系人对财产保全、先予执行的实施行为提出异议的，由执行局根据异议事项的性质按照民事诉讼法第二百零二条或者第二百零四条的规定进行审查。

当事人、案外人的异议既指向财产保全、先予执行的裁定，又指向实施行为的，一并由作出裁定的立案机构或者审判机构分别按照民事诉讼法第九十九条和第二百零二条或者第二百零四条的规定审查。

18. 具有执行内容的财产刑和非刑罚制裁措施的执行由执行局负责。

19. 境外法院、仲裁机构作出的生效法律文书的执行申请，由审判机构负责审查；依法裁定准予执行或者发出执行令的，移交执行局执行。

20. 不同法院因执行程序，执行与破产、强制清算、审判等程序之间对执行标的产生争议，经自行协调无法达成一致意见的，由争议法院的共同上级法院执行局中的协调指导部门处理。

21. 执行过程中依法需要变更、追加执行主体的，由执行局按照法定程序办理；应当通过另诉或者提起再审追加、变更的，由审判机构按照法定程序办理。

22. 委托评估、拍卖、变卖由司法辅助部门负责，对评估、拍卖、变卖所提异议由执行局审查。

23. 被执行人对国内仲裁裁决提出不予执行抗辩的，由执行局审查。

24. 立案、审判机构在办理民商事和附带民事诉讼案件时，应当根据案件实际，就追加诉讼当事人、申请诉前、诉中和申请执行前的财产保全等内容向当事人作必要的释明和告知。

25. 立案、审判机构在办理民商事和附带民事诉讼案件时，除依法缺席判决等无法准确查明当事人身份和地址的情形外，应当在有关法律文书中载明当事人的身份证号码，在卷宗中载明送达地址。

26. 审判机构在审理确权诉讼时，应当查询所要确权的财产权属状况，发现已经被执行局查封、扣押、冻结的，应当中止审理；当事人诉请确权的财产被执行局处置的，应当撤销确权案件；在执行局查封、扣押、冻结后确权的，应当撤销确权判决或者调解书。

27. 对符合法定移送执行条件的法律文书，审判机构应当在法律文书生效后及时移送执行局执行。

三、关于执行工作的统一管理

28. 中级以上人民法院对辖区人民法院的执行工作实行统一管理。下级人民法院拒不服从上级人民法院统一管理的，依照有关规定追究下级人民法院有关责任人的责任。

29. 上级人民法院可以根据本辖区的执行工作情况，组织集中执行和专项执行活动。

30. 对下级人民法院违法、错误的执行裁定、执行行为，上级人民法院有权指令下级人民法院自行纠正或者通过裁定、决定予以纠正。

31. 上级人民法院在组织集中执行、专项执行或其他重大执行活动中，可以统一指挥和调度下级人民法院的执行人员、司法警察和执行装备。

32. 上级人民法院根据执行工作需要，可以商政府有关部门编制辖区内人民法院的执行装备标准和业务经费计划。

33. 上级人民法院有权对下级人民法院的执行工作进行考核，考核结果向下级人民法院通报。

最高人民法院
印发《关于人民法院执行流程公开的若干意见》的通知

（2014年9月3日　法发〔2014〕18号）

各省、自治区、直辖市高级人民法院，解放军军事法院，新疆维吾尔自治区高级人民法院生产建设兵团分院：

为贯彻落实执行公开原则，规范人民法院执行流程公开工作，进一步提高执行工作的透明度，推进执行信息公开平台建设，最高人民法院制定了《关于人民法院执行流程公开的若干意见》。现将该意见予以印发，请加强组织领导，采取有效措施，按照该意见的要求，切实做好执行流程信息公开工作。

附：

关于人民法院执行流程公开的若干意见

为贯彻落实执行公开原则，规范人民法院执行流程公开工作，方便当事人及时了解案件执行进展情况，更好地保障当事人和社会公众对执行工作的知情权、参与权、表达权和监督权，进一步提高执行工作的透明度，以公开促公正、以公正立公信，根据《最高人民法院关于人民法院执行公开的若干规定》(法发〔2006〕35号)、《最高人民法院关于推进司法公开三大平台建设的若干意见》（法发〔2013〕13号）等规定，结合执行工作实际，制定本意见。

一、总体要求

第一条　人民法院执行流程信息以公开为原则、不公开为例外。对依法应当公开、可以公开的执行流程及其相关信息，一律予以公开，实现执行案件办理过程全公开、节点全告知、程序全对接、文书全上网，为当事人和社会公众提供全方位、多元化、实时性的执行公开服务，全面推进阳光执行。

第二条　人民法院执行流程公开工作，以各级人民法院互联网门户网站（政务网）为基础平台和主要公开渠道，辅以手机短信、电话语音系统、电子公告屏和触摸屏、手机应用客户端、法院微博、法院微信公众号等其他平台或渠道，将执行案件流程节点信息、案件进展状态及有关材料向案件当事人及委托代理人公开，将与法院执行工作有关的执行服务信息、执行公告信息等公共信息向社会公众公开。

各级人民法院应当在本院门户网站（政务网）下设的审判流程信息公开网上建立查询执行流程信息的功能模块。最高人民法院在政务网上建立“中国执行信息公开网”，开设“中国审判流程信息公开网”的入口，提供查询执行案件流程信息的功能以及全国各级人民法院执行流程信息公开平台的链接。各级人民法院应当建立电话语音系统，在立案大厅或信访接待等场所设立电子触摸屏，供案件当事人和委托代理人以及社会公众查阅有关执行公开事项。具备条件的法院，应当建立电子公告屏、在执行指挥系统建设中增加12368智能短信服务平台、法院微博以及法院微信公众号等公开渠道。

二、公开的渠道和内容

第三条　下列执行案件信息应当向当事人及委托代理人公开：

（一）当事人名称、案号、案由、立案日期等立案信息；

（二）执行法官以及书记员的姓名和办公电话；

（三）采取执行措施信息，包括被执行人财产查询、查封、冻结、扣划、扣押等信息；

（四）采取强制措施信息，包括司法拘留、罚款、拘传、搜查以及限制出境、限制高消费、纳入失信被执行人名单库等信息；

（五）执行财产处置信息，包括委托评估、拍卖、变卖、以物抵债等信息；

（六）债权分配和执行款收付信息，包括债权分配方案、债权分配方案异议、债权分配方案修改、执行款进入法院执行专用账户、执行款划付等信息；

（七）暂缓执行、中止执行、委托执行、指定执行、提级执行等信息；

（八）执行和解协议信息；

（九）执行实施案件结案信息，包括执行结案日期、执行标的到位情况、结案方式、终结本次执行程序征求申请执行人意见等信息；

（十）执行异议、执行复议、案外人异议、执行主体变更和追加等案件的立案时间、案件承办法官和合议庭其他组成人员以及书记员的姓名和办公电话、执行裁决、结案时间等信息；

（十一）执行申诉信访、执行督促、执行监督等案件的立案时间、案件承办法官和合议庭其他组成人员以及书记员的姓名和办公电话、案件处理意见、结案时间等信息；

（十二）执行听证、询问的时间、地点等信息；

（十三）案件的执行期限或审查期限，以及执行期限或审查期限扣除、延长等变更情况；

（十四）执行案件受理通知书、执行通知书、财产申报通知书、询问通知、听证通知、传票和询问笔录、调查取证笔录、执行听证笔录等材料；

（十五）执行裁定书、决定书等裁判文书；

（十六）执行裁判文书开始送达时间、完成送达时间、送达方式等送达信息；

（十七）执行裁判文书在执行法院执行流程信息公开模块、中国执行信息公开网及中国裁判文书网公布的情况，包括公布时间、查询方式等；

（十八）有关法律或司法解释要求公布的其他执行流程信息。

第四条 具备条件的法院，询问当事人、执行听证和开展重大执行活动时应当进行录音录像。询问、听证和执行活动结束后，该录音录像应当向当事人及委托代理人公开。当事人及委托代理人申请查阅录音录像的，执行法院经核对身份信息后，及时提供查阅。

第五条 各级人民法院通过网上办案，自动生成执行案件电子卷宗。电子卷宗正卷应当向当事人及委托代理人公开。当事人及委托代理人申请查阅电子卷宗的，执行法院经核对身份信息后，及时提供查阅。

第六条 对于执行裁定书、决定书以外的程序性执行文书，各级法院通过执行流程信息公开模块，向当事人及诉讼代理人提供电子送达服务。当事人及委托代理人同意人民法院采用电子方式送达执行文书的，应当在立案时提交签名或者盖章的确认书。

第七条 各级人民法院通过互联网门户网站（政务网）向社会公众公开本院下列信息：

（一）法院地址、交通图示、联系方式、管辖范围、下辖法院、内设部门及其职能、投诉渠道等机构信息；

（二）审判委员会组成人员、审判执行人员的姓名、职务等人员信息；

（三）执行流程、执行裁判文书和执行信息的公开范围和查询方法等执行公开指南信息；

（四）执行立案条件、执行流程、申请执行书等执行文书样式、收费标准、执行费缓减免交的条件和程序、申请强制执行风险提示等执行指南信息；

（五）听证公告、悬赏公告、拍卖公告；

（六）评估、拍卖及其他社会中介入选机构名册等名册信息。

（七）司法解释、指导性案例、执行业务文件等。

三、公开的流程

第八条 除执行请示、执行协调案件外，各级人民法院受理的各类执行案件，应当及时向案件当事人及委托代理人预留的手机号码，自动推送短信，提示案件流程进展情况，提醒案件当事人及委托代理人及时接受电子送达的执行文书。

立案部门、执行机构在向案件当事人及其委托代理人送达案件受理通知书、执行通知书时，应当告知案件流程进展查询、接受电子送达执行文书的方法，并做好宣传、咨询服务等工作。

在执行过程中，追加或变更当事人、委托代理人的，由执行机构在送达相关法律文书时告知前述事项。

第九条 在执行案件办理过程中，案件当事人及委托代理人可凭有效证件号码或组织机构代码、手机号码以及执行法院提供的查询码、密码，通过执行流程信息公开模块、电话语音系统、电子公告屏和触摸屏、手机应用客户端、法院微博、法院微信公众号等多种载体，查询、下载有关执行流程信息、材料等。

第十条 执行流程信息公开模块应具备双向互动功能。案件当事人及委托代理人登录执行流程信息公开模块后，可向案件承办人留言。留言内容应于次日自动导入网上办案平台，案件承办人可通过网上办案平台对留言进行回复。

第十一条 同意采用电子方式送达执行文书的当事人及委托代理人，可以通过执行流程信息公开模块签收执行法院以电子方式送达的各类执行文书。

当事人及委托代理人下载或者查阅以电子方式送达的执行文书时，自动生成送达回证，记录受送达人下载文书的名称、下载时间、IP地址等。自动生成的送达回证归入电子卷宗。

执行机构书记员负责跟踪受送达人接受电子送达的情况，提醒、指导受送达人及时下载、查阅电子送达的执行文书。提醒短信发出后三日内受送达人未下载或者查阅电子送达的执行文书的，应当通过电子邮件、传真、邮寄等方式及时送达。

四、职责分工

第十二条 具备网上办案条件的法院，应当严格按照网上办案的相关要求，在网上办案系统中流转、审批执行案件，制作各类文书、笔录和报告，及时、准确、完整地扫描、录入案件材料和案件信息。

执行案件因特殊情形未能严格实行网上办案的，案件信息录入工作应当与实际操作同步完成。

因具有特殊情形不能及时录入信息的，应当详细说明原因，报执行机构负责人和分管院领导审批。

第十三条 案件承办人认为具体案件不宜按照本意见第三条、第四条和第五条公开全部或部分流程信息及材料的，应当填写《执行流程信息不予公开审批表》，详细说明原因，经执行机构负责人审核后，呈报分管院领导审批。

第十四条 各级人民法院网上办案系统生成的执行流程数据和执行过程中生成的其他流程信息，应当存储在网上办案系统数据库中，作为执行信息公开的基础数据，通过数据摆渡的方式同步到互联网上的执行信息公开模块，并及时、全面、准确将执行案件流程数据录入全国法院执行案件信息管理系统数据库。

执行法院网上办案系统形成的执行裁判文书，通过数据摆渡的方式导出至执行法院互联网门户网站（政务网）下设的裁判文书公开网，并提供与中国裁判文书网和中国执行信息公开网链接的端口。

第十五条 案件承办人认为具体案件不宜按照本意见第二条和第三条公

开全部或部分流程信息及材料的，应当填写《执行流程信息不予公开审批表》，详细说明原因，经执行机构负责人审核后，呈报分管院领导审批。

第十六条 已在执行流程信息公开平台上发布的信息，因故需要变更的，案件承办人应当呈报执行机构领导审批后，及时更正网上办案平台中的相关信息，并通知当事人及网管人员，由网管人员及时更新执行流程信息公开平台上的相关信息。

第十七条 各级人民法院立案部门、执行机构是执行流程信息公开平台具体执行案件进度信息公开工作的责任部门，负责确保案件信息的准确性、完整性和录入、公开的及时性。

第十八条 各级人民法院司法行政装备管理部门应当为执行信息公开工作提供物质保障。

信息技术部门负责网站建设、运行维护、技术支持，督促技术部门每日定时将网上办案平台中的有关信息数据，包括领导已经签发的各类执行文书等，导出至执行流程信息公开平台，并通过执行流程信息公开平台将收集的有关信息，包括自动生成的送达回证等，导入网上办案平台，实现网上办案平台与执行流程信息公开平台的数据安全传输和对接。

第十九条 审判管理部门负责组织实施执行流程公开工作，监管执行流程信息公开平台，适时组织检查，汇总工作信息，向院领导报告工作情况，编发通报，进行督促、督办等。

发现案件信息不完整、滞后公开或存在错误的，审判管理部门应当督促相关部门补正，并协调、指导信息技术部门及时做好信息更新等工作。

第二十条 向公众公开信息的发布和更新，由各级法院确定具体负责部门。

五、责任与考评

第二十一条 因过失导致公开的执行流程信息出现重大错漏，造成严重后果的，依据相关规定追究有关人员的责任。

第二十二条 执行流程信息公开工作纳入司法公开工作绩效考评范围，考评办法另行制定。

六、附　则

第二十三条 本意见自下发之日起执行。

最高人民法院　国家工商总局
关于加强信息合作规范执行与协助执行的通知

（2014年10月15日　法〔2014〕251号）

各省、自治区、直辖市高级人民法院，解放军军事法院，新疆维吾尔自治区高级人民法院生产建设兵团分院；各省、自治区、直辖市工商行政管理局：

按照中央改革工商登记制度的决策部署，根据全国人大常委会、国务院对注册资本登记制度改革涉及的法律、行政法规的修改决定，以及国务院印发的《注册资本登记制度改革方案》《企业信息公示暂行条例》，最高人民法院、国家工商行政管理总局就加强信息合作、规范人民法院执行与工商行政管理机关协助执行等事项通知如下：

一、进一步加强信息合作

1. 各级人民法院与工商行政管理机关通过网络专线、电子政务平台等媒介，将双方业务信息系统对接，建立网络执行查控系统，实现网络化执行与协助执行。

2. 人民法院与工商行政管理机关要积极创造条件，逐步实现人民法院通过企业信用信息公示系统自行公示相关信息。

3. 已建立网络执行查控系统的地区，可以通过该系统办理协助事项。

有关网络执行查控系统要求、电子文书要求、法律效力等规定，按照《最高人民法院关于网络查询、冻结被执行人存款的规定》（法释〔2013〕20号）执行。通过网络冻结、强制转让股权、其他投资权益（原按照法释〔2013〕20号第九、十条等规定执行）的程序，按照本通知要求执行，但协助请求、结果反馈的方式由现场转变为通过网络操作。

4. 未建成网络执行查控系统的地区，工商行政管理机关有条件的，可以设立专门的司法协助窗口或者指定专门的机构或者人员办理协助执行事务。

5. 各级人民法院与工商行政管理机关通过网络专线、电子政务平台等媒介，建立被执行人、失信被执行人名单、刑事犯罪人员等信息交换机制。工商行政管理机关将其作为加强市场信用监管的信息来源。

二、进一步规范人民法院执行与工商行政管理机关协助执行

6. 人民法院办理案件需要工商行政管理机关协助执行的，工商行政管理

机关应当按照人民法院的生效法律文书和协助执行通知书办理协助执行事项。

人民法院要求协助执行的事项，应当属于工商行政管理机关的法定职权范围。

7. 工商行政管理机关协助人民法院办理以下事项：

（1）查询有关主体的设立、变更、注销登记，对外投资，以及受处罚等情况及原始资料（企业信用信息公示系统已经公示的信息除外）；

（2）对冻结、解除冻结被执行人股权、其他投资权益进行公示；

（3）因人民法院强制转让被执行人股权，办理有限责任公司股东变更登记；

（4）法律、行政法规规定的其他事项。

8. 工商行政管理机关在企业信用信息公示系统中设置“司法协助”栏目，公开登载人民法院要求协助执行的事项。

人民法院要求工商行政管理机关协助公示时，应当制作协助公示执行信息需求书，随协助执行通知书等法律文书一并送达工商行政管理机关。工商行政管理机关按照协助公示执行信息需求书，发布公示信息。

公示信息应当记载执行法院，执行裁定书及执行通知书文号，被执行人姓名（名称），被冻结或转让的股权、其他投资权益所在市场主体的姓名（名称），股权、其他投资权益数额，受让人，协助执行的时间等内容。

9. 人民法院对股权、其他投资权益进行冻结或者实体处分前，应当查询权属。人民法院应先通过企业信用信息公示系统查询有关信息。需要进一步获取有关信息的，可以要求工商行政管理机关予以协助。

执行人员到工商行政管理机关查询时，应当出示工作证或者执行公务证，并出具协助查询通知书。协助查询通知书应当载明被查询主体的姓名（名称）、查询内容，并记载执行依据、人民法院经办人员的姓名和电话等内容。

10. 人民法院对从工商行政管理机关业务系统、企业信用信息公示系统以及公司章程中查明属于被执行人名下的股权、其他投资权益，可以冻结。

11. 人民法院冻结股权、其他投资权益时，应当向被执行人及其股权、其他投资权益所在市场主体送达冻结裁定，并要求工商行政管理机关协助公示。

人民法院要求协助公示冻结股权、其他投资权益时，执行人员应当出示工作证或者执行公务证，向被冻结股权、其他投资权益所在市场主体登记的工商行政管理机关送达执行裁定书、协助公示通知书和协助公示执行信息需求书。

协助公示通知书应当载明被执行人姓名（名称），执行依据，被冻结的股权、其他投资权益所在市场主体的姓名（名称），股权、其他投资权益数额，冻结期限，人民法院经办人员的姓名和电话等内容。

工商行政管理机关应当在收到通知后三个工作日内通过企业信用信息公示系统公示。

12. 股权、其他投资权益被冻结的，未经人民法院许可，不得转让，不得设定质押或者其他权利负担。

有限责任公司股东的股权被冻结期间，工商行政管理机关不予办理该股东的变更登记、该股东向公司其他股东转让股权被冻结部分的公司章程备案，以及被冻结部分股权的出质登记。

13. 工商行政管理机关在多家法院要求冻结同一股权、其他投资权益的情况下，应当将所有冻结要求全部公示。

首先送达协助公示通知书的执行法院的冻结为生效冻结。送达在后的冻结为轮候冻结。有效的冻结解除的，轮候的冻结中，送达在先的自动生效。

14. 冻结股权、其他投资权益的期限不得超过两年。申请人申请续行冻结的，人民法院应当在本次冻结期限届满三日前按照本通知第 11 条办理。续冻期限不得超过一年。续行冻结没有次数限制。

有效的冻结期满，人民法院未办理续行冻结的，冻结的效力消灭。按照前款办理了续行冻结的，冻结效力延续，优先于轮候冻结。

15. 人民法院对被执行人股权、其他投资权益等解除冻结的，应当通知当事人，同时通知工商行政管理机关公示。人民法院通知和工商行政管理机关公示的程序，按照本通知第 11 条办理。

16. 人民法院强制转让被执行人的股权、其他投资权益，完成变价等程序后，应当向受让人、被执行人或者其股权、其他投资权益所在市场主体送达转让裁定，要求工商行政管理机关协助公示并办理有限责任公司股东变更登记。

人民法院要求办理有限责任公司股东变更登记的，执行人员应当出示工作证或者执行公务证，送达生效法律文书副本或者执行裁定书、协助执行通知书、协助公示执行信息需求书、合法受让人的身份或资格证明，到被执行人股权所在有限责任公司登记的工商行政管理机关办理。

法律、行政法规对股东资格、持股比例等有特殊规定的，人民法院要求工商行政管理机关办理有限责任公司股东变更登记前，应当进行审查，并确认该公司股东变更符合公司法第二十四条、第五十八条的规定。

工商行政管理机关收到人民法院上述文书后，应当在三个工作日内直接在业务系统中办理，不需要该有限责任公司另行申请，并及时公示股东变更登记信息。公示后，该股东权利以公示信息确定。

17. 人民法院可以对有关材料查询、摘抄、复制，但不得带走原件。

工商行政管理机关对人民法院复制的书面材料应当核对并加盖印章。人民法院要求提供电子版，工商行政管理机关有条件的，应当提供。对于工商行政管理机关无法协助的事项，人民法院要求出具书面说明的，工商行政管理机关应当出具。

18. 工商行政管理机关对按人民法院要求协助执行产生的后果，不承担责任。

当事人、案外人对工商行政管理机关协助执行的行为不服，提出异议或者行政复议的，工商行政管理机关不予受理；向人民法院起诉的，人民法院不予受理。

当事人、案外人认为人民法院协助执行要求存在错误的，应当按照民事诉讼法第二百二十五条之规定，向人民法院提出执行异议，人民法院应当受理。

当事人认为工商行政管理机关在协助执行时扩大了范围或者违法采取措施造成其损害，提起行政诉讼的，人民法院应当受理。

19. 人民法院冻结股权、其他投资权益的通知在 2014 年 2 月 28 日之前送达工商行政管理机关、冻结到期日在 2014 年 3 月 1 日以后的，工商行政管理机关应当在 2014 年 11 月 30 日前将冻结信息公示。公示后续行冻结的，按照本通知第 11 条办理。

冻结到期日在 2014 年 3 月 1 日以后、2014 年 11 月 30 日前，人民法院送达了续行冻结通知书的，续行冻结有效。工商行政管理机关还应当在 2014 年 11 月 30 日前公示续行冻结信息。

人民法院对股权、其他投资权益的冻结未设定期限的，工商行政管理机关应当在 2014 年 11 月 30 日前将冻结信息公示。从公示之日起满两年，人民法院未续行冻结的，冻结的效力消灭。

各高级人民法院与各省级工商行政管理局可以根据本通知，结合本地实际，制定贯彻实施办法。对执行本通知的情况和工作中遇到的问题，要及时报告最高人民法院、国家工商行政管理总局。

附件：主要文书参考样式（略）

最高人民法院　中国银行业监督管理委员会
关于人民法院与银行业金融机构开展网络执行查控和联合信用惩戒工作的意见

（2014年10月24日　法〔2014〕266号）

各省、自治区、直辖市高级人民法院，解放军军事法院，新疆维吾尔自治区高级人民法院生产建设兵团分院；各银监局；各政策性银行、国有商业银行、股份制商业银行、邮储银行、各省级农村信用联社：

为维护司法权威，防范金融风险，保障当事人合法权益，推动社会信用体系建设，根据《中华人民共和国民事诉讼法》《中华人民共和国商业银行法》及《关于建立和完善执行联动机制若干问题的意见》等规定，结合工作实际，最高人民法院和中国银行业监督管理委员会就人民法院和银行业金融机构开展网络执行查控和联合信用惩戒工作，提出如下意见：

一、最高人民法院、中国银行业监督管理委员会鼓励和支持各级人民法院与银行业金融机构通过网络信息化方式，开展执行与协助执行、联合对失信被执行人进行信用惩戒等工作。

二、最高人民法院、中国银行业监督管理委员会鼓励和支持银行业金融机构与人民法院建立网络执行查控机制，通过网络查询被执行人存款和其他金融资产信息，办理其他协助事项。

银行业金融机构应当推进电子信息化建设，协助人民法院建立网络执行查控机制。

三、中国银行业监督管理委员会督促指导各银行业金融机构确定专门机构和人员负责网络执行查控工作，及时准确反馈办理结果；鼓励和支持开发批量自动查控功能，实现查询数据的准确和高效。

四、中国银行业监督管理委员会鼓励和支持人民法院与银行业金融机构在完备法律手续、保证资金安全的情况下，逐步通过网络实施查询、冻结、扣划等执行措施。

银行业金融机构尚未与人民法院建立网络执行查控机制，或者协助事项不能通过网络办理的，应当根据法律、司法解释和有关规定，协助人民法院现场办理。

五、中国银行业监督管理委员会鼓励和支持银行业金融机构与人民法院以全国法院执行案件信息系统为基础，建立全国网络执行查控机制。

全国网络执行查控机制建设主要采取两种模式。一是“总对总”联网，即最高人民法院通过中国银行业监督管理委员会金融专网通道与各银行业金融机构总行网络对接。各级人民法院通过最高人民法院网络执行查控系统实施查控。二是“点对点”联网，即高级人民法院通过当地银监局金融专网通道与各银行业金融机构省级分行网络对接。本地人民法院通过高级人民法院执行查控系统实施本地查控，外地法院通过最高人民法院网络中转接入当地高级人民法院执行查控系统实施查控。

各级人民法院与银行业金融机构及其分支机构已协议通过专线或其他网络建立网络查控机制的，可继续按原有模式建设和运行。本意见下发后，采用第二款以外模式建设的，应当经最高人民法院和中国银行业监督管理委员会同意。

六、人民法院与银行业金融机构建立了网络执行查控机制的，通过网络执行查控系统对被执行人存款或其他金融资产采取查控措施，按照《最高人民法院关于网络查询、冻结被执行人存款的规定》（法释〔2013〕20号）执行。

七、各级法院应当加强管理，确保依照法律、法规、司法解释以及金融监管规定，查询和使用被执行人银行账户等信息，确保有关人员严格遵守保密规定。

八、最高人民法院、中国银行业监督管理委员会鼓励和支持银行业金融机构与人民法院建立联合信用惩戒机制。银行业金融机构与人民法院通过网络传输等方式，共享失信被执行人名单及其他执行案件信息；银行业金融机构依照法律、法规规定，在融资信贷等金融服务领域，对失信被执行人等采取限制贷款、限制办理信用卡等措施。

九、上级法院和银行业监管机构应当加强对网络执行查控机制和联合信用惩戒机制建设的监督指导，协调处理两个机制建设和运行中产生的分歧和争议。

建立了合作关系的人民法院、银行业金融机构应当安排专人协调处理两个机制运行中发生的争议。协调无果的，可通过上级法院、银行业监管机构协调解决。

建立了合作关系的人民法院、银行业金融机构应当制定应急预案，配备专门的技术人员处理两个机制运行中的突发事件，保障系统安全。

十、银行业金融机构依法协助人民法院办理网络执行查控措施，当事人或者利害关系人有异议的，银行业金融机构应当告知其根据民事诉讼法第二百二十五条之规定向执行法院提出，但银行业金融机构未按照协助执行通知书办理的除外。

十一、人民法院与银行业金融机构关于协助执行的有关规范性文件与本意见不一致的，以本意见为准。

最高人民法院
印发《关于执行案件立案、结案若干问题的意见》的通知

（2014年12月17日　法发〔2014〕26号）

各省、自治区、直辖市高级人民法院，解放军军事法院，新疆维吾尔自治区高级人民法院生产建设兵团分院：

为统一执行案件立案、结案标准，规范执行行为，最高人民法院制定了《关于执行案件立案、结案若干问题的意见》，现予以印发。请遵照执行，并通过建立、健全辖区三级法院统一使用、切合实际、功能完备、科学有效的案件管理系统，加强对执行案件立、结案工作的管理。该意见自2015年1月1日起施行，执行局要及时与立案庭进行沟通，做好新、旧年度执行案件立案、结案的衔接工作，确保该意见规定的立、结案标准得到全面实施。

附：

关于执行案件立案、结案若干问题的意见

为统一执行案件立案、结案标准，规范执行行为，根据《中华人民共和国民事诉讼法》等法律、司法解释的规定，结合人民法院执行工作实际，制定本意见。

第一条　本意见所称执行案件包括执行实施类案件和执行审查类案件。

执行实施类案件是指人民法院因申请执行人申请、审判机构移送、受托、提级、指定和依职权，对已发生法律效力且具有可强制执行内容的法律文书所确定的事项予以执行的案件。

执行审查类案件是指在执行过程中，人民法院审查和处理执行异议、复议、申诉、请示、协调以及决定执行管辖权的移转等事项的案件。

第二条　执行案件统一由人民法院立案机构进行审查立案，人民法庭经授权执行自审案件的，可以自行审查立案，法律、司法解释规定可以移送执行的，相关审判机构可以移送立案机构办理立案登记手续。

立案机构立案后，应当依照法律、司法解释的规定向申请人发出执行案件受理通知书。

第三条　人民法院对符合法律、司法解释规定的立案标准的执行案件，应当予以立案，并纳入审判和执行案件统一管理体系。

人民法院不得有审判和执行案件统一管理体系之外的执行案件。

任何案件不得以任何理由未经立案即进入执行程序。

第四条　立案机构在审查立案时，应当按照本意见确定执行案件的类型代字和案件编号，不得违反本意见创设案件类型代字。

第五条　执行实施类案件类型代字为“执字”，按照立案时间的先后顺序确定案件编号，单独进行排序；但执行财产保全裁定的，案件类型代字为“执保字”，按照立案时间的先后顺序确定案件编号，单独进行排序；恢复执行的，案件类型代字为“执恢字”，按照立案时间的先后顺序确定案件编号，单独进行排序。

第六条　下列案件，人民法院应当按照恢复执行案件予以立案：

（一）申请执行人因受欺诈、胁迫与被执行人达成和解协议，申请恢复执行原生效法律文书的；

（二）一方当事人不履行或不完全履行执行和解协议，对方当事人申请恢复执行原生效法律文书的；

（三）执行实施案件以裁定终结本次执行程序方式报结后，如发现被执行人有财产可供执行，申请执行人申请或者人民法院依职权恢复执行的；

（四）执行实施案件因委托执行结案后，确因委托不当被已立案的受托法院退回委托的；

（五）依照民事诉讼法第二百五十七条的规定而终结执行的案件，申请执行的条件具备时，申请执行人申请恢复执行的。

第七条　除下列情形外，人民法院不得人为拆分执行实施案件：

（一）生效法律文书确定的给付内容为分期履行的，各期债务履行期间届满，被执行人未自动履行，申请执行人可分期申请执行，也可以对几期或全部到期债权一并申请执行；

（二）生效法律文书确定有多个债务人各自单独承担明确的债务的，申请执行人可以对每个债务人分别申请执行，也可以对几个或全部债务人一并申请执行；

（三）生效法律文书确定有多个债权人各自享有明确的债权的（包括按份

共有），每个债权人可以分别申请执行；

（四）申请执行赡养费、扶养费、抚养费的案件，涉及金钱给付内容的，人民法院应当根据申请执行时已发生的债权数额进行审查立案，执行过程中新发生的债权应当另行申请执行；涉及人身权内容的，人民法院应当根据申请执行时义务人未履行义务的事实进行审查立案，执行过程中义务人延续消极行为的，应当依据申请执行人的申请一并执行。

第八条 执行审查类案件按下列规则确定类型代字和案件编号：

（一）执行异议案件类型代字为“执异字”，按照立案时间的先后顺序确定案件编号，单独进行排序；

（二）执行复议案件类型代字为“执复字”，按照立案时间的先后顺序确定案件编号，单独进行排序；

（三）执行监督案件类型代字为“执监字”，按照立案时间的先后顺序确定案件编号，单独进行排序；

（四）执行请示案件类型代字为“执请字”，按照立案时间的先后顺序确定案件编号，单独进行排序；

（五）执行协调案件类型代字为“执协字”，按照立案时间的先后顺序确定案件编号，单独进行排序。

第九条 下列案件，人民法院应当按照执行异议案件予以立案：

（一）当事人、利害关系人认为人民法院的执行行为违反法律规定，提出书面异议的；

（二）执行过程中，案外人对执行标的提出书面异议的；

（三）人民法院受理执行申请后，当事人对管辖权提出异议的；

（四）申请执行人申请追加、变更被执行人的；

（五）被执行人以债权消灭、超过申请执行期间或者其他阻止执行的实体事由提出阻止执行的；

（六）被执行人对仲裁裁决或者公证机关赋予强制执行效力的公证债权文书申请不予执行的；

（七）其他依法可以申请执行异议的。

第十条 下列案件，人民法院应当按照执行复议案件予以立案：

（一）当事人、利害关系人不服人民法院针对本意见第九条第（一）项、第（三）项、第（五）项作出的裁定，向上一级人民法院申请复议的；

（二）除因夫妻共同债务、出资人未依法出资、股权转让引起的追加和对一人公司股东的追加外，当事人、利害关系人不服人民法院针对本意见第九条第（四）项作出的裁定，向上一级人民法院申请复议的；

（三）当事人不服人民法院针对本意见第九条第（六）项作出的不予执行

公证债权文书、驳回不予执行公证债权文书申请、不予执行仲裁裁决、驳回不予执行仲裁裁决申请的裁定，向上一级人民法院申请复议的；

（四）其他依法可以申请复议的。

第十一条　上级人民法院对下级人民法院，最高人民法院对地方各级人民法院依法进行监督的案件，应当按照执行监督案件予以立案。

第十二条　下列案件，人民法院应当按照执行请示案件予以立案：

（一）当事人向人民法院申请执行内地仲裁机构作出的涉港澳仲裁裁决或者香港特别行政区、澳门特别行政区仲裁机构作出的仲裁裁决或者临时仲裁庭在香港特别行政区、澳门特别行政区作出的仲裁裁决，人民法院经审查认为裁决存在依法不予执行的情形，在作出裁定前，报请所属高级人民法院进行审查的，以及高级人民法院同意不予执行，报请最高人民法院的；

（二）下级人民法院依法向上级人民法院请示的。

第十三条　下列案件，人民法院应当按照执行协调案件予以立案：

（一）不同法院因执行程序、执行与破产、强制清算、审判等程序之间对执行标的产生争议，经自行协调无法达成一致意见，向共同上级人民法院报请协调处理的；

（二）对跨高级人民法院辖区的法院与公安、检察等机关之间的执行争议案件，执行法院报请所属高级人民法院与有关公安、检察等机关所在地的高级人民法院商有关机关协调解决或者报请最高人民法院协调处理的；

（三）当事人对内地仲裁机构作出的涉港澳仲裁裁决分别向不同人民法院申请撤销及执行，受理执行申请的人民法院对受理撤销申请的人民法院作出的决定撤销或者不予撤销的裁定存在异议，亦不能直接作出与该裁定相矛盾的执行或者不予执行的裁定，报请共同上级人民法院解决的；

（四）当事人对内地仲裁机构作出的涉港澳仲裁裁决向人民法院申请执行且人民法院已经作出应予执行的裁定后，一方当事人向人民法院申请撤销该裁决，受理撤销申请的人民法院认为裁决应予撤销且该人民法院与受理执行申请的人民法院非同一人民法院时，报请共同上级人民法院解决的；

（五）跨省、自治区、直辖市的执行争议案件报请最高人民法院协调处理的；

（六）其他依法报请协调的。

第十四条　除执行财产保全裁定、恢复执行的案件外，其他执行实施类案件的结案方式包括：

（一）执行完毕；

（二）终结本次执行程序；

（三）终结执行；

（四）销案；

（五）不予执行；

（六）驳回申请。

第十五条 生效法律文书确定的执行内容，经被执行人自动履行、人民法院强制执行，已全部执行完毕，或者是当事人达成执行和解协议，且执行和解协议履行完毕，可以以“执行完毕”方式结案。

执行完毕应当制作结案通知书并发送当事人。双方当事人书面认可执行完毕或口头认可执行完毕并记入笔录的，无需制作结案通知书。

执行和解协议应当附卷，没有签订书面执行和解协议的，应当将口头和解协议的内容作成笔录，经当事人签字后附卷。

第十六条 有下列情形之一的，可以以“终结本次执行程序”方式结案：

（一）被执行人确无财产可供执行，申请执行人书面同意人民法院终结本次执行程序的；

（二）因被执行人无财产而中止执行满两年，经查证被执行人确无财产可供执行的；

（三）申请执行人明确表示提供不出被执行人的财产或财产线索，并在人民法院穷尽财产调查措施之后，对人民法院认定被执行人无财产可供执行书面表示认可的；

（四）被执行人的财产无法拍卖变卖，或者动产经两次拍卖、不动产或其他财产权经三次拍卖仍然流拍，申请执行人拒绝接受或者依法不能交付其抵债，经人民法院穷尽财产调查措施，被执行人确无其他财产可供执行的；

（五）经人民法院穷尽财产调查措施，被执行人确无财产可供执行或虽有财产但不宜强制执行，当事人达成分期履行和解协议，且未履行完毕的；

（六）被执行人确无财产可供执行，申请执行人属于特困群体，执行法院已经给予其适当救助的。

人民法院应当依法组成合议庭，就案件是否终结本次执行程序进行合议。

终结本次执行程序应当制作裁定书，送达申请执行人。裁定应当载明案件的执行情况、申请执行人债权已受偿和未受偿的情况、终结本次执行程序的理由，以及发现被执行人有可供执行财产，可以申请恢复执行等内容。

依据本条第一款第（二）（四）（五）（六）项规定的情形裁定终结本次执行程序前，应当告知申请执行人可以在指定的期限内提出异议。申请执行人提出异议的，应当另行组成合议庭组织当事人就被执行人是否有财产可供执行进行听证；申请执行人提供被执行人财产线索的，人民法院应当就其提供的线索重新调查核实，发现被执行人有财产可供执行的，应当继续执行；经听证认定被执行人确无财产可供执行，申请执行人亦不能提供被执行人有可供执行财产的，可以裁定终结本次执行程序。

本条第一款第（三）（四）（五）项中规定的“人民法院穷尽财产调查措施”，是指至少完成下列调查事项：

（一）被执行人是法人或其他组织的，应当向银行业金融机构查询银行存款，向有关房地产管理部门查询房地产登记，向法人登记机关查询股权，向有关车管部门查询车辆等情况；

（二）被执行人是自然人的，应当向被执行人所在单位及居住地周边群众调查了解被执行人的财产状况或财产线索，包括被执行人的经济收入来源、被执行人到期债权等。如果根据财产线索判断被执行人有较高收入，应当按照对法人或其他组织的调查途径进行调查；

（三）通过最高人民法院的全国法院网络执行查控系统和执行法院所属高级人民法院的“点对点”网络执行查控系统能够完成的调查事项；

（四）法律、司法解释规定必须完成的调查事项。

人民法院裁定终结本次执行程序后，发现被执行人有财产的，可以依申请执行人的申请或依职权恢复执行。申请执行人申请恢复执行的，不受申请执行期限的限制。

第十七条　有下列情形之一的，可以以“终结执行”方式结案：

（一）申请人撤销申请或者是当事人双方达成执行和解协议，申请执行人撤回执行申请的；

（二）据以执行的法律文书被撤销的；

（三）作为被执行人的公民死亡，无遗产可供执行，又无义务承担人的；

（四）追索赡养费、扶养费、抚育费案件的权利人死亡的；

（五）作为被执行人的公民因生活困难无力偿还借款，无收入来源，又丧失劳动能力的；

（六）作为被执行人的企业法人或其他组织被撤销、注销、吊销营业执照或者歇业、终止后既无财产可供执行，又无义务承受人，也没有能够依法追加变更执行主体的；

（七）依照刑法第五十三条规定免除罚金的；

（八）被执行人被人民法院裁定宣告破产的；

（九）行政执行标的灭失的；

（十）案件被上级人民法院裁定提级执行的；

（十一）案件被上级人民法院裁定指定由其他法院执行的；

（十二）按照《最高人民法院关于委托执行若干问题的规定》，办理了委托执行手续，且收到受托法院立案通知书的；

（十三）人民法院认为应当终结执行的其他情形。

前款除第（十）项、第（十一）项、第（十二）项规定的情形外，终结执行的，应当制作裁定书，送达当事人。

第十八条 执行实施案件立案后，有下列情形之一的，可以以“销案”方式结案：

（一）被执行人提出管辖异议，经审查异议成立，将案件移送有管辖权的法院或申请执行人撤回申请的；

（二）发现其他有管辖权的人民法院已经立案在先的；

（三）受托法院报经高级人民法院同意退回委托的。

第十九条 执行实施案件立案后，被执行人对仲裁裁决或公证债权文书提出不予执行申请，经人民法院审查，裁定不予执行的，以“不予执行”方式结案。

第二十条 执行实施案件立案后，经审查发现不符合《最高人民法院关于人民法院执行工作若干问题的规定（试行）》第18条规定的受理条件，裁定驳回申请的，以“驳回申请”方式结案。

第二十一条 执行财产保全裁定案件的结案方式包括：

（一）保全完毕，即保全事项全部实施完毕；

（二）部分保全，即因未查询到足额财产，致使保全事项未能全部实施完毕；

（三）无标的物可实施保全，即未查到财产可供保全。

第二十二条 恢复执行案件的结案方式包括：

（一）执行完毕；

（二）终结本次执行程序；

（三）终结执行。

第二十三条 下列案件不得作结案处理：

（一）人民法院裁定中止执行的；

（二）人民法院决定暂缓执行的；

（三）执行和解协议未全部履行完毕，且不符合本意见第十六条、第十七条规定终结本次执行程序、终结执行条件的。

第二十四条 执行异议案件的结案方式包括：

（一）准予撤回异议或申请，即异议人撤回异议或申请的；

（二）驳回异议或申请，即异议不成立或者案外人虽然对执行标的享有实体权利但不能阻止执行的；

（三）撤销相关执行行为、中止对执行标的的执行、不予执行、追加变更当事人，即异议成立的；

（四）部分撤销并变更执行行为、部分不予执行、部分追加变更当事人，即异议部分成立的；

（五）不能撤销、变更执行行为，即异议成立或部分成立，但不能撤销、变更执行行为的；

（六）移送其他人民法院管辖，即管辖权异议成立的。

执行异议案件应当制作裁定书，并送达当事人。法律、司法解释规定对执行异议案件可以口头裁定的，应当记入笔录。

第二十五条　执行复议案件的结案方式包括：

（一）准许撤回申请，即申请复议人撤回复议申请的；

（二）驳回复议申请，维持异议裁定，即异议裁定认定事实清楚，适用法律正确，复议理由不成立的；

（三）撤销或变更异议裁定，即异议裁定认定事实错误或者适用法律错误，复议理由成立的；

（四）查清事实后作出裁定，即异议裁定认定事实不清，证据不足的；

（五）撤销异议裁定，发回重新审查，即异议裁定遗漏异议请求或者异议裁定错误对案外人异议适用执行行为异议审查程序的。

人民法院对重新审查的案件作出裁定后，当事人申请复议的，上级人民法院不得再次发回重新审查。

执行复议案件应当制作裁定书，并送达当事人。法律、司法解释规定对执行复议案件可以口头裁定的，应当记入笔录。

第二十六条　执行监督案件的结案方式包括：

（一）准许撤回申请，即当事人撤回监督申请的；

（二）驳回申请，即监督申请不成立的；

（三）限期改正，即监督申请成立，指定执行法院在一定期限内改正的；

（四）撤销并改正，即监督申请成立，撤销执行法院的裁定直接改正的；

（五）提级执行，即监督申请成立，上级人民法院决定提级自行执行的；

（六）指定执行，即监督申请成立，上级人民法院决定指定其他法院执行的；

（七）其他，即其他可以报结的情形。

第二十七条　执行请示案件的结案方式包括：

（一）答复，即符合请示条件的；

（二）销案，即不符合请示条件的。

第二十八条　执行协调案件的结案方式包括：

（一）撤回协调请求，即执行争议法院自行协商一致，撤回协调请求的；

（二）协调解决，即经过协调，执行争议法院达成一致协调意见，将协调意见记入笔录或者向执行争议法院发出协调意见函的。

第二十九条 执行案件的立案、执行和结案情况应当及时、完整、真实、准确地录入全国法院执行案件信息管理系统。

第三十条 地方各级人民法院不能制定与法律、司法解释和本意见规定相抵触的执行案件立案、结案标准和结案方式。

违反法律、司法解释和本意见的规定立案、结案，或者在全国法院执行案件信息管理系统录入立案、结案情况时弄虚作假的，通报批评；造成严重后果或恶劣影响的，根据《人民法院工作人员纪律处分条例》追究相关领导和工作人员的责任。

第三十一条 各高级人民法院应当积极推进执行信息化建设，通过建立、健全辖区三级法院统一使用、切合实际、功能完备、科学有效的案件管理系统，加强对执行案件立、结案的管理。实现立、审、执案件信息三位一体的综合管理；实现对终结本次执行程序案件的单独管理；实现对恢复执行案件的动态管理；实现辖区的案件管理系统与全国法院执行案件信息管理系统的数据对接。

第三十二条 本意见自2015年1月1日起施行。

最高人民法院
印发《关于加强和规范人民法院网络司法拍卖工作的意见》的通知

（2015年12月24日　法〔2015〕384号）

各省、自治区、直辖市高级人民法院，解放军军事法院，新疆维吾尔自治区高级人民法院生产建设兵团分院：

《最高人民法院关于加强和规范人民法院网络司法拍卖工作的意见》经最高人民法院2015年第11次院长办公会讨论通过，现予印发，请认真贯彻执行。

附：

最高人民法院关于加强和规范人民法院网络司法拍卖工作的意见

为贯彻落实《最高人民法院关于全面深化人民法院改革的意见》，适应互联网信息技术发展新形势，实现依法、公开、公平、便民的司法拍卖工作目标，根据《中华人民共和国民事诉讼法》、最高人民法院相关司法解释和有关文件规定，制定本意见。

一、各级人民法院要高度重视网络司法拍卖工作。

网络司法拍卖工作是人民法院依照法律规定，在互联网平台上公开拍卖诉讼资产的司法行为，是执行工作的重要组成部分。加强和规范人民法院网络司法拍卖工作，是公开司法、司法为民的本质要求，是保障当事人合法权益、实现诉讼资产价值最大化的有效途径，是全面深化人民法院改革的重要内容，是提高人民法院司法公信力的重要举措，要切实抓紧抓好。

二、进一步明确职责，实行归口管理。

网络司法拍卖工作坚持执行与拍卖相分离的原则，最高人民法院司法行政装备管理局司法辅助工作办公室负责指导全国法院网络司法拍卖工作。地方各级人民法院司法技术辅助工作部门负责网络司法拍卖工作。

三、坚持公开透明，接受各方面监督。

各级人民法院必须在人民法院诉讼资产网以及各地法院选择的网络交易平台上发布拍卖公告、随机选择机构结果和成交结果等信息，公开司法拍卖信息。

四、严格依法办事，方便人民群众和审判工作。

人民法院开展司法拍卖应全面推行网上拍卖方式，各高级人民法院结合当地实际，选择具有信息发布、网上报名、网上竞价、网上结算等功能且运作规范、安全可靠、服务优质的网络平台开展网络司法拍卖。选定的网络平台必须链接人民法院诉讼资产网，实现信息与资源共享。对不宜在网上拍卖或不具备条件的，可以采取现场拍卖方式。

五、完善、规范委托拍卖和法院自主拍卖行为。

人民法院开展网络司法拍卖原则上应将拍卖事物委托给符合要求的专业拍卖机构进行，选择拍卖机构一律采取公开随机方式。有条件的法院或不适宜委托拍卖的诉讼资产，可由法院在网络平台上自主拍卖。各高级人民法院应根据相关规定，降低司法拍卖佣金和拍卖成本。采取委托拍卖方式的，司法拍卖成本由买受人以拍卖佣金方式承担。人民法院自主拍卖诉讼资产的，成本由法院承担。

六、加强监督监察，确保司法廉洁。

人民法院在开展网络司法拍卖过程中，要严格执行法律法规司及司法解释，健全各项规章制度，加强对网络平台流程环节的监管，强化对法院工作人员、拍卖机构的监管，严防串标等违规行为，确保网络拍卖资产、资金、信息的安全。

本意见自2016年1月1日起执行。各高级人民法院根据本意见，结合当地实际，制定实施细则，并报最高人民法院备案。

最高人民法院
印发《关于远程视频办理执行案件若干问题的规定》的通知

（2016年4月28日　法〔2016〕143号）

各省、自治区、直辖市高级人民法院，解放军军事法院，新疆维吾尔自治区高级人民法院生产建设兵团分院：

现将《最高人民法院关于远程视频办理执行案件若干问题的规定》印发你们，请结合工作实际，认真遵照执行。

附：

最高人民法院
关于远程视频办理执行案件若干问题的规定

为推动执行案件办理方式改革，充分运用现代信息技术提高工作效率，创新司法便民措施，规范执行案件办理过程中远程视频的应用，制定本规定。

第一条　人民法院执行机构办理执行案件中的下列事项可以采用远程视频方式进行：

（一）询问当事人；

（二）听证；

（三）组织当事人质证；

（四）进行法律释明；

（五）人民法院认为可以采用远程视频方式进行的其他事项。

案件当事人申请会见案件承办人员的，承办人员可以采用远程视频方式会见。

人民法院采用远程视频方式组织听证或组织当事人对提交的证据进行质证的，需经双方当事人同意。

第二条　人民法院决定以远程视频方式办理执行案件的，应当通过人民法院执行指挥系统进行。人民法院执行指挥室应当配备打印、扫描、传真设备和投影设备。

第三条　远程视频的发起端为办理案件的人民法院执行指挥室，对端地点一般为执行法院执行指挥室。案件当事人及其代理人与执行法院不在同一地的，对端地点也可以是当事人及共代埋人所在地的中级、基层人民法院执行指挥室。

对端人民法院应当至少有一名执行机构工作人员参与远程视频。

第四条　需要鉴定机构、评估机构的相关人员参加远程视频的，鉴定机构、评估机构的相关人员可以就近选择发起端人民法院或对端人民法院参加视频。

第五条　人民法院决定通过远程视频方式办理执行案件的，应当将确定的视频连接时间、对端人民法院执行指挥室所在地点、参加视频的人员等信息，提前通知案件当事人及其代理人。

第六条　发起端人民法院应当提前将约定的视频连接时间告知对端人民

法院执行机构，对端人民法院执行机构接到通知后应当予以配合。发起端人民法院和对端人民法院应当在视频连接的前一日完成设备调试工作，并对视频连接提供全程技术保障。发起端人民法院或对端人民法院执行指挥室因其他活动需调整视频连接时间的，发起端人民法院应当及时调整视频连接时间。

第七条 参加远程视频的相关人员身份核实、执行指挥室远程视频的现场秩序等分别由所在端人民法院执行机构工作人员负责。

参加视频连接的各端人民法院工作人员均应着法官服，佩戴小法徽。

第八条 视频连接过程中，当事人及其代理人出示证据材料的，由所在端人民法院执行机构工作人员核对、复印后交由当事人及其代理人签名，并将签名后的复印件通过机要寄至发起端人民法院承办案件的合议庭。

第九条 发起端人民法院负责对视频全程的各端视频画面进行不间断同步录音、录像，录音、录像的起止时间、有无间断等情况应当记入笔录。录音、录像内容应当存入案件电子卷宗。

第十条 远程视频结束后，发起端人民法院应当当场将笔录的电子文本通过人民法院专网发送至对端人民法院，对端人民法院执行机构在场工作人员下载打印后由案件当事人及其代理人等核对、签名。

案件当事人及其代理人等对笔录修改较多或有重要修改的，对端人民法院执行机构在场工作人员应当告知发起端人民法院办案人员。案件当事人及其代理人等核对、签名完毕后，对端人民法院执行机构在场工作人员应当当场将笔录扫描后发送至发起端人民法院或传真至发起端人民法院核对，并尽快将案件当事人及其代理人签名后的笔录原件通过机要寄至发起端人民法院承办案件的合议庭。远程视频笔录应当存入案件卷宗。

人民法院对已结案件的当事人及其代理人远程视频进行法律释明的，可以不制作笔录。

第十一条 人民法院之间对执行案件进行协调，上级法院对下级法院的执行案件进行督办等，可以根据需要采用远程视频方式进行。

第十二条 本规定自 2016 年 5 月 1 日起施行。

最高人民法院
印发《关于落实“用两到三年时间基本解决执行难问题”的工作纲要》的通知

（2016年4月29日 法发〔2016〕10号）

各省、自治区、直辖市高级人民法院，解放军军事法院，新疆维吾尔自治区高级人民法院生产建设兵团分院：

“用两到三年时间基本解决执行难问题”，是最高人民法院经过认真研判和广泛征求意见后作出的重大决策部署，是当前和今后一段时期人民法院工作的重中之重。为实现基本解决执行难总体目标，全面强化各项执行工作，最高人民法院制定了《关于落实“用两到三年时间基本解决执行难问题”的工作纲要》，对基本解决执行难的总体思路、主要任务及组织保障提出了明确、具体要求。

现将《关于落实“用两到三年时间基本解决执行难问题”的工作纲要》印发给你们，请结合实际认真贯彻执行。执行中发现情况和问题请及时报告最高人民法院。

附：

关于落实“用两到三年时间基本解决执行难问题”的工作纲要

2016年3月13日，周强院长在十二届全国人大四次会议上报告最高人民法院工作时庄严承诺：“用两到三年时间基本解决执行难问题”，这是人民法院满足人民群众日益增长的多元司法需求、提升司法公信力的内在要求，是人民法院为实现全面建成小康社会和“四个全面”战略布局目标提供有力司法保障的应有之义，是对人民法院执行工作的极大鞭策和鼓舞。各级人民法院要牢固树立政治意识、大局意识、为民意识，切实增强使命感、责任感和紧迫感，求真务实、锐意进取，勇于担当、奋发有为，全力推进各项执行工作健康快速发展，确保在两到三年期限内完成基本解决执行难目标任务，切实“让人民群众在每一个司法案件中感受到公平正义”。

一、基本解决执行难的总体目标与评价体系

（一）总体目标

全面推进执行体制、执行机制、执行模式改革，加强正规化、专业化、职业化执行队伍建设，建立健全信息化执行查控体系、执行管理体系、执行指挥体系及执行信用惩戒体系，不断完善执行规范体系及各种配套措施，破解执行难题，补齐执行短板，在两到三年内实现以下目标：被执行人规避执行、抗拒执行和外界干预执行现象基本得到遏制；人民法院消极执行、选择性执行、乱执行的情形基本消除；无财产可供执行案件终结本次执行的程序标准和实质标准把握不严、恢复执行等相关配套机制应用不畅的问题基本解决；有财产可供执行案件在法定期限内基本执行完毕，人民群众对执行工作的满意度显著提升，人民法院执行权威有效树立，司法公信力进一步增强。

（二）评价体系

引入第三方评估机构研究制定基本解决执行难的评价体系，确定两到三年内解决执行难的具体目标及指标体系，广泛征求意见后向社会公开发布。两到三年期限届满前由该第三方评估机构及参与单位按照既定的评价体系进行效果评估，向社会发布评估结果。

二、基本解决执行难应坚持的原则

基本解决执行难，要把握新时期执行工作基本规律，坚持问题导向，秉持发展理念，系统设计、整体布局、突出重点、多措并举。

1. 坚持党的领导，确保正确方向。要始终坚持和依靠党的领导，积极主动向党委汇报解决执行难的各项工作部署，充分发挥党委总揽全局、协调各方的领导核心作用，帮助解决工作推进中的重大问题。同时也要充分发挥主观能动性，开拓进取，积极作为，按照总体要求和部署坚持不懈狠抓落实。

2. 加强顶层设计，鼓励改革创新。最高人民法院要立足中国国情，科学谋划解决执行难的顶层设计。作为有益补充，各地法院要紧紧围绕提高执行工作效率、增强司法公信力目标，在执行理念、执行方式、执行管理等方面勇于探索、大胆创新，不断积累解决执行难的实践经验。

3. 实行整体推进，强调重点突破。解决执行难涉及方方面面的工作，必须整体布局、有序推进，同时也要突出重点，集中精力破解影响整体工作推进的瓶颈和障碍，确保各项工作部署顺利进行。

4. 坚持标本兼治，注重长远发展。破解执行难是一项系统工程，需多措并举、标本兼治。既要立足现实，着力解决当前工作推进中的突出问题；也

要着眼长远，从影响执行难的全局性问题入手，积极推动社会诚信体系建设和破产、保险、救助等制度完善，谋划解决执行难的长效治本之策。

三、基本解决执行难的主要任务

基本解决执行难，要坚持以信息化建设为抓手，着力强化执行规范化建设和专业化建设，切实完善执行体制机制，努力实现执行工作各个领域的深刻变革。

（一）实现执行模式改革

全力推进执行信息化进程，联合惩戒失信被执行人，畅通被执行人及其财产发现渠道，基本改变“登门临柜”查人找物的传统模式，真正破解查人找物传统执行难题。

1. 实现网络执行查控系统全覆盖。建成以最高人民法院“总对总”网络执行查控系统为核心、以地方各级法院“点对点”网络执行查控系统为补充、覆盖全国地域存款及其他金融产品、车辆、证券、股权、房地产等主要财产形式的网络化、自动化执行查控体系，实现全国四级法院互联互通、全面应用，所有负责办理执行实施案件的执行人员均能熟练使用系统，快速查找、控制所承办案件的被执行人及其财产。

2. 强力惩戒失信被执行人。贯彻落实党中央关于加强社会诚信建设的战略部署，制定出台关于加快建立失信被执行人信用监督、威慑和惩戒机制的意见，不断拓展对失信被执行人联合信用惩戒的范围和深度。确保最高人民法院、国家发改委等44家单位达成的联合惩戒合作协议落地生根，形成多部门、多行业、多领域、多手段联合信用惩戒工作新常态，让失信被执行人寸步难行、无处逃遁，迫使其自动履行法定义务。

3. 拓宽被执行财产发现渠道。严格落实被执行人财产申报制度，对拒不申报或申报不实的被执行人依法进行制裁；探索、推行委托审计调查、委托律师调查、悬赏举报等制度，最大限度发现被执行人财产。

（二）实现执行体制改革

要按照党的十八届四中全会确定的“完善司法管理体制，推动实行审判权和执行权相分离的体制改革试点”要求，蹄疾步稳推进执行体制改革，让改革成果更多惠及执行当事人，促进解决执行难。

4. 实行执行权和审判权科学合理分离。进一步优化执行权的科学配置，设立执行裁判庭，审理执行程序中涉及实体权利的重大事实和法律争议，形成审判权对执行权的有效制约和监督。

5. 强化执行工作统一管理体制。依托执行指挥系统，强化全国四级法院统一管理、统一指挥、统一协调的执行工作管理体制，规范指定执行、提级执行、异地交叉执行的提起和审批程序，提高执行实施效率。

6. 探索改革基层法院执行机构设置。采取两种模式进行试点：一是中级人民法院打破行政区划设立执行分局、负责执行实施原基层人民法院的执行案件；二是强化中级人民法院执行局对基层人民法院执行人员、实施案件、执行装备的统一管理、调度和指挥职能，在破除地方保护主义、提高执行工作效率方面进行探索。

（三）实现执行管理改革

要以全国法院执行案件信息管理系统为依托，强化对执行程序各个环节的监督制约，严格规范执行行为，切实提高执行效率，努力增强司法公信力。

7. 全面运行案件流程信息管理系统。建立全国四级法院一体化的执行案件办案平台、案件节点管理系统，强化节点管控，自动生成、公开相关流程信息，形成执行法院、上级法院、当事人对执行案件多位一体的监督功能，堵塞廉政漏洞，有效解决消极执行、拖延执行、选择执行、乱执行等失范执行、违法执行问题。

8. 开展执行案款专项清理活动。在全国法院部署开展执行案款专项清理，集中解决执行案款管理中的历史遗留问题。通过清理活动建章立制，制定出台执行案款管理办法，全面实现执行款物的信息化管理，确保对执行案款的流转与发放透明高效，全程留痕、全程公开。

9. 推动建立执行救助制度。积极推动普遍建立执行救助制度，结合执行案款清理工作，研究扩充救助资金来源，充分体现国家和社会对弱势群体的人文关怀，彰显人民法院司法为民的核心宗旨。

（四）实现财产处置改革

要针对当前经济增速放缓、经济下行压力加大的形势，树立互联网思维，加大被执行财产的处置力度，及时、有效兑现债权人权益。

10. 推行网络司法评估管理。对拟处置的被执行人财产，通过网络平台进行流程管理，自动筛选评估机构，按照预设的程序进行价值评估，避免暗箱操作、低值高估、高值低估等侵害执行当事人权益现象，斩断利益输送链条，为后续拍卖工作奠定基础。

11. 推广网络司法拍卖。广泛推动各地法院以网络司法拍卖方式处置被执行财产，从源头上减少和杜绝串通压价、恶意竞买等有损公平公正的现象，祛除权力寻租空间，实现当事人利益最大化。

（五）完善执行工作机制

要在人民法院内部深挖潜力，理顺各种关系，完善相关工作衔接机制，努力提高执行工作效率。

12. 建立无财产可供执行案件退出和恢复执行机制。建立健全无财产可供执行案件终结本次执行程序的实质标准和程序标准；终结本次执行程序后，在一定年限内继续对被执行人采取限制高消费及有关消费的跟进措施；被执行人恢复履行能力后，执行法院依职权或依当事人申请启动恢复执行程序；全国法院执行案件流程信息管理系统设置专门数据库集中管理无财产可供执行案件，实现退出和恢复执行程序自动衔接。

13. 完善保全和先予执行协调配合机制。在立案阶段强化执行风险告知和保全、先予执行申请提示，支持、鼓励财产保全保险担保，做好保全申请与执行查控系统的有序衔接，提高保全债务人财产的及时性、有效性，以保全促调解、促和解、促执行，从源头上减少进入执行程序的案件数量，降低申请执行人权利落空的风险。

14. 建立和完善行为执行机制。加强对要求被执行人履行作为或不作为义务强制执行的专题研究，有针对性地解决实践中对行为履行义务的强制执行难题，出台相关指导意见。

15. 建立执行与破产有序衔接机制。将被执行人中大量资不抵债、符合破产条件的“僵尸企业”依法转入破产程序，充分发挥破产法律制度消化执行积案、缓解执行难的功能，促进市场经济按照规律健康有序发展。

16. 完善异地执行协作机制。树立全国执行一盘棋的理念，总结推广各地法院之间开展异地执行协作的经验，修改完善委托执行规定，以执行事项委托为主，建立全国统一的协作协助执行工作机制。

17. 建立繁简分流办案机制。根据执行案件财产查找、争议解决、拍卖处置等环节的难易程度，结合执行人员的个人专长，建立和完善案件分配、人员组合机制，最大限度发挥执行人员个人优势和人民法院集体优势。

18. 完善执行纠错机制。建立执行与赔偿的联动对接机制，对国家赔偿审理中发现的应当由执行监督程序解决的案件，及时进行审查纠正；完善执行回转案件的执行机制，确保原执行依据被撤销后当事人依法享有的执行回转权利能够得到及时行使，最大限度减少当事人因裁判错误受到的损失。

（六）完善执行规范体系

要针对执行工作实践中执法办案的法律适用难题，着力解决执行中因法律资源不足、法律空白点多、法律规定不明确、缺乏可操作性导致的执行人员规范意识淡薄、执行行为失范等现象，及时制定出台相关司法解释、规范性文件、指导意见，形成比较完善的执行工作司法解释规范体系。

19. 及时出台单行司法解释或指导性意见。出台变更追加执行主体、财产申报和财产调查、财产保全、网络司法拍卖、执行和解、仲裁裁决执行、公证债权文书执行、参与分配、股权执行等系列单行司法解释或指导性意见。

20. 全面梳理司法解释体系。对现行执行司法解释进行系统梳理，消除矛盾冲突，填补规则漏洞，提高司法解释的系统性。

21. 推动强制执行单独立法进程。配合立法机关深入开展强制执行法调研起草工作，形成比较完善的草案稿，提交立法机关审议，推动强制执行法尽快出台。

（七）完善执行监督体系

要健全和强化执行监督体系，从内到外、从上至下全方位加强对执行工作的监督制约，确保执行权高效、廉洁、有序运行。

22. 加强法院内部监督。最高人民法院要充分运用执行综治考核办法、执行工作约谈办法两个规范性文件，切实加强和改进执行监督工作。上级法院要适时成立督查组，对下级法院应用执行案件流程信息管理系统、清理执行案款、办理重点督办案件等方面的落实情况，进行全面督查指导，发现问题及时问责。

23. 主动接受人大监督。定期或不定期向各级人大报告执行工作，邀请人大代表到法院视察，及时办理代表议案和质询，主动接受监督。

24. 依法接受检察监督。与检察机关联合出台规范民事执行活动法律监督的规定，主动邀请检察机关对具有重大影响以及群体性、敏感性的执行案件，被执行人为特殊主体或因不当干预难以执行的案件，被执行人以暴力或其他方式抗拒执行的案件等进行监督，改善执行环境，维护当事人的合法权益。

25. 广泛接受社会监督。全力打造中国执行信息公开网，将执行案件流程信息、失信被执行人名单信息、执行裁判文书等及时向社会公开，保障当事人和社会公众对执行案件及执行工作的知情权、监督权，让执行权在阳光下运行。

（八）完善专项治理机制

要针对严重制约和影响执行质效的突出问题，持续深入开展反消极执行、反规避执行、反抗拒执行等整治行动，将专项治理要求转变为长期性、常态化工作机制。

26. 建立反消极执行长效机制。利用案件流程信息管理系统对消极执行现象进行自动筛查，发现问题及时予以警示、督促，经警示后在一定期限内仍消极不作为的，视情节轻重追究有关人员的责任。

27. 建立特别案件执行长效机制。继续深化涉党政机关执行积案清理专项活动，通过联合通报机制督促自动履行，推动将特殊主体的债务纳入预算管理，形成破解涉党政机关执行积案的合力与机制；建立涉民生案件执行常态化、随时性、优先性机制，将功夫用在平时，逐步改变每逢年节要靠组织开展集中清理活动突击解决问题的状况。

28. 建立反规避执行长效机制。持续深入开展反规避执行整治行动，提高查处规避执行行为的司法能力，完善相关协调配合工作机制，加大依法制裁力度，全面压缩规避执行行为的存在空间。

29. 建立反抗拒执行长效机制。依法加大对抗拒执行、阻碍执行甚至暴力抗法行为的惩治力度。执行过程中及时收集、固定被执行人或相关人员抗拒执行的音视频证据，充分利用罚款、拘留强制措施，以及公诉、自诉两种渠道追究拒不执行判决、裁定罪责任等手段进行依法制裁，定期公布典型案例，形成打击抗拒执行违法犯罪的高压态势。

四、基本解决执行难的组织保障

基本解决执行难，任务艰巨、责任重大、时间紧迫，要切实做好相关组织保障工作，确保各项安排部署有计划、按步骤顺利推进，达到预期目标。

（一）加强组织领导工作

1. 强化组织领导。各级人民法院党组要高度重视、切实加强对解决执行难工作的组织领导，要将解决执行难工作作为“一把手工程”来抓，各级法院党组书记、院长作为第一责任人要亲自过问、亲自部署、亲自协调，集中各方力量，确保抓出成效。

（二）加强执行队伍建设

要努力建设一支专业化、职业化、清正廉明的执行队伍，为基本解决执行难提供强有力的人力支撑。

2. 加强力量配备。认真落实《中共中央关于转发〈中共最高人民法院党组关于解决人民法院“执行难”问题的报告〉的通知》（中发〔1999〕11号）要求，合理确定和配备从事执行工作的人员比例，并确保执行人员具备必要的政治素质、专业素质和任职资格，对不具备相应任职资格的现有人员进行调整，严格杜绝将不具备任职资格的人员安排到执行工作岗位。

3. 推行人员分类管理。在法官员额制改革中对执行部门原具备法官资格的人员要与其他业务部门同等对待；执行局及执行裁判庭的法官员额比例总体不低于其他业务部门；积极推动现有执行人员的分类管理改革，在执行机构配备法官以及法官助理、司法警察等司法辅助人员，分别落实相应待遇，分工负责行使执行权。

4. 强化教育培训。始终以加强思想政治工作为核心，增强广大执行干警的政治意识、大局意识、责任意识、核心意识、看齐意识，确保执行工作方向正确；以强化党风廉政建设为关键，坚决整治执行队伍在纪律作风方面存在的突出问题，确保廉洁司法；以提升业务素养为重点，鼓励和保障广大执行干警钻研执行业务、优化知识结构、强化实践锻炼，确保执行队伍的司法能力。

（三）强化物质装备建设

要进一步落实科技强院的工作方针，强化对执行工作的物质装备建设，抓好技术、经费、设备三大保障。

5. 全面完成执行指挥系统建设。坚持高标准、高起点，全面完成执行指挥系统的软硬件建设，实现全国四级法院执行指挥系统音视频互联互通。

6. 加强执行队伍装备建设。为执行机构配备必要的执法车辆、通讯系统，给每一位从事执行实施工作的人员配备单兵执法仪以及其他必要的物质装备，加强执行人员人身安全保障，确保应急处置工作及时到位。

（四）切实加大宣传力度

要充分认识新闻宣传工作的重要性，充分利用各种新闻平台，加大执行工作宣传力度，凝聚全社会理解执行、尊重执行、协助执行的广泛共识，推动形成良好的法治环境。

7. 不断宣传执行工作新成效。通过多种形式在报纸、广播、电视、新媒体、户外广场、社区等平台或场所，全面展示一定时期内执行工作取得的成效，扩大影响。讲究宣传策略，重点选择正反两方面典型案例进行宣传报道，惩戒失信，褒奖诚信，营造形成守法光荣、违法可耻的社会氛围，促进社会诚信体系建设。

8. 宣传对执行难的理性认识。通过大力宣传，让人民群众深刻认识到，被执行人无财产可供执行、丧失履行能力的案件虽然在形式上表现为生效法律文书确定的权利义务未能最终实现，但其本质上属于当事人应当自己承担的商业风险、交易风险或法律风险，不属于应由人民法院解决的执行难。

最高人民法院
关于依法开展破产案件审理积极稳妥推进破产企业救治和清算工作的通知

（2016年5月6日　法〔2016〕169号）

各省、自治区、直辖市高级人民法院，解放军军事法院，新疆维吾尔自治区高级人民法院生产建设兵团分院：

为认真贯彻党的十八届五中全会“更加注重运用市场机制、经济手段、法治办法化解产能过剩，加大政策引导力度，完善企业退出机制”精神，落实中央经济工作会议推进供给侧结构性改革要求，现就人民法院依法开展破产案件审理、积极稳妥推进破产企业救治和清算工作通知如下：

一、深刻认识依法开展破产案件审理、积极稳妥推进破产企业救治和清算工作的重要意义。社会主义市场主体救治和退出机制是否建立，是衡量社会主义市场经济体制完善的标志之一。依法开展破产案件审理、积极稳妥推进破产企业救治和清算工作，既是供给侧结构性改革的客观需要，又是提升市场主体竞争力的客观需要，也是建立完善社会主义市场主体救治和退出机制的客观需要。各级人民法院要深刻认识破产案件审理对优化资源配置、规范市场秩序的重要意义，推动破产案件审理工作常态化、规范化、法治化。对符合破产受理条件但仍可能适应市场需要的企业，要运用破产和解和破产重整的方式进行救治，使其能够通过救治重返市场；对救治无效或者根本不能适应市场需要的企业，要进行破产清算，促进及时退出市场。依法开展破产案件审理，是解决执行难的重要途径。对执行中符合《企业破产法》规定的破产条件的企业，要依法启动破产程序，通过破产和解化解一批、破产重整处置一批、破产清算消除一批，使企业破产制度成为解决执行难的配套制度。

二、加快建立专门清算与破产审判庭。各高级人民法院要按照最高人民法院的要求首先在省会城市、副省级城市所在地中级人民法院建立清算与破产审判庭。破产案件数量多的中级人民法院，要积极协商地方编办建立专门审判庭。其他中级人民法院要根据本地实际情况适时开展专门审判庭的建立工作。2016 年 12 月 31 日前，各高级人民法院要将辖区内专门审判庭建立情况报告最高人民法院。同时，人民法院要推进破产审判法官和司法辅助人员专业化建设，为破产审判岗位配备优秀人才，并通过培训等多种方式，切实提升破产审判队伍整体素质。

清算与破产审判庭承担以下职责：1. 企业破产和强制清算案件的立案、审理；2. 依法处理企业强制清算和破产案件的善后事宜；3. 调研企业破产和强制清算案件审理工作情况；4. 对下级法院企业破产和强制清算案件审理进行业务指导；5. 与有关法院协调解决企业破产案件审理中的问题；6. 与地方党委、政府及有关部门协调解决企业破产案件审理中的问题；7. 管理和培训破产管理人。

三、切实建立健全破产案件审理工作机制。一要健全破产重整企业识别机制。各地法院要围绕让人民法院成为“生病企业”医院目标，对虽符合破产受理条件但具有运营价值的企业，要以市场化为导向，积极开展破产和解和重整，有效利用各种资源，使企业恢复生机。对救治无效或者其他不能适应市场需要的企业，要加快破产清算、及时释放生产要素，实现市场出清。二要在地方党委领导下，积极与政府建立“府院企业破产工作统一协调机制”。协调机制要统筹企业破产重整和清算相关工作，妥善解决企业破产过程中出现的各种问题。三要建立全国企业破产重整案件信息平台机制。各地法院要按照最高人民法院全国企业破产重整案件信息平台建设工作要求，做好破产案件前期信息整理工作，确保信息平台上线后顺畅运行。实现重整企业信息公开、破产程序公开、化解破产受理难问题的目标。四要建立合法有序的利益衡平机制。各地法院要依法处理职工工资、国家税收、担保债权、普通债权的实现顺序和实现方式，审慎协调各方利益。

四、积极完善管理人制度。各地法院要根据《企业破产法》的规定积极完善管理人制度，在现有管理人结构的基础上吸收适应企业重整需要的管理人才参加，积极发挥企业家、经营者、管理者乃至科技人员的作用。要加强对管理人的监督、指导和管理，要着手建立管理人分级管理、升级降级、增补淘汰等制度。要强化管理人的责任，督促管理人依法履职。

五、认真做好执行程序与破产程序的衔接。各地法院要按照《企业破产法》和《最高人民法院关于适用〈中华人民共和国民事诉讼法〉的解释》有关规定，做好执行程序转入破产程序的衔接工作。执行法院要充分利用执行信息平台和相关信息资源，及时汇集针对同一企业的执行案件信息，依法推进符合破产条件的企业转入破产程序，坚决反对在案件处理上相互推诿。破产案件审理中，其他法院要依法中止对破产企业的执行，依法解除相关保全措施。对于不依法解除保全措施和违法执行的相关人员，各地法院要依法依规严厉追究责任。

依法开展破产案件审理、积极稳妥推进破产企业救治和清算工作，是人民法院围绕中心、服务大局的重要任务。各地法院要强化责任意识，迅速行动，充分发挥破产审理职能，积极探索总结破产审理经验，为经济持续健康发展提供有力司法保障。对于在工作中发现的新情况、新问题，各地法院要及时层报最高人民法院。

最高人民法院
印发《关于严格规范终结本次执行程序的规定（试行）》的通知

（2016年10月29日　法〔2016〕373号）

各省、自治区、直辖市高级人民法院，解放军军事法院，新疆维吾尔自治区高级人民法院生产建设兵团分院：

现将《最高人民法院关于严格规范终结本次执行程序的规定（试行）》予以印发，请认真贯彻执行。

附：

最高人民法院
关于严格规范终结本次执行程序的规定（试行）

为严格规范终结本次执行程序，维护当事人的合法权益，根据《中华人民共和国民事诉讼法》及有关司法解释的规定，结合人民法院执行工作实际，制定本规定。

第一条　人民法院终结本次执行程序，应当同时符合下列条件：

（一）已向被执行人发出执行通知、责令被执行人报告财产；

（二）已向被执行人发出限制消费令，并将符合条件的被执行人纳入失信被执行人名单；

（三）已穷尽财产调查措施，未发现被执行人有可供执行的财产或者发现的财产不能处置；

（四）自执行案件立案之日起已超过三个月；

（五）被执行人下落不明的，已依法予以查找；被执行人或者其他人妨害执行的，已依法采取罚款、拘留等强制措施，构成犯罪的，已依法启动刑事责任追究程序。

第二条　本规定第一条第一项中的“责令被执行人报告财产”，是指应当完成下列事项：

（一）向被执行人发出报告财产令；

（二）对被执行人报告的财产情况予以核查；

（三）对逾期报告、拒绝报告或者虚假报告的被执行人或者相关人员，依法采取罚款、拘留等强制措施，构成犯罪的，依法启动刑事责任追究程序。

人民法院应当将财产报告、核实及处罚的情况记录入卷。

第三条 本规定第一条第三项中的“已穷尽财产调查措施”，是指应当完成下列调查事项：

（一）对申请执行人或者其他人提供的财产线索进行核查；

（二）通过网络执行查控系统对被执行人的存款、车辆及其他交通运输工具、不动产、有价证券等财产情况进行查询；

（三）无法通过网络执行查控系统查询本款第二项规定的财产情况的，在被执行人住所地或者可能隐匿、转移财产所在地进行必要调查；

（四）被执行人隐匿财产、会计账簿等资料且拒不交出的，依法采取搜查措施；

（五）经申请执行人申请，根据案件实际情况，依法采取审计调查、公告悬赏等调查措施；

（六）法律、司法解释规定的其他财产调查措施。

人民法院应当将财产调查情况记录入卷。

第四条 本规定第一条第三项中的“发现的财产不能处置”，包括下列情形：

（一）被执行人的财产经法定程序拍卖、变卖未成交，申请执行人不接受抵债或者依法不能交付其抵债，又不能对该财产采取强制管理等其他执行措施的；

（二）人民法院在登记机关查封的被执行人车辆、船舶等财产，未能实际扣押的。

第五条 终结本次执行程序前，人民法院应当将案件执行情况、采取的财产调查措施、被执行人的财产情况、终结本次执行程序的依据及法律后果等信息告知申请执行人，并听取其对终结本次执行程序的意见。

人民法院应当将申请执行人的意见记录入卷。

第六条 终结本次执行程序应当制作裁定书，载明下列内容：

（一）申请执行的债权情况；

（二）执行经过及采取的执行措施、强制措施；

（三）查明的被执行人财产情况；

（四）实现的债权情况；

（五）申请执行人享有要求被执行人继续履行债务及依法向人民法院申请

恢复执行的权利，被执行人负有继续向申请执行人履行债务的义务。

终结本次执行程序裁定书送达申请执行人后，执行案件可以作结案处理。人民法院进行相关统计时，应当对以终结本次执行程序方式结案的案件与其他方式结案的案件予以区分。

终结本次执行程序裁定书应当依法在互联网上公开。

第七条　当事人、利害关系人认为终结本次执行程序违反法律规定的，可以提出执行异议。人民法院应当依照民事诉讼法第二百二十五条的规定进行审查。

第八条　终结本次执行程序后，被执行人应当继续履行生效法律文书确定的义务。被执行人自动履行完毕的，当事人应当及时告知执行法院。

第九条　终结本次执行程序后，申请执行人发现被执行人有可供执行财产的，可以向执行法院申请恢复执行。申请恢复执行不受申请执行时效期间的限制。执行法院核查属实的，应当恢复执行。

终结本次执行程序后的五年内，执行法院应当每六个月通过网络执行查控系统查询一次被执行人的财产，并将查询结果告知申请执行人。符合恢复执行条件的，执行法院应当及时恢复执行。

第十条　终结本次执行程序后，发现被执行人有可供执行财产，不立即采取执行措施可能导致财产被转移、隐匿、出卖或者毁损的，执行法院可以依申请执行人申请或依职权立即采取查封、扣押、冻结等控制性措施。

第十一条　案件符合终结本次执行程序条件，又符合移送破产审查相关规定的，执行法院应当在作出终结本次执行程序裁定的同时，将执行案件相关材料移送被执行人住所地人民法院进行破产审查。

第十二条　终结本次执行程序裁定书送达申请执行人以后，执行法院应当在七日内将相关案件信息录入最高人民法院建立的终结本次执行程序案件信息库，并通过该信息库统一向社会公布。

第十三条　终结本次执行程序案件信息库记载的信息应当包括下列内容：

（一）作为被执行人的法人或者其他组织的名称、住所地、组织机构代码及其法定代表人或者负责人的姓名，作为被执行人的自然人的姓名、性别、年龄、身份证件号码和住址；

（二）生效法律文书的制作单位和文号，执行案号、立案时间、执行法院；

（三）生效法律文书确定的义务和被执行人的履行情况；

（四）人民法院认为应当记载的其他事项。

第十四条　当事人、利害关系人认为公布的终结本次执行程序案件信息错误的，可以向执行法院申请更正。执行法院审查属实的，应当在三日内予以更正。

第十五条 终结本次执行程序后，人民法院已对被执行人依法采取的执行措施和强制措施继续有效。

第十六条 终结本次执行程序后，申请执行人申请延长查封、扣押、冻结期限的，人民法院应当依法办理续行查封、扣押、冻结手续。

终结本次执行程序后，当事人、利害关系人申请变更、追加执行当事人，符合法定情形的，人民法院应予支持。变更、追加被执行人后，申请执行人申请恢复执行的，人民法院应予支持。

第十七条 终结本次执行程序后，被执行人或者其他人妨害执行的，人民法院可以依法予以罚款、拘留；构成犯罪的，依法追究刑事责任。

第十八条 有下列情形之一的，人民法院应当在三日内将案件信息从终结本次执行程序案件信息库中屏蔽：

（一）生效法律文书确定的义务执行完毕的；

（二）依法裁定终结执行的；

（三）依法应予屏蔽的其他情形。

第十九条 本规定自2016年12月1日起施行。

最高人民法院　最高人民检察院
印发《关于民事执行活动法律监督若干问题的规定》的通知

（2016年11月2日　法发〔2016〕30号）

各省、自治区、直辖市高级人民法院、人民检察院，军事法院、军事检察院，新疆维吾尔自治区高级人民法院生产建设兵团分院、新疆生产建设兵团人民检察院：

为促进人民法院依法执行，规范人民检察院民事执行法律监督活动，根据《中华人民共和国民事诉讼法》和其他有关法律规定，最高人民法院、最高人民检察院联合制定了《关于民事执行活动法律监督若干问题的规定》。现予印发，请认真贯彻执行。对执行中遇到的问题，请分别及时报告最高人民法院执行局和最高人民检察院民事行政检察厅。

附：

最高人民法院　最高人民检察院
关于民事执行活动法律监督若干问题的规定

为促进人民法院依法执行，规范人民检察院民事执行法律监督活动，根据《中华人民共和国民事诉讼法》和其他有关法律规定，结合人民法院民事执行和人民检察院民事执行法律监督工作实际，制定本规定。

第一条　人民检察院依法对民事执行活动实施法律监督。人民法院依法接受人民检察院的法律监督。

第二条　人民检察院办理民事执行监督案件，应当以事实为依据，以法律为准绳，坚持公开、公平、公正和诚实信用原则，尊重和保障当事人的诉讼权利，监督和支持人民法院依法行使执行权。

第三条　人民检察院对人民法院执行生效民事判决、裁定、调解书、支付令、仲裁裁决以及公证债权文书等法律文书的活动实施法律监督。

第四条　对民事执行活动的监督案件，由执行法院所在地同级人民检察院管辖。

上级人民检察院认为确有必要的，可以办理下级人民检察院管辖的民事执行监督案件。下级人民检察院对有管辖权的民事执行监督案件，认为需要上级人民检察院办理的，可以报请上级人民检察院办理。

第五条　当事人、利害关系人、案外人认为人民法院的民事执行活动存在违法情形向人民检察院申请监督，应当提交监督申请书、身份证明、相关法律文书及证据材料。提交证据材料的，应当附证据清单。

申请监督材料不齐备的，人民检察院应当要求申请人限期补齐，并明确告知应补齐的全部材料。申请人逾期未补齐的，视为撤回监督申请。

第六条　当事人、利害关系人、案外人认为民事执行活动存在违法情形，向人民检察院申请监督，法律规定可以提出异议、复议或者提起诉讼，当事人、利害关系人、案外人没有提出异议、申请复议或者提起诉讼的，人民检察院不予受理，但有正当理由的除外。

当事人、利害关系人、案外人已经向人民法院提出执行异议或者申请复议，人民法院审查异议、复议期间，当事人、利害关系人、案外人又向人民检察院申请监督的，人民检察院不予受理，但申请对人民法院的异议、复议程序进行监督的除外。

第七条 具有下列情形之一的民事执行案件，人民检察院应当依职权进行监督：

（一）损害国家利益或者社会公共利益的；

（二）执行人员在执行该案时有贪污受贿、徇私舞弊、枉法执行等违法行为、司法机关已经立案的；

（三）造成重大社会影响的；

（四）需要跟进监督的。

第八条 人民检察院因办理监督案件的需要，依照有关规定可以调阅人民法院的执行卷宗，人民法院应当予以配合。

通过拷贝电子卷、查阅、复制、摘录等方式能够满足办案需要的，不调阅卷宗。

人民检察院调阅人民法院卷宗，由人民法院办公室（厅）负责办理，并在五日内提供，因特殊情况不能按时提供的，应当向人民检察院说明理由，并在情况消除后及时提供。

人民法院正在办理或者已结案尚未归档的案件，人民检察院办理民事执行监督案件时可以直接到办理部门查阅、复制、拷贝、摘录案件材料，不调阅卷宗。

第九条 人民检察院因履行法律监督职责的需要，可以向当事人或者案外人调查核实有关情况。

第十条 人民检察院认为人民法院在民事执行活动中可能存在怠于履行职责情形的，可以向人民法院书面了解相关情况，人民法院应当说明案件的执行情况及理由，并在十五日内书面回复人民检察院。

第十一条 人民检察院向人民法院提出民事执行监督检察建议，应当经检察长批准或者检察委员会决定，制作检察建议书，在决定之日起十五日内将检察建议书连同案件卷宗移送同级人民法院。

检察建议书应当载明检察机关查明的事实、监督理由、依据以及建议内容等。

第十二条 人民检察院提出的民事执行监督检察建议，统一由同级人民法院立案受理。

第十三条 人民法院收到人民检察院的检察建议书后，应当在三个月内将审查处理情况以回复意见函的形式回复人民检察院，并附裁定、决定等相关法律文书。有特殊情况需要延长的，经本院院长批准，可以延长一个月。

回复意见函应当载明人民法院查明的事实、回复意见和理由并加盖院章。不采纳检察建议的，应当说明理由。

第十四条 人民法院收到检察建议后逾期未回复或者处理结果不当的，

提出检察建议的人民检察院可以依职权提请上一级人民检察院向其同级人民法院提出检察建议。上一级人民检察院认为应当跟进监督的，应当向其同级人民法院提出检察建议。人民法院应当在三个月内提出审查处理意见并以回复意见函的形式回复人民检察院，认为人民检察院的意见正确的，应当监督下级人民法院及时纠正。

第十五条　当事人在人民检察院审查案件过程中达成和解协议且不违反法律规定的，人民检察院应当告知其将和解协议送交人民法院，由人民法院依照民事诉讼法第二百三十条的规定进行处理。

第十六条　当事人、利害关系人、案外人申请监督的案件，人民检察院认为人民法院民事执行活动不存在违法情形的，应当作出不支持监督申请的决定，在决定之日起十五日内制作不支持监督申请决定书，发送申请人，并做好释法说理工作。

人民检察院办理依职权监督的案件，认为人民法院民事执行活动不存在违法情形的，应当作出终结审查决定。

第十七条　人民法院认为检察监督行为违反法律规定的，可以向人民检察院提出书面建议。人民检察院应当在收到书面建议后三个月内作出处理并将处理情况书面回复人民法院；人民法院对于人民检察院的回复有异议的，可以通过上一级人民法院向上一级人民检察院提出。上一级人民检察院认为人民法院建议正确的，应当要求下级人民检察院及时纠正。

第十八条　有关国家机关不依法履行生效法律文书确定的执行义务或者协助执行义务的，人民检察院可以向相关国家机关提出检察建议。

第十九条　人民检察院民事检察部门在办案中发现被执行人涉嫌构成拒不执行判决、裁定罪且公安机关不予立案侦查的，应当移送侦查监督部门处理。

第二十条　人民法院、人民检察院应当建立完善沟通联系机制，密切配合，互相支持，促进民事执行法律监督工作依法有序稳妥开展。

第二十一条　人民检察院对人民法院行政执行活动实施法律监督，行政诉讼法及有关司法解释没有规定的，参照本规定执行。

第二十二条　本规定自 2017 年 1 月 1 日起施行。

最高人民法院
关于在执行工作中规范执行行为切实保护各方当事人财产权益的通知

（2016年11月22日　法〔2016〕401号）

各省、自治区、直辖市高级人民法院，解放军军事法院，新疆维吾尔自治区高级人民法院生产建设兵团分院：

2016年11月4日，中共中央、国务院下发《关于完善产权保护制度依法保护产权的意见》（中发〔2016〕28号，以下简称《意见》）。11月10日，最高人民法院召开学习贯彻《意见》专题会议，要求深入贯彻落实《意见》精神，充分发挥人民法院审判职能作用，依法保护各种所有制经济组织和公民财产权，不断推进产权保护法治化，为经济社会发展提供有力司法保障。根据《意见》及上述会议精神，现就执行程序中贯彻落实产权保护制度、依法保护产权提出以下工作要求：

1. *在执行工作中牢固树立依法保护产权的理念。*执行工作是整个司法程序中的关键一环，是运用国家强制力实现生效裁判的复杂过程，既关系胜诉债权的实现，也关系被执行人、案外人等相关方的合法产权保护，关系经济社会发展大局。各级人民法院要严格依照法律规定执行，既要最大限度地让债权人实现胜诉权益，又不能随意扩大执行范围，侵犯被执行人、案外人等相关方的合法产权；要牢固树立依法执行、文明执行、善意执行理念，在充分考虑和保护债权人合法权益的基础上，统筹兼顾相关方利益，把握执行时机，讲究执行策略，注意执行方法，努力实现执行的法律效果与社会效果有机统一，加大执行力度与保护各方合法权益有机统一，履行职责与服务大局、促进发展有机统一，努力让人民群众在每一个执行案件中感受到公平正义。

2. *依法准确甄别被执行人财产。*只能执行被执行人的财产，是法院强制执行的基本法律原则。各级人民法院在执行过程中，要依法准确甄别被执行人财产，加强对财产登记、权属证书、证明及有关信息的审查，加强与有关财产权属登记部门的沟通合作，推进信息化执行查询机制建设，准确、及时地甄别被执行人财产，避免对案外人等非被执行人的合法财产采取强制执行措施。同时，对确定属于执行人的财产，则应加大执行力度，及时执行到位，确保申请执行人的债权及时兑现。

在财产刑案件执行中，要依法严格区分违法所得和合法财产，对于经过审理不能确认为违法所得的，不得判决追缴或者责令退赔；严格区分个人财产和企业法人财产，处理股东、企业经营管理者等自然人犯罪不得任意牵连企业法人财产，处理企业犯罪不得任意牵连股东、企业经营管理者个人合法财产；严格区分涉案人员个人财产和家庭成员财产，处理涉案人员犯罪不得牵连其家庭成员合法财产。

在执行程序中直接变更、追加被执行人的，应严格限定于法律、司法解释明确规定的情形。各级人民法院应严格依照即将施行的《最高人民法院关于民事执行中变更、追加当事人若干问题的规定》，避免随意扩大变更、追加范围。

3. *在采取查冻扣措施时注意把握执行政策。*查封、扣押、冻结财产要严格遵守相应的适用条件与法定程序，坚决杜绝超范围、超标的查封、扣押、冻结财产，对银行账户内资金采取冻结措施的，应当明确具体冻结数额；对土地、房屋等不动产保全查封时，如果登记在一个权利证书下的不动产价值超过应保全的数额，则应加强与国土部门的沟通、协商，尽量仅对该不动产的相应价值部分采取保全措施，避免影响其他部分财产权益的正常行使。

在采取具体执行措施时，要注意把握执行政策，尽量寻求依法平等保护各方利益的平衡点：对能采取“活封”“活扣”措施的，尽量不“死封”“死扣”，使保全财产继续发挥其财产价值，防止减损当事人利益，如对厂房、机器设备等生产经营性财产进行保全时，指定被保全人保管的，应当允许其继续使用；对车辆进行查封，可考虑与交管部门建立协助执行机制，以在车辆行驶证上加注查封标记的方式进行，既可防止被查封车辆被擅自转让，也能让车辆继续使用，避免“死封”带来的价值贬损及高昂停车费用。对有多种财产并存的，尽量优先采取方便执行且对当事人生产经营影响较小的执行措施。在不损害债权人利益前提下，允许被执行人在法院监督下处置财产，尽可能保全财产市场价值。在条件允许的情况下可以为企业预留必要的流动资金和往来账户，最大限度降低对企业正常生产经营活动的不利影响。对符合法定情形的，应当在法定期限内及时解除保全措施，避免因拖延解保给被保全人带来财产损失。《最高人民法院关于人民法院办理财产保全案件若干问题的规定》即将正式施行，各级人民法院要在执行工作中认真贯彻落实。

4. *提高财产处置变现效率。*对被依法查封的财产进行变价处置时，要依法优先采取拍卖等有利于公开公平公正实现财产价值的变现方式。要严格规范评估、拍卖、变卖和以物抵债等变价环节，防止对拟处置财产低估贱卖，侵害被执行人合法权益。对于司法强制拍卖要求一次性付清价款，门槛较高，可能不利于扩大竞买范围的问题，可借鉴部分地方法院的成熟经验，在司法拍卖中开展与银行业金融机构的按揭合作，降低竞买门槛，通过更广范围的竞价更好地让拍品变现。2017 年 1 月 1 日起，全面推行优先用网络司法拍卖方式处置财产，以降低处置成本、提高成交率、溢价率，保护双方当事人的合法权益。各级人民法院要认真贯彻落实《最高人民法院关于人民法院网络司法拍卖若干问题的规定》最大限度提高司法财产处置的公开性、透明度，坚决杜绝任何形式的暗箱操作，有效去除拍卖环节的权力寻租空间，斩断利益链条。

5. *规范执行案款管理与发放*。对于已经执行到位的执行案款，除有权属争议或存在参与分配等不宜立即发放情形的，应按照规定时限及时发还债权人，坚决避免执行案款长期沉淀在法院账户，以维护各方当事人的合法权益，最大限度地铲除侵占、挪用执行案款的土壤。各级人民法院要在今年开展执行案款集中清理工作成果的基础上，积极探索建立“一案一账户”的执行案款归集管理制度，形成案、款、人一一对应，账目清晰、程序透明、发放高效的规范化管理新模式。

6. *严格规范适用终结本次执行程序*。各级人民法院应严格落实即将正式施行的《最高人民法院关于终结本次执行程序若干问题的意见（试行）》，规范终结本次执行程序的适用，坚决避免为片面追求结案率而滥用终本程序，将具备执行条件的案件“一终了事”，导致执行案件涉及的财产长期滞留在执行程序中，不能得到有效的处置和利用，同时，对已有的终结本次执行程序案件进行梳理，对于符合恢复执行条件的案件要及时恢复执行，对于进入终结本次执行程序的被执行人依法采取限制消费措施。

7. *要严格落实执行异议制度*。切实推进立案登记制在执行领域的贯彻落实，当事人、案外人对执行财产权属等提出异议的，要做到有案必立、有诉必理，保障当事人的救济权利。对于执行领域中已经发现的社会反映强烈的产权申诉案件，应及时依法审查，确属执行错误的，要坚持有错必纠的原则及时予以纠正。

8. *依法用好执行和解制度*。依法推进执行中债务重组及和解，对符合条件的，可以引导各方当事人积极达成重组、和解协议，采取分期偿债、收入抵债等方式，既保障被执行人利益，又兼顾被执行人利益。

9. *充分发挥执行信访工作的作用*。要有效发挥执行信访工作在发现、纠正执行不作为、乱作为方面的功能作用，对来信来访中反映的不作为、乱作为案件要扭住不放，一查到底，一抓到底。凡是反映情况属实的坚决及时纠正。对上级法院挂网督办或以其他方式督办的案件必须在指定期限内报送处理结果。对措施不力、拖延办理或拒不办理的，要按照有关规定约谈有关领导及责任人，并定期向全国法院通报。

10. *以信息化手段强化执行监督管理。*各级法院要充分运用信息化手段，加强对执行案件流程的监督管理。2016 年 11 月底，四级法院统一的办案平台和流程节点管理平台将在全国 3519 个法院全面运行。通过执行流程节点管理，严格执行办案期限，有效解决消极执行、拖延执行、选择性执行等问题。各级法院要安排专门的监督管理人员，对流程节点及时管理监控，对执行办案流程中出现的各种违规现象要即查即纠，充分发挥平台在规范执行行为，全面及时监督管理，全面及时纠偏纠错方面的功能作用，彻底改变执行监督管理弱化、存在死角和漏洞的局面。

请各高级人民法院将本通知精神迅速传达到辖区内各级人民法院，并加强督促与指导，确保本通知精神的及时有效落实。

最高人民法院　司法部　中国银行业监督管理委员会
关于充分发挥公证书的强制执行效力服务银行金融债权风险防控的通知

（2017 年 7 月 13 日　司发通〔2017〕76 号）

各省、自治区、直辖市高级人民法院、司法厅（局），解放军军事法院，新疆维吾尔自治区高级人民法院生产建设兵团分院、新疆生产建设兵团司法局；各银监局，各政策性银行、大型银行、股份制银行，邮储银行，外资银行，金融资产管理公司，其他有关金融机构：

为进一步加强金融风险防控，充分发挥公证作为预防性法律制度的作用，提高银行业金融机构金融债权实现效率，降低金融债权实现成本，有效提高银行业金融机构防控风险的水平，现就在银行业金融机构经营业务中进一步发挥公证书的强制执行效力，服务银行金融债权风险防控通知如下：

一、公证机构可以对银行业金融机构运营中所签署的符合《公证法》第 37 条规定的以下债权文书赋予强制执行效力：

（一）各类融资合同，包括各类授信合同，借款合同、委托贷款合同、信托贷款合同等各类贷款合同，票据承兑协议等各类票据融资合同，融资租赁合同，保理合同，开立信用证合同，信用卡融资合同（包括信用卡合约及各类分期付款合同）等；

（二）债务重组合同、还款合同、还款承诺等；

（三）各类担保合同、保函；

（四）符合本通知第二条规定条件的其他债权文书。

二、公证机构对银行业金融机构运营中所签署的合同赋予强制执行效力应当具备以下条件：

（一）债权文书具有给付货币、物品、有价证券的内容；

（二）债权债务关系明确，债权人和债务人对债权文书有关给付内容无疑义；

（三）债权文书中载明债务人不履行义务或不完全履行义务时，债务人愿意接受依法强制执行的承诺。该项承诺也可以通过承诺书或者补充协议等方式在债权文书的附件中载明。

三、银行业金融机构申办强制执行公证，应当协助公证机构完成对当事人身份证明、财产权利证明等与公证事项有关材料的收集、核实工作；根据公证机构的要求通过修改合同、签订补充协议或者由当事人签署承诺书等方式将债务人、担保人愿意接受强制执行的承诺、出具执行证书前的核实方式、公证费和实现债权的其他费用的承担等内容载入公证的债权文书中。

四、公证机构在办理赋予各类债权文书强制执行效力的公证业务中应当严格遵守法律、法规规定的程序，切实做好当事人身份、担保物权属、当事人内部授权程序、合同条款及当事人意思表示等审核工作，确认当事人的签约行为的合法效力，告知当事人申请赋予债权文书强制执行效力的法律后果，提高合同主体的履约意识，预防和降低金融机构的操作风险。

五、银行业金融机构申请公证机构出具执行证书应当在《中华人民共和国民事诉讼法》第二百三十九条所规定的执行期间内提出申请，并应当向公证机构提交经公证的具有强制执行效力的债权文书、申请书、合同项下往来资金结算的明细表以及其他与债务履行相关的证据，并承诺所申请强制执行的债权金额或者相关计算公式准确无误。

六、公证机构受理银行业金融机构提出出具执行证书的申请后，应当按照法律法规规定的程序以及合同约定的核实方式进行核实，确保执行证书载明的债权债务明确无误，尽力减少执行争议的发生。

公证机构对符合条件的申请，应当在受理后十五个工作日内出具执行证书，需要补充材料、核实相关情况所需的时间不计算在期限内。

七、执行证书应当载明被执行人、执行标的、申请执行的期限。因债务人不履行或不完全履行而发生的违约金、利息、滞纳金等，以及按照债权文书的约定由债务人承担的公证费等实现债权的费用，有明确数额或计算方法的，可以根据银行业金融机构的申请依法列入执行标的。

八、人民法院支持公证机构对银行业金融机构的各类债权文书依法赋予强制执行效力，加大对公证债权文书的执行力度，银行业金融机构提交强制执行申请书、赋予债权文书强制执行效力公证书及执行证书申请执行公证债权文书符合法律规定条件的，人民法院应当受理，切实保障银行业金融机构快速实现金融债权，防范金融风险。

九、被执行人提出执行异议的银行业金融机构执行案件，人民法院经审查认为相关公证债权文书确有错误的，裁定不予执行。个别事项执行标的不明确，但不影响其他事项执行的，人民法院应对其他事项予以执行。

十、各省（区、市）司法行政部门要会同价格主管部门合理确定银行业金融债权文书强制执行公证的收费标准。公证机构和银行业金融机构协商一致的，可以在办理债权文书公证时收取部分费用，出具执行证书时收齐其余费用。

十一、银行业监督管理机构批准设立的其他金融机构，以及经国务院银行业监督管理机构公布的地方资产管理公司，参照本通知执行。

最高人民法院
关于认真做好网络司法拍卖与网络司法变卖衔接工作的通知

（2017 年 7 月 18 日　法明传〔2017〕455 号）

变卖是执行程序财产处置程序的重要组成部分，《最高人民法院关于人民法院网络司法拍卖若干问题的规定》（以下简称《网拍规定》）明确规定通过互联网平台进行变卖的，参照《网拍规定》执行。司法解释实施以来，网络司法拍卖二拍流拍后进行网络司法变卖的，各地法院操作不统一，为规范人民法院网络司法变卖行为，做好网络司法拍卖与网络司法变卖的衔接工作，现通知如下：

一、关于网络司法变卖平台选择的问题。网络司法拍卖二拍流拍后，人民法院采取网络司法变卖方式处置财产的，应当在最高人民法院确定的网络服务提供者名单库中的平台上实施。原则上沿用网拍程序适用的平台，但申请执行人在网拍二拍流拍后 10 日内书面要求更换到名单库中的其他平台上实施的，执行法院应当准许。

二、关于发布网络司法变卖公告期限的问题。网拍二拍流拍后，人民法院应当于 10 日内询问申请执行人或其他执行债权人是否接受以物抵债。不接受以物抵债的，人民法院应当于网拍二拍流拍之日起 15 日内发布网络司法变卖公告。

三、关于网络司法变卖公告期、变卖期的问题。网络司法变卖期为60天，人民法院应当在公告中确定变卖期的开始时间。变卖动产的，应当在变卖期开始7日前公告；变卖不动产或者其他财产权的，应当在变卖期开始15日前公告。变卖公告应当包括但不限于变卖财产、变卖价、变卖期、变卖期开始时间、变卖流程、保证金数额、加价幅度等内容，应当特别提示变卖成交后不交纳尾款的，保证金不予退还。

四、关于变卖价确定的问题。网络司法变卖的变卖价为网络司法拍卖二拍流拍价。各级人民法院应当认真领会《网拍规定》关于确定一拍、二拍起拍价的精神，在评估价（或市场价）基础上按《网络规定》进行降价拍卖。

五、关于竞买人资格确定的问题。竞买人交齐变卖价全款后，取得竞买资格。竞买人可以向法院指定的账户交纳，也可以在变卖平台上在线报名并交纳。竞买人向法院指定账户交纳的，人民法院应当及时通过操作系统录入并推送给确定的变卖平台。

六、关于网络司法拍卖变卖流程问题。变卖期开始后，取得竞买资格的竞买人即可以出价。自第一次出价开始进入24小时竞价程序，其他取得竞买资格的竞买人可在竞价程序内以递增出价方式参与竞买。竞价程序参照《网拍规定》第二十条规定进行，加价幅度参照我院法明传〔2017〕第253号通知要求进行设置。竞价程序内无其他人出价的，变卖财产由第一次出价的竞买人竞得；竞价程序内有其他人出价的，变卖财产由竞价程序结束时最高出价者竞得。变卖成交的，竞价程序结束时变卖期结束。

七、关于网络司法变卖结束后相关事宜处理的问题。变卖成交的，由平台以买受人的真实身份自动生成确认书并公示；变卖期内无人出价的，变卖期结束时变卖程序结束，相关财产按相关司法解释和规范性文件依法处置。

八、关于变卖成交后买受人不交纳尾款如何处理的问题。经过竞价变卖成交后，买受人反悔不交纳尾款的，从所交纳变卖价款中扣留变卖公告中所确定的保证金不予退还，扣留的保证金参照《网络规定》第二十四条处理，买受人反悔不交纳尾款导致人民法院重新变卖的，原买受人不得再次参与竞买。

九、关于未经拍卖直接变卖财产如何处置的问题。未经拍卖直接变卖的财产，按照《最高人民法院关于人民法院民事执行中拍卖、变卖财产的规定》进行变卖。

各高级人民法院应当及时指导辖区内法院认真学习本通知精神，按通知要求开展好网络司法变卖工作。我院已根据上述规则要求各网络服务提供者进行程序改造，同时一并开发内网变卖操作系统，系统具体上线时间及操作手册将另行下发。请各高级人民法院工作中注意收集辖区内法院在实施过程中遇到的问题、提出的意见及建议，及时报告我院。

特此通知。

最高人民法院
关于对重庆高院《关于破产申请受理前已经划扣到执行法院账户尚未支付给申请执行人的款项是否属于债务人财产及执行法院收到破产管理人中止执行告知函后应否中止执行问题的请示》的答复函

（2017 年 12 月 12 日　〔2017〕最高法民他 72 号）

重庆市高级人民法院：

你院（2017）渝民他 12 号《关于破产申请受理前已经划扣到执行法院账户尚未支付给申请执行人的款项是否属于债务人财产及执行法院收到破产管理人中止执行告知函后应否中止执行问题的请示》收悉，经研究，答复如下：

人民法院裁定受理破产申请时已经扣划到执行法院账户但尚未支付给申请人执行的款项，仍属于债务人财产，人民法院裁定受理破产申请后，执行法院应当中止对该财产的执行。执行法院收到破产管理人发送的中止执行告知函后仍继续执行的，应当根据《最高人民法院关于适用〈中华人民共和国破产法〉若干问题的规定（二）》第五条依法予以纠正，故同意你院审判委员会的倾向性意见，由于法律、司法解释和司法政策的变化，我院 2004 年 12 月 22 日作出的《关于如何理解〈最高人民法院关于破产司法解释〉第六十八条的请示的答复》（〔2003〕民二他字第 52 号）相应废止。

此复

最高人民法院
印发《关于执行案件移送破产审查若干问题的指导意见》的通知

（2017年1月20日　法发〔2017〕2号）

各省、自治区、直辖市高级人民法院，解放军军事法院，新疆维吾尔自治区高级人民法院生产建设兵团分院：现将《最高人民法院关于执行案件移送破产审查若干问题的指导意见》印发给你们，请认真遵照执行。

附：

最高人民法院
关于执行案件移送破产审查若干问题的指导意见

推进执行案件移送破产审查工作，有利于健全市场主体救治和退出机制，有利于完善司法工作机制，有利于化解执行积案，是人民法院贯彻中央供给侧结构性改革部署的重要举措，是当前和今后一段时期人民法院服务经济社会发展大局的重要任务。为促进和规范执行案件移送破产审查工作，保障执行程序与破产程序的有序衔接，根据《中华人民共和国企业破产法》《中华人民共和国民事诉讼法》《最高人民法院关于适用〈中华人民共和国民事诉讼法〉的解释》等规定，现对执行案件移送破产审查的若干问题提出以下意见。

一、执行案件移送破产审查的工作原则、条件与管辖

1. 执行案件移送破产审查工作，涉及执行程序与破产程序之间的转换衔接，不同法院之间，同一法院内部执行部门、立案部门、破产审判部门之间，应坚持依法有序、协调配合、高效便捷的工作原则，防止推诿扯皮，影响司法效率，损害当事人合法权益。

2. 执行案件移送破产审查，应同时符合下列条件：

（1）被执行人为企业法人；

（2）被执行人或者有关被执行人的任何一个执行案件的申请执行人书面

同意将执行案件移送破产审查；

（3）被执行人不能清偿到期债务，并且资产不足以清偿全部债务或者明显缺乏清偿能力。

3. 执行案件移送破产审查，由被执行人住所地人民法院管辖。在级别管辖上，为适应破产审判专业化建设的要求，合理分配审判任务，实行以中级人民法院管辖为原则、基层人民法院管辖为例外的管辖制度。中级人民法院经高级人民法院批准，也可以将案件交由具备审理条件的基层人民法院审理。

二、执行法院的征询、决定程序

4. 执行法院在执行程序中应加强对执行案件移送破产审查有关事宜的告知和征询工作。执行法院采取财产调查措施后，发现作为被执行人的企业法人符合破产法第二条规定的，应当及时询问申请执行人、被执行人是否同意将案件移送破产审查。申请执行人、被执行人均不同意移送且无人申请破产的，执行法院应当按照《最高人民法院关于适用〈中华人民共和国民事诉讼法〉的解释》第五百一十六条的规定处理，企业法人的其他已经取得执行依据的债权人申请参与分配的，人民法院不予支持。

5. 执行部门应严格遵守执行案件移送破产审查的内部决定程序。承办人认为执行案件符合移送破产审查条件的，应提出审查意见，经合议庭评议同意后，由执行法院院长签署移送决定。

6. 为减少异地法院之间移送的随意性，基层人民法院拟将执行案件移送异地中级人民法院进行破产审查的，在作出移送决定前，应先报请其所在地中级人民法院执行部门审核同意。

7. 执行法院作出移送决定后，应当于五日内送达申请执行人和被执行人。申请执行人或被执行人对决定有异议的，可以在受移送法院破产审查期间提出，由受移送法院一并处理。

8. 执行法院作出移送决定后，应当书面通知所有已知执行法院，执行法院均应中止对被执行人的执行程序。但是，对被执行人的季节性商品、鲜活、易腐烂变质以及其他不宜长期保存的物品，执行法院应当及时变价处置，处置的价款不作分配。受移送法院裁定受理破产案件的，执行法院应当在收到裁定书之日起七日内，将该价款移交受理破产案件的法院。

案件符合终结本次执行程序条件的，执行法院可以同时裁定终结本次执行程序。

9. 确保对被执行人财产的查封、扣押、冻结措施的连续性，执行法院决定移送后、受移送法院裁定受理破产案件之前，对被执行人的查封、扣押、冻结措施不解除。查封、扣押、冻结期限在破产审查期间届满的，申请执行人可以向执行法院申请延长期限，由执行法院负责办理。

三、移送材料及受移送法院的接收义务

10. 执行法院作出移送决定后，应当向受移送法院移送下列材料：

（1）执行案件移送破产审查决定书；

（2）申请执行人或被执行人同意移送的书面材料；

（3）执行法院采取财产调查措施查明的被执行人的财产状况，已查封、扣押、冻结财产清单及相关材料；

（4）执行法院已分配财产清单及相关材料；

（5）被执行人债务清单；

（6）其他应当移送的材料。

11. 移送的材料不完备或内容错误，影响受移送法院认定破产原因是否具备的，受移送法院可以要求执行法院补齐、补正，执行法院应于十日内补齐、补正。该期间不计入受移送法院破产审查的期间。

受移送法院需要查阅执行程序中的其他案件材料，或者依法委托执行法院办理财产处置等事项的，执行法院应予协助配合。

12. 执行法院移送破产审查的材料，由受移送法院立案部门负责接收。受移送法院不得以材料不完备等为由拒绝接收。立案部门经审核认为移送材料完备的，应以“破申”作为案件类型代字编制案号登记立案，并及时将案件移送破产审判部门进行破产审查。破产审判部门在审查过程中发现本院对案件不具有管辖权的，应当按照《中华人民共和国民事诉讼法》第三十六条的规定处理。

四、受移送法院破产审查与受理

13. 受移送法院的破产审判部门应当自收到移送的材料之日起三十日内作出是否受理的裁定。受移送法院作出裁定后，应当在五日内送达申请执行人、被执行人，并送交执行法院。

14. 申请执行人申请或同意移送破产审查的，裁定书中以该申请执行人为申请人，被执行人为被申请人；被执行人申请或同意移送破产审查的，裁定书中以该被执行人为申请人；申请执行人、被执行人均同意移送破产审查的，双方均为申请人。

15. 受移送法院裁定受理破产案件的，在此前的执行程序中产生的评估费、公告费、保管费等执行费用，可以参照破产费用的规定，从债务人财产中随时清偿。

16. 执行法院收到受移送法院受理裁定后，应当于七日内将已经扣划到账的银行存款、实际扣押的动产、有价证券等被执行人财产移交给受理破产案件的法院或管理人。

17. 执行法院收到受移送法院受理裁定时，已通过拍卖程序处置且成交裁定已送达买受人的拍卖财产，通过以物抵债偿还债务且抵债裁定已送达债权人的抵债财产，已完成转账、汇款、现金交付的执行款，因财产所有权已经发生变动，不属于被执行人的财产，不再移交。

五、受移送法院不予受理或驳回申请的处理

18. 受移送法院做出不予受理或驳回申请裁定的，应当在裁定生效后七日内将接收的材料、被执行人的财产退回执行法院，执行法院应当恢复对被执行人的执行。

19. 受移送法院作出不予受理或驳回申请的裁定后，人民法院不得重复启动执行案件移送破产审查程序。申请执行人或被执行人以有新证据足以证明被执行人已经具备了破产原因为由，再次要求将执行案件移送破产审查的，人民法院不予支持。但是，申请执行人或被执行人可以直接向具有管辖权的法院提出破产申请。

20. 受移送法院裁定宣告被执行人破产或裁定终止和解程序、重整程序的，应当自裁定作出之日起五日内送交执行法院，执行法院应当裁定终结对被执行人的执行。

六、执行案件移送破产审查的监督

21. 受移送法院拒绝接收移送的材料，或者收到移送的材料后不按规定的期限作出是否受理裁定的，执行法院可函请受移送法院的上一级法院进行监督。上一级法院收到函件后应当指令受移送法院在十日内接收材料或作出是否受理的裁定。

受移送法院收到上级法院的通知后，十日内仍不接收材料或不作出是否受理裁定的，上一级法院可以径行对移送破产审查的案件行使管辖权。上一级法院裁定受理破产案件的，可以指令受移送法院审理。

最高人民法院指导案例35号

广东龙正投资发展有限公司与广东景茂拍卖行有限公司委托拍卖执行复议案

（最高人民法院审判委员会讨论通过　2014年12月18日发布）

关键词

民事诉讼　执行复议　委托拍卖　恶意串通　拍卖无效

裁判要点

拍卖行与买受人有关联关系，拍卖行为存在以下情形，损害与标的物相关权利人合法权益的，人民法院可以视为拍卖行与买受人恶意串通，依法裁定该拍卖无效：（1）拍卖过程中没有其他无关联关系的竞买人参与竞买，或者虽有其他竞买人参与竞买，但未进行充分竞价的；（2）拍卖标的物的评估价明显低于实际价格，仍以该评估价成交的。

相关法条

《中华人民共和国民法通则》第五十八条

《中华人民共和国拍卖法》第六十五条

基本案情

广州白云荔发实业公司（以下简称荔发公司）与广州广丰房产建设有限公司（以下简称广丰公司）、广州银丰房地产有限公司（以下简称银丰公司）、广州金汇房产建设有限公司（以下简称金汇公司）非法借贷纠纷一案，广东省高级人民法院（以下简称广东高院）于1997年5月20日作出（1996）粤法经一初字第4号民事判决，判令广丰公司、银丰公司共同清偿荔发公司借款160647776.07元及利息，金汇公司承担连带赔偿责任。

广东高院在执行前述判决过程中，于1998年2月11日裁定查封了广丰公司名下的广丰大厦未售出部分，面积18851.86m^2。次日，委托广东景茂拍卖行有限公司（以下简称景茂拍卖行）进行拍卖。同年6月，该院委托的广东粤财房地产评估所出具评估报告，结论为：广丰大厦该部分物业在1998年6月12日的拍卖价格为102493594元。后该案因故暂停处置。

2001年初，广东高院重新启动处置程序，于同年4月4日委托景茂拍卖行对广丰大厦整栋进行拍卖。同年11月初，广东高院在报纸上刊登拟拍卖整栋广丰大厦的公告，要求涉及广丰大厦的所有权利人或购房业主，于2001年

11 月 30 日前向景茂拍卖行申报权利和登记，待广东高院处理。根据公告要求，向景茂拍卖行申报的权利有申请交付广丰大厦预售房屋、回迁房屋和申请返还购房款、工程款、银行借款等，金额高达 15 亿多元，其中，购房人缴纳的购房款逾 2 亿元。

2003 年 8 月 26 日，广东高院委托广东财兴资产评估有限公司（即原广东粤财房地产评估所）对广丰大厦整栋进行评估。同年 9 月 10 日，该所出具评估报告，结论为：整栋广丰大厦（用地面积 3009m²，建筑面积 34840m²）市值为 3445 万元，建议拍卖保留价为市值的 70%即 2412 万元。同年 10 月 17 日，景茂拍卖行以 2412 万元将广丰大厦整栋拍卖给广东龙正投资发展有限公司（以下简称龙正公司）。广东高院于同年 10 月 28 日作出（1997）粤高法执字第 7 号民事裁定，确认将广丰大厦整栋以 2412 万元转给龙正公司所有。2004 年 1 月 5 日，该院向广州市国土房管部门发出协助执行通知书，要求将广丰大厦整栋产权过户给买受人龙正公司，并声明原广丰大厦的所有权利人，包括购房人、受让人、抵押权人、被拆迁人或拆迁户等的权益，由该院依法处理。龙正公司取得广丰大厦后，在原主体框架结构基础上继续投入资金进行续建，续建完成后更名为“时代国际大厦”。

2011 年 6 月 2 日，广东高院根据有关部门的意见对该案复查后，作出（1997）粤高法执字第 7－1 号执行裁定，认定景茂拍卖行和买受人龙正公司的股东系亲属，存在关联关系。广丰大厦两次评估价格差额巨大，第一次评估了广丰大厦约一半面积的房产，第二次评估了该大厦整栋房产，但第二次评估价格仅为第一次评估价格的 35%，即使考虑市场变化因素，其价格变化也明显不正常。根据景茂拍卖行报告，拍卖时有三个竞买人参加竞买，另外两个竞买人均未举牌竞价，龙正公司因而一次举牌即以起拍价 2412 万元竞买成功。但经该院协调有关司法机关无法找到该二人，后书面通知景茂拍卖行提供该二人的竞买资料，景茂拍卖行未能按要求提供；景茂拍卖行也未按照《拍卖监督管理暂行办法》第四条“拍卖企业举办拍卖活动，应当于拍卖日前七天内到拍卖活动所在地工商行政管理局备案，……拍卖企业应当在拍卖活动结束后 7 天内，将竞买人名单、身份证明复印件送拍卖活动所在地工商行政管理局备案”的规定，向工商管理部门备案。现有证据不能证实另外两个竞买人参加了竞买。综上，可以认定拍卖人景茂拍卖行和竞买人龙正公司在拍卖广丰大厦中存在恶意串通行为，导致广丰大厦拍卖不能公平竞价、损害了购房人和其他债权人的利益。根据《中华人民共和国民法通则》（以下简称《民法通则》）第五十八条、《中华人民共和国拍卖法》（以下简称《拍卖法》）第六十五条的规定，裁定拍卖无效，撤销该院 2003 年 10 月 28 日作出的（1997）粤高法执字第 7 号民事裁定。对此，买受人龙正公司和景茂拍卖行分别向广东高院提出异议。

龙正公司和景茂拍卖行异议被驳回后，又向最高人民法院申请复议。主要复议理由为：对广丰大厦前后两次评估的价值相差巨大的原因存在合理性，评估结果与拍卖行和买受人无关；拍卖保留价也是根据当时实际情况决定的，拍卖成交价是当时市场客观因素造成的；景茂拍卖行不能提供另外两名竞买人的资料，不违反《拍卖法》第五十四条第二款关于“拍卖资料保管期限自委托拍卖合同终止之日起计算，不得少于五年”的规定；拍卖广丰大厦的拍卖过程公开、合法，拍卖前曾四次在报纸上刊出拍卖公告，法律没有禁止拍卖行股东亲属的公司参与竞买。故不存在拍卖行与买受人恶意串通、损害购房人和其他债权人利益的事实。广东高院推定竞买人与拍卖行存在恶意串通行为是错误的。

裁判结果

广东高院于2011年10月9日作出（2011）粤高法执异字第1号执行裁定：维持（1997）粤高法执字第7－1号执行裁定意见，驳回异议。裁定送达后，龙正公司和景茂拍卖行向最高人民法院申请复议。最高人民法院于2012年6月15日作出（2012）执复字第6号执行裁定：驳回龙正公司和景茂拍卖行的复议请求。

裁判理由

最高人民法院认为：受人民法院委托进行的拍卖属于司法强制拍卖，其与公民、法人和其他组织自行委托拍卖机构进行的拍卖不同，人民法院有权对拍卖程序及拍卖结果的合法性进行审查。因此，即使拍卖已经成交，人民法院发现其所委托的拍卖行为违法，仍可以根据《民法通则》第五十八条、《拍卖法》第六十五条等法律规定，对在拍卖过程中恶意串通，导致拍卖不能公平竞价、损害他人合法权益的，裁定该拍卖无效。

买受人在拍卖过程中与拍卖机构是否存在恶意串通，应从拍卖过程、拍卖结果等方面综合考察。如果买受人与拍卖机构存在关联关系，拍卖过程没有进行充分竞价，而买受人和拍卖机构明知标的物评估价和成交价明显过低，仍以该低价成交，损害标的物相关权利人合法权益的，可以认定双方存在恶意串通。

本案中，在景茂拍卖行与买受人之间因股东的亲属关系而存在关联关系的情况下，除非能够证明拍卖过程中有其他无关联关系的竞买人参与竞买，且进行了充分的竞价，否则可以推定景茂拍卖行与买受人之间存在串通。该竞价充分的举证责任应由景茂拍卖行和与其有关联关系的买受人承担。2003年拍卖结束后，景茂拍卖行给广东高院的拍卖报告中指出，还有另外两个自然人参加竞买，现场没有举牌竞价，拍卖中仅一次叫价即以保留价成交，并无竞价。而买受人龙正公司和景茂拍卖行不能提供其他两个竞买人的情况。经审核，其复议中提供的向工商管理部门备案的材料中，并无另外两个竞买人参加竞买的资料。拍卖资料经过了保存期，不是其不能提供竞买人情况的理由。据此，不能认定有其他竞买人参加了竞买，可以认定景茂拍卖行与买受人龙正公司之间存在串通行为。

鉴于本案拍卖系直接以评估机构确定的市场价的70%之保留价成交的，故评估价是否合理对于拍卖结果是否公正合理有直接关系。之前对一半房产的评估价已达一亿多元，但是本次对全部房产的评估价格却只有原来一半房产评估价格的35%。拍卖行明知价格过低，却通过亲属来购买房产，未经多轮竞价，严重侵犯了他人的利益。拍卖整个楼的价格与评估部分房产时的价格相差悬殊，拍卖行和买受人的解释不能让人信服，可以认定两者间存在恶意串通。同时，与广丰大厦相关的权利有申请交付广丰大厦预售房屋、回迁房屋和申请返还购房款、工程款、银行借款等，总额达15亿多元，仅购房人登记所交购房款即超过2亿元。而本案拍卖价款仅为2412万元，对于没有优先受偿权的本案申请执行人毫无利益可言，明显属于无益拍卖。鉴于景茂拍卖行负责接受与广丰大厦相关的权利的申报工作，且买受人与其存在关联关系，可认定景茂拍卖行与买受人对上述问题也应属明知。因此，对于此案拍卖导致与广丰大厦相关的权利人的权益受侵害，景茂拍卖行与买受人龙正公司之间构成恶意串通。

综上，广东高院认定拍卖人景茂拍卖行和买受人龙正公司在拍卖广丰大厦中存在恶意串通行为，导致广丰大厦拍卖不能公平竞价、损害了购房人和其他债权人的利益，是正确的。故（1997）粤高法执字第7—1号及（2011）粤高法执异字第1号执行裁定并无不当，景茂拍卖行与龙正公司申请复议的理由不能成立。

最高人民法院指导案例36号

中投信用担保有限公司与海通证券股份有限公司等证券权益纠纷执行复议案

（最高人民法院审判委员会讨论通过　2014年12月18日发布）

关键词

民事诉讼　执行复议　到期债权　协助履行

裁判要点

被执行人在收到执行法院执行通知之前，收到另案执行法院要求其向申请执行人的债权人直接清偿已经法院生效法律文书确认的债务的通知，并清偿债务的，执行法院不能将该部分已清偿债务纳入执行范围。

相关法条

《中华人民共和国民事诉讼法》第二百二十四条第一款

基本案情

中投信用担保有限公司（以下简称中投公司）与海通证券股份有限公司（以下简称海通证券）、海通证券股份有限公司福州广达路证券营业部（以下简称海通证券营业部）证券权益纠纷一案，福建省高级人民法院（以下简称福建高院）于2009年6月11日作出（2009）闽民初字第3号民事调解书，已经发生法律效力。中投公司于2009年6月25日向福建高院申请执行。福建高院于同年7月3日立案执行，并于当月15日向被执行人海通证券营业部、海通证券发出（2009）闽执行字第99号执行通知书，责令其履行法律文书确定的义务。

被执行人海通证券及海通证券营业部不服福建高院（2009）闽执行字第99号执行通知书，向该院提出书面异议。异议称：被执行人已于2009年6月12日根据北京市东城区人民法院（以下简称北京东城法院）的履行到期债务通知书，向中投公司的执行债权人潘鼎履行其对中投公司所负的到期债务11222761.55元，该款汇入了北京东城法院账户；上海市第二中级人民法院（以下简称上海二中院）为执行上海中维资产管理有限公司与中投公司纠纷案，向其发出协助执行通知书，并于2009年6月22日扣划了海通证券的银行存款8777238.45元。以上共计向中投公司的债权人支付了2000万元，故其与中投公司之间已经不存在未履行（2009）闽民初字第3号民事调解书确定的付款义务的事实，福建高院向其发出的执行通知书应当撤销。为此，福建高院作出（2009）闽执异字第1号裁定书，认定被执行人异议成立，撤销（2009）闽执行字第99号执行通知书。申请执行人中投公司不服，向最高人民法院提出了复议申请。申请执行人的主要理由是：北京东城法院的履行到期债务通知书和上海二中院的协助执行通知书，均违反了最高人民法院给江苏省高级人民法院的（2000）执监字第304号关于法院判决的债权不适用《关于适用〈中华人民共和国民事诉讼法〉若干问题的意见》第300条规定（以下简称意见第300条）的复函精神，福建高院的裁定错误。

裁判结果

最高人民法院于2010年4月13日作出（2010）执复字第2号执行裁定，驳回中投信用担保有限公司的复议请求，维持福建高院（2009）闽执异字第1号裁定。

裁判理由

最高人民法院认为：最高人民法院（2000）执监字第 304 号复函是针对个案的答复，不具有普遍效力。随着民事诉讼法关于执行管辖权的调整，该函中基于执行只能由一审法院管辖，认为经法院判决确定的到期债权不适用意见第 300 条的观点已不再具有合理性。对此问题正确的解释应当是：对经法院判决（或调解书，以下通称判决）确定的债权，也可以由非判决法院按照意见第 300 条规定的程序执行。因该到期债权已经法院判决确定，故第三人（被执行人的债务人）不能提出债权不存在的异议（否认生效判决的定论）。本案中，北京东城法院和上海二中院正是按照上述精神对福建高院（2009）闽民初字第 3 号民事调解书确定的债权进行执行的。被执行人海通证券无权对生效调解书确定的债权提出异议，不能对抗上海二中院强制扣划行为，其自动按照北京东城法院的通知要求履行，也是合法的。

被执行人海通证券营业部、海通证券收到有关法院通知的时间及其协助有关法院执行，是在福建高院向其发出执行通知之前。在其协助有关法院执行后，其因（2009）闽民初字第 3 号民事调解书而对于申请执行人中投公司负有的 2000 万元债务已经消灭，被执行人有权请求福建高院不得再依据该调解书强制执行。

综上，福建高院（2009）闽执异字第 1 号裁定书认定事实清楚，适用法律正确。故驳回中投公司的复议请求，维持福建高院（2009）闽执异字第 1 号裁定。

最高人民法院指导案例 37 号

上海金纬机械制造有限公司与瑞士瑞泰克公司
仲裁裁决执行复议案

（最高人民法院审判委员会讨论通过　2014 年 12 月 18 日发布）

关键词

民事诉讼　执行复议　涉外仲裁裁决　执行管辖
申请执行期间起算

裁判要点

当事人向我国法院申请执行发生法律效力的涉外仲裁裁决，发现被申请执行人或者其财产在我国领域内的，我国法院即对该案具有执行管辖权。当事人申请法院强制执行的时效期间，应当自发现被申请执行人或者其财产在我国领域内之日起算。

相关法条

《中华人民共和国民事诉讼法》第二百三十九条、第二百七十三条

基本案情

上海金纬机械制造有限公司（以下简称金纬公司）与瑞士瑞泰克公司（RETECH Aktiengesellschaft，以下简称瑞泰克公司）买卖合同纠纷一案，由中国国际经济贸易仲裁委员会于2006年9月18日作出仲裁裁决。2007年8月27日，金纬公司向瑞士联邦兰茨堡（Lenzburg）法院（以下简称兰茨堡法院）申请承认和执行该仲裁裁决，并提交了由中国中央翻译社翻译、经上海市外事办公室及瑞士驻上海总领事认证的仲裁裁决书翻译件。同年10月25日，兰茨堡法院以金纬公司所提交的仲裁裁决书翻译件不能满足《承认及执行外国仲裁裁决公约》（以下简称《纽约公约》）第四条第二点关于“译文由公设或宣誓之翻译员或外交或领事人员认证”的规定为由，驳回金纬公司申请。其后，金纬公司又先后两次向兰茨堡法院递交了分别由瑞士当地翻译机构翻译的仲裁裁决书译件和由上海上外翻译公司翻译、上海市外事办公室、瑞士驻上海总领事认证的仲裁裁决书翻译件以申请执行，仍被该法院分别于2009年3月17日和2010年8月31日，以仲裁裁决书翻译文件没有严格意义上符合《纽约公约》第四条第二点的规定为由，驳回申请。

2008年7月30日，金纬公司发现瑞泰克公司有一批机器设备正在上海市浦东新区展览，遂于当日向上海市第一中级人民法院（以下简称上海一中院）申请执行。上海一中院于同日立案执行并查封、扣押了瑞泰克公司参展机器设备。瑞泰克公司遂以金纬公司申请执行已超过《中华人民共和国民事诉讼法》（以下简称《民事诉讼法》）规定的期限为由提出异议，要求上海一中院不受理该案，并解除查封，停止执行。

裁判结果

上海市第一中级人民法院于2008年11月17日作出（2008）沪一中执字第640－1民事裁定，驳回瑞泰克公司的异议。裁定送达后，瑞泰克公司向上海市高级人民法院申请执行复议。2011年12月20日，上海市高级人民法院作出（2009）沪高执复议字第2号执行裁定，驳回复议申请。

裁判理由

法院生效裁判认为：本案争议焦点是我国法院对该案是否具有管辖权以及申请执行期间应当从何时开始起算。

一、关于我国法院的执行管辖权问题

根据《民事诉讼法》的规定，我国涉外仲裁机构作出的仲裁裁决，如果

被执行人或者其财产不在中华人民共和国领域内的，应当由当事人直接向有管辖权的外国法院申请承认和执行。鉴于本案所涉仲裁裁决生效时，被执行人瑞泰克公司及其财产均不在我国领域内，因此，人民法院在该仲裁裁决生效当时，对裁决的执行没有管辖权。

2008 年 7 月 30 日，金纬公司发现被执行人瑞泰克公司有财产正在上海市参展。此时，被申请执行人瑞泰克公司有财产在中华人民共和国领域内的事实，使我国法院产生了对本案的执行管辖权。申请执行人依据《民事诉讼法》“一方当事人不履行仲裁裁决的，对方当事人可以向被申请人住所地或者财产所在地的中级人民法院申请执行”的规定，基于被执行人不履行仲裁裁决义务的事实，行使民事强制执行请求权，向上海一中院申请执行。这符合我国《民事诉讼法》有关人民法院管辖涉外仲裁裁决执行案件所应当具备的要求，上海一中院对该执行申请有管辖权。

考虑到《纽约公约》规定的原则是，只要仲裁裁决符合公约规定的基本条件，就允许在任何缔约国得到承认和执行。《纽约公约》的目的在于便利仲裁裁决在各缔约国得到顺利执行，因此并不禁止当事人向多个公约成员国申请相关仲裁裁决的承认与执行。被执行人一方可以通过举证已经履行了仲裁裁决义务进行抗辩，向执行地法院提交已经清偿债务数额的证据，这样即可防止被执行人被强制重复履行或者超标的履行的问题。因此，人民法院对该案行使执行管辖权，符合《纽约公约》规定的精神，也不会造成被执行人重复履行生效仲裁裁决义务的问题。

二、关于本案申请执行期间起算问题

依照《民事诉讼法》（2007 年修正）第二百一十五条的规定，“申请执行的期间为二年。”“前款规定的期间，从法律文书规定履行期间的最后一日起计算；法律文书规定分期履行的，从规定的每次履行期间的最后一日起计算；法律文书未规定履行期间的，从法律文书生效之日起计算。”鉴于我国法律有关申请执行期间起算，是针对生效法律文书作出时，被执行人或者其财产在我国领域内的一般情况作出的规定；而本案的具体情况是，仲裁裁决生效当时，我国法院对该案并没有执行管辖权，当事人依法向外国法院申请承认和执行该裁决而未能得到执行，不存在怠于行使申请执行权的问题；被执行人一直拒绝履行裁决所确定的法律义务；申请执行人在发现被执行人有财产在我国领域内之后，即向人民法院申请执行。考虑到这类情况下，外国被执行人或者其财产何时会再次进入我国领域内，具有较大的不确定性，因此，应当合理确定申请执行期间起算点，才能公平保护申请执行人的合法权益。

鉴于债权人取得有给付内容的生效法律文书后，如债务人未履行生效文书所确定的义务，债权人即可申请法院行使强制执行权，实现其实体法上的请求权，此项权利即为民事强制执行请求权。民事强制执行请求权的存在依赖于实体权利，取得依赖于执行根据，行使依赖于执行管辖权。执行管辖权是民事强制执行请求权的基础和前提。在司法实践中，人民法院的执行管辖权与当事人的民事强制执行请求权不能是抽象或不确定的，而应是具体且可操作的。义务人瑞泰克公司未履行裁决所确定的义务时，权利人金纬公司即拥有了民事强制执行请求权，但是，根据《民事诉讼法》的规定，对于涉外仲裁机构作出的仲裁申请执行，如果被执行人或者其财产不在中华人民共和国领域内，应当由当事人直接向有管辖权的外国法院申请承认和执行。此时，因被执行人或者其财产不在我国领域内，我国法院对该案没有执行管辖权，申请执行人金纬公司并非其主观上不愿或怠于行使权利，而是由于客观上纠纷本身没有产生人民法院执行管辖连接点，导致其无法向人民法院申请执行。人民法院在受理强制执行申请后，应当审查申请是否在法律规定的时效期间内提出。具有执行管辖权是人民法院审查申请执行人相关申请的必要前提，因此应当自执行管辖确定之日，即发现被执行人可供执行财产之日，开始计算申请执行人的申请执行期限。

最高人民法院指导案例 54 号

中国农业发展银行安徽省分行诉张大标、安徽长江融资担保集团有限公司执行异议之诉纠纷案

（最高人民法院审判委员会讨论通过　2015 年 11 月 19 日发布）

关键词

民事　执行异议之诉　金钱质押　特定化　移交占有

裁判要点

当事人依约为出质的金钱开立保证金专门账户，且质权人取得对该专门账户的占有控制权，符合金钱特定化和移交占有的要求，即使该账户内资金余额发生浮动，也不影响该金钱质权的设立。

相关法条

《中华人民共和国物权法》第 212 条

基本案情

原告中国农业发展银行安徽省分行（以下简称农发行安徽分行）诉称：其与第三人安徽长江融资担保集团有限公司（以下简称长江担保公司）按照

签订的《信贷担保业务合作协议》，就信贷担保业务按约进行了合作。长江担保公司在农发行安徽分行处开设的担保保证金专户内的资金实际是长江担保公司向其提供的质押担保，请求判令其对该账户内的资金享有质权。

被告张大标辩称：农发行安徽分行与第三人长江担保公司之间的《贷款担保业务合作协议》没有质押的意思表示；案涉账户资金本身是浮动的，不符合金钱特定化要求，农发行安徽分行对案涉保证金账户内的资金不享有质权。

第三人长江担保公司认可农发行安徽分行对账户资金享有质权的意见。

法院经审理查明：2009 年 4 月 7 日，农发行安徽分行与长江担保公司签订一份《贷款担保业务合作协议》。其中第三条“担保方式及担保责任”约定：甲方（长江担保公司）向乙方（农发行安徽分行）提供的保证担保为连带责任保证；保证担保的范围包括主债权及利息、违约金和实现债权的费用等。第四条“担保保证金（担保存款）”约定：甲方在乙方开立担保保证金专户，担保保证金专户行为农发行安徽分行营业部，账号尾号为 9511；甲方需将具体担保业务约定的保证金在保证合同签订前存入担保保证金专户，甲方需缴存的保证金不低于贷款额度的 10%；未经乙方同意，甲方不得动用担保保证金专户内的资金。第六条“贷款的催收、展期及担保责任的承担”约定：借款人逾期未能足额还款的，甲方在接到乙方书面通知后五日内按照第三条约定向乙方承担担保责任，并将相应款项划入乙方指定账户。第八条“违约责任”约定：甲方在乙方开立的担保专户的余额无论因何原因而小于约定的额度时，甲方应在接到乙方通知后三个工作日内补足，补足前乙方可以中止本协议项下业务。甲方违反本协议第六条的约定，没有按时履行保证责任的，乙方有权从甲方在其开立的担保基金专户或其他任一账户中扣划相应的款项。2009 年 10 月 30 日、2010 年 10 月 30 日，农发行安徽分行与长江担保公司还分别签订与上述合作协议内容相似的两份《信贷担保业务合作协议》。

上述协议签订后，农发行安徽分行与长江担保公司就贷款担保业务进行合作，长江担保公司在农发行安徽分行处开立担保保证金账户，账号尾号为 9511。长江担保公司按照协议约定缴存规定比例的担保保证金，并据此为相应额度的贷款提供了连带保证责任担保。自 2009 年 4 月 3 日至 2012 年 12 月 31 日，该账户共发生了 107 笔业务，其中贷方业务为长江担保公司缴存的保证金；借方业务主要涉及两大类，一类是贷款归还后长江担保公司申请农发行安徽分行退还的保证金，部分退至债务人的账户；另一类是贷款逾期后农发行安徽分行从该账户内扣划的保证金。

2011 年 12 月 19 日，安徽省合肥市中级人民法院在审理张大标诉安徽省六本食品有限责任公司、长江担保公司等民间借贷纠纷一案过程中，根据张大标的申请，对长江担保公司上述保证金账户内的资金 1495.7852 万元进行保全。该案判决生效后，合肥市中级人民法院将上述保证金账户内的资金 1338.313257 万元划至该院账户。农发行安徽分行作为案外人提出执行异议，2012 年 11 月 2 日被合肥市中级人民法院裁定驳回异议。随后，农发行安徽分行因与被告张大标、第三人长江担保公司发生执行异议纠纷，提起本案诉讼。

裁判结果

安徽省合肥市中级人民法院于 2013 年 3 月 28 日作出（2012）合民一初字第 00505 号民事判决：驳回农发行安徽分行的诉讼请求。宣判后，农发行安徽分行提出上诉。安徽省高级人民法院于 2013 年 11 月 19 日作出（2013）皖民二终字第 00261 号民事判决：一、撤销安徽省合肥市中级人民法院（2012）合民一初字第 00505 号民事判决；二、农发行安徽分行对长江担保公司账户（账号尾号 9511）内的 13383132.57 元资金享有质权。

裁判理由

法院生效裁判认为：本案二审的争议焦点为农发行安徽分行对案涉账户内的资金是否享有质权。对此应当从农发行安徽分行与长江担保公司之间是否存在质押关系以及质权是否设立两个方面进行审查。

一、农发行安徽分行与长江担保公司是否存在质押关系

《中华人民共和国物权法》（以下简称《物权法》）第二百一十条规定："设立质权，当事人应当采取书面形式订立质权合同。质权合同一般包括下列条款：（一）被担保债权的种类和数额；（二）债务人履行债务的期限；（三）质押财产的名称、数量、质量、状况；（四）担保的范围；（五）质押财产交付的时间。"本案中，农发行安徽分行与长江担保公司之间虽没有单独订立带有"质押"字样的合同，但依据该协议第四条、第六条、第八条约定的条款内容，农发行安徽分行与长江担保公司之间协商一致，对以下事项达成合意：长江担保公司为担保业务所缴存的保证金设立担保保证金专户，长江担保公司按照贷款额度的一定比例缴存保证金；农发行安徽分行作为开户行对长江担保公司存入该账户的保证金取得控制权，未经同意，长江担保公司不能自由使用该账户内的资金；长江担保公司未履行保证责任，农发行安徽分行有权从该账户中扣划相应的款项。该合意明确约定了所担保债权的种类和数量、债务履行期限、质物数量和移交时间、担保范围、质权行使条件，具备《物权法》第二百一十条规定的质押合同的一般条款，故应认定农发行安徽分行与长江担保公司之间订立了书面质押合同。

二、案涉质权是否设立

《物权法》第二百一十二条规定："质权自出质人交付质押财产时设立。"《最高人民法院关于适用〈中华人民共和国担保法〉若干问题的解释》第八十五条规定，债务人或者第三人将其金钱以特户、封金、保证金等形式特定化后，移交债权人占有作为债权的担保，债务人不履行债务时，债权人可以以该金钱优先受偿。依照上述法律和司法解释规定，金钱作为一种特殊的动产，可以用于质押。金钱质押作为特殊的动产质押，不同于不动产抵押和权利质押，还应当符合金钱特定化和移交债权人占有两个要件，以使金钱既不与出质人其他财产相混同，又能独立于质权人的财产。

本案中，首先金钱以保证金形式特定化。长江担保公司于2009年4月3日在农发行安徽分行开户，且与《贷款担保业务合作协议》约定的账号一致，即双方当事人已经按照协议约定为出质金钱开立了担保保证金专户。保证金专户开立后，账户内转入的资金为长江担保公司根据每次担保贷款额度的一定比例向该账户缴存保证金；账户内转出的资金为农发行安徽分行对保证金的退还和扣划，该账户未作日常结算使用，故符合《最高人民法院关于适用〈中华人民共和国担保法〉若干问题的解释》第八十五条规定的金钱以特户等形式特定化的要求。其次，特定化金钱已移交债权人占有。占有是指对物进行控制和管理的事实状态。案涉保证金账户开立在农发行安徽分行，长江担保公司作为担保保证金专户内资金的所有权人，本应享有自由支取的权利，但《贷款担保业务合作协议》约定未经农发行安徽分行同意，长江担保公司不得动用担保保证金专户内的资金。同时，《贷款担保业务合作协议》约定在担保的贷款到期未获清偿时，农发行安徽分行有权直接扣划担保保证金专户内的资金，农发行安徽分行作为债权人取得了案涉保证金账户的控制权，实际控制和管理该账户，此种控制权移交符合出质金钱移交债权人占有的要求。据此，应当认定双方当事人已就案涉保证金账户内的资金设立质权。

关于账户资金浮动是否影响金钱特定化的问题。保证金以专门账户形式特定化并不等于固定化。案涉账户在使用过程中，随着担保业务的开展，保证金账户的资金余额是浮动的。担保公司开展新的贷款担保业务时，需要按照约定存入一定比例的保证金，必然导致账户资金的增加；在担保公司担保的贷款到期未获清偿时，扣划保证金账户内的资金，必然导致账户资金的减少。虽然账户内资金根据业务发生情况处于浮动状态，但均与保证金业务相对应，除缴存的保证金外，支出的款项均用于保证金的退还和扣划，未用于非保证金业务的日常结算。即农发行安徽分行可以控制该账户，长江担保公司对该账户内的资金使用受到限制，故该账户资金浮动仍符合金钱作为质权的特定化和移交占有的要求，不影响该金钱质权的设立。

（生效裁判审判人员：霍楠、徐旭红、卢玉河）

第十四章 涉港澳、涉台民事诉讼程序的规定

最高人民法院
关于认可和执行台湾地区法院民事判决的规定

法释〔2015〕13号

（2015年6月2日最高人民法院审判委员会第1653次会议通过
2015年6月29日最高人民法院公告公布 自2015年7月1日起施行）

为保障海峡两岸当事人的合法权益，更好地适应海峡两岸关系和平发展的新形势，根据民事诉讼法等有关法律，总结人民法院涉台审判工作经验，就认可和执行台湾地区法院民事判决，制定本规定。

第一条 台湾地区法院民事判决的当事人可以根据本规定，作为申请人向人民法院申请认可和执行台湾地区有关法院民事判决。

第二条 本规定所称台湾地区法院民事判决，包括台湾地区法院作出的生效民事判决、裁定、和解笔录、调解笔录、支付命令等。

申请认可台湾地区法院在刑事案件中作出的有关民事损害赔偿的生效判决、裁定、和解笔录的，适用本规定。

申请认可由台湾地区乡镇市调解委员会等出具并经台湾地区法院核定，与台湾地区法院生效民事判决具有同等效力的调解文书的，参照适用本规定。

第三条 申请人同时提出认可和执行台湾地区法院民事判决申请的，人民法院先按照认可程序进行审查，裁定认可后，由人民法院执行机构执行。

申请人直接申请执行的，人民法院应当告知其一并提交认可申请；坚持不申请认可的，裁定驳回其申请。

第四条 申请认可台湾地区法院民事判决的案件，由申请人住所地、经常居住地或者被申请人住所地、经常居住地、财产所在地中级人民法院或者专门人民法院受理。

申请人向两个以上有管辖权的人民法院申请认可的，由最先立案的人民法院管辖。

申请人向被申请人财产所在地人民法院申请认可的，应当提供财产存在

的相关证据。

第五条　对申请认可台湾地区法院民事判决的案件，人民法院应当组成合议庭进行审查。

第六条　申请人委托他人代理申请认可台湾地区法院民事判决的，应当向人民法院提交由委托人签名或者盖章的授权委托书。

台湾地区、香港特别行政区、澳门特别行政区或者外国当事人签名或者盖章的授权委托书应当履行相关的公证、认证或者其他证明手续，但授权委托书在人民法院法官的见证下签署或者经中国大陆公证机关公证证明是在中国大陆签署的除外。

第七条　申请人申请认可台湾地区法院民事判决，应当提交申请书，并附有台湾地区有关法院民事判决文书和民事判决确定证明书的正本或者经证明无误的副本。台湾地区法院民事判决为缺席判决的，申请人应当同时提交台湾地区法院已经合法传唤当事人的证明文件，但判决已经对此予以明确说明的除外。

申请书应当记明以下事项：

（一）申请人和被申请人姓名、性别、年龄、职业、身份证件号码、住址（申请人或者被申请人为法人或者其他组织的，应当记明法人或者其他组织的名称、地址、法定代表人或者主要负责人姓名、职务）和通讯方式；

（二）请求和理由；

（三）申请认可的判决的执行情况；

（四）其他需要说明的情况。

第八条　对于符合本规定第四条和第七条规定条件的申请，人民法院应当在收到申请后七日内立案，并通知申请人和被申请人，同时将申请书送达被申请人；不符合本规定第四条和第七条规定条件的，应当在七日内裁定不予受理，同时说明不予受理的理由；申请人对裁定不服的，可以提起上诉。

第九条　申请人申请认可台湾地区法院民事判决，应当提供相关证明文件，以证明该判决真实并且已经生效。

申请人可以申请人民法院通过海峡两岸调查取证司法互助途径查明台湾地区法院民事判决的真实性和是否生效以及当事人得到合法传唤的证明文件；人民法院认为必要时，也可以就有关事项依职权通过海峡两岸司法互助途径向台湾地区请求调查取证。

第十条　人民法院受理认可台湾地区法院民事判决的申请之前或者之后，可以按照民事诉讼法及相关司法解释的规定，根据申请人的申请，裁定采取保全措施。

第十一条　人民法院受理认可台湾地区法院民事判决的申请后，当事人就同一争议起诉的，不予受理。

一方当事人向人民法院起诉后，另一方当事人向人民法院申请认可的，对于认可的申请不予受理。

第十二条 案件虽经台湾地区有关法院判决，但当事人未申请认可，而是就同一争议向人民法院起诉的，应予受理。

第十三条 人民法院受理认可台湾地区法院民事判决的申请后，作出裁定前，申请人请求撤回申请的，可以裁定准许。

第十四条 人民法院受理认可台湾地区法院民事判决的申请后，应当在立案之日起六个月内审结。有特殊情况需要延长的，报请上一级人民法院批准。

通过海峡两岸司法互助途径送达文书和调查取证的期间，不计入审查期限。

第十五条 台湾地区法院民事判决具有下列情形之一的，裁定不予认可：

（一）申请认可的民事判决，是在被申请人缺席又未经合法传唤或者在被申请人无诉讼行为能力又未得到适当代理的情况下作出的；

（二）案件系人民法院专属管辖的；

（三）案件双方当事人订有有效仲裁协议，且无放弃仲裁管辖情形的；

（四）案件系人民法院已作出判决或者中国大陆的仲裁庭已作出仲裁裁决的；

（五）香港特别行政区、澳门特别行政区或者外国的法院已就同一争议作出判决且已为人民法院所认可或者承认的；

（六）台湾地区、香港特别行政区、澳门特别行政区或者外国的仲裁庭已就同一争议作出仲裁裁决且已为人民法院所认可或者承认的。

认可该民事判决将违反一个中国原则等国家法律的基本原则或者损害社会公共利益的，人民法院应当裁定不予认可。

第十六条 人民法院经审查能够确认台湾地区法院民事判决真实并且已经生效，而且不具有本规定第十五条所列情形的，裁定认可其效力；不能确认该民事判决的真实性或者已经生效的，裁定驳回申请人的申请。

裁定驳回申请的案件，申请人再次申请并符合受理条件的，人民法院应予受理。

第十七条 经人民法院裁定认可的台湾地区法院民事判决，与人民法院作出的生效判决具有同等效力。

第十八条 人民法院依据本规定第十五条和第十六条作出的裁定，一经送达即发生法律效力。

当事人对上述裁定不服的，可以自裁定送达之日起十日内向上一级人民法院申请复议。

第十九条　对人民法院裁定不予认可的台湾地区法院民事判决，申请人再次提出申请的，人民法院不予受理，但申请人可以就同一争议向人民法院起诉。

第二十条　申请人申请认可和执行台湾地区法院民事判决的期间，适用民事诉讼法第二百三十九条的规定，但申请认可台湾地区法院有关身份关系的判决除外。

申请人仅申请认可而未同时申请执行的，申请执行的期间自人民法院对认可申请作出的裁定生效之日起重新计算。

第二十一条　人民法院在办理申请认可和执行台湾地区法院民事判决案件中作出的法律文书，应当依法送达案件当事人。

第二十二条　申请认可和执行台湾地区法院民事判决，应当参照《诉讼费用交纳办法》的规定，交纳相关费用。

第二十三条　本规定自 2015 年 7 月 1 日起施行。《最高人民法院关于人民法院认可台湾地区有关法院民事判决的规定》（法释〔1998〕11 号）、《最高人民法院关于当事人持台湾地区有关法院民事调解书或者有关机构出具或确认的调解协议书向人民法院申请认可人民法院应否受理的批复》（法释〔1999〕10 号）、《最高人民法院关于当事人持台湾地区有关法院支付命令向人民法院申请认可人民法院应否受理的批复》（法释〔2001〕13 号）和《最高人民法院关于人民法院认可台湾地区有关法院民事判决的补充规定》（法释〔2009〕4 号）同时废止。

最高人民法院
关于认可和执行台湾地区仲裁裁决的规定

法释〔2015〕14 号

（2015 年 6 月 2 日最高人民法院审判委员会第 1653 次会议通过
2015 年 6 月 29 日最高人民法院公告公布　自 2015 年 7 月 1 日起施行）

为保障海峡两岸当事人的合法权益，更好地适应海峡两岸关系和平发展的新形势，根据民事诉讼法、仲裁法等有关法律，总结人民法院涉台审判工作经验，就认可和执行台湾地区仲裁裁决，制定本规定。

第一条　台湾地区仲裁裁决的当事人可以根据本规定，作为申请人向人民法院申请认可和执行台湾地区仲裁裁决。

第二条 本规定所称台湾地区仲裁裁决是指，有关常设仲裁机构及临时仲裁庭在台湾地区按照台湾地区仲裁规定就有关民商事争议作出的仲裁裁决，包括仲裁判断、仲裁和解和仲裁调解。

第三条 申请人同时提出认可和执行台湾地区仲裁裁决申请的，人民法院先按照认可程序进行审查，裁定认可后，由人民法院执行机构执行。

申请人直接申请执行的，人民法院应当告知其一并提交认可申请；坚持不申请认可的，裁定驳回其申请。

第四条 申请认可台湾地区仲裁裁决的案件，由申请人住所地、经常居住地或者被申请人住所地、经常居住地、财产所在地中级人民法院或者专门人民法院受理。

申请人向两个以上有管辖权的人民法院申请认可的，由最先立案的人民法院管辖。

申请人向被申请人财产所在地人民法院申请认可的，应当提供财产存在的相关证据。

第五条 对申请认可台湾地区仲裁裁决的案件，人民法院应当组成合议庭进行审查。

第六条 申请人委托他人代理申请认可台湾地区仲裁裁决的，应当向人民法院提交由委托人签名或者盖章的授权委托书。

台湾地区、香港特别行政区、澳门特别行政区或者外国当事人签名或者盖章的授权委托书应当履行相关的公证、认证或者其他证明手续，但授权委托书在人民法院法官的见证下签署或者经中国大陆公证机关公证证明是在中国大陆签署的除外。

第七条 申请人申请认可台湾地区仲裁裁决，应当提交以下文件或者经证明无误的副本：

（一）申请书；

（二）仲裁协议；

（三）仲裁判断书、仲裁和解书或者仲裁调解书。

申请书应当记明以下事项：

（一）申请人和被申请人姓名、性别、年龄、职业、身份证件号码、住址（申请人或者被申请人为法人或者其他组织的，应当记明法人或者其他组织的名称、地址、法定代表人或者主要负责人姓名、职务）和通讯方式；

（二）申请认可的仲裁判断书、仲裁和解书或者仲裁调解书的案号或者识别资料和生效日期；

（三）请求和理由；

（四）被申请人财产所在地、财产状况及申请认可的仲裁裁决的执行情况；

（五）其他需要说明的情况。

第八条　对于符合本规定第四条和第七条规定条件的申请，人民法院应当在收到申请后七日内立案，并通知申请人和被申请人，同时将申请书送达被申请人；不符合本规定第四条和第七条规定条件的，应当在七日内裁定不予受理，同时说明不予受理的理由；申请人对裁定不服的，可以提起上诉。

第九条　申请人申请认可台湾地区仲裁裁决，应当提供相关证明文件，以证明该仲裁裁决的真实性。

申请人可以申请人民法院通过海峡两岸调查取证司法互助途径查明台湾地区仲裁裁决的真实性；人民法院认为必要时，也可以就有关事项依职权通过海峡两岸司法互助途径向台湾地区请求调查取证。

第十条　人民法院受理认可台湾地区仲裁裁决的申请之前或者之后，可以按照民事诉讼法及相关司法解释的规定，根据申请人的申请，裁定采取保全措施。

第十一条　人民法院受理认可台湾地区仲裁裁决的申请后，当事人就同一争议起诉的，不予受理。

当事人未申请认可，而是就同一争议向人民法院起诉的，亦不予受理，但仲裁协议无效的除外。

第十二条　人民法院受理认可台湾地区仲裁裁决的申请后，作出裁定前，申请人请求撤回申请的，可以裁定准许。

第十三条　人民法院应当尽快审查认可台湾地区仲裁裁决的申请，决定予以认可的，应当在立案之日起两个月内作出裁定；决定不予认可或者驳回申请的，应当在作出决定前按有关规定自立案之日起两个月内上报最高人民法院。

通过海峡两岸司法互助途径送达文书和调查取证的期间，不计入审查期限。

第十四条　对申请认可和执行的仲裁裁决，被申请人提出证据证明有下列情形之一的，经审查核实，人民法院裁定不予认可：

（一）仲裁协议一方当事人依对其适用的法律在订立仲裁协议时属于无行为能力的；或者依当事人约定的准据法，或当事人没有约定适用的准据法而依台湾地区仲裁规定，该仲裁协议无效的；或者当事人之间没有达成书面仲裁协议的，但申请认可台湾地区仲裁调解的除外；

（二）被申请人未接到选任仲裁员或进行仲裁程序的适当通知，或者由于其他不可归责于被申请人的原因而未能陈述意见的；

（三）裁决所处理的争议不是提交仲裁的争议，或者不在仲裁协议范围之内；或者裁决载有超出当事人提交仲裁范围的事项的决定，但裁决中超出提交仲裁范围的事项的决定与提交仲裁事项的决定可以分开的，裁决中关于提交仲裁事项的决定部分可以予以认可；

（四）仲裁庭的组成或者仲裁程序违反当事人的约定，或者在当事人没有约定时与台湾地区仲裁规定不符的；

（五）裁决对当事人尚无约束力，或者业经台湾地区法院撤销或者驳回执行申请的。

依据国家法律，该争议事项不能以仲裁解决的，或者认可该仲裁裁决将违反一个中国原则等国家法律的基本原则或损害社会公共利益的，人民法院应当裁定不予认可。

第十五条 人民法院经审查能够确认台湾地区仲裁裁决真实，而且不具有本规定第十四条所列情形的，裁定认可其效力；不能确认该仲裁裁决真实性的，裁定驳回申请。

裁定驳回申请的案件，申请人再次申请并符合受理条件的，人民法院应予受理。

第十六条 人民法院依据本规定第十四条和第十五条作出的裁定，一经送达即发生法律效力。

第十七条 一方当事人向人民法院申请认可或者执行台湾地区仲裁裁决，另一方当事人向台湾地区法院起诉撤销该仲裁裁决，被申请人申请中止认可或者执行并且提供充分担保的，人民法院应当中止认可或者执行程序。

申请中止认可或者执行的，应当向人民法院提供台湾地区法院已经受理撤销仲裁裁决案件的法律文书。

台湾地区法院撤销该仲裁裁决的，人民法院应当裁定不予认可或者裁定终结执行；台湾地区法院驳回撤销仲裁裁决请求的，人民法院应当恢复认可或者执行程序。

第十八条 对人民法院裁定不予认可的台湾地区仲裁裁决，申请人再次提出申请的，人民法院不予受理。但当事人可以根据双方重新达成的仲裁协议申请仲裁，也可以就同一争议向人民法院起诉。

第十九条 申请人申请认可和执行台湾地区仲裁裁决的期间，适用民事诉讼法第二百三十九条的规定。

申请人仅申请认可而未同时申请执行的，申请执行的期间自人民法院对认可申请作出的裁定生效之日起重新计算。

第二十条 人民法院在办理申请认可和执行台湾地区仲裁裁决案件中所作出的法律文书，应当依法送达案件当事人。

第二十一条　申请认可和执行台湾地区仲裁裁决，应当参照《诉讼费用交纳办法》的规定，交纳相关费用。

第二十二条　本规定自 2015 年 7 月 1 日起施行。

本规定施行前，根据《最高人民法院关于人民法院认可台湾地区有关法院民事判决的规定》（法释〔1998〕11 号），人民法院已经受理但尚未审结的申请认可和执行台湾地区仲裁裁决的案件，适用本规定。

最高人民法院
关于涉台民事诉讼文书送达的若干规定

法释〔2008〕4 号

（最高人民法院审判委员会第 1421 次会议通过
2008 年 4 月 17 日最高人民法院公告公布
自 2008 年 4 月 23 日起施行）

为维护涉台民事案件当事人的合法权益，保障涉台民事案件诉讼活动的顺利进行，促进海峡两岸人员往来和交流，根据民事诉讼法的有关规定，制定本规定。

第一条　人民法院审理涉台民事案件向住所地在台湾地区的当事人送达民事诉讼文书，以及人民法院接受台湾地区有关法院的委托代为向住所地在大陆的当事人送达民事诉讼文书，适用本规定。

涉台民事诉讼文书送达事务的处理，应当遵守一个中国原则和法律的基本原则，不违反社会公共利益。

第二条　人民法院送达或者代为送达的民事诉讼文书包括：起诉状副本、上诉状副本、反诉状副本、答辩状副本、授权委托书、传票、判决书、调解书、裁定书、支付令、决定书、通知书、证明书、送达回证以及与民事诉讼有关的其他文书。

第三条　人民法院向住所地在台湾地区的当事人送达民事诉讼文书，可以采用下列方式：

（一）受送达人居住在大陆的，直接送达。受送达人是自然人，本人不在的，可以交其同住成年家属签收；受送达人是法人或者其他组织的，应当由法人的法定代表人、其他组织的主要负责人或者该法人、组织负责收件的人签收；

受送达人不在大陆居住，但送达时在大陆的，可以直接送达；

（二）受送达人在大陆有诉讼代理人的，向诉讼代理人送达。受送达人在授权委托书中明确表明其诉讼代理人无权代为接收的除外；

（三）受送达人有指定代收人的，向代收人送达；

（四）受送达人在大陆有代表机构、分支机构、业务代办人的，向其代表机构或者经受送达人明确授权接受送达的分支机构、业务代办人送达；

（五）受送达人在台湾地区的地址明确的，可以邮寄送达；

（六）有明确的传真号码、电子信箱地址的，可以通过传真、电子邮件方式向受送达人送达；

（七）按照两岸认可的其他途径送达。

采用上述方式不能送达或者台湾地区的当事人下落不明的，公告送达。

第四条 采用本规定第三条第一款第（一）、（二）、（三）、（四）项方式送达的，由受送达人、诉讼代理人或者有权接受送达的人在送达回证上签收或者盖章，即为送达；拒绝签收或者盖章的，可以依法留置送达。

第五条 采用本规定第三条第一款第（五）项方式送达的，应当附有送达回证。受送达人未在送达回证上签收但在邮件回执上签收的，视为送达，签收日期为送达日期。

自邮寄之日起满三个月，如果未能收到送达与否的证明文件，且根据各种情况不足以认定已经送达的，视为未送达。

第六条 采用本规定第三条第一款第（六）项方式送达的，应当注明人民法院的传真号码或者电子信箱地址，并要求受送达人在收到传真件或者电子邮件后及时予以回复。以能够确认受送达人收悉的日期为送达日期。

第七条 采用本规定第三条第一款第（七）项方式送达的，应当由有关的高级人民法院出具盖有本院印章的委托函。委托函应当写明案件各方当事人的姓名或者名称、案由、案号；受送达人姓名或者名称、受送达人的详细地址以及需送达的文书种类。

第八条 采用公告方式送达的，公告内容应当在境内外公开发行的报刊或者权威网站上刊登。

公告送达的，自公告之日起满三个月，即视为送达。

第九条 人民法院按照两岸认可的有关途径代为送达台湾地区法院的民事诉讼文书的，应当有台湾地区有关法院的委托函。

人民法院收到台湾地区有关法院的委托函后，经审查符合条件的，应当在收到委托函之日起两个月内完成送达。

民事诉讼文书中确定的出庭日期或者其他期限逾期的，受委托的人民法院亦应予送达。

第十条　人民法院按照委托函中的受送达人姓名或者名称、地址不能送达的，应当附函写明情况，将委托送达的民事诉讼文书退回。

完成送达的送达回证以及未完成送达的委托材料，可以按照原途径退回。

第十一条　受委托的人民法院对台湾地区有关法院委托送达的民事诉讼文书的内容和后果不负法律责任。

最高人民法院
关于审理涉台民商事案件法律适用问题的规定

法释〔2010〕19号

（2010年4月26日最高人民法院审判委员会第1486次会议通过
2010年12月27日最高人民法院公告公布　自2011年1月1日起施行）

为正确审理涉台民商事案件，准确适用法律，维护当事人的合法权益，根据民法通则、民事诉讼法等有关法律，制定本规定。

第一条　人民法院审理涉台民商事案件，应当适用法律和司法解释的有关规定。

根据法律和司法解释中选择适用法律的规则，确定适用台湾地区民事法律的，人民法院予以适用。

第二条　台湾地区当事人在人民法院参与民事诉讼，与大陆当事人有同等的诉讼权利和义务，其合法权益受法律平等保护。

第三条　根据本规定确定适用有关法律违反国家法律的基本原则或者社会公共利益的，不予适用。

【链 接】

正确审理涉台民商事案件 切实维护两岸当事人权益

——最高人民法院研究室负责人就《关于审理涉台民商事案件法律适用问题的规定》答记者问

《最高人民法院关于审理涉台民商事案件法律适用问题的规定》（以下简称本规定）已经最高人民法院审判委员会第1486次会议讨论通过，并将于2011年1月1日起施行。日前，最高人民法院研究室负责人就相关问题回答了记者的提问。

问：请介绍一下制定本规定这一司法解释的背景和意义。

答：近年来，随着两岸全面直接双向“三通”的实现，海峡两岸经贸交流、人员往来日益频繁，涉台婚姻、继承、经贸投资等民商事纠纷越来越多，案件涉及的法律和审判规范也越来越复杂。明确涉台民商事案件的法律适用规则，对于人民法院准确适用法律，正确审理涉台民商事案件，切实维护两岸当事人的正当权益，十分必要和重要。

问：本规定主要包括哪些内容？

答：本规定共三条，主要解决人民法院审理各类涉台民商事案件的法律适用问题，同时对我国台湾地区当事人的民事诉讼法律地位作出规定。

问：人民法院在涉台民商事案件的审理中如何确定应当适用的法律？

答：本规定第一条明确规定了涉台民商事案件的法律适用问题。根据该条第一款，人民法院审理涉台民商事案件，应当适用法律和司法解释的有关规定，并根据法律和司法解释中选择适用法律的规则确定应当适用的实体法。这里所讲的实体法既包括两岸的法律，也包括其他有关国家或地区的法律。该条第二款进一步明确，根据法律和司法解释中选择适用法律的规则，确定我国台湾地区法律为案件所应适用的实体法的，人民法院予以适用。同时，本规定第三条规定，适用该有关法律不得违反国家法律的基本原则、不得损害社会公共利益。

问：本规定所称的“选择适用法律的规则”具体是指哪些规则？

答：本规定所称的“选择适用法律的规则”，指的是参照适用的涉外民商事关系的法律适用规则，也即冲突规则，包括《民法通则》第八章以及全国人大常委会今年通过的《涉外民事关系法律适用法》等规定的内容。

问：台湾地区当事人在人民法院起诉、应诉，法律地位如何？

答： 根据《民事诉讼法》的规定，当事人的诉讼权利和义务平等，外国人在诉讼中也享有同中国公民同等的诉讼权利义务。台湾同胞作为中国特殊地域的居民，在诉讼中当然具有与内地当事人同等的诉讼权利和义务。司法实践中，人民法院也一贯坚持平等保护包括台湾同胞在内的各方当事人的诉讼权利。本规定第二条对此专门作出了强调。

最高人民法院
关于人民法院办理海峡两岸送达文书和调查取证司法互助案件的规定

法释〔2011〕15号

（2010年12月16日最高人民法院审判委员会第1506次会议通过　2011年6月14日最高人民法院公告公布　自2011年6月25日起施行）

为落实《海峡两岸共同打击犯罪及司法互助协议》（以下简称协议），进一步推动海峡两岸司法互助业务的开展，确保协议中涉及人民法院有关送达文书和调查取证司法互助工作事项的顺利实施，结合各级人民法院开展海峡两岸司法互助工作实践，制定本规定。

一、总　则

第一条　人民法院依照协议，办理海峡两岸民事、刑事、行政诉讼案件中的送达文书和调查取证司法互助业务，适用本规定。

第二条　人民法院应当在法定职权范围内办理海峡两岸司法互助业务。

人民法院办理海峡两岸司法互助业务，应当遵循一个中国原则，遵守国家法律的基本原则，不得违反社会公共利益。

二、职责分工

第三条　人民法院和台湾地区业务主管部门通过各自指定的协议联络人，建立办理海峡两岸司法互助业务的直接联络渠道。

第四条　最高人民法院是与台湾地区业务主管部门就海峡两岸司法互助业务进行联络的一级窗口。最高人民法院台湾司法事务办公室主任是最高人民法院指定的协议联络人。

最高人民法院负责：就协议中涉及人民法院的工作事项与台湾地区业务主管部门开展磋商、协调和交流；指导、监督、组织、协调地方各级人民法院办理海峡两岸司法互助业务；就海峡两岸调查取证司法互助业务与台湾地区业务主管部门直接联络，并在必要时具体办理调查取证司法互助案件；及时将本院和台湾地区业务主管部门指定的协议联络人的姓名、联络方式及变动情况等工作信息通报高级人民法院。

第五条 最高人民法院授权高级人民法院就办理海峡两岸送达文书司法互助案件，建立与台湾地区业务主管部门联络的二级窗口。高级人民法院应当指定专人作为经最高人民法院授权的二级联络窗口联络人。

高级人民法院负责：指导、监督、组织、协调本辖区人民法院办理海峡两岸送达文书和调查取证司法互助业务；就办理海峡两岸送达文书司法互助案件与台湾地区业务主管部门直接联络，并在必要时具体办理送达文书和调查取证司法互助案件；登记、统计本辖区人民法院办理的海峡两岸送达文书司法互助案件；定期向最高人民法院报告本辖区人民法院办理海峡两岸送达文书司法互助业务情况；及时将本院联络人的姓名、联络方式及变动情况报告最高人民法院，同时通报台湾地区联络人和下级人民法院。

第六条 中级人民法院和基层人民法院应当指定专人负责海峡两岸司法互助业务。

中级人民法院和基层人民法院负责：具体办理海峡两岸送达文书和调查取证司法互助案件；定期向高级人民法院层报本院办理海峡两岸送达文书司法互助业务情况；及时将本院海峡两岸司法互助业务负责人员的姓名、联络方式及变动情况层报高级人民法院。

三、送达文书司法互助

第七条 人民法院向住所地在台湾地区的当事人送达民事和行政诉讼司法文书，可以采用下列方式：

（一）受送达人居住在内地的，直接送达。受送达人是自然人，本人不在的，可以交其同住成年家属签收；受送达人是法人或者其他组织的，应当由法人的法定代表人、其他组织的主要负责人或者该法人、其他组织负责收件的人签收。

受送达人不在内地居住，但送达时在内地的，可以直接送达。

（二）受送达人在内地有诉讼代理人的，向诉讼代理人送达。但受送达人在授权委托书中明确表明其诉讼代理人无权代为接收的除外。

（三）受送达人有指定代收人的，向代收人送达。

（四）受送达人在内地有代表机构、分支机构、业务代办人的，向其代表机构或者经受送达人明确授权接受送达的分支机构、业务代办人送达。

（五）通过协议确定的海峡两岸司法互助方式，请求台湾地区送达。

（六）受送达人在台湾地区的地址明确的，可以邮寄送达。

（七）有明确的传真号码、电子信箱地址的，可以通过传真、电子邮件方式向受送达人送达。

采用上述方式均不能送达或者台湾地区当事人下落不明的，可以公告送达。

人民法院需要向住所地在台湾地区的当事人送达刑事司法文书，可以通过协议确定的海峡两岸司法互助方式，请求台湾地区送达。

第八条　人民法院协助台湾地区法院送达司法文书，应当采用民事诉讼法、刑事诉讼法、行政诉讼法等法律和相关司法解释规定的送达方式，并应当尽可能采用直接送达方式，但不采用公告送达方式。

第九条　人民法院协助台湾地区送达司法文书，应当充分负责，及时努力送达。

第十条　审理案件的人民法院需要台湾地区协助送达司法文书的，应当填写《〈海峡两岸共同打击犯罪及司法互助协议〉送达文书请求书》附录部分，连同需要送达的司法文书，一式二份，及时送交高级人民法院。

需要台湾地区协助送达的司法文书中有指定开庭日期等类似期限的，一般应当为协助送达程序预留不少于六个月的时间。

第十一条　高级人民法院收到本院或者下级人民法院《〈海峡两岸共同打击犯罪及司法互助协议〉送达文书请求书》附录部分和需要送达的司法文书后，应当在七个工作日内完成审查。经审查认为可以请求台湾地区协助送达的，高级人民法院联络人应当填写《〈海峡两岸共同打击犯罪及司法互助协议〉送达文书请求书》正文部分，连同附录部分和需要送达的司法文书，立即寄送台湾地区联络人；经审查认为欠缺相关材料、内容或者认为不需要请求台湾地区协助送达的，应当立即告知提出请求的人民法院补充相关材料、内容或者在说明理由后将材料退回。

第十二条　台湾地区成功送达并将送达证明材料寄送高级人民法院联络人，或者未能成功送达并将相关材料送还，同时出具理由说明给高级人民法院联络人的，高级人民法院应当在收到之日起七个工作日内，完成审查并转送提出请求的人民法院。经审查认为欠缺相关材料或者内容的，高级人民法院联络人应当立即与台湾地区联络人联络并请求补充相关材料或者内容。

自高级人民法院联络人向台湾地区寄送有关司法文书之日起满四个月，如果未能收到送达证明材料或者说明文件，且根据各种情况不足以认定已经送达的，视为不能按照协议确定的海峡两岸司法互助方式送达。

第十三条 台湾地区请求人民法院协助送达台湾地区法院的司法文书并通过其联络人将请求书和相关司法文书寄送高级人民法院联络人的，高级人民法院应当在七个工作日内完成审查。经审查认为可以协助送达的，应当立即转送有关下级人民法院送达或者由本院送达；经审查认为欠缺相关材料、内容或者认为不宜协助送达的，高级人民法院联络人应当立即向台湾地区联络人说明情况并告知其补充相关材料、内容或者将材料送还。

具体办理送达文书司法互助案件的人民法院应当在收到高级人民法院转送的材料之日起五个工作日内，以“协助台湾地区送达民事（刑事、行政诉讼）司法文书”案由立案，指定专人办理，并应当自立案之日起十五日内完成协助送达，最迟不得超过两个月。

收到台湾地区送达文书请求时，司法文书中指定的开庭日期或者其他期限逾期的，人民法院亦应予以送达，同时高级人民法院联络人应当及时向台湾地区联络人说明情况。

第十四条 具体办理送达文书司法互助案件的人民法院成功送达的，应当由送达人在《〈海峡两岸共同打击犯罪及司法互助协议〉送达回证》上签名或者盖章，并在成功送达之日起七个工作日内将送达回证送交高级人民法院；未能成功送达的，应当由送达人在《〈海峡两岸共同打击犯罪及司法互助协议〉送达回证》上注明未能成功送达的原因并签名或者盖章，在确认不能送达之日起七个工作日内，将该送达回证和未能成功送达的司法文书送交高级人民法院。

高级人民法院应当在收到前款所述送达回证之日起七个工作日内完成审查，由高级人民法院联络人在前述送达回证上签名或者盖章，同时出具《〈海峡两岸共同打击犯罪及司法互助协议〉送达文书回复书》，连同该送达回证和未能成功送达的司法文书，立即寄送台湾地区联络人。

四、调查取证司法互助

第十五条 人民法院办理海峡两岸调查取证司法互助业务，限于与台湾地区法院相互协助调取与诉讼有关的证据，包括取得证言及陈述；提供书证、物证及视听资料；确定关系人所在地或者确认其身份、前科等情况；进行勘验、检查、扣押、鉴定和查询等。

第十六条 人民法院协助台湾地区法院调查取证，应当采用民事诉讼法、刑事诉讼法、行政诉讼法等法律和相关司法解释规定的方式。

在不违反法律和相关规定、不损害社会公共利益、不妨碍正在进行的诉讼程序的前提下，人民法院应当尽力协助调查取证，并尽可能依照台湾地区请求的内容和形式予以协助。

台湾地区调查取证请求书所述的犯罪事实，依照内地法律规定不认为涉嫌犯罪的，人民法院不予协助，但有重大社会危害并经双方业务主管部门同意予以个案协助的除外。台湾地区请求促使内地居民至台湾地区作证，但未作出非经内地主管部门同意不得追诉其进入台湾地区之前任何行为的书面声明的，人民法院可以不予协助。

第十七条　审理案件的人民法院需要台湾地区协助调查取证的，应当填写《〈海峡两岸共同打击犯罪及司法互助协议〉调查取证请求书》附录部分，连同相关材料，一式三份，及时送交高级人民法院。

高级人民法院应当在收到前款所述材料之日起七个工作日内完成初步审查，并将审查意见和《〈海峡两岸共同打击犯罪及司法互助协议〉调查取证请求书》附录部分及相关材料，一式二份，立即转送最高人民法院。

第十八条　最高人民法院收到高级人民法院转送的《〈海峡两岸共同打击犯罪及司法互助协议〉调查取证请求书》附录部分和相关材料以及高级人民法院审查意见后，应当在七个工作日内完成最终审查。经审查认为可以请求台湾地区协助调查取证的，最高人民法院联络人应当填写《〈海峡两岸共同打击犯罪及司法互助协议〉调查取证请求书》正文部分，连同附录部分和相关材料，立即寄送台湾地区联络人；经审查认为欠缺相关材料、内容或者认为不需要请求台湾地区协助调查取证的，应当立即通过高级人民法院告知提出请求的人民法院补充相关材料、内容或者在说明理由后将材料退回。

第十九条　台湾地区成功调查取证并将取得的证据材料寄送最高人民法院联络人，或者未能成功调查取证并将相关材料送还，同时出具理由说明给最高人民法院联络人的，最高人民法院应当在收到之日起七个工作日内完成审查并转送高级人民法院，高级人民法院应当在收到之日起七个工作日内转送提出请求的人民法院。经审查认为欠缺相关材料或者内容的，最高人民法院联络人应当立即与台湾地区联络人联络并请求补充相关材料或者内容。

第二十条　台湾地区请求人民法院协助台湾地区法院调查取证并通过其联络人将请求书和相关材料寄送最高人民法院联络人的，最高人民法院应当在收到之日起七个工作日内完成审查。经审查认为可以协助调查取证的，应当立即转送有关高级人民法院或者由本院办理，高级人民法院应当在收到之日起七个工作日内转送有关下级人民法院办理或者由本院办理；经审查认为欠缺相关材料、内容或者认为不宜协助调查取证的，最高人民法院联络人应当立即向台湾地区联络人说明情况并告知其补充相关材料、内容或者将材料送还。

具体办理调查取证司法互助案件的人民法院应当在收到高级人民法院转

送的材料之日起五个工作日内，以“协助台湾地区民事（刑事、行政诉讼）调查取证”案由立案，指定专人办理，并应当自立案之日起一个月内完成协助调查取证，最迟不得超过三个月。因故不能在期限届满前完成的，应当提前函告高级人民法院，并由高级人民法院转报最高人民法院。

第二十一条 具体办理调查取证司法互助案件的人民法院成功调查取证的，应当在完成调查取证之日起七个工作日内将取得的证据材料一式三份，连同台湾地区提供的材料，并在必要时附具情况说明，送交高级人民法院；未能成功调查取证的，应当出具说明函一式三份，连同台湾地区提供的材料，在确认不能成功调查取证之日起七个工作日内送交高级人民法院。

高级人民法院应当在收到前款所述材料之日起七个工作日内完成初步审查，并将审查意见和前述取得的证据材料或者说明函等，一式二份，连同台湾地区提供的材料，立即转送最高人民法院。

最高人民法院应当在收到之日起七个工作日内完成最终审查，由最高人民法院联络人出具《〈海峡两岸共同打击犯罪及司法互助协议〉调查取证回复书》，必要时连同相关材料，立即寄送台湾地区联络人。

证据材料不适宜复制或者难以取得备份的，可不按本条第一款和第二款的规定提供备份材料。

五、附　则

第二十二条 人民法院对于台湾地区请求协助所提供的和执行请求所取得的相关资料应当予以保密。但依据请求目的使用的除外。

第二十三条 人民法院应当依据请求书载明的目的使用台湾地区协助提供的资料。但最高人民法院和台湾地区业务主管部门另有商定的除外。

第二十四条 对于依照协议和本规定从台湾地区获得的证据和司法文书等材料，不需要办理公证、认证等形式证明。

第二十五条 人民法院办理海峡两岸司法互助业务，应当使用统一、规范的文书样式。

第二十六条 对于执行台湾地区的请求所发生的费用，由有关人民法院负担。但下列费用应当由台湾地区业务主管部门负责支付：

（一）鉴定费用；

（二）翻译费用和誊写费用；

（三）为台湾地区提供协助的证人和鉴定人，因前往、停留、离开台湾地区所发生的费用；

（四）其他经最高人民法院和台湾地区业务主管部门商定的费用。

第二十七条 人民法院在办理海峡两岸司法互助案件中收到、取得、制作的各种文件和材料，应当以原件或者复制件形式，作为诉讼档案保存。

第二十八条　最高人民法院审理的案件需要请求台湾地区协助送达司法文书和调查取证的，参照本规定由本院自行办理。

专门人民法院办理海峡两岸送达文书和调查取证司法互助业务，参照本规定执行。

第二十九条　办理海峡两岸司法互助案件和执行本规定的情况，应当纳入对有关人民法院及相关工作人员的工作绩效考核和案件质量评查范围。

第三十条　此前发布的司法解释与本规定不一致的，以本规定为准。

最高人民法院
关于内地与香港特别行政区法院相互委托送达民商事司法文书的安排

法释〔1999〕9号

（1998年12月30日最高人民法院审判委员会第1038次会议通过
1999年3月29日最高人民法院公告公布　自1999年3月30日起施行）

根据《中华人民共和国香港特别行政区基本法》第九十五条的规定，经最高人民法院与香港特别行政区代表协商，现就内地与香港特别行政区法院相互委托送达民商事司法文书问题规定如下：

一、内地法院和香港特别行政区法院可以相互委托送达民商事司法文书。

二、双方委托送达司法文书，均须通过各高级人民法院和香港特别行政区高等法院进行。最高人民法院司法文书可以直接委托香港特别行政区高等法院送达。

三、委托方请求送达司法文书，须出具盖有其印章的委托书，并须在委托书中说明委托机关的名称、受送达人的姓名或者名称、详细地址及案件的性质。

委托书应当以中文文本提出。所附司法文书没有中文文本的，应当提供中文译本。以上文件一式两份。受送达人为两人以上的，每人一式两份。

受委托方如果认为委托书与本安排的规定不符，应当通知委托方，并说明对委托书的异议。必要时可以要求委托方补充材料。

四、不论司法文书中确定的出庭日期或者期限是否已过，受委托方均应送达。委托方应当尽量在合理期限内提出委托请求。

受委托方接到委托书后，应当及时完成送达，最迟不得超过自收到委托书之日起两个月。

五、送达司法文书后，内地人民法院应当出具送达回证；香港特别行政区法院应当出具送达证明书。出具送达回证和证明书，应当加盖法院印章。

受委托方无法送达的，应当在送达回证或者证明书上注明妨碍送达的原因、拒收事由和日期，并及时退回委托书及所附全部文书。

六、送达司法文书，应当依照受委托方所在地法律规定的程序进行。

七、受委托方对委托方委托送达的司法文书的内容和后果不负法律责任。

八、委托送达司法文书费用互免。但委托方在委托书中请求以特定送达方式送达所产生的费用，由委托方负担。

九、本安排中的司法文书在内地包括：起诉状副本、上诉状副本、授权委托书、传票、判决书、调解书、裁定书、决定书、通知书、证明书、送达回证；在香港特别行政区包括：起诉状副本、上诉状副本、传票、状词、誓章、判案书、判决书、裁决书、通知书、法庭命令、送达证明。

上述委托送达的司法文书以互换司法文书样本为准。

十、本安排在执行过程中遇有问题和修改，应当通过最高人民法院与香港特别行政区高等法院协商解决。

最高人民法院
关于内地与香港特别行政区相互执行仲裁裁决的安排

法释〔2000〕3号

（1999年6月18日最高人民法院审判委员会第1069次会议通过
2000年1月24日最高人民法院公告公布　自2000年2月1日起施行）

根据《中华人民共和国香港特别行政区基本法》第九十五条的规定，经最高人民法院与香港特别行政区（以下简称香港特区）政府协商，香港特区法院同意执行内地仲裁机构（名单由国务院法制办公室经国务院港澳事务办公室提供）依据《中华人民共和国仲裁法》所作出的裁决，内地人民法院同意执行在香港特区按香港特区《仲裁条例》所作出的裁决。现就内地与香港特区相互执行仲裁裁决的有关事宜作出如下安排：

一、在内地或者香港特区作出的仲裁裁决，一方当事人不履行仲裁裁决的，另一方当事人可以向被申请人住所地或者财产所在地的有关法院申请执行。

二、上条所述的有关法院，在内地指被申请人住所地或者财产所在地的中级人民法院，在香港特区指香港特区高等法院。

被申请人住所地或者财产所在地在内地不同的中级人民法院辖区内的，申请人可以选择其中一个人民法院申请执行裁决，不得分别向两个或者两个以上人民法院提出申请。

被申请人的住所地或者财产所在地，既在内地又在香港特区的，申请人不得同时分别向两地有关法院提出申请。只有一地法院执行不足以偿还其债务时，才可就不足部分向另一地法院申请执行。两地法院先后执行仲裁裁决的总额，不得超过裁决数额。

三、申请人向有关法院申请执行在内地或者香港特区作出的仲裁裁决的，应当提交以下文书：

（一）执行申请书；

（二）仲裁裁决书；

（三）仲裁协议。

四、执行申请书的内容应当载明下列事项：

（一）申请人为自然人的情况下，该人的姓名、地址；申请人为法人或者其他组织的情况下，该法人或其他组织的名称、地址及法定代表人姓名；

（二）被申请人为自然人的情况下，该人的姓名、地址；被申请人为法人或者其他组织的情况下，该法人或其他组织的名称、地址及法定代表人姓名；

（三）申请人为法人或者其他组织的，应当提交企业注册登记的副本。申请人是外国籍法人或者其他组织的，应当提交相应的公证和认证材料；

（四）申请执行的理由与请求的内容，被申请人的财产所在地及财产状况。

执行申请书应当以中文文本提出，裁决书或者仲裁协议没有中文文本的，申请人应当提交正式证明的中文译本。

五、申请人向有关法院申请执行内地或者香港特区仲裁裁决的期限依据执行地法律有关时限的规定。

六、有关法院接到申请人申请后，应当按执行地法律程序处理及执行。

七、在内地或者香港特区申请执行的仲裁裁决，被申请人接到通知后，提出证据证明有下列情形之一的，经审查核实，有关法院可裁定不予执行：

（一）仲裁协议当事人依对其适用的法律属于某种无行为能力的情形；或者该项仲裁协议依约定的准据法无效；或者未指明以何种法律为准时，依仲裁裁决地的法律是无效的；

（二）被申请人未接到指派仲裁员的适当通知，或者因他故未能陈述意见的；

（三）裁决所处理的争议不是交付仲裁的标的或者不在仲裁协议条款之内，或者裁决载有关于交付仲裁范围以外事项的决定的；但交付仲裁事项的决定可与未交付仲裁的事项划分时，裁决中关于交付仲裁事项的决定部分应当予以执行；

（四）仲裁庭的组成或者仲裁庭程序与当事人之间的协议不符，或者在有关当事人没有这种协议时与仲裁地的法律不符的；

（五）裁决对当事人尚无约束力，或者业经仲裁地的法院或者按仲裁地的法律撤销或者停止执行的。

有关法院认定依执行地法律，争议事项不能以仲裁解决的，则可不予执行该裁决。

内地法院认定在内地执行该仲裁裁决违反内地社会公共利益，或者香港特区法院决定在香港特区执行该仲裁裁决违反香港特区的公共政策，则可不予执行该裁决。

八、申请人向有关法院申请执行在内地或者香港特区作出的仲裁裁决，应当根据执行地法院有关诉讼收费的办法交纳执行费用。

九、1997 年 7 月 1 日以后申请执行在内地或者香港特区作出的仲裁裁决按本安排执行。

十、对 1997 年 7 月 1 日至本安排生效之日的裁决申请问题，双方同意：

1997 年 7 月 1 日至本安排生效之日因故未能向内地或者香港特区法院申请执行，申请人为法人或者其他组织的，可以在本安排生效后 6 个月内提出；如申请人为自然人的，可以在本安排生效后 1 年内提出。

对于内地或香港特区法院在 1997 年 7 月 1 日至本安排生效之日拒绝受理或者拒绝执行仲裁裁决的案件，应允许当事人重新申请。

十一、本安排在执行过程中遇有问题和修改，应当通过最高人民法院和香港特区政府协商解决。

附：

内地仲裁委员会名单

截止至1999年5月31日，内地依照《中华人民共和国仲裁法》成立的仲裁委员会名单如下：

一、中国国际商会设立的仲裁委员会

中国国际经济贸易仲裁委员会、中国海事仲裁委员会

二、各省、自治区、直辖市成立的仲裁委员会

北京市

北京仲裁委员会

天津市

天津仲裁委员会

河北省

石家庄仲裁委员会、邯郸仲裁委员会、邢台仲裁委员会、沧州仲裁委员会、承德仲裁委员会、张家口仲裁委员会、衡水仲裁委员会

山西省

大同仲裁委员会、阳泉仲裁委员会

内蒙古自治区

呼和浩特仲裁委员会、乌海仲裁委员会、包头仲裁委员会、赤峰仲裁委员会

辽宁省

鞍山仲裁委员会、抚顺仲裁委员会、本溪仲裁委员会、锦州仲裁委员会、辽阳仲裁委员会、朝阳仲裁委员会、大连仲裁委员会、葫芦岛仲裁委员会、沈阳仲裁委员会、营口仲裁委员会、丹东仲裁委员会、阜新仲裁委员会、铁岭仲裁委员会、盘锦仲裁委员会

吉林省

长春仲裁委员会、白山仲裁委员会、通化仲裁委员会

黑龙江省

牡丹江仲裁委员会、哈尔滨仲裁委员会、七台河仲裁委员会、鸡西仲裁委员会、佳木斯仲裁委员会、黑河仲裁委员会、鹤岗仲裁委员会、大庆仲裁

委员会

上海市

上海仲裁委员会

江苏省

常州仲裁委员会、南京仲裁委员会、南通仲裁委员会、徐州仲裁委员会、连云港仲裁委员会、淮阴仲裁委员会、盐城仲裁委员会、扬州仲裁委员会、苏州仲裁委员会、无锡仲裁委员会、镇江仲裁委员会

浙江省

杭州仲裁委员会、金华仲裁委员会、绍兴仲裁委员会、温州仲裁委员会、宁波仲裁委员会、舟山仲裁委员会、嘉兴仲裁委员会、湖州仲裁委员会、台州仲裁委员会

安徽省

马鞍山仲裁委员会、滁州仲裁委员会、黄山仲裁委员会、安庆仲裁委员会、铜陵仲裁委员会、芜湖仲裁委员会、合肥仲裁委员会、淮南仲裁委员会、蚌埠仲裁委员会、淮北仲裁委员会、阜阳仲裁委员会

福建省

福州仲裁委员会、厦门仲裁委员会

江西省

南昌仲裁委员会、新余仲裁委员会、萍乡仲裁委员会

山东省

淄博仲裁委员会、潍坊仲裁委员会、青岛仲裁委员会、威海仲裁委员会、济南仲裁委员会、烟台仲裁委员会、东营仲裁委员会、泰安仲裁委员会、枣庄仲裁委员会、临沂仲裁委员会、日照仲裁委员会、德州仲裁委员会、莱芜仲裁委员会、济宁仲裁委员会

河南省

洛阳仲裁委员会、平顶山仲裁委员会

湖北省

武汉仲裁委员会、荆州仲裁委员会、宜昌仲裁委员会、襄樊仲裁委员会

湖南省

长沙仲裁委员会、株洲仲裁委员会、郴州仲裁委员会、常德仲裁委员会、益阳仲裁委员会、湘潭仲裁委员会、衡阳仲裁委员会、邵阳仲裁委员会、岳阳仲裁委员会

广东省

广州仲裁委员会、深圳仲裁委员会、佛山仲裁委员会、江门仲裁委员会、汕头仲裁委员会、肇庆仲裁委员会、韶关仲裁委员会、惠州仲裁委员会

广西壮族自治区

柳州仲裁委员会、南宁仲裁委员会、桂林仲裁委员会、钦州仲裁委员会、梧州仲裁委员会

海南省

海口仲裁委员会

重庆市

重庆仲裁委员会、万县仲裁委员会

四川省

广元仲裁委员会、遂宁仲裁委员会、德阳仲裁委员会、成都仲裁委员会、泸州仲裁委员会、攀枝花仲裁委员会、自贡仲裁委员会、乐山仲裁委员会、绵阳仲裁委员会

贵州省

六盘水仲裁委员会、贵阳仲裁委员会

云南省

昆明仲裁委员会

陕西省

西安仲裁委员会、宝鸡仲裁委员会、咸阳仲裁委员会、铜川仲裁委员会、汉中仲裁委员会

甘肃省

天水仲裁委员会、兰州仲裁委员会、嘉峪关仲裁委员会

青海省

西宁仲裁委员会

宁夏回族自治区

银川仲裁委员会、石嘴山仲裁委员会

新疆维吾尔自治区

克拉玛依仲裁委员会

三、迄今曾受理过涉港澳仲裁案件的仲裁委员会

中国国际经济贸易仲裁委员会、中国海事仲裁委员会。

北京仲裁委员会、天津仲裁委员会、石家庄仲裁委员会、抚顺仲裁委员会、长春仲裁委员会、常州仲裁委员会、南通仲裁委员会、连云港仲裁委员会、苏州仲裁委员会、杭州仲裁委员会、深圳仲裁委员会、佛山仲裁委员会、长沙仲裁委员会、呼和浩特仲裁委员会、上海仲裁委员会、广州仲裁委员会、江门仲裁委员会、厦门仲裁委员会、青岛仲裁委员会、济南仲裁委员会、东营仲裁委员会、烟台仲裁委员会、汕头仲裁委员会、岳阳仲裁委员会、南宁

仲裁委员会、桂林仲裁委员会、昆明仲裁委员会、柳州仲裁委员会。

最高人民法院
关于香港仲裁裁决在内地执行的有关问题的通知

（2009年12月30日　法〔2009〕415号）

各省、自治区、直辖市高级人民法院，新疆维吾尔自治区高级人民法院生产建设兵团分院：

近期，有关人民法院或者当事人向我院反映，在香港特别行政区做出的临时仲裁裁决、国际商会仲裁院在香港作出的仲裁裁决，当事人可否依据《关于内地与香港特别行政区相互执行仲裁裁决的安排》（以下简称《安排》）在内地申请执行。为了确保人民法院在办理该类案件中正确适用《安排》，统一执法尺度，现就有关问题通知如下：

当事人向人民法院申请执行在香港特别行政区做出的临时仲裁裁决、国际商会仲裁院等国外仲裁机构在香港特别行政区作出的仲裁裁决的，人民法院应当按照《安排》的规定进行审查。不存在《安排》第七条规定的情形的，该仲裁裁决可以在内地得到执行。

特此通知。

最高人民法院
关于内地与香港特别行政区法院相互认可和执行当事人协议管辖的民商事案件判决的安排

法释〔2008〕9号

（2006年6月12日最高人民法院审判委员会第1390次会议通过
2008年7月3日最高人民法院公告公布　自2008年8月1日起生效）

根据《中华人民共和国香港特别行政区基本法》第九十五条的规定，最高人民法院与香港特别行政区政府经协商，现就当事人协议管辖的民商事案件判决的认可和执行问题作出如下安排：

第一条　内地人民法院和香港特别行政区法院在具有书面管辖协议的民

商事案件中作出的须支付款项的具有执行力的终审判决，当事人可以根据本安排向内地人民法院或者香港特别行政区法院申请认可和执行。

第二条　本安排所称“具有执行力的终审判决”：

（一）在内地是指：

1. 最高人民法院的判决；

2. 高级人民法院、中级人民法院以及经授权管辖第一审涉外、涉港澳台民商事案件的基层人民法院（名单附后）依法不准上诉或者已经超过法定期限没有上诉的第一审判决，第二审判决和依照审判监督程序由上一级人民法院提审后作出的生效判决。

（二）在香港特别行政区是指终审法院、高等法院上诉法庭及原讼法庭和区域法院作出的生效判决。

本安排所称判决，在内地包括判决书、裁定书、调解书、支付令；在香港特别行政区包括判决书、命令和诉讼费评定证明书。

当事人向香港特别行政区法院申请认可和执行判决后，内地人民法院对该案件依法再审的，由作出生效判决的上一级人民法院提审。

第三条　本安排所称“书面管辖协议”，是指当事人为解决与特定法律关系有关的已经发生或者可能发生的争议，自本安排生效之日起，以书面形式明确约定内地人民法院或者香港特别行政区法院具有唯一管辖权的协议。

本条所称“特定法律关系”，是指当事人之间的民商事合同，不包括雇佣合同以及自然人因个人消费、家庭事宜或者其他非商业目的而作为协议一方的合同。

本条所称“书面形式”是指合同书、信件和数据电文（包括电报、电传、传真、电了数据交换和电子邮件）等可以有形地表现所载内容、可以调取以备日后查用的形式。

书面管辖协议可以由一份或者多份书面形式组成。

除非合同另有规定，合同中的管辖协议条款独立存在，合同的变更、解除、终止或者无效，不影响管辖协议条款的效力。

第四条　申请认可和执行符合本安排规定的民商事判决，在内地向被申请人住所地、经常居住地或者财产所在地的中级人民法院提出，在香港特别行政区向香港特别行政区高等法院提出。

第五条　被申请人住所地、经常居住地或者财产所在地在内地不同的中级人民法院辖区的，申请人应当选择向其中一个人民法院提出认可和执行的申请，不得分别向两个或者两个以上人民法院提出申请。

被申请人的住所地、经常居住地或者财产所在地，既在内地又在香港特别行政区的，申请人可以同时分别向两地法院提出申请，两地法院分别执行判决的总额，不得超过判决确定的数额。已经部分或者全部执行判决的法院应当根据对方法院的要求提供已执行判决的情况。

第六条 申请人向有关法院申请认可和执行判决的，应当提交以下文件：

（一）请求认可和执行的申请书；

（二）经作出终审判决的法院盖章的判决书副本；

（三）作出终审判决的法院出具的证明书，证明该判决属于本安排第二条所指的终审判决，在判决作出地可以执行；

（四）身份证明材料：

1. 申请人为自然人的，应当提交身份证或者经公证的身份证复印件；

2. 申请人为法人或者其他组织的，应当提交经公证的法人或者其他组织注册登记证书的复印件；

3. 申请人是外国籍法人或者其他组织的，应当提交相应的公证和认证材料。

向内地人民法院提交的文件没有中文文本的，申请人应当提交证明无误的中文译本。

执行地法院对于本条所规定的法院出具的证明书，无需另行要求公证。

第七条 请求认可和执行申请书应当载明下列事项：

（一）当事人为自然人的，其姓名、住所；当事人为法人或者其他组织的，法人或者其他组织的名称、住所以及法定代表人或者主要负责人的姓名、职务和住所；

（二）申请执行的理由与请求的内容，被申请人的财产所在地以及财产状况；

（三）判决是否在原审法院地申请执行以及已执行的情况。

第八条 申请人申请认可和执行内地人民法院或者香港特别行政区法院判决的程序，依据执行地法律的规定。本安排另有规定的除外。

申请人申请认可和执行的期间为二年。

前款规定的期间，内地判决到香港特别行政区申请执行的，从判决规定履行期间的最后一日起计算，判决规定分期履行的，从规定的每次履行期间的最后一日起计算，判决未规定履行期间的，从判决生效之日起计算；香港特别行政区判决到内地申请执行的，从判决可强制执行之日起计算，该日为判决上注明的判决日期，判决对履行期间另有规定的，从规定的履行期间届满后开始计算。

第九条 对申请认可和执行的判决，原审判决中的债务人提供证据证明有下列情形之一的，受理申请的法院经审查核实，应当裁定不予认可和执行：

（一）根据当事人协议选择的原审法院地的法律，管辖协议属于无效。但选择法院已经判定该管辖协议为有效的除外；

（二）判决已获完全履行；

（三）根据执行地的法律，执行地法院对该案享有专属管辖权；

（四）根据原审法院地的法律，未曾出庭的败诉一方当事人未经合法传唤或者虽经合法传唤但未获依法律规定的答辩时间。但原审法院根据其法律或者有关规定公告送达的，不属于上述情形；

（五）判决是以欺诈方法取得的；

（六）执行地法院就相同诉讼请求作出判决，或者外国、境外地区法院就相同诉讼请求作出判决，或者有关仲裁机构作出仲裁裁决，已经为执行地法院所认可或者执行的。

内地人民法院认为在内地执行香港特别行政区法院判决违反内地社会公共利益，或者香港特别行政区法院认为在香港特别行政区执行内地人民法院判决违反香港特别行政区公共政策的，不予认可和执行。

第十条　对于香港特别行政区法院作出的判决，判决确定的债务人已经提出上诉，或者上诉程序尚未完结的，内地人民法院审查核实后，可以中止认可和执行程序。经上诉，维持全部或者部分原判决的，恢复认可和执行程序；完全改变原判决的，终止认可和执行程序。

内地地方人民法院就已经作出的判决按照审判监督程序作出提审裁定，或者最高人民法院作出提起再审裁定的，香港特别行政区法院审查核实后，可以中止认可和执行程序。再审判决维持全部或者部分原判决的，恢复认可和执行程序；再审判决完全改变原判决的，终止认可和执行程序。

第十一条　根据本安排而获认可的判决与执行地法院的判决效力相同。

第十二条　当事人对认可和执行与否的裁定不服的，在内地可以向上一级人民法院申请复议，在香港特别行政区可以根据其法律规定提出上诉。

第十三条　在法院受理当事人申请认可和执行判决期间，当事人依相同事实再行提起诉讼的，法院不予受理。

已获认可和执行的判决，当事人依相同事实再行提起诉讼的，法院不予受理。

对于根据本安排第九条不予认可和执行的判决，申请人不得再行提起认可和执行的申请，但是可以按照执行地的法律依相同案件事实向执行地法院提起诉讼。

第十四条　法院受理认可和执行判决的申请之前或者之后，可以按照执行地法律关于财产保全或者禁制资产转移的规定，根据申请人的申请，对被申请人的财产采取保全或强制措施。

第十五条　当事人向有关法院申请执行判决，应当根据执行地有关诉讼收费的法律和规定交纳执行费或者法院费用。

第十六条 内地与香港特别行政区法院相互认可和执行的标的范围，除判决确定的数额外，还包括根据该判决须支付的利息、经法院核定的律师费以及诉讼费，但不包括税收和罚款。

在香港特别行政区诉讼费是指经法官或者司法常务官在诉讼费评定证明书中核定或者命令支付的诉讼费用。

第十七条 内地与香港特别行政区法院自本安排生效之日（含本日）起作出的判决，适用本安排。

第十八条 本安排在执行过程中遇有问题或者需要修改，由最高人民法院和香港特别行政区政府协商解决。

最高人民法院
关于内地与澳门特别行政区法院就民商事案件相互委托送达司法文书和调取证据的安排

法释〔2001〕26号

（2001年8月7日最高人民法院审判委员会第1186次会议通过
2001年8月27日最高人民法院公告公布　自2001年9月15日起施行）

根据《中华人民共和国澳门特别行政区基本法》第九十三条的规定，最高人民法院与澳门特别行政区代表经协商，现就内地与澳门特别行政区法院就民商事案件相互委托送达司法文书和调取证据问题规定如下：

一、一般规定

第一条 内地人民法院与澳门特别行政区法院就民商事案件（在内地包括劳动争议案件，在澳门特别行政区包括民事劳工案件）相互委托送达司法文书和调取证据，均适用本安排。

第二条 双方相互委托送达司法文书和调取证据，均须通过各高级人民法院和澳门特别行政区终审法院进行。最高人民法院与澳门特别行政区终审法院可以直接相互委托送达和调取证据。

本安排在执行过程中遇有问题，应当通过最高人民法院与澳门特别行政区终审法院协商解决。

第三条 各高级人民法院和澳门特别行政区终审法院相互收到对方法院

的委托书后，应当立即将委托书及所附司法文书和相关文件转送根据其本辖区法律规定有权完成该受托事项的法院。

如果受委托方法院认为委托书不符合本安排规定，影响其完成受托事项时，应当及时通知委托方法院，并说明对委托书的异议。必要时可以要求委托方法院补充材料。

第四条　委托书应当以中文文本提出。所附司法文书及其他相关文件没有中文文本的，应当提供中文译本。

第五条　委托方法院应当在合理的期限内提出委托请求，以保证受委托方法院收到委托书后，及时完成受托事项。

受委托方法院应优先处理受托事项。完成受托事项的期限，送达文书最迟不得超过自收到委托书之日起两个月，调取证据最迟不得超过自收到委托书之日起三个月。

第六条　受委托方法院应当根据本辖区法律规定执行受托事项。委托方法院请求按照特殊方式执行委托事项的，如果受委托方法院认为不违反本辖区的法律规定，可以按照其特殊方式执行。

第七条　委托方法院无须支付受委托方法院在送达司法文书或调取证据时发生的费用或税项。但受委托方法院根据其本辖区法律规定，有权在调取证据时，要求委托方法院预付鉴定人、证人、翻译人员的费用，以及因采用委托方法院在委托书中请求以特殊方式送达司法文书或调取证据所产生的费用。

第八条　受委托方法院收到委托书后，不得以其本辖区法律规定对委托方法院审理的该民商事案件享有专属管辖权或不承认对该请求事项提起诉讼的权利为由，不予执行受托事项。

受委托方法院在执行受托事项时，如果该事项不属于法院职权范围，或者内地人民法院认为在内地执行该受托事项将违反其基本法律原则或社会公共利益，或者澳门特别行政区法院认为在澳门特别行政区执行该受托事项将违反其基本法律原则或公共秩序的，可以不予执行，但应当及时向委托方法院书面说明不予执行的原因。

二、司法文书的送达

第九条　委托方法院请求送达司法文书，须出具盖有其印章的委托书，并在委托书中说明委托机关的名称、受送达人的姓名或者名称、详细地址及案件性质。如果执行方法院请求按特殊方式送达或者有特别注意的事项的，应当在委托书中注明。

第十条　委托书及所附司法文书和其他相关文件一式两份，受送达人为两人以上的，每人一式两份。

第十一条 完成司法文书送达事项后，内地人民法院应当出具送达回证；澳门特别行政区法院应当出具送达证明书。出具的送达回证和送达证明书，应当注明送达的方法、地点和日期，及司法文书接收人的身份，并加盖法院印章。

受委托方法院无法送达的，应当在送达回证或者送达证明书上注明妨碍送达的原因、拒收事由和日期，并及时退回委托书及所附全部文件。

第十二条 不论委托方法院司法文书中确定的出庭日期或者期限是否已过，受委托方法院均应送达。

第十三条 受委托方法院对委托方法院委托送达的司法文书和所附相关文件的内容和后果不负法律责任。

第十四条 本安排中的司法文书在内地包括：起诉状副本、上诉状副本、反诉状副本、答辩状副本、授权委托书、传票、判决书、调解书、裁定书、支付令、决定书、通知书、证明书、送达回证以及其他司法文书和所附相关文件；在澳门特别行政区包括：起诉状复本、答辩状复本、反诉状复本、上诉状复本、陈述书、申辩书、声明异议书、反驳书、申请书、撤诉书、认诺书、和解书、财产目录、财产分割表、和解建议书、债权人协议书、传唤书、通知书、法官批示、命令状、法庭许可令状、判决书、合议庭裁判书、送达证明书以及其他司法文书和所附相关文件。

三、调取证据

第十五条 委托方法院请求调取的证据只能是用于与诉讼有关的证据。

第十六条 双方相互委托代为调取证据的委托书应当写明：

（一）委托法院的名称；

（二）当事人及其诉讼代理人的姓名、地址，及其他一切有助于辨别其身份的情况；

（三）委托调取证据的原因，以及委托调取证据的具体事项；

（四）被调查人的姓名、地址，及其他一切有助于辨别其身份的情况，以及需要向其提出的问题；

（五）调取证据需采用的特殊方式；

（六）有助于执行该委托的其他一切情况。

第十七条 代为调取证据的范围包括：代为询问当事人、证人和鉴定人，代为进行鉴定和司法勘验，调取其他与诉讼有关的证据。

第十八条 如委托方法院提出要求，受委托方法院应当将取证的时间、地点通知委托方法院，以便有关当事人及其诉讼代理人能够出席。

第十九条　受委托方法院在执行委托调取证据时，根据委托方法院的请求，可以允许委托方法院派司法人员出席。必要时，经受委托方允许，委托方法院的司法人员可以向证人、鉴定人等发问。

第二十条　受委托方法院完成委托调取证据的事项后，应当向委托方法院书面说明。

如果未能按委托方法院的请求全部或部分完成调取证据事项，受委托方法院应当向委托方法院书面说明妨碍调取证据的原因，并及时退回委托书及所附全部文件。

如果当事人、证人根据受委托方的法律规定，拒绝作证或推辞提供证言时，受委托方法院应当以书面通知委托方法院，并退回委托书及所附全部文件。

第二十一条　受委托方法院可以根据委托方法院的请求，并经证人、鉴定人同意，协助安排其辖区的证人、鉴定人到对方辖区出庭作证。

证人、鉴定人在委托方地域内逗留期间，不得因在其离开受委托方地域之前，在委托方境内所实施的行为或针对他所作的裁决而被刑事起诉、羁押，或者为履行刑罚或者其他处罚而被剥夺财产或者扣留身份证件，或者以任何方式对其人身自由加以限制。

证人、鉴定人完成所需诉讼行为，且可自由离开委托方地域后，在委托方境内逗留超过 7 天，或者已离开委托方地域又自行返回时，前款所指的豁免即行终止。

证人、鉴定人到委托方法院出庭而导致的费用及补偿，由委托方法院预付。

该条所指出庭作证人员，在澳门特别行政区还包括当事人。

第二十二条　受委托方法院取证时，被调查的当事人、证人、鉴定人等的代理人可以出席。

四、附　则

第二十三条　受委托方法院可以根据委托方法院的请求代为查询并提供本辖区的有关法律。

第二十四条　如果本安排需要修改，应当通过最高人民法院与澳门特别行政区代表协商解决。

第二十五条　本安排自 2001 年 9 月 15 日起生效。

最高人民法院
关于内地与澳门特别行政区关于相互认可和执行民商事判决的安排

法释〔2006〕2号

（2006年2月13日最高人民法院审判委员会第1378次会议通过
2006年3月21日最高人民法院公告公布　自2006年4月1日起生效）

根据《中华人民共和国澳门特别行政区基本法》第九十三条的规定，最高人民法院与澳门特别行政区经协商，就内地与澳门特别行政区法院相互认可和执行民商事判决事宜，达成如下安排：

第一条　内地与澳门特别行政区民商事案件（在内地包括劳动争议案件，在澳门特别行政区包括劳动民事案件）判决的相互认可和执行，适用本安排。

本安排亦适用于刑事案件中有关民事损害赔偿的判决、裁定。

本安排不适用于行政案件。

第二条　本安排所称“判决”，在内地包括：判决、裁定、决定、调解书、支付令；在澳门特别行政区包括：裁判、判决、确认和解的裁定、法官的决定或者批示。

本安排所称“被请求方”，指内地或者澳门特别行政区双方中，受理认可和执行判决申请的一方。

第三条　一方法院作出的具有给付内容的生效判决，当事人可以向对方有管辖权的法院申请认可和执行。

没有给付内容，或者不需要执行，但需要通过司法程序予以认可的判决，当事人可以向对方法院单独申请认可，也可以直接以该判决作为证据在对方法院的诉讼程序中使用。

第四条　内地有权受理认可和执行判决申请的法院为被申请人住所地、经常居住地或者财产所在地的中级人民法院。两个或者两个以上中级人民法院均有管辖权的，申请人应当选择向其中一个中级人民法院提出申请。

澳门特别行政区有权受理认可判决申请的法院为中级法院，有权执行的法院为初级法院。

第五条　被申请人在内地和澳门特别行政区均有可供执行财产的，申请人可以向一地法院提出执行申请。

申请人向一地法院提出执行申请的同时，可以向另一地法院申请查封、扣押或者冻结被执行人的财产。待一地法院执行完毕后，可以根据该地法院出具的执行情况证明，就不足部分向另一地法院申请采取处分财产的执行措施。

两地法院执行财产的总额，不得超过依据判决和法律规定所确定的数额。

第六条　请求认可和执行判决的申请书，应当载明下列事项：

（一）申请人或者被申请人为自然人的，应当载明其姓名及住所；为法人或者其他组织的，应当载明其名称及住所，以及其法定代表人或者主要负责人的姓名、职务和住所；

（二）请求认可和执行的判决的案号和判决日期；

（三）请求认可和执行判决的理由、标的，以及该判决在判决作出地法院的执行情况。

第七条　申请书应当附生效判决书副本，或者经作出生效判决的法院盖章的证明书，同时应当附作出生效判决的法院或者有权限机构出具的证明下列事项的相关文件：

（一）传唤属依法作出，但判决书已经证明的除外；

（二）无诉讼行为能力人依法得到代理，但判决书已经证明的除外；

（三）根据判决作出地的法律，判决已经送达当事人，并已生效；

（四）申请人为法人的，应当提供法人营业执照副本或者法人登记证明书；

（五）判决作出地法院发出的执行情况证明。

如被请求方法院认为已充分了解有关事项时，可以免除提交相关文件。

被请求方法院对当事人提供的判决书的真实性有疑问时，可以请求作出生效判决的法院予以确认。

第八条　申请书应当用中文制作。所附司法文书及其相关文件未用中文制作的，应当提供中文译本。其中法院判决书未用中文制作的，应当提供由法院出具的中文译本。

第九条　法院收到申请人请求认可和执行判决的申请后，应当将申请书送达被申请人。

被申请人有权提出答辩。

第十条　被请求方法院应当尽快审查认可和执行的请求，并作出裁定。

第十一条　被请求方法院经审查核实存在下列情形之一的，裁定不予认可：

（一）根据被请求方的法律，判决所确认的事项属被请求方法院专属管辖；

（二）在被请求方法院已存在相同诉讼，该诉讼先于待认可判决的诉讼提起，且被请求方法院具有管辖权；

（三）被请求方法院已认可或者执行被请求方法院以外的法院或仲裁机构就相同诉讼作出的判决或仲裁裁决；

（四）根据判决作出地的法律规定，败诉的当事人未得到合法传唤，或者无诉讼行为能力人未依法得到代理；

（五）根据判决作出地的法律规定，申请认可和执行的判决尚未发生法律效力，或者因再审被裁定中止执行；

（六）在内地认可和执行判决将违反内地法律的基本原则或者社会公共利益；在澳门特别行政区认可和执行判决将违反澳门特别行政区法律的基本原则或者公共秩序。

第十二条 法院就认可和执行判决的请求作出裁定后，应当及时送达。

当事人对认可与否的裁定不服的，在内地可以向上一级人民法院提请复议，在澳门特别行政区可以根据其法律规定提起上诉；对执行中作出的裁定不服的，可以根据被请求方法律的规定，向上级法院寻求救济。

第十三条 经裁定予以认可的判决，与被请求方法院的判决具有同等效力。判决有给付内容的，当事人可以向该方有管辖权的法院申请执行。

第十四条 被请求方法院不能对判决所确认的所有请求予以认可和执行时，可以认可和执行其中的部分请求。

第十五条 法院受理认可和执行判决的申请之前或者之后，可以按照被请求方法律关于财产保全的规定，根据申请人的申请，对被申请人的财产采取保全措施。

第十六条 在被请求方法院受理认可和执行判决的申请期间，或者判决已获认可和执行，当事人再行提起相同诉讼的，被请求方法院不予受理。

第十七条 对于根据本安排第十一条第（一）、（四）、（六）项不予认可的判决，申请人不得再行提起认可和执行的申请。但根据被请求方的法律，被请求方法院有管辖权的，当事人可以就相同案件事实向当地法院另行提起诉讼。

本安排第十一条第（五）项所指的判决，在不予认可的情形消除后，申请人可以再行提起认可和执行的申请。

第十八条 为适用本安排，由一方有权限公共机构（包括公证员）作成或者公证的文书正本、副本及译本，免除任何认证手续而可以在对方使用。

第十九条 申请人依据本安排申请认可和执行判决，应当根据被请求方法律规定，交纳诉讼费用、执行费用。

申请人在生效判决作出地获准缓交、减交、免交诉讼费用的，在被请求方法院申请认可和执行判决时，应当享有同等待遇。

第二十条　对民商事判决的认可和执行，除本安排有规定的以外，适用被请求方的法律规定。

第二十一条　本安排生效前提出的认可和执行请求，不适用本安排。

两地法院自 1999 年 12 月 20 日以后至本安排生效前作出的判决，当事人未向对方法院申请认可和执行，或者对方法院拒绝受理的，仍可以于本安排生效后提出申请。

澳门特别行政区法院在上述期间内作出的判决，当事人向内地人民法院申请认可和执行的期限，自本安排生效之日起重新计算。

第二十二条　本安排在执行过程中遇有问题或者需要修改，应当由最高人民法院与澳门特别行政区协商解决。

第二十三条　为执行本安排，最高人民法院和澳门特别行政区终审法院应当相互提供相关法律资料。

最高人民法院和澳门特别行政区终审法院每年相互通报执行本安排的情况。

第二十四条　本安排自 2006 年 4 月 1 日起生效。

最高人民法院
关于内地与澳门特别行政区相互认可和执行仲裁裁决的安排

法释〔2007〕17 号

（2007 年 9 月 17 日最高人民法院审判委员会第 1437 次会议通过
2007 年 12 月 12 日最高人民法院公告公布　2008 年 1 月 1 日起实施）

根据《中华人民共和国澳门特别行政区基本法》第九十三条的规定，经最高人民法院与澳门特别行政区协商，现就内地与澳门特别行政区相互认可和执行仲裁裁决的有关事宜达成如下安排：

第一条　内地人民法院认可和执行澳门特别行政区仲裁机构及仲裁员按照澳门特别行政区仲裁法规在澳门作出的民商事仲裁裁决，澳门特别行政区法院认可和执行内地仲裁机构依据《中华人民共和国仲裁法》在内地作出的民商事仲裁裁决，适用本安排。

本安排没有规定的，适用认可和执行地的程序法律规定。

第二条 在内地或者澳门特别行政区作出的仲裁裁决，一方当事人不履行的，另一方当事人可以向被申请人住所地、经常居住地或者财产所在地的有关法院申请认可和执行。

内地有权受理认可和执行仲裁裁决申请的法院为中级人民法院。两个或者两个以上中级人民法院均有管辖权的，当事人应当选择向其中一个中级人民法院提出申请。

澳门特别行政区有权受理认可仲裁裁决申请的法院为中级法院，有权执行的法院为初级法院。

第三条 被申请人的住所地、经常居住地或者财产所在地分别在内地和澳门特别行政区的，申请人可以向一地法院提出认可和执行申请，也可以分别向两地法院提出申请。

当事人分别向两地法院提出申请的，两地法院都应当依法进行审查。予以认可的，采取查封、扣押或者冻结被执行人财产等执行措施。仲裁地法院应当先进行执行清偿；另一地法院在收到仲裁地法院关于经执行债权未获清偿情况的证明后，可以对申请人未获清偿的部分进行执行清偿。两地法院执行财产的总额，不得超过依据裁决和法律规定所确定的数额。

第四条 申请人向有关法院申请认可和执行仲裁裁决的，应当提交以下文件或者经公证的副本：

（一）申请书；

（二）申请人身份证明；

（三）仲裁协议；

（四）仲裁裁决书或者仲裁调解书。

上述文件没有中文文本的，申请人应当提交经正式证明的中文译本。

第五条 申请书应当包括下列内容：

（一）申请人或者被申请人为自然人的，应当载明其姓名及住所；为法人或者其他组织的，应当载明其名称及住所，以及其法定代表人或者主要负责人的姓名、职务和住所；申请人是外国籍法人或者其他组织的，应当提交相应的公证和认证材料；

（二）请求认可和执行的仲裁裁决书或者仲裁调解书的案号或识别资料和生效日期；

（三）申请认可和执行仲裁裁决的理由及具体请求，以及被申请人财产所在地、财产状况及该仲裁裁决的执行情况。

第六条 申请人向有关法院申请认可和执行内地或者澳门特别行政区仲裁裁决的期限，依据认可和执行地的法律确定。

第七条 对申请认可和执行的仲裁裁决，被申请人提出证据证明有下列情形之一的，经审查核实，有关法院可以裁定不予认可：

（一）仲裁协议一方当事人依对其适用的法律在订立仲裁协议时属于无行为能力的；或者依当事人约定的准据法，或当事人没有约定适用的准据法而依仲裁地法律，该仲裁协议无效的；

（二）被申请人未接到选任仲裁员或者进行仲裁程序的适当通知，或者因他故未能陈述意见的；

（三）裁决所处理的争议不是提交仲裁的争议，或者不在仲裁协议范围之内；或者裁决载有超出当事人提交仲裁范围的事项的决定，但裁决中超出提交仲裁范围的事项的决定与提交仲裁事项的决定可以分开的，裁决中关于提交仲裁事项的决定部分可以予以认可；

（四）仲裁庭的组成或者仲裁程序违反了当事人的约定，或者在当事人没有约定时与仲裁地的法律不符的；

（五）裁决对当事人尚无约束力，或者业经仲裁地的法院撤销或者拒绝执行的。

有关法院认定，依执行地法律，争议事项不能以仲裁解决的，不予认可和执行该裁决。

内地法院认定在内地认可和执行该仲裁裁决违反内地法律的基本原则或者社会公共利益，澳门特别行政区法院认定在澳门特别行政区认可和执行该仲裁裁决违反澳门特别行政区法律的基本原则或者公共秩序，不予认可和执行该裁决。

第八条　申请人依据本安排申请认可和执行仲裁裁决的，应当根据执行地法律的规定，交纳诉讼费用。

第九条　一方当事人向一地法院申请执行仲裁裁决，另一方当事人向另一地法院申请撤销该仲裁裁决，被执行人申请中止执行且提供充分担保的，执行法院应当中止执行。

根据经认可的撤销仲裁裁决的判决、裁定，执行法院应当终结执行程序；撤销仲裁裁决申请被驳回的，执行法院应当恢复执行。

当事人申请中止执行的，应当向执行法院提供其他法院已经受理申请撤销仲裁裁决案件的法律文书。

第十条　受理申请的法院应当尽快审查认可和执行的请求，并作出裁定。

第十一条　法院在受理认可和执行仲裁裁决申请之前或者之后，可以依当事人的申请，按照法院地法律规定，对被申请人的财产采取保全措施。

第十二条　由一方有权限公共机构（包括公证员）作成的文书正本或者经公证的文书副本及译本，在适用本安排时，可以免除认证手续在对方使用。

第十三条　本安排实施前，当事人提出的认可和执行仲裁裁决的请求，不适用本安排。

自1999年12月20日至本安排实施前，澳门特别行政区仲裁机构及仲裁员作出的仲裁裁决，当事人向内地申请认可和执行的期限，自本安排实施之日起算。

第十四条 为执行本安排，最高人民法院和澳门特别行政区终审法院应当相互提供相关法律资料。

最高人民法院和澳门特别行政区终审法院每年相互通报执行本安排的情况。

第十五条 本安排在执行过程中遇有问题或者需要修改的，由最高人民法院和澳门特别行政区协商解决。

第十六条 本安排自2008年1月1日起实施。

最高人民法院
关于涉港澳民商事案件司法文书送达问题若干规定

法释〔2009〕2号

（2009年2月16日最高人民法院审判委员会第1463次会议通过
2009年3月9日最高人民法院公告公布　自2009年3月16日起施行）

为规范涉及香港特别行政区、澳门特别行政区民商事案件司法文书送达，根据《中华人民共和国民事诉讼法》的规定，结合审判实践，制定本规定。

第一条 人民法院审理涉及香港特别行政区、澳门特别行政区的民商事案件时，向住所地在香港特别行政区、澳门特别行政区的受送达人送达司法文书，适用本规定。

第二条 本规定所称司法文书，是指起诉状副本、上诉状副本、反诉状副本、答辩状副本、传票、判决书、调解书、裁定书、支付令、决定书、通知书、证明书、送达回证等与诉讼相关的文书。

第三条 作为受送达人的自然人或者企业、其他组织的法定代表人、主要负责人在内地的，人民法院可以直接向该自然人或者法定代表人、主要负责人送达。

第四条 除受送达人在授权委托书中明确表明其诉讼代理人无权代为接收有关司法文书外，其委托的诉讼代理人为有权代其接受送达的诉讼代理人，人民法院可以向该诉讼代理人送达。

第五条　受送达人在内地设立有代表机构的，人民法院可以直接向该代表机构送达。

受送达人在内地设立有分支机构或者业务代办人并授权其接受送达的，人民法院可以直接向该分支机构或者业务代办人送达。

第六条　人民法院向在内地没有住所的受送达人送达司法文书，可以按照《最高人民法院关于内地与香港特别行政区法院相互委托送达民商事司法文书的安排》或者《最高人民法院关于内地与澳门特别行政区法院就民商事案件相互委托送达司法文书和调取证据的安排》送达。

按照前款规定方式送达的，自内地的高级人民法院或者最高人民法院将有关司法文书递送香港特别行政区高等法院或者澳门特别行政区终审法院之日起满三个月，如果未能收到送达与否的证明文件且不存在本规定第十二条规定情形的，视为不能适用上述安排中规定的方式送达。

第七条　人民法院向受送达人送达司法文书，可以邮寄送达。

邮寄送达时应附有送达回证。受送达人未在送达回证上签收但在邮件回执上签收的，视为送达，签收日期为送达日期。

自邮寄之日起满三个月，虽未收到送达与否的证明文件，但存在本规定第十二条规定情形的，期间届满之日视为送达。

自邮寄之日起满三个月，如果未能收到送达与否的证明文件，且不存在本规定第十二条规定情形的，视为未送达。

第八条　人民法院可以通过传真、电子邮件等能够确认收悉的其他适当方式向受送达人送达。

第九条　人民法院不能依照本规定上述方式送达的，可以公告送达。公告内容应当在内地和受送达人住所地公开发行的报刊上刊登，自公告之日起满三个月即视为送达。

第十条　除公告送达方式外，人民法院可以同时采取多种法定方式向受送达人送达。

采取多种方式送达的，应当根据最先实现送达的方式确定送达日期。

第十一条　人民法院向在内地的受送达人或者受送达人的法定代表人、主要负责人、诉讼代理人、代表机构以及有权接受送达的分支机构、业务代办人送达司法文书，可以适用留置送达的方式。

第十二条　受送达人未对人民法院送达的司法文书履行签收手续，但存在以下情形之一的，视为送达：

（一）受送达人向人民法院提及了所送达司法文书的内容；

（二）受送达人已经按照所送达司法文书的内容履行；

（三）其他可以确认已经送达的情形。

第十三条 下级人民法院送达司法文书，根据有关规定需要通过上级人民法院转递的，应当附申请转递函。

上级人民法院收到下级人民法院申请转递的司法文书，应当在七个工作日内予以转递。

上级人民法院认为下级人民法院申请转递的司法文书不符合有关规定需要补正的，应当在七个工作日内退回申请转递的人民法院。

最高人民法院
关于内地与香港特别行政区法院就民商事案件相互委托提取证据的安排

法释〔2017〕4号

（2016年10月31日最高人民法院审判委员会第1697次会议通过
2017年2月27日最高人民法院公告公布 自2017年3月1日起施行）

根据《中华人民共和国香港特别行政区基本法》第九十五条的规定，最高人民法院与香港特别行政区经协商，就民商事案件相互委托提取证据问题作出如下安排：

第一条 内地人民法院与香港特别行政区法院就民商事案件相互委托提取证据，适用本安排。

第二条 双方相互委托提取证据，须通过各自指定的联络机关进行。其中，内地指定各高级人民法院为联络机关；香港特别行政区指定香港特别行政区政府政务司司长办公室辖下行政署为联络机关。

最高人民法院可以直接通过香港特别行政区指定的联络机关委托提取证据。

第三条 受委托方的联络机关收到对方的委托书后，应当及时将委托书及所附相关材料转送相关法院或者其他机关办理，或者自行办理。

如果受委托方认为委托材料不符合本辖区相关法律规定，影响其完成受托事项，应当及时通知委托方修改、补充。委托方应当按照受委托方的要求予以修改、补充，或者重新出具委托书。

如果受委托方认为受托事项不属于本安排规定的委托事项范围，可以予以退回并说明原因。

第四条　委托书及所附相关材料应当以中文文本提出。没有中文文本的，应当提供中文译本。

第五条　委托方获得的证据材料只能用于委托书所述的相关诉讼。

第六条　内地人民法院根据本安排委托香港特别行政区法院提取证据的，请求协助的范围包括：

（一）讯问证人；

（二）取得文件；

（三）检查、拍摄、保存、保管或扣留财产；

（四）取得财产样品或对财产进行试验；

（五）对人进行身体检验。

香港特别行政区法院根据本安排委托内地人民法院提取证据的，请求协助的范围包括：

（一）取得当事人的陈述及证人证言；

（二）提供书证、物证、视听资料及电子数据；

（三）勘验、鉴定。

第七条　受委托方应当根据本辖区法律规定安排取证。

委托方请求按照特殊方式提取证据的，如果受委托方认为不违反本辖区的法律规定，可以按照委托方请求的方式执行。

如果委托方请求其司法人员、有关当事人及其诉讼代理人（法律代表）在受委托方取证时到场，以及参与录取证言的程序，受委托方可以按照其辖区内相关法律规定予以考虑批准。批准同意的，受委托方应当将取证时间、地点通知委托方联络机关。

第八条　内地人民法院委托香港特别行政区法院提取证据，应当提供加盖最高人民法院或者高级人民法院印章的委托书。香港特别行政区法院委托内地人民法院提取证据，应当提供加盖香港特别行政区高等法院印章的委托书。

委托书或者所附相关材料应当写明：

（一）出具委托书的法院名称和审理相关案件的法院名称；

（二）与委托事项有关的当事人或者证人的姓名或者名称、地址及其他一切有助于联络及辨别其身份的信息；

（三）要求提供的协助详情，包括但不限于：与委托事项有关的案件基本情况（包括案情摘要、涉及诉讼的性质及正在进行的审理程序等）；需向当事人或者证人取得的指明文件、物品及询（讯）问的事项或问题清单；需要委托提取有关证据的原因等；必要时，需陈明有关证据对诉讼的重要性及用来证实的事实及论点等；

（四）是否需要采用特殊方式提取证据以及具体要求；

（五）委托方的联络人及其联络信息；

（六）有助执行委托事项的其他一切信息。

第九条 受委托方因执行受托事项产生的一般性开支，由受委托方承担。

受委托方因执行受托事项产生的翻译费用、专家费用、鉴定费用、应委托方要求的特殊方式取证所产生的额外费用等非一般性开支，由委托方承担。

如果受委托方认为执行受托事项或会引起非一般性开支，应先与委托方协商，以决定是否继续执行受托事项。

第十条 受委托方应当尽量自收到委托书之日起六个月内完成受托事项。受委托方完成受托事项后，应当及时书面回复委托方。

如果受委托方未能按委托方的请求完成受托事项，或者只能部分完成受托事项，应当向委托方书面说明原因，并按委托方指示及时退回委托书所附全部或者部分材料。

如果证人根据受委托方的法律规定，拒绝提供证言时，受委托方应当以书面通知委托方，并按委托方指示退回委托书所附全部材料。

第十一条 本安排在执行过程中遇有问题，或者本安排需要修改，应当通过最高人民法院与香港特别行政区政府协商解决。

第十二条 本安排在内地由最高人民法院发布司法解释和香港特别行政区完成有关内部程序后，由双方公布生效日期。

本安排适用于受委托方在本安排生效后收到的委托事项，但不影响双方根据现行法律考虑及执行在本安排生效前收到的委托事项。

第十五章　涉外民事诉讼程序的规定

最高人民法院
关于涉外民商事案件诉讼管辖若干问题的规定

法释〔2002〕5号

（2001年12月25日最高人民法院审判委员会第1203次会议通过
2002年2月25日最高人民法院公告公布　自2002年3月1日起施行）

为正确审理涉外民商事案件，依法保护中外当事人的合法权益，根据《中华人民共和国民事诉讼法》第十九条的规定，现将有关涉外民商事案件诉讼管辖的问题规定如下：

第一条　第一审涉外民商事案件由下列人民法院管辖：

（一）国务院批准设立的经济技术开发区人民法院；

（二）省会、自治区首府、直辖市所在地的中级人民法院；

（三）经济特区、计划单列市中级人民法院；

（四）最高人民法院指定的其他中级人民法院；

（五）高级人民法院。

上述中级人民法院的区域管辖范围由所在地的高级人民法院确定。

第二条　对国务院批准设立的经济技术开发区人民法院所作的第一审判决、裁定不服的，其第二审由所在地中级人民法院管辖。

第三条　本规定适用于下列案件：

（一）涉外合同和侵权纠纷案件；

（二）信用证纠纷案件；

（三）申请撤销、承认与强制执行国际仲裁裁决的案件；

（四）审查有关涉外民商事仲裁条款效力的案件；

（五）申请承认和强制执行外国法院民商事判决、裁定的案件。

第四条　发生在与外国接壤的边境省份的边境贸易纠纷案件，涉外房地产案件和涉外知识产权案件，不适用本规定。

第五条　涉及香港、澳门特别行政区和台湾地区当事人的民商事纠纷案件的管辖，参照本规定处理。

第六条　高级人民法院应当对涉外民商事案件的管辖实施监督，凡越权受理涉外民商事案件的，应当通知或者裁定将案件移送有管辖权的人民法院审理。

第七条　本规定于2002年3月1日起施行。本规定施行前已经受理的案件由原受理人民法院继续审理。

本规定发布前的有关司法解释、规定与本规定不一致的，以本规定为准。

最高人民法院
关于认真学习贯彻《关于涉外民商事案件诉讼管辖若干问题的规定》的通知

（2002年3月1日　法〔2002〕22号）

各省、自治区、直辖市高级人民法院，解放军军事法院，新疆维吾尔自治区高级人民法院生产建设兵团分院：

为适应我国加入世界贸易组织形势的需要，依法及时公正地审理涉外民商事案件，切实保护中外当事人的合法权益，最高人民法院审判委员会近日通过了《关于涉外民商事案件诉讼管辖若干问题的规定》（以下简称《规定》）。为学习贯彻好这一司法解释，现通知如下：

一、要深刻领会实施《规定》的重要意义，尽快做好各项准备工作。对涉外民商事案件实行集中管辖，是因应“入世”后面临的新形势而采取的一项重要改革举措；是优化案件管辖，充分发挥审判效能所作出的一项重要决策。各高级人民法院要积极做好各项准备工作，按照《规定》要求，尽快明确实行集中管辖的法院的区域划分，并及时运作，坚决维护国家大局和法制统一。

二、根据《规定》有权管辖涉外民商事案件的中级人民法院应当设立专门审理涉外民商事案件的审判庭，此类案件较少的地区的中级人民法院应当设立专门的合议庭。

三、要针对涉外民商事审判工作的特点，采取切实有效的措施，大力开展不同形式的业务培训，使涉外民商事法官尽快熟悉世界贸易组织规则、相关国际公约和国际惯例，努力建设一支懂法律、懂国际贸易、懂外语的专家型涉外民商事审判队伍。

四、对涉外民商事生效裁判的申请再审和申诉案件，由人民法院负责审理涉外民商事案件的审判庭负责办理。对本级法院作出的涉外民商事生效裁判的申请再审和申诉案件，由审判监督庭负责办理。

五、各高级人民法院要对集中管辖的实施加强监督与协调，积极做好相关工作。在执行《规定》过程中遇到的问题，请及时报告我院。

特此通知。

最高人民法院
关于加强涉外商事案件诉讼管辖工作的通知

（2004年12月29日　法〔2004〕265号）

各省、自治区、直辖市高级人民法院，解放军军事法院，新疆维吾尔自治区高级人民法院生产建设兵团分院：

最高人民法院2002年3月1日法释〔2002〕5号《关于涉外民商事案件诉讼管辖若干问题的规定》施行以来，各地法院认真贯彻落实，建立了涉外商事审判工作的新格局，提高了审判质量和涉外商事法官素质，为应对我国加入世界贸易组织后所面临的挑战作出了较大贡献。为进一步方便当事人诉讼，防止涉外商事案件流失，培育并充分利用司法资源，不断提高涉外商事审判能力，现根据最高人民法院《关于涉外民商事案件诉讼管辖若干问题的规定》第一条第（四）项的规定，通知如下：

一、受理边境贸易纠纷案件法院的上诉审中级人民法院，国务院批准设立的经济技术开发区法院的上诉审中级人民法院，以及其他中级人民法院，需要指定管辖一审涉外商事案件的，由其所在地的高级人民法院报请最高人民法院审批。

各高级人民法院要在调研的基础上，于2005年3月底前将需要指定管辖的上列中级人民法院上报指定。

二、授权广东省和各直辖市的高级人民法院根据实际工作需要指定辖区内的基层人民法院管辖本区的第一审涉外（含涉港澳台）商事案件，明确基层人民法院与中级人民法院的案件管辖分工，并将指定管辖的情况报最高人民法院备案。

三、指定管辖一审涉外商事案件的法院，必须坚持标准。要设立专门的涉外商事审判庭或者合议庭，配备足够的审判力量，确保审判质量。需要管辖第一审涉外商事案件但暂不具备条件的，要加强法官培训，待符合条件后再报请指定。

四、指定管辖一审涉外商事案件的法院，要及时确定其管辖区域，并向社会公布，确保最高人民法院《关于涉外民商事案件诉讼管辖若干问题的规定》的正确贯彻实施。

五、各高级人民法院要切实加强对涉外商事案件诉讼管辖工作的监督指导，坚决纠正不当管辖，认真解决涉外商事案件管辖中存在的问题，正确行使涉外商事案件的管辖权，维护我国的司法权威。

特此通知。

最高人民法院
关于向外国公司送达司法文书能否向其驻华代表机构送达并适用留置送达问题的批复

法释〔2008〕18号

（2002年6月11日最高人民法院审判委员会第1225次会议通过
2002年6月18日以法释〔2002〕15号公布　自2002年6月22日起施行
根据2008年12月16日发布的《最高人民法院关于调整司法解释等文件中引用〈中华人民共和国民事诉讼法〉条文序号的决定》调整）

北京市高级人民法院：

你院京高法〔2001〕216号《关于对外国公司送达司法文书能否向其驻华代表机构送达并适用留置送达的请示》收悉。经研究，答复如下：

《关于向国外送达民事或商事司法文书和司法外文书公约》（以下简称海牙送达公约）第一条规定：‘在所有民事或商事案件中，如有须递送司法文书或司法外文书以便向国外送达的情形，均应适用本公约。’根据《中华人民共和国民事诉讼法》（以下简称民事诉讼法）第二百四十五条的规定，人民法院对在中华人民共和国领域内没有住所的当事人送达诉讼文书，可以依照受送达人所在国与中华人民共和国缔结或者共同参加的国际条约中规定的方式送达；当受送达人在中华人民共和国领域内设有代表机构时，便不再属于海牙送达公约规定的‘有须递送司法文书或司法外文书以便向国外送达的情形’。因此，人民法院可以根据民事诉讼法第二百四十五条第（五）项的规定向受送达人在中华人民共和国领域内设立的代表机构送达诉讼文书，而不必根据海牙送达公约向国外送达。

根据民事诉讼法第二百三十五条的规定，人民法院向外国公司的驻华代表机构送达诉讼文书时，可以适用留置送达的方式。

此复。

最高人民法院
关于涉外民事或商事案件司法文书送达问题若干规定

法释〔2008〕18号

（2006年7月17日最高人民法院审判委员会第1394次会议通过
2006年8月10日以法释〔2006〕5号公布　自2006年8月22日起施行
根据2008年12月16日发布的《最高人民法院关于调整司法解释等
文件中引用〈中华人民共和国民事诉讼法〉条文序号的决定》调整）

为规范涉外民事或商事案件司法文书送达，根据《中华人民共和国民事诉讼法》（以下简称民事诉讼法）的规定，结合审判实践，制定本规定。

第一条　人民法院审理涉外民事或商事案件时，向在中华人民共和国领域内没有住所的受送达人送达司法文书，适用本规定。

第二条　本规定所称司法文书，是指起诉状副本、上诉状副本、反诉状副本、答辩状副本、传票、判决书、调解书、裁定书、支付令、决定书、通知书、证明书、送达回证以及其他司法文书。

第三条　作为受送达人的自然人或者企业、其他组织的法定代表人、主要负责人在中华人民共和国领域内的，人民法院可以向该自然人或者法定代表人、主要负责人送达。

第四条　除受送达人在授权委托书中明确表明其诉讼代理人无权代为接收有关司法文书外，其委托的诉讼代理人为民事诉讼法第二百四十五条第（四）项规定的有权代其接受送达的诉讼代理人，人民法院可以向该诉讼代理人送达。

第五条　人民法院向受送达人送达司法文书，可以送达给其在中华人民共和国领域内设立的代表机构。

受送达人在中华人民共和国领域内有分支机构或者业务代办人的，经该受送达人授权，人民法院可以向其分支机构或者业务代办人送达。

第六条 人民法院向在中华人民共和国领域内没有住所的受送达人送达司法文书时，若该受送达人所在国与中华人民共和国签订有司法协助协定，可以依照司法协助协定规定的方式送达；若该受送达人所在国是《关于向国外送达民事或商事司法文书和司法外文书公约》的成员国，可以依照该公约规定的方式送达。

受送达人所在国与中华人民共和国签订有司法协助协定，且为《关于向国外送达民事或商事司法文书和司法外文书公约》成员国的，人民法院依照司法协助协定的规定办理。

第七条 按照司法协助协定、《关于向国外送达民事或商事司法文书和司法外文书公约》或者外交途径送达司法文书，自我国有关机关将司法文书转递受送达人所在国有关机关之日起满六个月，如果未能收到送达与否的证明文件，且根据各种情况不足以认定已经送达的，视为不能用该种方式送达。

第八条 受送达人所在国允许邮寄送达的，人民法院可以邮寄送达。

邮寄送达时应附有送达回证。受送达人未在送达回证上签收但在邮件回执上签收的，视为送达，签收日期为送达日期。

自邮寄之日起满六个月，如果未能收到送达与否的证明文件，且根据各种情况不足以认定已经送达的，视为不能用邮寄方式送达。

第九条 人民法院依照民事诉讼法第二百四十五条第（七）项规定的公告方式送达时，公告内容应在国内外公开发行的报刊上刊登。

第十条 除本规定上述送达方式外，人民法院可以通过传真、电子邮件等能够确认收悉的其他适当方式向受送达人送达。

第十一条 除公告送达方式外，人民法院可以同时采取多种方式向受送达人进行送达，但应根据最先实现送达的方式确定送达日期。

第十二条 人民法院向受送达人在中华人民共和国领域内的法定代表人、主要负责人、诉讼代理人、代表机构以及有权接受送达的分支机构、业务代办人送达司法文书，可以适用留置送达的方式。

第十三条 受送达人未对人民法院送达的司法文书履行签收手续，但存在以下情形之一的，视为送达：

（一）受送达人书面向人民法院提及了所送达司法文书的内容；

（二）受送达人已经按照所送达司法文书的内容履行；

（三）其他可以视为已经送达的情形。

第十四条 人民法院送达司法文书，根据有关规定需要通过上级人民法院转递的，应附申请转递函。

上级人民法院收到下级人民法院申请转递的司法文书，应在七个工作日内予以转递。

上级人民法院认为下级人民法院申请转递的司法文书不符合有关规定需要补正的，应在七个工作日内退回申请转递的人民法院。

第十五条　人民法院送达司法文书，根据有关规定需要提供翻译件的，应由受理案件的人民法院委托中华人民共和国领域内的翻译机构进行翻译。

翻译件不加盖人民法院印章，但应由翻译机构或翻译人员签名或盖章证明译文与原文一致。

第十六条　本规定自公布之日起施行。

最高人民法院

关于依据国际公约和双边司法协助条约办理民商事案件司法文书送达和调查取证司法协助请求的规定

法释〔2013〕11号

（2013年1月21日最高人民法院审判委员会第1568次会议通过
2013年4月7日最高人民法院公告公布　自2013年5月2日起施行）

为正确适用有关国际公约和双边司法协助条约，依法办理民商事案件司法文书送达和调查取证请求，根据《中华人民共和国民事诉讼法》《关于向国外送达民事或商事司法文书和司法外文书的公约》（海牙送达公约）、《关于从国外调取民事或商事证据的公约》（海牙取证公约）和双边民事司法协助条约的规定，结合我国的司法实践，制定本规定。

第一条　人民法院应当根据便捷、高效的原则确定依据海牙送达公约、海牙取证公约，或者双边民事司法协助条约，对外提出民商事案件司法文书送达和调查取证请求。

第二条　人民法院协助外国办理民商事案件司法文书送达和调查取证请求，适用对等原则。

第三条　人民法院协助外国办理民商事案件司法文书送达和调查取证请求，应当进行审查。外国提出的司法协助请求，具有海牙送达公约、海牙取证公约或双边民事司法协助条约规定的拒绝提供协助的情形的，人民法院应当拒绝提供协助。

第四条　人民法院协助外国办理民商事案件司法文书送达和调查取证请求，应当按照民事诉讼法和相关司法解释规定的方式办理。

请求方要求按照请求书中列明的特殊方式办理的，如果该方式与我国法律不相抵触，且在实践中不存在无法办理或者办理困难的情形，应当按照该特殊方式办理。

第五条 人民法院委托外国送达民商事案件司法文书和进行民商事案件调查取证，需要提供译文的，应当委托中华人民共和国领域内的翻译机构进行翻译。

译文应当附有确认译文与原文一致的翻译证明。翻译证明应当有翻译机构的印章和翻译人的签名。译文不得加盖人民法院印章。

第六条 最高人民法院统一管理全国各级人民法院的国际司法协助工作。高级人民法院应当确定一个部门统一管理本辖区各级人民法院的国际司法协助工作并指定专人负责。中级人民法院、基层人民法院和有权受理涉外案件的专门法院，应当指定专人管理国际司法协助工作；有条件的，可以同时确定一个部门管理国际司法协助工作。

第七条 人民法院应当建立独立的国际司法协助登记制度。

第八条 人民法院应当建立国际司法协助档案制度。办理民商事案件司法文书送达的送达回证、送达证明在各个转递环节应当以适当方式保存。办理民商事案件调查取证的材料应当作为档案保存。

第九条 经最高人民法院授权的高级人民法院，可以依据海牙送达公约、海牙取证公约直接对外发出本辖区各级人民法院提出的民商事案件司法文书送达和调查取证请求。

第十条 通过外交途径办理民商事案件司法文书送达和调查取证，不适用本规定。

第十一条 最高人民法院国际司法协助统一管理部门根据本规定制定实施细则。

第十二条 最高人民法院以前所作的司法解释及规范性文件，凡与本规定不一致的，按本规定办理。

最高人民法院
印发《关于依据国际公约和双边司法协助条约办理民商事案件司法文书送达和调查取证司法协助请求的规定实施细则（试行）》的通知

（2013年4月7日　法发〔2013〕6号）

各省、自治区、直辖市高级人民法院，解放军军事法院，新疆维吾尔自治区高级人民法院生产建设兵团分院：

现将《最高人民法院关于依据国际公约和双边司法协助条约办理民商事案件司法文书送达和调查取证司法协助请求的规定实施细则（试行）》印发给你们，请认真贯彻执行。

附：

最高人民法院
关于依据国际公约和双边司法协助条约办理民商事案件司法文书送达和调查取证司法协助请求的规定实施细则（试行）

第一章　总　则

第一条　根据《最高人民法院关于依据国际公约和双边司法协助条约办理民商事案件司法文书送达和调查取证司法协助请求的规定》，制定本实施细则。

第二条　本实施细则适用于人民法院依据海牙送达公约、海牙取证公约和双边民事、民商事、民刑事和民商刑事司法协助条约、协定（以下简称双边民事司法协助条约）办理民商事案件司法文书送达和调查取证请求。

第三条　人民法院应当根据便捷、高效的原则，优先依据海牙取证公约提出民商事案件调查取证请求。

第四条　有权依据海牙送达公约、海牙取证公约直接对外发出司法协助请求的高级人民法院，应当根据便捷、高效的原则，优先依据海牙送达公约和海牙取证公约提出、转递本辖区各级人民法院提出的民商事案件司法文书送达和调查取证请求。

第五条 人民法院国际司法协助统一管理部门和专门负责国际司法协助工作的人员（国际司法协助专办员）负责国际司法协助请求的审查、转递、督办和登记、统计、指导、调研等工作。

第二章 我国法院委托外国协助送达民商事案件司法文书

第六条 人民法院审判、执行部门向国际司法协助专办员、国际司法协助统一管理部门报送民商事案件司法文书送达请求时，应当制作给国际司法协助专办员或者国际司法协助统一管理部门的转递函，并按照下列要求办理：

（一）向在国外的法人和非中国籍公民送达

1. 所送达的各项文书应当附有被请求国官方文字的译文，对于不同地区使用不同官方文字的国家，如加拿大、瑞士等，应当附有该地区所使用的官方文字的译文。翻译为被请求国官方文字确有困难的，可以依据双边民事司法协助条约提出司法文书送达请求，并附双边民事司法协助条约中规定的第三方文字的译文。被请求国不接受双边民事司法协助条约中规定的第三方文字译文的，所送达的各项文书应当附有被请求国官方文字的译文。

2. 所送达的文书应当一式两份，分别装订为两套文书。

每套文书应当独立成册，参照下列顺序装订：

（1）起诉状中文及译文；

（2）应诉通知书中文及译文；

（3）传票中文及译文；

（4）合议庭组成人员通知书中文及译文；

（5）举证通知书中文及译文；

（6）其他材料之一中文及译文（其他材料之二、三依此类推）；

（7）证据一中文及译文（证据二、三依此类推）；

（8）翻译证明。

人民法院向在国外的法人和非中国籍公民送达民商事案件司法文书无需附送达回证及译文。但是，所送达的文书不能反映准确送达地址的，应当通过附送达回证及译文的方式说明准确的送达地址。

3. 被请求国协助送达要求支付费用的，送达费用由当事人负担。被请求国要求预付费的，应当将送达费用汇票与所送文书一并转递，并在转递函上注明汇票编号。

4. 所送达的各项文书中，受送达人的姓名、名称和送达地址应当一致、完整、准确。送达地址应当打印，不便打印的，手写地址应当清晰、可明确辨认；受送达人姓名、名称和送达地址不一致的，应当修改一致；送达地址不便修改的，应当在转递函中列明准确的送达地址，并注明“已核对，以此送达地址为准”。

5. 确定开庭日期时应当预留足够的送达时间。

（二）向在国外的中国籍公民送达

1. 转递函中列明受送达人为中国国籍。

2. 所送达的文书应当一式两份，无需译文，分别装订为两套文书。

每套文书应当独立成册，参照下列顺序装订：

（1）起诉状；

（2）应诉通知书；

（3）传票；

（4）合议庭组成人员通知书；

（5）举证通知书；

（6）其他材料之一（其他材料之二、三依此类推）；

（7）证据一（证据二、三依此类推）；

（8）送达回证（送达回证中应当列明上述文书各一份）。

3. 送达回证中应当打印受送达人准确的外文（所在国官方文字）送达地址；不便打印的，手写地址应当清晰、可明确辨认；受送达人如有外文姓名的，亦应当在送达回证中注明外文姓名。

4. 确定开庭日期时应当预留足够的送达时间。

5. 我国驻外使、领馆要求出具委托书的，应当附提出送达请求的法院致我国驻该国使、领馆的委托书。委托书随文书一并转递。

第七条　国际司法协助专办员收到本院审判、执行部门或者下级法院报送的民商事案件司法文书送达请求后，应当按照下列标准进行审查：

（一）有审判、执行部门或者下级法院的转递函；

（二）被请求国是海牙送达公约缔约国，或者被请求国与我国签订的双边民事司法协助条约已经生效；

（三）审判、执行部门或者下级法院转来的文书与转递函中所列的文书清单在名称和份数上一致；

（四）所送达的文书按照第六条的相关规定分别装订成两套，两套文书的装订顺序一致；

（五）应当附译文的，译文文字符合海牙送达公约或者双边民事司法协助条约的规定；

（六）所送达的各项文书中载明的受送达人姓名、名称、送达地址应当一致；受送达人姓名、名称前后不一致的，应当退回审判、执行部门修改；送达地址不一致的，审判、执行部门或者下级法院应当在转递函中列明最终确认的送达地址并注明“已核对，以此送达地址为准”；

（七）如果受送达人是外国国家、外国政府、外国政府组成机构以及享有外交特权和豁免权的主体，最高人民法院已经批准受理该案件；

（八）需要受送达人出庭的，确定开庭日期时预留了足够的送达时间；

（九）被请求国要求预付送达费用的，附有送达费用汇票；汇票中所列的收款机构、币种、数额符合被请求国的要求；汇票在有效期内；

（十）向在国外的中国籍公民送达民商事案件司法文书，附有送达回证；送达回证中列明受送达人所在国官方文字的送达地址；送达回证中所列明的文书清单与实际送达的文书的名称、份数一致；

（十一）向在国外的中国籍公民送达民商事案件司法文书，我国驻外使、领馆要求出具委托书的，附有提出送达请求的法院致我国驻该国使、领馆的委托书；

（十二）送达的民商事案件司法文书，特别是证据材料中，不含有明确标注密级的材料；

（十三）所送达的文书中，不存在应当填写而未填写的内容的情形；

（十四）翻译证明符合被请求国的要求；

（十五）其他应当审查的事项。

第八条　国际司法协助专办员对审判、执行部门报送的民商事案件司法文书送达请求审查合格的，应当制作转递函，及时报送高级人民法院国际司法协助统一管理部门。高级人民法院审查合格的，应当制作转递函，及时报送最高人民法院国际司法协助统一管理部门。文书中受送达人地址前后不一致的，高级人民法院应当在转递函中说明已核对无误的送达地址。最高人民法院审查合格的，应当制作转递函，及时转递中央机关。

除另有规定外，有权依据海牙送达公约直接对外发出民商事案件司法文书送达请求的高级人民法院国际司法协助统一管理部门收到下级法院或者本院审判、执行部门报送的民商事案件司法文书送达请求并审查合格的，应当填写符合海牙送达公约所附范本格式的请求书并加盖该高级人民法院国际司法协助专用章后邮寄被请求国中央机关。

第九条　最高人民法院国际司法协助统一管理部门收到中央机关转回的送达证明和被请求国事后要求支付送达费用的通知后，应当及时登记并转递有关高级人民法院国际司法协助统一管理部门。

高级人民法院收到最高人民法院转回的送达证明和付费通知后，或者有权依据海牙送达公约直接对外发出送达请求的高级人民法院收到外国中央机关转回的送达证明和付费通知后，应当及时登记并转递提出送达请求的人民法院。

第十条　提出送达请求的人民法院收到付费通知后，应当及时向当事人代收。当事人根据被请求国要求支付的费用，应当以汇票等形式支付并通过原途径转交被请求国相关机构。

第三章　外国委托我国法院协助送达民商事案件司法文书

第十一条　最高人民法院国际司法协助统一管理部门收到中央机关转来的外国委托我国法院协助送达的民商事案件司法文书后，应当按照下列标准进行审查：

（一）有中央机关的转递函或者请求书；

（二）请求国是海牙送达公约缔约国或者与我国签订的双边民事司法协助条约已经生效；

（三）属于海牙送达公约或者双边民事司法协助条约规定的范围；

（四）属于人民法院的办理范围；

（五）不具有海牙送达公约或者双边民事司法协助条约中规定的拒绝提供协助的情形；

（六）请求方要求采取特殊方式送达的，所要求的特殊方式与我国法律不相抵触，且在实践中不存在无法办理或者办理困难的情形；

（七）实际送达的文书与请求书中列明的文书在名称、份数上一致；

（八）依据海牙送达公约委托我国协助送达的文书，应当附有中文译文，但请求方仅要求按照海牙送达公约第五条第二款规定的方式予以送达的除外；

（九）依据双边民事司法协助条约委托我国协助送达的司法文书，附有中文译文或者双边民事司法协助条约中规定的第三方文字译文；

（十）其他应当审查的事项。

第十二条　我国法院委托外国协助送达的司法文书附有双边民事司法协助条约规定的第三方文字译文，但被请求国依然要求必须附有该国官方文字译文的，按照对等原则，该国委托我国协助送达的司法文书应当附有中文译文。

第十三条　最高人民法院国际司法协助统一管理部门审查合格的，应当制作转递函，与所送达的文书一并转递受送达人所在地高级人民法院国际司法协助统一管理部门。

第十四条　高级人民法院收到最高人民法院转来的转递函和所送达的文书后，应当参照第十一条的规定进行审查。审查合格的，应当制作转递函，与所送达的文书一并转递受送达人所在地中级或者基层人民法院国际司法协助专办员。高级人民法院国际司法协助统一管理部门认为由本院办理更为适宜的，可以直接移交本院负责民商事案件司法文书送达工作的部门办理。

第十五条 中级或者基层人民法院国际司法协助专办员收到高级人民法院转来的转递函和所送达的文书后，亦应当参照第十一条的规定进行审查。审查合格的，及时移交本院负责民商事案件司法文书送达工作的部门办理。

第十六条 人民法院送达司法文书时，应当使用本院的送达回证。

第十七条 依据海牙送达公约委托我国法院协助送达的司法文书，无论文书中确定的开庭日期或者期限是否已过，办理送达的人民法院均应当予以送达。但是，请求方另有明确表示的除外。

第十八条 受送达人是自然人的，应当由其本人签收司法文书；受送达人是法人或者其他组织的，应当由法人的法定代表人、其他组织的主要负责人或者该法人、组织负责收件的人签收司法文书。他人代收的，应当符合民事诉讼法和相关司法解释的规定。

第十九条 请求方要求采取海牙送达公约第五条第二款规定的方式送达的，办理送达的人民法院应当告知受送达人享有自愿接收的权利。受送达人拒收的，应当在送达回证上注明。

第二十条 送达成功的，办理送达的部门应当将送达回证转递本院国际司法协助专办员。送达不成功的，办理送达的部门应当将送达回证和未能送达的文书一并转递本院国际司法协助专办员。

第二十一条 国际司法协助专办员收到送达回证后，应当按照下列标准进行审查：

（一）送达回证加盖人民法院院章；

（二）送达回证填写规范、完整。包括：逐一列明所送达的文书的名称和份数、送达日期、代收人与受送达人的关系以及受送达人、代收人、送达人的签字或者盖章。如果未能成功送达，送达人还应当在送达回证中说明未能成功送达的原因。

第二十二条 通过邮寄方式送达的，国际司法协助专办员收到邮政机构出具的邮寄送达证明后，应当参照第二十一条的规定进行审查。

第二十三条 国际司法协助专办员审查合格后，应当制作送达结果转递函，与送达回证、邮寄送达证明、未能送达的文书一并转递高级人民法院国际司法协助统一管理部门。

第二十四条 高级人民法院收到送达回证、邮寄送达证明、未能成功送达的文书后，应当参照第二十一条的规定进行审查。审查合格的，应当制作给最高人民法院国际司法协助统一管理部门的转递函，并在转递函和送达回证右上角注明最高人民法院原始转递函的函号，然后将高级人民法院转递函、送达回证、邮寄送达证明、未能送达的文书转递最高人民法院国际司法协助统一管理部门。

第二十五条　最高人民法院收到高级人民法院转来的转递函、送达回证、邮寄送达证明、未能送达的文书后，应当进行审查。审查合格的，应当及时退回中央机关。

第四章　我国法院委托外国法院协助进行民商事案件调查取证

第二十六条　人民法院审判、执行部门依据海牙取证公约提出调查取证请求时，应当按照下列要求办理：

（一）制作符合海牙取证公约规定的调查取证请求书。

被请求国对请求书及其附件文字未作出声明或者保留的，请求书及其附件应当附有被请求国官方文字、英文或者法文译文。

被请求国对请求书及其附件文字作出声明或者保留的，请求书及其附件应当附有被请求国官方文字的译文。

被请求国不同地区使用不同官方文字的，请求书及其附件应当附有该地区官方文字的译文。

请求书有附件的，附件译文的语种应当与请求书译文的语种一致。

（二）请求书、附件及其译文应当一式两份，参照下列顺序装订成两套：

1. 请求书原文及译文；

2. 附件一原文及译文（附件二、三依此类推）；

3. 证明请求书及其附件的译文与原文一致的翻译证明。

（三）请求书在最终向外国中央机关发出之前，不填写签发日期、地点，也不加盖任一经手法院或者部门的印章。

（四）制作转递函，与请求书及其附件等一并报送国际司法协助专办员或者国际司法协助统一管理部门。

第二十七条　国际司法协助专办员收到本院审判、执行部门或者下级法院报送的依据海牙取证公约提出的调查取证请求后，应当按照下列标准进行审查：

（一）有审判、执行部门或者下级法院的转递函；

（二）被请求国是海牙取证公约缔约国且该公约已经在我国和该国之间生效；

（三）请求书及其附件的译文符合海牙取证公约的规定和被请求国对此所作的声明和保留；附件译文的语种与请求书的语种一致；

（四）请求书的各项内容填写规范、完整；

（五）附件中不含有明确标注密级的材料；

（六）其他应当审查的事项。

第二十八条 国际司法协助专办员对审判、执行部门报送的依据海牙取证公约提出的调查取证请求审查合格的，应当制作转递函，及时报送高级人民法院国际司法协助统一管理部门。高级人民法院审查合格的，应当制作转递函，及时报送最高人民法院国际司法协助统一管理部门。最高人民法院审查合格的，应当在请求书及其译文上填写签发日期、地点并加盖最高人民法院国际司法协助专用章后邮寄被请求国中央机关。

除另有规定外，有权依据海牙取证公约直接对外发出调查取证请求的高级人民法院国际司法协助统一管理部门收到下级法院或者本院审判、执行部门报送的调查取证请求并审查合格的，应当在请求书及其译文上填写签发日期、地点并加盖该高级人民法院国际司法协助专用章后邮寄被请求国中央机关。

第二十九条 人民法院审判、执行部门依据双边民事司法协助条约提出调查取证请求时，应当按照下列要求办理：

（一）制作符合双边民事司法协助条约规定的调查取证请求书。

请求书及其附件应当附有被请求国官方文字的译文。翻译为被请求国官方文字确有困难的，可以翻译为双边民事司法协助条约中规定的第三方文字。被请求国不接受双边民事司法协助条约中规定的第三方文字译文的，请求书及其附件应当附有被请求国官方文字的译文。

（二）请求书、附件及其译文应当一式两份，按照下列顺序装订成两套：

1. 请求书原文及译文；

2. 附件一原文及译文（附件二、三依此类推）；

3. 证明请求书及其附件的译文与原文一致的翻译证明。

（三）请求书加盖提出调查取证请求的人民法院院章。

（四）制作转递函，与请求书及其附件等一并报送国际司法协助专办员或者国际司法协助统一管理部门。

第三十条 国际司法协助专办员收到本院审判、执行部门或者下级法院报送的依据双边民事司法协助条约提出的调查取证请求后，应当按照下列标准进行审查：

（一）有审判、执行部门或者下级法院的转递函；

（二）被请求国与我国签订双边民事司法协助条约且已经生效；

（三）请求书及其附件的译文符合双边民事司法协助条约的规定；附件译文的语种与请求书的语种一致；

（四）请求书的各项内容符合双边民事司法协助条约的具体规定，填写规范、完整；

（五）附件中不含有明确标注密级的材料；

（六）其他应当审查的事项。

第三十一条　国际司法协助专办员对审判、执行部门报送的依据双边民事司法协助条约提出的调查取证请求审查合格的，应当制作转递函，及时报送高级人民法院国际司法协助统一管理部门。高级人民法院审查合格的，应当制作转递函，及时报送最高人民法院国际司法协助统一管理部门。最高人民法院审查合格的，应当制作转递函，及时转递中央机关。

第三十二条　最高人民法院国际司法协助统一管理部门收到中央机关转回的调查取证结果和被请求国事后要求支付相关费用的通知后，应当及时登记并转递有关高级人民法院国际司法协助统一管理部门。

高级人民法院收到最高人民法院转回的调查取证结果、付费通知后，或者有权依据海牙取证公约直接对外发出调查取证请求的高级人民法院收到外国中央机关转回的调查取证结果、付费通知后，应当及时登记并转递提出调查取证请求的人民法院。

第三十三条　被请求国要求支付调查取证费用，符合海牙取证公约或者双边民事司法协助条约规定的，提出调查取证请求的人民法院应当及时向当事人代收，当事人根据被请求国要求支付的费用，应当以汇票等形式支付并通过原途径转交被请求国相关机构。

第五章　外国法院委托我国法院协助进行民商事案件调查取证

第三十四条　最高人民法院国际司法协助统一管理部门收到中央机关转来的外国法院依据海牙取证公约或者双边民事司法协助条约提出的民商事案件调查取证请求后，应当按照下列标准进行审查：

（一）有中央机关的转递函或者请求书；

（二）依据海牙取证公约提出调查取证请求的，该公约在我国与请求国之间已经生效；依据双边民事司法协助条约提出调查取证请求的，该条约已经生效；

（三）属于海牙取证公约或者双边民事司法协助条约规定的范围；

（四）属于人民法院的办理范围；

（五）不具有海牙取证公约或者双边民事司法协助条约中规定的拒绝提供协助的情形；

（六）请求方要求采取特殊方式调查取证的，所要求的特殊方式与我国法律不相抵触，且在实践中不存在无法办理或者办理困难的情形；

（七）请求书及其附件有中文译文或者符合海牙取证公约、双边民事司法协助条约规定的语种译文；

（八）其他应当审查的事项。

第三十五条 我国法院委托外国协助调查取证，请求书及其附件附有双边民事司法协助条约规定的第三方文字译文，但被请求国依然要求必须附有该国官方文字译文的，按照对等原则，该国委托我国协助调查取证的请求书及其附件应当附有中文译文。

第三十六条 最高人民法院国际司法协助统一管理部门审查合格的，应当制作转递函，与请求书及其附件一并转递证据或者证人所在地高级人民法院国际司法协助统一管理部门。同一调查取证请求中的证人或者证据位于不同高级人民法院辖区的，最高人民法院可以指定其中一个高级人民法院统一办理。如有需要，相关高级人民法院应当给予必要的协助。

第三十七条 高级人民法院国际司法协助统一管理部门收到最高人民法院转来的调查取证请求后，应当会同本院审判部门进一步审查。审查后认为可以提供协助的，应当制作转递函，与请求书及其附件一并转递证据或者证人所在地中级或者基层人民法院审查、办理。高级人民法院认为本院办理更为适宜的，可以直接办理。

第三十八条 调查取证请求应当由相应的审判部门的法官办理。

第三十九条 调查取证完毕后，办理调查取证的法官应当对调查取证结果按照下列标准进行审查：

（一）调查取证的内容符合请求书的要求；

（二）不含有明确标注密级的材料；

（三）调查取证结果对外提供后不存在损害国家主权、安全、泄露国家秘密、侵犯商业秘密等情形；

（四）提供的证据材料符合民事诉讼法和相关司法解释规定的形式要件；

（五）其他应当审查的事项。

第四十条 办理调查取证的法官审查合格后，应当将调查取证结果转递本院国际司法协助专办员。国际司法协助专办员应当参照第三十九条的规定对调查取证结果进行审查。审查合格的，应当制作转递函，与调查取证结果一并转递高级人民法院国际司法协助统一管理部门。

第四十一条 高级人民法院收到调查取证结果后，应当参照第三十九条的规定进行审查。审查合格的，应当制作转递函，与调查取证结果一并转递最高人民法院国际司法协助统一管理部门。

第四十二条 对于存在第三十九条第（三）项情形的证据材料，各级人民法院应当在转递函中注明，并将该材料按照第四十条、第四十一条的规定与其他材料一并转递。

第四十三条 最高人民法院收到高级人民法院转来的转递函和调查取证

结果后，应当进行审查，认为可以转交请求方的，应当及时转交中央机关。

第四十四条　我国法院协助外国法院调查取证产生的费用，根据海牙取证公约或者双边民事司法协助条约应当由请求方支付的，由办理调查取证的法院提出收费依据和费用清单，通过高级人民法院国际司法协助统一管理部门报请最高人民法院国际司法协助统一管理部门审核。最高人民法院认为应当收取的，通过中央机关要求请求方支付。请求方支付的费用，通过原途径转交办理调查取证的法院。

第六章　附　则

第四十五条　人民法院办理民商事案件司法文书送达的送达回证、送达证明在各个转递环节均应当扫描为 PDF 文件以电子文档的形式保存，保存期限为三年；人民法院办理民商事案件调查取证的材料应当作为档案保存。

第四十六条　通过外交途径办理民商事案件司法文书送达、调查取证，以及向在国外的中国籍公民进行简单询问形式的调查取证，不适用本实施细则。

第四十七条　本实施细则自 2013 年 5 月 2 日起试行。

最高人民法院

印发《关于中国公民申请承认外国法院离婚判决程序问题的规定》的通知

［1991 年 8 月 13 日　法（民）〔1991〕21 号］

全国地方各级人民法院、各级军事法院、各铁路运输中级法院和基层法院、各海事法院：

现将《关于中国公民申请承认外国法院离婚判决程序问题的规定》发给你们，请认真执行。在执行中注意总结经验，有何意见和问题，请及时报告我院。

附件：

关于中国公民申请承认外国法院离婚判决程序问题的规定

（1991年7月5日最高人民法院审判委员会第503次会议讨论通过）

第一条 对与我国没有订立司法协助协议的外国法院作出的离婚判决，中国籍当事人可以根据本规定向人民法院申请承认该外国法院的离婚判决。

对与我国有司法协助协议的外国法院作出的离婚判决，按照协议的规定申请承认。

第二条 外国法院离婚判决中的夫妻财产分割、生活费负担、子女抚养方面判决的承认执行，不适用本规定。

第三条 向人民法院申请承认外国法院的离婚判决，申请人应提出书面申请书，并须附有外国法院离婚判决书正本及经证明无误的中文译本。否则，不予受理。

第四条 申请书应记明以下事项：

（一）申请人姓名、性别、年龄、工作单位和住址；

（二）判决由何国法院作出，判结结果、时间；

（三）受传唤及应诉的情况；

（四）申请理由及请求；

（五）其他需要说明的情况。

第五条 申请由申请人住所地中级人民法院受理。申请人住所地与经常居住地不一致的，由经常居住地中级人民法院受理。

申请人不在国内的，由申请人原国内住所地中级人民法院受理。

第六条 人民法院接到申请书，经审查，符合本规定的受理条件的，应当在7日内立案；不符合的，应当在7日内通知申请人不予受理，并说明理由。

第七条 人民法院审查承认外国法院离婚判决的申请，由三名审判员组成合议庭进行，作出的裁定不得上诉。

第八条 人民法院受理申请后，对于外国法院离婚判决书没有指明已生效或生效时间的，应责令申请人提交作出判决的法院出具的判决已生效的证明文件。

第九条　外国法院作出离婚判决的原告为申请人的，人民法院应责令其提交作出判决的外国法院已合法传唤被告出庭的有关证明文件。

第十条　按照第八条、第九条要求提供的证明文件，应经该外国公证部门公证和我国驻该国使、领馆认证。同时应由申请人提供经证明无误的中文译本。

第十一条　居住在我国境内的外国法院离婚判决的被告为申请人，提交第八条、第十条所要求的证明文件和公证、认证有困难的，如能提交外国法院的应诉通知或出庭传票的，可推定外国法院离婚判决书为真实和已经生效。

第十二条　经审查，外国法院的离婚判决具有下列情形之一的，不予承认：

（一）判决尚未发生法律效力；

（二）作出判决的外国法院对案件没有管辖权；

（三）判决是在被告缺席且未得到合法传唤情况下作出的；

（四）该当事人之间的离婚案件，我国法院正在审理或已作出判决，或者第三国法院对该当事人之间作出的离婚案件判决已为我国法院所承认；

（五）判决违反我国法律的基本原则或者危害我国国家主权、安全和社会公共利益。

第十三条　对外国法院的离婚判决的承认，以裁定方式作出。没有第十二条规定的情形的，裁定承认其法律效力；具有第十二条规定的情形之一的，裁定驳回申请人的申请。

第十四条　裁定书以“中华人民共和国××中级人民法院”名义作出，由合议庭成员署名，加盖人民法院印章。

第十五条　裁定书一经送达，即发生法律效力。

第十六条　申请承认外国法院的离婚判决，申请人应向人民法院交纳案件受理费人民币100元。

第十七条　申请承认外国法院的离婚判决，委托他人代理的，必须向人民法院提交由委托人签名或盖章的授权委托书。委托人在国外出具的委托书，必须经我国驻该国的使、领馆证明。

第十八条　人民法院受理离婚诉讼后，原告一方变更请求申请承认外国法院离婚判决，或者被告一方另提出承认外国法院离婚判决申请的，其申请均不受理。

第十九条　人民法院受理承认外国法院离婚判决的申请后，对方当事人向人民法院起诉离婚的，人民法院不予受理。

第二十条　当事人之间的婚姻虽经外国法院判决，但未向人民法院申请承认的，不妨碍当事人一方另行向人民法院提出离婚诉讼。

第二十一条 申请人的申请为人民法院受理后，申请人可以撤回申请，人民法院以裁定准予撤回。申请人撤回申请后，不得再提出申请，但可以另向人民法院起诉离婚。

第二十二条 申请人的申请被驳回后，不得再提出申请，但可以另行向人民法院起诉离婚。

最高人民法院
关于转发国家外汇管理局《关于人民法院在涉外司法活动中开立外汇账户及办理外汇收支有关问题的函》的通知

（2003年6月11日 法〔2003〕73号）

各省、自治区、直辖市高级人民法院，新疆维吾尔自治区高级人民法院生产建设兵团分院：

为了解决人民法院在涉外司法活动中办理外汇收支的问题，我院向国家外汇管理局提出了允许中级以上人民法院开立外汇账户，在涉外司法活动中办理外汇收支的申请，国家外汇管理局《关于人民法院在涉外司法活动中开立外汇账户及办理外汇收支有关问题的函》（汇函〔2003〕24号）同意了我院的申请。现将国家外汇管理局《关于人民法院在涉外司法活动中开立外汇账户及办理外汇收支有关问题的函》转发给你们，并就有关事项通知如下：

一、全国中级以上人民法院均可根据本院审判工作的实际需要，报经所在地国家外汇管理局分支局核准后，在银行开立经常项目外汇账户。

二、各人民法院根据上述函开立的外汇账户专项用于在涉外司法活动中的外汇收支，严格按照汇函〔2003〕24号限定的收支范围办理外汇收支业务。

三、境内当事人申请在境外采取执行、保全、查封、扣押等措施应缴纳外汇诉讼费用的，人民法院应当给当事人出具《人民法院诉讼费用（外汇）缴费通知书》（样式附后）（略），列明费用项目、币种、金额等，以便于当事人从其外汇账户中支付或者据以向外汇局申请购汇支付。

四、各人民法院开立外汇账户办理外汇收支业务，必须严格遵守国家有关外汇管理的法律法规的规定，指定专人负责该账户的核算和管理，自觉接受外汇管理、财政、审计等部门的监督和检查。

五、各高级人民法院接到本通知后，请及时转发至所辖中级人民法院、海事法院。

附：

国家外汇管理局
关于人民法院在涉外司法活动中开立外汇账户及办理外汇收支有关问题的函

（2003年5月27日　汇函〔2003〕24号）

最高人民法院：

你院《关于申请解决人民法院设立外币账户在涉外司法活动中进行外汇收支问题的函》（法函〔2003〕16号）收悉。经研究，函复如下：

一、为便于人民法院在正常的涉外司法活动中办理外汇收支，促进涉外司法活动的顺利进行，同意国内各中级以上人民法院开立经常项目外汇账户，并纳入国家外汇管理局外汇账户管理信息系统进行管理。

二、中级以上人民法院开立经常项目外汇账户，应当持开户申请书、组织机构代码证等向所在地国家外汇管理局分支局（以下简称外汇局）申请，凭外汇局核发的“经常项目外汇业务核准件”到银行开户，并按照《境内机构经常项目外汇账户管理实施细则》的有关规定使用外汇账户。外汇局按照有特殊来源和指定用途的外汇账户进行管理。

三、中级以上人民法院开立的经常项目外汇账户，专项用于人民法院在涉外司法活动中的外汇收支，其收支范围规定为：

（一）办理国际间司法协助事宜收取或支付的外汇；

（二）收取和退还境外当事人缴纳的外汇诉讼费用；

（三）收取境内当事人申请在境外采取执行、保全、查封、扣押等所需外汇费用；

（四）向境外相关单位和个人支付境外执行、保全、查封、扣押等所需外汇费用；

（五）依法执行涉外案件中外币标的物收取或支付的外汇。

四、境内当事人申请在境外采取执行、保全、查封、扣押等措施所需交纳的外汇费用，可以从其外汇账户中支付，也可以凭人民法院出具的缴费通知书等书面申请材料到外汇指定银行购汇支付，支付的外汇均汇入人民法院开立的经常项目外汇账户。

五、涉外案件中，境内当事人为执行人民法院已生效的裁定书、判决书或调解书等法律文书需向境外当事人支付外汇的，如该案件项下相关交易支付无需外汇局核准，境内当事人可以凭申请书、人民法院已生效的法律文书、人民法院出具的协助执行通知书等材料直接从其外汇账户中支付；如需用人民币购汇支付或者该案件项下相关交易支付需经外汇局核准，境内当事人应当持上述材料向所在地外汇局申请，凭外汇局的核准件从其外汇账户中支付或者到外汇指定银行购汇支付。

最高人民法院办公厅
关于就外国执行民商事文书送达收费事项的通知

（2003年7月29日　法办〔2003〕242号）

各省、自治区、直辖市高级人民法院：

自2003年6月1日，美国由一私人送达公司PROCESS FORWARDING INTERNATIONAL（PFI）代为行使《海牙送达公约》美国中央机关的部分职能，为期五年，并就每件向其国民送达请求收取执行费用。我国与新加坡根据中新司法协助双边条约规定的途径办理司法协助事宜以来，新方根据中新条约第10条的规定已对我国请求向其国民送达事宜，要求执行送达后支付执行费用。加拿大根据《海牙送达公约》的规定声明向请求提供司法协助的国家进行收费。实践中亦已实际对我国请求向其国民送达事宜进行收费。现将上述三个国家有关支付送达费用的具体要求通知如下：

一、向美国支付送达执行费用的具体要求：

支付时间：预付

支付方式：汇票

支付金额：89美元（2003年），91美元（2004年），93美元（2005年），95美元（2007年）

汇票收款人：美国“PROCESS FORWARDING INTERNATIONAL”

二、向新加坡支付送达执行费用的具体要求：

支付时间：执行后支付

支付方式：汇票

支付金额：根据送达情况收取费用数额不等（由20新元到130新元或更

高）。

汇票收款人："The Registrar，Supreme Court，Singapore"。

三、向加拿大支付送达费用的具体要求：

支付时间：预付

支付方式：汇票

支付金额：50 加元

汇票收款人：根据下列不同的省填写不同的名称：

Alberta：Provincial Treasurer of Alberta

British Columbia：Minister of Finance of British Columbia

Prince Edward Island：Provincial Treasurer of Prince Edward Island

Manitoba：Minister of Finance of Manitoba

New Brunswick：Minister of Finance of New Brunswick

Nova Scotia：Minister of Finance of Nova Scotia

Ontario：Treasurer of Ontario

Quebec：Ministre des Finances du Québec

Saskatchewan：Department of Justice of Saskatchewan—Sheriff Services

Newfoundland：Newfoundland Exchequer Account

Yukon Territorial：Treasurer of the Government of Yukon

Northwest Territories：Government of the Northwest Territories

Nunavut：Government of Nunavut

请各高级法院有关部门照此办理。对美国、加拿大的送达，将汇票连同送达文书一并送最高人民法院外事局转递。对新加坡的送达，在文书送达后，按新方确定的送达费用支付，汇票经最高人民法院外事局转递。

请求送达的当事人可根据我院转发国家外汇管理局（法〔2003〕73 号）的通知，到当地外汇管理部门申购所需外汇，办理有关汇票。

最高人民法院
关于人民法院受理涉及特权与豁免的民事案件有关问题的通知

（2007年5月22日　法〔2007〕69号）

各省、自治区、直辖市高级人民法院，解放军军事法院，新疆维吾尔自治区高级人民法院生产建设兵团分院：

为严格执行《中华人民共和国民事诉讼法》以及我国参加的有关国际公约的规定，保障正确受理涉及特权与豁免的民事案件，我院决定对人民法院受理的涉及特权与豁免的案件建立报告制度，特做如下通知：

凡以下列在中国享有特权与豁免的主体为被告、第三人向人民法院起诉的民事案件，人民法院应在决定受理之前，报请本辖区高级人民法院审查；高级人民法院同意受理的，应当将其审查意见报最高人民法院。在最高人民法院答复前，一律暂不受理。

一、外国国家；

二、外国驻中国使馆和使馆人员；

三、外国驻中国领馆和领馆成员；

四、途经中国的外国驻第三国的外交代表和与其共同生活的配偶及未成年子女；

五、途经中国的外国驻第三国的领事官员和与其共同生活的配偶及未成年子女；

六、持有中国外交签证或者持有外交护照（仅限互免签证的国家）来中国的外国官员；

七、持有中国外交签证或者持有与中国互免签证国家外交护照的领事官员；

八、来中国访问的外国国家元首、政府首脑、外交部长及其他具有同等身份的官员；

九、来中国参加联合国及其专门机构召开的国际会议的外国代表；

十、临时来中国的联合国及其专门机构的官员和专家；

十一、联合国系统组织驻中国的代表机构和人员；

十二、其他在中国享有特权与豁免的主体。

最高人民法院办公厅
关于委托外国送达民商事案件司法文书支付送达费用的通知

（2014年11月27日　法办〔2014〕123号）

各省、自治区、直辖市高级人民法院：

2003年最高人民法院办公厅发布的《关于就外国执行民商事文书送达收费事项的通知》（法办〔2003〕242号）中有关支付时间、支付金额或汇款收款人的部分内容已经发生变化。除美国、加拿大之外，部分《海牙送达公约》成员国也提出了收费要求。

我国法院依据《海牙送达公约》委托外国主管机关协助送达民商事案件司法文书，需向外国主管机关支付送达费用的情况，请查阅www.hcch.net网站。

我国法院委托新加坡法院送达民商事案件司法文书的送达费用问题，适用2008年7月29日最高人民法院办公厅《关于我国法院委托新加坡法院协助送达民商事司法文书付费事项的通知》（法办〔2008〕389号）。

第十六章　非诉程序

（一）一般仲裁

中华人民共和国仲裁法

（1994年8月31日第八届全国人民代表大会常务委员会第九次会议通过
根据2009年8月27日第十一届全国人民代表大会常务委员会第十次会议
《关于修改部分法律的决定》第一次修正　根据2017年9月1日
第十二届全国人民代表大会常务委员会第二十九次会议
《关于修改〈中华人民共和国法官法〉等八部
法律的决定》第二次修正）

目　　录

第一章　总　则

第一条　为保证公正、及时地仲裁经济纠纷，保护当事人的合法权益，保障社会主义市场经济健康发展，制定本法。

第二条　平等主体的公民、法人和其他组织之间发生的合同纠纷和其他财产权益纠纷，可以仲裁。

第三条　下列纠纷不能仲裁：

（一）婚姻、收养、监护、扶养、继承纠纷；

（二）依法应当由行政机关处理的行政争议。

第四条　当事人采用仲裁方式解决纠纷，应当双方自愿，达成仲裁协议。没有仲裁协议，一方申请仲裁的，仲裁委员会不予受理。

第五条　当事人达成仲裁协议，一方向人民法院起诉的，人民法院不予受理，但仲裁协议无效的除外。

第六条　仲裁委员会应当由当事人协议选定。

仲裁不实行级别管辖和地域管辖。

第七条　仲裁应当根据事实，符合法律规定，公平合理地解决纠纷。

第八条　仲裁依法独立进行，不受行政机关、社会团体和个人的干涉。

第九条　仲裁实行一裁终局的制度。裁决作出后，当事人就同一纠纷再申请仲裁或者向人民法院起诉的，仲裁委员会或者人民法院不予受理。

裁决被人民法院依法裁定撤销或者不予执行的，当事人就该纠纷可以根据双方重新达成的仲裁协议申请仲裁，也可以向人民法院起诉。

第二章　仲裁委员会和仲裁协会

第十条　仲裁委员会可以在直辖市和省、自治区人民政府所在地的市设立，也可以根据需要在其他设区的市设立，不按行政区划层层设立。

仲裁委员会由前款规定的市的人民政府组织有关部门和商会统一组建。

设立仲裁委员会，应当经省、自治区、直辖市的司法行政部门登记。

第十一条　仲裁委员会应当具备下列条件：

（一）有自己的名称、住所和章程；

（二）有必要的财产；

（三）有该委员会的组成人员；

（四）有聘任的仲裁员。

仲裁委员会的章程应当依照本法制定。

第十二条　仲裁委员会由主任一人、副主任二至四人和委员七至十一人组成。

仲裁委员会的主任、副主任和委员由法律、经济贸易专家和有实际工作经验的人员担任。仲裁委员会的组成人员中，法律、经济贸易专家不得少于三分之二。

第十三条 仲裁委员会应当从公道正派的人员中聘任仲裁员。

仲裁员应当符合下列条件之一：

（一）通过国家统一法律职业资格考试取得法律职业资格，从事仲裁工作满八年的；

（二）从事律师工作满八年的；

（三）曾任法官满八年的；

（四）从事法律研究、教学工作并具有高级职称的；

（五）具有法律知识、从事经济贸易等专业工作并具有高级职称或者具有同等专业水平的。

仲裁委员会按照不同专业设仲裁员名册。

第十四条 仲裁委员会独立于行政机关，与行政机关没有隶属关系。仲裁委员会之间也没有隶属关系。

第十五条 中国仲裁协会是社会团体法人。仲裁委员会是中国仲裁协会的会员。中国仲裁协会的章程由全国会员大会制定。

中国仲裁协会是仲裁委员会的自律性组织，根据章程对仲裁委员会及其组成人员、仲裁员的违纪行为进行监督。

中国仲裁协会依照本法和民事诉讼法的有关规定制定仲裁规则。

第三章 仲裁协议

第十六条 仲裁协议包括合同中订立的仲裁条款和以其他书面方式在纠纷发生前或者纠纷发生后达成的请求仲裁的协议。

仲裁协议应当具有下列内容：

（一）请求仲裁的意思表示；

（二）仲裁事项；

（三）选定的仲裁委员会。

第十七条 有下列情形之一的，仲裁协议无效：

（一）约定的仲裁事项超出法律规定的仲裁范围的；

（二）无民事行为能力人或者限制民事行为能力人订立的仲裁协议；

（三）一方采取胁迫手段，迫使对方订立仲裁协议的。

第十八条 仲裁协议对仲裁事项或者仲裁委员会没有约定或者约定不明确的，当事人可以补充协议；达不成补充协议的，仲裁协议无效。

第十九条 仲裁协议独立存在，合同的变更、解除、终止或者无效，不影响仲裁协议的效力。

仲裁庭有权确认合同的效力。

第二十条 当事人对仲裁协议的效力有异议的，可以请求仲裁委员会作出决定或者请求人民法院作出裁定。一方请求仲裁委员会作出决定，另一方请求人民法院作出裁定的，由人民法院裁定。

当事人对仲裁协议的效力有异议，应当在仲裁庭首次开庭前提出。

第四章　仲裁程序

第一节　申请和受理

第二十一条　当事人申请仲裁应当符合下列条件：

（一）有仲裁协议；

（二）有具体的仲裁请求和事实、理由；

（三）属于仲裁委员会的受理范围。

第二十二条　当事人申请仲裁，应当向仲裁委员会递交仲裁协议、仲裁申请书及副本。

第二十三条　仲裁申请书应当载明下列事项：

（一）当事人的姓名、性别、年龄、职业、工作单位和住所，法人或者其他组织的名称、住所和法定代表人或者主要负责人的姓名、职务；

（二）仲裁请求和所根据的事实、理由；

（三）证据和证据来源、证人姓名和住所。

第二十四条　仲裁委员会收到仲裁申请书之日起五日内，认为符合受理条件的，应当受理，并通知当事人；认为不符合受理条件的，应当书面通知当事人不予受理，并说明理由。

第二十五条　仲裁委员会受理仲裁申请后，应当在仲裁规则规定的期限内将仲裁规则和仲裁员名册送达申请人，并将仲裁申请书副本和仲裁规则、仲裁员名册送达被申请人。

被申请人收到仲裁申请书副本后，应当在仲裁规则规定的期限内向仲裁委员会提交答辩书。仲裁委员会收到答辩书后，应当在仲裁规则规定的期限内将答辩书副本送达申请人。被申请人未提交答辩书的，不影响仲裁程序的进行。

第二十六条　当事人达成仲裁协议，一方向人民法院起诉未声明有仲裁协议，人民法院受理后，另一方在首次开庭前提交仲裁协议的，人民法院应当驳回起诉，但仲裁协议无效的除外；另一方在首次开庭前未对人民法院受理该案提出异议的，视为放弃仲裁协议，人民法院应当继续审理。

第二十七条　申请人可以放弃或者变更仲裁请求。被申请人可以承认或者反驳仲裁请求，有权提出反请求。

第二十八条　一方当事人因另一方当事人的行为或者其他原因，可能使裁决不能执行或者难以执行的，可以申请财产保全。

当事人申请财产保全的，仲裁委员会应当将当事人的申请依照民事诉讼法的有关规定提交人民法院。

申请有错误的，申请人应当赔偿被申请人因财产保全所遭受的损失。

第二十九条 当事人、法定代理人可以委托律师和其他代理人进行仲裁活动。委托律师和其他代理人进行仲裁活动的，应当向仲裁委员会提交授权委托书。

第二节 仲裁庭的组成

第三十条 仲裁庭可以由三名仲裁员或者一名仲裁员组成。由三名仲裁员组成的，设首席仲裁员。

第三十一条 当事人约定由三名仲裁员组成仲裁庭的，应当各自选定或者各自委托仲裁委员会主任指定一名仲裁员，第三名仲裁员由当事人共同选定或者共同委托仲裁委员会主任指定。第三名仲裁员是首席仲裁员。

当事人约定由一名仲裁员成立仲裁庭的，应当由当事人共同选定或者共同委托仲裁委员会主任指定仲裁员。

第三十二条 当事人没有在仲裁规则规定的期限内约定仲裁庭的组成方式或者选定仲裁员的，由仲裁委员会主任指定。

第三十三条 仲裁庭组成后，仲裁委员会应当将仲裁庭的组成情况书面通知当事人。

第三十四条 仲裁员有下列情形之一的，必须回避，当事人也有权提出回避申请：

（一）是本案当事人或者当事人、代理人的近亲属；

（二）与本案有利害关系；

（三）与本案当事人、代理人有其他关系，可能影响公正仲裁的；

（四）私自会见当事人、代理人，或者接受当事人、代理人的请客送礼的。

第三十五条 当事人提出回避申请，应当说明理由，在首次开庭前提出。回避事由在首次开庭后知道的，可以在最后一次开庭终结前提出。

第三十六条 仲裁员是否回避，由仲裁委员会主任决定；仲裁委员会主任担任仲裁员时，由仲裁委员会集体决定。

第三十七条 仲裁员因回避或者其他原因不能履行职责的，应当依照本法规定重新选定或者指定仲裁员。

因回避而重新选定或者指定仲裁员后，当事人可以请求已进行的仲裁程序重新进行，是否准许，由仲裁庭决定；仲裁庭也可以自行决定已进行的仲裁程序是否重新进行。

第三十八条　仲裁员有本法第三十四条第四项规定的情形，情节严重的，或者有本法第五十八条第六项规定的情形的，应当依法承担法律责任，仲裁委员会应当将其除名。

第三节　开庭和裁决

第三十九条　仲裁应当开庭进行。当事人协议不开庭的，仲裁庭可以根据仲裁申请书、答辩书以及其他材料作出裁决。

第四十条　仲裁不公开进行。当事人协议公开的，可以公开进行，但涉及国家秘密的除外。

第四十一条　仲裁委员会应当在仲裁规则规定的期限内将开庭日期通知双方当事人。当事人有正当理由的，可以在仲裁规则规定的期限内请求延期开庭。是否延期，由仲裁庭决定。

第四十二条　申请人经书面通知，无正当理由不到庭或者未经仲裁庭许可中途退庭的，可以视为撤回仲裁申请。

被申请人经书面通知，无正当理由不到庭或者未经仲裁庭许可中途退庭的，可以缺席裁决。

第四十三条　当事人应当对自己的主张提供证据。

仲裁庭认为有必要收集的证据，可以自行收集。

第四十四条　仲裁庭对专门性问题认为需要鉴定的，可以交由当事人约定的鉴定部门鉴定，也可以由仲裁庭指定的鉴定部门鉴定。

根据当事人的请求或者仲裁庭的要求，鉴定部门应当派鉴定人参加开庭。当事人经仲裁庭许可，可以向鉴定人提问。

第四十五条　证据应当在开庭时出示，当事人可以质证。

第四十六条　在证据可能灭失或者以后难以取得的情况下，当事人可以申请证据保全。当事人申请证据保全的，仲裁委员会应当将当事人的申请提交证据所在地的基层人民法院。

第四十七条　当事人在仲裁过程中有权进行辩论。辩论终结时，首席仲裁员或者独任仲裁员应当征询当事人的最后意见。

第四十八条　仲裁庭应当将开庭情况记入笔录。当事人和其他仲裁参与人认为对自己陈述的记录有遗漏或者差错的，有权申请补正。如果不予补正，应当记录该申请。

笔录由仲裁员、记录人员、当事人和其他仲裁参与人签名或者盖章。

第四十九条　当事人申请仲裁后，可以自行和解。达成和解协议的，可以请求仲裁庭根据和解协议作出裁决书，也可以撤回仲裁申请。

第五十条 当事人达成和解协议，撤回仲裁申请后反悔的，可以根据仲裁协议申请仲裁。

第五十一条 仲裁庭在作出裁决前，可以先行调解。当事人自愿调解的，仲裁庭应当调解。调解不成的，应当及时作出裁决。

调解达成协议的，仲裁庭应当制作调解书或者根据协议的结果制作裁决书。调解书与裁决书具有同等法律效力。

第五十二条 调解书应当写明仲裁请求和当事人协议的结果。调解书由仲裁员签名，加盖仲裁委员会印章，送达双方当事人。

调解书经双方当事人签收后，即发生法律效力。

在调解书签收前当事人反悔的，仲裁庭应当及时作出裁决。

第五十三条 裁决应当按照多数仲裁员的意见作出，少数仲裁员的不同意见可以记入笔录。仲裁庭不能形成多数意见时，裁决应当按照首席仲裁员的意见作出。

第五十四条 裁决书应当写明仲裁请求、争议事实、裁决理由、裁决结果、仲裁费用的负担和裁决日期。当事人协议不愿写明争议事实和裁决理由的，可以不写。裁决书由仲裁员签名，加盖仲裁委员会印章。对裁决持不同意见的仲裁员，可以签名，也可以不签名。

第五十五条 仲裁庭仲裁纠纷时，其中一部分事实已经清楚，可以就该部分先行裁决。

第五十六条 对裁决书中的文字、计算错误或者仲裁庭已经裁决但在裁决书中遗漏的事项，仲裁庭应当补正；当事人自收到裁决书之日起三十日内，可以请求仲裁庭补正。

第五十七条 裁决书自作出之日起发生法律效力。

第五章　申请撤销裁决

第五十八条 当事人提出证据证明裁决有下列情形之一的，可以向仲裁委员会所在地的中级人民法院申请撤销裁决：

（一）没有仲裁协议的；

（二）裁决的事项不属于仲裁协议的范围或者仲裁委员会无权仲裁的；

（三）仲裁庭的组成或者仲裁的程序违反法定程序的；

（四）裁决所根据的证据是伪造的；

（五）对方当事人隐瞒了足以影响公正裁决的证据的；

（六）仲裁员在仲裁该案时有索贿受贿，徇私舞弊，枉法裁决行为的。

人民法院经组成合议庭审查核实裁决有前款规定情形之一的，应当裁定撤销。

人民法院认定该裁决违背社会公共利益的，应当裁定撤销。

第五十九条　当事人申请撤销裁决的，应当自收到裁决书之日起六个月内提出。

第六十条　人民法院应当在受理撤销裁决申请之日起两个月内作出撤销裁决或者驳回申请的裁定。

第六十一条　人民法院受理撤销裁决的申请后，认为可以由仲裁庭重新仲裁的，通知仲裁庭在一定期限内重新仲裁，并裁定中止撤销程序。仲裁庭拒绝重新仲裁的，人民法院应当裁定恢复撤销程序。

第六章　执　行

第六十二条　当事人应当履行裁决。一方当事人不履行的，另一方当事人可以依照民事诉讼法的有关规定向人民法院申请执行。受申请的人民法院应当执行。

第六十三条　被申请人提出证据证明裁决有民事诉讼法第二百一十三条第二款规定的情形之一的，经人民法院组成合议庭审查核实，裁定不予执行。【注：经北大法宝编辑团队核实，本条引用的《民事诉讼法》(2017 修正)“第二百一十三条第二款”应为“第二百三十七条第二款”】

第六十四条　一方当事人申请执行裁决，另一方当事人申请撤销裁决的，人民法院应当裁定中止执行。

人民法院裁定撤销裁决的，应当裁定终结执行。撤销裁决的申请被裁定驳回的，人民法院应当裁定恢复执行。

第七章　涉外仲裁的特别规定

第六十五条　涉外经济贸易、运输和海事中发生的纠纷的仲裁，适用本章规定。本章没有规定的，适用本法其他有关规定。

第六十六条　涉外仲裁委员会可以由中国国际商会组织设立。

涉外仲裁委员会由主任一人、副主任若干人和委员若干人组成。

涉外仲裁委员会的主任、副主任和委员可以由中国国际商会聘任。

第六十七条　涉外仲裁委员会可以从具有法律、经济贸易、科学技术等专门知识的外籍人士中聘任仲裁员。

第六十八条　涉外仲裁的当事人申请证据保全的，涉外仲裁委员会应当将当事人的申请提交证据所在地的中级人民法院。

第六十九条　涉外仲裁的仲裁庭可以将开庭情况记入笔录，或者作出笔录要点，笔录要点可以由当事人和其他仲裁参与人签字或者盖章。

第七十条　当事人提出证据证明涉外仲裁裁决有民事诉讼法第二百五十

八条第一款规定的情形之一的，经人民法院组成合议庭审查核实，裁定撤销。【注：经北大法宝编辑团队核实，本条引用的《民事诉讼法》（2017 修正）“第二百五十八条第一款”应为“第二百七十四条第一款”】

第七十一条 被申请人提出证据证明涉外仲裁裁决有民事诉讼法第二百五十八条第一款规定的情形之一的，经人民法院组成合议庭审查核实，裁定不予执行。【注：经北大法宝编辑团队核实，本条引用的《民事诉讼法》（2017 修正）“第二百五十八条第一款”应为“第二百七十四条第一款”】

第七十二条 涉外仲裁委员会作出的发生法律效力的仲裁裁决，当事人请求执行的，如果被执行人或者其财产不在中华人民共和国领域内，应当由当事人直接向有管辖权的外国法院申请承认和执行。

第七十三条 涉外仲裁规则可以由中国国际商会依照本法和民事诉讼法的有关规定制定。

第八章 附 则

第七十四条 法律对仲裁时效有规定的，适用该规定。法律对仲裁时效没有规定的，适用诉讼时效的规定。

第七十五条 中国仲裁协会制定仲裁规则前，仲裁委员会依照本法和民事诉讼法的有关规定可以制定仲裁暂行规则。

第七十六条 当事人应当按照规定交纳仲裁费用。

收取仲裁费用的办法，应当报物价管理部门核准。

第七十七条 劳动争议和农业集体经济组织内部的农业承包合同纠纷的仲裁，另行规定。

第七十八条 本法施行前制定的有关仲裁的规定与本法的规定相抵触的，以本法为准。

第七十九条 本法施行前在直辖市、省、自治区人民政府所在地的市和其他设区的市设立的仲裁机构，应当依照本法的有关规定重新组建；未重新组建的，自本法施行之日起届满一年时终止。

本法施行前设立的不符合本法规定的其他仲裁机构，自本法施行之日起终止。

第八十条 本法自 1995 年 9 月 1 日起施行。

最高人民法院
关于适用《中华人民共和国仲裁法》若干问题的解释

法释〔2008〕18号

（2005年12月26日最高人民法院审判委员会第1375次会议通过
2006年8月23日以法释〔2006〕7号公布　自2006年9月8日起施行
根据2008年12月16日发布的《最高人民法院关于调整司法解释等
文件中引用〈中华人民共和国民事诉讼法〉条文序号的决定》调整）

根据《中华人民共和国仲裁法》和《中华人民共和国民事诉讼法》等法律规定，对人民法院审理涉及仲裁案件适用法律的若干问题作如下解释：

第一条　仲裁法第十六条规定的“其他书面形式”的仲裁协议，包括以合同书、信件和数据电文（包括电报、电传、传真、电子数据交换和电子邮件）等形式达成的请求仲裁的协议。

第二条　当事人概括约定仲裁事项为合同争议的，基于合同成立、效力、变更、转让、履行、违约责任、解释、解除等产生的纠纷都可以认定为仲裁事项。

第三条　仲裁协议约定的仲裁机构名称不准确，但能够确定具体的仲裁机构的，应当认定选定了仲裁机构。

第四条　仲裁协议仅约定纠纷适用的仲裁规则的，视为未约定仲裁机构，但当事人达成补充协议或者按照约定的仲裁规则能够确定仲裁机构的除外。

第五条　仲裁协议约定两个以上仲裁机构的，当事人可以协议选择其中的一个仲裁机构申请仲裁；当事人不能就仲裁机构选择达成一致的，仲裁协议无效。

第六条　仲裁协议约定由某地的仲裁机构仲裁且该地仅有一个仲裁机构的，该仲裁机构视为约定的仲裁机构。该地有两个以上仲裁机构的，当事人可以协议选择其中的一个仲裁机构申请仲裁；当事人不能就仲裁机构选择达成一致的，仲裁协议无效。

第七条　当事人约定争议可以向仲裁机构申请仲裁也可以向人民法院起诉的，仲裁协议无效。但一方向仲裁机构申请仲裁，另一方未在仲裁法第二十条第二款规定期间内提出异议的除外。

第八条 当事人订立仲裁协议后合并、分立的，仲裁协议对其权利义务的继受人有效。

当事人订立仲裁协议后死亡的，仲裁协议对承继其仲裁事项中的权利义务的继承人有效。

前两款规定情形，当事人订立仲裁协议时另有约定的除外。

第九条 债权债务全部或者部分转让的，仲裁协议对受让人有效，但当事人另有约定、在受让债权债务时受让人明确反对或者不知有单独仲裁协议的除外。

第十条 合同成立后未生效或者被撤销的，仲裁协议效力的认定适用仲裁法第十九条第一款的规定。

当事人在订立合同时就争议达成仲裁协议的，合同未成立不影响仲裁协议的效力。

第十一条 合同约定解决争议适用其他合同、文件中的有效仲裁条款的，发生合同争议时，当事人应当按照该仲裁条款提请仲裁。

涉外合同应当适用的有关国际条约中有仲裁规定的，发生合同争议时，当事人应当按照国际条约中的仲裁规定提请仲裁。

第十二条 当事人向人民法院申请确认仲裁协议效力的案件，由仲裁协议约定的仲裁机构所在地的中级人民法院管辖；仲裁协议约定的仲裁机构不明确的，由仲裁协议签订地或者被申请人住所地的中级人民法院管辖。

申请确认涉外仲裁协议效力的案件，由仲裁协议约定的仲裁机构所在地、仲裁协议签订地、申请人或者被申请人住所地的中级人民法院管辖。

涉及海事海商纠纷仲裁协议效力的案件，由仲裁协议约定的仲裁机构所在地、仲裁协议签订地、申请人或者被申请人住所地的海事法院管辖；上述地点没有海事法院的，由就近的海事法院管辖。

第十三条 依照仲裁法第二十条第二款的规定，当事人在仲裁庭首次开庭前没有对仲裁协议的效力提出异议，而后向人民法院申请确认仲裁协议无效的，人民法院不予受理。

仲裁机构对仲裁协议的效力作出决定后，当事人向人民法院申请确认仲裁协议效力或者申请撤销仲裁机构的决定的，人民法院不予受理。

第十四条 仲裁法第二十六条规定的“首次开庭”是指答辩期满后人民法院组织的第一次开庭审理，不包括审前程序中的各项活动。

第十五条 人民法院审理仲裁协议效力确认案件，应当组成合议庭进行审查，并询问当事人。

第十六条 对涉外仲裁协议的效力审查，适用当事人约定的法律；当事人没有约定适用的法律但约定了仲裁地的，适用仲裁地法律；没有约定适用的法律也没有约定仲裁地或者仲裁地约定不明的，适用法院地法律。

第十七条　当事人以不属于仲裁法第五十八条或者民事诉讼法第二百五十八条规定的事由申请撤销仲裁裁决的，人民法院不予支持。

第十八条　仲裁法第五十八条第一款第一项规定的“没有仲裁协议”是指当事人没有达成仲裁协议。仲裁协议被认定无效或者被撤销的，视为没有仲裁协议。

第十九条　当事人以仲裁裁决事项超出仲裁协议范围为由申请撤销仲裁裁决，经审查属实的，人民法院应当撤销仲裁裁决中的超裁部分。但超裁部分与其他裁决事项不可分的，人民法院应当撤销仲裁裁决。

第二十条　仲裁法第五十八条规定的“违反法定程序”，是指违反仲裁法规定的仲裁程序和当事人选择的仲裁规则可能影响案件正确裁决的情形。

第二十一条　当事人申请撤销国内仲裁裁决的案件属于下列情形之一的，人民法院可以依照仲裁法第六十一条的规定通知仲裁庭在一定期限内重新仲裁：

（一）仲裁裁决所根据的证据是伪造的；

（二）对方当事人隐瞒了足以影响公正裁决的证据的。

人民法院应当在通知中说明要求重新仲裁的具体理由。

第二十二条　仲裁庭在人民法院指定的期限内开始重新仲裁的，人民法院应当裁定终结撤销程序；未开始重新仲裁的，人民法院应当裁定恢复撤销程序。

第二十三条　当事人对重新仲裁裁决不服的，可以在重新仲裁裁决书送达之日起六个月内依据仲裁法第五十八条规定向人民法院申请撤销。

第二十四条　当事人申请撤销仲裁裁决的案件，人民法院应当组成合议庭审理，并询问当事人。

第二十五条　人民法院受理当事人撤销仲裁裁决的申请后，另一方当事人申请执行同一仲裁裁决的，受理执行申请的人民法院应当在受理后裁定中止执行。

第二十六条　当事人向人民法院申请撤销仲裁裁决被驳回后，又在执行程序中以相同理由提出不予执行抗辩的，人民法院不予支持。

第二十七条　当事人在仲裁程序中未对仲裁协议的效力提出异议，在仲裁裁决作出后以仲裁协议无效为由主张撤销仲裁裁决或者提出不予执行抗辩的，人民法院不予支持。

当事人在仲裁程序中对仲裁协议的效力提出异议，在仲裁裁决作出后又以此为由主张撤销仲裁裁决或者提出不予执行抗辩，经审查符合仲裁法第五十八条或者民事诉讼法第二百一十三条、第二百五十八条规定的，人民法院应予支持。

第二十八条 当事人请求不予执行仲裁调解书或者根据当事人之间的和解协议作出的仲裁裁决书的，人民法院不予支持。

第二十九条 当事人申请执行仲裁裁决案件，由被执行人住所地或者被执行的财产所在地的中级人民法院管辖。

第三十条 根据审理撤销、执行仲裁裁决案件的实际需要，人民法院可以要求仲裁机构作出说明或者向相关仲裁机构调阅仲裁案卷。

人民法院在办理涉及仲裁的案件过程中作出的裁定，可以送相关的仲裁机构。

第三十一条 本解释自公布之日起实施。

本院以前发布的司法解释与本解释不一致的，以本解释为准。

【链　接】

最高人民法院研究室、民四庭负责人就《关于适用〈中华人民共和国仲裁法〉若干问题的解释》答记者问

问：《最高人民法院关于适用〈中华人民共和国仲裁法〉若干问题的解释》（以下简称本解释）已经正式发布了。请谈一谈这一司法解释出台的意义。

答：大家知道，构建和维护社会和谐是党中央确定的我国社会发展的重要目标和任务。而调处纠纷、化解矛盾，维护社会稳定，是司法机关在构建和谐社会中承担的重要职责。近年来，我国在以诉讼为中心构建多元化纠纷解决机制工作中取得了长足的进展。特别是1995年《仲裁法》颁布以来，我国的仲裁制度不断完善，成立了相当数量的仲裁机构，受理了不少仲裁案件，仲裁在化解社会矛盾、维护经济关系稳定方面，所发挥的作用越来越重要。根据《中华人民共和国仲裁法》的有关规定，法律赋予了人民法院对仲裁活动进行司法监督和支持的重要审判职能。近年来，人民法院审理的相关仲裁案件的数量增长较快，其中涉及较多复杂的法律适用问题，迫切需要通过制定司法解释予以解决。我们经过广泛调查研究，制定了本司法解释。司法解释的出台，将进一步加大人民法院对仲裁事业的支持力度，规范和完善人民法院对仲裁活动的监督，有力推动仲裁功能的发挥，同时确保仲裁裁决公正，

充分维护当事人的合法权益。司法解释的出台，本身也是最高人民法院推动中国多元化纠纷解决机制不断完善的一项重大举措。

问：制定本解释遵循了哪些原则？

答：我院制定《仲裁法》司法解释严格遵循了以下四个原则：(1) 严格依法制定原则。制定仲裁法司法解释，我们严格依照《仲裁法》及相关法律的规定和其立法精神，符合法律本意，既不超越法律，也不与法律相违背。(2) 务实原则。司法解释只对人民法院审理涉及仲裁案件具体如何适用法律问题进行规定，针对性强，重视可操作性。(3) 有限原则。司法解释只规定与人民法院审判工作有关的内容，其他与仲裁有关的问题不予涉及。我们可以看到，司法解释针对仲裁协议的效力审查案件、申请撤销仲裁裁决案件以及仲裁裁决的执行案件等三部分法律适用问题作出了规定。(4) 平衡原则。我院一贯注重发挥诉外纠纷解决机制的作用，坚持维护仲裁的独立性和履行监督职责的平衡。司法解释坚持对仲裁活动支持与监督相平衡的基本要求，注重维护和发挥仲裁机制解决纠纷的作用。

问：本解释主要涉及哪几个方面的法律适用问题？

答：司法解释主要涉及三方面的法律适用问题：一是确认仲裁协议效力案件的法律适用问题；二是申请撤销仲裁裁决案件的法律适用问题；三是申请执行仲裁裁决案件的法律适用问题。

问：本解释在仲裁协议效力案件方面有哪些主要规定？

答：仲裁协议是仲裁机关取得仲裁管辖权的依据，也是整个仲裁制度得以存在的法律基础。仲裁协议的存在与否，仲裁协议的有效性如何，是关系到能否启动仲裁程序，以及仲裁是否具有正当基础的关键问题，也是实践中当事人争议的焦点。人民法院审理的仲裁协议类纠纷案件，主要有两方面突出问题：一是仲裁协议的效力判断标准，即如何判断仲裁协议是有效还是无效，这决定着仲裁程序能否进行以及仲裁裁决是否会被撤销或者不予执行；二是仲裁协议效力争议解决程序。

第一，仲裁协议效力的判断标准。在确定仲裁协议的效力时，司法解释坚持尊重当事人真实意思的原则。凡当事人自愿达成的仲裁协议，且能够执行的，一般应当确认该仲裁协议的效力。如仲裁机构不准确，但能够确定仲裁机构的，仲裁协议有效；仲裁协议明确约定两个以上仲裁机构的，当事人可以协议选择向其中的一个仲裁机构申请仲裁。

司法解释还对仲裁协议的独立性问题作出了明确规定：一是规定合同未成立、成立后未生效或者被撤销时仲裁协议效力不受影响；二是规定订立仲裁协议的当事人，属于法人或者其他组织的，合并、分立后，仲裁协议对其权利义务的继受人有效，属于自然人的，死亡后，仲裁协议对其继承人有效；

三是规定债权债务全部或者部分转让的，仲裁协议原则上对受让人有效，但违背当事人意愿的除外。

第二，仲裁协议效力争议案件的解决程序。一是确定了仲裁协议效力案件的管辖顺序。司法解释对《仲裁法》第二十条规定作出了补充："依照仲裁法第二十条第二款的规定，当事人在仲裁庭首次开庭前没有对仲裁协议的效力提出异议，而后向人民法院申请确认仲裁协议无效的，人民法院不予受理。仲裁机构对仲裁协议的效力作出决定后，当事人向人民法院申请确认仲裁协议效力或者申请撤销仲裁机构的决定的，人民法院不予受理。"二是明确了法院的级别管辖，规定："当事人向人民法院申请确认仲裁协议效力的案件，由仲裁协议约定的仲裁机构所在地的中级人民法院管辖；仲裁协议约定的仲裁机构不明确的，由仲裁协议签订地或者被申请人住所地中级人民法院管辖。申请确认具有涉外、海事海商因素的仲裁协议效力的案件，由仲裁协议约定的仲裁机构所在地、仲裁协议签订地、被申请人住所地或者申请人住所地的中级人民法院或者海事法院管辖。"三是明确了法院审理案件的程序要求。鉴于仲裁协议效力争议对纠纷解决程序的选择有重大影响，司法解释规定："人民法院审理仲裁协议效力确认案件，应当组成合议庭进行审查，并询问当事人。"

问：本解释对申请撤销仲裁裁决案件的法律适用问题是如何规定的？

答：司法解释针对人民法院审理申请撤销仲裁裁决案件中的突出问题，主要作出了两方面规定：一是撤销仲裁裁决的标准。对此，解释作出了三方面规定：(1) 严把审查关。司法解释规定："不以仲裁法第五十八条和民事诉讼法第二百五十八条规定事由申请撤销仲裁裁决的，人民法院不予支持。"(2) 解决超裁问题。规定仲裁裁决部分超裁，超裁部分与其他部分可分的，人民法院可以仅撤销仲裁裁决的超裁部分，而不必撤销全部仲裁裁决。(3) 规定"违反法定程序"的范围。司法解释第二十条规定："仲裁法第五十八条规定的'违反法定程序'，是指违反仲裁法规定的仲裁程序和当事人选择的仲裁规则可能影响案件正确裁决的情形。"二是重新仲裁问题。司法解释规定了重新仲裁适用范围，限于违反《仲裁法》第五十八条规定中的两种情形：仲裁裁决所根据的证据是伪造的或者对方当事人隐瞒了足以影响公正裁决的证据的，人民法院才可以通知仲裁庭重新仲裁，同时要求人民法院应当在通知中说明要求重新仲裁的具体理由。这有利于避免法官通知重新仲裁中的随意性，也有利于让仲裁庭明白为何要进行重新仲裁，确保重新仲裁能够解决问题。

问：本解释对执行仲裁裁决案件的法律适用问题有哪些重要规定？

答：在执行仲裁裁决方面，司法解释主要解决了司法实践中的两个主要问题：一是执行法院级别过低，在确定执行或者不予执行仲裁裁决时随意性较大。司法解释第二十九条规定："当事人申请执行仲裁裁决案件，由被执行人住所地或者被执行的财产所在地的中级人民法院管辖。"这就把执行法院由原先的基层法院提高到中级法院，使审理撤销仲裁裁决和不予执行仲裁裁决法院级别得到统一，解决了不予执行仲裁裁决案件审理级别过低的问题，能够确保审判的质量。二是当事人先申请撤销仲裁裁决，后又以相同事由申请不予执行仲裁裁决，滥用不予执行申请权故意拖延裁决执行的情形。司法解释第二十六条规定："当事人向人民法院申请撤销仲裁裁决被驳回后，又在执行程序中以相同理由提出不予执行抗辩的，人民法院不予支持。"这一规定解决了当事人以相同事由先申请撤销后申请不予执行仲裁裁决拖延诉讼的问题，也可以避免法院之间或者同一法院裁定维持仲裁裁决效力后又作出不予执行仲裁裁决裁定，导致相互冲突的问题。第二十七条第一款还规定："当事人在仲裁程序中未对仲裁协议的效力提出异议，在仲裁裁决作出后以仲裁协议无效为由主张撤销仲裁裁决或者提出不予执行抗辩的，人民法院不予支持。"这有利于督促当事人积极行使异议权，提高仲裁效率，维护仲裁裁决效力。

最高人民法院
关于仲裁司法审查案件报核问题的有关规定

法释〔2017〕21号

（2017年11月20日最高人民法院审判委员会第1727次会议通过
2017年12月26日最高人民法院公告公布 自2018年1月1日起施行）

为正确审理仲裁司法审查案件，统一裁判尺度，依法保护当事人合法权益，保障仲裁发展，根据《中华人民共和国民事诉讼法》《中华人民共和国仲裁法》等法律规定，结合审判实践，制定本规定。

第一条 本规定所称仲裁司法审查案件，包括下列案件：

（一）申请确认仲裁协议效力案件；

（二）申请撤销我国内地仲裁机构的仲裁裁决案件；

（三）申请执行我国内地仲裁机构的仲裁裁决案件；

（四）申请认可和执行香港特别行政区、澳门特别行政区、台湾地区仲裁裁决案件；

（五）申请承认和执行外国仲裁裁决案件；

（六）其他仲裁司法审查案件。

第二条 各中级人民法院或者专门人民法院办理涉外涉港澳台仲裁司法审查案件，经审查拟认定仲裁协议无效，不予执行或者撤销我国内地仲裁机构的仲裁裁决，不予认可和执行香港特别行政区、澳门特别行政区、台湾地区仲裁裁决，不予承认和执行外国仲裁裁决，应当向本辖区所属高级人民法院报核；高级人民法院经审查拟同意的，应当向最高人民法院报核。待最高人民法院审核后，方可依最高人民法院的审核意见作出裁定。

各中级人民法院或者专门人民法院办理非涉外涉港澳台仲裁司法审查案件，经审查拟认定仲裁协议无效，不予执行或者撤销我国内地仲裁机构的仲裁裁决，应当向本辖区所属高级人民法院报核；待高级人民法院审核后，方可依高级人民法院的审核意见作出裁定。

第三条 本规定第二条第二款规定的非涉外涉港澳台仲裁司法审查案件，高级人民法院经审查拟同意中级人民法院或者专门人民法院认定仲裁协议无效，不予执行或者撤销我国内地仲裁机构的仲裁裁决，在下列情形下，应当向最高人民法院报核，待最高人民法院审核后，方可依最高人民法院的审核意见作出裁定：

（一）仲裁司法审查案件当事人住所地跨省级行政区域；

（二）以违背社会公共利益为由不予执行或者撤销我国内地仲裁机构的仲裁裁决。

第四条 下级人民法院报请上级人民法院审核的案件，应当将书面报告和案件卷宗材料一并上报。书面报告应当写明审查意见及具体理由。

第五条 上级人民法院收到下级人民法院的报核申请后，认为案件相关事实不清的，可以询问当事人或者退回下级人民法院补充查明事实后再报。

第六条 上级人民法院应当以复函的形式将审核意见答复下级人民法院。

第七条 在民事诉讼案件中，对于人民法院因涉及仲裁协议效力而作出的不予受理、驳回起诉、管辖权异议的裁定，当事人不服提起上诉，第二审人民法院经审查拟认定仲裁协议不成立、无效、失效、内容不明确无法执行的，须按照本规定第二条的规定逐级报核，待上级人民法院审核后，方可依上级人民法院的审核意见作出裁定。

第八条 本规定自 2018 年 1 月 1 日起施行，本院以前发布的司法解释与本规定不一致的，以本规定为准。

【链　接】

正确审理仲裁司法审查案件　促进仲裁健康发展

——最高人民法院民四庭负责人就仲裁司法审查案件两个司法解释答记者问

2017 年 12 月 26 日，最高人民法院公布了《最高人民法院关于仲裁司法审查案件报核问题的有关规定》（以下简称报核问题司法解释）和《最高人民法院关于审理仲裁司法审查案件若干问题的规定》（以下简称仲裁司法审查司法解释），最高人民法院民四庭负责人接受了记者采访，就有关问题回答了记者提问。

记者：报核问题司法解释和仲裁司法审查司法解释均定于 2018 年 1 月 1 日起正式施行，请问这两项司法解释的起草背景和积极意义是什么？

负责人：党的十八届四中全会决定明确指出，要健全和完善多元化纠纷解决机制，完善仲裁制度，提高仲裁公信力。仲裁自身的特点决定了其健康有序发展必须依赖于司法的监督与支持。2016 年 6 月最高人民法院发布了《关于人民法院进一步深化多元化纠纷解决机制改革的意见》，要求加强与仲裁机构的对接，积极支持仲裁制度改革。为适应仲裁制度发展的需要，有效解决出现的新情况和新问题，我们在充分调研的基础上，通过制定司法解释，对相关问题加以规范，以正确审理仲裁司法审查案件，促进仲裁事业的健康有序发展。

制定此两项司法解释的积极意义在于，根据《中华人民共和国民事诉讼法》（以下简称民事诉讼法）《中华人民共和国仲裁法》等相关法律规定，结合当前人民法院审理仲裁司法审查案件的实际需要，进一步明确仲裁司法审查案件中的法律适用问题，切实有效地规范案件审查的程序，为人民法院充分发挥司法职能作用，健全和完善我国的多元化纠纷解决机制，提供法律支撑。

记者：与原内请制度相比，报核问题司法解释有哪些突出特点？

负责人：第一，用司法解释的形式确立仲裁司法审查案件的报核制度，比原内部通知文件方式赋予了这项制度更高的法律效力。

第二，明确了最高人民法院或者高级人民法院的审核权，有利于从根本上保证案件裁判尺度的统一和法律适用的正确性。

第三，平等对待国内案件和涉外案件，统一适用相关规定，符合对国际、国内仲裁司法审查案件统一归口管理的趋势。

第四，在原内请制度的基础上，明确细化了操作程序、上下级法院的职能等内容，使得该制度更透明、规范。

记者：报核问题司法解释第一条对仲裁司法审查案件类型进行了明确，所有仲裁司法审查案件均适用该规定，请问主要的考虑是什么？

负责人：原内请制度只适用于涉外涉港澳台仲裁司法审查案件，在非涉外涉港澳台仲裁司法审查案件方面一直未能建立起行之有效的管理和指导监督制度。将所有仲裁司法审查案件纳入核准制度的范畴，主要基于以下考虑：

第一，该项制度的建立，可以有效避免申请撤销或者不予执行非涉外涉港澳台仲裁裁决案件错案的发生。

第二，仲裁司法审查案件的其中一个特点就是一审终审，根据现行法律规定，当事人不享有上诉、复议以及申请再审的权利，检察机关对此也不予抗诉。一旦出现错案，当事人缺乏有效的救济手段，因此对于仲裁司法审查案件的审理必须慎重。我们在调研中也发现，一些人民法院审理的非涉外涉港澳台仲裁司法审查案件，在法律适用上存在错误。错案的出现，既不利于依法保护当事人的合法权益，对人民法院的司法公信力也会带来负面影响，更不利于仲裁事业的健康有序发展。从另一个角度讲，认定仲裁协议无效或者撤销、不予执行仲裁裁决后，通常当事人只能再向人民法院提起诉讼解决纠纷，这样客观上又造成人民法院收案量的增加，同时加重了当事人的诉累。

第三，将所有仲裁司法审查案件不再区分是否为涉外案件或者非涉外案件，统一加以规范，有利于平等保护各方当事人的合法权益。

记者：报核问题司法解释对仲裁司法审查案件的审核权作了哪些具体规定？

负责人：对于仲裁司法审查案件的审核权，我们在考虑实践中具体案件的数量和各级人民法院审判力量的基础上，对涉外涉港澳台案件进行了不同规定。其中，对于涉外涉港澳台仲裁司法审查案件仍然秉承原内请制度确定的原则，规定报最高人民法院审核。而对于非涉外涉港澳台案件，则规定报高级人民法院审核，但是如果此类案件存在当事人住所地跨省级行政区域的，或者以违背社会公共利益由不予执行或者撤销仲裁裁决的情形的，则应报最高人民法院审核，以平等保护当事人、慎重适用公共利益原则。

记者：仲裁司法审查司法解释对涉及关联案件的申请承认外国仲裁裁决案件管辖进行了规定，请问该如何理解？

负责人：实践中有的外国仲裁裁决，被申请人住所地、财产所在地均不在我国境内，但基于审理关联案件的需要，申请人可能需要我国法院承认外国仲裁裁决而并非具体执行仲裁裁决。针对此种情形，仲裁司法审查司法解释规定申请人申请承认外国仲裁裁决的，由受理关联案件的人民法院管辖或者仲裁机构所在地的中级人民法院管辖。除此之外，由于此类案件应当由中级人民法院受理，所以该司法解释进一步规定了如果受理关联案件的人民法院为基层人民法院，则申请承认外国仲裁裁决的案件应当由该基层人民法院的上一级人民法院管辖。受理关联案件的人民法院如果是高级人民法院或者最高人民法院，由上述法院决定自行审查或者指定中级人民法院审查。

记者：仲裁司法审查司法解释赋予了当事人对不予受理的裁定可以上诉的权利，此项规定的意义是什么?

负责人：赋予当事人对不予受理的裁定可以上诉的权利主要是出于统一规范标准，平等保护当事人合法权益方面的考虑。首先，民事诉讼法第一百五十四条规定不予受理的裁定可以上诉，虽然仲裁司法审查案件的审查程序不同于普通程序，但就是否受理的裁定而言，应与普通程序给予同等对待。其次，2015 年 7 月 1 日起施行的《最高人民法院关于认可和执行台湾地区仲裁裁决的规定》第八条明确规定，对于不予受理的裁定，当事人可以提起上诉。为避免出现相同案件不同处理的问题，我们在仲裁司法审查司法解释也作出了如此规定，

记者：仲裁司法审查司法解释规定立案后发现不符合受理条件，法院应裁定驳回申请，请问该如何理解?

负责人：该条规定参照《最高人民法院关于适用〈中华人民共和国民事诉讼法〉的解释》(以下简称民事诉讼法司法解释) 第二百零八条、第二百一十二条关于普通程序的相关内容，规定对于仲裁司法审查案件，人民法院立案后发现不符合受理条件的，裁定驳回申请，裁定驳回申请的案件，申请人再次申请并符合受理条件的，人民法院应予受理。同时明确对于驳回申请的裁定，当事人可以提起上诉。

记者：仲裁司法审查司法解释对管辖权异议进行了规定，请问该如何理解?

负责人：规定当事人可以提出管辖权异议，主要是考虑既然对于仲裁司法审查案件的管辖法院，法律、司法解释均作出了明确规定，因此也应当允许当事人对此类案件提出管辖权异议。对于管辖权异议裁定不服的，当事人也可以提起上诉。

记者：仲裁司法审查司法解释中关于适用仲裁机构所在地的法律与适用仲裁地的法律将对仲裁协议的效力作出不同认定的，人民法院应当适用确认仲裁协议有效的法律的规定，应如何理解？

负责人：该规定是对准确适用《中华人民共和国涉外民事关系法律适用法》第十八条作出的规定。该条规定将确认涉外仲裁协议效力的准据法区分为两个层次，在第二个层次中又规定了仲裁机构所在地法律或者仲裁地法律两个并列选项。从支持仲裁的原则出发，在适用仲裁机构所在地法律与适用仲裁地法律对仲裁协议效力产生不同认定的情况下，我们在《中华人民共和国涉外民事关系法律适用法》第十八条规定的基础上，进一步明确应当适用确认仲裁协议有效的法律作为准据法。

记者：仲裁司法审查司法解释第十七条明确了申请执行国内仲裁裁决和涉外仲裁裁决的法律适用问题，应如何准确理解？

负责人：该规定是对准确适用民事诉讼法第二百三十七条、第二百七十四条作出的规定。民事诉讼法第二百三十七条主要是规范国内仲裁裁决的执行问题，而第二百七十四条则主要是规范涉外仲裁裁决的执行问题。其中，民事诉讼法第二百七十四条的内容在1991年公布施行的《民事诉讼法》中即存在，除序号调整外，其内容未作修改。1991年民事诉讼法公布施行时《仲裁法》尚未出台，当时的涉外仲裁机构主要是中国国际经济贸易仲裁委员会和中国海事仲裁委员会，该两家仲裁机构仅受理涉外仲裁案件，故民事诉讼法第二百七十四条表述为“对中华人民共和国涉外仲裁机构作出的裁决，被申请人提出证据证明仲裁裁决有下列情形之一的，经人民法院组成合议庭审查核实，裁定不予执行”，该条实质是对涉外仲裁裁决不应执行的情形作出的规定，而对于非涉外仲裁裁决执行的问题规定在民事诉讼法第二百三十七条。1995年《中华人民共和国仲裁法》颁布施行后，国务院办公厅于1996年6月8日发布了《关于贯彻实施〈中华人民共和国仲裁法〉需要明确的几个问题的通知》（国办发〔1996〕22号）。根据该通知，我国内地的仲裁机构均可以受理涉外和国内仲裁案件，即不再存在国内仲裁机构和涉外仲裁机构的区分。由于涉外仲裁裁决和国内仲裁裁决执行问题的审查需要适用不同的法律规定，为避免对民事诉讼法相关条款的表述引起歧义，需要通过司法解释的形式对该问题加以明确，即人民法院对申请执行我国内地仲裁机构作出的非涉外仲裁裁决案件的审查，适用民事诉讼法第二百三十七条的规定；人民法院对申请执行我国内地仲裁机构作出的涉外仲裁裁决案件的审查，适用民事诉讼法第二百七十四条的规定。

最高人民法院
关于审理仲裁司法审查案件若干问题的规定

法释〔2017〕22号

（2017年12月4日最高人民法院审判委员会第1728次会议通过
2017年12月26日最高人民法院公告公布　自2018年1月1日起施行）

为正确审理仲裁司法审查案件，依法保护各方当事人合法权益，根据《中华人民共和国民事诉讼法》《中华人民共和国仲裁法》等法律规定，结合审判实践，制定本规定。

第一条　本规定所称仲裁司法审查案件，包括下列案件：

（一）申请确认仲裁协议效力案件；

（二）申请执行我国内地仲裁机构的仲裁裁决案件；

（三）申请撤销我国内地仲裁机构的仲裁裁决案件；

（四）申请认可和执行香港特别行政区、澳门特别行政区、台湾地区仲裁裁决案件；

（五）申请承认和执行外国仲裁裁决案件；

（六）其他仲裁司法审查案件。

第二条　申请确认仲裁协议效力的案件，由仲裁协议约定的仲裁机构所在地、仲裁协议签订地、申请人住所地、被申请人住所地的中级人民法院或者专门人民法院管辖。

涉及海事海商纠纷仲裁协议效力的案件，由仲裁协议约定的仲裁机构所在地、仲裁协议签订地、申请人住所地、被申请人住所地的海事法院管辖；上述地点没有海事法院的，由就近的海事法院管辖。

第三条　外国仲裁裁决与人民法院审理的案件存在关联，被申请人住所地、被申请人财产所在地均不在我国内地，申请人申请承认外国仲裁裁决的，由受理关联案件的人民法院管辖。受理关联案件的人民法院为基层人民法院的，申请承认外国仲裁裁决的案件应当由该基层人民法院的上一级人民法院管辖。受理关联案件的人民法院是高级人民法院或者最高人民法院的，由上述法院决定自行审查或者指定中级人民法院审查。

外国仲裁裁决与我国内地仲裁机构审理的案件存在关联，被申请人住所地、被申请人财产所在地均不在我国内地，申请人申请承认外国仲裁裁决的，由受理关联案件的仲裁机构所在地的中级人民法院管辖。

第四条 申请人向两个以上有管辖权的人民法院提出申请的，由最先立案的人民法院管辖。

第五条 申请人向人民法院申请确认仲裁协议效力的，应当提交申请书及仲裁协议正本或者经证明无误的副本。

申请书应当载明下列事项：

（一）申请人或者被申请人为自然人的，应当载明其姓名、性别、出生日期、国籍及住所；为法人或者其他组织的，应当载明其名称、住所以及法定代表人或者代表人的姓名和职务；

（二）仲裁协议的内容；

（三）具体的请求和理由。

当事人提交的外文申请书、仲裁协议及其他文件，应当附有中文译本。

第六条 申请人向人民法院申请执行或者撤销我国内地仲裁机构的仲裁裁决、申请承认和执行外国仲裁裁决的，应当提交申请书及裁决书正本或者经证明无误的副本。

申请书应当载明下列事项：

（一）申请人或者被申请人为自然人的，应当载明其姓名、性别、出生日期、国籍及住所；为法人或者其他组织的，应当载明其名称、住所以及法定代表人或者代表人的姓名和职务；

（二）裁决书的主要内容及生效日期；

（三）具体的请求和理由。

当事人提交的外文申请书、裁决书及其他文件，应当附有中文译本。

第七条 申请人提交的文件不符合第五条、第六条的规定，经人民法院释明后提交的文件仍然不符合规定的，裁定不予受理。

申请人向对案件不具有管辖权的人民法院提出申请，人民法院应当告知其向有管辖权的人民法院提出申请，申请人仍不变更申请的，裁定不予受理。

申请人对不予受理的裁定不服的，可以提起上诉。

第八条 人民法院立案后发现不符合受理条件的，裁定驳回申请。

前款规定的裁定驳回申请的案件，申请人再次申请并符合受理条件的，人民法院应予受理。

当事人对驳回申请的裁定不服的，可以提起上诉。

第九条 对于申请人的申请，人民法院应当在七日内审查决定是否受理。

人民法院受理仲裁司法审查案件后，应当在五日内向申请人和被申请人发出通知书，告知其受理情况及相关的权利义务。

第十条 人民法院受理仲裁司法审查案件后，被申请人对管辖权有异议的，应当自收到人民法院通知之日起十五日内提出。人民法院对被申请人提出的异议，应当审查并作出裁定。当事人对裁定不服的，可以提起上诉。

在中华人民共和国领域内没有住所的被申请人对人民法院的管辖权有异议的，应当自收到人民法院通知之日起三十日内提出。

第十一条　人民法院审查仲裁司法审查案件，应当组成合议庭并询问当事人。

第十二条　仲裁协议或者仲裁裁决具有《最高人民法院关于适用〈中华人民共和国涉外民事关系法律适用法〉若干问题的解释（一）》第一条规定情形的，为涉外仲裁协议或者涉外仲裁裁决。

第十三条　当事人协议选择确认涉外仲裁协议效力适用的法律，应当作出明确的意思表示，仅约定合同适用的法律，不能作为确认合同中仲裁条款效力适用的法律。

第十四条　人民法院根据《中华人民共和国涉外民事关系法律适用法》第十八条的规定，确定确认涉外仲裁协议效力适用的法律时，当事人没有选择适用的法律，适用仲裁机构所在地的法律与适用仲裁地的法律将对仲裁协议的效力作出不同认定的，人民法院应当适用确认仲裁协议有效的法律。

第十五条　仲裁协议未约定仲裁机构和仲裁地，但根据仲裁协议约定适用的仲裁规则可以确定仲裁机构或者仲裁地的，应当认定其为《中华人民共和国涉外民事关系法律适用法》第十八条中规定的仲裁机构或者仲裁地。

第十六条　人民法院适用《承认及执行外国仲裁裁决公约》审查当事人申请承认和执行外国仲裁裁决案件时，被申请人以仲裁协议无效为由提出抗辩的，人民法院应当依照该公约第五条第一款（甲）项的规定，确定确认仲裁协议效力应当适用的法律。

第十七条　人民法院对申请执行我国内地仲裁机构作出的非涉外仲裁裁决案件的审查，适用《中华人民共和国民事诉讼法》第二百三十七条的规定。

人民法院对申请执行我国内地仲裁机构作出的涉外仲裁裁决案件的审查，适用《中华人民共和国民事诉讼法》第二百七十四条的规定。

第十八条　《中华人民共和国仲裁法》第五十八条第一款第六项和《中华人民共和国民事诉讼法》第二百三十七条第二款第六项规定的仲裁员在仲裁该案时有索贿受贿，徇私舞弊，枉法裁决行为，是指已经由生效刑事法律文书或者纪律处分决定所确认的行为。

第十九条　人民法院受理仲裁司法审查案件后，作出裁定前，申请人请求撤回申请的，裁定准许。

第二十条　人民法院在仲裁司法审查案件中作出的裁定，除不予受理、驳回申请、管辖权异议的裁定外，一经送达即发生法律效力。当事人申请复议、提出上诉或者申请再审的，人民法院不予受理，但法律和司法解释另有规定的除外。

第二十一条 人民法院受理的申请确认涉及香港特别行政区、澳门特别行政区、台湾地区仲裁协议效力的案件，申请执行或者撤销我国内地仲裁机构作出的涉及香港特别行政区、澳门特别行政区、台湾地区仲裁裁决的案件，参照适用涉外仲裁司法审查案件的规定审查。

第二十二条 本规定自 2018 年 1 月 1 日起施行，本院以前发布的司法解释与本规定不一致的，以本规定为准。

最高人民法院
关于仲裁司法审查案件归口办理有关问题的通知

（2017 年 5 月 22 日　法〔2017〕152 号）

各省、自治区、直辖市高级人民法院，解放军军事法院，新疆维吾尔自治区高级人民法院生产建设兵团分院：

为依法正确审理仲裁司法审查案件，保证裁判尺度的统一，维护当事人的合法权益，促进仲裁事业健康有序发展及多元化纠纷解决机制的建立，现就各级人民法院办理仲裁司法审查案件的有关问题通知如下：

一、各级人民法院审理涉外商事案件的审判庭（合议庭）作为专门业务庭（以下简称专门业务庭）负责办理本通知规定的仲裁司法审查案件。

二、当事人申请确认仲裁协议效力的案件，申请撤销我国内地仲裁机构仲裁裁决的案件，申请认可和执行香港特别行政区、澳门特别行政区、台湾地区仲裁裁决的案件、申请承认和执行外国仲裁裁决等仲裁司法审查案件，由各级人民法院专门业务庭办理。

专门业务庭经审查裁定认可和执行香港特别行政区、澳门特别行政区、台湾地区仲裁裁决，承认和执行外国仲裁裁决的，交由执行部门执行。

三、一审法院作出的不予受理、驳回起诉、管辖权异议裁定涉及仲裁协议效力的，当事人不服该裁定提起上诉的案件，由二审人民法院专门业务庭办理。

四、各级人民法院应当建立仲裁司法审查案件的数据信息集中管理平台，加强对申请确认仲裁协议效力的案件，申请撤销或者执行我国内地仲裁机构仲裁裁决的案件，申请认可和执行香港特别行政区、澳门特别行政区、台湾地区仲裁裁决的案件，申请承认和执行外国仲裁裁决的案件，以及涉及确认仲裁协议效力的不予受理、驳回起诉、管辖权异议等仲裁司法审查案件的信息化管理和数据分析，有效保证法律适用的正确性和裁判尺度的统一性。此项工作由最高人民法院民事审判第四庭与人民法院信息技术服务中心具体负责。

最高人民法院
关于审理当事人申请撤销仲裁裁决案件几个具体问题的批复

法释〔1998〕16号

（1998年6月11日最高人民法院审判委员会第992次会议通过
1998年7月21日最高人民法院公告公布　自1998年7月28日起施行）

安徽省高级人民法院：

你院〔1996〕经他字第26号《关于在审理一方当事人申请撤销仲裁裁决的案件中几个具体问题应如何解决的请示报告》收悉。经研究，答复如下：

一、原依照有关规定设立的仲裁机构在《中华人民共和国仲裁法》（以下简称仲裁法）实施前受理、实施后审理的案件，原则上应当适用仲裁法的有关规定。鉴于原仲裁机构的体制与仲裁法规定的仲裁机构有所不同，原仲裁机构适用仲裁法某些规定有困难的，如仲裁庭的组成，也可以适用《中华人民共和国经济合同仲裁条例》的有关规定，人民法院在审理有关申请撤销仲裁裁决案件中不应以未适用仲裁法的规定为由，撤销仲裁裁决。

二、一方当事人向人民法院申请撤销仲裁裁决的，人民法院在审理时，应当列对方当事人为被申请人。

三、当事人向人民法院申请撤销仲裁裁决的案件，应当按照非财产案件收费标准计收案件受理费；该费用由申请人交纳。

此复。

最高人民法院
关于未被续聘的仲裁员在原参加审理的案件裁决书上签名人民法院应当执行该仲裁裁决书的批复

法释〔1998〕21号

（1998年7月13日最高人民法院审判委员会第1001次会议通过
1998年8月31日最高人民法院公告公布　自1998年9月5日起施行）

广东省高级人民法院：

你院〔1996〕粤高法执函字第5号《关于未被续聘的仲裁员继续参加审理并作出裁决的案件，人民法院应否立案执行的请示》收悉。经研究，答复如下：

在中国国际经济贸易仲裁委员会深圳分会对深圳东鹏实业有限公司与中国化工建设深圳公司合资经营合同纠纷案件仲裁过程中，陈野被当事人指定为该案的仲裁员时具有合法的仲裁员身份，并参与了开庭审理工作。之后，新的仲裁员名册中没有陈野的名字，说明仲裁机构不再聘任陈野为仲裁员，但这只能约束仲裁机构以后审理的案件，不影响陈野在此前已合法成立的仲裁庭中的案件审理工作。其在该仲裁庭所作的〔94〕深国仲结字第47号裁决书上签字有效。深圳市中级人民法院应当根据当事人的申请对该仲裁裁决书予以执行。

此复。

最高人民法院
关于劳动仲裁委员会逾期不作出仲裁裁决或者作出不予受理通知的劳动争议案件，人民法院应否受理的批复

法释〔1998〕24号

（1998年6月8日最高人民法院审判委员会第991次会议通过
1998年9月2日最高人民法院公告公布　自1998年9月9日起施行）

四川省高级人民法院：

你院川高法〔1998〕52号《关于未经劳动仲裁的劳动争议案件，当事人向法院起诉人民法院应否受理的请示》收悉。经研究，答复如下：

根据《中华人民共和国劳动法》第七十九条规定的精神，劳动争议案件经劳动争议仲裁委员会仲裁是提起诉讼的必经程序。劳动争议仲裁委员会逾期不作出仲裁裁决或者作出不予受理的决定，当事人不服向人民法院提起行政诉讼的，人民法院不予受理；当事人不服劳动争议仲裁委员会作出的劳动争议仲裁裁决，可以向人民法院提起民事诉讼。

此复。

最高人民法院
关于确认仲裁协议效力几个问题的批复

法释〔1998〕27号

（1998年10月21日最高人民法院审判委员会第1029次会议通过
1998年10月26日最高人民法院公告公布　自1998年11月5日起施行）

山东省高级人民法院：

你院鲁高法函〔1997〕84号《关于认定重建仲裁机构前达成的仲裁协议的效力的几个问题的请示》收悉。经研究，答复如下：

一、在《中华人民共和国仲裁法》实施后重新组建仲裁机构前，当事人

达成的仲裁协议只约定了仲裁地点，未约定仲裁机构，双方当事人在补充协议中选定了在该地点依法重新组建的仲裁机构的，仲裁协议有效；双方当事人达不成补充协议的，仲裁协议无效。

二、在仲裁法实施后依法重新组建仲裁机构前，当事人在仲裁协议中约定了仲裁机构，一方当事人申请仲裁，另一方当事人向人民法院起诉的，经人民法院审查，按照有关规定能够确定新的仲裁机构的，仲裁协议有效。对当事人的起诉，人民法院不予受理。

三、当事人对仲裁协议的效力有异议，一方当事人申请仲裁机构确认仲裁协议效力，另一方当事人请求人民法院确认仲裁协议无效，如果仲裁机构先于人民法院接受申请并已作出决定，人民法院不予受理；如果仲裁机构接受申请后尚未作出决定，人民法院应予受理，同时通知仲裁机构终止仲裁。

四、一方当事人就合同纠纷或者其他财产权益纠纷申请仲裁，另一方当事人对仲裁协议的效力有异议，请求人民法院确认仲裁协议无效并就合同纠纷或者其他财产权益纠纷起诉的，人民法院受理后应当通知仲裁机构中止仲裁。人民法院依法作出仲裁协议有效或者无效的裁定后，应当将裁定书副本送达仲裁机构，由仲裁机构根据人民法院的裁定恢复仲裁或者撤销仲裁案件。

人民法院依法对仲裁协议作出无效的裁定后，另一方当事人拒不应诉的，人民法院可以缺席判决；原受理仲裁申请的仲裁机构在人民法院确认仲裁协议无效后仍不撤销其仲裁案件的，不影响人民法院对案件的审理。

此复。

最高人民法院
关于承认和执行外国仲裁裁决收费及审查期限问题的规定

法释〔1998〕28号

（1998年10月21日最高人民法院审判委员会第1029次会议通过
1998年11月14日最高人民法院公告公布　自1998年11月21日起施行）

为正确执行我国加入的联合国《承认及执行外国仲裁裁决公约》（以下称纽约公约），现对人民法院依照纽约公约规定，承认和执行外国仲裁裁决收费及审查期限问题作出如下规定：

一、人民法院受理当事人申请承认外国仲裁裁决的，预收人民币500元。

二、人民法院受理当事人申请承认和执行外国仲裁裁决的，应按照《人民法院诉讼收费办法》有关规定，依申请执行的金额或标的价额预收执行费。如人民法院最终决定仅承认而不予执行外国仲裁裁决时，在扣除本规定第一条所列费用后，其余退还申请人。

三、人民法院受理当事人申请承认和执行外国仲裁裁决，不得对承认和执行分别两次收费。对所预收费用的负担，按照《人民法院诉讼收费办法》有关规定执行。

四、当事人依照纽约公约第四条规定的条件申请承认和执行外国仲裁裁决，受理申请的人民法院决定予以承认和执行的，应在受理申请之日起两个月内作出裁定，如无特殊情况，应在裁定后6个月内执行完毕；决定不予承认和执行的，须按最高人民法院法发〔1995〕18号《关于人民法院处理与涉外仲裁及外国仲裁事项有关问题的通知》的有关规定，在受理申请之日起两个月内上报最高人民法院。

最高人民法院
关于当事人对人民法院撤销仲裁裁决的裁定不服申请再审人民法院是否受理问题的批复

法释〔1999〕6号

（1999年1月29日最高人民法院审判委员会第1042次会议通过
1999年2月11日最高人民法院公告公布　自1999年2月16日起施行）

陕西省高级人民法院：

你院陕高法〔1998〕78号《关于当事人对人民法院撤销仲裁裁决的裁定不服申请再审是否应当受理的请示》收悉。经研究，答复如下：

根据《中华人民共和国仲裁法》第九条规定的精神，当事人对人民法院撤销仲裁裁决的裁定不服申请再审的，人民法院不予受理。

此复。

最高人民法院
关于人民检察院对撤销仲裁裁决的民事裁定提起抗诉人民法院应如何处理问题的批复

法释〔2000〕17号

（2000年6月30日最高人民法院审判委员会第1121次会议通过
2000年7月10日最高人民法院公告公布　自2000年7月15日起施行）

陕西省高级人民法院：

你院陕高法〔1999〕183号《关于下级法院撤销仲裁裁决的民事裁定确有错误，检察机关抗诉应如何处理的请示》收悉。经研究，答复如下：

检察机关对发生法律效力的撤销仲裁裁决的民事裁定提起抗诉，没有法律依据，人民法院不予受理。依照《中华人民共和国仲裁法》第九条的规定，仲裁裁决被人民法院依法撤销后，当事人可以重新达成仲裁协议申请仲裁，也可以向人民法院提起诉讼。

此复。

最高人民法院
关于当事人对仲裁协议的效力提出异议由哪一级人民法院管辖问题的批复

法释〔2000〕25号

（2000年7月20日最高人民法院审判委员会第1126次会议通过
2000年8月8日最高人民法院公告公布　自2000年8月12日起施行）

山东省高级人民法院：

你院鲁高法〔1998〕144号《关于当事人对仲裁协议的效力有异议应该向何人民法院请求作出裁定以及人民法院如何作出裁定的请示》收悉。经研究，答复如下：

关于请示的第一个问题，当事人协议选择国内仲裁机构仲裁后，一方对仲裁协议的效力有异议请求人民法院作出裁定的，由该仲裁委员会所在地的中级人民法院管辖。当事人对仲裁委员会没有约定或者约定不明的，由被告所在地的中级人民法院管辖。

关于请示的第二个问题，我院法释〔1998〕27 号批复已有明确规定，在此不再答复。

此复。

最高人民法院
关于人民检察院对不撤销仲裁裁决的民事裁定提出抗诉人民法院应否受理问题的批复

法释〔2000〕46 号

（2000 年 12 月 12 日最高人民法院审判委员会第 1150 次会议通过
2000 年 12 月 13 日最高人民法院公告公布　自 2000 年 12 月 19 日起施行）

内蒙古自治区高级人民法院：

你院〔2000〕内法民再字第 29 号《关于人民检察院能否对人民法院不予撤销仲裁裁决的民事裁定抗诉的请示报告》收悉。经研究，答复如下：

人民检察院对发生法律效力的不撤销仲裁裁决的民事裁定提出抗诉，没有法律依据，人民法院不予受理。

此复。

最高人民法院
关于当事人对驳回其申请撤销仲裁裁决的裁定不服而申请再审，人民法院不予受理问题的批复

法释〔2004〕9号

（2004年7月20日最高人民法院审判委员会第1320次会议通过
2004年7月26日最高人民法院公告公布　自2004年7月29日起施行）

陕西省高级人民法院：

你院陕高法〔2004〕225号《关于当事人不服人民法院驳回其申请撤销仲裁裁决的裁定申请再审，人民法院是否受理的请示》收悉。经研究，答复如下：

根据《中华人民共和国仲裁法》第九条规定的精神，当事人对人民法院驳回其申请撤销仲裁裁决的裁定不服而申请再审的，人民法院不予受理。

此复。

最高人民法院
关于正确审理仲裁司法审查案件有关问题的通知

（2013年9月4日　法〔2013〕194号）

各省、自治区、直辖市高级人民法院，解放军军事法院，新疆维吾尔自治区高级人民法院生产建设兵团分院：

最近一段时间以来，因中国国际经济贸易仲裁委员会（以下简称中国贸仲）于2012年5月1日施行修订后的仲裁规则以及原中国国际经济贸易仲裁委员会上海分会（以下简称上海贸仲）、原中国国际经济贸易仲裁委员会华南分会（以下简称华南贸仲）变更名称并施行新的仲裁规则，致使有的当事人对仲裁规则的适用以及上述各仲裁机构受理仲裁案件的权限等问题产生争议。各地人民法院陆续受理了因上述争议而引发的仲裁司法审查案件。为统一裁判尺度，保证人民法院正确审理案件，现就有关问题通知如下：

对于因上述争议产生的当事人申请确认仲裁协议效力的案件以及当事人申请撤销或者不予执行中国贸仲或者上海贸仲、华南贸仲作出的仲裁裁决的案件，人民法院在作出裁定之前，须经审判委员会讨论提出意见后，逐级上报至最高人民法院，待最高人民法院答复后，方可作出裁定。

最高人民法院
关于对上海市高级人民法院等就涉及中国国际经济贸易仲裁委员会及其原分会等仲裁机构所作仲裁裁决司法审查案件请示问题的批复

法释〔2015〕15号

（2015年6月23日最高人民法院审判委员会第1655次会议通过
2015年7月15日最高人民法院公告公布　自2015年7月17日起施行）

上海市高级人民法院、江苏省高级人民法院、广东省高级人民法院：

因中国国际经济贸易仲裁委员会（以下简称中国贸仲）于2012年5月1日施行修订后的仲裁规则以及原中国国际经济贸易仲裁委员会华南分会（现已更名为华南国际经济贸易仲裁委员会，同时使用深圳国际仲裁院的名称，以下简称华南贸仲）、原中国国际经济贸易仲裁委员会上海分会（现已更名为上海国际经济贸易仲裁委员会，同时使用上海国际仲裁中心的名称，以下简称上海贸仲）变更名称并施行新的仲裁规则，致使部分当事人对相关仲裁协议的效力以及上述各仲裁机构受理仲裁案件的权限、仲裁的管辖、仲裁的执行等问题产生争议，向人民法院请求确认仲裁协议效力、申请撤销或者不予执行相关仲裁裁决，引发诸多仲裁司法审查案件。上海市高级人民法院、江苏省高级人民法院、广东省高级人民法院就有关问题向我院请示。

为依法保护仲裁当事人合法权益，充分尊重当事人意思自治，考虑中国贸仲和华南贸仲、上海贸仲的历史关系，从支持和维护仲裁事业健康发展，促进建立多元纠纷解决机制出发，经研究，对有关问题答复如下：

一、当事人在华南贸仲更名为华南国际经济贸易仲裁委员会、上海贸仲更名为上海国际经济贸易仲裁委员会之前签订仲裁协议约定将争议提交“中国国际经济贸易仲裁委员会华南分会”或者“中国国际经济贸易仲裁委员会上海分会”仲裁的，华南贸仲或者上海贸仲对案件享有管辖权。当事人以华南贸仲或者上海贸仲无权仲裁为由请求人民法院确认仲裁协议无效、申请撤销或者不予执行仲裁裁决的，人民法院不予支持。

当事人在华南贸仲更名为华南国际经济贸易仲裁委员会、上海贸仲更名为上海国际经济贸易仲裁委员会之后（含更名之日）本批复施行之前签订仲裁协议约定将争议提交“中国国际经济贸易仲裁委员会华南分会”或者“中国国际经济贸易仲裁委员会上海分会”仲裁的，中国贸仲对案件享有管辖权。但申请人向华南贸仲或者上海贸仲申请仲裁，被申请人对华南贸仲或者上海贸仲的管辖权没有提出异议的，当事人在仲裁裁决作出后以华南贸仲或者上海贸仲无权仲裁为由申请撤销或者不予执行仲裁裁决的，人民法院不予支持。

当事人在本批复施行之后（含施行起始之日）签订仲裁协议约定将争议提交“中国国际经济贸易仲裁委员会华南分会”或者“中国国际经济贸易仲裁委员会上海分会”仲裁的，中国贸仲对案件享有管辖权。

二、仲裁案件的申请人向仲裁机构申请仲裁的同时请求仲裁机构对案件的管辖权作出决定，仲裁机构作出确认仲裁协议有效、其对案件享有管辖权的决定后，被申请人在仲裁庭首次开庭前向人民法院提起申请确认仲裁协议效力之诉的，人民法院应予受理并作出裁定。申请人或者仲裁机构根据《最高人民法院关于确认仲裁协议效力几个问题的批复》（法释〔1998〕27号）第三条或者《最高人民法院关于适用〈中华人民共和国仲裁法〉若干问题的解释》（法释〔2006〕7号）第十三条第二款的规定主张人民法院对被申请人的起诉应当不予受理的，人民法院不予支持。

三、本批复施行之前，中国贸仲或者华南贸仲、上海贸仲已经受理的根据本批复第一条规定不应由其受理的案件，当事人在仲裁裁决作出后以仲裁机构无权仲裁为由申请撤销或者不予执行仲裁裁决的，人民法院不予支持。

四、本批复施行之前，中国贸仲或者华南贸仲、上海贸仲受理了同一仲裁案件，当事人在仲裁庭首次开庭前向人民法院申请确认仲裁协议效力的，人民法院应当根据本批复第一条的规定进行审理并作出裁定。

本批复施行之前，中国贸仲或者华南贸仲、上海贸仲受理了同一仲裁案件，当事人并未在仲裁庭首次开庭前向人民法院申请确认仲裁协议效力的，先受理的仲裁机构对案件享有管辖权。

此复。

最高人民法院
关于仲裁机构“先予仲裁”裁决或者调解书立案、执行等法律适用问题的批复

法释〔2018〕10号

（2018年5月28日最高人民法院审判委员会第1740次会议通过
2018年6月5日最高人民法院公告公布　自2018年6月12日起施行）

广东省高级人民法院：

你院《关于“先予仲裁”裁决应否立案执行的请示》（粤高法〔2018〕99号）收悉。经研究，批复如下：

当事人申请人民法院执行仲裁机构根据仲裁法作出的仲裁裁决或者调解书，人民法院经审查，符合民事诉讼法、仲裁法相关规定的，应当依法及时受理，立案执行。但是，根据仲裁法第二条的规定，仲裁机构可以仲裁的是当事人间已经发生的合同纠纷和其他财产权益纠纷。因此，网络借贷合同当事人申请执行仲裁机构在纠纷发生前作出的仲裁裁决或者调解书的，人民法院应当裁定不予受理；已经受理的，裁定驳回执行申请。

你院请示中提出的下列情形，应当认定为民事诉讼法第二百三十七条第二款第三项规定的“仲裁庭的组成或者仲裁的程序违反法定程序”的情形：

一、仲裁机构未依照仲裁法规定的程序审理纠纷或者主持调解，径行根据网络借贷合同当事人在纠纷发生前签订的和解或者调解协议作出仲裁裁决、仲裁调解书的；

二、仲裁机构在仲裁过程中未保障当事人申请仲裁员回避、提供证据、答辩等仲裁法规定的基本程序权利的。

前款规定情形中，网络借贷合同当事人以约定弃权条款为由，主张仲裁程序未违反法定程序的，人民法院不予支持。

人民法院办理其他合同纠纷、财产权益纠纷仲裁裁决或者调解书执行案件，适用本批复。

此复。

最高人民法院研究室
关于人民法院其他工作人员能否担任仲裁员的答复

（2010年2月24日　法研〔2010〕35号）

内蒙古自治区高级人民法院：

你院内高法〔2010〕1号《关于人民法院其他工作人员能否担任仲裁员的请示》收悉。经研究，答复如下：

根据《中华人民共和国公务员法》、《中华人民共和国仲裁法》的有关规定，人民法院法官及其他现职工作人员不得担任仲裁员。

此复。

最高人民法院
关于订有仲裁条款的合同一方当事人不出庭应诉应如何处理的复函

（2008年3月26日　〔2008〕民四他字第3号）

山东省高级人民法院：

你院《关于订有仲裁条款的合同一方当事人不出庭应诉应如何处理的请示》收悉。经研究，答复如下：

根据《中华人民共和国民事诉讼法》第一百一十一条第（二）项、第二百五十七条第一款关于订有仲裁条款的当事人不得向人民法院起诉的规定，应当告知原告向仲裁机构申请仲裁。你院受理后发现有仲裁条款的，应先审查确定仲裁条款的效力。如仲裁条款有效，被告经合法传唤未答辩应诉，不能据此认为其放弃仲裁并认定人民法院取得管辖权。如果本案所涉及仲裁条款有效、原告仍坚持起诉，你院应驳回原告的起诉。

同意你院的倾向性意见。

（二）劳动争议仲裁

中华人民共和国劳动争议调解仲裁法

（2007 年 12 月 29 日第十届全国人民代表大会常务委员会第三十一次会议通过
2007 年 12 月 29 日中华人民共和国主席令第 80 号公布　自 2008 年 5 月 1 日起施行）

第一章　总　则

第一条　【立法目的】为了公正及时解决劳动争议，保护当事人合法权益，促进劳动关系和谐稳定，制定本法。

第二条　【适用范围】中华人民共和国境内的用人单位与劳动者发生的下列劳动争议，适用本法：

（一）因确认劳动关系发生的争议；

（二）因订立、履行、变更、解除和终止劳动合同发生的争议；

（三）因除名、辞退和辞职、离职发生的争议；

（四）因工作时间、休息休假、社会保险、福利、培训以及劳动保护发生的争议；

（五）因劳动报酬、工伤医疗费、经济补偿或者赔偿金等发生的争议；

（六）法律、法规规定的其他劳动争议。

第三条　【基本原则】解决劳动争议，应当根据事实，遵循合法、公正、及时、着重调解的原则，依法保护当事人的合法权益。

第四条　【协商】发生劳动争议，劳动者可以与用人单位协商，也可以请工会或者第三方共同与用人单位协商，达成和解协议。

第五条　【调解、仲裁、诉讼】发生劳动争议，当事人不愿协商、协商不成或者达成和解协议后不履行的，可以向调解组织申请调解；不愿调解、调解不成或者达成调解协议后不履行的，可以向劳动争议仲裁委员会申请仲裁；对仲裁裁决不服的，除本法另有规定的外，可以向人民法院提起诉讼。

第六条　【举证责任】发生劳动争议，当事人对自己提出的主张，有责任提供证据。与争议事项有关的证据属于用人单位掌握管理的，用人单位应当提供；用人单位不提供的，应当承担不利后果。

第七条　【推举代表参加调解、仲裁或诉讼】发生劳动争议的劳动者一方在十人以上，并有共同请求的，可以推举代表参加调解、仲裁或者诉讼活动。

第八条　【三方机制】县级以上人民政府劳动行政部门会同工会和企业方面代表建立协调劳动关系三方机制，共同研究解决劳动争议的重大问题。

第九条　【拖欠劳动报酬等争议的行政救济】用人单位违反国家规定，拖欠或者未足额支付劳动报酬，或者拖欠工伤医疗费、经济补偿或者赔偿金的，劳动者可以向劳动行政部门投诉，劳动行政部门应当依法处理。

第二章　调　解

第十条　【调解组织】发生劳动争议，当事人可以到下列调解组织申请调解：

（一）企业劳动争议调解委员会；

（二）依法设立的基层人民调解组织；

（三）在乡镇、街道设立的具有劳动争议调解职能的组织。

企业劳动争议调解委员会由职工代表和企业代表组成。职工代表由工会成员担任或者由全体职工推举产生，企业代表由企业负责人指定。企业劳动争议调解委员会主任由工会成员或者双方推举的人员担任。

第十一条　【调解员】劳动争议调解组织的调解员应当由公道正派、联系群众、热心调解工作，并具有一定法律知识、政策水平和文化水平的成年公民担任。

第十二条　【申请调解的形式】当事人申请劳动争议调解可以书面申请，也可以口头申请。口头申请的，调解组织应当当场记录申请人基本情况、申请调解的争议事项、理由和时间。

第十三条　【调解的基本原则】调解劳动争议，应当充分听取双方当事人对事实和理由的陈述，耐心疏导，帮助其达成协议。

第十四条　【调解协议书】经调解达成协议的，应当制作调解协议书。

调解协议书由双方当事人签名或者盖章，经调解员签名并加盖调解组织印章后生效，对双方当事人具有约束力，当事人应当履行。

自劳动争议调解组织收到调解申请之日起十五日内未达成调解协议的，当事人可以依法申请仲裁。

第十五条　【不履行调解协议可申请仲裁】达成调解协议后，一方当事人在协议约定期限内不履行调解协议的，另一方当事人可以依法申请仲裁。

第十六条　【劳动者可以调解协议书申请支付令的情形】因支付拖欠劳动报酬、工伤医疗费、经济补偿或者赔偿金事项达成调解协议，用人单位在协议约定期限内不履行的，劳动者可以持调解协议书依法向人民法院申请支付令。人民法院应当依法发出支付令。

第三章 仲 裁

第一节 一般规定

第十七条 【劳动争议仲裁委员会的设立】劳动争议仲裁委员会按照统筹规划、合理布局和适应实际需要的原则设立。省、自治区人民政府可以决定在市、县设立；直辖市人民政府可以决定在区、县设立。直辖市、设区的市也可以设立一个或者若干个劳动争议仲裁委员会。劳动争议仲裁委员会不按行政区划层层设立。

第十八条 【政府的职责】国务院劳动行政部门依照本法有关规定制定仲裁规则。省、自治区、直辖市人民政府劳动行政部门对本行政区域的劳动争议仲裁工作进行指导。

第十九条 【劳动争议仲裁委员会的组成与职责】劳动争议仲裁委员会由劳动行政部门代表、工会代表和企业方面代表组成。劳动争议仲裁委员会组成人员应当是单数。

劳动争议仲裁委员会依法履行下列职责：

（一）聘任、解聘专职或者兼职仲裁员；

（二）受理劳动争议案件；

（三）讨论重大或者疑难的劳动争议案件；

（四）对仲裁活动进行监督。

劳动争议仲裁委员会下设办事机构，负责办理劳动争议仲裁委员会的日常工作。

第二十条 【仲裁员】劳动争议仲裁委员会应当设仲裁员名册。

仲裁员应当公道正派并符合下列条件之一：

（一）曾任审判员的；

（二）从事法律研究、教学工作并具有中级以上职称的；

（三）具有法律知识、从事人力资源管理或者工会等专业工作满五年的；

（四）律师执业满三年的。

第二十一条 【劳动争议仲裁案件的管辖】劳动争议仲裁委员会负责管辖本区域内发生的劳动争议。

劳动争议由劳动合同履行地或者用人单位所在地的劳动争议仲裁委员会管辖。双方当事人分别向劳动合同履行地和用人单位所在地的劳动争议仲裁委员会申请仲裁的，由劳动合同履行地的劳动争议仲裁委员会管辖。

第二十二条 【劳动争议仲裁案件的当事人】发生劳动争议的劳动者和用人单位为劳动争议仲裁案件的双方当事人。

劳务派遣单位或者用工单位与劳动者发生劳动争议的，劳务派遣单位和用工单位为共同当事人。

第二十三条 【有利害关系的第三人】与劳动争议案件的处理结果有利害关系的第三人，可以申请参加仲裁活动或者由劳动争议仲裁委员会通知其参加仲裁活动。

第二十四条 【委托代理人参加仲裁活动】当事人可以委托代理人参加仲裁活动。委托他人参加仲裁活动，应当向劳动争议仲裁委员会提交有委托人签名或者盖章的委托书，委托书应当载明委托事项和权限。

第二十五条 【法定代理人、指定代理人或近亲属参加仲裁的情形】丧失或者部分丧失民事行为能力的劳动者，由其法定代理人代为参加仲裁活动；无法定代理人的，由劳动争议仲裁委员会为其指定代理人。劳动者死亡的，由其近亲属或者代理人参加仲裁活动。

第二十六条 【仲裁公开原则及例外】劳动争议仲裁公开进行，但当事人协议不公开进行或者涉及国家秘密、商业秘密和个人隐私的除外。

第二节 申请和受理

第二十七条 【仲裁时效】劳动争议申请仲裁的时效期间为一年。仲裁时效期间从当事人知道或者应当知道其权利被侵害之日起计算。

前款规定的仲裁时效，因当事人一方向对方当事人主张权利，或者向有关部门请求权利救济，或者对方当事人同意履行义务而中断。从中断时起，仲裁时效期间重新计算。

因不可抗力或者有其他正当理由，当事人不能在本条第一款规定的仲裁时效期间申请仲裁的，仲裁时效中止。从中止时效的原因消除之日起，仲裁时效期间继续计算。

劳动关系存续期间因拖欠劳动报酬发生争议的，劳动者申请仲裁不受本条第一款规定的仲裁时效期间的限制；但是，劳动关系终止的，应当自劳动关系终止之日起一年内提出。

第二十八条 【申请仲裁的形式】申请人申请仲裁应当提交书面仲裁申请，并按照被申请人人数提交副本。

仲裁申请书应当载明下列事项：

（一）劳动者的姓名、性别、年龄、职业、工作单位和住所，用人单位的名称、住所和法定代表人或者主要负责人的姓名、职务；

（二）仲裁请求和所根据的事实、理由；

（三）证据和证据来源、证人姓名和住所。

书写仲裁申请确有困难的，可以口头申请，由劳动争议仲裁委员会记入笔录，并告知对方当事人。

第二十九条　【仲裁的受理】劳动争议仲裁委员会收到仲裁申请之日起五日内，认为符合受理条件的，应当受理，并通知申请人；认为不符合受理条件的，应当书面通知申请人不予受理，并说明理由。对劳动争议仲裁委员会不予受理或者逾期未作出决定的，申请人可以就该劳动争议事项向人民法院提起诉讼。

第三十条　【被申请人答辩书】劳动争议仲裁委员会受理仲裁申请后，应当在五日内将仲裁申请书副本送达被申请人。

被申请人收到仲裁申请书副本后，应当在十日内向劳动争议仲裁委员会提交答辩书。劳动争议仲裁委员会收到答辩书后，应当在五日内将答辩书副本送达申请人。被申请人未提交答辩书的，不影响仲裁程序的进行。

第三节　开庭和裁决

第三十一条　【仲裁庭】劳动争议仲裁委员会裁决劳动争议案件实行仲裁庭制。仲裁庭由三名仲裁员组成，设首席仲裁员。简单劳动争议案件可以由一名仲裁员独任仲裁。

第三十二条　【通知仲裁庭的组成情况】劳动争议仲裁委员会应当在受理仲裁申请之日起五日内将仲裁庭的组成情况书面通知当事人。

第三十三条　【回避】仲裁员有下列情形之一，应当回避，当事人也有权以口头或者书面方式提出回避申请：

（一）是本案当事人或者当事人、代理人的近亲属的；

（二）与本案有利害关系的；

（三）与本案当事人、代理人有其他关系，可能影响公正裁决的；

（四）私自会见当事人、代理人，或者接受当事人、代理人的请客送礼的。

劳动争议仲裁委员会对回避申请应当及时作出决定，并以口头或者书面方式通知当事人。

第三十四条　【仲裁员承担责任的情形】仲裁员有本法第三十三条第四项规定情形，或者有索贿受贿、徇私舞弊、枉法裁决行为的，应当依法承担法律责任。劳动争议仲裁委员会应当将其解聘。

第三十五条　【开庭通知及延期】仲裁庭应当在开庭五日前，将开庭日期、地点书面通知双方当事人。当事人有正当理由的，可以在开庭三日前请求延期开庭。是否延期，由劳动争议仲裁委员会决定。

第三十六条 【申请人、被申请人无故不到庭或中途退庭】申请人收到书面通知，无正当理由拒不到庭或者未经仲裁庭同意中途退庭的，可以视为撤回仲裁申请。

被申请人收到书面通知，无正当理由拒不到庭或者未经仲裁庭同意中途退庭的，可以缺席裁决。

第三十七条 【鉴定】仲裁庭对专门性问题认为需要鉴定的，可以交由当事人约定的鉴定机构鉴定；当事人没有约定或者无法达成约定的，由仲裁庭指定的鉴定机构鉴定。

根据当事人的请求或者仲裁庭的要求，鉴定机构应当派鉴定人参加开庭。当事人经仲裁庭许可，可以向鉴定人提问。

第三十八条 【质证和辩论】当事人在仲裁过程中有权进行质证和辩论。质证和辩论终结时，首席仲裁员或者独任仲裁员应当征询当事人的最后意见。

第三十九条 【举证】当事人提供的证据经查证属实的，仲裁庭应当将其作为认定事实的根据。

劳动者无法提供由用人单位掌握管理的与仲裁请求有关的证据，仲裁庭可以要求用人单位在指定期限内提供。用人单位在指定期限内不提供的，应当承担不利后果。

第四十条 【开庭笔录】仲裁庭应当将开庭情况记入笔录。当事人和其他仲裁参加人认为对自己陈述的记录有遗漏或者差错的，有权申请补正。如果不予补正，应当记录该申请。

笔录由仲裁员、记录人员、当事人和其他仲裁参加人签名或者盖章。

第四十一条 【申请仲裁后自行和解】当事人申请劳动争议仲裁后，可以自行和解。达成和解协议的，可以撤回仲裁申请。

第四十二条 【先行调解】仲裁庭在作出裁决前，应当先行调解。

调解达成协议的，仲裁庭应当制作调解书。

调解书应当写明仲裁请求和当事人协议的结果。调解书由仲裁员签名，加盖劳动争议仲裁委员会印章，送达双方当事人。调解书经双方当事人签收后，发生法律效力。

调解不成或者调解书送达前，一方当事人反悔的，仲裁庭应当及时作出裁决。

第四十三条 【仲裁案件审理期限】仲裁庭裁决劳动争议案件，应当自劳动争议仲裁委员会受理仲裁申请之日起四十五日内结束。案情复杂需要延期的，经劳动争议仲裁委员会主任批准，可以延期并书面通知当事人，但是延长期限不得超过十五日。逾期未作出仲裁裁决的，当事人可以就该劳动争议事项向人民法院提起诉讼。

仲裁庭裁决劳动争议案件时，其中一部分事实已经清楚，可以就该部分先行裁决。

第四十四条　【可以裁决先予执行的案件】仲裁庭对追索劳动报酬、工伤医疗费、经济补偿或者赔偿金的案件，根据当事人的申请，可以裁决先予执行，移送人民法院执行。

仲裁庭裁决先予执行的，应当符合下列条件：

（一）当事人之间权利义务关系明确；

（二）不先予执行将严重影响申请人的生活。

劳动者申请先予执行的，可以不提供担保。

第四十五条　【作出裁决意见】裁决应当按照多数仲裁员的意见作出，少数仲裁员的不同意见应当记入笔录。仲裁庭不能形成多数意见时，裁决应当按照首席仲裁员的意见作出。

第四十六条　【裁决书】裁决书应当载明仲裁请求、争议事实、裁决理由、裁决结果和裁决日期。裁决书由仲裁员签名，加盖劳动争议仲裁委员会印章。对裁决持不同意见的仲裁员，可以签名，也可以不签名。

第四十七条　【一裁终局的案件】下列劳动争议，除本法另有规定的外，仲裁裁决为终局裁决，裁决书自作出之日起发生法律效力：

（一）追索劳动报酬、工伤医疗费、经济补偿或者赔偿金，不超过当地月最低工资标准十二个月金额的争议；

（二）因执行国家的劳动标准在工作时间、休息休假、社会保险等方面发生的争议。

第四十八条　【劳动者不服一裁终局案件的裁决提起诉讼的期限】劳动者对本法第四十七条规定的仲裁裁决不服的，可以自收到仲裁裁决书之日起十五日内向人民法院提起诉讼。

第四十九条　【用人单位不服一裁终局案件的裁决可诉请撤销的案件】用人单位有证据证明本法第四十七条规定的仲裁裁决有下列情形之一，可以自收到仲裁裁决书之日起三十日内向劳动争议仲裁委员会所在地的中级人民法院申请撤销裁决：

（一）适用法律、法规确有错误的；

（二）劳动争议仲裁委员会无管辖权的；

（三）违反法定程序的；

（四）裁决所根据的证据是伪造的；

（五）对方当事人隐瞒了足以影响公正裁决的证据的；

（六）仲裁员在仲裁该案时有索贿受贿、徇私舞弊、枉法裁决行为的。

人民法院经组成合议庭审查核实裁决有前款规定情形之一的，应当裁定撤销。

仲裁裁决被人民法院裁定撤销的，当事人可以自收到裁定书之日起十五日内就该劳动争议事项向人民法院提起诉讼。

第五十条 【其他不服仲裁裁决提起诉讼的期限】当事人对本法第四十七条规定以外的其他劳动争议案件的仲裁裁决不服的，可以自收到仲裁裁决书之日起十五日内向人民法院提起诉讼；期满不起诉的，裁决书发生法律效力。

第五十一条 【生效调解书、调解书的执行】当事人对发生法律效力的调解书、裁决书，应当依照规定的期限履行。一方当事人逾期不履行的，另一方当事人可以依照民事诉讼法的有关规定向人民法院申请执行。受理申请的人民法院应当依法执行。

第四章　附　则

第五十二条 【人事争议处理的法律适用】事业单位实行聘用制的工作人员与本单位发生劳动争议的，依照本法执行；法律、行政法规或者国务院另有规定的，依照其规定。

第五十三条 【劳动争议仲裁不收费】劳动争议仲裁不收费。劳动争议仲裁委员会的经费由财政予以保障。

第五十四条 【实施日期】本法自 2008 年 5 月 1 日起施行。

最高人民法院
关于劳动仲裁委员会逾期不作出仲裁裁决或者作出不予受理通知的劳动争议案件，人民法院应否受理的批复

法释〔1998〕24 号

（1998 年 6 月 8 日最高人民法院审判委员会第 991 次会议通过
1998 年 9 月 2 日最高人民法院公告公布　自 1998 年 9 月 9 日起施行）

四川省高级人民法院：

你院川高法〔1998〕52 号《关于未经劳动仲裁的劳动争议案件，当事人向法院起诉人民法院应否受理的请示》收悉。经研究，答复如下：

根据《中华人民共和国劳动法》第七十九条规定的精神，劳动争议案件

经劳动争议仲裁委员会仲裁是提起诉讼的必经程序。劳动争议仲裁委员会逾期不作出仲裁裁决或者作出不予受理的决定，当事人不服向人民法院提起行政诉讼的，人民法院不予受理；当事人不服劳动争议仲裁委员会作出的劳动争议仲裁裁决，可以向人民法院提起民事诉讼。

此复。

最高人民法院
关于人民法院对经劳动争议仲裁裁决的纠纷准予撤诉或驳回起诉后劳动争议仲裁裁决从何时起生效的解释

法释〔2000〕18号

（2000年4月4日最高人民法院审判委员会第1108次会议通过
2000年7月10日最高人民法院公告公布　自2000年7月19日起施行）

为正确适用法律审理劳动争议案件，对人民法院裁定准予撤诉或驳回起诉后，劳动争议仲裁裁决从何时起生效的问题解释如下：

第一条　当事人不服劳动争议仲裁裁决向人民法院起诉后又申请撤诉，经人民法院审查准予撤诉的，原仲裁裁决自人民法院裁定送达当事人之日起发生法律效力。

第二条　当事人因超过起诉期间而被人民法院裁定驳回起诉的，原仲裁裁决自起诉期间届满之次日起恢复法律效力。

第三条　因仲裁裁决确定的主体资格错误或仲裁裁决事项不属于劳动争议，被人民法院驳回起诉的，原仲裁裁决不发生法律效力。

最高人民法院
关于解除劳动合同的劳动争议仲裁申请期限应当如何起算问题的批复

法释〔2004〕8号

（2004年7月20日最高人民法院审判委员会第1320次会议通过
2004年7月26日最高人民法院公告公布　自2004年7月29日起施行）

云南省高级人民法院：

你院云高法〔2004〕256号《关于审理劳动争议案件的当事人申请劳动争议仲裁期限应如何起算的请示》收悉。经研究，答复如下：

用人单位依据《中华人民共和国劳动法》第二十五条第（四）项的规定解除劳动合同，与劳动者发生争议的，劳动者向劳动争议仲裁委员会申请仲裁的期限应当自收到解除劳动合同书面通知之日起计算。

此复。

人力资源社会保障部　中央综治办
最高人民法院等
关于进一步加强劳动人事争议调解仲裁完善多元处理机制的意见

（2017年3月21日　人社部发〔2017〕26号）

各省、自治区、直辖市人力资源社会保障厅（局）、综治办、高级人民法院、司法厅（局）、财政厅（局）、总工会、工商业联合会、企业联合会/企业家协会，新疆生产建设兵团人力资源社会保障局、综治办、新疆维吾尔自治区高级人民法院生产建设兵团分院、司法局、财务局、工会、工商业联合会、企业联合会/企业家协会：

劳动人事争议调解仲裁是劳动人事关系矛盾纠纷多元化解机制的重要组成部分。当前，我国正处于经济社会转型时期，劳动关系矛盾处于凸显期和多发期，劳动人事争议案件逐年增多。通过协商、调解、仲裁、诉讼等方式依法有效处理劳动人事争议，对于促进社会公平正义、维护劳动人事关系和谐与社会稳定具有重要意义。根据中共中央办公厅、国务院办公厅《关于完善矛盾纠纷多元化解机制的意见》，现就进一步加强劳动人事争议调解仲裁完善多元处理机制，提出如下意见。

一、总体要求

（一）指导思想。全面贯彻党的十八大和十八届三中、四中、五中、六中全会精神，以邓小平理论、“三个代表”重要思想、科学发展观为指导，深入贯彻习近平总书记系列重要讲话精神，主动适应经济发展新常态，积极落实加强和创新社会治理新要求，探索新时期预防化解劳动人事关系矛盾纠纷的规律，不断提高调解仲裁规范化、标准化、专业化、信息化水平，推动健全中国特色劳动人事争议处理制度，完善劳动人事争议多元处理机制，切实维护劳动人事关系和谐与社会稳定，为全面建成小康社会做出更大贡献。

（二）基本原则

1. 坚持协调联动、多方参与。在党委领导、政府主导、综治协调下，积极发挥人力资源社会保障部门牵头作用，鼓励各有关部门和单位发挥职能作用，引导社会力量积极参与，合力化解劳动人事关系矛盾纠纷。

2. 坚持源头治理、注重调解。贯彻“预防为主、基层为主、调解为主”工作方针，充分发挥协商、调解在劳动人事争议处理中的基础性作用，最大限度地把矛盾纠纷解决在基层和萌芽状态。

3. 坚持依法处理、维护公平。完善劳动人事争议调解制度和仲裁准司法制度，发挥司法的引领、推动和保障作用，运用法治思维和法治方式处理劳动人事争议，切实维护用人单位和劳动者的合法权益。

4. 坚持服务为先、高效便捷。以提高劳动人事争议处理质效为目标，把服务理念贯穿争议处理全过程，为用人单位和劳动者提供优质服务。

5. 坚持立足国情、改革创新。及时总结实践经验，借鉴国外有益做法，加强制度创新，不断完善劳动人事争议多元处理机制。

（三）主要目标。到 2020 年，劳动人事争议协商解决机制逐步完善，调解基础性作用充分发挥，仲裁制度优势显著增强，司法保障作用进一步加强，协商、调解、仲裁、诉讼相互协调、有序衔接的劳动人事争议多元处理格局更加健全，劳动人事争议处理工作服务社会能力明显提高。

二、健全劳动人事争议预防协商解决机制

（四）指导用人单位加强劳动人事争议源头预防。加大法律法规政策宣传力度，推动用人单位全面实行劳动合同或者聘用合同制度，完善民主管理制度，推行集体协商和集体合同制度，保障职工对用人单位重大决策和重大事项的知情权、参与权、表达权、监督权，加强对职工的人文关怀。指导企业与职工建立多种方式的对话沟通机制，完善劳动争议预警机制，特别是在分流安置职工等涉及劳动关系重大调整时，广泛听取职工意见，依法保障职工合法权益。探索建立符合事业单位和社会团体工作人员、聘任制公务员和军队文职人员管理特点的单位内部人事争议预防机制。切实发挥企业事业单位法律顾问、公司律师在预防化解劳动人事争议方面的作用。推行劳动人事争议仲裁建议书、司法建议书制度，促进用人单位有效预防化解矛盾纠纷。

（五）引导支持用人单位与职工通过协商解决劳动人事争议。推动建立劳动人事争议协商解决机制，鼓励和引导争议双方当事人在平等自愿基础上协商解决纠纷。指导用人单位完善协商规则，建立内部申诉和协商回应制度。加大工会参与协商力度。鼓励社会组织和专家接受当事人申请或委托，为其解决纠纷予以协调、提供帮助。探索开展协商咨询服务工作，督促履行和解协议。

三、完善专业性劳动人事争议调解机制

（六）建立健全多层次劳动人事争议调解组织网络。推进县（市、区）调解组织建设，加强乡镇（街道）劳动就业社会保障服务所（中心）调解组织建设。在乡镇（街道）综治中心设置劳动人事争议调解窗口，由当地劳动就业社会保障服务所（中心）调解组织负责其日常工作。积极推动企业劳动争议调解委员会建设，指导推动建立行业性、区域性调解组织，重点在争议多发的制造、餐饮、建筑、商贸服务以及民营高科技等行业和开发区、工业园区等区域建立调解组织。加强事业单位及其主管部门调解组织建设，重点推动教育、科技、文化、卫生等事业单位及其主管部门建立由人事部门代表、职工代表、工会代表、法律顾问等组成的调解组织。加强专业性劳动人事争议调解与仲裁调解、人民调解、司法调解的联动，逐步实现程序衔接、资源整合和信息共享。同时，充分发挥人民调解组织在调解劳动争议方面的作用，在劳动争议多发的乡镇（街道），人民调解委员会可设立专门的服务窗口，及时受理并调解劳动争议。各级人力资源社会保障部门要加强统筹协调，指导推动劳动人事争议调解工作，建立专业性调解组织和调解员名册制度，加强工作情况通报和人员培训。

（七）加强劳动人事争议调解规范化建设。进一步规范调解组织工作职责、工作程序和调解员行为。建立健全调解受理登记、调解处理、告知引导、回访反馈、档案管理、统计报告、工作考评等制度。建立健全集体劳动争议应急调解机制，发生集体劳动争议时，人力资源社会保障部门要会同工会、企业代表组织及时介入，第一时间进行调解，调解不成的及时引导当事人进入仲裁程序。

（八）鼓励支持社会力量参与调解。引导劳动人事争议当事人主动选择、自愿接受调解服务。通过政府购买服务等方式，鼓励和支持法学专家、律师以及退休的法官、检察官、劳动人事争议调解员仲裁员等社会力量参与劳动人事争议调解工作，有条件的可设立调解工作室。发挥社区工作者、平安志愿者、劳动关系协调员、劳动保障监察网格管理员预防化解劳动人事争议的作用。鼓励支持社会组织开展劳动人事争议调解工作。

四、创新劳动人事争议仲裁机制

（九）完善仲裁办案制度。建立仲裁办案基本制度目录清单，指导各地完善仲裁制度体系。创新仲裁调解制度，可在仲裁院设立调解庭开展调解工作。依法细化终局裁决规定，提高终局裁决比例。建立健全证据制度，制定体现劳动人事争议处理特点的仲裁证据规则。建立仲裁委员会仲裁办案监督制度，提高仲裁办案纠错能力。推行劳动人事争议仲裁委员会三方仲裁员组庭处理集体劳动争议制度。实行“阳光仲裁”，逐步实行仲裁裁决书网上公开，接受社会监督。推进法律援助参与劳动人事争议仲裁，在案件多发高发地区的仲裁机构设立法律援助窗口，依法为符合条件的农民工、工伤职工等群体提供法律援助服务。

（十）简化优化仲裁具体办案程序。实施案件分类处理，简化优化立案、庭审、调解、送达等具体程序，提高仲裁案件处理质量和效率。规范简易仲裁程序，灵活快捷处理小额简单争议案件。建立健全集体劳动争议快速仲裁特别程序，通过先行调解、优先受理、经与被申请人协商同意缩短或取消答辩期、就近就地开庭等方式，实现快调、快审、快结。深化仲裁庭审方式改革，推广以加强案前引导、优化庭审程序、简化裁决文书为核心内容的要素式办案，提高案件裁决效率。推进派驻仲裁庭、巡回仲裁庭和流动仲裁庭建设，为当事人提供便捷服务。

（十一）加强仲裁办案管理和指导。建立仲裁案件管理标准体系，制定办案程序公正评价标准、办案质量效率评价标准和办案人员工作绩效考核标准。建立仲裁办案指导制度，统一仲裁办案适用标准，重点加强对新兴行业劳动争议、集体劳动争议等重大疑难案件处理工作的指导。加强案例指导，综合运用案例汇编、案例研讨会、庭审观摩等方式，发挥典型案例在统一处理标准、规范自由裁量权等方面的作用。统一仲裁文书格式。建立区域劳动人事争议处理交流协作机制。

五、完善调解、仲裁、诉讼衔接机制

（十二）加强调解与仲裁的衔接。调解组织对调解不成的争议案件，要及时引导当事人进入仲裁程序；定期向仲裁机构通报工作情况，共同研究有关问题；邀请仲裁机构参与调处重大疑难争议案件。仲裁机构要加强对辖区内调解组织的业务指导，建立仲裁员定点联系调解组织制度，落实调解建议书、委托调解、调解协议仲裁审查确认等制度，开展调解员业务培训。在争议案件多发高发地区，仲裁机构可在调解组织设立派驻仲裁庭。

（十三）加强调解与诉讼的衔接。调解组织要主动接受人民法院的指导，协助人民法院调处劳动人事争议。健全劳动人事争议特邀调解制度，吸纳符合条件的调解组织或调解员成为特邀调解组织或特邀调解员，接受人民法院委派或委托开展调解工作。鼓励和支持调解组织在诉讼服务中心等部门设立调解工作室。依法落实调解协议司法确认制度。

（十四）加强仲裁与诉讼的衔接。建立仲裁与诉讼有效衔接的新规则、新制度，实现裁审衔接机制长效化、受理范围一致化、审理标准统一化。各级仲裁机构和同级人民法院要加强沟通联系，建立定期联席会议、案件信息交流、联合业务培训等制度。有条件的地区，人民法院可在仲裁机构设立派驻法庭。

六、强化基础保障机制

（十五）加强调解仲裁队伍建设。乡镇（街道）劳动就业社会保障服务所（中心）调解组织要根据实际需要配备专职调解员，通过政府购买服务、调剂事业编制等方式，拓展调解员来源渠道。企业劳动争议调解委员会要配备一定数量的专兼职调解员，鼓励企业人力资源、法务、工会部门工作人员参与调解工作。仲裁机构要及时充实专职仲裁员队伍，并配备相应的仲裁办案辅助人员；注重从工会、企业代表组织以及其他社会组织中聘用兼职仲裁员，积极吸纳律师、专家学者等担任兼职仲裁员。持续开展调解员仲裁员分级分类培训，加强思想道德教育、职业道德教育和业务能力培训。探索远程在线培训、建立集中实训基地等培训新模式，培训重心向基层倾斜。鼓励地方先行先试，探索建立仲裁员激励约束和职业保障机制，拓展职业发展空间。健全风险防控机制，推进行风建设。培育和弘扬调解仲裁文化，大力宣传先进调解仲裁机构和优秀调解员仲裁员。

（十六）加快推进调解仲裁工作信息化建设。树立“互联网＋”理念，利用现代化信息技术手段提高劳动人事争议处理效能。依托金保二期工程，建立调解仲裁办案信息系统、人员信息系统、监测管理信息系统，在实现人力资源社会保障系统内部信息互联互通的基础上，逐步实现调解仲裁信息与综治、人民法院等信息系统的互联互通。建立在线服务平台，整合调解、仲裁和诉讼资源，逐步开展在线调解、在线仲裁、电子送达等，实现线上、线下服务对接，提供“一站式”争议处理服务。

（十七）依法保障调解仲裁经费需要。按照《中华人民共和国劳动争议调解仲裁法》等有关规定，将仲裁工作所需经费列入同级财政预算予以保障，为开展仲裁活动提供支撑。对采取政府购买服务方式开展劳动人事争议处理工作的，要加强购买服务资金的预算管理。

（十八）改善调解仲裁服务条件。按照国家“十三五”规划纲要“基本公共服务项目清单”要求，不断改善调解仲裁服务条件。加强调解组织基础建设，确保调解有基本工作场所、有基本工作设施。加强仲裁机构标准化建设。仲裁员、记录人员在仲裁活动中应着正装，佩戴仲裁胸徽。

七、加强组织领导

（十九）健全劳动人事争议多元处理工作格局。积极推动将劳动人事争议处理工作纳入当地党委、政府重要议事日程，采取有力措施抓实抓好。综治组织要做好调查研究、组织协调、督导检查、考评、推动等工作，进一步把完善劳动人事争议多元处理机制作为综治工作（平安建设）考评的重要内容，严格落实社会治安综合治理领导责任制。人力资源社会保障部门要发挥在劳动人事争议处理中的主导作用，承担牵头职责，制定完善规章政策，会同有关部门统筹推进劳动人事争议调解仲裁组织建设、制度建设和队伍建设。人民法院要发挥司法在劳动人事争议处理中的引领、推动和保障作用，加强诉讼与调解、仲裁的有机衔接，依法及时有效审理劳动人事争议案件。司法行政部门要指导人民调解组织积极开展劳动争议调解工作，加强对人民调解员的劳动法律法规政策和调解方法技巧培训，组织推动律师做好法律援助和社会化调解工作。工会、企业代表组织要发挥代表作用，引导支持企业守法诚信经营、履行社会责任，依法设立劳动争议调解委员会，建立健全用人单位内部争议解决机制，教育引导职工依法理性维权。各有关部门要建立完善形势研判、信息沟通、联合会商、协调配合制度，形成各负其责、齐抓共管、互动有力、运转高效的联动机制。要充分发挥综治中心优势，有效整合工作资源，优化劳动人事争议多元处理机制。

（二十）强化责任落实，营造良好环境。各地要在当地党委、政府的领导下，进一步做好劳动人事争议调解仲裁工作，不断完善劳动人事争议多元处理机制。人力资源社会保障部门要会同有关部门制定切实可行的实施方案，明确任务、明确措施、明确责任、明确要求，并对本意见落实情况进行督促检查。充分运用传统媒体和现代传媒，加强劳动人事争议处理工作的宣传，营造良好舆论氛围。

人力资源社会保障部　最高人民法院
关于加强劳动人事争议仲裁与诉讼衔接机制建设的意见

（2017年11月8日　人社部发〔2017〕70号）

各省、自治区、直辖市人力资源社会保障厅（局）、高级人民法院，解放军军事法院，新疆生产建设兵团人力资源社会保障局、新疆维吾尔自治区高级人民法院生产建设兵团分院：

加强劳动人事争议仲裁与诉讼衔接（以下简称裁审衔接）机制建设，是健全劳动人事争议处理制度、完善矛盾纠纷多元化解机制的重要举措。近年来，一些地区积极探索加强裁审衔接工作，促进了劳动人事争议合法公正及时解决，收到了良好的法律效果和社会效果。但是，从全国来看，劳动人事争议裁审衔接机制还没有在各地区普遍建立，已建立的也还不够完善，裁审工作中仍然存在争议受理范围不够一致、法律适用标准不够统一、程序衔接不够规范等问题，影响了争议处理质量和效率，降低了仲裁和司法的公信力。为进一步加强劳动人事争议裁审衔接机制建设，现提出如下意见。

一、明确加强裁审衔接机制建设的总体要求

做好裁审衔接工作，要全面贯彻党的十九大和十九届一中全会精神，以习近平新时代中国特色社会主义思想为指导，坚持以人民为中心的发展思想，切实落实深化依法治国实践以及提高保障和改善民生水平、加强和创新社会治理的决策部署，按照《中共中央国务院关于构建和谐劳动关系的意见》（中发〔2015〕10号）、《中共中央办公厅国务院办公厅关于完善矛盾纠纷多元化解机制的意见》（中办发〔2015〕60号）有关要求，积极探究和把握裁审衔接工作规律，逐步建立健全裁审受理范围一致、裁审标准统一、裁审程序有效衔接的新规则新制度，实现裁审衔接工作机制完善、运转顺畅，充分发挥劳动人事争议处理中仲裁的独特优势和司法的引领、推动、保障作用，合力化解矛盾纠纷，切实维护当事人合法权益，促进劳动人事关系和谐与社会稳定。

二、统一裁审受理范围和法律适用标准

（一）逐步统一裁审受理范围。各地劳动人事争议仲裁委员会（以下简称仲裁委员会）和人民法院要按照《中华人民共和国劳动争议调解仲裁法》等法律规定，逐步统一社会保险争议、人事争议等争议的受理范围。仲裁委员会要改进完善劳动人事争议受理立案制度，依法做到有案必立，有条件的可探索实行立案登记制，切实发挥仲裁前置的功能作用。

（二）逐步统一裁审法律适用标准。各地仲裁委员会和人民法院要严格按照法律规定处理劳动人事争议。对于法律规定不明确等原因造成裁审法律适用标准不一致的突出问题，由人力资源社会保障部与最高人民法院按照《中华人民共和国立法法》有关规定，通过制定司法解释或指导意见等形式明确统一的法律适用标准。省、自治区、直辖市人力资源社会保障部门与高级人民法院要结合裁审工作实际，加强对法律适用问题的调查研究，及时提出意见建议。

三、规范裁审程序衔接

（一）规范受理程序衔接。对未经仲裁程序直接起诉到人民法院的劳动人事争议案件，人民法院应裁定不予受理；对已受理的，应驳回起诉，并告知当事人向有管辖权的仲裁委员会申请仲裁。当事人因仲裁委员会逾期未作出仲裁裁决而向人民法院提起诉讼且人民法院立案受理的，人民法院应及时将该案的受理情况告知仲裁委员会，仲裁委员会应及时决定该案件终止审理。

（二）规范保全程序衔接。仲裁委员会对在仲裁阶段可能因用人单位转移、藏匿财产等行为致使裁决难以执行的，应告知劳动者通过仲裁机构向人民法院申请保全。劳动者申请保全的，仲裁委员会应及时向人民法院转交申请书及仲裁案件受理通知书等相关材料。人民法院裁定采取保全措施或者裁定驳回申请的，应将裁定书送达申请人，并通知仲裁委员会。

（三）规范执行程序衔接。仲裁委员会依法裁决先予执行的，应向有执行权的人民法院移送先予执行裁决书、裁决书的送达回证或其他送达证明材料；接受移送的人民法院应按照《中华人民共和国民事诉讼法》和《中华人民共和国劳动争议调解仲裁法》相关规定执行。人民法院要加强对仲裁委员会裁决书、调解书的执行工作，加大对涉及劳动报酬、工伤保险待遇争议特别是集体劳动人事争议等案件的执行力度。

四、完善裁审衔接工作机制

（一）建立联席会议制度。各地人力资源社会保障部门和人民法院要定期

或不定期召开联席会议，共同研究分析劳动人事争议处理形势，互相通报工作情况，沟通协调争议仲裁与诉讼中的受理范围、程序衔接、法律适用标准等问题，推进裁审工作有效衔接。

（二）建立信息共享制度。各地人力资源社会保障部门和人民法院要加强劳动人事争议处理工作信息和统计数据的交流，实现信息互通和数据共享。人力资源社会保障部门要加强争议案件处理情况追踪，做好裁审对比情况统计分析，不断改进争议仲裁工作，人民法院要积极支持和配合。要建立健全案卷借阅制度，做好案卷借阅管理工作。有条件的地区，可以实行电子案卷借阅或通过信息平台共享电子案卷，并做好信息安全和保密工作。

（三）建立疑难复杂案件办案指导制度。各地仲裁委员会和人民法院要加强对疑难复杂、重大劳动人事争议案件的研讨和交流，开展类案分析，联合筛选并发布典型案例，充分发挥典型案例在统一裁审法律适用标准、规范裁审自由裁量尺度、服务争议当事人等方面的指导作用。

（四）建立联合培训制度。各地人力资源社会保障部门和人民法院要通过举办师资培训、远程在线培训、庭审观摩等方式，联合开展业务培训，增强办案人员的素质和能力，促进提高裁审衔接水平。

五、加强组织领导

各地人力资源社会保障部门和人民法院要高度重视加强劳动人事争议裁审衔接机制建设工作，将其作为推进建立中国特色劳动人事争议处理制度的重要措施，纳入劳动人事关系领域矛盾纠纷多元处理工作布局，加强领导，统筹谋划，结合当地实际联合制定实施意见，切实抓好贯彻落实。人力资源社会保障部门要积极主动加强与人民法院的沟通协调。人民法院要明确由一个庭室统一负责裁审衔接工作，各有关庭室要积极参与配合。省、自治区、直辖市人力资源社会保障部门、高级人民法院要加强对市、县裁审衔接工作的指导和督促检查，推动裁审衔接工作顺利开展。要加大政策引导和宣传力度，增进劳动人事争议当事人和社会公众对裁审衔接工作的了解，引导当事人依法理性维权，为合法公正及时处理争议营造良好氛围。

（三）土地承包经营纠纷仲裁

中华人民共和国农村土地承包经营纠纷调解仲裁法

（2009 年 6 月 27 日第十一届全国人民代表大会常务委员会第九次会议通过
2009 年 6 月 27 日中华人民共和国主席令第 14 号公布　自 2010 年 1 月 1 日起施行）

目　录

第一章　总　则

第一条　【立法宗旨】为了公正、及时解决农村土地承包经营纠纷，维护当事人的合法权益，促进农村经济发展和社会稳定，制定本法。

第二条　【调整范围】农村土地承包经营纠纷调解和仲裁，适用本法。

农村土地承包经营纠纷包括：

（一）因订立、履行、变更、解除和终止农村土地承包合同发生的纠纷；

（二）因农村土地承包经营权转包、出租、互换、转让、入股等流转发生的纠纷；

（三）因收回、调整承包地发生的纠纷；

（四）因确认农村土地承包经营权发生的纠纷；

（五）因侵害农村土地承包经营权发生的纠纷；

（六）法律、法规规定的其他农村土地承包经营纠纷。

因征收集体所有的土地及其补偿发生的纠纷，不属于农村土地承包仲裁委员会的受理范围，可以通过行政复议或者诉讼等方式解决。

第三条 【和解、调解途径】发生农村土地承包经营纠纷的，当事人可以自行和解，也可以请求村民委员会、乡（镇）人民政府等调解。

第四条 【仲裁、诉讼途径】当事人和解、调解不成或者不愿和解、调解的，可以向农村土地承包仲裁委员会申请仲裁，也可以直接向人民法院起诉。

第五条 【基本原则】农村土地承包经营纠纷调解和仲裁，应当公开、公平、公正，便民高效，根据事实，符合法律，尊重社会公德。

第六条 【指导部门】县级以上人民政府应当加强对农村土地承包经营纠纷调解和仲裁工作的指导。

县级以上人民政府农村土地承包管理部门及其他有关部门应当依照职责分工，支持有关调解组织和农村土地承包仲裁委员会依法开展工作。

第二章　调　解

第七条 【调解工作】村民委员会、乡（镇）人民政府应当加强农村土地承包经营纠纷的调解工作，帮助当事人达成协议解决纠纷。

第八条 【调解申请】当事人申请农村土地承包经营纠纷调解可以书面申请，也可以口头申请。口头申请的，由村民委员会或者乡（镇）人民政府当场记录申请人的基本情况、申请调解的纠纷事项、理由和时间。

第九条 【调解方式】调解农村土地承包经营纠纷，村民委员会或者乡（镇）人民政府应当充分听取当事人对事实和理由的陈述，讲解有关法律以及国家政策，耐心疏导，帮助当事人达成协议。

第十条 【调解协议书】经调解达成协议的，村民委员会或者乡（镇）人民政府应当制作调解协议书。

调解协议书由双方当事人签名、盖章或者按指印，经调解人员签名并加盖调解组织印章后生效。

第十一条 【仲裁调解】仲裁庭对农村土地承包经营纠纷应当进行调解。调解达成协议的，仲裁庭应当制作调解书；调解不成的，应当及时作出裁决。

调解书应当写明仲裁请求和当事人协议的结果。调解书由仲裁员签名，加盖农村土地承包仲裁委员会印章，送达双方当事人。

调解书经双方当事人签收后，即发生法律效力。在调解书签收前当事人反悔的，仲裁庭应当及时作出裁决。

第三章 仲裁

第一节 仲裁委员会和仲裁员

第十二条 【农村土地承包仲裁委员会的设立】农村土地承包仲裁委员会，根据解决农村土地承包经营纠纷的实际需要设立。农村土地承包仲裁委员会可以在县和不设区的市设立，也可以在设区的市或者其市辖区设立。

农村土地承包仲裁委员会在当地人民政府指导下设立。设立农村土地承包仲裁委员会的，其日常工作由当地农村土地承包管理部门承担。

第十三条 【农村土地承包仲裁委员会的组成】农村土地承包仲裁委员会由当地人民政府及其有关部门代表、有关人民团体代表、农村集体经济组织代表、农民代表和法律、经济等相关专业人员兼任组成，其中农民代表和法律、经济等相关专业人员不得少于组成人员的二分之一。

农村土地承包仲裁委员会设主任一人、副主任一至二人和委员若干人。主任、副主任由全体组成人员选举产生。

第十四条 【农村土地承包仲裁委员会的职责】农村土地承包仲裁委员会依法履行下列职责：

（一）聘任、解聘仲裁员；

（二）受理仲裁申请；

（三）监督仲裁活动。

农村土地承包仲裁委员会应当依照本法制定章程，对其组成人员的产生方式及任期、议事规则等作出规定。

第十五条 【仲裁员的选任】农村土地承包仲裁委员会应当从公道正派的人员中聘任仲裁员。

仲裁员应当符合下列条件之一：

（一）从事农村土地承包管理工作满五年；

（二）从事法律工作或者人民调解工作满五年；

（三）在当地威信较高，并熟悉农村土地承包法律以及国家政策的居民。

第十六条 【仲裁员的培训】农村土地承包仲裁委员会应当对仲裁员进行农村土地承包法律以及国家政策的培训。

省、自治区、直辖市人民政府农村土地承包管理部门应当制定仲裁员培训计划，加强对仲裁员培训工作的组织和指导。

第十七条 【仲裁人员禁止的行为】农村土地承包仲裁委员会组成人员、仲裁员应当依法履行职责，遵守农村土地承包仲裁委员会章程和仲裁规则，不得索贿受贿、徇私舞弊，不得侵害当事人的合法权益。

仲裁员有索贿受贿、徇私舞弊、枉法裁决以及接受当事人请客送礼等违法违纪行为的，农村土地承包仲裁委员会应当将其除名；构成犯罪的，依法追究刑事责任。

县级以上地方人民政府及有关部门应当受理对农村土地承包仲裁委员会组成人员、仲裁员违法违纪行为的投诉和举报，并依法组织查处。

第二节　申请和受理

第十八条　【仲裁时效】农村土地承包经营纠纷申请仲裁的时效期间为二年，自当事人知道或者应当知道其权利被侵害之日起计算。

第十九条　【仲裁参与人】农村土地承包经营纠纷仲裁的申请人、被申请人为当事人。家庭承包的，可以由农户代表人参加仲裁。当事人一方人数众多的，可以推选代表人参加仲裁。

与案件处理结果有利害关系的，可以申请作为第三人参加仲裁，或者由农村土地承包仲裁委员会通知其参加仲裁。

当事人、第三人可以委托代理人参加仲裁。

第二十条　【申请仲裁的条件】申请农村土地承包经营纠纷仲裁应当符合下列条件：

（一）申请人与纠纷有直接的利害关系；

（二）有明确的被申请人；

（三）有具体的仲裁请求和事实、理由；

（四）属于农村土地承包仲裁委员会的受理范围。

第二十一条　【仲裁申请】当事人申请仲裁，应当向纠纷涉及的土地所在地的农村土地承包仲裁委员会递交仲裁申请书。仲裁申请书可以邮寄或者委托他人代交。仲裁申请书应当载明申请人和被申请人的基本情况，仲裁请求和所根据的事实、理由，并提供相应的证据和证据来源。

书面申请确有困难的，可以口头申请，由农村土地承包仲裁委员会记入笔录，经申请人核实后由其签名、盖章或者按指印。

第二十二条　【仲裁申请的审查受理】农村土地承包仲裁委员会应当对仲裁申请予以审查，认为符合本法第二十条规定的，应当受理。有下列情形之一的，不予受理；已受理的，终止仲裁程序：

（一）不符合申请条件；

（二）人民法院已受理该纠纷；

（三）法律规定该纠纷应当由其他机构处理；

（四）对该纠纷已有生效的判决、裁定、仲裁裁决、行政处理决定等。

第二十三条　【仲裁申请处理程序】农村土地承包仲裁委员会决定受理

的，应当自收到仲裁申请之日起五个工作日内，将受理通知书、仲裁规则和仲裁员名册送达申请人；决定不予受理或者终止仲裁程序的，应当自收到仲裁申请或者发现终止仲裁程序情形之日起五个工作日内书面通知申请人，并说明理由。

第二十四条　【送达】农村土地承包仲裁委员会应当自受理仲裁申请之日起五个工作日内，将受理通知书、仲裁申请书副本、仲裁规则和仲裁员名册送达被申请人。

第二十五条　【仲裁答辩】被申请人应当自收到仲裁申请书副本之日起十日内向农村土地承包仲裁委员会提交答辩书；书面答辩确有困难的，可以口头答辩，由农村土地承包仲裁委员会记入笔录，经被申请人核实后由其签名、盖章或者按指印。农村土地承包仲裁委员会应当自收到答辩书之日起五个工作日内将答辩书副本送达申请人。被申请人未答辩的，不影响仲裁程序的进行。

第二十六条　【财产保全】一方当事人因另一方当事人的行为或者其他原因，可能使裁决不能执行或者难以执行的，可以申请财产保全。

当事人申请财产保全的，农村土地承包仲裁委员会应当将当事人的申请提交被申请人住所地或者财产所在地的基层人民法院。

申请有错误的，申请人应当赔偿被申请人因财产保全所遭受的损失。

第三节　仲裁庭的组成

第二十七条　【仲裁员的选定】仲裁庭由三名仲裁员组成，首席仲裁员由当事人共同选定，其他二名仲裁员由当事人各自选定；当事人不能选定的，由农村土地承包仲裁委员会主任指定。

事实清楚、权利义务关系明确、争议不大的农村土地承包经营纠纷，经双方当事人同意，可以由一名仲裁员仲裁。仲裁员由当事人共同选定或者由农村土地承包仲裁委员会主任指定。

农村土地承包仲裁委员会应当自仲裁庭组成之日起二个工作日内将仲裁庭组成情况通知当事人。

第二十八条　【回避】仲裁员有下列情形之一的，必须回避，当事人也有权以口头或者书面方式申请其回避：

（一）是本案当事人或者当事人、代理人的近亲属；

（二）与本案有利害关系；

（三）与本案当事人、代理人有其他关系，可能影响公正仲裁；

（四）私自会见当事人、代理人，或者接受当事人、代理人的请客送礼。

当事人提出回避申请，应当说明理由，在首次开庭前提出。回避事由在首次开庭后知道的，可以在最后一次开庭终结前提出。

第二十九条 【回避决定】农村土地承包仲裁委员会对回避申请应当及时作出决定，以口头或者书面方式通知当事人，并说明理由。

仲裁员是否回避，由农村土地承包仲裁委员会主任决定；农村土地承包仲裁委员会主任担任仲裁员时，由农村土地承包仲裁委员会集体决定。

仲裁员因回避或者其他原因不能履行职责的，应当依照本法规定重新选定或者指定仲裁员。

第四节 开庭和裁决

第三十条 【仲裁方式】农村土地承包经营纠纷仲裁应当开庭进行。

开庭可以在纠纷涉及的土地所在地的乡（镇）或者村进行，也可以在农村土地承包仲裁委员会所在地进行。当事人双方要求在乡（镇）或者村开庭的，应当在该乡（镇）或者村开庭。

开庭应当公开，但涉及国家秘密、商业秘密和个人隐私以及当事人约定不公开的除外。

第三十一条 【开庭事宜通知】仲裁庭应当在开庭五个工作日前将开庭的时间、地点通知当事人和其他仲裁参与人。

当事人有正当理由的，可以向仲裁庭请求变更开庭的时间、地点。是否变更，由仲裁庭决定。

第三十二条 【仲裁和解】当事人申请仲裁后，可以自行和解。达成和解协议的，可以请求仲裁庭根据和解协议作出裁决书，也可以撤回仲裁申请。

第三十三条 【仲裁请求】申请人可以放弃或者变更仲裁请求。被申请人可以承认或者反驳仲裁请求，有权提出反请求。

第三十四条 【撤回仲裁申请】仲裁庭作出裁决前，申请人撤回仲裁申请的，除被申请人提出反请求的外，仲裁庭应当终止仲裁。

第三十五条 【缺席裁决】申请人经书面通知，无正当理由不到庭或者未经仲裁庭许可中途退庭的，可以视为撤回仲裁申请。

被申请人经书面通知，无正当理由不到庭或者未经仲裁庭许可中途退庭的，可以缺席裁决。

第三十六条 【仲裁庭审】当事人在开庭过程中有权发表意见、陈述事实和理由、提供证据、进行质证和辩论。对不通晓当地通用语言文字的当事人，农村土地承包仲裁委员会应当为其提供翻译。

第三十七条 【证据规则】当事人应当对自己的主张提供证据。与纠纷有关的证据由作为当事人一方的发包方等掌握管理的，该当事人应当在仲裁庭指定的期限内提供，逾期不提供的，应当承担不利后果。

第三十八条 【证据收集】仲裁庭认为有必要收集的证据，可以自行收集。

第三十九条 【鉴定】仲裁庭对专门性问题认为需要鉴定的，可以交由当事人约定的鉴定机构鉴定；当事人没有约定的，由仲裁庭指定的鉴定机构鉴定。

根据当事人的请求或者仲裁庭的要求，鉴定机构应当派鉴定人参加开庭。当事人经仲裁庭许可，可以向鉴定人提问。

第四十条 【质证】证据应当在开庭时出示，但涉及国家秘密、商业秘密和个人隐私的证据不得在公开开庭时出示。

仲裁庭应当依照仲裁规则的规定开庭，给予双方当事人平等陈述、辩论的机会，并组织当事人进行质证。

经仲裁庭查证属实的证据，应当作为认定事实的根据。

第四十一条 【证据保全】在证据可能灭失或者以后难以取得的情况下，当事人可以申请证据保全。当事人申请证据保全的，农村土地承包仲裁委员会应当将当事人的申请提交证据所在地的基层人民法院。

第四十二条 【先行裁定】对权利义务关系明确的纠纷，经当事人申请，仲裁庭可以先行裁定维持现状、恢复农业生产以及停止取土、占地等行为。

一方当事人不履行先行裁定的，另一方当事人可以向人民法院申请执行，但应当提供相应的担保。

第四十三条 【开庭笔录】仲裁庭应当将开庭情况记入笔录，由仲裁员、记录人员、当事人和其他仲裁参与人签名、盖章或者按指印。

当事人和其他仲裁参与人认为对自己陈述的记录有遗漏或者差错的，有权申请补正。如果不予补正，应当记录该申请。

第四十四条 【仲裁裁决】仲裁庭应当根据认定的事实和法律以及国家政策作出裁决并制作裁决书。

裁决应当按照多数仲裁员的意见作出，少数仲裁员的不同意见可以记入笔录。仲裁庭不能形成多数意见时，裁决应当按照首席仲裁员的意见作出。

第四十五条 【裁决书】裁决书应当写明仲裁请求、争议事实、裁决理由、裁决结果、裁决日期以及当事人不服仲裁裁决的起诉权利、期限，由仲裁员签名，加盖农村土地承包仲裁委员会印章。

农村土地承包仲裁委员会应当在裁决作出之日起三个工作日内将裁决书送达当事人，并告知当事人不服仲裁裁决的起诉权利、期限。

第四十六条 【独立仲裁原则】仲裁庭依法独立履行职责，不受行政机关、社会团体和个人的干涉。

第四十七条 【仲裁时限】仲裁农村土地承包经营纠纷，应当自受理仲裁申请之日起六十日内结束；案情复杂需要延长的，经农村土地承包仲裁委员会主任批准可以延长，并书面通知当事人，但延长期限不得超过三十日。

第四十八条 【仲裁效力】当事人不服仲裁裁决的，可以自收到裁决书之日起三十日内向人民法院起诉。逾期不起诉的，裁决书即发生法律效力。

第四十九条 【申请执行】当事人对发生法律效力的调解书、裁决书，应当依照规定的期限履行。一方当事人逾期不履行的，另一方当事人可以向被申请人住所地或者财产所在地的基层人民法院申请执行。受理申请的人民法院应当依法执行。

第四章 附 则

第五十条 【农村土地界定】本法所称农村土地，是指农民集体所有和国家所有依法由农民集体使用的耕地、林地、草地，以及其他依法用于农业的土地。

第五十一条 【仲裁规则等的制定】农村土地承包经营纠纷仲裁规则和农村土地承包仲裁委员会示范章程，由国务院农业、林业行政主管部门依照本法规定共同制定。

第五十二条 【仲裁不收费】农村土地承包经营纠纷仲裁不得向当事人收取费用，仲裁工作经费纳入财政预算予以保障。

第五十三条 【施行日期】本法自 2010 年 1 月 1 日起施行。

最高人民法院
关于审理涉及农村土地承包经营纠纷调解仲裁案件适用法律若干问题的解释

法释〔2014〕1 号

（2013 年 12 月 27 日最高人民法院审判委员会第 1601 次会议通过
2014 年 1 月 9 日最高人民法院公告公布 自 2014 年 1 月 24 日起施行）

为正确审理涉及农村土地承包经营纠纷调解仲裁案件，根据《中华人民共和国农村土地承包法》《中华人民共和国农村土地承包经营纠纷调解仲裁法》《中华人民共和国民事诉讼法》等法律的规定，结合民事审判实践，就审理涉及农村土地承包经营纠纷调解仲裁案件适用法律的若干问题，制定本解释。

第一条　农村土地承包仲裁委员会根据农村土地承包经营纠纷调解仲裁法第十八条规定，以超过申请仲裁的时效期间为由驳回申请后，当事人就同一纠纷提起诉讼的，人民法院应予受理。

第二条　当事人在收到农村土地承包仲裁委员会作出的裁决书之日起三十日后或者签收农村土地承包仲裁委员会作出的调解书后，就同一纠纷向人民法院提起诉讼的，裁定不予受理；已经受理的，裁定驳回起诉。

第三条　当事人在收到农村土地承包仲裁委员会作出的裁决书之日起三十日内，向人民法院提起诉讼，请求撤销仲裁裁决的，人民法院应当告知当事人就原纠纷提起诉讼。

第四条　农村土地承包仲裁委员会依法向人民法院提交当事人财产保全申请的，申请财产保全的当事人为申请人。

农村土地承包仲裁委员会应当提交下列材料：

（一）财产保全申请书；

（二）农村土地承包仲裁委员会发出的受理案件通知书；

（三）申请人的身份证明；

（四）申请保全财产的具体情况。

人民法院采取保全措施，可以责令申请人提供担保，申请人不提供担保的，裁定驳回申请。

第五条　人民法院对农村土地承包仲裁委员会提交的财产保全申请材料，应当进行审查。符合前条规定的，应予受理；申请材料不齐全或不符合规定的，人民法院应当告知农村土地承包仲裁委员会需要补齐的内容。

人民法院决定受理的，应当于三日内向当事人送达受理通知书并告知农村土地承包仲裁委员会。

第六条　人民法院受理财产保全申请后，应当在十日内作出裁定。因特殊情况需要延长的，经本院院长批准，可以延长五日。

人民法院接受申请后，对情况紧急的，必须在四十八小时内作出裁定；裁定采取保全措施的，应当立即开始执行。

第七条　农村土地承包经营纠纷仲裁中采取的财产保全措施，在申请保全的当事人依法提起诉讼后，自动转为诉讼中的财产保全措施，并适用《最高人民法院关于人民法院民事执行中查封、扣押、冻结财产的规定》第二十九条关于查封、扣押、冻结期限的规定。

第八条　农村土地承包仲裁委员会依法向人民法院提交当事人证据保全申请的，应当提供下列材料：

（一）证据保全申请书；

（二）农村土地承包仲裁委员会发出的受理案件通知书；

（三）申请人的身份证明；

（四）申请保全证据的具体情况。

对证据保全的具体程序事项，适用本解释第五、六、七条关于财产保全的规定。

第九条 农村土地承包仲裁委员会作出先行裁定后，一方当事人依法向被执行人住所地或者被执行的财产所在地基层人民法院申请执行的，人民法院应予受理和执行。

申请执行先行裁定的，应当提供以下材料：

（一）申请执行书；

（二）农村土地承包仲裁委员会作出的先行裁定书；

（三）申请执行人的身份证明；

（四）申请执行人提供的担保情况；

（五）其他应当提交的文件或证件。

第十条 当事人根据农村土地承包经营纠纷调解仲裁法第四十九条规定，向人民法院申请执行调解书、裁决书，符合《最高人民法院关于人民法院执行工作若干问题的规定（试行）》第十八条规定条件的，人民法院应予受理和执行。

第十一条 当事人因不服农村土地承包仲裁委员会作出的仲裁裁决向人民法院提起诉讼的，起诉期从其收到裁决书的次日起计算。

第十二条 本解释施行后，人民法院尚未审结的一审、二审案件适用本解释规定。本解释施行前已经作出生效裁判的案件，本解释施行后依法再审的，不适用本解释规定。

（四）人民调解

中华人民共和国人民调解法

（2010年8月28日第十一届全国人民代表大会常务委员会第十六次会议通过
2010年8月28日中华人民共和国主席令第34号公布　自2011年1月1日起施行）

目　录

第一章　总　则

第一条　【立法目的和立法根据】为了完善人民调解制度，规范人民调解活动，及时解决民间纠纷，维护社会和谐稳定，根据宪法，制定本法。

第二条　【人民调解定义】本法所称人民调解，是指人民调解委员会通过说服、疏导等方法，促使当事人在平等协商基础上自愿达成调解协议，解决民间纠纷的活动。

第三条　【人民调解工作基本原则】人民调解委员会调解民间纠纷，应当遵循下列原则：

（一）在当事人自愿、平等的基础上进行调解；

（二）不违背法律、法规和国家政策；

（三）尊重当事人的权利，不得因调解而阻止当事人依法通过仲裁、行政、司法等途径维护自己的权利。

第四条　【人民调解不收费】人民调解委员会调解民间纠纷，不收取任何费用。

第五条 【对人民调解工作的指导】国务院司法行政部门负责指导全国的人民调解工作，县级以上地方人民政府司法行政部门负责指导本行政区域的人民调解工作。

基层人民法院对人民调解委员会调解民间纠纷进行业务指导。

第六条 【鼓励和支持人民调解工作】国家鼓励和支持人民调解工作。县级以上地方人民政府对人民调解工作所需经费应当给予必要的支持和保障，对有突出贡献的人民调解委员会和人民调解员按照国家规定给予表彰奖励。

第二章 人民调解委员会

第七条 【人民调解委员会的性质】人民调解委员会是依法设立的调解民间纠纷的群众性组织。

第八条 【人民调解委员会的组织形式与人员构成】村民委员会、居民委员会设立人民调解委员会。企业事业单位根据需要设立人民调解委员会。

人民调解委员会由委员三至九人组成，设主任一人，必要时，可以设副主任若干人。

人民调解委员会应当有妇女成员，多民族居住的地区应当有人数较少民族的成员。

第九条 【人民调解委员会委员产生方式及任期】村民委员会、居民委员会的人民调解委员会委员由村民会议或者村民代表会议、居民会议推选产生；企业事业单位设立的人民调解委员会委员由职工大会、职工代表大会或者工会组织推选产生。

人民调解委员会委员每届任期三年，可以连选连任。

第十条 【人民调解委员会有关情况的统计与通报】县级人民政府司法行政部门应当对本行政区域内人民调解委员会的设立情况进行统计，并且将人民调解委员会以及人员组成和调整情况及时通报所在地基层人民法院。

第十一条 【健全工作制度与密切群众关系】人民调解委员会应当建立健全各项调解工作制度，听取群众意见，接受群众监督。

第十二条 【为人民调解委员会开展工作提供保障】村民委员会、居民委员会和企业事业单位应当为人民调解委员会开展工作提供办公条件和必要的工作经费。

第三章 人民调解员

第十三条 【人民调解员的构成】人民调解员由人民调解委员会委员和人民调解委员会聘任的人员担任。

第十四条 【人民调解员的任职条件与业务培训】人民调解员应当由公

道正派、热心人民调解工作，并具有一定文化水平、政策水平和法律知识的成年公民担任。

县级人民政府司法行政部门应当定期对人民调解员进行业务培训。

第十五条　【罢免或者解聘人民调解员的情形】人民调解员在调解工作中有下列行为之一的，由其所在的人民调解委员会给予批评教育、责令改正，情节严重的，由推选或者聘任单位予以罢免或者解聘：

（一）偏袒一方当事人的；

（二）侮辱当事人的；

（三）索取、收受财物或者牟取其他不正当利益的；

（四）泄露当事人的个人隐私、商业秘密的。

第十六条　【人民调解员待遇】人民调解员从事调解工作，应当给予适当的误工补贴；因从事调解工作致伤致残，生活发生困难的，当地人民政府应当提供必要的医疗、生活救助；在人民调解工作岗位上牺牲的人民调解员，其配偶、子女按照国家规定享受抚恤和优待。

第四章　调解程序

第十七条　【人民调解的启动方式】当事人可以向人民调解委员会申请调解；人民调解委员会也可以主动调解。当事人一方明确拒绝调解的，不得调解。

第十八条　【告知当事人申请人民调解】基层人民法院、公安机关对适宜通过人民调解方式解决的纠纷，可以在受理前告知当事人向人民调解委员会申请调解。

第十九条　【人民调解员的确定】人民调解委员会根据调解纠纷的需要，可以指定一名或者数名人民调解员进行调解，也可以由当事人选择一名或者数名人民调解员进行调解。

第二十条　【邀请、支持有关人员参与调解】人民调解员根据调解纠纷的需要，在征得当事人的同意后，可以邀请当事人的亲属、邻里、同事等参与调解，也可以邀请具有专门知识、特定经验的人员或者有关社会组织的人员参与调解。

人民调解委员会支持当地公道正派、热心调解、群众认可的社会人士参与调解。

第二十一条　【人民调解员调解工作要求】人民调解员调解民间纠纷，应当坚持原则，明法析理，主持公道。

调解民间纠纷，应当及时、就地进行，防止矛盾激化。

第二十二条　【调解程序与调解方式】人民调解员根据纠纷的不同情况，

可以采取多种方式调解民间纠纷，充分听取当事人的陈述，讲解有关法律、法规和国家政策，耐心疏导，在当事人平等协商、互谅互让的基础上提出纠纷解决方案，帮助当事人自愿达成调解协议。

第二十三条 【人民调解活动中的当事人权利】当事人在人民调解活动中享有下列权利：

（一）选择或者接受人民调解员；

（二）接受调解、拒绝调解或者要求终止调解；

（三）要求调解公开进行或者不公开进行；

（四）自主表达意愿、自愿达成调解协议。

第二十四条 【人民调解活动中的当事人义务】当事人在人民调解活动中履行下列义务：

（一）如实陈述纠纷事实；

（二）遵守调解现场秩序，尊重人民调解员；

（三）尊重对方当事人行使权利。

第二十五条 【调解过程中预防纠纷激化工作的措施】人民调解员在调解纠纷过程中，发现纠纷有可能激化的，应当采取有针对性的预防措施；对有可能引起治安案件、刑事案件的纠纷，应当及时向当地公安机关或者其他有关部门报告。

第二十六条 【调解终止】人民调解员调解纠纷，调解不成的，应当终止调解，并依据有关法律、法规的规定，告知当事人可以依法通过仲裁、行政、司法等途径维护自己的权利。

第二十七条 【人民调解材料立卷归档】人民调解员应当记录调解情况。人民调解委员会应当建立调解工作档案，将调解登记、调解工作记录、调解协议书等材料立卷归档。

第五章 调解协议

第二十八条 【达成调解协议的方式】经人民调解委员会调解达成调解协议的，可以制作调解协议书。当事人认为无需制作调解协议书的，可以采取口头协议方式，人民调解员应当记录协议内容。

第二十九条 【调解协议书的制作、生效及流程】调解协议书可以载明下列事项：

（一）当事人的基本情况；

（二）纠纷的主要事实、争议事项以及各方当事人的责任；

（三）当事人达成调解协议的内容，履行的方式、期限。

调解协议书自各方当事人签名、盖章或者按指印，人民调解员签名并加盖人民调解委员会印章之日起生效。调解协议书由当事人各执一份，人民调解委员会留存一份。

第三十条　【口头调解协议的生效】口头调解协议自各方当事人达成协议之日起生效。

第三十一条　【调解协议效力】经人民调解委员会调解达成的调解协议，具有法律约束力，当事人应当按照约定履行。

人民调解委员会应当对调解协议的履行情况进行监督，督促当事人履行约定的义务。

第三十二条　【当事人对调解协议的内容或履行发生争议的救济】经人民调解委员会调解达成调解协议后，当事人之间就调解协议的履行或者调解协议的内容发生争议的，一方当事人可以向人民法院提起诉讼。

第三十三条　【对调解协议的司法确认】经人民调解委员会调解达成调解协议后，双方当事人认为有必要的，可以自调解协议生效之日起三十日内共同向人民法院申请司法确认，人民法院应当及时对调解协议进行审查，依法确认调解协议的效力。

人民法院依法确认调解协议有效，一方当事人拒绝履行或者未全部履行的，对方当事人可以向人民法院申请强制执行。

人民法院依法确认调解协议无效的，当事人可以通过人民调解方式变更原调解协议或者达成新的调解协议，也可以向人民法院提起诉讼。

第六章　附　则

第三十四条　【参照设立人民调解委员会】乡镇、街道以及社会团体或者其他组织根据需要可以参照本法有关规定设立人民调解委员会，调解民间纠纷。

第三十五条　【施行日期】本法自 2011 年 1 月 1 日起施行。

人民调解委员会组织条例

（1989年5月5日国务院第四十次常务会议通过
1989年6月17日中华人民共和国国务院令
第37号公布　自发布之日起施行）

第一条　为了加强人民调解委员会的建设，及时调解民间纠纷，增进人民团结，维护社会安定，以利于社会主义现代化建设，制定本条例。

第二条　人民调解委员会是村民委员会和居民委员会下设的调解民间纠纷的群众性组织，在基层人民政府和基层人民法院指导下进行工作。

基层人民政府及其派出机关指导人民调解委员会的日常工作由司法助理员负责。

第三条　人民调解委员会由委员三至九人组成，设主任一人，必要时可以设副主任。

人民调解委员会委员除由村民委员会成员或者居民委员会成员兼任的以外由群众选举产生，每三年改选一次，可以连选连任。

多民族居住地区的人民调解委员会中，应当有人数较少的民族的成员。

人民调解委员会委员不能任职时，由原选举单位补选。

人民调解委员会委员严重失职或者违法乱纪的，由原选举单位撤换。

第四条　为人公正，联系群众，热心人民调解工作，并有一定法律知识和政策水平的成年公民，可以当选为人民调解委员会委员。

第五条　人民调解委员会的任务为调解民间纠纷，并通过调解工作宣传法律、法规、规章和政策，教育公民遵纪守法，尊重社会公德。

人民调解委员会应当向村民委员会或者居民委员会反映民间纠纷和调解工作的情况。

第六条　人民调解委员会的调解工作应当遵守以下原则：

（一）依据法律、法规、规章和政策进行调解，法律、法规、规章和政策没有明确规定的，依据社会公德进行调解；

（二）在双方当事人自愿平等的基础上进行调解；

（三）尊重当事人的诉讼权利，不得因未经调解或者调解不成而阻止当事人向人民法院起诉。

第七条　人民调解委员会根据当事人的申请及时调解纠纷；当事人没有

申请的，也可以主动调解。

人民调解委员会调解纠纷可以由委员一人或数人进行；跨地区、跨单位的纠纷，可以由有关的各方调解组织共同调解。

人民调解委会调解纠纷，可以邀请有关单位和个人参加，被邀请的单位和个人应当给予支持。

第八条 人民调解委员会调解纠纷，应当在查明事实、分清是非的基础上，充分说理，耐心疏导，消除隔阂，帮助当事人达成协议。

调解纠纷应当进行登记，制作笔录，根据需要或者当事人的请求，可以制作调解协议书。调解协议书应当有双方当事人和调解人员的签名，并加盖人民调解委员会的印章。

第九条 人民调解委员会主持下达成的调解协议，当事人应当履行。

经过调解，当事人未达成协议或者达成协议后又反悔的，任何一方可以请求基层人民政府处理，也可以向人民法院起诉。

第十条 基层人民政府对于人民调解委员会主持下达成的调解协议，符合法律、法规、规章和政策的，应当予以支持；违背法律、法规、规章和政策的，应当予以纠正。

第十一条 人民调解委员会调解民间纠纷不收费。

第十二条 人民调解委员会委员必须遵守以下纪律：

（一）不得徇私舞弊；

（二）不得对当事人压制、打击报复；

（三）不得侮辱、处罚当事人；

（四）不得泄露当事人的隐私；

（五）不得吃请受礼。

第十三条 各级人民政府对成绩显著的人民调解委员会和调解委员应当予以表彰和奖励。

第十四条 对人民调解委员会委员，根据情况可以给予适当补贴。

人民调解委员会的工作经费和调解委员的补贴经费，由村民委员会或者居民委员会解决。

第十五条 企业、事业单位根据需要设立的人民调解委员会，参照本条例执行。

第十六条 本条例由司法部负责解释。

第十七条 本条例自发布之日起施行。1954 年 3 月 22 日原中央人民政府政务院公布的《人民调解委员会暂行组织通则》同时废止。

人民调解工作若干规定

（2002年9月11日司法部部长办公会议通过
2002年9月26日司法部令第75号公布
自2002年11月1日起施行）

第一章　总　则

第一条　为了规范人民调解工作，完善人民调解组织，提高人民调解质量，根据《中华人民共和国宪法》和《中华人民共和国民事诉讼法》、《人民调解委员会组织条例》等法律、法规的规定，结合人民调解工作实际，制定本规定。

第二条　人民调解委员会是调解民间纠纷的群众性组织。

人民调解员是经群众选举或者接受聘任，在人民调解委员会领导下，从事人民调解工作的人员。

人民调解委员会委员、调解员，统称人民调解员。

第三条　人民调解委员会的任务是：

（一）调解民间纠纷，防止民间纠纷激化；

（二）通过调解工作宣传法律、法规、规章和政策，教育公民遵纪守法，尊重社会公德，预防民间纠纷发生；

（三）向村民委员会、居民委员会、所在单位和基层人民政府反映民间纠纷和调解工作的情况。

第四条　人民调解委员会调解民间纠纷，应当遵守下列原则：

（一）依据法律、法规、规章和政策进行调解，法律、法规、规章和政策没有明确规定的，依据社会主义道德进行调解；

（二）在双方当事人自愿平等的基础上进行调解；

（三）尊重当事人的诉讼权利，不得因未经调解或者调解不成而阻止当事人向人民法院起诉。

第五条　根据《最高人民法院关于审理涉及人民调解协议的民事案件的若干规定》，经人民调解委员会调解达成的、有民事权利义务内容，并由双方当事人签字或者盖章的调解协议，具有民事合同性质。当事人应当按照约定履行自己的义务，不得擅自变更或者解除调解协议。

第六条　在人民调解活动中，纠纷当事人享有下列权利：

（一）自主决定接受、不接受或者终止调解；

（二）要求有关调解人员回避；

（三）不受压制强迫，表达真实意愿，提出合理要求；

（四）自愿达成调解协议。

第七条　在人民调解活动中，纠纷当事人承担下列义务：

（一）如实陈述纠纷事实，不得提供虚假证明材料；

（二）遵守调解规则；

（三）不得加剧纠纷、激化矛盾；

（四）自觉履行人民调解协议。

第八条　人民调解委员会调解民间纠纷不收费。

第九条　司法行政机关依照本办法对人民调解工作进行指导和管理。

指导和管理人民调解委员会的日常工作，由乡镇、街道司法所（科）负责。

第二章　人民调解委员会和人民调解员

第十条　人民调解委员会可以采用下列形式设立：

（一）农村村民委员会、城市（社区）居民委员会设立的人民调解委员会；

（二）乡镇、街道设立的人民调解委员会；

（三）企业事业单位根据需要设立的人民调解委员会；

（四）根据需要设立的区域性、行业性的人民调解委员会。

人民调解委员会的设立及其组成人员，应当向所在地乡镇、街道司法所（科）备案；乡镇、街道人民调解委员会的设立及其组成人员，应当向县级司法行政机关备案。

第十一条　人民调解委员会由委员三人以上组成，设主任一人，必要时可以设副主任。

多民族聚居地区的人民调解委员会中，应当有人数较少的民族的成员。

人民调解委员会中应当有妇女委员。

第十二条　村民委员会、居民委员会和企业事业单位的人民调解委员会根据需要，可以自然村、小区（楼院）、车间等为单位，设立调解小组，聘任调解员。

第十三条　乡镇、街道人民调解委员会委员由下列人员担任：

（一）本乡镇、街道辖区内设立的村民委员会、居民委员会、企业事业单位的人民调解委员会主任；

（二）本乡镇、街道的司法助理员；

（三）在本乡镇、街道辖区内居住的懂法律、有专长、热心人民调解工作的社会志愿人员。

第十四条 担任人民调解员的条件是：为人公正，联系群众，热心人民调解工作，具有一定法律、政策水平和文化水平。

乡镇、街道人民调解委员会委员应当具备高中以上文化程度。

第十五条 人民调解员除由村民委员会成员、居民委员会成员或者企业事业单位有关负责人兼任的以外，一般由本村民区、居民区或者企业事业单位的群众选举产生，也可以由村民委员会、居民委员会或者企业事业单位聘任。

乡镇、街道人民调解委员会委员由乡镇、街道司法所（科）聘任。

区域性、行业性的人民调解委员会委员，由设立该人民调解委员会的组织聘任。

第十六条 人民调解员任期三年，每三年改选或者聘任一次，可以连选连任或者续聘。

人民调解员不能履行职务时，由原选举单位或者聘任单位补选、补聘。

人民调解员严重失职或者违法乱纪的，由原选举单位或者聘任单位撤换。

第十七条 人民调解员调解纠纷，必须遵守下列纪律：

（一）不得徇私舞弊；

（二）不得对当事人压制、打击报复；

（三）不得侮辱、处罚纠纷当事人；

（四）不得泄露当事人隐私；

（五）不得吃请受礼。

第十八条 人民调解员依法履行职务，受到非法干涉、打击报复的，可以请求司法行政机关和有关部门依法予以保护。

人民调解员履行职务，应当坚持原则，爱岗敬业，热情服务，诚实守信，举止文明，廉洁自律，注重学习，不断提高法律、道德素养和调解技能。

第十九条 人民调解委员会应当建立健全岗位责任制、例会、学习、考评、业务登记、统计和档案等各项规章制度，不断加强组织、队伍和业务建设。

第三章 民间纠纷的受理

第二十条 人民调解委员会调解的民间纠纷，包括发生在公民与公民之间、公民与法人和其他社会组织之间涉及民事权利义务争议的各种纠纷。

第二十一条 民间纠纷，由纠纷当事人所在地（所在单位）或者纠纷发生地的人民调解委员会受理调解。

村民委员会、居民委员会或者企业事业单位的人民调解委员会调解不了的疑难、复杂民间纠纷和跨地区、跨单位的民间纠纷，由乡镇、街道人民调解委员会受理调解，或者由相关的人民调解委员会共同调解。

第二十二条　人民调解委员会不得受理调解下列纠纷：

（一）法律、法规规定只能由专门机关管辖处理的，或者法律、法规禁止采用民间调解方式解决的；

（二）人民法院、公安机关或者其他行政机关已经受理或者解决的。

第二十三条　人民调解委员会根据纠纷当事人的申请，受理调解纠纷；当事人没有申请的，也可以主动调解，但当事人表示异议的除外。

当事人申请调解纠纷，可以书面申请，也可以口头申请。

受理调解纠纷，应当进行登记。

第二十四条　当事人申请调解纠纷，符合条件的，人民调解委员会应当及时受理调解。

不符合受理条件的，应当告知当事人按照法律、法规规定提请有关机关处理或者向人民法院起诉；随时有可能激化的，应当在采取必要的缓解疏导措施后，及时提交有关机关处理。

第四章　民间纠纷的调解

第二十五条　人民调解委员会调解纠纷，应当指定一名人民调解员为调解主持人，根据需要可以指定若干人民调解员参加调解。

当事人对调解主持人提出回避要求的，人民调解委员会应当予以调换。

第二十六条　人民调解委员会调解纠纷，应当分别向双方当事人询问纠纷的事实和情节，了解双方的要求及其理由，根据需要向有关方面调查核实，做好调解前的准备工作。

第二十七条　人民调解委员会调解纠纷，根据需要可以邀请有关单位或者个人参加，被邀请的单位或者个人应当给予支持。

调解跨地区、跨单位的纠纷，相关人民调解委员会应当相互配合，共同做好调解工作。

第二十八条　人民调解委员会调解纠纷，一般在专门设置的调解场所进行，根据需要也可以在便利当事人的其他场所进行。

第二十九条　人民调解委员会调解纠纷，根据需要可以公开进行，允许当事人的亲属、邻里和当地（本单位）群众旁听。但是涉及当事人的隐私、商业秘密或者当事人表示反对的除外。

第三十条　人民调解委员会调解纠纷，在调解前应当以口头或者书面形式告知当事人人民调解的性质、原则和效力，以及当事人在调解活动中享有的权利和承担的义务。

第三十一条 人民调解委员会调解纠纷，应当在查明事实、分清责任的基础上，根据当事人的特点和纠纷性质、难易程度、发展变化的情况，采取灵活多样的方式方法，开展耐心、细致的说服疏导工作，促使双方当事人互谅互让，消除隔阂，引导、帮助当事人达成解决纠纷的调解协议。

第三十二条 人民调解委员会调解纠纷，应当密切注意纠纷激化的苗头，通过调解活动防止纠纷激化。

第三十三条 人民调解委员会调解纠纷，一般在一个月内调结。

第五章　人民调解协议及其履行

第三十四条 经人民调解委员会调解解决的纠纷，有民事权利义务内容的，或者当事人要求制作书面调解协议的，应当制作书面调解协议。

第三十五条 调解协议应当载明下列事项：

（一）双方当事人基本情况；

（二）纠纷简要事实、争议事项及双方责任；

（三）双方当事人的权利和义务；

（四）履行协议的方式、地点、期限；

（五）当事人签名，调解主持人签名，人民调解委员会印章。

调解协议由纠纷当事人各执一份，人民调解委员会留存一份。

第三十六条 当事人应当自觉履行调解协议。

人民调解委员会应当对调解协议的履行情况适时进行回访，并就履行情况做出记录。

第三十七条 当事人不履行调解协议或者达成协议后又反悔的，人民调解委员会应当按下列情形分别处理：

（一）当事人无正当理由不履行协议的，应当做好当事人的工作，督促其履行；

（二）如当事人提出协议内容不当，或者人民调解委员会发现协议内容不当的，应当在征得双方当事人同意后，经再次调解变更原协议内容；或者撤销原协议，达成新的调解协议；

（三）对经督促仍不履行人民调解协议的，应当告知当事人可以请求基层人民政府处理，也可以就调解协议的履行、变更、撤销向人民法院起诉。

第三十八条 对当事人因对方不履行调解协议或者达成协议后又后悔，起诉到人民法院的民事案件，原承办该纠纷调解的人民调解委员会应当配合人民法院对该案件的审判工作。

第六章　对人民调解工作的指导

第三十九条　各级司法行政机关应当采取切实措施，加强指导，不断推进本地区人民调解委员会的组织建设、队伍建设、业务建设和制度建设，规范人民调解工作，提高人民调解工作的质量和水平。

各级司法行政机关在指导工作中，应当加强与人民法院的协调和配合。

第四十条　各级司法行政机关应当采取多种形式，加强对人民调解员的培训，不断提高人民调解员队伍的素质。

第四十一条　各级司法行政机关对于成绩显著、贡献突出的人民调解委员会和人民调解员，应当定期或者适时给予表彰和奖励。

第四十二条　各级司法行政机关应当积极争取同级人民政府的支持，保障人民调解工作的指导和表彰经费；协调和督促村民委员会、居民委员会和企业事业单位，落实人民调解委员会的工作经费和人民调解员的补贴经费。

第四十三条　乡镇、街道司法所（科），司法助理员应当加强对人民调解委员会工作的指导和监督，负责解答、处理人民调解委员会或者纠纷当事人就人民调解工作有关问题的请示、咨询和投诉；应人民调解委员会的请求或者根据需要，协助、参与对具体纠纷的调解活动；对人民调解委员会主持达成的调解协议予以检查，发现违背法律、法规、规章和政策的，应当予以纠正；总结交流人民调解工作经验，调查研究民间纠纷的特点和规律，指导人民调解委员会改进工作。

第七章　附　则

第四十四条　人民调解委员会工作所需的各种文书格式，由司法部统一制定。

第四十五条　本规定自二〇〇二年十一月一日起施行。本规定发布前，司法部制定的有关规章、规范性文件与木规定相抵触的，以本规定为准。

最高人民法院
关于人民法院特邀调解的规定

法释〔2016〕14号

（2016年5月23日最高人民法院审判委员会第1684次会议通过
2016年6月28日最高人民法院公告公布　自2016年7月1日起施行）

为健全多元化纠纷解决机制，加强诉讼与非诉讼纠纷解决方式的有效衔接，规范人民法院特邀调解工作，维护当事人合法权益，根据《中华人民共和国民事诉讼法》《中华人民共和国人民调解法》等法律及相关司法解释，结合人民法院工作实际，制定本规定。

第一条　特邀调解是指人民法院吸纳符合条件的人民调解、行政调解、商事调解、行业调解等调解组织或者个人成为特邀调解组织或者特邀调解员，接受人民法院立案前委派或者立案后委托依法进行调解，促使当事人在平等协商基础上达成调解协议、解决纠纷的一种调解活动。

第二条　特邀调解应当遵循以下原则：

（一）当事人平等自愿；

（二）尊重当事人诉讼权利；

（三）不违反法律、法规的禁止性规定；

（四）不损害国家利益、社会公共利益和他人合法权益；

（五）调解过程和调解协议内容不公开，但是法律另有规定的除外。

第三条　人民法院在特邀调解工作中，承担以下职责：

（一）对适宜调解的纠纷，指导当事人选择名册中的调解组织或者调解员先行调解；

（二）指导特邀调解组织和特邀调解员开展工作；

（三）管理特邀调解案件流程并统计相关数据；

（四）提供必要场所、办公设施等相关服务；

（五）组织特邀调解员进行业务培训；

（六）组织开展特邀调解业绩评估工作；

（七）承担其他与特邀调解有关的工作。

第四条　人民法院应当指定诉讼服务中心等部门具体负责指导特邀调解工作，并配备熟悉调解业务的工作人员。

人民法庭根据需要开展特邀调解工作。

第五条 人民法院开展特邀调解工作应当建立特邀调解组织和特邀调解员名册。建立名册的法院应当为入册的特邀调解组织或者特邀调解员颁发证书，并对名册进行管理。上级法院建立的名册，下级法院可以使用。

第六条 依法成立的人民调解、行政调解、商事调解、行业调解及其他具有调解职能的组织，可以申请加入特邀调解组织名册。品行良好、公道正派、热心调解工作并具有一定沟通协调能力的个人可以申请加入特邀调解员名册。

人民法院可以邀请符合条件的调解组织加入特邀调解组织名册，可以邀请人大代表、政协委员、人民陪审员、专家学者、律师、仲裁员、退休法律工作者等符合条件的个人加入特邀调解员名册。

特邀调解组织应当推荐本组织中适合从事特邀调解工作的调解员加入名册，并在名册中列明；在名册中列明的调解员，视为人民法院特邀调解员。

第七条 特邀调解员在入册前和任职期间，应当接受人民法院组织的业务培训。

第八条 人民法院应当在诉讼服务中心等场所提供特邀调解组织和特邀调解员名册，并在法院公示栏、官方网站等平台公开名册信息，方便当事人查询。

第九条 人民法院可以设立家事、交通事故、医疗纠纷等专业调解委员会，并根据特定专业领域的纠纷特点，设定专业调解委员会的入册条件，规范专业领域特邀调解程序。

第十条 人民法院应当建立特邀调解组织和特邀调解员业绩档案，定期组织开展特邀调解评估工作，并及时更新名册信息。

第十一条 对适宜调解的纠纷，登记立案前，人民法院可以经当事人同意委派给特邀调解组织或者特邀调解员进行调解；登记立案后或者在审理过程中，可以委托给特邀调解组织或者特邀调解员进行调解。

当事人申请调解的，应当以口头或者书面方式向人民法院提出；当事人口头提出的，人民法院应当记入笔录。

第十二条 双方当事人应当在名册中协商确定特邀调解员；协商不成的，由特邀调解组织或者人民法院指定。当事人不同意指定的，视为不同意调解。

第十三条 特邀调解一般由一名调解员进行。对于重大、疑难、复杂或者当事人要求由两名以上调解员共同调解的案件，可以由两名以上调解员调解，并由特邀调解组织或者人民法院指定一名调解员主持。当事人有正当理由的，可以申请更换特邀调解员。

第十四条 调解一般应当在人民法院或者调解组织所在地进行，双方当事人也可以在征得人民法院同意的情况下选择其他地点进行调解。

特邀调解组织或者特邀调解员接受委派或者委托调解后，应当将调解时间、地点等相关事项及时通知双方当事人，也可以通知与纠纷有利害关系的案外人参加调解。

调解程序开始之前，特邀调解员应当告知双方当事人权利义务、调解规则、调解程序、调解协议效力、司法确认申请等事项。

第十五条 特邀调解员有下列情形之一的，当事人有权申请回避：

（一）是一方当事人或者其代理人近亲属的；

（二）与纠纷有利害关系的；

（三）与纠纷当事人、代理人有其他关系，可能影响公正调解的。

特邀调解员有上述情形的，应当自行回避；但是双方当事人同意由该调解员调解的除外。

特邀调解员的回避由特邀调解组织或者人民法院决定。

第十六条 特邀调解员不得在后续的诉讼程序中担任该案的人民陪审员、诉讼代理人、证人、鉴定人以及翻译人员等。

第十七条 特邀调解员应当根据案件具体情况采用适当的方法进行调解，可以提出解决争议的方案建议。特邀调解员为促成当事人达成调解协议，可以邀请对达成调解协议有帮助的人员参与调解。

第十八条 特邀调解员发现双方当事人存在虚假调解可能的，应当中止调解，并向人民法院或者特邀调解组织报告。

人民法院或者特邀调解组织接到报告后，应当及时审查，并依据相关规定作出处理。

第十九条 委派调解达成调解协议，特邀调解员应当将调解协议送达双方当事人，并提交人民法院备案。

委派调解达成的调解协议，当事人可以依照民事诉讼法、人民调解法等法律申请司法确认。当事人申请司法确认的，由调解组织所在地或者委派调解的基层人民法院管辖。

第二十条 委托调解达成调解协议，特邀调解员应当向人民法院提交调解协议，由人民法院审查并制作调解书结案。达成调解协议后，当事人申请撤诉的，人民法院应当依法作出裁定。

第二十一条 委派调解未达成调解协议的，特邀调解员应当将当事人的起诉状等材料移送人民法院；当事人坚持诉讼的，人民法院应当依法登记立案。

委托调解未达成调解协议的，转入审判程序审理。

第二十二条 在调解过程中，当事人为达成调解协议作出妥协而认可的事实，不得在诉讼程序中作为对其不利的根据，但是当事人均同意的除外。

第二十三条　经特邀调解组织或者特邀调解员调解达成调解协议的，可以制作调解协议书。当事人认为无需制作调解协议书的，可以采取口头协议方式，特邀调解员应当记录协议内容。

第二十四条　调解协议书应当记载以下内容：

（一）当事人的基本情况；

（二）纠纷的主要事实、争议事项；

（三）调解结果。

双方当事人和特邀调解员应当在调解协议书或者调解笔录上签名、盖章或者捺印；由特邀调解组织主持达成调解协议的，还应当加盖调解组织印章。

委派调解达成调解协议，自双方当事人签名、盖章或者捺印后生效。委托调解达成调解协议，根据相关法律规定确定生效时间。

第二十五条　委派调解达成调解协议后，当事人就调解协议的履行或者调解协议的内容发生争议的，可以向人民法院提起诉讼，人民法院应当受理。一方当事人以原纠纷向人民法院起诉，对方当事人以调解协议提出抗辩的，应当提供调解协议书。

经司法确认的调解协议，一方当事人拒绝履行或者未全部履行的，对方当事人可以向人民法院申请执行。

第二十六条　有下列情形之一的，特邀调解员应当终止调解：

（一）当事人达成调解协议的；

（二）一方当事人撤回调解请求或者明确表示不接受调解的；

（三）特邀调解员认为双方分歧较大且难以达成调解协议的；

（四）其他导致调解难以进行的情形。

特邀调解员终止调解的，应当向委派、委托的人民法院书面报告，并移送相关材料。

第二十七条　人民法院委派调解的案件，调解期限为 30 日。但是双方当事人同意延长调解期限的，不受此限。

人民法院委托调解的案件，适用普通程序的调解期限为 15 日，适用简易程序的调解期限为 7 日。但是双方当事人同意延长调解期限的，不受此限。延长的调解期限不计入审理期限。

委派调解和委托调解的期限自特邀调解组织或者特邀调解员签字接收法院移交材料之日起计算。

第二十八条　特邀调解员不得有下列行为：

（一）强迫调解；

（二）违法调解；

（三）接受当事人请托或收受财物；

（四）泄露调解过程或调解协议内容；

（五）其他违反调解员职业道德的行为。

当事人发现存在上述情形的，可以向人民法院投诉。经审查属实的，人民法院应当予以纠正并作出警告、通报、除名等相应处理。

第二十九条 人民法院应当根据实际情况向特邀调解员发放误工、交通等补贴，对表现突出的特邀调解组织和特邀调解员给予物质或者荣誉奖励。补贴经费应当纳入人民法院专项预算。

人民法院可以根据有关规定向有关部门申请特邀调解专项经费。

第三十条 本规定自2016年7月1日起施行。

司法部　中央综治办　最高人民法院　民政部
关于推进行业性专业性人民调解工作的指导意见

（2016年1月5日　司发通〔2016〕1号）

为深入贯彻落实党的十八大和十八届三中、四中、五中全会精神，及时有效预防化解行业、专业领域矛盾纠纷，充分发挥人民调解在矛盾纠纷多元化解机制中的基础性作用，维护社会和谐稳定，现就推进行业性、专业性人民调解工作提出如下意见。

一、充分认识推进行业性、专业性人民调解工作的重要意义

推进行业性、专业性人民调解工作，是适应经济社会发展、化解新型矛盾纠纷的迫切需要，是维护群众合法权益、促进社会公平正义的必然要求，是创新社会治理、完善矛盾纠纷多元化解机制的重要内容。近年来，在党中央、国务院的正确领导和各级党委、政府的大力支持下，各地围绕中心、服务大局，积极推进行业性、专业性人民调解工作，化解了大量矛盾纠纷，取得了明显成效。实践证明，开展行业性、专业性人民调解工作，是新时期人民调解工作的创新发展，是人民调解制度的丰富完善。当前，我国经济发展进入新常态，改革进入攻坚期和深水区，社会结构深刻变动，利益关系深刻调整，各种矛盾凸显叠加，特别是一些行业、专业领域矛盾纠纷易发多发，这类矛盾纠纷行业特征明显，专业性强，涉及主体多，影响面大，必须及时有效化解。党的十八届四中全会从全面推进依法治国的高度，对完善矛盾纠

纷多元化解机制，加强行业性、专业性人民调解工作作出部署，对新时期人民调解工作提出了新的更高要求。贯彻落实党的十八届四中全会精神，大力加强行业性、专业性人民调解工作，依法及时化解行业、专业领域矛盾纠纷，对于维护相关行业、专业领域正常工作秩序，维护社会和谐稳定，保障公平正义，促进经济社会发展具有重要意义。

二、推进行业性、专业性人民调解工作的总体要求

加强行业性、专业性人民调解工作要认真贯彻落实党的十八大和十八届三中、四中、五中全会精神，以邓小平理论、“三个代表”重要思想和科学发展观为指导，深入贯彻落实习近平总书记系列重要讲话精神，按照协调推进“四个全面”战略布局的要求，全面贯彻落实人民调解法，进一步加强行业性、专业性人民调解组织队伍建设，健全部门间协调配合机制，完善工作制度，提升保障能力，有效预防化解矛盾纠纷，切实维护社会和谐稳定。

推进行业性、专业性人民调解工作必须遵循以下原则：

——坚持党委领导，政府主导，司法行政机关指导，相关部门密切配合，共同推进行业性、专业性人民调解工作。

——坚持以人为本，始终把维护双方当事人合法权益作为人民调解工作的出发点和落脚点，根据当事人需求，提供便捷服务，维护双方合法权益。

——坚持实事求是，因地制宜，不搞一刀切，从化解矛盾纠纷的实际需要出发，积极推动设立行业性、专业性人民调解组织。

——坚持尊重科学，根据矛盾纠纷的行业、专业特点和规律，运用专业知识，借助专业力量，提高调解的权威性和公信力。

——坚持工作创新，充分发挥人民调解工作优势，大力推进工作理念、制度机制和方式方法创新，努力实现人民调解工作创新发展。

三、进一步加强行业性、专业性人民调解组织建设

行业性、专业性人民调解组织是在司法行政机关指导下，依法设立的调解特定行业、专业领域矛盾纠纷的群众性组织。加强行业性、专业性人民调解组织建设，必须遵守人民调解法的各项规定，坚持人民调解的基本属性，发挥人民调解的特点和优势。司法行政机关要加强与有关行业主管部门协调配合，根据相关行业、专业领域矛盾纠纷情况和特点，指导人民调解协会、相关行业协会等社会团体和其他组织，设立行业性、专业性人民调解委员会或依托现有的人民调解委员会设立人民调解工作室。要围绕党委、政府中心工作和广大群众关注的热点、难点问题，总结借鉴医疗卫生、道路交通、劳动关系、家事关系等领域人民调解工作的经验，积极推动相关行业、专业领

域人民调解组织建设。对于本地相关行业、专业领域需要设立人民调解组织的，要主动向党委、政府汇报，与有关部门沟通协调，及时推动设立。已设立行业性、专业性人民调解组织的，要进一步巩固提高，依法规范人民调解委员会的组成、人民调解员选聘等，健全各项工作制度，强化学习培训，提高工作能力，有效化解矛盾纠纷。对尚未设立行业性、专业性人民调解组织的，现有人民调解委员会应将辖区内行业性、专业性矛盾纠纷纳入调解范围。行业性、专业性人民调解组织要以方便群众调解为目的选择办公地点和办公场所，办公场所应悬挂统一的人民调解组织标牌和标识，公开人民调解制度及调委会组成人员，方便群众调解纠纷。行业性、专业性人民调解组织应当自设立或变更之日起三十日内，将组织名称、人员组成、工作地址、联系方式等情况报所在地县级司法行政机关，县级司法行政机关应及时通报所在地综治组织和基层人民法院。

四、大力加强行业性、专业性人民调解员队伍建设

司法行政机关要积极协调相关行业主管部门，指导设立单位做好人民调解员的选聘、培训和考核管理等工作。行业性、专业性人民调解委员会的调解员由设立单位或人民调解委员会聘任。要充分利用社会资源，根据矛盾纠纷的行业、专业特点，选聘具有相关行业、专业背景和法学、心理学、社会工作等专业知识的人员担任专职人民调解员，聘请教学科研单位专家学者、行政事业单位专业技术人员作为兼职人民调解员参与调解，建设一支适应化解行业性、专业性矛盾纠纷需要，专兼结合、优势互补、结构合理的人民调解员队伍。每个行业性、专业性人民调解委员会一般应配备 3 名以上专职人民调解员，人民调解工作室应配备 1 名以上专职人民调解员。行业性、专业性人民调解委员会主任一般由专职人民调解员担任。要加强专家库建设，根据化解矛盾纠纷需要，聘请法学、心理学、社会工作和相关行业、专业领域专家学者组建人民调解专家库，为人民调解组织化解矛盾纠纷提供专业咨询，专家咨询意见可以作为调解的参考依据。要加大培训力度，通过举办培训班、现场观摩、案例研讨等形式，加强政策法规、业务知识、调解技能培训，切实提高人民调解员队伍的素质和能力。新任人民调解员须经司法行政机关培训合格后上岗。要加强考核工作，及时了解掌握人民调解员的工作情况，对不称职的人民调解员应及时调整或解聘。要按照《关于加强社会工作专业人才队伍建设的意见》（中组发〔2011〕25 号）要求，把人民调解员纳入社会工作专业人才培养、职业水平评价体系，积极探索人民调解员专业化、职业化发展的途径。

五、大力加强行业性、专业性人民调解工作制度化、规范化建设

司法行政机关要会同相关部门指导行业性、专业性人民调解委员会建立健全纠纷受理、调解、履行、回访等工作制度，使调解工作各个环节都有章可循；建立健全矛盾纠纷分析研判制度，定期对矛盾纠纷进行分析研判，把握趋势、掌握规律；建立健全信息反馈制度，根据矛盾纠纷调解情况，分析行业、专业领域矛盾纠纷发生原因，提出对策建议，并及时向有关行业主管部门和单位反馈。相关部门和单位要建立健全告知引导制度，对适宜通过人民调解方式化解的矛盾纠纷，应当告知人民调解的特点和优势，引导当事人优先选择人民调解；建立健全矛盾纠纷移交委托等衔接工作制度，明确移交委托范围，规范移交委托程序，健全完善人民调解与行政调解、司法调解联动工作机制。要加强规范化建设，依法规范行业性、专业性人民调解委员会设立及人员组成，规范人民调解员选聘、培训、考核，规范人民调解委员会名称、标牌、标识，规范文书和卷宗制作，规范人民调解统计报送等，不断提高行业性、专业性人民调解工作制度化、规范化水平。

六、进一步提高工作保障能力和水平

按照人民调解法的规定，设立行业性、专业性人民调解委员会的单位应为人民调解委员会开展工作提供办公场所、办公设施和必要的工作经费。要按照《财政部、司法部关于进一步加强人民调解工作经费保障的意见》（财行〔2007〕179号）要求，切实落实行业性、专业性人民调解工作指导经费、人民调解委员会补助经费、人民调解员补贴经费，并建立动态增长机制。要按照《财政部、民政部、工商总局关于印发政府购买服务管理办法（暂行）的通知》（财综〔2014〕96号）要求，把人民调解作为社会管理性服务内容纳入政府购买服务指导性目录，并按照规定的购买方式和程序积极组织实施，提高行业性、专业性人民调解工作经费保障水平。鼓励社会各界通过社会捐赠、公益赞助等方式，为行业性、专业性人民调解工作提供经费支持。

七、全力化解行业、专业领域矛盾纠纷

要及时受理矛盾纠纷，人民调解委员会对排查出来的矛盾纠纷，应及时引导双方当事人通过人民调解方式解决；对当事人申请调解的矛盾纠纷，应认真听取当事人诉求，根据矛盾纠纷的不同情况，采取相应的措施予以解决；对有关单位移交委托调解的矛盾纠纷，属于人民调解范围的，人民调解委员会应当及时受理；不属于人民调解范围的，应向当事人说明情况，并向委托单位反馈。要善于运用法治思维和法治方式化解纠纷，对合法诉求，应依法予以支持；对不合法、不合理的诉求，要做好疏导工作，引导当事人放弃于法无据、于理不符的要求，说服当事人在平等协商、互谅互让的基础上自愿达成调解协议，做到案结事了。对调解不成的，要告知当事人通过仲裁、行政裁决、诉讼等合法渠道解决。对涉及人员多、影响面广，可能引发治安案件或刑事案件的纠纷，要及时向当地公安机关、行业主管部门报告，并配合做好疏导化解工作。要善于运用专业知识调解，注重发挥相关行业、专业领域专家学者的专业优势，根据调解纠纷的需要邀请相关专家参与调解工作；对复杂疑难案件应充分听取专家咨询意见，必要时可委托具有资质的鉴定机构进行鉴定，确保矛盾纠纷得到科学公正处理。要善于运用法、理、情相结合的方式开展调解工作，既讲法律政策、也重情理疏导，既解法结、又解心结，不断提高调解成功率、协议履行率和人民群众满意度。

八、切实加强组织领导

各级司法行政机关、综治组织、人民法院、民政和相关行业主管部门要高度重视行业性、专业性人民调解工作，积极争取将其纳入党委政府提升社会治理能力、深入推进平安建设、法治建设的总体部署，为行业性、专业性人民调解工作顺利开展提供政策保障。要坚持问题导向，加强调查研究，定期沟通行业性、专业性人民调解工作情况，认真总结行业性、专业性人民调解工作的经验做法，及时解决工作中存在的困难和问题。要广泛宣传行业性、专业性人民调解工作典型经验做法、人民调解特点优势、工作成效等，大力表彰工作中涌现出的先进集体和先进个人，进一步扩大人民调解工作的社会影响，引导更多的纠纷当事人选择人民调解方式解决矛盾纠纷。司法行政机关要切实履行指导人民调解组织设立、人民调解员选任培训等法定职责，认真研究新形势下加强和改进行业性、专业性人民调解工作的方法和措施，大力加强行业性、专业性人民调解工作制度化、规范化建设，及时了解掌握人民调解员需要救助和抚恤的情况，对符合相关条件的，协调落实生活救助或抚恤优待政策。综治组织要将行业性、专业性人民调解纳入综治工作（平安建设）考核评价体系。民政部门要鼓励引导行业协会商会等社会团体和其他社会组织设立行业性、专业性人民调解组织，支持把行业性、专业性人民调解纳入政府购买服务规划。人民法院要通过选任人民调解员担任人民陪审员、邀请人民调解员旁听民事案件审理等形式，对人民调解工作进行业务指导；要及时开展人民调解协议司法确认工作，并将司法确认情况告知人民调解委员会和同级司法行政机关。

最高人民法院　司法部
关于开展律师调解试点工作的意见

（2017 年 9 月 30 日　司发通〔2017〕105 号）

北京、黑龙江、上海、浙江、安徽、福建、山东、湖北、湖南、广东、四川省（直辖市）高级人民法院、司法厅（局）：

为贯彻落实《中共中央关于全面推进依法治国若干重大问题的决定》以及中共中央办公厅、国务院办公厅《关于完善矛盾纠纷多元化解机制的意见》《关于深化律师制度改革的意见》和最高人民法院《关于人民法院进一步深化多元化纠纷解决机制改革的意见》，充分发挥律师在预防和化解矛盾纠纷中的专业优势、职业优势和实践优势，健全完善律师调解制度，推动形成中国特色的多元化纠纷解决体系，现就开展律师调解试点工作提出以下意见。

一、总体要求

1. 指导思想。全面贯彻党的十八大和十八届三中、四中、五中、六中全会精神，深入贯彻习近平总书记系列重要讲话和对律师工作的重要指示精神，围绕全面推进依法治国总目标，深化多元化纠纷解决机制改革，健全诉调对接工作机制，充分发挥律师职能作用，建立律师调解工作模式，创新律师调解方式方法，有效化解各类矛盾纠纷，维护当事人合法权益，促进社会公平正义，维护社会和谐稳定。

2. 基本原则。

——坚持依法调解。律师调解工作应当依法进行，不得违反法律法规的禁止性规定，不得损害国家利益、社会公共利益和当事人及其他利害关系人的合法权益。

——坚持平等自愿。律师开展调解工作，应当充分尊重各方当事人的意愿，尊重当事人对解决纠纷程序的选择权，保障其诉讼权利。

——坚持调解中立。律师调解应当保持中立，不得有偏向任何一方当事人的言行，维护调解结果的客观性、公正性和可接受性。

——坚持调解保密。除当事人一致同意或法律另有规定的外，调解事项、调解过程、调解协议内容等一律不公开，不得泄露当事人的个人隐私或商业秘密。

——坚持便捷高效。律师运用专业知识开展调解工作，应当注重工作效率，根据纠纷的实际情况，灵活确定调解方式方法和程序，建立便捷高效的工作机制。

——坚持有效对接。加强律师调解与人民调解、行政调解、行业调解、商事调解、诉讼调解等有机衔接，充分发挥各自特点和优势，形成程序衔接、优势互补、协作配合的纠纷解决机制。

二、建立律师调解工作模式

律师调解是指律师、依法成立的律师调解工作室或者律师调解中心作为中立第三方主持调解，协助纠纷各方当事人通过自愿协商达成协议解决争议的活动。

3. 在人民法院设立律师调解工作室。试点地区的各级人民法院要将律师调解与诉讼服务中心建设结合起来，在人民法院诉讼服务中心、诉调对接中心或具备条件的人民法庭设立律师调解工作室，配备必要的工作设施和工作场所。

4. 在公共法律服务中心（站）设立律师调解工作室。试点地区的县级公共法律服务中心、乡镇公共法律服务站应当设立专门的律师调解工作室，由公共法律服务中心（站）指派律师调解员提供公益性调解服务。

5. 在律师协会设立律师调解中心。试点地区的省级、设区的市级律师协会设立律师调解中心。律师调解中心在律师协会的指导下，组织律师作为调解员，接受当事人申请或人民法院移送，参与矛盾化解和纠纷调解。

6. 律师事务所设立调解工作室。鼓励和支持有条件的律师事务所设立调解工作室，组成调解团队，可以将接受当事人申请调解作为一项律师业务开展，同时可以承接人民法院、行政机关移送的调解案件。

三、健全律师调解工作机制

7. 明确律师调解案件范围。律师调解可以受理各类民商事纠纷，包括刑事附带民事纠纷的民事部分，但是婚姻关系、身份关系确认案件以及其他依案件性质不能进行调解的除外。

8. 建立健全律师调解工作资质管理制度。试点地区省级司法行政机关、律师协会会同人民法院研究制定管理办法，明确承办律师调解工作的律师事务所和律师资质条件，包括人员规模、执业年限、办案数量、诚信状况等。司法行政机关、律师协会会同人民法院建立承办律师调解工作的律师事务所和律师调解员名册。

9. 规范律师调解工作程序。人民法院、公共法律服务中心（站）、律师协会和律师事务所应当向当事人提供承办律师调解工作的律师事务所和律师调解员名册，并在公示栏、官方网站等平台公开名册信息，方便当事人查询和选择。

律师事务所和律师接受相关委托代理或参与矛盾纠纷化解时，应当告知当事人优先选择调解或其他非诉讼方式解决纠纷。

律师调解一般由一名调解员主持。对于重大、疑难、复杂或者当事人要求由两名以上调解员共同调解的案件，可以由两名以上调解员调解，并由律师调解工作室或律师调解中心指定一名调解员主持。当事人具有正当理由的，可以申请更换律师调解员。律师调解员根据调解程序依法开展调解工作，律师调解的期限为 30 日，双方当事人同意延长调解期限的，不受此限。经调解达成协议的，出具调解协议书；期限届满无法达成调解协议，当事人不同意继续调解的，终止调解。

律师调解员组织调解，应当用书面形式记录争议事项和调解情况，并经双方当事人签字确认。律师调解工作室或律师调解中心应当建立完整的电子及纸质书面调解档案，供当事人查询。调解程序终结时，当事人未达成调解协议的，律师调解员在征得各方当事人同意后，可以用书面形式记载调解过程中双方没有争议的事实，并由当事人签字确认。在诉讼程序中，除涉及国家利益、社会公共利益和他人合法权益的外，当事人无需对调解过程中已确认的无争议事实举证。

在公共法律服务中心（站）、律师协会和律师事务所设立的律师调解组织受理当事人直接申请，主持调解纠纷的，参照上述程序开展。

10. 鼓励调解协议即时履行。经律师调解工作室或律师调解中心调解，当事人达成调解协议的，律师调解员应当鼓励和引导当事人及时履行协议。当事人无正当理由拒绝或者拖延履行的，调解和执行的相关费用由未履行协议一方当事人全部或部分负担。

11. 完善调解协议与支付令对接机制。经律师调解达成的和解协议、调解协议中，具有金钱或者有价证券给付内容的，债权人依据民事诉讼法及其司法解释的规定，向有管辖权的基层人民法院申请支付令的，人民法院应当依法发出支付令；债务人未在法定期限内提出书面异议且逾期不履行支付令的，人民法院可以强制执行。

12. 完善调解协议司法确认程序。经律师调解工作室或律师调解中心调解达成的具有民事合同性质的协议，当事人可以向律师调解工作室或律师调解中心所在地基层人民法院或者人民法庭申请确认其效力，人民法院应当依法确认调解协议效力。

13. 建立律师调解员回避制度。律师调解员具有以下情形的，当事人有权申请回避：系一方当事人或者其代理人的近亲属的；与纠纷有利害关系的；与纠纷当事人、代理人有其他关系，可能影响公正调解的。律师调解员具有上述情形，当事人要求回避的，律师调解员应当回避，当事人没有要求回避的，律师调解员应当及时告知当事人并主动回避。当事人一致同意继续调解的，律师调解员可以继续主持调解。

律师调解员不得再就该争议事项或与该争议有密切联系的其他纠纷接受一方当事人的委托，担任仲裁或诉讼的代理人，也不得担任该争议事项后续解决程序的人民陪审员、仲裁员、证人、鉴定人以及翻译人员等。

14. 建立科学的经费保障机制。在律师事务所设立的调解工作室受理当事人直接申请调解纠纷的，可以按照有偿和低价的原则向双方当事人收取调解费，一方当事人同意全部负担的除外。调解费的收取标准和办法由各试点地区根据实际情况确定，并报相关部门批准备案。

在公共法律服务中心（站）设立的律师调解工作室和在律师协会设立的律师调解中心受理当事人直接申请调解纠纷的，由司法行政机关、律师协会通过政府采购服务的方式解决经费。律师调解员调解法律援助案件的经费，由法律援助机构通过政府采购服务渠道予以解决

在人民法院设立律师调解工作室的，人民法院应根据纠纷调解的数量、质量与社会效果，由政府采购服务渠道解决调解经费，并纳入人民法院专项预算，具体办法由各试点地区根据实际情况确定。

15. 发挥诉讼费用杠杆作用。当事人达成和解协议申请撤诉的，人民法院免收诉讼费。诉讼中经调解当事人达成调解协议的，人民法院可以减半收取诉讼费用。一方当事人无正当理由不参与调解，或者有明显恶意导致调解不成的，人民法院可以根据具体情况对无过错方依法提出的赔偿合理的律师费用等正当要求予以支持。

四、加强工作保障

16. 加强组织领导。试点地区的人民法院、司法行政机关和律师协会要高度重视这项改革工作，加强制度建设和工作协调，有力推进试点工作顺利开展。要在律师调解制度框架内，创新工作方式方法，制定适合本地区特点的实施意见，不断总结经验，积极探索，为向全国推广提供可复制、可借鉴的制度和经验。

17. 积极引导参与。试点地区的人民法院、司法行政机关和律师协会要积极引导律师参与矛盾纠纷多元化解，鼓励和推荐律师在人民调解组织、仲裁机构、商事调解组织、行业调解组织中担任调解员，鼓励律师借助现代科技手段创新调解工作方式、积极参与在线调解试点工作，促使律师主动承担社

会责任、体现社会价值，充分调动律师从事调解工作的积极性，实现律师调解工作可持续性发展。

18. 加强队伍管理。加强对律师调解员职业道德、执业纪律、调解技能等方面的培训，建设高水平的调解律师队伍，确保调解案件质量。探索建立律师参与公益性调解的考核表彰激励机制。人民法院、司法行政机关、律师协会应当对表现突出的律师调解工作室、律师调解中心组织和律师调解员给予物质或荣誉奖励。

19. 加强责任追究。律师调解员违法调解，违反回避制度，泄露当事人隐私或秘密，或者具有其他违反法律、违背律师职业道德行为的，应当视情节限期或禁止从事调解业务，或由律师协会、司法行政机关依法依规给予行业处分和行政处罚。律师协会应当制定实施细则并报当地司法行政机关备案。

20. 加强宣传工作。试点地区的人民法院、司法行政机关和律师协会要大力宣传律师调解制度的作用与优势，鼓励公民、法人和其他组织优先选择律师调解快速有效解决争议，为律师开展调解工作营造良好执业环境。

21. 加强指导监督。最高人民法院、司法部将对试点工作进行指导督促，认真研究试点中存在的突出问题，全面评估试点方案的实际效果，总结各地多元化纠纷解决机制改革的成功经验，推动改革实践成果制度化、法律化。

22. 本试点工作在北京、黑龙江、上海、浙江、安徽、福建、山东、湖北、湖南、广东、四川等11个省（直辖市）进行。试点省（直辖市）可以在全省（直辖市）或者选择部分地区开展试点工作，试点方案报最高人民法院和司法部备案。

最高人民法院办公厅
关于在部分法院开展在线调解平台建设试点工作的通知

（2016年12月1日　法办〔2016〕184号）

北京市、河北省、上海市、浙江省、安徽省、四川省高级人民法院，上海海事法院：

为贯彻落实中央关于健全矛盾多元化解机制改革的要求，根据《最高人民法院关于人民法院进一步深化多元化纠纷解决机制改革的意见》（法发〔2016〕14号），经院领导批准，最高人民法院决定，在北京、河北、上海、浙江、安徽、四川6个高级人民法院和上海海事法院开展在线调解平台建设试点工作。各试点法院要建立完善在线调解平台，运用互联网技术创新诉调对接方式，促进依法、公正、便捷、高效地化解纠纷，引领传统纠纷解决方式向现代纠纷解决方式“升级换代”。现就试点工作要求和相关事项通知如下：

1. 试点地区高级人民法院牵头建立省级统一的在线调解平台。平台建设应当遵循面向群众、面向实际、面向基层的原则，建立纠纷受理、分流、调解、反馈等流程的全覆盖，处理当事人申请在线调解、立案前委派调解、立案后委托调解、在线司法确认、诉讼调解等案件；法院在线调解平台要加强与人民调解、行政调解、商事调解、行业调解等机制的对接，充分利用社会资源化解纠纷。

2. 各试点人民法院应当充分发挥在线调解平台的功能。在线调解平台应具有纠纷解决的裁判规则引导、纠纷案例预判、在线调解、在线司法确认、诉调对接、调解资源整合等功能。加强法院在线调解平台与法院诉讼服务网、案件信息管理系统的深度融合、互通互联、信息共享，在保证审判信息数据安全的基础上，做好大数据的挖掘应用，避免重复建设和资源浪费。

3. 各试点人民法院应当规范在线调解组织和调解员的管理。按照《最高人民法院关于人民法院特邀调解的规定》要求，制定在线调解组织和调解员选聘标准，通过一定程序选聘熟悉法律知识、热心调解工作、熟悉网络技术操作的特邀调解员或者法院专职调解员担任在线调解员。建立在线调解组织和调解员数据库，加强对在线调解组织和调解员的指导、监督、管理和考评。加强在线调解员的业务培训，规范调解员职业道德。

4. 各试点人民法院应当规范在线调解机制的制度建设和程序安排。根据法律、司法解释及相关文件，试点法院应当结合本地实际情况，研究制定在线调解机制的相关制度，探索适合在线调解的案件范围，完善在线调解的程序设计，因地制宜，锐意创新，积极稳妥地开展在线调解试点工作。

5. 各试点人民法院应当规范在线调解案件的管理。试点法院诉讼服务中心或者诉调对接部门要指派调解法官或者具体工作人员负责在线调解案件的管理和数据统计工作。试点法院应当加强与在线调解平台运营主体的沟通合作，确保在线调解平台稳定持续运行，为数据传输、存储使用提供安全保障。对在线调解平台建设的程序问题、理论问题以及技术问题进行研究并提出解决方案。

6. 各试点人民法院要高度重视在线调解试点工作，积极向当地党委政法委汇报试点工作的进展情况。积极争取财政部门的支持，保障在线调解平台的运行，根据实际情况向调解组织或者调解员发放相关补贴，对表现突出的调解组织或调解员予以奖励。

7. 各试点人民法院应当对在线调解平台进行广泛宣传，提高在线调解平台的应用程度和适用范围，充分发挥其阳光、智能、快捷、开放的作用，增强人民群众对在线调解平台的认同感。

8. 试点地区上级法院应当加强对试点工作的监督指导力度，确保试点工作规范有序进行，推动试点工作不断深入。试点法院应当及时总结试点经验，反馈试点效果，完善配套措施，认真研究新情况、新问题，必要时将试点开展情况及遇到的问题层报最高人民法院。

（五）公　证

中华人民共和国公证法

（2005 年 8 月 28 日第十届全国人民代表大会常务委员会第十七次会议通过　根据 2015 年 4 月 24 日第十二届全国人民代表大会常务委员会第十四次会议《关于修改〈中华人民共和国义务教育法〉等五部法律的决定》第一次修正　根据 2017 年 9 月 1 日第十二届全国人民代表大会常务委员会第二十九次会议《关于修改〈中华人民共和国法官法〉等八部法律的决定》第二次修正）

目　录

第一章　总　则

第一条　为规范公证活动，保障公证机构和公证员依法履行职责，预防纠纷，保障自然人、法人或者其他组织的合法权益，制定本法。

第二条　公证是公证机构根据自然人、法人或者其他组织的申请，依照法定程序对民事法律行为、有法律意义的事实和文书的真实性、合法性予以证明的活动。

第三条　公证机构办理公证，应当遵守法律，坚持客观、公正的原则。

第四条　全国设立中国公证协会，省、自治区、直辖市设立地方公证协会。中国公证协会和地方公证协会是社会团体法人。中国公证协会章程由会员代表大会制定，报国务院司法行政部门备案。

公证协会是公证业的自律性组织，依据章程开展活动，对公证机构、公证员的执业活动进行监督。

第五条　司法行政部门依照本法规定对公证机构、公证员和公证协会进行监督、指导。

第二章　公证机构

第六条　公证机构是依法设立，不以营利为目的，依法独立行使公证职能、承担民事责任的证明机构。

第七条　公证机构按照统筹规划、合理布局的原则，可以在县、不设区的市、设区的市、直辖市或者市辖区设立；在设区的市、直辖市可以设立一个或者若干个公证机构。公证机构不按行政区划层层设立。

第八条　设立公证机构，应当具备下列条件：

（一）有自己的名称；

（二）有固定的场所；

（三）有二名以上公证员；

（四）有开展公证业务所必需的资金。

第九条　设立公证机构，由所在地的司法行政部门报省、自治区、直辖市人民政府司法行政部门按照规定程序批准后，颁发公证机构执业证书。

第十条　公证机构的负责人应当在有三年以上执业经历的公证员中推选产生，由所在地的司法行政部门核准，报省、自治区、直辖市人民政府司法行政部门备案。

第十一条　根据自然人、法人或者其他组织的申请，公证机构办理下列公证事项：

（一）合同；

（二）继承；

（三）委托、声明、赠与、遗嘱；

（四）财产分割；

（五）招标投标、拍卖；

（六）婚姻状况、亲属关系、收养关系；

（七）出生、生存、死亡、身份、经历、学历、学位、职务、职称、有无违法犯罪记录；

（八）公司章程；

（九）保全证据；

（十）文书上的签名、印鉴、日期，文书的副本、影印本与原本相符；

（十一）自然人、法人或者其他组织自愿申请办理的其他公证事项。

法律、行政法规规定应当公证的事项，有关自然人、法人或者其他组织应当向公证机构申请办理公证。

第十二条　根据自然人、法人或者其他组织的申请，公证机构可以办理下列事务：

（一）法律、行政法规规定由公证机构登记的事务；

（二）提存；

（三）保管遗嘱、遗产或者其他与公证事项有关的财产、物品、文书；

（四）代写与公证事项有关的法律事务文书；

（五）提供公证法律咨询。

第十三条　公证机构不得有下列行为：

（一）为不真实、不合法的事项出具公证书；

（二）毁损、篡改公证文书或者公证档案；

（三）以诋毁其他公证机构、公证员或者支付回扣、佣金等不正当手段争揽公证业务；

（四）泄露在执业活动中知悉的国家秘密、商业秘密或者个人隐私；

（五）违反规定的收费标准收取公证费；

（六）法律、法规、国务院司法行政部门规定禁止的其他行为。

第十四条　公证机构应当建立业务、财务、资产等管理制度，对公证员的执业行为进行监督，建立执业过错责任追究制度。

第十五条　公证机构应当参加公证执业责任保险。

第三章　公证员

第十六条　公证员是符合本法规定的条件，在公证机构从事公证业务的执业人员。

第十七条 公证员的数量根据公证业务需要确定。省、自治区、直辖市人民政府司法行政部门应当根据公证机构的设置情况和公证业务的需要核定公证员配备方案，报国务院司法行政部门备案。

第十八条 担任公证员，应当具备下列条件：

（一）具有中华人民共和国国籍；

（二）年龄二十五周岁以上六十五周岁以下；

（三）公道正派，遵纪守法，品行良好；

（四）通过国家统一法律职业资格考试取得法律职业资格；

（五）在公证机构实习二年以上或者具有三年以上其他法律职业经历并在公证机构实习一年以上，经考核合格。

第十九条 从事法学教学、研究工作，具有高级职称的人员，或者具有本科以上学历，从事审判、检察、法制工作、法律服务满十年的公务员、律师，已经离开原工作岗位，经考核合格的，可以担任公证员。

第二十条 有下列情形之一的，不得担任公证员：

（一）无民事行为能力或者限制民事行为能力的；

（二）因故意犯罪或者职务过失犯罪受过刑事处罚的；

（三）被开除公职的；

（四）被吊销公证员、律师执业证书的。

第二十一条 担任公证员，应当由符合公证员条件的人员提出申请，经公证机构推荐，由所在地的司法行政部门报省、自治区、直辖市人民政府司法行政部门审核同意后，报请国务院司法行政部门任命，并由省、自治区、直辖市人民政府司法行政部门颁发公证员执业证书。

第二十二条 公证员应当遵纪守法，恪守职业道德，依法履行公证职责，保守执业秘密。

公证员有权获得劳动报酬，享受保险和福利待遇；有权提出辞职、申诉或者控告；非因法定事由和非经法定程序，不被免职或者处罚。

第二十三条 公证员不得有下列行为：

（一）同时在二个以上公证机构执业；

（二）从事有报酬的其他职业；

（三）为本人及近亲属办理公证或者办理与本人及近亲属有利害关系的公证；

（四）私自出具公证书；

（五）为不真实、不合法的事项出具公证书；

（六）侵占、挪用公证费或者侵占、盗窃公证专用物品；

（七）毁损、篡改公证文书或者公证档案；

（八）泄露在执业活动中知悉的国家秘密、商业秘密或者个人隐私；

（九）法律、法规、国务院司法行政部门规定禁止的其他行为。

第二十四条　公证员有下列情形之一的，由所在地的司法行政部门报省、自治区、直辖市人民政府司法行政部门提请国务院司法行政部门予以免职：

（一）丧失中华人民共和国国籍的；

（二）年满六十五周岁或者因健康原因不能继续履行职务的；

（三）自愿辞去公证员职务的；

（四）被吊销公证员执业证书的。

第四章　公证程序

第二十五条　自然人、法人或者其他组织申请办理公证，可以向住所地、经常居住地、行为地或者事实发生地的公证机构提出。

申请办理涉及不动产的公证，应当向不动产所在地的公证机构提出；申请办理涉及不动产的委托、声明、赠与、遗嘱的公证，可以适用前款规定。

第二十六条　自然人、法人或者其他组织可以委托他人办理公证，但遗嘱、生存、收养关系等应当由本人办理公证的除外。

第二十七条　申请办理公证的当事人应当向公证机构如实说明申请公证的事项的有关情况，提供真实、合法、充分的证明材料；提供的证明材料不充分的，公证机构可以要求补充。

公证机构受理公证申请后，应当告知当事人申请公证事项的法律意义和可能产生的法律后果，并将告知内容记录存档。

第二十八条　公证机构办理公证，应当根据不同公证事项的办证规则，分别审查下列事项：

（一）当事人的身份、申请办理该项公证的资格以及相应的权利；

（二）提供的文书内容是否完备，含义是否清晰，签名、印鉴是否齐全；

（三）提供的证明材料是否真实、合法、充分；

（四）申请公证的事项是否真实、合法。

第二十九条　公证机构对申请公证的事项以及当事人提供的证明材料，按照有关办证规则需要核实或者对其有疑义的，应当进行核实，或者委托异地公证机构代为核实，有关单位或者个人应当依法予以协助。

第三十条　公证机构经审查，认为申请提供的证明材料真实、合法、充分，申请公证的事项真实、合法的，应当自受理公证申请之日起十五个工作日内向当事人出具公证书。但是，因不可抗力、补充证明材料或者需要核实有关情况的，所需时间不计算在期限内。

第三十一条　有下列情形之一的，公证机构不予办理公证：

（一）无民事行为能力人或者限制民事行为能力人没有监护人代理申请办理公证的；

（二）当事人与申请公证的事项没有利害关系的；

（三）申请公证的事项属专业技术鉴定、评估事项的；

（四）当事人之间对申请公证的事项有争议的；

（五）当事人虚构、隐瞒事实，或者提供虚假证明材料的；

（六）当事人提供的证明材料不充分或者拒绝补充证明材料的；

（七）申请公证的事项不真实、不合法的；

（八）申请公证的事项违背社会公德的；

（九）当事人拒绝按照规定支付公证费的。

第三十二条　公证书应当按照国务院司法行政部门规定的格式制作，由公证员签名或者加盖签名章并加盖公证机构印章。公证书自出具之日起生效。

公证书应当使用全国通用的文字；在民族自治地方，根据当事人的要求，可以制作当地通用的民族文字文本。

第三十三条　公证书需要在国外使用，使用国要求先认证的，应当经中华人民共和国外交部或者外交部授权的机构和有关国家驻中华人民共和国使（领）馆认证。

第三十四条　当事人应当按照规定支付公证费。

对符合法律援助条件的当事人，公证机构应当按照规定减免公证费。

第三十五条　公证机构应当将公证文书分类立卷，归档保存。法律、行政法规规定应当公证的事项等重要的公证档案在公证机构保存期满，应当按照规定移交地方档案馆保管。

第五章　公证效力

第三十六条　经公证的民事法律行为、有法律意义的事实和文书，应当作为认定事实的根据，但有相反证据足以推翻该项公证的除外。

第三十七条　对经公证的以给付为内容并载明债务人愿意接受强制执行承诺的债权文书，债务人不履行或者履行不适当的，债权人可以依法向有管辖权的人民法院申请执行。

前款规定的债权文书确有错误的，人民法院裁定不予执行，并将裁定书送达双方当事人和公证机构。

第三十八条　法律、行政法规规定未经公证的事项不具有法律效力的，依照其规定。

第三十九条　当事人、公证事项的利害关系人认为公证书有错误的，可以向出具该公证书的公证机构提出复查。公证书的内容违法或者与事实不符的，公证机构应当撤销该公证书并予以公告，该公证书自始无效；公证书有其他错误的，公证机构应当予以更正。

第四十条　当事人、公证事项的利害关系人对公证书的内容有争议的，可以就该争议向人民法院提起民事诉讼。

第六章　法律责任

第四十一条　公证机构及其公证员有下列行为之一的，由省、自治区、直辖市或者设区的市人民政府司法行政部门给予警告；情节严重的，对公证机构处一万元以上五万元以下罚款，对公证员处一千元以上五千元以下罚款，并可以给予三个月以上六个月以下停止执业的处罚；有违法所得的，没收违法所得：

（一）以诋毁其他公证机构、公证员或者支付回扣、佣金等不正当手段争揽公证业务的；

（二）违反规定的收费标准收取公证费的；

（三）同时在二个以上公证机构执业的；

（四）从事有报酬的其他职业的；

（五）为本人及近亲属办理公证或者办理与本人及近亲属有利害关系的公证的；

（六）依照法律、行政法规的规定，应当给予处罚的其他行为。

第四十二条　公证机构及其公证员有下列行为之一的，由省、自治区、直辖市或者设区的市人民政府司法行政部门对公证机构给予警告，并处二万元以上十万元以下罚款，并可以给予一个月以上三个月以下停业整顿的处罚；对公证员给予警告，并处二千元以上一万元以下罚款，并可以给予三个月以上十二个月以下停止执业的处罚；有违法所得的，没收违法所得；情节严重的，由省、自治区、直辖市人民政府司法行政部门吊销公证员执业证书；构成犯罪的，依法追究刑事责任：

（一）私自出具公证书的；

（二）为不真实、不合法的事项出具公证书的；

（三）侵占、挪用公证费或者侵占、盗窃公证专用物品的；

（四）毁损、篡改公证文书或者公证档案的；

（五）泄露在执业活动中知悉的国家秘密、商业秘密或者个人隐私的；

（六）依照法律、行政法规的规定，应当给予处罚的其他行为。

因故意犯罪或者职务过失犯罪受刑事处罚的，应当吊销公证员执业证书。

被吊销公证员执业证书的，不得担任辩护人、诉讼代理人，但系刑事诉讼、民事诉讼、行政诉讼当事人的监护人、近亲属的除外。

第四十三条 公证机构及其公证员因过错给当事人、公证事项的利害关系人造成损失的，由公证机构承担相应的赔偿责任；公证机构赔偿后，可以向有故意或者重大过失的公证员追偿。

当事人、公证事项的利害关系人与公证机构因赔偿发生争议的，可以向人民法院提起民事诉讼。

第四十四条 当事人以及其他个人或者组织有下列行为之一，给他人造成损失的，依法承担民事责任；违反治安管理的，依法给予治安管理处罚；构成犯罪的，依法追究刑事责任：

（一）提供虚假证明材料，骗取公证书的；

（二）利用虚假公证书从事欺诈活动的；

（三）伪造、变造或者买卖伪造、变造的公证书、公证机构印章的。

第七章 附 则

第四十五条 中华人民共和国驻外使（领）馆可以依照本法的规定或者中华人民共和国缔结或者参加的国际条约的规定，办理公证。

第四十六条 公证费的收费标准由省、自治区、直辖市人民政府价格主管部门会同同级司法行政部门制定。

第四十七条 本法自2006年3月1日起施行。

提存公证规则

（1995年5月16日司法部部务会议通过
1995年6月2日司法部令第38号公布
自发布之日起施行）

第一条 为维护经济流转秩序，预防和减少债务纠纷，保证提存公证质量，根据《中华人民共和国民法通则》、《中华人民共和国公证暂行条例》及有关规定，制订本规则。

第二条 提存公证是公证处依照法定条件和程序，对债务人或担保人为债权人的利益而交付的债之标的物或担保物（含担保物的替代物）进行寄托、保管，并在条件成就时交付债权人的活动。为履行清偿义务或担保义务而向公证处申请提存的人为提存人。提存之债的债权人为提存受领人。

第三条 以清偿为目的的提存公证具有债的消灭和债之标的物风险责任

转移的法律效力。

以担保为目的的提存公证具有保证债务履行和替代其他担保形式的法律效力。

不符合法定条件的提存或提存人取回提存标的的，不具有提存公证的法律效力。

第四条　提存公证由债务履行地的公证处管辖。

以担保为目的的提存公证或在债务履行地申办提存公证有困难的，可由担保人住所地或债务人住所地的公证处管辖。

第五条　债务清偿期限届至，有下列情况之一使债务人无法按时给付的，公证处可以根据债务人申请依法办理提存：

（一）债权人无正当理由拒绝或延迟受领债之标的的；

（二）债权人不在债务履行地又不能到履行地受领的；

（三）债权人不清、地址不详，或失踪、死亡（消灭）其继承人不清，或无行为能力其法定代理人不清的。

第六条　有下列情况之一的，公证处可以根据当事人申请办理提存公证：

（一）债的双方在合同（协议）中约定以提存方式给付的；

（二）为了保护债权人利益，保证人、抵押人或质权人请求将担保物（金）或其替代物提存的；

当事人申办前款所列提存公证，必须列明提存物给付条件，公证处应按提存人所附条件给付提存标的物。

第七条　下列标的物可以提存：

（一）货币；

（二）有价证券、票据、提单、权利证书；

（三）贵重物品；

（四）担保物（金）或其替代物；

（五）其他适宜提存的标的物。

第八条　公证处应当在指定银行设立提存帐户，并置备保管有价证券、贵重物品的专用设备或租用银行的保险箱。

第九条　提存申请人应当填写公证申请表，并提交下列材料：

（一）申请人的身份证明；法人应提交法人资格证明和法定代表人身份证明，法定代理人应提交与被代理人关系的证明，委托代理人应提交授权委托书；

（二）合同（协议）、担保书、赠与书、司法文书、行政决定等据以履行义务的依据；

（三）存在本规则第五条或第六条规定情况的有关证明材料；

（四）提存受领人姓名（名称）、地址、邮编、联系电话等；

（五）提存标的物种类、质量、数量、价值的明细表；

（六）公证员认为应当提交的其他材料。

第十条 符合下列条件的申请，公证处应当受理：

（一）申请人对提存受领人负有清偿或担保义务；

（二）具有本规则第五条或第六条规定的情况；

（三）申请事项属于本公证处管辖；

（四）本规则第九条规定的材料基本齐全。

公证处应在收到申请之日起三日内作出受理或不予受理的决定。不予受理的，公证处应当告知申请人对不予受理不服的复议程序。

第十一条 公证人员应按《公证程序规则（试行）》第二十四条规定制作谈话笔录，记录下列内容：

（一）提存理由和相关事实（如无法给付债的标的物的事由和经过）；

（二）有关提存受领人的详细情况；

（三）提存标的物的详细情况；

（四）提存人所作的特别说明等。

第十二条 公证员应当按《公证程序规则（试行）》第二十三条规定，审查下列内容：

（一）本规则第九条所列材料是否齐全，内容是否属实；

（二）提存人的行为能力和清偿依据；

（三）申请提存之债的真实性、合法性；

（四）请求提存的原因和事实是否属实；

（五）提存标的物与债的标的是否相符，是否适宜提存；

（六）提存标的物是否需要采取特殊的处理或保管措施。

第十三条 符合下列条件的，公证处应当予以提存：

（一）提存人具有行为能力，意思表示真实；

（二）提存之债真实、合法；

（三）符合本规则第五条或第六条以及第七条规定条件；

（四）提存标的与债的标的相符。

提存标的与债的标的不符或在提存时难以判明两者是否相符的，公证处应告知提存人如提存受领人因此原因拒绝受领提存物则不能产生提存的效力。提存人仍要求提存的，公证处可以办理提存公证，并记载上述条件。

不符合前两款规定的，公证处应当拒绝办理提存公证，并告知申请人对拒绝公证不服的复议程序。

第十四条 公证处应当验收提存标的物并登记存档。对不能提交公证处的提存物，公证处应当派公证员到现场实地验收。验收时，提存申请人（或其代理人）应当在场，公证员应制作验收笔录。

验收笔录应当记录验收的时间、地点、方式、参加人员，物品的数量、种类、规格、价值以及存放地点、保管环境等内容。验收笔录应交提存人核对。公证员、提存人及其他参与人员应当在验收笔录上签名。

对难以验收的提存标的物，公证处可予以证据保全，并在公证笔录和公证书中注明。

经验收的提存标的物，公证处应当采用封存、委托代管等必要的保管措施。

对易腐易烂易燃易爆等物品，公证处应当在保全证据后，由债务人拍卖或变卖，提存其价款。

第十五条　对提存的贵重物品、有价证券、不动产或其他物品的价值难以确定的，公证处可以聘请专业机构或人员进行估价。

第十六条　提存货币的，以现金、支票交付公证处的日期或提存款划入公证处提存帐户的日期为提存日期。

提存的物品需要验收的，以公证处验收合格的日期为提存日期。

提存的有价证券、提单、权利证书或无需验收的物品，以实际交付公证处的日期为提存日期。

第十七条　公证处应当从提存之日起三日内出具提存公证书。提存之债从提存之日即告清偿。

第十八条　提存人应将提存事实及时通知提存受领人。

以清偿为目的的提存或提存人通知有困难的，公证处应自提存之日起七日内，以书面形式通知提存受领人，告知其领取提存物的时间、期限、地点、方法。

提存受领人不清或下落不明、地址不详无法送达通知的，公证处应自提存之日起六十日内，以公告方式通知。公告应刊登在国家或债权人在国内住所地的法制报刊上，公告应在一个月内在同一报刊刊登三次。

第十九条　公证处有保管提存标的物的权利和义务。公证处应当采取适当的方法妥善保管提存标的，以防毁损、变质或灭失。

对不宜保存的、提存受领人到期不领取或超过保管期限的提存物品，公证处可以拍卖，保存其价款。

第二十条　下列物品的保管期限为六个月：

（一）不适于长期保管或长期保管将损害其价值的；

（二）六个月的保管费用超过物品价值5%的。

第二十一条　从提存之日起，超过二十年无人领取的提存标的物，视为无主财产；公证处应在扣除提存费用后将其余额上缴国库。

第二十二条 提存物在提存期间所产生的孳息归提存受领人所有。提存人取回提存物的，孳息归提存人所有。

提存的存款单、有价证券、奖券需要领息、承兑、领奖的，公证处应当代为承兑或领取，所获得的本金和孳息在不改变用途的前提下，按不损害提存受领人利益的原则处理。无法按原用途使用的，应以货币形式存入提存帐户。

定期存款到期的，原则上按原来期限将本金和利息一并转存。股息红利除用于支付有关的费用外，剩余部分应当存入提存专用帐户。

提存的不动产或其他物品的收益，除用于维护费用外剩余部分应当存入提存帐户。

第二十三条 公证处应当按照当事人约定或法定的条件给付提存标的。本规则第六条第一项规定的以对待给付为条件的提存，在提存受领人未为对待给付之前，公证处不得给付提存标的物。

提存受领人领取提存标的物时，应提供身份证明、提存通知书或公告，以及有关债权的证明，并承担因提存所支出的费用。提存受领人负有对待给付义务的，应提供履行对待给付义务的证明。委托他人代领的，还应提供有效的授权委托书。由其继承人领取的，应当提交继承公证书或其他有效的法律文书。

第二十四条 因债权的转让、抵销等原因需要由第三人领取提存标的物的，该第三人应当提供已取得提存之债债权的有效法律文书。

第二十五条 除当事人另有约定外，提存费用由提存受领人承担。

提存费用包括：提存公证费、公告费、邮电费、保管费、评估鉴定费、代管费、拍卖变卖费、保险费，以及为保管、处理、运输提存标的物所支出的其他费用。

提存受领人未支付提存费用前，公证处有权留置价值相当的提存标的物。

第二十六条 提存人可以凭人民法院生效的判决、裁定。或提存之债已经清偿的公证证明取回提存物。

提存受领人以书面形式向公证处表示抛弃提存受领权的，提存人得取回提存物。

提存人取回提存物的，视为未提存。因此产生的费用由提存人承担。提存人未支付提存费用前，公证处有权留置价值相当的提存标的。

第二十七条 公证处不得挪用提存标的。公证处或公证人员挪用提存标的的，除应负相应的赔偿责任外，对直接责任人员要追究行政或刑事责任。

提存期间，提存物毁损灭失的风险责任由提存受领人负担；但因公证处过错造成毁损、灭失的，公证处负有赔偿责任。

公民、法人以不正当手段骗取提存标的的，负有赔偿责任；构成犯罪的，依法追究刑事责任。

公证处未按法定或当事人约定条件给付提存标的给当事人造成损失的，公证处负有连带赔偿责任。

第二十八条　符合法定或当事人约定的给付条件，公证处拒绝给付的，由其主管的司法行政机关责令限期给付；给当事人造成损失的，公证处负有赔偿责任。

根据人民法院、仲裁机构的裁决或司法行政机关决定给付的，由此产生的法律后果由作出决定的机构承担。

第二十九条　司法机关或行政机关因执行公务而申办提存公证的，参照本规则办理。

监护人、遗产管理人为保护被监护人、继承人利益，请求将所监护或管理的财产提存的，参照本规则办理。

遗嘱人或赠与人为保护遗嘱受益人或未成年的受赠人利益，请求将遗嘱所处分的财产或赠与财产提存的，参照本规则办理。

第三十条　外国人、无国籍人在中国境内申办提存公证，适用本规则。

第三十一条　本规则自发布之日起施行。由司法部负责解释。

公证机构办理抵押登记办法

（2002年2月20日司法部部长办公会议通过
2002年2月20日司法部令第68号公布
自发布之日起施行）

第一条　为规范公证机构的抵押登记活动，根据《中华人民共和国担保法》和《中华人民共和国公证暂行条例》等规定，制定本办法。

第二条　《中华人民共和国担保法》第四十三条第二款规定的公证部门为依法设立的公证机构。

第三条　《中华人民共和国担保法》第四十三条规定的“其他财产”包括下列内容：

（一）个人、事业单位、社会团体和其他非企业组织所有的机械设备、牲畜等生产资料；

（二）位于农村的个人私有房产；

（三）个人所有的家具、家用电器、金银珠宝及其制品等生活资料；

（四）其他除《中华人民共和国担保法》第三十七条和第四十二条规定之外的财产。

当事人以前款规定的财产抵押的，抵押人所在地的公证机构为登记部门，公证机构办理登记适用本办法规定。

第四条 以《中华人民共和国担保法》第四十二条第（二）项的规定的财产抵押，县级以上地方人民政府规定由公证机构登记的；以及法律、法规规定的抵押合同自公证机构办理登记之日起生效的，公证机构办理登记适用本办法规定。

第五条 以本办法第三条规定的财产抵押的，抵押权人自公证机构出具《抵押登记证书》之日起获得对抗第三人的权利。

以本办法第四条规定的财产抵押的，抵押合同自公证机构出具《抵押登记证书》之日起生效。

第六条 申办抵押登记，由抵押合同双方当事人共同提出申请，并填写《抵押登记申请表》。

《抵押登记申请表》应载明下列内容：

（一）申请人为个人的，应载明其姓名、性别、出生日期、身份证明号码、工作单位、住址、联系方式等；申请人为法人或其他组织的，应载明法人或其他组织的名称、地址、法定代表人或负责人和代理人的姓名、性别、职务、联系方式；

（二）主合同和抵押合同的名称；

（三）被担保的主债权的种类、数额；

（四）抵押物的名称、数量、质量、状况、所在地、所有权或者使用权权属；

（五）债务人履行债务的期限；

（六）抵押担保的范围；

（七）抵押物属再次抵押的，应载明再次抵押的情况；

（八）申请抵押登记的日期；

（九）其他需要说明的问题。

申请人应当在申请表上签名或盖章。

第七条 申请人应向公证机构提交下列材料：

（一）申请人和代理人的身份、资格证明；

（二）主合同、抵押合同及其他相关合同；

（三）以本办法第四条规定的财产抵押的，应提交抵押物所有权或者使用权证书；以本办法第三条规定的财产抵押的，应提交抵押物所有权或者使用权证书或其他证明材料；

（四）抵押物清单；

（五）与抵押登记事项有关的其他材料。

第八条　符合下列条件的申请，公证机构应予以受理：

（一）申请抵押登记的财产符合本办法第三条、第四条的规定；

（二）抵押登记事项属于本公证机构管辖；

（三）本办法第七条所列各项材料齐全。

公证机构不予受理的，应记录在案，并及时告知申请人。

第九条　公证机构应当在受理之日起5个工作日内审查完毕，并决定是否予以登记。

第十条　有下列情形之一的，公证机构不予办理抵押登记：

（一）申请人提交的材料无效；

（二）申请人对抵押物的名称、数量、质量、状况、所在地、所有权或者使用权权属存在争议；

（三）以法律、法规规定的不得抵押的财产设定抵押的。

对不予登记的，公证机构应记录在案，并书面告知申请人。

第十一条　公证机构决定予以登记的，应向当事人出具《抵押登记证书》。

《抵押登记证书》应载明下列内容：

（一）抵押人、抵押权人的姓名、身份证明号码或名称、单位代码、地址；

（二）抵押担保的主债权的种类、数额；

（三）抵押物的名称、数量、质量、状况、所在地、所有权或者使用权权属；

（四）债务人履行债务的期限；

（五）抵押担保的范围；

（六）再次抵押情况；

（七）抵押登记的日期；

（八）其他事项。

第十二条　公证机构办理房地产抵押登记的，应在出具《抵押登记证书》后告知房地产管理部门。

第十三条　办理抵押登记的公证机构应配备计算机，录入抵押登记信息，并设立书面登录簿，登录本公证机构办理抵押登记的资料。

办理抵押登记的公证机构应及时与其他公证机构交换抵押登记信息，信息的交换办法由各省、自治区、直辖市司法厅（局）制定。

第十四条 当事人变更抵押合同向公证机构申请变更登记，经审查符合抵押登记规定的，公证机构应予以办理变更抵押登记。

当事人变更抵押合同未办理变更抵押登记的，自行变更后的抵押不发生《中华人民共和国担保法》规定的抵押登记效力。

第十五条 当事人履行完毕主债务或提前终止、解除抵押合同向公证机构申请办理注销登记的，公证机构应予以办理注销抵押登记。

第十六条 公证机构办理抵押登记，按规定收取抵押登记费。抵押登记费由当事人双方共同承担或从约定。

第十七条 当事人及有关人员可以查阅、抄录或复印抵押登记的资料，但应按规定交纳费用。

第十八条 以承包经营权等合同权益、应收账款或未来可得权益进行物权担保的，公证机构办理登记可比照本办法执行。

第十九条 本办法由司法部解释。

第二十条 本办法自发布之日起施行。

公证程序规则

（2006年5月18日司法部令第103号公布　自2006年7月1日起施行）

第一章　总　则

第一条 为了规范公证程序，保证公证质量，根据《中华人民共和国公证法》（以下简称《公证法》）和有关法律、行政法规的规定，制定本规则。

第二条 公证机构办理公证，应当遵守法律，坚持客观、公正的原则，遵守公证执业规范和执业纪律。

第三条 公证机构依法独立行使公证职能，独立承担民事责任，任何单位、个人不得非法干预，其合法权益不受侵犯。

第四条 公证机构应当根据《公证法》的规定，受理公证申请，办理公证业务，以本公证机构的名义出具公证书。

第五条 公证员受公证机构指派，依照《公证法》和本规则规定的程序办理公证业务，并在出具的公证书上署名。

依照《公证法》和本规则的规定，在办理公证过程中须公证员亲自办理的事务，不得指派公证机构的其他工作人员办理。

第六条　公证机构和公证员办理公证，不得有《公证法》第十三条、第二十三条禁止的行为。

公证机构的其他工作人员以及依据本规则接触到公证业务的相关人员，不得泄露在参与公证业务活动中知悉的国家秘密、商业秘密或者个人隐私。

第七条　公证机构应当建立、健全公证业务管理制度和公证质量管理制度，对公证员的执业行为进行监督。

第八条　司法行政机关依照《公证法》和本规则规定，对公证机构和公证员的执业活动和遵守程序规则的情况进行监督、指导。

公证协会依据章程和行业规范，对公证机构和公证员的执业活动和遵守程序规则的情况进行监督。

第二章　公证当事人

第九条　公证当事人是指与公证事项有利害关系并以自己的名义向公证机构提出公证申请，在公证活动中享有权利和承担义务的自然人、法人或者其他组织。

第十条　无民事行为能力人或者限制民事行为能力人申办公证，应当由其监护人代理。

法人申办公证，应当由其法定代表人代表。

其他组织申办公证，应当由其负责人代表。

第十一条　当事人可以委托他人代理申办公证，但申办遗嘱、遗赠扶养协议、赠与、认领亲子、收养关系、解除收养关系、生存状况、委托、声明、保证及其他与自然人人身有密切关系的公证事项，应当由其本人亲自申办。

公证员、公证机构的其他工作人员不得代理当事人在本公证机构申办公证。

第十二条　居住在香港、澳门、台湾地区的当事人，委托他人代理申办涉及继承、财产权益处分、人身关系变更等重要公证事项的，其授权委托书应当经其居住地的公证人（机构）公证，或者经司法部指定的机构、人员证明。

居住在国外的当事人，委托他人代理申办前款规定的重要公证事项的，其授权委托书应当经其居住地的公证人（机构）、我驻外使（领）馆公证。

第三章　公证执业区域

第十三条　公证执业区域是指由省、自治区、直辖市司法行政机关，根据《公证法》第二十五条和《公证机构执业管理办法》第十条的规定以及当地公证机构设置方案，划定的公证机构受理公证业务的地域范围。

公证机构的执业区域，由省、自治区、直辖市司法行政机关在办理该公证机构设立或者变更审批时予以核定。

公证机构应当在核定的执业区域内受理公证业务。

第十四条 公证事项由当事人住所地、经常居住地、行为地或者事实发生地的公证机构受理。

涉及不动产的公证事项，由不动产所在地的公证机构受理；涉及不动产的委托、声明、赠与、遗嘱的公证事项，可以适用前款规定。

第十五条 二个以上当事人共同申办同一公证事项的，可以共同到行为地、事实发生地或者其中一名当事人住所地、经常居住地的公证机构申办。

第十六条 当事人向二个以上可以受理该公证事项的公证机构提出申请的，由最先受理申请的公证机构办理。

第四章 申请与受理

第十七条 自然人、法人或者其他组织向公证机构申请办理公证，应当填写公证申请表。公证申请表应当载明下列内容：

（一）申请人及其代理人的基本情况；

（二）申请公证的事项及公证书的用途；

（三）申请公证的文书的名称；

（四）提交证明材料的名称、份数及有关证人的姓名、住址、联系方式；

（五）申请的日期；

（六）其他需要说明的情况。

申请人应当在申请表上签名或者盖章，不能签名、盖章的由本人捺指印。

第十八条 自然人、法人或者其他组织申请办理公证，应当提交下列材料：

（一）自然人的身份证明，法人的资格证明及其法定代表人的身份证明，其他组织的资格证明及其负责人的身份证明；

（二）委托他人代为申请的，代理人须提交当事人的授权委托书，法定代理人或者其他代理人须提交有代理权的证明；

（三）申请公证的文书；

（四）申请公证的事项的证明材料，涉及财产关系的须提交有关财产权利证明；

（五）与申请公证的事项有关的其他材料。

第十九条 符合下列条件的申请，公证机构可以受理：

（一）申请人与申请公证的事项有利害关系；

（二）申请人之间对申请公证的事项无争议；

（三）申请公证的事项符合《公证法》第十一条规定的范围；

（四）申请公证的事项符合《公证法》第二十五条的规定和该公证机构在其执业区域内可以受理公证业务的范围。

法律、行政法规规定应当公证的事项，符合前款第一项、第二项、第四项规定条件的，公证机构应当受理。

对不符合本条第一款、第二款规定条件的申请，公证机构不予受理，并通知申请人。对因不符合本条第一款第四项规定不予受理的，应当告知申请人向可以受理该公证事项的公证机构申请。

第二十条 公证机构受理公证申请后，应当向申请人发送受理通知单。申请人或其代理人应当在回执上签收。

第二十一条 公证机构受理公证申请后，应当告知当事人申请公证事项的法律意义和可能产生的法律后果，告知其在办理公证过程中享有的权利、承担的义务。告知内容、告知方式和时间，应当记录归档。

第二十二条 公证机构受理公证申请后，应当按照规定向当事人收取公证费。公证办结后，经核定的公证费与预收数额不一致的，应当办理退还或者补收手续。

对符合法律援助条件的当事人，公证机构应当按照规定减收或者免收公证费。

第二十三条 公证机构受理公证申请后，应当指派承办公证员，并通知当事人。当事人要求该公证员回避，经查属于《公证法》第二十三条第三项规定应当回避情形的，公证机构应当改派其他公证员承办。

第五章 审 查

第二十四条 公证机构受理公证申请后，应当根据不同公证事项的办证规则，分别审查下列事项：

（一）当事人的人数、身份、申请办理该项公证的资格及相应的权利；

（二）当事人的意思表示是否真实；

（三）申请公证的文书的内容是否完备，含义是否清晰，签名、印鉴是否齐全；

（四）提供的证明材料是否真实、合法、充分；

（五）申请公证的事项是否真实、合法。

第二十五条 当事人应当向公证机构如实说明申请公证的事项的有关情况，提交的证明材料应当真实、合法、充分。

公证机构在审查中，对申请公证的事项的真实性、合法性有疑义的，认为当事人的情况说明或者提供的证明材料不充分、不完备或者有疑义的，可以要求当事人作出说明或者补充证明材料。

当事人拒绝说明有关情况或者补充证明材料的，依照本规则第四十八条的规定处理。

第二十六条 公证机构在审查中，对申请公证的事项以及当事人提供的证明材料，按照有关办证规则需要核实或者对其有疑义的，应当进行核实，或者委托异地公证机构代为核实。有关单位或者个人应当依法予以协助。

第二十七条 公证机构可以采用下列方式，核实公证事项的有关情况以及证明材料：

（一）通过询问当事人、公证事项的利害关系人核实；

（二）通过询问证人核实；

（三）向有关单位或者个人了解相关情况或者核实、收集相关书证、物证、视听资料等证明材料；

（四）通过现场勘验核实；

（五）委托专业机构或者专业人员鉴定、检验检测、翻译。

第二十八条 公证机构进行核实，应当遵守有关法律、法规和有关办证规则的规定。

公证机构派员外出核实的，应当由二人进行，但核实、收集书证的除外。特殊情况下只有一人外出核实的，应当有一名见证人在场。

第二十九条 采用询问方式向当事人、公证事项的利害关系人或者有关证人了解、核实公证事项的有关情况以及证明材料的，应当告知被询问人享有的权利、承担的义务及其法律责任。询问的内容应当制作笔录。

询问笔录应当载明：询问日期、地点、询问人、记录人，询问事由，被询问人的基本情况，告知内容、询问谈话内容等。

询问笔录应当交由被询问人核对后签名或者盖章、捺指印。笔录中修改处应当由被询问人盖章或者捺指印认可。

第三十条 在向当事人、公证事项的利害关系人、证人或者有关单位、个人核实或者收集有关公证事项的证明材料时，需要摘抄、复印（复制）有关资料、证明原件、档案材料或者对实物证据照相并作文字描述记载的，摘抄、复印（复制）的材料或者物证照片及文字描述记载应当与原件或者物证相符，并由资料、原件、物证所有人或者档案保管人对摘抄、复印（复制）的材料或者物证照片及文字描述记载核对后签名或者盖章。

第三十一条 采用现场勘验方式核实公证事项及其有关证明材料的，应当制作勘验笔录，由核实人员及见证人签名或者盖章。根据需要，可以采用绘图、照相、录像或者录音等方式对勘验情况或者实物证据予以记载。

第三十二条　需要委托专业机构或者专业人员对申请公证的文书或者公证事项的证明材料进行鉴定、检验检测、翻译的，应当告知当事人由其委托办理，或者征得当事人的同意代为办理。鉴定意见、检验检测结论、翻译材料，应当由相关专业机构及承办鉴定、检验检测、翻译的人员盖章和签名。

委托鉴定、检验检测、翻译所需的费用，由当事人支付。

第三十三条　公证机构委托异地公证机构核实公证事项及其有关证明材料的，应当出具委托核实函，对需要核实的事项及内容提出明确的要求。受委托的公证机构收到委托函后，应当在一个月内完成核实。因故不能完成或者无法核实的，应当在上述期限内函告委托核实的公证机构。

第三十四条　公证机构在审查中，认为申请公证的文书内容不完备、表达不准确的，应当指导当事人补正或者修改。当事人拒绝补正、修改的，应当在工作记录中注明。

应当事人的请求，公证机构可以代为起草、修改申请公证的文书。

第六章　出具公证书

第三十五条　公证机构经审查，认为申请公证的事项符合《公证法》、本规则及有关办证规则规定的，应当自受理之日起十五个工作日内向当事人出具公证书。

因不可抗力、补充证明材料或者需要核实有关情况的，所需时间不计算在前款规定的期限内，并应当及时告知当事人。

第三十六条　民事法律行为的公证，应当符合下列条件：

（一）当事人具有从事该行为的资格和相应的民事行为能力；

（二）当事人的意思表示真实；

（三）该行为的内容和形式合法，不违背社会公德；

（四）《公证法》规定的其他条件。

不同的民事法律行为公证的办证规则有特殊要求的，从其规定。

第三十七条　有法律意义的事实或者文书的公证，应当符合下列条件：

（一）该事实或者文书与当事人有利害关系；

（二）事实或者文书真实无误；

（三）事实或者文书的内容和形式合法，不违背社会公德；

（四）《公证法》规定的其他条件。

不同的有法律意义的事实或者文书公证的办证规则有特殊要求的，从其规定。

第三十八条　文书上的签名、印鉴、日期的公证，其签名、印鉴、日期应当准确、属实；文书的副本、影印本等文本的公证，其文本内容应当与原本相符。

第三十九条 具有强制执行效力的债权文书的公证，应当符合下列条件：

（一）债权文书以给付货币、物品或者有价证券为内容；

（二）债权债务关系明确，债权人和债务人对债权文书有关给付内容无疑义；

（三）债权文书中载明当债务人不履行或者不适当履行义务时，债务人愿意接受强制执行的承诺；

（四）《公证法》规定的其他条件。

第四十条 符合《公证法》、本规则及有关办证规则规定条件的公证事项，由承办公证员拟制公证书，连同被证明的文书、当事人提供的证明材料及核实情况的材料、公证审查意见，报公证机构的负责人或其指定的公证员审批。但按规定不需要审批的公证事项除外。

公证机构的负责人或者被指定负责审批的公证员不得审批自己承办的公证事项。

第四十一条 审批公证事项及拟出具的公证书，应当审核以下内容：

（一）申请公证的事项及其文书是否真实、合法；

（二）公证事项的证明材料是否真实、合法、充分；

（三）办证程序是否符合《公证法》、本规则及有关办证规则的规定；

（四）拟出具的公证书的内容、表述和格式是否符合相关规定。

审批重大、复杂的公证事项，应当在审批前提交公证机构集体讨论。讨论的情况和形成的意见，应当记录归档。

第四十二条 公证书应当按照司法部规定的格式制作。公证书包括以下主要内容：

（一）公证书编号；

（二）当事人及其代理人的基本情况；

（三）公证证词；

（四）承办公证员的签名（签名章）、公证机构印章；

（五）出具日期。

公证证词证明的文书是公证书的组成部分。

有关办证规则对公证书的格式有特殊要求的，从其规定。

第四十三条 制作公证书应当使用全国通用的文字。在民族自治地方，根据当事人的要求，可以同时制作当地通用的民族文字文本。两种文字的文本，具有同等效力。

发往香港、澳门、台湾地区使用的公证书应当使用全国通用的文字。

发往国外使用的公证书应当使用全国通用的文字。根据需要和当事人的要求，公证书可以附外文译文。

第四十四条 公证书自出具之日起生效。

需要审批的公证事项，审批人的批准日期为公证书的出具日期；不需要审批的公证事项，承办公证员的签发日期为公证书的出具日期；现场监督类公证需要现场宣读公证证词的，宣读日期为公证书的出具日期。

第四十五条 公证机构制作的公证书正本，由当事人各方各收执一份，并可以根据当事人的需要制作若干份副本。公证机构留存公证书原本（审批稿、签发稿）和一份正本归档。

第四十六条 公证书出具后，可以由当事人或其代理人到公证机构领取，也可以应当事人的要求由公证机构发送。当事人或其代理人收到公证书应当在回执上签收。

第四十七条 公证书需要办理领事认证的，根据有关规定或者当事人的委托，公证机构可以代为办理公证书认证，所需费用由当事人支付。

第七章 不予办理公证和终止公证

第四十八条 公证事项有下列情形之一的，公证机构应当不予办理公证：

（一）无民事行为能力人或者限制民事行为能力人没有监护人代理申请办理公证的；

（二）当事人与申请公证的事项没有利害关系的；

（三）申请公证的事项属专业技术鉴定、评估事项的；

（四）当事人之间对申请公证的事项有争议的；

（五）当事人虚构、隐瞒事实，或者提供虚假证明材料的；

（六）当事人提供的证明材料不充分又无法补充，或者拒绝补充证明材料的；

（七）申请公证的事项不真实、不合法的；

（八）申请公证的事项违背社会公德的；

（九）当事人拒绝按照规定支付公证费的。

第四十九条 不予办理公证的，由承办公证员写出书面报告，报公证机构负责人审批。不予办理公证的决定应当书面通知当事人或其代理人。

不予办理公证的，公证机构应当根据不予办理的原因及责任，酌情退还部分或者全部收取的公证费。

第五十条 公证事项有下列情形之一的，公证机构应当终止公证：

（一）因当事人的原因致使该公证事项在六个月内不能办结的；

（二）公证书出具前当事人撤回公证申请的；

（三）因申请公证的自然人死亡、法人或者其他组织终止，不能继续办理公证或者继续办理公证已无意义的；

（四）当事人阻挠、妨碍公证机构及承办公证员按规定的程序、期限办理公证的；

（五）其他应当终止的情形。

第五十一条 终止公证的，由承办公证员写出书面报告，报公证机构负责人审批。终止公证的决定应当书面通知当事人或其代理人。

终止公证的，公证机构应当根据终止的原因及责任，酌情退还部分收取的公证费。

第八章 特别规定

第五十二条 公证机构办理招标投标、拍卖、开奖等现场监督类公证，应当由二人共同办理。承办公证员应当依照有关规定，通过事前审查、现场监督，对其真实性、合法性予以证明，现场宣读公证证词，并在宣读后七日内将公证书发送当事人。该公证书自宣读公证证词之日起生效。

办理现场监督类公证，承办公证员发现当事人有弄虚作假、徇私舞弊、违反活动规则、违反国家法律和有关规定行为的，应当即时要求当事人改正；当事人拒不改正的，应当不予办理公证。

第五十三条 公证机构办理遗嘱公证，应当由二人共同办理。承办公证员应当全程亲自办理。

特殊情况下只能由一名公证员办理时，应当请一名见证人在场，见证人应当在询问笔录上签名或者盖章。

第五十四条 公证机构派员外出办理保全证据公证的，由二人共同办理，承办公证员应当亲自外出办理。

办理保全证据公证，承办公证员发现当事人是采用法律、法规禁止的方式取得证据的，应当不予办理公证。

第五十五条 债务人不履行或者不适当履行经公证的具有强制执行效力的债权文书的，公证机构可以根据债权人的申请，依照有关规定出具执行证书。执行证书应当在法律规定的执行期限内出具。

执行证书应当载明申请人、被申请执行人、申请执行标的和申请执行的期限。债务人已经履行的部分，应当在申请执行标的中予以扣除。因债务人不履行或者不适当履行而发生的违约金、滞纳金、利息等，可以应债权人的要求列入申请执行标的。

第五十六条 经公证的事项在履行过程中发生争议的，出具公证书的公证机构可以应当事人的请求进行调解。经调解后当事人达成新的协议并申请公证的，公证机构可以办理公证；调解不成的，公证机构应当告知当事人就该争议依法向人民法院提起民事诉讼或者向仲裁机构申请仲裁。

第九章　公证登记和立卷归档

第五十七条　公证机构办理公证，应当填写公证登记簿，建立分类登记制度。

登记事项包括：公证事项类别、当事人姓名（名称）、代理人（代表人）姓名、受理日期、承办人、审批人（签发人）、结案方式、办结日期、公证书编号等。

公证登记簿按年度建档，应当永久保存。

第五十八条　公证机构在出具公证书后或者作出不予办理公证、终止公证的决定后，应当依照司法部、国家档案局制定的有关公证文书立卷归档和公证档案管理的规定，由承办公证员将公证文书和相关材料，在三个月内完成汇总整理、分类立卷、移交归档。

第五十九条　公证机构受理公证申请后，承办公证员即应当着手立卷的准备工作，开始收集有关的证明材料，整理询问笔录和核实情况的有关材料等。

对不能附卷的证明原件或者实物证据，应当按照规定将其原件复印件（复制件）、物证照片及文字描述记载留存附卷。

第六十条　公证案卷应当根据公证事项的类别、内容，划分为普通卷、密卷，分类归档保存。

公证案卷应当根据公证事项的类别、用途及其证据价值确定保管期限。保管期限分短期、长期、永久三种。

涉及国家秘密、遗嘱的公证事项，列为密卷。立遗嘱人死亡后，遗嘱公证案卷转为普通卷保存。

公证机构内部对公证事项的讨论意见和有关请示、批复等材料，应当装订成副卷，与正卷一起保存。

第十章　公证争议处理

第六十一条　当事人认为公证书有错误的，可以在收到公证书之日起一年内，向出具该公证书的公证机构提出复查。

公证事项的利害关系人认为公证书有错误的，可以自知道或者应当知道该项公证之日起一年内向出具该公证书的公证机构提出复查，但能证明自己不知道的除外。提出复查的期限自公证书出具之日起最长不得超过二十年。

复查申请应当以书面形式提出，载明申请人认为公证书存在的错误及其理由，提出撤销或者更正公证书的具体要求，并提供相关证明材料。

第六十二条 公证机构收到复查申请后，应当指派原承办公证员之外的公证员进行复查。复查结论及处理意见，应当报公证机构的负责人审批。

第六十三条 公证机构进行复查，应当对申请人提出的公证书的错误及其理由进行审查、核实，区别不同情况，按照以下规定予以处理：

（一）公证书的内容合法、正确、办理程序无误的，作出维持公证书的处理决定；

（二）公证书的内容合法、正确，仅证词表述或者格式不当的，应当收回公证书，更正后重新发给当事人；不能收回的，另行出具补正公证书；

（三）公证书的基本内容违法或者与事实不符的，应当作出撤销公证书的处理决定；

（四）公证书的部分内容违法或者与事实不符的，可以出具补正公证书，撤销对违法或者与事实不符部分的证明内容；也可以收回公证书，对违法或者与事实不符的部分进行删除、更正后，重新发给当事人；

（五）公证书的内容合法、正确，但在办理过程中有违反程序规定、缺乏必要手续的情形，应当补办缺漏的程序和手续；无法补办或者严重违反公证程序的，应当撤销公证书。

被撤销的公证书应当收回，并予以公告，该公证书自始无效。

公证机构撤销公证书的，应当报地方公证协会备案。

第六十四条 公证机构应当自收到复查申请之日起三十日内完成复查，作出复查处理决定，发给申请人。需要对公证书作撤销或者更正、补正处理的，应当在作出复查处理决定后十日内完成。复查处理决定及处理后的公证书，应当存入原公证案卷。

公证机构办理复查，因不可抗力、补充证明材料或者需要核实有关情况的，所需时间不计算在前款规定的期限内，但补充证明材料或者需要核实有关情况的，最长不得超过六个月。

第六十五条 公证机构发现出具的公证书的内容及办理程序有本规则第六十三条第二项至第五项规定情形的，应当通知当事人，按照本规则第六十三条的规定予以处理。

第六十六条 公证书被撤销的，所收的公证费按以下规定处理：

（一）因公证机构的过错撤销公证书的，收取的公证费应当全部退还当事人；

（二）因当事人的过错撤销公证书的，收取的公证费不予退还；

（三）因公证机构和当事人双方的过错撤销公证书的，收取的公证费酌情退还。

第六十七条 当事人、公证事项的利害关系人对公证机构作出的撤销或者不予撤销公证书的决定有异议的，可以向地方公证协会投诉。

投诉的处理办法，由中国公证协会制定。

第六十八条　当事人、公证事项的利害关系人对公证书涉及当事人之间或者当事人与公证事项的利害关系人之间实体权利义务的内容有争议的，公证机构应当告知其可以就该争议向人民法院提起民事诉讼。

第六十九条　公证机构及其公证员因过错给当事人、公证事项的利害关系人造成损失的，由公证机构承担相应的赔偿责任；公证机构赔偿后，可以向有故意或者重大过失的公证员追偿。

当事人、公证事项的利害关系人与公证机构因过错责任和赔偿数额发生争议，协商不成的，可以向人民法院提起民事诉讼，也可以申请地方公证协会调解。

第十一章　附　则

第七十条　有关办证规则对不同的公证事项的办证程序有特殊规定的，从其规定。

第七十一条　公证机构根据《公证法》第十二条规定受理的提存、登记、保管等事务，依照有关专门规定办理；没有专门规定的，参照本规则办理。

第七十二条　公证机构及其公证员在办理公证过程中，有违反《公证法》第四十一条、第四十二条以及本规则规定行为的，由司法行政机关依据《公证法》、《公证机构执业管理办法》、《公证员执业管理办法》给予相应的处罚；有违反公证行业规范行为的，由公证协会给予相应的行业处分。

第七十三条　本规则由司法部解释。

第七十四条　本规则自 2006 年 7 月 1 日起施行。司法部 2002 年 6 月 18 日发布的《公证程序规则》（司法部令第 72 号）同时废止。

最高人民法院
关于审理涉及公证活动相关民事案件的若干规定

法释〔2014〕6 号

（2014 年 4 月 28 日最高人民法院审判委员会第 1614 次会议通过
2014 年 5 月 16 日最高人民法院公告公布　自 2014 年 6 月 6 日起施行）

为正确审理涉及公证活动相关民事案件，维护当事人的合法权益，根据

《中华人民共和国民法通则》《中华人民共和国公证法》《中华人民共和国侵权责任法》《中华人民共和国民事诉讼法》等法律的规定，结合审判实践，制定本规定。

第一条 当事人、公证事项的利害关系人依照公证法第四十三条规定向人民法院起诉请求民事赔偿的，应当以公证机构为被告，人民法院应作为侵权责任纠纷案件受理。

第二条 当事人、公证事项的利害关系人起诉请求变更、撤销公证书或者确认公证书无效的，人民法院不予受理，告知其依照公证法第三十九条规定可以向出具公证书的公证机构提出复查。

第三条 当事人、公证事项的利害关系人对公证书所公证的民事权利义务有争议的，可以依照公证法第四十条规定就该争议向人民法院提起民事诉讼。

当事人、公证事项的利害关系人对具有强制执行效力的公证债权文书的民事权利义务有争议直接向人民法院提起民事诉讼的，人民法院依法不予受理。但是，公证债权文书被人民法院裁定不予执行的除外。

第四条 当事人、公证事项的利害关系人提供证据证明公证机构及其公证员在公证活动中具有下列情形之一的，人民法院应当认定公证机构有过错：

（一）为不真实、不合法的事项出具公证书的；

（二）毁损、篡改公证书或者公证档案的；

（三）泄露在执业活动中知悉的商业秘密或者个人隐私的；

（四）违反公证程序、办证规则以及国务院司法行政部门制定的行业规范出具公证书的；

（五）公证机构在公证过程中未尽到充分的审查、核实义务，致使公证书错误或者不真实的；

（六）对存在错误的公证书，经当事人、公证事项的利害关系人申请仍不予纠正或者补正的；

（七）其他违反法律、法规、国务院司法行政部门强制性规定的情形。

第五条 当事人提供虚假证明材料申请公证致使公证书错误造成他人损失的，当事人应当承担赔偿责任。公证机构依法尽到审查、核实义务的，不承担赔偿责任；未依法尽到审查、核实义务的，应当承担与其过错相应的补充赔偿责任；明知公证证明的材料虚假或者与当事人恶意串通的，承担连带赔偿责任。

第六条 当事人、公证事项的利害关系人明知公证机构所出具的公证书不真实、不合法而仍然使用造成自己损失，请求公证机构承担赔偿责任的，人民法院不予支持。

第七条　本规定施行后，涉及公证活动的民事案件尚未终审的，适用本规定；本规定施行前已经终审，当事人申请再审或者按照审判监督程序决定再审的，不适用本规定。

最高人民法院　司法部
关于开展公证参与人民法院司法辅助事务试点工作的通知

（2017 年 6 月 29 日　司发通〔2017〕68 号）

北京、内蒙古、黑龙江、上海、江苏、浙江、安徽、福建、广东、四川、云南、陕西省（区、市）高级人民法院、司法厅（局）：

为深入贯彻党的十八大和十八届三中、四中、五中、六中全会精神，贯彻落实中共中央办公厅、国务院办公厅《关于完善矛盾纠纷多元化解机制的意见》，充分发挥公证制度在推进多元化纠纷解决机制改革中的职能作用，现就开展公证参与人民法院司法辅助事务试点工作通知如下。

一、充分认识开展公证参与司法辅助事务试点工作的重要意义

公证制度是我国社会主义法律制度的重要组成部分，是预防性司法证明制度。公证活动可以为人民法院审判和执行工作提供裁判依据，促进审判活动依法高效进行；经公证的债权文书具有强制执行效力，可以不经诉讼直接成为人民法院的执行依据，减少司法成本，提高司法效率；公证制度具有服务、沟通、证明、监督等功能，是社会纠纷多元化解决的基础性司法资源，可以成为人民法院司法辅助事务的重要承接力量。近年来，一些地方人民法院积极引入公证机构参与司法辅助事务，取得了良好效果。公证参与司法辅助事务，是公证服务推进以审判为中心的诉讼制度改革的有益探索，是公证助力人民法院司法体制改革的重要举措，有利于协助法官集中精力做好审判执行工作，缓解人民法院"案多人少"的矛盾，有利于进一步深化多元化纠纷解决机制改革，推动社会纠纷资源的合理配置和高效利用，有利于促进公证机构改革创新发展。各级人民法院、司法行政机关要从全面依法治国和推进社会主义法治建设的高度，充分认识公证参与司法辅助事务的重要意义，积极为公证机构参与司法辅助事务创造条件，扎实推动此项试点工作的深入开展。

二、开展公证参与司法辅助事务试点工作的主要内容

自2017年7月起，选择在北京、内蒙古、黑龙江、上海、江苏、浙江、安徽、福建、广东、四川、云南、陕西12省（区、市）开展公证参与司法辅助事务试点，试点期限为一年。试点地方高级人民法院、司法厅（局）要选择法院“案多人少”矛盾突出，公证机构服务能力强的地方，积极稳妥开展公证机构参与人民法院司法辅助事务试点工作，支持公证机构在人民法院调解、取证、送达、保全、执行等环节提供公证法律服务，充分发挥公证制度职能作用。公证机构参与司法辅助事务的主要内容有：

（一）参与调解。人民法院通过吸纳公证机构进入人民法院特邀调解组织名册，进入名册的公证机构可以接受人民法院委派或委托在家事、商事等领域开展调解，发挥诉前引导程序性作用、开展调解前置程序改革。经委派调解达成协议的，公证机构可以应当事人申请，对具有给付内容、债权债务关系明确的和解、调解协议办理公证并赋予强制执行效力；经委托调解达成调解协议的，公证机构应当将调解协议及相关材料移交人民法院，由人民法院按照法律规定出具民事调解书或作相应处理。未达成调解协议的，公证机构可以在征得各方当事人同意后，用书面形式记载调解过程中双方没有争议的事实，并由当事人签字确认。在诉讼程序中，除涉及国家利益、社会公共利益和他人合法权益的外，当事人无需对调解过程中已确认的无争议事实举证。

（二）参与取证。公证机构可以接受人民法院委托，就当事人婚姻状况、亲属关系、财产状况、未成年子女抚养情况、书面文书等进行核实和调查取证。核查结束后，公证机构应就核查内容、核查过程、核查结果向法院出具取证报告。

（三）参与送达。公证机构可以接受人民法院委托，参与案件各个阶段的司法送达事务。鼓励公证机构采用信息化手段，推行集约化送达模式，避免分散作业和资源的重复投入。送达工作完成后，公证机构应当就送达过程、送达结果等情况形成送达全流程登记表，交由人民法院留存备查。

（四）参与保全。公证机构可以协助人民法院核实被保全财产信息和被保全财产线索，核实被保全动产的权属和占有、使用等情况。财产保全需要提供担保的，公证机构可以协助人民法院审查申请保全人或第三人提交的财产保全担保书、保证书，对其中的担保内容及证据材料进行核实。

（五）参与执行。人民法院支持公证机构在执行工作环节参与司法辅助事务。公证机构可以参与人民法院执行中的和解、调查、送达工作，协助人民法院搜集核实执行线索、查控执行标的，协助清点和管理查封、扣押财物。经执行机关申请，可以办理保全证据公证。

三、加强对公证参与司法辅助事务试点工作的组织领导

（一）加强组织领导。各试点省（区、市）高级人民法院和司法厅（局）要高度重视公证参与司法辅助事务试点工作，研究制定试点实施方案，确保试点工作按时启动、顺利推进、如期完成。要建立工作沟通协调机制，为公证机构和公证人员参与司法辅助事务创造条件。

（二）加强培训指导。要明确公证机构参与司法辅助事务的条件、内容、程序和工作措施，及时研究解决试点工作中遇到的问题。加强公证人员业务培训和纪律教育，加强相关领域尤其是专业技术领域公证业务的培训，严格规范公证行为，确保公证证据的真实性，避免公证证据瑕疵，提高司法辅助事务工作质量和信息化、规范化水平。

（三）加强政策保障。试点地方各级人民法院、司法行政机关要结合工作实际，争取党委政法委、财政等部门的支持配合，采取政府购买服务等方式引入公证机构参与司法辅助事务，为试点工作提供必要的经费、场地、设施等，保障试点工作的深入开展。

（四）推动制度完善。各级人民法院、司法行政机关要加强对试点情况的跟踪和指导，加强工作协调和督促检查，认真总结推广试点工作的经验做法。2018 年 6 月，最高人民法院会同司法部总结经验，全面评估试点工作的实际效果，积极推动有关规章制度修订完善。

最高人民法院　司法部　中国银行业监督管理委员会
关于充分发挥公证书的强制执行效力服务银行金融债权风险防控的通知

（2017 年 7 月 13 日　司发通〔2017〕76 号）

各省、自治区、直辖市高级人民法院、司法厅（局），解放军军事法院，新疆维吾尔自治区高级人民法院生产建设兵团分院、新疆生产建设兵团司法局；各银监局，各政策性银行、大型银行、股份制银行，邮储银行，外资银行，金融资产管理公司，其他有关金融机构：

为进一步加强金融风险防控，充分发挥公证作为预防性法律制度的作用，提高银行业金融机构金融债权实现效率，降低金融债权实现成本，有效提高银行业金融机构防控风险的水平，现就在银行业金融机构经营业务中进一步

发挥公证书的强制执行效力，服务银行金融债权风险防控通知如下：

一、公证机构可以对银行业金融机构运营中所签署的符合《公证法》第37条规定的以下债权文书赋予强制执行效力：

（一）各类融资合同，包括各类授信合同，借款合同、委托贷款合同、信托贷款合同等各类贷款合同，票据承兑协议等各类票据融资合同，融资租赁合同，保理合同，开立信用证合同，信用卡融资合同（包括信用卡合约及各类分期付款合同）等；

（二）债务重组合同、还款合同、还款承诺等；

（三）各类担保合同、保函；

（四）符合本通知第二条规定条件的其他债权文书。

二、公证机构对银行业金融机构运营中所签署的合同赋予强制执行效力应当具备以下条件：

（一）债权文书具有给付货币、物品、有价证券的内容；

（二）`债权债务关系明确，债权人和债务人对债权文书有关给付内容无疑义；

（三）债权文书中载明债务人不履行义务或不完全履行义务时，债务人愿意接受依法强制执行的承诺。该项承诺也可以通过承诺书或者补充协议等方式在债权文书的附件中载明。

三、银行业金融机构申办强制执行公证，应当协助公证机构完成对当事人身份证明、财产权利证明等与公证事项有关材料的收集、核实工作；根据公证机构的要求通过修改合同、签订补充协议或者由当事人签署承诺书等方式将债务人、担保人愿意接受强制执行的承诺、出具执行证书前的核实方式、公证费和实现债权的其他费用的承担等内容载入公证的债权文书中。

四、公证机构在办理赋予各类债权文书强制执行效力的公证业务中应当严格遵守法律、法规规定的程序，切实做好当事人身份、担保物权属、当事人内部授权程序、合同条款及当事人意思表示等审核工作，确认当事人的签约行为的合法效力，告知当事人申请赋予债权文书强制执行效力的法律后果，提高合同主体的履约意识，预防和降低金融机构的操作风险。

五、银行业金融机构申请公证机构出具执行证书应当在《中华人民共和国民事诉讼法》第二百三十九条所规定的执行期间内提出申请，并应当向公证机构提交经公证的具有强制执行效力的债权文书、申请书、合同项下往来资金结算的明细表以及其他与债务履行相关的证据，并承诺所申请强制执行的债权金额或者相关计算公式准确无误。

六、公证机构受理银行业金融机构提出出具执行证书的申请后，应当按照法律法规规定的程序以及合同约定的核实方式进行核实，确保执行证书载明的债权债务明确无误，尽力减少执行争议的发生。

公证机构对符合条件的申请，应当在受理后十五个工作日内出具执行证书，需要补充材料、核实相关情况所需的时间不计算在期限内。

七、执行证书应当载明被执行人、执行标的、申请执行的期限。因债务人不履行或不完全履行而发生的违约金、利息、滞纳金等，以及按照债权文书的约定由债务人承担的公证费等实现债权的费用，有明确数额或计算方法的，可以根据银行业金融机构的申请依法列入执行标的。

八、人民法院支持公证机构对银行业金融机构的各类债权文书依法赋予强制执行效力，加大对公证债权文书的执行力度，银行业金融机构提交强制执行申请书、赋予债权文书强制执行效力公证书及执行证书申请执行公证债权文书符合法律规定条件的，人民法院应当受理，切实保障银行业金融机构快速实现金融债权，防范金融风险。

九、被执行人提出执行异议的银行业金融机构执行案件，人民法院经审查认为相关公证债权文书确有错误的，裁定不予执行。个别事项执行标的不明确，但不影响其他事项执行的，人民法院应对其他事项予以执行。

十、各省（区、市）司法行政部门要会同价格主管部门合理确定银行业金融债权文书强制执行公证的收费标准。公证机构和银行业金融机构协商一致的，可以在办理债权文书公证时收取部分费用，出具执行证书时收齐其余费用。

十一、银行业监督管理机构批准设立的其他金融机构，以及经国务院银行业监督管理机构公布的地方资产管理公司，参照本通知执行。

第十七章　其　他

最高人民法院
关于印发《人民法院民事诉讼风险提示书》的通知

（2003 年 12 月 24 日　法发〔2003〕25 号）

各省、自治区、直辖市高级人民法院，解放军军事法院，新疆维吾尔自治区高级人民法院生产建设兵团分院，各计划单列市中级法院：

为了贯彻“三个代表”重要思想，落实最高人民法院提出的司法为民措施，进一步方便人民群众诉讼，促进当事人依法行使诉讼权利、履行相应的诉讼义务，避免因行使权利或者履行义务不当而带来不利的裁判后果，充分保护当事人的合法权益，最高人民法院在总结各级人民法院诉讼风险提示经验、充分听取社会各界意见的基础上，制订了全国各级人民法院统一适用的《人民法院民事诉讼风险提示书》（以下简称《风险提示书》）文本。2003 年 12 月 23 日，最高人民法院审判委员会第 1302 次会议讨论通过了该《风险提示书》文本，现予公布。为充分发挥《风险提示书》便民、护民的作用，现将有关事项通知如下：

一要注意做好宣传工作。《风险提示书》中载入的民事诉讼风险，是现行民事法律和司法解释中规定的当事人行使诉讼权利或者履行诉讼义务不当产生的法律后果，而不是《风险提示书》创设的新的民事诉讼风险。向当事人提示诉讼风险的目的，是使当事人能够慎重行使诉讼权利、积极履行诉讼义务，避免因行使权利或者履行义务不当而产生不利的裁判后果。各级人民法院要做好宣传工作。

二要注意做好解释工作。虽然《风险提示书》中尽量使用通俗易懂的语言，但还是有一些当事人难以理解的法律术语。为了使当事人正确理解《风险提示书》条文的准确含义，各级人民法院要耐心地做好解释工作，以把司法为民的措施落到实处。

三要抓好《风险提示书》统一文本的印制工作。自 2004 年 1 月 1 日起，各级人民法院的《风险提示书》要使用最高人民法院审判委员会讨论通过的

《风险提示书》统一文本。文本的印制工作由各高级人民法院根据本地实际情况统筹安排，可以由高级人民法院统一印制，也可以由各级人民法院自行印制。

现将《风险提示书》印发给你们，请结合工作实际，认真组织实施、贯彻执行。执行中有何问题，请及时报告我院。

附：

人民法院民事诉讼风险提示书

（2003 年 12 月 23 日最高人民法院审判委员会第 1302 次会议通过）

为方便人民群众诉讼，帮助当事人避免常见的诉讼风险，减少不必要的损失，根据《中华人民共和国民法通则》、《中华人民共和国民事诉讼法》以及最高人民法院《关于民事诉讼证据的若干规定》等法律和司法解释的规定，现将常见的民事诉讼风险提示如下：

一、起诉不符合条件

当事人起诉不符合法律规定条件的，人民法院不会受理，即使受理也会驳回起诉。

当事人起诉不符合管辖规定的，案件将会被移送到有权管辖的人民法院审理。

二、诉讼请求不适当

当事人提出的诉讼请求应明确、具体、完整，对未提出的诉讼请求人民法院不会审理。

当事人提出的诉讼请求要适当，不要随意扩大诉讼请求范围；无根据的诉讼请求，除得不到人民法院支持外，当事人还要负担相应的诉讼费用。

三、逾期改变诉讼请求

当事人增加、变更诉讼请求或者提出反诉，超过人民法院许可或者指定期限的，可能不被审理。

四、超过诉讼时效

当事人请求人民法院保护民事权利的期间一般为两年（特殊的为一年）。

原告向人民法院起诉后，被告提出原告的起诉已超过法律保护期间的，如果原告没有对超过法律保护期间的事实提供证据证明，其诉讼请求不会得到人民法院的支持。

五、授权不明

当事人委托诉讼代理人代为承认、放弃、变更诉讼请求，进行和解，提起反诉或者上诉等事项的，应在授权委托书中特别注明。没有在授权委托书中明确、具体记明特别授权事项的，诉讼代理人就上述特别授权事项发表的意见不具有法律效力。

六、不按时交纳诉讼费用

当事人起诉或者上诉，不按时预交诉讼费用，或者提出缓交、减交、免交诉讼费用申请未获批准仍不交纳诉讼费用的，人民法院将会裁定按自动撤回起诉、上诉处理。

当事人提出反诉，不按规定预交相应的案件受理费的，人民法院将不会审理。

七、申请财产保全不符合规定

当事人申请财产保全，应当按规定交纳保全费用而没有交纳的，人民法院不会对申请保全的财产采取保全措施。

当事人提出财产保全申请，未按人民法院要求提供相应财产担保的，人民法院将依法驳回其申请。

申请人申请财产保全有错误的，将要赔偿被申请人因财产保全所受到的损失。

八、不提供或者不充分提供证据

除法律和司法解释规定不需要提供证据证明外，当事人提出诉讼请求或者反驳对方的诉讼请求，应提供证据证明。不能提供相应的证据或者提供的证据证明不了有关事实的，可能面临不利的裁判后果。

九、超过举证时限提供证据

当事人向人民法院提交的证据，应当在当事人协商一致并经人民法院认可或者人民法院指定的期限内完成。超过上述期限提交的，人民法院可能视其放弃了举证的权利，但属于法律和司法解释规定的新的证据除外。

十、不提供原始证据

当事人向人民法院提供证据，应当提供原件或者原物，特殊情况下也可以提供经人民法院核对无异的复制件或者复制品。提供的证据不符合上述条件的，可能影响证据的证明力，甚至可能不被采信。

十一、证人不出庭作证

除属于法律和司法解释规定的证人确有困难不能出庭的特殊情况外，当事人提供证人证言的，证人应当出庭作证并接受质询。如果证人不出庭作证，可能影响该证人证言的证据效力，甚至不被采信。

十二、不按规定申请审计、评估、鉴定

当事人申请审计、评估、鉴定，未在人民法院指定期限内提出申请或者不预交审计、评估、鉴定费用，或者不提供相关材料，致使争议的事实无法通过审计、评估、鉴定结论予以认定的，可能对申请人产生不利的裁判后果。

十三、不按时出庭或者中途退出法庭

原告经传票传唤，无正当理由拒不到庭，或者未经法庭许可中途退出法庭的，人民法院将按自动撤回起诉处理；被告反诉的，人民法院将对反诉的内容缺席审判。

被告经传票传唤，无正当理由拒不到庭，或者未经法庭许可中途退出法庭的，人民法院将缺席判决。

十四、不准确提供送达地址

适用简易程序审理的案件，人民法院按照当事人自己提供的送达地址送达诉讼文书时，因当事人提供的己方送达地址不准确，或者送达地址变更未及时告知人民法院，致使人民法院无法送达，造成诉讼文书被退回的，诉讼文书也视为送达。

十五、超过期限申请强制执行

向人民法院申请强制执行的期限，双方或者一方当事人是公民的为一年，双方是法人或者其他组织的为六个月。期限自生效法律文书确定的履行义务期限届满之日起算。超过上述期限申请的，人民法院不予受理。

十六、无财产或者无足够财产可供执行

被执行人没有财产或者没有足够财产履行生效法律文书确定义务的，人

民法院可能对未履行的部分裁定中止执行，申请执行人的财产权益将可能暂时无法实现或者不能完全实现。

十七、不履行生效法律文书确定义务

被执行人未按生效法律文书指定期间履行给付金钱义务的，将要支付迟延履行期间的双倍债务利息。

被执行人未按生效法律文书指定期间履行其他义务的，将要支付迟延履行金。

最高人民法院
印发《关于对经济确有困难的当事人提供司法救助的规定》的通知

（2005年4月5日　法发〔2005〕6号）

全国地方各级人民法院、各级军事法院、各铁路运输中级法院和基层法院，新疆生产建设兵团各级法院：

《最高人民法院关于对经济确有困难的当事人提供司法救助的规定》已于2005年4月5日最高人民法院审判委员会第1347次会议通过修订，现印发给你们，请遵照执行。

附：

最高人民法院
关于对经济确有困难的当事人
提供司法救助的规定

（2000年7月12日最高人民法院审判委员会第1124次会议通过
2005年4月5日最高人民法院审判委员会第1347次会议通过修订）

第一条　为了使经济确有困难的当事人能够依法行使诉讼权利，维护其合法权益，根据《中华人民共和国民事诉讼法》、《中华人民共和国行政诉讼法》和《人民法院诉讼收费办法》，制定本规定。

第二条 本规定所称司法救助，是指人民法院对于当事人为维护自己的合法权益，向人民法院提起民事、行政诉讼，但经济确有困难的，实行诉讼费用的缓交、减交、免交。

第三条 当事人符合本规定第二条并具有下列情形之一的，可以向人民法院申请司法救助：

（一）追索赡养费、扶养费、抚育费、抚恤金的；

（二）孤寡老人、孤儿和农村“五保户”；

（三）没有固定生活来源的残疾人、患有严重疾病的人；

（四）国家规定的优抚、安置对象；

（五）追索社会保险金、劳动报酬和经济补偿金的；

（六）交通事故、医疗事故、工伤事故、产品质量事故或者其他人身伤害事故的受害人，请求赔偿的；

（七）因见义勇为或为保护社会公共利益致使自己合法权益受到损害，本人或者近亲属请求赔偿或经济补偿的；

（八）进城务工人员追索劳动报酬或其他合法权益受到侵害而请求赔偿的；

（九）正在享受城市居民最低生活保障、农村特困户救济或者领取失业保险金，无其他收入的；

（十）因自然灾害等不可抗力造成生活困难，正在接受社会救济，或者家庭生产经营难以为继的；

（十一）起诉行政机关违法要求农民履行义务的；

（十二）正在接受有关部门法律援助的；

（十三）当事人为社会福利机构、敬老院、优抚医院、精神病院、SOS 儿童村、社会救助站、特殊教育机构等社会公共福利单位的；

（十四）其他情形确实需要司法救助的。

第四条 当事人请求人民法院提供司法救助，应在起诉或上诉时提交书面申请和足以证明其确有经济困难的证明材料。其中因生活困难或者追索基本生活费用申请司法救助的，应当提供本人及其家庭经济状况符合当地民政、劳动和社会保障等部门规定的公民经济困难标准的证明。

第五条 人民法院对当事人司法救助的请求，经审查符合本规定第三条所列情形的，立案时应准许当事人缓交诉讼费用。

第六条 人民法院决定对一方当事人司法救助，对方当事人败诉的，诉讼费用由对方当事人交纳；拒不交纳的强制执行。

对方当事人胜诉的，可视申请司法救助当事人的经济状况决定其减交、免交诉讼费用。决定减交诉讼费用的，减交比例不得低于30％。符合本规定第三条第二项、第九项规定情形的，应免交诉讼费用。

第七条 对当事人请求缓交诉讼费用的，由承办案件的审判人员或合议庭提出意见，报庭长审批；对当事人请求减交、免交诉讼费用的，由承办案件的审判人员或合议庭提出意见，经庭长审核同意后，报院长审批。

第八条 人民法院决定对当事人减交、免交诉讼费用的，应在法律文书中列明。

第九条 当事人骗取司法救助的，人民法院应当责令其补交诉讼费用；拒不补交的，以妨害诉讼行为论处。

第十条 本规定自公布之日起施行。

中央政法委 财政部 最高人民法院 最高人民检察院 公安部 司法部 关于建立完善国家司法救助制度的意见（试行）

（2014年1月17日）

为贯彻落实党的十八大、十八届三中全会精神，切实做好司法过程中对困难群众的救助工作，有效维护当事人合法权益，保障社会公平正义，促进社会和谐稳定，现就建立完善国家司法救助制度，提出以下意见。

一、建立完善国家司法救助制度的意义和基本原则

开展国家司法救助是中国特色社会主义司法制度的内在要求，是改善民生、健全社会保障体系的重要组成部分。当前，我国正处于社会矛盾凸显期、刑事犯罪高发期。随着越来越多的矛盾以案件形式进入司法领域，一些刑事犯罪案件、民事侵权案件，因案件无法侦破、被告人没有赔偿能力或赔偿能力不足，致使受害人及其近亲属依法得不到有效赔偿，生活陷入困境的情况不断增多。有的由此引发当事人反复申诉上访甚至酿成极端事件，损害了当事人合法权益，损害了司法权威，影响社会和谐稳定。近年来，各地积极探索开展刑事被害人救助、涉法涉诉信访救助等多种形式的救助工作，对解决困难群众燃眉之急，及时化解矛盾纠纷，收到了良好的效果。但是，司法救助工作总体上仍处于起步阶段，发展还不平衡，救助资金保障不到位、对象不明确、标准不统一、工作不规范等问题亟待解决。党的十八届三中全会通

过《中共中央关于全面深化改革若干重大问题的决定》，要求完善人权司法保障制度，健全国家司法救助制度，为进一步加强和改进司法救助工作指明了方向。实现国家司法救助工作制度化、规范化，对受到侵害但无法获得有效赔偿的当事人，由国家给予适当经济资助，帮助他们摆脱生活困境，既彰显党和政府的民生关怀，又有利于实现社会公平正义，促进社会和谐稳定，维护司法的权威和公信。

国家司法救助，应当遵循以下基本原则：

——坚持辅助性救助。国家司法救助是对遭受犯罪侵害或民事侵权，无法通过诉讼获得有效赔偿的当事人，采取的辅助性救济措施。重点解决符合条件的特定案件当事人生活面临的急迫困难。对同一案件的同一当事人只进行一次性救助。对于能够通过诉讼获得赔偿、补偿的，一般应当通过诉讼渠道解决。

——坚持公正救助。严格把握救助标准和条件，兼顾当事人实际情况和同类案件救助数额，做到公平、公正、合理救助，防止因救助不公引发新的矛盾。

——坚持及时救助。对符合救助条件的当事人，办案机关应根据当事人申请或者依据职权及时提供救助，确保及早化解社会矛盾。

——坚持属地救助。对符合救助条件的当事人，不论其户籍在本地或外地，原则上都由案件管辖地负责救助。

二、国家司法救助的对象

对下列人员提出国家司法救助申请的，应当予以救助：

（一）刑事案件被害人受到犯罪侵害，致使重伤或严重残疾，因案件无法侦破造成生活困难的；或者因加害人死亡或没有赔偿能力，无法经过诉讼获得赔偿，造成生活困难的。

（二）刑事案件被害人受到犯罪侵害危及生命，急需救治，无力承担医疗救治费用的。

（三）刑事案件被害人受到犯罪侵害而死亡，因案件无法侦破造成依靠其收入为主要生活来源的近亲属生活困难的；或者因加害人死亡或没有赔偿能力，依靠被害人收入为主要生活来源的近亲属无法经过诉讼获得赔偿，造成生活困难的。

（四）刑事案件被害人受到犯罪侵害，致使财产遭受重大损失，因案件无法侦破造成生活困难的；或者因加害人死亡或没有赔偿能力，无法经过诉讼获得赔偿，造成生活困难的。

（五）举报人、证人、鉴定人因举报、作证、鉴定受到打击报复，致使人身受到伤害或财产受到重大损失，无法经过诉讼获得赔偿，造成生活困难的。

（六）追索赡养费、扶养费、抚育费等，因被执行人没有履行能力，造成申请执行人生活困难的。

（七）对于道路交通事故等民事侵权行为造成人身伤害，无法经过诉讼获得赔偿，造成生活困难的。

（八）党委政法委和政法各单位根据实际情况，认为需要救助的其他人员。

涉法涉诉信访人，其诉求具有一定合理性，但通过法律途径难以解决，且生活困难，愿意接受国家司法救助后息诉息访的，可参照执行。

申请国家司法救助人员，具有以下情形之一的，一般不予救助：对案件发生有重大过错的；无正当理由，拒绝配合查明犯罪事实的；故意作虚伪陈述或者伪造证据，妨害刑事诉讼的；在诉讼中主动放弃民事赔偿请求或拒绝加害责任人及其近亲属赔偿的；生活困难非案件原因所导致的；通过社会救助措施，已经得到合理补偿、救助的。对社会组织、法人，不予救助。

三、国家司法救助的方式和标准

（一）救助方式。国家司法救助以支付救助金为主要方式。同时，与思想疏导、宣传教育相结合，与法律援助、诉讼救济相配套，与其他社会救助相衔接。有条件的地方，积极探索建立刑事案件伤员急救“绿色通道”、对遭受严重心理创伤的被害人实施心理治疗、对行动不便的受害人提供社工帮助等多种救助方式，进一步增强救助效果。

（二）救助标准。各地应根据当地经济社会发展水平制定具体救助标准，以案件管辖地上一年度职工月平均工资为基准，一般在36个月的工资总额之内。损失特别重大、生活特别困难，需适当突破救助限额的，应严格审核控制，救助金额不得超过人民法院依法应当判决的赔偿数额。

（三）救助金额。确定救助金具体数额，要综合考虑救助对象实际遭受的损害后果、有无过错以及过错大小、个人及其家庭经济状况、维持当地基本生活水平所必需的最低支出、以及赔偿义务人实际赔偿情况等。

四、国家司法救助程序

使用国家司法救助资金应当严格遵循以下程序：

（一）告知。人民法院、人民检察院、公安机关、司法行政机关在办理案件、处理涉法涉诉信访问题过程中，对符合救助条件的当事人，应当告知其有权提出救助申请。

（二）申请。救助申请由当事人向办案机关提出；刑事被害人死亡的，由符合条件的近亲属提出。申请一般采取书面形式。确有困难，不能提供书面申请的，可以采用口头方式。申请人应当如实提供本人真实身份、实际损害后果、生活困难、是否获得其他赔偿等相关证明材料。

（三）审批。办案机关应当认真核实申请人提供的申请材料，综合相关情况，在10个工作日内作出是否给予救助和具体救助金额的审批意见。决定不予救助的，及时将审批意见告知当事人，并做好解释说明工作。

（四）发放。对批准同意的，财政部门应及时将救助资金拨付办案机关，办案机关在收到拨付款后2个工作日内，通知申请人领取救助资金。对急需医疗救治等特殊情况，办案机关可以依据救助标准，先行垫付救助资金，救助后及时补办审批手续。

五、国家司法救助资金的筹集和管理

（一）国家司法救助资金的筹集。坚持政府主导、社会广泛参与的资金筹措方式。各地国家司法救助资金由地方各级政府财政部门列入预算，统筹安排，并建立动态调整机制。已经建立的刑事被害人救助资金、涉法涉诉信访救助资金等专项资金，统一合并为国家司法救助资金。中央财政通过政法转移支付，对地方所需国家司法救助资金予以适当补助。同时，各地要采取切实有效的政策措施，积极拓宽救助资金来源渠道，鼓励个人、企业和社会组织捐助国家司法救助资金。

（二）资金管理和监督。各级政府财政部门严格资金管理，确保管好、用好救助资金。政法各单位在年度终了1个月内，向救助领导小组报送当年发放救助资金的明细情况，接受纪检、监察和审计部门监督，确保专款专用。对个人、企业和社会组织捐助救助资金的，应当告知救助的具体对象，确保资金使用的透明度和公正性。

（三）责任追究。对截留、侵占、私分或者挪用国家司法救助资金的单位和个人，违反规定发放国家司法救助资金造成重大损失的单位和个人，骗取国家司法救助资金的相关人员，严格依纪依法追究责任，并追回救助资金。

六、国家司法救助工作的组织领导

（一）明确工作机构。各地成立由党委政法委牵头，财政和政法各单位等共同参加的国家司法救助领导小组，负责研究制定国家司法救助的制度规范和配套措施，测算资金需求，定期检查各单位工作落实情况。政法各单位应当指定专门机构或者人员负责救助工作。

（二）加强组织协调。各地各有关部门要在当地党委、政府统一领导下，各司其职、相互配合、形成合力。政法各单位按照职责范围和案件管辖分工，分别对救助申请进行审批。案件需移送下一办案环节或其他政法单位的，办案机关应将国家司法救助有关材料随案卷一并移送。

（三）建立衔接机制。对于符合司法救助条件的当事人就人身伤害或财产损失提起民事诉讼的，人民法院应当依法及时审查并减免相关诉讼费用，司法行政部门应当依法及时提供法律援助，保障困难群众充分行使诉讼权利。对于未纳入国家司法救助范围或者实施国家司法救助后仍然面临生活困难的当事人，符合社会救助条件的，办案机关协调其户籍所在地有关部门，纳入社会救助范围。

（四）制定实施办法。各地根据本意见精神，制定本地区国家司法救助制度实施办法，并在实践中不断总结完善，确保救助工作有章可循、有据可依，公开透明、公平公正，充分发挥救助效能。各省、自治区、直辖市和新疆生产建设兵团的实施办法，在本意见下发 3 个月之内，报中央政法委员会、财政部、最高人民法院、最高人民检察院、公安部、司法部备案。

各省、自治区、直辖市和新疆生产建设兵团党委政法委、财政厅（局）自 2015 年起，每年 2 月底前，将本地区上一年度执行司法救助情况，分别报中央政法委员会、财政部。

最高人民法院
关于加强和规范人民法院国家司法救助工作的意见

（2016 年 7 月 1 日　法发〔2016〕16 号）

为加强和规范审判、执行中困难群众的国家司法救助工作，维护当事人合法权益，促进社会和谐稳定，根据中共中央政法委员会、财政部、最高人民法院、最高人民检察院、公安部、司法部《关于建立完善国家司法救助制度的意见（试行）》，结合人民法院工作实际，提出如下意见。

第一条　人民法院在审判、执行工作中，对权利受到侵害无法获得有效赔偿的当事人，符合本意见规定情形的，可以采取一次性辅助救济措施，以解决其生活面临的急迫困难。

第二条　国家司法救助工作应当遵循公正、公开、及时原则，严格把握救助标准和条件。

对同一案件的同一救助申请人只进行一次性国家司法救助。对于能够通过诉讼获得赔偿、补偿的，一般应当通过诉讼途径解决。

人民法院对符合救助条件的救助申请人，无论其户籍所在地是否属于受案人民法院辖区范围，均由案件管辖法院负责救助。在管辖地有重大影响且救助金额较大的国家司法救助案件，上下级人民法院可以进行联动救助。

第三条　当事人因生活面临急迫困难提出国家司法救助申请，符合下列情形之一的，应当予以救助：

（一）刑事案件被害人受到犯罪侵害，造成重伤或者严重残疾，因加害人死亡或者没有赔偿能力，无法通过诉讼获得赔偿，陷入生活困难的；

（二）刑事案件被害人受到犯罪侵害危及生命，急需救治，无力承担医疗救治费用的；

（三）刑事案件被害人受到犯罪侵害而死亡，因加害人死亡或者没有赔偿能力，依靠被害人收入为主要生活来源的近亲属无法通过诉讼获得赔偿，陷入生活困难的；

（四）刑事案件被害人受到犯罪侵害，致使其财产遭受重大损失，因加害人死亡或者没有赔偿能力，无法通过诉讼获得赔偿，陷入生活困难的；

（五）举报人、证人、鉴定人因举报、作证、鉴定受到打击报复，致使其人身受到伤害或财产受到重大损失，无法通过诉讼获得赔偿，陷入生活困难的；

（六）追索赡养费、扶养费、抚育费等，因被执行人没有履行能力，申请执行人陷入生活困难的；

（七）因道路交通事故等民事侵权行为造成人身伤害，无法通过诉讼获得赔偿，受害人陷入生活困难的；

（八）人民法院根据实际情况，认为需要救助的其他人员。

涉诉信访人，其诉求具有一定合理性，但通过法律途径难以解决，且生活困难，愿意接受国家司法救助后息诉息访的，可以参照本意见予以救助。

第四条　救助申请人具有以下情形之一的，一般不予救助：

（一）对案件发生有重大过错的；

（二）无正当理由，拒绝配合查明案件事实的；

（三）故意作虚伪陈述或者伪造证据，妨害诉讼的；

（四）在审判、执行中主动放弃民事赔偿请求或者拒绝侵权责任人及其近亲属赔偿的；

（五）生活困难非案件原因所导致的；

（六）已经通过社会救助措施，得到合理补偿、救助的；

（七）法人、其他组织提出的救助申请；

（八）不应给予救助的其他情形。

第五条　国家司法救助以支付救助金为主要方式，并与思想疏导相结合，与法律援助、诉讼救济相配套，与其他社会救助相衔接。

第六条 救助金以案件管辖法院所在省、自治区、直辖市上一年度职工月平均工资为基准确定，一般不超过三十六个月的月平均工资总额。

损失特别重大、生活特别困难，需适当突破救助限额的，应当严格审核控制，救助金额不得超过人民法院依法应当判决给付或者虽已判决但未执行到位的标的数额。

第七条 救助金具体数额，应当综合以下因素确定：

（一）救助申请人实际遭受的损失；

（二）救助申请人本人有无过错以及过错程度；

（三）救助申请人及其家庭的经济状况；

（四）救助申请人维持其住所地基本生活水平所必需的最低支出；

（五）赔偿义务人实际赔偿情况。

第八条 人民法院审判、执行部门认为案件当事人符合救助条件的，应当告知其有权提出国家司法救助申请。当事人提出申请的，审判、执行部门应当将相关材料及时移送立案部门。

当事人直接向人民法院立案部门提出国家司法救助申请，经审查确认符合救助申请条件的，应当予以立案。

第九条 国家司法救助申请应当以书面形式提出；救助申请人书面申请确有困难的，可以口头提出，人民法院应当制作笔录。

救助申请人提出国家司法救助申请，一般应当提交以下材料：

（一）救助申请书，救助申请书应当载明申请救助的数额及理由；

（二）救助申请人的身份证明；

（三）实际损失的证明；

（四）救助申请人及其家庭成员生活困难的证明；

（五）是否获得其他赔偿、救助等相关证明；

（六）其他能够证明救助申请人需要救助的材料。

救助申请人确实不能提供完整材料的，应当说明理由。

第十条 救助申请人生活困难证明，主要是指救助申请人户籍所在地或者经常居住地村（居）民委员会或者所在单位出具的有关救助申请人的家庭人口、劳动能力、就业状况、家庭收入等情况的证明。

第十一条 人民法院成立由立案、刑事审判、民事审判、行政审判、审判监督、执行、国家赔偿及财务等部门组成的司法救助委员会，负责人民法院国家司法救助工作。司法救助委员会下设办公室，由人民法院赔偿委员会办公室行使其职能。

人民法院赔偿委员会办公室作为司法救助委员会的日常工作部门，负责牵头、协调和处理国家司法救助日常事务，执行司法救助委员会决议及办理国家司法救助案件。

基层人民法院由负责国家赔偿工作的职能机构承担司法救助委员会办公室工作职责。

第十二条　救助决定应当自立案之日起十个工作日内作出。案情复杂的救助案件，经院领导批准，可以适当延长。

办理救助案件应当制作国家司法救助决定书，加盖人民法院印章。国家司法救助决定书应当及时送达。

不符合救助条件或者具有不予救助情形的，应当将不予救助的决定及时告知救助申请人，并做好解释说明工作。

第十三条　决定救助的，应当在七个工作日内按照相关财务规定办理手续。在收到财政部门拨付的救助金后，应当在二个工作日内通知救助申请人领取救助金。

对具有急需医疗救治等特殊情况的救助申请人，可以依据救助标准，先行垫付救助金，救助后及时补办审批手续。

第十四条　救助金一般应当一次性发放。情况特殊的，可以分批发放。

发放救助金时，应当向救助申请人释明救助金的性质、准予救助的理由、骗取救助金的法律后果，同时制作笔录并由救助申请人签字。必要时，可以邀请救助申请人户籍所在地或者经常居住地村（居）民委员会或者所在单位的工作人员到场见证救助金发放过程。

人民法院可以根据救助申请人的具体情况，委托民政部门、乡镇人民政府或者街道办事处、村（居）民委员会、救助申请人所在单位等组织发放救助金。

第十五条　各级人民法院应当积极协调财政部门将国家司法救助资金列入预算，并会同财政部门建立国家司法救助资金动态调整机制。

对公民、法人和其他组织捐助的国家司法救助资金，人民法院应当严格、规范使用，及时公布救助的具体对象，并告知捐助人救助情况，确保救助资金使用的透明度和公正性。

第十六条　人民法院司法救助委员会应当在年度终了一个月内就本院上一年度司法救助情况提交书面报告，接受纪检、监察、审计部门和上级人民法院的监督，确保专款专用。

第十七条　人民法院应当加强国家司法救助工作信息化建设，将国家司法救助案件纳入审判管理信息系统，及时录入案件信息，实现四级法院信息共享，并积极探索建立与社会保障机构、其他相关救助机构的救助信息共享机制。

上级法院应当对下级法院的国家司法救助工作予以指导和监督，防止救助失衡和重复救助。

第十八条 人民法院工作人员有下列行为之一的，应当予以批评教育；构成违纪的，应当根据相关规定予以纪律处分；构成犯罪的，应当依法追究刑事责任：

（一）滥用职权，对明显不符合条件的救助申请人决定给予救助的；

（二）虚报、克扣救助申请人救助金的；

（三）贪污、挪用救助资金的；

（四）对符合救助条件的救助申请人不及时办理救助手续，造成严重后果的；

（五）违反本意见的其他行为。

第十九条 救助申请人所在单位或者基层组织等相关单位出具虚假证明，使不符合救助条件的救助申请人获得救助的，人民法院应当建议相关单位或者其上级主管机关依法依纪对相关责任人予以处理。

第二十条 救助申请人获得救助后，人民法院从被执行人处执行到赔偿款或者其他应当给付的执行款的，应当将已发放的救助金从执行款中扣除。

救助申请人通过提供虚假材料等手段骗取救助金的，人民法院应当予以追回；构成犯罪的，应当依法追究刑事责任。

涉诉信访救助申请人领取救助金后，违背息诉息访承诺的，人民法院应当将救助金予以追回。

第二十一条 对未纳入国家司法救助范围或者获得国家司法救助后仍面临生活困难的救助申请人，符合社会救助条件的，人民法院通过国家司法救助与社会救助衔接机制，协调有关部门将其纳入社会救助范围。

最高人民法院
关于在民事判决书中增加向当事人告知民事诉讼法第二百二十九条规定内容的通知

（2007 年 2 月 7 日发布 根据 2018 年 12 月 16 日《最高人民法院关于调整司法解释等文件中引用〈中华人民共和国民事诉讼法〉条文序号的决定》修正）

全国地方各级人民法院、各级军事法院、各铁路运输中级法院和基层法院、各海事法院，新疆生产建设兵团各级法院：

根据《中共中央关于构建社会主义和谐社会若干重大问题的决定》有关“落实当事人权利义务告知制度”的要求，为使胜诉的当事人及时获得诉讼成果，促使败诉的当事人及时履行义务，经研究决定，在具有金钱给付内容的民事判决书中增加向当事人告知民事诉讼法第二百二十九条规定的内容。现将在民事判决书中具体表述方式通知如下：

一、一审判决中具有金钱给付义务的，应当在所有判项之后另起一行写明：如果未按本判决指定的期间履行给付金钱义务，应当依照《中华人民共和国民事诉讼法》第二百二十九条之规定，加倍支付迟延履行期间的债务利息。

最高人民法院
印发《关于建立健全诉讼与非诉讼相衔接的矛盾纠纷解决机制的若干意见》的通知

（2009 年 7 月 24 日 法发〔2009〕45 号）

全国地方各级人民法院、各级军事法院、各铁路运输中级法院和基层法院、各海事法院，新疆生产建设兵团各级法院：

最高人民法院《关于建立健全诉讼与非诉讼相衔接的矛盾纠纷解决机制

的若干意见》已经中央批准，现印发给你们，请认真贯彻落实。在贯彻落实中遇有问题，请及时报告最高人民法院司法改革领导小组办公室。

附：

关于建立健全诉讼与非诉讼相衔接的矛盾纠纷解决机制的若干意见

为发挥人民法院在建立健全诉讼与非诉讼相衔接的矛盾纠纷解决机制方面的积极作用，促进各种纠纷解决机制的发展，现制定以下意见。

一、明确主要目标和任务要求

1. 建立健全诉讼与非诉讼相衔接的矛盾纠纷解决机制的主要目标是：充分发挥人民法院、行政机关、社会组织、企事业单位以及其他各方面的力量，促进各种纠纷解决方式相互配合、相互协调和全面发展，做好诉讼与非诉讼渠道的相互衔接，为人民群众提供更多可供选择的纠纷解决方式，维护社会和谐稳定，促进经济社会又好又快发展。

2. 建立健全诉讼与非诉讼相衔接的矛盾纠纷解决机制的主要任务是：充分发挥审判权的规范、引导和监督作用，完善诉讼与仲裁、行政调处、人民调解、商事调解、行业调解以及其他非诉讼纠纷解决方式之间的衔接机制，推动各种纠纷解决机制的组织和程序制度建设，促使非诉讼纠纷解决方式更加便捷、灵活、高效，为矛盾纠纷解决机制的繁荣发展提供司法保障。

3. 在建立健全诉讼与非诉讼相衔接的矛盾纠纷解决机制的过程中，必须紧紧依靠党委领导，积极争取政府支持，鼓励社会各界参与，充分发挥司法的推动作用；必须充分保障当事人依法处分自己的民事权利和诉讼权利。

二、促进非诉讼纠纷解决机制的发展

4. 认真贯彻执行《中华人民共和国仲裁法》和相关司法解释，在仲裁协议效力、证据规则、仲裁程序、裁决依据、撤销裁决审查标准、不予执行裁决审查标准等方面，尊重和体现仲裁制度的特有规律，最大程度地发挥仲裁制度在纠纷解决方面的作用。对于仲裁过程中申请证据保全、财产保全的，人民法院应当依法及时办理。

5. 认真贯彻执行《中华人民共和国劳动争议调解仲裁法》和相关司法解释的规定，加强与劳动、人事争议等仲裁机构的沟通和协调，根据劳动、人

事争议案件的特点采取适当的审理方式，支持和鼓励仲裁机制发挥作用。对劳动、人事争议仲裁机构不予受理或者逾期未作出决定的劳动、人事争议事项，申请人向人民法院提起诉讼的，人民法院应当依法受理。

6. 要进一步加强与农村土地承包仲裁机构的沟通和协调，妥善处理农村土地承包纠纷，努力为农村改革发展提供强有力的司法保障和法律服务。当事人对农村土地承包仲裁机构裁决不服而提起诉讼的，人民法院应当及时审理。当事人申请法院强制执行已经发生法律效力的裁决书和调解书的，人民法院应当依法及时执行。

7. 人民法院要大力支持、依法监督人民调解组织的调解工作，在审理涉及人民调解协议的民事案件时，应当适用有关法律规定。

8. 为有效化解行政管理活动中发生的各类矛盾纠纷，人民法院鼓励和支持行政机关依当事人申请或者依职权进行调解、裁决或者依法作出其他处理。调解、裁决或者依法作出的其他处理具有法律效力。当事人不服行政机关对平等主体之间民事争议所作的调解、裁决或者其他处理，以对方当事人为被告就原争议向人民法院起诉的，由人民法院作为民事案件受理。法律或司法解释明确规定作为行政案件受理的，人民法院在对行政行为进行审查时，可对其中的民事争议一并审理，并在作出行政判决的同时，依法对当事人之间的民事争议一并作出民事判决。

行政机关依法对民事纠纷进行调处后达成的有民事权利义务内容的调解协议或者作出的其他不属于可诉具体行政行为的处理，经双方当事人签字或者盖章后，具有民事合同性质，法律另有规定的除外。

9. 没有仲裁协议的当事人申请仲裁委员会对民事纠纷进行调解的，由该仲裁委员会专门设立的调解组织按照公平中立的调解规则进行调解后达成的有民事权利义务内容的调解协议，经双方当事人签字或者盖章后，具有民事合同性质。

10. 人民法院鼓励和支持行业协会、社会组织、企事业单位等建立健全调解相关纠纷的职能和机制。经商事调解组织、行业调解组织或者其他具有调解职能的组织调解后达成的具有民事权利义务内容的调解协议，经双方当事人签字或者盖章后，具有民事合同性质。

11. 经《中华人民共和国劳动争议调解仲裁法》规定的调解组织调解达成的劳动争议调解协议，由双方当事人签名或者盖章，经调解员签名并加盖调解组织印章后生效，对双方当事人具有合同约束力，当事人应当履行。双方当事人可以不经仲裁程序，根据本意见关于司法确认的规定直接向人民法院申请确认调解协议效力。人民法院不予确认的，当事人可以向劳动争议仲裁委员会申请仲裁。

12. 经行政机关、人民调解组织、商事调解组织、行业调解组织或者其他具有调解职能的组织对民事纠纷调解后达成的具有给付内容的协议，当事人可以按照《中华人民共和国公证法》的规定申请公证机关依法赋予强制执行效力。债务人不履行或者不适当履行具有强制执行效力的公证文书的，债权人可以依法向有管辖权的人民法院申请执行。

13. 对于具有合同效力和给付内容的调解协议，债权人可以根据《中华人民共和国民事诉讼法》和相关司法解释的规定向有管辖权的基层人民法院申请支付令。申请书应当写明请求给付金钱或者有价证券的数量和所根据的事实、证据，并附调解协议原件。

因支付拖欠劳动报酬、工伤医疗费、经济补偿或者赔偿金事项达成调解协议，用人单位在协议约定期限内不履行的，劳动者可以持调解协议书依法向人民法院申请支付令。

三、完善诉讼活动中多方参与的调解机制

14. 对属于人民法院受理民事诉讼的范围和受诉人民法院管辖的案件，人民法院在收到起诉状或者口头起诉之后、正式立案之前，可以依职权或者经当事人申请后，委派行政机关、人民调解组织、商事调解组织、行业调解组织或者其他具有调解职能的组织进行调解。当事人不同意调解或者在商定、指定时间内不能达成调解协议的，人民法院应当依法及时立案。

15. 经双方当事人同意，或者人民法院认为确有必要的，人民法院可以在立案后将民事案件委托行政机关、人民调解组织、商事调解组织、行业调解组织或者其他具有调解职能的组织协助进行调解。当事人可以协商选定有关机关或者组织，也可商请人民法院确定。

调解结束后，有关机关或者组织应当将调解结果告知人民法院。达成调解协议的，当事人可以申请撤诉、申请司法确认，或者由人民法院经过审查后制作调解书。调解不成的，人民法院应当及时审判。

16. 对于已经立案的民事案件，人民法院可以按照有关规定邀请符合条件的组织或者人员与审判组织共同进行调解。调解应当在人民法院的法庭或者其他办公场所进行，经当事人同意也可以在法院以外的场所进行。达成调解协议的，可以允许当事人撤诉，或者由人民法院经过审查后制作调解书。调解不成的，人民法院应当及时审判。

开庭前从事调解的法官原则上不参与同一案件的开庭审理，当事人同意的除外。

17. 有关组织调解案件时，在不违反法律、行政法规强制性规定的前提下，可以参考行业惯例、村规民约、社区公约和当地善良风俗等行为规范，

引导当事人达成调解协议。

18. 在调解过程中当事人有隐瞒重要事实、提供虚假情况或者故意拖延时间等行为的，调解员可以给予警告或者终止调解，并将有关情况报告委派或委托人民法院。当事人的行为给其他当事人或者案外人造成损失的，应当承担相应的法律责任。

19. 调解过程不公开，但双方当事人要求或者同意公开调解的除外。

从事调解的机关、组织、调解员，以及负责调解事务管理的法院工作人员，不得披露调解过程的有关情况，不得在就相关案件进行的诉讼中作证，当事人不得在审判程序中将调解过程中制作的笔录、当事人为达成调解协议而作出的让步或者承诺、调解员或者当事人发表的任何意见或者建议等作为证据提出，但下列情形除外：

（一）双方当事人均同意的；

（二）法律有明确规定的；

（三）为保护国家利益、社会公共利益、案外人合法权益，人民法院认为确有必要的。

四、规范和完善司法确认程序

20. 经行政机关、人民调解组织、商事调解组织、行业调解组织或者其他具有调解职能的组织调解达成的具有民事合同性质的协议，经调解组织和调解员签字盖章后，当事人可以申请有管辖权的人民法院确认其效力。当事人请求履行调解协议、请求变更、撤销调解协议或者请求确认调解协议无效的，可以向人民法院提起诉讼。

21. 当事人可以在书面调解协议中选择当事人住所地、调解协议履行地、调解协议签订地、标的物所在地基层人民法院管辖，但不得违反法律对专属管辖的规定。当事人没有约定的，除《中华人民共和国民事诉讼法》第三十四条规定的情形外，由当事人住所地或者调解协议履行地的基层人民法院管辖。经人民法院委派或委托有关机关或者组织调解达成的调解协议的申请确认案件，由委派或委托人民法院管辖。

22. 当事人应当共同向有管辖权的人民法院以书面形式或者口头形式提出确认申请。一方当事人提出申请，另一方表示同意的，视为共同提出申请。当事人提出申请时，应当向人民法院提交调解协议书、承诺书。人民法院在收到申请后应当及时审查，材料齐备的，及时向当事人送达受理通知书。双方当事人签署的承诺书应当明确载明以下内容：

（一）双方当事人出于解决纠纷的目的自愿达成协议，没有恶意串通、规避法律的行为；

（二）如果因为该协议内容而给他人造成损害的，愿意承担相应的民事责任和其他法律责任。

23. 人民法院审理申请确认调解协议案件，参照适用《中华人民共和国民事诉讼法》有关简易程序的规定。案件由审判员一人独任审理，双方当事人应当同时到庭。人民法院应当面询问双方当事人是否理解所达成协议的内容，是否接受因此而产生的后果，是否愿意由人民法院通过司法确认程序赋予该协议强制执行的效力。

24. 有下列情形之一的，人民法院不予确认调解协议效力：

（一）违反法律、行政法规强制性规定的；

（二）侵害国家利益、社会公共利益的；

（三）侵害案外人合法权益的；

（四）涉及是否追究当事人刑事责任的；

（五）内容不明确，无法确认和执行的；

（六）调解组织、调解员强迫调解或者有其他严重违反职业道德准则的行为的；

（七）其他情形不应当确认的。

当事人在违背真实意思的情况下签订调解协议，或者调解组织、调解员与案件有利害关系、调解显失公正的，人民法院对调解协议效力不予确认，但当事人明知存在上述情形，仍坚持申请确认的除外。

25. 人民法院依法审查后，决定是否确认调解协议的效力。确认调解协议效力的决定送达双方当事人后发生法律效力，一方当事人拒绝履行的，另一方当事人可以依法申请人民法院强制执行。

五、建立健全工作机制

26. 有条件的地方人民法院可以按照一定标准建立调解组织名册和调解员名册，以便于引导当事人选择合适的调解组织或者调解员调解纠纷。人民法院可以根据具体情况及时调整调解组织名册和调解员名册。

27. 调解员应当遵守调解员职业道德准则。人民法院在办理相关案件过程中发现调解员与参与调解的案件有利害关系，可能影响其保持中立、公平调解的，或者调解员有其他违反职业道德准则的行为的，应当告知调解员回避、更换调解员、终止调解或者采取其他适当措施。除非当事人另有约定，人民法院不允许调解员在参与调解后又在就同一纠纷或者相关纠纷进行的诉讼程序中作为一方当事人的代理人。

28. 根据工作需要，人民法院指定院内有关单位或者人员负责管理协调与调解组织、调解员的沟通联络、培训指导等工作。

29. 各级人民法院应当加强与其他国家机关、社会组织、企事业单位和相关组织的联系，鼓励各种非诉讼纠纷解决机制的创新，通过适当方式参与各种非诉讼纠纷解决机制的建设，理顺诉讼与非诉讼相衔接过程中出现的各种关系，积极推动各种非诉讼纠纷解决机制的建立和完善。

30. 地方各级人民法院应当根据实际情况，制定关于调解员条件、职业道德、调解费用、诉讼费用负担、调解管理、调解指导、衔接方式等规范。高级人民法院制定的相关工作规范应当报最高人民法院备案。基层人民法院和中级人民法院制定的相关工作规范应当报高级人民法院备案。

最高人民法院
印发《关于确定多元化纠纷解决机制改革示范法院的决定》的通知

（2014 年 12 月 31 日　法〔2014〕358 号）

各省、自治区、直辖市高级人民法院，新疆维吾尔自治区高级人民法院生产建设兵团分院：

为贯彻《中共中央关于全面推进依法治国若干重大问题的决定》，全面推动多元化纠纷解决机制改革工作，最高人民法院决定确定 50 个“多元化纠纷解决机制改革示范法院”。现将《最高人民法院关于确定多元化纠纷解决机制改革示范法院的决定》印发给你们，并请转发各示范法院。请你院及各示范法院在多元化纠纷解决机制改革过程中遇到问题时，及时报告我院司法改革领导小组办公室。

最高人民法院
关于确定多元化纠纷解决机制改革示范法院的决定

《中共中央关于全面推进依法治国若干重大问题的决定》提出，要“健全社会矛盾纠纷预防化解机制，完善调解、仲裁、行政裁决、行政复议、诉讼等有机衔接、相互协调的多元化纠纷解决机制”。近年来，为实现国家治理体系和治理能力的现代化，满足人民群众多元化的司法需求，发挥司法机关的纠纷化解功能，人民法院积极推动诉讼与非诉讼相衔接的纠纷解决机制改革，为建立健全科学、系统的多元化纠纷解决机制做出了重大贡献。目前，全国法院正按照中央所确定的多元化纠纷解决机制改革的战略部署，进一步巩固成果、深化改革，努力推进社会的多层次多领域依法治理。

为更有效地落实中央的战略部署，充分发挥人民法院在建设多元化纠纷解决机制中的带头作用，总结经验，树立榜样，以点带面，深化改革，全面推进多元化纠纷解决机制建设，在各高级人民法院提出推荐意见的基础上，最高人民法院研究决定：北京市西城区人民法院等50个法院为“多元化纠纷解决机制改革示范法院”。希望上述法院在现有成绩的基础上，继续深入推进多元化纠纷解决机制改革工作，创新工作思路，完善制度体系，抓出工作实效，更好地发挥示范法院的示范和引领作用，出色完成中央部署的多元化纠纷解决机制改革任务。

全国各级人民法院要大力开展向多元化纠纷解决机制改革示范法院学习的活动。一是深刻领会《中共中央关于全面推进依法治国若干重大问题的决定》关于多元化纠纷解决机制改革的精神，将这项工作作为人民法院的一项常规性工作来抓；二是严格落实最高人民法院关于多元化纠纷解决机制改革的相关司法解释和规范性文件及相关政策，完成最高人民法院要求的“规定动作”；三是各高级人民法院可以参照最高人民法院下发的《多元化纠纷解决机制改革示范法院标准》，选择一些工作突出、特点明显、影响较大的法院作为本辖区的典型，发挥其带头作用；四是加大宣传力度，赢得党委政府以及社会各界的理解与支持，提升多元化纠纷解决机制建设水平。

附：

多元化纠纷解决机制改革示范法院名单

北京市

西城区人民法院

顺义区人民法院

天津市

蓟县人民法院

河西区人民法院

河北省

宽城满族自治县人民法院

玉田县人民法院

山西省

怀仁县人民法院

内蒙古自治区

巴彦淖尔市临河区人民法院

辽宁省

沈阳市皇姑区人民法院

吉林省

吉林市昌邑区人民法院

东丰县人民法院

黑龙江省

大庆高新技术产业开发区人民法院

上海市

浦东新区人民法院

普陀区人民法院

江苏省

苏州市吴中区人民法院

常州市钟楼区人民法院

浙江省

杭州市余杭区人民法院

杭州市西湖区人民法院

安徽省

马鞍山市中级人民法院

福建省

莆田市中级人民法院

厦门市中级人民法院

江西省

赣州市南康区人民法院

山东省

潍坊市中级人民法院

青岛市中级人民法院

沂源县人民法院

河南省

许昌市中级人民法院

焦作市中级人民法院

新郑市人民法院

湖南省

长沙市岳麓区人民法院

湖北省

潜江市人民法院

广东省

佛山市中级人民法院

东莞市第二人民法院

深圳市宝安区人民法院

广西壮族自治区

田林县人民法院

海南省

琼中黎族苗族自治县人民法院

重庆市

荣昌县人民法院

万州区人民法院

四川省

眉山市中级人民法院

郫县人民法院

贵州省

福泉市人民法院

云南省

曲靖市中级人民法院

昆明市西山区人民法院

西藏自治区

拉萨市中级人民法院

陕西省

富县人民法院

西安市莲湖区人民法院

甘肃省

平凉市中级人民法院

青海省

西宁市城东区人民法院

宁夏回族自治区

青铜峡市人民法院

新疆维吾尔自治区
昌吉市人民法院
新疆生产建设兵团
阿拉尔垦区人民法院

最高人民法院　中国证券监督管理委员会
关于在全国部分地区开展证券期货纠纷多元化解机制试点工作的通知

（2016 年 5 月 25 日　法〔2016〕149 号）

各省、自治区、直辖市高级人民法院，新疆维吾尔自治区高级人民法院生产建设兵团分院，中国证券监督管理委员会各派出机构、各下属单位、各证券期货交易所、各证券期货行业协会：

为贯彻中共中央办公厅、国务院办公厅《关于完善矛盾纠纷多元化解机制的意见》和《最高人民法院关于人民法院全面深化多元化纠纷解决机制改革的若干意见》，充分发挥证券期货监管机构、行业组织等在预防和化解证券期货矛盾纠纷方面的积极作用，依法、公正、高效化解证券期货纠纷，维护投资者的合法权益，最高人民法院和中国证券监督管理委员会决定在全国部分地区联合开展建立健全证券期货纠纷多元化解机制的试点工作（试点地区和试点调解组织名单附后）。现就有关事项通知如下：

一、工作目标

1. 建立、健全有机衔接、协调联动、高效便民的证券期货纠纷多元化解机制，依法保护投资者的合法权益，维护公开、公平、公正的资本市场秩序，促进资本市场的和谐健康发展。

二、工作原则

2. 依法公正原则。要充分尊重投资者的程序选择权，严格遵守法定程序；调解工作的开展不得违反法律的基本原则，不得损害国家利益、社会公共利益和第三人合法权益。

3. 灵活便民原则。要着眼于纠纷的实际情况，灵活确定纠纷化解的方式、时间和地点，尽可能方便投资者，降低当事人解决纠纷的成本；调解工作应当明确办理时限，提高工作效率，不得久调不决。

4. 注重预防原则。要发挥调解的矛盾预防和源头治理功能，推动健康投资文化、投资理念、投资知识的传播；试点地区法院、证券期货监管机构及调解组织要加强信息共享，防止矛盾纠纷积累、激化。

三、试点工作主要内容

（一）试点调解机构的认可和管理

5. 建立最高人民法院、中国证券监督管理委员会共同确定试点调解组织制度。证券期货监管机构、行业组织等发起设立、实际管理的调解组织，可以成为试点调解组织。试点调解组织应当符合具有规范的组织形式、固定的办公场所和调解场地、专业的调解人员、健全的调解工作制度等基本条件。中国证券监督管理委员会负责试点调解组织的认定和管理工作，并商最高人民法院后公布。

6. 建立证券期货纠纷特邀调解组织和特邀调解员名册制度。试点地区法院应当将公布的试点调解组织及其调解员纳入名册，做好动态更新和维护，并向证券期货纠纷当事人提供完整、准确的调解组织和调解员信息，供当事人自愿选择。

7. 试点调解组织受理中小投资者的纠纷调解申请，不收取任何费用。

8. 证券期货监管机构负责监督指导各试点调解组织工作。监督试点调解组织完善内部制度并规范运行。

9. 试点调解组织应建立专职或专家调解员制度。依法开展调解工作，完善工作制度和流程管理，建立科学的考核评估体系和责任追究制度。

（二）健全诉调对接工作机制

10. 证券期货纠纷多元化解机制的试点范围。自然人、法人和其他组织之间因证券、期货、基金等资本市场风险投资业务产生的合同和侵权责任纠纷，均属试点范围；证券期货监管机构、试点调解组织的非诉讼调解、先行赔付等，均可与司法诉讼对接。

11. 调解协议的司法确认制度。经试点调解组织主持调解达成的调解协议，具有民事合同性质。经调解员和调解组织签字盖章后，当事人可以申请有管辖权的人民法院确认其效力。当事人申请确认调解协议的案件，按照《中华人民共和国民事诉讼法》第十五章第六节和相关司法解释的规定执行。

经人民法院确认有效的具有明确给付主体和给付内容的调解协议，当事人可以申请人民法院强制执行。

12. 落实委派调解或者委托调解机制。试点地区法院在受理和审理证券期货纠纷的过程中，应当依法充分行使释明权，经双方当事人同意，采取立案前委派、立案后委托、诉中邀请等方式，引导当事人通过试点调解组织解决纠纷。

经人民法院委派调解并达成调解协议、当事人申请司法确认的，由委派调解的法院依法受理。

13. 建立示范判决机制。证券期货监管机构在清理处置大规模群体性纠纷的过程中，可以将涉及投资者权利保护的相关事宜委托试点调解组织进行集中调解。对因虚假陈述、内幕交易、操纵市场等行为所引发的民事赔偿纠纷，需要人民法院通过司法判决宣示法律规则、统一法律适用的，人民法院应当及时作出判决。

14. 充分运用在线纠纷解决方式开展工作。试点调解组织应充分运用现代传媒手段，把面对面与网络对话、即时化解等方式有机结合，并总结推广电视调解、视频调解等做法。试点地区法院要借助互联网等现代科技手段，通过接受相关申请、远程审查和确认、快捷专业服务渠道、电子督促、电子送达等方法方便当事人参与多元化解工作，提高工作质量和效率。

（三）强化纠纷多元化解机制保障落实

15. 充分发挥督促程序功能。符合法定条件的调解协议，可以作为当事人向有管辖权的基层人民法院申请支付令的依据。

16. 对调解协议所涉纠纷的司法审理范围。当事人就调解协议的履行或者调解协议的内容发生争议的，一方当事人可以就调解协议问题向人民法院提起诉讼，人民法院按照合同纠纷进行审理。当事人一方以原纠纷向人民法院起诉，对方当事人以调解协议抗辩并提供调解协议书的，应当就调解协议的内容进行审理。

17. 加大对多元化解机制的监管支持力度。投资者申请采用调解方式解决纠纷的，证券期货市场经营主体应当积极配合参与调解。对于无正当理由而拒不履行调解、和解协议的证券期货市场经营主体，证券期货监管机构应当依法对其相关行为进行核查，发现违法违规行为的及时查处，并记入资本市场诚信数据库。

18. 加强执法联动，严厉打击损害投资者合法权益的行为。试点地区法院和证券期货监管机构应当充分发挥各自职能优势，对损毁证据、转移财产等可能损害投资者合法权益的行为，依法及时采取保全措施。对工作中发现的违法、违规行为，及时予以查处；涉嫌犯罪的，依法移送有关司法机关处理。

19. 加强经费保障和人员培训。证券期货监管机构、行业自律组织等应当为建立健全证券期货纠纷多元化解机制提供必要的人员、经费和物质保障，加大对调解员培训力度；有条件的试点地区法院应提供专门处理证券期货纠纷的调解室，供特邀调解组织、调解员开展工作。

四、工作要求

20. 建立证券期货纠纷多元化解协调机制。试点地区法院和证券期货监管机构、试点调解组织应各自指定联系部门和联系人，对工作中遇到的问题加强协调；强化沟通联系和信息共享，构建完善的证券期货纠纷排查预警机制，防止矛盾纠纷积累激化。

21. 加强宣传和投资者教育工作。试点地区法院和证券期货监管机构、行业自律组织、投资者保护专门机构、试点调解组织应通过多种途径，及时总结和宣传典型案例，发挥示范教育作用；加大对证券期货纠纷多元化解机制的宣传力度，增进各方对多元化解机制的认识，引导中小投资者转变观念、理性维权。

22. 加强对试点工作的管理。最高人民法院民二庭与中国证券监督管理委员会投资者保护局成立证券期货纠纷多元化解机制工作小组，具体负责对证券期货纠纷多元化解机制试点的指导和协调工作。各试点地区法院所在辖区的高级人民法院应指导、督促、检查其辖区法院的试点工作。试点地区法院和证券期货监管机构应将试点工作情况和遇到的问题，及时层报最高人民法院和中国证券监督管理委员会。

23. 本通知下发后，各省、区、市高级人民法院和中国证券监督管理委员会各派出机构共同商定辖区内开展试点工作的中级人民法院和基层人民法院名单后各自层报，不再另行签订合作协议。

附件：1. 证券期货纠纷多元化解机制试点地区名单
2. 证券期货纠纷多元化解机制试点调解组织名单

附件 1

证券期货纠纷多元化解机制试点地区名单

1. 北京市
2. 天津市
3. 河北省石家庄市
4. 山西省太原市
5. 内蒙古自治区呼和浩特市
6. 辽宁省沈阳市、大连市

7. 吉林省长春市
8. 黑龙江省哈尔滨市
9. 上海市
10. 湖北省武汉市
11. 湖南省长沙市
12. 广东省广州市、深圳市
13. 广西壮族自治区南宁市
14. 海南省海口市
15. 重庆市
16. 四川省成都市
17. 贵州省贵阳市
18. 云南省昆明市
19. 江苏省南京市
20. 浙江省杭州市、宁波市
21. 安徽省合肥市
22. 福建省福州市、厦门市
23. 江西省南昌市
24. 山东省济南市、青岛市
25. 河南省郑州市
26. 西藏自治区拉萨市
27. 陕西省西安市
28. 甘肃省兰州市
29. 青海省西宁市
30. 宁夏回族自治区银川市
31. 新疆维吾尔自治区乌鲁木齐市

附件 2

证券期货纠纷多元化解机制试点调解组织名单

1. 中国证券业协会
2. 中国期货业协会
3. 中国证券投资基金业协会
4. 中国证券投资者保护基金有限责任公司

5. 中证中小投资者服务中心有限责任公司
6. 深圳证券期货业纠纷调解中心
7. 广东中证投资者服务与纠纷调解中心
8. 天津市证券业纠纷人民调解委员会

最高人民法院
关于人民法院在互联网公布裁判文书的规定

法释〔2016〕19号

（2016年7月25日最高人民法院审判委员会第1689次会议通过
2016年8月29日最高人民法院公告公布　自2016年10月1日起施行）

为贯彻落实审判公开原则，规范人民法院在互联网公布裁判文书工作，促进司法公正，提升司法公信力，根据《中华人民共和国刑事诉讼法》《中华人民共和国民事诉讼法》《中华人民共和国行政诉讼法》等相关规定，结合人民法院工作实际，制定本规定。

第一条　人民法院在互联网公布裁判文书，应当依法、全面、及时、规范。

第二条　中国裁判文书网是全国法院公布裁判文书的统一平台。各级人民法院在本院政务网站及司法公开平台设置中国裁判文书网的链接。

第三条　人民法院作出的下列裁判文书应当在互联网公布：

（一）刑事、民事、行政判决书；

（二）刑事、民事、行政、执行裁定书；

（三）支付令；

（四）刑事、民事、行政、执行驳回申诉通知书；

（五）国家赔偿决定书；

（六）强制医疗决定书或者驳回强制医疗申请的决定书；

（七）刑罚执行与变更决定书；

（八）对妨害诉讼行为、执行行为作出的拘留、罚款决定书，提前解除拘留决定书，因对不服拘留、罚款等制裁决定申请复议而作出的复议决定书；

（九）行政调解书、民事公益诉讼调解书；

（十）其他有中止、终结诉讼程序作用或者对当事人实体权益有影响、对当事人程序权益有重大影响的裁判文书。

第四条　人民法院作出的裁判文书有下列情形之一的，不在互联网公布：

（一）涉及国家秘密的；

（二）未成年人犯罪的；

（三）以调解方式结案或者确认人民调解协议效力的，但为保护国家利益、社会公共利益、他人合法权益确有必要公开的除外；

（四）离婚诉讼或者涉及未成年子女抚养、监护的；

（五）人民法院认为不宜在互联网公布的其他情形。

第五条　人民法院应当在受理案件通知书、应诉通知书中告知当事人在互联网公布裁判文书的范围，并通过政务网站、电子触摸屏、诉讼指南等多种方式，向公众告知人民法院在互联网公布裁判文书的相关规定。

第六条　不在互联网公布的裁判文书，应当公布案号、审理法院、裁判日期及不公开理由，但公布上述信息可能泄露国家秘密的除外。

第七条　发生法律效力的裁判文书，应当在裁判文书生效之日起七个工作日内在互联网公布。依法提起抗诉或者上诉的一审判决书、裁定书，应当在二审裁判生效后七个工作日内在互联网公布。

第八条　人民法院在互联网公布裁判文书时，应当对下列人员的姓名进行隐名处理：

（一）婚姻家庭、继承纠纷案件中的当事人及其法定代理人；

（二）刑事案件被害人及其法定代理人、附带民事诉讼原告人及其法定代理人、证人、鉴定人；

（三）未成年人及其法定代理人。

第九条　根据本规定第八条进行隐名处理时，应当按以下情形处理：

（一）保留姓氏，名字以“某”替代；

（二）对于少数民族姓名，保留第一个字，其余内容以“某”替代；

（三）对于外国人、无国籍人姓名的中文译文，保留第一个字，其余内容以“某”替代；对于外国人、无国籍人的英文姓名，保留第一个英文字母，删除其他内容。

对不同姓名隐名处理后发生重复的，通过在姓名后增加阿拉伯数字进行区分。

第十条　人民法院在互联网公布裁判文书时，应当删除下列信息：

（一）自然人的家庭住址、通讯方式、身份证号码、银行账号、健康状况、车牌号码、动产或不动产权属证书编号等个人信息；

（二）法人以及其他组织的银行账号、车牌号码、动产或不动产权属证书编号等信息；

（三）涉及商业秘密的信息；

（四）家事、人格权益等纠纷中涉及个人隐私的信息；

（五）涉及技术侦查措施的信息；

（六）人民法院认为不宜公开的其他信息。

按照本条第一款删除信息影响对裁判文书正确理解的，用符号“×”作部分替代。

第十一条 人民法院在互联网公布裁判文书，应当保留当事人、法定代理人、委托代理人、辩护人的下列信息：

（一）除根据本规定第八条进行隐名处理的以外，当事人及其法定代理人是自然人的，保留姓名、出生日期、性别、住所地所属县、区；当事人及其法定代理人是法人或其他组织的，保留名称、住所地、组织机构代码，以及法定代表人或主要负责人的姓名、职务；

（二）委托代理人、辩护人是律师或者基层法律服务工作者的，保留姓名、执业证号和律师事务所、基层法律服务机构名称；委托代理人、辩护人是其他人员的，保留姓名、出生日期、性别、住所地所属县、区，以及与当事人的关系。

第十二条 办案法官认为裁判文书具有本规定第四条第五项不宜在互联网公布情形的，应当提出书面意见及理由，由部门负责人审查后报主管副院长审定。

第十三条 最高人民法院监督指导全国法院在互联网公布裁判文书的工作。高级、中级人民法院监督指导辖区法院在互联网公布裁判文书的工作。

各级人民法院审判管理办公室或者承担审判管理职能的其他机构负责本院在互联网公布裁判文书的管理工作，履行以下职责：

（一）组织、指导在互联网公布裁判文书；

（二）监督、考核在互联网公布裁判文书的工作；

（三）协调处理社会公众对裁判文书公开的投诉和意见；

（四）协调技术部门做好技术支持和保障；

（五）其他相关管理工作。

第十四条 各级人民法院应当依托信息技术将裁判文书公开纳入审判流程管理，减轻裁判文书公开的工作量，实现裁判文书及时、全面、便捷公布。

第十五条 在互联网公布的裁判文书，除依照本规定要求进行技术处理的以外，应当与裁判文书的原本一致。

人民法院对裁判文书中的笔误进行补正的，应当及时在互联网公布补正笔误的裁定书。

办案法官对在互联网公布的裁判文书与裁判文书原本的一致性，以及技术处理的规范性负责。

第十六条　在互联网公布的裁判文书与裁判文书原本不一致或者技术处理不当的，应当及时撤回并在纠正后重新公布。

在互联网公布的裁判文书，经审查存在本规定第四条列明情形的，应当及时撤回，并按照本规定第六条处理。

第十七条　人民法院信息技术服务中心负责中国裁判文书网的运行维护和升级完善，为社会各界合法利用在该网站公开的裁判文书提供便利。

中国裁判文书网根据案件适用不同审判程序的案号，实现裁判文书的相互关联。

第十八条　本规定自2016年10月1日起施行。最高人民法院以前发布的司法解释和规范性文件与本规定不一致的，以本规定为准。

最高人民法院
关于印发《人民法院民事裁判文书制作规范》《民事诉讼文书样式》的通知

（2016年6月28日　法〔2016〕221号）

各省、自治区、直辖市高级人民法院，解放军军事法院，新疆维吾尔自治区高级人民法院生产建设兵团分院：

为进一步规范和统一民事裁判文书写作标准，提高民事诉讼文书质量，最高人民法院制定了《人民法院民事裁判文书制作规范》《民事诉讼文书样式》。该两份文件已于2016年2月22日经最高人民法院审判委员会第1679次会议通过，现予印发，自2016年8月1日起施行。请认真遵照执行。

附一：

人民法院民事裁判文书制作规范

为指导全国法院民事裁判文书的制作，确保文书撰写做到格式统一、要素齐全、结构完整、繁简得当、逻辑严密、用语准确，提高文书质量，制定本规范。

一、基本要素

文书由标题、正文、落款三部分组成。

标题包括法院名称、文书名称和案号。

正文包括首部、事实、理由、裁判依据、裁判主文、尾部。首部包括诉讼参加人及其基本情况，案件由来和审理经过等；事实包括当事人的诉讼请求、事实和理由，人民法院认定的证据及事实；理由是根据认定的案件事实和法律依据，对当事人的诉讼请求是否成立进行分析评述，阐明理由；裁判依据是人民法院作出裁判所依据的实体法和程序法条文；裁判主文是人民法院对案件实体、程序问题作出的明确、具体、完整的处理决定；尾部包括诉讼费用负担和告知事项。

落款包括署名和日期。

二、标　题

标题由法院名称、文书名称和案号构成，例如："××××人民法院民事判决书（民事调解书、民事裁定书）＋案号"。

（一）法院名称

法院名称一般应与院印的文字一致。基层人民法院、中级人民法院名称前应冠以省、自治区、直辖市的名称，但军事法院、海事法院、铁路运输法院、知识产权法院等专门人民法院除外。

涉外裁判文书，法院名称前一般应冠以"中华人民共和国"国名；案件当事人中如果没有外国人、无国籍人、外国企业或组织的，地方人民法院、专门人民法院制作的裁判文书标题中的法院名称无需冠以"中华人民共和国"。

（二）案号

案号由收案年度、法院代字、类型代字、案件编号组成。

案号＝"（"＋收案年度＋"）"＋法院代字＋类型代字＋案件编号＋"号"。

案号的编制、使用应根据《最高人民法院关于人民法院案件案号的若干规定》等执行。

三、正　文

（一）当事人的基本情况

1. 当事人的基本情况包括：诉讼地位和基本信息。

2. 当事人是自然人的，应当写明其姓名、性别、出生年月日、民族、职业或者工作单位和职务、住所。姓名、性别等身份事项以居民身份证、户籍证明为准。

当事人职业或者工作单位和职务不明确的，可以不表述。

当事人住所以其户籍所在地为准；离开户籍所在地有经常居住地的，经常居住地为住所。连续两个当事人的住所相同的，应当分别表述，不用“住所同上”的表述。

3. 有法定代理人或指定代理人的，应当在当事人之后另起一行写明其姓名、性别、职业或工作单位和职务、住所，并在姓名后用括号注明其与当事人的关系。代理人为单位的，写明其名称及其参加诉讼人员的基本信息。

4. 当事人是法人的，写明名称和住所，并另起一行写明法定代表人的姓名和职务。当事人是其他组织的，写明名称和住所，并另起一行写明负责人的姓名和职务。

当事人是个体工商户的，写明经营者的姓名、性别、出生年月日、民族、住所；起有字号的，以营业执照上登记的字号为当事人，并写明该字号经营者的基本信息。

当事人是起字号的个人合伙的，在其姓名之后用括号注明“系……（写明字号）合伙人”。

5. 法人、其他组织、个体工商户、个人合伙的名称应写全称，以其注册登记文件记载的内容为准。

6. 法人或者其他组织的住所是指法人或者其他组织的主要办事机构所在地；主要办事机构所在地不明确的，法人或者其他组织的注册地或者登记地为住所。

7. 当事人为外国人的，应当写明其经过翻译的中文姓名或者名称和住所，并用括号注明其外文姓名或者名称和住所。

外国自然人应当注明其国籍。国籍应当用全称。无国籍人，应当注明无国籍。

港澳台地区的居民在姓名后写明“香港特别行政区居民”“澳门特别行政区居民”或“台湾地区居民”。

外国自然人的姓名、性别等基本信息以其护照等身份证明文件记载的内容为准；外国法人或者其他组织的名称、住所等基本信息以其注册登记文件记载的内容为准。

8. 港澳地区当事人的住所，应当冠以“香港特别行政区”“澳门特别行政区”。

台湾地区当事人的住所，应当冠以“台湾地区”。

9. 当事人有曾用名，且该曾用名与本案有关联的，裁判文书在当事人现用名之后用括号注明曾用名。

诉讼过程中当事人姓名或名称变更的，裁判文书应当列明变更后的姓名或名称，变更前姓名或名称无需在此处列明。对于姓名或者名称变更的事实，在查明事实部分写明。

10. 诉讼过程中，当事人权利义务继受人参加诉讼的，诉讼地位从其承继的诉讼地位。裁判文书中，继受人为当事人；被继受人在当事人部分不写，在案件由来中写明继受事实。

11. 在代表人诉讼中，被代表或者登记权利的当事人人数众多的，可以采取名单附后的方式表述，“原告×××等×人（名单附后）”。

当事人自行参加诉讼的，要写明其诉讼地位及基本信息。

12. 当事人诉讼地位在前，其后写当事人姓名或者名称，两者之间用冒号。当事人姓名或者名称之后，用逗号。

（二）委托诉讼代理人的基本情况

1. 当事人有委托诉讼代理人的，应当在当事人之后另起一行写明为“委托诉讼代理人”，并写明委托诉讼代理人的姓名和其他基本情况。有两个委托诉讼代理人的，分行分别写明。

2. 当事人委托近亲属或者本单位工作人员担任委托诉讼代理人的，应当列在第一位，委托外单位的人员或者律师等担任委托诉讼代理人的列在第二位。

3. 当事人委托本单位人员作为委托诉讼代理人的，写明姓名、性别及其工作人员身份。其身份信息可表述为“该单位（如公司、机构、委员会、厂等）工作人员”。

4. 律师、基层法律服务工作者担任委托诉讼代理人的，写明律师、基层法院法律服务工作者的姓名，所在律师事务所的名称、法律服务所的名称及执业身份。其身份信息表述为“××律师事务所律师”“××法律服务所法律工作者”。属于提供法律援助的，应当写明法律援助情况。

5. 委托诉讼代理人是当事人近亲属的，应当在姓名后用括号注明其与当事人的关系，写明住所。代理人是当事人所在社区、单位以及有关社会团体推荐的公民的，写明姓名、性别、住所，并在住所之后注明具体由何社区、单位、社会团体推荐。

6. 委托诉讼代理人变更的，裁判文书首部只列写变更后的委托诉讼代理人。对于变更的事实可根据需要写明。

7. 委托诉讼代理人后用冒号，再写委托诉讼代理人姓名。委托诉讼代理人姓名后用逗号。

（三）当事人的诉讼地位

1. 一审民事案件当事人的诉讼地位表述为“原告”“被告”和“第三人”。

先写原告，后写被告，再写第三人。有多个原告、被告、第三人的，按照起诉状列明的顺序写。起诉状中未列明的当事人，按照参加诉讼的时间顺序写。

提出反诉的，需在本诉称谓后用括号注明反诉原告、反诉被告。反诉情况在案件由来和事实部分写明。

2. 二审民事案件当事人的诉讼地位表述为“上诉人”“被上诉人”“第三人”“原审原告”“原审被告”“原审第三人”。先写上诉人，再写被上诉人，后写其他当事人。其他当事人按照原审诉讼地位和顺序写明。被上诉人也提出上诉的，列为“上诉人”。

上诉人和被上诉人之后，用括号注明原审诉讼地位。

3. 再审民事案件当事人的诉讼地位表述为“再审申请人”“被申请人”。其他当事人按照原审诉讼地位表述，例如，一审终审的，列为“原审原告”“原审被告”“原审第三人”；二审终审的，列为“二审上诉人”“二审被上诉人”等。

再审申请人、被申请人和其他当事人诉讼地位之后，用括号注明一审、二审诉讼地位。

抗诉再审案件（再审检察建议案件），应当写明抗诉机关（再审检察建议机关）及申诉人与被申诉人的诉讼地位。案件由来部分写明检察机关出庭人员的基本情况。对于检察机关因国家利益、社会公共利益受损而依职权启动程序的案件，应列明当事人的原审诉讼地位。

4. 第三人撤销之诉案件，当事人的诉讼地位表述为“原告”“被告”“第三人”。“被告”之后用括号注明原审诉讼地位。

5. 执行异议之诉案件，当事人的诉讼地位表述为“原告”“被告”“第三人”，并用括号注明当事人在执行异议程序中的诉讼地位。

6. 特别程序案件，当事人的诉讼地位表述为“申请人”。有被申请人的，应当写明被申请人。

选民资格案件，当事人的诉讼地位表述为“起诉人”。

7. 督促程序案件，当事人的诉讼地位表述为“申请人”“被申请人”。

公示催告程序案件，当事人的诉讼地位表述为“申请人”；有权利申报人的，表述为“申报人”。申请撤销除权判决的案件，当事人表述为“原告”“被告”。

8. 保全案件，当事人的诉讼地位表述为“申请人”“被申请人”。

9. 复议案件，当事人的诉讼地位表述为“复议申请人”“被申请人”。

10. 执行案件，执行实施案件，当事人的诉讼地位表述为“申请执行人”“被执行人”。

执行异议案件，提出异议的当事人或者利害关系人的诉讼地位表述为

“异议人”，异议人之后用括号注明案件当事人或利害关系人，其他未提出异议的当事人亦应分别列明。

案外人异议案件，当事人的诉讼地位表述为“案外人”“申请执行人”“被执行人”。

（四）案件由来和审理经过

1. 案件由来部分简要写明案件名称与来源。

2. 案件名称是当事人与案由的概括。民事一审案件名称表述为“原告×××与被告×××……（写明案由）一案”。

诉讼参加人名称过长的，可以在案件由来部分第一次出现时用括号注明其简称，表述为“（以下简称×××）”。裁判文书中其他单位或组织名称过长的，也可在首次表述时用括号注明其简称。

诉讼参加人的简称应当规范，需能够准确反映其名称的特点。

3. 案由应当准确反映案件所涉及的民事法律关系的性质，符合最高人民法院有关民事案件案由的规定。

经审理认为立案案由不当的，以经审理确定的案由为准，但应在本院认为部分予以说明。

4. 民事一审案件来源包括：

（1）新收；

（2）有新的事实、证据重新起诉；

（3）上级人民法院发回重审；

（4）上级人民法院指令立案受理；

（5）上级人民法院指定审理；

（6）上级人民法院指定管辖；

（7）其他人民法院移送管辖；

（8）提级管辖。

5. 书写一审案件来源的总体要求是：

（1）新收、重新起诉的，应当写明起诉人；

（2）上级法院指定管辖、本院提级管辖的，除应当写明起诉人外，还应写明报请上级人民法院指定管辖（报请移送上级人民法院）日期或者下级法院报请指定管辖（下级法院报请移送）日期，以及上级法院或者本院作出管辖裁定日期；

（3）上级法院发回重审、上级法院指令受理、上级法院指定审理、移送管辖的，应当写明原审法院作出裁判的案号及日期，上诉人，上级法院作出裁判的案号及日期、裁判结果，说明引起本案的起因。

6. 一审案件来源为上级人民法院发回重审的，发回重审的案件应当写明

“原告×××与被告×××……（写明案由）一案，本院于××××年××月××日作出……（写明案号）民事判决。×××不服该判决，向××××法院提起上诉。××××法院于××××年××月××日作出……（写明案号）裁定，发回重审。本院依法另行组成合议庭……”。

7. 审理经过部分应写明立案日期及庭审情况。

8. 立案日期表述为：“本院于××××年××月××日立案后”。

9. 庭审情况包括适用程序、程序转换、审理方式、参加庭审人员等。

10. 适用程序包括普通程序、简易程序、小额诉讼程序和非讼程序。

非讼程序包括特别程序、督促程序、公示催告程序等。

11. 民事一审案件由简易程序（小额诉讼程序）转为普通程序的，审理经过表述为：“于××××年××月××日公开/因涉及……不公开（写明不公开开庭的理由）开庭审理了本案，经审理发现有不宜适用简易程序（小额诉讼程序）的情形，裁定转为普通程序，于××××年××月××日再次公开/不公开开庭审理了本案”。

12. 审理方式包括开庭审理和不开庭审理。开庭审理包括公开开庭和不公开开庭。

不公开开庭的情形包括：

（1）因涉及国家秘密不公开开庭；

（2）因涉及个人隐私不公开开庭；

（3）因涉及商业秘密，经当事人申请，决定不公开开庭；

（4）因离婚，经当事人申请，决定不公开开庭；

（5）法律另有规定的。

13. 开庭审理的应写明当事人出庭参加诉讼情况（包括未出庭或者中途退庭情况）；不开庭的，不写。不开庭审理的，应写明不开庭的原因。

14. 当事人未到庭应诉或者中途退庭的，写明经传票传唤，无正当理由拒不到庭或者未经法庭许可中途退庭的情况。

15. 一审庭审情况表述为：“本院于××××年××月××日公开/因涉及……（写明不公开开庭的理由）不公开开庭审理了本案，原告×××及其诉讼代理人×××，被告×××及其诉讼代理人×××等到庭参加诉讼。”

16. 对于审理中其他程序性事项，如中止诉讼情况应当写明。对中止诉讼情形，表述为：“因……（写明中止诉讼事由），于××××年××月××日裁定中止诉讼，××××年××月××日恢复诉讼。”

（五）事实

1. 裁判文书的事实主要包括：原告起诉的诉讼请求、事实和理由，被告答辩的事实和理由，法院认定的事实和据以定案的证据。

2. 事实首先写明当事人的诉辩意见。按照原告、被告、第三人的顺序依次表述当事人的起诉意见、答辩意见、陈述意见。诉辩意见应当先写明诉讼请求，再写事实和理由。

二审案件先写明当事人的上诉请求等诉辩意见。然后再概述一审当事人的诉讼请求，人民法院认定的事实、裁判理由、裁判结果。

再审案件应当先写明当事人的再审请求等诉辩意见，然后再简要写明原审基本情况。生效判决为一审判决的，原审基本情况应概述一审诉讼请求、法院认定的事实、裁判理由和裁判结果；生效判决为二审判决的，原审基本情况先概述一审诉讼请求、法院认定的事实和裁判结果，再写明二审上诉请求、认定的事实、裁判理由和裁判结果。

3. 诉辩意见不需原文照抄当事人的起诉状或答辩状、代理词内容或起诉、答辩时提供的证据，应当全案考虑当事人在法庭上的诉辩意见和提供的证据综合表述。

4. 当事人在法庭辩论终结前变更诉讼请求或者提出新的请求的，应当在诉称部分中写明。

5. 被告承认原告主张的全部事实的，写明“×××承认×××主张的事实”。被告承认原告主张的部分事实的，写明“×××承认×××主张的……事实”。

被告承认全部诉讼请求的，写明：“×××承认×××的全部诉讼请求”。被告承认部分诉讼请求的，写明被告承认原告的部分诉讼请求的具体内容。

6. 在诉辩意见之后，另起一段简要写明当事人举证、质证的一般情况，表述为：“本案当事人围绕诉讼请求依法提交了证据，本院组织当事人进行了证据交换和质证。”

7. 当事人举证质证一般情况后直接写明人民法院对证据和事实的认定情况。对当事人所提交的证据原则上不一一列明，可以附录全案证据或者证据目录。

对当事人无争议的证据，写明“对当事人无异议的证据，本院予以确认并在卷佐证”。对有争议的证据，应当写明争议的证据名称及人民法院对争议证据认定的意见和理由；对有争议的事实，应当写明事实认定意见和理由。

8. 对于人民法院调取的证据、鉴定意见，经庭审质证后，按照当事人是否有争议分别写明。对逾期提交的证据、非法证据等不予采纳的，应当说明理由。

9. 争议证据认定和事实认定，可以合并写，也可以分开写。分开写的，在证据的审查认定之后，另起一段概括写明法院认定的基本事实，表述为：“根据当事人陈述和经审查确认的证据，本院认定事实如下：……”。

10. 认定的事实，应当重点围绕当事人争议的事实展开。按照民事举证责任分配和证明标准，根据审查认定的证据有无证明力、证明力大小，对待证事实存在与否进行认定。要说明事实认定的结果、认定的理由以及审查判断证据的过程。

11. 认定事实的书写方式应根据案件的具体情况，层次清楚，重点突出，繁简得当，避免遗漏与当事人争议有关的事实。一般按时间先后顺序叙述，或者对法律关系或请求权认定相关的事实着重叙述，对其他事实则可归纳、概括叙述。

综述事实时，可以划分段落层次，亦可根据情况以“另查明”为引语叙述其他相关事实。

12. 召开庭前会议时或者在庭审时归纳争议焦点的，应当写明争议焦点。争议焦点的摆放位置，可以根据争议的内容处理。争议焦点中有证据和事实内容的，可以在当事人诉辩意见之后在当事人争议的证据和事实中写明。争议焦点主要是法律适用问题的，可以在本院认为部分，先写明争议焦点。

13. 适用外国法的，应当叙述查明外国法的事实。

（六）理由

1. 理由部分的核心内容是针对当事人的诉讼请求，根据认定的案件事实，依照法律规定，明确当事人争议的法律关系，阐述原告请求权是否成立，依法应当如何处理。裁判文书说理要做到论理透彻，逻辑严密，精炼易懂，用语准确。

2. 理由部分以“本院认为”作为开头，其后直接写明具体意见。

3. 理由部分应当明确纠纷的性质、案由。原审确定案由错误，二审或者再审予以改正的，应在此部分首先进行叙述并阐明理由。

4. 说理应当围绕争议焦点展开，逐一进行分析论证，层次明确。对争议的法律适用问题，应当根据案件的性质、争议的法律关系、认定的事实，依照法律、司法解释规定的法律适用规则进行分析，作出认定，阐明支持或不予支持的理由。

5. 争议焦点之外，涉及当事人诉讼请求能否成立或者与本案裁判结果有关的问题，也应在说理部分一并进行分析论证。

6. 理由部分需要援引法律、法规、司法解释时，应当准确、完整地写明规范性法律文件的名称、条款项序号和条文内容，不得只引用法律条款项序号，在裁判文书后附相关条文。引用法律条款中的项的，一律使用汉字不加括号，例如：“第一项”。

7. 正在审理的案件在基本案情和法律适用方面与最高人民法院颁布的指导性案例相类似的，应当将指导性案例作为裁判理由引述，并写明指导性案例的编号和裁判要点。

8. 司法指导性文件体现的原则和精神，可在理由部分予以阐述或者援引。

9. 在说理最后，可以另起一段，以“综上所述”引出，对当事人的诉讼请求是否支持进行评述。

（七）裁判依据

1. 引用法律、法规、司法解释时，应当严格适用《最高人民法院关于裁判文书引用法律、法规等规范性法律文件的规定》。

2. 引用多个法律文件的，顺序如下：法律及法律解释、行政法规、地方性法规、自治条例或者单行条例、司法解释；同时引用两部以上法律的，应当先引用基本法律，后引用其他法律；同时引用实体法和程序法的，先引用实体法，后引用程序法。

3. 确需引用的规范性文件之间存在冲突，根据《中华人民共和国立法法》等有关法律规定无法选择适用的，应依法提请有决定权的机关作出裁决，不得自行在裁判文书中认定相关规范性法律文件的效力。

4. 裁判文书不得引用宪法和各级人民法院关于审判工作的指导性文件、会议纪要、各审判业务庭的答复意见以及人民法院与有关部门联合下发的文件作为裁判依据，但其体现的原则和精神可以在说理部分予以阐述。

5. 引用最高人民法院的司法解释时，应当按照公告公布的格式书写。

6. 指导性案例不作为裁判依据引用。

（八）裁判主文

1. 裁判主文中当事人名称应当使用全称。

2. 裁判主文内容必须明确、具体、便于执行。

3. 多名当事人承担责任的，应当写明各当事人承担责任的形式、范围。

4. 有多项给付内容的，应当先写明各项目的名称、金额，再写明累计金额。如：“交通费……元、误工费……元、……，合计……元”。

5. 当事人互负给付义务且内容相同的，应当另起一段写明抵付情况。

6. 对于金钱给付的利息，应当明确利息计算的起止点、计息本金及利率。

7. 一审判决未明确履行期限的，二审判决应当予以纠正。

判决承担利息，当事人提出具体请求数额的，二审法院可以根据当事人请求的数额作出相应判决；当事人没有提出具体请求数额的，可以表述为“按×××利率，自××××年××月××日起计算至××××年××月××日止”。

（九）尾部

1. 尾部应当写明诉讼费用的负担和告知事项。

2. 诉讼费用包括案件受理费和其他诉讼费用。收取诉讼费用的，写明诉讼费用的负担情况。如："案件受理费……元，由……负担；申请费……元，由……负担"。

3. 诉讼费用不属于诉讼争议的事项，不列入裁判主文，在判决主文后另起一段写明。

4. 一审判决中具有金钱给付义务的，应当在所有判项之后另起一行写明："如果未按本判决指定的期间履行给付金钱义务，应当依照《中华人民共和国民事诉讼法》第二百五十三条的规定，加倍支付迟延履行期间的债务利息。"二审判决具有金钱给付义务的，属于二审改判的，无论一审判决是否写入了上述告知内容，均应在所有判项之后另起一行写明上述告知内容。二审维持原判的判决，如果一审判决已经写明上述告知内容，可不再重复告知。

5. 对依法可以上诉的一审判决，在尾部表述为："如不服本判决，可以在判决书送达之日起十五日内，向本院递交上诉状，并按对方当事人的人数或者代表人的人数提出副本，上诉于××××人民法院。"

6. 对一审不予受理、驳回起诉、管辖权异议的裁定，尾部表述为："如不服本裁定，可以在裁定书送达之日起十日内，向本院递交上诉状，并按对方当事人的人数或者代表人的人数提出副本，上诉于××××人民法院。"

四、落　款

（一）署名

诉讼文书应当由参加审判案件的合议庭组成人员或者独任审判员署名。

合议庭的审判长，不论审判职务，均署名为"审判长"；合议庭成员有审判员的，署名为"审判员"；有助理审判员的，署名为"代理审判员"；有陪审员的，署名为"人民陪审员"。独任审理的，署名为"审判员"或者"代理审判员"。书记员，署名为"书记员"。

（二）日期

裁判文书落款日期为作出裁判的日期，即裁判文书的签发日期。当庭宣判的，应当写宣判的日期。

（三）核对戳

本部分加盖"本件与原本核对无异"字样的印戳。

五、数字用法

（一）裁判主文的序号使用汉字数字，例："一""二"；

（二）裁判尾部落款时间使用汉字数字，例："二〇一六年八月二十九日"；

（三）案号使用阿拉伯数字，例："（2016）京0101民初1号"；

（四）其他数字用法按照《中华人民共和国国家标准 GB/T15835－2011 出版物上数字用法》执行。

六、标点符号用法

（一）“被告辩称”“本院认为”等词语之后用逗号。

（二）“×××向本院提出诉讼请求”“本院认定如下”“判决如下”“裁定如下”等词语之后用冒号。

（三）裁判项序号后用顿号。

（四）除本规范有明确要求外，其他标点符号用法按照《中华人民共和国国家标准 GB/T15834－2011 标点符号用法》执行。

七、引用规范

（一）引用法律、法规、司法解释应书写全称并加书名号。

（二）法律全称太长的，也可以简称，简称不使用书名号。可以在第一次出现全称后使用简称，例：“《中华人民共和国民事诉讼法》（以下简称民事诉讼法）”。

（三）引用法律、法规和司法解释条文有序号的，书写序号应与法律、法规和司法解释正式文本中的写法一致。

（四）引用公文应先用书名号引标题，后用圆括号引发文字号；引用外文应注明中文译文。

八、印刷标准

（一）纸张标准，A4 型纸，成品幅面尺寸为：210mm×297mm。

（二）版心尺寸为：156mm×225mm，一般每面排 22 行，每行排 28 个字。

（三）采用双面印刷；单页页码居右，双页页码居左；印品要字迹清楚、均匀。

（四）标题位于版心下空两行，居中排布。标题中的法院名称和文书名称一般用二号小标宋体字；标题中的法院名称与文书名称分两行排列。

（五）案号之后空二个汉字空格至行末端。

（六）案号、主文等用三号仿宋体字。

（七）落款与正文同处一面。排版后所剩空白处不能容下印章时，可以适当调整行距、字距，不用“此页无正文”的方法解决。审判长、审判员每个字之间空二个汉字空格。审判长、审判员与姓名之间空三个汉字空格，姓名之后空二个汉字空格至行末端。

（八）院印加盖在日期居中位置。院印上不压审判员，下不压书记员，下弧骑年压月在成文时间上。印章国徽底边缘及上下弧以不覆盖文字为限。公章不应歪斜、模糊。

（九）凡裁判文书中出现误写、误算，诉讼费用漏写、误算和其他笔误的，未送达的应重新制作，已送达的应以裁定补正，避免使用校对章。

（十）确需加装封面的应印制封面。封面可参照以下规格制作：

1. 国徽图案高 55mm，宽 50mm。

2. 上页边距为 65mm，国徽下沿与标题文字上沿之间距离为 75mm。

3. 标题文字为“××××人民法院××判决书（或裁定书等）”，位于国徽图案下方，字体为小标宋体字；标题分两行或三行排列，法院名称字体大小为 30 磅，裁判文书名称字体大小为 36 磅。

4. 封面应庄重、美观，页边距、字体大小及行距可适当进行调整。

九、其　他

（一）本规范可以适用于人民法院制作的其他诉讼文书，根据具体文书性质和内容作相应调整。

（二）本规范关于裁判文书的要素和文书格式、标点符号、数字使用、印刷规范等技术化标准，各级人民法院应当认真执行。对于裁判文书正文内容、事实认定和说理部分，可以根据案件的情况合理确定。

（三）逐步推行裁判文书增加二维条形码，增加裁判文书的可识别性。

附二：《民事诉讼文书样式》（略）

最高人民法院
印发《关于加强和规范裁判文书释法说理的指导意见》的通知

（2016 年 6 月 1 日　法发〔2018〕10 号）

各省、自治区、直辖市高级人民法院，解放军军事法院，新疆维吾尔自治区高级人民法院生产建设兵团分院：

现将《最高人民法院关于加强和规范裁判文书释法说理的指导意见》印发给你们，请遵照执行。

附：

最高人民法院
关于加强和规范裁判文书释法说理的指导意见

为进一步加强和规范人民法院裁判文书释法说理工作，提高释法说理水平和裁判文书质量，结合审判工作实际，提出如下指导意见。

一、裁判文书释法说理的目的是通过阐明裁判结论的形成过程和正当性理由，提高裁判的可接受性，实现法律效果和社会效果的有机统一；其主要价值体现在增强裁判行为公正度、透明度，规范审判权行使，提升司法公信力和司法权威，发挥裁判的定分止争和价值引领作用，弘扬社会主义核心价值观，努力让人民群众在每一个司法案件中感受到公平正义，切实维护诉讼当事人合法权益，促进社会和谐稳定。

二、裁判文书释法说理，要阐明事理，说明裁判所认定的案件事实及其根据和理由，展示案件事实认定的客观性、公正性和准确性；要释明法理，说明裁判所依据的法律规范以及适用法律规范的理由；要讲明情理，体现法理情相协调，符合社会主流价值观；要讲究文理，语言规范，表达准确，逻辑清晰，合理运用说理技巧，增强说理效果。

三、裁判文书释法说理，要立场正确、内容合法、程序正当，符合社会主义核心价值观的精神和要求；要围绕证据审查判断、事实认定、法律适用进行说理，反映推理过程，做到层次分明；要针对诉讼主张和诉讼争点、结合庭审情况进行说理，做到有的放矢；要根据案件社会影响、审判程序、诉讼阶段等不同情况进行繁简适度的说理，简案略说，繁案精说，力求恰到好处。

四、裁判文书中对证据的认定，应当结合诉讼各方举证质证以及法庭调查核实证据等情况，根据证据规则，运用逻辑推理和经验法则，必要时使用推定和司法认知等方法，围绕证据的关联性、合法性和真实性进行全面、客观、公正的审查判断，阐明证据采纳和采信的理由。

五、刑事被告人及其辩护人提出排除非法证据申请的，裁判文书应当说明是否对证据收集的合法性进行调查、证据是否排除及其理由。民事、行政案件涉及举证责任分配或者证明标准争议的，裁判文书应当说明理由。

六、裁判文书应当结合庭审举证、质证、法庭辩论以及法庭调查核实证据等情况，重点针对裁判认定的事实或者事实争点进行释法说理。依据间接证据认定事实时，应当围绕间接证据之间是否存在印证关系、是否能够形成完整的证明体系等进行说理。采用推定方法认定事实时，应当说明推定启动的原因、反驳的事实和理由，阐释裁断的形成过程。

七、诉讼各方对案件法律适用无争议且法律含义不需要阐明的，裁判文书应当集中围绕裁判内容和尺度进行释法说理。诉讼各方对案件法律适用存有争议或者法律含义需要阐明的，法官应当逐项回应法律争议焦点并说明理由。法律适用存在法律规范竞合或者冲突的，裁判文书应当说明选择的理由。民事案件没有明确的法律规定作为裁判直接依据的，法官应当首先寻找最相类似的法律规定作出裁判；如果没有最相类似的法律规定，法官可以依据习惯、法律原则、立法目的等作出裁判，并合理运用法律方法对裁判依据进行充分论证和说理。法官行使自由裁量权处理案件时，应当坚持合法、合理、公正和审慎的原则，充分论证运用自由裁量权的依据，并阐明自由裁量所考虑的相关因素。

八、下列案件裁判文书，应当强化释法说理：疑难、复杂案件；诉讼各方争议较大的案件；社会关注度较高、影响较大的案件；宣告无罪、判处法定刑以下刑罚、判处死刑的案件；行政诉讼中对被诉行政行为所依据的规范性文件一并进行审查的案件；判决变更行政行为的案件；新类型或者可能成为指导性案例的案件；抗诉案件；二审改判或者发回重审的案件；重审案件；再审案件；其他需要强化说理的案件。

九、下列案件裁判文书，可以简化释法说理：适用民事简易程序、小额诉讼程序审理的案件；适用民事特别程序、督促程序及公示催告程序审理的案件；适用刑事速裁程序、简易程序审理的案件；当事人达成和解协议的轻微刑事案件；适用行政简易程序审理的案件；适用普通程序审理但是诉讼各方争议不大的案件；其他适宜简化说理的案件。

十、二审或者再审裁判文书应当针对上诉、抗诉、申请再审的主张和理由强化释法说理。二审或者再审裁判文书认定的事实与一审或者原审不同的，或者认为一审、原审认定事实不清、适用法律错误的，应当在查清事实、纠正法律适用错误的基础上进行有针对性的说理；针对一审或者原审已经详尽阐述理由且诉讼各方无争议或者无新证据、新理由的事项，可以简化释法说理。

十一、制作裁判文书应当遵循《人民法院民事裁判文书制作规范》《民事申请再审诉讼文书样式》《涉外商事海事裁判文书写作规范》《人民法院破产程序法律文书样式（试行）》《民事简易程序诉讼文书样式（试行）》《人民法院刑事诉讼文书样式》《行政诉讼文书样式（试行）》《人民法院国家赔偿案件文书样式》等规定的技术规范标准，但是可以根据案件情况合理调整事实认定和说理部分的体例结构。

十二、裁判文书引用规范性法律文件进行释法说理，应当适用《最高人民法院关于裁判文书引用法律、法规等规范性法律文件的规定》等相关规定，准确、完整地写明规范性法律文件的名称、条款项序号；需要加注引号引用条文内容的，应当表述准确和完整。

十三、除依据法律法规、司法解释的规定外，法官可以运用下列论据论证裁判理由，以提高裁判结论的正当性和可接受性：最高人民法院发布的指导性案例；最高人民法院发布的非司法解释类审判业务规范性文件；公理、情理、经验法则、交易惯例、民间规约、职业伦理；立法说明等立法材料；采取历史、体系、比较等法律解释方法时使用的材料；法理及通行学术观点；与法律、司法解释等规范性法律文件不相冲突的其他论据。

十四、为便于释法说理，裁判文书可以选择采用下列适当的表达方式：案情复杂的，采用列明裁判要点的方式；案件事实或数额计算复杂的，采用附表的方式；裁判内容用附图的方式更容易表达清楚的，采用附图的方式；证据过多的，采用附录的方式呈现构成证据链的全案证据或证据目录；采用其他附件方式。

十五、裁判文书行文应当规范、准确、清楚、朴实、庄重、凝炼，一般不得使用方言、俚语、土语、生僻词语、古旧词语、外语；特殊情形必须使用的，应当注明实际含义。裁判文书释法说理应当避免使用主观臆断的表达方式、不恰当的修辞方法和学术化的写作风格，不得使用贬损人格尊严、具有强烈感情色彩、明显有违常识常理常情的用语，不能未经分析论证而直接使用“没有事实及法律依据，本院不予支持”之类的表述作为结论性论断。

十六、各级人民法院应当定期收集、整理和汇编辖区内法院具有指导意义的优秀裁判文书，充分发挥典型案例释法说理的引导、规范和教育功能。

十七、人民法院应当将裁判文书的制作和释法说理作为考核法官业务能力和审判质效的必备内容，确立为法官业绩考核的重要指标，纳入法官业绩档案。

十八、最高人民法院建立符合裁判文书释法说理规律的统一裁判文书质量评估体系和评价机制，定期组织裁判文书释法说理评查活动，评选发布全国性的优秀裁判文书，通报批评瑕疵裁判文书，并作为监督指导地方各级人民法院审判工作的重要内容。

十九、地方各级人民法院应当将裁判文书释法说理作为裁判文书质量评查的重要内容，纳入年度常规性工作之中，推动建立第三方开展裁判文书质量评价活动。

二十、各级人民法院可以根据本指导意见，结合实际制定刑事、民事、行政、国家赔偿、执行等裁判文书释法说理的实施细则。

二十一、本指导意见自2018年6月13日起施行。

【链　接】

加强裁判文书释法说理　促进司法理性公正权威

——最高人民法院司改办负责人就《关于加强和规范裁判文书释法说理的指导意见》答记者问

最高人民法院近日印发《关于加强和规范裁判文书释法说理的指导意见》，最高人民法院司改办负责人就此回答了记者的提问。

问：最高人民法院出台《关于加强和规范裁判文书释法说理的指导意见》（以下统称为《意见》）有何重要意义？

答：《意见》是人民法院贯彻贯彻落实党的十九大精神，深化司法体制综合配套改革、加强法律文书释法说理的重要举措，是未来一个时期指导全国法院裁判文书改革的指导性文件。习近平总书记在主持十九届中央全面深化改革领导小组第一次全体会议时指出："学习贯彻党的十九大精神，要注意把握蕴含其中的改革精神、改革部署、改革要求，接力探索，接续奋斗，坚定不移将改革推向前进"，要"继续推动十八大以来部署的改革任务落实，梳理规划十九大提出的改革任务和举措"。自党的十八届三中全会和党的十八届四中全会提出"加强法律文书释法说理"的改革部署后，最高人民法院在"四五改革纲要"中也确立了"推动裁判文书说理改革"的具体任务。但是裁判文书说理改革涉及不同的诉讼领域、众多的文书种类、系列的配套机制建设等方方面面的理论与实践问题，，可以说是司法改革项目中一块"难啃的硬骨头"。按照我院"四五改革纲要分工方案"，司改办牵头负责承担此项改革任务。司改办专门成立调研起草小组，制定周延的调研方案，到多地法院调研座谈，广泛征求地方法院、最高法院相关审判业务部门、以及专家学者意见，数易其稿后征求了中央政法委和全国人大常委会法工委的意见，委托中国法学会征求了法学专家的意见，并由院领导主持会议邀请专业法官和诉讼法专家座谈讨论，最后形成送审稿，经院审委会讨论后再经院党组会讨论通过。这项改革措施的出台凝聚了诸多审判专家、法学专家的经验和心血，也是做成了一件说了多年、盼了多年的事情。

《意见》作为未来一个时期指导全国各级法院裁判文书释法说理改革的文件，必将在以下方面产生积极的作用：一是进一步提高司法产品质量。裁判文书的主体部分是审查判断证据、认定事实和适用法律。释法说理性增强，必然会带来裁判文书质量的提高。二是进一步提高司法效率。通过释法说理的繁简分流，简式裁判文书的适用，简单案件的简化说理，必然会节省法官办理相对简单案件的时间，同时确保相对多的时间来办理疑难复杂案件，提高整体的司法效率。三是进一步促进司法公开。司法公开是一面镜子，是一块试金石，更是一缕阳光。《意见》强调裁判文书释法说理的公开、裁判文书释法如实反映庭审过程，必将在既往形式化公开的基础上促进司法的实质化公开迈上新台阶。四是进一步促进司法公正和提升司法公信。司法公正不仅要实现，而且要以看得见的方式实现。裁判文书释法说理是以“让人感觉到的方式”来呈现司法公正的重要环节和关键载体，是人民法院从内部倒逼司法公正的“加压器”，提升司法公信力的“助推器”。

问:《意见》对裁判文书释法说理提出了哪些规律性要求?

答: 裁判文书释法说理是诉讼活动的重要一环，《意见》从立足司法规律出发，着重从以下方面提出要求：一是裁判文书释法说理要恪守五项原则，即合法性原则、正当性原则、层次性原则、针对性原则和繁简适度原则（第三条）。二是合理界定裁判文书说理的内容范围，即阐明事理、释明法理、讲明情理和讲究文理（第二条）。三是科学划分裁判文书说理的类型，即审查判断证据说理、认定事实说理、适用法律说理和行使自由裁量权说理，并以问题为导向，重点针对实践中存在的突出问题提出具体的规范要求（第四至七条）。四是准确把握裁判文书制作的规范化和个性化的有机统一（第十一至十五条）。五是科学构建符合裁判文书释法说理规律的统一裁判文书质量评估体系和评价机制（第十八条）。

问:《意见》对防止裁判文书说理千篇一律有何举措?

答: 裁判文书属于国家法律公文的范畴，具有法律和写作的双重属性，“法律属性”内在地要求相对统一性和规范化，而“写作属性”少不了灵活性和个性化。《意见》着重从下列四个方面提出了规范性要求：一是裁判文书应当遵循最高人民法院制作的系列文书样式的技术规范标准；二是裁判文书说理引用规范性法律文件应当遵循最高人民法院相关司法解释规定；三是裁判文书说理应当使用符合国家通用语言文字规范和标准的语言；四是裁判文书说理的行文应当规范、准确、清楚、朴实、庄重、精炼。

同时，为了避免过去实践中存在的裁判文书说理“千篇一律”“千人一面”的现象，《意见》又作了系列灵活性规定，为裁判文书释法说理的个性化提供指引，具体包括：一是根据案件情况，法官可以合理调整裁判文书样式中事实认定和说理部分的体例结构（第十一条）；二是法官可以运用最高人民法院发布的指导性案例、情理、法理等七大类辅助论据来论证裁判理由，提高裁判结论的正当性和可接受性（第十三条）；三是为便于说理，法官可以在裁判文书中选择采用附图、附表等表达方式，例如案件事实或数额计算复杂的，采用附表的方式；裁判内容用附图的方式更容易表达清楚的，采用附图的方式等（第十四条）；四是法官必要时可以采用适当的修辞方法增强说理效果，同时提出要避免使用主观臆断的表达方式、不恰当的修辞方法和学术化的写作风格，不得使用贬损人格尊严、具有强感情色彩、明显有违常识常理常情的用语。

问：裁判文书释法说理如何配合诉讼程序进行繁简分流？

答：2016 年最高人民法院《关于人民法院进一步深化多元化纠纷解决机制改革的意见》（法发〔2016〕14 号）提出，“完善繁简分流机制。对调解不成的民商事案件实行繁简分流，通过简易程序、小额诉讼程序、督促程序以及速裁机制分流案件，实现简案快审、繁案精审。完善认罪认罚从宽制度，进一步探索刑事案件速裁程序改革，简化工作流程，构建普通程序、简易程序、速裁程序等相配套的多层次诉讼制度体系。按照行政诉讼法规定，完善行政案件繁简分流机制”。裁判文书的制作属于诉讼过程的终端环节，诉讼程序的繁简分流自然会要求简式要式裁判文书并存、说理繁简适度有别。

《意见》从改革的系统性和协调性要求出发，一是提出裁判文书说理要坚持繁简适度原则，即“根据案件社会影响、审判程序、诉讼阶段等不同情况进行繁简适度的说理，简案略说，繁案精说，力求恰到好处”；二是分别详细列举了“应当加强释法说理”的具体情形，包括疑难、复杂案件；诉讼各方争议较大的案件；社会关注度较高、影响较大的案件；宣告无罪、判处法定刑以下刑罚、判处死刑的案件；行政诉讼中对被诉行政行为所依据的规范性文件一并进行审查的案件；判决变更行政行为的案件；新类型或者可能成为指导性案例的案件；抗诉案件；二审改判或者发回重审的案件；重审案件；再审案件；其他需要强化说理的案件（第八条）；以及“可以简化释法说理”的具体情形，具体包括：适用民事简易程序、小额诉讼程序审理的案件；适用民事特别程序、督促程序及公示催告程序审理的案件；适用刑事速裁程序、简易程序审理的案件；当事人达成和解协议的轻微刑事案件；适用行政简易程序审理的案件；适用普通程序审理但是诉讼各方争议不大的案件；其他适宜简化说理的案件（第九条），从而为法官提出了明确的操作指引。

问：《意见》对激励法官愿说理、会说理、说好理作出哪些指导？

答：无论是学术界的学理研究还是实务界的实证分析，均表明我国当下的裁判文书释法说理依然存在“不愿说理”“不会说理”“不敢说理”“说不好理”等方面的突出问题。《意见》坚持问题导向，以解决这些重点问题为出发点和落脚点，着重从以下方面进行有针对性的指导：一是从裁判文书释法说理的目的、价值功能、具体内容、基本遵循等方面提出总则性的要求和指导；二是从审查判断证据说理、认定事实说理、适用法律说理和行使自由裁量权说理等方面存在的重点问题和薄弱环节提出具体的规范和指导；三是从裁判文书释法说理的繁简分流、适用文书样式、援引规范性文件、运用辅助论据、运用附件表达方式、运用语言和修辞方法等方面进行规范化和个性化的指导；四是授权各级人民法院结合实际制定刑事、民事、行政、国家赔偿、执行等裁判文书释法说理的实施细则，更有力地提供切实可行、具有操作性的指导；五是科学构建裁判文书释法说理的配套机制，包括指引机制（第十六条）、考核机制（第十七条）、评估、评价机制（第十八条）、评查、监督机制（第十九条），为法官裁判文书说理提供“愿说理”“敢说理”“善说理”“说好理”的良好环境。此外，各级人民法院在落实《意见》过程中，还可以积极探索其他配套机制，例如，法律保障机制、激励机制、责任机制、培训机制，等等。